théo

L'encyclopédie catholique pour tous

DROGUET-ARDANT/FAYARD

Nihil obstat
Paris le 4 février 1989
C. Chopin

Imprimatur
Paris le 6 février 1989
M. Vidal, vicaire épiscopal

ISBN 2-7041-0643-6

Dépôt légal mai 1993

Pourquoi Théo ?

Théo est le diminutif familier du prénom *Théophile.* Celui-ci est lui -même la francisation du prénom grec *Théophilos,* qui signifie littéralement ami de Dieu.

Théo est du reste le préfixe d'un ensemble de mots se rapportant eux aussi au divin (théologie, théophanie, théogonie, théodicée...).

Ces deux syllabes suggèrent et symbolisent tout ce que voudrait être le livre qu'elles désignent : un ami très proche du lecteur (ils s'appellent par leur prénom, et même par son diminutif) ; un ami qui ne cache rien de sa conviction de foi et de son amitié avec Dieu, mais qui respecte toute autre manière de penser et de voir ; un ami toujours disponible lorsqu'on fait appel à lui sur les sujets qui relèvent de sa compétence, et qui s'efforce alors de les exposer de manière accessible au non-spécialiste.

En somme, sous ce titre, c'est une double amitié qui se propose, sans jamais vouloir pour autant s'imposer.

Comment se servir de **théo** ?

• Plan de l'ouvrage p. 1235

• Sommaire p. 9

• Index p. 1245

Strasbourg - Bas-Rhin. Détail de la colonne des anges : Un ange.

Sommaire

Pages

15 Présentation

CHAPITRE I
17 Des chercheurs de Dieu par milliers...

CHAPITRE II
135 Géographie et sociologie du catholicisme au sein des grandes religions.
138 I. Le catholicisme au sein des grandes religions du monde.
176 II. Le catholicisme au sein des grandes religions en France.

CHAPITRE III
207 Trente-deux siècles d'histoire.
209 Livre I. Le temps d'Israël jusqu'à Jésus.
261 Livre II. Le temps de Jésus.
299 Livre III. Le temps de l'Église.

CHAPITRE IV
517 Présentation de l'expérience chrétienne. Questions des hommes, réponses chrétiennes.
529 Livre introductif.
547 Livre I. Le peuple de l'Alliance.
593 Livre II. Le Dieu de l'Alliance.
715 Livre III. Vivre l'Alliance.
905 Livre IV. La célébration de l'Alliance.

CHAPITRE V
987 Les institutions.
988 Livre I. L'organisation de l'Église.
1062 Livre II. Les grands secteurs de la pastorale.
1111 Livre III. Renseignements pratiques.

1235 Plan de l'ouvrage.

1245 Index.

Avis au lecteur

Pour une recherche concernant une information de caractère général, le lecteur aura intérêt à consulter le plan détaillé de l'ouvrage (tenant lieu de Table des matières) des pages 1235 à 1243. Pour une recherche concernant des données particulières, il trouvera dans l'Index, des pages 1245 à 1325, les indications le renvoyant aux pages appropriées de l'ouvrage.

Théo apportera au lecteur des définitions, des renseignements et des citations sous la forme d'articles, de notes, et de rubriques « Qu'est-ce que ? » sur des colonnes étroites, tandis que le corps du sujet propre à chaque chapitre sera traité en texte courant sur les grandes colonnes.

Comité de rédaction

Michel Dubost. Né en 1942, il est prêtre eudiste depuis 1967. Il a pratiquement toujours été au service des jeunes, dans les aumôneries de l'enseignement public ou catholique. Il a aussi travaillé à la SOFRES, collaboré à diverses émissions télévisées, prêché aux messes du « Jour du Seigneur » et à France-Culture, tenu une chronique à RTL et à Radio Notre-Dame, publié divers ouvrages. A cette expérience s'ajoute celles de formateur de prêtres, et de curé de paroisse. Depuis la parution de la première édition de THÉO, il a été nommé Évêque aux Armées françaises.

Stanislas Lalanne. Né en 1948, il est prêtre depuis 1976. Formé en France et en Allemagne, il a toujours été, directement ou indirectement, au service des jeunes lui aussi : aumôneries de l'enseignement public ou d'étudiants, formation d'animateurs et de catéchistes, etc. Il a participé à la conception de plusieurs ouvrages de catéchèse et de vulgarisation théologique. En 1985 il a été nommé directeur du Centre National de l'Enseignement Religieux (CNER). Il est membre du Conseil international de catéchèse auprès du Saint-Siège.

Xavier Lesort. Né en 1920, il a été secrétaire général de l'Action catholique générale des hommes (ACGH, devenue le mouvement mixte Vivre l'Évangile Aujourd'hui, VEA), puis du Centre chrétien des patrons et dirigeants d'entreprise français (le CFPC). Auparavant, après ses licences de droit et de lettres, il avait exercé des fonctions de secrétaire général d'organisations professionnelles et d'entreprise industrielle. Marié, père de famille et grand-père, il est engagé dans diverses activités laïques et religieuses.

Vincent Rouillard. Né en 1927, et prêtre depuis 1951, il a été successivement professeur, vicaire, aumônier de lycées publics. Après avoir assuré une présence missionnaire sur les marchés, relatée dans une série de chroniques parues dans *La Croix*, il est à nouveau au service des aûmoneries de jeunes.

Collaborateurs de la rédaction

Gilbert Adler
Mette Andresen
Georges Assemaine
A.T.D.-Quart Monde
Jean-Marie Aubert
Michel Barnouin
Georges Beyron
Charles-Henri de Blavette
Jean Bonfils
Charles Bonnet
François Bousquet
Félix Caillet
Claude Cesbron
Monique Chabaud
Paul Christophe
Germaine Colas
Père Corlay
Jacques Couturier
Henriette Danet
Gérard Defois
Agnès Delesalle
Marie-Georges Delmasure
Nicole Desjardins
René-Charles Dhont
Jean-Pierre Dubois-Dumée
Michel Dubost
Pierre Dubuisson
Christiane Dupouy-Camet
Jean-Michel di Falco
Jacques Fihey
Jacques Fournier
Michel Fournier
Claude Fraudet
Mireille Gaillot
Pierre-Marie Galepin
Pierre Gallimard
Étienne Garin
Marie-Laure Gauliard
Colette Génichon
Jean-Clair Giraud
Philippe Gruson
Philippe Gueneley
Jean Guilmard
Paul Guiraud
Albert Guimbert
Lucien Guissard
Jean Hau
Monique Hébrard
Pierre Hoffmann
Geneviève Honoré-Lainé
Bernard Housset
Odile Huber
Jean Klein
Jean-Yves Lahrer
Albert Lalanne
Stanislas Lalanne
Pierre Lambert
Jean-Jacques Latour
Jacques Leclerc
Guy Lecourt
Michel Leduc
Yves-Noël Lelouvier
Jean-Baptiste Lesort
Xavier Lesort
André Manaranche
René Marlé
Colette Marlot
Geneviève Médévielle
Marcel Merle
Pierre Moitel
Jean Monsterleet
Jean-Marie Moretti
Pierre Motte
Élisabeth Oberson
Brigitte Ogée
Paul Ollivier
Danielle Penuel-Monneron
André Perrier
Jean Peronneaud
Jean-Marie Petitclerc
Charles de Pontevès
Noël Rath
André Ravier
Émile Rideau
Dominique Régnier
Albert Rouet
Michel Rougé
Vincent Rouillard
Françoise Rouquette
Joseph Sarat
André Sève
Christine Sinan
Aimé Solignac
François Tollu
François Tricard
Paula Van Eecloo
André Venard
Jacques Venard
Jean Vernette
Denis Villepelet
Ephrem Yon

Ont bien voulu assurer un rôle de conseil auprès de la rédaction

Jean-Louis Angué
Michel Boullet
Isabelle-Marie Brault
Guillaume de Bertier de Sauvigny
Henri Bourgeois
Albert Cohen
Gérard Defois
Pierre Faure
Paul Faynel
Claude Frikart
Colette Génichon
Philippe Gruson
Albert Guimbert
Lucien Guissard
Pierre-Marie Gy
Germaine Lacorre
Michel Leduc
Armand le Bourgeois
Colette Marlot
Jean Monsterleet
Paul Ollivier
Benoît Pelistrandi
Bernard Peyrous
Gaston Pietri
Dominique Régnier
Colette Rouillard
Odette Sarda
Aimé Solignac
Jacques Venard
Jean Vernette

ainsi que

Simone Larrouturou
Marie-Cécile Lesort
et plusieurs groupes de lecteurs tests.

Ont apporté leur concours à la réalisation de l'ouvrage

Nicole Denain
Mireille Dubost
Elisabeth Jousset
Michel Jullien
Elisabeth le Mintier
Suzanne Lepoittevin
Nicole Peigneguy
Claude Piquemal
Adela de la Plaza-Munoz
Catherine Poisson
Christophe Raymond
Anne-Marie Tranvouez
Renée Vilain
Les religieuses clarisses de Versailles

Édition Claire DUPUIS

Direction technique Claire LEGRAND

Conception graphique
Mise en pages Marie-France GODON

Iconographie Ariane GRENON
Stephan TARANGUL
Claire WILLERVAL

Correction, révision Yves JOLLY

Dessins Xavier GORCE

Composition
Photogravure NORD COMPO

IMPRESSION AUBIN

RELIURE RELIURES BRUN

Présentation

Notre époque a soif de savoir et de comprendre. La multiplication des encyclopédies en est le signe. Mais peut-on comprendre ce qui se passe en France et dans le monde, peut-on connaître la culture française aujourd'hui sans connaître le christianisme ?

Le nom de beaucoup de villages français, les expressions des journaux (l'état de grâce, par exemple), les références historiques, le problème scolaire, l'importance du pèlerinage de Lourdes, l'impact de la figure du pape et mille idées qui traversent notre pays sont incompréhensibles si on ne les réfère à la vie de l'Église catholique dans notre pays. Il fallait une encyclopédie religieuse. La voici.

Cet ouvrage est d'abord un acte de respect : né de la conviction que tous les Français, chrétiens ou pas, ont le droit de connaître leur culture, et donc le catholicisme, il s'efforce de présenter celui-ci de manière toujours respectueuse du croyant comme du non-croyant.

Cet ouvrage est aussi un acte de confiance dans l'intelligence de ses lecteurs : il se veut simple et accessible au plus grand nombre, mais il refuse le simplisme. Aux multiples questions qui se posent dans la vie quotidienne, à l'occasion, par exemple, d'un événement, d'une lecture, d'une émission, d'un voyage, voire de mots-croisés, il apporte des réponses courtes, précises sans être techniques. Mais il va plus loin. Le catholicisme est, d'une certaine manière, une vision globale du monde née de la connaissance du Christ. Le livre présente aussi cette vision globale propre au catholicisme et permet ainsi de resituer chaque élément dans un tout cohérent. De la sorte, les enseignants pourraient trouver là matière à répondre aux interrogations de leurs élèves.

Enfin, cet ouvrage se veut ouvert : présentant le catholicisme français, il le situe, bien entendu, dans l'Église universelle, mais il le situe aussi en lien avec d'autres religions et avec l'indifférence religieuse ; de plus, lorsque, dans le catholicisme même, se présentent des opinions différentes, il donne la diversité de celles-ci.

Cette encyclopédie a été écrite et dirigée par des catholiques : il fallait leur compétence pour garantir une information exacte au lecteur. Mais ceux qui en ont dirigé la rédaction sont aussi des hommes passionnés de communication et ayant une réelle expérience de tous les publics, et spécialement des jeunes, qu'ils soient chrétiens ou pas. Leur constant souci a été de permettre à chacun, quelle que soit sa foi ou sa culture, de trouver facilement dans cet ouvrage tout ce qui l'intéresse à propos du catholicisme.

M.D.

ELY
SV
M SA
CER
DOS

CHAPITRE I

DES CHERCHEURS DE DIEU PAR MILLIERS...

A tous les âges de son évolution, et sous tous les cieux, l'homme pensant a dit sa recherche sur le sens de la vie et sur celui que l'on appelle Dieu.

« J'ai interrogé la terre, nous dit saint Augustin, et elle m'a répondu : "Ce n'est pas moi ton Dieu." Tout ce qui vit à sa surface m'a fait la même réponse. J'ai interrogé la mer et les êtres qui la peuplent et ils m'ont répondu : "Nous ne sommes pas ton Dieu, cherche plus haut que nous." J'ai interrogé l'eau et le vent et ils m'ont répondu : "Nous ne sommes pas Dieu." J'ai interrogé le ciel, le soleil, la lune et les étoiles : "Nous ne sommes pas non plus le Dieu que tu cherches." m'ont-ils affirmé. Alors j'ai dit à tous les êtres que je connais par mes sens : "Parlez-moi de mon Dieu puisque vous ne l'êtes point, dites-moi quelque chose de lui..." et ils m'ont crié de leur voix puissante : "C'est lui qui nous a faits".

Einstein, au terme d'une longue méditation, ose dire : « Ma religion consiste en une humble admiration envers l'esprit supérieur et sans limites qui se révèle dans les plus minces détails que nous puissions percevoir avec nos esprits faibles et fragiles. Cette profonde conviction sentimentale de la présence d'une raison supérieure se révèle dans l'univers, voilà mon idée de Dieu. »

Puisque, parfois, l'homme semble avoir découvert Dieu, il est normal qu'il cherche les voies les meilleures pour l'atteindre. « Pour trouver les perles qui sont au fond de la mer, vous devez, sans vous lasser, plonger et replonger. Si un seul plongeon dans la mer ne vous fait pas trouver de perles, n'en concluez pas que la mer n'en contient pas... De même, si vous n'arrivez pas à voir Dieu immédiatement après quelques efforts, ne perdez pas courage. Poursuivez patiemment votre recherche et vous pouvez être certains d'obtenir la grâce divine quand vous serez mûrs pour la recevoir. »

Ces paroles de Ramakrisna[1] sont une invitation à la patience, à l'obstination dans la recherche de Dieu. Elles s'adressent à tous les hommes. Mais il n'empêche qu'au terme d'expériences loyales, si certains deviennent croyants, d'autres restent incroyants. La sincérité des premiers comme des seconds n'est pourtant pas à mettre en doute. Dieu, il faut le dire, n'est jamais évident car, si on pouvait le découvrir au terme d'un simple raisonnement, les « grosses têtes » seraient avantagées et cela se saurait depuis longtemps.

De multiples modes d'approche

A voir comment se répartissent en croyants et incroyants les esprits les plus intelligents de notre temps — Camus, Sartre, Monod étant quelques exemples de non-croyance alors que

1. Ramakrisna (1834-1886), célèbre mystique hindou que la philosophie du Vedanta et son expérience spirituelle personnelle conduisirent à la croyance en un Dieu unique.

D.R.

D.R.

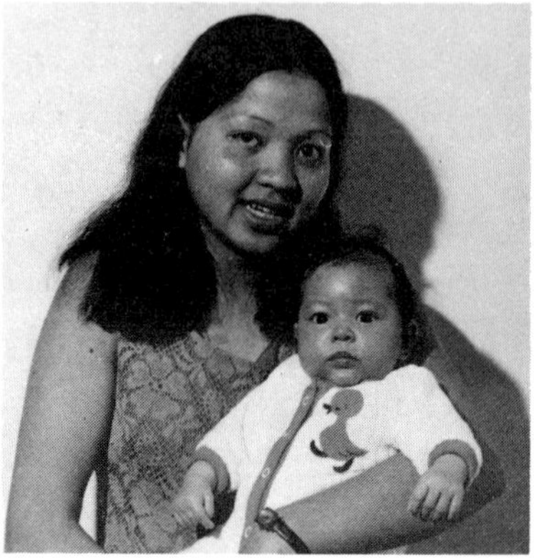

D.R.

Leprince-Ringuet, von Braun, Pierre Emmanuel, Soljenitsyne et d'autres ont tenu à affirmer leur foi —, on peut constater que la recherche de Dieu ne se fait pas forcément et uniquement au travers d'une démarche scientifique ou d'un raisonnement mathématique.

Certains hommes, à travers le monde, ont surtout voulu connaître Dieu en l'imaginant à partir de leurs aspirations profondes et de leurs réflexions. Ils ont souvent essayé, pour parler de lui, de sublimer les qualités humaines. Ainsi, après avoir écouté les magnifiques discours des Anciens sur la Sagesse, beaucoup se sont pris à penser ou à rêver à l'Être supérieur, à celui qu'on a nommé le Dieu des philosophes : certains, par exemple, ont vu en lui le Moteur initial, Voltaire, le grand Horloger du Monde, tandis que Victor Hugo le présentait comme le parfait justicier : « L'œil était dans la tombe et regardait Caïn ».

En septembre 1971, Wernher von Braun, spécialiste des fusées à la Nasa, déclarait dans une interview à la télévision américaine ; « Pour moi, je n'ai pas à me « prouver » Dieu, je peux dire que je le vois, que j'en expérimente en quelque sorte la présence, pour la seule raison qu'il me paraîtrait inconcevable de penser qu'on puisse faire des calculs et des prévisions scientifiques si précis et si complexes que ceux que nous avons dû faire, si cet univers cosmique n'était pas soumis à des lois précises et constantes qui seules peuvent les permettre. Il n'y a, que je sache, jamais eu de lois sans législateur... Dieu est pour moi ce législateur suprême à qui les mondes obéissent. »

Poussé par son imagination et cédant à ses rêves souvent intéressés, l'homme semble être parfois tombé dans certains excès quant à la représentation qu'il s'est faite de Dieu. C'est ainsi que l'on a vu, et que l'on croit voir encore, même chez des croyants, se profiler des images de Dieu gendarme ou de grand-père sénile, par exemple.

D'autres chercheurs de Dieu ont plutôt étudié ce qu'ils ont appelé « les signes de la présence et de l'amour de Dieu. » Ils sont partis à la trace de Dieu, et ont voulu le découvrir comme on cherche un ami, dans l'écoute, la modestie, la patience... Ils se sont dit que si Dieu existait pour donner un sens au monde et à l'homme, il devait sûrement se manifester, se révéler, qu'il était donc à recevoir.

« J'arrive à comprendre qu'il soit possible de regarder la terre et d'être athée ; mais je ne comprends pas qu'on puisse lever, la nuit, les yeux sur le ciel et dire qu'il n'y a pas de Dieu », disait Abraham Lincoln, président des Etats-Unis d'Amérique.

Un Dieu qui parle

Les chrétiens, les juifs, les musulmans forment trois grandes familles religieuses qui ont en commun de croire que Dieu a parlé et se dévoile encore aux hommes, autant par ses œuvres que par certains prophètes qu'il s'est choisis. Ils disent qu'il se révèle, qu'il s'intéresse à l'homme, qu'il est atteignable, surtout par la prière.

Ph. Rapho-Maltête

Ph. Rapho-Obélianne

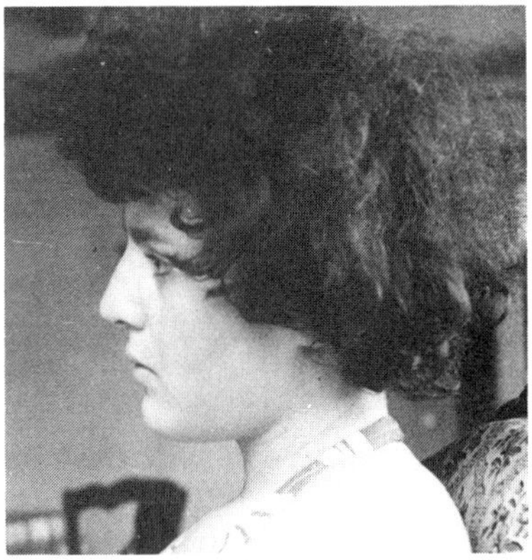
D.R.

Pour ces croyants, la foi n'est pas une simple adhésion à des affirmations apprises par cœur ; ce n'est pas avant tout un savoir, c'est une confiance, une rencontre dont Dieu prend l'initiative. En un mot, pour les juifs et les chrétiens, c'est une Alliance, pour reprendre le terme même de la Bible. Le « Livre des livres », la Bible a toujours été pour un grand nombre de chercheurs de Dieu la Parole, la grande source de la Révélation. Elle relate en effet l'histoire du peuple élu qui a pris conscience, particulièrement par ses chefs et ses prophètes, de la présence de « la main de Dieu » dans les événements, en y dévoilant son amour.

Pour les chrétiens, la Bible rapporte aussi et surtout ce que les premiers disciples de Jésus de Nazareth ont retenu du message, de la vie et de la résurrection de celui qui pour eux est Christ, Fils de Dieu, Parole vivante du Père. La recherche de Dieu, pour les chrétiens, ne peut absolument pas se concevoir hors de Jésus-Christ. Celui-ci, en effet, pour eux, est bien plus qu'un simple sage ou qu'un grand révolutionnaire : il est la Révélation de Dieu, lui qui a dit : « Celui qui me voit voit celui qui m'a envoyé » (Jn 12, 45) ; « Celui qui m'a vu a vu le Père » (Jn 14, 9).

Aujourd'hui, ce terme de Père appliqué à Dieu est courant dans le monde chrétien mais il est lourd de sens. Père, c'est *Abba* en araméen, la langue du Christ, à traduire par « Papa ». L'usage de ce mot que l'on retrouve constamment dans les Évangiles est une invitation à l'établissement de rapports personnels entre Dieu et l'homme. Cela suppose chez ce dernier un retournement de tout l'être pour passer du froid respect ou de l'obéissance à l'amour et à l'acceptation d'un état d'enfant de Dieu et de frère des autres hommes.

A côté du message même de Jésus, c'est toute sa vie, sa mort et sa résurrection qui sont pour les chrétiens des éléments essentiels dans leur recherche religieuse. Pour bien le comprendre, il faut revenir au moment même de la mort de Jésus de Nazareth.

L'expérience chrétienne

Jésus, condamné non seulement par les grands prêtres juifs, mais aussi, à travers eux, par tous ceux qui refusent de renoncer à une certaine conception de Dieu, maître souverain et lointain, meurt seul sur une croix, abandonné de presque tous les siens, à commencer par saint Pierre, son premier apôtre. Tout semble alors terminé pour Jésus le Nazaréen. Or, ce même apôtre Pierre, quelque cinquante jours plus tard, proclame en pleine fête religieuse juive : « Hommes de Judée, et vous tous qui résidez à Jérusalem, prêtez l'oreille à mes paroles... Dieu l'a fait Seigneur et Christ, ce Jésus que vous, vous aviez crucifié. Il l'a ressuscité. Nous en sommes témoins ». (Ac 2, 14 et 36).

Que s'est-il passé ? Comment expliquer ce changement d'attitude chez les disciples ? Ils ont donné leur vie pour le proclamer. L'Esprit de Dieu leur a fait faire l'expérience que Jésus est vivant d'une vie nouvelle à laquelle chaque homme est appelé, et leur a assuré la force de le proclamer. C'est une expérience inimaginable, sans précédent.

Pour la comprendre, les disciples font appel aux Écritures : Jésus est vivant, Dieu l'a fait ressurgir du sommeil de la mort ; il est Seigneur, c'est-à-dire qu'il exerce une fonction traditionnellement reconnue à Dieu ; il est Christ, en tant qu'il rassemble en lui toutes les promesses et les espérances soulevées par les prophètes.

Cette résurrection de Jésus, les apôtres la présentent comme quelque chose qui dépasse l'histoire. C'est Dieu qui fait irruption dans la vie des hommes. Cette certitude de la résurrection de Jésus n'est pas venue de la ferveur intérieure des apôtres. Ils se sont trouvés devant elle alors qu'ils ne s'y attendaient pas. Ils ont reconnu un Jésus autre. Il leur a fallu du temps pour réaliser ce qui leur arrivait, et c'est la foi seule qui leur a fait reconnaître Jésus présent.

Pas de modèle standard pour la rencontre avec Dieu

Les apôtres, de compagnons de l'existence terrestre de Jésus, sont devenus témoins de sa vie nouvelle, et leur témoignage va rester dans l'Église universelle jusqu'à la fin et susciter des Églises locales pour aider les chrétiens de tous les temps à rencontrer, eux aussi, Jésus-Christ ressuscité. C'est cette résurrection qui fait attribuer par les chrétiens une valeur exceptionnelle aux paroles de Jésus. C'est cette résurrection qui les conduit à croire que Dieu est vivant, intéressé aux hommes, et qu'il veut leur faire partager sa vie d'amour.

Chaque grand groupe religieux a voulu proposer à ses adeptes des exemples de foi vécue. Ainsi les communautés chrétiennes ont choisi parmi les disciples de Jésus certains modèles et les ont présentés en les inscrivant sur une liste de saints et de saintes comme des exemples de recherche de Dieu, de confiance et de vie.

A regarder et étudier ces différents types de foi, on s'aperçoit de l'étonnante diversité des formes de rencontre avec Dieu. C'est que l'homme a toujours été à la découverte de Dieu avec tout ce qu'il était, en fonction de son tempérament et de son époque ; c'est qu'il a été spécialement sensible à tel ou tel aspect de l'infinie richesse de Dieu face au caractère fini de l'existence humaine. Certains, par exemple, peut-être particulièrement conscients de l'athéisme de leur temps, ont été de grands contemplatifs, des hommes de louange et de prière, alors que d'autres voulaient, dans l'amour et le service de leurs frères, rendre témoignage du Dieu Amour qu'ils avaient entrevu. Certains encore ont essayé de bâtir par leur travail un monde plus humain, pour qu'il soit offrande à Dieu, tandis que d'autres, sur des lits de souffrance ou dans les tortures, criaient à Dieu et aux hommes leur foi en une autre vie.

LES SAINTS DISENT PAR LEUR VIE L'ESSENTIEL DE LA VIE CHRÉTIENNE

Être soi-même

C'est un des plus profonds paradoxes de la vie qu'un homme devienne d'autant plus pleinement lui-même qu'il pense moins à soi.

Romano Guardini, *Morale au-delà des interdits*

Il est impossible de faire un portrait-robot de la sainteté. Ce qui frappe, au contraire, c'est la variété, la plus totale et la plus déconcertante, qu'on découvre dans ce peuple immense : des petits et des rois, des mères de famille, des bergers et des soldats, des malades et des philosophes.

RÉGINE PERNOUD,
Les saints au Moyen Âge,
Éd. Plon.

Qu'est-ce qu'un saint ?

Au risque de surprendre, il faut affirmer que, dans la pensée catholique, un saint n'est pas d'abord un héros, un modèle de vertu, une sorte de personnage sacré.

Comme les catholiques le chantent chaque dimanche à la messe, Dieu seul est saint...

Et si un homme ou une femme sont déclarés saints, c'est parce qu'ils apparaissent comme des miroirs de la sainteté de Dieu. A vrai dire, pour les chrétiens, tous les hommes, grâce au Christ, sont appelés à « refléter la gloire du Seigneur », à « être transfigurés en cette même image » (2 Co 3,18) et saint Pierre l'affirme clairement (1 P 1,16). Aucun humain ne peut donc être un modèle de vertu par sa propre force (en termes théologiques, on dirait que personne n'est impeccable, sans péché). Par contre, certains hommes et certaines femmes se sont ouverts davantage à Dieu et reflètent, plus clairement que d'autres, son amour. Ce sont eux que l'on appelle les saints, au sens moderne du terme.

Le livre de l'Apocalypse réserve l'appellation aux martyrs, c'est-à-dire à ceux dont la vie ressemble le plus à celle du Christ ; mais relativement vite, les chrétiens comprirent que l'on pouvait donner sa vie pour Dieu autrement que sous la hache ou sur une croix. La voie était ouverte à la reconnaissance d'autres formes de sainteté.

AUJOURD'HUI, qui ne connaît Mère Teresa, Martin Luther King, Helder Camara, l'abbé Pierre, Oscar Romero, etc., et déjà un peu plus lointains, Edmond Michelet, Tom Dooley, Madeleine Delbrêl, Teilhard de Chardin ? Ces hommes, ces femmes, sont comme des points de rendez-vous pour l'humanité entière. Et pourtant, en même temps, ils se reconnaissent en relation avec Dieu. Ce genre de personnages a existé à toutes les époques. L'Église catholique en a canonisé un grand nombre. Par eux, il semble possible aux chrétiens de faire comprendre à tous ce qu'est le christianisme pour eux-mêmes.

La foi est une libération

La liberté est, pour les chrétiens, le lieu obligatoire pour apprendre quelque chose sur Dieu. Ceux qui n'ont pas découvert la liberté sont, à leurs yeux, des athées, même s'ils adorent des dieux... ou Dieu ; le mot "athée" est explicitement employé par saint Paul à propos de gens croyant en Dieu, mais d'une manière telle que, pour Paul, ils sont prisonniers des lois et des coutumes : ils n'ont donc pas encore pris conscience que Dieu est d'abord libérateur (Ep 2, 12 sqq.) et permet à chacun d'être soi-même, libre.

Le concile Vatican II montre qu'une des conséquences de la mise en œuvre de cette liberté est la variété dans la sainteté. Il décrit successivement ce que doit être celle des évêques, des prêtres, des diacres, des veuves, des célibataires, des travailleurs, des pauvres... Il suffira de lire quelques-unes des notices biographiques des saints ci-après pour se convaincre que, si telle est la vitrine du Dieu des chrétiens, celui-ci ne cherche pas à mettre chacun dans un moule. Il n'y a pas de modèle uniforme de vie chrétienne, si ce n'est qu'il s'agit toujours d'assumer avec confiance ce que l'on est, et d'aimer là où on est, comme on est.

La liberté, pour les chrétiens, c'est reconnaître l'amour dont ils sont nés

Ce Dieu qui libère, le Dieu des saints, est un Dieu qu'ils remercient sans cesse, à qui ils « rendent la gloire et l'action de grâces » qui, à leurs yeux, lui reviennent. Ce merci perpétuel est toute leur théologie (le discours des saints sur Dieu). Bien sûr, certains ont fait des discours plus compliqués. Mais, à vrai dire, ce qui intéresse dans le discours, ce n'est pas le discours lui-même, mais la sincérité et la vérité. Or cette vérité tient en quelques mots : « Je sais que je ne sais rien, que je te dois tout, que tu m'as choisi, et que mes forces viennent de toi. » Même pour qui ne croit pas en Dieu, il est impressionnant, d'une part, de constater ce mélange de liberté et de force, et d'autre part, d'entendre sans cesse renouveler la proclamation que cette liberté et cette force ont leur source ailleurs ; que donc on ne peut s'en glorifier, mais qu'au contraire on doit en remercier.

Toute définition du christianisme se doit de faire sentir l'articulation, apparemment paradoxale mais constamment affirmée par la vie des saints, entre liberté de l'homme et action de Dieu. Le concile Vatican II, reprenant en cela la tradition de l'Église, a largement souligné que cette articulation devait se comprendre à l'image du mariage, elle-même liée, dans l'Eglise, au concept fondamental d'Alliance. L'Alliance, c'est le pacte de liberté à liberté que Dieu propose à l'homme ; ce pacte est promesse de bonheur pour l'homme, si celui-ci l'accepte et accepte d'aimer ce Dieu qui l'a créé. Les mots du concile sont : s'unir, se consacrer, devenir semblable, suivre, imiter, participer. Mais tout ceci n'a de sens que dans un *choix* réellement réciproque (le mot biblique est « élection »).

Les saints ne sont pas parfaits et le christianisme n'est pas d'abord une religion de la perfection

Le chemin vers Dieu passe souvent par la rencontre de ces saints, comme la connaissance d'une personne passe souvent par la connaissance de son conjoint. Cela ne dit pas tout, mais aide à comprendre les raisons de vivre de celui qu'on cherche à connaître.

Pour connaître Dieu, il en est de même. Mais cela ne va pas sans quelques petites tentations pour ceux qui s'emploient à faire connaître les saints. A l'égard de ceux-ci, les chrétiens ont souvent été tentés par le merveilleux, le légendaire, le miraculeux. Ce faisant, ils contredisaient pourtant ce qui est le fond de la pensée chrétienne sur la sainteté : Dieu seul est saint, parce que seul il est don total ; c'est-à-dire qu'il est ce qu'il dit, et qu'il dit ce qu'il est. Jésus de Nazareth est saint parce que sa personne est intrinsèquement unie à Dieu. Le chrétien est saint parce qu'il est uni à Dieu par Jésus de Nazareth, dans l'Église. La sainteté n'est ni dans l'effort moral ni dans la réussite. Elle est dans l'union à Dieu. Le modèle du chrétien n'est pas Superman, les chrétiens ne concourent pas au grand championnat de la vertu toutes catégories. Ils sont saints, même s'ils sont faibles, dans la mesure où ils restent unis à Dieu. Jésus affirmait à des gens « bien » que les femmes prostituées les devanceraient dans le Royaume des Cieux. Malgré les confusions possibles, on voit par cette description de la sainteté que si le christianisme n'est pas une simple morale, il ne s'ensuit pas que la mystique chrétienne ne serait pas porteuse d'exigences morales.

Les saints montrent, par leur vie, que le christianisme est à la fois une religion personnelle et une aventure collective

Le chrétien a une vision *personnelle* de son lien avec Dieu, qu'il aspire « à voir face à face » (Première Épitre aux Corinthiens). Mais pour lui, *personnel* ne veut pas dire *individuel :* s'unir au Christ est synonyme de « donner sa vie pour les hommes ». Bien plus, s'unir au Christ permet d'avancer la réalisation de ce que le chrétien pense être le plan de Dieu : rassembler l'humanité entière autour de et dans le Christ Jésus. ▶▶▶

Prière orthodoxe aux saints

Seigneur,
en ta miséricorde infinie,
donne-moi le repentir.
Et vous, tous les Saints,
intercédez pour moi
qui suis pécheur.
Priez pour moi
afin que j'obtienne le pardon.
Car il vous revient d'intercéder
pour les pécheurs
qui désespèrent de la miséricorde
de Dieu.
O vous qui avez achevé votre combat,
accourez à notre secours...

A l'approche de la Toussaint, un curé s'adresse à ses paroissiens.

Chaque fois que s'annonce un enterrement, nous essayons, nous vos prêtres, de rencontrer les proches de celui ou de celle qui est parti. Nous évoquons simplement ce que fut son existence, parfois remarquable, le plus souvent, bien ordinaire. Mais chaque fois, nous rencontrons une secrète admiration. Des ombres, il y en a toujours. Mais toujours aussi, quelle somme de travail, de courage, de dévouement aux siens, de sourire paisible et de force dans les épreuves. Et souvent quelle foi : la dernière personne que j'ai enterrée n'était pas pratiquante, mais elle ne manquait jamais, m'a-t-on dit, sa prière du matin et soir : en 93 ans, cela fait un joli total !
Chaque fois que je bénis le cercueil qu'on va porter en terre, je prie celui ou celle qui part de m'accueillir quand ce sera mon tour.
La Toussaint, c'est cela : la fête joyeuse de tous ceux qui, dans la Maison du Père, nous attendent et nous tendent la main. Grands saints, ou saints plus inconnus encore que l'ancien combattant de l'Arc de Triomphe de l'Étoile.
Et le 2 novembre, c'est notre pensée et notre prière vers ceux qui auraient encore besoin de notre aide pour passer définitivement auprès de Dieu. L'Église a toujours pensé qu'il nous fallait nous entr'aider pour ce grand passage.

Le Chesnay-Rocquencourt (Yvelines)
Octobre 1984.

Lorsqu'un mot, une expression, un événement, une institution, un nom propre vous sont inconnus, consultez l'index.

La fête de tous les saints

Heureusement, dans la masse humaine, il y a les saints. Il y a ceux qui tiennent bon, qui ne se lassent pas de fabriquer de la miséricorde, de la justice, de la joie, de la paix, avec le matériau médiocre et souvent même rebelle de la vie quotidienne. Les béatitudes évangéliques sont le pain dont ils se nourrissent et qu'ils partagent à leur prochain.

Ils sont plus nombreux qu'on ne croit, eux justement que nous célébrons aujourd'hui globalement, parce qu'ils ont vécu cachés, ignorés, anonymes, ayant échappé aussi bien aux célébrités humaines qu'aux canonisations ecclésiastiques.

Ce sont eux qui conservent le sens suprême de la vie humaine, non pas dans leurs armoires ou dans leurs mémoires, mais dans le vif de l'existence quotidienne, dans le regard purifié qu'ils portent sur le monde, dans le cœur frémissant avec lequel ils accueillent tous les êtres et Dieu lui-même venant à eux.

A. M. Besnard.

PRÉFACE DE LA TOUSSAINT

Vraiment, il est juste et bon de te rendre gloire, de t'offrir notre action de grâces, toujours et en tout lieu, à toi, Père très saint, Dieu éternel et tout-puissant
Car nous fêtons aujourd'hui la cité du ciel, notre Mère la Jérusalem d'en haut ; c'est là que nos frères les saints déjà rassemblés chantent sans fin ta louange. Et nous, qui marchons vers elle par le chemin de la foi, nous hâtons le pas, joyeux de savoir dans la lumière ces enfants de notre Église que tu nous donnes en exemple.
C'est pourquoi, avec cette foule immense que nul ne peut dénombrer, avec tous les anges du ciel, nous voulons te bénir en chantant : Saint, Saint, Saint...

Qu'est-ce que ..?

Anargyre (du grec *an,* terme de négation *et arguros,* argent : signifie sans argent). Il a été utilisé par la tradition chrétienne pour qualifier les saints qui, étant médecins, soignaient gratuitement les malades ; ainsi saints Côme et Damien, saint Pantaléon.

Auréole (du latin *aureola,* sous-entendu *corona* : couronne d'or). Cercle de rayons lumineux ou simplement cercle doré dont les artistes entourent la tête du Christ et des saints pour suggérer l'irradiation immatérielle de leur personne et l'éclat de leur gloire.

Avocat du diable. C'est le nom populaire donné à celui dont la fonction s'appelle en fait promoteur de la foi. Lorsqu'un évêque demande à Rome de béatifier ou de canoniser un saint, la Congrégation pour les causes des saints met sur pied un vrai procès contradictoire pour s'assurer que l'on ne présente pas comme modèle des hommes ou des femmes qui ne le mériteraient pas vraiment.
Le promoteur de la foi est celui qui, dans ce procès, doit analyser et critiquer les preuves des vertus et les miracles qui sont avancés en faveur de celui dont on étudie la cause. D'où le terme "avocat du diable" qu'on lui donne en plaisantant.

Bienheureux (du latin *beatus,* heureux). Titre donné par l'Église à une personne dont la vie chrétienne est proposée en exemple et qui, pour cette raison, est *béatifiée.* Le terme *bienheureux* signifie qu'aux yeux de l'Église cette personne a été admise à partager pleinement le bonheur de Dieu. Le titre est attribué par un décret promulgué par le pape au cours d'une liturgie solennelle de béatification, qu'il préside lui-même. La béatification est l'étape qui précède la canonisation. Un culte public mais restreint peut être rendu au bienheureux dans les limites autorisées dans chaque cas par le pape.

Canon des saints. Liste officielle des saints et bienheureux reconnus par l'Église catholique.

Cause des saints. La cause, est, en termes juridiques, ce qui constitue la matière d'un procès. La béatification et la canonisation ne sont prononcées par l'Église catholique qu'au terme d'une procédure judiciaire devant les tribunaux ecclésiastiques. La cause d'un saint est donc l'ensemble des arguments présentés en vue d'obtenir la béatification ou la canonisation d'une personne ; la Congrégation romaine (dans l'administration du Vatican, l'équivalent d'un ministère) chargée d'instruire ces procès est appelée Congrégation pour les causes des saints.

Céphalophore. Ce mot venu du grec et formé de *kephalê,* tête, et *phorein,* porter, signifie "qui porte sa tête". La tradition chrétienne a désigné de la sorte ceux des saints qui, ayant été décapités, auraient porté leur tête après leur décollation, par exemple saint Denis. Ils sont souvent représentés dans cette attitude.

Châsse (du latin *capsa,* coffre). C'est un coffre en matières précieuses, de grandes dimensions, pouvant contenir le corps d'un saint ou une partie importante de ses restes.
Les trois châsses les plus connues en France sont modernes :

- Celle de *sainte Geneviève* à l'église Saint-Etienne-du-Mont à Paris est vide, les restes de la sainte ayant été brûlés à la Révolution ; le fond de l'ancien sarcophage sert de base au nouveau tombeau.
- La grande châsse de *sainte Thérèse de Lisieux,* dans la chapelle du Carmel de la ville, est vitrée, permettant de voir une statue de marbre représentant Thérèse qu'on a revêtue de l'habit des carmélites ; les reliques proprement dites, contenues dans un coffret d'argent enfermé dans le soubassement de la grande châsse, sont exposées lors de circonstances solennelles dans une châsse en argent et émaux, dite « châsse du Brésil », offerte par ce pays.
- La châsse de *sainte Bernadette* se trouve au couvent de Saint-Gildard à Nevers, où elle se retira après ses apparitions.

Parmi les œuvres d'art anciennes, on peut citer la châsse de saint-Etienne-de-Muret à Ambazac (Haute-Vienne) du XIIe siècle ; celle de sainte Ursule à Bruges, décorée de peintures de Memling, du XVe siècle ; celle de sainte Gertrude de Nivelles du XIIIe siècle.

Docteur de l'Église. L'Église attribue officiellement ce titre à des théologiens auxquels elle reconnaît une autorité particulière de témoins de la doctrine, en raison de l'orthodoxie de leur pensée (exactitude de leur doctrine), de la sainteté de leur vie, de l'importance de leur œuvre. Quelques-uns sont des Pères de l'Église (voir Index) ; les autres sont postérieurs à l'époque patristique. Les docteurs de l'Église sont actuellement au nombre de trente-deux. Par ordre alphabétique, ce sont les saints et saintes suivants : Albert le Grand, surnommé *Doctor Universalis* (1193-1280), Alphonse de Liguori (1696-1787), Ambroise →

▶▶▶

Le cœur de toute vie est difficile à connaître. Le cœur de la vie chrétienne est indicible ; indicible est ce que fut la relation des saints avec Dieu. Ce qui est certain, c'est que beaucoup ont marqué, voire bouleversé, leur époque. Les saints n'ont pas gardé leur élan pour eux. Mystérieusement, quelquefois à leur corps défendant, ils ont été suivis ; des communautés sont nées autour d'eux, autour de leur témoignage, ou de leur souvenir. Tous, en tout cas, ont conforté l'Église.

Pour les chrétiens, tous ceux qui sont unis au Christ, qu'ils participent encore à la vie terrestre ou déjà à la vie promise par Dieu après la mort, forment un seul Corps avec lui, et la sainteté — la plus grande proximité de certains avec Dieu — permet au Corps tout entier d'être davantage tourné vers Dieu Père. ■

Lorsqu'un mot, une expression, un événement, une institution, un nom propre vous sont inconnus, consultez l'index.

Ph. Giraudon

Fra Angelico. Détail du Jugement dernier, "Les élus". Détrempe sur bois, v. 1430. Couvent San Marco. Florence.

Qu'est-ce que ..?

——▶

(340-397), Anselme (1033-1109), Antoine de Padoue (1195-1231), Athanase (295-373), Augustin (354-430), Basile de Césarée (329-379), Bède le Vénérable (673-735), Bernard de Clairvaux, surnommé *Doctor Mellifluus* (1090-1153), Bonaventure, surnommé *Doctor Seraphicus* (1221-1274), Catherine de Sienne (1347-1380), Cyrille d'Alexandrie (380-444), Cyrille de Jérusalem (315-386), Ephrem (306-373), François de Sales, le seul des docteurs à avoir écrit en langue française (1567-1622), Grégoire le Grand (540-604), Grégoire de Nazianze (330-390), Hilaire de Poitiers († 468), Isidore (560-636), Jean Chrysostome, c'est-à-dire en grec *Bouche d'or* (340-407), Jean de la Croix (1542-1591), Jean Damascène († 749), Jérôme (347-420), Laurent de Brindisi (1559-1620), Léon le Grand († vers 461), Pierre Canisius (1521-1597), Pierre Chrysologue (406-450), Pierre Damien (1007-1072), Robert Bellarmin (1542-1621), Thérèse d'Avila (1515-1582), Thomas d'Aquin, surnommé *Doctor Angelicus* (1225-1274).

En Espagne, on range, en outre, au nombre des Docteurs de l'Église les saints Léandre de Séville (510-598), Ildefonse (600-667) et Fulgence d'Ecija (580-633).

Sainte Thérèse d'Avila a été la première femme proclamée Docteur de l'Église, par Paul VI en 1970.

Les Églises non-catholiques d'Orient ne vénèrent, quant à elles, que trois Docteurs, les saints Basile, Grégoire de Nazianze et Jean Chrysostome.

Plusieurs théologiens du Moyen Âge, sans porter le titre de Docteurs de l'Église, sont rangés parmi les grands Docteurs de la Foi : Grégoire de Rimini (*Doctor Acutus*, † 1358), Jean Gerson (*Doctor Christianissimus*, 1363-1429), Jean Ruysbroek (*Doctor Indivicibilis*, 1293-1381), Roger Bacon (*Doctor Admirabilis*, 1561-1626), Duns Scot (*Doctor Subtilis*, v. 1270-1308). Les surnoms n'ont aucun caractère officiel, et sont le fait du monde des théologiens lui-même.

Dulie (du grec *doulos*, serviteur). Prières et hommages adressés aux anges, aux saints, et notamment à la Vierge Marie (Hyperdulie). Le culte de dulie se différencie du culte d'adoration (latrie), rendu à Dieu seul.

——▶

COMMENT SONT CHOISIS LES SAINTS DU CALENDRIER ?

Proposés par l'Église à la vénération et à l'imitation des chrétiens, mais à des époques et dans des circonstances fort diverses, les saints constituent en réalité un monde très diversifié.
Parmi les quelques 40 000 qu'on peut recenser, on trouve d'abord les très grands saints. Leur rôle dans le témoignage, la transmission et l'approfondissement de la foi est reconnu comme primordial.
Il y a ensuite la masse imposante de ceux qui sont universellement vénérés, et dont on connaît avec précision les mérites et les faits essentiels de leur vie.
Il y a enfin une foule de saints plus obscurs, soit parce que leur rayonnement est resté de caractère très local, soit parce qu'on ne sait plus grand-chose d'eux. Et parmi ces derniers, si beaucoup ont très certainement été d'authentiques témoins de l'Évangile, quelques-uns par contre sont probablement nés de l'imagination populaire, comme du désir bien compréhensible pour une communauté humaine de se réclamer d'origines ou de patronages flatteurs. Par surcroît, en des siècles où la rigueur historique et le sens critique n'étaient guère affinés, des confusions se sont faites, ou ont pu se faire, entre des noms, des personnes, des lieux, des événements.
Aujourd'hui l'Église est devenue très exigeante, pour ne pas dire méfiante, à l'égard de l'authenticité des vies de saints, de même que ses critères sont très stricts pour la reconnaissance de nouveaux saints.
Par surcroît, elle ne met pas tous les saints sur le même plan ; pour une bonne pédagogie de la foi, il fallait évidemment faire une sélection dans l'immense foule des personnes admises au rang des saints ; la manière dont est conçu le calendrier liturgique est révélatrice à cet égard.
Une première distinction est faite entre les saints dont la fête est à célébrer par l'ensemble de l'Église dans sa liturgie quotidienne, et les autres saints. Les fêtes à célébrer par toute l'Église sont fixées par le *calendrier romain pour l'Église universelle.* Celui-ci ne retient qu'une sélection très restreinte. D'abord parce que l'année liturgique, comme l'année civile, ne compte que 365 jours (alors qu'il y a environ 40 000 saints). Ensuite parce que le concile Vatican II, pour éviter que les fêtes des saints ne l'emportent sur celles célébrant le Christ, a décidé que le plus grand nombre d'entre elles serait laissé à la célébration de chaque Église, nation ou ordre religieux ; seraient seules étendues à l'*Église universelle* les fêtes de saints présentant véritablement une importance universelle (n° 111 de la Constitution sur la liturgie de Vatican II).
Depuis 1970, date de mise en application de la réforme réalisée sur ce point par Paul VI, le calendrier romain ne compte donc plus que 180 saints. Ceux qui ont été éliminés étaient peu connus, ou bien on ne pouvait « établir avec certitude les fondements historiques de leur culte » ; ainsi des saints pourtant très populaires comme Christophe, Barbe, Catherine, ont été supprimés du calendrier liturgique universel.
En second lieu, au sein même de la sélection du calendrier romain, les fêtes font l'objet d'un classement hiérarchisé selon l'importance que l'Église veut attribuer à chacune d'elles (voir encadré ci-dessous : *Une hiérarchie des fêtes des saints*).
Quant aux fêtes non inscrites au calendrier romain, leur célébration est laissée aux Églises locales, aux pays, aux diocèses, aux ordres religieux. Mais, bien sûr, chacun peut, pour sa part personnelle, vénérer plus particulièrement tel ou tel saint, quel que soit le rang auquel l'Église a mis sa fête.
Qu'ils figurent dans le calendrier romain ou dans des calendriers locaux, les saints authentiques forment en effet une société d'une extrême diversité ; tout homme, toute femme peut trouver parmi eux celui, celle, ceux qui correspondent le mieux à son tempérament, à sa situation, à sa vocation.
Encore faut-il savoir que, lorsque l'Église propose un saint à la vénération des fidèles, elle ne cautionne pas pour autant les aspects légendaires dont les siècles ont parfois embelli sa vie.
Quant aux calendriers utilisés dans la vie courante (agendas, calendriers des postes, etc.), leurs éditeurs s'attachent généralement à y faire figurer les noms les plus courants ; tous ne se trouvent pas pour autant dans le calendrier romain ; ils font alors l'objet de fêtes locales. ■

Une hiérarchie des fêtes des saints

L'année liturgique est basée sur deux *cycles* qui se combinent entre eux selon des règles précises : un cycle principal, celui des temps liturgiques, qui fait revivre les grands événements du salut (Noël, la Passion, Pâques, etc.), c'est le *temporal ;* un cycle secondaire, consacré aux fêtes des saints : c'est le *sanctoral* (v. p. 912 et 913).
Le **calendrier liturgique sanctoral**, déterminé le plus souvent par la date de la mort des saints (ou, plus exactement, dans la perspective chrétienne, de leur « naissance au ciel »), établit lui-même une hiérarchie dans l'importance des fêtes des saints.
En tête, arrivent celles qui sont mises au rang des **Solennités,** les très grandes fêtes de l'Eglise ; elles l'emportent sur toutes les autres, y compris les dimanches. Dans les 15 solennités de l'année, cinq saints se trouvent ainsi mis en avant : la Vierge Marie (qui est de tous les saints et saintes celle qui est le plus souvent et le plus solennellement honorée), saint Joseph, saint Jean-Baptiste, les saints Pierre et Paul ; la Toussaint honore en outre tous les saints connus et inconnus, tous les hommes qui ont été admis dans la béatitude divine.
La seconde catégorie de célébrations de saints porte le nom de **Fêtes ;** rappelant soit un personnage soit un événement, elles prennent place, dans l'ordre d'importance, après les solennités et les dimanches ; au nombre de 25, elles concernent 21 saints, dont 3 déjà honorés dans le cadre des solennités. On y trouve notamment les apôtres, les évangélistes, les tout premiers martyrs.
Au-delà de ces deux catégories, viennent les **Mémoires** (ce qui veut dire commémoration), au nombre de 66 pour 62 saints.
La quatrième et dernière catégorie, celle des **Mémoires ad libitum** (c'est-à-dire facultatives), concerne un peu plus d'une centaine de saints.
Ce sont donc au total environ 180 noms qui figurent au calendrier universel de l'Eglise, soit une très petite proportion de la grande foule des saints plus ou moins connus.

Il faut cependant ajouter que les Églises nationales et les diocèses peuvent inscrire à leur calendrier propre (solennités, fêtes, mémoires) des saints ne figurant pas au calendrier romain et faisant chez eux l'objet d'un culte traditionnel. C'est ainsi par exemple que, pour la France, sainte Geneviève, saint Rémi, sainte Bernadette, saint Yves, sainte Jeanne d'Arc, saint Césaire d'Arles figurent au calendrier national ; qu'en Belgique, c'est le cas de saint Amand, saint Lambert, saint Hubert ; qu'au Canada, la célébration de sainte Anne a rang de fête, etc. ■

CALENDRIER ROMAIN POUR L'ÉGLISE UNIVERSELLE

ET CALENDRIER

DES PAYS FRANCOPHONES

****	Solennité
***	Fête
**	Mémoire
*	Mémoire Facultative
AN	Afrique du Nord
B	Belgique
C	Canada
F	France
L	Luxembourg
S	Suisse

Janvier

1	Marie Mère de Dieu		****
2	Basile le Grand		**
	Grégoire de Nazianze		**
3	Geneviève	F	*
7	Raymond de Penafort		*
12	Marguerite Bourgeoys	C	*
13	Hilaire		*
15	Rémi	F	*
17	Antoine le Grand		**
20	Fabien		*
	Sébastien		*
21	Agnès		**
22	Vincent		*
24	François de Sales		**
25	Conversion de St-Paul		***
26	Timothée		**
	Tite		**
27	Angèle Merici		*
28	Thomas d'Aquin		**
31	Jean Bosco		**

Dimanche entre 2 et 8 janvier : Épiphanie ****

Dimanche après le 6 janvier : Baptême du Seigneur ***

Février

2	Présentation du Seigneur		***
3	Blaise		*
	Anschaire		*
5	Agathe		**
6	Paul Miki et ses compagnons		**
	Amand	B	*
8	Jérôme Emilien		*
10	Scholastique		**
11	N.D. de Lourdes		*
14	Cyrille et Méthode		**
18	Bernadette Soubirous	F	*
21	Pierre Damien		*
22	Chaire de St-Pierre		***
23	Polycarpe		*

Mars

4	Casimir		*
7	Perpétue		**
	Félicité		**
8	Jean de Dieu		*
9	Françoise Romaine		*
17	Patrick		*
18	Cyrille de Jérusalem		*
19	Joseph		****
23	Turibe		*
25	Annonciation		****

Avril

2	François de Paule		*
4	Isidore de Séville		*
5	Vincent Ferrier		*
7	Jean-Baptiste de la Salle		**
11	Stanislas		*
13	Martin 1er, pape		*
21	Anselme		*
23	Georges		*
24	Fidèle de Sigmaringen		*
25	Marc		***
27	Pierre Canisius	S	*
28	Pierre-Marie Chanel		*
29	Catherine de Sienne		**
30	Pie V		*

Samedi après le 4e dimanche de Pâques : Vierge Marie consolatrice des affligés L ****

Mai

1	Joseph travailleur		*
2	Athanase		**
3	Philippe		***
	Jacques		***
12	Achille		*
	Nérée		*
	Pancrace		*
14	Mathias		***
18	Jean 1er, pape		*
19	Yves	F	*
20	Bernardin de Sienne		*
25	Bède le Vénérable		*
	Grégoire VII, pape		*
	Marie-Madeleine de Pazzi		*
26	Philippe Néri		**
27	Augustin de Cantorbéry		*
30	Jeanne d'Arc	F	**
31	Visitation de Marie		***

1er dimanche après le Pentecôte : Sainte Trinité ****

2e dimanche après la Pentecôte : Saint-Sacrement ****

Vendredi après le 2e dimanche après la Pentecôte : Sacré Cœur de Jésus ****

3e samedi après la Pentecôte : Cœur Immaculé de Marie. *

Juin

1	Justin		**
2	Marcellin		*
	Pierre (exorciste)		*
	Pothin, Blandine et leurs compagnons	F	*
3	Charles Lwanga et ses compagnons		**
4	Clotilde	F	*
5	Boniface		**
6	Norbert		*
9	Ephrem		*
11	Barnabé		**
13	Antoine de Padoue		**
19	Romuald		*
21	Louis de Gonzague		**
22	Paulin de Nole		*
	Jean Fisher		*
	Thomas More		*
24	Nativité de Jean-Baptiste		****
27	Cyrille d'Alexandrie		*
28	Irénée		**
29	Pierre et Paul, apôtres		****
30	Premiers martyrs de l'Église de Rome		*

Juillet

3	Thomas		***
4	Élisabeth de Portugal		*
5	Antoine-Marie Zaccaria		*
6	Maria Goretti		*
11	Benoît de Nursie		**
13	Henri		*
14	Camille de Lellis		*
15	Bonaventure		**
16	N.D. du Mont-Carmel		*
21	Laurent de Brindisi		**
22	Marie-Madeleine		**
23	Brigitte de Suède		*
25	Jacques, apôtre		***
26	Anne		**
		C	***
	Joachim		**
29	Marthe		**
30	Pierre Chrysologue		*
31	Ignace de Loyola		**

Août

1	Alphonse-Marie de Liguori		**
2	Eusèbe de Verceil		*
4	Jean-Marie Vianney		**
5	Dédicace de Sainte-Marie Majeure		*
6	Transfiguration		***
7	Sixte II, pape et ses compagnons		*
	Gaétan		*

	Julienne du Mont-Cornillon	B	*
8	Dominique		**
10	Laurent		***
11	Claire		**
13	Pontien, pape		*
	Hippolyte		*
	Jean Berchmans		*
15	Assomption de la Vierge		****
16	Etienne de Hongrie		*
19	Jean Eudes		*
20	Bernard		**
21	Pie X, pape		**
22	Marie, Reine		**
23	Rose de Lima		*
24	Barthélémy, apôtre		***
25	Louis		*
	Joseph de Calasanz		*
26	Césaire d'Arles	F	*
27	Monique		**
28	Augustin		**
		AN	***
29	Martyre de Jean-Baptiste		**
31	Vierge Marie Médiatrice	B	*

Septembre

3	Grégoire le Grand, pape		**
8	Nativité de la Vierge		***
13	Jean Chrysostome		**
14	Exaltation de la Croix (ou Croix glorieuse)		***
15	N.D. des Douleurs		**
16	Corneille, pape		**
	Cyprien		**
		AN	****
17	Robert Bellarmin		*
	Lambert	B	*
19	Janvier		*
21	Matthieu		***
22	Maurice et ses compagnons	S	*
25	Nicolas de Flue	S	****
26	Côme et Damien		*
27	Vincent de Paul		*
28	Venceslas		*
29	Michel, Gabriel, Raphaël		***
30	Jérôme		**

Octobre

1	Thérèse de l'Enfant Jésus		**
2	Anges gardiens		**
4	François d'Assise		**
6	Bruno		*
7	N.-D. du Rosaire		**
9	Denis et ses compagnons		*
	Jean Leonardi		*
14	Calixte ou Calliste 1er, pape		*
15	Thérèse d'Avila		**
16	Edwige ou Hedwige		*
	Marguerite-Marie Alacoque		*
	Marie-Marguerite d'Youville	C	*
17	Ignace d'Antioche		**
18	Luc		***
19	Jean de Brébeuf, Isaac Jogues et leurs compagnons		*
		C	**
	Paul de la Croix		*
23	Jean de Capistran		*
24	Antoine-Marie Claret		*
25	**ou dernier dimanche d'octobre :** Dédicace des églises dont on ne connaît pas la date de consécration		****
28	Simon et Jude, apôtres		

Novembre

1	Toussaint		****
2	Commémoration de tous les fidèles défunts		****
3	Martin de Porrès		*
	Hubert	B	**
4	Charles Borromée		**
7	Willibrord	L	***
9	Dédicace de la basilique du Latran		***
10	Léon le Grand, pape		**
11	Martin		**
12	Josaphat		**
15	Albert le Grand		*
16	Marguerite d'Écosse		*
	Gertrude		*
17	Élisabeth de Hongrie		**
18	Dédicace des basiliques romaines St-Pierre et St-Paul		*
21	Présentation de la Vierge		**
22	Cécile		**
23	Clément, pape		*
	Colomban		*
26	Jean Berchmans	B	*
30	André, apôtre		***
	Dernier dimanche du temps ordinaire : Christ-Roi		****

Décembre

3	François-Xavier		**
4	Jean Damascène ou de Damas		*
6	Nicolas		*
7	Ambroise		*
8	Immaculée-Conception de la Vierge		****
11	Damase, pape		*
12	Jeanne-Françoise de Chantal		*
13	Lucie ou Luce		**
14	Jean de la Croix		**
21	Pierre Canisius		*
23	Jean de Kenty		*
25	Nativité du Seigneur		****
26	Etienne		***
27	Jean, apôtre		***
28	Saints Innocents		***
29	Thomas Becket		*
31	Silvestre ou Sylvestre 1er, pape		*
	Dimanche dans l'octave de la Nativité ou 30 décembre en l'absence de ce dimanche : la Sainte Famille		***

Qu'est-ce que ..?

Hagiographie (du grec *hagios*, sacré, et *graphein*, écrire). Au sens strict, récit de la vie d'un saint à partir des méthodes de la science historique. Au sens large, le mot désigne toute relation d'une vie de saint, à telle enseigne qu'il est parfois employé pour désigner toute biographie un peu trop élogieuse !
L'hagiographe est l'auteur d'une vie de saint.

Hyperdulie (du grec *uper*, au-dessus, et *doulos*, serviteur). Le mot *dulie* désignant le culte d'honneur rendu aux saints, celui d'*hyperdulie* a été créé pour désigner celui rendu à la Vierge en raison de son éminente dignité parmi les saints. Le terme dulie rappelle toutefois que ce culte, si éminent soit-il, reste de *vénération*, et se distingue donc fondamentalement, par nature, de celui d'*adoration* (ou latrie), réservé à Dieu seul.

Légende (du latin *legenda*, choses à lire, ce qui doit être lu).
A l'office des matines est lue chaque jour, sous forme de « leçon », l'évocation de la vie du saint dont on célèbre la fête ; ce récit « à lire » (*legenda*) est pour cette raison appelé légende. Très tôt, des recueils de vies de saints furent composés pour répondre aux besoins de ces célébrations ; puisqu'il s'agissait avant tout d'édifier et non pas de réaliser une œuvre scientifique (bien étrangère aux mentalités de l'époque), le fonds historique reçut maints embellissements, et le merveilleux domina volontiers, comme il le fera dans les chansons de geste ou les romans de chevalerie. C'est ainsi que le mot légende prit le sens de récit populaire plus ou moins fabuleux.
Parmi les nombreux recueils de vies de saints, on peut citer le *Martyrologe* (VIe s.) fictivement attribué à saint Jérôme et les *Acta Sanctorum* entrepris par le jésuite Bolland (XVIIIe s.) et ses successeurs, les bollandistes.
Mais, de beaucoup, le plus célèbre est celui connu sous le titre de *Légende dorée (Legenda aurea)* qui lui fut donné au XVe siècle ; il a été en réalité rédigé vers 1260 par le dominicain italien Jacques Vorazzo, dit de Voragine, sous le titre *Historiae* ou *Legenda Sanctorum* ; ce fut le recueil le plus complet et le plus utilisé ; mêlant faits authentiques et merveilleux, il connut un immense succès et fit l'objet de nombreuses éditions, souvent illustrées de miniatures ; il figura parmi les premiers ouvrages imprimés et a inspiré une abondante iconographie.
▶

QU'EST-CE QUE LA BÉATIFICATION ET LA CANONISATION ?

Au sens strict, la béatification est l'acte par lequel le pape place une personne au rang des « bienheureux » (en latin *beati*), et la canonisation celui par lequel il l'inscrit sur la liste officielle (canon) des saints.

Pourquoi faire ?

Béatification et canonisation ont pour but, de la part de l'Église, de proposer en exemple au peuple chrétien le témoignage d'un de ses membres défunts (désigné dans le langage de l'Église sous le titre de *Serviteur de Dieu*), et d'autoriser ou de prescrire un culte public en son honneur.

Ce culte public se traduit par l'attribution d'un jour de fête au calendrier (généralement le jour anniversaire du décès, et donc de la « naissance au ciel »), avec honneur plus ou moins solennel rendu au saint ou au bienheureux pendant l'office et la messe du jour de sa fête ; le culte public se traduit aussi par la possibilité d'exposer des images et des reliques dans les églises ; en outre, le saint ou le bienheureux peut être pris comme patron (de personnes, de paroisses, etc.), le tout dans les limites définies par l'autorité ecclésiastique.

Qu'est-ce qui distingue béatification et canonisation ?

C'est précisément dans le *degré d'extension du culte public* que réside la principale différence pratique entre béatification et canonisation. Le culte public du bienheureux est limité ; il n'est autorisé que là où le Saint-Siège le prévoit. Au contraire celui du saint, auquel l'Église accorde plus d'importance, est autorisé, voire même prescrit, partout dans l'Église universelle.

Une procédure rigoureuse.

La béatification et la canonisation ne sont décidées qu'au terme d'une procédure rigoureuse. Dès les premiers siècles du christianisme, afin de faire cesser les abus qui s'étaient multipliés tant les martyrs et les saints étaient populaires, les évêques s'étaient réservé le droit de déclarer qui pouvait être reconnu comme saint ; au XIIe siècle, dans le même souci, le pape Alexandre III restreignit ce droit au seul souverain pontife, et au XIIIe siècle, Innocent III en définit les règles. Celles-ci connurent diverses réformes au cours des siècles. Après avoir été incorporées au code de Droit Canon de 1917, elles ne figurent plus dans celui de 1983. La dernière réforme a été apportée par Jean-Paul II avec la Constitution apostolique du 25 janvier 1983, destinée à simplifier la procédure et à y associer davantage les évêques.

Deux ordres de faits doivent être démontrés pour aboutir à une béatification ou une canonisation :

- le rayonnement spirituel du Serviteur de Dieu après sa mort :

▶▶▶ *suite page 32*

Qu'est-ce que ..?

▶ Faut-il préciser que, depuis lors, la rigueur des sciences historiques a prévalu dans la relation de la vie des saints, ce qui a valu à plusieurs d'entre eux d'être rayés du cycle sanctoral de la liturgie.

Martyr (du grec *martus, marturos,* témoin). Littéralement le martyr est celui qui témoigne de sa foi. Le titre est cependant réservé par l'Église à ceux dont le témoignage a été jusqu'à accepter la mort. Mais, de manière plus courante, on parle de martyrs chaque fois que la fidélité à la foi a été la cause de souffrances. La communauté juive avait déjà connu des martyrs, notamment à l'époque des Maccabées au IIe siècle avant notre ère. Mais, dans l'Église, le martyr prend un sens renouvelé par son union aux souffrances du Christ, modèle achevé de témoin de Dieu par le sang.

Martyrologe. Catalogue, liste des martyrs. Par extension, le livre liturgique qui donne, dans l'ordre du calendrier, la liste des saints célébrés chaque jour de l'année ; ce titre rappelle ainsi la place éminente qui a toujours été reconnue aux martyrs parmi les saints.

Ostension (du latin *ostensio,* action de montrer, dérivé de *ostendere,* mettre en avant, présenter). Exposition d'une relique à la vénération des fidèles.
Dans le Limousin, par exemple, le culte des reliques est l'occasion de solennelles ostensions qui se font tous les sept ans ; les châsses (de saint Martial, saint Loup, saint Aurélien, etc.) sont portées en procession et attirent les foules.

Patron (du latin *patronus,* protecteur, dérivé de *pater,* père). Dans l'antiquité romaine, le terme désignait l'ancien maître d'un esclave affranchi, vis-à-vis duquel il conservait des droits et des obligations ; il s'est aussi appliqué à des patriciens riches qui se faisaient les protecteurs d'une « clientèle » d'hommes libres de condition inférieure.
L'Église a repris le terme lorsque l'usage s'est établi, dès les origines, de placer sous la protection d'un saint une personne (qui en reçoit le nom au baptême), une église, un diocèse, une confrérie, une corporation, une ville, un pays...

Protomartyr (du grec *protos,* premier). Titre donné au premier martyr d'un pays ou d'une Église. Titre donné dans toute l'Église à saint Etienne, premier martyr, ainsi parfois qu'aux Saints Innocents.

COMMENT EST NÉ LE CULTE DES SAINTS

Dès le milieu du IIe s. en Orient, et au IIIe en Occident, les chrétiens prennent l'habitude de se réunir près des tombes des **martyrs** ou sur les lieux de leur supplice, en particulier le jour anniversaire de leur mort ; cet anniversaire est très rapidement célébré comme celui de leur véritable naissance, leur naissance au ciel. La communauté chrétienne en effet, sans aucun débat, a tout de suite regardé comme entrés dans la gloire de Dieu ceux qui ont versé leur sang pour lui, et l'habitude est prise très tôt de marquer fortement le lien entre leur sacrifice et celui du Christ sur la croix en célébrant l'eucharistie sur leurs tombes. Ce rassemblement est favorisé par l'usage qu'avaient les Romains de se réunir autour des tombes de leurs défunts et d'y prendre des repas ; ainsi le « banquet eucharistique » des chrétiens autour de la tombe des martyrs était-il admis par ceux-là même qui avaient mis à mort ces derniers.

- Peu à peu le *martyr* devient un *modèle ;* on sollicite son intercession auprès de Dieu. Les évêques favorisent cette forme de culte, généralement local.
- Le **culte rendu aux martyrs** engendre très vite (IVe siècle) la vénération de leurs *reliques ;* on commence à transférer des corps, des fragments de corps, ou des morceaux d'étoffe ayant touché ces corps, à travers le monde chrétien (translations) ; on construit des églises dédiées au saint martyr dont elles conserveront les reliques (placées sous l'autel ; c'est l'origine de la pierre d'autel contenant une relique). Ces reliques revêtent une importance extrême aux yeux du peuple chrétien ; le lieu où elles reposent est inviolable. En cas de danger (épidémies, famine, siège, etc.), on promène en procession la châsse qui les contient pour arrêter le mal.
- Progressivement le **culte des martyrs se répand** bien au-delà des lieux où on vénère leurs restes ; ils ont leur jour commémoratif célébré dans toute l'Église. On met des lieux de culte, des villes, des points géographiques sous leur patronage. Les apôtres, presque tous morts martyrs, figurent parmi ceux qu'on vénère particulièrement en leur double qualité de compagnons du Christ et de piliers de l'Église naissante.
- Des martyrs et des apôtres, la vénération s'étend bientôt aux évêques fondateurs d'Églises locales et aux moines évangélisateurs, ces « pères dans la foi », puis aux vierges et aux veuves consacrées, aux grands mystiques, ascètes, maîtres à penser (docteurs). Le culte des saints est parfois mis à contribution pour christianiser des lieux de culte ou des fêtes païennes (la Saint-Jean au moment du solstice d'été).
- Quant à la Vierge Marie, vénérée très tôt, elle a été fêtée dès les IVe et Ve siècles à l'occasion des fêtes du Seigneur faisant ressortir son rôle dans l'histoire du Salut : Annonciation, Visitation, Nativité, Purification ; on y ajoutera peu à peu, au fil des siècles, d'autres fêtes : Dormition ou Assomption, Immaculée Conception, etc.
- Pendant longtemps, le culte des saints est resté comme une simple extension de celui des martyrs : on distinguait le martyre rouge par effusion de sang, le martyre vert par pénitence, le martyre blanc par virginité et bonnes œuvres.
- Les premières *vies de saints* apparaissent vers le milieu du IVe siècle. En 356, saint Athanase écrit la vie de saint Antoine quelques années seulement après sa mort. A cette époque paraissent également les premiers *calendriers des saints :* le plus ancien remonte à 354 (et a servi de base au calendrier liturgique romain en vigueur jusqu'à la réforme de 1969). Calendriers locaux et régionaux sont refondus pour rédiger le *martyrologe* : le plus ancien parvenu jusqu'à nous — et d'ailleurs faussement attribué à saint Jérôme — date de la fin du VIe siècle. On ne peut demander aux vies de saints écrites dans les premiers siècles de répondre aux critères historiques de notre époque. Le goût général pour le merveilleux était plutôt alors la référence. La ferveur des hagiographes, la volonté d'édifier, l'imagination des foules, les calculs de certains personnages intéressés contribuèrent à enjoliver les vies de saints, à leur attribuer des miracles extraordinaires.
- Pendant longtemps ce sont les évêques qui ont eu le privilège de *proclamer la sainteté d'un personnage.* On connaît la date de la première canonisation proclamée par un pape : celle de l'évêque d'Augsbourg, Ulric, en 993. Ce n'est qu'à partir du XIIe siècle que le pape s'est réservé le droit d'instruire le procès en canonisation, selon des règles qui sont devenues depuis lors de plus en plus rigoureuses. ■

D.R.

Canonisation des 101 martyrs de Corée, le 6 mai 1984, à Séoul, par le pape Jean-Paul II.

LES SAINTS ET LES NOMS DE LIEU

La géographie humaine de l'Europe a été profondément marquée par l'influence chrétienne, tout au moins à partir du moment où le christianisme y eut acquis droit de cité (Édit de Milan de l'empereur Constantin en 313), et plus encore à partir de l'essor démographique des xe et xie siècles venant après la période troublée des invasions. L'image familière qu'offrent aujourd'hui les villages serrés autour de leur clocher est, bien sûr, la manifestation la plus immédiatement repérable de cette imprégnation chrétienne du terroir. Mais la toponymie, c'est-à-dire l'étude des noms de lieu, est au moins aussi révélatrice. Nombreux sont en effet les villes, villages, lieux-dits, points remarquables de la topographie (monts et collines, forêts, plans d'eau, etc.) dont le nom évoque quelque référence chrétienne.

Les noms les plus anciens ayant une valeur religieuse sont dérivés du latin *cella* employé dans le sens d'ermitage — d'où la cellule du moine — ou de sanctuaire (La Celle-Saint-Cloud, etc.). Mais bien d'autres termes religieux influenceront les noms de lieu : ainsi *basilica* ou *ecclesia,* église (d'où Bazoches, la Bazoges, Eglisolles, Griselles, Neuvéglise, Colombey-les-deux-Eglises), sans oublier les noms basques en *eliça* (Elissagaray), ni les noms germaniques dérivés de *kirihha* (Dunkerque, Altkirch, etc.), qui désignent également l'église ; tels encore *oratorium,* oratoire (d'où Oroux, Ouroux, Oradour...) ; *capella,* chapelle (d'où La Capelle, La Chapelle...) ; *monasterium,* monastère (Moutiers, Faremoutiers, Montreuil, Münster) ; *martus,* martyr (Montmartre, La Martre, Le Martrois...). Il faudrait aussi évoquer les noms provenant d'établissements fondés par des ordres religieux (L'Hôpital, La Maladrerie, La Commanderie, Le Temple, Pont-l'Abbé...).

Mais ce sont surtout les noms de saints qui marquent la toponymie occidentale. L'usage de tels noms pour les lieux remonte au vie siècle, et s'est surtout développé à partir de l'époque carolingienne (viiie-ixe siècles). A l'origine, c'est le mot *dominus* (seigneur, maître), et non celui de *sanctus*, qui précédait le nom du saint ; d'où Dommartin, Domrémy, Dannemarie...

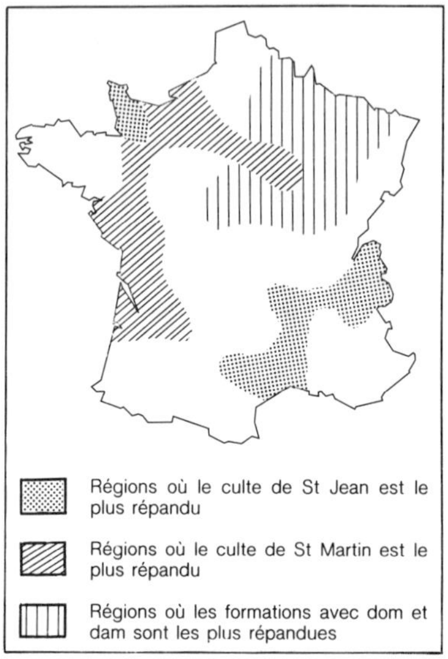

Toponymie d'origine religieuse (d'après le Grand Atlas de la France, édité par Sélection du Reader's Digest)

A l'époque féodale, les attributions de noms de saints se multiplient, *sanctus* se substituant désormais à *dominus.*

Cette multiplication est telle, notamment dans le Massif Central, qu'aujourd'hui en France 4 376 communes sur un total de 36 433, soit une sur huit (ou 12 %), portent un nom commençant par Saint ou Sainte. C'est dans les départements de l'Ardèche et de la Loire que la proportion est la plus forte (29 %). L'historien d'art Emile Mâle a pu parler d'une véritable litanie des noms de ville.

Or à ces 4 376 communes il faudrait ajouter toutes celles, nombreuses, dont le nom fait référence à Notre-Dame, ainsi que celles qui évoquent de quelque façon les personnes divines (Villedieu, Saint-Sauveur, La Trinité...), ou qui comportent dans leur libellé le nom d'un saint (La-Côte-Saint-André, Port-Saint-Louis-du-Rhône, Montmartin, etc.).

Il faudrait aussi tenir compte des communes dont le nom, formé dans la langue ou le dialecte local, fait référence à quelque saint local. C'est le cas en Bretagne, en partie évangélisée par des moines venus des îles britanniques dont le nom est souvent resté associé aux vocables *lann* (abbaye, église, terre consacrée), *loc* (lieu, cellule, monastère), *plou* (paroisse) : tels Landivisiau (l'abbaye de Thivisiau, évêque de Dol au viiie siècle), Locronan (la cellule de saint Ronan, moine du ve siècle), Ploërmel (la paroisse de saint Armel, ermite du vie siècle), etc. Or, les noms de lieu commençant par *lann, loc, plou,* se comptent par centaines en Bretagne !

— Finalement, peut-on évaluer le nombre de personnages, authentiques ou légendaires, qui ont ainsi marqué la toponymie française ?

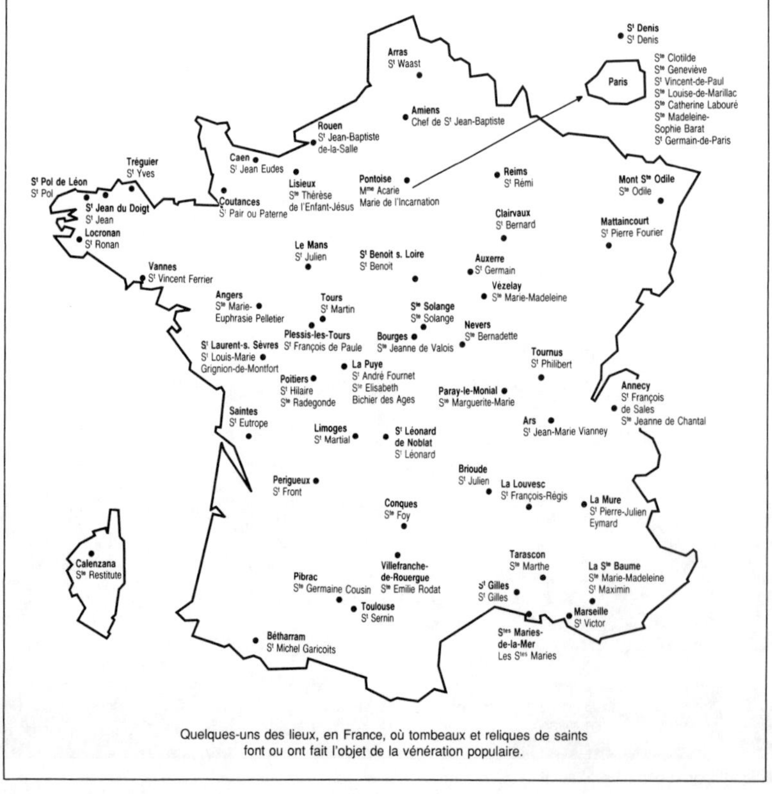

Quelques-uns des lieux, en France, où tombeaux et reliques de saints font ou ont fait l'objet de la vénération populaire.

C'est fort aléatoire. D'abord plusieurs saints distincts portent le même nom (on compte plus de 300 saints ou bienheureux Jean, 64 Paul, 25 Bernard, 15 Cyrille, 9 Cyprien, etc.), et il n'est pas toujours possible de savoir lequel d'entre eux a été pris pour patron. Ou bien, au contraire, les traditions ont donné un caractère exclusivement local à des personnages honorés en fait en plusieurs lieux distincts, parfois sous des noms modifiés par la phonétique locale. Par surcroit, pour les périodes antérieures au xe siècle, on ne dispose que de très peu de documents permettant d'éclaircir ces points. Au total, ce ne sont probablement pas moins de 3 000 personnages différents qui se trouveraient honorés par les noms des communes françaises.

— Quels seraient, d'après le nombre de communes portant leur nom, les plus populaires de ces personnages ?

Si on se réfère aux seules communes dont le nom commence par Saint ou Sainte, ce seraient :

Martin (242), Jean (180), Pierre (163), Germain (130), Laurent (103), Julien (99), Hilaire (85), Georges (84), Étienne (74), André (71), Michel (69), Maurice (65), Paul (61), Marie (49) (d'après *Quid* 1990).

On voit qu'au *hit parade* des noms de communes, c'est saint Martin, évêque de Tours (ive siècle), le grand évangélisateur de la campagne gauloise, qui arrive de loin en tête ; sa popularité fut et reste en effet considérable.

On observera aussi que ce peloton de tête se recrute en fait dans trois catégories de saints :

1. *Parmi les grands évangélisateurs de la Gaule :* outre Martin, c'est le cas de Germain, évêque d'Auxerre (ive siècle) et, à un moindre degré, de Germain, évêque de Paris (vie siècle), ainsi que d'Hilaire, évêque de Poitiers (ive siècle), celui-là même qui ordonna saint Martin exorciste, puis le soutint dans son action évangélisatrice.

2. *Parmi les grands fondateurs de l'Église :* Jean (et Jean-Baptiste), Pierre, André, Paul, ainsi qu'Étienne, le premier martyr, et bien sûr, Marie.

3. *Parmi les saints dont la popularité doit beaucoup à la légende* qui s'est très vite emparée d'eux : Laurent, Julien, Georges, Maurice... Mais il y a plusieurs saints Julien : saint Julien l'Hospitalier, le plus connu ; saint Julien de Brioude, très populaire dans le centre de la France, saint Julien, évêque du Mans...

Quant à saint Michel il tient une place à part parmi les saints, puisqu'il appartient à la milice céleste des archanges ; symbolisant la victoire de Dieu sur le mal, il est évidemment un protecteur tout indiqué.

— De quelles manières le paysage a-t-il été ainsi baptisé ?

De deux façons : il y a eu d'une part attribution de nouveaux noms à des localités antérieures à la christianisation (surtout si le nom ancien évoquait quelque culte païen), et d'autre part attribution de noms chrétiens dès l'origine à de nouvelles localités. Il faut en effet rappeler que la France a connu un développement démographique considérable par rapport à ce qu'était la Gaule. Beaucoup de bourgs et de villes doivent leur origine à la mise en valeur de régions incultes par des moines, à la fondation d'abbayes, à l'établissement d'oratoires ou d'églises pour abriter le tombeau ou les reliques de saints, à des lieux de pèlerinage ou aux étapes des grands pèlerinages comme celui de Compostelle. Il allait de soi que les groupes d'habitats qui se formaient ainsi se mettent sous un saint patronage, surtout si celui-ci était lié à leur origine.

Quant aux fondations dues à des initiatives d'ordre profane (châteaux, cités féodales ou royales, villes neuves et villes franches) ou au développement économique (foires, marchés, ports...), c'était tout aussi spontanément que fondateurs ou habitants tenaient à les placer sous l'égide de quelque modèle de vie chrétienne, à tout le moins sous celle de quelque célébrité locale dont on était fier, quand ce n'était pas de quelque protecteur céleste jugé efficace ! Car il est vrai que le culte des saints, à très forte résonance populaire, a souvent vu se mêler les démarches les plus authentiquement spirituelles et les motivations les plus intéressées.

Mais, en fait, beaucoup de localités prirent tout simplement le nom du saint sous le patronage duquel leur église avait été placée à sa fondation. Il est même souvent arrivé que, dans les bousculades de l'histoire, des églises disparues soient remplacées par de nouvelles constructions placées sous un patronage différent (plus authentique, plus prestigieux, ou plus en rapport avec la spiritualité du temps), tandis que la localité conservait son nom d'origine. Ainsi peut s'expliquer le fait que, dans un certain nombre de cas, on ne trouve aucune église placée sous le patronage du saint qui a donné son nom à la ville.

Localités en Saint ou à consonnance religieuse
Région de Loudéac (Côtes d'Armor)

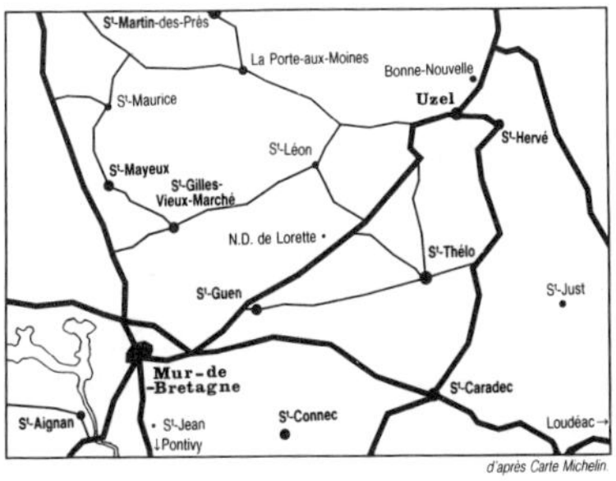

d'après Carte Michelin

Le plus souvent son souvenir se trouve conservé dans l'église de quelque façon (chapelle, statue, vitrail...).

Bien des communes sont restées fidèles à leur saint patron, la fête communale étant, par exemple, traditionnellement fixée au moment de la fête patronale.

Il existe d'autres manières d'exprimer cette fidélité, ne serait-ce que la connaissance des origines du nom de la cité et les efforts entrepris pour la faire partager par ses habitants. La mémoire d'une communauté est une des sources de sa cohésion et de sa personnalité. ■

Ph. Tournus

CONNAISSEZ-VOUS LE SAINT PATRON DE VOTRE VILLE OU DE VOTRE ÉGLISE ?

Savez-vous qui il est, quand il a vécu, ce qu'il a fait, pourquoi il a donné son nom à votre commune ou à votre église ?

— Si vous ne le savez pas, et que le renseignement ne figure pas dans le présent ouvrage, faites votre enquête : questionnez le maire de la commune, le secrétaire de mairie, le curé de la paroisse, les connaisseurs de la région (corps enseignant, bibliothécaires, sociétés historiques locales, archivistes municipaux ou départementaux...).

— Quand vous aurez recueilli ces renseignements, vous pourrez peut-être suggérer qu'un panneau explicatif soit apposé dans la mairie, ou dans l'église, ou dans le centre-ville ; ou encore qu'une notice soit établie et mise à la disposition des habitants, et des visiteurs de la ville et de l'église. En outre, n'oubliez pas d'en adresser une copie ou un exemplaire aux éditeurs du présent ouvrage : il pourra ainsi en être tenu compte dans les éditions suivantes. D'avance merci pour leurs lecteurs.

▶▶▶ *Suite de la page 28*

c'est à la fois un signe de sa participation à la sainteté de Dieu et l'assurance que son exemple est accessible et bienfaisant au peuple chrétien ; les miracles qui peuvent lui être attribués revêtent à ce titre une grande importance.

• son martyre ou ses vertus chrétiennes ; le martyre, c'est-à-dire la mort subie par fidélité à la foi, est le suprême témoignage que peut donner un chrétien, et il suffit à le rendre exemplaire quand bien même le reste de sa vie ne l'aurait pas été ; quant aux vertus chrétiennes, elles sont, en l'absence de martyre, la marque d'une foi vivante et la démonstration que la sainteté n'est pas inaccessible à l'homme.

La *procédure* se présente comme celle d'un procès canonique. Elle consiste d'abord en une enquête approfondie confiée à l'évêque diocésain, puis en une décision réservée au pape après un examen minutieux du dossier par un organisme spécialisé du Saint-Siège, la Congrégation pour les causes des saints.

L'évêque diocésain qui est saisi d'une demande de béatification ou de canonisation (de la part d'un fidèle ou d'un groupe de fidèles), ou qui prend de lui-même l'initiative d'engager la procédure, a pour mission essentielle en l'occurence de recueillir et d'examiner les preuves avancées en faveur de la cause ainsi introduite. Celle-ci a un avocat, le *postulateur de la cause*, choisi par celui ou ceux qui ont introduit la cause ; l'évêque recourt pour sa part à des experts (théologiens) ; il fait entendre des témoins, examiner les écrits du *serviteur de Dieu* s'il y en a, procéder à une enquête sur son martyre, sur ses vertus chrétiennes, sur les miracles avancés comme preuves. Une fois l'enquête achevée, véritable instruction judiciaire, l'ensemble du dossier avec les conclusions de l'évêque est transmis à Rome.

C'est alors la Congrégation pour les causes des saints (instituée par Paul VI en 1965 ; auparavant ces questions relevaient de la Congrégation des rites) qui va mener à son terme l'examen de la cause. Cette Congrégation romaine, comme toutes les autres, est constituée d'un collège de cardinaux et d'évêques présidé par un préfet (un cardinal) assisté d'un secrétaire (un évêque). Ce dernier dispose de rapporteurs et de consulteurs (historiens, théologiens) pour examiner chaque élément du dossier, et en particulier les miracles (pour l'étude desquels il sera en outre fait appel à un groupe de médecins s'il s'agit de guérisons).

Dans le cours de la procédure intervient le *promoteur de la foi*, sorte d'avocat général dont la mission est de ne rien laisser dans l'ombre de la vie du serviteur de Dieu, y compris tout ce qui pourrait être défavorable à sa cause (d'où l'appellation d'« avocat du diable » qui lui est familièrement donnée et qui est passée dans le langage courant). Après délibération, la Congrégation se prononce par des votes à propos du martyre, des vertus chrétiennes, des miracles ; s'ils sont positifs, ils se traduisent par des décrets reconnaissant la réalité des éléments indispensables à la béatification ou à la canonisation. Le dossier est alors remis au pape à qui revient l'ultime décision.

Lorsqu'un mot, une expression, un événement, une institution, un nom propre vous sont inconnus, consultez l'index.

A quoi servent les saints ?

Au cours de l'histoire, on s'est servi des saints de multiples manières, dont certaines n'étaient pas toujours... très catholiques ! Certaines processions ressemblaient davantage à des rassemblements nationalistes ou au culte de l'idole locale qu'à une célébration chrétienne.

Mais il s'agissait là d'excès. L'Église exprime ce qu'elle pense des saints dans une prière officielle, la préface récitée à leurs fêtes :

Lorsque tu couronnes leurs mérites,
tu couronnes tes propres dons.
Dans leur vie, tu nous procures
un modèle, dans la communion
avec eux, une famille, et dans
leur intercession, un appui.

On voit que, dans cette prière, l'Église souligne que les saints ne sont pas des demi-dieux, mais des personnes ordinaires ; dont le seul mérite est d'avoir été choisies par Dieu (« Tu couronnes tes propres dons ») et de n'avoir pas fait obstacle à ce choix, un choix qui vaut pour tous les baptisés ; qui reflètent en leur vie la vie de Dieu. C'est pourquoi ils deviennent un modèle (le christianisme est une expérience, il a besoin de modèles plus que d'idées). Si l'Église affirme que les saints forment une famille et intercèdent auprès de Dieu, c'est parce qu'elle croit à la solidarité des hommes entre eux, même au-delà de la mort. Pour elle, les hommes de tous les temps sont appelés à faire un seul Corps — le Corps du Christ — qui vit à la fois dans le temps (les vivants sur la terre) et déjà hors du temps (les ressuscités).

C'est dans cette perspective qu'il faut comprendre la prière aux saints. Le croyant, sachant l'amitié d'un saint pour le Christ, lui demande d'intercéder pour transformer sa prière en prière du Christ, seul véritable médiateur entre l'homme et Dieu. ■

Quelques proverbes

A chaque saint sa chandelle : pour s'assurer le succès d'une entreprise, il faut se rendre favorable chacun de ceux qui contribuent à sa réussite.

Comme on connaît ses saints on les honore : on traite chacun selon ses mérites ou son caractère.

Il vaut mieux s'adresser à Dieu qu'à ses saints : il vaut mieux avoir affaire au maître qu'à ses subalternes.

Les saints sont-ils plus ou moins nombreux que les saintes ?

La revue *Missi,* dans un numéro spécial d'octobre 1975 intitulé « Le temps des femmes », a publié des graphiques très significatifs de la place occupée par les femmes dans la communauté chrétienne.

Un premier tableau établit la comparaison, période par période, entre le nombre des hommes et celui des femmes *connus de l'histoire.* Les noms d'hommes représentant près de 94 % du total dans la grande encyclopédie Larousse, les auteurs du tableau ont dû se contenter de montrer les tendances par période. Pour ce faire, ils ont comptabilisé décade par décade le nombre de femmes citées dans cette encyclopédie ; mais pour les hommes, pour les mêmes décades, ils n'ont repris que ceux figurant dans le Petit Larousse et le Petit Robert des noms propres. Ainsi voit-on clairement apparaître le fait que l'évolution de la courbe du nombre des célébrités à travers les siècles n'est pas la même pour les hommes et pour les femmes : il y a des époques plus féminines, et d'autres qui le sont moins. Mais même dans les plus féminines, la proportion des hommes continue à l'emporter de manière écrasante.

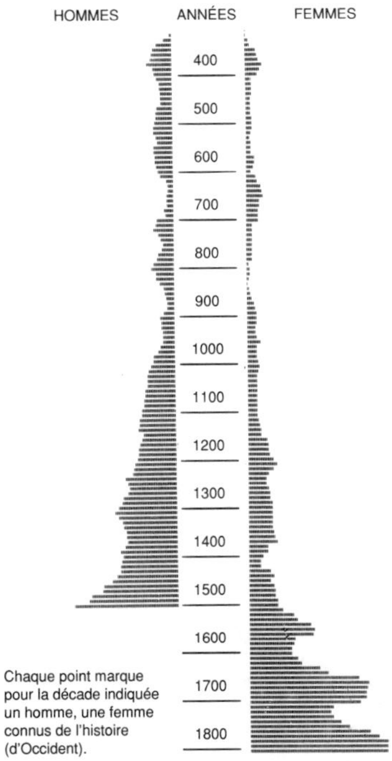

Tableau I. Présence historique d'hommes et de femmes.

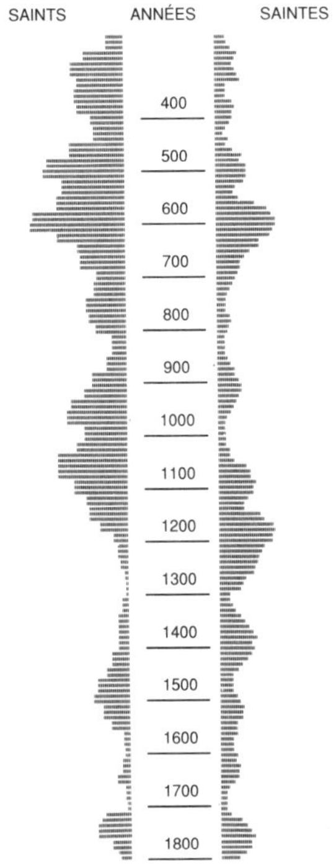

Tableau II. Saints et saintes.

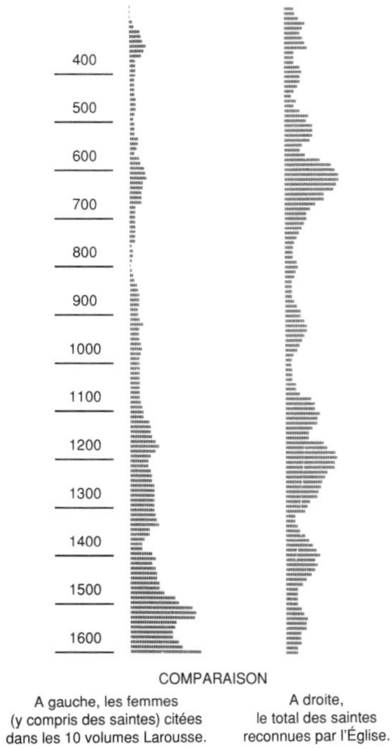

Tableau III. Femmes célèbres et saintes.

Un second tableau permet de comparer, toujours décade par décade, le nombre d'hommes et le nombre de femmes *proclamés saints ou bienheureux par l'Église.* Cette fois, les deux courbes sont établies sur les mêmes bases.
Elles conduisent aux constatations suivantes.
1. La proportion des femmes, d'abord quelque peu inférieure jusqu'au XIIe siècle, l'emporte ensuite quasi constamment.
2. Il y a des périodes plus masculines, et d'autres plus féminines de la sainteté.
3. Le fait que tant de femmes, à travers les âges, aient été proposées par la communauté chrétienne comme modèles à imiter révèle une tradition qui ne relève évidemment pas de l'antiféminisme.

Un troisième tableau confirme ces constatations en établissant, décade par décade, la *comparaison* entre le nombre de *femmes* (y compris des saintes) *citées dans les dix volumes du Grand Larousse,* d'une part, et le nombre de *saintes reconnues par l'Église* d'autre part. Celles-ci sont beaucoup plus nombreuses que les femmes répertoriées au titre de l'histoire générale. Ainsi se vérifie la place considérable tenue par les femmes dans la communauté chrétienne alors que la hiérarchie ecclésiastique est entièrement masculine, ce qui ne saurait évidemment être tenu pour la réponse à la question de la place de la femme dans l'organisation ecclésiale.

Qu'est-ce que ..?

Quo Vadis ? (en latin, *Où vas-tu ?*). D'après une légende transmise par saint Ambroise (IVe siècle), saint Pierre, au moment d'une persécution à Rome, aurait commencé à s'enfuir de la ville. Sur la voie Appia, il rencontra le Christ qui se dirigeait vers la ville, chargé de sa croix ; Pierre lui demanda : *« Domine, quo vadis ?* Maître, où vas-tu ? — Je vais à Rome, me faire crucifier encore une fois. » Alors Pierre rebroussa chemin et fut martyrisé.
L'expression a été reprise comme titre d'un roman de Henryk Sienkiewicz, auteur polonais — prix Nobel 1905 — dont toute l'œuvre est inspirée par l'histoire et le destin héroïque de son pays. *Quo vadis,* paru en 1895, est

▶

▶▶▶

Une célébration solennelle

Une fois décidée par le pape, la béatification ou la canonisation est célébrée au cours d'une liturgie solennelle qu'il préside lui-même au milieu d'un grand concours de peuple ; cette célébration s'était toujours déroulée à Rome jusqu'en 1984, année où Jean-Paul II saisit l'occasion de ses voyages aux Philippines puis en Corée pour y procéder à la béatification et à la canonisation de martyrs de ces pays. Depuis lors, maintes béatifications et canonisations ont été célébrées en divers points du monde par le pape.

Plus de saints laïcs ?

Au total, béatification et canonisation résultent d'une procédure longue et minutieuse ; en particulier, les exigences concernant les miracles, indispensables à l'aboutissement d'une cause, contribuent souvent à la retarder ou à la bloquer ; beaucoup de causes n'aboutissent d'ailleurs jamais ; certaines resurgissent après plusieurs siècles.

Comme toute procédure longue, celle-ci est coûteuse ; toutefois la question d'argent n'a jamais empêché une cause d'aboutir, pas plus qu'elle n'est de nature à forcer les obstacles.

Cela dit, force est de constater qu'en dehors des martyrs, ce sont le plus souvent des religieux et religieuses, et très exceptionnellement des laïcs, qui sont béatifiés ou canonisés. Il est clair qu'une congrégation religieuse est mieux placée pour favoriser le rayonnement spirituel d'un de ses membres après sa mort, pour prendre l'initiative d'une demande, pour réunir les éléments d'un dossier. Toutefois l'émergence, dans le cours du XXe siècle, d'un laïcat responsable, et l'importance prise au sein de l'Église par les mouvements laïcs sont probablement de nature à faire évoluer rapidement cet état de choses.

Quelques locutions ou expressions populaires

Avoir la patience d'un saint : avoir beaucoup de patience.

Selon le saint l'encens : il faut proportionner l'hommage au mérite.

La fête passée, adieu le saint : une fois le plaisir passé on oublie qui l'a fait naître.

Prêcher pour son saint : louer ou conseiller quelque chose en visant son intérêt personnel.

C'est un pauvre saint : quelqu'un de peu de mérite.

Découvrir saint Pierre pour habiller saint Paul : remédier à un inconvénient en en créant un autre.

Un saint qu'on ne chôme plus : personne qui a perdu tout crédit ou tout pouvoir.

Une sainte-nitouche : personne qui affecte l'innocence ou la piété.

C'est un saint de bois : une personne hypocrite qui n'a pas la sainteté qu'on lui attribue.

Toute la sainte journée : une journée tout entière, sans arrêt.

Ne plus savoir à quel saint se vouer : avoir perdu toute ressource.

A la saint glin-glin : dans un temps indéterminé.

Des malices à faire damner un saint : des procédés habiles.

Se donner des airs de petit saint : se dit d'un hypocrite.

Le saint-frusquin : ce qu'on a d'argent et d'effets ; et plus généralement, après une énumération : et tout le reste.

Une sainte colère : une colère moralement justifiée.

C'est la sainte-touche : jour de la paie.

Qu'est-ce que ..?

▶ l'histoire d'une jeune princesse suève chrétienne qui, à Rome, sous la persécution de Néron, est conduite à l'arène ; elle y est sauvée de la mort grâce à la force d'un esclave ; un jeune patricien romain est touché par la grâce devant ce spectacle ; il parvient à épouser la chrétienne. Le roman se termine par une apothéose de la foi qui va régénérer un monde en décadence. L'allusion à l'histoire de la Pologne est transparente ; elle était alors partagée entre la Russie, la Prusse et l'Autriche, et les deux premières poursuivaient une lutte impitoyable contre la culture polonaise, et contre le catholicisme qui en était l'âme. Ce roman, tout en étant controversé, eut un immense succès. Il inspira une pièce de théâtre d'E. Moreau et un opéra de Cain et Noguès.

Reliquaire. Boîte, coffret, cadre où l'on conserve les reliques d'un saint. Certains reliquaires peuvent atteindre des proportions importantes, jusqu'à devenir la Sainte-Chapelle de Paris, édifiée par saint Louis, pour conserver la couronne d'épines du Christ, en 1242.
Beaucoup de reliquaires sont des œuvres remarquables d'orfèvrerie (on en voit dans diverses églises ou musées, par exemple, au Trésor de Notre-Dame de Paris, au Musée du Louvre, au Musée de Cluny à Paris).

Reliques (du latin *reliquiae,* restes). Ce qui reste d'une personne honorée comme un saint (éléments corporels, objets lui ayant appartenu, instruments de son supplice) et que l'on conserve avec vénération. Le culte rendu aux reliques, qui s'adresse aux saints, est un culte de dulie et non d'adoration, réservé à Dieu seul ; il remonte aux martyrs des premiers siècles, sur les tombeaux desquels on venait prier et célébrer la messe. A une époque où le sens critique était peu exercé, il est arrivé que les reliques, vraies ou fausses, fassent l'objet d'un véritable trafic.
Le culte des reliques n'est aucunement lié à la question de savoir si de tels restes participeront à la résurrection, comme certains ont pu le soutenir.

LES BÉATIFICATIONS ET CANONISATIONS DEPUIS LE CONCILE VATICAN II

- De 1965 à 1978, par Paul VI († 6.8.78).
- De 1979 à 1986, par Jean-Paul II.
- Au delà de 1986, voir Supplément p. 1111 *sqq.*

Béatifications et canonisations ont été nombreuses depuis le.concile Vatican II. L'Église souligne ainsi le fait que les saints ne sont pas réservés au passé, qu'il en vit à toutes les époques et dans toutes les parties du monde.
Les papes Paul VI et Jean-Paul II ont d'ailleurs profité de leurs nombreux voyages à travers le monde pour rendre un hommage solennel aux hommes et aux femmes dont l'action a permis, parfois au prix de leur vie, la naissance et le développement des Églises d'Asie, d'Amérique, d'Afrique, d'Océanie.
Il est frappant de constater que beaucoup des chrétiens proposés en exemple depuis le concile se sont consacrés aux exclus de la société, aux pauvres, aux orphelins, aux malades, aux déshérités à quelque titre que ce soit, se faisant pour eux les inventeurs de nouvelles formes de la charité et de l'amour.
Enfin, il en est aussi beaucoup dont la vie a été infiniment humble, simple, discrète ; mais ils étaient tout aussi riches d'amour, et leur foi tout aussi fervente et rayonnante.
La liste ci-dessous, présentée suivant l'ordre chronologique des canonisations (en abrégé *can.*) et béatifications (en abrégé *béat.*), a été établie principalement à partir de la collection de *la Documentation catholique* et de *Esprit et Vie — L'Ami du Clergé.*
La date de la mort — quand elle est connue — est généralement celle à laquelle est célébrée annuellement la fête d'un saint ou d'un bienheureux.

> Lorsqu'une biographie plus détaillée figure parmi les vies de saints évoquées dans les pages précédentes, elle est signalée par un renvoi.

1965

17 octobre, béat. de JACQUES BERTHIEU (1838-1896), Français. Ordonné prêtre à Saint-Flour en 1865, il entre chez les jésuites en 1873 et arrive à Madagascar en 1875. Il est arrêté au cours d'une rébellion destinée à rétablir le culte des idoles et fusillé à Tananarive le 8 juin.

1966

17 avril, béat. d'IGNACIO DE SANTHIA (1686-1770), Italien. Il appartient pendant six ans au clergé séculier avant d'entrer chez les capucins où il se révèle un prédicateur et directeur spirituel remarquable. Maître des novices de 1731 à 1744, sa spiritualité aura une grande influence sur la vie religieuse du Piémont au XVIIIe siècle.

5 décembre, béat. de CHARBEL MAKHLOUF (1828-1898). Né à Beka-Kafra (actuel Liban), il entre à 33 ans au monastère Notre-Dame de Mayfuk, chez les Antoniens maronites. Ordonné prêtre de rite maronite en 1850, il se retire dans un ermitage en 1875. († 24 décembre). Canonisation le 9 octobre 1977.

1967

8 octobre, béat. de MARIA FORTUNATA VITI (1830-1929), Italienne. Humble converse bénédictine († 8 octobre).

24 octobre, can. de Frère BÉNILDE (1805-1862), Français. Pierre Romançon entre au noviciat des Frères des Écoles Chrétiennes à Clermont-Ferrand et enseigne sous le nom de Frère Bénilde († 13 août). *Voir* Vies de saints.

1968

22 juin, can. de JULIE BILLIART, (1751-1816), Française. Née près de Beauvais, elle fonde en 1804 la *congrégation de Notre-Dame de Namur* pour catéchiser les enfants. († 8 avril). *Voir* p. 92.

6 octobre, béat. des martyrs de Corée, morts pour la foi en 1866. (*Voir* canonisation 6 mai 1984.)

13 octobre, béat. de MARIE DES APÔTRES (1833-1907), Allemande. Maria-Theresia Von Wirlenlebis, née au château de Myllendoch ; fondatrice des *Sœurs du Divin Sauveur.*

28 octobre, béat. de CLELIA BARBIERI (1847-1870). Italienne, née près de Bologne, fondatrice des *Sœurs de l'Addolorata.* Canonisée en 1989.

1970

25 janvier, can. de MARIA SOLEDAD TORRES ACOSTA (1826-1887), Espagnole. Fondatrice des *Servantes de Marie* en 1851 († 11 octobre).

3 mai, can. de LEONARDO MURIALDO (1828-1900), Italien. Né près de Turin, ordonné prêtre en 1851, il fonde la *Congrégation de Saint-Joseph*, consacrée à la formation professionnelle de la jeunesse pauvre († 30 mars).

10 mai, can. de THÉRÈSE COUDERC (1805-1885), Française. Née en Ardèche, elle est la fondatrice de la *congrégation Notre-Dame du Cénacle.* En 1838, jugée « incapable » elle est déposée de sa charge. Morte à Lyon le 20 septembre, son corps repose à La Louvesc (Ardèche). *Voir* Vies de saints.

31 mai, can. de JEAN D'AVILA (1500-1569), Espagnol. Prêtre, il exerce un apostolat fructueux à Séville († 10 mai). *Voir* Vies de saints.

14 juin, can. d'ETIENNE CUNCO DE PRUNELLETI, martyr corse.

21 juin, can. de NICOLAS TAVELIC, DEODAT ARIBERT, DE RODEZ, PIERRE DE NARBONNE et ETIENNE DE CUENO, franciscains martyrisés en Terre Sainte en 1393.

11 août, can. du Père HERMAN, premier saint américain venant de l'Église orthodoxe.

25 octobre, can. de 40 martyrs anglais des XVIe et XVIIe siècles.

1971

17 octobre, béat. de MAXIMILIEN KOLBE (1894-1941), Polonais. (*Voir* canonisation le 10 octobre 1982, et monographie p. 102.)

1972

24 octobre, béat. de MICHELE RUA (1837-1910), Italien. Né à Turin, ordonné prêtre salésien en 1860, il succède à Don Bosco en 1888. Il avait participé en 1854 à la première réunion d'où est issue la congrégation salésienne. († 6 avril).

12 novembre, béat. de LIVIA PIETRANTONI (1861-1889), Italienne. Entrée le 23 mars 1886 dans la congrégation des Sœurs de la Charité de Besançon, elle est assassinée par un tuberculeux qu'elle soignait (13 novembre).

1974

27 janvier, can. de THÉRÈSE JORNET E IBAS (1843-1897), Espagnole. Née en Catalogne, elle est la fondatrice des *Petites Sœurs des vieillards abandonnés* († 26 août).

24 mars, béat. de LIBOSIUS WAGNER (1593-1631), Allemand. Né en Thuringe, ordonné prêtre en 1625, il est emprisonné et tué par les protestants au château de Mainberg le 9 décembre.

28 avril, béat. de FRANÇOISE SCHEVIER (1819-1876). Née à Aix-la-Chapelle (Allemagne), elle fonde la *Congrégation des Sœurs des Pauvres de François d'Assise* († 14 décembre).

1975

9 février, béat. de MARIE-EUGÉNIE MILLERET (1817-1898), Française. Née à Metz, elle fonde en 1839 *les Religieuses de l'Assomption* († 10 mars).

27 avril, béat. de CÉSAR DE BUS (1544-1607), Français. Ordonné prêtre en 1592, il fonde la *Congrégation des Pères de la Doctrine Chrétienne* († 15 avril).

25 mai, can. de JUAN BAUTISTA DE LA CONCEPCION (1561-1613). Espagnol. Fait profession dans l'Ordre de la Sainte Trinité († 14 février).

25 mai, can. de VINCENZA MARIA LOPEZ Y VICUNA (1847-1890), Espagnole. Née en Navarre, elle fonde à Madrid en 1876 la *Congrégation des Religieuses de Marie-Immaculée*, destinée à aider les jeunes filles employées de maison.

6 juillet, béat. de KARL STEEB (1773-1856), Allemand. Protestant, il se convertit au catholicisme en 1792. Ordonné prêtre en 1796, il fonde en 1840 *l'Institut des Sœurs de la Miséricorde de Vérone* († 18 décembre).

14 septembre, can. d'ELISABETH-ANNA SETON (1774-1821), Américaine. Née à New-York, Elisabeth épouse William Seton à 19 ans. Venue de l'Église épiscopalienne, elle entre dans l'Église catholique à 29 ans et fonde les *Sœurs de la Charité de Saint-Joseph* († 4 janvier). C'est la première sainte américaine, canonisée en la Journée internationale de la Femme 1975.

28 septembre, can. de JUAN MACIAS (1585-1645), Espagnol. Il entre à 37 ans chez les Dominicains de Lima (Pérou) où il est portier ((† 17 septembre)

12 octobre, can. d'OLIVIER PLUNKETT (1625-1681), Irlandais. Ordonné prêtre à Rome en 1654, évêque d'Armagh en 1669, il meurt décapité pour sa foi à Londres le 1er juillet. Béatifié en 1920. (*Voir* p. 105).

19 octobre, béat. de Mgr. EUGÈNE DE MAZENOD (1782-1861), Français. Ordonné prêtre en 1811, il fonde en 1816 la *Congrégation des Missionnaires Oblats de Marie-Immaculée.* Évêque de Marseille en 1837 († 21 mai).

19 octobre, béat. d'ARNOLD JANSEN (1837-1909), Allemand. Ordonné prêtre en 1861, il fonde à Steyl (Pays-Bas) la *Société du Verbe Divin* († 15 janvier).

19 octobre, béat. de JOSEPH FREINADAMETZ (1852-1908). Né à Ojes, en Haut-Adige, alors en Autriche, ordonné prêtre en 1875, il entre en 1878 dans la Société du Verbe Divin et meurt à Taikia en Chine le 28 janvier.

19 octobre, béat. de MARIE-THÉRÈSE LEDOCHOWSKA (1863-1922). Née en Autriche, elle fonde en 1894 les *Sœurs Missionnaires de Saint Pierre-Claver* (« apôtre des noirs » au XVIIe siècle) et meurt à Rome le 6 juillet.

26 octobre, can. de GIUSTINO DE JACOBIS (1800-1860), Italien. Né dans le royaume de Naples, il entre chez les Lazaristes et est ordonné prêtre en 1824. En 1839, il est nommé préfet apostolique d'Abyssinie et meurt à Malai le 31 juillet. Béatifié en 1939.

16 novembre, béat. de GIUSEPPE MOSCATI (1880-1927), Italien. Médecin et professeur, il fait porter toute sa réflexion sur les rapports entre la science et la foi ((† 12 avril). Canonisé en 1987.

1976

2 mai, béat. d'ADEODATO MANDIC, « Frère Leopoldo de Castelnovo » (1866-1942). Né en Croatie. Canonisé le 16 octobre 1983. (*Voir* plus loin).

3 octobre, can. de BEATRIZ DA SILVA (1425-1491). Née dans la ville alors portugaise de Ceuta (actuel Maroc espagnol), elle se retire à 25 ans dans un monastère de Tolède et fonde un ordre sous le vocable de *l'Immaculée Conception.*

17 octobre, can. de JOHN OGILVIE (1579-1615), Écossais. D'abord calviniste, il se convertit au catholicisme et entre chez les jésuites en 1599. Ordonné prêtre en 1610, il s'embarque pour Edimbourg en 1613 ; il est pendu à Glasgow le 10 mars.

1er novembre, béat. d'EZEQUIEL MORENDO DIAZ (1848-1906), Espagnol. Entré chez les Augustins Récollets, il est envoyé comme missionnaire aux Philippines, puis en Colombie où il devient évêque de Pasto. Il meurt à Madrid le 19 août.

1er novembre, béat. de GASPARE BERTONI (1777-1853), Italien. Né et mort à Vérone, il y a fondé la *Congrégation des Saints Stigmates de Notre-Seigneur* († 12 juin). Canonisé en 1990.

1er novembre, béat. de VINCENZO GROSSI (1845-1917), Italien. Ordonné prêtre en 1869, il fonde la *Congrégation des Filles de l'Oratoire* († 7 novembre).

1er novembre, béat. de MARIA DROSTE ZU VISCHERING (1833-1899), Allemande. Entrée chez les Sœurs du Bon Pasteur en 1888 († 9 juin).

1er novembre, béat. d'ANNA MICHELOTTI (1843-1888). Savoyarde, née à Annecy, sœur Jeanne Françoise de la Visitation fonde à Turin la *Congrégation des Petites Servantes du Sacré-Cœur* († 1er février).

14 novembre, béat. de MARIA DE JESUS LOPEZ DE RIVAS (1560-1640), Espagnole. Entrée en 1577 au Carmel de Tolède († 13 septembre). Une des filles spirituelles de Thérèse d'Avila.

1977

23 janvier, can. de RAFAELA MARIA PORRAS Y AYLLON (1850-1925), Espagnole. Entrée chez les Clarisses de Cordoue en 1874, elle en sort pour fonder la *Congrégation des Ancelles du Sacré-Cœur de Jésus.* Elle meurt à Rome le 6 janvier.

8 mai, béat. de MARIA ROSA MOLAS Y VALLVE (1815-1876), Espagnole. Elle fonde en 1857 la *Congrégation des Sœurs de Notre-Dame de la Consolation* († 11 juin). Canonisée en 1988.

19 juin, can. de JOHN NEPOMUCENE NEUMANN (1811-1860), Allemand puis Américain. Né en Bohême, il est ordonné prêtre à New York en 1836 et entre chez les Rédemptoristes. En 1852, il est nommé évêque de Philadelphie († 5 janvier). Paul VI l'avait béatifié le 13 octobre 1963.

9 octobre, can. de CHARBEL MAKHLOUF (1828-1897). (*Voir* béatification par Paul VI le 5 décembre 1966.)

30 octobre, béat. de MIGUEL FEBRES CORDERO (1854-1910). Né à Cuenca (Équateur), il entre en 1868 chez les Frères des Écoles Chrétiennes et meurt à Barcelone le 9 février.

30 octobre, béat. de JOSEPH WIAUX (1841-1917), Belge. Frère Mutien-Marie entre chez les Frères des Écoles Chrétiennes et meurt à Malonne le 30 janvier après une vie de dévouement, d'humilité et de prière comme enseignant. Canonisé en 1990.

1978

18 avril, béat. de MARIA-KATHARINA KASPER (1820-1898), Belge. Elle fonde *l'Institut Arme Dienstmagde Jesu Christi*, et se consacre entièrement au service des pauvres († 2 février).

7 mai, béat. de MARIA-ENRICHETTA DOMINICI (1829-1894), Italienne. Née près de Turin, elle entre en 1850 à l'Institut des Sœurs de Sainte-Anne († le 21 février).

1979

29 avril, béat. de JACQUES-DÉSIRÉ LAVAL (1803-1864), Français. Missionnaire de la Congrégation du Saint-Esprit, il meurt à Port-Louis (Ile Maurice) le 9 septembre.

29 avril, béat. de FRANCISCO COLL (1812-1869), Espagnol. Entré chez les dominicains, il fonde les *dominicains de l'Annonciata* († 2 décembre).

14 octobre, béat. d'ENRICO DE OSSO Y CERVELLO (1840-1896), Espagnol. Ordonné prêtre en 1867, il fonde en 1876 la *Compagnie de Sainte Thérèse de Jésus* († 27 janvier).

1980

22 juin, béat. de JOSÉ DE ANCHIETA (1524-1597), jésuite portugais. Parti évangéliser le Brésil en 1553. Fondateur de Sao Paulo († 9 juin).

22 juin, béat. de PIERRE DE BETANCUR, Espagnol. Parti évangéliser le Guatemala à 23 ans, mort à 41 ans.

22 juin, béat. de Marie Guyard (1599-1672), Mère Marie de l'Incarnation, Française. Mère de famille devenue veuve, elle entre chez les Ursulines de Tours. Ses visions la confirment dans sa vocation missionnaire. En 1639, elle part évangéliser le Canada. Elle y sera l'âme de la présence française pendant trente-trois ans ; une des grandes mystiques du XVIIe siècle († 1er mai). *Voir* p. 99.

22 juin, béat. de François de Montmorency-Laval (1623-1680), Français. Missionnaire au Canada, premier vicaire apostolique de ce pays en 1659, puis son premier évêque en 1674, il joua un rôle spirituel et politique important en « Nouvelle-France ». Fondateur du séminaire de Québec qui deviendra l'Université Laval († 6 mars).

22 juin, béat. de Kateri Tekakwitka (1656-1680), jeune fille iroquoise (Canada), morte à 24 ans. L'une des rares indigènes à avoir été portées sur les autels après avoir prononcé des vœux de virginité perpétuelle, ce qui, selon les conceptions de son peuple, la retranchait de sa communauté († 17 avril).

26 octobre, béat. de Luigi Orione († 1940). Fondateur de la *Petite Œuvre de la Divine Providence*, des *Petites Sœurs Missionnaires de la Charité*, des *Sacramentines aveugles* et des *Ermites de Saint-Albert* († 8 mars).

26 octobre, béat. de Maria-Anna Sala (1829-1891). Entrée à 21 ans chez les Sœurs Marcellines. Éducatrice.

26 octobre, béat. de Bartolo Longo († 1405), Italien, Fondateur des *Filles du Saint Rosaire de Pompei.*

1981

18 février. Au cours du voyage de Jean-Paul II aux Philippines, béat. de Lorenzo Ruiz, originaire de ce pays, et de ses 15 compagnons, dont un Français (le dominicain Guillaume Courtet), martyrisés à Nagasaki (Japon), le 27 décembre 1637. Première béatification hors de Rome. Tous ont été canonisés en 1987.

> ☞ *Pour la première fois, une béatification hors de Rome*

4 octobre, béat. d'Alain de Solminihac (1590-1659), Français. Entré à 20 ans chez les chanoines réguliers de Saint-Augustin à l'abbaye de Chancelade en Dordogne, il en devient abbé en 1623. Puis il est nommé évêque de Cahors en 1636 († 4 novembre).

4 octobre, béat. de Luigi Scrosoppi (1804-1884), Italien. Ordonné prêtre en 1827, il entre dans la Congrégation de l'Oratoire. C'est le fondateur des *Sœurs de la Providence de Saint-Gaëtan de Thiene* qui s'occupent des sourdes-muettes.

Pour la première fois, en 1981 une béatification, et en 1984 une canonisation ont été célébrées hors de Rome

Depuis que, au début du XIIIe siècle pour mettre fin à beaucoup d'abus, les papes s'étaient réservé d'autoriser eux-mêmes par des décrets de béatification et de canonisation le culte public à rendre à ceux que l'Église proclame bienheureux ou saints, les solennités accompagnant la proclamation de ces décrets s'étaient toujours déroulées à Rome.
La première béatification célébrée hors de Rome l'a été à Manille, le 18 février 1981, à l'occasion du voyage du pape Jean-Paul II aux Philippines ; 16 chrétiens martyrisés à Nagasaki au Japon au XVIIe siècle, au cours de la grande persécution qui s'était alors abattue sur la jeune communauté chrétienne, ont été proclamés bienheureux ; parmi eux, un laïc philippin, Lorenzo Ruiz (ce qui explique le choix de Manille pour la cérémonie), et un dominicain français, Guillaume Courtet.
La première canonisation célébrée hors de Rome l'a été le 6 mai 1984 à Séoul, à l'occasion du voyage de Jean-Paul II en Corée ; 103 chrétiens de l'Église de Corée martyrisés pendant la grande persécution s'étendant de 1838 à 1881, déjà béatifiés, y ont été proclamés saints ; parmi eux, le premier prêtre coréen, André Kim, et dix missionnaires français dont deux évêques. Depuis lors, Jean-Paul II a procédé à maintes canonisations et béatifications hors de Rome, à l'occasion de ses nombreux voyages à travers le monde.

4 octobre, béat. d'Erminio Filippo Pampuri (1897-1930), Italien. Médecin, il entre à 30 ans chez les Frères de Saint-Jean-de-Dieu. Canonisé en 1990.

4 octobre, béat. de Claudine Thévenet (1774-1837), Française. Fondatrice à Lyon en 1816 de la *Congrégation des Sœurs de Jésus-Marie* vouée à l'éducation de la jeunesse. († 3 février). C'est une amie de Pauline Jaricot, la « mère des missions ».

4 octobre, béat. de François Shoyeman, prêtre coopérateur († 1633).

4 octobre, béat. de Maria Repetto (1807-1890), Italienne. Entrée à 22 ans dans la Congrégation des Sœurs de Notre-Dame-du-Refuge à Gênes.

1982

23 mai, béat. de Petrus Donders (1805-1880), Néerlandais. Rédemptoriste missionnaire au Surinam (Guyane hollandaise), apôtre des lépreux.

23 mai, béat. de Maria-Angela Astorch (1592-1665), Espagnole. Clarisse capucine et abbesse.

23 mai, béat. de Marie Rivier (1768-1838), Française. Fondatrice en Ardèche de *l'Institut des Sœurs de la Présentation de Marie*, éducatrices de la jeunesse.

23 mai, béat. de Marie-Rose Durocher (1811-1849), Canadienne. Fondatrice des *Sœurs des Saints-Noms-de-Jésus-et-Marie*, éducatrices de la jeunesse.

23 mai, béat. de Frère André Bessette (1845-1937), Canadien. Frère de Sainte-Croix, il avait une grande dévotion à saint Joseph et a guéri de nombreux malades († 5 janvier).

20 juin, can. de Crispin de Viterbe (1668-1750), Italien. Frère mineur capucin ; premier saint proclamé par Jean-Paul II, pour sa joie rayonnante.

3 octobre, béat. de Jeanne Jugan (1792-1879), Française. Fondatrice en 1839 des *Petites Sœurs des Pauvres*. (Voir Index).

3 octobre, béat. de Salvatore Lilli (1853-1895), Frère mineur, curé d'une paroisse arménienne en Turquie, martyrisé avec sept de ses paroissiens († 22 novembre).

10 octobre, can. de Maximilien Kolbe (1894-1941), Polonais. Béat. le 17 octobre 1971. Franciscain, il meurt au camp de concentration d'Auschwitz dans un bloc de la mort où il a pris volontairement la place d'un père de famille condamné à mort en représailles de l'évasion d'un détenu. (*Voir* p. 102).

31 octobre, can. de Marguerite Bourgeoys (1620-1700), Française. Enseignante, elle part au Canada en 1653 et fonde à Montréal la première école de filles, à l'origine des *Sœurs de la Congrégation de Notre-Dame*.

31 octobre, can. de Jeanne Delanoue (1666-1736), Française. Fondatrice en 1704 des *Sœurs de Sainte-Anne de la Providence* devenues en 1965 *Sœurs Servantes des Pauvres*. († 17 août). *Voir* p. 89 b.

5 novembre, béat. d'Angela de la Croix (1846-1932), Espagnole. Religieuse des Sœurs de la Croix, au service des plus pauvres.

1983

25 janvier, béat. de MARIA-GABRIELLA SAGHEDDU (XXe siècle), Italienne. Religieuse trappiste. Première bienheureuse sortie des rangs de la Jeunesse Féminine de l'Action Catholique. Modèle d'œcuménisme spirituel.

15 mai, can. de LUIGI VERSIGLIA (1873-1930), Italien. Missionnaire salésien et missionnaire en Chine, évêque, martyrisé (24 février) béatifié en 1952.

15 mai, béat. de CALLISTO CARAVARIO (1903-1930), Italien, martyrisé en Chine, le même jour que Mgr. Versiglia.

20 juin, béat. d'URZULA LEDOCHOWSKA (1865-1939), Polonaise, proclamée à Cracovie par Jean-Paul II au cours de son voyage en Pologne. Fondatrice d'une congrégation de *Sœurs Ursulines* († 26 mai).

22 juin, à Cracovie (Pologne), béat. de RAPHAËL KALINOWSKI (1835-1907), Polonais. D'abord officier, il devient carme déchaux et restaure l'ordre († 15 novembre). Canonisé en 1991.

22 juin, à Cracovie, béat. d'ALBERT CHMIELOWSKI (1845-1916), Polonais. Peintre et ingénieur, tertiaire franciscain, fondateur des *Sœurs et Frères Albertins* voués aux pauvres et aux marginaux († 25 décembre). Canonisé en 1990.

16 octobre, can. d'ADEODATO MANDIC, Frère Leopoldo de Castelnovo (1866-1942). Né à Castelnovo en Croatie, il entre chez les Capucins en 1884 et passera la majeure partie de sa vie à confesser († 30 juillet).

30 octobre, béat. de GIACOMO CUSMANO (1834-1888), Italien. Médecin et prêtre, fondateur de l'ordre des *Missionnaires Serviteurs des Pauvres.* Fêté le 14 mars.

30 octobre, béat. de DOMINIQUE ITURRATE-ZUBERO (1901-1927), Espagnol. Religieux trinitaire.

30 octobre, béat. de JÉRÉMIE STOICA (1566-1625), Roumain. Frère capucin.

30 octobre, béat. de MARIAM BAWARDY,Sœur de Jésus crucifié, (1846-1878), Palestinienne de famille libanaise, favorisée de grâces mystiques. Elle fonde le *Carmel de Bethléem.*

30 octobre, béat. de GUIDO DI PIETRO, dit FRA ANGELICO (v. 1400-1455), Italien. Dominicain et peintre florentin, proclamé patron des artistes et des peintres le 16 février 1984. († 18 mars). *Voir* p. 49.

1984

19 février, béat. des 99 MARTYRS D'ANGERS en 1793-94 : 16 hommes, prêtres et laïcs, et 83 femmes exécutés sous la Terreur pour avoir voulu « conserver leur foi et leur religion ». Français. (cf. Dossier publié le 18 mars 1984 dans la *Documentation Catholique,* et *Les martyrs d'Angers 1793-1794,* par André Merlaud, Éditions S.O.S.)

19 février, béat. de GIOVANNI MAZZUCONI, Italien. Prêtre et missionnaire de l'Institut Pontifical des Missions Étrangères. Tué par un indigène des Iles Salomon (Pacifique).

11 mars, can. de PAOLA FRASSINETTI (1809-1882), Italienne. Fondatrice de la *Congrégation des Sœurs de Sainte-Dorothée.*

6 mai, Premières canonisations proclamées en dehors de Rome, au cours du voyage de Jean-Paul II en Corée : André KIM TAEGON (1821-16 avril 1846), premier prêtre coréen ; PAUL CHONG HASANG (1795-22 avril 1839), et leurs 101 COMPAGNONS MARTYRS CORÉENS ET FRANÇAIS (*cf. Lumière sur la Corée : les 103 martyrs,* Éd. Fayard). Les dix Français étaient des missionnaires de la Société des Missions Étrangères : trois évêques et sept prêtres, LAURENT IMBERT, SIMÉON BERNEUX, PIERRE MAUBANT, LOUIS BEAULIEU, JACQUES CHASTAN, PIERRE AUMAITRE, PIERRE DORIE, JUST DE BRÉTONNIÈRES, ANTOINE DAVELUY).

11 septembre, béat. de MARIE-LÉONIE PARADIS (1840-1912). Première béatification proclamée au Canada, au cours du voyage de Jean-Paul II. Fondatrice de la *Congrégation des Petites Sœurs de la Sainte-Famille.*

30 septembre, béat. de FEDERICO ALBERT (1820-1876), Italien. Prêtre entièrement dévoué au service des pauvres et des orphelins. Fondateur des *religieuses Albertines.* Mort accidentellement le 30 septembre.

30 septembre, béat. de CLÉMENT MARCHISIO (1833-1903), Italien. Prêtre ayant une dévotion toute particulière à l'Eucharistie. Fondateur de *l'Institut des Filles de la Sagesse,* consacrées au culte du Saint Sacrement.

30 septembre, béat. d'ISIDORE DE LOOR (1881-1916), Belge. Religieux passionniste de Saint-Paul-de-la-Croix sous le nom d'ISIDORE DE SAINT-JOSEPH, surnommé « Frère de la volonté de Dieu » († 6 octobre).

30 septembre, béat. de RAPHAELLE YBARRA DE VILLALONGA (1843-1900), Espagnole. Épouse et mère de famille nombreuse. Fondatrice avec son mari de *l'Association de la Sainte Famille et de foyers maternels,* du *Collège des Anges gardiens* († 23 février).

21 octobre, can. de MIGUEL FEBRES CORDERO (1754-1810), Équatorien. Frère des Écoles chrétiennes. Patron des catéchistes de son pays et évangélisateur de l'Amérique latine.

25 novembre, béat. d'ELISABETH CATEZ, sœur ÉLISABETH DE LA TRINITÉ (1880-1904), Française. Carmélite de Dijon, contemplative mystique au cœur de missionnaire, elle se fait l'apôtre d'une vie en union avec la Trinité. Ses *Écrits Spirituels* exercent une grande influence sur la spiritualité de notre temps. († 9 novembre) (Voir p. 67).

25 novembre, béat. de DANIEL BROTTIER (1876-1936), Français. Missionnaire des Pères du Saint-Esprit, au Sénégal, puis directeur de l'Œuvre des Apprentis Orphelins d'Auteuil qui forme et éduque des milliers de jeunes gens en situation difficile, il donne à cette œuvre un développement considérable. Exemple du don total de soi et de la confiance illimitée en Dieu. († 26 février).

25 novembre, béat. de JOSÉ MANYANET Y VIVES (1833-1901), Espagnol. Apôtre de la jeunesse. Fondateur de la *Congrégation des Fils de la Sainte Famille,* et de *l'Institut des Filles Missionnaires de la Sainte-Famille de Nazareth.* († 17 décembre).

1985

1er février, béat. de MERCEDES DE JESUS MOLINA (1828-1883), Équatorienne, au cours du voyage de Jean-Paul II en Équateur. Issue d'une famille de petits paysans, elle se consacre d'abord au service des orphelins, puis part comme missionnaire chez les Indiens Jivaros, avant de fonder la *Congrégation* équatorienne des *religieuses de Mariana de Jesus,* les *Marianistes,* au service des enfants les plus pauvres.

2 février, béat. de SŒUR ANA DE LOS ANGELES MONTEAGUDO (1602-1686), Péruvienne, au cours du voyage de Jean-Paul II au Pérou. Dominicaine contemplative depuis l'âge de 19 ans.

14 avril, béat. de SŒUR PAULINE VON MALLINCKRODT (1817-1881), Allemande ; de père protestant et de mère catholique, elle fonde en 1849 *l'Institut des Sœurs de la Charité Chrétienne* consacré aux enfants aveugles et à l'enseignement de la jeunesse.

14 avril, béat. de SŒUR CATHERINE TROIANI (1813-1887), Italienne, fondatrice en 1868 des *Sœurs Franciscaines du Cœur Immaculé de Marie* au Caire, où elle a été envoyée par son couvent de clarisses pour s'occuper de la formation des jeunes filles ; elle prend en charge les innombrables formes de misère qu'elle découvre dans son pays d'adoption.

23 juin, béat. de PIERRE FRIEDHOFEN (1819-1860), Allemand, surnommé "le Bon Samaritain". Humble ramoneur réputé inculte, il fonde la *Congrégation des Frères de la Miséricorde de Marie-Auxiliatrice* en 1850, au service des malades pauvres. Fête le 21 décembre.

23 juin, béat. de BENOIT MENNI (1841-1914), Italien. Après avoir été brancardier à la bataille de Magenta, il entre à 19 ans chez les Frères de Saint-Jean-de-Dieu, restaure l'ordre en Espagne et l'étend au Portugal et au Mexique. Il fonde la *Congrégation des Sœurs hospitalières du Sacré-Cœur de Jésus* qui se consacrent aux malades mentaux ; il meurt à Dinan le 24 avril.

Ph. AFP

Le pape Jean-Paul II à Lyon en septembre 1986 : béatification du Père Antoine Chevrier.

15 août, béat. au cours du voyage de Jean-Paul II au Zaïre, de SŒUR MARIE-CLÉMENTINE, connue sous le nom de SŒUR ANWARITE (1939-1964), Zaïroise. Née dans une famille païenne, ALPHONSINE NENGAPETA est baptisée à 2 ans en même temps que sa mère ; malgré l'opposition de celle-ci, elle entre à seize ans dans la Congrégation zaïroise des Sœurs de la Sainte Famille ; elle fait sa profession religieuse sous le nom de Sœur Marie-Clémentine. Après avoir enseigné les petits enfants, elle est élève à l'École Normale lorsqu'éclate la révolte des Simbas (Lions) contre le gouvernement ; des rebelles se saisissent d'elle et des autres sœurs ; leur chef veut abuser d'elle ; exaspéré par sa résistance, il la fait tuer par ses soldats. Au cours de la cérémonie de béatification, Jean-Paul II s'est associé au nom de l'Église au pardon accordé à son assassin par Anwarite avant de mourir ; l'assassin était présent dans la foule. Fête le 1er décembre.

22 septembre, béat. à Gênes de VIRGINIA CENTURIONE BRACELLI (1587-1651), Italienne. Toute sa vie s'est déroulée à Gênes. Mariée à 15 ans par son père malgré son désir d'être religieuse, veuve à 20 ans avec deux petites filles, elle acheva d'élever celles-ci, puis ouvrit son palais aux petites gênoises abandonnées ou en détresse. Le développement de son action la conduisit à fonder les *Religieuses de Notre-Dame du Mont Calvaire*, dont l'activité au service des pauvres s'est étendue depuis lors en divers points du monde.

6 octobre, béat. de trois jésuites espagnols.
• DIEGO LUIS DE SAN VITORES (1627-1672), missionnaire successivement aux Philippines et aux Iles Mariannes (île de Guam) dont il est le premier martyr. Fête le 2 avril.
• JOSÉ MARIA RUBIO Y PERALTA (1864-1929), « l'apôtre de Madrid ». Son activité apostolique dans cette ville et sa banlieue a été multiple : confesseur et directeur de conscience, prédicateur, formateur de laïcs apôtres de tous milieux sociaux qu'il pousse à se mettre au service des milieux les plus défavorisés, fondateur d'écoles, s'occupant personnellement de toutes sortes de personnes délaissées (chômeurs, malades, vieillards, etc.). Fête le 2 mai.
• FRÈRE FRANCISCO GARATE ARANGUREN (1857-1929), surnommé "Frère Courtoisie". Quarante ans portier de l'université de Deusto, il a donné le témoignage de la portée évangélique d'un modeste service accompli avec amour. Fête le 9 septembre.

3 novembre, béat. de TITUS BRANDSMA (1881-1942), Néerlandais. Religieux carme, il enseigne la philosophie en divers établissements secondaires, puis à l'université catholique de Nimègue. Il travaille également comme journaliste pour diverses publications. A partir de 1938, avec l'accord de l'épiscopat néerlandais, il dénonce publiquement dans ses articles, ses cours, ses causeries radiophoniques, l'idéologie et les pratiques du nazisme, inacceptables pour un chrétien. Arrêté par la Gestapo en 1942 au sortir d'un cours universitaire, il est déporté au camp de Dachau où on le fait mourir d'une injection d'acide phénique. Fête le 26 juillet.

17 novembre, béat. de PIO DI SAN LUIGI CAMPIDELLI (1868-1889). Pio Campidelli, né dans une famille pauvre, manifeste dès sa prime jeunesse un goût profond pour tout ce qui relève de la vie spirituelle. Entré chez les

Première célébration d'une béatification en France : celle du Père Chevrier par Jean-Paul II à Lyon (1986)

Lors de son troisième voyage en France, le pape Jean-Paul II a célébré la béatification du Père Antoine Chevrier, le 4 octobre 1986, en présence d'une foule considérable (300 à 350.000 personnes) rassemblée sur le vaste terrain d'Eurexpo, aux portes de Lyon. Le Père Chevrier, prêtre lyonnais (1826-1879), est le fondateur de la Société du Prado, dont les prêtres, frères, sœurs se consacrent à l'évangélisation des pauvres, des exclus, des déshérités.

Religieux passionnistes, il meurt à 21 ans avant d'avoir reçu le sacerdoce auquel il aspirait ; il s'était associé étroitement à la passion du Christ durant sa maladie, en pleine fidélité au vœu particulier de sa congrégation.

17 novembre, béat. de MARIA-TERESA GERHARDINGER (1797-1879). CAROLINA GERHARDINGER est la fondatrice des *Sœurs Scolastiques de Notre-Dame*, vouées à l'éducation des jeunes filles ; cet ordre, au sein duquel elle avait pris le nom de religieuse de Maria-Teresa, est aujourd'hui répandu dans les cinq continents.

17 novembre, béat. de RAFQA AR-RAYES (1832-1914), Libanaise. D'abord entrée chez les religieuses Mariamettes, ordre dissout en 1871, elle poursuit sa vie religieuse dans l'ordre libanais maronite ; tombée malade quelques années plus tard, elle portera pendant trente années le poids de souffrances sans cesse aggravées (elle deviendra aveugle et impotente), acceptées dans un esprit continu d'offrande et d'action de grâces.

1986

8 février, béat. du Père KURIAKOSE ELIAS CHAVARA (1805-1871), Indien. Né dans l'Etat de Kérala (Inde), ordonné prêtre en 1829 dans l'Eglise syro-malabar (unie à Rome), il est le fondateur de deux congrégations indiennes : les *Carmes de Marie Immaculée*, affiliés aux Carmes déchaux (1831), et la *congrégation féminine du Carmel de Marie* (1866) ; elles se sont depuis lors étendues à l'Afrique et même à l'Europe.

8 février, béat. de Sœur ALPHONSA MUTTATHUP ANDATHU (1910-1946), Indienne. Religieuse de la Congrégation des Tertiaires Clarisses du Malabar, elle connut de longues années d'épreuves et de souffrances physiques vécues en totale union avec la Passion du Christ.

Ces deux béatifications ont été proclamées par Jean-Paul II au cours d'une messe solennelle en rite syro-malabar célébrée à Kottayam, capitale du Kérala (Inde), devant un million de personnes.

13 avril, can. de FRANCESCO-ANTONIO FASANI (1681-1742), Italien. Né à Lucera (Pouilles), où il passa toute sa vie. Ordonné prêtre en 1705 dans l'Ordre des Frères Mineurs conventuels, il fut successivement professeur de philosophie, ermite, « gardien » (supérieur) de son couvent, ministre provincial, prédicateur, déployant partout une intense activité pastorale. Béatifié par Pie XII en 1951.

4 octobre, béat. du Père ANTOINE CHEVRIER (1826-1879), Français. Vicaire dans le quartier pauvre de La Guillotière à Lyon, il réalise, en méditant devant la crèche lors de la nuit de Noël 1856, que Dieu, pour sauver l'humanité, a choisi la pauvreté, le dénuement, l'extrême humilité. Le Père Chevrier décide de prendre ce chemin et de se consacrer à l'annonce de l'Evangile aux plus déshérités. En 1860, il loue un ancien dancing de quartier, « le Prado », et y organise un centre de catéchèse des enfants pauvres. Il veut aller plus loin, susciter des prêtres parmi les pauvres, et en tout cas vivant en pauvres parmi les pauvres. C'est la *Société du Prado* ; elle ne comptait à sa mort que quatre prêtres et quelques sœurs. Aujourd'hui la famille du Prado est présente dans une quarantaine de pays. L'idéal évangélique d'Antoine Chevrier est exposé dans son livre *Le véritable disciple de Notre-Seigneur-Jésus-Christ.*
(Pour en savoir plus : *La vie du Père Chevier.* JEAN-FRANÇOIS SIX. Desclée de Brouwer).

12 octobre, can. de JOSEPH-MARIE TOMASI (1649-1713), Italien. Béatifié en 1803 par Pie IX. Fils aîné de la famille princière des Lampedusa en Sicile, il renonce à ses titres et à son immense fortune et se fait religieux Teatin ; érudit, il laisse une importante œuvre biblique, théologique et surtout liturgique. Surnommé « le prince des liturgistes romains », il est un des précurseurs des réformes liturgiques du concile Vatican II. Cardinal en 1712.

19 octobre. Béat. de Sœur THÉRÈSE DE LA CROIX (THERESA MARIA MANETTI (1846-1910). Carmélite née en Toscane, fondatrice des *Sœurs Carmélites de Ste Thérèse.* ■

Béatifications et canonisations de 1987 à 1991 : voir *Suppléments* p.1111 *sqq.*

Le besoin de saintetés populaires

Aujourd'hui, le plus important n'est pas d'avoir une sainteté élitiste, réduite à la canonisation de quelques personnages ou mouvements. Nous avons besoin d'une sainteté diffuse. Dans mes visites pastorales, je rencontre une multitude de gens simples, liés à aucun mouvement particulier, mais qui vivent dans l'Église une vie de sainteté, sinon héroïque, du moins avec une grande tension morale.
Une Église locale doit surtout se distinguer par sa capacité de susciter, autour de l'évêque, une floraison de saintetés populaires.

Cardinal Martini,
archevêque de Milan,
La Croix
du 29 novembre 1985

Qu'est-ce que ..?

Saint (du latin *sanctus*, souverainement pur, parfait). Selon la doctrine chrétienne, Dieu seul est absolument saint. Mais parce qu'il est totalement amour, Dieu invite tous les hommes à partager sa sainteté et le bonheur dont elle est la source ; ceux qui ont répondu à cet appel peuvent être eux-mêmes appelés saints dès lors que, dans l'autre vie, ils se trouvent effectivement associés à la sainteté divine. C'est pourquoi l'Église catholique propose à ses fidèles l'exemple de personnes dont la vie lui paraît avoir clairement mérité le partage de la sainteté divine ; elle reconnaît alors officiellement leurs mérites en les proclamant saints par la canonisation. Il convient de noter que, pour la plupart des théologiens, une telle reconnaissance ne relèverait pas du magistère infaillible de l'Eglise.

Le mot *saint* dans la Bible

- Le Saint des saints : Dieu.
- Le peuple saint : le peuple juif élu de Dieu.
- La tribu sainte : la tribu de Lévi vouée à Dieu (lévites).
- La cité ou la ville sainte : Jérusalem.
- La Terre sainte : le pays d'Israël.
- Le Saint des Saints : cœur du sanctuaire du Temple de Jérusalem ; dans le premier temple, construit par Salomon, c'était là qu'était déposée l'Arche d'alliance où se trouvaient les Tables de la Loi ; c'était, pour les Juifs, le lieu de la présence de Dieu parmi son peuple.

Expressions religieuses

- Les lieux saints : Jérusalem et les lieux où vécut Jésus.
- Le Saint-Sépulcre : tombeau où Jésus fut mis après sa mort.
- Le Saint-Père : le pape.
- Le Saint-Siège : le gouvernement pontifical.
- La cité sainte (fig.) : la Jérusalem céleste, le Paradis.
- Les villes saintes (pour les musulmans) : Jérusalem, Médine et La Mecque.
- L'île des saints : l'Irlande.
- Les jours saints : les jours de la semaine sainte qui précèdent Pâques.
- La communion des saints : l'ensemble des fidèles vivants et morts.
- Les saints, nom que se donnaient les puritains durant la révolution anglaise sous Cromwell.
- Les saints du dernier jour : nom que se donnent les mormons.

UN RENOUVEAU D'INTÉRÊT POUR LES VIES DE SAINTS

Le culte des saints a toujours été une des composantes importantes de la religion populaire. Le type de modèles qu'il privilégie est au demeurant révélateur de l'esprit et des attentes de chaque époque. La vogue que connaissent actuellement les vies de saints mérite donc de retenir l'attention et de susciter la réflexion : de quelle aspiration spirituelle est-elle porteuse ?

On peut analyser ce renouveau d'intérêt comme une forme de réaction contre le climat d'incertitude engendré chez beaucoup de chrétiens par les controverses théologiques et catéchétiques ; ces chrétiens, loin de voir dans de tels débats une richesse à l'œuvre et la nécessaire fermentation d'où peuvent sortir les réponses aux grands défis de l'époque, ont au contraire le sentiment qu'ils leur font perdre pied. Par contraste, le culte des saints offre à leur vie de foi une référence, en même temps concrète et stable, des modèles éprouvés à l'abri des perturbations ambiantes. Ils ont le sentiment d'y trouver à leur mesure le témoignage de la grâce de Dieu à l'œuvre dans l'homme.

Il faut simplement remarquer que la recherche du modèle stable, à l'abri des perturbations, n'empêche pas en fait chaque époque de lire les vies de saints à sa manière propre, en y privilégiant ce qui correspond le plus à ses attentes. Le XVIIIe siècle, par exemple, « siècle des philosophes », éprouvait peu d'attrait pour la mystique, dont le XVIe avait, au contraire, été si avide ; les goûts du XIXe siècle par contre le portaient vers le surnaturel le plus exubérant et tout ce qui pouvait lui paraître « édifiant ».

Aujourd'hui, les saints qui rencontrent le plus de succès sont probablement ceux qui témoignent le mieux de valeurs gratuites. La sympathie portée à l'esprit de pauvreté et de fraternité d'un François d'Assise, à son caractère désinstallé de pèlerin de Dieu, à sa communion avec la nature, à sa spiritualité simple et profonde, dont on retrouve maintes correspondances chez un Benoît Labre, un Maximilien Kolbe ou un Charles de Foucauld, rejoint un autre phénomène de la vie religieuse d'aujourd'hui, le renouveau des vocations contemplatives et érémitiques ; le fait est d'autant plus frappant que diminuent au contraire les vocations séculières et missionnaires. La contemplation attirerait-elle davantage que l'action ? En fait, il est plus probable qu'il s'agit là d'une aspiration à mieux lier action et contemplation au sein d'un monde qui, aux yeux de beaucoup, se dessèche ; ils cherchent ce "supplément d'âme" qui leur paraît faire défaut. On comprend alors pourquoi des incroyants eux-mêmes s'intéressent aujourd'hui aux vies de saints.

Comment dit-on saint en ...

latin : *sanctus*,	espagnol : *san, santo*,
grec : *hagios*,	italien : *san, santo*,
hébreu : *qâdosh*,	néerlandais : *heilige, sint*,
anglais : *holy, saint*,	polonais : *swigety*,
allemand : *heilig, sankt*,	portugais : *sao, santo*,

Qu'est-ce que ..?

Stigmate - Stigmatisé (du grec *stigma*, piqûre, piqûre au fer rouge, tatouage). Dans le langage religieux, les stigmates sont des blessures ou des cicatrices apparaissant mystérieusement et durablement sur le corps de certains mystiques aux emplacements des plaies du Christ (mains, pieds, côté), leur occasionnant souvent de vives souffrances rappelant celles qu'avait pu endurer Jésus, et rebelles à tout traitement médical.
Les plus célèbres stigmatisés sont saint François d'Assise (1181-1226) et sainte Catherine de Sienne (1347-1380). Parmi les stigmatisés contemporains, on peut citer Thérèse Neumann (Allemagne, 1898-1962), Francesco Forgione, dit Padre Pio (Italie, 1887-1968), Marthe Robin (France, 1902-1981).
L'Église manifeste toujours une grande réserve à l'égard des stigmates ; elle ne pourrait en reconnaître éventuellement le caractère miraculeux qu'à l'occasion d'un procès de béatification ou de canonisation, bien après la mort du stigmatisé, et non sans une minutieuse enquête.
Dans le cas de Thérèse Neumann, qui passionna l'opinion et mobilisa les médias, la commission de six évêques et médecins qui, après maintes difficultés suscitées par sa famille, put enfin l'examiner les jeudi et vendredi saints 1938 (elle entrait en extase tous les vendredis saints), conclut : « Etat d'hystérie grave avec tous les phénomènes inhérents à la maladie, y compris la part habituelle de simulation… »

Stylite (du grec *stulos*, colonne). Les ermites stylites se retiraient du monde en s'établissant au sommet d'un portique ou d'une colonne pour se contraindre à une vie plus inconfortable encore et à un renoncement plus absolu. Là, ils priaient Dieu et ils exhortaient les nombreux visiteurs qu'attirait leur sainteté. Cette pratique, qui resta essentiellement orientale, eut comme initiateur saint Siméon le Vieux (Ve siècle).

Thaumaturge. Ce mot, venu du grec et formé de *thauma*, prodige et *ergon*, œuvre, signifie faiseur de miracles. Il est fréquemment appliqué à des saints par la tradition chrétienne.

Vénérable (du latin *venerabilis*, digne d'être vénéré). Titre donné par l'Eglise comme première étape de la canonisation : la vie de la personne proclamée « Vénérable » est proposée en exemple aux chrétiens, mais sans aucun culte public.

LES SAINTS QUI FONT LA PLUIE ET LE BEAU TEMPS

Janvier

15 : S'il gèle le jour de la *Saint-Maur*, la moitié de l'hiver est dehors.

17 : A la *Saint-Antoine*, les jours augmentent de la barbe d'un moine.

22 : A la *Saint-Vincent*, l'hiver monte ou descend.

25 : De *Saint Paul* la claire journée nous dénote une bonne année.

Février

3 : Si le jour de la *Saint-Blaise* est serein, bon temps pour le grain.

12 : Vers la *Sainte-Eulalie* souvent le temps varie.

19 : *Saint Boniface* brise la glace.

23 : A la *Saint-Florent*, l'hiver va ou reprend.

Mars

1er : Quand il pleut à la *Saint-Aubin*, il n'y aura ni foin ni lin.

12 : Le jour de *Saint Pol* (de Léon) l'hiver se rompt le col.

17 : Sème tes pois à la *Saint-Patrice*, tu en auras à ton caprice.

19 : A la *Saint-Joseph* revient l'aronde (l'hirondelle).

Avril

4 : Quand *Saint Ambroise* fait neiger, de huit jours froids gare au danger.

23 : Si mouillée est la *Saint-Georges*, les cerises lui restent dans la gueule.

25 : A la *Saint-Marc*, s'il tombe de l'eau, il n'y aura pas de fruits à couteau.

Mai

3 : S'il pleut à la *Saint-Philippe*, remise tonneaux et pipe.

12 : *Saints Pancrace, Gervais et Boniface* apportent souvent glace (« les saints de glace »).

23 : Qui sème des haricots à la *Saint-Didier* les récolte par poignées.

31 : Pluie de *Sainte Pétronille* change raisin en grapilles.

Juin

8 : Quand il pleut à la *Saint-Médard*, il pleut quarante jours plus tard.

13 : *Saint Antoine* clair et beau emplit cuves et tonneaux.

19 : S'il pleut le jour de la *Saint-Gervais*, il pleut quarante jours après.

24 : Pluie de la *Saint-Jean*, pluie pour longtemps.

29 : *Saint Pierre et Paul* pluvieux, pour trente jours dangereux.

Juillet

22 : A la *Sainte-Madeleine*, la moule est pleine.

25 : Si *Saint-Jacques* est serein, l'hiver sera dur et chagrin.

26 : S'il pleut à la *Sainte-Anne*, il pleut un mois et une semaine.

Août

10 : A la *Saint-Laurent*, qui trouve une pomme, une poire la prend.

15 : *La Vierge* du 15 août arrange ou défait tout.

24 : Pluie de la *Saint-Barthélémy*, chacun s'en fait fi.

28 : Fine pluie de *Saint-Augustin*, c'est comme s'il pleuvait du vin.

Septembre

1er : S'il fait beau à la *Saint-Gilles*, ça dure jusqu'à la Saint Michel.

14 : Qui n'a pas semé à la *Sainte-Croix* au lieu d'un grain en mettra trois.

17 : *Saint Lambert* pluvieux, neuf jours dangereux.

21 : A la *Saint-Matthieu*, les jours sont égaux aux nuits dans leurs cours.

29 : Les hirondelles à *Saint-Michel*, l'hiver s'en vient après Noël.

Octobre

4 : Sème à la *Saint-François*, tu auras du blé bon poids.

9 : S'il pleut à la *Saint-Denis*, tout l'hiver sera pluie.

24 : *Saint Florentin* : brouillards dans le croissant, signe de beau temps.

28 : A la *Sainte-Simone* faut avoir rentré ses pommes.

Novembre

1 : A la *Saint-Mathurin*, bois le vin et laisse l'eau pour le moulin.

3 : A la *Saint-Hubert*, les oies sauvages fuient l'hiver.

11 : La température de la *Saint-Martin* doit être celle de l'hiver.

25 : A la *Sainte-Catherine* tout arbre (ou tout bois) prend racine.

Décembre

4 : A la *Sainte-Barbe* soleil peu arde.

10 : Si le soleil luit à la *Sainte-Eulalie*, pommes et poires à la folie.

13 : A la *Sainte-Luce* les jours avancent du saut d'une puce.

25 : Noël au perron, Pâques aux tisons. Noël humide, greniers et tonneaux vides. A la Noël les moucherons, à Pâques les glaçons.

• Le calendrier romain et celui des Églises locales ont éliminé certains de ces saints ou modifié des dates de fête ; en outre, un même nom peut être porté par plusieurs saints différents, fêtés à des dates différentes. (Voir p. 25).

Pour ceux qui aimeraient en savoir davantage sur ces dictons populaires... et leurs liens avec le temps : *Dictionnaire de météorologie populaire*, par Jean-Philippe Chassagny - Éd. Maisonneuve et Larose.

L'ÉGLISE ENCOURAGE-T-ELLE LE CULTE DES SAINTS GUÉRISSEURS ?

Un certain nombre de saints ont de longue date la réputation de guérir les maladies pour lesquelles on les invoque. Beaucoup de gens, aujourd'hui encore, viennent les prier dans les sanctuaires qui leur sont consacrés, dans les églises qui conservent leur tombeau ou leurs reliques, devant les statues qui les représentent ; souvent il y font brûler un cierge en leur honneur.

Dans certains de ces lieux de culte, des formulaires de prières sont mis à la disposition des personnes venant accomplir de telles démarches, et les prêtres ne se refusent pas à aider à prier ceux qui les sollicitent ou à bénir les malades.

Un tel comportement n'est pas toujours du goût de chrétiens plus « puristes ».

Si en effet, pendant très longtemps, l'Église a accueilli avec faveur la démarche de chrétiens invoquant les saints guérisseurs, démarche dans laquelle elle voyait un geste de foi rappelant les foules se pressant autour du Christ, aujourd'hui elle se montre très soucieuse de ne pas laisser confondre foi et superstition, acte spirituel et acte magique. Le clergé est donc partagé sur l'attitude à prendre vis-à-vis de ceux qui viennent prier les saints guérisseurs. Certains prêtres se refusent par principe à sembler donner quelque crédit que ce soit à ce qui pourrait être compris comme de la magie. D'autres hésitent à refouler ces solliciteurs, très souvent d'humbles gens parfois venus de loin, et chez qui il est difficile a priori de trancher entre ce qui est inspiré par la foi et ce qui penche vers la superstition. Ne font-ils pas partie, ces gens à la foi simple, de ceux que le Christ a privilégiés dans son enseignement, dans ses guérisons ? Ne faut-il pas prendre chacun comme il est ? Plutôt que de le rebuter, l'aider à faire un pas dans la foi ? C'est l'attitude finalement adoptée par beaucoup de prêtres aujourd'hui.

On peut citer à cet égard l'exemple d'un curé rural de la Manche, dont l'église dédiée à sainte Walburge, une abbesse bénédictine du VIIIe siècle réputée pour ses « vertus » de guérisseur, reçoit beaucoup de gens venant invoquer cette dernière. Ce témoignage a été donné dans un article paru dans *La Croix* du 19 février 1980 sous la signature de Jean Pihan.

« ... Mon curé s'est fait peu à peu une pastorale. Il a commencé par remplacer la lecture du prologue de saint Jean (considéré bien souvent dans nos campagnes comme incantatoire et quelque peu magique) par la lecture de l'évangile du Centurion. Et il en fait un bref commentaire.

Puis il fait remarquer que c'est Dieu seul qui guérit et qui réconforte, mais qu'il veut bien recevoir nos pauvres prières par l'intermédiaire de ceux qui l'ont si bien servi au cours de leur vie terrestre. L'oraison (approuvée) que l'on récite et qui est reproduite sur une petite image s'adresse à Dieu et non à la sainte. Mon curé reprend la parole de saint Pierre (Ac 4,9) après la guérison d'un infirme : "C'est par le nom de Jésus de Nazareth que cet homme a été guéri." Donc, pas de sorcellerie, pas de « truc magique », mais un acte de foi dans l'unique Sauveur. Il va plus loin, mon curé : "Si nous recourons à la prière des saints, c'est que nous les croyons vivants. On ne s'adresse pas à un mort pour qu'il nous exauce. Un cadavre ne guérit jamais personne". Se tourner vers les saints, c'est croire qu'ils appartiennent pour toujours au Christ ressuscité, c'est croire que nous sommes appelés, nous aussi, à vivre pour toujours avec lui, "non pas dans un vague sommeil inconscient, mais d'une vie nouvelle, consciente, aimante, heureuse". Recourir à l'intercession du saint ou de la sainte, c'est donc "d'abord faire un acte de foi dans la résurrection du Christ, et un acte d'espérance en notre future résurrection".

Un tel langage, croyez-moi, ne passe pas par-dessus la tête des gens. Je ne dis pas qu'ils sont subitement convertis : ce serait trop beau. Mais sans rien démolir, sans les avoir rudoyés, choqués, scandalisés, on les a remis sur la bonne voie, on les a fait réfléchir, on les a catéchisés. N'est-ce-pas mieux ? » ■

LES QUATORZE SAINTS AUXILIAIRES OU AUXILIATEURS

On désignait sous ce nom (du latin *auxilium*, secours) un groupe de saints réputés particulièrement efficaces pour répondre aux invocations qui leur étaient adressées. Ils étaient souvent représentés ensemble. ■

Sainte ou saintes	Signes distinctifs	Motifs d'invocation
Acace	Sa couronne d'épines	Maux de tête
Barbe	Sa tour et un ciboire surmonté d'une hostie	Foudre et mort subite
Blaise	Ses 2 cierges croisés	Affections de la gorge
Catherine	Sa roue brisée	Protectrice des étudiants, philosophes chrétiens, orateurs, avocats.
Cyriaque	Son habit de diacre	Maladies d'yeux, possession du démon
Christophe	L'enfant Jésus qu'il porte	Orages, tempêtes, temps de peste, accidents de voyage
Denis	Sa tête qu'il porte	Possessions diaboliques
Egide (ou Gilles)	Sa coule bénédictine et sa biche	Panique, mal caduc, folie, frayeurs nocturnes
Erasme	Ses entrailles enroulées autour d'un treuil	Maux d'entrailles
Eustache	Son cerf et son équipage de chasse	Le feu éternel ou temporel
Georges	Un dragon qu'il terrasse	Maladies dartreuses
Guy (ou Vite)	Sa croix	Danse de Saint Guy, léthargie, morsure de bêtes
Marguerite	Un dragon qu'elle tient enchaîné	Maux de rein, accouchement
Pantaléon	Ses deux mains clouées	Maladies de consomption

QUELQUES AUTRES SAINTS GUÉRISSEURS

St Adrien : peste
Ste Agathe : allaitement des nourrissons, brûlures
St Antoine : feu de Saint Antoine (inflammation)
Ste Apolline : maux de dents
St Briac : maladies nerveuses
Sts Côme et Damien : toutes maladies
St Guénolé : stérilité féminine
St Hubert : rage
Ste Lucie : maux d'yeux
St Raphaël : santé du corps et de l'âme
Ste Rita : petite vérole, cas désespérés.
St Roch : peste

Lorsqu'un mot, une expression, un événement, une institution, un nom propre vous sont inconnus, consultez l'index.

A CHAQUE ACTIVITÉ OU ÉTAT SON SAINT PATRON

Le choix d'un saint patron par un corps de métier est un usage qui remonte aux corporations médiévales. Mais, bien d'autres activités ou états de vie se sont trouvés pourvus de saints patrons par des traditions. Le choix d'un saint patron a pu être suggéré par son activité professionnelle (par exemple : saint Joseph pour les charpentiers), par le trait dominant de sa vie (saint Camille de Lellis pour le personnel hospitalier), par quelque circonstance de sa vie, de sa légende ou de sa mort (sainte Marie-Madeleine pour les parfumeurs, saint Hubert pour les chasseurs, saint Laurent pour les cuisiniers, etc.). Lorsque l'Église propose aujourd'hui un saint patron à quelque activité professionnelle ou état de vie, il s'agit toujours d'un choix répondant aux exigences contemporaines de réalité historique et de portée spirituelle.

LES PATRONS DES MÉTIERS ET DES ÉTATS DE VIE

I Patrons selon une tradition ancienne.
E Patrons proposés par l'autorité ecclésiastique durant les cent dernières années.
R Saint aujourd'hui retiré du calendrier romain.

Agriculteurs, Médard, *8 juin*
Alpinistes, Bernard de Menthon E, *28 mai*
Amoureux, Valentin, *13 février*
Apprentis, Jean Bosco E, *31 janvier*
Archers, Sébastien I, *20 janvier*
Architectes, Raymond Gayrard, *3 juillet*
Thomas, *3 juillet*
Archivistes, Laurent I, *10 août*
Ardoisiers, Lézin, *13 février*
Armuriers, Michel, *29 septembre*
Artificiers, Barbe I. R., *4 décembre*
Artilleurs, Barbe I. R., *4 décembre*
Artistes, Fra Angelico E, *18 mars*
Aubergistes, Julien l'Hospitalier I, *27 janvier*
Aumôniers militaires, Jean de Capistran E, *23 octobre*
Automobilistes, Christophe R, *25 juillet*
Aviateurs, Joseph de Copertino, *18 septembre*
Avocats, Yves I, *19 mai*

Banquiers, Matthieu, *21 septembre*
Bateliers, Julien l'Hospitalier I, *27 janvier*
Honorine I, *27 février*
Bergères, Geneviève, *3 janvier*
Bergers, Germaine Cousin, *15 juin*
Druon, *16 avril*
Loup ou Leu, *29 juillet*
Bibliothécaires, Laurent I, *10 août*
Bimbelotiers, Claude (du Jura), *6 juin*
Blanchisseurs, Blanchard, *10 mars*
Bonnetiers, Fiacre, *30 août*
Bouchers, Barthélémy I, *24 août*
Bouffons, Mathurin I, *1 novembre*
Boulangers, Honoré I, *16 mai*
Michel I, *29 septembre*
Brasseurs, Arnoul I, *14 août*
Médard, *8 juin*
Brodeurs, Clair, *16 juillet*
Brossiers, Barbe R, *4 décembre*

Candidats au permis de conduire, Expédit *19 avril*
Candidats aux examens, Joseph de Copertino, *18 septembre*
Cardeurs, Blaise I, *3 février*
Carrossiers, Guy (d'Anderlecht) I, *12 septembre*
Carriers, Roch, *16 août*
Cavaliers, Georges, *23 avril*
Chantres, Grégoire le Grand, *3 septembre*
Chapeliers, Jacques le Mineur, *3 mai*
Charbonniers, Maur, *15 janvier*
Charcutiers, Antoine le Grand, *17 janvier*
Charpentiers, Joseph I, *19 mars*
Charrons, Eloi, *1 décembre*
Chasseurs, Hubert I, *3 novembre*
Chaudronniers, Maur, *15 janvier*
Chauffeurs de Taxi, Fiacre, *30 août*
Cloutiers, Cloud, *7 septembre*
Cochers, Guy (d'Anderlecht) I, *12 septembre*
Coiffeurs, Louis, *25 août*
Comédiens, Genès, *25 août*
Commissaires, Martin, *11 novembre*
Comptables, Matthieu, *21 septembre*
Cordiers, Paul, *29 juin*
Cordonniers, Crépin et Crépinien I, *25 octobre*
Couteliers, Jean Baptiste, *24 juin*
Couvreurs, Vincent Ferrier, *5 avril*
Cuisiniers, Laurent I, *10 août*
Curés et responsables de paroisses, Jean-Marie Vianney E, *8 août*

Débardeurs, Christophe R, *25 juillet*
Dentellières, Anne, *26 juillet*
Dentistes, Apolline I, *9 février*
Doreurs, Clair I, *16 juillet*

Ecoles populaires chrétiennes, Joseph de Calazanz E, *25 août*
Ecoles et Universités catholiques, Thomas d'Aquin E, *28 janvier*

Ecoliers, Charlemagne R, *23 janvier*
Nicolas T, *6 décembre*
Ecrivains, François de Sales, *24 janvier*
Editeurs, Jean Bosco, *31 janvier*
Educateurs, Jean-Baptiste de la Salle E, *7 avril*
Electriciens, Lucie, *13 décembre*
Enseignants, Jean-Baptiste de la Salle E, *7 avril*
Epiciers, Nicolas, *6 décembre*
Escrimeurs, Michel, *29 septembre*
Etudiants, Catherine R, *25 novembre*

Faïenciers, Antoine de Padoue, *17 janvier*
Fantassins, Maurice, *22 septembre*
Femmes en couches, Marguerite T. R., *20 juillet*
Filles repenties, Marie-Madeleine T, *22 juillet*
Fondeurs, Etienne, *26 décembre*
Forestiers, Hubert, *3 novembre*
Forgerons, Eloi T, *1 décembre*

Gantiers, Marie-Madeleine T, *22 juillet*
Gaufriers, Michel T, *29 septembre*
Gendarmes, Geneviève, *3 janvier*
Gens de Loi, Yves T, *19 mai*
Grainetiers, Marcel, *16 janvier*

Hôpitaux, Camille de Lellis E, *14 juillet*
Horlogers, Eloi T, *1 décembre*
Hôteliers, Marthe T, *29 juillet*

Imprimeurs-libraires, Jean, (ancienne fête St-Jean devant la Porte Latine - supprimée en 1960) E. T., *6 mai*
Infirmiers et infirmières, Camille de Lellis E, *14 juillet*

Jardiniers, Fiacre T, *30 août*
Phocas T, *22 septembre*
Jeunesse, Louis de Gonzague E, *21 juin*
Jeunesse abandonnée, Jérôme Emilien, *8 février*
Jeunes filles, Catherine T. R., *25 novembre*
Jeunesse agricole chrétienne féminine, Germaine Cousin, *15 juin*
Journalistes, François de Sales, *24 janvier*

Laboureurs, Isidore le Laboureur, *15 mai*
Guy (d'Anderlecht) T, *12 septembre*
Lavandières, Marthe, *29 juillet*
Claire, *12 août*
Jean (ancienne fête St-Jean devant la Porte Latine - supprimée en 1960), *6 mai*
Libraires, voir Imprimeurs,
Lingères, Véronique, *4 février*
Luthiers, Cécile, *22 novembre*
Grégoire (de Nazianze), *9 mai*

Maçons, Pierre, *29 juin*
Thomas, 21 décembre
Maîtres d'école, Cassien, *13 août*
Malades, Camille de Lellis E, *14 juillet*
Jean de Dieu E, *8 mars*
Maquignons, Eloi, *1 décembre*
Maraichers, Fiacre T, *30 août*
Maréchaux ferrants, Martin, *11 novembre*
Marins, Nicolas, *6 décembre*
Erasme ou Elme, *2 juin*
Matériel, Éloi, *1er décembre*
Médecins, Pantaléon, *27 juillet*
Côme et Damien T, *26 septembre*
Luc T, *18 octobre*
Menuisiers, Joseph T, *19 mars*
Métallurgistes, Eloi T, *1 décembre*
Meuniers, Blaise, *3 février*
Catherine R, *25 novembre*
Mineurs, Barbe T. R., *4 décembre*
Missions, Thérèse de l'Enfant-Jésus E, *1 octobre*
Missionnaires, François Xavier, *3 décembre*
Monnayeurs, Eloi T, *1 décembre*
Musiciens, Cécile T, *22 novembre*
Grégoire le Grand, 3 septembre

Notaires, Yves T, *19 mai*
Marc, *25 avril*
Nourrices, Agathe T, *5 février*

Œuvres charitables, Vincent de Paul E, *27 septembre*
Orateurs chrétiens, Jean Chrysostome, *13 septembre*
Orfèvres, Eloi T, *1 décembre*
Orphelins, Jérôme Emilien, *8 février*
Ouvriers, Joseph E, *19 mars et 1 mai*

Palefreniers, Marcel, *16 janvier*
Parachutistes, Michel, *29 septembre*
Parfumeurs, Marie-Madeleine T, *22 juillet*
Passementiers, Louis, *25 août*
Pâtissiers, Michel T, *29 septembre*
Macaire T, *2 janvier*
Honoré T, *16 mai*
Pêcheurs, Pierre T, *29 juin*
André, *30 novembre*
Peintres, Fra Angelico, *18 mars*
Luc T, *18 octobre*
Pèlerins, Jacques le Majeur T, *25 juillet*
Philosophes, Catherine T. R., *25 novembre*
Photographes, Véronique, *4 février*
Plombiers, Eloi T, *1 décembre*
Poètes, Cécile, *22 novembre*
Poissonniers, Pierre, *29 juin*
Pompiers, Barbe T. R., *4 décembre*
Porteurs, Christophe T. R., *25 juillet*
Potiers d'étain, Fiacre, *30 août*
Prisonniers, Sébastien, *20 janvier*
Léonard de Noblat, *6 novembre*
Publicitaires, Bernardin de Sienne, *20 mai*
Personnel de radios, télévision et moyens de communication, Gabriel E, *29 septembre*

Relieurs, Barthélémy T, *24 août*
Rémouleurs, Jean-Baptiste, *24 juin*
Renseignement, Raphaël, *29 septembre*
Rotisseurs, Laurent T, *10 août*

Sacristains, Guy (d'Anderlecht) T, *12 septembre*
Sapeurs, Barbe T R., *4 décembre*
Savants, Albert le Grand, *15 novembre*
Scieurs de long, Simon et Jude, *28 octobre*
Scouts, Georges, *23 avril*
Sculpteurs, Luc T, *18 octobre*
Secrétaires, Cassien, *13 août*
Serruriers, Eloi, *1 décembre*
Galmier, *27 février*
Servantes, Marthe, *29 juillet*
Soldats, Martin, *11 novembre*
Georges, *23 avril*
Jeanne d'Arc, *30 mai*
Sourds-muets, François de Sales, *24 janvier*
Speakers, Jean Chrysostome, *13 septembre*

Tailleurs d'habits, Clair, *2 janvier*
Casimir, *4 mars*
Tailleurs de pierre, Blaise, *3 février*
Claude, *6 juin*
Tanneurs, Barthélémy T, *24 août*
Tapissiers, Geneviève, *3 janvier*
Taverniers, Vincent, *22 janvier*
Télévision, Claire E, *11 août*
Tisserands, Blaise, *3 février*
Barnabé, *11 juin*
Tonneliers, Jean-Baptiste, *24 juin*
Michel, *29 septembre*
Nicolas, *6 décembre*
Touristes, Christophe R, *25 juillet*
Tourneurs, Claude (du Jura), *6 juin*
Traducteurs, Jérôme, *30 septembre*
Travailleurs, Joseph Artisan E, *1 mai*
Tuiliers, Fiacre, *30 août*
Typographes, Jean (ancienne fête St Jean devant la Porte Latine - supprimée en 1960), *6 mai*

Universitaires, Thomas d'Aquin E, *28 janvier*

Vanniers, Paul Ermite, *15 janvier*
Verriers, Clair, *2 janvier*
Vignerons, Vincent T, *22 janvier*
Vinaigriers, Vincent, *22 janvier*
Vitriers, Marc, *25 avril*
Voyageurs, Julien l'Hospitalier T, *27 janvier*
Christophe T. R., *25 juillet*
Patron des animaux, Blaise T, *3 février*

LES PRÉNOMS ET LA MODE

Le choix du prénom d'un enfant résulte de considérations très variables selon les familles et les époques. De tout temps, cependant, les familles chrétiennes ont choisi comme nom de baptême pour leurs enfants celui d'un saint patron qui leur soit à la fois un protecteur et un modèle. D'où la fréquence des noms des grands saints universellement connus : Pierre, Paul, Jean, Jacques, Marie, François, Thérèse ; et ceux de saints en honneur dans un pays ou une région, par exemple, Martin, Geneviève, Louis, Jeanne en France, ou Anne, Yves, Hervé en Bretagne.

Les usages régionaux ou familiaux ont très longtemps eu une grande importance : les aînés recevaient souvent le prénom de leur père ou de leur mère de génération en génération, les filleuls ceux de leur parrain ou marraine.

Enfin la mode intervient, et aujourd'hui de plus en plus. Un chercheur de l'Institut national de la statistique et des études économiques (INSEE), Guy Desplanques, a publié en janvier 1986 dans la revue *Économie et Statistique* une étude très révélatrice à cet égard. Alors qu'au début du siècle le nombre des prénoms en usage en France était encore restreint, et leur usage très stable (Louis et Jean l'ont emporté chez les garçons pendant vingt-cinq ans, Marie chez les filles pendant trente-cinq ans), le renouvellement des usages tend à être plus fréquent pour les filles dès avant la Seconde Guerre mondiale, et pour les garçons aussitôt après celle-ci. A partir de 1965-1970, la fréquence de renouvellement s'accélère.
Aujourd'hui un prénom ne reste guère en faveur plus de cinq ans : Sébastien à partir de 1975, Nicolas à partir de 1970. La liste des dix prénoms les plus fréquents se renouvelle d'un tiers ou d'une moitié tous les cinq ans. Dès qu'un prénom devient trop courant, il est abandonné.

De manière générale, la mode se lance dans les milieux de cadres parisiens, se répand ensuite dans les autres milieux, atteignant les agriculteurs en dernier ; par exemple Philippe connaît une grande faveur entre 1950 et 1958 dans les milieux aisés, entre 1960 et 1964 dans les autres, sauf chez les agriculteurs où il se répand jusqu'en 1965-1969. Les milieux les plus sensibles à la mode sont ceux des cadres moyens, des employés, et les jeunes mariés. Si les cadres lancent les modes, ils restent en même temps très classiques ; c'est chez eux qu'on retrouve le plus de prénoms traditionnels, par exemple celui de Marie, revenu en force à partir de 1980.

QUELQUES VIES DE SAINTS

Ainsi qu'on l'a vu plus haut (p. 25 « Comment sont choisis les saints du calendrier »), l'Église fête saints et bienheureux selon une certaine hiérarchie : les uns (la plupart des saints, et tous les bienheureux), de beaucoup les plus nombreux donc, sont seulement l'objet d'une *fête locale,* c'est-à-dire célébrée dans des pays, des diocèses, des ordres religieux déterminés, où leur culte est le plus justifié ; les autres (uniquement des saints), au nombre de 180, sont l'objet d'une *fête célébrée dans toute l'Église à travers le monde* (*calendrier romain pour l'Église universelle*). Et ce dernier calendrier classe lui-même ces fêtes en quatre catégories d'importance décroissante : solennités, fêtes, mémoire obligatoire, mémoire facultative *(ad libitum).*

Dans l'évocation des vies de saints faite dans les pages qui suivent, ont été retenus :

1. Tous les saints figurant au *calendrier romain pour l'Église universelle.* L'importance de leur fête est précisée par les signes suivants :
solennité ****, fête ***, mémoire obligatoire **, mémoire facultative *.

2. Parmi les saints ou bienheureux faisant l'objet d'une *fête locale,* ont été retenus : d'une part, ceux dont l'histoire intéresse plus particulièrement la France, ou une région française, ou encore un pays francophone, et d'autre part, ceux dont les noms sont plus couramment attribués. Il n'a cependant pas été possible de retenir tous les saints locaux, dont pourtant les noms ont souvent été attribués à de multiples localités ou paroisses de notre pays : ils étaient trop nombreux (*Voir* Les saints et les noms de lieu p. 30.)

Chaque fois qu'il a paru utile, on a signalé les diverses formes sous lesquelles un prénom de même origine peut être attribué aujourd'hui, afin de permettre à ceux de leurs titulaires qui l'ignoreraient de savoir qui est leur patron ; de même, en ce qui concerne la forme féminine d'un nom masculin.

A

ABEL († v. 750) Fête loc. 5 août. D'abord moine à l'abbaye de Lobbes (actuelle Belgique), il succède à saint Rigobert au siège archiépiscopal de Reims vers 743. Évincé par un concurrent, il se retire dans son abbaye.

ABRAHAM († v. 480) Fête loc. 15 juin. D'origine perse, il avait fui la persécution dans son pays pour s'établir, près de l'actuel Clermont-Ferrand (Puy de Dôme), dans un ermitage qui devint le noyau d'un monastère dédié à saint Cyr ou Cirgues. On l'invoqua longtemps pour guérir la fièvre, et on se rendait à une source locale considérée comme miraculeuse.

▶ Neuf autres saints portent le nom d'Abraham.

ACHILLE ou ACHILLÉE (IVe siècle) MARTYR. Cal. rom. 12 mai*. Lui et son frère Nerée (dont la fête se célèbre en même temps que la sienne), seraient des soldats romains qui, s'étant convertis, auraient été martyrisés durant la persécution de Dioclétien, vers 304. Selon l'inscription laissée par le pape Damase (mort en 384), c'est en martyrisant eux-mêmes des chrétiens qu'ils se seraient subitement convertis. Deux basiliques leur sont dédiées à Rome.

▶ Trois autres saints portent le nom d'Achille ou Achillée.

ADÉLAÏDE (v. 931-999). Fête loc. 16 décembre. Fille du roi de Bourgogne, d'abord mariée à Lothaire, roi d'Italie, puis en secondes noces à Othon I, le fondateur du Saint-Empire romain germanique, elle reçoit avec lui à Rome, en 962, de la main du pape Jean XII, la couronne impériale. Elle met son influence auprès de l'empereur au service de l'Église et des pauvres ; elle favorise la réforme clunisienne. A la mort de son fils, l'empereur Othon II, elle assure la régence de l'empire jusqu'à la majorité de son petit-fils Othon III. Elle meurt à *l'abbaye de Seltz* (Bas-Rhin) dont elle est la fondatrice.

▶ Deux autres saintes portent le nom d'Adélaïde.

▷ Alice.

ADÈLE († v. 730). Fête loc. 24 décembre. Fille du roi Dagobert II, elle fonde après la mort de son mari le *monastère de Pfalzel* près de Trèves et en est la première abbesse. Son petit-fils, le futur saint Grégoire d'Utrecht, alors âgé de 15 ans, vivait à ses côtés lorsque saint Boniface, de passage, l'ouvre à sa vocation missionnaire, en fait son disciple, et l'associe désormais à sa tâche d'évangélisation.

ADELINE († v. 1125). Fête loc. 20 octobre. Première abbesse des bénédictines de Mortain, lesquelles, en raison de la couleur de leur habit, sont appelées « Les Dames blanches » d'où le nom d'Abbaye Blanche.

▷ Aline, Line.

ADOLPHE (v. 1185-1224) ÉVÊQUE. Fête loc. 30 juin. Moine cistercien, puis évêque d'Osnabrück (Allemagne), il est connu pour sa très grande attention aux plus pauvres et aux lépreux.

ADRESSE Sainte légendaire qui aurait été invoquée par les marins pour entrer au port situé au pied de l'actuelle ville de Sainte-Adresse (Seine-Maritime).

ADRIEN († v. 300) MARTYR. Fête loc. 8 septembre. La tradition en fait, à Nicomédie (actuelle Turquie), un converti au christianisme à la vue des chrétiens conduits au supplice ; il est martyrisé sous Dioclétien en même temps que vingt-trois autres chrétiens. De la basilique qui lui est dédiée à Rome partaient les processions en l'honneur de la Vierge, notamment le 8 septembre (d'où la date de sa fête). Saint Adrien est l'un des cinq saints qu'on invoquait contre la peste.

▷ Adrienne.

AGATHE († v. 250) VIERGE ET MARTYRE. Cal. rom. 5 février**. Son histoire paraît légendaire mais son culte fut célébré très tôt. Palerme et Catane en Sicile se disputent l'honneur d'être son lieu de naissance, mais c'est à Catane qu'elle aurait été martyrisée pour avoir repoussé les avances du gouverneur Quintianus. La tradition rapportant qu'on lui avait coupé les seins avant de la mettre sur un brasier, elle est devenue la patronne des nourrices et on l'invoque en outre contre les douleurs causées par le feu. La protection qu'elle aurait assurée aux habitants de Catane lors d'une éruption de l'Etna a contribué à la popularité de cette patronne de la ville. Trois basiliques romaines lui ont été dédiées.

AGATHON († 681) PAPE. Fête loc. le 10 janvier. On rapporte que ce Sicilien avait 103 ans lorsqu'il fut élevé au pontificat en 678. Il eut à régler divers conflits ecclésiastiques (Ravenne, York) et fit condamner l'hérésie monothélite par le IIIe Concile de Constantinople (680), pendant la tenue duquel il mourut à Rome. Il est le patron de Palerme, en Sicile.

AGNÈS (IVe s.) VIERGE ET MARTYRE. Cal. rom. le 21 janvier**. Au tout début du IVe siècle, Agnès, une enfant de Rome de douze ans, subit le martyre plutôt que de renoncer à son vœu de virginité. Elle est, depuis lors, vénérée comme patronne de la pureté. Selon le récit plus tardif de son martyre, elle aurait été conduite de force dans un lupanar — où sa virginité aurait été préservée miraculeusement —, jetée dans un feu qui se serait éteint, et enfin décapitée. Sainte Agnès, l'une des saintes les plus populaires, a une basilique à Rome dès l'époque constantinienne ; c'est là qu'aujourd'hui sont bénis chaque année les deux agneaux dont la laine servira à tisser les *palliums*, ornements que portent autour du cou le pape, les primats et les archevêques.

▶ Dix autres saintes ou bienheureuses portent le nom d'Agnès.

Sainte Agnès, par Cordier (1600). Ste-Agnès-hors-les-murs. Rome.

Ph. Giraudon

AGRÈVE († v. 602) ÉVÊQUE. Fête loc. 1er février. Cet évêque du Puy se fixe en un lieu qui deviendra plus tard la ville de Saint-Agrève (Ardèche) pour y évangéliser la région ; c'est là qu'il finit ses jours.

▶ D'autres lieux voués au même patron sont appelés Saint-Egrève.

AGRICOL († 700) ÉVÊQUE. Fête loc. 2 septembre. Né à Avignon, il est moine à Lérins avant d'être élu évêque d'Avignon vers 660. La ville et le diocèse d'Avignon en ont fait leur patron. Il est invoqué pour la pluie ou le beau temps.

AIGNAN († 453) ÉVÊQUE. Fête loc. 17 novembre. Élu évêque d'Orléans, il évangélise la région et empêche la prise de la ville par Attila.

AIMÉ ou AMÉ ou AMET († v. 628). Fête loc. 13 septembre. Après trente ans de vie commune à l'abbaye d'Agaune (actuelle abbaye de Saint-Maurice, dans le Valais, en Suisse), il se retire dans une grotte à proximité, où il mène une vie extrêmement austère. Puis il rejoint l'abbaye de Luxeuil (dans l'actuelle Haute-Saône) fondée par saint Colomban. Avec Romaric, un grand de la cour du roi d'Austrasie Théodebert II, il fonde près de *Remiremont* (Romarici Mons), dans les Vosges, deux monastères jumelés, l'un d'hommes et l'autre de femmes. Aimé en est l'abbé, mais il revient bientôt à sa vie d'anachorète dans une grotte du voisinage.

AIMÉE (Ve siècle). ABBESSE d'Antinoé, en Égypte.

Bienheureuse **AIMÉE D'ASSISE** († v. 1250). Fête loc. 20 février. Nièce de sainte Claire, elle se fait clarisse chez sa tante après une jeunesse dissipée.

Bienheureux **ALAIN DE LA ROCHE** (v. 1428-1475). Fête loc. 8 septembre. Ce Breton entre chez les dominicains à Dinan (Côtes-d'Armor) ; puis, après des études à Paris, il est envoyé en Flandre et aux Pays-Bas. Il est le promoteur de la dévotion mariale du rosaire.

ALBAN (IIIe siècle) MARTYR. Fête loc. 22 juin. Vivant à Verulanium (Grande-Bretagne), aujourd'hui Saint-Alban, il accueille un missionnaire chrétien recherché par la police. Converti par lui, il se livre à la place du missionnaire ; c'est le premier martyr d'Angleterre.

ALBAN (IVe siècle) MARTYR. Fête loc. 21 juin. Il est martyrisé à Mayence.

▶ De nombreuses villes, notamment dans le sud de la France, portent le nom de Saint-Alban ou Saint-Auban.

▷ Albane, Albe

ALBERT LE GRAND (v. 1200-1280) ÉVÊQUE ET DOCTEUR DE L'ÉGLISE. Cal. rom. 15 novembre*. Né en Souabe (Allemagne), ALBERT DE BOLLSTAEDT fait ses études à Padoue. Entré dans le jeune ordre des dominicains, il enseigne la philosophie et la théologie à Cologne, à Fribourg, à Ratisbonne, à Strasbourg et à la prestigieuse Université de Paris (où son nom de Maître Albert, contracté en Maubert, a été donné à une place qui subsiste aujourd'hui). Esprit universel, il se passionne pour toutes les disciplines.
Entreprise très audacieuse et très risquée pour l'époque, il ouvre la voie à une synthèse entre la philosophie et la physique d'Aristote d'une part, la théologie d'autre part : c'est la voie que suivra l'un de ses élèves, Thomas d'Aquin, dont il se fera le défenseur jusqu'à sa mort. En 1248, il est régent du *Studium generale* récemment créé à Cologne, ville qui sera désormais sa résidence, à l'exception des deux années pendant lesquelles il est évêque de Ratisbonne. Libéré sur sa demande de la charge épiscopale, il reprend son enseignement et ses travaux, dans lesquels il se juge plus utile. Surnommé *Doctor Universalis,* Albert est proclamé docteur de l'Église en 1931 par Pie XI, et patron des scientifiques, des naturalistes et des chimistes en 1941 par Pie XII.

▷ Alberic, Alberta, Alberles, Alberte.

L'humilité d'un saint

Seigneur Jésus-Christ, suprême père de famille qui m'as appelé dès le matin dans ta vigne, où tu m'as conduit dès ma jeunesse à travailler dans mon Ordre pour le salaire de la vie éternelle ; quand plus tard je serai mis au jugement et devrai rendre des comptes, que me donneras-tu, à moi, qui non seulement sur la place publique du siècle, mais encore dans la vigne elle-même de mon Ordre, suis demeuré oisif tout le jour ?

Saint Albert le Grand

**** Solennité
*** Fête
** Mémoire obligatoire
* Mémoire facultative

ALBERT DE BRABANT OU DE LOUVAIN (v. 1165-1192) Évêque. Fête loc. 25 novembre. Né à Louvain, membre de la famille ducale de Brabant, il devient évêque de Liège à 25 ans à son retour de la troisième croisade. L'empereur d'Allemagne, Henri VI, refusant de le reconnaître, Albert se rend à Rome où le pape Célestin III le confirme dans sa charge, demandant à l'archevêque de Reims de l'ordonner. Henri VI s'obstinant dans son hostilité, Albert se fixe à Reims où il est assassiné par trois gentilshommes allemands sur le tombeau de saint Rémi.
En 1612, l'archiduc Albert de Brabant donne ordre de transférer de Reims à Bruxelles les restes de son saint patron ; mais on se trompe de corps ! C'est en 1921, sous le règne d'Albert I de Belgique, que les reliques de l'évêque de Liège parviennent enfin dans son pays natal.

▶ Quatorze autres saints ou bienheureux portent le nom d'Albert.

ALDEGONDE († 684) Vierge. Fête loc. 30 janvier. Résolue très jeune à se consacrer à Dieu, cette fille de famille noble du Hainaut refuse le mariage arrangé par ses parents et rejoint le monastère de Mons avant de se retirer dans un ermitage qui deviendra l'abbaye double de Maubeuge, elle-même origine de la ville. Toute une légende s'est développée autour de la vie de sainte Aldegonde et de sa sœur, sainte Waudru, abbesse de Mons. Aldegonde, dont les reliques sont conservées dans deux châsses à l'église Saint-Pierre à Maubeuge, est la patronne de la ville.

ALEXANDRE († 177) Martyr. Fête loc. 20 avril. D'origine grecque et vivant à Lyon, Alexandre était chrétien en secret avec son ami Épipode. Dénoncés, Épipode est torturé et décapité, Alexandre flagellé et crucifié.

▶ Quarante-six autres saints, dont trente martyrs des premiers siècles, portent le nom d'Alexandre.

▷ Alexandra, Axel, Axelle

ALEXANDRINE (1385-1458) Vierge. Fête loc. 2 avril. Religieuse italienne, fondatrice d'un monastère de clarisses à Foligno.

▷ Sandrine

ALEXIS FALCONIERI (1200-1310) Cal. rom. : fête des sept fondateurs des Servites de Marie, 17 février*. Alexis appartenait à un groupe de sept marchands florentins qui quittèrent tout pour fonder en 1233 l'*ordre des Servites de Marie*, voué à la fois à la contemplation et à l'action (prédication, enseignement, mission). Alexis, le seul qui soit resté laïc, mourra plus que centenaire.

▶ Jusqu'à la récente réforme du calendrier romain, un autre saint Alexis, dont l'histoire est des plus sujettes à caution, y figurait ; noble romain vivant à Rome au Ve siècle, il aurait quitté sa femme avec son consentement le jour de leur mariage, pour aller vivre en mendiant en Orient ; puis il serait revenu à Rome sans se faire reconnaître, obtenant de s'installer sous l'escalier de ses parents où il aurait vécu dix-sept ans dans la sainteté et la pauvreté ; son identité aurait été découverte après sa mort, grâce à un message mystérieux au pape Innocent I. Il inspira un des premiers textes de la littérature française, le « Poème de saint Alexis », du XIe siècle.

▷ Alex

ALFRED LE GRAND (849-889). Fête loc. 28 octobre. Son culte n' a jamais été ratifié officiellement par l'Église. Ce roi de Wessex (Grande-Bretagne) lutte avec énergie contre les Danois, parvenant à faire baptiser leur chef, dont il sera le parrain. Il affermit l'autorité royale et donne une nouvelle impulsion à son Église locale, pour laquelle il traduit les œuvres de saint Augustin et de saint Grégoire le Grand.

ALICE (Voir Adélaïde.)

ALINE (Voir Adeline.)

Bienheureuse ALIX LE CLERC (1576-1622). Fête loc. 9 janvier. Née à Remiremont (Vosges), elle devient la fille spirituelle de saint Pierre Fourier, curé de Mattaincourt. Avec lui, elle fonde en 1597 la congrégation de l'*Union Notre-Dame* (reliée en 1622 à l'ordre des *Chanoinesses de Saint-Augustin*), pour l'éducation des filles. Elle meurt à Nancy dans l'une des maisons qu'elle a fondées.

ALLEAUME (XIe siècle). Fête loc. 30 janvier. Né à Loudun (Vienne) et moine à la Chaise-Dieu (Haute-Loire), il est appelé en Espagne par les souverains de Castille. Il dirigera ensuite un hôpital pour les pèlerins près de Burgos.

ALOÏS (Voir Louis.)

ALPHONSE-MARIE DE LIGUORI (1696-1787) Évêque et docteur de l'Église. Cal. rom. 1er août**. Né à Naples dans une famille de l'aristocratie, docteur en droit et avocat, il renonce au barreau pour se faire prêtre. Ordonné à trente ans, il se consacre à l'apostolat dans les milieux populaires, très délaissés et ignorants. Six ans plus tard, en 1732, il fonde une congrégation de prêtres et de frères vouée à ce même type de mission, la *Congrégation du Très-Saint Rédempteur* (Rédemptoristes), dont la spiritualité veut s'inspirer de l'exemple du Rédempteur dans la manière de vivre et d'annoncer l'Évangile. En 1762, le pape Clément XIII l'oblige à accepter la charge d'évêque de Sainte-Agathe-des-Goths, diocèse au demeurant très misérable de la région napolitaine. Devenu infirme à 72 ans, il obtient trois ans plus tard d'être déchargé de sa fonction, et de retourner dans sa congrégation. Il y connaît épreuves et humiliations, avant de mourir douze ans plus tard. Il laisse une œuvre écrite considérable, complément et couronnement d'une intense activité de confesseur et de prédicateur ; il s'est ainsi fait le témoin d'un christianisme d'amour et de miséricorde à l'encontre des conceptions rigides et pessimistes de la morale janséniste, très en honneur jusque-là. Canonisé en 1839, il est proclamé Docteur de l'Église par Pie IX en 1871 et patron des confesseurs et des professeurs de théologie morale par Pie XII en 1950. La congrégation des rédemptoristes (et rédemptoristines) devait connaître un grand développement à travers le monde.

▶ Huit autres saints ou bienheureux portent le nom d'Alphonse.

ALVÈRE (IXe siècle). Jeune fille martyrisée par les Normands, restée très populaire en Périgord.

AMADOUR ou AMATOR (dates indéterminées). Fête loc. 20 août. On ne sait rien sur ce saint. Des légendes et des hypothèses diverses en font soit un familier de la Vierge Marie, soit le mari de Véronique, soit Zachée, soit un évêque d'Auxerre... Seule certitude, Rocamadour veut dire « Roc d'Amadour ». Au XIIe siècle, on crut avoir découvert son tombeau ; celui-ci devint un centre de pèlerinage d'autant plus fréquenté qu'il se trouvait sur l'une des routes de Saint-Jacques-de-Compostelle ; aux grands pardons, les foules et les personnages illustres (saint Bernard, saint Dominique, saint Louis, Philippe le Bel, etc.) affluaient. Rocamadour est resté un lieu de pèlerinage marial (Vierge noire), favorisé par le caractère exceptionnel du site.

Rocamadour

AMAND (v. 584-676 ou 679) Évêque. Fête loc. 6 février (Belgique*). D'abord moine à l'île d'Yeu, puis ermite à Bourges, Amand va surtout s'illustrer pendant plus d'un demi-siècle par une vie itinérante à travers ce qui sera plus tard la Flandre (actuels Belgique et nord de la France) pour évangéliser les populations ; en 629, il devient évêque, mais sans résidence fixe ; vers 646 il est élu évêque de Tongres, siège bientôt transféré à Maastricht (actuels Pays-Bas) ; trois ans plus tard il reprend sa mission mobile, tout en multipliant, sous forme d'abbayes, les points d'ancrage de cette christianisation de la région. C'est dans l'une d'elles, à Elnone sur la Scarpe, qu'il meurt presque centenaire ; le monastère sera à l'origine de la ville de Saint-Amand-les-Eaux (Nord). Sa tâche avait trouvé un soutien constant chez les rois mérovingiens, et notamment chez Dagobert ; grâce à eux, il avait pu racheter aux Germains beaucoup de captifs qu'il avait regroupés en communautés chrétiennes.

AMANT ou AMANS (IVe ou Ve siècle). Évêque. Fête loc. 4 novembre. Premier évêque de Rodez.

▶ Neuf autres saints portent le nom d'Amand, Amant ou Amans, dont le premier évêque de Strasbourg (IVe siècle) et un évêque de Bordeaux (Ve siècle).

▶ De nombreuses communes de France portent, sous diverses orthographes, le nom de l'un de ces saints.

AMARIN († 676). Fête loc. 25 janvier. Moine de Luxeuil, il vient évangéliser la vallée de la Thur en Alsace, s'établissant en un lieu nommé Droangus. De là il rejoint à Volvic saint Prix, évêque de Clermont ; tous deux sont assassinés par les ennemis de l'évêque. Ses reliques ont été ramenées au VIIIe siècle au couvent de Droangus, autour duquel s'est établie la ville de Saint-Amarin (Haut-Rhin).

AMAURY (Voir Maur.)

AMBROISE (v. 340-397) Évêque et docteur de l'Église. Cal. rom. 7 décembre**. Né à Trèves, il est consulaire (gouverneur) romain de Ligurie et d'Émilie résidant à Milan, et encore catéchumène, lorsqu'il est élu évêque par le peuple de la ville ; l'événement se produit alors qu'il était venu, en fonctionnaire impérial, assurer l'ordre d'élections épiscopales agitées. Il est baptisé et ordonné évêque en huit jours (7 décembre 374) ; il lui faut alors apprendre le grec et se donner une formation théologique et littéraire. Ce sera un très grand évêque ; ses nombreuses prédications, son abondante œuvre écrite visent soit l'instruction des fidèles, soit la réfutation de l'arianisme qu'il combat avec intelligence et détermination. Par son influence il contribue à la conversion de saint Augustin, auquel il donne le baptême en 387. Il impose une pénitence publique à l'empereur Théodore après la sanglante répression d'un soulèvement de la population de Thessalonique (390). Ambroise est, avec saint Augustin, saint Jérôme et saint Grégoire le Grand, l'un des quatre docteurs de l'Église latine.

▷ Ambroix, déformation d'Ambroise.

Connaître ce que l'on fait profession de proclamer

En la personne des Pharisiens, Jésus reprend sévèrement et condamne au châtiment futur tous ceux qui se chargent d'enseigner la connaissance de Dieu en empêchant les autres d'atteindre le Seigneur. Jésus condamne ceux qui alors ne connaissent pas eux-mêmes ce qu'ils font profession de proclamer.

Saint Ambroise, *sur Luc*

Bienheureux **AMÉDÉE DE SAVOIE** (1435-1472). Fête loc. 30 mars. Le duc Amédée IX de Savoie, né à Thonon et mort à Verceil (Italie du Nord), époux de la sœur de Louis XI, avait fait de sa cour un modèle de vertu et il devint très vite l'objet d'une grande vénération de la part des populations alpines.

AMÉLIE (Voir Émilie).

AMOUR Fête loc. 9 août. On ne sait rien de lui. Peut-être a-t-il fait partie de la Légion thébaine (voir saint Maurice).

ANACLET (Voir Clet).

ANAÏS (Voir Anne).

ANASTASIE (v. 500-566). Fête loc. 10 mars. Vivant à la cour de Byzance, elle est courtisée par l'empereur Justinien et jalousée par l'impératrice Théodora ; elle se retire alors dans un monastère ; Justinien l'ayant fait rechercher après la mort de Théodora, elle se réfugie dans la solitude du désert de Scété en Égypte, où elle mène jusqu'à sa mort une vie de total renoncement.

▶ Trois autres saintes, martyres, portent le nom d'Anastasie.

ANATOLE (IVe ou Ve siècle) Fête loc. 3 février. Il aurait vécu en ermite au sommet d'un rocher qui domine la vallée de Salins (Jura).

▶ Quatre autres saints portent le nom d'Anatole.

ANDÉOL († 208) Sous-diacre, martyr. Fête loc. 1er mai. Il aurait été envoyé à Lyon par l'Église de Smyrne, aurait évangélisé la région de Carpentras, puis fondé une église locale à Bergoïata (future commune de Bourg-Saint-Andéol, Ardèche), où il aurait été décapité sur l'ordre de l'empereur Septime-Sévère.

ANDRÉ (Ier siècle) Apôtre. Cal. rom. 30 novembre***. Frère de Simon-Pierre, il est comme lui originaire de Capharnaüm, au nord du lac de Tibériade ; ce sont des pêcheurs. Ils sont en train de jeter leurs filets lorsque Jésus, qui passe là, les invite à tout laisser pour devenir pêcheurs d'hommes et se joindre à lui (Mt 4,18-22). Ils ne le quitteront plus. Déjà auparavant, selon l'*Évangile de Jean*, André était un des disciples de Jean-Baptiste, et celui-ci, sur les bords du Jourdain, lui avait désigné Jésus comme « l'Agneau de Dieu ». André avait alors suivi Jésus puis, conquis, était allé chercher son frère Simon en lui disant : « Nous avons trouvé le Messie. » (Jn 1, 35-43). André et Simon-Pierre, Jacques et Jean, forment le petit groupe des apôtres les plus proches de Jésus. Sur la vie d'André après la Pentecôte, on ne dispose que de récits apocryphes et de légendes. Si l'on ne doit pas exclure que, comme le rapporte la tradition, il ait évangélisé la région de Patras en Grèce, qu'il y soit mort martyr et qu'il y ait été enterré, on ne dispose d'aucun fait attesté à ce sujet. Encore moins à propos de la croix en forme de X sur laquelle il serait

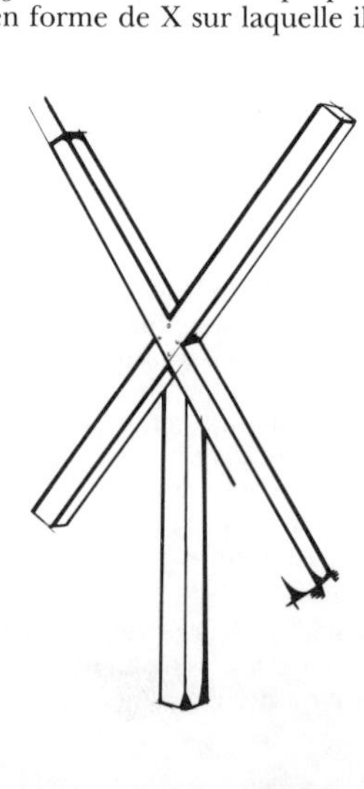

mort. Ses reliques, en tout cas, connurent une histoire mouvementée. C'est ainsi que le chef (la tête) du saint se retrouva successivement à Constantinople en 357, puis à nouveau à Patras, d'où il fut envoyé à Rome au moment de la conquête turque de la Grèce (XVe siècle), pour être enfin solennellement restitué par le pape Paul VI à l'Église de Patras dans un geste symbolisant les efforts mutuels de réconciliation des Églises chrétiennes. Saint André, en effet, est le patron de l'Église de Constantinople comme saint Pierre l'est de l'Église de Rome. Il est aussi le patron de la Grèce, de la Russie, de l'Écosse, du diocèse de Bordeaux.

ANDRÉ-HUBERT FOURNET (1752-1834) Fête loc. 13 mai. Prêtre, il refuse de prêter serment à la Constitution civile du clergé, imposé par l'Assemblée Constituante en 1790, et se réfugie en Navarre. Après la Révolution, il fonde en Poitou, avec Élisabeth de Bichier des Ages, qui sera elle aussi canonisée, la *congrégation des Filles de la Croix*, dites *Sœurs de Saint-André*, pour l'instruction des enfants pauvres et le soin des malades.

▶ Quarante-quatre autres saints ou bienheureux portent le nom d'André.

ANGE (1185-1225) MARTYR. Fête loc. 5 mai. Né à Jérusalem, il entre chez les carmes du Mont-Carmel (Palestine). Venu à Rome en 1218, il prêche en Sicile où il est assassiné.

Bienheureuse ANGÈLE DE FOLIGNO (1260-1309) Fête loc. 4 janvier. Née à Foligno (Italie), elle y passera toute sa vie. Après avoir perdu son mari et ses enfants, elle entre dans le tiers ordre franciscain ; ses visions et les réflexions qu'elles lui inspirent, révélées après sa mort par son confesseur, la mettent au rang des grandes mystiques, en même temps qu'elles font d'elle une des représentantes les plus significatives de l'esprit franciscain.

Allons à l'hôpital, peut-être aurons-nous l'avantage d'y trouver Notre Seigneur Jésus-Christ dans le rang des pauvres.

Sainte Angèle de Foligno

ANGÈLE MERICI (1474-1540) VIERGE. Cal. rom. 27 janvier*. Née à Desenzano, sur le lac de Garde (Italie), elle se consacre, après une vision, au service et à la catéchèse des pauvres. Dans le but de préparer les jeunes filles à faire de leur foyer un centre de vie chrétienne, elle fonde avec un groupe de femmes une congrégation de religieuses enseignantes et éducatrices, qu'elle met sous le patronage de sainte Ursule (ou *Union Sainte Angèle Merici*). Historiquement, c'est la première congrégation enseignante, aujourd'hui répandue dans les cinq continents.

▶ Outre Angèle de Foligno et Angèle Merici, deux autres saintes portent le nom d'Angèle.

▷ Angélique.

Bienheureux FRA ANGELICO (Jean de Fiesole dit...) (1387-1455) Fête loc. 18 mars. Depuis près de cinq siècles, frère JEAN DE FIESOLE est connu sous le nom de Fra Angelico (le frère Angelique), dû à sa réputation de sainteté autant qu'à l'expression de son art. Guido di Pietro, né en Toscane, fait d'abord des études de peinture à Florence puis entre chez les dominicains de Fiesole en même temps que son frère Benedetto. Devenu frère Jean, il n'abandonne pas pour autant ses pinceaux, bien au contraire, car la peinture est considérée dans les monastères « comme un moyen puissant d'élever l'âme ».

La naissance des saints est un événement qui réjouit beaucoup de monde parce que le bien est contagieux et que la sainteté est une force communicative.

Saint Ambroise.

Frère prêcheur, c'est par la peinture que Fra Angelico veut exercer son ministère, même quand il deviendra prieur de sa communauté. Des témoins racontent qu'il ne se mettait jamais à peindre sans avoir fait oraison. Son œuvre tout entière est un grand *Magnificat*.
Elle est pleine de joie, d'ors, de couleurs lumineuses quand il peint des Vierges à l'Enfant, des annonciations ou des reliquaires pour orner les églises : rien n'est trop beau pour la maison de Dieu ou pour exalter le bonheur de croire. Son *Couronnement de la Vierge* (au Louvre) ou son *Jugement dernier* sont de véritables visions célestes, des assemblées joyeuses d'anges et de saints, main dans la main, contemplant leur Dieu.
Mais à l'exemple de saint Paul, Fra Angelico prêche « Jésus et Jésus crucifié ». Quand il décore le couvent Saint-Marc à Florence, ou plus tard celui de Fiesole, c'est pour ses frères dominicains qu'il peint. Il module alors son art, supprime les détails inutiles et les ors. Ses couleurs se font plus austères, toutes en fines harmonies, ses personnages sont plus réalistes et expressifs : l'ange de l'Annonciation regarde avec tendresse la Vierge à laquelle il porte son message ; François d'Assise, la joue appuyée sur une main, ou Dominique, les traits contractés par la douleur, communient réellement à la souffrance du Christ en croix. Mais Fra Angelico ne connaît pas la haine : il ne représente pas les bourreaux de la Passion, mais seulement des mains qui soufflètent, une bouche qui crache, un bâton qui enfonce la couronne d'épines. Quand il peint le *Jugement dernier* pour le dôme d'Orvieto, il montre la douleur des damnés rejetés du ciel et non leurs vices ou leurs turpitudes, comme tant d'autres artistes.
La renommée de Fra Angelico est telle dans cette Italie de la Renaissance, pourtant si riche en grands peintres, que les papes eux-mêmes l'appellent au Vatican. La chapelle du Saint-Sacrement, décorée pour Eugène IV, a malheureusement disparu. Par contre subsistent les vies de saint Laurent et de saint Étienne peintes pour la chapelle de Nicolas V, très belles fresques à la fois pathétiques et sereines, rayonnant de tous les gestes et expressions de l'amour chrétien. C'est en peignant ces scènes que Fra Angelico est mort à Rome, où il est enterré.
Jean-Paul II l'a proclamé bienheureux, patron des artistes, et plus spécialement des peintres, le 30 octobre 1984.

▯ *Fra Angelico,* A. Hertz et H. N. Loose, Éd. du Cerf.

ANICET (IIe siècle) PAPE. Son nom a été enlevé du nouveau calendrier romain (sa fête était le 17 avril). On sait en réalité très peu de choses de lui. D'origine syrienne, il a été pape de 155 à 166 ; avec l'évêque de Smyrne, saint Polycarpe, il essaie sans succès de régler le conflit entre l'Orient et l'Occident sur le mode de calcul de la date de Pâques, qui empoisonne alors les relations au sein de l'Église (elle ne sera tranchée qu'au concile de Nicée en 325). L'évêque de Rome, à l'époque, n'en apparaît pas moins déjà investi d'une très grande autorité sur l'ensemble de l'Église.

Sainte Anne

ANNE MÈRE DE LA VIERGE MARIE. Cal. rom. 26 juillet** (au Canada***). Elle est l'épouse de saint Joachim, fêté le même jour ; ce sont les parents de la Vierge Marie. On ne sait rien d'eux ; les récits les concernant sont rapportés par des textes apocryphes *(Protévangile de Jacques, Évangile du pseudo-Matthieu, Évangile de la Nativité de Marie)*. Mais parce qu'ils ont donné la vie à la mère du Sauveur et l'ont formée spirituellement, ils sont vénérés de longue date en Orient et, à partir des Croisades, en Occident. On sait en particulier l'importance du culte rendu à sainte Anne par la Bretagne, dont elle est la patronne, très spécialement au sanctuaire Sainte-Anne-d'Auray, édifié à l'emplacement où, à la suite d'apparitions de la sainte en 1624, un paysan, Yves Nicolazic, découvrit une statue provenant d'un sanctuaire beaucoup plus ancien. Sainte Anne est la patronne de la province du Québec au Canada.

▷ Anaïs, Anita, Annabelle, Annette, Annick, Annie, Anouck, Nancy.

Bienheureuse ANNE MARIE JAVOUHEY (1779-1851) Fête loc. 18 juillet. Née à Jallanges (Côte-d'Or), on la voit dès l'âge de 15 ans soigner les malades et instruire les enfants de son village natal. Après deux essais de vie religieuse, elle groupe quelques jeunes filles et fonde en 1805 à Châlon-sur-Saône une congrégation nouvelle pour l'éducation des enfants, qui prendra le nom de *Société de Saint-Joseph-de-Cluny*. Elle établira des fondations en France et surtout elle s'intéressera aux missions, enverra ses religieuses à l'Ile Bourbon, au Sénégal, en Guyane, en Guadeloupe, en Martinique... C'est le premier ordre de femmes missionnaires, initiative fort audacieuse pour l'époque.

Bienheureuse ANNE-MARIE TAÏGI (1769-1837). Fête loc. 10 juin. Née à Sienne, mariée et mère de sept enfants, elle mène efficacement de front, avec des moyens financiers très modestes, les soins du ménage, l'éducation des enfants, l'épanouissement de son foyer, tout en ayant une vie spirituelle très élevée. Elle est honorée comme un modèle d'épouse et de mère.

▶ Quinze autres saintes ou bienheureuses portent le nom d'Anne ou d'Anne-Marie.

ANSCHAIRE, ANSGAIRE ou OSCAR (801-865). Évêque. Cal. rom. 3 février*. Type même du moine missionnaire, ce bénédictin de l'abbaye de Corbie (Somme) est envoyé au Danemark en 826 pour poursuivre avec Harald, chef danois chrétien un moment réfugié chez les Francs, l'évangélisation de ce pays. En 829, il passe en Suède. En 832 il devient le premier évêque de Hambourg ; le pape le nomme légat pontifical auprès des peuples nordiques. En 845, les Danois ruinent tout le travail d'évangélisation du Schleswig-Holstein et détruisent Hambourg. Anschaire est alors nommé archevêque de Brême par Louis le Pieux. Puis, sans se laisser rebuter par les difficultés, il repart en 852 au Danemark, puis en Suède, dont il convertit le roi Olaf. Il mourra à Brême, dont le siège archiépiscopal est réuni à celui de Hambourg.

ANSELME (1033-1109) ÉVÊQUE ET DOCTEUR DE L'ÉGLISE. Cal. rom. 21 avril*. Né à Aoste (Italie), il s'attache à un maître renommé, Lanfranc, qu'il suit jusque dans l'abbaye bénédictine du Bec (Bec-Hellouin, Eure), où il se fait moine. Il y reste lorsque Lanfranc est appelé comme archevêque de Cantorbéry (Angleterre) par Guillaume le Conquérant, qui met partout des gens sûrs aux commandes du pays qu'il a récemment conquis. En 1078, Anselme succède comme abbé du Bec à Herlouin, son fondateur. En 1093, il est appelé par le roi Guillaume II le Roux à succéder à Lanfranc au siège de Cantorbéry. Mais il se heurte très vite aux prétentions des rois d'Angleterre, et ne cessera plus dès lors de lutter avec détermination pour l'indépendance de l'Église ; cela lui vaudra l'exil à deux reprises. Théologien et philosophe au vaste rayonnement, il laisse une œuvre considérable, son souci constant ayant été de faire accéder l'intelligence de l'homme aux vérités de la foi : « comprendre ce que l'on croit ». Il est l'auteur du célèbre argument dit « ontologique » sur l'existence de Dieu (p. 672).

Faites, ô mon Dieu, que je vous connaisse, que je vous aime et que je me réjouisse à cause de vous. Et si, en cette vie, je ne le puis faire pleinement, que j'en approche chaque jour davantage, jusqu'à ce que j'arrive à cette plénitude.

Saint Anselme

ANTHELME (1107-1163) ÉVÊQUE. Fête loc. 26 juin. Né au château de Chignin, près de Chambéry, il entre à la Chartreuse près de Grenoble ; il en sera le prieur avant de devenir le premier supérieur général de l'ordre des Chartreux, puis en 1163, évêque de Belley (Ain) ; en même temps l'empereur d'Allemagne le fait prince d'Empire et suzerain de Belley ; ses reliques sont conservées à la cathédrale de Belley.

ANTHEME (VIIIe siècle) ÉVÊQUE. Fête loc. 3 décembre. Évêque de Poitiers, il évangélise la Saintonge ; il accompagne Charlemagne en Espagne.

ANTOINE LE GRAND (v. 250-356) ABBÉ. Cal. rom. 17 janvier**. Ce saint éminemment populaire, si souvent représenté en compagnie d'un petit cochon, est égyptien. Très jeune, il répond à l'appel évangélique de renoncement absolu en se retirant dans la solitude de Thébaïde (désert des environs de Thèbes, en Haute Egypte) ; il y subit de nombreuses tentations, dont la légende s'est emparée avec complaisance et qu'ont popularisées bien des peintres (Jérôme Bosch, Bruegel, etc.) ainsi que le poème en prose de Flaubert *La Tentation de Saint Antoine.* Contre ses tentations, Antoine essaie de lutter en s'enfonçant toujours davantage dans le désert et le renoncement ; il en sort finalement vainqueur par la prière. L'influence d'Antoine est, de son temps, considérable ; elle est encore renforcée par le soutien de son ami saint Athanase, évêque d'Alexandrie. Nombreux sont les autres solitaires qui viennent se mettre sous sa direction. Ainsi naissent les premiers groupes d'ermites vivant dans une même contrée sous la conduite d'un abbé ; on les appelle anachorètes, par opposition aux cénobites, ou moines vivant ensemble. Antoine n'hésite pas à quitter un moment sa solitude pour venir à Alexandrie témoigner, contre l'hérésie arienne, de sa foi en Jésus-Christ Fils de Dieu. Il est véritablement le fondateur du monachisme chrétien et plus spécialement d'un type de vie resté en honneur dans certains monastères orientaux (par exemple au Mont Athos).

La renommée et l'influence du grand ermite s'exerceront très loin et très longtemps après sa mort, en Orient comme en Occident, grâce à la *Vie de saint Antoine* écrite peu après sa mort par saint Athanase, aussitôt traduite du grec en latin, qui se répandit comme un best seller.

La translation en France des reliques du saint, au XIe siècle, à la suite de la conquête arabe de l'Égypte, accroîtra sa popularité dans notre pays. L'abbaye de Saint-Antoine, près de Saint-Marcellin (Isère) sera édifiée à l'époque pour les recevoir.

Saint Antoine a longtemps été invoqué pour la guérison de diverses maladies, et spécialement d'une grave inflammation appelée « feu saint Antoine » par rapprochement avec les tentatives du démon d'entraîner le saint en enfer ; cette maladie suscita la fondation de l'*ordre hospitalier des Antonins*, absorbé par l'*Ordre de Malte* au XVIIIe siècle.

A propos de saint Antoine le Grand

La vraie solitude purifie l'âme et l'ouvre grande aux quatre vents de la générosité. La fausse solitude ferme sa porte à tous les hommes et s'absorbe dans ses niaiseries.

Thomas Merton,
Nul n'est une île,
Éd. du Seuil, 1956

ANTOINE DE PADOUE (1195-1231) PRÊTRE ET DOCTEUR DE L'ÉGLISE. Cal. rom. 13 juin*. Né à Lisbonne, et d'abord chanoine régulier à Coïmbra, Fernando prend le nom d'Antoine lorsque, changeant d'ordre en 1220, il entre chez les franciscains pour répondre à sa vocation missionnaire. Après un séjour au Maroc où sa santé ne lui permet pas de rester, il gagne Assise, foyer de la vie franciscaine ; ses dons d'orateur et de controversiste, sa culture théologique, l'ardeur de sa foi le vouent à une intense activité de prédica-

tion, d'abord en Italie (où déjà il combat l'hérésie cathare), puis, entre 1225 et 1227, dans le Midi de la France (Toulouse, Montpellier, le Puy, Brive, Limoges) à travers les régions gagnées à la même hérésie (les Albigeois). Un moment provincial d'Italie du Nord, il se retire à Padoue où il meurt à trente-six ans, ayant acquis une réputation populaire de sainteté qui le fait canoniser un an plus tard par Grégoire IX. Son tombeau devient immédiatement un lieu de pèlerinage très fréquenté. En 1946, Pie XII le déclare docteur de l'Église.
Une tradition populaire le fait invoquer pour retrouver les objets perdus (le mot « épave » vient de Pave, ancien nom de Padoue), alors qu'il s'est évertué à prêcher contre l'usure et l'avarice ! L'origine de cette pratique se trouve dans l'histoire d'un novice qui avait quitté son couvent en dérobant le psautier de saint Antoine ; une apparition le fit revenir avec le psautier.
Saint Antoine est souvent représenté avec un lys, un livre — symbole de sa connaissance et de son amour de l'Écriture —, quelquefois aussi avec un âne : la légende affirme en effet qu'un de ces animaux s'était agenouillé devant le Saint-Sacrement porté par le saint, alors que la présence réelle du Christ dans l'eucharistie était contestée par un interlocuteur, ainsi convaincu...

▷ Anthony.

ANTOINE-MARIE CLARET (1807-1870) ÉVÊQUE. Cal. rom. 24 octobre*. Né dans une famille pauvre de Catalogne, il exerce d'abord son ministère dans cette région, notamment par sa prédication et ses écrits ; puis il passe quinze ans aux Iles Canaries. A son retour en 1849, il fonde la *Congrégation des Missionnaires Fils du Cœur-Immaculé de Marie*, ou *Clarétins*. La même année, le pape Pie IX le nomme archevêque de Santiago-de-Cuba où il poursuit une activité inlassable, notamment en faveur des esclaves noirs, ce qui lui vaut de solides inimitiés et de nombreux attentats. Revenu en Espagne, il devient le confesseur de la reine Isabelle. Lors de la révolution de 1868, il la suit en France. Il meurt au monastère cistercien de Fontfroide (Aude).

ANTOINE-MARIE ZACCARIA (1502-1539) PRÊTRE. Cal. rom. 5 juillet*. Né à Crémone (Italie), constamment animé par l'amour des pauvres, il est d'abord médecin, puis devient prêtre. Il s'installe à Milan et fonde les *Clercs réguliers de Saint-Paul* (religieux soumis à une règle et à des vœux mais vivant dans le monde), appelés *Barnabites* parce que le centre de leurs activités se trouvait à l'église Saint-Barnabé à Milan. Ils se consacrent au ministère paroissial, à l'éducation de la jeunesse, à la prédication, aux missions. Antoine-Marie fonde aussi les *Sœurs de Saint-Paul.*

▶ Cinquante-quatre autres saints et bienheureux portent le nom d'Antoine.

ANTOINETTE (XVe siècle). Fête loc. 28 février. Clarisse italienne entrée dans les ordres après son veuvage.

▷ Beaucoup d'Antoinette ont pour patron l'un des saints Antoine.

ANTONIN (1389-1459) EVÊQUE. Fête loc. 2 mai. Né à Florence, il entre à 16 ans au couvent des dominicains où il se lie d'amitié avec Fra Angelico. Il participe au mouvement de réforme de son ordre, mouvement dit de « l'observance ». Prieur du couvent de Rome, alors que le grand schisme d'Occident afflige la chrétienté, il manifeste sa fidélité au pape légitime. Il revient à Florence où il dirige le couvent Saint-Marc à l'époque où son ami Fra Angelico le décore de ses célèbres fresques. Le pape Eugène IV, qui a apprécié sa sagesse lors du concile de Florence (1439), le nomme archevêque de cette ville. Il s'y dépensera jusqu'à sa mort, à la fois pasteur, réformateur, prédicateur, canoniste, théologien, directeur d'âmes ; on l'appelle Antonin le Conseiller. Sa *Somme* le situe parmi les grands théologiens moralistes de son temps.

▶ Treize autres saints, dont dix martyrs des premiers siècles, portent le nom d'Antonin ; l'un d'eux est le patron du diocèse de Pamiers (Ariège) ; ses reliques ont été transportées au monastère de Saint-Antonin-Noble-Val (Tarn-et-Garonne), origine de cette petite ville.

APOLLINAIRE († v. 200) EVÊQUE. Fête loc. 23 juillet. Venu d'Asie, il évangélise la région de Ravenne, dont il a peut-être été le premier évêque. Sa légende, qui remonte au VIIe siècle, le fait arriver en Italie en même temps que saint Pierre. Les deux églises Saint-Apollinaire de Ravenne sont célèbres pour leurs mosaïques byzantines.
Ne pas confondre saint Apollinaire avec saint Sidoine Apollinaire, évêque de Clermont (voir à Sidoine).

▶ Huit autres saints portent le nom d'Apollinaire, dont le patron du diocèse de Valence, frère de saint Avit (évêque de Vienne à partir de 490).

APOLLINE († 249) VIERGE ET MARTYRE. Fête loc. 9 février. Diaconesse d'Alexandrie, on la martyrisa pour la forcer à adorer les dieux païens ; on lui arracha d'abord les dents ; pour éviter de renier sa foi, elle se jeta volontairement dans le bûcher préparé pour elle. Elle a été longtemps invoquée pour la guérison des maux de dents.

▷ Apollonie.

ARIANE (Époque indéterminée). Fête loc. 17 septembre. Martyre en Phrygie (Asie Mineure).

ARIELLE (Voir Eurielle).

ARISTIDE (IIe siècle). Fête loc. 31 août. Philosophe d'Athènes converti au christianisme, il écrit à l'intention de l'empereur Hadrien (117-138) une *Apologie du Christianisme* qui contribue à adoucir les persécutions contre les chrétiens. Il serait peut-être mort lui-même martyr.

ARLETTE (Voir Charlotte).

ARMAND († 1165) EVÊQUE. Fête loc. 23 décembre. De son vrai nom Hartman, évêque de Bressanone, près de Trente en Italie du Nord, et fondateur du couvent de Novacella.

ARMAND († v. 1530). Fête loc. 8 juin. Franciscain hollandais qui se consacra à l'étude de la Bible.

▷ Armande.

ARMAND DE PONTBRIAND († 1792) Fête loc. 2 septembre. Vicaire général d'Arles à 38 ans, il meurt à Paris, victime des « massacres de septembre » sous l'Assemblée Législative.

ARMEL († 57) Fête loc. 16 août. Originaire de Grande-Bretagne, il fonde l'*abbaye de Plouarzel* (Finistère-Nord). Persécuté, il se réfugie à Paris puis revient en Bretagne à l'actuel Saint-Armel-des-Bochaux (Ille-et-Vilaine). Il fonde le monastère qui donnera naissance à la ville de Ploërmel (Morbihan), où il finira sa vie. (En breton *plo* : paroisse, d'où Ploërmel, église ou paroisse d'Armel).

▷ Armelle.

Bienheureux ARNAUD (1185-1255) ABBÉ. Fête loc. 10 février. Il est élu à 24 ans abbé du monastère bénédictin de Sainte-Justine de Padoue (Italie). Il mourra victime des persécutions d'un petit prince local.

ARNOLD († 1156) Fête loc. 6 février. Abbé de l'abbaye de Bonneval (Eure-et-Loir).

ARNOLD ou ARNOUL († 1087) Fête loc. 14 août. Né en Flandre, chevalier devenu moine puis abbé du monastère Saint-Médard de Soissons, enfin évêque de Soissons en 1080, il fonde un monastère à Oudenbourg (Belgique) où il finira ses jours. Patron des brasseurs de bière.

ARNOUL ou ARNOULD (v. 582 - 640) Fête loc. 18 juillet. Né à Lay-Saint-Christophe (Meurthe-et-Moselle) il est précepteur du futur roi Dagobert ; puis à 32 ans et bien que laïc et père de famille (il est l'ancêtre des Carolingiens), il est élu évêque de Metz en 614. En 627 il renonce à l'évêché et se retire au Saint - Mont près de Remiremont (Vosges).

ARNOULT († 535) Comte de Reims, il devient évêque missionnaire, évangélise la région de Tours et meurt à Reims. La tradition rapporte que, conformément au désir d'Arnoult de reposer à Tours, son cortège funèbre se dirigeait vers Chartres lorsqu'une force surnaturelle l'arrêta à Hibernes (Rochefort-en-Yvelines). Arnoult fut inhumé à proximité, en un lieu qui est devenu Saint-Arnoult-en-Yvelines.

ARNOUX († 1075) Fête loc. 19 septembre. Né à Vendôme (Loir-et-Cher), où il fut moine à l'abbaye de la Trinité, évêque de Gap en 1063 et patron du diocèse.

ARSÈNE (v. 354-450) Fête loc. 19 juillet. Peut-être né à Rome, il aurait été précepteur des fils de l'empereur Théodose. Puis il se retire pour vivre en ermite en Égypte. Par ses maximes et ses récits édifiants, il est un des Pères du désert. Il est également connu pour son « don des larmes », manifestation de repentir du péché.

▶ Deux autres saints portent le nom d'Arsène.

Bienheureux ARTHUR († 1539) Fête loc. 15 novembre. Il meurt à Glastonbury, victime de la persécution déclenchée par le roi Henri VIII contre ceux qui refusaient la séparation entre l'Église d'Angleterre et Rome.

ASTIER (VIe siècle) Né de famille païenne et élevé par un prêtre, il part pour Angoulême où il devient religieux. Il revient se faire ermite près du lieu de sa naissance, soulageant et guérissant les malheureux. La ville de Saint-Astier (Dordogne) s'est bâtie au pied de la colline où il vécut.

ATHANASE (295-373) ÉVÊQUE ET DOCTEUR DE L'ÉGLISE. Cal. rom. 2 mai**. Né à Alexandrie (Égypte) et plus tard élu patriarche de cette ville (328), il est surtout connu par sa longue lutte, énergique et périlleuse, contre la doctrine d'un prêtre originaire d'Alexandrie, Arius, qui niait la divinité du Christ. Malgré sa condamnation par le concile de Nicée en 325, l'arianisme s'était en effet rapidement diffusé dans tout le monde chrétien, qu'il divisait profondément et dont il mettait en cause un aspect essentiel de la foi. L'hérésie avait même gagné l'empereur Constantin ; à cinq reprises Athanase sera déposé et exilé par lui ou par ses successeurs, sans cesser pour autant de proclamer par la parole et les écrits la divinité du Christ. Il revient définitivement à Alexandrie en 366. Son action aura été décisive pour la défense de l'orthodoxie définie par le concile de Nicée à l'encontre de l'hérésie arienne. Il laisse une œuvre importante qui en fait l'un des plus illustres Pères grecs de l'Église. Dans son *De Incarnatione,* il montre comment la Parole de Dieu incarnée dans le Christ restaure en l'homme l'image de Dieu et comment la mort du Christ détruit la mort conséquence du péché. Par le soutien apporté à saint Pacôme et à saint Antoine, il a été l'un des promoteurs du monachisme.

▶ Neuf autres saints portent le nom d'Athanase.

AUBERT († v. 725) ÉVÊQUE. Fête loc. 10 septembre. Évêque d'Avranches, c'est à lui qu'on doit, à la suite d'une vision, la construction (709) d'un premier *oratoire* en l'honneur de saint Michel sur le Mont Tombe, l'actuel *Mont-Saint-Michel* (Manche).

AUBIN (v. 469-550) ÉVÊQUE. Fête loc. 1er mars. Né de famille noble à Vannes (Morbihan), il se fait moine, devient abbé du monastère de Tréhillac près de Guérande (Loire-Atlantique). Élu malgré lui évêque d'Angers en 529 à l'âge de 60 ans, il combat les mœurs dissolues de la noblesse. Après sa mort il est très vite honoré comme un saint. Une importante abbaye s'établit autour de son tombeau.

AUBIN (IVe siècle). ÉVÊQUE. Fête loc. 13 septembre. Évêque de Lyon.

AUDE (VIe siècle). Fête loc. 18 novembre. Originaire de Meaux (Seine-et-Marne), elle aurait été une des participantes du groupe des moniales constitué à Paris par sainte Geneviève.

AUGUSTE († v. 560) Fête loc. 7 octobre. Fondateur du *monastère de Brives,* aux portes de Bourges.

Bienheureux AUGUSTE CHAPDELAINE (1814-1856) MARTYR. Fête loc. 29 février. Prêtre en 1843, il entre dans la Société des Missions Étrangères à Paris. Envoyé en Chine en 1851, il est arrêté avec vingt-cinq chrétiens, torturé et décapité en 1856.

AUGUSTIN D'HIPPONE (354-430) ÉVÊQUE ET DOCTEUR DE L'ÉGLISE. Cal. rom. 28 août** (en Afrique du Nord***). Né à Tagaste (actuel Souk-Ahras) près de Constantine en Algérie, d'une mère chrétienne (sainte Monique qui exerça sur lui une grande influence spirituelle) et d'un père païen, il fait ses études à Carthage, capitale de l'Afrique romaine, où il mène une vie dissipée. Il a un fils, Adéodat, de celle qui restera sa femme pendant quinze années. Devenu professeur de rhétorique, il enseigne d'abord à Carthage même, puis à Rome et à Milan. Conquis puis déçu par le manichéisme, il quitte l'Afrique, devient néo-platonicien, puis chrétien grâce à la prédication du grand évêque de Milan, saint Ambroise, à qui il demande bientôt le baptême ; il le reçoit en 387 en même temps que son fils Adéodat. Sa mère, sainte Monique, aura ainsi connu la joie de voir récompenser la persévérance de ses prières. Revenu en Afrique, il vend tous ses biens et s'installe à Tagaste avec quelques chrétiens pour y mener une vie de prière, de méditation et de pauvreté. L'évêque d'Hippone (près d'Annaba, ex-Bône, en Algérie) lui confère le sacerdoce à la demande du peuple, lui confie la prédication, normalement réservée à l'évêque, et en fait bientôt son coadjuteur ; Augustin lui succède en 396. Tout en continuant à mener une vie de religieux, il dirige activement son diocèse ; il ne cessera jusqu'à sa mort de prêcher, de catéchiser, d'écrire, de correspondre, laissant une œuvre théologique et spirituelle considérable écrite en latin qui a fait de lui le « Docteur de la Grâce » (voir Augustinisme) et l'un des quatre grands Pères latins de l'Église. Sa lutte contre les hérésies du temps, manichéisme, donatisme et surtout pélagianisme, est à l'origine d'une grande part de son activité de prédicateur et d'écrivain. Ses célèbres *Confessions* relatent son itinéraire spirituel (c'est le premier livre du genre) et constituent un véritable hymne de louange à Dieu. Le *De Trinitate* chante la prééminence de Dieu en tout, tandis que *La Cité de Dieu* (413-426) explique que la chute de l'empire romain devant les barbares n'est pas due à l'abandon des dieux romains. Augustin meurt tandis que les Vandales assiègent sa ville épiscopale d'Hippone. Sur ses ruines a été édifiée,

Ph. Bulloz

St Augustin et Ste Monique, par Scheffer (1846). Musée du Louvre.

Dignité de l'homme

Voici ce que prescrit l'ordre naturel, voici l'homme tel que Dieu l'a créé. Car il dit : « qu'il domine sur les poissons de la mer, les oiseaux du ciel et les reptiles qui rampent sur le sol » (Gn 1,26). Il a donc voulu que l'être raisonnable fait à son image ne dominât que sur des êtres irraisonnables, non pas l'homme sur l'homme, mais l'homme sur la bête.

Saint Augustin, *La Cité de Dieu.*

à la fin du XIXe siècle, une basilique en l'honneur de saint Augustin.
• Doctrine augustinienne sur la grâce, voir Index

▷ Augustine.

◫ *Saint Augustin et l'augustinisme,* H. I. Marrou, Coll. Maîtres spirituels, Éd. du Seuil.

Tard je t'ai aimée
beauté si ancienne et toujours nouvelle
tard je t'ai aimée.

Saint Augustin (Confessions)

AUGUSTIN DE CANTORBÉRY († 604 ou 605) ÉVÊQUE. Cal. rom. 27 mai*. En 596, alors qu'il était prieur du monastère bénédictin Saint-André à Rome, le pape Grégoire le Grand l'envoie avec quarante autres moines chez les Angles (actuelle Angleterre) pour en entreprendre l'évangélisation. S'adaptant à leurs mœurs et à leur culture, il donne le baptême au roi de Kent Ethelbert, bientôt suivi de son peuple. Il est le premier évêque de Cantorbéry, dont il bâtit l'abbaye et la cathédrale. Plus tard, Cantorbéry sera le siège des Primats d'Angleterre.

▶ Seize autres saints ou bienheureux portent le nom d'Augustin.

AURÉLIE (dates inconnues). MARTYRE. Fête loc. 15 octobre. Elle aurait vécu et serait morte à Strasbourg.

AURÉLIEN († 551) Fête loc. 16 juin. Évêque d'Arles, il y fonda un monastère d'hommes.

AURORE (Voir Lucie).

AVIT (v. 450 - v. 525) ÉVÊQUE. Fête loc. 5 février. Né à Vienne (Isère), il est le fils d'un sénateur romain qui sera élu évêque de Vienne vers 475. Veuf à 40 ans, Avit se retire dans un monastère. En 490, il succède à son père comme évêque de Vienne ; ce grand lettré, admiré par l'historien protestant Guizot, est d'abord préoccupé par le sort des pauvres et par la lutte contre l'arianisme.

AVIT († v. 594-595) ÉVÊQUE DE CLERMONT, il est le premier constructeur de la basilique Notre-Dame-du-Port. Il a été le maître de saint Grégoire de Tours.

AXEL, AXELLE (Voir Alexandre).

Bienheureux AYMAR († 1242). Fête loc. 29 mai. Alors qu'il parcourt les diocèses du Midi de la France avec un groupe d'inquisiteurs, il est mis à mort par les Albigeois près d'Avignonnet (Haute-Garonne).

B

BAPTISTE (Voir Jean-Baptiste).

BARBANT (Voir sainte Barbe). Le nom de sainte Barbe en Poitou s'est contracté en Barbant et est devenu masculin.

BARBE (dates indéterminées) MARTYRE. Fête traditionnelle 4 déc. On ne sait rien sur elle, pas même si elle a existé ; c'est pourquoi on l'a enlevée du calendrier romain. Selon la légende, son père l'aurait enfermée dans une tour pour mettre sa beauté à l'abri des convoitises ; comme elle était devenue chrétienne dans sa prison, son père la livra au gouverneur. Celui-ci la fit décapiter par son père lui-même sur qui la foudre tomba immédiatement. C'est pourquoi sainte Barbe est la patronne de tous ceux qui ont à affronter le feu : artilleurs, artificiers, mineurs, sapeurs-pompiers.
Voir aussi Viviane.

▷ Barbara, Barberine.

BARNABÉ († v. 60) APÔTRE. Cal. rom. 11 juin**. Né dans l'île de Chypre, Joseph surnommé Barnabé (fils d'encouragement) ne fait pas partie des douze apôtres, mais l'Église lui en attribue le titre pour la part prise par lui dans la diffusion de l'Évangile. Un des premiers convertis, il met tous ses biens à la disposition des apôtres. Il sait discerner la vocation de saint Paul et en favorisera la réalisation en le faisant admettre par les responsables de la jeune Église, alors que la brusque conversion de cet ancien persécuteur des chrétiens leur paraissait des plus suspectes. Barnabé accompagne Paul dans ses premières missions chez les païens. Il s'en sépare sur un désaccord quant à la composition de leur équipe. Il se retire dans son île de Chypre où il serait mort martyrisé par les Juifs. Son tombeau y est conservé (aujourd'hui dans la partie turque de l'île).

BARNARD (v. 778-842) ÉVÊQUE. Fête loc. 23 janvier. Né à Lyon, officier de Charlemagne, il se fait bénédictin avec le consentement de sa femme. En 810, il devient archevêque de Vienne (Isère) ; il meurt à Romans, dans l'abbaye qu'il avait fondée.

BARTHÉLEMY (Ier siècle) APÔTRE. Cal. rom. 24 août***. Dans la liste des douze apôtres donnée par les trois évangiles synoptiques, Barthélemy est toujours associé à Philippe. Or, dans l'*Évangile de Jean*, on voit Philippe conduire à Jésus un Nathanaël d'abord réticent, puis conquis, qui lui déclare même : « C'est toi le Fils de Dieu, le roi d'Israël. » (Jn 1, 45 ss.) Plus loin dans le même évangile, on voit Nathanaël figurer parmi les apôtres (21, 2). C'est pourquoi, à partir du IXe siècle, on a souvent identifié Barthélemy avec ce Nathanaël, originaire de Cana. Selon les évangiles apocryphes et les diverses légendes, après la Pentecôte Barthélemy aurait évangélisé soit la Phrygie (Asie Mineure) soit la Mésopotamie ou la Perse, soit les Indes Orientales. La légende le fait mourir écorché vif ; moyennant quoi il est devenu le patron des bouchers, des tanneurs et même des relieurs...

▶ Dix-huit autres saints ou bienheureux portent le nom de Barthélemy.

▷ Bartolomé, Nathanaël, Nathanaëlle.

BASILE (ou VASSILI) LE GRAND (v. 329-379) ÉVÊQUE ET DOCTEUR DE L'ÉGLISE. Cal. rom. 2 janvier**. Il naît à Césarée de Cappadoce (Asie Mineure) dans une famille qui comptera de nombreux saints : son père, sa mère, sa sœur, ses deux frères, dont le plus illustre est Grégoire de Nysse. A Athènes où il termine ses études, Basile se lie d'amitié avec l'un de ses compatriotes, le futur saint Grégoire de Nazianze, fêté le même jour que lui. Il se retire du monde en même temps que quelques amis près de Césarée. La communauté qu'il fonde, et surtout les conceptions très équilibrées qu'il se fait de la vie monastique, exerceront à travers sa célèbre *Règle* une grande influence sur le monachisme tant oriental qu'occidental (saint Benoît). A partir de 365, il prend une part croissante à la lutte contre l'arianisme, qui est favorisé par l'empereur Valens. Élu évêque de Césarée en 370, il lui faut s'imposer face au pouvoir impérial

Partage ton pain

Les biens présents, d'où te sont-ils venus ? Si tu dis : du hasard, tu es un athée, car tu ne reconnais pas le Créateur, et tu ne sais pas gré à celui qui t'a pourvu. Si tu confesses qu'ils viennent de Dieu, dis-nous la raison pour laquelle tu les as reçus. Est-ce que Dieu serait injuste, lui qui nous partage inégalement les biens nécessaires à la vie ? Pourquoi es-tu riche et celui-là pauvre ?
Toi qui enveloppes tous tes biens dans les plis d'une insatiable avarice, tu penses ne faire tort à personne en dépouillant tant de malheureux ? Quel est donc l'avare ? Celui qui ne se contente pas de ce qui suffit. Quel est le spoliateur ? Celui qui enlève les biens de chacun. Et tu n'es pas un avare ? Tu n'es pas un spoliateur, toi qui, de biens dont tu as reçu la gestion, fais ton bien propre ? Celui qui dépouille un homme de ses vêtements aura nom de pillard, et celui qui ne vêt pas la nudité du malheureux alors qu'il peut le faire, est-il digne d'un autre nom ?
A l'affamé appartient le pain que tu mets en réserve ; à l'homme nu, le manteau que tu gardes dans tes coffres ; au va-nu-pieds, la chaussure qui pourrit chez toi ; au besogneux, l'argent que tu conserves enfoui. Ainsi tu commets autant d'injustices qu'il y a de gens à qui tu pourrais donner.

Saint Basile

qui persécute les adversaires de la foi arienne. Son œuvre théologique, très vaste, est dominée par un traité capital sur le Saint-Esprit. Les Orientaux célèbrent encore aujourd'hui les dimanches de Carême, la vigile de Pâques et la fête de saint Basile avec une liturgie qu'il inspira. Basile le Grand, son frère Grégoire de Nysse et son ami Grégoire de Nazianze forment, au sein des Pères grecs de l'Église, le groupe des Pères cappadociens.

▶ Quinze autres saints portent le nom de Basile (dont son père, BASILE L'ANCIEN).

BATHILDE ou BALTHILDE († 680) Fête loc. 30 janvier. Née en Grande-Bretagne, vendue en 641 par des pirates comme esclave au maire du palais de Neustrie, elle devient reine des Francs en épousant Clovis II (le premier des « rois fainéants »), fils et successeur du roi Dagobert. A la mort de Clovis II en 656, elle assure la régence durant la minorité de son fils aîné, Clotaire III. Entourée de conseillers comme saint Léger et saint Ouen, elle favorise le développement de la vie monastique, lutte contre la simonie et l'esclavage. A la majorité de Clotaire III, le maire du palais Ébroïn la contraint de se retirer au couvent de Chelles près de Meaux ; c'est là qu'elle mourra à l'âge de 45 ans.

BAVON (v. 657) Fête loc. 1er octobre. De son vrai nom Allowin, né dans la principauté de Liège, il vécut en ermite dans les forêts. Il a donné son nom à un ancien monastère qui fut à l'origine de la ville de Gand. Il est le patron de ce diocèse ainsi que de celui de Haarlem, aux Pays-Bas.

BAUDOIN ou BAUDOUIN († v. 680). Fête loc. 17 octobre. Frère de sainte Anstrude, il aurait été archidiacre de Laon et serait mort martyr, assassiné sur les ordres d'Ébroïn, maire du palais de Neustrie.

BÉAT (VIIIe siècle) Fête loc. 19 février. Moine à Liebana dans les Asturies (Espagne), il s'oppose à l'hérésie adoptianiste ; il représente l'Espagne au Concile de Francfort ; il se retire et meurt au monastère de Valcarado.

BÉAT Fête loc. 9 mai. Ermite semi-légendaire, considéré comme un des apôtres de la Suisse, dont les reliques sont conservées dans l'église de Saint-Béat (Haute-Garonne).

BÉAT (VIe siècle). Confesseur à Vendôme (Loir-et-Cher).

BÉATRICE (1424-1490) Fête loc. 16 août. Appartenant à une famille de la noblesse portugaise, elle fonde l'ordre monastique des *Conceptionnistes,* en l'honneur de l'Immaculée-Conception de Marie.

Bienheureuse **BÉATRICE D'ORNACIEUX** (v. 1260-1303) Fête loc. 17 octobre. Née à Ornacieux (Isère), elle entre en 1273 à la Chartreuse de Parménie. Puis fonde un monastère à *Eymeux* (Drôme) où elle vit dans le plus total dénuement.

BÈDE LE VÉNÉRABLE (672-735) PRÊTRE ET DOCTEUR DE L'ÉGLISE. Cal. rom. 25 mai*. Ce bénédictin anglais, appelé « le Vénérable » par ses contemporains, a accumulé des trésors d'érudition : commentaires de la Bible, théologie, histoire, grammaire, poésie, etc. Il a exercé une grande influence sur l'Occident latin. Son *De temporibus* a préparé la décision de dater tous les événements à partir de l'incarnation du Christ ; mais il fut aussi et surtout un apôtre de l'Eucharistie ; il incitait à la communion fréquente.

BÉNÉDICTE (v. 1214-1260) Fête loc. 16 mars. Elle succède à sainte Claire comme abbesse des Clarisses d'Assise en 1253.

▶ Beaucoup de Bénédicte ont pour patron saint Benoît (*Benedictus,* en latin).

BÉNEZET ou BENOIT du Pont (1165-1184) Fête loc. 14 avril. Selon une légende qui remonte au XIIIe siècle, Bénezet ou « petit Benoît », un berger, aurait entendu une voix lui commander de construire un pont sur le Rhône. C'est le *Pont d'Avignon,* édifié par lui, appelé de son nom, et terminé après sa mort ; le corps de Bénezet a été alors déposé dans une chapelle élevée sur le pont avant d'être transféré en l'église Saint-Didier d'Avignon. Depuis le XVIIe siècle, il ne reste que quatre arches du célèbre pont. Bénezet avait formé un groupe de Frères pontifes (c'est-à-dire constructeurs de ponts). Il est l'un des patrons d'Avignon.

BÉNIGNE (dates inconnues) MARTYR. Fête loc. 1er novembre. Le récit de la vie de ce saint dijonnais, rapporté dans l'*Histoire des Francs* de saint Grégoire de Tours (VIe siècle), est fort sujet à caution. Ce qui est certain, c'est que son culte s'est répandu très tôt en Bourgogne et à Dijon, dont la cathédrale, ancienne abbatiale, lui est dédiée. Son tombeau y est conservé, objet d'un pèlerinage annuel ; saint Bénigne est le patron du diocèse de Dijon.

BÉNILDE (1805-1862) Fête loc. 12 août. PIERRE ROMANÇON prend le nom de Bénilde en entrant chez les Frères des Écoles chrétiennes (1820). Il enseigne à Aurillac, Moulins, Clermont-Ferrand, dirige l'école communale de Billom (Puy-de-Dôme), puis celle de Saugues (Haute-Loire). Ce pédagogue modeste aura été un grand éveilleur de vocations sacerdotales et religieuses. 15 prêtres, 200 frères sont issus du canton de Saugues où il passa ses vingt dernières années.

BENJAMIN († 422) MARTYR. Fête loc. 31 mars. Diacre en Perse, il fut torturé et empalé en même temps que son évêque Abdas, qui avait brûlé un temple païen.

BENOIT D'ANIANE (v. 750-821) Fête loc. 11 février. Fils d'un comte wisigoth de Maguelonne (dans l'actuel département de l'Hérault), élevé à la cour de Pépin le Bref et de Charlemagne, il entre à l'abbaye de Saint-Seine (dans l'actuelle Côte-d'Or) ; devenu son abbé et ne parvenant pas à la réformer, il se retire en 780 dans son pays natal, à *Aniane* (Hérault), où il fonde bientôt une nouvelle abbaye ; il lui donne la règle de saint Benoît de Nursie, qui n'était pas encore généralisée. Par la qualité de sa vie monastique, par le nombre de ses moines, par son rayonnement, cette abbaye deviendra la première de l'empire carolingien ; avec l'aide de Charlemagne et de son fils et successeur Louis le Pieux, Benoît d'Aniane multiplie les *fondations d'abbayes* (Orléanais, Touraine, Limousin, Berry, Auvergne, Albigeois, Languedoc, etc.) et s'emploie à les faire vivre selon la lettre et l'esprit de la règle bénédictine. Il parvient ainsi à rénover une vie monastique qui en avait grand besoin. Aussi, en 817, le Concile d'Aix-la-Chapelle (capitale de l'empire carolingien) impose-t-il les coutumes d'Aniane à tous les monastères de l'empire. En outre, Louis le Pieux installe Benoît à proximité d'Aix-la-Chapelle, à Inden, afin d'assurer l'unité d'observance des monastères à travers l'empire. Benoît y rédigera un *Codex regularum* et une *Concordia regularum* qui contribueront à répandre et soutenir l'esprit de réforme. Mais après sa mort, celui-ci se relâchera, et il faudra la réforme apportée par l'abbaye de Cluny au Xe siècle pour donner un nouveau souffle à la vie monastique.

BENOIT DE NURSIE (v. 480-547) ABBÉ, Patron de l'Europe. Cal. rom. 11 juillet**. Appelé « le Patriarche des moines de l'Occident », il est né à Nursie, en Ombrie (Italie). Après l'étude des belles-lettres et du droit à Rome, il se retire dans une grotte de la montagne près de Subiaco, non loin de Rome, pour y vivre sous le regard de Dieu. Sollicité par des moines de devenir leur supérieur, mais ne parvenant pas à les réformer, il retourne dans sa grotte, où affluent à nouveau des disciples. Il fonde alors douze petits monastères de douze moines. Vers 529, il vient s'installer avec un petit groupe de moines dans l'ancienne forteresse du *Mont-Cassin,* entre Naples et Rome. Bientôt, il bâtit une grande abbaye, appelée à un rayonnement considérable. Il lui donne une règle brève, souple et pleine de sagesse, basée sur la prière, le travail, l'amour fraternel, la pauvreté, l'obéissance, l'hospitalité, sous la direction d'un abbé (*abba :* père). C'est l'origine de l'*Ordre de saint Benoît* (OSB), ou des *bénédictins.* La plupart des ordres monastiques d'Occident se sont inspirés de cette règle. Benoît mourra au Mont-Cassin. Ce couvent ayant été détruit par les Lombards en 580, les bénédictins français de Fleury-sur-Loire (actuellement Saint-Benoît-sur-Loire) vinrent en 703 chercher dans les ruines le corps de saint Benoît, qu'ils ramenèrent dans leur couvent et qu'ils inhumèrent le 11 juillet, désormais date de la fête du saint. Toutefois, les moines du Mont-Cassin continuent de célébrer sa fête le 21 mars, date de son décès. En 1964 Paul VI a proclamé Benoît patron de l'Europe pour avoir pporté à celle-ci le progrès chrétien par la croix, le livre et la charrue. Il est le patron des spéléologues, des architectes, des agriculteurs, des cavaliers, des conducteurs de machines.

▶ Vingt-trois autres saints portent le nom de Benoît.

◫ *Saint Benoît, père de l'Europe,* N° 4 / 1980 de la revue *Missi.*
Saint Benoît et la vie monastique. Dom J.-C. Nesmy, coll. Maîtres spirituels, Éd. du Seuil.
Saint Benoît, le père des moines d'Occident, Walter Nigg, coll. Maîtres de la spiritualité, Éd. du Centurion.

BENOIT-JOSEPH LABRE (1748-1783) Fête loc. 16 avril. Né à Saint-Sulpice-d'Amettes, près de Boulogne-sur-mer (Pas-de-Calais), il voulait être religieux. Ayant successivement cherché sa voie chez les chartreux, les trappistes et les cisterciens, il décide, à 24 ans, de suivre une vocation de pèlerin perpétuel et de mendiant, parcourant l'Italie, l'Allemagne, la Pologne. Après une vie d'errance dans la prière et le dénuement volontaire, ce saint meurt à Rome à 35 ans. Il est le patron des personnes déplacées et des gens inadaptés.

◫ *Errance et sainteté : Histoire d'un culte,* 1783-1983, Coll. sous la direction d'Y.-M. Hilaire, Éd. du Cerf.

BÉRENGER († 1093) Fête loc. 26 mai. Moine du monastère bénédictin de Saint-Papoul (Aude).

▷ Bérengère.

BERNADETTE SOUBIROUS (1844-1879) Fête loc. 16 avril (en France*). Née à Lourdes (Hautes-Pyrénées) dans une famille pauvre d'anciens meuniers, cette petite fille ignorante et illettrée est témoin, à l'âge de 14 ans, en 1858, de dix-huit apparitions de la Vierge Marie. Elles se produisent dans une grotte, au bord du gave de Pau, au lieu-dit Massabielle. Pressée de questions par son curé, Bernadette se hasarde à demander à la « dame » qui lui apparaît qui elle est : « Je suis l'Immaculée Conception » répond en patois béarnais la Vierge à sa seizième apparition, sans que pour autant Bernadette comprenne le sens de ces mots ; l'événement paraît alors d'autant plus saisissant que le dogme de l'Immaculée Conception a été défini quatre ans plus tôt par le pape Pie IX. Le jaillissement d'une source

Ph. R. Viollet

Sainte Bernadette Soubirous.

ajoute à l'extraordinaire de l'apparition. Après une longue enquête chargée de soupçons, l'évêque se décide à construire l'église souhaitée par la Vierge. A l'âge de 22 ans, Bernadette entre au noviciat des Sœurs de la Charité à Nevers ; c'est là qu'elle mourra, à l'âge de 35 ans, après avoir connu beaucoup d'humiliations et d'incompréhension. Elle sera canonisée sous son nom de religieuse, Marie-Bernard, en 1933. Lourdes a très vite attiré les foules, et notamment les malades. De nombreuses guérisons s'y sont produites. C'est aujourd'hui le premier sanctuaire marial du monde par la fréquentation. Le tombeau de Bernadette à Nevers est lui-même un centre de pèlerinage. La vie de Bernadette et les apparitions de Lourdes ont inspiré un grand nombre d'auteurs très divers, de Huysmans à Zola. Elle est la première sainte dont on ait eu la photographie, prise par l'abbé Bernardou en 1862.

◫ *Bernadette,* Marcelle Auclair, Coll. Livre de vie, Éd. du Seuil.
Les apparitions de Lourdes, René Laurentin, Lethielleux Paris 1966.

BERNARD DE CLAIRVAUX (1090-1153) ABBÉ ET DOCTEUR DE L'ÉGLISE. Cal. rom. 20 août**. Né au château de Fontaine-les-Dijon (Côte-d'Or) d'une famille de la noblesse, il commence, à la mort de sa mère, une évolution spirituelle qui le conduit à 22 ans à l'abbaye de Citeaux où il entraîne avec lui trente compagnons. L'abbaye, dirigée par Étienne Harding, était le foyer d'une réforme profonde de l'ordre bénédictin, marquée par une grande austérité ; c'étaient les débuts de l'ordre cistercien. Après trois années passées dans la prière, l'étude, et des mortifications qui ruineront à jamais sa santé, Bernard (il a 25 ans) est envoyé en 1115 fonder une *abbaye à Clairvaux* (près de Bar-sur-Aube, dans l'Aube). Sous son impulsion, elle va prendre très vite un développement considérable et essaimer elle-même en 160 filiales. Sans cesse déchiré entre sa vocation contemplative et les charges impératives qui lui incombent, Bernard va devoir, jusqu'à sa mort, déployer une activité intense : animateur de son ordre et grand fondateur d'abbayes, prédicateur, théologien et auteur spirituel, il est aussi le conseiller recherché et écouté des évêques, des papes et des princes ; il est sans cesse sur les routes d'Europe, il entretient une active correspondance avec tous les grands de son époque. C'est lui qui, à Vézelay, prêche la seconde croisade (qui fut d'ailleurs un échec). Sa pensée, sa spiritualité, son souci d'une rigoureuse orthodoxie exercent leur influence à travers tout l'Occident ; il arbitre les conflits, combat les hérésies et les divisions au sein de l'Église, défend l'indépendance de celle-ci vis-à-vis des princes, s'élève contre les évêques et les abbayes (notamment Cluny) trop attachés au pouvoir ou à l'avoir, dénonce les abus de Rome. L'impulsion qu'il donne à son ordre cistercien se prolongera à travers les siècles par l'activité des « moines blancs », défricheurs, agriculteurs, bâtisseurs, et surtout témoins d'une vie donnée à Dieu dans la prière et la pauvreté. Bernard qui n'a jamais ménagé une santé chancelante, meurt, épuisé, dans son abbaye de Clairvaux. C'est le véritable fondateur de l'*Ordre des Cisterciens.*

Vézelay.

Son *De diligendo Deo* est un appel à aimer Dieu parce qu'il est Dieu, tandis que son *De gratia et libero arbitro* montre que le salut implique une coopération entre grâce et liberté.

◫ *Saint Bernard contestataire,* J. Zetz, Éd. Guéniot, Langres.
Saint Bernard : l'art cistercien, G. Duby, Coll. Champs, Éd. Flammarion.

BERNARD DE MENTHON († 1081) Fête loc. 15 juin. Né au début du XIe siècle au château familial de Menthon (actuellement Menthon-Saint-Bernard), sur les bords du lac d'Annecy, il refuse le mariage que lui avait préparé son père, pour devenir chanoine régulier d'Aoste. Chargé de l'aide aux pèlerins, il fonde les hospices des cols du Grand et du Petit-Saint-Bernard pour subvenir aux besoins des voyageurs et des pèlerins qui franchissent les Alpes. Il y installe des chanoines réguliers suivant la règle de saint Augustin ; c'est l'origine de la *congrégation hospitalière du Grand-Saint-Bernard.* Il meurt à Novare (Italie) au cours d'un voyage ; c'est là qu'est toujours son tombeau. Il a été proclamé patron des skieurs et des alpinistes par Pie XI en 1923.

▶ Vingt-trois autres saints et bienheureux portent le nom de Bernard.

BERNARDIN DE SIENNE (1380-1444) PRÊTRE. Cal. rom. 20 mai*. Entré chez les frères mineurs (franciscains) il se révèle un prédicateur coloré, enflammé, infatigable. Élu vicaire général des couvents italiens, il les réforme et multiplie les maisons. Déchargé de sa responsabilité, il reprend ses prédications, propageant la dévotion au saint nom de Jésus symbolisé par les trois lettres I.H.S., initiales de l'expression latine « Iesus Hominum Salvator » (Jésus Sauveur des hommes). Ce culte pour des initiales le fait un moment accuser d'hérésie. Il meurt le 20 mai 1444.

BERNON ABBÉ. *Fondateur de Cluny.* (voir Index).

BERTHE († 725) Fête loc. 4 juillet. Veuve, elle fonde en 686 l'*abbaye de Blangy* en Artois, où elle se retire avec ses filles Gertrude et Deotila.

BERTHE (VIIe siècle) Fête loc. 4 juillet. Épouse en secondes noces du prince Gombert, elle décide avec lui de vivre dans la continence. Gombert part évangéliser la Frise où il meurt martyr. Berthe fonde une *abbaye à Avenay,* près de Reims, et lui consacre tous ses biens. Les fils de son mari, furieux, l'assassinent. En 950, les corps de Gombert et de Berthe sont réunis à Avenay ; les deux saints y sont vénérés comme martyrs.

▶ Trois autres saintes ou bienheureuses portent le nom de Berthe.

BERTILLE († v. 705) Fête loc. 6 novembre. Moniale du monastère de Jouarre, près de Meaux (Seine-et-Marne), elle est appelée par sainte Bathilde (femme de Clovis II) comme première abbesse de *Chelles,* non loin de là, vers 670.

BERTRAND DE COMMINGES (v. 1050-1123) ÉVÊQUE. Fête loc. 16 octobre. Né à l'Isle-Jourdain (Gers), apparenté aux comtes de Toulouse et à Robert le Pieux, il est évêque de Comminges vers 1073 ; il redonne vie à cette ville détruite par les barbares et abandonnée depuis 585 (actuellement Saint-Bertrand-de-Comminges, Haute-Garonne). Il réforme son diocèse et organise sa protection contre les incursions maures.

Bienheureux BERTRAND DE GARRIGUES († 1230) Fête loc. 6 septembre. Né à Garrigues (Gard), il est l'un des premiers compagnons de saint Dominique. C'est lui qui fonde à Paris, en 1217, le *couvent dominicain Saint-Jacques* (actuellement 20, rue des Tanneries, Paris 13e). En 1221, il est prieur provincial à Toulouse. Il meurt en 1230 à l'abbaye cistercienne du Bouchet, près d'Orange, où il était venu prêcher aux moines.

BIBIANE (Voir Viviane).

BLAISE (IVe siècle) ÉVÊQUE ET MARTYR. Cal. rom. 3 février*. D'abord évêque de Sébaste en Arménie, il se retire ensuite en un lieu isolé. Sommé de sacrifier aux idoles, il refuse, est torturé puis décapité. Sa légende le présente comme un saint très populaire ; venaient se faire bénir par lui dans sa grotte non seulement les chrétiens de son diocèse mais les animaux sauvages ; on lui prête beaucoup de miracles, et notamment la guérison d'un enfant mourant étouffé par une arête de poisson. Au cours de son martyre, il aurait été déchiré avec des peignes de fer. Pour ces diverses raisons, il est le patron des animaux, des cardeurs, et on l'invoque pour la guérison des maux de gorge...

▶ Quatre autres saints, dont trois martyrs des premiers siècles, portent le nom de Blaise.

BLANCHE (Voir Candide).

BLANDINE († 177). Fête loc. 2 juin (en France*). Cette esclave de 18 ans fait partie du groupe des quarante-huit martyrs de Lyon dont l'histoire nous est bien connue par la lettre circulaire adressée aux Églises d'Asie par les Églises de Lyon et de Vienne aussitôt après l'événement ; cette lettre a peut-être été rédigée par saint Irénée, successeur, comme évêque de Lyon, de saint Pothin, martyrisé en même temps que Blandine. Celle-ci est d'abord torturée sans qu'on obtienne d'elle une renonciation à sa foi ; exposée aux bêtes féroces, aucun animal ne la touche ; on la fait alors assister, plusieurs jours durant, au supplice de ses compagnons dans l'amphithéâtre ; elle les exhorte à rester fidèles à leur foi. Le dernier jour des jeux du cirque, on la livre enserrée dans un filet à un taureau furieux, puis on l'égorge. Après avoir brûlé son corps, on jette ses cendres dans le Rhône. Elle est fêtée en même temps que saint Pothin et leurs compagnons martyrs.

BONAVENTURE (1221-1274) ÉVÊQUE ET DOCTEUR DE L'ÉGLISE. Cal. rom. 15 juillet**. GIOVANNI FEDANZA, né près de Viterbe en Italie, vient étudier à Paris les lettres et la théologie. Puis il entre chez les frères mineurs (franciscains), prenant alors le nom de Bonaventure. En 1257, à 36 ans, il est élu ministre général de son ordre. Il lui faudra jouer un rôle ardu de pacificateur entre les deux tendances qui, alors, divisent gravement celui-ci : l'une en faveur d'une adaptation aux conditions du temps, l'autre, celle des « spirituels », intransigeante dans la fidélité aux dispositions prises à l'origine par saint François. Bonaventure écrit de nombreux ouvrages de théologie et de spiritualité, qui lui font donner le titre de « docteur séraphique ». A l'encontre de saint Thomas, il pense que la raison permet de démontrer la création du monde par Dieu. Sa théologie a pour fondement l'illumination mystique chrétienne. Ses idées, qui connaîtront un vif succès au XIIIe siècle, seront pour une part éclipsées par l'aristotélisme thomiste au siècle suivant. En 1273 il est nommé cardinal et évêque d'Albano ; à ce titre il prend part en 1274 au concile de Lyon qui parvient à réconcilier provisoirement orthodoxes et catholiques ; mais, épuisé il meurt, pendant le concile, à 53 ans. Son tombeau se trouve dans l'église Saint-François à Lyon.

📖 *Saint Bonaventure et la sagesse chrétienne,* J.-G. Bougerol, coll. Maîtres spirituels, Éd. du Seuil.

BONIFACE (v. 673-754) ÉVÊQUE ET MARTYR. Cal. rom. 5 juin**. Né en Grande-Bretagne, WYNFRITH entre chez les bénédictins. Son esprit missionnaire le conduit en Germanie évangéliser les Saxons. Un moment avec saint Willibrord, puis seul, il parcourt le pays, évangélisant les païens et commençant à fonder des abbayes.

Le pape Grégoire II, qui lui a déjà donné le nom de *Bonifacius* (qui a bon visage) en référence à un martyr romain, le sacre évêque à Rome. Retourné en Allemagne, il multiplie les fondations de monastères avec le concours de moines et de moniales venus d'Angleterre. En 732, Grégoire III le nomme archevêque de Germanie, avec mission d'établir un réseau d'évêchés ; Boniface les confie à des moines. Dès 740, il peut tenir le premier synode de Germanie. En 744, il fonde l'abbaye de *Fulda,* qui deviendra le centre de la vie religieuse allemande. En 747, le siège de son archevêché est fixé à Mayence. A la mort de Charles Martel, Pépin le Bref et Carloman le sollicitent d'organiser l'Église franque ; il réunit plusieurs synodes dans ce but. En 751, à Soissons, il sacre Pépin roi des Francs, confirmation solennelle de l'avènement de la dynastie carolingienne. Toujours dévoré du zèle missionnaire, il repart évangéliser les païens frisons (nord des Pays-Bas) ; il se fait massacrer en même temps que ses cinquante-deux compagnons. Son corps est ramené à Fulda, ainsi devenu un haut-lieu du christianisme allemand. Boniface est souvent désigné comme l'apôtre de la Germanie. Il est aussi l'un des patrons de la Grande-Bretagne.

▶ Douze autres saints portent le nom de Boniface.

BRÉVIN († 762) Fête loc. 24 août. Né en Saxe dans une famille chrétienne, il fait des études de lettres puis vient en Angleterre étudier les sciences. Redevenu moine, il est élu en 759 archevêque de Cantorbéry.

BRIAC († 627 ?) Fête loc. 17 décembre. Ce serait un moine irlandais, compagnon de saint Tugdual ; il aurait fondé une abbaye au lieu devenu *Bourbriac* (Côtes-d'Armor), dont l'église conserve un mausolée du XVIe siècle en son honneur et où des pèlerins viennent l'invoquer contre les maladies nerveuses (procession le jour de l'Ascension).

BRICE († v. 444) Connu pour son tempérament excessif, ce disciple de saint Martin, avec lequel il a d'ailleurs des relations passablement orageuses, lui succède cependant comme évêque de Tours en 397. Mais victime de graves accusations, il est obligé de rester sept ans à Rome pour se justifier. Lorsqu'il reprend sa charge, c'est un homme transformé, devenu d'une sainteté extraordinaire.

BRIEUC (v. 409 - v. 502) ABBÉ OU ÉVÊQUE. Fête loc. 1er mai. Né dans le Pays de Galles, il aurait été converti au christianisme par saint Germain d'Auxerre ; il l'aurait suivi en Gaule où il aurait été ordonné prêtre. Revenu dans son pays, il en aurait été chassé par une invasion saxonne. Venu en Armorique, il y aurait fondé un monastère qui serait à l'origine de la ville de *Saint-Brieuc* (Côtes-d'Armor), et aurait évangélisé le pays.

BRIGITTE DE SUÈDE (1303-1373) RELIGIEUSE. Cal. rom. 23 juillet*. Née dans une noble famille suédoise et mariée très jeune, elle a huit enfants (dont sainte Catherine de Suède). Au retour d'un pèlerinage à Compostelle, elle et son époux décident d'embrasser la vie religieuse ; Brigitte est bientôt veuve. Dans sa vie de prière et de pauvreté, ses méditations se traduisent par une abondante œuvre spirituelle qui, connue sous le nom de *Révélations*, la rendront célèbre ; les plus connues se rapportent à la Passion du Christ, au Jugement dernier, à l'enfer. Comme Catherine de Suède, Brigitte presse les papes d'Avignon de regagner Rome. Vers 1363 elle fonde l'*Ordre du Saint-Sauveur*. Elle meurt à Rome au retour d'un pèlerinage en Terre Sainte.

Après la Bible, n'ayez rien de plus cher que la lecture de la vie des saints.

Sainte Brigitte

C'est sa fille Catherine qui prendra sa suite à la tête de la nouvelle congrégation. Elle est patronne de la Suède.

▶ Une autre sainte Brigitte ou Brigide (V^e-VIe siècle), fête loc. 1er février, est patronne de l'Irlande.

Bienheureux Père BROTTIER (Voir Daniel Brottier).

BRUNO (v. 1030-1101) PRÊTRE. Cal. rom. 6 octobre*. Né à Cologne de famille noble, BRUNO DE HARTENFAUST, ordonné prêtre, est d'abord chanoine dans sa ville natale ; puis il vient à Reims enseigner les sciences, les lettres et les Écritures. Un de ses élèves, Eude de Chatillon, deviendra le pape Urbain II. Un moment retiré à l'abbaye de Molesmes, il est encouragé par son fondateur, saint Robert, dans son aspiration à une vie d'ermite propice à la recherche de Dieu. Avec six compagnons, en 1084, conduit par l'évêque de Grenoble, saint Hugues, il s'établit dans le massif montagneux, alors sauvage, de la Chartreuse. Bientôt s'y élève un monastère dont les moines vivent isolés dans des demeures individuelles ; ils y mènent une existence austère et laborieuse, ne se réunissant que pour l'office ; le couvent de la *Grande Chartreuse* est la première fondation de l'*ordre des Chartreux*. Quatre ans plus tard, le pape Urbain II, son ancien élève, appelle Bruno et sollicite ses conseils sur les réformes à entreprendre dans l'Église. Mais Bruno ne pense qu'à reprendre sa vie d'ermite. En 1092, il se retire à La Torre, en Calabre ; il mourra neuf ans plus tard dans une chartreuse filiale de La Torre. Saint Bruno n'est pas l'auteur de la Règle des Chartreux, mais celle-ci est fidèle aux orientations qu'il a données à son ordre.

Saint Bruno.

▶ Cinq autres saints portent le nom de Bruno.

☐ *Saint Bruno le Chartreux*, André Ravier, Éd. Lethielleux.

C

CALAIS (VIe siècle). Fête loc. 1er juillet. Né à Riom (Puy-de-Dôme) dans une famille riche et cultivée, il est venu vivre en ermite dans la région du Perche. Ses reliques sont conservées dans l'église de Saint-Calais (Sarthe).

CALIXTE I ou CALLISTE I († 222) PAPE ET MARTYR. Cal. rom. 14 octobre*. Ancien esclave chrétien, il est d'abord diacre du pape Zéphyrin, et chargé à ce titre de l'organisation des cimetières chrétiens romains : c'est à lui qu'on doit les Catacombes Saint-Calixte, premier cimetière chrétien officiel. Élu pape en 217, il a le souci d'adapter l'Église aux conditions de son époque, notamment en ce qui concerne le pardon à accorder aux anciens apostats, les *lapsi* (qui avaient renié leur foi sous la torture ou la menace) ; il est dès lors l'objet des très vives attaques d'un grand théologien traditionaliste, Hippolyte, qui n'hésite pas à se dresser en antipape en se faisant élire par des dissidents. Calixte aura également à faire face aux accusations du théologien Tertullien. Contre l'hérésie sabellianiste, Calixte définit l'unité divine et la distinction entre le Père et le Fils. Il reconnaît la validité du mariage entre femmes libres et esclaves. Il meurt probablement au cours d'une émeute antichrétienne.

CAMILLE DE LELLIS (1550-1614) PRÊTRE. Cal. rom. 14 juillet*. Né à Chieti dans les Abruzzes (Italie), il est d'abord soldat et passionné de jeu. Converti, il se fait franciscain. Il devient infirmier à Rome ; au spectacle de la situation lamentable des malades dans les hôpitaux, il crée en 1582, pour y remédier, l'*Ordre des Clercs Réguliers pour les Malades*, appelés couramment *Camilliens ;* leur signe distinctif est une croix rouge (déjà !) sur leur habit noir. Sur le conseil de Philippe Néri, il devient prêtre en 1584. Le pape Léon XIII l'a déclaré protecteur, avec saint Jean de Dieu, des infirmes, des infirmiers et infirmières et des hôpitaux.

▶ Trois autres saints ou bienheureux, et trois saintes ou bienheureuses portent le nom de Camille, dont une martyre d'Auxerre (fête loc. 26 novembre).

CANDIDE (Premiers siècles) MARTYRE romaine. Fête loc. 29 août.

▷ Blanche.

CANNAT (Ve siècle ?) Fils d'un consul d'Aix, il aurait vécu dans la solitude sur le territoire de la commune actuelle de Saint-Cannat (Bouches-du-Rhône), avant d'occuper le siège épiscopal de Marseille.

CANUT ou KNUT (1040-1086) Fête loc. 10 juillet. Ce roi du Danemark a une carrière politique passablement mouvementée. Profondément chrétien, il soutient de tout son pouvoir les prescriptions ecclésiastiques, non sans soulever bien des oppositions. Il est tué au cours d'un soulèvement aristocratique. Il est le patron du Danemark.

▶ Un autre Canut ou Knut, assassiné en 1169, neveu du précédent, a également été canonisé (fête loc. 7 janvier).

CAPRAIS (Voir Index).

CARINE (IVe siècle ?) Fête loc. 7 novembre. Elle fut probablement martyrisée avec son mari et son fils au lieu où se trouve aujourd'hui Ankara (Turquie), sous le règne de Julien l'Apostat.

CARMEN Prénom espagnol donné en référence à Notre-Dame du Mont Carmel, laquelle est fêtée au calendrier romain le 16 juillet*. Ce culte est lié à la spiritualité carmélitaine, dont l'ordre des Carmes et Carmélites est le foyer.

CASIMIR (1458-1484) Cal. rom. 4 mars*. Fils du roi de Pologne, Casimir III, il naît au palais royal de Cracovie. Surnommé « frère et défenseur des pauvres », fuyant les honneurs et ayant fait vœu de virginité, il mène une vie austère et pieuse. Il meurt de phtisie à 25 ans. Patron de la Pologne et de la Lituanie.

▷ Casimire.

Rien ne fait plus d'honneur aux grands que d'honorer Jésus-Christ dans la personne des pauvres.

Saint Casimir

CASSIEN (Voir Index).

CASTOR († 426) Fête loc. 25 septembre. Né à Nîmes, il se fait moine après son veuvage et sera évêque d'Apt (Vaucluse).

CATHERINE D'ALEXANDRIE (dates incertaines) Fête traditionnelle 25 novembre. Cette sainte, très populaire, a été éliminée du calendrier romain en raison des incertitudes qui pèsent sur son histoire et même sur son existence. Les faits qu'on rapporte à son sujet relèvent d'une légende qui ne remonte pas au-delà du Xe siècle. Selon celle-ci, Catherine serait, à Alexandrie, la fille d'un roi. Jeune chrétienne instruite et même savante, elle s'oppose avec autorité aux arguments des philosophes païens envoyés par l'empereur romain Maxence (IVe s.) pour la confondre. L'empereur la fait alors torturer au moyen d'une machine constituée de roues armées de pointes de fer et de lames coupantes ; mais la foudre tombe sur la machine et aveugle les bourreaux ; Catherine est finalement décapitée. Toute une littérature et une iconographie se sont emparées de sainte Catherine, brodant sur sa vie et sa mort (son corps aurait été transporté par les anges au Sinaï, où existe toujours le couvent orthodoxe Sainte-Catherine). Elle était devenue l'objet d'une très grande vénération. Il était

coutume notamment de couronner sa statue le 25 novembre, le privilège de « coiffer Sainte Catherine » étant réservé aux jeunes filles. La tradition des catherinettes, jeunes filles célibataires fêtées l'année de leurs 25 ans et coiffant à cette occasion un bonnet plus ou moins fantaisiste, est restée vivace dans bien des professions, des entreprises, des communes. Catherine est restée la patronne des filles célibataires et des philosophes et, à cause des roues de l'instrument de son supplice, des charrons, meuniers, rémouleurs, tourneurs.

CATHERINE DE GÊNES (1447-1510) Fête loc. 12 septembre. Appartenant à l'une des grandes familles de l'aristocratie gênoise, les FIESCHI, Catherine est mariée contre son gré à un jeune patricien dont elle aura beaucoup à souffrir. Elle cherche l'oubli dans les mondanités, lorsqu'en 1473 une révélation mystique bouleverse sa vie. Elle se consacre désormais à la contemplation, à la pénitence et au service des malades. A partir de 1475, on lui permet la communion quotidienne, très rare à l'époque. Quant à son mari, il finira par se convertir lui aussi et aidera sa femme. Les œuvres mystiques attribuées à Catherine de Gênes *(Dialogue spirituel, Traité du purgatoire)* ne sont probablement pas de sa plume, mais certainement inspirées par elle. Elle a exercé une grande influence sur l'école française de spiritualité au XVIIe siècle.

CATHERINE LABOURÉ (1806-1876) Fête loc. 30 décembre. Née dans une famille nombreuse de cultivateurs aisés à Fain-les-Moutiers (Côte-d'Or), elle ne parvient qu'à vingt-quatre ans à vaincre la résistance paternelle à son entrée chez les Filles de la Charité. Dès sa première année de vie religieuse (1830), alors qu'elle est au noviciat de la rue du Bac à Paris (no 140), la Vierge lui apparaît, lui demandant notamment de faire frapper une médaille portant l'inscription : « Ô Marie conçue sans péché, priez pour nous qui avons recours à vous ». Elle en informe seulement son confesseur qui, sans la prévenir, engage le procès canonique de ces apparitions. Catherine accomplira jusqu'à la fin de sa vie des tâches obscures au service des malades et des vieillards dans un hospice de la rue de Picpus à Paris. Sa vision ne sera divulguée qu'après sa mort. La médaille dite « miraculeuse », gravée dès 1832 sur les instructions de l'archevêque de Paris, Mgr de Quélen, et selon les indications données par Catherine à

Médaille miraculeuse.

son confesseur, devait connaître une extraordinaire diffusion à travers le monde. Elle est notamment à l'origine de la conversion, en 1842, d'Alphonse de Ratisbonne, un israélite qui fondera avec son frère l'*Ordre de Notre-Dame-de-Sion*. Catherine Labouré a été canonisée par Pie XII en 1947.

📖 *Catherine Labouré, la sainte de Reuilly*, A. Lanquetier, Éd. SOS.

Ph. Bayard-Presse-Weibel

Sainte Catherine Labouré.

CATHERINE DEI RICCI (1522-1590) Visionnaire étonnante, elle passe plusieurs années de sa vie en extase du jeudi soir au vendredi 16 heures.

CATHERINE DE SIENNE (1347-1380) VIERGE ET DOCTEUR DE L'ÉGLISE. Cal. rom. 29 avril**. CATHERINE BENINCASA est née à Sienne (Italie). Tertiaire dominicaine à l'âge de seize ans, elle commence par mener une vie volontairement recluse chez elle pendant trois ans, faisant retraite. Puis ayant repris sa vie normale, elle voit se constituer autour d'elle un groupe de personnes attirées par son ascendant spirituel et sa gaieté ; on l'appellera « le cercle de Fontebranda », du nom du quartier. L'influence croissante de sa sainteté va la conduire à agir au plus haut niveau de l'Église. La papauté est installée à Avignon depuis plus de soixante ans : le malaise

est général en Italie. Les Florentins, soulevés contre les légats du pape Grégoire XI, sollicitent Catherine d'aller plaider leur cause à Avignon. Elle y arrive en 1376. Mais, par delà les démêlés des Florentins avec les légats, c'est de la situation même de l'Église, très dégradée, que Catherine se met très vite à traiter avec le pape, le pressant de revenir à Rome et d'engager l'indispensable réforme de l'Église. Malgré la vive opposition d'un entourage pontifical attaché à la douceur et au luxe de la cour avignonnaise, Catherine parvient à décider Grégoire XI, qui se met enfin en route. A peine est-il arrivé à Rome qu'il y meurt (1378). La grande et grave crise du schisme d'Occident s'ouvre alors, avec l'élection de deux papes opposés, l'un résidant à Rome, l'autre à Avignon. Le pape de Rome, Urbain VI, fait appeler Catherine pour bénéficier de ses conseils et de son influence ; elle investit toute son énergie dans la cause de celui qu'elle reconnaît comme le seul pape légitime. Deux ans plus tard, elle meurt épuisée ; elle a 33 ans. Ne sachant pas écrire et ignorant le latin, elle laisse pourtant une œuvre spirituelle considérable, entièrement dictée, les *Dialogues,* les *Lettres,* souvent fruit de ses extases ; cette œuvre lui a valu d'être la seconde femme proclamée docteur de l'Église par Paul VI en 1970, aussitôt après Thérèse d'Avila. Elle est la seule laïque docteur de l'Église.
Elle est patronne de l'Italie (Pie XII en 1939) et des infirmiers italiens (Pie XII en 1943).

CATHERINE DE SUÈDE (v. 1330-1381) Fête loc. 24 mars. Fille de sainte Brigitte de Suède, elle est mariée, jeune encore, contre son gré. Son mari et elle conviennent de vivre dans la continence. Elle rejoint sa mère à Rome (1349) et, devenue veuve, elle vivra désormais avec elle. A la mort de sa mère, elle ramène son corps en Suède, au monastère de Wadstena, fondé par sainte Brigitte. Elle prend sa suite à la tête de l'*Ordre du Saint-Sauveur* et en assure l'organisation.

▶ Quinze autres saintes ou bienheureuses portent le nom de Catherine.

CÉCILE VIERGE ET MARTYRE. Cal. rom. 22 novembre**. Tout ce qu'on sait de cette sainte est qu'elle est honorée à Rome depuis le Ve siècle comme vierge et martyre et que les Coecilii constituaient une très illustre famille romaine. Quant au récit légendaire de la *Passion de sainte Cécile,* il est très postérieur. Selon cette légende, Cécile, vierge romaine, prévient son mari, Valérien, la nuit de ses noces, qu'un ange veille sur sa virginité et qu'il ne pourra voir cet ange avant de se faire baptiser. Valérien, ayant reçu le baptême, est arrêté et supplicié en même temps que le frère de Cécile, Tiburce. Cécile, de son côté, refusant de sacrifier aux dieux, est condamnée à être brûlée dans son installation de bain ; elle échappe d'abord à la mort puis, blessée, elle finit par expirer. Au XVe siècle, on fait d'elle la patronne des musiciens en tirant argument d'un passage de sa *Passion* : « Pendant que retentissaient les instruments de musique de ses noces, elle chantait en son cœur pour le Seigneur. » Quant à la basilique Sainte-Cécile au Transtévère, longtemps supposée bâtie à l'emplacement de la maison de Valérien, elle a pour fondatrice une Coecilia étrangère à la sainte.

▶ Quatre autres saintes ou bienheureuses portent le nom de Cécile.

CÉLESTIN Ier († 432) PAPE. Fête loc. 27 juillet. Élu au siège de Pierre en 422, il aura à combattre l'hérésie des pélagiens, puis celle de Nestorius, évêque de Constantinople, qu'il fait condamner aux conciles de Rome (430) et d'Éphèse (431).

CÉLINE DE REIMS († 458) Fête loc. 21 octobre. Épouse d'Émile, comte de Laon (Aisne), et mère de saint Rémi, elle est morte près de Laon.

CELSE (Voir Nazaire).

CÉSAIRE d'Arles (v. 470-543) ÉVÊQUE. Fête loc. 27 août (en France*). Né à Chalon-sur-Saône, religieux au monastère de Lérins, qui fut un véritable séminaire d'évêques, il est ordonné prêtre à Arles vers 499 et en devient évêque vers 503. Il le reste jusqu'à sa mort, déployant une activité considérable ; il combat le semi-pélagianisme et affirme son autorité lors du concile d'Orange II en 529 qui, à l'encontre de cette hérésie, définit la doctrine de la grâce et du péché originel. Outre ses 150 sermons, on a conservé de lui une *règle* qui restera en vigueur dans les abbayes de femmes pendant deux siècles, jusqu'à ce que celle de saint Benoît la supplante.

▶ Six autres saints portent le nom de Césaire.

▷ César, Césarine.

CHAFFREY ou CHAFFRE
(VIIe siècle) Fête loc. 19 octobre. ABBÉ du monastère de Carmeri, dans le Velay, qui avait des attaches avec le Briançonnais, il est tué par les Sarrasins et vénéré comme martyr.
La ville de Monastier-Saint-Chaffre (Haute-Loire) s'est formée autour de Carmeri.

CHANTAL (Voir Jeanne de Chantal).

CHARLES BORROMÉE (1538-1584) ÉVÊQUE. Cal. rom. 4 novembre**. Né sur les bords du lac Majeur en Italie, il avait 22 ans lorsque le cardinal de Médicis, son oncle, élu pape sous le nom de Pie IV, le nomme cardinal et l'appelle à ses côtés à Rome. Il prend alors une part prépondérante dans la reprise du concile de Trente, sa conduite à bon terme en 1563 et ses décisions finales. Il est nommé archevêque de Milan en 1564. A l'avènement de Pie V, à l'élection duquel il a largement contribué, il regagne son diocèse et déploie toute son énergie à y mettre en application les réformes décidées par le concile, créant en 1564 un des premiers séminaires pour la formation des prêtres, développant l'enseignement religieux, fondant les missionnaires diocésains sous le nom d'*Oblats de saint Ambroise,* visitant systématiquement son territoire. De nombreux évêques prendront modèle sur son action et son diocèse, typiques du mouvement de la Réforme catholique. Il se dépense sans compter lors de la peste qui ravage son diocèse en 1576-1578. Il meurt à 46 ans. Il a été proclamé patron des œuvres catéchistiques par Pie XI en 1934.

Bienheureux CHARLES LE BON († 1127) Fête loc. 2 mars. Quatrième fils du roi de Danemark, saint Canut, et Comte de Flandre en 1119, il mène une vie d'ascète en se consacrant au bien de ses sujets, rendant la justice, soulageant les pauvres, moralisant le commerce en

Si un petit feu d'amour

Frères, nous sommes tous faibles, je le reconnais ; mais le Seigneur Dieu nous a donné des moyens où nous pouvons facilement trouver du secours si nous le voulons... Tel, qui entre au chœur pour la psalmodie ou qui va célébrer l'Eucharistie, se plaint de ce que mille pensées se présentent aussitôt et le distraient de Dieu. Mais avant d'aller au chœur ou de célébrer la Messe, qu'a-t-il fait ? Comment s'est-il préparé ? Quels moyens a-t-il pris pour maîtriser son attention ? Veux-tu que je t'enseigne comment progresser sans cesse spirituellement, veux-tu savoir comment l'être davantage encore pour que ta louange plaise mieux au Seigneur ? Écoute-moi bien ! Si un petit feu d'amour divin est déjà allumé en toi, ne le montre pas tout de suite, ne l'expose pas au vent ; garde fermée la porte de ton four, pour ne pas laisser perdre la chaleur. Cela veut donc dire : fuis, autant qu'il t'est possible, les distractions, demeure recueilli en Dieu, évite pour cela les conversations frivoles. As-tu la charge de prêcher et d'enseigner ? Étudie, applique-toi à tout ce qu'il faut pour bien exercer cette charge. Soucie-toi d'abord de prêcher par ta vie et par ta conduite ; évite qu'en te voyant dire une chose et en faire une autre, les gens ne se moquent de tes paroles en hochant la tête.

Saint Charles Borromée

temps de famine, imposant le respect de la Trêve de Dieu (voir index). Il meurt assassiné dans l'église de Bruges. Il a été proclamé patron secondaire de la Belgique par Léon XIII.

▷ Carl, Carlos, Charley, Charly.

CHARLES LWANGA et ses compagnons († 1886 et 1887) Martyrs. Cal. rom. 3 juin**. Ces vingt-deux jeunes gens de l'Ouganda sont les premiers martyrs de l'Afrique Noire ; convertis par les Pères Blancs, ils refusèrent de renier leur foi et furent livrés par leur souverain à d'atroces supplices, la plupart le 3 juin 1886 à Namugongo, aujourd'hui haut-lieu de l'Église ougandaise. Charles Lwanga, chef des pages du roi, a été proclamé patron de la jeunesse noire catholique par Pie XI en 1934.

▶ Quatorze autres saints ou bienheureux portent le nom de Charles.

Bienheureuse CHARLOTTE († 1794) Fête loc. 17 juillet. La plus âgée (80 ans) des carmélites de Compiègne guillotinées à Paris sous la Terreur le 17 juillet 1794 (épisode évoqué dans la pièce *Dialogues des Carmélites* de Bernanos).

• Bien des Charlotte ont un des saints Charles pour patron.

▷ Arlette, Caroline, Carole.

CHÉRON (Ve siècle) Fête loc. 28 mai. Évêque de Chartres, martyrisé ou assassiné ; il est représenté sur un vitrail du XIIIe siècle dans la cathédrale.

CHRISTIAN et ses frères camaldules († 1003) Fête loc. 12 novembre. Christian faisait office de cuisinier au sein d'un groupe d'ermites camaldules chargés par le roi Boleslas d'évangéliser la Pologne ; ils furent massacrés par des brigands dans leur ermitage sur les bords de la Warta. Leur fête est célébrée dans toute la Pologne et l'ermitage est devenu lieu de pèlerinage.

CHRISTINE Plusieurs saintes sont honorées sous ce nom, dont : la patronne de Palerme, vierge et martyre du IVe siècle fêtée le 24 juillet ; une autre martyre fêtée le 6 février, qui serait morte à Césarée de Cappadoce (Asie Mineure) ; sainte Christine « l'Admirable », née vers 1150, qui finit sa vie au couvent Sainte-Catherine de Saint-Trond (Belgique) vers 1224, et aurait eu une existence remplie de prodiges mystérieux, fêtée le 24 juillet.

▷ Christel, Christiane.

CHRISTOL Déformation de Christophe.

CHRISTOPHE Fête traditionnelle 25 juillet. Le personnage populaire, à l'existence incertaine, dont on avait fait le patron des voyageurs et des automobilistes, a disparu du nouveau calendrier romain (1970). Il était vénéré depuis le Ve siècle en Asie Mineure. Son culte s'était répandu dans tout l'Occident. Son nom,

qui signifie en grec « Porte-Christ », vient de la légende selon laquelle, passeur auprès d'un fleuve, il aurait eu un jour à le faire traverser à un petit enfant sous le poids duquel il faillit succomber, et qui n'était autre que le Christ portant le monde. Il serait mort martyr. Son histoire en avait fait en outre le patron des arbalétriers, des portefaix, des forts des halles, des foulons et des fruitiers.

Parmi les pèlerinages traditionnels en l'honneur de saint Christophe, l'un des plus célèbres est celui de Saint-Christophe-le-Jajolet (Orne), où des reliques du saint sont vénérées de très longue date et où, le dimanche suivant le 25 juillet, il est procédé à la bénédiction des automobiles. Une archiconfrérie de Saint-Christophe y a été instituée en 1912 par Pie X. D'autres saints Christophe, par contre, ont une existence certaine ; c'est le cas, par exemple, de saint Christophe de Cordoue, décapité en 852, victime de sa fidélité à sa foi.

▶ Trois autres saints ou bienheureux portent le nom de Christophe, dont le Bienheureux Christophe de Cahors, disciple de François d'Assise, qui l'envoya en 1216 en France pour y fonder des couvents de frères mineurs ; ainsi furent créés ceux de *Mirepoix* (Ariège) et de *Cahors* (Lot) ; premier provincial franciscain de France, il est mort à Cahors en 1272.

CILIAN (Voir Kilian).

CLAIR DU DAUPHINÉ († v. 660) Fête loc. 2 janvier. Né dans un village qui porte actuellement son nom, Saint-Clair-du-Rhône (Isère), il a été abbé du monastère de Saint-Marcel à Vienne (Isère) où il est mort.

▶ Plusieurs autres saints Clair, vivant à des époques différentes, ont laissé des traces dans l'histoire locale : l'évangélisateur de Nantes au IIIe siècle ; un ermite au Mont Saint-Clair près de Sète ; un prêtre martyr du IXe siècle, originaire de Manchester, passé dans le Vexin et patron des doreurs et des brodeurs (fête 16 juillet).

CLAIRE D'ASSISE (1193-1253) Vierge. Cal. rom. 11 août**. Claire Offreduccio, née à Assise dans une famille de la noblesse, est conquise par l'idéal de pauvreté évangélique prêché par saint François ; à dix-huit ans, le jour des Rameaux de 1212, ayant fait profession religieuse devant François, elle coupe sa longue chevelure blonde et revêt la bure. Bientôt rejointe par sa sœur Agnès, elle s'initie d'abord à la vie religieuse chez les bénédictines. Puis, à la demande de François, elle fonde l'*Ordre des Pauvres Dames* (ou *clarisses*) sur le modèle des Frères mineurs ; avec ses compagnes, elle s'installe au couvent Saint-Damien d'Assise, poussant jusqu'à l'héroïsme l'amour de la pauvreté par amour du Christ. La règle de Claire bannit toute propriété individuelle ou collective. Nombre de ses amies et parentes, y compris sa mère, la rejoignent peu à peu. Elle meurt à soixante ans, après avoir dirigé pendant quarante-deux ans son couvent et l'ordre des Clarisses qui en est né. Le pape Innocent IV et la Curie romaine viennent assister à ses obsèques. Elle a été proclamée patronne de la télévision dans le monde par Pie XII en 1958.

▷ Clelia

▶ Sept autres saintes ou bienheureuses portent le nom de Claire.

Sainte Claire d'Assise

Ph. Viollet

CLAR (Dates inconnues) Fête loc. 10 juin. D'origine grecque il aurait évangélisé l'Aquitaine.

CLARISSE ou CÉCILE ou SIGEBERGE (VIIe siècle) Fête loc. 12 août. Elle est la première abbesse de l'abbaye de femmes établie par Romaric et saint Aimé sur le Saint-Mont, à côté d'une abbaye d'hommes ; ces deux abbayes sont à l'origine de Remiremont (Vosges).

▶ Une autre CLARISSE est fêtée le même jour ; il s'agit d'une religieuse franciscaine italienne morte en 1640 ; après avoir été objet de scandale par le luxe dans lequel elle menait sa vie monastique, elle se convertit à l'austérité la plus rigoureuse et organisa à Viterbe des fraternités vouées aux pauvres et aux malades.

CLAUD Il s'agirait soit d'un ermite du VIIIe siècle, dont le tombeau est conservé dans l'église de Saint-Claud (Charente), soit de saint Cloud, petit-fils de Clovis et sainte Clotilde (voir plus loin).

CLAUDE DU JURA (VIe ou VIIe siècle) Fête loc. 6 juin. Évêque de Besançon, il se retire dans une abbaye fondée au Ve siècle (Saint-Oyan-de-Joux), qui devait prendre son nom au XIIe siècle, et autour de laquelle s'est développée la ville de Saint-Claude (Jura), siège d'un évêché depuis le XVIIIe siècle.
Patron des tourneurs, des bimbelotiers (industrie de la région de Saint-Claude).

▷ Claudette, Claudie, Claudine, Claudius.

CLAUDE LA COLOMBIÈRE (1641-1682) Fête loc. 15 février. Né à Saint-Symphorien d'Ozon dans le Dauphiné, et entré chez les jésuites, il fait ses études de théologie à Paris, tout en étant précepteur des enfants de Colbert. Nommé supérieur du collège de Paray-le-Monial (Saône-et-Loire), il devient le confesseur des visitandines de la ville ; parmi elles, se trouve sainte Marguerite-Marie Alacoque. Au cours des visions qu'elle a fréquemment, le Christ l'incite à lutter contre l'indifférence des hommes à son égard en répandant la dévotion au Cœur de Jésus. Le père la Colombière, témoin de la sainteté et de l'équilibre de la religieuse, est convaincu de l'authenticité des apparitions et des confidences dont elle est l'objet, et il en rédige le récit. Après un séjour en Grande-Bretagne au cours duquel, jeté en prison lors de la vague de persécutions anticatholiques de 1678, il perd la santé, il revient à Paray-le-Monial pour y mourir à quarante ans. Canonisé en mai 1991.

CLELIA (Voir Claire et Clelia Barbieri)

Bienheureuse CLÉMENCE († 1176) Fête loc. 21 mars. CLÉMENCE DE HOHENBERG (Allemagne) étant devenue veuve, se fait moniale bénédictine. Elle meurt à Trèves après avoir été toute sa vie un modèle de bonté.

CLÉMENT († 97) PAPE ET MARTYR. Cal. rom. 23 novembre*. Une lettre adressée vers 95 à l'Église de Corinthe par ce troisième successeur de saint Pierre (88-97) montre quelle autorité on reconnaissait déjà dans l'Église à l'évêque de Rome. Selon saint Irénée et saint Jérôme, il aurait été ordonné par saint Pierre. D'après des textes du IVe siècle très sujets à caution, Clément aurait été exilé en Chersonèse, sur la mer Noire, sous l'empereur Trajan, et il aurait été jeté à la mer. C'est sans doute pourquoi il est le patron des bateliers. Une basilique romaine était dédiée à saint Clément dès le IVe siècle.

CLÉMENT-MARIE HOFBAUER (1751-1820) Fête loc. 16 mars. Ce rédemptoriste viennois exerça une influence profonde sur la vie religieuse de l'Europe centrale à la charnière des XVIIIe et XIXe siècles ; représentant actif de la réaction romantique religieuse qui caractérisa la première partie du XIXe siècle, il contribua à faire reculer le joséphisme (mainmise de l'État sur l'Église) et, par la fondation de maisons de son ordre, notamment en Pologne, à promouvoir l'évangélisation des milieux populaires.

▶ Onze autres saints ou bienheureux portent le nom de Clément.

▷ Clémentine.

CLET († v. 88) Clet (distingué du pape Anaclet ou confondu avec lui selon les historiens) est le second successeur de Pierre sur le siège épiscopal de Rome, vers 76. Martyrisé vers 88, il aurait été enseveli aux côtés de saint Pierre sur la colline du Vatican. Autrefois honoré le 26 avril, il ne figure plus sur le nouveau calendrier romain.

CLOTILDE (v. 470-545) REINE DE FRANCE. Fête loc. 4 juin (en France*). Née à Lyon, elle était la fille de Chilpéric, roi des Burgondes. Celui-ci, comme tout son peuple, était arien (voir Index) ; mais les évêques de la région, au premier rang desquels saint Avit de Vienne, exerçaient une grande influence sur la famille royale. Plusieurs princes et princesses s'étaient déjà convertis au catholicisme ; ce fut le cas de Clotilde. Son mariage avec le jeune roi des Francs Clovis, qui était païen comme l'ensemble de ses sujets, fut probablement favorisé par l'épiscopat ; il allait avoir des conséquences historiques considérables puisque, sous l'influence conjuguée de son épouse et de saint Rémi, Clovis se convertit en 496 et, avec lui, tout le peuple franc adopta la foi catholique.
Veuve, Clotilde voit mourir son fils Clodomir, puis massacrer deux enfants de celui-ci par ses deux autres fils, Childebert et Clotaire. Retirée à Tours, où elle finira ses jours, elle sera enterrée aux côtés de Clovis dans une église située à l'emplacement de l'actuel Panthéon à Paris.

CLOUD ou CLODOALD († 560) Fête loc. 7 septembre. Petit-fils de Clovis et de sainte Clotilde, et fils de Clodomir, roi d'Orléans, il échappe au massacre dont ses deux frères sont victimes de la part de leurs oncles, Childebert, roi de Paris, et Clotaire, roi de Soissons, en vue de s'emparer de leur héritage. Ordonné prêtre en 551 par l'évêque Eusèbe (et ses oncles ainsi rassurés lui ayant donné un petit territoire près de Paris), il y construit un monastère où il se retire ; c'est l'origine de la ville de Saint-Cloud (Hauts-de-Seine), lieu de pèlerinage jusqu'à la Révolution, pendant laquelle les cendres de saint Cloud furent dispersées. Saint Cloud est le patron des cloutiers.

COLETTE (1381-1447) Fête loc. 6 mars. Née à Corbie (Somme) de parents âgés qui avaient prié saint Nicolas pour avoir un enfant, on l'appelle Nicolette : d'où Colette.
Attirée par la vie religieuse, elle est orientée par l'abbé bénédictin de Corbie vers la spiritualité franciscaine. Déçue par les adoucissements que les clarisses ont apportés à leur règle, elle se fait tertiaire de saint François et se retire, quatre années durant, dans un ermitage qu'elle s'est aménagé contre la collégiale de Corbie, menant une vie contemplative dans le plus total dénuement. Elle y prend conscience de sa vocation : ramener l'ordre des clarisses à la rigueur de la règle établie par sainte Claire. Encouragée par son directeur spirituel, un franciscain, elle va trouver à Nice le pape Benoît XIII (en réalité un des antipapes d'Avignon) ; il la confirme dans sa mission, la nomme abbesse des couvents qu'elle réformera ou fondera, et la charge même de la réforme des trois ordres de la famille franciscaine (franciscains, clarisses, tiers ordre). Après la fin du grand schisme d'Occident, le pape Martin V la confirmera à son tour dans la tâche à laquelle elle s'est vouée. Les vives oppositions auxquelles elle se heurte la conduisent à fonder de nouveaux monastères régis par des constitutions particulières, notamment en Franche-Comté, en Bourgogne, en Bourbonnais, au Puy ; peu à peu, d'anciens monastères se joignent au mouvement. Ces clarisses de stricte observance sont appelées *colettines*. Finalement c'est tout l'ordre des clarisses qui reviendra progressivement à l'esprit de la règle d'origine. Colette meurt à Gand dans un des monastères qu'elle a réformés ; elle est inhumée à Poligny (Jura) dans un de ceux qu'elle a fondés.

▷ Nicole, Nicolette.

🕮 *La recluse*, Jacques Doyon, Éd. R. Laffont. Un roman récent sur les grandes recluses du Moyen-Âge.

COLOMBAN (v. 540-615) ABBÉ. Cal. rom. 23 novembre*. (A ne pas confondre avec son compatriote et contemporain saint

Colomban ou Colomba, évangélisateur de l'Irlande, de l'Écosse et de l'Islande). Né en Irlande où il s'est fait moine, Colomban part évangéliser le nord-est de la Gaule à la tête de douze autres moines. Après avoir fondé une première communauté monastique dans les Vosges, il en fonde une seconde à Luxeuil (Haute-Saône), puis une troisième à proximité, à Fontaine. Par sa sainteté personnelle, par celle de ses trois monastères, régis par une règle d'une extrême rigueur, Colomban exercera une influence spirituelle profonde sur toute la région. Ayant dénoncé les scandales du roi Thierry II d'Austrasie et de son aïeule, la reine Brunehaut, il est chassé par eux. Il s'établit finalement sur les bords du lac de Constance, à Bregenz, puis en Italie, où il meurt dans le monastère de Bobbio fondé par lui. Son disciple saint Gall, un de ses douze compagnons d'origine, était resté en Helvétie pour y vivre en ermite. Colomban ou Colomba, tout en fondant des monastères et en évangélisant les populations, n'avait cessé de conduire d'ardentes campagnes tant pour la réforme du clergé que pour combattre l'hérésie arienne.

Que je te cherche

Seigneur Dieu, détruis et déracine tout ce que plante en moi l'adversaire. Ces semences de mort une fois détruites, mets dans ma bouche et en mon cœur de penser et d'agir selon le bien : que mon action et ma volonté ne servent que toi ; que je comprenne tes commandements ; que je te cherche.
Donne-moi la mémoire, donne-moi la charité ; donne-moi la chasteté ; donne-moi la foi ; donne-moi tout ce que tu sais être utile à mon âme, Seigneur. Fais en moi le bien, et accorde-moi ce que tu sais être opportun, toi qui règnes éternellement.

Saint Colomban

CÔME (Dates indéterminées) MARTYR, Cal. rom. 26 septembre*. Il est fêté en même temps que son frère Damien avec lequel il subit le martyre (à Cyr, près d'Alep en Syrie, vers 300 ?). La tradition en fait des anargyres, c'est-à-dire des médecins donnant leurs soins gratuitement. Leur culte est très vivant dès le Ve siècle tant en Orient qu'en Occident, où des églises leur sont dédiées. Patrons des médecins, des chirurgiens, des pharmaciens et des sages-femmes.

▶ Trois autres saints ou bienheureux portent le nom de Côme.

CORA, CORALIE, CORINNE (Voir Dioscore).

CORENTIN (Ve siècle ?) Fête loc. 12 décembre. Il serait le premier évêque de Quimper et l'évangélisateur de la région, aidé en cela par les saints Tugdual et Guénolé. La cathédrale de Quimper lui est dédiée ; il est le patron du diocèse.

CORNEILLE († 253) PAPE ET MARTYR. Cal. rom. 16 septembre**. Durant son bref pontificat (251-253), le pape Corneille eut à lutter contre un antipape redoutable, Novatien, partisan du refus du pardon aux anciens apostats (on était en pleine persécution des chrétiens) ; Corneille au contraire, soutenu par un concile et par son ami saint Cyprien, évêque de Carthage (fêté en même temps que lui), se prononçait pour la réconciliation. Une violente épidémie de peste survenant sur ces entrefaites déclencha une nouvelle vague de persécutions anti-chrétiennes. Corneille fut arrêté et exilé à Civitavecchia où il mourut ; il est honoré comme martyr. Ses reliques se trouvent à Sainte-Marie-du-Transtévère à Rome.

▶ Deux autres saints, dont le centurion CORNEILLE (Ac. 10), portent ce nom.

CRÉPIN et CRÉPINIEN (Dates indéterminées) Fête loc. 25 octobre. Selon une légende du IXe ou Xe siècle, ces deux frères, qui étaient cordonniers et chaussaient les pauvres gratuitement, seraient venus de Rome à Soissons pour y prêcher l'Évangile et y seraient morts martyrs sous l'empereur Maximien (IIe-IIIe siècles). Leur culte est attesté dès le VIe siècle par saint Grégoire de Tours. Ils sont les patrons des cordonniers. Doù le nom traditionnel de saint-crépin pour désigner l'ensemble des outils du cordonnier, et même le sac dans lequel les cordonniers nomades les transportaient.

CRESCENT Selon une tradition contestée, Crescent, disciple de saint Paul et évêque en Galatie (Asie Mineure), serait venu prêcher l'Évangile en Gaule sous l'empereur Trajan (Ier-IIe siècles) et aurait fondé le siège épiscopal de Vienne (Isère).

CUNÉGONDE ou KUNIGONDE († 1033 ou 1039) IMPÉRATRICE. Fête loc. 3 mars. Épouse d'Henri de Bavière qui, à la mort d'Otton III, est élu empereur d'Allemagne, elle donne en même temps que lui un témoignage de vertu qui leur vaudra à tous deux la canonisation ; d'un commun accord, ils auraient notamment fait vœu de continence. Ils fondent le *monastère* et le *diocèse de Bamberg*. Devenue veuve, l'impératrice se retire dans le couvent de Kaufungen, en Hesse, l'un de ceux qu'elle a fondés.

▶ Une bienheureuse CUNÉGONDE, décédée en 1292, a été reine de Pologne.

CUTHBERT (vers 637-687) Fête loc. 20 mars. L'Angleterre, l'Écosse et l'Irlande se disputent l'honneur de lui avoir donné le jour. Berger puis moine, prieur pendant douze ans et ermite pendant huit ans, il est élu malgré lui évêque d'Hexam et décide l'évêque de Lindisfarne à échanger sa charge contre la sienne, plus lourde. Un an avant de mourir, il abdique et se retire sur un îlot désert. Il est le patron des marins anglais.

CYPRIEN DE CARTHAGE (v. 200-v. 258) ÉVÊQUE ET MARTYR. Calendrier rom. 16 septembre**. (En Afrique du Nord****). Cet avocat d'Afrique romaine, converti au christianisme à quarante ans, se fait bientôt ordonner prêtre et, peu après, est élu évêque de Carthage (248). Les dix années de son pontificat vont se dérouler dans la tourmente et se conclure tragiquement. A peine Cyprien élu, l'empereur Dèce déclenche une vague de persécutions contre les chrétiens. Cyprien, recherché comme tous les évêques, parvient à se cacher. Mais, le calme revenu, un problème aigu se pose à toute l'Église : quelle attitude adopter vis-à-vis des *lapsi* (ceux qui, sous la menace, ont renié leur foi) ? Rude sévérité ou indulgence ? Devant la perspective d'autres persécutions, peut-on sembler admettre le manque de courage ? Partout l'Église se trouve divisée. A Carthage, la scission menace même. Devant ce risque, et malgré sa propension personnelle à l'intransigeance, Cyprien adopte une position mesurée ; la pénitence sera proportionnée à la faute. En 255, surgit un nouveau conflit, à propos du baptême donné par les hérétiques. L'Église d'Afrique, soutenue par celle d'Orient, impose un nouveau baptême aux hérétiques convertis tandis que l'Église de Rome admet la validité du premier baptême. A ce sujet, Cyprien s'oppose avec vigueur au pape Étienne I. En fait, la controverse va être très vite balayée par le déferlement d'une nouvelle vague d'hostilité aux chrétiens, lancée par l'empereur Valérien. Le pape Étienne I, son successeur Sixte II, seront parmi ses victimes. Cyprien, refusant de sacrifier aux dieux, témoignera devant son peuple de sa fidélité à la foi et sera décapité. Ses dix années d'épiscopat auront été exemplaires ; à l'animation de son Église locale, au témoignage de sa foi, s'ajoute son œuvre de théologien, dont l'influence fut grande dans tout l'Occident et qui a fait de lui un des Pères latins de l'Église. Parmi ses œuvres, citons le *De lapsis* et le *De Catholicae Ecclesiae Unitate* : « On ne peut avoir Dieu pour Père si l'on n'a pas l'Église pour Mère ». Sa définition de l'Église sera reprise par le concile Vatican II (Const. sur l'Église no 4) : un *peuple* rassemblé dans l'unité du Père, du Fils et de l'Esprit.
Saint Cyprien est le patron principal de l'Église d'Afrique du Nord, qui le fête solennellement.

CYPRIEN d'ANTIOCHE Écarté du calendrier romain. Ancienne fête le 26 septembre (Voir Justine).

CYPRIEN DE PÉRIGORD (VIe siècle ?) ABBÉ. Fête loc. 9 décembre. Limousin d'origine, et abbé du monastère de Genouillac, son nom reste attaché à la petite ville de Saint-Cyprien (Dordogne), où la tradition le fait vivre dans la grotte de Roque-Fournière. Il est vénéré en Périgord dès le VIe siècle.

CYPRIEN DE TOULON († v. 545) ÉVÊQUE. Fête loc. 3 octobre. Disciple et ami de saint Césaire d'Arles, il fut évêque de Toulon dès avant 517.

▶ Cinq autres saints portent le nom de Cyprien.

CYR (IVe siècle) Fête loc. 16 mai. Enfant martyrisé avec sa mère Juliette, à Tarse en Cilicie.

CYRILLE D'ALEXANDRIE (v. 380 - v. 444). ÉVÊQUE ET DOCTEUR DE L'ÉGLISE Cal. rom. 27 juin*. D'abord ermite, il succède à son oncle Théophile comme patriarche d'Alexandrie en 412. Il est l'âme de la lutte contre l'hérésie de Nestorius, patriarche de Constantinople, qui soutenait qu'en Jésus il y a deux personnes distinctes, l'humaine et la divine. Il fait condamner cette doctrine par le synode d'Alexandrie (430) puis par le concile d'Éphèse (431), où il représente le pape Célestin : y est proclamée l'unité de la personne de Jésus, avec deux natures, respectivement divine et humaine ; Marie peut, dès lors, à bon droit être appelée *Théotokos* (en grec, Mère de Dieu). Cyrille a été proclamé docteur de l'Église par Léon XIII en 1883.

Ou n'est-il pas évident pour tous qu'il s'est abaissé à la condition d'esclave, sans en retirer aucun profit pour lui-même, mais pour nous faire don de lui-même, afin que nous soyons enrichis de sa pauvreté, élevés, par notre ressemblance à lui, à son bien propre et excellent, et que nous apparaissions par la foi dieux et enfants de Dieu ?

St Cyrille d'Alexandrie,
commentaire de Jean.

CYRILLE DE JÉRUSALEM (v. 315-386) ÉVÊQUE ET DOCTEUR DE L'ÉGLISE Cal. rom. 18 mars*. Né à Jérusalem, il est déjà un spécialiste de la formation religieuse des adultes lorsqu'il est élu évêque de sa ville en 348. Ses *Catéchèses,* qui sont parvenues jusqu'à nous, étaient destinées aux catéchumènes et aux nouveaux chrétiens. A trois reprises, il est chassé de son siège épiscopal sous l'influence des ariens, mais c'est dans sa ville qu'il finit sa vie. Il a été proclamé docteur de l'Église en 1882 par Léon XIII.

CYRILLE DE THESSALONIQUE (827-869) MOINE. Calendrier romain 14 février**. Né à Thessalonique, il reçut au baptême le nom de Constantin, ne prenant celui de Cyrille qu'à la fin de sa vie, comme nom de moine. Lui et son frère Méthode, qu'on fête ensemble, sont les apôtres des pays slaves. Moines en Asie Mineure, ils sont envoyés en 863 en Moravie (dans l'actuelle Tchécoslovaquie) par l'empereur de Byzance pour en évangéliser la population ; il leur faut alors traduire la Bible et les livres liturgiques dans la langue autochtone de l'époque, le slavon ; mais, pour ce faire, il leur faut créer un alphabet, le slave étant jusqu'alors une langue exclusivement orale ; ils s'inspirent principalement de l'alphabet grec (celui de leur langue maternelle), et accessoirement d'alphabets orientaux pour exprimer les sons inconnus du grec ; c'est l'alphabet glagolithique, dont des disciples tireront plus tard l'alphabet cyrillique, bientôt adopté par la Russie, la Bulgarie, la Serbie. Le slavon figure, depuis lors, parmi les langues considérées comme sacrées ; il est la langue liturgique des chrétiens de rite byzantin en pays slave. Dénoncés auprès du Saint-Siège par l'épiscopat germanique pour employer dans la liturgie une langue courante au lieu du grec et du latin, Cyrille et Méthode viennent à Rome en 868 et y reçoivent l'approbation du pape Adrien II.
C'est là que meurt Cyrille ; Méthode, pour sa part, nommé archevêque et légat du pape en pays slave, poursuivra sa mission.

▶ Douze autres saints portent le nom de Cyrille.

D

DAMASE Ier (v. 305-384) PAPE. Cal. rom. 11 décembre*. Diacre et collaborateur du pape Libère, il lui succède en 366. Aux prises dès son élection avec un antipape, Ursinus, son pontificat est troublé par les menées de toutes sortes d'hérétiques et par les schismes qui éclatent à Antioche, à Constantinople, en Sardaigne et à Rome même. Sur les incitations de saint Athanase, il réunit à Rome un synode qui confirme la position du concile de Nicée vis-à-vis de l'arianisme. En 382, il promulgue la définition du Canon des Écritures. La même année, il obtient de l'empereur de Rome, Théodose, la séparation de l'État et du paganisme, symbolisée par la suppression au Sénat de l'autel de la Victoire. Il affirme avec beaucoup de vigueur la primauté du siège apostolique. Ayant pris saint Jérôme comme secrétaire, il lui confie la révision de la traduction latine de la Bible ; c'est l'origine de la Vulgate (voir Index).

DAMIEN (dates indéterminées) MARTYR. Cal. rom. 26 septembre* (fêté en même temps que Côme). La tradition veut que Damien et son frère Côme aient été des médecins refusant toute rémunération (anargyres), allusion probable aux guérisons que la prière obtenait d'eux à titre gracieux. Martyrisés, peut-être vers 300 (à Cyr, près d'Alep en Syrie ?), leur culte est très vivant dès le Ve siècle. Ce sont les patrons des médecins, chirurgiens, pharmaciens et sages-femmes.

▶ Sept autres saints ou bienheureux portent le nom de Damien.

Bienheureux DANIEL BROTTIER (1876-1936) PRÊTRE. Fête loc. 26 février. Très jeune, Daniel Brottier se sent appelé au sacerdoce. Né dans une famille modeste près de Blois, il est ordonné prêtre en 1899 et entre dans la congrégation des Pères du Saint-Esprit. Il part comme missionnaire au Sénégal, où il exerce son ministère avec humour et dynamisme jusqu'en 1911. La maladie l'obligeant à quitter la terre d'Afrique, il se consacre aussitôt à recueillir des fonds pour construire la cathédrale de Dakar en utilisant des méthodes, alors révolutionnaires, de publicité dans les journaux et le métro. Aumônier volontaire pendant la guerre de 1914, il fonde, après les hostilités, l'Union nationale des combattants (qui rassemble vite 600 000 hommes de tous bords) pour « qu'ils restent unis comme au front ».
En 1923, le père Brottier est nommé directeur de l'*Œuvre des Orphelins Apprentis d'Auteuil,* fondée en 1866 par l'abbé Roussel. Devenu « le brasseur des affaires de Dieu », il consacre désormais à cette œuvre son énergie et son cœur. Disciple fervent de Thérèse de l'Enfant-Jésus, il commence par construire une chapelle qui lui est dédiée... et aussitôt les dons d'argent affluent. Le dynamisme, le sens de l'organisation et le travail acharné du Père Brottier — fidèle à sa devise « Aide-toi, le ciel t'aidera » — donnent un essor extraordinaire à cette œuvre qui éduque et prépare à leur futur métier des milliers de jeunes gens en difficulté familiale ou sociale. Cinquante ans après la mort du Père, vingt-cinq foyers et écoles, accueillant 4 000 jeunes, témoignent de la vitalité de l'œuvre.
Le Père Daniel Brottier a été béatifié le 25 novembre 1984 par le pape Jean-Paul II.

Ph. OAA

Bienheureux Daniel Brottier.

DANIEL LE STYLITE (409-493) Fête loc. 11 décembre. Né en Syrie, il se fait moine dès l'âge de douze ans. Plus tard, il rend visite à Syméon, moine stylite dans un monastère près d'Antioche (stylite : du grec *stylos,* colonne ; par esprit de pénitence les moines stylites se retiraient du monde en vivant au sommet d'une colonne). A la mort de Syméon, Daniel décide de suivre son exemple. S'étant ainsi établi près de Constantinople en 460, il y restera jusqu'à sa mort trente ans plus tard ; on venait de très loin pour s'édifier de ses pénitences et de ses exhortations.

▶ Un autre DANIEL (IVe siècle ; fête loc. 10 juillet) a été martyrisé en Arménie.

▷ Danièle, Dany.

DAVID (dates indéterminées, VIe siècle). Fête loc. 1er mars. Ce patron du Pays de Galles est un moine, devenu évêque, qui donna une vive impulsion et un caractère très rigoureux au monachisme gallois ; il est l'un des créateurs de la liturgie celtique.

DELPHIN († v. 401) ÉVÊQUE. Fête loc. 24 décembre. Un des premiers évêques de Bordeaux, il fait progresser la foi en Aquitaine. Il participe aux conciles de Saragosse (380) et Bordeaux (384) consacrés à la lutte contre l'hérésie priscillianiste née en Espagne (dont nous connaissons mal la nature) ; il est l'ami de saint Paulin, évêque de Nole en Italie, lui-même originaire de Bordeaux, avec lequel il échange une correspondance.

Bienheureuse DELPHINE DE SABRAN (v. 1282-1360) Fête loc. 26 novembre. Elle est née dans la montagne du Lubéron (Vaucluse). Lorsqu'elle épouse Elzéar de Sabran, ils décident d'un commun accord de garder la virginité. Après la mort de son mari en 1323, elle adopte une vie de pauvreté et de prière. Elle meurt à Apt ; son tombeau se trouve à la cathédrale.

DENIS OU DENYS († vers 250) ÉVÊQUE ET MARTYR. Cal. rom. 9 octobre * (fêté en même temps que ses compagnons martyrs). *Premier évêque de Paris,* il meurt décapité sous le règne de l'empereur Dèce (249-251), en même temps que le prêtre Eleuthère et le diacre Rustique. Denis est un des saints cephalophores, ce qui signifie que, selon la légende, il porta sa tête après sa décollation ; il est souvent figuré de la sorte. Une *Vie de sainte Geneviève,* publiée vers 520, atteste qu'à cette époque Denis faisait déjà l'objet d'un culte ancien ; ce récit fixe le lieu du supplice au « vicus Catulliacus », aujourd'hui saint Denis, où une basilique fut édifiée très tôt en son honneur sur le lieu de sa sépulture ; une autre tradition le fait mourir sur la colline de Montmartre *(mons Martyrum),* autrefois dédiée au dieu Mars. Malgré la confusion faite jusqu'au XVIIe siècle, Denis de Paris n'a rien de commun avec Denis l'Areopagyte, converti par saint Paul à Athènes au Ier siècle.
Saint Denis est le patron des diocèses de Paris, de Saint-Denis-en-France et de Saint-Denis-de-la-Réunion.

Saint Denis.

▶ Vingt autres saints ou bienheureux portent le nom de Denis ou Denys.

A PARIS, SUR LES TRACES DE SAINT DENIS

Le culte rendu à saint Denis, premier évêque de Paris (IIIe siècle), est très ancien ; il s'est trouvé stimulé par une « Passion » rédigée au IXe siècle décrivant le supplice de Denis en utilisant probablement les éléments d'une tradition orale. Les pèlerinages sur les lieux de son martyre et de sa sépulture rassemblèrent longtemps les foules. On en retrouve maints témoignages dans le Paris d'aujourd'hui.
Au 25 de la rue Henri-Barbusse (Ve arr.), dans la cour intérieure, se trouvent les vestiges d'une chapelle qui aurait marqué l'emplacement de l'oratoire où Denis et ses compagnons Rustique et Eleuthère furent arrêtés. Par la voie romaine dont la rue Saint-Jacques occupe le site, ils auraient été conduits au cœur de l'ancienne Lutèce (l'île de la Cité), torturés à la « maison de justice » située à l'emplacement de l'actuel chevet de Notre-Dame, jetés dans un cachot à l'emplacement de l'actuel Hôtel-Dieu, et condamnés à mort. Ils auraient alors été conduits sous escorte au *Mons Martis,* le mont du dieu Mars, dont on a fait le *Mons Martyrum,* le mont des Martyrs, Montmartre. Les pèlerinages qui se rendaient sur les lieux du supplice suivaient le tracé des actuelles rues Montmartre et du Faubourg-Montmartre, de la rue des Martyrs et de la place des Abbesses. L'exécution aurait eu lieu à la hauteur du 9 de la rue Yvonne Le Tac, en un point appelé depuis lors le Martyrium, où a été édifiée une chapelle ; c'est dans sa crypte qu'en 1534 Saint Ignace et ses sept premiers compagnons devaient faire le vœu de se consacrer au service de l'évangélisation, vœu dont est sortie la Compagnie de Jésus (les Jésuites).

Selon la tradition, le bourreau, après avoir décapité Denis, lui mit la tête dans les mains en lui disant : « Tiens ceci, Denis, je te la donne » ; et Denis, prenant sa tête, alla jusqu'à une source pour en laver le sang ; une fontaine, dans le square Buisson, avenue Junot, est honorée comme le lieu de cette purification ; une statue moderne de Denis décapité y a été placée.
De là, Denis serait allé jusqu'à la localité de Catulliacum, devenue depuis Saint-Denis, où il aurait été inhumé. Sur son tombeau, au Ve siècle, sainte Geneviève édifiera une chapelle, agrandie par Dagobert au VIIe siècle ; Suger, au XIIe siècle, la remplacera par l'actuelle basilique, coup d'envoi de l'architecture gothique, où les rois de France se feront inhumer. La basilique est aujourd'hui la cathédrale du nouveau diocèse de Saint-Denis-en-France.

DENISE OU DENYSE Fête loc. 15 mai. Le martyrologe romain fait état à cette date d'un groupe de chrétiens d'Asie Mineure arrêtés pendant les persécutions de Dèce (IIIe siècle) et sommés sous peine de mort de sacrifier aux dieux. L'un d'eux n'ayant osé se soustraire à cet ordre, une jeune fille de seize ans, qui était présente, s'indigna ; aussitôt arrêtée, elle fut exécutée en même temps que ceux qui avaient refusé de sacrifier.

▶ Deux autres martyres (IIIe et IVe siècles) portent le nom de Denise ou Denyse. (Beaucoup de Denise ont pour patron un des saints Denis).

DÉODAT (Voir Dié.)

DÉSIRÉ († vers 550) ÉVÊQUE. Fête loc. 8 mai. Né près de Soissons et gardien du sceau royal sous les rois Clotaire et Childebert, il succède à saint Arcade en 543 comme évêque de Bourges. Il prend part à des conciles locaux où sont condamnées les hérésies de Nestorius et Eutychès. Il est enterré à Bourges.

▶ Trois autres saints portent le nom de Désiré.

DÉVOTE (IIIe siècle ?) Fête loc. 27 janvier. Martyre corse dont la légende remonte au XIe siècle et dont le culte est ancien dans son île natale. La tradition rapportant qu'une colombe, sortie de sa bouche après sa mort, aurait guidé jusqu'à Monaco la barque transportant son corps, elle est la patronne de la principauté.

Bienheureuse DIANE D'ANDALO (1201-1236) Fête loc. 9 juin. Née à Bologne, elle entre à 20 ans chez les chanoinesses de Saint-Augustin ; les siens l'en font sortir de la manière la plus brutale, si l'on en croit les relations historiques. Persévérant dans sa vocation, elle fonde deux ans plus tard un couvent de dominicaines où elle meurt à l'âge de 35 ans.

DIDACE OU DIEGO († 1463) Fête loc. 13 novembre. Franciscain espagnol, il est d'abord portier d'un couvent près de Cordoue ; déjà sa renommée de sainteté se répand. Envoyé comme missionnaire aux îles Canaries et bien que frère lai, il est « gardien », c'est-à-dire supérieur de la mission. En 1450, il se rend à Rome avec de nombreux frères pour la canonisation de saint Bernardin ; là, le dévouement qu'il déploie pendant une épidémie le fait désigner pour diriger l'hôpital de l'Ara Coeli. Rentré en Espagne, il meurt au couvent d'Alcala de Henarès (près de Madrid), avec la réputation d'un des plus grands mystiques de son temps.

DIDIER († 607) ÉVÊQUE ET MARTYR. Fête loc. 23 mai. Évêque de Vienne (Isère), il indispose le roi mérovingien Thierry II par ses remontrances à l'égard de sa conduite ; déposé par un concile réuni à Chalon à l'initiative du roi, il est un moment exilé ; ayant été rappelé, mais ayant recommencé ses reproches, il est cette fois lapidé et achevé à coups de bâtons au lieu qui deviendra Saint-Didier-sur-Chalaronne (Ain).

▶ Ce même jour, fête de saint DIDIER, évêque de Langres, martyrisé par les Germains vers 335.

▷ Neuf autres saints portent le nom de Didier, dont un évêque d'Auxerre mort en 623 (fête loc. 26 octobre).

DIÉ OU DÉODAT OU DIEUDONNÉ († 679) ÉVÊQUE. Fête loc. 19 juin. Il aurait été d'abord évêque de Nevers, puis se serait retiré pour mener la vie d'ermite dans les Vosges. Tout en restant fidèle à ce mode de vie, il fonde un monastère en un lieu qu'il appelle Val de Galilée, et il en assure la direction. Le monastère sera bientôt voué à saint Dié et donnera son nom à la ville qui se développera autour de lui. Saint Dié est le patron du diocèse dont cette ville est le siège.

▶ Deux autres saints portent le nom de Dié, dont un abbé du VIe siècle dans le Blésois (fête loc. 24 avril).

DIOSCORE († 305) MARTYR A ALEXANDRIE. Fête loc. 18 mai.

▷ Cora, Coralie, Corinne.

DOLORÈS Nom donné dans les pays de culture espagnole aux personnes ayant pour patronne Notre-Dame-des-Douleurs *(Dolores)*. Cal. rom. 15 septembre**.

DOMINIQUE (1170-1221) PRÊTRE. Cal. rom. 8 août**. DOMINIQUE GUZMAN, né dans la province de Burgos (Espagne), après des études à Palencia, entre chez les chanoines réguliers d'Osma (Vieille Castille). Devenu sous-prieur, il accompagne son évêque dans une mission au Danemark et, traversant le midi de la France, il découvre toute la gravité de la situation provoquée par l'hérésie albigeoise. Peu après, il se rend à Rome, où le pape Innocent III, très préoccupé des progrès rapides de l'hérésie, l'envoie précisément dans les régions où elle se développe, afin d'y prêcher la foi catholique. Dominique, conscient des raisons du succès des cathares dans la région (austérité de vie de leurs cadres, en contraste avec le relâchement et l'ignorance du bas clergé et la richesse de l'Église), s'emploie lui aussi, avec quelques compagnons, à inciter les populations à revenir à l'esprit évangélique, mais dans la fidélité à l'Église. Ils donnent eux-mêmes le témoignage d'une vie de pauvreté, de chasteté, d'obéissance et de prière.
Dominique suscite à Prouille (Aude) une communauté de femmes venues de la foi cathare. En 1215, il fonde à Toulouse le premier couvent de *Frères Prêcheurs* (nom

Ph. Viollet

Saint Dominique par Fra Angelico. (XVe s.).

qu'il donne à ses religieux qui seront d'ailleurs plus couramment appelés *dominicains*). Ainsi naît le nouvel ordre, voué essentiellement à la prédication, et auquel Dominique donne comme règle celle de saint Augustin, qui permet de concilier vie religieuse et tâche apostolique. Tandis que se poursuit la sanglante croisade des Albigeois, Dominique et ses compagnons parcourent la région, prêchant et organisant des colloques contradictoires. Dominique envoie des frères en dehors de la région, dans les grandes villes universitaires, foyers de la culture contemporaine, où ils multiplient les fondations. Dès 1216 le pape Honorius III approuve l'ordre, dont le premier chapitre général établit les constitutions en 1220. Dominique meurt prématurément l'année suivante ; ses couvents sont déjà assez nombreux en France, Espagne, Italie, pour former alors huit provinces. Le nom de Dominique vient du latin *dominicus* : voué au Seigneur.

◫ *Histoire de saint Dominique,* M. H. Vicaire, Coll. Semeurs, Éd. du Cerf.

▶ Une quarantaine de saints et bienheureux portent le nom de Dominique ; parmi eux, DOMINIQUE, ABBÉ DE SILOS en Espagne († 1073), honoré localement le 20 décembre ; DOMINIQUE SAVIO (1842-1857), jeune élève de saint Jean Bosco (fête locale 10 mars) — le plus jeune saint non martyr — et de nombreux martyrs chinois, vietnamiens et japonais.

DOMNIN († v. 370) ÉVÊQUE. Fête loc. 13 février. Peut-être venu d'Afrique et considéré comme le fondateur de l'Église de Digne, il est le patron de ce diocèse. Un autre DOMNIN, fêté le 3 novembre, a été évêque de Vienne (Isère) au VIe siècle. Enfin, on honore au Puy un enfant portant le nom de DOMNIN, originaire d'Avrillé (Vendée), qui aurait été martyrisé au IIIe siècle à l'âge de dix ans.

DONALD (VIIIe siècle) Fête loc. 15 juillet. Moine écossais, entré dans les ordres en même temps que ses neuf filles.

DONAT (VIe siècle). Il aurait vécu en ermite dans une grotte au Val-Saint-Donat, près de Sisteron. A l'époque de l'invasion des Sarrasins, ses reliques auraient été transportées à Saint-Donat-sur-l'Herbasse (Drôme).
Un autre saint DONAT a été archevêque de Besançon au VIIe siècle.

DONATIEN et ROGATIEN (IIIe siècle ?) MARTYRS. Fête loc. 6 septembre. Ces deux frères, souvent appelés « les enfants nantais », sont morts martyrisés à Nantes ; Donatien avait converti Rogatien. Ce sont les patrons du diocèse de Nantes.

▶ Quatre autres saints portent le nom de Donatien, dont trois martyrs des premiers siècles (l'un est saint DONATIEN DE REIMS).

DORA, DORINE (Voir Théodore).

DORIS (Voir Dorothée).

DOROTHÉE (IVe siècle) Autrefois fêtée le 6 février avant de disparaître du calendrier romain. On disait d'elle qu'elle était morte martyre à Césarée de Cappadoce (actuellement Kayseri en Turquie) en même temps qu'un jeune avocat, Théophile, converti à la suite d'un miracle. Des reliques de sainte Dorothée étaient honorées à Arles.

▷ Doris.

DOULCHARD (VIIIe ou IXe siècle) Fête loc. 25 octobre. Ce moine, ermite dans les environs d'Orléans, a donné son nom à partir du XIe siècle à Saint-Doulchard (Cher) en raison des services rendus à la population locale.

DRUON († 1186) Fête loc. 16 avril. Fils du seigneur local, Druon naît près de Carvin (Nord) ; renonçant à tous ses biens, il se retire pour vivre en ermite à Sebourg près de Valenciennes ; c'est là qu'il meurt, après avoir accompli de nombreux pèlerinages. Son culte est associé à celui du bienheureux Pierre de Luxembourg, allié à sa famille.

La sainteté n'est pas un sport

« La sainteté n'est pas un sport où triomphent les héros, mais une aventure où sont comblés les petits et les humbles... ; la conviction joyeusement acceptée d'une misère profonde, que la miséricorde de Jésus sauve continuellement. »

Gérard Huyghe, *Équilibre et adaptation*, Éd. Cerf 1960

E

EDGAR LE PACIFIQUE (v. 943-975) Fête loc. 8 juillet. Fait rare à cette époque, c'est un règne de paix qui caractérise celui de ce roi des Anglo-Saxons, père de sainte Édith et de saint Édouard le Martyr.

L'homme sanctifié allège et pacifie l'existence autour de lui ; il devient un créateur de vie, de justice, de beauté.

O. CLÉMENT,
Dialogue avec le Patriarche Athénagoras,
Éd. Fayard, 1969.

ÉDITH (v. 961-984) Fête loc. 16 septembre. Fille du roi des Anglo-Saxons, saint Edgar, elle passe l'essentiel de sa brève vie au monastère de Wilton (Angleterre) où elle meurt à 23 ans.

▶ Voir aussi ÉDITH STEIN, par l'Index.

EDMOND RICH (en Bourgogne saint EDME) (v. 1170-1240) ÉVÊQUE. Fête loc. 14 novembre. Après avoir étudié à Oxford puis à Paris, il revient enseigner à Oxford. Élu archevêque de Cantorbéry et primat d'Angleterre en 1234, il entend réduire les bénéfices du clergé et préserver l'indépendance de l'Église vis-à-vis du pouvoir royal ; il entre bientôt en conflit avec les moines de son chapitre, avec le roi Henri III, et même avec le Saint-Siège. Incorruptible et inflexible, il préfère s'exiler en France, d'abord à l'abbaye cistercienne de Pontigny (Yonne), puis à Soisy près de Meaux (Seine-et-Marne), où il mourra. Son corps se trouve dans une châsse de l'église de Pontigny.

▶ Cinq autres saints ou bienheureux portent le nom d'Edmond.

▷ Edma, Edmée.

ÉDOUARD III LE CONFESSEUR (v. 1002-1066) Fête loc. 5 janvier. Roi d'Angleterre en 1042, ce fut le dernier souverain anglo-saxon avant la conquête de l'Angleterre par Guillaume le Conquérant, qui débarqua après sa mort (bataille d'Hastings en 1066). Édouard avait fait recueillir les meilleures lois et coutumes des comtés anglais en un code resté célèbre sous le nom de *Lois d'Édouard le Confesseur*, que Guillaume promit à la noblesse de conserver. Pieux et aimé de son peuple, c'est lui qui éleva la première abbaye de Westminster, où il est mort. De nombreux monarques et hommes illustres ont, depuis lors, leur tombeau à Westminster Abbey.

EDWIGE (Voir Hedwige).

ÉGLANTINE (Voir Rose).

ÉLÉONORE (1222-1291) Fête loc. 25 juin. Comtesse de Provence, elle épouse Henri III d'Angleterre et finit sa vie comme moniale bénédictine.

ELEUTHÈRE († 185) PAPE. Douzième successeur de saint Pierre (175-189), et autrefois fêté le 26 mai, il ne figure plus au calendrier romain.

ELEUTHÈRE († 531) ÉVÊQUE. Fête loc. 20 février. Probablement le premier évêque de Tournai (Belgique), son culte est très populaire en Wallonie et dans le Hainaut. Sa châsse se trouve toujours à Tournai, où de grandes fêtes, en 1931, ont célébré son quatorzième centenaire.

▶ Dix autres saints portent le nom d'Eleuthère.

ÉLIANE (Voir Élisabeth).

ÉLISABETH Mère de saint Jean-Baptiste (Ier siècle) Fête loc. 5 novembre. On ne sait rien d'autre sur elle que ce qu'en dit l'*Évangile de saint Luc*. Épouse du prêtre Zacharie qui était au service du Temple de Jérusalem, elle était restée stérile jusqu'au jour où l'ange Gabriel apparut à Zacharie pour lui annoncer que, malgré leur âge avancé, elle donnerait le jour à un enfant nommé Jean ; il serait rempli de l'Esprit-Saint dès le sein de sa mère, il marcherait devant Dieu avec l'esprit et la puissance du prophète Élie et préparerait au Seigneur un peuple disposé à l'accueillir. Six mois plus tard, alors qu'Élisabeth était enceinte, le même ange Gabriel apparaissait à Marie, cousine d'Élisabeth, pour lui annoncer qu'elle allait être la mère du Sauveur. Dans son émotion et sa joie, Marie accourut auprès d'Élisabeth et, alors qu'elle la saluait, le futur Jean-Baptiste « tressaillit aussitôt d'allégresse » dans le sein de sa mère, qui reconnut en sa cousine « la mère de son Seigneur ».

ÉLISABETH DE HONGRIE (1207-1231) Cal. rom. 17 novembre**. Fille du roi An-

Paroles d'accueil d'Élisabeth à Marie

Tu es bénie plus que toutes les femmes, béni aussi est le fruit de ton sein !
Comment m'est-il donné que vienne à moi la mère de mon Seigneur ?
Car, lorsque ta salutation a retenti à mes oreilles, voici que l'enfant a bondi d'allégresse en mon sein.
Bienheureuse celle qui a cru : ce qui lui a été dit de la part du Seigneur s'accomplira.

Évangile selon St Luc 1, 42-45

dré II de Hongrie, elle épouse à 14 ans le landgrave Louis IV de Thuringe. Elle est mère de trois enfants lorsque, à 20 ans, elle perd son mari. Elle subit alors de multiples humiliations, qu'elle supporte avec douceur. Chassée du château de Louis IV, elle se fait tertiaire de saint François, se consacrant au service des pauvres et des malades. Elle meurt à 24 ans à Marburg (Allemagne). Très populaire, elle est canonisée quatre ans plus tard.

ÉLISABETH ou ISABELLE DE PORTUGAL (1271-1336) Cal. rom. 4 juillet*. Fille du roi d'Aragon Pierre III et de la bienheureuse Constance, elle est la petite nièce de sainte Élisabeth de Hongrie. Elle épouse à douze ans le roi Denis de Portugal. Celui-ci est un souverain remarquable mais un époux volage ; si Élisabeth supporte avec abnégation ses infidélités, leur fils Alphonse se révolte à deux reprises contre ce père indigne et prend les armes contre lui. Élisabeth rétablit chaque fois la paix. Denis mourra en 1325. Élisabeth, qui n'avait cessé de donner beaucoup d'elle-même à la prière et aux pauvres, finit ses jours comme tertiaire franciscaine à Coïmbre.

Bienheureuse ÉLISABETH DE LA TRINITÉ (1880-1906) CARMÉLITE. Fête loc. 9 novembre. Née près de Bourges où son père est en garnison, ÉLISABETH CATEZ mène d'abord la vie de toutes les jeunes filles bourgeoises de son temps. Son caractère est vif, enthousiaste, elle montre beaucoup de sensibilité. A treize ans, elle obtient le premier prix de piano au Conservatoire de Dijon. Mais, depuis deux ans déjà, elle a décidé de se faire religieuse. Sa mère s'oppose à cette vocation si précoce et lui demande d'attendre sa majorité pour entrer au carmel. « Qu'importe, écrit Élisabeth dans son journal, je puis être carmélite en-dedans. » Sa vie de carmélite, à Dijon, ne durera que cinq années.

Tout en raccommodant humblement les robes de la communauté, Élisabeth étudie saint Paul. Elle y découvre les mots « être louange de gloire » qui seront l'expression de toute sa spiritualité. Elle écrit beaucoup, à sa famille, à ses amis, et tient un journal spirituel. L'écoute de la Parole de Dieu la conduit au silence intérieur : « Ce n'est pas tout d'entendre cette Parole, il faut encore la garder. »

La maladie d'Addison emporte prématurément Élisabeth, après de grandes souffrances pendant lesquelles elle ne cesse d'exprimer son désir de communion totale avec Dieu : souffrir avec Jésus, c'est sauver avec Lui.

C'est le 21 novembre 1904, juste deux ans avant sa mort, qu'elle écrit la prière à la Sainte Trinité qui résume tout son message spirituel et sa compréhension du mystère de la Trinité.

En 1980, au cours de son voyage en France, Jean-Paul II avait dit d'Élisabeth qu'elle « était l'une des filles de la nation française qui avaient exercé la plus grande influence sur sa vie ». Elle a été béatifiée par ce pape le 25 novembre 1985.

Ph. Bayard

Bienheureuse Élisabeth de la Trinité.

O mon Dieu, Trinité que j'adore, aidez-moi à m'oublier entièrement pour m'établir en vous, immobile et paisible comme si déjà mon âme était dans l'éternité.
Que rien ne puisse troubler ma paix ni me faire sortir de vous, ô mon Immuable, mais que chaque minute m'emporte plus loin dans la profondeur de votre Mystère !

Elisabeth de la Trinité, *Écrits spirituels.*

◫ Élisabeth de la Trinité, *Œuvres complètes,* 2 volumes, du Centenaire, Éd. du Cerf.
Élisabeth de la Trinité racontée par elle-même, C. de Meester, coll. Foi vivante, Éd. du Cerf.
Je te cherche dès l'aurore par Élisabeth de la Trinité. Photos et témoignages réunis par le Carmel Flavignerot, 21160 Marsannay-la-Côte.
Élisabeth Catez, Didier Decoin, Éd. Balland

▶ Douze autres saintes ou bienheureuses portent le nom d'Élisabeth.

▷ Babette, Bettina, Betty, Éliane, Élise, Elsa, Elsy, Leslie, Lilian, Lilianne, Lily, Lisbeth, Lise, Lisette, Lizzie.

ELME (Voir Érasme).

ÉLOI (v. 588-660) ÉVÊQUE. Fête loc. 1er décembre. Né à Chaptelat (Haute-Vienne), il fait son apprentissage d'orfèvre à Limoges. Venu à Paris, il acquiert la confiance du trésorier du roi Clotaire II, Bobbon. On raconte qu'à la surprise de tous, il exécute deux trônes avec l'or qu'on lui avait remis pour en fabriquer un. On lui confie l'atelier monétaire de Marseille. Il devient le conseiller intime de Dagobert, fils de Clotaire II, qui lui facilite la fondation de monastères (notamment *Solignac,* en Haute-Vienne). Appelé à l'épiscopat, il succède à saint Médard sur le siège de Noyon-Tournai en 641 ; il est sacré à Noyon par saint Ouen, récent évêque de Rouen et autre conseiller de Dagobert. Il continue à fonder des monastères *(Noyon, Tournai, Saint-Quentin)* et va jusqu'en Frise évangéliser les païens. C'est là qu'il meurt. Ses reliques ont été ramenées des Pays-Bas à Noyon en 1952.
Saint Éloi est patron des orfèvres, maréchaux, forgerons, charrons, vétérinaires, selliers, couteliers, chaudronniers, mineurs, serruriers, horlogers, carrossiers, batteurs d'or, taillandiers, monnayeurs, ferblantiers, cochers, fermiers, maquignons, valets de ferme, laboureurs.

ELZEAR (1285-1323) Fête loc. 24 septembre. ELZEAR DE SABRAN, comte d'Arian, est né à Robians (Vaucluse). Il épouse à 14 ans sainte Delphine de Glandèves, qui en avait 16 ; ils décident d'observer la continence et se font tertiaires de saint François. Ambassadeur en France du roi Robert de Naples, il meurt durant sa mission. Son tombeau et celui de son épouse se trouvent à la cathédrale d'Apt (Vaucluse). Il a été canonisé en 1369, du vivant de sa femme.

ELVIRE (XIe ou XIIe siècle) Fête loc. 16 juillet. Abbesse à Ohren (Allemagne).

ÉMELINE († 1178) Fête loc. 27 octobre. Elle vécut en solitaire près de Longeville (Haute-Marne).

ÉMILE (IIIe siècle) MARTYR. Fête loc. 22 mai. Lui et son compagnon Caste, chrétiens d'Afrique, avaient d'abord faibli devant le supplice. Ayant repris courage et affirmé leur foi, ils sont jetés aux flammes.

▶ Quatre autres martyrs des premiers siècles portent le nom d'Émile.

ÉMILIE DE RODAT (1787-1892) Fête loc. 19 septembre. Née à Druelle, près de Rodez (Aveyron) et ayant pour confesseur Pierre-Marie Fabre qui a publié en 1858 sa biographie, elle est fondatrice à Villefranche-de-Rouergue, en 1819, des *Sœurs de la Sainte Famille,* au service des plus pauvres et des plus démunies. Son corps repose au couvent de la Sainte Famille dans la ville. Sa congrégation poursuit aujourd'hui ses activités dans de multiples domaines : enseignement, catéchèse, service des malades, services sociaux, présence auprès de handicapés, de gitans, de prostituées, etc.

ÉMILIE DE VIALAR (1797-1856) Fête loc. 24 août. Née à Gaillac (Tarn), elle y mène pendant vingt ans une vie déjà consacrée aux pauvres et aux malades avant de constituer sur place, avec trois amies, en 1832, la congrégation hospitalière et enseignante de *Saint Joseph de l'Apparition* (en référence au mystère de l'Incarnation révélée à saint Joseph par un ange). En 1833, à Gaillac, Émilie et ses compagnes prononcent leurs vœux. Leur congrégation va se répandre rapidement à travers le monde, comptant déjà plus de quarante maisons à la mort de la fondatrice. La maison-mère, après avoir changé plusieurs fois de siège, est aujourd'hui à Créteil (Val-de-Marne).

▷ Amélie.

ÉMILIEN (v. 474-v. 574) Fête loc. 12 novembre. Berger espagnol devenu curé rural, il termine sa vie comme ermite.

ÉMILIENNE (VIe siècle) Fête loc. 5 janvier. Tante du pape saint Grégoire le Grand.

ÉMILION (VIIIe siècle) Fête loc. 16 novembre. Originaire du pays de Vannes, il vécut d'abord en solitaire dans le Bordelais, puis il groupa quelques disciples sous la règle bénédictine ; le monastère édifié après sa mort se trouve à l'origine de la ville de Saint-Émilion (Gironde), au centre du célèbre vignoble.

EMMANUEL (1804-1860) Fête loc. 10 juillet. Franciscain espagnol, gardien du couvent de Damas, massacré par les Druzes.
A noter que le mot hébreu Emmanuel signifie *« Dieu avec nous »*, et que l'évangéliste Matthieu (1,21-23) applique au Christ l'annonce faite par le prophète Isaïe (7,14) d'une vierge qui donnerait naissance à un enfant portant ce nom.

▷ Emmanuelle.

ÉNIMIE (VIIe siècle) Fille du roi mérovingien Clotaire II et sœur du roi Dagobert I, son histoire a été relatée par un moine du XIIIe siècle. Vouée à Dieu, elle aurait évité, par une lèpre soudainement contractée, un mariage arrangé par son père. Retirée dans la région sauvage du Gévaudan, elle aurait vécu d'abord à ce qui sera Bagnols-les-Bains (Lozère), puis en un lieu-dit Burlatis sur les bords du Tarn. Elle y construisit un monastère, qui prit au XIe siècle le nom de Sainte-Énimie, conservé par la ville née de cette origine.

ÉPHREM (v. 306-378) DIACRE ET DOCTEUR DE L'ÉGLISE. Cal. rom. 9 juin*. Né à Nisibe (actuellement Nusaybin en Syrie), ce théologien et poète, resté diacre par modestie, fonda à Édesse (actuellement Urfa en Turquie) une célèbre école de théologie, très fréquentée par les chrétiens perses alors persécutés dans leur pays. On a conservé de lui, écrits en syriaque, des commentaires de la Bible, des homélies, des hymnes (notamment en l'honneur de la Vierge), dont la qualité et l'énorme volume lui ont valu à la fois le surnom de « Lyre du Saint-Esprit » et le titre de docteur de l'Église. Le jugement dernier l'a beaucoup inspiré et bien des images populaires à son propos viennent de son imagination débordante.

▶ Deux autres saints des premiers siècles portent le nom d'Éphrem.

ÉPIPHANE († 403) ÉVÊQUE. Fête loc. 11 mai. Né en Palestine, il mène quelque temps la vie d'ermite en Égypte, puis fonde un monastère dans son pays. Devenu évêque de Salamine (Chypre) en 367, il participe au concile de Constantinople I (381) ; il combat violemment les hérésies arienne et origéniste ; saint Jérôme traduit ses œuvres du grec en latin.

ÉPIPODE († 177) MARTYR. Fête loc. 20 avril. Uni d'une sainte amitié avec saint Alexandre (de Lyon), il sera martyrisé en même temps que lui, les deux hommes s'exhortant mutuellement devant le supplice. Ils sont fêtés le même jour.

ÉRASME ou ELME († v. 303) ÉVÊQUE ET MARTYR. Fête loc. 2 juin. La légende raconte que cet évêque de Formiae (région de Naples), après avoir été fouetté puis arrosé de plomb fondu et d'huile bouillante, aurait été éventré, encore vivant, ses intestins étant tirés à l'aide d'un treuil. Il figure parmi les quatorze saints invoqués pour les maux de ventre ; il est, en outre, patron des marins en raison de la similitude entre le treuil de son supplice et le cabestan des navires.

ÉRIC ou ERIK († 1160) Fête loc.18 mai. Roi de Suède en 1150, il christianise le nord de son pays et tente de convertir les Finlandais par une croisade. Il est tué à Uppsala dans un combat engagé par un prince danois prétendant à la couronne. Il sera considéré comme un saint et un martyr par les Suédois et l'anniversaire de sa mort deviendra une fête nationale.

ERMELINDE (VIe siècle) Fête loc. 29 octobre. Vierge qui mena une vie contemplative dans le Brabant (Belgique).

ERNEST († 1147) ABBÉ. Fête loc. 7 novembre. Abbé du monastère de Zwiefalten près de Constance, il se joint à l'armée de l'empereur Conrad III partant pour la deuxième croisade (qui fut un échec) ; il trouve la mort en Turquie.

▷ Ernestine.

ERWAN, ERWIN (Voir Yves).

ESTELLE (IIIe siècle) VIERGE ET MARTYRE. Fête loc. 11 mai. Honorée à Saintes (Charente-Maritime), elle aurait été convertie par saint Eutrope, premier évêque de la ville.

ESTÈVE Déformation catalane d'Étienne.

ÉTIENNE († v. 36) DIACRE ET MARTYR. Cal. rom. 26 décembre***. Ce que l'on sait de ce premier diacre et premier martyr de l'Église est rapporté par *Les Actes des Apôtres.* Son nom fait supposer qu'il s'agit d'un juif helléniste (de culture grecque) de Jérusalem. Faisant partie des sept auxiliaires (diacres) désignés par la jeune communauté chrétienne pour soulager les apôtres dans leur tâche et veiller notamment à une équitable répartition des biens, Étienne se révèle tout de suite un vigoureux témoin du Christ par la puissance inspirée de sa prédication. Il appelle avec audace les juifs à se convertir, proclamant que celui qu'ils ont crucifié est vivant. Irrité et inquiet, le Sanhédrin (Grand Conseil juif) le traduit devant lui. La profession de foi enflammée qu'Étienne fait alors est reçue, par l'assemblée, comme une provocation. Il est aussitôt lapidé. Étienne meurt en demandant le pardon de ses bourreaux. Un jeune juif assiste à la lapidation en gardant les vêtements des lanceurs de pierres : Saul, le futur saint Paul.

Ph. Bulloz

Saint Étienne, par Giotto (v. 1320). Musée Horne. Florence.

Si le bienheureux Étienne n'eût pas été soutenu par la pensée de la récompense future, comment aurait-il pu supporter cette grêle de pierres qui pleuvaient sur lui ? Mais il portait gravés dans son cœur les préceptes de Celui dont il contemplait la présence dans les cieux ; l'amour dont il était embrasé par Jésus-Christ soulevait son âme au-dessus de la terre ; il désirait se dépouiller au plus tôt de sa chair, et prendre son essor vers lui.

Saint Augustin, (Sermon).

A partir du Vᵉ siècle, la nouvelle de la prétendue découverte du corps d'Étienne suscite un intense mouvement de vénération pour ce martyr : ses reliques se multiplient, et se répandent, des églises se construisent de tous côtés en son honneur.
Saint Étienne est le patron des diocèses d'Agen, Bourges, Cahors, Meaux, Metz et Toulouse.

ÉTIENNE HARDING († 1134) ABBÉ. Fête loc. 17 avril. D'origine anglaise, il vient en France, à Molesmes, se joindre aux moines de saint Robert ; ils participent avec celui-ci à la fondation de l'*abbaye de Cîteaux* (Côte-d'Or) en 1098, berceau de l'ordre cistercien ; celui-ci, né d'une volonté de réaction contre le laxisme et l'opulence de l'ordre de Cluny, adopte un type de vie caractérisé par la pauvreté et la plus extrême austérité. Étienne, devenu abbé de Cîteaux en 1109, donne à l'Ordre cistercien sa *Charte de Charité* (1119). C'est lui qui accueille en 1112 le jeune saint Bernard arrivant avec ses trente compagnons, puis lui confie trois ans plus tard la mission de fonder une nouvelle abbaye à Clairvaux ; c'est le point de départ de l'étonnante histoire de Bernard de Clairvaux.

ÉTIENNE DE HONGRIE (v. 970-1038) Cal. rom. 16 août*. Fils du duc des Magyars et d'une princesse chrétienne, il reçoit le baptême vers l'âge de quinze ans en même temps que son père, et il prend alors le nom chrétien d'Étienne. Succédant deux ans plus tard à son père, il entreprend de fonder l'unité du pays sur la foi chrétienne par l'évangélisation de sa population ; il recourt pour ce faire aux moines de Cluny. En l'an 1000, il se fait reconnaître par le pape Sylvestre II « roi apostolique de Hongrie » ; il reçoit le sacre à Esztergom, résidence de la dynastie et bientôt centre religieux du pays. La couronne de saint Étienne est restée le symbole de l'unité nationale. Étienne donne à son pays une solide organisation civile et religieuse. Il meurt à Bude, après avoir consacré le royaume à la Vierge.

ÉTIENNE DE MURET ou DE GRANDMONT (1045-1124) Fête loc. 8 février. Ermite à Muret, près d'Ambazac (Haute-Vienne), il s'était fait des disciples ; après sa mort, ils transportèrent son corps à proximité, à Grandmont, où s'éleva une abbaye ; ce fut l'origine de l'*Ordre grandmontain*, très répandu dans l'Aquitaine médiévale. Sa règle fut tirée d'un recueil des *Pensées* d'Étienne composé par ses disciples. Sa châsse du XIIᵉ siècle, dans l'église d'Ambazac, est une œuvre d'art.

▶ Quarante autres saints ou bienheureux portent le nom d'Étienne, parmi lesquels saint ÉTIENNE D'AUBAZINE, fondateur en 1135 de l'abbaye cistercienne de cette localité (Corrèze), qui conserve son tombeau.

▶ Nombre de communes portent en France le nom de Saint-Étienne, en référence le plus souvent au diacre martyr, mais parfois à un autre Étienne honoré localement.

▷ Stéphane, Stéphanie, Fanny.

EUCHER († 738) ÉVÊQUE. Fête loc. 20 février. Neveu de l'évêque d'Orléans, Savary, il est d'abord moine à Jumièges, puis, en 716, élu à son tour évêque d'Orléans ; mais Charles Martel déteste la famille des Savary et, en 732, il exile Eucher à Cologne ; celui-ci finira pieusement sa vie à l'abbaye bénédictine de Saint-Trond (Limbourg belge).

▶ Deux autres saints portent le nom d'Eucher : un des plus illustres évêques de Lyon (Vᵉ siècle, fête loc. 16 novembre), et un évêque de Maastricht (VIᵉ siècle ; fête loc. 27 février).

EUDES (Voir Jean Eudes).

EUGÈNE Iᵉʳ († 657) PAPE. Fête loc. 2 juin. Il est élu pape en 654, alors que son prédécesseur Martin I est déporté en Crimée par l'empereur Constant II, qui entend imposer l'hérésie monothéliste ; Eugène à son tour entre en conflit avec l'empereur à ce sujet ; menacé du sort de son prédécesseur, il meurt avant que l'empereur ne soit passé aux actes.

EUGÈNE DE CARTHAGE († v. 505) ÉVÊQUE. Fête loc. 13 juillet. Élu évêque de Carthage en 477 sous la domination des Vandales, qui étaient ariens, il affirma sa foi catholique lors du colloque des évêques africains tenu en 484 et fut aussitôt déporté dans le désert par le roi Huneric. Revenu à Carthage après la mort du roi en 484, il fut à nouveau banni en 496 ; retiré en Gaule près d'Albi, il y mourut.

▶ Vingt autres saints ou bienheureux portent le nom d'Eugène, dont l'un dit EUGÈNE DE PARIS (IIIᵉ siècle) aurait été le premier évêque de Tolède, serait ensuite venu en Gaule comme disciple de saint Denis, et y serait mort martyr à Deuil-en-Parisis (aujourd'hui Deuil-la-Barre, Val d'Oise).

Bienheureuse EUGÉNIE SMET (Voir Marie de la Providence).

EULALIE DE MÉRIDA (IIIᵉ siècle) Fête loc. 10 décembre. Très populaire dans l'Église médiévale, elle nous est surtout connue par sa légende qui la présente comme martyrisée à Mérida (Espagne) à l'âge de douze ans. La *Cantilène de sainte Eulalie*, composée au IXᵉ siècle à l'abbaye de Saint-Amand, est l'un des plus anciens textes en langue d'oïl.

▶ Une autre Eulalie, de Barcelone, martyrisée à la même époque, et fêtée le 12 février, est peut-être celle de Mérida. Elle est une des patronnes du diocèse de Perpignan.

Nous croyons quelquefois chercher Dieu. Mais c'est toujours Dieu qui nous cherche, et souvent il se fait trouver par qui ne le cherchait pas.

HENRI DE LUBAC
Sur les chemins de Dieu,
Éd. Aubier, 1956

EULOGE († 859) PRÊTRE ET MARTYR. Fête loc. 11 mars. Prêtre à Cordoue sous la domination sarrasine, il est emprisonné avec quelques fidèles qu'il exhorte à accepter le martyre. A sa sortie de prison, il écrit son *Mémorial des saints* et son *Apologétique des martyrs*. Élu évêque de Tolède, il ne peut rejoindre cette ville ; ayant protégé une jeune musulmane convertie, il est arrêté en même temps qu'elle, et décapité.

▶ Six autres saints portent le nom d'Euloge.

EUPHRASIE († v. 412) VIERGE. Fête loc. 13 mars. Originaire d'Asie Mineure, où son père était gouverneur de Lycie, elle se retire avec sa mère dans le désert égyptien de Thébaïde après la mort de son père. Elle y mourra à trente ans, après s'être imposé une vie d'une extrême austérité. Son culte est très populaire dans l'Église grecque.

▶ Une autre martyre (IVᵉ siècle) porte le même nom.

EURIELLE (VIIᵉ s.). Fête loc. 1ᵉʳ octobre. Sœur de saint Judicaël.

EUSÈBE DE VERCEIL († 370) ÉVÊQUE. Cal. rom. 2 août*. Né en Sardaigne, il est élu en 345 évêque de Verceil en Piémont (Italie). Soutenant activement saint Athanase dans la lutte contre l'hérésie arienne, à laquelle adhère l'empereur Constance, il est banni par celui-ci ; revenu à Verceil après huit ans d'exil, c'est lui qui sacre le premier évêque d'Embrun (Hautes-Alpes). (Du grec *eusebès* : pieux.)

▶ Vingt et un autres saints portent le nom d'Eusèbe.

EUSTACHE (Dates indéterminées) MARTYR. Il a été rayé du calendrier romain. Sa légende raconte que, général de l'empereur Trajan (IIᵉ siècle) sous le nom de Placidas, il était un jour à la chasse lorsque le cerf qu'il poursuivait se retourna, une croix lumineuse apparaissant entre ses bois ; Placidas se fit baptiser en prenant le nom d'Eustache (en grec, fertile). Il serait mort martyr, enfermé avec les siens dans un taureau de métal chauffé à blanc.

▶ Six autres saints et bienheureux portent ce nom.

EUTHYME LE GRAND (377-473) Fête loc. 20 janvier. D'origine arménienne, ce moine établi en Palestine attire à lui beaucoup de disciples. Actif défenseur du concile de Chalcédoine (451), qui condamne le monophysisme et proclame la double nature, divine et humaine, du Christ, il ramène à la foi catholique l'impératrice Eudoxie. La liturgie grecque lui doit également beaucoup.

EUTROPE (IIIe siècle ?) ÉVÊQUE. Fête loc. 30 avril (pèlerinage). Ce premier évêque de Saintes (Charente-Maritime), qui a évangélisé cette région et dont le culte était déjà vivace au VIe siècle, nous est mal connu en dehors des faits légendaires rapportés par Grégoire de Tours (VIe siècle). Il serait mort martyr. Son sarcophage, qui est conservé dans la crypte de l'église Saint-Eutrope de Saintes, a été retrouvé en 1842. Saint Eutrope est le patron du diocèse de La Rochelle.

▶ Quatre autres saints portent ce nom, dont un évêque d'Orange (Ve siècle ; fête loc. 27 mai).

ÉVA (Voir Ève).

ÉVANGÉLINE (Voir Jean l'Évangéliste).

ÉVARISTE († 105) PAPE. Il a été rayé du calendrier romain en raison du caractère incertain de sa biographie.

ÈVE († 1262) Fête loc. 5 avril. Recluse à Liège.

▷ Éva, Évelyne.

ÉVELYNE (Voir Ève).

ÉVRARD († 958) Fête loc. 14 août. Moine alsacien qui fonda à *Einsiedeln* (Suisse) un monastère devenu, depuis lors, le centre d'un célèbre pèlerinage marial (Notre-Dame-des-Ermites).

EXUPÈRE (Voir Spire).

EYMARD (Voir Pierre-Julien Eymard).

> *Béni soit Dieu, le Père de Notre Seigneur Jésus-Christ :*
> *Il nous a bénis de toute bénédiction spirituelle dans les cieux en Christ.*
> *Il nous a choisis en lui avant la fondation du monde,*
> *pour que nous soyons saints et irréprochables sous son regard, dans l'amour.*
> *Il nous a prédestinés à être pour lui des fils adoptifs par Jésus-Christ :*
> *ainsi l'a voulu sa bienveillance*
> *à la louange de sa gloire*
> *et de la grâce dont il nous a comblés en son Bien-aimé.*
>
> Ep 1,3-6

F

FABIEN († 250) PAPE ET MARTYR. Calendrier rom. 20 janvier*. Né à Rome, laïc élu pape en 236, on lui devrait la division de la ville de Rome en sept secteurs confiés chacun à un diacre, ainsi que l'aménagement des cimetières chrétiens de la ville (notamment celui de Saint-Calliste où il sera inhumé). Il est martyrisé lors de la persécution de l'empereur Dèce.

▷ Fabienne.

FABIOLA († 400) Fête loc. 27 décembre. D'une grande famille romaine, la *gens Fabia,* elle fonde à Rome, après son veuvage, le premier hôpital pour indigents. En 394 elle va vivre en disciple de Jérôme en Palestine. Revenue à Rome en 395, elle fonde à Ostie un « Accueil aux étrangers pauvres ». Elle n'est pas à confondre avec l'héroïne du roman de Wiseman, *Fabiola ou l'Eglise des Catacombes* (1854).

FABRICIEN (dates indéterminées). Fête loc. 22 août. Martyr à Tolède.

▷ Fabrice.

FARGEAU Déformation de Fergeux, compagnon de saint Ferréol. (Voir à ce nom).

FÉLICITÉ de Carthage. Fêtée avec sainte Perpétue le 7 mars. Cal. rom.**
(Voir Perpétue.)

FÉLICITÉ Rome (IIe siècle) MARTYRE. Fête loc. 23 novembre. Sa légende, qui voit en elle une veuve romaine martyrisée en même temps que ses sept fils, lui suppose arbitrairement un lien maternel avec sept martyrs romains réels, honorés de longue date le même jour (10 juillet), et ainsi pris pour des frères.

▷ Félicie.

FÉLIX (Nantes) († 583) ÉVÊQUE. Fête loc. 7 juillet. Premier évêque de Nantes, il fut durant trente-trois ans une des grandes figures de l'épiscopat mérovingien ; à la fois missionnaire et organisateur, il réalisa une œuvre considérable d'évangélisation des campagnes, en même temps qu'il prit une part active à l'administration de la ville et à son développement portuaire (un canal de la ville porte son nom) ; c'est à lui qu'on doit la première cathédrale de Nantes. Il s'était acquis la confiance du roi Clotaire II. Son quatorzième centenaire a été célébré avec éclat par le diocèse de Nantes en 1984.

FÉLIX Ier († 274) PAPE. Longtemps supposé martyr par suite d'une confusion, il a été éliminé du calendrier romain (ancienne fête 30 mai).

▶ Le nom latin de Félix (fécond, heureux), très courant dans l'Antiquité, se retrouve chez soixante-dix saints ou bienheureux, la plupart martyrs des premiers siècles. Parmi les plus récents, FÉLIX DE CANTALICE († 1587, fête loc. 18 mai), franciscain italien. (Quant à FÉLIX DE VALOIS, qui aurait été associé à la fondation de l'*ordre des Trinitaires* à la fin du XIIe siècle, les incertitudes de sa biographie l'ont fait écarter du calendrier romain).

FERDINAND III (1199-1252). Fête loc. 30 mai. Fils du roi Alphonse IX de Léon et de la reine Bérangère de Castille, il fut proclamé roi de Léon à la mort de son père (1230), réunissant définitivement les deux royaumes de Castille et de Léon ; c'était une impulsion décisive à l'œuvre d'unification politique de l'Espagne. Il la poursuivit activement en faisant progresser de manière remarquable l'œuvre séculaire de « Reconquête » des territoires musulmans (Cordoue, Murcie, Jaen, Séville) ; seul subsistait à sa mort le royaume de Grenade à l'extrême sud. En même temps qu'il réalisait cette œuvre historique, Ferdinand ne cessa de donner l'exemple d'une vie chrétienne.

▶ Un autre Ferdinand ou Fernand (1402-1443), prince portugais, est honoré localement le 5 juin.

▷ Fernand, Fernande.

FERNAND, FERNANDE (Voir Ferdinand).

FERRÉOL et FERJEUX († 211) PRÊTRES. Fête loc. 16 juin. Il s'agit peut-être d'un seul et même personnage. La tradition, qui remonte à Grégoire de Tours (VIe siècle), époque où s'affirme leur culte, en fait deux prêtres envoyés par saint Irénée, évêque de Lyon, pour évangéliser la région de Besançon, où, après un long apostolat, ils auraient été martyrisés.

▶ Plusieurs autres saints portent le nom de Ferréol, dont un tribun romain martyrisé à Vienne (Isère) au IVe siècle, un évêque d'Uzès, dans le Gard (VIe siècle ; fête locale 4 janvier), et un évêque de Limoges (VIe siècle ; fête loc. 18 septembre).

FIACRE († v. 670). Fête loc. 30 août. Moine d'origine irlandaise, il vient vivre en ermite dans la forêt de Breuil, à l'emplacement actuel de Saint-Fiacre-en-Brie (Seine-et-Marne), partageant son temps entre la prière, le souci des pauvres, le travail manuel, et notamment la culture des fruits et des légumes. Son tombeau, but d'un pèlerinage annuel, se trouve dans l'église du village. Il est patron de la Brie, des maraîchers, des potiers d'étain, des bonnetiers et des tuiliers.

FIDÈLE DE SIGMARINGEN (1578-1662) PRÊTRE ET MARTYR. Cal. rom. 24 avril*. MARC REY, né à Sigmaringen en Allemagne occidentale, d'abord précepteur dans une famille princière puis avocat, se fait capucin à trente-cinq ans sous le nom religieux de Fidèle. Après des études théologiques à Constance, il entreprend une prédication en milieu protestant suisse. Envoyé en mission à l'est du pays, dans les Grisons, où les protestants étaient soulevés contre l'archiduc d'Autriche, il obtient beaucoup de conversions mais meurt assassiné.

▶ Quatre autres saints ou bienheureux portent le nom de Fidèle.

Dans le martyre, nous devons tout à Dieu, rien à nous-mêmes. Vaincre le diable, livrer son corps, mépriser ses affections, supporter les tourments, lasser les bourreaux, tirer gloire des injures, trouver la vie dans la mort, cela ne relève pas de la puissance de l'homme mais de Dieu. Celui qui irait au martyre comptant sur sa seule force, ce n'est pas le Christ qui l'entraînerait à la victoire.

Saint Pierre Chrysologue (Vᵉ s.),
Sermon pour la fête des Saints Innocents

FILIBERT (Voir Philibert)

FIRMIN (IIIᵉ ou IVᵉ siècle) ÉVÊQUE ET MARTYR. Fête loc. 25 septembre. Il est, selon la tradition, le premier évêque d'Amiens ; un portail de la cathédrale lui est consacré ainsi qu'à ses successeurs ; un ensemble de groupes sculptés en pierre décorant le mur de clôture du chœur retrace son histoire légendaire. Il est le patron du diocèse. Il est probable qu'en fait deux évêques d'Amiens, tous deux honorés comme saints, ont porté le nom de Firmin, mais il est très difficile de tirer au clair les données légendaires les concernant.

FIRMIN (VIᵉ siècle) ÉVÊQUE. Fête loc. 11 octobre. Ce serait le troisième évêque d'Uzès (Gard), ami et disciple de saint Césaire d'Arles.

▶ Six autres saints portent le nom de Firmin.

FLEUR (v. 1300-1347) Fête loc. 5 octobre. Née à Maurs (Cantal), elle se consacre au service des pauvres dans un hôpital. Elle est la patronne de toutes celles qui portent un nom de fleur et n'ont pas de patronne canonisée : Bleuette ou Bluette, Capucine, Dahlia, Hortense, Myrtille, Pâquerette, Pervenche, Violaine, Violette, etc.

FLORENCE (IVᵉ siècle) Fête loc. 1ᵉʳ décembre. Convertie par saint Hilaire, évêque de Poitiers, elle se retire vers 360 à Celle-Lavescault (Vienne). Elle y meurt à 29 ans.

Les saints

La maison de Dieu est une maison d'hommes et non de surhommes. Les chrétiens ne sont pas des surhommes. Les saints pas davantage, ou moins encore, puisqu'ils sont les plus humains des humains. Les saints ne sont pas sublimes, ils n'ont pas besoin du sublime, c'est le sublime qui aurait plutôt besoin d'eux. Les saints ne sont pas des héros, à la manière des héros de Plutarque. Un héros nous donne l'illusion de dépasser l'humanité, le saint ne la dépasse pas, il l'assume, il s'efforce de la réaliser le mieux possible, comprenez-vous la différence ? Il s'efforce d'approcher le plus près possible de son modèle, Jésus-Christ, c'est-à-dire de Celui qui a été parfaitement homme, avec une simplicité parfaite, au point, précisément, de déconcerter les héros en rassurant les autres, car le Christ n'est pas mort seulement pour les héros, il est mort aussi pour les lâches. Lorsque ses amis l'oublient, ses ennemis, eux, ne l'oublient pas. Vous savez que les nazis n'ont cessé d'opposer à la Très Sainte Agonie du Christ au jardin des Oliviers la mort joyeuse de tant de jeunes héros hitlériens. C'est que le Christ veut bien ouvrir à ses martyrs la voie glorieuse d'un trépas sans peur, mais il veut aussi précéder chacun de nous dans les ténèbres de l'angoisse mortelle. La main ferme, impavide, peut au dernier pas chercher appui sur son épaule, mais la main qui tremble est sûre de rencontrer la sienne...

Georges Bernanos,
La liberté pour quoi faire ?
Gallimard

FLORENCE (Dates indéterminées) Fête loc. 10 novembre. Martyre à Agde (Hérault), elle y est honorée en même temps que ses compagnons de martyre, Tibère et Modeste.

FLORENT (IVᵉ-Vᵉ siècle) ÉVÊQUE. Fête loc. 4 juillet. Troisième évêque de Cahors. Saint Paulin de Nole lui écrit en 405 pour le féliciter de son travail apostolique.

FLORENT (v. 600) ÉVÊQUE. Fête loc. 7 novembre. Avant d'être le septième évêque de Strasbourg, il avait vécu en ermite à *Niederhaslach* (Bas-Rhin) ; il y avait attiré des disciples bientôt groupés en un monastère dont subsiste la dernière des églises successives, avec des vitraux retraçant la vie du saint.

▶ Onze autres saints portent le nom de Florent, dont un évêque d'Orange (VIᵉ siècle ; fête loc. 17 octobre).

FLORENTIN (époque indéterminée Fête loc. 1ᵉʳ décembre. Vénéré à Amboise et à Saint-Florentin (Yonne) où un vitrail le représente en armure et à cheval.

FLORENTIN († 553) Fête loc. 25 avril. Premier abbé du monastère des Saints-Apôtres à Arles, fondé par l'évêque saint Aurélien. Son épitaphe en vers, sur son tombeau-reliquaire à l'église Sainte-Croix d'Arles, est un des plus anciens exemples chrétiens du genre.

FLOUR (IVᵉ siècle ?) Fête loc. 30 octobre. Il aurait été le premier évêque de Lodève (Hérault) et l'évangélisateur d'une région s'étendant du Languedoc à l'Auvergne ; on trouve sa trace dans les annales du diocèse dès le IVᵉ siècle. Enterré en Auvergne, son tombeau est à l'origine d'une abbaye fondée au XIᵉ siècle par saint Odilon, cinquième abbé de Cluny. C'est autour de cette abbaye que se développera la ville de Saint Flour, aujourd'hui siège de l'évêché du diocèse coïncidant avec le département du Cantal.Saint Flour est le patron de ce diocèse.

FOY ou FOI († IIIᵉ siècle) VIERGE ET MARTYRE. Fête loc. 5 octobre. Sainte très populaire au Moyen Age, elle fut vraisemblablement martyrisée à Agen dans les débuts du christianisme local. Mais le

Ph. Hachette

Statue-reliquaire appelée « Majesté de Sainte-Foy ». IXᵉ s. (sauf la tête Vᵉ s.). Trésor de l'abbaye Sainte-Foy de Conques (Aveyron).

récit de son martyre remonte au Xᵉ siècle : fille d'un haut fonctionnaire, elle aurait été torturée et décapitée pour être restée fidèle à sa foi, incitant saint Caprais au même courage. Au IXᵉ siècle, les reliques de Foy furent transportées à Conques-en-Rouergue (Aveyron) où elles devinrent l'objet de pèlerinages d'autant plus nombreux et importants, tout au long du Moyen Âge, que Conques se trouvait sur l'une des grandes routes de Saint-Jacques-de-Compostelle. Des reliques de la sainte seraient aussi à l'origine de Sainte-Foy-la-Grande (Gironde), où des moines venus de Conques auraient bâti un oratoire, origine de l'église actuelle. Son culte s'était largement répandu dans toute la France.

FRA ANGELICO (Voir Angelico).

FRANÇOIS D'ASSISE (1186-1226) Calendrier rom. 4 octobre**. JEAN BERNARDONE naît à Assise d'un riche marchand drapier qui, par sympathie pour la France où il a voyagé, prend l'habitude de l'appeler François. Celui-ci, qui a peu de goût pour le négoce familial, mène une vie frivole tout en nourrissant des rêves chevaleresques. Une guerre entre Assise et Pérouse, au cours de laquelle il est fait prisonnier et qui le laisse malade, lui donne à réfléchir ; il revient sur lui-même. Peu à peu se précise sa vocation : se mettre au service de Dieu en « épousant Dame Pauvreté ». C'est l'occasion d'un vif conflit et

Saint François d'Assise. Fresque par Cimabue (v. 1278). Église infér. St François. Assise.

Ph. Giraudon

CANTIQUE DES CRÉATURES

dit aussi **Cantique du Soleil**, XIIIᵉ siècle

Très Haut, Tout-Puissant, Bon Seigneur,
A Toi sont les louanges, la gloire, l'honneur
et toute bénédiction.

A Toi seul, Très-Haut, ils conviennent
et nul homme n'est digne de te nommer.

Loué sois-Tu, mon Seigneur,
avec toutes les créatures,
spécialement messire le frère soleil,
par qui tu fais le jour et nous éclaires.

Et il est beau et il rayonne à grande splendeur :
de Toi, Très Haut, il est le signe.
Loué sois-Tu, mon Seigneur,
pour sœur lune et les étoiles ;
dans le ciel tu les as formées,
claires, précieuses et belles.

Loué sois-Tu, mon Seigneur, pour frère vent,
et pour l'air et le nuage, le serein et tout temps,
par lesquels à tes créatures tu donnes le soutien.

Loué sois-Tu, mon Seigneur, pour sœur eau
qui est fort utile et humble, précieuse et chaste.

Loué sois-Tu, mon Seigneur, pour frère feu,
par qui tu éclaires la nuit,
il est beau et joyeux, robuste et puissant.

Loué sois-Tu, mon Seigneur, pour notre maternelle
sœur la terre, qui nous porte et nous mène,
et produit la variété des fruits et l'herbe.

Loué sois-Tu, mon Seigneur, pour ceux qui pardonnent
par amour pour Toi,
soutenant injustice et tribulation.

Bienheureux sont-ils de persévérer en paix,
car par Toi, Très-Haut, ils seront couronnés.

Loué sois-Tu, mon Seigneur, pour notre sœur
la mort corporelle, à qui nul homme vivant
ne peut échapper.

Malheureux ceux-là seuls
qui meurent en péché mortel !

Bienheureux ceux qui ont accompli
tes très saintes volontés
car la seconde mort ne pourra leur nuire.

C. Caretto,
Moi, François d'Assise,
Éd. du Centurion

Poème de saint François d'Assise que l'on dit avoir été écrit dans la petite église Saint-Damien à Assise.

Un dépouillement total

L'auteur anglais G.K. Chesterton décrit comme suit la scène au cours de laquelle, le 16 avril 1209, François d'Assise décide de vivre dans le dénuement absolu ; son père, riche drapier, excédé de ses largesses envers les pauvres, l'avait cité devant le tribunal de l'évêque.

François se dresse devant tous et dit : « Jusqu'à ce jour j'avais appelé Pietro Bernardone père, mais désormais je suis le serviteur de Dieu. Non seulement l'argent, mais tout ce qui peut être dit sien, je le rendrai à mon père, jusqu'aux habits qu'il m'a donnés ! » Et il arracha tous ses vêtements sauf un, et l'on vit que c'était un cilice. Il jeta les vêtements sur le plancher et lança l'argent sur le tas. Puis il se tourna vers l'évêque et reçut sa bénédiction, comme quelqu'un qui tourne le dos à la société ; et d'après la légende, il sortit tel qu'il était dans le monde glacé. En vérité, c'était littéralement dans la circonstance un monde glacé et la neige couvrait la terre... Il était sans argent, il était sans parents, il était selon toute apparence sans métier, sans projet, sans espoir en ce monde ; et tandis qu'il avançait sous les arbres givrés, il se mit soudain à chanter.

G.K. Chesterton
***Saint François*, Ed. DMM, 1979**

d'une rupture avec son père ; aux yeux de son entourage, il semble avoir perdu la raison. Il vit désormais en ermite aux environs d'Assise, dans le plus total dénuement. Des disciples viennent progressivement rejoindre celui qu'on appelle le « poverello », le petit pauvre. L'idéal franciscain se précise : louange à Dieu, annonce de sa parole et de son amour, pauvreté, chasteté, humilité, joie dans la paix. Cet idéal, qui paraît tout à fait utopique à l'époque, répond pleinement en fait aux exigences spirituelles de l'heure, dans une Église trop prospère, trop installée, trop dominatrice, contre laquelle de vives réactions se manifestent (vaudois, cathares...). En 1210, le pape Innocent III approuve le principe de la règle des *Frères Mineurs*, nom donné par modestie à son ordre par François. En 1212, la belle et jeune Claire d'Assise vient se mettre sous la direction spirituelle de son « frère » François et fonde, avec l'aide de ses conseils, l'ordre des *Pauvres Dames*, les futures *clarisses*, second ordre franciscain. Un peu plus tard, sera institué un troisième ordre, un *« tiers ordre »*, pour des laïcs désirant rester dans le monde. Avec l'afflux des disciples, il faut songer à donner à l'ordre une structure un peu plus élaborée ; François y voit une atteinte à l'esprit de simplicité, si bien qu'au retour d'un voyage en Égypte auprès des croisés dans l'espoir de convertir le sultan en 1219, il abandonne à son second, Pierre de Catane, la direction de l'ordre. Il se retire dans sa cabane de la Portioncule, près d'Assise, et poursuit sa prédication. En 1224, au cours d'une retraite dans la montagne de l'Alverne, il reçoit les stigmates de la Passion du Christ. A Assise, il tombe malade, perd la vue ; c'est au milieu de grandes souffrances qu'il compose son admirable *Cantique de Frère Soleil*, premier grand poème de la langue italienne. Il meurt à la Portioncule. Il ne s'était jamais jugé digne d'être ordonné prêtre. Son tombeau, dans la basilique édifiée à Assise par les franciscains, est vite devenu le centre de pèlerinages venant de toutes parts, et aujourd'hui du monde entier.

□ François d'Assise, n° 1/1982 de la revue *Missi*.
Frère François, Julien Green, Éd. du Seuil.
François d'Assise, troubadour et prophète, Stan Rougier, Éd. Lethielleux.
Lire François d'Assise, Louis Antoine, Éd. Franciscaines.
Saint François d'Assise et l'esprit franciscain, Y. Gobry, Coll. Maîtres spirituels. Éd. du Seuil.
Moi, François d'Assise, Carlo Carretto, Éd. le Centurion.

Saint François d'Assise
Un opéra d'Olivier Messiaen

Cet opéra, créé au Palais Garnier à Paris le 28 novembre 1983, a été retransmis par la télévision ce jour-là. Il comporte 3 actes et dure 4 heures et demie.
On peut rappeler, à ce propos, que le compositeur Messiaen, qui fut organiste de l'église de la Trinité à Paris dès l'âge de 31 ans, a toujours été un passionné des chants d'oiseaux : ce fut peut-être son point de rencontre avec le frère François.

FRANÇOIS BORGIA (1510-1572) PRÊTRE. Fête loc. 3 octobre. Descendant du roi Ferdinand V d'Aragon, il est admis à 18 ans à la cour de Charles Quint. Vice-roi de Catalogne (1539-1543) et duc de Gandie (près de Valence), il fait la connaissance du tout nouvel ordre des Jésuites, et fonde avec eux un collège à Gandie. Devenu veuf et ayant établi ses huit enfants, il entre en 1550 à la Compagnie de Jésus. En 1555, il en devient provincial pour l'Espagne, et en 1565, est élu général de la Compagnie (le 3e après saint Ignace). Il contribue grandement à son développement, notamment en Amérique. Il est depuis 1934 patron de l'Espagne, et, avec saint Antoine de Padoue, celui du Portugal.

FRANÇOIS CARACCIOLO (1563-1608) Fête loc. 4 juin. Fondateur en Italie, avec Augustin d'Adorno, des *Clercs réguliers mineurs*, qui mènent une vie à la fois contemplative et active.

FRANÇOIS JACCARD (1799-1838) MARTYR. Fête loc. 23 septembre. Né dans le Chablais à Onnion (Haute-Savoie) et entré au séminaire des Missions Étrangères à Paris, il est ordonné prêtre en 1823 et envoyé en Annam. Sommé de brûler les livres religieux, il refuse, est emprisonné, bastonné, et froidement étranglé. Canonisé en 1988 par Jean-Paul II.

FRANÇOIS DE PAULE (1436-1507) ERMITE. Calendrier rom. 2 avril*. Originaire de Paola en Calabre, il est séduit très jeune par l'idéal franciscain et rejoint les frères mineurs ; mais il recherche un dépouillement plus absolu, une humilité plus radicale encore. Il se retire pour une vie d'ermite dont la sainteté lui attire des disciples. Il les regroupe en leur donnant le nom le plus modeste possible, les *minimes*, dont la règle est d'une extrême austérité. Le roi Louis XI, malade et redoutant la mort, obtient du pape que François vienne jusqu'à lui, à Plessis-lez-Tours, dans l'espoir d'en obtenir la guérison. En fait, François le prépare à achever chrétiennement sa vie. Il reste ensuite à Plessis-lez-Tours, d'où il donne un vigoureux développement à son ordre.

FRANÇOIS DE SALES (1567-1622) ÉVÊQUE ET DOCTEUR DE L'ÉGLISE. Calendrier rom. 24 janvier**. Né au château de Sales, près de Thorens (Haute-Savoie), d'une famille de noblesse rurale, il fait ses études supérieures à Paris et à Padoue. C'est le moment où l'Église romaine, animée d'un puissant esprit de renouveau après les sombres années du déclin qui a suscité la Réforme protestante, se lance dans le mouvement de la Contre-Réforme. François se fait prêtre. L'évêque de Genève, réfugié à Annecy, le charge de ramener au catholicisme, par la prédication, le Chablais (nord de la Savoie), conquis au protestantisme. Son succès, obtenu malgré des difficultés de toutes sortes, le fait bientôt choisir comme coadjuteur de l'évêque de Genève (toujours en résidence à Annecy). Il succède à celui-ci en 1602 à 35 ans. A la tête de son diocèse, prenant exemple sur saint Charles Borromée, archevêque de Milan, il est un des grands promoteurs de la Réforme catholique (visites pastorales, prédication, catéchèse, formation du clergé...). Il fonde avec

Je ne connais d'autre perfection que d'aimer Dieu de tout son cœur et son prochain comme soi-même ; toutes les autres pratiques ne sont que des moyens d'arriver à la charité, mais ne sont point la charité qui seule fait la perfection.

Saint François de Sales

Jeanne de Chantal, en 1610, l'*ordre de la Visitation Sainte-Marie.* Par sa parole comme par ses écrits, il exerce une énorme influence spirituelle bien au-delà de son diocèse et jusqu'à Paris. Parmi les nombreux ouvrages qu'il a laissés, les plus célèbres sont son *Introduction à la vie dévote* (1604), constamment rééditée jusqu'à nos jours, et son *Traité de l'amour de Dieu* (1616), qui constituent des chefs d'œuvre de la littérature française, et font de lui le type de l'humaniste chrétien. Nombre d'ordres et de congrégations s'inspireront de l'esprit salésien. Le corps de François de Sales repose dans la basilique de la Visitation à Annecy, de même que celui de Jeanne de Chantal. Il est le patron des diocèses d'Annecy et de Chambéry, celui des écrivains et de la presse catholique.

□ *Saint François de Sales. Introduction à la vie dévote,* Coll. Livre de vie, Éd. du Seuil.
Sur les chemins du monde avec saint François de Sales, Yvonne Stephan, Éd. SOS.
Saint François de Sales, ami des hommes, amant de Dieu, Roger de Saint-Chamas, Éd. SOS.
Saint François de Sales, A. Ravier, Éd. Nouvelle Cité.
(Voir aussi par l'Index autres données sur lui.)

Bienheureux FRANÇOIS-RÉGIS CLET († 1820) MARTYR. Fête loc. 17 février. Lazariste missionnaire en Chine, torturé, mis en croix et étranglé.
(A ne pas confondre avec saint Jean-François Régis ; voir à Jean.)

FRANÇOIS XAVIER (1506-1552) PRÊTRE. Cal. rom. 3 décembre**. Né au château de Xavier en Navarre, il vient faire ses études à l'Université de Paris, puis enseigne la philosophie. A Paris, il fait la connaissance d'Ignace de Loyola. Le 15 août 1534, avec cinq étudiants, Ignace et François Xavier se consacrent à Dieu dans une petite chapelle de Montmartre : c'est le début de la Compagnie de Jésus.

Bien que je sois devenu très pâle, je suis pourtant plus robuste que jamais. Les fatigues qu'on prend pour éduquer une nation qui aime tant la vérité et qui désire tant son propre salut donnent bien de la joie.

Saint François Xavier

François achève ses études de théologie, est ordonné prêtre en 1537 et, lorsque le roi du Portugal demande au pape des missionnaires pour évangéliser les Indes orientales, Ignace désigne François Xavier. Il s'embarque en 1541 pour Goa, la capitale des Indes portugaises et, arrivé en Extrême-Orient, il y déploie une activité inlassable, parcourant en dix ans plus de 100 000 km, dans des conditions extrêmement difficiles ; il se rend notamment à Ceylan, à Malacca, dans les Moluques, au Japon, où il séjourne deux ans ; partout il fonde des communautés chrétiennes. Malgré son très vif désir de faire connaître l'Évangile à la Chine, il ne peut entrer dans ce pays et, épuisé par les fièvres, il meurt solitaire dans la petite île de Sancian, face au continent. Il avait 46 ans. François Xavier est le patron des missions.
(Voir aussi Index).

▶ Soixante-deux autres saints ou bienheureux portent le nom de François.

▷ Francelin, Francis, Francisque, Franck, Paco, Paquito, Paquita, Soizic sont dérivés de François et peuvent se référer à l'un des saints portant ce nom.

SAINTE FRANÇOISE ROMAINE (1384-1440) VEUVE. Fête loc. 9 mars. Née à Rome de famille patricienne, et mariée très jeune, elle a plusieurs enfants, dont la plupart meurent en bas âge. Elle se dépense au service des malades durant la peste de 1414, bientôt rejointe par d'autres dames romaines ; c'est le point de départ d'une communauté non cloîtrée d'oblates bénédictines, à laquelle se joint Françoise après la mort de son mari. Elle jouera un rôle médiateur durant le grand schisme d'Occident, qui oppose les papes de Rome et d'Avignon.

▷ France, Franceline, Francette, Francine.

FRÉDÉRIC († 838) ÉVÊQUE ET MARTYR. Fête loc. 18 juillet. Évêque d'Utrecht (Pays-Bas) vers 825, il participe au concile de Mayence (839), fait évangéliser la Frise par saint Odulphe, et meurt probablement assassiné sur l'ordre de la reine Judith, épouse de Louis le Pieux, à laquelle il avait reproché sa conduite.

▷ Freddy, Frédérique, Frida.

FRIDOLIN († v. 540) ABBÉ. Fête loc. 6 mars. Le déroulement de sa vie reste plein d'incertitudes. Moine d'origine irlandaise, il aurait été abbé de l'abbaye Saint-Hilaire-de-Poitiers, avant de fonder une abbaye à *Seckingen,* entre Bâle et Constance. Il est le patron du canton suisse de Glaris, région qui, bien que située à l'est de la Suisse, dépendit longtemps de l'abbaye.

FRONT (dates indéterminées) De ce premier évêque de Périgueux, la tradition fait un disciple de saint Pierre, qui l'aurait envoyé évangéliser la Gaule. Ce qu'on sait des débuts du christianisme dans ce pays ne s'accorde pas avec une telle tradition, la fondation de l'Église de Périgueux n'étant pas antérieure au IIIe s. Saint Front est le patron du diocèse, et la cathédrale de Périgueux lui est dédiée.

FRUMENCE (IVe siècle) ÉVÊQUE. Fête loc. 27 octobre. Selon le récit de son contemporain, l'écrivain chrétien Rufin (340-410), c'est en partant évangéliser l'Inde que le jeune Frumence, venant de Tyr, serait resté en Abyssinie après le massacre de ses compagnons par des barbares. Recueilli par le roi, puis devenu son secrétaire, il aurait ainsi pu introduire le christianisme en Éthiopie, dont il est considéré comme l'apôtre. Premier évêque d'Axsum, il aurait été sacré par saint Athanase, évêque d'Alexandrie. Latins, Grecs et Coptes lui vouent une égale vénération.

La lumière et la vérité

Envoie ta lumière et ta vérité :
elles me guideront,
me feront parvenir à ta montagne sainte
et à tes demeures.
Je parviendrai à l'autel de Dieu,
au Dieu qui me fait danser de joie,
et je te célèbrerai sur la cithare,
Dieu, mon Dieu.

Psaume 43, 3-4

FULBERT (v. 960-1028). ÉVÊQUE. Fête loc. 10 avril. Venu d'Italie, il est disciple à Reims du théologien Gerbert (le futur pape Sylvestre II), avant d'aller diriger à Chartres une école dont la renommée devient bientôt internationale. Brillant philosophe, il comptera parmi ses anciens élèves bien des grands noms de son époque. Élu évêque de Chartres (1006), cet esprit universel mène de front une multitude de tâches : prédicateur et pasteur de son peuple, professeur, écrivain, poète et musicien, conseiller des rois de France ; c'est lui qui engage la reconstruction de la cathédrale de Chartres après l'incendie de 1020.

FULGENCE (v. 467-533) ÉVÊQUE. Fête loc. 1er janvier. Ce moine, originaire de Carthage, est élu en 507 évêque de Ruspe (dans l'actuelle Tunisie). Aux prises avec l'arianisme des Vandales qui ont conquis le pays, il est exilé à deux reprises en Sardaigne. Ses écrits le classent parmi les bons théologiens de son siècle.
(Saint Fulgent, déformation de Fulgence : bourg de Vendée)

FULRAD († 784) ABBÉ. Fête loc. 17 février. Né en Alsace, il entre au monastère bénédictin de Saint-Denis, dont il est élu abbé en 750. Tout en développant le patrimoine foncier de l'abbaye, qui deviendra considérable, il soutient la réforme de l'Église franque par saint Boniface ; il contribue à l'avènement et à la puissance de la dynastie carolingienne.

FURCY ou FURSY (Voir Index).

G

GABRIEL Archange. Cal. rom. 29 septembre***. Fêtés ensemble par l'Église le jour anniversaire de la consécration de la basilique romaine de Saint-Michel, les archanges Gabriel, Michel et Raphaël nous sont connus par la Bible qui nous les présente comme des êtres célestes envoyés par Dieu, sous des formes humaines, pour délivrer de sa part certains messages ou accomplir certaines missions. Gabriel, dont le nom signifie en hébreu « Dieu s'est montré fort », annonce les interventions de Dieu pour le salut des hommes et la venue du Messie ; il le fait au prophète Daniel (Dn. 8, 16 ; 9, 21-27), à Zacharie et à la Vierge Marie (Lc 1, 11-38). La célébration de Gabriel est apparue au Xe siècle. En 1951, Pie XII a fait de lui le patron des techniciens et des professionnels des moyens de communication de la pensée (radio, télévision, téléphone, etc.).

GABRIEL DEL'ADDOLORATA (1838-1862) Fête loc. 27 février. Né à Assise, François Possenti se découvre la vocation religieuse à l'occasion de la mort de sa sœur et entre à 18 ans chez les passionistes sous le nom de Gabriel de l'Addolorata (en italien « celle qui a du chagrin ») ; sa dévotion à la Vierge et la sainteté de sa vie exercent une profonde action sur son entourage. Il meurt de la tuberculose à 24 ans, à la veille d'être ordonné prêtre.

GABRIEL LALEMANT (1610-1649) Prêtre et martyr. Fête loc. 26 septembre. Né à Paris, il entre à 20 ans dans la Compagnie de Jésus et, après avoir enseigné en France, obtient malgré sa mauvaise santé d'être envoyé au Canada. Il participe avec le père Jean de Brébeuf à l'évangélisation des Hurons ; il est pris par les Iroquois et, après une terrible torture, mis à mort en même temps que sept autres martyrs jésuites.

▶ Huit autres saints ou bienheureux portent le nom de Gabriel.

GABY (Voir Gabriel).

GAËL, GAËLLE (Voir Judicaël).

GAÉTAN DE THIENE (v. 1480-1547) Prêtre. Calendrier rom. 7 août*. Né à Vicence (Italie), il fait des études de droit à Padoue et devient protonotaire apostolique à Rome. Ce timide surmonte toutes ses appréhensions pour s'occuper des orphelins, des incurables, des prisonniers de Rome dans le cadre d'une *Association du Divin Amour.* En 1523, il fonde avec Jean-Pierre Carafa, évêque de Théato, (futur pape Paul IV) *les Clercs Réguliers Théatins,* selon une formule associant le ministère sacerdotal à une vie spirituelle communautaire exigeante en vue de contribuer à la réforme des mœurs du clergé. Il passe ses dernières années à Naples au service des pauvres.

GALACTOIRE (VIe siècle) Fête loc. 27 juillet. Le plus ancien évêque connu de Lescar (Basses-Pyrénées ; évêché jusqu'en 1790), il était présent au concile d'Agde en 506. Il aurait été tué par les Wisigoths, alors qu'il conduisait une troupe de ses fidèles au secours des Francs.

GALL († 646) Fête loc. 11 octobre. Un des douze moines irlandais qui accompagnent saint Colomban en Gaule, il l'aide à fonder les abbayes de Luxeuil et de Fontaine-lès-Luxeuil ; il le suit dans son exil à Bregenz, à l'extrémité orientale du lac de Constance. Il s'en sépare ensuite pour aller vivre en ermite un peu plus à l'ouest, en un lieu où sera établie, après sa mort, une abbaye bénédictine qui portera son nom. C'est l'origine de la ville de Saint-Gall, chef-lieu du canton suisse de même nom.

GALMIER († v. 650) Fête loc. 27 février. Né dans le Forez, il exerce le métier de serrurier à Lyon avant de se faire moine à l'abbaye Saint-Just de cette ville (à l'emplacement actuel de l'église de même dénomination) où il sera inhumé. Des reliques de lui sont conservées dans l'église de Saint-Galmier (Loire). Il est le patron des serrruriers.

GASPARD DEL BUFALO (1786-1836) Fête loc. 2 janvier. Prêtre romain, il refuse de prêter serment à Napoléon et doit quitter la ville en 1808. Revenu à Rome en même temps que le pape Pie VII, après l'abdication de Napoléon, il se livre à une active prédication dans la campagne romaine, privée de prêtres depuis plusieurs années. Pour donner sa pleine efficacité à cette mission, il fonde en 1815 la *Congrégation des Missionnaires du Précieux-Sang* puis, en 1834, celle des *Sœurs du Précieux-Sang* vouée à l'éducation des jeunes filles.

GASTON (Voir Vaast).

GATIEN (IIIe-IVe siècle) Évêque. Fête loc. 18 décembre. Il aurait été envoyé par Rome pour évangéliser la région de Tours, dont il serait le premier évêque ; il aurait assumé cette charge pendant un demi-siècle. Il est un des patrons du diocèse de Tours, dont la cathédrale lui est dédiée.

GAUD (IVe siècle) Fête loc. 20 janvier. Aurait été évêque d'Évreux avant de se retirer dans un ermitage. C'est sur son tombeau que saint Pair ou Paterne, évêque d'Avranches, aurait édifié au VIe siècle la première église de Saint-Pair-sur-Mer (Manche) ; des reliques de saint Gaud sont conservées dans l'église actuelle.

GAULTIER († 1070) Fête loc. 11 mai. Fils du seigneur de Confolens (Charente), il fait ses études au Dorat (Haute-Vienne) dans une communauté de chanoines au service des paroisses rurales. Il mène ensuite une vie érémitique sous les murs du château de son père. Il dirige la collégiale des chanoines de Lesterp, à quelques kilomètres de Confolens.

GAUTIER (v. 1030-v. 1099) Fête loc. 9 avril. Né à Andainville (Somme), il fonde l'abbaye bénédictine de *Saint-Martin-de-Pontoise* (Val-d'Oise), aujourd'hui collège des oratoriens. Sa vocation étant plutôt la solitude, il se retire d'abord à Cluny, puis dans une île de la Loire près de Tours. Chaque fois, ses moines le retrouvent et le ramènent à Pontoise, où il achève sa vie. Son tombeau (XIIe siècle) se trouve dans l'église Notre-Dame de la ville. Il est le dernier saint à avoir été béatifié par un évêque, celui de Rouen.

Il faut apprendre à reconnaître les saints qui sont à côté de nous, et le saint même qui est en nous, qui demande à naître et que nous refusons de laisser sortir des limbes. Le plus humble mouvement d'amour le montre tout prêt de paraître à la lumière, en nous comme en autrui.

L. Lavelle,
Quatre saints,
Éd. Albin Michel, 1951.

GÉLASE 1er († 496) Pape. Fête loc. 21 novembre. Originaire d'Afrique, membre du clergé romain, il était déjà réputé pour sa science avant son élection pontificale en 492. Il doit surmonter, durant son bref pontificat, de multiples difficultés : l'Italie est ravagée par le roi ostrogoth Théodoric, l'hérésie pélagienne divise l'Église, l'empereur et le patriarche de Constantinople contestent la primauté pontificale. Gélase y fait face avec tant d'énergie et de savoir-faire qu'on a pu parler de « Renaissance gélasienne ».

▶ Six autres saints ou bienheureux portent le nom de Gélase ou Gélasius.

GEMMA GALGANI (1878-1903) Fête loc. 12 août. Cette jeune Italienne se voit refuser l'entrée dans les ordres en raison de sa santé chancelante. L'intensité de sa vie spirituelle se traduit par des extases fréquentes ; bientôt, elle reçoit les stigmates de la Passion du Christ, connaît des sueurs de sang comme celui-ci, participe à ses souffrances physiques et morales. Elle offre toutes ses épreuves pour le salut des hommes. Elle meurt à 25 ans.

GENÈS, GENEST, GENIEZ, GENIS, GENIX. De nombreuses communes de France sont placées sous l'égide d'un saint portant l'un de ces noms. En fait, plusieurs saints portent le nom de Genès, tout en pouvant être également connus sous un nom voisin.

GENÈS ou GENEST martyrisé à Rome à la fin du IIIe ou au début du IVe siècle (fête loc. 24 août). Ce mime païen aurait été touché par la grâce tandis qu'il parodiait une cérémonie chrétienne devant l'empereur Dioclétien ; il se serait alors proclamé chrétien et aurait été décapité. Le sujet a été repris au XVIIe siècle par l'auteur dramatique français Rotrou, dans une pièce intitulée *Le véritable saint Genest.*

GENÈS ou GENEST ou GENIEZ (IVe siècle) Fête loc. 25 août. Greffier public à Arles, il se serait converti en jouant une scène de baptême ; plus tard, il aurait été décapité pour avoir refusé de transcrire des actes ordonnant la persécution des chrétiens. Le dramaturge Henri Ghéon (1875-1944) a traité le sujet dans sa pièce *Le comédien pris à son jeu.* Le tombeau de saint Genès aux Alyscamps aurait été abrité par une basilique située à l'emplacement de l'actuelle basilique Saint-Honorat (XIIe siècle). On peut penser qu'il y a interférence entre les histoires des deux Genès de Rome et d'Arles.

GENÈS (VIIe siècle) Fête loc. 3 novembre. Abbé du palais de Clovis II, il est élu archevêque de Lyon en 660 ; il échappe à un attentat organisé par le maire du palais Ebroïn, qui avait déjà fait assassiner saint Léger, évêque d'Autun. Il participe au concile de Malay (679) peu avant sa mort.

GENÈS († v. 662) Il aurait été évêque de Clermont, et serait le fondateur de Manglieu, près d'Issoire.

GENEVIÈVE (v. 420-v. 510) VIERGE. Fête loc. 3 janvier. (Propre de France*.) Née à Nanterre, elle reçoit à l'âge de 15 ans le voile des vierges des mains de l'évêque de Paris. (Certains disent même qu'elle a été consacrée dès l'âge de 7 ans.) Elle mène alors une vie de prières et de grande abstinence. Au début de 451, Attila s'avance vers Paris ; les habitants veulent s'enfuir ; Geneviève les incite à la prière et leur donne l'assurance qu'il n'y entrera pas ; les faits lui donnent raison. Plus tard, pendant l'investissement de Paris par Chilpéric, elle conjure la famine en faisant ravitailler les assiégés par une flottille chargée de blé.
Après sa mort, Geneviève est enterrée aux côtés de Clovis et de sainte Clotilde dans l'église de l'abbaye que le roi franc avait édifiée au sommet de la colline devenue, depuis lors, la « montagne Sainte-Geneviève » ; cette abbaye (dont le site est au-

Sainte Geneviève.

jourd'hui occupé par le lycée Henri IV) devait elle-même prendre le nom de Sainte-Geneviève et devenir célèbre.
Sainte Geneviève fut très vite considérée par la population parisienne comme sa protectrice. Lors des grandes calamités ou des dangers les plus menaçants, sa châsse était promenée en procession dans les rues de Paris. La sainte fut notamment beaucoup invoquée pendant la grande peste de 1129, et on lui attribua la fin du fléau.
En 1744, lors d'une maladie, Louis XV fit le vœu, s'il était guéri de remplacer l'église à demi-ruinée de l'abbaye par un édifice grandiose. A peine achevée, la nouvelle église Sainte-Geneviève fut transformée en Panthéon par la Constituante (1791). Pendant la Révolution, les ossements de la sainte furent brûlés en place de Grève, ses cendres jetées à la Seine, sa châsse fondue à la Monnaie.
En 1806, lors de la démolition de l'ancienne église, le fond du sarcophage de Geneviève fut retrouvé et placé dans l'église voisine, Saint-Étienne-du-Mont, où il sert de base à la nouvelle châsse (vide) qui y a été symboliquement placée ; quelques reliques authentiques se trouvent dans la châsse-reliquaire qui domine le maître-autel.
Sainte Geneviève est la patronne de Paris et des formations chargées de veiller sur la population, la gendarmerie et la police.

▷ Ginette.

Jésus, à nouveau, leur adressa la parole : « Je suis la lumière du monde. Celui qui vient à ma suite ne marchera pas dans les ténèbres ; il aura la lumière qui conduit à la vie. »

Évangile selon saint Jean 8, 12

GENS († 1150) ERMITE. Fête loc. 16 mai. Né à Monteux (Vaucluse), il se retire comme ermite près de Beaucet ; c'est là qu'il finit sa vie. Son ermitage allait attirer beaucoup de monde.

GEOFFROY (v. 1065-1115) ÉVÊQUE. Fête loc. 8 novembre. Né dans le Soissonnais, ordonné prêtre à Noyon, abbé de Nogent-sur-Coucy en 1095, il devient évêque d'Amiens en 1104. Comme évêque, il appuie les bourgeois d'Amiens qui entendent former une commune pour se libérer de l'oppression des seigneurs. Il assiste au concile de Vienne en 1112 et c'est en revenant du concile de Reims qu'il meurt en route à l'abbaye de Saint-Crépin à Soissons.

GEORGES († v. 303) MARTYR. Cal. rom. 23 avril*. Soldat, il aurait été martyrisé en Palestine pendant la persécution de Dioclétien. Bien que son culte soit très ancien, les détails de sa vie et de sa mort sont inconnus, et sa légende n'a guère de fondements, à tel point que le pape Gélase (492-496) en interdit la lecture à l'église. Elle ne manque évidemment pas de pittoresque ; on y voit notamment Georges triompher d'un redoutable dragon ; cette scène, reproduite sur les pièces d'or anglaises, est à l'origine des allusions à la « cavalerie de Saint Georges », longtemps efficace moyen de la diplomatie britannique...
Le culte de saint Georges se propagea d'abord en Palestine, puis en Italie, en Sicile, dans les Gaules et en Angleterre. Les croisades contribuèrent à étendre sa popularité, en particulier dans les armées françaises et anglaises. Il devint le patron des chevaliers. Benoît IV le donna également comme patron à l'Angleterre ; il l'est resté après la Réforme. Il est en outre devenu patron des cavaliers et celui des scouts.

▶ Dix-sept autres saints ou bienheureux portent le nom de Georges

▷ Georgette, Georgine, Youri

Le sang des martyrs est semence de l'Église.

Tertullien *(Apologétique).*

GEORGETTE, GEORGIE, GEORGINA († v. 500) VIERGE. Fête loc. 15 février. D'après saint Grégoire de Tours, il s'agit d'une jeune fille retirée à la campagne, non loin de Clermont-Ferrand, pour s'adonner au jeûne et à la prière. On dit qu'au moment de ses funérailles une volée de colombes accompagna son cercueil jusqu'à sa mise en terre.

▶ Beaucoup de Georgette ont comme patron saint Georges.

GÉRALD († 1109) ÉVÊQUE. Fête loc. 5 décembre. D'abord moine à Moissac (Tarn-et-Garonne), il sera évêque de Braga au Portugal.

▷ Géraldine.

Bienheureux GÉRARD († 1138) CONFESSEUR. Fête loc. 13 juin. C'est le frère aîné de saint Bernard. D'abord soldat, il est grièvement blessé et emmené en captivité. Libéré, il décide de se faire moine et rejoint son frère à Cîteaux ; pendant trente ans il en sera le bras droit. Alors que tous deux sont en voyage à Rome, Gérard tombe malade et revient mourir à Cîteaux.

GÉRARD MAJELLA (1726-1755) CONFESSEUR. Fête loc. 13 octobre. Né à Muro Lucano, dans le royaume de Naples, il est encore jeune quand il perd son père qui était tailleur ; il est alors mis en apprentissage dans la profession paternelle, mais il a la vocation religieuse ; après diverses tentatives infructueuses de vie religieuse, il entre comme frère convers dans la *Compagnie du Très-Saint Rédempteur* (rédemptoristes), récemment fondée par saint Alphonse de Liguori. Comblé de grâces extraordinaires (extases, prophéties, miracles, conversions...), il est en même temps l'objet de calomnies qui le mettent à deux doigts d'être exclu de sa communauté ; il souffrira l'injustice en silence, et trouvera un appui auprès du fondateur de l'ordre. Il mourra à 29 ans.

GÉRAUD (v. 850-909) Fête loc. 13 octobre. Ce comte d'Aurillac a laissé une réputation de grande simplicité.

GERMAIN D'AUXERRE (v. 378-448) ÉVÊQUE. Fête loc. 31 juillet. Né à Auxerre de famille noble, marié, habile juriste, haut fonctionnaire de l'Empire, il est choisi en 418 pour être évêque d'Auxerre. Il donne ses biens aux pauvres, défend les fidèles contre les impôts excessifs et les invasions barbares. Le pape Célestin Ier l'envoie comme légat en Angleterre, où il combat le pélagianisme tout en favorisant la vie religieuse. De retour en Gaule, il est envoyé en mission à Ravenne ; c'est là qu'il meurt. Son corps est ramené à Auxerre où son tombeau devient vite un lieu de pèlerinage. Plus de 120 communes en France portent son nom.

GERMAIN DE PARIS († 576) ÉVÊQUE. Fête loc. 28 mai. Né à Autun à la fin du Ve siècle, il est prêtre et conseiller du roi Chilpéric ; celui-ci l'appelle en 556 à devenir évêque de Paris. Il y fonde le monastère appelé plus tard *Saint-Germain-des-Prés*, dont il consacre l'église en 558. Il essaie en vain d'arbitrer les premières luttes entre les reines Brunehaut et Frédégonde. Après sa mort, son corps est transféré dans l'église du monastère qu'il a fondé, église qui lui sera alors dédiée. C'est sur son emplacement qu'au XIe siècle, après les dévastations normandes, a été édifiée l'église abbatiale, depuis lors fréquemment remaniée, qui porte le nom de Saint-Germain-des-Prés.

GERMAINE COUSIN (v. 1579-1601) VIERGE. Fête loc. 15 juin. Fille d'un pauvre laboureur de Pibrac, près de Toulouse, elle perd jeune sa mère ; chétive, maltraitée au foyer, elle accepte souffrances et humiliations avec patience et joie, trouvant son réconfort dans la prière et en particulier celle du chapelet. On raconte qu'étant soupçonnée d'avoir emporté du pain pour le donner aux pauvres, elle ouvrit son tablier d'où tombèrent des fleurs printanières. On la trouva morte sous l'escalier, sur son lit de sarments. A Pibrac (Haute-Garonne), une basilique a été élevée en son honneur.
Elle a été choisie comme patronne par la Jeunesse agricole chrétienne féminine (JACF).

GERTRUDE LA GRANDE (v. 1256-1301 ou 1302) MONIALE. Cal. rom. 16 novembre*. Née à Helfta, en Saxe, elle entre à cinq ans à l'abbaye cistercienne de cette ville, comme il était assez courant à cette époque ; elle y recevra une forte éducation littéraire et théologique. Favorisée de visions, de révélations et de dons spirituels exceptionnels, elle a laissé le récit de ses faveurs mystiques dans plusieurs ouvrages (notamment le *Livre de la grâce spéciale* et le *Livre de la divine piété*) qui, traduits en plusieurs langues, l'ont classée parmi les grands mystiques du Moyen Âge. Sa spiritualité (qui n'est pas sans manifester des excès dus à un tempérament hyper-affectif) se situe dans le courant cistercien.
Le culte de sainte Gertrude s'était répandu bien avant qu'il fût officialisé au XVIIe siècle. Elle est la patronne des Indes Occidentales.

▶ Cinq autres saintes ou bienheureuses portent le nom de Gertrude.

Fais-moi grandir

Seigneur mon Dieu,
Tu es mon créateur et celui qui me repétrit. Renouvelle donc aujourd'hui en moi le don de l'Esprit. Compte-moi parmi tes enfants d'adoption. Fais de moi l'enfant d'une race nouvelle afin qu'avec les fils de la Promesse, je sois joyeuse que la grâce vienne enrichir la nature.
Fais-moi grandir en la foi et en la joie de l'espérance. Rends-moi patiente à l'heure de l'épreuve et radieuse à l'heure de la louange. Fais-moi toujours attachée à Toi jusqu'à ma dernière heure humaine...
Seigneur Jésus, conserve-moi au profond de mon cœur la transparence de mon baptême et la rectitude de ma foi, qu'à l'heure de paraître devant Toi, je te les présente intactes. Imprime en moi le sceau de ton cœur, que je puisse vivre selon Toi et dans l'allégresse de parvenir sans entraves jusqu'à Toi.

Sainte Gertrude,
Exercice pour rendre grâces du Baptême

GERVAIS (IIIe siècle ?) MARTYR. Fête loc. 19 juin. Gervais et Protais sont deux martyrs dont les corps furent découverts à Milan par saint Ambroise, qui les y ensevelit le 19 juin 386 sous l'autel de l'actuelle basilique San-Ambrosio. En fait, on ne sait rien de sûr à leur sujet, bien que saint Augustin les présente comme des modèles ; par contre, la légende leur attribue maints faits merveilleux. Leur culte se répandit dans tout l'Occident ; ils ont notamment leur église à Paris, dont l'édifice (XVe-XVIIe siècles) occupe l'emplacement d'une basilique dédiée aux deux martyrs dès le VIe siècle. Ils sont les patrons du diocèse de Soissons.

▶ Cinq autres saints ou bienheureux portent le nom de Gervais.

▷ Gervaise.

GERY († v. 625) ÉVÊQUE. Fête loc. 11 août. Né à Carignan (Ardennes), il est remarqué par l'évêque de Trèves qui l'ordonne diacre. Après avoir exercé son ministère dans sa région natale, il est élu évêque par le peuple de Cambrai et sacré par l'archevêque de Reims entre 584 et 590. Hanté par le souci des captifs et des esclaves, il s'efforce de leur procurer soulagement et délivrance. Il assiste au concile de Paris en 614. Son culte est répandu et son prénom fréquent dans tout le nord de la France ainsi qu'aux Pays-Bas. Il est patron du diocèse de Cambrai.

GHISLAIN († 680) MOINE. Fête loc. 10 octobre. Fondateur de l'abbaye autour de laquelle s'est créée et développée la ville de Saint-Ghislain (Hainaut) en Belgique. (se prononce Guilain)

▷ Ghislaine (se prononce Guilaine)

GILBERT DE NEUFFONTS († 1152) ABBÉ. Fête loc. 7 juin. Seigneur auvergnat, il part en 1146 pour la seconde croisade. Au retour, il embrasse la vie religieuse ; sa femme (sainte Pétronille) et leur fille (sainte Poncia) en font autant. Il fonde un monastère de Prémontrés à *Neuffonts* (Saint-Didier-la-Forêt, dans l'Allier) où il meurt l'année suivante.

▶ Cinq autres saints ou bienheureux portent le nom de Gilbert, dont un abbé de Cîteaux († 1168).

▷ Gilberte.

GILBERT DE SEMPRINGHAM († 1189) Fête loc. 4 février. Fils d'un soldat normand ayant participé à la conquête de l'Angleterre, qui avait reçu du roi Guillaume la seigneurie de Sempringham, Gilbert, ordonné prêtre, fonde sur ses terres un monastère de femmes (1131) puis un monastère d'hommes (1147), points de départ de l'*Ordre anglais des Gilbertins ;* celui-ci sera dissout par Henri VIII en 1538. Gilbert, ami de Thomas Becket, souffrira de la persécution et de la prison de la part du roi Henri II.

GILDAS LE SAGE († 570) ABBÉ. Fête loc. 29 janvier. D'une noble famille originaire de Grande-Bretagne, il naît en Écosse et débarque vers l'âge de 20 ans en Armorique où il se fait prêtre. Après être allé prêcher dans son pays natal puis en Irlande, il s'établit dans la petite île d'Houat, au large de Rhuys, d'où l'afflux de disciples le conduit à venir fonder un monastère à *Rhuys* même. Il sera l'un des apôtres de la Bretagne. Ses écrits (livres liturgiques pour les églises celtes, histoire britannique) l'ont fait surnommer le Sage. Il mourra à l'île d'Houat. Il est le patron du diocèse de Vannes.

GILLES (VIe ou VIIe siècle) ABBÉ. Fête loc. 1er septembre. A Saint-Gilles-du-Gard, on vénère la mémoire d'un abbé qui y vécut, et sur le tombeau duquel fut fondée une abbaye bientôt célèbre. On ne sait rien de lui, mais c'est un des saints les plus populaires du Moyen Âge.
Une légende le montre vivant en ermite dans la forêt en compagnie d'un cerf ou d'une biche miraculeuse.

GINA, GINO (Voir Louis de Gonzague).

GINETTE (Voir Geneviève).

Bienheureuse GISÈLE († v. 1060) Fête loc. 7 mai. Fille de Henri II de Bavière et de Gisèle de Bourgogne, et sœur de saint Henri, elle épouse en 996 saint Étienne de Hongrie. Veuve en 1038, elle se retire dans le monastère allemand de Niedenburg où elle achève sa vie.

GOBAIN († 670) MARTYR. Fête loc. 20 juin. Gobain aurait été l'un des nombreux missionnaires irlandais passés en Gaule, où il aurait mené une vie solitaire en un lieu situé près de La Fère (Aisne) ; c'est là que devait s'élever plus tard la ville de Saint-Gobain. Il aurait été massacré par des envahisseurs germains.

GOND ou GODON († v. 690) CONFESSEUR. Fête loc. 26 mai. Neveu de saint Wandrille, il rejoint celui-ci à l'abbaye de Fontenelle qu'il a fondée peu auparavant (l'actuelle abbaye Saint-Wandrille dans la Seine-Maritime) ; puis il fonde à son tour une abbaye près de Sézanne (Marne), qui prendra plus tard son nom.

▶ Les marais de Saint-Gond, dans les parages de l'ancienne abbaye, ont été rendus célèbres au cours de la bataille de la Marne en 1914.

GONTRAN († 592) CONFESSEUR. Fête loc. 28 mars. Fils du roi Clotaire Ier, il règne à partir de 561 sur Orléans, la Bourgogne, le Berry et une partie de la Provence, faisant des efforts méritoires pour accorder sa vie avec sa foi, en cette époque de violence et de mœurs dissolues. Il fonde quelques monastères, dont celui de *Beaume-les-Dames* (Doubs), et aide saint Colomban à fonder celui de Luxeuil (Haute-Saône). Il réunit plusieurs conciles régionaux pour la défense de la foi. Il meurt à Châlons-sur-Marne.

GONZAGUE (Voir Louis de Gonzague).

GOULVEN (Xe siècle ?) ÉVÊQUE. Fête loc. 1er juillet. Évêque du Léon (actuel Finistère-Nord), et très populaire en Bretagne, il serait mort à Saint-Didier (Ille-et-Vilaine).

GRÂCE (ou ZAÏDE) († 1180) MARTYRE. Fête loc. 21 août. Elle est mise à mort à Alcira près de Valence (Espagne) en même temps que son frère.

▷ Gracieuse, Graziella.

GRAT († après 506) ÉVÊQUE. Fête loc. 11 octobre. Premier évêque connu d'Oloron (Pyrénées-Atlantiques), il figure parmi les signataires des décrets du concile d'Agde en 506. Il est patron de la ville d'Oloron.

O Toi, l'au-delà de tout

O Toi l'au-delà de tout,
Comment t'appeler d'un autre nom ?
Quelle hymne peut te chanter ?
aucun mot ne t'exprime.
Quel esprit te saisir ?
nulle intelligence ne te conçoit.
Seul, tu es ineffable ;
tout ce qui se dit est sorti de toi.
Seul, tu es inconnaissable ;
tout ce qui se pense est sorti de toi.
Tous les êtres te célèbrent,
ceux qui te parlent et ceux qui sont muets.
Tous les êtres te rendent hommage,
ceux qui pensent
comme ceux qui ne pensent pas.
L'universel désir, le gémissement de tous aspire vers toi.
Tout ce qui existe te prie
et vers toi tout être qui sait lire ton univers
fait monter un hymne de silence.
Tout ce qui demeure, demeure en toi seul.
Le mouvement de l'univers déferle en toi.
De tous les êtres tu es la fin,
tu es unique.
Tu es chacun et tu n'es aucun.
Tu n'es pas un être seul, tu n'es pas l'ensemble ;
Tu as tous les noms,
comment t'appelerais-je ?
Toi, le seul qu'on ne peut nommer ;
quel esprit céleste pourra pénétrer les nuées
qui voilent le ciel lui-même ?
Aie pitié, ô Toi, l'au-delà de tout ;
comment t'appeler d'un autre nom ?

Hymne attribuée à saint Grégoire de Nazianze

GRÉGOIRE DE NAZIANZE (v. 330-c. 390) ÉVÊQUE ET DOCTEUR DE L'ÉGLISE. Cal. rom. 2 janvier**. Né à Nazianze en Cappadoce (Asie Mineure), compatriote de saint Basile, il étudie à Athènes où il enseigne l'éloquence. Revenu auprès des siens, il se laisse ordonner prêtre vers 362 par son père, évêque de Nazianze, puis rejoint Basile dans son couvent. Celui-ci, devenu évêque de Césarée en 370, fait de Grégoire l'évêque de Sasima ; mais Grégoire, effrayé par sa charge, s'enfuit. Malgré cela, en 378, il est nommé évêque de Constantinople, avec la redoutable mission d'y rétablir la foi catholique à l'encontre de l'arianisme, hérésie longtemps soutenue par l'empereur. Il s'y emploie de son mieux, se faisant le théologien de la Trinité dans des homélies qui le classeront parmi les Pères de l'Église. Toutefois, son élection ayant été contestée, Grégoire, plus porté à la contemplation qu'à la lutte, se retire dans sa Cappadoce natale où s'achèvera sa vie.

GRÉGOIRE DE NYSSE (v. 335-v. 395) ÉVÊQUE. Fête loc. 9 mars. Né à Césarée du Pont (Asie Mineure), il est fils de saint Basile l'Ancien et frère de saint Basile le Grand ; d'abord professeur de rhétorique, il embrasse la vie monastique en 362 ; en 371, son frère Basile en fait l'évêque de Nysse, en Cappadoce. Après la mort de Basile, Grégoire prend sa suite comme défenseur de la foi catholique face à l'hérésie arienne ; il se distingue en particulier au concile de Constantinople (381). Il meurt dans sa ville épiscopale de Nysse. Théologien de la Trinité et de l'Incarnation, en même temps qu'auteur mystique, il a laissé une œuvre écrite considérable qui le classe parmi les Pères de l'Église.

GRÉGOIRE Ier LE GRAND (v. 540-604). PAPE ET DOCTEUR DE L'ÉGLISE. Cal. rom. 3 septembre**. Né à Rome d'une famille patricienne, arrière-petit-fils du pape Félix III, il fait une brillante carrière administrative et devient préfet de Rome. En 575, il renonce à sa charge et à sa fortune et se fait moine ; il établit un monastère sous la règle de saint Benoît dans sa maison romaine. Envoyé un moment à Constantinople comme représentant du

Saint Grégoire le Grand.

Il s'est fait chair,
pour faire de nous des possédés de l'Esprit.
Il s'est abaissé par bonté
pour nous relever.
Il est sorti de chez lui
pour nous y introduire.
Il est apparu à nos yeux visiblement
pour nous montrer les choses invisibles.
Il a enduré les coups
pour nous guérir.
Il a supporté les outrages et les moqueries
pour nous délivrer de l'opprobre éternelle.
Il est mort
pour nous donner la vie.

Saint Grégoire le Grand, *Paradoxe du salut*

pape Gélase II auprès de l'empereur, il revient à Rome peu avant d'être élu pape malgré lui, en 590, dans une période particulièrement difficile : Rome est sous la menace des envahisseurs lombards et ne peut attendre aucun secours de l'empereur ; la famine et la peste ravagent le pays. En l'absence d'une autorité civile, Grégoire, déployant une fois de plus ses qualités d'administrateur et de diplomate, prend en mains les destinées de la ville, assure son approvisionnement, organise sa défense, négocie avec les envahisseurs. Mais il reste avant tout pasteur. Il conduit d'une main ferme son Église de Rome, mettant tous ses soins dans la prédication. N'hésitant pas à tourner le dos à l'empire de Byzance, il met tous ses espoirs dans les peuples barbares, Francs, Lombards, Angles, etc., qui se sont emparés de l'Europe occidentale. Pour évangéliser les Angles, il envoie en Grande-Bretagne un groupe de moines sous la conduite du futur saint Augustin de Cantorbéry ; l'Église anglo-saxonne rayonnera bientôt jusque sur le continent. Grégoire le Grand a laissé une importante œuvre écrite, plus pastorale et morale que théologique (homélies, dialogues, lettres, traité de pastorale). Bien qu'il ait à son actif une importante réforme liturgique, c'est indûment qu'on lui a attribué le chant grégorien. Mais il a exercé une influence durable en donnant un caractère universel aux chants d'église.

GRÉGOIRE VII (v. 1015-1085) PAPE. Cal. rom. 25 mai*. Né à Soarno en Toscane, moine clunisien à Rome, il est le conseiller de nombreux papes successifs avant d'être lui-même élu en 1073. Il n'était alors que diacre ; il reçoit la prêtrise et l'épiscopat en accédant au trône pontifical. Déjà, il avait œuvré avec énergie auprès de ses prédécesseurs pour promouvoir une réforme de l'Église devenue indispensable. Devenu pape, il donnera à cette réforme une impulsion décisive (lutte contre la simonie, le trafic des bénéfices ecclésiastiques, le mariage ou le concubinage des prêtres, et surtout contre l'emprise exercée par les pouvoirs temporels — empereur, rois, seigneurs — sur les autorités ecclésiastiques au moyen des investitures, sources d'innombrables abus). En vue de libérer l'Église de toute emprise des pouvoirs politiques, Grégoire rédige un ensemble de 27 décrets, connus sous le nom de *Dictatus papae* (1074-1075), expression d'une véritable « théocratie » (les pouvoirs temporels sont soumis au pouvoir spirituel). L'empereur d'Allemagne, Henri IV, refuse cette suprématie ; un conflit aigu s'ouvre entre eux, qui débouche dans un premier temps sur le célèbre épisode de Canossa (1077), où l'on voit l'empereur Henri IV venir solliciter le pardon de Grégoire. Mais un peu plus tard, l'empereur prend sa revanche en parvenant à installer un anti-pape, Clément III, à Rome (1084). Sans doute, la ville est-elle bientôt reprise par Robert Guiscard, devenu l'allié du pape ; mais ses pillages soulèvent la population, et Grégoire doit fuir Rome une nouvelle fois ; il se retire à Salerne où il meurt, meurtri et humilié. Il laisse le témoignage d'une œuvre considérable, en même temps que d'une piété et d'une charité authentiques, malgré les excès de son tempérament autoritaire.
(Voir aussi Index)

GRÉGOIRE LE THAUMATURGE (210-270) ÉVÊQUE. Fête loc. 19 novembre. Né à Néo-Césarée (Asie Mineure), Théodore reçoit au baptême le nom de Grégoire. Après avoir été l'élève du théologien Origène, à Césarée de Palestine, il se dépouille de sa fortune et se retire dans la solitude. Élu évêque de sa ville natale (238), il se livre avec un plein succès à l'évangélisation d'une population encore largement païenne, son influence étant favorisée par un ensemble de faits miraculeux qui lui font donner le surnom de « thaumaturge » (mot grec signifiant qui fait des miracles). On a de lui plusieurs ouvrages de théologie.

Quitte ton pays

S'adressant à Abraham, Dieu l'invite à la pauvreté : « Quitte ton pays ». Ce mot va scander dans l'histoire (jusqu'à cette histoire que nous vivons nous-mêmes) tous les grands départs vers Dieu, toutes les grandes interventions de Dieu nous enrichissant de la vie nouvelle. « Quitte », c'est le mot de l'Exil, qui dépouilla le peuple d'Israël ; c'est le mot que Jésus adressa au jeune homme riche ; c'est le mot que les Apôtres ont entendu et auquel ils ont obéi.

J.G. Ranquet, *Conseils évangéliques et maturité humaine*, Desclée de Brouwer, 1968

GRÉGOIRE DE TOURS (538-594) ÉVÊQUE. Fête loc. 17 nov. Né à Clermont en Auvergne, dans une famille noble gauloise, il est élu évêque de Tours en 573. Pris dans les querelles entre les fils du roi mérovingien Clotaire Ier, il négocie entre Childebert II, roi d'Austrasie, et Gontran, roi de Bourgogne, le traité d'Andelot qui assure la réunion des deux royaumes. Il défend avec courage les droits de l'Église sans cesse violés par les détenteurs du pouvoir, et fait notamment prévaloir le droit d'asile, par exemple en faveur de Brunehaut et Mérovée à l'encontre du roi Chilpéric. Il a laissé une importante collection de vies de saints (notamment saint Martin) et une *Histoire des Francs* en dix volumes qui, malgré ses imperfections, reste une œuvre capitale pour la connaissance de son époque.

GRÉGOIRE BARBARIGO (1625-1697) ÉVÊQUE. Fête loc. 18 juin. Durant ses études à Padoue, il se fait remarquer par sa science et sa prudence. En 1648 la République de Venise l'envoie au Congrès de Münster où sera signé le traité de Westphalie. Nommé évêque de Bergame en 1657, et créé cardinal en 1660, on lui confie l'évêché de Padoue en 1664. Il y fonde un séminaire, et consacre son patrimoine aux pauvres et à l'équipement de son diocèse. C'est en outre un mécène pour les érudits. Il se dépense pour la conversion des juifs et des païens, ainsi que pour la réconciliation des Églises d'Orient et d'Occident.

▶ Vingt-et-un autres saints ou bienheureux portent le nom de Grégoire.

▷ Gregory.

GUDULE († V. 712) VIERGE. Fête loc. 8 janvier. Élevée à l'abbaye de Nivelles (actuelle Belgique), où elle a peut-être connu sainte Gertrude qui en fut l'abbesse, elle est surtout connue pour son extrême charité, une fois revenue chez ses parents. Son corps sera transféré à Moorsel, où se fondera un monastère de femmes. Ses reliques seront plus tard transportées à Bruxelles dont elle deviendra la patronne ; l'actuelle cathédrale Saints-Michel-et-Gudule est édifiée sur l'emplacement de l'église où avaient été déposées ses reliques.

GUENOLÉ, GWENOLÉ, GUIGNOLET, GUINGALOIS ou WALFROY (v. 529) ABBÉ. Fête loc. 3 mars. Ce saint, très populaire en Bretagne, passe sa jeunesse au monastère de Lavré près de l'île de Bréhat (Côtes-d'Armor), où il se fait remarquer par sa piété et, dit-on, par ses miracles. Avec quelques moines, Guenolé ira fonder une abbaye à *Landévennec* (Lann-Tevennec) au fond de la rade de Brest (Finistère), dans une région encore inculte qu'il défrichera avec eux. L'abbaye, qui abritera les reliques de Guenolé, aura un grand rayonnement jusqu'à sa destruction en 1793. En 1950, les béné-

dictins sont revenus à Landévennec et y ont reconstruit une abbaye non loin des ruines de l'ancienne.
Saint Guenolé est invoqué contre la stérilité des femmes et pour la sécurité des marins en mer.

GUÉWEN (Voir GWENN).

GUI ou GUY (IVe siècle) MARTYR. Fils d'un païen sicilien, il aurait eu pour précepteurs des chrétiens, Crescence et Modeste, qui l'auraient fait baptiser à l'insu de son père. Celui-ci, à l'injonction du gouverneur Valérien, se serait employé sans succès à faire apostasier son fils. Gui, après avoir échappé miraculeusement au supplice, aurait fini par être martyrisé en même temps que Crescence et Modeste. Saint Gui a été longtemps invoqué contre la « danse de Saint Gui », ou chorée, agitation nerveuse.

GUIDON, GUY, GUI D'ANDERLECHT († 1012 ?) CONFESSEUR. Fête loc. 12 septembre. Né dans le Brabant (Belgique), il est sacristain à Notre-Dame de Laeken (Belgique). Pour faire pénitence il se rend en pèlerinage à Rome, puis à Jérusalem. Sept ans plus tard, il rentre épuisé à Anderlecht près de Bruxelles, où il meurt. Il est patron des sacristains, des laboureurs, des cochers, des carrossiers.

▶ Sept autres saints ou bienheureux portent le nom de Gui ou Guy.

GUILLAUME FIRMAT (1026-1103) CONFESSEUR. Fête loc. 24 avril. Il naît à Tours et, tout en étant chanoine de Saint-Venant, exerce la médecine. Ordonné prêtre, il se retire en solitaire dans la forêt de Concise, voisine de Laval. Parti en pèlerinage en Palestine, il est fait captif par les Sarrasins. Revenu en France, il séjourne dans la région de Vitré avant de s'établir à Mantilly (Orne). Il meurt à Mortain (Manche), où il est allé prier et dont il deviendra le patron.

GUILLAUME ou GUILHEM LE GRAND (v. 755-812). Élevé à l'école du palais de Charlemagne, où il se lie avec saint Benoît d'Aniane, il devient comte de Toulouse et duc d'Aquitaine. Après avoir pris Barcelone aux Sarrasins (801), il se retire dans la solitude des gorges de l'Hérault et y fonde une abbaye, en un lieu qui deviendra *Saint-Guilhem-du-Désert* (Hérault).

Bienheureux GUILLAUME TEMPIER († 1197) ÉVÊQUE. Fête loc. 29 mars. Entré jeune chez les chanoines réguliers de Saint-Augustin, il devient abbé du monastère Saint-Hilaire de Poitiers, puis évêque de cette ville. Pasteur sage, et intrépide protecteur de la foi, il défend héroïquement les droits de son Église. Il est enterré dans l'église Saint-Cyprien à Poitiers.

GUILLAUME DE VOLPIANO, ou DE DIJON (961-1031) ABBÉ. Fête loc. 1er janvier. Né au château d'Orta près de Novare en Italie, et fils du comte de Volpiano, il se fait moine à l'abbaye de Cluny en 987. Envoyé par son abbé, saint Mayeul, réformer l'abbaye Saint-Bénigne de Dijon, il en fait un actif foyer de renouveau monastique ; des dizaines d'autres abbayes bourguignonnes sont ainsi atteintes par le mouvement rénovateur. En même temps, Guillaume rebâtit Saint-Bénigne, qui sera l'un des chefs-d'œuvre de l'art roman (la belle église actuelle, du XIIIe siècle, n'en conserve pratiquement rien). Guillaume étend son action réformatrice à la Normandie, en commençant par l'abbaye de Fécamp, où il mourra. Les abbayes clunisiennes normandes exercent à leur tour une influence déterminante sur les abbayes anglaises.

GUILLAUME († 1209) ÉVÊQUE. Fête loc. 10 janvier. De la famille des comtes de Nevers, il entre d'abord dans l'ordre des ermites de Grandmont (Haute-Vienne), puis il rejoint l'abbaye cistercienne de Pontigny (Yonne). Abbé de Fontaine-Saint-Jean (Yonne), puis de Châlis (Oise), il doit, contre son gré, accepter l'archevêché de Bourges (1200). Il continue à y suivre le strict régime cistercien, mais sans l'imposer à ses hôtes. Malgré la colère de Philippe Auguste, il fait exécuter dans son diocèse la sentence d'interdit lancée contre le roi par le pape Innocent III, à la suite du divorce et du remariage du monarque. Dévoué aux pauvres, il convertit par sa douceur beaucoup d'hérétiques albigeois.

▶ Quarante-cinq autres saints ou bienheureux portent le nom de Guillaume.

Si vous reprenez durement un homme pour le frisson que lui donne la fièvre, pensez-vous que vos reproches l'empêcheront de frissonner ? Prions pour les pécheurs, compatissons à leur faiblesse, plutôt que de les réprimander avec aigreur.

Saint Guillaume

GUSTAVE († 560) Fête loc. 7 octobre. Moine à Bourges.

GWEN, GWENOLA (VIe siècle). Fête loc. 18 octobre. Mère de Guenolé et de Jacut, saints bretons.

GWENAEL († v. 580). Fête loc. 3 novembre. Moine breton.

▷ Gwenaëlle.

H

HEDWIGE (1174-1243) RELIGIEUSE. Cal. rom. 16 octobre*. Fille d'un comte bavarois, elle épouse en 1186 Henri Ier, duc de Silésie, dont elle a six enfants. A partir de 1209, les deux époux décident d'un commun accord d'observer une continence perpétuelle. Tout en restant fidèle à ses tâches de mère et de princesse, elle se voue au service des pauvres et des prisonniers. Devenue veuve, elle entre à l'abbaye cistercienne de Trebnitz, dont sa fille Gertrude (pas la Grande) est abbesse. Elle y mène une vie humble et austère, mais sans prononcer de vœux. Son culte reste vivace en Silésie.

HÉLÈNE (v. 255-327) Fille d'un garçon d'écurie, elle naît dans la province romaine de Bithynie (actuelle Turquie). L'Empire romain traversait alors une période de grande instabilité politique. Remarquée par le tribun Constance Chlore, Hélène devient sa concubine ; de cette union naît le futur empereur Constantin. Hélène est renvoyée par Constance Chlore lorsqu'il épouse Théodora en 289, avant d'accéder à l'empire en 305. A la mort de Constance Chlore, en 306, son fils Constantin est lui-même porté au trône impérial par ses légions. Il appelle bientôt sa mère Hélène à ses côtés et il lui donne le rang d'impératrice en 325. Hélène, convertie au christianisme, se rend sur les lieux saints, où la tradition lui attribue la découverte de la vraie Croix. Morte à Nicomédie en Bythinie, son corps fut transporté à Rome, d'où il aurait été transféré au Xe siècle à l'abbaye d'Hautvillers (Marne) ; de là son culte se répandit dans tout l'Occident.

▶ Huit autres saintes ou bienheureuses portent le nom d'Hélène.

▷ Éline, Heliena, Lèna, Lenaïc, Marlène, Milène, Nelly.

HÉLIER (VIe siècle) MARTYR. Fête loc. 16 juillet. Né à Tongres en Belgique, il vient en Normandie se mettre sous la direction de saint Marcou (ou Marcouf), puis va vivre en ermite dans l'île de Jersey, où il est assassiné par les barbares. Le chef-lieu de l'île de Jersey porte le nom de Saint-Hélier.

HENRI (973-1024) CONFESSEUR. Cal. rom. 13 juillet*. Duc de Bavière, il est couronné roi de Germanie en 1002, et empereur du Saint Empire romain germanique à Rome sous le nom de Henri II en 1014. Il propage la foi, favorise les monastères et leur réforme dans l'esprit clunisien, reconstruit des églises, crée l'archevêché de Bamberg, dont la cathédrale abrite ses restes ; il n'en est pas moins un roi batailleur, et fait en outre peser la suprématie impériale sur l'Église germanique.

Son épouse, sainte Cunégonde, et lui-même s'imposèrent la continence. Il est le patron des oblats bénédictins.

▶ Huit autres saints ou bienheureux portent le nom de Henri.

▷ Henriette.

Bienheureuse HENRIETTE DE JÉSUS (1745-1794) MARTYRE. Fête loc. 17 juillet. MARIE-GABRIELLE DE CROISSY, née à Paris, est une des carmélites de Compiègne guillotinées durant la Terreur (*cf. Dialogue des carmélites,* de Georges Bernanos).

Bienheureux HERMANN-JOSEPH (1152-1241) Confesseur. Fête loc. 6 avril. Né à Cologne de parents très pauvres, il entre chez les prémontrés. Il connaît l'épreuve de souffrances très aiguës qu'il supporte sans une plainte. On lui doit un commentaire du *Cantique des Cantiques.* Chargé de la direction spirituelle de religieuses norbertines et cisterciennes, c'est dans l'exercice de cette fonction qu'il meurt au couvent cistercien de Haven.

HERVÉ (VIe siècle) ABBÉ. Fête loc. 7 juin. La tradition populaire fait de saint Hervé un chanteur ambulant aveugle, ami des animaux sauvages ; on le représente souvent accompagné d'un loup. Il est probable que, fils d'un barde venu de Grande-Bretagne et d'une Armoricaine, et effectivement aveugle, Hervé s'est fait très tôt ermite, se fixant à Plouvien (Finistère) avec quelques disciples ; il refuse le titre d'abbé par humilité, tout en en assumant la fonction. Sa réputation de sainteté gagne toute la Bretagne, où il est resté très populaire. Son tombeau est vénéré dans l'église de Lanhouarneau (Finistère). Il est le patron des bardes bretons.

HILAIRE D'ARLES († 449) ÉVÊQUE. Fête loc. 5 mai. Issu d'une illustre famille des Gaules, il connaît une jeunesse assez dissipée. Mais, sous l'influence de saint Honorat, abbé du monastère de Lérins, qui est son parent, il se convertit et le rejoint dans son monastère. Il lui succédera comme évêque d'Arles (429 ou 430). Hilaire a été un des adversaires de la doctrine de saint Augustin sur la grâce.

HILAIRE DE POITIERS (v. 315-367 ou 368) ÉVÊQUE ET DOCTEUR DE L'ÉGLISE. Cal. rom. 13 janvier*. Il naît en Aquitaine d'une noble famille païenne et reçoit une excellente éducation. Insatisfait cependant de la sagesse antique, il se fait chrétien et reçoit le baptême. Marié, père d'une fille, il est pourtant élu évêque de Poitiers vers 354. C'est lui qui ordonne exorciste le futur saint Martin. Bien que l'hérésie arienne, soutenue par l'empereur Constance, ait peu d'impact en

Chevet de l'église Saint-Hilaire-le-Grand (XIe-XIIe s.) à Poitiers. Dans sa crypte se trouve la chasse du saint.

Gaule, Hilaire prend conscience du péril mortel qu'elle représente pour la foi chrétienne et se lance hardiment dans la controverse, donnant son appui au principal supporter de la cause catholique, Athanase d'Alexandrie. Exilé en 356 en Phrygie (Asie Mineure), il profite de cette retraite forcée pour s'initier à la théologie grecque ; il compose alors son célèbre *Traité sur la Trinité* à partir du Prologue de l'*Évangile de saint Jean.* Ayant obtenu de l'empereur son retour en Gaule, il y fait déposer les évêques ariens ; avec lui, les définitions de la foi chrétienne adoptées par le concile de Nicée s'imposent à toute la Gaule. Sa renommée, son autorité et sa popularité sont alors considérables, et s'étendent bien au delà de son pays. De nombreuses églises et villes de France portent encore aujourd'hui son nom. Il est le patron du diocèse de Poitiers ; ses reliques, qui étaient conservées dans cette ville, ont été dispersées pendant les guerres de religion. L'œuvre de saint Hilaire le range parmi les Pères latins de l'Église ; il a été proclamé docteur de l'Église en 1891 par Pie IX.

▶ Quinze autres saints ou bienheureux, dont un pape († 468), portent le nom de Hilaire.

HILARION (290-371) CONFESSEUR. Fête loc. 21 octobre. Né près de Gaza, en Palestine, de parents païens, il est confié à un maître chrétien d'Alexandrie et reçoit le baptême en 306. Après avoir passé quelques temps en Égypte auprès de saint Antoine, il revient vivre en ermite à Gaza. Il meurt à Chypre. Saint Jérôme a écrit sa biographie.

HILDEGARDE (1098-1179) Mystique bénédictine allemande rendue célèbre par ses visions, et, à ce titre, consultée par les plus grands personnages de son temps ; on l'appela « la sybille du Rhin ».

HILDEMARQUE († v. 682) ABBESSE. Fête loc. 20 juin. Un moine de l'abbaye de Fontenelle (actuellement Saint-Wandrille) la persuade de le suivre et la conduit à son abbé, saint Wandrille ; celui-ci la met à la tête du monastère qu'il vient de fonder à Fécamp (664).

HIPPOLYTE († v. 235) MARTYR. Cal. rom. 13 août*. Prêtre de Rome, ce fut un savant exégète et théologien qui s'opposa à différents papes, allant jusqu'à susciter un schisme et à se comporter en antipape. Mais, ayant été exilé pour la foi en même temps que le pape Pontien qu'il combattait, et étant mort avec lui en Sardaigne à la suite de mauvais traitements, ils ont été mis tous deux au rang des martyrs et honorés ensemble à ce titre. Il a laissé de précieux ouvrages exégétiques, canoniques et liturgiques.

HONORAT († 429 ou 430) ABBÉ ET ÉVÊQUE. Fête loc.16 janvier. Né en Gaule Belgique, il s'initie à la vie monastique, puis fonde dans les îles alors désertes de *Lérins* un célèbre *monastère* qui deviendra une pépinière d'évêques, d'apôtres et de saints. Parmi ses nombreux disciples, le futur saint Loup, évêque de Troyes, et le futur saint Eucher, évêque de Lyon. En 427 il est élu évêque d'Arles et fonde un nouveau monastère sur une île du Rhône. En 1788, quand l'abbaye de Lérins sera supprimée, une partie des reliques du saint sera transférée à la cathédrale de Grasse, qui l'a pour patron. Des cisterciens ont redonné vie à l'abbaye en 1869.

▶ Six autres saints (dont un évêque de Toulouse † 614) portent le nom d'Honorat.

HONORÉ († v. 600) ÉVÊQUE. Fête loc. 16 mai. Membre de la famille des comtes de Ponthieu, il aurait été évêque d'Amiens. La légende, selon laquelle le Christ serait venu lui-même consacrer le pain durant une messe célébrée par Honoré, l'a fait choisir comme patron des boulangers et des pâtissiers. L'église construite au XIIIe siècle par leur corporation parisienne (édifice détruit pendant la Révolution) a donné son nom à une rue et à un quartier de Paris.

HONORÉ DE BUZANÇAIS († 1250) MARTYR. Fête loc. 9 janvier. Selon la tradition, il aurait été marchand de bestiaux et assassiné par deux valets à Thénezay en Poitou en 1250.

HONORINE (IVe siècle) VIERGE ET MARTYRE. Fête loc. 27 février. Selon la tradition, le corps de cette martyre aurait été jeté à la Seine entre Lillebonne et Harfleur (Seine-Maritime) et serait venu s'échouer à Graville, près de Harfleur, où il aurait été enseveli. En 876, ses reliques ont été transférées à Conflans-Sainte-Honorine (Yvelines).
Elle est la patronne des bateliers.

HORTENSE (Voir Fleur).

HUBERT († 727) ÉVÊQUE. Fête loc. 3 novembre (en Belgique**). Successivement évêque de Tongres puis de Liège (705), Hubert exerça un apostolat extrêmement actif dans ses diocèses de Belgique orientale. Un siècle après sa mort, ses reliques furent transférées au monastère d'Andage, au cœur de la forêt ardennaise ; c'est l'origine de la ville de Saint-Hubert. Sa réputation de guérir de la rage, dans ce pays de chasseurs, le fit bientôt adopter par eux comme leur patron. Aujourd'hui encore, on bénit un pain spécial, le pain de Saint-Hubert, destiné à prévenir ou à guérir la rage. C'est à partir du XVe siècle qu'a été appliquée à saint Hubert une légende, reprise de celle de saint Eustache, qui le présente comme converti à la vue d'un cerf portant une croix entre ses bois.

Saint Hubert.

HUGUES (1053-1132) ÉVÊQUE. Fête loc. 1er avril. Né à Chateauneuf-sur-Isère (Drôme) et jeune chanoine de Valence, il devient conseiller du légat en France du pape Grégoire VII, un pape réformateur qui s'est attaqué à tous les abus dont souffre l'Église ; il est ainsi préparé à la tâche qui lui incombe lorsqu'il devient évêque de Grenoble en 1080. Malgré tout, son tempérament contemplatif le conduirait davantage vers la paix d'un monastère que vers les difficiles problèmes qu'il doit affronter dans son diocèse. Aussi, à plusieurs reprises, renonce-t-il au siège épiscopal ; mais le pape refuse invariablement sa démission. On comprend avec quelle faveur, et sans doute quelle envie, il accueille saint Bruno et ses compagnons à la recherche d'un lieu solitaire pour ne vivre qu'avec Dieu ; il les conduit lui-même dans le massif, alors sauvage, de la Grande-Chartreuse, et viendra souvent leur rendre visite. Homme austère et droit, choisi comme arbitre dans maints différends, proche des pauvres, il est persuadé de son indignité à être pasteur d'un diocèse. Il prendra parti avec courage pour le pape Pascal II aux prises avec l'empereur d'Allemagne Henri IV.

▷ Quinze autres saints ou bienheureux portent le nom d'Hugues, dont un abbé de Cluny (1024-1109), successeur d'Odilon ; il joua un rôle éminent non seulement dans le développement de son ordre (et la construction de l'immense église abbatiale de Cluny), mais dans la vie de l'Église de son temps.

▷ Huguette.

HYACINTHE (v. 1200-1257) CONFESSEUR. Fête loc. 17 août. Né à Kamien en Silésie, il entre chez les dominicains à Rome. Chargé par saint Dominique d'aller établir en Pologne l'ordre des Frères Prêcheurs, il fonde un couvent à Cracovie et un autre à Gdansk, où il reviendra mourir après en avoir fondé un troisième à Kiev. Il est considéré comme *l'apôtre de la Pologne.*

▶ Onze autres saints ou bienheureux portent le nom d'Hyacinthe.

I

IDA († 1113). Fête loc. 13 avril. Comtesse de Boulogne et mère de Godefroi de Bouillon.

IGNACE D'ANTIOCHE († vers 107). ÉVÊQUE ET MARTYR. Cal. rom. 17 octobre**. Né dans la province romaine de Syrie, il serait, selon certaines traditions, le successeur de saint Pierre comme évêque d'Antioche (actuellement Antakya en Turquie), capitale de la province et troisième ville de l'Empire romain après Rome et Alexandrie. Arrêté sous le règne de Trajan, il est envoyé à Rome pour y mourir sous la dent des bêtes. Au long de son voyage, il visite les communautés chrétiennes et leur adresse une série de lettres d'encouragement, témoignage de foi qui ouvre, en outre, un aperçu de grand intérêt sur la doctrine et la vie de l'Église des débuts. En particulier, elles attestent l'importance de l'évêque dans son Église locale, et l'importance de l'Église de Rome pour l'ensemble de la chrétienté.

IGNACE DE LOYOLA (1491 ?-1556) CONFESSEUR. Cal. rom. 31 juillet**. Basque espagnol, Iñigo de Loyola, gentilhomme du vice-roi de Navarre, est blessé au siège de Pampelune en 1521. Durant sa convalescence, il se convertit et oriente d'abord sa vie vers une solitude de pénitence.

Saint Ignace de Loyola par A. Grenon.

D.R.

Venu en pèlerinage au monastère de Montserrat, près de Barcelone, il se retire ensuite dans une grotte à Manrèse, non loin de là ; accédant alors aux sommets de la vie mystique, il découvre sa véritable vocation, de nature apostolique. Après un pèlerinage à Jérusalem, il entreprend de se donner une formation intellectuelle méthodique, aux universités espagnoles d'Alcala et de Salamanque ; suspect d'illuminisme, il gagne l'université de Paris où il obtient le grade de maître-ès-arts. Depuis Manrèse, il met par écrit le fruit de sa réflexion spirituelle, dont la rédaction définitive à Paris consistera en ses célèbres *Exercices spirituels,* destinés à ceux qui veulent sincèrement se consacrer à Dieu. Durant son séjour parisien, il recrute ses premiers compagnons, François Xavier, Pierre Fabre, Lainez, Salmeron. En 1534, dans la crypte de l'église bâtie à l'emplacement du martyre de saint Denis, sur les pentes de Montmartre, il fait avec eux le vœu d'aller en Palestine évangéliser les infidèles ou, si ce n'est pas possible, de se mettre à la disposition du pape pour toute mission qu'il leur confierait. Ils sont ordonnés prêtre à Venise en 1537 (sauf Fabre, déjà prêtre). En 1540, ils obtiennent du pape Paul III de se constituer en Ordre : *la Compagnie de Jésus* est fondée. Ignace en est élu général l'année suivante ; ses membres ajoutent aux vœux religieux le vœu spécial d'obéissance au pape, qui pourra leur demander toute mission qu'il jugera utile. Du vivant d'Ignace, la Compagnie va voir se diversifier ses activités (prédication, enseignement, missions en pays protestants et en pays païens...) et connaîtra un développement rapide. Elle jouera désormais un rôle essentiel dans l'Église, à commencer par une contribution décisive au succès de la Contre-Réforme catholique. L'autobiographie d'Ignace, *Journal du Pèlerin,* et son *Journal spirituel* aident à connaître sa personnalité, vouée « ad majorem Dei gloriam » (à la plus grande gloire de Dieu) — devise de la Compagnie — par la sanctification personnelle et l'apostolat. Il a été proclamé patron de tous les exercices spirituels.

☐ *Ignace de Loyola, le fondateur des jésuites.* Candide de Dalmases, Éd. Le Centurion. *Ignace de Loyola fonde la Compagnie de Jésus,* André Ravier, Éd. DDB.
(Voir aussi Index : Compagnie de Jésus. Jésuites. Spiritualité ignatienne).

Bienheureux IGNACE MANGIN et ses compagnons († 1900). MARTYRS. Fête loc. 20 juillet. En 1875, Léon-Ignace Mangin entre chez les Jésuites. Il est envoyé en Chine au moment de la guerre des Boxers, dans un village fortifié où se sont réfugiés 3 000 chrétiens. Le 20 juillet 1900, les Boxers pénètrent en force dans le village, massacrent ceux qui sont dans les rues. Les Boxers mettent le feu à l'église ; le Père Mangin est abattu au pied de l'autel ; le toit de l'église s'effondre sur les 1 000 chrétiens qui s'y étaient réfugiés.

▶ Cinq autres saints ou bienheureux portent le nom d'Ignace, dont un patriarche de Constantinople († 877), qui fut aux prises avec un autre patriarche, Photius, à l'occasion d'une crise de l'Église, tranchée par le IVe concile de Constantinople (869-870).

ILDEFONSE (v. 607-667) ÉVÊQUE. Fête loc. 23 janvier. Né à Tolède d'une famille de sang royal, il entre au monastère d'Agali, dont il devient l'abbé. Élu évêque de Tolède en 657, on le tire de force de son monastère. Recourant aux écrits plutôt qu'aux conciles pour l'animation de son clergé, il a laissé une œuvre abondante, théologique, spirituelle, liturgique, qui constitue une source de grand intérêt pour la connaissance de la vie de l'Église espagnole.

INÈS TAKEYA († 1622) MARTYRE. Fête loc. 10 septembre. Le prénom espagnol Inès, apparenté au mot latin *agnus* (agneau), a été notamment porté par une chrétienne japonaise, Inès Takeya, décapitée à Nagasaki pour avoir donné asile à des missionnaires.

INGRID († 1282). Fête loc. 2 septembre. Religieuse suédoise, fondatrice du couvent des Sœurs Dominicaines de Skäminge.

SAINTS INNOCENTS (1er s.) MARTYRS. Cal. rom. 28 décembre***. C'est le nom donné par l'Église aux victimes du massacre ordonné par le roi Hérode, selon l'évangéliste Matthieu (2,16-18), au moment de la naissance de Jésus. Alerté par le passage à Jérusalem de Mages, venus d'Orient pour « rendre hommage au roi des Juifs qui vient de naître », et craignant pour son trône, Hérode fait assassiner tous les garçons de moins de deux ans dans la région de Bethléem. Joseph et Marie peuvent s'enfuir à temps avec Jésus. Les Saints Innocents sont fêtés comme martyrs le 28 décembre (le 29 par les liturgies byzantine et copte). La pensée chrétienne fait volontiers le rapprochement entre ce meurtre d'innocents et celui de Jésus, l'Innocent par excellence : le péché sème la mort, mais l'amour de Dieu fait surabonder la vie et offre à tous le salut.

Bienheureux sont-ils mes frères, ces petits que nous voyons naître pour le témoignage de Dieu et non pour le monde. Oui, bienheureux ces petits qui ont traversé le lieu du travail pour trouver aussitôt le repos, le lieu des souffrances pour trouver le soulagement, le lieu des larmes pour la joie. Ils vivent, ils vivent vraiment, ceux qui ont mérité de mourir pour le Christ... C'est par un don de grâce unique que les fils ont été baptisés dans leur sang et leurs mères dans leurs larmes ; les mères ont bien souffert du martyre de leur fils...

Saint Pierre Chrysologue (Ve siècle),
Sermon pour la fête des Saints Innocents.

Bienheureux INNOCENT XI (1611-1689) PAPE. Fête loc. 12 août. BENOIT ODESCALCHI, né à Côme, est élu pape en 1676, après avoir été évêque de Navarre en 1651. Il condamne le probabilisme et le laxisme de la doctrine morale alors professée par les jésuites (1675-1680), puis le quiétisme de Molinos (1685-1687). Il est surtout célèbre par ses démêlés avec Louis XIV, surgis à propos de l'affaire du « droit de régale* » ; ce conflit joue le rôle de révélateur de l'opposition au Saint-Siège qui caractérise les conceptions gallicanes du roi et de l'épiscopat en France (voir Gallicanisme). La crise, qui frise le schisme, ne sera résolue que sous le pape suivant, Innocent XII (Voir Index).

▶ Neuf autres saints ou bienheureux portent le nom d'Innocent, dont le pape INNOCENT Ier († 417), rayé du calendrier romain en 1969.

Bienheureuse IPHIGÉNIE DE SAINT-MATTHIEU et ses compagnes († 1794) MARTYRES. Fête loc. 9 juillet. Religieuses de Bollène (Vaucluse) appartenant les unes au couvent des Ursulines, les autres à celui des Sacramentaires, exécutées à Orange sous la Terreur, pour avoir refusé de prêter le serment imposé par la Constitution Civile du Clergé et considéré comme une profession de foi antireligieuse.

IRÈNE (IVe siècle) VIERGE ET MARTYRE. Fête loc. 3 avril. Accusée d'avoir caché des livres saints, elle est brûlée à Thessalonique, en Macédoine, en même temps que ses sœurs Agapè et Chionia.

▶ Sept autres saintes ou bienheureuses portent le nom d'Irène, presque toutes martyres des premiers siècles.

IRÉNÉE (v. 130-v. 208) ÉVÊQUE. Cal. rom. 28 juin**. Né en Asie Mineure, il est disciple de saint Polycarpe, évêque de Smyrne, lui-même disciple de l'apôtre Jean. Il vient à Lyon, où il est ordonné prêtre par l'évêque saint Pothin. Envoyé à Rome en 177, il en revient après le martyre et la mort de Pothin. Il lui succède. On sait peu de choses de la vie d'Irénée ; par contre, son œuvre le classe, dans le temps, comme le premier des grands théologiens de l'Église latine. Elle est centrée sur la réfutation d'une des graves hérésies de l'époque, la gnose, qui divisait profondément les chrétiens et ruinait leur foi. Son ouvrage principal s'intitule d'ailleurs *Adversus haereses* (Contre les hérésies). La théologie irénienne est une théologie de l'Église ; il montre que l'unité de celle-ci est la condition même de son existence et que son universalité ne nuit pas à cette unité, parce qu'elle est fidèle dépositaire et gardienne de la foi issue des Écritures et transmise par les apôtres. Cette unité, Irénée s'en fait le champion en apaisant la querelle survenue, à propos de la date de Pâques, entre le pape Victor et les Églises d'Asie.

▶ Neuf autres saints, martyrs des premiers siècles, portent le nom d'Irénée.

IRIS (Voir Fleur).

IRMA († v. 1089) Fête loc. 4 septembre. Comtesse de la maison de Luxembourg, elle se fait ermite en Allemagne ; elle meurt à Cologne.

ISAAC JOGUES et ses compagnons (1607-1646) MARTYRS. Cal. rom. 19 octobre* (au Canada**). Isaac Jogues, né à Orléans, entré chez les jésuites en 1624, ordonné prêtre en 1636, s'embarque deux mois plus tard à Dieppe pour le Canada. Évangélisant les Hurons, il est capturé par leurs ennemis mortels, les Iroquois, en 1612, affreusement torturé, retenu prisonnier un an avant de pouvoir s'enfuir et regagner la France. Revenu au Canada en 1645 avec un oblat, Jean Delalande, ils tentent ensemble l'évangélisation des Iroquois eux-mêmes, mais sont massacrés l'année suivante. Avec René Goupil, Jean de Brébeuf, Gabriel Lalemant, Antoine Daniel, Charles Garnier et Noël Chabanel, ce sont les premiers martyrs du Canada. Leur action missionnaire a ouvert la voie à la christianisation effective des Iroquois et à l'unité religieuse du Canada français. Ils sont les patrons secondaires du Canada.

ISABELLE DE PORTUGAL (Voir Élizabeth de Portugal).

Bienheureuse ISABELLE DE FRANCE (1225-1270) VIERGE. Fête loc. 22 février. Fille de Louis VIII et de Blanche de Castille, Isabelle de France est la sœur cadette de saint Louis ; elle fait des études approfondies (Écriture sainte, histoire naturelle, médecine, latin, langues orientales). Après avoir refusé plusieurs mariages, elle fonde l'*abbaye de Longchamp*, en face du Mont Valérien (en bordure de l'actuel Bois de Boulogne), sous la règle de sainte Claire. Elle y passe les deux dernières années de sa vie, sans toutefois prononcer de vœux en raison de sa faible santé.
Le couvent de Longchamp a été détruit pendant la Révolution. Une pièce d'eau porte encore le nom d'Étang de l'Abbaye, près du pont de Suresnes.

ISIDORE († 636). ÉVÊQUE ET DOCTEUR DE L'ÉGLISE. Cal. rom. 4 avril*. Issu d'une famille noble de Carthagène (Espagne), élève très doué, il reçoit une remarquable formation intellectuelle et spirituelle de la part de son frère aîné, Léandre, auquel il succède comme évêque de Séville en 599. Comme évêque, il accomplit une œuvre considérable, achevant la conversion des Wisigoths de la foi arienne à la foi catholique. Il réunit et préside à Tolède des conciles nationaux qui donnent à l'Église d'Espagne son organisation et développent sa vitalité. Ses écrits, qui touchent à de multiples domaines (histoire, littérature, théologie, spiritualité, Écriture sainte, discipline ecclésiastique...), constituent une sorte de synthèse des connaissances de son temps et font parler d'une « Renaissance isidorienne ». Le VIIIe concile de Tolède, vingt ans après sa mort, le déclare « docteur éminent, gloire la plus récente de l'Église catholique ». Proclamé docteur de l'Église en 1722, il est classé par certains parmi les Pères latins de l'Église.
Au XIe siècle, ses restes furent transférés à Léon, dans la basilique San Isidro bâtie en son honneur, et devenue depuis lors le « Saint-Denis » espagnol.
Saint Isidore de Séville ne doit pas être confondu avec saint Isidore le Laboureur († v. 1130), patron de Madrid où il vécut (fête loc. 15 mai).

▶ Onze autres saints portent le nom d'Isidore.

ISMIER ou HYMER ou HIMIER (VIe ou VIIe siècle) ERMITE. Fête loc. 12 novembre. Originaire de Bâle, il est élevé dans un monastère. Au retour d'un pèlerinage, il se fixe dans un ermitage autour duquel se développera l'agglomération de Saint-Ismier (Isère).

IVAN (Voir Jean).

J

Bienheureuse JACQUELINE († 1239) VEUVE. Fête loc. 8 février. Jacqueline Frangipani, qui habitait Rome, était liée d'amitié avec saint François d'Assise, qui venait la voir à chacun de ses passages ; il l'appelait Frère Jacqueline. Elle aimait à lui confectionner une pâte d'amandes pilées qui a pris son nom (frangipane). Veuve en 1210, elle finit ses jours auprès de la tombe de saint François.

▶ La plupart des Jacqueline ont pour patron l'un des saints Jacques.

▷ Jackie, Jacquette, Jacquine, Jacquotte.

JACQUES LE MAJEUR (v. 44) APÔTRE ET MARTYR. Cal. rom. 25 juillet***. Fils de Zébédée et de Salomé, il est frère de saint Jean l'Apôtre, et comme lui, pêcheur à Capharnaüm ou Bethsaïde, sur le lac de Tibériade. Ils sont appelés ensemble par Jésus, qui les surnomme « fils du tonnerre » en raison sans doute de leur caractère ardent ; ils forment avec Pierre le groupe de ses disciples les plus proches ; ils sont notamment témoins de sa Transfiguration et de son agonie. Après la Pentecôte, tous trois apparaissent comme les chefs de l'Église primitive, souvent pourchassés par les autorités. Aussi bien, d'ailleurs, Hérode Agrippa fait-il exécuter Jacques (Ac. 12, 1), qui sera le premier des douze apôtres à subir le martyre.
Des textes apocryphes *(Actes de saint Jacques, Passion de Jacques le Majeur)* ont accrédité la venue de Jacques en Espagne ; aucun des textes authentiques n'en fait état. Quoi qu'il en soit, le pèlerinage de Compostelle, en Galice, ville où fut transporté le corps découvert en 808 par Théodomir comme étant celui de Jacques, deviendra, à partir du IXe siècle, l'un des plus fréquentés de la chrétienté ; saint Jacques est lui-même souvent représenté en pèlerin, portant le signe de la coquille et le bâton à la main.

Les apôtres avaient vu ce qu'ils affirmaient ; seraient-ils morts sans cela pour un fait qu'ils n'eussent pas vu de leurs yeux ? Ou bien dira-t-on qu'ils devaient nier ce dont ils avaient été les témoins ? Non, ils ne l'ont pas nié ; ils ont prêché un mort, mais ils le savaient vivant. Ils savaient pour quelle vie ils méprisaient la vie présente, ils savaient pour quel bonheur ils supportaient tant d'infortunes passagères, au nom de quelles récompenses ils méprisaient tant de privations. L'objet de leur foi ne pouvait rivaliser même avec l'univers entier.

Saint Augustin, (Sermon).

JACQUES, le fils d'Alphée (Ier siècle) APÔTRE. Cal. rom. 3 mai***. Dans les listes des douze apôtres données par le Nouveau Testament figure, outre Jacques, frère de Jean, surnommé le Majeur, un autre Jacques, le « fils d'Alphée ». On en a longtemps fait Jacques le Mineur (ou le Petit) évoqué dans l'Évangile de Marc (15, 40). Aujourd'hui, beaucoup d'exégètes pensent que Jacques le Mineur est le troisième des Jacques évoqués par les Écritures, celui qu'on appelle « le frère du Seigneur », le premier chef de la communauté chrétienne de Jérusalem.
Sur la vie de l'apôtre Jacques fils d'Alphée, on ne sait rien. Il est fêté en même temps que l'apôtre Philippe.

JACQUES, le « frère du Seigneur » († entre 62 et 66 ?) Il n'appartient pas au groupe des douze apôtres ; il est cité dans les Évangiles (Mat. 13, 55 ; Marc 6, 3) comme l'un des « frères de Jésus », expression qui, selon l'usage oriental, a une portée très large ; après Pâques, Paul l'appellera, dans son épître aux Galates (1, 19), « le frère du Seigneur ». Selon la première épître aux Corinthiens (15, 7), il a vu le Christ ressuscité. Pour beaucoup d'exégètes, c'est à lui que s'applique l'expression « Jacques le Mineur » (le petit) qui figure dans l'Évangile de Marc (15, 40) et non point à l'apôtre Jacques fils d'Alphée.
Les *Actes des Apôtres* le montrent comme le premier chef de l'Église de Jérusalem, bien qu'il n'ait pas fait partie des Douze. Dans la controverse sur l'opportunité d'appliquer aux païens convertis les exigences de la loi judaïque, et notamment celle de la circoncision, on le voit au concile de Jérusalem (le premier concile de l'Église) soutenir les positions de Paul et de Pierre en faveur de la tolérance à l'égard des convertis (Ac. 15) ; la décision finalement prise en ce sens marque un tournant dans l'autonomie de la jeune Église vis-à-vis du judaïsme. Les récits de la mort de Jacques « le frère du Seigneur », qui aurait été lapidé par des Juifs, n'ont rien de certain. On lui attribue sans certitude l'épître dite de saint Jacques, qui fait partie du Nouveau Testament ; le *Protévangile de Jacques*, publié au XVIe siècle, est par contre apocryphe.
Le calendrier liturgique n'établit pas de distinction entre l'apôtre fils d'Alphée et le « frère du Seigneur », chef de l'Église de Jérusalem. Fête cal. rom. 3 mai***.

JACQUES L'INTERCIS ou LE PERSE († v. 420) MARTYR. Fête loc. 27 novembre. Jacques l'Intercis (le découpé) est persan. Il apostasie, mais ensuite affirme à nouveau sa foi ; pour le faire une nouvelle fois apostasier, on lui coupe successivement tous les membres. Il résiste et on lui coupe finalement la tête.

▶ Cinquante-six autres saints ou bienheureux portent le nom de Jacques, parmi lesquels le dominicain Jacques de Voragine (+ 1298), auteur de la célèbre *Légende dorée.*

▷ Jacky, James, Jim, Jacqueline.

JANVIER ou GENNARO (305 ?) ÉVÊQUE ET MARTYR. Cal. rom. 19 septembre*. On sait peu de choses de cet évêque de Bénévent (Italie), mort martyr, très populaire patron de Naples. Il est en effet célèbre par ce que l'on appelle traditionnellement le miracle de saint Janvier : dans la cathédrale de Naples est conservée une ampoule contenant, selon la tradition, son sang ; le contenu de l'ampoule se liquéfie et entre en ébullition à dates fixes, chaque année.

▶ Treize autres saints portent le nom de Janvier, presque tous martyrs des premiers siècles.

JEAN L'ÉVANGÉLISTE (Ier siècle) APOTRE. Cal. rom. 27 décembre***. Fils de Zébédée, pêcheur de Bethsaïde ou de Capharnaüm sur le lac de Tibériade, il est le frère de Jacques le Majeur ; leur mère Salomé est peut-être sœur de la Vierge Marie. Jean et Jacques sont appelés par Jésus « fils du tonnerre », sans doute en raison de leur caractère impétueux. Ils font partie, avec Pierre, du groupe des disciples les plus proches de Jésus, qui les choisit pour être témoins de sa transfiguration, puis de son agonie à Gethsémani. Jean est « le disciple que Jésus aimait », celui à qui le Christ confie sa mère avant de mourir sur la croix ; on le voit, le matin de Pâques, courir avec Pierre au tombeau de Jésus lorsqu'ils apprennent par Marie-Madeleine que le corps de celui-ci ne s'y trouve plus. Aussitôt, sa foi lui fait discerner la portée de l'événement : le Christ est vivant. Le jour même, Jésus se montrait aux Douze. Après la Pentecôte, Jean apparaît aux côtés de Pierre et avec Jacques comme l'un des chefs de la communauté chrétienne. On ignore quand il quitta Jérusalem, mais on sait qu'il finit sa vie à Éphèse (Asie Mineure), sous l'empereur Trajan (c'est-à-dire entre 98 et 117). Selon saint Irénée, il aurait été exilé un moment dans l'île de Patmos, sous l'empereur Domitien, et y aurait écrit son *Apocalypse.* Quant à la tradition de la mort de la Vierge à Éphèse auprès de Jean, elle est difficile à vérifier. Enfin l'épisode du supplice de Jean, plongé à Rome dans une huile bouillante dont il serait sorti vivant, relève de la pure légende ; la fête qui l'évoquait, saint Jean devant la Porte Latine (6 mai) a d'ailleurs été supprimée en 1960.

A saint Jean, la tradition attribue le *quatrième Évangile, trois Épîtres* et *l'Apocalypse.* Dans l'Évangile de Jean, sa personne n'est jamais nommée, sinon par l'expression « le disciple que Jésus aimait ». Le message de Jean s'articule autour de deux notions-clefs : 1) Jésus est la Parole de Dieu (le Verbe), venu nous communiquer la vie éternelle ; 2) il proclame le commandement nouveau qui s'impose à tout disciple du Christ : aimer comme celui-ci aime ; l'unité entre les disciples sera le signe attendu par le monde pour croire dans le Sauveur qu'ils annoncent.

Saint Jean l'Évangéliste.

C'est lui qui, l'esprit illuminé par Dieu, conçut la suréminente grandeur de la science divine, lorsque, dans le repas sacré de la sainte Cène, il repose sur la poitrine du Rédempteur (Jn 13, 25)... C'est l'amour du Seigneur, qui brûlait en lui plus qu'en nul mortel, qui avait mis en son cœur cette ardeur de charité fraternelle. Il convenait en effet que celui qui était le premier dans l'amour du Sauveur fût aussi le premier dans la charité envers ses frères.

Saint Pierre Damien (XIe s.), *Sermon sur saint Jean.*

▷ Évangéline.

JEAN D'AVILA (1499-1569) CONFESSEUR. Fête loc. 7 mai. Né à Almodovar del Campo en Andalousie, il étudie le droit à Salamanque. Prêtre, il convertit ceux qui deviendront les saints Jean de Dieu et François Borgia. Grand mystique en même temps qu'apôtre, il est en relation avec Ignace de Loyola et Thérèse d'Avila. On perçoit mieux aujourd'hui son influence spirituelle en Espagne, et ses écrits rencontrent un regain d'intérêt.

JEAN-BAPTISTE (Voir Jean le Baptiste).

JEAN BERCHMANS (1599-1621) CONFESSEUR. Fête loc. 13 août (en Belgique*). Né à Diest en Brabant, il fait ses études au collège des jésuites de Malines, tout en servant de domestique à un chanoine malinois pour subvenir à ses dépenses d'étudiant. En 1616, il entre au noviciat des jésuites à Malines, étudie la philosophie à Anvers et, en 1618, va poursuivre ses études au Collège romain. Brillant étudiant en philosophie, il se distingue par la perfection dans l'obéissance à la règle, une grande dévotion à la Vierge et son dévouement au service de ses frères. Il meurt à 22 ans. Son corps repose à Rome, son cœur à Louvain.

JEAN BOSCO (1815-1888) CONFESSEUR. Cal. rom. 31 janvier**. Fils d'un simple paysan de Murialdo près de Turin, il doit gagner sa vie tout en faisant ses études. Ordonné prêtre en 1841, il se consacre aux jeunes des quartiers pauvres ; à leur intention il ouvre à Turin l'*Oratoire Saint-François-de-Sales,* une sorte de foyer dont les activités vont sans cesse s'élargir (cours du soir, école secondaire, cours professionnels, organisation des loisirs...). Pour faire face au développement de cette action, il s'entoure de prêtres éducateurs avec lesquels il fonde, en 1859, la *Société de saint François de Sales,* aujourd'hui *Société salésienne de saint Jean Bosco,* (*salésiens*). En 1872 il crée avec Marie-Dominique Mazzarello *l'Institut des Filles de Marie-Auxiliatrice* (salésiennes). Son activité au service de la jeunesse des milieux populaires, les résultats qu'il obtient auprès d'elle dans les divers domaines de la formation générale, professionnelle, religieuse, ses recherches pédagogiques, sont bientôt connus à travers l'Europe où les fondations de ses instituts se multiplient ; au cours de ses voyages, il reçoit partout un accueil triomphal. En 1958, Pie XII le proclamera patron des apprentis. En 1988, Jean-Paul II lui consacrera une lettre sur l'éducation.

□ *Don Bosco, une biographie nouvelle,* T. Bosco, Coll. Semeurs, Éd. du Cerf.

JEAN DE BRÉBEUF (Voir Isaac Jogues et ses compagnons).

JEAN DE CAPISTRAN (1386-1456) CONFESSEUR. Cal. rom. 23 octobre*. Né en Sicile, juriste renommé auprès de la cour de Naples, il abandonne le monde pour prendre la bure franciscaine en 1415. A partir de 1430, il se fera le réformateur de son ordre et fondera le *Tiers-ordre régulier de Saint-François.* L'un des prédicateurs les plus populaires d'Europe en son temps et conseiller écouté du pape Eugène IV, il est envoyé par celui-ci en Europe centrale ; il s'y emploiera notamment à la conversion des hussites ; on lui reconnaît en outre une part importante dans le succès de la croisade engagée à l'initiative du pape Calixte III pour enrayer la progression des Turcs ; ils sont battus à Belgrade en 1456. Jean de Capistran, dont le souvenir est resté vivace sur les bords du Danube, aura été un artisan inlassable de l'unité de l'Église, qu'il s'agisse de mettre fin au grand schisme d'Occident ou de parvenir au rapprochement avec l'Église d'Orient. Il a été appelé « apôtre de l'Europe unie ».

Le Christ nu et affamé

Veux-tu honorer le Corps du Christ ? Ne commence pas par le mépriser quand il est nu. Ne l'honore pas ici avec des étoffes de soie, pour le négliger dehors où il souffre du froid et de la nudité. Car celui qui a dit : Ceci est mon corps, est le même qui a dit : Vous m'avez vu affamé et vous ne m'avez pas nourri. Quelle utilité à ce que la table du Christ soit chargée de coupes d'or, quand lui meurt de faim ? Rassasie d'abord l'affamé et orne ensuite sa table.
Tu fabriques une coupe d'or et tu ne donnes pas une coupe d'eau. En ornant sa maison, veille à ne pas mépriser ton frère affligé : car ce temple-ci est plus précieux que celui-là...

Saint Jean Chrysostome
Souffrance de l'âme qui désire voir Dieu.

JEAN CHRYSOSTOME (v. 345-407) ÉVÊQUE ET DOCTEUR DE L'ÉGLISE. Cal. rom. 13 septembre**. Né à Antioche (dans l'actuelle Turquie) dans une famille de haut fonctionnaire, il se fait donner le baptême à 23 ans ; il s'oriente d'abord vers une vie d'ermite à laquelle sa mauvaise santé le fait renoncer. Ordonné prêtre en 386, il va rapidement acquérir la célébrité par sa prédication, dont la solide théologie est servie par une exceptionnelle éloquence ; il est bientôt surnommé Bouche d'Or (en grec *Chrysostome*). Désigné comme patriarche de Constantinople en 398, il ne change rien à la fermeté de ses propos ; il s'attire ainsi la haine de l'impératrice Eudoxie qui le fera exiler à deux reprises malgré sa popularité. Au cours de sa seconde déportation, il meurt en Cappadoce, pendant une marche forcée qui le conduisait vers le Caucase. L'œuvre immense qu'il a laissée (traités, prédications, catéchèses, lettres...), de caractères principalement exégétique, moral et pastoral, le fait reconnaître comme un des Pères grecs de l'Église. Il a été proclamé docteur de l'Église par le concile de Chalcédoine en 451 ; il est le patron des orateurs chrétiens.

L'homme comme l'Empereur

L'homme est un vivant grand et admirable, plus cher à Dieu que toute la création, pour lequel sont faits le ciel, la terre, la mer et tout le reste du corps de la création ; l'homme, dont Dieu a aimé le salut au point qu'il n'a pas épargné pour lui son Fils unique, et qu'il ne cesse de combler de dons et de bienfaits jusqu'à ce qu'il l'ait fait asseoir à sa droite, [...] est créé le dernier, comme l'Empereur, que tous précèdent.

Saint Jean Chrysostome,
Homélie sur l'Hexameron, 386

JEAN CLIMAQUE (v. 579 - v. 649) CONFESSEUR. Fête loc. 30 mars. Auteur d'un traité de vie ascétique intitulé *l'Échelle du Paradis* (par référence à l'échelle de Jacob), titre qui lui vaudra le surnom de Climaque (en grec, échelle se dit *Klimax*), Jean passa la plus grande partie de sa vie comme ermite au pied du mont Sinaï ; il fut un moment higoumène (abbé) du monastère situé à proximité.

JEAN DE LA CROIX (1542-1591) PRÊTRE ET DOCTEUR DE L'ÉGLISE. Cal. rom. 14 décembre**. Né près d'Avila (Espagne), JEAN DE YEPES entre chez les carmes en 1563. Ordonné prêtre en 1567, mais déçu par l'insuffisante ferveur de son ordre, il songe à se faire chartreux quand il rencontre la sœur Thérèse de Jésus, la future sainte Thérèse d'Avila ; elle le convainc de travailler avec elle à la réforme du Carmel. En 1568, il suscite une nouvelle forme de vie carmélitaine masculine, celle des *carmes déchaussés*. Directeur spirituel du monastère de carmélites d'Avila dont Thérèse est la prieure, il poursuit avec elle l'œuvre de rénovation de leur ordre. Mais Jean rencontre une vive opposition au sein des carmes ; on va jusqu'à l'emprisonner à Tolède en 1577. Dans son cachot, il compose son *Cantique spirituel* qui chante les joies de l'union à Dieu. Évadé, il poursuivra jusqu'à sa mort, au milieu de maintes difficultés, son action réformatrice. Ses ouvrages, où il expose les conditions de la contemplation véritable, lui ont valu le titre de « Docteur mystique ». Il y décrit notamment l'itinéraire qui conduit à l'unité avec Dieu en passant par les épreuves de la nuit intérieure et du dénuement spirituel. « Il faut renoncer à tout ce qui n'est pas Dieu ». Il a été proclamé docteur de l'Église par Pie XI en 1926.

Dans cette heureuse nuit,
Je me tenais dans le secret, personne ne me voyait,
Et je n'apercevais rien
Pour me guider que la lumière
Qui brûlait dans mon cœur.

Elle me guidait
Plus sûrement que la lumière de midi
Au but où m'attendait
Celui que j'aimais
Là où nul autre ne se voyait.

Saint Jean de la Croix
La nuit obscure, Cantique de l'âme,
Éd. du Seuil

□ *Œuvres complètes de saint Jean de la Croix*, Éd. du Cerf.
Saint Jean de la Croix. La montée du Carmel, Coll. Livre de vie, Éd. du Seuil.
Saint Jean de la Croix et la nuit mystique, Coll. Maîtres spirituels, Éd. du Seuil.

Mais c'est de nuit

Bien sais-je la source qui jaillit et fuit,
Mais c'est de nuit !

Cette source éternelle bien est celée
Et pourtant sa demeure je l'ai trouvée,
Mais c'est de nuit !

En l'obscure nuit de cet exil mauvais
La source fraîche, par la foi, bien la sais,
Mais c'est de nuit !

Ne sais son origine, car n'en a mie,
Mais que toute origine d'elle est jaillie,
Mais c'est de nuit !

Bien sais que ne peut être chose si belle
Et sais que ciel et terre s'abreuvent en elle,
Mais c'est de nuit !

Bien sais que de fond jamais on n'y trouva
Et que nul à gué oncques ne la passa,
Mais c'est de nuit !

Que nul voile à sa clarté ne fut connu
Et que toute lumière d'elle est venue,
Mais c'est de nuit !

Bien sais que si riches roulent ses courants
Qu'enfers et ciels et mondes ils vont arrosant,
Mais c'est de nuit !

Et le courant de cette source naissant
Bien sais qu'il est aussi riche et tout-puissant,
Mais c'est de nuit !

Et le courant qui des deux autres procède
Bien sais que nul des autres ne le précède,
Mais c'est de nuit !

Bien sais que les Trois en une seule eau vive
Résident et que l'un de l'autre dérive,
Mais c'est de nuit !

Cette source éternelle bien est blottie
A pain vivant afin de nous donner vie,
Mais c'est de nuit !

Elle est là criant vers toute créature
Qui de cette eau s'abreuve mais à l'obscur,
Mais c'est de nuit !

Cette source vive à qui tant me convie
Mon désir, je la vois en ce pain de vie
Mais c'est de nuit !

Saint Jean de la Croix
Souffrances de l'âme qui désire voir Dieu.

JEAN DAMASCÈNE ou DE DAMAS (v. 650 - v. 749). PRÊTRE ET DOCTEUR DE L'ÉGLISE. Cal. rom. 4 décembre*. Cet arabe chrétien est d'abord haut fonctionnaire auprès du calife de Damas. A 30 ans, il se démet de sa charge, distribue tous ses biens aux pauvres et se fait moine au monastère de Saint-Sabas, dans le désert de Juda en Palestine. Devenu prêtre, il se partage entre la prière, la prédication et l'activité littéraire. Considéré comme l'un des grands théologiens de l'Orient, il rédige la première grande synthèse du dogme à partir de la pensée des Pères grecs de l'Église ; ce faisant, il contribue à affermir la théologie de la Trinité et de l'Incarnation. Prenant part à la controverse sur le culte des images, il s'élève avec vigueur et succès contre les positions iconoclastes des empereurs de Byzance. Son talent poétique lui inspire un ensemble d'hymnes liturgiques encore en usage. Sa prédication contribue à faire progresser la théologie mariale, notamment en ce qui concerne l'Assomption de la Vierge. Jean Damascène a été proclamé docteur de l'Église par Léon XIII en 1890.

JEAN DE DIEU (1495-1550) CONFESSEUR. Cal. rom. 8 mars*. Né au Portugal, JEAN CIUDAD commence par mener une vie des plus aventureuses : enlevé enfant par un inconnu, puis abandonné, il est successivement berger, soldat, marchand, avant de se convertir à 42 ans. Considéré comme fou pour avoir manifesté un repentir spectaculaire à la suite d'un sermon de Jean d'Avila, il est interné et soumis aux rudes traitements de l'époque. Il prend alors la résolution de se vouer au service des malades. Sorti de l'asile, il fonde à Grenade, en 1537, son premier hôpital, selon des conceptions très hardies pour son temps. Des disciples se joignent à lui ; ensemble, ils posent les fondements d'un ordre hospitalier au service des pauvres malades, *l'Ordre des Frères hospitaliers, dit de Saint Jean de Dieu*. Il a été proclamé par Léon XIII patron des malades et des hôpitaux en 1886, et par Pie XI patron des infirmiers et infirmières en 1930.

JEAN EUDES (1601-1680) PRÊTRE. Cal. rom. 19 août*. Né à Ri (Orne), il fait ses études secondaires et théologiques à Caen. En 1623, il vient à Paris pour entrer dans la toute récente Société des Prêtres de l'Oratoire (oratoriens) où il est accueilli par le fondateur, Bérulle. Ordonné prêtre, et revenu en 1632 dans sa Normandie natale pour y prêcher des missions populaires, il constate le peu de suites que de tels efforts peuvent connaître en l'absence d'un clergé formé et instruit ; c'est l'époque où, en conformité avec les directives du concile de Trente, l'Église commence à créer des séminaires. En 1643, Jean Eudes quitte l'Oratoire, qui n'avait pas vocation d'encadrer des séminaires, et il en fonde un à Caen ; puis il crée une société de prêtres voués tant à la formation du clergé qu'aux prédications populaires : c'est la *Congrégation de Jésus et Marie*, dite des *Eudistes*. Ainsi lui est-il possible d'instituer des séminaires en Bretagne et en Normandie. En 1641, il avait fondé à Caen un ordre féminin destiné à recevoir des prostituées dans des foyers ou « refuges », la *Congrégation Notre Dame de Charité*, bientôt répandu à travers le monde. Saint Jean Eudes, initiateur du culte liturgique des cœurs de Jésus et Marie, est un des grands maîtres de l'École française de spiritualité au XVIIe siècle ; on lui doit un ensemble d'ouvrages dont plusieurs continuent d'être réédités.

☐ *Saint Jean Eudes*. P. Milcent, Éd. du Cerf.

JEAN DE FIESOLE (Voir Angelico).

JEAN OU JOHN FISHER (1469-1535) ÉVÊQUE, CARDINAL ET MARTYR. Cal. rom. 22 juin*. Humaniste de la Renaissance, excellent latiniste et helléniste, ami d'Erasme et de Thomas More, chancelier de l'université de Cambridge, nommé en 1504 évêque de Rochester, il combat les doctrines luthériennes avec le soutien du roi d'Angleterre Henri VIII ; mais plus tard, opposé au projet de divorce du roi, à ses empiètements sur les libertés de l'Église et à la rupture avec Rome, il est jeté en prison. Lorsqu'il est nommé cardinal par le pape Paul III, le roi, furieux le fait décapiter.

JEAN GUALBERT ou VALBERT (v. 985-1073). ABBÉ. Fête loc. 12 juillet. Son biographe raconte que ce jeune noble florentin, dont l'un des parents avait été assassiné, se trouva un jour, dans la solitude de la campagne, en présence de l'assassin ; se sentant perdu, celui-ci se jeta à genoux, les bras en croix. Jean l'épargna. Peu après, entrant dans une église, il vit le Christ pencher la tête vers lui, comme pour le remercier d'avoir pardonné à son ennemi. Il décida alors de se consacrer à Dieu et entra au couvent bénédictin de San Miniato. Plus tard, il se retira dans une vallée toscane plantée d'arbres, Vallombreuse. Rejoint par des disciples, il mena avec eux une vie très austère et s'employa à réformer des monastères bénédictins ; ce fut l'origine de la *Congrégation bénédictine de Vallombreuse*, une des vingt-et-une congrégations bénédictines aujourd'hui regroupées en confédération. Par humilité, Jean refusa toujours la prêtrise.

JEAN DE KETY ou DE KENTY (v. 1390-1473) PRÊTRE. Cal. rom. 23 décembre*. Ce professeur de lettres et de philosophie à l'université de Cracovie, controversiste dans la querelle hussite, fut un ascète et un ami des pauvres.

JEAN LÉONARDI (v. 1541-1609) CONFESSEUR. Cal. rom. 9 octobre*. Prêtre toscan, fondateur en 1574 d'une congrégation vouée à l'éducation chrétienne des jeunes, les *Clercs réguliers de la Mère de Dieu ;* il a également participé à la fondation du séminaire de la Propagande à Rome, où viennent se former des prêtres de pays de mission.

Bienheureux JEAN RUYSBROECK (1293-1381) CHANOINE RÉGULIER. Fête loc. 2 décembre. Né près de Bruxelles et membre pendant vingt-six ans du clergé de la collégiale Sainte-Gudule de cette ville, il se retire à l'âge de 50 ans en forêt de Soigne où il fonde et dirige une communauté de chanoines réguliers de Saint-Augustin. Appelé l'Admirable, il est l'un des plus grands écrivains mystiques de l'Occident et l'un des inspirateurs du courant spirituel connu sous le nom de *Devotio moderna*.

JEAN 1er († 526) PAPE ET MARTYR. Cal. rom. 18 mai*. Né en Toscane, il est élu pape en 523. Il se voit contraint par le roi ostrogoth d'Italie, Théodoric, de se rendre auprès de l'empereur de Constantinople pour intercéder en faveur des hérétiques ariens, parmi lesquels se rangent le roi et le peuple ostrogoths ; Jean, parvenu à Constantinople, se contente d'y couronner l'empereur Justinien ; n'ayant pas accompli la mission exigée par Théodoric, il est jeté par celui-ci en prison à Ravenne, capitale du royaume ostrogoth ; il y mourra de mauvais traitements.

▶ Plus de trois cents autres saints ou bienheureux portent le nom de Jean.

JEAN LE BAPTISTE ou LE PRÉCURSEUR (Ier siècle) Cal. rom. Fête de la nativité de Jean-Baptiste 24 juin****. Décollation de saint Jean Baptiste 29 août**. Jean-Baptiste est un des seuls saints avec Marie, Joseph, Pierre et Paul, à avoir plusieurs fêtes liturgiques. L'Église entend ainsi souligner le caractère exceptionnel de la mission de précurseur du Messie qui lui a été confiée par Dieu. Dans l'Évangile de Luc on voit cette mission s'annoncer très tôt : le père de Jean, Zacharie, prêtre au Temple de Jérusalem, en reçoit de l'ange Gabriel la révélation avant même la conception de l'enfant ; et celui-ci, conformément à l'annonce de l'ange, reçoit l'Esprit Saint dans le sein de sa mère Elisabeth (scène de la Visitation de la Vierge Marie à sa cousine). Jean, après s'être retiré de bonne heure au désert, reviendra annoncer la venue imminente du Sauveur, pressant les pécheurs de se convertir et les invitant à se faire baptiser dans le Jourdain en signe de pénitence. Alors, Jésus lui-même se présente pour recevoir ce baptême et Jean, qui a compris qui il était (« Voici l'Agneau de Dieu qui enlève le péché du monde », Jn 1, 29), doit cependant, malgré sa modes-

tie, respecter la demande de celui qu'il sait être « l'Élu de Dieu ».
Jean se comporte selon la grande tradition des prophètes, dénonçant les fautes et les crimes de son temps. Il met ainsi sévèrement en cause le comportement d'Hérode Antipas, tétrarque (gouverneur) de Galilée, qui a répudié sa femme pour s'unir à Hérodiade, femme de son frère Hérode-Philippe. Arrêté, Jean-Baptiste veut une dernière fois se faire confirmer que Jésus est bien le Messie ; il lui envoie donc des émissaires pour l'interroger à ce sujet. « Allez rapporter à Jean ce que vous entendez et voyez : les aveugles voient, les boîteux marchent... et la Bonne Nouvelle est annoncée aux pauvres », leur répond Jésus, qui dit de Jean : « Il est cet Élie qui doit revenir ». Or les Juifs attendaient le retour d'Élie comme précurseur du Messie.

Saint Jean le Baptiste.

Quant à Hérodiade, elle ne pardonnait pas à Jean-Baptiste ses reproches à Hérode ; profitant d'un festin pour l'anniversaire de celui-ci, elle fait danser devant lui sa fille Salomé ; le tétrarque, très séduit, lui promet de lui accorder ce qu'elle demanderait : ce fut la tête de Jean-Baptiste sur un plat.
En d'innombrables églises et sanctuaires, on honore les reliques de Jean-Baptiste, et même sa tête (son chef). Ces traditions respectables ne sauraient évidemment être assimilées à des certitudes historiques.
Une autre tradition, qui a perdu aujourd'hui une partie de sa vigueur, est celle des feux de la Saint-Jean, accompagnés de fêtes et de réjouissances, le jour de la fête de sa nativité, le 24 juin. Son origine doit probablement être cherchée dans une volonté de l'Église de christianiser les célébrations païennes du solstice d'été, de même que, pour la même raison, la fête de Noël a été fixée aux alentours du solstice d'hiver. Jean-Baptiste est le patron du diocèse de Belley. Nombreuses sont les localités portant le nom de Saint-Jean en l'honneur du Baptiste.

□ *Saint Jean Baptiste et la spiritualité du désert.* J. Stenmann, Coll. Maîtres spirituels, Éd. du Seuil.

JEAN-BAPTISTE DE LA SALLE (1651-1719) CONFESSEUR. Cal. rom. 7 avril**. Né à Reims, formé à la Sorbonne et au séminaire Saint-Sulpice à Paris, dont la spiritualité le marque profondément, il est ordonné prêtre en 1678. Dans sa ville de Reims, on lui confie la fondation d'écoles paroissiales pour enfants pauvres ; il s'aperçoit alors que ce qui manque le plus aux écoles destinées à ces enfants, ce sont des maîtres de valeur. Il recrute donc de jeunes maîtres auxquels il propose une forme de vie consacrée à Dieu qui leur laisserait cependant leur caractère laïc ; à leur intention, il rédige une sorte de règle dans cet esprit ; ainsi se forme le noyau du futur Institut des *Frères des Écoles chrétiennes,* voué à l'instruction et à l'éducation chrétienne des enfants des milieux populaires. Puis il se préoccupe de donner à ces frères une formation à la fois spirituelle et pédagogique ; il crée, toujours à Reims, un séminaire qui constitue une véritable école normale d'instituteurs, innovation qui n'a alors pas d'équivalent, en dehors de la formation assurée à leurs religieux par les jésuites pour l'enseignement des milieux plus aisés. En 1688, Jean-Baptiste étend son activité à Paris où il vient s'installer. En 1694, il est élu supérieur de la nouvelle congrégation et la dote d'une règle plus élaborée ; il poursuit son œuvre pédagogique et spirituelle, rédigeant notamment un ensemble d'ouvrages à l'intention des maîtres. Vers la fin de sa vie, il se démettra de ses fonctions et il mourra dans la maison-mère qu'il a fixée à Rouen. Après sa mort, son institut continuera à se développer rapidement, en France et dans le monde entier, servant volontiers de référence aux congrégations enseignantes. En 1950, Pie XII a proclamé Jean-Baptiste de la Salle patron spécial des éducateurs.

Je cherche la face de Dieu

Seigneur, écoute mon cri d'appel !
Par pitié, réponds-moi !
Je pense à ta parole :
« Cherchez ma face ! »
Je cherche ta face, Seigneur.
Ne me cache pas ta face !
Je suis sûr de voir les bienfaits du Seigneur
au pays des vivants.
Attends le Seigneur ;
sois fort et prends courage ;
attends le Seigneur.

Psaume 27, 7-9 ; 13-14

JEAN-FRANÇOIS RÉGIS (1597-1640) CONFESSEUR. Fête loc. 16 juin. Né à Fontcouverte, entre Narbonne et Carcassonne, entré chez les jésuites en 1616, il est ordonné prêtre en 1630. A partir de 1636, il évangélise le Vivarais (ravagé par les guerres de religion), le Velay, le Forez, qu'il parcourt l'hiver, lorsque les paysans sont libérés des travaux des champs. L'été, sa catéchèse attire les foules au Puy. La vie dure et frugale qu'il partage avec les montagnards, sa prière et sa charité font merveille dans ces rudes régions. Pour les filles repenties, il organise un refuge au Puy, ce qui lui vaudra d'être calomnié auprès de ses supérieurs. Il meurt à Lalouvesc (Ardèche) d'une pneumonie contractée dans une tempête de neige ; la ville devient tout de suite, et est demeurée, un lieu de pèlerinage.

Bienheureux JEAN-GABRIEL PERBOYRE (1802-1840) MARTYR. Fête loc. 4 septembre. Né à Montgesty (Lot), prêtre lazariste, il est successivement supérieur du séminaire de Saint Flour (Cantal), puis directeur des religieux de la maison-mère de son ordre avant de partir comme missionnaire en Chine en 1835 ; la persécution y sévit alors contre les chrétiens, spécialement les missionnaires ; dénoncé par l'un des siens, il est arrêté, torturé, puis étranglé.

JEAN-MARIE BAPTISTE VIANNEY (1786-1859) CONFESSEUR. Cal. rom. 4 août**. Celui qui devait atteindre à la réputation mondiale sous la désignation de Curé d'Ars naît près de Lyon, à Dardilly (Rhône), d'une pauvre et pieuse famille paysanne. Bien qu'il ait reçu une instruction religieuse des plus sommaires du fait des événements de la Révolution, sa vocation sacerdotale s'affirme très tôt. Le curé d'Écully, un très saint prêtre, le prépare à entrer au séminaire de Lyon, d'où il est bientôt renvoyé du fait de ses faibles notes. Persévérant cependant dans sa vocation, il est finalement admis à la prêtrise à l'âge de 30 ans. Il devient alors le vicaire du curé d'Écully ; à la mort de celui-ci en 1817, il est nommé curé d'Ars, petite paroisse de l'Ain alors profondément déchristianisée. Ses efforts, ses prières, sa vie ascétique restent d'abord sans fruits apparents, et le découragement le gagne. Mais, peu à peu, son enseignement très simple, la bonté de son accueil, la sainteté sans complication de sa vie sacerdotale, ses extraordinaires dons de maître spirituel, qui se révèlent dans toute leur force au confessionnal (où il finira par passer de 16 à 20 heures par jour), lui attirent les foules. De son vivant, Ars devient un lieu de pèlerinage où accourent ceux qui cherchent la paix de l'âme ou la guérison du corps ; des miracles ajoutent à sa réputation de saint. Mais, si ce modeste avait pu être tenté d'en tirer quelque vanité, le harcèlement de manifestations démoniaques dont il est l'objet l'en aurait préservé. Mort exténué à 73 ans, il est demeuré très populaire ; il a été proclamé patron des curés et des responsables de communautés paroissiales. Ars est un pèlerinage très fréquenté. Le 2e centenaire de sa naissance a été célébré à Ars, en 1986 par le pape Jean-Paul II.

□ *Saint Jean-Marie Vianney, curé d'Ars*, A. Ravier, Coll. Maitres de la spiritualité, Éd. du Centurion.

JEANNE D'ARC (1412-1431) VIERGE. Fête loc. 30 mai (en France**). Patronne secondaire de la France. Née dans une famille paysanne aisée de Domrémy (aujourd'hui Domrémy-la-Pucelle, Vosges), elle n'apprend ni à lire ni à écrire, mais reçoit de sa mère et de son curé une éducation religieuse qui se montrera singulièrement profonde. Elle a 16 ans lorsqu'elle révèle qu'elle entend depuis trois ans déjà les « voix » de saint Michel, sainte Catherine et sainte Marguerite ; celles-ci l'incitent à libérer la France,

Sainte Jeanne d'Arc.

alors en majeure partie occupée par les Anglais (alliés au duc de Bourgogne), et à rétablir la situation du jeune roi Charles VII (toujours appelé dauphin parce que n'ayant pas encore été sacré). En 1429 (elle a 17 ans), surmontant maints obstacles, elle parvient jusqu'au dauphin réfugié à Chinon (Indre-et-Loire), et finit pas le convaincre de lui confier une petite armée. Cette jeune fille sans instruction s'impose tout de suite à ses hommes comme chef de guerre ; en même temps, le caractère inspiré de sa mission s'affirme à tout instant. Elle va mettre le siège devant Orléans, et, le 8 mai 1429, en force les défenses ; elle achève ensuite de libérer la vallée de la Loire. Aussitôt, elle persuade le dauphin d'aller recevoir à Reims le sacre qui lui confèrera enfin sa pleine légitimité vis-à-vis du pays ; ce voyage en plein pays occupé revêt un caractère triomphal. Le cours des choses est désormais renversé ; Charles VII, à travers maintes péripéties, finira par libérer le pays (il lui faudra tout de même un quart de siècle).

Pour Jeanne, au contraire, le temps de l'épreuve commence ; elle subit un échec devant Paris où elle est blessée ; en mai 1430, elle est faite prisonnière devant Beauvais par les Bourguignons, auxquels les Anglais s'empressent de la racheter. Ils la transfèrent à Rouen et ont l'habileté de la traduire devant un tribunal ecclésiastique sous l'accusation de sorcellerie. Durant son procès, conduit par l'évêque de Beauvais, Cauchon, tout acquis aux occupants, Jeanne connaît une période de défaillance. Puis, avec une force d'âme, une foi et une intelligence dont les actes du procès portent le témoignage, elle ne cesse plus d'affirmer sa fidélité à ce qu'elle considère comme une mission divine.
Déclarée hérétique et relapse (c'est-à-dire retombée dans l'hérésie), elle est condamnée au bûcher et livrée au « bras séculier », en l'occurrence l'autorité anglaise. Le 30 mai 1431, deux ans après la prise d'Orléans et un an après sa capture, elle est brûlée vive sur la place du Vieux-Marché à Rouen ; ses cendres sont jetées à la Seine. Elle avait 19 ans. Ce n'est qu'en 1450 que Charles VII, qui n'avait rien fait pour la sauver, fera entreprendre une enquête et réviser son procès ; elle sera réhabilitée. Béatifiée en 1909, elle sera canonisée en 1920.
Elle sera utilisée par la droite française, entre 1920 et 1939, pour sacraliser son combat nationaliste.
La vie de Jeanne d'Arc a inspiré d'innombrables œuvres, littéraires (Voltaire, Schiller, Péguy, Claudel, Shaw, Malraux...), artistiques (Ingres, Rude, Frémiet...), musicales (Honegger...), cinématographiques (de Méliès à Bresson, en passant par Dreyer, 13 films), sans compter les œuvres historiques (parmi les récentes œuvres de vulgarisation scientifique : R. Pernoud, *Jeanne d'Arc par elle-même et par ses témoins*. Ed. Seuil, 1975 ; même auteur, *Vie et mort de Jeanne d'Arc*, Hachette, 1979).

JEANNE DELANOUE (1666-1736) Fête loc. 17 août. Née à Saumur, c'est là que se déroulera son active existence. Très vite, elle se soucie du sort des infirmes et des indigents, en une époque où la misère est largement répandue. Elle fonde à leur intention l'*Hospice de la Grande Providence,* qui comptera jusqu'à 600 lits. Dans le même esprit, elle crée une congrégation religieuse, celle des *Sœurs de sainte Anne de la Providence,* devenues en 1965 *Sœurs Servantes des pauvres.* Béatifiée en 1947, elle est canonisée par Jean-Paul II en 1982.

Bienheureuse **JEANNE JUGAN** (1792-1879) Fête loc. 29 août. Née dans une famille pauvre de pêcheurs à Cancale (Ille-et-Vilaine), Jeanne perd son père à l'âge de 6 ans. De santé fragile, elle est cependant obligée de se placer comme servante à Saint-Servan. Elle refuse de se marier, disant : « Le Bon Dieu me veut pour quelque chose, mais je ne sais pas quoi. » Elle est bouleversée par la misère qui sévit alors en Bretagne et s'efforce de venir en aide à tous. A 50 ans, elle recueille dans sa mansarde une pauvre vieille femme, puis d'autres vieillards sans asile qui mendient. Pour les nourrir, les vêtir, elle quête inlassablement. D'autres femmes la rejoignent : dix ans plus tard, 80 *« Petites Sœurs des Pauvres »* s'occupent de 500 vieillards. Jeanne Jugan, devenue Sœur Marie de la Croix, est élue supérieure de la congrégation ; comme les Frères de Saint-Jean-de-Dieu, elle fait ajouter à la règle le vœu d'hospitalité, en plus des trois vœux des religieux. Bientôt victime d'un vicaire qui veut s'attribuer la fondation de l'Ordre, Sœur Marie de la Croix est destituée, reléguée au rang de simple religieuse. Pendant vingt années, humblement, elle continue à quêter pour tous les pauvres jusqu'à l'épuisement total.

□ « Jeanne Jugan », no 7-8 de la revue *Missi*, 1982.

Se faire le serviteur et donner sa vie

Vous le savez, les chefs des nations les tiennent sous leur pouvoir et les grands sous leur domination. Il ne doit pas en être ainsi parmi vous. Au contraire, si quelqu'un veut être grand parmi vous, qu'il soit votre serviteur, et si quelqu'un veut être le premier parmi vous, qu'il soit votre esclave. C'est ainsi que le Fils de l'homme est venu non pour être servi, mais pour servir et donner sa vie en rançon pour la multitude.

Évangile selon saint Matthieu, 20, 25-28.

JEANNE DE LESTONNAC (1556-1640) VEUVE. Fête loc. 1er février. Sa mère, fervente calviniste, était la sœur de Montaigne. Mariée, mère de sept enfants puis veuve, Jeanne quitte les siens vers l'âge de 50 ans. A l'instigation d'un jésuite, le Père de Bordes, elle fonde un ordre féminin, la *Compagnie de Marie* (ou *Ordre de Notre-*

Dame), destinée, tout en menant une vie contemplative, à accomplir auprès des jeunes filles la mission éducative à laquelle se voue la Compagnie de Jésus auprès des garçons. A sa mort, son ordre comptait déjà 30 maisons.

JEANNE-ÉLISABETH BICHIER DES AGES (1773-1838) VIERGE. Fête loc. 26 août. Fondatrice, avec saint André-Hubert Fournet, de la *Congrégation des Filles de la Croix,* à Poitiers, appelées aussi *Sœurs de Saint-André,* vouées aux soins des pauvres et à l'instruction des enfants de la campagne.

Un éloge de la vie religieuse communautaire

Quittant l'orgueil, l'agitation,
l'envie, ils vivent en paix,
humbles et modestes, offrant
à Dieu, auteur de leurs bienfaits,
en un sacrifice agréable, leur vie
d'amour et de contemplation.
Aucun d'eux ne possède rien
en propre, aucun n'est à charge.
Ils se livrent aux travaux manuels
qui peuvent nourrir leurs corps
sans détourner leur esprit de Dieu...
Tout est en fonction de la charité :
la nourriture, le langage, la tenue.
On se réunit et on vit
dans la charité.

Saint Augustin, (homélie), *Sur les mœurs de l'Église catholique*

JEANNE-FRANCOISE FRÉMIOT DE CHANTAL (1572-1641) RELIGIEUSE. Cal. rom. 12 décembre*. Née à Dijon, elle épouse en 1592 le baron de Chantal dont elle aura six enfants (elle sera grand-mère de Madame de Sévigné).
Veuve en 1601, elle rencontre en 1604 saint François de Sales, évêque de Genève et d'Annecy, qu'elle prend pour directeur spirituel. Avec lui à Annecy, en 1610, elle fonde une congrégation nouvelle, l'*Ordre de la Visitation,* alliant vie contemplative et service des pauvres et des malades ; c'était alors une innovation, les religieuses ayant toujours mené jusque-là une vie purement contemplative et ayant été soumises à la clôture. Aussi bien, l'évêque de Lyon, où un monastère avait été établi, exige-t-il pour ses religieuses le respect de la clôture ; l'Ordre doit alors abandonner la visite des pauvres et des malades et se faire seulement contemplatif, ce qui ne l'empêche pas de se répandre rapidement. A la mort de Jeanne, il comptait déjà 80 maisons. Le corps de Jeanne de Chantal repose à Annecy (ainsi que celui de François de Sales).

📖 *Sainte Jeanne de Chantal,* A. Ravier, Ateliers Henry Labat.

JEANNE-ANTIDE THOURET (1765-1826) VIERGE. Fête loc. 23 mai. Née à Sancey-le-Grand (Doubs), elle entre en 1787 chez les Filles de la Charité. Après la dispersion des religieuses provoquée par la Révolution, elle fonde, en 1800, à Besançon la *congrégation des Sœurs de la Charité de Besançon,* qui compte aujourd'hui plus de dix mille religieuses.

JEANNE DE FRANCE ou DE VALOIS (1464-1505) REINE DE FRANCE. Fête loc. 4 février. Fille de Louis XI, infirme et laide, elle est mariée à 14 ans à son cousin Louis d'Orléans pour des raisons purement politiques. Devenu le roi Louis XII, son époux obtient du pape Alexandre VI Borgia l'annulation du mariage. Jeanne se comporte alors avec magnanimité. Quelques années plus tard, celle qui n'est plus que la duchesse de Berry fonde l'ordre contemplatif de l'*Annonciade,* à la tête duquel elle ne cessera plus de donner l'exemple de la recherche de la perfection évangélique.

▶ Dix-neuf autres saintes et bienheureuses portent le nom de Jeanne.

JÉRÔME (v. 345-419 ou 420) CONFESSEUR ET DOCTEUR DE L'ÉGLISE. Cal. rom. 30 septembre**. Né en Dalmatie (dans l'actuelle Croatie), il étudie à Rome avant de se retirer dans la solitude en Syrie. Revenu à Rome, il y devient secrétaire du pape Damase, qui le charge d'une révision des traductions de la Bible en latin ; ce sera la grande œuvre de sa vie. Sa traduction, connue sous le nom de *Vulgate* (*textus vulgatus,* c'est-à-dire texte répandu), devait plus tard supplanter toutes les autres versions latines en Occident ; le concile de Trente (XVIe siècle) la déclarera « authentique », c'est-à-dire rigoureusement fiable en matière de foi. La plus grande partie de cette œuvre, Jérôme l'accomplit à Bethléem ; il y partage sa vie entre une intense activité intellectuelle et la direction spirituelle de moines et de moniales, ministère dans lequel il excelle. Ses écrits théologiques ne valent pas ses travaux bibliques, qui en ont fait le grand docteur des Saintes Écritures dans l'Église latine. Sa vie a inspiré d'innombrables artistes (Dürer, Rembrandt, Raphaël...), qui le représentent souvent méditant dans une cellule ou une grotte, parfois en compagnie d'un lion auquel il aurait retiré une épine de la patte.

Saint Jérôme.

JÉRÔME ÉMILIEN († 1537) CONFESSEUR. Cal. rom. 8 février*. Noble vénitien, plein de compassion pour les enfants abandonnés, il fonde à Somasca, près de Bergame, la *Congrégation des Clercs réguliers* (appelés les *somasques*), vouée à l'éducation de la jeunesse et, spécialement, des enfants sans famille.

▶ Sept autres saints portent le nom de Jérôme.

JOACHIM (Ier siècle) PÈRE DE LA VIERGE MARIE. Cal. rom. 26 juillet**. Comme on ne sait rien de sa vie, on l'a parfois présentée sur le modèle de celle d'Abraham ou de Zacharie, le père de Jean-Baptiste. Époux de sainte Anne, Joachim est fêté en même temps que cette dernière, dont le culte est très populaire. Les parents de la Vierge sont vénérés par les chrétiens pour avoir su éveiller chez leur enfant une totale disponibilité aux appels de Dieu.

JOSAPHAT KUNCEVICZ (1580-1625) ÉVÊQUE ET MARTYR. Cal. rom. 12 novembre**. Né à Volhynie (dans l'actuelle Ukraine), il appartient à l'Église ruthène orthodoxe qui souscrit l'acte d'Union avec Rome à Brest-Litovsk en 1595. Entré chez les moines basiliens, il y est ordonné prêtre et entreprend bientôt la réforme de l'ordre. Archevêque de Polotsk en 1618, il s'emploie à rallier les orthodoxes à l'Union avec Rome, suscitant ainsi de vives réactions ; il meurt assassiné à coups de hache à 43 ans.

Soif de Dieu

Comme une biche se penche
sur des cours d'eau,
ainsi mon âme penche
vers toi, mon Dieu.
J'ai soif de Dieu,
du Dieu vivant :
Quand pourrai-je entrer
et paraître face à Dieu ?

Psaume 42, 2 et 3

JOSEPH (Ier siècle) ÉPOUX DE LA VIERGE MARIE. Cal. rom. 19 mars****. Les évangiles parlent peu de lui ; ils nous disent que cet artisan de Nazareth, qui appartient à la descendance du roi David (la « maison de David »), est fiancé à Marie lorsque celle-ci, vierge, conçoit Jésus de l'Esprit Saint. Croyant se trouver devant une situation scandaleuse, Joseph, « homme juste », se propose de rompre « en cachette » avec Marie, lorsqu'il est averti par un ange de n'en rien faire et de la prendre au contraire chez lui ; elle doit en effet enfanter un fils que Joseph appellera Jésus, car « c'est lui qui sauvera son peuple de ses péchés ». On voit Joseph avec Marie à Bethléem, au moment de la naissance de Jésus et lors de la venue des Mages, puis lors de la fuite en Égypte et du retour à Nazareth. On le voit encore avec Marie et Jésus au moment de la Présentation de ce dernier au Temple. Le récit de la perte de Jésus au Temple alors que celui-ci, âgé de douze ans, est resté au milieu des docteurs de la Loi, fait seulement mention des parents de Jésus. Nous n'en savons pas davantage sur Joseph, bien que les évangiles apocryphes aient forgé à son sujet toute une légende qui ne sera pas sans influencer plus tard le culte de saint Joseph. Ce culte n'apparaît qu'au XVe siècle et prend de l'importance au XVIIe siècle avec l'épanouissement de l'École française de spiritualité (institution de la fête, alors obligatoire et chômée, du 19 mars, et en outre d'une fête du patronage de saint Joseph ; cette dernière sera remplacée par Pie XII par la fête de Joseph artisan, fixée au 1er mai, jour de la Fête du Travail). Joseph est honoré par l'Eglise pour la manière dont il n'a cessé de se conformer avec foi à la parole de Dieu et pour la coopération que, ce faisant, il a apportée à la réalisation du plan de Dieu pour le salut des hommes.
Patron de l'Église universelle (Pie IX 1870), des ouvriers (Benoît XV 1920).

▷ José, Joséphine, Josette, Josiane.

Saint Joseph

... Comment un esprit clairvoyant peut-il penser que l'Esprit Saint ait uni d'une union si étroite à l'âme d'une Vierge si grande quelque autre âme, sans que celle-ci lui fût très semblable par la pratique des vertus ? Je crois donc que saint Joseph fut le plus pur des hommes en virginité, le plus profond en humilité, le plus ardent en amour de Dieu et en charité, le plus élevé en contemplation ».

Saint Bernardin de Sienne, (Sermon).

J'ai eu faim et vous m'avez donné à manger

Alors le roi dira à ceux qui seront à sa droite : « Venez les bénis de mon Père, recevez en partage le Royaume qui a été préparé pour vous depuis la fondation du monde. Car j'ai eu faim et vous m'avez donné à manger ; j'ai eu soif et vous m'avez donné à boire ; j'étais un étranger et vous m'avez recueilli ; nu, et vous m'avez vêtu ; malade, et vous m'avez visité ; en prison, et vous êtes venus à moi ».
Alors les justes lui répondront : « Seigneur, quand nous est-il arrivé de te voir affamé et de te nourrir, assoiffé et de te donner à boire ? Quand nous est-il arrivé de te voir étranger et de te recueillir, nu et de te vêtir ? Quand nous est-il arrivé de te voir malade ou en prison, et de venir à toi ? »
Et le roi répondra : « En vérité, je vous le déclare, chaque fois que vous l'avez fait à l'un de ces plus petits, qui sont mes frères, c'est à moi que vous l'avez fait. »

Évangile selon saint Matthieu
25, 34-40

JOSEPH CALASANZ (1556-1648) CONFESSEUR. Cal. rom. 25 août*. Ce prêtre d'origine aragonaise découvre à Rome les multiples conséquences de la misère sur les enfants. Il fonde pour y parer la *Congrégation des pauvres clercs de la Mère de Dieu pour les écoles pies (piaristes)*. Il rencontre des oppositions qui aboutissent, de son vivant, à la suppression de son œuvre par le pape Innocent X ; elle est rétablie, peu après sa mort, par le pape Alexandre VII. Le pape Pie XII devait le proclamer patron des écoles populaires chrétiennes (1948).

JOSEPH DE COPERTINO (1603-1663) CONFESSEUR. Fête loc. 18 septembre. JOSEPH DESA, de famille pauvre, ignorant et d'apparence quelque peu niaise, est finalement admis chez les frères mineurs conventuels du couvent de Grotella, près de sa ville de Copertino, dans les Pouilles (Italie), en 1625. Il a du mal à réussir ses examens, mais est néanmoins ordonné prêtre en 1630. Sujet à des phénomènes mystiques (extases, lévitation, miracles) qui attirent les foules, il est déféré à l'Inquisition mais reconnu innocent. Malgré son isolement, il n'en voit pas moins venir à lui des gens de toute l'Europe, parmi lesquels il opère de nombreuses conversions. Il est le patron des candidats aux examens, et celui des aviateurs, à cause des phénomènes de lévitation qui l'ont fait nommer « le saint volant ».

▶ Une quarantaine d'autres saints ou bienheureux portent le nom de Joseph, parmi lesquels JOSEPH D'ARIMATHIE (Ier siècle), seulement connu pour avoir offert son tombeau pour inhumer Jésus, mais à propos duquel les évangiles apocryphes ont créé toute une légende.

JUDE ou THADDÉE (Ier s.) APÔTRE. Cal. rom. 28 octobre***. Jude, appelé aussi « Judas fils de Jacques » par l'évangéliste Luc, et Thaddée (homme à la forte poitrine) par les évangélistes Marc et Matthieu, est l'un des douze apôtres. « Comment se peut-il que tu doives te manifester à nous et non au monde ? », demande-t-il au Christ après sa résurrection ; et Jésus lui répond qu'il se manifeste à travers ceux qui croient en son amour. On n'en sait pas plus sur lui. Des traditions diverses se sont établies à son sujet ; l'une d'elles le fait mourir martyr en Perse en même temps que l'apôtre Simon ; ils sont fêtés ensemble.

JUDICAËL († v. 650) ROI DES BRETONS. Fête loc. 17 décembre. Saint Eloi lui ménage une entrevue avec le roi Dagobert afin d'éviter la guerre. Après avoir abdiqué, il vivra en moine pendant 20 ans. Il mourra à Saint-Méen-le-Grand (Ille-et-Vilaine).

▷ Gaël, Gaëlle

JUDITH ou JUTTA († 1260) ERMITE. Fête loc. 5 mai. Née en Thuringe (Allemagne), elle ira vivre en ermite à Kulmsee. Elle est patronne de la Prusse.

JULES Ier († 352) PAPE. Fête loc. 12 avril. Successeur en 337 du pape Marc, il soutient saint Athanase, évêque d'Alexandrie, dans sa lutte contre l'hérésie arienne, source d'innombrables difficultés et factions.

▶ Huit autres saints, presque tous martyrs des premiers siècles, portent le nom de Jules.

JULIE (VIe ou VIIe s.) MARTYRE. Fête loc. 22 mai. Ce qu'on sait de cette patronne de la Corse est dû à des traditions tardives et incertaines. Née selon les uns à Carthage, selon les autres en Corse, esclave d'un marchand syrien, elle aurait refusé de sacrifier aux dieux et aurait été crucifiée. Ses reliques sont l'objet d'un pèlerinage à Nonza, sur le cap Corse.

Qu'est-ce qu'être sainte, pour une créature, sinon adhérer à Dieu au maximum de ses puissances ? Et qu'est-ce qu'adhérer à Dieu au maximum, sinon remplir dans le monde organisé autour du Christ la fonction exacte, humble ou éminente, à laquelle, par nature et par surnature, elle est destinée ?

PIERRE TEILHARD DE CHARDIN,
Être plus, Éd. du Seuil, 1968.

JULIE BILLIART (1751-1816) VIERGE. Fête loc. 8 avril. Née à Cuvilly (Oise), elle est d'abord catéchiste. Longtemps impotente, elle est guérie pendant une neuvaine au Sacré-Cœur en 1804. Elle est la fondatrice de l'*Institut des Sœurs de Notre-Dame* pour l'éducation des jeunes filles à Amiens, puis à Namur (Belgique).

▶ Dix autres saintes et bienheureuses portent le nom de Julie, dont JULIE-LOUISE DE JÉSUS († 1794), une des seize carmélites de Compiègne guillotinées sous la Terreur (fête loc. 17 juillet).

JULIEN L'HOSPITALIER Il s'agit d'un personnage légendaire, dont l'histoire a été vulgarisée par la *Légende dorée* de Jacques de Voragine (XIIIe siècle), laquelle inspira à son tour un célèbre conte de Flaubert. Julien, grand chasseur, reçoit d'un cerf qu'il traque la prédiction qu'il tuera père et mère. Un jour, croyant surprendre un adultère, il tue effectivement ses parents. Pour se racheter, il organise au bord d'un fleuve dangereux l'hospitalité et le passage bénévoles des voyageurs. Une nuit de tempête, il fait ainsi passer un lépreux qui n'est autre que le Christ. On retrouve là plusieurs des thèmes traditionnels qui ont inspiré diverses histoires légendaires de saints.

JULIEN († v. 250) ÉVÊQUE. Fête loc. 27 janvier. Il serait originaire de Rome, où il aurait reçu la consécration épiscopale pour aller évangéliser le pays entre la Loire et la rive gauche de la Seine ; il y lutte contre le druidisme. Il est le premier évêque du Mans, dont le diocèse est aujourd'hui placé sous son patronage. Comme il est fréquent, certains récits de sa vie sont influencés par la légende de son homonyme, Julien l'Hospitalier.

JULIEN DE BRIOUDE ou JULIEN D'AUVERGNE (IIIe siècle) MARTYR. Fête loc. 28 août. Né à Vienne, militaire dans l'armée impériale, il meurt martyr à Brioude (Haute-Loire). Très populaire dans le centre de la France, plus de 300 églises sont placées sous son patronage.

▶ Trente-cinq saints portent le nom de Julien, la plupart martyrs des premiers siècles.

JULIENNE Seize saintes portent ce nom, dont JULIENNE DE MONT-CORNILLON (1192-1258), religieuse au monastère de Mont-Cornillon, près de Liège ; fête loc. 7 août (en Belgique*) ; à la suite de visions, elle obtient de son évêque l'institution de la fête du Corps du Christ (1248). Une autre JULIENNE, de la famille florentine des FALCONIERI (1270-1341), est fondatrice d'un Ordre voué à l'éducation des enfants et au soin des malades, dont les religieuses sont appelées *mantellates* à cause de leur grand manteau.

▶ Beaucoup de Julienne ont pour patron un des saints Julien.

JULIETTE ou JULITTE († v. 303) MARTYRE. Fête loc. 30 juillet. Son existence nous est connue par une homélie de saint Basile, selon lequel elle aurait refusé de sacrifier aux idoles lors de la grande persécution de Dioclétien en 303, et aurait péri sur un bûcher à Césarée de Cappadoce (Asie Mineure).

▶ Deux autres martyres des premiers siècles portent le nom de Juliette.

JUNIEN (VIe siècle) ERMITE. Fête loc. 16 octobre. Originaire de Cambrai, disciple de l'ermite saint Amand, il vit lui-même en ermite à Comodoliac, où son tombeau devient le but d'un pèlerinage ; c'est l'origine de la ville de Saint-Junien (Haute-Vienne).

La sainteté peut être sur le trône, où l'on reconnaît presque unanimement que les difficultés qu'elle rencontre sont les plus grandes. Elle se cache sous l'habit d'un mendiant, où l'on est souvent plus incliné à la trouver. Mais nul ne sait s'il faut plus d'effort pour échapper au démon de l'orgueil ou au démon de l'envie.

LOUIS LAVELLE,
Quatre saints,
Éd. Albin Michel, 1951.

JUST († après 381) ÉVÊQUE. Fête loc. 14 octobre. Né à Tournus, diacre à Vienne (Isère), il devient évêque de Lyon vers 350. Il se retire ensuite dans un monastère d'Égypte. Après sa mort, son corps est rapporté à Lyon.

▶ Seize autres saints portent le nom de Just ou Juste, dont un évêque de Strasbourg (IVe siècle, fête loc. 2 sept.), et un archevêque de Cantorbéry († 627), un des missionnaires envoyés évangéliser les Angles par le pape Grégoire le Grand.

JUSTIN LE PHILOSOPHE (v. 100-166) MARTYR. Cal. rom. 1 juin**. Né à Naplouse en Palestine, dans une famille grecque païenne, il cherche sa voie en étudiant les diverses philosophies ; aucune ne répond à sa recherche de vérité ; cette vérité, il la trouve enfin dans la foi chrétienne, qu'il se met alors à enseigner et à défendre par la parole et par l'écrit. Il ouvre une école à Rome ; il publie divers ouvrages (*Apologies, Dialogues*), dans lesquels il s'emploie à rapprocher philosophie et christianisme. Il meurt décapité sous l'empereur Marc-Aurèle.

▶ Six autres saints portent le nom de Justin.

JUSTINE Huit saintes, presque toutes martyres, portent le nom de Justine. Beaucoup de Justine ont pour patron un des saints Justin.

K-L

KILIAN ou CILIAN Voir Index.

KOLBE (voir Maximilien Kolbe)

LAMBERT († 705 ?) ÉVÊQUE. Fête loc. 17 septembre (en Belgique *). Alors qu'il est évêque de Maastricht (actuels Pays-Bas), ville dont il est originaire, Lambert se voit contraint par le roi d'Austrasie Dagobert II à se retirer dans un couvent ; après l'assassinat de Dagobert, et Pépin d'Héristal étant devenu maire du palais du royaume d'Austrasie (avant de l'être de tout le pays franc), Lambert peut reprendre sa charge épiscopale ; mais, quelque 30 ans plus tard, ayant condamné l'adultère de Pépin, l'évêque est assassiné au village de Leodium (future ville de Liège). La popularité de saint Lambert a fait donner son nom à de nombreuses églises et localités.

LANDRY († v. 656) ÉVÊQUE. Fête loc. 10 juin. Remarquable par sa vie exemplaire et sa science, il est élu évêque de Paris vers 650. Au cours d'une famine, il vend ses meubles et les vases sacrés pour secourir les pauvres. Il aurait fondé l'hôpital devenu depuis l'*Hôtel-Dieu*, ancêtre des hopitaux modernes.

LAURE Voir Index.

LAURENT († 258) DIACRE ET MARTYR. Cal. rom. 10 août ***. Lors des persécutions de l'empereur Valérien, Laurent, archidiacre romain, est arrêté tandis qu'il assiste le pape Sixte II dans la célébration eucharistique, puis exécuté, sans doute après avoir été torturé. Le récit légendaire de sa *Passion* le montre refusant de livrer les biens matériels et les archives dont il a la garde, et mourant brûlé sur un gril. Il est très vite l'objet d'un culte très populaire, et sa fête célébrée solennellement. C'est pour avoir remporté le jour de la Saint-Laurent la bataille de Saint-Quentin (1557) que le roi d'Espagne Philippe II a bâti son palais-monastère de l'Escurial sur le plan d'un gril. Saint Laurent est le patron des cuisiniers, des bibliothécaires et des archivistes.

LAURENT DE BRINDISI Voir Index.

▶ Vingt-trois autres saints ou bienheureux portent le nom de Laurent.

▶ Laurentine

LAZARE (Ier siècle) Fête loc. 17 décembre. Frère de Marthe et Marie, et lui-même ami de Jésus, il est resté célèbre par le miracle de sa résurrection opéré par celui-ci (Jn. 11). Une légende, répandue en Occident, le montre débarquant aux Saintes-Maries-de-la-Mer, en Camargue, avec ses deux sœurs, ainsi qu'avec Marie Jacobé, parente de la Vierge Marie, Marie Salomé, mère des apôtres Jean et

Jacques, leur servante Sarah, les disciples Maximin et Ixidoine, après avoir été chassés de Judée par le Sanhédrin et jetés à l'aventure sur une barque. Cette même légende fait de Lazare le premier évêque de Marseille (qui a, en fait, été évangélisé plus tard). Plusieurs villes françaises revendiquent l'honneur de posséder des reliques de lui, notamment Avallon et Autun. Sous le nom de *saint Lazare ressuscité*, il est le patron des diocèses de Marseille et Autun. En Orient, une autre tradition le fait débarquer avec ses sœurs à Chypre, où il serait devenu l'évêque de Cition (aujourd'hui Larnaka). En 890, ses reliques auraient été transférées à Constantinople où une basilique fut construite en son honneur. Le samedi, veille des Rameaux, y est toujours consacré à sa mémoire. Ne pas le confondre avec le pauvre Lazare personnage fictif d'une parabole du Christ (Lc 16, 20-25).

▶ Six autres saints portent le nom de Lazare.

LÉA († 384) VEUVE. Fête loc. 22 mars. Appartenant à l'aristocratie romaine, elle se retire dans un monastère à Ostie après son veuvage, et devient l'une des disciples de saint Jérôme.

▷ Leïla, Lia, Lila.

LÉANDRE (v. 549-596) ÉVÊQUE. Fête loc. 28 février. Évêque de Séville, il convertit au catholicisme Herménégild, fils aîné du roi d'Espagne Linvigild, arien comme l'ensemble du peuple wisigoth, qui avait conquis l'Espagne. Cette conversion vaut à Herménégild la mort par décapitation et à Léandre l'exil, au cours duquel il se liera d'amitié avec le futur pape Grégoire le Grand. Lorsqu'en 586 le frère d'Herménégild, Reccared, devient roi d'Espagne, il se convertit au catholicisme et prend Léandre pour conseiller. L'Espagne devient catholique. On a souvent rapproché les rôles exercés en France par saint Rémi et en Espagne par saint Léandre. Ce dernier devait exercer une grande influence sur le développement et l'organisation de l'Eglise en Espagne. C'est son frère, saint Isidore, qui lui succèdera à l'évêché de Séville.

LÉGER (v.616-680 ?) ÉVÊQUE. Fête loc. 2 octobre. Issu d'une noble famille franque, Léger est abbé du monastère de Saint-Maixent (Deux-Sèvres) vers 653 et évêque d'Autun vers 663. Il impose à son clergé le Symbole dit de saint Athanase (dogmes de la Trinité et de l'Incarnation). L'épiscopat franc est alors pris dans les remous des luttes sanglantes que se livrent rois mérovingiens et maires du palais. Après l'assassinat du roi Childéric II, le maire du palais, Ebroïn, se saisit de Léger ; on lui crève les yeux et on lui coupe la langue ; après une détention de deux années à Fécamp, il est décapité près de Doullens. Très populaire, il a donné son nom à 55 communes en France. La *Vie de saint Léger*, écrite au Xe ou XIe siècle, probablement à Autun, est l'un des plus anciens textes de la littérature française ; c'est une complainte en vers sur la vie et le martyre du saint, qui a largement contribué à sa popularité.

La folie de l'Évangile

Le langage de la croix, en effet, est folie pour ceux qui se perdent, mais pour ceux qui sont en train d'être sauvés, pour nous, il est puissance de Dieu. Car il est écrit : Je détruirai la sagesse des sages et j'anéantirai l'intelligence des intelligents. Où est le sage ? Où est le docteur de la Loi ? Où est le raisonneur de ce siècle ? Dieu n'a-t-il pas rendu folle la sagesse du monde ? En effet, puisque le monde, par le moyen de la sagesse, n'a pas reconnu Dieu dans la sagesse de Dieu, c'est par la folie de la prédication que Dieu a jugé bon de sauver ceux qui croient. Les Juifs demandent des miracles et les Grecs recherchent la sagesse ; mais nous, nous prêchons un Messie crucifié, scandale pour les Juifs, folie pour les païens ; mais pour ceux qui sont appelés, tant Juifs que Grecs, il est Christ, puissance de Dieu et sagesse de Dieu. Car ce qui est folie de Dieu est plus sage que les hommes et ce qui est faiblesse de Dieu est plus fort que les hommes. Considérez, frères, qui vous êtes, vous qui avez reçu l'appel de Dieu : il n'y a parmi vous ni beaucoup de sages aux yeux des hommes, ni beaucoup de puissants, ni beaucoup de gens de bonne famille. Mais ce qui est folie dans le monde, Dieu l'a choisi pour confondre les sages ; ce qui est faible dans le monde, Dieu l'a choisi pour confondre ce qui est fort ; ce qui dans le monde est vil et méprisé, ce qui n'est pas, Dieu l'a choisi pour réduire à rien ce qui est.

1re Épître de saint Paul aux Corinthiens 1, 18-28

LÉON (v. 856-v. 890) ÉVÊQUE ET MARTYR. Fête loc. 1er mars. Né à Carentan (Manche), il est chargé par le pape d'évangéliser les Basques. Premier évêque de Bayonne, il convertit les païens du Labourd (Bayonne), de la Navarre, de la Biscaye, et meurt décapité par les barbares en même temps que son frère Gervais. Il est le patron de la ville de Bayonne.

LÉON Ier LE GRAND († 461) PAPE ET DOCTEUR DE L'ÉGLISE. Cal. rom. 10 novembre **. Né en Toscane, archidiacre à Rome, il est élu pape par le clergé et le peuple romain en 440 sous le nom de Léon 1er. Il joue un rôle de premier plan dans la lutte contre les hérésies qui bouleversent alors la chrétienté, notamment à propos de la nature de Jésus-Christ ; lorsqu'Eutychès, auteur d'une théorie monophysite ne reconnaissant au Christ qu'une nature purement divine, parvient à réunir un concile connu sous le nom de « brigandage d'Ephèse » (449), Léon adresse à l'évêque de Constantinople, Flavien, une célèbre lettre dogmatique, dite *Tome à Flavien*, où il expose la doctrine des deux natures, divine et humaine, en l'unique personne de Jésus-Christ. Ses légats au concile sont éconduits et Eutychès triomphe. Mais deux ans plus tard, Léon fait reconnaître cette doctrine par le concile de Chalcédoine (451). Il ne pourra cependant pas empêcher les monophysites de constituer alors des Eglises séparées de Rome (Arméniens, Jacobites, Coptes), schisme qui subsiste encore aujourd'hui.

L'activité de Léon touche à tous les domaines ; il lutte à Rome contre les survivances du paganisme, conduit avec fermeté son Eglise locale, obtient d'Attila qu'il évacue l'Italie, puis des Vandales qu'ils respectent les habitants de Rome (mais il ne peut empêcher le pillage de leurs biens) ; il fait prévaloir en Gaule, en Espagne, en Afrique, l'autorité du siège romain ; il en affermit l'autorité en rappelant que la primauté du pape est de droit divin attesté par l'Ecriture ; il exerce une influence considérable par ses sermons et ses lettres. On comprend que la postérité lui ait attribué le qualificatif de « grand », qu'il est le seul pape avec saint Grégoire 1er à avoir reçu.

LÉON IX (1002-1054) PAPE. Fête loc. 19 avril. BRUNON, membre de la famille des comtes d'Alsace, est d'abord évêque de Toul, charge dans laquelle il révèle ses dons de pasteur, de réformateur et d'administrateur. Son parent, l'empereur Henri III, le fait désigner comme pape par la diète d'Empire ; Brunon n'accepte qu'à condition de voir ce choix ratifié canoniquement par le clergé romain, devant lequel il se présente en habit de pèlerin. Il prend alors le nom de Léon IX. L'urgence d'une réforme des mœurs ecclésiastiques est criante. Léon s'y consacre avec ardeur et autorité, voyageant beaucoup, demandant des comptes aux dignitaires ecclésiastiques, réunissant maints synodes. Il s'entoure de collaborateurs animés du même esprit réformateur ; l'un d'eux, Hildebrand, est le futur Grégoire VII, qui parachèvera magistralement l'œuvre d'une lignée de grands pontifes rénovateurs.

▶ Vingt-huit autres saints ou bienheureux portent le nom de Léon, parmi lesquels trois autres papes (LÉON II, LÉON III, LÉON IV).

LÉONARD (VIe s. ?) ERMITE. Fête loc. 6 novembre. Selon des récits tardifs (XIe siècle), il s'agirait d'un guerrier franc converti au christianisme en même temps que Clovis, qui aurait même été son parrain. Son culte se répand à partir du XIe siècle à travers toute l'Europe, et le lieu de son ermitage près de Limoges, Noblat, devient un centre actif de pèlerinage, et l'origine de la ville de Saint-Léonard-de-Noblat. Il est le patron des prisonniers à la suite d'un jeu de mots sur son nom. Il est aussi le patron des paysans et des malades.

▶ Sept autres saints portent le nom de Léonard.

LÉONCE († IVe s.) MARTYR. Fête loc. 18 juin. Né à Tripoli, soldat romain, il lisait assidûment les Ecritures et évangélisait ses camarades. Interrogé par l'un de ses officiers, il se déclara chrétien, fut mis en prison, torturé et mourut martyr.

LÉONS ou LÉONCE († v. 541) ÉVÊQUE. Fête loc. 21 août. Né en Aquitaine, et suivant d'abord une carrière militaire, il est élu évêque de Bordeaux malgré son opposition. Plus tard, il se retirera dans les forêts du Rouergue pour y mener la vie d'ermite.

▶ Trois autres saints, dont un évêque de Césarée, évangélisateur de l'Arménie (IVe siècle), portent le nom de Léonce.

LEU (Voir Loup).

LIDWINE (1380-1433). Fête loc. 14 avril. A la suite d'un accident survenu durant son adolescence, cette Hollandaise vivra quarante ans dans un état d'extrême déchéance physique ; elle les passera en étroite union avec les souffrances du Christ, pour le rachat des péchés de l'humanité ; durant ses dix-neuf dernières années, elle ne supportera aucune alimentation solide ou liquide, et ne sera soutenue que par l'eucharistie. Elle portait les stigmates du Christ. Le récit de sa vie par Thomas a Kempis, problable auteur de l'*Imitation de Jésus-Christ*, devait contribuer à étendre son renom.

LIN († 76 ?) PAPE ET MARTYR. Rayé du nouveau calendrier romain (anc. fête 23 septembre), il serait , d'après des données non vérifiables, le successeur de saint Pierre au siège de Rome et aurait été enseveli à ses côtés.

LINE (Voir Adeline).

LIONEL (Voir Léon).

LÔ († 568 ?) ÉVÊQUE. Fête loc. 22 septembre. Originaire de Briovère, qui devint ensuite la ville de Saint-Lô, il a été évêque de Coutances. Il est le second patron du diocèse.

LOUIS DE FRANCE (1214-1270) CONFESSEUR. Cal. rom. 25 août*. L'image de Louis IX, roi de France, a été rendue populaire par la scène qui le représente rendant la justice sous un chêne du château de Vincennes. Cette réputation n'est pas usurpée, toute sa vie de souverain ayant été dominée par le souci de faire prévaloir la justice et la paix, aussi bien dans les relations entre ses sujets qu'entre les royaumes.

Saint Louis.

Cette volonté de justice et de paix a été comme le confluent de sa double vocation de saint et d'homme d'Etat. L'éclosion de cette double vocation a été, à coup sûr, favorisée par l'éducation reçue de sa très remarquable mère, Blanche de Castille. Mais la forte personnalité de Louis se serait de toute façon imposée.

Jeune roi, il disloque en 1242 une redoutable coalition de barons du Midi et de l'Ouest soutenue par le roi d'Angleterre, Henri III, obligeant celui-ci à traiter. Mais au lieu de profiter de sa position de force pour humilier son adversaire comme l'en pressent ses conseillers, il s'emploie au contraire, par des concessions délibérées, à établir un réglement définitif du litige chronique qui oppose les deux pays (Traité de Paris, 1259). Déjà il avait négocié dans le même esprit avec le roi d'Aragon (1258). De même encore fait-il de son mieux pour réconcilier le pape et l'empereur d'Allemagne, empêtrés dans l'interminable lutte du Sacerdoce et de l'Empire. Aussi, de plus en plus en Europe, les grands font-ils appel à sa sagesse et à son équité pour régler leurs différends.

A l'intérieur, c'est le même esprit qui prévaut, dans l'organisation de la justice (institution du Parlement de Paris), dans le fonctionnement et le strict contrôle de l'administration royale, dans l'interdiction des guerres privées, dans l'initiative de la « quarantaine le roi » (pour décourager les vengeances), dans le développement des franchises communales.

Tout cela ne cesse de trouver son inspiration dans la conscience aiguë des devoirs d'un souverain chrétien qui habite Louis IX. Aussi bien est-ce la foi qui conduit l'homme tout entier, dans sa vie publique comme dans sa vie privée. Cette dernière se partage entre son foyer (Louis fut un époux passionné, plein de prévenances pour sa femme Marguerite de Provence, en même temps qu'un père fort attentif à l'éducation de leurs onze enfants) et un large temps consacré à la prière (ses journées et ses nuits sont rythmées par l'office divin). Il mène une vie frugale, s'impose jeûnes et pénitences, évite tout appareil ostentatoire dans l'exercice de ses fonctions royales, se complaît à rendre visite aux pauvres et aux lépreux, qu'il entoure d'une sollicitude pleine de respect car il voit en eux la personne du Christ. On sait avec quelle vénération il édifia la Sainte Chapelle dans son palais de la Cité pour servir de reliquaire à la couronne d'épines.

C'est dans le même mouvement qu'il décide de « prendre la croix » pour tenter d'aller délivrer le tombeau du Christ. Ses deux croisades, la VIIe et la VIIIe et dernière, seront autant d'échecs ; et c'est au cours de la dernière qu'il mourra de la peste, à 56 ans, devant Tunis. Du moins son courage physique et son attitude chevaleresque à l'égard de ceux qu'il était venu combattre grandirent-ils encore sa réputation, jusque chez les musulmans. Sa vie aura été de bout en bout conduite selon l'idéal d'un souverain chrétien du XIIIe siècle.

On lui doit de multiples constructions d'églises et de monastères ; c'est sous son règne que fut achevé le gros œuvre de Notre-Dame de Paris (1250). Son appui permit à Robert de Sorbon, chanoine de Paris, de fonder la Sorbonne (1253, collège assurant l'hébergement et l'enseignement d'étudiants en théologie pauvres. (Voir Histoire de l'Eglise).

Saint Louis est le patron des diocèses de Versailles et de Blois.

□ *Saint Louis,* J. Levron, Ed. Amiot-Dumont.
Saint Louis, un roi aux pieds des pauvres, C. Klein, Ed. SOS.
Saint Louis, roi d'une France féodale, soutien de la Terre Sainte, J. Richard, Ed. Fayard.

▷ Clovis, Loïc, Ludovic, Ludwig.

LOUIS DE GONZAGUE (1568-1591) CONFESSEUR. Cal. rom. 21 juin**. Fils aîné de Ferdinand de Gonzague, marquis de Castiglione, près de Mantoue, il est élevé à la cour de Florence ; en même temps qu'il y poursuit ses études, il y mène une vie consacrée à la prière et à la pénitence, fort peu courante chez un garçon de son âge ; il lutte contre ses défauts d'orgueil et de révolte. A onze ans, il fait le vœu de chasteté perpétuelle. A Mantoue en 1585 (il a seize ans), il suit les *Exercices spirituels* de saint Ignace et annonce sa décision d'abdiquer en faveur de son frère et d'entrer au noviciat des jésuites. Pendant qu'il reçoit à Rome la formation des jeunes jésuites, il est chargé d'aller régler un différend entre son frère et le duc de Mantoue. Durant l'épidémie de peste qui ravage Rome en 1590-1591, il se dépense au service des malades ; sa santé fragile n'y résiste pas, il meurt dans la sérénité à 23 ans. Il a été proclamé patron de la jeunesse dès 1725, titre confirmé par Pie XI en 1926.

▷ Gino, Gina, Gonzague.

LOUIS-MARIE GRIGNION DE MONTFORT (1673-1716) CONFESSEUR. Fête loc. 28 avril. Né à Montfort-sur-Meu (Ille-et-Vilaine), ordonné prêtre en 1700 et nommé aumônier de l'hôpital de Poitiers, il fonde en 1703, avec Marie-Louise Trichet, une congrégation féminine à l'origine purement hospitalière, *les Filles de la Sagesse*, qui étendra très vite son activité à l'enseignement des enfants pauvres. De son côté, il commence une prédication itinérante dans l'ouest de la France qui, à la faveur de méthodes peu classiques (et peu appréciées, des jansénistes comme des libertins), s'avère fort efficace. Mais Louis-Marie est conscient de la fragilité de ces résultats. Il décide donc, en 1705, de réunir au sein d'une Compagnie de Marie des prêtres et des catéchistes dûment formés. Après sa mort, ce petit noyau se développera simultanément dans deux directions : la *Compagnie de Marie*, congrégation religieuse de prêtres (Pères montfortains), et la *Congrégation enseignante des Frères du Saint-Esprit* (devenus *Frères de l'Instruction chrétienne de saint Gabriel* au XIXe siècle). Louis-Marie, qui devait mourir à Saint-Laurent-sur-Sèvre (Vendée) où il avait établi le foyer de ses activités, a laissé un grand nombre de cantiques populaires (souvent composés sur des airs profanes), et un *Traité de la vraie dévotion à la Vierge*.

▶ Trente-deux autres saints et bienheureux portent le nom de Louis, dont LOUIS D'ANJOU (1274-1297), petit-neveu de saint Louis et évêque de Toulouse (fête loc. 19 août).

LOUISE DE MARILLAC (1591-1660) VEUVE. Fête loc. 15 mars. La future fondatrice des célèbres *Sœurs de Saint-Vincent de Paul* appartient à une famille de la noblesse. Toute sa vie se déroule à Paris. Mariée en 1613 à Antoine Le Gras, dont elle a un fils, elle devient veuve en 1625. Elle était depuis un an sous la direction spirituelle de saint Vincent de Paul, et celui-ci l'incite alors à participer à l'activité des « charités » de dames qu'il a fondées ; elle en deviendra l'animatrice après l'entrée de son fils au séminaire. Bientôt Vincent de Paul lui demande de rassembler des jeunes filles de milieux plus modestes, plus proches du monde des pauvres, pour contribuer au service de ces derniers ; en 1633 elle fonde la *Compagnie des Filles de la Charité* (dite plus tard : *de saint Vincent de Paul* ou *Sœurs de Saint Vincent de Paul*) qui « auront pour tout monastère une maison de malade, pour cellule une chambre de louage, pour cloître les rues de la ville ou les salles des hôpitaux ». Vincent et Louise de Marillac réussissent ce que François de Sales et Jeanne de Chantal avaient dû renoncer à réaliser : un ordre féminin qui ne soit pas cloîtré, afin de se vouer au service des plus démunis.
Le nouvel Ordre, dont les religieuses portent tout simplement l'habit des paysannes pauvres de l'époque, s'étend rapidement ; il est aujourd'hui le plus important au monde. Le corps de Louise de Marillac repose dans la chapelle de l'actuelle maison-mère des Filles de la Charité, 140, rue du Bac à Paris.

Bienheureuse LOUISE DE SAVOIE († 1503) VEUVE. Fête loc. 24 juillet. Fille du bienheureux Amédée IX, duc de Savoie, elle épouse en 1479, pour plaire à ses parents, Hugues de Châlons, et mène à son foyer une vie de prière. Veuve sans enfants à 27 ans, elle entre chez les Clarisses d'Orbe (Suisse). Ses restes seront transférés en 1842 dans la chapelle du palais royal de Turin.

▶ Deux autres saintes ou bienheureuses portent le nom de Louise. Beaucoup de Louise ont pour patron un des saints Louis.

▷ Louisette.

LOUP ou LEU (v. 383-v. 478) ÉVÊQUE. Né à Toul d'une famille noble, il épouse une sœur du futur saint Hilaire (qui sera évêque d'Arles). Au bout de six années, les deux époux se séparent d'un commun accord. Loup rejoint alors, aux îles de Lérins, le petit groupe d'ermites qui se constituait autour d'Honorat. Comme beaucoup d'autres moines de Lérins, Loup est appelé quelques années plus tard à l'épiscopat : en 426, il est élu évêque de Troyes. Il acquiert sa célébrité au moment où Attila, roi des Huns, menace la cité ; ainsi que tant d'autres évêques au moment des invasions barbares, alors que la puissance romaine se révèle en pleine déliquescence, c'est lui qui prend en mains la protection de la population ; s'offrant en otage, il obtient d'Attila qu'il épargne la ville ; et en le libérant, le roi des Huns se recommande à ses prières !

▶ Treize autres saints portent le nom de Loup ou Leu, dont un évêque de Sens († 623, fête loc. 1er septembre).

LUBIN († entre 552 et 567) ÉVÊQUE. Fête loc. 15 septembre. D'après un récit dont l'authenticité est difficilement vérifiable, il serait né en Poitou et entré très jeune dans un monastère, puis aurait été abbé du monastère de Brou (Eure-et-Loir), prêtre et évêque de Chartres. Très célèbre en pays chartrain, il y a donné son nom à plusieurs communes.

LUC (1er siècle) ÉVANGÉLISTE. Cal. rom. 18 octobre ***. Ce médecin naît à Antioche (dans l'actuelle Turquie), qui était alors la troisième ville de l'empire romain par l'importance. Ayant rencontré Paul, il se convertit et l'accompagne dans ses voyages missionnaires ; il sera ainsi un précieux témoin des débuts de l'Église ; la tradition lui attribue en effet le *troisième Évangile* (paru vers 60) et les *Actes des Apôtres* (parus vers 65) ; mais c'est par les *Épîtres* de Paul qu'on connaît son nom. Les deux œuvres de Luc se complètent : le *troisième Évangile* présente la vie de Jésus, de l'enfance au calvaire, puis à la résurrection et à l'ascension, comme la révélation progressive du Sauveur universel et l'accomplissement de sa mission de salut ; les *Actes des Apôtres* évoquent l'action de l'Esprit Saint envoyé par le Christ après son retour auprès du Père : on y

Saint Luc. École mosane, XIVe siècle.

voit l'Évangile se diffuser à partir de Jérusalem, et l'Église s'ouvrir à tous, aux païens comme aux Juifs. Luc étant celui des évangélistes qui a accordé le plus de place à l'enfance de Jésus et à la Vierge, on suppose qu'il a connu personnellement celle-ci. La légende lui attribue même un portrait de Marie. C'est pourquoi, en même temps que celui des médecins, Luc est devenu le patron des peintres.

▶ Neuf autres saints ou bienheureux portent le nom de Luc.

LUCIE ou LUCE (Premiers siècles) VIERGE ET MARTYRE. Cal. rom. 13 décembre**. On ne sait presque rien d'elle, sinon qu'elle fut martyrisée à Syracuse et que son culte était répandu dès le Ve siècle, surtout en Sicile. Récemment, des fouilles à Syracuse ont révélé une petite catacombe Sainte-Lucie avec le tombeau de la martyre. Son nom, dérivant de *lux* (lumière), lui a valu d'être invoquée pour les maux d'yeux. La légende la présente d'ailleurs comme ayant eu les yeux arrachés lors de son martyre.

▶ Dix-huit autres saintes ou bienheureuses portent le nom de Lucie ou Luce.

▷ Luce, Lucette, Aurore.

Chaque fois, frères très chers, que nous célébrons les fêtes des saints martyrs, espérons, par leur intervention, recevoir la grâce du Seigneur afin qu'en imitant ces martyrs, nous méritions d'obtenir un jour les récompenses éternelles. Car seuls célèbrent dans la vérité les joyeuses solennités des martyrs ceux qui suivent leurs exemples... Pour nous, nous voulons bien partager la joie des saints, mais non supporter avec eux les épreuves de ce monde. Cependant, seul parviendra à la béatitude des saints martyrs celui qui aura accepté de les imiter dans la mesure du possible.

Saint Césaire d'Arles,
Sermon sur les saints.

LUCIEN († v. 290) MARTYR. Fête loc. 8 janvier. Prêtre de Rome, il vient en Gaule prêcher l'Evangile et exerce son apostolat dans le Beauvaisis. Sous le règne de Dioclétien, il est emprisonné, mais ni les promesses ni les menaces ne le font apostasier. Il est décapité à Montmille, à quelque distance de Beauvais.
Il est le patron du diocèse de Beauvais.

▶ Sept autres saints portent le nom de Lucien, dont LUCIEN D'ANTIOCHE († 312), martyr, traducteur en grec de livres de l'Ecriture Sainte (fête loc. 7 janvier).

▷ Lucienne

LUCRÈCE (IVe-Ve siècle) VIERGE ET MARTYRE. Fête loc. 23 novembre. Née à Mérida en Espagne, elle est martyrisée sous le préfet Dacien.

LUDGER (v. 743-809) ÉVÊQUE. Fête loc. 26 mars. Né près d'Utrecht (actuels Pays-Bas), moine bénédictin au Mont-Cassin (Italie), il est envoyé par Charlemagne évangéliser la Frise orientale ; il étend bientôt son action sur une partie de la Saxe puis de la Westphalie ; il fonde plusieurs monastères, dont celui de *Münster* (en allemand, monastère), qui sera le noyau de la ville de ce nom ; il en sera le premier évêque (802).

LUTGARDE (1182-1246) VIERGE. Fête loc. 16 juin. Née à Tongres (Belgique), elle menait une vie toute mondaine lorsque le Christ lui apparut, lui montrant ses plaies et l'invitant à se consacrer entièrement à lui. Retirée chez les cisterciennes d'Aywières, près de Namur, elle se dira favorisée de multiples grâces qui la feront considérer comme une des grandes mystiques de son siècle.

LYDIE (Ier s.) DISCIPLE DE SAINT PAUL. Fête loc. 3 août. Les *Actes des Apôtres* (16, 14-15) relatent la conversion par saint Paul de cette marchande de pourpre de la ville de Thyatire, près de Philippes en Grèce ; elle est l'une des toutes premières chrétiennes de l'Europe.

M

MACAIRE D'ALEXANDRIE ou LE JEUNE († v. 408) ERMITE. Fête loc. 2 janvier. Né à Alexandrie, en Egypte, et d'abord commerçant en dragées, il se retire dans la solitude à 40 ans ; sa sainteté lui suscite de nombreux imitateurs et disciples. C'est l'époque des Pères du Désert, dont l'histoire est parfois difficile à distinguer des pieuses légendes.

▶ Huit autres anachorètes portent le nom de Macaire, dont MACAIRE L'ANCIEN ou L'EGYPTIEN († 390).

MADDY (Voir Marie-Madeleine).

MADELEINE-SOPHIE BARAT (1776-1865) VIERGE. Fête loc. 25 mai. Née à Joigny (Yonne) où son père était tonnelier, Madeleine-Sophie allait très vite révéler ses remarquables qualités d'éducatrice. A 23 ans, sous la direction spirituelle du Père Varin, elle fonde la *Société du Sacré-Cœur de Jésus* (Dames du Sacré-Cœur) destinée à l'éducation des jeunes filles du monde. Elle prend elle-même la direction du premier pensionnat, établi à Amiens en 1801. Bientôt, le nombre de maisons s'accroissant rapidement (65 en 1850), elle devient supérieure générale de la société, dont elle établit la maison-mère à Paris (dans l'Hôtel Biron, actuel Musée Rodin).

▶ Vingt autres saintes et bienheureuses portent le nom de Madeleine.
(Voir aussi Marie-Madeleine).

MAGALI, MAGGY (Voir Marguerite, Marguerite-Marie).

MAGLOIRE (dates inconnues) CONFESSEUR. Fête loc. 24 octobre. La légende le fait appartenir à une famille royale d'Irlande ; il aurait été le cousin de saint Malo et de saint Samson, avec lequel il serait arrivé en Armorique, et auquel il aurait succédé comme évêque de Dol. En fait, on peut seulement affirmer qu'il a vécu en ermite à l'île de Sercq, l'une des îles anglo-normandes.

MAÏEUL, MAYEUL, MAYOL (906-994). Quatrième abbé de Cluny, et un des réformateurs de la vie écclésiastique monastique au Xe siècle.

MAIXENT († v. 515) ABBÉ. Fête loc. 26 juin. Né à Agde (Hérault), il s'initie à la vie religieuse au monastère de cette ville, avant de gagner une autre communauté dans le Poitou, dont il deviendra supérieur. C'est autour de ce monastère, où se trouve son tombeau, que se développera la ville de Saint-Maixent (Deux-Sèvres).

MALO ou MACLOU († v. 640) ÉVÊQUE. Fête loc. 15 novembre. Il serait né dans le sud du Pays de Galles, où il aurait pratiqué la vie monastique ; déjà évêque, il aurait gagné la Bretagne où il aurait fondé un monastère à *Aleth* (future ville de Saint-Malo) et évangélisé la région. Peut-être contesté, il serait allé s'installer en Saintonge avec quelques-uns de ses moines ; il serait mort à Saintes. En fait, il est très difficile de démêler son histoire et sa légende.

MAÏTÉ Contraction de Marie-Thérèse. (Voir Marie ou Thérèse).

MAMMERT († 477) ÉVÊQUE. Fête loc. 11 mai. Evêque de Vienne (Isère) de 463 à 477, il institue les prières des Rogations (du latin *rogatio*, demande) pour solliciter la protection de Dieu contre les calamités de toutes sortes dont le pays était alors accablé (famines, tremblements de terre, pillages des Barbares, invasions de loups...). Les Rogations, célébrations qui se déroulent durant les trois jours qui précèdent l'Ascension, devaient être étendues à l'ensemble de l'Eglise au VIIIe siècle par le pape Léon III en vue d'attirer sur les récoltes la bénédiction divine.

MAMMÈS († 273) MARTYR. Fête loc. 17 août. Ce berger pauvre, devenu chrétien a été martyrisé pendant la persécution d'Aurélien, à Césarée de Cappadoce. Saint Basile et saint Grégoire de Nazianze ont prononcé son panégyrique.

MARC (1er s.) ÉVANGÉLISTE. Cal. rom. 25 avril***. Le nom de Marc est en réalité le surnom grec d'un Juif de Jérusalem appelé Jean. Les *Actes des Apôtres* le montrent en relation avec les apôtres Pierre et Paul. Aux côtés de son cousin Barnabé, il accompagne Paul au cours du premier voyage missionnaire de celui-ci ; mais, pour une raison inconnue, il l'abandonne en cours de route pour rentrer à Jérusalem ; Paul refusera alors de le prendre avec lui pour son second voyage (50), provoquant ainsi l'irritation de Barnabé qui abandonnera Paul à son tour. Plus tard

Soyez saints car je suis saint

Le Seigneur adressa la parole à Moïse : « Parle à toute la communauté des fils d'Israël ; tu leur diras : Soyez saints, car je suis saint, moi, le Seigneur, votre Dieu... Ne commettez pas de rapt, ne mentez pas, n'agissez pas avec fausseté, au détriment d'un compatriote. Ne prononcez pas de faux serment sous le couvert de mon nom : tu profanerais le nom de ton Dieu. C'est moi, le Seigneur.
N'exploite pas ton prochain et ne le vole pas ; la paye d'un salarié ne doit pas rester entre tes mains jusqu'au lendemain ; n'insulte pas un sourd et ne mets pas d'obstacle devant un aveugle ; C'est ainsi que tu auras la crainte de ton Dieu. C'est moi, le Seigneur.
N'aie aucune pensée de haine contre ton frère, mais n'hésite pas à réprimander ton compatriote pour ne pas te charger d'un péché à son égard ; ne te venge pas, et ne sois pas rancunier à l'égard des fils de ton peuple ; c'est ainsi que tu aimeras ton prochain comme toi-même. C'est moi, le Seigneur... »

Lévitique 19, 1-2 ; 11-18

(60-62), on retrouve Marc à Rome, aux côtés de Pierre qui le présente dans sa première *Épître* comme « son fils ». C'est après le martyre de Pierre que Marc écrit son *Évangile* (le deuxième synoptique, le plus court et le plus ancien : entre 64 et 70) ; il l'écrit en disciple de Pierre et dépositaire de son témoignage ; l'ouvrage est en même temps l'expression de la catéchèse d'une communauté. Il comporte peu de discours mais des récits concrets et vivants ; c'est l'œuvre d'un historien.
Une tradition invérifiable fait de Marc le fondateur de l'Église d'Alexandrie, en Égypte, où il serait mort martyr. Les chrétiens d'Égypte se considèrent en tout cas comme ses descendants spirituels. Le corps de Marc aurait été transporté à Venise en 815 ; c'est ainsi que cette ville s'est mise sous son patronage et a adopté pour emblème le lion, symbole de saint Marc. Saint Marc est le patron des vitriers et des notaires.

▶ Plus de trente autres saints ou bienheureux portent le nom de Marc.

MARCEL († 298) MARTYR. Fête loc. 30 octobre. Centurion romain en Espagne, il refuse de sacrifier aux idoles et déclare à haute voix qu'il est soldat de Jésus-Christ. Il meurt décapité.

Bienheureux MARCEL CALLO Voir p. 125.

▶ Dix-huit autres saints portent le nom de Marcel, dont le pape MARCEL Ier († 309) ; sa légende, qui le fait réduire par l'empereur Maxence à l'état de palefrenier, est à l'origine du choix de sa personne comme patron de la corporation.

MARCELLE († v. 410) VEUVE. Fête loc. 31 janvier. D'une illustre famille romaine, veuve peu après son mariage, elle met sa grande fortune au service des pauvres et, sous la direction de saint Jérôme, constitue une communauté de dames de la société romaine, vouée à la charité, à la prière et à l'étude de l'Écriture Sainte.

▶ Deux autres saintes portent le nom de Marcelle.
Beaucoup de Marcelle ont pour patron un des saints Marcel.

MARCELLIN († 413) MARTYR. Cal. rom. 6 avril*. Tribun romain, il est envoyé en Afrique du Nord par l'empereur d'Occident Honorius pour mettre fin au schisme donatiste ; Marcellin réunit un colloque contradictoire à Carthage en 411, et conclut par l'interdiction des assemblées donatistes. Sur ces entrefaites, un soulèvement local contre Rome provoque une répression qui, parmi d'autres victimes innocentes, frappe Marcellin ; il est exécuté malgré l'intervention de son ami, saint Augustin.

MARCELLIN PAPE. Voir Supplément.

MARCELLIN et PIERRE MARTYRS. *Idem.*

Bienheureux MARCELLIN CHAMPAGNAT (1789-1840). Fête loc. 6 juin. Né à Marlhes (Loire) dans une famille de meuniers, ordonné prêtre en 1816, il découvre dans sa paroisse de La Valla, près de Saint-Chamond, l'ignorance religieuse de la jeunesse dans cette période qui suit de peu la Révolution française. Il fonde alors l'institut enseignant des *Petits Frères de Marie* dits *Frères maristes des Écoles* (*Frères Maristes*) qui, devant d'immenses besoins, allait connaître un rapide essor.

▶ Neuf autres saints portent le nom de Marcellin.

MARCELLINE (IVe s.) VIERGE. Fête loc. 17 juillet. Sœur de saint Ambroise, le grand évêque de Milan, elle reçoit en 353, de la main du pape Libère, le voile des vierges consacrées, et mène jusqu'à sa mort une vie de prière, d'étude et de pénitence.

MARCOUF OU MARCOUL († v. 558) ABBÉ. Fête loc. 4 mai. Né à Bayeux, ordonné prêtre, il évangélise le Cotentin et les îles de la Manche. Son disciple, Hélier, s'établit comme ermite à Jersey.

MARGUERITE ou MARINE (Rayée du calendrier en 1969 ; ancienne fête le 20 juillet).Cette sainte très populaire n'est connue que par sa légende. Jeune convertie d'une grande beauté, fille d'un prêtre païen d'Antioche de Pisidie (au sud de l'actuelle Turquie), elle refuse la main du préfet Olybrius en se proclamant chrétienne, et meurt dans d'horribles supplices ; sa légende s'enrichit, plus tard, de l'intervention de dragons incarnant Satan, dont elle est victorieuse. Elle est l'un des quatorze saints auxiliateurs, et était invoquée par les femmes en couches.
Elle est toujours honorée en Orient.

MARGUERITE BOURGEOYS (1620-1700). Fête loc. 12 janvier (Canada*). Née à Troyes et entrée chez les Filles de Notre-Dame, elle est une des religieuses conquises par les projets de Paul de Maisonneuve, futur gouverneur de Montréal ; très vite, elle décide de partir pour la Nouvelle-France. Elle y fonde les *Sœurs de la Congrégation de Notre-Dame de Montréal*, qui sont à l'origine de la première école de filles du Canada. Surnommée par Montréal « la mère de la colonie », elle joue un rôle important de promotion sociale dans les premières années du Canada français.

MARGUERITE D'ÉCOSSE (v. 1045-1093) REINE. Cal. rom. 16 novembre. Fille du prince anglais Edouard, elle naît en Hongrie durant l'exil de ses parents. Revenus dans leur pays, ils en sont à nouveau chassés par la conquête normande (1066) et se retirent en Écosse. En 1070, Marguerite y épouse le roi, Malcom III ; elle exercera l'influence la plus heureuse sur lui comme sur l'ensemble de son pays, encore très fruste ; elle favorisera l'introduction de la réforme clunisienne dans l'Église d'Écosse.

▷ Daisy, Peggy.

MARGUERITE-MARIE ALACOQUE (1647-1690) VIERGE. Cal. rom. 16 octobre*. Née à Verosvres (Saône-et-Loire), elle entre en 1671 au couvent de la Visi-

Conduis-moi sur le chemin de toujours

Seigneur, tu m'as scruté
et tu me connais ,
tu connais mon coucher et mon lever ;
de loin tu discernes mes projets ;
tu surveilles ma route
et mon gîte,
et tous mes chemins te sont familiers.

C'est toi qui as créé mes reins ;
tu m'abritais dans le sein maternel.
Je confesse que je suis une vraie merveille,
tes œuvres sont prodigieuses ;
oui, je le reconnais bien.

Dieu ! scrute-moi et connais mon cœur ; éprouve-moi
et connais mes soucis.
Vois donc si je prends
le chemin périlleux, et conduis-moi
sur le chemin de toujours.

Psaume 139, 1-3, 13-14, 23-24

tation de Paray-le-Monial. Deux ans plus tard, en 1673, le Christ se montre une première fois à elle, déplorant l'indifférence des hommes à son égard et lui confiant la mission de répandre la dévotion à son cœur qui « a tant aimé les hommes », mission confirmée par d'autres révélations. Cette dévotion avait vu le jour dès le XIIIe siècle ; au cours du XVIIe siècle, avant même les révélations à Marguerite-Marie, saint Jean Eudes s'était fait l'initiateur d'un culte liturgique des cœurs de Jésus et Marie. (Après avoir fait célébrer une messe en l'honneur du Saint Cœur de Marie pour la première fois à Autun en 1648, il célébra la première messe en l'honneur du divin Cœur de Jésus en 1672). L'impulsion nouvelle que Marguerite-Marie allait donner à ce culte devait contribuer à neutraliser l'influence desséchante du jansénisme, qui imprégnait alors les esprits, et contribuer à un vif renouveau sprirituel dans toute l'Eglise. Confortée dans sa mission par son directeur spirituel, le jésuite Claude de la Colombière, Marguerite-Marie ne rencontrera par contre, pendant dix ans, que réprobation de la part des religieuses, qui la prennent pour une exaltée. Peu à peu cependant, son ardente spiritualité, inspirée par l'amour du Cœur du Christ, finira par gagner la communauté ; en 1686, on y célèbrera pour la première fois la fête du Cœur de Jésus. Ce culte liturgique se répandra peu à peu dans toute l'Église, encouragé par les papes Clément XIII (1765) et Pie IX (1856), avant d'aboutir à l'institution d'une fête du Sacré-Cœur-de-Jésus (vendredi de la 3e semaine après la Pentecôte) par Léon XIII (1899) et à l'encouragement à la communion le premier vendredi de chaque mois.
La chapelle de la Visitation à Paray-le-Monial, où Marguerite-Marie a reçu ses révélations et où se trouve sa châsse, est devenue l'objet d'importants pèlerinages dont les grandes célébrations se déroulent dans la belle et ancienne église clunisienne de la ville, élevée au rang de basilique au XIXe siècle.

• Voir Index : Paray-le-Monial.

▶ Dix-neuf autres saintes ou bienheureuses portent le nom de Marguerite, dont MARGUERITE DE CORTONE (1247-1297, fête loc. 22 février) qui, après une vie débauchée, se convertira et mènera une existence d'une incroyable austérité.

MARIE (1er siècle) MÈRE DE JÉSUS. Cal. rom. 1er janvier ****. Fête de l'Assomption, 15 août ****. La personne de Marie est évoquée dans les évangiles à propos de la naissance et de la jeunesse de Jésus, de son début dans la vie publique, puis de sa mort. Par ce qui est ainsi dit d'elle, on peut saisir le rôle privilégié qui lui revient dans l'œuvre de la Rédemption accomplie par son fils.
Ce rôle est mis en lumière dès l'annonce (Annonciation) de la venue de Jésus au monde : jeune fille vierge, fiancée à un artisan de Nazareth, Joseph, elle apprend de l'ange Gabriel que, sous l'action de l'Esprit de Dieu, elle sera mère d'un enfant qu'on appellera « Fils du Très Haut », qui « recevra le trône de David son père », et dont « le règne n'aura pas de fin » ; en clair, à des oreilles juives, c'était l'annonce du Messie tant attendu. Elle-même apparaît dans toute la simplicité de sa foi et sa disponibilité vis-à-vis de Dieu en répondant : « Je suis la servante du Seigneur ; qu'il me soit fait selon ta parole » (Fiat).

Marie, enceinte, va alors rendre visite (Visitation) à sa cousine Elisabeth, elle-même enceinte de six mois de Jean-Baptiste ; elles laissent éclater leur joie et leur gratitude envers Dieu (Magnificat).
La naissance de Jésus survient alors que Marie et Joseph ont dû se rendre à Bethléem, berceau de la lignée de David à laquelle appartient Joseph, pour un recensement prescrit par l'occupant romain. Sans lieu d'accueil, ils doivent se réfugier dans une étable où Marie met son enfant au monde. Suivent alors les épisodes de la venue des mages orientaux, de la fuite en Egypte pour échapper à la fureur du roi Hérode le Grand, et du retour à Nazareth après la mort de celui-ci.
Quelques années plus tard, alors que Jésus a 12 ans, il accompagne Marie et Joseph à Jérusalem pour la grande fête de la Pâque ; il les abandonne pour aller s'entretenir, à leur insu, avec les docteurs de la Loi au Temple, provoquant leur recherche trois jours durant ; il retourne avec eux à Nazareth sans qu'ils aient rien compris à ce comportement : « N'avez-vous pas compris que je me dois aux affaires de mon Père ! »
Près de vingt ans se passent avant qu'on revoie Marie, cette fois encore aux côtés de Jésus ; c'est aux noces de Cana où, à la demande de sa mère, il accomplit son premier miracle, début de sa vie publique.

Aujourd'hui, la Vierge immaculée, qui ne s'est attachée à rien de terrestre, la Vierge toute nourrie de pensées célestes n'a pas été rendue à la terre... Celle en effet qui apporta la vie à tous, comment aurait-elle été soumise finalement à la mort ? En vraie fille de l'ancien Adam, elle doit subir la sentence portée contre son père et sa descendance. Son fils même, qui est la vie, ne l'a pas refusée. La mère du Dieu vivant mérite bien aujourd'hui de lui être associée... Comment la mort l'aurait-elle gardée ? Comment la corruption aurait-elle envahi ce corps où la vie de toute vie a été accueillie ?

Saint Jean de Damas, († 749),
Homélie sur la Dormition
de la Vierge.

Pieta de Villeneuve-lès-Avignon (v. 1534). Marie. Musée du Louvre.

Puis c'est à nouveau le silence sur Marie jusqu'à la scène du Calvaire, deux ou trois ans plus tard, à laquelle elle est présente ; c'est là que Jésus la confie à son disciple le plus proche, Jean : « Voici ta mère », « Femme, voici ton fils ». Elle apparaît une dernière fois lorsque les *Actes des Apôtres* signalent sa présence aux réunions de prière du groupe des apôtres, ce qui laisse à penser qu'elle se trouvait parmi eux (« ils se trouvaient tous ensemble ») lors de l'événement de la Pentecôte.
On ignore ce qu'a pu être le reste de sa vie ; une tradition plausible mais invérifiable la fait venir à Ephèse (dans l'actuelle Turquie) avec Jean ; on y vénère les restes de la maison où elle serait morte.

Dès le IIe siècle, les auteurs chrétiens soulignaient le rôle tenu par elle, par une libre acceptation, dans l'œuvre de Rédemption accomplie par son fils ; en 431, le Concile d'Ephèse la proclame *Theotokos*, Mère de Dieu. Peu à peu l'idée s'impose que, pour être cette Mère de Dieu, il a fallu qu'elle échappe à la souillure du péché (Immaculée Conception) ; dès lors, elle a pu être glorifiée dans son âme et dans son corps à la fin de sa vie terrestre, sans avoir à attendre la résurrection générale (Dormition de la Vierge, célébrée en Orient dès le VIe siècle, et à partir de là en Occident sous le nom d'Assomption).
Le culte de la Vierge a de fait pris naissance très tôt ; il est à l'origine des innombrables sanctuaires élevés en son honneur à travers le monde, des nombreuses fêtes liturgiques qui la célèbrent, et d'une spiritualité mariale aux multiples formes, adaptée aux esprits les plus simples comme aux plus grands mystiques et théologiens.

Les fêtes liturgiques de la Vierge sont les suivantes : sainte Marie Mère de Dieu (1er janvier ****), Présentation de Jésus au Temple (la Chandeleur, 2 février ***), Annonciation (25 mars ***), Visitation (31 mai ***), Cœur Immaculé de Marie (samedi de la 3e semaine après la Pentecôte *), Assomption de la Vierge Marie (15 août ****), Marie Reine (22 août **), Nativité de Marie (8 septembre ***), Notre-Dame des Douleurs (15 septembre **), Notre-Dame du Rosaire (7 octobre **), Présentation de Marie au Temple (21 novembre **), Immaculée Conception (8 décembre ****).
En outre, des messes en l'honneur de la Vierge peuvent être célébrées tous les samedis autres que ceux tombant un jour de solennité, de fête ou de commémoration obligatoire.

▷ Marielle, Marilyne, Marion, Marjolaine, Marlène, Marylise, Maryse, Mireille, Muriel, Myriam.

MARIE OU MARIA GORETTI (1890-1902) VIERGE ET MARTYRE. Cal. rom. 6 juillet *. Aînée d'une nombreuse, pauvre et pieuse famille des Marais Pontins, en Italie, elle assure les soins du ménage alors que sa mère, veuve, travaille aux champs. Ayant repoussé les avances pressantes d'un voisin âgé de 18 ans, celui-ci la tue à coups de poinçon. Pie XII la canonise en 1950, et son meurtrier, converti, assiste à la cérémonie. Elle est la première martyre qui ait eu son bourreau comme témoin de sa canonisation (en 1985, la béatification de sœur Marie-Clémentine Anuarite s'est également faite en présence de son assassin). La canonisation de Marie Goretti est la première qui ait concerné une personne ayant vécu au XXe siècle.

Bienheureuse MARIE DE L'INCARNATION (Madame ACARIE) (1565-1618) Fête loc. 18 avril. BARBE-JEANNE AVRILLOT, née à Paris, épouse de Pierre ACARIE (un des chefs de la Ligue pendant les Guerres de Religion), promeut l'introduction en France du Carmel réformé, à Paris d'abord, puis à Pontoise, Amiens, Tours, Rouen. A la mort de son mari, elle entre au Carmel d'Amiens ; elle mourra dans celui de Pontoise. Epouse heureuse, mère comblée avec six enfants, dont trois filles qui se feront carmélites, mystique qui devait exercer une grande influence, en relation avec François de Sales, Vincent de Paul, Bérulle, elle termine sa vie dans la souffrance et l'humiliation comme sœur converse du Carmel qu'elle a fondé.
Elle n'est pas à confondre avec une autre bienheureuse Marie de l'Incarnation (Marie Guyard).

Bienheureuse MARIE DE L'INCARNATION (Marie Guyard) (1599-1672) Fête loc. 1er mai. MARIE GUYARD, née à Tours, fille d'un maître boulanger, mariée à dix-sept ans avec Claude-Joseph MARTIN. Jeune mère d'un fils à dix-neuf ans, elle est veuve l'année suivante et devient par la force des choses comptable et « femme d'affaires » de l'entreprise de transports familiale. Mais à trente-deux ans, elle quitte tout pour entrer chez les ursulines de Tours. A travers des visions elle découvre sa vocation missionnaire. Le 4 mai 1639, elle s'embarque à Dieppe pour le Canada, en compagnie de madame de la Peltrie et d'une jeune religieuse de vingt-deux ans. Ce sera la première française missionnaire de la « Nouvelle-France ». Elle y fonde une *communauté d'ursulines*, en devient la supérieure et ne se laisse abattre par aucune difficulté (incendies, luttes avec les Iroquois, rivalités entre les divers ordres religieux et le gouvernement civil). Elle recueille et éduque les petites « sauvagesses » et, pendant trente-trois ans, elle traduit ou compose des catéchismes dans les diverses langues indiennes. On a dit d'elle qu'elle était la mère de l'Église catholique au Canada.
Unissant toujours contemplation et action, ce fut une grande mystique : Bossuet la surnomma « la Thérèse du Nouveau Monde » à cause de ses *Lettres mystiques*. Ses *Lettres historiques* sont également très précieuses pour l'histoire du Canada au XVIIe siècle.

Faites-vous entendre

O Dieu de mon cœur et vie de mon âme, souvenez-vous de vos créatures et faites leur miséricorde...

O ! Ne permettez pas que ceux que vous avez faits à votre image et ressemblance, périssent éternellement.

O vie de mon âme, ô lumière de mes yeux, voyez je vous prie, les misères, considérez les pauvretés de ce misérable siècle.

Ah ! Ces aveugles du monde et ces pauvres endurcis, convertissez-les Seigneur, et ils se convertiront.

Touchez, touchez vivement les cœurs, ô mon amour Jésus, par votre prévenante grâce.

Frappez, mon Dieu, frappez à la porte de leur conscience, et faites vous entendre...

Ah ! Ah ! Ah ! Seigneur très pitoyable, ne les abandonnez pas.

O Dieu des Cieux, Prince de tous les Rois de la terre, qui êtes partout sans être étendu, qui remplissez tout, ciel et terre par votre immensité, sans y être enfermé, outrepassant tout, qui savez tout, sans en être plus savant, qui ne pouvez être fui d'aucune de vos créatures, en aucune part du monde ni hors de lui : faites miséricorde à ceux qui sont bien loin de vous, et à ceux qui sont bien près.

Ainsi soit-il, mon bien-aimé, mon Seigneur, mon Dieu, tout mon Bien.

Vrais exercices
de la Bienheureuse Marie de l'Incarnation

Bienheureuse MARIE DE LA PROVIDENCE (1825-1871) VIERGE. Fête loc. 7 février. Née à Lille. EUGÉNIE SMET est préoccupée dès sa jeunesse du sort des âmes du Purgatoire. En 1856, elle fonde à Paris la *Société des Auxiliatrices des âmes du Purgatoire* (*Sœurs Auxilliatrices*), au sein de laquelle elle prend le nom de Marie de la Providence. Cette congrégation, de spiritualité ignatienne, se consacre notamment à la catéchèse et au soin des malades ; très vite, elle commence à essaimer à travers le monde ; dès sa première année, elle est appelée en Chine.

MARIE DE SAINTE EUPHRASIE PELLETIER (1796-1868) VIERGE. Fête loc. 22 avril. Après deux siècles d'existence, l'Ordre *Notre-Dame de Charité*, fondé par saint Jean Eudes pour libérer les femmes prostituées, ne comptait que 7 maisons, toutes en France. Entrée dans l'une d'elles, ROSE VIRGINIE PELLETIER (née à Noirmoutier) comprend rapidement qu'il faut fédérer ces maisons entre elles et donner à l'Ordre un dynamisme nouveau. Ayant fondé un nouveau monastère à *Angers*, elle maintient unies à celui-ci les 110 fondations qu'elle réalise à l'étranger, créant ainsi la *Congrégation Notre-Dame de Charité du Bon Pasteur*; elle décide d'y accueillir d'anciennes prostituées voulant devenir religieuses, les « madeleines » ; cette initiative se répand bientôt, elle aussi, à travers le monde.

MARIE-MADELEINE (1er siècle) Cal. rom. 22 juillet **. On a longtemps confondu, dans la personne de Marie-Madeleine, trois femmes évoquées dans les évangiles :
— La pécheresse anonyme qu'on voit verser du parfum sur les pieds de Jésus, puis les essuyer de ses cheveux (Lc 7, 37-50) ;
— Marie de Béthanie, sœur de Marthe et de Lazare, qui, elle aussi, oignit de parfum les pieds de Jésus et les essuya de ses cheveux (Jn. 11, 1 ; 12, 3) ;
— Marie de Magdala (Magdala est une bourgade sur le lac de Tibériade), dont Jésus avait chassé sept démons (Lc 8,2), et qu'on voit au pied de la croix lors de la mort de Jésus ; elle assiste à la mise au tombeau, revient sur place le surlendemain pour apporter de quoi embaumer le corps de Jésus, trouve le tombeau vide, puis, la première, voit le Christ ressuscité et va l'annoncer aux apôtres.
C'est cette dernière qui figure au nouveau calendrier romain.

En raison de la confusion qui a été longtemps faite entre les trois personnages, Marie-Madeleine est à la fois la patronne des filles repenties, des parfumeurs et des gantiers.
C'est la même confusion qu'on retrouve dans les diverses traditions selon lesquelles Marie-Madeleine serait venue en Gaule ; à partir du XIe siècle, on a ainsi honoré de prétendues reliques d'elle à Vé-

zelay, origine d'un pèlerinage qui, sur la route de Saint-Jacques-de-Compostelle, allait être très fréquenté ; de même en Provence, à partir du XIIIe siècle, des pèlerinages célèbres ont attiré les foules, d'une part aux Saintes-Maries-de-la-Mer, où Marie-Madeleine aurait débarqué avec son frère Lazare, plusieurs des saintes femmes, et leur servante légendaire, Sarah, patronne des Gitans ; d'autre part à la Sainte-Baume, où elle aurait vécu dans une grotte, et à Saint-Maximin, où son corps aurait d'abord reposé.

☐ *Celle qui écoute : Marie de Magdala*, P. Avril, Coll. Epiphanie, Ed. du Cerf.

MARIE-MADELEINE POSTEL (1758-1846) VIERGE. Fête loc. 16 juillet. Julie Postel, née dans une famille paysanne de Barfleur (Manche), ouvre dans cette ville un pensionnat qui donne un enseignement très novateur pour l'époque. Pendant la Révolution, elle supplée de son mieux à l'absence de prêtres. Dans la période qui suit, durant laquelle les enseignants pour les pauvres sont rares, elle fonde la *congrégation des Pauvres Filles de la Miséricorde* (qui deviendra celle des *Sœurs des Ecoles Chrétiennes de la Miséricorde*, avec une constitution semblable à celle des Frères des Ecoles Chrétiennes) ; elle prend alors le nom de Marie-Madeleine. Lorsque le diplôme du brevet devient obligatoire pour enseigner, elle le passe : elle a 62 ans. Elle mourra à l'abbaye de Saint-Sauveur-le-Vicomte (Manche), qu'elle a restaurée pour y établir la maison-mère de sa congrégation. Elle avait eu le temps de fonder 37 maisons.

MARIE-MARGUERITE D'YOUVILLE (1701-1771). Fête loc. 16 octobre (au Canada *). Elle fut, selon le pape Jean XXIII, « une de ces femmes admirables qui ont fait au Canada la force de la famille chrétienne, pépinière de vocations ». Elle eut en effet six enfants, dont deux prêtres. Veuve après neuf ans de mariage, elle se consacra à l'éducation de ses enfants, tout en accueillant chez elle malades et pauvres gens ; afin de donner plus d'ampleur à cette action caritative, elle fit appel à d'autres femmes, premier noyau de ce qui allait devenir la congrégation des *Sœurs de la Charité* de Montréal, dites *Sœurs grises*. Marie-Marguerite dirigea elle-même jusqu'à sa mort l'hôpital général de Montréal. Canonisée le 9 décembre 1990 par Jean-Paul II.

MARIE-THÉRÈSE DE SOUBIRAN (1834-1889). VIERGE. Fête loc. 8 juin. Elle naît à Castelnaudary (Aude). Déjà mûre dans la vie chrétienne, elle fonde à 19 ans, à Toulouse, la Congrégation des *Sœurs de Marie-Auxiliatrice* pour adorer le Saint-Sacrement et annoncer l'Évangile aux jeunes filles. En 1867, elle est obligée de démissionner de la fonction de supérieure générale et bientôt exclue de l'ordre qu'elle avait fondé. Elle meurt oubliée, à Paris, dans une autre congrégation qui l'avait recueillie.

▶ Plus de cent autres saintes ou bienheureuses portent le nom de Marie.

MARIN (IVe siècle) DIACRE. Fête loc. 4 septembre. Deux compagnons tailleurs de pierre, originaires de Rimini (Italie), se retirent dans la montagne proche ; le monastère qui se constitue autour de leur ermitage est à l'origine de la ville, puis république, de Saint-Marin.

▶ Huit autres saints, la plupart martyrs des premiers siècles, portent le nom de Marin.

MARINE (Voir Marguerite, Marin).

MARIUS Écarté du nouveau calendrier romain (ancienne fête le 19 janvier). Né en Perse, il serait venu à Rome avec son épouse, sainte Marthe, et leurs enfants ; ils y auraient été martyrisés au IIIe siècle.

MARS Déformation de Médard, évêque de Noyon (voir ce nom).

MARTHE (Ier siècle) VIERGE. Cal. rom. 29 juillet**. L'Évangile nous la montre habitant Béthanie avec sa sœur Marie et son frère Lazare. Elle recevait souvent Jésus. Un jour qu'elle se plaignait d'avoir tout à faire, tandis que Marie demeurait assise aux pieds de celui-ci, Jésus lui répondit : « Marthe, Marthe, tu t'inquiètes et t'agites pour beaucoup de choses. Pourtant, une seule est nécessaire. C'est Marie qui a choisi la meilleure part et elle ne lui sera pas enlevée. » L'Évangile rapporte aussi la résurrection de Lazare par Jésus. C'est à cette occasion que Marthe adresse à Jésus sa profession de foi : « Je crois que tu es le Christ, le Fils de Dieu qui vient dans le monde. » L'hôtesse de Béthanie est devenue la patronne des hôteliers.
La légende la fait débarquer en Provence avec Marie-Madeleine, Lazare (voir à ces noms), les saintes femmes, et la conduit à Tarascon, où elle tue un dragon dévastateur, la Tarasque ; elle est restée la patronne de la ville.

Ph. Giraudon

Sainte Marthe.

▶ Dix autres saintes ou bienheureuses portent le nom de Marthe.

MARTIAL (IIIe siècle) ÉVÊQUE. Fête loc. 30 juin. Un des premiers évêques envoyés pour évangéliser la Gaule, il établit son siège à Limoges vers 250. De là il étend son apostolat à toute l'Aquitaine, où l'on en retrouve maintes traces. Il est le patron du diocèse de Limoges.

MARTIN (v. 315-397) ÉVÊQUE. Cal. rom. 11 novembre**. On peut clairement tracer l'itinéraire authentique de Martin dès lors qu'on débarrasse de ses invraisemblances sa première biographie, écrite par son ami Sulpice Sévère. C'est à l'origine un militaire, lui-même fils d'un tribun de l'armée romaine. Né en Pannonie (actuelle Hongrie), il est en garnison à Amiens lorsqu'il se convertit au christianisme ; selon la tradition, cette conversion serait survenue après qu'un jour d'hiver il ait partagé son manteau avec un mendiant et que le Christ lui soit apparu portant la moitié ainsi donnée de son vêtement. Baptisé, il vient à Poitiers, attiré par la personnalité de l'évêque, saint Hilaire, un des grands évangélisateurs de la Gaule. Un peu plus tard, ils fondent ensemble le *monastère de Ligugé* (Vienne), le premier en Gaule centrale ; Martin en fait un foyer actif d'évangélisation. Élu évêque de Tours en 371, il continue à vivre en moine, faisant du *monastère de Marmoutier*, qu'il a fondé non loin de Tours, son point d'attache et une pépinière de missionnaires. Avec ces derniers, il christianise l'Ouest de la Gaule, encore massivement païenne, y multiplie les monastères et y crée un premier réseau de paroisses rurales. Son rayonnement ne touche pas que les milieux paysans : il convertit nombre de grands personnages, tel le futur saint Paulin de Nole. Après sa mort à Candes (Indre-et-Loire), son tombeau à Tours attirera les foules. Martin sera le premier à être vénéré comme saint sans avoir connu le martyre. Son immense popularité se traduira, entre autres, par la multiplication en France des localités, lieux-dits, édifices religieux portant son nom (485 communes, 3 667 paroisses).

☐ *Martin de Tours. Extraits de Sulpice Sévère*, W. Nigg, Coll. Maîtres de spiritualité, Éd. du Centurion.

Comme le bon sel

Comme le bon sel, ... les saints, avec l'intense saveur de leur témoignage fidèle à l'Évangile jusqu'à l'héroïsme, savent imprégner leur milieu de la doctrine du Christ, contribuant à la progressive mise en œuvre de la mission de l'Église dans le monde.

Jean-Paul II,
Novembre 1985.

MARTIN Ier († 656) PAPE ET MARTYR. Cal. rom. 13 avril*. Élu pape en 649, il convoque aussitôt à Rome le concile du Latran qui condamne le monothélisme. Furieux, l'empereur de Constantinople, Constant II, le fait conduire dans sa capitale, où il est condamné pour haute trahison ; exilé en Crimée, il y mourra de mauvais traitements.

MARTIN DE PORRÈS (1579-1639) CONFESSEUR. Cal. rom. 3 novembre*. Né à Lima (Pérou) d'un noble espagnol et de sa concubine mulâtresse, il entre chez les dominicains comme frère convers. Chargé de la distribution des aumônes du couvent, il fait tout pour secourir les indigents, se privant éventuellement de nourriture. Sa générosité dans le don de soi l'a fait appeler par Jean XXIII « Martin de la charité ». Il désire toute sa vie le martyre, souhaite partir en Inde ou au Japon... mais meurt dans son couvent en extase devant son crucifix.

▶ Vingt-cinq autres saints ou bienheureux portent le nom de Martin.

MARTINE († v. 226) VIERGE ET MARTYRE. Fête loc. 30 janvier. Elle serait la fille d'un ancien consul romain. Jouissant d'une vaste fortune, elle montre une grande libéralité envers les pauvres. Arrêtée pour sa foi sous Alexandre Sévère, elle est mise à la torture puis décapitée. Elle est honorée comme patronne de la ville de Rome.

▷ Beaucoup de Martine ont l'un des saints Martin pour patron.

MATHILDE (v. 890-968) Reine. Fête loc. 14 mars. Princesse saxonne, elle est élevée par son aïeule Mathilde, alors abbesse des bénédictines de Hereford ; elle épouse, vers 910, Henri l'Oiseleur, qui sera élu roi de Germanie en 919 sous le nom de Henri Ier. Tandis que celui-ci, par une série de campagnes militaires, assure la défense et l'unité du royaume, Mathilde se met au service des pauvres, des malades, des prisonniers, en même temps qu'elle élève ses enfants. Veuve après 23 années de profonde unité conjugale, elle se voit chassée de la cour par son fils, le roi Otton Ier (futur fondateur du Saint Empire romain germanique), jaloux d'un de ses frères. Retirée au monastère d'Eugerben (Westphalie), Mathilde poursuit sans amertume sa vie active, fondant plusieurs monastères, dont celui de *Quedlinburg*, où elle mourra après avoir fait la paix avec Otton.

▷ Maud.

MATTHIAS (Ier siècle) APÔTRE. Cal. rom. 14 mai***. Les *Actes des Apôtres* nous apprennent qu'après l'Ascension il fut désigné, parmi ceux qui avaient suivi le Christ depuis le début de sa vie publique, pour remplacer Judas Iscariote ; il devint ainsi l'un des douze apôtres. On ne sait rien d'autre de lui. Une tradition le présente comme ayant évangélisé la Cappadoce (dans l'actuelle Turquie) et étant mort martyr.

MATTHIEU (Ier siècle) APÔTRE ET ÉVANGÉLISTE. Cal. rom. 21 septembre***. Son nom juif était Lévi ; il exerçait à Capharnaüm le métier de publicain, c'est-à-dire de collecteur d'impôts ; en raison de leurs liens avec l'occupant romain et de leurs exactions, les publicains étaient tenus pour des pécheurs publics. Jésus va chercher Matthieu derrière son bureau, et en fait l'un des douze apôtres, au scandale de beaucoup de Juifs. Matthieu le suivra désormais partout. Après l'Ascension, comme les autres apôtres il se fera le porteur de la « Bonne Nouvelle (en grec, *evanggelion*) du Royaume de Dieu » ; un jour il mettra par écrit son enseignement, probablement dans la langue courante de son pays, l'araméen ; plus tard, vers 80, le texte donnera lieu à une version grecque, celle qui nous est parvenue. Bien que postérieur à l'*Évangile* de Marc, celui de Matthieu ouvre le *Nouveau Testament* ; écrit pour des Juifs, il montre en effet comment Jésus a accompli tout ce qu'annonçait l'*Ancien Testament*. Une tradition fait évangéliser l'Éthiopie par Matthieu ; il serait mort martyr.

Dès les premiers mots, Jésus élève l'âme de qui l'écoute. Il lui rappelle d'emblée le souvenir des bienfaits de Dieu. En effet, donner à Dieu le nom de Père, c'est proclamer du même coup la rémission des péchés, la justification, la sanctification, la rédemption, l'adoption comme fils et le droit à la vie éternelle. C'est aussi rappeler notre fraternité avec le Fils Unique et la communion avec l'Esprit. Nul, en effet, ne peut donner à Dieu ce nom de Père sans participation à tous ces biens... Lorsque Jésus dit : « dans les cieux », Il n'y emprisonne pas Dieu. Il arrache de la terre celui qui prie ainsi. Il l'élève au sommet des cieux et il le fait vivre de la vie même du Ciel.

Saint Jean Chrysostome, *Sur saint Matthieu*

MAUD (voir Mathilde).

MAUR (512-584) ABBÉ. Fête loc. 15 janvier. Né à Rome d'une illustre famille sénatoriale, il est confié à 12 ans aux soins de saint Benoît, à qui il succèdera à la tête de l'abbaye du Mont-Cassin ; il est considéré comme son héritier spirituel et comme ayant pleinement réalisé son idéal de moine. Contrairement à une légende du IXe siècle, il n'est jamais venu en France, et n'est donc pas le fondateur de la congrégation bénédictine de Saint-Maur.

▶ Quatorze autres saints portent le nom de Maur.

▷ Amaury.

MAURICE (IIIe siècle) MARTYR. Fête loc. 22 septembre (en Suisse*). On sait que des soldats chrétiens, dont Maurice, ont été martyrisés dans le Valais (vallée suisse du Rhône), qu'une basilique a été édifiée au IVe siècle sur le lieu de leur supplice, ainsi que, plus tard, l'abbaye qui devait être à l'origine de la ville suisse de Saint-Maurice. La légende, quant à elle, fait massacrer sur ordre de l'empereur une légion tout entière qui, composée de chrétiens orientaux (légion thébéenne), aurait refusé d'aller persécuter d'autres chrétiens. Parmi ses officiers, Maurice, Exupère, Candide. Le culte de saint Maurice fut très populaire au Moyen Âge, et 62 localités françaises portent son nom. Il est patron du diocèse d'Angers.

▶ Cinq autres saints portent le nom de Maurice.

MAXELLENDE († v. 670) VIERGE ET MARTYRE. Fête loc. 13 novembre. Fille d'une noble famille franque du Cambrésis, elle refuse de céder au jeune homme auquel elle a été fiancée et qui l'a enlevée pour la conduire chez lui à Caudry. Il la tue d'un coup d'épée. Sainte Maxellende a été très populaire dans le diocèse de Cambrai.

MAXIME LE CONFESSEUR (580-662) CONFESSEUR. Fête loc. 25 juin. Né à Constantinople, ce moine théologien se trouve mêlé aux discussions provoquées par l'hérésie monothéliste, contre laquelle il organise plusieurs conciles en Afrique. Persécuté par l'empereur Constant II, il meurt des suites de tortures.

MAXIME DE RIEZ († après 455) ÉVÊQUE. Fête loc. 27 novembre. Originaire de Château-Redon (Alpes-de-Haute-Provence), il est d'abord moine à Lérins, où il succèdera comme abbé à saint Honorat. En 433, il est élu évêque de Riez et emmené de force dans cette ville par ses habitants. Il participe aux conciles d'Orange en 441 et d'Arles en 454.

▶ Trente-quatre autres saints ou bienheureux portent le nom de Maxime.

MAXIMILIEN († 295) MARTYR. Fête loc. 12 mars. Fils de militaire romain, objecteur de conscience en raison de sa foi, Maximilien fut décapité à Tébessa (Algérie) à 21 ans.

MAXIMILIEN KOLBE (1894-1941). Fête loc. 14 août. Franciscain polonais, le Père Kolbe fait des études théologiques à Rome. Revenu en Pologne, il y fonde un institut marial. Envoyé au Japon, et toujours fidèle à sa dévotion envers la Vierge, il y fonde un institut du même genre. Quand il regagne son pays, il y lance de nombreuses publications catholiques et se trouve bientôt à la tête de la plus grande maison d'édition religieuse. Il joue de ce fait un rôle très important dans la pensée polonaise d'avant-guerre. Durant l'occupation allemande, son influence attire vite l'attention de la Gestapo, ce qui lui vaut une première arrestation. Libéré, il est arrêté une seconde fois et, cette fois, interné au camp de concentration d'Auschwitz. C'est là qu'il meurt héroïquement en offrant sa vie à la place de celle d'un père de famille, condamné à être exécuté en représailles d'une tentative d'évasion au camp.
Jean-Paul II ne cesse de se référer au Père Kolbe, son compatriote ; il tire de son sacrifice cet enseignement : alors qu'Auschwitz était conçu pour anéantir la dignité humaine, le Père Kolbe l'a exaltée ; du même coup, il a anéanti spirituellement Auschwitz et vaincu sur ce terrain les promoteurs de l'univers concentrationnaire. C'est donc « une sorte de résistance spirituelle qui est proposée aux prêtres et aux religieuses » (Jacques Duquesne, *Le Point*, 6-02-1985).

□ *Maximilien Kolbe, patron de notre siècle difficile*, Karol Wojtyla (Jean-Paul II), Éd. Lethielleux.
La prière d'Auschwitz, opéra de D. Prost sur livret d'E. Ionesco.

MAXIMIN († v. 346) ÉVÊQUE. Fête loc. 29 mai. Originaire d'Aquitaine, il devient vers 320-330 évêque de Trêves, alors l'une des capitales de l'empire romain. Habile et prudent, il est le conseiller de plusieurs empereurs et l'un des plus illustres défenseurs de la foi contre l'hérésie arienne ; en 335, il accueille chaleureusement Athanase, patriarche d'Alexandrie, exilé par l'empereur Constantin pour la position en flèche qu'il a prise dans la lutte contre l'arianisme.

▶ Deux autres saints portent le nom de Maximin ; parmi eux, celui dont la tradition fait le premier évêque d'Aix-en-Provence, qui aurait débarqué aux Saintes-Maries-de-la-Mer avec Lazare, Marthe, Marie et leurs compagnons. (Voir Lazare).

MÉDARD († v. 560) ÉVÊQUE. Fête loc. 8 juin. Né dans le Vermandois, il fait ses études dans la ville qui deviendra plus tard Saint-Quentin (Aisne). Devenu évêque de cette ville, il transfère son siège épiscopal à Noyon. Il se livre avec efficacité à la christianisation du nord de la Gaule. Autour de son tombeau à Soissons s'élèvera plus tard la célèbre abbaye Saint-Médard. Toute une légende s'est établie à propos de sa vie. Une tradition, datant du XVIIIe siècle, lui attribue la fête des rosières (couronnement de jeunes filles vertueuses).

MÉEN (VIe siècle) ABBÉ. Fête loc. 21 juin. Originaire du Pays de Galles, et parent de l'évêque de Dol, il est envoyé par celui-ci fonder un monastère dans la forêt de Brocéliande ; ce sera l'origine de la ville de Saint-Méen (Ille-et-Vilaine).

MÉLANIE (383-439) ABBESSE. Fête loc. 31 décembre. De noble famille romaine, Mélanie est mariée à 14 ans à Pinien. Ayant perdu leurs deux enfants très jeunes, ils donnent aux pauvres leur immense fortune et mènent ensemble une vie retirée consacrée à la prière et à la charité. Après diverses tribulations, ils se fixent finalement à Jérusalem ; après la mort de Pinien en 432, Mélanie y assumera la direction d'un couvent sur le mont des Oliviers.

MENEHOULD (Ve siècle) VIERGE. Fête loc. 14 octobre. Fille d'un comte du Perthois, elle se dévoue au soin des malades au cours d'une épidémie. Ses reliques seront transférées en 1174 dans la ville de Château-sur-Aisne, devenue depuis lors Sainte-Menehould (Marne). (Se prononce Menoul).

1985
LE ONZIÈME CENTENAIRE DE LA MORT DE SAINT MÉTHODE, APÔTRE DES SLAVES, CÉLÉBRÉ AVEC ÉCLAT PAR CATHOLIQUES ET ORTHODOXES

Les deux frères Cyrille et Méthode, d'origine grecque, qui évangélisèrent les populations slaves au IXe siècle sont restés très populaires auprès de celles-ci ; en même temps que la foi chrétienne, en effet, elles leur doivent l'alphabet cyrillique, base de toute la culture slave (même si, depuis lors, une partie de ces populations a adopté l'alphabet latin). Car, lorsque Cyrille et Méthode commencèrent leur apostolat, la langue slave était uniquement parlée. Or, pour propager l'Évangile et créer une vie liturgique, il fallait des livres, et donc un alphabet. D'où celui imaginé par les deux frères en adaptant l'alphabet grec (celui de leur langue maternelle) à la phonétique slave. C'est dans cette langue slave primitive, le slavon, que la liturgie continue aujourd'hui encore d'être célébrée dans les Églises slaves de rite byzantin, tant orthodoxes que catholiques. Quant à l'alphabet cyrillique, il est encore aujourd'hui celui des pays de langue russe, de la Bulgarie, de la Serbie.

Le onzième centenaire de la mort de saint Méthode a été marqué par une série de manifestations :

Chez les catholiques, le pape Jean-Paul II avait décidé, dès 1980, de faire de 1985 l'année des saints Cyrille et Méthode, qu'il avait alors proclamés patrons de l'Europe, comme l'avait déjà été saint Benoît par Paul VI. Le 2 juin 1985, Jean-Paul II publia la lettre encyclique *Slavorum apostoli* consacrée à la leçon à tirer de la vie et de l'œuvre des deux apôtres, en particulier en ce qui concerne l'insertion du message évangélique au sein de chaque culture nationale (inculturation).
En Tchécoslovaquie, à Velehrad (Moravie), lieu probable de la mort de Méthode, de grandioses cérémonies rassemblèrent, le 7 juillet, 150 000 fidèles venus de tout le pays, malgré les multiples restrictions apportées par le pouvoir communiste. Le pape Jean-Paul II y avait été invité par le cardinal Tomasek, archevêque de Prague, mais le gouvernement tchécoslovaque s'était opposé à sa venue ; de même avait-il refusé leur visa à divers évêques étrangers invités (dont le cardinal Lustiger, archevêque de Paris).
En Yougoslavie, un symposium organisé par l'Église catholique croate s'était tenu le 4 juillet avec le concours de théologiens catholiques et orthodoxes venant de divers pays slaves.

Chez les orthodoxes, le patriarche de Constantinople, Dimitrios Ier, présida le 14 avril à Thessalonique (Grèce), ville natale des deux saints, de grandes cérémonies commémoratives.
Le patriarche de Sofia (Bulgarie) réunit, lui aussi, un symposium auquel participèrent, cette fois encore, des experts orthodoxes, catholiques et même protestants.
Quant au gouvernement bulgare, il tint à célébrer Cyrille et Méthode comme « éducateurs suprêmes du pays », hors cependant de toute référence religieuse.

MERRY ou MERRI († v. 700) Abbé. Fête loc. 29 août. Né de parents nobles à Autun, il entre jeune dans un monastère de la ville, dont il devient l'abbé. Il vient ensuite vivre en ermite en Ile-de-France. Il sera très populaire à Paris et plusieurs églises lui seront dédiées. L'actuelle église Saint-Merry (XVIe siècle) occupe l'emplacement de l'oratoire Saint-Pierre-du-Bois où il serait mort.

Je n'ai jamais cessé de t'appeler

Jamais je n'ai cessé de t'aimer, de te parler, de t'appeler... Cet appel, souvent tu ne l'as pas entendu, parce que tu n'écoutais pas. Souvent aussi, tu le percevais, mais d'une manière vague et confuse. Parfois tu étais tout près de me donner la réponse qui accepte. Parfois tu m'as donné cette réponse, mais sans conséquence durable... Jamais encore tu ne t'es mis définitivement, d'une manière totale et exclusive, aux écoutes de l'amour.

Un moine de l'Église d'Orient, *Amour sans limites,* Éd. de Chevetogne, 1971

MÉTHODE (v. 825-885) Évêque. Cal. rom. 14 février**. Méthode et son frère Cyrille sont les fils d'un haut fonctionnaire de Thessalonique (Grèce actuelle). Méthode est d'abord gouverneur d'une colonie slave en Macédoine, puis, avec son frère, il est envoyé en mission, par l'empereur de Byzance, sur les côtes de la mer Noire. En 863, l'empereur leur confie une nouvelle mission en Moravie, où l'on souhaite des missionnaires parlant la langue slave. Celle-ci étant alors uniquement parlée, et non écrite, les deux frères créent de toutes pièces pour elle un alphabet (dit glagolitique — « du slavon *glagol,* parole » — origine de ce qui sera l'alphabet cyrillique), composé à partir de l'alphabet grec ; de la sorte, ils peuvent traduire en slavon la Bible et les livres liturgiques, instruments de la christianisation à laquelle ils se livrent avec ardeur et efficacité ; ils mènent ainsi de pair évangélisation et civilisation. Après la mort de Cyrille, Méthode est nommé par le pape Hadrien II archevêque de Sirmium ; il poursuit sa tâche malgré les obstacles que lui oppose l'épiscopat germanique, hostile à l'usage du slavon comme langue religieuse. Après sa mort, son œuvre sera continuée dans les Balkans par ses disciples ; plus tard, c'est de la même façon que sera évangélisée la Russie.

MICHAEL (Voir Michel).

MICHEL Archange. Cal. rom. 29 septembre***. Fêtés ensemble par l'Église le jour anniversaire de la consécration de la basilique romaine Saint-Michel, les archanges Gabriel, Michel et Raphaël nous sont connus par la Bible ; elle nous les présente comme des êtres célestes envoyés par Dieu sous des formes humaines pour délivrer de sa part certains messages ou accomplir certaines missions. Michel, dont le nom signifie en hébreu « qui est comme Dieu ? » (rappelant ainsi la transcendance divine), nous apparaît dans le livre de Daniel (10, 13-21 ; 12, 1), et plus encore dans l'Apocalypse de Jean (12, 7), comme le vainqueur du démon. L'Église a fait de lui son protecteur, et son culte est très ancien en Orient. En Occident, diverses apparitions ont contribué à sa popularité, notamment au mont Gargano (sud de l'Italie) sous le pape Gélase (492-496). Il y en eut aussi en France dont il est un des patrons. L'une d'elles, dont l'authenticité est invérifiable, est à l'origine du sanctuaire du Mont-Saint-Michel, l'un des lieux les plus célèbres de pèlerinage. C'est saint Michel qui, selon Jeanne d'Arc, l'incita à aller trouver le futur Charles VII pour conduire la libération du royaume.
Saint Michel est le patron des métiers qui utilisent la chaleur du four (pâtissiers, gaufriers, etc.) ; il est aussi celui des parachutistes. La popularité de saint Michel en France s'est notamment traduite par l'attribution de son nom à un grand nombre de villes et localités. Invoqué au moment de la mort, son nom était prononcé à l'offertoire de la messe des défunts jusqu'à la réforme liturgique de 1970.

Saint Michel

Il faut savoir que cette dénomination d'anges désigne leur fonction et non leur nature ; car si ces bienheureux esprits de la céleste patrie sont toujours des esprits, ils ne peuvent pas toujours être appelés anges ; ils sont anges seulement lorsqu'ils annoncent quelque chose... On nomme archanges ceux qui annoncent les plus grands mystères... Toutes les fois qu'il s'agit d'une chose où il faut une puissance extraordinaire, c'est Michel que l'Écriture cite comme envoyé afin que son nom, aussi bien que l'acte même, donne à comprendre que nul ne peut faire ce que Dieu fait par son incomparable puissance.

Saint Grégoire, pape (homélie).

MICHEL GARICOÏTS (1797-1863) Confesseur. Fête loc. 15 mai. Né à Ibarre, dans le pays basque français, Michel, tout en donnant un nouvel éclat au pèlerinage de Notre-Dame-de-Betharram (Pyrénées-Atlantiques) dont il est le chapelain, fonde (1832) et anime la Congrégation des *Prêtres du Sacré-Cœur de Jésus,* dite *de Betharram,* vouée à l'éducation de la jeunesse et aux missions. Son tombeau est à Betharram.

▶ Vingt-quatre autres saints ou bienheureux portent le nom de Michel.

MIHIEL Déformation de Michel.

MIKAËL (Voir Michel).

MIREILLE (Voir Marie).

MITRE († v. 300) Martyr. Fête loc. 13 novembre. Le saint patron de la ville d'Aix-en-Provence, dont le sarcophage se trouve à la cathédrale, était un humble ouvrier agricole, peut-être un esclave d'origine grecque, martyrisé au début du IVe siècle.

MODESTE († IVe siècle) Martyr. Fête loc. 15 juin. Précepteur de saint Gui, qu'il fait baptiser à l'insu de son père, un riche païen sicilien, il est martyrisé en même temps que son protégé et l'autre précepteur de Gui, Crescence ; ils sont fêtés le même jour.

MONIQUE (332-387) Cal. rom. 27 août**. Celle qui devait être la mère de saint Augustin naît à Tagaste (Souk Ahras en Algérie) de famille berbère. Sa foi et sa douceur parviennent à convertir au christianisme son mari Patrice, un homme violent et débauché. L'aîné de ses trois enfants, Augustin, est un jeune homme comblé de multiples dons ; mais il désole sa mère par son inconduite ; il est d'ailleurs beaucoup plus attiré par le manichéisme que par le christianisme ; sa mère, qui est loin d'avoir sa culture, a peu de prise intellectuelle sur lui. Cependant son influence spirituelle s'exerce insensiblement. Augustin, parti en Italie, est devenu maître de rhétorique à Milan, où sa rencontre avec le grand évêque saint Ambroise provoque un profond revirement en lui. Le jour de Pâques 387, Monique éprouve l'immense joie d'assister au baptême de son fils. Elle connaîtra quelques jours d'intense partage spirituel avec lui, avant de mourir entre ses bras à Ostie, alors qu'ils s'apprêtaient à retourner en Afrique.

MORAND († v. 1115) CONFESSEUR. Fête loc. 4 juin. Ce moine de Cluny, originaire de Rhénanie, est envoyé fonder un prieuré bénédictin près d'Altkirch (Haut-Rhin). Son rayonnement dans la région l'a fait appeler l'apôtre du Sundgau.

MURIEL, MYRIAM (Voir Marie).

MYRTILLE (Voir Fleur).

N

NABOR (Voir Avold).

NANCY (Voir Anne).

NARCISSE († 212). ÉVÊQUE. Fête loc. 29 octobre. Ce trentième évêque de Jérusalem avait environ 100 ans lorsqu'il fut choisi, en 195, pour exercer cette charge ; il lui fallut l'abandonner sous le coup d'accusations calomnieuses, et il se retira dans la solitude ; mais il fut plus tard rétabli sur son siège.

▶ Quatre autres saints portent le nom de Narcisse.

NATALIE ou NATHALIE († 852). MARTYRE. Fête loc. 27 juillet. Elle subit le martyre à Cordoue, en Espagne, en même temps que son mari, saint Aurèle ; la tradition fait d'elle une convertie venant de la foi musulmane.

▶ Une autre sainte, martyre à Nicomédie, en Asie Mineure (IVe siècle) porte le nom de Natalie ou Nathalie.

NATHANAËL (Voir Barthélémy).

NAZAIRE (Ier siècle ?) MARTYR. Fête loc. 28 juillet. Son corps sera découvert à Milan, en même temps que celui de Celse, en 395 ; il s'agissait manifestement de martyrs et l'évêque de la ville, saint Ambroise, les reconnut comme tels ; mais on ne sait rien de plus d'eux ; la légende, qui s'en est vite emparée, les a rendus très populaires dans tout l'Occident.

▶ Deux autres saints portent le nom de Nazaire, dont un abbé de Lérins (Ve siècle).

NECTAIRE (IIIe siècle) PRÊTRE. Fête loc. 9 décembre. Compagnon d'Austremoine, premier évêque de Clermont-Ferrand, il est un des évangélisateurs de la Limagne ; son tombeau est à l'origine de la ville de Saint-Nectaire (Puy-de-Dôme).

▶ Deux autres saints portent le nom de Nectaire : un évêque d'Autun (VIe siècle) et un évêque de Vienne (Ve siècle).

NERÉE (dates incertaines) MARTYR. Cal. rom. 12 mai*. Il est fêté en même temps que saint Achille, ou Achillée, qui serait son frère ; ils auraient été soldats romains, et martyrisés ensemble ; une basilique romaine souterraine leur était dédiée dès le IVe siècle.

NESTOR († 251) ÉVÊQUE ET MARTYR. Fête loc. 26 février. Lors de la persécution de Dèce, il était évêque de Magydos, en Pamphilie (dans l'actuelle Turquie). Refusant de fuir, il est arrêté, torturé, et crucifié.

▶ Trois autres martyrs du IIIe siècle portent le nom de Nestor.

NICAISE († 407) ÉVÊQUE ET MARTYR. Fête loc. 14 décembre. Dixième évêque de Reims, il est massacré par les envahisseurs Vandales sur les marches de sa cathédrale.

▶ Un autre saint NICAISE (IIIe siècle) aurait été envoyé par saint Denis évangéliser Rouen et le Vexin.

NICOLAS (IVe siècle) ÉVÊQUE. Cal. rom. 6 décembre*. L'extraordinaire popularité de saint Nicolas, tant en Orient qu'en Occident, est due à sa légende. On sait seulement de lui qu'il fut évêque de Myre, en Asie Mineure, au IVe siècle, qu'il aurait été emprisonné sous la persécution de Dioclétien, et qu'il aurait participé au concile de Nicée contre l'arianisme (325). Parmi les traits les plus connus de sa légende figure la résurrection de trois enfants assassinés et mis au saloir par un aubergiste, ainsi que l'épisode où on le voit jeter par la fenêtre trois bourses d'or chez un voisin qui, faute de dot, destinait ses filles à la prostitution.

Saint Nicolas.

Le culte de saint Nicolas, très vivace dans tout l'Orient chrétien, notamment en Grèce et en Russie, se répandit en Occident avec l'arrivée de ses reliques à Bari au XIe siècle, lorsque la ville de Myre fut tombée aux mains des musulmans. En Grande-Bretagne, aux Pays-Bas, en Belgique, en Allemagne, en Suisse, dans le nord et l'est de la France, au jour de la saint Nicolas, patron des écoliers, les enfants reçoivent jouets et friandises, supposés placés dans les cheminées par ses soins ; il est souvent représenté avec sa mitre et sa crosse, accompagné d'un âne dont les hottes sont remplies de cadeaux. Il est patron de la Lorraine et, avec saint André, l'un de ceux de la Russie ; en même temps que des écoliers, il est aussi patron des marins.

Pénétrez-vous de cette pensée que Dieu seul est la source du vrai bonheur. Et encore de celle-ci : la pierre de touche du véritable amour de Dieu, c'est la soumission à sa sainte volonté.

Saint Nicolas de Flue

NICOLAS DE FLUE (1417-1487) CONFESSEUR. Fête loc. 25 septembre (en Suisse****). Le saint patron de la Suisse (où on l'appelle le Frère Nicolas) cumule dans sa vie les activités d'un ardent patriote et la vie retirée de l'ermite. Né dans le canton d'Underwald, il sert d'abord son pays par les armes contre le duc d'Autriche, puis, redevenu paysan, il est conseiller de la commune de Sachseln. Marié, père de dix enfants, il attend la cinquantaine pour se retirer dans un ermitage. Il le quitte un temps, lorsque les dissensions entre cantons menacent l'existence de la Confédération helvétique ; jouissant de la confiance de ses compatriotes, il parvient à rétablir la paix civile (Convention de Stans, 1481) ; puis, entouré de la vénération de son pays, il regagne sa solitude.

▶ Trente autres saints ou bienheureux portent le nom de Nicolas, dont un pape (NICOLAS IER, IXe siècle).

Prière de saint Nicolas de Flue

Mon Seigneur et mon Dieu,
Prends-moi à moi
Et donne-moi tout entier à toi.
Mon Seigneur et mon Dieu,
Prends-moi tout ce qui me sépare de toi.
Mon Seigneur et mon Dieu,
Donne-moi tout ce qui m'attire à toi.

> ### *Je suis dans le cœur de Dieu*
> *L'amour ne donne que de lui-même et ne prend que de lui-même.*
> *L'amour ne possède pas et ne veut pas être possédé*
> *Car l'amour suffit à l'amour.*
> *Quand vous aimez, vous ne devez pas dire : « Dieu est dans mon cœur » mais plutôt « Je suis dans le cœur de Dieu ».*
> *Et ne pensez pas que vous pouvez guider le cours de l'amour car l'amour, s'il vous trouve digne, dirigera votre cours.*
>
> Khalil Gibran, *Le Prophète*

NIZIER († 573) ÉVÊQUE. Fête loc. 2 avril. Fils d'un sénateur romain, il sera évêque de Lyon, et tiendra un rôle important dans les conciles provinciaux.

NOËL CHABANEL (1613-1649) MARTYR. Il est l'un des huit jésuites français qui, missionnaires chez les Hurons et les Iroquois au Canada, y furent martyrisés entre 1642 et 1649.

Bienheureux NOËL PINOT (1747-1794) MARTYR. Fête loc. 20 février. Curé du Louroux-en-Béconnais (Maine-et-Loire), il refuse pendant la Révolution de prêter serment à la Constitution civile du clergé (serment considéré comme une abjuration). Arrêté puis libéré, il exerce alors son ministère dans la clandestinité ; le 8 février 1794, alors qu'il allait célébrer la messe, il est de nouveau arrêté. Condamné à mort le 21 février, il revêtira les habits sacerdotaux pour son exécution qui aura lieu à Angers, et il montera sur l'échafaud comme on monte à l'autel.

NORBERT (v. 1080-1134) ÉVÊQUE. Cal. rom. 6 juin*. Né à Xanten, dans une famille de la noblesse rhénane, il mène une vie dissipée avant de se convertir brusquement en 1115. Ordonné prêtre peu après, il se voue à une vie austère et à une prédication itinérante. N'ayant pu réformer les chanoines de Saint-Martin-de-Laon, il fonde en 1120, dans la forêt voisine, à Prémontré (Aisne), une communauté de chanoines réguliers, qui combinent la vie contemplative en commun et le service pastoral dans des prieurés ou des paroisses. C'est l'origine des *Chanoines réguliers de Prémontré,* ou *prémontrés,* ou *norbertins,* qui inspirera à la même époque la fondation d'un ordre féminin analogue (*chanoinesses prémontrées* ou *norbertines*). Norbert, tout en s'inspirant de l'exemple de Cîteaux, qui vit sous la règle de saint Benoît, donne à son ordre la règle de saint Augustin. Participant à la diète du Saint-Empire, à Spire en 1126, il y est élu évêque de Magdebourg ; il fera œuvre de réformateur dans son diocèse, avant de disparaître à 54 ans, usé par la tâche.

O

OCTAVE (Premiers siècles) MARTYR à Turin. Fête loc. 20 novembre.

▷ Octavie.

ODETTE († 1158) VIERGE. Fête loc. 20 avril. Née en Brabant, de famille noble, elle est mariée par ses parents, contre son gré, ayant fait en secret le vœu de virginité. Le jour de son mariage, elle refuse de dire le « oui » qui l'engagerait. Elle se serait même coupé le nez, pour décourager parents et fiancé. Entrée dans un couvent de prémontrées, elle y connaît diverses épreuves ; elle en devient prieure. Ses reliques reposent à Tournai (Belgique).

ODILE (v. 660 - v. 720) ABBESSE. Fête loc. 13 décembre. Il n'est pas aisé de distinguer l'histoire et la légende dans la *Vie de Sainte Odile,* écrit anonyme du Xe siècle. Fille d'un duc d'Alsace, elle serait née aveugle et sa mère l'aurait soustraite à son père qui voulait la tuer. Confiée à un couvent, elle aurait été guérie le jour de son baptême. C'est dans un château de son père, sur le Hohenburg, qu'elle aurait fondé son célèbre monastère (*Mont-Sainte-Odile,* Bas-Rhin), resté un des hauts-lieux de l'Alsace. Son culte devint très rapidement populaire ; elle est la patronne de l'Alsace.

ODILON (962-1048) ABBÉ. Fête loc. 1er janvier. Il a 29 ans lorsqu'il est élu abbé de la puissante abbaye de Cluny (Saône-et-Loire) ; fondée un demi-siècle plus tôt, elle est devenue, par la qualité de ses abbés successifs, le foyer de la réforme de l'Église au XIe siècle, rayonnant par ses filiales sur l'ensemble de l'Europe. Odilon lui donne une impulsion nouvelle, faisant passer le nombre de ses maisons de 37 à 65, et la dotant d'une organisation stricte et centralisée. L'austérité de sa vie et la vigueur de sa personnalité n'empêchent pas des relations pleines de douceur avec ses moines ; à l'extérieur, son sens diplomatique, joint à l'autorité que lui vaut la vitalité spirituelle de l'ordre, fait de lui le conseiller du pape et des princes ; ainsi contribue-t-il à l'instauration de la Trêve de Dieu. C'est à lui qu'on doit la Commémoration des morts, le 2 novembre.

OLAF ou OLAV (v. 995-1030) ROI DE NORVÈGE. Fête loc. 29 juillet. Après avoir participé à des expéditions de Vikings (il est baptisé à Rouen à 18 ans), il est proclamé roi de Norvège sous le nom d'Olaf II. En lutte contre les nobles païens qui s'opposent à la christianisation du pays, il doit s'exiler à Novgorod. Il est tué au cours d'une tentative de reconquête du royaume.

OLIVIER PLUNKET (1629-1681) ÉVÊQUE ET MARTYR. Fête loc. 12 juillet. Archevêque d'Armagh et primat d'Irlande en 1669, il est accusé, en 1681, de conspiration contre le roi d'Angleterre Charles II, conduit à Londres et exécuté à Tyburn. Trois jours plus tard, les pièces qu'il avait invoquées sans succès devant le tribunal sont publiées par son avocat et font apparaître son innocence. Il est considéré par les Irlandais comme un héros national.

OMER († v. 670) ÉVÊQUE. Né probablement à Orval près de Coutances (Manche), moine à Luxeuil, il est choisi par Dagobert Ier comme évêque de Thérouanne (Pas-de-Calais), dans une région revenue aux croyances païennes durant les invasions barbares. Il fait appel, pour l'aider dans sa tâche, à des missionnaires venus de Normandie, dont saint Bertin. L'abbaye qu'il fonde à *Sithiu* en 645 sera le foyer de cette ré-évangélisation ; c'est là qu'il sera inhumé. L'abbaye, placée plus tard sous le patronage de saint Bertin, est à l'origine de la ville de Saint-Omer.

ONÉSIME (Ier siècle) DISCIPLE DE SAINT PAUL. Fête loc. 16 février. (*cf. Épître* de Paul à Philémon). Esclave d'un chrétien de Colosses (Asie Mineure) qui semble responsable de la communauté locale, il vole son maître et s'enfuit à Rome chercher refuge auprès de saint Paul, alors emprisonné. Celui-ci le convertit et le renvoie à son maître en sollicitant son pardon. Beaucoup plus tard, s'élabore la légende selon laquelle Paul en aurait fait un évêque, martyr à Rome.

OPPORTUNE († 770) ABBESSE. Fête loc. 22 avril. Née à Exmes, près d'Argentan (Orne), abbesse du couvent de Montreuil-au-Houlme, dans la même région, elle est la sœur de saint Chrodegang, évêque de Sées. Vénérée pour sa charité envers les malades et pour l'austérité de sa vie, elle

> ### Le sens d'une vie missionnaire
> *Remarquez ces paroles :* vous êtes le sel de la terre *; elles manifestent combien est nécessaire ce que Jésus commande. Car ce n'est pas, dit-il, de votre seule vie mais du monde entier qu'il vous faut rendre compte. Ce n'est pas à deux villes, ou à dix, ou à vingt, ni à une nation que je vous envoie, comme j'envoyais les prophètes, mais à la terre tout entière et à la mer et au monde entier, et à ce monde en tant qu'accablé de maux.*
>
> Saint Jean Chrysostome, (homélie), *Bréviaire des fidèles,* Labergerie, 1951

fut très populaire dans sa région, ainsi qu'à Paris où, lors des invasions normandes, ses reliques avaient été transférées dans une église portant son nom, détruite pendant la Révolution.

OSCAR (voir Anschaire).

OUEN (v. 600-684) ÉVÊQUE. Fête loc. 24 août. Né à Sancy-les-Cheminots (Aisne), il bénéficie d'une éducation soignée qui le fait admettre dans l'entourage du roi Clotaire II, où il fait connaissance de saint Éloi. Ils seront l'un et l'autre les principaux conseillers du roi Dagobert Ier, et appelés en même temps par lui à l'épiscopat (640). Saint Ouen devient le vingtième évêque de Rouen ; il poursuit la christianisation de la Haute-Normandie en s'appuyant, comme c'est le cas dans toute l'Europe, sur l'institution monastique (abbaye de Fontenelle, fondée par son ami saint Wandrille, dont elle prendra plus tard le nom, abbayes de Jumiège et de Saint-Germer). Il demeure le conseiller écouté des rois mérovingiens, et négocie la paix entre Neustrie et Austrasie. Mort près de Paris en un lieu qu'on appellera Saint-Ouen, il sera inhumé à Rouen dans l'abbaye qui portera également son nom (et dont l'église des XIVe et XVe siècles est un des joyaux de la ville).

P

PABLO Forme espagnole de Paul.

PACO (Voir François).

PACÔME (v. 292-348). ABBÉ. Fête loc. 9 mai. Né en Haute-Égypte de parents païens, il se convertit au christianisme à l'âge adulte ; très vite attiré par la spiritualité du désert, il se met sous la direction d'un ermite ; puis, en 325, il s'établit en un lieu retiré de la région égyptienne de Thèbes (Thébaïde), où bientôt affluent des disciples qui forment une communauté autour de lui ; il rédige à leur intention une règle en langue copte dont la version latine nous est parvenue par saint Jérôme ; elle sera, en Orient comme en Occident, une des références du monachisme cénobitique (c'est-à-dire communautaire), différent donc du type de vie des anachorètes (c'est-à-dire solitaires) qui avait prévalu jusqu'alors dans le désert égyptien. A sa mort, six monastères s'étaient ainsi créés sous sa règle.

PAIR (Voir Paterne).

PALAIS ou PALLADE († après 596) ÉVÊQUE. Fête loc. 7 octobre. Évêque de Saintes au VIe siècle. Il est à l'origine de l'église bâtie pour recevoir les reliques du premier évêque de Saintes, saint Eutrope.

PAMÉLA (Voir Pamphile).

PAMPHILE († 310) MARTYR à Césarée de Palestine. Fête loc. 16 février.

PANCRACE († 304) Martyr. Cal. rom. 12 mai*. A l'âge de 14 ans, il est baptisé à Rome ; peu après, ayant refusé de sacrifier aux idoles, il est décapité. Son histoire, embellie et mêlée à celle d'autres martyrs, est évoquée dans le célèbre roman *Fabiola ou l'Église des catacombes* (1864) de Wiseman.

PANTALÉON († 305 ?) MARTYR. Fête loc. 27 juillet. Médecin de l'empereur Galère, il aurait renié sa foi ; l'ayant à nouveau professée, il aurait été torturé puis décapité.

PAOLA (Voir Paule).

PASCAL BAYLON (1540-1592) CONFESSEUR. Fête loc. 17 mai. Ce berger aragonais très pauvre aurait bien voulu se faire franciscain, mais son allure peu engageante rebuta les religieux ; il continuera donc à garder les bêtes, tout en s'associant de loin aux exercices de la communauté. Celle-ci lui ouvre finalement ses portes en 1564 ; il y servira comme frère convers, refusant la prêtrise et se complaisant dans les activités les plus humbles. Ses meilleurs moments se passent en adoration devant le Saint-Sacrement.

PASCHASE RADBERT († 865) ABBÉ. Fête loc. 26 avril. Enfant abandonné, il est élevé par des moines de Soissons ; lui-même moine à l'abbaye de Corbie, il en devient écolâtre ; il remplit avec succès diverses missions en Saxe avant d'être élu abbé de Corbie (844) ; sa réputation de savant et sa sainteté n'altèrent pas son humilité ; il résigne sa charge d'abbé sept ans plus tard pour se retirer à l'abbaye de Saint-Riquier. Il a laissé une œuvre théologique, exégétique et historique qui fait autorité.

PATERNE ou PAIR (v. 480 - v. 565). ÉVÊQUE. Fête loc. 16 avril. Né à Poitiers, il sera évêque d'Avranches vers 552, après avoir vécu dans le pays de Coutances ; il participera au concile de Paris (556) et mourra dans la localité qui portera plus tard son nom (Saint-Pair, Manche).

▶ Un autre saint portant le nom de PATERNE est honoré comme ayant été évêque de Vannes à partir de 465 ; il est le patron du diocèse.

PATIENT († 480) ÉVÊQUE. Fête loc. 11 septembre. On connaît peu de choses de sa vie, sinon par saint Sidoine Apollinaire (430-486) dont il fut l'évêque à Lyon avant que Sidoine ne devînt lui-même évêque de Clermont en 471. D'après lui, Patient fut surtout remarquable dans sa défense des pauvres lors de l'invasion des Goths : son intelligence et sa générosité évitèrent alors la famine à la région de Lyon.

PATRICE ou PATRICK (v. 390-461 ?). ÉVÊQUE. Cal. rom. 17 mars*. Probablement né en Grande-Bretagne, il est emmené captif en Irlande par des pirates alors qu'il a 16 ans. Il mène alors une vie de pâtre et découvre la prière. Six ans après, il s'évade et, selon toute probabilité, il reçoit une formation monastique en Angleterre. Toutefois, selon une tradition française remontant au VIIe siècle, il se serait rendu au monastère de Lérins, s'y serait formé, puis se serait rendu à Auxerre où il aurait été ordonné prêtre. Il est certain, en tout cas, qu'il reçoit l'ordination épiscopale vers 432 et part avec quelques compagnons évangéliser l'Irlande, au milieu des plus grandes difficultés. Il base son activité missionnaire sur le développement monastique, chaque monastère devenant un centre actif de christianisation. Il établit son siège à Armagh, en Irlande du Nord, qui est resté le siège primatial de toute l'Irlande. Ses dernières années se passent dans la retraite. Son tombeau est très vite l'objet d'un pèlerinage. L'Irlande deviendra à son tour, dans les siècles suivants, une pépinière de moines missionnaires (Fursy, Fiacre, Kilian, Colomban, etc.) qui viendront évangéliser le continent. Saint Patrick est le patron, très populaire, des Irlandais qui ne manquent jamais de le fêter solennellement.

▶ Cinq autres saints ou bienheureux portent le nom de Patrick.

▷ Patricia.

Ph. Roger-Viollet

Saint Patrick.

PAUL (Entre 5 et 15 ap. J.-C. - 67). APÔTRE. Cal. rom. 29 juin****. Bien que Paul n'ait pas connu le Christ, il est rangé parmi les apôtres pour le rôle capital qu'il a tenu dans la diffusion de l'Évangile parmi les païens. Il naît à Tarse (actuelle Turquie), d'une famille juive qui a acquis la ci-

toyenneté romaine ; on lui donne le nom de Saul. Très jeune, il vient à Jérusalem suivre les leçons d'un célèbre docteur de la Loi, Gamaliel. Gagné au radicalisme pharisien, il poursuit avec acharnement la jeune communauté chrétienne ; il assiste en l'approuvant au martyre du diacre Étienne. Les *Actes des Apôtres* racontent sa conversion inopinée, tandis qu'il fait route sur Damas pour y étendre sa chasse aux chrétiens, et qu'il entend le Christ l'interpeller : « Pourquoi me persécutes-tu ? » Il est baptisé par un chrétien de Damas et prend alors le nom de Paul. Il va désormais mettre tous les dons de sa riche personnalité au service d'une foi pour laquelle il donnera sa vie.
Sa vaste culture, à la fois hébraïque et hellénique, le désigne pour devenir l'apôtre des gentils, c'est-à-dire des païens, en même temps qu'elle fera de lui le penseur de l'Église naissante. Pendant vingt ans, jusqu'à sa captivité finale, tout en gardant un étroit contact avec les responsables de l'Église à Jérusalem, il ne cessera de parcourir l'Asie Mineure et la Grèce, y fondant de nombreuses Églises, qu'il continuera de stimuler par ses visites et sa correspondance (ses *Épîtres*). Il devra surmonter d'innombrables difficultés, épreuves et déceptions ; mais, par lui, la foi chrétienne commence à se répandre autour du bassin méditerranéen et pénètre en Europe. Arrêté une nouvelle fois à Jérusalem, gardé deux ans à Césarée, il fait appel à l'empereur en sa qualité de citoyen romain ; on le transfère à Rome où il arrive en 60, après un voyage mouvementé. Relâché en 63, il est à nouveau prisonnier en 66 à Rome, où il sera décapité en 67, à proximité de l'emplacement où, plus tard, s'élèvera la basilique Saint-Paul-hors-les-Murs ; il aura suivi de peu dans la mort l'apôtre Pierre, exécuté à quelque distance de là, en 64. Aussi bien, ces deux « piliers de la foi » sont-ils associés dans la même fête.
On suit l'action de Paul à travers les *Actes des Apôtres* et à travers ses propres *Épîtres*, c'est-à-dire ses lettres (*épistolae*) ; mais celles-ci ont surtout l'intérêt de développer une pensée considérée par les chrétiens comme inspirée, et elles figurent à ce titre dans les textes du *Nouveau Testament*. La pensée paulinienne est une des bases de la doctrine chrétienne.
1. On a conservé treize *épîtres* de Paul : 2 *aux Thessaloniciens* ; 2 *aux Corinthiens* ; 1 *aux Galates* ; 1 *aux Romains* ; 4 *épîtres de la captivité* : *aux Philippiens, aux Colossiens, aux Éphésiens, à Philémon* ; 3 *épîtres pastorales* : 2 *à Timothée*, 1 *à Tite*. Une quatorzième *épître, aux Hébreux*, est attribuée à un des disciples de Paul, sans doute Apollos.

□ *Saint Paul et le mystère du Christ*, Cl. Tresmontant, Coll. Maîtres spirituels, Éd. du Seuil.
Histoire de l'apôtre Paul. Henri-Dominique Saffrey. Le Cerf.
Paul apôtre. Simon Légasse. Le Cerf.

PAUL ERMITE († 342). Fête loc. 15 janvier. Ce que nous savons de lui par saint Jérôme relève de la pieuse légende plus que de l'histoire. On y voit saint Antoine rendre visite à l'ermite Paul dans le désert égyptien de la Thébaïde, et assister à toutes sortes de faits merveilleux, qui ont inspiré maints artistes depuis lors.

PAUL DE LA CROIX (1694-1775) PRÊTRE. Cal. rom. 19 octobre*. Originaire d'Ovada (Italie) et d'abord militaire, PAUL DANEI se retire en 1720 dans un ermitage en Toscane après avoir eu la vision du Christ revêtu d'une tunique noire ornée d'un cœur et portant l'inscription « Passion de Jésus-Christ ». Puis il fonde la *Congrégation de la Passion de Jésus-Christ*, celle des *passionnistes*, dont la mission est de propager la dévotion à la Passion du Christ par la prédication itinérante et les retraites spirituelles. La règle établie par Paul, basée sur le renoncement total, est extrêmement dure ; elle ne devait pas empêcher le développement de l'institut. Il fondera plus tard une congrégation de religieuses vouée à la contemplation des souffrances du Rédempteur (sœurs passionnistes de St Paul de La Croix).

PAUL MIKI et ses compagnons († 1597) MARTYR. Cal. rom. 6 février**. Après saint François Xavier, de nombreux jésuites évangélisèrent avec succès le sud du Japon ainsi que Kyoto. Ils convertirent à la foi certains des chefs féodaux et eurent pour ami le plus important d'entre eux, Hideyoshi, à Kyoto. Mais la présence de franciscains espagnols, venus des Philippines, et l'arrivée d'un navire espagnol, suscitèrent les soupçons de Hideyoshi, qui publia un édit chassant les missionnaires et condamna à mort six franciscains, dix-sept laïcs japonais dont trois enfants, trois jésuites dont Paul Miki, frère coadjuteur japonais, admiré pour son ardeur missionnaire. Ils furent conduits à Nagasaki et moururent crucifiés. Dans cette ville, un très beau monument rappelle leur martyre.

▶ Soixante-quatre autres saints ou bienheureux portent le nom de Paul, dont un évêque de Narbonne du IIIe siècle, un évêque de Saint-Paul-Trois-Châteaux (Drôme), et un évêque de Verdun au Ve siècle.

PAULE (347-404) VEUVE. Fête loc. 19 janvier. Membre d'une illustre famille romaine, veuve et mère de cinq enfants, connue pour sa générosité et sa piété, elle fait partie du groupe qui s'est placé sous la direction spirituelle de saint Jérôme. Lorsque celui-ci s'établit à Bethléem où, tout en poursuivant sa traduction de la Bible, il anime le monastère masculin qu'il y a fondé, Paule et sa fille, accompagnées de quelques-unes des dames romaines de leur groupe, gagnent la Terre Sainte ; elles fondent à leur tour un monastère à Bethléem, féminin celui-là, mais lui aussi placé sous la direction spirituelle de Jérôme.

▷ Paula, Paulette.
Beaucoup de Paule, Paula, Paulette ont un saint Paul pour patron.

PAULIEN (Ve siècle ?) ÉVÊQUE. Fête loc. 14 février. Il est regardé comme le premier évêque du Velay. La ville dont il avait fait le siège de son évêché, plus tard Saint-Paulien (Puy-de-Dôme), abrita son tombeau qui attira de nombreux pèlerins. Le siège de l'évêché devait être transféré au Puy au siècle suivant.

PAULIN DE NOLE (353-431) ÉVÊQUE. Cal. rom. 22 juin*. Né à Bordeaux, de famille noble et fortunée, gouverneur de Campanie en 378, il épouse une riche héritière espagnole. Saint Martin contribue à l'ouvrir à la foi chrétienne ; il reçoit le baptême à Bordeaux en 390. A la stupeur de leur famille et de leurs amis, lui et sa femme distribuent leurs biens aux pauvres pour se retirer du monde. Ordonné prêtre, il fonde un monastère à *Nole* (Italie), ville dont il est élu évêque en 409. Grand lettré et poète chrétien, il entretient une correspondance suivie avec les principaux penseurs de l'Église latine de son époque, Augustin, Ambroise, Jérôme, Sulpice Sévère. Mais sa tâche première demeure le dévouement au service du peuple chrétien qui lui est confié ; cette sollicitude sera mise en pleine lumière à l'heure des calamités provoquées par l'invasion des Goths.

▶ Onze autres saints portent le nom de Paulin.

▷ Pauline.

PÉ, PÈRE Déformations de Pierre.

PERNELLE (Voir Pétronille).

PERPET ou PERPÉTUE († 491) ÉVÊQUE. Fête loc. 9 avril. Membre d'une famille sénatoriale possédant de grands biens, il est en 461 le huitième évêque de Tours (saint Martin en serait le troisième). Ami des pauvres, considérés et traités comme ses enfants, il leur lègue tous ses biens.

PERPÉTUE († 203) MARTYRE. Cal. rom. 7 mars**. L'Église fête le même jour Perpétue et Félicité, martyrisées à Carthage en même temps que trois autres chrétiens, tous arrêtés pour avoir propagé la foi malgré l'interdiction de l'empereur Septime Sévère. Perpétue est de condition noble, elle allaite un bébé ; Félicité est esclave, elle est sur le point d'accoucher. Insensibles aux menaces dont ils sont l'objet, et aux supplications dont les pressent leurs familles, les prisonniers restent fidèles à leur foi et sont livrés aux bêtes ; malgré la gravité de leurs blessures, ils doivent être achevés à l'arme blanche. Le culte de Perpétue et Félicité devait connaître une rapide extension bien au delà de l'Afrique.

PERRETTE, PERRINE (Voir Pétronille).

PÉTRONILLE (Ier siècle) MARTYRE. Fête loc. 31 mai. Une inscription du cimetière de Domitille, à Rome, évoque le martyre de Pétronille. Celle-ci a peut-être été catéchisée et baptisée par saint Pierre, ce qui expliquerait son nom. Cette qualité de fille spirituelle du premier chef de l'Église la fit prendre comme patronne de la France, elle-même « fille aînée de l'Église », patronage tombé en désuétude depuis au moins trois siècles.

▷ Pernelle, Perrette, Perrine.

PHILÉMON (Ier siècle) Fête loc. 22 novembre. Ce riche habitant de Colosses (Asie Mineure) est un membre influent de l'Église locale fondée par saint Paul ; celui-ci lui adresse une brève *Épître*, écrite depuis sa prison de Rome, lui demandant d'accueillir avec bienveillance l'esclave Onésime ; ce dernier, qui a volé Philémon, a été converti par Paul et revient repentant à son maître. Certains récits ont fait de Philémon un évêque de Colosses mort martyr (Voir Onésime).

PHILBERT, PHILIBERT ou FILIBERT († 685) ABBÉ. Fête loc. 20 août. Né près d'Eauze (Gers), il est élevé à la cour de Dagobert, où il devient le disciple de saint Ouen, alors conseiller du roi. Moine, puis abbé du monastère de Rebais (Seine-et-Marne), fondé par Saint Ouen, il échoue dans sa mission et doit démissionner. Cet échec le conduit à réviser sa conception de la vie monastique. Toujours soutenu par saint Ouen, devenu évêque de Rouen, il fonde à proximité de cette ville, en 654, *l'abbaye de Jumièges* ; malgré sa réussite cette fois, il lui faut à nouveau, quelques années plus tard, sous des pressions extérieures, changer d'horizon ; d'abord réfugié en Poitou, il fondera plus tard dans l'île de Her, avec quelques-uns de ses moines, *l'abbaye de Hermoutier*, qui deviendra Noirmoutier. Par la suite, le transfert successif de ses reliques, pour les mettre à l'abri lors des invasions, conduira à mettre diverses églises sous son patronage (en particulier Saint-Philibert de Tournus et de Grandlieu).

▶ Deux autres saints portent ce nom.

PHILIPPE (Ier siècle) APÔTRE. Cal. rom. 3 mai***. Il nous est surtout connu par l'*Évangile de Jean*. Originaire de Bethsaïde, sur le lac de Tibériade, comme Pierre et André, il est, avec eux, parmi les premiers à être appelé par Jésus ; il recrute lui-même un autre disciple en la personne de Nathanaël (Barthélémy). C'est à lui que, peu avant la Passion, des Grecs s'adressent pour être introduits auprès de Jésus. Aussitôt après la Cène, à Jésus qui vient de dire à ses apôtres « Si vous me connaissez, vous connaîtrez le Père », Philippe n'hésite pas à demander ; « Montre-nous le Père, et cela nous suffit. » A quoi Jésus répond : « Voilà si longtemps que je suis avec vous, et tu ne me connais pas, Philippe ? Qui m'a vu a vu le Père ».
On ne sait rien sur la vie de Philippe après la Pentecôte, bien qu'une tradition lui attribue l'évangélisation des Scythes, au nord de la Mer Noire. Philippe est fêté le même jour que l'apôtre Jacques, fils d'Alphée, leurs reliques ayant été déposées le même jour dans l'église romaine des Douze Apôtres.
Deux textes reconnus apocryphes portent le nom de Philippe : un *Évangile de Philippe* et des *Actes de Philippe*.

PHILIPPE (Ier siècle) DIACRE. Fête loc. 6 juin. Appelé « l'Évangéliste », parfois confondu avec l'apôtre Philippe, il nous est connu par les *Actes des Apôtres* ; il est avec Étienne un des sept premiers diacres. On le voit accomplir de nombreuses conversions, et notamment baptiser un eunuque éthiopien sur la route de Gaza, un des premiers païens, avec le centurion Corneille, à recevoir le baptême.

PHILIPPE NÉRI (1515-1595) CONFESSEUR. Cal. rom. 26 mai**. Celui qu'on considère comme « le plus italien des saints » déborde de gaieté, d'entrain, d'enthousiasme, d'imagination ; son tempérament mystique ne l'empêche pas de se consacrer aux jeunes de Rome, sur lesquels il exerce un puissant ascendant ; il les réunit d'abord chez lui puis, la place manquant, dans un oratoire. Une communauté se forme ainsi autour de lui, un premier *« Oratoire »*, amorce de la congrégation du même nom qu'il fondera en 1575 à la demande du pape Grégoire XIII. Regroupant des prêtres séculiers vivant en communauté, la *société de l'Oratoire* se donne pour mission la prière, la prédication et le ministère paroissial. Les *Oratoriens* joueront un rôle très important dans la Réforme catholique des XVIe et XVIIe siècles.

▶ Dix-huit autres saints ou bienheureux portent le nom de Philippe.

PIE V (1504-1572) PAPE. Cal. rom. 30 avril*. ANTONIO GHISLIERI appartient à une famille pauvre de Lombardie ; grâce à un riche voisin, il peut faire des études qui lui permettent d'entrer à 15 ans chez les dominicains. Ordonné prêtre, il exerce diverses fonctions dans la juridiction de l'Inquisition, avant de devenir évêque de Sutri, puis cardinal grand inquisiteur, et enfin d'être élu pape en 1566. Ses six années de pontificat vont être d'une grande fécondité : il lui appartient de commencer à faire passer dans les faits les réformes arrêtées par le concile de Trente (1545-1563). Menant lui-même une vie simple qui tranche avec le style des papes de la Renaissance, il s'attache avec énergie à la moralisation du clergé et à l'avènement d'un nouveau type d'évêque ; il publie le *Catéchisme romain*, le fait traduire du latin en langue vivante, refond le bréviaire et le missel, crée la *Congrégation de l'Index*, fait rééditer saint Thomas d'Aquin, qu'il proclame docteur de l'Église. Si ses initiatives politiques ne manifestent pas toujours un grand jugement (déposition de la reine Élisabeth d'Angleterre), la coalition qu'il suscite pour barrer la route à la progression turque en Europe remporte une éclatante victoire lors de la bataille navale de Lépante (1571).

PIE X (1835-1914) PAPE Cal. rom. 21 août**. JOSEPH SARTO, prêtre vénitien, fera d'abord un excellent curé de campagne, dont il gardera toujours un peu le style. Successivement évêque de Mantoue, puis patriarche de Venise et cardinal, son élection à la papauté en 1903 créa la surprise. Son action à la tête de l'Église a été diversement jugée ; on ne peut contester qu'il fut constamment conduit par un souci, d'ordre religieux, d'approfondissement et de défense, dans une période troublée, sachant prendre des initiatives hardies pour un tempérament par ailleurs conservateur : ainsi préconise-t-il l'accès des enfants à l'eucharistie et la communion fréquente des fidèles, au scandale des esprits jansénistes encore nombreux ; ainsi réforme-t-il la musique sacrée et le bréviaire, et réalise-t-il une codification du droit canon qui en permet bien des retouches.
Quant aux grandes questions qui agitèrent l'opinion sous son pontificat (séparation de l'Église et de l'État en France, distance prise à l'égard de la démocratie chrétienne et condamnation du *Sillon* de Marc Sangnier, crise du modernisme), l'intransigeance de Pie X s'explique à la fois par l'agressivité de l'anticléricalisme de l'époque et par la confusion extrême qui régnait dans un monde intellectuel catholique en pleine fermentation. Dans cette conjoncture perturbée, il appartenait d'évidence au responsable de l'Église de définir clairement une ligne de conduite. Sur le fond et la forme de ses interventions (voir Histoire de l'Église), les esprits resteront sans doute longtemps partagés au sein même du monde catholique. La dernière épreuve de Pie X fut, en 1914, quelques semaines avant sa mort, la déclaration de guerre contre laquelle il avait, en vain, déployé tous ses efforts.

PIERRE († 64) APÔTRE. Cal. rom. 29 juin (fêté avec saint Paul)****. Autres fêtes : Dédicace de la basilique Saint-Pierre à Rome 18 novembre * ; Chaire de saint Pierre 22 février ***. Avant d'être surnommé *Pierre* par Jésus, c'est à dire « roc », « rocher », il porte le nom de SIMON ; il est marié. Né à Bethsaïde, habitant Capharnaüm, il est pêcheur sur le lac de Tibériade. Avec son frère André, il est un des premiers à être appelé par Jésus pour former le groupe des Douze. Tempérament ardent, mais pas toujours réfléchi, il devra apprendre dans le sillage du Christ à s'engager sans retour ; le regard que Jésus jettera sur lui, après son reniement au moment de la Passion, marquera

Saints Pierre et Paul. Mosaïque (XIIe s.). Cathédrale de Monreale. (Sicile).

Ph. Giraudon

Saints Pierre et Paul

Eux aussi étaient hommes et pécheurs, et grands pécheurs ; ils purent apprendre en eux-mêmes et par eux-mêmes qu'ils devaient être comparés aux autres pécheurs et mêlés à eux. Ceux qui ont commis de grandes fautes donneront en effet le pardon plus facilement aux grandes fautes et, selon la mesure dont on s'est servi à leur égard, ils sauront nous mesurer à notre tour. Il convenait que fussent donnés au genre humain de tels pasteurs et docteurs : à la fois doux et puissants, et sages aussi...

Saint Bernard, (Sermon pour la fête des saints Pierre et Paul)

le tournant décisif de sa vocation, dont la fidélité désormais ne fléchira plus jusque dans le martyre.

Pierre, dont le nom vient toujours en tête des listes des douze apôtres dans le Nouveau Testament, appartient avec Jacques et Jean au petit groupe le plus proche de Jésus ; ils sont notamment les témoins de sa Transfiguration. C'est Pierre qui, à Césarée de Philippe, prononce la première profession de foi chrétienne lorsqu'à Jésus demandant à ses apôtres : « Pour vous, qui suis-je ? », il répond avec son ardeur habituelle : « Tu es le Christ, le Fils du Dieu vivant. » C'est alors que Jésus lui trace clairement la mission qui le portera à la tête de l'Église : « Tu es Pierre, et sur cette pierre je bâtirai mon Église... Je te donnerai les clefs du Royaume des Cieux ; tout ce que tu lieras sur la terre sera lié dans les cieux, et tout ce que tu auras délié sur la terre sera délié dans les cieux. » (Mt 16, 13-19). Cette mission sera confirmée lors d'une dernière apparition de Jésus avant son Ascension (Jn 21, 15-17). De fait, dès la Pentecôte, on voit Pierre agir en chef de la jeune communauté chrétienne ; le grand apôtre Paul lui-même, qui porte pourtant l'essentiel de la charge de répandre l'Évangile hors du monde juif, tient à se tenir en étroite communion avec lui, avec une grande liberté d'action et de parole, il est vrai ; ce ne sera pas sans parfois de rudes explications, sur des points au demeurant essentiels (l'indépendance de l'Église vis-à-vis de la loi judaïque, Ga 2, 11-14).

L'activité de Pierre à Jérusalem, en Samarie et jusqu'à Antioche, n'est pas freinée par ses trois arrestations successives. Sa venue à Rome, son quatrième emprisonnement, son martyre (sur la colline du Vatican, vers 64, sous le règne de Néron), son inhumation sur place ne sont rapportés par aucun texte contemporain, mais font l'objet d'une tradition constante qui n'a jamais été contredite ; ils sont au contraire confirmés par les inscriptions des premiers siècles après Jésus-Christ trouvées à Rome. Depuis les origines du christianisme, les pèlerins n'ont cessé d'affluer dans la ville où, à trois ans de distance, Pierre et Paul, ces « colonnes de l'Église », ont donné leur vie pour l'Évangile. La basilique qui porte le nom de saint Pierre a été édifiée sur l'emplacement très vraisemblable de sa tombe, ainsi que les fouilles le révèlent de manière saisissante. On a deux *épîtres* de Pierre.

PIERRE (exorciste). (Voir Marcellin et Pierre, martyrs).

PIERRE d'ALCANTARA (1499-1562) CONFESSEUR. Fête loc. 19 octobre. PIERRE GRAVITO, né à Alcantara (Espagne), entre chez les franciscains à seize ans. On lui doit la création d'une nouvelle branche de son ordre, dite des *Alcantarins*, soumise à « la plus étroite observance » de la règle de saint François. Auteur d'un *Traité de l'oraison* (1556), il exerça une grande influence sur Thérèse d'Avila, qui écrivit sur lui de très belles pages.

PIERRE CANISIUS (1521-1597) CONFESSEUR ET DOCTEUR DE L'ÉGLISE. Cal. rom. 21 décembre* (en Suisse 27 avril*). PIERRE KANIJS, dont le nom sera plus tard latinisé en Canisius, naît à Nimègue (Pays-Bas), dans une fervente famille catholique. Étudiant à Cologne, il y fait la connaissance de l'un des premiers disciples d'Ignace de Loyola, Pierre Fabre ; attiré par le tout jeune ordre jésuite, Pierre le rejoint en 1543. Prêtre en 1546, il partage très vite son activité entre l'enseignement, la prédication, les écrits de controverse.

L'Église catholique traverse alors une crise grave ; la Réforme protestante a séparé de Rome une grande partie de l'Europe ; dans les pays germaniques, d'où elle est partie, elle continue à gagner du terrain. Au moment où commence la vie

Ph. Benedikt Raast

Saint Pierre Canisius

religieuse de Canisius, le concile de Trente (1545-1563) est enfin en train de jeter les bases du renouveau catholique, dont la Compagnie de Jésus sera un des principaux promoteurs. Pour sa part, Canisius jouera un rôle capital dans les pays de l'Allemagne du sud et l'Autriche, parvenant à y renverser le cours des choses.

Tout en poursuivant son enseignement universitaire, il s'attachera à la rénovation du clergé et à la formation des laïcs par la création de séminaires, de collèges, d'universités, une prédication itinérante incessante, la rédaction d'un catéchisme destiné à combattre l'influence luthérienne, qui connaîtra une énorme diffusion en 15 langues.

Premier provincial jésuite en Allemagne (1556), il y multiplie les fondations de maisons. Homme de confiance du pape, de l'empereur, des ducs de Bavière, sollicité de multiples côtés, il exerce une profonde influence, entretient une volumineuse correspondante. On le surnommera le « nouveau Boniface », le « deuxième apôtre de l'Allemagne ». A partir de 1580, et jusqu'à sa mort, Canisius déploie son apostolat à Fribourg, en Suisse, où il mourra entouré d'une grande vénération. Il a été proclamé docteur de l'Église en 1925 par Pie XI.

On a tort d'aborder les non-catholiques avec une humeur maussade et de les traiter sans courtoisie car ce n'est rien moins que l'inverse de l'exemple du Christ... C'est une politique erronée que d'engager des discussions sur la foi avec des raisonneurs disposés à la dispute. S'ils sont ainsi faits, c'est une raison de plus pour les gagner à la simplicité de la foi par l'exemple et non les arguments.

Saint Pierre Canisius

PIERRE CHRYSOLOGUE (406-451) ÉVÊQUE ET DOCTEUR DE L'ÉGLISE. Cal. rom.

30 juillet*. Né à Imola, en Italie, nommé évêque de Ravenne, il est surtout célèbre pour sa prédication ; d'où son surnom de *chrysologue* (en grec parole d'or) ; en correspondance avec Eutychès, dont l'hérésie monophysite divisait l'Église, il soutient à la fois la doctrine défendue par le pape Léon le Grand et la prééminence du siège de Rome.

PIERRE CLAVER (1580-1654) CONFESSEUR. Fête loc. 9 septembre. Après avoir étudié à l'université de Barcelone, il entre chez les jésuites. Envoyé à la Nouvelle-Grenade (actuelle Colombie), il y découvre l'esclavage des noirs, au service desquels il se dévouera pendant quarante-sept ans, méritant ainsi le titre d'« apôtre des noirs ».

PIERRE DAMIEN (1007-1072) ÉVÊQUE ET DOCTEUR DE L'ÉGLISE. Cal. rom. 21 février*. Né à Ravenne (Italie), abandonné par ses parents, il est élevé par son frère Damien, dont il ajoute le nom au sien. Après une jeunesse mondaine, il rejoint à vingt-huit ans la communauté d'ermites de Fonte Avellane ; il y vit dans une austérité qui tranche avec les mœurs d'une bonne partie des prêtres et des évêques de son époque. Sa réputation parvient jusqu'à Rome où, après une longue période d'anarchie et de relâchement, émerge enfin, avec Léon IX, une suite de papes de valeur qui vont engager les réformes profondes qu'attend le monde chrétien. En même temps que le moine clunisien Hildebrand (futur Grégoire VII), il exercera le rôle de conseiller de ces papes, stimulant et mettant en œuvre leur action réformatrice. Pierre Damien engage sa redoutable plume de pamphlétaire dans la lutte contre la simonie, le mariage et la corruption du clergé. Il est nommé cardinal-évêque d'Ostie par Étienne IX. Envoyé comme légat du pape en Italie et en France, il visite évêchés et monastères et, sur place, porte avec énergie le fer dans la plaie. Sa fidélité ne l'empêche pas de s'élever contre l'emploi des armes par le Saint-Siège vis-à-vis de ses adversaires. A la fin de sa vie, il retourne à sa condition de moine à Fonte Avellane, s'imposant les mêmes exigences de dépouillement qu'au début de sa vie religieuse.

PIERRE FOURIER (1565-1640) CONFESSEUR. Fête loc. 9 décembre. Né à Mirecourt (Vosges), il entre à 20 ans chez les chanoines réguliers de Chaumousey, près d'Épinal. Nommé curé de Mattaincourt, il fait de sa paroisse un foyer de renouveau pastoral et social. Artisan de la Réforme catholique en Lorraine, il fonde en 1597, avec la bienheureuse Alix Le Clerc, la *Congrégation de l'Union Notre-Dame* (reliée en 1622 à l'ordre des *Chanoinesses de Saint-Augustin*), pour l'éducation des filles. Appelé par son évêque à réformer les chamoines réguliers, il fonda en 1622 la *Congrégation du Très-Saint-Sauveur de Latran* (*Chanoines réguliers de Saint-Augustin*). Il meurt à Gray (Haute-Saône). Son corps repose à Mattaincourt (Vosges) dans une basilique édifiée au XIXe siècle.

PIERRE DE TARENTAISE (1102-1174) ÉVÊQUE. Fête loc. 7 mai. Né à Saint-Maurice-l'Exil (Isère), il entre à l'abbaye cistercienne de Bellevaux (Savoie). Dix ans plus tard, il est envoyé par saint Bernard fonder l'*abbaye de Tamié* (Savoie). En 1138, il est nommé évêque de Tarentaise, charge à laquelle il voudrait se soustraire mais qu'il doit accepter sous la pression de saint Bernard. Il s'emploie à rénover son diocèse et rétablit le monastère du Petit-Saint-Bernard.

PIERRE DE VÉRONE Voir Index.

PIERRE-JULIEN EYMARD (1811-1868) CONFESSEUR. Fête loc. 1er août. Né à La Mure (Isère), il entre d'abord chez les Oblats de Marie à Marseille ; ordonné prêtre en 1834, il exerce divers ministères, en particulier à Lyon, où son influence est grande et où les émeutiers de 1848 le ramènent en triomphe chez lui. En 1856, il fonde l'*Institut des Prêtres du Saint-Sacrement,* ainsi nommés en raison de la dévotion qu'ils se donnent pour mission de propager.

PIERRE-MARIE CHANEL (1803-1841) MARTYR. Cal. rom. 28 avril *. Né à Cuet (Ain), ordonné prêtre en 1827, il exerce divers ministères paroissiaux avant de rejoindre la récente Société de Marie (maristes) fondée en 1816 par le Père Colin. En 1836, il part comme missionnaire à l'île de Futuna (Océanie), où il convertit le fils du roi ; ce dernier les fait mettre à mort l'un et l'autre. L'île de Futuna deviendra cependant chrétienne peu après.

▶ Cent quatre vingt-cinq autres saints ou bienheureux portent le nom de Pierre, parmi lesquels un évêque de Tarentaise (XIIe siècle, fête loc. 7 mai), PIERRE LE VÉNÉRABLE, abbé de Cluny († 1156), le bienheureux PIERRE DE LUXEMBOURG, évêque de Metz et cardinal (1369-1387), le bienheureux PIERRE L'ERMITE, prédicateur de la première croisade († 1115).

▷ Pierrette.

> **Une mer inconnue**
>
> *La vie de la plupart des hommes est un chemin mort et ne mène à rien. Mais d'autres savent, dès l'enfance, qu'ils vont vers une mer inconnue. Déjà l'amertume du vent les étonne, déjà le goût de sel est sur leurs lèvres — jusqu'à ce que, la dernière dune franchie, cette passion infinie les soufflète de sable et d'écume. Il leur reste de s'y abîmer ou de revenir sur leurs pas.*
>
> François Mauriac, *Les Chemins de la mer,* Éd. Bernard Grasset

POL DE LÉON (ou PAUL DE LÉON) (480-572) ÉVÊQUE. Fête loc. 12 mars. Venu de Grande-Bretagne avec plusieurs moines, il s'établit dans l'île de Batz (Nord-Finistère), puis est choisi comme premier évêque du pays de Léon ; il fixe le siège de son évêché dans une ancienne forteresse romaine, qui sera le berceau de la ville de Saint-Pol-de-Léon. Il finira sa vie retiré à l'île de Batz.

POLYCARPE († 155) ÉVÊQUE ET MARTYR. Cal. rom. 23 février*. On le dit disciple de saint Jean, qui l'aurait lui-même ordonné évêque de Smyrne (actuelle Turquie). En tous cas, il a certainement connu des disciples de saint Jean ; il a lui-même exercé une influence considérable sur les Églises d'Orient. Il est arrêté durant le règne de l'empereur Marc-Aurèle sous l'accusation d'athéisme, parce qu'il refusait de sacrifier aux dieux officiels (parmi lesquels figurait l'empereur). Au pro-consul Stabius Quadratus qui le presse d'apostasier, il répond : « Il y a quatre-vingt-six ans que je sers le Christ et il ne m'a fait aucun mal. Comment pourrais-je blasphémer mon Sauveur et mon roi ? » Il est alors livré aux flammes puis poignardé.

POLYEUCTE († 250) MARTYR. Fête loc. 12 février. Polyeucte et Néarque, Grecs d'origine, sont officiers dans l'armée romaine en garnison à Mélitène (Arménie) au temps de la persécution de Dèce. Polyeucte, converti au christianisme par Néarque, déchire l'édit impérial contre les chrétiens et brise les idoles. Arrêté, il est condamné par le gouverneur Félix, son beau-père, à être décapité. Ni l'intervention de Pauline, son épouse, ni la pensée de ses enfants, ne peuvent l'amener à renier sa foi. Corneille a tiré de cette histoire une de ses tragédies les plus célèbres (1643).

PONTIEN PAPE ET MARTYR. Voir Index.

PORCHAIRE († v. 600) ABBÉ. Fête loc. 1er juin. Abbé de Saint-Hilaire de Poitiers.

POTHIN († 177) ÉVÊQUE ET MARTYR. Fête loc. 2 juin (en France*). Les conditions de la mort de Pothin, évêque de Lyon, nous sont bien connues par une lettre, devenue célèbre, adressée peu après par l'Église de Lyon à celle d'Asie. La terrible persécution de Marc Aurèle contre les chrétiens fait à Lyon beaucoup de victimes ; les plus célèbres sont Pothin et Blandine. Agé de plus de quatre-vingt-dix ans et infirme, Pothin est roué de coups de manière si violente qu'il meurt deux jours plus tard. Il est l'un des patrons du diocèse de Lyon. Il est fêté en même temps que sainte Blandine et leurs compagnons martyrs.

POURÇAIN (460-532) ABBÉ. Fête loc. 24 novembre. Né en Auvergne, il est esclave ; il est cédé par son maître à un monastère d'Auvergne dont il deviendra abbé, et qui prendra son nom.

PRETEXTAT († 586) ÉVÊQUE. Fête loc. 24 février. Évêque de Rouen pendant la lutte sanglante que se livrent les rois mérovingiens, et notamment Brunehaut et Frédégonde, il en supporte les contrecoups, et finit massacré dans son église par un partisan de Frédégonde à laquelle il a reproché son inconduite.

PRIST ou PRIEST ou PRIX († 676) ÉVÊQUE ET MARTYR. Fête loc. 25 janvier. Né en Auvergne, il est élevé par les bénédictins d'Issoire, puis par l'archidiacre Genesius. Celui-ci, devenu évêque de Clermont, lui confie, alors qu'il n'est encore que diacre, la paroisse d'Issoire. A son tour évêque de Clermont en 666, Prist fonde un hôpital et un monastère féminin. Mort assassiné, il est honoré comme un martyr, d'abord en Auvergne, puis dans toute la France, où nombreuses sont les localités portant son nom.

PRIVAT († 257) ÉVÊQUE. Fête loc. 21 août. Évêque de Mende (Lozère), il est mis à mort par les Alamans pour avoir refusé de dire les points faibles du Castrum-de-Grèzes où les chrétiens se sont réfugiés.

PROSPER D'AQUITAINE († après 455) CONFESSEUR. Fête loc. 25 juin. Il n'est connu que par ses écrits, dans lesquels il défend les thèses de saint Augustin contre la doctrine semi-pélagienne ; celle-ci, enseignée par Cassien à Marseille et Vincent à Lérins, soutient que le commencement du salut est l'œuvre de l'homme et non de la grâce.

PROTAIS (Voir Gervais).

PRUDENCE († 861) ÉVÊQUE. Fête loc. 6 avril. Venu jeune d'Espagne d'où il a fui les Sarrasins, il change son nom de GALENDO en celui de Prudence. Élevé à l'école du palais des rois carolingiens, c'est un lettré et un savant. Évêque de Troyes (843), il prend position en augustinien radical contre les thèses de Scot Erigène sur la grâce. Il est l'auteur impartial des *Annales de Saint-Bertin*, chronique qui constitue une source historique précieuse.

Q

QUENIN ou QUINIDE († v. 578) ÉVÊQUE. Fête loc. 15 février. Né à Vaison en Provence, il sera successivement diacre, coadjuteur et évêque de cette ville, dont il est resté un des patrons. En sa qualité de diacre, il représentera son évêque au concile d'Arles en 552.

QUENTIN (IIIe siècle) MARTYR. Fête loc. 31 octobre. Fils d'un sénateur romain, il serait venu en Gaule avec saint Lucien, futur évêque de Beauvais, en mission d'évangélisation ; établi à Amiens, il est décapité à Augusta Veromandum, capitale du Vermandois, qui deviendra Saint-Quentin (Aisne).

R

RADEGONDE (518-587) REINE. Fête loc. 13 août. Fille du roi de Thuringe et captive de Clotaire, roi des Francs, celui-ci l'épouse. Elle vit en pénitente au milieu

Ph. Hachette

Sainte Radegonde. Miniature XIe s. Biblioth. munic. de Poitiers.

d'une cour dépravée et brutale. Après la révolte de la Thuringe et l'exécution de son frère par Clotaire (555), elle se fait consacrer diaconnesse par saint Médard, puis fonde à Poitiers l'*abbaye* qui prendra plus tard le nom de *Sainte-Croix*, lorsqu'elle recevra de l'empereur de Byzance une relique de la vraie Croix ; c'est lors de l'entrée de cette relique au monastère que sont chantés pour la première fois le *Pange lingua gloriosi* et le *Vexilla regis*, composés par le poète Fortunat, futur évêque de Poitiers et lié d'amitié avec Radegonde. Enterrée dans l'église qui porte son nom à Poitiers, Radegonde est la patronne de la ville.

RAINIER (v. 1117-v. 1160) CONFESSEUR. Fête loc. 17 juin. Né à Pise (Italie) dans une famille très riche, il part en pèlerinage aux lieux saints. Au retour, il renonce à tout pour se retirer dans un monastère de sa ville, d'où il exerce une grande influence par la clairvoyance de ses conseils.

RAMBERT († 680) MARTYR. Fête loc. 13 juin. Fils d'un haut fonctionnaire du royaume de Neustrie, ses aptitudes intellectuelles et physiques, comme ses vertus morales, suscitent la jalousie et l'animosité du maire du palais du roi Clotaire III, le violent Ebroïn. Celui-ci, après l'avoir relégué dans le Bugey, le fait assassiner entre Bourg-en-Bresse et Belley. Sa tombe attirera les pèlerins ; c'est l'origine de la ville de Saint-Rambert-en-Bugey.

RAOUL ou RODOLPHE († 866) ÉVÊQUE. Fête loc. 21 juin. Fils d'un comte de Cahors, il se fait moine. Élu archevêque de Bourges (840), il multipliera les fondations de monastères. Il recevra du pape Nicolas Ier le titre de Patriarche des Aquitaines et Narbonnaises.

▶ Cinq autres saints ou bienheureux portent le nom de Raoul.

RAPHAËL ARCHANGE. Cal. rom. 29 septembre***. Fêtés ensemble par l'Église le jour anniversaire de la consécration de la basilique romaine Saint-Michel, les archanges Gabriel, Michel et Raphaël nous sont connus par la Bible, qui nous les présente comme des êtres célestes envoyés par Dieu sous des formes humaines pour transmettre de sa part certains messages et accomplir certaines missions. Le nom de Raphaël signifie en hébreu « Dieu guérit ». On le voit à l'œuvre dans le livre de Tobie, conduisant le jeune Tobie dans sa mission, guérissant son père aveugle, puis se révélant à eux : « Je suis Raphaël, un des sept messagers de Dieu qui se tiennent à ses côtés dans l'éblouissement de sa présence. » Le récit a pour objet de révéler la Providence à l'œuvre dans la vie des hommes, et la manière dont elle répond à leur prière. Raphaël fut longtemps invoqué pour la santé du corps et de l'âme et la protection des voyageurs.

RAYMOND DE PEÑAFORT (1175-1275) CONFESSEUR. Cal. rom. 7 janvier*. Ce célèbre canoniste est né près de Barcelone ; c'est en Italie, à Bologne, alors centre de la science du droit canon, qu'il fait ses études juridiques, puis qu'il enseigne. A 47 ans, il rejoint le jeune ordre des Frères Prêcheurs. Après avoir été conseiller du pape Grégoire IX, puis maître général de son ordre, il revient en Catalogne où il poursuit une activité multiple, notamment de prédication auprès des musulmans ; très estimé du roi Jacques Ier d'Aragon, il ne lui ménage pourtant pas les remontrances sur sa vie scandaleuse. Il meurt centenaire, laissant une œuvre considérable qui a éclairé, en matière de droit canon et de théologie morale, bien des aspects du sacrement de pénitence ; lui-même avait consacré une part de sa vie au ministère de la confession.

« Frappez, on vous ouvrira »

Voyageurs criant de faim,
Nous frappons à ta porte,
Seigneur.
Une voix nous invite à nous asseoir ;
A ton pain partagé
Nous avons reconnu notre Dieu.

(M. Scouarnec)

RAYMOND NONNAT (1204-1240) Fête loc. 31 août. Son surnom de Nonnat (*non natus,* non né) vient de ce qu'il est venu au monde par césarienne. Né en Catalogne, il entre dans l'Ordre de la Merci, voué à la délivrance des captifs des Barbaresques, et se donne tout entier à sa mission. On raconte qu'il se livra lui-même comme otage pour sauver quelques chrétiens dont la foi vacillait, son ordre obtenant sa libération contre rançon. Il est fait cardinal peu avant sa mort à 36 ans.

▶ Neuf autres saints et bienheureux portent le nom de Raymond.

▷ Raymonde.

REINE (IIIe siècle) MARTYRE ? Fête loc. 7 sept. On sait seulement d'elle que son culte est ancien. On a déblayé à Alise-Sainte-Reine (Côte-d'Or), sur le site de l'ancienne ville qui fut peut-être l'Alésia de Vercingétorix, les vestiges d'une église mérovingienne probablement dédiée à cette sainte.

▶ Une autre sainte REINE, veuve (VIIIe siècle), est vénérée comme fondatrice de Denain (Nord).

▷ Régine, Réjane.

RÉMI ou RÉMY († 530) ÉVÊQUE. Fête loc. 15 janvier (France*). Le fait le plus notable de la vie de Rémi, fait décisif pour l'avenir religieux et politique de la France, est le baptême de Clovis (496 ou 498). Rémi était le dix-septième évêque de Reims ; avant même la conversion du roi des Francs, il exerçait sur celui-ci une grande influence morale, probablement favorisée par la reine Clotilde qui était chrétienne. Le récit, où l'on voit Clovis, au cours de la bataille de Tolbiac contre les Alamans (496), promettre au Dieu de Clotilde de se faire instruire dans la foi chrétienne s'il l'emportait sur ses ennemis, est probablement légendaire. Ce qui est certain, c'est son baptême cette même année par Rémi, en même temps que celui d'un grand nombre de ses guerriers. Sur le tombeau de Rémi, autour duquel se développera une abbaye rapidement célèbre, sera construite la belle église Saint-Rémi de Reims. Ce saint est le patron du diocèse.

Tombeau de Saint Rémi (Reconstitution de 1841, avec statues XVIe s.). Basilique Saint Rémi à Reims (XIe-XIIe s.).

Ph. Hachette

Soyez le père et le protecteur de votre peuple. Allégez autant qu'il vous sera possible le fardeau des impôts que les besoins de l'État rendent nécessaires. Consolez et soulagez les pauvres, nourrissez les orphelins, défendez les veuves ; ne souffrez point d'exaction.

Saint Rémi, Lettre à Clovis

RENAN ou RONAN (Ve ou VIe siècle) Fête loc. 1er juin. Né en Irlande, converti au christianisme en Grande-Bretagne, il débarque en Armorique, dans le pays de Léon, pour y vivre en ermite en un lieu qu'on appellera plus tard Saint-Renan. Fuyant la foule attirée par sa sainteté, il se réfugie ensuite en Cornouaille. Sur son tombeau, Anne de Bretagne fera construire une église, origine de la localité de Locronan dans le Sud-Finistère (en breton : cellule ou monastère de Ronan). Locronan est aujourd'hui encore le cadre d'un célèbre pardon annuel, le deuxième dimanche de juillet (procession de la Petite Troménie) et de plus grandes festivités tous les six ans (procession de la Grande Troménie, sur un parcours de 12 km : 1989, 1995, 2001, etc.).

RENAUD ou REGNAULD, ou RONALD († v. 1104) ERMITE. Fête loc. 17 septembre. Originaire de Picardie, il est d'abord chanoine régulier à Saint-Jean-des-Vignes, à Soissons. Il mène ensuite une vie d'ermite dans la forêt de Craon (Mayenne), puis dans celle de Mélinais près de La Flèche (Sarthe). En 1830, ses reliques seront solennellement transférées à Candé (Maine-et-Loire).

▷ Réginald.

RENÉ GOUPIL († 1642) MARTYR. Cal. rom. 19 octobre*. René Goupil fait partie d'un groupe de jésuites français (Jean de Brébeuf, Isaac Jogues et leurs compagnons) débarqués au Canada en 1635, missionnaires auprès des Hurons et des Iroquois. Ils seront tous torturés et mis à mort par les Iroquois, qui finiront cependant par embrasser la foi chrétienne.

▶ Sept autres saints ou bienheureux portent le nom de René, dont un évêque d'Angers (date indéterminée), qui aurait aussi été évêque de Sorrente près de Naples ; son existence est incertaine, mais il n'en a pas moins bénéficié d'une grande popularité en étant le patron du roi René d'Anjou.

RICHARD († 1253) ÉVÊQUE. Fête loc. 3 avril. Né près de Worcester en Grande-Bretagne, il étudie à Oxford, Paris et Bologne. L'un des premiers à exercer la fonction de chancelier de l'université d'Oxford, il est élu évêque de Chichester (1244) ; il apportera son soutien aux ordres mendiants, de création récente, qui rencontraient beaucoup d'oppositions.

▶ Dix-neuf autres saints ou bienheureux portent le nom de Richard.

RICHARDE († v. 900) MONIALE. Fête loc. 18 septembre. Fille d'un comte d'Alsace et épouse de Charles III le Gros, elle se retirera dans l'*abbaye d'Andlau* (Bas-Rhin) fondée par elle. Elle est représentée par un vitrail de la cathédrale de Strasbourg.

RITA ou RITE (1381-1457) Fête loc. 22 mai. Originaire de Roccaporena dans les Apennins (Italie), elle est mariée contre son gré à un homme brutal qu'elle parvient à convertir. Devenue veuve et ayant perdu ses deux enfants, elle entre chez les augustines de Cascia. Ayant entendu un sermon sur la Passion du Christ, elle prie celui-ci de la faire participer désormais à ses souffrances. Ce sera le cas ; elle portera notamment au front une plaie qui, selon la tradition, dégageait une odeur si désagréable que Rita devait rester isolée, ne recevant plus que des malades. Après sa mort, elle jouira d'une popularité extraordinaire, et sera invoquée aussi bien pour les causes désespérées que contre la petite vérole, en mémoire sans doute de sa plaie purulente.

ROBERT BELLARMIN (1542-1621) ÉVÊQUE, DOCTEUR DE L'ÉGLISE. Cal. rom. 17 septembre*. Il naît en Toscane (son véritable nom est ROBERTO BELLARMINO) ; ce très brillant membre de la Compagnie de Jésus, un des grands artisans de la Contre-Réforme catholique, est d'abord lui-même un élève des pères jésuites ; il appartient ainsi à leur seconde génération (il entre dans la Compagnie en 1560). Achevant ses études théologiques à l'université de Louvain (actuelle Belgique), puis professeur de théologie à la même université, il attire tout de suite l'attention par son érudition, sa puissante éloquence et ses dons de controversiste. C'est pourquoi, en 1576, son ordre lui confie la chaire de controversiste au Collège romain ; c'est que la controverse avec les protestants bat alors son plein et que l'Église catholique joue une partie décisive auprès du monde intellectuel et ecclésiastique européen, fortement influencé par les idées de la Réforme. En 1586, Bellarmin commence à publier ses célèbres *Controverses au sujet des hérétiques de ce temps,* réfutation point par point des professions de foi protestantes qui connaîtra un grand succès (20 éditions du vivant de l'auteur). En 1589, il devient le théologien du cardinal Cajetan, légat du pape en France ; il sera plus tard celui du pape Clément VIII, qui le fera cardinal (1599) puis archevêque de Capoue (1602), avant d'être à nouveau appelé auprès du pape Paul V en 1605. Entre-temps, Bellarmin avait publié son *Grand* et son *Petit Catéchisme* (1597), eux aussi promis au succès. C'est à son initiative, enfin, que la révision de la traduction de la Bible dite *Vulgate* avait été entreprise (1592).

▶ Seize autres saints ou bienheureux portent le nom de Robert, dont le bienheureux ROBERT D'ARBRISSEL (v. 1045-1116), fondateur de l'*abbaye* et de l'*ordre de Fontevrault*. Voir p. 354 a. b.

▷ Roberte.

ROBERT DE MOLESME (v. 1024-1110) ABBÉ. Fête loc. 30 avril. Né dans la région de Troyes, il entre à quinze ans dans une abbaye bénédictine qui relève de l'ordre de Cluny. Ce dernier, amolli par sa richesse, ne connaît plus la ferveur de ses origines ; Robert s'efforce en vain d'introduire des réformes dans son abbaye. En désespoir de cause, il répond à l'appel d'un groupe d'ermites, qui cherchent un supérieur. Avec eux, il va s'installer au cœur de la forêt de *Molesme* (Côte-d'Or), dans le dénuement le plus complet. Après un temps d'authentique pauvreté, la communauté connaît à son tour une aisance qui altère sa vie religieuse malgré tous les efforts de Robert. Celui-ci se sépare une fois de plus de ses compagnons. Revenu un moment à Molesme sur ordre du pape, Robert constate son impuissance à changer le cours des choses. En 1098, dûment autorisé par l'archevêque de Lyon, il part avec quelques moines fonder une nouvelle communauté dans un site sauvage, en un lieu nommé *Cîteaux* (Côte-d'Or), avec la ferme volonté de revenir à la stricte observance de la règle de saint Benoît. C'est le point de départ du futur *ordre cistercien* qui, sous l'impulsion d'Étienne Harding, et surtout de saint Bernard de Clairvaux, sera l'instrument d'une profonde réforme monastique et connaîtra un rayonnement considérable dans tout l'Occident. Robert mourra à Molesme, où il avait dû revenir sur l'injonction du légat du pape. C'est là qu'il est enterré.

ROCH (v. 1200-1237 ?) CONFESSEUR. Fête loc. 16 août. Il nous est surtout connu par des légendes qui remontent au XVe siècle. Né à Montpellier, il se rend en pèlerinage à Rome où sévit alors la peste. Il soigne et guérit de nombreux malades. Lui-même atteint, il s'isole dans une forêt où un ange le soigne tandis qu'un chien lui apporte chaque jour un pain ; il guérit à son tour. Revenu à Montpellier, il est pris pour un espion et jeté en prison par le gouverneur, son oncle ; il y mourra dans le plus grand dénuement.
Saint Roch sera invoqué contre la peste ; son culte se développera à partir du XVe siècle, suscitant de nombreuses « Confréries de Saint Roch » et des œuvres théâtrales (*Mystère de Monseigneur saint Roch*, 1543).

RODOLPHE (Voir Raoul).

ROGATIEN (Voir Donatien et Rogatien).

ROGER (Début du XIIe siècle) ÉVÊQUE. Fête loc. 30 décembre. Il aurait été évêque de Cannes, en Italie du Sud (actuellement Canosa). Son culte est attesté depuis 1276 à Barbetta dont les habitants seraient allés dérober son corps à Cannes au XIIIe siècle.

▶ Cinq autres saints ou bienheureux portent le nom de Roger.

ROLAND (en italien ORLANDO) (v. 1330-1386) ERMITE. Fête loc. 15 septembre. Venu se fixer dans la région située entre Plaisance et Parme, en Italie du Nord, il y vécut 26 ans dans une solitude et un silence absolus, vêtu de roseaux et de paille, souvent affamé. Moribond, il sera transporté dans l'église de Borgo San Donnino où il reprendra la parole pour se confesser.

ROLANDE (VIIIe ou XIe siècle) VIERGE. Fête loc. 13 mai. Demandée en mariage par un fils du roi d'Écosse, elle préfère aller se retirer dans le monastère Sainte-Ursule à Cologne. Elle meurt en chemin à Villiers-la-Poterie, près de Charleroi. Son tombeau y est l'objet d'un pèlerinage le lundi de la Pentecôte.

ROMAIN (fin du IVe siècle-468) ABBÉ. Fête loc. 28 février. A 35 ans, il se retire dans la solitude de la forêt jurassienne. Rejoint par son frère Lupicin, puis par de nombreux disciples, il fonde deux monastères, l'un à *Condat* (qui deviendra la ville de Saint-Claude, Jura), l'autre à *Leuconne* (aujourd'hui Saint-Lupicin). Romain, plus accommodant, Lupicin, plus rigide, gouvernent ensemble les deux maisons. Romain fonde d'autres monastères, dans les Vosges et jusqu'en Allemagne. Il en établit également un pour sa sœur, autour duquel se formera plus tard le village de *Saint-Romain-de-la-Roche.*

▶ Quatorze autres saints ou bienheureux portent le nom de Romain, dont un évêque de Rouen († v. 640, fête locale 23 octobre).

ROMARIC ou ROMARY († 653) ABBÉ. Fête loc. 10 décembre. Membre d'une grande famille franque d'Austrasie, il pense d'abord devenir moine à Lérins. Finalement, il fonde un monastère sur un haut-lieu des Vosges appelé actuellement *Saint-Mont* (667 m). La ville voisine prendra plus tard le nom de *Romaricus mons* (actuellement Remiremont, Vosges, dont les habitants s'appellent Romarimontains). La ville célèbre annuellement la fête de saint Romaric.

ROMPHAIRE († fin du VIe siècle) ÉVÊQUE. Fête loc. 26 novembre. Selon la tradition, Romphaire serait venu de Grande-Bretagne et aurait résidé à Barfleur avant d'être élevé à l'épiscopat. D'une manière plus sûre, on sait, grâce au poète Fortunat, qu'il assista à la dédicace d'une église de Nantes, et Grégoire de Tours raconte qu'il vint ensevelir son archevêque assassiné en 586.

ROMUALD (952-1027) ABBÉ. Cal. rom. 19 juin *. Né à Ravenne dans une famille de l'aristocratie, il la quitte pour entrer au monastère bénédictin de Saint-Apollinaire-in-Classe, près de la ville. Puis, attiré par la vie d'ermite, il fait plusieurs essais avant de venir se fixer en Toscane à Camaldoli où, sous la règle de saint Benoît, il établit d'une part des ermitages et d'autre part un monastère. Il propose à ses disciples, les *Camaldules,* d'abord formés à la vie en commun dans le monastère, de devenir ensuite ermites. En 1113, les camaldules seront reconnus comme branche autonome de l'ordre de saint Benoît. Moines et ermites constitueront par la suite des congrégations différentes.

RONAN (Voir Renan).

RONALD (Voir Renaud).

ROSALIE († v. 1170 ?) VIERGE. Fête loc. 4 septembre. Selon une légende invérifiable, elle aurait vécu en ermite dans une grotte du Mont Pellegrino, près de Palerme, en Sicile. Elle aurait préservé cette ville de la peste et en est la patronne. Son culte devait connaître un nouveau développement avec la découverte de son corps en 1624 dans une grotte du Mont Pellegrino, où affluent depuis lors les pèlerins ; son tombeau se trouve maintenant dans la cathédrale de Palerme.

ROSE DE LIMA (1586-1617) VIERGE. Cal. rom. 23 août*. Née à Lima, capitale du Pérou, dans une famille d'origine espagnole, ISABELLE D'OLIVA est vite surnommée Rose à cause de son teint. Encore enfant, il lui faut travailler durement, ses parents étant tombés dans la gêne. A vingt ans, suivant l'exemple de sainte Catherine de Sienne dont elle a fait son modèle, elle prend le voile de tertiaire dominicaine ; elle s'installe dans une petite cellule aménagée dans le jardin de ses parents ; elle y vivra jusqu'à sa mort, dans la mortification et de rudes épreuves spirituelles ; mais elle bénéficie en même temps de grandes faveurs mystiques. Elle aura en quelque sorte représenté le contretype de la vie facile de la société coloniale espagnole de son époque. Patronne du Pérou, elle l'est également de l'Amérique du Sud et des Philippines.

▶ Neuf autres saintes ou bienheureuses portent ce nom, dont ROSE DE VITERBE (1235-1253).

RUDY (Voir Rodolphe).

S

SABAS (439-532) ABBÉ. Fête loc. 5 décembre. Originaire de Cappadoce (Asie Mineure), il vient vivre en ermite en Palestine ; des disciples s'étant joints à lui dans sa grotte de la vallée du Cédron près de Jérusalem, il fonde là un monastère qui existe toujours aujourd'hui sous son nom, et dont à travers les âges bien des religieux se rendront illustres. Sabas interviendra avec autorité dans la défense de la foi contre l'hérésie monophysite.

SABINE (IIIe siècle ?) Fête loc. 29 août. Bien qu'une légende du VIe siècle ait fait de Sabine une martyre, il s'agit plus probablement et plus simplement d'une dame de la société romaine qui, propriétaire d'une maison et d'une terre situées sur la colline de l'Aventin, en a fait don pour que le culte chrétien puisse y être célébré. L'église ainsi édifiée porta son nom et, suivant une évolution fréquente, Sabine fut transformée en sainte quelques siècles plus tard. La belle église romaine Sainte-Sabine qu'on peut admirer aujourd'hui date du Ve siècle.

▶ Trois autres saintes portent le nom de Sabine, dont une vierge du diocèse de Troyes et une vierge et martyre vénérée à Castre, près d'Hazebrouck (Nord).

▷ Sabrina.

SACHA Diminutif d'Alexandre.

SAËNS ou SIDOINE († 689) ABBÉ. Fête loc. 14 novembre. Venu d'Irlande, moine de l'abbaye de Jumièges (Seine-Maritime), il fondera dans le Pays de Caux une autre abbaye qui portera son nom, origine de la localité de Saint-Saëns (Seine-Maritime).

SALOMON († 874) ROI DES BRETONS. Fête loc. 25 juin. Connu pour l'extension donnée à son royaume aux dépens de ses voisins normands et francs, il serait mort martyr.

SAMSON (v. 485-565) ÉVÊQUE. Fête loc. 28 juillet. Originaire du Pays de Galles, il va fonder de nombreux monastères en Irlande avant de revenir dans sa patrie où il est sacré évêque. Il passe alors sur le continent, établissant un monastère qui sera le noyau de la ville de Dol-de-Bretagne (Ille-et-Vilaine), siège d'un évêché durant de longs siècles. Samson aura été le premier évêque de Dol, dont la cathédrale porte le nom, ainsi que de nombreuses communes bretonnes.

SARA (IVe siècle ?) VIERGE. Fête loc. 13 juillet. D'après les vies des Pères du Désert, elle aurait vécu en ermite sur le bord du Nil, près de Scété.

▶ Une autre sainte SARA est vénérée par les Gitans aux Saintes-Maries-de-la-Mer (Bouches-du-Rhône) ; selon la légende des Saintes-Maries-de-Provence, elle était la servante noire de Marie Jacobé et Marie Salomé, qui seraient venues de Judée avec Marie-Madeleine, Marthe et leur frère Lazare, jetés dans une barque sur ordre du Sanhédrin de Jérusalem. Marie Jacobé, Marie Salomé et Sara se seraient établies au lieu de leur débarquement en Camargue, évangélisant la région, qui les a prises pour patronnes ; et leurs restes seraient conservés dans des châsses, aux *Saintes-Maries-de-la-Mer* (Bouches-du-Rhône), qu'on expose à la vénération de la foule et qu'on porte en procession lors des deux grands pèlerinages annuels (24-25 mai, 22 octobre) ; les Gitans viennent nombreux, de très loin, au pèlerinage de mai. L'Église continue de respecter cette tradition populaire, sans pour autant la confondre avec la réalité historique, s'employant simplement à en valoriser le message spirituel.

SATURNIN ou SERNIN (IIIe siècle) ÉVÊQUE. Fête loc. 29 novembre. Premier évêque de Toulouse, dont il aurait été envoyé par le pape Sixte II évangéliser la région, il aurait été massacré par des païens soit pour avoir refusé de sacrifier aux idoles, soit pour avoir fait taire des oracles. Traîné par un taureau furieux, son corps aurait été disloqué. Ses reliques reposent dans la basilique Saint-Sernin de Toulouse. Très populaire dans le sud de la Loire, il y a donné son nom, souvent déformé (Sarnin, Sernin, Sornin, Sorlin, Cernin, Saturnin, Savourin, etc.) à de nombreuses localités.

▶ Vingt-quatre autres saints, presque tous martyrs des premiers siècles, portent le nom de Saturnin.

Ces supplices finiront bientôt et je les endure volontiers. Je vous rends grâces, Seigneur, je regrette seulement d'être impuissant à vous témoigner ma reconnaissance.

Saint Saturnin

SAULGE ou SALVY († 485) ÉVÊQUE. Fête loc. 10 septembre. Originaire d'Albi, il se retire tardivement dans le monastère situé aux portes de la ville ; il en deviendra l'abbé. Élu évêque d'Albi en 574, il mourra dix ans plus tard au cours d'une épidémie de peste qui ravagea la cité.

SAVIN (VIIIe siècle) ERMITE. Fête loc. 11 juillet. Originaire d'Espagne, il vit en ermite aux environs de Lourdes. Son tombeau, à Saint-Savin (Hautes-Pyrénées), fera de cette localité un actif centre religieux de la région pendant tout le Moyen Âge.

▶ Autre saint portant ce nom : martyr d'origine italienne, aux dates indéterminées, mis à mort en un lieu du Limousin devenu Saint-Savin-sur-Gartempe (Vienne), célèbre depuis lors par les fresques des XIe et XIIe siècles de son église romane.

SANDRINE (voir Alexandrine).

Un éloge de la virginité consacrée

Étant donné que l'Église universelle est une vierge unie à un unique époux, le Christ, *comme dit l'apôtre (2 Cor. 11, 2), de quel honneur ne sont-ils pas dignes ceux de ses membres qui observent jusque dans leur choix ce que tout entière elle observe dans sa foi : elle qui prend pour modèle son époux et Seigneur ?... Par suite, si l'Église universelle est sainte de corps et d'esprit, sans être cependant universellement vierge de corps, mais seulement d'esprit, combien est-elle plus sainte en ceux de ses membres en qui elle est vierge de corps et d'esprit.*

Saint Augustin, (homélie),
De la sainte Virginité,
Bréviaire des fidèles,
Labergerie, 1951

SCHOLASTIQUE (v. 480-543) VIERGE. Cal. rom. 10 février**. Sœur de saint Benoît, née comme lui à Nursie, en Ombrie (Italie), elle ne nous est connue que par les *Dialogues* de saint Grégoire le Grand (540-604), dont l'objet, comme il est alors fréquent, est plus l'édification que la relation historique. Selon cette source, Scholastique fonde un monastère féminin au pied du Mont Cassin, lorsque Benoît établit lui-même son abbaye au sommet du mont. Le frère et la sœur se rencontrent de temps en temps, à mi-chemin, pour un entretien tout spirituel. Le récit de leur dernière rencontre est célèbre : la nuit venant, Benoît s'apprête à quitter sa sœur qui cherche au contraire à prolonger l'entretien ; un orage survient alors, venant opportunément répondre à la prière de Scholastique en obligeant son frère à continuer l'échange jusqu'au matin. Trois jours plus tard, Benoît voyait l'âme de sa sœur gagner le ciel sous la forme d'une colombe.

SÉBASTIEN († v. 300) MARTYR. Cal. rom. 20 janvier*. L'authentique martyre de ce Romain sous l'empereur Dioclétien a inspiré l'auteur des *« Actes de saint Sébastien »* au Ve siècle, récit légendaire qui, relayé depuis par la production d'innombrables œuvres artistiques, a assuré une immense popularité à son héros. La légende a été reprise au XIXe siècle par le célèbre roman de Wiseman, *Fabiola* (1854). Selon ces récits, Sébastien est le capitaine de la garde de Dioclétien ; l'empereur apprend qu'il est chrétien ; il le livre à ses archers qui le percent de flèches, scène illustrée par maints tableaux. Sébastien n'est pas mort : une chrétienne le recueille et le guérit. Il se présente alors devant l'empereur pour lui reprocher son comportement vis-à-vis des chrétiens. Dioclétien le fait tuer à coups de bâtons. Son corps recueilli par une autre chrétienne est enseveli au cimetière romain dit *Ad Catacumbas* sur la Voie Appienne. Une basilique lui est dédiée à cet endroit. Son culte est associé à celui de saint Fabien, pourtant martyrisé un demi-siècle plus tôt ; ils sont fêtés le même jour.

SÉGOLÈNE (Voir Sigolène).

SEINE (VIe siècle) ABBÉ. Fête loc. 19 septembre. Fils d'un noble burgonde, il se retire d'abord dans un monastère, puis dans un ermitage en pleine forêt, avant de fonder une abbaye bientôt célèbre, origine de la localité de Saint-Seine-l'Abbaye (Côte-d'Or).

SENIER († v. 574) ÉVÊQUE. Fête loc. 18 septembre. Né près de Coutances, disciple de saint Pair, il lui succède sur le siège d'Avranches.

SÉRAPHIN (1540-1604) CONFESSEUR. Fête loc. 12 octobre. Sa vie se déroule dans les Marches, en Italie. Fils d'un ouvrier maçon, il ne saura jamais lire ; après avoir gardé les troupeaux, il entre dans l'ordre des Capucins récemment créé ; il y restera frère lai, vivant dans l'abnégation la plus totale, se dévouant au service des indigents, et montrant une intelligence de Dieu qui ne devra rien à sa faible culture.

SERGE (IIIe ou IVe siècle) MARTYR. Fête loc. 7 octobre. Jeune officier de l'armée romaine, commandant une unité de barbares en Orient, il refuse d'apostasier et il est décapité. C'est aux VIe et VIIe siècles qu'il sera connu et vénéré en Gaule.

▶ Quatre autres saints portent le nom de Serge, dont le pape SERGE IER (pontificat 687-701).

SERNIN Déformation et contraction de Saturnin.

SÉVERIN († v. 482) CONFESSEUR. Fête loc. 8 janvier. Appelé « Apôtre du Norique » (ancienne région de l'Europe Centrale, au sud du Danube), on ne sait rien de lui avant son arrivée dans cette région montagneuse, aux confins de l'empire romain. Durant trente ans, il la parcourt en tous sens, prêchant, fondant des monastères, rachetant des captifs, guérissant des malades.

▶ Dix autres saints portent le nom de Séverin, dont un ermite vivant près de Paris au VIe siècle, dont la cellule ou la tombe seraient le site sur lequel se trouve l'actuelle église parisienne Saint-Séverin.

▷ Séverine.

SIDOINE APOLLINAIRE (423-480 ?) ÉVÊQUE. Fête loc. 21 août. Ce grand personnage de la Gaule romaine, né à Lyon, fils d'un préfet du prétoire, épouse la fille d'Avitus qui sera un moment empereur. Après avoir vécu sur ses terres en Auvergne, il est nommé préfet de Rome, puis patrice. Vers 471, dans des conditions mal connues, il est élu évêque de Clermont ; comme tant d'autres évêques de son temps, au moment où l'empire romain s'effondre, il lui faut défendre les populations contre les envahisseurs barbares, en l'occurence les Wisigoths ; il fera en outre de son mieux pour sauvegarder la culture latine, tout aussi menacée. Il a laissé une œuvre littéraire importante : outre des poèmes, une correspondance singulièrement précieuse pour la connaissance de cette époque mouvementée, qui voit disparaître l'empire romain d'Occident.

▶ Un autre Sidoine a été évêque d'Aix-en-Provence. Saint Saëns est également vénéré sous le nom de Sidoine.

▷ Sidonie.

Jésus lui dit : « Je suis le chemin, la vérité et la vie. Personne ne va au Père si ce n'est par moi. »

Évangile selon saint Jean 14, 6

SIFFREIN (Ve-VIe siècle) ÉVÊQUE. Fête loc. 27 novembre. Successivement moine de Lérins, et évêque de Venasque et Carpentras (Vaucluse). La cathédrale de Carpentras lui est dédiée.

SIGOLÈNE ou SÉGOLÈNE (Avant le VIIe siècle) ABBESSE. Fête loc. 24 juillet. La *Vie de sainte Ségolène* semble une paraphrase de vies célèbres. On peut en retenir qu'elle a dû vivre assez longtemps avant le VIIe siècle, puisque son souvenir était presque complètement perdu quand l'auteur a composé cette vie vers le milieu de ce siècle. Elle fut probablement la fondatrice et la première abbesse de *Troclar* (Tarn). Ses reliques ont été transportées à la cathédrale d'Albi.

SILVESTRE (Voir Sylvestre).

SIMÉON († v. 107) ÉVÊQUE ET MARTYR. Fête loc. 18 février. Il est l'un des « frères » de Jésus, dont parle l'Évangile. Après le martyre de Jacques, premier évêque de Jérusalem, il lui aurait succédé. Il aurait été crucifié sous Trajan. Les Grecs célèbrent sa fête le 27 avril.

▶ Neuf autres saints portent le nom de Siméon. Parmi eux, SIMÉON LE VIEUX (v. 390-459) ; il imagine et inaugure un nouveau style de vie d'ermite qui connaîtra divers adeptes en Orient (dont Siméon Stylite le Jeune) : il consiste à se retirer en haut d'une colonne pouvant avoir de 4 à 10 mètres de haut, où sont hissés à l'aide d'une corde les quelques aliments permettant tout juste de subsister ; d'où le nom de ces ermites : stylites (du grec *stulos,* colonne).

SIMON (Ier siècle) APÔTRE. Cal. rom. 28 octobre***. Peut-être le surnom de « Zélote » évoqué par les évangiles signifie-t-il qu'il appartenait, à l'origine, au parti des nationalistes juifs qui voulaient rétablir le royaume d'Israël par un soulèvement contre les occupants païens (romains). Il est aussi surnommé « le Cananéen ». En dehors de sa citation sur la liste des douze apôtres, les textes du Nouveau Testament ne disent rien de lui. Une tradition respectable le fait mourir martyr en Perse aux côtés de l'apôtre Jude, avec lequel il est fêté. Il ne doit pas être confondu avec l'apôtre Simon-Pierre (saint Pierre).

▶ Dix-sept autres saints et bienheureux portent le nom de Simon.

▷ Simone.

SIXTE II († 258) PAPE ET MARTYR. Cal. rom. 7 août*. Élu pape en 257, alors que sévit la violente persécution de Valérien, il est sacré secrètement. Moins d'un an plus tard, il est arrêté dans une crypte du cimetière de Calliste tandis que, avec quatre de ses diacres, il y célèbre la messe au milieu des fidèles, malgré les interdictions de l'empereur Valérien. Lui et ses diacres sont décapités sur place. Les faits sont rapportés dans une lettre écrite trois semaines plus tard par l'évêque de Carthage, saint Cyprien, peu avant son propre martyre.

▶ Trois autres saints portent le nom de Sixte, dont le pape SIXTE IER (pape de 115 à 125), martyr.

SOIZIC (Voir François).

SOLANGE († 880) VIERGE ET MARTYRE. Fête loc. 10 mai. Née à Villemont aux environs de Bourges, elle est bergère. Elle a fait le vœu de virginité. Sa grande beauté la fait remarquer par un jeune noble poitevin qui la demande en mariage. Devant le refus qu'elle lui oppose, il l'enlève, cherche en vain à abuser d'elle et finit par lui trancher la tête. La légende ajoute que Solange prit sa tête dans les mains et se rendit ainsi jusqu'à une église à laquelle on donna son nom. Elle est patronne du diocèse de Bourges et du Berry.

SOLINE (IIIe siècle) MARTYRE à Chartres. Fête loc. 17 octobre.

SONIA Forme slave de Sophie.

SOPHIE (Dates indéterminées) MARTYRE. Fête loc. 1er août. On ne sait rien de cette sainte. La basilique Sainte-Sophie de Constantinople est dédiée, non à une sainte, mais à la Sagesse Divine (*Haghia Sophia*, en grec).

▶ Cinq autres saintes ou bienheureuses portent le nom de Sophie. Voir aussi MADELEINE-SOPHIE BARAT, fondatrice *de la Société du Sacré-Cœur de Jésus*.

SORLIN Déformation de Saturnin.

SPIRE ou Exupère (IVe siècle ?) ÉVÊQUE. Fête loc. 1er août. Après avoir exercé un ministère à Rome, il est envoyé par le pape saint Clément évangéliser le Bessin ; il est le premier évêque de Bayeux. Lors des invasions normandes au Xe siècle, ses reliques sont transférées à Corbeil (Essonne). L'église monastique, qui y sera édifiée au XIIe siècle sous son vocable, est co-cathédrale du diocèse d'Évry-Corbeil-Essonnes fondé en 1966.

STANISLAS (1030-1079) ÉVÊQUE ET MARTYR. Cal. rom. 11 avril*. Né dans une famille aisée près de Cracovie, en Pologne, il distribue tous ses biens à l'achèvement de ses études supérieures (notamment à Paris), et reçoit le sacerdoce. En 1072, il est évêque de Cracovie. Quelques années plus tard, il dénonce publiquement la conduite scandaleuse du roi de Pologne, Boleslas II, dit le Cruel. Celui-ci ne s'amendant pas malgré ses promesses, Stanislas l'excommunie ; le roi le tue alors de sa main, tandis qu'il célébrait la messe. Boleslas, déchu par le pape, se repentira et finira frère lai chez les bénédictins. Stanislas, très populaire en Pologne, est un des patrons de son pays.

STANISLAS KOSTKA (1550-1568) CONFESSEUR. Fête loc. 18 août. Ce jeune noble polonais, élève des jésuites de Vienne, décide d'entrer à leur noviciat ; son père s'y opposant, il s'enfuit de chez lui et entreprend seul le voyage de Vienne à Augsbourg. Accueilli par saint Pierre Canisius, il est admis au noviciat des jésuites à Rome, où il meurt quelques mois plus tard, à 18 ans, laissant un témoignage de sainteté rendu plus frappant par sa jeunesse.

Quoi de plus doux, frères très chers, que cette voix du Seigneur qui nous invite. Voici que le Seigneur lui-même en sa tendresse nous montre le chemin de la vie.

Saint Benoît (Règle)

Credo quia impossibile — Je crois parce que c'est impossible

Tertullien *(De Carne Christi)*.

STEIN, bienheureuse EDITH (voir p. 132).

STELLA (Voir Estelle).

STÉPHANE, STÉPHANIE (Voir Étienne).

SULPICE dit LE DÉBONNAIRE ou LE PIEUX (Fin du VIe siècle - v. 647). ÉVÊQUE. Fête loc. 19 janvier. Né dans la petite ville de Vatan, en Berry, il est élu évêque par le clergé et le peuple de Bourges. Une de ses reliques repose à l'église parisienne de Saint-Sulpice.

SUZANNE (IIIe siècle ?) MARTYRE ? Fête loc. 11 août. Si on peut constater que, dès le VIe siècle, Rome avait une église sous son vocable, en fait on ne sait rien d'elle. Selon un récit sans fondement, elle aurait été martyrisée pour avoir refusé d'épouser le fils de l'empereur Dioclétien, afin de rester fidèle à son vœu de virginité.

▶ Quatre autres saintes portent le nom de Suzanne.

SYLVAIN (dates indéterminées) MARTYR. Fête loc. 16 octobre. Ce saint, dont le culte a été très populaire dans le Limousin, aurait subi le martyre à Ahun (Creuse).

▶ Un autre saint SYLVAIN (VIe siècle - Fête loc. 30 juillet) a été ermite dans le Maine.

▷ Sylvaine.

SYLVESTRE Ier ou Silvestre († 335) PAPE. Cal. rom. 31 décembre*. L'Édit de Milan (313), par lequel l'empereur Constantin reconnaît la liberté de culte aux chrétiens, a deux ans lorsque Sylvestre Ier, membre du clergé romain, est élu pape. La persécution a pris fin, mais le nouveau pontife va devoir faire face à un autre genre de difficulté : l'empereur (et ses successeurs resteront fidèles à cette tradition) entend en effet intervenir de près dans la marche de l'Église, dont il veut faire le facteur d'unité du vaste empire romain. Pour régler les crises provoquées par les hérésies donatiste et arienne, l'autorité impériale éclipse celle du pape ; c'est Constantin qui convoque les conciles (par exemple celui de Nicée, qui condamne l'arianisme en 325). C'est, en tout cas, grâce au soutien de l'empereur que Sylvestre commence à faire de Rome la grande ville chrétienne qu'elle est restée depuis lors ; il entreprend notamment la construction des premières basiliques du Latran et de Saint-Pierre. Contrairement à la légende, Sylvestre ne donne pas le baptême à Constantin, qui en réalité le recevra à son lit de mort d'un évêque arien. Quant à la « Donation de Constantin » à Sylvestre, il s'agit d'une fausse décrétale établie au VIIIe siècle pour justifier la souveraineté temporelle des papes à l'époque où se constituèrent les États pontificaux. Sylvestre est un des premiers saints non martyrs. Sa popularité tient pour une part à la place de sa fête dans le calendrier, le dernier jour de l'année, occasion pour l'Église de rappeler la nécessité de bien employer le temps qui passe sans retour.

SYLVIE († v. 592) Fête loc. 5 novembre. Mère du pape saint Grégoire le Grand.

▷ Sylvette, Sylviane.

SYMPHORIEN (IIe ou IIIe siècle) MARTYR. Fête loc. 22 août. Selon un récit beaucoup plus récent, il vivait à Autun au temps de la persécution d'Aurélien. Rencontrant une foule qui escortait la statue de Cybèle, mère des dieux, il se moque de ces païens. Arrêté et traduit devant le tribunal, il affirme sa foi chrétienne ; pendant qu'on le conduit hors de la ville pour lui trancher la tête, sa mère l'encourage à rester fidèle. Le culte de saint Symphorien, gloire d'Autun, s'est répandu dans toute la France et jusqu'en Allemagne.

T

TANGUY (IXe siècle) Fête loc. 19 novembre. Moine breton.

TARCISIUS (IIIe siècle) MARTYR. Fête loc. 17 août. Une inscription du pape Damase († 384) fait état de la mort à Rome de Tarcisius, préférant se faire massacrer que de laisser profaner l'eucharistie qu'il portait. On ignore s'il était enfant, ainsi qu'il apparaît dans le célèbre roman *Fabiola* de Wiseman (1854).

TERÈSE Voir Thérèse.

THÉODORE LE STUDITE ou DE STOUDIOS (759-826) CONFESSEUR. Fête loc. 5 novembre. Entré au monastère du Saccoudion en Bithynie (Asie Mineure), il devient higoumène (abbé) de celui de Stoudios à Constantinople, dont il réforme la vie monastique en prenant appui sur la règle de saint Basile ; le monastère exercera bientôt un grand rayonnement (il comptera jusqu'à 1 000 moines) et Théodore restera une des principales références du monachisme oriental. Son opposition au despotisme des empereurs de Byzance, la position hostile qu'il adopte vis-à-vis des iconoclastes lui vaudront trois déportations ; il mourra des suites de la dernière. Il a laissé une œuvre importante (discours, lettres, *Grande* et *Petite Catéchèse*, etc.).

THÉODORE DE TARSE ou DE CANTORBÉRY (602-690) ÉVÊQUE. Fête loc. 19 septembre. Originaire de Tarse (Asie

Mineure), ce moine basilien est à Rome lorsque le pape Vitalien l'envoie en Grande-Bretagne comme archevêque de Cantorbéry (668). Il réorganise l'Église anglaise, dont les éléments celtes restaient hostiles à l'obédience romaine, réunit à Hertford (673) le premier concile anglais, et donne une impulsion nouvelle à l'évangélisation du pays, tout en tenant tête aux ingérences des rois anglo-saxons dans les affaires ecclésiastiques.

▶ Trente-sept autres saints portent le nom de Théodore, dont quinze martyrs des premiers siècles ; parmi ces derniers, un soldat († 319) dont la légende s'est emparée ; il est un des patrons des militaires.

Oui, certes nous l'avouons, nous sommes les athées de ces prétendus dieux

Justin (Première apologie)

THÉODOSE LE CÉNOBIARQUE (423-529). Fête le 11 janvier dans les calendriers grec et latin. Né en Cappadoce, ermite dans une grotte de Palestine, où sa réputation lui attire de nombreux disciples, auxquels il rappelle de se tenir constamment en face de la pensée de la mort, il fonde par la suite à *Bethléem* un vaste monastère, comportant plusieurs églises et hôpitaux. Défenseur de la doctrine catholique contre les hérétiques monophysites, il sera exilé par l'empereur Anastase jusqu'à la mort de ce dernier.

THÉOPHANE VÉNARD (1829-1861) MARTYR. Fête loc. 13 février. Né à Saint-Loup-sur-Thouet (Deux-Sèvres), prêtre des Missions Étrangères de Paris, il s'embarque pour l'Extrême-Orient en 1852. Il séjourne à Hong-Kong le temps d'apprendre la langue, puis entre clandestinement au Tonkin où sévit la persécution. Dénoncé et arrêté quelques années plus tard, il meurt décapité. Sa tête, recueillie par un policier tonkinois chrétien, repose aujourd'hui dans un reliquaire de la chapelle des Missions Étrangères, 128, rue du Bac à Paris. Canonisé par Jean-Paul II en 1988 parmi les « 117 martyrs du Viet-nam ». (Voir Index).

THÉOPHILE († après 180) ÉVÊQUE. Fête loc. 10 octobre. Né en Syrie dans une famille de culture grecque, converti au christianisme, il devient évêque d'Antioche vers 170 ; il est l'auteur d'ouvrages d'apologie.

▶ Quinze autres saints portent le nom de Théophile (en grec, Ami de Dieu) ; parmi eux, THÉOPHILE D'ADANA ou LE PÉNITENT, personnage imaginaire qui a pourtant joui, au Moyen Âge, d'une grande popularité comme héros du célèbre *Miracle de Théophile,* dont la version la plus connue est due à Rutebeuf (XIIIe siècle) : après avoir vendu son âme au diable, le clerc Théophile, repentant, obtient de la Vierge de pouvoir récupérer l'acte de cette vente.

THÉRÈSE ou TÉRÈSE DE JÉSUS (Thérèse d'Avila) (1515-1582) VIERGE, DOCTEUR DE L'ÉGLISE. Cal. rom. 15 octobre**. TERESA DE CEPEDA Y ALUMADA, fille d'un gentilhomme d'Avila en Vieille Castille, entre à 20 ans au Carmel de sa ville où, comme dans les autres maisons de l'Ordre, la règle n'est alors plus pratiquée que de façon mitigée. Pendant vingt ans, Thérèse s'en satisfait plus ou moins. Mais en 1555, elle décide de vivre pleinement sa vocation carmélite. A partir de 1557, elle connaît une série d'expériences mystiques qui lui permettent de contempler l'humanité du Christ ; un jour, elle a la vision d'un ange, symbolisant l'amour divin, lui transperçant le cœur avec un dard (sujet d'un célèbre groupe sculpté par Le Bernin à Rome) ; aidée par ses directeurs spirituels, elle devient familière de l'oraison mystique. La nécessité d'un retour du carmel à sa règle primitive s'impose de plus en plus à elle. Elle décide donc de fonder, à Avila même, un nouveau monastère de stricte observance ; elle y parvient en 1562, non sans avoir dû surmonter bien des obstacles, tant la résistance à son initiative était forte. La volonté de dépouillement de ses religieuses est symbolisée par la suppression des chaussures. En 1567, elle persuade un jeune carme, le futur saint Jean de la Croix, lui aussi déçu par son ordre, d'engager une réforme analogue dans les couvents masculins. Les couvents de *Carmes* et *Carmélites Déchaux* se multiplient bientôt en Espagne, Thérèse poursuivant son activité réformatrice grâce à des déplacements continuels. Approuvée par le pape Grégoire XII en 1580, la réforme gagnera peu à peu l'ensemble de l'Ordre, malgré la vive hostilité des « mitigés ». A la mort de Thérèse, on comptait déjà 16 fondations féminines et 14 masculines.

Cette intense activité extérieure n'empêchait nullement, chez Thérèse — personnalité éminemment équilibrée — la vie spirituelle la plus intériorisée ; on en trouve l'expression dans ses œuvres écrites, conçues comme une pédagogie de la prière et de la vie chrétienne, et figurant, au demeurant, parmi les chefs d'œuvre de la langue castillane ; les plus connues sont *Le Livre de la vie* (autobiographie), *Le chemin de la perfection,* et surtout *Le Château intérieur,* qui décrit le cheminement de la grâce dans les sept « demeures » de l'âme.

Thérèse d'Avila a été la première femme à recevoir le titre de Docteur de l'Église, qui lui a été attribué par Paul VI en 1970.

Sainte Thérèse d'Avila.

Ph. Hachette

□ *Œuvres complètes de Sainte Thérèse d'Avila,* Éd du Cerf.
Thérèse d'Avila. Le chemin de la perfection, Coll. Livre de Vie, Éd. du Seuil.
La vie de sainte Thérèse d'Avila, Marcelle Auclair, Éd du Seuil.
Thérèse d'Avila n° 4/1982 de la revue *Missi.*

Je meurs de ne pas mourir

Je vis, mais sans vivre en moi,
Et mon espérance est telle
Que je meurs de ne pas mourir.

Je vis déjà hors de moi,
Depuis que je meurs d'amour ;
Car je vis dans le Seigneur
qui m'a voulue pour Lui :
Quand je lui ai donné mon cœur,
Il y grava cette devise :
Que je meurs de ne pas mourir.

Cette divine prison
De l'amour par lequel je vis
A fait Dieu mon captif
Et rendu libre mon cœur.
Mais voir mon Dieu prisonnier
Cause en moi une telle passion
Que je meurs de ne pas mourir.

Oh ! Qu'elle est amère, cette vie
Où l'on ne jouit pas du Seigneur
Car si l'amour est suave
La longue espérance ne l'est pas.
Retirez-moi, Dieu, ce fardeau
Plus pesant que l'acier,
Que je meurs de ne pas mourir !

...

C'est cette vie d'en haut
Qui est la vie véritable,
Mais jusqu'à la mort de cette vie,
On ne peut la posséder.
O mort, ne te dérobe plus.
Que je meure tout d'abord et que je vive !
Que je meurs de ne pas mourir.

Sainte Thérèse d'Avila

THÉRÈSE COUDERC (1805-1885) VIERGE. Fête loc. 25 septembre. Née en 1805 en Ardèche, elle aide à accueillir les femmes qui viennent à Lalouvesc en pèlerinage sur la tombe de saint Jean-François Régis. Sur sa suggestion, la maison d'accueil est utilisée pour les retraites spirituelles. Ainsi naît la *Congrégation de Notre-Dame de la Retraite au Cénacle,* dont elle sera la première supérieure, et qui, sous le nom de *Cénacle,* ouvrira de nombreuses maisons de retraites spirituelles dans l'esprit des Exercices spirituels de saint Ignace.

Cheminer dans la nuit

... Je jouissais alors d'une foi si vive, si claire, que la pensée du Ciel faisait tout mon bonheur, je ne pouvais croire qu'il y eut des impies n'ayant pas la foi. Je croyais qu'ils parlaient contre leur pensée en niant l'existence du Ciel...

Aux jours si joyeux du temps pascal, Jésus m'a fait sentir qu'il y a véritablement des âmes qui n'ont pas la foi... Il permit que mon âme fût envahie par les plus épaisses ténèbres et que la pensée du Ciel si douce pour moi ne soit plus qu'un sujet de combat et de tourment... Cette épreuve ne devait pas durer quelques jours, quelques semaines, elle devait ne s'éteindre qu'à l'heure marquée par le Bon Dieu et... cette heure n'est pas encore venue...

Je voudrais pouvoir exprimer ce que je sens, mais hélas ! je crois que c'est impossible. Il faut avoir voyagé sous ce sombre tunnel pour en comprendre l'obscurité. Je vais cependant essayer de l'expliquer par une comparaison.

Je suppose que je suis née dans un pays environné d'un épais brouillard... je sais que le pays où je suis n'est pas ma patrie, qu'il en est un autre vers lequel je dois sans cesse aspirer... mais jamais je n'ai contemplé le riant aspect de la nature, inondée, transfigurée par le brillant soleil.

Sainte Thérèse de Lisieux,
Manuscrits autobiographiques.

THÉRÈSE DE L'ENFANT JÉSUS ET DE LA SAINTE FACE (1873-1897) VIERGE. Cal. rom. 1er octobre**. Née à Alençon dans une famille de profonde foi chrétienne, THÉRÈSE MARTIN a 4 ans quand elle perd sa mère, que ses sœurs s'emploieront de leur mieux à remplacer auprès d'elle ; la famille vient alors s'installer à Lisieux. Elle a neuf ans quand sa sœur Pauline, sa « petite mère », entre au Carmel de la ville, bientôt suivie par l'aînée, Marie. A 14 ans, Thérèse annonce à son père son intention de se faire elle-même carmélite ; à 15 ans (1888) elle franchit la grille de la clôture, après avoir

Ph. Bayard-Presse

Sainte Thérèse de Lisieux (à gauche).

surmonté tous les obstacles qui s'opposaient à une vocation si précoce. Sa médiocre santé cependant ne résistera pas à la rigueur de la vie carmélite, et neuf ans plus tard — à 24 ans — elle mourra de la tuberculose, unissant avec ferveur ses souffrances à celles du Christ en croix pour le salut des hommes. Ces neuf années, passées dans une vie religieuse apparemment sans relief, auront en fait une étonnante portée spirituelle, d'autant plus forte sans doute que les gens simples se sentiront de plain-pied avec cette âme sans prétention ni complication, et pourtant terriblement exigeante avec elle-même. La voie qu'elle propose, retracée dans son *Histoire d'une âme* — autobiographie écrite sur l'ordre de sa supérieure, sa sœur Pauline — est la « voie d'enfance », ou « petite voie » : reconnaître sa petitesse, s'abandonner avec confiance à la bonté de Dieu comme un enfant dans les bras de sa mère.

Les épreuves spirituelles que Thérèse a traversées au cours de cette vie discrète (« nuit de la foi », vide spirituel, tentation d'incroyance) la rendent très proche de ceux qui doutent et des incroyants. Thérèse est une inconnue lorsqu'elle meurt en 1897 ; quand elle est canonisée vingt-huit ans plus tard, en 1925, sa réputation de sainteté s'est répandue à travers le monde ; Lisieux deviendra un des pèlerinages les plus fréquentés et les plus populaires. Thérèse a été proclamée patronne des missions — pour lesquelles elle a sans cesse prié — et patronne de la France, comme Jeanne d'Arc.

◫ Édition critique complète des œuvres de sainte Thérèse de Lisieux, Éd du Centenaire — Éd. du Cerf.
Thérèse de l'Enfant Jésus. Manuscrits autobiographiques, Coll. Livre de Vie, Éd. du Seuil.
Vie de Thérèse de Lisieux, Jean-François Six, Coll. Livre de Vie, Éd. du Seuil.
Film *Thérèse* d'Alain Cavalier, 1986.

▶ Seize autres saintes ou bienheureuses portent le nom de Thérèse, dont quatre appartiennent aux carmélites de Compiègne guillotinées en 1794.

Il se met à notre merci

Il se taisait devant ses juges !... Dieu se fait pauvre afin que nous puissions lui faire la charité ; il nous tend la main comme un mendiant afin qu'au jour du jugement il puisse nous faire entendre ces paroles : « Venez, les bénis de mon Père, car j'ai eu faim et vous m'avez donné à manger... » C'est Jésus lui-même qui a prononcé ces mots, c'est lui qui veut notre amour, qui le mendie... Il se met pour ainsi dire à notre merci. Il ne veut rien prendre sans que nous lui donnions, et la plus petite chose est précieuse à ses yeux divins.

Sainte Thérèse de Lisieux,
Manuscrits autobiographiques.

« Thérèse » un film d'Alain Cavalier

Ce film, qui évoque la personne de sainte THÉRÈSE DE LISIEUX, a reçu le Prix du Jury du Festival de Cannes en 1986 et a fait l'objet des plus vifs éloges de toute la presse. C'est le neuvième film d'Alain Cavalier, d'un genre tout différent des précédents. Cavalier raconte qu'étant tombé sur l'autobiographie de Thérèse, il avait ressenti à sa lecture une grande émotion et décidé d'en faire le sujet d'un film. Celui-ci, tourné avec des moyens délibérément très réduits, est d'une grande sobriété. « Ce qui m'a poussé à tourner *Thérèse*, je le subodorais, mais je l'ai vraiment compris quand le film a été terminé : c'est ce que j'avais de familier avec elle, à savoir, faire le plus possible avec le moins possible. Etre en relation avec le maximum de gens en étant pratiquement réduit à rien. Seul dans sa cellule... Cette expérience m'a certainement transformé. Pas tant le carmel que cette idée de se retirer du monde, de s'enfermer, pour mieux s'ouvrir ».
(Interview dans *Notre Histoire*, octobre 1986).

THIBAUD DE MARLY († 1247) ABBÉ. Fête loc. 8 juillet. Apparenté à la famille des Montmorency, il entre en 1226 chez les cisterciens à l'abbaye des Vaux-de-Cernay (Yvelines) dont il sera abbé en 1235. Saint Louis l'a eu en grande vénération. Il reste, non loin de l'abbaye, une source appelée Fontaine Saint-Thibaud.

THIERRY († 537) ABBÉ. Fête loc. 1er juillet. Selon le récit de sa vie écrit quatre siècles plus tard, Thierry serait le fils d'un brigand ; celui-ci l'aurait obligé à se marier très jeune, bien que Thierry eût fait un vœu de continence que son épouse ne se montra pas davantage disposée à accepter. Conseillé par saint Rémi, évêque de Reims, il aurait alors été se fixer en un lieu proche de cette ville, lieu appelé Mont d'Or ; ordonné prêtre, il y aurait fondé l'abbaye qui porta plus tard son nom, origine de la ville de Saint-Thierry (Marne).

▶ Quatre autres saints portent le nom de Thierry, dont un évêque d'Orléans du XIe siècle.

THOMAS (Ier siècle) APÔTRE. Cal. rom. 3 juillet***. Lucide et réaliste mais tout d'une pièce, tel apparaît l'apôtre Thomas dans l'*Évangile de Jean* où, à l'occasion, on voit rappeler son surnom de Didyme (en grec, jumeau) ; Thomas, par exemple, ne se fait pas d'illusion sur la gravité des événements qui vont se produire à Jérusalem, où les apôtres se rendent avec Jésus pour la Pâque : « Allons-y pour mourir avec lui » (Jn 11,16). Après la résurrection, son scepticisme sur l'apparition de Jésus aux autres apôtres survenue en son absence est resté célèbre, et sert souvent de référence à des attitudes d'incrédulité : « Si je ne vois pas dans ses mains la marque des clous, si je ne mets pas ma main dans son côté, je ne croirai pas » (Jn 20, 24-29). Lorsque huit jours plus tard, Jésus, apparaissant une nouvelle fois aux apôtres cette fois au complet, demande à Thomas de toucher les plaies de ses mains et de son côté, Thomas s'écrie alors dans un acte de foi, bouleversé : « Mon Seigneur et mon Dieu. » C'est l'occasion pour Jésus, non seulement de faire la leçon à Thomas, mais de montrer de quelle nature est la foi, d'un autre ordre que l'adhésion à une vérité d'ordre sensible ou scientifique : « Parce que tu m'as vu, tu as cru, Thomas. Heureux ceux qui n'ont pas vu et qui ont cru. »
Une longue tradition, reprise par maints écrits apocryphes mais invérifiable, fait de Thomas l'évangélisateur des Mèdes et des Perses, puis de l'Inde, où les importantes communautés chrétiennes de la région de Malabar sont restées fidèles à cette tradition.

THOMAS D'AQUIN (1225-1274) DOCTEUR DE L'ÉGLISE. Cal. rom. 28 janvier**. Né d'une famille noble à Roccasecca, près d'Aquino dans le royaume de Naples, il est élevé à l'abbaye bénédictine du Mont Cassin. A 16 ans, il décide d'entrer dans le tout jeune ordre dominicain ; celui-ci, qui conteste bien des aspects de la vie de l'Église et de la société, est fort mal vu par beaucoup de chrétiens de la bonne société ; la famille de Thomas s'oppose violemment à son choix ; ses frères vont jusqu'à l'enlever de son couvent et à cher-

Seigneur, mon Dieu, donne-moi
l'intelligence pour te connaître,
le zèle pour te chercher,
la sagesse pour te trouver,
une vie qui te plaise,
une persévérance inébranlable
et une espérance qui t'embrasse un jour

Saint Thomas d'Aquin

cher sans succès à le détourner de sa vocation par toutes sortes de procédés indignes. Thomas est envoyé par son Ordre poursuivre sa formation à Cologne ; il y a pour maître un autre célèbre théologien dominicain, saint Albert le Grand ; auprès de lui, il approfondit la connaissance d'Aristote, dont la philosophie tiendra une place capitale dans l'élaboration de sa propre pensée. Achevant ses études à l'Université de Paris, dont le rayonnement est universel, il commence lui-même une carrière d'enseignant, qui se déroulera à Paris même à deux reprises (1256-1259, 1269-1272), à Rome, à Naples. C'est durant son séjour romain qu'il commence la *Somme théologique* (1266-1279), son œuvre maîtresse avec la *Somme contre les Gentils* et le commentaire des évangiles, *Catena aurea*. De Naples, il est appelé comme théologien au deuxième concile de Lyon, réuni pour réaliser l'unité entre Latins et Grecs (1274) ; il tombe malade en chemin et meurt à Fossa-Nova.
L'originalité de l'œuvre de Thomas d'Aquin, ce en quoi il se révèle un véritable génie, est d'avoir su réaliser une vaste synthèse entre la pensée traditionnelle des Pères de l'Église, et de saint Augustin en particulier, et les exigences de rationalité de son temps, profondément marqué par la redécouverte d'Aristote et par le néo-platonisme. Ainsi a-t-il pu offrir une vision globale au sein de laquelle, selon une rigoureuse logique interne, s'accordent foi et raison, surnature et nature, théologie et philosophie, scolastique et dialectique ; le tout, sans que rien soit altéré de l'orthodoxie d'une foi basée sur la Révélation. Sa pensée devait connaître un immense rayonnement jusque dans les temps modernes, mais non sans rencontrer beaucoup d'opposants et de contradicteurs. L'œuvre intellectuelle de Thomas ne saurait reléguer à l'arrière-plan la profondeur d'une vie spirituelle constamment nourrie par la prière et la contemplation, manifestation d'une autre forme de symbiose réussie par Thomas entre l'intelligence et l'amour. Léon XIII a proclamé Thomas d'Aquin patron des écoles et universités catholiques... (sans d'ailleurs revenir sur la condamnation, peu après la mort de Thomas, de certaines de ses thèses par l'évêque de Paris, Tempier.)

◻ *Saint Thomas d'Aquin et la théologie*, M. D. Chenu, Coll. Maîtres spirituels, Éd. du Seuil.

THOMAS BECKET (1117-1170) ÉVÊQUE ET MARTYR. Cal. rom. 29 décembre*. Né à Londres dans une famille d'origine normande, il est à 37 ans archidiacre de l'archevêque de Cantorbéry. La même année (1154), son ami, le jeune roi Henri II, monte sur le trône d'Angleterre ; celui-ci le prend alors pour chancelier du royaume, fonction dont il s'acquitte de la manière la plus satisfaisante. Aussi lorsque l'archevêché de Cantorbéry, siège du Primat d'Angleterre, devient vacant en 1162, Thomas est-il tout désigné pour en prendre la charge conformément au souhait du roi. Mais, dans ces nouvelles fonctions, Thomas n'est plus l'homme du roi : il est celui de l'Église ; Henri devra en faire l'amère constatation lorsque, ayant voulu subordonner la justice d'Église à celle du roi par les *Constitutions de Clarendon* en 1164, Thomas s'opposera violemment à lui. L'archevêque dut alors s'exiler en France, à l'abbaye de Pontigny (Yonne). En 1170, inquiet des menaces du pape Alexandre III, Henri se rapproche de Thomas, qui rentre alors en Angleterre. Cependant, les relations restent tendues entre les deux anciens amis. Un jour, sur une imprudente réflexion d'impatience du roi, quatre de ses chevaliers se rendent dans la cathédrale de Cantorbéry et y assassinent l'archevêque. Thomas sera vénéré à la fois comme un saint, dont le tombeau attirera les foules, et comme un héros. Quant à Henri, il devra faire pénitence publique sur ce tombeau. Le drame a inspiré maints artistes et auteurs, dont Thomas Eliot (1888-1965) avec sa pièce de théâtre *Meurtre dans la cathédrale* (1935).

THOMAS MAXFIELD († 1616) MARTYR. Fête loc. 1er juillet. Né dans le Staffordshire en Angleterre, alors que son père et sa mère étaient emprisonnés pour leur foi, il vient faire ses études et se faire ordonner prêtre en 1614 à Douai, ville où, en raison de la proscription du catholicisme en Angleterre, était établi un séminaire formant des missionnaires pour ce pays. Revenu dans son pays, il est arrêté deux ans plus tard ; refusant de prêter le serment d'allégeance qui impliquait la renonciation à sa foi catholique, il est condamné et pendu ; la foule lui réserve un triomphe le jour de son exécution.

THOMAS MORE (1478-1535) MARTYR. Cal. rom. 22 juin*. Cet homme plein de sagesse et de sérénité, qui devait mourir sur l'échafaud, avait connu et aurait pu continuer à connaître la plus brillante fortune. Après ses études à Oxford et Londres, il était devenu homme de loi, tout en participant au mouvement humaniste ; ami d'Érasme, avec qui il avait traduit des *Dialogues* de l'auteur latin Lucien, il était connu dans toute l'Europe pour son ouvrage *L'Utopie* où il décrivait un système idéal de gouvernement. Après s'être opposé au roi Henri VII, qui l'avait alors obligé à se tenir à l'écart, il était devenu l'homme de confiance de Henri VIII : successivement ambassadeur extraordinaire puis chancelier du duché de Lancaster, il avait été nommé chancelier du royaume en 1529, premier laïc à assumer cette charge équivalant alors à celle de premier ministre. Favorable à une réforme de l'Église qui répondait à une évidente urgence, il n'en entendait pas moins rester fidèle au siège romain. Aussi, lorsque le roi Henri VIII rompit avec Rome afin de pouvoir divorcer, et fonda l'Église anglicane, le chancelier More désapprouva son souverain et démissionna (1532). Arrêté en 1535, il fut exécuté comme traître la même année, après avoir affronté la mort avec une grande fermeté d'âme. L'Église le fête en même temps que son ami JOHN FISHER, évêque de Rochester et cardinal, exécuté quelques jours avant lui.

▶ Cinquante-neuf autres saints et bienheureux portent le nom de Thomas ; parmi eux THOMAS DE VILLENEUVE (v. 1487-1555), archevêque de Valence, et le bienheureux THOMAS A KEMPIS (1379-1471) mystique allemand, généralement considéré comme l'auteur de l'*Imitation de Jésus-Christ.*

TIMOTHÉE († 97) ÉVÊQUE. Cal. rom. 26 janvier**. Né probablement à Lystres (Asie Mineure), d'un père païen et d'une mère juive, il se convertit lors du premier passage de Paul dans sa ville (47 ?) ; lors de son second passage, Paul se l'adjoint comme compagnon, malgré sa santé fragile et son tempérament impressionnable. Désormais, Timothée ne cessera plus d'être son collaborateur ; il accompagne Paul dans ses incessants déplacements, en Asie Mineure, à Jérusalem, en Grèce, et jusqu'à Rome où Paul part enchaîné et où il sera exécuté ; ou encore, il est envoyé en mission auprès des communautés créées par Paul, qu'il faut enseigner, organiser, stimuler. Vers 63, Paul confiera à Timothée l'Église d'Éphèse, où il lui adressera ses deux *Épîtres à Timothée.* Selon une tradition invérifiable, Timothée aurait été lapidé, puis achevé à coups de bâton, en voulant détourner les Éphésiens d'une fête païenne. Il est fêté en même temps que l'autre compagnon de Paul, Tite.

TITE († v. 96) ÉVÊQUE. Cal. rom. 26 janvier **. Païen converti par saint Paul, il devient son compagnon d'apostolat. A la requête de l'apôtre, il se rend plusieurs fois à Corinthe, soit pour en organiser la jeune communauté chrétienne fondée par Paul, soit pour y rétablir l'ordre. Homme de caractère, excellent négociateur, toujours prêt pour les missions difficiles, il gouvernera avec sagesse l'Église de Crète où Paul l'a envoyé, et où il lui adressera son *Épître à Tite* pour fixer les règles de son activité pastorale. On ne sait rien de la fin de la vie de Tite. Il est fêté le même jour que Timothée, l'autre compagnon de Paul.

TOUSSAINT Prénom plaçant celui qui le porte sous le patronage de l'ensemble des saints, fêtés le 1er novembre.

TOUSSAINT
OU
FÊTE DE TOUS LES SAINTS

1er novembre (****). Par cette fête, une des très grandes solennités de l'année liturgique (avec Noël, Pâques, l'Ascension, la Pentecôte, l'Assomption de la Vierge), l'Église propose à ses membres d'honorer la foule innombrable et anonyme de ceux qui, ayant achevé leur parcours terrestre, partagent désormais la vie, le bonheur, la *sainteté* de Dieu. Ils sont infiniment plus nombreux que ceux que l'Église, après les avoir béatifiés ou canonisés, honore nommément comme des témoins exemplaires de la foi. Mais ils n'ont pas suivi d'autre chemin : ils se sont comportés en enfants de Dieu, portés par l'espérance d'être un jour accueillis par lui comme leur Père, et s'efforçant de leur mieux, pour ce faire, de se comporter selon l'esprit des béatitudes évangéliques.
(Voir Index :Toussaint).

TRIVIER († 550) CONFESSEUR. Fête loc. 16 janvier. Ermite ayant vécu dans le pays des Dombes, en un lieu devenu depuis Saint-Trivier-sur-Meignans (Ain) ; son tombeau, à Neuville-les-Dames (Ain), a été un lieu de pèlerinage.

TURIBE ou TORIBIO (1538-1606) ÉVÊQUE. Cal. rom. 23 mars*. Né en Espagne dans la province de Léon, il est nommé, bien que laïc, président du Tribunal de l'Inquisition à Grenade par le roi Philippe II en 1572. Huit ans plus tard, toujours laïc, il est nommé archevêque de Lima, capitale de la colonie espagnole du Pérou. Il reçoit la prêtrise et s'embarque pour son diocèse. Celui-ci est immense, son clergé peu nombreux et de qualité inégale, la population misérable et exploitée par les colons. Turibe parcourt inlassablement son diocèse, prenant contact avec tous, et soulageant de son mieux les Indiens ; il s'attache à la réforme du clergé, fonde des séminaires, réunit des synodes. On a comparé son action à celle de Charles Borromée en Italie.

TUGDUAL, TUDUAL, TUTWAL ou TUAL (VIe siècle) ÉVÊQUE. Fête loc. 30 novembre. C'est un moine, venu de Grande-Bretagne ; il fonde un premier monastère à *Lan-Pabu*, devenu *Trébahu* (Finistère). Établi ensuite dans le pays de Tréguier, il y fonde une abbaye-évêché à la manière celtique. La cathédrale de Tréguier lui est dédiée.

U-V

Bienheureux URBAIN V (1310-1370) PAPE. Fête loc. 19 décembre. GUILLAUME DE GRIMOARD, né près de Mende (Lozère), est moine bénédictin, abbé de Saint-Germain d'Auxerre, puis de Saint-Victor de Marseille, avant d'être élu pape à Avignon sous le nom d'Urbain V. Son pontificat se situe en effet durant la période du séjour de la papauté dans le Comtat Venaissin, domaine pontifical. Pape humaniste, il favorise les arts et les lettres, embellit le palais d'Avignon ; mais en même temps il reste fidèle à l'esprit monastique, continuant à pratiquer quotidiennement les exercices spirituels du cloître. Il gagne même l'estime de Pétrarque, pourtant très critique à l'égard des papes d'Avignon. Malgré les résistances acharnées de son entourage, il prend en 1367 la décision courageuse de revenir à Rome. Il devait y rester trois ans, avant de revenir mourir à Avignon. Par la bulle *Horribilis* (1366), il avait apporté une réforme bien nécessaire en limitant le cumul des bénéfices ecclésiastiques, un des maux dont souffrait alors l'Église.

▶ Dix autres saints ou bienheureux portent le nom d'Urbain, dont le pape URBAIN II (1042-1099), qui poursuivit la réforme de l'Église entreprise par Grégoire VII.

URSULE Écartée du calendrier romain (ancienne fête 21 octobre). L'extrême popularité de cette sainte est due à une légende du XIe siècle selon laquelle, fille d'un roi de Grande-Bretagne du IIe siècle, elle serait venue sur le continent faire un pèlerinage à Rome et épouser un prince païen, accompagnée de onze mille vierges converties ; arrivée à Cologne assiégé par les Huns, elle aurait été massacrée pour avoir refusé d'épouser leur roi ; ses compagnes auraient subi le même sort. Les fondatrices des diverses congrégations des ursulines, originairement vouées à l'enseignement et à la formation des jeunes filles, les ont placées sous le patronage de cette sainte.

VAAST ou GASTON († 540) ÉVÊQUE. Fête loc. 6 février. Probablement originaire du centre de la Gaule, il est prêtre du diocèse de Toul lorsque, vers 500, il est choisi comme évêque d'Arras. Le nord de la Gaule a beaucoup souffert des invasions franques, et les conquérants, récemment acquis au christianisme à la suite du baptême de Clovis, restent en fait à évangéliser. Vaast relève les ruines de la région, notamment celles d'Arras, et durant les quarante années qui lui restent, rechristianise les régions d'Arras et de Cambrai.

Son nom restera attaché à la célèbre abbaye Saint-Vaast, au cœur de la ville d'Arras ; nombreuses sont les églises qui lui sont dédiées dans toute la Flandre. Sa tombe se trouve dans la cathédrale d'Arras, placée sous son vocable ; il est le patron du diocèse. Vaast est un des grands évêques qui, au VIe siècle, ont su « faire passer l'Église aux barbares ».

VALENTIN († v. 270) MARTYR. Fête loc. 14 février. Prêtre de Rome sous le règne de l'empereur Claude II le Gothique, il aurait été arrêté et placé sous la garde d'un officier dont la fille adoptive était aveugle ; il aurait guéri celle-ci et converti le père ainsi que toute sa famille. A cette nouvelle, l'empereur l'aurait fait décapiter.
Selon un dicton médiéval, la Saint-Valentin, fêtée le 14 février, marquerait le début de la période des amours chez les oiseaux ; ce serait l'origine de la fête des amoureux, probablement apparue à l'époque de l'amour courtois : la tradition voulait alors que, tous les ans, le 14 février, les jeunes filles se choisissent un « Valentin », chevalier servant, tenu d'offrir un cadeau à sa belle. Cette coutume subsisterait dans quelques localités de Grande-Bretagne. En France, les fleuristes font encore des affaires le jour de la Saint-Valentin. Certaines villes françaises, telle Chateauroux, se sont efforcées de relancer la fête des fiancés.

▶ Treize autres saints portent le nom de Valentin.

VALENTINE († 308) MARTYRE. Fête loc. 25 juillet. Surprise à Gaza en Palestine, durant un office dont la célébration était interdite par l'empereur, elle est conduite à Césarée devant le gouverneur et mise à la torture ; aucune souffrance ne la faisant faiblir dans sa foi, elle est jetée au feu avec deux autres chrétiens.

VALÉRIE (Ier ou IIe siècle) MARTYRE. Fête loc. 28 avril. Épouse de saint Vital, martyrisé peu avant elle à Ravenne, elle aurait refusé, alors qu'elle était revenue à Milan, de participer à un festin en l'honneur du dieu Silvain ; elle aurait alors été frappée au point d'en mourir trois jours plus tard.
(Voir aussi Valéry.)

VALÉRIEN († v. 177 ?) MARTYR. Fête loc. 14 avril. Il était vénéré à Rome au Ve siècle, en même temps que Tiburce et Maxime, également martyrs. Quant à la légende qui en fait l'époux de sainte Cécile, converti par celle-ci, elle n'a pas plus de fondement que l'ensemble du récit de la vie de la sainte.

VALÉRY ou VALÉRI († 619) ABBÉ. Fête loc. 1er avril. Né en Auvergne dans une famille pauvre, il est d'abord berger. Puis il se fait moine, successivement près d'Issoire, à Auxerre, puis à Luxeuil où, disciple de saint Colomban, il lui succède comme abbé. Il fonde ensuite à l'embouchure de la Somme une abbaye à laquelle il applique la règle de son maître spirituel. Cette abbaye, qui portera plus tard son nom, sera le berceau de la ville de Saint-Valéry-sur-Somme. Ses reliques, transférées un temps au lieu qui deviendra Saint-Valéry-en-Caux (Seine-Maritime), reviendront plus tard à Saint-Valéry-sur-Somme (Somme).

VANINGUE ou VANENC ou VANINQUE (v. 600 - v. 688) CONFESSEUR. Fête au calendrier bénédictin le 9 janvier. Ami de saint Ouen, évêque de Rouen, et de saint Wandrille, qu'il aide à fonder l'*abbaye de Fontenelle*, il établit à Fécamp, en 664, une abbaye de moniales où il finira sa vie de la manière la plus humble, au rang de domestique.

VANNE (Ve siècle) ÉVÊQUE. Fête loc. 9 novembre. Évêque de Verdun, il est le fondateur en cette ville d'une abbaye qui portera son nom ; il est l'un des patrons de la congrégation des Bénédictins de France.

VENANCE FORTUNAT (v. 530 - après 600) ÉVÊQUE. Fête loc. 15 décembre. Né à Trévise en Italie, il reçoit à Ravenne une formation littéraire qui lui permettra de figurer parmi les grands écrivains de son temps. Venu en Gaule en pèlerinage sur le tombeau de saint Martin à Tours, il se rend ensuite à Poitiers ; il s'y lie d'amitié avec sainte Radegonde, fondatrice du monastère de Sainte-Croix, dont il écrira plus tard la vie. Ordonné prêtre, il devient évêque de Poitiers vers 597. A Metz, il mariera Brunehaut et Sigebert. Outre un poème et une biographie consacrée à saint Martin, on lui doit les hymnes *Pange lingua* et *Vexilla regis*, composés pour la cérémonie de réception des reliques de la Sainte Croix à l'abbaye de sainte Radegonde à Poitiers.

VENANT (VIIIe siècle) MARTYR. Fête loc. 10 octobre. Officier de Pépin le Bref, il est blessé dans un combat ; il décide alors de vivre en ermite et se fixe sur les bords de la Lys, au lieu qui sera plus tard Saint-Venant (Nord). La fille de Pépin le Bref ayant pris Venant comme guide spirituel, un soupirant mettra sa déconvenue sur le compte de celui-ci, le décapitera et jettera son corps dans la Lys.

▶ Trois autres saints portent le nom de Venant.

VÉNARD, Théophane (Voir Théophane).

VENCESLAS ou WENCESLAS (907-929) MARTYR. Cal. rom. 28 septembre *. Il a 18 ans lorsqu'il succède à son père comme duc de Bohême. Il déploiera tous ses efforts pour la christianisation de son pays, resté païen, rencontrant en cela l'opposition de son frère Boleslas, qui le fera assassiner. Honoré par le peuple comme martyr et héros national, il est patron de la Bohême.

VÉRAN DE VENCE († après 465) ÉVÊQUE. Fête loc. 11 septembre. Fils de saint Eucher de Lyon et disciple de saint Salvien, il devient évêque de Vence (Alpes-Maritimes) avant 450. On trouve son nom dans la correspondance du pape saint Hilaire.

VÉRAN DE CAVAILLON (Début du VIe siècle) ÉVÊQUE. Fête loc. 13 novembre. Ami de Grégoire de Tours, évêque de Cavaillon (Vaucluse), et patron de cette ville.

VÉRONIQUE (Ier siècle) Fête loc. 4 février. Suivant une tradition constante et invérifiable, une sainte femme nommée Véronique (nom peut-être formé à partir du grec *vera ikon*, vraie image) aurait essuyé à l'aide d'un voile la face de Jésus montant au calvaire ; l'image de ce visage couvert de sueur et de sang serait restée imprimée sur le linge. C'est ce voile, dont maintes reproductions ont été répandues en Europe, qui se trouverait aujourd'hui au Vatican. Quoiqu'il en soit de la réalité

Sainte Véronique.

du fait, il est certain que l'image du visage du Christ ainsi offerte est par elle-même émouvante, et on conçoit qu'elle puisse inspirer un culte de la Sainte Face. Toute une légende s'est emparée de la personne de Véronique, dont on a même fait l'épouse du Zachée de l'Évangile, avec qui elle serait venue évangéliser l'Aquitaine ; elle serait morte et aurait été enterrée à Soulac (Gironde) puis à Bordeaux ; certains récits vont jusqu'à identifier l'ermite Amadour de Rocamadour avec ledit Zachée, devenu veuf.

VÉRONIQUE DE BINASCO (1446-1497) VIERGE. Fête loc. 13 janvier. Née de parents pauvres au village de Binasco, près de Milan, elle s'entretenait avec Dieu pendant les travaux des champs. N'ayant pu réaliser son désir d'entrer chez les sœurs Augustines de Sainte-Marthe du fait qu'elle était illettrée, elle parvint à apprendre à lire toute seule. Enfin admise à la vie religieuse, elle connaîtra diverses expériences mystiques, notamment sous forme d'extases et de don des larmes. Elle mourra après avoir traversé de grandes souffrances. Elle est l'auteur d'un ouvrage mystique intitulé *Révélations.*

▷ Bérénice.

VICTOIRE (Dates indéterminées) MARTYRE. Fête loc. 23 décembre. Vénérée en Sabine (Italie centrale), où une basilique du XIIe siècle fut élevée en son honneur, on ne sait rien d'elle ; le récit légendaire de son martyre la fait mourir, elle et sa sœur Anatolie, pour être restées fidèles à la virginité.

▶ Deux autres martyres portent le nom de Victoire.

VICTOR († 290 ?) MARTYR. Fête loc. 21 juillet. Son culte est très ancien à Marseille, d'où il est originaire et où il aurait été martyrisé, probablement en même temps que d'autres chrétiens. Une abbaye fondée par Cassien lui sera dédiée dès le IVe siècle ; elle devait connaître un vaste rayonnement.

▶ Plus de quarante autres saints, presque tous martyrs des premiers siècles, portent le nom de Victor (en latin, victorieux), évocation du triomphe de leur foi dans l'épreuve.

VICTORIEN († 484) MARTYR. Fête loc. 23 mars. Proconsul de Carthage sous Huméric, roi des Vandales, il refuse de renier sa foi, est torturé et mis à mort en même temps que deux autres chrétiens.

VICTORIN († 284) MARTYR. Fête loc. 25 février. Chrétien de Corinthe, en Grèce, il est arrêté sous l'empereur Numérien en même temps que six compatriotes ; restés fidèles à leur foi malgré la torture, ils seront massacrés.

▶ Quinze autres saints, la plupart martyrs, portent le nom de Victorin.

VINCENT († 304) DIACRE ET MARTYR. Cal. rom. 22 janvier*. Né à Huesca en Espagne, diacre de l'évêque de Saragosse, Valère, il est traduit en même temps que ce dernier devant le gouverneur romain à Valence, pendant la persécution de Dioclétien. L'évêque, très âgé, est exilé ; Vincent subit la prison, la faim, le chevalet, et d'autres tourments, sans défaillir. Le poète Prudence a chanté le triomphe de son martyre. Son culte dans l'Église latine est très ancien. Saint Augustin a prononcé plusieurs sermons en son honneur. De nombreuses églises, notamment en France, se sont mises sous son vocable. Il est le patron des vignerons en beaucoup de régions. Il est le premier martyr d'Espagne.

VINCENT FERRIER (1350-1419) CONFESSEUR. Cal. rom. 5 avril *. Né à Valence en Espagne, VICENTE FERRER entre à 17 ans chez les dominicains de la ville. Au début de sa vie religieuse il compose un traité de la vie spirituelle. Après des études à Barcelone, où il commence à prêcher avec un prodigieux succès, il revient à Valence où il est ordonné prêtre, l'année même où se consomme le grand schisme d'Occident (1378). Lorsque l'espagnol Pedro de la Luna est élu pape à Avignon sous le nom de Benoît XIII, il appelle Vincent à ses côtés ; plus tard, alors que le monde catholique s'impatiente de la situation créée par le schisme, Vincent s'efforce en vain d'obtenir de Benoît XIII qu'il renonce à sa charge ; il se sépare alors de lui. Il va désormais se consacrer à ce qui répond le plus manifestement à sa vocation, la prédication. Pendant vingt ans, il parcourra une Europe meurtrie et ruinée par la guerre de Cent Ans et les épidémies, démoralisée par la crise de l'Église. Suscitant un enthousiasme indescriptible, il appelle à la conversion, dénonce avec violence l'immoralité des gens d'Église, répétant inlassablement l'avertissement du Christ : « Soyez prêts ; le Fils de l'Homme viendra à l'heure que vous ne pensez pas » (Lc 12, 35-40). On l'appellera « l'ange du jugement ». On le voit en Espagne, en Italie, en Suisse ; il n'est guère de région de France où il n'ait prêché devant de vastes auditoires. Il est à Vannes lorsqu'il meurt, à 69 ans. Dans cette ville le tombeau de ce saint, probablement le plus populaire de son temps, attirera les foules.

VINCENT DE LÉRINS († avant 450) MOINE. Fête loc. 24 mai. Moine de l'abbaye de Lérins et théologien, il est surtout connu aujourd'hui pour le *Commonitorium* où il expose une réflexion sur la vérité chrétienne : pour lui, cette vérité, quelle que soit l'importance de la Tradition, doit trouver sa source dans l'Écriture.

Quod semper, quod ubique, quod ab omnibus creditum est. (Il faut croire dans l'Église) ce qui y a été cru toujours, partout et par tous.

Saint Vincent de Lérins,
Commonitorium.

VINCENT DE PAUL (1581-1660) PRÊTRE. Cal. rom. 27 septembre**. Né à Pouy, aujourd'hui Saint-Vincent-de-Paul, près de Dax (Landes), ce petit berger, qui gardera toujours l'accent du pays natal, manifeste une vive intelligence ; mise au service de sa vocation de prêtre, elle le conduira jusqu'à la faculté de théologie de Toulouse. Il est ordonné en 1600. Il tombe aux mains de pirates barbaresques durant un voyage maritime entre Marseille et Narbonne et reste deux ans captif à Tunis. En 1613, il devient le précepteur des enfants d'Emmanuel de Gondi, général des galères du roi ; c'est durant cette période qu'il fait le vœu de consacrer sa vie sacerdotale au service des pauvres, qui sont alors innombrables. En 1617, curé de Châtillon-sur-Chalaronne, dans les Dombes (Ain), il organise sa première *Confrérie de Charité,* groupe de dames associées dans une action d'entraide vis-à-vis des plus malheureux ; sous l'impulsion de Louise de Marillac, une veuve dont Vincent est le conseiller spirituel, cette confrérie sera suivie de beaucoup d'autres, qui tisseront de la sorte à travers le pays un réseau actif de solidarité.

En 1619, Vincent devient aumônier général des galères ; il découvre là un autre type de misère, à laquelle il s'emploie à apporter tous les soulagements qui lui sont possibles.

A partir de 1624, il va ajouter un nouveau secteur à ses activités : madame de Gondi met à sa disposition les moyens d'établir une mission permanente auprès des paysans de ses domaines ; l'ignorance religieuse est alors un des problèmes de l'heure pour l'Église, et les ruraux constituent l'immense majorité de la population. Vincent en vient à l'idée de fonder une congrégation de prêtres spécialisés dans l'apostolat en milieu rural ; ce sera la *Compagnie des Prêtres de la Mission* (1635), qu'on appellera vite les *lazaristes* du fait de l'établissement de leur maison-mère au Prieuré de Saint-Lazare à Paris. Mais l'action missionnaire du clergé suppose une formation ; les séminaires, dont l'existence dans chaque diocèse a été prescrite par le concile de Trente, ne se mettent que lentement en place (celui de Saint-Sulpice sera fondé en 1645) ; sans attendre davantage, Vincent organise des retraites de préparation à l'ordination. Plus tard, il créera un *séminaire de la Mission.*

Le souci des pauvres ne l'abandonne pas pour autant ; il a conscience de la nécessité de mettre à leur service des personnes plus proches d'eux que les Dames de Charité ; pour ce faire, il s'adressera à des filles de la campagne ; avec Louise de Marillac, qui a déjà en mains l'ensemble des Confréries de Charité, il fonde l'*Ordre des Filles de la Charité,* dont le vêtement sera celui de paysannes, et dont « la rue sera le cloître ». Connues sous le nom de *sœurs de Saint-Vincent-de-Paul,* elles forment aujourd'hui la congrégation mondiale de beaucoup la plus nombreuse.

Les initiatives de celui qu'on appelle « Monsieur Vincent » continuent de se multiplier (*Charité de l'Hôtel-Dieu, Œuvre des enfants trouvés,* etc.). Membre du Conseil de Conscience de la régente Anne d'Autriche (1643-1652), il contribue au choix d'évêques à la hauteur de

Ph. Hachette

Saint Vincent de Paul.

leur mission, un des facteurs essentiels de réussite de la Contre-Réforme. Vincent ne cesse de soutenir son action par la prière : « Dieu ne refuse rien à l'oraison, pas même l'extension de l'Évangile ». Humble et audacieux, efficace et discret, bienveillant pour autrui et exigeant pour lui-même, il estime qu'il ne fait jamais assez. Il est considéré comme « le grand saint du siècle ». Il a été proclamé patron des œuvres charitables en 1885.
Pierre Fresnay a donné de *Monsieur Vincent* une image inoubliable dans le film de ce nom réalisé par M. Cloche (1947).

☐ *Monsieur Vincent,* n° 3/1981 de la revue *Missi.*
Saint Vincent de Paul et la charité, André Dodin, Coll. Maîtres spirituels, Éd. du Seuil.
Saint Vincent de Paul, J.F. Six, Coll. Maîtres de spiritualité, Éd. du Centurion.

▶ Vingt-sept autres saints et bienheureux portent le nom de Vincent.

VIOLAINE, VIOLETTE (Voir Fleur).

VIRGINIE (Dates indéterminées). Fête loc. 7 janvier. Bergère en Poitou.

VIVIANE ou BIBIANE ou BARBE (Date incertaine) VIERGE ET MARTYRE. Fête loc. 2 décembre. Elle serait la fille d'un préfet de Rome converti, Flavius ; la haine des persécuteurs de celui-ci se serait reportée sur sa fille, morte sous la flagellation. Une basilique romaine, Sainte-Bibiane, lui est dédiée au Ve siècle, où son corps est alors déposé. Lorsque l'architecte Le Bernin entreprend la reconstruction de la basilique en 1624, il découvre sous l'autel les reliques de la martyre, contenues en deux vases de verre sur lesquels figure une inscription précisant son identité.

VIVIEN (Ve siècle) ÉVÊQUE de Saintes. Fête loc. 28 août. Dans les années 460, une basilique lui est élevée dans cette ville.

▶ Un autre saint VIVIEN est l'un des quarante soldats chrétiens martyrisés en 320 à Sébaste en Asie Mineure (fête 10 mars).

VLADIMIR Ier LE GRAND ou LE SAINT (v. 956-1015) Fête loc. 15 juillet. Prince de Novgorod en 970, grand-prince de Kiev en 980, il rétablit l'unité de la Russie kiévienne après avoir fait tuer son frère Iaropolk. Il étend son territoire, et accélère la fusion entre éléments varègues (d'origine scandinave), dont il était, et éléments slaves, les plus nombreux. Resserrant les liens avec la grande puissance voisine, l'empire byzantin, il épouse la sœur de l'empereur Basile II et se convertit en 988 au christianime, qu'il répand dans le pays. C'est de Bulgarie que l'Église russe recevra les traditions liturgiques, et en particulier la langue liturgique, le slavon, ainsi que l'alphabet cyrillique qui en assure l'expression écrite. Considéré comme le fondateur de la Russie kiévienne, Vladimir est l'un des patrons de la Russie.

W-X

WALTER (Voir Gautier).

WANDRILLE (v. 600-668) ABBÉ. Fête loc. 22 juillet. Né dans la région de Verdun au sein d'une famille apparentée à Pépin de Landen, il se sent appelé à la vie monastique ; sa famille l'oblige cependant à se marier. Peu après leur mariage, les époux conviennent d'embrasser chacun la vie religieuse. Après avoir appartenu à diverses communautés monastiques, Wandrille, assoiffé de perfection, s'apprête à gagner l'Irlande lorsque l'évêque de Rouen, saint Ouen, fait appel à lui ; il l'envoie fonder non loin de là, dans la forêt de Jumièges, l'*abbaye de Fontenelle,* qui exercera un grand rayonnement et prendra plus tard le nom de Saint-Wandrille.

WENCESLAS (Voir Venceslas).

WILLIAM, WILLY (Voir Guillaume).

WILLIBRORD (658-739) ÉVÊQUE. Fête loc. 7 novembre (au Luxembourg***). Moine anglais originaire de Northumbrie, il vient sur le continent évangéliser la Frise ; archevêque d'Utrecht, son action pastorale, soutenue par Charles Martel, s'étend sur une vaste région débordant sur les Flandres au sud et l'Allemagne au nord. Il fonde l'*abbaye d'Echternach* (dans l'actuel Luxembourg) ; c'est là qu'il mourra et sera inhumé. Il continue à être fêté tous les ans dans la ville d'Echternach, le mardi de la Pentecôte, par une célèbre procession dansante (deux pas en avant, un pas en arrière), qui attire beaucoup de monde.
Saint Willibrord est un des patrons du Luxembourg.

Un vrai pasteur ne reste point dans l'inaction tant qu'il peut consoler, instruire, exhorter, pleurer et prier pour les âmes confiées à ses soins.

Saint Willibrord

WULFRAN (v. 647-704) ÉVÊQUE. Fête loc. 20 mars. Né à Maurilly-en-Gâtinais, près de Fontainebleau, il est élevé à la cour de Clotaire III. Alors qu'il s'apprête à se faire moine, le clergé et les fidèles de Sens l'élisent évêque de leur ville. Un peu plus tard, il renonce à sa charge et part évangéliser les Frisons en compagnie de moines de l'abbaye de Fontenelle (future abbaye Saint-Wandrille). Il passera les dernières années de sa vie à Fontenelle. Ses reliques seront plus tard transférées à Abbeville, dans la collégiale qui porte son nom.

XAVIER (Voir François-Xavier).

XAVIÈRE (1850-1917) VIERGE. Fête loc. 22 décembre. L'Italienne FRANCESCA SAVIERA CABRINI, en religion sœur Xavière, est la fondatrice de l'Ordre des *Sœurs missionnaires du Sacré Cœur,* au service des migrants italiens aux États-Unis.

Y-Z

YANN, YANNICK, YOANN (Voir Jean).

YOLANDE († 1299) VIERGE. Fille du roi Béla IV de Hongrie, nièce de sainte Élisabeth de Hongrie, elle épouse Boleslas le Pieux, duc de Kalisz. Devenue veuve, elle attend que deux de ses filles soient mariées pour entrer, en même temps que sa troisième fille et sa sœur, chez les clarisses de Gnesen, près de Poznan (dans l'actuelle Pologne), communauté fondée par son mari, dont elle deviendra abbesse.

YRIEIX († 951) ABBÉ. Fête loc. 25 août. Né à Limoges, il fréquente la cour du roi Théodebert à Trèves ; devenu prêtre, il revient dans son pays natal et fonde un monastère en un lieu qui deviendra Saint-Yrieix-le-Perche (Haute-Vienne). Au contraire de la règle de saint Benoît, qui préconise la stabilité, mais conformément aux anciennes traditions monastiques, Yrieix circule à travers toute la Gaule, prêchant et accomplissant des pèlerinages. Il mourra au retour d'un pèlerinage sur le tombeau de saint Martin de Tours.

Un chercheur de Dieu : Zachée

Entré dans Jéricho, Jésus traversait la ville. Survint un homme appelé Zachée ; c'était un chef des collecteurs d'impôts et il était riche. Il cherchait à voir qui était Jésus, et il ne pouvait y parvenir à cause de la foule, parce qu'il était de petite taille. Il courut en avant et monta sur un sycomore afin de voir Jésus qui allait passer par là. Quand Jésus arriva à cet endroit, levant les yeux, il lui dit : « Zachée, descends vite : il me faut aujourd'hui demeurer dans ta maison. » Vite, Zachée descendit et l'accueillit tout joyeux. Voyant cela, tous murmuraient ; ils disaient : « C'est chez un pécheur qu'il est allé loger. » Mais Zachée, s'avançant, dit au Seigneur : « Eh bien, Seigneur, je fais don aux pauvres de la moitié de mes biens et, si j'ai fait tort à quelqu'un, je lui rends le quadruple. » Alors Jésus dit à son propos : « Aujourd'hui, le salut est venu pour cette maison car lui aussi est un fils d'Abraham. En effet, le Fils de l'homme est venu chercher et sauver ce qui était perdu. »

Évangile selon saint Luc, 19, 1-10

YVES (1253-1303) CONFESSEUR. Fête loc. 19 mai (en France*). YVES HÉLORY, né au manoir de Kermartin, à Minihy-Tréguier (Côtes-d'Armor), étudie la théologie à Paris, le droit à Orléans. Il est ordonné prêtre, nommé curé de Trédrez, puis de Louannec (toujours dans le Trégor). Official (juge ecclésiastique) à Tréguier et à Rennes, il est, suivant le dicton, un juge modèle : « Saint Yves était avocat et pas voleur, chose étonnante pour le peuple. » Défenseur des pauvres et des opprimés, il est devenu le patron des avocats et des gens de loi. Le culte de saint Yves a toujours été très populaire ; son tombeau à Minihy-Tréguier est un lieu de pèlerinage très fréquenté ; le jour de sa fête, a lieu le « pardon des pauvres » ; une procession se rend de Tréguier à l'église de Minihy.

◫ *Yves de Tréguier,* J. Le Mappiau, Éd. SOS.

▷ Yvan, Yvon, Yvonne, Maryvonne.

YVETTE ou IVETTE ou JUTTE (1158-1228) VEUVE. Fête loc. 13 janvier. Née à Huy près de Liège, devenue veuve à 18 ans avec trois enfants, elle se dévoue aux lépreux. A l'âge de quarante ans, elle commence une vie de recluse dans une cellule murée attenant à l'église de Huy, retraite qu'elle poursuivra jusqu'à sa mort trente ans plus tard ; nombreux sont ceux qui viendront solliciter le soutien de ses conseils spirituels.

ZACHARIE (Ier siècle) PÈRE DE SAINT JEAN-BAPTISTE. Fête loc. 5 novembre. Ce qu'on sait de ce prêtre du Temple de Jérusalem, époux de sainte Élisabeth, se trouve dans l'*Évangile de Luc*, qui les présente comme « justes aux yeux de Dieu, suivant sans reproche tous les commandements et les observances du Seigneur ». Un jour que Zacharie exerce son office au Temple, l'ange Gabriel lui apparaît, lui annonçant la naissance d'un fils qui devrait s'appeler Jean ; celui-ci serait « grand devant le Seigneur », aurait « l'esprit d'Élie » et préparerait au Seigneur « un peuple bien disposé ». Zacharie, sceptique parce qu'Élisabeth était à la fois stérile et âgée, demande un signe à l'ange ; celui-ci le rend muet. Il ne retrouve la parole qu'après la naissance de Jean, lorsque s'agissant de donner son nom à l'enfant, Zacharie a été obligé de l'écrire sur une tablette. Son action de grâces jaillit alors dans un cantique qu'on a appelé le *Benedictus* (premier mot de sa traduction en latin).

▶ Sept autres saints portent le nom de Zacharie, dont un pape du VIIIe siècle.

ZITE ou ZITA (1218-1278) Fête loc. 27 avril. Née de parents pauvres, près de Lucques en Italie, elle est engagée comme servante à 18 ans, dans une famille aisée de la ville ; elle restera à son service jusqu'à sa mort, remplissant avec conscience ses tâches, attentive aux pauvres, menant discrètement une vie personnelle de prière et de mortification. Elle est la patronne de la ville de Lucques et celle des gens de maison.

ZOÉ († v. 127) MARTYRE. Fête loc. 2 mai. Esclave chrétienne en Pamphylie (Asie Mineure), elle est mise à mort avec sa famille pour avoir refusé de sacrifier aux idoles.

CANTIQUE DE ZACHARIE, OU « BENEDICTUS »

Béni soit le Seigneur, le Dieu d'Israël,
parce qu'il a visité son peuple, accompli sa libération,
et nous a suscité une force de salut
dans la famille de David, son serviteur.

C'est ce qu'il avait annoncé par la bouche
de ses saints prophètes d'autrefois :
un salut qui nous libère de nos ennemis
et des mains de tous ceux qui nous haïssent.

Il a montré sa bonté envers nos pères
et s'est rappelé son alliance sainte,
le serment qu'il a fait à Abraham notre père :
il nous accorderait
après nous avoir arrachés aux mains des ennemis,
de lui rendre sans crainte notre culte
dans la piété et la justice sous son regard,
tout au long de nos jours.

Et toi, petit enfant,
tu seras appelé prophète du Très-Haut,
car tu marcheras par-devant
sous le regard du Seigneur,
pour préparer ses routes,
pour donner à son peuple la connaissance du salut
par le pardon des péchés.

C'est l'effet de la bonté profonde de notre Dieu :
grâce à elle nous a visités l'astre levant
venu d'en haut.
Il est apparu à ceux qui se trouvent
dans les ténèbres et l'ombre de la mort,
afin de guider nos pas sur la route de la paix.

Évangile selon saint Luc, 1, 68-79

DES TÉMOINS POUR AUJOURD'HUI

POUR être « portés sur les autels », être canonisés et admis au culte des saints, il faut avoir rempli beaucoup de conditions ; l'Église est aujourd'hui très stricte dans le choix de ces chrétiens officiellement proposés en exemple. Et il s'écoule souvent un long délai entre leur mort et leur canonisation.
Mais il n'est pas besoin d'avoir été officiellement admis au rang des saints pour pouvoir être considéré comme un authentique témoin de la foi chrétienne. Ils ont été des millions depuis les origines, ils sont aujourd'hui des centaines de milliers à témoigner à travers le monde, les uns avec un rayonnement tout local, les autres avec un rayonnement mondial : tout le monde a entendu parler, par exemple, de l'abbé Pierre, de dom Helder Camara, de sœur Teresa de Calcutta, de sœur Emmanuelle du Caire, de Jean Vanier, de Lech Walesa, de Soljénitsyne.
Ici, pourtant, on évoquera seulement la vie de quelques témoins qui, s'ils sont récents, ne sont plus de ce monde ; ils restent proches de nos mentalités et de nos conditions de vie, mais ils échappent désormais aux caprices de l'actualité ; si leur souvenir n'a pas disparu en même temps que leur personne physique, c'est bien qu'il est porteur d'une authentique signification. L'exemple de leur vie peut ainsi être un soutien à d'autres vies aujourd'hui. Parmi eux ont été retenues quelques grandes figures appartenant au protestantisme, comme Albert Schweitzer et Martin Luther King, dont chacun sait que la foi a animé une vie tout entière au service d'autrui.

MARCEL CALLO (1921-1945)

Ce jeune ouvrier français, qui devait mourir en déportation, est né à Rennes (où une rue porte son nom) dans une famille chrétienne. A douze ans, certificat d'études en poche, il commence à travailler, apprenant le métier de typographe. Bientôt il adhère à la JOC (Jeunesse Ouvrière Chrétienne). Dans son atelier, où ses convictions religieuses et sa stricte moralité lui valent bien des sarcasmes, il n'en exerce pas moins, très vite, un grand ascendant sur les jeunes. Il se fiance avec une jociste.
En 1943, deux jours après un bombardement de Rennes qui a tué l'une de ses sœurs, il reçoit son ordre de réquisition pour le STO (Service du Travail Obligatoire, institué par l'occupant allemand) ; il est décidé à s'y comporter en « missionnaire pour aider ses frères jocistes ». Envoyé en Allemagne, il travaille dans une usine de revolvers lance-fusées. Logé dans une pièce prévue pour cinq occupants, alors qu'ils y sont dix-huit, mal nourri, souffrant du froid, travaillant de longues

Ph. Tournus

Marcel Callo. Illustration de Pierre Gilles.

heures, plongé dans un milieu où des Françaises, volontaires pour le travail en Allemagne, entretiennent un climat d'immoralité qui lui pèse infiniment, il n'est pas loin de « craquer ». Il surmonte pourtant son désarroi en cherchant sa force dans sa foi dans le Christ. Il rencontre d'autres jocistes, ainsi qu'un prêtre allemand parlant français, qui célèbre pour eux la messe ; Marcel y amène des camarades qui n'ont guère l'habitude de l'église. Un groupe chaleureux se constitue autour de lui. Repéré par la Gestapo, qui redoute les militants catholiques, il est arrêté. Après quelques mois de prison, il est envoyé à Mauthausen, l'un des camps de la mort, où il est soumis au régime d'avilissement et de destruction de la personne qui en est la règle : la faim, la soif, le froid (souvent supporté dehors dans la nudité), les coups, le mépris, les menaces. Durant la journée, il travaille dans une usine souterraine. Dans une atmosphère générale de désespoir, sa foi ne cesse de le soutenir ; il parvient de temps à autre, avec quelques prisonniers, à prier en se dissimulant ; c'est pour eux une source de joie et de force. Bientôt à bout de souffle, il est envoyé à l'infirmerie, près du four crématoire ; les malades y sont entassés, nus, à cinq par paillasse à même le sol. Dans cette situation de déchéance, et tandis que ses forces physiques achèvent de l'abandonner, sa vigueur morale ne faiblit pas et contribue à soutenir ses compagnons de misère. Il mourra de dénutrition, de tuberculose et de dysenterie.

Sa mémoire est aujourd'hui vénérée en Allemagne ; en 1958, le journal du « Katholikentag » a publié en première page son portrait en même temps que ceux de Maximilien Kolbe et d'Edith Stein, deux autres victimes chrétiennes du nazisme. Il a été béatifié par Jean-Paul II en 1987.

📖 *Marcel Callo, témoin d'une génération* (1921-1945), par le cardinal Paul Gouyon, Éd. SOS, 1981.

MADELEINE DANIÉLOU (1880-1956)

Madeleine CLAMORGAN, fille d'officier, est reçue première au concours d'agrégation féminine, section littéraire. Sa vie spirituelle est alors fortement marquée par l'influence d'une femme exceptionnelle, Madame Le Fer de la Motte, fondatrice d'un ordre affilié à l'Oratoire.
En 1904, Madeleine épouse Charles Daniélou, qui appartient à une famille religieusement indifférente et n'est pas baptisé ; il sera initié à la foi chrétienne par Madame Le Fer de la Motte et son entourage. Charles Daniélou est un ami d'Aristide Briand et milite à ses côtés dans les rangs de la gauche ; il sera plusieurs fois ministre sous la IIIe République.
En 1905, naît au foyer Daniélou le premier de ses six enfants, Jean, le futur cardinal. Bientôt, Madeleine fonde à Paris, avec le concours des « catholiques sociaux », une École Normale pour la formation du corps enseignant catholique.
En 1913, s'ouvrent à Neuilly une École Normale et un premier collège secon-

daire ; à partir de 1933, les écoles Charles Péguy se multiplient dans la banlieue. Le souci majeur, la vocation de Madeleine Daniélou sont de pénétrer d'esprit de foi la culture communiquée aux jeunes, d'imprégner des valeurs évangéliques leur éducation, tout en répondant aux besoins de son temps.

Parallèlement à son activité scolaire, Madeleine Daniélou écrit. Ses ouvrages consacrés à l'éducation deviennent vite des classiques (*L'éducation selon l'Esprit* 1939 ; *Visage de la famille* 1940 ; *Livre de la Sagesse* 1955 ; *Fénelon et le Duc de Bourgogne* 1955).
Après sa mort, on a réuni sous le titre *Quand vous prierez* (Éd. Desclée de Brouwer, 1960) un ensemble de textes exprimant les intuitions spirituelles et apostoliques ayant inspiré sa vie.

MADELEINE DELBRÊL (1904-1964)

Née dans une famille indifférente, elle rencontre, à douze ans, des prêtres qui l'éveillent à la foi et, à vingt-cinq ans, des intellectuels de valeur qui l'en détournent. C'est à vingt-neuf ans qu'elle se convertit définitivement. « J'ai trouvé Dieu en lisant et en réfléchissant. » Elle dit d'elle-même qu'elle est « une éblouie de Dieu ».
De 1935 à 1946, elle s'installe avec des compagnes dans la banlieue ouvrière de Paris, à Ivry-sur-Seine, comme assistante sociale, désirant « vivre coude à coude avec les hommes et les femmes de toute la terre et les voisins, le temps, les années de nos mêmes calendriers et les heures de nos mêmes horloges ». Dans le contexte d'Ivry, le marxisme est pour elle le terrain de sa confrontation avec l'athéisme. « Missionnaire sans bateaux », elle annonce l'Évangile « comme une bonne nouvelle qui change dans une vie le niveau du bonheur ».

Madeleine Delbrêl.

Ph. Éd. du Seuil

« Si tu vas au bout du monde, tu trouves la trace de Dieu ; si tu vas au fond de toi, tu trouves Dieu lui-même »

« Madeleine Delbrêl, dit le père Loew, a consacré sa vie à lutter contre les injustices subies par les hommes et à vivre librement et publiquement l'Évangile en plein monde. » Contemplative et active à la fois, petite sœur spirituelle du Père de Foucauld et de Thérèse de Lisieux, elle avait une personnalité multiple, insaisissable et rayonnante, et exerça une grande influence par son témoignage et ses conceptions de la Mission, juste avant le Concile Vatican II.
Madeleine Delbrêl a laissé de nombreux écrits parmi lesquels : *Nous autres, gens des rues,* textes missionnaires présentés par J. Loew. Éd. du Seuil ; *Ivry, ville marxiste, terre de mission* Éd. du Cerf. *La joie de croire* Éd. du Seuil ; *Indivisible amour.* Centurion.

RAOUL FOLLEREAU (1903-1977)

Fils d'un industriel de Nevers, Raoul Follereau paraît destiné à une carrière littéraire ; alors qu'il a 24 ans, ses poèmes sont lus à la Comédie Française ; ses pièces connaissent le succès (« *Petites poupées* », pièce plaidoirie en faveur des pauvres et des abandonnés, connaîtra 1 000 représentations) ; toutes ces œuvres révèlent sa foi ardente : « Je crois en l'Amour-Dieu », s'écrie-t-il dans son poème *« Credo »*. Follereau, orateur né, fait des tournées de conférence à l'étranger pour l'Alliance Française, organe de promotion de la langue et de la culture françaises.
Une rencontre spirituelle marquera sa vie : celle qu'il fait du témoignage du Père de Foucauld à l'ermitage de Tamanrasset, à l'occasion d'un reportage au Sahara en 1930. Follereau s'emploie alors, par des tournées de conférences, à financer la construction de l'église d'El Goléa, élevée près de la tombe de l'apôtre du désert.
De manière générale, celui qui va bientôt consacrer sa vie aux lépreux, restera toujours ouvert à des nécessités plus vastes, qui feront sans cesse jaillir des initiatives de sa part : ainsi, en 1942, de *L'Heure des Pauvres* (chacun consacre une heure de son revenu au soulagement des malheureux), ou, en 1946, de *l'Ordre de la Charité* (libre rassemblement de ceux qui s'engagent vis-à-vis d'eux-mêmes à être fraternels dans leurs pensées, leurs propos, leurs actes : « Seule la charité sauvera le monde »), ou encore, en 1947, de la *grève générale de l'égoïsme,* le vendredi saint à 15 heures.

La grande œuvre de Follereau, sa bataille contre la lèpre, trouve son origine dans l'initiative de religieuses réalisant en Côte-d'Ivoire un village destiné à accueillir des lépreux, à les y traiter comme des hommes, à les y soigner comme des malades, au lieu d'en faire des exclus. Mais les fonds manquent. En 1942, Follereau est informé du problème par la supérieure ; sa générosité s'enflamme, il trouvera les ressources. Avec sa femme, il commence une vaste tournée de conférences, bouleversant ses auditoires et provoquant un grand mouvement de solidarité.

Alors, des appels lui arrivent de partout où sévit la lèpre ; il ira se rendre compte sur place ; le premier voyage, en 1948, est pour les îles Hawaï où est vénéré le souvenir du premier apôtre des lépreux, le Père Damien (1840-1889), mort lui-même de cette maladie contractée au cours de sa mission. Partout où il passe, Follereau, se souvenant de la sollicitude du Christ pour les lépreux, enfreint les consignes : il leur serre la main ou les embrasse, déchaînant leur joie.

Pour trouver des ressources, et malgré une pauvre santé, il ne cesse de courir le monde, toujours accompagné de son épouse, qui est pour lui un soutien de tous les instants (2 millions de km, 55 pays, 3 milliards de F). En 1952, il demande aux Nations-Unies l'établissement d'un statut des lépreux ; en 1954, il fonde la *Journée mondiale des lépreux,* « immense rendez-vous d'amour », aujourd'hui célébrée dans 127 pays.

Ce combat, Follereau veut l'étendre à « toutes les lèpres » que sont la misère, la faim, l'égoïsme, la guerre. Il pose la question : « bombe atomique ou charité » ? En 1954, il lance un appel au président des États-Unis, Eisenhower, et au chef du gouvernement soviétique, Malenkov : donnez chacun un de vos avions de bombardement et on pourra soigner tous les lépreux du monde. En 1964, il demande à l'ONU l'institution d'une journée mondiale de la paix, au titre de laquelle chaque État consacrerait l'équivalent d'un jour d'armement à la lutte contre la famine et la maladie ; son appel sera signé par 3 millions de jeunes de 14 à 20 ans dans 125 pays ; en 1969, l'ONU adoptera effectivement la recommandation « un jour de guerre pour la paix ».
La prise de conscience suscitée par Follereau dans sa lutte contre la lèpre se traduira non seulement par la régression de la maladie mais par un retournement des esprits : de moins en moins, aujourd'hui, les lépreux sont traités en exclus. L'action du « vagabond de la charité » sera poursuivie après sa mort par les « Fondations Raoul Follereau » (13 rue de Dantzig 75015 Paris).

📖 *Le vagabond de la charité,* par J. Vernet, Éd. Vitte. *L'homme qui embrasse les lépreux,* Éd. Flammarion. L'œuvre abondante de Follereau est résumée dans *La seule vérité c'est de s'aimer,* Éd. Flammarion.

JOSEPH FOLLIET
(1903-1972)

Né à Lyon où son père est petit fabricant de soierie, Joseph Folliet est reçu premier à l'École de tissage à vingt ans. Dès cet âge, il s'initie à l'apostolat social aux côtés de Marius Gonin, le fondateur de la *Chronique sociale* et l'un des promoteurs des *Semaines Sociales*, tout en découvrant l'action politique à la Jeune République de Marc Sangnier.
Un voyage à Assise l'imprègne de la spiritualité franciscaine, si profondément qu'il fondera, dès 1927, les *Compagnons de Saint-François*, un mouvement qui unit la spiritualité franciscaine à celle des pèlerinages et des routes.
En 1926, il passe une licence d'histoire. Et sa vocation sociale s'affermit. Il participe à la fondation de la J. O. C. (Jeunesse Ouvrière Chrétienne) et surtout à celles de la J. E. C. (Jeunesse Étudiante Chrétienne) et de la J. A. C. (Jeunesse Agricole Chrétienne), tout en devenant le chansonnier attitré des mouvements d'Action Catholique.
Joseph Folliet veut devenir prêtre : il entre donc au séminaire de l'Institut Catholique ; mais Monseigneur Verdier, archevêque de Paris, le persuade qu'il rendra de plus grands services à l'Église dans la vie laïque que dans le clergé, ce qu'il accepte. Pendant son service militaire, effectué en Tunisie, il avait perçu les problèmes innombrables touchant à la décolonisation ; il poursuit alors des recherches théologiques sur le droit de colonisation et le travail forcé dans les pays conquis tout en s'engageant dans le journalisme : rédacteur en chef de l'hebdomadaire *Temps présent*, il devient, en 1937 et jusqu'en 1964, directeur de la *Chronique Sociale de France*. Fait prisonnier en 1940 mais libéré pour raisons de santé en 1942, il participe au mouvement de résistance spirituelle *Témoignage Chrétien* et au réseau Mitterrand (Prisonniers de Guerre).
En 1945, Joseph Folliet collabore avec Georges Hourdin à la fondation de l'hebdomadaire *La Vie Catholique Illustrée* ; il relance les *Semaines Sociales* tout en coopérant activement à la naissance du mouvement *Pax Christi*, dont il deviendra vice-président. Homme chaleureux, fraternel, profondément mystique, il milite en faveur du respect de la personne humaine pendant et après la guerre d'Algérie.
En 1962, son dévouement au service de ses frères et sa connaissance de la vie de l'Église le font nommer expert auprès du Concile Vatican II.
En 1968, à soixante-cinq ans, Joseph Folliet peut enfin réaliser son désir de jeunesse : il reçoit l'ordination sacerdotale des mains de Monseigneur Ancel, supérieur de l'Institut du Prado, auquel il appartiendra pendant les quatre années qu'il lui reste à vivre.

CHARLES DE FOUCAULD
(1858-1916)

Orphelin à l'âge de six ans, il est élevé par son grand-père officier, qui le gâte beaucoup. A dix-huit ans, il entre à Saint-Cyr, puis à l'École de cavalerie de Saumur. Aristocrate fortuné, ce jeune officier mène joyeuse vie et a du mal à supporter la discipline militaire. A cause d'une liaison qu'on lui reproche, il est mis en non-activité. Quelques semaines plus tard, il demande sa réintégration dans son régiment, mais il est muté dans une unité du sud-oranais où une insurrection a éclaté. En mars 1882, il démissionne de l'armée et décide d'aller explorer le Maroc, alors interdit aux étrangers, sous le costume et l'identité d'un rabbin. Ses études géographiques et linguistiques se révèlent être de tout premier ordre et lui confèrent une grande réputation. C'est au cours de ce voyage qu'il se familiarise avec l'Afrique du Nord.
Installé à Paris près de sa famille, il revient peu à peu à la foi qu'il a perdue à l'âge de seize ans. Celle des musulmans, qui portent publiquement témoignage de la grandeur de Dieu, l'a ébranlé lors de ses voyages en monde islamique. Ayant rencontré l'abbé Huvelin, le directeur spirituel de sa cousine, il entre dans son confessionnal, un matin d'octobre 1886, à l'église Saint-Augustin : « Aussitôt que je crus qu'il y avait un Dieu, je compris que je ne pouvais faire autrement que de ne vivre que pour lui ».
En 1890, il se retire à la Trappe Notre-Dame-des-Neiges, en Ardèche ; puis il part en Syrie, où il mène une vie ascétique et communautaire pendant sept ans. Mais il comprend que la Trappe ne lui convient pas. Sa vocation le pousse à rechercher une vie encore plus pauvre, voulant imiter celle de Jésus à Nazareth ; Frère Charles se fait le serviteur des Clarisses de Nazareth pendant trois ans et, « prêtant l'oreille à la voix de Dieu », il décide de devenir prêtre pour « porter l'Évangile aux plus pauvres ».

Ordonné prêtre à quarante-trois ans, il part à Béni-Abbès, dans le Sud-Algérien, y fonde une « Fraternité » ouverte à tous, chrétiens et musulmans. Espérant des compagnons, il vit en Petit Frère de Jésus. Il distribue orge et médicaments, accueille les plus démunis, se voulant « frère universel » ; il dénonce l'esclavage et se bat pour son abolition.
« Allant où le pousse l'Esprit », il accompagne au Hoggar le commandant Laperrine, pacificateur des oasis, qui devient son ami. Il s'installe en 1905 à Tamanrasset, dans l'extrême Sud-Algérien, « là où il n'y a pas de tabernacle, afin que Jésus y soit présent ». Dans son ermitage, il prie et reçoit tous ceux qui frappent à sa porte,

Ne vivre que pour lui

« Ma foi a été complètement morte pendant des années : pendant douze ans (de 1874 à 1886), j'ai vécu sans aucune foi. Rien ne me paraissait assez prouvé. Je demeurai douze ans sans rien nier et sans rien croire, désespérant de la vérité et ne croyant même pas en Dieu, aucune preuve ne me paraissant assez évidente. Aussitôt que je crus qu'il y avait un Dieu, je compris que je ne pouvais faire autrement que de ne vivre que pour Lui. Ma vocation religieuse date de la même heure que ma foi : Dieu est si grand, il y a une telle différence entre Dieu et tout ce qui n'est pas Lui... Dans les commencements, la foi eut bien des obstacles à vaincre. Moi qui avais tant douté, je ne crus pas tout en un jour. »

(Lettre à Henry de Castries, le 14 août 1901.)

Ph. Bayard-Presse

Charles de Foucauld.

il se met totalement à l'écoute des Touaregs, si isolés du reste du monde, et s'intéresse de très près à leur culture et à leur civilisation, recueillant leurs poèmes, leurs chants, les éléments de leur langue (*Grammaire, Dictionnaire touareg-français*). Il est favorable à tout ce qui peut faciliter le développement du Sahara (le Transsaharien, les routes, le télégraphe). Paul VI mentionnera ce « Frère universel » dans son encyclique sur le développement des peuples.
Seul parmi des non-chrétiens, il réfléchit longuement à la naissance d'une fraternité où prêtres, religieux et laïcs des pays chrétiens deviendraient Frères et Sœurs du Sacré-Cœur, prêts à tout donner pour la conversion des infidèles.
Lorsque la guerre éclate en 1914, on lui demande de rester présent au Sahara qui s'agite.

Le 1er décembre 1916, le Père de Foucauld est assassiné à la porte de son ermitage, par des rebelles qui voulaient le prendre en otage ; en 1897, il avait écrit ces lignes prémonitoires : « Pense que tu dois mourir martyr, dépouillé de tout, étendu à terre, nu, méconnaissable, couvert de sang et de blessures, violemment et douloureusement tué, et désire que ce soit ce soir... »
Le Père de Foucauld est mort sans avoir vu naître la Fraternité qu'il désirait tant, et dont il avait écrit la règle de vie. Mais son rayonnement spirituel ne cesse depuis lors de grandir ; son message se transmet aujourd'hui non seulement à travers ses nombreux écrits mais par la vie des fraternités et communautés d'hommes et de femmes, consacrés ou non, qui se réclament de lui (*Petits Frères et Petites Sœurs de Jésus, Petits Frères et Petites Sœurs de l'Évangile, Petites Sœurs du Sacré Cœur, Fraternité Charles de Foucauld...*).
Deux films ont été réalisés par Léon Poirier sur Foucauld : *l'Appel du silence* (1935) et *La route de l'inconnu* (1947).

□ *Itinéraire spirituel de Charles de Foucauld,* par Jean-François Six.
Charles de Foucauld aujourd'hui, par Jean-François Six, Éd. du Seuil.
Charles de Foucauld, par Marguerite Castillon du Perron, Grasset.
Vivre Nazareth aujourd'hui, M. Lafon, Éd. Fayard.
« Fêtes et Saisons », n° 386 : Charles de Foucauld.

JEAN GIRETTE (1899-1976)

Polytechnicien comme son père, Jean Girette choisit à sa sortie de l'École le corps des Ponts et Chaussées (1921). Ingénieur au port de Calais, il est bientôt remarqué par Raoul Dautry, alors directeur général des Chemins de Fer de l'État, qui l'appelle à ses côtés et qui lui confiera des postes de plus en plus importants, tant en France qu'à l'étranger ; Jean Girette organisera par exemple, en Amérique du Sud, la Compagnie de l'Aéropostale (dont Mermoz a été l'un des pionniers). Après la fondation de la SNCF (1937), il y assumera de hautes responsabilités. Pendant l'occupation, il sauve plusieurs personnes recherchées par les Allemands. Après la guerre, il s'attache avec enthousiasme à la remise en état et à la modernisation du système ferroviaire français. En 1947, lors de la grande grève qui paralyse le pays, il se montre extrêmement ferme vis-à-vis des grévistes ; mais ce grave conflit le conduit à une réflexion qui retentira profondément sur son orientation ultérieure.

En 1954, Jean Girette perd sa femme, épreuve qui le conduit à une modification décisive de sa vie ; fidèle depuis longtemps à l'oraison et à la messe quotidienne, membre actif des *Équipes Sociales* et du mouvement des ingénieurs chrétiens, il veut aller plus loin dans le don de lui-même à l'Évangile ; en 1955, bien que promis à de très hautes fonctions, il quitte la SNCF, rejoint l'*Institut du Prado,* voué à l'évangélisation du monde ouvrier, et y devient Frère Jean-François. Cet homme, qui a connu les plus hautes responsabilités, veut désormais communier à la vie des ouvriers. Il se fait embaucher comme fraiseur aux usines Séguin. Il s'efforce d'être porteur d'Évangile dans son nouveau milieu. En 1961, des raisons de santé l'obligent à quitter l'usine. Il s'installe à Aubervilliers en 1962 et reçoit la mission de reprendre contact avec les milieux patronaux, dont il est issu, pour les aider à comprendre le monde ouvrier et favoriser la recherche de la justice sociale. Dans la même perspective, il publie le livre *Je cherche la justice* (1973 - Éd. France-Empire), dans lequel il relate son expérience, livre qui connaît un grand retentissement. En 1975, en mauvais état de santé, il demande humblement asile aux *Petites Sœurs des Pauvres* à Paris et achève sa vie, pauvre parmi les pauvres.

□ Frère Jean-François du Prado, *Vie et Écrits,* Éd. France-Empire.

JEAN XXIII (1881-1963)

ANGELO RONCALLI naît à Sotto-il-Monte, village des Alpes italiennes, dans une modeste famille paysanne de treize enfants. Très jeune, il se sent appelé au sacerdoce. Après le petit et le grand séminaire à Bergame et des études à Rome, où il est ordonné prêtre en 1904, il est successivement professeur au séminaire de Bergame puis directeur à Rome des Œuvres Pontificales Missionnaires d'Italie.

Évêque en 1925, il est envoyé à Sofia comme visiteur apostolique ; il y noue des relations cordiales avec la hiérarchie orthodoxe. En 1934, il part pour Istamboul comme délégué apostolique (représentant du pape dans un pays sans relations

Ph. Rapho-Lewis

Jean XXIII.

diplomatiques avec le Saint-Siège) en Turquie et en Grèce ; c'est encore l'occasion d'établir des relations cordiales avec les orthodoxes, et notamment le Patriarche de Constantinople.
En 1944, il est nommé nonce à Paris, où il reste quatorze ans. Lorsqu'en 1958, il est nommé Patriarche de Venise et créé cardinal, c'est, conformément à la tradition, le chef de l'État, le Président Vincent Auriol, qui lui remet sa barrette de cardinal.

En 1958, à la mort de Pie XII, le cardinal Roncalli est élu pape à l'étonnement général. Chacun s'accorde à considérer qu'à 77 ans, il ne sera qu'un « pape de transition », expédiant les affaires courantes. Or ce bref pontificat (5 ans) marquera au contraire un grand tournant dans l'Église, et le rayonnement de ce pape atteindra un degré inattendu. Trois mois après son élection, il annonce sa décision de convoquer un concile œcuménique pour réaliser l'*aggiornamento* de l'Église (littéralement, la mise à jour) et la mettre en mesure d'annoncer comme il faut l'Évangile aux hommes de ce temps. Après quatre années de préparation, il ouvre la première session de Vatican II (11 octobre 1962). Quelques mois après, en mai 1963, il tombe malade ; treize jours plus tard, il s'éteint. Il avait eu juste le temps de lancer cette grande œuvre, que son successeur, Paul VI, conduira jusqu'à son terme.
Le rayonnement de Jean XXIII dans le monde entier, et dans les milieux les plus éloignés du catholicisme, n'est pas seulement dû à son œuvre conciliaire. Il tient pour beaucoup à son style, tout de sincérité, de simplicité, de bonhommie, de bonté ; il visite pauvres, malades, prisonniers ; le Vatican ressemble de moins en moins à une cour royale.

Il y a surtout son œuvre pastorale, dominée par deux encycliques, au retentissement considérable : *Mater et magistra* sur

la justice sociale (1961), *Pacem in terris* sur la paix (1963) ; fait rare, cette dernière reçut un accueil chaleureux de tous les régimes politiques.
Son souci de paix et d'unité, Jean XXIII l'a tout autant manifesté à l'égard des autres Églises chrétiennes (invitation de leurs observateurs au concile, création d'un *Secrétariat pour l'unité des chrétiens*, dont le rôle, pendant et après le concile, sera important), à l'égard aussi des religions non chrétiennes et des incroyants. Il a ainsi ouvert une ère nouvelle dans l'attitude du Saint-Siège et de l'Église tout entière.
Un pontificat de cinq ans, et pourtant de portée historique.

□ *Journal de l'âme,* Jean XXIII, Coll. l'Évangile au XXe siècle, Éd. du Cerf.
Lettres à ma famille, Jean XXIII, Coll. l'Évangile au XXe siècle, Éd. du Cerf.

MARTIN LUTHER KING (1929-1968)

Le célèbre leader du *Mouvement des Droits Civiques* aux États-Unis, considéré par le cardinal Bernardin, archevêque de Chicago, comme « un des grands pasteurs et prophètes de notre temps », naît à Atlanta (Géorgie), d'une famille de pasteurs baptistes noirs. Il est marqué dès son enfance par l'inégalité entre Blancs et Noirs. Pasteur à Montgomery (Alabama), un jour, dans un autobus, il voit arrêter une femme noire qui a refusé de s'installer dans le compartiment réservé aux gens de couleur ; il lance alors un mouvement de boycott des transports en commun qui rencontre un énorme succès. Malgré menaces et attentats, il poursuit son action et, en 1956, il obtient de la Cour Suprême des États-Unis l'abolition des barrières raciales institutionnelles.
Il se consacre désormais à la lutte contre la ségrégation et, de manière plus large, pour la justice sociale. Il donne une impulsion nouvelle au Mouvement des Droits Civiques, qu'il conduit de succès en succès malgré la farouche et violente opposition des partisans de la ségrégation.

Martin Luther King.

Ph. Bayard-Presse

Il puise sa conviction dans l'Évangile, tout en s'inspirant de la philosophie et de la méthode non violente de Gandhi. A ses adversaires il dit : « A votre force physique nous opposerons notre force morale. Faites-nous ce que vous voudrez, nous continuerons à vous aimer. » Refusant le recours à la violence malgré les arrestations et les vexations qui pleuvent sur lui et sa famille, il multiplie marches pacifiques, sit-in, meetings, discours. Pour lui, seul le christianisme peut changer non seulement les hommes mais la société. Rendu célèbre par son message et sa méthode, il est appelé partout dans le monde. En 1964, il reçoit le Prix Nobel de la paix.
Le 4 avril 1968, alors qu'il soutient à Memphis (Tennessee) une marche des pauvres sur Washington, il est abattu par les balles d'un adversaire. Il a 39 ans.

□ *La force d'aimer,* M. L. King, Éd. Casterman.
La seule révolution, M. L. King, Éd. Casterman.
Révolution non violente, M. L. King, Éd. Payols.

RAÏSSA MARITAIN (1883-1960)

Elle naît à Rostov-sur-le-Don, dans une famille d'israélites russes, les Oumançoff, que la persécution oblige bientôt à s'exiler en France. En 1904, elle épouse Jacques Maritain, son camarade d'études à la Sorbonne, qui deviendra le grand philosophe thomiste du XXe siècle. A l'époque de leur mariage, ils n'étaient encore convertis ni l'un ni l'autre au catholicisme ; ce sera, pour une grande part, l'œuvre de l'écrivain Léon Bloy, qui sera leur parrain lors de leur baptême à Paris en 1906.
L'origine juive de Raïssa devait probablement avoir une grande influence sur Léon Bloy, et le garder de tomber, si peu que ce fût, dans l'antisémitisme. Elle-même n'a jamais cessé de se reconnaître « fille d'Abraham », comme l'indique son petit livre *L'histoire d'Abraham et les premiers âges de la conscience chrétienne.*

Raïssa sera étroitement associée aux travaux de son mari ; le *Carnet de notes* de Maritain livre une série de témoignages émouvants sur l'union des deux époux. Ensemble, ils feront de leur maison de Meudon le centre actif d'innombrables contacts, dont maintes conversions seront le fruit. On doit à Raïssa Maritain quelques recueils de poèmes *La vie donnée, Le creux du rocher,* sans parler des ouvrages qu'elle a publiés en collaboration avec son mari, *La vie d'oraison, Liturgie et contemplation.* Son mari devait lui survivre quatorze ans.

EDMOND MICHELET (1899-1970)

Né à Paris, jeune engagé volontaire en 1917, Edmond Michelet rejoint après la guerre les rangs de l'*Action Française,* qui attira beaucoup de jeunes catholiques de sa génération. Il s'en éloigne bientôt en militant dans l'*Association Catholique de la Jeunesse Française* (ACJF), point de départ de l'Action Catholique en France, puis dans les *Équipes Sociales* de Robert Garric, deux mouvements dans la tradition du catholicisme social et non sans affinités avec la Démocratie Chrétienne.

D.R.

Edmond Michelet.

Installé à Brive, marié, Edmond Michelet exerce la profession de courtier assermenté ; il aura sept enfants. Bientôt, il accueillera des familles allemandes pourchassées par le nazisme ; pendant l'occupation, il se procure et confectionne de faux papiers pour assurer le passage de clandestins en Espagne.
Résistant dans le groupe *Combat* (*Liberté*), il est arrêté ; après six mois à la prison de Fresnes, il est déporté à Dachau ; libéré dix-sept mois plus tard, le jour de la Pentecôte 1945, il ne quitte le camp qu'après avoir assuré le départ de tous.

Revenu en France, il s'engage dans le *Mouvement Républicain Populaire* (MRP), issu de la Résistance et imprégné de l'esprit de la démocratie chrétienne ; il exercera une série de mandats de député et de sénateur, et sera plusieurs fois ministre sous la IVe et la Ve Républiques ; après le retour du Général de Gaulle au pouvoir en 1958, il avait rallié le nouveau mouvement gaulliste, l'*Union des Démocrates pour la Ve République* (UDR). Il meurt à Marcillac (Corrèze) après une brève hospitalisation, laissant le témoignage d'un homme tout entier inspiré par la foi et s'appliquant à la fidélité à l'Évangile par le don de soi aux autres. Malraux a dit de lui : « Il a été toute sa vie l'aumônier de la France », et de Gaulle : « Esprit ouvert, cœur généreux, compagnon fidèle, les combats de la Résistance, les horreurs de la déportation, les blessures de la vie politique ont assombri ses illusions sans entamer son indulgence. » Sa cause a été introduite en vue de la béatification.

□ E. Michelet, *De la fidélité en politique,* Éd. du Seuil.
E. Michelet, *Rue de la Liberté,* Éd. du Seuil.
C. Michelet, *Mon père, Edmond Michelet,* Éd. Robert Laffont.
J. Charbonnel, *Edmond Michelet,* Ed. Beauchesne

MARTHE ROBIN (1902-1981)

Née à Châteauneuf-de-Galaure (Drôme), dans une famille de petits propriétaires terriens, c'est une fille de santé fragile mais de naturel heureux. A 16 ans, elle est atteinte d'une paralysie, peut-être due à une encéphalite léthargique, qui la plonge dans des états de profonde somnolence. Elle est partiellement guérie deux ans plus tard. A partir de 20 ans, s'amorce en elle une évolution spirituelle qui la conduit à reconnaître que c'est par la souffrance qu'elle pourra « tout donner à Dieu » ; en 1925 (elle a 23 ans), elle rédige un acte par lequel elle s'abandonne totalement à lui. Sa santé se dégrade, la paralysie la gagne toute entière ; elle ne quittera plus son lit désormais ; elle ne dort plus, ne mange plus, ne se soutenant que par l'eucharistie. En septembre 1930, elle a une vision du Christ au cours de laquelle elle est marquée des mêmes plaies que lui (stigmates) ; chaque vendredi, elle revivra désormais la Passion du Christ. Elle ne vit plus que par l'amour et pour l'amour de celui-ci.
De sa chambre de malade émane un rayonnement spirituel de plus en plus large ; sa correspondance (dictée), ses réflexions (dont beaucoup ont été notées), ses échanges avec ses visiteurs, de plus en plus nombreux, en sont comme les ondes porteuses. On estime à plus de 100 000 le nombre de personnes qu'elle a reçues, parmi lesquelles divers théologiens de renom venus se rendre compte sur place de la nature de cette personnalité hors du commun.

En 1936, alors qu'un prêtre lyonnais qu'elle ne connaissait pas, le Père Finet, lui rend visite, elle lui demande, « de la part de Dieu », de fonder sur place un premier « foyer de charité, de lumière et d'amour », pour accueillir des retraites spirituelles de six jours, dans le silence total des retraitants. Ce foyer s'ouvre quelques mois plus tard dans son village de Chateauneuf-de-Galaure ; il est le premier de la soixantaine d'autres Foyers de Charité (voir Index) qui, depuis, ont vu le jour a travers le monde.
En 1940, elle perd la vue ; en 1980, ses douleurs deviennent atroces. Elle n'en vit pas moins dans la paix et la sérénité. Elle meurt en février 1981, un premier vendredi du mois.
Mgr Marchand, évêque de Valence (son diocèse), dit alors d'elle : « Toute sa vie a été marquée par sa foi très vive et son sens de l'Église. Par sa prière et sa vie offerte, elle a contribué à l'existence et au rayonnement des Foyers de Charité. Sa vie fut discrète et simple ; elle ne voulait pas qu'on parle d'elle, mais son bon sens et la profondeur de sa foi lui ont valu beaucoup de visiteurs, à qui elle savait donner l'espérance et le goût de Dieu. » Son procès de béatification a été engagé en 1991.

□ R. Peyret, *Marthe Robin, la croix et la joie,* Éd. Peuple Libre, Desclée de Brouwer.
R. Peyret, *Petite vie de Marthe Robin.* Desclée de Brouwer.
J. Guitton, *Portrait de Marthe Robin.* Desclée de Brouwer.

Mgr JEAN RODHAIN (1900-1977)

Né dans les Vosges de parents émigrés alsaciens, Jean Rodhain est ordonné prêtre en 1924 ; il est d'abord « vicaire agité », comme dit son évêque, à Épinal, avant de devenir curé d'une paroisse rurale ; en 1929, il assure en outre l'aumônerie de la section jociste de Neufchâteau. En 1934, il est détaché comme aumônier fédéral de la JOC à Paris. La grande rencontre nationale de la JOC au Parc des Princes en 1937, qui réunit 80 000 jeunes ouvriers, met en relief ses dons d'organisateur et d'animateur, en même temps que son sens de la fête communautaire.
Réformé en 1939, aumônier des nouvelles divisions blindées, il est fait prisonnier en 1940 ; évadé, il est nommé par l'épiscopat français aumônier général des prisonniers de guerre ; parmi ces derniers, se trouvent 6 000 prêtres et séminaristes qu'il faut aider dans leur vie spirituelle et leur ministère. Bientôt, il lui faut organiser une aumônerie clandestine du Service du Travail Obligatoire (STO) en Allemagne, ce qui lui vaut de nombreux démêlés avec les autorités allemandes. A la Libération, il est nommé aumônier général de l'armée française et des déportés.
Ces diverses activités lui ont fait prendre conscience que, si la générosité des chrétiens est inépuisable, il faut en tirer un meilleur parti en disposant d'une organisation apte à prendre les initiatives à une échelle et avec des moyens proportionnés aux besoins et aux urgences. L'Assemblée des Cardinaux et Archevêques de France créera le *Secours Catholique* en 1946 et en nommera Mgr Jean Rodhain Secrétaire général et représentant de l'épiscopat.

Les premières campagnes, celles des malades, sont lancées en 1946, bientôt soutenues par la publication de *Messages* dont le tirage atteint vite les 40 000 exemplaires (actuellement 1.200 000).
Jean Rodhain dit du Secours Catholique : « Pour le public, c'est une entreprise s'occupant des catastrophes ; pour nous, c'est une entreprise de pédagogie. Nous cherchons à éveiller à des situations. L'Église a besoin de s'adapter. Ses institutions charitables varient continuellement. Il faut inventer la charité. »
Les campagnes se suivent, en faveur des malades, des prisonniers, des enfants en situation difficile... Une première Cité-Secours est ouverte rue de la Comète, à Paris, au cours du terrible hiver 1956 ; elle sera suivie de la Cité Myriam ouverte aux Maghrébins, de la Cité Bethléem, destinée aux mères abandonnées, du Rosier Rouge, accueillant les familles provinciales de malades hospitalisés à Paris... A Lourdes, ce sera la Cité Saint-Pierre, accueillant les pèlerins sans ressources ; à Jérusalem, la Maison Abraham, ouverte à tous sans distinction de confession.

Si je donne à manger à mon frère qui a faim, ce doit être d'abord parce qu'il a faim et que la réaction instinctive d'un homme de cœur, aussi bien que le précepte évangélique, le demande, et non pas pour que cet homme devienne chrétien.
R. Girault,
Pour un catholicisme évangélique,
Editions Ouvrières.

Parallèlement, le service Urgences-Réhabilitation-Développement, pour venir en aide aux victimes des catastrophes et des guerres à travers le monde, s'est créé et rodé ; puis le souci du Tiers-Monde a suscité chez Jean Rodhain l'idée de *Projets-Microréalisations* soutenus par le Secours Catholique et par les organisations sœurs locales (les *Caritas*), et conduisant les populations à prendre elles-mêmes en charge leur propre développement (construction de puits et de barrages, formation d'ouvriers et de techniciens, éducation des femmes...).
Jean Rodhain, qui est le premier président de l'organisation *Caritas Internationalis,* regroupant au plan mondial les mouvements nationaux de même vocation que le Secours Catholique, participe à la préparation du concile Vatican II ; il insiste sur la prise en compte de trois grandes nécessités : l'approfondissement d'une théologie de la charité, l'institution d'un diaconat spécialisé dans un ministère charitable, la création d'un organisme mondial représentatif du ministère des pauvres dans l'Église. Ce dernier verra le jour avec l'institution du Conseil pontifical *Cor unum* par Paul VI, en 1971.
En reconnaissance de la tâche accomplie par Jean Rodhain, le même Paul VI lui avait conféré le titre de « chorévêque », exceptionnel aujourd'hui en Occident ; Monseigneur Rodhain s'éteindra paisiblement dans la Cité Saint-Pierre de Lourdes, sans doute celle de ses réalisations lui tenant le plus à cœur.

□ *Une charité inventive. Le Père Guichardon interroge Monseigneur Rodhain,* Éd. du Centurion.
Jean Rodhain, prêtre, par Ch. Klein et J. Colson, Éd. SOS.

Mgr OSCAR ROMERO
(1917-1980)

Archevêque de San Salvador et l'un des chefs de file de l'Église d'Amérique du Sud, il s'engage toujours plus avant dans la défense des opprimés, par fidélité à l'Évangile et à son « option préférentielle pour les pauvres ».
Dès sa nomination à l'archevêché de San Salvador en 1977, il entre en conflit avec la haute bourgeoisie, le pouvoir, l'armée, dénonçant les massacres, les assassinats, les atteintes aux droits de l'homme à l'encontre des paysans comme des prêtres et religieuses de ce pays.
Sa pastorale s'appuie sur deux principes : la défense inconditionnelle des droits de l'homme, et la promotion d'un laïcat de délégués de la parole, aptes à animer les communautés.
Isolé parmi l'épiscopat conservateur de son pays, il est soutenu par la masse du clergé. Homme de dialogue opposé à toute violence, il n'hésite pourtant pas à dénoncer chaque dimanche dans sa cathédrale, et à la station de radio religieuse Radio Ysax, les exactions commises à droite comme à gauche.
A Paris, lors d'une veillée oecuménique en 1980, il définit ainsi son rôle :
« La Parole de Dieu est puissante, lorsqu'elle s'incarne dans le peuple. Peuple nécessiteux, cerné par l'angoisse, il a besoin de la Parole de Dieu. Je n'ai fait que l'annoncer. Mais cette annonce entraîne la dénonciation du péché qui s'oppose au règne de Dieu... Tous les torturés, les assassinés sont de nouveaux Christ mis à mort par le péché. Plus l'Église essaie de servir le peuple opprimé, mieux elle comprend ce qu'est le péché. »
Monseigneur Romero est assassiné le 24 mars 1980 alors qu'il célèbre la messe dans la chapelle d'un hôpital. Un deuil national de trois jours est proclamé au Salvador. Ce meurtre a un énorme retentissement dans le monde entier. Mais lors de ses obsèques, de très violents incidents éclatent, faisant trente-cinq morts et plusieurs centaines de blessés. Au cours de son voyage en Amérique Centrale, en 1983, Jean-Paul II est venu se recueillir sur la tombe d'Oscar Romero, objet de la vénération de tout un peuple.
En 1990 le dixième anniversaire de son assassinat a été l'occasion d'un hommage solennel à sa personne, notamment de la part des plus proches collaborateurs de Jean-Paul II (cardinaux Casaroli, secrétaire d'État, et Etchegaray, président de la Commission « Justice et Paix »), s'exprimant au nom du pape.

□ *Monseigneur Romero, martyr du Salvador,* J. R. Brockman, Éd. du Centurion.
Romero ou l'offrande écarlate, pièce de J. P. Nortel, jouée à Avignon en juillet 1985.

Nous sommes bien obligés de prêcher, puisque prêcher, c'est dire publiquement quelque chose sur Jésus-Christ, Dieu et Seigneur et qu'on ne peut l'aimer et se taire.

M. Delbrêl
La joie de croire
Ed. du Seuil

Quelques prêtres assassinés...
parmi beaucoup d'autres

Au Chili, le 4 septembre 1984, la dixième manifestation de protestation nationale organisée depuis le coup d'État du général Pinochet s'achève dramatiquement : 2 morts, 30 blessés par balles, 500 arrestations, L'un des morts est un prêtre français, le Père ANDRÉ JARLAN, 43 ans, arrivé au Chili en février 1983 pour seconder le père Dubois. Prêtre de l'*INSTITUT DU PRADO,* il a été vicaire dans le bassin houiller de Decazeville et aumônier départemental de l'A. C. O. et de la J. O. C., puis il est venu dans ce pays partager la vie des pauvres entre les pauvres, à Santiago. Les policiers chiliens l'ont abattu par la fenêtre de sa maison alors qu'il lisait dans la Bible le Psaume 129 : « J'attends le Seigneur... J'espère en sa parole. »

En Pologne, fin octobre 1984, le Père JERZY POPIELUSZKO, 37 ans , vicaire à Saint-Stanislas de Varsovie, aumônier des aciéries de Huta Warszawa, est enlevé par trois membres des services de sécurité de l'État, torturé et jeté dans la Vistule... Cet assassinat vise sans aucun doute le syndicat interdit « Solidarnosc » et l'un de ses soutiens, les plus populaires, qui écrivait peu auparavant : « La violence n'est pas le signe de la force mais de la faiblesse... L'idée qui a besoin des armes pour se maintenir est condamnée à disparaître. » Les obsèques du Père Jerzy, célébrées par le cardinal Glemp, primat de Pologne, rassemblèrent plus d'un demi-million de Polonais. Les auteurs du meurtre seront arrêtés, jugés, condamnés ; mais ce sera l'occasion pour le tribunal de faire le procès... de la victime.

Au *Salvador* encore, le 16 novembre 1989, le Père ELLACURIA et cinq autres jésuites de l'Université Centro-Américaine sont abattus (en même temps que deux employées). Leur volonté d'œuvrer par le dialogue à la paix civile de leur pays, au nom de l'Évangile, les faisait considérer par l'extrême-droite comme des alliés de la guérilla d'extrême gauche.

ROBERT SCHUMAN
(1886-1963)

Né à Luxembourg de parents français qui ont quitté la Lorraine annexée par l'Allemagne en 1870, il se définit lui-même comme un « homme des frontières ». Il s'établit comme avocat à Metz, en Lorraine annexée. Celle-ci redevenue française en 1918, il entre dans la vie politique, plus par devoir que par vocation, menant de front ses activités d'avocat, de député de la Moselle et de président de la Jeunesse Catholique de Lorraine. A partir de 1931, il milite au parti Démocrate-Populaire. En 1940, il est sous-secrétaire d'État aux Réfugiés.

Les Allemands, ayant annexé une fois de plus son département en 1940, essayent d'obtenir son ralliement au Reich en l'isolant sept mois en cellule. Mis ensuite en résidence forcée, il s'évade ; pourchassé par la Gestapo, il continue à s'occuper des réfugiés, trouvant souvent asile dans des communautés religieuses.

A la Libération, il participe à la création du *Mouvement Républicain Populaire* (MRP). Il sera à nouveau député de la Moselle de 1945 à 1962. Ministre des Finances (1946-47), président du Conseil (1947-1948), ministre des Affaires étrangères (1948-1952), il attachera son nom à la réconciliation franco-allemande, à laquelle le poussent ses convictions chrétiennes, sa conception de la paix mondiale, sa double culture. Avec Jean Monnet, il est l'auteur du Plan de la Communauté Européenne du Charbon et de l'Acier (C. E. C. A.), qui voit le jour en 1950, c'est-à-dire — et Schuman y attache du prix — au cours de l'Année Sainte, « année de la trêve de Dieu » proclamée par le pape Pie XII. La C. E. C. A. est le premier pas vers la future Communauté Économique Européenne.

Président du Mouvement Européen (1955), puis de l'Assemblée parlementaire européenne (1958), il continuera à plaider en faveur d'une vigoureuse communauté européenne, condition de la paix du monde. Le « Père de l'Europe » aura la joie de voir signer le Traité de Rome (1957) instituant la Communauté Économique Européenne.
« Cet homme de vie intérieure que les circonstances ont poussé sur la scène du monde », comme le dit Pierre Pfimlin, a témoigné de sa foi toute sa vie. Par son action, il a voulu prouver que « la tâche de l'homme politique responsable consiste à concilier dans une synthèse parfois délicate le spirituel et le profane ».

□ *Robert Schuman,* par Jean Rochefort, Éd. du Cerf.

ALBERT SCHWEITZER
(1875-1965)

Né à Kaysersberg (Haut-Rhin), en Alsace alors annexée par l'Allemagne, fils de pasteur protestant, Albert Schweitzer a reçu beaucoup de dons ! Dès sa jeunesse, il a le souci de les partager avec autrui. Pianiste, organiste et musicologue, il est un de ceux qui vont faire connaître au monde Jean-Sébastien Bach. Spécialiste de Goethe et philosophe, il soutient une thèse sur *La philosophie de la religion de Kant.* Devenu pasteur à son tour, il est nommé principal du collège de théologie de Strasbourg ; il écrit *Recherches historiques sur Jésus* et travaillera de très longues années à la rédaction d'un important ouvrage sur saint Paul

Ces activités multiples ne satisfont pas encore cet homme, qui décide, une nuit de Pentecôte, qu'à partir de trente ans il consacrera sa vie « à la lutte contre la misère et le malheur ». Comment ? Il ne le sait pas encore. Le hasard veut qu'à l'aube de cette trentième année, il ait entre les mains une brochure missionnaire faisant état du manque dramatique de médecins au Gabon. « Ma recherche était terminée » : il décide d'étudier la médecine « pour porter des secours qui ne soient pas que des mots ». Sa décision soulève un tollé autour de lui... Pendant huit ans, cet homme, déjà célèbre dans tant de domaines, se retrouve sur les bancs de la Faculté, ce qui ne l'empêche d'ailleurs pas de continuer sa vie de pasteur et d'organiste. Seule une jeune fille, Hélène Bresslau, le soutient, car elle partage son idéal. Ils se marieront en 1912.

Celui que le monde connaîtra comme « le docteur de la jungle » arrive pour la première fois au Gabon en 1913, et découvre à Lambaréné un « hôpital » qui est un hangar en ruines. La nouvelle de sa présence fait aussitôt affluer des malades ravagés par la misère et l'alcoolisme, et dont il ne comprend pas les nombreux dialectes. Aidé de sa femme, il se met à l'œuvre, soignant les corps avec les moyens dont il dispose, luttant contre les superstitions, la sorcellerie, le cannibalisme. Inlassablement, à ces hommes souvent très frustes, il parle de Dieu, de pardon, du respect de toute vie : « Prêcher est une de mes nécessités intérieures », écrit-il un jour.

La guerre de 1914 interrompt son œuvre : sujets allemands, le docteur Schweitzer et sa femme sont internés ; libérés, ils gagnent la Suisse. Il reprend ses tournées de conférences sur les sujets qui lui sont chers : la musique, la philosophie, la civilisation et Lambaréné, dont la renommée grandit vite, attirant aides financières et personnel qualifié. Il regagne l'Afrique en 1924.

Peu à peu, son rêve se concrétise ; Lambaréné devient un vrai centre hospitalier, adapté à l'Afrique : des terrains cultivés permettent de nourrir les malades hospitalisés et les familles qui les accompagnent, des écoles accueillent les enfants. Pour faire connaître ces réalisations, les soutenir financièrement, le docteur Schweitzer multiplie ses tournées de conférences et ses concerts d'orgue, en Europe et en Amérique. C'est en voyageant de la sorte qu'il sera l'un des premiers à se rendre compte de la montée du nazisme, de la proximité d'une nouvelle guerre ; il devine avec horreur que la science y sera au service du mal. Avec beaucoup de courage, il plaide inlassablement en faveur de la paix et du respect de l'homme.

Le prix Nobel de la Paix lui sera décerné en 1952. Il mourra à Lambaréné treize ans plus tard, à 90 ans, dans ce Gabon qui a acquis son indépendance depuis cinq ans.

Albert Schweitzer et Raoul Follereau.

Ph. Bayard-Presse

Bienheureuse ÉDITH STEIN
Sœur Bénédicte de la Croix,
(1891-1942)

Elle naît à Breslau en Silésie, dans une famille juive de négociants en bois. Devenue veuve deux ans plus tard, sa mère, Madame Stein, une femme d'une énergie peu commune soutenue par une ardente foi juive, élèvera ses septs enfants tout en dirigeant la maison de commerce.

A partir de 1911, Édith suit les cours de philosophie de l'université de Breslau. Découvrant l'œuvre du philosophe Edmund Husserl, elle est conquise par sa méthode phénoménologique et décide de gagner Göttingen où il enseigne. Sa première rencontre avec le maître répond pleinement à son attente.

Au grand émoi de sa mère, Édith a perdu sa foi juive, ne pouvant se résoudre à croire à l'existence de Dieu. A Göttingen, elle suit les cours de Max Scheler, qui la fait pénétrer dans un univers imprégné de christianisme ; elle demeure cependant athée : « La soif de vérité était ma seule prière. ».

Pendant la guerre de 1914, elle se dévoue au soin des blessés dans un hôpital autrichien, ce qui lui vaut la médaille de la Croix Rouge, puis est reçue au doctorat de philosophie *summa cum laude.* Appelée par Husserl comme assistante à l'université de Fribourg-en-Brisgau, elle y commence son enseignement en 1916, à 25 ans.

En 1917, l'un de ses amis, le professeur Reinach, est tué au front ; aidant sa veuve à classer les travaux du disparu pour les publier, elle est profondément impressionnée par la force que cette femme, récemment convertie, puise dans la contemplation du mystère de la Croix du Christ ; c'est pourquoi, plus tard, elle ajoutera la mention de la Croix à son nom de carmélite.

Son évolution spirituelle s'accentue avec l'amitié qui la lie à Hedwige Conrad-Martius, une philosophe venue à la foi chrétienne protestante. C'est, semble-t-il, la lecture de la célèbre autobiographie de sainte Thérèse d'Avila qui achève sa conversion. En 1922, elle reçoit le baptême, ayant comme marraine Hedwige Conrad-Martius bien que protestante. Elle s'efforce d'atténuer la peine immense que sa conversion suscite chez cette juive fervente qu'est sa mère. Édith songe alors à la vie contemplative ; son directeur spirituel, l'en dissuade.

Elle passe huit années auprès des dominicaines enseignantes de Spire comme professeur du cours supérieur d'allemand, tout en continuant ses travaux et ses publications philosophiques. C'est désormais la pensée de saint Thomas d'Aquin qui constitue sa référence.

En 1933, Hitler étant parvenu au pouvoir, l'institution de Spire reçoit l'ordre de renvoyer Édith Stein en raison de son origine juive ; c'est pour elle l'occasion de répondre enfin à sa vocation contemplative.

Avant de recevoir l'habit de carmélite au couvent de Cologne en 1934, elle a la joie de revoir son vieux maître Husserl. En 1938, elle fait sa profession perpétuelle. Bientôt il lui faut fuir la persécution nazie et se réfugier aux Pays-Bas, au couvent d'Echt. Durant l'occupation de ce pays par l'armée allemande, elle sera arrêtée, déportée et mourra au camp d'Auschwitz. C'est tout le sens du titre donné à sa biographie par Élisabeth de Miribel *« Comme de l'or purifié par le feu »* (Éd. Plon).

Elle a été béatifiée par Jean-Paul II en 1987, à Bonn, en Allemagne.

FRANZ STOCK
(1904-1948)

Né à Neheïm en Westphalie, celui que l'on devait appeler « l'aumônier de l'enfer » fait ses études de théologie au séminaire des Carmes à Paris ; il est ordonné prêtre à Paderborn en 1932.

Sa connaissance de la culture et de la mentalité françaises le fait alors nommer aumônier de la colonie allemande à Paris. Il regagne l'Allemagne lors de la déclaration de guerre de 1939, mais en 1940, après l'occupation de la France, il est nommé aumônier des prisons du Cherche-Midi et de Fresnes, prisons allemandes par lesquelles vont passer, durant quatre années, des milliers de résistants

Ph. Roger-Viollet

Pierre Teilhard de Chardin.

français. Malgré la suspicion dont il est l'objet à la fois de la part de ces derniers, comme allemand, et de la Gestapo, comme prêtre, il accomplit là, auprès des croyants comme des incroyants, une œuvre de soutien spirituel, ou tout simplement moral, qui lui vaut finalement l'estime générale des prisonniers dans l'atmosphère éprouvante de cet antichambre de la mort et de la déportation. Edmond Michelet, qui y fut détenu, raconte dans son livre *Rue de la Liberté* son premier entretien avec lui. L'abbé Stock accompagnera plus de 2 000 condamnés sur les lieux de leur exécution ; un des premiers sera le lieutenant de vaisseau d'Estienne d'Orves, fusillé au Mont-Valérien en 1941.

A la Libération, Franz Stock, devient prisonnier à son tour. Sur l'intervention de ses amis français et notamment de l'abbé Rodhain qui, en sa qualité d'aumônier général des prisonniers français en Allemagne, l'a bien connu, les autorités françaises acceptent qu'il soit recteur du camp qui regroupe à Morancez, près de Chartres, les séminaristes allemands prisonniers (le « séminaire des barbelés »). Il s'y fera l'apôtre de la réconciliation franco-allemande. Cependant, son éprouvante mission de Fresnes et du Cherche-Midi a ruiné sa santé. Lorsque le camp-séminaire est dissous en 1947, il est toujours prisonnier ; il meurt à Paris en 1948, à 44 ans. Inhumé au cimetière de Thiais, dans le « carré des prisonniers », son corps sera transféré en 1963 dans l'église d'un nouveau quartier de Chartres, Saint-Jean-Baptiste de Rechèvres, dont l'autel a été offert par les anciens du camp-séminaire ; son tombeau devient un lieu de pèlerinage de la réconciliation franco-allemande. La cause de la béatification de Franz Stock a été introduite à Rome par le diocèse de Chartres.

L'aumônier de l'enfer, R. Closset, Éd. Salvator.

PIERRE TEILHARD DE CHARDIN (1881-1955)

Né au château de Sarcenat (Puy-de-Dôme) dans une famille chrétienne de l'aristocratie, il manifeste très tôt une double vocation : pour le sacerdoce et pour la géologie. Ordonné prêtre dans la Compagnie de Jésus, il vient à Paris pour y poursuivre des études scientifiques ; elles seront interrompues par la guerre de 1914, qu'il fait comme infirmier au front. En 1922, il soutient sa thèse sur *Les mammifères de l'éocène inférieur en France* : le voilà lancé dans la paléontologie, exprimant déjà la certitude que l'accord se ferait « tout naturellement entre la Science et la Foi sur le terrain brûlant des origines humaines ».

Jeune professeur à l'Institut Catholique de Paris, il commence la série de ses nombreuses missions scientifiques en Extrême-Orient ; sa notoriété le fera choisir pour participer à la célèbre croisière « Haardt-Citroën » en autochenilles, de Paris à Pékin (1931-32).

L'étude des développements humains dans la préhistoire le conduit à une conception plus globale de la vocation de l'homme au sein d'un univers en évolution continue : Cosmogénèse, Biogénèse, Noogénèse (c'est-à-dire naissance et développement successifs de l'*univers,* de la *vie,* de l'*esprit*) sont les grandes phases d'une histoire consistant en une immense montée de la conscience au sein de la matière. L'Esprit du Christ fait tout converger vers lui. Le Christ est tout à la fois le point initial et le point final, l'Alpha et l'Omega (termes repris de l'*Apocalypse* de saint Jean) de cette progression. L'accomplissement final verra Dieu « tout en tout » et « tout en tous » dans la plénitude du Corps Mystique. Ainsi il n'y a rien de profane pour qui sait voir : tout est « milieu divin », tout peut être transformé, l'histoire est le devenir de Dieu.

Cette synthèse grandiose n'a pas recueilli l'assentiment général ; on lui a notamment reproché d'exalter un progrès continu aussi problématique qu'ambigu, de gommer le mal et le péché ; la dimension cosmique donnée au Christ a été qualifiée de tendance panthéiste. Teilhard ne reçut pas l'autorisation de publier ses œuvres ; lorsqu'elles parurent après sa mort, le Saint Office adressa une mise en garde à leur sujet.

Teilhard, tout en poursuivant ses travaux, acheva donc sa vie dans le silence et la souffrance ; mais, quelle que fût la sévérité de l'Église à son égard, elle restait sa mère.

En fait, l'influence posthume de Teilhard sera considérable, en dehors comme au sein même de l'Église ; celle-ci, par exemple, sans reprendre à son compte toutes les thèses de Teilhard, n'en sera pas moins sensibilisée à une conception dynamique du plan de Dieu sur l'homme et l'univers ; le Concile Vatican II en donnera le témoignage avec sa *Constitution Pastorale sur l'Église dans le monde de ce temps.* Teilhard avait été élu membre de l'Académie des Sciences en 1950.

□ *La pensée religieuse du Père Teilhard de Chardin,* Henri de Lubac, Éd. Aubier.
De la science à la théologie. Essai sur Teilhard de Chardin, G. Crespy, Neuchâtel.
Les œuvres complètes de Pierre Teilhard de Chardin ont été publiées aux Éd. du Seuil. Voir en particulier *Le milieu divin* et *Le devenir de l'homme.*

D'autres témoins pour aujourd'hui : voir *Suppléments* p.1120 *sqq.*

QUELQUES LIVRES SUR LES GRANDS SAINTS

Pour les adultes

Larousse des prénoms et des saints, Pierre Pierrard, Éd. Larousse.
La fleur des saints, Omer Englebert, Éd. Albin Michel.
Charitables de tous les temps, Sœur Teresia Rodhain, Éd. SOS.
Les saints au Moyen Âge, Régine Pernoud, Éd. Plon.
Jésus en son temps, Daniel-Rops, Coll. Foi vivante, Éd. du Cerf, 2 vol.
L'Église des apôtres et des martyrs, Daniel-Rops, coll. Foi vivante, Éd. du Cerf, 2 vol.
Histoire de l'Église du Christ, par Daniel-Rops, Éd. Fayard. (11 vol.)
Choisir un prénom, Barbara Speziali, Éd. du Cerf.
Prénoms traditionnels et d'aujourd'hui, G. Cerbelaud-Salagnac, Éd. Téqui.

Collections
Maîtres de la spiritualité, Éd. du Centurion.
Chrétiens de tous les temps, Éd. du Cerf.
Semeurs, Éd. du Cerf.
Phares, Éd. du Cerf.
Maîtres spirituels, Éd. du Seuil.

Pour les enfants de moins de 8 ans
Ils seront appelés des saints, A. M. Andries, coll. Heureux les amis du Seigneur, Éd. Fleurus.
Un saint, une sainte à votre nom, Dom Balladur, Éd. Mame.
Martin de Tours, Vincent de Paul, Thérèse de Lisieux, Charles de Foucauld... coll. Un prénom, un saint, M., M. Vandewalle, Éd. Fleurus.

Enfants de plus de 8 ans
Collection Témoins de la foi, Éd. Mame
Collection Vies des saints, Éd. du Cerf

Bandes dessinées
Collection Les grandes heures des chrétiens, Éd. Univers Média-Fleurus
Collection Belles histoires, belles vies, Éd. Fleurus
Collection Vivants témoins, Éd. Fleurus.

CHAPITRE II

GÉOGRAPHIE ET SOCIOLOGIE DU CATHOLICISME AU SEIN DES GRANDES RELIGIONS

La connaissance du catholicisme appelle, outre l'approfondissement de la foi professée par son Église, la perception du *fait social* qu'il constitue par lui-même : il a marqué, et marque toujours de son empreinte, une importante proportion de la population mondiale, et il exerce une influence qui dépasse largement les milieux proprement catholiques. Mais il ne constitue pas, tant s'en faut, l'unique fait religieux. S'en faire une idée claire suppose donc de le situer avec quelque précision parmi les autres grandes religions chrétiennes et non-chrétiennes du globe, tant sur le plan numérique et géographique que sur celui de la pensée.

Cette saisie à l'échelle planétaire aidera, en outre, à prendre conscience des principales données actuelles de la sociologie du catholicisme français : qui touche-t-il dans la population française, quelles convictions y suscite-t-il ?

D'où les divisions de cette partie de l'ouvrage :

Introduction : Le fait religieux

I. Le catholicisme au sein des grandes religions du monde
- Données numériques
- Religions non chrétiennes
- Religions chrétiennes non catholiques
- L'Église catholique dans le monde

II. Le catholicisme au sein du monde religieux français
- Ordre de grandeur
- Religions autres que catholique en France
- Le catholicisme en France

Jean-Paul II à Assise au milieu des représentants des grandes religions qu'il a invités à prier pour la paix (1987).

Ph. Silvester-Rapho

LE FAIT RELIGIEUX

Le mot religion vient du latin *religare,* signifiant relier ; il désigne *la relation de l'homme avec le sacré.* Cette relation se traduit à la fois par des attitudes intérieures, (vénération, adoration, prière) et par des formes extérieures, (paroles, rites, règles, institutions...). Elle ne peut évidemment exister que dans la mesure où le sacré a un sens pour l'homme : elle est sa réponse à ce qui est, pour lui, une manifestation du sacré.

Dans la religion, l'homme peut participer au sacré de plusieurs manières : dans le sens du don de lui-même à la divinité, ou dans celui au contraire d'une appropriation, et comme d'une domestication, du sacré ou de puissances spirituelles à son profit (c'est le propos, par exemple, de la magie) ; ces deux attitudes ne s'excluent d'ailleurs pas nécessairement.

On considère aujourd'hui que l'homme (*homo habilis*) est apparu en Afrique orientale il y a 2 à 3 millions d'années, mais on ignore quand et comment la vie religieuse a pris naissance ; on s'accorde aujourd'hui sur le fait que les Paléoanthropiens, dont on sait qu'ils avaient déjà domestiqué le feu 700 à 600 millénaires avant J.-C., avaient une religion ; mais il est difficile et sans doute impossible d'en préciser le contenu. Les plus anciennes sépultures connues ne datent que de 100 millénaires, et sont le fait de l'*homo sapiens* ; elles révèlent la pratique de rites funéraires (offrandes à côté des corps, parures, etc.) qui font supposer la croyance en *une* forme de survie.

Les multiples croyances des peuples primitifs, telles qu'on les connaît actuellement, peuvent être ramenées à quelques catégories fondamentales, plus ou moins combinées entre elles selon les religions :

- croyance en l'âme (âme-souffle ou âme-ombre), le plus souvent considérée comme indestructible, d'où le culte des morts ;
- croyance aux esprits, bienveillants ou hostiles, qui peuplent la nature et l'univers, et peuvent être influencés par les actes du culte ou de la magie ;
- personnification de la nature ;
- animalisme (forme particulière de la croyance aux esprits) ;
- croyance en une force mystérieuse, soit impersonnelle et magique, soit émanant d'êtres spirituels supérieurs ;
- croyance en un dieu suprême, personnel et spirituel, créateur du monde et de l'homme, parfait et éternel, placé au-dessus de tous les esprits, et recevant parfois le titre de Père ;
- polythéisme, croyance en une multitude d'êtres supérieurs, souvent hiérarchisés, souvent aussi rattachés aux forces de la nature, aux classes sociales, aux professions.

L'Église catholique

1. [...] Les hommes attendent des diverses religions la réponse aux énigmes cachées de la condition humaine qui, hier comme aujourd'hui, troublent profondément le cœur humain. Qu'est-ce que l'homme ? Quels sont le sens et le but de la vie ? Qu'est-ce que le bien et qu'est-ce que le péché ? Quels sont l'origine et le but de la souffrance ? Quelle est la voie pour parvenir au vrai bonheur ? Qu'est-ce que la mort, le jugement et la rétribution après la mort ? Qu'est-ce enfin que le mystère dernier et ineffable qui entoure notre existence, d'où nous tirons notre origine et vers lequel nous tendons ?

2. Depuis les temps les plus reculés jusqu'à aujourd'hui, on trouve dans les différents peuples une certaine sensibilité à cette force cachée qui est présente au cœur des choses et des événements de la vie humaine, parfois même une reconnaissance de la divinité suprême, ou encore du Père. Cette sensibilité et cette connaissance pénètrent leur vie d'un profond sens religieux. Quant aux religions liées au progrès de la culture, elles s'efforcent de répondre aux mêmes

et les autres religions

questions par des notions plus affinées et par un langage plus élaboré [...]

[...] L'Église catholique ne rejette rien de ce qui est vrai et saint dans les religions. Elle considère avec un respect sincère ces manières d'agir et de vivre, ces règles et ces doctrines qui, quoiqu'elles diffèrent en beaucoup de points de ce qu'elle-même tient et propose, cependant apportent souvent un rayon de la Vérité qui illumine tous les hommes [...] Elle exhorte donc ses fils pour que, avec prudence et charité, par le dialogue et par la collaboration avec ceux qui suivent d'autres religions, ils reconnaissent, préservent et fassent progresser les valeurs spirituelles, morales et socio-culturelles qui se trouvent en eux.

5. [...]L'Église réprouve donc, en tant que contraire à l'esprit du Christ, toute discrimination ou vexation opérée envers des hommes en raison de leur race, de leur couleur, de leur classe ou de leur religion [...]

Extraits de la Déclaration *Nostra aetate*, 1965, Concile Vatican II

La croyance en la poursuite de l'existence humaine après la mort étant pratiquement partagée par toutes les religions, *ce qui les différenciera* le plus sera le type de relation qu'elles établiront entre l'Absolu et l'homme, autrement dit, *le type de salut qu'elles offriront.*

Pour celles qui, telles les religions nées en Inde (hindouisme, bouddhisme), concevront le temps comme **cyclique** (un éternel recommencement), avec comme conséquences les réincarnations successives des êtres vivants, il ne s'agira pas de sauver le monde mais de se sauver du monde ; le moyen proposé sera un dépassement de son moi individuel pour rejoindre l'Absolu.

Les religions monothéistes rejettent l'idée d'infini cyclique ; le salut ne consiste ni en une participation à la vie cosmique, ni en une fuite hors du temps ; il s'inscrit au contraire dans une histoire et donc **dans le temps** ; il consiste dans *une participation au dessein conçu par Dieu en faveur des hommes* : leur faire partager sa vie et son bonheur.

Le monothéisme pur est représenté par le judaïsme, le christianisme et l'islamisme. Selon cette conception, il n'existe qu'un seul Être suprême, absolu, infini, spirituel et personnel, créateur du monde et de l'humanité tout en étant distinct d'eux. Ces trois grandes religions professent la possibilité et la réalité de la rencontre entre l'homme et Dieu ; elles fondent leur foi sur la *Révélation de Dieu par lui-même,* Révélation se traduisant essentiellement par une *parole* venant de Dieu lui-même.

Pour les chrétiens, comme l'écrit le P. Congar, « la Parole de Dieu, en vérité, c'est Jésus-Christ : il n'y en a pas d'autre, Dieu ne nous est accessible que dans le Christ ». Le *Nouveau Testament* de la Bible a retransmis l'enseignement du Christ recueilli par ses disciples, enseignement qui couronne l'*Ancien Testament* et en révèle le sens profond ; ce n'en est pas moins la personne du Christ qui, pour les chrétiens, est Parole même de Dieu, le **Verbe**.

Pour les juifs, la Parole de Dieu est rapportée par l'Écriture Sainte, la *Tora* au sens large, ou *Tanakh,* et plus essentiellement, en celle-ci, par la *Tora proprement dite,* les cinq premiers Livres (le Pentateuque des chrétiens), cœur de l'enseignement et de la Loi révélés par Dieu à Moïse.

Pour les musulmans, c'est le *Coran* qui livre la Parole de Dieu, reçue par Mahomet dans son expression définitive et parfaite, achevant et éclairant les manifestations antérieures de la Révélation que sont la Bible et Jésus-Christ ; d'où l'expression de « gens du Livre » qu'emploie Mahomet pour désigner juifs et chrétiens.

I. LE CATHOLICISME AU SEIN DES GRANDES RELIGIONS DANS LE MONDE

L'ENSEMBLE MONDIAL

GRANDES RELIGIONS

en % approximatifs de la population mondiale au milieu de la décennie 1985-1995

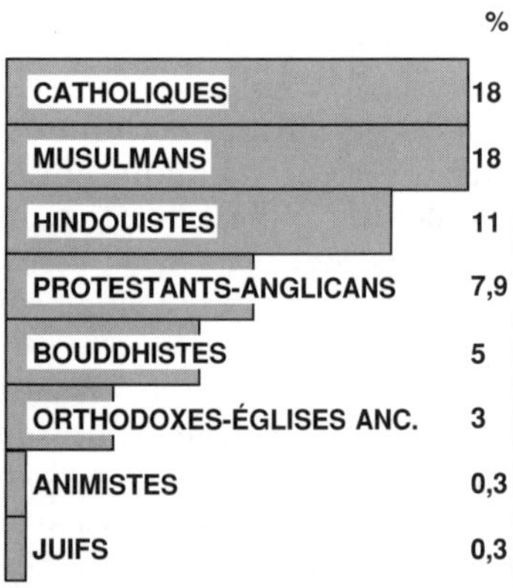

Effectifs des grandes religions (Fourchettes des évaluations en millions pour le milieu de la décennie 1985-1995)

	Effectif de minimum	à maximum	% de la population mondiale
Catholiques	906	972	17 à 18,3
Orthodoxes	100	150	1,9 à 2,8
Eglises orientales anciennes	env. 30	env. 30	0,6
Anglicans	50	60	1,1
Protestants	300	450	5,6 à 8,5
Autres	150?	150?	2,8
1 Total des chrétiens arrondi à :	1 540	1 810	28,4 à 34,0
2			
Juifs	13	18	0,24 à 0,34
Musulmans	800	1 000	15,0 à 18,8
3 Total des monothéistes (1+2) arrondi à :	2 350	2 830	44,1 à 53,1
Hindouistes	500	710	9,4 à 13,3
Bouddhistes	250	325	4,7 à 6,1
Confucianistes	150	333	2,8 à 6,2
Shintoïstes	55	70	1,0 à 1,3
Taoïstes	30	55	0,6 à 1,0
Animistes	90	200	1,7 à 3,8
Autres	150	150	2,8
4 Total des non monothéistes arrondi à :	1 225	1 843	23,0 à 34,6
Total des croyants (3 + 4)	3 565	(1)	67,0
Athées et sans religion	1 756?		33,0
Population mondiale	5 321(2)		100

(1) Le total des maxima des fourchettes ne peut être qu'un chiffre irréaliste : 4 milliards 700 millions sur une population mondiale de 5 milliards 300 millions ; si l'hypothèse maximum est plausible pour l'une ou l'autre des religions, il est clair qu'elles n'atteignent pas toutes le maximum.
(2) Donnée INED pour 1990.

Le tableau et le graphique ci-contre permettent de se faire une idée de *l'importance numérique des grandes religions* dans le monde au milieu de la décennie 1985-1995. Les statistiques concernant les religions sont difficiles à établir. Peu de religions procèdent à des recensements ou tiennent des registres (comme les registres de baptêmes chrétiens) ; même en cas d'enregistrement il n'est guère possible de connaître les cas d'abandon ultérieur ; du reste, dans certaines régions du monde, les cas de multiples appartenances sont fréquents (par exemple, bouddhisme et confucianisme ou shintoïsme, animisme et christianisme ou islam, etc.). Les chiffres avancés ici sont donc de simples ordres de grandeur, établis à partir d'évaluations courantes et disparates, qui permettent tout au moins de situer approximativement les grands courants religieux les uns par rapport aux autres. Pour tenir compte des incertitudes, il a paru préférable de présenter les effectifs dans des fourchettes de chiffres.

De la lecture du tableau et à condition de tenir compte des réserves faites plus haut, on peut tirer les observations suivantes : **les trois grandes religions monothéistes,** (chrétiens, juifs, musulmans) ne sont probablement pas loin de constituer la moitié de la population du globe (de 43 à 52%).

Les chrétiens, dont le nombre dépasse le milliard et demi (29 à 34% de la population mondiale), constituent la famille religieuse la plus importante. Parmi eux, les *catholiques romains* sont eux-mêmes les plus nombreux (approximativement 54% des chrétiens, 34% des monothéistes, 18% de la population mondiale). *Protestants et anglicans*, dont le nombre approche la moitié de celui des catholiques, représentent à peu près 25% des chrétiens, 15% des monothéistes, 7,5% de la population mondiale. *Orthodoxes et membres des Eglises* *orientales anciennes* forment probablement environ 10% du total chrétien, 6% des monothéistes et environ 3% de la population mondiale.

Les juifs constituent la famille religieuse la moins nombreuse (0,6% des monothéistes, 0,3% de la population mondiale), mais la place qu'ils occupent dans le monde religieux est sans commune mesure avec leur nombre.

Les musulmans, dont le nombre dépasse probablement la moitié de celui des chrétiens et avoisine celui des catholiques, représentent, comme ceux-ci, environ le tiers des monothéistes et 15 à 18% de la population mondiale.

Les religions non monothéistes regroupent de 25 à 35% de la population mondiale, tout en étant principalement localisées dans l'est et le sud-est asiatiques ainsi qu'en Afrique. *Hindouistes* et *bouddhistes* forment à eux seuls près de 60% de l'ensemble non monothéiste.

Les athées et sans religion constituent un ensemble important et pourtant difficile à dénombrer; les personnes ayant appartenu ou appartenant encore formellement à une religion sans n'avoir plus, en réalité, de convictions religieuses ne sont pas rares; en sens inverse, dans de nombreux pays (par exemple ex-U.R.S.S et Chine, où vit plus du quart de l'humanité), la pression idéologique du pouvoir a été ou est telle que la possibilité d'exprimer une conviction religieuse y est devenue marginale : dès lors, quels y sont les croyants et incroyants authentiques? Le chiffre de 1 750 millions d'incroyants qui figure dans le tableau a été établi par simple différence entre celui de la population mondiale et le nombre total (aléatoire) des croyants. Il est proche de l'évaluation faite par *Encyclopedia Britannica* pour 1982 : 1 900 millions (58% en Asie-Océanie, 21% en Europe, 6,8% en Amérique du Nord, 3,5% en Amérique du Sud, 10,5% en Afrique).

L'évolution dans les prochaines décennies sera marquée par deux ordres de facteurs : les uns prévisibles, à savoir les tendances démographiques; les autres non prévisibles, à savoir les facteurs proprement spirituels.

A s'en tenir à la seule démographie, la croissance des religions pratiquées dans les pays à forte démographie sera évidemment plus rapide que dans les autres; on devrait notamment voir augmenter le nombre des catholiques en Amérique latine, en Afrique et en Asie, tandis qu'il se stabiliserait ou régresserait en Europe et en Amérique du Nord; l'ensemble catholique pourrait ainsi s'approcher des 20% de la population mondiale; par contre, la proportion de l'ensemble des chrétiens resterait stable, aux environs du tiers de l'humanité.

Les musulmans, pour leur part, compte tenu de leur démographie et de leur action, pourraient dépasser les 20% de la population mondiale, et ainsi devenir plus nombreux que les catholiques. Quant aux hindouistes, ils dépasseraient les 14%.

En tout état de cause, ce sont les facteurs spirituels qui commanderont, en fin de compte, la situation religieuse dans la période qui s'ouvre devant nous, l'évolution des ex-pays communistes pourrait, à cet égard, avoir de larges incidences. ■

Sur les diverses religions, voir plus loin.

RÉPARTITION GÉOGRAPHIQUE DES RELIGIONS

Les catholiques sont massivement présents en Amérique latine (42,5% de l'ensemble catholique mondial, 88% de la population locale) et en Europe (31,1% de l'ensemble catholique mondial, 40% de la population locale). Ils forment d'importantes minorités en Amérique du Nord (7% de l'ensemble catholique mondial, 25% de la population locale) et en Afrique (9,4% de l'ensemble catholique mondial, 13,6% de la population); en Asie, il sont aussi 9% de l'ensemble catholique, mais 2,7% de la population, tandis qu'en Océanie ils ne forment que 0,8% de l'ensemble mondial, mais 27% de la population. Dans l'ex-U.R.S.S. (C.E.I.) où ils ont toujours été minoritaires, leur estimation est rendue plus difficile encore par l'intégration d'autorité par le gouvernement soviétique des catholiques de rite byzantin dans l'Eglise orthodoxe et par les difficultés qui en résultent aujourd'hui.

Protestants et anglicans se concentrent principalement en Europe sans l'ex-U.R.S.S. (C.E.I.) (33% de l'ensemble protestant et anglican mondial, 23% de la population locale) et en Amérique du Nord (30% de l'ensemble mondial, 40% de la population) ; ils forment d'importantes minorités en Afrique (20% de l'ensemble mondial, 15% de la population locale), en Asie (7,5% de l'ensemble mondial, 1% de la population), en Océanie (3,8% de l'ensemble mondial et 57% de la population). Dans l'ex-U.R.S.S., leur communauté est d'importance numérique comparable à celle des catholiques (1,4% de la population?), et a connu des conditions d'existence tout aussi difficiles.

Les orthodoxes et les chrétiens des Églises orientales anciennes sont évoqués ici ensemble. Le groupe le plus important se trouve dans l'ex-U.R.S.S. (C.E.I.) (53% du total mondial, 22% de la population?); l'Eglise orthodoxe y est la plus nombreuse. Dans le reste de l'Europe, les communautés orthodoxes, 29% de l'ensemble orthodoxe mondial, 7% de la population) se trouvent principalement dans l'est et le sud-est. En Afrique, les coptes constituent une importante minorité en Égypte et une forte majorité en Éthiopie; au total, orthodoxes et chrétiens des Églises orientales anciennes d'Afrique représentent 13% du total orthodoxe mondial; ceux d'Amérique du Nord, 5% du total mondial et 2,3% de la population.

Les juifs sont nombreux en Amérique du Nord (probablement près de la moitié du total et 2,5% de la population), en Israël (environ 29% du total mondial et 80% de la population) et dans l'ex-URSS (environ 11% du total mondial, 1,1% de la population).

Les musulmans se trouvent, pour la très grande majorité (probablement près de 70%) en Asie (Moyen et surtout en Extrême-Orient), constituant 18% de la population du continent. En Afrique (Afrique du Nord, Afrique Noire), ils sont 22% du total mondial (37% de la population locale); ceux de l'ex-U.R.S.S. représentent 6% du total mondial (et probablement plus de 10% de la population).

Les hindouistes, bouddhistes, confucianistes, taoïstes, shintoïstes se trouvent, pour la plus grande part, en Asie orientale et sud-orientale.

Les religions dites animistes, tribales ou traditionnelles, sont présentes principalement en Afrique (70%?) et en Asie (27%?).

Les athées et sans religion se trouvent probablement surtout en Asie et dans l'ex-U.R.S.S., en moindre proportion dans le reste de l'Europe, et à un plus faible degré encore en Amérique. ■

Principales implantations géographiques des religions (1)

	Catholiques	Eglises issues de la Réforme	Orthodoxes et Egl. Or. Anciennes	Juifs	Musulmans	Relig. Asiat.	Animistes
Europe	31,1	33	29	7,1	1,1		
(dont l'ex-U.R.S.S)	(dont 1,4)	(dont 1,4)	53	10,9	5,8		
Amér. du N.	7,4	30	5	49,1			
Amér. Lat.	42,5	3,8		3,9			
Afrique	9,4	20	13		22,3		70
Asie	8,9	7,5		28,8	70,5	99,5	27
Océanie	0,8	3,8					
Total	100	100	100			100	100

(1) % au sein de chaque confession

LE JUDAÏSME

Population juive

Evaluation. Selon les sources, les chiffres varient de 12 810 000 (en 1989, selon l'*American Jewish Year Book*, 1991) à 18 millions (en 1986, selon *L'état des religions dans le monde*, 1987). Cet ouvrage prévoit un total de 20 millions en 2000.

Répartition. Huit pays regroupent la plus grande partie de la population juive du monde.

• Etats-Unis	6 à 7 millions (1)
• Israël	3 à 3,7 millions (2)
• ex-U.R.S.S.	1,4 à 3 millions (3)
• France	env. 600 000 (4)
• Grande-Bretagne	300 à 450 000 (5)
• Canada	305 à 350 000 (6)
• Argentine	220 à 350 000 (7)
• Brésil	150 à 270 000
Autres pays	830 000

(American Jewish Year Book)

(1) 5 981 000 en 1990 selon *American Jewish Year Book*
(2) 3 717 000 en 1989 "
(3) 1 370 000 " "
(4) 530 000 " "
(5) 320 000 " "
(6) 310 000 " "
(7) 218 000 " "

Voir aussi : Les Juifs en France p. 177.

Juifs priant au Mur des Lamentations à Jérusalem.

Ph. Gamma

UN PEU D'HISTOIRE

Naissance et développement du judaïsme

Le judaïsme plonge ses racines dans une histoire[1] très ancienne qui a pour origine *l'Alliance* conclue par Dieu avec un Chaldéen des années 1850 av. J.-C., *Abraham*. Lui et ses descendants reçoivent comme *Terre promise* le pays de *Canaan* (l'actuel Israël). Vers 1700, la famine en chasse cette famille vers l'Égypte, où elle se multiplie jusqu'à devenir un peuple, les Hébreux, bientôt réduits en esclavage. Vers 1250, l'un d'eux, *Moïse*, reçoit de Dieu la mission de les délivrer en les conduisant hors d'Égypte *(l'Exode)*. Durant leur long périple à travers le désert du Sinaï, *l'Alliance* est renouvelée et ses clauses, les commandements *(mitzvoth)*, transcrites par Moïse dans la *Torah* (en hébreu : enseignement, loi) ; Israël est confirmé dans sa vocation de *peuple élu* de Dieu. Au terme de son Exode, il reprend possession de la *Terre promise*.

Vers 950 av. J.-C., son roi *Salomon* édifie à *Jérusalem* le premier *Temple*, signe de la présence de Dieu parmi son peuple. En 931, celui-ci se déchire (schisme) en deux royaumes : au nord, *Israël*, au sud, *Juda* avec Jérusalem. En 721, Israël est déporté par les Assyriens.

A partir de 604, *Nabuchodonosor*, roi de Babylone, soumet Juda, déporte dans son pays une partie de sa population *(l'Exil)* et détruit le Temple de Jérusalem. Privés du « pays de la promesse » et du culte du Temple, les Juifs retrouvent l'espérance grâce à leurs *prophètes*. Intériorisant sa foi, le judaïsme prend toute sa consistance.

En 538, retour des Juifs, libérés par *Cyrus*, roi des Perses ; en 515, dédicace du nouveau Temple. Malgré les dominations étrangères (et païennes) qui vont se succéder (perse, grecque, romaine), la foi reste vigoureuse, soutenue par une vie religieuse dont les foyers sont le Temple, les synagogues et les familles. Durant les siècles qui précèdent l'ère chrétienne, tandis que se développe la résistance armée contre les occupants, grandit dans le peuple l'attente du *Messie* qui rétablira la justice de Dieu.

Le judaïsme à partir de l'ère chrétienne

C'est dans ce climat que se déroule la vie de *Jésus*, Juif pratiquant assidûment sa religion tout comme ses disciples ; mais pour les chefs des Juifs, se présenter comme le Fils de Dieu ne pouvait être qu'un effroyable blasphème ; en vertu de la loi judaïque, la sanction en était la mort (*Lévitique 26.* 16) ; c'est elle qui fut appliquée à Jésus, probablement en l'an 30 de notre ère. Seuls, les Juifs adhérant à son enseignement virent en lui le Messie attendu ; c'est le petit noyau d'où, malgré des entraves de toutes sortes, s'est développé le christianisme.

En 70 ap. J.-C., sanglante répression d'une révolte juive par les Romains (*Titus*) et *destruction du Temple* ; les chefs religieux (des pharisiens) se réfugient en Galilée où ils renouent avec l'expérience, déjà vécue dans l'Exil, d'un *judaïsme sans le Temple*, celui qui s'est transmis jusqu'à nous. Lors de nouvelles révoltes, au IIe siècle ap. J.-C. les Juifs qui échappent à la répression rejoignent la *diaspora* (en grec, dispersion) ; le *culte synagogal* prend le relais de celui du Temple. La tradition de l'enseignement pharisien se maintiendra en Galilée et en Babylonie (*Talmud*) ; les regards juifs ne cesseront de rester tournés vers la colline sainte de Sion (*Jérusalem*) et vers la terre d'Israël (*Eretz Israël*), indissociables de la vocation du peuple élu.

Les communautés dispersées connaîtront, selon les lieux et les temps, des phases tantôt de prospérité et même d'éclat, tantôt de persécutions voire d'extermination. C'est dans l'Europe chrétienne, surtout durant le second millénaire, que les juifs auront le plus à souffrir de violences (massacres, expulsions, conversions forcées...). Là où ils sont tolérés, ils sont privés de nombreux droits, astreints à des mesures humiliantes, souvent cantonnés dans des ghettos.

Les idées libérales du « siècle des Lumières » (XVIIIe siècle) préparent leur émancipation, d'abord réalisée en Amérique (1786) puis en France (1791) pendant la Révolution, et étendue peu à peu à l'Europe ; de terribles *pogroms* (en russe, *po*, entièrement, *gromit*, détruire) n'en surviennent pas moins en Europe orientale, déclenchant une émigration massive. En France, l'affaire Dreyfus (1894-1906) révèle la virulence du courant antisémite. Ces divers événements suscitent au sein du monde juif le *mouvement sioniste* (Th. Herzl) en faveur du retour sur la terre d'Israël et d'un État juif. Le summum de la fureur antisémite est atteint en Allemagne nazie : 6 millions de juifs rassemblés de toute l'Europe occupée, exterminés entre 1941 et 1945 (l'Holocauste, appelé par les juifs *Shoah*, cataclysme, dont le camp d'Auschwitz en Pologne reste le symbole tragique).

En 1947, l'O.N.U. partage la Palestine entre Juifs et Arabes ; en 1948, *l'État d'Israël* est fondé. L'opposition arabe à cette implantation, puis les développements de la question palestinienne et la poursuite de l'immigration juive ont, depuis lors, engendré une situation dont le dénouement paraît infiniment difficile.

A travers vingt siècles d'histoire, les communautés de la diaspora n'ont cessé de nourrir leur foi dans l'étude de la *Torah*, sa méditation, ses commentaires.

Deux grands courants, ayant chacun ses traditions, se sont progressivement formés : celui des *ashkénazes* (Allemagne, Europe centrale et orientale), et celui des *sépharades* (bassin méditerranéen), dualité posant parfois problème. Par ailleurs, un puissant courant spirituel, le *hassidisme*, a pris naissance en Pologne au XVIIIe siècle (*hassidim*, pieux), en pleine persécution ; à l'origine, renouveau populaire de piété bannissant toute tristesse (chants, danses), il s'est trouvé de plus en plus marqué depuis par un respect scrupuleux des traditions ; il est toujours vivace aujourd'hui, bien que très minoritaire. ■

1. Pour plus ample connaissance, voir partie historique p. 209 et s.

LA FOI JUIVE

Si l'expression du judaïsme est diverse (courants orthodoxes, conservateurs, libéraux), toutes ses communautés fondent leur foi sur les mêmes bases.

C'est la *foi en un Dieu unique* (Dt 6,4 ; 4,39), créateur du ciel et de la terre (Gn 1,1), proche de l'homme, *Dieu de l'Alliance* « qui a sauvé son peuple en le faisant sortir d'Égypte » (Ex. 20,2), fidèle aux promesses faites à Abraham. Du choix que Dieu a fait du *peuple élu* en lui révélant son amour (Dt 7, 7-8), les juifs ne tirent aucune supériorité, mais le sentiment d'une responsabilité : faire connaître aux nations cet amour que le Dieu saint, le Tout-Autre, porte à toutes ses créatures.

Pour ce faire, le premier devoir du juif est de se livrer tout au long de sa vie à l'étude de la *Torah* (en hébreu : enseignement, loi) expression de la Révélation. Dieu l'a donnée au peuple juif pour lui apprendre à devenir serviteur. La *Torah écrite* est, selon la tradition, l'enseignement donné par Dieu à Moïse ; la *Torah orale* en est le complément transmis de vive voix.

La *Torah écrite* (*Tanakh*) correspond, pour l'essentiel, à l'Ancien Testament de la Bible chrétienne ; elle comprend trois parties :

• la *Torah* proprement dite, en cinq livres (le Pentateuque de la Bible chrétienne), souvent désignée comme *la Loi ;*

• les *Neviim* (Prophètes) qui, au fil des siècles, ont renouvelé les appels à la sainteté lancés par la Torah ;

• Les *Ketouvim* (Écrits), méditations sur la Tora : Psaumes, Proverbes...

Le mot *Tanakh*, qui désigne l'ensemble, est composé des initiales de ces trois parties, *Tnk*, reliées par un a.

La *Torah orale* interprète et complète la Torah écrite. Elle comprend :

• La *Halakah* (en hébreu, démarche, ou comment marcher sur les voies de Dieu), qui contient les commandements (*mitzvoth*) à suivre ;

• La *Haggadah* (en hébreu, légende), ensemble de récits aidant à comprendre la Torah écrite.

Cette tradition orale a fini par être elle-même codifiée et rédigée ; c'est la *Mishna*, recueil des enseignements donnés depuis l'Exil jusqu'au IIe siècle ap. J.-C. Les commentaires sur la Mishna ont à leur tour été recueillis dans le *Talmud* (enseignement) : *Talmud de Jérusalem* (fin du IVe siècle), *Talmud de Babylone* (VIe siècle).

Le *Targoum*, bien plus ancien, est l'interprétation araméenne de la Bible, l'hébreu n'étant plus une langue parlée à partir du IVe siècle av. J.-C.

Premier des commandements, l'étude de la *Tora* conduit à la prière et la nourrit. Le juif bénit Dieu à tout moment et en toute occasion. La prière à la synagogue, trois fois par jour, comporte notamment le *Shema* (en hébreu : écoute), début de la profession de foi juive (Dt 6,4), les dix-huit bénédictions (*Amida*), et le *Kaddish* (sanctification du nom).

La semaine est rythmée par le *Shabbat* (en hébreu : cesser), jour de repos absolu allant du vendredi soir au samedi soir et marqué par la lecture de la Torah, par les offices de la synagogue le vendredi soir et le samedi matin, ainsi que par un repas de fête à la maison, que le père commence par l'appel des bénédictions de Dieu sur la famille, le pain, la coupe de vin. Le Shabbat a contribué à soutenir la fidélité de la foi juive à travers une histoire mouvementée. ■

LE MESSIANISME

En priant et en observant les commandements de la Tora, les juifs ne cessent d'attendre les « jours du Messie », l'envoyé de Dieu qui fera régner sur terre paix, justice et fraternité. L'humanité reconnaîtra son Créateur, son nom sera sanctifié, Jérusalem rassemblera les nations (Za 14,9), le peuple juif aura accompli sa mission. Ce Messie (en grec, *Christos*, oint) n'est pas encore venu ; l'espérance mise en lui n'est pas une attente passive, mais engagement actif.

Voir aussi : Le judaïsme au temps de Jésus, p. 253.

LES FÊTES

L'année juive est rythmée par 5 grandes fêtes et 3 petites fêtes (voir index : Calendrier juif).

Grandes fêtes

La Torah fixe les 5 grandes fêtes : 3 fêtes joyeuses, dites de pèlerinage, et 2 fêtes austères.

Les fêtes de pèlerinage

Ainsi appelées parce qu'au temps du Temple on y montait à Jérusalem en pèlerinage.

• *Pessah* (en hébreu : passage). C'est la Pâque, fête du printemps et du renouveau, célébrant l'événement fondateur du peuple de Dieu : la libération de l'esclavage par la sortie d'Égypte. Le rite principal est le repas pascal en famille (*Seder* : ordre rituel), avec l'agneau, les pains azymes, les herbes amères, les quatre coupes de vin.

• *Chavouoth* (en hébreu : semaines), c'est la Pentecôte, sept semaines après Pessah. Fête des prémices des récoltes, on y célèbre le don de la Torah au Sinaï.

• *Soukkoth* (en hébreu : cabanes, tentes, tabernacles) ; fête des récoltes à l'automne, on s'y rappelle la longue marche dans le désert, quand Israël vivait sous la tente et que son seul recours était Dieu.

Les fêtes austères

• *Rosh-ha-Shana* (en hébreu : tête de l'année), c'est le jour de l'an juif, au début de l'automne. On y célèbre l'anniversaire de la création ; c'est l'occasion d'un retour au Dieu miséricordieux. La fête ouvre dix jours de pénitence, de prière, de réconciliation (les « dix jours terribles ») ; le dixième est le jour de Kippour.

• *Yom Kippour* (littéralement : jour des Expiations), jeûne absolu de 25 heures, offices à la synagogue centrés sur la reconnaissance des péchés personnels et communautaires, l'appel à la miséricorde divine.

Petites fêtes

• *Hanoukka*, à la mi-décembre, commémore pendant huit jours la Dédicace du Temple après la victoire des Maccabées sur les Grecs (IIe siècle av. J.-C.).

• *Pourim* (les Sorts), en février-mars, commémore la délivrance du peuple juif en Perse sous la reine Esther.

• *Yom Hahatsmaouth*, Jour de l'Indépendance, célèbre l'anniversaire de la fondation de l'État d'Israël (14 mai 1948), renaissance de la vie juive sur le sol ancestral ressentie comme un véritable miracle. ■

CÉLÉBRATION DES ÉTAPES DE LA VIE

Naissance. Le garçon est introduit dans l'Alliance par le rite de la circoncision (ablation du prépuce), accompli le huitième jour par le Mohel (circonciseur) ; la fille reçoit son prénom un mois après sa naissance ; l'événement est toujours fêté en famille...

Majorité religieuse. A 13 ans, le garçon entre dans la communauté adulte ; il devient *Bar Mitzva* (responsable) au cours d'une cérémonie qui porte ce nom ; la fille est majeure à 12 ans ; ce sont aussi des occasions de festivités familiales.

Mariage. Comme la procréation, il répond à un commandement.

Mort. On accompagne le défunt « sur son dernier chemin » vers la maison du Père ; devant sa tombe, on récite le *Kaddish* célébrant la sainteté du nom de Dieu et appelant la venue de son règne.

PRÉCEPTES ET INTERDITS

613 *mitzvoth* (commandements), touchant aux aspects les plus divers de son existence, y compris l'alimentation, régissent le comportement du juif ; leur observation, souvent difficile en milieu non-juif, marque l'adhésion au judaïsme et la volonté du croyant de se conformer au projet de Dieu sur lui.

L'Église catholique et le judaïsme

« Il importe d'établir un vrai dialogue... La condition du dialogue est le respect de l'autre tel qu'il est, de sa foi surtout et de ses convictions religieuses... Il importe donc, en particulier, que les chrétiens cherchent à mieux connaître les composantes fondamentales de la tradition religieuse du judaïsme et qu'ils apprennent par quels traits essentiels les juifs se définissent eux-mêmes dans leur vérité religieuse vécue. »

(Commission romaine pour les relations inter-religieuses avec le judaïsme, 1975.)

QUELQUES LIVRES

Guide illustré des religions dans le monde, Centurion.
Histoire du judaïsme, A. Chouraqui, Coll. Que sais-je ? PUF, 1979.
Le judaïsme, D. de la Maisonneuve, Mame, 1984.
Le judaïsme dans la vie quotidienne, E. Gugenheim, Albin Michel, 1961.
A l'écoute du judaïsme, Centre National de l'Enseignement Religieux, Chalet, 1977.
L'état des religions dans le monde. La Découverte - Le Cerf, 1987.
Catholiques et Juifs : un nouveau regard. Commission pour les relations religieuses avec le Judaïsme (Saint-Siège). *Documentation Catholique*. Bayard-Presse, 1985.

DIALOGUE ÉGLISE CATHOLIQUE – JUDAÏSME

• Au Saint-Siège à Rome : Commission pour les relations inter-religieuses avec le judaïsme (en relation avec le Conseil pontifical pour l'union des chrétiens).

L'ISLAM

Population musulmane

Evaluation. Elle va de 837 millions en 1986 avec une prévision de 1 200 millions en 2000 (*L'état des religions dans le monde*) à plus d'un milliard en 1990 – avec une prévision de 2 milliards en 2020 (*Quid 1990*), en passant par 902 millions en 1990 (*ONU*).

Répartition approximative :

Arabes et autochtones islamisés, au Moyen-Orient et en Afrique du Nord (Maghreb)	140 à 200 (1) millions
Iraniens : ancienne Perse, Afghanistan	50 à 71 (2)
Turcs : Turkistan et Anatolie	50 à 75 (3)
Pakistanais, Indiens et Bangla-Desh	200 à 250 (4)
Malais et Indonésiens	140 à 160 (5)
Noirs d'Afrique	90 à 120 (6)
Ex-U.R.S.S. (essentiellement dans le Sud)	env. 50 (7)
Chinois :	15 à 25 (8)
Balkans (Albanie, Bulgarie, Ex-Yougoslavie)	4 à 6 (9)
Émigration : Amérique, Europe de l'Ouest, etc	9 à 11 (10)

(1) 196 en 1989 selon Institut du Monde Arabe Paris en 1991. (2) 71 *id.* (3) 51 *id.* (4) 196 *id.* (5) 158 *id.* (6) 117 *id.* (7) 51 *id.* (8) 16 *id.* (9) 4 *id.* (10) 9 *id.*

On remarquera que les Arabes constituent moins du sixième de l'ensemble des musulmans, dont la plus grande partie se trouve dans le Moyen et surtout l'Extrême-Orient.

Encore faudrait-il être assuré que, dans les statistiques, tout habitant ou originaire de pays arabes (ou de culture arabe) ne soit pas supposé musulman ; or les chrétiens, qu'ils soient arabes ou non, forment des minorités importantes, notamment, mais non exclusivement au Moyen-Orient (Liban, Syrie, Jordanie, Iraq, Égypte... et au sein de la population arabe d'Israël et des occupés), ainsi que parmi les immigrés provenant de ces pays.

Calendrier musulman : voir index.

QUELQUES LIVRES

Guide illustré des religions dans le monde, Centurion.
L'état des religions dans le monde. La Découverte - Le Cerf, 1987.
L'Islam, D. Sourdel, coll. Que sais-je?, n° 355, PUF.
Pour connaître l'islam. J. Jomier. Cerf.
Mahomet et la tradition islamique, coll. Maîtres spirituels, Seuil.
Regards chrétiens sur l'Islam, L. Gardet. Desclée de Brouwer.
Islam, coll. Grandes religions du monde, Mame.
L'Église nous parle de l'Islam (textes présentés par M. Lelong), Chalet.

LE PROPHÈTE

Mahomet (en arabe *Muhamed*, le Loué) est né entre 567 et 573 à *La Mecque*, centre caravanier et religieux d'Arabie, pays alors païen. Lui-même était caravanier. Au cours d'une de ses retraites méditatives, vers 610, il reçoit de l'ange Gabriel, messager de Dieu, la révélation d'avoir à ramener son peuple à la religion du Dieu unique (*Allah*) en lui redisant les paroles entendues (*Qoran* signifie récitation). C'est ce qu'il fait pendant dix ans malgré l'hostilité rencontrée, prêchant la soumission (*islam*) à la volonté de Dieu et annonçant le jugement divin.

Menacé par les Mecquois, il se réfugie en 622 à Yathrib, qui deviendra *Médine* (al-Médinat al-Nabi, la ville du prophète); cette émigration (*Hégire*) marque l'an I de l'ère musulmane. En guerre avec La Mecque, Mahomet s'en empare en 630, y instaure une législation civile et religieuse, y institue le pèlerinage rituel (*hajj*), et meurt en 632 à Médine. Il avait étendu la foi et la loi islamiques à toute l'Arabie, unifiant ainsi ses tribus ennemies : début de la formidable expansion qui devait porter l'islam jusqu'aux rives de l'Atlantique, de l'océan Indien, et du Pacifique. ■

LA FOI ISLAMIQUE

Les sources de la foi

Mahomet n'ayant rien écrit, les révélations reçues par lui ont été recueillies par ses compagnons et réunies après sa mort; elles forment le *Coran* (récitation), livre sacré de l'islam : à la fois livre de doctrine et de prière, code de droit, guide de la vie quotidienne, encyclopédie du pauvre.

Ses 114 *sourates* sont classées par longueur décroissante, sauf la première, très courte, élément essentiel de la prière du musulman.

La *Sunna* ou *Hadith* est un recueil des dits, faits et gestes du prophète : elle est parole du prophète, alors que le *Coran* est celle de Dieu.

La *Chari'a*, droit canon islamique, repose sur ces deux textes et donne lieu à quatre grandes traditions juridiques d'interprétation.

Le contenu de la foi

1. *Dieu est unique :* affirmation de base de la foi musulmane.

2. *Dieu est tout-puissant, miséricordieux, « rétributeur ».* Inaccessible parce que tout autre, il parle par révélation, faisant connaître sa puissance, son action dans le monde, sa miséricorde, mais non le mystère de sa vie intime; chacun sera jugé selon ses œuvres, admis au paradis ou rejeté dans l'enfer.

3. *Se soumettre à Dieu* est le véritable islam (c'est-à-dire soumission).

4. *Dieu parle par ses prophètes,* notamment Moïse, Jésus et Mahomet, le *Coran* étant la récapitulation et le sceau de toute prophétie.

5. Dieu parle aussi par les signes de l'univers, où il faut savoir découvrir le Créateur. ■

PRINCIPAUX COURANTS DE L'ISLAM

90% des musulmans sont *sunnites* (*sunna*, tradition); ils se considèrent comme détenteurs de l'orthodoxie islamique.

Les *chiites* (*chiat*, parti) sont les fidèles d'Ali, gendre et cousin de Mahomet, écarté du califat par ses rivaux; leur chef spirituel, l'*Imam*, est toujours pris dans sa descendance. Parmi eux, les *chiites imamites* (Iran, Irak, Liban) attendent le retour du 12e imam disparu en 873; les *ayatollahs* (signes de Dieu) interprètent d'ici là la volonté de l'imam caché.

Les *chiites ismaëliens*, secte ésotérique, ne connaissent que les sept premiers imams, le septième étant *Ismaël* († 762); ils se subdivisent eux-mêmes en plusieurs mouvements, parmi lesquels les *druses* et les *alaouites* (Syrie, Liban), ayant chacun sa doctrine et son organisation. ■

FOI ISLAMIQUE ET FOI CHRÉTIENNE

Entre musulmans et chrétiens, la difficulté est grande de parler de Dieu en termes équivalents. Les transpositions de langage ou de schémas mentaux sont donc souvent approximatives.

Pour les musulmans :

1. Dieu ne peut pas être un en trois personnes (mystère chrétien de la Trinité).

2. Par conséquent, Jésus ne peut pas être Dieu (mystère chrétien de l'Incarnation). Mais il est Verbe de Dieu, né de la Vierge Marie, Messie. Il n'est pas mort, on lui a substitué un sosie, il reviendra à la fin des temps.

3. Dès lors, pas de salut en Jésus-Christ (mystère chrétien de la Rédemption) ; la notion de faute universelle et donc de Rédemption est d'ailleurs étrangère à l'islam; chacun sera jugé par Dieu selon ses œuvres.

4. Le *Coran* est l'expression définitive de la Révélation, la « récapitulation » et le « sceau » de toute prophétie; la *Torah* de Moïse et l'*Évangile* de Jésus ne sont que l'expression de Révélations partielles, par surcroît déformées par les juifs et les chrétiens. ■

LA COMMUNAUTÉ ISLAMIQUE ET LES « CINQ PILIERS » DE L'ISLAM

L'ensemble de ceux qui croient forment l'*Umma;* quiconque s'en écarte s'écarte de la foi. Tout acte de la vie a valeur religieuse, et tout acte religieux a valeur communautaire.

Ainsi en est-il, au premier chef, des cinq grandes obligations qui régissent la vie religieuse du musulman, les « *cinq piliers de l'islam* » :

1. La profession de foi *(chahada)* « Il n'y a pas d'autre Dieu qu'Allah, et Mahomet est son prophète » ; c'est cette profession qui agrège le croyant à la communauté et fait l'unité de celle-ci.

2. La prière rituelle cinq fois par jour (aube, midi, après-midi, crépuscule, soir) : elle tient une place essentielle dans la vie tant personnelle que communautaire (comme l'Office divin dans l'Église), en rappelant tout au long de la journée au croyant qu'il doit y faire place à Dieu ; la prière se dit de préférence en groupe, si possible à la mosquée, en particulier celle de midi, le vendredi et les jours de fête.

3. Le jeûne durant le mois de Ramadan (abstention complète de nourriture, de boisson, de relations sexuelles, entre le lever du soleil et son coucher). *Ramadan :* 9e mois de l'année (lunaire) musulmane. Acte ascétique personnel, il est tout autant un témoignage collectif et public, soulignant que l'on est sur terre pour se soumettre à Dieu.

4. L'aumône légale *(zakat).* Elle purifie la personne et ses biens, tout en étant geste de justice et de solidarité.

5. Le pèlerinage *(hajj)* **à la Mecque**, au moins une fois dans la vie du musulman, sauf impossibilité pratique ; il efface les péchés personnels, mais il est en même temps une puissante expression de la foi commune des croyants dans leur diversité.

Quant à la **guerre sainte** (*jihad* signifie plus exactement l'effort), elle est la mobilisation pour assurer le règne des droits de Dieu, y compris par la diffusion de la culture islamique.

L'esprit communautaire de l'islam se traduit par un vif sentiment de solidarité avec les peuples musulmans luttant pour leur indépendance politique. La distinction entre spirituel et temporel est d'ailleurs inconnue de l'islam ; tout acte public engage la vie et l'avenir de la communauté de foi, qui a pour mission de faire prévaloir les droits de Dieu. ■

L'Église catholique et l'islam

3. L'Église regarde aussi avec estime les musulmans, qui adorent le Dieu un, vivant et subsistant, miséricordieux et tout-puissant, créateur du ciel et de la terre, qui a parlé aux hommes. Ils cherchent à se soumettre de toute leur âme aux décrets de Dieu, même s'ils sont cachés, comme s'est soumis à Dieu Abraham, auquel la foi islamique se réfère volontiers. Bien qu'ils ne reconnaissent pas Jésus comme Dieu, ils le vénèrent comme prophète ; ils honorent sa mère virginale, Marie, et parfois même l'invoquent avec piété. De plus ils attendent le jour du jugement où Dieu rétribuera tous les hommes ressuscités. Aussi ont-ils en estime la vie morale et rendent-ils un culte à Dieu, surtout par la prière, l'aumône, le jeûne. Si, au cours des siècles, de nombreuses dissensions et inimitiés se sont manifestées entre les chrétiens et les musulmans, le Concile les exhorte tous à oublier le passé et à s'efforcer sincèrement à la compréhension mutuelle, ainsi qu'à protéger et à promouvoir ensemble, pour tous les hommes, la justice sociale, les valeurs morales, la paix et la liberté.

Extrait de la Déclaration *Nostra aetate* sur les religions non chrétiennes, Concile Vatican II, 1965.

Trois textes essentiels du *Coran* pour le musulman

Sourate 112

« Dis : Dieu est un.
C'est le Dieu éternel.
Il n'a point enfanté et n'a pas été enfanté.
Il n'a point d'égal. »

Sourate 1 (dite « Fatihat el-kitab », « qui ouvre le livre ».)

« Louange à Dieu, souverain de l'univers,
Le clément, le miséricordieux,
Souverain au jour de la rétribution.
C'est toi que nous adorons, c'est toi dont nous implorons le secours.
Dirige-nous dans le sentier droit,
Dans le sentier de ceux que tu as comblés de tes bienfaits,
De ceux qui n'ont point encouru ta colère et qui ne s'égarent point. »

Sourate 114

« Dis : Je cherche un asile auprès du Seigneur des hommes,
Roi des hommes,
Dieu des hommes,
Contre la méchanceté de celui qui suggère les mauvaises pensées et se dérobe ;
Qui souffle le mal dans les cœurs des hommes ;
Contre les génies et contre les hommes. »

Le Coran, traduction Kasimirski, Éd. Garnier-Flammarion.

Qu'est-ce que... ?

Calife (lieutenant, vicaire). Successeur de Mahomet en tant que chef spirituel et temporel des croyants. Le califat, passé aux mains des sultans ottomans en 1517, a été aboli en 1924 par Mustapha Kemal, fondateur de la République turque.

Circoncision. Excision du prépuce. Traditionnelle en Orient bien avant l'islam, elle n'est pas une obligation rituelle mais elle est, de fait, généralisée dans l'islam, où elle donne lieu à une fête familiale. Elle est signe de l'appartenance à la communauté des croyants.

Confrérie, voir Soufisme.

Imam ou Iman. Chez les sunnites, le préposé à la direction de la prière à la mosquée. Chez les chiites, descendant légitime d'Ali (gendre de Mahomet) comme chef spirituel ; le 12e, disparu en 873, reviendra instaurer la paix et la justice.

Marabout. Pieux ermite honoré comme saint. Par extension, son tombeau, lieu de pèlerinage.

Mosquée (« le lieu où l'on adore »). Elle est précédée par une cour où une fontaine permet les purification rituelles ; dans la salle, une niche, le *mihrab*, indique la direction de La Mecque, vers laquelle on se tourne pour la prière ; une chaire sert à la prédication ; le sol est recouvert de tapis ; on y pénètre déchaussé pour préserver la pureté rituelle. L'appel à la prière est lancé depuis le minaret par le muezzin.

Medersa. Établissement d'enseignement des sciences religieuses.

Muezzin. Préposé à l'appel à la prière depuis le minaret (il utilise fréquemment, aujourd'hui, la sonorisation électrique).

Oulema. Savant en sciences religieuses, apte à interpréter la loi islamique ; le plus souvent, il enseigne dans une medersa ou une université islamique.

Soufisme. Un soufi est un mystique. Le soufisme se traduit le plus souvent par l'activité de confréries religieuses, dont certaines sont très anciennes ; elles ont toujours été élément de ferveur, parfois aussi de contestation ; d'où de fréquentes persécutions. Elles constituent souvent, localement, des puissances religieuses, voire politiques (par exemple, les frères musulmans en Égypte, Soudan, Libye).

DIALOGUE ÉGLISE CATHOLIQUE-ISLAM

• Conseil pontifical pour le dialogue interreligieux (Commission Islam) au Saint-Siège, à Rome.
• Secrétariat pour les Relations avec l'islam, à Paris, 71 rue de Grenelle, 75007.
Tél. (1) 42 22 03 23.
• Comité islam en Europe, émanation du Conseil des conférences épiscopales d'Europe, et de la Conférence des Eglises européennes : comment, pour des chrétiens en relation avec l'islam, aborder la Révélation coranique.

L'HINDOUISME

Population hindouiste

Évaluation globale : environ 500 à 710 millions.
Répartition dans le monde : les hindouistes sont presque exclusivement situés en Inde (± 90%), au Népal, et au Bangladesh, le solde se trouvant surtout dans le Sud-Est asiatique.

GANDHI (1869-1948)

Cet étonnant personnage, surnommé par ses concitoyens le *Mahatma,* c'est-à-dire la grande âme, est considéré comme le père de l'indépendance de l'Inde, que Nehru, son dauphin, gouvernera de 1947 à 1964.

Mohandas Karamchand Gandhi, fils du premier ministre d'un petit État au nord de Bombay, est issu d'une famille d'un hindouisme fortement influencé par le jaïnisme (voir col. c) ; il étudie le droit en Angleterre, devient avocat, part en Afrique du Sud de 1893 à 1915, où il se consacre à la défense des 150 000 résidents indiens. Cette rude expérience lui révèle la nécessité du combat politique.

De retour en Inde, il y est l'âme d'un puissant courant nationaliste de résistance à la colonisation britannique. Ni les procès ni la prison ne lui sont épargnés, mais il refuse toujours la violence ; à la lutte politique, il applique des méthodes empruntées à l'univers religieux des hindous et des jaïns : le jeûne, la force d'âme ou, comme il dira lui-même, le *satyagraha*, attachement à la vérité, et surtout l'*ahimsa*, la non-violence. C'est à la lecture de Tolstoï, de Ruskin et de l'*Évangile* (notamment le Sermon sur la Montagne) qu'il redécouvre la dimension non violente de sa propre tradition, allant jusqu'à dire : « La non-violence est la loi de l'espèce humaine comme la violence est la loi des fauves ». Il saura faire une utilisation politique de cette attitude sans en trahir la valeur religieuse. Mettant en pratique sa doctrine, il filait lui-même le coton de ses vêtements. Vigoureusement opposé au système des castes, il insistait sur le fait que bouddhistes, hindous, jaïns, musulmans ou chrétiens étaient tout aussi bien placés pour mériter le salut. Son influence devait déborder l'Inde, et beaucoup d'hommes devenir ses adeptes. Dans son pays, certains voyaient en lui un avatar divin, tandis que d'autres jugeaient intolérable sa tolérance. Il sera assassiné le 30 janvier 1948 par un brahmane fanatique.

Brahman : l'âme universelle, l'Absolu.
Brahma : une des divinités du trimourti.
Brahmane : membre de la caste supérieure (voir p. 145 a).
Brahmana : commentaire des livres du Veda.

LA DOCTRINE HINDOUISTE

Hindouisme est un mot forgé en Occident pour désigner un ensemble de conceptions religieuses, ayant l'Inde pour berceau, proposées par une grande diversité de courants de pensée et de sectes. D'une manière générale, l'univers de la pensée indienne est d'un accès difficile aux esprits occidentaux.

L'ordre du monde (dharma), auquel tout doit se conformer, constitue le point central autour duquel s'articulent ces courants multiples et leurs évolutions millénaires ; les hindous appellent leur religion « Santana dharma » (dharma éternel). Les lois du dharma et la manière de s'y conformer sont enseignés par les textes sacrés.

Au premier rang de ceux-ci, les *Vedas* (savoir) considérés comme le fruit d'une révélation directe de Brahma à des sages inspirés, les voyants, et rédigés entre 1400 et 800 av. J.-C. Mais plus influents en fait, sont les *Oupanishads*, écrits depuis le VIIIe siècle av. J.-C. jusqu'à nos jours.

Dans l'univers régi par le dharma, l'être est soumis à une succession d'existences et donc de réincarnations ; selon ses actes (karma), bons ou mauvais, il accédera à une nouvelle existence, supérieure ou inférieure. Pour se libérer de cet enchaînement insupportable, l'être doit prendre conscience que son âme individuelle (atman) est identique à l'âme universelle (le *Brahman*) ; après bien des étapes, il pourra alors accéder à la délivrance totale et être absorbé dans le Brahman, la seule véritable réalité ; monde physique et existence quotidienne ne sont en effet qu'illusion *(maya)*.

D'un foisonnement religieux apparu au VIe siècle ap. J.-C. devaient surgir :

1. Deux nouvelles religions, se donnant pour but l'affranchissement du cycle des naissances : le *jaïnisme* et le *bouddhisme*. Ce dernier ne conservera son originalité qu'en dehors de l'Inde, où il aura pourtant vu le jour.
2. A l'intérieur même de l'hindouisme, effort pour mieux cerner le monde divin, l'Absolu, le Brahman, fait place à une triade personnalisée, le « *trimourti* (les trois images) : *Brahma* qui crée, *Vishnou* qui maintient, *Shiva* qui détruit ; des courants de dévotion privilégièrent par la suite soit une Grande déesse, soit Shiva, soit Vishnou ; ce dernier, lorsque les forces du mal menacent de détruire le monde avant la fin d'un cycle, s'incarne sous des formes humaines ou animales, les *avatars*, dont les plus importants sont *Rhama* et *Khrishna ;* de nombreux temples sont dédiés à *Vishnou*, souvent représenté avec quatre bras. Selon les sectes, les divinités peuvent être très nombreuses.

Entre le Ve siècle av. et le Ve siècle ap. J.-C., la réflexion sur les textes sacrés suscitera six grandes écoles de pensée ; parmi elles, celle du *yoga* et celle du *vedanta*. De celle-ci émanera, notamment, le célèbre *Bhagavad-Gita le chant du Sublime*, c'est-à-dire le chant de Khrishna), poème philosophique composé entre le IIe siècle av. et le IIe siècle ap. J.-C., et parfois rapproché de l'*Évangile*.

La progression vers la délivrance à travers des existences successives se traduit notamment, au sein de la société hindoue, par le système des *castes*, au bas desquelles se trouvent les *intouchables* et, au sommet, les *brahmanes ;* ces derniers franchissent eux-mêmes l'ultime étape par un renoncement absolu, en se faisant ermites ou moines. C'est également en vue de la délivrance que se forment les *ashrams*, communautés réunies autour d'un maître spirituel *(guru)*.

L'esprit religieux des hindous, qui imprègne toute leur vie, se manifeste par une active dévotion populaire (temples, fêtes, pèlerinages) relevant de multiples traditions différentes. ■

Les *Oupanishads*

☞ Ce terme sanscrit (langue brahmanique) signifie « s'asseoir auprès de quelqu'un pour recevoir son enseignement ». Il désigne une doctrine transmise oralement par un maître, et le texte qui consigne cet enseignement. Plus précisément encore, il s'applique à quatorze textes anciens appartenant à la littérature sacrée. Enfin, deux cents autres *Oupanishads* contiennent des enseignements respectés mais n'ayant pas la même autorité ; leur rédaction s'étale des débuts de l'ère chrétienne à nos jours ; parmi elles se trouvent, par exemple, celle du yoga, ou encore l'enseignement du célèbre mystique *Ramakrishna* († 1886), considéré par ses disciples comme une incarnation divine, ou celui de *Ramana Maharshi* († 1951). ■

Le jaïnisme

☞ La base de cette religion, fondée au VIe siècle av. J.-C. par *Mahavira*, « le grand héros », est hindoue. Le monde est régi par la loi du *karma*, en vertu de laquelle se font les réincarnations, y compris dans les animaux et les plantes. Comme le bouddhisme, le jaïnisme rejette le caractère sacré des *Vedas*, l'existence d'un dieu suprême, la nécessité de sacrifices. De grande austérité, végétariens, les jaïns excluent toute violence à l'égard d'un être vivant, portant un voile de mousseline pour éviter d'avaler le plus petit animalcule ; c'est à ce principe de non-violence (*ahimsa*) que Gandhi se référera. Après avoir connu un grand développement, le jaïnisme ne groupe plus que 4 à 5 millions de fidèles en Inde. ■

LE YOGA

Le mot (en sanscrit : jonction) a de multiples emplois. De manière générale, il désigne l'ensemble des moyens aidant à se délivrer de ce monde d'illusions et à réaliser l'union avec l'absolu. En outre, chacune des voies qui y conduit est un *yoga*. De plus, l'un des six grands systèmes philosophiques de l'hindouisme s'intitule le *yoga :* il se présente comme un chemin spirituel en huit étapes, dont les six premières concernent le corps et les deux dernières l'âme.
Les diverses voies proposées par les philosophes hindouistes pour se défaire des liens matériels qui attachent à la vie terrestre recourent à des méthodes mentales et physiques. L'obstacle à vaincre est l'activité mentale, il faut rester maître de soi, pratiquer la chasteté, savoir respirer. On doit apprendre à fixer sa pensée sur un seul point, à couper toute relation mentale avec l'extérieur, afin d'être à même de s'engager dans la méditation, étape difficile, puisque l'activité mentale s'éteint complètement.
Les pratiques physiques du yoga qui connaissent le succès en Occident y sont le plus souvent coupées de l'élément mystique qui en est la raison d'être, se cantonnant dans la recherche d'un bon équilibre corporel et psychique. Cependant, des chrétiens recourent avec profit au yoga pour favoriser la concentration intérieure et la contemplation ; ils ne font d'ailleurs que renouer avec une tradition chrétienne constante prenant en compte le rôle du corps dans la prière (voir *Prière chrétienne et méditation orientale*). ■

Gourou ou Guru

☞ Ce terme sanscrit signifie *profond* ou *pesant*; il désigne celui qui peut guider des disciples parce qu'il a connu des états spirituels profonds. Dans l'éducation traditionnelle, les fils des castes supérieures étaient confiés à un guru pour l'étude du *Veda* et des traditions de la caste. Ce nom est souvent donné aujourd'hui aux missionnaires chrétiens. ■

Temples, pèlerinages, fêtes

☞ Les temples, plus ou moins décorés, symbolisent toujours l'univers. On vient de tout le pays à *Bénarès* pour s'y baigner ou jeter les cendres de ses morts dans le Gange, don de *Shiva*, afin d'être libéré des réincarnations. Tous les douze ans, des millions de fidèles se rassemblent à *Allahabad* pour la *Kumba Mela* grande fête réactualisant la mythologie. A *Puri*, après la première lune d'été, un immense char de bois tiré par des milliers de pèlerins promène *Vishnou* dans la ville. En septembre, on fête *Dourga* à *Calcutta*. Le *Holi* est une joyeuse fête du printemps, les passants y sont aspergés d'eau colorée. Chaque groupe religieux a ses temples, ses pèlerinages, ses fêtes. ■

Le brahmanisme

☞ Le *Brahman* est, dans la philosophie indienne, le principe suprême de toutes choses, l'Absolu dans lequel est appelé à se fondre tout être. Le mot *brahmanisme*, parfois employé pour désigner l'hindouisme, s'applique plus exactement à la *religion védique originelle*, telle qu'elle est codifiée dans les *brahmanas* (commentaires ritualistes des *Védas*), et sans les diverses additions ou altérations qui ont abouti à l'hindouisme. La structure en *castes* est essentielle au brahmanisme, sa clef de voûte étant la caste supérieure des *brahmanes*, personnages sacrés seuls qualifiés pour procéder aux sacrifices, commenter le *Véda* et enseigner. ■

Le *Véda* (le Savoir)

☞ Le mot désigne : au sens large, l'ensemble des textes sacrés de l'hindouisme ; au sens strict, quatre collections de textes, les plus anciens et les plus vénérables, utilisés notamment dans les sacrifices solennels : *Rig Veda* (sagesse des hymnes), recueil de prières en même temps que poème philosophique de haute portée ; *Yajur-Veda* (formules sacrificielles) ; *Samar-Veda* (mélodies) ; *Atharva-Veda*, recueil de traditions très anciennes. Bien des formules védiques, réinterprétées selon les diverses doctrines, se retrouvent dans les rites de mariage, d'initiation, de crémation. ■

Quand le concile Vatican II évoque l'hindouisme

« ... Quant aux religions liées au progrès de la culture, elles s'efforcent de répondre aux mêmes questions par des notions plus affinées et par un langage plus élaboré.
Ainsi, dans l'hindouisme, les hommes scrutent le mystère divin et l'expriment par la fécondité inépuisable des mythes et par les efforts pénétrants de la philosophie ; ils cherchent la libération des angoisses de notre condition, soit par les formes de la vie ascétique, soit par la méditation profonde, soit par le refuge en Dieu avec amour et confiance... »

Déclaration *Nostra aetate* sur l'Église et les religions non-chrétiennes, 1965.

CHRÉTIENS PARMI LES HINDOUISTES

Les chrétiens sont en faible proportion en Inde (peut-être 6 %, dont la moitié de catholiques) ; le christianisme y est pourtant parvenu très tôt, puis y fut à nouveau prêché à partir du XVIe siècle, en particulier par *saint François Xavier*. Mais les chrétiens ont été longs à pénétrer dans la pensée hindoue. Le mouvement, amorcé dès le XVIIe siècle, par le jésuite italien *de Nobili*, ne s'est vraiment développé qu'au XIXe siècle, en particulier avec ces véritables pionniers qu'ont été l'abbé *Monchanin*, le père *Le Saux* et le père *Panikkar* (indien). Les chrétiens, en accueillant parmi eux de nombreux intouchables, ne sont pas considérés avec sympathie par les adeptes d'un hindouisme rigide. Malgré tout, une réflexion approfondie entre chrétiens et hindous s'emploie à mettre en lumière ce qui leur est commun dans leurs conceptions respectives de l'amour, de la vérité, de la justice, de la vie, et ce en quoi les valeurs propres à chacune des deux religions peuvent interpeller ou même enrichir l'autre. ■

UN ARTISAN DE LA RENCONTRE ENTRE HINDOUISME ET CHRISTIANISME : LE PÈRE LE SAUX

Né en 1910, *Henri Le Saux* est breton. Moine à l'abbaye bénédictine de Kergonan (Morbihan), il ressent l'attrait de l'Inde. En 1948, il rejoint l'abbé *Monchanin*[1], un prêtre lyonnais déjà dans ce pays depuis 1939, et actif promoteur du dialogue avec l'hindouisme. Menant ensemble la vie érémitique des sages hindous, ils fondent un *ashram* chrétien qui porte le nom de *Saccidamanda* (évocation de la Trinité en langue sanscrite). La rencontre du Père Le Saux avec *Ramana Maharshi*, un des grands sages hindous, est pour lui une révélation. Mais en même temps, entre 1956 et 1960, il traverse une terrible épreuve spirituelle : tout l'univers culturel dans lequel sa foi s'est vécue et exprimée depuis son enfance se dérobe sous lui. C'est après de très douloureux tâtonnements dans la nuit qu'il acquiert la conviction lumineuse que la foi chrétienne peut se vivre et se dire au cœur de la culture indienne.

Après la mort de l'abbé Monchanin, en 1957, Henri Le Saux mène de plus en plus la vie errante des moines hindous ; en 1964, il célèbre une messe en ce haut-lieu spirituel que constituent les sources du Gange ; c'est là que, ayant pris le nom de *Swami Abhishiktananda (Félicité du Christ)*, il passe la plus grande partie de ses dernières années, et qu'il meurt en 1973.

Un film sur sa vie et son expérience spirituelle a été réalisé pour l'émission télévisée catholique « Le Jour du Seigneur » (1984). ■

1. *Jules Monchanin* a voulu porter dans l'Inde un témoignage exempt de prosélytisme, son désir étant de présenter le Dieu-Amour des chrétiens comme une réponse à la soif de l'« être sans second » de tout Indien, et ce, dans la culture de celui-ci. Son ouvrage *Théologie et spiritualité missionnaires* (Éd. Beauchesne, 1985) éclaire le sens de sa démarche.

QUELQUES LIVRES

L'état des religions dans le monde. La Découverte - Le Cerf.
Guide illustré des religions dans le monde, Centurion.
Introduction aux religions orientales. R. Girault. Droguet et Ardant.
L'hindouisme, coll. Que sais-je ? n° 475, PUF.
Ramakrishna et la vitalité de l'hindouisme. Lemaître, coll. Maîtres spirituels, Seuil.
Le Christ et l'hindouisme, une présence cachée, R. Panikkar, Centurion.
Le Yoga, coll. Que sais-je ? n° 355, PUF.

LE BOUDDHISME

Population bouddhiste

Evaluation. Compte tenu, à la fois, de la *politique antireligieuse* des Etats communistes du Sud-Est asiatique, et des comportements *syncrétistes* répandus dans toute la région, notamment en Inde, Chine, Japon (la « religion chinoise » mêle bouddhisme, confucianisme, taoïsme...), l'évaluation des effectifs des fidèles bouddhistes est très aléatoire. Le livre *L'état des religions dans le monde* (La Découverte - Le Cerf) avance le chiffre de 300 146 900 pour 1986 et une prévision de 359 092 100 pour 2000 ; il donne, pour la « religion chinoise », les chiffres de 187 994 000 (1986) et 158 470 600 (2000) – non inclus dans ceux du bouddhisme. Les statistiques de l'ONU avancent le chiffre de 325 000 000 bouddhistes en 1990.
Répartition. Chine, Japon, Thaïlande, Birmanie, ex-Indochine, sans tenir compte de la « religion chinoise », accueillent probablement 80% environ des effectifs bouddhistes, le reste se trouvant principalement dans les autres pays du Sud-Est asiatique, et, accessoirement, dans les pays d'émigration outre-mer.

LA DOCTRINE BOUDDHISTE

Le Bouddha

En sanscrit (langue brahmanique) *Bouddha* signifie *l'éveillé, l'illuminé.* C'est le nom que se serait donné *Siddharta Gantama* (v. 560-480 av. J.-C.) après « l'illumination » qui lui fit découvrir la « Voie » du *nirvana.* Il n'est guère connu que par sa légende. Fils d'un prince indien, marié à 16 ans, père d'un enfant qui deviendra son disciple, il connaît une jeunesse insouciante. Puis, marqué par la découverte de la maladie, de la vieillesse, de la mort, et attiré par la sérénité des ermites hindous mendiants, il quitte le palais familial à 29 ans. Déçu par l'enseignement des brahmanes, il poursuit sa recherche ; à 35 ans, méditant sous un figuier, il reçoit l'illumination et atteint le *nirvana*, expérience de béatitude absolue acquise par l'extinction complète de la conscience.

Parvenu à ce *Suprême Éveil*, le Bouddha va désormais le prêcher. De l'hindouisme il ne garde que la croyance en la réincarnation, rejetant védas, dieux, sacrifices, castes, et refusant d'expliquer le monde. Il est le médecin qui, ayant identifié le mal, en propose le remède. A sa mort, à 80 ans, huit *stupas*, répartis à travers le pays, sont édifiés par ses disciples, pour recueillir ses cendres.

La voie du Bouddha

Dès son premier sermon, à Bénarès, sur le Gange, Bouddha enseigne *les quatre nobles vérités* qui sont au cœur de sa doctrine :
1) tout est mal-être, douleur (*dukka*), même les mouvements de bonheur car tout est impermanent ;
2) la racine de la douleur est le désir, soif du plaisir, d'exister, de ne plus exister ;
3) l'expérience du Bouddha lui a révélé qu'anéantir le désir, c'est ôter la douleur, entrer en *nirvana* (extinction) ;
4) pour y parvenir il faut suivre le *sentier aux huit devoirs* ou *branches* (voir p. 147c).

Les quatre grandes formes du bouddhisme

Le bouddhisme, en se répandant dans tout le sud-est asiatique et s'y adaptant aux diverses mentalités, a pris progressivement diverses formes dont les principales sont :

1. La plus rigoureuse, la plus fidèle à l'enseignement du Bouddha, est appelée par ses disciples *Theravâda* (doctrine des anciens), et, par les autres, *Hinayâna* ou *Petit véhicule.* Répandue au IIIe siècle av. J.-C. par l'empereur indien *Açoka*, elle est présente, en Birmanie, au Sri-Lanka, en Thaïlande, au Cambodge, au Laos. Les moines tiennent une place éminente dans cette forme austère du bouddhisme.

2. Le *Mahâyâna* ou *Grand véhicule* est la voie large, ouverte à tous ; développée depuis le Ier siècle ap. J.-C., elle a pris davantage le caractère d'une religion, avec un culte rendu au *Bouddha*, des temples richement ornés, des pèlerinages, des fêtes, et une dévotion aux *Bouddhisattva* (êtres de sagesse) ; ces derniers, bien que parvenus à l'illumination du nirvana, choisissent de se réincarner par amour pour amener les hommes à leur délivrance. Ce bouddhisme est présent surtout en Chine, en Corée, au Vietman, au Japon.

3. Le *Vajrayâna* ou *Véhicule de diamant*, appelé encore *bouddhisme tantrique* (*tantra*, texte), est apparu au IVe siècle ap. J.-C. en Mongolie et au Tibet (il est une des sources du lamaïsme) ; il attache une grande importance aux formules ésotériques et aux rites magiques, pourtant rejetés par le Bouddha. L'émigration récente de Tibétains en Occident, fuyant l'emprise chinoise, y est à l'origine de monastères et communautés de cette tendance.

4. Le *zen* (en japonais : méditation). Au IVe siècle, le bouddhisme *Chan* est né en Chine d'une influence de la sagesse du Tao sur des bouddhistes appartenant au courant du Grand Véhicule ; infiltré au Japon au XIIe siècle, il y est devenu le zen, qui met l'accent sur une concentration rigoureuse de la pensée, et a donné naissance à plusieurs écoles pratiquant des méthodes différentes ; celle du *Soto*, par exemple, met l'accent sur la posture de la méditation (za-zen) ; mais il s'agit toujours, en s'affranchissant de soi-même sous la conduite d'un maître, d'accéder à la pleine liberté intérieure et ainsi, à un niveau insoupçonné de l'être. Les méthodes du zen ne sont pas sans affinité avec le yoga, mais restent liées à la pensée bouddhique.

A l'image du bouddhisme des origines, le zen ne se présente pas comme une religion, mais comme une sagesse humaine libérant le corps et l'esprit. Tout un art de vivre a d'ailleurs fleuri chez ses adeptes (théâtre, judo, aïkido, peinture, jardins, art floral, etc.). ■

1. Le *tantrisme dit de « la main gauche »* pratique certains rites sexuels, après une longue initiation, pour signifier que l'initié peut dépasser toute limite ; celui *de la main « droite »* est beaucoup plus ascétique.

Quand le concile Vatican II parle du bouddhisme...

... « Dans le bouddhisme, selon ses formes variées, l'insuffisance radicale de ce monde changeant est reconnue et on enseigne une voie par laquelle les hommes, avec un cœur dévôt et confiant, pourront soit acquérir l'état de libération parfaite, soit atteindre l'illumination suprême par leurs propres efforts ou par un secours venu d'en haut. »

Déclaration *Nostra aetate* sur l'Église et les religions non chrétiennes, n° 2, 1965.

LA MÉDITATION ZEN

Dans le zen, comme dans le yoga, la méditation est subordonnée à une posture ; en l'occurrence c'est celle du lotus, appelée le za-zen, position assise ; c'est en pratiquant la méditation dans cette posture immobile, les jambes croisées, le corps droit, les yeux fixant le sol à un mètre devant soi, les mains croisées au bas du ventre, pouces l'un contre l'autre faisant le vide dans son esprit, que le fidèle atteint le Satori, l'Éveil.

Il s'agit d'abord de prendre conscience que nous ne connaissons pas ce que nous sommes ; il faut partir à la recherche de soi-même, avec l'aide de maîtres spirituels, mais en les dépassant pour atteindre la réalité, au-delà des paroles et des concepts.

La connaissance de soi passe ensuite par l'oubli de soi ; la méditation zen conduit le fidèle à s'identifier au Cosmos, dans une communion intégrale à la nature.

Par ce cheminement, il découvre en lui l'entité (esprit, âme, nature fondamentale de l'univers...) qui dépasse et remplace toutes les différenciations individuelles et les transformations épisodiques ; il rejoint la suprême unité toujours présente dans l'existence. ■

UN ZEN CHRÉTIEN

Le zen se présente comme une voie humaine de sagesse conduisant au détachement de soi, et, par là, au nirvana. Mais, indépendamment de la philosophie bouddhique qui est à ses origines, on sait le succès qu'il a rencontré en Occident comme école de silence intérieur pour l'homme moderne, qui se trouve sans cesse incité à vivre à la surface de lui-même et de ce qui l'entoure, perdant ainsi la maîtrise de ses pensées, de ses sentiments, de son action.

Des chrétiens vont plus loin : l'état de vide suscité par la voie du zen rend l'âme disponible à la présence de Dieu, à sa Parole, à la vie de l'Esprit. Des contemplatifs y voient un cheminement proche de celui suivi par de grands mystiques (Maître Eckhart, saint Jean de la Croix, etc.). Tout n'est pas clarifié pour autant ; des moines zennistes, par exemple, contestent absolument la compatibilité entre zen authentique et prière, celle-ci étant tout à fait contraire à l'enseignement du Bouddha. ■

Voir Index : *Prière chrétienne et Méditation orientale.*

NIRVANA

Le bouddhisme se propose de faire passer les hommes du *samsara* (cycles des réincarnations) au *nirvana* (en sanscrit : extinction). Le mot se rencontre quelquefois dans l'hindouisme pour désigner l'extinction en Brahma, la fusion avec l'Absolu ; dans le bouddhisme, sans s'identifier au néant, il évoque un état de repos indescriptible, comparé à la lampe éteinte qui ne peut plus transmettre sa flamme, car aucun désir, aucune action, aucune passion ne viennent plus l'alimenter. ■

Jean-Paul II s'adresse aux responsables bouddhistes et confucéens de Corée

... « L'Eglise catholique cherche à entrer en dialogue fraternel avec toutes les grandes religions qui ont guidé l'humanité à travers l'histoire. Plus que jamais, les religions ont un rôle vital à jouer dans une société en rapide évolution comme celle de la Corée...

... Le profond respect pour la vie et la nature, la recherche de la vérité et de l'harmonie, le renoncement à soimême et la compassion, l'effort incessant pour se transcender : voilà quelques-unes des nobles caractéristiques de votre tradition spirituelle qui a guidé, et continue à guider, la nation et le peuple au port de la paix malgré les périodes de turbulence.

Notre diversité de croyance religieuse et morale est pour nous tous une invitation à cultiver un véritable dialogue fraternel et à avoir en particulière estime ce que tous les êtres humains ont en commun. Un tel effort de concorde créera certainement un climat de paix dans lequel pourront fleurir la justice et la compassion.

Quand l'Église catholique proclame Jésus-Christ et entre en dialogue avec des croyants d'autres religions, elle le fait pour témoigner de son amour pour tous les hommes de tous les temps. C'est dans cet esprit que l'Église catholique cherche à promouvoir une communauté de vues plus profonde entre tous les peuples et les religions... »

Séoul, 6 mai 1984.

QUELQUES LIVRES

Guide illustré des religions dans le monde, Centurion.
Introduction aux religions orientales, R. Girault, Droguet et Ardant.
Au risque de croire, J. Lacourt, Droguet et Ardant.
Bouddha et le bouddhisme, M. Percheron, coll. Maîtres spirituels, Seuil.
Le bouddhisme, coll. Que sais je ?, PUF. n° 468.
L'état des religions dans le monde. La Découverte - Le Cerf.

Qu'est-ce que.. ?

Figuier. Les nombreuses racines aériennes de cet arbre en ont fait en Inde un symbole de la fécondité. Pour le bouddhisme, il est l'arbre de la *Bodhi*, de l'Éveil et, à ce titre, toujours présent auprès des stupas ; il symbolise l'axe autour duquel le monde peut prendre un sens nouveau.
Dans l'iconographie, il symbolise le Bouddha lui-même.

Moine. Le bonze (du japonais *bozu*, prêtre) a pour véritable nom *bikksu*, mendiant. Quand un novice a réussi son examen, il doit se faire raser soigneusement barbe et cheveux et promettre d'observer les vœux de pauvreté et de chasteté ; il peut alors revêtir la robe jaune. Il n'a à croire à aucun dogme, ni à recevoir aucune consécration. Il promet seulement de n'avoir plus recours qu'au triple joyau : *Bouddha*, *dharma* (la loi de Bouddha), *sangha* (la communauté des moines). Il pratiquera le yoga pour faciliter son approche du nirvana.
Les supplications de la femme et de la tante de Bouddha lui firent accepter de créer des monastères de nonnes. Elles ont le crâne rasé, presque le même costume ; mais en plus des autres préceptes, elles doivent obéir aux moines.

Pagode. Monastère bouddhique comportant essentiellement une salle de réunion, au centre de laquelle est placée une statue du Bouddha ; on s'y réunit pour réciter les préceptes de l'idéal bouddhique. En principe, la pagode n'est pas un lieu de prière – le bouddhisme, lorsqu'il est pratiqué dans sa pureté primitive, n'invoquant aucun dieu –, mais le principe est loin d'être respecté dans le bouddhisme du Grand véhicule.

Sentier à huit branches. Selon la quatrième des « nobles vérités » enseignées par le Bouddha, on atteint le Nirvana en suivant le *sentier aux huit devoirs*, lesquels recouvrent trois domaines : *la morale*, pour le contrôle du corps, de la parole, de la pensée ; *la concentration*, pour l'exploration du monde intérieur ; *la sagesse*, pour préparer l'Éveil, qui coïncide avec l'entrée en nirvana.

Stupas. Édicules en forme de dômes dont l'origine est attribuée au Bouddha (elle lui est en fait antérieure) : pour que les moines n'oublient jamais leur idéal, il aurait placé sur une couverture, ou sur sa robe pliée, son bol renversé, le tout coiffé par son ombrelle. Reliquaires (cendres du Bouddha ou de saints) ou monuments commémoratifs, les stupas sont nombreux. Le plus visité est à Bodhgaya, entre Bénarès et Calcutta, où se trouve l'arbre de la « bodhi » (l'illumination) sous lequel le Bouddha découvrit la voie du nirvana.

Ph. Neyrat-Rapho

Cérémonie bouddhiste au Cambodge.

AUTRES RELIGIONS EST-ASIATIQUES

Effectifs

Les estimations, rendues difficiles par les contours flous de ces religions, varient très largement entre :
- 150 à 300 millions de **confucianistes** (dont beaucoup peuvent être comptés par ailleurs comme bouddhistes), localisés en Chine (66 %), au Japon (13 % ?), au Vietnam (6 % ?), et d'autres pays de l'Est et du Sud-Est asiatiques ;
- 30 à 55 millions de **taoïstes**, en Chine et au Vietnam ;
- 55 à 70 millions de **shintoïstes** (dont beaucoup peuvent aussi être dénombrés parmi les bouddhistes) au Japon.

LE TAOÏSME

Le *Tao-to-king*, « livre de la Voie et de la Vertu », attribué à *Lao-Tseu* (le vieux maître), une figure légendaire supposée contemporaine de *Confucius*, est un recueil de poèmes et de réflexions de diverses périodes ayant reçu leur forme définitive au IIIe siècle av. J.-C. Le *tao*, la voie, réalité indéfinissable, permet d'entrer dans le rythme de l'univers en faisant le vide en soi ; enfin découvert, notre souffle primordial, qui coïncide avec l'axe du tao, libère spontanéité et authenticité. Sur ce fond de sagesse, une religion s'est constituée, avec clergé, monastères, temples, culte aux êtres immortels. Lao-Tseu a été divinisé au IIe siècle av. J.-C., sous l'empire chinois des Han. Peu à peu, des sectes se sont créées, recourant à des pratiques magiques plus proches des religions animistes que de la sagesse de *la Voie*. En fait, bouddhisme, confucianisme et taoïsme sont souvent vécus par les mêmes personnes. Aujourd'hui, en Chine, un discret néo-taoïsme explore à nouveau « l'espace intérieur ».

Le tao

☞ Le *tao*, présent à tous les niveaux du monde, désigne aussi bien l'Ordre, la Totalité, que le chemin ou encore une doctrine proposant la voie à suivre. C'est au centre du tao que se réalise la communion des deux aspects opposés et complémentaires de toute réalité : le *yin* et le *yang*. Là veut demeurer le taoïste.

Lao Tseu (Vieux Maître)

☞ Il aurait vécu aux mêmes temps et lieux que Confucius. En deux rencontres fictives entre eux, leur positions respectives s'éclairent : à Confucius, qui défend la tradition, les rites, l'effort moral et l'engagement politique, Lao Tseu répond par le retrait du monde, le retour à la nature, la spontanéité libérée. ■

LE CONFUCIANISME

Confucius (forme latine de *Kung fu Tseu*, ou *Maître Kong*) a vécu en Chine du milieu du VIe siècle à celui du Ve siècle av. J.-C. (contemporain de *Bouddha*). Ancien ministre disgracié et exilé , il se consacre à l'étude et, à son retour d'exil, à l'enseignement.

Sa doctrine, synthèse des anciens textes de la sagesse chinoise, vise à réaliser dans la société l'harmonie qui règne dans l'univers, notamment entre ciel et terre, en assurant *l'équilibre des deux forces entre lesquelles tout se joue :* le *yin*, principe féminin, et le *yang*, principe masculin. Pour ce, ni religion, ni dogme, ni clergé : il faut respecter les *cinq relations* et les *cinq obligations* menant à la sagesse. Sorte de religion d'État sous l'empire chinois han (– 200 à + 200), puis banni, le confucianisme se répandit au Vietnam, en Corée, au Japon, avant de resurgir en Chine à partir du XIIe siècle, souvent teinté de taoïsme et de bouddhisme. Ne se prononçant ni sur le sens de la vie, ni sur l'au-delà, attaché à la hiérarchie sociale et familiale et aux traditions (culte des ancêtres), le confucianisme n'est pas une religion mais une sagesse sociale.

Le Yin et le Yang

☞ Soutenus par le *tao* (*la voie, le chemin*), mystérieux principe qui maintient tout dans l'unité, *le yin et le yang sont indissociables. Leur présence en chaque être, comme dans la société ou dans l'univers, révèle un contraste et explique le changement, de même que le versant de la montagne qui est à l'ombre (yin) est opposé au versant ensoleillé (yang) avant d'être lui-même éclairé.*

Les cinq relations et les cinq obligations

☞ La société doit prendre modèle sur la nature : de même que le soleil n'est pas la lune, le père n'est pas le fils. Chacun doit connaître sa place et y rester ; ainsi des cinq relations : père-fils, époux-épouse, prince-sujet, entre amis, aîné et cadet. Il faut en outre pratiquer les *cinq obligations :* bonté, amour, maîtrise de soi, compassion, bienveillance. Telles sont les conditions de l'harmonie. ■

LE SHINTOISME

Cette religion japonaise, qui divinise les forces de la nature et les esprits des ancêtres, est bien antérieure à l'influence exercée sur elle par le bouddhisme à partir du Ve siècle (le mot *shinto, voie des dieux*, est d'origine chinoise). Des sectes nationalistes réagirent plus tard contre cette influence et, au XIXe siècle, la séparation des religions fut officielle. Forcé sous la pression étrangère d'ouvrir alors ses frontières, le Japon renforça son identité nationale en se donnant un *shinto d'État*, sorte de culte civique divinisant l'empereur ; l'occupant américain mit fin en 1945 à ce caractère officiel. Aujourd'hui le shintoïsme, laissant au bouddhisme les rites de la mort, invite au *matouri*, célébrations communautaires de la vie.

Kami

☞ Le mot *kami* (signifiant à la fois supérieur et caché) désigne les êtres divins bénéfiques. Des héros, des montagnes, des sources ou des rizières peuvent devenir kami.

Temples

☞ En dehors de sites comme le volcan *Fuji Yama*, chaque village japonais a son temple de bois, souvent précédé d'un portique (*torii*), baignant dans un petit bassin pour les rites de pureté. Tous les vingt ans ils sont reconstruits dans le même style. A *Ise*, au sud de Tokyo, le sanctuaire national est dédié à la déesse du soleil, *Amaterasu*, ancêtre mythique de la famille impériale. ■

QUELQUES LIVRES POUR MIEUX CONNAITRE CES RELIGIONS

Guide illustré des religions dans le monde, Centurion.
Confucius et l'humanisme chinois, coll. Maîtres spirituels, Seuil.
Lao-tseu et le taoïsme, coll. Maîtres spirituels, Seuil.
Introduction aux religions orientales, R. Girault, Droguet et Ardant.
L'état des religions dans le monde, La Découverte - Le Cerf.

RELIGIONS TRADITIONNELLES

Traits généraux

Trop souvent dénommés primitifs avec une nuance de mépris, les peuples sans écriture, et donc apparemment sans histoire, se révèlent riches d'une profonde expérience religieuse, une fois tous les préjugés dissipés.

Si la diversité de leurs traditions religieuses a fait échouer toutes propositions de nom unique (on recourt souvent à celui d'*animisme*, du lat. *anima*, âme), certains traits généraux peuvent cependant en être soulignés. Partout, l'univers est dépendant des dieux, et l'existence humaine ne peut trouver sa place et son sens que si elle reconnaît l'ordre du monde et s'y intègre. Partout, des rites complexes, répétant symboliquement l'histoire sacrée racontée dans les mythes, entretiennent et régénèrent la part d'espace confiée aux hommes. Partout, l'initiation, avec plus ou moins de violence, fait passer les néophytes d'une vie insignifiante, proche du chaos ou de la mort, à un comportement responsable, respectueux des traditions; celles-ci sont toutes remplies de la présence des êtres invisibles, dont ne sont apparents que les masques. Au terme, la mort elle-même devient initiation.

Les neuf dixièmes des animistes se trouvent en Afrique noire, quoique christianisme et islam y progressent constamment.

Aujourd'hui, les cultures traditionnelles sont respectées, et leurs valeurs accueillies dans les religions universelles. Mais les premiers contacts avec l'Occident furent difficiles. Pour subsister, certaines religions africaines, elles-mêmes transplantées en Amérique par la traite des noirs, continuèrent à honorer leurs dieux sous l'aspect des saints catholiques ; ainsi au Brésil la *macumba*, en Haïti le *vaudou*. A côté du vaudou touristique, des sectes qui utilisent les *zombis*, et du *vaudou public* animé par des confréries groupées autour d'un sanctuaire, il existe un *vaudou domestique*, souvent ignoré bien que plus ancien. Le vaudou mêle inextricablement la religion (qui demande) et la magie (qui commande). Ainsi, quand l'adepte est « chevauché », totalement possédé par son « loa maître-tête » reçu en héritage, il entre en transe ; les limites et les misères humaines sont alors abolies ; il n'attend plus du loa que faveur et protection, en échange du poulet ou du bœuf offerts en sacrifice par le boko ou la mambo. ■

Ph. Williams-Rapho

Danse des Watutsis.

Expérience religieuse

L'homme des sociétés traditionnelles a conscience de vivre dans un univers où l'invisible traverse le visible. Plus il « colle » à son environnement, à son groupe social, plus il maintient la communion avec ses dieux et ses ancêtres. C'est dans cette solidarité que peut s'épanouir son existence. ■

Mythe

De même que le mot *rite* désigne de manière générale l'ensemble des règles observées lors des cérémonies religieuses, le mot *mythe* désigne, comme cela est devenu habituel en histoire des religions, les récits poétiques et symboliques révélant le sens profond de la création et de l'existence. ■

Initiation

Elle est d'une pratique courante. Dans l'Ouest africain, par exemple, les garçons parvenus à l'âge de l'initiation sont pris en charge par une association masculine vieille de plusieurs siècles, le *Poro*, dont le nom signifie « sans fin ». Dans un bois sacré, interdit aux femmes et aux non-initiés, la circoncision consacre leur passage à l'âge viril ; commandés par le *Grand Masque*, les *masques*, dont chacun a une fonction différente, sont censés dévorer les garçons, qui renaissent sous un nom nouveau. Ailleurs, chez les Mandjas de la République Centrafricaine, les filles qui viennent de subir l'excision, devenues définitivement femmes aux yeux des leurs, accèdent à une initiation entièrement centrée sur la sexualité et la maternité. ■

Macumba

Ce mot africain rappelant la maison *(umba)* et la cachette *(mocambo)* évoque la lutte des esclaves noirs du Brésil pour conserver leur identité ; aujourd'hui, il désigne aussi bien des rites anciens que des séances de spiritisme ou des danses folkloriques. ■

Rites Vaudous

Seuls ceux qui y sont étrangers appellent *vaudou* (du dahoméen, *vodoun :* divinité) la religion, mêlée de magie, de superstitions et d'emprunts au catholicisme, que les Haïtiens nomment *l'Afrique* ou *l'Afrique-Guinée.* ■

Zombi

Ce mot créole signifie tout à la fois diable, revenant, enfant mort sans baptême. Pour un adepte vaudou, le zombi est un mort-vivant. En fait, au cours de cérémonies vaudoues, des personnages préalablement drogués agissent comme des automates. ■

Loas

Génies, esprits ancestraux ou divinités portent le nom de *loa*, probablement dérivé de roi ou la loi. Parmi eux, *Maîtresse Erzulie*, déesse de l'amour, est très douce ; *baron Samedi*, portant cigare et haut-de-forme, est le terrible régent du domaine. Chacun ici-bas hérite d'un protecteur précis, le « maître-tête » ; mais comme tous les loas peuvent intervenir en tous, un code bien établi permet de les reconnaître. ■

Boko et Mambo

Prêtre et prêtresse du vaudou. Ils doivent avoir été appelés par les dieux. Au quatrième et dernier degré d'initiation, ils acquièrent la voyance et peuvent ainsi être très appréciés comme guérisseurs, devins ou magiciens ; parmi eux, 10% seulement sont des femmes. ■

QUELQUES LIVRES POUR MIEUX CONNAÎTRE CES RELIGIONS

Guide illustré des religions dans le monde, Centurion.

Les religions de l'Afrique noire, coll. Que sais-je ?, n° 632, PUF.

L'état des religions dans le monde. La Découverte - Le Cerf.

LES SECTES

LE PHÉNOMÈNE DES SECTES

De 1 900 groupes religieux dans le monde au début du siècle, on serait passé aujourd'hui à 20 ou 30 000 ; il en naît et il en meurt tous les jours ; leurs effectifs vont de quelques dizaines de membres à des dizaines de milliers. En France, il y aurait de 350 à 400 groupes, totalisant plus de 200 000 membres (la moitié *Témoins de Jéhovah*).

Les groupes (de confession chrétienne ou non) se référant à la Bible sont stationnaires ou en baisse, sauf les *Témoins de Jéhovah* et les *Mormons*. Les groupes souvent appelés « nouvelles sectes » (*Moon, Hare Krishna*, ...) sont stationnaires ou en régression (*Enfants de Dieu*), sauf *l'Église de Scientologie* (encore qu'aux prises avec diverses affaires judiciaires). De manière générale, les mouvements qui avaient défrayé la chronique (manipulations mentales, dislocation des familles, mainmise sur les biens des adeptes...) se sont faits plus discrets sous le coup des actions des associations de défense, de la justice, et du fisc. Ils recrutent plus volontiers dans les cadres supérieurs et les professions libérales, auxquels ils proposent des techniques présentées comme formant l'homme efficace pour aujourd'hui, le gagneur.

On assiste à la poussée de formules inspirées de l'Orient (centres Zen et Yoga, monastères bouddhistes, techniques de méditation – comme la Méditation Transcendantale), sans que cependant on puisse parler à leur propos de sectes proprement dites. Elles sont l'un des signes de la recherche spirituelle qui se développe actuellement en dehors des Églises.

Mais, en même temps, tout un ensemble d'autres organisations se présentent comme des Églises, s'attribuant des noms susceptibles d'inspirer le respect (Églises orthodoxes, apostoliques, latines, gallicanes...), et cherchant des adeptes dans les milieux de tradition chrétienne, tout en restant indépendantes des Églises chrétiennes, et tout en présentant fréquemment des traits proches de ceux des sectes (maître à penser, prétention à offrir la véritable pureté morale et doctrinale face au monde perverti, millénarisme...).

Le phénomène le plus marquant est peut-être celui lié à l'*ésotérisme* et à l'*occultisme* (*Théosophie, Fraternité Blanche Universelle, Rose-Croix*...). Ces groupes proposent un salut individuel reposant sur l'accession à la connaissance d'une vérité cachée au commun des mortels, vérité relevant d'une Tradition primordiale existant depuis toujours, mais réservée aux seuls initiés, et leur ouvrant les perspectives d'une parfaite harmonie avec les forces cosmiques. Ce courant de la « gnose » (en grec *gnosis*, connaissance) s'est maintes fois manifesté, sous des formes multiples, au cours des siècles, suscitant même de graves problèmes au christianisme des origines. Aujourd'hui il fait appel, selon les cas, à la réincarnation, au spiritisme, à l'astrologie, à la parapsychologie ; l'irrationnel et le repli sur l'individu et le petit groupe sont proposés en compensation d'une vie trop anonyme en société, et de la sécheresse d'un monde hyper-technicisé et fonctionnalisé.

A ce courant *gnostique*, on peut rattacher le fort mouvement du *Nouvel Age* (New Age), d'origine anglo-saxonne, en plein développement en Europe (voir *Nouvel Age*). De manière générale, l'action des sectes se développe partout dans le monde, spécialement en pays de traditions chrétiennes, par exemple dans tout le continent américain, du nord au sud. (Voir Index : Sectes) ■

Ph. J.-M. Charles-Rapho

Adeptes de Hare Krishna.

CRITÈRES DE L'ÉGLISE

Comment reconnaître une véritable église du Christ ? Face aux multiples groupements religieux et à leurs propres divisions, les catholiques de tous les âges ont cherché à donner des critères qui permettent d'identifier la véritable Église. Ces critères sont proposés aux non-chrétiens, mais ils supposent évidemment la foi chrétienne pour prendre un sens.

Pour une Église chrétienne, il est essentiel de faire mémoire du Christ. Ce qui caractérise une Église, c'est l'écoute, l'accueil, la transmission de ce que cette Église a reçu des apôtres : « J'ai reçu ce que, à mon tour, je transmets » : la formule de Paul (1 Cor 11.22) est au cœur de toute démarche chrétienne. Elle vaut pour le témoignage de la résurrection du Christ, comme pour son Évangile et en particulier pour l'Eucharistie et les autres sacrements.

- La tradition orthodoxe insistera en ce domaine sur la continuité assurée par la collégialité des évêques, successeurs des apôtres.
- La tradition réformée insistera en ce domaine sur la rupture entre les événements fondateurs et la forme historique de l'Église au nom de la transcendance de Dieu et de sa parole.
- La tradition catholique, comme la tradition orthodoxe, insistera sur la collégialité, garantie à ses yeux par le ministère du pape et la continuité qui se manifeste sacramentellement dans l'institution ecclésiale.

Pour une Église chrétienne, il est essentiel de célébrer le Christ.

Une Église chrétienne est une Église qui croit que le Christ « toujours vient » et se rend présent par son Esprit. Même si elle se souvient, ce n'est pas pour retourner vers le passé, mais vers celui qui, vivant, est toujours autre et inattendu... C'est pourquoi l'Église est vivante. « La lettre tue, c'est l'Esprit qui fait vivre : (2 Co 3.6) »

Pour une Église chrétienne, il est essentiel d'annoncer le retour du Christ.

Il n'y a pas d'Église chrétienne sans confiance totale en la promesse du Christ de revenir. Son retour sera l'accomplissement de tout et tous et donc le bonheur de l'homme et l'achèvement de l'univers.

- Une telle conception implique espérance... mais aussi conscience que le Règne de Dieu, la perfection, ne sont pas encore de ce monde, ni dans l'Église, ni ailleurs.
- Une telle conception fait voir la « sainteté » telle que la conçoit l'Église dans l'imperfection humaine. Certains hommes et femmes reçoivent le don d'être « visiblement » liés au Christ et d'être un signe de ce qui est attendu pour tous.

Pour une Église chrétienne, il est essentiel d'être une communion.

Les Églises se savent, dans la foi, images de la Trinité qui est à leur source. Cette communion avec Dieu et en Dieu, orthodoxes et catholiques la célèbrent d'abord dans la liturgie. Mais chaque liturgie les invite à s'ouvrir aux dimensions du monde, c'est-à-dire aux dimensions de l'amour de Dieu.

Cette certitude de la nécessité de la communion n'implique pas l'uniformité. Même au sein de l'Église catholique, on parle volontiers des Églises : chaque Église – signe de l'amour de Dieu – vit pour une communauté l'unité en se plaçant dans la communion avec les autres (pour les catholiques, sous la responsabilité du pape).

Pour une Église chrétienne, il est essentiel d'être missionnaire.

Le Christ, en disant à ses apôtres : « Allez dans le monde entier », a donné aux Églises chrétiennes un ordre qui est un critère essentiel d'une véritable Église : le sens de la mission.

Les catholiques feront donc trois critiques principales aux « sectes » qui se disent chrétiennes :

- *Le pneumocentrisme :* c'est, aux yeux des catholiques, l'erreur de ceux qui minimisent ou oublient le caractère essentiel et définitif de Jésus-Christ et qui affirment que s'ouvre une ère de l'Esprit qui apporte un surcroît de révélations dépassant ce que le Christ a apporté.
- *Le congrégationalisme :* c'est, aux yeux des catholiques, l'erreur de ceux qui pensent que l'important est uniquement la communauté rassemblée (souvent par un maître) et qui oublient la nécessité d'une communion dans le temps au Jésus historique et à la tradition, et ce, dans l'espace, avec les autres communautés chrétiennes.
- *L'adventisme :* c'est, aux yeux des catholiques, l'erreur de ceux qui, ignorant que l'événement essentiel de l'histoire du salut est la mort et la résurrection du Christ, attendent le salut d'un événement à venir.

NOUVEL ÂGE ET LE CHRISTIANISME

	Nouvel Âge	La foi chrétienne
Dieu	Le Nouvel Âge parle plutôt du divin. C'est une énergie, une vibration qui est la forme la plus haute de la conscience, mais qui est en tout. Chacun peut dire : Dieu est en moi, je suis mon créateur. Le Nouvel Age parle de Dieu comme au-dedans, et, en même temps, comme cosmos, comme surconscience.	Dieu est un. Il est Amour de Trois personnes. Il transcende toutes les créatures : avec celles-ci il y a dialogue par l'Esprit du Christ, mais ni fusion, ni confusion.
Jésus-Christ	C'est une idée qui pénètre tout et se manifeste dans des personnages divers comme Bouddha, Zaratoustra. On parle aussi du personnage qui introduira l'Ère du Verseau, le Christ, le Maitreya... Il prendra en main le gouvernement mondial.	Jésus est homme. Jésus est Dieu. Il est venu une fois pour toutes et seul son « sacrifice » sauve les hommes.
L'homme	C'est un morceau du grand Tout. Un morceau conscient, un morceau qui résume tout l'univers, le matériel et le spirituel. L'humanité est sur le chemin d'une totalité immatérielle.	L'homme est libre. L'homme peut entrer en communication avec son créateur. Il est responsable. L'humanité est appelée à faire corps avec le Christ, chaque membre de celle-ci gardant son identité. La matière est aussi noble que l'esprit.
Le salut	Le bonheur pour l'homme consiste à connaître sa propre nature divine : l'ésotérisme, l'astrologie, lui permettent de capter la connaissance des secrets de l'Énergie divine. S'il échoue, il peut indéfiniment recommencer, selon la loi du karma.	Le salut est un don de Dieu. Rien ne le mérite que la croix du Christ : l'homme est fait pour aimer et l'amour ne se mérite pas. La foi est le seul chemin du bonheur. L'amour de Dieu pour l'homme est tellement grand qu'il aime chacun personnellement. Certes, Dieu sera un jour tout en tous mais la présence, en chacun, de l'amour de Dieu ne supprimera pas (au contraire !) l'identité personnelle.
La vérité	Elle est ce qui permet d'être bien dans sa peau.	La vérité ne se définit pas par rapport à soi-même, mais dans un rapport juste avec l'autre. Seul l'amour fait accéder à la vérité. C'est pourquoi seul le Christ permet la vérité, est la vérité.
Le péché	L'homme est sans péché.	« Je ne fais pas le bien que je veux, et je fais le mal que je ne veux pas. (Rm 7/19) » Certes l'homme est bon, mais il est blessé de son origine. Bien plus, il est solidaire de certains des mauvais côtés de l'humanité.
La souffrance et la mort	La mort doit être niée... Pratiquement, elle est niée par la technique d'élargissement de la conscience, la renaissance (*rebirth*), les voyages aux portes de la mort (OBE), etc. La réincarnation est la réponse théorique au désir de vivre éternellement.	Si le chrétien lutte contre la douleur, il sait que toute remise en cause de soi-même comporte une souffrance qui est acceptable si elle a un sens. Aussi, il peut regarder en face la mort qui est appel au don de soi à l'Autre, à Dieu : sur la parole du Christ, il croit que sa mort est un passage vers une d'amitié avec Dieu (« Aujourd'hui tu seras avec moi dans le paradis. »)
L'avenir	Le Nouvel Age arrive (vers 2016) ; alors l'Ère du Poisson (identifiée au Christ-Icthus) sera achevée avec ses ténèbres et sa violence. L'Ère du Verseau sera le règne de l'amour et de la lumière.	L'événement qui fonde l'avenir nouveau est derrière nous : c'est la mort du Christ en croix et sa résurrection. L'amour a dit là son dernier mot. Reste à l'humanité à entrer librement dans cet amour proposé. Certains hommes l'accepteront, d'autres le refuseront. Ceux-là seront enfermés sur eux-mêmes : l'enfer ! Par ailleurs, la création qui a eu un commencement aura une fin ; ne subsistera, alors, que ce qui, porté par l'amour du Christ, sera « en Dieu ».
La foi	Croire, c'est être en phase avec son moi le plus profond.	Croire, c'est faire confiance et être fidèle au Christ. « Si tes lèvres confessent que Jésus est Seigneur et si ton cœur croit que Dieu l'a ressuscité des morts, tu seras sauvé. (Rm 10/9) ». Le sacrement de Réconciliation apprend aussi à croire à l'amour de Dieu pour soi, malgré son péché.
La prière	C'est un effort de concentration sur soi, une recherche du bien-être et de l'illumination intérieurs, un développement de son potentiel. Il y a des techniques pour cela.	La prière est une mise en présence de Dieu pour l'adorer, le remercier, découvrir et faire sa volonté, lui demander pardon.

PRINCIPALES ASSOCIATIONS DE DÉFENSE CONTRE LES SECTES

Association pour la Défense de la Famille et de l'Individu (ADFI), 10, rue du Père Julien Dhuit, 75020 Paris. Tél. (1) 47.97.96.08. et 47.97.97.05.

Centre de Documentation, d'Education et d'Action contre les Manipulations Mentales (CDMM), 19, rue Turgot, 75009 Paris, Tél. 42.82.04.93.

Organisme scientifique d'étude des nouveaux mouvements religieux : Association d'Étude et Information sur les Mouvements Religieux, 2, rue des Fauvettes, 57200 Sarreguemines.

Le Vatican et les sectes

« Nous ne pouvons pas être naïvement iréniques. Nous avons suffisamment analysé l'action des sectes pour voir que les attitudes et les méthodes de certaines d'entre elles peuvent détruire la personnalité, désorganiser les familles et la société, et que leurs doctrines sont très éloignées de l'enseignement du Christ et de son Église. Dans certains pays, nous pouvons suspecter – ou même savoir – que, à travers les sectes, ce sont des forces idéologiques et des intérêts économico-politiques totalement étrangers à un souci sincère de l'humanité qui sont à l'œuvre et qui utilisent « l'humain » pour des desseins inhumains.

Il est nécessaire d'informer les fidèles, en particulier les jeunes, de les mettre en garde et même d'engager des aides professionnelles pour conseiller et assurer une protection légale. Parfois, nous pourrions avoir à reconnaître, et même à encourager, des mesures radicales de l'État agissant dans sa propre sphère.

Nous pouvons savoir, également, par expérience qu'il n'existe généralement pas ou peu de possibilités de dialogue avec les sectes et que non seulement elles sont elles-mêmes fermées au dialogue, mais elles peuvent être, en plus, un sérieux obstacle à l'éducation œcuménique partout où elles sont actives.

Néanmoins, si nous voulons être fidèles à ce que nous croyons et à nos principes : respect de la personne humaine, respect de la liberté religieuse, foi dans l'action de l'Esprit œuvrant selon des principes insondables pour l'accomplissement du dessein d'amour de Dieu sur toute l'humanité, sur chaque individu, homme, femme ou enfant, nous ne pouvons pas être simplement satisfaits en condamnant et en combattant les sectes, en les voyant mises hors la loi ou expulsées, et les individus « déprogrammés » contre leur gré ». Le « défi » des sectes ou des nouveaux mouvements religieux doit stimuler notre propre renouveau en faveur d'une plus grande efficacité pastorale.

Ce « défi » doit aussi développer en nous et dans nos communautés l'esprit du Christ à leur égard, en essayant de comprendre « le point où ils sont » et, lorsque c'est possible, de les rejoindre dans l'amour du Christ.

Nous devons poursuivre ces buts, confiant dans la vérité enseignée par le Christ, avec amour pour tous les hommes et toutes les femmes. Nous ne devons pas permettre que les préoccupations à cause des sectes diminuent notre zèle pour l'œcuménisme véritable parmi tous les chrétiens.

Texte conjoint de quatre dicastères romains
Documentation Catholique, 1er juin 1986.

Voir aussi : *Nouvel Age. Sectes. L'Église catholique et les sectes.*

QUELQUES LIVRES SUR LES SECTES

Jean Vernette, *Les Sectes*, PUF, 1990.
Jean-François Mayer, *Les Sectes*, Cerf, 1987.
Enquête sur les sectes, par des dicastères du Saint-Siège. *La Documentation catholique* n° 1919, juin 1986.
L'état des religions dans le monde. La Découverte - Le Cerf.

LES ÉGLISES ORIENTALES ANCIENNES (PRÉ ou NON CHALCÉDONIENNES)

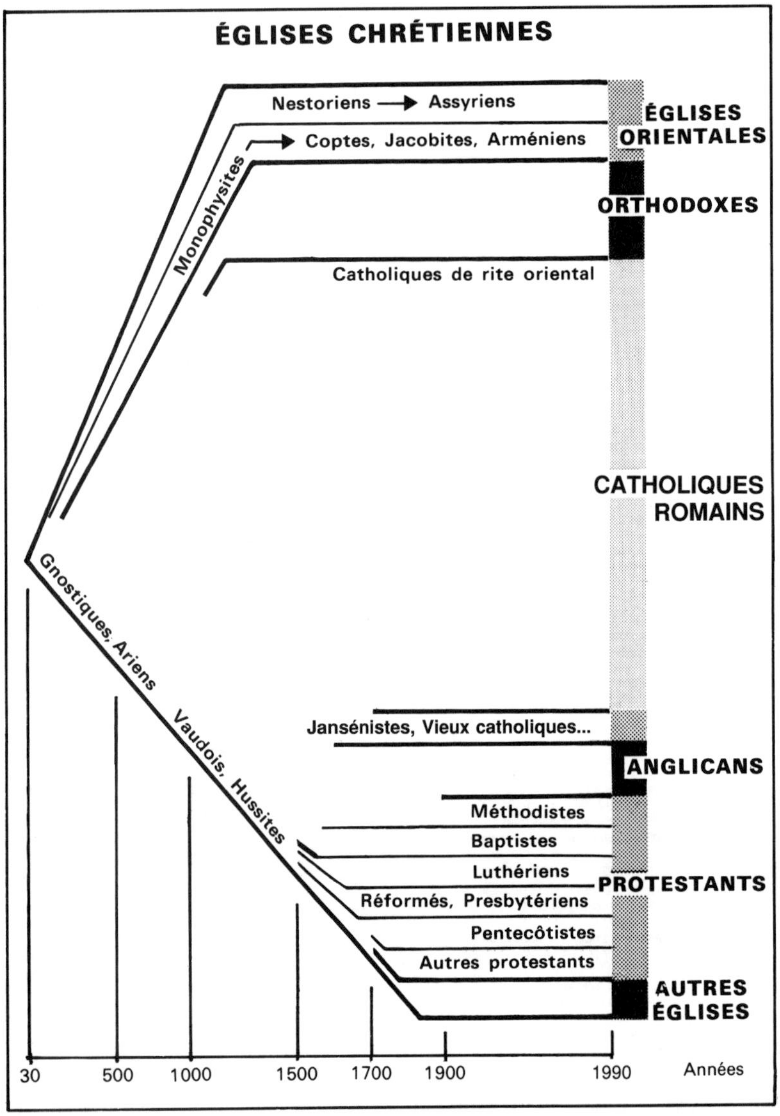

Ce schéma des Églises chrétiennes est inspiré de celui publié par « World Christian Encyclopedia » (Oxford University Press, 1982, Nairobi), mais il en diffère sensiblement. Pour des raisons de lisibilité, la surface occupée par les diverses dénominations, tout en étant différenciée en fonction de leur importance relative, n'est pas exactement proportionnelle à leurs effectifs. De même, l'échelle du temps ne respecte pas les justes proportions de la durée. Il s'agit simplement de suggérer l'enchaînement historique des principaux courants du christianisme (il n'était pas possible de faire figurer toutes les dénominations) et leur situation les uns vis-à-vis des autres.

NESTORIENS ET MONOPHYSITES

Il s'agit des Églises nestoriennes et monophysites d'origine, séparées de Rome au Ve siècle, dont on peut évaluer à environ 30 millions le nombre actuel total des fidèles.

Églises d'origine nestorienne

Église Apostolique assyrienne d'Orient — env. 150 000.

Église syrienne Mar Thoma de Malabar (Inde) : — env. 2 500 000.

Églises d'origine monophysite

Jacobites
Patriarcat orthodoxe syrien d'Antioche — env. 140 000.

Église orthodoxe syrienne, Catholicat d'Orient (Inde) : — 700 000 à 1 million.

Coptes
Église orthodoxe éthiopienne : — env. 14 millions.

Église orthodoxe copte (Égypte) : — env. 7 millions.

Arméniens
Église apostolique arménienne (en 2 obédiences) : — env. 6 millions.

Leur origine

Témoins des grands débats théologiques que connut le christianisme des premiers siècles, ces Églises sont issues de deux grands courants doctrinaux auxquels s'opposèrent les conciles du Ve siècle : le *nestorianisme* et le *monophysisme*. Elles ne doivent donc pas être confondues avec l'Église orthodoxe (qui ne rompra avec Rome qu'au XIe siècle), même si plusieurs d'entre elles se donnent également le qualificatif d'*orthodoxe* (en grec, *de juste pensée*) et si la plupart se situent aujourd'hui dans la mouvance orthodoxe.

Nestorianisme

Au Ve siècle, *Nestorius* soutenait la thèse que, dans le Christ, il n'y a pas une seule personne mais deux : l'une divine, l'autre humaine ; on ne pouvait pas, dès lors, dire *Marie Mère de Dieu* (*Théotokos*, en grec), mais seulement mère de la personne humaine de Jésus. Le *concile d'Éphèse* (431) condamna cette doctrine et proclama Marie *Theotokos.*

L'Église de Perse rejeta ces décisions et rompit avec la grande Église. L'héritage nestorien se retrouve aujourd'hui dans deux Églises : *L'Église apostolique assyrienne d'Orient* et *l'Église syrienne de Mar Thoma* (Inde).

Monophysisme

Les adversaires les plus résolus du nestorianisme provoquèrent à leur tour une crise, celle du *monophysisme*, en soutenant que l'unique personne du Christ a une unique nature (en grec, *monos phusos*) et non deux. Le *concile de Chalcédoine* (451) (d'où l'adjectif *non* ou *pré-chalcédonien)* condamna cette doctrine et proclama le Christ personne unique en deux natures, divine et humaine (« vrai Dieu et vrai homme »). Cette définition fut rejetée par l'Église d'Alexandrie (Égypte) et par celle de Syrie, rejointes plus tard par celle d'Arménie. C'est l'origine des *Églises coptes, jacobites et arménienne grégorienne*, qui sont restées fidèles à un monophysisme nuancé (Pie XII parle de « monophysisme plus verbal que réel », Encycl. *Sempiternus rex*, 1951). ■

LES ÉGLISES NESTORIENNES

L'Église apostolique assyrienne d'Orient (env. 150 000 fidèles, Iran, Irak, Kurdistan, émigration) est ce qui reste aujourd'hui de l'Église perse ou chaldéenne séparée au Vᵉ siècle, dont elle a conservé le rite chaldéen et la langue syriaque (proche de l'araméen parlé par le Christ). Son patriarche est le *Catholicos Chaldéen* de Kotchanès (Iran).

(Au XVIᵉ siècle, la majeure partie des *chaldéens* s'est unie à Rome tout en conservant rite et langue traditionnels. Patriarche de Babylone des Chaldéens à Bagdad, Irak).

De l'activité missionnaire nestorienne vers l'Orient subsiste aujourd'hui *l'Église syrienne Mar Thoma de Malabar* en Inde (env. 2 500 000 ; rite chaldéen, langues syriaque et locale).

(Au XVIᵉ siècle, la majeure partie des nestoriens indiens s'est également unie à Rome ; ce sont les *Syro-Malabars*, de rite chaldéen altéré). ■

Ph. Tournus

Croix copte, où se retrouve la forme du Tau, symbole de l'immortalité dans l'Égypte ancienne.

LES ÉGLISES MONOPHYSITES

Églises jacobites

Issues de l'Église de Syrie séparée au Vᵉ siècle lors de la crise monophysite, et organisée au VIᵉ siècle par un de ses évêques, *Jacques de Tella* dit *Baradaï* (d'où *jacobites*), elles comprennent aujourd'hui :

Le Patriarcat orthodoxe syrien d'Antioche et de tout l'Orient.
Environ 140 000 fidèles ; Syrie, Liban, Irak, USA. Rite syrien, langues syriaque et arabe. Patriarche à Damas, Syrie.
(Au XVIIIᵉ siècle, une fraction importante s'est unie à Rome, tout en conservant partiellement son rite ; ce sont les *Syriens-Catholiques.* Patriarche d'Antioche des Syriens, à Beyrouth, Liban).

L'Église orthodoxe syrienne, Catholicat d'Orient (Inde)
Environ 700 000 à 1 000 000 de fidèles. Rite syrien, langues syriaque et locale.
(En 1930 une fraction de ses membres s'est unie à Rome en conservant son rite : les *Syro-Malankars).*

Églises coptes

Elles sont issues de la sécession du Patriarcat d'Alexandrie (Égypte) lors de la crise monophysite ; l'Église d'Alexandrie (fondée, selon la tradition, au 1ᵉʳ siècle par l'évangéliste Marc) avait été, au Vᵉ siècle, à la pointe de la lutte contre le nestorianisme ; elle avait embrassé la cause monophysite, qui y était directement opposée ; elle rejeta donc les décisions du concile de Chalcédoine (451), malgré les pressions et persécutions des empereurs de Byzance. Cette hostilité de Byzance explique que les monophysites égyptiens aient accueilli en libérateurs les Arabes musulmans au VIIᵉ siècle, qui leur donnèrent le nom de « *coptes* » (déformation du grec *aeguptos*, égyptien). Malgré les multiples épreuves subies depuis lors, la communauté copte égyptienne représente encore aujourd'hui 7 à 8 millions de fidèles. Elle porte le nom d'*Église orthodoxe copte.* Rite copte ; langues copte (égyptien ancien) et arabe. Son patriarche porte le titre de *Pape.*
(Au XVIIIᵉ siècle, une petite fraction des coptes égyptiens s'est unie à Rome en gardant leur rite. Patriarche d'Alexandrie des Coptes, au Caire).

Lors de sa sécession au Vᵉ siècle, le Patriarcat d'Alexandrie entraîna dans son sillage l'Église d'Abyssinie. Aujourd'hui autonome, celle-ci porte le nom d'*Église orthodoxe éthiopienne* (environ 14 millions de membres, soit plus de la moitié de la population éthiopienne ; la plus importante communauté monophysite). Rite copte, langue ghèez (éthiopien ancien). Patriarche-Catholicos, à Addis-Abéba. Église d'État sous l'empire des Négus, en situation difficile sous le pouvoir marxiste, aujourd'hui en pleine reconstitution (Une petite fraction de coptes éthiopiens s'est unie à Rome ; rite copte, langue ghèez. Archevêque à Addis-Abéba).

L'Église arménienne

Fondée au IIIᵉ siècle par *saint Grégoire l'Illuminateur*, elle resta d'abord étrangère à la crise monophysite puis rallia en 495 les sécessionnistes. Aujourd'hui *Église apostolique arménienne*, dite « grégorienne » pour la distinguer des fractions qui se sont séparées d'elle.
Environ 6 millions de fidèles, présentement partagés entre *deux obédiences :* le *Catholicos d'Etchmiadzin*, en Arménie, et le *Catholicos de Sis* en Cilicie (Turquie), replié au Liban depuis le génocide arménien par les Turcs (1915). Rite et langue arméniens.
(Au XVIIIᵉ siècle, une notable fraction des Arméniens s'est unie à Rome en conservant leur rite. Patriarche de Cilicie des Arméniens, également replié à Beyrouth au Liban). ■

Ce que dit le concile Vatican II des Églises orientales non catholiques

(N° 15) Chacun sait avec quel amour les chrétiens orientaux célèbrent la Sainte liturgie, surtout l'Eucharistie, source de vie pour l'Église et gage de la gloire céleste. Par là les fidèles, unis à l'évêque, trouvent accès près de Dieu le Père par son Fils, Verbe incarné, mort et glorifié dans l'effusion de L'Esprit Saint. Ils entrent de la sorte en communion avec la Très Sainte Trinité et deviennent « participants de la nature divine » (2 Petr. 1,4). Ainsi donc, par la célébration de l'Eucharistie du Seigneur en chaque Église particulière, l'Église de Dieu s'édifie et grandit, et la communion entre elles se manifeste par la concélébration.

(...) Puisque ces Églises, bien que séparées, ont de vrais sacrements, surtout, en vertu de la succession apostolique, le Sacerdoce et l'Eucharistie, qui les unissent intimement à nous, une certaine « communicatio in sacris », dans des circonstances favorables, et avec l'approbation de l'autorité ecclésiastique, est non seulement possible mais même recommandable.

(Décret *Unitatis Redintegratio* sur l'œcuménisme, 1964)

Voir *Les Églises orientales anciennes en France* p. 183.

Les Églises orientales anciennes et l'œcuménisme

1. Toutes ces Églises appartiennent aujourd'hui au Conseil Œcuménique des Églises (COE).

2. Invitées par Jean XXIII à envoyer des observateurs au concile Vatican II (1962-1965), la plupart l'on fait.

3. Depuis le Concile, les contacts se multiplient entre l'Église catholique et ces Églises, soit par le biais du Conseil Œcuménique des Églises, soit entre responsables (voyages du pape à travers le monde, voyages à Rome des responsables d'Église, contacts locaux entre Églises, etc.). Certaines relations locales restent délicates.

L'ÉGLISE ORTHODOXE

Population orthodoxe

Evaluation globale (compliquée par la situation religieuse dans l'ex-URSS) : selon les sources, 100 à 150 millions.

Répartition géographique

• Patriarcats anciens :		
Constantinople	4 700 000	5 060 000 (principalement Moyen Orient, Afrique, pays d'émigration à travers le monde)
Alexandrie	350 000	
Antioche	750 000	
Jérusalem	260 000	
• Autres patriarcats :		
Moscou :		
Russie	60 000 000	90 200 000
Ukraine	25 000 000	
Belarus	4 000 000	
Autres pays	1 200 000	
Géorgie	5 000 000	38 000 000
Roumanie	17 000 000	
Serbie	8 000 000	
Bulgarie	8 000 000	
• Eglises autocéphales :		
Grèce	9 025 000	11 615 000
Autres (Chypre, Tchécoslovaquie, Amérique)	1 590 000	
• Eglises autonomes : (Pologne, Albanie, Finlande, Japon...)		1 682 000

LES ORIGINES

C'est après sa séparation de l'Église de Rome en 1054 que l'Église d'Orient s'est donné le nom d'*orthodoxe* (en grec, *conforme à la juste doctrine*), terme déjà en usage auparavant dans l'ensemble de l'Église, lorsqu'elle voulait se démarquer des nestoriens et des monophysites.

On trouvera exposé dans la partie historique de l'ouvrage le processus de la rupture de 1054 (appelée par les catholiques *Grand Schisme d'Orient*), aux conséquences aussi graves que durables (p. 371).

On peut en résumer les causes en une incompréhension croissante entre les parties orientale et occidentale de l'Église, chacune s'étant développée depuis les origines du christianisme dans un cadre historique et culturel de plus en plus différent. Dans ce contexte, les quelques divergences (à propos du Credo, de la liturgie, de la discipline, de l'Église, du pape...) avaient pris un tour passionnel. ■

CONCEPTION ORTHODOXE DE L'ÉGLISE

Si, fondamentalement, la notion d'Église instituée par Jésus-Christ en vue de poursuivre sa mission de salut est la même chez un orthodoxe et chez un catholique, ils ne conçoivent pourtant pas la structure ecclésiale de la même façon. L'Église orthodoxe est formée d'un ensemble d'Églises particulières autonomes, dont l'unité réside dans la communion les unes avec les autres en une même foi, sans qu'il soit besoin d'une structure centralisée autour d'un chef spirituel, à l'image de l'Église catholique. Le Patriarche Œcuménique de Constantinople, qui bénéficie d'une primauté d'honneur, ne dispose d'aucun pouvoir sur les autres Églises. *Seule autorité souveraine : le concile universel* rassemblant tous les évêques de l'orthodoxie, qui ne s'est jamais réuni depuis la séparation de 1054.

Chaque Église particulière élit ses évêques, en fidélité au principe de la succession apostolique ; si cette fidélité est commune aux orthodoxes et aux catholiques (favorisant une identité de vue sur le sacerdoce et l'eucharistie), les divergences surgissent à propos des pouvoirs de l'évêque de Rome. Pour un orthodoxe, tous les évêques sont également successeurs des apôtres, et leurs pouvoirs identiques, à Rome ou ailleurs. Pour l'Église catholique, Pierre et ses successeurs, les évêques de Rome, ont reçu du Christ mission d'être garants de l'unité de l'Église et de sa fidélité à l'enseignement donné aux apôtres. ■

DOCTRINE ORTHODOXE

Les conceptions du *gouvernement* et de *l'unité de l'Église* sont les sujets majeurs séparant orthodoxes et catholiques ; quant à la querelle du Credo (« *Filioque* »), elle a été ramenée à de plus justes proportions[1]. Pour le reste de la doctrine, on peut dire qu'il n'y a pas entre orthodoxes et catholiques de différence de fond mais plutôt de sensibilité. La pensée orthodoxe est toujours très mystique ; avant tout sensible à la grandeur du mystère de Dieu, elle n'éprouve pas le même besoin que la pensée occidentale, marquée par l'esprit juridique de la Rome antique, de tout définir ; elle s'en tient aux définitions des conciles œcuméniques antérieurs à la rupture avec Rome ; pour elle, point n'était besoin d'enfermer dans des dogmes ce qui l'a été par Rome depuis lors (précisions sur la Rédemption, l'Eucharistie, la Vierge, etc.). Quant au dogme de l'infaillibilité pontificale, il est proprement inacceptable à ses yeux.

Il y a lieu de souligner *l'accord* entre orthodoxes et catholiques sur l'essentiel de la *théologie des sacrements*, et en particulier sur celle de *l'eucharistie* et de *l'ordre*, point crucial des difficultés avec les autres confessions chrétiennes. ■

(1) Voir *Convergences, divergences* page 161

QUELQUES ASPECTS DE LA SPIRITUALITÉ ORIENTALE

Sur la nature de l'homme

Est nature ce que Dieu a créé : le corps est naturel, mais aussi la foi ; le premier devoir de l'homme est de faire croître sa nature (en grec *phusis*, nature vient de *phuein*, croître).

La véritable image du Père est le Christ ; l'homme n'est à l'image de Dieu que d'une manière seconde : il est l'image de l'image.

Ce qu'en Occident on met sous le mot *nature* (souvent le péché, la faiblesse humaine), les Orientaux s'emploient à l'éviter en rejetant tout mouvement passionnel désordonné (*apatheia*).

Sur la fin et les moyens de la vie chrétienne.

L'homme est appelé à la déification (*theosis*), comme l'enseigne l'apôtre Pierre : « Par la gloire et la vertu du Christ, les précieuses, les plus grandes promesses nous ont été données, afin que vous deveniez ainsi participants à la divine nature » (2 P. 1, 3-4).

Déification signifie introduction dans le courant d'amour qui relie le Père, le Fils et l'Esprit. Seul, le Christ peut plonger l'homme dans la Trinité : dans le Fils l'homme devient fils.

L'homme doit personnellement participer à sa propre déification ; mais ce qui domine, c'est la *contemplation de l'action de Dieu* (d'où le caractère très stable de la spiritualité orientale).

Sur la rencontre de Dieu.

La *liturgie* est au cœur de la spiritualité orientale, cherchant toujours à signifier le mystère de Dieu. Elle est un des lieux où s'exprime la Communion des Saints, partage, union spirituelle, entre chrétiens du ciel et de la terre ; au centre de ce partage, Marie, la Mère de Dieu.

Sur la relation au monde.

Deux convictions. D'une part, le monde est au service de l'homme ; la contemplation du monde, reflet de la sagesse divine, permet de rejoindre l'invisible. D'autre part, l'homme est responsable du monde : il doit l'aider à se diviniser en le purifiant ; les Orientaux prennent volontiers plus de distance que les Occidentaux à l'égard du monde, d'où l'importance du *monachisme érémitique*, ou du mouvement *hésychaste* cherchant la prière parfaite dans la solitude. ■

Quand le concile Vatican II évoque la pensée orthodoxe

« (...) Effectivement, quand il s'agit d'approfondir la vérité révélée, les méthodes et les moyens de connaître et d'exprimer les choses divines ne sont pas les mêmes en Orient et en Occident. Il n'est donc pas étonnant que certains aspects du mystère révélé aient été parfois mieux saisis et mieux exposés par l'un que par l'autre, si bien que l'on doit considérer ces diverses formules théologiques souvent plus complémentaires qu'opposées. Quant aux traditions authentiques des Orientaux, on doit le reconnaître, elles sont enracinées de façon excellente dans la Sainte Écriture ; elles sont développées et exprimées dans la vie liturgique ; elles se nourrissent de la tradition vivante des Apôtres, des écrits des Pères orientaux et des auteurs spirituels ; elles tendent à devenir de véritables règles de vie, et même, de pleine contemplation de la vérité chrétienne (...) »

Décret *Unitatis redintegratio*, sur l'Œcuménisme, n° 17, 1964.

LITURGIE

Elle tient une place première dans l'Église orthodoxe. La richesse doctrinale de ses textes, la symbolique de ses rites, la solennité de ses célébrations, l'art religieux qui en illustre le cadre, tout y manifeste un sens aigu du sacré et de la transcendance de Dieu.

La place tenue par Constantinople au centre de l'empire de Byzance a fait progressivement prévaloir la liturgie byzantine dans l'ensemble de l'orthodoxie ; mais la langue liturgique a toujours été la langue locale (selon les Églises : le slavon, le grec, l'arabe, le roumain, l'albanais...).

Le contenu de la liturgie et son caractère populaire ont toujours été parmi les facteurs permettant à la foi orthodoxe de résister aux persécutions ; on en a eu une nouvelle illustration en URSS où l'Église orthodoxe ne disposait guère d'autres moyens d'enseigner et d'évangéliser. ■

L'Église orthodoxe et l'œcuménisme

Conseil Œcuménique des Églises. Participation du Patriarcat de Constantinople aux travaux préparatoires du COE et adhésion dès sa fondation (1948), ainsi que l'Église de Grèce ; les Églises des pays socialistes suivront en 1961. Toutes les Églises orthodoxes en sont membres aujourd'hui. *Avec l'Église catholique.* Climat modifié par l'avènement de Jean XXIII, la fondation par lui d'un Secrétatriat romain pour l'unité des chrétiens (1960), le concile Vatican II auquel il invite des observateurs des Églises non catholiques. 1964 : rencontre historique, à Jérusalem, d'Athénagoras, patriarche de Constantinople, et de Paul VI. 1965 : levée des excommunications mutuelles de 1054. Depuis lors, visites mutuelles à Istanbul (Constantinople) et à Rome. Rencontres fréquentes de responsables des Églises à divers niveaux (par exemple, Conférences des Églises européennes). Institution d'une commission catholique-orthodoxe pour étudier les questions faisant obstacle à l'unité. Avec le retour à la liberté religieuse dans les anciens pays socialistes de l'Est européen, les *chrétiens des Églises gréco-catholiques* se sont empressés de se soustraire au rattachement d'office à l'Église orthodoxe auquel, pour les isoler de toute influence romaine, avait procédé le pouvoir communiste. Cette manifestation de leur fidélité à la communion romaine, aggravée par les problèmes posés par la récupération de leurs lieux de culte (qui avaient été confisqués par le pouvoir et attribués par lui à l'Église orthodoxe) sont la source de sérieuses difficultés locales entre Églises catholique et orthodoxe.

QUELQUES LIVRES

L'Église orthodoxe, collection Que sais-je ?, n° 949, PUF.

Jean Meyendorf, *L'Église orthodoxe hier et aujourd'hui*, Seuil.

M.J. Le Guillou, *L'esprit de l'orthodoxie grecque et russe*, coll. Je suis, Je crois, Fayard.

Paul Evdokimov, *L'art de l'icône*, Desclée de Brouwer, 1970.

L'état des religions dans le monde, La Découverte - Le Cerf.

Commission mixte Catholiques - Orthodoxes. *Primauté romaine dans la communion des Églises*, Le Cerf.

UN CATHOLIQUE PEUT-IL COMMUNIER A UNE CÉLÉBRATION ORTHODOXE ?

L'Église catholique reconnaît la validité de la célébration eucharistique orthodoxe (mêmes doctrines de la présence réelle et du sacrement de l'ordre) ; mais la participation à la communion a, d'une certaine manière, valeur de signe d'adhésion à l'Église qui la donne et à son enseignement.

D'où la position de l'Église catholique :

1. L'assistance d'un catholique à une célébration orthodoxe appelle de sa part conscience et respect de la présence réelle du Christ.

2. La participation à la communion peut se faire dans des circonstances précises : célébrations œcuménemiques en accord avec l'évêque ; célébrations concernant des proches ; absence de célébrations catholiques (par exemple à l'étranger).

Même attitude vis-à-vis des Églises orientales anciennes. (Aucun problème, bien sûr, vis-à-vis des Églises orientales unies à Rome.)

Voir : *Les orthodoxes en France*, p. 182.

Qu'est-ce que.. ?

Mont Athos. Presqu'île montagneuse du nord de la Grèce, occupée depuis le Xᵉ siècle par des monastères et des ermitages (ils ont compté jusqu'à 10 000 moines), et bénéficiant depuis 1913 d'une large autonomie au sein de l'État grec. Ce foyer monastique, le plus important de l'orthodoxie, a toujours tenu une place importante dans la vie spirituelle de celle-ci.

Autocéphale (du grec *autos*, soi-même et *képhalè*, tête : ayant sa propre tête). Dans l'orthodoxie, une Église autocéphale est, *au sens strict*, celle qui n'est pas soumise à la juridiction d'un des patriarches (par exemple celle de Grèce) ; *au sens large*, une Église ne relevant pas d'une juridiction extérieure ; ainsi les 9 patriarcats, les 6 Églises autocéphales au sens strict, les 2 Églises autonomes, les diverses Églises de la dispersion sont autocéphales.

Exarque. Chef spirituel d'un territoire (*exarchat*) situé hors de celui dépendant directement du patriarche, par exemple à l'étranger.

Hésychasme (du grec *hesychazein*, se mettre en paix). Tradition spirituelle datant des origines du monachisme oriental (IVᵉ siècle), avec un regain au XIIIᵉ siècle au Mont Athos. Illustré par *saint Grégoire Palamas* (XVIᵉ siècle). L'hésychaste s'adonne à la contemplation en suscitant en lui la paix intérieure par une prière où domine l'invocation du nom de Jésus.

Higoumène. Responsable de communauté monastique.

Icône (du grec *eikona*, image). Image du Christ, de la Vierge ou d'un saint, vouée à la vénération des fidèles. Techniques de réalisation d'origine très ancienne (Égypte hellénistique). Règles de figuration fixées lors de la crise iconoclaste du VIIIᵉ siècle, inspirées par une théologie de l'image sans équivalent en Occident : comme Dieu a pris une chair humaine visible qui est pourtant devenue divine, de même l'image sainte a pour objet de projeter dans le monde sensible les réalités du monde glorifiées en Dieu.

Iconostase. Clôture percée de trois portes, ornée d'icônes, séparant le sanctuaire et la nef dans les églises de rite oriental.

Métropolite. Dans la plupart des Églises d'Orient, archevêque. *Métropolie* ou *Métropole* : archevêché.

Patriarche (du grec *pater*, père et *arkhôn*, chef : chef de lignée). Titre donné à partir du VIᵉ siècle aux évêques des cinq grands sièges anciens de la chrétienté : *Rome, Constantinople, Alexandrie, Antioche, Jérusalem* (la *pentarchie*). Le patriarche a autorité sur les archevêques et évêques de son patriarcat. Après la séparation du XIᵉ siècle, les patriarcats orientaux accrurent leur autonomie, une primauté d'honneur étant cependant reconnue à celui de Constantinople. Au fur et à mesure de l'accession des Églises orthodoxes à l'autocéphalie, plusieurs d'entre elles obtinrent ou se donnèrent un patriarche (*Géorgie, Bulgarie, Russie, Serbie, Roumanie*). Les Églises orientales anciennes et plusieurs de celles unies à Rome ont également leur patriarche.

Synode. A l'origine du christianisme, toute assemblée ecclésiale (œcuménique, régionale ou locale). Aujourd'hui, dans l'Église orthodoxe, assemblée d'évêques. Synode d'un patriarcat : conseil permanent d'évêques qui assiste le patriarche (et souvent l'élit) (voir aussi Index, pour l'emploi du mot dans les autres Églises).

LES ÉGLISES ISSUES DE LA RÉFORME

LES ORIGINES DES TROIS GRANDES BRANCHES

On trouvera dans la partie historique l'évocation plus détaillée des origines de la Réforme au XVIe siècle et de son développement dans ses diverses composantes (p. 390 et s.). On n'en rappellera ici que les grandes étapes.

Luther

Dans un monde en rapide mutation (découverte de l'Amérique, invention de l'imprimerie, Renaissance et humanisme, etc.), qui sort du Moyen Âge et accède aux temps modernes, l'Église paraît au contraire immobile ; en fait, elle est travaillée en profondeur par l'aspiration à un renouveau de l'esprit évangélique. *Luther* (1483-1546), à la suite d'un douloureux cheminement intérieur, a acquis la certitude que le salut est dû à la *seule foi* en Jésus-Christ (« sola fide ») et non aux mérites personnels du croyant (les *œuvres*), encore moins aux indulgences accordées par l'Église. C'est précisément à propos de la question des indulgences que ce moine augustin va faire une entrée retentissante sur la scène avec l'affichage de ses *95 thèses* à Wittemberg, en 1517, événement considéré comme le point de départ historique de la Réforme.

Dans un contexte de vives polémiques et de violences, le mouvement lancé par Luther se répand en pays germanique comme une traînée de poudre. Dans un ensemble d'écrits, il développe sa pensée (salut par la *seule foi* selon une prédestination qui relève de l'amour de Dieu ; autorité de la *seule Écriture dans l'Église, « sola Scriptura »* ; *sacerdoce universel des baptisés* excluant un sacerdoce ministériel ; *baptême et eucharistie seuls sacrements* institués par le Christ). La *Confession d'Augsbourg* (1530), texte rédigé par le théologien *Melanchthon*, formulera de manière résumée, du vivant même de Luther, la théologie de celui-ci ; elle reste aujourd'hui la référence des Églises luthériennes. A partir des pays germaniques, la Réforme luthérienne gagnera l'Europe centrale et les pays scandinaves, puis les États-Unis et, par les missions, de nombreuses régions du monde. La plupart des Églises luthériennes sont aujourd'hui affiliées à la Fédération luthérienne mondiale (93 % des luthériens).

Zwingli

En Suisse alémanique, *Zwingli* (1481-1531) s'était rallié vers 1520 à la Réforme, entraînant avec lui la ville et le canton de Zurich. Mais il entre bientôt en conflit avec Luther au sujet de la présence réelle dans l'eucharistie ; il disparaîtra d'ailleurs prématurément, et son mouvement finira par se fondre dans celui du calvinisme genevois, né plus tard.

Calvin

Le Français *Calvin* (1509-1564) appartient en effet à la seconde génération de la Réforme, à laquelle il se rallie en 1533. Réfugié à Genève, il fait de cette ville une citadelle de la foi réformée, au rayonnement international. Sa pensée est proche de celle de Luther, quoique avec des nuances relatives à la prédestination, à la présence réelle dans l'eucharistie, et surtout à la conception de l'Église. Son tempérament froid, méthodique et systématique (au contraire de Luther, passionné et tant soit peu brouillon), fait de lui à la fois un théologien rigoureux, un organisateur minutieux et un chef intransigeant. Son maître-livre, *l'Institution de la Religion Chrétienne*, constamment retouché par lui, expose tout à la fois sa théologie et la structure de l'Église qui doit en résulter ; en particulier l'épiscopat est remplacé par un *système synodal* au sein duquel des laïcs et des pasteurs élus exercent l'autorité (*presbytérianisme*). C'est aux Églises et aux chrétiens de la tradition calviniste qu'est couramment appliqué le terme de *réformés* (*presbytériens* en certains pays).

L'influence calviniste s'est principalement fait sentir en Suisse, en France (où les protestants ne dépasseront cependant jamais 10 % de la population), aux Pays-Bas, en Grande-Bretagne, puis en Amérique et, cette fois encore, en diverses régions du monde par l'action des missions.

Les Églises calvinistes ont constitué une Alliance réformée mondiale.

L'anglicanisme

Son cas est particulier : on peut soutenir en effet que la Réforme a été introduite de manière accidentelle en Angleterre, pour des raisons de pure opportunité personnelle suscitées par un conflit entre le pape Clément VII et le roi *Henri VIII* à propos du divorce de celui-ci. Il n'en reste pas moins que la rupture de 1534 (le roi se faisant reconnaître par l'assemblée du clergé anglais comme chef de l'Église d'Angleterre) ne fut pas sans rapport avec la situation générale de l'Église catholique ; et que l'Église anglicane, tout en conservant bien des traits du catholicisme, a été en même temps profondément marquée par la pensée de la Réforme. ■

RAMIFICATION DES ÉGLISES DE LA RÉFORME

Sur les trois branches maîtresses de l'arbre de la Réforme (luthéranisme, calvinisme, anglicanisme), on verra tout au long de l'histoire surgir maints rameaux, sous forme de courants de pensée donnant le plus souvent naissance à de nouvelles Églises, sans que disparaissent pour autant les anciennes. On n'évoquera ici que les plus notables.

☞ **Les anabaptistes** se sont séparés en 1525 de Zwingli, qu'ils ne jugeaient pas assez radical ; bientôt présents en divers pays, ils se trouvèrent très vite aux prises, en Allemagne, avec les luthériens qui les traitèrent sans ménagements. Les anabaptistes ne reconnaissent valide que le baptême des adultes. De leur mouvement sont notamment issus :

- les *mennonites*, fondés par le hollandais *Mennon Simons* (1456-1561), aujourd'hui proches des calvinistes ;
- les *Frères moraves*, héritiers en même temps des hussites, un mouvement suscité en Bohême par *Jean Hus* un siècle avant la Réforme ;
- la vaste famille des *baptistes* (près de 40 millions de membres), qui a vu le jour au sein de l'Église anglicane au XVIIe siècle et s'en est alors séparée.

☞ **Les puritains ou congrégationalistes**, d'esprit calviniste, se sont eux aussi séparés de l'Église anglicane en 1581 ; ils la jugeaient trop catholique et pas assez réformée (d'où leur nom de puritains). Ils ont adopté un système d'organisation ecclésiale encore plus libéral que celui des calvinistes : c'est la communauté locale qui détient l'autorité souveraine, sous le Christ son chef ; toute autorité supraparoissiale est récusée. Ce type d'organisation dit *congrégationaliste*, adopté par beaucoup d'autres confessions (baptistes, quakers, etc.), se distingue d'une part de la forme *épiscopalienne* (qui comporte une hiérarchie épiscopale, comme l'Église anglicane par exemple), et d'autre part de la forme *presbytérienne* instituée par Calvin (forme selon laquelle l'autorité est exercée par une hiérarchie de synodes, assemblées élues de pasteurs et de laïcs, depuis le synode paroissial jusqu'au synode national, voir œcuménique). Les congrégationalistes seraient aujourd'hui plus de 3 millions.

☞ **Les presbytériens d'Écosse**, mouvement calviniste lui aussi, a comme principal fondateur *John Knox* (1505-1572). Il s'agit d'une Église née spontanément, sans s'être détachée d'une autre Église de la Réforme. Ainsi qu'on l'a vu, le système ecclésial presbytérien est celui qui est en vigueur dans beaucoup d'Églises du courant calviniste.

☞ **Les quakers** (c'est-à-dire « trembleurs »), ainsi appelés à l'origine par dérision, parce qu'au cours de leurs réunions il leur arrivait d'être pris de tremblements ou de convulsions sous l'effet de l'exaltation, sont les membres d'un mouvement né en Angleterre au XVIIe siècle, et que *Georges Fox* (1624-1691) organisa en « *Société des Amis* », sans liturgie ni structure, la place essentielle étant accordée à un subjectivisme religieux inspiré par l'Esprit. Un « Comité mondial des Amis » rassemble aujourd'hui l'ensemble des groupes de quakers.

☞ **Les méthodistes** sont le fruit de l'influence, au sein de l'Église d'Angleterre, au XVIIe siècle, du mouvement piétiste et mystique du *Réveil*, en réaction contre le ritualisme et le conformisme religieux : ce mouvement s'était d'abord développé au sein du luthéranisme allemand (comte *de Zinzendorf* et sa communauté hussite de Herenhut) ; sous l'impulsion des deux frères *Wesley* se forme alors en Angleterre une nouvelle Église, sans autre doctrine que le Symbole des Apôtres ; l'accent y est mis sur l'expérience spirituelle personnelle conduite selon la *méthode* des Wesley (d'où le surnom de méthodistes). Les Églises méthodistes sont aujourd'hui extrêmement nombreuses (près de 40 millions de membres), la plupart affiliées à la Fédération méthodiste mondiale. ■

LE PROTESTANTISME

Population protestante

Évaluation. La population protestante mondiale est très difficile à évaluer, ne serait-ce que parce que personne n'est en mesure d'en tracer les frontières au-delà des grandes Églises protestantes historiques (qui en rassemblent sans doute la moitié) ; particulièrement, dans le foisonnement actuel des nouvelles communautés religieuses, le discernement n'est guère aisé entre Églises authentiquement chrétiennes et celles qui, souvent sous des dénominations chrétiennes, sont proches en fait du monde des sectes ; a fortiori, l'évaluation numérique en est-elle aventureuse. C'est pourquoi on se contentera ici de donner une évaluation des principales Églises protestantes historiques (le cas, particulier, de l'Église anglicane est évoqué p. 159).

Pour la population protestante globale, on avancera ici, avec réserves, les chiffres de 300 à 450 millions, dont la répartition géographique peut être approximativement évaluée comme suit : un tiers en Europe (avec majorité de luthériens et de réformés), un tiers en Amérique du Nord (grande diversité d'Églises, majorité de baptistes et de méthodistes), et un tiers dans le reste du monde, avec une forte implantation en Afrique. A noter le rapide développement du protestantisme en Amérique latine (principalement évangélistes et pentecôtistes, souvent à tendances fondamentalistes ; 10 % de la population ?).

Principales Eglises protestantes historiques

Luthériens :	60 millions (1)(2)
Réformés et presbytériens :	45 millions (1) (3)
Baptistes :	30 à 50 millions (4)
Méthodistes :	30 à 50 millions (5)

(1) Chiffres arrondis à partir des données du Conseil Œcuménique des Églises, de la Fédération luthérienne mondiale pour 1990, et de l'Alliance réformée mondiale pour 1989.
(2) Dont 65 % en Europe, 15 % en Amérique du Nord, 9 % en Afrique.
(3) Dont 31 % en Europe, 26 % en Asie, 23 % en Afrique.
(4) Principalement aux Etats-Unis, où ils constituent le premier courant protestant.
(5) Dont environ 28 % aux États-Unis, où ils constituent le second courant protestant.

Les protestants et l'œcuménisme

Ce sont les sociétés missionnaires protestantes et anglicanes qui, au début du XXe siècle, ont été à l'origine du mouvement œcuménique auquel on doit la constitution du *Conseil Œcuménique des Églises* (COE), en 1948. Des pasteurs protestants en ont été, jusqu'à présent, les secrétaires généraux successifs (W.A. Visser't Hoft, calviniste des Pays-Bas, Philip Potter, méthodiste de la République dominicaine, Emilio Castro, méthodiste d'Uruguay). Plus des deux tiers des Églises affiliées au Conseil sont d'ailleurs protestantes. C'est dire la vigueur du courant œcuménique au sein du protestantisme, allant jusqu'à des unions organiques d'Églises en divers pays.

Cependant, les oppositions les plus résolues à l'œcuménisme viennent aussi d'Églises ou de groupes protestants (conservateurs, fondamentalistes, pentecôtistes ou, à l'opposé, libéraux).

Avec l'Église catholique, les contacts se sont réellement établis à partir de l'avènement de Jean XXIII (1958). Depuis lors, outre les contacts permanents établis entre le Saint-siège et le COE, divers groupes mixtes de travail, officiels ou officieux, ont été institués entre théologiens protestants et catholiques.

LE PROTESTANTISME VU PAR UN PROTESTANT

Pour les uns, le protestantisme apparaît sans doute comme un lieu de foi avec ses communautés locales, mais plus encore sans doute comme un espace religieux toutes fenêtres ouvertes sur la vie, comme un lieu où le pouvoir est au peuple de Dieu et non à des clercs. Pour d'autres, c'est un désordre sympathique mais gênant, où les codes et les règles ne sont plus loi figée, un désordre où ils risquent de perdre le sens commun, l'unité ecclésiale. Mouvance ou fixité ? En fait, on trouve les deux, le balancier penchant vers le premier.

Depuis quelques années, après avoir puisé thèmes et idées dans l'actualité immédiate, le protestantisme éprouve un besoin de clarification. Ce n'est pas seulement une crise d'identité mais le souci de sa mission dans un monde en mutation et création. Voici quelques-uns des axes pour le maintien desquels il estime sa présence nécessaire dans l'éventail des Églises.

La Bible

Il n'y a pas de protestantisme sans la Bible. Au XVIe siècle, Luther, tourmenté par l'angoisse du salut, muni seulement de recettes par une Église noyée dans les structures et la mondanisation, reçoit la réponse par la Bible. En elle Calvin a retrouvé des éléments de foi et de vie souvent voilés par les ajouts des siècles. La Bible, cet immense panorama de la marche par la foi, ouvre à tout instant une base de réflexion et des indications valables pour notre temps, pour les hommes d'aujourd'hui comme elle le fit pour ceux d'hier. Elle est plus qu'un livre de piété. Elle nous initie au plan de Dieu pour l'homme. Malgré les refus de l'humanité, l'amour de Dieu insiste jusqu'à se donner en son Fils sur la croix. Sa puissance est aussi résurrection, signe permanent de l'espérance de l'amour finalement vainqueur. La Bible dit Jésus-Christ vivant et le lien vrai de la foi. Sa lecture est toujours éclairée par l'assistance de l'Esprit Saint.

La foi seule

Jésus-Christ aime son disciple et, en retour, attend son amour dans le mouvement de la foi dynamique. Il libère du péché. Il libère des comptabilités du bien et du mal, du salut par les œuvres ou par les rites, pour donner la liberté d'agir par amour et non par devoir. Le croyant est sauvé par la foi, rendue certes plus visible par les actes, mais sauvé par la foi seule.

La seule gloire de Dieu

Le croyant n'agit ni par ordre, ni par ambition religieuse, ni par volonté propre, mais dans le mouvement de la foi. Celle-ci doit toujours laisser transparaître, exprimer, la référence à Dieu et Jésus-Christ, celui qui donne le savoir et le faire. Cette transparence ouvre les yeux sur l'horizon illuminé par la gloire de Dieu. Il fait exploser les dimensions de l'entendement. Tout doit donc être en référence à cette gloire et rien ne doit la voiler.

Des Églises locales

Tous ceux qui reçoivent ce message se reconnaissent et s'assemblent ici et là. Rassemblement de reconnaissance, de prière, d'écoute de la Bible, d'adoration et de ressourcement pour l'action. Culte où, à intervalles réguliers, se célèbre la sainte cène, et aussi les baptêmes et les mariages. La mise en commun se fait dans cette communauté, Église locale. Celle-ci est dirigée par des laïcs élus (Conseil presbytéral, Conseil d'Église...). Elle est responsable d'elle-même, noyau essentiel dans cette forme de presbytérat. Des échelons de responsabilité régionaux et nationaux sont au service de ces congrégations locales. Ils proposent à leur nomination des pasteurs formés par des Instituts ou Facultés. Des délégations élues – autant de laïcs que de pasteurs – réfléchissent, décident ce qui est le meilleur pour l'ensemble dans l'obéissance au Christ, donc ce qui nourrit leur unité dans la diversité. Ces assemblées sont des Synodes (région, nation) dans l'Église Réformée, ou Conseils ou Consistoires. Les fonctions de présidence sont toujours liées au Conseil, qui les confie pour des périodes renouvelables de trois ans. Comme la plupart des mandats, elles ne dépassent guère neuf ans.

Ces modes de désignation, de décision, et leurs limites, veulent éviter toutes formes de pouvoir personnalisé ailleurs nommées prêtrise ou épiscopat. La pression du milieu fausse parfois ce fonctionnement. Soulignons qu'il ne s'agit pas ici de démocratie, car, au travers de ces pouvoirs et de ces élections, il doit y avoir service de Dieu, seul pouvoir souverain.

Le ministère

Ces charges et ces communautés locales assemblées ont besoin généralement de « serviteurs », permanents ou non, formés théologiquement, aptes à les animer, à veiller à la formation religieuse des enfants et des adultes, à accompagner les protestants. Ces ministères sont très divers. L'un d'entre eux est plus nécessaire, à plein temps. C'est celui du pasteur, équipé théologiquement par des études de niveau universitaire, et par des stages au dehors afin d'élargir la compréhension humaine et sociale. Les pasteurs sont généralement *consacrés – ordonnés* par imposition des mains, pour bien marquer leur mission et leur service. Mariés, souvent chargés de famille dans une cellule familiale comme les autres, ils connaissent de près les problèmes humains. Il y a des femmes pasteurs et, depuis quelques années, des couples où l'épouse et le mari sont tous deux pasteurs et en fonction dans l'Église.

Dans les Églises, les pasteurs sont suivis au plan général par la Commission des ministères, qui les accompagne dans leurs études et les habilite ensuite pour le ministère. ■

Paul Guiraud

Voir *Les protestants en France* p. 180-181.

Lorsqu'un mot, une expression, un événement, une institution, un nom propre vous sont inconnus, consultez l'index.

Qu'est-ce que ?

Christianisme social. Courant né au XIXe siècle, parallèlement à celui du catholicisme social, et visant également à prendre en compte les exigences évangéliques dans le domaine de la vie sociale.

CIMADE (à l'origine « Comité Inter-Mouvements Auprès Des Évacués », service œcuménique français d'entraide fondé en 1939 par des réformés en faveur des réfugiés). Depuis, champ d'action étendu à toutes les formes de la solidarité.

Confession. Plusieurs sens. 1. Profession de foi : en ce cas, peut désigner la formulation d'un résumé de la foi (par exemple, *Confession d'Augsbourg*, texte de référence de la foi luthérienne) ; 2. Par extension, désignation d'une Église : par exemple, la Confession protestante ; 3. Aveu des péchés.

Conseil presbytéral. Dans les Églises protestantes, organe responsable de l'Église locale (paroisse), constitué du pasteur et des laïcs (anciens) élus par les fidèles.

Consistoire. Dans les Églises protestantes, assemblée de ministres et laïcs élus, responsable d'une communauté ou d'un ensemble de communautés (par exemple, région) ; par extension, région elle-même.

Culte. Tenue de l'assemblée liturgique, notamment le dimanche et les jours de fête. Il comporte une prédication sur un texte biblique, accompagnée de lectures, chants, prières. La Sainte Cène n'y est célébrée qu'en certaines circonstances (par exemple, à l'occasion des grandes fêtes religieuses).

Diaconesse. Dans les premiers temps de l'Église, veuves ou vierges chargées d'un ministère analogue à celui des diacres (assistance, catéchèse, baptême, etc.). Au XIXe siècle, reprise du terme dans le protestantisme lorsqu'il admit la constitution de communautés de femmes vouées à diverses activités d'entraide et d'évangélisation.

École du Dimanche. Équivalent, dans le protestantisme, de la catéchèse catholique. La familiarisation avec l'Écriture Sainte y tient la première place.

Église confessante. Communautés protestantes constituées en Allemagne pour résister à l'idéologie nazie. Le pasteur luthérien *Bonhoeffer*, pendu par les nazis en 1945, a été l'un de ses animateurs.

Épiscopaliens. Dénomination des anglicans en certains pays ; notamment aux États-Unis.

Évangélique. Beaucoup d'Églises protestantes recourent à ce mot dans leur dénomination pour affirmer leur propos de s'en tenir à la seule autorité de l'Évangile, et se distinguer ainsi de l'Église catholique. Il existe en outre un courant plus fondamentaliste se déclarant évangélique, qui affirme avec plus d'intransigeance la référence exclusive à l'Écriture et la nécessité d'une foi confessante exprimée avant le baptême (en France « Églises évangéliques libres », etc.).

Fondamentalistes. Chrétiens s'attachant au sens littéral des textes de la Bible. C'est l'origine de beaucoup de doctrines millénaristes (certains pentecôtistes, adventistes...).

Libre examen. L'Écriture, en tant que Parole de Dieu, étant l'autorité souveraine aux yeux d'un protestant, il appartient à chacun de se laisser interroger par elle, et d'en tirer, avec l'aide de l'Esprit Saint, la manière d'en vivre.

Pasteur. Rappelant le Christ se présentant comme le Bon Pasteur, le mot est commun aux Églises chrétiennes pour évoquer leurs ministres. De manière plus précise, dans les Églises protestantes, ministre ordonné en vue de la prédication de l'Évangile, de la célébration du culte et des sacrements, de l'animation des communautés. Contrairement au prêtre (catholique ou orthodoxe), son caractère sacerdotal n'est pas différent de celui de tout baptisé ; l'ordination ne relève pas d'un sacrement mais est seulement reconnaissance d'une fonction de service de la communauté, incluant la présidence de la Cène. Beaucoup d'Églises protestantes admettent aujourd'hui les femmes au ministère pastoral.

Pentecôtisme. Ensemble de courants spirituels axés sur la foi dans l'action de l'Esprit Saint (dont les dons ont été répandus sur les Apôtres le jour de la Pentecôte). Historiquement, deux mouvements :
– le Pentecôtisme classique, né aux États-Unis en milieu protestant au début du XXe siècle, rejeté par les Églises de la Réforme, et organisé en Assemblées de Dieu de type sectaire ;
– le « Néo-Pentecôtisme », né également aux États-Unis en milieu protestant aux alentours de 1950, puis répandu dans les milieux universitaires catholiques américains ; il est passé en Europe, notamment dans les milieux catholiques *(Renouveau charismatique) ;* ce Pentecôtisme se présente sous une forme volontiers œcuménique visant au renouveau des Églises par la prière à l'Esprit Saint.

Réveils, Revivalisme (en anglais *revival*, réveil). Grands sursauts spirituels réagissant contre la sécheresse dogmatique ou le conformisme d'Églises protestantes d'Europe et d'Amérique aux XVIIIe et XIXe siècles.

Sainte Cène *(Cène :* dernier repas du Christ avec ses apôtres au cours duquel il institua l'Eucharistie). Dans les Églises protestantes, célébration eucharistique. (Voir Culte.)

Synode. Dans une Église protestante, assemblée responsable régionale ou nationale. Synode régional : pasteurs et laïcs en nombre égal délégués par les Églises locales. Synode national (réformés) ou général (luthériens) : délégués des synodes régionaux ; seul, il a autorité en matière de foi et de discipline.

Temple. Nom donné en France aux édifices du culte protestant en souvenir du Temple de Jérusalem évoqué par l'Écriture Sainte. La chaire pour la prédication de la Parole de Dieu et la table (autel) pour la célébration de la Sainte Cène y tiennent la place d'honneur. Seule représentation : le Christ en croix.

QUELQUES LIVRES POUR MIEUX CONNAÎTRE LE PROTESTANTISME

R. Stauffer, *La Réforme*, coll. Que sais-je ?, n° 1376, PUF.

E.G. Léonard, *Histoire du protestantisme*, coll. Que sais-je ?, n° 427, PUF.

R. Marlé, *La Réforme et les protestants*, Mame.

S. Ronchi, *Le protestantisme*, coll. Grandes religions, Mame.

G. Tavard, *Le protestantisme*, coll. Je sais, Je crois, Fayard.

A.M. Schmidt, *Jean Calvin et la tradition calvinienne*, coll. Maîtres spirituels, Seuil.

L'état des religions dans le monde, La Découverte - Le Cerf.

LA COMMUNION ANGLICANE

Population anglicane

Les chiffres varient beaucoup selon les sources, le maximum parfois avancé de 64 millions étant peu vraisemblable. Théoriquement, la moitié de la population anglicane se trouve en Grande-Bretagne ; mais l'appartenance effective à l'Église anglicane n'y est probablement que de l'ordre de 2 millions, soit moins que la population catholique actuelle (5 millions). Le reste de la population anglicane dans le monde se trouve pour l'essentiel en Australie, aux Etats-Unis, au Canada, en Afrique, en Nouvelle-Zélande.

Anglicanisme et œcuménisme

Sa situation intermédiaire entre catholicisme et protestantisme prédisposait l'anglicanisme au dialogue. De fait, des personnalités anglicanes ont été, aux XIXe et XXe siècles, des pionniers de l'œcuménisme, tant en direction du catholicisme que dans les contacts plus larges d'où devait sortir le Conseil Œcuménique des Églises (1948), dont les diverses Églises de la Communion anglicane sont membres.

Les relations avec l'Église catholique, longtemps marquées par l'échec en 1896 des tentatives faites conjointement par lord Halifax et l'abbé Portal, ont pris un tour nouveau avec Jean XXIII (observateurs anglicans invités au concile Vatican II ; visite du Dr. Ramsay, archevêque de Cantorbéry, à Paul VI en 1966, et de Jean-Paul II à Cantorbéry en 1981 ; institution d'une Commission catholique-anglicane, à laquelle on doit des textes très constructifs sur les points les plus sensibles : eucharistie, ministère, autorité dans l'Église). Lentement, un terrain plein d'embûches se déblaye. Cependant, la question de la validité des ordinations et la théologie des sacrements font encore obstacle à l'inter-communion.

QUELQUES LIVRES

Les Églises en Grande-Bretagne, coll. Que sais-je ?, n° 632.
S. Neill, *L'anglicanisme et la communion anglicane*, Seuil.
A.D. Toledano, *L'anglicanisme*, coll. Je sais, je crois, Fayard.
L'état des religions dans le monde. La Découverte - Le Seuil.

L'ANGLICANISME

Église multiple et une

L'Église d'Angleterre s'est séparée de Rome, lorsque, le pape Clément VII refusant de prononcer la nullité du mariage du roi *Henri VIII*, celui-ci se fit proclamer chef de cette Église par l'assemblée de son clergé (1531). L'événement fut donc apparemment sans relation avec la Réforme qui bouleversait alors l'Europe. Mais, très vite, des influences protestantes s'exercèrent sur l'Église anglicane, sans cependant éliminer certains aspects proches du catholicisme (particulièrement l'institution épiscopale). Cette dualité d'inspiration, catholique et protestante, donne à l'anglicanisme son caractère spécifique.

L'anglicanisme s'est principalement répandu là où s'exerçait l'influence britannique. Aujourd'hui, les diverses Églises anglicanes (ou épiscopaliennes) sont autonomes ; mais elles conservent entre elles un lien spirituel et ecclésial qui fait de leur ensemble la *Communion Anglicane*. L'Église d'Angleterre y garde une place privilégiée, sans cependant y exercer aucune autorité. Tous les dix ans depuis 1867, la *Conférence de Lambeth* rassemble les évêques anglicans du monde sous la présidence de l'archevêque de Cantorbéry, primat d'Angleterre ; tout en jouissant d'une grande autorité morale, elle ne dispose d'aucun pouvoir, chaque Église étant libre d'entériner ou non ses résolutions. Un *Conseil consultatif anglican* joue depuis 1968 un rôle de coordination. Un *Comité des Primats* réunit, depuis 1978, les évêques-présidents des Églises anglicanes.

L'Église d'Angleterre a gardé son organisation des origines (paroisses, doyennés, évêchés, archevêchés) ; mais, à l'image des Églises protestantes, chacune de ces instances comporte un *synode* incluant des laïcs élus, le tout coiffé par un *Synode général* présidé par l'archevêque de Cantorbéry, et composé de trois chambres (évêques, clergé, laïcs). L'Église d'Angleterre a toujours le caractère d'Église d'État (d'où nominations des évêques par le souverain, droit de véto du Parlement sur les décisions du Synode général, etc.) ; en fait, elle est devenue très indépendante.

La doctrine anglicane

L'Église anglicane se déclare volontiers tout à la fois catholique et réformée. Elle est restée attachée à la foi exprimée par les Symboles des Apôtres et de Nicée, les conciles œcuméniques antérieurs à la rupture entre l'Orient et l'Occident (1054), les Pères de l'Église. Contrairement à la plupart des Églises protestantes, elle a conservé *l'institution épiscopale ;* elle affirme avoir toujours respecté la succession apostolique, condition, selon les théologies catholique et orthodoxe, de la validité des ordinations (et, dès lors, de la présence réelle dans l'eucharistie).

Cependant, en 1896, le pape Léon XIII déclara non valides les ordinations anglicanes, pour absence d'authentique succession apostolique ; cette question est, avec celle des pouvoirs du pape, la principale source des difficultés entre catholiques et anglicans ; de nouvelles perspectives semblent toutefois se dessiner à son sujet.

Quant à l'influence réformée, on la trouverait notamment dans l'autorité accordée à l'Écriture Sainte et dans la théologie des sacrements (seuls reconnus : baptême et eucharistie).

La dualité d'influence, catholique et protestante, apparaît en outre dans l'organisation ecclésiale et dans une certaine diversité de styles liturgiques. Elle s'est également traduite par des professions de foi successives au XVIe siècle ; celle en vigueur, les *Trente-neuf articles de religion* (1571), d'esprit calviniste, a moins d'importance aujourd'hui. Le texte qui fait autorité est le *Book of Common Prayer* (1549), souvent révisé, fondement de la liturgie anglicane. Les quatre points reconnus comme essentiels par la Communion anglicane (autorité de la Bible, vérité de la foi dans les Symboles des Apôtres et de Nicée, deux sacrements, épiscopat) ont été soulignés par la déclaration dite *Quadrilatère de Lambeth*, adoptée par la conférence de Lambeth de 1888.

Cette situation intermédiaire entre catholicisme et protestantisme se traduit aussi par une pluralité de courants théologiques : renouveau évangélique ou *Low Church* (Basse Église), de sensibilité plus réformée ; mouvement d'Oxford ou *High Church* (Haute Église), de sensibilité plus catholique (Anglo-Catholiques) ; *Broad Church* (Église large) d'esprit libéral. ■

Liturgie et culte

Chaque Église de la communion anglicane suit sa propre liturgie (dans la langue de son pays), la base commune à toutes restant le *Book of Common Prayer*. Le style peut varier d'un lieu de culte à l'autre ; soit très proche de la liturgie catholique, soit très proche du culte calviniste, selon le courant auquel se rattache la communauté ; mais partout on recourt aux mêmes textes liturgiques. On assiste actuellement à un mouvement général tendant à redonner la place centrale à l'eucharistie. ■

Statut du clergé

Prêtres et évêques peuvent se marier, même après leur ordination ou leur consécration épiscopale.
Le problème de l'ordination des femmes, récemment posé, divise le monde anglican ; la majorité des Églises y est encore hostile, soit pour des raisons théologiques, soit pour ne pas contrecarrer le dialogue avec les Églises catholique et orthodoxe. La Conférence de Lambeth de 1978 a laissé à chaque Église la liberté de choix ; l'Église épiscopalienne des États-Unis a déjà ordonné des femmes prêtres et même évêque ; suivie par d'autres Églises anglicanes, l'Église d'Angleterre en a adopté en 1992 le principe malgré une forte opposition interne.
La vie religieuse et monastique, totalement supprimée au XVIe siècle, a peu à peu revu le jour au XIXe siècle ; il existe aujourd'hui des ordres religieux masculins et féminins, certains ayant repris des règles anciennes (bénédictins, franciscains, etc.). Les religieux font promesse de célibat. ■

QUELQUES AUTRES ÉGLISES CHRÉTIENNES

Vaudois

(Voir partie historique). Ils tirent leur nom de *Pierre Valdès*, ou *Valdo,* riche négociant lyonnais du XIIe siècle qui, ayant renoncé à tous ses biens, entreprit de prêcher le retour à la pureté évangélique, s'attaqua à la richesse du clergé, réclama des traductions de la Bible en langue vulgaire pour le peuple. Bientôt, il mit en cause le principe même d'un clergé et d'une hiérarchie, les sacrements autres que le baptême et la Cène, le culte des saints, etc. Bien que sa doctrine ait été condamnée par les conciles du Latran (1179) et de Vérone (1184), ses disciples, appelés à l'origine les *Pauvres de Lyon*, se répandirent dans tout le massif alpin, jusqu'en Bohême et en Allemagne, mais surtout en Italie, dans les vallées du Piémont, et y subsistèrent malgré les sanglantes répressions dont ils furent l'objet à plusieurs reprises. Véritables précurseurs de la Réforme, ils s'y rallièrent en 1532 et forment aujourd'hui la majorité des protestants italiens. L'*Église évangélique vaudoise* est constituée de communautés autonomes assistées chacune d'un pasteur ; son exécutif, la *Table Vaudoise*, est désigné par le synode élu par ces communautés.

Vieux Catholiques

(Voir partie historique). La proclamation du dogme de l'infaillibilité pontificale par le 1er concile du Vatican en 1870 avait rencontré une certaine opposition, non seulement au sein même du concile (une soixantaine d'opposants sur les 700 pères conciliaires), mais dans le clergé et les laïcs, surtout en Allemagne et en Suisse. Si la minorité des évêques hostiles au dogme se soumit au vote majoritaire, une fraction du clergé et des fidèles allemands et suisses préféra se séparer de Rome. N'ayant pas d'évêque, ils se rapprochèrent de la Petite Église d'Utrecht : elle s'était séparée de Rome en 1713 en refusant la condamnation du jansénisme, et depuis lors, avait toujours eu des évêques ; par l'*Union d'Utrecht* (1889) fut fondée l'*Église des Vieux Catholiques* (Allemagne, États-Unis, Pays-Bas, Suisse, Pologne) ; elle professe la foi catholique tout en refusant l'autorité romaine. Une conférence réunit ses évêques. Cette Église est aujourd'hui en intercommunion avec l'Église anglicane dont elle est proche ; elle a des relations avec Rome depuis le concile Vatican II.

Autres Églises et groupes religieux d'inspiration chrétienne

Il est impossible de citer ici, et même de dénombrer, les milliers d'autres Églises et groupes religieux qui, dans le monde, se réclament du Christ. Nés pour la plupart depuis moins de 50 ans, notamment dans le tiers-monde, et parmi la population noire des États-Unis, souvent éphémères, d'effectifs très variables, ils proviennent soit de la dissidence d'une fraction d'une autre Église, soit de l'initiative d'un leader attirant des esprits en recherche. Souvent difficiles à distinguer des sectes, ces communautés rassemblent au total des millions de fidèles. ■

LE CONSEIL ŒCUMÉNIQUE DES ÉGLISES (COE)

Ses origines

La conscience du scandale suscité par la division des Églises s'est faite plus aiguë au cours du XIXe siècle, en particulier chez les missionnaires dont les antagonismes contredisaient l'Évangile qu'ils venaient annoncer aux populations non chrétiennes. D'une réunion de sociétés missionnaires protestantes et anglicanes tenues à Édimbourg en 1910 devaient naître trois instances d'esprit œcuménique, le *Conseil International des Missions* (1910), *Christianisme pratique* (1925), *Foi et Constitution* (1927), qui allaient faire mûrir l'idée d'un lieu permanent de dialogue entre Églises.

En 1938, *Christianisme pratique* et *Foi et Constitution* jetaient les bases du *Conseil Œcuménique des Églises (COE) ;* son assemblée constitutive, retardée par la guerre, rassembla en 1948, à Amsterdam, 147 Églises, anglicanes, protestantes, orthodoxes. Le *Conseil International des Missions* rejoignit le COE en 1961, en même temps que les Églises orthodoxes des pays socialistes, restées jusque-là à l'écart.

Ce qu'il est

Rassemblant aujourd'hui 320 Églises (soit plus de 400 millions de chrétiens en plus de 100 pays ; plus des deux-tiers de ces Églises sont protestantes), le Conseil Œcuménique n'est ni une super-Église ni une fédération d'Églises. Il n'a aucun pouvoir sur les Églises membres. Il ne prétend pas avoir réalisé leur unité ; il se propose seulement d'y contribuer.

Il se définit comme une « association fraternelle d'Églises qui confessent le Seigneur Jésus-Christ comme Dieu et Sauveur selon les Écritures, et s'efforcent de répondre ensemble à leur commune vocation pour la gloire du seul Dieu, Père, Fils et Saint-Esprit ». L'acceptation de cette base doctrinale conditionne l'adhésion au COE, lequel n'impose aucune conception sur l'Église, le ministère ou les sacrements.

Son fonctionnement

Les orientations du COE, dont le siège est à Genève, sont définies par les délégués des Églises réunis tous les sept ans en Assemblée ; celle-ci élit un *Comité Central*, chargé des décitions plus détaillées, qui désigne à son tour un *Comité exécutif.* Un *secrétaire général* anime l'ensemble des moyens de travail du COE, parmi lesquels, depuis 1991, quatre grandes sections : *Unité et Renouveau* ; *Mission, Éducation et Témoignage* ; *Justice, Paix et Création* ; *Partage et Service* ; et une Commission théologique : *Foi et Constitution.*

Le COE et l'Église catholique

L'Église catholique, longtemps réservée à l'égard du mouvement œcuménique, a adopté une attitude d'ouverture depuis le pape Jean XXIII. Paul VI et Jean-Paul II, outre leurs nombreux contacts avec les chefs des grandes Églises non catholiques, ont respectivement rendu visite au COE en 1969 et 1984. Depuis 1965, un groupe mixte de travail, désigné par le Conseil pontifical pour l'Unité des Chrétiens et par le COE, a été constitué ; de même une *Commission pour la Société, le Développement et la Paix* (SODEPAX) a été constituée avec des membres désignés par la Commission pontificale Justice et Paix et le COE. La Semaine universelle de prière pour l'unité des chrétiens est maintenant préparée chaque année en commun. Enfin, la Commission *Foi et Constitution* du COE comporte désormais des théologiens catholiques ; on sait l'importance, pour les progrès de l'unité, de documents tels que « Baptême, Eucharistie, Ministère » (1982) établis par cette commission.

L'Église catholique n'est pas membre du COE. Si, de part et d'autre, on attache beaucoup de prix à la coopération établie entre les deux instances, on ne semble pas souhaiter pour l'instant une adhésion de l'Église catholique qui, par son poids numérique et sa structure hiérarchique, poserait des problèmes au COE. ■

L'apport des catholiques au Conseil Œcuménique des Églises

Emilio Castro, pasteur méthodiste uruguayen, alors Secrétaire général du Conseil Œcuménique des Églises (COE), dans une interview donnée au journal *La Croix* (19 janvier 1985) à l'occasion de la Semaine de prière pour l'unité des chrétiens, répondait à la question posée sur l'apport des catholiques au COE : « Il est considérable : la participation des théologiens catholiques aux commissions et groupes de travail, et récemment la visite du pape à Genève (siège du COE), nous ont montré que la vocation œcuménique de l'Église catholique n'offrait pas de possibilité de retour en arrière. Cette visite de Jean-Paul II du 12 juin 1984 était l'aboutissement d'un processus de rapprochement, mais aussi l'ouverture d'une ère nouvelle de travail et de coopération ».

Voir Index : Œcuménisme

Lorsqu'un mot, une expression, un événement, une institution, un nom propre vous sont inconnus, consultez l'index.

Principaux points de convergence et divergence entre grandes confessions chrétiennes

I. ÉLÉMENTS FONDAMENTAUX DE LA FOI CHRÉTIENNE

Accord sur les données de la foi formulées par les Symboles de Nicée-Constantinople (325-381)

A savoir : un seul Dieu en trois personnes, Père, Fils, Saint-Esprit ; le Fils, Jésus-Christ, partage la nature divine du Père ; il s'est fait homme pour le salut de l'humanité ; il est né de la Vierge Marie, est mort sur la croix, a été ressuscité par le Père ; il reviendra à la fin des temps pour le jugement des hommes ; l'Église est à la fois *Une* (c'est-à-dire en même temps unique et unie parce que le Christ en est la tête ; ses divisions, contre nature, ne lui enlèvent pas fondamentalement ces caractères d'unicité et d'unité en Jésus-Christ), *Sainte* (par le Christ qui en est la tête, par la mission de sanctification qu'il lui a confiée, par les moyens qu'il lui a donnés, par le soutien de l'Esprit Saint), *Catholique* (c'est-à-dire universelle, faite pour tous les hommes de tous les temps), et *Apostolique* (c'est-à-dire fidèle à la foi donnée par le Christ à ses Apôtres).

Nuances entre confessions à propos de ces données

A propos de la personne de Jésus-Christ. Rejetant la définition dogmatique du *concile d'Ephèse* (431), les *Nestoriens* (aujourd'hui dénommés *Chaldéens* ou *Assyriens*) se refusent à voir dans le Christ une seule personne en deux natures, divine et humaine ; pour eux il est constitué de deux personnes distinctes : divine et humaine (Jésus) sans union entre elles mais seulement en lien étroit. Rejetant la définition dogmatique du *concile de Chalcédoine* (451), les *Monophysites* (Jacobites ou Syriens, Coptes, Arméniens grégoriens), à l'inverse, n'admettent pas que Jésus-Christ, Fils de Dieu, constitué en une personne unique, puisse avoir une double nature : sa nature humaine est absorbée par sa nature divine. Toutes les autres grandes confessions chrétiennes professent que Jésus-Christ comporte, dans une unique personne, une double nature, divine et humaine (conception dont les Coptes sont plus proches aujourd'hui).

A propos de l'Esprit Saint. Le Symbole de Nicée-Constantinople professe que l'Esprit Saint « procède du Père » ; la mention « et du Fils » (Filioque), ajoutée à partir du IXe siècle dans la récitation du Credo par l'Église d'Occident, a été l'objet de vives controverses entre Orientaux et Occidentaux, puis, à partir de leur séparation au XIe siècle, entre orthodoxes et catholiques. Le débat est aujourd'hui largement dépassionné ; chacun s'emploie à saisir ce qui est en cause dans la position de l'autre.

II. L'ÉGLISE

Un certain consensus sur la notion fondamentale d'Église

Elle est l'Assemblée de ceux qui répondent à l'appel adressé par Dieu à tous les hommes de participer à la réalisation de son Royaume et de partager son bonheur. Il n'y a qu'une seule Église, catholique et apostolique. Elle est le peuple de Dieu avec lequel il a fait alliance ; elle constitue le corps dont le Christ est la tête ; c'est lui qui la dirige. Par elle, il répand sa vérité et sa grâce ; elle est ainsi associée au mystère du salut acquis par la mort et la résurrection de Jésus-Christ ; elle reçoit le soutien de l'Esprit Saint. Elle est envoyée à tous les hommes pour leur annoncer la Bonne Nouvelle (Évangile) de ce salut. C'est le baptême qui incorpore le chrétien dans l'Église, et ainsi dans le Corps du Christ ; il le rend participant de la mission de l'Église. Celle-ci est le signe et le moyen de l'union des hommes à Dieu par le Christ, et de l'unité entre eux qui en résulte.

Cependant, les divergences apparaissent entre protestants et catholiques à propos du rôle de l'Église dans le salut des hommes. Pour les protestants, l'Église est uniquement l'instrument du Christ, qui lui donne, par son Esprit, de témoigner du salut offert au monde. Les catholiques partagent cette vue mais insistent sur la grâce donnée à l'Église d'être, par le Christ et dans l'Esprit, le sacrement de médiation de Dieu pour le salut du monde.

Différences sur le gouvernement de l'Église

<table>
<tr><th>Catholiques</th><th>Orthodoxes</th><th>Protestants luthériens et calvinistes</th><th>Anglicans</th></tr>
<tr><td colspan="2">Au sein de l'Église Corps du Christ, l'institution est gouvernée par le collège des évêques (collège épiscopal), successeur du collège des apôtres (collège apostolique) auquel le Christ a confié le soin de « paître ses brebis » avec l'aide de l'Esprit Saint. Le pouvoir ainsi attribué a été transmis sans discontinuité depuis le Christ (succession apostolique).</td><td rowspan="2">L'institution ecclésiale ne doit pas occulter le fait que l'Église est essentiellement d'ordre spirituel, que le Christ en est le seul chef, et que, dès lors, la seule autorité est celle de sa Parole délivrée par l'Écriture Sainte.
La continuité apostolique n'implique pas une succession ininterrompue d'ordinations épiscopales, mais la continuité de la fidélité dans la foi des apôtres.
Certaines Églises protestantes de tradition luthérienne ont conservé une structure épiscopale sans pour autant recourir à un ordre sacerdotal ; d'autres, de tradition calviniste, sont organisées selon le système synodal ou presbytérien institué par Calvin ; d'autres encore ont adopté le système congrégationaliste au sein duquel c'est la communauté locale qui détient l'autorité ecclésiastique.</td><td rowspan="2">Conception originale, marquée du pragmatisme anglo-saxon où se retrouvent : une structure épiscopale proche de celle des Églises catholique et orthodoxe ; le principe d'autonomie des Églises (le plus souvent nationales), comme dans les Églises orthodoxes ; une organisation de type synodal comme dans les Églises protestantes ; le souci de l'unité de la communion ecclésiale, manifesté notamment par l'institution de la « Conférence de Lambeth » réunissant tous les dix ans l'ensemble des évêques anglicans du monde sous la présidence de l'archevêque de Cantorbéry, primat de l'Église d'Angleterre.</td></tr>
<tr><td>Le collège épiscopal et les évêques n'ont d'autorité et de pouvoir qu'en communion avec le successeur de Pierre, le pape, garant de cette communion dans la fidélité à la foi apostolique. Le pape dispose à cet effet d'un pouvoir spirituel plénier et universel sur les fidèles et les pasteurs.</td><td>La primauté de pouvoir du pape n'est pas reconnue par les orthodoxes, dont la conception ecclésiale implique l'autonomie des Églises ; leur unité est assurée par leur communion dans la fidélité à la même foi apostolique avec l'aide de l'Esprit Saint. La question de la primauté pontificale et la conception de l'autonomie des Églises sont au cœur des difficultés entre catholiques et orthodoxes. Les orthodoxes admettent cependant qu'une primauté d'honneur soit reconnue à l'évêque de Rome.</td></tr>
</table>

III. LES SACREMENTS

Accord sur la notion fondamentale du sacrement
C'est un *signe institué par Jésus-Christ* afin de faire participer les chrétiens au mystère pascal qu'il a vécu dans sa passion, sa mort et sa résurrection pour leur salut.

Différences
Le nombre de sacrements.

Catholiques	Orthodoxes	Protestants	Anglicans
Sept sacrements institués par J.-C. : baptême, eucharistie, confirmation, réconciliation ou pénitence, mariage, ordre, onction des malades. Toutefois l'insistance sur le « septénaire » est moins marquée chez les orthodoxes.		*Deux sacrements institués* par J.-C. : baptême et eucharistie (Sainte Cène). Les anglicans reconnaissent aux autres rites mis au rang de sacrements par les catholiques et les orthodoxes une valeur de « sacramentaux », c'est-à-dire de signes de sanctification complémentaires des sacrements sans en avoir le caractère.	

Le Baptême

Accord sur la notion fondamentale
Ce sacrement donne la *qualité de chrétien* en *intégrant le baptisé dans l'Église-Corps du Christ-Sauveur.* Les Églises chrétiennes reconnaissent que c'est un seul et même baptême qu'elles confèrent lorsque chacune, selon sa liturgie propre, baptise avec de l'eau au nom du Père, du Fils et du Saint-Esprit. Malgré les divisions entre Églises, toutes reconnaissent que le baptême est le signe par lequel les chrétiens sont rassemblés dans une même foi, une même espérance, une même charité pour manifester leur unité. De nombreux accords sont intervenus entre Églises pour reconnaître mutuellement la validité de leur baptême.

Différences secondaires
Certaines Églises protestantes (baptistes notamment) ne confèrent le baptême qu'à des adultes ayant fait l'expérience personnelle de la foi chrétienne.
Certaines Églises procèdent au baptême par immersion, à l'exemple de la pratique ancienne.

L'Eucharistie ou Sainte Cène

Accord sur la notion de base
Sacrement de l'action de grâce (c'est le sens du mot d'origine grecque *eucharistie*) qui est rendue à Dieu le Père *en gratitude de l'œuvre accomplie par le sacrifice de son Fils Jésus-Christ,* mort et ressuscité pour le salut des hommes. Ce sacrifice a été accompli une fois pour toutes par le Christ et il ne cesse d'être agissant en faveur de toute l'humanité. En répétant les paroles du Christ à la Cène : « Ceci est mon Corps, ceci est mon sang », l'Église ne rappelle donc pas seulement un événement passé et sa signification, mais elle s'unit à l'action présente du Christ, intercède auprès de lui, proclame le Royaume éternel qu'il est venu annoncer et qu'il a déjà commencé à réaliser. *Le Christ est réellement présent et agissant dans l'eucharistie.*
La majeure partie des Églises professent que *par la répétition des paroles de Jésus à la Cène, et sous l'action de l'Esprit Saint, le pain et le vin deviennent de manière réelle le corps et le sang du Christ mort et ressuscité,* corps et sang que celui-ci vient offrir aux croyants pour nourrir leur foi et leur amour, et ainsi les transformer.

Différences
Une des grandes difficultés aujourd'hui dans la recherche d'une conception commune de l'eucharistie est provoquée par la *question du ministère* (Voir ci-dessous Ordre).

a. Catholiques, orthodoxes et anglicans professent que la présence réelle du Christ sous les espèces du pain et du vin implique que, par l'ordination, le *ministre de l'eucharistie* ait été *revêtu du pouvoir conféré à cette fin par le Christ à ses apôtres ;* pour les catholiques et les orthodoxes, *l'ordination à ce ministère* est de caractère *sacramentel.* Par contre, les Églises protestantes ne connaissent pas de ministère sacerdotal au sens des catholiques et des orthodoxes, mais un ministère pastoral au sein du sacerdoce universel des baptisés ; là aussi se rencontre une certaine diversité d'approches entre elles.

b. Catholiques, orthodoxes et anglicans professent ensemble que cette ordination n'est valide que si elle est conférée par des évêques se situant dans la ligne de la *succession apostolique* (Voir Ordination) ; or, jusqu'à présent, Rome a toujours considéré qu'il y avait eu rupture de la succession apostolique dans l'Église anglicane, ce que conteste fermement celle-ci. Dès lors, l'Église catholique ne reconnaît actuellement d'authentique célébration eucharistique, en dehors d'elle-même, qu'au sein de l'Église orthodoxe et des Églises orientales anciennes.
Ces divergences sont un obstacle à la pratique de l'intercommunion, c'est-à-dire à la participation par un chrétien d'une confession au partage eucharistique d'une autre confession.
A propos de l'intercommunion, voir plus loin Ordre et Question du ministère.

Différences

Catholiques	Orthodoxes	Protestants	Anglicans
L'Église catholique a voulu préciser la nature de la transformation provoquée par l'Eucharistie dans les espèces du pain et du vin. Elle a, pour ce faire, recouru à la notion philosophique de substance (c'est-à-dire ce qui existe en réalité sous ce que perçoivent les sens) : elle considère que les espèces du pain et du vin consacrés, tout en conservant leur nature physique, ont changé de substance pour devenir celles du corps et du sang du Christ. Le concile de Trente, pour exprimer ce mystère, a recouru au mot *transsubstantiation.*	L'Église orthodoxe ne recourt pas à la notion de transsubstantiation tout en partageant avec l'Église catholique une même foi eucharistique.	Il existe une certaine diversité de conceptions. Certaines Églises protestantes, tout en professant la présence réelle du Christ dans l'eucharistie, ne lient pas cette présence de manière définie aux signes du pain et du vin. Diverses conceptions se rencontrent sur la substance du pain et du vin consacrés, aucune n'allant cependant jusqu'à la conception catholique. Certains protestants estiment que la présence d'un pasteur n'est pas indispensable à la célébration de la Cène.	Position analogue à celle des orthodoxes.

La Confirmation

<table>
<tr><th>Catholiques</th><th>Orthodoxes</th><th>Protestants</th><th>Anglicans</th></tr>
<tr><td colspan="2">C'est un sacrement institué par le Christ en vue de conférer la plénitude des dons du Saint-Esprit, par « confirmation » du signe reçu au baptême. Les orthodoxes confèrent aux jeunes enfants simultanément les trois sacrements dits de l'initiation : baptême, confirmation, eucharistie.</td><td colspan="2">La plénitude des dons du Saint-Esprit est conférée par le baptême et n'a pas besoin d'être confirmée. Les protestants appellent confirmation la profession de foi à laquelle sont appelés les jeunes à l'issue de l'adolescence, pour confirmer leur engagement du baptême.</td></tr>
</table>

L'Onction des malades

<table>
<tr><th>Catholiques</th><th>Orthodoxes</th><th>Protestants</th><th>Anglicans</th></tr>
<tr><td colspan="2">Le Christ a conféré à ses apôtres le pouvoir d'apporter aux malades par le signe de l'onction un soutien spirituel, éventuellement un soulagement physique, en les associant plus étroitement à tout l'amour qu'il a manifesté à travers ses souffrances, sa mort, sa résurrection.</td><td colspan="2">L'Église se doit d'apporter un soutien spirituel aux malades et en particulier à ceux qui vont affronter l'épreuve de la mort ; mais le Christ n'a pas institué de signe sacramentel particulier à cet effet.</td></tr>
</table>

La Réconciliation ou Pénitence

Le prêtre est investi par le sacrement de l'Ordre du pouvoir conféré par le Christ à ses apôtres de remettre les péchés : « Ce que vous lierez sur la terre sera lié dans le ciel, ce que vous délierez sur la terre sera délié dans le ciel » (Mt. 18,18).	Si le chrétien doit reconnaître ses péchés devant Dieu, s'en repentir et solliciter de lui son pardon, il n'appartient à personne de remettre les péchés au nom de Dieu : le Christ est le seul médiateur auprès de son Père ; il est le seul juge. Les anglicans pratiquent la confession auriculaire en lui attribuant une réelle valeur spirituelle ; mais sans lui reconnaître la valeur d'un véritable sacrement.

Le Mariage

L'engagement des époux vis-à-vis l'un de l'autre devant Dieu, et leur engagement vis-à-vis de Dieu, qui a pour pendant l'engagement de Dieu vis-à-vis d'eux par la grâce du sacrement tout au long de leur vie conjugale, constituent un sacrement institué par le Christ ; il est le signe de l'union irrévocable du Christ et de l'Église. Ce sacrement est conféré par l'Église au nom du Christ. L'union scellée devant Dieu par engagement réciproque entre les époux, et entre eux et Dieu, et reconnue valide par l'Église, est indissoluble : « Ce que Dieu a uni, l'homme ne doit pas le séparer » (Mt. 19,6). Les Églises orthodoxes admettent cependant la rupture en certains cas déterminés, et la validité d'un remariage ultérieur.	L'engagement des époux devant Dieu présente une consistance authentiquement religieuse, et doit dès lors être accompagnée de la prière de la communauté chrétienne, mais sans pour autant constituer un sacrement. En outre, pour beaucoup de confessions chrétiennes, la réalité de l'engagement des époux se situe dans celui reconnu par la loi civile, ce qui n'exclut pas pour autant la nécessité de la prière communautaire pour les nouveaux époux. La notion d'indissolubilité de l'union matrimoniale est plus ou moins rigoureuse selon les Églises protestantes. Certaines Églises américaines manifestent à cet égard un grand libéralisme.

L'Ordre, la question du ministère

Accord

Toutes les Églises reconnaissent ensemble :

a. que tout chrétien, par le baptême, participe au sacerdoce universel de l'Église, chargé de proclamer et promouvoir le Royaume de Dieu et le salut des hommes ;

b. que, pour accomplir sa mission, l'Église doit, comme elle l'a fait dès les origines, confier des fonctions de service (*ministères*) à certains de ses membres, fonctions exercées *au nom de la communauté* et *reconnues par l'autorité pastorale*.
Certaines Églises recourent à des ministères pastoraux ou ordonnés, conférés par un rite *d'ordination* (imposition des mains).
Au-delà de ces points communs, les divergences théologiques entre Églises à propos du ministère sont aujourd'hui au cœur des difficultés œcuméniques et du dialogue qui s'emploie à les surmonter.

Différences

<table>
<tr><th>Catholiques</th><th>Orthodoxes</th><th>Protestants</th><th>Anglicans</th></tr>
<tr><td colspan="2">Le sacrement de l'Ordre a été institué par le Christ à la Cène, lorsqu'il a prescrit à ses apôtres : « Vous ferez cela en mémoire de moi ». Ainsi établie dans la personne des apôtres, la fonction presbytérale a été investie de la mission d'offrir le monde à Dieu et notamment d'offrir l'authentique sacrifice eucharistique, qui se traduit par la présence réelle du Christ sous les espèces du pain et du vin consacrés. Ce pouvoir est exercé dans sa plénitude par les évêques, successeurs des apôtres, et de manière subordonnée par les prêtres, ordonnés par les évêques à cet effet. Encore faut-il, pour la validité de ces ordinations, et donc de ces célébrations, que n'ait été rompue à aucun moment depuis les origines la transmission des pouvoirs ainsi conférés par le Christ à ses apôtres, et par eux à leurs successeurs (succession apostolique).
Lors d'une tentative de rapprochement entre anglicans et catholiques en 1896, le pape Léon XIII a contesté la continuité de la succession apostolique dans l'Église anglicane, et dès lors la validité de ces ordinations. La question évolue lentement ; on note une position romaine plus ouverte depuis la rencontre de Jean-Paul II avec le primat de l'Église d'Angleterre en 1982.
Une difficulté supplémentaire est née de la décision de certaines Églises anglicanes (dont l'Église d'Angleterre en 1992) d'ordonner des femmes, contrairement à une théologie catholique et orthodoxe maintes fois confirmée.</td><td>Il n'est pas de sacerdoce dans l'Église en dehors du sacerdoce commun à tous les baptisés ; il n'est dès lors pas besoin de ministres revêtus d'un pouvoir presbytéral propre pour présider la Sainte Cène ; la question d'une transmission sans rupture d'un tel pouvoir depuis les origines ne se pose donc pas.
Il convient seulement que la présidence de la célébration de la Sainte Cène soit assurée par un ministre qui ait reçu l'ordination pastorale, signe d'une fonction exercée au nom de la communauté et reconnue par l'Église.
Ceci dit, on trouve une grande variété de positions de principe et de façons de faire au sein des Églises protestantes.</td><td>Bien que ne reconnaissant pas de caractère sacramentel aux ordinations épiscopales et presbytérales, les anglicans sont proches des catholiques et des orthodoxes, en professant que la présence réelle du Christ implique que, par l'ordination, les ministres de l'eucharistie aient été investis des pouvoirs conférés à cette fin par le Christ à ses apôtres.
Ils contestent énergiquement la position prise par l'Église catholique, selon laquelle la succession apostolique se serait trouvée interrompue en leur sein, et dès lors, leurs ordinations invalides.</td></tr>
<tr><td colspan="4">La complexité de la question du ministère, avec toutes ses implications dans les conceptions théologiques sur l'Église, sur les sacrements et, très spécialement, sur celui de l'eucharistie – le sacrement même de l'unité – rend très ardus les efforts de rapprochement entre les Églises chrétiennes ; ainsi s'explique la position très en retrait adoptée par l'Église catholique à l'égard de l'intercommunion, ou participation à l'eucharistie d'une confession autre que celle dont on est membre.</td></tr>
</table>

IV. LES SAINTS

Accord

L'ensemble des Églises professent leur foi dans la *Communion des Saints* (Symbole des apôtres), c'est-à-dire dans la solidarité spirituelle qui, par la grâce du Christ, unit entre eux tous les membres du Corps dont il est la tête ; qu'ils soient encore présents dans le monde terrestre ou qu'ils l'aient déjà quitté, tous participent, dans le Christ, à la vie de sainteté de Dieu, tous ont vocation à la partager en plénitude ; c'est pourquoi on appelle saints l'ensemble des croyants, vivants et morts. L'ensemble des chrétiens s'accordent à vénérer ceux qui se sont comportés en authentiques témoins de la foi ; cette vénération ne saurait en aucun cas mettre en cause le fait que le salut est donné par le seul Christ.

Différences

<table>
<tr><th>Catholiques</th><th>Orthodoxes</th><th>Protestants</th><th>Anglicans</th></tr>
<tr><td colspan="2">Dès les origines, les chrétiens ont vénéré les martyrs comme témoins exemplaires de la fidélité à la foi ; par la suite, ils ont aussi vénéré ceux des croyants dont la vie pouvait être prise en exemple. Fondée sur la foi dans la Communion des Saints, une vocation d'intercesseurs auprès du Christ leur a été reconnue, intercession qui n'est d'ailleurs pas distincte de celle de l'Église tout entière.
L'autorité ecclésiastique définit aujourd'hui de manière stricte la nature et les conditions de ce culte, ainsi que les conditions pour en être l'objet ; il ne s'agit jamais d'un culte d'adoration (lâtrie), réservé à Dieu, mais d'un simple culte de vénération (dulie), y compris pour la Vierge Marie (hyperdulie).</td><td colspan="2">Jésus-Christ étant l'unique médiateur entre Dieu et les hommes et l'unique auteur du salut, les grands témoins de la foi peuvent être, et doivent être, considérés comme des exemples et vénérés comme tels, mais on ne saurait leur attribuer quelque rôle médiateur que ce soit : il tendrait toujours, en fait, à occulter la médiation du Christ ; on ne saurait non plus leur rendre un culte qu'on ne doit qu'à Dieu seul.
A noter que le missel luthérien français comporte à nouveau la fête de la Toussaint.
Dans l'Église anglicane, certains courants de pensée sont relativement proches des conceptions catholiques et orthodoxes relatives au culte des saints.</td></tr>
</table>

V. LA VIERGE MARIE

Accord

L'ensemble des Églises accueillent l'enseignement évangélique, repris par les Symboles de Nicée-Constantinople et des Apôtres, selon lequel Jésus-Christ, Fils de Dieu et seconde personne de la Trinité, s'est incarné en prenant corps dans le sein d'une vierge, nommée Marie, sous l'action de l'Esprit Saint. Pour la majorité des Églises, Jésus ayant à la fois la nature humaine et la nature divine dans l'unité de sa personne, Marie a pu à bon droit être appelée Mère de Dieu (*Theotokos*) par le concile d'Éphèse (431) ; (les nestoriens, séparés à l'occasion de ce concile, n'en acceptent pas les décisions).

Différences

<table>
<tr><th>Catholiques</th><th>Orthodoxes</th><th>Protestants</th><th>Anglicans</th></tr>
<tr><td colspan="2">En vertu d'une tradition très ancienne, confortée par les Pères de l'Église, une place privilégiée parmi les saints est accordée à Marie par les chrétiens et par l'Église. Les théologiens, réfléchissant sur la nature exceptionnelle des relations entre, d'une part Marie, créature humaine, et d'autre part son fils Jésus, qui est en même temps Dieu et Homme, ont été conduits à considérer que, pour être la Mère de Dieu, il avait fallu que Marie fût pure de toute souillure du péché, et ait échappé à la corruption de la mort.</td><td rowspan="2">Ils manifestent une grande vénération pour Marie, mais le développement pris par son culte dans la dévotion catholique et orthodoxe a paru, aux yeux des Églises protestantes, revêtir un caractère d'adoration qui ne peut s'adresser qu'à Dieu ; les notions d'Immaculée Conception et d'Assomption, étrangères à l'enseignement scripturaire, sont regardées comme des ajouts sans fondement ; le titre de médiatrice, parfois attribué à Marie dans l'Église catholique, alors que le Christ est l'unique médiateur entre Dieu le Père et les hommes, a accentué le sentiment de se trouver devant un développement doctrinal sans base scripturaire.</td><td rowspan="2">Les anglicans n'ont pas remis en cause le principe du culte marial, mais celui-ci tient une place assez restreinte dans leur spiritualité et leur théologie.</td></tr>
<tr><td>Bien qu'admises de longue date au sein de l'Église (cf. la Fête de la Dormition de la Vierge, célébrée en Orient dès le VIe siècle), ces convictions n'ont été traduites en dogmes que tardivement (Immaculée Conception 1854, Assomption 1950). Le concile Vatican II a sensiblement clarifié la place exacte accordée à Marie par l'Église catholique en levant notamment toute ambiguité quant à l'unique médiation du Christ dans le processus du salut (Lumen Gentium, n°s 52 à 69).</td><td>L'Église orthodoxe partage les mêmes convictions que l'Église catholique sans toutefois vouloir leur donner une formulation aussi précise, qui paraît plus juridique que mystique (la notion de Dormition de la Vierge est à cet égard significative).</td></tr>
</table>

LE CATHOLICISME DANS LE MONDE

Données statistiques essentielles

En présentant la place du catholicisme parmi les grandes religions (p. 138), nous avons indiqué que les catholiques, dont le nombre se situe aux alentours de 900 millions au milieu de la décennie 1985-1995, constituent environ 17 à 18 % de la population mondiale.
L'*Annuaire statistique de l'Église* (catholique romaine) pour 1990 fait état de 928 500 000 baptisés catholiques, soit 17,7% de la population mondiale. Mais il faut noter que la notion de baptisé est plus large que celle de croyant, et plus encore que celle de pratiquant.
Dans ce qui suit, les données chiffrées proviennent du même *Annuaire statistique de l'Église* pour 1990, publié en 1992.

Ph. G. Gerster-Rapho

Le Christ de Rio.

Répartition des catholiques par continents (1990)

Continents	Population (en milliers)	Catholiques recensés		
		Nombre (en milliers)	% par rapport à la population du continent	% par rapport au total mondial des catholiques
Afrique	638 121	88 899	13,9	9,6
Amérique	723 648	461 264	63,7	49,7
dont Nord (1)	276 612	67 029	24,2	7,2
Latine (2)	447 036	394 235	88,2	42,5
Asie	3 149 064	86 012	2,7	9,2
Europe (3)	713 908	285 294	40,0	30,7
Océanie	26 497	7 031	26,5	0,7
Monde	5.251.238	928.500	17,7	100

(1) Canada et États-Unis
(2) Reste de l'Amérique
(3) Y compris la partie européenne de l'ex-URSS

On constate que, pour des raisons à la fois démographiques et historiques, la répartition des catholiques dans le monde est très inégale : près de 43% des catholiques se trouvent en Amérique latine, et 31% en Europe, de sorte que l'ensemble Europe-Amérique latine rassemble près de 75% des catholiques.

Par contre, ne vivent en Amérique du Nord que 7% d'entre eux, en Afrique 9,6% et en Asie 9,2%.

Par rapport aux populations des continents, le contraste est frappant : les catholiques représentent près de 90% de la population d'Amérique latine, mais seulement 2,7% en Asie (dont les deux tiers, d'ailleurs, se trouvent dans les Philippines).

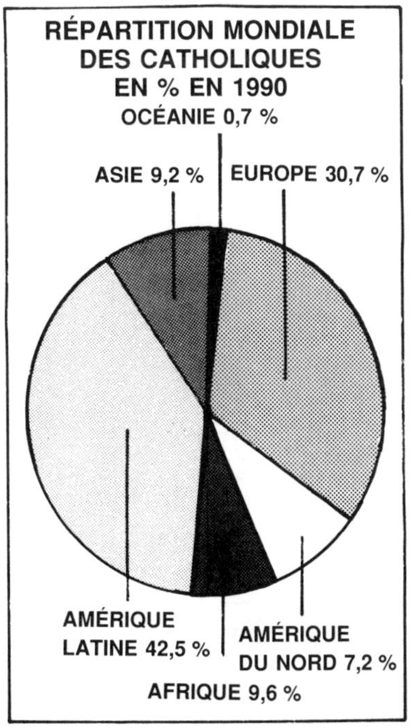

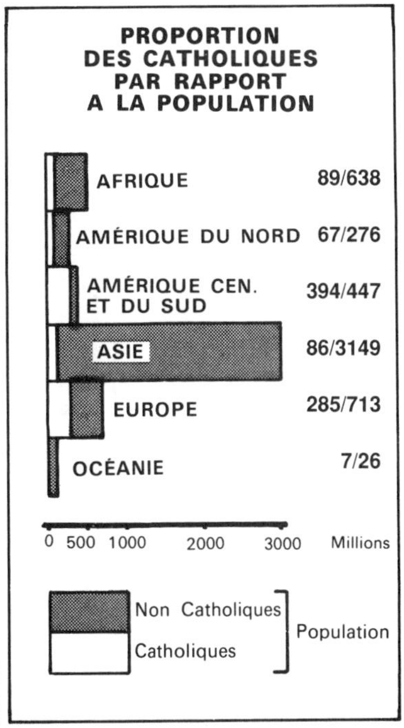

Les 11 pays comptant le plus grand nombre de catholiques (1990)

	Population (en milliers)	Catholiques (en milliers)	Rapport à la population du pays en %	Rapport au nombre total de catholiques dans le monde en %
Brésil	150 370	131 982	87,77	14,21
Mexique	86 150	82 200	95,41	8,88
Italie	57 660	56 429	97,86	6,07
États-Unis	249 970	55 167	22,06	5,94
Philippines	61 480	51 087	83,09	5,50
France	56 440	47 505	84,16	5,11
Espagne	38 960	36 982	94,86	3,98
Pologne	38 180	36 389	95,30	3,92
Colombie	32 990	30 585	92,70	3,29
Allemagne	79 880	28 997	36,30	3,12
Argentine	32 320	29 620	91,64	3,19
TOTAL	884 400 (17 % de la population mondiale)	586 943 (63,2 % des catholiques du monde)	66,32 % de la population totale de ces 11 pays	63,21 % des catholiques du monde

Les catholiques en Europe (1990) (1)

Pays	Population (en milliers)	Catholiques (en milliers)	% des catholiques dans le pays	Nombre de : Diocèses	Nombre de : Paroisses et autres Centres pastoraux
Albanie (2)	3 250	240 (2)	7,4	–	7
Allemagne	79 880	28 997	36,3	29	14 097
Autriche	7 710	6 301	81,7	12	4 210
Belgique	9 840	8 498	86,3	9	4 397
Bulgarie	9 010	70	0,8	3	56
Danemark	5 140	30	0,6	1	57
Espagne	38 960	36 982	95,0	66	26 286
Finlande	4 990	5	0,1	1	9
France	56 440	47 505	84,1	98	36 362
Grande-Bretagne	55 041	5 100	9,2	32	3 810
Grèce (3)	10 120	55	0,05	12	76
Hongrie	10 550	6 248	59,2	13	2 314
Irlande	5 869	4 407	75,0	26	1 386
Islande	256	2	0,8	1	6
Italie	57 660	56 429	97,9	227	29 989
Lettonie	2 667 (4)	500 (4)	18,7	2	180 (4)
Lituanie	3 368	2 692	79,9	7	645
Luxembourg	375	356	94,9	1	274
Norvège	4 240	34	0,8	3	32
Pays-Bas	14 940	5 536	37,0	8	1 876
Pologne	38 180	36 389	95,3	29	9 883
Portugal	10 530	9 822	93,3	21	6 641
Roumanie	23 200	3 282	14,1	11	717
Suède	8 560	146	1,7	1	146
Suisse	6 650	3 139	47,2	8	1 943
Tchécoslovaquie	15 660	10 797	68,9	13	4 488
ex-Yougoslavie :	23 810	6 741	28,3	23	2 916
dont Croatie	4 780 (2)	3 720 (2)	77,8	11	1 562
Slovénie	1 975 (2)	1 644 (2)	83,2	3	791
Serbie	7 526 (2)	476 (2)	6,3	3	174
Bosnie-Herzégovine	4 224 (2)	827 (2)	19,5	3	265
Macédoine	4 078 (2)	66 (2)	1,6	1	25
ex-URSS :	140 976	–	–	–	–
dont Estonie	1 500 (2)	7 (4)	0,4	–	2
Biélorussie (Belarus)	10 500 (2)	1 500 (4)	14,2	2	237 (4)
Ukraine	54 655 (2)	5 000 (4)	9,1	7 { 3 latins, 4 grec-catho.	1 677
Moldavie	4 200 (2)	6 (4)	0,1	–	2
Russie	145 000 (2)	60 (4)	0,04	2	12 (4)
Malte	355	351	98,9	2	107
Autres États (5)	–	–	–	–	–
TOTAL	713 908 (1)	285 294 (1)	40,00	691	157 657

(1) Statistiques Saint-Siège pour 1990 (publiées en 1992) complétées par déclarations Mgr. Casaluono. - (2) Estimation - (3) Grèce : il faut ajouter environ 50 000 travailleurs émigrés non-grecs - (4) Chiffres fournis en avril 1991 lors de la réorganisation des diocèses ; des études réalisées donnent des chiffres plus élevés mais non encore officialisés - (5) Andorre, Gibraltar, Liechtenstein, Monaco, Saint-Marin.

LES 11 PAYS COMPTANT LE PLUS DE CATHOLIQUES (en millions)

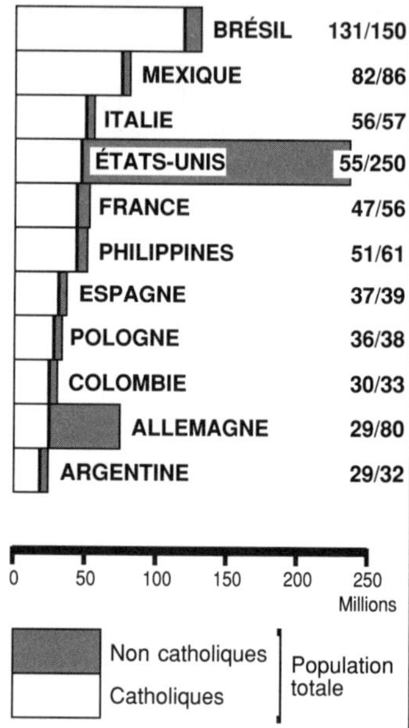

Ph. Tournus

Il existe une conférence européenne des évêques catholiques. Le cardinal Basil Hume, archevêque de Westminster, en fut président.

Les catholiques en Europe

Le tableau ci-contre et le graphique de la p. 167 indiquent le nombre des catholiques par rapport à la population, pour chaque pays d'Europe.

On peut faire les constatations suivantes :

• Dans **6 pays** (dont 3 latins), **la proportion des catholiques excède 90% :** Espagne, Italie, Luxembourg, Pologne, Portugal, Malte.

• Dans **8 pays**, elle se situe **entre 66% et 90% :** Autriche, Belgique, France, Irlande, Lituanie, Croatie, Tchécoslovaquie, Slovénie. On se fera une idée plus précise du panorama religieux de cette catégorie de pays en étudiant

LES CATHOLIQUES EN EUROPE
(population catholique/population totale, en millions)

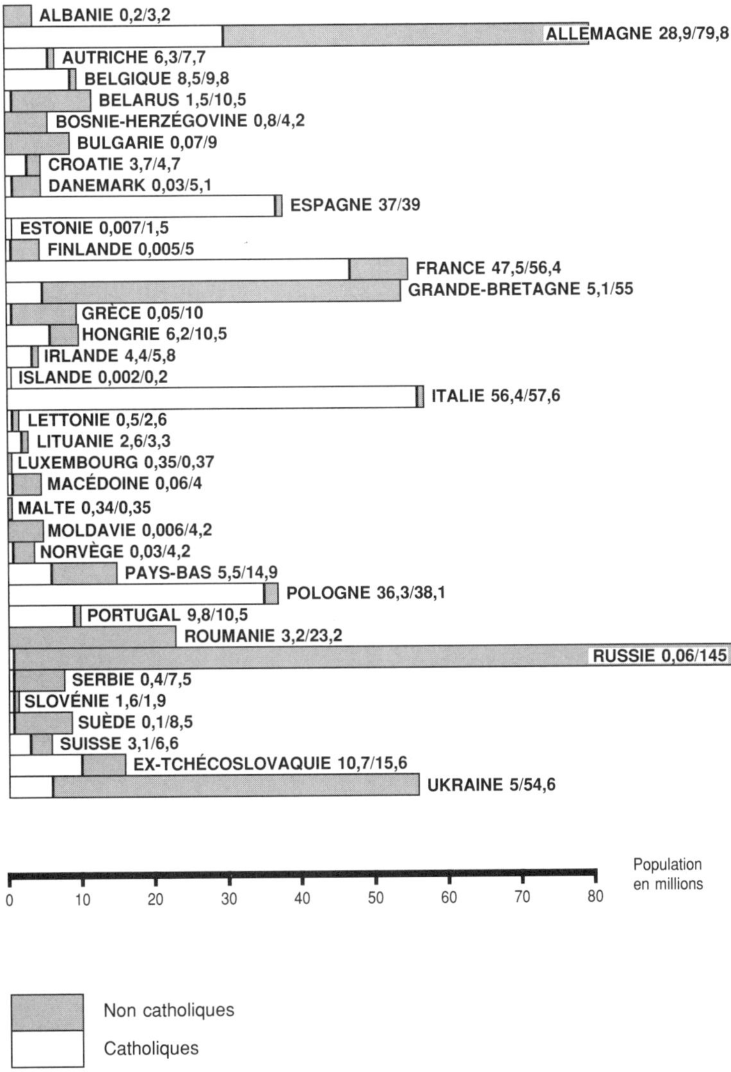

Ph. Hazlingue-Viollet

Ph. Roger-Viollet

Ph. Roger-Viollet

Trois catholiques à l'origine de la construction de l'Europe : Alcide de Gasperi, Konrad Adenauer, Robert Schuman.

plus précisément le cas de la France (p. 176 et s.).

• Dans **4 pays**, elle se situe **entre 33% et 66% :** Allemagne, Hongrie, Pays-Bas, Suisse, tous pays où la tradition chrétienne, majoritaire, se partage entre catholiques et protestants.

• Dans **7 pays**, elle se situe **entre 5% et 33% :** Albanie, Grande-Bretagne, Lettonie, Roumanie, Serbie, Bosnie-Herzégovine, Ukraine.

• Dans **11 pays**, elle se situe à **moins de 2% :** Bulgarie, Danemark, Finlande, Grèce, Islande, Norvège, Suède, Macédoine, Estonie, Moldavie, Russie.

Dans plusieurs pays, le catholicisme est, de longue date, en situation minoritaire par rapport à une autre religion nettement majoritaire : islam pour l'Albanie ; Église orthodoxe pour Grèce, Roumanie, Serbie, Ukraine, Moldavie, Russie, Bulgarie, Macédoine ; Églises issues de la Réforme en Grande-Bretagne, Lettonie, Danemark, Finlande, Islande, Norvège, Suède, Estonie.

Le nombre des paroisses est, très schématiquement, proportionnel à la population catholique, mais, en fait, avec des distorsions considérables, non seulement entre paroisses urbaines et rurales, mais aussi en fonction du pourcentage des catholiques au sein de la population totale (moyenne : 1 000 fidèles par paroisse en Suède et 4 173 en Lituanie). Le nombre des diocèses tient en partie à des raisons historiques ou politiques ; d'où des effectifs diocésains moyens très inégaux d'un pays à l'autre (1 255 000 fidèles en Pologne, 169 500 en Irlande).

TENDANCES DE L'ÉVOLUTION

Ces tendances seront appréciées sur la période 1980-1990 à partir des données de l'*Annuaire Statistique de l'Église*. On ne s'arrêtera pas tant à la valeur absolue des chiffres, toujours aléatoire, qu'aux tendances qu'ils font apparaître.

Évolution du nombre des catholiques

De *1980 à 1990* la *population mondiale* est passée de 4 371 à 5 251 millions, soit une *augmentation de 20,13 %*.

Durant la même période, la *population catholique* est passée de 783,6 à 928,5 millions, soit une *augmentation de 18,5 %*.

L'expansion du catholicisme, bien que très importante, est donc inférieure à celle de la population générale, si bien que, durant cette période, la *proportion des catholiques* au sein de celle-ci est passée de *17,9* à *17,7 %* (contre 18 % en 1975).

En fait, cette constatation globale recouvre des situations très différentes par continent, comme le font clairement apparaître le tableau et le graphique ci-joints.

Trois facteurs contribuent à la différence de croissance entre catholiques et population générale.

1. **Le poids numérique**, dans l'ensemble de la population mondiale, **de la population asiatique** (60 %), qui croît de 2,20 % par an (contre 2 % pour l'ensemble du monde) ; or les catholiques n'y représentent qu'une très petite minorité (2,7 %), bien qu'avec un taux de croissance annuel (3,71 %) plus rapide que celui de la population (2,20 %).
2. **Le décalage permanent entre les taux de croissance de la population catholique mondiale (+ 1,85 % par an) et de la population catholique en Europe (+ 0,5 %)**, laquelle représente encore 31 % de l'ensemble catholique mondial.
3. Un certain **ralentissement de la croissance catholique latino-américaine**, croissance dont le taux est maintenant rattrapé par celui de la population générale du continent.

Ceci dit, *trois constatations* s'imposent :

1. **L'Amérique latine**, qui en 1980 regroupait déjà 41,3 % des catholiques du monde, est intervenue pour **48,5 % dans l'accroissement du total mondial des catholiques** entre 1980 et 1990 ; moyennant quoi, en 1990, elle regroupait 42,5 % du total mondial des catholiques, proportion qui tendra encore à croître dans la période à venir (voir l'évolution du nombre des baptêmes, p. 169).

2. **Le catholicisme africain a le plus fort taux moyen annuel de croissance** du monde (5,1 %) ; entre 1980 et 1990, sa part dans le catholicisme mondial est ainsi passée de 7,5 à 9,6 %. **Évolution analogue en Asie**, avec un taux annuel moyen de 3,7 %, qui la fait passer de 7,5 à 9,2 % du total catholique mondial durant la même période.

3. **L'Europe**, au contraire, où s'est trouvé rassemblé pendant des siècles le gros de la population catholique mondiale, **ne cesse de voir décroître son importance relative**, en raison à la fois de sa faible progression démographique et de la diminution de la proportion des baptêmes (Voir plus loin *Le catholicisme en France*, p. 184 et s.).

Alors que l'Europe regroupait encore, en 1980, 34,7 % des catholiques du monde (36,9 % en 1975), ce taux n'était déjà plus que de 30,7 % en 1990 ; l'évolution ne peut que se poursuivre en ce sens, compte tenu des données de sa démographie et de la régression du taux de ses baptêmes.

TAUX ANNUELS MOYENS D'ÉVOLUTION DE LA POPULATION GÉNÉRALE ET CATHOLIQUE DE 1980 À 1990

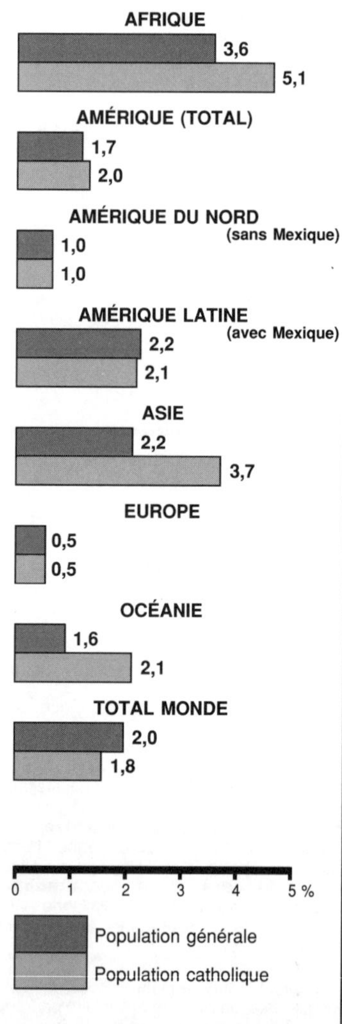

Évolution comparée en % de la population générale et de la population catholique durant la période 1980-1990

Continents	Population (%)	Catholiques (%)	Différence en nombre de points (catholiques/ population) %
Afrique	+ 35,90	+ 51,50	+ 15,60
Amérique	+ 17,32	+ 19,86	+ 2,54
du Nord	+ 9,89	+ 9,97	+ 0,08
Latine	+ 22,44	+ 21,72	– 0,74
Asie	+ 21,97	+ 37,15	+ 15,18
Europe	+ 4,91	+ 5,02	+ 0,11
Océanie	+ 16,52	+ 21,09	+ 4,57
TOTAL	+ 20,13	+ 18,48	– 1,65

Évolution du nombre des baptêmes catholiques

Ces tendances de la démographie catholique sont confirmées par l'évolution du nombre de baptêmes, présentés par le tableau et le graphique ci-joints.

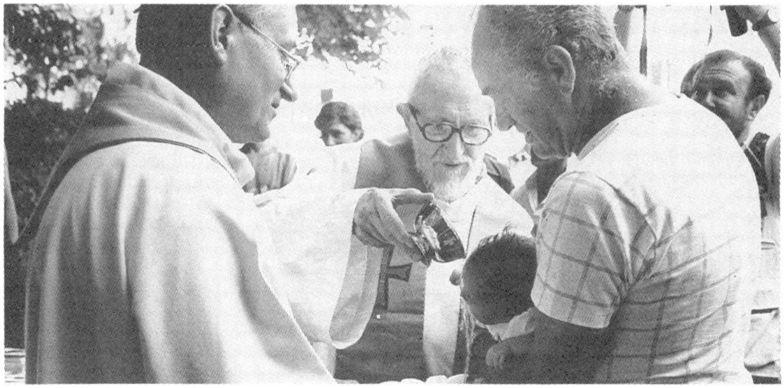

Ph. CIRIC

ÉVOLUTION DU NOMBRE DE BAPTÊMES DE 1980 À 1990 (BAPTÊMES DE MOINS DE 7 ANS)

Continents	1980			1990			% d'augmentation ou diminution du nombre des baptêmes 1980-1990	*% annuel moyen* d'augmentation ou diminution du nombre des baptêmes 1980-1990	*% annuel moyen* d'augmentation ou diminution de la *population générale* 1980-1990	différence en nombre de points entre les taux ann. d'évolution du nombre des baptêmes et population générale 1980-1990
	Nombre de baptêmes	% par rapport au nombre des catholiques du continent	% par rapport au total des baptêmes dans le monde	Nombre de baptêmes	% par rapport au nombre des catholiques du continent	% par rapport au total des baptêmes dans le monde				
Afrique	1 413 847	2,41	8,6	1 853 757	2,09	11,40	+ 31,11	+ 3,11	+ 3,60	- 0,49
Amérique	9 417 293	2,45	57,4	9 152 396	1,98	56,30	- 2,81	- 0,28	+ 1,73	- 2,01
• du Nord (1)	*1 111 329*	*1,82*	*6,8*	*1 153 729*	*1,72*	*7,10*	*+ 3,81*	*+ 0,38*	*+ 0,99*	*- 0,61*
• Latine (2)	*8 305 964*	*2,56*	*50,6*	*7 998 667*	*2,03*	*49,20*	*- 3,70*	*- 0,37*	*+ 0,22*	*- 0,59*
Asie	1 842 145	2,94	11,2	2 109 025	2,45	13,00	+ 14,49	+ 1,45	+ 2,20	- 0,75
Europe	3 625 379	1,34	22,1	3 011 753	1,06	18,53	- 16,92	- 1,70	+ 0,49	- 2,19
Océanie	111 497	1,92	0,7	125 507	1,78	0,77	+ 12,56	+ 1,25	+ 1,65	- 0,40
Monde	16 410 161	2,09	100	16 252 438	1,75	100	+ 6,00	+ 0,60	+ 2,01	- 1,41

(1) Sans Mexique – (2) Avec Mexique

Un ensemble de constats s'impose à la lecture de ces données.

1. **En dix ans, le nombre total des baptêmes d'enfants augmente** dans le monde (+ 6,0 %), mais cette croissance moyenne recouvre des *évolutions très disparates d'un continent à l'autre*, allant de + 31 % en Afrique à – 16,9 % en Europe.

2. **Cette augmentation globale des baptêmes** (+ 6 %) entre 1980 et 1990 est **inférieure** non seulement **à l'augmentation de la population mondiale** (+ 20,1 %) pendant cette période, mais même **à celle de la population catholique** (+ 18,48 %).

On peut s'étonner d'une augmentation de la population catholique supérieure à celle du nombre des baptêmes ; outre le nombre – croissant – de baptêmes d'adultes (10 % de celui des enfants), intervient surtout ici l'accroissement de la longévité moyenne de la population.

3. **L'Amérique latine continue d'assurer près de 50 % des baptêmes d'enfants du monde**, alors qu'elle rassemble déjà 42,5 % des catholiques du globe (contre 40 % en 1975 et 41,3 % en 1980) ; c'est la certitude d'une **proportion et d'un rôle croissants de l'Amérique latine au sein du catholicisme mondial si, toutefois, le taux de ses baptêmes ne décroît pas.**

L'Europe continue de connaître – et de manière constante – un taux négatif d'évolution du nombre des baptêmes (– 16,32 % entre 1980 et 1990), de sorte qu'elle n'assure plus que 18,5 % des baptêmes dans le monde (contre 25 % en 1975 et encore 22,1 % en 1980), et alors qu'elle regroupe encore 30,7 % des catholiques du globe (contre 37 % en 1975, et 32,6 % en 1985). C'est la conséquence d'une double régression : de la natalité et du pourcentage d'enfants baptisés ; c'est en même temps la **perspective confirmée d'une régression au sein du catholicisme mondial**, où l'Europe a tenu depuis les origines un rôle majeur.

5. **L'Amérique du Nord** (sans Mexique) **se maintient** à des taux à peu près constants de baptêmes par rapport à sa population catholique, mais non par rapport à sa population générale.

6. **L'Océanie** ne parvient pas à suivre le rythme d'accroissement de sa population générale.

7. **Le plus fort taux d'augmentation des baptêmes revient à l'Afrique : + 31,11 %** entre 1980 et 1990, soit un taux annuel de + 3,11 %. Assurant déjà près de **11 %** des baptêmes mondiaux (contre 7,5 % en 1975 et 8,6 % en 1980), alors qu'elle ne représente tout de même en 1990 que 9,6 % des catholiques du monde (contre 6 % en 1975 et 7,5 % en 1980), l'Église africaine est à coup sûr **promise à un rapide développement** et à un rôle croissant dans l'univers catholique.

8. Sans atteindre le taux d'accroissement des baptêmes africains, **l'Église asiatique** n'en assure pas moins **13 % des baptêmes du monde**, avec seulement 9,2 % des catholiques du globe ; ces proportions, voisines de celles de l'Afrique, lui ouvrent les **perspectives** d'une présence de plus en plus affirmée tant sur le continent asiatique qu'au sein de l'Église universelle.

9. Au total, l'évolution du nombre des baptêmes confirme les tendances à un **poids toujours plus grand des pays du Tiers Monde au sein du catholicisme**, dont ils constituent d'ores et déjà 62 % de l'effectif, et y assurent 75 % des baptêmes. A l'inverse, **les pays développés** connaissent une régression continue de la place (encore considérable) qu'ils y occupent.

RÉPARTITION DES BAPTÊMES ENTRE LES CONTINENTS EN 1989

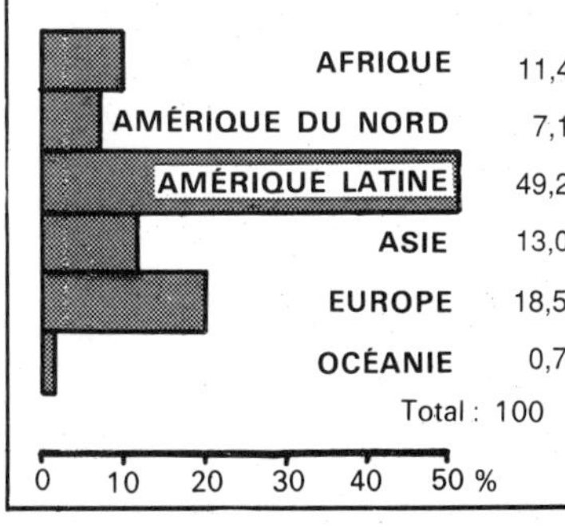

TENDANCES DE L'ÉVOLUTION (SUITE)

Évolution du nombre des prêtres

L'effectif mondial des prêtres, d'environ 400 000 (y compris les religieux prêtres) (tableau I) est très inégalement réparti entre les continents et entre les populations catholiques ; c'est que l'Europe et l'Amérique du Nord ont longtemps assuré l'essentiel des vocations et contribuent encore aux ordinations de prêtres diocésains pour la moitié (tableau V).

TABLEAU I

Nombre de prêtres (et religieux prêtres)

	1980		1990		Évolution 1980-1990 en %
	Nombre	% du total mondial	Nombre	% du total mondial	
Afrique	17 346	4,2	20 852	5,2	+ 20,2
Amérique	120 132	29,0	116,743	29,0	- 2,8
dont Nord	71 354	17,2	64 870	16,1	- 9,1
Latine	48 778	11,8	51 873	12,9	+ 6,3
Asie	27 136	6,5	34 933	8,7	+ 28,7
Europe	243 319	59,0	225 191	55,9	- 7,45
Océanie	5 667	1,4	5 454	1,3	- 3,76
Monde	413 600	100	403 173	100	- 2,52

TABLEAU II

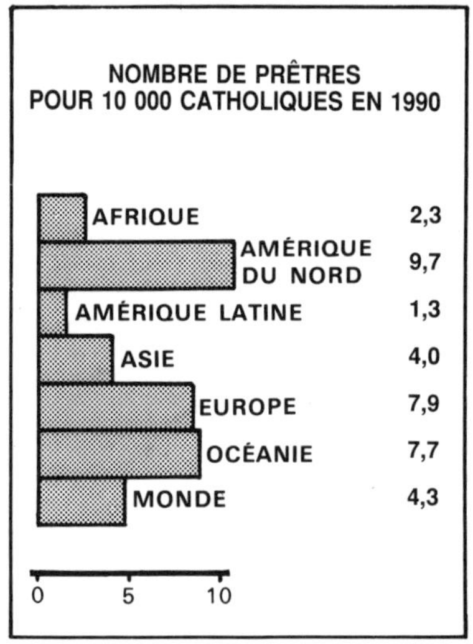

Pour prendre conscience de cette inégalité, il suffit de comparer le graphique de la répartition des prêtres (tableau III) et celui de la répartition des baptêmes p. 169 (Amérique latine : 12,9 % des prêtres du monde et 49,2 % des baptêmes ; Europe : 55,9 % des prêtres et 18,5 % des baptêmes) ; de même faut-il rapprocher la répartition des prêtres et celle de la population catholique, présentée p. 165. Ainsi, le nombre de prêtres pour 10 000 catholiques, continent par continent, varie-t-il de 1,3 en Amérique latine à 9,7 en Amérique du Nord (voir tableau II) ; en sens inverse, le nombre de catholiques par prêtre va de 1 033 en Amérique du Nord à 7 600 en Amérique latine, et le nombre d'habitants par prêtre de 3 170 en Europe à 90 146 en Asie. Or chacun sait que l'Europe, apparemment très favorisée, souffre pourtant d'une réelle insuffisance de prêtres : c'est dire la situation en Amérique latine et en Asie !

TABLEAU III

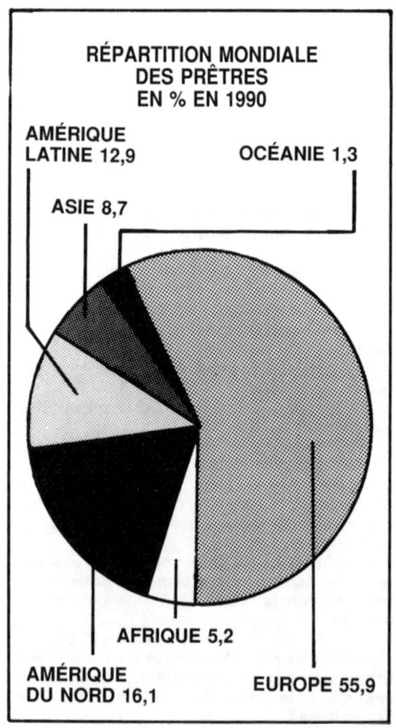

Cette répartition mondiale est en train d'évoluer lentement. Si le nombre total des prêtres est en diminution, c'est essentiellement du fait de l'Europe et de l'Amérique du Nord (tableau I). Par contre, leur nombre est en augmentation sensible en Afrique et en Asie (+ 20,2 et 28,7 en 10 ans).

Mais, surtout, l'évolution du nombre des ordinations (tableau V) et plus encore des candidats au sacerdoce (tableau VII) annonce une modification sensible de la répartition. L'augmentation du nombre des ordinations, très inégale, favorise désormais les régions les moins pourvues en prêtres, spécialement l'Afrique, l'Asie et l'Amérique latine. Il en est de même de l'évolution du nombre des candidats au sacerdoce. Pour les ordinations et les candidatures au sacerdoce, on remarquera les deux cas extrêmes, de l'essor africain et de la régression nord-américaine ; l'évolution de l'Europe, quoique positive, n'est pas cependant encore en mesure, actuellement, d'empêcher la diminution de son effectif de prêtres ; il lui faudrait en effet un *taux annuel minimum* d'ordinations de l'ordre de *2,5 %* par rapport à cet effectif pour seulement stabiliser celui-ci ; or, quoique en accroissement, ce taux n'était encore que de 1,56 en 1990 (prêtres diocésains).

TABLEAU IV

	Nombre d'habitants par prêtre en 1990	Nombre de catholiques par prêtre en 1990
Afrique	30 602	4 263
Amérique	6 198	3 951
du Nord	4 264	1 033
Latine	8 618	7 600
Asie	90 146	2 462
Europe	3 170	1 266
Océanie	4 858	1 289
Monde	13 024	2 302

TABLEAU V

Ordinations de prêtres diocésains (à l'exclusion des religieux)

Continents	1980	1990	Évolution 1980-1990 en %
Afrique	397	716	+ 80,35
Amérique	1 176	1 763	+ 49,91
du Nord	648	517	- 20,21
Latine	528	1 246	+ 140
Asie	562	959	+ 70,64
Europe	1 682	2 456	+ 46,01
Océanie	43	44	+ 2,32
Monde	3 860	5 938	+ 53,83

TABLEAU VII

Candidats au sacerdoce (1er et 2e cycles) (diocésains et religieux) au 31.12

Continents	1980	1990	Évolution en %
Afrique	6 549	14 363	+ 119,31
Amérique	22 700	31 049	+ 36,80
Nord	8 543	6 268	- 26,63
Latine	14 157	24 781	+ 75,04
Asie	12 190	21 288	+ 74,63
Europe	23 666	28 661	+ 21,10
Océanie	937	794	- 15,26
Monde	66 042	96 155	+ 45,60

TABLEAU VI

% d'ordinations par rapport à l'effectif des seuls prêtres diocésains au 1.1.

Continents	1980	1990	Évolution en nombre de points
Afrique	6,56	6,67	+ 0,11
Amérique	1,78	2,61	+ 0,83
du Nord	1,51	1,30	- 0,21
Latine	2,26	4,53	+ 2,27
Asie	4,14	4,82	+ 0,68
Europe	0,99	1,56	+ 0,57
Océanie	1,47	1,56	+ 0,09
Monde	1,50	2,30	+ 0,80

Ph. Tournus

Conclusion

Ces diverses données conduisent à distinguer quelques grands types de communautés catholiques dans le monde.

1. Des *communautés encore minoritaires* au sein de la population, mais *en rapide expansion*, dans des *pays en voie de développement* (Afrique, certains pays d'Asie) ; beaucoup de baptêmes ; encore peu de prêtres, mais leur nombre s'accroît, et en certains cas très vite. Si ces communautés gardent ce dynamisme apostolique et savent apporter une contribution propre à la vie intellectuelle et spirituelle de l'ensemble mondial, tout en restant fidèles à leur culture, elles sont appelées à un rôle important au sein de l'Église universelle.

2. Des *communautés largement majoritaires*, rassemblant la presque totalité de la population, également *en pays en voie de développement*, de christianisation relativement ancienne (Amérique Latine, Philippines). Malgré le développement rapide de la population, elles parviennent à en suivre le mouvement ; mais il leur faut christianiser en profondeur cette population, en quoi elles sont freinées par le petit nombre de leurs prêtres (les plus faibles proportions du monde, mais en évolution positive). Elles donnent un nouveau souffle à l'évangélisation en se faisant le plus possible « l'Église des pauvres », qui forment effectivement la grande masse de la population.

3. Des *communautés* dans des *pays de tradition chrétienne* qui sont *parmi les plus riches du monde* (Europe, Amérique du Nord), où, soit elles sont majoritaires (pays de culture latine), soit elles cohabitent avec d'importantes communautés protestantes (pays de culture anglo-saxonne ou germanique). Globalement, le nombre des baptêmes et celui des prêtres y vont en diminuant ; la plupart de ces pays se déchristianisent ; mais, en même temps, au sein du laïcat de ces communautés, le sens des responsabilités se développe rapidement, modifiant leur type de présence et d'évangélisation.

Bien d'autres communautés importantes ne se rattachent à aucun de ces types. C'est le cas, en particulier, de celles des *pays de l'Est européen* qui sortent du régime marxiste, pays de très ancienne chritianisation. Elles y ont été en butte à une hostilité de principe de la part du pouvoir, qui a multiplié les entraves à leur activité quand ce n'est pas à leur possibilité d'exister ; elles y ont fait face de leur mieux, sans pouvoir toujours en éviter les graves conséquences ; la vitalité du catholicisme polonais, largement majoritaire dans le pays il est vrai, a été pour toutes ces communautés une référence, en même temps qu'une des causes de l'effondrement des systèmes politiques en place. Elles ont aujourd'hui à faire face à une immense tâche de reconstruction.

Il faudrait aussi évoquer le cas des minorités catholiques en pays musulmans, dont la situation est très variable, et, dans certains cas, très éprouvante, selon le degré de tolérance dont elles sont l'objet.

Au total, le monde catholique connaît des conditions d'environnement très diverses, auxquelles ses communautés doivent chacune adapter leur vie et les formes de leur évangélisation. Quelques exemples sommaires en donnent ci-après une idée, les uns p. 172 à 175, les autres dans la partie « Supplément ». ■

UNITÉ ET DIVERSITÉ DU CATHOLICISME DANS LE MONDE

Quelques monographies

Dans l'impossibilité d'une description exhaustive de l'extrême diversité des situations du catholicisme dans le monde, il sera ici présenté, en huit brèves monographies, les Églises de quelques pays relevant des principaux types de communautés catholiques, en différents continents :
- *Communautés relativement récentes en expansion, en pays en voie de développement :* Congo (Afrique francophone), Kenya (Afrique anglophone).
- *Communautés largement majoritaires en pays en voie de développement, de christianisation relativement ancienne :* Philippines (Asie du Sud-Est), Brésil et Colombie (Amérique latine).
- Communautés souvent anciennes, en pays en voie de développement à majorité non chrétienne : un pays islamique, Iraq, un pays hindouiste, l'Inde.
- *Communauté en pays développé d'ancienne tradition chrétienne :* États-Unis d'Amérique (Amérique anglophone).

On trouvera en outre dans les pages de supplément, à la fin de l'ouvrage, une présentation de l'Église catholique dans les divers pays européens tant de l'Ouest que de l'Est.

CONGO

• État d'Afrique équatoriale. Capit. : Brazzaville. Langue off. : français.

• ***Superficie :*** **342 000 km². *Population* en 1989 : 1,94 million. Densité : 5,6 h/km². Population jeune (+ 29 % en dix ans) (50 % de moins de 15 ans). 75 tribus, 15 ethnies. Ancienne colonie française ; indépendante en 1960. Instauration d'une « démocratie populaire » d'inspiration marxiste en 1963. Évolution actuelle du régime vers des formes en principe plus libérales (abandon du principe du parti unique) : à noter la part primordiale revenant à l'épiscopat congolais dans la « Conférence nationale » qui a contribué à cette évolution ; mais beaucoup d'incertitudes subsistent. Petit pays forestier encore peu peuplé, à l'économie rurale très pauvre ; quelques ressources pétrolières, précieuses pour son développement.**

• Baptisés catholiques : 831 000 en 1989 *(43 % de la population)*, en accroissement de 26 % en dix ans, taux élevé, cependant inférieur à celui de la population générale (29 %).

• A côté des catholiques, 25 % de protestants, ainsi que de nombreuses Églises locales, ou sectes, se réclamant de Jésus-Christ (Kimbanguistes, Matsouanistes, Croix-Koma..., peut-être 15 %) en développement rapide. Au total, les chrétiens seraient de l'ordre de 90 %, alors que les premières missions chrétiennes ne sont arrivées qu'à la fin du XIXᵉ s. Les religions traditionnelles toucheraient 4 %, et l'islam 0,5 % de la population.

• L'Église congolaise doit se situer dans la cohabitation (conflictuelle à l'origine) avec les autres Églises chrétiennes, très actives, et avec les coutumes locales, aujourd'hui mieux comprises comme éléments de la culture locale (tout en pouvant poser problème : polygamie). L'attitude du gouvernement marxiste à l'égard de l'Église, sans être ouvertement hostile, a contribué, en suscitant certaines remises en cause, à un renouveau imprévu par le pouvoir.

L'Église congolaise (1 archidiocèse et 5 diocèses) comptait, en 1989, 179 prêtres (dont 88 religieux) ; effectif des prêtres diocésains : + 20 % en dix ans, le clergé autochtone venant très progressivement prendre la relève du clergé missionnaire. Les ordinations de prêtres diocésains (4 en 1989) représentent 4,5 % de l'effectif (France : 0,5 ; États-Unis : 1,5, etc.).

Le nombre des catholiques par prêtre (4 900, contre 1 450 en France et 1 000 aux États-Unis) souligne l'étendue des besoins ; mais le nombre des séminaristes a augmenté de 205 % entre 1979 et 1989. A noter l'activité de 2 800 catéchistes.

La vitalité de cette Église est confirmée par le doublement du nombre des baptêmes d'enfants entre 1979 et 1989 (14,3 pour 1 000 catholiques en 1989, contre 9,8 en France). Et les baptêmes d'adultes sont presque aussi nombreux. Cependant, on l'a vu, la population générale s'est accrue encore plus vite (+ 29 %) que la population catholique (+ 26 %) : le défi lancé à la jeune Église congolaise apparaît ainsi dans toute son ampleur. ■

KENYA

• État d'Afrique orientale. Capit. : Nairobi. Langues off. : anglais et swahili.

• ***Superficie :*** **583 000 km². *Population :* 24,87 millions en 1989 (prévisions pour 2000 : 39 m.). Densité : 426 h/km². Population jeune (+ 62 % en dix ans) (51 % de moins de 15 ans).**

Ancienne colonie anglaise. République indépendante en 1963. Régime présidentiel avec parti unique. Plus de 250 tribus, 16 ethnies. Pays relativement peuplé pour l'Afrique ; économie essentiellement rurale, potentiel de développement non négligeable, ressources du tourisme (safaris).

Les Kenyans sont largement christianisés (60 % ?). Baptisés catholiques : 5,093 millions en 1989 *(20,5 % de la population)*, + 80 % en dix ans, taux considérable qui dépasse celui, pourtant très élevé, de la population générale (+ 62 %). Ainsi, malgré la colonisation britannique et l'arrivée tardive des missions (fin du XIXᵉ s.), l'Église catholique s'est rapidement développée dans ce pays.

A côté des catholiques, les plus nombreux, présence protestante (peut-être 15 %) et anglicane (environ 5 %), et prolifération d'Églises indépendantes (200 à 300), issues ou non des grandes Églises mondiales, parfois proches des sectes (peut-être 20 %, voire davantage, de la population).

L'islam touche 6 %, et les religions traditionnelles entre 15 % et 20 % de la population.

• L'Église catholique (4 archidiocèses et 15 diocèses ou équivalents) comptait, en 1989, 1 172 prêtres (dont 648 religieux). Le fort accroissement du nombre des prêtres en dix ans (+ 36 %) reste loin de celui des catholiques (+ 80 %) ; et pourtant, à lui seul, le clergé diocésain a augmenté de plus de 150 % ! La relève des missionnaires par le clergé autochtone est en cours ; mais les besoins continuent de s'accroître avec le développement très rapide de la population catholique. L'augmentation des ordinations de prêtres diocésains (+ 230 % de 1979 à 1989 ; 11 % de l'effectif en place), en même temps que celle des séminaristes (+ 107 %), donnent des espoirs à cet égard. A noter l'activité de 6 640 catéchistes.

Tous ces chiffres témoignent de la vitalité de l'Église kenyane. Cependant, de sérieuses difficultés restent à résoudre, du fait de l'énorme croissance de la population catholique : en dix ans, le nombre de catholiques par prêtre a augmenté de 31 % (de 3 297 à 4 346), situation appelée à s'aggraver avec la croissance du nombre des baptêmes (+ 56 % en dix ans) ; le nombre de baptêmes pour 1 000 habitants (29) est parmi les plus élevés du monde (France : 9,8).

On le voit, les principaux problèmes de l'Église catholique kényane sont finalement dûs à son propre développement, qui lui est pourtant imposé par le développement démographique du pays ■

PHILIPPINES

• Archipel de plus de 7 000 îles, dans l'Océan Pacifique. Capit. : Manille. Langues offic. : anglais, talagog.

• *Superficie :* 300 000 km². *Population* en 1989 : 60, 10 millions (prév. pour 2000 : 75 m.). Densité : 200 h/km² (double de la France). Population jeune (+ 25% en dix ans) (59,6% de moins de 24 ans), en majorité d'origine malaise, nombreuses minorités. Successivement colonie espagnole au XVIe s., annexé par les États-Unis au XIXe s., occupé par le Japon en 1942 ; indépendant en 1946, le pays est resté longtemps sous l'influence économique et politique des États-Unis, qui y disposèrent jusqu'en 1992 d'importantes bases militaires. La dictature du président Marcos (1965-1986), dont la famille a tiré un large profit du pouvoir, a été un frein au développement d'une économie qui avait déjà peine à suivre l'expansion démographique. Durant cette période, si une partie de l'Église catholique n'a pas été exempte de compromissions avec le pouvoir, une autre a par contre été à la pointe de la défense des droits de l'homme ; c'est soutenue par elle, et notamment le cardinal Sin, que Cory Aquino, veuve d'un sénateur de l'opposition assassiné par le pouvoir, a été l'âme du soulèvement populaire qui obligea Marcos à se retirer. Sous la présidence de Cory Aquino, les libertés ont été largement rétablies, mais toute tentative de réforme économique ou sociale se heurte à une puissante aristocratie de la fortune. La situation politique reste incertaine. L'économie philippine, encore majoritairement agricole avec des structures agraires archaïques (10% détenteurs de 90% des terres), dispose de ressources minières variées et d'une industrie en développement.

• Les Philippines sont « le pays catholique » de l'Asie, partie du monde la moins christianisée. Évangélisé à partir de la colonisation espagnole au XVIe s., le pays a lui-même servi de base à d'autres missions, au Japon et en Chine.

Baptisés catholiques en 1989 : 50,826 millions (*84,6% de la population* (+ 30% en dix ans, taux supérieur à celui, pourtant élevé, de la population générale, 25%).

À côté des catholiques, 3 à 4% de protestants, 5% de membres d'Églises indépendantes, 5% de musulmans (îles du sud). Au total, les chrétiens sont 95% de la population.

• L'Église catholique (16 archevêchés et 61 diocèses ou équivalents) comptait, en 1989, 5 540 prêtres (dont 2 148 religieux) (+ 10% en dix ans, + 28% pour les seuls prêtres diocésains, principalement autochtones). Mais cet accroissement global de 10% ne suit pas celui de la population catholique (30%) ; le nombre de catholiques par prêtre est ainsi passé à 9 174 en 1989 (+ 18,7%). D'où la lourde charge pastorale du clergé philippin.

Or le taux actuel des ordinations suffirait tout juste à assurer le maintien de l'effectif total des prêtres sans un apport de religieux étrangers, qui tend précisément à diminuer. La charge du clergé va donc s'accroître encore ; le nombre annuel des baptêmes a augmenté de 14,5% en dix ans, moins que la population catholique ; mais le chiffre de 28,8 baptêmes pour 1 000 catholiques est l'un des plus élevés du monde. À l'image de celui de l'Amérique latine, et pour les mêmes motifs historiques et socio-économiques, le catholicisme philippin est une religion populaire, voire exubérante. Il anime souvent, à la base, des mouvements de promotion sociale (on en sait le rôle dans l'écroulement de la dictature de Marcos). Il est clair que, face aux énormes disparités sociales du pays, il continuera de pousser vers une société plus équilibrée. ■

BRÉSIL

• État fédéral occupant près de la moitié du continent sud-américain. Capit. : Brasilia. Langue offic. : portugais.

• *Superficie :* 8 512 600 km² (16 fois la France). *Population* en 1989 : 147,40 millions (prév. pour 2000 : 205 m.). Densité : 17,3 h/km² (40% des habitants dans le sud-est, 75% dans les grandes villes du littoral). En croissance de près de 25% en dix ans. 60% de Blancs, d'origine européenne, 11% de Noirs, descendants d'esclaves africains, 26% de métis, env. 230 000 Indiens.

Découvert et colonisé au XVIe s. par les Portugais qui y introduisirent le catholicisme, monarchie indépendante en 1822, République en 1889, cet immense pays, aux ressources naturelles considérables, avec une industrie en plein développement (51% du PIB), encore relativement peu peuplé, a devant lui de vastes perspectives. Comme tout le continent, il est marqué par un énorme contraste entre une minorité (50% des terres fertiles possédées par 4% de la population) détenant la réalité du pouvoir, et une large fraction de la population, modeste ou misérable (20% d'analphabètes) ; situation aggravée par l'exode rural et le chômage qui en résulte.

• Baptisés catholiques : 129 544 millions (*95% de la population*, + 21% en dix ans ; population générale + 25%). De loin, le pays du monde comptant le plus grand nombre de catholiques (15% du total mondial). La prépondérance catholique tend à s'atténuer en faveur d'autres religions ; chez les protestants, la croissance est le fait des multiples organisations pentecôtistes et évangélistes (les « Assemblées de Dieu » tripleraient chaque année leurs effectifs) ; la frontière est d'ailleurs incertaine entre groupes fondamentalistes et sectes, elles aussi en croissance accélérée, avec des centaines de cultes syncrétistes, combinant souvent éléments d'origine catholique et africaine (cultes afro-brésiliens les plus populaires : l'Umbanda et le Candomblé). De 400 à 600 000 catholiques rejoindraient chaque année groupes pentecôtistes ou sectes (largement financées par les organisations nord-américaines) ; nombreux cas de double appartenance.

Avec la situation sociale au Brésil, cet attrait est l'un des sujets majeurs de préoccupation de l'Église catholique. Lors de son voyage au Brésil en octobre 1991, Jean-Paul II a appelé le clergé à réagir plus vigoureusement à l'égard des sectes qui, dans son esprit, doivent leur succès aux insuffisances de l'Église. L'islam est également en progression (aide de l'Arabie Saoudite).

• L'Église catholique (33 archidiocèses et 218 diocèses ou équivalents) comptait, en 1989, 13 922 prêtres (dont 7 421 religieux) (+ 6% en dix ans, contre + 21% pour la population catholique). Moyennant quoi, le nombre de catholiques par prêtre est passé à 9 306 (France : 1 447).

La disproportion entre la population catholique et le nombre des prêtres fait reposer sur le clergé une charge pastorale souvent préjudiciable à l'approfondissement de la foi chrétienne ; par contre, la présence active de « communautés de base » en milieux populaires (une des spécificités du catholicisme latino-américain contemporain) est un facteur d'évangélisation, en même temps que d'évolution sociale, sans cependant emporter l'adhésion unanime au sein de la hiérarchie. A noter que les ordinations de prêtres diocésains ont triplé en dix ans (en 1989, 5,13% du clergé diocésain), et le nombre des séminaristes a augmenté de 67%. Mais le clergé est encore issu, dans sa grande majorité, des milieux d'origine européenne. Autre fait inquiétant, la régression du nombre des baptêmes de 6% en dix ans (population catholique + 21%). Longtemps traditionnelle et liée aux classes dirigeantes, l'Église brésilienne, depuis le concile Vatican II et sous l'impulsion de sa Conférence épiscopale créée en 1971, est devenue plus proche des milieux défavorisés ; la figure de Mgr. Helder Camara reste célèbre à cet égard. L'Église a été, durant la dictature militaire (1964-1978) le seul espace de liberté d'expression. ■

COLOMBIE

• République (présidentielle) au nord-est de l'Amérique du Sud, en partie sur l'Atlantique, en partie sur le Pacifique. Capit. : Bogota. Langue offic. : espagnol.
• *Superficie* : 1 138 914 km². *Population* en 1989 : 32,335 millions (+ 20 % en 10 ans). Densité : 28,4 h/km². Population jeune (36 % de moins de 15 ans, 3 % de plus de 65 ans). Population mêlée : Métis 54 %, Blancs 20 %, Mulâtres 14 %, Indiens (398 tribus) 5 %, Noirs 4 %. Urbaine à 67 %. Mortalité infantile 49 ‰ (France 8,3). 3 millions d'enfants de moins de 14 ans travaillent, 12 % des adultes sont analphabètes.
• Colonie espagnole au XVIe s. (Nouvelle Grenade) ; en 1819 (intervention de Bolivar) la Grande Colombie, incluant Vénézuela, Équateur, Panama, devient république indépendante ; ces trois derniers pays prendront progressivement leur indépendance propre (Panama en 1903).
• Pays constitué de hautes montagnes (Andes) et de plaines tropicales, sa surface est cultivée à 10 %, couverte de pâturages à 30 %, et de forêts (Amazonie) à 60 %. Cultures tropicales : café (2e product. mond.), canne à sucre, cacao, etc. Les cultures du coca (cocaïne) et du pavot (héroïne), très rémunératrices, tendent à s'étendre, alors que la Colombie est déjà le premier pays importateur et transformateur de la cocaïne venant des pays voisins, et fournit 80 % de la drogue consommée aux USA. Plus d'un million de Colombiens sont inclus dans le circuit, dominé par le Cartel de Medellin, qui contrôle le marché mondial de la drogue et règne par la terreur (dizaine de milliers de meurtres), concourant à l'instabilité politique du pays ; forces armées, révolutionnaires et gouvernementales ne cessent de s'affronter, ces dernières échappant le plus souvent par surcroît au pouvoir légal.
• Les catholiques (29,267 millions) constituent 95 % de la population ; animistes, protestants, Églises indépendantes, cultes syncrétistes... forment les autres 5 %.
L'Église colombienne est organisée en 12 archidiocèses et 56 diocèses ou équivalents, dont les évêques forment depuis 1908 une Conférence épiscopale. Elle comptait en 1989, 3 927 prêtres diocésains et 2 083 prêtres religieux (soit 1 prêtre pour 4 870 catholiques et 5 190 habitants, chiffres très favorables), 18 600 religieuses, 3 190 catéchistes : clergé assez nombreux pour pouvoir envoyer nombre de ses membres dans d'autres pays d'Amérique latine, ce qui confère à l'Église colombienne une réelle importance sur le continent. Les ordinations annuelles de prêtres diocésains (152 en 1989) assurent un taux très remarquable de renouvellement du clergé diocésain (de l'ordre de 4 % par an, contre 0,5 % en France). Comme bien d'autres Églises sud-américaines, celle de Colombie connaît une nette différence de sensibilité entre la majorité de l'épiscopat et du clergé diocésain d'une part, et la majorité des religieux d'autre part ; tandis que les premiers sont proches des milieux conservateurs, les religieux sont nombreux, avec des prêtres diocésains, à vivre au cœur des milieux les plus pauvres (et pauvreté ici signifie le plus souvent misère), s'employant à en promouvoir le développement tant spirituel qu'humain. La Colombie connaît, avec le Brésil, le plus important développement des « communautés de base ». Ceci dit, si le dialogue est souvent difficile au sein de l'Église colombienne, il n'en existe pas moins, permettant un réel dynamisme social et apostolique.
L'Église colombienne doit affronter trois défis majeurs : vivre et aider à vivre le peuple colombien, dans un climat d'instabilité et de violence au sein d'un pays marqué par l'emprise des « grands » de la drogue ; faire face aux problèmes aigus suscités par l'urbanisation, la surpopulation des villes, le déracinement social : une culture différente est en train de naître, qui n'est plus spontanément chrétienne ; faire face au développement des sectes : si la religion populaire colombienne n'est pas désarmée devant ce phénomène, celui-ci n'en est pas moins favorisé par le nouveau contexte colombien. ■

IRAQ

• République (régime militaire) du Moyen Orient. Son territoire est formé pour la plus grande part de l'ancienne Mésopotamie, appuyée sur les montagnes du Turkestan au nord, ouverte au sud sur le Golfe Persique (ou Arabe). Capit. : Bagdad. Langue offic. : arabe.
• *Superficie* : 438 317 km². *Population* en 1989 : 18,280 millions (croissance ann. 3,5 %). Population jeune (49 % moins de 15 ans, 4 % plus de 65 ans). Densité : 42 h/km². Arabe 70 %, Kurdes 10 %, Iraniens 3,8 %. Analphabétisme 50 %. Le pétrole est la principale richesse du pays (9e producteur mondial, 3 % de la product. mond.).
• Pays héritier d'une longue histoire, dont la Mésopotamie a été le théâtre principal, il a vu se succéder grands empires, brillantes civilisations, grandes religions. Les divisions de l'Église des origines expliquent la diversité des Églises et des rites dans l'Iraq chrétien d'aujourd'hui. La conquête arabe au VIIe siècle a massivement implanté l'islam ; la domination turque durant quatre siècles l'a conforté. Placé sous mandat britannique en 1920, l'Iraq devient un royaume constitutionnel qui accède à l'indépendance en 1932 et fait place à la République en 1958 ; les coups d'État s'y succèdent depuis lors. Le parti Baas, nationaliste, panarabe, socialiste et modérément laïc, inspire la plupart des gouvernements, dont celui de Sadam Hussein, élu président en 1979 ; c'est lui qui déclenche les désastreuses guerres contre l'Iran (1980-1988) et le Koweit (1990-1991 : guerre du Golfe) qui, sanctions internationales venant par surcroît, ruinent le pays.
• L'Iraq est musulman à 95 % (chiites 52 %, sunnites 42 %), et l'islam religion d'État ; mais la Constitution garantit la liberté de culte aux minorités religieuses reconnues par l'État, lequel subventionne à l'occasion construction ou entretien de bâtiments religieux. Nombreux sont les chrétiens dans les institutions étatiques (par ex. Tarek Aziz, vice-premier ministre, ou Michel Aflak, fondateur du parti Baas en 1940).
Avant la guerre du Golfe et les nombreuses expatriations volontaires qui en ont résulté, les chrétiens (500 à 900 000) représentaient moins de 5 % de la population, alors que le pays avait été presque totalement christianisé au début de notre ère. Au cours des siècles leur nombre a régressé sous la pression de l'islam, celle-ci étant favorisée par leurs propres divisions. Aujourd'hui encore, ils offrent le reflet des schismes qui ont déchiré l'Église primitive. Parmi les chrétiens, les catholiques des divers rites sont les plus nombreux : en 1989, selon les statistiques du Saint-Siège, 600 000, soit 3,3 % de la population ; et les autres chrétiens (grecs orthodoxes, assyriens, syriens, arméniens, protestants) environ 1 %.
• Les *catholiques de rite chaldéen* (ou syro-oriental) forment eux-mêmes la communauté chrétienne iraquienne la plus importante (400 à 500 000). Ils sont issus du ralliement à l'unité romaine, au XVIe s. de la majeure partie de l'Église nestorienne, née d'un schisme au Ve siècle (voir p.152, 153, 1015 et ss.) et formant aujourd'hui l'Église apostolique assyrienne d'Orient (10 000 fidèles en Iraq) dont le siège patriarcal se trouve en Iran. Les catholiques chaldéens forment en Iraq 10 diocèses ou équivalents, qui relèvent du patriarche de Babylone des Chaldéens, dont le siège est à Bagdad. Catholiques chaldéens et orthodoxes assyriens suivent le même rite et recourent aux mêmes langues liturgiques, notamment le syriaque ou araméen, langue d'origine mésopotamienne encore parlée en diverses régions (c'était celle que parlaient les Juifs au temps du Christ, et le Christ lui-même).
Les *syriens catholiques* (ou syriaques, ou syro-catholiques), environ 46 000 en Iraq, sont issus du ralliement à l'unité romaine au XVIIIe s., d'une fraction importante de l'Église jacobite de Syrie, née d'un schisme au Ve siècle (voir p. 152, 153, 1015 et ss.) et formant aujourd'hui l'Église orthodoxe syrienne (60 000 fidèles iraquiens) dont le siège patriarcal est à Beyrouth (Liban). Les syriens catholiques forment 2 diocèses, qui relèvent du patriarche d'Antioche des Syriens, également à Beyrouth. Syriens catholiques et syriens orthodoxes suivent un rite voisin et recourent aux mêmes langues liturgiques, notamment le syriaque (voir plus haut).
Les *Arméniens catholiques*, environ 2 à 3 000, sont issus du ralliement à l'unité romaine, au XVIIIe s., d'une fraction de l'Église apostolique arménienne, séparée au Ve siècle (voir p. 152, 153, 1015 et ss.), dont le siège patriarcal est en Arménie ex-soviétique, et qui compte en Iraq 10 à 15 000 fidèles. Les Arméniens catholiques iraquiens forment quant à eux un diocèse qui relève du patriarche de Cilicie des Arméniens, à Beyrouth. Tous les Arméniens pratiquent le même rite et recourent notamment à la langue arménienne.
Les *catholiques de rite latin* (environ 3 500) forment un diocèse relevant directement de Rome.
L'ensemble des 14 diocèses (et 2 missions indépendantes) iraquiens comptaient en 1989, 105 prêtres diocésains et 33 prêtres religieux, soit 138 prêtres au total, ou encore 1 prêtre pour 4 345 catholiques, taux remarquable (mais 1 prêtre pour 132 464 habitants) ; les 3 ordinations de prêtres diocésains en 1989 donnent, par rapport à l'effectif du clergé diocésain, un taux de 2,8 %, très supérieur à celui des pays occidentaux (0,5 % en France).
Ceci dit, si les Églises chrétiennes iraquiennes ont pignon sur rue, d'une part leurs hiérarchies sont soumises à de fortes pressions du pouvoir, qui joue de leurs divisions ; d'autre part le statut du chrétien, très restrictif, reste celui de la « dhimma » en pays musulman ; et de manière générale, toute la vie sociale pousse à considérer comme références les modes de vie et de pensée islamiques ; par surcroît, la guerre du Golfe a porté un nouveau coup aux communautés chrétiennes, à la fois frappées par de nombreuses pertes de vies humaines comme l'ensemble de la population, et cependant suspectées, bien à tort, de sympathies pro-occidentales. Enfin, les minorités ethniques (Kurdes, Chaldéens, Assyriens, Arméniens), auxquelles appartient une notable proportion des chrétiens, sont soumises à toutes sortes de vexations ; ainsi la situation présente pousse les chrétiens à s'expatrier, quoi qu'en dise leur clergé, menaçant ainsi l'existence même de communautés déjà très minoritaires dans ce pays massivement musulman. ■

INDE

• République fédérale d'Asie méridionale, sur l'Océan Indien (18 États fédérés, 10 territoires). Capit. : New-Delhi. Langue offic. : hindi et anglais (14 langues offic. dans les États).

• *Superficie* : 3 287 590 km². *Population* en 1991 : 843,900 millions (2e mond. après la Chine). Croiss. ann. 3,3 % Population jeune (38 % moins de 15 ans, 4 % plus de 65 ans). Aryas 72 %, Dravidiens 25 %, Sikhs 3 %. Densité : 256 h/km².

• Dans l'histoire de l'Inde, on remonte jusqu'à 2 500 av. J.-C. (civilisation dans l'Indus) ; on situe les textes les plus anciens de l'hindouisme (Vedas) entre 1 400 et 800 av. J.-C. et les Oupanishads les plus anciens entre 8 et 5 siècles av. J.-C. (voir p. 144). L'histoire du pays est complexe, profondément marquée de plusieurs conquêtes étrangères (notamment musulmans à partir du Xe s., mogols au XVIe s., présences européennes concurrentes à partir du XVIe s., d'où sortira l'Empire britannique des Indes) ; lors de son accession à l'indépendance en 1947, ce vaste ensemble perdra Ceylan, la Birmanie et le Pakistan occidental et oriental (à majorité musulmane), dans un déferlement de violences sanglantes.

Selon la tradition l'Église indienne aurait été fondée au Ier siècle par saint Thomas. Les communautés nestoriennes et jacobites sont en tous cas très anciennes ; d'elles sont issues des fractions qui ont fait retour à l'unité romaine au cours des âges. L'arrivée européenne au XVIe s. a été le point de départ d'une nouvelle évangélisation (saint François Xavier, le père de Nobili, etc. Voir Index).

• La religion dominante (± 80 %) est l'hindouisme, multimillénaire (voir p. 114), dont l'absence de dogmes et de centre régulateur, la diversité des courants et la multitude des divinités favorisent des expressions variées à travers cet immense pays tout en y jouant un rôle de ciment. C'est à l'hindouisme qu'est dû le système des castes qui marque si profondément et durablement la société indienne. Les musulmans (11 %) forment une minorité d'autant plus présente que son taux de croissance (3,6 %) dépasse celui des hindous (2,4 %) et que, à leur vive inquiétude, son actif prosélytisme est soutenu par l'argent arabe. Les Sikhs ne sont que 2 % mais font beaucoup parler d'eux. Boudhistes (0,5 %) et Jaïns (0,3 %) sont en rapide régression.

• Les chrétiens (3,7 %) forment une minorité active, mais considérée comme d'une religion étrangère à l'identité indienne ; leur situation, sauf en certaines régions, n'est pas toujours facile, quelle que puisse être la notoriété de Mère Térésa.

Les catholiques sont, parmi les chrétiens, les plus nombreux : 14 millions environ (1,6 %) ; les autres chrétiens (protestants, 9 millions : 1,1 % ; orthodoxes, 2 millions : 0,2 % ; divers, 7 millions : 0,8 %) totalisent 2,1 %.

Les catholiques sont principalement présents dans l'État de Kérala (où ils constituent 20 % de la population), région qu'aurait évangélisée l'apôtre Thomas, et dans celui de Tamilnadu ; dans le nord l'évangélisation touche plutôt les basses castes, qui n'ont rien à y perdre dans la vie sociale.

Les catholiques indiens se répartissent entre divers rites, hérités de l'histoire chrétienne dans leur pays.

Les *catholiques de rite latin* sont les plus nombreux (environ 10 millions sur 14) ; ils forment 16 archidiocèses et 92 diocèses (dont 9 sont cependant de rite syro-malabar) ; il subsiste un patriarcat (honorifique) des Indes Orientales dont le titulaire est l'archevêque de Goa.

Les *catholiques de rite syro-malabar* (environ 3 millions) sont surtout concentrés dans le Kérala, où ils forment 2 archidiocèses et 10 diocèses ; s'y ajoutent, ainsi qu'on l'a vu, 10 diocèses catholiques de même rite qui, pour des raisons de dispersion géographique, relèvent d'archidiocèses de rite latin. Les syro-malabars sont issus d'un ralliement à l'unité romaine, au XVIe s. (voir p. 152, 153, 1015 et ss.) de la majeure partie de l'Église nestorienne Mar Thoma de Malabar, née d'un schisme au Ve siècle, et qui compte aujourd'hui encore quelque 2 500 000 fidèles en Inde. Les uns et les autres sont de rite chaldéen ou syro-oriental et utilisent comme langues liturgiques le syriaque et les langues locales.

L'ensemble de l'Église catholique en Inde comptait, en 1989, 8 423 prêtres diocésains et 5 953 prêtres religieux, soit 14 376 prêtres, effectif en augmentation continue (ordinations annuelles de l'ordre de 4 % de l'effectif du clergé, niveau très élevé ; pour mémoire en France : 0,5 %) ; séminaires, instituts religieux masculins et féminins suscitent de nombreuses vocations. On compte 1 prêtre pour 969 catholiques, taux remarquable (mais 1 pour 56 471 habitants). L'abondance des vocations permet l'envoi à l'étranger de nombreux prêtres, religieux, religieuses.

Si, au sein de l'Église indienne, le rôle des laïcs n'est pas encore très important, elle n'en exerce pas moins une grande activité dans le pays. Si, par exemple, au Kérala, la population est alphabétisée à 90 % (contre 52 % dans l'ensemble du pays), c'est grâce aux écoles chrétiennes. ■

ÉTATS-UNIS D'AMÉRIQUE

• République fédérale (50 États) d'Amérique du Nord. Capit. fédér. : Washington. Langue offic. : anglais.

• *Superficie* : 9 363 000 km² (3e rang mondial). *Population* en 1989 : 248,76 millions (+ 13 % en dix ans). Densité : 26 h/km². **Population majoritairement composée de descendants d'émigrants européens ; nombreuses et importantes minorités d'autres origines : Noirs (descendants d'esclaves africains), asiatiques, hispano-américains, Indiens... Ancienne colonie britannique, indépendante en 1783. Première puissance économique mondiale, ce pays se présente volontiers, surtout depuis l'effondrement de l'URSS, comme le leader du monde et un modèle de vie en société.**

• Le facteur religieux, d'inspiration protestante, tient une place importante dans l'histoire américaine et marque profondément les traditions du pays (devise : « In God we trust » ; serment du président sur la Bible...), bien que la Constitution impose la séparation des Églises et de l'État. L'Église catholique américaine, historiquement marquée par sa position minoritaire et méprisée au sein d'une société massivement protestante qui voyait dans la réussite économique une récompense divine, a longtemps éprouvé un complexe d'infériorité aggravé par l'extrême pauvreté des populations qui la composaient (Irlandais, Italiens, Polonais...) (voir p. 438 b). Sa rapide croissance numérique, son dynamisme apostolique, le niveau intellectuel de son clergé et de ses fidèles (universités catholiques réputées), la promotion économique et sociale des milieux catholiques américains, ont progressivement modifié son image de marque, comme l'a souligné l'élection en 1960 d'un président de confession catholique, J.F. Kennedy.

• En 1989, baptisés catholiques : 54,900 millions (*22 % de la population*, + 13 % par rapport à 1979, même taux d'augmentation que la population américaine). Les protestants, les plus nombreux, constituent moins de la moitié de la population : au delà des Églises historiques (baptistes, méthodistes, luthériens, presbytériens, épiscopaliens) rassemblant la majorité des protestants, de multiples Églises indépendantes échappent à tout classement, tout en regroupant une part notable de la population (Noirs notamment). Les Églises orientales (orthodoxes, arméniens...) sont très actives, comme la communauté juive (3 % de la population américaine, 40 % du total juif mondial) et l'islam (1,4 % de la population).

• L'Église catholique (33 archidiocèses et 153 diocèses ou équivalents) comptait, en 1989, 54 332 prêtres (dont 20 367 religieux) (– 5,5 % par rapport à 1979), soit 1 010 catholiques par prêtre, niveau sans commune mesure avec celui de l'Amérique latine. Les ordinations (485 en 1989, soit 1,44 % de l'effectif) n'en assurent pas le renouvellement ; elles sont en diminution de 26 % par rapport à 1979, comme l'effectif des prêtres diocésains lui-même ; et le nombre des séminaristes (– 10 % de 1979 à 1989) ne laisse pas espérer un redressement. Quant aux baptêmes des dix dernières années, s'ils ont augmenté de 4 %, ils n'ont pas suivi le mouvement de la population catholique (+ 13 %).

Moins touché que d'autres communautés catholiques occidentales par diverses formes de contestation interne ces dernières années, le catholicisme américain n'en subit pas moins les effets de la sécularisation à l'œuvre dans le monde occidental ; mais il connaît, en même temps, un vigoureux renouveau spirituel, et son épiscopat n'hésite pas à prendre des positions à contrecourant de l'opinion majoritaire, par exemple sur les questions sociales, les armements, les droits de l'homme, les minorités. ■

En 1985, pour la première fois, un évêque Indien aux États-Unis

Le 24 février 1985, Mgr Donald Pelotte, qui descend de la tribu des Abenakis, dans l'État du Maine, a été nommé évêque coadjuteur (c'est-à-dire avec droit de succéder plus tard à l'évêque en place) du diocèse de Gallup (État du Nouveau-Mexique). Le responsable des missions catholiques indiennes, Mgr Lenz, a déclaré : « Les indigènes américains attendaient cette nomination depuis des années ».

II. LE CATHOLICISME AU SEIN DES GRANDES RELIGIONS EN FRANCE

Statistiques générales

L'Église catholique est la seule à tenir des statistiques centralisées, ventilées par pays, et donnant notamment le nombre de ses fidèles. Pour les autres religions pratiquées en France, des évaluations concernant telle ou telle d'entre elles sont occasionnellement avancées par divers organes ou publications. L'ensemble de ces données est disparate par les méthodes employées et les périodes auxquelles elles s'appliquent ; au total, les chiffres en la matière sont aléatoires, et difficilement comparables si on en attend une rigueur absolue. Par contre, il est possible de se faire au moins une idée des ordres de grandeur relatifs, à condition de n'attribuer de caractère absolu ni aux chiffres ni aux dates.

Les religions en France : ordres de grandeur comparatifs aux alentours de 1990

① **Chrétiens**		
Catholiques (baptisés)	47 650 000 (1)	84,85 %
Protestants	900 000 (2)	1,60 %
Orthodoxes et Églises orientales non cath.	420 000 (2)	0,75 %
Autres	200 000 ?	0,35 %
TOTAL DES CHRÉTIENS ①	49 170 000	87,55 %
② **Autres religions**		
Musulmans	2 550 000	4,55 %
Juifs	500 000	0,90 %
Bouddhistes et divers autres	650 000	1,15 %
TOTAL DES AUTRES RELIGIONS ②	3 700 000	6,60 %
③ TOTAL DES CROYANTS (1 + 2)	52.870.000	94,15 %
④ Sans religion	3 290 000 (3) ?	5,85 % ?
TOTAL DE LA POPULATION FRANÇAISE (3 + 4)	56 160 000	100 %

(1) *Annuaire statistique du Saint-Siège* pour 1989
(2) Voir ci-après : Religions autres que catholique en France
(3) Par différence

Synagogue du Front de Seine à Paris (sur le symbole du chandelier à 7 branches, voir p. 260).

Ph. Tournus

Si l'on s'en tient au tableau ci-dessus, *la France est massivement catholique :* sa population est baptisée à près de 85 % selon le rite catholique. Toutefois, comme il sera précisé plus loin, cette appartenance recouvre des attitudes très différentes, depuis une foi vivante, s'exprimant notamment dans une pratique religieuse assidue, jusqu'à l'indifférence, au moins apparente, ou l'hostilité à toute forme d'expression religieuse.

Toutes les autres religions, y compris chrétiennes, sont très minoritaires, situation qui n'est pas nouvelle puisque le protestantisme, au temps de sa plus forte expansion (1559-1565) n'atteignait pas, selon les sources protestantes, le taux de 10 % de la population. Actuellement, la seconde religion par l'importance en France est l'islam (4 à 5 %).

Une partie non négligeable de la population française n'appartient à aucune religion ; dans le tableau ci-joint, elle semblerait ne pas dépasser 5 à 6 % ; en réalité, elle inclut en outre une certaine proportion de baptisés, comptés ici parmi les catholiques. Comme on le verra plus loin, le total de ceux qui se déclarent sans religion atteint 18 %.

On peut supposer que l'évolution dans les prochaines années sera la suivante :

• Accroissement en nombre et en pourcentage des personnes sans religion (indifférents ou athées).
• Recul relatif, par voie de conséquence, des catholiques.
• Évolution analogue chez les protestants et chez les juifs, défavorisés de surcroît par la multiplication des mariages mixtes.
• Évolution imprévisible du nombre des musulmans : elle dépendra à la fois de la politique française d'immigration et de la fidélité des descendants d'immigrés musulmans à la foi ancestrale ; mais la présence islamique restera une des données de la société française.
• Ces tendances ne préjugent évidemment pas de ce que sera la vigueur des convictions des divers groupes en présence.

LES JUIFS EN FRANCE

Un monde divers

Pour bien comprendre la situation du judaïsme[1] en France, il est utile de rappeler deux données de base.

1. *L'ambivalence du mot juif*, qui désigne à la fois une appartenance ethnique et une appartenance religieuse, longtemps indissociables. Mais aujourd'hui une proportion importante de juifs ne partage pas la foi judaïque. Cependant, en ce cas, et sauf exceptions rares (4 à 5 % de convertis au catholicisme), ils n'adhèrent pas à une autre religion.
2. *L'histoire du judaïsme en France* : longtemps parias, sauf exception, en pays chrétiens, les juifs n'ont été reconnus et admis officiellement en France comme citoyens à part entière que progressivement sous la Révolution, l'Empire et la Restauration.

A peine 100 000 alors, principalement alsaciens et lorrains, les juifs français ont vu rapidement grossir leurs rangs par une immigration originaire d'Europe orientale, qui réveilla un antisémitisme latent (affaire Dreyfus). Ce phénomène se poursuivit, bien qu'atténué, jusqu'à la guerre de 1939-45, au cours de laquelle près du tiers des 270 000 juifs français fut déporté dans les camps de l'Allemagne nazie, où la plupart trouvèrent la mort.

[1] Voir JUDAÏSME p. 140

C'est après la dernière guerre mondiale que la communauté juive française a connu la plus rapide croissance du fait de l'immigration de réfugiés de l'Europe de l'Est (Pologne, Roumanie, Hongrie), d'Égyptiens (environ 100 000 entre 1954 et 1961), de Marocains et Tunisiens après l'indépendance de leur pays, et pour une part importante, du fait de l'arrivée de Français d'Algérie depuis 1962 (120 000 juifs). Ces mouvements de population ont introduit une diversification culturelle, sociale, voire religieuse, inconnue jusque-là dans le monde juif français.

Celui-ci est donc par nature difficile à appréhender, très divers et, dans sa configuration actuelle, récent. Son attachement à ce qui n'a cessé à ses yeux d'être la Terre de la promesse et de l'alliance divines, et par voie de conséquence sa sympathie pour l'État d'Israël, ne s'opposent en rien au sentiment profond de son appartenance à la communauté nationale française.

Effectifs de la communauté juive française

Le nombre de juifs ne peut qu'être estimé, et les estimations diffèrent sensiblement entre elles ; il s'agit, bien sûr, d'appréhender l'importance de la communauté de ceux qui se réclament expressément de la foi juive, sensiblement plus restreinte que la population d'origine juive : 750 000 en 1980 selon le Consistoire central de France, 500 à 700 000 en 1990 selon les « Données sociales » de l'INSEE, 1% de la population (soit alors 555 000) selon le sondage SOFRES - *Le Monde* - *France Inter* - *La Vie* de septembre 1986. À défaut de certitudes, on proposera ici de retenir comme un minimum le bas de la fourchette de l'INSEE pour 1990, soit 500 000 juifs (0,9 % de la population).

Ils se partagent entre deux traditions : celle des *Ashkénazes*, originaires de France ou d'Europe centrale, et celle des *Sépharades*, provenant de la Méditerranée orientale et du Maghreb, maintenant majoritaires ; ce partage correspond aussi à des diversités quant à l'ancienneté de leur présence en France – récente pour la majorité des Sépharades –, et à leur position sociale, généralement plus élevée pour les Ashkénazes. Ces deux groupes avaient à l'origine des rites distincts qui, en France, ont été harmonisés à la suite de l'arrivée des juifs nord-africains.

A signaler l'érosion incessante provoquée sur la communauté juive par les mariages avec des non-juifs : un sur trois dans la région parisienne entre 1966 et 1975. ■

LE DIALOGUE JUIFS-CATHOLIQUES

En vue d'assurer ce dialogue l'épiscopat français a institué en son sein un *Comité épiscopal pour les relations avec le judaïsme* (2 bis, quai des Célestins 75004 Paris tél. 42.74.03.68).

Sociologie et Géographie

Schématiquement, **au plan social**, *les juifs d'origine européenne* se trouvent :

- pour une part importante, dans les catégories socio-professionnelles élevées, notamment chez les juifs d'origine française ancienne ;
- dans les classes moyennes, notamment chez les immigrés plus récents.

Les juifs plus récemment immigrés d'Égypte et d'Afrique du Nord se trouvent davantage répartis dans les diverses catégories sociales françaises, avec toujours une prépondérance pour les classes moyennes.

Leur **implantation géographique** est essentiellement urbaine, avec une forte concentration (environ la moitié) en région parisienne, peut-être 70 000 dans le Midi méditerranéen (notamment à Marseille), 20 à 25 000 à Lyon et à Toulouse, environ 50 000 en Alsace-Lorraine (implantation la plus ancienne), et le reste dans les autres régions urbaines du pays.

Les institutions juives françaises

Le judaïsme français, pas plus que le judaïsme mondial, ne possède de structure religieuse centralisée et hiérarchisée. C'est pourquoi les organismes juifs ont un caractère de représentation de cette communauté, ou d'assistance religieuse ou sociale, mais ne constituent pas des Églises à proprement parler.

Le **Consistoire central de France**, créé, comme les *12 Consistoires régionaux*, par Napoléon en 1808, a un rôle de :

– représentation et défense de la communauté juive française ;

– sauvegarde du culte, formation et affectation des rabbins, avec la gestion de l'École rabbinique de France à Paris (séminaire israélite) et du Tribunal rabbinique de Paris (droit religieux, divorces, conversions, nourriture kasher, etc.).

Il est composé de trois grands rabbins (dont le Grand Rabbin de France) et de deux laïcs cooptés.

Le **Séminaire israélite de France**, à Paris, prépare en cinq ans au ministère rabbinique. Le **Tribunal rabbinique de Paris** statue en matière de droit religieux (divorces, conversions, prescriptions alimentaires...).

Le **Conseil Représentatif des Institutions juives de France** (CRIF) a été fondé à Paris immédiatement après la dernière guerre mondiale, en 1944, pour défendre les intérêts des juifs. Il émane de 58 organisations juives.

Le **Fonds social juif unifié** (FSJU), fondé en 1950, centralise l'action sociale, éducative et culturelle et favorise les relations avec Israël et les communautés juives dans le monde.

Diverses **écoles privées juives**, primaires et secondaires, se sont créées et se développent en France, notamment à Paris et à Strasbourg.

Les **rabbins** ne sont pas des prêtres, mais des docteurs de la Loi qui dirigent et animent la vie religieuse.

Les **grands rabbins**, dont le Grand Rabbin de France, s'ils jouissent d'une grande autorité morale, n'ont pas d'autorité hiérarchique.

Pratique religieuse des juifs français

Sur le plan de la pratique religieuse, les juifs de France se répartissent entre[1]

- ceux qui pratiquent scrupuleusement toutes les prescriptions (environ 15 % : les « observants ») ;
- les « traditionalistes » qui, sans professer une religion stricte, aident financièrement les institutions et les œuvres, sont fidèles à la célébration des principales fêtes (Pessah, Kippour, etc.) et respectent un minimum de prescriptions alimentaires (49 %) ;
- les « non observants » (36 %). Dans l'ensemble, 48 % des juifs ne participent jamais, ou exceptionnellement (les « juifs de Kippour ») à la vie juive organisée.

Ces distinctions sont forcément simplificatrices et un certain nombre de juifs français se situent dans des positions intermédiaires, notamment entre la première et la seconde catégorie. ■

A noter le récent développement des centres d'étude de la Bible (165 en 1989, avec 6 600 étudiants).

1. Enquête E. de Cohen 1986-88 pour le FSJU.

LES MUSULMANS EN FRANCE

UN FAIT MARQUANT

Le fait sociologique musulman en France est récent, mais très important puisque, par le nombre de ses fidèles, l'islam constitue la *seconde religion en France,* après le catholicisme, et la plus imporante communauté du monde musulman en Europe.

Historiquement, ce n'est qu'après la dernière guerre mondiale, et pour les besoins d'une rapide expansion économique, que la France a connu une immigration massive en provenance de pays islamiques : Moyen-Orient, Afrique Noire musulmane, et surtout Maghreb (les Algériens étaient alors français).

De surcroît, cet apport est non seulement religieux mais aussi culturel, dans la mesure où l'islam imprègne largement le mode de vie de ceux qui se reconnaissent en lui, même s'ils n'affichent pas tous une foi ni une pratique religieuse strictes.

Enfin, les travailleurs immigrés musulmans ont, pour la plupart, une faible qualification professionnelle ; ils se trouvent, eux et leurs familles, dans les catégories socio-professionnelles les plus défavorisées. Bien que généralement originaires de pays qui furent colonisés par la France, ils sont considérés par beaucoup de Français comme appartenant à des populations d'un niveau inférieur de développement.

Ces deux dernières considérations contribuent à expliquer les difficultés d'assimilation dans la société française (qui conduisent parfois à des violences) et l'image souvent défavorable de l'islam dans les mentalités de beaucoup de Français, dont l'opinion négative est accentuée par une ignorance assez générale de la foi musulmane et par l'absence d'efforts pour la comprendre. Le comportement de certains États ou groupements se réclamant de l'islam ne facilite d'ailleurs pas l'évolution des esprits.

A noter par ailleurs que l'islam ne possède ni structure centralisée ni hiérarchie religieuse. Autre point, déjà évoqué à propos de l'islam dans le monde (p. 142) : il est trop fréquent de confondre Arabe et musulman ; or des minorités chrétiennes, souvent importantes, se trouvent au sein des populations immigrées de culture arabe ; qu'on pense en particulier, à la communauté libanaise chrétienne en France.

Le nombre de musulmans en France est, en toute hypothèse, difficile à estimer : d'abord l'immigration n'est pas toujours légale ; ensuite, dans le cas de fondations de familles, celles-ci s'accroissent sans être spécifiquement recensées ; enfin, le mouvement constant des arrivées et départs rend les effectifs fluctuants.

D'après l'encadré ci-contre, la réalité se situait, aux environs de 1991, autour de 2,5 à 3,5 millions, (estimation moyenne : 3 millions).

Dans l'ensemble,
- les Algériens en constituent un tiers ;
- l'ensemble des Maghrébins (Algériens, Tunisiens, Marocains) la moitié.
- les musulmans de nationalité française, le plus souvent d'origine algérienne, en font un gros tiers. ■

COMBIEN Y A-T-IL DE MUSULMANS EN FRANCE ?

Les diverses estimations (Institut du monde arabe ; données sociales INSEE 1990 ; Ligue islamique mondiale) tournent autour de 2 500 000 à 3 500 000 pour les années 1987-1991, soit une proportion d'environ 5% de l'ensemble de la population vivant en France. **De manière tout aussi approximative,** et sous toutes réserves, on peut estimer comme suit la composition de cette communauté :

• Français de souche maghrébine (dont les familles d'anciens harkis)	env. 1 000 000
• Algériens	800 à 900 000
• Marocains	400 à 500 000
• Tunisiens	env. 200 000
• Turcs	100 à 200 000
• Africains noirs (en majorité Sénégalais et Maliens)	95 à 100 000
• Français d'origine européenne	30 à 100 000
• Autres (notamment Moyen-Orient)	env. 100 000

Un sondage IFOP - *La Vie* - *Le Monde* (novembre 1989), portant sur deux échantillons (population française d'ensemble, population d'origine musulmane) a mis en lumière, outre la vision très négative de l'islam chez deux Français sur trois, les taux d'adhésion à l'islam au sein de la population d'origine musulmane : 37% croyant et pratiquant, 38% croyant (soit un total de 85% de croyants) ; 60% jeûnent tout le Ramadan, 21% quelques jours (au total 81%) ; 41% prient tous les jours, 16% vont à la mosquée le vendredi, 65% ne boivent pas d'alcool, 93% (et 82% des Français) estiment la pratique religieuse musulmane compatible avec l'intégration dans la société française.
En appliquant le taux de 85% de croyants à l'évaluation moyenne de la population d'origine musulmane en France (3 millions), on peut estimer le nombre de ces croyants à 2 550 000.

LES DIFFÉRENTS COURANTS RELIGIEUX MUSULMANS EN FRANCE

Le courant religieux le plus représenté parmi la population musulmane résidant en France[1] se rattache à un *islam maghrébin populaire sunnite,* mélangeant des traditions sociales anciennes et des pratiques influencées par les confréries maraboutiques (organisées autour du culte d'un saint) ou par les oulémas (théologiens).
Les musulmans d'Afrique Noire pratiquent généralement une religion moins rigide, car plus ou moins façonnée par les traditions africaines (confréries maraboutiques).
Les Turcs ont été, pour la plupart, marqués par l'entreprise de laïcisation de leur pays sous Ataturk, mais certains sont restés attachés à l'islam sunnite.
Les musulmans intégristes, qui prônent une interprétation et une application étroites de la loi islamique, commencent à se manifester en France, notamment sous l'inspiration des Frères Musulmans. Des sectes chiites se sont également implantées en France à partir d'Iraniens, Irakiens, Libanais, etc.

Outre les courants mystiques rattachés au soufisme, il existe enfin deux courants plus modernes et moins politisés : les fidèles de *Foi et pratique,* qui prônent un retour à la pratique simple de l'islam en évitant la politique et la violence, et les « modernistes » qui, au contact de la culture occidentale, cherchent à ouvrir l'islam à la science moderne. ■

1. *Cf* article Musulmans en France, d'Alain Woodrow, dans *Le Monde* du 12 juillet 1983.

Voir ISLAM p. 142.

Le ***Comité de réflexion sur l'Islam en France* (CORIF)** est le fruit d'une initiative du ministre de l'Intérieur (et des cultes), M. Pierre Joxe, en 1990. Composé de quinze « sages » musulmans, il procède du souhait du gouvernement français de pouvoir rencontrer des interlocuteurs représentatifs du monde musulman en France, comme il rencontre des représentants des autres confessions religieuses. En présence d'une communauté islamique sans unité (voir p. 179), dépourvue de représentants reconnus, largement dépendante de financements extérieurs (notamment pour la construction et le fonctionnement des lieux de culte), le souhait est de voir cette communauté s'organiser et disposer de représentants qualifiés pour la prise en compte des questions posées par la vie, au sein de la nation, d'un ensemble religieux de 2 à 3 millions de fidèles. Ainsi espère-t-on favoriser, dans la concertation et le cadre de la laïcité, de l'État, l'émergence d'un islam français, unifié, et intégré dans la communauté nationale. Mais une grave crise a affecté le CORIF lorsqu'un de ses membres a été appelé à participer aux instances du nouveau gouvernement algérien après sa prise de pouvoir en 1992.

LES MUSULMANS MAGHRÉBINS EN FRANCE

Au nombre d'environ un million et demi, les Maghrébins représentent à peu près la moitié des musulmans présents en France. Ils sont rassemblés pour plus de 90% à l'Est d'une ligne Le Havre-Perpignan, dont :
62% dans les 3 régions :
- Ile-de-France 32%
- Rhône-Alpes 15%
- Provence-Alpes-Côte d'Azur 15%

10% dans les régions industrielles du Nord - Pas-de-Calais et de Lorraine.

GÉOGRAPHIE ET SOCIOLOGIE
DE LA PRÉSENCE ISLAMIQUE EN FRANCE

☞ **La géographie de la présence islamique en France** est commandée, d'une part, par les emplois offerts à ce type de population immigrée et, d'autre part, par une propension naturelle à rechercher le Midi pour son climat et sa plus grande proximité des pays d'origine. Schématiquement, si les musulmans sont présents partout en France, on les trouve plus massivement en région parisienne et dans le Sud-Est de la France (Provence, vallée du Rhône, Languedoc). L'encadré de la p. 178 donne la répartition des *musulmans maghrébins sur le territoire français*, les musulmans d'autres nationalités se répartissant à peu près de la même façon dans les grands bassins d'emploi.

☞ **La sociologie de l'Islam français** est difficile à apprécier avec précision, mais on estime que ses membres sont à environ 75 % des travailleurs manuels et à 5 % des commerçants. Au 1er janvier 1982, 130 000 Maghrébins étaient demandeurs d'emploi et 36 000 étudiants. Par contre, les Français convertis à l'Islam (30 000 ?) se trouvent essentiellement dans les milieux intellectuels.

La proportion d'hommes, de femmes et d'enfants de chaque ethnie est révélatrice du mode d'insertion des musulmans en France[1].

• Les immigrés les plus récents des pays les plus proches sont fréquemment des hommes seuls, ayant laissé femme et enfants au pays, ou de jeunes étudiants :
Algériens : hommes 63 %, femmes 19,5 %, enfants (moins de 16 ans) 17,5 % ;
Tunisiens : hommes 61 %, femmes 19 %, enfants (moins de 16 ans) 20 % ;
Marocains : hommes 54,5 %, femmes 20,5 %, enfants (moins de 16 ans) 25 %.

• Les immigrés plus anciens et plus lointains sont plus souvent en famille : chez les Turcs, on compte 41 % d'hommes, 20 % de femmes et 39 % d'enfants.

Mais le taux de natalité assez élevé de cette population entraîne une réduction progressive du déséquilibre entre les sexes observé au début des années 1980.

On retrouve ces caractéristiques traduites dans la situation en matière de logement. Pour les Maghrébins[1], près de 63 % sont en surpeuplement (logements familiaux insuffisants, foyers ou meublés) et seulement 7,5 % sont propriétaires de leur logement ou en accession à la propriété.

Pour les *Français musulmans* rapatriés d'Algérie (familles d'anciens harkis), la structure par âge et par sexe est plus équilibrée puisque, depuis 1962, ils vivent en famille. Mais ils sont restés dans les couches les plus défavorisées de la société : les 3/4 des enfants de 6 à 16 ans subissent des retards scolaires et 3 % seulement ont leur baccalauréat. Leur véritable insertion dans la société reste à faire.

☞ **Le nombre des mariages mixtes** avec des non-musulmans progresse, mais les échecs, assez fréquents, surtout en cas de retour en pays musulman, sont sources de sérieuses difficultés à propos du statut des enfants.

La vie religieuse

Sur le plan des croyances et pratiques religieuses, on doit d'abord observer que les musulmans de France appartiennent à une dizaine de courants religieux différents, comme il est indiqué page 178.

La variété de ces courants empêche que se forme en France un ensemble islamique monolithique. Par ailleurs, pour la plupart des musulmans, l'éloignement de leur cadre culturel et leur condition sociale très défavorisée ne les portent pas à des engagements religieux extrêmes, ni à un enrôlement dans des sectes.

Dans leur majorité, les musulmans résidant en France sont cependant marqués par les facteurs religieux de leur milieu d'origine et restent fidèles à l'observance des grandes pratiques traditionnelles, en particulier celle du Ramadan. Mais les générations nées et grandies en France se familiarisent avec un tout autre contexte culturel, de sorte que le problème de fond, pour l'avenir de l'islam en France, est double : quelle identité pour la communauté musulmane d'une part, quelle acceptation par la communauté française d'autre part. Sa solution dépendra de l'évolution des mouvements migratoires entre la France et les pays musulmans, et de l'évolution des mentalités dans ces deux communautés.

Les lieux de culte

Le problème des lieux de culte cristallise parfois les difficultés que rencontre l'intégration de la culture islamique en France, car une mosquée symbolise et pérennise la présence de l'islam. La plus ancienne est la Mosquée de Paris, construite après la Première Guerre mondiale en témoignage de reconnaissance aux soldats maghrébins.

En 1980, la Ligue Islamique dénombrait 222 lieux de culte (dont seulement 26 mosquées, 175 « salles de prière » et 21 lieux moins bien définis) dans 43 départements de France. Il y en a sans doute plus de 1 000 aujourd'hui, dont seulement 8 offrent plus de 1 000 places ; et les initiatives continuent à se développer, notamment de la part de diverses confréries et organisations islamiques. ■

1. Enquête INSEE de 1978.

Ph. Tournus

La grande mosquée de Paris.

LES PROTESTANTS EN FRANCE

Deux données éclairantes

Pour bien comprendre le fait sociologique protestant en France, il faut avoir présent à l'esprit deux données :

1. Le protestantisme, longtemps persécuté, n'a pris qu'à une époque relativement récente sa place dans la société française (pratiquement avec la Révolution française). En effet, les divisions politico-religieuses suscitées en Europe par l'éclosion de la Réforme au XVIe siècle se sont partout réglées selon un rapport de forces ; en France, contrairement à l'Europe du Nord, il fut défavorable au protestantisme, que le pouvoir continua, pendant plus de deux siècles et demi, de considérer comme un redoutable facteur de rupture de l'unité du royaume, et de pourchasser comme tel avec la plus grande énergie. Le protestantisme est resté dès lors très minoritaire en France. Mais la mentalité de ses membres a été fortement marquée par ce rapport de forces.

2. Le protestantisme, en France comme ailleurs, n'a pas d'unité doctrinale ni institutionnelle[1]. Composé de diverses Églises d'importances très inégales et évolutives (créations récentes, regroupements fédératifs, etc.), il n'a pas l'unité structurelle de l'Église catholique. Enfin, il est parfois difficile d'apprécier si certaines Églises ou certains groupes chrétiens peuvent être qualifiés de protestants.

Il résulte de ces considérations qu'établir une sociologie du protestantisme français est risqué. Aussi, les indications suivantes sont-elles données avec beaucoup de réserves.

Structure et Institutions

☞ **La structure du protestantisme français** est caractérisée par un grand nombre d'Églises. Le tableau p. 181 donne la liste des principales, avec le décompte ou l'estimation du nombre de leurs membres, ce qui conduit à une évaluation de 800 à 900 000 protestants français.

Mais diverses indications (*cf.* encadré ci-joint) laisseraient supposer un beaucoup plus grand nombre de Français se disant proches du protestantisme : 1,5 à 2 millions environ, ce chiffre pouvant notamment comprendre des catholiques baptisés attirés par l'esprit du protestantisme.

Si l'on s'en tient au nombre de 900 000, qui exclut les simples sympathisants, on constate une stagnation du nombre des protestants en France puisque, s'ils étaient estimés à environ 700 000 au début du XIXe siècle, le dernier recensement officiel français prenant en compte la religion (1866) en décomptait 850 000. Il s'agirait même d'une régression relative puisque la France comptait alors 30 millions d'habitants, contre environ 57 actuellement.

D'après Roger Mehl*, cette régression tiendrait à plusieurs facteurs :

- l'exode rural depuis les régions protestantes du Midi ;
- la moindre fécondité moyenne dans les familles protestantes ;
- l'hécatombe de la Première Guerre mondiale qui les aurait plus touchées ;
- et peut-être l'incidence des mariages mixtes entre protestants et catholiques (ces derniers devant s'engager, jusqu'à une époque récente, à élever leurs enfants dans leur religion), ainsi qu'une certaine difficulté à transmettre une foi moins codifiée que d'autres.

On pourrait ajouter les difficultés nées de la faible dimension et de la dispersion des communautés.

☞ **Les institutions**, diverses d'une Église à l'autre, s'inscrivent toujours dans un système très décentralisé, généralement fondé sur la cellule territoriale de la paroisse.

Les Églises réformées françaises (courant calviniste) sont restées fidèles au *système presbytérien-synodal* institué par Calvin : il repose à la base sur le *Conseil presbytéral de la paroisse*, élu par les paroissiens, et au sommet sur un *Synode*, élu soit par des *Synodes régionaux* (pour l'Église Réformée de France), soit par des *Consistoires* (Église Réformée d'Alsace et de Lorraine), intermédiaires élus entre la base et le sommet. Le *Synode National de l'Église Réformée de France* est animé par un *Conseil national* de 20 membres.

Les Églises luthériennes françaises, contrairement à d'autres Églises luthériennes restées attachées à un système épiscopalien (c'est-à-dire comportant des évêques), sont dotées d'une organisation proche du système presbytérien-synodal ; toutefois, leurs *inspecteurs* (au nombre de deux dans l'Église Évangélique luthérienne de France) jouent le rôle des évêques luthériens.

D'autres Églises, telles les Églises baptistes, et celles se situant dans les courants évangéliques et pentecôtistes (notamment *Assemblées de Dieu*) se rattachent au *système congrégationaliste*, au sein duquel les cellules locales sont autonomes, certaines se rattachant à des fédérations, privées de véritable pouvoir décisionnel.

Quant à la *Fédération Protestante de France*, regroupant 15 Églises, Unions d'Églises et organisations et rassemblant la très grande majorité du monde protestant français (voir encadré des Églises) elle a été fondée en 1906, après la séparation des Églises et de l'État, pour représenter ses membres auprès des pouvoirs publics et coordonner certaines de leurs activités. Il ne s'agit pas d'une Église, chacune des Églises membres conservant son autonomie, sa théologie, son organisation.

A noter que la Fédération participe au Conseil d'Églises chrétiennes de France (fondé en 1987) en même temps que les représentants de l'épiscopat français, de l'orthodoxie et de l'Église arménienne. Tous les quatre ans, sur un thème donné, la Fédération réunit une assemblée générale dont les délégués (pasteurs, théologiens, laïcs engagés de diverses manières) représentent les multiples composantes du protestantisme français.

☞ Sur le plan universitaire, **le protestantisme dispose de deux institutions :**

- L'*Institut protestant de théologie*, qui compte deux Facultés (Paris et Montpellier) et une École préparatoire de théologie protestante (Montpellier). Il dépend de l'Église Réformée de France et de l'Église Évangélique luthérienne de France.
- La *Faculté de théologie protestante* au sein de l'Université d'État des Sciences humaines de Strasbourg (laquelle compte aussi une faculté de théologie catholique), régie par les dispositions du Concordat de 1802 toujours en vigueur en Alsace-Lorraine.

Ces établissements forment notamment les futurs pasteurs.

- En outre une *faculté libre de théologie* a été fondée il y a peu de temps à Aix-en-Provence à l'initiative d'un courant plus conservateur du protestantisme français ; elle ne relève pas de la Fédération Protestante. ■

* *Le Protestantisme français.* Roger Mehl, Labor fides, Genève, 1982.

1. Voir Églises de la Réforme, Protestantisme.

LA PRATIQUE RELIGIEUSE DES PROTESTANTS FRANÇAIS

D'après un sondage IFOP de 1980, sur les 2 250 000 Français se disant proches du protestantisme :

40 %, soit environ 900 000, cotisent régulièrement à une Église ; on retrouve approximativement le nombre de fidèles déclarés par les Églises protestantes ;

36 %, c'est-à-dire presque tous les fidèles, déclarent lire souvent ou de temps en temps la Bible, 27 % rarement ; proportions révélatrices d'une pratique traditionnelle ;

25 %, prieraient au moins une fois par semaine et 40 % de temps en temps ;

15 %, c'est-à-dire environ 40 % des fidèles, seraient des pratiquants assez réguliers du culte dominical et 23 % occasionnels, chiffres qui paraissent très optimistes.

Voir LES ÉGLISES DE LA RÉFORME p. 156 et s.

NOMBRE DE FRANÇAIS PROCHES DU PROTESTANTISME

• En 1972, un sondage SOFRES pouvait les estimer à 3 % de la population, soit environ	1 600 000
• En 1975, un sondage IFOP sur 2 216 français de 15 ans et plus permettait également de les estimer à	1 600 000
• En 1980, un sondage IFOP sur 10 000 français de 15 ans et plus conduisait (4,2 % de la population) à un chiffre de	2 250 000

D'après ce dernier sondage, 1 150 000 personnes se déclaraient « proches » d'une des Églises protestantes de France, 850 000 « proches d'aucune Église particulière » et 250 000 ne se prononçaient pas sur ce point.

• En 1981, un sondage SOFRES estimait le nombre de protestants (sans les définir) à 2 % de la population française, soit environ	1 100 000

Rappelons qu'au plus fort du développement des Églises protestantes en France, vers 1560, selon l'*Histoire des Protestants en France* (Privat), ce taux n'aurait pas dépassé 10 % de la population du royaume.

GÉOGRAPHIE, SOCIOLOGIE, PRATIQUE

☞ La géographie du protestantisme français est caractérisée par une concentration, due à l'histoire, dans certaines régions de France (cf. carte et tableau ci-dessous) :

- dans une sorte de « croissant » entourant le Sud du Massif Central et allant de la Drôme à la Saintonge ;
- en Alsace et en Moselle ;
- dans les grandes villes, sauf dans l'Ouest.

Mais les protestants sont aussi présents dans tous les départements français, parfois de façon ponctuelle (par exemple, quelques vallées des Hautes-Alpes), parfois de façon diffuse (la paroisse protestante de Brive couvre toute la Corrèze et le nord du département du Lot ; elle regroupe dans cet espace 210 familles).

De fait, l'exode rural a déjà provoqué – et continuera à provoquer – l'amenuisement de la concentration des protestants dans leurs foyers traditionnels.

☞ **La sociologie** du protestantisme français a pu être approchée grâce, notamment, au sondage IFOP de 1980, déjà cité, qui, sur 10 000 personnes, en a touché un peu plus de 400 se disant protestantes ou proches du protestantisme. L'échantillon est donc faible, mais les conclusions de l'enquête recoupent généralement les observations plus intuitives[1].

Tout d'abord, si, à l'origine, les protestants se trouvaient dans toutes les couches sociales de la population française, ils étaient essentiellement présents, au XIXe siècle, dans le milieu rural, chez les employés et petits bourgeois et dans les classes supérieures de la société ; il n'y avait pas d'ouvriers protestants. Actuellement, s'ils sont surtout présents dans les catégories socio-professionnelles supérieures (13 % des protestants sont cadres supérieurs ou appartiennent aux professions libérales, au lieu de 7 % pour l'ensemble de la population française), et chez les employés et cadres moyens (27 % au lieu de 19 %), ils sont également nombreux chez les ouvriers (24 % des protestants sont ouvriers, contre 33 % en moyenne française), mais les paysans sont devenus tout à fait minoritaires parmi eux (4 % au lieu de 8 %).

Les protestants seraient en moyenne un peu plus âgés que la moyenne des Français (48 % contre 43 % dans la tranche 25-50 ans), peut-être parce que, jusqu'à une époque récente, leur fécondité était moindre (13 % au lieu de 19 % dans la tranche des 15-25 ans).

Ils sont un peu plus citadins que le Français moyen et, plus précisément, présents dans l'agglomération parisienne et les villes moyennes de 20 à 100 000 habitants.

En conclusion, l'image du protestant français intellectuel, individualiste, de mœurs sévères et assidu au Temple est donc à atténuer très sensiblement : il participe plus que d'autres à des associations, il apprécie la liberté d'esprit que permet le protestantisme, il adopte – en moyenne – facilement les évolutions sociales. S'il reste très minoritaire dans le pays, il n'en tire plus un sentiment d'exclusion. ■

1. Cf. commentaires de Roger Mehl dans *Le Protestantisme français*, Labor Fides, Genève, 1982.

EFFECTIFS DES ÉGLISES PROTESTANTES FRANÇAISES

1. Églises membres de la Fédération protestante de France

Églises (Date où se sont regroupées des organisations pré-existantes)		Effectifs estimés
1938	Église réformée de France (calviniste)	360 000
1895	Église réformée d'Alsace et de Lorraine (calviniste)	40 000
1872	Église évangélique luthérienne de France	40 000
1802	Église de la Confession d'Augsbourg d'Alsace et de Lorraine (luthérienne)	217 000
1914	Fédération des Églises évangéliques baptistes de France	16 000
1948	Églises réformées évangéliques indépendantes	12 000
1871	Mission populaire évangélique de France	4 000
	Église apostolique (Renouveau charismatique)	1 000
1946	Mission tzigane	65 000
	Diverses Églises pentecôtistes	2 500
TOTAL		757 500

2. Autres Églises (liste non exhaustive)

- Alliance des Églises chrétiennes missionnaires de France
- Association évangélique d'Églises baptistes de langue française
- Église évangélique arménienne
- Église évangélique luthérienne (Synode de France et Belgique)
- Église évangélique méthodiste
- Société Religieuse des Amis (Quakers)
- Églises évangéliques mennonites
- Église méthodiste de France
- Indépendants
- Union chrétienne évangélique de Pentecôte
- Union des Églises chrétiennes bibliques
- Union des Églises évangéliques libres de France
- Fédération évangélique de France
- Union des Sociétés évangéliques Sainte Christina, etc.

Ces autres Églises, dont certaines adhèrent à la Fédération évangélique de France, rassembleraient, d'après Roger Mehl, environ 50 000 fidèles, dont moins de la moitié en Églises constituées (avec 192 paroisses) et un grand nombre participant à quelque 250 ou 300 « Assemblées de Dieu » (Pentecôtistes). On pourrait également prendre en compte certaines sectes plus ou moins proches du protestantisme.

3. Au total

Les protestants se rattachant à une Église pourraient donc être décomptés comme suit :

- Églises membres de la Fédération protestante de France 757 500
- Églises non rattachées à cette Fédération : estimation 20 000
- « Assemblées de Dieu » : estimation 90 000
- Divers, plus ou moins proches du protestantisme 10 000

TOTAL 877 500

Ce chiffre rejoint l'estimation des *Données sociales* de l'INSEE pour 1990 (entre 850 et 900 000), ainsi que le sondage SOFRES-*Figaro Madame* de décembre 1991 (les Français se déclarant de religion protestante seraient 1,5 % de la population, soit 851 000 à l'époque). On peut considérer comme un maximum le chiffre de 900 000, soit 1,6 % de la population.

LOCALISATION DES PROTESTANTS EN FRANCE

Départements français comptant plus de 5 % de protestants dans leur population

BAS-RHIN 27,8 %
GARD 16,9 %
DOUBS 14,9 %
ARDÈCHE 10,2 %
HAUT-RHIN 9,9 %
DRÔME 9,2 %
LOZÈRE 7,6 %
DEUX-SÈVRES 6,7 %

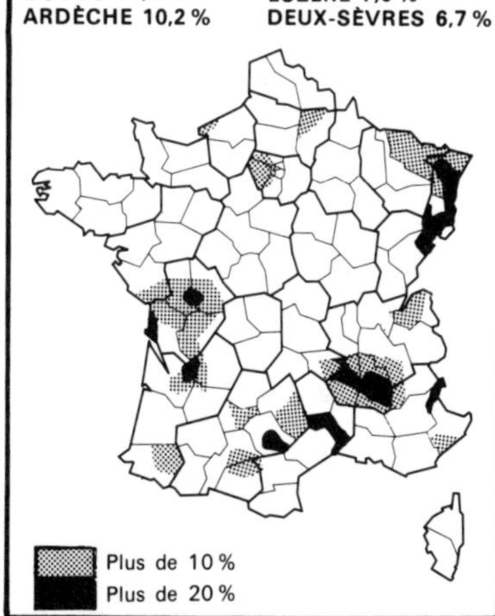

LES ORTHODOXES EN FRANCE

LES DIVERSES COMMUNAUTÉS ORTHODOXES EN FRANCE

L'Église orthodoxe russe s'y est trouvée divisée, la majeure partie de ses fidèles ayant refusé l'obédience du Patriarcat de Moscou, considéré comme trop dépendant alors du pouvoir en URSS ; ses membres se partagent donc entre :
- le Diocèse du Patriarcat de Moscou (9 paroisses et communautés en région parisienne) ;
- l'Archevêché de France et d'Europe Occidentale (rue Daru à Paris), fondé en 1921, passé depuis lors sous l'obédience du Patriarcat Œcuménique de Constantinople (40 paroisses et communautés en région parisienne, Provence, Languedoc-Roussillon, Aquitaine ;
- le Diocèse pour l'Europe Occidentale (siège à Genève) de l'Église orthodoxe hors frontières (Métropolite à New-York) (paroisses en région parisienne, Provence, Rhône-Alpes).

L'Église orthodoxe roumaine connaît des divisions analogues ; une partie de ses fidèles est restée attachée au Patriarcat de Roumanie, dont le diocèse pour l'Europe centrale et occidentale a son siège à Paris (une paroisse en France) ; l'autre partie s'est placée sous l'obédience du Métropolite de l'Église russe hors frontières (à New York).

L'Église ukrainienne orthodoxe autocéphale, reliée à une Église dont le siège est à Chicago, est présente à Paris sous la forme d'une paroisse.

L'Église orthodoxe géorgienne est représentée à Paris par une paroisse rassemblant des familles d'émigrés géorgiens.

L'Église orthodoxe grecque comporte depuis 1963 un archevêché à Paris, placé sous l'obédience du Patriarcat Œcuménique de Constantinople. Elle compte en France 20 paroisses, essentiellement en Provence-Côte d'Azur, dont les fidèles sont pour beaucoup des émigrés grecs.

L'Église orthodoxe serbe comporte un évêché pour l'Europe occidentale, installé en Allemagne en 1969 et placé sous l'obédience du Patriarcat de Belgrade ; 2 paroisses dépendent de lui en France : une à Paris, une en Moselle.

Le Patriarcat d'Antioche de l'Église orthodoxe est représenté à Paris depuis 1960 par un vicariat pour l'Europe occidentale, avec une paroisse à Paris et une à Marseille, qui rassemblent des communautés libanaises et syriennes de langue arabe.

L'Église catholique orthodoxe de France est autonome, avec un évêché et 35 paroisses. Composée presqu'uniquement de Français convertis, cette Église n'a pas de liens organiques avec la communauté orthodoxe française ; son évêque ne siège pas au Comité interépiscopal permanent. Elle s'est placée sous l'obédience du Patriarcat de Bucarest.

Évaluation du nombre des fidèles français des Églises orthodoxes et orientales anciennes

1. Églises orthodoxes en lien avec le Comité interépiscopal orthodoxe en France[1]	
Russe :	
• Archevêché de France et Europe Occidentale du Patriarcat Œcuménique de Constantinople	114 000
• Diocèse du Patriarcat de Moscou	5 000
Grecque :	
• Diocèse (archevêché) du Patriarcat Œcuménique de Constantinople	42 000
Serbe :	
• Diocèse du Patriarcat de Serbie pour l'Europe Occidentale (siège en Allemagne)	15 000
Roumaine :	
• Diocèse de l'Église orthodoxe roumaine pour la France et l'Europe Occidentale	7 000
Syrie-Liban :	
• Vicariat du Patriarcat d'Antioche (Syrie) pour l'Europe Occidentale	6 000
Géorgie :	
• Paroisse géorgienne du Patriarcat de Géorgie	1 000
TOTAL	190 000
2. Églises orthodoxes non reconnues par le Comité interépiscopal orthodoxe en France	
Russe :	
• Église orthodoxe russe synodale (hors-frontières, New York)	9 000
Ukrainienne :	
• Église orthodoxe autocéphale – Chicago	5 000
France :	
• Diocèse catholique-orthodoxe (ECOF, Patriarcat de Roumanie)	4 000
TOTAL.	18 000
3. Églises orientales anciennes	
• Archevêché de l'Église apostolique arménienne (Catholicos d'Etchmiadzin, en Arménie)	150 000
• Église apostolique arménienne (Catholicos de Sis, au Liban)	30 000
• Église copte égyptienne	1 000
• Autres Églises orientales anciennes	(environ) 29 000
TOTAL	210 000
TOTAL GÉNÉRAL arrondi	420 000

(1) Source : Service orthodoxe de presse SOP (estimations 1991)

Le fait sociologique orthodoxe est relativement récent en France. C'est au début du XIXe siècle que s'installent à Paris les premières paroisses russes et grecques, qui se développent lentement jusqu'à la Première Guerre mondiale. La révolution soviétique (1917), la guerre gréco-turque (1922) amènent en France des émigrés russes et grecs ; les Églises commencent alors à se structurer sous l'obédience des Patriarcats orientaux, avec l'installation progressive d'évêchés en Europe de l'Ouest, et en France même (à partir de 1917). Rappelons que la structure des Églises orthodoxes est de type patriarcal et épiscopal.

L'estimation du nombre des fidèles orthodoxes en France est approximative. (Voir tableau ci-dessus).

En France, les orthodoxes sont essentiellement urbains et se retrouvent, pour la plupart, dans les classes moyennes de la société. La majorité d'entre eux est maintenant établie depuis plusieurs générations et francisée. Leur intégration est généralement bonne et s'accompagne assez facilement du maintien de la foi et de leurs traditions religieuses.

Entre les différentes Églises orthodoxes, des concertations se sont organisées en France avec la création en 1939 d'un *Comité interorthodoxe*, au sein duquel un *Comité interépiscopal* permanent réunit la plupart des évêques orthodoxes résidant en France.

☞ L'*institut de théologie orthodoxe (Institut Saint-Serge)*, fondé en 1925 à Paris, est le seul établissement d'enseignement supérieur orthodoxe en Europe occidentale offrant un cycle complet : licence, maîtrise, doctorat. C'est lui qui forme les prêtres orthodoxes.

☞ L'implantation des différentes Églises est caractérisée par une forte concentration dans les villes, notamment :
- en région parisienne (en particulier 8e, 15e et 16e arrondissements de Paris ; Hauts-de-Seine) où se trouve environ la moitié des 75 paroisses orthodoxes de France ;
- dans la région Provence-Alpes-Côte d'Azur, avec environ le tiers des 75 paroisses orthodoxes (pour une bonne part appartenant à l'Église grecque) ;
- dans les régions Rhône-Alpes et Languedoc-Roussillon pour l'essentiel des autres implantations. ■

Voir L'ÉGLISE ORTHODOXE p. 154

LES ÉGLISES ORIENTALES ANCIENNES EN FRANCE

L'Église apostolique arménienne, dite grégorienne, est celle qui, parmi les Églises orientales anciennes présentes en France, y compte les membres les plus nombreux (180 000?), comme d'ailleurs, de leur côté, les Arméniens catholiques y forment la communauté la plus importante des Églises orientales unies à Rome. L'émigration arménienne dans le monde, très importante, trouve sa principale origine dans la violente répression turque contre le peuple arménien, qui a atteint son caractère le plus sanglant en 1915-1916.

La communauté grégorienne française, comme toute l'Église apostolique arménienne, est partagée entre les obédiences du Catholicos d'Etchmiadzin, en Arménie, et celle du Catholicos de Sis en Cilicie (Turquie), replié au Liban.

L'Église orthodoxe copte (Égypte) a établi à Toulon le siège d'un évêché relevant du Patriarche copte d'Alexandrie. ■

Voir LES ÉGLISES ORIENTALES ANCIENNES p. 152-153

LES ANGLICANS EN FRANCE

Les fidèles de la Communion anglicane en France, au nombre d'environ 15 000, sont, pour la plupart, des nationaux des pays anglo-saxons ou d'anciennes colonies britanniques. Une quarantaine de paroisses et de lieux de culte dépendent du diocèse de l'Église d'Angleterre en Europe (évêché à Gibraltar). L'Église épiscopalienne américaine en Europe a son siège et sa cathédrale à Paris. ■

Voir LA COMMUNION ANGLICANE p. 159

LES AUTRES RELIGIONS EN FRANCE

Il est extrêmement difficile de dresser un tableau de la mosaïque des petites communautés professant une religion autre que les précédentes; ces religions sont souvent d'origine étrangère (orientale ou américaine, par exemple) et leur frontière avec les sectes est très imprécise. On peut cependant distinguer celles d'origine chrétienne et les autres. Les chiffres donnés ci-après sont extraits de la *World Christian Encyclopedia;* ils doivent être utilisés avec précaution, les moyens de recensement faisant totalement défaut en ce domaine; on constatera d'ailleurs qu'ils ne coïncident pas avec ceux qui ont été avancés à propos des sectes.

Chrétiens.

Parmi les chrétiens qui ne sont ni catholiques romains, ni anglicans, ni protestants, ni orthodoxes, (200 000?) on peut distinguer :

Ceux dont l'Église s'est séparée de Rome pour des motifs variés :

• *L'Église Vieille Catholique romaine en France,* branche française de *l'Église Vieille Catholique,* laquelle prend elle-même sa source, d'une part dans l'Église janséniste d'Utrecht (1724) et d'autre part dans l'Église Vieille Catholique créée, en 1874 en Allemagne, par des opposants au dogme de l'infaillibilité pontificale (proclamé en 1870) 30 000

• La *Petite Église,* née en 1801 du refus du Concordat par une minorité, et subsistant aujourd'hui (sans évêque ni prêtre) en Vendée 5 000

• L'*Église gallicane,* fondée en 1907 par des catholiques refusant de suivre l'Église de France dans son rejet des Associations cultuelles instituées par la loi de Séparation des Églises et de l'État 40 000

• Autres Églises, de caractère local, au nombre de 50 à 70 .... 15 000

***Les autres Églises**, mouvements, communautés, d'inspiration chrétienne :*

• Les *antoinistes,* religion fondée en 1910 par le mineur belge Louis Antoine 50 000

• Les *darbystes,* comprenant :
les *Frères exclusifs,* depuis 1844, ...env. 20 000

l'*Assemblée des Frères,* séparés en 1857, (siège à Lyon) 10 000

• Les *mormons,* d'origine américaine : *Église des Saints du Dernier Jour,* fondée en 1850 .... 8 000

• Le groupe des *Témoins de Jéhovah* (p. 150), qui a connu des schismes :

Les *Témoins de Jéhovah,* apparus en France vers 1900, avec un siège officiellement installé à Boulogne-Billancourt en 1930 .... 100 000

Les *Amis de l'Homme (Freytage),* séparés en 1934 (origine suisse) 5 000

Les *Amis de l'Homme (Sayera),* séparés en 1947 (origine suisse) 15 000

L'*Association des Étudiants de la Bible (Aurore),* apparue dans le Nord vers 1900 et dont le siège est à Nice depuis 1953 .... 10 000

• L'*Église Adventiste du Septième Jour* (p. 150), depuis 1874 .... 10 000

• L'*Église Néo-Apostolique,* d'origine allemande, en France depuis 1900 avec siège à Vanves (Hauts-de-Seine) 20 000

Non-chrétiens

Les autres religions non-chrétiennes ayant une présence structurée en France sont, pour la plupart, professées par des immigrés du Sud-Est asiatique (Vietnamiens, Cambodgiens, Laotiens) et des Chinois, ainsi que par de récents adeptes de souche française.

Les *bouddhistes* (voir p. 146) seraient les plus nombreux. L'*Union bouddhiste de France* avance le chiffre de 600 000, qui paraît considérable. On s'en tiendra ici, pour l'instant, à celui de 500 000.

Des pagodes (temples ou simples salles de méditation) et des monastères ont été édifiés ou aménagés en divers points du pays (une dizaine dans la région parisienne). Les trois grandes branches du bouddhisme sont représentées en France.

Les religions populaires chinoises rassembleraient des adeptes au nombre d'environ 28 000

D'autres religions du Sud-Est asiatique (confucianistes, cao-daïstes, voir p. 148) ou du Moyen-Orient (baha'is), etc., regroupent des communautés nettement moins importantes.

Les autres religions sont impossibles à dénombrer en France, qu'elles soient d'origine orientale, africaine ou extrême-orientale. Elles ne concernent que de petites minorités, souvent d'origine étrangère.

Sectes.

Diverses sectes sont aussi présentes en France. (voir Index). ■

Le catholicisme en France

I. QU'EST-CE QUE LA SOCIOLOGIE RELIGIEUSE ?

Une définition

La sociologie est « l'étude scientifique des faits sociaux humains, considérés dans leur ensemble ou à un très haut degré de généralité » (Petit Robert).

La sociologie religieuse s'emploie à observer et analyser les comportements religieux au sein d'une société donnée.

Par exemple, elle étudiera les comportements de cette population à l'égard de diverses religions, ou encore les mentalités et attitudes de nature ou d'origine religieuse au sein des groupes humains relevant de telle ou telle religion.

La France, en particulier grâce à deux éminents savants, (*Gabriel Le Bras* 1891-1970, et le chanoine *Fernand Boulard* 1898-1977), a joué depuis cinquante ans un rôle de pionnier dans le développement de la sociologie du catholicisme.

Moyens et limites de la sociologie religieuse

La sociologie religieuse recourt aux méthodes et techniques de la sociologie elle-même. Elle se sert aussi bien de documents qui n'ont jamais été conçus pour des études sociologiques (par exemple, registres de baptêmes, de mariages et de funérailles religieuses, etc.) que de travaux expressément engagés par elle pour mieux connaître tel ou tel phénomène.

Elle tire parti des très nombreux sondages d'opinion engagés depuis trente ans sur des questions religieuses, *sans méconnaître cependant les limites et les risques de cette technique, d'où les erreurs, les approximations ou les manipulations psychologiques ne sont pas toujours absentes.* Elle procède volontiers à des rapprochements entre des comportements collectifs profanes et religieux, afin de faire éventuellement apparaître les corrélations entre eux (entre cartes des résultats électoraux et de la pratique religieuse par exemple, etc.). De manière générale, aucune des disciplines des sciences humaines (histoire, géographie, statistique, psychologie et psychanalyse, etc.) ne reste étrangère aux recherches de la sociologie religieuse.

Cependant, celle-ci connaît des limites dont il faut être conscient. Entre deux personnes qui ont une attitude semblable, et même une conviction analogue, il n'y a jamais similitude absolue ; les motivations profondes, a fortiori les adhésions de la foi ou les raisons de l'incroyance, ne se manipulent pas comme des objets standardisés.

Or, la sociologie, par définition, s'intéresse à des ensembles ; et les multiples nuances qui, au sein de groupes apparemment homogènes, distinguent en réalité les personnes, lui échappent et, à la limite, ne la concernent pas.

Comme un appareil photographique, elle enregistre ce qu'elle peut saisir de l'extérieur ; elle l'interprète ensuite de son mieux, sans prétendre pour autant analyser ce qui est au fond de la conscience individuelle de chacun des membres d'un groupe.

Ses observations enregistrent, d'ailleurs, plus aisément le quantitatif que le qualitatif : mais le nombre des baptêmes, par exemple, ou le taux de fréquence de la pratique religieuse ne préjugent pas de la profondeur effective de la foi ; ils ne peuvent être que des indices. Sur quelle base scientifique, d'ailleurs, pourrait-on juger du degré de la foi de quiconque ?

II. LES FRANÇAIS SONT-ILS CATHOLIQUES ?

Combien de Français sont-ils baptisés dans l'Église catholique ?

Population française
au 31 décembre 1989 .... 56 160 000
Catholiques *baptisés* en
France à la même date 47 650 000
soit : 84,85 %

Le taux européen est de 39,73 %
et le taux mondial 17,55 %.
(Statistiques du Saint-Siège pour l'année 1989, publiées en 1991) :

Mais combien en réalité se reconnaissent effectivement catholiques ?

Selon un sondage SOFRES-Madame FIGARO de nov. 1991 (Français de 18 ans et plus) :
se déclarent
Catholiques .... 79 %
- pratiquants ch. semaine .....7,9 } 11,8 %
- 1 ou 2 fois par mois ....3,9 }
- occasionnels (grandes fêtes)..............17,4 %
- cérémonies (mariages, enterr.)............................45,0 %
- non pratiquants ....4,0 %
- sans réponse ....0,7 %

Autres religions : 3 %
Sans religion : .....18 %
100 %

PROPORTION DES FRANÇAIS SE DÉCLARANT CATHOLIQUES

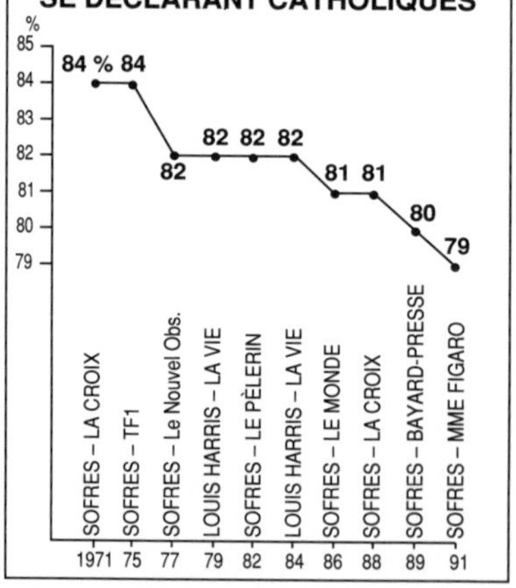

– Ainsi quatre Français sur cinq se déclarent catholiques. Est-ce un taux certain et stable ?

Selon les sondages, ce taux était encore de 90 % au lendemain de la guerre, et il est resté à ce niveau jusqu'aux années 60. Il a, depuis lors, un peu baissé, passant de 84 %, entre 1971 et 1975, aux alentours de 80 %, niveau à peu près constant depuis quinze ans.

– Moins de catholiques que de baptisés ?

En effet, on a vu que le pourcentage des Français baptisés, si on se réfère aux statistiques du Saint-Siège, est d'environ 85 %, alors que celui des Français se déclarant catholiques est de l'ordre de 80 %. Ce décalage ne surprendra personne, la très grande majorité des baptisés l'ayant été à un âge où ils n'étaient pas en mesure d'exprimer une conviction personnelle. Ce qui surprendrait plutôt, c'est la proportion importante de baptisés qui, à l'âge adulte, se déclarent catholiques ; rien ne les y obligeant, on peut dès lors penser qu'ils y voient vraiment *un élément de leur identité personnelle.* Reste évidemment à déterminer ce que recouvre, en l'occurrence, ce sentiment d'appar-tenance au catholicisme. Mais le seul fait qu'il soit affirmé est en lui-même un élément à retenir comme composante de la sociologie française.

– Les femmes sont-elles plus catholiques que les hommes ?

Selon le sondage SOFRES-Madame FIGARO de nov. 1991, la proportion de ceux qui se déclarent catholiques dans chacun des deux sexes, serait la suivante :

Se déclarent catholiques
75 % Hommes
84 % Femmes
79 % Ensemble des personnes

Chez les personnes se déclarant catholiques, 9 % des hommes et 11 % des femmes vont toutes les semaines à la messe, et 5 % de chacune de ces catégories y vont 1 ou 2 fois par mois ; ce qui devrait se traduire par des assemblées dominicales composées approximativement de 46 % d'hommes et de 53 % de femmes, correspondant à ce que chacun peut observer sur place. On se trouve donc assez loin d'une « religion de femmes ».

A noter que, si en moyenne, 27 % des personnes se déclarant catholiques se considèrent comme des « croyants convaincus », le taux est de 23 % chez les hommes et de 32 % chez les femmes.

– Faut-il être un « ancien » pour se déclarer catholique ?

De 18 à 64 ans, la proportion de ceux qui se déclarent catholiques va en croissant : 64 % pour les 18-24 ans, 72 % pour les 25-34 ans, 83 % pour les 35-49 ans, 86 % pour les 50-64 ans ; puis, au-delà, le taux redescend à 85 %. C'est donc la génération née entre 1927 et 1941 qui s'affirme la plus massivement catholique ; ces taux marquent tous une légère diminution par rapport aux sondages des années antérieures, tout comme le taux moyen général (79 %).

– Et les jeunes ?

Nous avons rapproché ci-dessous les résultats de deux enquêtes, proches dans le temps, concernant, la première, les Français de 18 ans et plus (enquête SOFRES-FIGARO MADAME de nov. 1991, qui a été évoquée ci-dessus), la seconde les jeunes de 12 à 15 ans (enquête « Faits et Opinions » pour BAYARD PRESSE-JEUNES et le MEJ, de mai 1991). Ce rapprochement est à considérer avec prudence, les modalités d'enquête n'étant pas identiques, et les résultats des sondages ne pouvant, par nature, revêtir la qualité de certitudes.

	18 ans et plus	12-15 ans
Baptisés	85 %	74 %
Se déclarent catholiques	79	62,5
Messe hebdo.	7,9	9,5
Messe 1 fois par mois	5,0	8,0
Total des pratiquants	12,9	17,5
Sans religion	18	26

D'où il résulterait que, chez les jeunes de 12-15 ans, la proportion de ceux qui se déclarent catholiques (62,5 %) – et de ceux d'ailleurs qui sont baptisés (74 %) – serait sensiblement plus faible ; mais que, par contre, ils seraient plus conséquents dans leurs convictions de foi, au moins en ce qui concerne l'assistance à la messe dominicale.

– Trouve-t-on des sympathisants communistes qui se déclarent en même temps catholiques ?

Selon le sondage SOFRES-FIGARO MADAME de nov. 1991, 52 % de Français éprouvant une préférence pour le parti communiste se déclaraient catholiques ; le taux atteindrait 74 % chez les sympathisants du parti socialiste, 77 % chez ceux du mouvement écologiste, 84 % chez ceux du Front National, 88 % chez ceux de l'UDF, 89 % chez ceux du RPR (résultats à interpréter avec prudence en ce qui concerne le PC et le FN en raison de la faiblesse des effectifs).

Les ouvriers sont-ils aussi catholiques que les patrons ?

Au vu du même sondage, et selon la profession, les personnes se déclarant catholiques sont 93 % chez les agriculteurs, taux record (mais qui, cinq ans plus tôt, atteignait 97 %) ; 85 % chez les employés (contre 72 %) ; 84 % chez les retraités et inactifs (contre 88 %), 82 % chez les artisans, commerçants, industriels (contre 80 %) ; 78 % chez les ouvriers (contre 80 %), donc à peine moins que chez les industriels ; 72 % chez les cadres et professions intellectuelles (taux inchangé), qui continuent de se placer au taux minimum.

– Les sans religion en progression continue

Selon le même sondage de 1991, la proportion de ceux qui se déclarent sans religion parmi les Français serait de 18 % (21 % parmi les hommes, 14 % parmi les femmes), taux qui apparaît en progression lente mais continue depuis que l'on pratique des sondages sur l'appartenance religieuse ; de 1971 à 1991, en vingt ans, il est passé de 8 à 18 %, phénomène qu'on retrouve en beaucoup d'autres pays occidentaux. La courbe est en quelque sorte inverse et complémentaire de celle s'appliquant aux Français se déclarant catholiques.

PROPORTION DE FRANÇAIS SE DÉCLARANT SANS RELIGION

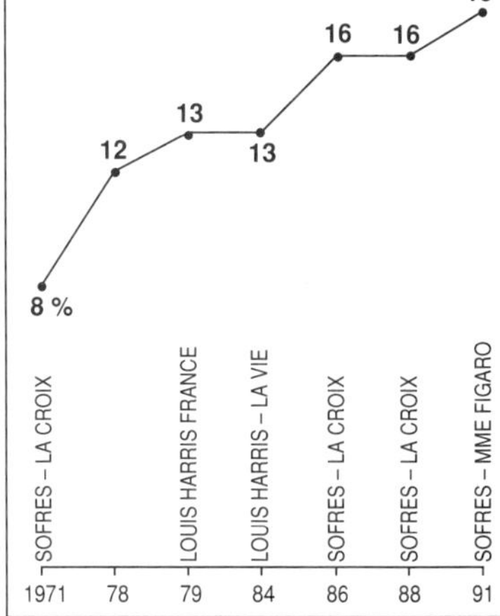

Le taux des sans religion est le plus élevé (34 %) chez les 18-24 ans et le plus faible (10 %) chez les 50-64 ans, remontant à 13 % chez les 65 ans et plus (tranche d'âge où pourtant la pratique dominicale est la plus élevée ; c'est donc une génération de conviction !).

– Finalement, les Français sont-ils catholiques ?

A cette question, on ne peut que répondre : ils se reconnaissent comme tels à 79 %. Reste à savoir ce qu'ils mettent sous ce mot, et là se trouve toute la difficulté ! Car il n'existe pas (et c'est heureux) de critères sociologiques permettant de classer, de l'extérieur, les personnes selon leur degré de foi. On relèvera donc ici uniquement quelques grandes tendances observables et on essaiera d'en tirer quelques interprétations. On examinera donc :

- **les convictions religieuses et morales** déclarées par les Français ;
- **le type de leur pratique religieuse** observable.

III. CONVICTIONS RELIGIEUSES ET MORALES DES FRANÇAIS

Que croient les Français ?

Il est très difficile de répondre à cette question, pourtant capitale dans le sujet traité ici :

- les sondages ne sont pas une technique fine permettant d'aller au fond des consciences ;
- les quelques sondages ayant tenté l'approche de ces sujets ont donné des réponses trop disparates et trop dispersées dans le temps, pour permettre de tracer des profils des formes de la foi vécue.

On ne peut donc que citer quelques résultats, en se gardant d'en tirer des conclusions tranchées.

L'enquête européenne, conduite en 1981 par un ensemble d'instituts de sondage pour le compte de la fondation *European Value System Study Group*[1], a porté sur quelques-unes des grandes croyances religieuses : Dieu, l'âme, le péché, la vie après la mort, le paradis, le diable, l'enfer, la réincarnation. On en trouvera les résultats, de 1947 à 1981, dans le tableau I de la page suivante.

1. Jean Stoetzel, *Les valeurs du temps présent, une enquête européenne,* PUF, 1983.
Gérard Defois, *L'Europe et ses valeurs, une question à l'Église,* Le Centurion, 1983.

Pèlerinage à Lourdes.

Ph. Tournus

Ces chiffres ne laissent pas apparaître les réponses propres aux catholiques de chaque pays. On peut seulement faire les constatations suivantes :

• La France se situe sensiblement en dessous de la moyenne européenne pour toutes les croyances, sauf pour la réincarnation, la seule précisément qui, dans ce tableau, soit étrangère à la foi chrétienne.

• Toujours pour la France, les pourcentages relatifs aux croyances de nature chrétienne sont tous inférieurs, et parfois très sensiblement, au taux des personnes se déclarant catholiques (80 %). Pour commencer, la croyance en Dieu, la plus répandue de toutes si on en juge par le tableau, ne serait le fait que de 62 % des Français (contre une moyenne européenne de 75 %). Encore faut-il ajouter que les Français croyant en un Dieu personnel (et non à « une sorte d'esprit ou de force de vie ») ne seraient plus que 26 % (contre une moyenne européenne de 32 %). Quant à ceux qui croient à l'âme (46 %) et au péché (42 %), ils apparaissent comme minoritaires en France, alors qu'ils restent majoritaires en moyenne dans l'ensemble de l'Europe. Enfin, ceux qui croient à une vie après la mort ne seraient plus que 35 %, soit approximativement le taux de la pratique régulière ou non (30 %). Ainsi se confirme l'ambiguïté de la notion de catholique dans l'esprit de ceux qui déclarent appartenir à cette religion. Mais il faut se garder, tout autant, de jugements trop hâtifs sur la réalité de leur foi.

• Le pourcentage des Français croyant à la réincarnation, qui atteint 22 %, est le seul qui rejoigne la moyenne européenne, tout en restant inférieur aux taux très élevés de Grande-Bretagne (27 %) et, évidemment, du Japon (28 %). L'apparition en Europe de cette croyance professée par les religions d'Extrême-Orient conduit le commentateur de l'enquête à se demander « si, dans cette société européenne, il ne subsiste pas des besoins religieux à satisfaire ».

• Pour s'en tenir à des *données spécifiquement françaises,* on se reportera aux sondages SOFRES - *Le Monde* - *La Vie* - *France Inter* de septembre 1986 et SOFRES-*Figaro Madame* de novembre 1991, dont quelques résultats ont été repris ici.

Si environ 80 % des Français se disent catholiques, on constate que 30 % seulement (27 % en 1991) se disent « croyants convaincus », 26 % (30 % en 1991) « croyants par tradition » ; 13 % restent « croyants incertains » ; les « sceptiques », et les « incroyants » sont 29 % (28 % en 1991), soit beaucoup plus que les « sans religion » (16 à 18 %) ; autrement dit, certains se déclarent à la fois catholiques et incroyants et sceptiques ! Seulement 31 % des Français (et 36 % de ceux se disant catholiques) tiennent pour certaine l'existence de Dieu ; 35 % des Français (et 39 % de ceux qui se disent catholiques) la tiennent pour probable. Par contre, pour 64 % des Français (et 72 % de ceux qui se disent catholiques), Jésus-Christ est le Fils de Dieu. On croit plus au ciel (40 %) qu'à l'enfer (23 %) et même au jugement dernier (33 %). On croit davantage à la résurrection du Christ (51 %), aux miracles (46 %), à l'immaculée conception de la Vierge Marie (43 %) et même à la présence réelle du Christ dans l'Eucharistie (41 %) qu'à la Sainte-Trinité (37 %) et au péché originel (35 %).

Les négations d'une petite minorité de pratiquants réguliers surprennent, autant que l'adhésion à des dogmes de la foi catholique de certains de ceux qui se déclarent sans religion.

▶▶▶ p. 188

I. Proportions pour cent des personnes ayant les croyances suivantes en 1981 et à diverses époques (par rapport aux populations des pays considérés)

Croyances en	Europe	France			Grande-Bretagne			Pays Bas			R.F.A.		Japon
	1981	1947	1968	1981	1947	1968	1981	1947	1968	1981	1968	1981	1981
Dieu	75	68	73	62	84	77	76	80	79	65	81	72	39
L'âme	58			46			59			59		61	54
Le péché	57			42			69			49		59	14
La vie après la mort	43	59	35	35	49	38	45	38	50	42	41	39	31
Le paradis	40		39	27		54	57		54	39	43	31	20
Le diable	25		17	17		21	30		29	21	25	18	11
L'enfer	23		22	15		23	27		28	15	25	14	15
La réincarnation	21		23	22		18	27		10	10	25	19	28

J. Stoetzel, *Les valeurs du temps présent*, PUF, 1983.

II. L'existence de Dieu vous paraît-elle...

	Certaine	Probable	Exclue
Ensemble des Français	31 %	35 %	12 %
Pratiqu. régul.	78	20	–
Patriqu. occas.	42	46	1
Non pratiqu.	20	44	9
Sans relig.	2	15	45

Jésus-Christ, pour vous, est-il le fils de Dieu ?

	OUI	NON
Ensemble des Français	64 %	17 %
Pratiqu. régul.	96	1
Pratiqu. occas.	85	5
Non pratiqu.	60	16
Sans relig.	23	45

Selon vous, après la mort, qu'y a-t-il ?

	Rien	Quelque chose	Une nouvelle vie
Ensemble des Français	30	43	19
Pratiqu. régul.	6	40	50
Pratiqu. occas.	14	57	20
Non pratiqu.	34	45	11
Sans relig.	60	28	5

Croyez-vous à...

	Ensemble des Français	Pratique régulière	Pratique occasionnelle	Non pratiquant	Sans relig.
La résurrection du Christ					
OUI	51	94	73	44	6
NON	37	4	13	41	79
La présence réelle du Christ dans l'Eucharistie					
OUI	41	92	64	31	4
NON	43	5	23	48	79
La Sainte-Trinité					
OUI	37	88	52	28	4
NON	42	6	25	46	81
L'immaculée conception de la Vierge Marie					
OUI	43	89	23	34	6
NON	43	6	21	48	79

SOFRES - *Le Monde* - *La Vie* - *France Inter*, Sept. 86

Les Français et les observances morales chrétiennes

Le degré d'adhésion aux règles morales enseignées par une religion offre une approche utile à la connaissance du degré des convictions de ses membres.

• *L'enquête européenne de 1981* (voir p. 185a), sur « les valeurs du temps présent » fournit des données intéressantes à cet égard, encore que les chiffres publiés ne fassent pas l'objet de ventilations entre les appartenances religieuses.

Mais, d'une part, on sait que la principale source d'influence religieuse en France est encore l'Église catholique; d'autre part, les résultats de l'enquête offrent l'intérêt de situer la France par rapport à l'ensemble des pays européens.

Comme références des règles morales, l'enquête a pris **les dix commandements du Décalogue.** Les réponses ont été notées pour chacun d'eux selon une échelle comportant 3 degrés (300, 200, 100) selon que ce commandement était jugé plus ou moins impératif, tant par les personnes interrogées que, selon celles-ci, par les autres.

Les résultats pour l'ensemble des dix pays concordent ; dans l'ordre d'impérativité décroissante : 1° interdiction de tuer; 2° de voler; 3° obligation d'honorer ses parents; 4° interdiction de porter faux témoignage; 5° de convoiter le bien d'autrui. *Ces cinq commandements « moraux » restent le fond de la moralité commune et sont reçus à un très haut degré d'adhésion* (sur l'échelle de 100 à 300 : indices 274 pour l'Europe et 259 pour la France); au sein de chaque pays, ce degré d'adhésion varie cependant en fonction du niveau des convictions proprement religieuses (voir graphiques en encadrés).

Les deux commandements d'ordre sexuel (absence de relations sexuelles hors du mariage, respect du lien du mariage) bénéficient également d'un degré d'adhésion relativement élevé (indices 251 pour l'Europe et 224 pour la France), quoique à un niveau un peu inférieur à celui des cinq commandements « moraux »; là aussi, au sein de chaque pays, le degré d'adhésion varie en fonction du niveau des convictions proprement religieuses.

Enfin, **les trois commandements spécifiquement religieux** (croyance en un seul Dieu, interdiction d'invoquer son nom pour tromper, respect du jour du Seigneur) recueillent une adhésion plus restreinte (indices 212 pour l'Europe et 171 pour la France), le niveau de l'indice au sein de chaque pays étant évidemment directement influencé par l'importance du sentiment proprement religieux.

De manière générale, c'est en France et au Danemark (les deux pays d'Europe où « l'indice d'importance de Dieu » se révèle le moins élevé) que, d'une part, les indices d'observance des commandements sont les plus faibles, et que, d'autre part, l'écart se creuse le plus entre les indices d'observance des commandements moraux et des commandements religieux.

▶▶▶

Le système religieux : attitudes et comportements

	Europe	Belgique	Danemark	Espagne	France	Grande-Bretagne	Hollande	Irlande	Italie	RFA
Indice d'importance de Dieu	586	594	447	639	472	572	533	802	696	567
Croyance en Dieu %	75	77	58	87	62	76	65	95	84	72
Croyance en un Dieu personnel %	32	39	24	55	26	31	34	73	26	28
Prient ou méditent %	58	56	48	69	44	50	56	81	72	59
Réconfortés par la religion %	49	47	29	57	37	46	43	79	63	44
Confiance dans l'Église (indice)	258	276	248	259	250	258	231	327	271	251
Risqueraient leur vie pour leur foi %	4	3	1	7	2	4	4	9	5	2
Pensent qu'il n'existe qu'une vraie religion %	25	25	19	44	15	21	19	46	37	17
Observance moyenne des commandements religieux	212	221	199	226	171	202	204	259	241	219
Observance moyenne des commandement sexuels	251	259	271	253	224	271	243	284	244	259
Observance moyenne des commandements moraux	274	271	278	265	259	279	266	284	284	277
L'Église répond bien aux problèmes moraux %	37	35	18	39	42	30	25	52	40	37
et aux besoins spirituels %	44	40	26	45	48	42	33	64	43	47

Source : J. Stoetzel, *Les valeurs du temps présent : une enquête européenne*, PUF, 1983.

OBSERVANCE DES COMMANDEMENTS
Selon le sentiment de l'importance de Dieu (Europe)

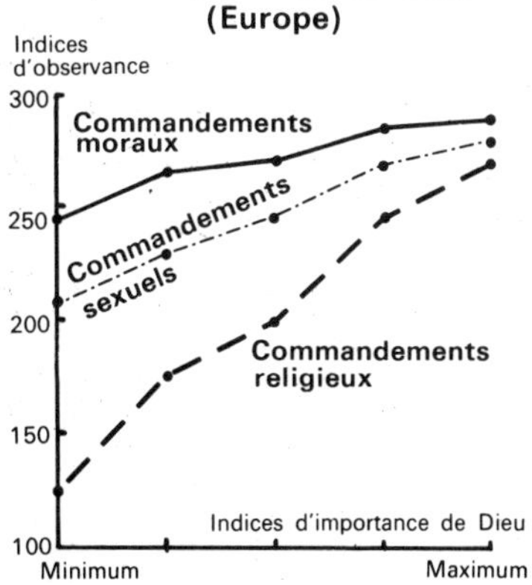

Dans J. Stoetzel, « Les valeurs du temps présent » une enquête européenne, PUF, 1983.

On remarquera que les indices d'observance des commandements varient selon l'indice d'importance de Dieu. Celui qui varie le plus est l'indice des commandements religieux; celui qui varie le moins est l'indice des commandements moraux.

Voir p. 188 Observance des commandements selon l'importance de Dieu (par pays).

▶▶▶

En ce qui concerne plus précisément les problèmes de morale familiale et sexuelle, trois exemples, parmi d'autres, montrent l'évolution des mentalités, tant chez l'ensemble des Français que, plus précisément, chez les catholiques classés « pratiquants réguliers » (au moins 1 fois par mois sondages SOFRES - *Le Monde - La Vie - France Inter*, sept. 1986 ; *Figaro* nov. 1990).

	1986		1990	
	Ensemble Français	Pratiquants réguliers	Ensemble Français	Pratiquants réguliers
Principe de l'avortement				
Oui	51	25	64	38
Non	40	68	25	49
Sans op.	9	7	11	13
Relat. sex. avant mar.				
Oui	71	49	78	69
Non	20	41	14	26
Sans op.	9	10	8	5
Désaccord avec déclar. offic. pape				
Oui	56	43	67	57
Non	28	46	19	34
Sans op.	16	11	14	9

Paradoxalement, il est à noter que la fermeté, maintes fois affirmée par le pape Jean-Paul II, à l'égard de la morale sexuelle n'enlève rien à sa popularité : 79 % des Français (97 % des pratiquants, 49 % des sans religion) ont une opinion excellente ou plutôt bonne de lui, contre 6 % d'opinion plutôt mauvaise ou très mauvaise (SOFRES, sept. 1986). Il est vrai qu'il est tout autant connu pour ses prises de position relatives aux droits de l'homme, et que certains, à défaut d'accepter son enseignement, reconnaissent son courage à aller à contre-courant.

Ceci dit, il est intéressant de rapprocher, d'une part, la carte, déjà relativement ancienne, de la pratique religieuse en France (F. Boulard et J. Rémy, *Pratique religieuse urbaine et régions culturelles* Éditions ouvrières, 1968 p.189) et, d'autre part, la carte ci-dessous de l'interruption volontaire de grossesse, établie selon les données de l'Institut National d'Études Démographiques (INED) pour l'année 1983. Bien que la carte religieuse descende son analyse à *une échelle inférieure à celle du département*, tandis que la carte de l'avortement en reste à *l'échelle régionale* (donnant donc une vision moins fine des choses), on peut cependant constater que les régions où, en 1983, l'indice d'IVG était supérieur à la moyenne nationale, correspondaient pour l'essentiel à des zones de pratique religieuse minoritaire en 1968, et qu'à l'inverse, les régions à indice d'avortement inférieur à la moyenne étaient, pour une part importante, des zones à pratique religieuse majoritaire en 1968.

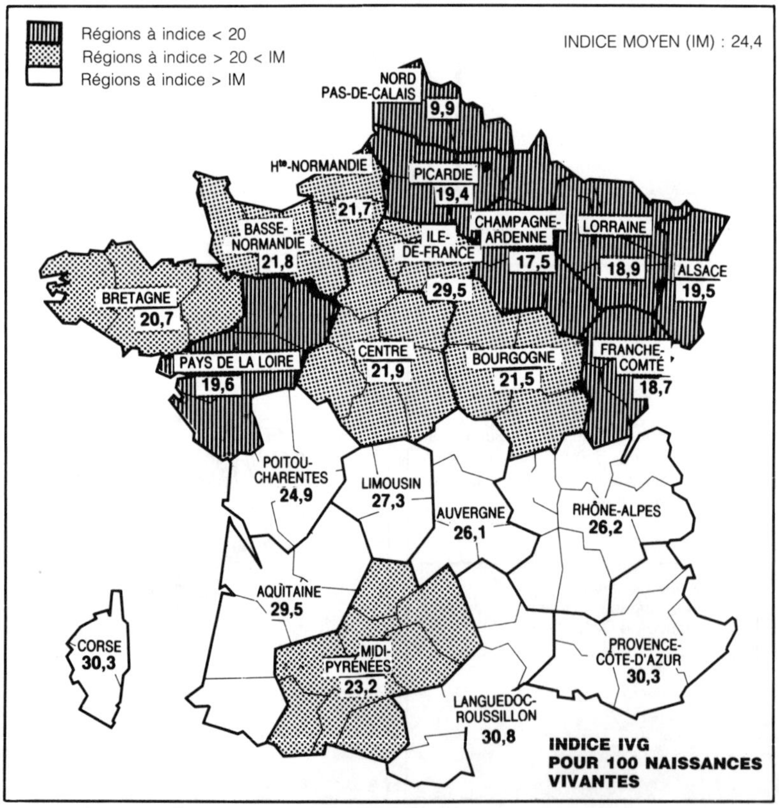

Publiée dans *Le Monde*, 10-11 février 1985.
Dans J. Stoetzel, *Les valeurs du temps présent : une enquête européenne*, PUF, 1983.

Observance des commandements selon le sentiment de l'importance de Dieu, par pays d'Europe

Ce sont les commandements religieux qui sont les plus influencés. Les commandements moraux sont les plus observés. Les taux comparatifs d'influence sont mesurés par les coefficients de corrélation $r^1 = 79$, $r^2 = 92$, $r^3 = 70$, $r^4 = 57$. Les obliques sont les droites de régression.

En fin de compte, cependant, la moyenne des indices d'observance de l'ensemble des dix commandements, tant pour l'ensemble de l'Europe (250) que pour la France (240), se situe à un niveau assez élevé dans l'échelle de cotation de 100 à 300. Ce constat conduit le commentateur de l'enquête à écrire : « *Il n'est pas illégitime, sur la base des réponses recueillies, de dire que la société européenne, dans son ensemble de croyants et d'incroyants, de fidèles et d'infidèles, reste une société d'observance judéo-chrétienne.*

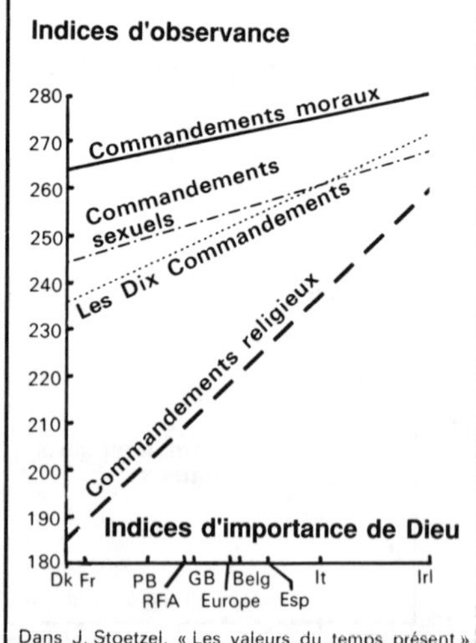

Dans J. Stoetzel, « Les valeurs du temps présent » une enquête européenne, PUF, 1983.

IV. EN QUOI CONSISTE LA PRATIQUE RELIGIEUSE DES FRANÇAIS ?

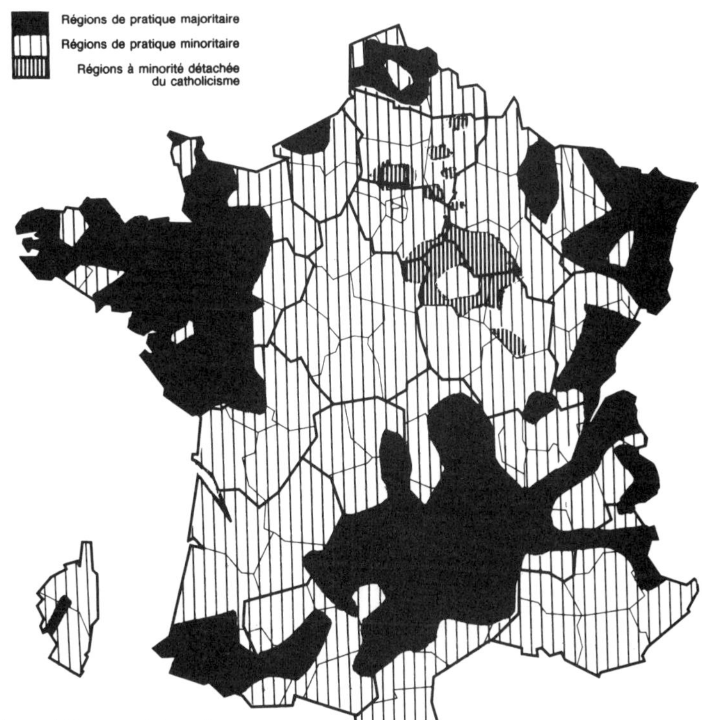

(Fernand BOULARD et Jean REMY, *Pratique religieuse urbaine et régions culturelles,* Paris, Les Éditions ouvrières, 1968.)

Sept aspects de la pratique religieuse des Français seront passés en revue ici :

1. Vont-ils à la messe?
2. Prient-ils?
3. Se confessent-ils?
4. Font-ils baptiser leurs enfants?
   Que pensent-ils de leur éducation religieuse?
5. Se marient-ils à l'église?
6. Ont-ils des funérailles religieuses?
7. Quelle est leur attitude vis-à-vis de l'Église?

Vont-ils à la messe ?

Personne n'oserait affirmer que, *sur un plan individuel*, la participation régulière de telle ou telle personne à la messe dominicale est un critère irrécusable du degré de sa foi. Et il est vrai que la pratique dominicale décroît plus vite que la foi chrétienne, plus vite que le sentiment d'appartenance à l'Église; c'est notamment le cas dans les jeunes générations d'adultes, dont le comportement est volontiers plus individualiste et subjectif; leur vie de foi tendra souvent à s'exprimer davantage dans des engagements actifs (dans la société ou dans l'Église, par exemple la catéchèse), ou dans la participation à des groupes de prière plus ou moins informels.

Cela dit, *sur un plan collectif*, la pratique dominicale n'en fournit pas moins un critère, à la fois quantifiable et significatif, de participation à la vie de l'Église. C'est pourquoi responsables religieux et sociologues y ont toujours prêté une grande attention. Mais il faut admettre qu'aujourd'hui ce critère est beaucoup plus délicat à interpréter.

En outre, sauf de très rares recensements pratiqués dans les diocèses (leur exploitation est coûteuse), l'essentiel des informations sur la pratique religieuse est fourni par les sondages d'opinion effectués par les instituts spécialisés (le plus souvent pour des organes de presse écrite ou parlée). Or, les chiffres fournis par ces sondages ne sont pas toujours cohérents entre eux, ce qui souligne le caractère relatif de ces chiffres. Par surcroît, plus la pratique hebdomadaire se réduit, plus les chiffres issus des sondages deviennent aléatoires : en effet, les sondages sont d'autant plus sûrs qu'ils saisissent de plus grands nombres.

Il conviendra donc de s'attacher davantage aux tendances d'évolution révélées par les chiffres qu'à la valeur absolue de ceux-ci.

ÉVOLUTION DE LA PRATIQUE DOMINICALE EN FRANCE (EN % DE LA POPULATION)

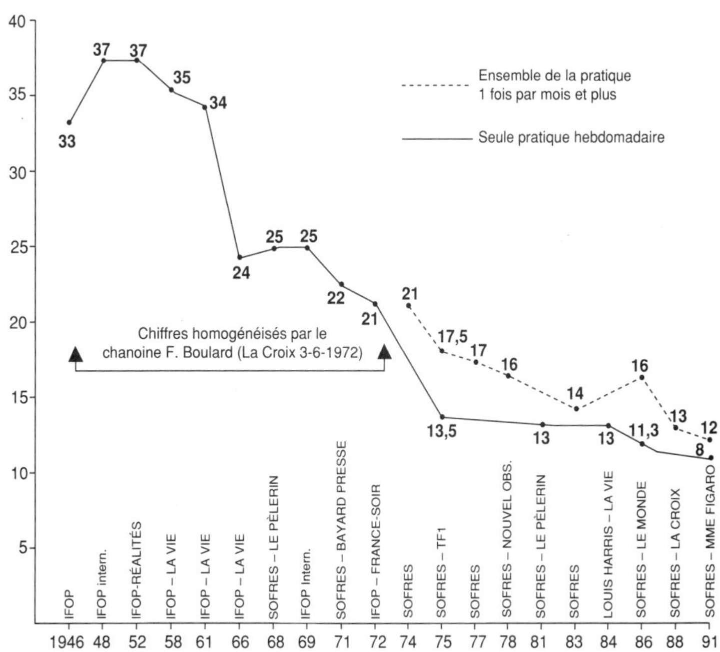

En rappelant les réserves ci-dessus quant aux chiffres fournis par les sondages, on évoquera ici les deux sondages SOFRES (sept. 1986 pour *Le Monde*, *France-Inter*, *La Vie*; et nov. 1991 pour *Figaro Madame*) au sein de la population française de 18 ans et plus.

Il apparaît que ce n'est pas tout à fait le tiers des Français qui pratiquent plus ou moins. En 1966, le taux était de 60 %. Il est vrai que, selon les sociologues, lors des sondages les plus anciens il était de bon ton de se déclarer pratiquant; ce serait plutôt l'inverse aujourd'hui.

En ce qui concerne *la pratique hebdomadaire*, on peut se faire une idée de son évolution à l'aide de sondages effectués de 1946 à nos jours (graphique p. 189).

On observe alors quatre phases depuis la fin de la guerre :

• pendant les quinze premières années, une relative stabilité, avec un taux de l'ordre de 35 % de la population française;
• aux alentours de 1964-1966, une chute sensible abaissant le taux aux environs de 20 à 25 %, taux subsistant jusqu'aux années 1972-1973 ;
• à partir de là, une nouvelle chute conduisant à un taux de l'ordre de 13 %.

En un demi-siècle, la pratique hebdomadaire se serait donc réduite des trois quarts, alors que, phénomène qui retient l'attention des sociologues, la proportion de ceux qui se déclarent catholiques n'aurait baissé que de 10 % et se serait stabilisée aux alentours de 80 %.

	1986			1991		
Catholiques						
– Prat hebdo	11,3	31,6	81	8	30	79
– Prat. 1 ou 3 f. p. mois	4,9			4		
– Prat. occas.	15,4			18		
– Non prat. ou seult mar. enterr,...		49,4			49	
Total des Catholiques			81			79
Autres religions			3,5			3
Sans religion			15,5			18
Total de la population			100			100

Conséquence de la régression de la pratique dominicale, on constate qu'aujourd'hui les sondages prennent de plus en plus en compte, comme catégorie de référence, non plus la pratique hebdomadaire, mais la pratique au moins 1 fois par mois (qui inclut la première); le rétrécissement de la population attachée à la pratique hebdomadaire en rend en effet la mesure plus aléatoire; toute considération mise à part sur les aspects religieux de ce rétrécissement, on doit pourtant constater que les caractéristiques sociologiques de la population à pratique hebdomadaire et de la population à pratique 1 ou 2 fois par mois ne sont pas identiques; le fait de les englober dans une même catégorie ne facilite donc pas la comparaison avec les périodes antérieures.

A noter l' **augmentation**, entre les sondages SOFRES de 1983 et 1991, **de la fréquence de la communion** chez les pratiquants les plus réguliers : pour l'année 1991, on peut rapprocher les 15 % de catholiques allant à la messe au moins 1 fois par mois, et les 11 % communiant au moins 1 fois par mois (en 1983, pour 17 % de catholiques pratiquant au moins 1 fois par mois, taux des communions de 9 %). De même, pour 1991, on peut rapprocher les 22 % qui ne vont à la messe qu'une ou quelques fois par an et les 23 % de communions une ou quelques fois par an. Enfin, les 62 % qui ne vont jamais à l'église, ou seulement pour les « cérémonies », constituent à l'évidence les 63 % qui ne communient jamais. La communion tendrait ainsi, chez les pratiquants même irréguliers, à être partie intégrante de leur participation à la messe, ce qui n'apparaissait pas dans les sondages antérieurs, et révèle une meilleure perception du sens de la messe.

POURQUOI LA BAISSE DE LA PRATIQUE RELIGIEUSE ?

Il n'est pas aisé de répondre à cette interrogation; c'est le type de situation qu'on ne cerne pas avec des questions simples.

On ne peut donc qu'énumérer un certain nombre de facteurs ayant vraisemblablement contribué au développement du phénomène.

Parmi les facteurs relevant du contexte socio-culturel :

• Migrations massives des campagnes vers les villes, arrachant quantité de personnes à des communautés de taille humaine et à des formes de vie traditionnelles, où le fait religieux trouvait aisément sa place, pour les immerger dans des concentrations urbaines anonymes où le fait religieux est beaucoup plus dilué.
• Conditions de travail déshumanisantes; longueur et fatigue des trajets foyer-travail; aspirations à la détente.
• Déplacements des week-ends, et loisirs, qui, le dimanche, priment sur toute autre préoccupation.
• Ambiance culturelle générale, largement propagée par les médias, où les valeurs spirituelles sont peu prises en compte et la course au bien-être omniprésente.
• Développement d'une mentalité individualiste (souci d'autonomie, rejet des structures contraignantes); si on ne peut échapper aux exigences de la vie de travail, du moins peut-on éluder celles de la vie religieuse...

Parmi les facteurs relevant de la vie de l'Église :

La chute brusque du taux de la pratique religieuse en 1964-1966 coïncide avec la dernière phase du concile Vatican II et la mise en œuvre de la réforme liturgique décidée par lui.

La réforme ne saurait, à elle seule, expliquer cette chute; mais on ne peut en exclure certaines conséquences, paradoxales, puisqu'il

TAUX D'ASSISTANCE A LA MESSE DOMINICALE DE TROIS GROUPES SOCIO-PROFESSIONNELS DANS LES ANNÉES 1960

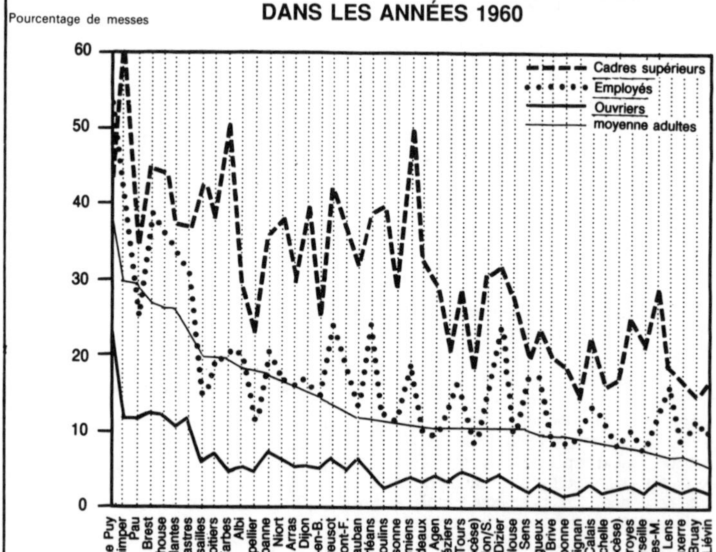

(A partir d'un schéma de F. Boulard et J. Remy, *Pratique religieuse urbaine et régions culturelles*, Les Éditions ouvrières, 1968, p. 68.)

s'agissait précisément de rendre la liturgie plus proche et plus significative. Par suite probablement d'une insuffisante préparation des esprits, certains ont vu dans cette réforme une trahison ou un appauvrissement de la foi catholique (intégristes) et ont organisé leurs propres assemblées selon l'ancien rite ; d'autres, plus nombreux, déconcertés par de nouveaux rites bouleversant les habitudes acquises dans leur jeunesse, ont abandonné toute pratique.

Un sondage SOFRES-*Figaro* de 1973 faisait pourtant apparaître que 53 % des Français estimaient positifs les résultats du Concile et que 74 % considéraient l'emploi du français à la place du latin comme un progrès.

Mais, simultanément, un fait probablement plus important se produisait : la catéchèse et la prédication s'étant employées à présenter la vie de foi en termes d'amour entre Dieu et l'homme plutôt qu'en forme de règles et de codes, et bien que l'eucharistie fût clairement placée au cœur même de cette vie de foi, beaucoup ont considéré qu'ils pouvaient désormais se dispenser de la messe dominicale.

C'est un fait en tout cas que la diminution de la pratique est plus rapide que celle de la foi ; celle-ci s'exprime souvent sous d'autres formes, notamment chez les jeunes (groupes de prière, rassemblements à motivation religieuse, engagements au service des grandes causes humanitaires, etc.).

Cet ensemble de faits oblige à constater que, pour beaucoup de catholiques, la participation à la messe reste un acte *individuel* de piété et non pas la réponse à la convocation du peuple chrétien pour constituer la *communion* de ceux qui accueillent le Christ et le célèbrent.

En outre, on doit rappeler que plus d'un millier de paroisses rurales sont aujourd'hui vacantes (sans clergé propre, et non desservies par une autre paroisse), tandis que le regroupement d'autres paroisses rurales impose des déplacements parfois importants pour participer à la messe dominicale. Malgré le développement des célébrations sans prêtres (Assemblées Dominicales en l'Absence de Prêtres ou ADAP), le taux de la pratique religieuse rurale est fortement affecté par cette situation, en développement continuel.

Enfin, pour des raisons parfois opposées, divers catholiques éprouvent le sentiment d'être aujourd'hui des étrangers dans leur Église. Certains, fortement engagés dans l'action militante pour une société plus juste, en viennent à penser que c'est seulement dans ce combat que se vit authentiquement la foi chrétienne, en tout cas plus que dans des célébrations ; ils reprochent en outre à la hiérarchie de ne pas rappeler suffisamment aux croyants les exigences évangéliques à l'égard des plus pauvres ; ils éprouvent le sentiment d'aller à contre-courant des mentalités catholiques, et se détachent de l'Église.

Des griefs inverses, parfois repris par des organes de presse et des formations politiques, sont exprimés par d'autres catholiques au clergé et à la hiérarchie, accusés de sympathie pour les idéologies de gauche, et de mêler spirituel, temporel et politique ; ces griefs viennent s'ajouter à ceux, parfois vivement ressentis, concernant l'évolution de l'Église (notamment dans la liturgie et la catéchèse) ; ces catholiques ont le sentiment que l'Église s'est éloignée d'eux ; souvent à contrecœur, ils s'abstiennent de la fréquenter.

Mais agit probablement plus que tout autre cause le phénomène de sécularisation, commun à toute la société développée occidentale, et dont les Églises ne sont pas seules à faire les frais ; il intervient parmi les causes de la progression des « sans religion » (p. 185).

Enfin, on ne peut oublier que les phénomènes de pratique religieuse sont généralement de grande amplitude, se traduisant par des avancées et des reculs enregistrés plusieurs fois au cours de l'histoire ; la situation actuelle ne peut sans doute se comprendre sans en chercher les origines au XVIIe et, plus probablement, au XVIIIe siècle, celui des « Lumières » (voir p. 420 et s. ; voir aussi *La religion en France, de la fin du XVIIIe s. à nos jours*, de G. Cholvy, Hachette 1991).

INDICES DE LA PRATIQUE RELIGIEUSE EN EUROPE
(Toutes religions, pour 1.000 habitants)

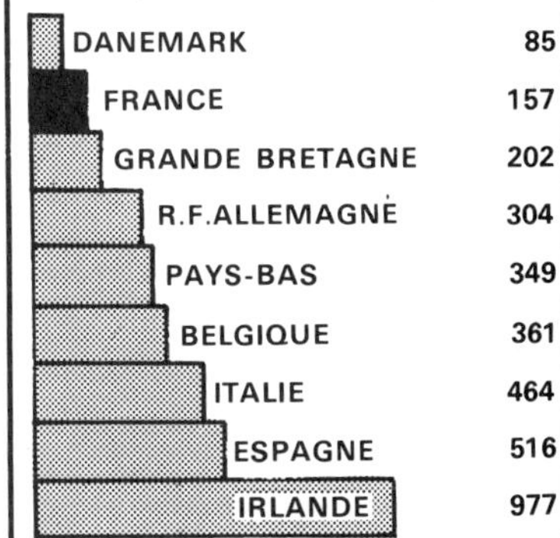

Source : Enquête européenne « Les valeurs du temps présent » par le professeur V. Stoetzel, Éd. PUF, 1983.

QUI SONT LES PRATIQUANTS ? (Au moins 1 fois par mois)

Jeunes ou vieux ?

Taux de la pratique selon l'âge (en % de la population du même âge)

18-24 ans	25-34 ans	35-49 ans	50-64 ans	65 ans et plus	Ensemble
3,2	3,6	10	13,8	28,9	11,9

SOFRES-*Figaro Madame* nov. 1991

La diminution du taux de la pratique au fur et à mesure que l'on descend dans les tranches d'âges, oblige à considérer de très près ce à quoi les jeunes générations attachent du prix, d'autant que, d'un sondage à l'autre, les taux chutent pour les moins de 65 ans. Pour les 18-24 ans, en 1991, la pratique *hebdomadaire* était, en moyenne, proche de 0, et celle *1 ou 2 fois par mois* d'environ 3,9 %. (Par contre diverses enquêtes signalent un certain renversement de tendance, chez les 15-20 ans). Les valeurs spirituelles sont fort loin d'en être absentes ; mais elles s'expriment sous des formes souvent très différentes de ce que perçoivent les jeunes dans les assemblées dominicales actuelles (voir *Les jeunes et l'Église* p. 203). Là comme ailleurs, les questions de génération se font sentir très intensément et doivent retenir l'attention.

Hommes ou femmes ?

Taux de la pratique selon le sexe (en % de la population de même sexe)

Hommes	Femmes	Ensemble
11 %	14,6 %	11,9 %

SOFRES-*Figaro Madame* nov. 1991

La pratique masculine serait donc de 78,5 % de celle des femmes. Si celles-ci continuent ainsi de l'emporter, on ne saurait dire que leur majorité est écrasante. On constate d'ailleurs, au fil des années, un affaiblissement continu de la différence entre les deux taux, la pratique féminine diminuant plus vite que la pratique masculine.

Bourgeois ou ouvriers ?

Taux de la pratique selon la catégorie socio-professionnelle

Agriculteurs	11,9 %
Artisans, commerçants, chefs d'entreprise	8,7 %
Cadres, professions intellectuelles supérieures	12,6 %
Professions intermédiaires et employés	6,3 %
dont : professions intermédiaires	4,7 %
employés	6,4 %
Ouvriers	6,3 %
Inactifs, retraités	20,5 %
Ensemble	11,9 %

SOFRES-*Figaro Madame* nov. 1991

La sur-représentation des milieux agricoles et de la bourgeoisie, qui a longtemps caractérisé le monde des pratiquants (voir le graphique p. 190), s'est sensiblement atténuée au fil des années, tant en raison d'une diminution plus rapide de la pratique dans les milieux de cadres et d'industriels que de la dépopulation des campagnes. Les retraités, quant à eux, sont les témoins d'une période où la pratique était plus répandue, peut-être aussi d'un certain retour, avec l'âge, à une vie religieuse plus intense.

Citadins ou paysans ? Bretons ou Parisiens ?

Deux ordres de facteurs relevant de la notion d'habitat sont de nature à avoir une incidence sur la pratique religieuse : les traditions régionales et l'importance des agglomérations. ***Les traditions régionales*** (qui plongent leurs racines dans l'histoire) ont contribué à dessiner la carte de la pratique religieuse, dont le chanoine Boulard a été le premier à faire le relevé ; même si cette carte commence aujourd'hui à dater, les grandes tendances qu'elle révèle aident à percevoir un phénomène qui reste marquant (voir p. 189).

Le chanoine Boulard avait distingué trois types de régions : les *régions de chrétienté traditionnelle*, ayant un taux de pratique élevé ; à l'autre extrémité de l'échelle, les *régions à peu près totalement déchristianisées ;* et entre les deux, toute la *gamme intermédiaire*.

Ces travaux scientifiques ont eu une grande influence sur les orientations pastorales de l'Église.

S'agissant des comportements selon les régions, il est intéressant de rapprocher la carte de la pratique religieuse de celles de l'école catholique (1969-1970 p. 195) : la corrélation est évidente. (A noter que les départements du Haut-Rhin, du Bas-Rhin et de Moselle, régis au plan scolaire par le Concordat de 1801, ne sont pas à prendre en considération ici).

L'importance des agglomérations a, elle aussi, une incidence sur la pratique, ainsi qu'on peut s'en rendre compte par le tableau ci-dessus ; bien que les chiffres datent d'une quinzaine d'années, ils restent instructifs.

PRATIQUE RELIGIEUSE SELON L'IMPORTANCE DES AGGLOMÉRATIONS
en % de la population se déclarant catholique

	Total	Tous les dimanches	De temps en temps, plusieurs fois/mois	Uniquement pour les cérémonies	Jamais
Moins de 2 000 h.	100	16	30	50	4
2 000 à 20 000 h.	100	21	27	47	5
20 000 à 100 000 h.	100	11	25	55	9
Plus de 100 000 h.	100	17	23	52	8
Agglomération parisienne	100	13	21	56	10
Ensemble	100	16	26	51	7
Sondage SOFRES-TF1 - 1975					

Selon ce tableau, le cadre le plus favorable à la pratique hebdomadaire semblerait offert par les petites villes de 2 000 à 20 000 habitants ; de fait, les communautés humaines et chrétiennes y revêtent plus aisément un caractère authentique, un réseau de relations s'y établit plus spontanément que dans des agglomérations plus importantes. Quant aux agglomérations rurales, on ne sera pas surpris que, compte tenu des difficultés d'y assurer la messe dominicale, la pratique de temps en temps soit presque le double de la pratique hebdomadaire.

Par contre, le taux de 11 % des villes de 20 000 à 100 000 habitants paraît surprenant, alors qu'il est de 17 % pour les villes de plus de 100 000 habitants, et même de 13 % pour la région parisienne.

En fait, trop de facteurs interviennent sur le plan local et régional pour pouvoir tirer des lois générales selon le degré de concentration urbaine ; à population égale, une ville industrielle et une ville administrative ou commerçante n'ont pas du tout le même tissu social.

Ph. CIRIC

Locronan. La Grande Troménie.

Électeurs de gauche ou de droite ?

C'est là un thème classique dans la sociologie de la vie religieuse en France. On peut aborder la relation entre pratique religieuse et opinion politique selon deux approches : les opinions politiques au sein des pratiquants, et la pratique religieuse au sein des grandes tendances politiques de l'électorat.

Les opinions politiques des catholiques pratiquants

Divers rapprochements ont été effectués dans le passé entre les deux types de convictions : religieuses et politiques. A cet égard, la comparaison des cartes de France localisant les pratiquants réguliers d'une part, et les électeurs de droite, est bien connue.

Le vote majoritairement à droite des catholiques pratiquants est une constante de la vie politique française ; les origines en sont à la fois historiques et sociologiques. En outre, cette majorité est d'autant plus importante que la pratique religieuse est plus fréquente. Ceci dit, la proportion de cette majorité connaît des fluctuations.

Jusqu'à la guerre de 1939-1945, le vote à gauche était l'exception chez les catholiques pratiquants. En 1940, le maréchal Pétain trouvera chez ces derniers, comme d'ailleurs dans la majorité de l'opinion française, un soutien massif. Les choses évolueront pendant l'occupation allemande.

Au lendemain de la Libération, puis pendant une dizaine d'années, les votes catholiques vont en masse au Mouvement républicain populaire (MRP) ; héritier spirituel du petit mouvement démocrate-chrétien d'avant-guerre et se situant au centre-gauche, il est animé par un ensemble d'hommes, chrétiens pour la plupart, qui se sont illustrés dans la Résistance. Mais ces votes proviennent en réalité d'électeurs aux tendances très diverses, où le courant de gauche reste minoritaire. Ce courant se manifeste de manière plus explicite à partir de la crise coloniale (1953-1954) ; on y trouve notamment des intellectuels (Mauriac, P.-H. Simon, R. Rémond) et des syndicalistes. L'éphémère Front républicain de Mendès-France rallie ses suffrages en 1956 (500 000 voix catholiques selon l'historien Pierrard, *La Croix*, 13 mars 1986).

Les cartes sont temporairement brouillées pendant la période de Gaulle (1958-1969), le clivage classique droite-gauche ne coïncidant pas avec ce que distingue partisans et adversaires du général. Après quoi, on peut observer une très lente dérive de l'électorat catholique vers la gauche. Selon l'historien René Rémond, ce courant représentait 22 à 24% des catholiques pratiquants dans la période 1974-1978.

En mai 1981, la France connaît une poussée à gauche qui porte F. Mitterrand à la présidence de la République. Selon un sondage IFOP-*Témoignage Chrétien* fait après les élections et commenté par René Rémond (*T.C.* 23 novembre 1981), un bon quart des catholiques pratiquants hebdomadaires aurait alors voté pour F. Mitterrand au 2e tour (et au minimum 32 % de ceux pratiquant au moins une fois par mois ou davantage). La dérive vers la gauche semblait ainsi se confirmer.

Mais en mars 1986, les élections législatives redonnent la majorité à la droite (55%, avec 10% au Front National). Selon un sondage SOFRES-*La Croix* de janvier 1986 sur les intentions de vote pour ce scrutin, les électeurs se déclarant catholiques pratiquants (au moins une fois par mois) n'auraient plus été que 14% à annoncer un vote à gauche, pour 86% annonçant un vote à droite (avec 8% pour le Front National) ; la lente évolution antérieure se serait ainsi trouvée remise en cause.

Aux élections présidentielles de 1988, selon deux sondages CSA – *La Vie* réalisés « à la sortie des urnes » de chacun des deux tours, le profil religieux des électeurs se serait dessiné comme suit.

ÉLECTIONS PRÉSIDENTIELLES 1988
Premier tour (en %)

Candidats	Ensemble des Français	Catholiques pratiquants réguliers	Catholiques pratiquants irréguliers	Catholiques non pratiquants	Sans religion
R. Barre	16,5	32,7	21,9	15,8	8,9
J. Chirac	19,9	33,7	34,8	18,6	6,3
J.M. Le Pen	14,4	12,2	13,0	18,9	9,5
Total Droite	50,8	**78,6**	69,7	53,3	24,7
F. Mitterrand	34,1	15,8	23,9	35,0	43,6
Ext. gauche	11,3	2,1	3,4	7,7	24,7
Total Gauche	45,4	**17,9**	27,3	42,7	68,3
Écologiste	3,8	**3,5**	3,0	3,9	6,9
	100	**100**	100	100	100
Deuxième tour (en %)					
J. Chirac	46	81	61	41	17
F. Mitterrand	54	19	39	59	83
	100	100	100	100	100

Ainsi se vérifie l'observation, maintes fois faite, que plus l'on pratique plus on vote à droite. En l'occurrence, les votes des pratiquants réguliers se seraient répartis à raison des 4/5 pour la droite et de 1/5 pour la gauche.

Un autre sondage, réalisé lui aussi « à la sortie des urnes » du second tour par Bull-BVA pour *Antenne 2*, *Europe 1* et *Paris-Match*, a, entre autres données, fourni celles-ci.

	Ensemble des Français	Catholiques pratiquants	Catholiques non pratiquants	Sans religion	Autres religions
J. Chirac	46	67	44	26	31
F. Mitterrand	54	33	56	74	69

Selon les résultats de ce sondage où pratiquants réguliers et irréguliers sont réunis en une seule catégorie, les proportions d'électeurs de droite chez les pratiquants, et d'électeurs de gauche chez les non pratiquants et les « sans religion », se trouvent sensiblement atténuées, sans être toutefois bouleversées. ▶

LE VOTE DES CATHOLIQUES PRATIQUANTS EN JUIN 1988
Élections législatives
2e tour

(Sondage)

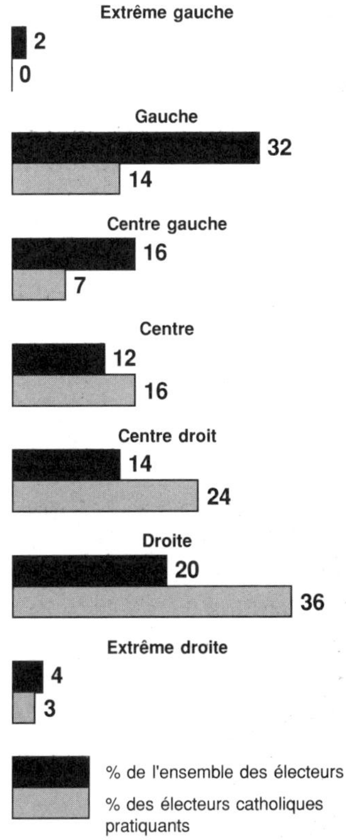

Deux lectures possibles :
1) Gauche : 34 % des électeurs
14 % des électeurs catho.
Centre : 42 % des électeurs
47 % des électeurs catho.
Droite : 24 % des électeurs
39 % des électeurs catho.

2) Gauche et centre gauche :
50 % des électeurs
21 % des électeurs catho.
Droite, centre droit, centre
50 % des électeurs
79 % des électeurs catho.

(Sondage réalisé le 12 juin 1988 à la sortie des bureaux de vote du 2e tour pour RFI, *l'Événement du Jeudi*, *Le Parisien*, et *le Journal* des élections, avec la participation de RTL - Télévision et de *La Vie* Cf *La Vie*, 16 juin 1988).

▶

• Si l'on cherche à connaître l'idée que se font les catholiques pratiquants de l'évolution à imprimer à la société, on observe toujours (selon le sondage SOFRES-*La Croix* de 1986) que 65% d'entre eux estiment qu'elle doit être réformée sans toucher à l'essentiel, 25% qu'elle doit être réformée sur l'essentiel, 4% radicalement changée, 1% laissée dans son état actuel. Bien que comportant un bloc majoritaire d'un réformisme très modéré, on observe donc la subsistance d'un courant, représentant plus du quart du monde catholique pratiquant, en faveur de réformes plus essentielles.

Ph. de Sazo-Rapho

Intentions de vote des catholiques aux élections législatives de mars 1986 (selon sondage SOFRES-LA CROIX janvier 1986)

	PC	PSU Ext. G.	PS MRG	Divers G.	Écolo.	RPR UDF	Divers oppos.	FN	Total
Pratiqu. régul. (au moins 1 fois par mois)	4%	–	9%	1%	–	76%	2%	8%	100%
	14 %					86%			
Pratiqu. occas. (temps en temps, grandes fêtes)	7%	1%	19%	2%	2%	58%	3%	8%	100%
	29%				2%	69%			
Non pratiquants	12%	1%	30%	1%	2,5%	41%	4%	8,5%	100%
	44%				2,5%	53,5%			
Ensemble des catholiques	9,5	1	24	1,5	2	51	3	8	100
	36%				2%	62%			
N'ont pas exprimé d'intention de vote : 13%									

Intentions de vote des Français pour les mêmes élections législatives (selon sondage SOFRES-LE FIGARO février 1986)

	PC	PSU Ext. G.	PS MRG	Divers G.	Écolo.	RPR UDF	Divers oppos.	FN	Total
Ensemble des Français	9,5	3	29	1,5	2	43,5	3	8,5	100
	43%				2%	55%			

Pour mémoire : résultats effectifs de ces élections

	PC	PSU Ext. G.	PS MRG	Divers G.	Écolo.	RPR UDF	Divers oppos.	FN	Total
Ensemble des Français	9,82	1,51	31,77	1,06	1,21	40,86	4,01	9,70	100
	44,16%				1,21%	54,57%			
Abstentions : 21,82% des inscrits									

La pratique religieuse au sein des grandes tendances politiques de l'opinion

Selon le sondage SOFRES-FIGARO MADAME de novembre 1991, déjà évoqué plus haut, les préférences partisanes des personnes se déclarant catholiques se répartiraient comme suit, selon leur degré de pratique religieuse.

On peut tirer de ces chiffres quelques observations :

1. Sont présentées ici les sympathies politiques (et non les votes, ni les adhésions) des seules personnes se déclarant catholiques. Mais on sait qu'elles constituent 79% de la population; on sait aussi que, dans ce sondage, la référence au catholicisme ne préjuge pas du degré d'adhésion aux données de la foi catholique.

	1 PC	2 PS	3 Écolo	4 UDF	`5 RPR	6 FN	7 Ensemble des cathos.
Pratique hebdo.	9 } 13	5 } 8	6 } 8	19 } 28	18 } 23	10 } 16	10 } 15
" 1 ou 2 f. par mois	4	3	2	9	5	6	5
" gr. fêtes	31	15	23	30	23	26	22
" uniqut. mar. enterr.	52	73	60	38	48	55	57
Jamais	4	4	9	3	5	3	5
TOTAL GÉNÉRAL	100	100	100	100	100	100	100

2. Point notable, quelle que soit l'orientation politique le taux de la pratique au moins une ou deux fois par mois n'est jamais inférieur à 8%, ce qui veut dire que, de fait, la communauté catholique est de composition pluraliste, sans aucune exclusive, même si les sympathisants de l'UDF et du RPR y sont les plus nombreux.

3. On notera une similitude curieuse, dans la répartition des formes de pratique religieuse, chez les sympathisants du PC (1) d'une part, et chez ceux du FN (6) d'autre part, ainsi que la similitude des deux structures avec la structure moyenne de l'ensemble se déclarant catholique (7).

4. On remarquera enfin que ce sont les sympathisants du parti socialiste qui se montrent les moins portés vers la pratique religieuse (mais ils sont 8% à le faire une ou plusieurs fois par mois, et même 5% toutes les semaines), et que ce sont ceux de l'UDF qui y sont le plus portés (23% une ou plusieurs fois par mois, et 18% toutes les semaines).

PRATIQUE RELIGIEUSE
ET VOTES A DROITE

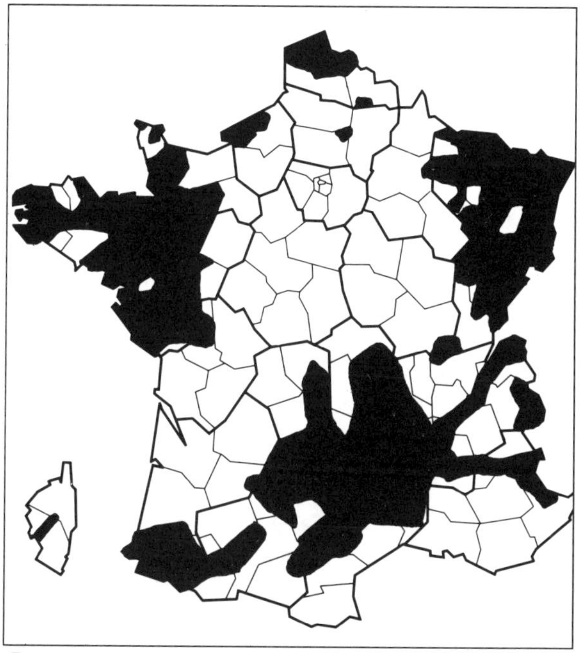

En noir, les régions de forte pratique religieuse (carte établie par le Chanoine Boulard)

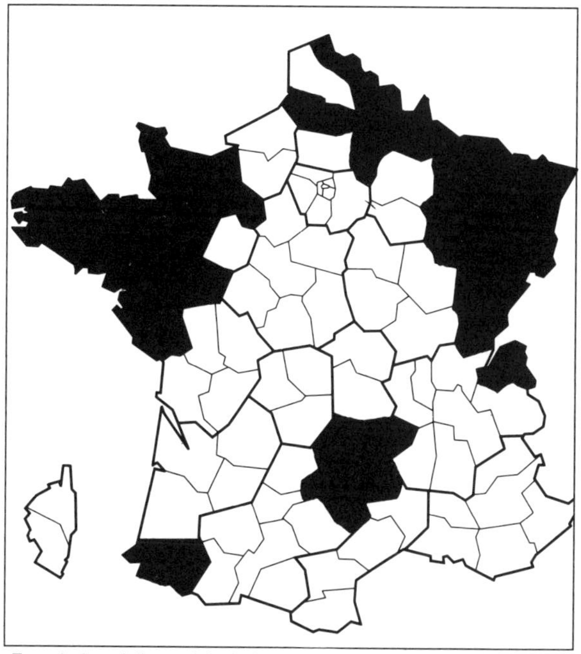

En noir, les régions où la droite est traditionnellement majoritaire (élections de 1968)

OUI ET NON AU RÉFÉRENDUM EN FRANCE
SUR LE TRAITÉ DE MAASTRICHT RELATIF
À L'UNION EUROPÉENNE (20 SEPTEMBRE 1992)

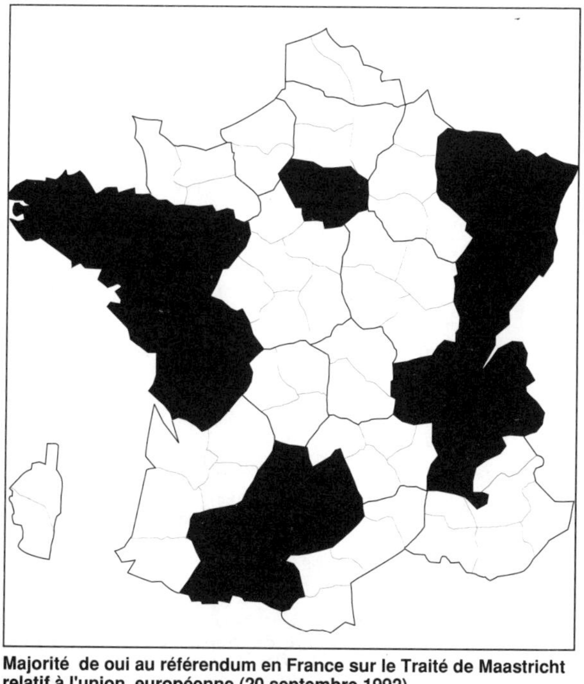

Majorité de oui au référendum en France sur le Traité de Maastricht relatif à l'union européenne (20 septembre 1992)
■ Oui □ Non

On sait qu'à une faible majorité de 51%, les Français ont approuvé le traité. Le fait remarquable, et peu habituel, est que la ligne de séparation entre les positions en présence n'a pas coïncidé, en l'occurrence, avec celle du clivage classique droite-gauche : non seulement droite et gauche se trouvaient divisées chacune, mais chaque formation politique l'était (PC : non 80% ; PS : oui 79% ; UDF : oui 62% ; RPR : non 58% ; FN : non 92%).
Par contre, à la lecture de la carte des résultats, on constate que les régions à majorité de OUI coïncident pour une bonne part avec les régions de plus forte pratique religieuse. On peut y voir, outre une certaine propension des catholiques au légitimisme, l'attachement de la majorité d'entre eux, quelle que soit leur sensibilité partisane, à une construction européenne rejoignant leur vision de la vie en société.

Les Français prient-ils ?

Vous arrive-t-il de prier ?	Tous catho.		Pratiqu. régul.		Pratiqu. occas.		Non-pratiquants	
	1986	1991	1986	1991	1986	1991	1986	1991
Tous les jours	13	11	44	43	8	11	4	3
Souvent	19	17	39	36	26	29	10	9
Rarement	33	36	15	19	49	51	35	34
Jamais	34	34	2	0	16	8	49	51
Sans réponse	1	2	–	2	1	1	2	3
	100	100	100	100	100	100	100	100

Il est instructif de rapprocher les résultats des deux sondages effectués par la SOFRES, l'un en 1986 (*Le Monde-La Vie-France Inter*), l'autre en novembre 1991 (*Madame Figaro*), qui comportaient les mêmes questions sur la prière ; on a repris ici les réponses des personnes se déclarant catholiques (81 % des Français en 1986, et 79% en 1991), réparties selon la fréquence de leur pratique religieuse.

La pratique de la prière connaît donc un certain affaiblissement, mais moins marqué que celui de la participation à la messe ; on voit même les pratiquants occasionnels prier plus souvent : parmi eux, se trouvent beaucoup de ceux qui, cinq ans plus tôt, figuraient parmi les pratiquants réguliers ; ils vont moins à la messe, mais n'ont pas abandonné la prière.

On peut également remarquer que la prière, chez les non-pratiquants, se maintient à un niveau non négligeable ; au total, ceux qui déclarent prier (plus ou moins fréquemment) restent près de la moitié. La constatation faite depuis longtemps par le clergé paroissial ou les aumôniers d'hôpitaux, ainsi que par l'enquête européenne, se trouve ainsi confirmée. Il faudrait pouvoir ajouter les personnes appartenant aux autres religions, et même, parmi les personnes qui n'en professent aucune, celles dont on sait pourtant qu'il leur arrive de prier.

Et, si on se reportait au classement des mêmes catholiques selon leurs « préférences partisanes », on verrait qu'à gauche on prie aussi (9% des catholiques sympathisants du P.C. : tous les jours ; 22% souvent...) ; les sympathisants UDF (15 et 22%) et RPR (21 et 15%) le font tout de même davantage.

Selon un sondage IPSOS – *Le Monde* et *RTL*, de septembre 1988, 67% des Français (99% des pratiquants) sont capables de réciter par cœur le *Notre Père*, et 61% des Français (95% des pratiquants) le *Je vous salue Marie*.

Les spécialistes remarquent que ce comportement religieux de la prière, pour individuel qu'il soit, reste le plus élevé en fréquence parmi les pratiques impliquant sans conteste la foi.

Selon une enquête SOFRES-*Le Pèlerin* de 1982, la prière s'adresserait le plus souvent à Dieu (69%), mais fréquemment à la Vierge (24%), à Jésus (12%), à un défunt (14%).

LES FRANÇAIS PRIENT-ILS OU MÉDITENT-ILS ?

Selon l'enquête européenne effectuée en 1982[1], 44% des Français (et 58% des Européens) prient ou méditent ; mais la notion de méditation est beaucoup plus large et floue que celle de prière, à telle enseigne que, toujours selon cette enquête, le quart des sans religion et près du cinquième des athées européens prient ou méditent. Il n'en reste pas moins que transparaît probablement à travers ces chiffres la permanence d'un besoin ou d'une recherche de caractère spirituel, confirmée par le taux de ceux qui sont préoccupés par le sens et le but de la vie (plus de 70% des Européens).

1. J. Stoetzel, *Les valeurs du temps présent*, PUF, 1983 (voir p. 185 a).

Les Français se confessent-ils ?

	1974	1983	1991
1 ou plusieurs fois par an			
• Se déclarant catho.	29%	20%	12%
• Ensemble des Franç.	24,5%	16,5%	9,5%
Jamais			
• Se déclarant catho.	54%	70%	79%
• Ensemble des Franç.	61%	75%	83%
Sondages SOFRES :	*Pèlerin*	*Figaro Mme*	*Figaro Mme*

De 1974 à 1991, alors que la diminution de l'assistance hebdomadaire à la messe a été de l'ordre de 50% (voir p. 189), celle de la pratique de la confession au moins une fois par an aurait été de l'ordre de 60%. Ces chiffres confirment le constat général : le sacrement de pénitence-réconciliation est le plus délaissé. On ne s'étonnera pas de trouver les taux de fréquence les plus élevés chez les « pratiquants réguliers » (messe 1 fois par mois ou plus souvent) : en 1991, 52% d'entre eux se confessaient 1 ou plusieurs fois par an.

Il est vrai que la notion de péché connaît une forte régression. D'après l'enquête de 1983 SOFRES-*Pèlerin*, à la question : « Lorsque vous avez commis un acte que vous désapprouvez fortement au fond de vous-même, qu'éprouvez-vous ? », 5% seulement des catholiques, et 15% des catholiques pratiquants réguliers, reconnaissent la notion d'une faute à l'égard de Dieu ; par contre, 56% des catholiques et 40% des pratiquants ont alors le sentiment d'avoir seulement commis une erreur.

Les Français font-ils baptiser leurs enfants ? Que pensent-ils de leur éducation religieuse ?

Bien que le taux des baptêmes par rapport aux naissances soit en diminution, puisque de 91,7 % en 1958 il est passé à 62,9% en 1989 (voir courbe, p. 197), il s'agit là d'un niveau encore élevé, et qui marque même une certaine stabilisation depuis 1984. Cependant, le décalage est net entre le nombre de ceux qui se déclarent catholiques (79%) et de ceux qui font baptiser leurs enfants.

Plusieurs causes peuvent en être données :

☞ De la part des parents, **tendance croissante à retarder la célébration** sans être nécessairement hostiles au principe ; simultanément d'ailleurs, on constate une proportion croissante de non baptisés parmi les enfants inscrits au catéchisme et qu'on prépare alors au baptême ; bien mieux, beaucoup d'enfants viennent solliciter eux-mêmes ce baptême, fait pratiquement inconnu autrefois.

☞ **De la part du clergé**, plus grande exigence quant aux engagements des parents, sollicitant le baptême de leurs enfants, à leur donner une éducation de la foi.

☞ **Atténuation effective du niveau de la foi** et du sentiment d'appartenance à l'Église chez les générations en âge de procréer.

La diminution, puis la stabilisation, du taux de baptême sont corroborées par les réponses des Français à la question : « Si vous deviez avoir un enfant, le feriez-vous baptiser ? » lors des sondages SOFRES de 1977, 1983, 1991 (ce dernier pour *Figaro Madame*) : successivement, 92%, 81%, 81% de oui. On peut noter que ce dernier taux rejoint celui (79%) des Français se déclarant catholiques (p. 184) ; il contribue à donner consistance à ce sentiment d'appartenance au catholicisme ; et si le taux effectif des baptêmes (63%) est plus faible, il n'en reste pas moins, à ce niveau, significatif d'une telle appartenance.

☞ Un fait nouveau à souligner : **le nombre croissant de baptêmes d'adultes ;** ils étaient 1 200 en 1984 contre 500 à 600 dix ans plus tôt ; ils sont plusieurs milliers maintenant chaque année.

Le taux relativement important des baptêmes par rapport à la pratique dominicale trouve son prolongement dans la forte majorité en faveur de l'éducation religieuse des enfants ; en 1983, selon une enquête SOFRES-*Le Pèlerin*, 79% des personnes ayant, ou ayant eu, des enfants déclaraient que ceux-ci recevaient ou avaient reçu une telle éducation ; il est vrai que le taux était de 86% en 1975. De même, 71% des Français estimaient indispensable ou utile de donner cette éducation religieuse, taux qui était encore de 60% chez les moins de 35 ans.

Ce sont encore 66% des Français (65% des ouvriers, 34% des électeurs communistes...) qui, selon l'enquête SOFRES-*Figaro Madame* de 1991, se prononçaient en faveur de la communion solennelle des enfants. On peut rapprocher ce taux de ceux des baptêmes, des mariages à l'église et des funérailles chrétiennes : ils sont le témoignage de traditions toujours vivaces.

Selon le sondage *La Vie*-CSA de septembre 1987 auprès de personnes se disant catholiques non pratiquantes, 70% se prononçaient en faveur de la formation religieuse des enfants ; la proportion serait évidemment plus forte chez les pratiquants.

En fait, les responsables de la catéchèse évaluent à environ 40% la proportion des élèves du primaire recevant une formation religieuse, taux moyen recouvrant de grandes disparités locales. De même observent-ils un certain regain de la fréquentation des aumôneries du secondaire au-delà de la profession de foi.

Sans doute peut-on penser que l'adhésion à ces pratiques, apparemment si dissociées du reste du comportement religieux, n'est qu'un mode d'intégration sociale dans une communauté nationale encore marquée par des traditions catholiques. Mais on peut aussi considérer qu'elle témoigne d'une adhésion à un système de valeurs et de croyances, peut-être plus ou moins clairement perçu, mais toujours vivant. C'est en ce sens que conclut l'enquête euro-

Les Français se marient-ils à l'Église ?

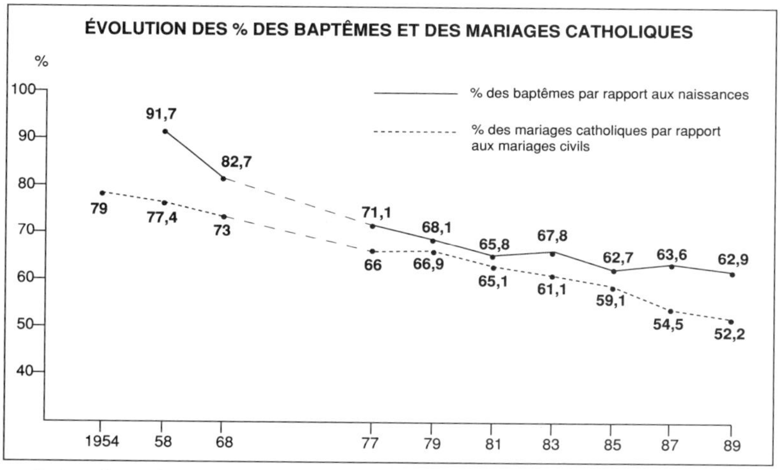

Le taux des mariages catholiques par rapport aux mariages civils (52% en 1989) reste relativement élevé, bien qu'en diminution continue, comme le fait apparaître le tableau ci-dessus. On remarquera qu'en tout cas la diminution des baptêmes et des mariages catholiques est beaucoup plus lente que celle de la participation à la messe dominicale. En outre, ainsi que l'observe un document de l'Institut d'études démographiques (INED) publié en 1983, une part de la baisse de la proportion des mariages catholiques par rapport aux mariages civils est due à la croissance du nombre de divorcés se remariant. Autrement dit, lorsqu'il ne s'agit pas de divorcés, 2 Français sur 3 se marient à l'église. Ce taux est d'autant plus intéressant à observer qu'on sait l'Église plus exigeante aujourd'hui sur la préparation à la célébration du mariage religieux, dont le caractère sacramentel et les engagements qui en résultent étaient souvent perdus de vue par les futurs époux. On notera que, selon l'enquête SOFRES-*Figaro Madame* de nov. 1991, 59% des Français (61% en 1983) exprimaient une préférence pour un mariage religieux de leurs enfants, proportion atteignant 93% chez les pratiquants réguliers, mais aussi 21% chez ceux se déclarant « sans religion ». En tout cas, le taux moyen de 59% est en cohérence avec les ordres de grandeur cités plus haut.

L'étude publiée par l'INED en 1983 fait apparaître que les proportions les plus faibles de mariages religieux se constatent à Paris, et, à un moindre degré, en Provence-Côte d'Azur ; les plus fortes en Normandie, Pays de Loire, Bretagne. Ces précisions recoupent les données de la répartition régionale de la pratique religieuse.

Ceci dit, on peut prévoir que le nombre des remariages de divorcés continuera à augmenter, en raison même de l'augmentation du nombres des divorces (106.083 en 1990, contre 105 295 en 1989, et 45 000 en 1972) ; si bien que, malgré une récente augmentation du nombre total des mariages civils (en 1988, 1989, 1990, mais avec un nouveau recul en 1991), entraînant un certain accroissement du nombre des mariages religieux, la proportion de ces derniers a continué à baisser.

Outre ces tendances concernant le mariage, on peut noter comme un des traits de l'évolution des comportements familiaux le nombre élevé des naissances hors mariage (une sur quatre), ainsi que la proportion croissante des mariages de couples ayant déjà des enfants ; en 1981, 15,3% des mariages ont ainsi légitimé plus de 54 000 enfants, soit une moyenne de 1,3 enfant par couple.

En sus de l'accroissement de la proportion des remariages de divorcés, d'une part, et de la plus grande insistance de l'Église concernant la préparation au mariage religieux, d'autre part, on peut citer, parmi les causes probables de la baisse du taux des mariages religieux : atténuation du niveau de la foi et du sentiment d'appartenance à l'Église ; de manière générale, souci fréquent aujourd'hui de se sentir libre aussi bien vis-à-vis de la doctrine catholique sur la sexualité et l'indissolubilité du mariage sacramentel que vis-à-vis de toute institution, de tout engagement, de toute durée.

Les Français reçoivent-ils des funérailles religieuses ?

Selon une enquête du Centre national de pastorale liturgique (CNPL)[1], sur les 550 000 décès annuels en France, 75% sont suivis de funérailles catholiques, 10% de funérailles en d'autres confessions, 15% d'enterrements civils. Ces taux sont à relativiser, les grandes zones urbaines étant sous-représentées dans les réponses à l'enquête.

Pour leur part, les Pompes funèbres générales évaluaient à un taux de l'ordre de 70 à 80% le nombre des obsèques religieuses en 1989. Enfin, selon l'enquête SOFRES-*Figaro Madame* de nov. 1991, 71% des Français (72% en 1986) exprimaient le souhait d'être enterrés religieusement, et 23% ne le souhaitaient pas, taux à rapprocher des 18% se déclarant sans religion et des 3% se déclarant d'une autre religion.

La crémation, aujourd'hui admise par l'Église, n'intervient que dans 5% des obsèques.

La proportion des funérailles catholiques (± 75%) est à rapprocher de celles des baptêmes (63%) et des mariages religieux (entre 52 et 66% selon les distinctions précisées plus haut) ; les sociologues y verront la permanence de la catégorie des « catholiques à trois temps » qui figure dans leur typologie : le lien entre les trois grands rites chrétiens de la vie, baptême, mariage, funérailles, résiste à la sécularisation ambiante.

1. Les funérailles aujourd'hui, revue *Célébrer*, février 1985.

Les Français et la solidarité avec le tiers-monde

Selon l'enquête de l'Institut Lavielle pour le Comité catholique contre la faim et pour le développement (CCFD) de novembre 1991, le développement du tiers-monde arrive, dans l'esprit des Français, au 6e rang des causes à soutenir en priorité (après recherche médicale, enfants victimes dans le monde, pauvreté en France, handicapés, droits de l'homme). Près de 71% des personnes interrogées reconnaissent n'avoir fait aucun don à ce titre au cours de l'année écoulée ; c'est à gauche qu'est le plus fortement affirmée la nécessité d'accroître l'aide au tiers-monde, mais c'est à droite que se situent le plus massivement les donateurs. Selon l'article du *Monde* (20 février 1992) rendant compte de ce sondage, « une chose est sûre en tous cas : les catholiques pratiquants sont champions du don toutes catégories ; et il faut mettre à part les cadres supérieurs, un peu plus pratiquants que la moyenne, en pointe à la fois sur la nécessité de l'aide, la pratique du don, la priorité donnée à la faim dans le monde, aux droits de l'homme et au développement du tiers-monde, au même titre, ou presque, que la recherche médicale. »

INDICE DE LA CONFIANCE POUR DIX INSTITUTIONS EN EUROPE ET EN DIX PAYS EUROPÉENS RANGÉS PAR RÉGIONS RELIGIEUSES

	Région catholique				Région mixte	Région protestante		Région laïque			
	Europe	République d'Irlande	Italie	Espagne	République fédérale allemande	Irlande du Nord	Grande-Bretagne	Danemark	Belgique	France	Hollande
Police	287	321	277	274	283	320	326	315	266	266	283
Armée	270	305	262	275	257	308	319	235	234	252	235
Justice	264	269	240	252	279	286	281	302	259	255	271
Enseignement	260	285	260	253	242	298	273	275	296	257	283
Église	**258**	**327**	**271**	**259**	**251**	**312**	**258**	**248**	**276**	**250**	**231**
Parlement	240	259	210	249	258	251	240	227	255	250	241
Administration	234	261	206	233	229	270	253	246	236	247	224
Grandes sociétés	229	252	210	228	219	257	253	225	231	237	224
Presse	222	245	213	245	223	225	222	220	223	215	217
Syndicats	216	231	200	219	226	206	209	251	212	222	232
Toutes institutions	**248**	**276**	**235**	**249**	**247**	**273**	**263**	**255**	**246**	**245**	**246**

L'indice varie de 100 : aucune confiance à 400 : très grande confiance

G. Defois, *L'Europe et ses valeurs*, Le Centurion 1983, d'après *Les valeurs du temps présent : une enquête européenne*, PUF, 1983.

Les quelques documents évoqués ci-après ne sauraient conduire à des conclusions tranchées. Il faut seulement y chercher des approches, tant les manières de se situer par rapport à l'Église peuvent être nombreuses et nuancées.

L'indice de confiance

Un premier élément d'information, de grand intérêt, est fourni par l'enquête européenne de 1981, « Les valeurs du temps présent », déjà citée (p. 185); elle a permis de calculer un indice de confiance propre à dix institutions, établi selon une échelle allant de 100 (aucune confiance) à 400 (très grande confiance).

On peut constater que l'indice de confiance accordé par les Français à l'Église (il faudrait sans doute dire : aux Églises) est, à 250, proche de la moyenne européenne (258) qui se situe elle-même au-dessus de l'indice moyen de confiance à l'ensemble des dix institutions citées (248). Dans trois pays européens seulement (Grande-Bretagne, Danemark, Hollande), l'indice de confiance aux Églises se situe à un niveau inférieur à la moyenne des indices de confiance aux institutions de ces pays. Le commentateur de l'enquête observe que « dans une Europe dont on pense qu'elle se laïcise, l'institution religieuse conserve, parmi beaucoup d'institutions qui se déprécient, un niveau de confiance nettement supérieur à la moyenne ».

Des positions nuancées vis-à-vis de l'Église

Selon l'enquête SOFRES de septembre 1986, 61% des Français auraient une opinion très bonne ou plutôt bonne de l'Église en France, contre 18% ayant mauvaise opinion; ces taux seraient de 83% et 12% chez les pratiquants réguliers. Selon une enquête SOFRES-*Figaro* de nov. 1990, 67% des Français (contre 56% en 1986) considèrent que l'on peut-être catholique tout en étant en désaccord avec les positions de l'Église (avortement, relations sexuelles avant mariage, mariage des prêtres...); 57% des pratiquants réguliers (au moins 1 fois par mois) (contre 43% en 1986) partagent cette manière de voir, tout en étant par ailleurs massivement fidèles, on l'a vu, aux croyances fondamentales. Selon une enquête CSA – *La Vie* d'avril 1990 auprès des personnes se déclarant catholiques, 59% estiment que l'Église n'est pas assez respectueuse de la conscience de chacun. « Le pape est populaire mais peu obéi » titrait un article du *Monde* sur le sujet en 1986. Qu'on l'appelle pluralisme, individualisme ou indiscipline, le développement de l'autonomie de jugement moral est un fait chez les catholiques français.

L'enquête Louis Harris-France-*La Vie* (1984) avait par ailleurs mis en lumière la bonne opinion portée en général sur les catholiques, par exemple pour leur action relative à la paix, à la torture, aux immigrés.

Le denier du culte (denier de l'Église)

Autre élément d'appréciation sur les attitudes vis-à-vis de l'Église : la participation à la contribution financière qui lui est apportée au moyen du denier du culte, collecte annuelle faite dans les diocèses pour assurer les traitements du clergé et le fonctionnement de l'Église; on pourrait, en quelque sorte, l'assimiler à la cotisation annuelle des catholiques.

On peut d'ailleurs noter au passage que la grande majorité des Français ignore l'ordre de grandeur de la rémunération qu'un diocèse peut attribuer à ses prêtres (aux alentours du SMIC); ils ont plutôt tendance à le surestimer, en vertu d'une opinion très répandue selon laquelle l'Église est soit très riche (16% des Français), soit assez riche (44%); seuls des pratiquants réguliers ont une perception plus exacte de la faiblesse des finances ecclésiastiques et des conditions de vie très modestes du clergé (voir Finances de l'Église).

QUI VERSE LE DENIER DU CULTE ?

Selon un sondage SOFRES-*Figaro* de 1982 sur les catholiques et l'Église de France, un tiers des Français participerait régulièrement à cette collecte, taux sensiblement supérieur à celui de la pratique religieuse régulière; il correspond approximativement au total des pratiquants réguliers, irréguliers et occasionnels. Par contre, 42% des Français déclarent ne jamais y participer, la moitié d'entre eux déclarant agir de la sorte parce qu'ils ne sont pas pratiquants.

Intérêt porté aux émissions religieuses

Un autre indice de l'attitude vis-à-vis de l'Église est fourni par l'intérêt porté aux émissions religieuses.

Il faut rappeler que jusqu'à 2 millions de Français, et même parfois davantage, suivent la messe télévisée le dimanche au cours de l'émission *Le Jour du Seigneur*.

LES FRANÇAIS ET LES ÉMISSIONS RELIGIEUSES TÉLÉVISÉES

Un sondage SOFRES-Télé 7 Jours de mars 1983 révèle que 59% des Français (et 70% de ceux qui se déclarent catholiques) souhaiteraient trouver des informations sur l'Église dans les émissions télévisées; 39% des Français admettraient que l'Église utilise la télévision pour le catéchisme.

L'engagement des catholiques au service de l'Église

L'Église ne peut accomplir sa mission qu'avec le concours de ses membres; comment acceptent-ils actuellement de s'engager à son service?

Les faits révèlent une réalité très contrastée :

- forte diminution du nombre des ordinations sacerdotales;
- forte prise de conscience au sein du laïcat catholique des responsabilités qui lui incombent dans la mission de l'Église;
- renaissance et développement du diaconat permanent;
- en conclusion, faut-il parler d'essor ou de déclin du catholicisme français?

Trop peu de nouveaux prêtres

Les trois courbes ci-dessous révèlent la gravité du problème.

Sur la première courbe, concernant la période 1800-1980, on constate que, abstraction faite des perturbations provoquées par les deux guerres mondiales (avec en 1943 une pointe due aux ordinations conférées par anticipation aux séminaristes requis pour le service du travail obligatoire en Allemagne), la tendance à une baisse continue se manifeste à partir de 1938 et s'accentue à partir de 1951. Or, de 1800 à 1980, la population française est passée de moins de 30 millions à plus de 50 millions d'habitants.

Les deux autres courbes font apparaître une certaine stabilisation depuis 1977, tant dans les ordinations que dans les effectifs des séminaires; mais cette stabilisation se fait à un niveau (100 à 140 ordinations) n'assurant pas le renouvellement du clergé en activité. Le nombre des prêtres diocésains, qui était encore de 41 000 en 1965, était de 31 800 en 1979, et de 25 716 en 1989 (dont 5% seulement de moins de quarante ans, et 60% de plus de soixante ans). Pour assurer le simple maintien de 25 000 prêtres, il faudrait, non pas 100 ou 130 ordinations par an, mais 600, et le nombre actuel des séminaristes ne le laisse pas espérer. (A noter cependant comme un fait significatif le mouvement de vocations presbytérales, monastiques et religieuses qui s'est fait jour au sein des communautés nouvelles).

De nombreuses analyses s'efforcent de cerner les cause de cette crise des vocations presbytérales. Parmi les causes, on évoque notamment : 1) la diminution de la pratique religieuse : dans des milieux familiaux éloignés de la vie de l'Église, les vocations sont nécessairement plus rares ; 2) la régression du monde rural en même temps que la disparition des petits séminaires, qui y recrutaient une bonne part de leurs élèves (parfois poussés par une perspective de promotion sociale) ; 3) l'allongement de l'adolescence : l'Église, très présente auprès des adolescents d'hier, n'a pas encore trouvé, le plus souvent, les modalités de sa présence auprès des 18-25 ans, âge où se choisit l'orientation de la vie et où, fréquemment, l'expérience affective déjà acquise rend plus difficile le choix du célibat ; 4) la raréfaction des familles nombreuses, qui, souvent, soutiennent plus volontiers la vocation de l'un ou l'autre de leurs enfants que celles qui n'en comptent qu'un ou deux ; 5) un climat général moins favorable à l'engagement et surtout à l'engagement définitif.

Il est clair qu'un retour aux situations antérieures est improbable et que l'Église catholique en Occident va devoir concevoir d'une autre manière la vie pastorale, en confiant toujours davantage de responsabilités au laïcat.

Un laïcat plus responsable

☞ L'émergence au sein des communautés chrétiennes d'un laïcat conscient **de ses responsabilités dans l'Église** a été largement amorcée entre les deux guerres par les mouvements catholiques de jeunes et d'adultes ; vivement encouragée par le concile Vatican II, elle constitue un phénomène marquant de la vie de l'Église aujourd'hui. Peut-être même, en provoquant une sorte de transfert des vocations chrétiennes, contribue-t-elle à raréfier celles qui se tournent vers le sacerdoce et la vie religieuse. Une large gamme d'engagements s'offre en effet aujourd'hui aux laïcs, qu'il s'agisse de responsabilités internes à la vie de l'Église ou d'un actif témoignage à porter au cœur de la société. Cette émergence du laïcat n'a d'ailleurs pas été sans poser, un moment, des questions aux prêtres sur leur identité et leur spécificité.

☞ C'est dans le domaine de la **catéchèse** et celui des **aumôneries scolaires** que cette prise de conscience laïque se manifeste présentement de la manière la plus massive. On voit même, en plusieurs cas, la responsabilité diocésaine de la catéchèse confiée à des laïcs par l'évêque.

☞ Nombreux également sont les laïcs à avoir pris en charge les **préparations au baptême et au mariage**, dans le cadre des paroisses ou de secteurs plus étendus ; de même encore les **aumôneries d'hôpitaux ou de prisons**, et celles des **armées**, associent de plus en plus souvent des laïcs à leurs missions, ou même leur sont-elles confiées.

☞ Autre fait notable, le nombre croissant de laïcs contribuant à l'animation liturgique (préparation des célébrations, avec le clergé, thèmes de prédication, conduite des chants, lectures, distribution de la communion, parfois obsèques religieuses).

ÉVOLUTION DU NOMBRE DES NOVICES DANS LES INSTITUTS RELIGIEUX

Aux données numériques de ce graphique qui concernent les séminaires diocésains, il faut ajouter celles des instituts religieux masculins, dont le nombre des novices est passé de 171 en 1980 à 216 en 1987, soit une augmentation de 26% en sept ans. Mais leur proportion parmi le 17 450 religieux français (en France ou en mission à l'étranger) n'est que de 1,2% (5,8 pour les moines, 2,5 pour les chanoines réguliers et les ordres apostoliques). Les instituts religieux féminins (moniales non comprises) étaient de leur côté passés de 284 à 319 novices (soit plus 12%) dans la même période. Quant aux 7 instituts masculins exclusivement missionnaires, le total des jeunes en formation, qui était tombé de 129 en 1975 à 33 en 1980, était remonté à 56 en 1984.

ORDINATIONS SACERDOTALES 1802 A 1980

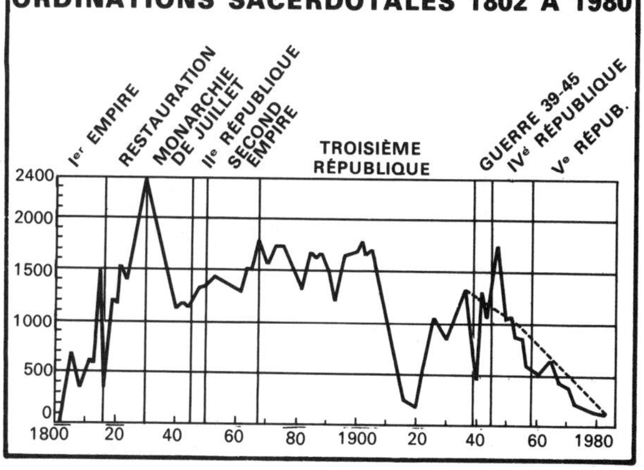

Lorsqu'un mot, une expression, un événement, une institution, un nom propre vous sont inconnus, consultez l'index.

LES EFFECTIFS DES SÉMINAIRES DE 1970 A 1990

LES ORDINATIONS SACERDOTALES DE 1970 A 1990

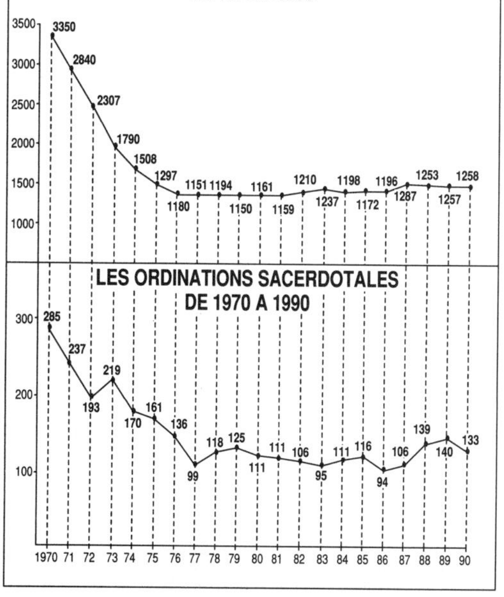

LES LAICS DANS LA CATÉCHÈSE

Selon une enquête du Centre national de l'enseignement religieux menée pendant l'année scolaire 1983-84, le nombre de personnes assumant en France une tâche relevant de la catéchèse et des aumôneries scolaires s'élevait à 220 000, soit 4 catéchistes pour 100 enfants scolarisés dans le primaire, et 2 pour 100 enfants scolarisés dans le premier cycle secondaire. 87% sont bénévoles ; 84% sont des femmes (ce qui signifie tout de même qu'environ 35 000 hommes sont engagés dans ce type d'activités). Au sein des catéchistes, la proportion des pratiquants réguliers est de 83%, celle des personnes mariées de 75% (46% ont 3 enfants ou plus), celle des personnes exerçant une profession de 53%, dont 20% sont syndiquées ; 27% ont une formation supérieure (double de la moyenne nationale) ; 12,7% forment des catéchistes.
Il est intéressant de noter que 42% des Français connaissent des catholiques catéchistes ; c'est même l'activité assumée par des laïcs catholiques la plus connue. 66% des Français sont favorables à cette prise en charge.

Dans les paroisses rurales où ne peut être assurée la messe chaque dimanche, on voit se multiplier les Assemblées dominicales en l'absence – ou en l'attente – de prêtres (ADAP), animées par des laïcs qui les préparent avec le clergé du secteur (souvent très vaste). Selon une enquête de *La Croix* et *Chrétiens ensemble* (février 1980), elles étaient alors tenues dans 1 100 communes, réparties en 67 diocèses. Leur nombre est allé croissant depuis lors, non sans poser cependant des problèmes de recrutement et de formation des animateurs.

☞ Il faudrait aussi évoquer la véritable floraison de **groupes de prières** souvent animés par des laïcs, et, parmi ces groupes, l'importance prise par le **mouvement charismatique du Renouveau** (voir Index).

☞ Il n'existe aucune étude ou enquête sur les nombreux chrétiens engagés dans des **actions de type social et civique** (action syndicale, professionnelle, politique, scolaire, familiale, culturelle, droits de l'homme, tiers-monde, quart-monde, prisons, handicapés, etc.). Selon un sondage de 1983 (cité par *Le Monde* du 25 février 1986), 43% des pratiquants se disaient prêts à faire quelque chose contre la faim et 36% à consacrer du temps pour un engagement bénévole, contre 16% pour l'ensemble des Français. On sait en tout cas, par une enquête *Louis Harris-France/La Vie*, que l'action sociale des catholiques est clairement perçue, et très positivement, par l'opinion publique.

On ne saurait à cet égard minimiser la part qui revient aux mouvements d'adultes et de jeunes, et en particulier à ceux de l'Action catholique, dans la prise de conscience chez les chrétiens de leur responsabilité vis-à-vis de la vie en société, responsabilité rappelée avec vigueur par le concile Vatican II. Nombreux sont aujourd'hui les maires (3 000 en 1965 selon Pierre Pierrard), les responsables syndicaux ou professionnels, les engagés politiques issus de ces mouvements.

☞ On notera comme un témoignage complémentaire de cette émergence du laïcat le **nombre croissant de laïcs participant à des cycles de formation religieuse de bon niveau** (biblique, théologique, liturgique, etc.). Au niveau le plus élevé, les Instituts Catholiques (universités catholiques) ont organisé des cycles spéciaux pour laïcs, conduisant à la licence de théologie (et au-delà, à la maîtrise et au doctorat), cycles de licence impliquant jusqu'à 7 années d'études, par cours du soir et du samedi et un intense travail personnel ; nombreux en sont aujourd'hui les participants, hommes et femmes.

☞ Aujourd'hui certaines fonctions stables dans l'Église (appelées « offices ») sont fréquemment confiées à des laïcs et des responsabilités financières, administratives, professorales ou pédagogiques, liturgiques, etc. hier exclusivement assumées par des prêtres, le sont aussi, désormais, par des laïcs; le terme « ministres institués », un temps utilisé, l'est moins désormais, pour éviter toute confusion sur la nature et la durée des missions ainsi confiées à des laïcs. Selon le code de droit canon (can. 230, 3), « là où le besoin de l'Église le demande par défaut de ministres, les laïcs peuvent aussi, même s'ils ne sont ni lecteurs ni acolytes, suppléer à certaines de leurs fonctions, à savoir exercer le ministère de la parole, présider les prières liturgiques, conférer le baptême et distribuer la sainte communion, selon les dispositions du droit ».

Dans son exhortation apostolique *Christifideles laici* (1988), Jean-Paul II, citant ce texte, souligne le fait que l'exercice de telles fonctions ne fait pas du fidèle un pasteur ; « Seul le sacrement de l'Ordre confère [...] une participation particulière à la fonction du Christ chef et pasteur ».

Un renouveau : les diacres permanents

Cette très ancienne forme d'engagement au service de l'Église, apparue dès ses origines, a été restaurée par le concile Vatican II en 1964. Participant du sacrement de l'Ordre (le diacre est ordonné), mais non du sacerdoce presbytéral, le diacre, ni sous-prêtre, ni super-laïc, exerce un ministère spécifique caractérisé par le *service* (les pauvres, la catéchèse, la liturgie, la prédication, etc.). Les diacres permanents sont, pour la plupart, mariés et exercent une profession; ils accomplissent, dans la limite de leur temps disponible, la mission qui leur est confiée par leur évêque.

En France, le nombre de diacres a mis onze ans (1969-1980) à atteindre la centaine ; il a ensuite doublé en quatre ans et, selon le Comité national du diaconat, était de 716 en fin 1991 (90 avaient été ordonnés dans l'année); au rythme actuel d'accroissement des groupes de formation, il atteindra rapidement le millier. La composition sociologique du diaconat français est largement ouverte, avec une prédominance cependant des classes moyennes et des milieux urbains.

Essor ou déclin du catholicisme français ?

Ni un diaconat en rapide expansion ni un laïcat en pleine responsabilité ne sauraient suppléer l'absence de prêtres : dans la conception catholique, une Église sans prêtres n'est pas pensable; les sacrements, et très spécialement l'eucharistie, sont en effet au cœur même de sa vie et de sa mission.

Le problème se pose donc dans toute son acuité : la communauté catholique française qui, malgré la diminution de la pratique dominicale, donne des multiples signes de sa vitalité et de sa maturité, saura-t-elle faire cette prise de conscience indispensable? Les esprits lucides sont partagés entre l'espérance et l'inquiétude.

Cependant il est remarquable que la conscience de la mission spécifique du prêtre, qui semblait un moment en question chez des membres du clergé eux-mêmes, s'affirme au contraire aujourd'hui jusque dans les catégories les moins pratiquantes de la population. Si on en croit un sondage SOFRES-Figaro de 1982, en effet, *le prêtre est d'abord perçu dans son rôle sacramentel par 56% des Français et 76% des pratiquants réguliers.* C'est en second lieu qu'on lui attribue un rôle d'aide et de réconfort aux plus déshérités (52% des Français, 35% des pratiquants réguliers). Les affaires de la cité, lorsque la dignité des personnes est en cause, ne sont retenues que par 21% et 12%; il est vrai que la question posée à ce sujet était ambiguë en pouvant laisser supposer qu'elle concernait les prises de position politiques de la part du clergé. Mais au total, on n'aurait pas attendu de l'opinion une vue aussi proche de la conception fondamentale du sacerdoce.

Encore faut-il des volontaires pour cette mission. Il est vrai que les jeunes Églises d'Afrique, d'Asie, d'Amérique latine se développent malgré une proportion beaucoup plus faible de prêtres. Mais c'est un tout autre mode de vie ecclésial, de tout autres structures, une tout autre mentalité qu'il faudra probablement faire prévaloir : une sorte de révolution culturelle !

Ph. Tournus

Une communauté charismatique en prière en pleine rue à Paris.

V. LES FRANÇAIS ET L'ENSEIGNEMENT PRIVÉ

Les vives réactions d'une importante proportion de l'opinion publique en 1984 contre les projets du gouvernement de gauche à l'égard de l'enseignement privé ont surpris le pouvoir, qui a dû faire machine arrière. Il ignorait apparemment le fait que, selon tous les sondages opérés aussi bien avant qu'après l'avènement de la majorité de gauche en 1981, les Français se prononçaient à 70% en faveur de l'existence d'un secteur privé de l'enseignement à côté de l'enseignement public (79% en mars 1984 selon un sondage IPSOS-*Le Point*); et que l'aide de la collectivité publique à ce secteur privé était attendue par au moins 60% de ces Français (69% selon SOFRES-*Le Figaro* en novembre 1983).

Avec de tels pourcentages, nul ne s'étonnera que, parmi les partisans d'un tel secteur privé, on ait trouvé les électeurs socialistes (44% d'entre ces derniers) et communistes (38% d'entre ces derniers) (IPSOS-*Le Point* mars 1984) au moment même où les manifestations commençaient à se multiplier.

Face à ces partisans d'un secteur privé soutenu par la collectivité publique, 20% des Français y étaient hostiles (SOFRES - *Le Figaro* novembre 1983) et 10% étaient sans opinion. On doit signaler que, parmi les partisans d'un système unifié de l'enseignement, se trouvaient (et se trouvent toujours) des catholiques pratiquants et militants, peu nombreux mais motivés; pour eux, l'Église n'a pas à se donner des institutions faisant concurrence à celle de la collectivité publique, et à isoler ainsi les chrétiens par rapport à la communauté nationale, au sein de laquelle, au contraire, ils doivent être présents, actifs et solidaires des autres Français.

L'historien René Rémond, commentant un sondage *Louis Harris-France/La Vie* de février 1984 à propos de l'école privée, observait que;

1. De minoritaires à la Libération (22%), les positions favorables à un secteur privé de l'enseignement aidé par la collectivité étaient passées à 45% lors de l'adoption des lois Marie et Barangé, et à 70% en 1984.

2.La question scolaire ne faisait plus l'unité de la gauche, au contraire divisée à ce sujet.

3. Les catholiques les plus pratiquants étaient massivement devenus favorables aux institutions catholiques, après que beaucoup d'entre eux y eussent été hostiles.

Ceci dit, l'enseignement privé étant à 94% catholique, faut-il considérer comme l'expression d'un sentiment religieux le fait de lui être favorable? Il est clair que non dans la majorité des cas. Les motivations proprement religieuses ne viennent en effet en tête que chez 20% des partisans de l'enseignement pirvé.

Selon la récente étude *Public ou privé? Trajectoires et réussites scolaires* (Ed. Publidix) des sociologues G. Langouet et A. Léger (résultats dans *Le Monde de l'éducation* de nov. 1991), si l'enseignement privé (catholique à 94%) n'accueille que 16% de la population scolaire (21% du second degré), en fait 37% des élèves parvenus en terminale l'ont fréquenté à un moment ou un autre. Plus de la moitié des transferts du public au privé interviendraient dans une situation d'échec, les familles recourant alors à l'enseignement privé pour réparer les déficiences qu'elles ont pu rencontrer ailleurs. Toujours selon cette étude, les enfants d'ouvriers et d'employés faisant toutes leurs études dans le privé, auraient plus de chances de passer leur baccalauréat que ceux du public.

On peut toutefois observer que le caractère catholique affirmé de 94% des établissements privés n'enlève rien à la confiance qui leur est témoignée par l'opinion et ne constitue pas un obstacle. Peut-être n'est-ce pas sans rapport avec le fait, rappelé au début de cette étude, que 79% des Français se déclarent catho-

Manifestation en faveur de l'école libre 1984.

Ph. Vioujard-Gamma

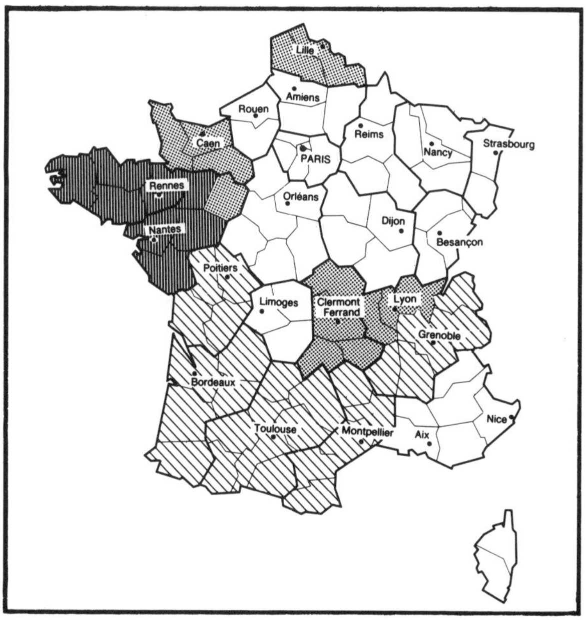

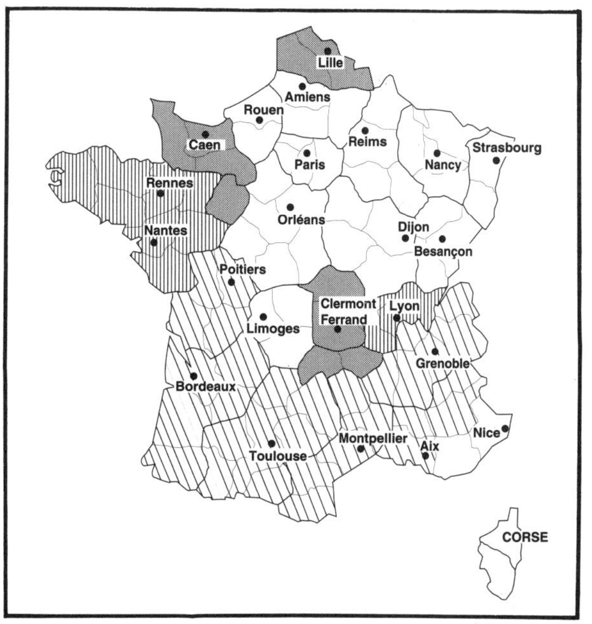

École catholique
Importance relative des effectifs de l'enseignement privé
en 1990-91 par rapport à la population scolaire totale

A) Enseignement préscolaire et primaire

Moins de 10 %
10 à 14,9 %
15 à 19,9 %
20 et plus
13,82 %= Moyenne France

B) Enseignement du second degré

Moins de 15 %
15 à 19,9 %
20 à 24,9 %
25 et plus
20,71 %= Moyenne France

VI. TYPOLOGIE

Le classement des comportements en grands types, la *typologie*, est un mode de travail familier à la sociologie.

Les sociologues religieux se sont, depuis longtemps déjà, employés à établir des typologies des catholiques.

Celle qui va être présentée ci-dessous ne saurait être considérée comme établie scientifiquement : les attitudes religieuses, on l'a déjà précisé, doivent être considérées avec précaution, s'agissant d'un domaine qui relève du plus profond des consciences. Il s'agit plutôt, comme pour toute autre typologie religieuse, d'un effort d'**approche** d'une situation complexe.

En simplifiant beaucoup, on distinguera ici dans les attitudes vis-à-vis de l'Église, trois grandes catégories :

- ceux qui se placent *à l'extérieur;*
- ceux qu'on peut situer *à la périphérie;*
- ceux qui se situent délibérément *à l'intérieur.*

En réalité, les catégories ne sont pas aussi tranchées ; bien des personnes peuvent se trouver sur les frontières de plusieurs d'entre elles.

CEUX QUI SE PLACENT À L'EXTÉRIEUR

Les hostiles

Adultes marqués par un laïcisme militant ou un marxisme strict, jeunes en réaction contre une éducation et une morale chrétiennes étroites ou mal assimilées. L'Église, souvent rejetée avec virulence, est mise en accusation pour ce qui est considéré comme ses responsabilités historiques : mise sous tutelle de populations suivant aveuglément ses décisions, partie liée avec l'exploitation capitaliste et les systèmes d'oppression politique, frein permanent au progrès, etc. Pour les hostiles, le temps de l'Église n'a que trop duré.

Les sécularisés

Souvent issus de milieux christianisés ; à l'occasion de déracinements géographiques et socio-culturels par exemple, ils se sont trouvés immergés dans une mentalité étrangère à la foi et coupés de l'Église ; ils ne lui sont pas hostiles, mais ils ne voient pas ce qu'ils peuvent attendre d'elle, sauf d'être un facteur d'ordre moral. Ils restent cependant largement tributaires d'un patrimoine culturel chrétien qui les a marqués à l'origine.

Les a-religieux

Ils se rencontrent notamment parmi les jeunes. Ils ne se posent aucune question sur Dieu ou sur le sens de la vie ; l'important pour eux, c'est de vivre. Ce qui n'exclut nullement la faculté de se mobiliser avec générosité pour de grandes causes : pacifisme, lutte contre le nucléaire, droits de l'homme, tiers-monde. Mais point n'est besoin de l'Église ni de la foi pour prendre le parti de la justice, de la paix, de l'amour. Par contre, ils pourront se scandaliser, voire être déçus, si l'Église ne leur paraît pas prendre position avec suffisamment de vigueur à propos des grandes causes de l'humanité.

Les insatisfaits

Ils se trouvent dans une attitude en quelque sorte inversée par rapport à celle des a-religieux : ils se posent, eux, des questions sur le sens de la vie, voire sur Dieu, et ils y cherchent des réponses. Certains pourront tâter de l'astrologie, du spiritisme, des sectes ; d'autres s'engageront dans une recherche spirituelle plus exigeante. Les uns et les autres considèrent en général l'Église (mais non forcément tel ou tel chrétien ou prêtre) avec circonspection, ou avec un a priori plutôt défavorable. S'ils y viennent un jour, ce sera le plus souvent parce qu'ils auront découvert la foi, et, à travers elle, la communauté de foi.

CEUX QUI SE SITUENT À LA PÉRIPHÉRIE

Ph. Tournus

Les « *catholiques à trois temps* » (baptême, mariage, enterrement)

Attachés à l'univers culturel de leurs parents et de leur éducation, ils ont été baptisés, ont été au catéchisme. Ils tiennent à célébrer religieusement leur mariage, font le plus souvent baptiser leurs enfants, moins souvent pensent à les envoyer au catéchisme. La dernière occasion d'un acte religieux sera la mort : on reste fidèle à leur pensée profonde en leur assurant des obsèques religieuses.

Il leur arrive de prier lors de certains événements, de participer à des pèlerinages.

Les nostalgiques, déroutés par l'évolution de l'Église

On trouve une importante proportion de femmes parmi eux. Ils affirment que les cérémonies ne sont plus ce qu'elles étaient, que l'Église fait de la politique, qu'elle n'apprend plus aux enfants le bien et le mal. Ils regrettent tout ce qui a bercé leur enfance, restent fidèles à ce qu'ils ont appris au catéchisme. La récitation des prières continue à tenir une place dans la vie de beaucoup d'entre eux. La dévotion à la Vierge, à saint Antoine de Padoue, à sainte Thérèse de Lisieux, aux saints localement vénérés est souvent à l'honneur. Ils participent volontiers aux pardons et aux pèlerinages ; ils aiment les grandes et belles cérémonies. Ils reviennent volontiers à l'église pour Noël, la Toussaint, les Rameaux. Certains ont rejoint des communautés intégristes.

Les attachés sociologiques

Ils appartiennent au milieu rural ou aux petites villes, à une classe moyenne et modeste ; issus de familles chrétiennes, ils se rappellent ce qu'ils ont appris au catéchisme, mais le contenu de la foi n'est pas forcément très certain pour eux : « ils en prennent et ils en laissent ». Ils acceptent tant bien que mal l'évolution de l'Église sans toujours la comprendre. On les trouve parmi les pratiquants irréguliers ou occasionnels ; c'est par négligence ou impossibilité pratique, disent-ils, qu'ils ne sont pas fidèles à la messe dominicale. Certains ne refusent pas d'apporter leur concours à la catéchèse de leurs enfants ou à des tâches ponctuelles rendant service à la communauté chrétienne.

CEUX QUI SE SITUENT AU NOYAU CENTRAL

Les fidèles

On peut les assimiler aux pratiquants réguliers ou messalisants[1]. Proportionnellement plus nombreux dans les zones rurales et les petites villes que dans les grandes villes, dans les tranches d'âge élevées que dans les jeunes, dans les milieux de droite que de gauche, ils demeurent fidèles à l'Église, non sans réserves parfois vis-à-vis de son évolution. Ils acceptent d'aider les prêtres, étant conscients que ceux-ci ne peuvent tout faire ; ils acceptent même des responsabilités dans la catéchèse, la liturgie (chant, lecture de textes), les tâches matérielles, le service des plus pauvres (Secours Catholique, personnes seules, malades, vieillards, etc.). La foi est vitale pour eux, ce qui leur cause de profondes souffrances quand leurs enfants ou amis s'en écartent ; ils ont généralement conscience du témoignage qu'ils ont à porter et le font alors spontanément et sans ostentation.

1. Messalisant : terme de sociologie religieuse désignant ceux qui vont à la messe.

Les engagés

On pourrait y voir deux types (encore qu'ils soient parfois confondus) :

• *Les engagés au service de la paroisse ou des institutions chrétiennes :* ils appartiennent à tous les milieux, mais avec une certaine prédominance des classes moyennes et des femmes ; les jeunes y sont souvent actifs. Ils s'efforcent de conformer leur vie à leur foi. Favorables à l'évolution de l'Église, ils vont même parfois jusqu'à lui reprocher son audace insuffisante, en liturgie par exemple. Ils se passionnent volontiers pour les problèmes de la faim dans le monde et pour les droits de l'homme.

• *Les militants du type Action catholique :* de tous milieux (c'est souvent dans cette catégorie qu'on trouve les ouvriers chrétiens), ils sont convaincus que leur activité professionnelle, sociale, politique, familiale, est le lieu où leur foi doit se vivre et prendre son sens. A leurs yeux, c'est là un des points de rencontre avec le Christ, parce qu'il y est à l'œuvre.

LES FRANÇAIS ET LE CATHOLICISME

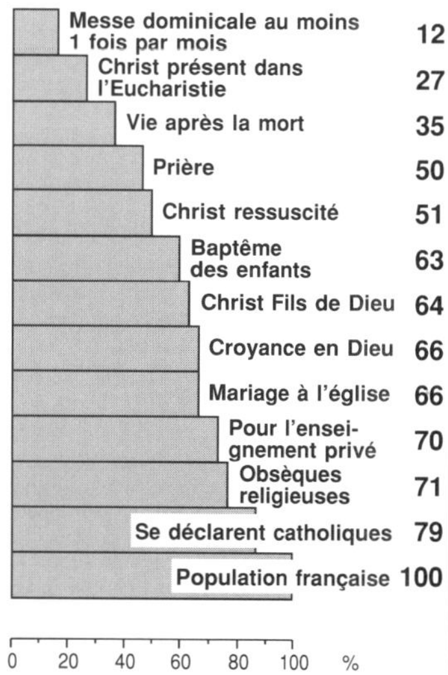

Les Français conservent une certaine culture religieuse

Ainsi est titré l'article du *Monde* du 5 octobre 1988 rendant compte, sur deux pages, du sondage IPSOS-*Le Monde-RTL* sur le sujet, et soulignant le fait que, malgré d'énormes lacunes, il n'y a pas effondrement de cette culture et que ses traces demeurent vivaces. Par exemple, la mémoire des prières tradtionnelles demeure ; la possession fréquente d'objets religieux (Bible, chapelet, crucifix...) manifeste la continuité d'une piété populaire ; si la fête de Noël est clairement identifiée, il n'en est cependant pas de même de celles de Pâques ou de la Pentecôte ; Jésus, Marie, Pierre gardent une grande notoriété, et les définitions qui leur sont données ne manquent pas d'exactitudes ; par contre, l'Ancien Testament, ses faits et ses personnages les plus importants sont largement ignorés, ainsi que bien des définitions de mots clefs de la foi chrétienne (péché, communion, résurrection, Trinité...). Par surcroît, les notions se font de plus en plus floues au fur et à mesure que l'on descend dans les tranches d'âge. Du moins, ces lacunes sont-elles de plus en plus considérées, hors même des milieux religieux, comme une déficience dans la culture générale des Français.

LES JEUNES ET L'ÉGLISE

Dans la société de la fin du XXe siècle, la jeunesse n'est pas qu'une période de la vie, située entre l'enfance et l'âge adulte. Les jeunes (de 13 à 24 ans) constituent un groupe qui compte politiquement, un marché qui pèse économiquement, un public qui a ses valeurs culturellement.

Malgré l'extrême variété des groupes de jeunes que révèle la diversité des modes vestimentaires, une « identité horizontale » les rassemble. Face à l'Église, en particulier, on peut déceler six tendances dominantes.

1. Une attitude hybride

Deux phénomènes apparemment contradictoires sont repérables.

D'une part, refus de ce qui est religion. D'où relativisme des croyances et dogmes, désaffection des cultes et rites, démantèlement des institutions et structures, résistance aux hiérarchies.

D'autre part, regain d'intérêt pour ce qui est religieux et spirituel (pèlerinages à Lourdes et Taizé, intérêt pour le zen, le yoga, les religions orientales, etc.). Ce n'est pas sans danger : certains jeunes ont une telle soif de spirituel qu'ils sont prêts à suivre n'importe quel gourou sans aucun esprit critique (Moon, Hari Krishna).

2. Une culture post-chrétienne

Les jeunes se situent en majorité dans une culture post-chrétienne, souvent sécularisée, parfois athée. Science, philosophie, psycholo-

Ph. Kalvar-Magnum

Selon un sondage CSA-*La Croix* de mai 1988 auprès des jeunes de 16-24 ans :

- 42% croient en Dieu, mais pour la moitié d'entre eux cette conviction n'est pas « très importante »; 32% pensent qu'« il y a quelque chose au-dessus de nous », sans savoir s'il s'agit de Dieu; 24% se déclarent non croyants et non intéressés par la question.
- Pour 32%, Jésus-Christ est Fils de Dieu et sauveur des hommes; pour 22%, simplement un sage; pour 28%, un mythe.
- 10% prient souvent, 36% parfois, 53% jamais.
- Aux yeux de 38%, les chrétiens ne sont pas différents des autres; pour 21%, ils se distinguent par l'assistance à la messe, pour 19%, par l'attention aux pauvres, pour 15%, par la prière, pour 14%, par le strict respect des principes moraux.

gie sont dominées par l'absence de références religieuses ou l'agnosticisme. Il naît ainsi un type d'homme et de femme qui possède une conscience planétaire, mais qui se méfie des discours et attache peu d'importance à la doctrine et au dogme.

Dans ce contexte, l'institution Église n'est pas tant critiquée qu'ignorée, laissée de côté, jugée sans intérêt. Les jeunes ne la contestent pas, ils s'en désintéressent. Ils ne la dénigrent pas, ils vivent en marge d'elle. Ils n'y sont pas allergiques, ils n'en parlent pas. Ce n'est pour eux ni sujet de conversation, ni sujet de préoccupation.

3. Une prudence dans les affirmations

Systèmes philosophiques, synthèses idéologiques, multiplicité des informations, cela crée chez les jeunes une mentalité de soupçon et de suspicion. Selon eux, qui pourrait prétendre détenir la Vérité, à une époque où même les savants s'appellent chercheurs? Les discours des jeunes sont donc émaillés de « peut-être », et se terminent davantage par des points d'interrogation que par des solutions définitives ou des affirmations absolues. Leurs professions ou confessions de foi sont prudentes et jamais définies une fois pour toutes : ils sont et se disent en recherche.

4. Une méfiance à l'égard des institutions

Depuis une quinzaine d'années, les grandes institutions dites « de vérité » (l'État, la Famille, l'École, la Justice, la Police, l'Armée, l'Entreprise, le Corps Médical), qui maintiennent en place les sociétés humaines, ont pris « un coup de vieux ». L'Église n'a pas échappé à ce courant. Selon les jeunes, ces institutions se délabrent. Pouvoir et autorité ne sont pas reconnus au statut social, mais à la compétence ou au rayonnement personnel. Est accepté qui est compétent. Le statut social n'est plus signe de reconnaissance et de crédibilité : ce n'est plus celui qui détient une autorité qui a autorité, mais celui qui fait autorité par sa personnalité ou sa qualification.

5. Un primat du « faire »

Les démarches scientifiques sont passées du domaine des sciences au domaine de la vie courante. Or, les sciences procèdent par hypothèses, expérimentations, vérifications, explications. De telles démarches inductives partent d'une élaboration de modèles provisoires pour aboutir à des connaissances relatives, non absolues et définitives. Ce genre de démarche a deux incidences sur la foi des jeunes.

Leur attention est portée sur l'analyse du réel. Ils envisagent une foi qui part du vécu, non de principes, règles et lois. Chaque jeune croyant désire faire sa propre expérience : est vrai ce qu'il a expérimenté. Expérience et savoir des autres l'intéressent peu.

Ainsi, toute vérité de foi qui serait fondée sur la seule autorité de ceux qui l'enseignent est rejetée. Âge, expérience et savoir des adultes, catéchistes, éducateurs, n'emportent pas d'emblée l'accord des jeunes. Ils sont mal à l'aise dans des synthèses et dogmes dont ils n'ont pas expérimenté la valeur et la justesse, et qui prétendraient avoir le dernier mot. Pour eux, le dernier mot, c'est leur expérience.

6. Une recherche de sens

En définitive, ce que les jeunes recherchent, c'est une foi qui donne sens à la vie. Ils ne donnent pas d'abord de l'importance à des contenus de foi, mais aux fonctionnements de la foi, c'est-à-dire à ce que la foi fait et « produit » dans l'existence. La foi n'a d'intérêt que si elle incite à une action et donne signification à une vie jugée par beaucoup comme privée de sens. La foi n'est utile que si elle combat l'absurde et le non-sens d'une vie quotidienne dite monotone.

L'espérance serait dans l'intérêt porté par les jeunes aux petites communautés accueillantes et ouvertes. Ce phénomène, lié à une urbanisation grandissante, devrait être pour l'institution Église le lieu d'une créativité et d'un dynamisme renouvelés.

PIERRE MOITEL. Ancien Secrétaire national de l'aumônerie de l'Enseignement Public.

Le pape Jean-Paul II à la basilique de Saint-Denis en mai 1980.

Ph. J. Gaumy-Magnum

LES CATHOLIQUES DE FRANCE ET LEUR AVENIR

Par Mgr Gérard Defois, Archevêque de Sens

Une étude sociologique n'est pas que la projection graphique et statique des données d'une histoire ; on ne peut en déduire l'avenir, car il ne suffit pas de prolonger les courbes comme s'il s'agissait – en matière d'opinion surtout – de phénomènes mécaniques. Mais elle nous révèle un état de choses qui renvoie les responsables à des décisions pour agir sur les phénomènes et prendre acte des situations réelles ou objectives.

Dans l'étude consacrée au catholicisme français, ce qui est frappant pour un sociologue qui est aussi prêtre et donc pasteur, c'est sa ressemblance entre ses données et celles que l'on a pu recueillir récemment sur le plan européen[1], ce qui donne à cette étude une vraisemblance. Elle ouvre quatre avenues à ma réflexion.

1. Le catholicisme est toujours en France et en Europe un élément important de l'identité sociale et spirituelle.

Un patrimoine moral.

Les Français ignorent à quel point ils ont été pétris de catholicisme durant des siècles. La permanence du sentiment d'appartenance à l'Église catholique et à son univers religieux de 80 % d'entre eux, par-delà toutes les crises récentes, est un phénomène surprenant pour l'observateur. Surtout à une heure où journalistes et analystes sont nombreux à parler de disparition de la religion dans les années à venir. Cette permanence est le signe d'une conviction diffuse (pas toujours très précise quant au contenu des engagements) dont nos concitoyens ne semblent pouvoir se départir sans perdre un élément essentiel de leur personnalité.

A lire les chiffres, le problème essentiel pour l'Église ne serait pas l'incroyance, mais la communication avec les 66% de catholiques qui, ne fréquentant que très sporadiquement les lieux de culte ou même jamais, ont peu de relations avec l'institution ecclésiale. Comme possibilité de se référer au message chrétien, dont quelques brides éveillent parfois en eux les fondations de leur enfance, il ne leur reste souvent que la presse ou la télévision. Mais ils s'indigneraient si le titre de catholiques ou de chrétiens leur était refusé.

Pour un grand nombre encore, les principaux sacrements, baptême, mariage, sinon eucharistie, structurent l'existence catholique comme autant de « rites de passage » ; ils semblent apporter des repères dans le développement et la croissance d'un homme, mais sans que pour autant soit recherché le soutien d'une catéchèse ou d'une préparation appropriée. Récemment, des prêtres ont voulu mettre des conditions préalables à la célébration de ces sacrements ; de telles exigences, d'après les sondages, sont violemment refusées par des femmes et des hommes qui estiment avoir droit à ces célébrations. On pourrait donc dire que ce n'est pas tellement une doctrine explicite ou même un sens précis de la vie qu'ils semblent rechercher en l'occurrence ; il s'agit plutôt chez eux de la volonté de recourir à un acte social qui assure une intégration à l'existence dans une relation spirituelle avec le monde religieux. Là encore, refus ou jugement négatif de la part des représentants de l'Église ne peuvent être reçus que comme une atteinte à la dignité personnelle.

Pour de nouvelles formes de communication.

Ainsi les images et les rites du christianisme font partie intégrante de la culture française. L'oublier serait ôter à celle-ci quelque chose de son âme et la faire sombrer dans une rationalité quasi-matérialiste. A l'heure où les substituts de la spiritualité connaissent des succès imprévus, allant jusqu'à susciter des comportements sectaires, il y a lieu de fonder sur ce patrimoine moral de nouvelles formes de communication : il s'agit de relier ce sentiment religieux, même diffus, à la Révélation chrétienne qui l'a semé dans l'esprit des générations précédentes.

Sans doute la sociologie ne peut-elle rendre compte de la foi intérieure ; celle-ci ne se dit qu'en empruntant au langage courant les mots et les rites qui soutiennent, conduisent (et parfois masquent) la vie personnelle. Mais il est intéressant de noter ici combien les populations les plus fidèles aux pratiques chrétiennes sont celles qui ont le plus profité de l'action populaire poursuivie par l'Église dans ses prédications traditionnelles, ou de l'action éducatrice réalisée par ses maisons d'enseignement et les groupements catholiques.

Or la diminution du nombre des permanents dans l'Église a rendu plus légère cette présence religieuse. Celle-ci proposait un peu partout des cadres et des repères qui formaient le paysage catholique, qui parlaient de la foi aux citoyens de notre pays.

2. Une faible connaissance des données élémentaires de la Révélation chrétienne.

La nouveauté de l'Évangile méconnue.

Pour chercher à déceler au sein du grand public ce qu'il en est aujourd'hui de cette foi, les questionnaires de sondages n'ont pas jusqu'ici fait preuve de beaucoup d'imagination ; ils se contentent en général d'avancer quelques affirmations traditionnelles, en demandant aux enquêtés comment ils réagissent à leur énoncé. Il est regrettable en particulier que l'on n'ait pas cherché à savoir si, et de quelle manière, le message du concile Vatican II était passé dans l'opinion publique ; je pense aux thèmes faisant appel à une critique évangélique de l'évolution de la société, ou se référant à la misson d'une Église présentée comme Peuple de Dieu ou sacrement de Réconciliation. Mais on s'en tient aux seuls aspects administratifs de l'Église, tout au plus à ses formules doctrinales.

Au total, les résultats des sondages, et là nous retrouvons les grandes tendances des enquêtes européennes, ne font guère apparaître, au-delà des sentiments d'appartenance globale au catholicisme et des appels répétés à plus de spiritualité, l'originalité même de la foi chrétienne. Tout se passe comme si le catholicisme se contentait de remplir un rôle social de lien culturel, en même temps que de vague référence en matière de morale et de conviction sur le divin. Ce n'est certes pas rien dans un temps de matérialisme libéral ; mais l'essentiel de la nouveauté chrétienne apportée par l'Évangile semble étrangement méconnu.

Un défi à relever.

Ne retrouve-t-on pas ici, mais de manière non polémique, le sujet d'un des malaises éprouvés par nombre de nos concitoyens à propos de la catéchèse ? « Ils ne savent plus rien », entendons-nous dire aux parents et aux catéchistes ; c'est aussi la critique que l'on adresse aux écoliers. L'insistance en faveur d'un savoir efficace et technique tend à marginaliser la culture gratuite, notamment celle qui touche à l'ordre de l'être, de la vie, de la mort. Il ne s'agit d'ailleurs pas là d'une situation totalement nouvelle : que savaient de la doctrine chrétienne les auditeurs de saint Vincent de Paul ou même les libertins qui entendaient Bossuet ? Ceci dit, il paraît urgent pour l'Église de penser la catéchisation comme une structuration de la mission de l'homme, de l'histoire, de la société, à la lumière de la Parole de Dieu ; sinon les catholiques, devenus sans mémoire, se rallieront aux évangélismes ou aux rationalismes qui, tour à tour, en temps de crise ou de croissance, prennent l'apparence d'idéologie dominante. Il y a donc pour l'Église en France à prendre à bras-le-corps cette question de la diffusion des connaissances chrétiennes, pour relever le défi des nouvelles ignorances en même temps que celui des indifférences habituelles vis-à-vis du message de la foi. Car la foi est aussi une culture.

3. La baisse de la pratique religieuse.

Cette baisse est réelle. Mais pour l'évaluer nous devons tenir compte de l'étape d'où nous venons. Pendant des siècles « aller à la messe » était, avec « faire ses Pâques », le critère absolu de la vie chrétienne. Ce ne pouvait être qu'un minimum (obligatoire), mais beaucoup le prenaient pour un maximum. En ce sens il y avait un malentendu.

Ce rite chrétien était aussi un rite social, tout autant dans les régions à dominante rurale que dans certains quartiers de villes moyennes. Le fait montre d'ailleurs sa persistance dans les résultats d'enquête, quoiqu'avec une propension à la diminution.

Mais parce que l'observance cultuelle risquait de l'emporter sur les convictions profondes, et que, par ailleurs, la pression sociale tendait à s'alléger dans des sociétés rurales ou urbaines désormais éclatées, le clergé, s'appuyant sur les courants conciliaires, a cherché à faire prédominer le sens théologique sur la pratique concrète, l'événement communautaire sur la régularité de l'assistance individuelle. Très logiquement cette manière de faire a conduit à une plus grande qualité de la participation des plus convaincus, mais aussi à la prise de distance de catholiques traditionnels qui « ne s'y retrouvaient plus ». Il est certain que, pour l'observateur, de grands progrès spirituels dans la célébration d'eucharisties, de baptêmes, de mariages, y compris chez des demi-pratiquants, peuvent être constatés. Cependant, l'effet de masse et de démarche sociale joue de moins en moins quand, tout à la fois, l'urbanisation et la sécularisation tendent à distendre les liens de l'individu avec les règles de l'institution ecclésiale.

Notons encore combien la vie actuelle – de façon dangereuse d'ailleurs – tend à enfermer l'expression religieuse et affective dans la seule sphère du « privé », au demeurant sécurisante. Tout porte à un recul des gestes communautaires très engageants; chacun est renvoyé à son for intérieur; les valeurs chrétiennes sont loin d'en être absentes, mais elles ne s'expriment plus dans la vie publique, ce qui crée un manque, une impression de dévaluation des attaches religieuses des Français.

Tout ceci pose un problème très grave à l'Église, car, pour un chrétien, la participation aux célébrations cultuelles et la conscience de son originalité de croyant vont de pair. La conséquence risque d'en être l'indifférentisme, la réduction du christianisme à un vague spiritualisme déiste.

4. Un avenir qui dépendra de notre volonté et de la grâce de Dieu.

Si l'on devait évaluer la situation de l'Église de France en fonction des seuls critères traditionnels de pratique cultuelle et de vocations sacerdotales, il est évident que les propos pessimistes l'emporteraient. Si l'on prend en compte les faits ici rapportés, l'on peut dire que le catholicisme est culturellement majoritaire comme référence religieuse – et minoritaire quant aux pratiques institutionnelles. C'est une donnée qu'une volonté d'action pastorale doit conduire à analyser de manière précise pour en tirer un projet préparant l'avenir de l'Église en France.

Dans ce contexte, toutes les composantes de l'état présent des choses doivent être prises en compte simultanément. Pour améliorer la communication de ses messages et de ses institutions, l'Église est amenée à se définir dans l'ensemble de la société comme une instance de dialogue avec tous ceux qui se réfèrent à sa tradition. En même temps, il lui faut soutenir les efforts de ceux qui aspirent à participer plus activement à la vie ecclésiale, à y prendre des responsabilités et des initiatives; nous voyons dans cette étude sociologique qu'ils sont nombreux, constat qui s'accorde d'ailleurs avec les attentes culturelles des classes moyennes de nos sociétés.

Mais l'Église, si à chaque époque elle sait intégrer efficacement des facteurs ou des tendances concrètes des sociétés, ne se réduit pas à une institution. Elle est essentiellement espace de communion, c'est-à-dire de communication spirituelle, où l'imprévu de Dieu inaugure des dynamismes qui dévient les courbes de nos prospectives. Et heureusement... Qu'on songe par exemple à l'émergence actuelle des groupes de prière. Or, à l'aune de la grâce de Dieu, l'optimisme de l'espérance fournit le fil conducteur à toute lecture d'une situation originalement chrétienne.

(1) Voir *L'Europe et ses valeurs*, Éditions du Centurion, 1983.

LA PLACE DES CATHOLIQUES DANS LA SOCIÉTÉ FRANÇAISE

Lorsque 82% d'une population se déclarent catholiques (sondage *Louis Harris-La Vie*, 18 avril 1984, sur 1 000 personnes représentatives de la société française), il devient difficile de parler de la place et de l'influence des catholiques dans la société française.

En première analyse, ils sont la (très grande majorité de la) société française. Et la société française ne peut être que pétrie par l'histoire (au moins depuis le baptême de Clovis, 496) et par la vie des catholiques. Même lorsque les changements survenus ont été préparés par la pensée chrétienne. Pourtant, l'observateur ne peut manquer de constater qu'un certain nombre de valeurs de la société moderne sont nées hors, sinon contre, l'Église catholique. La Révolution a enfanté les droits de l'homme et la démocratie; la révolution industrielle a enfanté une société technicienne et a « sécularisé » le monde; elle l'a organisé avec des normes plus économiques que morales; la révolution culturelle contemporaine a changé le statut de la femme, multiplié les loisirs. Dans aucune de ces étapes de la « modernisation » du pays, l'Église et les catholiques ne se sont trouvés dans des rôles moteurs.

Bien plus, ces changements de valeur ont semblé quelquefois diviser les catholiques. Les uns, sensibles à ce qui leur semblait des progrès, sont entrés avec force dans le mouvement et l'ont vécu comme un défi à leur foi, défi qu'ils ont voulu relever : on a connu, après la guerre, en particulier, un extraordinaire dyanmisme missionnaire qui s'est manifesté notamment dans l'Action Catholique ou dans un grand projet « européen ». Les autres, minoritaires, ont refusé le changement ou en sont restés comme en marge, les uns et les autres se retrouvant unis dans une critique de la société moderne dite de consommation. Ce manque de présence explique sans doute que, pratiquement, aucun des grands penseurs ou des grands artistes (de ceux qui impriment leur marque sur une société) contemporains ne soit catholique : tout se passe comme si, dans une société divisée, éclatée, les catholiques n'avaient pas su faire passer leur message universel. A trop fractionner les problèmes, à trop se spécialiser dans telle technique, on ne sait plus voir « l'ailleurs ».

Cependant la crise économique, la confrontation des socialistes aux réalités du pouvoir, la fin du rêve d'un progrès économique, politique et social indéfini laissent entrevoir que l'influence des catholiques a encore un avenir.

Tout d'abord, l'Église apparaît comme une institution qui sans doute a souffert de la modernisation, mais qui demeure et qui résiste mieux que d'autres. La manifestation du 24 juin 1984, rassemblant – sur le parcours le plus républicain qui soit, puisqu'aboutissant à la Bastille – plus d'un million de personnes dans les rues de Paris en faveur de l'enseignement privé, et son influence sur le cours politique sont symptomatiques : certes, ce qui a motivé cette manifestation n'était pas toujours lié à la foi chrétienne, mais cette manifestation a comme replacé le catholicisme dans le débat public.

Et il n'y a pas que cela. Quand 76% des Français pensent les catholiques très actifs, ou actifs, pour lutter contre la faim dans le monde, quand 66% des Français pensent les catholiques très actifs, ou actifs, en faveur de la paix (sondage déjà cité), il y a plus qu'une approbation, il y a probablement le signe d'une influence réelle. Il suffit d'ailleurs de constater le succès des appels de l'abbé Pierre à l'automne 1984 pour s'en persuader. Au fond, l'Église semble garder aujourd'hui une influence déterminante dans les domaines de l'éducation et du soutien des pauvres et des malheureux. Ceci n'est pas à proprement parler « religieux », mais c'est la reconnaissance d'une fonction d'intégration sociale.

Le tout correspond à une image extrêmement ancienne dans la culture française du rôle de l'Église. On peut imaginer que, sur ce socle, la crise de la société actuelle et la remise en cause d'un certain nombre de valeurs dites « de progrès » redonnent aux catholiques une possibilité d'étendre leur influence et, en particulier, de poser à la société toute entière, à nouveaux frais, la question religieuse.

CHAPITRE III

TRENTE-DEUX SIÈCLES D'HISTOIRE

Connaître et comprendre le catholicisme d'aujourd'hui suppose de savoir d'où, historiquement, il vient ; dans quelles conditions il s'est façonné, développé, formulé ; quelles influences culturelles et politiques il a reçues ; par quelles crises, épreuves ou réussites il a été marqué... En outre, à travers une histoire aussi longue, on voit s'affirmer des permanences ou des évolutions, ou au contraire, comme des vagues successives, apparaître et disparaître des phénomènes transitoires.

Ces trente-deux siècles n'ont pas marqué seulement l'Église, les Églises, mais, par elles, directement ou indirectement, de multiples cultures et civilisations, qui, à leur tour, ont réagi sur elles. Pour un Occidental en particulier, connaître cette histoire est une manière de se connaître soi-même. Et se connaître est une des conditions pour exercer sa liberté, fût-ce à l'encontre de ce dont on est, de fait, tributaire.

*
* *

L'histoire religieuse connaît, depuis une quinzaine d'années, un renouveau d'intérêt ; en témoignent, d'une part, dans les universités, les inscriptions aux unités de valeur optionnelles d'histoire religieuse, et le nombre de mémoires de maîtrise relevant de cette discipline, d'autre part, dans le grand public, le succès de librairie des livres et des collections s'y rapportant.

Pour le croyant, cette histoire revêt une dimension supplémentaire et capitale : la Bible lui révèle que toute histoire est sainte, c'est-à-dire que Dieu y est présent et agissant ; non en en tirant les ficelles ou en en manipulant les acteurs ; mais en y révélant de mille manières son projet sur l'homme, en invitant celui-ci, par la parole ou par les signes, à y répondre lui-même par une libre action sur le cours des choses, et en l'y aidant.

La Bible est elle-même une lecture croyante de ces traces de Dieu dans l'histoire. Pour les chrétiens, elle n'est pas simplement récit, histoire de ce qui a fondé le judéo-christianisme ; elle est « la parole de Dieu en tant qu'elle est consignée par écrit sous l'inspiration de l'Esprit Saint » (Vatican II). Aux yeux des chrétiens, *Jésus-Christ y a un rôle central ;* en lui s'accomplit ce qui n'était qu'ébauché dans l'Ancien Testament. Mais sa vie, sa mort et sa résurrection ne peuvent livrer leur secret qu'interprétées à la lumière de l'histoire et de la pensée de l'Ancien Testament.

Ainsi s'explique la manière dont, dans l'univers de tradition chrétienne, a été divisé le déroulement du temps en deux ères : avant et après Jésus-Christ.

Pour la clarté de l'exposé, le temps à partir de Jésus-Christ sera cependant subdivisé entre celui de sa propre vie terrestre et celui de l'Église. La présentation des origines et du développement du catholicisme comportera donc trois grandes divisions :

1. Le temps d'Israël jusqu'à Jésus
2. Le temps de Jésus de Nazareth
3. Le temps de l'Église.

Ces périodes restent indissociables : il est clair que le temps de l'Église ne se comprend pas sans celui de Jésus, et que ce dernier ne se comprend pas sans l'histoire de l'Ancienne Alliance avec Israël ; non seulement parce que Jésus était juif, mais parce que toute sa mission se présente comme l'accomplissement des promesses de cette Ancienne Alliance ; c'est ce qui enracine profondément le christianisme dans le judaïsme.

Mais, si on fait tout partir de l'histoire d'Israël, pourquoi alors parler de « trente-deux siècles d'histoire » et non pas de trente-huit ou trente-neuf, puisqu'aussi bien on situe volontiers le temps d'Abraham, « père des croyants », vers le XVIIIe ou le XIXe siècle avant Jésus-Christ ? Pour la raison, qui sera rappelée au début de l'histoire d'Israël, que, pour ce peuple, on ne peut parler d'histoire avant le XIIe siècle avant Jésus-Christ. Pour autant, ce n'est nullement rejeter la crédibilité ni le sens profond des traditions orales relatant les origines d'Israël depuis Abraham ; mais leur vérité a une portée autre que celle relevant de la notion classique d'histoire, sans se trouver en contradiction avec elle.

chapitre III

LIVRE I

Le temps d'Israël jusqu'à Jésus

L'histoire d'Israël retentit à de nombreux titres dans la conscience chrétienne. Plus précisément :

1. Il s'agit de l'histoire de la *première Alliance* établie par Dieu avec un peuple choisi par lui ; cette Alliance préfigure et prépare la *nouvelle Alliance* que Jésus-Christ viendra établir plus tard avec un peuple de Dieu appelé à s'élargir aux dimensions du monde.

2. L'histoire d'Israël est indissociable des textes de l'Écriture qui évoquent l'instauration de cette première Alliance et sa mise en œuvre dans la vie du peuple élu.

Ces textes, que les chrétiens appellent l'*Ancien Testament*, et qui forment la partie la plus volumineuse de la Bible, sont relus par eux à la lumière du *Nouveau Testament* (qui relate la vie et l'enseignement de Jésus), nourrissant leur foi et leur prière. « Nous sommes spirituellement des sémites », disait Pie XI en 1938, alors que la vague antisémite déferlait sur l'Allemagne nazie.

Jésus-Christ est venu achever et couronner la révélation de Dieu aux hommes commencée dans l'Ancien Testament.

1. LA BIBLE

I. QU'EST-CE QUE LA BIBLE ?

Sous le nom de Bible, les chrétiens désignent l'ensemble des écrits qu'ils considèrent comme inspirés par Dieu pour révéler aux hommes sa Parole et son plan de salut. Bien que composés de multiples livres (*biblia*, en grec) ces écrits forment à leurs yeux un tout défini et définitif qu'ils appellent dès lors la Bible.

Cet ensemble, composé au cours de quinze siècles, de manière d'abord orale puis écrite, par des dizaines d'auteurs connus ou anonymes, est une somme d'expériences spirituelles qui intéresse tous les hommes. Premier livre imprimé par Gutenberg (vers 1455), et aujourd'hui le plus grand succès d'édition et de traduction de l'histoire, la Bible a façonné pour une large part notre civilisation. Mais son antiquité et sa diversité ne facilitent pas toujours son accès.

▶▶▶

Repères chronologiques

AU DÉBUT

Difficulté de préciser l'historicité et a fortiori de dater les données, dont beaucoup sont symboliques.

Abraham : XVIIIe ou XIXe siècle avant J.-C.
Isaac
Jacob

Vers 1700, installation des Hébreux en Égypte.

L'EXODE

Vers 1250 av. J.-C., Moïse et départ d'Égypte des Hébreux (sous l'un des deux rois égyptiens Ramsès II ou Menephtah).

INSTALLATION EN CANAAN, LA TERRE PROMISE

Vers 1200, arrivée en Canaan, sous la conduite de Josué.

1200-1030 : *Période des Juges* : confédération des 12 tribus.

Période royale :

Vers 1030, Saül
Vers 1000, David. Royaume uni des 12 tribus
Vers 970, Salomon
933 : *le schisme :*

a) **Au nord :** le royaume d'ISRAËL (capitale SAMARIE) regroupe 10 des tribus (rois non descendants de David).
721 : Prise de Samarie par les Assyriens, déportation en Assyrie d'une partie de la population (qui ne reviendra pas). Arrivée de nouvelles populations non israélites. *Fin du royaume du Nord.*

b) **Au sud :** le royaume de JUDA (capitale JÉRUSALEM) : uniquement la tribu de Juda (ayant englobé celle de Siméon ; rois descendants de David).

Vers 620 : réforme religieuse du roi Josias *(Deutéronome)*

612 Prise de Ninive, capitale de l'Assyrie, par Nabuchodonosor, roi de Babylone.

597 Prise de Jérusalem par Nabuchodonosor ; déportation partielle de la population (notables et cadres politiques et religieux).

▶

Repères chronologiques (suite)

587 Destruction de Jérusalem, du Temple, de l'Arche d'Alliance par Nabuchodonosor; déportation massive à Babylone; *fin du royaume du Sud.*

L'EXIL A BABYLONE 587-538

RETOUR DE L'EXIL, LES DOMINATIONS ÉTRANGÈRES

DOMINATION PERSE

Cyrus, roi de Perse (550 - 530 av. J.-C.) s'empare de Babylone et de son empire en 539.

538	Il autorise les Juifs déportés à Babylone à regagner leur pays.
538-520	Retour des exilés.
515	Le Temple de Jérusalem est reconstruit.
445-400	Néhémie. Reconstruction des murailles de Jérusalem. Esdras. Réorganisation religieuse; rédaction définitive et proclamation solennelle du *Pentateuque* (la Loi ou Torah).

***

Alexandre le Grand, roi de Macédoine (356-323 av. J.-C.), commence en 333 la conquête du Moyen-Orient; en 331, il met fin à l'empire perse dont dépendait la Judée.

DOMINATION GRECQUE

	A sa mort, en 323, ses généraux se partagent son empire et fondent chacun une dynastie (notamment *Lagides* en Égypte, *Séleucides* en Syrie). La Judée est d'abord sous la domination *lagide*. 250-150, à Alexandrie (Égypte), traduction grecque de la Bible (*Septante*).
197	La Judée passe sous la domination des *Séleucides* de Syrie.
167	Persécution religieuse des Juifs par le roi séleucide Antiochus IV Ephiphane; profanation du Temple; résistance des Maccabées qui gouvernent la Judée libérée.
164	Dédicace du Temple purifié, culte restauré.

***

Dynastie juive des Asmonéens (descendants des Maccabées) dont le pouvoir est reconnu par les Séleucides : 145-63 av. J.-C. *Indépendance juive*

***

Pompée, général romain, s'empare de Jérusalem en 63 av. J.-C.

DOMINATION ROMAINE

Fin de l'indépendance juive; établissement de la domination romaine. L'occupant recourt à l'occasion à des souverains locaux (dynastie hérodienne) qu'elle place sous un étroit protectorat. Vers 8-6 avant notre ère, naissance de Jésus. 28 de notre ère, commencement de son ministère public. 30 de notre ère, sa crucifixion et sa résurrection; Pentecôte. Vers 36, conversion de Paul. 66 de notre ère, rébellion juive contre Rome. Vers 67, martyre de Pierre et Paul à Rome. 70 de notre ère, siège et destruction de Jérusalem par Titus. ■

▶▶▶

Ancien et Nouveau Testaments.

Testaments? Mieux vaudrait dire, selon le sens des mots grec et hébreu correspondants au latin *testamentum*, ancienne et nouvelle alliances.

L'Ancien Testament est l'ensemble des livres exprimant l'alliance entre Dieu et le peuple juif, en qui les chrétiens reconnaissent le peuple choisi par Dieu pour préparer le chemin du salut. Pour les juifs, *la Loi, les Prophètes, et les autres écrits,* bases de toute leur vie religieuse, constituent les « Écritures » (ils n'emploient guère le mot Bible).

Dans le *Nouveau Testament* (les quatre *Évangiles*, les *Actes des Apôtres*, les *Épîtres* ou lettres de Paul et d'autres apôtres, l'*Apocalypse* de Jean), les disciples de Jésus présentent l'alliance nouvelle et définitive qu'en celui-ci Dieu son Père a contractée avec l'humanité.

Tous les chrétiens unissent Ancien et Nouveau Testaments sous le nom de Bible ou Livres saints.

Comment s'est formé l'Ancien Testament ?

L'écriture hébraïque, dérivée de l'alphabet phénicien, date du XIVe ou XIIIe siècle avant Jésus-Christ. Aussi, jusqu'à l'époque de Moïse (XIIIe s.), ne peut-on parler que de traditions orales et, aux XII-XIe siècles avant Jésus-Christ, de quelques poèmes ou textes de lois.

Au temps de David et Salomon (v. 1010 à 933), des scribes commencent à tenir les annales royales. Aux Xe et IXe siècles, dans les deux royaumes d'Israël et de Juda, près de leurs sanctuaires, se fixent les traditions (*yahviste*[1] en Juda, *élohiste*[2] en Israël) qui, plus tard (Ve siècle) combinées avec les deux autres traditions (*sacerdotale*[3] en Juda, *deutéronomiste*[4] en Israël), formeront le *Pentateuque.* C'est aussi le temps des premiers psaumes et des premiers recueils des proverbes de sagesse.

Les VIIIe et VIIe siècles sont l'âge d'or des prophètes : leurs oracles sont rassemblés, souvent complétés, par des disciples anonymes. Les anciennes traditions juridiques et historiques conservées près des sanctuaires donnent naissance au *Deutéronome* (VIIe siècle), puis aux autres livres de la Loi, de sorte qu'au moment de l'exil à Babylone (587-538), les Juifs ont déjà une littérature religieuse.

Au retour d'exil (VIe s.), les prophètes cèdent peu à peu la place aux scribes; les collections historiques et prophétiques sont complétées, ainsi que les psaumes; de nouveaux genres littéraires éclosent : contes didactiques comme *Jonas*, écrits de réflexion comme *Job* ou *l'Ecclésiaste.* Enfin, la persécution antijuive (début du IIe siècle av. J.-C.) suscite des écrits de résistance spirituelle comme les livres de *Daniel* et de *Judith*, les plus récents de la Bible hébraïque.

Le canon des Écritures de l'Ancien Testament

Au temps du Christ, les Juifs possédaient donc un ensemble de textes sacrés, les *Écritures*, vénérés comme la Parole de Dieu. Après

▶▶▶

1. Ainsi appelées parce qu'on y désigne généralement Dieu sous le nom de *Yahvé.*
2. On y nomme Dieu *Elohim*, pluriel de majesté de *El* Dieu.
3. Ainsi appelée parce que, formée durant l'Exil (VIe s.), elle s'est transmise dans le milieu des prêtres de Jérusalem.
4. Élaborée autour d'un code fixé au VIIIe s., elle est à l'origine du *Deutéronome* au VIIe s.

HISTOIRE DE LA FORMATION DE L'ANCIEN TESTAMENT

	Périodes	Les Textes
1.	D'Abraham à Moïse (XIXe ou XVIIIe-XIe s. av. J.-C.) La conquête de Canaan et la vie des tribus jusqu'à la monarchie	Des lois, des chants, des récits transmis oralement...
2.	La monarchie : David - Salomon (1000-931)	Chroniques royales, psaumes. Tradition yahviste fixée
3.	Au temps des deux royaumes séparés (931-587)	Les prophètes : Amos, Osée, Isaïe, Michée (VIIIe s.) ; Jérémie, Sophonie, Habacuc (VIIe s.) Proverbes et psaumes Deutéronome (VIIe s.)
4.	Durant l'exil à Babylone (587-538)	Ezéchiel, 2e Isaïe
5.	Au temps des Perses (538-330)	Écrits de tradition sacerdotale ; puis regroupement des traditions yahviste, élohiste, sacerdotale pour former la Torah ou Pentateuque. (Ve s.) Prophètes : Zacharie, Aggée, Malachie... Achèvement des livres de Josué, des Juges, de Samuel, des Rois. Écrits de sagesse : les Proverbes, Job...
6.	Au temps des Grecs, après Alexandre (330)	Esther, l'Ecclésiaste (Qohelet)
7.	Au IIe et Ier s. av. J.-C.	Daniel, les livres des Maccabées (en partie en grec) Le livre de Sirac le Sage Le livre de la Sagesse (en grec) Judith
8.	Après la ruine de Jérusalem (70 ap. J.-C.), à l'assemblée de Jamnia (vers 90 ap. J.-C.)	La liste des livres de la Bible hébraïque est définitivement fixée

▶▶▶

la ruine de Jérusalem et la disparition de l'État juif (70 ap. J.-C.), un groupe de docteurs de la Loi réfugiés à Jamnia (au sud de l'actuelle Tel Aviv) fixa avec précision (vers 90 ap. J.-C.) la liste (ou *canon*, du grec *kanon*, règle ou norme) des livres constituant à leurs yeux les Écritures, celle reconnue par les Juifs depuis lors.

Car, au IIe siècle avant J.-C., la Bible hébraïque avait été traduite en grec, langue parlée par les nombreux Juifs du bassin méditerranéen. A cette traduction, appelée la *Septante*, avaient été joints des écrits récents reconnus comme parole de Dieu par les Juifs de la diaspora (*Tobie, Sagesse, Livres des Maccabées*, etc.). Cependant, ces livres ne furent pas admis dans le canon juif. Par contre, les chrétiens, reprenant la Septante, les conservèrent, les appelant *deutérocanoniques*, d'un mot grec signifiant « d'une seconde liste ». D'où la différence entre le canon juif et le canon catholique des Écritures. Au moment de la Réforme, les protestants préférèrent revenir au canon juif, tout en reconnaissant la valeur des « deutérocanoniques » (qu'ils appellent généralement « apocryphes »). Dans la *Traduction Œcuménique de la Bible* (TOB), commune aux catholiques et aux protestants (1975), les livres deutérocanoniques figurent après ceux de la Bible juive.

Hiéroglyphes égyptiens

Caractères cunéiformes babyloniens

Caractères phéniciens

Caractères hébreux

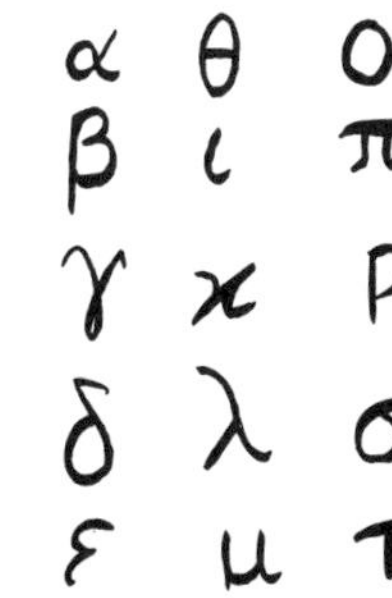
Caractères grecs

ABRÉVIATIONS DES TITRES DES LIVRES DE LA BIBLE : ordre alphabétique des livres

(AT : Ancien Testament, NT : Nouveau Testament)

Abdias	Ab	AT
Actes des Apôtres	Ac	NT
Aggée	Ag	AT
Amos	Am	AT
Apocalypse	Ap	NT
Baruch	Ba	AT
Cantique des Cantiques	Ct	AT
Chroniques (1er livre)	1 Ch	AT
Chroniques (2e livre)	2 Ch	AT
Colossiens (lettre aux)	Col	NT
Corinthiens (1re lettre aux)	1 Co	NT
Corinthiens (2e lettre aux)	2 Co ou 2 C.	NT
Daniel	Dn	AT
Daniel grec	Dn grec	AT
Deutéronome	Dt	AT
Ecclésiaste (Qohelet)	Qo	AT
Ecclésiastique (Siracide)	Si	AT
Ephésiens (lettre aux)	Ep	NT
Esaïe ou Isaïe	Es ou Is	AT
Esdras	Esd	AT
Esther	Est	AT
Esther grec	Est grec	AT
Évangile selon St Jean	Jn	NT
Évangile selon St Luc	Lc	NT
Évangile selon St Marc	Mc	NT
Évangile selon St Matthieu	Mt	NT
Exode	Ex	AT
Ezéchiel	Ez	AT
Galates (lettre aux)	Ga	AT
Genèse	Gn	AT
Habaquq	Ha	AT
Hébreux (lettre aux)	He	NT
Isaïe ou Esaïe	Is ou Es	AT
Jacques (lettre de)	Jc	NT
Jean (Évangile selon)	Jn	NT
Jean (1re lettre de)	1 Jn	NT
Jean (2e lettre de)	2 Jn	NT
Jean (3e lettre de)	3 Jn	NT
Jérémie	Jr	AT
Job	Jb	AT
Joël	Jl	AT
Jonas	Jon	AT
Josué	Jos	AT
Jude (lettre de)	Jude	NT
Judith	Jdt	AT
Juges	Jg	AT
Lamentations	Lm	AT
Lévitique	Lv	AT
Luc (Évangile selon)	Lc	NT
Maccabées (1er livre des)	1M	AT
Maccabées (2e livre des)	2M	AT
Malachie	Ml	AT
Marc (Évangile selon)	Mc	AT
Matthieu (Évangile selon)	Mt	NT
Michée	Mi	AT
Nahoum	Na	AT
Néhémie	Ne	AT
Nombres	Nb	AT
Osée	Os	AT
Philémon (Lettre à)	Phm	NT
Philippiens (Lettre aux)	Ph	NT
Pierre (1re lettre de)	1 P	NT
Pierre (2e lettre de)	2 P	NT
Proverbes	Pr	AT
Psaumes	Ps	AT
Qohelet (Ecclésiaste)	Qo	AT
Rois (1er livre des)	1 R	AT
Rois (2e livre des)	2 R	AT
Romains (lettre aux)	Rm	NT
Ruth	Rt	AT
Sagesse	Sg	AT
Samuel (1er livre de)	1 S	AT
Samuel (2e livre de)	2 S	AT
Siracide (Ecclésiastique)	Si	AT
Sophonie	So	AT
Thessaloniciens (1re lettre aux)	1 Th	NT
Thessaloniciens (2e lettre aux)	2 Th	NT
Timothée (1re lettre à)	1 Tm	NT
Timothée (2e lettre à)	2 Tm	NT
Tite (lettre à)	Tt	NT
Tobie ou Tobit	Tb	AT
Zacharie	Za	AT

ABRÉVIATIONS DES TITRES DES LIVRES DE LA BIBLE : ordre alphabétique des abréviations

(AT : Ancien Testament, NT : Nouveau Testament)

Ab	Abdias	AT
Ac	Actes des Apôtres	NT
Ag	Aggée	AT
Am	Amos	AT
Ap	Apocalypse	NT
Ba	Baruch	AT
1 Ch	1er livre des Chroniques	AT
2 Ch	2e livre des Chroniques	AT
1 Co	(1re lettre aux Corinthiens)	NT
2 Co	(2e lettre aux Corinthiens)	NT
Col	Lettre aux Colossiens	NT
Ct	Cantique des Cantiques	AT
Dn	Daniel	AT
Dt	Deutéronome	AT
Ep	Lettre aux Ephésiens	NT
Es	Esaïe ou Isaïe	AT
Esd	Esdras	AT
Est	Esther	AT
Ex	Exode	AT
Ez	Ezéchiel	AT
Ga	Lettre aux Galates	NT
Gn	Genèse	AT
Ha	Habaquq	AT
He	Lettre aux Hébreux	NT
Is	Isaïe ou Esaïe	AT
Jb	Job	AT
Jc	Lettre de Jacques	NT
Jdt	Judith	AT
Jg	Livre des Juges	AT
Jl	Joël	AT
Jn	Évangile selon St Jean	NT
1 Jn	1re lettre de Jean	NT
2 Jn	2e lettre de Jean	NT
3 Jn	3e lettre de Jean	NT
Jon	Jonas	AT
Jos	Livre de Josué	AT
Jr	Jérémie	AT
Jude	Lettre de Jude	NT
Lc	Évangile selon St Luc	NT
Lm	Lamentations	AT
Lv	Lévitique	AT
1 M	1er livre des Maccabées	AT
2 M	2e livre des Maccabées	AT
Mc	Évangile selon St Marc	NT
Mi	Michée	AT
Ml	Malachie	AT
Mt	Évangile selon St Matthieu	NT
Na	Nahum	AT
Nb	Nombres	AT
Ne	Néhémie	AT
Os	Osée	AT
1 P	1re lettre de Pierre	NT
2 P	2e lettre de Pierre	NT
Ph	Lettre aux Philippiens	NT
Phm	Lettre à Philémon	NT
Pr	Proverbes	AT
Ps	Psaumes	AT
Qo	Qohelet (Ecclésiaste)	AT
1 R	1er livre des Rois	AT
2 R	2e livre des Rois	AT
Rm	Lettre aux Romains	NT
Rt	Ruth	AT
Sg	Sagesse	AT
Si	Siracide (Ecclésiastique)	AT
1 S	1er livre de Samuel	AT
2 S	2e livre de Samuel	AT
So	Sophonie	AT
Tb	Tobie	AT
1 Th	1re lettre aux Thessaloniciens	NT
2 Th	2e lettre aux Thessaloniciens	NT
1 Tm	1re lettre à Timothée	NT
2 Tm	2e lettre à Timothée	NT
Tt	Lettre à Tite	NT
Za	Zacharie	AT

COMMENT RETROUVER UNE CITATION DANS LA BIBLE ?

1. Les livres qui composent la Bible se trouvent presque dans le même ordre dans les diverses éditions. Toutefois les livres deutérocanoniques (p. 211) sont absents des éditions juives et sont placés à la fin de l'Ancien Testament dans les éditions protestantes ainsi que dans la Traduction Œcuménique de la Bible.

2. Chaque livre est, depuis le Moyen-Âge, divisé en chapitres numérotés.

3. Depuis la Renaissance, chaque chapitre a été divisé en courtes phrases numérotées, les versets.

Une citation biblique est donc indiquée :
- par le nom abrégé du livre (voir liste des abréviations) ;
- par le chiffre indiquant le chapitre ;
- par le numéro du verset ; et on désigne parfois par a, b, c, les différentes parties du verset.

Exemple : Gn 17,3-9 signifie : Livre de la Genèse, chapitre 17, versets 3 à 9.

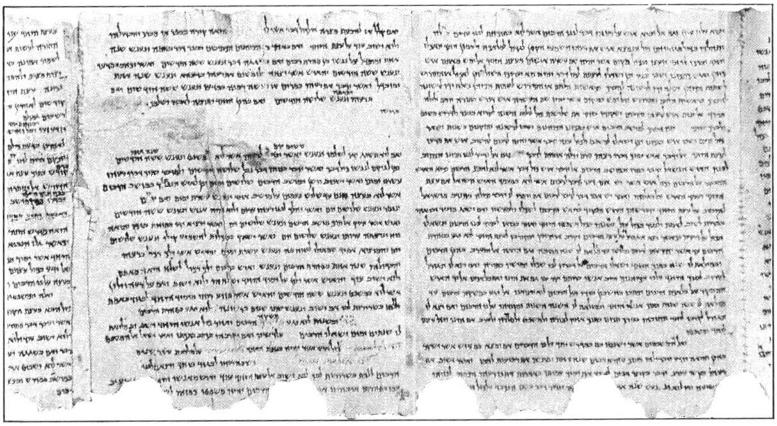

Ph. Jorad-CIRIC

Manuscrit de Qumrân

L'Ancien Testament a été écrit presque entièrement en hébreu

Presque tous les livres de l'Ancien Testament ont été écrits en hébreu. C'est une langue sémitique, donc apparentée à l'arabe et au babylonien, et tout-à-fait différente des langues occidentales d'origine indo-européenne.

Alors que l'égyptien s'écrivait en signes-images (les hiéroglyphes), et l'assyro-babylonien en signes-syllabes (l'écriture cunéiforme), l'hébreu s'est écrit dès l'origine en signes alphabétiques, inventés d'ailleurs par leurs voisins, les Phéniciens, au XVe s. av. J.-C (voir p. 211 b). Cet alphabet ne comprenait que des consonnes, avec une belle variété de gutturales et de sifflantes. Cette écriture sans voyelles a suffi tant que l'hébreu est resté langue vivante. Lorsqu'il a cessé d'être parlé, on a inventé divers moyens de noter les voyelles, mais sans toucher au texte sacré.

Quelques passages des livres de *Daniel* et d'*Esdras* ont été écrits en araméen, langue proche de l'hébreu ; répandue dans une partie du Proche-Orient, elle fut parlée par les Juifs à partir de l'Exil (ce fut la langue de Jésus).

Enfin, quelques ouvrages (*la Sagesse*, le 2e livre des *Maccabées*) ont été composés en grec, langue qui se répandit dans tout l'Orient après la conquête d'Alexandre (330 av. J.-C.). ■

▶▶▶

La Bible

II. LA BIBLE, LIVRE INSPIRÉ ?

Pour l'historien, la Bible est un ensemble de précieux documents. Aux yeux du poète, elle révèle quelques-uns des chefs-d'œuvre de la littérature universelle : *Isaïe,* le *livre de Job,* la *Genèse,* certains *psaumes*... Mais, pour les croyants, juifs ou chrétiens, la Bible est bien plus. « L'Église tient les livres de l'Ancien et du Nouveau Testament pour saints et canoniques parce que, composée sous l'inspiration de l'Esprit Saint, ils ont Dieu pour auteur... » (Concile Vatican II, 1965).

Il ne faut pas imaginer cette inspiration comme une sorte d'extase de l'écrivain, où Dieu dicterait sa parole et où l'homme ne serait qu'un secrétaire. Chacun des auteurs bibliques a écrit dans sa langue, avec la culture de son temps, avec ses talents littéraires brillants ou médiocres, sa science ou son ignorance. Mais, selon la conception judéo-chrétienne, en agissant dans l'esprit et le cœur de l'auteur, Dieu lui a fait exprimer ce qu'il voulait révéler aux hommes pour leur communiquer sa vérité et les guider sur un chemin de salut. Ainsi, l'auteur a travaillé avec son intelligence, ses documents, son style ; mais, tout en pensant avec son propre esprit, il a pensé sous l'inspiration de l'Esprit ; tout en écrivant sa propre parole, il a écrit la Parole de Dieu.

Comment les chrétiens le savent-ils ? Non pas parce que la Bible aurait une saveur particulière, un éclat magique. Mais parce que, par la foi, ils font confiance à leur Église qui affirme reconnaître dans cet ensemble d'ouvrages humains l'œuvre de Dieu. C'était déjà la conviction des Juifs dès l'Ancien Testament. Ce fut tout de suite celle des premières communautés chrétiennes (voir Index : Inerrance de l'Écriture Sainte). ▶▶▶

Comment le texte biblique nous a été transmis

Les Juifs, qui ont fixé à la fin du 1er s. ap. J.-C. la liste officielle des livres saints, ont veillé avec minutie à les transmettre parfaitement, de copie en copie, sur des rouleaux de parchemin. On appelle *texte massorétique* ce texte fixé et transmis religieusement sans aucune modification, sauf l'adjonction, à partir du VIIe s. ap. J.-C., par des savants juifs (les *Massorètes*, de *massorah*, tradition), de points-voyelles sous le texte et, au-dessus de la ligne, d'accents destinés à faciliter la lecture publique. Les rouleaux bibliques trop usés étaient déposés dans une annexe de la synagogue pour s'y détruire tout seuls. Aussi, ne possédions-nous pas de manuscrits en hébreu antérieurs au IXe s. ap. J.-C. jusqu'à l'étonnante et récente découverte de Qumrân.

En effet, à partir de 1947, dans des grottes surplombant les ruines du monastère essénien de Qumrân près de la mer Morte, on a découvert, provenant de sa bibliothèque cachée à la fin du 1er s. ap. J.-C., des fragments de tous les livres de la Bible (sauf *Esther*), et même des exemplaires presque intacts, dont un manuscrit complet d'*Isaïe*. La comparaison de ces documents du IIe ou du 1er s. avant notre ère avec ceux du IXe s. ap. J.-C. a montré l'étonnante fidélité de transmission du texte hébreu[1].

1. En 1983 ont été découvertes dans une tombe près de Jérusalem des inscriptions rédigées au VIIe s. av. J.-C. en écriture paléohébraïque et en caractères cunéiformes sur de fins rouleaux d'argent ; ce sont des bénédictions extraites du livre des *Nombres* et utilisées comme amulettes ; ce sont les plus anciens documents hébraïques connus à ce jour. ■

Parmi les plus célèbres traductions de la Bible

En grec : la Septante

On appelle ainsi la première traduction de l'Ancien Testament en grec, souvent désignée par le sigle LXX ; elle fut entreprise à l'intention des nombreux Juifs alors émigrés dans le bassin méditerranéen, et spécialement pour l'importante colonie juive d'Alexandrie en Égypte. Selon la légende, soixante dix (septante) savants, travaillant indépendamment, auraient réalisé miraculeusement des traductions identiques ! En fait la Septante est le fruit d'un travail échelonné sur un siècle (250-150 av. J.-C.). A cette traduction s'ajoutèrent d'une part quelques chapitres qui furent insérés dans les livres hébreux traduits, et d'autre part quelques ouvrages nouveaux composés directement en grec. Ni le judaïsme ni les Églises de la Réforme protestante ne reconnaissent comme inspirées ces additions. La Septante a joué un rôle capital ; ce fut en particulier le texte utilisé par les chrétiens des origines.

En latin : la Vulgate

C'est la traduction latine (*Vulgata versio*, c'est à dire traduction à large diffusion) de la Bible, réalisée par saint Jérôme (317-419). Il existait déjà de nombreuses traductions latines de la Bible, mais souvent inexactes, et le pape Damase voulait un texte faisant autorité. Jérôme y travailla vingt-deux ans, d'abord à Rome, puis à Bethléem, d'après les textes hébreux et grecs alors disponibles. Après sa mort, son œuvre fut achevée (Nouveau Testament hors évangiles, livres deutérocanoniques de l'Ancien Testament) par des versions de moins bonne qualité. La Vulgate devint le texte de référence en Occident et la base de nombreuses traductions en diverses langues.

Au XVIe s., à la suite des controverses sur l'Écriture provoquées par la Réforme protestante, le Concile de Trente (1545-1563) déclara la Vulgate version latine authentique ; le Concile n'affirmait pas ainsi que cette traduction était exacte en tous points, mais qu'elle ne contenait aucune inexactitude doctrinale ; ce que Pie XII a rappelé en 1943 en déclarant que l'autorité de la Vulgate était plus juridique que critique.

En syriaque : la Peschitto

Le syriaque, langue araméenne, était très répandu au Proche-Orient dans l'Antiquité. Dès les IIe-IIIe siècles de notre ère, à Edesse (en Turquie actuelle), des traductions de la Bible ont été réalisées en cette langue. La plus célèbre, la *Peschitto* (la simple), est connue par des manuscrits anciens, très précieux pour la critique.

Les traductions françaises

Très tôt, la Bible a fait l'objet de traductions et adaptations en langue française. Aujourd'hui, le lecteur francophone a le choix entre vingt versions au moins, parmi lesquelles on peut mentionner :

• *La Nouvelle Bible de Jérusalem*, traduite sous la direction de l'École biblique de Jérusalem, éditée en divers formats. Traduction sûre, lisible, notes remarquables (Éd. du Cerf, 1973).
• La *Traduction Œcuménique de la Bible* (*TOB*), réalisée en commun par des exégètes catholiques et protestants. Traduction rigoureuse, notes de haute qualité ; n'est pas toujours adaptée à la lecture en public. C'est la traduction la plus souvent suivie dans le présent ouvrage. (Alliance biblique universelle - Éd. du Cerf, 1975).
• La *Bible d'Osty et Trinquet*, la traduction la plus littéraire (Éd. du Seuil, 1973).
• La *Bible de la Bibliothèque de la Pléiade* (Gallimard, 1956 à 1971).
• La *Bible de Pierre de Beaumont*, qui s'efforce de recourir à un vocabulaire réduit accessible à tous ; elle comporte un jeu de notices remarquables (Fayard-Mame, 1981).
• La *Bible de Chouraqui*, traduction par un Israélien parfait francophone qui s'efforce de faire passer le génie de l'hébreu et de l'araméen dans la langue française (Desclée de Brouwer, 1985).
• La *Sainte Bible de Segond*, version révisée (Société biblique française, 1978).
• La *Sainte Bible*, par les moines de Maredsous et Hautecombe (Brépols, 1975).

Il existe dans le commerce de bonnes traductions de la Bible qui dépassent à peine les 100 F. Il est conseillé d'avoir un guide de lecture de la Bible pour s'y retrouver dans les genres littéraires et la chronologie. Un minimum d'introduction à chaque livre et des notes sont donc indispensables (voir p. 217). ■

LES COMMENTAIRES HÉBRAÏQUES

Les Targums

Après l'Exil (VIe s. av. J.-C.), l'hébreu était devenu une langue savante, comprise des seuls lettrés. On prit donc l'habitude d'accompagner de commentaires en araméen (*targums*, traductions) la lecture de l'Écriture en hébreu à la synagogue. Cette exégèse libre et populaire a influencé les auteurs du Nouveau Testament dans l'interprétation de l'Ancien.

Les Talmuds

Le *Talmud* (en hébreu, enseignement, doctrine) est un recueil de commentaires oraux de la Loi prononcés et retransmis par les docteurs de la Loi avant et après l'ère chrétienne. Le recueil connu sous le nom de *Talmud de Jérusalem* a été constitué au IVe s. ap. J.-C., et le *Talmud de Babylone*, plus important, au Ve ou VIe s. ap. J.-C. Ils contiennent des éléments anciens très précieux pour comprendre la mentalité et les usages juifs au temps du Christ.

On distingue, dans le Talmud, la *Mishna*, recueil de lois et règlements, et la *Gemara*, ensemble de commentaires, eux-mêmes tantôt juridiques (la *Halaka*, c'est-à-dire la voie), tantôt récits et légendes à but édifiant (la *Haggada*). ■

Ph. Giraudon

Page d'une édition de la Vulgate (XIIe siècle). Scènes de la Genèse. Bibliothèque municipale de Valenciennes.

LES APOCRYPHES JUIFS

En dehors des textes de la Bible canonique, il existe de nombreux écrits juifs, datant surtout de la période allant du IIe s. av. J.-C. au 1er s. de notre ère. On les appelle généralement *apocryphes* (du grec *apocruphos*, caché, secret), ayant en effet été souvent composés pour exprimer les croyances et les espoirs de cercles restreints et de sectes. Parfois anonymes, ils se mettent le plus souvent, tel le *Testament d'Abraham*, sous un patronage illustre. C'est pourquoi les protestants les appellent volontiers *pseudépigraphes*, c'est-à-dire écrits sous le nom d'un autre (la pratique du patronage illustre était d'ailleurs courante, et certains des livres des canons juif et chrétien n'y ont pas échappé, tel le recueil des Psaumes appelé *Psaumes de David* à cause de la réputation littéraire de ce roi).

Cette littérature juive apocryphe, très abondante, témoigne à sa manière de la foi d'Israël. On peut citer, dans ce genre :

• des écrits d'influence pharisienne : *Psaumes de Salomon, IVe livre d'Esdras, Apocalypse de Baruch ;*
• des écrits d'inspiration essénienne : *Hénoch*, les *Jubilés*, le *Testament des douze patriarches ;*
• les écrits proprement esséniens : *Document de Damas, Règle de la Communauté*, etc.

Les premiers chrétiens ont, eux aussi, composé des écrits apocryphes – ou pseudépigraphes – en marge du Nouveau Testament (voir index). ■

III. LIRE LA BIBLE

Lire un livre

Saturés d'informations imprimées, nous avons sans doute oublié tout ce qu'il y a de mystérieux dans l'acte même de lire : au-delà de l'espace et du temps, il s'agit de communiquer avec l'auteur, un inconnu qui nous devient tout proche. Lorsque nous réalisons qu'un continent entier comme l'Afrique noire a ignoré ce moyen de communication jusqu'à l'arrivée des Européens, nous mesurons mieux ce que représente la lecture. Ce n'est pas une opération simple ; la preuve, c'est que des lecteurs différents réagissent différemment devant le même texte : l'un haussera les épaules, l'autre sera saisi d'admiration.

S'il ne s'agit que d'une pure information, ce contraste est moins accusé. Mais, s'il s'agit d'une lecture qui provoque, qui engage l'action et la vie, c'est une autre affaire. Or la Bible invite sans cesse le lecteur à prendre position, à reconnaître au-delà des mots une révélation qui vient d'ailleurs, un message de celui qu'elle appelle Dieu... Lire la Bible, c'est donc une aventure.

Des lectures bien diverses

On peut lire de façons très diverses un conte de Perrault, par exemple *Barbe bleue.* L'un cherchera le délassement que provoque le merveilleux, un autre sera attentif à la leçon morale, un autre à la saveur XVIIe siècle du récit, un autre fera l'analyse psychologique des personnages...

De même, celui qui lit le sacrifice d'Abraham (Gn. 22) peut en faire des lectures bien diverses :

- s'émerveiller du récit miraculeux ;
- soupçonner des allusions aux sacrifices d'enfants pratiqués en Canaan au XIIIe s. av. J.-C. ;
- situer le récit dans le contexte économico-social des nomades pasteurs de troupeaux ;
- psychanalyser les rapports Isaac-Abraham-Dieu, dans leurs relations fils-père ;
- adorer la souveraineté de Dieu et partager la soumission d'Abraham...

Tous ces types de lectures ont leur légitimité. C'est pourquoi on voit de nos jours se multiplier des méthodes de lecture de la Bible.

Lecture sociologique. Tout comportement humain est lié aux conditions de vie, aux enjeux économiques, au jeu des pouvoirs dans une société donnée. On peut donc rechercher les conditions de production d'un texte biblique selon ces données, et faire, par exemple, l'analyse marxiste, ou matérialiste, d'un évangile.

Lecture psychanalytique. Tout acte humain révèle quelque chose des profondeurs de l'homme, et, spécialement, de cet inconscient où s'inscrit son histoire psychologique. On peut donc renouveler la lecture d'une page de la Bible en utilisant les instruments de la psychanalyse.

Lecture structuraliste. La linguistique moderne a mis en évidence les structures du langage, dans leur agencement : choix des mots, construction du récit, mise en valeur des oppositions, des répétitions, etc.

Qu'est-ce-que ?

Codex. Ce mot latin désigne les manuscrits sur parchemin assemblés et reliés comme devaient l'être plus tard les livres imprimés.
Cette technique marquait un progrès sur celle du *volumen*, pièces de parchemin ou de papyrus mises bout à bout en rouleaux, comme c'est encore le cas pour les exemplaires de la Tora en usage dans la liturgie juive.
Beaucoup de copies manuscrites de la Bible, surtout en grec, nous sont parvenues sous forme de codex des IVe, V[e] ou VIe s. ap. J.-C. Les plus célèbres sont le *Codex Sinaïticus*, découvert en 1844 au monastère grec du Sinaï, et le *Codex Vaticanus*, manuscrit du IVe s. conservé à la Bibliothèque du Vatican.

Palimpseste. Le parchemin étant très coûteux, on en effaçait souvent le texte en raclant la peau pour en écrire un autre ; de tels parchemins sont appelés *palimpsestes* (en grec : raclés à nouveau !) ; on est parvenu à relire bien des textes ainsi effacés.

Papyrus. Variété de roseaux poussant dans les marais d'Égypte et atteignant deux à trois mètres ; on en faisait des feuillets destinés à l'écriture (origine du mot papier), moins résistants que le parchemin, mais moins chers. La sécheresse de certains climats d'Orient a permis de retrouver des papyrus du début de notre ère encore lisibles.

Parchemin Peau d'agneau, chèvre ou mouton, préparée pour l'écriture par trempage dans le lait de chaux et raclage. Les peaux étaient assemblées en rouleaux (*volumen*) ou en livres reliés (*codex*). Le mot parchemin vient de Pergame, ville d'Asie Mineure, grand centre de fabrication. Très résistant, le parchemin resta le principal support de l'écriture en Occident jusqu'à l'introduction, à la fin du Moyen-Âge, du papier de chiffon, inventé en Chine et adopté par les Arabes.

Qu'est-ce que la critique textuelle ?

Comme pour toute œuvre littéraire, c'est en comparant les manuscrits les plus anciens du texte hébreu (connus par leurs traductions) que l'on peut corriger les erreurs de transmission et reconstituer le texte original. Ce travail très technique est appelé *critique textuelle.* A partir des textes-témoins, on établit une sorte d'arbre généalogique remontant, avec plus ou moins de certitude, aux textes écrits aux Ve, VIIIe ou Xe siècles avant notre ère.

Les difficultés de la critique textuelle, et celles que comporte toute traduction, expliquent les différences entre diverses éditions de la Bible. Les éditions scientifiques indiquent d'ailleurs en notes les variantes du texte et leur origine ; c'est l'*appareil* (ou *apparat*) critique du texte. ■

Qu'est-ce que ?

Cabale ou ***Kabbale*** de l'hébreu *qabbalah*, accueil. Mouvement ésotérique de philosophie mystique né dans le judaïsme médiéval. Les cabalistes cherchent l'union à Dieu dans la connaissance des harmonies de l'univers, et trouvent dans l'Écriture des sens nouveaux en s'appuyant sur la valeur numérique des lettres et des mots des livres saints. Leur livre maître est le *Zohar*, de Moïse de Léon (XIIIe s.).

Exégèse. Science de l'interprétation d'un texte littéraire. L'exégèse de l'Écriture a été pratiquée par les Juifs dès l'origine des livres bibliques, et par les écrivains chrétiens (Origène, Jérôme, etc.) dès les débuts de l'Église. Au XIXe siècle, l'exégèse critique, appuyée sur l'étude des langues anciennes et sur l'archéologie, a fait faire à la connaissance de la Bible des progrès immenses. Ce progrès s'est fait sur trois plans :
- ***la critique textuelle,*** qui vise à établir, à partir des manuscrits anciens, le texte original en hébreu ou en grec ;
- ***la critique littéraire,*** qui analyse la formation du texte actuel, et cherche à expliquer ce que l'auteur veut dire ;
- ***la critique historique,*** qui cherche à retrouver, d'après les textes et récits, la réalité des faits tels qu'ils se sont passés.

Fondamentalisme. Certains lecteurs de la Bible refusent d'y reconnaître des genres littéraires variés, s'interdisent toute critique, et prennent chaque parole de l'Écriture « au pied de la lettre ».
Pour eux, le monde a été créé en six jours de 24 heures, et Ève fabriquée avec une côte d'Adam, puisque le récit de la Genèse le dit.
Cette façon d'aborder la Bible, fréquente dans l'Église catholique et dans beaucoup d'Églises protestantes au XIXe siècle face à l'essor de la critique scientifique, se maintient aujourd'hui dans certains milieux et certaines sectes. On l'appelle souvent *fondamentalisme*, parce qu'elle prend chaque affirmation de la Bible comme un fondement absolu, sans se préoccuper de ce qui se cache derrière le sens immédiat des mots ; comme celui qui, lisant « Le Loup et l'Agneau » de la Fontaine, croirait qu'au XVIIe siècle les animaux parlaient !

Herméneutique. L'herméneutique est la science qui définit les principes et les méthodes de l'interprétation des textes. L'exégète explique les textes par l'utilisation d'une série de méthodes. Ces méthodes ont leurs limites. Une lettre d'amour est-elle plus facilement compréhensible aux amoureux, ou aux scientifiques ? En fait, l'exégète, comme le prédicateur ou comme tout autre interprète de la Bible, consciemment ou non, lui donne un certain « sens » en fonction de son point de vue.
L'herméneutique a pour fonction de mettre à jour les différents points de vue et d'analyser tout ce que peut les influencer et les expliquer.

▶▶▶

Ces méthodes très techniques permettent une explication plus précise d'une œuvre littéraire. Elles sont aujourd'hui largement appliquées à la Bible.
Analyse symbolique. Comme tous les grands livres poétiques ou religieux, la Bible ne cesse de mettre en œuvre des éléments symboliques empruntés au cosmos, aux forces de la nature, à la vie végétale et animale, au corps humain... sans même que les auteurs bibliques en aient pleine conscience, puisqu'ils baignent dans cet univers.
Une lecture attentive, ou, mieux encore, la réorchestration de ces symboles par des poètes, tel Claudel, permettent une nouvelle approche des livres bibliques.
Ces nouvelles lectures du texte biblique ont toutefois leurs limites. Elles ne doivent pas faire de ce texte un prétexte à l'expression de n'importe quelles idées personnelles. La première condition pour la lecture de la Bible, comme pour toute lecture, doit être la modestie et l'écoute attentive de ce que l'auteur a voulu exprimer.

▶▶▶

Comment un chrétien lit la Bible

On ne lit pas de la même façon une liasse de lettres ou des archives de famille, selon que l'on est le destinataire de ces lettres, l'héritier de cette famille, ou un étranger. Certes, tout homme, même s'il ne partage pas la foi judéo-chrétienne, peut aborder la Bible comme un des trésors de l'humanité. Mais, pour un chrétien, la Bible est tout autre chose ; elle n'est pas seulement un ensemble d'écrits où des hommes expriment leur expérience religieuse. Elle est une communication de Dieu aux hommes à travers ces divers écrivains humains. Elle est une parole de Dieu.

C'est dire que le chrétien ne lira pas la Bible comme le feraient un historien ou un ethnologue incroyants. Il l'accueille comme un message personnel qui doit éclairer sa foi et sa vie.

Une lecture spirituelle

Le croyant pense que la Bible a été « inspirée » par l'Esprit de Dieu. Il s'en remet donc à cet Esprit pour déchiffrer le message. On a comparé l'Évangile à une lettre d'amour de Dieu. Une lettre d'amour n'a pas le même sens lorsqu'elle est lue par un policier dans un commissariat après perquisition et saisie. Quand le chrétien lit la Bible, il la reçoit d'un invisible Ami. « Tu lis ? L'Époux te parle ! » résumait saint Augustin.

Une lecture en Église

L'Ancien Testament s'est formé dans la communauté croyante d'Israël, dans la relecture fervente de cette communauté. L'Église, qui s'en est nourrie à son tour, l'a complété par le témoignage des apôtres de Jésus, qu'elle a reçu avec la même ferveur. C'est dire que la Bible ne trouve tout son sens que lorsqu'elle est lue en lien avec une communauté de croyants. La méditation personnelle de la Parole de Dieu se fait toujours en lien avec la proclamation liturgique, et d'innombrables petites cellules de chrétiens en font leur nourriture, dans l'étude et la prière.

Celui qui lit la Bible en isolé, pour en tirer ses propres conclusions doctrinales ou pratiques, risque d'oublier qu'elle a été donnée à une communauté, pour la faire vivre. La lecture chrétienne de la Bible se vit en lien avec tous les frères vivants ou morts, dans la tradition de l'Église. Ce qui ne veut pas dire que l'Église, qui fut parfois craintive, limite aujourd'hui la liberté de recherche du savant.

Le chrétien sait qu'il n'est jamais seul en face de sa Bible :

1. Dieu lit par-dessus son épaule, et l'éclaire de son Esprit.
2. Uni à tous ses frères dans la foi, le chrétien éclaire le déchiffrement du texte par la tradition vivante de l'Église (Voir index : Inerrance de l'Écriture Sainte).
3. Le catholique reçoit l'Écriture dans la liturgie eucharistique comme présence sacramentelle de la Parole de Dieu.

SIMPLES CONSEILS AU DÉBUTANT

Beaucoup ont acheté une Bible (il s'en vend près de 100 000 par an en France, 20 millions dans le monde !), et après quelques essais, l'ont laissée sur une étagère...
A celui qui part de zéro, on pourrait conseiller de commencer par lire l'*Évangile* de Luc et les *Actes des Apôtres*, d'un bout à l'autre. Luc, grec de culture, est un des plus proches de la pensée contemporaine.
On prendrait ensuite les grands récits classiques de l'Ancien Testament sur les patriarches (Gn 12-50), sur Moïse, sur Samuel et David. Certains poèmes d'*Isaïe*, de *Job* ou des *Psaumes* peuvent faire découvrir la prière.
La liturgie catholique présente à chaque fête des gerbes de textes bibliques qui s'éclairent les uns par les autres : beaucoup de chrétiens ont commencé leur initiation à la Bible par la liturgie des dimanches.
Ne pas s'étonner des obscurités, des étrangetés : vingt, trente siècles en arrière, dans un univers culturel si différent !
Comme dans une ville d'abord inconnue, dont peu à peu les rues et ruelles deviennent plus familières, il arrive que l'on puisse dire un jour, comme Claudel à l'âge de sa retraite : « Désormais j'habite la Bible ! ». Mais qu'elle est difficile, l'exploration tout seul ! (voir p. 217). ■

Des adresses et des livres utiles

En dehors de toute spécialisation érudite, celui qui veut aborder aujourd'hui la lecture de la Bible dispose d'un ensemble incomparable d'instruments.

Des adresses

- *Service biblique Évangile et Vie*, 6, avenue Vavin, 75006 Paris. Tél. (1) 43.26.38.32.
- *Équipes de Recherche Biblique*, 47, rue de Clichy, 75009 Paris. Tél. (1) 48.74.15.08.

Ces deux services, le premier catholique, le second protestant, travaillent ensemble et peuvent donner tous renseignements : livres, sessions, groupes bibliques, etc.

- Une bibliothèque spécialisée : *la Bibliothèque Œcuménique de Sciences et Études Bibliques (B.O.S.E.B.)*, à l'Institut Catholique de Paris, 21, Rue d'Assas, 75006 Paris (avec un petit musée biblique).

Des livres utiles

Impossible de recenser les centaines d'ouvrages qui étudient la Bible. Beaucoup sont présentés dans *Bibliographie biblique* (Centurion). Voici ceux qui sont nécessaires ou utiles au débutant :

1. Une bonne édition de la Bible, avec des notes suffisantes (voir p. 214). La plupart des Bibles comportent des introductions, très précieuses, à chaque livre biblique.

2. Une introduction générale.

Signalons à cet égard deux livres dont la qualité pédagogique a fait le succès :
E. Charpentier *Pour lire l'Ancien Testament*, Cerf 1980, 124 p.
E. Charpentier *Pour lire le Nouveau Testament*, Cerf 1982, 128 p.
Plus fouillé et savant : W. Harrington – *Nouvelle introduction à la Bible*, Seuil 1971, 1126 p.

3. Des instruments bien utiles

☞ ***Un dictionnaire biblique***

Pour l'Ancien et le Nouveau Testament :
Monloubou et *Du Buit*, *Dictionnaire biblique universel*, Desclée 1984, 780 p. 2000 articles très à jour.
Pour le Nouveau Testament :
X. Leon-Dufour, Dictionnaire du Nouveau Testament, Seuil, Livre de vie 1975, 577 p.
A. Rouet Des hommes et des choses du Nouveau Testament, Desclée 1979.

☞ **Un atlas biblique**

H. Rowley, *Atlas de la Bible*, Centurion 1960, 64 p. Pratique et pas cher.

☞ **Une « concordance »**

C'est la liste alphabétique de tous les mots de la Bible avec l'indication des passages où on retrouve ce mot : le meilleur moyen de retrouver facilement une citation, une référence.

Pour un texte absolument fixé (texte hébreu, Septante, Vulgate...), ces concordances sont faciles à faire et existent depuis longtemps.

Mais en français, la multiplicité des traductions rend très difficile la réalisation de ces listes de mots. (Voir *La concordance thématique du Nouveau Testament*, Cerf 1989.)

Toutefois les tables que l'on trouve à la fin des Bibles permettent déjà de retrouver bien des références ; les dictionnaires également.

☞ **Une « synopse »**

Présentation en colonnes parallèles des textes des quatre évangiles. Il en existe plusieurs en français, par exemple :
P. Benoit et M.E. Boismard, *Synopse des quatre Évangiles*, Le Cerf, 1972.
L. Deiss, *Synopse*, Desclée de Brouwer, 1975.

4. Des revues

Cahiers Évangiles, publiés par le service Évangile et Vie (6, avenue Vavin, 75006 PARIS). Ces cahiers trimestriels de 60 à 80 p. ont étudié depuis 15 ans presque tous les livres bibliques et de nombreux thèmes bibliques. Travaux de spécialistes, mais dans un langage et à un prix très abordables pour le grand public.
Les Dossiers de la Bible : 5 nos par an ; plus simples (même adresse).
Le monde de la Bible (Bayard-Presse) : très belle revue illustrée (histoire et archéologie). ■

▶▶▶

2. L'ANCIEN ORIENT, PAYS DE LA BIBLE

Les pays de la Bible

La religion juive et la révélation chrétienne s'enracinent dans des lieux et des temps précis, que l'archéologie permet de bien connaître. Il s'agit du Proche-Orient, déjà siège, au IIe millénaire avant J.-C., de civilisations fort anciennes, avec deux foyers principaux : la Mésopotamie et l'Égypte.

La Mésopotamie

Entre le Tigre et l'Euphrate en effet (en grec : *mesos*, entre, *potamos*, fleuve), sur l'emplacement actuel de l'Irak, se situe le berceau d'une des plus anciennes civilisations, bien connue grâce aux fouilles des XIXe et XXe siècles, qui ont dégagé d'immenses constructions de briques et des monceaux de tablettes d'argile écrites en caractères cunéiformes.

Depuis le IVe millénaire existaient en Basse-Mésopotamie, dans les pays de Sumer et d'Akkad, des villes comme Ur, Erek, Lagash, qui connurent une période très brillante. Puis Babylone fit l'unité à son profit, comme on le voit sous le règne d'Hammourabi, vers le XVIIIe siècle avant J.-C. A la fin du IIe millénaire, la prépondérance passa aux Assyriens, terribles guerriers de la Mésopotamie du Nord, dont la capitale était Ninive.

▶▶▶

QUELQUES DATES

2850	En Égypte, Ancien Empire
2500	En Mésopotamie, empire de Sumer
2400	En Mésopotamie, empire d'Akkad
2200	En Égypte, Moyen Empire
v. 1900	En Mésopotamie, 1re dynastie babylonienne
v. 1800	Abraham en Canaan?
v. 1790	En Mésopotamie, le roi Hammourabi
v. 1730	En Égypte, les Hyksos (Sémites)
v. 1570	En Égypte, Nouvel Empire XVIIIe dynastie
1500	En Asie Mineure et Syrie, Nouvel Empire Hittite Unité et apogée de l'Égypte Touthmès III (1504-1450)
v. 1360	En Égypte, Toutankhamon. Séti Ier. Ramsès II (v. 1300-1235)
v. 1250-1200	Moïse. Israël nomade au désert.

▶▶▶

L'Égypte

À l'autre extrémité du « croissant fertile », l'Égypte entre aussi dans l'histoire au IVe millénaire, lorsque la Haute-Égypte, vallée fertile du Nil, et la Basse-Égypte, vaste delta du fleuve, sont unies sous la souveraineté sacrée du pharaon. Une civilisation très raffinée se développe dans ce peuple qui jardine les terres fertilisées par le Nil, civilisation marquée par un foisonnement de dieux et la hantise de l'au-delà. C'est pour assurer leur immortalité que les pharaons de la IVe dynastie, vers 2600, construisent les grandes pyramides.

Vers 2200, avec la XIe dynastie, commence le Moyen-Empire, qui sombre dans l'anarchie après les invasions sémitiques (les Hyksos). La XVIIIe dynastie inaugure, vers 1570, le Nouvel-Empire, époque de grands pharaons conquérants (Thoutmès III, Séti Ier, son successeur Ramsès II, ...)

Autres peuples d'Orient

Autour de Harân, en Mésopotamie, se trouvaient les *Amorréens* et les *Araméens*, semi-nomades auxquels se rattachent, semble-t-il, le clan d'Abraham et les origines d'Israël.

Dans la Turquie intérieure, on a retrouvé les traces du puissant empire des *Hittites* (1800-1200) autour de leur capitale Hattusas (aujourd'hui Bogazkale). Enfin, le long de la côte méditerranéenne, la Syrie, la Phénicie et le Pays de Canaan étaient habités par des Sémites proches les uns des autres par l'origine et la langue ; situés en un lieu de passage, pour les commerçants comme pour les armées, ils devaient jouer un grand rôle dans l'histoire : les *Phéniciens* sont à l'origine du commerce maritime et de l'écriture alphabétique, et le pays de Canaan, la Terre Promise, est devenu la « Terre Sainte ».

▶▶▶

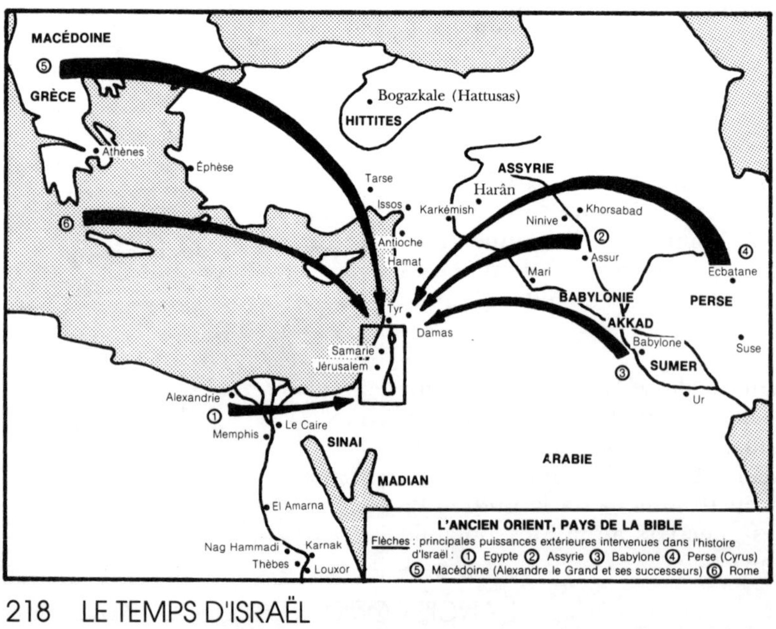

L'ANCIEN ORIENT, PAYS DE LA BIBLE
Flèches : principales puissances extérieures intervenues dans l'histoire d'Israël : ① Egypte ② Assyrie ③ Babylone ④ Perse (Cyrus) ⑤ Macédoine (Alexandre le Grand et ses successeurs) ⑥ Rome

Petit lexique géographique de l'ancien Orient

Amorites. Peuple nomade sémitique de Mésopotamie au IIIe millénaire, les *Amarru* (ou *Amorréens*, ou *Amorites*) ont fondé des royaumes à Mari et à Babylone, puis émigré vers l'ouest. Dans la Bible, les Amorites sont mentionnés parmi les principautés de Canaan au temps de la conquête par les Hébreux au XIIIe s. av. J.-C.

Araméens. Nom collectif de peuples sémitiques originaires de Mésopotamie qui menaient de la Syrie à l'Euphrate, une vie semi-nomade. Abraham était araméen. Au temps des rois d'Israël, ils formaient à Hamat et Damas des royaumes rivaux d'Israël et de Juda. Leur langue, proche de l'hébreu, se répandit largement dans l'empire de Babylone aux VIIe et VIe s. av. J.-C., et devint celle des Juifs durant et après l'exil.

Canaan. Nom donné, dans la Bible, au pays situé à l'ouest du Jourdain, terre promise à Abraham et occupée par les Hébreux au XIIe s. av. J.-C. Les Cananéens, agriculteurs sédentaires, pratiquaient le culte des Baals protecteurs des troupeaux et des récoltes. Israël se mêla aux populations cananéennes, adopta leur langue, mais garda intacte sa propre tradition religieuse.

Chaldée. Le pays de Sumer, la Basse-Mésopotamie, prit le nom de Chaldée quand il fut envahi par des tribus araméennes, les *Chaldéens*, qui furent aux VIIe et VIe s. les maîtres de Babylone. Aussi la Bible nomme-t-elle tantôt Chaldéens tantôt Babyloniens les conquérants qui détruisirent Jérusalem en 587.

Croissant fertile. Expression moderne pour désigner la zone cultivable qui s'étend en demi-cercle de l'Égypte au golfe Persique, (Israël, Liban, Syrie, Irak) par opposition aux déserts qui l'entourent. C'est là que se déroule toute l'histoire biblique.

Jourdain. Prenant sa source au pied de l'Hermon, au Liban, ce fleuve traverse le petit lac Huleh, puis s'engouffre dans le grand fossé de faille qui limite à l'est la Palestine. A 212 m au-dessous du niveau de la mer, il débouche dans le lac de Tibériade ou mer de Galilée, puis poursuit ses méandres jusqu'à la mer Morte, à – 392 m.
Dans cette vallée, la plus profonde du monde, taillée entre de hauts plateaux désertiques, le fleuve serpente au milieu de fourrés longtemps impénétrables, halliers jadis peuplés de bêtes sauvages.

▶

Un peuple aux noms multiples : Sémites ? Hébreux ? Israélites ? Juifs ?

Des mots proches, mais non identiques.

Sémites

Comme les Assyriens, les Phéniciens et les Arabes, les Juifs sont des *Sémites*. Le mot vient de **Sem**, un des fils de Noé, auquel la Bible rattache divers peuples (Elamites, Araméens, Hébreux, etc.). En fait, le mot *sémite* a été créé au XVIIIe siècle pour regrouper non des races, mais des langues ayant une origine commune.

On distingue quatre groupes de langues sémitiques :
- oriental (akkadien, assyrien, babylonien...) ;
- central (amorréen, araméen, syriaque) ;
- occidental (cananéen, phénicien, hébreu) ;
- méridional (arabe, éthiopien...).

Les recherches concluent à l'existence d'une souche linguistique commune, dite « protosémitique », dont l'origine se situerait en Arabie à la fin du IIIe millénaire.

Hébreux

Ce nom est donné par la Bible au clan d'Abraham, puis au peuple issu de lui, jusqu'à son installation en Canaan, au XIIIe avant J.-C.

Les *Hébreux*, qui parlaient déjà une langue sémitique avant leur séjour en Égypte (1600-1250 av. J.-C.), adoptèrent la langue du pays de Canaan où ils s'installèrent vers 1200, langue que l'on a appelée l'hébreu. Durant l'exil à Babylone (vers 587 av. J.-C.), ils se familiarisèrent avec l'araméen qui, largement parlé en Orient et proche de l'hébreu, devint leur langue courante ; l'hébreu resta la langue religieuse (Écritures, liturgie).

Israël, Israélites

Israël, nom donné par Dieu à Jacob selon la Genèse (32, 23-33), devint celui de ses descendants lorsqu'ils s'installèrent en Canaan, « Terre promise ». On dira : « La maison d'Israël ». Après le schisme de 931, le nom d'Israël fut celui du royaume du Nord et, après la disparition de celui-ci (721), il fut de nouveau employé pour l'ensemble du peuple juif, les *Israélites*.

Juifs, Juda, Judée

La tribu de *Juda*, berceau de la monarchie de David, donna son nom, après le schisme de 931, au royaume du Sud. Au retour d'exil, au Ve siècle, on appelle *Judée* la région de Jérusalem, et *Juifs* ses habitants. Sous ce nom, popularisé dans le monde gréco-latin, seront désignés tous les membres du peuple juif.

Eretz Israël, Terre d'Israël, Israéliens

Les pionniers du renouveau juif en Palestine au XXe siècle donnèrent à leur patrie retrouvée le nom d'*Eretz Israël*, Terre d'Israël. Israël est le nom de l'État indépendant créé en 1948, qui a adopté l'hébreu comme langue officielle ; ses habitants sont les *Israéliens*. ■

▶▶▶

Canaan, future Terre Sainte

Entre la Méditerranée et l'immense désert d'Arabie, la terre où allaient se dérouler les événements fondateurs du judaïsme et du christianisme (la Palestine actuelle) portait au milieu du IIe millénaire le nom de *Canaan*.

Le soulèvement montagneux, qui a formé au nord du pays le Liban et l'Antiliban, a entraîné l'effondrement d'un large fossé, se prolongeant vers le sud par la corne orientale de la mer Rouge, le golfe d'Akaba, et à travers l'Afrique orientale. Dans cette fosse, qui entaille des plateaux plus ou moins désertiques, coule le Jourdain (« le bondissant ») : né au pied de l'Hermon à + 200 m, il dévale jusqu'au lac de Tibériade, à – 212 m, puis jusqu'à la mer Morte, à – 392 m. Il reçoit des torrents descendant des plateaux. Vers l'ouest, les torrents côtiers ont formé une plaine littorale de 20 à 30 km.

Du sud au nord on distingue : la *Judée*, formée de hauts plateaux atteignant 1000 m et d'une plaine côtière, la Shéphéla ; la *Samarie*, dont les collines (300 à 700 m) descendent vers la plaine de Yzréel à l'ouest ; la *Galilée*, qui n'a guère que 50 km de large et va de l'éperon côtier du Carmel au lac de Tibériade, avec la Basse Galilée au sud et la Haute Galilée au nord.

Au moment où les clans nomades hébreux cherchent à s'y installer, le pays de Canaan est un pays d'agriculteurs sédentaires groupés autour de petites cités fortifiées. Ils ignorent la mer et se protègent contre leurs voisins qui, tous, envient ce pays « où coulent le lait et le miel » : Amorréens et Ammonites de Transjordanie, Moabites et Edomites du sud-est, nomades de Madian et d'Amalec... Au nord-est de Canaan se sont constitués de petits royaumes araméens : Damas, Hamat au nord, les villes phéniciennes commerçantes de Tyr et de Sidon plus au sud ; dans la plaine côtière de Canaan allaient s'installer, au XIIe siècle avant J.-C., les terribles Philistins (d'où dérivera le nom de Palestine). ▶▶▶

« Juif » avec majuscule ou minuscule ?

L'usage est d'écrire avec une majuscule les noms des habitants d'un pays (les Français, les Israéliens), et avec une minuscule ceux des membres d'une religion (les catholiques, les musulmans...). Le mot « juif » a longtemps désigné les deux à la fois. C'est pourquoi, pour la période antérieure à la destruction de l'entité politique juive par les Romains (70 ap. J.-C.), il est écrit avec une majuscule, et avec une minuscule pour la période postérieure sans que ce soit pour autant une règle.

Petit lexique géographique de l'ancien Orient

▶

Trois torrents principaux venant de l'est rejoignent le fossé du Jourdain ; du nord au sud : le Yarmouk, non cité dans la Bible, le Yabboq, près duquel un récit de la Genèse situe le combat mystérieux de Jacob (Gn 32, 23-33), l'Arnon, qui débouche dans la mer Morte.

Madian. Peuple arabe qui doit son nom à l'un des nombreux fils d'Abraham (Gn 25, 1-4). Il menait la vie nomade dans le désert du Negueb et dans la presqu'île du Sinaï, où Moïse, fugitif, devint le gendre du prêtre madianite Jethro. Mais, dans la suite, Madian s'attaqua à Israël, et Gédéon leur infligea une mémorable défaite (Jg 6-8).

Mer Morte. Entre de hauts plateaux désertiques (835 m au mont Nébo), la mer Morte occupe la partie la plus profonde du grand fossé de faille qui va de la Syrie au golfe d'Akaba. Elle a 80 km sur 20, sa surface est à 392 m au-dessous du niveau de la mer, avec une profondeur maximale de 400 m. L'eau débitée par le Jourdain s'y évapore sous l'ardeur du soleil au point de contenir six fois plus de sels minéraux (chlorures, bromures, etc.) que l'Océan. Aucune vie ni dans ses flots, ni sur ses rives. La Bible l'appelle « mer salée » et les Arabes, aujourd'hui, « mer de Loth » (Gn 19).

▶

Petit lexique géographique de l'ancien Orient

Moab. Région au sud-est de la Mer Morte ; ses habitants ont été en fréquents conflits avec Israël.

Ninive. Située au bord du Tigre, c'est l'une des capitales des rois d'Assyrie, symbole de leur gloire au temps de Sennachérib (705-681) et d'Assourbanipal (669-631 ?). L'énorme bibliothèque de celui-ci, constituée de tablettes d'argile écrites en cunéiforme et retrouvées dans les fouilles, a permis de reconstituer l'histoire et la mythologie de la Mésopotamie. La décadence de l'Assyrie permit à Babylone, alliée aux Mèdes, de s'emparer de Ninive et de la détruire en 612 av. J.-C., désastre célébré par les prophètes juifs (spécialement Sophonie et Nahum).

Phénicie. La Phénicie occupait l'étroite bande entre montagne du Liban et Méditerranée. Sa côte découpée abritait d'excellents ports : Byblos, Beyrite (Beyrouth), et surtout Sidon (Saïda) et Tyr. Peuple de marins et de commerçants, les Phéniciens sillonnèrent la Méditerranée et fondèrent Carthage, qui fut bientôt le principal centre de leur civilisation. Parlant une langue sémitique proche de l'hébreu, ils inventèrent, pour l'écrire, le premier alphabet, ancêtre du nôtre (inscriptions de Byblos, XIIIe s. av. J.-C.).

Sidon. Aujourd'hui Saïda au Liban, c'était un port de la côte phénicienne, célèbre par ses rameurs, ses bûcherons, son commerce de pourpre... Les prophètes soulignèrent souvent la tentation d'idolâtrie exercée par elle sur Israël. C'est près de Sidon que Jésus devait guérir la fille d'une femme syro-phénicienne.

Tyr. Cet ilôt rocheux de la côte phénicienne devint une importante cité enrichie par le commerce maritime. Ville d'origine de Jézabel, épouse du roi d'Israël Achab, elle s'attira la malédiction des prophètes. Son site avait préservé son indépendance, mais Alexandre le Grand s'en empara après un siège de sept mois et la détruisit en 332 av. J.-C. Tyr devait retrouver sa prospérité qui dura jusqu'à la fin de l'empire romain.

Ur (Our). Ville de Mésopotamie dont Abraham serait originaire selon le livre de la Genèse (11,28-31). Était-ce celle située au sud de la Mésopotamie, sur la rive droite de l'Euphrate (dans l'actuel Irak), dont les fouilles (temples, palais, tombes royales, etc.) ont révélé l'histoire sur une longue période, incluant la brillante civilisation sumérienne (XXVIIIe - XXe s. av. J.-C.) ou une autre située au nord de la Mésopotamie, près de Harân (Gn 11, 31) ?

3. LA BIBLE ET LES ORIGINES DE L'HOMME

Des récits chargés de signification

Les traditions sur les origines de l'humanité, que rapportent les onze premiers chapitres du livre de la *Genèse*, sont légendaires ; on ne doit donc y chercher aucune visée historique ou scientifique, mais seulement la réponse, de nature religieuse, donnée par les sages d'Israël à la question de toujours : pourquoi l'homme ?

Adam et Ève

Les noms donnés par la tradition biblique au premier couple créé par Dieu sont significatifs : *Adam* (racine hébraïque évoquant la terre rouge) signifie *homme*. *Ève* signifie *la Vivante*, la mère des vivants. D'après le second des deux récits de la création figurant dans la Genèse (Gn 2, 5-24), Adam est modelé par Dieu avec de la terre, Ève façonnée à partir d'une côte enlevée à Adam, ce qui montre l'unité d'origine du couple humain. D'après le premier récit (Gn 1 ; 2, 1-4), tous deux sont créés « à l'image de Dieu et à sa ressemblance », ce qui implique en eux intelligence et volonté libre. Puis Dieu les charge de cultiver le jardin d'Eden en amitié avec lui. Mais, tentée par le serpent, symbole du mal, Ève désobéit à Dieu et entraîne Adam. Dieu les chasse du jardin ; ils connaîtront désormais, eux et leur descendance, la souffrance et la mort (Gn 2,15 ; 3).

Ce récit, d'une poésie apparemment naïve, n'a d'autre prétention que de donner, avec des images concrètes, une réponse aux questions fondamentales. D'où vient l'homme ? L'homme et la femme sont-ils égaux, de même espèce ? D'où viennent les maux qui accablent l'homme ? Y a-t-il, malgré la souffrance et la mort, un espoir pour lui ?

Dans les débuts du christianisme, Paul, scrutant dans l'*Épître aux Romains* le plan de Dieu, opposera au péché d'Adam touchant toute l'humanité le salut également apporté à toute l'humanité par le Christ, « nouvel Adam ».

Caïn et Abel

De Caïn et Abel, présentés comme les premiers fils d'Adam et d'Ève, l'un était cultivateur, l'autre pasteur de troupeaux. Caïn, jaloux, tua son frère (Gn 4). Ce premier meurtre évoque peut-être l'hostilité ancestrale des agriculteurs sédentaires et des nomades pasteurs, en tout cas la présence du mal dans l'humanité. Abel restera le symbole de la victime innocente ; la descendance de Caïn est décrite comme rebelle et brutale. Une troisième fils d'Adam et d'Ève, Seth, est présenté comme l'ancêtre de la lignée qui aboutit à Noé (Gn 5).

Noé et le déluge

Le récit du déluge (Gn 6 à 9) reprend des traditions bien antérieures et largement répandues dans l'ancien Orient, pour en dégager *un enseignement religieux*. Des poèmes babyloniens, pouvant

▶▶▶

dater de 3 000 ans av. J.-C. et dont nous avons plusieurs versions plus récentes, décrivent en effet, autour d'un héros nommé Gilgamesh, les épisodes d'un déluge universel. On y trouve la plupart des traits du récit biblique : décision de détruire l'humanité, avertissement au héros de construire un bateau et d'y embarquer les animaux, lâcher d'oiseaux lors de la décrue des eaux, sacrifice et bénédiction finale.

Reprenant la tradition babylonienne, ou le souvenir d'un cataclysme local, les auteurs bibliques attribuent la cause du déluge, non à des jalousies entre divinités, mais au jugement porté par le Dieu unique. Ils soulignent deux points : 1. au milieu d'une humanité pervertie, Dieu *choisit* Noé le juste pour le sauver et permettre à l'humanité un nouveau départ ; 2. il conclut avec lui une *alliance*, qui a pour clause l'interdiction de consommer le sang, siège de la vie, et pour symbole l'arc-en-ciel, signe de paix après l'orage.

L'histoire de Noé devait avoir un large retentissement dans la tradition biblique et chrétienne. Pour les premiers chrétiens, l'arche de Noé flottant sur les eaux symbolise l'Église où Dieu rassemble ceux qu'il veut sauver.

▶▶▶

Ph. Tournus

Création de la femme. Porche de l'église de Guimiliau (Finistère, XVIIe s.)

**Origine du monde.
Généalogie (simplifiée)
selon la Genèse**

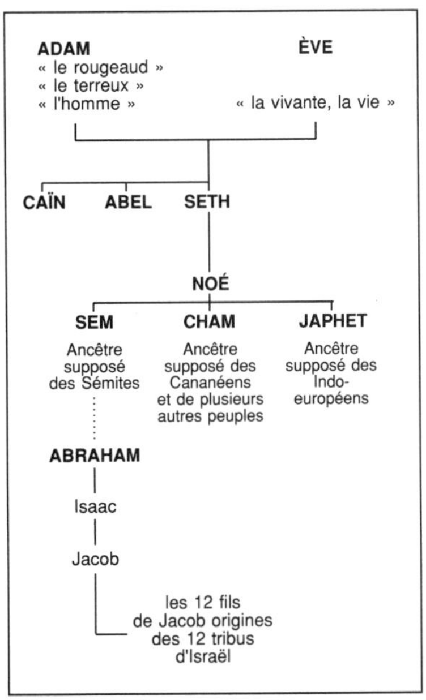

AVOIR DES ANCÊTRES

Pour se situer dans l'univers, les hommes ont besoin d'un passé, d'une histoire, d'avoir des ancêtres. Afin de souligner l'appartenance de Jésus à l'humanité, chacun des évangélistes Matthieu et Luc lui attribue une généalogie : Matthieu (1,1-17) remonte à Abraham, Luc (3, 23-38) jusqu'à Adam ! Les rédacteurs du livre de la *Genèse* n'avaient d'ailleurs pas hésité à attribuer une généalogie précise aux premiers habitants de la terre, d'Adam à Noé, afin de combler l'intervalle entre la création et le déluge.

Ces usages, courants dans tout l'ancien Orient, ne prétendaient pas établir une chronologie véritable, mais souligner les liens d'appartenance. Ils permettaient aux tribus israélites, ainsi qu'aux peuples voisins, de se reconnaître des *ancêtres éponymes* (qui donnent leur nom), et d'attester ainsi leur origine. Les noms de ces ancêtres, restes déformés d'anciennes légendes, ont souvent un sens symbolique.

On imaginait que la longévité, liée à la sainteté, avait diminué avec les âges du monde à cause des progrès du péché : Mathusalem bat le record avec 969 ans, Noé atteint encore 950 ans, mais Abraham, au seuil de l'histoire d'Israël, n'atteint plus que 175 ans !

Notons enfin que les douze tribus d'Israël, dont l'existence est bien attestée dans la région de l'actuelle Palestine au XIIe s. av. J.-C., ont pour ancêtres éponymes les fils de Jacob. ■

Qu'est-ce que ?

Arche de Noé. Selon le livre de la *Genèse*, ce refuge flottant construit par Noé sur les instructions précises de Dieu était en bois de cyprès calfaté au goudron et mesurait 150 mètres de long, 25 de large et 15 de haut. Le tout évidemment hors de proportion avec les techniques de l'époque ! Il comportait trois étages divisés en compartiments, le tout surmonté d'un toit. Les huit membres de la famille de Noé s'y abritèrent, avec les spécimens de chaque espèce animale pour permettre à la vie de repartir après la grande épreuve. Selon la *Genèse*, c'est sur le mont Ararat (dans la Turquie actuelle) que se serait terminée la navigation de l'arche.

Sem, Cham et Japhet. Fils aîné de Noé, *Sem* est présenté comme l'ancêtre du peuple hébreu et de toute la vaste famille ethnique des Sémites (Babyloniens, Syriens, Araméens, Arabes, etc.).
Cham, le second fils, est l'ancêtre des Cananéens, occupants de la terre que les Hébreux devaient conquérir au XIIe s. av. J.-C. La malédiction, reçue de son père pour lui avoir manqué de respect alors que ce dernier était ivre, justifiait, aux yeux d'Israël, la dépossession de ses descendants. On rattachait également à la descendance de Cham les peuples du sud de l'Arabie, de l'Éthiopie, de l'Égypte.
A *Japhet*, le troisième fils, la Bible rattache les Mèdes, les Grecs, et divers peuples méditerranéens.

Hénoch (ou Hénock). Patriarche évoqué dans la *Genèse* (Gn 5, 21-24) comme père de Mathusalem ou Metoushèlah (et donc un ancêtre de Noé), et comme ayant été enlevé par Dieu à l'âge de 365 ans ; cette disparition mystérieuse a excité les imaginations, et sous son nom ont été composés plusieurs livres à partir du IIe s. av. J.-C. (exhortations, paraboles, prophéties), tous rangés parmi les apocryphes.

Mathusalem (ou Metoushèlah). Patriarche cité par le livre de la *Genèse* (Gn 5, 21-31) comme étant le fils d'Hénoch et le grand-père de Noé ; supposé avoir vécu 969 ans, il est devenu symbole des temps reculés et de la vieillesse.

Tour de Babel. Avant de se disperser sur toute la terre, (Gn 11), les descendants de Noé voulurent construire une tour qui atteindrait le ciel. Mais Dieu fit échouer le projet en leur faisant parler des langues différentes... En fait, le récit associe l'image des ziggurats, temples à sept étages dont s'enorgueillissait Babylone, et le mot signifiant en hébreu « confusion » *(babel)*, afin d'expliquer l'origine de la diversité des langues et de la mésentente des peuples sur la terre.
Au symbole de Babel les chrétiens opposeront la Pentecôte ; là, l'Esprit permit à des auditeurs aux langues diverses de comprendre la prédication des apôtres, en signe de l'unité réalisée par le Christ.

LA CRÉATION SELON LA GENÈSE

La Bible comporte deux récits de la Création, tous deux dans le livre de la Genèse. Le premier, qui est le plus récent, relève de la tradition dite *sacerdotale* (voir p. 210 b), le second, le plus ancien, de la tradition dite *yahviste* (*id.*). Le récit sacerdotal est ainsi appelé parce que l'on suppose que son auteur est un prêtre qui écrit en exil à Babylone (entre 587 et 538). Malgré un ton presque liturgique, ce récit est polémique. Il veut d'abord répondre aux récits babyloniens de la création où s'affrontent les bons et les mauvais dieux. Il veut affirmer que Dieu n'est pas à l'origine du mal... Mais l'auteur veut surtout inviter le peuple juif à respecter le sabbat.
Les textes ci-dessous sont tirés de la Traduction Œcuménique de la Bible (TOB).

1. Le récit « sacerdotal »
(Gn 1,1–2,4)

1 1 Lorsque Dieu commença la création
du ciel et de la terre, 2 la terre était
déserte et vide, et la ténèbre à la surface
de l'abîme ; le souffle de Dieu planait à
la surface des eaux, 3 et Dieu dit : « Que
la lumière soit ! » Et la lumière fut.
4 Dieu vit que la lumière était bonne.
Dieu sépara la lumière de la ténèbre.
5 Dieu appela la lumière « jour » et la
ténèbre il l'appela « nuit ». Il y eut un
soir, il y eut un matin : premier jour.

6 Dieu dit : « Qu'il y ait un firmament
au milieu des eaux et qu'il sépare les eaux
d'avec les eaux ! » 7 Dieu fit le firmament
et il sépara les eaux inférieures au firma-
ment d'avec les eaux supérieures. Il en fut
ainsi. 8 Dieu appela le firmament « ciel ».
Il y eut un soir, il y eut un matin :
deuxième jour.
9 Dieu dit : « Que les eaux inférieures
au ciel s'amassent en un seul lieu et que
le continent paraisse ! » Il en fut ainsi.
10 Dieu appela « terre » le continent : il
appela « mer » l'amas des eaux. Dieu
vit que cela était bon.
11 Dieu dit : « Que la terre se couvre
de verdure, d'herbe qui rende féconde sa
semence, d'arbres fruitiers qui, selon leur
espèce, portent sur terre des fruits ayant
en eux-mêmes leur semence ! » Il en fut
ainsi. 12 La terre produisit de la verdure,
de l'herbe qui rend féconde sa semence
selon son espèce, des arbres qui portent
des fruits ayant en eux-mêmes leur semence
selon leur espèce. Dieu vit que cela était
bon. 13 Il y eut un soir, il y eut un matin :
troisième jour.

14 Dieu dit : « Qu'il y ait des luminaires
au firmament du ciel pour séparer le jour
de la nuit, qu'ils servent de signes tant
pour les fêtes que pour les jours et les an-
nées, 15 et qu'ils servent de luminaires au
firmament du ciel pour illuminer la
terre. » Il en fut ainsi. 16 Dieu fit les deux
grands luminaires, le grand luminaire
pour présider au jour, le petit pour pré-
sider à la nuit, et les étoiles. 17 Dieu les
établit dans le firmament du ciel pour
illuminer la terre, 18 pour présider au jour
et à la nuit et séparer la lumière de la
ténèbre. Dieu vit que cela était bon. 19 Il
y eut un soir, il y eut un matin : qua-
trième jour.

20 Dieu dit : « Que les eaux grouillent
de bestioles vivantes et que l'oiseau vole
au-dessus de la terre face au firmament
du ciel. » 21 Dieu créa les grands monstres
marins, tous les êtres vivants et remuants
selon leur espèce, dont grouillèrent les
eaux, et tout oiseau ailé selon son espèce.
Dieu vit que cela était bon. 22 Dieu les bé-
nit en disant : « Soyez féconds et prolifiques,
remplissez les eaux dans les mers, et que
l'oiseau prolifère sur la terre ! » 23 Il y eut
un soir, il y eut un matin : cinquième jour.

24 Dieu dit : « Que la terre produise
des êtres vivants selon leur espèce : bes-
tiaux, petites bêtes, et bêtes sauvages se-
lon leur espèce ! » Il en fut ainsi.
25 Dieu fit les bêtes sauvages selon leur
espèce, les bestiaux selon leur espèce et toutes
les petites bêtes du sol selon leur espèce.
Dieu vit que cela était bon.

26 Dieu dit : « Faisons l'homme à notre
image, selon notre ressemblance et qu'il
soumette les poissons de la mer, les oiseaux
du ciel, les bestiaux, toute la terre et toutes
les petites bêtes qui remuent sur la terre ! »
27 Dieu créa l'homme à son image, à
l'image de Dieu il le créa ;
mâle et femelle il les créa.
28 Dieu les bénit et Dieu leur dit :

Commentaires sur le récit sacerdotal

1,1 Très longtemps, les traducteurs ont préféré traduire : « Au commencement ». Littéralement, il faudrait traduire : « En un commencement ». En tout cas, saint Jean débutera son Évangile par les mêmes mots « Au commencement » pour signifier que le Fils de Dieu était présent à la création du monde comme à sa re-création à travers la vie, la mort et la résurrection du Christ. Ce commencement est le premier jour d'une semaine qui va scander la création. L'auteur ne cherche pas à enseigner un ordre chronologique de la création (en ce cas le rédacteur qui a rassemblé les deux récits de la création aurait cherché à les unifier), mais l'idée d'un déroulement de cette création dans l'histoire.

1,2 Les mots « désert » et « vide » se disent en hébreu « tohu » et « bohu » ; l'abîme évoque l'eau et son nom hébreu « téhom » rappelle la déesse babylonienne Tiamat. Mais il n'y a pas ici de dieux cachés dans le chaos primitif. Tout est sous le contrôle du seul Dieu.

1,3 Dieu crée en séparant la lumière des ténèbres, puis plus loin (1,6) les eaux inférieures des eaux supérieures, et l'océan du continent. Créer c'est mettre un ordre : le jardinier ou le psychanalyste savent que, pour que la vie s'exprime, il ne faut pas mélanger n'importe quoi mais essayer de donner à chaque élément sa place.

« Dieu dit » : dix fois cette expression va revenir dans le récit. Beaucoup de commentateurs supposent que l'auteur sacerdotal pensait aux dix commandements – on disait aussi les dix paroles (décalogue) – qui, selon les prêtres, avaient littéralement créé Israël. Quoi qu'il en soit, il y a ici identité entre ce que Dieu dit et fait : la parole de Dieu est créatrice.

1,4 Plus tard (en 10, 13, 18, 21, 25), l'auteur dira que « Dieu vit que cela était bon » : la vision du monde de l'auteur sacerdotal est très optimiste même si, plus loin, il parle du péché (Gn 6,1-12).

1,14 L'évocation du soleil et de la lune est remarquable dans un contexte de civilisations qui avaient souvent l'habitude d'en faire des dieux : là ils sont clairement situés comme des créatures. Quelques versets plus loin, (26-29) nous verrons l'homme commander à la création. Les astres président, eux, au temps, dont la maîtrise échappe à l'homme.

1,26 En quoi l'homme ressemble-t-il à Dieu ? Le texte semble suggérer ici que c'est en dominant les animaux.

1,27 La ressemblance ici entre l'homme et Dieu semble due au fait que l'homme et la femme se reconnaissent eux-mêmes mutuellement. Si le texte parle de mâle et de femelle, il distingue la sexualité humaine de celle des animaux en ne parlant jamais pour l'homme de « reproduction » selon son espèce. Soulignons que la sexualité humaine est ici (1,28) vue de manière optimiste comme une belle création.

1,29 L'homme est roi de la création, mais dépend de la terre pour sa nourriture.

2.2 L'auteur sacerdotal est trop fin pour immédiatement parler du sabbat. Mais il insiste sur le fait que Dieu s'arrêta (*shabat* en hébreu, à rapprocher du mot *shabbat* « sabbat »). Ici, il n'est pas tellement question de repos comme dans d'autres textes de la même tradition sacerdotale (Ex 20,11 et 31,17), mais de la jubilation pour la bonté des choses. C'est une invitation presque directe à s'arrêter pour jouir de la création et pour chanter. Pour l'homme, il s'agit ainsi d'affirmer que c'est Dieu qui parachève la création et non lui-même. ■

« Soyez féconds et prolifiques, remplissez la terre et dominez-la. Soumettez les poissons de la mer, les oiseaux du ciel et toute bête qui remue sur la terre ! »

[29] Dieu dit : « Voici, je vous donne toute herbe qui porte sa semence sur toute la surface de la terre et tout arbre dont le fruit porte sa semence ; ce sera votre nourriture. [30] A toute bête de la terre, à tout oiseau du ciel, à tout ce qui remue sur la terre et qui a souffle de vie, je donne pour nourriture toute herbe mûrissante. » Il en fut ainsi. [31] Dieu vit tout ce qu'il avait fait. Voilà, c'était très bon. Il y eut un soir, il y eut un matin : sixième jour.

***2** [1] Le ciel, la terre et tous leurs éléments furent achevés.*

[2] Dieu acheva au septième jour l'œuvre qu'il avait faite,
il arrêta au septième jour toute l'œuvre qu'il faisait.

[3] Dieu bénit le septième jour et le consacra car il avait alors arrêté toute l'œuvre que lui-même avait créée par son action.

[4] Telle est la naissance du ciel et de la terre lors de leur création.

2. Le récit « yahviste » (Gn 2,4 – 2,24).

Nous voici devant le plus ancien des deux récits de la Création dans la Genèse. Il a été écrit vers 950 avant Jésus-Christ. Salomon règne : Israël devient une véritable nation. Mais le peuple se souvient : il n'en avait pas toujours été ainsi. Il avait été un temps où l'ancêtre du peuple était un araméen errant, sans terre. Si aujourd'hui le peuple était chez lui, c'était grâce à Dieu. Mais cet amour de Dieu pour lui, comment avait-il commencé ? Quel était le lien entre Israël et tous les autres hommes ? L'auteur (on l'appelle *Yahviste* parce qu'il nomme Dieu « Yahvé ») s'emploie à répondre à ces questions ; dans un langage simple, il essaie de communiquer son optimisme : Dieu est le Dieu de tous, même s'il a fait alliance avec Israël. Malgré le mal apparent, il offre sa bénédiction aux hommes.

***2** [4] Le jour où le Seigneur Dieu fit la terre et le ciel, [5] il n'y avait encore sur la terre aucun arbuste des champs et aucune herbe des champs n'avait encore germé, car le Seigneur Dieu n'avait pas fait pleuvoir sur la terre et il n'y avait pas d'homme pour cultiver le sol ; [6] mais un flux montait de la terre et irriguait toute la surface du sol. [7] Le Seigneur Dieu modela l'homme avec de la poussière prise du sol. Il insuffla dans ses narines l'haleine de vie, et l'homme devint un être vivant. [8] Le Seigneur Dieu planta un jardin en Eden, à l'orient, et il y plaça l'homme qu'il avait formé. [9] Le Seigneur Dieu fit germer du sol tout arbre d'aspect attrayant et bon à manger, l'arbre de vie au milieu du jardin et l'arbre de la connaissance du bonheur et du malheur.*

[10] Un fleuve sortait d'Eden pour irriguer le jardin ; de là il se partageait pour former quatre bras. [11] L'un d'eux s'appelait Pishôn ; c'est lui qui entoure tout le pays de Hawila où se trouve l'or [12] – et l'or de ce pays est bon – ainsi que le bdellium et la pierre d'onyx. [13] Le deuxième fleuve s'appelait Guihôn ; c'est lui qui entoure tout le pays de Koush. [14] Le troisième fleuve s'appelait Tigre ; il coule à l'orient d'Assour. Le quatrième fleuve, c'était l'Euphrate.

[15] Le Seigneur Dieu prit l'homme et l'établit dans le jardin d'Eden pour cultiver le sol et le garder. [16] Le Seigneur Dieu prescrivit à l'homme : « Tu pourras manger de tout arbre du jardin, [17] mais tu ne mangeras pas de l'arbre de la connaissance du bonheur et du malheur car, du jour où tu en mangeras, tu devras mourir ».

[18] Le Seigneur Dieu dit : « Il n'est pas bon pour l'homme d'être seul. Je veux lui faire une aide qui lui soit accordée » [19] Le Seigneur Dieu modela du sol toute bête des champs et tout oiseau du ciel qu'il amena à l'homme pour voir comment il les désignerait. Tout ce que désigna l'homme avait pour nom « être vivant » ; [20] l'homme désigna par leur nom tout bétail, tout oiseau du ciel et tout bête des champs, mais pour lui-même, l'homme ne trouva pas l'aide qui lui soit accordée. [21] Le Seigneur Dieu fit tomber dans une torpeur l'homme qui s'endormit ; il prit l'une de ses côtes et referma les chairs à sa place. [22] Le Seigneur Dieu transforma la côte qu'il avait prise à l'homme en une femme qu'il lui amena. [23] L'homme s'écria :

« Voici cette fois l'os de mes os et la chair de ma chair,
celle-ci, on l'appellera femme car c'est de l'homme qu'elle a été prise ».

[24] Aussi l'homme laisse-t-il son père et sa mère pour s'attacher à sa femme, et ils deviennent une seule chair.

Commentaires sur le récit yahviste

2,5 La terre est désolée parce qu'il n'y a pas d'homme. Pour le Yahviste, l'homme est le couronnement de la création sans lequel elle est vide et désolée.
2,7 Ce qui permet à l'homme de devenir homme, c'est la présence du souffle de Dieu en lui (on traduit aujourd'hui ce souffle par le mot esprit). Être homme, c'est accepter de tenir son souffle de Dieu.
2,8 L'homme n'est pas originaire de l'Eden. Il vient d'ailleurs, il est placé dans ce jardin, figure d'une terre promise.
2,9 Ici, il y a deux arbres particuliers : l'arbre de vie et son jumeau, l'arbre de la connaissance du bien et du mal.
2,10-14 Le Yahviste semble faire une parenthèse dans son récit pour s'extasier devant la beauté de l'eau maîtrisée. Son confrère sacerdotal avait vu l'origine comme une sortie de la menace d'une eau mystérieuse. Ici, au contraire, on part du sec et l'eau servira à irriguer. L'Eden, la Terre promise à l'homme, est un champ à cultiver grâce au don de l'eau.
2,16 L'arbre de vie a disparu du récit. Reste celui de la connaissance du bonheur et du malheur. Pourquoi Dieu interdit-il de manger de son fruit ? L'interdiction rappelle à l'homme que la création ne vient pas de lui, qu'elle lui a été donnée, et que c'est simplement par délégation de Dieu qu'il peut en faire ce qu'il veut.
Mais pourquoi interdire la connaissance du bonheur et du malheur ? On peut penser que le Yahviste attribue à Dieu cette connaissance profonde de la vie, du bonheur et du malheur : manger du fruit de cette connaissance, c'est se mettre à la place de Dieu, c'est juger souverainement du bien et du mal, c'est sortir de la nature humaine, c'est mourir, dit-il.
2,18 C'est la première réflexion de Dieu sur son œuvre.
2,19 Dans la Bible, donner un nom c'est prendre un pouvoir sur la chose, sur l'esclave ou la personne que l'on nomme. C'est pourquoi le Juif ne nomme pas Dieu (Yahvé signifie : je suis ce que je suis). Dans ce verset, le yahviste dit sa foi : pour lui l'homme a reçu toute la création de Dieu pour prendre pouvoir sur elle.
2,21 Le mot que l'on traduit ici par « torpeur » ou « sommeil » est rare, la tradition orthodoxe le traduit par « extase ».
2,22 Sous cette forme imagée, le yahviste cherche à faire comprendre que l'homme est limité jusque dans sa chair. Il lui manque littéralement une partie de lui-même s'il demeure seul : ce manque est la source du désir de l'autre.
2,23 On ne peut évidemment déduire de ce récit de la création que la femme serait inférieure à l'homme parce que créée après lui. Comme on ne peut dire qu'elle lui est supérieure parce que la création irait du moins digne au plus digne. ■

Adam et Ève chassés du jardin d'Eden
(Suite du récit yahviste)
(Gn 2, 25 – 3,24)

25 Tous deux étaient nus, l'homme et
sa femme, sans se faire mutuellement
honte.
3 1 Or le serpent était la plus astucieuse
de toutes les bêtes des champs que le Sei-
gneur Dieu avait faites. Il dit à la
femme : « Vraiment ! Dieu vous a dit :
“Vous ne mangerez pas de tout arbre du
jardin”... » 2 La femme répondit au ser-
pent : « Nous pouvons manger du fruit
des arbres du jardin, 3 mais du fruit de
l'arbre qui est au milieu du jardin, Dieu
a dit : “Vous n'en mangerez pas et vous
n'y toucherez pas afin de ne pas mou-
rir.” » 4 Le serpent dit à la femme : « Non,
vous ne mourrez pas, 5 mais Dieu sait
que le jour où vous en mangerez, vos yeux
s'ouvriront et vous serez comme des dieux
possédant la connaissance du bonheur et
du malheur. »
6 La femme vit que l'arbre était bon à
manger, séduisant à regarder, précieux
pour agir avec clairvoyance. Elle en prit
un fruit dont elle mangea, elle en donna
aussi à son mari qui était avec elle et il
en mangea. 7 Leurs yeux à tous deux
s'ouvrirent et ils surent qu'ils étaient nus.
Ayant cousu des feuilles de figuier, ils
s'en firent des pagnes.
8 Or ils entendirent la voix du Seigneur
Dieu qui se promenait dans le jardin au
souffle du jour. L'homme et la femme se
cachèrent devant le Seigneur Dieu au
milieu des arbres du jardin. 9 Le Seigneur
Dieu appela l'homme et lui dit : « Où
es-tu ? » 10 Il répondit : « J'ai entendu
ta voix dans le jardin, j'ai pris peur car
j'étais nu, et je me suis caché » – 11 « Qui
t'a révélé, dit-il, que tu étais nu ? Est-ce
que tu as mangé de l'arbre dont je t'avais
prescrit de ne pas manger ? » 12 L'homme
répondit : « La femme que tu as mise
auprès de moi, c'est elle qui m'a donné
du fruit de l'arbre, et j'en ai mangé. » 13 Le
Seigneur Dieu dit à la femme : « Qu'as-tu
fait là ! » La femme répondit : « Le ser-
pent m'a trompé et j'ai mangé. »
14 Le Seigneur Dieu dit au serpent :
« Parce que tu as fait cela, tu seras mau-
dit entre tous les bestiaux et toutes les
bêtes des champs ; tu marcheras sur ton
ventre et tu mangeras de la poussière tous
les jours de ta vie. 15 Je mettrai l'hostilité
entre toi et la femme, entre ta descendance
et sa descendance. Celle-ci te meutrira à
la tête, et toi, tu la meurtriras au talon. »
16 Il dit à la femme : « Je ferai qu'en-
ceinte, tu sois dans de grandes souf-
frances ; c'est péniblement que tu
enfanteras des fils. Tu seras avide de ton
homme et lui te dominera. »
17 Il dit à Adam : « Parce que tu as
écouté la voix de ta femme et que tu as
mangé de l'arbre dont je t'avais formel-
lement prescrit de ne pas manger, le sol
sera maudit à cause de toi. C'est dans la
peine que tu t'en nourriras tous les jours
de ta vie, 18 il fera germer pour toi l'épine
et le chardon et tu mangeras l'herbe des
champs. 19 A la sueur de ton visage tu
mangeras du pain jusqu'à ce que tu
retournes au sol car c'est de lui que tu
as été pris. Oui, tu es poussière et à la
poussière tu retourneras. »
20 L'homme appela sa femme du nom
d'Eve – c'est-à-dire la Vivante –, car c'est
elle qui a été la mère de tout vivant.
21 Le Seigneur Dieu fit pour Adam et sa
femme des tuniques de peau dont il les
revêtit. 22 Le Seigneur Dieu dit : « Voici
que l'homme est devenu comme l'un de
nous par la connaissance du bonheur et
du malheur. Maintenant, qu'il ne tende
pas la main pour prendre aussi de l'arbre
de vie, en manger et vivre à jamais ! ».
23 Le Seigneur Dieu l'expulsa du jardin
d'Eden pour cultiver le sol d'où il avait
été pris. 24 Ayant chassé l'homme, il posta
les Chérubins à l'orient du jardin d'Eden
avec la flamme de l'épée foudroyante pour
garder le chemin de l'arbre de vie.

ET LA POMME ?

L'histoire d'Adam et d'Ève est un récit poétique où chaque détail a valeur de symbole. La fameuse scène de la cueillette, par Ève, du fruit défendu offre une image évidemment suggestive de la tentation, et de la manière dont on y succombe en se donnant bonne conscience. On a épilogué à l'infini sur cette scène (et sur le fruit, dont en Occident on fit une pomme, en donnant ce sens erroné au mot latin « pomus » qui signifie « fruit ») ; certains y ont vu la tentation sexuelle, ce qui va à l'encontre du récit puisqu'avant même leur faute Adam et Ève avaient été invités par Dieu à « être une seule chair » et à « se multiplier ». Le récit, on l'a vu, suggère beaucoup plus la volonté de puissance de l'homme, son désir de se libérer de toute dépendance divine, d'être à soi-même son seul maître, d'être « comme un dieu ».

Commentaire sur le récit de la chute

Voici un des textes les plus connus de la Bible. Les raisons de cette célébrité sont faciles à comprendre : il aborde la question du mal ; il le fait de manière imagée et facile à retenir (qui n'a pas entendu parler de la pomme ?). C'est un récit mythique au sens noble du terme : il permet de comprendre et d'assumer la condition humaine. Ce récit, cité deux fois seulement dans l'Ancien Testament, doit toute sa notoriété à saint Paul qui l'utilise dans l'*Épitre aux Romains :* pour lui, le Christ est un nouvel Adam, origine d'une nouvelle humanité - celle des sauvés - comme Adam était le prototype d'une humanité marquée par le péché.

2,25 Il ne s'agit pas de pudeur. La nudité n'avait pas la même signification au temps du Yahviste qu'aujourd'hui. A l'époque, elle avait une signification symbolique de fragilité, de faiblesse et de besoin de protection.

3,1 Le serpent est introduit ici pour une raison théologique : sa présence n'explique pas le mal dans le monde – celui-ci reste mystérieux – mais permet de le penser. Le mal n'est pas le fait de Dieu – toute la création est bonne. L'homme n'en est pas non plus totalement responsable. Il va y participer. Il va le propager. Mais l'homme n'est pas pervers dès l'origine. Le serpent lui préexiste. Pourtant l'homme est souvent responsable : le serpent est une des créatures qu'il vient de nommer, et sur laquelle il avait donc pouvoir. Il n'y a pas ici de démon à la puissance incontrôlable par l'homme.

Il y a dans le texte un jeu de mots non perceptible en français : le mot *nu* du verset précédent et le mot *astucieux* sont des homonymes. Tout à l'heure, l'homme va découvrir qu'il est comme le serpent, nu et rusé.

Le serpent aborde la femme en premier : est-ce parce que l'auteur la pense plus fragile ? Certains interprètent ainsi. Est-ce parce qu'elle est la dernière création, la plus réussie et que la dé-création devait commencer par elle ? C'est une autre interprétation.

Dieu dit au chapitre précédent : « Tu pourras manger de tout arbre du jardin ». Le serpent lui fait dire le contraire, et met en avant l'interdit en oubliant le don : Dieu est présenté comme celui qui empêche et non celui qui permet.

3,2 Eve est sensible à la pensée du serpent. Elle la corrige, mais pas totalement : Dieu avait interdit de manger de l'arbre et non de le toucher. Visiblement, elle désire maintenant manger du fruit de l'arbre, mais pour éviter de le faire, elle accentue l'interdit de Dieu au lieu de s'avouer à elle-même son désir.

3,4 A l'origine de la rupture de la confiance entre la femme et Dieu se trouve la présentation par le serpent d'un Dieu envieux, jaloux de ses prérogatives : devant l'ignorance de l'homme face à tant de questions qui le harcèlent, présenter Dieu qui sait tout et se garde pour lui le bon côté de la vie (présentation courante à l'époque où est écrit ce texte) entraîne l'homme au péché.

La femme est tentée de passer de la confiance en la Parole de Dieu à la connaissance directe. Le cœur de ce qu'est le péché d'après la Bible est ici résumé : le péché, c'est supprimer dans sa vie la nécessité de faire confiance à l'autre et à Dieu, en se croyant capable de connaître par soi-même la totalité du monde. Or, cette connaissance est impossible à l'homme. Y prétendre, c'est prétendre devenir comme Dieu.

3,7 Le serpent n'est pas totalement menteur ; il avait dit « vos yeux s'ouvriront » (v. 5). De fait, leurs yeux s'ouvrent, mais ce qu'ils découvrent c'est l'inanité, la puérilité de la recherche de la toute-puissance, de tout savoir sur ce qui les habite : s'ils se découvrent nus, c'est qu'ils découvrent leurs limites marquées par les différences entre les êtres humains et, en particulier par la différence sexuelle. Le geste de couvrir sa nudité est sans doute une manière de permettre de supporter la faiblesse que la différence révèle : je ne suis pas tout, je ne suis pas Dieu, mon vêtement cache ma limite et me permet de la supporter, de rêver, même s'il se révèle que j'ai une limite.

3,8 Le mot souffle ici est le mot que les chrétiens ont pris pour désigner l'Esprit Saint. Même dans l'Ancien Testament la rencontre avec Dieu se fait dans ce « souffle ».

3,10 Se cacher, c'est ici le réflexe du coupable. La relation avec Dieu n'est plus celle de la confiance.

3,12-13 Pour le Yahviste, le péché brise la solidarité entre les hommes, et entre les hommes et la nature : devant le mal, chacun se disculpe et cherche le responsable ailleurs.

3,15 La rupture du péché entraîne le manque d'harmonie entre les créatures ; mais si le serpent – comme signe du mal – reçoit la promesse de sa mort (un serpent, la tête écrasée ne vit plus), l'homme, lui, est blessé, mais pas mortellement. Les chrétiens ont lu dans ce verset l'annonce de la venue du Christ, lui qui, fils de la femme, est vainqueur du mal, en lui et pour le monde : pour cette raison, on appelle ce verset le *Protévangile* (en grec, *protos :* le premier).

3,16-20 On a beaucoup parlé de la chute de la condition humaine due au péché originel. Cette interprétation n'est en rien justifiée par le texte ; tout ce qui fait l'essentiel de la vie de l'homme et de la femme – la maternité, la relation homme-femme, le travail, la relation à la nature, la mort – est marqué par la difficulté et la souffrance. La limite humaine est inscrite dans chaque instant de la vie. Certes, la création est bonne, mais ouvrir les yeux sur la réalité des limites de l'homme fait découvrir la limite de tout ce qui n'est pas Dieu. Pour autant, ce constat ne réduit pas la responsabilité de l'homme dans le mal.

3,20 Le nom donné à la femme n'est pas le simple féminin du mot homme, comme il est traditionnel de nommer les femelles des animaux. La femme a sa personnalité et sa dignité propres. De plus ce nom même est un signe d'espoir... La vie continue malgré le péché et la limite humaine.

3,21 Le péché est rupture, mais Dieu est toujours plein de sollicitude pour l'homme : leur histoire commune n'est pas terminée.

3,22 D'une certaine manière, le péché permet à l'homme de prendre une conscience plus grande de ce qu'il est et de ce qu'est le monde. Ce regard lui est quelquefois difficile car il n'est pas Dieu pour supporter le mal.
« L'un de nous » : le Yahviste fait parler Dieu ici comme les dieux du milieu mésopotamien dans lequel il vivait. Cette négligence – que certains Pères de l'Église interprètent comme une sorte d'annonce de la Trinité – met en relief la maîtrise du reste du texte, qui jamais ne sombre dans la vision magique en vogue à l'époque.

3,23-24 L'éloignement de l'Éden est une chance pour l'homme malgré les apparences. Cette mise en marche de l'homme est une manière positive de dire que celui-ci a une histoire dans laquelle il peut agir. Le verset 24 montre que la vie, le bonheur de l'homme ne pourraient être conquis par lui et ses propres forces. Ce qui fait vraiment la vie de l'homme aux yeux du Yahviste est un don de Dieu, et devra être reçu comme tel, et non pas arraché par le mensonge. ■

▶▶▶

4. LES ORIGINES D'ISRAËL

I. LES PATRIARCHES

D'où venait Israël ?

Si, à partir de David, il est possible d'écrire une histoire d'Israël, car les documents bibliques et historiques ne manquent pas, il est plus difficile de remonter en arrière. En effet, l'écriture n'apparaît guère, en Orient méditerranéen, que vers le XIIIe-XIIe siècle avant J.-C. C'est dire que nous ne connaissons l'origine des tribus nomades qui se sont établies au XIIIe siècle dans le pays de Canaan que par les traditions orales, fixées plus tard par écrit, aux alentours des sanctuaires d'Israël : Silo, Béthel, Jérusalem. Ce sont ces écrits qui forment les cinq premiers livres de la Bible qu'on appelle le *Pentateuque : Genèse, Exode, Nombres, Lévitique, Deutéronome;* ils ne prétendent pas être des récits historiques, au sens moderne du mot, et ne nous renseignent donc qu'imparfaitement.

Les patriarches

On peut toutefois affirmer, à propos de ces tribus, qu'il s'agissait de pasteurs de race sémitique originaires du pays d'Aram (d'où le nom d'« Araméens ») sur le Haut-Euphrate, dans le nord de l'actuelle Syrie. Elles se réclamaient d'ancêtres communs, *les patriarches :* Abraham, Isaac, et Jacob (surnommé *Israël*). Le plus ancien, Abraham, venant du pays d'Aram, se trouvait beaucoup plus au sud, près de la ville d'Ur en Chaldée, dans l'actuel Irak, lorsqu'il avait été appelé par Dieu à gagner avec sa famille et ses troupeaux le pays de Canaan (qui portera beaucoup plus tard le nom de Palestine), à proximité de l'actuelle Méditerranée.

Malgré son grand âge, Dieu donna à Abraham une postérité comme il le lui avait promis : d'abord Ismaël, fils de l'esclave égyptienne Agar, puis Isaac, le fils de la promesse. Celui-ci, à son tour, eut deux fils, *Esaü et Jacob ;* le second fils évinça le premier dans son droit d'aînesse ; c'est lui qui fut surnommé *Israël*, nom qui s'appliqua ensuite à l'ensemble des douze tribus issues de ses douze fils.

Toute cette famille de pasteurs nomades avait probablement gagné l'Égypte au moment où, vers 1700 av. J.-C., des princes sémites, les Hyksos, s'étaient installés dans ce pays et en avaient pris le gouvernement. Le souvenir de l'arrivée de la famille en Égypte fut gardé dans la belle histoire de Joseph, l'un des douze fils de Jacob, vendu par ses frères à des nomades, et devenu le premier ministre du Pharaon (Gn 37-50).

▶▶▶

Ph. Belzeaux-Zodiaque

Abraham, Isaac, et le bélier du sacrifice. Portail nord de N.D. de Chartres (XIIIe s.)

LES PATRIARCHES

ABRAHAM
« Le père d'une multitude »

- de sa servante **Agar** :
  - ISMAËL « Dieu écoute » Ancêtre éponyme des Arabes
- de son épouse **Sara** « la princesse »
  - ISAAC « Dieu a souri » Épouse **Rébecca**
    - ESAÜ ou EDOM « le roux » Ancêtre éponyme des Edomites
    - JACOB (ISRAËL) « il supplante » il a quatre épouses
      - **Léa** : RUBEN, SIMEON, LEVI, JUDA, ISSAKAR, ZABULON
        - (de JUDA) … DAVID … JOSEPH époux de Marie, la mère de Jésus
      - **Bilha** : DAN, NEPHTALI
      - **Zilpa** : GAD, ASER
      - **Rachel** (sœur de Léa) : JOSEPH, BENJAMIN
        - (de JOSEPH) EPHRAÏM, MANASSÉ

ABRAHAM, LE PÈRE DES CROYANTS

La figure d'Abraham, « père des croyants », domine la Bible tout entière, car elle marque le début de la Révélation, c'est-à-dire d'une relation de Dieu à l'homme manifestée par la parole.
Son histoire est rapportée par des récits bibliques écrits entre les Xe et VIe s. av. J.-C., reprenant des traditions orales très anciennes qui s'accordent bien avec le cadre de vie des XIXe et XVIIIe s. av. J.-C. révélé par les découvertes archéologiques. Son nom se rattache à une racine babylonienne, « Il aime le Père », ou araméenne, « le père est élevé ». Mais la tradition biblique l'a interprété « Père d'une multitude ».

Originaire de Harân en Mésopotamie, chef d'un clan de pasteurs qui nomadisait plus au sud, près d'Ur en Chaldée, il entend l'appel intérieur de Dieu : « Quitte ton pays et va dans celui que je te montrerai ! ». Abraham fait confiance à l'appel de Dieu et emmène sa famille et ses troupeaux dans la terre de Canaan, aux abords de la Méditerranée (voir la carte Ancien Orient p. 218). A lui, dont le drame est de n'avoir pas d'enfant, Dieu promet une postérité innombrable et lui donne effectivement un fils, Isaac. Toutefois, Dieu soumet Abraham à l'épreuve lorsqu'il lui demande précisément de sacrifier ce fils, et ainsi sa postérité. Ce récit de la Genèse (ch. 22) a été médité par toute la tradition juive, chrétienne, musulmane, pour découvrir jusqu'où vont la foi et la soumission à Dieu.
A travers l'ensemble de la Bible revient l'éloge d'Abraham, ancêtre de tous les vrais croyants ; Jésus affirme vouloir rassembler les fils d'Abraham ; les premiers écrivains chrétiens, Paul, Jacques, Jean, et l'auteur de l'*épître aux Hébreux,* le donnent également en exemple. Il est particulièrement révéré des musulmans, qui le nomment « El Khalil », l'ami de Dieu. ■

La vocation d'Abraham(1)

Le Seigneur dit à Abram(2) : « Pars de ton pays, de ta famille, et de la maison de ton père vers le pays que je te ferai voir. Je ferai de toi une grande nation et je te bénirai. Je rendrai grand ton nom. Sois en bénédiction. Je bénirai ceux qui te béniront, qui te bafouera je le maudirai ; en toi seront bénies toutes les familles de la terre ». Abram partit comme le Seigneur le lui avait dit et Loth partit avec lui.

Abram avait soixante-quinze ans quand il quitta Harrân. Il prit sa femme Saraï, son neveu Loth, tous les biens qu'il avait acquis et les êtres qu'ils entretenaient à Harrân. Ils partirent pour le pays de Canaan. Ils arrivèrent au pays de Canaan. Abram traversa le pays jusqu'au lieu dit Sichem, jusqu'au chêne de Moré. Les Cananéens étaient alors dans le pays. Le Seigneur apparut à Abram et dit « C'est à ta descendance que je donnerai ce pays » ; là, celui-ci éleva un autel pour le Seigneur qui lui était apparu.

(1) Gn. 12, 1-8.
(2) Selon Gn. 17, 1-5, c'est plus tard que Dieu changea le nom d'Abram en Abraham.

Ph. Giraudon

Le sacrifice d'Abraham. Psautier d'Ingeburg de Danemark (vers 1210).

Ismaël

Sara, l'épouse d'Abraham, étant stérile, elle lui suggéra de s'unir à sa servante Agar pour avoir une descendance ; ainsi naquit Ismaël. Sara, ayant pu elle-même enfin donner un fils à Abraham, Isaac, fit alors chasser Ismaël, et sa mère. Les Arabes se considèrent comme les descendants d'Ismaël, et c'est ce dernier qui, à leurs yeux, fut sur le point d'être sacrifié par Abraham. Juifs et Arabes se donnent ainsi en Abraham un ancêtre commun. ■

Isaac, le fils de la promesse

Isaac est le fruit de l'étonnante promesse faite par Yahvé au vieil Abraham (Gn 17,15-21 ; 18,1-15 et 21,1-7) : malgré leur âge avancé à l'un et à l'autre, Sara, l'épouse jusque-là stérile d'Abraham, lui donnera un fils ; celui-ci sera lui-même le père d'une descendance innombrable ; ce fils, Isaac, vient ainsi combler les espoirs du couple, qui les croyait devenus vains. Ainsi s'ouvre la perspective de l'histoire du peuple élu d'où naîtra un jour le Christ.

Or, c'est ce fils unique que Dieu demande à Abraham de sacrifier, paraissant ainsi se mettre en contradiction avec sa promesse de descendance. Pourtant, Abraham fait confiance à Dieu, montrant une foi dont l'*Épître aux Hébreux* fera plus tard un symbole (He 11,8-12). Il s'agissait seulement pour Dieu de mettre cette foi d'Abraham à l'épreuve ; Isaac, sorti indemne de l'aventure, sera le père de Jacob et ainsi l'un des ancêtres du peuple juif.

A divers titres, Isaac est resté lui-même une grande figure pour les chrétiens. Saint Paul voit en lui l'enfant de la promesse de Dieu, le fils de la femme libre, et ainsi la figure de la Nouvelle Alliance qui fait des chrétiens des hommes libres ; Ismaël, le fils d'Agar l'esclave, symbolise au contraire à ses yeux l'Ancienne Alliance qui asservit à la Loi (Ga 4,21-31).

Isaac, fils et héritier de la promesse, offert en sacrifice par son père mais sauvé de la mort, est souvent vu comme préfigurant le Christ lui-même. ■

Jacob

Petit-fils d'Abraham, fils d'Isaac et de Rebecca, frère jumeau mais puiné d'Esaü, Jacob est présenté dans la *Genèse* (25 à 49) comme un personnage complexe : usurpant sans scrupule le droit d'aînesse, tenace dans sa volonté d'enrichissement et dans celle d'obtenir la femme qu'il aime, Rachel ; et, en même temps, bénéficiaire d'une expérience de communication avec Dieu. Ses douze fils donneront leur nom aux douze tribus du peuple hébreu. Les épreuves de sa vieillesse, spécialement la disparition de son fils Joseph, vendu par ses frères, donnent à son histoire un accent très humain. Quant au combat spirituel du gué de Jabboq (Gn 32,23-33), où il reçoit de Dieu le nom d'*Israël* (« Fort contre Dieu » ou « Dieu se montre fort »), il a été vu par Delacroix et Rimbaud comme le symbole même de l'aventure humaine. ■

Lorsqu'un mot, une expression, un événement, une institution, un nom propre vous sont inconnus, consultez l'index.

Parmi les fils de Jacob...

Juda

Les paroles de bénédictions prononcées par le vieux Jacob avant de mourir comparent son fils Juda à un lion (Gn 49,8-12), annonçant ainsi la future prééminence de la tribu de Juda, que devait réaliser le roi David. Peuple du royaume du Sud après le schisme de 931, la tribu de Juda devait, après l'Exil, donner son nom à toute la région : la *Judée ;* d'où le nom donné aux Israélites, les *Juifs*, et à leur religion, le *judaïsme*.

Joseph

Aîné des deux fils de Rachel, l'épouse chérie de Jacob. La jalousie de ses frères lui valut d'être vendu comme esclave en Égypte, et, après d'étonnantes aventures, de se retrouver premier ministre du pharaon. Quand ses frères, en raison de la famine, viendront chercher du blé en Égypte, il leur pardonnera. Ce récit romancé souligne la protection de Dieu sur le clan d'Abraham, d'Isaac et de Jacob (Gn 37-50). Les deux tribus issues des fils de Joseph, Ephraïm et Manassé, occuperont la partie centrale du pays d'Israël.

Benjamin

Douzième et dernier des fils de Jacob. Sa mère Rachel mourut à sa naissance ; on comprend donc la tendresse de Jacob pour son « benjamin ». ■

Petit lexique géographique

Béthel. A 15 km au nord de Jérusalem, l'un des principaux sanctuaires cananéens au IIe millénaire av. J.-C. Le livre de la *Genèse* y place le songe de Jacob (Gn 28,10-22). Plus tard, après la conquête de Canaan par les Hébreux, l'Arche d'Alliance y fut déposée un moment. Enfin, après le schisme de 931, Béthel fut choisi par Jéroboam pour y ériger un centre religieux pour le royaume du Nord, et y établir un veau d'or, dont le culte fut vigoureusement dénoncé par les prophètes.

Le Chêne de Mambré. Ce fut, près d'Hébron, un lieu de séjour des patriarches. Abraham y éleva un autel et y accueillit trois personnages mystérieux (Gn 18) qui lui annoncèrent que Sara, en dépit de son âge, lui donnerait un fils. La tradition chrétienne a parfois reconnu dans cette visite une première annonce de la Trinité. (Cf. la célèbre icône de Roublev, XVe s.).

Sodome et Gomorrhe. Le nom de ces villes légendaires situées au sud de la Mer Morte symbolise l'immoralité et spécialement l'homosexualité. Selon la *Genèse*, Abraham aurait supplié Dieu d'épargner ces villes s'ils s'y trouvait seulement dix hommes justes.
Il ne s'en trouva qu'un seul, son neveu Loth ; il put s'enfuir avec sa femme et ses deux filles tandis qu'une pluie de soufre et de feu s'abattait sur les deux villes. La femme de Loth, malgré la consigne reçue, se retourna pour regarder le cataclysme et fut changée en statue de sel. Une tradition voit là l'origine du caractère désolé du site et des collines de sel qu'on y observe aujourd'hui (Gn 18,16 à 19, 29).

LES NOMS DE PERSONNE

Dans le système occidental, les noms de famille sont communs à toute une lignée, et les prénoms sont donnés sans lien avec la personnalité encore inconnue du nouveau-né. Dans le monde biblique il en va autrement. Le nom de famille est le plus souvent remplacé par l'indication du père (Jean, fils de Zébédée) ou de l'origine (Jésus de Nazareth). Quant au nom personnel, considéré comme disant la personne en profondeur, il revêt une grande importance ; celui qui le donne exerce de ce fait un pouvoir sur celui qui le reçoit (cf. dans la *Genèse*, Adam nommant chaque bête) ; les parents choisissent donc le nom de l'enfant en fonction de la vocation qu'ils souhaitent lui voir suivre ; d'où la fréquente mention de Dieu (*El* ou *Yahvé*) : Ezéchiel « Que Dieu rende fort », Josué ou Jésus « Yahvé sauve », etc. Ce pouvoir du nom était encore plus significatif lorsqu'exercé par Dieu lui-même : nom de Jésus communiqué par l'ange (Lc 1,31) ; nouveau nom donné à un adulte : Abram-Abraham (Gn 17,5), Jacob-Israël (Gn 32, 23-33), Simon-Pierre (Mt. 16,18) ; avec le nom, Dieu attribuait alors les dons spirituels nécessaires à la mission donnée.

Pour distinguer deux personnes de même nom, on forgeait au besoin des surnoms : Simon le Zélote (Mc 3,18), Thomas Didyme (le Jumeau ; Jn 11, 16), Jean le Baptiste (Mt 3,1). Le *Nom* désigne Yahvé lui-même ; on invoque donc, on sanctifie, on reconnaît son nom ; on ne saurait en disposer indûment (en jurant inconsidérément par lui). Jésus a révélé que *Père* est le vrai nom de Dieu (Jn 17,6). ■

Femmes de patriarches

Sara

Selon la Bible, nom signifiant « la Princesse ». Épouse d'Abraham, elle était restée stérile jusqu'au jour où Dieu fit à celui-ci la promesse qu'elle lui donnerait, malgré son grand âge, un fils : ce fut Isaac, père de Jacob, l'ancêtre de tout Israël. L'annonce de cette naissance par les envoyés de Yahvé est l'objet d'un récit d'un style familier, plein de fraîcheur et d'humour (Gn 18, 1-15).

Rebecca

Épouse d'Isaac, elle obtient par ruse et au détriment de son fils Esaü, jumeau premier-né, la primauté pour Jacob, second-né, futur ancêtre du peuple d'Israël (Gn 27).

Rachel

Selon la *Genèse* (29 à 35), elle est l'épouse préférée de Jacob, la mère de Joseph et de Benjamin, deux des douze fils de celui-ci. La tribu de Joseph s'étant subdivisée en deux tribus très nombreuses, celles d'Ephraïm et de Manassé, et la tribu de Benjamin étant implantée au cœur du pays israélite, la personne de Rachel personnifiera dans la bouche du prophète Jérémie, onze siècles plus tard, la nation maternelle pleurant ses enfants déportés en Babylonie (Jr 31,15). Et beaucoup plus tard encore, l'évangéliste Matthieu utilisera ce passage de Jérémie pour évoquer le massacre des enfants de Bethléem par le roi Hérode lors de la naissance de Jésus (Mt 2,18). ■

II. MOÏSE

L'épopée de l'Exode à travers le désert

Au cours des siècles ayant suivi l'installation du clan de Jacob en Égypte, ses descendants les Hébreux, appelés aussi Israël, surnom de leur ancêtre Jacob, avaient été réduits en esclavage par les Égyptiens. Se révoltant un jour, ils quittèrent l'Égypte vers 1250 avant J.-C. sous la conduite d'un chef prestigieux, Moïse, élevé à l'égyptienne mais devenu le libérateur de son peuple. Durant une longue nomadisation dans le désert du Sinaï, puis dans celui du Negueb autour de l'oasis de Cadès, cette horde de fuyards devint progressivement un peuple organisé, avec une religion sans équivalent parmi les peuples voisins ; cette religion était faite de l'adoration d'un Dieu unique et invisible, qui avait donné au peuple israélite son Alliance et sa Loi, pour s'en faire le témoin devant les autres peuples.

Par la suite, les tribus israélites fêtèrent annuellement dans la Pâque le souvenir de cette extraordinaire libération, dont elles se répétaient le récit merveilleux : le pharaon et l'Égypte frappés de dix fléaux, les fugitifs protégés miraculeusement au passage des lagunes de la mer des Roseaux, puis durant leurs quarante années d'errance, avant de passer le Jourdain et, au terme de ce long Exode, d'entrer dans la Terre que Dieu leur avait promise. ▶▶▶

Moïse

Son nom est d'origine égyptienne *(moses ou mosis*, qui entre dans la composition du nom *Touthmosis*, signifiant « est né »). On ne peut rejoindre la grande figure de Moïse qu'à travers la vision qu'en donne la foi d'Israël.

Prophète et médiateur

Personnage-clé de la tradition juive, il est le prophète par excellence, le médiateur entre Dieu et Israël. Il préside à la naissance et à l'organisation du peuple élu ; il converse avec le Seigneur face à face (Ex 33,11).

C'est en effet sous sa conduite que des esclaves, Hébreux comme lui, quittent l'Égypte pour aller au désert rendre un culte au « Dieu des pères » (Ex 3,12-18).

C'est par son intermédiaire qu'une alliance est conclue au Sinaï entre Dieu et le peuple moyennant l'observance du décalogue (Ex 19-20) ; celui-ci se trouve au cœur de la Tora ; il forme l'essentiel de la Loi, fondement et norme du peuple d'Israël et de sa foi, son acte de naissance et son statut ; Moïse, en tant que porte-parole de Dieu, était considéré comme son auteur et son interprète.

Chef, législateur, prophète qui parle au nom de Dieu, Moïse reste solidaire du peuple qu'il a pour charge d'éduquer. Il intercède pour lui dans les circonstances difficiles. Médiateur, il assure la communication réciproque entre Dieu et le peuple.

Vie de Moïse d'après les livres de l'*Exode* et des *Nombres*

Fils d'Hébreu de la tribu de Lévi, caché par sa mère dans les roseaux du Nil pour échapper au sort de tout nouveau-né hébreu mâle (tué sur ordre du pharaon), il est recueilli par la propre fille du pharaon et élevé à la cour. Adulte, il tue un Égyptien qui maltraitait un Hébreu et, prenant peur, s'enfuit au pays de Madian (p. 219) où il se marie et devient berger.

Ph. Anderson-Giraudon

Moïse. Statue de Michel-Ange (1514). Église St Pierre-aux-liens. Rome.

Dans le désert, Dieu se révèle à lui au cours de l'épisode du « buisson ardent » ; il retourne alors en Égypte avec mission de demander au nouveau pharaon de laisser partir les Hébreux. Cette mission donne lieu à une épreuve de force (les « plaies d'Égypte »). Finalement les Hébreux s'enfuient la nuit de la Pâque.

Après avoir traversé l'extrémité de la mer Rouge, où leurs poursuivants s'enlisent et se noient (Ex 14), ils se dirigent vers le Sinaï ; ils y reçoivent les « Tables de la Loi » des mains de Moïse. Ils passeront quarante ans au désert sous sa conduite, dans des conditions de vie qui les feront maintes fois récriminer contre lui et même contre Dieu.

Moïse meurt avant que le peuple n'entre au pays de Canaan. C'est Josué, le successeur qu'il a choisi, qui franchira le Jourdain et commencera la conquête de la Terre Promise. ■

> « *Tu te souviendras de toute la route que le Seigneur ton Dieu t'a fait parcourir depuis quarante ans dans le désert, afin de te mettre dans la pauvreté ; ainsi il t'éprouvait pour connaître ce qu'il y avait dans ton cœur et savoir si tu allais, oui ou non, observer ses commandements. Il t'a mis dans la pauvreté, il t'a fait avoir faim et il t'a donné à manger la manne que ni toi ni tes pères ne connaissiez, pour te faire reconnaître que l'homme ne vit pas de pain seulement, mais qu'il vit de tout ce qui sort de la bouche du Seigneur* ».
>
> Dt 8, 2-3 TOB.

Ph. Gamma

▶▶▶

Les premiers écrits

Ce fut beaucoup plus tard, à partir du Xe siècle avant J.-C., qu'autour des sanctuaires des deux royaumes entre lesquels s'était divisé le peuple juif (celui du Nord, Israël, et celui du Sud, Juda avec Jérusalem) se rassemblèrent les premiers des écrits qui devaient former la Bible. Ils furent ainsi l'écho d'une double tradition : celle du royaume du Nord, tradition souvent appelée *Élohiste* parce que Dieu y était désigné sous le nom courant d'*Elohim* , et celle de Jérusalem appelée *Yahviste* parce que Dieu y était désigné par le nom qu'il avait révélé à Moïse, *Yahvé* (voir p. 210 b).

L'archéologie a montré que les traditions rapportées par ces écrits sur les origines d'Israël depuis Abraham et sur son histoire ne comportaient pas d'invraisemblance, ce qui ne peut évidemment suffire à garantir leur réalité historique. Ce qui importe, c'est la conviction qu'elles donnèrent au peuple d'Israël d'avoir fait alliance, dès ses origines, avec le Dieu unique et véritable.

Plus tard, à ces récits, on joignit des traditions sur les origines de l'humanité, la création, le péché des premiers hommes, le déluge, etc., traditions puisées dans le folklore du Proche-Orient ; mais les écrivains bibliques surent à la fois les enrichir et les purifier pour exprimer à travers elles une profonde conception de Dieu, de l'homme, et de leurs rapports mutuels.

On en trouve l'évocation dans le livre de la *Genèse* qui ouvre la Bible.

▶▶▶

Qu'est-ce que ?

Aaron. Membre de la tribu de Lévi, frère aîné de Moïse et son porte-parole devant le pharaon et les Israélites, il fut le premier Grand Prêtre d'Israël, lorsque se constitua le culte au cours de l'Exode, et ainsi l'ancêtre de toute la lignée sacerdotale, la « maison d'Aaron ». Ayant accepté de fabriquer pour les Israélites une représentation de Dieu sous forme de taureau, le « veau d'or », il mourut avant d'avoir atteint la Terre Promise.

Manne. Selon le livre de l'*Exode* (16), les Hébreux, réduits à la famine dans le désert après leur sortie d'Égypte, reçurent de Dieu de quoi manger sous la forme d'une farine granuleuse déposée chaque matin sur le sol comme le givre : la manne. Ce mot est resté le symbole des dons de Dieu, et, de manière plus générale, suggère des largesses surabondantes et inespérées.

Pharaons. Souverains d'Égypte considérés comme des dieux vivants, les pharaons étaient aux yeux d'Israël le symbole même de la force du mal, impuissante devant Dieu (ce qui n'empêcha pas Israël de rechercher parfois l'alliance de l'Égypte).

Plaies d'Égypte. Le livre de l'*Exode* (7-12) montre l'Égypte frappée par dix calamités avant que le pharaon ne consente à laisser partir les Hébreux, comme le réclamait Moïse : eau du Nil changée en sang, invasion de grenouilles, de moustiques, de mouches, maladie des troupeaux, épidémie générale de boutons, grêle, sauterelles, ténèbres ; enfin, mort des premiers-nés des Égyptiens et de leur bétail pendant la nuit de la Pâque.
Il est possible que des phénomènes naturels aient été amplifiés et interprétés comme des signes, des prodiges, destinés à forcer la main du pharaon. Tels qu'ils sont rapportés, ils s'insèrent dans la suite des prodiges évoqués par Israël en célébrant la Pâque.

DÉSERT

Image de la terre hostile qui n'a pas été bénie par Dieu (Jr 2,6), où l'eau, principe même de la vie, est rare ou absente (Ex 17, 1-7), le désert tient une grande place dans la Bible.
C'est d'abord là que Yahvé fit délibérément cheminer les Hébreux pendant quarante ans, entre leur sortie d'Égypte et leur entrée dans une Terre promise « ruisselante de lait et de miel ». Il fallut cette rude épreuve pour qu'Israël prît la consistance d'un peuple, et, qui plus est, celle d'un peuple choisi par Dieu, en vertu de l'alliance passée en ce désert où lui fut délivrée la Loi régissant toute sa vie religieuse, sociale et morale. Israël conserva la nostalgie de ces lieux où la tendresse de Dieu s'était si clairement manifestée à lui (Dt 8,2 ss).
Terre de dépouillement hors des faux-semblants, le désert resta le cadre propice au retour sur soi, à la découverte de sa pauvreté et du don de Dieu, à la conversion (Os 2,16) : Elie, Jean-Baptiste, Jésus lui-même, vinrent y reprendre force spirituelle ou s'y préparer à leur mission.
Dans les premiers siècles du christianisme, le tête à tête avec Dieu, favorisé par le désert, fit venir les premiers ermites dans les solitudes d'Égypte, de Palestine, de Syrie ; il s'y élabora un idéal érémitique qui eut ses héros, les « Pères du Désert » (tel saint Antoine), popularisés en Orient et en Occident par toute une littérature pieuse ; l'idéal du désert a été la source du grand mouvement monastique qui n'a plus cessé de marquer la vie de l'Église.

Le symbolisme du désert conserve aujourd'hui toute sa vigueur dans l'Église : elle se compare volontiers au peuple hébreu en marche, à travers des terres arides, vers la Terre Promise, trouvant sa force dans l'eau de l'Esprit qui jaillit du rocher du Christ, dans le pain eucharistique que celui-ci lui dispense comme la manne. ■

Petit lexique géographique

Sinaï. Péninsule montagneuse et désertique située entre les deux golfes formant l'extrémité nord de la mer Rouge ; si elle se rattache géographiquement à l'Arabie, son histoire est liée à celle de l'Égypte. Selon le livre de l'*Exode*, elle a été le cadre du séjour effectué pendant quarante ans par les Hébreux, entre leur sortie d'Égypte et leur entrée en Canaan. Au sud, le Djebel Mousa (la « montagne de Moïse »), haut de 2 228 m, pourrait être le mont Sinaï où Dieu scella son alliance avec le peuple hébreu. Ce mont porte aussi le nom d'Horeb dans certaines des traditions du Pentateuque.
Au souvenir de Moïse s'ajoute celui d'Elie qui y entendit également la voix de Dieu. Aussi ce lieu vénérable a-t-il reçu, dès le IVe s. ap. J.-C., des colonies monastiques; le monastère orthodoxe Sainte-Catherine en est resté le témoin aujourd'hui. ■

Quand saint Paul dit ce que représente pour lui l'Exode

Je ne veux pas vous le laisser ignorer, frères : nos pères étaient tous sous la nuée, tous ils passèrent à travers la mer et tous furent baptisés en Moïse dans la nuée et dans la mer. Tous mangèrent la même nourriture spirituelle, et tous burent le même breuvage spirituel; car ils buvaient à un rocher spirituel qui les suivait : ce rocher, c'était le Christ. Cependant la plupart d'entre eux ne furent pas agréables à Dieu, puisque leurs cadavres jonchèrent le désert. Ces événements sont arrivés pour nous servir d'exemples, afin que nous ne convoitions pas le mal comme eux le convoitèrent. Ne devenez pas idolâtres comme certains d'entre eux, ainsi qu'il est écrit : le peuple s'assit pour manger et pour boire, puis ils se levèrent pour se divertir. Ne nous livrons pas non plus à la débauche, comme le firent certains d'entre eux : en un seul jour il en tomba vingt-trois mille. Ne tentons pas non plus le Seigneur, comme le firent certains d'entre eux : des serpents les firent périr. Enfin, ne murmurez pas comme murmurèrent certains d'entre eux : l'exterminateur les fit périr. Ces événements leur arrivaient pour servir d'exemple et furent mis par écrit pour nous instruire, nous qui touchons à la fin des temps.

1 Co 10, 1-11. TOB

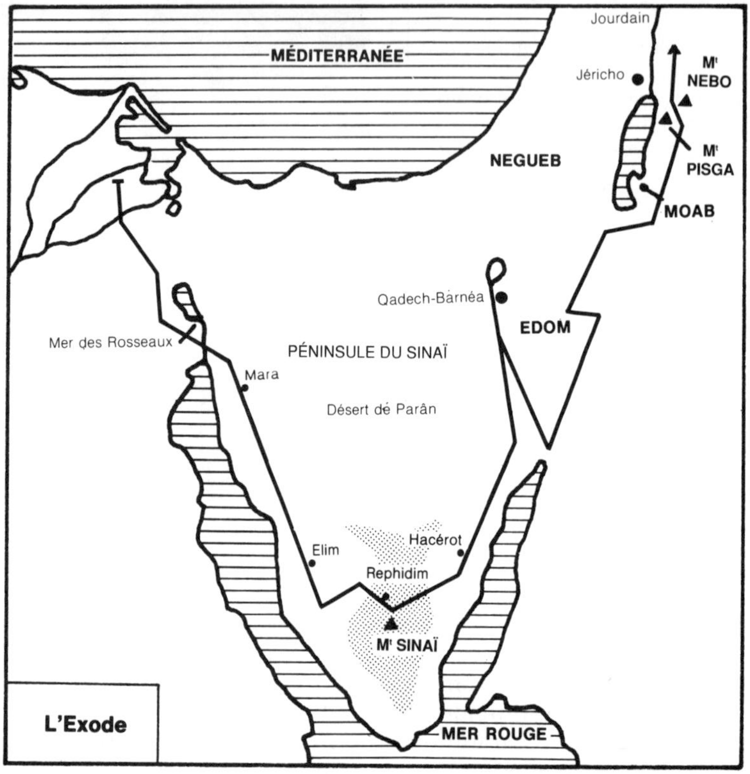

L'Exode

▶▶▶ *Les origines d'Israël*

III. L'EXODE, ÉVÉNEMENT FONDATEUR

Il éclaire l'histoire du peuple de Dieu et lui donne son sens spirituel.

Dans la Bible et la foi chrétienne, l'*Exode* désigne la libération des tribus israélites de l'esclavage d'Égypte et le don de la Loi au Sinaï par Dieu. C'est l'événement par lequel le peuple d'Israël a pris conscience d'être constitué comme peuple, et comme peuple de Dieu.

Cet événement est rappelé et célébré par Israël tout au long des diverses étapes de son histoire, aux heures lumineuses comme aux heures sombres ; il est raconté dans le livre de l'*Exode* ; mais il est surtout célébré dans la prière d'Israël (Psaumes) et dans la liturgie pascale, la Pâque, – fête agricole sans doute au départ – célébrant la libération d'Égypte par le passage de la mer Rouge (Ex 14-15).

Les prophètes rappellent sans cesse au peuple d'Israël sa naissance comme peuple de Dieu lors de l'exode d'Égypte; c'est pour lui l'invitation à être fidèle à ce Dieu qui l'a choisi et libéré (Os 11).

Le retour de l'exil de Babylone est vécu et célébré aussi comme un nouvel Exode par le prophète auteur des chapitres 40-55 du livre d'Isaïe.

Les chrétiens ont reconnu dans la mort et la résurrection de Jésus l'accomplissement de ce que préfigurait l'Exode : la libération du péché et de la mort, et l'entrée dans la vie de Dieu.

▶▶▶

Le Cantique de Moïse et des Israélites

Alors, avec les fils d'Israël, Moïse chanta ce cantique au Seigneur.
Ils dirent :
Je veux chanter le Seigneur, il a fait un coup d'éclat.
Cheval et cavalier, en mer il les jeta.
Ma force et mon chant,
c'est le Seigneur.
Il a été pour moi le salut.
C'est lui mon Dieu, je le louerai ; le Dieu de mon père, je l'exalterai.

Le Seigneur est un guerrier.
Le Seigneur, c'est son nom.
Chars et forces de Pharaon, à la mer il les lança.
La fleur de ses écuyers sombra dans la mer des Joncs.
Les abîmes les recouvrent, ils descendirent au gouffre comme une pierre.
Ta droite, Seigneur, éclatante de puissance, ta droite, Seigneur fracasse l'ennemi.
Superbe de grandeur, tu abats tes adversaires.
Tu brûles d'une fureur qui les dévore comme le chaume.
Au souffle de tes narines, les eaux s'amoncelèrent, les flots se dressèrent comme une digue, les abîmes se figèrent au cœur de la mer.
L'ennemi se disait :
Je poursuis, je rattrape, je partage le butin, ma gorge s'en gave.
Je dégaine mon épée, ma main les dépossède !
Tu fis souffler ton vent, la mer les recouvrit.
Ils s'engouffrèrent comme du plomb dans les eaux formidables.

Qui est comme toi
parmi les dieux, Seigneur ?
Qui est comme toi, éclatant de sainteté ?
Redoutable en ses exploits ?
Opérant des merveilles ?
Tu étendis ta droite, la terre les avale.
Tu conduisis par ta fidélité le peuple que tu as revendiqué,
Tu le guidas par ta force vers ta sainte demeure.
Les peuples ont entendu :
ils frémissent.
Un frisson a saisi les habitants de Philistie.
Alors furent effrayés les chefs d'Edom.
Un tremblement saisit les princes de Moab.
Tous les habitants de Canaan sont ébranlés.
Tombent sur eux la terreur et l'effroi.
Sous la grandeur de ton bras ils se taisent, pétrifiés, tant que passe ton peuple, Seigneur, tant que passe le peuple que tu as acquis.
Tu les fais entrer et tu les plantes sur la montagne, ton héritage.
Tu as préparé, Seigneur, un lieu pour y habiter.
Tes mains ont fondé, ô Seigneur, un sanctuaire.
Le Seigneur règne à tout jamais !

Le cheval de Pharaon avait pénétré dans la mer, avec ses chars et ses cavaliers, et le Seigneur avait fait revenir sur eux les eaux de la mer : mais les fils d'Israël, eux, avaient marché à pied sec au milieu de la mer.
La prophétesse Miryam, sœur d'Aaron, prit en main le tambourin ; toutes les femmes sortirent à sa suite, dansant et jouant du tambourin. Et Miryam leur entonna :
« Chantez le Seigneur, il a fait un coup d'éclat.
Cheval et cavalier, en mer il les jeta ! »

Ex 15, 1-21.

Le serpent d'airain : une histoire sans cesse réinterprétée
1) Le récit d'origine

Ils partirent de Hor-la-Montagne par la route de la mer des Joncs, en contournant le pays d'Edom, mais le peuple perdit courage en chemin.
Le peuple se mit à critiquer Dieu et Moïse : « Pourquoi nous avez-vous fait monter d'Égypte ? Pour que nous mourions dans le désert ! Car il n'y a ici ni pain ni eau et nous sommes dégoûtés de ce pain de misère ! »
Alors le Seigneur envoya contre le peuple des serpents brûlants qui le mordirent, et il mourut un grand nombre de gens en Israël.
Le peuple vint trouver Moïse en disant : « Nous avons péché en critiquant le Seigneur et en te critiquant ; intercède auprès du Seigneur pour qu'il éloigne de nous les serpents ! » Moïse intercéda pour le peuple, et le Seigneur lui dit : « Fais faire un serpent brûlant et fixe-le à une hampe : quiconque aura été mordu et le regardera aura la vie sauve ». Moïse fit un serpent d'airain et le fixa à une hampe ; et lorsqu'un serpent mordait un homme, celui-ci regardait le serpent d'airain et il avait la vie sauve.

Nb 21, 4-9.

Ce texte est difficile : il semble indiquer la reprise par Israël de vieux mythes orientaux (dans beaucoup de civilisations anciennes, le serpent enroulé était un Dieu guérisseur) mais en soulignant que Dieu seul libère et guérit.

2) Son interprétation dans l'Ancien et le Nouveau Testament

Le serpent d'airain, signe de la Loi

Et même quand la fureur terrible des bêtes venimeuses se déchaîna contre les tiens et qu'ils périssaient sous la morsure des serpents sinueux, la colère ne dura pas jusqu'au bout.
En guise d'avertissement ils furent effrayés quelque temps, tout en ayant un gage de salut qui leur rappelait le commandement de ta Loi.
En effet, quiconque se retournait était sauvé, non par l'objet regardé, mais par toi, le Seigneur de tous.
Et ainsi tu as prouvé à nos ennemis que c'est toi qui délivres de tout mal.

Sg 16.5-8.

Jésus est le véritable serpent d'airain car seul il sauve

Et comme Moïse a élevé le serpent dans le désert, il faut que le Fils de l'Homme soit élevé afin que quiconque croie ait, en lui, la vie éternelle. Dieu, en effet, a tant aimé le monde qu'il a donné son Fils, son unique, pour que tout homme qui croit en lui ne périsse pas, mais ait la vie éternelle.

Jn 3,14-15.

IV. L'ALLIANCE

La Bible est une histoire d'amour, d'amour entre Dieu et les hommes. Chaque amour a ses mots, ses rites. L'amour de Dieu et de l'homme dans la Bible s'exprime dans le mot *Alliance*, dans les rites de l'Alliance.

L'Alliance est le fil conducteur entre l'Ancien et le Nouveau Testament. Elle est – à travers tant de cultures – la permanence d'un « Je t'aime » entre Dieu et l'homme. « Je t'aime » exigeant, passionné du côté de Dieu, qui accompagne ce « Je t'aime » de la promesse d'aimer toujours. « Je t'aime » difficile et conscient de ses limites, du côté des hommes. L'Alliance s'exprime souvent dans la Bible, son expression la plus élaborée se trouvant dans l'*Exode* et dans les *Évangiles.*

Ancienne alliance, Nouvelle alliance : le message de la Bible semble se résumer dans ces deux mots, qui ont donné leur titre aux deux composantes de la Bible chrétienne : Ancienne Alliance ou Ancien Testament, Nouvelle Alliance ou Nouveau Testament.

En fait, l'*Alliance* est un des langages utilisés dans la Bible pour dire la relation de Dieu avec le peuple d'Israël. D'autres langages existent : la bénédiction, la promesse, l'accès à Dieu, la réconciliation avec Dieu.

Le langage de l'Alliance apparaît surtout à partir du VIIe siècle avant notre ère, dans le livre du *Deutéronome.* Les traités diplomatiques tracent habituellement le cadre des alliances (historique de l'établissement des relations entre États, devoir fondamental, clauses particulières, appel de témoins, etc.) En traduisant par la notion d'alliance la relation de Dieu avec le peuple d'Israël, les auteurs bibliques sont allés évidemment au-delà du cadre diplomatique pour souligner la transcendance de Dieu : Dieu et son peuple ne peuvent être des partenaires égaux.

Dans la liturgie d'Israël, l'Alliance est évoquée, et vécue, aux divers moments de son histoire : chute de Jérusalem, exil à Babylone, retour sur la Terre Promise. Elle est vécue comme confession des péchés après sa rupture, et aussi comme son renouvellement.

La tradition prophétique (Jr 31, 31-34) laisse pressentir un dépassement de l'Alliance dans la direction de l'intériorisation de la relation de Dieu avec son peuple : la loi écrite dans le cœur de l'homme.

Les écrits du Nouveau Testament montrent bien comment cette intériorisation de l'Alliance est réalisée en Jésus-Christ, médiateur de l'Alliance nouvelle (He 9,15). En son Esprit Saint, Dieu est présent au cœur de l'homme.

Cette nouvelle Alliance est célébrée également par la liturgie chrétienne, et surtout dans l'eucharistie, mémorial du sacrifice du Christ, de son sang versé – « sang de l'Alliance nouvelle et éternelle répandu pour la multitude ».

▶▶▶

ALLIANCE AVEC L'HUMANITÉ

« Dieu dit au serpent : je mettrai l'hostilité entre toi et la femme, entre toi et sa descendance. Celle-ci te meurtrira à la tête et toi tu la meurtriras au talon » (Gn 3, 15).

Dans la tradition chrétienne ce texte est appelé le *protévangile.* Les chrétiens y lisent, l'annonce de la victoire du Messie sur le mal. ■

Dieu fait alliance avec Noé

Dieu bénit Noé et ses fils, il leur dit : « Soyez féconds et prolifiques, remplissez la terre. Vous serez craints et redoutés de toutes les bêtes de la terre et de tous les oiseaux du ciel. Tout ce qui remue sur le sol et tous les poissons de la mer sont livrés entre vos mains. Tout ce qui remue et qui vit vous servira de nourriture comme déjà l'herbe mûrissante, je vous donne tout. Toutefois vous ne mangerez pas la chair avec sa vie, c'est-à-dire son sang.

Et de même, de votre sang, qui est votre propre vie, je demanderai compte à toute bête et j'en demanderai compte à l'homme : à chacun je demanderai compte de la vie de son frère.

« Qui verse le sang de l'homme, par l'homme verra son sang versé ; car à l'image de Dieu, Dieu a fait l'homme.

« Quant à vous, soyez féconds et prolifiques, pullulez sur la terre, et multipliez-vous sur elle. »

Dieu dit à Noé accompagné de ses fils : « Je vais établir mon alliance avec vous, avec votre descendance après vous et avec tous les êtres vivants qui sont avec vous : oiseaux, bestiaux, toutes les bêtes sauvages qui sont avec vous, bref, tout ce qui est sorti de l'arche avec vous, même les bêtes sauvages. J'établirai mon alliance avec vous : aucune chair ne sera plus exterminée par les eaux du Déluge, il n'y aura plus de Déluge pour ravager la terre ».

Gn 9,1-11.

Dieu dit : « Voici le signe de l'alliance que je mets entre moi, vous et tout être vivant avec nous, pour toutes les générations futures.

J'ai mis mon arc dans la nuée pour qu'il devienne un signe d'alliance entre moi et la terre.

Quand je ferai apparaître des nuages sur la terre et qu'on verra l'arc dans la nuée, je me souviendrai de mon alliance entre moi, vous et tout être vivant quel qu'il soit ; les eaux ne deviendront plus jamais un Déluge qui détruirait toute chair. L'arc sera dans la nuée et je le regarderai pour me souvenir de l'alliance perpétuelle entre Dieu et tout être vivant, toute chair qui est sur la terre ».

Dieu dit à Noé : « C'est le signe de l'alliance que j'ai établie entre moi et toute chair qui est sur la terre ».

Gn 9,12-17.

L'Alliance avec Abraham

Abram avait 86 ans quand Agar lui donna Ismaël.

Il avait 99 ans quand le Seigneur lui apparut et lui dit : « C'est moi le Dieu Puissant. Marche en ma présence et sois intègre. Je veux te faire don de mon alliance entre toi et moi, je te ferai proliférer à l'extrême ».

Abram tomba sur sa face, Dieu parla avec lui et dit :

« Pour moi, voici mon alliance avec toi : tu deviendras le père d'une multitude de nations. On ne t'appellera plus du nom d'Abram, mais ton nom sera Abraham car je te donnerai de devenir le père d'une multitude de nations et je te rendrai fécond à l'extrême : je ferai que tu donnes naissance à des nations, et des rois sortiront de toi. J'établirai mon alliance entre moi, toi, et après toi les générations qui descendront de toi ; cette alliance perpétuelle fera de moi ton Dieu et Celui de ta descendance après toi. Je donnerai en propriété perpétuelle à toi et à ta descendance après toi le pays de tes migrations, tout le pays de Canaan. Je serai leur Dieu ».

Dieu dit à Abraham : « Toi, tu garderas mon alliance, et après toi, les générations qui descendent de toi. Voici mon alliance que vous garderez entre moi et vous, c'est-à-dire ta descendance après toi : tous vos mâles seront circoncis. Vous aurez la chair de votre prépuce circoncise, ce qui deviendra le signe de l'alliance entre moi et vous...

... Mon alliance deviendra, dans votre chair, une alliance perpétuelle, mais l'incirconcis, le mâle qui n'aura pas été circoncis de la chair de son prépuce, celui-ci sera retranché d'entre les siens. Il a rompu mon alliance. »

Gn 17,1-14.

L'arche d'alliance dans le désert

TERRE PROMISE

Il s'agit du pays de Canaan où s'est fixé le peuple d'Israël.
L'Alliance de Dieu avec Abraham (comme toute alliance conclue par Dieu) comporte une dimension concrète de promesse de vie : promesse d'une descendance vis-à-vis de laquelle l'alliance demeure, et promesse d'une terre où cette descendance pourra vivre (Gn 17,1-8).
L'Alliance perpétuelle dans le temps sera vécue sur une terre particulière. Cette « terre promise » est don de Dieu, espace donné pour que le peuple reconnaisse ce don par sa fidélité à l'Alliance.
C'est vers cette Terre Promise, où, à la suite d'Abraham, leurs ancêtres avaient déjà séjourné avant l'émigration en Égypte, que Moïse conduira les Hébreux à travers le désert, après qu'ils se fussent libérés du joug égyptien ; c'est là que, sous la conduite de Josué, ils s'établiront et qu'ils fonderont leur patrie en accomplissement de la promesse divine.
Lorsqu'au VIe siècle av. J.-C. les Juifs seront déportés en Babylonie, loin de leur patrie, les prophètes interpréteront cette épreuve comme la conséquence de l'infidélité du peuple à l'égard de Dieu. ■

Dieu propose une Alliance à Israël

Le troisième mois après leur sortie du pays d'Égypte, aujourd'hui même, les fils d'Israël arrivèrent au désert de Sinaï. Ils partirent de Refidîm, arrivèrent au désert de Sinaï et campèrent dans le désert. – Israël campa ici, face à la montagne, mais Moïse monta vers Dieu.

Le Seigneur l'appela de la montagne en disant : « Tu diras ceci à la maison de Jacob et tu transmettras cet enseignement aux fils d'Israël : Vous avez vu vous-mêmes ce que j'ai fait à l'Égypte, comment je vous ai portés sur des ailes d'aigle et vous ai fait arriver jusqu'à moi. Et maintenant, si vous entendez ma voix et gardez mon alliance, vous serez ma part personnelle parmi tous les peuples – puisque c'est à moi qu'appartient toute la terre – et vous serez pour moi un royaume de prêtres et une nation sainte.

Ex 19, 1-6.

Le contrat d'alliance : les dix Commandements

Et Dieu prononça toutes ces paroles. « C'est moi le Seigneur, ton Dieu, qui t'ai fait sortir du pays d'Égypte, de la maison de servitude :

Tu n'auras pas d'autres dieux face à moi.

Tu ne te feras pas d'idole, ni rien qui ait la forme de ce qui se trouve au ciel là-haut, sur terre ici-bas ou dans les eaux sous la terre. Tu ne te prosterneras pas devant ces dieux et tu ne les serviras pas, car c'est moi le Seigneur, ton Dieu, un Dieu jaloux, poursuivant la faute des pères chez les fils sur trois et quatre générations – s'ils me haïssent – mais prouvant sa fidélité à des milliers de générations – si elles m'aiment et gardent mes commandements.

Tu ne prononceras pas à tort le nom du Seigneur, ton Dieu, car le Seigneur n'acquitte pas celui qui prononce son nom à tort.

Que du jour du sabbat on fasse un mémorial en le tenant pour sacré. Tu travailleras six jours, faisant tout ton ouvrage, mais le septième jour, c'est le sabbat du Seigneur, ton Dieu. Tu ne feras aucun ouvrage, ni toi, ni ton fils, ni ta fille, pas plus que ton serviteur, ta servante, tes bêtes ou l'émigré que tu as dans tes villes. Car, en six jours, le Seigneur a fait le ciel et la terre, la mer et tout ce qu'ils contiennent, mais il s'est reposé le septième jour. C'est pourquoi le Seigneur a béni le jour du sabbat et l'a consacré.

Honore ton père et ta mère, afin que tes jours se prolongent sur la terre que te donne le Seigneur, ton Dieu.

Tu ne commettras pas de meurtre.

Tu ne commettras pas d'adultère.

Tu ne commettras pas de rapt.

Tu ne témoigneras pas faussement contre ton prochain.

Tu n'auras pas de visées sur la maison de ton prochain. Tu n'auras de visées ni sur la femme de ton prochain, ni sur son serviteur, sa servante, son bœuf ou son âne, ni sur rien qui appartienne à ton prochain. »

Ex 20,1-17.

L'Alliance avec David

Or, lorsque le roi fut installé dans sa maison et que le Seigneur lui eut accordé du repos alentour en écartant tous ses ennemis, le roi dit au prophète Natan : « Tu vois, je suis installé dans une maison de cèdre, tandis que l'arche de Dieu est installée au milieu d'une tente de toile. » Natan dit au roi : « Tout ce que tu as l'intention de faire, va le faire, car le Seigneur est avec toi. » Or, cette nuit-là, la parole du Seigneur fut adressée à Natan, en ces termes : « Va dire à mon serviteur David : Ainsi parle le Seigneur : Est-ce toi qui me bâtiras une Maison pour que je m'y installe ? Car je ne me suis pas installé dans une maison depuis le jour où j'ai fait monter d'Égypte les fils d'Israël et jusqu'à ce jour : je cheminais sous une tente et à l'abri d'une demeure. Pendant tout le temps où j'ai cheminé avec tous les fils d'Israël, ai-je adressé un seul mot à l'un des chefs d'Israël que j'avais établis pour paître Israël mon peuple, pour dire : Pourquoi ne m'avez-vous pas bâti une Maison de cèdre ? Maintenant donc, tu parleras ainsi à mon serviteur David : Ainsi parle le Seigneur, le tout-puissant : C'est moi qui t'ai pris au pâturage, derrière le troupeau, pour que tu deviennes le chef d'Israël, mon peuple. J'ai été avec toi partout où tu es allé : j'ai détruit tous tes ennemis devant toi. Je te ferai un nom aussi grand que le nom des grands de la terre. Je fixerai un lieu à Israël mon peuple, je l'implanterai et il demeurera à sa place. Il ne tremblera plus et des criminels ne recommenceront plus à l'opprimer comme jadis, et comme depuis le jour où j'ai établi des juges sur Israël mon peuple. Je t'ai donné du repos en écartant tous tes ennemis. Et le Seigneur t'annonce que le Seigneur te fera une maison. Lorsque tes jours seront accomplis et que tu seras couché avec tes pères, j'élèverai ta descendance après toi, celui qui sera issu de toi-même, et j'établirai fermement sa royauté. C'est lui qui bâtira une Maison pour mon Nom et j'établirai à jamais son trône royal. Je serai pour lui un père et il sera pour moi un fils. S'il commet une faute je le corrigerai en me servant d'hommes pour bâton et d'humains pour le frapper. Mais ma fidélité ne s'écartera point de lui, comme je l'ai écartée de Saül, que j'ai écarté devant toi. Devant toi, ta maison et ta royauté seront à jamais stables, ton trône à jamais affermi.

2 S 7, 1-17.

L'Alliance nouvelle établie par le Christ, évoquée par saint Paul

Moi, voici ce que j'ai reçu du Seigneur, et ce que je vous ai transmis : le Seigneur Jésus, dans la nuit où il fut livré, prit du pain, et après avoir rendu grâce, il le rompit et dit : « Ceci est mon corps, qui est pour vous, faites cela en mémoire de moi. » Il fit de même pour la coupe, après le repas, en disant : « Cette coupe est la nouvelle alliance en mon sang; faites cela, toutes les fois que vous en boirez, en mémoire de moi. »

1 Co 11, 23-25.

Les symboles de l'Alliance

L'Arche d'Alliance

Elle est le symbole par excellence de la présence de Dieu parmi son peuple, de son Alliance, parce que, selon le récit du livre de l'*Exode*, elle fut fabriquée pour recevoir les Tables de la Loi remises à Moïse au mont Sinaï (Ex 25,10-22). Or la Loi constituait elle-même la charte de cette Alliance. L'arche se présentait sous la forme d'un coffre en bois d'acacia de 104 x 69 x 69 cm, recouvert à l'intérieur comme à l'extérieur d'or pur. Elle était surmontée d'une plaque d'or, « le propitiatoire » (la propitiation est l'apaisement de la colère de Dieu par un sacrifice ou un don). Ce propitiatoire était lui-même surmonté à ses extrémités de deux « anges » également en or (en fait des chérubins), comme pour le protéger. L'arche accompagnait le peuple dans ses déplacements, portée à l'aide de barres de bois recouvertes d'or passées dans des anneaux latéraux. Une fois les Hébreux parvenus en Terre Promise, l'arche continua à les accompagner dans tous leurs combats, afin que Dieu soit présent parmi eux; elle tomba même un jour aux mains des ennemis (1 S 4-6). Dès la construction du Temple de Jérusalem par Salomon, l'arche d'alliance, siège de la présence de Dieu parmi son peuple, fut placée dans le sanctuaire, le Saint des Saints où le Grand Prêtre était seul à pénétrer, une fois par an. Le livre de la Loi fut déposé à côté de l'arche.

Circoncision

Excision du prépuce (du latin *circumcidere*, couper autour) pratiquée de manière rituelle par beaucoup de peuples depuis la plus haute antiquité (mais non par les Indo-Européens), à l'occasion notamment de l'entrée dans l'âge adulte ou du mariage; à ses origines, le rite est sans doute lié au caractère sacré attribué à la fécondité.

De pratique probablement très ancienne dans l'ensemble des peuples sémites, la circoncision a pris chez les Juifs un sens très précis : la *Genèse* la fait en effet remonter à l'alliance conclue entre Yahvé et Abraham; elle en était le sceau et elle est restée le signe et la condition de l'appartenance au Peuple de Dieu (Gn 17, 10-14); la Loi en rappelle l'obligation (Lv 12,3). Dès lors, l'incirconcis est non seulement un étranger à la communauté, mais un objet de mépris et même de répugnance (1 S 17,26-36; Ez 44, 6-9, etc.).

Mais le risque devenait grand, alors, de croire la circoncision suffisante pour vivre en fidélité à l'Alliance; les écrits de l'Ancien Testament ne cessent de mettre en garde contre cette tentation ou cette illusion, rappelant que la véritable circoncision est celle du cœur (Jr 4,4; 6,10; Lv 19,23; Dt 10, 16, etc.). L'incirconcision sera souvent le terme employé pour désigner l'infidélité.

Jésus, membre du Peuple de l'Alliance, fut circoncis (Lc. 2,21); mais son Évangile s'adresse à toutes les nations, auxquelles ses disciples ont été chargés d'aller l'annoncer. La première conséquence du caractère universel de l'Évangile fut de rassembler des circoncis et des incirconcis dans la jeune Église, source d'une grave question de principe et d'une vive tension. Le Concile de Jérusalem (49 ap. J.-C.), convoqué pour les régler, se rangea aux arguments de Paul, « l'apôtre des nations », en laissant aux païens convertis au christianisme la liberté de rester incirconcis. Il est remarquable que la question n'ait pas été tranchée en fonction de pures considérations d'opportunité, en vue de favoriser l'expansion de l'Évangile par exemple, mais bien pour des raisons de fond, que nous dirions aujourd'hui « théologiques » : le salut a été apporté à tous, il l'a été par la seule croix du Christ et non par les obligations de la Loi (Ac 15; Ga 2,15-16; 5,1-6). ■

Ph. CIRIC

Le mont Sinaï.

▶▶▶

Les origines d'Israël

V. QUAND DIEU VISITE LES HOMMES

L'idée que Dieu visite les hommes, c'est-à-dire vient à leur rencontre, est très répandue dans toute la Bible.

☞ Dans l'*Ancien Testament* apparaît sans cesse cette image d'une présence familière. Yahvé « visite » les patriarches, Abraham (Gn 18), Isaac (Gn 26, 24), Jacob (Gn 28, 13 ss; 32, 24ss) ; il leur promet une terre et une descendance, les signes mêmes de la bénédiction. « A main forte et à bras étendus », il intervient pour délivrer son peuple de l'esclavage égyptien. Au cours du tête-à-tête avec Moïse, il passe alliance avec ce peuple, qu'il aime et qu'il veut sauver. Les visites qu'il rendra à Israël ne cesseront de ponctuer son histoire. Chaque victoire ou défaite est interprétée comme un signe, une rencontre avec Dieu, qui encourage ou punit son peuple (So 3, 14ss). Après l'Exil, les esprits s'ouvriront à la perspective d'une visite définitive de Dieu venant juger son peuple et les nations, et régner pour toujours sur les justes (Sg 3,1-17; Si 2;17,15ss).

☞ Dans le *Nouveau Testament* Jésus-Christ est le visiteur par excellence : fils de Dieu, il vient à la rencontre des hommes, partager leur condition et leur existence, et les inviter à le suivre pour accéder à la plénitude de vie en Dieu (Jn 1, 1-18; Lc 1,68; 7,16). Mais tous ne le comprennent pas : « Il est venu chez les siens et les siens ne l'ont pas accueilli » (Jn 1,11) ; le châtiment sera redoutable pour ceux qui n'ont pas accueilli le fils du Roi envoyé à eux par son Père (Mt 21, 33-46). Chacun est donc invité à veiller jusqu'au moment, dont on ne connaît « ni le jour ni l'heure » (Mt 25, 1-13), où le Christ viendra une nouvelle et dernière fois, dans toute sa gloire (Mt 25, 31-46). Mais d'ici là, il reste invisiblement présent, en réalisation de la promesse faite avant de quitter cette terre : « Moi, je suis avec vous tous les jours jusqu'à la fin des temps » (Mt 28, 19-20) ; c'est le sens de la venue de l'Esprit Saint à la Pentecôte.

▶▶▶

Les manifestations de Dieu

MONTAGNE

Selon les récits de la Bible, Dieu s'est principalement manifesté en deux lieux qui sont des montagnes : le mont *Sinaï* (ou Horeb), lors de la conclusion de l'Alliance par l'intermédiaire de Moïse (Ex 19; 24), puis au début du prophétisme (Elie; 1 R 19); et le mont *Sion* où l'on construisit le Temple de Jérusalem; celui-ci fut considéré, du moins à partir du *Deutéronome*, comme seul lieu saint où, Dieu étant présent, on pouvait le rencontrer et célébrer son culte.
On sent parfois toute la force du thème religieux de la montagne dans les textes évoquant le Sinaï, ou encore dans le récit d'Abraham offrant son fils (Gn 22) : roche élevée et pure, lieu d'errance et de pauvreté, de silence et de solitude désertique, cadre idéal pour la prière et le dialogue avec Dieu.
C'est plutôt le thème politico-militaire qui domine à propos de Sion-Jérusalem. A l'origine place-forte sur une hauteur aisée à défendre (2 S 5, 6-10), elle devint la capitale d'Israël, et même, selon certains textes, le pôle du monde (Ez 5, 5; 38,12) aux yeux des Juifs. En réalité il ne s'agit pas d'une montagne, mais d'une colline bien située entre deux vallées; et, comme le rappellent divers textes, la dignité de Sion provient seulement d'un choix de Dieu (Ps 132, 13; 68, 16-17).
Les prophètes annoncent maintes fois que Dieu punira les crimes de Jérusalem et détruira tout sur la montagne de Sion, qu'il l'abattra dans la poussière (Is 10, 10-11 ; 29, 1-4), rabaissera toutes les montagnes de l'orgueil et de la dureté.
Par contre, ils prévoient qu'à la fin de ce monde-ci la montagne de la nouvelle Jérusalem sera élevée plus haut que tout (Is 2,2). C'est l'image reprise par l'*Apocalypse* de saint Jean avec la cité sainte, la Jérusalem céleste. (Ap 21).
On se rappellera également que, dans le Nouveau Testament, la montagne est liée à de grands événements spirituels : c'est là que Jésus se rend seul pour prier; c'est là qu'au cours de sa tentation par Satan, celui-ci lui propose tous les royaumes du monde; c'est sur une colline qu'il donne son enseignement sur les Béatitudes, resté célèbre sous le nom de « Sermon sur la Montagne »; c'est sur une haute montagne (le Thabor?) que sa Transfiguration le révèle dans toute sa gloire; c'est sur la colline du Calvaire qu'il est crucifié. ▶

LE FEU

Le feu comporte un riche symbolisme : lumière rassurante, chaleur réconfortante, flamme destructrice donc redoutable, force d'expansion. Ce symbolisme se retrouve à maintes reprises dans l'Ancien et le Nouveau Testament.

Ancien Testament

1. Inhabituel dans la nature, le feu est considéré comme signalant une présence, humaine ou divine.

Lumière attirante qui éclaire la route (Ex 13,21), mais cependant redoutable car on ne peut s'en emparer ou s'en approcher de trop près, le feu est mis en relation avec la sainteté de Dieu. *Signe de la présence* « brûlante » de Dieu (Gn 15,17), il ne consume pas le buisson qu'il enflamme, lorsque Moïse se voit confier la mission de délivrer les Hébreux de l'esclavage égyptien (Ex 3). Selon le 2e *Livre des rois* (2 R 2, 11), le prophète Elie est enlevé auprès de Dieu dans un char de feu, symbole de la puissance divine.

2. *Flamme* destructrice, le feu apparaît comme *purificateur ;* il détruit ce qui est impur. Dans une vision, le prophète Isaïe voit ses lèvres purifiées par un charbon ardent afin d'être fidèle messager de Dieu (Is 6,3-8).

Le feu en vient à symboliser la colère, l'ardeur et l'intransigeance de Dieu face au péché : il dévore comme paille toute œuvre mauvaise. Tout ce qui n'est pas compatible avec la sainteté de Dieu est détruit : le « méchant » (voir ce mot) ne tient pas devant lui, il est consumé (Gn 19,23-25).

Mais celui qui traverse ce feu est purifié et transformé, comme le métal passé au feu est débarrassé de ses impuretés.

Les prophètes annoncent de façon très brutale le jugement et la punition des nations ainsi que des royaumes d'Israël et de Juda en raison de leurs mauvaises actions, de leur rejet de Dieu. L'image de la destruction par le feu est fréquemment employée (Am 1,3 à 2,5). Appel à la conversion pour ceux qui n'agissent pas selon la volonté de Dieu, c'est aussi l'espérance de purification et de délivrance pour ceux qui cherchent à être fidèles.

Nouveau Testament

Le feu est fréquemment associé :

1. à la force communicative de l'Esprit Saint (Lc 3, 16 et 12,49 ; Ac 2,3) et au zèle dans le service (He 12, 28-29) ;

2. à la chaleur d'une présence : « Notre cœur n'était-il pas tout brûlant au dedans de nous tandis qu'il nous parlait en chemin ? » (Lc 24,32) ;

3. Le Nouveau Testament reprend les images familières de l'Ancien Testament concernant le feu du jugement, qui est manifestation de la sainteté purificatrice de Dieu et qui « éprouve » l'œuvre de chacun (Mt 13,41-43 ; 1 Co 3,13-15). (Voir Géhenne.)

Tradition ultérieure

1. Feu de l'enfer, feu du purgatoire.

La tradition reprend les images classiques du feu du jugement, mais avec une nuance punitive de rétribution et non plus seulement d'épreuve par le feu comme dans l'Écriture. Il conviendrait d'en retrouver le sens premier.

• Feu de l'enfer : celui qui s'opposerait totalement à Dieu en choisissant de faire le mal serait consumé ; il ne resterait rien de lui et tout pouvoir lui serait ôté.

• Feu du purgatoire : toute vie humaine est traversée de difficultés qu'il faut affronter et vaincre. Elles peuvent « mettre à l'épreuve » notre fidélité à Dieu et l'affiner comme le métal passé au feu. La tradition a considéré que la mort biologique ne mettait pas un terme à cette purification ; vivants ou morts appartenant au Christ, donc à l'Église, sont toujours associés dans la même prière les uns pour les autres. Plus qu'une punition qu'on craindrait pour après la mort, il faudrait prendre ces images comme le rappel pour *aujourd'hui* de nos responsabilités, et un message d'espérance de vie dans la chaleur et la lumière de l'amour de Dieu, au travers d'inévitables dépouillements.

2. Tradition mystique

Selon cette tradition, la brûlure du feu est comparable à celle de l'amour, son ardeur à celle de la charité (cf. le poème de saint Jean de la Croix *Vive flamme d'amour*).

LE ROCHER

Parce qu'elle a une foi absolue en la fidélité de Dieu, en sa puissance, en sa fermeté, la Bible recourt souvent à l'image du rocher pour le désigner (par ex. Ps 18 : « je m'abrite en Dieu mon rocher »).

Le surnom de Roc (ou Pierre) fut donné par Jésus à l'apôtre Simon, pour signifier la mission de fondement de l'Église qu'il lui confiait (Mt 16,18).

GLOIRE

Dans la Bible, le mot *gloire* ne signifie pas la renommée, la réputation, ni les honneurs dus à une supériorité triomphale. Le mot hébreu *Kâbôd* veut dire l'*importance*, le poids, l'influence de quelqu'un dont la puissance agit effectivement dans tout le vaste domaine où il règne. C'est le rayonnement d'une force divine ou royale qui s'impose objectivement et se traduit en actes. On voit, dans la Bible, cette force se manifester parfois visiblement, par exemple par des prodiges, ou sous forme de nuée lumineuse, ou encore grâce à toute une théophanie (voir ce mot) (Ex 16,7-10).

Dans le Nouveau Testament le mot *gloire*, outre son sens classique dans la Bible, signifie souvent la présence invisible mais dynamique de *Jésus* après Pâques : il peut exercer sa toute-puissance divine sur la terre comme au Ciel (Mt 19, 28 ; 24, 30). Les croyants sont appelés à partager cette gloire.

Rendre gloire à Dieu, c'est exprimer par des louanges toute la perfection manifestée par sa puissance, par sa sainteté, par son action dans le monde. L'adoration liturgique et toutes les autres expressions de la foi et de l'obéissance créent un climat d'honneur pour Dieu et, de ce point de vue, on rejoint d'une certaine manière, la signification française du mot « gloire ».

L'OMBRE

L'ombre peut être tantôt redoutable (la nuit), tantôt protectrice (contre les ardeurs du soleil). Ces images se retrouvent dans la Bible ; c'est à l'ombre de la main puissante de Dieu ou de ses ailes que l'on trouve la plus sûre des protections (Ps 17,8 ; 57,2 ; 63,8).

L'AILE

L'aile est, de manière générale, un attribut des êtres spirituels ; ainsi est-ce sous la forme d'hommes munis d'ailes qu'ils apparaissent aux prophètes dans leurs visions (Ez 1, 4-12, etc.) ; ainsi également les représente-t-on ; c'est le cas par exemple des chérubins en or de l'arche d'alliance, qu'ils protègent de leur aile (Voir Chérubins).

LA FACE

Le caractère très concret du langage biblique s'accompagne d'une grande finesse psychologique. C'est ainsi que, pour dire « se tenir devant quelqu'un », on dira « se tenir devant la face de quelqu'un » ; ce qui implique en effet un échange de regards, une attention mutuelle ; « détourner sa face », c'est rompre toute relation vitale ; si Dieu détourne la sienne, c'est la mort. Mais en même temps le peuple juif est averti qu'on ne peut voir la face de Dieu sans mourir, à cause de l'indignité du péché (Jg 13, 22 ; Ex 33,20 ; Is 6,5).

Pourtant Dieu s'est donné un visage pour nous, en Jésus-Christ ; « Qui m'a vu a vu le Père » (Jn 14, 9) ; ce visage apparaîtra dans toute sa gloire à la Transfiguration (Mt 17, 2 s) ; le chrétien sait quant à lui qu'il ne peut apercevoir Dieu « que comme dans un miroir et de façon confuse », mais il a la certitude de le voir un jour face à face, et « de connaître comme il est connu » (1 Co 13, 12).

VENT

Dans beaucoup de religions anciennes, le vent est considéré comme le souffle de Dieu.

Les chrétiens se servent du vent pour parler de l'Esprit Saint :

« Le vent souffle où il veut, et tu entends sa voix, mais tu ne sais ni d'où il vient ni où il va. Ainsi en est-il de quiconque est né de l'Esprit » (Jn 3,8).

L'image du vent aide à décrire la présence du Christ ressuscité dans leurs vies. Présence discrète, qui transforme profondément le sens de leur vie, tel le vent qui, chassant les nuages, laisse percer le soleil. ■

THÉOPHANIE

Du grec *Theos*, Dieu, et *phaino*, montrer : manifestation de Dieu. Dieu invisible se fait parfois reconnaître dans des signes extérieurs, des manifestations sensibles, des phénomènes cosmiques, qui présentent un caractère symbolique : le buisson ardent qui brûle sans se consumer révèle à Moïse que Dieu est pureté, sainteté absolue (Ex 3,1-12). La colonne de nuée le jour, de feu la nuit, qui précède les Hébreux fuyant l'Égypte et guide leur marche dans le désert, leur révèle Dieu lumière et présence (Ex 13, 21-22). La gloire et la puissance de Dieu se révèlent dans toute leur force par les flammes et le tonnerre du Sinaï, lorsqu'il établit son alliance avec le peuple d'Israël (Ex 19, 16-19).

Dans le Nouveau Testament, la théophanie la plus importante est la Transfiguration de Jésus en présence de trois de ses apôtres. Par son visage resplendissant comme le soleil, ses vêtements éblouissants, Jésus apparaît dans sa double nature d'homme et de Fils de Dieu participant pleinement à la gloire de son Père (Mt 17, 1-9 et passages correspondants des autres évangiles synoptiques ; 2 P 1, 16-18). ■

▶▶▶

5. QUAND LE PEUPLE DE LA BIBLE ENTRE DANS L'HISTOIRE

Le peuple de la Bible

Ce peuple, c'est Israël, dont on va suivre ici l'histoire au Proche-Orient à partir du XIIe siècle avant J.-C.

Avant cette époque, on l'a vu, il est difficile de parler d'histoire au sens strict : l'écriture hébraïque n'apparaît qu'au XIVe ou XIIIe siècle avant J.-C., les traditions historiques de base d'Israël remontent au XIIIe siècle, et la tenue de ses premières chroniques au XIe siècle. La Bible nous révèle l'histoire, la culture et la foi religieuse de ce peuple.

Ph. CIRIC

Des tribus nomades sédentarisées

Autour de l'an 1000 avant J.-C., les documents fournis par la Bible, confirmés par l'archéologie et l'histoire de l'Ancien Orient, nous font connaître, dans la région comprise entre la Méditerranée, le fleuve du Jourdain et la mer Morte, sur le territoire qu'on appellera plus tard la Palestine, un petit peuple d'origine sémite, constitué de douze tribus araméennes ; celles-ci ont été fédérées en un « Royaume-Uni » par le génie politique et militaire d'un chef, David, issu d'une tribu du sud, celle de Juda.

Auparavant, ces tribus avaient connu une période de nomadisme dans les déserts du Sinaï et du Negueb ; puis, elles s'étaient infiltrées dans la terre habitée par les Cananéens, au début du XIIe siècle avant J.-C. Au prix de rudes combats, elles avaient pu se fixer sur ces terres qui, par comparaison avec le désert, leur paraissaient « un pays où coulent le lait et le miel ». Harcelées à leur tour par des voisins faméliques (Ammonites, Madianites, Amalécites...) ou par de redoutables envahisseurs venus de la mer au XIe siècle, les Philistins (d'où Palestine), ces tribus avaient d'abord passé entre elles un pacte d'union, scellé au sanctuaire religieux de Sichem (Jos 24) ; puis, elles avaient fini par dépasser leur anarchie pour se donner un roi, Saül, vers 1030. C'est son rival, puis très glorieux successeur, David , qui leur avait donné une réelle unité. ▶▶▶

LES DOUZE TRIBUS D'ISRAËL

La tribu est un groupement de clans, eux-mêmes constitués de familles qui estiment avoir toutes le même ancêtre « éponyme », c'est-à-dire leur donnant son nom.
Ainsi, les douze tribus formant Israël estimaient avoir pour ancêtres les douze fils de Jacob (nom changé par Dieu en Israël) : Ruben, Siméon, Levi, Juda, Issakar, Zabulon, avaient pour mère Léa ; Dan, Nephtali avaient pour mère Bilha ; Gad, Aser avaient pour mère Zilpa ; Joseph et Benjamin avaient pour mère Rachel.

Lors de l'installation en Canaan, chaque tribu occupa un territoire, sauf celle de Lévi, consacrée à Dieu qui était son unique héritage. Mais la tribu de Joseph, la plus nombreuse, s'étant partagée en deux (Ephraïm et Manassé, du nom des fils de Joseph), le nombre de douze se trouva respecté (voir p. 226).

Elles étaient unies par un pacte traditionnellement lié au sanctuaire de Sichem, dans le centre du pays. Les XIIe et XIe siècles avant J.-C. sont marqués par de sanglantes luttes entre elles, et par une anarchie qui facilita les entreprises de leurs voisins (Moabites, Ammonites, Edomites, Amalécites, Madianites), et des envahisseurs philistins, les « peuples de la mer ».

Certaines des tribus s'éteignirent vite ; d'autres s'imposèrent, très particulièrement celle de Juda, berceau de la dynastie royale de David ; elle donnera plus tard son nom à tout le peuple juif ; Jérusalem, capitale religieuse, était son centre.

Malgré la disparition de plusieurs tribus, le chiffre de douze resta comme un symbole du peuple de Dieu ; d'où le choix par le Christ de douze apôtres comme chefs de l'Église, le nouveau peuple de Dieu. ■

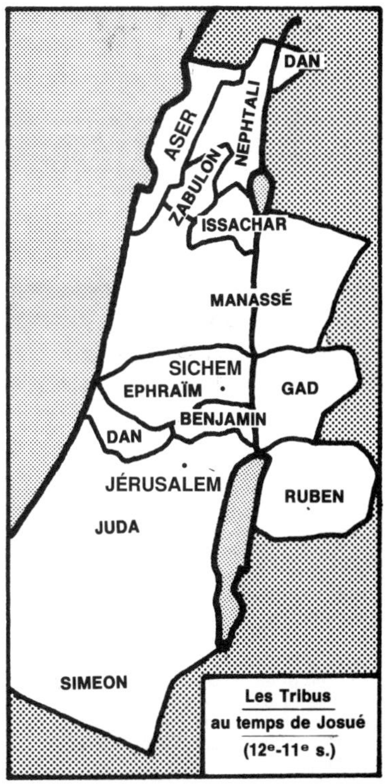

Les Tribus au temps de Josué (12e-11e s.)

Écrits bibliques s'appliquant à la période de l'installation d'Israël en Canaan

La période du XIIe au VIe s. av. J.-C. (installation des tribus en Canaan, règnes de Saül, David, Salomon, schisme et histoire des royaumes d'Israël et de Juda jusqu'à leur disparition) nous est connue surtout par des *récits bibliques*, corroborés par des inscriptions, des découvertes archéologiques, des tablettes assyro-babyloniennes.

Ces récits ont été composés tardivement, juste avant la prise de Jérusalem par Nabuchodonosor (587) ou pendant l'exil des Juifs qui a suivi, d'après des traditions, des légendes et aussi, d'après les annales royales aujourd'hui disparues. Dans la Bible juive, ces récits ont pour titres « Les prophètes premiers » ; les chrétiens les ont appelés plus souvent « Livres historiques ».

Ceux qui se rapportent à la période écoulée entre l'installation en Terre promise et les débuts de la monarchie sont le livre de *Josué* et celui des *Juges*.

Livre de Josué

Récit de l'installation des Hébreux en Canaan sous la conduite de Josué, successeur de Moïse.

Livre des Juges

Au milieu de l'anarchie des tribus, des envoyés de Dieu se lèvent pour protéger Israël contre ses ennemis : Otniel, Ehud, Shamgar, Debora et Baraq, Gédéon, Abimelek, Tola, Yaïr, Jephté, Ibçan, Elôn, Abdôn, Samson. Ils sont appelés « Juges » non parce qu'ils exercent la justice mais parce qu'ils exécutent les jugements de Dieu, c'est-à-dire ses interventions en faveur du peuple élu. ■

Ph. CIRIC

Le Mont de la Quarantaine, au dessus de Jéricho, dans le désert de Juda. La tradition fait de cette région désolée le lieu où se retira le Christ durant quarante jours au début de sa vie publique, où il jeûna et où il fut tenté par l'esprit du mal.

JOSUÉ

(fin XIIIe-début XIIe s. av. J.-C.)

Josué, fils de Nun, serviteur et lieutenant de Moïse, apparaît dans le livre biblique qui porte son nom comme une grande et noble figure, celle qui dirige la conquête de Canaan par les Hébreux. Son nom (en hébreu *Yeoshua*, Yahvé sauve) est tout un programme et sera plus tard celui de Jésus de Nazareth (Yeshua en araméen). « Je serai avec toi ; sois fort et tiens bon ! » lui dit le Seigneur (Jos 1,5-6). Josué obéit, franchit le Jourdain, prend Jéricho, s'empare de la montagne d'Ephraïm, centre stratégique du pays.

C'est là, près de Sichem, qu'il préside au renouvellement du serment scellant l'Alliance entre Dieu et les douze tribus.

« Israël servit le Seigneur durant tous les jours de Josué et toute la vie des anciens qui survécurent à Josué », conclut le livre de *Josué* (24, 31). ■

Des justiciers populaires : les « juges »

Parmi les figures de résistants et de libérateurs qu'évoque le livre des *Juges*, trois émergent spécialement.

Gédéon (Jg 6-8)

Dans le pays écrasé par les Madianites, il est suscité par Dieu comme chef de guerre. Il rassemble une armée de plus de 20 000 hommes, que Dieu lui fait réduire à 300 guerriers décidés ; attaque par surprise, panique dans le camp madianite. Victorieux, Gédéon gouvernera Israël, mais refusera le titre de roi.

Jephté (Jg 11-12)

Bâtard rejeté par sa tribu et devenu chef de bande, il repousse les Ammonites. Victorieux, il fait le vœu imprudent d'offrir en holocauste le premier être qu'il trouvera à son retour. Hélas ! Ce sera sa fille unique...

Samson (Jg 13-16)

Sa force herculéenne en fait la terreur des Philistins, une sorte de Grand Ferré ou de Robin des Bois. Trahi par une courtisane, Dalila, il est capturé par eux et, les yeux crevés, réduit à tourner une meule. Amené à une fête, il se venge en provoquant l'effondrement de l'édifice où se pressent trois mille Philistins ! ■

Petit lexique géographique

Jéricho. Dans la vallée inférieure du Jourdain, à 300 m, au-dessous du niveau de la mer, le site de Jéricho a été habité plusieurs millénaires avant la conquête de Canaan par les Hébreux aux XIIIe-XIIe s. av. J.-C. Selon le livre de *Josué*, ses murailles s'écroulèrent au son des trompes de l'armée d'Israël.

Rebâtie à plusieurs reprises, la ville était florissante au temps du Christ. Hérode le Grand y avait établi un palais d'hiver, et Jésus, qui y passa à plusieurs reprises, y guérit des aveugles et y convertit Zachée.

Sichem. Au centre de la Palestine, sur un épaulement dominé par les monts Ebal et Garizim, existaient, dès l'époque des patriarches, un lieu de culte et une cité que fréquentèrent Abraham et Jacob ; Joseph y fut enterré. Au moment de la conquête, au XIIIe s. av. J.-C., Sichem fut le centre de la fédération des douze tribus d'Israël, qui s'y rassemblaient périodiquement pour renouveler leur pacte. Dieu y était d'ailleurs honoré comme le Seigneur de l'Alliance. Sichem fut éclipsée par Silo au XIIe s., puis par Bethel après le schisme de 931.

Plus tard Omri, roi d'Israël, construisit non loin de là Samarie, capitale du royaume du Nord. Quant à Sichem, elle fut finalement détruite en 128 av. J.-C. par Jean Hyrcan, l'un des Maccabées ; auprès de ses ruines fut construite Neapolis, aujourd'hui Naplouse. Le site de Sichem, Tell Balata, a été longuement fouillé et étudié, de 1913 à 1960.

Silo. Situé entre Bethel et Sichem (à 20 km de l'actuelle Naplouse), la ville fut un sanctuaire successivement cananéen puis israélite.

C'est là que Josué distribua leur territoires aux tribus qui n'en avaient pas encore été pourvues. Samuel y reçut sa première formation. Une fête en l'honneur du Seigneur y était célébrée chaque année.

▶▶▶ # 6. LE ROYAUME DE DAVID

UNE FIGURE-CLÉ

DAVID, figure-clé de la Bible et second roi d'Israël (règne : v. 1010 – v. 970), nous est connu par les livres de *Samuel* et des *Rois*, chefs-d'œuvre de la littérature hébraïque. Sa jeunesse s'entoure de légende : fils de Jessé, de la tribu de Juda, petit berger vainqueur du géant philistin Goliath, musicien du roi Saül, dont le fils Jonathan est son plus cher ami et dont il épouse la fille Mikal, il se couvre de gloire dans les combats.

Victime de la jalousie de Saül, il doit prendre le maquis et même se réfugier chez ses ennemis jurés, les Philistins. Après la mort tragique de Saül, David, alors qu'il a déjà été « oint » par le prophète Samuel, est proclamé roi.

La prise de Jérusalem sur les Jébuséens, vers 1000 avant J.-C., lui assure une capitale politique ; il en fait aussi le centre de la vie religieuse. Il impose sa loi à tous les peuples du pays et du voisinage.

Selon les livres de *Samuel*, il est beau, tendre en amour, fidèle en amitié, père affectueux mais faible, politicien avisé, héros guerrier, poète, musicien... Malgré les déboires familiaux de sa vieillesse, il restera pour la postérité le roi glorieux, le fidèle lieutenant de Dieu, prompt au repentir de ses fautes, l'auteur des chants liturgiques du Temple (les psaumes), qui a reçu de Dieu pour sa dynastie (sa « maison ») la promesse d'une alliance indéfectible. Il meurt vers 970, ayant désigné son fils Salomon comme successeur. A travers les épreuves, le peuple d'Israël ne cessera de nourrir l'espérance en un nouveau David, en un Messie fils de David, restaurateur de la grandeur du peuple choisi[1]. ▶▶▶

Ph. Tournus

David jouant de la harpe. Bible de Charles le Chauve (IXe siècle).

1. Voir Index : Arbre de Jessé.

ROI ET ROYAUTÉ D'ISRAËL

C'est Dieu qui, tout d'abord, est considéré comme le roi d'Israël. C'est pourquoi, lorsque des circonstances difficiles poussent les Israélites à demander un roi « comme les nations », cette requête est reçue comme un manque de confiance du peuple à l'égard de son Seigneur. Celui-ci inspire cependant au prophète Samuel la décision de leur donner satisfaction, mais en les prévenant de tous les inconvénients du pouvoir monarchique. Ce pouvoir n'en sera pas moins exercé au nom de Dieu, le roi n'étant que son chargé de mission auprès du peuple pour le défendre et le conduire ; voilà pourquoi il reçoit l'onction des mains du prophète : il est *l'Oint* du Seigneur (*Mashiah* en hébreu, traduit en français par *Messie*), et à ce titre sa vie doit être respectée (1S 24, 7-8 ; 2S 1,14). Il demeure solidaire du peuple, et soumis comme lui à la Loi de l'Alliance ; rien de divin dans son statut, contrairement aux souverains égyptiens ou mésopotamiens de l'époque.

Saül et David sont oints par le prophète Samuel (1S 10, 1 ; 1S 16, 13) ; Salomon est oint par le prophète Natan et par le prêtre Sadoq (1R 1, 32-40).

A Saül, premier roi d'Israël choisi pour sa valeur, succède David. Le royaume s'organise sur le modèle des États voisins ; la *lignée davidique* devient dépositaire des promesses de Dieu (2S 7, 12-14). Après la prise de Jérusalem par le roi de Babylone Nabuchodonosor, et la fin de la royauté, c'est de cette descendance que le peuple attendra un roi juste, « l'Oint », le « Messie », « fils de David », qui doit faire régner la justice selon Dieu (Is 11, 1-5 ; Za 9,9). ■

SAMUEL

A la suite des « Juges », qui avaient été pour Israël aux XIIe et XIe s. av. J.-C. des chefs de guerre occasionnels, apparaît vers 1040 un prophète de grande envergure, Samuel. Le premier des deux livres de *Samuel* relate son enfance, sa vocation et son action. Au milieu des luttes acharnées contre les Philistins, il apparaît comme une sorte de moine-soldat. C'est lui qui désigne et sacre le premier roi des tribus d'Israël, Saül. Et lorsque celui-ci est rejeté par Dieu pour avoir enfreint ses ordres, c'est encore Samuel qui doit choisir son successeur, David, et lui donner l'onction royale. ■

SAÜL, PREMIER ROI D'ISRAËL

(règne de 1030 à 1010 av. J.-C.).

L'histoire tragique de Saül, premier roi d'Israël, est rapportée par le premier livre de *Samuel*. Shaul (en hébreu *le demandé*), désigné par le prophète Samuel le voyant, est proclamé roi pour résister au péril extérieur qui menace Israël. Entouré de ses guerriers, il est victorieux des Ammonites, des Philistins, des Amalécites. Mais ce chef de guerre sans capitale est instable. Pour avoir désobéi à un ordre de Dieu, il est rejeté par Samuel au nom de Dieu, et désormais on le sent miné par une inquiétude maladive. « L'esprit de Yahvé se retira de lui ». Il voit monter l'étoile du jeune David, qu'il en vient à poursuivre jalousement, bien que ce dernier ne cesse de respecter en lui le roi élu de Dieu et reste le plus cher ami de son fils Jonathan. Saül finit misérablement, vaincu par les Philistins sur les collines de Gelboé ; il se suicide pour ne pas tomber aux mains de l'ennemi. ■

Appelée parfois *Sion* du nom d'une des collines sur laquelle elle est construite, cette ville n'a cessé de hanter l'imagination des juifs, des musulmans et des chrétiens. Que l'on songe aux Croisades ou à la guerre des Six Jours en 1967 !
Urushalim, petite cité cananéenne fortifiée, dont l'existence est attestée dès le XIVe s. av. J.-C., était située entre 700 et 800 m d'altitude, dans la zone montagneuse qui séparait les tribus du nord et celles du sud après l'entrée d'Israël en Canaan vers 1200. Afin d'établir un « royaume-uni » sous son autorité, David s'en empara vers 1000 av. J.-C. et en fit sa capitale. Il y transporta l'Arche d'Alliance, y fixant ainsi le sanctuaire confédéral des douze tribus d'Israël. Il laissa cependant à son fils Salomon le soin de construire le Temple. A la mort de Salomon (931 av. J.-C.), l'unité politique et religieuse du pays se déchira ; Jérusalem resta la capitale du petit royaume du Sud, Juda.

Assiégée en 701 par les Assyriens de Sénnachérib, sous le règne d'Ezéchias, la ville fut délivrée contre toute attente. Lors de la réforme religieuse et politique qu'il entreprit en 622, le roi Josias y centralisa le culte. Cependant, la cité sainte succomba en 587 sous les coups de Nabuchodonosor, roi de Babylone, qui détruisit le Temple et déporta une partie de la population (l'Exil).

Cinquante ans plus tard, le conquérant perse Cyrus, devenu maître de Babylone, autorisa le retour des exilés dans leur pays et la reconstruction du Temple. Jérusalem connaîtra encore bien des drames. Mais même lorsque, à la fin du Ier s. av. J.-C., la Judée ne fut plus qu'une petite province de l'Empire romain, la ville sainte resta le centre religieux et culturel du judaïsme, où se célébrait le culte dans le Temple reconstruit, où l'on étudiait la Loi auprès des rabbis célèbres, où tous les Juifs du monde venaient en pèlerinage.

Jésus, Galiléen d'origine, vient en pèlerinage à Jérusalem dès l'âge de douze ans. Bien des épisodes de sa vie publique, de nombreuses controverses avec ses adversaires ont Jérusalem pour théâtre. C'est là que se noue le drame de sa mort : entrée triomphale des Rameaux, arrestation à Gethsémani, procès, crucifixion.

Après sa résurrection, c'est à Jérusalem que les premiers chrétiens se regroupent autour des apôtres. Leur communauté, d'abord tolérée, est bientôt persécutée par les autorités juives : martyres d'Étienne, puis de l'apôtre Jacques le Majeur. Lorsque la foi au Christ se répand à travers le monde méditerranéen, l'Église de Jérusalem, gouvernée par l'autre Jacques, le « frère du Seigneur », reste le point de référence ; c'est là que l'on essaie de régler les conflits suscités par l'entrée des païens dans l'Église (concile de Jérusalem, 49 ap. J.-C.). Paul veille de son mieux à maintenir l'union entre les communautés qu'il a fondées hors de la Palestine et l'Église-Mère de Jérusalem.

Lors de la révolte juive de 67 ap. J.-C., les chrétiens quittent la ville. Assiégée par l'armée romaine de Titus en 70, celle-ci est prise, le Temple incendié, les habitants massacrés ou vendus comme esclaves. Après une nouvelle révolte, celle de Bar Koséba en 130-135, la ville perd jusqu'à son nom, devenant « Aelia Capitolina ».

Depuis lors, Jérusalem est restée pour les juifs la cité sainte, la nouvelle Jérusalem évoquée par Isaïe et Ezéchiel, où, un jour, ils se trouveront à nouveau rassemblés.
Pour l'islam, Jérusalem (El Qods) est, avec la Mecque et Médine, une des trois villes saintes ; les musulmans situent en effet le sacrifice d'Abraham à l'emplacement de l'esplanade actuelle du Temple (Mosquée d'Omar, mieux nommée Coupole du Rocher).

Pour les chrétiens il n'existe pas de « ville sainte » ; Jérusalem est d'abord pour eux le symbole de la cité de Dieu, le ciel, où Dieu rassemblera ses élus, cette « Nouvelle Jérusalem » évoquée par Paul et décrite par l'*Apocalypse* de Jean. En outre, les chrétiens vénèrent à Jérusalem les lieux saints, auxquels sont attachées l'histoire du Peuple de Dieu et surtout la vie et la mort de Jésus : Cénacle, jardin des Oliviers, basilique du Saint-Sépulcre (qui abrite à la fois les lieux de la crucifixion et du tombeau du Christ) ; toute la vieille ville fait revivre l'Évangile ; les découvertes incessantes de l'archéologie aident à mieux connaître et comprendre le contexte de l'Ancien comme du Nouveau Testament. ■

Sion (Jérusalem), ville de Dieu

Le Seigneur a fondé Sion sur les montagnes saintes,
il en aime les portes
plus que toutes les demeures de Jacob.
On fait sur toi des récits de gloire,
ville de Dieu !
Je mentionne Rahav et Babylone
parmi ceux qui te connaissent.
Certes, c'est en Philistie, à Tyr
ou en Nubie,
que tel homme est né.
Mais on peut dire de Sion :
« En elle, tout homme est né,
et c'est le Très Haut qui la consolide ! »
Le Seigneur inscrit dans le livre des peuples :
« A cet endroit est né tel homme »,
mais ils dansent et ils chantent :
« Toutes mes sources sont en toi ».

Ps 87 (86)

Les écrits bibliques se rapportant à la période monarchique

Livres de Samuel (1 S.-2 S.)
Récit des origines de la royauté : Samuel, juge et prophète, Saül le premier roi, et les péripéties de l'accession au trône de David.

Livres des Rois (1 R.-2 R.)
Ces livres, qui citent souvent les annales (aujourd'hui disparues) des rois d'Israël et de Juda, décrivent la vieillesse et la mort de David, le règne brillant de son fils Salomon, le schisme des tribus après sa mort en 931, puis l'histoire parallèle des deux royaumes : Israël, le royaume du Nord, finalement écrasé par les Assyriens en 721, et Juda, le royaume du Sud, vaincu par les Babyloniens en 587.
Soulignant dans cette histoire l'action de Dieu, l'auteur fait une large place à tout un cycle de récits concernant le prophète Elie et son successeur Elisée.

Livres des Chroniques (1 Ch.-2 Ch.)
Leurs auteurs, imprégnés de l'esprit du *Deutéronome*, veulent montrer que Dieu protège Israël lorsqu'il est fidèle à l'Alliance et le punit lorsqu'il s'en écarte. Plus tardifs (IVe s.), ils complètent à leur façon les livres de *Samuel* et des *Rois*. ■

Ph. CIRIC
Juif priant au Mur des Lamentations à Jérusalem.

Petit lexique géographique

Hébron. Lieu saint situé dans la montagne de Juda, à 40 km au sud de Jérusalem. Abraham y séjourna, au chêne de Mambré, ainsi qu'Isaac et Jacob. Sara, femme d'Abraham, y mourut et y fut ensevelie. Juifs et musulmans continuent aujourd'hui à vénérer à Hébron les tombes des patriarches.
Là, David fut sacré roi et établit sa capitale au début de son règne. Son fils Absalom devait y fomenter sa révolte et s'y faire proclamer roi, avant d'être vaincu et tué. (2 S 15-19).

▶▶▶ *A propos de David*

LA PRIÈRE DANS LA BIBLE

LA Bible n'est pas un livre de piété. C'est un livre de prière. Elle n'est rien d'autre en effet que la trace écrite du dialogue de Dieu avec son Peuple. Dès l'origine, dans la brise du soir, la Bible montre Dieu appelant l'homme et lui disant « Où es-tu ? » (Gn 3,9)... Et le dernier dialogue rapporté dans la Bible est celui de l'humanité et de l'Esprit qui, ensemble, souhaitent le retour du Christ et lui disent : « Viens ».

Le dialogue avec Dieu est souvent au bord de la rupture définitive. Il est marqué de crises, d'absences, de retours, de tendresse, de combats. Il ne connaît pas d'autres lois pour l'homme que celles de la pauvreté et de la confiance.

Celui qui parle à Dieu dans la Bible est un pauvre, presque un paumé. Les grands priants de la Bible ont souvent commencé par le désespoir. Mais, dans leurs errances, ils ont fait confiance, comme Abraham, comme Moïse, comme David.

▶▶▶

Les chrétiens et les psaumes

Chaque jour, les religieux, les religieuses et les prêtres sont invités à chanter des psaumes, ou à les lire dans leur bréviaire. De nombreux laïcs se joignent à leur prière. Pourquoi les psaumes dans la prière chrétienne ?

• Tout d'abord parce que le Christ a prié son Père avec les psaumes : ses dernières paroles sur la Croix attestent à quel point ils imprégnaient sa vie (cf. Mc 15, 34 et Ps 22,2).

• Ensuite, parce que les chrétiens de tous les temps ont vu dans ces textes juifs une remarquable pédagogie de la prière : souvent les psaumes permettent d'exprimer un désir de trouver Dieu qui n'a pas encore jailli pleinement dans le cœur de celui qui prie.

• Enfin, leurs limites mêmes, les appels à la vengeance, par exemple, leurs perspectives peu tournées vers l'au-delà, leurs images rurales lient celui qui les médite aux cris de l'humanité tout entière et, en particulier, des plus pauvres : demander vengeance à Dieu est dans certains cas l'ultime recours, quand l'injustice est par trop grande et par trop inévitable. ■

Le cri de l'homme vers l'amour de Dieu

Aie pitié de moi, mon Dieu, selon ta fidélité ;
selon ta grande miséricorde efface mes torts.
Lave-moi à grande eau de ma faute
et purifie-moi de mon péché.
Car je reconnais mes torts,
j'ai sans cesse mon péché devant moi.
Contre toi, et toi seul, j'ai péché,
ce qui est mal à tes yeux, je l'ai fait,
ainsi tu seras juste quand tu parleras,
irréprochable quand tu jugeras.

Voici, dans la faute j'ai été enfanté
et, dans le péché, conçu des ardeurs de ma mère.
Voici, tu aimes la vérité dans les ténèbres,
dans ma nuit, tu me fais connaître la sagesse.
Ôte mon péché avec l'hysope et je serai pur ;
lave-moi, et je serai plus blanc que la neige.
Fais que j'entende l'allégresse et la joie,
et qu'ils dansent, les os que tu as broyés.
Devant mes péchés, détourne-toi,
toutes mes fautes, efface-les.

Crée pour moi un cœur pur, Dieu ;
enracine en moi un esprit tout neuf.
Ne me rejette pas loin de toi,
ne me reprends pas ton esprit saint ;
rends-moi la joie d'être sauvé,
et que l'esprit généreux me soutienne !
J'enseignerai ton chemin aux coupables,
et les pécheurs reviendront vers toi.
Mon Dieu, Dieu sauveur, libère-moi du sang ;
que ma langue crie ta justice !
Seigneur, ouvre mes lèvres,
et ma bouche proclamera ta louange.

Tu n'aimerais pas que j'offre un sacrifice,
tu n'accepterais pas d'holocauste.
Le sacrifice voulu par Dieu, c'est un esprit brisé ;
Dieu, tu ne rejettes pas un cœur brisé et broyé.
Fais du bien à Sion,
rebâtis les murs de Jérusalem.
Alors tu aimeras les sacrifices prescrits,
offrande totale et holocauste ;
alors on offrira des taureaux sur ton autel.

Ps 51 (50)

La prière de Jésus pour ses disciples et pour les chrétiens de tous les temps

Je prie [...] pour ceux que tu m'as donnés [...]. Je ne prie pas seulement pour eux, je prie aussi pour ceux qui, grâce à leur parole, croiront en moi : que tous soient un comme toi, Père, tu es en moi et que je suis en toi, qu'ils soient en nous eux aussi, afin que le monde croie que tu m'as envoyé ; et moi, je leur ai donné la gloire que tu m'as donnée, pour qu'ils soient un comme nous sommes un, moi en eux comme toi en moi, pour qu'ils parviennent à l'unité parfaite et qu'ainsi le monde puisse connaître que c'est toi qui m'as envoyé et que tu les as aimés comme tu m'as aimé.
Père, je veux que là où je suis, ceux que tu m'as donnés soient eux aussi avec moi, et qu'ils contemplent la gloire que tu m'as donnée, car tu m'as aimé dès avant la fondation du monde. Père juste, tandis que le monde ne t'a pas connu, je t'ai connu et ceux-ci ont reconnu que tu m'as envoyé. Je leur ai fait connaître ton nom et je le leur ferai connaître encore, afin que l'amour dont tu m'as aimé soit en eux, et moi en eux ».

Jn 17,9 ; 17, 20-26

(Elie) s'en alla au désert, à une journée de marche. Y étant parvenu, il s'assit sous un genêt isolé. Il demanda la mort et dit : « Je n'en peux plus ! Maintenant, Seigneur, prends ma vie, car je ne vaux pas mieux que mes pères. » Puis il se coucha et s'endormit sous un genêt isolé. Mais voici qu'un ange le toucha et lui dit : « Lève-toi et mange ! » Il regarda : à son chevet il y avait une galette cuite sur des pierres chauffées, et une cruche d'eau ; il mangea, il but, puis se recoucha.

L'ange du Seigneur revint, le toucha et dit : « Lève-toi et mange, car autrement le chemin serait trop long pour toi. » Elie se leva, il mangea et but puis, fortifié par cette nourriture, il marcha 40 jours et 40 nuits jusqu'à la montagne de Dieu, à l'Horeb.

Il arriva là, à la caverne et y passa la nuit. La parole du Seigneur lui fut adressée : « Pourquoi es-tu ici, Elie ? » Il répondit : « Je suis passionné pour le Seigneur, Dieu des puissances : les fils d'Israël ont abandonné ton alliance, ils ont démoli tes autels et tué tes prophètes par l'épée ; je suis resté moi seul et l'on cherche à m'enlever la vie. »
Le Seigneur dit : « Sors et tiens-toi sur la montagne, devant le Seigneur ; voici, le Seigneur va passer. » Il y eut devant le Seigneur un vent fort et puissant qui érodait les montagnes et fracassait les rochers ; le Seigneur n'était pas dans le vent. Après le vent il y eut un tremblement de terre ; le Seigneur n'était pas dans le tremblement de terre. Après le tremblement de terre, il y eut un feu ; le Seigneur n'était pas dans le feu. Et après le feu le bruissement d'un souffle ténu. Alors, en l'entendant, Elie se voila le visage avec son manteau ; il sortit et se tint à l'entrée de la caverne. Une voix s'adressa à lui : « Pourquoi es-tu ici, Elie ? » Il répondit : « Je suis passionné pour le Seigneur, Dieu des puissances »...

1 R 19, 4-14.

▶▶▶

7. LE ROYAUME DIVISÉ LA MONTÉE DES PROPHÈTES

Xe – IXe siècles av. J.-C.

Salomon le magnifique (v. 970 – v. 931)

David avait assuré sa succession en faisant sacrer, peu avant sa mort, le jeune Salomon, le second fils qu'il avait eu de Bethsabée. A son avènement, celui-ci trouva donc une monarchie assurée. Il a laissé un souvenir de réussite et d'opulence.

On loua sa sagesse, c'est-à-dire à la fois sa prudence politique et sa maîtrise des connaissances formant la culture de son époque. Un récit, souvent colporté en Orient, le montre arbitrant le conflit dramatique de deux femmes se disputant un enfant (1 R 3,16 – 28).

Il organisa l'administration du royaume ; il noua des alliances, épousant la fille du pharaon, favorisant le commerce avec l'Égypte et la Phénicie, accueillant l'ambassade de la reine de Saba... Ces innovations firent évoluer l'esprit fruste d'Israël ; sa religion austère prit plus d'éclat. Pour le Dieu d'Israël, jusque-là nomade avec son peuple, Salomon édifia le Temple de Jérusalem, dont la splendeur rivalisa avec celle des temples égyptiens.

Il justifia son nom (*Shelomoh* signifie le « Pacifique ») par la paix qu'il assura durant son long règne ; la lourdeur des impôts et de la corvée entraîna cependant, dès avant sa mort, des révoltes fomentées par un de ses fonctionnaires, Jéroboam.

Roboam contre Jéroboam : le schisme de 931

A la mort de Salomon, son fils Roboam se rendit à Sichem pour y être proclamé roi. Mais les dix tribus du nord, déjà en rébellion larvée, furent exaspérées par les maladresses du nouveau roi et refusèrent de le reconnaître. Sous la conduite de Jéroboam, elles firent sécession, constituant le royaume d'Israël. Seules, les deux tribus du sud, Juda et ce qui restait de Benjamin, restèrent fidèles à la dynastie de David, formant autour de Jérusalem le petit royaume de Juda.

▶▶▶

ELIE ET ELISÉE
(IXe siècle)

C'est dans le royaume du Nord (Israël), le plus menacé par l'idolâtrie étrangère, que se dressa au temps du roi Achab celui qui sera le chef de file des prophètes, Elie de Tishbé. Elie signifie « Yahvé est mon Dieu » ; tout un programme. Austère, indomptable, il se fera le champion des droits de Dieu et de l'homme. Jézabel, épouse d'Achab et fille du roi-prêtre de Tyr, rêvait d'unir Phéniciens et Israélites dans la religion du Baal de Tyr, idole de fécondité et de sang. Selon des récits mêlés de légendes (1 R 17 ; 2 R 2), Elie, surgissant du désert, condamna les crimes du couple royal et annonça, en châtiment, une terrible sécheresse ; plus tard, il y mit fin par un défi grandiose, jeté aux prophètes de Baal au cours d'un rassemblement sur le mont Carmel (1 R 18).

Elie devait renouveler l'expérience spirituelle de Moïse en contemplant Dieu au Sinaï, avant de disparaître mystérieusement, emporté sur un char de feu.
Chef de file des prophètes, favorisé de la vision de Dieu, enlevé sur un char de feu, Elie est entré dans la légende d'Israël. On se mit à attendre son retour sur terre, retour qui préparerait la venue du Seigneur (Ml 3,23). Aussi, des Juifs étaient-ils prêts à reconnaître Elie dans Jean-Baptiste, ou même dans Jésus lui-même (Mt 16,14). Dans les évangiles, le récit de la Transfiguration (Mt 17,3) place aux côtés du Christ glorifié Moïse et Elie. L'un symbolise la Loi, et l'autre les prophètes ; tous deux rendent témoignage au Christ Jésus, Fils de Dieu.
Après Elie, son disciple et successeur Elisée dut renouveler les mêmes prodiges pour soutenir la foi yahviste au sein du royaume du Nord, ensanglanté par les coups d'État qui s'y succédaient. ■

▶▶▶

Jéroboam, dans son royaume du Nord, établit une première capitale à Tirça ; pour détourner ses sujets de leur attachement au Temple de Jérusalem, il établit deux lieux de culte : Béthel au sud et Dan au nord de son royaume. Le « Royaume-uni » des douze tribus n'avait pas duré un siècle.

Les deux royaumes aux Xe et IXe siècles (av. J.-C.)

Jusqu'au VIIIe siècle, les deux royaumes allaient profiter de l'éclipse politique des grands empires voisins, l'Égypte et l'Assyrie.

Dans le royaume de Juda, au sud, Roboam dut bien laisser piller le Temple, vers 925, par le pharaon Sheshonq, mais ensuite, à part l'intermède sanglant du règne d'Athalie, la descendance de David réussit à se maintenir sur le trône durant les Xe et IXe siècles, malgré l'hostilité du royaume du Nord.

Quant à celui-ci, plus puissant et plus riche, il devait connaître une suite de coups d'États jusqu'à l'arrivée au pouvoir d'Omri (885-874) ; ce dernier fonda la capitale du royaume, Samarie, et sut asseoir le pouvoir de son fils Achab, marié à la fille du roi de Tyr, Jézabel. Mais le règne d'Achab, (874-853) devait finir dans le sang et, quelques années plus tard, un officier révolté, Jéhu, extermina toute sa famille.

L'histoire de ces pauvres royaumes n'aurait guère d'intérêt, si on ne portait attention au phénomène religieux capital qui l'accompagna, l'éclosion du prophétisme.

▶▶▶

ROYAUTÉ EN ISRAËL

Saül v. 1040 - v. 1010 David 1010 - 970 Salomon 970 - 931			
Royaume d'Israël		**Royaume de Juda**	
Jéroboam	931-910	Roboam	931-913
Nadab	910-909	Abiyyam	913-911
Basha	909-886	Asa	911-870
Éla	886-885		
Zimri	885		
Omri	885-874		
Achab	874-853	Josaphat	870-848
Ochozias	853-852	Joram	848-841
Joram	852-841		
Jéhu	841-814	Ochozias	841
		Athalie	841-835
Joachaz	814-798	Joas	835-796
Joas	798-783	Amasias	796-781
Jéroboam II	783-743	Ozias	781-740
Zacharie	743		
Shallum	743		
Menahem	743-738	Yotam	740-736
Peqahya	738-737		
Peqah	737-732		
Osée	732-724		
Chute de Samarie	722 ou 721	Achaz	736-716
		Ezéchias	716-687
		Manassé	687-642
		Amon	642-640
		Josias	640-609
		Joachaz	609
		Joiaqim	609-597
		Joiakin	597 (déporté)
		Sédécias	597-587
		Chute de Jérusalem	587

Lorsqu'un mot, une expression, un événement, une institution, un nom propre vous sont inconnus, consultez l'index.

Dans le royaume du Nord

Un couple maudit : Achab et Jézabel

Dans le livre des *Rois* (1 R 16-22) se détache la silhouette d'un roi d'Israël, Achab (874-853) fils et successeur d'Omri. Allié par moments au roi de Juda, Josaphat, il combattit les Assyriens, ainsi que les rois de Damas et de Moab. Il avait épousé Jézabel, fille du roi-prêtre de Tyr, qui fut son mauvais génie, et fit tout pour imposer le culte du Baal de Tyr en persécutant les fidèles de Yahvé. Mais tous deux trouvèrent devant eux l'invincible prophète Elie, qui prophétisa la mort violente d'Achab (1 R 21, 19-29) et l'assassinat ignominieux de Jézabel (2 R 9, 30-37).

La fille de Jézabel, Athalie, connut un destin dramatique (2 R 11), dont Racine a fait le thème de sa célèbre tragédie. ■

Les Baals

En hébreu, le terme signifie « seigneur, maître, propriétaire ». En fait, il désigne habituellement chez les Juifs les « puissances » ou les « dieux » de la fécondité et de la fertilité, auxquels les populations du pays de Canaan et de Phénicie rendaient un culte, parfois accompagné de prostitution sacrée ; le peuple juif fut souvent tenté de suivre leur exemple en se détournant du Dieu unique, le véritable maître de la nature. C'est contre quoi les prophètes ne cessèrent de le mettre en garde ; on voit notamment Elie combattre ces Baals et détruire les hauts lieux qui leur étaient consacrés (1 R 18, 16ss).

Au temps de Jésus le culte des Baals avait cessé depuis longtemps, mais avait laissé le mot *Bellzeboul* (« seigneur puissant ») pour désigner le démon. ■

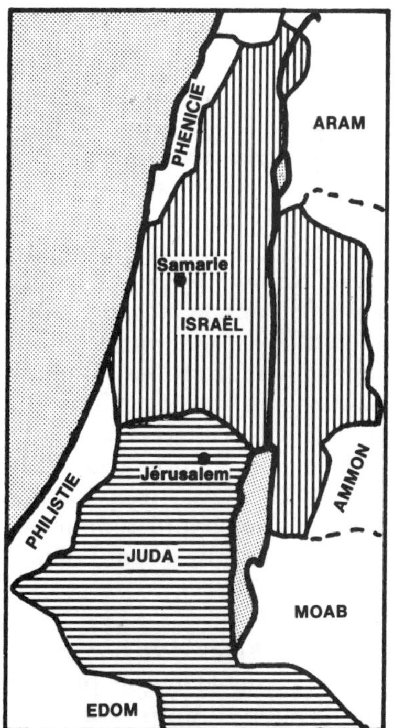

JUDA et ISRAËL (Xe-VIIIe s.)
Les deux royaumes

▶▶▶

L'éclosion du prophétisme

On ne peut pas comprendre l'histoire religieuse d'Israël si on omet ce qui en assure l'inspiration permanente : l'action des prophètes. Aucune religion n'en présente l'équivalent, et on peut dire à coup sûr que, sans les prophètes, la religion d'Israël aurait suivi le cours de toutes les religions environnantes, envahies par la superstition et le formalisme.

Dominés par l'importante silhouette de Moïse, ces prophètes se lèvent tout au cours de l'histoire d'Israël, et particulièrement durant la période allant de David à l'Exil, pour défendre les droits de Dieu et ceux de la personne humaine ; toute la culture occidentale sera imprégnée de l'humanisme ainsi inculqué au judaïsme.

Durant la période d'anarchie tribale qui précède le règne de David, apparaissent déjà des groupes de fidèles très religieux, dans le style des hippies ou des premiers disciples de saint François, et des voyants.

Bientôt, surgissent de fortes personnalités. Ainsi Samuel, à la fois prophète et chef en Israël, établit et sacre le premier roi, Saül ; puis il le destitue au profit d'un nouvel élu de Dieu, David. Ou encore, prophète de cour, Natan n'hésite pas, au nom de Dieu, à reprocher ses crimes à David. Désormais, à la cour des rois ou auprès des sanctuaires, le prophète, l'homme de Dieu, voit sa mission reconnue.

8. LES PROPHÈTES ÉCRIVAINS
VIIIe-VIIe siècles av. J.-C.

La ruine du royaume du Nord (Israël)

A la fin du IXe s. av. J.-C., l'Assyrie avait retrouvé sa puissance ; le roi d'Israël, Jéhu, avait dû lui payer tribut. Cependant, au VIIIe siècle, sous le long règne de son roi Jéroboam II (783-743), Israël connut un éphémère regain de vigueur et de prospérité. Mais aussitôt après, le cycle des coups d'État reprit : cinq rois en 12 ans ! L'un d'eux alla même jusqu'à s'allier contre le royaume du Sud avec leur ennemi commun, Damas. L'Assyrie saisit l'occasion : en 725, Salmanasar V assiégea Tyr, s'empara du roi d'Israël, Osée, (ce fut le dernier), s'attaqua à la capitale Samarie, dont Sargon II, fils de Salmanasar, s'empara en 721. Une partie de la population fut déportée en Assyrie, remplacée par des colons étrangers ; d'où bientôt une population locale de sangs et religions mêlés, les Samaritains, qui seront l'objet du mépris des Juifs. Ce fut la fin du royaume d'Israël.

Les prophètes dans le royaume du Nord : Amos et Osée

C'est sous le règne prospère de Jéroboam II que se situe la prédication d'Amos et d'Osée, les premiers prophètes dont l'enseignement recueilli par les disciples figure dans les Livres saints.

▶▶▶

Dans le royaume du Sud (Juda)

Ezéchias (716-687)

Quand Ezéchias succède à son père Achaz sur le trône du royaume du Sud, le royaume du Nord vient de succomber avec la prise de Samarie (721) par les Assyriens. Mais le jeune roi de Juda, appuyé par les conseils du prophète Isaïe, réussit à préserver l'indépendance de son petit royaume du Sud. Il reconstitue le trésor et l'armée, et améliore les fortifications de Jérusalem, en particulier par le creusement, sous la colline de l'Ophel, d'un tunnel amenant l'eau au réservoir de Siloé, à l'intérieur des remparts.

Il accueille dans le royaume du Sud les réfugiés du nord, et centralise le culte autour du temple de Jérusalem. Ainsi se prépare la fusion des traditions bibliques du nord (tradition « élohiste », cycle d'Elie et Élisée) avec celles du sud (tradition « yahviste »), et peut-être est alors commencée la rédaction du *Deutéronome*.

Enfin, il sait résister à l'attaque de Sennachérib et de l'armée assyrienne en 701. Jérusalem est assiégée, mais Sennachérib ne peut s'en emparer. Ezéchias devra cependant payer tribut.

Josias (640-609)

Dernier grand roi de Juda, Josias réalise une vigoureuse réforme religieuse, appuyée sur la publication du *Deutéronome*, « découvert » dans le Temple en 621. Il supprime les sanctuaires locaux et lutte contre les coutumes païennes. Profitant de l'anarchie en Assyrie, il reprend pied dans le royaume du Nord. La ruine de l'Assyrie, en 612, accentue follement ses espérances. Contre Babylone victorieuse de l'Assyrie monte le pharaon d'Égypte. Josias veut s'interposer. Il est écrasé et tué à Megiddo, en 609. Avec lui disparaît l'indépendance du royaume qu'il était presque parvenu à rétablir dans les frontières de celui de David. ■

LES PROPHÈTES JUSQU'A L'EXIL [1] [2]

931	Schisme entre le royaume du Nord (Israël) et le royaume du Sud (Juda).
750	(Roy. d'Israël) **Amos** et **Osée**
740	(Roy. de Juda) : Vocation d'**Isaïe**. **Michée**
735	(Roy. de Juda). Achaz assiégé. **Isaïe**, oracle de l'Emmanuel
721	Ruine du roy. d'Israël.
716	Avènement d'Ézéchias. Activité d'**Isaïe**
701	Sennachérib assiège en vain Jérusalem.
v. 660	**Nahum** ou **Nahoum**
v. 630	**Sophonie**
v. 626	Sous Josias (640-609), réforme deutéronomique. **Jérémie**
609	Josias tué à Megiddo.
v. 600	**Habaquq**
597	Occupation de Jérusalem par Nabuchodonosor. 1re déportation
v. 593	**Ézéchiel**
587	Prise de Jérusalem par Nabuchodonosor. 2e déportation à Babylone. Fin du royaume de Juda ▶

[1] Chronologie détaillée des prophètes, voir Index.
[2] Les prophètes, de l'Exil à la conquête romaine : p.247.

▶▶▶

Amos, un paysan venu du sud, dénonce à partir de 750, à Samarie, l'injustice des riches, annonçant un châtiment de Dieu sur Israël l'infidèle, qui épargnera toutefois un « petit reste ».

Vers la même époque, *Osée* s'attaque au culte des Baals de village, divinités agraires fêtées par des orgies. En même temps, il révèle à Israël jusqu'où va l'amour de Dieu : celui-ci l'aime comme un époux qui pardonne à son épouse infidèle, comme un père qui chérit le plus rebelle de ses fils.

Isaïe, défenseur de la cité

Après la disparition du royaume du Nord, celui du Sud (Juda) connaît un peu de répit. Alors, se dresse la forte personnalité d'*Isaïe*, que la puissance de son langage imagé classerait parmi les grands poètes. En 740, au cours d'une scène grandiose, Dieu lui apparaît pour lui confier la mission de dénoncer le péché et de restaurer l'espérance. Plus tard, alors que Jérusalem est assiégée par les Assyriens, Isaïe annonce au faible roi Achaz (736-716) le proche salut, symbolisé par la naissance d'un prince évoqué sous un nom prometteur, *Emmanuel* (Dieu avec nous).

Ce prince, le roi Ezéchias (716-687), sera à son tour soutenu par les oracles d'Isaïe ; le roi d'Assyrie, Sennachérib, malgré sa puissance, ne parvient pas à s'emparer de Jérusalem (701).

Les prophéties d'Isaïe seront bientôt rassemblées par ses disciples (Is 1-39), mais des additions d'autres origines y seront faites ultérieurement.

D'autres prophètes se manifestent à la même époque (tel *Michée*), et au siècle suivant (*Sophonie*, *Nahum*...). ▶▶▶

Ph. Tournus

Isaïe, église de Souillac (Lot), portail intérieur (XIIe siècle).

La vocation d'Isaïe

L'année de la mort du roi Ozias,
je vis le Seigneur assis
sur un trône très élevé.
Sa traîne remplissait le Temple.
Des séraphins se tenaient
au-dessus de lui.
Ils avaient chacun six ailes :
deux pour se couvrir le visage,
deux pour se couvrir les pieds,
et deux pour voler.
Ils se criaient l'un à l'autre :
« Saint, saint, saint le Seigneur le tout-puissant,
sa gloire remplit toute la terre ».
Les pivots des portes se mirent à trembler
à la voix de celui qui criait,
et le Temple se remplissait de fumée.
Je dis alors : « Malheur à moi ! Je suis perdu, car je suis un homme
aux lèvres impures,
j'habite au milieu d'un peuple aux lèvres impures et mes yeux ont vu le roi,
le Seigneur,
le tout-puissant ».
L'un des séraphins vola vers moi,
tenant dans la main une braise
qu'il avait prise avec des pinces sur l'autel.
Il m'en toucha la bouche et dit :
« Dès lors que ceci a touché tes lèvres, ta faute est écartée,
ton péché est effacé ».
J'entendis alors la voix du Seigneur qui disait :
« Qui enverrai-je ? Qui donc ira pour nous ? »
Et je dis : « Me voici, envoie-moi ».

Is 6,1-8

Lorsqu'un mot, une expression, un événement, une institution, un nom propre vous sont inconnus, consultez l'index.

L'oracle de l'Emmanuel

Le Seigneur parla encore à Akhaz en ces termes : « Demande un signe pour toi au Seigneur ton Dieu, demande-le au plus profond ou sur les sommets là-haut » Akhaz répondit : « Je n'en demanderai pas et je ne mettrai pas le Seigneur à l'épreuve ».
Il dit alors :
« Écoutez donc, maison de David ! Est-ce trop peu pour vous de fatiguer les hommes,
que vous fatiguiez aussi mon Dieu ?
Aussi bien le Seigneur vous donnera-t-il lui-même un signe :
Voici que la jeune femme est enceinte et enfante un fils et elle lui donnera le nom d'Emmanuel.
De crème et de miel il se nourrira, sachant rejeter le mal et choisir le bien.

Is 7, 10-15

EMMANUEL

Nom signifiant en hébreu « Dieu avec nous ». Le prophète Isaïe (Is 7, 10-15) annonce au roi Achaz, comme un signe de salut, la naissance d'un enfant qui sera appelé Emmanuel. L'*Évangile de Matthieu*, dans le récit de l'annonce à Joseph de la naissance de Jésus, fait dire au messager de Dieu que se réalise de la sorte la prophétie d'Isaïe (Mt 1, 20-23). ■

▶▶▶

Jérémie douloureux et incompris. La fin du royaume du Sud

Jérémie est l'une des figures les plus connues et les plus attachantes de la Bible. Sa prédication (627-587) coïncide avec la réforme politique et religieuse du roi Josias, à la suite de la publication du *Deutéronome* (littéralement, seconde loi), recueil complétant les récits des merveilles de Dieu au temps de l'Exode, et mettant dans la bouche de Moïse des discours imprégnés du sens de Dieu et de la fidélité à sa Loi ; ces textes font écho aux prophéties des IXe et VIIIe siècles : Jérémie reprend ces thèmes.

Après la défaite et la mort du roi Josias à Megiddo (609), Jérémie devient suspect : il dénonce les tractations des derniers rois de Juda avec l'Egypte contre le roi de Babylone, Nabuchodonosor, annonce des malheurs imminents, invite le peuple à se convertir et à ne mettre sa confiance qu'en Dieu. Arrêté, il échappe de peu à la mort. Comme il l'avait annoncé, Nabuchodonosor occupe une première fois Jérusalem en 597, et en déporte une partie de la population ; en 587, il s'en empare, la détruit, déporte à Babylone d'autres habitants, mettant fin au royaume du Sud. Le prophète, entraîné en Egypte par des fuyards, meurt peu après. Par la suite, les Juifs découvriront le sens de ses appels à une religion intérieure, à une nouvelle alliance vécue avec « un cœur nouveau » (Jr 31, 31-34). ▶▶▶

La vocation de Jérémie

La parole du Seigneur s'adressa à moi :
« Avant de te façonner dans le sein de ta mère,
je te connaissais ;
avant que tu ne sortes de son ventre, je t'ai consacré ;
je fais de toi un prophète pour les nations ».
Je dis : « Ah, Seigneur Dieu, je ne saurais parler,
je suis trop jeune ».
Le Seigneur me dit : « Ne dis pas : je suis trop jeune.
Partout où je t'envoie, tu y vas ;
tout ce que je te commande, tu le dis ;
n'aie peur de personne ;
je suis avec toi pour te libérer,
oracle du Seigneur ».
Le Seigneur, avançant la main, toucha ma bouche,
et le Seigneur me dit :
« Ainsi je mets mes paroles dans ta bouche ».

Jr 1, 4-9. TOB.

Sous le patronage de Jérémie

La grande influence posthume de Jérémie explique que plusieurs écrits bibliques se soient abrités sous son patronage.

Les *Lamentations* de Jérémie
Collection de cinq chants qui décrivent, de façon poignante, la destruction de Jérusalem et la ruine du Temple par Nabuchodonosor. Composées probablement peu après, les *Lamentations* ne peuvent être attribuées à Jérémie qui vivait au début du siècle, mais elles sont imprégnées de son esprit.

De nos jours, chaque année, les juifs les lisent pour commémorer l'autre destruction de la Ville sainte, celle réalisée par les Romains en 70 ap. J.-C.

Baruch
On met sous le nom de ce disciple et secrétaire de Jérémie cinq chapitres sans grande unité, souvent placés dans les Bibles, avec les *Lamentations*, en annexe du livre de *Jérémie*. Il s'agit en réalité d'un écrit du IIe s. av. J.-C. qui nous est parvenu dans l'édition grecque de la Bible (Septante). ■

NABUCHODONOSOR

Ce nom est la forme occidentalisée de Nabûkudurri-ûsur II, roi de Babylone (605-562 av. J.-C.). Les chroniques babyloniennes qui relatent ses campagnes victorieuses en Palestine concordent bien avec ce qu'en disent le second livre des *Rois* (24 et 25) et le livre de *Jérémie* (21-29 ; 43-52).
Son nom apparaît aussi dans certains récits romancés à but édifiant de la Bible (voir Midrash), par exemple le livre de *Judith* et celui de *Daniel* (1-5), écrits plusieurs siècles après. ■

« Grands » et « petits » prophètes

Dans les éditions catholiques de la Bible, les écrits des prophètes sont traditionnellement classés en deux groupes :
- les quatre « grands prophètes » : Isaïe, Jérémie, Ezéchiel et Daniel ;
- les douze « petits prophètes », dont la mission a été parfois fort importante mais dont les textes sont plus brefs : Osée, Joël, Amos, Abdias, Jonas, Michée, Nahoum, Habaquq, Sophonie, Aggée, Zacharie, Malachie.

A côté des prophètes Amos, Osée, Isaïe, Jérémie, présentés par ailleurs, voici quelques-uns des petits prophètes de la même période (VIIIe et VIIe s. av. J.-C.).

Michée
Contemporain d'Isaïe (entre 740 et 700), il dénonce l'injustice et annonce le jugement de Dieu. Ne pas le confondre avec un autre Michée, prophète signalé en 853 av. J.-C. (1 Rois 22), qui n'a pas laissé d'écrits.

Nahoum
Au VIIe av. J.-C., en trois vigoureux chapitres, il invective Ninive, la capitale de l'Assyrie, symbole des forces du mal déchaînées.

Sophonie
A la même époque, il proclame le jugement de Dieu, appelle à la conversion et suscite l'espérance des pauvres.

Habaquq
Contemporain de Jérémie, il évoque le triomphe de Babylone, qui vient d'écraser les Assyriens et viendra vite à bout du petit royaume de Juda. ■

(Voir Index : Livres prophétiques dans la Bible hébraïque)

Petit lexique géographique

Babylone. Cette ville située sur les bords de l'Euphrate, dans l'actuel Irak, est mentionnée dès le XXIIIe s. av. J.-C. Son nom sémitique *Bab-ili*, porte du dieu, devint en hébreu *Babel*. Ayant pris son indépendance à l'égard de l'empire d'Akkad, Babylone développa sa puissance et l'éclat de sa civilisation au temps d'Hammourabi (XVIIIe s. av. J.-C.), avant de retomber sous la domination étrangère, en particulier celle de l'Assyrie au VIIIe s. Celle-ci vaincue (chute de Ninive en 612), Babylone devint une grande puissance sous le règne de Nabuchodonosor II. Ce fut lui qui s'empara de Jérusalem en 597 et en 587, et déporta à Babylone une partie de sa population. La civilisation babylonienne s'exprime notamment dans l'architecture de ses temples (les ziggourats à sept étages) et ses jardins suspendus, une des sept merveilles du monde ! En 539, Babylone fut prise par Cyrus et annexée à l'empire perse. Cyrus autorisa les déportés juifs à regagner leur pays. En 331, Alexandre le Grand s'empara de Babylone et y mourut en 323.
Pour les Juifs, le tragique souvenir de leur déportation par Nabuchodonosor a fait de Babylone le symbole même du mal, la cité hostile à Dieu, dont les prophètes annoncent la ruine. Cette tradition sera reprise par les premiers chrétiens, victimes des persécutions romaines, pour qui le nom de Babylone servira à désigner la puissance de Rome, spécialement dans l'*Apocalypse* de Jean (Ap 14, 8), image reprise par les protestants au XVIe s.

▶▶▶ 9. LA CAPTIVITÉ DE BABYLONE LES JUIFS DANS L'EMPIRE PERSE 587-538

L'exil à Babylone

APRÈS la prise de Jérusalem par Nabuchodonosor en 587, un nouveau convoi de déportés rejoint, sur les bords de l'Euphrate, ceux qui ont été emmenés en captivité en 597. Mais un nouveau prophète, *Ezéchiel*, se trouve au milieu d'eux pour ranimer leur courage. Ce visionnaire, d'une rare puissance d'imagination, avait décrit la Gloire de Dieu abandonnant Jérusalem la pécheresse pour aller rejoindre, sur un char flamboyant, les prisonniers de Babylonie. Il invite ses frères à une véritable conversion, leur exprime avec fermeté les exigences de la responsabilité personnelle, et leur ouvre les perspectives d'une nouvelle Alliance dans l'Esprit. Il leur annonce même qu'ils reviendront un jour dans une Terre Sainte rénovée, et dans une Jérusalem nouvelle, si parfaitement fidèle à Dieu que son nom nouveau sera – ce sont les derniers mots du livre – « Yahvé est là ! »

La situation des captifs, d'abord tragique, s'adoucit assez vite. Les exilés améliorent leur situation par l'artisanat et le commerce. Ils adoptent (et garderont) la langue araméenne, proche de l'hébreu, et le calendrier babylonien. Et voici que, malgré l'exil, malgré la ruine du Temple, se produit un intense réveil religieux. L'épreuve a entraîné le repentir ; le repentir, la fidélité ; et la fidélité, l'espérance. On médite Jérémie, enfin compris, mais un peu tard. En lisant avidement Ezéchiel, on prie Dieu de rendre vie aux ossements desséchés... (Ez 37).

La religion yahviste se purifie de ses scories. Avec la lecture de l'Écriture, avec la prière des psaumes, s'ébauche le culte des synagogues, inconnu jusque-là. La circoncision, pratiquée jusqu'alors plutôt comme un simple usage ethnique sémite, prend au milieu

▶▶▶

Scènes de déportation

LES PROPHÈTES, DE L'EXIL A LA CONQUÊTE ROMAINE[1]

587	Ruine de Jérusalem et 2e déportation à Babylone **Ezéchiel** Lamentations de **Jérémie**
v. 540	2e **Isaïe** (40-55), livre de la consolation
539	Cyrus, roi de Perse, s'empare de Babylone
538	Son édit autorisant le retour des déportés juifs dans leur pays. 3° **Isaïe** (56-66)
v. 520	Gouvernement de Zorobabel à Jérusalem au nom du roi de Perse. **Aggée**. **Zacharie** (1-8)
445 et 425.	Missions de Néhémie. Action d'Esdras le scribe.
Au Ve s.	**Isaïe** (24-27. 34-35). **Malachie. Abdias**
Au IVe s.	**Joël. Jonas** **Deutéro** – **Zacharie** (9-14)
331	Alexandre le Grand s'empare de l'empire perse
Au IIe s.	Persécution d'Antiochus IV Épiphane. **Daniel. Baruch**
142	Règne des Asmonéens
63	Conquête par Pompée

[1] Les prophètes avant l'Exil : p. 244.

Cyrus et l'empire perse

Les plateaux à l'est de la Mésopotamie étaient habités, au début du premier millénaire, par des tribus iraniennes, de race assyrienne, les Mèdes et les Perses. Cyrus II le Grand (v. 550 – v. 530), souverain d'un petit royaume perse, réussit à dominer le puissant royaume des Mèdes et à fonder ainsi l'empire perse achéménide. Ses conquêtes et celles de ses successeurs allaient en faire le plus vaste de l'antiquité.

Les premières victoires de Cyrus avaient donné espoir aux Juifs exilés. L'auteur du *2e Isaïe* attribue les succès de Cyrus à la puissance de Dieu dont il est le « berger » (Is 44, 28) et même le « Messie » (Is 45,1). De fait, en 539, Cyrus s'empare de Babylone, et en 538, appliquant une politique générale de liberté religieuse et civile envers les populations asservies par Babylone, il autorise les Juifs à rentrer en Judée, à restaurer leur culte et reconstruire leur Temple (2 Ch 36,23 ; Esd 1,1 ; 6,3).

Les successeurs de Cyrus, Cambyse II, Darius I, Xerxès I, poursuivirent cette politique de liberté religieuse et d'administration décentralisée, assurant ainsi au peuple juif, comme aux autres peuples de l'empire, une période de paix très féconde. L'empire perse était divisé en vingt satrapies, dont une groupait la Palestine, la Syrie et la Phénicie. Les fouilles ont révélé la splendeur des capitales Suse et Persépolis.

L'empire perse s'effondra en 331 sous les coups du roi de Macédoine, Alexandre le Grand. Mais, moins d'un siècle plus tard, les Parthes commencèrent à reconstruire en Perse un empire qui devait, par la suite, engager une longue rivalité avec la puissance romaine. Au IIIe siècle après J.-C., une nouvelle dynastie, celle des Sassanides, donna, durant quatre siècles, un nouvel éclat à la Perse, avant la conquête arabe du VIIe siècle.

La religion des Perses, le mazdéisme, était dualiste, marquée par l'opposition de deux principes souverains, Lumière et Ténèbres, et par une angélologie savante qui ne fut pas sans influencer le judaïsme. Les principes du mazdéisme se retrouvent à bien des époques, notamment dans le culte de Mithra, dans le manichéisme, le gnosticisme, et, au Moyen-Âge, chez les Bogomiles de Bosnie et les cathares. ■

Prophètes et textes bibliques de la période perse

Aggée
Dixième dans le recueil des textes des « Petits prophètes », le très bref message prophétique d'Aggée, bien daté de 520, encourage les exilés revenus à Jérusalem à reconstruire le Temple dont il prédit la gloire future.

Abdias
Quatrième dans le recueil des « Petits prophètes », cet oracle bref mais vigoureux dénonce les Edomites, qui profitent de la ruine de Jérusalem pour piller le malheureux royaume de Juda.

Zacharie
Le livre de *Zacharie*, onzième du recueil des « Petits prophètes », comporte deux parties. La première (1-8), datant de 520, se compose de huit visions symboliques destinées à encourager le réveil religieux d'Israël. La seconde, beaucoup plus tardive (vers 300 ?) annonce la venue du Messie et l'établissement du règne de Dieu.

Malachie
Au début du Vᵉ s., le livre de *Malachie* termine le recueil des « Petits prophètes ». Il réagit, dans le judaïsme de l'après-exil, contre le découragement et le manque de respect vis-à-vis des exigences de la Loi.

Proverbes
Ce recueil très disparate se compose d'éléments dont certains peuvent remonter à la période de Salomon (Xᵉ s.). Mais l'ensemble a dû être réuni au Vᵉ s. et mis, puisqu'il s'agit d'un écrit de Sagesse, sous le patronage du roi Salomon, modèle de sagesse. Prudence humaine, expérience millénaire de l'homme y voisinent avec de vastes aperçus sur le sens de la vie, de la création, de l'histoire, et sur Dieu.

Livre de Job
Une des œuvres les plus fortes de l'Ancien Testament (Vᵉ s.), à la fois par sa puissance poétique et par la profondeur de son thème, qui rejoint la lancinante question de toujours : pourquoi le mal et la souffrance ?

Job, personnage symbolique plus qu'historique, est un homme comblé par la vie ; mais le voilà qui perd à la fois ses vastes biens, ses nombreux enfants et sa santé. Or il se considère comme un juste, un homme de bien. Il ne peut comprendre que Dieu le punisse, et il se révolte contre son arbitraire. Ses amis veulent le convaincre que, puisqu'il est châtié, il est pécheur. Job refuse de l'admettre et son cri poignant rejoint celui de tous ceux qui subissent le malheur. Provoqué par Dieu à une sorte de combat-débat, il devra reconnaître qu'il ne peut sonder les desseins de Dieu et qu'il doit savoir se taire devant lui.

Le dénouement sera heureux : Job retrouvera santé, richesse, famille, considération. Mais la grande question de l'homme à Dieu reste posée, et en termes inoubliables : pourquoi le mal et la souffrance immérités ?

Le Cantique des Cantiques
Difficile à dater, ce poème est-il du Vᵉ, du IVᵉ, du IIIᵉ siècle ? Son titre a le sens d'un superlatif : « le plus beau des cantiques » (comme le « saint des saints » désigne le lieu le plus sacré du Temple). On ne s'attend pas à trouver dans la Bible ce recueil de chants passionnés, qui expriment la beauté de l'amour humain et évoque tout le manège amoureux de poursuite et de possession.

Le *Cantique*, en chantant la dignité de l'amour humain, symbolise la relation d'amour que l'Alliance établit entre Dieu et son peuple, entre Dieu et le croyant, entre le Christ et son Église : c'est ainsi que l'a interprété la mystique chrétienne. Les Juifs le lisent lors de la Pâque.

Jonas
Cinquième recueil des « Petits prophètes », le livre de *Jonas* semble être, lui aussi, de la période post-exilique. Plus qu'une prophétie, c'est un récit, une sorte de conte moral.

Chargé par Dieu d'aller reprocher aux habitants de Ninive (capitale de l'Assyrie) leur conduite, Jonas, pris de panique, s'enfuit dans le premier bateau en partance. Survient une tempête menaçante ; Jonas reconnaît qu'il a provoqué ce châtiment par sa désobéissance à Dieu. Jeté à la mer par l'équipage, il est avalé par un énorme poisson.

Dans les entrailles de l'animal, il demande pardon à Dieu et promet de lui obéir. Vomi par le poisson après trois jours, le prophète s'empresse de gagner Ninive, et parcourt les rues de l'immense cité en annonçant sa destruction. Les Ninivites, roi en tête, se convertissent alors, et Dieu les épargne.

Double moralité : un prophète ne doit pas se dérober à l'appel de Dieu ; et Dieu aime les païens, il est prêt à leur pardonner. Jésus, dans l'Évangile, a recouru à ce qu'il a appelé « le signe de Jonas » pour annoncer sa résurrection trois jours après sa mort (Mt 12, 39-42).

Les Chroniques
Les livres des *Chroniques* dans l'Ancien Testament forment un ensemble, artificiellement coupé en deux tomes. On pense qu'ils ont été écrits par le même auteur que les livres d'*Esdras* et de *Néhémie*, vers le milieu du IVᵉ s. av. J.-C.

Reprenant toutes sortes de documents, dont certains nous sont connus par ailleurs, n'hésitant pas à reproduire mot à mot des passages des livres de *Samuel* et des *Rois*, l'auteur veut donner au judaïsme post-exilique un grand panorama de l'histoire du peuple élu, depuis la création du monde jusqu'à la fin de l'exil. Par comparaison avec la série historique inspirée par le *Deutéronome (Josué, Juges, Samuel, Rois)*, on voit bien où sont les idées maîtresses du « Chroniqueur » : idéalisation des figures de David et de Salomon, ainsi présentés comme les rois selon l'exacte volonté de Dieu, place centrale du Temple, du culte, du sacerdoce, tout converge vers une conception théocratique qui sera celle du judaïsme après l'Exil. Dans le domaine des faits, les livres des *Chroniques* apportent peu d'éléments nouveaux, mais sont intéressants par leur conception de l'histoire et par la théologie qui la sous-tend. ■

LE SECOND ISAÏE ET LES « CHANTS DU SERVITEUR »

Peu avant la fin de l'Exil (538), un prophète juif inconnu ajouta au recueil d'*Isaïe* des oracles que l'on appelle souvent « *le Livre de la consolation* (Is 40 à 55). Ils annoncent le salut proche et glorifient Cyrus, instrument de Dieu. Dans ces chapitres sont insérés plusieurs poèmes, les *Chants du Serviteur* (Is 42 ; 49 ; 50 ; 53), qui décrivent un mystérieux serviteur choisi par Dieu, animé par son Esprit, lumière des nations, broyé par la souffrance, mais finalement glorifié. Peut-être l'auteur s'est-il inspiré du sort tragique du roi de Juda Joiakin, mort en captivité ? Peut-être veut-il désigner l'ensemble des exilés juifs à Babylone, petit reste à qui Dieu confie une mission universelle ? En tout cas, ces poèmes devaient donner un éclairage nouveau à la figure du Messie attendu par Israël.
Les disciples de Jésus, pour faire comprendre la mission de leur maître et sa mort affreuse, ont eu recours à ces *Chants du Serviteur*, spécialement au dernier (Is 52,13 – 53,12), qui forme comme un cinquième évangile de la passion et de la mort de Jésus. ■

LE LIVRE DE RUTH

Le récit charmant qui constitue le livre de *Ruth* a pour cadre le pays de Canaan au temps des Juges, en quelque sorte le Moyen-Âge de l'histoire d'Israël avant l'ère chrétienne ! Ruth, une Moabite, et donc une étrangère, est la veuve d'un Israélite. Par fidélité à son époux disparu, elle décide de suivre sa belle-mère dans son pays. Elle y épousera le riche Booz, bisaïeul de David, et ainsi cette étrangère prendra place dans l'ascendance royale et dans celle de Jésus. C'est probablement après l'Exil, au Vᵉ ou IVᵉ s., quand s'est posée dans la société juive la question du renvoi des femmes étrangères pour préserver l'identité nationale, que fut composé ce récit. ■

Lorsqu'un mot, une expression, un événement, une institution, un nom propre vous sont inconnus, consultez l'index.

▶▶▶

des incirconcis, un sens beaucoup plus profond ; ce sera désormais, de manière plus consciente, le signe de l'Alliance qui distingue le peuple élu au milieu des païens.

On pourra constater dans le peuple juif, au retour de l'Exil, un attachement définitif au Dieu unique et transcendant (plus question, après l'exil, d'idolâtrie, de culte des baals), un sens plus profond de l'Alliance, du péché, du pardon, la conviction d'être un peuple élu, exceptionnel, séparé des nations, mais aussi la responsabilité d'être témoin de Dieu au milieu de ces peuples.

Ph. CIRIC

Paysage de Judée (Israël).

Le retour d'exil. Les Juifs dans l'empire perse

Très vite, surgissent de nouveaux conquérants. Un roi de Perse, Cyrus, s'empare de Babylone et de son empire en 539. En grand politique, il rend la liberté aux peuples que Babylone avait soumis, et en particulier aux Juifs. Aussitôt, une partie des exilés prend la route du retour et entreprend la reconstruction du Temple de Jérusalem. Mais ils sont dépourvus de tout, et il faut attendre la venue d'un haut-commissaire royal, un Juif, Zorobabel, pour achever cette entreprise. Un autre haut-commissaire, également juif, Néhémie, fait relever les remparts de Jérusalem ; quant au scribe Esdras, il aide les Juifs à retrouver leur conscience nationale autour de trois convictions de base : l'Alliance, le Temple, la Loi. On l'a appelé à juste titre le père du judaïsme.

Le peuple juif a ainsi retrouvé une relative autonomie, comme province de l'empire perse. Durant deux siècles de paix, il médita ses traditions ; on doit notamment à cette époque d'activité littéraire intense, l'âge des scribes, la fixation du *Pentateuque* dans sa forme définitive, une nouvelle collection historique d'inspiration sacerdotale, les *Chroniques*, et les livres d'*Esdras* et de *Néhémie*, des collections de chants liturgiques regroupés dans le livre des *Psaumes*, des écrits de réflexion, de sagesse spirituelle, comme les *Proverbes* ou le livre de *Job*.

▶▶▶

Des récits à portée morale

Un festin de Balthazar

Balthazar, fils de Nabonide, dernier roi de Babylone détrôné par Cyrus, ne régna jamais. Le livre de *Daniel*, écrit près de quatre siècles plus tard (v. 160), ne l'en présente pas moins non seulement comme roi mais comme fils de Nabuchodonosor ; au cours d'un festin somptueux et sacrilège, l'annonce de sa mort et de la chute de Babylone se serait inscrite sur le mur, et la nuit même la prédiction se serait accomplie. En réalité, l'auteur de cette histoire morale entendait soutenir la volonté des Juifs de son temps contre la persécution que leur faisait alors subir Antiochus Epiphane.

Esther et Assuérus

Quant au livre d'*Esther*, lui aussi très tardif (fin du IIe s.), il raconte l'histoire d'une jeune Juive, épouse d'un empereur perse dénommé Assuérus qui pourrait être Xerxès Ier (486-465) ou son successeur Artaxerxès. Grâce à Esther, les Juifs de l'empire échappent à un pogrom préparé par leur ennemi mortel, le ministre Aman. Cette histoire édifiante est à l'origine d'une des fêtes de la liturgie juive, *Purim* (en persan, « les sorts »), célébrée joyeusement ; elle a inspiré la tragédie de Racine *Esther* (1689). ■

Les grands rénovateurs des VIe et Ve s. av. J.-C.

Parmi les artisans de la résurrection du peuple juif après l'Exil émergent les silhouettes de Zorobabel, Esdras et Néhémie.

Zorobabel

Petit-fils du roi Joiakin et donc descendant de David, Zorobabel est cité par les évangélistes dans les généalogies du Christ (Mt 1, 13 ; Lc 3, 27). A la fin de l'Exil (538 av. J.-C.), il fut nommé par Cyrus gouverneur de Jérusalem et de Juda, et commissaire au rapatriement des Juifs dans leur pays. Avec l'appui du grand-prêtre Josué, et des prophètes Aggée et Zacharie, il stimula le zèle des Juifs pour la reconstruction du Temple (520-515 av. J.-C.).

Esdras

Le livre de l'Ancien Testament qui porte son nom fait le récit des péripéties du retour des Juifs à Jérusalem à partir de 538 av. J.-C. et y situe, à une date sujette à discussion (458 ? 398 ?), l'action décisive du prêtre et scribe Esdras. Celui-ci s'occupa, en particulier, d'assurer le culte et la pratique de la loi. Les Juifs ont gardé le souvenir de la lecture solennelle qu'il fit en public des livres de la Loi, reconnue par le roi perse comme loi d'État pour les Israélites. On rattache à l'action d'Esdras la fixation définitive du texte du *Pentateuque*, par réunion des traditions antérieures à l'Exil (yahviste et élohiste) avec la rédaction sacerdotale, ainsi que la composition des livres des *Chroniques*. Il est considéré comme le père du judaïsme.

Néhémie

Au retour de l'Exil, les Juifs qui reconstruisaient Jérusalem rencontraient toutes sortes de difficultés. Néhémie, fonctionnaire juif du roi de Perse Artaxerxès Ier, obtint de celui-ci les pouvoirs qui lui permirent, au cours de deux voyages à Jérusalem en 445 et 425, de relever les murailles de la ville, et de réorganiser le culte aux frais du trésor public. Son action est décrite dans le livre de l'Ancien Testament qui porte son nom (charnière Ve - IVe s.). ■

▶▶▶ 10. LA DOMINATION GRECQUE

IVe – IIe siècles av. J.-C.

Alexandre Le Grand (336-323) et ses successeurs

En 336 avant J.-C., le jeune Alexandre succède à son père, Philippe, roi de Macédoine, qui avait réalisé à son profit l'unité de la Grèce. Avide de gloire, Alexandre attaque l'immense empire perse, et s'empare de l'Asie Mineure, de la Syrie, de l'Égypte, de la Mésopotamie. Maître de tout l'empire perse, il meurt en 323 à Babylone, à 33 ans, sans héritier.

Après vingt ans de luttes, ses généraux grecs, Antigonos, Seleucus et Ptolémée (le fils de Lagos), se partagent son empire en trois tronçons : la Grèce et une partie de l'Asie Mineure aux *Antigonides ;* la Mésopotamie et la Syrie aux *Séleucides ;* l'Égypte aux *Ptolémées* ou *Lagides.* La Judée se trouve disputée entre Séleucides et Lagides.

Pour tout l'Orient, et spécialement pour les Juifs, l'épopée d'Alexandre a des conséquences incalculables. Tout d'abord, à la suite des armées, la langue et la civilisation grecques s'imposent à tout l'Orient : partout se fondent des villes neuves avec temples, théâtres et stades, des Antioche, des Séleucie, des Alexandrie, des Ptolémaïs. La langue grecque se répand tout autour du bassin méditerranéen, comme langue du commerce et de la communication intellectuelle. Et comme, par ailleurs, les nouveaux monarques rêvent de faire l'unité religieuse de leurs États autour de la royauté divinisée, la politique d'hellénisation entraîne nécessairement l'affrontement entre le judaïsme et l'hellénisme.

La persécution d'Antiochus Épiphane

Les Juifs qui, après la mort d'Alexandre, avaient d'abord été dans la mouvance des Ptolémées d'Égypte, passèrent au IIIe siècle avant Jésus-Christ sous la tutelle des rois séleucides de Syrie. L'un de ceux-ci, Antiochus (ou Antiochos) IV Épiphane (175-163), s'étant d'abord heurté aux Romains et cherchant sa revanche, voulut s'emparer

▶▶▶

CHRONOLOGIE

336	Alexandre le Grand, roi de Macédoine, commence la conquête de son immense empire.
323	Mort d'Alexandre. Son empire partagé entre ses généraux. La Judée disputée entre Séleucides de Syrie et Lagides d'Égypte.
301	La Judée sous domination des Lagides.
200-198	Les Séleucides s'emparent de la Judée.
175	Antiochus IV Epiphane sur le trône séleucide.
169	Il pille le Temple de Jérusalem, persécute les Juifs.
167	Il érige une statue de Zeus sur l'autel des holocaustes. Mattathias et ses fils prennent la tête d'une révolte juive.

Monnaie grecque (drachme).

Les textes bibliques écrits à cette époque

Les livres des Maccabées

Le mot de *Maccabée* (qui sous l'orthographe Macchabée est entré dans l'argot au XIXe s. pour désigner un cadavre) fut d'abord le simple surnom d'un résistant juif. La Judée, sous les rois perses et grecs, avait joui de la liberté religieuse jusqu'en 167, année où le roi séleucide Antiochus IV Epiphane décida d'imposer par la force aux Juifs la culture et la religion grecques. Une statue de Zeus (« l'abomination de la désolation ») fut même érigée dans le Temple de Jérusalem et de nombreux Juifs préférèrent le martyre à l'apostasie.

Le prêtre Mattathias prit le maquis avec ses cinq fils. L'un d'eux, Judas, surnommé Maccabée (surnom au sens incertain), se distingua par de hardis coups de mains. Finalement, les rois séleucides cédèrent devant la guérilla, et un État juif put même s'instaurer. Les livres des *Maccabées* (Ier s.) rapportent ces événements. On les appelle maintenant, plus justement, livre des *Martyrs d'Israël.*

Daniel

Unique en son genre, le livre met en scène un jeune Israélite qu'il appelle Daniel, serviteur à la cour de Babylone et de Perse, qui garde sa fidélité à la Loi malgré les supplices de la fournaise et de la fosse aux lions ; le jeune héros interprète les songes, révèle la volonté de Dieu, prédit la succession des empires jusqu'au triomphe définitif de Dieu et des justes, auxquels est promise la résurrection. Toutes ces révélations sont présentées dans un style riche en images symboliques, celui des *apocalypses ;* d'autres auteurs postérieurs, et surtout saint Jean, ont d'ailleurs repris les thèmes de Daniel et ses images fantastiques.

Le livre de Daniel, écrit vers 160, au temps de la persécution d'Antiochus Epiphane et de la guerre de libération, pour soutenir la volonté de résistance chez les Juifs, comporte des passages en araméen et des additions en grec. Il est donc assez différent dans la Bible juive et dans les versions catholique ou protestante. ■

HELLÉNISME

Ce mot désigne la civilisation grecque telle qu'elle se propagea dans le monde méditerranéen à partir du Ve s. av. J.-C., et plus encore après les conquêtes d'Alexandre le Grand (IVe s.). Cultures et traditions des populations conquises furent alors soumises à la pression de la brillante civilisation hellénique (art, littérature, philosophie sciences...), systématiquement diffusée par les conquérants. Mais, pour les Juifs, elle était porteuse d'une conception de la vie, d'un type d'humanisme, d'une religion (païenne et polythéiste), d'une morale, inconciliables avec leur foi ; elle représentait pour celle-ci un péril mortel. Beaucoup d'entre eux se laissèrent effectivement séduire. D'autres au contraire affermirent à son contact leur foi et leur fidélité à la Loi. L'opposition des Juifs se transforma en révolte lorsque la dynastie séleucide s'attaqua à leur culte, déclenchant le mouvement de résistance conduit par la famille des Maccabées (167-129 av. J.-C.). Mais de son côté le monde juif s'employait à présenter aux « Grecs » (c'est-à-dire à ceux qui étaient hellénisés) la foi d'Israël comme la plus haute des sagesses et la vraie révélation de Dieu. C'est le sens d'écrits bibliques comme le *Livre de la Sagesse* et la *Sagesse de Ben Sira* (ou « Ecclésiastique «), rédigés ou traduits en grec. ■

▶▶▶

des richesses du Temple de Jérusalem (167), et obliger les Juifs à abandonner leur foi et leur Loi. On leur interdit la circoncision, on les força à sacrifier aux idoles. C'était la première fois que les Juifs étaient persécutés pour leur foi. Il y eut des apostats, mais aussi des martyrs dont l'héroïsme affermit la résistance religieuse. De cette période témoignent les livres des *Martyrs d'Israël* ou livres des *Maccabées.* A la même époque, parut un écrit prophétique d'un genre nouveau destiné à encourager la fidélité, le livre de *Daniel.* Souvenir de l'héroïsme du passé, au temps de l'exil à Babylone, et vision grandiose du triomphe final de Dieu sur les empires persécuteurs, ce genre d'écrit sera fréquent dans les derniers temps avant notre ère. On l'appelle *apocalypse,* c'est-à-dire « révélation ».

Le judaïsme allait-il disparaître dans cet affrontement avec la culture et la religion grecques ?

LES LAGIDES ou PTOLÉMÉES

Ils forment une des trois dynasties grecques qui se partagèrent l'empire d'Alexandre. Etablie sur l'Égypte à partir de 323 av. J.-C. par un des généraux d'Alexandre, Ptolémée Sôter, fils de Lagos, cette dynastie y demeura jusqu'à la conquête romaine après la mort de Cléopâtre (30 av. J.-C.)

La domination des Lagides sur la Judée, durant le IIe s., fut bienveillante pour les Juifs. Ils facilitèrent la rencontre des cultures sans brutalité, ainsi que la constitution d'une importante colonie juive dans la mégapole d'Alexandrie, fondée par Alexandre. ■

LES SÉLEUCIDES

Dynastie fondée après la mort d'Alexandre par son général Séleucus, fils d'Antiochus, qui s'empara de la Mésopotamie et de la Syrie, où il fonda en 300 sa capitale, Antioche.
Les Séleucides disputèrent aux Lagides la Judée, qu'Antiochus III le Grand (223-187) conquit finalement en 198. Son fils Antiochus IV Epiphane (175-163) déclencha contre le judaïsme une terrible persécution qui entraîna l'insurrection des Maccabées (167). Plus tard, les Séleucides se trouvèrent aux prises avec Rome ; en 63 av. J.-C., Pompée s'empara d'Antioche et réduisit la Syrie en province romaine. ■

11. UN SURSAUT D'INDÉPENDANCE AVANT LA MAINMISE ROMAINE

Résistance et libération (167-63)

La révolte des Maccabées, que les Israéliens appellent aujourd'hui leur « première guerre de libération », permit de reprendre Jérusalem à la domination hellénique ; le Temple fut purifié en 164. Après la mort, en 160, de Judas Maccabée, fils de Mattathias, ses frères Jonathan et Simon poursuivirent la lutte : le fils de Simon, Jean Hyrcan (134-104) réussit même à reconstituer un royaume indépendant, fondant la dynastie des *Asmonéens.* Il sut profiter de la faiblesse des monarchies voisines, et gouverna en s'appuyant sur la caste sacerdotale, désormais très puissante.

La dynastie asmonéenne devait vite se déconsidérer dans les luttes de succession ; mais surtout, elle n'allait pas échapper à la puissance romaine.

Israël dans l'Empire romain

Rome avait commencé à intervenir en Méditerranée orientale au début du IIe siècle avant J.-C. Pompée, consul et général romain, trouvant devant lui le petit royaume asmonéen, s'empara facilement de Jérusalem en 63. Le roi Hyrcan II dut désormais gouverner sous la tutelle d'un proconsul romain. Après les épisodes sanglants de la lutte entre César et Pompée, de la mort de Pompée (48) et de l'assassinat de César (44), le petit État asmonéen passa

▶▶▶

UN FOYER DE DIALOGUE : ALEXANDRIE

Fondée par Alexandre le Grand en 332 av. J.-C. dans le delta du Nil, Alexandrie fut vraiment le foyer de la civilisation grecque en Orient. Devenue la seconde cité de l'empire romain, avec peut-être un million d'habitants au Ier s. av. J.-C., la ville abritait la plus importante colonie juive du bassin méditerranéen, soit environ 100 000 personnes. Cette communauté avait su garder sa personnalité, organisant sa vie autour des synagogues. Elle jouait alors, vis-à-vis de la nombreuse émigration juive (diaspora) autour de la Méditerranée, un rôle d'influence qu'on pourrait comparer à celui de la colonie juive de New-York aujourd'hui.

Pour ces Juifs qui parlaient grec, la Bible fut traduite aux IIIe et IIe s. av. J.-C. : ce fut la version dite des *Septante* (voir Index).
Alexandrie vit également la confrontation de la pensée grecque et de la foi juive, en particulier dans l'œuvre du philosophe juif Philon (13 av. – 45 ap. J.-C.). C'est là enfin que fut composé, sans doute au Ier siècle av. J.-C., le dernier livre de l'Ancien Testament, le *Livre de la Sagesse.* Une communauté chrétienne vigoureuse exista à Alexandrie dès le Ier siècle ap. J.-C., probablement fondée par l'évangéliste Marc. Une célèbre école de théologie y verra le jour (Origène, Clément et Cyrille d'Alexandrie, etc.). Le christianisme égyptien survivra au raz-de-marée musulman (VIIe s.) dans une Église copte, riche d'une grande tradition spirituelle. ■

CHRONOLOGIE

167	Persécution des Juifs par Antiochus IV Epiphane Révolte juive conduite par Mattathias et ses fils.
166	Mort de Mattathias ; son fils Judas, dit Maccabée, devient le chef de la révolte.
164	Il conquiert Jérusalem et purifie le Temple.
163	Mort d'Antiochus IV. Antiochus V lui succède.
160	Mort de Judas ; ses frères Simon et Jonathan lui succèdent. Livre de *Daniel*
142	Simon, Grand-Prêtre, se trouve à la tête d'un État juif pratiquement indépendant.
134	Jean Hyrcan, fils de Simon, lui succède. La monarchie asmonéenne prend corps.
63	Le général romain Pompée s'empare de Jérusalem. Protectorat romain.
37	Hérode le Grand, allié par son mariage aux Asmonéens, se fait reconnaître roi de Judée par les Romains.
4	Mort d'Hérode le Grand ; son royaume partagé entre ses trois fils dont Hérode Antipas.

▶▶▶

à un non-juif, l'Iduméen Antipater, maire du palais, puis à son fils Hérode. Ce dernier, habilement rallié aux Romains, et marié à une femme appartenant à la famille asmonéenne, se fit reconnaître roi par Auguste, sous le protectorat de Rome, et fut appelé Hérode le Grand. De 37 à 4, il gouverna son pays en despote sanguinaire, massacrant non seulement les opposants pharisiens, mais jusqu'à ses propres fils. C'est sous son règne que naquit Jésus(1).

A sa mort, le royaume fut partagé entre ses fils Archélaüs, Hérode Antipas et Philippe. Archélaüs fut destitué en 6 après Jésus-Christ par les Romains, et son royaume de Judée et de Samarie transformé en province romaine, gouvernée par un procurateur. C'est Hérode Antipas qui fera mourir Jean-Baptiste ; c'est devant lui que Pilate renverra Jésus.

Un intense climat religieux

L'histoire du peuple juif dans les décennies précédant la venue du Christ fait percevoir le contexte politique dans lequel, avec ses révoltes et ses espérances, il se débattait. Mais ce qui importe plus encore ici, c'est l'intense climat religieux dans lequel baignaient aussi bien les Juifs restés au pays que ceux, beaucoup plus nombreux, de la diaspora, qui gardaient les yeux tournés vers leur ville sainte, Jérusalem ; ils y venaient en pèlerinage pour la Pâque ou la Pentecôte ; ils versaient l'impôt du Temple.

Tous ces Juifs avaient une vision commune de la vie, inspirée par leur foi dans le Dieu unique, par la Loi qu'ils en avaient reçue, par les livres saints fixant cette foi et cette Loi, par un culte pratiqué avec un ritualisme fervent : au Temple de Jérusalem pour les sacrifices, dans les innombrables synagogues de Palestine et de la diaspora pour la lecture de la Parole de Dieu, sa méditation et pour la prière commune.

Cette religion, sans équivalent dans le monde antique, isolait certes les Juifs ; mais elle exerçait en même temps un puissant attrait sur beaucoup de païens, parmi lesquels le judaïsme faisait de nombreux adeptes appelés « craignant Dieu » ou « prosélytes » (voir ces mots).

▶▶▶

(1) Selon Mt 2,16, il ordonna le massacre des enfants de Bethléem.

Les derniers écrits de l'Ancien Testament

La littérature de Sagesse

La sagesse évoquée par la Bible est tout autre chose que celle des enfants calmes !

1. C'est d'abord un *art de vivre* en société ; il procède de l'expérience de la vie quotidienne. Les civilisations du Proche-Orient ont laissé maintes réflexions de « sagesse », sous forme, par exemple, de maximes ou de conseils d'un père à son fils (telle la *Sagesse de Ptah-Hotep*, en Égypte, v. 2 400 av. J.-C.).

Israël participait à cette tradition ; la cour du roi Salomon connut des « écoles de sagesse ». Cette réflexion sur la vie quotidienne constitue un genre littéraire, *le genre sapientiel* ou littérature de sagesse.

2. Au retour de l'Exil, Israël mit cette sagesse universelle en relation avec son *expérience croyante*. Pour le croyant, le commencement de la sagesse est la « crainte de Dieu » (Pr 1,7) ; la vraie sagesse vient de Dieu (Pr 2, 5-6 ...) ; depuis toujours auprès de Dieu, elle est associée à son œuvre créatrice (Jb 28, 20-28, etc.). Elle est même souvent personnifiée : elle se présente et appelle les hommes à la vie (Pr 8-9).

Mise en relation avec l'expérience historique d'Israël, la Sagesse est alors associée à la Loi donnée au Sinaï : comme un surplus accordé au peuple que Dieu s'est choisi pour témoin, elle a établi sa demeure en Israël (Si 24). Dans le *livre de la Sagesse*, elle apparaît comme un milieu de vie où Dieu est présent.

L'Ancien Testament comporte de nombreux textes relevant du genre sapientiel. Mis définitivement en forme à partir du retour de l'Exil, ils intègrent des éléments anciens dans des œuvres nouvelles produites jusqu'aux approches de notre ère :

- collections de maximes (*Proverbes, Siracide*) ;
- réflexions souvent désabusées sur la condition humaine (*Qohélet* appelé aussi *Ecclésiaste*) ;
- réflexion sur le problème de la souffrance du juste (*Job*) ;
- poèmes d'amour (*Cantique des Cantiques*) ;
- poèmes exaltant la sagesse créatrice de Dieu (dans les *Proverbes, Job...*), etc.

3. Dans le Nouveau Testament, Paul prêche un Messie crucifié, vraie Sagesse qui vient de Dieu, folie aux yeux du monde qui se croit sage (1 Co 1, 22-30). ■

Les écrits de Sagesse

Qohélet ou l'Ecclésiaste

Ce petit livre déconcertant date du IIIe s. av. J.-C. C'est une réflexion sur la fragilité de la vie humaine (« vanité des vanités » 1,2 ; 12,8), fût-elle celle d'un roi comme Salomon !

Le nom hébreu, *Qohelet*, désigne celui qui parle dans l'assemblée (*qâhâl* en hébreu, *ekklesia* en grec, d'où le nom d'*Ecclésiaste*). On sent affleurer dans ce livre au ton parfois désabusé les questions sur le sens de la vie qu'a posées à la foi juive le contact avec la pensée des philosophes grecs.

Siracide ou Ecclésiastique

Composée vers 190 av. J.-C. et traduite en grec vers 130, c'est l'œuvre d'un sage, « Jésus, fils de Sira (ou Sirach) » ; imprégné de sa foi juive, il unit l'amour de la sagesse et le culte de la Loi.

Pour lui, la sagesse s'identifie au livre de l'Alliance, la *Torah*, et demeure dans le peuple d'Israël (Si 24). Le vrai sage est donc celui qui sert Dieu fidèlement, à l'exemple des ancêtres.

Cet ouvrage fait partie de la version grecque de la Bible (*Septante*) ; il n'a donc pas été retenu dans le canon juif, bien qu'on ait retrouvé des traces de l'original hébreu. Son titre latin *Ecclésiastique* date du IVe siècle de notre ère et souligne sans doute l'usage qu'en faisait à cette époque l'Église, contrairement à la Synagogue.

Livre de la Sagesse

Ce livre, le dernier en date de tout l'Ancien Testament, a été mis sous le patronage fictif du roi Salomon. En réalité il a été composé en grec, au Ier s. av. J.-C., par un Juif d'Alexandrie. Sous le vêtement de la langue et de la philosophie grecques, l'auteur présente la doctrine traditionnelle juive. La vraie sagesse vient de Dieu, s'acquiert par la prière, et donne le bonheur. Les merveilles de la création et celles de l'histoire d'Israël s'unissent pour chanter la providence de Dieu. Par-delà la mort, l'auteur affirme clairement l'immortalité bienheureuse du juste auprès de Dieu (Sg 2, 23 ; 3,15 ; 6,19). ■

DIASPORA

(En grec « dispersion »). Il s'agit des Juifs dispersés dans l'ensemble de l'empire romain, et souvent bien au-delà, à la suite de déportations, ou d'émigrations volontaires. On estime à 7 ou 8 millions les Juifs vivant dans l'empire romain au début de notre ère, constituant de 8 à 10 % de sa population. Leurs communautés ont pu s'insérer dans la vie économique et sociale des diverses régions d'émigration, tout en restant fidèles à leur foi, comme le philosophe Philon d'Alexandrie (13 av. – 50 ap. J.-C.) en donne le témoignage. ■

Si la colonie juive d'Alexandrie, en Egypte, est bien connue, il ne faut pas oublier les nombreux Juifs restés en Babylonie après l'Exil. Certains ont même réussi à fonder un État juif en terre parthe. En Asie Mineure, d'importantes communautés juives se trouvent à Ephèse, Milet, Pergame, Laodicée, Sardes, dans les îles de Rhodes et de Chypre.

Le premier grand afflux de Juifs à Rome date de 62 av. J.-C., lorsque Pompée ramène des prisonniers après sa conquête de la Palestine. A la mort d'Hérode le Grand (4 av. J.-C.), la communauté juive de Rome était très importante ; parmi elle se feront de nombreuses conversions au christianisme.

Autres écrits de la dernière période

Livre de Tobit

Tobit ou *Tobie*, peu importe. Il s'agit d'un petit roman populaire tout imprégné de l'idéal de piété du judaïsme tardif. Il décrit les mésaventures de Tobit et de son fils Tobie, dans le monde des Juifs exilés au sein du vaste empire perse, quatre siècles plus tôt. L'art du conteur, son sens du merveilleux et son humour apportent beaucoup de fraîcheur au récit, qui met en valeur l'idéal du mariage et de la famille, les devoirs religieux de la prière, du jeûne, de l'aumône, les obligations envers les morts ... La confiance en Dieu y éclate à chaque page. Connu seulement dans la traduction grecque des Septante, ce livre est deutéro-canonique, c'est-à-dire qu'il n'a pas été retenu dans le canon juif des Écritures, mais il l'est dans le canon catholique. Sa date : entre Ve et IIIe s ?

Livre de Judith

Livre de fiction comme le livre de *Tobit* ou celui d'*Esther*, le livre de *Judith* raconte la belle histoire de la délivrance de Béthulie, ville assiégée au temps de Nabuchodonosor. Une veuve aussi belle que pieuse et courageuse, Judith, ose s'introduire dans le camp ennemi ; le général Holopherne, captivé par sa beauté, l'introduit dans sa tente, où elle lui tranche la tête. Ce roman historique exalte la foi en Dieu, l'esprit de résistance, le nationalisme juif. Il a été sans doute composé au temps du soulèvement maccabéen (IIe s. av. J.-C.) Traduit dans la *Septante*, il n'a pas pris place dans le canon juif, mais figure dans le canon catholique. ■

Les païens

Le regard des Juifs sur les autres peuples a évolué au cours des âges.

1. *A l'origine*, les païens (en hébreu *Goïm*, les nations), sont les étrangers à la descendance d'Abraham, souvent traités en ennemis parce que faisant peser sur le peuple choisi par Dieu la double menace de l'asservissement politique et de la séduction religieuse.

En même temps, ce que Dieu fait pour son peuple est un témoignage pour les nations : « Alors elles connaîtront que je suis le Seigneur quand j'aurai montré ma sainteté en vous sous leurs yeux » (Ez 36, 23).

Enfin, les « nations » peuvent être un *instrument dans la main de Dieu* pour châtier ou au contraire délivrer Israël (Cyrus, roi de Perse, qui a mis fin à l'exil à Babylone, est présenté comme « messie de Dieu » (Is 45, 1).

2. La prédication prophétique comporte deux accents : jugement et *exclusion* des « nations » à cause de leur comportement : leur puissance sera brisée (Is 13, 9-11) ; *rassemblement* autour de Jérusalem des « nations » qui reconnaissent Dieu comme Seigneur : dimension universaliste (Is 60).

3. Dans le *Nouveau Testament*, cet universalisme des prophètes se concrétise : jusque sur les nations païennes le don de l'Esprit Saint et la parole de Dieu se répandent (Ac 10,5–11,1). Jésus est accueillant aux étrangers (la Samaritaine, le centurion romain) ; il verse son sang pour le salut de l'humanité tout entière, il envoie ses apôtres enseigner toutes les nations.

Paul proclame sans cesse cette universalité : « Vous tous qui avez été baptisés en Christ, vous avez revêtu Christ. Il n'y a plus ni Juif ni Grec ; il n'y a plus ni esclave ni homme libre ; il n'y a plus l'homme et la femme ; car tous vous n'êtes qu'un en Jésus-Christ » (Ga 3, 27-28). ■

▶▶▶12. *LA FOI JUIVE AUX APPROCHES DU TEMPS DE JÉSUS*

I. ISRAËL, QUEL EST TON DIEU ?

Dans l'univers biblique, le nom revêt une importance qu'il n'a plus dans notre civilisation. Donner un nom, le connaître, c'est avoir prise sur quelqu'un. Lui dévoiler son nom, c'est lui témoigner confiance et faveur.

D'autre part, pour nommer les réalités spirituelles, il faut à l'homme partir des réalités concrètes : les mots du divin sont tirés du langage humain. Ainsi le mot Dieu vient d'une racine indo-européenne *Div* (Deus, Theos, Zeus...) évoquant l'idée de lumière.

Elohim ? Yahvé ? Comment nommer celui que l'on ne peut nommer ?

Chez les Sémites, le nom courant de Dieu est *El* (en arabe *Allah*). Dans la Bible, Dieu est donc appelé *El*, ou plutôt *Elohim* (pluriel de majesté). De nombreux noms en dérivent : Elie (Yahvé est mon Dieu), Emmanuel (Dieu avec nous), etc.

Le livre de l'*Exode* (ch. 3) rapporte comment Dieu, au désert du Sinaï, envoyant Moïse libérer ses frères de race, lui révéla son nom : « Je suis qui je suis... Tu diras aux enfants d'Israël : *YHVH, Yahvé, Je suis*, m'a envoyé... » Ce nom bien mystérieux dérive certainement de la racine signifiant être, être agissant. En le prononçant, le croyant professe que son Dieu *existe*, à la différence des idoles qui ne sont rien, et que ce Dieu est là pour sauver. De nombreux noms juifs ont été composés à partir de Yah ou Yahvé : ainsi Joas, Josué, Josias, Josaphat, et bien d'autres. Le nom même de Jésus (en hébreu *Yoshuah*, en araméen *Yeschuah*) signifie « Dieu sauve ».

Le nom révélé de Dieu fut entouré d'un tel respect que, dans le judaïsme, on n'osa plus ni le prononcer, ni l'écrire. Dans la prière, on le remplaçait par le mot *Adonaï*, « Mon Seigneur », et dans le texte hébreu de la Bible, les quatre consonnes YHVH de ce nom indicible furent accompagnées des points-voyelles A, O, A, invitant ainsi à lire Adonaï au lieu de Yahvé. Cela a entraîné parfois la lecture fautive Jéhovah, aujourd'hui entièrement abandonnée (sauf par la secte du même nom). La traduction œcuménique de la Bible (TOB) emploie, à la place du tétragramme YHVH, le mot *Seigneur*, de même que la traduction grecque de la Septante avait recouru au mot grec *Kurios*, qui a ce sens.

▶▶▶

D'autres noms pour révéler Dieu

Dans la Bible, beaucoup d'expressions sont employées pour exprimer quelque chose de la réalité divine tout en respectant la distance infinie de Dieu.

« Dieu d'Abraham, d'Isaac, de Jacob » : rappel de l'histoire des manifestations divines.

Dieu Sabaoth : expression hébraïque signifiant *Dieu des forces, des armées.* Fréquente chez Isaïe et Jérémie, elle souligne la puissance divine, qui domine toutes les armées terrestres et les astres du ciel. On la traduit parfois : *Dieu Tout-puissant* ou *Dieu de l'Univers.*

La Gloire, la Présence : souvent les écrits bibliques, sans nommer Dieu, parlent de la Gloire, comme d'un éclat qui manifeste sa présence. Les traditions rabbiniques plus récentes utilisent volontiers le mot *Shekinah* (en araméen, demeure) pour exprimer la présence de Dieu au milieu de son peuple.

Bien d'autres expressions, *la Sagesse, la Parole, l'Ange du Seigneur,* permettent également de désigner Dieu tout en préservant sa transcendance ; car on ne peut enfermer Dieu dans un nom. Les musulmans n'invoquent-ils pas 99 noms d'Allah, le centième n'étant révélé qu'à la fin du monde ? ■

▶▶▶

Un Dieu qui se révèle

Le Dieu de la Bible est un Dieu qui se *révèle*, c'est-à-dire, littéralement, qui soulève son *voile* de mystère pour se faire connaître : l'histoire religieuse d'Israël est une Révélation progressive de Dieu. Successivement :

- il parle à Abraham et lui propose une alliance ;
- il la conclut avec Moïse après avoir libéré les Hébreux, esclaves en Egypte ; il continue à protéger Israël durant l'installation en Canaan, promet sa fidélité à David et à sa dynastie ;
- les prophètes approfondissent cette révélation : Amos proclame l'amour de Dieu pour la justice et les opprimés, Osée sa tendresse de père et d'époux, Isaïe sa sainteté, Jérémie l'appel à une alliance inscrite au plus profond des cœurs ; les *Psaumes* évoquent un Dieu tout amour et bonté, mais attendant des hommes la même fidélité ; c'est ce qu'on appelle parfois le *monothéisme moral.* C'est ainsi qu'à travers les siècles, Israël a appris à parler de Dieu.

▶▶▶

Être ailé, comme les civilisations d'Assyrie, de Babylone, de Perse en ont laissé maintes représentations.

Autour de Dieu, les anges

Dans les plus anciennes traditions bibliques sont mentionnés des êtres appelés « messagers » (*mal'ak* en hébreu, *aggelos* en grec), nommés parfois aussi fils d'Elohim. Ils sont proches de Dieu et différents des hommes.

Parfois, l'expression employée est « l'ange du Seigneur », messager et exécuteur des plans de Dieu. Dans ce cas, il s'agit souvent d'un dédoublement établi par l'auteur biblique par respect pour Dieu l'invisible. En mettant en scène un intermédiaire, on évite de nommer directement le Seigneur. Ce dédoublement est facile à saisir, par exemple, dans l'annonce de la naissance de Samson (Jg 13, 2-25) : ayant vu l'ange du Seigneur, les parents de Samson s'écrient :

« Nous avons vu Dieu ! ».

Mais, en dehors de ces cas, l'Écriture affirme clairement l'existence d'êtres spirituels, créatures et messagers de Dieu. Pour les décrire, les Juifs recourent à l'imagerie religieuse babylonienne. Les Seraphim (les « brûlants »), qui apparaissent dans le récit de la vocation d'Isaïe, évoquent des serpents de feu... Les Khérubim (les Chérubins), qu'Ezéchiel montre portant le trône de la Gloire de Dieu, ne sont pas de gracieux angelots, mais les taureaux ailés qui veillaient à l'entrée des temples babyloniens.

Après l'exil à Babylone (587-538) le judaïsme a parlé davantage des anges, en s'inspirant des images religieuses perses ; on a même donné des noms aux principaux anges : Michaël (*Qui est comme Dieu*), Gabriel (*Dieu est fort*), Raphaël (*Dieu guérit*), etc.

Dans les *Évangiles* et les *Actes des apôtres*, on retrouve les anges comme messagers de Dieu et protecteurs des hommes. Par exemple Paul, qui connaissait bien la pensée rabbinique sur les anges, cite dans sa *Lettre aux Colossiens* cinq classes d'anges : principautés, trônes, puissances, dominations, vertus... Mais il met en garde les nouveaux chrétiens contre un culte des anges qui éclipserait l'unique sauveur, Jésus-Christ. Enfin l'*Apocalypse* de Jean fait une large place aux anges dans le grand combat spirituel qu'est l'histoire du salut.

Devant ces flots d'imagination, on peut rappeler que la doctrine de l'Église sur les anges est d'une grande sobriété : elle affirme l'existence de créatures purement spirituelles que Dieu a créées pour sa gloire et son service. Ce n'est pas parce que l'homme ne les voit pas qu'elles ne pourraient pas exister ! On peut légitimement penser que ces êtres supérieurs se soucient de leurs frères inférieurs. Toute autre affirmation sur les anges n'a que des fondements fragiles. Ainsi le classement des « Neuf chœurs des anges » ne fait que rassembler les divers noms employés sans hiérarchie par la Bible : anges, archanges, chérubins, séraphins, trônes, principautés, puissances, dominations, vertus... ■

Dieu à l'image de l'homme ?

Pour parler de Dieu, l'homme ne peut échapper au langage humain. Ou alors il devrait se taire. Les auteurs bibliques n'hésitent donc pas à employer, pour parler de Dieu, des expressions se rapportant à la vie de l'homme, des *anthropomorphismes* : Dieu voit, écoute, parle, il se penche vers l'homme, il détourne son visage, sa main s'étend sur celui qu'il protège, le tonnerre est sa voix, il se comporte comme un père, une mère, un époux, un berger, un potier, un jardinier, un roi... L'auteur biblique ne confond pas pour autant Dieu et les idoles, bien au contraire : Dieu reste le Très-Haut, le Tout Autre, dont la loi interdit de faire des images taillées.

Mais, à travers ce langage humain, la réalité du Dieu vivant s'exprime ; une image corrige l'autre, et la présence de Dieu au monde est affirmée avec force.

La colère de Dieu

Pour signifier la colère, l'hébreu a une image très réaliste : « les narines s'enflamment ! » C'est fort bien exprimer le comportement émotionnel de l'homme irrité.

Mais peut-on l'attribuer à Dieu ? En employant souvent l'expression « colère de Dieu », la Bible veut dire que Dieu, devant le mal, ne peut rester insensible. Une juste punition s'abattra sur les crimes de l'homme. Ce châtiment est souvent lié au point final de l'histoire, au « jour du jugement et de la colère de Dieu ». Mais les prophètes rappellent en même temps que Dieu est « riche en miséricorde ».

A l'époque de Jésus, Jean-Baptiste annonce lui aussi la venue imminente de la colère de Dieu (Lc 3,7). Mais Jésus, sans écarter ce langage, annoncera bien davantage la miséricorde.

La crainte de Dieu

Après la colère, la crainte. Mais, ici aussi, le langage de la Bible a besoin d'être précisé et nuancé.

Certes, parfois, la Bible montre l'homme saisi de peur, d'effroi, devant Dieu, dans le sens français habituel du mot crainte. Mais le plus souvent, l'auteur biblique exprime par ce mot le respect religieux qui saisit l'homme devant la grandeur de Dieu, car elle dépasse tout ce qu'il peut imaginer. Abraham, Jacob, Moïse, Isaïe expriment cette crainte, cette révérence, lorsque Dieu se révèle à eux. Mais, chaque fois, Dieu les rassure : « Ne crains pas ! ». Peu à peu, cette crainte devient volonté de ne pas déplaire au Dieu de l'Alliance, de lui être fidèle.

C'est le sens du Psaume 112, « Heureux l'homme qui craint le Seigneur, et se plaît à ses préceptes ! », ou du Psaume 111 : « La crainte du Seigneur est le commencement de la sagesse ! ». Cette crainte est alors un don de Dieu, et on comprend qu'au temps de Jésus, les païens qui entraient dans la foi juive aient été appelés les « craignant Dieu ». ■

Dieu miséricordieux

Le Seigneur passa devant lui (Moïse) et proclama : « Le Seigneur, le Seigneur, Dieu miséricordieux et bienveillant, lent à la colère, plein de fidélité et de loyauté, qui reste fidèle à des milliers de générations, qui supporte la faute, la révolte et le péché, mais sans rien laisser passer ».

Ex 34, 6-7

II. L'HOMME BIBLIQUE

Les anciens Juifs ne connaissaient pas la distinction entre le corps et l'âme que nous avons reçue de la culture grecque ; en outre, les connaissances que nous apporte la biologie quant au rôle du sang, du cerveau, du système nerveux, nous ont rendus quelque peu étrangers à la symbolique attachée par la Bible aux divers organes du corps humain.

Ainsi l'homme biblique ignore son cerveau. S'il a la *nuque* raide, c'est qu'il obéit difficilement. Pour comprendre, il ouvre l'*oreille*. Il pense avec son *cœur*, qui est le siège de la mémoire, de l'intelligence et de la volonté ; mais pas celui des émotions, lesquelles viennent des *entrailles*. Les *reins* sont le siège de la fécondité, en même temps que des sentiments profonds que l'homme lui-même ignore. Dieu, lui, sonde les reins et les cœurs. La *main* est l'organe de l'action. Se mettre aux *pieds* de quelqu'un, c'est lui rendre hommage.

La vie de l'homme est, en lui, *souffle de Dieu*. Si ce souffle se retire, l'homme, « réuni à ses pères », n'est plus qu'une ombre. L'Israélite est trop peu métaphysicien pour parler du néant.

▶▶▶

Symbolique biblique des organes du corps humain

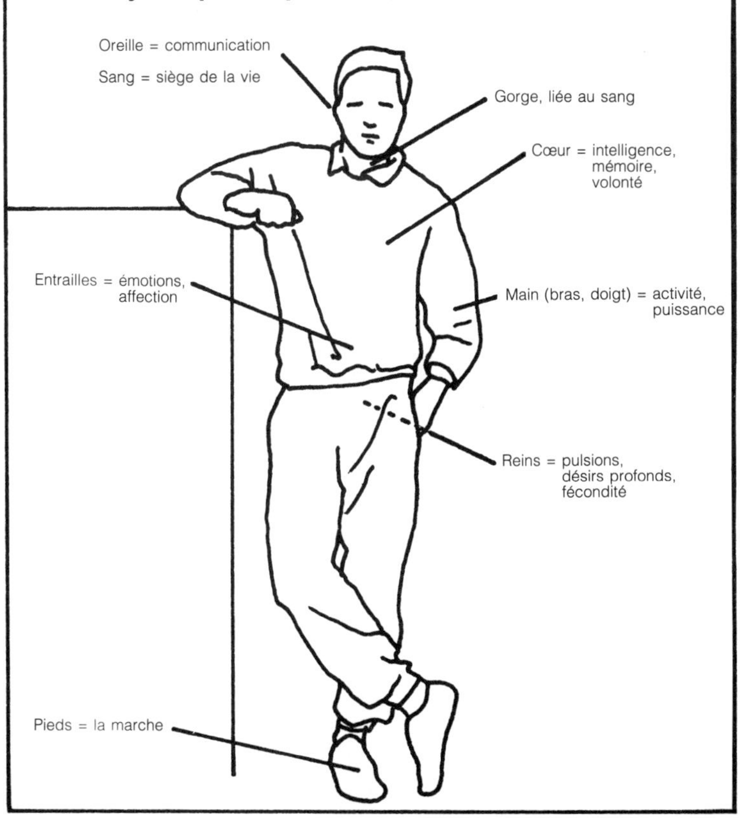

LE SANG

Le sang, associé aux images de blessures, évoque le danger, la mort. Puisque ceux qui le perdent meurent, les Juifs voyaient en lui le siège de la vie. Le slogan sur la transfusion sanguine ne fait que reprendre l'expression biblique : « Le sang, c'est la vie » (Gn 9,4 ; Lv 17, 11-14). Le sang appartient donc à Dieu, source de toute vie, et non à l'homme.
Dès lors, celui-ci doit renoncer à se l'approprier. Il ne versera pas le sang d'un autre : c'est l'interdit du meurtre ; le sang d'Abel tué par Caïn crie vers Dieu (Gn 4, 10). Cette renonciation imposée va jusqu'à se manifester par un interdit alimentaire : l'homme ne peut consommer le sang d'un animal.
Le sang aura un usage cultuel. Répandu sur l'autel lors des sacrifices, il a une valeur de remplacement : il rend présente la vie de l'offrant, qui la met à la disposition de Dieu dans l'action de grâces, ou en réparation d'une faute grave. Le sang peut ainsi prendre une valeur purificatrice (Lv 17,11). Il est utilisé aussi dans des rites de consécration des prêtres (Ex 29,20). Lors de l'Alliance du Sinaï, la moitié du sang du sacrifice est aspergée sur le peuple et l'autre répandue sur l'autel : c'est le symbole du partage de vie, le peuple s'engage vis-à-vis de Dieu au prix possible de sa propre vie, engagement « à la vie, à la mort », selon l'expression populaire. En fait, le peuple y sera bien souvent infidèle. Le sang de l'agneau pascal, qui marque les portes des Hébreux lors de la dixième plaie d'Égypte, est signe de vie : il préserve de la mort les premiers-nés des Hébreux.
Jésus institue la Nouvelle Alliance en son sang au cours du dernier repas pris avec ses disciples, au moment de la Pâque. Le pain rompu et distribué, la coupe de vin, sont les signes concrets préfigurant la mort imminente sur la croix.
Cet abandon de sa vie par Jésus, son corps rompu et son sang versé, sans substitution de victime comme dans le culte juif, mettent fin pour les chrétiens aux sacrifices sanglants pratiqués dans le Temple de Jérusalem. ■

L'ŒIL

• En hébreu, le même mot *ayin* désigne à la fois l'œil et la source. C'est l'organe du *discernement* physique et spirituel, le sens de l'attention. Il est fréquemment associé aux oreilles, organes de l'écoute.

• *Dieu voit* ceux qui le craignent et il veille sur eux (Ps 33, 13-19), alors que les idoles faites de main d'homme ont des yeux et ne voient pas (Ps 135, 16-17), des oreilles et n'entendent pas.

• Ne pas voir, ne pas entendre, c'est avoir le cœur endurci, s'exposer à ne rien comprendre (Jr 6, 10). Les prophètes annoncent un règne de justice où les yeux ne seront plus fermés et où les oreilles seront à l'écoute (Is 32,3).

• « La lampe du corps, c'est l'œil. Si ton œil est sain, tout ton corps sera lumineux » (Mt 6, 22). Un *discernement* juste fait vivre dans la lumière. Par la guérison d'un aveugle, Jésus signifie qu'il est venu ouvrir les yeux des hommes. Paul, frappé de cécité sur le chemin de Damas, recouvre la vue juste avant son baptême (Ac 9,8 et 18).

• « *Lever les yeux vers le ciel* » manifeste que l'on dirige son attention vers Dieu. C'est une attitude de *prière*.
L'évangéliste Marc évoque à plusieurs reprises le « regard » de Jésus sur ceux qui l'approchent ; le regard est marqué d'attention, d'attente ; et nous savons bien l'importance du regard dans les relations humaines. ■

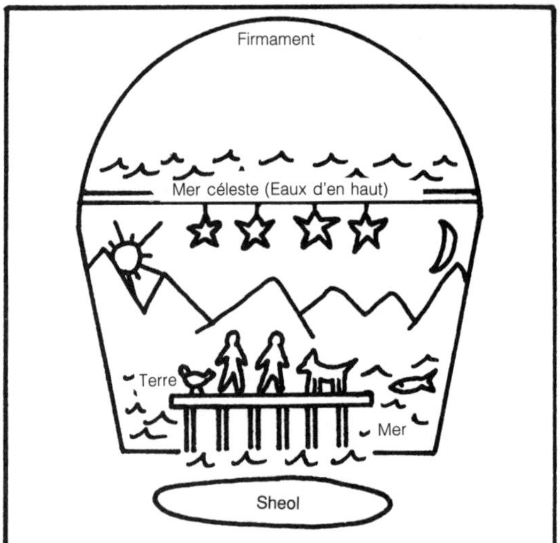

Univers de l'homme biblique

L'UNIVERS DE L'HOMME BIBLIQUE

L'homme biblique divise l'univers dans le sens vertical : au centre, la terre ; au-dessus le firmament ; au-dessous, le shéol.
La terre est vue comme un immense plateau reposant au milieu des eaux, soutenu par des colonnes que Dieu ébranle lors de séismes (Ps 75,4). La terre est le domaine de l'homme et des animaux, à qui Yahvé a donné son souffle, la vie. Les arbres et les plantes portent en eux leur semence. Autour de la terre est la mer, puissance maléfique, maîtrisée par Yahvé aux origines du monde. Toute cette représentation (Gn 1) s'inspire d'une cosmologie babylonienne.

Le firmament est vu comme une calotte sphérique reposant sur les bords de la terre, soutenue par des assises s'enfonçant dans la mer (Jb 26,11). Sont accrochées au firmament une grande dalle qui « sépare les eaux d'avec les eaux » (Gn 1, 6-8), et les étoiles (Gn 1, 16-17). Pour suivre leur cours, le soleil et la lune sortent chaque jour de leurs tentes cachées dans les montagnes (Ps 19, 6-7). La neige, la grêle, résident également dans le firmament. Dans le firmament est située la mer céleste (les « eaux supérieures »), d'où la pluie peut tomber pour féconder la terre. Dieu seul peut réaliser tout cela : le firmament est le domaine de Yahvé, il y demeure (Ps 33, 13-14). Enfin, bien loin sous la terre, se trouve le *shéol* (en hébreu) (ou l'*hadès* en grec, ou les *enfers* en latin), séjour des morts, où ceux-ci mènent une existence ralentie. ■

LE SHEOL (SCHEOL, CHEOL)

Mot hébreu désignant le « séjour des morts ». Localisé dans les régions souterraines, celui-ci était conçu par les Juifs comme une fosse (Ps 69, 15-16 ; 88, 7), lieu de silence, d'obscurité et d'oubli (Ps 88, 11-13). Les morts y menaient une existence lugubre, privés de tout ce qui est désirable dans la vie, étrangers à toute relation avec Dieu, qui n'y était plus loué (Ps 6, 6). Tous, riches et pauvres, bons et méchants, y étaient également soumis. Après l'Exil pourtant, on commença à penser que le « fidèle à Dieu », le juste, ne connaîtrait pas cette déchéance (Ps 16, 10). ■

La signification des nombres

Pour nous, le nombre est le concept de base des mathématiques. Pour les civilisations sémitiques, les nombres avaient surtout valeur symbolique. Dans la Bible :
• **2** peut signifier « quelques » ou « *le double* » (c'est-à-dire une surabondance).
• **3** désigne un laps de temps réduit mais indéterminé ; la triple répétition d'un geste ou d'une parole marque l'insistance (« Saint, Saint, Saint le Seigneur » en Is 6,3).
• **4, 10, 40** symbolisent ce qui est complet :
• les 4 points cardinaux (tout l'espace) ;
• les 10 doigts de la main, les 10 commandements (Ex 20, 1-17), les 10 paroles de Dieu à la création (Gn 1), les 10 plaies d'Egypte ;
• 40 désigne les années d'une génération, par exemple les 40 ans au désert ; d'où son emploi pour une durée complète assez longue, les 40 jours du déluge, par exemple.
• **7** désigne une série parfaite en relation avec le domaine religieux : le sabbat est le 7e jour, terme de la création du monde par Dieu, et temps à réserver à Dieu par le croyant ; 77 fois 7 fois évoque dès lors le plus que parfait, l'illimité.
• Par voie de conséquence, 6 ou 3 1/2 sont les chiffres de la perfection manquée.
• **12** est un nombre parfait qui s'applique au peuple de Dieu dans sa totalité : les 12 tribus d'Israël. Par conséquent, 11 est le chiffre de l'imperfection (lorsqu'on distribua les terres de Canaan entre les tribus, celle de Lévi ne devant pas en recevoir puisqu'elle n'a d'autre héritage que Dieu, on divisa en deux la tribu de Joseph pour conserver le nombre 12).

D'autre part, les lettres composant un mot se voient parfois attribuer une valeur numérique ; leur somme constitue alors le « nombre » de l'objet ou de la personne désignée par ce mot. On a souvent perdu la clef de ces calculs symboliques, mais il convient de se rappeler leur existence lorsqu'on lit par exemple la généalogie d'Adam à Noé dans la *Genèse* ou les recensements du livre des Nombres.

La *Kabbale*, ou *Cabale*, courant ésotérique du judaïsme, fera un fréquent usage du symbolisme numérique pour interpréter les textes bibliques. ■

Ton nom est magnifique

Seigneur, notre Seigneur,
que ton nom est magnifique
par toute la terre !
Mieux que les cieux,
elle chante ta splendeur !
Par la bouche des tout-petits
et des nourrissons,
tu as fondé une forteresse
contre les adversaires,
pour réduire au silence l'ennemi revanchard.
Quand je vois tes cieux, œuvre de tes doigts,
la lune et les étoiles que tu as fixées,
qu'est donc l'homme pour que tu penses à lui, l'être humain pour que tu t'en soucies ?
Tu en as presque fait un dieu :
tu le couronnes de gloire et d'éclat ;
tu le fais régner
sur les œuvres de tes mains ;
tu as tout mis sous ses pieds :
tout bétail, gros ou petit,
et même les bêtes sauvages,
les oiseaux du ciel,
les poissons de la mer,
tout ce qui court les sentiers des mers.
Seigneur, notre Seigneur,
que ton nom est magnifique
par toute la terre.

Psaume 8

Lorsqu'un mot, une expression, un événement, une institution, un nom propre vous sont inconnus, consultez l'index.

III. LE PEUPLE DE L'HISTOIRE SAINTE

ENTRE Dieu et l'homme, entre Yahvé et son peuple, se sont instaurées des relations. Pour le croyant, l'histoire d'Israël est une « histoire sainte ». Que veut-il dire ainsi ? Il ne s'agit pas de « vies de saints » : les hommes et les femmes y apparaissent tels qu'ils sont, mesquins, lâches, cruels. Le péché s'étale sans cesse, et sans cesse il est condamné par les prophètes. C'est l'intervention de Dieu qui rend sainte cette histoire. D'abord, il intervient par des prodiges. Le livre de l'Exode en rapporte beaucoup : Dieu manifeste ainsi sa puissance pour son peuple. Il peut y avoir eu, bien sûr, une amplification due aux talents des conteurs orientaux. Mais Israël a survécu : envahi, déporté, massacré, presque anéanti, il se relève toujours. Petit peuple placé aux frontières d'empires successifs, il sauvegarde toujours sa personnalité. On dira peut-être qu'il existe des dynamismes analogues, arméniens, polonais...

Le plus étrange, en tout cas, est l'évolution religieuse d'Israël, défiant les lois connues de la sociologie et de l'histoire des religions.

Normalement, un peuple nomade sédentarisé, et devenu agriculteur, se donne des cultes ruraux de fécondité. De fait, Israël est maintes fois tenté d'adopter l'idolâtrie de Canaan ; mais il parvient cependant à conserver intact le sens du Dieu unique et invisible.

▶▶▶

UN PEUPLE ÉLU

Par un geste d'amour gratuit, Dieu se choisit (élu vient du latin *eligere*, choisir) un peuple, des individus, auxquels il demande en retour un engagement, une fidélité. La Bible est remplie de ces choix. Le mot ou l'idée de *peuple* reviennent sans cesse ; ceux d'*élu* et d'*élection* moins souvent, mais l'idée n'en est pas moins clairement présente.

L'Ancien Testament est précisément l'histoire du *peuple* que Yahvé se choisit, *Israël*, pour être son témoin parmi les nations (Jos 24). Ce choix se traduit par l'alliance du Sinaï, à laquelle le peuple s'engage à rester fidèle en observant la Loi (Ex 19,3-9 ; 20 ; 24,1-8).

Pour le chrétien, comme le rappelle le concile Vatican II, le choix d'Israël a préparé et préfiguré l'*Alliance nouvelle* et parfaite (Jr 31, 31-34) qui s'est scellée entre le Christ et le nouveau peuple de Dieu dans le sang de la croix. A ce nouveau peuple, *l'Église*, dont le Christ est le chef, tous les hommes sont appelés à participer. S'il ne forme qu'un « petit troupeau », il est appelé à « s'étendre au monde entier, le dessein de Dieu étant de rassembler en un seul Corps tous ses enfants dispersés » (Vatican II. Constitution *Lumen Gentium*). ■

Le reste d'Israël

Cette expression se trouve chez les prophètes (Amos 5, 15 ; Isaïe 4, 3 ; Michée 2, 12) pour affirmer, au plus fort des épreuves infligées à Israël par Dieu, que celui-ci laissera toujours subsister de quoi reconstituer le peuple juif (Mi 5,6-7) ; ce « reste » reviendra à Dieu (Is 10,20-23) et sera pardonné (Jr 50,20). Saint Paul reprendra le thème du « reste d'Israël » préservé par grâce (Rm 11,5) et l'appliquera aux Juifs choisis par Dieu pour devenir chrétiens et échapper ainsi à l'endurcissement du judaïsme. Ce privilège, qui n'est pas dû au mérite de ceux qui en bénéficient mais à celui du Christ, prélude au salut final de tout Israël comme à celui du monde entier. ■

La Loi

☞ *Au sens strict*, la Loi est pour les Juifs *la volonté* de Dieu telle qu'il l'a exprimée dans les « dix paroles » (*Décalogue*) données à Moïse au Sinaï en concluant l'alliance avec son peuple (Ex 20, 1-17). Cette Loi se présente comme une révélation de Dieu sur lui-même : « Je suis, moi, le Seigneur qui t'ai fait sortir d'Égypte ». La première exigence de la Loi est de **croire** en ce Dieu, et de lui être fidèle : cette foi permettra à Israël de se conformer aux autres commandements qui, tous, appellent un **amour** en retour de celui que Dieu lui donne ; les prophètes le rappelleront tout au long de l'histoire d'Israël.

Jésus fera résumer par un de ses interlocuteurs le contenu de la Loi en ces quelques mots : « Tu aimeras le Seigneur ton Dieu de tout ton cœur, de toute ton âme, de toute ta force, de toute ta pensée, et ton prochain comme toi-même » (Lc 10,25-28).

Le *Décalogue* définit donc l'essentiel des rapports du peuple avec Dieu et le comportement moral de ses membres entre eux.

☞ *Au sens large*, la Loi est formée par ce Décalogue et par l'ensemble des prescriptions qui le développent dans les premiers livres de la Bible. Cette Loi constitue à la fois la *charte d'alliance* entre Dieu et Israël, et *le statut religieux et juridique* de celui-ci. Reçue comme un don de Dieu, vénérée comme sa Parole, vécue comme la voie du salut qu'il offre à son Peuple, la Loi est objet de louange et de reconnaissance ; elle nourrit la prière d'Israël.

La Loi au sens large forme la première des trois grandes parties de la Bible judaïque ; c'est la *Torah*, elle-même composée des cinq premiers livres de la Bible (*Pentateuque*) : *Genèse, Exode, Lévitique, Nombres, Deutéronome*. Ils relatent les origines d'Israël et les circonstances de l'Alliance, et développent le contenu de la Loi. Rappelons que les deux autres parties de la Bible hébraïque sont les *Prophètes* et les *autres écrits* (ou *Écrits*).

☞ L'importance attachée à la Loi dans la vie d'Israël suscita une tendance à enfermer la foi dans le respect minutieux des *prescriptions et des rites*, sans cesse précisés, codifiés, commentés par les légistes et théologiens juifs. Le risque devint grand alors de confondre une foi authentique avec la volonté acharnée de se trouver en règle ; de ne plus tant se fonder sur l'amour de Dieu comme voie du salut que sur ses propres forces, efforts et mérites. Les prophètes ne cessèrent de lutter contre cette tendance.

☞ *Jésus*, dans la lignée des prophètes, réagit vivement contre ce légalisme. Proclamant qu'il n'est *pas venu abolir la loi mais l'accomplir* (Mt 5,17), il en rappelle le sens profond : l'amour de Dieu et du prochain ; il condamne durement (« sépulcres blanchis » Mt 23,27) ceux qui, ne s'attachant plus qu'à la lettre, en tuent l'esprit. Quant à l'accomplissement qu'il est venu donner à la Loi, il en fournit maintes manifestations ; les plus marquantes sont son enseignement sur la justice nouvelle (Mt 5,17-48), le Sermon sur la Montagne (Mt 5,7 ss ; Lc 6,20 ss : les Béatitudes) et la manière dont lui-même incarne cet enseignement par sa vie et sa mort ; le salut offert à tous par le sang versé sur la croix accomplit toutes les promesses de la première Alliance, en scellant l'Alliance nouvelle (Lc 22,20 ; 2 Co 3,6 ; He 9,15, etc.).

☞ Avec *saint Paul*, c'est la Loi elle-même qui semblerait mise en cause et condamnée ; en fait l'enseignement de Paul ne s'écarte pas de celui de Jésus : la Loi est toujours affirmée don de la bonté de Dieu (Rm 7,12). La condamnation vise ce qu'une forme du judaïsme en a fait : une confiance en soi qui cache à l'homme le fait que *le salut ne lui est pas donné par ses propres forces, mais par la foi*, elle-même don de la grâce de Dieu (Rm 9,30-32 ; 11,5-6) ; ce don est acquis dans le Christ mort et ressuscité (Rm 3,28 ; Ga 2,16-21). Dès lors Paul peut affirmer que la croix du Christ nous a délivrés de la Loi (Rm 7,4-6) ; il peut opposer la *Loi ancienne*, provisoire, extérieure, qui conduit à la mort, à la *Loi nouvelle*, celle de l'Esprit, ouverte à tous, qui conduit à la vie (Ga 3,23-29 ; 2 Co 3,4-11 ; Rm 8,1-6). ■

▶▶▶

Normalement, un peuple vaincu adopte les dieux du vainqueur, puisqu'ils ont prouvé leur supériorité. Israël, bien que vaincu et déporté, non seulement rejette les dieux étrangers mais purifie en exil son amour de Dieu.

Normalement, un peuple adopte la religion d'un conquérant dont la culture est plus élaborée que la sienne. Or, tout séduit et même influencé qu'il soit par la civilisation grecque, Israël conserve intacte sa foi.

Normalement, toute religion monothéiste est menacée de se laisser envahir par le culte des esprits et les pratiques magiques des civilisations environnantes. Israël, au contraire, défend sont « monothéisme moral ».

Cette survie, cette évolution religieuse unique, les croyants juifs et chrétiens pensent y voir la main de Dieu : à leurs yeux, cette histoire est sainte.

La foi juive aux approches du temps de Jésus

IV. LE CULTE JUIF

L'histoire sainte d'Israël, qui trouve son sens dans l'Alliance et son appui dans la Loi, est célébrée par des fêtes, des rites, des prières qui impliquent une organisation du culte. ▶▶▶

Calendrier des FÊTES, en Israël aux approches du temps de Jésus

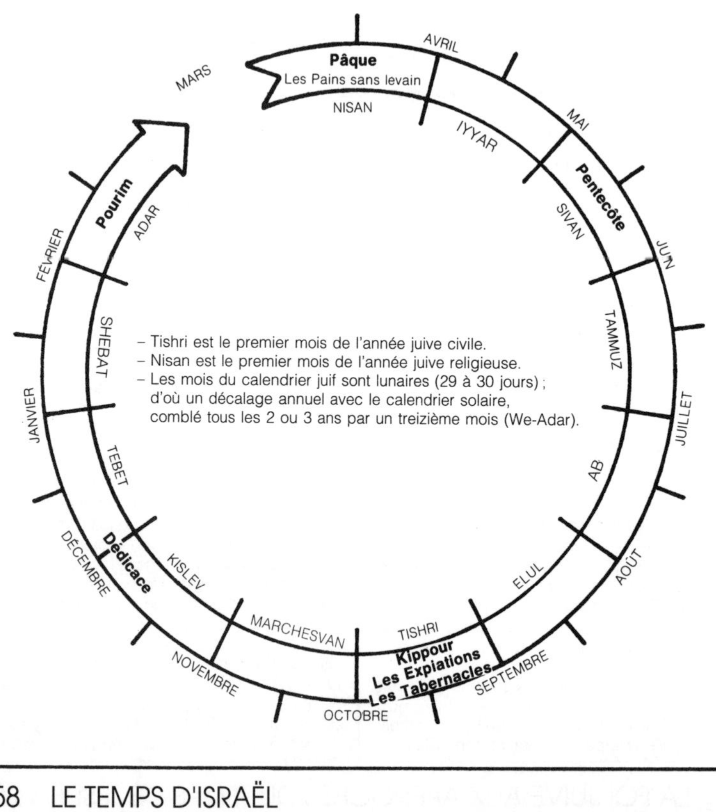

Les fêtes juives

La Pâque (Pessah)

C'est la plus grande fête religieuse juive. Voir Index.

La Pentecôte ou Semaines (Chavouoth)

Voir Index.

Le mot Pentecôte vient du grec *pentecostè*, signifiant cinquantième. La fête chrétienne célébrée sous ce nom trouve son origine dans la fête juive dite « des Semaines » (en hébreu *Chavouoth*), fixée dans le calendrier juif sept semaines (soit 50 jours) après Pessah, la Pâque : « Tu compteras sept semaines... et tu célèbreras la fête des semaines » (Dt 16,9-12).

Il s'est d'abord agi d'une fête agraire, au cours de laquelle, en signe de reconnaissance des biens accordés par Dieu, on lui offrait les premiers fruits de la terre et les premiers-nés du troupeau, les prémices. A cette célébration liée au cycle agricole, on a progressivement rattaché celle du don de la Torah au Sinaï, et de l'alliance dont elle est le signe. Cette fête vient ainsi très logiquement compléter et conclure la Pâque qui célèbre la sortie d'Égypte, événement fondateur du peuple de Dieu.

Chavouoth est, avec la Pâque et la fête des Tentes (ou des Tabernacles), une des trois fêtes juives dites de pèlerinage, c'est-à-dire pour lesquelles le peuple montait en pèlerinage au Temple de Jérusalem. On y venait de loin, y compris de la diaspora. Ainsi comprend-on pourquoi, dans son récit de la Pentecôte dans les *Actes des Apôtres*, Luc fait état de la présence à Jérusalem de « juifs pieux venus de toutes les nations qui sont sous le ciel ».

Kippour (Expiations, Grand Pardon)

C'est la fête annuelle juive du Grand Pardon, ou encore Jour de l'Expiation. Prescrite par Dieu à Moïse (Lv 16, 1-34 ; 23, 26-31 ; Nb 29, 7-11), elle consiste en un rite de purification pour que Dieu pardonne les fautes du peuple.

Un premier bouc est offert en sacrifice « pour le Seigneur ». Son sang est versé par le Grand-Prêtre ; c'est le seul jour où celui-ci entre dans le Saint des Saints du Temple. Avant sa destruction par Nabuchodonosor (VIe s. avant J.-C.), l'arche d'alliance, considérée comme le siège de la présence de Yahvé parmi son peuple, recevait ce sang.

Le second bouc, « pour Azazel » (le démon), est chargé de tous les péchés du peuple et chassé dans le désert (lieu hanté par l'esprit du mal, mais aussi lieu de purification) en les y emportant (le bouc émissaire est ainsi devenu le symbole du rejet d'une responsabilité collective sur une seule personne).

L'*Épître aux Hébreux* souligne que si le sang des animaux a quelque efficacité dans l'ordre de la pureté rituelle, combien plus le sang du Christ a-t-il le pouvoir, et une fois pour toutes, de purifier les âmes et de racheter effectivement les péchés (He 9, 13-14).

Dédicace (**Hanoukka**)
Purim ou **Pourim**
Tabernacles (ou **Tentes**)
Calendrier Juif
} voir index

Les prières

La prière juive

La prière est, pour le croyant, la façon la plus explicite de traduire sa relation permanente avec Dieu.

Le matin avant toute autre activité, puis le soir, le Juif adulte (mais non les femmes, ni les esclaves) s'enveloppe d'un châle (*tallit*) et fixe à son front et à sa main gauche des *phylactères* (du grec *phulacterion*, lieu pour garder la Loi) : petits étuis de cuir contenant des passages de la *Torah* et rappelant la prescription du *Deutéronome* à propos de celle-ci ; « Tu en feras un signe attaché à ta main, une marque placée entre les yeux ». Le Juif se tourne alors vers Jérusalem et le Temple et récite à haute voix deux prières.

La première commence par *Shema Israël* (Écoute Israël) et se trouve dans le *Deutéronome* (6,4-9) : « Le Seigneur notre Dieu est le seul Seigneur. Tu aimeras Yahvé notre Dieu... »

La seconde s'appelle *Shemoné Esré*, ou « Dix-huit bénédictions », dont la première s'exprime ainsi : « Béni sois-tu Yahvé, Dieu d'Abraham et Dieu d'Isaac et Dieu de Jacob. Dieu très haut, auteur du ciel et de la terre, notre bouclier et le bouclier de nos pères, notre confiance en toute génération et génération. Béni sois-tu., Yahvé, le bouclier d'Abraham ».

Les psaumes

Les *Psaumes* (du grec *psalterion*, nom d'un instrument de musique à cordes qui accompagnait leur chant) formaient le recueil des chants religieux d'Israël pour le culte, exprimant le mouvement du cœur de celui qui vit devant Dieu : louanges à Dieu pour ce qu'il est ; supplications individuelles ou collectives dans l'épreuve et les difficultés ; demande de pardon ; actions de grâces pour la délivrance du mal et pour la vie reçues de Dieu.

(Voir Index).

Au long des 150 psaumes, l'évocation des ténèbres, où le fidèle se débat pour échapper aux pièges tendus par les ennemis de Dieu, alterne avec celle de la lumière de la victoire finale ; alors peut éclater, en finale, l'appel universel à la louange : « Que tout ce qui respire loue le Seigneur » (Ps 150, 6).

Les titres souvent donnés aux Psaumes (« de David », « de Salomon ») ne désignent pas forcément leurs auteurs, mais indiquent une relation du Psaume avec le personnage nommé. La moitié des Psaumes est rapportée à David en tant qu'il représente le croyant type, le roi juste, qui sait reconnaître ses propres torts (Ps 51) et place toute sa vie sous le regard de Dieu.

Alléluia

Mot hébreu (*Hallel* : louange) signifiant « louez Yahvé ». Cette acclamation liturgique que l'on trouve dans les Psaumes a été reprise dans la liturgie chrétienne pour exprimer l'allégresse, spécialement au temps de Pâques.

Amen

Mot hébreu signifiant « se montrer ferme, stable ». Il n'évoque pas seulement un souhait (ainsi soit-il), comme cela est souvent traduit dans la liturgie chrétienne, mais surtout une affirmation : c'est vrai !

Dans l'*Évangile de Jean*, ce mot, redoublé (Jn 1, 51), devient une formule solennelle attestant la vérité du contenu de la parole de Jésus. ■

Ph. Simson-CIRIC

Autel à Petra (actuelle Jordanie).

Rites et sacrifices

La circoncision

Voir Index

Le sabbat

Le mot hébreu *Shabbat*, qui signifie repos, désigne le repos hebdomadaire sacré observé par les Juifs, conformément au cinquième commandement du Décalogue reçu au Sinaï par Moïse : « Souviens-toi du jour du sabbat pour le sanctifier. Pendant six jours tu travailleras, mais le sabbat est un jour pour Yahvé, ton Dieu. Tu n'y feras aucun ouvrage » (Ex 20, 8-11).

Ce même texte rattache cette obligation au récit de la *Genèse* où l'on voit Dieu, satisfait de son œuvre, se reposer le septième jour de la création (Gn 2,1-3). De même pour l'homme, il s'agit de s'arrêter pour louer Dieu et le contempler. En limitant sa propre activité il reconnaît lui-même ses limites, il s'affirme dépendant en tout de Dieu (Dt 5, 12-15) ; il consacre à Dieu une partie du temps comme il lui consacre une partie des récoltes (Lv 27,30).

Pendant vingt-quatre heures, les Juifs sont invités à s'abstenir de tout travail, de tout achat, de toute activité, pour se consacrer à la prière et à la louange de Dieu.

La loi mosaïque avait également institué l'*année sabbatique* revenant tous les sept ans, au cours de laquelle la terre était en principe laissée en friche, les fruits et les récoltes réservés aux pauvres, le recouvrement des dettes reporté à l'année suivante. Toutes les sept fois sept ans (cinquante ans) se célébrait *l'année jubilaire*.

Le chiffre sept symbolise dans la Bible l'harmonie et la plénitude.

Le commandement du sabbat, remis en honneur à partir du retour de l'Exil, était devenu une obligation capitale dans la vie juive ; les Docteurs de la Loi y avaient progressivement ajouté quantité de prescriptions minutieuses précisant les limites des activités autorisées.

Jésus, tout en pratiquant le sabbat et en se rendant ce jour-là à la synagogue (Mc 1,21 ; Lc 4,16 ; 4,31-38), devait vivement réagir contre les aspects purement formalistes imposés par les Docteurs de la Loi (Mt 12,1-14 ; Mc. 2,23–3,6 ; etc.). Il entendait ainsi restituer son vrai sens au sabbat, tourné vers le Père qui donne sans cesse la vie.

Le sabbat correspond au samedi occidental : les chrétiens ont transféré le jour de repos au dimanche, jour de la résurrection de Jésus. ■

Pur – impur

La relation avec Dieu, qui seul est saint, impliquait pour les Juifs d'être en état de pureté. Cette exigence de pureté se traduisait par des règles de toutes sortes, notamment alimentaires, et par de nombreux rites de purification. Le livre du *Lévitique* détaille abondamment les prescriptions à ce sujet (nourriture, sexualité, maladie, sépultures...). Les rites de purification comportent notamment des lavages et des sacrifices.

Mais trop souvent le légalisme tendit à l'emporter, dans les esprits, sur les dispositions intérieures. Les prophètes ne cessèrent donc de rappeler que la véritable pureté est celle du cœur : « Cessez de m'apporter des offrandes inutiles, leur fumée m'est en horreur... Cessez de faire le mal... Secourez l'opprimé, soyez justes avec l'orphelin, plaidez pour la veuve » (Is 1, 11-17). Jésus reprendra plus catégoriquement encore leur langage, n'hésitant pas à transgresser les interdits rituels (il touche et guérit un lépreux, il touche et ressuscite des morts, il mange à la table d'un publicain, considéré comme un pécheur public, etc.), afin de faire comprendre de ce qui souille l'homme vient du cœur ; c'est le péché, la convoitise (Mt 23, 25-28). ■

LES SACRIFICES

Plus de la moitié du *Lévitique* (1-17) est consacrée aux prescriptions relatives aux sacrifices. Ils sont toujours faits à Dieu : on lui offre donc le meilleur ; ils sont un moyen d'accès à Dieu : l'homme doit donc consentir à faire des sacrifices ; ils ont parfois une valeur de substitution : l'animal offert tient la place de l'homme qui offre le sacrifice.
Les sacrifices sont de plusieurs types :
- Holocauste.
- Sacrifice pour le péché
- Sacrifice de paix ou de communion

Holocauste	Sacrifice pour le péché	Sacrifice de paix
La victime est totalement brûlée.	Une partie, brûlée, l'autre pour les prêtres.	Une partie brûlée, l'autre partagée et mangée en repas sacré.
Matin et soir, au Temple.	On distingue sacrifice : – *pour le péché* (expiation pour offense à Dieu) – *pour la faute* (satisfaction pour torts causés au prochain)	Autres noms : action de grâces, communion

Qu'est-ce que ?

Lévites. Membres de la tribu sacerdotale formée des descendants de Lévi, l'un des douze fils de Jacob, ils sont chargés de la police du Temple, des chants, de la préparation des sacrifices et de la perception des dîmes (impôt religieux destiné à l'entretien du personnel).

Prêtres. Au sein de la tribu de Lévi, la prêtrise est réservée aux seuls descendants d'Aaron, frère de Moïse. Répartis en plusieurs classes, les prêtres assurent à tour de rôle une présence au Temple pour sacrifier. Ils sont tous présents lors des grandes fêtes.

Grand prêtre. Issu de l'aristocratie sacerdotale, il jouit d'un pouvoir civil et religieux (au temps du Christ, il représente le peuple devant les Romains, qui le nomment). Il préside le Sanhédrin et les grandes fêtes. Seul il entre dans le Saint des Saints le jour de la fête de l'Expiation.

Sanhédrin (du grec *synedrion*, assemblée, conseil). Tribunal suprême du peuple juif, il existait déjà en 200 avant J.-C., sans doute alors comme conseil des anciens (chefs de grandes familles, anciens grands-prêtres, prêtres. Vers 70 av. J.-C., les « Maîtres de la Loi » (en fait la plupart pharisiens) y prirent place aussi. Outre le Grand-Prêtre qui le présidait, il comptait soixante-dix membres.
C'était la seule autorité législative et administrative de la communauté juive nationale. Depuis sa création, les diverses puissances étrangères qui ont dominé successivement Israël ont toujours reconnu le Sanhédrin dans son rôle, lié à la présence du Temple. Tout s'écroula en 70 après J.-C. avec la destruction de Jérusalem et du Temple par les Romains. Par la suite, les pharisiens réunirent seulement des conseils de Maîtres de la Loi (rabbis) pour l'interprétation des lois juives.

Synagogues. En dehors de Jérusalem et de son Temple, c'étaient les lieux de rassemblement des Juifs pour la prière ou l'instruction religieuse. Chaque sabbat, la communauté y écoutait la lecture de la Loi et les Prophètes, commentée ensuite par un des assistants. En semaine, des scribes y donnaient un enseignement aux jeunes gens.

Temple de Jérusalem. Voir page suivante : la Palestine au temps de Jésus.

Le chandelier à sept branches

Cette représentation monumentale moderne, dans la Jérusalem d'aujourd'hui, évoque le chandelier à sept branches, de dimensions plus modestes, qui se trouvait dans le Temple de Jérusalem, dans la partie du sanctuaire appelée le « Saint », où ne pénétraient que les prêtres de service. La confection de ce chandelier relève des prescriptions faites par Dieu à Moïse (Ex. 25, 31-40 ; 35,14) – lors de l'alliance du Sinaï – sur le culte à rendre désormais à Dieu par Israël. Le chandelier, en or pur, portait une lampe à huile, allumée en permanence, sur chacune de ses sept branches. On sait que, dans la Bible, le chiffre 7 symbolise plénitude, achèvement, perfection, et a valeur sacrée (voir Index : Nombres) ; d'autre part, le feu, la lumière sont, dans la Bible, des signes de la présence de Dieu (voir Feu, Théophanie). Enfin l'or, par son éclat, son inaltérabilité, sa pureté, évoquent le divin. On conçoit donc la charge symbolique, aux yeux d'Israël, de cette association de la lumière, de l'or, et du chiffre 7 : elle signifiait la présence de Dieu dans le Temple, c'est-à-dire au cœur de son peuple élu. On imagine, dès lors, ce que purent ressentir les Juifs lorsque, après la prise de Jérusalem et la destruction du Temple en 70 par les légionnaires de Titus, celui-ci fit figurer le chandelier d'or dans le cortège de son triomphe à Rome, comme le représente l'arc de Titus dans cette ville. La représentation du chandelier à sept branches a gardé toute sa force aux yeux du judaïsme : évoquant à la fois la présence de Dieu au sein de son peuple et la ville sainte de Jérusalem, elle est le symbole de l'espérance invincible d'Israël.

Ph. CIRIC

Chandelier à sept branches à Jérusalem.

chapitre III

TRENTE-DEUX SIÈCLES D'HISTOIRE

LIVRE II

Le temps de Jésus

Il ne s'agit que de trente et quelques années : temps très bref par comparaison avec les quelque dix-huit siècles qui séparent le temps des patriarches de l'Ancien Testament et la naissance de Jésus. Et avec les vingt siècles écoulés depuis la fin de la mission terrestre de celui-ci jusqu'à nos jours.

En fait, aux yeux d'un chrétien, le poids de cette trentaine d'années ne se mesure pas à sa durée, mais au caractère déterminant qu'elle a eu dans la destinée humaine : ce sont les années de l'incarnation du Fils de Dieu venant apporter en sa personne, « crucifiée sous Ponce Pilate et ressuscitée le troisième jour », le salut offert aux hommes de tous les temps, et couronner la révélation de Dieu commencée par l'Ancien Testament.

Sans la connaissance de la vie, de l'enseignement et du témoignage de Jésus, rien de la foi chrétienne ne peut se comprendre ; rien, non plus, de l'histoire chrétienne qui commence avec lui et se poursuit aujourd'hui ; ni rien, d'ailleurs, de tout ce que notre culture contemporaine comporte de références chrétiennes, bien vivaces jusque dans le langage courant malgré la sécularisation ambiante.

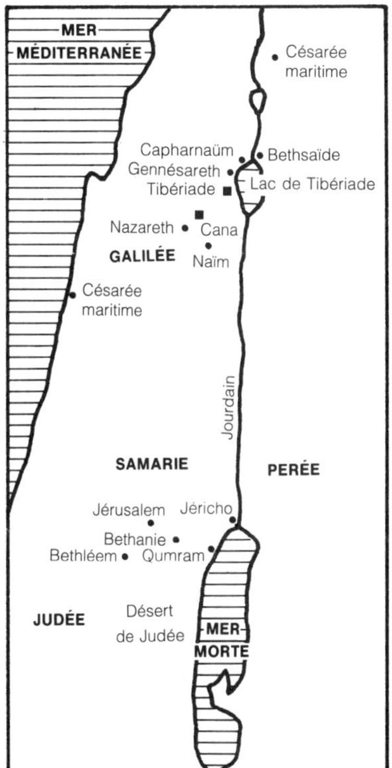

Pays d'Israël au temps de Jésus

1. *LE PAYS D'ISRAËL AU TEMPS DE JÉSUS*

Un pays politiquement divisé

Peu après la mort d'Hérode le Grand en 4 av. J.-C., la Judée devient province romaine ; elle conserve son propre statut politique, son sénat (le Sanhédrin), présidé par le grand-prêtre ; mais elle est mise sous la tutelle d'un procurateur romain, qui réside à Césarée Maritime. Quant à la Galilée, sous le gouvernement d'Hérode Antipas, fils d'Hérode le Grand, elle conserve un semblant d'indépendance. C'est en 135 ap. J.-C., à la suite de la seconde révolte juive, que l'empereur Hadrien donnera à l'ensemble de la région l'appelation de Syrie – Palestine (voir p. 306 b).

Les *Judéens* détestent leurs voisins *Samaritains*, dont la tradition religieuse s'écarte de celle de Jérusalem. Ils méprisent également les *Galiléens*, tenus pour ignorants et trop mêlés aux païens. Mais tous sont unis dans la même haine de l'occupant romain.

▶▶▶

De César à Tibère

Tous les empereurs romains, même ceux n'appartenant pas à la famille de César, ajoutèrent le nom de l'illustre dictateur au leur ; ainsi ce nom désignait-il l'empereur en exercice (« Rendez à César ce qui est à César », Mt 22, 15-22).

Si l'institution impériale fut préparée par la dictature de César (48-44 av. J.-C.), ce fut son héritier politique et petit-neveu, Octave, qui, le premier, se fit attribuer le titre d'*Imperator* à vie, en 29, puis celui d'*Auguste* en 27, après avoir

▶

▶

triomphé en 31 de son rival Antoine. Auguste était au faîte de sa puissance lorsque, en 6 avant notre ère, Jésus naquit à Bethléem ; son règne fut une période de paix, de prospérité et d'épanouissement culturel.

Tibère, son fils adoptif, lui succéda en 14 de notre ère : « La cinquième année du règne de Tibère César », écrit Luc (3,1) pour dater la vie publique de Jésus (27 ou 28 de notre ère). C'est sous ce règne que Jésus fut mis à mort. Bien que tyran cruel et soupçonneux, Tibère fit régner la paix et la bonne administration dans l'empire. A sa mort, en 37, la première communauté chrétienne était déjà bien enracinée. ■

Flavius Josèphe

Né en 37 ap. J.-C., le Juif Flavius Josèphe prit part aux combats de la révolte de 66-70 contre Rome. Fait prisonnier, il échappa à la mort et s'attira la faveur des vainqueurs, Vespasien et Titus. Son livre *La guerre juive* relate ce terrible conflit. On lui doit aussi un grand ouvrage paraphrasant la Bible, les *Antiquités judaïques*, et plusieurs écrits de polémique. Ayant dû prendre le parti des Romains, son témoignage est parfois sujet à caution, mais, sans lui, nous ignorerions presque tout de l'histoire juive du Ier siècle. ■

Philon d'Alexandrie

Juif d'Alexandrie au Ier siècle de notre ère, il unit la culture grecque à la foi juive dans une vaste œuvre philosophique de vingt-six ouvrages sur l'Écriture, où il s'inspire de la philosophie stoïco-platonicienne. Sur les rapports de Dieu et de sa création, sur le *Logos* et son rôle dans l'univers, il spécule en théologien. Il a probablement influencé saint Jean et l'auteur de l'*Épitre aux Hébreux ;* les écrivains chrétiens des premiers siècles l'ont tenu en haute estime. ■

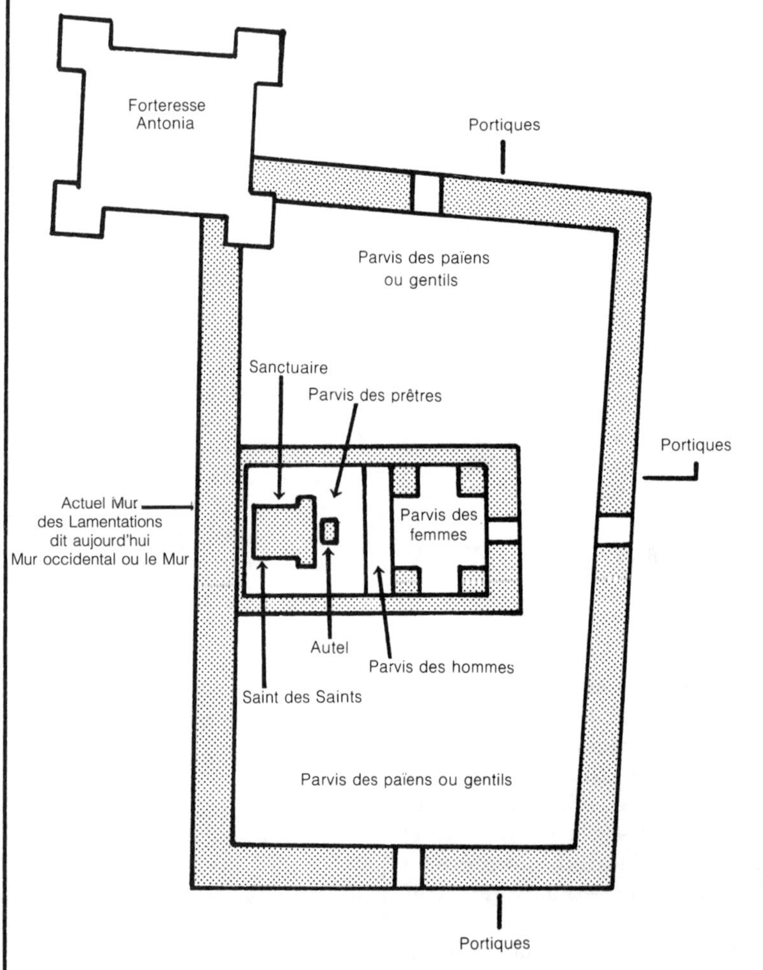

Le Temple de Jérusalem au temps de Jésus

LE TEMPLE

Le Temple de Jérusalem, édifié à partir de 20 av. J.-C. par Hérode le Grand, occupait l'emplacement des deux constructions qui l'avaient précédé : le premier Temple construit par Salomon au Xe s. av. J.-C. et détruit par Nabuchodonosor en 587, et celui qui avait été reconstruit 70 ans plus tard, au retour de l'Exil.
Il se composait d'un sanctuaire et d'une enceinte. Le sanctuaire (30 m sur 10) comportait deux salles : le *Saint*, où seuls pénétraient les prêtres et où se trouvaient l'autel des encens, le chandelier d'or à sept branches, la table des pains de l'offrande ; et, séparé par un double rideau, le « *Saint des Saints ;* c'est là que, dans le Temple construit par Salomon, était placée l'arche d'alliance, disparue avec la ruine de ce bâtiment en 587. Mais, malgré cette disparition, le Saint des Saints restait le lieu sacré de la présence de Dieu, et seul le grand-prêtre y pénétrait, une fois par an, pour la fête des Expiations. Le sanctuaire était précédé d'un vestibule donnant sur la « cour des prêtres », où s'élevait l'autel des holocaustes.
Quant à l'enceinte, c'était un ensemble de cours et de parvis. Le « parvis des hommes » et le « parvis des femmes », où se trouvaient les troncs des oboles, près de la salle du trésor, n'étaient accessibles qu'aux Juifs. Tout autour, une immense esplanade, le « parvis des païens » ou « des nations », accessible à tous, était entourée de portiques ouvrant sur l'extérieur par des portes monumentales. On s'y rassemblait pour traiter ses affaires, discuter, écouter l'enseignement des docteurs de la Loi ; on y coudoyait les vendeurs d'animaux pour les sacrifices, et les changeurs qui fournissaient la monnaie juive, obligatoire pour le paiement de l'impôt du Temple.
Le Temple de Jérusalem était le cœur de la vie d'Israël, son sanctuaire, le siège de la présence de Dieu. Tout Juif devait s'y rendre en pèlerinage trois fois par an, et tout spécialement pour la Pâque.
Jésus a fréquenté le Temple tout au long de sa vie, soit pour y accomplir les obligations de la Loi, soit pour y enseigner les foules. Il s'y est livré à bien des controverses avec les docteurs de la Loi, les scribes, les pharisiens. Il a aimé ce Temple et pleuré sur sa ruine, qu'il a prévue et annoncée.
Les premiers chrétiens, en bons juifs, continuèrent de fréquenter le Temple ; mais pour eux, le véritable Temple, c'était désormais le Christ ressuscité ; c'était le chrétien, temple du Saint-Esprit ; c'était l'Église, cité de Dieu ouverte à tous. Ils se considéraient comme les pierres vivantes de ce nouveau sanctuaire. L'*Apocalypse* de saint Jean présente la nouvelle Jérusalem, celle du ciel, comme une radieuse cité dont le Temple est Dieu lui-même.
Quant au Temple somptueux construit par Hérode, il devait être complètement détruit lors de la prise de Jérusalem par les Romains en 70 ap. J.-C. Aujourd'hui sa vaste esplanade porte la « Coupole du rocher » (appelée à tort « mosquée d'Omar »), édifice musulman sur le lieu même où s'élevait jadis l'autel des holocaustes. Le mur supportant l'esplanade à l'ouest est tout ce qui reste des fondations du Temple ; c'est pourquoi il est entouré de vénération par les Juifs, qui y viennent prier nombreux (mur des « Lamentations »). ■

Lorsqu'un mot, une expression, un événement, une institution, un nom propre vous sont inconnus, consultez l'index.

▶▶▶

D'où l'impopularité des *publicains* (c.à.d. les fonctionnaires du *Trésor Public*) : recrutés par l'administration romaine au sein de la population pour la collecte des impôts, sous le régime très fructueux de l'affermage, ils cumulent les motifs de rejet : Juifs au service de l'occupant païen, collecteurs d'impôts enrichis de leurs exactions, ils sont pour leurs compatriotes des pécheurs publics et des apostats. L'attitude de Jésus à leur égard scandalisera (Mt 9,9-13 ; Lc 18,9-14 et 19, 1-10).

Un peuple à part

Aux yeux des Romains, les Juifs apparaissaient vraiment comme une race étrange, isolée par sa foi et sa Loi. Même les nombreux Juifs de la diaspora ne se fondent pas dans la mosaïque des peuples de l'empire romain.

Le pays d'Israël, bien que traversé de routes commerciales, reste une terre d'agriculteurs et de bergers. Les villes y sont modestes, même Jérusalem, dont la population ne se gonfle que lors des grands pèlerinages. Mais les Juifs de la Diaspora envoient régulièrement leurs offrandes au Temple, et leurs troupes de pèlerins vers la ville sainte.

Tendances et factions religieuses

Imprégné de coutumes religieuses, le peuple juif est régi par une véritable théocratie. Le pouvoir y est aux mains des grandes familles sacerdotales et de leurs partisans, les *sadducéens*. Collaborant avec l'occupant, monopolisant la richesse, conservateurs d'un ordre social qui leur profite, les sadducéens sont hostiles à toute nouveauté dans le domaine religieux. Ils refusent les développements et commentaires de la Loi prônés par les pharisiens, et, en particulier, les croyances nouvelles à la résurrection des morts.

Les *pharisiens*, héritiers d'une longue tradition de fidélité religieuse, sont des hommes pieux, scrupuleux observateurs de la Loi dont ils tirent toute leur règle de vie. Artisans ou scribes, ils sont bien vus du petit peuple, qui déteste les sadducéens, et ils exercent une grande influence. Certains accueilleront le message de Jésus. Mais la plupart d'entre eux refuseront une doctrine qui leur semble contredire la *Torah* et ils s'attireront les reproches de Jésus. Les *zélotes*, peu nombreux, sont des nationalistes qui ne pactisent avec personne. Rébellion et attentats sont leur seul mode d'expression.

Une autre façon de refuser tout compromis est de se retirer au désert. C'est le choix des *esséniens*, mis en vedette de nos jours par les extraordinaires découvertes effectuées à partir de 1947 à Qumran, au bord de la mer Morte. C'est là qu'un peu avant l'ère chrétienne, des Juifs, fuyant la société et même le culte du Temple, ont fondé une communauté autour d'un mystérieux « Maître de justice ». Ils y vivent dans la prière, l'étude et l'ascèse. On a retrouvé, dans les grottes qui leur servaient de cachettes, les trésors de leur bibliothèque, et tout particulièrement des textes manuscrits de presque tous les livres de la Bible (voir Index).

Enfin, au temps du Christ, dans une atmosphère de réveil religieux, surgissent des groupes de Juifs fervents qui pratiquent le baptême d'eau pour le pardon des péchés ; c'est parmi ces *baptistes*, et sans doute à leur tête, que se situe Jean le Baptiste.

▶▶▶

Petit lexique géographique

Béthanie. Aujourd'hui El Azarieh, village à 4 km à l'est de Jérusalem, où habitaient Lazare, Marthe et Marie, amis de Jésus. L'*Évangile de Jean* y situe la résurrection de Lazare (Jn 11) et l'onction de parfum qui précéda la passion du Christ (Jn 12, 1-11).

Bethsaïde. Village de pêcheurs au nord du lac de Tibériade ; patrie de Simon Pierre, d'André et de Philippe (Jn 1,44). Non loin de là eut lieu la multiplication des pains (Lc 9,10-17).

Cana. Village de Galilée proche de Nazareth ; lors d'une noce, Jésus y accomplit son premier miracle en changeant en vin le contenu de six jarres d'eau (Jn 2, 1-12).

Capharnaüm. Ville de Galilée, sur la rive N.-O du lac de Tibériade ; point de passage muni d'un poste militaire romain et d'un bureau de péage. Jésus y séjourna souvent au début de sa prédication (Mt 4,13 ; 8,5).

Césarée maritime. Port sur la Méditerranée fondé par Hérode le Grand, devenu résidence des procurateurs romains. Les *Actes des Apôtres* y situent l'habitat du diacre Philippe dit « l'Évangéliste » (Ac 21,8), la conversion du centurion Corneille (Ac 10), la détention de Paul avant son transfert à Rome (Ac 23 à 26). Aujourd'hui centre touristique d'Israël.

Césarée de Philippe. L'ancienne cité de Paneion, aujourd'hui Banias, près des sources du Jourdain, fut baptisée Césarée de Philippe en l'honneur de l'empereur romain et du tétrarque de Transjordanie Hérode Philippe. C'est là que se situe la confession de foi de Pierre (Mt 16, 13-20).

Gennésareth.Lieu-dit au N.-O. du lac de Tibériade (ou de Gennésareth) ; les évangiles y situent plusieurs guérisons de Jésus (Mt 14,34 ss ; Mc 6,53 ss).

Naïm. Village de Galilée à une dizaine de kilomètres au sud de Nazareth. Jésus y ressuscita un jeune homme, fils unique d'une veuve (Lc 7,11-17).

Tibériade. Hérode Antipas, fils d'Hérode le Grand, et tétrarque de Galilée, se bâtit vers l'année 20 de notre ère une capitale à laquelle il donna le nom de l'empereur régnant, Tibère ; le lac de Gennésareth sur le bord duquel elle était située prit alors le nom de la ville. Seul l'évangéliste Jean mentionne celle-ci (6,23). Après la destruction de Jérusalem (70), elle devint un actif centre rabbinique.

▶▶▶

2. COMMENT NOUS CONNAISSONS JÉSUS

L'attente du Messie par Israël

Les Juifs ne pouvaient oublier qu'ils avaient connu le « shalôm », la paix et la prospérité, au temps de David, le roi que le prophète Samuel avait consacré en versant sur sa tête l'huile, symbole de la bénédiction de Dieu. Aussi le terme de Messie (en hébreu *Mashiah,* en grec *Christos,* celui qui a reçu l'onction) désignait-il pour eux le roi consacré par Dieu. Et puisque Dieu avait promis de protéger à jamais la « maison de David », le peuple d'Israël, au milieu des épreuves, attendait le salut d'un nouveau Messie descendant de David.

En 735 av. J.-C., un prophète exceptionnel, Isaïe, annonçait au roi de Juda, Achaz, assiégé dans Jérusalem, la naissance d'un enfant, gage de la fidélité de Dieu :

« Voici que la jeune fille est enceinte, et enfantera un fils » (Is 7, 14).
« Un enfant nous est né, un fils nous est donné...
On l'appelle Dieu-fort, Prince de la paix » (Is 9,5).
« ... Un rejeton sortira de la souche de Jessé (le père de David), sur lui reposera l'Esprit du Seigneur... » (Is 11,1).

Au-delà de la naissance d'un petit prince, le futur Ezéchias, fils d'Achaz, Isaïe dessinait la haute silhouette du Roi-Messie, sauveur.

Cette espérance devait se préciser à travers d'autres oracles. Certes, on ne s'attend pas à voir le Messie triompher sans combats :

« Les rois de la terre se lèvent,
Les princes conspirent contre le Seigneur et son Messie » (Ps 2,2).
Mais le même psaume prédit la victoire de ce Roi-Sauveur :
« Le Seigneur m'a dit : Tu es mon fils,
Moi aujourd'hui je t'ai engendré ;
Demande, et je te donnerai les nations en héritage... » (Ps 2, 7-8).

Le continuateur anonyme d'Isaïe, au milieu du VIe siècle avant J.-C., donne au Messie un tout autre visage : serviteur préféré de Dieu, « mon élu que préfère mon âme » (Is 42,1), ce Messie doux et pacifique sera persécuté, et mis à mort en expiation des crimes d'autrui, avant d'être glorifié par Dieu (Is 53).

Cette image inattendue d'un Messie souffrant passa presque inaperçue. Le peuple juif, écrasé sous la domination des grands empires, gardait l'image d'un Messie libérateur et victorieux. A l'époque de Jésus, sous la dure domination romaine, son attente est plus ardente que jamais. Plusieurs révoltes éclatent, suscitées par de faux Messies. Après sa première rencontre avec Jésus, André va dire à son frère Simon-Pierre : « Nous avons trouvé le Messie » (Jn 1,40-41). La Samaritaine, convertie par Jésus, court alerter ses concitoyens : « Ne serait-ce pas le Messie ? » (Jn 4,29). Et lorsque Jésus entrera à Jérusalem dans les jours précédant sa Passion, la foule l'acclamera par ce cri « Hosannah au fils de David ! » (Mt 21,9. Mc 11, 10. etc.)

▶▶▶

L'Évangile de Matthieu

La tradition ancienne attribuait le premier des évangiles canoniques à Matthieu, ce collecteur d'impôts que Jésus avait appelé pour en faire un des douze apôtres (Mt 9,9) et que Marc et Luc nommaient Lévi. Cet évangile, d'abord écrit en araméen, aurait été traduit en grec dès l'origine.

On est aujourd'hui moins assuré de cette attribution, mais cela n'enlève rien à l'intérêt que la première communauté chrétienne a manifesté pour un évangile où s'exprime, mieux encore que dans les autres, l'enracinement biblique de la foi chrétienne.

Composé probablement après la ruine de Jérusalem, dans les années 70 ou 80 ap. J.-C., le texte reflète certainement une tradition sémitique : nombreuses expressions typiques, usages juifs mentionnés sans explication, fortes traces de la polémique avec le judaïsme. On peut donc penser qu'il a été composé (peut-être en Syrie ou en Phénicie) par un lettré juif devenu chrétien, pour des communautés judéo-chrétiennes.

A partir de sources en partie communes aux trois évangiles synoptiques. Matthieu relate la vie du Christ depuis son baptême jusqu'à la Résurrection – selon le même plan que Luc et Marc – en distinguant deux périodes : 1. La vie en Galilée (Jésus se présente en paroles et en actes ; il est finalement rejeté) ; 2. La montée vers Jérusalem et la Passion, décrite en détail.

L'originalité de Matthieu apparaît dans le regroupement de tout le récit autour de cinq ensembles de « paroles de Jésus » : le Discours sur la montagne (Mt 5-7), la mission des disciples (Mt 10), les paraboles du Royaume (Mt 13), les conseils communautaires (Mt 18), le discours sur la manifestation finale du Fils de l'homme (Mt 24-25).

Les accents particuliers de cet évangile soulignent combien son auteur est imprégné de culture juive.

1. Le règne de Dieu, *annoncé par les prophètes,* est inauguré par Jésus : proclamé dans le discours-programme qu'est le Sermon sur la montagne, dévoilé dans les paraboles, ce « Royaume des cieux » a pour signes les miracles : la communautés des disciples doit le vivre en attendant sa réalisation parfaite lors du retour glorieux du Fils de l'homme.
2. Toute la vie de Jésus est « *l'accomplissement des Écritures* ». Nouveau David et nouveau Moïse, il est le Christ, le Messie attendu, qui réalise la Nouvelle Alliance dans son sang.
3. Dans sa Passion (Mt 26,63-64) et par sa Résurrection, il se révèle comme le *Fils de Dieu* qu'avait reconnu Pierre à Césarée (Mt 16,16).

Moins élégant et sensible que celui de Luc, moins vivant et coloré que celui de Marc, l'*Évangile de Matthieu* a toujours été largement utilisé par les Églises, peut-être à cause de sa composition bien charpentée, et parce qu'il cite plus largement que les autres ces « paroles du Seigneur » conservées avec vénération par la première communauté chrétienne.

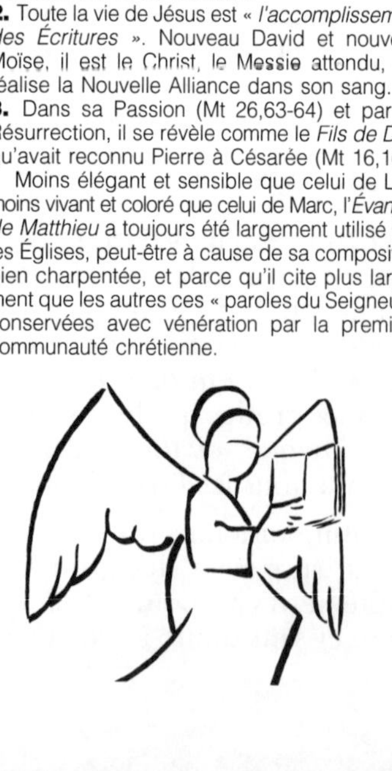

L'Évangile de Marc

Le second des quatre évangiles se présente comme un livret assez bref, de seize chapitres, écrit dans un grec médiocre, mais très concret et vivant ; il suit la vie de Jésus depuis le baptême donné par Jean-Baptiste jusqu'à la Résurrection. Dès le début est indiquée la visée de l'auteur : « Bonne nouvelle au sujet de Jésus-Christ, Fils de Dieu ».

La tradition de toutes les communautés chrétiennes du IIe siècle voit dans cet évangile l'écho de la prédication de Pierre à Rome, et l'attribue à Marc, jeune chrétien de Jérusalem, cousin de Barnabé et compagnon du premier voyage missionnaire de Barnabé et de Paul. Devenu par la suite compagnon de Pierre, il nous est connu par les *Actes des Apôtres*.

L'évangile portant son nom semble bien en effet reprendre et fixer la tradition évangélique de la communauté de Rome. Il ne paraît pas s'adresser à des Juifs, et cite peu l'Ancien Testament. En revanche, il tient à expliquer les coutumes juives, à donner des précisions géographiques, à traduire les mots araméens, à donner l'équivalent latin de certains mots grecs : un quart d'as, le prétoire... Écrit à partir de matériaux communs à l'*Évangile de Matthieu*, il ne garde qu'une partie des discours figurant dans ce dernier.

On note enfin la place très large donnée aux faits concernant l'apôtre Pierre : vocation des disciples, guérison de la belle-mère de Pierre, départ de Capharnaüm, profession de foi de Césarée, épisode du jeune homme riche, etc. : peut-être ce récit au ton coloré et populaire rapporte-t-il le témoignage direct du pêcheur galiléen devenu chef des apôtres, Pierre ?

Quoi qu'il en soit , on peut avec quelque sécurité situer la composition de cet évangile en milieu latin ; on pourrait le dater de 65-70.

Le message exprimé est clair :

1. Jésus est présenté comme un homme énergique, ardent, parfois presque rude, prophète et thaumaturge (qui fait des miracles).

2. Mais Jésus a un secret qu'il ne dévoile que peu à peu. S'il tolère en effet d'être appelé prophète, Fils de David, Seigneur, il préfère le terme mystérieux de « Fils de l'homme », qui reporte ses auditeurs à certaines paroles du prophète Daniel (Dn 7,13) et les prépare à comprendre qu'il est bien davantage.

En effet Pierre le reconnaît comme le Messie, le Christ attendu par Israël (Mc 8,29).

Mais surtout l'expression de « Fils de Dieu » apparaît maintes fois : dans le titre même de cet évangile (Mc 1,1), puis au baptême et à la Transfiguration ; elle est lancée par les démons eux-mêmes (Mc 3,11), et reprise au nom des païens par le centurion romain lors de l'exécution du Christ sur la croix (Mc 15,39).

L'Évangile de Luc

La tradition unanime attribue le troisième évangile et les *Actes des Apôtres* à un chrétien de la communauté grecque d'Antioche, d'origine païenne, qui fut le compagnon de saint Paul, en particulier durant sa captivité à Césarée et à Rome de 58 à 63. Paul l'appelle d'ailleurs « notre cher médecin » (Col 4, 14). De fait, l'évangile qui porte le nom de Luc, et qui reflète sans doute la tradition catéchétique d'Antioche, semble bien avoir été écrit par un homme de culture grecque raffinée, versé dans les sciences médicales, pour les chrétiens d'origine païenne.

Luc le dit lui-même ; il veut écrire « un exposé suivi » de l'histoire de Jésus. Il a le souci de la chronologie, il utilise des sources : l'*Évangile de Marc*, qu'il suit souvent, en le corrigeant à l'occasion ; mais aussi, probablement, le texte araméen de Matthieu, et des traditions proches de Jean ; peut-être enfin, des sources personnelles : souvenir du diacre Philippe, voire même de la Vierge Marie.

Mais cette histoire est orientée : c'est un témoignage de foi au Christ, coulé dans le cadre habituel de la première prédication (débuts de Jésus en Galilée, montée vers Jérusalem, Passion et Résurrection).

Chaque évangile a sur la personne et la mission de Jésus un regard personnel ; celui de Luc est particulièrement attentif à certains traits.

1. *Jésus est le Sauveur miséricordieux.* Attentif à tous les méprisés (enfants, femmes, étrangers, Samaritains,...), il offre le pardon à tous : à la pécheresse chez le pharisien, à Zachée le publicain, aux bourreaux, au bon larron... Luc, qui seul mentionne ces épisodes, est aussi le seul à raconter le pardon donné à l'enfant prodigue (Lc 15, 11-32).

2. *Jésus exige le détachement total :* « Malheur à vous, riches » (Lc 6,24). Mais tout l'*Évangile de Luc* rayonne de l'allégresse de ceux qui ont tout quitté pour le suivre.

L'Évangile de Jean

L'évangile qui porte le nom de Jean est bien différent des trois autres. Comme eux, il suit la vie de Jésus, du baptême donné par Jean-Baptiste à la Résurrection, et il porte témoignage de la foi de l'Église ; mais le plan, le vocabulaire, les thèmes en font davantage une méditation sur le mystère de Jésus.

Il s'ouvre par un prologue théologique où s'affirme une vérité essentielle, *Dieu s'est fait homme*, exprimée par ces mots : « *Le Verbe s'est fait chair et il a habité parmi nous* ».

Puis, après le témoignage de Jean-Baptiste et l'appel des premiers disciples, l'auteur choisit, parmi les miracles et les rencontres de Jésus, les signes les plus symboliques : noces de Cana, rencontre avec Nicodème, avec la Samaritaine, multiplication des pains, guérison de l'aveugle-né, résurrection de Lazare. Ces signes sont commentés par des discours de Jésus sur le pain de vie, sur le bon pasteur, etc.

Une seconde partie rapporte la Cène du jeudi saint, suivie d'un long discours, sorte de testament spirituel de Jésus, avant de relater la passion, la mort et la résurrection du Seigneur.

Tout cela est présenté comme un combat spirituel : la lumière contre les ténèbres, la foi contre l'incrédulité, la vie contre la mort.

L'auteur semble s'identifier à ce témoin que le texte de l'évangile nomme à plusieurs reprises « le disciple que Jésus aimait », anonyme et très proche de Simon Pierre. S'agit-il de Jean l'apôtre, frère de Jacques et fils de Zébédée ? Les chrétiens l'ont affirmé depuis le IIe siècle. La question reste controversée, mais on s'accorde aujourd'hui à reconnaître que le quatrième évangile a été achevé avant la fin du Ier siècle, probablement dans la région d'Asie mineure située autour d'Ephèse, où se rencontraient des courants variés de pensée religieuse ; il se rattacherait ainsi à l'apôtre Jean. Sa valeur historique, naguère contestée, est aujourd'hui reconnue ; il complète ainsi le portrait de Jésus donné par les évangiles synoptiques, en pénétrant plus avant dans le mystère du Christ, Fils de Dieu, révélé par l'Esprit de vérité. ■

Un exemple de concordance entre évangiles synoptiques

Mt 19,13-14	Mt 10,13-14	Lc 18,15-16
Alors lui furent présentés des petits enfants pour qu'il leur imposât les mains et priât ; les disciples les rabrouèrent. *Mais Jésus dit :* *Laissez les petits enfants et ne les empêchez pas de venir à moi.*	*Et ils lui présentaient des petits enfants pour qu'il les touchât.* *Les disciples les rabrouèrent. Mais l'ayant vu, Jésus se fâcha et leur dit :* *Laissez les petits enfants venir à moi.*	*Or ils lui présentaient même les bébés pour qu'il les touche. L'ayant vu, les disciples les rabrouaient.* *Mais Jésus les appela, disant :* *Laissez les petits enfants venir à moi.*

▶▶▶

Ce que l'histoire juive et romaine dit du Christ

L'historien romain Tacite rapporte, dans ses *Annales* en 115 après J.-C., qu'après l'incendie de Rome, survenu en 65, Néron en rejeta la responsabilité sur les chrétiens, et il ajoute : « ... Ce nom leur vient de Christus qui, sous le règne de Tibère, fut condamné au supplice par le procurateur Ponce Pilate... »

Un autre historien, Suétone, raconte dans sa *Vie des Césars* écrite vers 120 que l'empereur Claude, vers 50, « ... chassa de Rome les Juifs qui ne cessaient de s'agiter à l'instigation de Chrestus (le Christ) ».

Plus proche encore des événements, l'historien juif Flavius Josèphe, dans ses *Antiquités Judaïques* parues en 93, mentionne la prédication et la mort de Jean-Baptiste ainsi que le martyre de Jacques, premier évêque de Jérusalem, « frère de Jésus surnommé le Christ ».

On ne peut guère s'étonner de la brièveté de ces informations si on se souvient que, vues de Rome, la vie et la mort de Jésus n'étaient que d'infimes péripéties, un peu l'emprisonnement d'un petit agitateur malgache ou tonkinois au temps de l'empire colonial français. Les adversaires du christianisme au IIe siècle, juifs ou païens, n'ont jamais nié l'existence de Jésus, son influence, ni sa mort sur la croix. Mais nous n'en saurions pas davantage sans le témoignage de ses disciples.

La foi des premiers chrétiens et le Nouveau Testament

Les premiers chrétiens tiennent une place fondamentale dans la foi des chrétiens. Le Christ n'a rien écrit. Personne n'a noté sur les routes de Palestine quels étaient ses faits et gestes. Pas de journalistes, pas d'historiens. Seulement des amis, des disciples qui se souviennent comme chacun se souvient.

Puis surviennent pour ces disciples la mort et la Résurrection du Christ... et l'expérience de l'Esprit. Ses disciples ne commencent pas par écrire, mais par vivre, par prier, par célébrer et par proclamer que Jésus est vivant.

Leur prédication peut se résumer ainsi : « Jésus de Nazareth, que vous avez tous bien connu, vous l'avez mis à mort. Dieu l'a ressuscité, comme l'annonçaient les Écritures... Croyez donc et convertissez-vous ».

Peu à peu, devant les auditoires qui n'ont pas connu Jésus, il faut détailler qui il est. Autour du récit dramatique de la Passion et de la Résurrection se regroupent d'autres souvenirs : faits et gestes de Jésus, et ses paroles, gravées dans des mémoires habituées à l'enseignement purement oral. Tout cela est repensé à la lumière de la Résurrection, qui lui donne tout son sens. Les missionnaires des premières communautés chrétiennes fixent par écrit des traditions orales ; ainsi se forment, dans la seconde moitié du Ier siècle, les évangiles.

On peut penser que celui de Marc (Mc) a été composé à Rome entre 65 et 70, celui de Matthieu (Mt) en Palestine entre 75 et 90, et celui de Luc (Lc) dans les milieux grecs de Syrie entre 65 et 80. L'Évangile de Jean (Jn), plus tardif, aurait paru entre 90 et 100, probablement en Asie Mineure, à Ephèse.

▶▶▶

La vie, la lumière, le Fils unique

Au commencement était le Verbe, et le Verbe était tourné vers Dieu, et le Verbe étai Dieu.

Il était au commencement tourné vers Dieu.

Tout fut par lui, et rien de ce qui fut, ne fut sans lui.

En lui était la vie
et la vie était la lumière des hommes,
et la lumière brille dans les ténèbres,
et les ténèbres ne l'ont point comprise.

Il y eut un homme, envoyé de Dieu ; son nom était Jean.

Il vint en témoin, pour rendre témoignage à la lumière, afin que tous croient par lui.

Il n'était pas la lumière mais il devait rendre témoignage à la lumière. Le Verbe était la vraie lumière qui, en venant dans le monde, illumine tout homme.

Il était dans le monde,
et le monde fut par lui,
et le monde ne l'a pas reconnu.

Il est venu dans son propre bien et les siens ne l'ont pas accueilli.

Mais à ceux qui l'ont reçu, à ceux qui croient en son nom, il a donné le pouvoir de devenir enfants de Dieu.

Ceux-là ne sont pas nés du sang, ni d'un vouloir de chair ni d'un vouloir d'homme, mais de Dieu.

Et le Verbe s'est fait chair
et il a habité parmi nous
et nous avons vu sa gloire,
cette gloire que, Fils unique plein de grâce et de vérité, il tient du Père.

Jean lui rend témoignage et proclame :
« Voici celui dont j'ai dit : après moi vient un homme qui m'a devancé, parce que, avant moi, il était ».

De sa plénitude en effet, tous, nous avons reçu, et grâce sur grâce.

Si la Loi fut donnée par Moïse, la grâce et la vérité sont venues par Jésus-Christ.

Personne n'a jamais vu Dieu ; Dieu Fils unique, qui est dans le sein du Père, nous l'a dévoilé.

Jn 1, 1-18.

Pour en savoir plus

Voir Index :
Jésus-Christ, bibliographie
Nouveau Testament, bibliographie.

Les apocryphes

Les écrits *apocryphes* (du grec *apocruphos*, secret, caché...) sont des écrits religieux d'origine juive ou chrétienne qui ressemblent à ceux de la Bible, mais n'ont pas été accueillis dans le Canon des Écritures (voir Index). Durant la période de 150 av. J.-C. à 150 ou 200 après, toute une littérature a en effet foisonné, tant en milieu juif qu'en milieu chrétien ; on l'appelle aussi littérature « intertestamentaire » parce qu'elle apparaît à la jonction de l'Ancien et du Nouveau Testament.

1. Parmi les apocryphes de l'Ancien Testament, on peut citer le *Livre d'Hénoch, le Document de Damas, le Testament des Patriarches*, les *Psaumes de Salomon*, etc. Ces textes reflètent les croyances et les espérances juives à l'époque du Christ.

2. Les apocryphes du Nouveau Testament sont postérieurs aux écrits canoniques, mais on y retrouve les mêmes genres littéraires :

– des évangiles, qui cherchent à compléter les récits des quatre évangiles ; ainsi l'*Évangile de Pierre, l'Évangile de Thomas, le Protévangile de Jacques, l'Évangile de Nicodème... ;*

– des Actes d'Apôtres, évoquant les voyages de Jean, Thomas, Philippe, Barthélemy, etc ;

– quelques épîtres, écrites pour glorifier une Église locale, ou appuyer une doctrine... ;

– des Apocalypses.

Au total, il est difficile de tirer de ces écrits des informations historiques ou doctrinales. Mais ils nous font connaître les curiosités populaires et les tendances hétérodoxes qui ont foisonné dès les premiers temps du christianisme. ■

Ph. Giraudon

Le beau Dieu. Portail central de la cathédrale d'Amiens (XIIIe siècle).

Une bénédiction complète en Christ

Béni soit Dieu, le Père de notre Seigneur Jésus-Christ : il nous a bénis de toute bénédiction spirituelle dans les cieux en Christ.

Il nous a choisis en lui avant la fondation du monde pour que nous soyons saints et irréprochables sous son regard, dans l'amour.

Il nous a prédestinés à être pour lui des fils adoptifs par Jésus-Christ ; ainsi l'a voulu sa bienveillance.

À la louange de sa gloire et de la grâce dont il nous a comblés en son Bien-aimé.

En lui, par son sang, nous sommes délivrés.

En lui, nos fautes sont pardonnées, selon la richesse de sa grâce.

Dieu nous l'a prodiguée, nous ouvrant à toute sagesse et intelligence.

Il nous a fait connaître le mystère de sa volonté, le dessein bienveillant qu'il a d'avance arrêté en lui-même pour mener les temps à leur accomplissement : réunir l'univers entier sous un seul chef, le Christ, ce qui est dans les cieux et ce qui est sur la terre.

En lui aussi, nous avons reçu notre part, suivant le projet de celui qui mène tout au gré de sa volonté : nous avons été prédestinés pour être à la louange de sa gloire ceux qui ont d'avance espéré dans le Christ.

En lui, encore, vous avez entendu la parole de vérité, l'Évangile qui vous sauve.

En lui, encore, vous avez cru, et vous avez été marqués du sceau de l'Esprit promis, l'Esprit Saint, acompte de notre héritage.

Ep 1, 3-13, TOB.

QUI EST POUR VOUS JÉSUS CHRIST ?

Cette question, que Jésus lui-même posa un jour à ses disciples (Mt 16,15), chaque homme est appelée à se la poser un jour.

Elle court à travers tout l'Évangile. A ne prendre que l'*Évangile de Marc,* on est étonné de la multiplicité des noms donnés à Jésus :

Mon fils bien aimé (1, 11 ; 9,7)
Le Nazaréen (1, 24 ; 14, 67 ; 16, 6)
Le Saint de Dieu (1, 24)
Le Fils de Dieu (3, 11 ; 15, 39)
Maître (4, 38 ; 5, 35 ; 9, 38 ; 10, 17 et 35 ; 12, 14-19)
Fils du Dieu Très Haut (5, 7)
Le charpentier (6, 3)
Le fils de Marie (6, 3)
Le frère de Jacques, José, Jude et Simon (6, 3)
Un prophète (6, 15 ; 8, 28)
Seigneur (7, 28 ; 11, 3)
Le Christ (8, 29)
Fils de David (10, 47-48)
Celui qui vient au nom du Seigneur (11, 9)
Rabbi (11, 21 ; 14, 45)
Le fils du Béni (14, 61)
L'homme (14, 71)
Le roi des Juifs (15, 2, 9, 12, 18, 26)
Le Messie (14, 61 ; 15, 32)
Le roi d'Israël (15, 32)
Le crucifié (16, 6)

Il y a aussi la mention fréquente du Fils de l'homme (2, 10 et 28 ; 8, 31 et 38 ; 9, 9,12 et 31 ; 10, 33 et 45 ; 13, 26 ; 14, 21, 41 et 62), terme par lequel Jésus se désignait le plus souvent.

Enfin certains pensaient voir en lui Jean-Baptiste ressuscité ou le prophète Elie revenu sur terre (6, 14-15 ; 8,28). ■

Morts à nos péchés

Lui qui n'a pas commis de péché et dans la bouche duquel il ne s'est pas trouvé de tromperie ; lui qui, insulté, ne rendait pas l'insulte, dans sa souffrance, ne menaçait pas, mais s'en remettait au juste Juge ; lui qui, dans son propre corps, a porté nos péchés sur le bois, afin que, morts à nos péchés, nous vivions pour la justice ; lui dont les meurtrissures vous ont guéris. Car vous étiez égarés comme des brebis, mais maintenant vous vous êtes tournés vers le berger et le gardien de vos âmes.

1 P 2, 22-25. TOB.

LE LION ET L'AIGLE, LE TAUREAU ET L'HOMME, SYMBOLES DES ÉVANGÉLISTES

Dans l'imagerie traditionnelle, les quatre évangélistes sont souvent représentés par des figures symboliques : Matthieu par un homme ailé, Marc par un lion ailé, Luc par un taureau ailé et Jean par un aigle. Ce symbolisme a voulu identifier les quatre auteurs des évangiles aux « quatre vivants » qui, au chapitre 4 de l'*Apocalypse* de Jean, sont décrits autour du trône de Dieu. L'*Apocalypse* a elle-même repris des symboles babyloniens qui figuraient les quatre points cardinaux dominant l'univers entier. De la même façon, Ezéchiel décrivait (ch. 1) les quatre êtres qui, dans sa vision, entouraient le char de Dieu comme ayant chacun quatre faces : d'homme, d'aigle, de lion et de taureau. ■

▶▶▶

D'autres écrits chrétiens, plus anciens, sont les lettres adressées par saint Paul aux communautés qu'il avait fondées autour de la Méditerranée. Celles envoyées aux chrétiens de Thessalonique[1] (l'actuelle Salonique) (1 Th, 2 Th) peuvent être datées avec précision de l'an 51 ; ce sont les plus anciens écrits qui nous parlent de Jésus, qu'ils nomment « Notre Seigneur Jésus-Christ. »

Les quatre évangiles, le livre des *Actes des Apôtres* (Ac), les treize épîtres de l'apôtre Paul, une *Épître aux Hébreux* (Hé), sept autres épîtres dites « catholiques », une Apocalypse (Ap), en tout vingt-sept livres, constituent pour les chrétiens le Nouveau Testament, c'est-à-dire la partie de la Bible qui les introduit dans la connaissance de la « nouvelle Alliance », scellée par le Christ sur la croix (voir Alliance).

La liste de ces textes (« canon ») a été établie par l'Église au cours des premiers siècles ; ce faisant, elle reconnaissait l'authenticité de leur inspiration divine, à la différence des écrits dits *apocryphes* (voir p. 267).

De manière générale, les textes du Nouveau Testament portent la marque des communautés chrétiennes du Ier siècle (voir p. 287 Les témoins de Jésus).

Qu'est-ce que les évangiles ?

Ce sont quatre livres très brefs qui décrivent des épisodes de la vie de Jésus et nous gardent son enseignement. Ils ont été dès l'origine attribués à quatre auteurs, Matthieu, Marc, Luc et Jean.

Les trois premiers évangiles ont de telles ressemblances de fond et de forme qu'ils peuvent être édités en trois colonnes parallèles.

D'où leur nom de *synoptiques* (en grec : *sun optikos*, sous un seul regard, p. 265). Ils suivent à peu près le même plan : révélation de Jésus en lien avec la prédication de Jean-Baptiste, prédication et miracles en Galilée, montée à Jérusalem pour la Pâque. La Passion et la mort de Jésus sont ensuite racontées de façon plus développée, et les trois récits se terminent par l'annonce de la Résurrection, la découverte du tombeau vide et les apparition qui fondent la foi des douze apôtres en cette Résurrection. Matthieu et Luc ajoutent à leur œuvre une préface qui raconte l'enfance de Jésus.

Le quatrième évangile, celui de Jean, commence par un grand prologue théologique (p. 266 b) : « *Au commencement était le Verbe...* », et choisit ensuite, dans la vie de Jésus, des épisodes significatifs dont il médite le caractère symbolique. Et il conclut : « *Jésus a opéré sous les yeux de ses disciples bien d'autres signes qui ne sont pas consignés dans ce livre. Ceux-ci l'ont été pour que vous croyiez que Jésus est le Christ, le Fils de Dieu, et pour qu'en croyant, vous ayiez la vie en son nom* » (Jn 20, 30-31).

Bien que construit sur un autre plan, l'*Évangile de Jean* est parfois découpé de manière à faire apparaître les passages qui rejoignent ou complètent ceux des trois évangiles synoptiques.

Les quatre livrets, écrits en grec, nous ont été conservés fidèlement par les copistes. Nous les possédons en entier dans des manuscrits du IVe s. et sur de nombreux fragments antérieurs dont certains remontent au début du IIe s. La critique textuelle nous garantit la conformité substantielle du texte que nous lisons aujourd'hui avec les originaux du Ier siècle.

1. 1 Th, 2 Th.

▶▶▶

Qu'est-ce que ?

Oint. Celui qui a reçu une onction (voir Messie). Le fait de se passer la chevelure, le visage ou le corps à l'huile parfumée était un usage fréquent en Israël. Mais le geste consistant à humecter d'huile le front d'un nouveau roi revêtait un caractère religieux : on signifiait ainsi que le chef du peuple élu était lui-même mis à part pour Dieu, devenait son représentant. Lorsque la royauté eut disparu, on oignit les grands prêtres, devenus les symboles de la vie nationale des Juifs.

Christ. Ce mot (du grec *Christos*) est la traduction du mot hébreu *Mashiah* (en français Messie) signifiant lui-même « oint ». Mais alors que le mot Messie a gardé son sens ancien, désignant l'envoyé de Dieu annoncé par les promesses de l'Ancien Testament (Jésus était le Messie attendu), le mot « Christ », d'abord utilisé pour qualifier Jésus (Mt 1, 16), est devenu un second nom propre adjoint au premier (Rm 1, 1), puis un véritable nom suffisant à lui seul à le désigner (Rm 6, 4).

Jésus, serviteur souverainement élevé

Comportez-vous ainsi entre vous, comme on le fait en Jésus-Christ : lui qui est de condition divine n'a pas considéré comme une proie à saisir d'être l'égal de Dieu.

Mais il s'est dépouillé, prenant la condition de serviteur, devenant semblable aux hommes, et, reconnu à son aspect comme un homme ; il s'est abaissé, devenant obéissant jusqu'à la mort, à la mort sur une croix.

C'est pourquoi Dieu l'a souverainement élevé et lui a conféré le Nom qui est au-dessus de tout nom, afin qu'au nom de Jésus tout genou fléchisse, dans les cieux, sur la terre et sous la terre, et que toute langue confesse que le Seigneur, c'est Jésus-Christ, à la gloire de Dieu le Père.

Ph 2, 5-11.

Évangile avec É ou é ?

Avec un É majuscule pour désigner :

1. L'enseignement de Jésus-Christ : *Vivre selon l'Évangile, annoncer l'Évangile...*

2. l'ouvrage de chacun des évangélistes : *l'Évangile selon saint Jean ;*

3. le recueil des quatre évangiles : *commenter l'Évangile.*

Avec un é minuscule dans les autres cas : *les évangiles, l'évangile du jour, du côté de l'évangile, etc.* ■

▶▶▶ 3. L'ENFANCE DE JÉSUS

Une vie de Jésus

Pour écrire une vie de Jésus, et faute de sources extérieures, on ne peut utiliser que les évangiles. On l'a dit, ils ne prétendent pas présenter une biographie de Jésus telle que la conçoivent les historiens d'aujourd'hui ; ils veulent faire partager leur foi en Jésus, Sauveur des hommes, victorieux de la mort et du péché. Mais, pour appuyer leur témoignage, les évangélistes rapportent des faits, des souvenirs, des paroles authentiques de Jésus, qui permettent à un historien d'esquisser la biographie de Jésus. Toutefois les évangélistes ne sont pas soucieux de chronologie minutieuse ; ils n'hésitent pas, par exemple, pour la commodité de la présentation, à faire des regroupements de miracles, de paraboles, de controverses. En outre les quatre portraits qu'ils ont laissés de Jésus ne coïncident pas en tous les détails : d'un être inoubliable, on le sait, quatre amis ne traceront pas quatre portraits identiques. Plutôt que de tout aplatir en un « portrait-robot », mieux vaut respecter la personnalité des quatre témoins.

Les premières années d'un petit enfant juif

Jésus est né « au temps du roi Hérode » (Mt 2,1). Mais en quelle année ? Lorsque, au VIe siècle, on a voulu dater l'histoire universelle à partir de la naissance de Jésus, on a mal calculé la date de celle-ci par rapport à la chronologie romaine en usage. En fait, la naissance de Jésus doit être fixée 5 ou 6 ans avant notre ère, avant la mort d'Hérode le Grand (4 av. J.-C.).

▶▶▶

Ph. Alinari-Giraudon

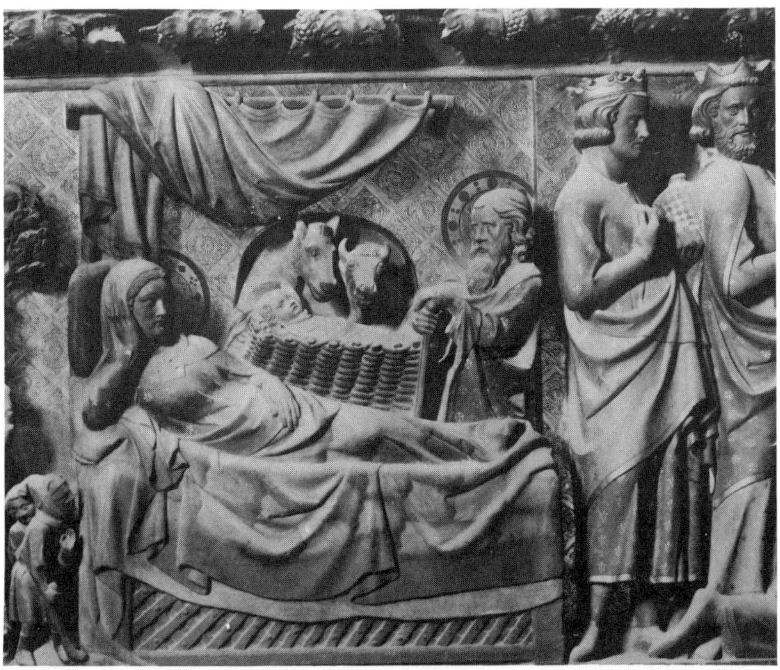

La crèche (Jean Ravy et Jean le Bouteillier, XIVe s.) Cathédrale Notre-Dame de Paris. Clôture du chœur.

LES ÉVANGILES ET L'ENFANCE DE JÉSUS

• Matthieu et Luc sont *les seuls évangélistes* à donner, en prologue de leur texte, des récits de la naissance et de l'enfance de Jésus, récits très différents l'un de l'autre, et très différents aussi des chapitres suivants : ils baignent dans le merveilleux (songes, apparitions d'anges et d'étoile, etc.), et sont imprégnés de réminiscences de l'Ancien Testament, largement cité.
• Luc construit une histoire parallèle des enfances de Jean-Baptiste et de Jésus. Son récit est rythmé par trois cantiques : cantique de la Vierge Marie (*Magnificat*), cantique de Zacharie (*Benedictus*), cantique de Siméon (*Nunc dimittis*).
• Matthieu, à la manière des rabbins de son temps, dirige son récit de façon à montrer que Jésus, nouveau David et nouveau Moïse, est vraiment le Messie attendu. Bien que né d'une vierge, il est effectivement descendant de David (Mt 1, 1-25) ; comme Moïse, dès sa naissance il échappe à un tyran au milieu du massacre des enfants et il revient d'Égypte...

• S'agit-il de *récits historiques* ou de *professions de foi ?* Les évangiles de l'enfance sont l'un et l'autre :

1. A cause même de leurs divergences, on peut retenir, comme données à prendre en compte par l'histoire, leurs points de convergence qu'on peut résumer ainsi :
Marie, épouse de Joseph, tout en gardant sa virginité, a mis au monde à Bethléem, au temps de l'empereur Auguste et du roi Hérode le Grand, un enfant nommé Jésus, persécuté par les uns, accueilli avec joie comme Messie et Fils de Dieu par les autres, qui a grandi à Nazareth.
2. Mais le but des évangélistes est d'abord d'affirmer, avant même d'aborder la vie publique de Jésus, que celui-ci est vraiment le Messie attendu par Israël et le Fils de Dieu, le sauveur des hommes. ■

Qu'est-ce que ?

Bethléem. Petite ville située à une dizaine de kilomètres au sud de Jérusalem, et dont le nom signifie peut-être « maison du pain ». Le prophète Samuel serait venu y chercher le jeune berger David, fils de Jessé, pour lui donner l'onction royale (1S 16,1-13) et le prophète Michée annonça que le Messie naîtrait « de Bethléem » (Mi 5,1). De fait, les évangiles de Matthieu et Luc concordent pour situer à Bethléem le lieu de la naissance de Jésus (Lc 2, 1-7 ; Mt 2, 1-6).

Crèche. Le mot désigne une mangeoire d'animaux. D'après Luc (2,7), c'est bien une « crèche » (mangeoire) qui servit de berceau à l'enfant Jésus à sa naissance. Par extension, on a appelé crèche toute représentation de l'étable de Bethléem avec Jésus, Marie et Joseph. Quant à l'âne et au bœuf, ils ont été ajoutés par la tradition, qui s'est référée à la prophétie d'Isaïe (1,3) : « Le bœuf connaît son bouvier, et l'âne la crèche de son maître ». Saint François d'Assise (XIIIe siècle), le premier, eut l'idée de célébrer Noël avec un tableau vivant de personnages et d'animaux.

▶▶▶

Ce ne fut évidemment pas une naissance princière dans un palais. D'après les Évangiles de Matthieu et de Luc, c'est à Bethléem, la cité d'origine de David, au cours d'un voyage imposé par un recensement, que Marie, épouse de l'artisan Joseph de Nazareth, mit au monde un enfant auquel ses parents donnèrent le nom de Jésus (en araméen, « Yahvé sauve », même nom que Josué, celui du héros de la conquête de la Terre promise et successeur de Moïse, ou que Jésus ben Sirach, l'écrivain biblique du IIe siècle av. J.-C.). Les évangiles relatent les événements qui entourèrent cette naissance : adoration de l'enfant par des bergers de Bethléem, puis par des mages venus d'Orient, fuite en Égypte pour échapper au massacre des nouveau-nés ordonné par Hérode le Grand, inquiet d'avoir entendu les mages venus d'Orient parler d'un « roi des Juifs ».

De la jeunesse de Jésus, nous ne savons presque rien. Il a dû connaître l'éducation familiale et la formation religieuse en honneur dans le milieu juif. Il est devenu un modeste artisan dans ce médiocre village qu'était Nazareth, lui-même situé dans une province méprisée. « Que peut-il sortir de bon de Nazareth ? », « N'est-il pas le fils du charpentier Joseph ? » diront ses contemporains.

▶▶▶

Qu'est-ce que ?

Étoile des Mages. L'étoile qui, selon Matthieu (2, 2-11), apparut aux Mages pour les guider vers le roi des Juifs a fait rêver bien des enfants et discuter bien des savants. Il est inutile de chercher à l'identifier avec telle ou telle comète, ou avec une soucoupe volante ! Pour Matthieu, c'est la réalisation de la prophétie de Balaam (Nb 24,17) : « De Jacob monte une étoile, d'Israël surgit un sceptre ».

Hérode le Grand. (73-4 av. J.-C.). Fils d'Antipater, ministre du roi asmonéen Hyrcan II, Hérode, avec l'appui des Romains, réussi à prendre le pouvoir à Jérusalem en 37 av. J.-C., et même à reconstituer le royaume de Salomon, mais sous le protectorat romain. Il reconstruisit somptueusement le Temple de Jérusalem et édifia maintes villes et palais. Il épousa dix femmes. Célèbre par ses crimes, il mit à mort trois des ses six fils et une de ses épouses. A sa mort, l'empereur Auguste fit partager son royaume entre ses descendants.

La famille de Jésus : certitudes et questions

Jésus et ses ancêtres selon les généalogies de Matthieu et Luc

Une généalogie situe quelqu'un devant l'histoire. Suivant l'usage biblique, Matthieu et Luc ont tous deux placé dans leur évangile une généalogie aboutissant à Joseph. Ces généalogies ne coïncident pas en tous points entre elles parce que, ne visant pas à une exactitude d'état-civil, elles n'hésitent pas à sauter des générations. Pour Matthieu, le but est avant tout de montrer aux Juifs que Jésus, descendant de David, est bien le Messie attendu par eux ; quant à Luc, tout en partageant le même souci, il s'attache à souligner auprès des non-Juifs l'appartenance de Jésus, « fils d'Adam », à l'humanité (Voir Index : Arbre de Jessé).

Marie, la mère de Jésus

La mère de Jésus, qui tient une si grande place dans la foi et la piété des chrétiens, n'apparaît que discrètement dans les récits évangéliques, mais l'essentiel y est dit : elle est la mère du Sauveur.

Luc décrit dans la scène de l'*Annonciation* l'appel que, jeune fiancée, elle reçoit à Nazareth. Gabriel, l'ange du Seigneur, lui annonce la naissance de Jésus : « On l'appellera Fils du Très-Haut. Le Seigneur Dieu lui donnera le trône de David son père... ». Marie s'étonne, puisqu'elle est vierge ; l'ange répond : « L'Esprit Saint viendra sur toi... L'enfant sera appelé Fils de Dieu ». Marie consent alors : « Je suis la servante du Seigneur, qu'il m'advienne selon ta parole ». Sa joie éclate devant sa cousine Élisabeth dans le chant du *Magnificat* lors de l'épisode de la *Visitation*. Puis, dans la pauvreté de Bethléem, c'est la nativité : elle partage avec son petit enfant les merveilles et les épreuves qui accompagnent cette naissance. Ensuite, dans le silence de Nazareth, elle « garde tout cela dans son cœur ».

Un jour, elle voit son fils partir pour sa mission mystérieuse. Les évangiles signalent simplement leur présence ensemble, pour des noces à Cana, puis pour des brèves rencontres, et enfin au pied de la croix. Après la Pentecôte, la tradition rapporte qu'elle a achevé sa vie à Ephèse, en Asie Mineure, auprès de l'apôtre Jean auquel Jésus l'avait confiée avant de mourir (Jn 19,26-27).

Dès le IIe siècle, la reconnaissance des chrétiens l'a entourée de vénération. Les conciles du IVe siècle l'ont déclarée « Mère de Dieu », en grec *Theotokos*, et depuis lors l'Église n'a cessé de chanter en tous pays la gloire de Notre-Dame, recours des fidèles et fierté du peuple racheté.

Joseph, époux de Marie et père adoptif de Jésus

Descendant de David, mais simple charpentier de village, Joseph a connu un destin étonnant. Marie, sa fiancée, attend un enfant et il n'y est pour rien. Et voici qu'en songe Dieu lui demande de reconnaître en cet enfant le fruit de l'Esprit Saint, de prendre chez lui Marie son épouse et de donner à l'enfant le nom de Jésus (Mt 1,20-21). Nommer l'enfant, c'est pour la loi juive lui donner son insertion humaine et légale dans la ligne des générations ; il est donc demandé au fils de David d'adopter le Fils de Dieu.

Acceptant le dessein de Dieu, Joseph devient ainsi le compagnon fidèle de la Vierge Marie, et protège l'enfant au milieu des périls qui entourent sa naissance et sa petite enfance. Pendant la jeunesse de Jésus, l'épisode du pèlerinage à Jérusalem permet seul d'imaginer un peu ce que fut la vie de Joseph à Nazareth avec Marie et Jésus (Lc 2, 41-52).

D'après la réflexion des gens de Nazareth (Mc 6,3) : « Jésus ? N'est-il pas le charpentier ? le fils de Marie ? », Joseph devait être déjà mort lorsque commence la vie publique de Jésus. La personne de Joseph, silencieuse, discrète, n'a émergé dans la piété de l'Église qu'au Moyen-Âge. Mais depuis, le culte du chef de la Sainte-Famille, du patron de l'Église universelle, s'est largement développé, en même temps que l'admiration pour son adhésion au projet si déconcertant de Dieu et son amour si respectueux pour Jésus et Marie.

Les « frères de Jésus »

« N'est-il pas le charpentier, le fils de Marie... ? » disait le texte de Marc cité plus haut (6,3), et il continuait : « ... le frère de Jacques, de Joset, de Jude, de Simon ? Et ses sœurs ne sont-elles pas parmi nous ? » Jésus a-t-il donc eu des frères et sœurs ? Joseph et Marie ont-ils eu, après la naissance de leur premier-né, d'autres enfants ?

Un écrivain du IIIe siècle, Tertullien, est seul à avoir pris ces mots à la lettre. Toute la tradition chrétienne, au contraire, atteste que Marie, restée vierge dans la conception de Jésus, a toujours gardé cette virginité.

Comment expliquer alors ces « frères » ? Il suffit de rappeler que le mot « frère », très extensif en Orient, peut désigner des cousins, des parents. Marc (15,40) évoque lui-même une autre Marie (la femme de Cléophas) comme mère de Jacques et Joset qu'il a pourtant appelés « frères de Jésus ».

Deux certitudes émergent en tout cas : la constance à travers les siècles de la tradition relative à la virginité de Marie, et l'existence de ces proches parents du Christ, qui joueront d'ailleurs, à cause de cette parenté, un rôle important dans la première communauté chrétienne de Jérusalem. ■

Qu'est-ce que ?

Mages et Épiphanie. Le nom de mages, donné aux prêtres perses, pouvait aussi bien désigner savants, astrologues ou devins, étrangers au monde juif. Le récit de Matthieu les montre venus d'Orient (l'Arabie ?) pour rendre hommage à Jésus nouveau-né. L'imagination populaire, se référant au psaume 72 (10-11), en a fait des rois, fixant même leur nombre à trois à cause des trois présents mentionnés (or, encens, myrrhe). A partir du VIIIe s. on leur donne un nom (Melchior, Balthazar, Gaspard), puis on précise que l'un d'eux était de race noire ! Le tout s'est amalgamé en une fête folklorique des rois mages prolongeant la fête liturgique de l'Épiphanie : galette, fève et couronne de papier doré. La liturgie chrétienne a gardé à la fête de l'Epiphanie (en grec : manifestation) son sens originel : le Christ sauveur se manifeste aux nations païennes.

Nazareth. Située en Galilée, au nord de l'actuel État d'Israël, Nazareth est aujourd'hui la ville arabe la plus importante (40.000 habitants) de ce pays. Au temps du Christ, ce n'était qu'une bourgade ; dans l'appellation « Jésus le Nazaréen » ou « Jésus de Nazareth », il y avait une nuance de mépris de la part des Juifs de Judée : « De Nazareth peut-il sortir quelque chose de bon » ? (Jn 1,46). La Galilée était en effet en partie païenne.

Samarie.Fondée vers 880 av. J.-C. comme capitale du royaume du Nord (Israël) après l'éclatement de l'État unifié par David, la ville avait donné son nom à la région. Après l'anéantissemnent du royaume par les Assyriens (721 av. J.-C.) et la déportation d'une partie de sa population, un mélange de races avait résulté de l'implantation de colons non juifs, suscitant des altérations de la vie religieuse. Au temps du Christ, les Samaritains étaient dès lors considérés et traités par les Juifs, comme des hérétiques légalement impurs. D'où le scandale provoqué par l'attitude de Jésus à leur égard.

Zacharie et Élisabeth. Au début de son *Évangile*, Luc présente comme premiers témoins des temps nouveaux deux vieillards sans enfants, le prêtre Zacharie et sa femme Élisabeth. A Zacharie, qui officie dans le Temple, l'ange annonce qu'Élisabeth concevra un enfant. Peu avant cette naissance, elle reçoit la visite de sa jeune cousine Marie, elle-même enceinte de Jésus : c'est, dans la tradition chrétienne, la Visitation. A la naissance de son enfant, Zacharie lui donne le nom de Jean : c'est le futur Jean-Baptiste, qui, né quelques mois avant Jésus, lui préparera la route en « précurseur ».

▶▶▶ *4. LES DÉBUTS DE LA VIE PUBLIQUE DE JÉSUS*

SELON la chronologie la plus probable, c'est à la fin de l'an 27 que commence la prédication de Jean le Baptiseur, Jean-Baptiste. Apparenté à Jésus, mais de famille sacerdotale, le nouveau prophète avait peut-être été en contact avec la secte des esséniens, établie dans le désert de Juda, près de la mer Morte, et que nous connaissons mieux depuis les découvertes de Qumran en 1947. Jean s'était en tout cas démarqué de cette secte pour venir, sur les bords du Jourdain, annoncer l'arrivée du Royaume de Dieu et appeler à la conversion les nombreux disciples qui se pressaient pour l'entendre. Comme signe de cette conversion, ceux qui l'écoutaient se purifiaient en se plongeant dans le fleuve : d'où son surnom de Baptiseur, c'est-à-dire plongeur.

Annoncer le royaume de Dieu

Parmi les pèlerins, Jésus se présente pour recevoir le baptême. C'est l'occasion d'une manifestation de sa mission : « Celui-ci est mon Fils bien-aimé, qu'il m'a plu de choisir » (Mt 3,17) proclame une voix venant du ciel. Et Jean, ainsi éclairé, désigne Jésus comme l'Agneau de Dieu, celui qui va inaugurer le royaume messianique et devant lequel il ne peut que s'effacer (Jn 1,19-34 ; 3,30). ▶▶▶

Jean le Baptiste(1)

Ce prophète, contemporain et cousin de Jésus, a joué un rôle de premier plan dans l'éclosion du christianisme. Comme plusieurs de ses contemporains, il portait le nom de Jean, en hébreu *Yohanan*, ce qui veut dire « Le Seigneur fait grâce ».

Selon l'*Évangile de Luc*, il était le fils du prêtre Zacharie et de sa femme Elisabeth, longtemps stérile. Après une longue préparation ascétique au désert – et peut-être dans la mouvance de la secte des esséniens – il commença à annoncer la venue imminente du Messie et l'urgence de la conversion. Les foules venaient au bord du Jourdain se plonger dans le fleuve en signe de repentir, et Jésus lui-même fut baptisé par lui. Ce fut l'occasion pour Jean de rendre témoignage à celui qu'il désigna comme l'Agneau de Dieu et le Messie d'Israël.

Mais Jean-Baptiste ne devait pas voir l'avènement du Royaume annoncé par lui. Jeté en prison par Hérode Antipas, à qui il reprochait d'avoir épousé Hérodiade, la femme de son frère, le prophète fut, à l'occasion d'une orgie royale, décapité dans sa prison (Mc 6,14-29).

Au sein du christianisme naissant subsistèrent longtemps des communautés ferventes de disciples de Jean-Baptiste. Elles sont mentionnées dans les *Actes des Apôtres ;* aussi les évangélistes ont-ils tenu à souligner que, si la mission du « précurseur » était éminente, elle restait toutefois subordonnée à celle du Christ auquel il ouvrait la route : « Il n'était pas la Lumière, mais il était envoyé pour rendre témoignage à celui qui est la Lumière » (Jn 1, 6-8). ■

(1) Voir aussi p. 87 c.

Baptême de Jean
Baptême de Jésus.

Baptiser (en grec *baptizein*), c'est immerger, plonger dans l'eau : celle-ci est à la fois source de vie et moyen de purification. Le rite d'immersion est commun à beaucoup de religions ; au temps de Jésus, les membres de la secte des esséniens y recouraient quotidiennement.

Les évangiles présentent pourtant comme une nouveauté le baptême que pratiquait Jean-Baptiste dans le Jourdain. En effet :

- ce baptême pour le pardon des péchés était proposé à tous ;
- il n'était donné qu'une fois, comme signe de la conversion intérieure du cœur ;
- il était présenté comme un rite d'attente : le « baptême dans l'eau » annonçait et préparait le baptême « dans le feu de l'Esprit » que donnerait le Messie (Lc 3,16).

Bien que sans péché, Jésus a tenu à recevoir le baptême de Jean (Mt 3,13-17), afin de se montrer solidaire des pécheurs qu'il venait libérer (Jn 1,29). Ce baptême fut pour lui l'occasion d'une manifestation divine : Jésus, sur qui repose l'Esprit Saint, est le Fils bien aimé de Dieu (Mt 3,17).

Durant quelque temps les disciples de Jésus continuèrent à pratiquer le rite du baptême inauguré par Jean (Jn 4, 1-2). Mais, après la résurrection de Jésus, la Pentecôte marqua l'avènement du baptême dans l'Esprit : le symbole de l'eau fut conservé, mais désormais comme signe de l'entrée des croyants dans une vie nouvelle, où recevant l'Esprit Saint, ils deviennent fils adoptifs de Dieu et membres de l'Église du Christ. ■

Lorsqu'un mot, une expression, un événement, une institution, un nom propre vous sont inconnus, consultez l'index.

▶▶▶

Peu après, Jean-Baptiste est arrêté sur l'ordre du roi Hérode Antipas et, plus tard, décapité. Pendant ce temps, Jésus a commencé, à travers la Galilée, une vie de prédicateur itinérant. Il se comporte comme un Juif pieux et fervent ; mais, sans rien renier de la foi et de la loi d'Israël, il n'hésite pas à se présenter comme celui qui accomplit les oracles des prophètes, répond à l'espérance millénaire des Juifs, et ouvre une ère nouvelle, le « Royaume de Dieu ».

Sa parole attire et émerveille les foules : « Jamais homme n'a parlé comme cet homme ! » Tous ceux qui souffrent de la pauvreté, de la maladie ou d'infirmités, tous ceux qui sont méprisés, enfants, femmes, pécheurs publics, étrangers, sont l'objet de sa sollicitude ; mais il est également à l'aise avec les riches, les puissants, les savants. Surtout, les miracles se multiplient sur sa route : guérisons d'aveugles, de sourds, de paralytiques, de lépreux, expulsions de démons malfaisants, multiplications, du pain et du vin, et même rappels de morts à la vie.

Ces miracles ont un sens précis dans la pédagogie de Jésus : répondre à la foi, susciter la foi, signifier le Royaume de Dieu. Ils n'en expliquent pas moins l'étonnant succès de Jésus auprès des foules. *Les Actes des Apôtres* rapportent le sentiment de la première communauté chrétienne. « Il a passé en faisant le bien ». (Ac 10,38).

Jésus guérissant les estropiés et les aveugles (mosaïque, fin XIIe siècle, cathédrale de Monreale, Sicile).

Ph. Giraudon

LES MIRACLES DE JÉSUS

Tous les contemporains de Jésus ont été frappés par les miracles qu'il accomplissait, et surtout par ses guérisons. Les évangiles synoptiques en racontent de très nombreux ; Jean, quant à lui, choisit sept miracles significatifs qu'il relate plus longuement.

Jésus a-t-il fait des miracles ?
Pour nous un miracle (du latin *mirari*, s'étonner) est un événement extraordinaire où l'homme constate un pouvoir qui le dépasse. Les évangélistes n'emploient pas le terme de miracle : les évangiles synoptiques parlent d'*actes de puissance*, et celui de Jean de *signes* car, pour eux, les miracles de Jésus manifestent sa puissance et sont le signe qu'il est envoyé par Dieu.
Tout au cours de sa vie publique, Jésus a multiplié ces signes ; mentionnons les plus connus :
il change l'eau en vin aux noces de Cana (Jn 2, 1-11) ; il suscite à ses disciples une pêche miraculeuse (Lc 5,1-11) ; il guérit des lépreux, des aveugles, des paralytiques, et expulse des démons ; il apaise une tempête sur le lac de Gennésareth (Mc 4,36-41) ; il ressuscite la fille de Jaïre (Mc 5,21-43) et le fils de la veuve de Naïm (Lc 7,11-17) ; à Jérusalem il guérit un paralytique à la piscine de Bethzatha (Jn 5, 1-18) et un aveugle-né à la piscine de Siloë (Jn 9,1-41) ; avec cinq pains et deux poissons il nourrit une foule de cinq mille hommes (Mc 6,30-44) ; enfin, peu avant sa mort, il ressuscite son ami Lazare (Jn 11,1-44).
Beaucoup de ces miracles sont rapportés par plusieurs évangélistes.

Quelle valeur accorder à ces récits ?
Beaucoup d'historiens du XIXe et du début du XXe siècle, estimant tout miracle impossible, niaient la valeur historique de ces récits. Aujourd'hui on est plus prudent. Certes, il est possible que l'enthousiasme populaire ait amplifié certains faits. Mais supprimer les miracles de l'Évangile rendrait totalement absurde, inexplicable, l'histoire de Jésus. Comment un charpentier galiléen aurait-il soulevé les foules et suscité la foi de ses disciples ? Les contemporains du Christ ont parfois attribué ses miracles à l'action du démon, mais ils ne les ont jamais niés. Aussi beaucoup d'historiens actuels, même hors des frontières du christianisme, préfèrent-ils reconnaître à Jésus des dons de guérisseur, de thaumaturge, même s'ils ne peuvent en donner une explication.

But des miracles.
Jésus a toujours refusé d'accomplir des prodiges purement spectaculaires. Mais il a répondu à la détresse des malheureux, des malades, des infirmes. En en guérissant quelques-uns, Jésus témoignait de la bonté de Dieu et de son désir de sauver l'homme. Les miracles sont toujours des signes qui répondent à la foi et veulent provoquer la foi. C'est ce qu'exprime Jean à la fin de son Évangile (Jn 20,30-31) : « Jésus a fait encore beaucoup de signes, qui ne sont pas relatés dans ce livre ; ceux-ci ont été écrits pour que vous croyiez que Jésus est le Christ, le Fils de Dieu, et qu'en croyant vous ayiez la vie en son nom ».
Mais Jésus ne se fait pas d'illusion ; la foi ne sera pas le résultat automatique du miracle : « Même si quelqu'un ressuscite d'entre les morts, ils ne seront pas convaincus ! » (Lc 16,31).
Et quand arrivent l'arrestation, le procès, le supplice, Jésus refuse absolument d'utiliser, pour se protéger, le pouvoir qu'on lui attribue. ■

Les tentations du Christ

Les évangiles synoptiques rapportent qu'après son baptême par Jean-Baptiste, Jésus fut poussé par l'Esprit au désert pour y être tenté ; les évangiles de Matthieu (4, 1-11) et Luc (4, 1-13) donnent une liste de trois tentations.

1. « Si tu es le Fils de Dieu, dis à ces pierres qu'elles deviennent du pain » : se servir de son pouvoir personnel pour satisfaire ses propres besoins, ne recevoir sa vie que de soi-même.

Réponse de Jésus : « L'homme ne vit pas seulement de pain, mais de ce qui vient de la bouche de Dieu » (son Souffle, sa Parole).

Jésus reprend là une citation du *Deutéronome* (8,3).

2. « Si tu es le Fils de Dieu, jette-toi en bas du Temple, car il est écrit... que les anges te porteront sur leurs mains » : faire des prodiges spectaculaires, obliger Dieu à intervenir, c'est le « tenter » ; ce fut le grand péché d'Israël au désert (Ex 17, 1-7 ; Ps 95, 9).

Réponse de Jésus : « Tu ne tenteras pas le Seigneur ton Dieu » (Dt 6, 16).

3. Adorer la toute-puissance terrestre ; recevoir de Satan la domination sur tous les royaumes de la terre.

Réponse de Jésus : « C'est à Dieu seul que tu rendras un culte. » (Dt 6, 14.)

Jésus répond chaque fois par une citation de la Loi.

Ces tentations, situées par les évangélistes avant le début de la mission dont Jésus vient d'être investi à son baptême, et qui sont celles du peuple hébreu dans le désert, *récapitulent ce qu'il aura à affronter* tout au long de son ministère : c'est sur ce triple front qu'il devra lutter contre les forces contraires à la volonté de Dieu.

Il sera notamment mis à l'épreuve par les sollicitations de ses disciples (Mt 16- 21 ss) et de la foule (Jn 6, 15), ou par les défis de ses ennemis (Mt 27, 42) ; on le presse de choisir le messianisme temporel et glorieux attendu par les Juifs, au lieu du salut spirituel de l'humanité, de donner des signes qui viennent du ciel pour affirmer sa puissance. Dans les moments d'angoisse qui précèdent la Passion, il connaît la tentation de se soustraire à celle-ci (Mt 26,39 ; Mc 14,36 ; Lc 22,42).

Ces mises à l'épreuve du Christ introduisent au cœur du mystère de sa double nature humaine et divine. ■

5. LE MESSAGE DE JÉSUS

Jésus guérit un paralytique à Capharnaüm

Jésus monta donc dans la barque, retraversa la mer et vint dans sa ville. Voici qu'on lui amenait un paralysé étendu sur une civière. Voyant leur foi, Jésus dit au paralysé : « Confiance, mon fils, tes péchés sont pardonnés ». Or, quelques scribes se dirent en eux-mêmes : « Cet homme blasphème ! » Sachant ce qu'ils pensaient, Jésus dit : « Pourquoi ces pensées mauvaises dans vos cœurs ? Qu'y a-t-il donc de plus facile, de dire « Tes péchés sont pardonnés », ou bien de dire : « Lève-toi et marche ? » Eh bien, afin que vous sachiez que le Fils de l'Homme a sur la terre autorité pour pardonner les péchés – il dit alors au paralysé : « Lève-toi, prends ta civière et va dans ta maison ». L'homme se leva et s'en alla dans sa maison. Voyant cela, les foules furent saisies de crainte et rendirent gloire à Dieu qui a donné une telle autorité aux hommes.

Mt 9,1-8.

Dans ce récit, on retrouve les caractères communs aux miracles de Jésus : ils répondent à la foi, ils suscitent la foi, ils constituent des signes exprimant et annonçant le Royaume de Dieu.

Une brève carrière

Le succès obtenu par Jésus durant les premiers mois de son enseignement, en Galilée et dans les parages du lac de Gennésareth, est si éclatant qu'on pourrait l'imaginer obtenant l'adhésion massive du peuple juif, ainsi conduit à accomplir une mission prophétique d'annonce du Royaume de Dieu auprès de l'humanité.

Après un miracle plus éclatant encore, la multiplication des pains (Mt 14, 13-21. Mc 6,30-44. Lc 9,10-17. Jn 6,1-15), qui permet de nourrir plusieurs milliers de personnes (vers la Pâque de l'an 29), la foule veut proclamer roi Jésus et lancer l'insurrection contre l'occupant romain. Jésus mesure alors combien totale est la méprise. Pour lui, le « Royaume » a un tout autre sens : sa loi unique est l'amour, sans aucune volonté de puissance terrestre.

Le refus de Jésus consomme la rupture avec la grande majorité de ceux qui l'avaient suivi jusque-là.

Jésus reprend alors l'annonce du Royaume sous une autre forme. Il se consacre à la formation de la bande de jeunes pêcheurs et paysans qui forment autour de lui le groupe des Douze, et de quelques dizaines d'autres disciples. Ils n'ont pas pleinement compris ses intentions, mais ils voient en lui le Messie et se disent prêts à le suivre jusqu'au bout. Jésus leur révèle qu'il s'attend à être arrêté et mis à mort ; ils ne l'abandonnent pas. Maintenant sa vie itinérante se poursuit plutôt sur les confins du monde juif (Syro-Phénicie, Transjordanie...). Son langage se fait plus rude, ses controverses avec pharisiens ou sadducéens plus vives. L'étau se resserre sur lui. En deux ou trois ans à peine, sa mission terrestre est accomplie.

Une annonce du salut

Il ne faut pas l'oublier, il s'adresse à des hommes opprimés, exploités, familiers de la souffrance. C'est pourquoi son message est une bonne nouvelle (en grec *eu-aggelon*), un « évangile » de salut et de bonheur. Les premiers mots de son premier discours sont :

▶▶▶

Ph. Alinari-Anderson-Giraudon

Jésus apparaît aux Apôtres. Mosaïque de Ravenne (VIe s.).

Bienheureux...

Heureux les pauvres de cœur : le royaume des cieux est à eux.

Heureux les doux : ils auront la terre en partage.

Heureux ceux qui pleurent : ils seront consolés.

Heureux ceux qui ont faim et soif de la justice : ils seront rassasiés.

Heureux les miséricordieux : il leur sera fait miséricorde.

Heureux les cœurs purs : ils verront Dieu.

Heureux ceux qui font œuvre de paix : ils seront appelés fils de Dieu.

Heureux ceux qui sont persécutés pour la justice : le royaume des cieux est à eux.

Heureux êtes-vous lorsque l'on vous insulte, que l'on vous persécute et que l'on dit faussement contre vous toute sorte de mal à cause de moi. Soyez dans la joie et l'allégresse, car votre récompense est grande dans les cieux ; c'est ainsi en effet qu'on a persécuté les prophètes qui vous ont précédés.

Mt 5,3-12.

▶▶▶

« Bienheureux ! Bienheureux, vous qui êtes pauvres, vous qui pleurez... ». Ce bonheur annoncé, ce sera la libération de toutes les formes du mal, physique et moral, présent et futur.

Ce bonheur est offert à l'homme tout entier, corps et âme ; la guérison des corps n'est que le signe d'une guérison plus profonde et totale . « Tes péchés sont remis ! » dit Jésus au paralytique avant de le guérir (Mt 9,2).

Ce bonheur est offert à tous les hommes sans exception ; les pauvres, les infirmes, les étrangers, les enfants, les pécheurs publics, tous ceux qui sont rejetés et marginalisés, sont les premiers à entrer dans le Royaume.

Ce bonheur est pour toujours ; commencé dès maintenant, il s'épanouira dans la vie éternelle.

Une proclamation du règne de Dieu

Depuis la paix et la prospérité vécues par le royaume de David, l'espérance juive s'exprimait avec les mots de *règne* et de *royaume de Dieu.* Les prophètes avaient annoncé un temps où Dieu règnerait vraiment sur tout l'univers ; l'espérance en un Messie-Roi avait grandi. Or voici que Jésus de Nazareth déclare proche le *Royaume de Dieu.*

Ce royaume, dit-il dans ses paraboles, est semblable à une perle précieuse pour laquelle on sacrifie tout ; il est comme un champ où poussent à la fois le bon grain et la mauvaise herbe, et n'est donc pas réservé aux gens parfaits...

Faut-il, pour le trouver, se retirer du monde, comme les esséniens au désert ? Mais non, le Royaume est comme le levain enfoui en

▶▶▶

LE SERMON SUR LA MONTAGNE
(Mt 5-7)

« ... *À la vue des foules, Jésus monta sur la montagne. Il s'assit et ses disciples s'approchèrent de lui. Il les enseignait...* ». Il s'agit sans doute d'une de ces hauteurs qui dominent le lac de Tibériade, comme celle où la tradition situe cet événement. Mais l'évangéliste Matthieu voit dans cette modeste colline un nouveau Sinaï où Jésus, nouveau Moïse, proclame la loi de l'Alliance nouvelle.

Cet ensemble de paroles de Jésus est en effet comme un discours-programme, et Matthieu y a rassemblé plusieurs des enseignements essentiels de son Maître.

Pour commencer, une proclamation de bonheur : « *Bienheureux les pauvres, bienheureux les doux, bienheureux les cœurs purs, les pacifiques...* »

Puis Jésus affirme que son message vient apporter à la Loi ancienne une exigence nouvelle : une fidélité plus grande, une intention plus pure : l'amour des ennemis, l'abandon à la providence de Dieu, « *comme les oiseaux du ciel et les lis des champs* », la prière discrète, confiante, persévérante...

Et au milieu de tous ces conseils pénétrants et concrets, s'enchasse comme un diamant la prière où se résume toute l'attitude du croyant, le « Notre-Père ». ■

Dieu est amour !

Ce cri de saint Jean (1 Jn 4,7-21) porte la Révélation à son sommet. Il synthétise une longue découverte qui avait commencé bien avant le Christ. Osée décrivait déjà (vers 750 avant Jésus-Christ) Dieu comme un amant. Ce que l'auteur du « plus beau des chants » (le *Cantique des Cantiques)* développera à satiété quelques siècles plus tard. ■

L'Ancien Testament chantait déjà l'amour de Dieu

Osée

Eh bien, c'est moi qui vais la séduire, je la conduirai au désert et je parlerai à son cœur.

Et de là-bas je lui rendrai ses vignobles et je ferai de la vallée de Akor une porte d'espérance, et là elle répondra comme au temps de sa jeunesse, au jour où elle monta du pays d'Égypte.

Et il adviendra en ce jour-là – oracle du Seigneur – que tu m'appelleras « mon mari », et tu ne m'appelleras plus « mon baal, mon maître ».

J'ôterai de sa bouche les noms des Baals et on ne mentionnera même plus leur nom.

Je conclurai pour eux en ce jour-là une alliance avec les bêtes des champs, les oiseaux du ciel, les reptiles du sol; l'arc, l'épée et la guerre, je les briserai, il n'y en aura plus dans le pays, et je permettrai aux habitants de dormir en sécurité.

Je te fiancerai à moi pour toujours, je te fiancerai à moi par la justice et le droit, l'amour et la tendresse.

Je te fiancerai à moi par la fidélité et tu connaîtras le Seigneur.

Os 2, 16-22.

Cantique des Cantiques

Mon chéri chante et me dit :

« Debout, toi, ma compagne, ma belle, et viens-t'en.

Car voici que l'hiver passe; la pluie cesse, elle s'en va.

On voit des fleurs dans le pays; la saison de la chanson arrive; et on entend dans notre pays la voix de la tourterelle.

Le figuier mûrit son fruit vert et les ceps en bouton donnent leur senteur.

Debout, toi, ma compagne, ma belle, et viens-t'en.

Ma colombe au creux d'un rocher, au plus caché d'une falaise, fais-moi voir ton visage, fais-moi entendre ta voix; car ta voix est agréable, et ton visage est joli ».

Saisissez-nous les renards, les petits renards qui ravagent les vignes, alors que notre vigne est en bouton ! »

Ct 2, 10-15.

Les Douze

Parmi les premiers disciples de Jésus se détachent ceux que les évangiles appellent « les Douze ». Leur nombre symbolique est celui des douze tribus d'Israël, puisqu'ils sont les fondements du nouvel Israël, l'Église.

On les appelle souvent les « Apôtres », c'est-à-dire « envoyés ». Ce terme, largement employé dans la première communauté chrétienne, a d'abord désigné beaucoup de missionnaires de l'Évangile, et en particulier Barnabé et Paul; il s'est ensuite restreint à ceux qui avaient suivi Jésus de Nazareth depuis le baptême de Jean jusqu'à la Résurrection et pouvaient donc attester qu'ils avaient vu, ressuscité, ce Jésus qu'ils avaient si bien connu. (Ac 1,21-22).

Ces Douze avaient été choisis par Jésus lui-même; il avait appelé à sa suite Pierre, André, Jacques, Jean, Philippe, Barthelémy, Thomas, Matthieu, un second Jacques, Jude, Simon le Zélote et Judas l'Iscariote. Après la trahison et la mort de ce dernier, le groupe des Douze fut complété par Matthias dont le nom fut tiré au sort (Ac 1,15-26).

Sur la toute première Église, leur autorité est incontestée, puisque établie par Jésus lui-même; ils exercent une sorte de gouvernement collégial. Les évêques d'aujourd'hui sont considérés comme les successeurs de ce premier collège des douze apôtres ou « collège apostolique ».

André, originaire de Bethsaïde, frère de Simon Pierre, pêcheur comme lui et disciple de Jean-Baptiste, fut l'un des deux premiers à suivre Jésus (Jn 1,40). Selon la tradition, il mourut en Grèce, à Patras, crucifié sur une croix en forme d'X.

Jacques dit le Majeur et Jean, les fils de Zébédée, eux aussi pêcheurs du lac de Tibériade, suivent avec enthousiasme Jésus, qui un jour les surnomme « Fils du tonnerre » ! Ils sont avec Pierre les seuls à accompagner Jésus lors de la résurrection de la fille de Jaïre, de la Transfiguration, de l'agonie à Gethsémani.

Jacques, le Majeur, fut le premier des Douze à subir le martyre, décapité à Jérusalem sous le règne d'Hérode Agrippa, entre 41 et 44.

Jean, lui, vécut fort longtemps et fut l'une des « colonnes de l'Église ». On l'identifie avec « le disciple que Jésus aimait » et on lui attribue donc la rédaction du quatrième évangile, de trois épîtres catholiques, et même de l'*Apocalypse*. On le voit compagnon très proche de Pierre dans les *Actes des apôtres*. Selon la tradition, il gouverna longtemps l'Église d'Ephèse en Asie mineure, où il mourut à la fin du premier siècle (voir p. 85).

Philippe, originaire de Bethsaïde, a donné son nom à deux textes apocryphes; il ne doit pas être confondu avec un des premiers diacres, un homonyme.

Barthélemy, toujours associé à Philippe, nous est inconnu; il serait mort écorché vif.

Thomas, appelé Didyme, c'est-à-dire le Jumeau, est celui qui refusa de croire à la résurrection du Christ tant qu'il n'aurait pas touché ses plaies. Des traditions anciennes affirment qu'il porta l'Évangile jusqu'aux Indes.

Matthieu est identifié à Lévi le publicain (Lc 5, 27), par rapprochement avec Mt 9,9; on lui attribue la rédaction du premier évangile.

Jacques, fils d'Alphée, doit sans doute être distingué de Jacques « le frère du Seigneur » que Marc (15,40) appelle « le Mineur » (voir p. 84).

Jude est aussi appelé Thaddée.

Simon est surnommé « le Zélote », ce qui fait supposer qu'il appartenait au milieu de la résistance juive contre les Romains.

Simon Pierre : Voir ci-dessous.

Judas l'Iscariote (ce qui signifie peut-être « l'homme de Carioth ») est toujours cité le dernier; cet homme ambigu, que l'évangéliste Jean accuse d'être cupide et voleur, devait livrer Jésus à ses adversaires pour trente deniers. Le récit de la Passion relate les faits dramatiques de sa trahison et sa mort.

Divers récits anciens ont relaté les péripéties des voyages missionnaires des Douze et les circonstances de leur martyre; mais, en dehors des « *Actes des apôtres* » de Luc, on ne peut guère leur accorder créance. ■

Simon Pierre

Le véritable nom de Pierre était Simon, fils de Jonas. Galiléen comme Jésus, il habitait Capharnaüm, au bord du lac de Tibériade, et vivait de la pêche comme son frère André; tous deux devinrent les premiers apôtres de Jésus lorsque celui-ci leur demanda de laisser leurs filets pour devenir « pêcheurs d'hommes (Mt 4,19) ».

Les évangiles nous donnent de Pierre un visage très humain; spontané, généreux avec une certaine candeur, il s'engage avec ardeur; mais, pris de panique durant la Passion, il va jusqu'à renier trois fois son Maître. Pardonné par Jésus ressuscité, il est le personnage central de l'Église de Jérusalem où tous, même Paul avec qui il se trouve parfois en conflit, lui reconnaissent prééminence et autorité.

Bien que les *Actes des Apôtre* lui attribuent le premier baptême d'un païen, celui du centurion Corneille, il semble que Pierre se soit plutôt consacré à l'évangélisation des Juifs et des prosélytes de Palestine et d'Asie Mineure, tandis que Paul prenait davantage en charge celle des païens, notamment en Grèce. Mais les limites de leurs missions ne furent jamais absolues; ainsi la jeune Église de Rome a-t-elle bénéficié de leur action à tous deux.

Pierre fut emprisonné deux fois à Jérusalem, la seconde fois en 41, lors de la persécution du roi Hérode Agrippa qui fit périr Jacques le Majeur. Délivré miraculeusement, il s'éloigna alors de Jérusalem. Serait-il venu alors jusqu'à Rome? En tout cas, il était de nouveau à Jérusalem pour l'assemblée de 49.

Selon une tradition unanime, qui n'a pas été infirmée par les historiens, Pierre fut mis à mort à Rome, probablement durant la persécution de Néron en 64, et enterré sur la colline du Vatican, à l'emplacement de l'actuelle Basilique Saint-Pierre. À proximité, se trouvait un cirque où furent martyrisés, au temps de Néron, de nombreux chrétiens. Les fouilles entreprises à l'initiative de Pie XII sous la basilique ont dégagé les vestiges d'une nécropole, et juste au-dessous de l'autel actuel, un petit monument qui est selon toute vraisemblance la tombe de l'apôtre. Ce fait explique que, pour y construire la première basilique au IVe siècle, l'empereur Constantin n'ait pas hésité à bouleverser, au prix d'énormes terrassements, le cimetière qui entourait cette tombe. ■

▶▶▶

pleine pâte ! Il ne s'agit pas de restauration politique, « Mon royaume n'est pas de ce monde » (Jn 18,36), mais d'une semence déposée au cœur de l'homme, qui fera naître une humanité nouvelle.

Ce mystérieux « Royaume » est déjà présent, mais il est encore à venir. Les auditeurs de Jésus peuvent comprendre qu'il grandira lentement, qu'il s'étendra à toute la terre, que tous sont appelés à en être les bâtisseurs. Plus tard, ses fidèles verront dans la communauté de l'Église le chantier du Royaume.

La révélation du mystère de Dieu

Qui donc est Dieu ? À la question qui habite le cœur de l'homme, Jésus répond avec une assurance tranquille, avec la familiarité de celui qui connaît Dieu de l'intérieur.

1. Il balaie toute caricature d'un Dieu vindicatif ou distant, et dévoile un Dieu à l'amour si proche, si attentif, si miséricordieux que le seul nom qui lui convienne est celui de PÈRE : « Votre Père des cieux ! »

Mais Jésus va plus loin : Dieu est son père à un titre spécial. Il lui adresse, dans la prière, un terme araméen d'intimité, « Abba », « père chéri, papa », que les Juifs employaient dans les rapports familiaux, mais que jamais ils n'auraient osé employer pour parler à Dieu. Après la Résurrection, il ajoutera : « Je monte vers *mon* Père et *votre* Père... » soulignant ainsi que, par l'événement pascal, les hommes étaient devenus ses frères, et les fils adoptifs du même père.

2. Quant à lui-même, Jésus refuse de se définir. Il ne rejette pas les titres qu'on lui donne de « Fils de David », « Messie », « Sauveur des hommes », « Fils de Dieu » ; mais il se désigne lui-même par l'expression : « Le Fils de l'Homme ». Elle peut vouloir dire simplement « l'homme qui vous parle » ; mais elle rappelle aussi une prophétie de Daniel (Dn 7,13-14) évoquant un « Fils d'Homme » campé à la droite de Dieu sur les nuées du ciel.

Pour jalonner la recherche de ses auditeurs, Jésus multiplie les formules imagées : « Je suis le chemin, la vérité, la vie » (Jn 14, 1-6) ; « Je suis le Bon Pasteur » (Jn 10, 7-21) ; « Je suis la lumière du monde » (Jn 8, 12-20) ; « Je suis la vraie vigne » (Jn 15) ; « Je suis le pain descendu du ciel... » (Jn 6, 32-40).

Enfin on voit Jésus, le simple artisan galiléen, se comporter avec l'autorité souveraine de celui qui est maître du péché et de la mort : « ... Le Fils de l'homme a sur terre le pouvoir de remettre les péchés... » (Mc 2,10). Ainsi se prépare peu à peu la réponse que ses disciples feront un jour à sa question : « Pour vous, qui suis-je » ? « Tu es le Christ » (Mc 8,29).

3. La révélation de Jésus sur le mystère de Dieu va plus loin encore. Lui, sur qui repose l'Esprit de Dieu manifesté à son baptême, il promet à ses disciples, la veille de la passion, de leur envoyer cet Esprit, qui les guidera vers la vérité et accompagnera l'annonce de l'Évangile au monde. Mais c'est seulement après la Résurrection, en vivant les premiers temps de l'Église, que les apôtres comprendront la réalité et le rôle de l'Esprit Saint.

À leur suite, les chrétiens ne cessent depuis lors de mesurer la nouveauté radicale des perspectives ouvertes par Jésus sur le mystère de Dieu Père, Fils et Esprit Saint.

▶▶▶

L'amour vient de Dieu et s'enracine dans la foi

Mes bien-aimés, aimons-nous les uns les autres, car l'amour vient de Dieu, et quiconque aime est né de Dieu et parvient à la connaissance de Dieu.

Qui n'aime pas n'a pas découvert Dieu, puisque Dieu est amour.

Voici comment s'est manifesté l'amour de Dieu au milieu de nous : Dieu a envoyé son Fils unique dans le monde, afin que nous vivions par lui.

Voici ce qu'est l'amour : ce n'est pas nous qui avons aimé Dieu, c'est lui qui nous a aimés et qui a envoyé son Fils en victime d'expiation pour nos péchés.

Mes bien-aimés, si Dieu nous a aimés ainsi, nous devons, nous aussi, nous aimer les uns les autres.

Dieu, nul ne l'a jamais contemplé.

Si nous nous aimons les uns les autres, Dieu demeure en nous, et son amour, en nous, est accompli.

À ceci nous reconnaissons que nous demeurons en lui et lui en nous :

il nous a donné de son Esprit.

Et nous, nous témoignons, pour l'avoir contemplé, que le Père a envoyé son fils comme Sauveur du monde.

Quiconque confesse que Jésus est le Fils de Dieu, Dieu demeure en lui et lui en Dieu.

Et nous, nous connaissons, pour y avoir cru, l'amour que Dieu manifeste au milieu de nous.

Dieu est amour :

qui demeure dans l'amour demeure en Dieu et Dieu demeure en lui. En ceci, l'amour, parmi nous, est accompli, que nous avons pleine assurance pour le jour du jugement, parce que, tel il est, lui, Jésus, tels nous sommes, nous aussi, dans ce monde.

De crainte, il n'y en a pas dans l'amour; mais le parfait amour jette dehors la crainte, car la crainte implique un châtiment; et celui qui craint n'est pas accompli dans l'amour.

Nous, nous aimons, parce que lui le premier, nous a aimés.

Si quelqu'un dit : « J'aime Dieu », et qu'il haïsse son frère, c'est un menteur.

En effet, celui qui n'aime pas son frère, qu'il voit, ne peut pas aimer Dieu qu'il ne voit pas.

1 Jn 4, 7-20.

6. LE REPAS DU SEIGNEUR

Les repas dans la Bible

Dans toutes les civilisations, le repas est un acte de la vie sociale ; il accompagne presque toujours les fêtes ; et souvent les célébrations du culte ; la nourriture fait en outre fréquemment l'objet de prescriptions religieuses.

Dans la société judaïque, les repas ont toujours une valeur religieuse, puisque c'est Dieu qui donne la terre et la nourriture (Dt 8, 10) ; ils comportent donc une bénédiction d'action de grâces ; ils appellent des comportements de courtoisie et de tempérance (Si 31-32).

En outre, la Loi juive interdit la consommation du sang, considéré comme le siège même de la vie ; or celle-ci n'appartient qu'à Dieu ; la viande doit donc être préparée de manière appropriée (Lv 17,13). De surcroît, divers aliments sont regardés comme impurs et frappés d'interdits (Lv 11 ; Dt 14, 1-21).

Cette même idée d'une vie n'appartenant qu'à Dieu s'exprime dans les sacrifices de fruits de la terre et d'animaux. Au cours des sacrifices, dits de paix, d'alliance ou de communion, l'offrant (le plus souvent un prêtre) consomme une partie de l'offrande, en signe d'union avec Dieu, tandis que les meilleures parties, réservées à celui-ci, sont brûlées sur l'autel.

Des repas marquent les grands événements spirituels de l'histoire d'Israël : apparition à Abraham à Mambré, départ d'Égypte, Alliance au Sinaï...

Le repas pascal, cœur de la célébration annuelle de la grande fête juive de la Pâque, réalise au maximum cette signification de repas d'alliance, d'action de grâces, de fraternité, par le moyen de paroles, de gestes, de mets rituels (spécialement l'agneau pascal immolé selon un rite précis).

À l'inverse, le jeûne est reconnaissance d'une insuffisante union à Dieu et volonté de s'en rapprocher.

Dans le Nouveau Testament, les repas tiennent une place importante ; ils sont notamment pour Jésus, au mépris de tous les interdits judaïques, l'occasion de fraterniser avec des gens considérés comme pécheurs ou impurs (Mc 2, 13-17) ; ou de nourrir les foules qui le suivent, en annonce du pain qui nourrira les âmes (Jn 6, 1-15 ; 32-59).

▶▶▶

Azyme

Le pain azyme (du grec *a-zumé*, sans levain) est du pain sans levain, donc non fermenté.

Pour la célébration de leur grande fête annuelle, la Pâque, qui commémorait leur libération de l'esclavage égyptien, les Juifs se conformaient strictement au rite qu'avaient suivi leurs ancêtres les Hébreux avant leur départ d'Égypte : outre le sacrifice de l'agneau pascal et sa consommation au cours d'un repas familial solennel, ce rite comportait la consommation de pains azymes, ainsi que pendant toute la semaine qui suivait la Pâque ; la fête des Azymes coïncidait donc avec cette dernière.

Le pain azyme était à la fois le rappel de la hâte du départ d'Égypte et un symbole de la pureté du cœur, le ferment étant l'image du mal qui travaille et corrompt le cœur de l'homme (1 Cor 5,7).

Le Christ ayant pris le pain du repas pascal de la Cène pour prononcer les mots « Ceci est mon corps » qui instituaient l'eucharistie, ce pain était donc azyme. Les catholiques de rite latin sont dès lors restés fidèles à l'emploi du pain non fermenté pour la célébration eucharistique, contrairement aux Églises Orientales (orthodoxes et catholiques) qui emploient, quant à elles, du pain fermenté. ■

Le pain

☞ Le pain est, pour une large part de l'humanité, un *élément* si *essentiel de la nourriture* qu'il est devenu le symbole même de ce qui est nécessaire à la vie. « À la sueur de ton visage, tu mangeras ton pain », dit Dieu à Adam selon le récit poétique de la *Genèse* (3, 19).

Aux yeux des croyants, du reste, ce pain n'est pas seulement fruit du travail de l'homme, mais tout autant don de Dieu (« Donne-nous notre pain de ce jour... »). Du fait même de la place qu'il tient dans la vie des hommes, le pain fournit quantité d'images et de symboles ; l'Ancien et le Nouveau Testament y recourront en une progression qui atteindra son sommet lorsque le Christ se fera lui-même pain à manger par ses disciples pour qu'ils aient la vie éternelle.

☞ Le pain et d'abord un *élément de la vie en communauté ;* le recevoir de quelqu'un, c'est reconnaître une relation de dépendance ; le manger avec quelqu'un, c'est le signe d'un lien d'amitié (Ps 41,10) ; le partager avec l'affamé est un devoir religieux (Ez 18,7). Le pain d'ailleurs, selon l'usage juif, n'est pas tranché au couteau mais rompu avec la main, en signe de partage, comme le fait le père de famille ; il est déjà chargé d'une valeur de communion.

☞ Au désert, Dieu pourvoit aux besoins du peuple hébreu et le nourrit de la *manne* (Ex 16) ; ce « pain venu du ciel » n'est pas seulement le témoignage de la sollicitude de Dieu pour le peuple élu et un appel à la confiance à lui renouveler au jour le jour ; il est un des moyens de la pédagogie destiné à amener peu à peu Israël à une *vision plus spirituelle de la vie.*

Car « l'homme ne vit pas seulement de pain, mais de toute parole qui sort de la bouche de Dieu » fait précisément dire le *Deutéronome* à Moïse à propos de la manne (Dt 8,3). Les prophètes ne cesseront d'insister sur le sens spirituel à donner à la vie : « Pourquoi dépenser votre argent à une autre chose que du pain, votre salaire à ce qui ne rassasie pas ? » (Is 55,2).

☞ *Ainsi se préparent le langage que le Christ tiendra*, et la pédagogie qu'il suivra, *à propos du pain de vie.* La multiplication des pains en effet (Mt 14, 13-21 ; Mc 6,30-44 ; Lc 9,10-17) sera sans doute, elle aussi, témoignage de la prise en compte par Jésus des besoins de la vie concrète de l'existence humaine, et symbole des dons surabondants de Dieu (il y aura des restes). Mais, surtout, elle fournira l'introduction à une vue plus élevée et plus exigeante de la vocation de l'homme. La clef de cet enseignement, à la fois par le geste et la parole, est donnée par l'*Évangile de Jean* (ch. 6) rapportant le discours de Jésus après la multiplication des pains. *C'est lui, Jésus*, le véritable pain venu du ciel, le pain de Dieu, *le pain de vie.* « *Celui qui mangera de ce pain vivra pour l'éternité ; celui qui consomme ma chair et boit mon sang porte la vie en lui et je le ressusciterai* ». L'eucharistie, qui ne sera instituée que le jeudi saint, est déjà tout entière préfigurée.

☞ La prière apprise par le Christ à ses disciples les invite à demander à Dieu, jour après jour, le *pain nécessaire à la vie* (Mt 6,9-14) : il s'agit de la vie au sens physique tout autant qu'au sens le plus large, la vie en Dieu. ■

▶▶▶

La vie publique de Jésus commence par un festin de noces, à Cana, où il change l'eau en vin (Jn 2, 1-11). Et Jésus lui-même propose un repas de noces comme image du Royaume des Cieux (Mt 22, 1-14).

Le repas du Seigneur

Le plus célèbre des repas de Jésus (Mt 26, 17-29 ; Mc 14, 12-25 ; Lc 22, 14-20), le plus chargé de sens, est évidemment celui de la Cène, puisqu'il préfigure le sacrifice de sa propre personne qu'il va offrir sur la croix dans les heures qui suivent ; et ce n'est pas par hasard s'il s'agit précisément d'un repas pascal, c'est-à-dire de commémoration de la libération de l'esclavage égyptien : la nouvelle Pâque, celle de la mort et de la résurrection du Christ, est libération de l'esclavage du péché ; le vin de ce repas devient le sang du Christ, et le pain son corps, pain de vie, de résurrection et d'éternité.

Les chrétiens reproduiront ce repas comme Jésus le leur a recommandé : ce sera pour eux « le Repas du Seigneur » (I Co 11, 20-29), qui deviendra par la suite l'eucharistie.

Cette Alliance de sang, qui lie désormais Dieu le Père, Jésus, et les siens, sera scellée par la mort de Jésus à l'heure où l'on immole les agneaux pascals au Temple. Selon Matthieu, Marc et Luc, le rideau du sanctuaire du Temple (le « saint des saints », où seul le grand prêtre entrait une fois par an, le jour des Expiations, *Yom Kippour*), se fendit par le milieu. Dieu se dévoile en son fils Jésus, qui meurt sur une croix, fidèle jusqu'au bout ; vie donnée pour que les hommes aient la vraie vie en plénitude ; vie d'alliance avec Dieu qui s'exprime dans des relations justes avec les hommes.

Jésus ouvre désormais à tout homme un *passage* (1) vers le Père, car lui-même n'est pas resté prisonnier de la mort ; *il est ressuscité « le premier jour de la semaine »*, ouvrant un temps nouveau pour les hommes et le monde.

▶▶▶

1. La notion de passage est liée à celle de la Pâque.

Les noces dans la Bible

Tous les peuples entourent le mariage de rites et de festivités, notamment de festins ; c'est toujours un événement de la vie sociale célébré dans la joie. L'Ancien et le Nouveau Testament ont tiré de ces images familières maints symboles accessibles à tous.

Les prophètes ont ainsi représenté Dieu comme l'époux fidèle de son peuple Israël (Os 1-3) ; ils ont évoqué le bonheur des temps messianiques par l'image d'un festin (Is 25,6).

Les Nouveau Testament reste fidèle à cette tradition. On sait comment, selon l'*Évangile de Matthieu* (22, 1-14), Jésus donne du Royaume des Cieux l'image d'un festin de noces auquel tous sont conviés sans discrimination, à la seule condition de s'y être préparés (symbole de la robe nuptiale, évoquant la conversion du cœur). De même la présentation de Jésus sous la figure d'un époux aimant de l'Église, déjà suggérée par Marc (2, 19-20), est l'un des thèmes de Paul (2 Co 11,2 ; surtout Ep 5,23-32).

On retrouve ces thèmes dans l'*Apocalypse* de Jean (19, 7-9), où sont évoquées les noces de l'Agneau (Jésus-Christ) et de son épouse (l'Église) revêtue du lin blanc de la sainteté, et le festin symbolisant la béatitude éternelle.

On conçoit dès lors que le récit des noces de Cana par le même Jean (2, 1-12), où l'on voit Jésus changer l'eau en vin, apparaisse comme chargé de signification : préfiguration de ce banquet du Royaume de Dieu où se boit le vin nouveau, et évocation du Christ-Époux. ■

Vigne, vendanges, vin

La culture de la vigne et l'usage du vin tenant une grande place dans la civilisation palestinienne, la Bible en emprunte volontiers les images.

Dans l'Ancien Testament, Isaïe comparait déjà le peuple d'Israël à une vigne plantée par Dieu sur une bonne terre, soigneusement cultivée par lui, et donnant pourtant des résultats inégaux (Is 5,3-7 ; 27, 2-6).

Jésus reprendra maintes fois dans ses paraboles cette image. Dieu est présenté sous les traits du maître d'une vigne, et ceux qui sont appelés au royaume des cieux sous les traits de vignerons aux comportements plutôt divers ; lorsqu'ils en viennent à tuer le fils de leur maître, ils sont remplacés par de nouveaux vignerons (le nouveau peuple de Dieu remplaçant celui de l'ancienne Alliance, Mt 20, 1-16 ; 21, 28-31 et 33-41, Mc 12, 1-9).

De même Jésus se présente-t-il comme étant lui-même la vigne véritable (Jn 15, 1-8) qui nourrit de sa sève les sarments, c'est-à-dire ceux qui croient en lui ; les sarments qui se ferment à sa sève se dessèchent, sont coupés et jetés au feu. Ce discours sur la vigne véritable est l'exact pendant du discours sur le pain de vie, dans le même *Évangile de Jean* (Jn 6, 35-58). C'est l'unité du corps mystique du Christ et des croyants qui est ainsi annoncée.

Dans la Bible les vendanges symbolisent surtout le jugement de Dieu (Ap 14, 18-20).

Quant au vin, « qui réjouit le cœur de l'homme » (Ps 104-15), c'est chez les Juifs la boisson de la fête (l'*Évangile de Jean* nous montre Jésus changeant l'eau en vin aux noces de Cana, Jn 2). Le vin est dès lors, dans toute la Bible, le symbole du festin, de la fête, de la joie ; il est souvent présent comme signe du bonheur attendu dans la description des temps messianiques faite par les prophètes (Am 9,14 ; Is 25,6 ; Jr 31, 12). Des coupes de vin circulaient rituellement comme signes de fête au cours du repas pascal. A la Cène, repas pascal, en même temps que le pain le Christ prend le vin pour instituer l'eucharistie ; par ce vin, il signifie tout à la fois le sang de son sacrifice, qui va sceller la nouvelle alliance sur la croix, et le vin nouveau du banquet éternel, image joyeuse du royaume des cieux qu'il est venu annoncer et inaugurer (Mt 26, 27-29 ; Mc 14, 23-25 ; Lc 22, 14-20).

▶▶▶ 7. *LES PARABOLES DU ROYAUME DE DIEU*

Le royaume de Dieu

Les mots « roi, royauté, règne, royaume » sont évidemment d'usage courant chez les Juifs, qui avaient connu le régime monarchique depuis le XIe siècle avant J.-C. jusqu'à l'exil à Babylone, au VIe siècle avant J.-C. Mais la Bible, dès les origines, leur donne un sens religieux en affirmant constamment que Dieu est roi, qu'il doit régner, qu'il est seul vraiment roi. Maître de l'univers qu'il a créé, Dieu est chef du peuple d'Israël avec lequel il a passé alliance : il le protège, il le conduit par ses prophètes ; il le punit de ses infidélités pour le remettre sur le bon chemin.

Les rois que se donne Israël ne sont que ses lieutenants ; ils n'ont aucun caractère divin, quand bien même ils reçoivent l'onction qui les consacre. L'infidélité de ces rois conduit d'ailleurs la dynastie de David à sa disparition, et, après l'exil, c'est par les prêtres et ses prophètes que Dieu gouverne désormais Israël.

Le peuple juif n'en continue pas moins à espérer un avenir où Dieu règnera véritablement sur l'univers (Ps 47 et 96). Grâce au roi-messie qu'il consacrera, ou même sans cet intermédiaire, le règne de Dieu est, au temps de Jésus, au cœur de l'attente des croyants.

On comprend bien, dès lors, pourquoi Jésus inaugure son annonce de salut en proclamant la proximité du Royaume de Dieu (ou du Royaume des cieux, ce qui revient au même). Il déclare même que le Royaume est déjà là (Mt 11, 2-6 ; 12, 28 ; Lc 16, 16). Non pas de manière éclatante, et encore moins par une restauration politique (Jn 18,36), mais par une vie nouvelle, une vie spirituelle, dont la semence est déposée au cœur de l'homme (Mt 13, 24-43). Ce royaume va grandir jusqu'à son achèvement, lorsque le Christ remettra à Dieu son Père le royaume de l'humanité sauvée (1 Co 15, 24-28).

L'Église fondée par Jésus ne s'identifie pas totalement à ce Royaume, mais elle en est l'ébauche visible, le chantier de construction inachevé mais en pleine activité.

▶▶▶

La parabole du bon Samaritain

Mais lui, voulant montrer sa justice, dit à Jésus : « Et qui est mon prochain ? » Jésus reprit : « Un homme descendait de Jérusalem à Jéricho, il tomba sur des bandits qui, l'ayant dépouillé et roué de coups, s'en allèrent, le laissant à moitié mort. Il se trouva qu'un prêtre descendait par ce chemin ; il vit l'homme et passa à bonne distance. Un lévite de même arriva en ce lieu ; il vit l'homme et passa à bonne distance. Mais un Samaritain qui était en voyage arriva près de l'homme : il le vit et fut pris de pitié. Il s'approcha, banda ses plaies en y versant de l'huile et du vin, le chargea sur sa propre monture, le conduisit à une auberge et prit soin de lui. Le lendemain, tirant deux pièces d'argent, il les donna à l'aubergiste et lui dit : Prends soin de lui, et si tu dépenses quelque chose de plus, c'est moi qui te le rembourserai quand je repasserai. Lequel des trois, à ton avis, s'est montré le prochain de l'homme qui était tombé sur les bandits ? » Le légiste répondit : « C'est celui qui a fait preuve de bonté envers lui. » Jésus lui dit : « Va et, toi aussi, fais de même. »

Lc 10, 29-37.

LES PARABOLES

Ce mot (du grec *parabolè*, comparaison) correspond à l'hébreu *Mashal* qui désigne une comparaison imagée destinée à faire comprendre un enseignement. Cette façon de s'exprimer, très adaptée à tous les auditoires, même les plus simples, était très en honneur dans le judaïsme au temps du Christ. Jésus l'a employée avec maîtrise.

L'*Évangile de Jean* ne nous a conservé que deux paraboles, et qui ne sont pas des récits : le Bon Pasteur, la Vigne ; aussi parle-t-on plutôt à leur sujet d'*allégories*. Les évangiles synoptiques en revanche nous ont rapporté beaucoup de ces récits imagés, en les groupant parfois par thèmes : par exemple, les paraboles de la miséricorde en Luc 15. Il est manifeste que Jésus a aimé cette façon d'exprimer son message. Son but n'était évidemment pas ainsi de cacher la vérité, mais au contraire de piquer l'esprit de ses auditeurs et de fixer leur attention. En expliquant lui-même certaines de ses paraboles, par exemple le Semeur aux disciples, Jésus a montré qu'elles pouvaient être déchiffrées à des niveaux de sens plus ou moins profonds (Mt 13, 1-23). ■

Ph. Roger-Viollet

Le bon Pasteur. Art paléo-chrétien. Alexandrie (Égypte).

La parabole de la perle

Le royaume des cieux est encore comparable à un marchand qui cherchait des perles fines. Ayant trouvé une perle de grand prix, il s'en est allé vendre tout ce qu'il avait et il l'a achetée.

Mt 13,45.

La parabole du fils retrouvé

Il dit encore : « Un homme avait deux fils. Le plus jeune dit à son père : Père, donne-moi la part de bien qui doit me revenir. Et le père leur partagea son avoir. Peu de jours après, le plus jeune fils, ayant tout réalisé, partit pour un pays lointain et il y dissipa son bien dans une vie de désordre.

Quand il eut tout dépensé, une grande famine survint dans ce pays, et il commença à se trouver dans l'indigence. Il alla se mettre au service d'un des citoyens de ce pays qui l'envoya dans ses champs garder les porcs. Il aurait bien voulu se remplir le ventre des gousses que mangeaient les porcs, mais personne ne lui en donnait. Rentrant alors en lui-même, il se dit : Combien d'ouvriers de mon père ont du pain de reste, tandis que moi, ici, je meurs de faim !

Je vais aller vers mon Père et je lui dirai : Père, j'ai péché envers le ciel et contre toi. Je ne mérite plus d'être appelé ton fils. Traite-moi comme un de tes ouvriers. Il alla vers son père. Comme il était encore loin, son père l'aperçut et fut pris de pitié : il courut se jeter à son cou et le couvrit de baisers. Le fils lui dit : Père, j'ai péché envers le ciel et contre toi. Je ne mérite plus d'être appelé ton fils... Mais le père dit à ses serviteurs : Vite, apportez la plus belle robe, et habillez-le ; mettez-lui un anneau au doigt, des sandales aux pieds. Amenez le veau gras, tuez-le, mangeons et festoyons, car mon fils que voici était mort et il est revenu à la vie, il était perdu et il est retrouvé.

Et ils se mirent à festoyer.

Son fils aîné était aux champs. Quand, à son retour, il approcha de la maison, il entendit de la musique et des danses. Appelant un des serviteurs, il lui demanda ce que c'était. Celui-ci lui dit : C'est ton frère qui est arrivé, et ton père a tué le veau gras parce qu'il l'a vu revenir en bonne santé. Alors il se mit en colère, et il ne voulait pas entrer. Son père sortit pour l'en prier ; mais il répliqua à son père : Voilà tant d'années que je te sers sans avoir jamais désobéi à tes ordres ; et, à moi, tu n'as jamais donné un chevreau pour festoyer avec mes amis. Mais quand ton fils que voici est arrivé, lui qui a mangé ton avoir avec des filles, tu as tué le veau gras pour lui !

Alors le père lui dit : Mon enfant, toi, tu es toujours avec moi, et tout ce qui est à moi est à toi. Mais il fallait festoyer et se réjouir, parce que ton frère que voici était mort et il est vivant, il était perdu et il est retrouvé.

Lc 15, 11-32.

La parabole du riche insensé

Et il leur dit une parabole : « Il y avait un homme riche dont la terre avait bien rapporté. Et il se demandait : Que vais-je faire ? car je n'ai pas où rassembler ma récolte. Puis il se dit : Voici ce que je vais faire : je vais démolir mes greniers, j'en bâtirai de plus grands et j'y rassemblerai tout mon blé et mes biens. Et je me dirai à moi-même : Te voilà avec quantité de biens en réserve pour de longues années ; repose-toi, mange, bois, fais bombance. Mais Dieu lui dit : Insensé, cette nuit même on te redemande ta vie, et ce que tu as préparé, qui donc l'aura ? Voilà ce qui arrive à celui qui amasse un trésor pour lui-même au lieu de s'enrichir auprès de Dieu. »

Lc 12, 16-21.

La parabole de l'ami qui se laisse fléchir

Jésus leur dit encore : « Si l'un de vous a un ami et qu'il aille le trouver au milieu de la nuit pour lui dire : Mon ami, prête-moi trois pains, parce qu'un de mes amis m'est arrivé de voyage et je n'ai rien à lui offrir, et si l'autre, de l'intérieur, lui répond : Ne m'ennuie pas ! Maintenant la porte est fermée ; mes enfants et moi nous sommes couchés ; je ne puis me lever pour te donner du pain, je vous le déclare : même s'il ne se lève pas pour lui en donner parce qu'il est son ami, eh bien, parce que l'autre est sans vergogne, il se lèvera pour lui donner tout ce qu'il lui faut. »

Lc 11, 5-8.

La parabole des talents

En effet il en va comme d'un homme qui, partant en voyage, appela ses serviteurs et leur confia ses biens. A l'un il remit cinq talents, à un autre deux, à un autre un seul, à chacun selon ses capacités, puis il partit. Aussitôt celui qui avait reçu les cinq talents s'en alla les faire valoir et en gagna cinq autres. De même celui des deux talents en gagna deux autres.

Mais celui qui n'en avait reçu qu'un s'en alla creuser un trou dans la terre et y cacha l'argent de son maître. Longtemps après, arrive le maître de ces serviteurs, et il règle ses comptes avec eux. Celui qui avait reçu les cinq talents s'avança et en présenta cinq autres, en disant : « Maître, tu m'avais confié cinq talents ; voici cinq autres talents que j'ai gagnés ». Son maître lui dit : « C'est bien, bon et fidèle serviteur, tu as été fidèle en peu de choses, sur beaucoup je t'établirai ; viens te réjouir avec ton maître ». Celui des deux talents s'avança à son tour et dit : « Maître, tu m'avais confié deux talents ; voici deux autres talents que j'ai gagnés ». Son maître lui dit : « C'est bien, bon et fidèle serviteur, tu as été fidèle en peu de choses, sur beaucoup je t'établirai ; viens te réjouir avec ton maître ». S'avançant à son tour, celui qui avait reçu un seul talent dit : « Maître, je savais que tu es un homme dur : tu moissonnes où tu n'as pas semé, tu ramasses où tu n'as pas répandu ; par peur, je suis allé cacher ton talent dans la terre : le voici, tu as ton bien ». Mais son maître lui répondit : « Mauvais serviteur, timoré ! Tu savais que je moissonne où je n'ai pas semé et que je ramasse où je n'ai rien répandu. Il te fallait donc placer mon argent chez les banquiers : à mon retour, j'aurais recouvré mon bien avec un intérêt. Retirez-lui donc son talent et donnez-le à celui qui a les dix talents. Car à tout homme qui a, l'on donnera et il sera dans la surabondance ; mais à celui qui n'a pas, même ce qu'il a lui sera retiré. Quant à ce serviteur bon à rien, jetez-le dans les ténèbres du dehors : là seront les pleurs et les grincements de dents ».

Mt 25, 14-30.

▶▶▶

8. *PASSION, MORT ET RÉSURRECTION DE JÉSUS*

I. DES RAMEAUX AU CALVAIRE

Au cours de ses années de prédication itinérante, Jésus était monté plusieurs fois à Jérusalem pour les grandes fêtes et spécialement pour la Pâque, ainsi que le précise l'*Évangile de Jean* (2,13 ; 5,1 ; 7-10 ; 10-22). C'est probablement à la Pâque de l'année 30 que l'on doit fixer l'arrestation et la mort de Jésus. Les récits de la dernière semaine et surtout celui de la Passion et de la mort de Jésus nous sont donnés par les quatre évangiles de façon très circonstanciée et très concordante, malgré quelques divergences de détails.

L'arrivée à Jérusalem du prophète galiléen avec ses disciples, huit jours avant la fête de la Pâque, avait été l'occasion d'une manifestation populaire. La foule des pèlerins l'avait accompagné en brandissant des palmes et en criant : « Hosanna au fils de David ». Ce tumulte avait porté à son comble l'hostilité de la hiérarchie sacerdotale de Jérusalem, soucieuse d'éviter tout ce qui pouvait inquiéter l'occupant. Les chefs des prêtres décidèrent donc d'en finir avec celui qui sapait l'autorité religieuse et politique. Mais comment opérer une arrestation discrète au milieu de la foule qui encombrait la ville ? C'est alors que Judas, l'un des Douze, vint proposer de guider la police du grand-prêtre jusqu'à l'oliveraie de Gethsémani où le petit groupe de Galiléens passait ordinairement la nuit[1].

On est jeudi. Ce soir-là, dans une salle prêtée par un ami, Jésus célèbre les rites du repas pascal. C'est dans ce cénacle (salle à manger) que, partageant avec ses disciples le pain azyme et une des coupes prévues par le rite pascal, il leur dit : « Ceci est mon

(1) Rameaux, voir Mt 21, 1-11 ; Mc 11, 1-11 ; Lc 19,28-40 ; Jn 12, 12-16. Complot contre Jésus, voir Mt 26,1-16 ; Mc 14,1-11 ; Lc 22,1-6 ; Jn 11,45-54.

▶▶▶

Les étapes de la Passion

L'itinéraire de Jésus durant sa Passion peut être assez bien reconstitué du Cénacle au Calvaire.

Le Cénacle

Selon les évangiles synoptiques, la veille de sa mort Jésus envoya des disciples préparer le repas pascal dans la salle haute (cénacle) d'une maison amie. Au cours de ce repas d'adieu, resté dans la mémoire chrétienne sous le nom de *Cène* (du mot latin *cena*, repas), Jésus annonça sa mort. Après sa résurrection, les disciples continuèrent de se réunir en ce lieu, cadre probable de la Pentecôte ; on en discute aujourd'hui l'emplacement exact.

Gethsémani

Franchissant le torrent du Cédron, Jésus et ses disciples gagnèrent un jardin situé au pied du mont des Oliviers, appelé *Gethsémani* (c'est-à-dire *pressoir à huile*), où sans doute il venait habituellement bivouaquer avec ses disciples. Judas, qui le savait, y conduisit ceux qui allaient arrêter Jésus. Celui-ci fut successivement conduit chez le grand-prêtre Caïphe puis chez le procurateur romain, Pilate, à l'Antonia.

L'Antonia

C'était une forteresse construite en 37 av. J.-C. par Hérode le Grand, qui lui avait donné le nom de son protecteur, le triumvir romain Antoine. Le gouverneur romain de Judée y venait de Césarée lors de la Pâque pour surveiller la ville, alors surpeuplée et souvent hostile. Est-ce là que Jésus comparut devant Pilate auquel les responsables juifs arrachèrent une condamnation à mort ? Elle fut prononcée au *Lithostrotos* (Jn 19,13), cour dallée que certains archéologues pensent avoir retrouvée.

Le Golgotha ou Calvaire

La crucifixion eut lieu hors de la ville, sur une petite butte appelée *Golgotha* (en araméen, lieu du crâne ; en latin *calvarius*, d'où le français *Calvaire*). Jésus fut enseveli à proximité immédiate. La basilique du Saint-Sépulcre, édifiée au IVe siècle et maintes fois remaniée depuis, abrite ainsi les lieux à la fois de la mort et du tombeau du Christ. ■

La Cène. Giotto. Début du XIVe s. Pinacothèque de Munich.

Ph. Artephot-Held

▶▶▶

corps livré pour vous... Cette coupe est la nouvelle alliance dans mon sang... » (Après la Résurrection, les premières communautés chrétiennes reprendront ces gestes et ces paroles sous le nom de « fraction du pain », puis d'« eucharisties », comme mémorial de la Passion de Jésus et du salut ainsi apporté à l'humanité).

Quelques heures plus tard, pendant la nuit, à Gethsémani, Jésus est arrêté par la police du grand prêtre. On le traîne devant l'ancien grand prêtre Hanan (Anne), chef du clan sacerdotal, puis devant son gendre le grand prêtre Caïphe, qui a convoqué de toute urgence le grand conseil ou Sanhédrin. On lui fait un simulacre de procès autour d'une accusation de blasphème. Mais il faut obtenir un autre jugement, cette fois devant le tribunal du procurateur romain, Ponce Pilate, pour parvenir à une condamnation à mort. À cette fin, on présente le Galiléen comme un rebelle dangereux dont les prétentions à la royauté menaçent le pouvoir de l'empereur Tibère. Pilate se laisse arracher la condamnation, qui sera dès lors exécutée selon les règles romaines : flagellation puis crucifixion. Au milieu des insultes des soldats et de la foule, Jésus est conduit, avec deux autres condamnés, jusqu'à une butte située à la porte de la ville, appelée Golgotha. C'est là que, de midi à trois heures, le vendredi, après avoir été crucifié, il agonise au milieu du va-et-vient de la foule qui se presse dans Jérusalem en fête. Tous les détails donnés par les évangélistes correspondent à ce que l'on sait des exécutions capitales dans le monde romain : la boisson vinaigrée, l'écriteau placé sur le gibet pour indiquer le motif de la condamnation (« Jésus de Nazareth, roi des Juifs », résumé par les initiales I.N.R.I. d'après le texte latin), la brisure des membres ou le coup de lance pour s'assurer de la mort du condamné(2).

(2) Cène, Passion, Mt 26, 17-75 ; 27 ; Mc 14,12-72 ; 15 ; Lc 22,7-71 ; 23 ; Jn 13-19.

▶▶▶

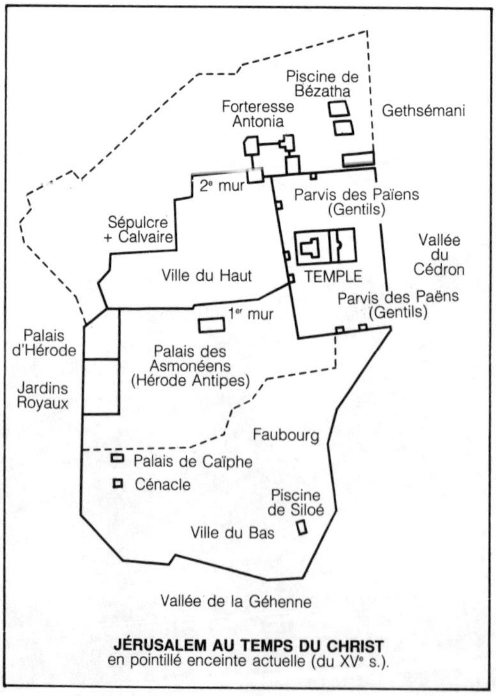

JÉRUSALEM AU TEMPS DU CHRIST
en pointillé enceinte actuelle (du XVe s.).

SOUS PONCE PILATE

Pontius Pilatus, Romain appartenant à la classe des chevaliers, fut, sous l'empereur Tibère, procurateur (préfet) de Judée de 26 à 36, dates attestées par une inscription trouvée à Césarée, alors capitale de l'administration romaine dans ce pays. Plusieurs faits rapportés par Tacite ou Philon montrent sa méconnaissance du caractère et des traditions des Juifs. On comprend qu'il ait cédé à la pression des chefs religieux qui exigeaient la condamnation de Jésus de Nazareth : la menace d'une révolte du peuple, la peur d'une dénonciation auprès de l'empereur Tibère lui font accepter le procès bâclé et, après avoir fait flageller Jésus, il finit par l'abandonner à ses ennemis tout en se lavant les mains de manière spectaculaire : « Je ne suis pas responsable de ce sang » (Mt 27,24). Il n'effacera pas pour autant sa responsabilité. Le nom de Ponce Pilate, repère historique de la mort de Jésus, est répété par les chrétiens chaque fois qu'il proclament leur profession de foi du *Credo* : « Crucifié pour nous sous Ponce Pilate, il souffrit sa passion et fut mis au tombeau ». ■

Qu'est-ce que ?

L'agonie. Alors que le mot (du grec *âgon*, combat) désigne la dernière lutte de l'organisme contre la mort, les évangiles l'emploient pour évoquer l'angoisse qui s'empara de Jésus à Gethsémani la nuit précédant une mort qu'il savait atroce. Au terme de ce combat intérieur, il accepta de toute sa volonté d'homme d'entrer dans le projet de Dieu. Moment rendu plus poignant par l'inconscience de ses disciples.

Barabbas. Alors que Pilate, persuadé de l'innocence de Jésus, souhaitait le faire bénéficier de la coutume de libérer un prisonnier au moment de la Pâque, la foule ameutée contre Jésus exigea la libération de Barabbas, présenté par les évangiles comme un émeutier et un meurtrier (un zélote ?).

La couronne d'épines. Les évangiles rapportent que, durant la Passion, les soldats romains tressèrent une couronne d'épines dont, par dérision, ils coiffèrent Jésus en lui disant : « Salut, roi des Juifs ! ». Cette couronne aurait été conservée à Jérusalem, puis acquise à Venise par saint Louis en 1239 ; c'est pour l'abriter et l'honorer qu'il édifia la Sainte-Chapelle à Paris.

La croix. La crucifixion était réservée par les Romains aux esclaves et aux populations révoltées. On clouait d'abord les poignets du condamné sur une poutre transversale qu'il avait portée lui-même au lieu du supplice et qui était ensuite hissée au sommet d'un pieu vertical. Ainsi suspendu, le corps se contractait bientôt dans une douloureuse tétanisation générale tout en perdant peu à peu son sang.

▶

Ph. Bulloz

« Dévôt Christ » (1307). Chapelle du Christ, Perpignan. Bois sculpté. Origine rhénane. Réalisme et mysticisme sont ceux de l'art religieux des XIVe et XVe s.

Qu'est-ce que ? (suite)

▶

La contraction des muscles de la poitrine finissait par provoquer l'étouffement. Jésus, mis en croix entre la troisième et la sixième heure (entre 9 h et midi), expira à la neuvième heure (vers 15 heures).
Pour les chrétiens, le supplice infamant infligé à celui qui était venu annoncer et inaugurer le règne de l'amour a fait de la croix le symbole du don total de Jésus par amour, et dès lors celui de leur foi. D'où le sens du signe de la croix.

La flagellation. La loi juive prévoyait la peine de la flagellation au bâton ou au fouet (Dt 25,2) ; elle limitait le nombre des coups à 40 ; par précaution, le bourreau ne devait en donner que 39 (2 Co 11,24).

Chez les Romains, la flagellation était une pratique courante, soit avant l'exécution du condamné, soit comme peine unique. On peut penser, d'après l'*Évangile de Jean* (19,1), que Pilate fit flageller Jésus pour essayer de lui éviter la crucifixion. On ne pouvait flageller un citoyen romain sans jugement, saint Paul le rappelle lors d'une de ses arrestations (Ac 22,25) ; il n'en précise pas moins avoir reçu dans sa vie cinq fois le fouet et trois fois la bastonnade (2 Co 11,24).

Simon le Cyrénéen, Les évangélistes Matthieu, Marc et Luc mentionnent tous trois cet homme inconnu, réquisitionné pour porter jusqu'au Calvaire, à la place de Jésus, la poutre de la croix.

LE SAINT SUAIRE DE TURIN

C'est une pièce de tissu de lin de 4,30 m sur 1,10 m, où figure la silhouette, grandeur nature, vue de face et de dos d'un homme nu. Elle fut exposée en France pour la première fois en 1357 comme étant le linceul où l'image du Christ serait restée marquée. Le suaire appartenait alors à la famille de Charny, de noblesse champenoise. Il est difficile d'en reconstituer l'histoire antérieure. Devenu en 1452 propriété de la famille de Savoie, il fut transporté en 1578 à Turin où, depuis lors, il est exposé périodiquement.
En 1898 il fut, pour la première fois, photographié, et le photographe découvrit avec stupeur que, au lieu de la silhouette assez floue que l'on avait vue jusqu'alors, le négatif révélait le portrait, étonnamment net, d'un homme nu couché, portant la barbe et les cheveux longs, avec un visage d'une grande noblesse. Depuis lors, les spéculations et les polémiques n'ont pas cessé au sujet de l'authenticité du suaire, de son origine et de la façon dont l'image avait pu se former sur le tissu. L'examen approfondi des photos montre que « l'homme du Suaire » a subi tous les supplices décrits par les évangélistes : flagellation, couronne d'épines, port de la croix, crucifixion, plaie au côté. L'étude du tissu et des pollens qui y adhèrent montre que ce tissu a probablement été fabriqué au Proche-Orient, et au Ier siècle de l'ère chrétienne. De 1978 à 1981, un groupe de savants a mené une étude appuyée sur les techniques les plus récentes ; il a conclu à l'authenticité probable d'un contact humain, mais sans pouvoir expliquer comment l'image s'était formée sur le tissu. En effet les empreintes du corps sont parfaitement nettes, alors que, normalement, l'image obtenue par le contact d'une surface bi-dimensionnelle (hauteur-largeur) sur un objet tri-dimensionnel (hauteur-largeur-profondeur) est déformée. En outre l'arrachement du tissu collé au corps aurait dû brouiller l'image.
En tous cas, il ne s'agit pas d'une peinture et du reste les taches principales portent des traces d'hémoglobine.
L'Église n'a jamais pris position sur l'authenticité du saint suaire. Mais Paul VI, en 1973, avouait être frappé par la profondeur et la sainteté du visage imprimé sur le linceul ; il souhaitait que sa contemplation conduisît les chrétiens à « une vision plus sensible et pénétrante » du mystère de la Passion et de la Résurrection du Christ.
En exécution du testament du roi Umberto II d'Italie, le saint suaire est devenu propriété du Saint-Siège en 1983. Depuis lors, des examens du tissu au carbone 14 par plusieurs laboratoires les ont conduits à le dater du XIIIe ou du XIVe s. Le mystère de l'image demeure entier et la controverse se poursuit. Voir Index.

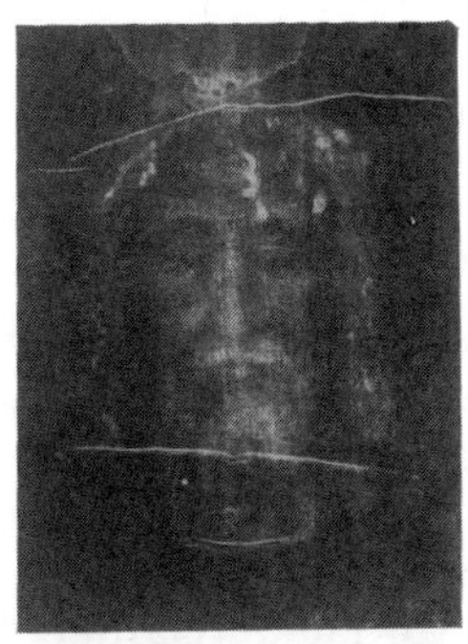

II. DE LA CROIX AUX PROFESSIONS DE FOI DES PREMIERS CHRÉTIENS

Après la mort de Jésus

Tout au cours de ces événements, les fidèles de Jésus, paralysés par la terreur, n'ont pas osé réagir. Une poignée d'entre eux, avec Marie sa mère, l'ont cependant accompagné jusqu'au Calvaire ; et avant le coucher du soleil, quelques-uns ont eu le courage de réclamer son corps et de l'ensevelir, enveloppé d'un suaire selon l'usage juif, dans un tombeau proche de là, taillé dans le rocher.

Pour beaucoup d'historiens, la vie de Jésus se termine avec cette mort en la Pâque de l'an 30. Mais le témoignage de ses disciples et la foi des chrétiens, telle qu'elle s'exprime depuis vingt siècles, obligent à aller plus loin. En effet, tel Pierre au jour de la Pentecôte (Ac 2, 14-36), ils affirment que ce Jésus crucifié, Dieu l'a ressuscité et « l'a fait Seigneur et Christ ».

On se trouve donc devant deux faits historiques incontournables : 1. la mort de Jésus sur la croix, attestée par tous les écrivains chrétiens ou païens ; 2. la foi de la première communauté chrétienne unanime, transmise jusqu'à nos jours, en la résurrection du Christ Jésus.

Comment est-on passé du premier fait au second ?

La foi des premiers chrétiens

Les plus anciens témoignages qui aient été conservés de cette foi sont les lettres adressées par saint Paul à diverses communautés chrétiennes entre 51 et 62. Écrivant aux chrétiens de Corinthe, en 56-57, il formule ce qui est, à cette époque, le *credo* de l'Église :

Christ est mort pour nos péchés, selon les Écritures. Il a été enseveli, il est ressuscité, selon les Écritures. Il est apparu à Céphas (Pierre), puis aux Douze. Ensuite, il est apparu à plus de cinq cents frères à la fois ; la plupart sont encore vivants et quelques-uns sont morts. Ensuite, il est apparu à Jacques, puis à tous les apôtres. En tout dernier lieu il m'est apparu... Voilà ce que nous proclamons, voilà ce que vous avez cru » (1 Co 15, 3-11).

La foi ainsi exprimée, c'est celle qu'attestent les premières proclamations de Pierre et des autres apôtres figurant dans les *Actes des Apôtres.* Apportant leur témoignage personnel de témoins oculaires, ils prennent soin d'expliquer à leurs auditeurs juifs que cette résurrection du Christ « selon les Écritures » accomplit les promesses faites par Dieu dans la Bible.

Les évangiles apportent à leur tour le témoignage des premières communautés, appuyé sur celui des disciples du Christ. Tous signalent le fait du tombeau trouvé vide au matin de Pâques ; tous rappellent les apparitions du Christ. Matthieu les situe en Galilée, Luc à Jérusalem, Jean successivement à Jérusalem et au bord du lac de Galilée. Si Marc achève son récit de manière

SÉPULCRE

Au temps du Christ les tombeaux (en latin *sepulchrum*, tombeau) juifs étaient des caveaux creusés dans le roc ou aménagés dans des grottes. Les corps y étaient disposés dans des niches ou sur des banquettes de pierre. On y descendait par un court escalier. La fermeture était le plus souvent assurée par une grosse pierre en forme de meule, que l'on roulait devant la porte d'entrée étroite et basse. Pour les Juifs, le contact avec un tombeau était source d'impureté rituelle. L'extérieur en était donc blanchi tous les ans à la chaux pour signaler leur présence ; d'où le reproche de « sépulcres blanchis » adressé par Jésus aux pharisiens (Mt. 23,27). Les tombeaux étaient groupés hors des villes, par exemple, pour Jérusalem, au Golgotha. C'est là que se trouvait le tombeau, appartenant à Joseph d'Arimathie, où fut déposé le corps du Christ. Il était situé sur l'emplacement qu'occupe aujourd'hui l'église dite du Saint-Sépulcre, emplacement plusieurs fois bouleversé par les travaux et constructions des Romains, puis des chrétiens. ■

Ph. CIRIC

Sépulcre à fermeture par pierre circulaire.

LA « DESCENTE AUX ENFERS »

Dans la profession de foi chrétienne, le *Credo*, il est dit :
« Jésus a souffert sous Ponce Pilate,
a été crucifié, est mort, a été enseveli,
est descendu aux enfers,
le troisième jour est ressuscité des morts... »
Les deux premières lignes rapportent des faits historiques : les documents profanes s'accordent avec les évangiles pour relater la crucifixion de Jésus au temps de Pilate. En revanche, l'expression « est descendu aux enfers » appartient au langage de la foi, tout en se référant à la vision du monde partagée par l'ensemble des peuples de l'Antiquité. On voyait la divinité résider dans les espaces supérieurs, le ciel et ses nuées ; les puissances du mal, le séjour des morts se trouvaient dans les espaces inférieurs (en latin *infernus*, ce qui est en dessous ; d'où l'enfer ou les enfers) ; en l'occurence « les enfers » (et non l'Enfer) désignent ce que les Juifs appelaient le *shéol*, lieu d'une survivance imprécise des morts.
La portée de la profession de foi se situe évidemment au-delà de cette imagerie naïve ; Pierre, dans sa première épître (3,19), évoque une prédication du Christ, après sa mort, « aux esprits en prison » ; la proclamation par le *Credo* de la descente du Christ aux enfers souligne le fait qu'il a manifesté sa solidarité avec tous les morts, que par sa résurrection il est bien leur libérateur, « le premier-né d'entre les morts », et qu'il ouvre ainsi à tous la perspective de ressusciter avec lui. ■

abrupte, Luc raconte longuement l'apparition sur le chemin d'Emmaüs. Mais, à travers ces témoignages, qui ne concordent pas en tous points, s'exprime une foi qui triomphe des méfiances des disciples et de l'incrédulité de l'apôtre Thomas, et qui se montre inébranlable.

Passion, mort et résurrection de Jésus

III. LA FOI EN LA RÉSURRECTION

D'où vient donc cette foi ?

Le fait même de la résurrection, le déroulement du passage de Jésus à un autre univers au-delà de la mort, échappe évidemment à la constatation directe. Aussi les évangélistes se gardent-ils bien de le raconter. En revanche, ils tiennent à souligner les faits constatés par les proches de Jésus et qui ont permis à ceux-ci de croire en cette résurrection.

Ils ont trouvé au matin de Pâques le tombeau ouvert et vide, malgré la garde placée par les chefs des prêtres. « Il est ressuscité, il n'est plus ici », disent les anges aux femmes venues de bon matin compléter les rites funéraires (Mt 28,5 ; Mc 16,6 ; Lc 24,5).

Ils ont eu des apparitions du Christ ressuscité. Jésus s'est « fait voir », disent-ils, ni comme un fantôme ni comme un mortel revenu à la vie après un état comateux, une mort apparente ou réelle. Lors des apparitions, il est à la fois *le même* qui mange avec ses disciples et se laisse toucher par eux, mais dans un *état tout différent* puisqu'il se fait reconnaître quand il veut et seulement à ceux qu'il veut(1).

Comment interpréter ces faits ?

Dès les origines, les adversaires du christianisme ont nié la résurrection du Christ. Pour le philosophe païen Celse (IIe s.), il s'agit d'une pure supercherie ; les disciples ont monté l'affaire en enlevant le cadavre de Jésus. Pour divers historiens modernes, les disciples, victimes d'une sorte d'hallucination collective, ont cru voir Jésus vivant ; la confiance totale qu'ils lui avaient vouée ne voulait pas, ne pouvait pas être déçue par la mort tragique de Jésus.

Aux yeux des chrétiens, au contraire, Jésus est vraiment ressuscité. Il a triomphé de la mort et du péché, permettant ainsi à tous ceux qui croient en lui d'en triompher à leur tour pour vivre éternellement avec le Seigneur. C'est ce qu'affirmait en 56 après J.-C. l'apôtre Paul, écrivant aux chrétiens de Corinthe :

« Si Christ n'est pas ressuscité, notre prédication est vide [...]. Nous sommes de faux témoins [...]. Si nous avons mis notre espérance en Christ pour cette vie seulement, nous sommes les plus à plaindre de tous les hommes. Mais non ; Christ est ressuscité, prémices de ceux qui sont morts [...] » 1 Co 15, 14-21.

Il faut bien comprendre ce qu'affirme Paul et, après lui, la foi chrétienne. Il ne s'agit nullement pour Jésus d'un retour à la vie antérieure.

1. Voir Mt 28 ; Mc 16 ; Lc 24 ; Jn 20-21.

LES DISCIPLES D'EMMAÜS

L'*Évangile de Luc* raconte qu'au soir de Pâques Jésus rejoignit deux disciples qui, ayant quitté Jérusalem, faisaient route vers Emmaüs ; ils étaient désespérés par sa mort. Au long de la route Jésus, sans se faire reconnaître, fit renaître en eux la foi et l'espérance, avant de se révéler à eux à l'étape, durant le repas.
Où était ce bourg d'Emmaüs ? Deux localités portaient alors ce nom, l'une à 30, l'autre à 5 ou 6 kilomètres de Jérusalem. Or le texte de l'évangile note « soixante stades » (12 km). Quoi qu'il en soit, ce récit est une véritable catéchèse d'initiation chrétienne. Parmi les artistes qui ont traité cette scène, Rembrandt en a donné une évocation saisissante. ■

Ph.M. Leduc

Rembrandt : le Christ à Emmaüs.

COMMENT EXPRIMER LA FOI EN LA RÉSURRECTION ?

Pour exprimer la réalité à laquelle ils croient, la conviction qui bouleverse leur vie, les premiers chrétiens emploient des expressions diverses et convergentes :

- Dieu *a ressuscité* (c'est-à-dire « relevé » ou « réveillé ») Jésus.
- Jésus a été *rendu à la vie* par l'Esprit.
- Dieu a *glorifié* ou *exalté* Jésus.

Ces trois images, qui se complètent l'une l'autre, sont chacune une manière d'affirmer que le destin collectif de bonheur éternel promis par Dieu à la communauté humaine dans l'Alliance et dans le Royaume est déjà réalisé dans le destin personnel de Jésus-Christ, « premier-né d'entre les morts ».

Pâques

La Pâque juive

La Pâque est depuis un temps immémorial la principale fête juive. D'abord fête des semailles et des premiers agneaux, elle était devenue celle de la libération, de la délivrance de la tyrannie égyptienne. Son nom hébreu, *Pesah*, évoque le passage : passage du Seigneur libérateur, passage de l'esclavage à la liberté, passage de la mort à la vie.

Cette commémoration a lieu au printemps, le 14 Nisan ; elle attirait à Jérusalem une grande foule de pèlerins. Chaque famille apportait dans l'enceinte du Temple un agneau pour l'immolation, puis se réunissait pour le repas pascal où chacun recevait sa part des aliments traditionnels : pain sans levain, herbes amères, compote de fruits, agneau pascal. Des coupes de vin circulaient au début et à la fin du repas, accompagnées des prières et des chants de louange du *Hallel* (Psaumes 113 à 118 et 136).

Aujourd'hui comme jadis, les juifs célèbrent la Pâque par un repas familial rituel, au cours duquel, à une question posée par l'enfant, le père répond : « Je fais cela en mémoire de ce que Dieu a fait pour moi lorsque je suis sorti d'Égypte. Le Seigneur n'a pas délivré seulement nos pères. Il nous a délivrés nous-mêmes avec eux... » Chaque personne doit se considérer comme étant elle-même sortie d'esclavage et rendre grâces à Dieu, dans l'attente de nouvelles délivrances, jusqu'au jour où les puissances mauvaises seront définitivement brisées.

La Pâque du Christ

Jésus est mort lors de la célébration de la Pâque juive ; elle attirait à Jérusalem une foule énorme, ce qui explique la prudente présence du tétrarque de Galilée, Hérode Antipas, et celle du procurateur romain, Ponce Pilate.

Le dernier repas de Jésus avec ses disciples évoque ce repas pascal familial accompagné de chants et des prières. Pressentant sa mort imminente, Jésus y donne en partage à ses disciples, en signe de l'Alliance nouvelle annoncée par les prophètes, son corps offert pour l'humanité, sous la forme du pain, et son sang versé, sous la forme du vin. Cette Alliance de sang qui lie désormais Dieu et les hommes sera effectivement scellée par la mort de Jésus à l'heure où l'on immole, au Temple, les agneaux de la Pâque.

Mais la nouvelle Pâque du Christ s'exprime dans sa résurrection, victoire sur la mort et le péché, par laquelle Jésus le Christ se révèle le Fils de Dieu et ouvre aux hommes la plénitude de la vie en Dieu, but de toute sa mission.

La Pâque des chrétiens

L'accomplissement par le Christ de la délivrance annoncée par la Pâque juive explique pourquoi l'événement et la fête de Pâques sont au cœur de toute la liturgie et de la vie chrétiennes. Les premiers chrétiens faisaient de chaque dimanche, « premier jour de la semaine », un mémorial de la Résurrection du Christ. Au IIe siècle, l'Église choisit de célébrer solennellement chaque année la fête de Pâques, dont la date fut fixée d'après la nouvelle lune de printemps, comme la Pâque juive. La datation de Pâques donna d'ailleurs lieu, aux IIe et IIIe siècles, à des dissensions ; et, de nos jours, elle n'est pas la même dans les Églises orthodoxes d'Orient et dans l'Église catholique (mais par contre, elle est la même dans cette dernière et dans les communautés protestantes). ■

▶▶▶

Jésus n'a par revécu comme avant ; il est entré dans un autre univers qui n'est plus notre univers de la matière, de l'espace et du temps, et que nous ne pouvons donc nous représenter. Il est vivant, désormais, d'une vie nouvelle, dans la gloire de Dieu. (Voir p. 678.)

Cette conviction est une conviction de foi et les chrétiens ne peuvent pas apporter une preuve scientifique de la résurrection du Christ ; ils font remarquer combien il est difficile d'expliquer le témoignage des apôtres et des martyrs, la diffusion de l'Évangile et deux mille ans de christianisme, si l'on n'admet pas, à l'origine de cet énorme mouvement, un fait mystérieux mais réel qui leur permet de prendre au sérieux la parole de Jésus : « Je suis avec vous jusqu'à la fin du monde ».

L'AGNEAU DE DIEU

Peuple de bergers, Israël a toujours aimé, dans l'expression de sa foi, les comparaisons pastorales : le bon pasteur, l'agneau, le loup, la brebis perdue, le bercail...
Au centre du repas de la fête de Pâques, qui célébrait la délivrance d'Israël, on mangeait l'agneau pascal, dont le sang avait marqué les portes des maisons pour les protéger de la dernière plaie d'Égypte (Ex 12). Plus tard, les prophéties d'Isaïe (53, 7-12) et de Jérémie (11, 19) avaient annoncé la venue d'un serviteur de Dieu, doux comme l'agneau, qui se laisserait comme lui mener à l'abattoir, et par qui s'accomplirait le dessein de salut de Dieu. Enfin, Jean-Baptiste avait désigné Jésus à ses disciples comme « l'agneau de Dieu qui enlève le péché du monde » (Jn 1, 29).
Or la Passion de Jésus s'est précisément déroulée en ce temps de la Pâque pour la célébration de laquelle les Juifs égorgeaient des milliers d'agneaux. Lorsque la veille de sa mort, au cours du repas pascal, il leur a donné une coupe de vin en leur disant : « Ceci est mon sang, le sang de l'Alliance, versé pour le pardon des péchés » (Mt 26,27-28), ses disciples ont donc bien compris qu'ils se présentait comme « l'agneau de Dieu ». Aussi bien, dans l'*Apocalypse* de Jean (5 ss), le Christ ressuscité est-il symbolisé par un agneau égorgé, mais vivant, glorieux et victorieux.
Dans chaque messe aujourd'hui, juste avant la communion, le Christ Jésus est invoqué comme « Agneau de Dieu ». ■

L'ASCENSION

La dernière apparition de Jésus après la Résurrection est marquée par son départ ; il est élevé aux cieux sous les yeux de ses disciples (Mc 16,19 ; Lc 24,50-53 ; Ac 1,9-12).
Nous ne pouvons savoir, malgré les précisions de date et de lieu que donnent les *Actes des Apôtres* (quarante jours après la Résurrection, au mont des Oliviers...), dans quelles conditions s'est réalisée cette dernière rencontre ; mais nous en comprenons la signification, évidente pour les Juifs nourris de l'Écriture. Monter aux cieux, c'est rejoindre le domaine de Dieu, c'est entrer dans sa gloire, c'est exprimer visiblement tout ce qui est réalisé par la Résurrection. Jésus ne veut pas laisser penser qu'il abandonne pour autant les hommes ; c'est pourquoi il annonce à ses disciples la venue de l'Esprit Saint, et il leur promet d'être avec eux pour annoncer au monde entier la bonne nouvelle du salut.
Dès le IVe siècle à Jérusalem, c'est-à-dire dès l'établissement de la paix religieuse, la fête de l'Ascension était marquée par une procession vers le mont des Oliviers. Cette fête, qui complète celle de Pâques et prélude à la Pentecôte, est aujourd'hui en France l'une des quatre fêtes chrétiennes légalement chômées (avec Noël, l'Assomption et la Toussaint). ■

9. LES TÉMOINS DE JÉSUS [1]

Le nouveau Testament

Avant de les quitter, Jésus a chargé ses apôtres de diffuser la Bonne Nouvelle du salut en se faisant ses témoins « jusqu'aux extrémités de la terre », leur promettant d'être avec eux « jusqu'à la fin des temps » par l'assistance de son Esprit (Mt 28, 19-20 ; Ac 1, 6-9).

Le récit de la Pentecôte par les *Actes des Apôtres* (Ac 2, 1-41) évoque ce don de l'Esprit.

Les deux événements de la résurrection de Jésus et de la venue de l'Esprit Saint ouvrent pleinement les disciples au mystère de ▶▶▶

(1) Voir p. 593 et suiv. L'expérience paschale.

LES LANGUES DE FEU

L'expression « langues de feu », généralement employée à propos de l'événement de la Pentecôte, n'est pas exactement celle qu'emploie le livre des *Actes des Apôtres* (2,3) pour décrire la venue de l'Esprit Saint sur les disciples réunis. Selon ce texte, en effet, « des langues leur apparaissent, comme du feu qui, se divisant, se posèrent sur chacun d'eux ».
Le feu est un symbole classique de Dieu dans ses apparitions (théophanies) (cf. buisson ardent). La forme prise par le feu, les langues, permet de jouer sur le double sens de ce mot, en grec comme en français, et d'établir la relation entre le feu et le fait que les apôtres s'adressent à la foule en diverses langues (2,4), chaque peuple comprenant « en sa propre langue » leur enseignement (2,5 à 11). ■

Récit de la Pentecôte[1]

Le jour de la Pentecôte étant arrivé, ils se trouvaient tous ensemble dans un même lieu quand, tout à coup, vint du ciel un bruit tel que celui d'un violent coup de vent qui remplit toute la maison où ils se tenaient. Ils virent apparaître des langues qu'on eut dites de feu ; elles se divisaient et il s'en posa une sur chacun d'eux. Tous furent alors remplis de l'Esprit Saint et commencèrent à parler en d'autres langues, selon que l'Esprit leur donnait de s'exprimer.

Or il y avait, résidant à Jérusalem, des hommes pieux venus de toutes les nations qui sont sous le ciel. Au bruit qui se fit, la foule s'assembla et fut bouleversée, car chacun les entendait parler sa propre langue.

Dans leur stupeur et leur émerveillement, ils disaient : « Ces hommes qui parlent ne sont-ils pas tous Galiléens ? Comment se fait-il alors que chacun de nous les entende dans sa langue maternelle ?

Parthes, Mèdes et Elamites, habitants de Mésopotamie, de Judée, de Cappadoce, du Pont et d'Asie, de Phrygie et de Pamphilie, d'Égypte et de cette partie de la Libye qui est proche de Cyrène, Romains en séjour ici, Juifs et prosélytes, Crétois et Arabes, nous les entendons publier dans notre langue les merveilles de Dieu ».

Tous étaient stupéfaits et se disaient, interdits, l'un à l'autre : « Que peut bien être cela ? » D'autres encore disaient en se moquant : « Ils sont pleins de vin doux ».

Pierre alors, debout avec les Onze, éleva la voix et leur adressa ces mots : « Hommes de Judée et vous tous qui résidez à Jérusalem, apprenez ceci, prêtez l'oreille à mes paroles. Non, ces gens ne sont pas ivres comme vous le suggérez, car voici seulement la troisième heure du jour [2]. […]

Hommes d'Israël, écoutez ces paroles : Jésus le Nazaréen, cet homme que Dieu a accrédité auprès de vous par des miracles, prodiges et signes qu'il a opérés par lui au milieu de vous, […] vous l'avez pris et fait mourir en le clouant à la croix […], mais Dieu l'a ressuscité, […] ce Jésus, nous en sommes tous témoins. Et maintenant, exalté par la droite de Dieu, il a reçu du Père l'Esprit Saint, objet de la promesse […] et l'a répandu. C'est là ce que vous voyez et entendez. […]

Dieu l'a fait Seigneur et Christ, ce Jésus que vous, vous avez crucifié.

Actes des Apôtres 2,1-36.

(1) Voir p. 301 commentaire de Jean Daniélou.
(2) C'est-à-dire environ 9 h. du matin.

La Pentecôte. Livre d'heures de Savoie. Atelier de Jean Pucelle (XIVe siècle). Musée Jacquemart André.

Ph. Bulloz

▶▶▶

Jésus Fils de Dieu et sauveur des hommes. Sans cesse bousculés par les questions que pose la vie elle-même, ils sont conduits à relire toute la vie de Jésus à la lumière de sa résurrection. C'est dans ce contexte que les premières communautés chrétiennes prêchent, célèbrent et enseignent en se référant aux actes et aux paroles de Jésus. Toute cette réflexion, on l'a vu, va progressivement se consigner, dans le cours du Ier siècle, en un ensemble d'écrits qui constituent le *Nouveau Testament* (voir Comment nous connaissons Jésus, p. 264).

Ces vingt-sept livres du *Nouveau Testament (Évangiles, Actes des Apôtres, Épîtres, Apocalypse)* constituent la référence fondamentale de la foi chrétienne.

Tout en transmettant l'enseignement de Jésus et en introduisant dans la connaissance de sa personne, ces textes offrent en outre le grand intérêt d'aider à connaître la vie des premières communautés chrétiennes, volontiers prises comme référence depuis lors par les chrétiens, du fait de leur proximité de la mission terrestre de Jésus, de la présence parmi elles de témoins très proches de celui-ci, et de bien des traits exemplaires en elles ; c'est un fait que la vie des Églises chrétiennes est restée largement tributaire des conceptions ecclésiales qui se sont fait jour dans ces premières communautés.

La vie de la première communauté chrétienne de Jérusalem

Ils étaient assidus à l'enseignement des apôtres et à la communion fraternelle, à la fraction du pain et aux prières. La crainte gagnait tout le monde : beaucoup de prodiges et de signes s'accomplissaient par les apôtres. Tous ceux qui étaient devenus croyants étaient unis et mettaient tout en commun. Ils vendaient leurs propriétés et leurs biens, pour en partager le prix entre tous, selon les besoins de chacun. Unanimes, ils se rendaient chaque jour assidûment au Temple ; ils rompaient le pain à domicile, prenant leur nourriture dans l'allégresse et la simplicité de cœur. Ils louaient Dieu et trouvaient un accueil favorable auprès du peuple tout entier. Et le Seigneur adjoignait chaque jour à la communauté ceux qui trouvaient le salut.

Actes des Apôtres 2,42-47.

Les Actes des Apôtres

Dans le Nouveau Testament, les *Actes des Apôtres* sont le seul ouvrage qui ressemble un peu à ce que nous appelons aujourd'hui de l'histoire. Il se présente en effet comme le second tome d'une « Histoire des origines chrétiennes » dont le tome premier serait l'*Évangile de Luc.*

Après une introduction semblable à celle de cet évangile, l'ouvrage comprend deux grandes parties :

1. Le récit des débuts de l'Église, centré sur la personne de saint Pierre, avec pour cadres Jérusalem, la Judée, la Syrie.

2. Le récit des progrès du christianisme, centré sur la personne de saint Paul, et relatant ses voyages missionnaires, pour s'achever à Rome.

Qui sont ?

Barnabé. Ce lévite appelé Joseph, originaire de Chypre, a été surnommé Barnabas (c'est-à-dire, selon les *Actes des Apôtres*, « fils de la consolation »). Un des premiers chrétiens, il joue un rôle important vis-à-vis de Paul : après la conversion de ce persécuteur, il réussit à le faire admettre par la communauté de Jérusalem ; envoyé par celle-ci auprès de la communauté d'Antioche, Barnabé s'adjoint Paul ; par la suite ils partent ensemble en mission en Asie Mineure (en 44 ou 45) : c'est le premier des voyages missionnaires de Paul. Ensemble encore, ils sont envoyés par l'Église d'Antioche au concile de Jérusalem (49) (p. 305) et y plaident avec succès la cause des païens convertis, afin qu'on ne les soumette pas à la circoncision. Ultérieurement, ils se séparent à propos d'un certain Jean-Marc (probablement le futur évangéliste Marc) que Paul refuse d'emmener avec eux. Barnabé part alors évangéliser Chypre, où la tradition le fait mourir.
Bien que n'ayant pas fait partie des Douze, Barnabé et Paul sont honorés dans l'Église avec le titre d'Apôtre ; ils sont les seuls dans ce cas.

Matthias. Le Christ s'était entouré de douze apôtres, destinés à être les chefs du nouveau peuple de Dieu, à l'image d'Israël qui, avec ses douze tribus, avait constitué le peuple de l'ancienne Alliance. Après la disparition de Judas, qui s'était donné la mort à la suite de sa trahison, les disciples assemblés choisirent Matthias pour lui succéder, reconstituant ainsi l'effectif primitif des douze apôtres (Ac 1,15-26). (voir p. 300)

Timothée. Disciple et collaborateur de Paul, qui lui confie l'Église d'Ephèse, il est le destinataire des deux lettres (épîtres) où celui-ci décrit le ministère d'un chef de communauté. Timothée appartient à la première génération de ceux qu'on appellera les *episkopoi*, qui va bientôt remplacer celle des apôtres.

Tite. C'est aussi le cas de Tite. De culture grecque, venu du paganisme au christianisme sans être passé par le judaïsme, il est pour Paul un collaborateur efficace et habile, souvent chargé par lui de missions difficiles (par exemple, auprès de l'Église de Corinthe troublée par un perturbateur). Il accompagne Paul au concile de Jérusalem, ainsi que dans ses deuxième et troisième voyages. Il est chargé par lui d'organiser l'Église de Crète. Dans la lettre (*Epître à Tite*) que lui adresse Paul à ce sujet, celui-ci s'exprime en termes exceptionnellement affectueux : « mon véritable enfant dans notre foi commune », « mon frère très aimé ».

L'organisation de l'Église du Ier siècle

Les Douze

Jésus n'avait pas institué d'autre organisation que celle des Douze (qu'on appellera plus tard les Apôtres). Ce chiffre de douze, on le sait, correspondait au nombre des tribus d'Israël et symbolisait le peuple de la nouvelle Alliance. C'est pourquoi l'un des premiers actes de l'Église naissante, avant même la Pentecôte, fut, à l'initiative de Pierre, de rétablir ce nombre en désignant Matthias comme remplaçant de Judas qui s'était suicidé.

Un début d'organisation

L'accroissement rapide de la communauté des disciples conduisit bientôt les Douze à améliorer son organisation afin de rester disponibles à la prédication extérieure, leur mission première. A cet effet, ils s'adjoignirent un collège d'*anciens* ou *presbytres* (en grec presbuteroi, d'où viendra le mot français *prêtre*), avec lesquels ils partagèrent la présidence des assemblées et la conduite de la prière. En outre, à la suite de récriminations des membres de la communauté originaires de la Diaspora et parlant grec (les hellénistes), qui se plaignaient que leurs veuves fussent désavantagées dans l'entraide, les Douze firent désigner par la communauté sept serviteurs (en grec *diakonoi*), les *diacres*, pour le « service des tables », choisis parmi les hellénistes. Leur chef, Etienne, allait bientôt s'illustrer par l'ardeur de sa foi chrétienne et par son martyre. Il est probable qu'en fait les diacres assurèrent parmi les hellénistes les fonctions des presbytres parmi les hébreux (Juifs de Palestine).

Des missionnaires

Il fallait porter la prédication de l'Évangile hors de Jérusalem, et même au-delà de la Palestine. On en chargea des apôtres (en grec *apostoloi*, c'est-à-dire envoyés, missionnaires) qui se déplaçaient généralement par groupes de deux ou trois. Les Douze furent les premiers à se déplacer de la sorte ; les pérégrinations de Pierre le conduisirent ainsi jusqu'à Rome, où il devait être mis à mort. Les nouvelles communautés se multiplièrent. Celle d'Antioche, une des toutes premières, devint à son tour un actif foyer missionnaire ; c'est elle qui constitua la base d'où rayonnèrent Paul et Barnabé. Une répartition des tâches intervint entre apôtres ; Paul fut particulièrement chargé des « gentils » (les païens), Pierre des Juifs du littoral méditerranéen, Jean de l'Asie Mineure.

Un chef de communauté

Simultanément, la communauté de Jérusalem fut dotée d'un responsable, un *episkopos* (en grec : surveillant), choisi parmi les presbytres et présidant leur collège : ce fut Jacques « frère du Seigneur » (homonyme des deux Apôtres). Tout en poursuivant la tâche missionnaire attribuée à chacun d'eux, les Douze restaient, aux yeux de tous, les témoins de la résurrection du Christ, les dépositaires des pouvoirs que celui-ci leur avait conférés, les garants de la communion entre les communautés en voie de multiplication. Conférant aux nouveaux responsables les pouvoirs reçus du Christ, ils leur imposaient les mains, rite originel de l'organisation.

Les ministères se précisent

Au fur et à mesure de leur création, les communautés étaient placées chacune sous l'autorité d'un collège d'anciens appelés tantôt *presbuteroi* tantôt *episkopoi*, présidé par l'un d'eux ; le président d'un collège de *presbuteroi* portait souvent le titre d'*episkopos*, qui finit par se généraliser pour désigner le chef de l'Eglise locale (évêque). Ce dernier était en outre assisté de *diakonoi* (diacres), plus directement sous son autorité que les *presbuteroi ;* d'où, parfois, des tensions internes entre les deux groupes.

En outre, les Églises locales avaient fréquemment leurs *apostoloi* (missionnaires), leurs prophètes (prédicateurs mus par l'Esprit Saint), leurs docteurs (experts en Écriture Sainte chargés de l'enseignement).

Sans pouvoir toujours éviter erreurs, divisions ou malfaçons, partout l'exercice de la responsabilité était considéré comme un service (un ministère), service de la Parole de Dieu et de la communauté. ■

Le livre se termine brusquement après l'arrivée de Paul à Rome. Cela signifie-t-il qu'il a été achevé avec la mort de Pierre et de Paul, vers 64 ? Ou bien que l'auteur estime avoir terminé sa tâche en conduisant son héros, Paul, vers le but, la capitale de l'Empire ? Quoi qu'il en soit, on s'accorde de plus en plus à placer la composition du livre entre 65 et 80.

L'auteur est certainement un compagnon de Paul, puisque, dans le texte, il a même inséré des fragments de son journal de bord écrits à la première personne du pluriel (« nous sommes arrivés... »). Son excellent usage du grec, sa connaissance du milieu d'Antioche, tout désigne l'évangéliste Luc comme auteur.

Certains ont suspecté la valeur de ce récit, en y voyant soit un arrangement conciliateur entre partisans de Pierre et partisans de Paul, soit un plaidoyer en faveur de Paul auprès du tribunal romain. Il serait plus juste de dire que Luc a voulu conserver à la communauté chrétienne le souvenir des premiers temps du christianisme dont il a été le témoin, et montrer l'action de l'Esprit Saint le fondant et guidant sa croissance à travers tous les obstacles humains. Il décrit la vie des premières communautés, souligne le grand passage de l'Évangile du monde juif au monde païen, et unit dans son admiration les deux « colonnes » de l'Église, Pierre et Paul.

▶▶▶

Lorsqu'un mot, une expression, un événement, une institution, un nom propre vous sont inconnus, consultez l'index.

Qu'est-ce que ?

Agape. Du grec *agapè* désignant dans le vocabulaire du Nouveau Testament l'amour-charité : amour de Dieu pour l'homme, amour de l'homme pour Dieu et pour les autres hommes. Dans les premières communautés chrétiennes, l'agape était un repas fraternel, incluant ou non l'eucharistie. Des abus entraînèrent son interdiction par les autorités ecclésiastiques à partir du IVe siècle. Seule subsista la liturgie de la fraction du pain (eucharistie).

Apôtre. (Du grec *apostolos*, envoyé, chargé de mission). Dans la primitive Église, membre de la communauté chargé de l'évangélisation. L'*Évangile de Luc* donne ce nom aux Douze choisis par Jésus, et chargés par lui d'annoncer l'Évangile au monde entier.

Circoncision. (Voir Index). Chez les Juifs, signe de l'Alliance entre Israël et Dieu depuis Abraham, elle était pratiquée le 8e jour de la naissance. La question de savoir si elle devait être imposée aux païens convertis au christianisme divisa profondément les premières communautés chrétiennes. Paul parvint à faire admettre que la seule véritable appartenance au Christ résultait de la foi et de la « circoncision du cœur » (voir p. 305).

Quatre traits essentiels des premières communautés

Quatre traits essentiels marquent les premières communautés chrétiennes : la première catéchèse, les premières professions de foi, la première liturgie, leur esprit fraternel.

1. Leur catéchèse diffuse la prédication orale des apôtres, lesquels se portent témoins de la vie, de la mort, de la résurrection et de l'enseignement de Jésus-Christ. Cette catéchèse adapte leur enseignement à ses divers destinataires (Juifs hébraïsants, Juifs hellénistes, païens, etc.). On le sait, c'est l'origine du processus aboutissant aux évangiles. On le sait également, cet enseignement trouve son écho dans d'autres textes de cette période. Les uns et les autres forment le *Nouveau Testament.*

2. Leurs professions de foi résument en quelques mots l'essentiel de l'enseignement des apôtres ; elles proclament toutes la même conviction face aux Juifs et aux païens : « Jésus est le Christ ; mis à mort, il a été réssuscité par Dieu pour le pardon des péchés et le salut des hommes, nous en sommes témoins ». On a donné à ces professions de foi le nom de *Kerygme* (en grec *kerygma*, proclamation).

3. Leur liturgie comporte essentiellement le *baptême*, donné par immersion à des adultes préalablement préparés par une catéchèse ; la *fraction du pain*, accompagnée de prières de louange et d'une prédication : ce qu'on appellera plus tard l'eucharistie ; elle était notamment célébrée le dimanche en commémoration de la résurrection du Christ ; *l'imposition des mains*, conférant l'Esprit Saint aux ministres mis au service des communautés (diacres, « anciens », « épiscopes »), et qu'on appellera plus tard l'ordination.

4. L'esprit fraternel et désintéressé régnant dans la première communauté chrétienne, rapporté dans les *Actes des Apôtres*, peut-être avec lyrisme, n'en semble pas moins avoir été un trait qui a frappé les témoins extérieurs et attiré beaucoup d'entre eux. Sans doute, les mêmes *Actes des Apôtres* évoquent d'autres situations, notamment des tensions et même des divisions qui montrent que les choses n'étaient pas aussi simples. Cet esprit de fraternité et de pauvreté n'en restera pas moins comme un souvenir vivace dans la mémoire collective du christianisme, suscitant à diverses époques des mouvements se voulant un retour aux sources. ■

Qu'est-ce que ?

Craignant-Dieu. Dans le judaïsme, ce terme désignait les non-Juifs ralliés à la foi juive et à certaines de ses pratiques (sabbat, prescriptions alimentaires, etc.), mais sans pour autant se faire circoncire ; comme tels, ils ne pouvaient être considérés comme membres du peuple juif, à la différence des prosélytes.

Diaspora.(En grec dispersion). Ensemble des communautés juives vivant hors de Palestine ; elles ressentaient cette situation comme un exil. Un grand nombre de communautés chrétiennes prendront naissance dans la Diaspora.

Gentil. Les Juifs appelaient les non-Juifs, avec une nuance de mépris, *goyim*, littéralement « les nations », ce qui a été traduit en latin *gentes*, d'où le mot français *gentils*. Les mêmes termes ont été repris, mais dans un autre esprit, par les premiers chrétiens pour désigner les païens. Paul sera « l'apôtre des gentils ».

Grec. Dans le Nouveau Testament le mot désigne fréquemment toute personne, même juive, de langue et de culture grecques.

Hébreux. Dans la communauté juive de Jérusalem au temps du Christ, et dans la première communauté chrétienne, le mot désignait, pour les distinguer des Juifs hellénistes, les Juifs demeurés en pays d'Israël qui parlaient l'araméen (devenu la langue courante). Un des textes du Nouveau Testament est une *Lettre aux Hébreux*, dont l'auteur est probablement un disciple de saint Paul.

Ph. Giraudon

Porte sud, dite de la Persécution, à Ephèse (VIᵉ s.), dans l'actuelle Turquie.

Hellénistes. Juifs de langue et culture grecques (en particulier appartenant à la Diaspora).

Incirconcis. Terme employé de manière péjorative dans la communauté juive pour désigner les non-Juifs ; les Juifs infidèles à leur religion recevaient à l'occasion ce qualificatif méprisant.

Judaïsants. Les historiens désignent ainsi ceux des Juifs chrétiens qui, aux débuts de l'Église, voulaient imposer aux païens convertis la stricte observation de la loi juive, et notamment la circoncision. Les judaïsants seront les adversaires irréductibles de Paul.

Judéo-chrétiens. Terme employé par les historiens pour désigner les chrétiens d'origine et de coutumes juives, qu'ils soient hébreux ou hellénistes, judaïsants ou non.

Néophyte. (Du grec *neos*, nouveau, et *phuein*, naître). Dans la primitive Église, chrétien récemment baptisé, ainsi venu à une « vie nouvelle ».

Pagano-chrétiens. Terme employé par les historiens pour désigner, parmi les premiers chrétiens, ceux d'origine païenne, et les distinguer des « judéo-chrétiens ».

Prosélyte. (Du grec *proselutos*, étranger établi dans le pays). Chez les Juifs, païen converti au judaïsme et agrégé au peuple juif selon un rite comportant la circoncision, un bain de purification et un sacrifice au Temple. Les prosélytes se distinguaient des craignant-Dieu qui, n'étant pas circoncis, n'étaient pas membres de la communauté juive.

Ph. Roger-Viollet

La conversion de saint Paul, Peinture de Raphaël (XVIe s.).

▶▶▶ *10. LES LETTRES (ÉPÎTRES) DU NOUVEAU TESTAMENT*

Dans le Nouveau Testament figurent vingt-et-une épîtres (le mot grec *epistolè* désigne une lettre revêtant de l'importance) : treize épîtres de Paul ou lui étant le plus souvent attribuées, une *Épître aux Hébreux*, et sept épîtres dites catholiques.

• *Les épîtres de Paul.*
Elles constituent ce qu'on appelle le « corpus paulinien » et revêtent une importance particulière aux yeux des chrétiens parce que c'est là que se trouve exposée la théologie de Paul.

Ses treize épîtres, désignées par le nom de leurs destinataires respectifs, sont traditionnellement classées, non par ordre chronologique, mais par ordre de longueur décroissante : *Romains* (Rm), *1e et 2e Corinthiens* (1, 2 Co), *Galates* (Ga), *Ephésiens* (Ep), *Philippiens* (Ph), *Colossiens* (Col), *1e et 2e Thessaloniciens* (1, 2 Th), *1e et 2e à Timothée* (1, 2 Tm), *Tite* (Tt), *Philémon* (Phm).

Parmi ces épîtres, sont dites *de la captivité* (*Philippiens, Colossiens, Philémon,* mais non la *2e à Timothée*) celles où il est fait allusion à une captivité de Paul, sans qu'on sache d'ailleurs laquelle (il a été arrêté plusieurs fois), ni s'il s'agit toujours de la même. *Les épîtres pastorales* sont les deux *Épîtres à Timothée* et l'*Épître à Tite.* Elles sont appelées ainsi parce qu'elles donnent des instructions à de jeunes responsables d'Églises, des pasteurs.

• *L'Épître aux Hébreux.*
D'auteur inconnu, elle est, ainsi qu'on le verra, plus une homélie qu'une lettre.

• *Les épîtres catholiques.*
Elles sont appelées ainsi parce que ce sont des lettres circulaires qui s'adressent à tous (ce qui est le sens ancien du mot catholique). Normalement, on appelle catholique l'*Épître de Jacques,* les deux *Épîtres de Pierre,* la première de *Jean* (par facilité, on ajoute les deux autres épîtres de *Jean*) et enfin l'*Épître de Jude.* ▶▶▶

La mission de Paul dans l'Église des origines

On sait la place considérable tenue par Paul dans l'élaboration de la pensée chrétienne. On évoquera seulement ici sa contribution à l'expansion de l'Église des origines, bien que chez lui pensée et action soient indissociables.

En sa personne déjà se trouve symbolisée la rencontre des trois cultures (juive, grecque, romaine) qui marquera la diffusion du christianisme : né en Asie Mineure (à Tarse) entre 5 et 15 d'une famille juive zélée, et lui-même pharisien ayant reçu une solide formation rabbinique à Jérusalem, il parle grec et, par sa famille, bénéficie du privilège précieux de la citoyenneté romaine.

Il n'a pas connu le Christ ; à Jérusalem il fait d'abord partie des Juifs les plus hostiles aux chrétiens, et il les pourchasse sans ménagements ; il assiste en l'approuvant à la lapidation d'Etienne. C'est en se rendant à Damas pour y rechercher des chrétiens, vers 38, que, jeté à terre par une force invincible (« Saul, Saul, pourquoi me persécutes-tu ? »), il reçoit la révélation qui va faire de lui l'un des plus ardents disciples de ce Christ jusqu'alors détesté. Le voilà désormais au service de la jeune Église et de l'Évangile qu'elle annonce (Ac 9).

L'essentiel de sa mission va s'accomplir au cours de trois grands périples, entre 44 et 58, par terre et par mer, un quatrième voyage le conduisant captif à Rome en 59. Ces voyages sont hérissés de difficultés et semés de périls.

« Cinq fois j'ai reçu des Juifs les trente-neuf coups de fouet ; trois fois j'ai été flagellé ; une fois lapidé ; trois fois j'ai fait naufrage, perdu au-dessus de l'abîme un jour et une nuit. J'ai fait tant de voyages et affronté tant de dangers, dangers des fleuves et des brigands, de mes compatriotes et des païens, dangers des villes, des déserts, des mers, des faux-frères. Travaux pénibles et dures épreuves, nuits sans dormir, la faim, la soif, le froid, le dénuement... » (2 Co 11,24-27).

L'hostilité des Juifs, et des judéo-chrétiens dont il était pourtant, le conduit très vite à se consacrer à ceux qui paraissent le plus loin du christianisme, les païens (que les Juifs appellaient les « gentils ») ; il sera surnommé « l'Apôtre des gentils ».

On verra par ailleurs son rôle décisif, dans la grave controverse qui divisa la communauté chrétienne sur le point de savoir si on devait imposer les exigences de la Loi juive, et notamment la circoncision, aux païens convertis.

Indépendamment même de son œuvre théologique, le bilan de son action missionnaire est considérable. Il a multiplié et consolidé les Églises en Asie Mineure (Galatie, Ephèse) et contribué à faire pénétrer le christianisme dans le monde occidental en évangélisant les grandes villes de Grèce (Philippes, Thessalonique, Corinthe – mais a subi un échec à Athènes), ainsi que Rome. Il n'a cessé de soutenir son action sur le terrain par une active correspondance (ses Épîtres) ; celle-ci va bien au delà de la stimulation des Églises auxquelles elle s'adresse, et délivre un véritable corps de la doctrine chrétienne ; considérée par les Églises chrétiennes comme appartenant aux textes inspirés, elle fait partie à ce titre du *Nouveau Testament.*

Paul a été mis à mort à Rome, probablement en 67, sans doute peu après Pierre. Ils sont vénérés conjointement et considérés ensemble comme les « colonnes de l'Église », selon Clément, évêque de Rome vers 95. ■

La théologie de saint Paul

Toute la théologie de saint Paul découle de l'expérience qu'il fit sur le chemin de Damas. « Soudain, une lumière venue du ciel l'enveloppa de son éclat. Tombant à terre, il entendit une voix qui lui disait : "Saul, Saul, pourquoi me persécuter ?" "Qui est-tu Seigneur ?", demanda-t-il. "Je suis Jésus, c'est moi que tu persécutes. Mais relève-toi, entre dans la ville et on te dira ce que tu dois faire" » (Ac 9, 3-6).

Sur la route de Damas, il « voit » la gloire de Dieu, il comprend que Dieu lui parle par la voix de Jésus. Il identifie donc Jésus et Dieu ; il identifie celui que la Loi déclarait maudit, parce qu'il avait été pendu sur la croix (Dt 21, 22-23 cf. Ga. 3, 13), avec le Béni de Dieu. C'est donc que la Loi – à laquelle il avait donné sa vie – l'avait rendu aveugle à la véritable volonté de Dieu.

Sur la route de Damas, il entend Jésus-Dieu lui dire : « Je suis Jésus que tu persécutes », alors qu'il n'avait jamais sans doute rencontré le Christ et n'avait persécuté que des chrétiens. Dès lors, il va identifier les chrétiens au Christ, ce qu'il finira par exprimer dans sa théologie du Corps du Christ.

« On te dira ce que tu dois faire » : Paul, dès Damas, se sentira apôtre, envoyé par le Christ, lié à lui d'une manière toute spéciale (« ma vie c'est le Christ ») et totalement dépendant de lui. ■

TABLEAU CHRONOLOGIQUE DE LA VIE DE PAUL

Vers 7-10	Naissance de Paul à Tarse		
14			Mort d'Auguste Tibère empereur
7 avril 30	Mort de Jésus		
Hiver 36-37	Lapidation d'Étienne, approuvée par Paul		
	Conversion de Paul		
36-39	Paul à Damas, puis en Arabie, puis de nouveau à Damas		
37			Mort de Tibère Caligula empereur
39	Voyage de Paul à Jérusalem, rencontre avec Pierre		
39-42	Séjour de Paul à Tarse		
41			Claude empereur
43-44	Séjour à Antioche. Barnabé fait appel à lui.		
Vers 44 (?)	Famine, collecte et voyage à Jérusalem avec Barnabé		
Vers 45-49	Premier voyage-mission Assemblée de Jérusalem Conflit avec Pierre		
49			Claude chasse de Rome les Juifs qui s'agitent,« sous l'impulsion de Chrestos » (Suétone).
50-52	Deuxième voyage-mission	**1er et 2e Thessaloniciens**	
53-58	Troisième voyage-mission	**Galates**	
54			Néron empereur
54-57	Paul est 27 mois à Ephèse	**2e Corinthiens**	
V. 56		**1er Corinthiens**	
57-58		**Romains**	
58	Paul célèbre Pâques à Philippes		
58-60	Prisonnier à Césarée		
60	Appel à César		
Automne 60	Transfert de Paul à Rome. Le mauvais temps lui fait passer l'hiver à Malte		
61-63	Paul prisonnier à Rome	**Philémon Colossiens Ephésiens Philippiens**	
63-67 ?	Libération de Paul ?	**1er et 2e Timothée Tite**	Incendie de Rome
?	Voyage «aux limites de l'Occident » ?		
66	Second emprisonnement à Rome ?		
67 ?	Martyre		

L'Épître aux Romains (Rm)

Date probable d'écriture Printemps 57 ou 58.

Auteur Paul

Destinataire La communauté chrétienne de Rome (où, peut-être, les communautés judéo-chrétienne et pagano-chrétienne étaient divisées).

Contexte Après son troisième voyage missionnaire, Paul, estimant qu'il a bien travaillé en Orient, veut évangéliser l'Occident.

But Donner une sorte de synthèse de ce qui constitue le cœur de son enseignement : le don de la grâce, la justification par la foi, la vie du chrétien uni à la vie du Christ par l'Esprit, et ainsi libéré de l'empire du péché et de la mort.

Première Épître aux Corinthiens (1 Co)

Date probable d'écriture Printemps 56

Auteur Paul

Destinataire La communauté de Corinthe (Grèce) avec laquelle Paul est très lié puisqu'il l'a fondée entre 50 et 52.

Contexte Corinthe était une ville très cosmopolite, traversée de multiples courants religieux, pleine de vie et de corruption de toutes sortes. La communauté chrétienne, dans ce contexte, a beaucoup de difficultés à vivre selon l'Évangile, d'autant que certains Corinthiens ont été séduits par un des premiers prédicateurs du temps, Apollos, et en ont tiré prétexte pour s'opposer à Paul.

But Paul cherche à rassembler la communauté et à lui permettre de se situer par rapport à la culture ambiante.

L'amour fraternel

Quand je parlerais en langues, celle des hommes et celles des anges, s'il me manque l'amour, je suis un métal qui résonne, une cymbale retentissante.

Quand j'aurais le don de prophétie, la connaissance de tous les mystères et de toute la science, quand j'aurais la foi la plus totale, celle qui transporte les montagnes, s'il me manque l'amour, je ne suis rien.

Quand je distribuerais tous mes biens aux affamés, quand je livrerais mon corps aux flammes, s'il me manque l'amour, je n'y gagne rien.

L'amour prend patience, l'amour rend service, il ne jalouse pas, il ne plastronne pas, il ne s'enfle pas d'orgueil, il ne fait rien de laid, il ne cherche pas son intérêt, il ne s'irrite pas, il n'entretient pas de rancune, il ne se réjouit pas de l'injustice, mais il trouve sa joie dans la vérité.

Il excuse tout, il croit tout, il espère tout, il endure tout.

L'amour ne disparaît jamais.

Les prophéties ? Elles seront abolies.

Les langues ? Elles prendront fin.

La connaissance ? Elle sera abolie.

Car notre connaissance est limitée et limitée notre prophétie. Mais quand viendra la perfection, ce qui est limité sera aboli.

Lorsque j'étais enfant, je parlais comme un enfant, je pensais comme un enfant, je raisonnais comme un enfant.

Devenu homme, j'ai mis fin à ce qui était propre à l'enfant.

A présent, nous voyons dans un miroir et de façon confuse, mais alors, ce sera face à face.

A présent, ma connaissance est limitée, alors je connaîtrai comme je suis connu.

Maintenant donc ces trois-là demeurent, la foi, l'espérance et l'amour, mais l'amour est le plus grand.

1re Épitre aux Corinthiens 13, 1-13.

Deuxième Épître aux Corinthiens (2 Co)

Date probable d'écriture	Il n'est pas sûr que la deuxième lettre aux Corinthiens ne représente qu'une seule lettre ; elle serait plutôt l'assemblage de deux lettres dont la deuxième pourrait être datée de 56 ou 57. Les versets 10, 13 pourraient être un fragment d'une lettre envoyée en 55.
Auteur	Paul
Destinataire	La communauté de Corinthe (Grèce).
Contexte	La communauté de Corinthe est maintenant divisée. Un de ses membres a gravement injurié Paul. Lui ou d'autres sont devenus gnostiques. Les judéo-chrétiens, eux, aussi s'opposent à Paul.
But	C'est une défense et illustration de Paul : la deuxième épître aux Corinthiens montre que l'apostolat se vit dans un lien total avec le Christ.

Un trésor dans des vases d'argile

Aussi puisque, par miséricorde, nous détenons ce ministère, nous ne perdons pas courage. Nous avons dit non aux procédés secrets et honteux, nous nous conduisons sans fourberie, et nous ne falsifions pas la parole de Dieu, bien au contraire, c'est en manifestant la vérité que nous cherchons à gagner la confiance de tous les hommes en présence de Dieu. Si cependant notre Évangile demeure voilé, il est voilé pour ceux qui se perdent, pour les incrédules, dont le dieu de ce monde a aveuglé l'intelligence, afin qu'ils ne perçoivent pas l'illumination de l'Évangile de la gloire du Christ, lui qui est l'image de Dieu.

2e Épitre aux Corinthiens 4, 1-4.

L'Épître aux Galates (Ga)

Date probable d'écriture	54 ou plus probablement 56
Auteur	Paul
Destinataire	Il y a eu débat sur cette question : on s'accorde généralement à penser que la lettre était destinée aux Galates du Nord (Asie Mineure).
Contexte	Visiblement la lettre veut s'opposer à deux déviations possibles de l'Évangile : la déviation laxiste, la déviation légaliste.
But	Il expose la doctrine de la foi libératrice. La croix est source de la liberté caractéristique de la vie nouvelle donnée par Dieu grâce au Christ.

Tu n'es plus esclave, mais fils

Mais, quand est venu l'accomplissement du temps, Dieu a envoyé son Fils, né d'une femme et assujetti à la loi, pour payer la libération de ceux qui sont assujettis à la loi, pour qu'il nous soit donné d'être fils adoptifs. Fils, vous l'êtes bien : Dieu a envoyé dans nos cœurs l'Esprit de son Fils, qui crie : Abba - Père !

Épitre aux Galates 4, 4-6.

L'Épître aux Éphésiens (Ep)

Date probable d'écriture	Certains pensent que cette lettre a été écrite vers 62-63. D'autres pensent qu'elle est postérieure à la mort de Paul.
Auteur	Paul pour certains, un disciple très proche de Paul pour d'autres.
Destinataire	De nombreux manuscrits ne portent pas de mention d'Église et il serait étonnant qu'elle ait été réellement envoyée à Ephèse par Paul, puisqu'il connaissait bien cette communauté que cette lettre semble totalement ignorer. Certains pensent qu'elle a été envoyée à Laodicée, d'autres aux Églises d'Asie.
Contexte	L'Église traverse une situation difficile.
But	Montrer ce qu'il y a de radicalement nouveau dans le monde du fait de la Résurrection du Christ, et faire percevoir qu'en lui se fait l'intégration des croyants pour former l'Église.

LE SAVIEZ-VOUS... ?

L'ordre traditionnel de présentation des épîtres de saint Paul dans le Nouveau Testament est celui de la longueur : l'épître aux Romains, la plus longue, est la première, l'épître à Philémon, la dernière, est la plus courte.

L'épître aux Hébreux, longtemps attribuée à Paul, a été placée en dernier parmi ses épîtres.

L'Épître aux Philippiens (Ph)

Date probable d'écriture	63
Auteur	Paul
Destinataire	La communauté de Philippes (Macédoine), que Paul avait fondée.
Contexte	La communauté de Philippes est certainement celle que Paul a le plus aimée.
But	S'entretenir familièrement avec des amis, les remercier et les mettre en garde contre les judaïsants.

L'Épître aux Colossiens (Col)

Date probable d'écriture	Traditionnellement datée entre 61 et 63, elle est quelquefois datée de la captivité de Césarée (58-60), voire même du séjour à Ephèse (53 à 57), ou au contraire de la fin du Ier siècle.
Auteur	La plupart des spécialistes pensent que Paul en est l'auteur.
Destinataire	L'Église de Colosses en Asie Mineure.
Contexte	Il est difficile à percevoir exactement : il semble que Paul veuille lutter contre les tendances ésotériques (prégnostiques) de certains chrétiens de Colosses.
But	Célébrer le Christ dans toutes ses dimensions et, en particulier, dans sa dimension cosmique. Faire pénétrer dans le « mystère » de l'Évangile.

Les deux épîtres aux Thessaloniciens (1 et 2 Th)

Date probable d'écriture	Première lettre, 50-51. Deuxième lettre, 52
Auteur	Paul
Destinataire	La communauté de Thessalonique (Macédoine).
Contexte	Paul a été obligé, par la communauté juive, de quitter la communauté chrétienne de Thessalonique alors qu'il n'avait pas achevé de la fonder.
But	Se réjouir de ce qui va bien dans cette jeune communauté et, dans la deuxième épître, répondre aux chrétiens qui ne voyaient pas venir le Jour du Seigneur.

Les deux épîtres à Timothée (1 et 2 Tm)

Date probable d'écriture	La première, entre 63 et 66 (pour la plupart des spécialistes) ; la seconde vers 67.
Auteur	Pour beaucoup, l'auteur de ces lettres est Paul : la difficulté, c'est, qu'il n'existe aucune donnée sur la vie de Paul après 62.
Destinataire	Timothée est un des « fils » spirituels les plus chéris de Paul. Il est probablement co-auteur avec Paul de nombre de ses écrits.
Contexte	Alors que les apôtres et les témoins de la première génération disparaissent, Paul, à la fin de sa vie, donne ses derniers conseils.
But	Veiller à l'organisation de l'Église d'Ephèse et fortifier celle-ci contre ce qui la menace.

L'Épître à Tite (Tt)

Cette épître et celles à Timothée forment ensemble les épîtres dites « pastorales » ; elles présentent pratiquement les mêmes caractéristiques, tant du point de vue de l'auteur que de la date (l'Épître à Tite est considérée le plus souvent comme contemporaine de la 1ère épître à Timothée) et du contenu : directives à un responsable d'Église. Tite, un des plus proches et chers collaborateurs de Paul, avait été chargé par lui de parachever l'organisation de l'Église fondée en Crète par Paul.

L'Épître à Philémon (Phm)

Date probable d'écriture	61-63 (ou 58-60).
Auteur	Paul
Destinataire	Un inconnu, converti par Paul.
Contexte	Onésime, l'esclave de Philémon, s'est enfui. Paul en a fait son collaborateur.
But	Faire reconnaître qu'un esclave est, dans le Christ, l'égal de tous les autres hommes.

UNE HOMÉLIE POUR CHRÉTIENS AUX JAMBES FLAGEOLANTES

L'Épître aux Hébreux (He)

Vers les années 70, les choses ne vont pas bien dans certaines communautés chrétiennes ; et voici que s'annoncent de graves persécutions. Certains sont accablés par le découragement : leurs genoux sont chancelants (He 12, 3-12), ils sont peut-être même tentés par l'apostasie. Quelqu'un (de culture grecque et biblique à la fois), inconnu aujourd'hui, essaie de redonner vigueur à ses frères chrétiens par une vigoureuse homélie : l'Épître aux Hébreux n'est pas une lettre, c'est un sermon (He 13, 22) que l'on a transcrit et que l'on a fait circuler. Il est sévère : vous êtes en plein désarroi devant les difficultés ? Ce n'est pas étonnant ! Vous n'avez pas pris au sérieux le message que vous avez reçu ; vous vous êtes contentés d'un enseignement élémentaire sur le Christ. Allons ! Il est temps d'en finir avec le « petit lait » (5, 12) du catéchisme pour enfants ! Approfondissez votre foi ! Fixez les yeux sur son chef (12,2) Jésus-Christ, qui est « le même hier et aujourd'hui et pour l'éternité » (13, 8). Contemplez-le, il est notre grand prêtre (9, 11).

Le grand prêtre, tous ceux qui ont approché le judaïsme savent quelle est sa fonction : il est celui qui, une fois l'an, pénètre dans le Saint des Saints, là où Dieu réside, et offre un sacrifice d'expiation, disons de réconciliation avec Dieu (fête du Kippour).
Notre auteur affirme que le Christ est le grand prêtre parfait car il s'est offert lui-même, une fois pour toutes, pour réconcilier l'humanité avec Dieu. Et ce grand prêtre est le frère des chrétiens ; « Semblable à nous, il a été éprouvé en tous points, comme nous, mais sans pécher » (4, 15), et jusque dans notre sort qui est de mourir (9, 27-28).

Les conséquences pour les hommes ? Le Christ nous a ouvert le passage, renversant toutes les anciennes barrières. La rencontre avec Dieu est possible, et pas seulement une fois par an pour un seul membre du peuple juif, mais, grâce au Christ, pour tous, tout le temps. Il est désormais possible de s'approcher de Dieu et de lui présenter sa vie dans ce qu'elle a de plus profond : le don de soi à Dieu, le progrès de l'amour fraternel, la solidarité effective.

Si être uni au Christ ouvre le chemin vers Dieu, cette union ne peut se vivre de manière individualiste. L'auteur rappelle aux chrétiens que c'est ensemble que « nous devons courir avec endurance l'épreuve qui nous est proposée » (12,1). Cela veut dire qu'il faut accepter de se réunir pour parler et célébrer, car c'est dans ces réunions qu'est proclamée « la vivante parole de Dieu, énergique et plus tranchante qu'un glaive à double tranchant » (4, 12). Le Fils de Dieu nous a tout dit (1, 1-2).

Le prédicateur de l'*Épître aux Hébreux* ne cherche pas à faire un cours de théologie, il n'explique pas comment les chrétiens sont unis au sacrifice du Christ. Il l'affirme avec des catégories de pensée puisées dans la culture biblique. Il redit sans cesse l'espérance proposée en demandant à chacun, dans la tempête, de s'attacher à la seule véritable « ancre » (6, 19), Jésus-Christ.
Cette image de l'ancre, symbole de l'espérance en Jésus-Christ, figurera souvent sur les sépultures chrétiennes des catacombes (voir ce mot). ■

L'Épître de Jacques (Jc)

Date probable d'écriture 57-62 ou 80-90 ?

Auteur Sans doute Jacques, « le frère » (le cousin) du Seigneur (et non l'un des Douze), ou plutôt un de ses disciples, parlant un très bon grec.

Destinataire La lettre n'est pas claire à ce sujet Il semble s'agir de chrétiens commerçants en denrées alimentaires, se retrouvant dans une grande ville, et d'origine judéo-chrétienne.

Contexte C'est plutôt celui d'un sermon.

But Incarner l'Évangile dans la vie quotidienne.

La Première Épître de Pierre (1 P)

Date probable d'écriture Peu avant 64.

Auteur Pierre avec la collaboration de Silas ou Silvain, chrétien de Jérusalem parlant bien le grec.

Destinataire Les chrétiens dispersés dans le monde.

Contexte L'auteur s'adresse à une communauté qui a déjà été catéchisée et qui fait face à certains problèmes de la vie quotidienne.

But L'auteur s'emploie à centrer toute la vie chrétienne sur l'espérance enracinée dans l'œuvre du Christ.

La Deuxième Épître de Pierre (2 P)

Date probable d'écriture 125 (?)

Auteur L'auteur prétend être Simon Pierre, mais il est plus probablement un membre des cercles de disciples de Pierre.

Destinataire Des judéo-chrétiens

Contexte Il semble que ce soit celui de la division des communautés chrétiennes et de leur difficulté à faire face aux hérésies gnostiques et autres.

But C'est un essai de synthèse pastorale entre différentes tendances de l'Église primitive et, sans se priver de jugements sévères, la mise en avant de l'Écriture comme base du dialogue dans l'Église.

Ph. von Matt-Rapho

La via Appia Antica, par laquelle saint Paul arriva captif à Rome.

Les trois lettres de saint Jean (1,2,3 Jn)

Date probable d'écriture Difficile à dire, mais certainement assez tard dans le Ier siècle.

Auteur L'absence de mention de nom dans le texte même des épîtres rend leur attribution problématique. La tradition fait de la première un texte de Jean l'Apôtre. Comme les deux autres lui ressemblent pour le style, le vocabulaire et la théologie, on peut tenir les trois épîtres pour johanniques.

Destinataire Peut-être un groupe d'Églises d'Asie Mineure.

Contexte La lutte contre les courants chrétiens judaïsants, ésotériques et pré-gnostiques.

But Affirmer clairement que la foi et l'amour sont la loi des disciples du Christ, loi qui marque une Alliance nouvelle entre Dieu et l'homme parce que la foi et l'amour viennent du Christ et s'inscrivent dans le cœur de chacun.

L'Épître de Jude (Jude)

Date probable d'écriture 80-90

Auteur Un disciple de Jude, non l'apôtre mais le « frère » du Seigneur, membre d'une communauté judéo-chrétienne.

Destinataire Sans doute les membres d'une communauté judéo-chrétienne.

Contexte Apparemment le contexte est celui de la lutte contre les gnostiques et contre ceux qui méprisent la chair.

But Avec un mode de pensée proche des milieux apocalyptiques, l'auteur essaie de refaire une lecture de la Bible pour éclairer la vie de son époque.

▶▶▶ # 11. LE RETOUR DU CHRIST OU PAROUSIE

Une pleine révélation

Le terme *révélation* désigne, dans le langage chrétien, la manière dont Dieu se fait connaître aux hommes. Dieu est connu des hommes parce qu'il s'est fait connaître dans leur histoire ; pour les chrétiens, l'histoire du peuple d'Israël trouve son accomplissement dans la venue de Jésus-Christ.

Si le mot *révélation* traduit habituellement le grec *apokalypsis*, apocalypse, il signifie surtout le *dévoilement* de Dieu dans son action, et pas seulement dans les apocalypses bibliques.

On l'utilise aussi pour désigner le contenu de la Bible.

D'après le message biblique, Dieu se révèle à tous dans la création du monde *(cosmos)*. Et les auteurs bibliques invitent les hommes à le

Ph. Giraudon

Van Eyck. L'Agneau mystique (1426-1432) ; détail du panneau central. Église Saint-Bavon. Gand.

Jésus annonce la ruine du Temple

Comme Jésus s'en allait du Temple, un de ses disciples lui dit : « Maître regarde : quelles pierres, quelles constructions ! » Jésus lui dit : « Tu vois ces grandes constructions ! Il ne restera pas pierre sur pierre : tout sera détruit. » Comme il était assis au mont des Oliviers en face du Temple, Pierre, Jacques, Jean et André, à l'écart, lui demandaient : « Dis-nous quand cela arrivera et quel sera le signe que tout cela va finir. »

Marc 13, 1-4.

Les signes annonciateurs de la crise

Jésus se mit à leur dire : « Prenez garde que personne ne vous égare. Beaucoup viendront en prenant mon nom ; il diront « C'est moi » et ils égareront bien des gens. Quand vous entendrez parler de guerres et de rumeurs de guerres, ne vous alarmez pas : il faut que cela arrive, mais ce ne sera pas encore la fin. On se dressera en effet nation contre nation, et royaume contre royaume ; il y aura en divers endroits des tremblements de terre, il y aura des famines ; ce sera le commencement des douleurs de l'enfantement. Soyez sur vos gardes. On vous livrera aux tribunaux et aux synagogues, vous serez roués de coups, vous comparaîtrez devant des gouverneurs et des rois à cause de moi : ils auront là un témoignage. Car il faut d'abord que l'Évangile soit proclamé à toutes les nations.

Quand on vous conduira pour vous livrer, ne soyez pas inquiets à l'avance de ce que vous direz ; mais ce qui vous sera donné à cette heure-là, dites-le ; car ce n'est pas vous qui parlerez, mais l'Esprit Saint. Le frère livrera son frère à la mort, et le père son enfant ; les enfants se dresseront contre leurs parents et les feront condamner à mort. Vous serez haïs de tous à cause de mon nom. Mais celui qui tiendra jusqu'à la fin, celui-là sera sauvé.

Marc 13,5-13.

La grande détresse

Quand vous verrez l'Odieux Dévastateur installé là où il ne faut pas – que le lecteur comprenne ! – alors, ceux qui seront en Judée, qu'ils fuient dans les ▶

montagnes ; celui qui sera sur la terrasse, qu'il ne descende pas, qu'il n'entre pas dans sa maison pour en emporter quelque chose ; celui qui sera au champ, qu'il ne retourne pas en arrière pour prendre son manteau ! Malheureuses celles qui seront enceintes et celles qui allaiteront en ces jours-là ! Priez pour que cela n'arrive pas en hiver. Car ces jours-là seront des jours de détresse comme il n'y en a pas eu de pareille depuis le commencement du monde que Dieu a créé jusqu'à maintenant, et comme il n'y en aura plus. Et si le Seigneur n'avait pas abrégé ces jours, personne n'aurait la vie sauve ; mais à cause des élus qu'il a choisis, il a abrégé ces jours. Alors, si quelqu'un vous dit « Vois, le Messie est ici ! Vois, il est là ! », ne le croyez pas. De faux messies et de faux prophètes se lèveront et feront des signes et des prodiges pour égarer, si possible, même les élus. Vous donc, prenez garde, je vous ai prévenus de tout. »

Marc 13, 14-23.

La venue du Fils de l'homme

Mais en ces jours là, après cette détresse, le soleil s'obscurcira, la lune ne brillera plus, les étoiles se mettront à tomber du ciel et les puissances qui sont dans les cieux seront ébranlées.
Alors on verra le Fils de l'homme venir, entouré de nuées, dans la plénitude de la puissance et dans la gloire. Alors il enverra les anges et, des quatre vents, de l'extrémité de la terre à l'extrémité du ciel, il rassemblera ses élus.

Marc 13, 24-27.

La leçon à tirer du figuier

Comprenez cette comparaison empruntée au figuier : dès que ses rameaux deviennent tendres et que poussent ses feuilles, vous reconnaissez que l'été est proche. De même, vous aussi, quand vous verrez cela arriver, sachez que le Fils de l'homme est proche, qu'il est à vos portes. En vérité je vous le déclare, cette génération ne passera pas que tout cela n'arrive. Le ciel et la terre passeront, mes paroles ne passeront pas. Mais ce jour ou cette heure, nul ne les connaît, ni les anges du ciel, ni le Fils, personne sinon le Père.

Marc 13,28-32.

reconnaître présent dans ce monde, et à le chanter pour cette création belle et bonne (Gn 1, Ps 104, Sg 13 et 15). Dieu se révèle aussi dans l'histoire de son peuple, dans les merveilles qu'il accomplit en sa faveur : la libération de l'esclavage d'Égypte (Exode), le retour de l'exil à Babylone, la vie sur la terre d'Israël. Ce dévoilement de la présence et de l'action de Dieu se réalise dans l'Ancien Testament par trois médiations : l'enseignement des prêtres, les oracles des prophètes, la méditation et la prière des sages.

Mais la révélation plénière de Dieu dans l'histoire atteint son dernier mot dans la venue de Jésus :

« Après avoir, à bien des reprises et de bien des manières, parlé autrefois aux pères dans les prophètes, Dieu, en la période finale où nous sommes, nous a parlé à nous en un Fils qu'il a établi héritier de tout, par qui aussi il a créé les mondes » (He 1,1, TOB).

Enfin, les croyants attendent une révélation de Dieu, au terme de l'histoire des hommes, dans la venue définitive de Jésus.

Le retour du Christ ou parousie.

Le mot *parousie* (du grec *parousia*, présence, arrivée) désignait dans le monde gréco-romain la visite officielle d'un prince. Les chrétiens l'ont employé pour désigner la venue de Jésus-Christ victorieux pour achever l'histoire du monde. A la fin des temps Jésus se manifestera dans sa gloire, il rassemblera toute l'humanité et remettra à son Père ce royaume de Dieu qu'il est venu annoncer et inaugurer sur la terre (Mt 16,28 ; 1 Co 15, 20-28, etc.).

Ce sera le « Jour du Seigneur » ou « l'Avènement du Seigneur ».

Déjà les croyants, sous l'Ancienne Alliance, attendaient, dans leurs détresses, l'intervention de Dieu, qui établirait enfin un règne de justice, un nouvel univers : ce serait le « jour de Yahvé », si souvent évoqué par les prophètes.

Presque tous les écrits du Nouveau Testament évoquent, eux aussi, la fin des temps, le retour glorieux du Christ, pour « juger les vivants et les morts » et introduire les croyants dans la vie immortelle de Dieu. Ils emploient largement, dans ce but, l'imagerie des anciens prophètes, en particulier Ezéchiel et Daniel. Ils avaient en effet la conviction que les « derniers temps » avaient été inaugurés par la venue de Jésus, sa mort et sa résurrection. Aussi les premiers chrétiens ont-ils cru d'abord ce retour du Christ tout proche ; Paul semble avoir pensé, au début de sa prédication, qu'il y assisterait de son vivant.

Progressivement, tandis que se développaient les communautés, les perspectives de la Parousie ont reculé. Les dernières lettres de Paul le montrent soucieux d'organiser l'Église, de faire progresser l'Évangile ; et l'attente du retour imminent du Christ a laissé assez vite la place à la perspective d'une résurrection personnelle et d'une immortalité bienheureuse où le Christ introduit chaque fidèle (1 Co 15).

Cette espérance de résurrection personnelle n'efface pas, bien au contraire, l'attente par les chrétiens d'un achèvement de l'histoire du salut, au delà des épreuves et péripéties de l'histoire des hommes, par le triomphe final du Christ dans sa Parousie.

C'est ce que dessine, en une large fresque, le livre de l'*Apocalypse* de Jean, par lequel s'achève toute la révélation biblique. ▪

Recommandation finale : Restez en éveil

Prenez garde, restez éveillés, car vous ne savez pas quand ce sera le moment. C'est comme un homme qui part en voyage : il a laissé sa maison, confié à ses serviteurs l'autorité, à chacun sa tâche, et il a donné au portier l'ordre de veiller. Veillez donc, car vous ne savez pas quand le maître de la maison va venir, le soir ou au milieu de la nuit, au chant du coq ou le matin. Craignez qu'il n'arrive à l'improviste et ne vous trouve en train de dormir. Ce que je vous dis, je le dis à tous : veillez.

Marc 13, 33-37.

Je frappe à la porte

Moi, tous ceux que j'aime, je les reprends et les corrige.
Sois donc fervent et repens-toi !
Voici, je me tiens à la porte et je frappe. Si quelqu'un entend ma voix et ouvre la porte, j'entrerai chez lui et je prendrai la Cène avec lui et lui avec moi. Le vainqueur, je lui donnerai de siéger avec moi sur mon trône, comme moi aussi, j'ai remporté la victoire et suis allé siéger avec mon père sur son trône.
Celui qui a des oreilles, qu'il entende ce que l'Esprit dit aux Églises.

Apocalypse 3,19-22.

Je viens bientôt

Puis il me dit : Ces paroles sont certaines et véridiques.
Le Seigneur, le Dieu des esprits des prophètes, a envoyé son ange, pour montrer à ses serviteurs ce qui doit arriver bientôt.
Voici, je viens bientôt.
Heureux celui qui garde les paroles prophétiques de ce livre.
Moi, Jean, j'ai entendu et j'ai vu cela.
Et, après avoir entendu et vu, je me prosternai pour l'adorer, aux pieds de l'ange qui me montrait cela.
Mais il me dit : Garde-toi de le faire !
C'est Dieu que tu dois adorer. Puis il me dit : Ne garde pas secrètes les paroles prophétiques de ce livre, car le temps est proche.
Que l'injuste commette encore l'injustice et que l'impur vive encore dans l'impureté, mais que le juste pratique encore la justice et que le saint se sanctifie encore.
Voici, je viens bientôt, et ma rétribution est avec moi, pour rendre à chacun selon son œuvre.
Je suis l'Alpha et l'Oméga, le Premier et le Dernier, le commencement et la fin.
Heureux ceux qui lavent leurs robes, afin d'avoir droit à l'arbre de vie, et d'entrer, par les portes, dans la cité.
Dehors les chiens et les magiciens, les impudiques et les meurtriers, les idolâtres et quiconque aime ou pratique le mensonge !
Moi, Jésus, j'ai envoyé mon ange pour vous apporter ce témoignage au sujet des églises. Je suis le rejeton et la lignée de David, l'étoile brillante du matin.
L'Esprit et l'épouse disent : Viens !
Que celui qui entend dise : Viens !
Que celui qui a soif vienne, que celui qui le veut reçoive de l'eau vive, gratuitement.
Je l'atteste à quiconque entend les paroles prophétiques de ce livre :
Si quelqu'un retranche aux paroles de ce livre prophétique, Dieu retranchera sa part de l'arbre de vie et de la cité sainte qui sont décrits dans ce livre.
Celui qui atteste cela dit : Oui, je viens bientôt.
Amen, viens Seigneur Jésus ! La grâce du Seigneur Jésus soit avec tous !

Apocalypse 22, 6-21.

LE LIVRE DE L'APOCALYPSE (Ap)

Il est comme le début d'une troisième partie de la Bible.
L'Ancien Testament prépare et permet la compréhension du Christ. Le Nouveau Testament fait entrer dans sa Révélation.

Restent les questions des hommes : Quand le Christ reviendra-t-il ? Que doit-on vivre entre sa Révélation et son retour ? L'Apocalypse fait face à ces questions.

Elle emprunte son inspiration aux apocalypses juives où le style prophétique et le genre littéraire de la sagesse se mariaient pour faire percevoir les secrets grandioses de Dieu.

Les évangiles n'avaient que peu tâté de ce genre littéraire, contemplant dans la simplicité de la croix la surabondance du don de Dieu. Mais la crise venant, la persécution s'ajoutant à la persécution, sous Domitien, après cinq autres empereurs persécuteurs, l'angoisse monte dans les communautés judéo-chrétiennes : le retour annoncé du Christ et son triomphe sur le mal ne se réalisent pas ! L'auteur de l'*Apocalypse* proclame, dans un style adapté au caractère dramatique des circonstances : au fond même de l'enfer le plus épouvantable, le visage du Christ est libérateur, il vient.

En situant le moment présent dans la perspective du retour du Christ, l'*Apocalypse* rappelle que celui-ci se trouve au terme de l'histoire comme à son commencement ; elle proclame l'actualité du dessein de Dieu, et donc l'urgence de l'engagement.
Les exégètes sont partagés au sujet de l'auteur ; une tradition ancienne l'identifie avec l'évangéliste Jean ; la tendance actuelle serait plutôt de rattacher l'œuvre aux milieux de l'entourage de Jean à Ephèse, et de la dater, pour l'essentiel, de la fin du règne de Domitien (96) (Voir aussi Index : Apocalypse). ■

Ph. ND-Viollet

Le combat contre le Dragon. Tapisserie de l'Apocalypse d'Angers (fin XIVᵉ s.), par Hennequin de Bruges et Nicolas Bataille. Château d'Angers.

chapitre III

TRENTE-DEUX SIÈCLES D'HISTOIRE

LIVRE III

Le temps de l'Église

Aux yeux du chrétien, l'histoire n'est pas une succession incohérente de faits. Selon les mots du cardinal Lustiger, les hommes ne sont pas « un tourbillon de moucherons engloutis par le devenir et par le temps, mais des êtres connus chacun par son nom et bénéficiaires d'une Alliance toujours renouvelée »[1].

Le chrétien prend notamment en considération la promesse, faite par le Christ à ses disciples avant de les quitter, d'être avec eux jusqu'à la fin des temps et de les assister de la puissance de l'Esprit Saint. Dans l'histoire de l'Église, qui s'ouvre précisément avec la Pentecôte, le chrétien voit donc le temps de l'Esprit à l'œuvre dans le monde, et ce, jusqu'au retour glorieux du Christ ou *parousie* qui, selon le Nouveau Testament, marquera la fin des temps.

Est-il besoin de préciser que, pour sa part, l'histoire religieuse, discipline historique parmi les autres, s'en tient aux méthodes de ces disciplines, cherchant sans a priori à connaître les faits tels qu'ils ont pu survenir, à comprendre les enchaînements de causes à effets, à saisir les évolutions, ou au contraire les constantes des sociétés, et notamment de l'Église, et de leur pensée.

Ceci dit, le déroulement de l'histoire de l'Église peut faire l'objet de divers découpages. On s'accorde au moins à y distinguer *l'antiquité chrétienne* (des origines jusqu'à la chute de l'empire romain d'Occident au Ve siècle) ; la *période médiévale* (développement, apogée, déclin de la société de « chrétienté ») ; le *temps des réformes, protestante et catholique* (XVIe, XVIIe siècle) ; la rupture marquée par la *Révolution française* ; la *période moderne et contemporaine*, où sécularisation et renouveau, crise et expansion, forment un contraste constant.

1. DE LA PENTECÔTE AU BAPTÊME DE CLOVIS (30-500)

I. LA PÉRIODE APOSTOLIQUE (30-v.100)

Une vocation planétaire

La *période apostolique*, ainsi dénommée parce que marquée par l'action des Apôtres, est celle qui, dans l'histoire de l'Église, s'étend de la Pentecôte aux alentours de la fin du premier siècle ; la Pentecôte est en effet considérée comme l'événement constitutif de l'Église. Mais bien sûr, l'origine de cette histoire, comme celle

▶▶▶

Comment connaît-on les débuts du christianisme ?

L'histoire des origines du christianisme et de l'Église primitive nous est connue par un ensemble de textes.

Les textes du Nouveau Testament

Les quatre évangiles, dont la rédaction est approximativement datée des années 65-70 pour celui de Marc, 65-90 pour ceux de Matthieu et Luc, et des environs de 90-100 pour celui de Jean, nous renseignent sur la manière dont étaient reçus par les premières communautés la vie et l'enseignement de Jésus, mais non sur la vie propre de ces communautés. On doit noter que, lors de la mise par écrit des traditions évangéliques transmises à travers les premières communautés chrétiennes, plusieurs des apôtres étaient encore en vie. Jean est très probablement à l'origine du IVe évangile, même si d'autres rédacteurs en ont parachevé la publication (voir p. 265 et suiv.).

Pour la connaissance des communautés chrétiennes elles-mêmes, plusieurs textes sont précieux. En tout premier lieu les *Actes des Apôtres* rédigés par Luc (entre 65 et 80 ?) ; ils relatent de manière vivante et détaillée, mais partielle, les débuts de l'Église, depuis l'Ascension et la Pentecôte vers l'an 30, jusqu'à l'arrivée de Paul à Rome vers 61. Dans ce texte Luc, qui fut compagnon de Paul, nous donne un témoignage de première main sur tout ce qui concerne la mission et les voyages de ce dernier, ainsi que sur les communautés relevant plus directement de lui (voir p. 287 et suiv.).

Les *Epîtres* de Paul, de Jacques, de Pierre, de Jean, de Jude, et l'*Apocalypse* de Jean nous livrent maints aspects de la vie des jeunes communautés chrétiennes et des problèmes auxquels elles ont dû faire face.

Les sources constituées par les textes du Nouveau Testament sont donc tout à fait primordiales pour la connaissance des débuts de l'Église, et plus précisément de la période dite apostolique. Il convient pourtant d'éviter ici des redites par rapport à tout ce qui a déjà été évoqué dans les pages précédentes consacrées au temps de Jésus. On se reportera donc à elles pour ce qui concerne le monde du judaïsme au sein duquel est née l'Église, l'entourage de Jésus et notamment la personne des apôtres, les conditions dans lesquelles ont été élaborés les textes du Nouveau Testament, et, de manière générale, pour la bonne intelligence des textes bibliques dont il sera fait état ici. Les quelques redites inévitables qu'on pourra cependant trouver aideront à comprendre le lien étroit entre temps de Jésus et temps de l'Église.

Suite page 300 ▶

▶▶▶

de l'Église, se trouve dans la personne de Jésus de Nazareth.

Pour clairement saisir la nature des questions devant lesquelles s'est trouvée placée l'Église à ses débuts, il ne faut pas oublier qu'à des yeux chrétiens ce même Jésus est lui-même l'aboutissement de l'histoire d'Israël, vécue sous le signe de l'Alliance conclue par Dieu au Sinaï par l'intermédiaire de Moïse ; Jésus-Christ est, pour les chrétiens, le Messie en qui se sont accomplies les promesses de l'Alliance mosaïque ; en lui a été scellée une nouvelle Alliance, constitutive d'un nouveau Peuple de Dieu, l'Église.

Or, si le salut révélé sous le signe de l'ancienne Alliance avait déjà un caractère universel, c'est-à-dire proposé à tous les hommes, l'adhésion à cette proposition impliquait cependant l'incorporation au peuple juif, choisi par Dieu pour porter témoignage de lui auprès des autres nations ; cette incorporation était signifiée par la circoncision. Par contre, le nouveau Peuple de Dieu, constitué sous le signe de la nouvelle Alliance en Jésus-Christ, n'est plus lié à aucune nation ou ethnie particulières ; comme le répètera maintes fois l'apôtre Paul, pourtant lui-même juif : « Il n'y a plus ni Juifs ni Grecs : tous ont le même Seigneur ». Pour un Juif, même reconnaissant en Jésus le Messie, le propos bouleversait sa vision du monde et sa notion du salut ; on conçoit combien était grande pour lui la difficulté de passer d'un univers à l'autre.

Or, avant de les quitter, Jésus a précisément pressé ses disciples d'aller enseigner et baptiser **toutes** les « nations ». Pour accomplir la mission d'annoncer la bonne nouvelle du salut, mission même de l'Église, les disciples reçoivent l'Esprit Saint que Jésus leur a promis.

Là commence l'histoire de l'Église : la force de l'Esprit de Dieu propulse sur les chemins du monde, pour y « proclamer l'Évangile à toute créature », ce noyau de modestes Galiléens encore paralysés il y a quelques heures par la peur, le doute, le désarroi.

Cette naissance de l'Église, l'*Évangile de Jean* la situe au soir même de Pâques lorsque Jésus, apparaissant à ses disciples, leur dit : « Recevez l'Esprit Saint » et les envoie « comme son Père l'a envoyé » (Jn 20,19-23).

Pour Luc, qui l'évoque au début des *Actes des Apôtres* (2,1-41), ce don de l'Esprit a lieu le soir de la fête juive de la *Pentecôte*, cinquante jours après la Pâque et la résurrection de Jésus. Luc note qu'auparavant la communauté des disciples a procédé au remplacement de Judas par Matthias (1,15-26) : ainsi, à l'évidence, pour ce départ du nouveau peuple de Dieu, il convenait qu'ait au préalable été reconstitué le nombre de douze retenu par le Christ pour le collège des Apôtres, à l'image des douze tribus du peuple de l'Ancienne Alliance.

Le récit de la Pentecôte par Luc (voir p. 287 « Les témoins de Jésus ») est du reste chargé de signification symbolique. En premier lieu, la Pentecôte était la fête juive célébrant la naissance du peuple d'Israël : on voit sans peine le lien entre cette célébration et la naissance du nouveau peuple de Dieu sous l'impulsion de l'Esprit Saint. Cette action de l'Esprit est clairement manifestée par le vent et par le feu, signes dans la Bible de la présence de Dieu. Enfin, la foule dont les Apôtres se font comprendre malgré les différences de langages souligne, par son caractère cosmopolite,

▶▶▶

▶ *Suite de la page 299*

D'autres sources

Divers autres textes contemporains de la période apostolique (*Évangile de Thomas, Didachè, Ascension d'Isaïe,* etc.), non inclus parmi les textes considérés comme inspirés, permettent de connaître une tradition parallèle à celle du Nouveau Testament au sein de la communauté judéo-chrétienne.

Les découvertes récentes des manuscrits de la Mer Morte à Qumran éclairent un aspect du contexte juif au sein duquel a pris naissance le christianisme ; des inscriptions sur les ossuaires de Jérusalem et de Nazareth évoquent les symboles judéo-chrétiens.

Enfin divers auteurs de l'époque, ou de celles qui suivirent immédiatement, apportent des éléments précieux d'information, encore que toujours à vérifier de près. Parmi eux, des auteurs juifs : Philon d'Alexandrie († 54) et surtout l'historien Flavius Josèphe († v. 100) ; des auteurs païens : Pline († v. 114), Tacite († v. 120), Suétone († après 128) ; des auteurs chrétiens : Clément évêque de Rome († v. 100), Ignace évêque d'Antioche († v. 110), Hermas, vivant dans la première moitié du IIe siècle, Eusèbe de Césarée (265-340) avec son importante *Histoire Ecclésiastique,* etc.

De manière générale, l'ensemble des textes utilisés doit l'être avec toutes les ressources et les précautions de la critique historique, aucun d'eux n'ayant été conçu selon notre perception contemporaine de la relation historique. ■

PENTECÔTE ET PENTECÔTISME

Pour la foi chrétienne, le don de l'Esprit qui a présidé à la naissance de l'Église et que célèbre la fête de la Pentecôte ne relève pas du seul passé. C'est un fait toujours actuel, permanent, source sans cesse renouvelée de vie divine dans l'Église et chez ses membres. Ce don revêt de multiples formes, appelées charismes (en grec *charisma,* don gratuit), qui ne donnent le plus souvent lieu à aucune manifestation visible. Dans certains cas, pourtant, ils peuvent se traduire en de telles manifestations : dons de guérison, de prophétie, de parler en langues, d'interprétation de ces parlers..., dont les récits relatifs à la vie des premières communautés donnent des témoignages.

A diverses périodes de la vie des Églises chrétiennes, on a vu naître des mouvements de Renouveau spirituel, ou Réveils, s'employant à restaurer l'atmosphère de ces premières communautés et leur disponibilité à l'accueil des dons de l'Esprit. Ce fut en particulier le cas du mouvement né au début du XXe siècle dans les milieux protestants américains et connu sous le nom de Pentecôtisme. Celui-ci, très marqué par un caractère de secte dès ses origines, n'a pas été accueilli par les Églises et a continué à vivre hors d'elles.

Un Néo-Pentecôtisme, de caractère plus mesuré dans sa conception des manifestations de l'Esprit, a vu le jour vers 1950 dans les milieux protestants américains, et a pris au contraire une orientation largement œcuménique ; il s'est développé, en particulier, dans les milieux catholiques américains d'abord, puis européens. Il vise le Renouveau des Églises par la prière et la disponibilité à l'Esprit Saint ; c'est pourquoi, plutôt que le terme de charismatique souvent attribué à ce courant spirituel, les nombreux groupes qui ont vu le jour dans cet esprit préfèrent celui de *Renouveau* (Voir Index). ■

CHRONOLOGIE POUR LA PÉRIODE APOSTOLIQUE (30-100)

Faits de portée générale :		**Faits concernant l'Église (leurs dates sont celles le plus souvent adoptées)**
	30	Mort et résurrection du Christ à Jérusalem Pentecôte.
	32/37	Persécution juive contre les chrétiens ; martyre d'Etienne. Expulsion des « hellénistes » de Jérusalem. Fondation des Églises d'Antioche et de Damas.
Mort de l'empereur Tibère. Caligula empereur	37	
	36/38	Conversion de Paul alors qu'il fait route vers Damas pour y arrêter les chrétiens.
Hérode Agrippa roi de Judée	40	
Claude empereur	41	
	42-44	Persécution des chrétiens par Hérode Agrippa en Palestine. Martyre de l'Apôtre Jacques le Majeur, frère de saint Jean.
Mort d'Hérode Agrippa	44	
	44/45-48	1er voyage de Paul (Chypre, Asie Mineure).
	44/49	Concile de Jérusalem ; les chrétiens venus du paganisme dispensés des obligations de la Loi juive.
		« Incident d'Antioche » entre Pierre et Paul à propos de ces obligations.
	49/50-52	2e voyage de Paul, au cours duquel il passe en Grèce.
Claude chasse de Rome les Juifs	50	
	51-67	Paul écrit ses lettres (Epîtres).
	53-58	3e voyage de Paul (Asie Mineure, Grèce).
Néron empereur	54	
	58	Arrestation de Paul à Jérusalem.
	59	Il est transféré à Rome.
	62	Martyre de Jacques, chef de la communauté de Jérusalem.
	63	Paul est libéré. Voyage possible en Espagne.
Incendie de Rome	64	
	Entre 64 et 67	Arrestation et martyre de Pierre à Rome. Nouvelle arrestation de Paul.
	65/67	Martyre de Paul à Rome.
Soulèvement juif contre les Romains en Palestine	66-70	
	Entre 65 et 100	Evangiles de Marc, Luc, Matthieu, Jean ; Actes des Apôtres de Luc.
Suicide de Néron	68	
Vespasien empereur	69	
Destruction de Jérusalem par Titus, fils de Vespasien	70	
Prise de Massada par les Romains	73	
Titus empereur	79	
Mort de Titus ; Domitien empereur ; il revendiquera le titre de « Dominus et deus » (Seigneur et dieu)	81	
	95	Persécution de Domitien.
	95-100 ?	Apocalypse de Jean.
Mort de Domitien, Trajan empereur	96	Lettre de St Clément, évêque de Rome, aux Corinthiens. Il évoque le martyre de Pierre et de Paul.
	96-98	Exil de Jean à Patmos.
	Vers 100	Mort de Jean. La « Didachè ».

Comment un historien chrétien voit l'événement de la Pentecôte

Dans la Nouvelle Histoire de l'Église *(Ed. du Seuil), le cardinal Jean Daniélou (1905-1974), spécialiste de l'antiquité chrétienne, présente comme suit l'événement de la Pentecôte*[1].

« Il est aussi impossible d'écrire l'histoire de l'Eglise sans partir de la descente de l'Esprit Saint le jour de la Pentecôte de l'an 30, que d'écrire l'histoire du Christ sans partir de l'Incarnation du Verbe le jour de l'Annonciation. Dans l'un et l'autre cas, nous sommes en effet en présence d'événements qui relèvent de l'histoire du salut en même temps qu'ils se situent dans la trame de l'histoire empirique. Et ce serait les dénaturer complètement que de les envisager seulement sous le second aspect [...]

Sur ce point (la dimension divine de l'événement) le témoignage des Actes des Apôtres *est capital. Ils nous présentent la création de l'Église comme un événement de l'histoire sainte. Ce témoignage n'a aucune raison d'être mis en doute. Il correspond d'ailleurs à l'unanimité de la tradition chrétienne primitive. Il ne saurait être suspecté qu'au nom de préjugés rationalistes qui récuseraient a priori l'existence d'événements surnaturels. Les données essentielles de l'événement sont celles-ci ; d'une part, il s'agit de la mission de l'Esprit (Ac 2, 4) créateur et sanctificateur ; d'autre part, l'objet de cette mission concerne la communauté constituée par le Christ durant sa vie publique : c'est sur les Douze réunis (Ac 2, 1) que l'Esprit est répandu ; enfin, les Douze sont investis par l'Esprit d'une autorité et d'une puissance qui les constituent prédicateurs et dispensateurs des richesses du Christ ressuscité.*

Si l'événement lui-même est d'une historicité incontestable, la présentation qu'en donne Luc[2] *appelle des précisions. Qu'il ait lieu le dernier jour de la fête des Semaines de l'an 30 à Jérusalem est historiquement possible.*

▶

▶ *Suite de la page 301*

[...] Par ailleurs l'existence d'un phénomène de glossolalie apparaît vraisemblable. Nous le retrouvons en effet à d'autres reprises dans la vie de la communauté archaïque. [...]

Mais le discours de Pierre (Ac 2, 14-36) paraît un schéma kérygmatique archaïque. Le « tableau des peuples » rappelle celui de Genèse 10. Surtout, plusieurs traits retenus par Luc soulignent le parallèle entre la révélation du Sinaï et celle du Cénacle. Ainsi l'allusion au vent violent et aux langues de feu rappelle la description que Philon donne de la théophanie du Sinaï. Le miracle des langues peut être rapproché d'une tradition rabbinique concernant la révélation du Sinaï [...]. Il paraît vraisemblable que c'est Luc qui interprète la glossolalie comme un miracle de plurilinguisme ».

Les notes ci-dessous ne figurent pas dans le texte du Père Daniélou.
1 Voir le récit de la Pentecôte p. 287.
2 Dans les Actes des Apôtres.

Qu'est-ce que ?

Glossolalie : manifestation charismatique se traduisant par des parlers en langues diverses, appelant généralement une interprétation.

Philon d'Alexandrie : philosophe et historien juif contemporain de la première génération chrétienne, qui peut avoir influencé les auteurs du Nouveau Testament.

« On raconte que sous le règne de Néron, Paul eut la tête coupée à Rome même et que semblablement Pierre y fut crucifié et ce récit est confirmé par le nom de Pierre et de Paul qui jusqu'à présent est donné aux cimetières de cette ville.

C'est ce qu'affirme tout autant un homme ecclésiastique, du nom de Gaius, qui vivait sous Zéphyrin (199-217), évêque des Romains. Discutant par écrit contre Proclus, chef de la secte cataphrygienne, il dit, à propos des lieux où furent déposés les dépouilles sacrées desdits apôtres, ces propres paroles : "Pour moi, je peux montrer les trophées[1] des apôtres. Si tu veux aller au Vatican ou sur la voie d'Ostie, tu trouveras les trophées de ceux qui ont fondé cette Église" ».

EUSÈBE DE CÉSARÉE (v. 260 - v. 340).
Histoire ecclésiastique.
Traduction Sources chrétiennes.

1. Trophée : ici monument

Le rôle de Pierre dans la primitive Église

Les *Actes des Apôtres*, et certains passages de Paul, montrent le rôle capital que joue Pierre dans les commencements du christianisme, malgré la modestie de ses origines (pêcheur sur le lac de Tibériade) et de sa culture ; ce qu'ils en disent s'accorde avec la mission confiée par le Christ à Simon, qu'il a surnommé Pierre : *« Tu es Pierre, et sur cette pierre je bâtirai mon Église, et les portes de l'enfer ne prévaudront pas contre elle ; je te donnerai les clefs du Royaume des Cieux ; quoi que tu lies sur la terre, ce sera tenu pour lié ; quoi que du délies sur la terre, ce sera tenu pour délié »* (Mt 16, 18-19).

Tous, dans la jeune Église, même Paul avec lequel il aura pourtant quelques sérieux démêlés, lui reconnaissent prééminence et autorité. Tout en assumant la responsabilité générale, il semble que Pierre ait été plus spécialement tourné vers l'évangélisation du monde juif et « prosélyte » (non-Juifs croyant en Dieu) de Palestine et de Syrie, tandis que Paul prenait davantage en charge l'évangélisation du monde païen, les « gentils », notamment en Grèce. Mais les limites de leur mission ne furent jamais absolues ; aussi bien, la jeune Église de Rome semble-t-elle avoir bénéficié de l'action de l'un et de l'autre dans leurs dernières années.

Pierre fut arrêté deux fois à Jérusalem par les autorités juives ; la seconde fois, après sa délivrance (par un ange, selon les *Actes des Apôtres*), il s'éloigna de Jérusalem, comme beaucoup d'autres chrétiens ; certains pensent qu'il serait venu à ce moment-là à Rome une première fois. En tout cas, il est à nouveau à Jérusalem pour l'Assemblée de 49.

Selon une tradition constante qui n'a pas été rejetée par les historiens, il est mis à mort à Rome (probablement vers 64) durant la persécution déclenchée par l'empereur Néron, et vraisemblablement enterré à l'emplacement de l'actuelle basilique Saint-Pierre, sur la colline du Vatican. On sait qu'à proximité se trouvait un cirque, théâtre sous l'empereur Néron du martyre et de la mort de nombreux chrétiens. Les fouilles entreprises sous la basilique à l'initiative de Pie XII ont dégagé les restes d'un cimetière ; juste au-dessous du maître-autel, c'est-à-dire là où la tradition fixait le lieu d'inhumation de Pierre, elles ont mis au jour un petit monument ; on a toute raison de penser qu'il marque l'emplacement de la tombe de l'apôtre ; l'ensemble est d'ailleurs en cohérence avec ce qu'on sait de la topographie des lieux sous Néron, avant les terrassements entrepris par l'empereur Constantin pour élever la première basilique Saint-Pierre. ■

▶▶▶

la vocation de tous les peuples, races et cultures à entrer dans l'Alliance nouvelle scellée sur la croix et à rejoindre le nouveau peuple de Dieu.

La Pentecôte est restée dans la mémoire chrétienne comme la manifestation du don de l'Esprit aux Apôtres et à l'Église, pour les soutenir dans leur mission d'annoncer au monde entier la bonne nouvelle du salut en Jésus ressuscité. C'est, par delà les circonstances de l'événement, ce que retient la théologie chrétienne ; c'est aussi le sens de la place faite, dans le cycle liturgique, à la fête de la Pentecôte : elle conclut la période pascale, tout entière consacrée à la contemplation et à la célébration de Jésus ressuscité et vivant à jamais ; elle convie les chrétiens à se faire, sous l'impulsion de l'Esprit, les signes visibles du salut.

Un début judaïque

Envoyés aux « nations », c'est pourtant à leurs compatriotes juifs que les Apôtres commencent par s'adresser. Mais ce monde juif constituait déjà un très vaste réseau, bien au-delà de la Palestine ; il comprenait :

- d'une part, les *Juifs de Palestine,* dont le pays était absorbé politiquement dans l'empire romain, mais qui gardaient leurs distances à l'égard de ce monde païen ; le Temple de Jérusalem restait le cœur de la vie juive ;
- d'autre part, les *Juifs de la Diaspora* (en grec, dispersion) vivant à l'étranger, bien plus nombreux que les Juifs de Palestine ; eux ou leurs ascendants avaient quitté ce pays de leur propre initiative (notamment lors de persécutions), ou sous la contrainte de déportations. Ils vivaient étroitement groupés en communautés locales, parfois très importantes comme à Alexandrie ou Rome, sans

▶▶▶

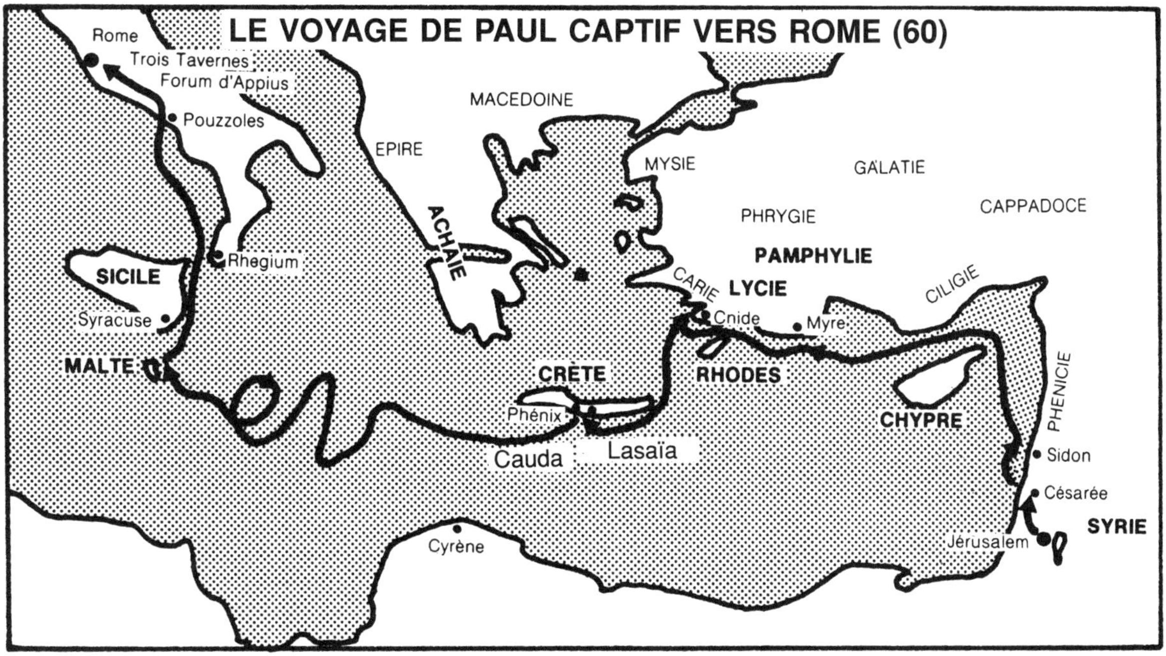

Principales communautés juives et chrétiennes à la fin du 1er siècle

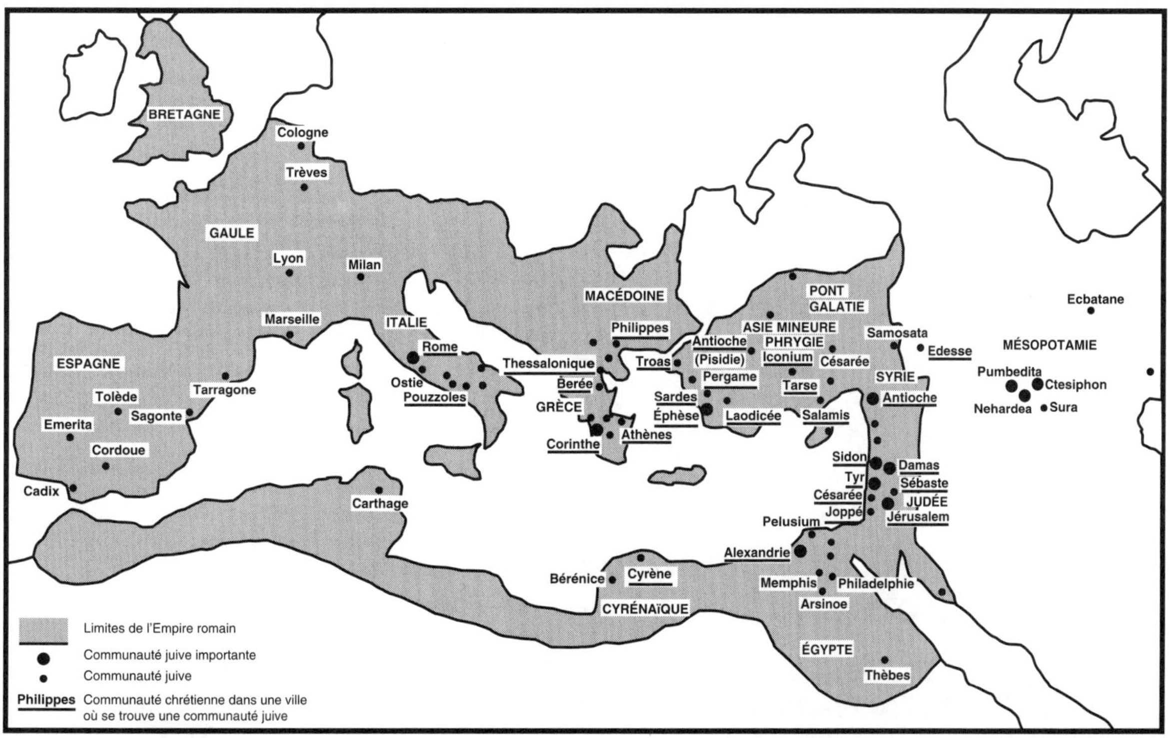

▶▶▶

rompre le lien avec leur capitale spirituelle Jérusalem ; ils s'y rendaient volontiers pour les trois grandes fêtes de pèlerinage (la Pâque, la Pentecôte, la fête des Tentes ou des Tabernacles).

C'est simultanément au sein de ces deux types de communautés que s'annonce d'abord l'Évangile ; dans les trente premières années, apparaissent des groupes de Juifs chrétiens en Palestine, en Syrie (notamment à Antioche et Damas), en Asie Mineure (notamment à Ephèse), en Grèce, en Égypte (notamment à Alexandrie), à Rome.

Mais, très vite aussi, le contact s'établit avec le monde païen, en Palestine même (occupants romains, commerçants grecs ou orientaux, etc.) et dans la moitié orientale du bassin méditerranéen. Si tous les Apôtres contribuent à cette prédication (le premier païen converti, le centurion Corneille, est baptisé par Pierre), c'est surtout Paul que, par les *Actes des Apôtres,* on voit à l'œuvre parmi eux. Entre 44 et 58, celui qu'on appellera *l'Apôtre des gentils* entreprend trois grands voyages missionnaires qui le conduisent en Asie Mineure et en Grèce. Ces voyages sont marqués par la création de multiples communautés chrétiennes, essentiellement composées de païens convertis. Paul se heurte, en effet, à l'hostilité non seulement des Juifs non chrétiens mais d'une partie des judéo-chrétiens eux-mêmes, ceux qu'on appellera les « *judaïsants* » ; ces derniers seront même probablement à l'origine de ses arrestations et, par voie de conséquence, de son martyre (Rome, 67 ?).

Ph. Bulloz.

Le martyre de saint Etienne. Chapiteau de la cathédrale d'Autun. (XIIe s.)

Les premières persécutions

Comment elles favorisèrent l'expansion du christianisme

Très vite, la jeune communauté formée autour des Apôtres à Jérusalem se trouve aux prises avec les autorités juives : comment celles-ci pourraient-elles admettre l'affirmation que ce Jésus, condamné par elles parce qu'il se disait Fils de Dieu (Mc 14,61-64), est ressuscité ? Par surcroît, l'occupant romain ne tolérait la religion juive qu'à une condition : pas d'agitation. Les notables juifs, au demeurant attachés à leur situation et à ses privilèges, devaient donc étouffer toute cause de perturbation.

Les *Actes des Apôtres* rapportent les premières arrestations ordonnées par le Sanhédrin ; les Apôtres sont relâchés après avoir été battus de verges. Mais plus tard, c'est une répression beaucoup plus violente que provoque la prédication d'Etienne, le chef des diacres institués par les Apôtres. En effet, il met en cause le culte judaïque et le rôle du Temple, en rappelant que le véritable culte se pratique en esprit et en vérité. L'indignation du Sanhédrin se traduit par la lapidation d'Etienne ; ce premier martyre se déroule entre 32 et 37, sous les yeux approbateurs de Saul (le futur saint Paul), qui n'est pas encore converti.

La persécution s'étend à l'ensemble du groupe des chrétiens « hellénistes » (de culture grecque), dont Etienne était le chef de file ; ils se dispersent en Judée, en Samarie, en Phénicie, à Chypre, à Antioche ; ils y prêchent l'Évangile et suscitent des disciples parmi les Juifs. Comme on le verra, la fondation de la communauté chrétienne d'Antioche aura en particulier de grandes conséquences pour l'évangélisation.

Cette période de persécution est également marquée par un événement capital : la conversion de Paul en 36/38, tandis qu'il fait route vers Damas pour y poursuivre les chrétiens ; on sait la part que devait prendre cet apôtre, d'une envergure exceptionnelle, à la propagation de l'Évangile.

Après un temps d'accalmie, une nouvelle vague de persécutions, en 42, atteint cette fois les chrétiens hébraïstes (de culture hébraïque), et en particulier le groupe des Douze. Elle est le fait du roi Hérode Agrippa. Pierre, arrêté une nouvelle fois, est délivré mystérieusement de sa prison ; mais Jacques le Majeur est mis à mort (42/44). A leur tour, les Apôtres se dispersent donc, mais pour un temps seulement, répandant eux aussi l'Évangile hors de Jérusalem. Le calme revient avec la mort d'Hérode en 44.

La progression de l'Évangile, commencée chez les seuls Juifs, a bientôt touché les païens. C'est une nouvelle étape dans la différenciation d'avec le judaïsme ; elle ne va pas manquer de susciter des problèmes. Les *Actes des Apôtres* soulignent le fait que si le premier païen baptisé, le centurion Corneille, l'est de la main même de Pierre, celui-ci doit alors se faire violence, car un païen non circoncis reste un être impur aux yeux d'un Juif ; aussi bien, tous ne sont pas d'accord dans la communauté chrétienne sur le baptême des incirconcis. C'est le début d'une vive controverse. ■

Les premières difficultés

Cette hostilité des chrétiens judaïsants à l'égard de Paul trouvait son origine dans le difficile problème posé à l'Église, presque exclusivement composée de Juifs à ses débuts, par la conversion des païens : fallait-il ou non leur imposer les observances de la Loi juive, à commencer par la circoncision, rite de l'intégration au peuple élu ?

La communauté chrétienne se divisa profondément à ce sujet. On trouvera dans le texte ci-dessous, à propos de ce qu'on a appelé le *concile de Jérusalem* (49) et l'*incident d'Antioche*, le récit de cette crise, dans laquelle Paul joua un rôle déterminant ; elle fut conclue par la reconnaissance du bien-fondé de sa position : il serait contraire à la nature même du salut, offert à tout homme par le Christ, d'imposer aux chrétiens venus du paganisme les prescriptions de la Loi juive, car c'est la foi qui sauve et non la Loi.

Cette prise de position, fondée sur les seuls motifs de la foi, fut douloureuse aux judéo-chrétiens, et singulièrement courageuse

▶▶▶

Pierre et Paul. Portail central de la basilique de la Madeleine à Vézelay. (XIIe s.)

L'année 49, moment décisif pour l'avenir du christianisme : le *Concile de Jérusalem* et *l'incident d'Antioche*

Un dilemme redoutable

L'année 49 constitue une date cruciale dans l'histoire du christianisme. Deux événements, liés l'un à l'autre, ont alors décidé de son avenir : ce qu'on a appelé le *concile de Jérusalem* et *l'incident d'Antioche.* Le premier est rapporté par les *Actes des Apôtres* (14,27-28 ; 15,1-30), le second par la *Lettre de Paul aux Galates* (2,11 et ss.). Il est probable qu'en réalité l'évocation de deux événements par ces textes résume un ensemble de rencontres et de débats étalés sur plusieurs années ; on hésite donc à les situer chronologiquement l'un par rapport à l'autre. Mais sur le fond, les choses sont très claires : la communauté chrétienne doit-elle ou non rester dans la mouvance juive ? A l'issue d'une véritable crise, la réponse est tout aussi nette : le christianisme doit être autonome.

En 48, Paul était revenu à Antioche de son premier voyage missionnaire, accompli en Asie Mineure avec Barnabé.

A la communauté d'Antioche il avait exposé les résultats très prometteurs obtenus auprès des païens, dont les convertis n'avaient pas été astreints aux observances juives, et en particulier à la circoncision. La communauté antiochienne, composée en majorité de païens convertis, n'avait évidemment formulé aucune objection.

Mais en 49, des judéo-chrétiens venus de Jérusalem avaient agité cette communauté en affirmant qu'aucun chrétien ne pouvait être sauvé s'il n'était circoncis. Il faut savoir qu'à l'époque, le nationalisme juif connaissait un regain de virulence contre la colonisation romaine, laquelle, à des yeux juifs, était d'essence fondamentalement impure puisqu'étant le fait de païens. Tout abandon d'éléments de l'identité juive était donc perçu, par les extrémistes nationalistes, comme une trahison.

Pour la jeune Église, le dilemme était redoutable : ne pas imposer les observances juives aux païens convertis, c'était accroître encore l'animosité des Juifs vis-à-vis des chrétiens ; c'était en outre provoquer la défection de nombreux Juifs chrétiens qui constituaient alors la majorité de l'Église ; mais, au contraire, imposer ces observances, c'était bloquer l'évangélisation des païens, contrairement aux consignes formelles du Christ d'aller « baptiser toutes les nations ».

Pour Paul, ce dilemme était inacceptable, pour des raisons de fond :

1. seule la foi sauve, et non la Loi ;
2. imposer la circoncision aux catéchumènes, c'était leur imposer leur incorporation au peuple juif, comme si le salut était réservé à ce dernier ; or le Christ est venu sauver tous les hommes sans distinction de peuples, et en sa personne, par sa grâce, tous ceux qui croient ne font qu'un seul peuple.

L'Assemblée de Jérusalem tranche le débat

Profondément troublée, la communauté d'Antioche décida d'envoyer Paul et Barnabé à Jérusalem afin d'y porter la question devant l'assemblée des Apôtres et des anciens. Le débat fut très vif. Finalement Pierre jeta le poids de son autorité dans la discussion, presque aussitôt approuvé par Jacques, le responsable de la communauté locale de Jérusalem et représentant pourtant la tendance judaïsante : il ne fallait pas imposer aux convertis les observances juives. Et, pour apaiser pleinement les chrétiens d'Antioche, on décida de faire accompagner Paul et Barnabé par des délégués porteurs d'une lettre confirmant la décision prise ; elle fut accueillie avec joie.

L'incident d'Antioche

Ce récit de l'Assemblée de Jérusalem est complété de manière instructive par la relation, que fait Paul dans sa *Lettre aux Galates,* de ce qu'on a appelé l'incident d'Antioche. Lors d'un séjour dans cette ville, Pierre avait commencé par prendre ses repas avec des païens convertis, contrairement donc aux interdits juifs ; puis, à l'arrivée de « gens de l'entourage de Jacques » (donc des judaïsants convaincus), il avait changé d'attitude, entraînant dans son sillage les antiochiens judéo-chrétiens. Paul, indigné par ce manque de courage et cette infidélité à la conception chrétienne, avait apostrophé Pierre en public. Cette algarade historique témoigne à la fois de la tension ayant alors régné dans la communauté chrétienne et de sa recherche d'une vraie fidélité à la foi chrétienne.

Dans l'immédiat, l'orientation finalement adoptée par la jeune Église, encore très proche du judaïsme, la conduisait à assumer le risque de rompre définitivement avec celui-ci, et à s'attacher davantage encore à la conversion du monde païen. ■

Il n'y a plus ni Juif ni Grec

« Car tous, vous êtes, par la foi, fils de Dieu, en Jésus-Christ. Oui, vous tous qui avez été baptisés en Christ, vous avez revêtu Christ. Il n'y a plus ni Juif, ni Grec ; il n'y a plus ni esclave, ni homme libre ; il n'y a plus l'homme et la femme ; car tous, vous n'êtes qu'un en Jésus-Christ. Et si vous appartenez au Christ, c'est donc que vous êtes la descendance d'Abraham ; selon la promesse, vous êtes héritiers ».

Épitre de Paul aux Galates 3,26-29.

La lettre de l'Église de Jérusalem à celle d'Antioche

D'accord avec toute l'Église, les apôtres et les anciens décidèrent alors de choisir dans leurs rangs des délégués qu'ils enverraient à Antioche avec Paul et Barnabas. Ce furent Judas, appelé Barsabbas, et Silas, des personnages en vue parmi les frères. Cette lettre leur fut confiée : « Les apôtres, les anciens et les frères saluent les frères d'origine païenne qui se trouvent à Antioche, en Syrie et en Cilicie. Nous avons appris que certains des nôtres étaient allés vous troubler et bouleverser vos esprits par leurs propos ; ils n'en étaient pas chargés. Nous avons décidé unanimement de choisir des délégués que nous vous enverrions avec nos chers Barnabas et Paul, des hommes qui ont livré leur vie pour le nom de notre Seigneur Jésus-Christ. Nous vous envoyons donc Judas et Silas pour vous communiquer de vive voix les mêmes directives. L'Esprit Saint et nous-mêmes, nous avons en effet décidé de ne vous imposer aucune autre charge que ces exigences inévitables : vous abstenir de viande, de sacrifices païens, du sang, des animaux étouffés et de l'immoralité. Si vous évitez tout cela avec soin, vous aurez bien agi. Adieu ! ».

Ayant reçu congé, la délégation descendit donc à Antioche où elle réunit l'assemblée pour lui communiquer la lettre. Sa lecture fut une joie pour l'encouragement qu'elle apportait.

Actes des Apôtres 15, 22-31.

dans le climat de nationalisme juif qui règnait alors en Palestine. Aussi bien aviva-t-elle l'hostilité croissante du judaïsme à l'égard des chrétiens et, au sein même de l'Église, dressa contre Paul une fraction de la communauté.

Sans qu'on en ait eu alors une claire conscience, ce fut pourtant une décision de portée historique ; non seulement elle dissocia historiquement le christianisme du destin d'Israël, dont le foyer territorial et spirituel allait être rayé de la carte vingt ans plus tard par les Romains ; mais surtout, l'Église, confirmant de la sorte sa nature universelle, allait de fait s'ouvrir à toutes les nations et à toutes les cultures. Et d'abord à celles de l'empire romain, qui constituait à lui seul un univers.

On peut noter que, même aux prises avec ces difficultés et ces tensions internes, l'Église apportait le témoignage de son esprit d'unité et de solidarité ; ainsi les textes du Nouveau Testament font état de deux collectes, organisées par Paul auprès des communautés chrétiennes d'origine païenne d'Asie Mineure et de Grèce, en faveur des judéo-chrétiens de Judée.

D'un monde à l'autre

La période palestinienne de la jeune Église s'achève dans le sang. En 62, Jacques, le chef de la communauté de Jérusalem (à ne pas confondre avec son homonyme Jacques le Majeur, apôtre mis à mort en 43 ou 44), est lapidé. En 66, l'hostilité du nationalisme juif à l'égard de l'occupant romain atteint son paroxysme : c'est le déclenchement de ce qu'on appelle la *guerre juive*. La communauté chrétienne de Jérusalem se retire alors en Transjordanie, marquant sa séparation définitive avec le judaïsme. En 70, Titus, fils de l'empereur Vespasien et futur empereur lui-même, s'empare de Jérusalem, massacre la population juive, rase le Temple. La résistance juive se poursuivra de manière sporadique pendant plus d'un demi-siècle, avant d'être définitivement anéantie en 135, sous le règne de l'empereur Hadrien.

Pendant ce temps, à Rome, les conditions ne sont guère plus favorables aux chrétiens. L'incendie de la ville, en 64, a fourni à l'empereur Néron le prétexte d'une violente persécution contre eux, accusés par lui de l'avoir allumé, alors qu'il en est probablement l'auteur. Pierre semble bien avoir été l'une des victimes de la répression ; Paul est lui-même exécuté à Rome vers 67.

C'est pourtant l'empire romain qui, malgré les vagues de persécutions qui s'y succèderont pendant deux siècles et demi, fournira à l'Évangile le cadre de sa première diffusion à grande échelle. L'empire regroupait alors une proportion importante du monde connu. Cet immense ensemble était solidement organisé et efficacement administré ; il bénéficiait d'une paix intérieure appréciée de ses habitants (la *Pax Romana*) ; il était équipé de structures de communications terrestres et maritimes très favorables aux échanges et aux brassages, non moins facilités par la diffusion de la langue grecque à travers tout l'empire. La tête et le cœur de ce monde composite étaient *l'Urbs* (la Ville), c'est-à-dire Rome.

Malgré la banalité du propos, on ne peut que souligner combien cet ensemble de facteurs a favorisé et marqué la diffusion du christianisme ; la place prise par la ville de Rome dans l'histoire et la vie de l'Église en est le symbole expressif. Sans disposer de précision, sur la manière dont le christianisme est parvenu à Rome (par Pierre lors d'un premier voyage vers 44, comme le pensent certains, ou par d'autres missionnaires ?), on sait en tout cas qu'il existait, dès avant l'année 49, un noyau chrétien au sein de l'importante colonie juive de la ville, puisqu'à cette date un décret de l'empereur Claude en expulsa les Juifs « qui s'agitaient sous l'impulsion de Chrestos » ; en 51, Paul rencontra à Corinthe un couple de Juifs chrétiens, Aquila et Priscilla, victimes de cette expulsion. Lui-même, assigné à résidence à Rome en 61-63, contribua au développement de la communauté chrétienne de la ville, qui déjà devait comprendre des non-Juifs.

Quant à Pierre, si on ne connait pas la date de son arrivée à Rome, une tradition constante l'y fait mourir martyr, à peu près à la même époque que Paul, sous la persécution de Néron (64-68) ; les fouilles récentes sous la basilique Saint-Pierre tendraient à le confirmer.

Cependant, avant même que l'Église de Rome ait pris de l'importance au sein de l'ensemble chrétien, d'autres grandes métropoles de l'empire romain avaient commencé à y être d'actifs foyers d'évangélisation ; ce furent, en tout premier lieu, les cas d'*Antioche*, capitale de la province romaine d'Orient et troisième ville de l'empire par sa population, et d'*Alexandrie*, deuxième ville et grand centre de la vie intellectuelle de l'empire. La tradition fait de l'évangéliste saint Marc le fondateur de l'Église d'Alexandrie ; celle-ci devait jouer dans les premiers siècles du christianisme un rôle de premier plan par sa vitalité et par l'œuvre et l'influence de ses théologiens.

▶▶▶

Comment s'est faite la greffe du christianisme sur le monde romain ?

L'autonomie prise par le christianisme vis-à-vis du judaïsme lui a probablement évité de disparaître dans la tourmente qui s'est abattue sur Israël à partir de 70 et l'a annihilé comme entité politique. Pour autant, l'insertion et le développement du christianisme dans le monde romain n'étaient pas assurés d'avance, malgré les atouts offerts par la situation de l'Empire (paix intérieure - la *Pax Romana* -, organisation administrative, voies de communication, etc.) ; et de fait les difficultés rencontrées allaient se révéler redoutables. Selon quel processus s'est faite cette insertion ?

La Palestine, malgré les guerres juives qui la secouèrent pendant plus d'un demi-siècle, put conserver ses communautés chrétiennes, bien qu'elles fussent d'origine judaïque. Mais la région de l'Empire qui se christianisa le plus vite, et en particulier au sein du monde païen, fut l'Asie Mineure, Antioche y jouant le rôle d'un actif foyer d'évangélisation. Simultanément, le christianisme progressait en Grèce, où Paul l'avait solidement implanté en milieu païen ; au sud, il atteignait Alexandrie (par l'évangéliste Marc ?) où se trouvait une importante colonie juive. Quant à Rome même , où les Juifs étaient également très nombreux, le christianisme y avait sans doute été prêché, on l'a vu, entre 43 et 49 ; en tout cas, en 60, Paul y avait trouvé une communauté chrétienne

La situation religieuse de Rome, au moment où le christianisme s'y développait, était complexe. Du fait du caractère cosmopolite de la population, une grande variété de cultes privés, généralement d'origine orientale, y étaient pratiqués, à côté d'une religion officielle très formelle ; certains cultes, comme celui de Mithra, attiraient beaucoup de monde. L'arrivée du christianisme pouvait donc passer relativement inaperçue, d'autant que l'opinion publique fut longue à le distinguer du judaïsme, très présent. Le risque pour lui était de se laisser contaminer, car les mélanges religieux étaient fréquents. En outre, le monothéisme allait à l'encontre de la conception dominante, de même que la rigueur morale allait à contre-courant d'un laxisme très répandu ; par contre, le courant stoïcien (Sénèque, Marc Aurèle, Epictète...) ne sera pas sans influence sur le christianisme. A noter également que la notion de salut était déjà présente dans certains cultes païens (Sérapis, Asclépios...).

Il semble en tout cas que ce soient la grandeur même du Dieu-Amour annoncé par les chrétiens, l'intransigeance des apôtres à l'égard de toute déviation doctrinale, les exigences morales découlant de la foi, l'égale dignité devant Dieu reconnue à tous, sans distinction de condition sociale ou ethnique, qui aient assuré au christianisme une rapide expansion. Il répondait à une attente spirituelle qui, chez beaucoup, ne trouvait de réponse satisfaisante ni dans la religion officielle, ni dans les multiples cultes orientaux. Les chrétiens ne manquent pas d'ajouter que la grâce faisait son œuvre.

Cette greffe du christianisme sur le monde romain posait en même temps le problème, qui se retrouvera maintes fois au cours des siècles, de la relation avec une culture tout à fait étrangère à la culture chrétienne. ■

Une question d'hier et d'aujourd'hui

CULTURES ET CHRISTIANISME

Tout homme appartient à une société, et donc à une culture ; il ne peut s'épanouir que s'il y trouve les formes et les moyens de cet épanouissement. *La culture est ce par quoi l'homme en tant qu'homme devient davantage homme, "est" davantage, accède davantage à l'"être"*, disait Jean-Paul II devant l'UNESCO en 1980. Le chrétien n'est pas différent des autres à cet égard. Il lui faut donc vivre son christianisme dans le cadre de la culture à laquelle il appartient.
De son côté, le christianisme, de par sa vocation à l'universalisme, n'est lié à aucune culture particulière (Constitution du concile Vatican II *l'Église dans le monde de ce temps)*.

Cependant le christianisme a pour vocation de transmettre ses valeurs propres, et il peut se trouver en contradiction avec les conceptions de l'homme et de la vie prévalant dans telle ou telle civilisation : par exemple, à propos de la liberté religieuse, du statut de la femme, de la polygamie, de l'esclavage, du respect de la vie... Il appartient alors au christianisme de montrer que, loin de trahir la culture d'un peuple, il lui apporte au contraire un « plus » qui contribue à faire grandir l'homme.

La rencontre du christianisme avec la culture gréco-romaine s'est d'abord traduite par une violente réaction de rejet de la part de cette dernière. Il n'a pas fallu moins de trois siècles au christianisme pour se faire admettre par la majorité du monde gréco-romain et retourner alors la situation en sa faveur. Il est intéressant d'observer comment le christianisme y est parvenu : l'Église a su puiser dans les trésors de la culture hellénique et hellénistique pour exprimer et même préciser les termes de sa propre foi, en même temps qu'elle a su faire reconnaître en quoi celle-ci répondait aux aspirations fondamentales de la société et de la culture gréco-romaines.

Mais c'est aussi un fait qu'à côté d'autres réussites, comme la rencontre entre christianisme et Barbares aux IVe-Ve siècles ou avec le monde slave au IXe siècle, l'Église n'a pas toujours su respecter les cultures des peuples païens qu'elle évangélisait (par exemple en Amérique latine).
Aujourd'hui, la relation de l'Evangile avec les cultures des peuples, l'« inculturation » du christianisme, est une des grandes préoccupations de l'Église ; le pape Jean-Paul II aborde fréquemment ce thème (voir par exemple son discours à l'UNESCO, ou son encyclique *Slavorum populi* de 1985) ; la question se pose très précisément pour les Églises des pays du Tiers-Monde : comment vivre et exprimer les valeurs chrétiennes de manière conforme aux cultures de leurs peuples sans trahir ni les unes ni les autres ? ■

Ph. Giraudon

Saint Paul prêchant dans la synagogue de Damas. Mosaïque. Cathédrale de Monreale (Sicile) (XIIe s.).

▶▶▶

Un enseignement d'abord oral

Pendant cette première période, le grand travail de l'Église consiste à propager la foi par la prédication ; les Apôtres et les autres missionnaires se rendent dans les synagogues et y prennent la parole ; s'ils en sont chassés, ils continuent leur prédication sur la place publique, ou bien ils se rendent au domicile de quelque sympathisant qui y organise des réunions.

Les écrits chrétiens n'apparaissent que relativement tard, et d'abord sous la forme de lettres adressées entre 51-63 par l'apôtre Paul à des communautés fondées par lui.

La rédaction des évangiles ne commence pas avant les alentours de 65, pour se prolonger jusque vers la fin du siècle. Encore faut-il rappeler qu'elle consiste dans la *mise par écrit des traditions orales* transmises à travers les communautés chrétiennes, à partir du témoignage direct des disciples du Christ. Le rôle de ces communautés a donc été capital, d'autant qu'ayant à répondre à bien des questions dans leur mission d'enseignement, elles ont fait réflexion sur le témoignage des disciples. Quant à ces derniers, qui ont centré toute leur prédication sur la personne de Jésus ressuscité, fondement de la foi chrétienne, ils ont évidemment ordonné leurs souvenirs à la lumière de cette résurrection, qui leur a pleinement révélé qui est Jésus, alors qu'il n'était plus physiquement parmi eux.

D'autres textes (lettres d'Apôtres à des communautés, *Actes des Apôtres* relatant la première diffusion de l'Évangile, *Apocalypse* de Jean) font écho à cet enseignement et lui apportent un éclairage précieux. L'ensemble, considéré après diverses sélections comme authentiquement inspiré de l'Esprit Saint, constitue le « Nouveau Testament » de la Bible[1].

A ces écrits« néo-testamentaires » s'ajouteront bientôt ceux d'auteurs qu'on appelle les Pères apostoliques. Plus jeunes que les Apôtres, soit ils les ont connus, soit ils ont vécu dans un milieu imprégné de leur pensée. L'œuvre des Pères apostoliques constitue comme un appendice aux écrits bibliques, sans pour autant leur être assimilée. Elle représente le début de la littérature chrétienne non testamentaire.

1. La liste des textes reconnus par l'Église comme inspirés, ou *« canon » du Nouveau Testament*, s'est progressivement établie par consensus entre la fin du Ier siècle et celle du IVe, au fur et à mesure que les écrits concernés ont vu leur autorité reconnue par l'ensemble des Églises d'Orient et d'Occident ; ce ne fut pas sans de vifs débats.

ANTIOCHE, FOYER D'EVANGÉLISATION ASIATIQUE

La ville d'Antioche de Syrie, sur l'Oronte, (aujourd'hui Antakya en Turquie) avait été créée en 300 av. J.-C. par le fondateur de la dynastie séleucide, le roi Seleucos Ier Nikator, un des généraux grecs d'Alexandre ; lui donnant le nom de son père, Antiochos, il en avait fait sa capitale.

Au début de notre ère, sous la domination romaine, Antioche, capitale de la province d'Orient, compta jusqu'à 500.000 habitants (dont 10 % étaient juifs) ; elle était ainsi la troisième ville de l'Empire, après Rome et Alexandrie.

Les *Actes des Apôtres* nous apprennent qu'elle fut évangélisée par des Juifs chrétiens hellénistes fuyant la persécution qui s'était abattue sur eux à Jérusalem (donc vers 36 ou 37) ; c'était la première sortie de la jeune Église en dehors du monde juif. C'est là aussi que le nom de chrétiens fut donné aux disciples du Christ, par des païens, comme une sorte de sobriquet.

La nouvelle communauté, composée à la fois de Juifs et de païens convertis, connut de ce fait de vives tensions internes, origine de la crise du judéo-christianisme. A l'époque, Paul et Barnabé exerçaient un rôle de premier plan en son sein ; par la suite, partis en mission, ils firent d'Antioche la base de leur activité ; saint Pierre aurait peut-être été le responsable de cette communauté avant de gagner Rome.

L'Église d'Antioche devint très rapidement le grand foyer de diffusion du christianisme en Asie Mineure et dans les régions d'alentour, et ses évêques exercèrent vite une autorité reconnue sur l'ensemble de l'épiscopat de la région. Ainsi s'explique le fait qu'en 325 le concile de Nicée ait inclus Antioche, avec Rome et Alexandrie, parmi les sièges épiscopaux auxquels était reconnu un rang particulier ; plus tard, le concile de Chalcédoine (451) conféra le titre de patriarche à leurs évêques.

Dans l'Église d'Orient, le titre et la fonction de patriarche d'Antioche sont toujours en vigueur aujourd'hui, tant dans l'Église orthodoxe grecque que dans certaines des Églises catholiques orientales unies à Rome (Melkites, Maronites, Syriens). ■

LE KERYGME, CRI DE LA FOI CHRÉTIENNE

Les théologiens appellent *kerygme* (du grec *kerugma*, l'annonce du crieur public) la formulation résumée par laquelle les premiers chrétiens proclamaient leur foi, conformément à l'enseignement des apôtres tel qu'il nous est effectivement retransmis par le *Nouveau Testament*.

Sous diverses formes, son énoncé comporte toujours quatre propositions :

• *Jésus, que les chrétiens appellent Christ (c'est-à-dire Messie), a été mis à mort,*
• *Dieu l'a ressuscité,*
• *Pour le pardon des péchés et le salut des hommes,*
• *Nous en sommes témoins.*

C'est le premier « Credo ».
(Voir Index : kerygme, Credo) ■

II. L'EXPANSION MALGRÉ LES DIFFICULTÉS : IIe et IIIe SIÈCLES

LA diffusion relativement rapide du christianisme se poursuivra de manière continue malgré de nombreuses épreuves. Aux IIe et IIIe siècles, celles-ci seront à la fois d'origine externe (les **persécutions**) et interne (les **crises d'ordre doctrinal**) ; les unes et les autres secoueront durement la jeune Église naissante ; elles auraient pu cent fois mettre un terme à son aventure si fragile, et si peu crédible aux yeux de la majorité des contemporains.

Les difficultés d'origine externe : les persécutions

On a vu que la toute première communauté chrétienne, celle de Jérusalem, avait été tout de suite aux prises avec les autorités juives ; celles-ci ne l'avaient pas ménagée, en grande partie par crainte d'une réaction de l'occupant romain.

Mais, après la ruine de Jérusalem et la disparition du Sanhédrin (70), c'est directement de l'hostilité du pouvoir romain que les chrétiens ont eu à souffrir, et ce dans tout l'Empire.

Ces persécutions se sont déroulées sur deux siècles et demi (64-313). Elles n'ont pas été continues, des périodes d'accalmie parfois assez longues séparant les moments de tension. En outre, la répression antichrétienne s'est rarement étendue simultanément à tout l'Empire ; ce ne fut le cas que sous le règne de Dèce (en 250-251) et surtout sous celui de Dioclétien (en 303-305), où elle fut probablement la plus meurtrière. Les autres persécutions sont restées plus localisées dans telle ou telle partie de l'Empire ; mais Rome, la capitale impériale, y a rarement échappé. Il n'existe aucun moyen d'établir le nombre des victimes ; les évaluations varient de 4000 à des dizaines de milliers.

Dans les périodes d'accalmie, les plus nombreuses, la vie de l'Église se déroulait au grand jour ; on trouvait même des chrétiens dans l'exercice de responsabilités publiques, et jusque dans l'entourage des empereurs ; le christianisme poursuivait son expansion et son approfondissement, non sans graves crises internes d'ailleurs, on le verra. Par contre, le sentiment de précarité était constant ; la tourmente pouvait se lever à tout instant ; la religion chrétienne restait illicite, méprisée du grand nombre, suspectée. Il fallait beaucoup de courage et de foi pour y adhérer, y rester fidèle, a fortiori s'en faire le témoin. Pourtant les demandes de baptême n'ont jamais cessé.

Suite page 312 ▶▶▶

Ce qu'ont été les persécutions

☞ Les premières persécutions (de Néron à Marc-Aurèle, de 64 à 180) ont plus souvent été le résultat de mouvements populaires que de l'initiative impériale ; le pouvoir suivait l'opinion. Le premier empereur à engager une lutte de principe contre le christianisme fut Septime-Sévère : par un édit de 202, il interdit tout prosélytisme aux juifs comme aux chrétiens, souvent confondus ; les principales victimes chrétiennes furent alors des catéchumènes et des baptisés récents (néophytes). L'empereur Dèce déclencha la première persécution généralisée. L'Empire connaissait alors une période de désordres. Pour assurer l'unité romaine autour de la religion officielle, Dèce ordonna en 250 à tous les citoyens de participer à un sacrifice. Les nombreux chrétiens qui s'y refusèrent furent cruellement sanctionnés. Mais ceux qui acceptèrent par peur (*lapsi,* ceux qui sont tombés) furent également nombreux : la persécution passée, leur cas souleva une grave question qui divisa profondément l'Église.

☞ La persécution revêtit de multiples formes : interdiction de culte, de réunion, dépossession des lieux de culte et des ressources financières, emprisonnement, torture, exil, mise à mort sous des formes généralement très cruelles (l'imagerie populaire a retenu en particulier les scènes, bien réelles, de chrétiens livrés aux bêtes dans les arènes).

☞ Dès ses débuts (l'*Apocalypse* de saint Jean en témoigne), le *martyre* apparut aux chrétiens comme la forme la plus éminente de la sainteté ; ceux qui mouraient pour la foi étaient considérés comme aussitôt entrés au Paradis sans avoir à attendre la Parousie ; ils étaient entourés de vénération ; leurs reliques avaient « plus de valeur que les pierres précieuses » ; on sait que le culte des saints trouve son origine dans celui des *martyrs* (voir Index). Quant aux survivants restés fidèles à leur foi, ils étaient l'objet du respect et de la considération. A certains moments, une véritable mystique du martyre s'empara de divers groupes de chrétiens, mystique inspirée par le sentiment de l'imminence de la fin des temps et du retour du Christ ; par un certain mépris aussi du monde et de la vie ici-bas, état d'esprit que ne partagea pas en général l'épiscopat. ■

Ph. Alinari-Giraudon

Le Christ martyr. Reliquaire africain du Ve siècle en argent. Musée du Vatican.

Pourquoi les persécutions ?

Les accusations alors portées contre les chrétiens sont multiples. Les unes relèvent de la rumeur publique, les autres sont le fait de milieux intellectuels.

☞ Parmi les accusations populaires, la plus constante est celle d'athéisme : les chrétiens, parce qu'ils croient au Dieu révélé par Jésus-Christ, refusent de sacrifier aux dieux de la religion officielle ; fait plus grave aux yeux de l'opinion, ils n'acceptent pas de reconnaître l'empereur comme divinité ; or il incarne l'empire, il est l'intermédiaire entre ses sujets et les dieux (Domitien se fait donner le titre de *Dominus et Deus*).

Refuser le culte impérial est donc un acte subversif ; c'est surtout provoquer la colère des dieux, et les chrétiens apparaissent alors à l'opinion comme des ennemis redoutables : que survienne un événement néfaste, et la colère de la foule se déchaîne contre eux. Cette haine populaire explique la faveur avec laquelle sont accueillies les fables courant sur les chrétiens, accusés d'adorer un dieu à tête d'âne, de se livrer à des sacrifices humains, à l'anthropophagie, à des rites d'union sexuelle...

☞ Quant aux intellectuels (Pline le Jeune, Tacite, Epictète, et surtout Celse - auteur vers 178 de *La parole de vérité*, première analyse approfondie du christianisme par un païen - puis, un siècle plus tard, Porphyre), ils reprochent aux chrétiens leur « superstition » : la croyance dans l'incarnation divine défie la raison, la résurrection est une imposture, les chrétiens sont des êtres grossiers et incultes, leur doctrine un tissu d'inepties.

En fin de compte, ce qui ressort de cet amalgame d'accusations, c'est une réaction d'ordre culturel : le christianisme dérange la société gréco-romaine ; il met en cause quelques-uns de ses traits les plus essentiels : religion traditionnelle, culte impérial assurant la cohésion politique de l'Empire, structures économiques et sociales basées sur le travail des esclaves et une hiérarchie sociale proche d'un système de castes, mœurs régnantes (statut de la femme et de l'enfant, permissivité sexuelle, jeux cruels du cirque...).

A ce rejet culturel, les chrétiens n'ont cherché à répondre ni par la violence ni par la mise en cause du régime impérial en lui-même ; ils étaient au contraire portés à suivre les recommandations de soumission aux autorités faites par saint Paul (Rm 13, 1-7). Par contre, ils se sont employés à se justifier contre les accusations.

C'est l'œuvre des écrivains chrétiens qu'on a appelés *apologistes*. ■

DEUX SIÈCLES ET DEMI DE PERSÉCUTIONS

Périodes de persécutions	Empereurs sous lesquels elles se firent (dates de règne)	Régions où sévit principalement la persécution: Rome	Autres parties de l'Empire	Tout l'Empire	Victimes les plus célèbres	Faits en relation avec les persécutions
64-68	Néron (54-68)	X			64 à 67. St Pierre et St Paul	
94-96	Domitien (81-96)	X	Asie Mineure, Palestine		Flavius Clemens, cousin de l'empereur. Domitille, son épouse exilée. St. Jean, exilé à Patmos.	Apocalypse de St. Jean.
98-117	Trajan (98-117)	X	Asie Mineure, Palestine		107. St. Ignace, évêque d'Antioche. 107. St. Siméon, 2e évêque de Jérusalem.	112 : Lettre de Trajan à Pline le J. gouv. de Bithynie : ne pas rechercher les chrétiens, condamner ceux qui sont dénoncés.
	Hadrien (117-138)	X				
	Antonin le Pieux (138-161)		Asie Mineure, Palestine, Grèce		155 : St. Polycarpe, évêque de Smyrne. 166 : l'apologiste Justin.	155 *Apologies* de Justin
177-180	Marc-Aurèle (162-180)	X	Afrique, Gaule, Asie Mineure		177 : les martyrs : de Lyon, dont St. Pothin, évêque, Ste Blandine...	Littérature apologiste
202-211	Septime-Sévère (193-211)	X	Afrique, Egypte		203 : Stes Félicité et Perpétue à Carthage.	Ecrits de Tertullien et d'Origène, auteurs chrétiens. Littérature apocalyptique. Exaltation du martyre.
	Caracalla (211-217)		Afrique			
235-238	Maximin le Thrace (235-238)	X	Afrique, Cappadoce		235 : le pape St. Pontien et l'antipape Hippolyte déportés en Sardaigne où ils meurent de mauvais traitements.	
250-251	Dèce (249-251	X		X	250 : le pape St. Fabien. Origène torturé. St. Saturnin, évêque de Toulouse.	Le problème des « lapsi »

Parmi les accusations lancées contre les chrétiens...

Dans un ouvrage de défense du christianisme intitulé *Octavius*, écrit vers 200, l'avocat romain Minucius Felix met dans la bouche d'un païen discutant avec un chrétien les « ragots » colportés contre les chrétiens.

« J'entends dire que, poussés par je ne sais quelle absurde croyance, ils consacrent et adorent la tête de l'animal le plus vil, l'âne. Le récit que l'on fait de l'initiation des recrues est aussi horrible que notoire. Un tout jeune enfant, recouvert de farine pour abuser le novice sans défiance, est placé devant celui qui doit être initié aux mystères. Trompé par ce bloc enfariné, qui lui fait croire que ses coups sont inoffensifs, le néophyte tue l'enfant [...] Le sang de cet enfant, ils le lèchent avidement ; ses membres, ils se les disputent et se les partagent ; c'est par cette victime qu'ils cimentent leur alliance, et c'est par cette complicité dans le crime qu'ils s'engagent à un mutuel silence [...].

Et leurs banquets, tout le monde les connaît, partout on en parle [...] Aux jours de fête, ils se réunissent pour un festin [...] Là, après avoir copieusement mangé, lorsque l'animation de la fête est à son comble et que l'ardeur de l'ivresse allume les passions incestueuses... la lumière qui aurait pu les trahir s'éteint [...] Alors ils s'étreignent au hasard et si tous ne sont pas incestueux de fait, ils le sont par l'intention ».

Cité dans Labriolle, *La Réaction païenne.*
Ed. L'Artisan du Livre, Paris, 1934.

SPORADIQUES DANS L'EMPIRE ROMAIN (64-311)

Périodes de persécutions	Empereurs sous lesquels elles se firent (dates de règne)	Régions où sévit principalement la persécution : Rome	Autres parties de l'Empire	Tout l'Empire	Victimes les plus célèbres	Faits en relation avec les persécutions
252-253	Gallus (251-253)	X	Egypte		253. Le pape Corneille en exil, où il mourra. Son successeur Lucius également exilé.	
257-258	Valérien (253-260)	X		X	257 : le pape Etienne Ier. 258 : le pape Sixte II, St. Cyprien, évêque de Carthage, le diacre Laurent.	
"Petite paix de l'Église » : 260-303	Gallien (260-268) Rescrits de tolérance : 260.					
303-305	Dioclétien (284-305) et Maximien (286-305)	X		X	288. St. Sébastien à Rome. 290 ? St. Victor à Marseille.	
305-324	Rivalité des « Augustes », guerres civiles entre eux. Progression de Constantin.	X	Italie			
313. Edit de Milan : Paix de l'Église. Fin des persécutions en Occident.	312. Constantin maître de l'Occident.					
324. Paix de l'Église dans tout l'Empire.	324. Constantin seul maître de l'Empire.					

Ph. Roger-Viollet

Persécution des chrétiens à Rome.

UNE RÉPONSE AUX ATTAQUES CONTRE LES CHRÉTIENS : LES APOLOGISTES

Persuader l'opinion publique et le pouvoir de la fausseté des accusations portées contre les chrétiens, et, au contraire, de la valeur morale du christianisme, c'est à quoi s'emploient, entre les milieux des IIe et IIIe siècles, une quinzaine d'auteurs chrétiens qu'on appelle les *apologistes.*

Il s'agit d'une nouvelle génération d'écrivains chrétiens, au profil intellectuel nettement plus affirmé que celui des « Pères apostoliques ». Formés dans les écoles grecques et romaines, très au fait de la culture philosophique de leur époque, dont ils savent utiliser toutes les ressources au service de la foi chrétienne, ils débattent d'égal à égal avec l'intelligentsia païenne ; ils s'emploient à démontrer que le christianisme n'est pas contraire à l'idéal de l'hellénisme. On assiste là à une manifestation significative de *l'acculturation* progressive du christianisme au sein du monde gréco-romain. Les auteurs païens, qui n'ont eu jusqu'alors que mépris pour une foi assimilée par eux à de grossières superstitions, doivent dès lors changer de registre dans leurs accusations. ■

PARMI LES APOLOGISTES

Justin est le plus célèbre (v. 100-165). Philosophe grec païen converti vers 130, il s'emploie à faire partager la vérité qu'il a découverte après une recherche passionnée auprès de diverses doctrines (*Dialogue avec Tryphon*, *Dialogues*) : les chrétiens représentent la vraie piété, leur doctrine est en accord avec celle des meilleurs philosophes grecs (Socrate, Platon...), leur morale en fait les meilleurs observateurs des lois (deux *Apologies*). Justin est mort martyr.

Tertullien (v. 150-222 ?), le premier auteur chrétien à écrire en latin, est ce qu'on appellerait aujourd'hui un *ultra* : il attaque violemment les adversaires du christianisme, l'Empire, le service militaire, les spectacles, les mœurs dépravées. Il rompt avec l'épiscopat, insuffisamment intransigeant à ses yeux, et rejoint une secte extrémiste, le montanisme.

Origène v. 185 - v. 254) est célèbre par son *Traité contre Celse* qui réfute les accusations de ce philosophe païen. Il est une des grandes figures de l'École d'Alexandrie. Par son enseignement, ses homélies, ses œuvres écrites (théologie, exégèse...), il a joué un rôle très novateur et exercé une influence considérable bien au-delà de son époque ; certaines de ses thèses, assez aventureuses, provoqueront des controverses aux IVe et VIe siècles et seront condamnées par le IIe concile de Constantinople (453). ■

LES CATACOMBES : voir Index

Ph. CIRIC

L'amphithéâtre des Trois Gaules à Lyon, lieu probable du supplice des « Martyrs de Lyon » (177).

▶▶▶ *Suite de la page 309*

Les difficultés d'ordre interne : controverses doctrinales aux IIe et IIIe siècles

L'Église, dès ses origines, était riche de la Révélation parachevée par le Christ. Mais il s'agissait là d'un trésor qui restait tout autant à explorer qu'à faire fructifier (voir Index : Développement du dogme). Or les questions se posaient en foule, et avec acuité, aux chrétiens des premiers siècles ; on conçoit dès lors que de grands débats aient surgi parmi eux. Mais pour les aborder, l'Église ne disposait ni de traditions de recherche théologique, ni de méthodes et critères éprouvés, ni de structure solide et rodée. On peut ainsi comprendre le nombre et la gravité des crises doctrinales qu'elle connut alors ; un pullulement de doctrines et de sectes mit à l'épreuve tout à la fois l'unité de l'Église et ce qui constitue pour elle le contenu de la Révélation.

Une constatation s'impose cependant : quelque coûteuse qu'elle ait pu être, chacune de ces crises a conduit la pensée chrétienne à approfondir et préciser des données essentielles de la foi.

Les nombreux débats des IIe et IIIe siècles (gnose, marcionisme, montanisme, etc.) ont, en particulier, préparé les grandes définitions dogmatiques qu'on devra aux conciles de la période suivante (IVe et Ve siècles). La formulation du *Credo* s'est en quelque sorte élaborée au creuset des crises doctrinales.

Les premiers Pères de l'Église ou la naissance de la théologie

C'est au cours des trois premiers siècles du christianisme que l'on voit apparaître les premières générations de penseurs auxquels est donné le nom générique de « Pères de l'Église » ; c'est

LES MARTYRS DE LYON

En 177, sous la persécution de Marc-Aurèle, 48 chrétiens de Lyon et Vienne furent martyrisés à Lyon, capitale romaine de la Gaule lyonnaise. C'est le premier fait connu du christianisme en Gaule. Parmi ces martyrs, le plus célèbre est saint Pothin, sans doute le premier évêque de Lyon ; nonagénaire et infirme, il témoigna avec courage de sa foi devant les juges, fut roué de coups et mourut deux jours plus tard en prison.

Autre victime célèbre, sainte Blandine, une jeune esclave. D'abord torturée, puis exposée aux fauves qui ne la touchèrent pas, elle fut reconduite quotidiennement à l'amphithéâtre pour assister aux souffrances infligées à ses compagnons ; elle fut encore mise sur un gril, puis enveloppée dans un filet et jetée sur les cornes d'un taureau ; elle finit égorgée, refusant jusqu'au bout de renier sa foi.

Toutes les circonstances du martyre de ces 48 chrétiens nous sont connues grâce à une lettre adressée à ce sujet par les Églises de Lyon et Vienne aux Églises de Phrygie et d'Asie Mineure (Irénée, successeur de Pothin comme évêque de Lyon, était originaire de Smyrne).

C'est de l'amphithéâtre des Trois Gaules à Lyon, lieu probable de ces martyres, qu'en octobre 1986 le pape Jean-Paul II, lors de son troisième voyage en France, lança son appel à une trêve des combats dans le monde durant la journée du 27 octobre suivant, date à laquelle les représentants de onze religions allaient se réunir à Assise à son initiative pour prier pour la paix. ■

précisément dans le feu des controverses que leur réflexion a mûri et que se sont ainsi établies les bases de la recherche et de l'expression théologiques.

Dans le prolongement immédiat de l'enseignement des Apôtres, les « *Pères apostoliques* », c'est-à-dire ceux ayant vécu au temps des Apôtres (1er siècle) et souvent à leur contact, sont, pour la plupart, des pasteurs faisant œuvre de catéchètes ; ils s'efforcent d'éclairer leurs communautés chrétiennes sur ce qu'est la véritable foi de l'Église, ils commentent les Écritures reconnues comme vraiment inspirées de Dieu, ils montrent comment le Christ accomplit et achève la révélation biblique.

Ce que l'on a conservé d'eux est le plus souvent constitué de lettres à leurs communautés ; le *Pasteur* d'Hermas et la *Didachè* sont cependant d'un autre genre littéraire.

Aux IIe et IIIe siècles, le niveau théologique s'élève ; les auteurs chrétiens de l'époque, désignés sous le nom global d'*apologistes* ou de polémistes, parce qu'ils s'emploient à réfuter soit les accusations des auteurs païens contre le christianisme soit les doctrines hérétiques, sont désormais ce qu'on pourrait appeler des intellectuels. Le plus célèbre d'entre eux, Justin, est un philosophe ; saint Irénée, évêque de Lyon, fait faire à la méthode de discernement théologique un pas important en élaborant le critère de la « règle de foi ».

Or, avant même que cette seconde génération ait disparu, voici que, dans le cours du IIIe siècle, en arrive une troisième, constituée maintenant d'*authentiques théologiens.* Ils argumentent eux aussi avec ceux qui attaquent le christianisme ou qui, à l'intérieur de l'Église, mettent en cause le contenu de la foi. Mais, désormais, la maturité de la pensée chrétienne leur permet de pousser très

▶▶▶

Après les persécutions : quelle attitude adopter vis-à-vis de ceux qui ont trahi leur foi ?

Sous les persécutions du IIIe siècle, on appela *lapsi* (en latin *lapsus*, celui qui a trébuché, est tombé) les chrétiens qui, sous la menace, s'étaient pliés à l'obligation imposée en 250 par l'empereur Dèce de sacrifier aux dieux païens. La persécution provisoirement calmée, l'attitude à adopter à leur égard posa à l'Église un problème difficile : pouvait-elle accorder le pardon au péché majeur d'apostasie ? Dieu n'en était-il pas seul juge ? En outre, réconcilier les *lapsi* avec l'Église, n'était-ce pas, en période troublée, encourager toutes les lâchetés ?

Le théologien romain Novatien, partisan d'une Eglise de « purs et de durs », excluait toute réconciliation. L'évêque de Carthage, saint Cyprien (qui devait lui-même mourir martyr en 258), soutenait au contraire que l'Eglise avait reçu du Christ le pouvoir sans restriction de « lier » et « délier ». Toute la conception du sacrement de Réconciliation était là en jeu. Pour Cyprien, la réconciliation devait être accordée aux *lapsi*, mais en leur imposant au préalable une période de pénitence sévère et prolongée. Le débat fut très vif. Le pape Corneille, acquis à l'attitude de miséricorde de Cyprien, convoqua un concile à Rome en 251, qui condamna la thèse radicale de Novatien.

Celui-ci refusa de s'incliner et fonda une Église schismatique qui s'étendit de Rome à Alexandrie ; elle devait durer jusqu'au VIIe siècle (les « novatiens »).

D'autres crises de même nature seront suscitées au IVe siècle par de nouvelles persécutions, et entraîneront à leur tour tensions et schismes. ■

Qu'est-ce que ?

Docétisme (du grec dokein, sembler). Ensemble de doctrines qui se répandent aux IIe et IIIe siècles, ayant pour point commun la négation de l'incarnation du Christ ; celui-ci est considéré comme ayant seulement revêtu une *apparence humaine.* On trouvera une certaine résurgence de ce courant au VIe siècle dans le *monophysisme.*

Gnose et gnosticisme (du grec *gnôsis*, connaissance). Le mot *gnose* désigne un ensemble de doctrines (il y a eu des gnoses chrétiennes, juives - la kabbale -, islamique) offrant certaines similitudes :
1. L'ésotérisme : chacune propose à des initiés la révélation de vérités cachées sur Dieu, l'homme, le monde, révélation qui libèrera l'initié et le conduira au salut.
2. Une conception du monde : la création est l'œuvre d'un esprit du Mal, et l'homme ne pourra atteindre son salut qu'en libérant du monde créé et de la matière physique son être spirituel, d'essence divine. Les gnoses chrétiennes des premiers siècles nient donc la création comme œuvre de Dieu, rejettent l'Ancien Testament (considéré comme l'émanation de l'esprit qui a créé le monde), l'Incarnation du Christ (qui ne saurait avoir pris un corps matériel, impur par essence), l'attente du retour du Christ.
Le *gnosticisme* désigne plutôt les hérésies chrétiennes postérieures (IIe, IIIe siècles) à la gnose primitive et dérivées de celle-ci ; elles sont à l'origine de multiples sectes. Le courant gnostique continuera de se manifester jusqu'au cœur du Moyen Âge : manichéisme à partir du IIIe siècle, bogomiles balkaniques aux Xe-XIIe siècles, cathares (XIIe-XIIIe siècles). Il reparaît aujourd'hui dans certaines sectes.

Marcionisme. MARCION (v. 85-v.160), originaire d'Asie Mineure et enseignant à Rome, est l'auteur d'une doctrine qui le fit excommunier en 144. Celle-ci opposait le Dieu bon révélé par le Nouveau Testament (réduit aux *Épîtres* de Paul et à l'*Évangile* de Luc) au Dieu créateur de l'Ancien Testament ; elle n'attribuait au Christ qu'une simple apparence humaine (voir docétisme) et prêchait une morale d'une rigueur outrancière. L'Église marcioniste, fortement organisée, comportait encore des communautés en Syrie au Ve siècle.

Montanisme. MONTAN, chrétien de Phrygie (Asie Mineure), suscita vers 156 un mouvement qui atteignit son apogée vers 172 ; il se manifesta par une explosion d'esprit prophétique. Interprétant les textes de saint Jean (*Évangile, Apocalypse*), Montan déclarait que, sous son action, le temps du Paraclet était commencé, et prônait la continence pour préparer le millénaire prochain de la Nouvelle Jérusalem. Il dénonçait violemment la Rome païenne et exaltait le martyre. Le montanisme ne fut pas considéré comme une hérésie ; il n'en provoqua pas moins une rupture avec l'Église. Tertullien s'y rallia dans la seconde partie de sa vie.

Les Pères de l'Église

☞ Parmi les écrivains chrétiens des premiers siècles, les *Pères de l'Église* sont ceux qui, en raison de l'orthodoxie de leur doctrine et de la sainteté de leur vie, jouissent d'une autorité particulière dans l'Église. Cette autorité n'est pas à mettre au niveau de celle attribuée à l'Ecriture Sainte, considérée comme inspirée par Dieu ; mais le témoignage des Pères bénéficie d'un grand crédit, encore renforcé lorsqu'il y a unanimité entre eux.

☞ Pourquoi les appelle-t-on *Pères ?* Le mot évoque l'idée d'ancêtres, de ceux qui sont à l'origine (les « Pères fondateurs de la République », etc.) ; il évoque aussi celui qui éduque, enseigne, conduit vers la maturité, celui à qui on peut se fier. Bien que l'enseignement soit, dans l'Église, de la mission des évêques, tous les Pères de l'Église n'ont pas été évêques ; mais leur enseignement forme un ensemble absolument cohérent avec celui des pasteurs de l'Église.

☞ La caractéristique des Pères est de plonger les racines de leur enseignement dans l'Écriture Sainte, dont ils constituent en quelque sorte les premières générations de lecteurs dans l'Église ; ils sont encore proches des temps du Nouveau Testament et des traditions orales dont est sortie la rédaction des évangiles. Ils sont les premiers à proposer une lecture de l'Ancien Testament à la lumière de l'enseignement du Christ, formant un maillon précieux pour aider la pensée moderne à entrer dans l'esprit de l'Écriture.

☞ La littérature des Pères, ou *patrologie,* a joué un rôle essentiel dans la lutte contre les nombreuses hérésies des premiers siècles, et a apporté une contribution souvent déterminante à la formulation de la doctrine chrétienne par les grands conciles de l'époque.

☞ La *patristique* est l'étude, la connaissance, des Pères de l'Église et de leur œuvre.
Bien qu'il n'y ait unanimité ni sur la liste des Pères de l'Église ni sur la durée de la période patristique, on considère le plus souvent que celle-ci s'est close en Occident avec la mort d'Isidore de Séville (636), et en Orient avec celle de Jean Damascène (749) ; certains la prolongent toutefois jusqu'au XIIe siècle.

☞ Les Pères de l'Église ne sont pas à confondre avec les *Docteurs de l'Église*, bien que beaucoup soient l'un et l'autre ; la dénomination de Père de l'Église est fondée sur l'usage et réservée à des écrivains des premiers siècles chrétiens ; elle n'a été décernée par aucune autorité. Le titre de *Docteur* est au contraire donné officiellement par l'Église ; son attribution n'est soumise à aucune limite dans le temps ; la dernière a été faite en faveur de sainte Thérèse d'Avila par Paul VI en 1970.

On regroupe généralement les Pères de l'Église, d'une part, en *Pères grecs* et *Pères latins,* selon la langue dans laquelle ils ont écrit, et d'autre part, en grandes périodes de l'histoire de l'Église. Parmi les Pères les plus célèbres, on peut citer :

	Pères grecs	**Pères latins**
Pères Apostoliques Ier-IIe siècles Ils ont connu le temps des Apôtres, dont leur œuvre éclaire utilement l'enseignement.	L'auteur anonyme de la *Didachè.* St Clément de Rome. St Ignace d'Antioche. St Polycarpe de Smyrne. St Papias. Hermas (Voir « Pères apostoliques » p. 308 a et 313 a).	
Pères des IIe-IIIe siècles Ils ont lutté contre les ennemis du christianisme, les persécutions, les hérésies.	St Justin. St Irénée. St Hippolyte. Clément d'Alexandrie. Origène. St Eusèbe de Césarée.	Tertullien, St Cyprien (premiers auteurs chrétiens à écrire en latin).
L'âge d'or des Pères de l'Église (IVe-Ve siècles). Ils ont lutté contre les hérésies et ont contribué à la formulation de la foi chrétienne.	St Athanase d'Alexandrie, St Basile de Césarée, St Grégoire de Nazianze, St Grégoire de Nysse, Evagre le Pontique, St Jean Chrysostome, Théodore de Mopsueste, St Cyrille d'Alexandrie.	St Hilaire de Poitiers, St Martin de Tours, St Ambroise de Milan, St Jérôme, St Augustin d'Hippone, Jean Cassien.

☞ La première édition systématique de l'ensemble des œuvres des Pères de l'Église est due à l'abbé Migne (*Patrologie latine, Patrologie grecque*) ; commencée en 1844, elle ne compte pas moins de 218 volumes in 4°, et reste un classique de la littérature chrétienne.
Depuis lors, la collection *Sources chrétiennes* des Editions du Cerf a entrepris la publication de la traduction en français de l'ensemble des Pères de l'Église ; plus de 350 volumes ont déjà paru. ■

Lorsqu'un mot, une expression, un événement, une institution, un nom propre vous sont inconnus, consultez l'index.

L'ÉCOLE D'ALEXANDRIE

Alexandrie, actif foyer de la culture grecque depuis sa fondation par Alexandre le Grand au IVe siècle av. J.C. et ville célèbre par la richesse de sa bibliothèque, avait déjà offert à son importante colonie juive un climat intellectuel éminemment favorable à l'éclosion d'une pensée hébraïque hellénisée (par exemple celle du philosophe et exégète juif Philon, contemporain du Christ, sans oublier la traduction grecque de la Bible, dite « des Septante » (p. 214 a).
Au IIIe siècle après J.-C., l'Église d'Alexandrie, issue du milieu juif, brillait d'un vif éclat. Le christianisme à son tour trouvait dans la pensée grecque un facteur de stimulation et de fécondité. Un *didascalée* (centre d'études supérieures) chrétien avait été fondé. Connu sous le nom d'*École d'Alexandrie,* ce centre théologique exercera plusieurs siècles durant, par ses maîtres et ses disciples, un rôle de premier plan dans la pensée de l'Église. Le christianisme, venu du monde sémitique, achèvera de s'y couler dans le moule de la culture grecque, et celle-ci de se christianiser à son tour.
Les grands noms de l'École d'Alexandrie seront ceux de Clément d'Alexandrie et d'Origène aux IIe et IIIe siècles, saint Athanase au IVe, saint Cyrille d'Alexandrie au Ve siècle.
La tradition théologique alexandrine est de type spiritualiste et volontiers mystique. Elle interprète l'Écriture Sainte dans un sens plus allégorique que littéral ; c'est la philosophie platonicienne qui la marque. D'où une vision de la création et de l'homme qui aurait tendance à opposer les aspects matériels, considérés comme pervers, et les aspects spirituels ; de là naîtra la réticence à reconnaître dans le Christ une dualité de natures, divine et humaine, réticence qui favorisera l'adhésion de l'Église d'Alexandrie au *monophysisme* au Ve siècle. ■

L'ÉCOLE D'ANTIOCHE

L'Église d'Antioche en Syrie, dont on a vu le rôle évangélisateur dès les débuts du christianisme, était devenue un actif foyer de réflexion théologique vers la fin du IIIe siècle. Le courant de pensée antiochien diffère sensiblement de celui de l'École d'Alexandrie. Les théologiens antiochiens, restés en contact avec le monde araméen, sont proches du judaïsme rabbinique, alors que les Alexandrins se situent dans la suite du judaïsme hellénistique. Les Antiochiens sont des exégètes attachés à la lettre, cherchant avec une rigueur toute scientifique à savoir ce qu'a voulu dire l'auteur. En théologie, ils sont réalistes (l'Ecole d'Alexandrie, plus philosophique et mystique, les traite volontiers de matérialistes) ; ils sont disciples d'Aristote, alors que Platon règne à Alexandrie. Très sémites dans leur pensée, ils sont attachés à la transcendance d'un Dieu unique.
Leur méthode théologique recourt plus à l'induction à partir de la pratique qu'à la déduction à partir de leurs idées sur Dieu. Leur morale est exigeante, presque puritaine. Opposés à l'idée d'une nature unique dans le Christ, ils seront quelquefois tentés par des théologies de l'adoption : le Christ, supérieur aux prophètes, adopté par Dieu, mais finalement homme - rien qu'homme. Nestorius poussera à l'extrême cette conception de la personne du Christ ; sa doctrine, le *nestorianisme,* sera condamnée par le concile d'Ephèse (431).
Les grands noms de l'École d'Antioche sont Paul de Samosate et saint Lucien d'Antioche au IIIe siècle, saint Jean Chrysostome et Théodore de Mopsueste à la charnière des IVe et Ve siècles, Nestorius et Théodoret de Cyr au Ve siècle. ■

▶▶▶

loin l'analyse et l'approfondissement des données de la foi et d'élaborer de savants traités. Cette troisième génération prépare ce qu'on a appelé « *l'âge d'or des Pères de l'Église* », qui s'épanouira aux IVe et Ve siècles (voir plus loin).

En même temps, peu à peu, se forment de grandes traditions théologiques ; à cet égard trois centres de vie intellectuelle joueront un rôle capital ; dans l'ordre de leur apparition et, d'une certaine manière, de leur influence, ce sont **Alexandrie**, **Antioche** et **Carthage**.

Autre nouveauté : alors que la *langue grecque* avait été pendant près de deux siècles le mode d'expression le plus répandu de la pensée chrétienne, l'usage du *latin* commence très progressivement à se répandre à partir du IIe siècle dans les parties occidentales de l'Église (Italie, Afrique du Nord). Le grec restera la principale langue ecclésiastique des régions orientales (Grèce, Asie Mineure, Palestine, Egypte). Cette dualité de langues dans l'expression de la pensée théologique ne sera pas sans provoquer plus d'un malentendu au cours de l'histoire de l'Église, ni sans développer des mentalités différentes ; on en constate aujourd'hui encore les conséquences dans les relations entre Occident et Orient chrétiens.

En tout cas, l'histoire de la littérature chrétienne est conduite à distinguer, à partir du IIe siècle, les *Pères grecs* et les *Pères latins* de l'Église.

Parmi les Pères grecs les plus célèbres des IIe et IIIe siècles : saint Hippolyte de Rome, saint Clément d'Alexandrie, Origène. Parmi les Pères latins de la même époque : Tertullien, saint Cyprien.

L'expansion de l'Église à la fin du IIIe siècle

Aux alentours de l'an 300, à l'issue de la période de tolérance inaugurée par l'empereur Gallien et connue sous le nom de « petite paix de l'Église » (260-303), le christianisme est pratiquement répandu à travers tout l'Empire, encore que de manière inégale.

Ses bastions les plus importants se trouvent en Orient : l'Asie Mineure, la Syrie (avec Antioche pour principal foyer), l'ancien royaume d'Edesse (aujourd'hui Urfa en Turquie), la Palestine, l'Egypte (avec Alexandrie comme centre le plus actif). Au moment des dernières persécutions, la population de maintes localités de ces régions est déjà majoritairement chrétienne.

En Occident, l'évangélisation progresse plus lentement, et très inégalement. La densité des chrétiens est importante en Italie centrale (avec Rome pour foyer), dans le sud de l'Espagne, en Afrique du Nord (avec Carthage pour foyer) ; tout en progressant, elle est moindre en Illyrie (Croatie actuelle), en Italie du Nord, en Gaule (où Lyon joue un rôle important).

Au delà des frontières de l'Empire, les chrétiens sont nombreux en Haute-Mésopotamie ; l'Arménie devient chrétienne vers 300 avec saint Grégoire l'Illuminateur. Plus loin encore, et selon les traditions locales, les Parthes auraient été évangélisés par les apôtres Jacques et Thomas, la côte des Malabars en Inde par Thomas.

▶▶▶

La vie de l'Église au IIIe siècle

• En Occident au IIIe siècle, la vie de chaque Église locale s'organise autour de l'évêque, assisté du *presbyterium* (collège des presbytres, les prêtres) et des diacres, structure générale.

Jusqu'au IIe siècle, le culte était célébré chez des particuliers ; à partir du IIe siècle certains offrent des maisons pour l'usage exclusif du culte. Des églises commencent à être construites à partir du milieu du IIIe siècle. Ces lieux de culte sont déjà nombreux lorsque l'empereur Dioclétien ordonne en 303 leur destruction.

• La vie chrétienne prend sa source dans le baptême ; la préparation et les rites de *l'initiation chrétienne* (baptême, confirmation, première eucharistie) ont connu des formes variables selon les lieux et les époques. Au IIIe siècle à Rome, la préparation au baptême (*catéchuménat*) peut durer trois ans ; le candidat au baptême doit être présenté par un chrétien apportant toutes garanties sur le sérieux de cette demande ; la préparation comporte un enseignement doctrinal et moral (*catéchèse)* donné par un *docteur* (laïc ou clerc, et souvent l'évêque). Le baptême, donné aux seuls adultes, appelle de leur part une rupture très radicale avec des aspects essentiels de la culture et des mœurs dominantes alors ; le fait n'est pas sans annoncer cette autre forme de rupture que sera un peu plus tard le *monachisme*. Mais la pensée chrétienne n'en sera pas moins tributaire d'une partie notable de l'héritage culturel de la société gréco-romaine.

Le baptême est, alors, toujours donné par l'évêque, durant la nuit pascale, par immersion.

L'évêque confirme immédiatement par imposition des mains les baptisés, qui participent ensuite à l'eucharistie pascale.

• Chaque dimanche, et plus solennellement encore le jour de Pâques, les chrétiens célèbrent la résurrection du Seigneur par l'eucharistie, présidée par l'évêque ou son délégué. La première partie de la célébration comporte une confession des péchés, des lectures, une homélie prolongeant la catéchèse initiale ; les catéchumènes quittent alors l'assemblée. La seconde partie comporte la prière eucharistique, au cours de laquelle le pain et le vin sont consacrés (on a conservé quelques-unes des formules de cette prière eucharistique) ; les fidèles reçoivent ensuite dans la main le pain consacré.

• Les ministres sont ordonnés par imposition des mains de l'évêque. Celui-ci est choisi par le clergé, le peuple chrétien confirmant ou non cette élection par la *réception*. L'ordination de l'évêque est conférée par plusieurs évêques.

• Les évêques se réunissent fréquemment en conciles ou synodes.

• Peu à peu, les évêques des grandes villes prennent de l'autorité sur ceux des bourgs et de la campagne ; ceux des très grandes villes (Antioche, Alexandrie, Carthage...) jouent un rôle plus important encore ; on voit ainsi se dessiner la structure des futurs évêchés, archevêchés, patriarcats. L'évêque de Rome jouit d'une considération particulière dans sa double qualité de successeur de Pierre et d'évêque de la capitale impériale ; ses pouvoirs sur l'ensemble de l'Église ne sont pas pour autant clairement définis, les Églises d'Orient, plus nombreuses et plus évoluées intellectuellement, ayant un grand souci de leur liberté de mouvement. Si la primauté romaine est reconnue par tous dans son principe, elle ne s'exerce pas à la façon du dispositif centralisé d'aujourd'hui. ■

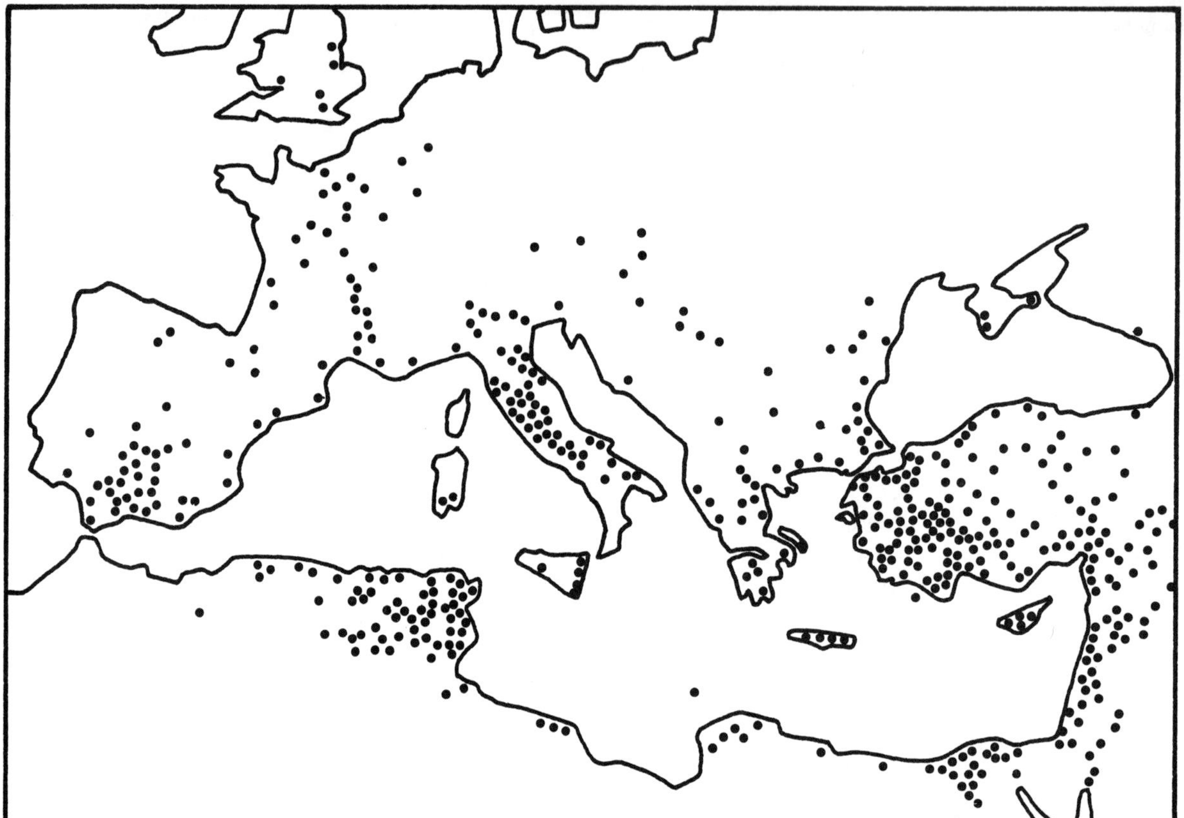

EGLISES FONDÉES AVANT LA FIN DU IIIe SIÈCLE

▶▶▶

Partout où elle s'est répandue, la foi a pénétré dans les diverses couches de la population, chez les esclaves comme chez les propriétaires ou les fonctionnaires.

Des échanges, des voyages, des correspondances mettent les diverses Églises en relations (le second évêque de Lyon, Irénée, est originaire de Smyrne). Les chrétiens prennent conscience que la catholicité de l'Église (son universalité) est une réalité.

Cette Église est la même partout ; mais, sous l'autorité de leurs évêques, les Églises locales ont chacune leurs caractères propres (langue, mode d'organisation, liturgie), ce qui est parfois source de tensions entre elles (par exemple, à propos de la date de la célébration de Pâques, ou de l'attitude à adopter vis-à-vis de ceux dont la foi à fléchi sous la persécution, les *lapsi*). Plus redoutable encore est la menace suscitée par la multiplication de doctrines qui provoquent scissions et sectes.

Les débuts du christianisme en Gaule (IIe-IIIe siècles)

A en croire les traditions dont se sont longtemps enorgueillies bien des provinces ou des villes de France, la foi chrétienne serait parvenue dès le Ier siècle en Gaule avec des missionnaires envoyés par les Apôtres eux-mêmes : par exemple Trophime à Arles, Saturnin à Toulouse, Martial à Limoges, Front à Périgueux, auraient été envoyés par saint Pierre. En fait ces légendes datent de l'époque carolingienne (IXe s.). On ne possède aucune donnée sûre concernant une chrétienté en Gaule avant l'année 177, où une cinquantaine de chrétiens de Lyon et de Vienne, dont l'évêque de Lyon Pothin (très certainement premier évêque de la ville), moururent martyrs.

Or, pour la moitié d'entre eux, ces martyrs portent des noms grecs (Pothin : *Potheinos)*, et pour l'autre moitié des noms latins (Blandine : *Blandina)* ; le noyau de la communauté était originaire d'Asie et de Phrygie, et c'est aux « frères » appartenant aux Églises de ces contrées qu'est adressée la célèbre lettre de l'Église de Lyon, écrite en grec, relatant les détails de la persécution de 177. L'un des survivants, Irénée (en grec *eirenaios,* pacifique), qui succéda à Pothin comme évêque de Lyon, disait être originaire de Smyrne où il aurait vécu auprès de Polycarpe, lui-même disciple de l'apôtre saint Jean ; Irénée écrit ses ouvrages théologiques en grec.

On peut donc penser que le christianisme est parvenu en Gaule au milieu du IIe siècle avec des missionnaires venant d'Orient, commerçants ou professeurs. Ce furent des villes commerçantes et cosmopolites qui furent les premières touchées : Marseille, Arles, Lyon. Par contre on ne sait rien sur un éventuel rôle joué par des communautés juives de Gaule.

Au IIIe siècle, la Gaule connaît un important développement missionnaire, à l'initiative cette fois de Rome (peut-être le pape Fabien, 236-250 ?). On peut placer à cette époque l'apparition d'une dizaine d'évêchés : Arles, Marseille, Narbonne, Toulouse, Vaison, Clermont, Limoges, Paris, Tours, Reims, Trèves, peut-être Bourges.

A la fin du IIIe siècle, le nombre des évêchés était passé à 25, ainsi qu'on peut le constater par le concile tenu en 314 à Arles. Aux sièges précédents s'étaient ajoutés Apt, Orange, Nice, Die, Bordeaux, Eauze, Javols, Autun, Rouen, Sens, Metz, Cologne. On ne sait pas cependant comment s'est réalisé ce développement : par l'arrivée de nouveaux missionnaires ou, comme c'est plus probable, par des initiatives locales ? C'est en tout cas au IIIe siècle que se situe l'action des évêques fondateurs dont la légende avait voulu faire les envoyés des Apôtres, par exemple Denis de Paris, Saturnin de Toulouse, Martial de Limoges... ■

III. DE LA CONVERSION DE CONSTANTIN A CELLE DE CLOVIS IVe et Ve SIÈCLES

Mutation décisive au IVe siècle : l'ère de Constantin

Le IVe siècle est dominé, dans l'histoire de l'Église, par un fait d'importance majeure : l'avènement de l'empereur Constantin, et avec lui, de la paix pour l'Église. Le début du siècle avait été singulièrement troublé. Depuis 285, l'empereur Dioclétien avait partagé l'Empire entre l'Orient, qu'il avait conservé, et l'Occident, confié à Maximien, chacun des deux empereurs portant le titre d'*Auguste*, bien que Dioclétien gardât la prééminence. Durant la plus grande partie de ce règne à deux (ou plutôt à quatre - « *tétrarchie* » - si on tient compte de l'adjoint, ou *César*, de chacun des deux *Augustes*), la paix religieuse instaurée en 260 par les rescrits de tolérance de l'empereur précédent, Gallien, s'était poursuivie ; puis tout à coup, en 303 et 304, une série d'édits impériaux de Dioclétien avait déclenché la plus violente persécution jamais subie par l'Église (destruction des lieux de culte, confiscation des objets et livres sacrés, arrestation du clergé, obligation à tous les habitants de sacrifier aux dieux sous peine de mort ou de déportation dans les mines).

L'abdication de Dioclétien et Maximien en 305 ouvrit une période de rivalités politiques et de luttes intestines de vingt-deux ans, marquée par l'ascension continue de Constantin ; il écrasa successivement tous ses rivaux pour devenir l'unique maître de l'Empire en 324. Durant cette période troublée, la paix religieuse régna de manière inégale d'une région à l'autre, plus immédiate en Occident, plus tardive en Orient.

Mais un processus irréversible s'était engagé en 312 avec la victoire remportée par Constantin au Pont Milvius, près de Rome, sur son concurrent Maxence ; en 313, Constantin avait alors convenu, avec son allié du moment, Licinius, de donner aux chrétiens la liberté de culte dans tout l'Empire et de leur restituer les biens confisqués. C'est ce qui est resté dans l'histoire sous le nom d'*Édit de Milan*.

Constantin n'était pas chrétien alors. Mais c'est à partir de ce moment qu'il commença à manifester à l'égard du christianisme une sympathie agissante qui devait aller bien au-delà du retour à la liberté religieuse (chrisme sur les étendards et les monnaies, subventions et exemptions fiscales accordées à l'Église, construction de lieux de culte, etc.).

Désormais, sauf sous le règne de Julien l'Apostat (361-363), la politique impériale ne cessera plus de favoriser la religion chrétienne (parfois sous des formes hérétiques) ; ce mouvement aboutira, avant la fin du siècle, à l'interdiction du paganisme et à la

▶▶▶

CHRONOLOGIE 312-511

312	Victoire de Constantin sur Maxence au Pont Milvius. A Carthage, commencement de la crise donatiste.
313	Edit de Milan : l'empereur Constantin accorde toute liberté de culte à l'Église. Il est saisi par les donatistes de leur différend avec l'évêque de Carthage.
314	Concile ou synode d'Arles, pour régler le conflit donatiste.
318	A Alexandrie le prêtre Arius répand sa doctrine.
323	St Pacôme fonde à Tabennêse, en Haute-Egypte, le premier monastère. Synode d'Alexandrie : Arius condamné.
324	Constantin seul maître de l'Empire.
325	1er concile œcuménique tenu à Nicée, contre l'arianisme, à l'initiative de Constantin. Symbole de Nicée.
328	St Athanase évêque d'Alexandrie.
330	Constantin transfère le siège de l'Empire à Byzance, désormais appelée Constantinople (« la ville de Constantin »).
337	Baptême et mort de Constantin (dans la foi arienne qu'il avait d'abord combattue).
346	Interdiction du culte païen par l'empereur Constance II. Fermeture des temples.
355	St Athanase exilé.
356	Mort de St Antoine.
361	Fondation de l'abbaye de Ligugé (près de Poitiers) par St Martin.
361-63	Règne de l'empereur Julien, dit « l'Apostat », qui essaye de restaurer un empire païen.
367	Mort de St Hilaire, évêque de Poitiers, champion occidental de la lutte contre l'hérésie arienne.
370	St Martin élu à l'évêché de Tours ; il s'installe dans l'abbaye de Marmoutiers qu'il crée à proximité.
373	Mort de St Athanase
374	St Ambroise évêque de Milan.

▶

▶

CHRONOLOGIE (suite)

376	Valens, empereur d'Orient, autorise les Wisigoths à passer la frontière du Danube.
378	Valens battu par les Wisigoths, qui déferlent vers la Méditerranée ; il meurt au combat.
379-395	Théodose, empereur d'Orient, puis maître de l'Empire réunifié. Il institue le christianisme religion officielle et interdit le culte païen ; il lutte contre l'arianisme.
380	L'Illyrie (ex-Yougoslavie) aux mains des Barbares, aggravant la coupure entre les parties orientale et occidentale de l'Empire.
381	2e concile œcuménique, tenu à Constantinople, complétant celui de Nicée : le dogme de la Trinité est formulé.
385	St Jérôme entreprend la traduction de la Bible en latin (la « Vulgate »).
386	Conversion de St Augustin.
395	A la mort de Théodose, partage définitif de l'Empire entre l'Orient et l'Occident, entre ses fils Arcadius et Honorius.
396	Les Wisigoths dans l'Empire d'Orient ; ils pillent la Grèce et sont dirigés vers l'Italie par l'empereur Arcadius.
	St Augustin évêque d'Hippone.
V. 400	St Honorat fonde le monastère de Lérins.
402	L'empereur d'Occident Honorius transfère sa capitale de Rome à Ravenne.
406	La frontière du Rhin ayant été dégarnie de troupes romaines pour assurer la protection de l'Italie contre les Wisigoths, grandes invasions des Barbares en Occident et notamment en Gaule.
410	Rome pillée par les Wisigoths.
411	A Carthage condamnation définitive du donatisme, condamnation de Pélage.
412	Les Wisigoths dans le midi de la France ; ils s'étendent bientôt sur l'Espagne et fondent un royaume ayant pour capitale Toulouse.
429	Les Vandales passent d'Espagne en Afrique du Nord, y semant la désolation ; ils y fondent un royaume arien.
430	Les Francs sur la Somme. Mort de St Augustin.
431	3e concile œcuménique, tenu à Ephèse, contre Nestorius (qui affirme que le Christ comporte deux personnes distinctes, divine et humaine, et que Marie n'est que mère de Jésus et non « mère de Dieu »). Schisme nestorien.

▶

▶▶▶

fermeture et à la destruction des temples par l'empereur Théodose (391). Le christianisme deviendra alors officiellement religion d'État.

Dès sa prise de pouvoir, Constantin se saisit des affaires de l'Église ; en tant qu'empereur ayant fait l'option chrétienne, il se considère en effet comme chargé par Dieu de la mission de chef du peuple chrétien. Personne d'ailleurs ne la lui conteste, tant l'expérience d'un pouvoir politique chrétien est inédite. On ne saurait au demeurant oublier la vénération dont était entourée dans l'Empire la personne de l'empereur, placée au rang d'un dieu. Sans doute Constantin, tout en conservant le titre de chef de la religion romaine païenne, a-t-il renoncé à toute prétention divine ; il n'en reste pas moins marqué aux yeux du peuple d'un caractère sacré. Dès 313, il intervient dans la crise donatiste, réprimant sévèrement Donat et ses disciples, quitte, quelque années plus tard, à leur rendre toute liberté. De même, lors de la crise arienne, c'est lui qui prend l'initiative de convoquer le concile de Nicée en 325, où Arius et sa doctrine sont condamnés ; plus tard, dans la même volonté de rétablir la paix, il croit habile de consentir à un compromis théologique boîteux ; il n'hésite pas alors à se retourner contre ceux qui entendent rester fidèles à la foi définie à Nicée, à commencer par leur vigoureux chef de file, Athanase, l'évêque d'Alexandrie.

Avec l'empire chrétien instauré par Constantin commence une longue phase historique, marquée par l'interférence du pouvoir temporel dans le domaine spirituel. Cette interférence profitera à coup sûr au pouvoir politique. A bien des égards elle servira aussi le développement du christianisme. Elle n'en comportera pas moins pour celui-ci un lourd passif, dont l'élément le plus visible sera la dégradation, au cours des siècles, des relations entre l'Église d'Orient et celle d'Occident. De plus en plus en effet, Constantinople, désormais capitale de l'Empire et proclamée « la nouvelle Rome » par ses empereurs comme par ses patriarches, entendra assumer non seulement l'héritage politique de la Rome antique mais, tout autant, l'héritage spirituel de la Rome chrétienne, source inévitable de conflits avec la papauté.

▶▶▶

L'Édit de Milan

« Nous, Constantin et Licinius, Augustes, nous étant rassemblés à Milan pour traiter des affaires qui concernent l'intérêt et la sécurité de l'Empire, nous avons pensé que parmi les sujets qui devaient nous occuper, rien ne serait plus utile à nos peuples que de régler d'abord la façon d'honorer la Divinité. Nous avons résolu d'accorder aux chrétiens et à tous les autres la liberté de pratiquer la religion qu'ils préfèrent, afin que la Divinité qui préside dans le ciel soit propice aussi bien à nous qu'à ceux qui vivent sous notre domination. Il nous a paru que c'était un système très bon et très raisonnable de ne refuser à aucun de nos sujets, qu'il soit chrétien ou qu'il appartienne à un autre culte, le droit de suivre la religion qui lui convient le mieux. De cette manière, la Divinité suprême que chacun de nous, désormais, honorera librement, pourra nous accorder sa faveur et sa bienveillance accoutumées. »

Cité dans le *Livre des Chrétiens*, T. 2, Livre de Paris.

Ph. Alinari-Giraudon

L'empereur Constantin offre la tiare au pape Saint Sylvestre. Fresque de la Chapelle St-Sylvestre (1246). Église des Quatre-Saints Couronnés. Rome.

Constantin, premier empereur chrétien (entre 280 et 288 - 337)

Fils de Constance Chlore et de sa concubine Hélène (future sainte Hélène), Constantin a suivi la carrière des armes.

En 286, l'empereur Dioclétien avait partagé en deux l'immense Empire romain, un Auguste assisté d'un César étant placé à la tête de chacune des deux parties (*tétrarchie*, ou gouvernement à quatre). Constance Chlore, le père de Constantin, avait été choisi comme César pour l'Occident. On peut noter que durant la terrible persécution des chrétiens, déclenchée en 303-305 par Dioclétien dans tout l'Empire, Constance Chlrore en avait minimisé les effets en Gaule et en Bretagne. Lorsque Dioclétien et l'autre Auguste, Maximien, avaient abdiqué en 305, Constance était devenu, comme prévu, Auguste pour l'Occident.

La marche au pouvoir

A la mort de Constance en 306, la belle mécanique institutionnelle s'emballe, et l'Occident se trouve bientôt avec quatre Augustes en compétition, dont Constantin, qui s'est fait proclamer empereur par ses légions.

Deux d'entre eux, Constantin et Licinius, se liguent alors contre le troisième, Maxence, dont l'armée est écrasée par Constantin aux portes de Rome, au Pont Milvius en 312 ; de ce jour daterait la conversion de Constantin au christianisme, à la suite, dit la tradition, d'une vision lui annonçant cette victoire. En tout cas, c'est à partir de ce moment qu'il manifeste une active sympathie au christianisme.

En 313, Constantin et Licinius se rencontrent à Milan, confirment leur alliance et s'accordent pour assurer la liberté de culte aux chrétiens et leur restituer leurs biens confisqués ; c'est ce qu'on appelle l'*Edit de Milan.* Licinius s'empare peu après de l'Orient : il n'y a plus que deux Augustes à la tête de l'Empire. Si Constantin manifeste un soutien actif au christianisme, Licinius reste païen ; après s'être brouillé avec Constantin, il multiplie les mesures vexatoires à l'égard des chrétiens en Orient ; la guerre ayant éclaté entre les deux Augustes, Constantin fait figure de défenseur du christianisme. Les victoires de Constantin assurent le rétablissement de l'unité de l'Empire à son profit en 324, et la paix généralisée aux chrétiens.

L'empereur chrétien

Constantin se présente comme l'empereur chrétien. En fait, il ne recevra le baptême que sur son lit de mort ; mais à l'époque, le pardon des fautes ne pouvant être sollicité qu'une seule fois, beaucoup retardaient jusqu'aux approches de la mort le baptême, qui leur assurait la rémission de tous leurs péchés. Or Constantin avait de nombreux crimes sur la conscience (son beau-père, deux beaux-frères, sa femme, un neveu...). Sa conversion fut probablement un ralliement progressif, à partir de sa victoire du Pont Milvius en 312, sous la double influence d'une conviction personnelle et d'un calcul politique : le christianisme, en plein développement dans tout l'Empire, était de nature à en assurer désormais l'unité plus que la vieille religion romaine, de plus en plus formelle.

Aux chefs de l'Église, Constantin déclare : « Vous êtes évêques de ceux qui sont au-dedans de l'Eglise ; moi j'ai été établi évêque de ceux du dehors » ; il se désigne ainsi comme celui qui est chargé de diffuser la foi chrétienne par ses conquêtes ; il revendique le titre d'« isapostole » (égal aux apôtres) ; sans faire partie de la hiérarchie ecclésiastique, il s'attribue un droit de contrôle d'ordre disciplinaire sur la vie de l'Église ; il ne s'oppose pas pour autant à l'exercice de la responsabilité de l'évêque de Rome ; il est vrai qu'à l'époque celui-ci, Sylvestre Ier, n'est pas une personnalité bien marquante.

Le règne de Constantin est illustré par les constructions des premiers grands monuments chrétiens (basilique du Latran et de Saint-Pierre à Rome, églises du Saint-Sépulcre à Jérusalem, des Saints-Apôtres et de Sainte-Sophie à Constantinople, etc.). De la cité qu'il fonde à l'emplacement de la ville grecque de Byzance, il fait en 330 sa capitale et lui donne son nom, Constantinople : « ville de Constantin ». A ses yeux et à ceux de tout l'Orient elle est la « nouvelle Rome ».

A l'intérieur de l'Empire, Constantin mène à bien, d'une main de fer, une œuvre considérable de restauration. Instruit par l'expérience, il assure sa succession sous une forme héréditaire. ■

▶

CHRONOLOGIE (fin)

440-461	St Léon le Grand, pape.
449	« Brigandage d'Ephèse ».
451	Périple ravageur d'Attila, roi des Huns, en Gaule (rôles de St Loup, St Aignan, Ste Geneviève, dans la défense des populations). Sa défaite aux Champs Catalauniques, près de Châlons-sur-Marne, par le général romain Aetius, allié à des Barbares. 4e concile œcuménique, tenu à Chalcédoine, contre les « monophy sites » (qui ne reconnaissent qu'une seule nature, divine, au Christ.) Schisme monophysite.
452	Le pape St Léon dissuade Attila de piller Rome
455	Sac de Rome par Genséric, roi des Vandales, malgré les supplications de St Léon.
476	Déposition du dernier empereur d'Occident, Romulus Augustule, par le chef des Hérules, Odoacre, qui devient roi d'Italie.
481	Clovis succède à Childéric Ier comme roi des Francs.
486	Victoire de Clovis sur le général romain Syagrius à Soissons (vase de Soissons), faisant disparaître le dernier vestige de la domination romaine en Gaule ; Clovis étend son royaume jusqu'à la Loire.
489	Les Ostrogoths s'emparent de l'Italie.
493	Clovis épouse Clotilde, catholique, fille du roi Chilpéric des Burgondes.
496	Victoire de Clovis sur les Alamans à Tolbiac, étendant son territoire jusqu'au-delà du Rhin.
Vers 500	Baptême de Clovis à Reims par St Rémi, évêque de la ville.
Vers 507	Victoire de Clovis sur Alaric, chef du royaume wisigoth d'Aquitaine, à Vouillé ; le royaume franc s'étend jusqu'aux Pyrénées. Clovis fixe sa capitale à Paris.
511	Mort de Clovis. ■

Lorsqu'un mot, une expression, un événement, une institution, un nom propre vous sont inconnus, consultez l'index.

▶▶▶

Une grande époque pour l'énoncé de la foi chrétienne : les IVe et Ve siècles

A travers les débats théologiques des IIe et IIIe siècles, la pensée chrétienne s'était approfondie, mûrie, et comme charpentée. La phase des grandes controverses n'était pas achevée pour autant. Au contraire, des interrogations majeures allaient se faire jour dans le cours des IVe et Ve siècles, entraînant de graves remous et des schismes durables au sein de l'Église, tout en favorisant l'éclosion d'une génération de théologiens de grande envergure : ce sera « l'âge d'or des Pères de l'Église ». On devra à ces derniers des progrès essentiels dans la formulation du contenu de la foi chrétienne, œuvre des grands conciles œcuméniques des IVe et Ve siècles.

Les débats qui passionneront l'opinion chrétienne au cours des IVe et Ve siècles peuvent aujourd'hui paraître bien subtils. L'enjeu était pourtant capital pour l'avenir de la foi . Si les communautés chrétiennes d'aujourd'hui, malgré leurs diversités et leurs divisions, peuvent se retrouver pour professer ensemble, sans ambiguité, ce qui fait le fond commun de leur foi en Dieu Trinité et dans le Christ Dieu et homme, c'est en recourant aux mêmes mots du *Credo*, fruit de ces longs et tumultueux débats des premiers siècles.

Au IVe siècle : donatisme et arianisme

L'affaire donatiste s'étend sur tout le IVe siècle et le premier quart du Ve siècle, plus longuement donc que la crise arienne qui lui sera en quelque sorte parallèle. Née en Afrique du Nord à propos des évêques qui, pendant la persécution de Dioclétien, avaient obéi aux ordres impériaux de livrer les livres saints, elle fait rebondir le débat de toujours au sein de l'Église entre rigoristes et réalistes : les uns plus soucieux de fidélité aux principes, les autres plus sensibles aux aspects pastoraux et humains. C'était, sous une autre forme, la question déjà posée par les *lapsi* qui surgissait de nouveau. L'évêque Donat, un « pur et dur », entraîne dans le schisme, malgré sa condamnation par divers conciles et les sanctions de Constantin, une large part de la vivante Église d'Afrique du Nord, qui en sortira très affaiblie. Dans la dernière phase de l'affaire, c'est saint Augustin, évêque d'Hippone, qui conduira avec succès la lutte contre le donatisme.

La crise arienne fut bien plus grave encore dans son enjeu et son impact. Durant tout le IVe siècle, en Orient tout au moins, le christianisme fut apparemment prêt à voler en éclats, alors qu'il avait pu résister à deux siècles et demi de persécutions. Le cœur du débat : comment Dieu peut-il être à la fois Un et Trois comme il ressort de l'Évangile ? A l'époque, la formulation en termes rigoureux de ce point central de la foi chrétienne n'avait pas encore été faite. On y parviendra, mais au prix d'une crise éprouvante.

Pour Arius, prêtre d'Alexandrie (v. 280 - v. 336), le Verbe n'était qu'une créature, de caractère exceptionnel, ayant reçu de Dieu le privilège d'une filiation de type *adoptif*. En un mot, le Christ n'était pas Dieu. Arius mettait ainsi en cause le fondement

Donat, évêque en Numidie (Afrique du Nord) et personnalité de tempérament radical, contesta la validité de l'accession de Cécilien au siège épiscopal de Carthage en 312 ; il accusait l'un des évêques consécrateurs d'être un *traditeur,* c'est-à-dire d'avoir accepté de livrer *(tradere)* les livres saints selon les ordres de l'empereur Dioclétien durant la persécution commencée en 303. Il fit élire un autre évêque de Carthage, auquel il succéda lui-même rapidement. La question soulevée à propos des traditeurs rejoignait celle posée par les *lapsi* au IIIe siècle (p. 313 a).

Condamné par le concile d'Arles, en Gaule, en 314, Donat entraîna dans un schisme une

Contre Arius, le concile de Nicée (325) définit la foi en la divinité de Jésus-Christ

Premier concile œcuménique (c'est-à-dire universel) dans l'histoire de l'Église, le concile de Nicée (325) offre le cadre de la première définition d'un dogme, celui de la divinité de Jésus-Christ. Lorsqu'en 381 le concile de Constantinople proclamera la divinité de l'Esprit Saint, la définition du dogme de Dieu en trois personnes, ou Trinité, sera parachevée.

Les 300 évêques environ qui participèrent au concile de Nicée venaient surtout des provinces orientales de l'Empire, plus proches, et où l'on était plus sensible aux débats théologiques. Les évêques des régions extérieures à l'Empire n'avaient pas été convoqués, mais ils étaient encore peu nombreux.

Le pape Sylvestre, trop âgé pour faire le voyage, était représenté par deux légats, qui tinrent un rôle mineur ; mais leur présence donnait à la rencontre son caractère d'assemblée de l'Église universelle.

Pour formuler sa pensée, le concile constata l'insuffisance du vocabulaire biblique ; innovation de taille, il décida donc de recourir au langage de la philosophie, qui permettait de serrer de plus près les notions relatives à la vie divine ; la langue grecque offrait à cet égard de nombreuses ressources.

Selon le *Symbole de Nicée* ainsi élaboré, Jésus, fils de Dieu, est au sens le plus strict Fils unique du Père, engendré par lui, et donc ayant même *substance* (ousia) ou nature que lui : il lui est consubstantiel. L'idée sous-jacente est que Dieu a engendré ce Fils hors du temps, car c'est là que Dieu se situe ; ce Fils existe donc de toute éternité, comme le Père ; et cette filiation - cette *génération* - n'a rien fait perdre au Père. Toutes ces affirmations sont autant de réponses aux positions d'Arius.

Le Symbole de Nicée multiplie les formules pour enlever toute ambiguïté à la doctrine qu'il énonce : Jésus-Christ est vrai Dieu né du vrai Dieu, engendré et non pas créé ; il est consubstantiel (*homo-ousios,* de nature semblable) au Père. Le concile de Constantinople en 381 y ajoutera une formulation de la divinité du Saint-Esprit.

Le concile de Nicée a aussi été l'occasion de préciser divers points de l'organisation et de la discipline de l'Église (nécessité de l'accord des évêques d'une même province ecclésiastique à la nomination d'un nouvel évêque, réglementation des transferts d'évêques d'un siège à un autre, ou des prêtres d'un diocèse à l'autre, etc.). Ainsi se prenait l'habitude de chercher des solutions communes aux problèmes posés par le fonctionnement de l'Église. ■

SCHISME DONATISTE

grande partie de l'importante Église de Numidie. Tour à tour réprimé et toléré par Constantin et ses successeurs, le schisme ne fit que se renforcer, malgré l'exil puis la mort (en Gaule ou en Espagne) de Donat vers 355. Saint Augustin, comme évêque d'Hippone, un des diocèses de Numidie, se trouva aux prises avec le schisme et combattit activement le donatisme ; il lui porta un coup décisif au colloque contradictoire organisé en 441 à Carthage par l'empereur Honorius. Mais l'Église de Numidie, très affaiblie par cette scission d'un siècle, n'eut pas le loisir de se relever, l'invasion vandale sonnant bientôt le glas de l'Afrique romaine au moment même où mourait Augustin (430). ■

LA PENSÉE D'ARIUS

Puisque Dieu le Père est seul *inengendré,* soutenait Arius, il faut lui reconnaître une existence antérieure à celle du Verbe (terme désignant le Fils de Dieu dans l'*Évangile* de Jean) : sinon il y aurait deux « inengendrés », ce qui serait contradictoire avec l'unicité de Dieu ; il y a donc eu un temps où le Verbe n'existait pas. En outre, si on le dit *Fils de Dieu,* il ne peut s'agir que d'une filiation adoptive et non pas naturelle ; celui qui engendre perd en effet quelque chose de sa substance, ce qui est inconcevable pour Dieu ; le Verbe est donc une créature tirée du néant, ce qui ne l'empêche pas d'avoir été exceptionnelle par la sainteté et par sa qualité d'intermédiaire entre Dieu et l'humanité, qu'il a précédée dans l'existence. On ne peut en conséquence adorer le Christ, puisqu'il n'est pas Dieu. ■

Le symbole du concile de Nicée (325)

Nous croyons en un seul Dieu, le Père tout-puissant, Créateur de toutes choses visibles et invisibles, et en un seul Seigneur Jésus-Christ, le Fils de Dieu, né du Père comme Fils unique, c'est-à-dire né de la substance du Père, Dieu né de Dieu, Lumière née de la Lumière, vrai Dieu né du vrai Dieu, engendré, non pas créé, consubstantiel au Père, par qui tout a été fait, ce qui est au ciel et ce qui est sur la terre, qui, pour nous les hommes, et pour notre salut, est descendu et a pris chair, s'est fait homme, a souffert et est ressuscité le troisième jour, est remonté aux cieux, d'où il viendra juger les vivants et les morts, et dans le Saint-Esprit.

Sur le Symbole de Nicée-Constantinople tel qu'il figure dans les prières de la messe, voir Index.

Les suites de Nicée

Ou comment un demi-siècle de controverse (325-381) sur la divinité du Christ prépara la définition du dogme trinitaire par le concile de Constantinople

Divisions et tentative de compromis

Le concile de Nicée n'avait mis fin ni à la controverse entre partisans et adversaires d'Arius, ni à l'agitation qui en résultait dans l'Empire.

Constantin crut pouvoir rétablir l'unité de celui-ci en se laissant convaincre d'adopter une formule présentée comme un compromis par des partisans d'Arius : Le Fils était dit « de nature semblable » à celle du Père, formule qui, en grec, ne différait que par un iota de la formule « de même nature ».

Mais cela revenait toujours à dire qu'il n'était pas de même nature. Tout en imposant cette formule, Constantin fit rentrer en grâce les ariens et réhabilita Arius. Aux protestations de ceux qui restaient fidèles à la foi de Nicée, Constantin répondit par la répression ; leur chef de file, Athanase, évêque d'Alexandrie, fut exilé à Trèves.

Lorsque les fils de Constantin se partagèrent l'Empire, la division s'aggrava ; celui qui régnait sur l'Occident était nicéen, celui qui régnait sur l'Orient, Constance II, était arien. Lorsque ce dernier réunifia l'Empire en 351, il imposa la foi arienne à l'Occident ; ceux qui résistèrent, tel le pape Libère à Rome ou Saint Hilaire évêque de Poitiers, furent eux aussi exilés.

Un arianisme plus radical encore, l'*anoméisme* vit le jour : le Fils n'était ni consubstantiel, ni semblable au Père, il était totalement différent. La confusion ne fit que croître. Selon les empereurs successifs, l'un ou l'autre camp triomphait et les évêques étaient déposés ou rétablis. L'anarchie devint telle qu'on vit un moment cinq évêques rivaux siéger à Antioche et s'excommunier mutuellement.

La réponse à la question soulevée

A la mort d'Athanase, âme de la résistance à l'arianisme, Basile, évêque de Césarée, prit la relève. C'est lui qui, avec une grande intelligence et soutenu par les évêques Grégoire de Nysse et Grégoire de Nazianze (deux autres Pères de l'Église originaires, comme lui, de Cappadoce) trouva la voie pour affirmer à la fois l'unité en Dieu et la distinction du Père, du Fils et de l'Esprit : une seule nature ou substance en trois personnes distinctes. A l'encontre des « *macédonianistes* », il affirma la divinité de l'Esprit. Enfin il parvint à surmonter les incompréhensions mutuelles devenues aiguës, notamment entre Occident nicéen et Orient arianiste, et il prépara l'unité. Il mourut en 379 avant d'avoir recueilli le fruit de ses efforts.

Mais en 381, dans une atmosphère de réconciliation, l'empereur Théodose pouvait convoquer à Constantinople un nouveau concile œcuménique (le second) ; celui-ci, en plein accord avec les légats du pape Damase, reprit et précisa le Credo de Nicée, et y ajouta l'affirmation de la divinité de l'Esprit Saint. Une crise de près de quatre-vingts ans débouchait sur la formulation de données essentielles de la foi, bien commun depuis lors de l'ensemble des grandes Églises chrétiennes.

Après quoi, l'arianisme disparut peu à peu de l'Empire. Il subsista cependant à ses frontières, chez les barbares germaniques qui avaient été évangélisés par l'évêque goth Wulfila (v. 311-383), lui-même ordonné par un évêque arien, Eusèbe de Nicomédie. Les conséquences s'en feront longtemps sentir du fait des invasions barbares ; l'arianisme ne disparaîtra tout à fait qu'assez tardivement avec la conversion du roi des Wisigoths d'Espagne, Recarède Ier, en 589. ■

même de la foi chrétienne. Or il rencontra immédiatement un large succès dans l'ensemble de l'Orient, malgré les condamnations portées par l'Église d'Alexandrie, tout de suite consciente de ce qui était en cause. L'agitation se développa. Constantin décida alors d'intervenir en convoquant un concile à Nicée en 325.

Premier concile œcuménique de l'histoire chrétienne, il confirma la condamnation de la doctrine d'Arius et adopta une première formulation de la foi chrétienne, embryon de ce qui deviendra le Credo. Le concile affirma solennellement la divinité du Christ ; celui-ci, « de même nature que le Père », lui est « consubstantiel » (pour un exposé plus détaillé sur le Symbole de Nicée, voir l'Index).

La prise de position du concile de Nicée, l'exil d'Arius par Constantin, les mesures prises contre ses partisans, n'empêchèrent pas l'arianisme de se propager dans tout l'Orient ; l'unité de l'Église et le contenu de sa foi se trouvaient gravement menacés.

▶▶▶

▶▶▶

Dans l'Empire, une telle affaire ne pouvait manquer d'avoir des résonances politiques ; durant tout le cours de la crise, Constantin et ses successeurs, soucieux de rétablir la paix, intervinrent tantôt en un sens tantôt en un autre, selon des considérations plus opportunistes que théologiques. Au milieu de ces contradictions, l'âme du combat pour la fidélité à la foi formulée à Nicée fut l'inflexible évêque d'Alexandrie, saint Athanase, toujours soutenu par Rome ; il paya de cinq exils cette fidélité. Bien d'autres, tels le pape Libère et saint Hilaire, évêque de Poitiers, eurent également à subir de telles sanctions de la part de l'empereur.

La crise ne se dénoua que près de soixante ans plus tard, en plein accord avec le pape Damase, au concile de Constantinople convoqué en 381 par l'empereur Théodose (2e concile œcuménique). La longue controverse qui, durant cette période, avait divisé l'Église, se concluait sur un consensus théologique constituant une progression capitale dans la formulation de la foi chrétienne, fruit d'un approfondissement réalisé en commun par des théologiens de sensibilités différentes mais complémentaires ; le concile de Constantinople achevait ce qui avait été ébauché par le concile de Nicée à propos de la Trinité des personnes en un Dieu unique : elles sont distinctes, égales, et « consubstantielles », dans une seule et indivisible nature. Le concile condamna la thèse des « macédonianistes » selon laquelle l'Esprit n'est pas d'essence divine.

Le grand débat du Ve siècle : comment, dans le Christ, divinité et humanité peuvent-elles coexister ?

La controverse sur la doctrine d'Arius niant la divinité du Christ avait conduit les conciles de Nicée et de Constantinople à formuler le dogme de l'Unité-Trinité de Dieu. Au Ve siècle, le débat allait cette fois se centrer sur la personne du Christ. Après le mystère de la Trinité, c'était logiquement celui de l'Incarnation qui suscitait les interrogations. Successivement, la crise nestorienne, puis la crise monophysite, en quelque sorte symétriques, en seront l'illustration.

Au moment du concile de Constantinople (381)

Le texte ci-dessous montre comment l'opinion publique en Orient, et particulièrement à Constantinople, capitale de l'empire byzantin, se passionnait pour les questions les plus ardues de la théologie. Il fait comprendre pourquoi et comment les grands débats de l'époque eurent de telles conséquences dans la vie de l'Église, notamment sous forme de ruptures et de schismes.

« Tous les lieux de la ville sont remplis de tels propos, les ruelles, les carrefours, les places, les avenues. Ce sont ceux des marchands de vêtements, des changeurs, des épiciers. Si tu demandes au changeur le cours d'une monnaie, il répond par une dissertation sur l'engendré et l'inengendré. Si tu te renseignes sur la qualité et le prix du pain, le boulanger répond : « Le Père est plus grand et le Fils lui est soumis ». Quand tu demandes aux thermes si le bain est prêt, le gérant déclare que le Fils est issu du néant. Je ne sais de quel nom il faut nommer ce mal, de la frénésie ou de la rage [...] ».

Grégoire de Nysse. *Sur la divinité du Fils et de l'Esprit Saint.*

Cité dans *Pour lire l'Histoire de l'Église* de J. Comby, Le Cerf.

Y a-t-il une ou deux personnes dans le Christ Dieu et homme ?

Cyrille d'Alexandrie contre Nestorius

Lorsque l'hérésie de Nestorius niant l'union en la personne de Jésus-Christ des natures divine et humaine commença à se répandre aux alentours de 430, elle trouva son adversaire le plus résolu dans la personne de l'évêque d'Alexandrie, saint Cyrille (v. 380-441).

Nestorius était marqué par la tradition théologique de l'École d'Antioche, où il avait été formé, tradition portée à souligner la dualité des natures, divine et humaine, dans le Christ. A l'opposé, l'École d'Alexandrie, dont Cyrille était un brillant et bouillant représentant, tendait à minimiser cette dualité. Mais jusque-là cette différence de tradition n'avait jamais conduit à une rupture parce qu'aucune des deux tendances n'avait été poussée à son extrême. Or c'est ce que faisait précisément Nestorius pour la tendance antiochienne, en niant l'unité de personne dans le Christ. L'Église d'Antioche ne pouvait approuver cette thèse radicale, mais il lui répugnait de donner raison à Cyrille d'Alexandrie. L'atmosphère, une fois de plus, s'alourdit.

Face à Nestorius, Cyrille contre-attaqua, en affirmant avec force l'unité absolue du Verbe incarné ; le pape Célestin Ier alla dans le même sens. Cyrille obtint de l'empereur Théodose II la convocation d'un concile, qui se tint à Ephèse en 431. La thèse de Nestorius y fut condamnée, Marie proclamée *Theotokos,* c'est-à-dire *Mère de Dieu* (du fait de l'unicité de personne en Jésus-Christ, Fils de Dieu), et Nestorius, évêque de Constantinople, déposé de sa charge.

Mais le progrès effectivement accompli à Ephèse dans la clarification de la théologie concernant la personne du Christ ne devait pleinement apparaître que deux ans plus tard, dans le texte signé conjointement par Cyrille d'Alexandrie et l'évêque d'Antioche, Jean ; dans ce texte, parfois appelé « *Symbole d'Ephèse* », on voit les deux grands courants alexandrin et antiochien de la théologie se rencontrer dans une vision commune : dans la personne du Christ, il y a lieu tout à la fois de distinguer les deux natures, divine et humaine, et de considérer « leur union sans confusion ». Tel est le dogme des Eglises chrétiennes non nestoriennes.

Car il y a encore des Églises nestoriennes : après le concile d'Ephèse, en effet, l'hérésie de Nestorius, favorisée par l'hostilité séculaire entre l'empire sassanide perse et l'empire romain, gagna la Perse ; par l'Église de ce pays elle continua à progresser vers l'Asie Centrale, l'Inde, la Chine, atteignant son apogée au XIIe siècle. Au Moyen-Orient et en Inde, il subsiste aujourd'hui des communautés issues du courant nestorien. ■

La crise nestorienne doit son nom à Nestorius, évêque de Constantinople. Il avait été formé dans l'esprit de la théologie de l'École d'Antioche, laquelle mettait l'accent, on l'a vu, sur la dualité des deux aspects, divin et humain, de la personne du Christ. Mais il poussa si loin la distinction que, pour lui, Marie était seulement la mère de l'homme Jésus et ne pouvait donc être dite *Mère de Dieu* (en grec *Theotokos*). L'émotion provoquée aussi bien dans la hiérarchie que dans le peuple, déjà attaché au culte marial, fut vive. Le chef de file de l'opposition à Nestorius fut, cette fois encore, un grand évêque d'Alexandrie, saint Cyrille, en plein accord avec le pape Célestin Ier.

Le concile d'Ephèse (IIIe concile œcuménique), convoqué en 431 par l'empereur Théodose II, n'aboutit qu'à la condamnation de la doctrine de Nestorius et à la déposition de celui-ci. Mais deux ans plus tard, en 433, les chefs de file des deux tendances opposées, Cyrille d'Alexandrie et Jean d'Antioche, parvinrent à s'entendre sur les termes d'une même profession de foi, souvent appelée « symbole d'Ephèse » : les deux natures (humaine et divine) du Christ sont unies sans confusion en lui, et dès lors, Marie peut vraiment être dite « Theotokos ». Malgré cette claire prise de position, et malgré la condamnation de Nestorius, sa doctrine continua à faire des adeptes ; l'Église perse s'y rallia, pour des raisons à la fois politiques et religieuses, et, par elle, le mouvement devait se transmettre jusqu'en Inde et en Chine.

▶▶▶

Les nestoriens aujourd'hui

Les Églises nestoriennes qui subsistent aujourd'hui (rite chaldéen) sont, d'une part, l'Église catholique apostolique assyrienne d'Orient (environ 150.000 fidèles en Irak et en Iran), ayant à sa tête le Catholicos chaldéen de Kotchanès (Iran), et, d'autre part, l'Église syrienne Mar Thoma de Malabar (environ 2.500.000 fidèles en Inde). Ces Églises ont perdu l'une et l'autre au XVIe siècle une grande partie de leurs fidèles, revenus à l'unité et à la foi romaines et renonçant donc à la doctrine nestorienne, tout en conservant leur rite chaldéen ; en 1830, un Patriarche de Babylone des Chaldéens, avec résidence à Bagdad (Irak), a été mis par Rome à la tête des chaldéens catholiques d'Irak et d'Iran ; quant aux chaldéens catholiques d'Inde, les syro-malabars, surtout présents dans l'État de Kérala, ils ont depuis 1823 leur hiérarchie propre (archevêques, évêques, éparques) de rite chaldéen unie à Rome.
(Voir Index) ■

Crypte romane de l'église St-Eutrope à Saintes (XIe s.) ; derrière l'autel, sarcophage-reliquaire (IVe siècle) de saint Eutrope, premier évêque de la ville et martyr (IIIe siècle).

Ph. Hachette

▶▶▶

La crise monophysite fut un contrecoup de la crise nestorienne : réagissant en sens opposé à la théorie de Nestorius qui voyait deux personnes dans le Christ, Eutychès, moine de Constantinople, soutint que les deux natures dans la personne du Christ étaient, au contraire, si unies que sa nature humaine s'était fondue dans sa nature divine : d'où le nom de monophysisme donné à cette théorie (du grec *monos*, unique, et *phusos*, nature).

Condamnée par le patriarche de Constantinople, la thèse monophysite reçut cependant la caution du patriarche d'Alexandrie, Dioscore, et l'appui de l'empereur Théodose II.

Après diverses péripéties (*Brigandage d'Ephèse*, 449), le pape Léon Ier obtint de l'empereur la convocation d'un concile régulier, qui se tint en 451 à Chalcédoine, en Asie Mineure (auj. *Kadiköy* en face d'Istamboul) (IVe concile œcuménique) ; à l'encontre de la thèse monophysite, le concile adopta la définition formulée par le pape : il y a bien deux natures dans l'unique personne du Christ et leur union n'a pas supprimé leur différence. La doctrine d'Eutychès était condamnée et Dioscore, patriarche d'Alexandrie, déposé.

L'intervention du pape Léon Ier fut doublement importante : sur le fond, d'abord, par sa contribution décisive à la formulation du contenu de la foi catholique concernant la personne du Christ ; sur le principe, ensuite, en ce qu'elle manifesta avec éclat le rôle de l'évêque de Rome en tant que garant de l'unité et de la fidélité de la foi de l'Église. Or les papes, jusque-là, n'avaient pas joué de rôle majeur dans les grands conciles œcuméniques, tous convoqués par l'empereur (Nicée 325, Constantinople 381, Ephèse 431 et 449). Sans doute l'autorité de l'évêque de Rome s'y était-elle manifestée d'une façon ou d'une autre : par la présence de ses légats (leur absence au concile de Constantinople retarda longtemps la reconnaissance de sa valeur œcuménique, et donc de ses décisions, par Rome), et par la reconnaissance, accordée ou refusée, de la validité des décisions conciliaires (refusée précisément par Léon 1er à celles du concile bâclé tenu à Ephèse en 449). C'est pourquoi l'intervention active de Léon Ier le Grand dans la

Les Églises monophysites aujourd'hui

Les Églises issues de la crise monophysite, en fait présentement plus attachées à leur autonomie qu'à une stricte conception monophysite de la foi, sont aujourd'hui :

Églises orthodoxes coptes

Église orthodoxe copte d'Égypte (Patriarcat d'Alexandrie en Égypte, environ 7 millions de fidèles). *Église orthodoxe éthiopienne* (Patriarcat-Catholicat d'Addis-Abeba en Ethiopie, 14 millions de fidèles).

Églises jacobites

Église orthodoxe syrienne d'Antioche et de tout l'Orient (Patriarcat d'Antioche en Syrie, environ 140.000 fidèles).

Église orthodoxe syrienne, Catholicat d'Orient (Inde) (environ 700.000 fidèles).

Église arménienne

Église apostolique arménienne (Catholicat d'Etchmiadzin en Arménie (ex-URSS), et Catholicat de Sis de Cilicie, replié au Liban) (environ 6 millions de fidèles).

Chacune de ces cinq Églises a vu, au cours de son histoire, une fraction plus ou moins importante de ses fidèles rejoindre l'unité romaine (catholiques coptes ; malankars ou syro-malankars ; syriens ; catholiques arméniens).

(Pour plus de détails, se référer à l'Index.) ■

Léon Ier ou l'affirmation du rôle de la papauté dans la définition de la foi chrétienne

De même que la doctrine de Nestorius avait poussé à l'extrême la tendance de l'École d'Antioche à distinguer, dans la personne du Christ, ses deux natures divine et humaine, de même la doctrine monophysite d'Eutychès poussait à l'extrême la tendance manifestée par l'École d'Alexandrie à souligner au contraire ce qui, dans l'Incarnation, relève de Dieu, et cela au détriment de l'élément humain.

On comprend mieux dès lors que Dioscore, évêque d'Alexandrie, auquel manquait la prudence manifestée par l'évêque d'Antioche lors de la crise nestorienne, se soit engagé aveuglément en faveur d'Eutychès dans la controverse provoquée par sa thèse monophysite. Bien que celle-ci ait été condamnée par un synode de l'Église de Constantinople en 448, Dioscore obtint sans peine de l'empereur Théodose II, qui était favorable à Eutychès, la convocation d'un concile œcuménique pour entériner la doctrine monophysite. Le concile fut effectivement convoqué pour l'année 449 à Ephèse.

Là se place un événement d'importance, soulignant le rôle de l'évêque de Rome. Le pape Léon Ier, alerté par l'évêque de Constantinople Flavien, ne se contenta pas de désigner comme à l'ordinaire des légats chargés de le représenter au concile ; il prit position sur le fond de l'affaire dans une lettre restée célèbre sous le nom de *Tome à Flavien.* Il y réfutait Eutychès : « L'union ne supprime nullement la différence des natures ; au contraire, celles-ci restent sauves et se rencontrent en une seule personne, ou hypostase ».

Ce second concile d'Ephèse (449) fut conduit par Dioscore, avec l'appui de l'empereur Théodose II, dans des conditions telles qu'il est resté connu sous le nom de « *Brigandage d'Ephèse* » ; l'opposition à la thèse monophysite ne put s'y faire entendre ; Eutychès fut réhabilité, l'évêque de Constantinople Flavien déposé.

A la mort de l'empereur Théodose, qui avait rejeté toutes les protestations et en particulier celles du pape Léon Ier, ce dernier obtint du nouvel empereur, Marcien, la convocation d'un nouveau concile, qui se tint à **Chalcédoine**, en Asie Mineure, en 451 (4e concile œcuménique). Reprenant la définition du pape Léon Ier dans son *Tome à Flavien*, il professa « un seul et même Christ, Fils, Seigneur, Monogame, sans confusion, sans mutation, sans division, sans séparation, la différence des natures n'étant nullement supprimée par l'union, mais plutôt les propriétés de chacune étant sauvegardées et réunies en une seule personne et une seule *hypostase* ». Ainsi se trouvait complété et développé le symbole de Nicée-Constantinople. La thèse monophysite était cette fois condamnée. ■

(Pour la biographie de St Léon Ier le Grand, voir Index.)

Ph. Roger-Viollet

Tombeau dit du Bon Pasteur. Musée Lapidaire. Détail ci-dessous.

convocation et les décisions du concile de Chalcédoine représente une innovation de grande importance.

A noter que le même concile de Chalcédoine, mais cette fois sans l'accord des légats du pape, accorda au siège épiscopal de Constantinople une situation équivalente à celui de Rome, en tant que la « nouvelle Rome » était la capitale impériale ; le patriarcat d'Antioche se vit amputé d'une partie de ses diocèses, attribués à Constantinople et à un nouveau patriarcat érigé à Jérusalem ; le patriarcat d'Alexandrie était enfin humilié par la déposition et la déportation de son patriarche Dioscore.

Ces dispositions maladroites allaient contribuer à donner un caractère durable, pour ne pas dire définitif, à la crise monophysite : l'Église d'Alexandrie, solidaire de son patriarche humilié, fit sécession et resta fidèle à sa conception monophysite ; c'est l'origine de l'Église *copte* contemporaine.

L'Église de Syrie, elle aussi, fit partiellement sécession pour devenir l'Église bientôt appelée *jacobite.* L'une et l'autre seront imitées plus tard par l'Église d'Arménie. Toutes ces sécessions sous le signe du monophysisme ont perduré jusqu'à nos jours.

Les empereurs de Byzance chercheront désespérément à reconstituer l'unité religieuse, ainsi brisée, de l'Empire. Ils en viendront pour cela à deux reprises à des compromis théologiques, simples faux-fuyants ; il en résultera chaque fois une rupture entre l'Église d'Orient et le siège romain qui, pour temporaire qu'elle soit, n'en aggravera pas moins des relations déjà difficiles (schisme *acacien,* 484-519 ; crise *monothéliste,* 638-681). (Voir p. 371 « Histoire d'une rupture : Rome et Constantinople »).

Un autre débat, sur l'homme cette fois

C'est sur un autre plan, non moins important, que le moine romain d'origine anglaise Pélage (v. 360 - v. 422) suscita un débat appelé à bien des rebondissements dans l'histoire de l'Église ; il s'agissait cette fois de l'homme, et de la part qui revient respectivement à sa libre volonté et à la grâce de Dieu dans sa recherche du bien et la réalisation de son salut. En réaction contre le pessimisme fondamental du *manichéisme,* religion née au IIIe siècle qui attirait certains milieux chrétiens, Pélage ▶▶▶

UN RÉSUMÉ DE LA PENSÉE DE PÉLAGE

En réaction contre le fatalisme et l'immoralisme du manichéisme, Pélage exalte l'excellence de la création, la libre responsabilité de l'homme, la puissance de sa volonté pour atteindre au bien ; l'idéal de charité, de justice, de pauvreté, de chasteté qu'il propose est exigeant, mais, affirme-t-il, chacun a en lui-même, de par la nature humaine, la force nécessaire pour le réaliser. Dans cette valorisation de la volonté, Pélage minimise la portée du péché originel et le rôle de la grâce donnée par Dieu ; celle-ci se trouve en quelque sorte ramenée au niveau d'auxiliaire de la volonté.

Aux Ve et VIe siècles, la pensée de Pélage nourrira, dans les milieux monastiques gaulois (Cassien, l'abbaye de Lérins...), un courant anti-augustinien appelé plus tard *semi-pélagianisme,* qui ne prendra fin qu'avec la condamnation portée par le concile d'Orange II (529). ■

▶▶▶

majorait le rôle de la liberté et de la volonté en l'homme et minimisait celui de la grâce divine, non indispensable à ses yeux.

Saint Augustin, qui avait connu de durs combats intérieurs avant sa conversion, réfuta avec force cette négation du rôle de la grâce et, dès lors, de la Rédemption : au contraire, de par le péché originel, l'homme livré à lui-même est réduit à l'impuissance sans la grâce ; c'est elle qui, avec le concours nécessaire de la volonté, lui permet d'accéder au bien et au salut. Au feu de la controverse la position d'Augustin se durcit ; il alla jusqu'à parler de prédestination des âmes à leur salut ou à leur perte. Aussi bien sa doctrine ne sera-t-elle pas reprise telle quelle par l'Église ; mais Augustin aura aidé celle-ci à préciser un point capital de la perspective chrétienne sur l'homme ; elle le fera aux conciles d'Orange II (VIe siècle) et de Trente (XVIe).

L'interprétation de la pensée augustinienne sous sa forme radicale tiendra une grande place dans les théologies de Luther et Calvin au XVIe siècle, et de Jansenius au XVIIe.

Comme l'a noté l'historien Marrou, le débat sur la grâce, aux Ve-VIe siècles, aura contribué à structurer la conception occidentale de l'homme et de sa relation avec Dieu, non sans accentuer le clivage Occident-Orient.

UN RÉSUMÉ DE LA PENSÉE DE SAINT AUGUSTIN SUR LA GRÂCE

Du fait du péché originel hérité d'Adam, l'homme naît avec une liberté blessée ; livré à lui-même, il est réduit à l'impuissance pour son salut ; celui-ci est sous l'entière dépendance de la grâce de Dieu, qui agit de manière à la fois libre et miséricordieuse.

Sans doute l'homme jouit-il de sa liberté ; sa volonté et sa raison ont un rôle à jouer ; mais (et l'on pénètre là au cœur du débat), cette liberté et cette volonté sont elles-mêmes sous la dépendance de la grâce. La foi qui justifie l'homme vis-à-vis de Dieu est l'œuvre de Dieu lui-même. Que l'homme se soumette à la grâce, et il sera de plus en plus libre. Mais certains recevront cette grâce, d'autres non, selon une prédestination mystérieuse qui échappe à l'homme ; seule certitude, Dieu n'agit que par pur amour, même là où nous ne le comprenons pas. ■

L'INFLUENCE DE LA PENSÉE AUGUSTINIENNE

C'est sous l'influence de cette pensée que s'est élaborée la doctrine catholique de la grâce, qui a pris la forme d'un *augustinisme tempéré* ; elle évite tout durcissement dans le jeu combiné de la grâce et de la liberté, et rejette l'affirmation selon laquelle la grâce du salut ne serait pas offerte à tous. Elle a été définie par le concile d'Orange II au VIe siècle, et reprise par le concile de Trente au XVIe siècle en réponse aux positions adoptées par la théologie de la Réforme protestante. Cette dernière (Luther, Calvin), ainsi que la conception janséniste au siècle suivant, s'appuyèrent au contraire sur une interprétation radicale de la pensée augustinienne.
De manière générale, il n'est guère de théologie traitant de la grâce qui ne se réfère, en un sens ou en l'autre, à saint Augustin.
(Pour plus ample informé sur la doctrine chrétienne de la grâce, se référer à l'Index). ■

L'âge d'or des Pères de l'Église

Il se situe dans la seconde moitié du IVe siècle, au cœur de la période des grands débats fondamentaux sur le contenu de la foi. Y sont alors à l'œuvre les plus grands parmi les écrivains et penseurs de l'antiquité chrétienne, tant dans l'Orient de culture grecque que dans l'Occident de culture latine.

Les grands noms de cette période sont : — pour ceux de *culture grecque,* saint Athanase d'Alexandrie, saint Basile de Césarée, saint Grégoire de Nazianze, saint Grégoire de Nysse, saint Jean Chrysostome,

Ph. Alinari-Giraudon

Saint Augustin. Fra Angelico, musée San Marco à Florence (XVe s.).

saint Cyrille de Jérusalem, saint Cyrille d'Alexandrie ; – pour ceux de *culture latine*, saint Hilaire de Poitiers, saint Damase de Rome, saint Martin de Tours, saint Ambroise de Milan, saint Jérome, saint Augustin d'Hippone, Jean Cassien.

Tous[1], sauf saint Ambroise, ont été moines plus ou moins longtemps, et se sont alors exercés à la pratique de l'ascèse sous la conduite de pères spirituels ; plusieurs ont d'ailleurs marqué de leur empreinte l'institution monastique. La majorité d'entre eux sont devenus évêques, et c'est généralement dans l'exercice de cette charge qu'ils ont fait œuvre de docteurs de la foi.

Au total, l'héritage laissé par les Pères de cette période est considérable ; il touche à des disciplines diverses (prédication, exégèse, théologie, spiritualité, etc.). Cette culture centrée sur la foi et la vie spirituelle n'est pas destinée à des spécialistes mais à tout esprit ouvert. Si elle a marqué toute la vie intellectuelle de leur époque, face à un paganisme en plein déclin, l'œuvre des Pères reste, pour les théologiens et les pasteurs de notre temps, une source et une référence de premier plan, étant donné la contribution essentielle qu'elle a apportée à l'explicitation et à la formulation des données de la foi.

Une innovation dans la vie de l'Église : le monachisme

Un autre témoignage de la vitalité du christianisme dans cette période pourtant agitée est apporté par l'émergence et l'épanouissement rapide d'une institution nouvelle dans l'Église : le *monachisme.*

Celui-ci n'est pas propre au christianisme : il était déjà à l'honneur depuis des siècles dans les religions orientales (hindouisme, bouddhisme) comme voie privilégiée pour se libérer du cycle des réincarnations et accéder au Brahma ou au Nirvana. Au temps du Christ, certaines sectes judaïques comme celle des esséniens comportaient des communautés retirées du monde.

Pour autant, le monachisme chrétien, s'il partage certains points avec ces types de vie, ne leur doit rien. Lorsqu'il apparaît, vers 270, avec la retraite du premier moine, saint Antoine le Grand, dans le désert égyptien, la « petite paix de l'Église » règne depuis 260, ouverte par les rescrits de tolérance de l'empereur Gallien. Sans doute les persécutions reprendront-elles avec violence à partir de 303, sous Dioclétien, mais elles s'apaiseront progressivement à partir de 313, au fur et à mesure de l'extension du pouvoir de Constantin sur l'ensemble de l'Empire.

Naissance et développement du monachisme sont indubitablement liés à l'avènement de la paix religieuse. Non parce qu'ils auraient été impossibles auparavant (la fuite au désert aurait même constitué la meilleure protection contre la persécution), mais pour une autre raison : le martyre avait représenté aux yeux des chrétiens la grâce suprême, le point d'aboutissement de la progression spirituelle, la voie privilégiée d'accès à la sainteté ; il fallait désormais découvrir de nouveaux chemins vers celle-ci.

Par surcroît, avec la paix religieuse, le christianisme tendait à devenir un phénomène de masse, une religion officielle ; un certain relâchement dans les motivations et les mœurs s'y faisait

1. Pour leur biographie, voir l'Index.

▶▶▶

Un passage célèbre d'Athanase (295-373)

Dieu s'est fait homme pour que nous devenions Dieu

... Le Verbe s'est fait homme pour que nous devenions Dieu ; il s'est rendu visible par son corps pour que nous ayons une idée du Père invisible ; il a supporté les outrages des hommes pour que nous ayons part à l'immortalité.

[...] La gloire du Père est de retrouver l'homme créé et perdu, de vivifier le mort et de le rendre temple de Dieu [...] Les puissances célestes ne s'étonnent point que nous soyons, nous qui avons le même corps, introduits dans leurs rangs.

Cité dans QUASTEN, *Initiation aux Pères de l'Église*, Cerf.

AVANT LE MONACHISME, IL EXISTAIT DÉJA DANS L'ÉGLISE DES FORMES DE VIE CONSACRÉE

Dès les origines du christianisme on voit des hommes et des femmes s'efforcer de suivre au plus près l'exemple et l'enseignement du Christ sur la pauvreté, la chasteté et la virginité (Mt 19, 10-12 et 16-30). Saint Paul, qui donne lui-même un témoignage personnel vivant à ce sujet, s'étend sur ce point dans sa *1re Lettre aux Corinthiens* (7). Les *Actes des Apôtres* font état des filles du diacre Philippe, vierges et prophétesses (21, 8-9).
Aux IIe et IIIe siècles, les témoignages à propos du choix de la voie de l'ascétisme et de la chasteté se multiplient. Les vierges consacrées à Dieu sont encouragées à la pauvreté, à la visite des pauvres et des malades, à la méditation de l'Écriture Sainte ; sans vivre en communauté, elles se rassemblent de temps à autre. Au IIIe siècle, on en voit prendre un engagement, au moins temporaire. Une spiritualité de la virginité s'élabore, qui place celle-ci dans le prolongement du baptême et la perspective d'une restauration de l'état antérieur à la chute originelle. Le thème des épousailles avec le Christ se fait jour. ■

sentir. Pour saint Jérôme (IVe-Ve siècles), la régression des vertus chrétiennes datait même du jour où l'Église avait conquis « avec les princes, le pouvoir et la richesse ».

A ceux qui cherchaient à rester rigoureusement fidèles à l'idéal évangélique, la voie à suivre parut se trouver dans l'éloignement du monde, où règne le mal, en gagnant le dépouillement du désert. Dans l'Ancien comme dans le Nouveau Testaments, le désert est le lieu de l'épreuve purificatrice, de la rencontre avec Dieu ; au prix, il est vrai, d'un combat avec le tentateur, comme le Christ en a fait l'expérience. Antoine, le premier ermite chrétien, choisit cette voie en se retirant dans le désert des environs de Thèbes (Haute-Égypte), bientôt suivi par des disciples : le monachisme était né.

De la forme *érémitique* (solitaire), le monachisme passa progressivement à la forme *cénobitique* (communautaire), du temps même d'Antoine, à l'initiative de saint Pacôme, lui aussi retiré dans les solitudes de la Haute-Égypte, et auteur de la première règle monastique. C'est également sous son influence qu'apparut le monachisme féminin.

Le monachisme connut une diffusion rapide tant en Orient qu'en Occident (le premier moine en Gaule fut saint Martin au IVe siècle). Sous des formes diverses, il ne cessera plus de tenir une place essentielle dans l'Église, à la fois comme foyer de vie spirituelle et intellectuelle, initiateur de réformes ecclésiastiques, pépinière d'évêques et de papes et, dans bien des cas, modèle proposé à la vie sacerdotale, voire à toute vie chrétienne.

▶▶▶

☞ Du Ier au IIIe s., des groupes d'hommes et de femmes en Orient adoptent une vie d'ascétisme, de pauvreté, de chasteté en référence à l'enseignement évangélique, sans pour autant s'isoler du reste du monde ; la *virginité consacrée* est mise à l'honneur.

☞ A partir de 270, *saint Antoine* (251-356) vit en ermite dans le désert égyptien, à proximité de la mer Rouge : début de l'*anachorétisme* (ou *érémitisme*). A la charnière des IIIe et IVe s., des disciples s'installent à proximité, associant ainsi vie érémitique et soutien par un maître spirituel (*groupements d'anachorètes*). Ce mode de vie se répand rapidement dans tout l'Orient (et notamment en Haute-Egypte, région de la Thébaïde, et en Basse-Egypte, lisières du delta du Nil).

☞ En 323, du vivant de saint Antoine, *saint Pacôme* (286-346) fonde en Haute-Egypte la vie communautaire (*cénobitisme*), à laquelle il donne une règle qui influencera tout le monachisme ultérieur. D'autres fondations suivent rapidement. La sœur de Pacôme, Marie, établit vers 340 la première communauté féminine ; une sorte de congrégation réunit le tout sous l'autorité d'un supérieur général assisté d'un chapitre général.
(Voir p. 329 a).

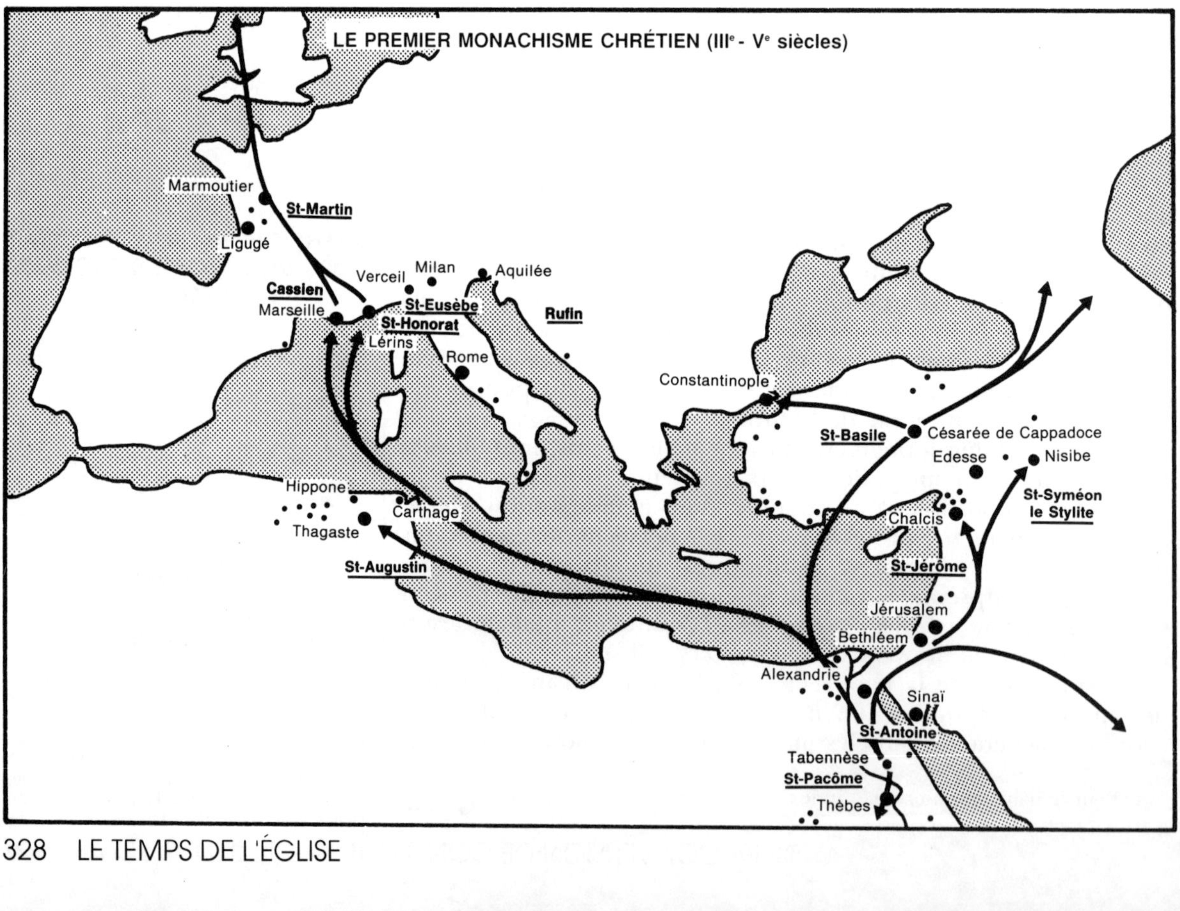

LE PREMIER MONACHISME CHRÉTIEN (IIIe - Ve siècles)

☞ Exilé à Trêves de 335 à 337, puis à Rome de 339 à 346, *saint Athanase* (295-373), évêque d'Alexandrie, ami de l'ermite Antoine, sensibilise l'Occident au monachisme. Il écrira plus tard une *Vita Antonii* qui contribuera à répandre l'idéal monastique à travers tout le monde chrétien et tiendra une place éminente dans la culture monastique.

☞ Vers 350 existaient à Rome plusieurs communautés monastiques, y compris féminines ; une liturgie de la consécration des vierges était en vigueur.

☞ A partir de 357, *saint Basile* (330-379), futur évêque de Césarée de Cappadoce, en Asie Mineure, développe dans sa région la vie monastique en communauté, et rédige deux règles monastiques.

Après un séjour de deux ans dans le désert syrien, *saint Jérôme* (v. 345-419) devient en 382 le collaborateur du pape Damase à Rome et s'y fait l'apôtre de l'ascétisme, de la virginité et du monachisme. Retiré à Bethléem à partir de 385, il y fonde plusieurs monastères masculins et féminins dont il assure la direction spirituelle et auxquels il inculque le goût de la culture biblique.

☞ Durant tout le IVe siècle, le monachisme se répand en Occident, notamment en Italie, autour de *saint Ambroise* (340-397), évêque de Milan, et en Gaule, autour de *saint Martin* (315-397), fondateur des monastères de Ligugé (361) et de Marmoutiers (372), puis en Espagne, etc.

☞ Vers 360, *saint Eusèbe*, évêque de Verceil, en Italie, groupe les membres de son clergé en communauté, première expérience de clergé séculier soumis à certaines formes de la vie monastique.
En 395, *saint Augustin*, évêque d'Hippone, en Afrique du Nord, vit lui aussi en une communauté de type monastique avec son clergé ; il élabore une règle.

☞ En 400 *saint Honorat* fonde le monastère de Lérins, sur la côte de Provence ; vers 415 *Jean Cassien* fonde à Marseille les monastères Saint-Victor pour les hommes, et Saint-Sauveur pour les femmes ; il écrit *Les Institutions monastiques*. Tous ces monastères s'inspirent du modèle égyptien.

Aux Ve et VIe siècles, le monachisme connaît un grand développement en Orient comme en Occident ; de nombreuses règles sont en vigueur. Dans les îles britanniques, le christianisme celtique est à forte dominante monastique (*saint Patrice, saint Colomban*, etc.) ; les monastères y sont marqués par une extrême austérité et un vif esprit missionnaire, qui les fera bientôt essaimer sur le continent (Gaule, Germanie, etc.).

En 529, *saint Benoît de Nursie* (v. 480-v. 547) fonde le monastère du Mont-Cassin et lui donne une règle qui deviendra rapidement la grande référence de la vie monastique en Occident (naissance de l'ordre bénédictin). Avec saint Benoît s'établit une certaine ligne de partage entre monachisme oriental, plus tourné vers une sainteté de type ascétique souvent poussée très loin, et monachisme occidental, de type plus intellectuel et plus attentif aux limites humaines ; chaque partie de la chrétienté médiévale se trouvera marquée par la conception monastique prévalant chez elle.

☞ En 596, le pape saint Grégoire le Grand, premier moine élevé au pontificat, envoie en Angleterre l'abbé du monastère Saint-André de Rome, le futur *saint Augustin de Cantorbéry*, avec 40 moines, pour évangéliser les Angles.

(Pour la biographie des personnages cités, se reporter à l'Index.) ■

LA VIE MONASTIQUE SELON SAINT PACÔME ET SAINT BASILE (286-346)

Originaire de Haute-Egypte, Pacôme (286-346) avait commencé par mener, comme Antoine, une vie solitaire dans le désert. L'érémitisme, même pour des paysans habitués à une vie fruste, supposait des qualités peu communes, et n'était pas sans danger spirituel. Déjà, le fait pour des ermites de se fixer à proximité d'un maître spirituel (groupement d'anachorètes) estompait quelque peu certaines de ces difficultés. Pacôme va plus loin en concevant un mode de vie monastique communautaire (en grec *koinos bios*, vie commune, d'où *cénobitisme*). Il fonde sa première communauté en 323 à Tabennêse, en Haute-Egypte. Il la dote d'une *règle*, la première règle monastique, qui fixe avec précision les modalités de cette vie commune (prière, travail, discipline, etc.) sous la direction d'un supérieur. Son monastère, clos par une enceinte, comporte une chapelle, des maisons comptant chacune une vingtaine de moines, des locaux de service : cuisine, infirmerie, etc. La formule rencontre un grand succès ; en moins d'un quart de siècle, Pacôme est ainsi amené à fonder neuf monastères d'hommes et, avec le concours de sa soeur Marie, à partir de 340, deux de femmes. L'ensemble forme une congrégation sous l'autorité de Pacôme, puis de ses successeurs ; un chapitre général réunit les religieux deux fois par an.
Les monastères pacômiens se développent rapidement ; ils réuniront plusieurs milliers de moines (qui joueront un rôle important dans le développement de l'agriculture égyptienne).
Saint Basile (330-379), évêque de Césarée de Cappadoce en Asie Mineure, apportera un nouveau progrès à la vie en communauté, avec ses règles monastiques ; il l'aura lui-même pratiquée en Cappadoce avant d'accéder à l'épiscopat, et après un voyage d'étude auprès des ascètes égyptiens. La vie communautaire supplante désormais la vie érémitique.

QUI APPELLE-T-ON LES PÈRES DU DÉSERT ?

On donne ce nom à ceux qui furent les pionniers du mouvement monastique en se retirant dans les déserts d'Egyte, de Palestine, de Syrie, etc., à partir de la fin du IIIe siècle. Le premier d'entre eux, et le plus célèbre, est saint Antoine le Grand. Toute une littérature hagiographique (*Vie de saint Antoine* par son ami saint Athanase d'Alexandrie, les *Vies* par saint Jérôme, *Histoire lausiaque* par Palladios, *Institutions* et *Conférences* par Jean Cassien, *Histoire des moines d'Egypte*, *Apophtegmes des Pères*, etc.) assura la renommée des Pères du Désert et leur suscita des disciples. ■

Ph. Bulloz

La Tentation de Saint Antoine (détail). Jérôme Bosch. Peinture (fin XVe s.). Musée d'Anvers.

Les IVᵉ et Vᵉ siècles en Gaule chrétienne

AU DÉBUT DU IVᵉ SIÈCLE

Le nombre de sièges épiscopaux en Gaule atteignait alors vingt-cinq, on l'a vu (p. 316 c). Le christianisme, comme presque partout en Occident, y était encore de caractère essentiellement urbain ; et son réseau était évidemment plus dense à proximité de ce qui avait été les points de son arrivée : les voies romaines venant d'Italie, les ports méditerranéens, le couloir rhodanien.

Avec l'ère constantinienne, l'Église entre dans une période de paix religieuse et civile, tout en bénéficiant de faveurs officielles ; son développement s'en trouve facilité d'autant ; le nombre des sièges épiscopaux continue à s'accroître (une soixantaine à la fin du IVᵉ siècle en Gaule), et surtout l'évangélisation commence à s'étendre de la ville à la campagne : ce sera une des caractéristiques de l'histoire religieuse du IVᵉ siècle. Jusque-là en effet, les masses rurales étaient restées attachées à leurs pratiques ancestrales, qui divinisaient les forces de la nature tout en s'accommodant tant bien que mal du polythéisme romain(1).

L'évangélisation des campagnes au IVᵉ siècle sera le fait des évêques, dont l'exemple le plus célèbre en Gaule est celui de saint Martin, évêque de Tours. Plus tard, ils seront aidés dans cette action missionnaire par les moines ; mais l'institution monastique en Gaule ne date que de 361 (fondation de Ligugé), et elle est précisément le fait de saint Martin, moine avant d'être évêque, et le restant pendant son épiscopat.

Le paganisme commence à disparaître à la fin du IVᵉ siècle, la proscription de son culte par l'empereur Théodose accélérant le mouvement engagé par l'évangélisation des campagnes.

A noter, au tout début du IVᵉ siècle, le concile d'Arles (314), concile général de tout l'Occident convoqué par l'empereur Constantin pour trancher l'affaire *donatiste*, origine du schisme dans l'Église de Numidie (Afrique du Nord) (p. 320) ; c'est la première assemblée d'évêques qui nous renseigne sur l'Église en Gaule.

1. *Païen* vient de *paganus*, paysan.

▶▶▶

LÉRINS

Dans l'une des deux îles de Lérins situées au large de Cannes (celle, alors déserte, qui porte aujourd'hui son nom), un homme nommé Honorat, issu d'une famille consulaire de Gaule Belgique, se retire vers l'an 400, en même temps qu'un compagnon nommé Capras. Ils s'y initient à la vie d'ermite, en plein essor alors dans le désert égyptien. Ils attirent bientôt de nombreux disciples.

Sans être le tout début de la vie monastique en Gaule (saint Martin avait fondé Ligugé en 361), l'abbaye de Lérins en est une des premières manifestations, avec celle de Saint-Victor à Marseille fondée peu après par Jean Cassien. Exerçant rapidement un grand rayonnement, elle sera une pépinière d'évêques ; parmi eux, outre saint Honorat lui-même, élu évêque d'Arles en 426, et ses disciples saint Loup de Troyes et saint Eucher de Lyon, on peut citer le successeur d'Honorat à Arles (Vᵉ siècle), saint Hilaire, saint Césaire, lui aussi évêque d'Arles (VIᵉ siècle), saint Véran, évêque de Vence (Vᵉ siècle), etc.

L'abbaye adopta la règle de saint Benoît lorsque celle-ci se répandit en Europe (VIᵉ siècle) ; par la suite, elle fut successivement affiliée à diverses congrégations bénédictines. Elle est aujourd'hui la seule abbaye masculine de l'Ordre cistercien en France (les autres appartenant à l'Ordre cistercien réformé, celui des Trappistes). ■

Le savez-vous ? Les palmes attribuées par le festival de cinéma de Cannes ont leur origine dans les armoiries de la ville de Cannes, qui comportent une palme évoquant les martyrs de Lérins.

L'ÉVANGÉLISATION DES CAMPAGNES AU IVᵉ SIÈCLE

Pour évangéliser les habitants de la campagne, les missionnaires chrétiens, tout en les enseignant par la prédication, s'efforçaient de les détourner de leurs pratiques païennes : pour cela, ils n'hésitaient pas à détruire les lieux de culte ou à abattre les statues de divinités et à élever des chapelles à leur place ; ou encore ils s'employaient à donner une consistance chrétienne aux usages païens, par exemple aux fêtes. La conversion obtenue, parfois après une longue résistance, il fallait assurer la continuité de la vie chrétienne. Or les diocèses gaulois, surtout dans la moitié nord du pays, étaient immenses, et l'église épiscopale ne pouvait satisfaire à tous les besoins du culte. On vit alors apparaître les premiers lieux de culte ruraux desservis par des prêtres délégués par l'évêque, origine des paroisses rurales. Saint Martin en créa de la sorte six à la périphérie de son diocèse de Tours. ■

L'évangélisation de la Gaule romaine

Saint Martin de Tours (v. 316-397)
Saint Germain d'Auxerre (v. 378-448)

L'Église et les Barbares

Sainte Geneviève, patronne de Paris (v. 420 - v. 510)
Saint Rémi de Reims († v. 530)
Saint Loup de Troyes (v. 383-478)

Un pape du Vᵉ siècle

Saint Léon le Grand (pape de 440 à 461)

Pour les biographies de ces personnages, se reporter à l'Index.

Qu'est-ce que ?

Moine (du grec *monachos*, solitaire). Les premiers moines ayant été des ermites, le mot a continué à s'appliquer aux diverses formes de la vie monastique (ermites ou non), comme signifiant le retrait de la vie du monde pour une pleine consécration à Dieu.

Monachisme. État de vie de ceux qui quittent le monde pour la vie monastique.

Monastère. Locaux abritant une communauté de moines ou de moniales, *abbaye* si son supérieur est Abbé ou Abbesse, *prieuré* si c'est un ou une Prieur(e), en relation en ce cas avec une Abbaye.

Ermite (du grec *eremos*, désert). Les premiers ermites s'étaient retirés dans les déserts d'Egypte, dans des conditions de vie extrêmement rudes.

Anachorète (du grec *anachorein*, se retirer). Synonyme d'ermite.

Cénobite (du grec *koinos bios*, vie en commun). Moine vivant en communauté.

Abbé, Abbesse (de l'hébreu *Abbas*, Père). Supérieur(e) d'une abbaye autonome.

La vie de l'Église vers la fin du IVe siècle

Jusqu'à la paix de l'Église assurée par Constantin à partir de 313, le choix de la foi chrétienne comportait le risque du martyre : tout un état d'esprit en résultait. Une fois le christianisme devenu quasiment religion officielle, le nombre des catéchumènes s'accrut rapidement, mais les motivations perdirent de leur qualité. Le baptême comportant le pardon des péchés, et l'usage du sacrement de pénitence restant exceptionnel, beaucoup de catéchumènes reportaient le plus possible le moment d'être baptisé. L'Église décida alors de s'intéresser préférentiellement à ceux qui demandaient le baptême à une date rapprochée.

Le baptême était toujours administré aux seuls adultes par l'évêque ou son délégué, au cours de la nuit pascale. La catéchèse préparatoire, centrée sur le *Credo*, était assurée par l'évêque ou son délégué (*catéchèse baptismale*) ; elle était prolongée autant qu'il était possible au-delà du baptême, l'accent étant alors mis sur la grâce du baptême et sur l'eucharistie (*catéchèse mystagogique*).

Le sacrement de pénitence n'était alors conféré qu'une seule fois dans la vie du chrétien ; il ne concernait que des fautes graves, dont la liste était fixée (fautes canoniques) ; c'était l'évêque lui-même qui en recevait l'aveu ; avant d'être réintroduits dans l'assemblée des fidèles, les pécheurs devaient accomplir une pénitence généralement publique et très rigoureuse (port d'habits pauvres, jeûne, abstinence de viande, continence sexuelle, etc.), parfois très longue (plusieurs années) ; les pénitents formaient un groupe spécial, en général exclu de la seconde partie de la célébration eucharistique ; la réconciliation se faisait solennellement, le plus souvent le jeudi saint, par imposition des mains de l'évêque.

La célébration de l'eucharistie revêtait de plus en plus d'apparat (bâtiments du culte, vêtements et objets liturgiques, faste du cérémonial, chants). En Occident, le grec cédait progressivement la place au latin. On voyait se diversifier les liturgies. Outre la grande fête centrale de Pâques, deux autres fêtes commençaient à être célébrées : la naissance de Jésus le 25 décembre (en lieu et place d'une fête solaire), l'Epiphanie le 6 janvier.

Le culte des martyrs, déjà à l'honneur au temps des persécutions, connaissait une faveur populaire croissante et souvent exubérante. On bâtissait basiliques et églises sur leur tombe (c'est de cette époque que datent les premières basiliques Saint-Pierre et Saint-Paul à Rome), on se faisait enterrer dans leur voisinage, on cherchait à se procurer leurs reliques, au prix parfois de véritables trafics. Ce culte, lié à celui des souvenirs et des lieux de la vie du Christ, est à l'origine du phénomène des *pèlerinages,* qui voit le jour à cette époque (on allait déjà à Jérusalem ou à Rome en pèlerins).

Le clergé restait pour l'essentiel localisé autour de son évêque, diacres d'une part, prêtres formant le *presbyterium* d'autre part. Mais l'évangélisation active des campagnes entreprise au IVe siècle conduisit à instituer des lieux de culte ruraux, desservis par des prêtres délégués par l'évêque, l'amorce du réseau des paroisses rurales.

Le nombre des sièges épiscopaux est, lui aussi, en croissance continue. Sans que ce fût la règle, il tendait par un mouvement naturel à coïncider avec celui des *cités* (circonscription de base de l'administration romaine), un évêque métropolitain (bientôt appelé archevêque) siégeant de plus en plus fréquemment dans chaque *métropole* (capitale de province romaine regroupant un ensemble de cités).

L'évêque de Rome était reconnu par tous comme ayant la primauté. Son pouvoir effectif sera variable selon les lieux, les époques, et surtout sa personnalité. L'intervention d'un Damase au IVe siècle ou d'un Léon le Grand au Ve siècle dans différents débats doctrinaux seront d'un très grand poids. On faisait fréquemment appel à Rome, d'Orient ou d'Occident, en cas de litige. En Occident l'autorité de l'évêque de Rome n'était pas contestée et elle s'exerçait à diverses reprises. Le problème viendra de plus en plus de l'attitude de l'évêque de Constantinople ; au concile œcuménique tenu dans cette ville en 381, il se fera reconnaître la primauté d'honneur après l'évêque de Rome, Constantinople étant la « seconde Rome ». Constantinople s'affirmera au sommet des Églises orientales, au-dessus d'Alexandrie et d'Antioche, grands sièges pourtant d'origine apostolique.

Les conciles réunissant les évêques, qu'ils soient œcuméniques, c'est-à-dire universels (Nicée 325, Constantinople 381), provinciaux ou régionaux, jouent un rôle de plus en plus important et fréquent ; ils traitent non seulement de questions doctrinales et disciplinaires, mais de toutes sortes de questions pratiques. Les conciles régionaux, en particulier, tendent à devenir fréquents à partir de la fin du IVe siècle.

Les lieux de culte, en voie de multiplication, revêtent la forme soit de la basilique romaine (bâtiment rectangulaire sans voûte, partagé en trois nefs par deux rangées de colonnes, chœur s'achevant en abside et comportant le siège de l'évêque - *cathedra* - et l'autel, simple table de pierre ou de bois, parfois placée sous un ciborium), soit une forme circulaire ou polygonale avec voûte (surtout en Orient). Le baptistère est situé en dehors de l'église, à proximité de l'entrée ; il comporte une petite piscine, souvent en forme de croix, où descend le catéchumène pour être baptisé.

La décoration des églises prend de plus en plus d'importance ; aux thèmes allégoriques en honneur dans les catacombes s'ajoutent de plus en plus les représentations du Christ, de la Vierge et des saints, et des scènes de leur vie et de leur mort.

L'influence du christianisme sur la vie sociale se fait sentir dans le calendrier et les jours chômés (dimanche, jours de fête), la législation sur le mariage, l'adoucissement de la condition des esclaves et des prisonniers. Ceci dit, l'évolution des structures (par exemple, en ce qui concerne la propriété) et des mœurs (par exemple, abandon des nouveau-nés, combats de gladiateurs) se fera très lentement.

Par contre l'Eglise développera rapidement les institutions charitables (pauvres, malades, voyageurs, etc.), et c'est par elles que les structures évolueront à long terme.

Les évêques n'en jouent pas moins un rôle important comme modérateurs des détenteurs du pouvoir (empereurs ou fonctionnaires), qui l'exercent souvent de manière encore très cruelle. ■

Ph. Hachette

Baptistère Saint-Jean à Poitiers (IVe siècle) ; peut-être le monument chrétien le plus ancien de France.

Quitte ton pays

S'adressant à Abraham, Dieu l'invite à la pauvreté : « Quitte ton pays ». Ce mot va scander dans l'histoire (jusqu'à cette histoire que nous vivons nous-mêmes) tous les grands départs vers Dieu, toutes les grandes interventions de Dieu nous enrichissant de la vie nouvelle. « Quitte », c'est le mot de l'Exil, qui dépouilla le peuple d'Israël ; c'est le mot que Jésus adressa au jeune homme riche ; c'est le mot que les Apôtres ont entendu et auquel ils ont obéi.

J.M. Ranquet,
Conseils évangéliques et maturité humaine,
Ed. Desclée de Brouwer, 1968.

▶▶▶

Au Vᵉ siècle

S'ouvre alors en Occident une nouvelle ère troublée, marquée par les invasions barbares et l'effondrement de l'administration romaine. Tout s'enchaîne à partir du moment où les Wisigoths, talonnés par les Huns venant d'Asie Centrale, passent le Danube en 376. Après avoir dévasté la Grèce, ils arrivent en Italie ; pour la défendre, on dégarnit de troupes romaines la frontière du Rhin. Devant ce vide, les tribus barbares (Vandales, Suèves, Alains, Burgondes, Alamans, etc.) s'engouffrent en Gaule, les uns s'y installant, d'autres, comme les Vandales, continuant vers le sud. En 410, les Wisigoths pillent Rome, jetant l'effroi dans tout l'Empire. En 430, les Francs, jusque-là associés par Rome à la garde des frontières, descendent jusqu'à la Somme. En 451, Attila et les Huns, mettant le comble à la panique, arrivent en Gaule puis, après y avoir exercé leurs ravages, gagnent l'Italie, d'où le pape Léon Iᵉʳ parvient à les renvoyer en Europe Centrale moyennant tribut.

Pendant ce temps, l'administration romaine d'Occident est en décomposition : l'anarchie s'installe. La seule armature qui tienne est l'Église. Les évêques, le pape lui-même, doivent se faire administrateurs, assurer la justice, la sécurité, voire la défense de leur ville ; les figures de Germain d'Auxerre, de Loup de Troyes, d'Aignan d'Orléans, du pape Léon Iᵉʳ le Grand sont restées célèbres à cet égard.

En 476, un chef germain, Odoacre, dépose à Rome le dernier empereur d'Occident, Romulus Augustule ; peu après, en 488, les Ostrogoths s'emparent de l'Italie.

En Gaule

Clovis succède en 482 à son père Childéric 1ᵉʳ comme roi des Francs. A Soissons en 486, il bat Syagrius, dernier représentant de l'autorité romaine en Gaule, et porte sa frontière sur la Loire ; en 496, il bat les Alamans à Tolbiac, près de Cologne, ce qui lui donne les rives du Rhin. La légende place dans cet évènement sa décision de se convertir ; en tout cas, vers 500, il reçoit à Reims, des mains de l'évêque de la ville, saint Rémi, le baptême dans la foi catholique.

Or les Francs étaient jusqu'alors, parmi les Barbares installés en Gaule, les seuls païens, les autres étant chrétiens ariens. Ce baptême dans la foi catholique va être déterminant pour le pouvoir personnel de Clovis (et il est probablement compris comme tel par le jeune roi) ; il le sera tout autant pour l'avenir du pays ; à ce conquérant maintenant catholique, sa conversion rallie l'épiscopat gaulois, inquiet de la domination arienne ; la population suit d'autant plus ses évêques que, depuis des années, ce sont eux qui assurent sa sauvegarde. Peu après, Clovis bat les Wisigoths à Vouillé, près de Poitiers, et leur prend l'Aquitaine. A sa mort en 511, son royaume s'étend des Pyrénées au Rhin ; ses fils y ajouteront bientôt Bourgogne et Provence. Le pays franc se sera constitué dans l'unité de la foi catholique.

Aussi bien les évêques ne ménagent-ils pas leur concours au nouveau pouvoir ; ces hommes à la culture latine souvent raffinée, à l'origine sociale généralement élevée, comprennent que l'avenir du christianisme dans leur pays implique de « passer aux Barbares », de même que, de leur côté, les Francs ont compris la nécessité d'embrasser la foi catholique. De la lente osmose entre ce

L'Église passe aux Barbares

Orose, prêtre de la région formant aujourd'hui le Portugal, a fui devant les Vandales et s'est réfugié à Hippone, en Afrique du Nord, auprès de saint Augustin. Dans son *Histoire contre les païens*, il écrit :

Qui sait ? Peut-être les Barbares n'ont-ils pu pénétrer dans l'Empire romain qu'afin que partout, en Orient comme en Occident, les églises du Christ fussent pleines de Huns, de Suèves, de Vandales, de Burgondes, et d'autres peuples innombrables de croyants. Ne faudrait-il pas alors louer et célébrer la miséricorde divine puisque, grâce à notre ruine, tant de nations ont eu connaissance de la vérité avec laquelle elles n'auraient pas été en contact autrement ?

Cité dans Schnürer, *Église et civilisation au Moyen Age.*

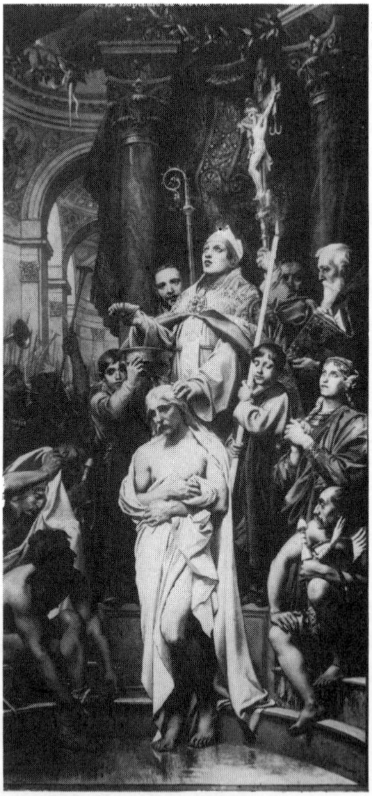

Ph. Bulloz

Le baptême de Clovis par saint Rémi. Fresque de Joseph Blanc au Panthéon (1881).

monde gallo-romain chrétien et celui des conquérants barbares tout juste baptisés sortira progressivement la société française.

Durant les années incertaines du Ve siècle, l'Église n'en poursuit pas moins son développement ; le nombre des sièges épiscopaux continue de s'accroître ; le mouvement monastique prend de l'ampleur, actif facteur d'évangélisation et vivier d'évêques.

La fin de l'Empire d'Occident en 476 marque symboliquement la clôture de l'époque antique et l'ouverture d'un Moyen-Age qui durera dix siècles.

On ne saurait pour autant parler de rupture, mais bien plutôt de la continuité de l'évolution de la société et de l'Église résultant de l'invasion barbare de l'Occident romanisé.

Ph. N.-D. Viollet

Fibule mérovingienne.

Clovis (v. 466-511), premier maillon de la monarchie catholique en France

Fils du roi des Francs Childéric Ier, il hérite à la mort de celui-ci, en 481, d'un petit royaume compris entre mer du Nord, Escaut et Somme. A cette époque l'ancienne Gaule romaine se trouve partagée entre les Francs, les Alamans (entre Vosges et Rhin), les Burgondes (Rhône et Saône), les Wisigoths (entre Loire et Pyrénées), les Armoricains (actuelle Bretagne, Anjou, Maine), et un dernier réduit romain (entre Somme et Loire). Sauf les Francs restés païens, toutes les peuplades barbares qui occupent le pays sont de confession chrétienne arienne. La population gallo-romaine, qui reste majoritaire, est principalement catholique dans les villes, païenne en voie de christianisation dans les campagnes.

En 486, à Soissons (épisode légendaire du vase), Clovis bat Syagrius, dernier représentant du pouvoir romain en Gaule : c'est la fin de la domination romaine ; le royaume franc s'étend jusqu'à la Loire.

En 493 Clovis épouse Clotilde (la future sainte, voir Index), fille du roi burgonde Chilpéric, et catholique ; leurs enfants sont baptisés dans la foi catholique.

En 496 Clovis marche contre les Alamans qui s'avancent vers l'Ouest, et il les bat à Tolbiac, près de Cologne ; son autorité s'étend jusqu'au-delà du Rhin. Si l'épisode de la promesse faite de se convertir « au Dieu de Clotilde » au cas où il sortirait victorieux de la bataille contre les Alamans est sujet à caution, par contre sa conversion, sous la double influence de son épouse Clotilde, catholique, et de l'évêque de Reims, Rémi, est un fait historique. N'y est probablement pas étrangère la perspective d'un soutien de l'Église gauloise, qui souffre de la domination des Barbares ariens. On retrouve là une problématique très voisine de celle qui a présidé à la conversion de l'empereur Constantin, ce qui n'a pas manqué de frapper les commentateurs. Clovis reçoit le baptême de la main de saint Rémi, ainsi qu'un grand nombre de ses guerriers, vers 500. La tradition fixe l'événement à Reims, où les rois de France viendront par la suite se faire sacrer. L'épiscopat gaulois facilitera au nouveau roi l'extension de son royaume.

En 507 Clovis bat le roi des Wisigoths Alaric II à Vouillé, près de Poitiers, s'assurant ainsi la possession de l'Aquitaine. Les Wisigoths conservent l'Espagne et un couloir de communication le long de la Méditerranée (Septimanie).

Se faisant le protecteur du catholicisme, Clovis fonde l'abbaye Sainte-Geneviève sur le tombeau de la patronne de Paris et réunit un concile à Orléans. Il est enterré à Paris, dont il avait fait sa capitale, auprès du corps de sainte Geneviève.

A sa mort, ses quatre fils se partagent le royaume comme un bien familial : Thierry à Metz avec l'Austrasie, Clodomir à Orléans, Childebert à Paris, Clotaire à Soissons ; la notion romaine d'État (*res publica*) est inconnue des Barbares. ■

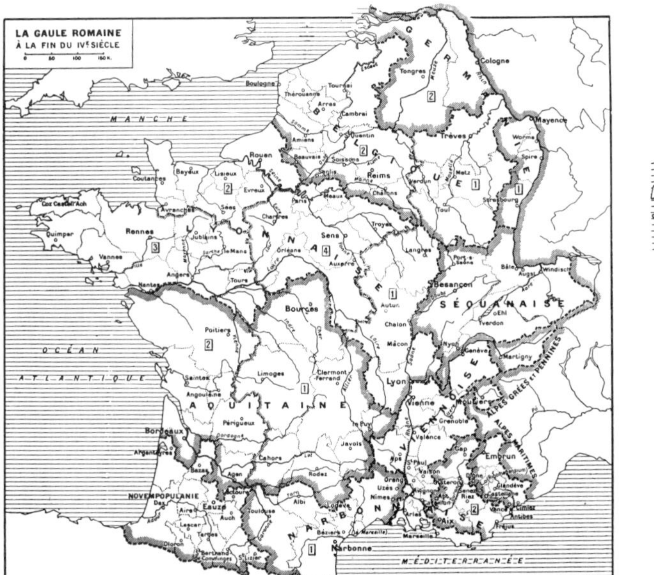

L. et A. Mirot, géographie historique de la France, Picard, p. 313

Ibid., p. 36-37

Au fur et à mesure de l'avancée de la christianisation de la Gaule, l'organisation que s'y donne l'Église tend tout naturellement à se calquer sur les divisions administratives romaines ; les diocèses, confiés aux évêques, chevilles ouvrières de l'évangélisation, correspondent le plus souvent aux circonscriptions romaines de base, les cités ; les provinces ecclésiastiques, confiées aux archevêques ou métropolitains, tendent à correspondre aux provinces romaines et à avoir leur siège dans les capitales provinciales, les métropoles.

Alors qu'à la fin du IVe siècle, la Gaule comptait une centaine de cités en 17 provinces civiles, au Ve siècle, la Gaule ecclésiastique mérovingienne, plus restreinte, comptait 12 provinces (certaines englobant plusieurs des anciennes provinces romaines) et une centaine de diocèses.

2. FORMATION DE LA CHRÉTIENTÉ VIe-XIe SIÈCLES

La chrétienté en voie d'élaboration

La période qui s'écoule du début du VIe siècle à la fin du XIe va voir se former progressivement, en Occident, une société qui s'appellera elle-même « chrétienté » ; elle connaîtra son apogée aux XIIe et XIIIe siècles, avant de subir les crises des XIVe et XVe siècles qui précèderont et prépareront le grand séisme représenté par la Réforme au XVIe.

Cette société occidentale ne constituera en fait qu'une partie de la chrétienté, et elle en aura bien conscience. À la même époque en effet, en Orient, l'empire byzantin de Constantinople continuera longtemps d'occuper une place considérable ; tout au long de son histoire, il ne cessera de se comporter en héritier direct non seulement de l'empire romain mais aussi du rôle spirituel à dimension universelle assigné à Constantinople, « Nouvelle Rome », par Constantin à partir de sa conversion (IVe siècle). Il connaîtra, bien avant l'Occident, l'éclat d'une civilisation faisant de la foi chrétienne la valeur fondamentale.

Rome et Constantinople seront ainsi les deux pôles, aussi opposés que complémentaires, du monde chrétien médiéval ; leur rupture au XIe siècle cristallisera pour une durée indéterminée la division de la chrétienté.

Cette rupture rappelle que le mot chrétienté n'a jamais désigné une société prétendant avoir atteint l'idéal évangélique ; il évoque un état de fait, une donnée en quelque sorte sociologique, voire politique : un ensemble de peuples partageant une même vision de la vocation spirituelle de l'homme en référence à la foi chrétienne. Cette conviction va si loin, dans une telle société, que la distinction entre spirituel et temporel, entre ce qui relève respectivement de l'Église et du pouvoir laïc, y devient difficile : tous deux doivent en effet coopérer en vue de l'accomplissement de ce même destin spirituel ; le pouvoir politique se pense comme chrétien, et les structures politiques sont conçues en conséquence. Vision idéale d'une co-responsabilité qui peut sans doute être facteur de synergie, mais l'est tout autant de conflits : ils ne manqueront pas.

Avancées et reculées du christianisme hors de France du VIe au Xe siècles.

BYZANCE ET LA CONQUÊTE ARABE.

A la fin du Ve siècle, sous le coup des invasions barbares qui ont jeté bas l'empire romain d'Occident et sérieusement malmené l'empire d'Orient, la carte politique et religieuse du monde christianisé se trouve bouleversée ; l'expansion du christianisme est stoppée, et la présence chrétienne totalement effacée en certaines régions. Très vite cependant le mouvement en avant va reprendre.

L'empereur d'Orient, Justinien (règne : 527-565), reconquiert l'Afrique du Nord sur les Vandales, et l'Italie sur les Ostrogoths ; l'empire d'Orient est ainsi rétabli dans ses anciennes limites, et même élargi sur une partie de l'ancien empire d'Occident ; l'aria-

L'EXPANSION ARABE DU VIIe AU IXe SIÈCLE

570 (?)-632	Vie de Mahomet (Muhamed) en Arabie ; il unifie ce pays en le convertissant à la foi islamique dont il se fait le prophète après la révélation qu'il a reçue (Index : voir Islam).
635	Prise de Damas (Syrie).
637-641	Conquête de la Perse.
637	Prise de Jérusalem (Palestine).
638	Prise d'Antioche (Syrie).
639	Conquête de la Mésopotamie.
640	Prise du Caire (Egypte).
644	Prise d'Ispahan (Perse).
649	Prise de Chypre.
651	Occupation de l'Afghanistan.
653	Occupation de l'Arménie.
670	Fondation de Kairouan (dans l'actuelle Tunisie).
671	Prise de Samarcande (dans l'actuel Ouzbekistan, en ex-URSS).
673-678	Défaite devant Constantinople après un siège de 5 années par terre et par mer, premier coup d'arrêt à l'expansion arabe ; il sauve l'empire byzantin.
698	Prise de Carthage (dans l'actuelle Tunisie).
711	Les Arabes passent en Espagne, dont ils vont faire la conquête en deux années.
717-718	Nouvelle défaite terrestre et navale devant Constantinople ; début d'une phase de reconquête de l'Asie Mineure et de la Syrie par Byzance.
732	Défaite de Poitiers ; Charles Martel, maire du palais du royaume mérovingien, rejette les Arabes au sud des Pyrénées ; nouveau coup d'arrêt à l'expansion.
826	Conquête de la Crète.
843	Conquête de la Sicile.
860	Invasion du Turkestan chinois, pénétration jusqu'à l'Inde.

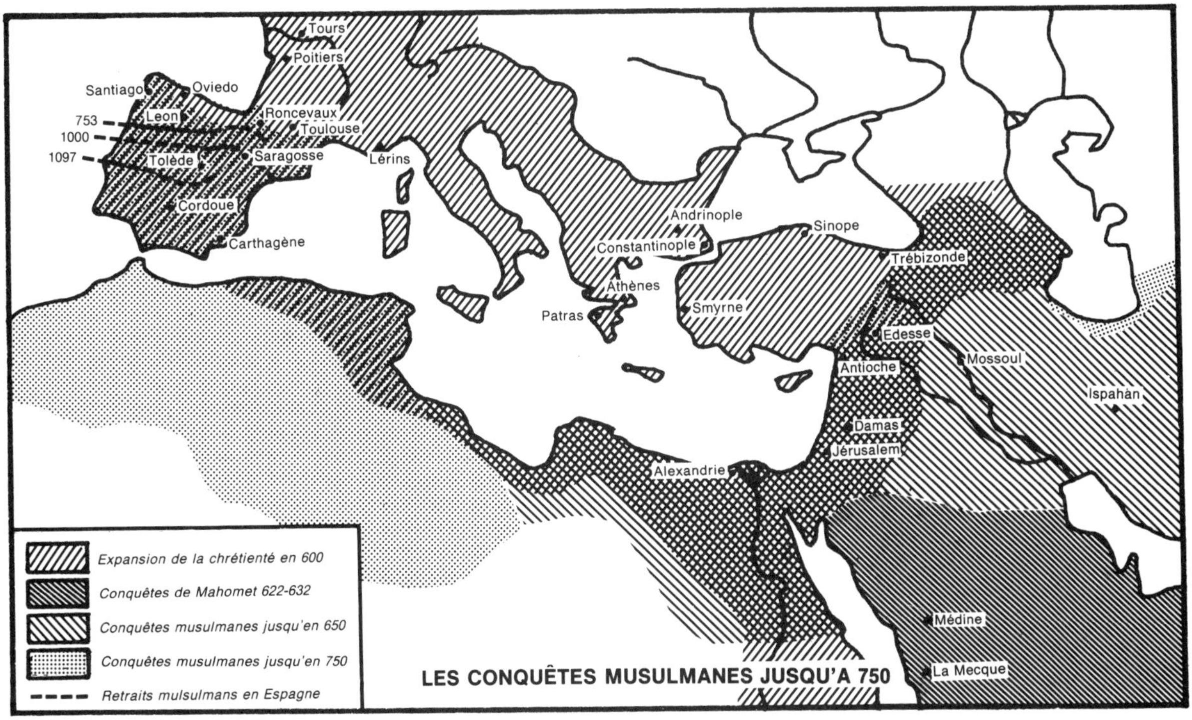

nisme en paraît éliminé. Il ne s'agit pourtant là que d'un feu de paille : l'arianisme reparaît en Italie avec la conquête lombarde, et surtout, au VIIe siècle, le conquérant arabe s'empare non seulement des rives africaines de la Méditerranée, mais de la Syrie et de la Palestine, et donc des lieux saints eux-mêmes : la prise de Jérusalem (637) frappe de stupeur le monde chrétien. Cependant, la conquête arabe ne rencontre pas de bien grande opposition de la part des populations chrétiennes locales, qui ne portent pas Constantinople dans leur cœur, notamment les monophysites ; elles ne prendront conscience qu'avec le temps du coût de la souveraineté islamique.

Désormais, l'empire byzantin, tout en connaissant des succès locaux ou une expansion sur d'autres théâtres, ne cessera de régresser devant le conquérant musulman (arabe puis turc), qui achèvera sa conquête avec la prise de Constantinople en 1453. Les florissantes communautés chrétiennes d'Afrique et du Moyen Orient, quand elles n'auront pas purement et simplement disparu, ne connaîtront plus sous la domination islamique qu'un statut restrictif et souvent humiliant.

La conquête arabe, on le sait, se poursuivra le long de la Méditerranée jusqu'à l'Atlantique, le flot conquérant se répandant ensuite sur l'Espagne (à partir de 711), et atteignant même le cœur du royaume franc ; il en sera refoulé par Charles Martel, victorieux à Poitiers (732) ; mais l'Espagne connaîtra des siècles durant la domination arabe. L'islam apparaît désormais comme le grand ennemi des chrétiens ; c'est le début de guerres sans fin (*Reconquista* espagnole, croisades des chrétiens d'Occident en Orient).

▶▶▶

Le monachisme d'Occident reçoit de saint Benoît ses traits propres

Après mûre expérience

La période où vit saint Benoît de Nursie (v. 480-547) est celle de l'anarchie consécutive à l'effondrement de l'empire romain en 476 sous la poussée des invasions barbares. La force du christianisme réside alors, en même temps que dans l'épiscopat, dans le monachisme, pourtant récent en Occident. Il a en effet vu le jour en Égypte au IIIe siècle avec saint Antoine († 356) et saint Pâcome († 346) ; la *Vie de saint Antoine*, écrite par saint Athanase vers 360, a contribué à le faire connaître aussi bien en Orient qu'en Occident, suscitant un véritable engouement pour cette forme de vie. Saint Martin fonde le monastère de Ligugé en 361, saint Honorat celui de Lérins en 400, Cassien ceux de Marseille peu après. La référence monastique en Occident est alors celle du monachisme oriental, et principalement égyptien (Voir plus haut le développement monastique du IIIe au VIe siècle).

Avec Benoît, le monachisme occidental va trouver son expression propre. Après diverses expériences de vie érémitique ou communautaire qui se sont étendues sur une trentaine d'années, il fonde en 529, dans une ancienne forteresse au sommet du mont Cassin, entre Rome et Naples, un grand monastère qui, très vite, exerce un vaste rayonnement ; Benoît est bientôt sollicité de faire de nouvelles fondations.

▶

▶

La règle de saint Benoît

Le type de vie monastique conçu par lui se traduit dans la *Règle* que, progressivement, il établit pour ses communautés ; il tient à ce qu'elle constitue un texte simple, concis (73 courts chapitres et un prologue), « à l'usage des débutants ». Elle est de fait empreinte de sagesse, de modération, d'équilibre ; elle ne durcit rien, laisse la voie ouverte aux innovations, va droit à l'essentiel d'une vie spirituelle à mener dans chaque monastère dans l'atmosphère d'une famille dont l'Abbé est le père.

Les moines ne possèdent rien en propre ; isolés du monde par la clôture, ils conservent cependant avec lui le lien de l'hospitalité. Ils partagent leurs journées, selon un horaire équilibré, entre la louange de Dieu au chœur, le travail intellectuel, le travail manuel.

Le lien à vie entre le moine et son monastère, le principe du travail manuel, celui de l'autarcie de chaque établissement joueront un rôle très important dans la mise en valeur économique par les moines, et en particulier le défrichage de la Germanie.

Benoît n'a pas fondé d'ordre à proprement parler. Mais sa Règle devait connaître un retentissement tel qu'elle s'imposa progressivement partout en Occident (supplantant entre autres celle, fort rude, de saint Colomban). En 817, Louis le Pieux la rendit obligatoire dans les monastères de l'empire carolingien. A la suite des réformes monastiques, comme celle de Cluny au Xe siècle, des regroupements de monastères devaient s'opérer, puis des congrégations se constituer à partir du XIVe siècle.

Une nombreuse descendance

Parmi les nombreuses personnalités qui ont illustré l'ordre bénédictin, on peut citer saint Benoît d'Aniane aux VIIIe-IXe siècles (auteur de *Coutumes* qui devaient jouer un grand rôle dans la vie des communautés bénédictines), le pape saint Grégoire Ier le Grand, saint Augustin de Cantorbéry, saint Boniface aux VIe et VIIe siècles ; saint Bernon au Xe siècle ; Lanfranc, saint Anselme, le pape Grégoire VII au XIe siècle ; saint Bernard et Suger au XIIe siècle, Mabillon au XVIIe, dom Guéranger au XIXe.

On compte actuellement 21 congrégations vivant sous la Règle de saint Benoît, totalisant 440 monastères masculins et 10.000 moines, 800 monastères féminins et 20.000 moniales ; en outre subsistent de nombreux monastères masculins et féminins autonomes.

La part prise par les fils et filles spirituels de saint Benoît à la christianisation de l'Europe, à son développement culturel, et même à sa mise en valeur économique, lui a fait donner les titres de « Patriarche des moines d'Occident », « Patron de l'Occident », et « Père de l'Europe ». ■

Saint Benoît
(v. 480-547)
Patriarche des moines d'Occident,
patron de l'Europe.
Voir Index

Un rude évangélisateur
venu d'Irlande :
Saint Colomban
(v. 540-615)
Voir Index

CHRONOLOGIE DES VIe, VIIe ET VIIIe SIÈCLES

Histoire générale		Histoire de l'Église
Baptême de Clovis.	V. 500	
Bataille de Vouillé.	507	
Mort de Clovis.	511	
	516	Conversion des Burgondes au catholicisme.
Justin Ier empereur d'Orient.	518	
Justinien empereur d'Orient.	527-565	
	529	St Benoît au Mont-Cassin. 2e Concile d'Orange
Début de la reconquête de l'Afrique par Justinien	533	
Début de la reconquête de l'Italie par Justinien.	535	
	540	Règle de St Benoît.
	553	5e Concile œcuménique (Constantinople II).
Fin de la reconquête de l'Italie	555	
Les Lombards envahissent l'Italie.	568	
Invasion slave en Orient.	587	Recarède roi des Wisigoths (en Espagne) passe de l'arianisme au catholicisme.
	590	St Grégoire le Grand pape, St Colomban en Gaule.
	597	St Grégoire Ier le Grand envoie une mission chez les Angles.
Mahomet quitte la Mecque pour Médine. Début de l'Hégire.	622	
Siège de Constantinople par les Perses et les Avars.	626	
Victoire de Byzance sur les Perses à Ninive.	627	
	V. 630	Établissement par Dagobert de l'abbaye royale de Saint-Denis, où il sera inhumé.
Mort de Mahomet.	632	
Conquête de la Perse par les Arabes.	637-641	
	649	Le synode du Latran condamne le monothélisme.
	653	Le pape Martin Ier prisonnier de l'empereur de Byzance. Il meurt en captivité.
Début de la conquête de l'Afrique du Nord par les Arabes.	670	
Siège infructueux de Constantinople par les Arabes.	674-678	
	680-681	Le 6e Concile œcuménique (Constantinople) condamne le monothélisme.
	690	St Willibrord archevêque d'Utrecht.
Prise de Carthage par les musulmans.	698	
Invasion de l'Espagne par les musulmans	711	
Dernier siège de Constantinople par les Arabes, sans succès.	717-718	
	723	St Boniface, apôtre de Germanie, évêque.
	726-730	Edits de l'empereur de Byzance Léon III contre les images (crise iconoclaste).

CHRONOLOGIE *(SUITE)*

Histoire générale		Histoire de l'Église
Victoire de Charles Martel à Poitiers sur les musulmans.	732	
Les Lombards s'emparent de l'exarchat de Ravenne.	751	
Pépin le Bref renverse la dynastie mérovingienne.	754	Donation de Pépin à la papauté.
Règne de Charlemagne, roi des Francs puis empereur d'Occident.	768-814	
	787	Le 7e Concile œcuménique (Nicée) condamne l'iconoclasme.
Couronnement de Charlemagne comme empereur d'Occident par le pape.	800	

▶▶▶

En Europe occidentale

Tandis que le monde chrétien voit ainsi se rétrécir le champ de sa présence sur le pourtour méditerranéen, il ne cesse de progresser partout ailleurs, et dans l'unité catholique : les derniers royaumes ariens (Wisigoths en Espagne, Lombards en Italie) rallieront en effet la foi catholique au VIIe siècle ; quant à l'évangélisation des régions européennes non encore christianisées, elle se fera si efficacement, sous l'effet de vagues successives de missions monastiques, que la période allant de la mort de saint Benoît (547) à celle de saint Bernard (1153) est souvent appelée celle des *« siècles monastiques »*.

Les îles britanniques tiennent une place éminente dans cette activité missionnaire des moines occidentaux. Déjà au Ve siècle, des moines celtes avaient débarqué dans l'actuelle Bretagne - dont maints lieux portent la trace dans leur nom - et ils en avaient évangélisé les populations (saint Malo, saint Brieuc, saint Renan, etc.). A la fin du VIe siècle, les communautés monastiques irlandaises, fidèles à l'esprit missionnaire inculqué à leur pays par saint Patrick un siècle plus tôt, envoient sur le continent maintes missions, dont émerge la grande figure de saint Colomban ; les moines irlandais fondent en Europe tout un réseau de monastères qui sont autant de foyers de christianisation et de civilisation.

Dans un mouvement inverse, à la même époque, le pape Grégoire Ier (saint Grégoire le Grand) envoie d'Italie en Angleterre méridionale un groupe de moines évangéliser les conquérants Angles sous la conduite du futur saint Augustin de Cantorbéry.

Ils réussissent si bien que, un peu plus tard, ce sont des moines anglais qui, à leur tour, entreprennent la christianisation des pays germaniques. Le grand apôtre de la Germanie, le fondateur de l'Église d'Allemagne, saint Boniface (673-754), est l'un d'eux ; à sa mort, la Saxe reste le seul pays germanique entièrement païen. Au IXe siècle, Charlemagne achèvera la christianisation de la Germanie, en recourant, il est vrai, à des méthodes contre lesquelles s'élèveront ses évêques. Plus à l'est encore, toujours au IXe siècle, les Slaves seront évangélisés par les moines grecs Cyrille et Méthode à l'initiative de Byzance.

A la fin du Xe siècle, la foi catholique sera partout présente en Europe, à un degré de pénétration évidemment très variable. Les moines, auxquels cette œuvre est due pour l'essentiel, auront pro-

▶▶▶

Une Église en pleine expansion

Saint Grégoire Ier le Grand
(v. 540-604) pape.
Saint Augustin de Cantorbéry
(† 604 ou 605)
apôtre de l'Angleterre
Saint Boniface
(v. 673-754)
apôtre de la Germanie
VOIR INDEX

Ph. Roger-Viollet

Calice de l'époque mérovingienne

Ph. Roger-Viollet

Patène. Art mérovingien.

Byzance dans l'histoire religieuse jusqu'au XIe siècle :
voir p. 371 Histoire d'une rupture : Rome et Constantinople

▶▶▶

fondément marqué cette époque, aussi bien par leur action missionnaire que par l'impulsion donnée à la vie spirituelle et intellectuelle de l'Église, seule source de la vie culturelle à l'époque. La généralisation, à partir du VIIe siècle, de la règle de saint Benoît dans les monastères occidentaux, et l'influence qu'elle a indirectement exercée sur l'évangélisation européenne, ont fait proclamer son auteur patron de l'Europe par Paul VI, en 1964.

La disparition de l'empire romain d'Occident, l'éloignement de celui d'Orient, théoriquement représenté par un exarque à Ravenne, le passage des rois d'origine barbare au christianisme latin confèrent au pape une considération croissante en Occident.

Cette progression d'ensemble du christianisme, que fait apparaître une vision à grande échelle, ne saurait évidemment dissimuler combien les situations sont en fait contrastées sur le terrain.

L'ÉGLISE FRANQUE (VIe-VIIIe SIÈCLES)

Dans les derniers siècles de l'empire romain d'Occident, l'Église gauloise s'était développée sous l'impulsion d'évêques progressivement établis dans les grandes villes (les « cités ») (voir p. 333). Lorsque les structures romaines s'étaient effondrées sous le coup des invasions, l'épiscopat était demeuré la seule institution en place, ainsi conduite à prendre en mains la vie sociale locale. Sous les premiers rois mérovingiens, qui ne disposent ni d'appareil administratif ni d'expérience, cet épiscopat gallo-romain continue de gouverner les cités, d'y rendre la justice, de subvenir aux besoins de la population, de défendre l'intérêt général ; il dispose au demeurant de ressources (les biens fonciers de l'Église croissent rapidement) et de personnel (le clergé constitue pratiquement la seule classe instruite). Les rois mérovingiens sont donc tout naturellement amenés à prendre leurs conseillers parmi ces évêques ; avec un succès mitigé, ces derniers s'emploient de leur mieux à tempérer les mœurs violentes et les luttes intestines de ces princes, demeurés très barbares (cf. la lutte de Brunehaut et Frédégonde).

Aux VIe et VIIe siècles, l'Église franque reste animée par un vigoureux souffle missionnaire ; un ensemble de grands évêques (Vaast, Eloi, Ouen, Amand, etc.), souvent issus des monastères, entreprennent la rechristianisation d'un pays en grande partie revenu, au cours des invasions, à l'état de friche religieuse ; les églises privées, fondées par des propriétaires terriens, se multiplient, étoffant ce qui va peu à peu devenir le réseau des paroisses. A la fin du VIIe siècle, on peut considérer que la Gaule est en majeure partie acquise au christianisme.

Cependant l'état d'anarchie que connaît le pays sous la dynastie mérovingienne depuis la mort de Clovis, la violence des mœurs, l'immoralité générale, la baisse du niveau d'instruction, l'appropriation des biens ecclésiastiques par l'aristocratie guerrière ou foncière, finissent par retentir sur l'état spirituel et moral de l'Église ; après avoir choisi leurs conseillers parmi les évêques, les princes sont maintenant portés à choisir les évêques parmi leurs partisans, dont ils font ainsi leurs obligés. Par surcroît, ces évêques sont désormais pour la plupart d'origine franque, de culture restreinte voire nulle ; en outre, ils tendent de plus en plus à se comporter en seigneurs et propriétaires des biens d'Église, cumulant, par

De grands évêques francs

Saint Amand
(v. 584-676 ou 679),
évêque de Tongres - Maastricht

Saint Eloi
(v. 588-660),
conseiller du roi Dagobert, puis évêque de Noyon - Tournai

Saint Ouen
(v. 600-684),
conseiller du roi Dagobert, puis évêque de Rouen

Saint Vaast
(† 540),
évêque d'Arras

VOIR INDEX

Des princes restés barbares

La lutte implacable entre les deux reines Brunehaut et Frédégonde est restée célèbre. Fille du roi des Wisigoths, Brunehaut avait épousé en 567 Sigebert Ier, roi des Francs d'Austrasie (un des royaumes issus du démembrement de celui de Clovis) ; sa sœur Galswinthe avait, de son côté, épousé le frère de Sigebert, Chilpéric Ier, roi de Neustrie. La concubine de ce dernier, Frédégonde, était décidée à accéder elle-même au trône ; ayant persuadé Chilpéric d'assassiner son épouse Galswinthe (568), elle put ainsi l'épouser et devenir reine. Brunehaut poussa alors son époux, Sigebert d'Austrasie, à conquérir le royaume de Chilpéric. En réponse Frédégonde fit assassiner Sigebert (575) et exiler Brunehaut à Rouen ; là, cette dernière conquit le cœur de son neveu Mérovée, fils de Chilpéric et Galswinthe, et l'épousa. Chilpéric jeta son fils dans un cloître et renvoya Brunehaut à Metz, où elle gouverna l'Austrasie au nom de son fils Childebert. Chilpéric ayant été assassiné en 584 et Childebert fils de Brunehaut étant mort en 596, les deux reines engagèrent alors une lutte sans merci. Les troupes de Brunehaut furent vaincues en 596, mais Frédégonde périt peu après. Clotaire II, fils de Frédégonde, s'étant emparé de Brunehaut, âgée de près de 80 ans, la fit périr en la faisant attacher à la queue d'un cheval furieux (613). Frédégonde avait également fait mourir Prétextat, évêque de Rouen, qui avait béni le mariage de Brunehaut et Mérovée.

Au milieu de ces mœurs sanguinaires, le souvenir laissé par Brunehaut n'en reste pas moins lié à une volonté de restaurer la notion d'État, les modes d'administration et la civilisation romaines ; ses grands travaux, en particulier les « *chaussées Brunehaut* », ont laissé des traces jusqu'à nos jours. ■

Ph. Ch. Philippe-Rapho

Croix carolingienne.

exemple, les abbayes dont ils s'approprient les revenus. La même force centrifuge qui ruine l'autorité royale, la même disparition du sens du bien commun, minent l'appareil ecclésiastique. Le tableau qui s'offre à la fin du VIIIe siècle est déjà celui d'une Église en voie de féodalisation.

Ph. Giraudon

Frédégonde et Chilpéric à cheval. Castres.

LE RENOUVEAU CAROLINGIEN (FIN DU VIIIe, DÉBUT DU IXe SIÈCLE)

Au VIIIe siècle, la décadence des rois mérovingiens en avait fait les *rois fainéants ;* la réalité du pouvoir était passée aux mains de leurs *maires du palais.* C'est l'un d'eux, Charles Martel, qui avait repoussé les Arabes à Poitiers en 732. En 751, son fils, Pépin le Bref, se fait proclamer roi des Francs. L'onction royale lui est donnée par saint Boniface, l'apôtre de la Germanie, auquel Pépin avait fait appel pour organiser et réformer l'Église franque ; cette onction est ensuite confirmée solennellement en 754 par le pape Étienne II qui, événement tout à fait exceptionnel, vient en France pour la circonstance.

C'est qu'Étienne II, devant les menaces lombardes, et à défaut de pouvoir compter sur la protection de l'empereur de Constantinople dont relève alors théoriquement l'Italie, a recouru à celle du nouveau roi des Francs ; l'avènement de celui-ci au trône a en effet coïncidé avec la prise de l'exarchat byzantin de Ravenne par les Lombards désormais proches de Rome. En deux campagnes (754 et 756), les Francs libèrent Rome de la menace lombarde, conquièrent l'exarchat de Ravenne et la Pentapole et les remettent au pape. Peu après, la « donation de Pépin » constitue la reconnaissance officielle du pouvoir temporel des papes sur les territoires qui vont former, pour onze siècles, l'essentiel des États pontificaux.

L'alliance ainsi nouée entre Rome et la maison carolingienne prend toute sa dimension avec l'avènement du fils de Pépin, Charlemagne (768). Celui-ci commence immédiatement une longue

▶▶▶

La donation de Pépin ou la naissance des États pontificaux (754)

Avant même l'effondrement de l'Empire romain d'Occident en 476, l'état d'anarchie qui y régnait et son impuissance devant les invasions barbares avaient obligé les papes, comme un peu partout les évêques, à prendre en mains les affaires de leur cité afin de protéger les populations contre les mauvais traitements infligés aussi bien par les fonctionnaires romains que par les conquérants barbares ; ainsi vit-on le pape Léon Ier, au Ve siècle, négocier successivement avec les Huns puis avec les Vandales.

Après la chute de l'Empire, la présence des Ostrogoths ariens en Italie ne rétablit pas précisément la sécurité de Rome. La reconquête de l'Italie par l'empereur d'Orient, Justinien, au VIe siècle, restaura un temps la paix intérieure ; un exarque (gouverneur) de l'empereur fut établi à Ravenne pour administrer l'Italie. Mais, loin de Constantinople, qui avait bien d'autres soucis, l'exarque se trouva vite impuissant devant les entreprises des Lombards, qui visaient à dominer toute l'Italie. A la charnière des VIe et VIIe siècles, le pape saint Grégoire Ier le Grand (pape de 590 à 604) dut se substituer à l'exarque pour traiter avec le roi des Lombards et assurer une protection de Rome qui relevait maintenant, en principe, de l'empire d'Orient. Tout en se livrant à une intense activité pastorale, Grégoire dut assumer lui-même toute l'administration de la ville, se préoccuper de ses approvisionnements en blé, assurer la justice, etc.

A partir de ce moment, les papes devinrent les véritables maîtres de Rome, spirituels et temporels, sous le contrôle purement théorique de l'empereur, leur souverain temporel. Ils durent organiser une armée, et défendre contre les attaques lombardes et les exactions impériales les territoires administrés par eux. Peu à peu les conquêtes lombardes submergèrent les derniers points d'appui de Byzance en Italie, menaçant de plus en plus les territoires relevant des papes.

Après la chute de l'exarchat de Ravenne en 751, ultime vestige de la présence byzantine en Italie, le pape Etienne II, ne recevant aucun secours de Constantinople, fit appel au nouveau roi des Francs, Pépin le Bref, qui venait de supplanter le dernier roi mérovingien. Les Francs s'emparèrent de l'exarchat de Ravenne, qu'ils remirent au pape. Celui-ci, on le sait, vint couronner en France en 754 le roi Pépin. En vertu de tractations diplomatiques dont on ne connaît pas les termes précis, le pape se trouva officiellement à la tête d'un ensemble territorial allant du sud de la Vénétie (Exarchat, Pentapole) jusqu'au sud de la campagne romaine. C'est cette reconnaissance que l'on appelle traditionnellement « la donation de Pépin », tenue longtemps pour la confirmation d'une prétendue « donation de Constantin », acte par lequel celui-ci aurait accordé au pape Sylvestre, au IVe siècle, la possession de Rome et de l'Italie.

La donation de Pépin marque la naissance officielle de ce qui sera appelé les États pontificaux (qui prendront fin en 1870) ; le pouvoir temporel des papes est ainsi la conséquence de l'écroulement de l'empire romain d'Occident et de l'impuissance de celui d'Orient à administrer l'Italie. ■

▶▶▶

série de campagnes victorieuses qui, destinées à assurer la sécurité du royaume, mettent en fait Charles à la tête d'un vaste empire ; il ne lui manque plus que le titre d'empereur. Celui-ci lui est attribué par le pape Léon III, qui le couronne à Rome empereur des Romains à la Noël 800.

Lequel des deux a pris l'initiative de cette restauration de l'empire d'Occident, on l'ignore ; mais elle était en tout cas conforme à leur intérêt commun. Charlemagne, qui avait de sa mission une très haute idée, voyait ainsi consacrer sa qualité de roi-prêtre, de nouveau David ; le pape, pour sa part, pensait donner à l'Église le protecteur dont l'office n'était plus assuré par l'empereur d'Orient ; en même temps, il affirmait sa primauté spirituelle en étant celui dont procède, par le couronnement, le pouvoir impérial.

Ainsi prenaient corps plus visiblement la notion et la réalité de « chrétienté » ; elles répondaient aux aspirations et aux convictions de l'époque, peu sensible aux inconvénients d'une interférence des pouvoirs spirituel et temporel, pourtant lourde de conflits en puissance.

Charlemagne a été un grand souverain, et un grand réformateur dans tous les domaines : politique, spirituel, ecclésiastique, culturel ; il a réalisé une œuvre d'autant plus méritoire que l'état des choses trouvé à son avènement s'apparentait à un champ de ruines. Il a légiféré indifféremment en matière politique et religieuse, tant ces domaines lui paraissaient également relever de sa mission, d'origine divine à ses yeux ; en matière religieuse toutefois, sa référence suprême est toujours restée le pape, successeur de saint Pierre.

▶▶▶

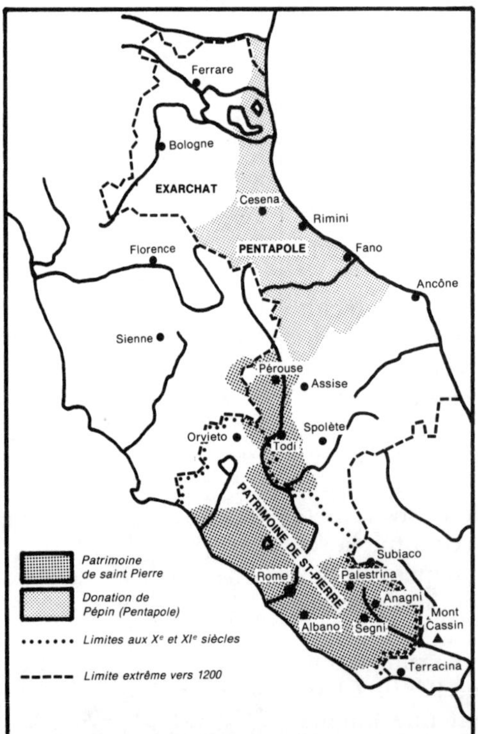

LES ÉTATS PONTIFICAUX

Un nouveau Constantin : Charlemagne (742-814)

Un pouvoir de caractère sacré

Charles Ier, qu'on appellera *Carolus Magnus* ou *Karl der Grosse* (Charles le Grand), est le fils de Pépin le Bref, ce maire du palais des rois mérovingiens qui s'était attribué leur couronne royale en 751, ouvrant les voies à la dynastie dite carolingienne (à cause de Charles Martel, et de son petit-fils, Charlemagne).

A la mort de Pépin en 768, Charles Ier n'hérite que d'une moitié du royaume franc ; mais à la mort de son frère Carloman trois ans après, il devient seul roi des Francs.

Placé devant la nécessité de défendre ses frontières, Charlemagne engage tout de suite une longue série de cinquante-trois campagnes qui lui soumettent successivement la Lombardie (Nord de l'Italie), dont il devient roi, les Marches d'Espagne (Nord de l'Espagne) malgré l'épisode désastreux de Roncevaux, la Saxe (dont il ne vient à bout qu'après 33 ans de lutte), la Bavière, la Pannonie (actuelle Hongrie).

Le voilà dès lors aussi puissant que les anciens empereurs d'Occident. Mais il lui reste à consolider ce pouvoir en lui faisant reconnaître un caractère sacré aussi bien aux yeux de ses peuples, plus ou moins soumis et intégrés, qu'à ceux de la chrétienté orientale : son couronnement à Rome par le pape Léon III à la Noël 800, avec le titre d'empereur des Romains, a précisément tout pour frapper les foules, et même la postérité.

Il est sûr que, pour sa part, le pape, menacé par ses voisins les Lombards et trop éloigné de l'empereur d'Orient, était à la recherche d'un protecteur chrétien, comme l'avait fait avant lui Étienne II auprès de Pépin le Bref. En outre, la papauté avait tout intérêt à souligner aux yeux des peuples et de leurs chefs la primauté du siège romain, et le fait qu'il était source de tous les pouvoirs. Cependant, en l'occurence, favoriser l'instauration d'un Empire des Romains en Occident ne pouvait être de nature à resserrer les liens de Rome avec l'empereur d'Orient qui se considérait comme le seul héritier de l'ancien empire romain.

Une œuvre considérable

Charlemagne organise son empire. Il fait d'Aix-la-Chapelle sa capitale, et la veut l'équivalent de Rome, construisant palais et églises dans un style inspiré de Byzance. Cet empereur illettré crée des écoles ; il confie celle de son palais à Alcuin, moine anglo-saxon à la vaste culture, qui jouera un rôle important dans la réforme scolaire carolingienne. L'œuvre politique, administrative, culturelle de Charlemagne est considérable.

Son œuvre religieuse ne l'est pas moins. La majeure partie de ses efforts porte sur l'établissement et le gouvernement d'une grande communauté chrétienne. Il est vrai que, pas plus en Occident qu'en Orient, la distinction n'était nette entre questions civiles et religieuses. Mais l'ascendant de l'empereur, son autorité morale, n'en font pas moins de lui, pendant un demi-siècle, le véritable chef de l'Église des territoires francs et germaniques. Il légifère par « capitulaires » dans tous les domaines de la vie d'un peuple chrétien : organisation ecclésiastique, liturgie, discipline, morale... Et, de fait, durant cette période, disparaissent les plaintes contre les institutions religieuses et les clercs.

L'empereur nomme les évêques, qui sont souvent des conseillers pour lui, convoque conciles et synodes où est délibéré ce qui deviendra décrets conciliaires ou capitulaires impériaux, renforce l'usage de la dîme qui assure tout à la fois l'entretien des desservants des églises, celui des bâtiments et le service des pauvres. Il intervient dans les débats théologiques : querelle des images, adoptianisme espagnol, *Filioque*.

Selon son biographe, il a la certitude de « tenir la place de Dieu sur la terre, d'avoir pour tâche l'exaltation de la foi ». De fait, il se comporte en défenseur, guide et promoteur de la foi auprès de ses peuples, fût-ce par des procédés peu évangéliques (conversion forcée des Saxons) ; sa vie privée n'a d'ailleurs rien d'exemplaire. Mais Charlemagne ne tentera jamais d'épreuve de force avec le pape, qu'il respectera tout autant dans son principe que dans ses prises de position théologiques. Deux siècles durant, l'œuvre ecclésiastique de Charlemagne servira de référence à tout effort de rénovation religieuse. ■

Charlemagne, gravure par A. Dürer (1510). Bibliothèque nationale. Paris.

CHARLEMAGNE A-T-IL ÉTÉ CANONISÉ ?

Il l'a été, effectivement, en 1165, mais par un antipape, Pascal III, sous la pression de l'empereur Frédéric Ier Barberousse en lutte contre le pape légitime Alexandre III. Cependant, ni celui-ci ni ses successeurs ne rejetèrent formellement cette canonisation. Si, au XVe siècle, Louis XI fit de la Saint-Charlemagne un jour férié, l'empereur disparut de l'ordo et du bréviaire au XVIe siècle, même s'il figure encore dans certains calendriers.

CHRONOLOGIE DES IXe, Xe, XIe SIÈCLES

Histoire générale		Histoire de l'Église
Couronnement de Charlemagne comme empereur par le pape.	**800**	
Mort de Charlemagne.	**814**	
Règne de Louis le Pieux.	**814-840**	
Partage de l'Empire d'Occident.	**817**	
Traité de Verdun, formation de la France et de l'Allemagne.	**843**	Le concile de Constantinople met fin à l'iconoclasme.
	863	Mission de Cyrille et Méthode en Moravie.
	865	Les Bulgares acceptent le christianisme.
	867	Schisme de Photius à Constantinople, Conversion des Serbes.
	869-870	8e Concile œcuménique de Constantinople (anti-photien, non reconnu par l'Église d'Orient).
Siège de Paris par les Normands.	**886**	
Démembrement définitif de l'empire carolingien.	**887**	
Début des invasions des Magyars en Occident.	**895**	
	910	Fondation de Cluny.
Création du duché de Normandie par le Traité de Saint-Clair-sur-Epte.	**912**	
	933	Fondation à Gorze, près de Metz, d'une abbaye qui sera un des centres de la réforme monastique en Lorraine et en Allemagne.
Othon Ier le Grand roi d'Allemagne.	**936**	
Othon Ier couronné empereur d'Occident par le pape Jean XII.	**962**	
	963	Le pape Jean XII déposé par Othon Ier.
	985	Baptême d'Étienne de Hongrie.
Conquête de la Bulgarie par l'empereur d'Orient Basile II.	**986-1018**	
Fin de la dynastie carolingienne ; Hugues Capet roi de France.	**987**	
	988-989	Conversion des Russes, alliance du Grand-Duc Vladimir de Kiev avec l'empereur d'Orient.
	999	Gerbert d'Aurillac pape (Sylvestre II).
	v. 1000	Conversion de la Scandinavie et de l'Islande.
St Étienne couronné roi de Hongrie.	**1000**	
Arrivée des Normands en Italie du Sud.	**1016**	
	1049-1054	Léon IX pape. Début de la réforme de l'Église.
	1054	Schisme entre les Églises d'Orient et d'Occident.

Suite page 342 ▶

CHRONOLOGIE DES IXe, Xe, XIe SIÈCLES (suite)

▶

Histoire générale		Histoire de l'Église
Henri IV, empereur d'Allemagne.	**1056-1106**	
	1059	Le pape Nicolas II réserve l'élection papale aux cardinaux.
Conquête de la Sicile par les Normands	**1061-1091**	
Le duc de Normandie Guillaume conquiert l'Angleterre.	**1066**	
Les Normands enlèvent à l'empire byzantin ses dernières possessions italiennes.	**1071**	
	1073-1085	Pontificat de Grégoire VII.
	1074-1075	*Dictatus Papae* de Grégoire VII.
	1076	L'empereur Henri IV fait déposer Grégoire VII par le concile de Worms.
	1077	Canossa
	1080	Excommunication finale et déposition de l'empereur Henri IV par Grégoire VII.
	1084	Rome délivrée et mise à sac par Robert Guiscard. Fondation de la Grande Chartreuse par St Bruno.
	1088-1099	Pontificat d'Urbain II.
	1093	Anselme, (abbé du Bec), archevêque de Cantorbery.
	1095-1099	Première croisade (prêchée à Clermont par le pape Urbain II).
	1098	Fondation de Cîteaux par Robert de Molesme.
Prise de Jérusalem par les Croisés. Fondation du royaume de Jérusalem.	**1099**	

▶▶▶

LA DÉCADENCE CAROLINGIENNE. LE VIRUS FÉODAL (IXe-Xe SIÈCLES)

Après d'aussi brillants débuts, la suite de la dynastie carolingienne sera aussi décevante que celle de la mérovingienne. Tout au long des deux siècles qui séparent la mort de Charlemagne (814) de l'avènement des Capétiens (987), se déroule une fresque sombre et confuse. L'empire carolingien est disloqué par le Traité de Verdun (843) en trois royaumes (France, Germanie, Lotharingie) ; chacun d'eux est le bien personnel de son souverain, absolument ignorant de la notion d'État ; le pouvoir se dilue dans l'enchevêtrement du système féodal, né de l'impuissance des souverains à faire régner l'ordre et la paix ; dans l'insécurité générale provoquée par l'anarchie et par les invasions normandes, sarrasines et hongroises du IXe siècle, tout un chacun cherche protection, en échange de ses biens et de sa liberté, auprès de l'homme fort du voisinage.

En France, l'impuissance des rois carolingiens suscite la montée du pouvoir des ducs de France, nouveaux maires du palais ; en 987, Hugues Capet, arrière-petit-fils du premier de ces ducs de France, Robert le Fort, se fait élire roi de France par les seigneurs ; il fixe sa résidence à Paris.

A son avènement, le pouvoir royal en France est au plus bas de son autorité, au plus étroit aussi du territoire sur lequel il s'exerce

En quoi consiste le système féodal ?

Le mot *féodal* vient du bas-latin *feodum*, fief, qui désigne au Moyen Âge un domaine concédé par un seigneur à une personne qui devient alors son vassal, à charge pour celui-ci de divers services en contrepartie. La féodalité est la forme d'organisation qui, à partir du VIIIe siècle, caractérise progressivement la vie politique et sociale de l'Occident.

Cette organisation résulte de la dégradation des deux notions fondamentales qui servaient de base à la société antique : la propriété et l'État.

La propriété a été sapée la première. À ses débuts le haut Moyen Âge ne connaissait d'autre richesse que la terre, aux mains de grands propriétaires. Son exploitation reposait sur le travail servile. L'usage de la monnaie était trop restreint pour permettre l'existence d'un salariat. La disparition de l'esclavage, moralement condamné par le christianisme, conduisit les propriétaires à procéder à des concessions terriennes par contrats, concessions qui ont tendu rapidement à devenir perpétuelles et héréditaires. La propriété ne fut plus alors qu'un droit à exiger certains services.

De même l'État s'éclipsa avec les rois barbares puis francs : prérogatives royales et services publics d'une part, biens personnels d'autre part étaient confondus ; seul jouait le lien personnel entre un homme et un autre. Le roi s'attachait par serment ceux dont il entendait se servir, et eux-mêmes procédaient de façon analogue : ainsi s'enracina la vassalité.

Au même moment, l'insécurité résultant de l'effondrement de l'autorité centrale, insécurité bientôt aggravée par les invasions normandes, hongroises et sarrasines au IXe siècle, inspira aux petits propriétaires le désir de se placer sous la protection des puissants en leur cédant, en échange, leurs terres ; ils n'étaient plus alors que les tenanciers, au demeurant héréditaires, de ces terres ; c'est l'origine du servage. De même la piété ou le désir de protection conduisirent beaucoup de personnes à se mettre, dans des conditions analogues, sous la tutelle d'une église, d'un monastère, ou du saint auquel ils étaient dédiés.

Dès lors, les temps étaient mûrs pour qu'apparût une nouvelle forme de domination politique : la seigneurie ; le sujet ne devait de fidélité au roi que s'il en était le vassal ; il n'y avait plus que les vassaux du roi, et les vassaux de ses vassaux. La pyramide féodale se construisait. Au sommet, le roi n'était plus que le seigneur des seigneurs. A chaque étage, chacun exerçait ses pouvoirs propres sans autres limites que les devoirs qu'il avait contractés par serment vis-à-vis du degré supérieur et du degré inférieur ; il n'y avait plus de notion d'État. ■

effectivement, à savoir le duché de France ; celui-ci représente à peine plus que notre actuelle Ile-de-France, dont le nom prend ici toute sa signification : c'est à partir de ce petit noyau que, patiemment, au fil des siècles, la dynastie capétienne va reconstituer l'ensemble unifié que formera la France. A l'époque, hors du duché de France que détenait, avant même son accès au trône royal, la dynastie capétienne, le reste du royaume est aux mains d'une « poussière » de seigneuries locales, reliées par le serment de fidélité à leurs suzerains, au sein d'une hiérarchie complexe dont le roi occupe, en principe, le sommet.

Le virus féodal a progressivement contaminé l'appareil d'Église. Tout y a contribué : création d'églises privées par des propriétaires terriens, mainmise des rois et des seigneurs sur les biens ecclésiastiques, demandes de protection formulées par les populations auprès des évêques et des monastères. Evêques et abbés se sont alors bientôt comportés comme des propriétaires ; diocèses et abbayes ont été attribués aux plus offrants ; fonctions ecclésiastiques, paroisses, actes du culte, sacrements sont devenus objets de commerce (simonie) ; les prêtres ont pris femme légitime ou concubine (nicolaïsme), leurs enfants assurant à l'occasion leur succession. L'Église est pratiquement passée entre les mains des laïcs (sécularisation), et le niveau intellectuel du clergé est tombé au plus bas.

▶▶▶

Qu'est-ce que ?

Nicolaïsme. Ce mot trouve son origine dans l'existence d'une secte des premiers temps du christianisme, dont les membres étaient accusés de manger des viandes immolées aux idoles (Ap 2, 6 et 15). Or l'Écriture traite volontiers de « prostitution » toute pratique idolâtrique. Appeler « nicolaïtes » les prêtres infidèles au célibat ecclésiastique était donc, au Moyen Âge, une manière de souligner leur immoralité.

Simonie. Le mot désigne toute forme de trafic intéressé concernant un bien spirituel : achat ou vente de sacrements, de charge d'évêque, d'abbé, de curé... Le mot fait allusion à l'épisode cité par les *Actes des Apôtres* (8, 18-24) selon lequel un certain Simon, dit le Magicien, offrit une somme à Pierre pour obtenir le pouvoir de donner l'Esprit Saint. La simonie a été un des fléaux contre lesquels les réformateurs de l'Église eurent à lutter entre le VIIIe et le XIIe siècle. Mais sous l'Ancien Régime, le système de la « commende » (voir Index) a perpétué bien des abus de nature voisine.

LA QUESTION DE L'INVESTITURE DES CHARGES RELIGIEUSES AU MOYEN ÂGE

L'investiture est l'acte par lequel le nouveau titulaire d'une charge, d'une dignité, d'un fief est mis en sa possession.
Tout le système féodal était fondé sur le principe de l'investiture : le suzerain remettait un fief à un vassal, qui lui devait en échange l'hommage et le serment de fidélité. Les évêchés et les abbayes, du fait des dotations dont les rois et les princes les avaient fait bénéficier, étaient eux-mêmes devenus de véritables seigneuries, percevant des impôts et des revenus, rendant la justice, etc. Rois et seigneurs en étaient ainsi venus non seulement à désigner évêques et abbés, mais à leur conférer l'investiture féodale, exigeant l'hommage et le serment de fidélité. Bien plus, ils en arrivèrent à vouloir conférer eux-mêmes la juridiction spirituelle aux évêques et abbés par la remise symbolique de la crosse et de l'anneau, insignes de leurs pouvoirs spirituels. Ainsi s'acheminait-on vers une confusion délibérée entre le domaine temporel et le domaine spirituel, les princes cherchant à s'assurer le contrôle et la subordination du second par le biais du premier. Le danger était donc très grave, pour l'Église, de voir l'autorité spirituelle passer entièrement au service des princes, de leurs intérêts, de leurs luttes (c'est ce qu'on a appelé la *sécularisation*) ; les événements devaient à maintes reprises justifier cette crainte, en même temps que les trafics les plus scandaleux se donnaient libre cours à l'occasion de l'attribution de ces *bénéfices ecclésiastiques* (voir Index) par les princes.
L'avènement en 1073 d'un pape réformateur, Grégoire VII, allait ouvrir une longue période de conflits à ce sujet entre la papauté et les princes, et très spécialement avec les empereurs d'Allemagne ; ce fut la *Querelle des Investitures* (1076-1122), continuée par la *Lutte du Sacerdoce et de l'Empire* (1152-1268) ; pendant deux siècles, les papes se battirent pied à pied pour soustraire le pouvoir spirituel à celui des empereurs. Ce fut non sans mal qu'ils y parvinrent. ■

Une lumière dans la nuit du Xe siècle : Gerbert (v. 945-1003)

Durant tout le Moyen Âge, et même dans ses périodes les plus sombres et les plus désespérées, les institutions d'Église sont restées à la fois les conservatoires de la culture et ses foyers créatifs. Philosophie, littérature, art en particulier, ont été pendant des siècles des disciplines exercées ou au moins contrôlées par l'Église. Et jusqu'à la naissance des universités au XIIIe siècle (elles aussi institutions ecclésiales), les deux moyens d'éducation ont été l'école monastique et l'école de la cathédrale (ou, à tout le moins, sous la juridiction de l'évêque).

Jusqu'aux abords du XIe siècle, les centres culturels les plus actifs furent les monastères. Mais peu avant l'an 1000, on vit des écoles de cathédrales prendre leur essor et acquérir une réputation à l'échelle européenne, telles par exemple celles de Chartres et de Reims. Les écoles de cathédrales les plus en vue avaient alors pour activité principale l'enseignement de la dialectique, discipline considérée comme le moyen de la connaissance.

L'ascension de Gerbert d'Aurillac, moine clunisien, ancien étudiant de Chartres et professeur à Reims (avant de devenir le pape Sylvestre II), offre un témoignage frappant, encore qu'un peu exceptionnel, du climat intellectuel de ces écoles. Ce fut un esprit à la curiosité et à la culture universelles. Tout en enseignant la dialectique, il s'intéressa à la musique (construction d'un orgue à vapeur), aux mathématiques, à l'astronomie (construction d'un globe terrestre reproduisant le mouvement des astres ; traité sur l'astrolabe), à la médecine.

Cet intellectuel fut en même temps très présent à la vie de son temps, concourant par exemple à l'accession de Hugues Capet au trône royal en 987. Précepteur du futur empereur Othon III d'Allemagne, il fut archevêque de Reims en 991 puis de Ravenne en 998, avant d'être pape en 999 sous le nom de Sylvestre II.

L'avènement d'un pontife aussi éclairé dans une période aussi sombre de l'histoire de l'Église fit à juste titre espérer un renouveau dans le gouvernement central de celle-ci. De fait, malgré ses liens avec la famille impériale, Sylvestre II défendit avec autorité et courage les droits du Saint-Siège dans les nominations aux évêchés, point de départ alors de toute réforme ecclésiastique. Mais sa mort après quatre années de pontificat, suivie d'un retour en force de l'influence impériale sur le Saint-Siège, ruina cette espérance. Il faudra attendre l'avènement de Léon IX, un demi-siècle plus tard (1049), pour voir enfin entreprises les réformes espérées. ■

Le Saint Empire romain-germanique ou Saint Empire (962-1803)

Le roi de Germanie Othon Ier, dit le Grand (912-973), était devenu le plus puissant souverain d'Europe en un temps où, partout ailleurs, continuait de triompher le système féodal. Avec l'appui du clergé, il était venu à bout des princes allemands révoltés ; il avait étendu son autorité à la Lorraine, arbitré les différends entre les prétendants au trône de France, vaincu les Hongrois et les Slaves. Son ambition et son prestige l'avaient dès lors porté à s'affirmer comme le successeur de Charlemagne et à faire prévaloir son pouvoir sur tout l'Occident chrétien en faisant restaurer à son bénéfice le titre et les privilèges impériaux.

En 962 à Rome, il reçut effectivement la couronne impériale des mains du pape Jean XII. Celui-ci, aux prises avec la féodalité italienne, pensait trouver, par la restauration d'un empire chrétien d'Occident, la protection que la papauté avait connue avec Charlemagne. Il devait bien vite déchanter : dès l'année suivante, il était déposé par le nouvel empereur, qui faisait élire un autre pape.

Ce n'était là que le début d'une très longue période de difficultés entre les papes et les successeurs d'Othon Ier. Pendant deux siècles, les empereurs imposèrent leur suzeraineté aux papes qui, par exemple, devaient faire confirmer par eux leur élection. Il est vrai que le pape, de son côté, sacrait l'empereur, mais le rapport de forces était par trop inégal.

Il faudra un pape de l'envergure de Grégoire VII (1073-1085) pour secouer le joug. Mais dès lors s'ouvrira une interminable crise, connue sous le nom de *Querelle du Sacerdoce et de l'Empire* (1076-1268), dont cependant la papauté finira par sortir à son avantage ; mais en fait les vrais vainqueurs de cette longue rivalité seront, d'une part les princes, qui ne cesseront de négocier leur concours aux uns et aux autres, et d'autre part les nationalités, qui profiteront de la vacance de l'autorité pour s'affranchir.

Malgré cette faiblesse, l'empire germanique subsista, tout en restant marqué par ses origines féodales ; ainsi il demeura électif, et aucun empereur ne parvint jamais à s'imposer à l'ensemble des princes allemands, encore moins aux souverains d'Europe. A partir de 1039, le titre de « roi des Romains » désigna le futur empereur, qui devait ensuite être sacré par le pape.

A partir de 1438 (Albert II), l'empire, tout en restant électif, demeura de fait l'apanage de la famille des Habsbourg, souverains héréditaires de l'Autriche et des territoires qui en relevaient. La Réforme protestante au XVIe siècle et la guerre de Trente ans au XVIIe achevèrent de ruiner l'autorité impériale, qui dut reconnaître, par le traité de Westphalie (1648), l'indépendance et la souveraineté des princes de l'empire. La formation des grands États européens, en particulier de la Prusse, rendit de plus en plus illusoire la suprématie impériale. Les apparences furent cependant maintenues jusqu'en 1806 ; après les victoires des armées de la Révolution et de Napoléon, et la constitution de la confédération du Rhin par celui-ci, l'empereur François II renonça de lui-même au titre de chef du Saint Empire romain – germanique pour ne plus être, sous le nom de François Ier, que l'empereur héréditaire d'Autriche. ■

▶▶▶

A Rome même...

A Rome même, le pouvoir pontifical n'échappe pas à la décadence. Si, jusqu'à la fin du IXe siècle, il reste aux mains de pontifes de valeur, il devient ensuite le jouet de grandes familles italiennes qui se disputent les États de l'Église, font et défont les papes au gré de leurs rivalités sanglantes. Les historiens italiens appellent le Xe siècle le siècle de fer. Beaucoup de papes, durant cette période, ont des comportements scandaleux.

La situation s'aggrave encore à partir du jour où le pape Jean XII, réalisant l'ambition du roi de Germanie, Othon Ier le Grand, devenu le plus puissant souverain d'Europe, le proclame empereur des Romains et le coiffe de la couronne impériale (962) ; ainsi est fondé ce *Saint Empire romain-germanique* qui va peser d'un tel poids dans l'histoire de l'Église. Comme Étienne II avec Pépin le Bref, et comme Léon III avec Charlemagne, Jean XII croit ainsi assurer la protection du Saint-Siège en cette époque de violence. En réalité, il tombe sous la coupe de l'empereur, qui le dépose dès l'année suivante : inauguration d'une longue pratique de dépositions mutuelles qui jalonneront les relations des deux pouvoirs.

Le ciel s'éclaircit un moment avec l'arrivée au trône pontifical, sous le nom de Sylvestre II (999-1003), d'un savant moine auvergnat, Gerbert ; bien que nommé par l'empereur Othon III, dont il a été le précepteur, ce premier pape français lutte avec fermeté, durant son bref pontificat, pour l'indépendance du siège apostolique et la réforme du clergé. Mais il faudra encore attendre un demi-siècle avant que s'engage de manière décisive le renouveau, avec le pape Léon IX, élu en 1049 ; ce sera le début de la réforme grégorienne évoquée plus loin.

Un peuple demeuré chrétien

Aux moments les plus sombres de ce siècle de fer, et alors que les cadres sociaux et ecclésiastiques manquent trop souvent à leur mission, on est frappé de constater la vitalité du sentiment religieux populaire. Une multitude de faits exprime la richesse spirituelle d'une masse pourtant illettrée ; sans doute beaucoup de ces faits ont-ils une origine monastique ; mais leur retentissement dans la population, et la part qu'elle y prend, attestent que toute une société se retrouve et s'exprime à travers eux.

Parmi ces faits on peut citer : l'apparition du drame liturgique, point de départ du théâtre médiéval ; l'importance prise par les pèlerinages, qui font partout cheminer, souvent très loin de chez elles, des foules de gens pourtant rivés à la terre par leur statut social ; le développement de l'esprit d'association à partir des confréries religieuses ; la floraison des constructions d'églises et, avec elle, l'éclosion de l'art roman : à lui seul cet art témoignerait de la capacité d'une population pourtant illettrée à communier aux données les plus élevées de la foi.

Il faudrait aussi évoquer le mouvement religieux suscité par l'approche de l'An Mil, que certains croient alors être le temps du retour du Christ, et les agitations baptisées *hérésies populaires,* qui cristallisent en fait les impatiences nées de l'état de l'Église.

▶▶▶

Un trait de la société médiévale :

LES PÈLERINAGES

Un phénomène massif
La société du Moyen Âge est, au moins jusqu'au XIIe siècle, de type peu mobile : le serf est rivé à sa terre, le moine fait vœu de stabilité, les commerçants sont peu nombreux.
Et pourtant, selon des proportions variant avec les possibilités et la sécurité des voyages, on y voit constamment des gens de conditions diverses se mettre en route vers quelque lieu de pèlerinage, plus ou moins éloigné : il s'agit du tombeau d'un saint ou d'une sainte vénérés, ou d'un sanctuaire de la Vierge, à moins qu'il ne s'agisse du tombeau du Christ lui-même. Cette forme de dévotion ne cesse à aucun moment, même lorsque la rupture de l'unité politique du monde romain et les invasions rendent les voyages plus difficiles.
Le culte des saints revêt alors, en effet, une importance extrême ; le saint est souvent considéré comme garant de la communauté ; l'arrivée de reliques dans une ville est semblable à celle des empereurs romains : c'est l'*adventus*, cérémonie à laquelle tous participent, y compris les exclus, réintégrés à cette occasion.
A partir du VIIIe siècle, le pèlerinage figure parmi les pénitences canoniques ; beaucoup de pèlerins seront dès lors des pénitents, dont de grands personnages. Mais il est bien d'autres motifs de pèlerinages (demandes, action de grâces, vœux...). Par-dessus tout intervient la pensée du Jugement et de la vie éternelle ; le pèlerinage est une démarche qui conduit à sortir de soi-même, à se faire étranger (sens du mot latin *peregrinus),* dans une volonté de conversion ; cette démarche préfigure celle qui conduit à la rencontre avec Dieu au terme du pèlerinage de la vie terrestre ; beaucoup souhaitent mourir après avoir atteint le lieu de pèlerinage, où ils pensent s'être trouvés au plus près de la personne d'un saint ou du Christ.
Le pèlerinage par excellence est donc celui de la Terre Sainte. Ce sont surtout de grands personnages qui peuvent le faire, mais ils sont toujours accompagnés d'une foule de serviteurs. A partir de la domination des sultans fatimides, moins tolérants, au XIe siècle, les pèlerins prennent l'habitude de se grouper en bandes armées de plusieurs centaines d'hommes, nobles et pauvres confondus.
Le pèlerinage sur les tombes de Pierre et Paul à Rome est également classique.

Saint Jacques-de-Compostelle
La découverte au IXe siècle du tombeau de l'apôtre saint Jacques le Majeur à Compostelle, en Espagne, dont l'authenticité est généralement contestée par les hagiographes mais garde des partisans, suscite alors un culte local qui se répandra dans toute l'Europe aux Xe et XIe siècles. Les bénédictins clunisiens y contribueront en mettant en place, au long des itinéraires, toute une organisation qui ira se perfectionnant : relais, hospices, lieux de prière... Les nombreux itinéraires sont conçus pour faire halte dans les sanctuaires locaux, dont la notoriété se développe alors (Le Puy, Vézelay, Conques...).
A partir des Pyrénées, les itinéraires se rencontrent pour n'être plus que deux, le plus pratiqué étant le *camino francès.*

Chaque année, des dizaines de milliers de *jacquets, jacquots, jacobites, coquillarts* se mettent en route de toute l'Europe, le plus souvent en groupes ; ils portent le grand chapeau à bord relevé garni de coquilles, la pèlerine, la gourde, le bourdon (bâton), la besace (sac).

L'historien de la littérature Joseph Bédier rattache à ces pèlerinages l'origine des chansons de geste, début de la littérature française : les trouvères, d'étape en étape, recueillaient les légendes de chaque sanctuaire et les arrangeaient en chansons pour les pèlerins ; ainsi en particulier de la *Chanson de Roland,* premier texte en français (Xe siècle), en relation avec le site de Roncevaux par lequel passaient beaucoup de pèlerins.

Aux routes de pèlerinage se rattache aussi un large mouvement d'influence artistique, la construction d'églises souvent très vastes ayant été entreprises le long des itinéraires : leurs types et leur décoration s'influenceront mutuellement en pleine floraison de l'art roman.

Le phénomène des pèlerinages, en brassant des populations d'origines nationales et sociales diverses, a puissamment contribué à faire naître à travers l'Europe médiévale la conscience de former un peuple, le peuple chrétien ; le fait que le pèlerinage ait souvent constitué un substitut à la croisade, à la lutte contre l'infidèle, ne pouvait que renforcer ce sentiment d'une identité chrétienne. ■

Ph. Roger-Viollet

Pèlerin de Compostelle. Miniature. A remarquer : le chapeau de pèlerin et la pèlerine (manteau de pèlerin) ornés de coquilles Saint-Jacques, le bourdon (bâton de marche surmonté d'un ornement en forme de pomme), le livre des évangiles.

Naissance du théâtre médiéval : le drame liturgique

A l'époque carolingienne, on voit apparaître, dans certaines formes de la liturgie, des éléments tirés de l'Évangile s'apparentant au dialogue dramatique : procession des Rameaux, *Impropères* du vendredi saint, séquence pascale *Victimae paschali.*

Mais la première apparition d'un spectacle à caractère religieux semble remonter aux environs de 970, à l'abbaye de Fleury (Saint-Benoît-sur-Loire). Durant l'office nocturne de Pâques, un court acte y est joué par quatre moines ; l'un, vêtu d'une aube, personnifie l'ange, les trois autres, vêtus de chapes, les femmes venant oindre le corps de Jésus. Un chant solo et un chant choral accompagnent cette brève représentation.

Un siècle plus tard, les règlements rédigés par Lanfranc pour Cantorbery font état d'une procession de l'hostie, c'est-à-dire du Christ, le jour des Rameaux, avec un chœur représentant la foule qui vient au-devant d'elle. Ce rite, né probablement en France, se répandit en Angleterre.

Le développement de tels rites allait bientôt donner naissance aux drames religieux appelés *mystères,* mettant en scène les grands événements de l'histoire du salut : création, chute de l'homme, Rédemption, Jugement dernier.

Peu après, un genre voisin devait aussi voir le jour : celui du *miracle,* consacré à la vie d'un martyr ou d'un saint. Le premier témoignage qu'on en ait remonte au XIe siècle en Angleterre et concerne la vie de sainte Catherine ; la scène était jouée par les enfants d'une école. Mais le genre, cette fois encore, semble être né en France.

Les deux genres de représentations resteront étroitement liés jusqu'à la fin du XIIe siècle, puis sortiront de l'église pour être joués par des laïcs sur les parvis ou la place publique en langue vulgaire, avec des scènes profanes et comiques venant s'entremêler. Le sommet sera atteint au XVe siècle, le spectacle pouvant alors durer plusieurs jours et mettre en scène des centaines d'acteurs et de figurants. Tout un enseignement populaire, à portée le plus souvent très profonde, se trouvait ainsi à la fois vécu et transmis. ■

▶▶▶

Il convient encore de mentionner la vigoureuse réaction populaire contre les guerres féodales : elle apporte un appui décisif aux initiatives prises dans ce domaine par l'Église (*Trêve de Dieu, Paix de Dieu*, etc.). Aux initiatives destinées à moraliser les comportements féodaux, l'Église ajoute une institution d'une grande portée, la *chevalerie* ; elle en fait le point d'appui d'un idéal de vie chrétienne, l'*idéal chevaleresque*, qui marquera profondément une caste dirigeante encore proche des mœurs barbares.

La première *croisade*, à la fin du XIe siècle (1096-1099), la seule qui atteindra son but, viendra sans doute offrir à la chevalerie française un exutoire à son besoin d'action ; mais, dans le phénomène des croisades qui commence alors, on ne saurait ignorer, chez la plupart de leurs participants, une authentique motivation de foi ; elle illustre la vigueur du sentiment religieux dans tous les milieux sociaux.

A travers ces diverses manifestations se dégage un fait majeur : la *naissance d'un peuple*, et d'un peuple conscient d'un ensemble d'aspirations communes qui caractérisent la *chrétienté*.

▶▶▶

Ph. Bulloz

Nef de Vézelay (Yonne). XIIe s. L'architecture et la sculpture de la basilique Sainte-Madeleine, conçue pour accueillir les vastes pèlerinages sur le tombeau supposé de la sainte, en font un des chefs-d'œuvre bourguignons de l'art roman.

Une floraison d'églises neuves au XIe siècle : l'art roman

« Vers la troisième année après l'an mille, sur presque toute la terre, surtout en Italie et en France, on se mit à reconstruire les basiliques. On eût dit que le monde, secouant et rejetant sa vieillesse, se couvrait d'un blanc manteau d'églises. Les fidèles ne se contentèrent pas de reconstruire les cathédrales ; ils restaurèrent aussi les églises des monastères et même les petites églises de village. »

RAOUL GLABER, moine bourguignon († v. 1050).

LES ORIGINES DES HÉRÉSIES POPULAIRES

Le Xe siècle connaît un renouveau de la vie érémitique pratiquée par des laïcs ; beaucoup de ces ermites se tiennent à l'écart des monastères. Ils mènent une vie de pauvreté totale, subsistant d'aumônes ou de petits travaux ; ils se présentent ainsi aux yeux du peuple, dont ils partagent les conditions précaires d'existence, comme une forme de réaction contre les mœurs de l'Église établie, s'acquérant de la sorte un grand crédit. Ils s'attachent volontiers à une tâche de progrès moral ou social, comme la réhabilitation des prostituées. Certains se livrent à un apostolat nomade qui entraîne des foules derrière eux, à l'image de ce que sera la croisade populaire de Pierre l'Ermite.

Beaucoup de ces prédicateurs contribuent à cristalliser l'anticléricalisme suscité par la décadence du clergé ; on assiste ainsi, à partir du Xe siècle, à des mouvements populaires qui n'ont rien de commun avec les hérésies intellectuelles de l'antiquité chrétienne. La haine du clergé, la révolte contre la dîme conduisent naturellement au rejet de l'idée que le prêtre puisse donner le Christ, et par là au rejet des sacrements. Les meneurs ne sont pas des théoriciens, mais les interprètes d'un mouvement spontané et confus de retour aux sources évangéliques. Ce mouvement fournira un climat favorable aux hérésies plus clairement formulées (vaudois, cathares) du XIIe siècle. ■

PAIX ET TRÊVE DE DIEU

L'anarchie féodale résultant de l'effritement du pouvoir royal aux Xe et XIe siècles s'était traduite par le développement d'un véritable fléau pour les populations : les *guerres privées* entre nobles. Devant l'impuissance du pouvoir royal à les réprimer, les évêques, une fois encore, assumèrent leurs responsabilités de protecteurs de leurs fidèles en suscitant le mouvement de la *Paix de Dieu :* des *Conciles de paix,* où furent conviés les nobles de la région, instituèrent des zones protégées (églises et leur environnement, qui pouvaient dès lors servir de refuges), des catégories sociales protégées (celles qui n'étaient pas armées : clercs, paysans, femmes...), enfin de sévères sanctions ecclésiastiques contre ceux qui transgresseraient les interdits instaurés.
Le dispositif de pacification alla sans cesse en se perfectionnant. Des associations de paix se multiplièrent. La *Paix de Dieu* fut bientôt renforcée par la *Trêve de Dieu :* toute guerre était interdite pendant certaines périodes de l'année (Avent, Carême, Temps pascal) ; le concile de Nice (1041) étendit cette trêve du mercredi soir au lundi matin en souvenir de la Passion du Christ ; le concile de Narbonne (1054) ajouta la semaine de la Pentecôte, les fêtes de la Vierge, celles de certains saints. Bientôt il ne resta plus que quatre-vingt-dix jours par an pour se battre !
En même temps, l'Église s'employa à moraliser le monde de la noblesse lui-même en lui proposant l'idéal de la *chevalerie,* avec son code d'honneur, ses règles, sa spiritualité, ses modèles, illustrés par la littérature des chansons de geste. ■

LES PEURS DE L'AN MIL

L'interprétation littérale d'un passage de l'*Apocalypse* (ch. 20 et ss.) avait fait supposer à beaucoup que la fin du monde, la venue de l'Antéchrist, le Jugement dernier, se produiraient en l'an 1000. D'où la crainte manifestée dans certaines régions aux approches de cette date. Les circonstances pouvaient y prêter, avec tous les malheurs ayant marqué le Xe siècle (invasions normandes, hongroises, sarrasines, guerres féodales, misère qui en était résultée, décadence des mœurs ecclésiastiques...).
En fait cette peur n'atteignit ni le degré ni la généralité qu'une légende remontant au XVIe siècle lui attribua par la suite, et fut d'ailleurs combattue par la partie la plus éclairée de la société.
S'il est vrai que, pour les chrétiens, l'an 1000 a représenté une date importante, c'est surtout en tant qu'anniversaire de la naissance du Christ, qui avait ouvert la perspective du salut.
La peur générale d'une fin prochaine du monde est d'ailleurs démentie par la multiplicité des constructions d'églises entreprises à l'époque. ■

Lorsqu'un mot, une expression, un événement, une institution, un nom propre vous sont inconnus, consultez l'index.

La chevalerie est une institution originale, de caractère à la fois militaire et religieux, propre à la société médiévale.
Elle dérive d'un rite guerrier germanique dont l'Église, en proposant un idéal « chevaleresque », a voulu faire un moyen de moraliser les mœurs guerrières en même temps que l'ensemble de la vie sociale ; cet effort rejoignait les diverses autres initiatives prises par elle pour humaniser une société dure et belliqueuse (*Trève* et *Paix de Dieu* notamment). Le mot *chevalier* vient du fait que la noblesse combattait à cheval.
Dans les tribus germaniques, on procédait à la remise solennelle de ses armes au jeune homme en âge de combattre. Conservé par la société franque, ce rite était toujours en vigueur aux Xe et XIe siècles lorsque l'Église commença à lui donner un sens nouveau en proposant aux jeunes chevaliers un idéal à la fois exigeant et adapté à la société féodale : fidélité à l'enseignement de l'Église, protection à accorder à celle-ci et aux plus faibles, amour du pays natal, courage devant l'ennemi, guerre aux infidèles, fidélité aux devoirs féodaux s'ils ne sont pas contraires à la foi en Dieu, respect de la vérité et fidélité à la parole donnée, générosité, défense du droit et du bien contre l'injustice et le mal. De ces thèmes, on retrouve maints échos dans les chansons de geste (par exemple dans la *Chanson de Roland,* Xe siècle).
L'éducation des enfants des familles nobles fut progressivement imprégnée de cet idéal.
L'admission dans la chevalerie se faisait par l'*adoubement* (du franq *dubban,* frapper), après la remise de l'épée, symbole de la chevalerie : le nouveau chevalier recevait de son parrain un violent coup sur la nuque, la collée.
Peu à peu, l'Église donna à ce cérémonial des traits plus religieux. Elle en fit une sorte de liturgie (on parla même de la chevalerie comme d'un huitième sacrement) : bain symbolique de purification, veillée d'armes consistant en une nuit de prière passée dans une église devant l'autel où avaient été déposées les armes, bénédiction de celles-ci, le tout se terminant le matin par une messe. Puis, devant un grand concours de foule, dans un château ou sur le champ de bataille, se déroulait le cérémonial militaire : remise des armes, collée, et une sorte de carrousel au cours duquel le nouveau chevalier devait pourfendre avec force et adresse des mannequins revêtus d'armures (*quintaines*).
L'idéal de la chevalerie est à l'origine des ordres de moines-chevaliers, dans le royaume latin de Jérusalem, pour l'accueil des pèlerins et la défense des lieux saints ; ces ordres subsistèrent après la disparition du petit royaume (Templiers, Chevaliers de Saint-Jean-de-Jérusalem, du Saint-Sépulcre, Chevaliers Teutoniques...).
De manière générale, avant de connaître la décadence avec la fin de la période médiévale, l'institution de la chevalerie exerça une influence profonde sur toute la société du Moyen Âge, contribuant à la faire passer des mœurs brutales de l'âge carolingien à une civilisation plus affinée et humanisée (cf. l'essor de « l'amour courtois », le respect de la « dame », etc.) ; le comportement d'un saint Louis, par exemple, lui aura sans cesse été dicté par une vision toute chevaleresque de sa mission royale. ■

Ph. Roger-Viollet

Adoubement d'un jeune baron. Gravure d'après un manuscrit du XIIIe siècle. On remet au nouveau chevalier son épée, ses éperons, son écu (bouclier) orné de ses armoiries, son heaume (casque intégral), le tout dans une atmosphère martiale, mais incluant la fête et la prière.

UNE MENTALITÉ NOUVELLE : L'ESPRIT D'ASSOCIATION

Contre l'insécurité provoquée par les invasions, on avait eu recours à la protection du seigneur local. Contre les abus et les carences du système féodal, le remède sera trouvé, à partir du Xe siècle, dans l'*association* : puisque le pouvoir est considéré comme un bien personnel et cessible, il faut se grouper pour s'approprier au moins une partie des droits sous la dépendance desquels on se trouve. Le mot *universitas (corps, communauté)* sera donné au Moyen Âge à tout groupement ayant une personnalité juridique. Cette personnalité ne peut trouver sa source que dans une charte de concession émanant du seigneur détenant les droits visés. Ainsi l'association, quel qu'en soit l'objet, s'insère dans le dispositif féodal, alors même qu'elle en combat les abus.
Cet esprit d'association a surtout pris, à ses débuts, la forme de *confréries religieuses* : les authentiques raisons de piété qui se trouvent à l'origine de ces initiatives n'excluent pas l'intention de donner un aspect respectable à des entreprises pouvant susciter l'inquiétude des gens en place ; ainsi c'est généralement comme confréries que commencent les sociétés de marchands, les corporations d'artisans, et bien des formes du mouvement communal qui marque si profondément toute la seconde moitié du Moyen Âge. ■

Un serment de paix

Je n'attaquerai pas le clerc ou le moine s'ils ne portent pas les armes du monde,
ni celui qui marche avec eux sans lance ni bouclier [...]
Je ne saisirai pas le paysan ni la paysanne, les sergents ou les marchands ;
Je ne leur prendrai pas leurs deniers ; je ne les contraindrai pas à la rançon ; je ne les renverrai pas en leur prenant leur avoir sous le prétexte de la guerre de leur seigneur et je ne les fouetterai pas pour leur enlever leur subsistance [...]
Je n'incendierai ni abattrai les maisons, à moins que je n'y trouve un chevalier, mon ennemi, ou un voleur ; à moins aussi qu'elles ne soient jointes à un château qui soit bien un château.
Je ne couperai, ni n'arracherai, ni ne vendangerai les vignes d'autrui, sous prétexte de la guerre, si ce n'est sur la terre qui est et doit être mienne.
Je ne détruirai pas de moulin et ne déroberai pas le blé qui s'y trouve, sauf quand je serai en chevauchée ou en expédition militaire publique, et si c'est sur ma propre terre ».

Extraits du serment de paix établi par l'évêque Guérin de Beauvais en 1023-1025. Cité dans *2000 ans de christianisme,* Société d'histoire chrétienne, 1975.

Ph. Giraudon

Abbaye de Cluny, près de Mâcon, d'après Lallemand. Bibliothèque nationale. L'église abbatiale de Cluny, dont la construction demanda 42 ans (1088-1130), fut la plus vaste de la chrétienté jusqu'à l'édification de Saint-Pierre de Rome au XVIe s. Elle exerça une influence capitale dans l'essor de l'art roman, en particulier en Bourgogne. Elle fut en grande partie détruite sous la Révolution et l'Empire.

▶▶▶

Le renouveau monastique. Cluny (X^{e}-XIe siècles)

Les monastères n'avaient pas échappé au mal féodal ; devenus l'objet de convoitises et de marchandages, ils étaient souvent passés sous la coupe de laïcs, hors de toute préoccupation spirituelle. C'est pourtant du monde monastique, au Xe siècle, que partira le mouvement de réforme de l'Église.

L'ordre de Cluny fournit un modèle achevé de ce renouveau monastique, qui prendra d'ailleurs bien d'autres formes ; mais par l'ampleur de son rayonnement, par l'importance de ses effectifs, par la personnalité et la sainteté de ses abbés, Cluny y jouera un rôle majeur.

Echappant à toute emprise seigneuriale ou épiscopale puisqu'elle relève directement du pape (cette formule d'*exemption* sera reprise par beaucoup d'autres monastères), l'abbaye de Cluny s'attache, dès sa fondation en 910, à revenir à l'esprit de la règle de saint Benoît ; elle exerce ainsi un grand attrait sur ceux qui aspirent à une authentique vie de prière. Les nouvelles fondations se multiplient, d'anciennes abbayes attirées par ce retour aux sources s'affilient ; et l'abbaye de Cluny devient ainsi la tête d'un ordre considérable, présent dans toute l'Europe occidentale.

Point d'appui de la papauté lorsque celle-ci entreprendra la réforme de l'Église au milieu du XIe siècle, Cluny aura préparé la voie en entraînant dans son sillage un grand nombre de monastères et de religieux, en fournissant une pléiade d'évêques (et même de papes) réformateurs, en proposant un idéal de vie à tous les clercs, et, de manière générale, en devenant source de renouveau de l'esprit chrétien. Son rayonnement artistique, en pleine période de maturité de l'art roman, est une des marques de son audience spirituelle.

Pourtant, après deux siècles de cette vitalité, Cluny devenue trop riche, et moins exigeante dans son recrutement, verra régresser son influence ; au XIIe siècle, c'est le jeune et austère ordre de Citeaux qui, sous la conduite de saint Bernard, prendra sa relève.

Une clause décisive

L'abbaye de Cluny, à 40 km de Mâcon, a été fondée en 910 par saint Bernon grâce au don d'un domaine par le duc d'Aquitaine Guillaume II. Le moine qui rédigea l'acte de cession, Odon, futur successeur de Bernon, eut l'intelligence d'y introduire une clause dont l'effet devait se révéler considérable pour l'abbaye et même pour l'ensemble de l'Église d'Occident : le monastère ne devait dépendre que du Saint-Siège ; il était *exempt* de toute autorité épiscopale, il échappait à toute emprise princière, son abbé était élu en toute indépendance par ses moines. Or, avec le développement du système féodal, cette emprise des princes et des évêques sur la vie et les biens monastiques était devenue un des fléaux qui avaient conduit l'Église à la décadence au cours des VIIIe et IXe siècles. Sans cette fameuse clause, jamais l'ordre de Cluny n'aurait pu prendre la part qui a été la sienne aux Xe et XIe siècles dans la réforme de l'Eglise, ni en si étroite fidélité au Saint-Siège, au point d'en devenir en quelque sorte la tête de pont dans la chrétienté occidentale.

Il est clair toutefois que la seule exemption n'eût pas suffi : il fallait des hommes de valeur. Et, de fait, l'œuvre clunisienne a été servie par une lignée d'abbés tout aussi remarquables par la qualité spirituelle que par l'envergure humaine : saint Bernon (abbé de 910 à 927), saint Odon (927-942), saint Maïeul (948-994), saint Odilon (994-1049), saint Hugues (1049-1109), Pierre le Vénérable (1122-1156).

Le monastère avait été placé sous la règle de saint Benoît, la seule en vigueur en Occident alors ; Bernon l'interpréta à la lumière des commentaires de saint Benoît d'Aniane : d'une part il se plaça dans la perspective d'un regroupement de monastères, d'autre part il consacra la vie des moines à la prière liturgique ; le travail manuel était laissé aux convers. L'importance accordée à l'expression liturgique et à son cadre suscitera, entre autres effets, une contribution majeure de Cluny à l'épanouissement de l'art roman (Cluny, Paray-le-Monial, Vézelay, La Charité-sur-Loire, Moissac, etc.).

La vitalité spirituelle insufflée par Bernon et Odon à la jeune communauté attira beaucoup de vocations ; bientôt ils furent sollicités pour de nouvelles fondations ; d'autres monastères firent appel à eux pour les aider à se réformer. Odon reçut alors du pape Jean XI le privilège, inconnu jusqu'alors, de pouvoir placer sous son autorité spirituelle les monastères qu'il réformait, soustraits de la sorte à leur abbé élu. Odon profita largement de ces pouvoirs, mais avec beaucoup de souplesse ; le nombre de monastères relevant de Cluny connut un rapide accroissement (134 lors de l'élection de Maïeul comme abbé en 948).

Avec son successeur Odilon (994-1049), l'ensemble se centralisa puissamment, non sans rencontrer d'ailleurs des résistances, tant chez les moines que chez les évêques et les princes ; un certain impérialisme clunisien se fit jour, bien que les monastères ainsi regroupés fussent soumis à des régimes très divers. Au sommet du dispositif, l'abbé de Cluny, élu par les moines de l'abbaye, exerçait, une autorité qu'aucun prince à l'époque ne détenait.

Un moine théologien :
saint Anselme (1033-1109)
Voir Index

nouveau monastique

Un rayonnement européen

Deux ordres de faits résultèrent de cette organisation et de cet esprit : de multiples monastères furent arrachés à la médiocrité, voire à la décadence de leur vie religieuse, et une véritable milice internationale se constitua au service de l'action de réforme de l'Église entreprise par la papauté ; l'ordre en effet se répandit à travers toute l'Europe ; en moins de deux siècles il se trouva à la tête de 1200 prieurés ; si le réseau bourguignon fut le plus dense, l'ordre n'en fut pas moins présent de l'Espagne à la Hongrie.

Du fait de sa structure, de sa cohérence, de la qualité de ses hommes, de l'esprit qui y prévalait, l'ordre exerça une énorme influence ; il fournit des conseillers aux papes et aux princes, des évêques, des cardinaux, des légats, des papes même (la question de savoir si Grégoire VII a appartenu à l'ordre de Cluny est discutée ; Urbain II et Pascal II étaient clunisiens). L'ordre lui-même apporta son soutien actif à l'œuvre des papes réformateurs, en particulier à Grégoire VII, tout en jouant un rôle modérateur dans ses démêlés avec l'empereur Henri IV. Il contribua ainsi au renforcement de l'autorité papale en Europe occidentale.

Par ailleurs, les clunisiens furent parmi les principaux promoteurs de la Trêve-Dieu, de la chevalerie, de la croisade comme moyen de canaliser les mœurs belliqueuses de la noblesse (c'est un clunisien, le pape Urbain II, qui appela à la première croisade, en 1095, à Clermont). Ils contribuèrent au développement du pèlerinage de Saint-Jacques-de-Compostelle en jalonnant de lieux d'accueil (souvent pèlerinages secondaires) les itinéraires y conduisant.

Des lourdeurs

Le système clunisien avait ses lourdeurs : l'abbé passait le plus clair de son temps à visiter ses prieurés, où l'on attendait parfois plusieurs années sa venue pour prononcer les vœux monastiques, recevoir un nouveau supérieur, prendre les décisions importantes...

Le système économique de Cluny, qui contribua à la mise en valeur de régions entières et à la reprise de la vie urbaine, n'en eut pas moins de graves inconvénients : l'ordre, devenu propriétaire d'immenses domaines mais excluant le travail manuel des moines, recourut de plus en plus au système de faire-valoir du type féodal ; en outre, l'enrichissement de l'ordre en fit progressivement une puissance financière, très soucieuse d'efficacité économique. Ainsi Cluny, après avoir été le fer de lance de la réforme de l'Église aux Xe et XIe siècles, mais s'engourdissant peu à peu dans la facilité, devait connaître un certain déclin spirituel et susciter au XIIe siècle les vives remontrances du cistercien saint Bernard. ■

Deux autres fondateurs d'ordre au XIe siècle :

Saint Robert de Molesmes (v. 1024-1110) : fondateur de l'ordre de Cîteaux (cisterciens) en 1098

Saint Bruno (v. 1030-1101) : fondateur de l'ordre des Chartreux en 1090

Voir Index

Cluny, par son influence, son implantation, ses effectifs, retient évidemment l'attention. Mais le mouvement clunisien n'est pas la seule manifestation du renouveau monastique aux Xe et XIe siècles : parmi bien d'autres, l'abbaye bénédictine du Bec, en Normandie, avec Lanfranc et Anselme, le mouvement de réforme monastique lancé par l'abbaye lorraine de Gorze (qui touchera 150 maisons d'Allemagne et de Lorraine), la fondation de l'ordre cistercien par Robert de Molesmes, celle des chartreux par saint Bruno en donnent des témoignages également significatifs.

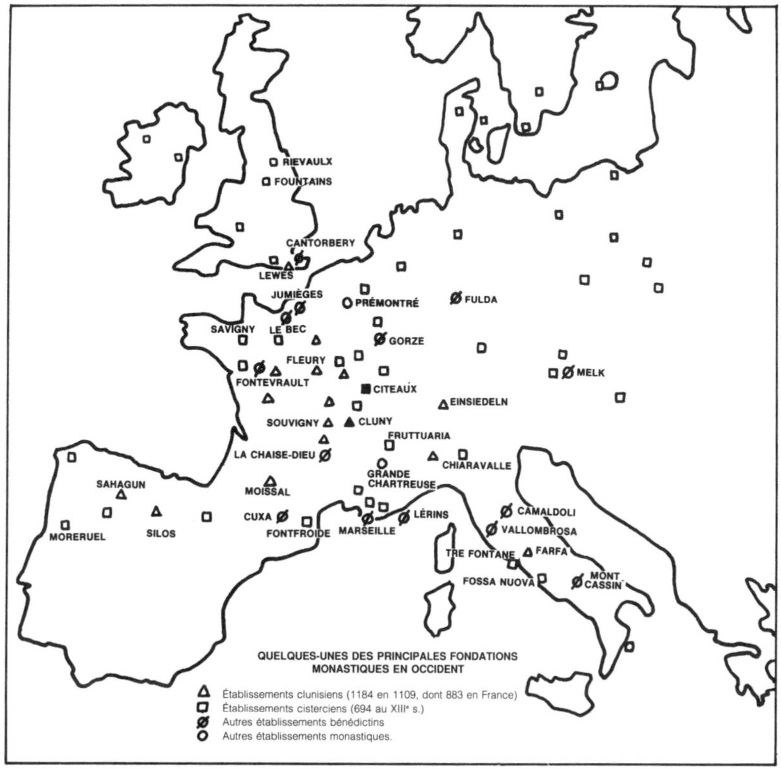

La réforme grégorienne (XIe siècle)

Le fait le plus considérable de l'histoire de l'Église au XIe siècle est la rentrée en scène du Saint-Siège. Discréditée par une longue période d'incapacité des papes, puis soumise depuis Othon le Grand au protectorat de l'empereur d'Allemagne, la papauté n'exerçait plus d'influence active depuis un siècle et demi.

L'élection du pape Léon IX en 1049 marque un tournant décisif : avec lui commence enfin la réforme de l'Église tant attendue. Elle sera poursuivie par une série de remarquables pontifes, la personnalité de Grégoire VII (1073-1085) représentant en quelque sorte le sommet de cette haute ligne de crêtes ; aussi bien est-ce son nom qui est resté attaché à cette grande œuvre. On peut observer qu'elle esquisse les traits de l'Église des temps modernes, caractérisée entre autres par la centralisation romaine et par le rôle actif d'un clergé soumis à un statut exigeant.

▶▶▶

▶▶▶

La réforme alors mise en œuvre est engagée sur tout ce qui constituait les points chauds de la vie de l'Église : lutte contre la simonie (trafic des fonctions ecclésiastiques et des actes du culte), contre le nicolaïsme (mariage et concubinage des prêtres), contre l'inféodation (concession de biens d'Église en fiefs), et surtout contre l'investiture laïque (nomination des évêques et des abbés par les rois et les seigneurs), ce dernier point commandant tous les autres. En même temps, il fallait mettre la papauté elle-même à l'abri des convoitises et des ingérences des empereurs allemands, des autres souverains, des grandes familles italiennes ; c'est ce que fait Nicolas II (1059-1061) en confiant aux seuls cardinaux-évêques (évêques des diocèses entourant Rome) l'élection pontificale.

Enfin et surtout, il fallait parvenir à insuffler et à entretenir dans l'ensemble de l'appareil un esprit nouveau, en élargissant et en stimulant le mouvement spirituel dont le milieu monastique était le foyer depuis un siècle.

Pour réaliser le tout, les papes réformateurs ne ménagent pas leur peine : s'appuyant sur des collaborateurs animés par la même volonté rénovatrice, ils multiplient les déplacements pour aller sur place convaincre, et si besoin réprimer ; ils convoquent les évêques en synodes régionaux et leur imposent bientôt le voyage périodique à Rome (*ad limina apostolorum*) pour y rendre compte de leurs activités ; ils envoient de tous côtés des légats revêtus de pleins pouvoirs pour contrôler la régularité des élections des évêques et des abbés. Ces envoyés n'hésitent pas à casser des investitures irrégulières et à placer des monastères sous le régime de *l'exemption* qui, en les faisant relever directement de Rome, les soustrait à l'emprise des pouvoirs laïcs et des évêques.

Tout cet ensemble de mesures trouvera son couronnement dans les décisions du concile de Latran (1123), qui ouvrira une période de fréquentes réunions conciliaires.

Peu à peu, au sein de l'Église, l'anarchie cède la place à la monarchie, les réformateurs pouvant ainsi mettre fin aux abus et surmonter les résistances qui, de l'intérieur comme de l'extérieur, s'opposent à leurs mesures. Avec l'empereur d'Allemagne Henri IV (règne : 1056-1106), dressé contre le pape Grégoire VII, la lutte prend un tour violent ; en 1076, elle ouvre la *Querelle des Investitures*, qui concerne la nomination aux sièges épiscopaux ; prolongée par la *lutte du Sacerdoce et de l'Empire*, elle opposera pendant près de deux siècles empereurs allemands et papes.

Les résultats de la réforme se feront jour peu à peu ; l'un des plus visibles sera la naissance d'un nouvel esprit dans le clergé, dont le développement du *mouvement canonial* (voir p. 352 c) sera un des signes.

Dans l'élan général qui revigore l'Église (renouveau monastique, mouvement canonial, restauration de l'autorité et du prestige des pontifes romains), la France tient une place qui la fait apparaître, au XIe siècle, comme la grande nation chrétienne de l'Occident.

La réforme de l'Église enfin engagée : Léon IX (1002-1054)

L'action des papes réformateurs au XIe siècle, dont le premier est Léon IX, a été préparée tant par le mouvement monastique engagé au Xe siècle que par l'activité et l'influence de fortes personnalités telles que celles des moines Hildebrand (futur Grégoire VII) et Pierre Damien (1007-1072), qui seront d'ailleurs parmi les conseillers de ces papes.

Brunon d'Egisheim-Dagsburg, originaire d'Alsace, et évêque de Toul, ne devient pape en 1049, sous le nom de Léon IX, qu'en vertu de la volonté de l'empereur Henri III, qui fait et défait les papes. Mais Brunon appartient à une lignée d'évêques lorrains attachés à la réforme de l'Église, et convaincus qu'elle passe par une papauté forte et indépendante. Il part donc pour Rome sous l'habit de pèlerin, et n'accepte sa désignation qu'après confirmation par le peuple romain.

Il a emmené avec lui une cohorte de Lorrains acquis à la nécessité des réformes ; parmi eux, les moines Hildebrand, et Humbert de Moyenmoutier. Ils joueront un rôle capital dans l'œuvre qui s'engage.

Léon IX tient immédiatement à Rome un synode d'évêques italiens qui confirme les condamnations portées contre la simonie. Puis il part pour un des grands voyages qui, durant son bref pontificat (1049-1054), lui feront parcourir l'Allemagne, la France, l'Italie. Non seulement il plaide partout la réforme des mœurs ecclésiastiques, mais il prend sur place toutes sortes de mesures énergiques. A Reims, où il réunit un concile d'évêques et d'abbés de France, il dépose les évêques convaincus d'avoir acheté leur charge, tel celui de Nantes ; ceux qui ont refusé de venir sont excommuniés. Il tient aussi un concile allemand à Mayence.

Au moment où il s'apprête à partir à la tête d'une armée repousser les envahisseurs normands de l'Italie du Sud, qui menacent les États pontificaux, les relations avec l'Église d'Orient passent par une nouvelle crise. Il envoie à Constantinople son homme de confiance, le cardinal Humbert de Moyenmoutier. Peu après, Léon IX est fait prisonnier par les Normands et meurt. A Constantinople, la maladresse de Moyenmoutier et l'hostilité du patriarche Cerulaire à l'égard de Rome provoquent la rupture : c'est le *grand schisme d'Orient* (1054).

Léon IX aura été le premier des grands papes réformateurs du XIe siècle. ■

Les papes réformateurs du XIe siècle

St Léon IX 1049-1054 *
Nicolas II 1058-1061
Alexandre II 1061-1073
St Grégoire VII 1073-1085
Bx Urbain II 1088-1099
Pascal II 1099-1118

Lorsqu'un mot, une expression, un événement, une institution, un nom propre vous sont inconnus, consultez l'index.

Un réformateur intransigeant : Grégoire VII (v. 1015/1020-1085)

Ph. Alinari-Giraudon

Grégoire VII rédigeant les *Dictatus papae* (Détail). Palais du Vatican.

Le réformateur à l'œuvre

Moine italien, Hildebrand est tout jeune lorsqu'il est pris comme conseiller par le pape Grégoire VI, bientôt déposé par l'empereur d'Allemagne Henri III. Peu après (1053), le pape Léon IX, qui entreprenait la réforme de l'Eglise, l'envoie comme légat en France pour combattre l'hérésie de Bérenger de Tours sur l'eucharistie. Il est ensuite le conseiller du pape Victor II, qui le fait cardinal, puis d'Etienne IX, dont il a assuré l'élection.

Hildebrand inspire à ce dernier le décret qui, en réservant la désignation des papes aux cardinaux, la soustrait aux empereurs d'Allemagne, un des points essentiels de la réforme en cours. Hildebrand est encore le conseiller d'Alexandre II. Il lui succède en 1073 sous le nom de Grégoire VII, après avoir été ainsi le proche collaborateur de tous les papes réformateurs ; il va porter leur œuvre à son sommet, ce qui la fera appeler *la réforme grégorienne*.

Le pontificat de Grégoire VII est tumultueux. Tout entier donné à la tâche de rénovation spirituelle de l'Eglise, il la mène selon son tempérament personnel, qui est tranché. Il est vrai que cette rénovation passe par l'émancipation de l'Église à l'égard des pouvoirs des princes ; mais avec Grégoire, ce constat est poussé jusqu'à une vision quasi théocratique.

Par ses décrets de 1074 et 1075, il s'attaque tout de suite, comme ses prédécesseurs, aux grands maux de l'Eglise d'alors : simonie, mariage des prêtres, dissolution des mœurs ecclésiastiques, investiture des évêques et des abbés par les princes. Mais ce qui lui est propre, c'est de donner à ces décisions la base de principes, exposés dans ses célèbres *Dictatus papae* (1075), qu'on pourrait résumer comme suit : seul le pontife romain est détenteur d'une responsabilité et d'une autorité universelles, qui s'imposent aux souverains eux-mêmes. Au Ve siècle, le pape Gélase Ier avait distingué les deux pouvoirs, spirituel et temporel ; au IXe siècle, Charlemagne se les était tous deux attribués ; au XIe siècle, Grégoire VII affirme que tout pouvoir sur terre est subordonné au pouvoir spirituel exercé par le pontife romain.

Cette conviction marque tout son pontificat ; sa mise en pratique passe notamment par un recours plus systématique encore à l'envoi de légats plénipotentiaires à travers toute la chrétienté occidentale ; ils agissent avec une détermination telle que le pape lui-même est parfois obligé d'en atténuer les effets.

L'empereur contre le pape

Le fond comme la forme des dispositions prises par Grégoire suscitent de nombreuses résistances, dans le clergé comme chez les princes. La plus résolue vient de l'empereur d'Allemagne, Henri IV. Enfreignant résolument les décrets pontificaux, il désigne un évêque de Milan aux lieu et place d'un autre qui lui déplaît. Aux protestations de Grégoire, Henri répond par une assemblée d'évêques allemands à Worms (1076) qui dépose le pape. C'est le début de l'interminable *Querelle des investitures*. Grégoire excommunie l'empereur et délie ses sujets de leur fidélité à son égard ; les princes allemands obligent alors leur souverain à solliciter du pape son pardon. La scène célèbre de l'humiliation de l'empereur se déroule au château de *Canossa*, en Toscane, en janvier 1077.

Trois ans plus tard, Henri IV menace à nouveau le pape, qui l'excommunie une nouvelle fois et le dépose (1080). L'empereur y répond par un synode d'évêques allemands qui dépose à son tour le pape et élit un antipape, Clément III. Celui-ci, sous la protection impériale, s'installe à Rome, tandis que Grégoire se réfugie au château Saint-Ange. Robert Guiscard, chef de la maison normande de Sicile, vient le délivrer, mais ses troupes se livrent à des excès tels contre les Romains qu'ils se soulèvent contre Grégoire. Celui-ci s'enfuit à Salerne, où il meurt.

Malgré l'apparente défaite par laquelle s'achève sa vie, et quel que soit le jugement que l'on puisse porter sur le style et les moyens de sa politique, le résultat le plus net de celle-ci aura été d'avoir réalisé un pas décisif non seulement dans la voie de la réforme des mœurs ecclésiastiques, mais dans celle de l'indépendance de l'Eglise vis-à-vis des pouvoirs temporels, clef de voûte alors de son renouveau spirituel. ■

LES « DICTATUS PAPAE » DE GRÉGOIRE VII (1075)

1. L'Église romaine est fondée par le Seigneur seul.

2. Seul, le pontife romain mérite d'être appelé universel.

3. Seul, il peut déposer ou absoudre les évêques.

4. Son légat, dans un concile, commande à tous les évêques, même s'il est de rang inférieur, et seul il peut prononcer une sentence de déposition.

5. Le pape peut déposer les absents.

6. On ne peut rester sous le même toit que ceux qui ont été excommuniés par lui.

7. Seul, il peut, suivant les circonstances, établir de nouvelles lois, réunir de nouveaux peuples, transformer une collégiale en abbaye, diviser un évêché riche et unir des évêchés pauvres.

8. Seul, il peut user des insignes impériaux.

9. Le pape est le seul homme dont tous les princes baisent les pieds.

10. Il est le seul dont le nom soit prononcé dans toutes les églises.

11. Son nom est unique dans le monde.

12. Il lui est permis de déposer les empereurs.

13. Il lui est permis, quand la nécessité l'exige, de transférer un évêque d'un siège à l'autre.

14. Il peut, où il veut, ordonner un clerc de n'importe quelle église.

15. Celui qui a été ordonné par lui peut gouverner une autre église, mais non combattre ; il ne doit pas recevoir d'un autre évêque un grade supérieur.

16. Aucun synode général ne peut être convoqué sans son ordre.

17. Aucun texte ne peut prendre une valeur canonique en dehors de son autorité.

18. Sa sentence ne doit être réformée par personne et, seul, il peut réformer celle de tous.

19. Il ne doit être jugé par personne.

20. Personne ne peut condamner une décision du siège apostolique.

21. Les causes importantes de toute église doivent lui être rapportées.

22. L'Église romaine n'a jamais erré ; et, comme l'atteste l'Ecriture, elle ne pourra jamais errer.

23. Le pontife romain, s'il a été canoniquement ordonné, devient indubitablement saint par les mérites du bienheureux Pierre [...]

24. Sur son ordre et avec son autorisation, il est permis aux sujets de porter une accusation.

25. Il peut, en dehors d'une assemblée synodale, déposer et absoudre les évêques.

26. Celui qui n'est pas avec l'Église romaine n'est pas considéré comme catholique.

27. Le pape peut délier les sujets du serment de fidélité fait aux injustes. ■

Cité dans *l'Église dans l'histoire des hommes*, par P. Christophe, Ed. Droguet-Ardant.

L'Église en France au XIe siècle

L'avènement de la dynastie capétienne (987) préside à l'ouverture du XIe siècle en France ; c'est une ère nouvelle qui succède à l'époque franque ; les Barbares sont assimilés, le monde féodal est en place, l'empire carolingien est définitivement disloqué en trois royaumes : Francie occidentale, Lotharingie, Francie orientale (future Allemagne), dont les intérêts seront le plus souvent en opposition désormais.

La dynastie capétienne amorcera au cours du XIe siècle la lente progression qui, à l'inverse des dynasties mérovingienne et carolingienne, partira du niveau le plus faible de la puissance vers une progression quasi-continue, tant dans la réalité du pouvoir exercé que dans l'étendue géographique sur laquelle il s'exercera.

Outre la qualité humaine de la majorité des souverains capétiens, trois facteurs agiront dans le sens de cette progression : la valorisation qu'ils sauront faire du *principe féodal de suzeraineté*, le *caractère sacré* conféré à leur personne et à leur fonction par l'onction royale reçue à Reims au début de chaque règne, l'entente qui présidera le plus souvent à leurs *relations avec le Saint-Siège*, à l'inverse de la situation prévalant en Allemagne.

La réforme de l'Église en France sous le règne du pape Grégoire VII est principalement l'œuvre de son légat Hugues de Die, terreur des évêques simoniaques. Il s'attaque en effet principalement à la simonie et au nicolaïsme, tenant à travers le royaume concile sur concile, auxquels il ne fait pas bon, pour un évêque, se dérober : en ce cas, il est purement et simplement suspendu (archevêques de Sens, Bourges, Bordeaux) ; les évêques simoniaques sont déposés (Noyon, Chartres, Châlons) ; d'autres sont sanctionnés pour immoralité (Reims)...

Avec l'appui du mouvement monastique, les efforts de réforme portent assez vite leurs fruits ; ainsi le clergé séculier, dont la profonde décadence a été une des raisons du succès du monachisme (Cluny, etc.), connaît bientôt une évolution sensible qui va lui redonner peu à peu la dignité et le prestige perdus ; qui va même l'acheminer progressivement vers un niveau moral et intellectuel jamais atteint encore par lui.

Le *mouvement canonial*, reparu au Xe siècle et vivement encouragé par les papes réformateurs, en est à la fois un témoignage et un instrument. Dans la seconde moitié du XIe siècle, les fondations canoniales (groupements de chanoines) se multiplient en France. Les chanoines sont des prêtres qui, tout en exerçant un ministère séculier (paroissial, hospitalier, éducatif...), vivent en communautés (*chapitres* ; voir Index), sous le régime d'une règle (en grec « *kanon* », d'où chanoine, et « canonial »), le plus souvent la règle de saint Augustin (voir Index).

Les chapitres sont parfois *cathédraux*, c'est-à-dire placés auprès de l'évêque et au service de sa fonction pastorale ; l'élection de l'évêque leur est alors confiée. D'autres chapitres constituent des « *collégiales* », en vertu par exemple d'une fondation pieuse ; certains chapitres mènent une vie de style pratiquement monastique. Dans son ensemble, l'institution canoniale se révèlera un très efficace moyen de formation et de soutien du clergé dans le triple domaine spirituel, moral et intellectuel. ■

Façade de l'église d'Aulnay (Charente), XIIe s., monument caractéristique de l'art roman poitevin.

3. L'APOGÉE DE LA CHRÉTIENTÉ (XIIe et XIIIe SIÈCLES)

AU début du XIIe siècle, la France, dont la contribution à la réforme de l'Église a été multiforme et diverse au siècle précédent, apparaît comme la grande nation chrétienne. Ce rôle va s'affirmer durant le XIIe siècle pour trouver son couronnement sous le règne de saint Louis, au XIIIe siècle.

Un siècle de maturité : le XIIe

Parmi les hommes qui marquent l'histoire religieuse du XIIe siècle en France, il faut mettre au premier rang, d'une part les rois capétiens, et d'autre part ce personnage hors du commun dont on donne souvent le nom au siècle tout entier : saint Bernard.

UNE MONARCHIE CHRÉTIENNE

Louis VI le Gros (règne de 1108 à 1137) est à la fois un grand roi et un grand chrétien. Avec lui commence vraiment la restauration de l'autorité royale en France, si restreint que soit encore le domaine sur lequel elle s'exerce. Cette œuvre, il l'accomplit avec le souci sincère d'agir en prince chrétien tel qu'on le conçoit à l'époque, mais bien au-delà de ce qui assure habituellement ce qualificatif à un prince (exercice de la justice, protection des faibles, soutien de l'Église...). Son ministre et conseiller, Suger, abbé de l'abbaye royale de Saint-Denis, joue un rôle de premier plan durant ce règne.

Louis VII (règne de 1137-1180) a moins d'envergure que son père, mais il gouverne dans le même esprit et avec le même ministre, poursuivant l'œuvre de restauration de l'autorité royale sur les vassaux ; il est vrai que l'annulation de son mariage avec Aliénor d'Aquitaine profitera au plus puissant d'entre eux, le roi d'Angleterre Henri II Plantagenêt, duc de Normandie. Le règne est marqué par un essor remarquable de la vie intellectuelle (multiplication des « écoles », philosophie, théologie, poésie...) et artistique (art gothique). Louis VII est, avec l'empereur d'Allemagne Conrad III, le premier souverain à se croiser (seconde croisade 1147-1149).

Avec *Philippe-Auguste* (règne : 1180-1223), le mouvement d'extension des territoires soumis à l'autorité royale reprend activement ; si ce roi participe à la conduite de la troisième croisade (1189-1192), il est plutôt porté en effet, par son tempérament réaliste, à disputer aux Plantagenêts leurs provinces françaises.

Ces rois, et leurs successeurs au XIIIe siècle, ne sont pas seulement les promoteurs d'une unification politique qui fera, à terme, la nation française ; ils sont conscients d'être investis par leur sacre, vis-à-vis de leur peuple, d'une mission indissociable de celle de l'Église ; à l'égard de cette dernière, ils ne se situeront jamais en position de rivalité ou de domination, comme le feront un Philippe le Bel ou les empereurs allemands. ▶▶▶

Lorsqu'un mot, une expression, un événement, une institution, un nom propre vous sont inconnus, consultez l'index.

Ph. B.N.

Louis VI, fait pendre les pillards d'Ile-de-France. Bibliothèque nationale. Paris.

SUGER (1081-1151)

De famille pauvre, Suger avait été adopté dans son enfance par l'abbaye royale de Saint-Denis (fondée par Dagobert) ; il y avait fait ses études en compagnie du futur Louis VI, dont il était devenu l'ami, puis y était resté comme moine ; il devait en être élu abbé en 1122. Mais bien auparavant déjà, Louis VI, monté sur le trône en 1108, avait fait de cet homme doué et sage son conseiller. Suger devint un véritable premier ministre dans la seconde partie du règne ; il fut maintenu dans cette fonction par Louis VII. Lorsque celui-ci partit en croisade (2e croisade, 1147-1149), il confia à Suger la régence du royaume, tâche ingrate dans cette période d'agitation féodale incessante ; à son retour, il le proclama « Père de la Patrie ». Sous les deux règnes, Suger exerça un rôle politique considérable, contribuant à renforcer le pouvoir royal à l'encontre de la noblesse, notamment en favorisant le mouvement communal.

On lui doit la reconstruction de l'église abbatiale de Saint-Denis (l'actuelle basilique), l'édifice carolingien étant devenu trop petit. La nouvelle construction fit alors figure d'œuvre d'avant-garde en ouvrant l'ère de l'architecture gothique. De même Suger inaugura-t-il le grand art du vitrail, se servant des fenêtres de l'église pour assurer tout un enseignement théologique par l'image. Saint Bernard, par ailleurs ami de Suger, ne manqua pas d'entrer en controverse avec lui à ce sujet, soutenant que tout ce qui plait à l'œil détourne du Dieu invisible ; Suger répondait que, dans la maison de Dieu, rien n'est trop beau pour élever l'esprit vers le Créateur ; une controverse qui n'a guère cessé depuis. ■

▶▶▶

Le temps de Bernard de Clairvaux

L'immense influence de Bernard de Clairvaux (p. 355) s'exerce de tout autre façon : admiré ou redouté, il est écouté de tous, papes, évêques, rois, moines, opinion publique. Son histoire se trouve liée à celle de l'ordre de Cîteaux (cisterciens), qu'il n'a pas fondé mais auquel il assure une qualité spirituelle, une impulsion et une audience extraordinaires. Réformateur, prédicateur, maître spirituel, théologien, conseiller des grands (auxquels il rappelle sans ménagements leurs obligations), Bernard se trouve mêlé de quelque façon à toutes les affaires importantes de son temps. Il met la fougue de sa personne et le dynamisme de son jeune ordre au service de la réforme de l'Église, qu'il ne dissocie ni de la conversion des consciences ni de la défense de la foi ; cet homme à la santé chancelante domine son époque de toute sa haute stature spirituelle.

La place qu'il occupe ne doit pas pour autant occulter le rôle joué à la même époque par un saint Norbert, fondateur des Prémontrés, un Robert d'Arbrissel, fondateur de Fontevrault, ou par les ordres militaires.

L'Église et les princes

On comprend d'autant mieux le crédit de la France dans l'Occident chrétien au XIIe siècle lorsqu'on considère les difficultés rencontrées par l'Église auprès d'autres souverains. Dans le conflit qui oppose le roi Henri II Plantagenêt à l'archevêque de Cantorbery, Thomas Becket, il s'agit encore une fois de la volonté d'un prince de s'assujettir le pouvoir spirituel de l'Église ; Thomas mourra assassiné (1170).

Dans la reprise du conflit entre l'empereur d'Allemagne, en l'occurence Frédéric Ier Barberousse, et la papauté, représentée cette fois par Adrien IV et Alexandre III, les choses prennent une nouvelle tournure ; c'est pourquoi on parlera désormais, non plus de *Querelle des Investitures,* mais de *Querelle du Sacerdoce et de l'Empire :* l'empereur entend étendre son pouvoir sur tous les territoires italiens et par là sur la papauté. Ce nouvel et long épisode (1156-1177) de l'opposition Empire-Papauté s'achève sur la soumission de Frédéric, avant de connaître au début du XIIIe siècle un nouveau rebondissement avec de nouveaux protagonistes.

On peut dire qu'à la fin du XIIe siècle, grâce à maints concours et notamment à ceux venus de France, la papauté a non seulement restauré pour l'essentiel l'indépendance de l'Église vis-à-vis des pouvoirs politiques, et l'autorité du Saint-Siège sur l'Église elle-même, mais en même temps suscité un renouveau spirituel et réalisé la réforme du clergé (même si les régions sont inégalement touchées par celle-ci).

Un siècle de bouillonnement

Sur tous les plans, finalement, s'affirme la maturité de la société du XIIe siècle : renouveau tant du droit canon (*Décret de Gratien*) que du droit romain (aux vastes conséquences sur l'exercice du pouvoir royal ou ecclésiastique) ; avènement de l'ère des théolo-

▶▶▶

Saint Norbert (v. 1080-1134)
Fondateur d'un ordre de chanoines réguliers :
les Prémontrés (1120)
Voir Index

UNE ABBESSE POUR DES MOINES À L'ABBAYE DE FONTEVRAULT

Robert d'Arbrissel (v. 1045-1116), moine breton, s'était fait un renom de théologien à Paris lorsque l'évêque de Rennes l'appela à ses côtés (1089) pour réformer l'Église du diocèse, ce qui lui suscita beaucoup d'ennemis. Retiré comme ermite dans la forêt de Craon, en Anjou, il fut chargé par le pape Urbain II de prêcher la seconde croisade dans cette province ; il exhorta ceux qui ne pouvaient partir à mener la vie monastique. En 1099, il fonda l'abbaye double de Fontevrault (Maine-et-Loire), placée sous la règle de saint Benoît et le patronage de la Vierge. En l'honneur de celle-ci, Robert donna à cette abbaye la particularité, restée unique, de grouper sous l'autorité d'une abbesse une communauté d'hommes et trois communautés de femmes (mères de chœur, pécheresses converties, lépreuses).
L'ordre se répandit rapidement en France, en Espagne, en Angleterre. Jusqu'à sa suppression, en 1790, il resta sous l'autorité d'une abbesse, toujours de haute naissance, dont plusieurs princesses de sang royal. ■

Ph Bulloz

Assassinat de Thomas Becket. Les Heures de Boucicaut (vers 1410).

Le conflit entre le roi Henri II d'Angleterre et le Primat d'Angleterre Thomas Becket, Archevêque de Cantorbery (1162-1170).
Voir Index : Thomas Becket

Bernard de Clairvaux (1090-1153) et son siècle

Si le XIIe siècle a été profondément marqué spirituellement par l'ordre de Cîteaux, c'est beaucoup à saint Bernard qu'il le doit.

Séduit par l'austère réforme monastique de Cîteaux, il rejoint l'abbaye à vingt-deux ans (1112). Trois ans plus tard (1115), il est envoyé fonder une nouvelle abbaye, à Clairvaux, près des sources de l'Aube.

Sous son impulsion, son abbaye puis son ordre tout entier connaissent bientôt une extraordinaire expansion. Sa réputation se répand. Il est consulté par les conciles régionaux. Il tient tête au roi Louis VI qui a exilé l'archevêque de Paris.

Déchiré entre ses deux vocations d'ermite contemplatif et d'apôtre toujours sur la brèche, il doit sans cesse quitter son monastère. En 1130, l'élection d'un antipape, Anaclet II, le fait partir à l'assaut des souverains européens pour les rallier à la cause du pape légitime, Innocent II ; il mettra huit ans à mener à bien sa mission.

Il est en correspondance avec toutes les personnalités et mêlé à toutes les affaires importantes de son temps. C'est ainsi qu'il combat avec vigueur les philosophes Abélard et Gilbert de la Porrée, dont il n'a pas saisi les aspects novateurs ; il participe à la création de l'ordre des Templiers et rédige leur règle en s'inspirant de celle de Cîteaux ; il vient sur place lutter par la parole contre les cathares qui commencent à se manifester dans le Languedoc ; il apaise un conflit entre le roi Louis VII et Henri Plantagenêt. S'exprimant au nom des pauvres, il reproche sans ménagement leur richesse aux évêques.

De toutes parts, les novices affluent vers lui ; de partout on réclame ses religieux ; il les envoie à travers toute l'Europe.

Pour un de ses moines devenu pape sous le nom d'Eugène III, il rédige un ouvrage sur le rôle et les devoirs du souverain pontife, dans lequel il dénonce véhémentement les abus de la cour de Rome.

Le même Eugène III l'ayant chargé de prêcher la deuxième croisade, il se lance dans l'opération avec son impétuosité ordinaire, en France d'abord (à l'assemblée de Vézelay en 1146 notamment), puis en Allemagne ; il décide ainsi l'empereur Conrad III à se croiser à la suite du roi Louis VII. Il s'emploie à communiquer aux croisés une spiritualité proche en fait de la sienne. L'échec de cette croisade devait lui être vivement reproché.

A la fois conservateur en ce qui concerne l'ordre établi et la théologie, et novateur en ce qui touche à la spiritualité et à la vie religieuse, homme de pacification et prédicateur de croisade, il est à bien des égards un reflet de ce temps de maturation ; mais il est aussi un de ceux qui ont le plus contribué à faire éclore le monde et la civilisation alors en cours d'élaboration. ■

(Biographie de saint Bernard : voir Index)

Ph. Lauros-Giraudon

Nef de l'église cistercienne du Thoronet (Var). Le dépouillement de l'art roman cistercien, voulu par saint Bernard en conformité avec l'esprit de pauvreté de l'ordre de Cîteaux, souligne l'harmonie des formes et des proportions.

Une conclusion provisoire à la Querelle des Investitures :
le compromis de Worms (1122)

Après la mort du pape Grégoire VII (1085), l'empereur d'Allemagne Henri IV pouvait penser avoir désormais toute latitude dans la nomination des évêques. Mais la révolte de ses fils l'obligea à abdiquer. Son fils Henri V n'en reprit pas moins la politique ecclésiastique paternelle. Il parvint même à contraindre le pape Pascal II, en s'emparant de sa personne (1111), à accepter l'investiture impériale des évêques. Sous la pression inverse des évêques attachés à la réforme grégorienne, le pape dut revenir en arrière (concile du Latran 1112).

Cependant, sous l'influence du canoniste français Yves, évêque de Chartres, une solution de compromis à la querelle des investitures mûrissait : la difficulté avait surgi du fait que, par l'investiture, les princes remettaient aux nouveaux évêques, d'une part, la crosse et l'anneau, signes de leurs pouvoirs spirituels et, d'autre part, la possession temporelle d'un fief avec les droits régaliens qui y étaient attachés ; il fallait donc distinguer les deux aspects, spirituel et temporel, et ne plus reconnaître au prince que l'investiture des pouvoirs temporels. Mais c'était là une distinction qui n'allait pas de soi dans les esprits contemporains ; elle avait pourtant commencé à être mise en pratique dans le royaume de France, sans faire pour autant l'objet de textes officiels.

Au terme de négociations difficiles, le pape Calixte II et l'empereur Henri V parvinrent à un compromis établi sur ces bases, le *concordat de Worms* (1122), le premier de l'histoire. Désormais l'évêque devrait être élu librement par son clergé, en présence de l'empereur ou de son représentant ; il prêterait alors serment au monarque en échange du fief reçu de celui-ci, puis il serait consacré par l'évêque métropolitain (l'archevêque).

L'objectif de Grégoire VII d'exclure totalement les empereurs du choix des évêques n'était certes pas atteint ; du moins le retour au système de l'élection assurait-il une marge d'indépendance qui représentait un progrès capital par rapport à la situation prévalant alors, et faisait avancer la réforme ecclésiastique. ■

L'ordre de Cîteaux à l'arrivée de saint Bernard (1112)

L'abbaye de Cîteaux (Côte-d'Or) avait été fondée à la fin du XIe siècle par saint Robert de Molesmes (voir Index), dans la volonté de créer un foyer monastique attaché à la stricte observance de la règle de saint Benoît et à son esprit.

Dans cet effort de rénovation de la vie monastique, à côté d'éléments proches de ceux qui avaient présidé à la fondation de Cluny près de deux siècles auparavant, plus d'un trait les différenciait profondément. En tout premier lieu, Cîteaux avait été placé dès le départ sous le signe d'une extrême austérité (conditions de vie des moines, sites, bâtiments) : les cisterciens faisaient de l'ascétisme et de la pauvreté leur école de perfection ; leur liturgie était de la plus grande sobriété possible. En second lieu, les moines devaient travailler manuellement ; on peut noter à cet égard que les fondations cisterciennes, généralement établies en des régions désolées, ont été partout des agents extrêmement efficaces de mise en valeur économique, et que les conditions de vie des moines les ont mis de plain-pied avec les paysans.

Lorsque le jeune Bernard de Fontaine, futur saint Bernard, entra à l'abbaye de Cîteaux en 1112, l'abbé en était saint Etienne Harding, un de ses fondateurs avec saint Robert. Etienne n'avait pas encore rédigé sa *Charte de Charité*, qui, quelques années plus tard (1119), dota l'ordre de sa constitution fondamentale. Celle-ci précisa les modalités de la vie des moines et celles de l'organisation de l'ordre. A la différence encore de Cluny, son organisation ne fut pas centralisée ; son gouvernement fut confié à un chapitre général annuel réunissant tous les abbés de l'ordre, lesquels étaient élus chacun par les moines de leur abbaye. Cette institution, originale à l'époque et d'esprit authentiquement démocratique, devait connaître un grand retentissement et être adoptée par la suite par les diverses congrégations bénédictines et bien d'autres ordres.

Comprenant le concours qu'un ordre aussi imprégné d'esprit évangélique pouvait apporter à leur œuvre de régénération de l'Église, les papes le prirent très vite sous leur protection, Pascal II le premier en 1100. Les abbayes de l'ordre furent ainsi placées sous le régime de l'exemption, qui les mettait à l'abri de toute ingérence épiscopale ; l'évêque n'avait pas le droit d'entrer dans l'abbaye, même pour ordonner des prêtres ! Par contre, bien des cisterciens devaient un jour être évêques.

Au moment de l'arrivée de Bernard, Cîteaux n'avait pas encore commencé à essaimer ; il allait lui-même être envoyé fonder Clairvaux, avant de donner à l'ensemble de l'ordre une impulsion qui liera à jamais le nom de Bernard à celui des cisterciens. ■

Une nouvelle phase de la Querelle du Sacerdoce et de l'Empire :

Frédéric Ier Barberousse et Alexandre III

Frédéric Ier dit Barberousse, empereur d'Allemagne en 1152, fut un souverain avisé qui parvint à établir son autorité sur l'ensemble de l'Allemagne et en fixa la carte pour sept siècles.

Mais, comme tant d'autres de ses prédécesseurs ou successeurs, il fut tourmenté par l'ambition de restaurer l'empire de Charlemagne dans sa position de leader de la chrétienté d'Occident. Ainsi rouvrit-il la Querelle du Sacerdoce et de l'Empire, qu'on croyait réglée par le concordat de Worms trente ans plus tôt (1122) ; à la différence de Charlemagne, cependant, il était plus poussé par l'ambition politique que par une véritable pensée théocratique.

Décidé à étendre son pouvoir sur les territoires italiens et donc sur la papauté, Frédéric se heurta aussitôt à la résistance du pape Adrien IV. Dès la mort de celui-ci, son successeur Alexandre III se vit opposer un antipape par l'empereur. Une lutte serrée, de dix années, s'engagea alors entre Frédéric et Alexandre ; après avoir suscité trois antipapes, été excommunié et déposé par le pape et battu à Legnano (1176) par une ligue de villes lombardes suscitée par celui-ci, l'empereur dut se soumettre (traité de Venise 1177).

Sur les instances du pape, il se joignit aux rois de France et d'Angleterre, Philippe-Auguste et Richard Cœur de Lion, pour conduire la troisième croisade (1189-1192), au cours de laquelle il se noya (1190) en Cilicie.

Libéré de sa lutte avec Frédéric, Alexandre III put se consacrer au gouvernement spirituel de l'Église ; au sein d'une œuvre considérable, il faut noter les progrès accomplis dans la discipline de l'Église et de la vie chrétienne, dans l'élaboration du droit canon, dans l'autorité du Saint-Siège. Afin de mettre un terme aux interventions désastreuses des empereurs dans la désignation des papes, sources de tant de schismes, Alexandre fit décider par le IIIe concile de Latran (1179) l'élection par les seuls cardinaux, à la majorité des deux tiers. ■

Le droit canonique conçu comme un ensemble ordonné : le Décret de Gratien (1140)

Depuis les origines chrétiennes, on avait procédé périodiquement au recensement des textes faisant autorité en matière de droit et de jurisprudence ecclésiastiques, mais on ne disposait pas de codes, c'est-à-dire d'ensembles cohérents et ordonnés. L'institution de centres d'enseignement du droit ecclésiastique à partir du XIe siècle, dont le plus célèbre fut celui de Bologne, favorisa la naissance d'un véritable droit canonique.

C'est précisément à Bologne qu'a été formé Gratien, moine camaldule dont le nom est resté attaché, sous l'appellation de *Décret de Gratien*, à un ouvrage intitulé en réalité *Concordance des canons discordants* (1140) ; après inventaire de 10 000 textes (Pères de l'Église, décrets conciliaires, décrétales...), classés par thèmes, il en avait fait ressortir les convergences pour aboutir à une véritable doctrine de droit ecclésiastique. Destiné à l'enseignement, cet ouvrage fut en fait le premier code de droit canon. Cette naissance du droit ecclésiastique est contemporaine d'un renouveau du droit romain : le pouvoir, civil ou religieux, entend désormais justifier sa politique en termes de droit, signe de maturité de la société. ■

▶▶▶

giens (Abélard, Pierre Lombard...) : ils ouvrent des voies nouvelles à l'intelligence des données de la foi et donnent ses méthodes à la scolastique ; développement de la spiritualité, qui se traduit notamment par la place donnée à la Vierge ; maîtrise technique et perfection artistique du nouvel art gothique qui, sous la pression du développement urbain et sous la poussée de l'esprit de foi de tout un peuple, va bientôt couvrir la France, puis l'Occident, de magnifiques édifices religieux ; développement du mouvement communal, un des cheminements vers la démocratie, même s'il s'agit encore d'une démocratie patricienne ; irruption de l'amour et de la femme dans la littérature (« littérature courtoise »), signe tout à la fois de santé spirituelle et d'affinement des mentalités.

Le bouillonnement spirituel du XIIe siècle n'est d'ailleurs pas sans mettre en cause l'Église elle-même, en s'attaquant à ce qui reste ses points faibles, en premier lieu sa richesse. L'aspiration à une Église pure et pauvre, en attendant de susciter les ordres mendiants du XIIIe siècle, commence par engendrer une multitude de courants hérétiques, dont le plus vigoureux sera celui des cathares.

▶▶▶

QU'EST-CE QUE LA SCOLASTIQUE ?

Le mot vient du latin *schola*, école. Il désigne la philosophie et la théologie telles qu'elles furent enseignées dans les écoles du Moyen Âge à partir du XIe siècle. La scolastique est caractérisée d'abord par une méthode d'enseignement à partir du commentaire de l'Écriture sainte. Cette méthode évoluera vers des formes sans cesse plus élaborées, pour déboucher, au XIIIe siècle, sur la réalisation de *Sommes théologiques*, grands exposés systématiques des données de la foi. La scolastique se caractérisera également par le fait que les théologiens, imprégnés de la logique d'Aristote et rompus à la méthode dialectique, s'emploieront, pour une grande proportion d'entre eux, à mettre en lumière la relation harmonieuse entre foi et raison. A partir du XIe siècle, l'ensemble du mouvement philosophique et théologique du Moyen Âge s'exprime dans le cadre de la scolastique, quoique avec des courants très divers et souvent opposés. ■

La querelle des universaux

Les philosophes ont longtemps appelé *universaux* les genres et les espèces (par exemple, l'ensemble des hommes forme le genre *homme...).*

Au XIe siècle, un vaste débat s'ouvrit sur le sujet : quelle valeur faut-il attribuer aux universaux ? Ne sont-ils que de simples noms, des mots sans réalité objective, les réalités individuelles (dans l'exemple ci-dessus chaque homme) étant seules à exister (théorie nominaliste) ? Ou correspondent-ils à des réalités effectives, hors de nous (tel le genre humain) (théorie réaliste) ? Ou encore sont-ils simplement des conceptions réelles de notre esprit mais sans qu'une réalité objective y corresponde (conceptualisme) ? Cette question, apparemment de faible portée, recouvrait en réalité des divergences philosophiques et théologiques profondes, dont les conséquences allaient peser très lourd.

Au XIVe siècle, le franciscain Guillaume d'Occam († 1349) poussa si loin la thèse nominaliste, privilégiant le *particulier*, seul saisissable par la connaissance sensible, qu'il ruinait la métaphysique ; avec lui les conceptions morales et théologiques ne devaient plus rien à la raison ; elles ne relevaient que de la foi et de la Révélation ; philosophie et théologie devenaient étrangères l'une à l'autre. L'influence d'Occam a profondément marqué la pensée de la fin du Moyen Âge et préparé le mouvement de la Réforme protestante. ■

Lorsqu'un mot, une expression, un événement, une institution, un nom propre vous sont inconnus, consultez l'index.

L'évolution de la scolastique

L'histoire de la scolastique se déroule en trois périodes.

La première période, où s'illustrent notamment **Lanfranc** (v. 1005-1089) et **saint Anselme** (1033-1109) — souvent appelé le père de la scolastique du fait de son recours à la logique — **Abélard** et **Pierre Lombard**, correspond au XIe siècle et à la première moitié du XIIe siècle.

Au XIe siècle on assiste tout à la fois à l'essor des *écoles épiscopales* (ou *écoles cathédrales*, voir p. 343 a) et à celui de la *dialectique* comme mode de connaissance philosophique et théologique. La dialectique repose alors sur une logique aristotélicienne élémentaire, transmise pour l'essentiel à travers les philosophes des périodes intermédiaires ; car on ne possède encore que des fragments des textes d'Aristote et de Platon. L'enseignement théologique dans les écoles monastiques ou épiscopales consiste d'abord en une *lectio* (lecture) de la Bible, accompagnée d'un commentaire mystique et moral du maître.

Mais au cours de cette période, se produit une importante évolution ; par suite de l'essor économique et du développement urbain des XIe et XIIe siècles, le nombre des étudiants s'accroît dans les villes ; les écoles épiscopales ne suffisent plus aux besoins. De nouvelles écoles s'ouvrent hors du cadre épiscopal, non sans conflits avec les évêques. En sortant de l'orbite épiscopale, les nouvelles écoles offrent un champ plus libre aux théologiens, et par là à une nouvelle conception de la théologie. La tournure d'esprit engendrée par la dialectique fait surgir, en marge des commentaires du maître, des *quaestiones* (questions), problèmes théologiques d'actualité suscités par le besoin d'expliquer du maître ou, fait nouveau, par la curiosité des élèves. Cette réflexion faisant appel au raisonnement dialectique, on commence à confronter *foi* et *raison* : le théologien cherche si, et en quoi, celles-ci concordent (une telle introduction de la raison dans le domaine dogmatique indigne les théologiens traditionalistes comme saint Bernard). A son tour, la *quaestio* donne naissance à la *disputatio*, c'est-à-dire à l'argumentation et à la recherche d'une conclusion ; les opinions ainsi émises forment des *sententiae ;* bientôt se multiplient les recueils de « sentences », exposés plus ou moins complets de la doctrine chrétienne.

Abélard (1079-1142) introduit alors une méthode tout à fait novatrice en mettant systématiquement en œuvre le *procédé du doute* par le recours au *sic et non* (oui et non) : il s'agit de faire apparaître convergences et divergences au sein des textes des Pères de l'Église, exactement comme un peu plus tard Gratien le fera dans sa « concordance des canons discordants » dans le domaine du droit ecclésiastique.

Cette méthode quelque peu révolutionnaire ne pouvait manquer de soulever des problèmes théologiques nouveaux, qu'il eût fallu aborder avec prudence et humilité, c'est-à-dire avec un autre tempérament que celui d'Abélard, dont les bases théologiques étaient par surcroît insuffisantes. Ses approximations déclenchent les foudres de saint Bernard, qui le fait condamner par le concile de Sens (1140). On voit à cette occasion apparaître en pleine lumière l'opposition entre les deux écoles en présence : celle, traditionnelle, de la théologie monastique, de caractère *spirituel* et *moral*, et celle, nouvelle, de la théologie de type *rationnel*, qui sera illustrée un siècle plus tard par Albert le Grand et Thomas d'Aquin.

Dans la première moitié du XIIe siècle, en effet, Pierre Lombard (vers 1100-1160) leur préparera les voies en monnayant avec autorité l'apport décisif de la méthode abélardienne ; ses célèbres *Sentences* (1150), exposé d'ensemble de la doctrine chrétienne qui recourt à cette méthode, fourniront pendant des siècles l'ouvrage de base à l'enseignement théologique, équivalent de ce que sera le *Décret de Gratien* dans l'enseignement du droit canon. Pierre Lombard est souvent considéré comme celui qui a fourni son cadre à la scolastique.

La seconde période couvre la seconde moitié du XIIe et tout le XIIIe siècle. C'est l'âge d'or de la scolastique. La curiosité intellectuelle, l'esprit de recherche sont partout à l'œuvre. On découvre et on traduit les philosophes perses, arabes (Avicenne, Averroès...), juifs (Maïmonide) qui ont connu les textes d'Aristote et les ont interprétés à leur façon. Bientôt on dispose des textes mêmes d'Aristote traduits en arabe, trouvés dans les territoires espagnols récemment reconquis par les chrétiens. Dans ce climat, préparé au XIIe siècle par Pierre Lombard avec la méthode abélardienne, **saint Albert le Grand** (v. 1193-1280) et **saint Thomas d'Aquin** (1227-1274) estiment avoir trouvé dans le système philosophique d'Aristote la base la plus adéquate pour la construction d'une théologie chrétienne satisfaisant simultanément les requêtes de la foi et de la raison. La *Somme Théologique* de saint Thomas en est restée le témoin le plus célèbre. La controverse s'engage avec les tenants du courant traditionnel, tels saint Bonaventure (1221-1274) et Duns Scot (v. 1270-1308), tous deux franciscains, restés fidèles à la pensée néo-platonicienne de saint Augustin. Les maîtres de la théologie sont maintenant des religieux des ordres mendiants fondés au début du siècle.

La troisième période (XIVe et XVe siècles) voit le déclin de la scolastique et l'essor du mouvement mystique. Le *nominalisme,* une des théories en présence dans la *Querelle des universaux* et dont le représentant le plus marquant est, à l'époque, **Guillaume d'Occam** († 1349), un franciscain, propage une *défiance croissante à l'égard de la raison* ; philosophie et théologie tendent à constituer des domaines étrangers l'un à l'autre. Les grandes constructions théologiques du XIIIe siècle, et en particulier celle de saint Thomas, sont mises en cause ; un terrain favorable se prépare à ce qui sera la théologie de la Réforme protestante, ra-

UN THÉOLOGIEN AMOUREUX

PIERRE ABÉLARD (1079-1142) est surtout connu du grand public pour ses relations romanesques avec Héloïse. Mais, dans l'histoire, sa véritable célébrité est liée au caractère novateur de son enseignement de la philosophie et de la théologie ; à ce titre, il est un des premiers maîtres de la scolastique.

Il n'était pas prêtre, quoique chanoine au chapitre de Notre-Dame de Paris. Après avoir séduit son élève Héloïse, il l'avait épousée en secret. L'oncle et tuteur d'Héloïse, dans sa fureur, le fit émasculer. Héloïse prit le voile. Tout en poursuivant une activité d'enseignant qui lui valut deux condamnations des tribunaux ecclésiastiques pour ses positions jugées peu orthodoxes, Abélard échangea avec Héloïse une correspondance demeurée célèbre, étonnant mélange de passion, de mystique et de philosophie. Leur tombeau au Père Lachaise est une œuvre fantaisiste qui n'abrite nullement leurs restes. ■

Ph. Bulloz

Abélard et Héloïse. Chapiteau de la Conciergerie à Paris (XIVe s.).

▶▶▶

UN PHÉNOMÈNE DE SOCIÉTÉ : LA CROISADE

Ce sera précisément un des traits de cette société des XIIe et XIIIe siècles que son aptitude à se mobiliser à l'appel de l'Église pour ce que tous considèrent alors comme de grandes causes de la foi : la poursuite de la reconquête victorieuse de l'Espagne contre le Maure (*Reconquista*), la lutte pour recouvrer les lieux saints occupés par l'Islam, la répression de l'hérésie en vue de protéger la foi.

Aux motifs religieux les plus désintéressés on verra indubitablement se mêler des ambitions politiques, la passion guerrière, le goût de l'aventure, celui du lucre, et l'Église, inspiratrice de ces grands mouvements collectifs, perdra maintes fois la maîtrise des processus qu'elle aura ainsi déclenchés. Il reste qu'un tel phénomène n'était possible que dans une société où les motifs de foi pesaient d'un grand poids ; saint Bernard prêche la seconde croisade comme un immense jubilé : elle est le moyen d'aller vers le Christ mort pour nos péchés, et de faire pénitence ; le croisé doit savoir mourir à son tour pour le Christ.

Croisade et pèlerinage participent du même esprit et sont entrepris pour des motivations spirituelles communes : il s'agit toujours d'une conquête d'éternité, d'une quête de plénitude et de certitude. Cette tension vers un bien supérieur est restée de nos jours attachée à la notion de croisade (« croisade » pour le Tiers-monde, « croisade » anti-pollution...).

Un grand siècle non dépourvu d'ombres : le XIIIe

Quand on aura rappelé que le XIIIe siècle est à la fois celui des saints François d'Assise, Dominique, Thomas d'Aquin et Bonaventure, celui du roi saint Louis IX et du poète Dante, qu'avec lui sont nés les universités et les ordres mendiants et ont jailli dans l'Europe les grandes cathédrales, la Sainte-Chapelle, la « Merveille » du Mont Saint-Michel, on n'aura que sommairement évoqué la richesse spirituelle et l'éclat intellectuel de cette période, que beaucoup saluent comme l'apogée de la civilisation médiévale.

Les mentalités du XXe siècle ne peuvent que constater, dans le même temps, combien les conceptions de la vie sociale et religieuse ont évolué depuis lors, par exemple à propos des relations entre pouvoir spirituel et pouvoir temporel, ou à propos des croisades et de l'Inquisition ; elles ont peine à concevoir qu'aux yeux de quasiment tous, à l'époque, le salut des âmes constituait le critère suprême de la vie en société, jusqu'à y justifier des mesures extrêmes.

▶▶▶

Les huit grandes croisades en Orient (1096-1270)

Première croisade (1096-1099)

Proclamée par le pape Urbain II au Concile de Clermont (1095), prêchée par Pierre l'Ermite. Quatre armées fournies par la noblesse occidentale, avec large prépondérance française. Prise de Jérusalem (1099) ; fondation du royaume franc de Jérusalem (Godefroy de Bouillon). La première croisade est la seule qui ait atteint son objectif. Parallèlement, croisade populaire, prêchée par Pierre l'Ermite, se terminant par un désastre.

Deuxième croisade (1147-1149)

Provoquée par la reprise du comté d'Edesse par les Turcs, prêchée par saint Bernard, dirigée par le roi de France Louis VII et l'empereur d'Allemagne Conrad III. Sans résultats.

Troisième croisade (1189-1192)

Provoquée par la reprise de Jérusalem par le sultan Saladin (1187), conduite par le roi de France Philippe Auguste, le roi d'Angleterre Richard Cœur-de-Lion, l'empereur d'Allemagne Frédéric Barberousse. Reprise de Saint-Jean-d'Acre. Echec devant Jérusalem. L'occupation franque ne se maintient plus que dans quelques places, qui tomberont successivement dans le cours du XIIIe siècle, malgré l'héroïsme des moines-chevaliers (Templiers, Hospitaliers....).

Quatrième croisade (1202-1204)

Entreprise par les seigneurs français avec le concours de Venise ; à l'instigation du doge vénitien, la croisade se détourne de son objectif, s'empare de Constantinople capitale de l'empire chrétien de Byzance (séparé de l'Église de Rome depuis le XIe siècle) ; les croisés pillent et tuent de manière odieuse ; ils fondent un empire latin de Constantinople (qui durera 57 ans). Baudoin, comte de Flandre, empereur.

Cinquième croisade (1217-1221)

Entreprise par le français Jean de Brienne et André II, roi de Hongrie.

Sixième croisade (1228-1229)

Entreprise par l'empereur d'Allemagne Frédéric II excommunié ; il passe un compromis avec le sultan d'Egypte pour la possession temporaire de Jérusalem.

Septième croisade (1248-1254)

Entreprise par le roi de France Louis IX (saint Louis), avec une grande partie de la noblesse française. Après quelques succès en Egypte, les croisés sont acculés à la retraite par la famine et les maladies ; saint Louis, prisonnier avec une partie de ses troupes, doit payer rançon.

Huitième croisade (1268-1270)

Entreprise une fois encore par saint Louis, qui s'empare de Carthage, en Afrique du Nord ; la peste ravage le camp croisé, saint Louis meurt devant Tunis.

Fin de la souveraineté latine en Terre Sainte en 1291, avec la prise de Saint-Jean-d'Acre par les Turcs. ■

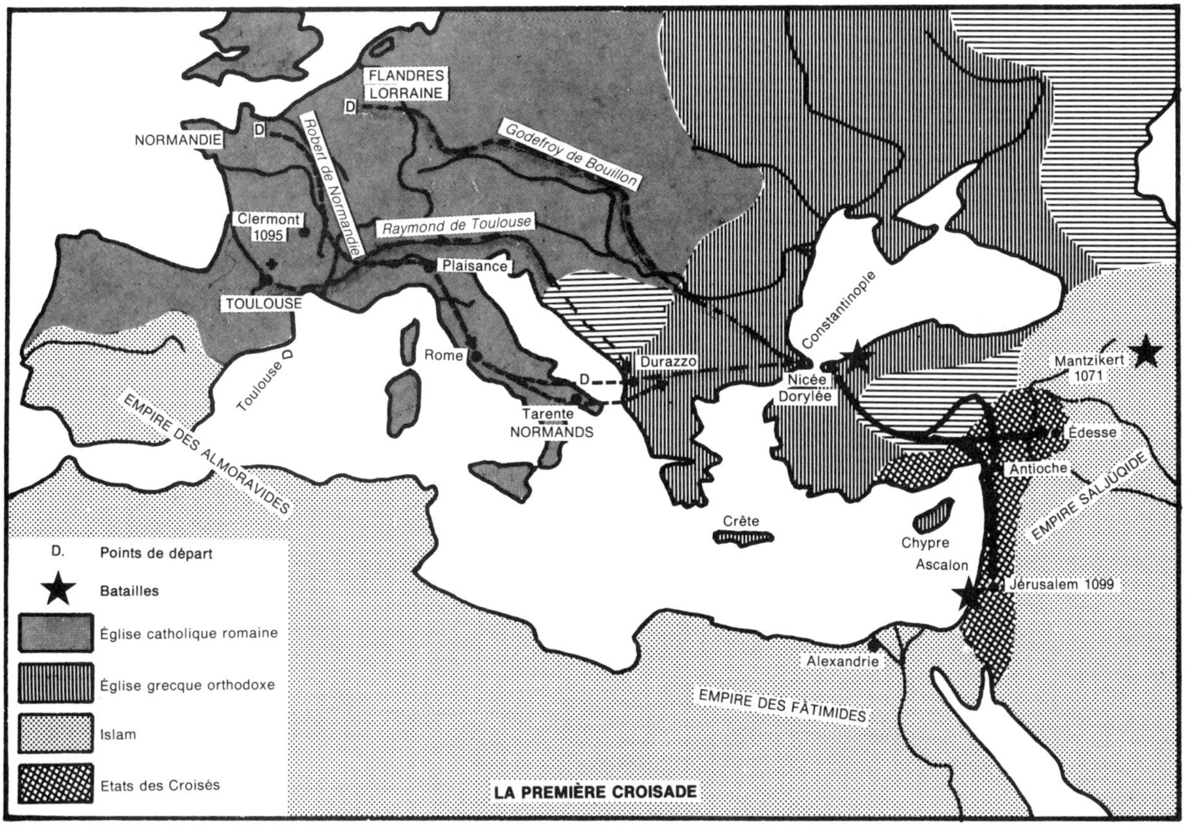

Le phénomène de la croisade

Les causes

Les origines lointaines de la croisade se trouvent dans la conquête du Moyen-Orient par les Arabes au VIIe siècle et l'occupation des lieux saints par les « infidèles » ; à l'époque, l'Occident était bien incapable de prêter main-forte aux chrétiens d'Orient. Du moins (sauf sous la dynastie des Fatimides) le conquérant arabe n'avait pas mis d'obstacle aux pèlerinages chrétiens. La progression dans ces régions des Turcs seljoukides au XIe siècle, également musulmans mais moins tolérants, jeta l'inquiétude ; en même temps la menace turque sur Constantinople, et au-delà sur l'Europe, se fit plus pressante. En 1095, l'empereur de Constantinople lança au pape un appel au secours.

L'esprit

Un grand élan spirituel présida à la première croisade, sans se retrouver au même degré lors des croisades suivantes, dont l'esprit fut souvent altéré par le comportement des croisés. Mais le sentiment religieux n'en fut jamais absent : la plupart des croisés, et bien sûr le plus illustre d'entre eux, saint Louis, vécurent la croisade comme un pèlerinage appelant à un esprit de conversion et de pénitence. Mourir à la croisade était assimilé au martyre. Pour ceux qui prirent la croix les motifs probablement les plus puissants furent, d'une part les promesses faites par les papes de la remise de leurs péchés, et d'autre part le sentiment de profanation ressenti depuis la mainmise des « infidèles » sur le tombeau du Christ, trois siècles et demi auparavant (638).

Des précédents

Quant au fait même de la croisade, il ne fut pas entièrement nouveau ; des chevaliers français, allemands, normands, encouragés par les papes, participaient depuis le début du XIe siècle à la *Reconquista* de l'Espagne sur les musulmans engagée depuis trois siècles. Tolède avait précisément été reprise aux Maures l'année même (1085) où Antioche tombait aux mains des Turcs, déjà maîtres de Jérusalem ; la situation critique des Byzantins aiguisait la mauvaise conscience de l'Occident vis-à-vis des chrétiens d'Orient – fussent-ils schismatiques – qui avaient dû assurer seuls la défense des lieux saints.

Le but atteint ?

L'appel à aller délivrer le tombeau du Christ lancé par le pape Urbain II au concile de Clermont (1095) connut un immense succès ; au lieu de l'unique armée envisagée, il s'en forma quatre, fournies par la féodalité occidentale avec une large prépondérance française.

La première croisade fut la seule à atteindre son but : la prise de Jérusalem (1099).

La présence latine en Orient devait durer deux siècles, avant de disparaître sous les coups successifs des Arabes puis des Turcs (chute de Saint-Jean-d'Acre 1291). Durant cette période, sept autres expéditions patronnées par le Saint-Siège reçurent pour objectif la défense ou la reconquête des lieux saints. Mais en fait la croisade fut une institution permanente : un flux incessant, quoique d'importance variable, amena en Terre Sainte pèlerins ou combattants. Pour la défense des lieux saints se constituèrent des ordres de moines-soldats (templiers, chevaliers teutoniques) ; des ordres hospitaliers (Saint-Jean-de-Jérusalem, Saint-Sépulcre) se chargèrent de la protection et de l'accueil des pèlerins.

Les conséquences

Les lieux saints ne redevinrent donc que très temporairement terre chrétienne ; par contre le fossé entre l'Église de Rome et celle d'Orient, au lieu de se combler, s'élargit, en particulier à la suite de la conquête de l'empire byzantin par la quatrième croisade.

Quant aux effets plus durables de la croisade, on peut noter la fixation pendant deux siècles de l'envahisseur turc qui menaçait l'Europe, le courant spirituel suscité en Occident par le phénomène permanent de la croisade, l'influence des arts et techniques d'Orient sur l'Occident, l'affaiblissement de la féodalité dû à l'éloignement de nombreux seigneurs et à leurs ventes de biens pour subvenir aux frais de la croisade, le prestige dont la France et son Église se trouvèrent bénéficier (*Gesta Dei per francos*) du fait du rôle prépondérant tenu par elles ; enfin la protection des minorités chrétiennes du Levant est restée un des traits permanents de la politique étrangère française, y compris sous les gouvernements les plus anticléricaux des XIXe et XXe siècles. D'où, en particulier, les liens historiques entre la France et le Liban. ■

Le royaume latin de Jérusalem (1099-1291)

On désigne sous ce nom le petit État constitué en 1099 après la prise de Jérusalem et des lieux saints par la première croisade. État dit « latin » parce que les croisés qui le formèrent venaient de tout l'Occident catholique ; la noblesse française étant majoritaire parmi eux, comme parmi ceux qui restèrent sur place, c'est toujours en son sein que furent choisis les rois de Jérusalem ; d'où aussi l'expression fréquemment employée de « royaume franc de Jérusalem » (ou de Syrie).

Les croisés restés sur place après la première croisade conçurent tout naturellement sur le modèle féodal l'organisation du territoire conquis. Ils désignèrent comme souverain celui qui, à leurs yeux, s'était le plus distingué par sa vaillance, GODEFROY DE BOUILLON, duc de Basse-Lorraine ; il refusa la couronne et le titre de roi, qu'il considérait comme déplacés en ce lieu, et se qualifia simplement d'Avoué du Saint-Sépulcre. A sa mort, un an plus tard, son frère BAUDOUIN le remplaça et accepta titre et couronne.

Sous la suzeraineté de ce roi, une hiérarchie de fiefs fut instituée sur le modèle féodal, les territoires étant partagés entre les seigneurs restés sur place ; les rivalités qui, comme ailleurs, en résultèrent devaient constituer une des faiblesses de cette présence en milieu hostile. Cependant, pour protéger et accueillir les pèlerins, désormais nombreux, des membres de la noblesse prirent l'initiative de se constituer en ordres de *moines-chevaliers* ; quoiqu'affaiblis par leurs rivalités, ces ordres militaires devaient jouer un rôle capital dans la défense du petit royaume.

A partir de la perte d'Edesse en 1144 (cause de la seconde croisade), la situation du royaume chrétien ne cessa de s'aggraver ; en 1187, l'armée chrétienne fut écrasée par le Sultan SALADIN, Jérusalem perdue, le roi Guy de Lusignan fait prisonnier ; la troisième croisade (1189-1192) ne parvint qu'à reprendre Saint-Jean-d'Acre et à obtenir de Saladin la liberté d'accès des pélerins aux lieux saints ; Chypre, indûment prise aux Byzantins au passage, vint renforcer le petit royaume latin.

Les autres croisades ne parvinrent pas à modifier la situation, sauf la sixième, celle de l'empereur FRÉDÉRIC II d'Allemagne, qui obtint du sultan une cession des lieux saints pour dix années, et se couronna lui-même roi de Jérusalem en 1229 ; en 1239 Jérusalem revint aux Turcs.

En 1250, SAINT LOUIS, après sa désastreuse croisade d'Égypte (la septième), vint à Saint-Jean-d'Acre et passa plusieurs années à réorganiser et fortifier ce qui restait du royaume latin. Les dissensions continuèrent cependant d'affaiblir ce dernier, qui perdit progressivement ses places fortes. Avec la chute de Saint-Jean-d'Acre en 1291, malgré la défense héroïque des moines-chevaliers, s'acheva l'histoire du royaume latin de Jérusalem. ■

L'empire latin de Constantinople (1204-1261)

Lorsque le pape Innocent III se résolut à susciter la quatrième croisade (1202-1204) pour aider le royaume latin de Jérusalem à recouvrer les lieux saints reconquis par le sultan Saladin en 1187, les rois de France et d'Angleterre étaient trop occupés par leurs querelles pour en prendre la tête ; ce fut donc une croisade purement féodale ; l'absence de grands chefs politiques allait peser sur la suite. Les croisés, sans grands moyens, avaient traité avec la République de Venise pour leur transport ; celle-ci put ainsi leur imposer ses conditions. L'empire de Constantinople était alors en pleine anarchie et Venise, tête d'un puissant empire économique et maritime à base de comptoirs et de traités, pensa le moment venu de régler par une conquête les difficultés chroniques qu'elle rencontrait de ce côté. Or il se trouva précisément que le fils de l'empereur byzantin récemment détrôné vint solliciter l'appui de Venise, avec des promesses très séduisantes ; les croisés se laissèrent persuader sans peine d'en bénéficier.

En 1203, ils s'emparèrent donc de Constantinople, remirent sur son trône l'empereur déchu et lui rappelèrent ses promesses, qu'il était en fait bien incapable de tenir. Une émeute populaire ayant renversé l'empereur, les croisés s'emparèrent à nouveau de la ville, se livrant au massacre et au pillage. Puis, après avoir élu comme empereur BAUDOUIN, comte de Flandre, ils se partagèrent l'empire grec, sous forme de fiefs curieusement enchevêtrés avec des principautés grecques devenues indépendantes. Quant aux Vénitiens, ils s'assurèrent sur la côte et les îles des points favorables à leurs affaires. Le glorieux empire grec de Byzance semblait définitivement disparu.

Ce ne fut pas le cas, mais il ne se releva jamais complètement de ce coup. A partir d'un embryon d'empire établi en Asie Mineure, à Nicée, une dynastie d'empereurs grecs, les PALÉOLOGUES, entreprit et poursuivit avec ténacité la reconquête, aidée par la population grecque. L'empire latin, rendu impuissant par l'autonomie de ses principautés disséminées, se vit investi de toutes parts.

En 1261, MICHEL VIII PALÉOLOGUE reprit Constantinople et l'empereur latin Baudouin II s'enfuit. Mais les principautés latines ne disparurent que très progressivement. Les Vénitiens pour leur part, grands gagnants de l'entreprise, gardèrent toutes leurs conquêtes. ■

Des dissidents : les vaudois ou pauvres de Lyon

PIERRE VALDÈS ou VALDO était un riche marchand lyonnais, converti vers 1175 en lisant l'Évangile qu'il avait fait traduire en provençal pour le comprendre. Appliquant à la lettre le conseil du Christ, il quitta sa femme, à laquelle il laissa ses terres, plaça ses filles à l'abbaye de Fontevrault et distribua en aumônes les biens qui lui restaient. Groupant autour de lui quelques disciples, il commença une vie itinérante, prêchant la pénitence sans toutefois être muni d'aucun mandat de son évêque. Celui-ci lui interdit de poursuivre son enseignement. Valdès fit appel au pape Alexandre III, qui confirma la nécessité, pour une prédication, d'être autorisée par l'évêque.

Valdès et ses compagnons, refusant de se soumettre, furent excommuniés en 1184 par le Concile de Vérone, en même temps que les cathares ; ils poursuivirent une action clandestine, se réclamant de la seule autorité de l'Évangile et accusant le clergé de trahir l'esprit évangélique.

A la suite d'une scission parmi les Vaudois, les uns, surtout présents en Languedoc, Provence et Dauphiné, restèrent en lien avec l'Église, tandis que les autres, principalement implantés au Piémont, constituèrent leur propre Église dont étaient bannis les sacrements et le culte des saints. Lors de la Réforme protestante au XVIe siècle, dont l'esprit était proche du leur, ces derniers s'y rallièrent. Malgré des persécutions incessantes, le mouvement vaudois (voir Index) s'est maintenu jusqu'à nos jours. Ses membres (environ 20.000, la plupart au Piémont, quelques-uns en France) forment l'Église évangélique vaudoise, qui groupe la majorité des protestants italiens. ■

▶▶▶

RICHESSE ET HÉRÉSIES

Les grands problèmes spirituels du XIIIe siècle ne peuvent se comprendre sans se reporter au vigoureux développement économique des XIIe et XIIIe siècles et à ses conséquences : accroissement de population, essor urbain, développement d'une bourgeoisie marchande, élargissement des milieux cultivés, prospérité matérielle des ordres monastiques et du haut clergé.

La richesse de l'Église, sans cesse accrue par le flot des donations pieuses, avait déjà suscité des réactions aux XIe et XIIe siècles ; on avait alors vu se former des organisations de laïcs, hommes et femmes, prêchant et vivant la pauvreté. Leur évolution s'était faite, ou allait se faire, en des sens divers : maintien de la communion avec l'Église pour les *Humiliés* d'Italie, grâce à l'esprit réformateur du pape Innocent III ; orientation franchement hérétique et schismatique pour les *Vaudois,* issus des *Pauvres de Lyon* fondés par Pierre Valdès ; agitation politique à Romè pour les disciples d'Arnaud de Brescia, qui finit sur le bûcher. Divers groupes contestataires, critiquant l'Église et prônant le retour à l'autorité de la seule Écriture, se manifestaient également à travers l'Europe.

Dans la seconde moitié du XIIe siècle, une autre vague, venue d'Orient, s'était répandue en Italie, en Allemagne, puis dans le

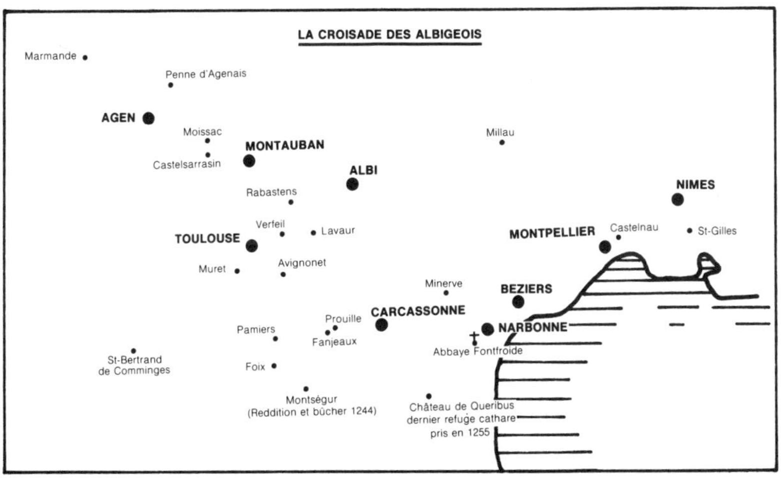

Midi de la France, (d'où le nom d'*Albigeois* couramment donné aux adeptes de la secte en France) : les *cathares.* Constitués en véritable contre-Église, ils allaient assurer leur succès au XIIIe siècle par un mélange paradoxal d'austérité et de laxisme : d'une rigueur intransigeante, notamment en matière de pauvreté et de chasteté, à l'égard de leurs cadres (les « parfaits »), ils étaient ainsi un vivant reproche à la richesse de l'Église et aux mœurs de beaucoup de clercs ; laxistes à l'égard de leurs autres membres, ils offraient de la sorte au tout venant la perspective d'un salut à bon compte. Ils allaient en outre recevoir le soutien d'une noblesse locale menacée, par la réforme de l'Église en cours, d'avoir à restituer à celle-ci les biens qu'elle avait usurpés.

▶▶▶

Les cathares ou Albigeois

Les cathares sont peut-être les descendants spirituels d'une très ancienne tradition religieuse iranienne de type « dualiste », bien antérieure au christianisme, et qui subsiste aujourd'hui encore en Iran et en Inde (mazdéistes ou zoroastriens). De cette tradition sont également proches le courant « gnostique » des premiers siècles du christianisme, la doctrine manichéenne des IIe et IIIe siècles et celle des bogomiles slaves à partir du Xe siècle.

Le mouvement cathare, venu de Constantinople au XIe siècle, se répandit en Europe occidentale (Allemagne, Italie, France). En France il rencontra dans le Midi languedocien un terrain favorable (d'où le nom d'Albigeois) : tradition de tolérance, médiocre niveau intellectuel et moral d'un clergé encore inégalement touché par la réforme grégorienne, richesse de l'Église.

Selon la doctrine cathare, deux puissances ou principes se livrent une lutte implacable dans le monde : d'un côté *le Bien,* d'où procède tout ce qui est *lumière* et *esprit* ; de l'autre le *Mal,* **Satan**, d'où vient tout ce qui est *matière* et *ténèbres.* Pour échapper au mal, il faut se libérer du monde, en particulier du corps, par un ascétisme extrême, des jeûnes, la continence sexuelle, l'abstention de chair animale ; d'ailleurs, la purification d'un esprit pouvant se poursuivre à travers plusieurs vies, y compris animales, il ne faut pas tuer d'animaux.

Seule une élite pouvait s'astreindre à ces exigences, celle des *élus, parfaits ou purs* (en grec *catharos,* pur) ; ils en prenaient l'engagement au cours d'une cérémonie appelée *consolamentum.* Seuls, en principe, ils pouvaient donc être sauvés.

Toutefois les autres adeptes (*croyants* ou *auditeurs*) pouvaient aussi être sauvés s'ils recevaient avant de mourir le *consolamentum,* qui ne pouvait cependant être donné qu'une fois dans le cours de la vie. Jusque-là, ils pouvaient mener l'existence la plus libre.

La doctrine cathare rencontra un grand succès : aisément compréhensible par tous et même simpliste, tout en rendant compte du problème du mal et de la souffrance, elle apportait aux plus exigeants un cadre et un soutien, et au plus grand nombre, à la fois liberté de comportement et espérance. La fidélité des « purs » à leurs engagements austères tranchait avec le comportement du clergé languedocien et la richesse de l'Église ; elle attirait la sympathie populaire.

Les cathares étaient organisés en véritable contre-Église, avec diacres, évêques, conciles ; ils manifestaient un dynamisme missionnaire qui assurait leur succès.

La doctrine cathare était évidemment étrangère au christianisme : elle rejetait l'idée d'un Dieu souverainement bon et créateur, et d'un salut apporté par le Fils de Dieu prenant un corps d'homme et mourant pour l'humanité ; elle ignorait la grâce, les sacrements, la résurrection de la chair. Son succès soulignait l'ignorance religieuse de la population, clergé inclus, dans une région qu'on pouvait pourtant croire christianisée, et où elle mettait en péril l'existence même de l'Église.

Quant aux pouvoirs politiques, ils voyaient la vie sociale menacée non seulement par la perspective d'une division religieuse, mais par une doctrine favorisant une forme d'anarchie, et allant jusqu'à mettre en cause la transmission de la vie. D'où la vigueur des réactions contre le mouvement cathare. ■

L'expansion du catharisme dans le Languedoc au XIIe siècle avait déjà conduit papes et évêques à y susciter prédications et débats publics, mais sans grand succès. A son avènement en 1198, le pape Innocent III commença par poursuivre la même politique. De passage dans la région, Dominique de Guzman, le futur saint Dominique, prit conscience de l'importance du problème posé par l'ignorance religieuse de la population et par la médiocrité intellectuelle et morale du clergé. En 1205, à la demande d'Innocent III, il se mit lui-même à parcourir villes et villages, prêchant et débattant, tout en menant une vie de jeûne et de pauvreté ; ce fut le point de départ de l'ordre mendiant des Frères Prêcheurs.

En 1208, le légat pontifical Pierre de Castelnau fut assassiné par un écuyer de Raymond VI, comte de Toulouse, lequel était acquis aux cathares. Innocent III changea alors de politique. Il excommunia et déposa Raymond VI et lança un appel à la croisade contre l'hérésie. Seigneurs et chevaliers accoururent de toute la France ; en 1209, la population de Béziers était passée au fil de l'épée.

Le chef de l'expédition, Simon de Montfort, donna bientôt à la croisade un caractère de conquête territoriale qui dressa contre lui la population ; cependant la sanglante bataille de Muret (1213) fit tomber le comté de Toulouse ; la guerre paraissait terminée. Or Innocent III étant mort en 1216, Toulouse se souleva en 1217 et Raymond VI y rentra triomphalement. En 1226, dépassé par les événements, le nouveau chef de la croisade, Amaury, fils de Simon de Montfort tué au combat, fit appel au roi de France, Louis VIII. La croisade entra dans sa seconde phase.

Louis VIII vint reconquérir la région, mais mourut avant la fin des opérations, et c'est son épouse, la reine Blanche de Castille, régente durant la minorité de son fils, le futur Louis IX, qui les mena à leur terme. Elle signa avec Raymond VII, successeur de Raymond VI, le traité de Meaux-Paris (1229) qui assurait la possession du Languedoc à la couronne de France. Un concile régional tenu à Toulouse organisa la répression de l'hérésie, donnant à l'Inquisition languedocienne ses statuts.

En 1242, Raymond VII s'associa à une coalition de princes étrangers contre le roi de France ; celui-ci, le jeune Louis IX (saint Louis), réagit avec promptitude et défit la coalition (Taillebourg et Saintes) ; le comte de Toulouse dut une nouvelle fois traiter. A sa mort, quelques années plus tard, ses biens revinrent à sa fille, mariée au frère de Louis IX en vertu du traité de Meaux ; ce fut la réunion définitive du Languedoc au royaume de France.

La résistance cathare se poursuivit encore quelque temps dans des places fortes jugées imprenables (Montségur, Quéribus) ; elles finirent cependant par tomber en 1244 et 1255, et leurs défenseurs, mis devant le choix d'abjurer leur foi ou de monter sur le bûcher, n'hésitèrent pas : ils périrent brûlés. ■

Ph. Rapho-Yan

Château de Montségur (Ariège), refuge des Albigeois assiégés et pris par les croisés en 1244.

▶▶▶

La vague cathare faillit balayer la foi catholique dans toute la vaste région allant d'Agen aux bords du Rhône ; la réaction n'en fut que plus brutale.

Le temps d'Innocent III

C'est dans ce contexte inquiet que s'ouvrit le pontificat du pape Innocent III (1198-1216), qui allait profondément marquer la première phase du XIIIe siècle et tout autant retentir sur la suite.

Innocent III fut en effet une personnalité d'exceptionnelle envergure ; il imposa à l'Occident sa conception théocratique de la prééminence du pouvoir pontifical sur tous les autres pouvoirs (et de ce fait se trouva engagé dans un nouvel épisode de la sempiternelle *lutte du Sacerdoce et de l'Empire,* qui avait pris la suite de la *Querelle des Investitures) ;* il mit toute son énergie dans la poursuite de la réforme de l'Église, apportant notamment un soutien actif aux ordres mendiants naissants, comme à la toute jeune *Université de Paris ;* il multiplia les efforts pour relancer la croisade en Terre Sainte et prit l'initiative de la croisade contre les Albigeois. Avec Innocent III, le pouvoir exercé par la papauté au sein de l'Église comme dans l'ensemble de la chrétienté atteignit peut-être son degré le plus élevé de toute l'histoire.

La vraie réponse aux hérésies : les ordres mendiants

La croisade et l'Inquisition eurent sans doute raison de l'hérésie albigeoise ; mais elle ne pouvaient apporter de réponse à l'at-

▶▶▶

La théocratie avec Innocent III

La réforme grégorienne visait deux buts : la rénovation du clergé et la restauration de l'autorité et de l'indépendance pontificales vis-à-vis des pouvoirs politiques, le second objectif retentissant sur le premier par le biais des nominations épiscopales.

Avec l'avènement du pape Innocent III à l'aube du XIIIe siècle (1198), la restauration du pouvoir pontifical allait atteindre son sommet, si l'on s'en tient à la conception d'Innocent lui-même.

Posant avec rigueur les principes d'un gouvernement théocratique, rigueur justifiée selon lui par la mission impartie au vicaire du Christ (les clefs du Royaume lui sont remises), Innocent entendait non seulement ressaisir la plénitude du pouvoir spirituel, mais placer sous le strict contrôle de celui-ci l'ensemble des pouvoirs politiques. Le salut des sujets était à ce prix, pensait-il.

A l'Église donc l'appartenance des « deux glaives », spirituel et temporel. L'autorité des souverains procédait d'une délégation pontificale, comme celle-ci procédait elle-même d'une délégation divine, le tout hiérarchisé selon une vision toute féodale.

Cette théorie, mise en œuvre tout au long du pontificat, reçut une consécration éclatante au IVe Concile du Latran (1215), l'assemblée la plus imposante de tout le Moyen Âge ; cette théorie éclaire les diverses initiatives d'Innocent.

1. Dans ses relations avec les souverains :

• en Italie, il imposa partout son autorité ou son influence ;

L'Inquisition

Ce mot (du latin *inquisitio*, enquête) désigne divers tribunaux ecclésiastiques ayant eu à juger en matière d'hérésie. Leur objet était d'enquêter (d'où leur nom) sur la foi des populations, de ramener à la vraie foi ceux qui s'en écartaient et, à tout le moins, de les empêcher de nuire à la foi des chrétiens. Ils fonctionnèrent en divers pays, à des époques et selon des modalités très diverses. Les tribunaux d'inquisition qui ont le plus fait parler d'eux sont ceux institués contre l'hérésie cathare (XIIe et XIIIe siècles) et ceux institués en Espagne à partir du XIVe siècle.

L'hérésie cathare fut l'objet en 1184 d'une mesure d'excommunication prononcée par le pape Lucius III, en même temps que sur toutes les hérésies existantes ; les évêques étaient chargés de faire des enquêtes, les coupables étant remis au pouvoir laïc qui leur appliquait les peines alors en vigueur, pratiquement l'emprisonnement et la confiscation. Ces dispositions furent confirmées sous Innocent III par le IVe concile du Latran (1215). La peine du feu était déjà appliquée en Languedoc lorsque l'empereur Frédéric II en adopta la pratique en 1224.

En 1229, en vertu du traité de Meaux-Paris entre Blanche de Castille et le comte de Toulouse, un concile régional tenu à Toulouse arrêta les dispositions de la répression de l'hérésie cathare en Languedoc sous la responsabilité des évêques. En 1232, le pape Grégoire IX dessaisit les tribunaux épiscopaux, jugés trop complaisants aux cathares, organisa la recherche des hérétiques et confia aux Frères Prêcheurs l'ensemble des moyens de lutte contre ces derniers, y compris l'Inquisition ; plus tard les franciscains leur furent associés. Les inquisiteurs languedociens ne devaient plus relever que du pape, auprès duquel il pouvait être fait appel contre leurs sentences. Grégoire IX établit l'Inquisition dans les principaux pays d'Europe.

La procédure était rigoureuse. En 1252, rompant avec une tradition constante de l'Église, le pape Innocent IV autorisa l'usage de la *question*, à condition qu'elle ne mît pas en péril la vie ou l'intégrité physique et qu'elle fût appliquée par des juges séculiers ; mais, en 1262, Urbain IV autorisait les inquisiteurs à l'appliquer eux-mêmes ; quant à l'intégrité physique, il est bien des manières de torturer sans mutiler !

Les sentences étaient prononcées devant l'évêque, en séances publiques et solennelles (les futurs *autos da fé*, « actes de foi », en portugais) : fauteurs d'hérésie, suspects, simples membres de l'Église cathare recevaient des pénitences pénibles mais temporaires (port de croix jaunes en étoffe, flagellation, pèlerinage...) ; fugitifs, parjures, relaps étaient punis de prison à vie ; les « irréductibles » étaient punis de mort et livrés au « bras séculier » à qui il revenait d'appliquer la peine. Le Saint-Siège ne précisait pas la nature de l'exécution mais ne blâmait pas l'usage du feu ; cette peine aura cependant un caractère relativement restreint (moins de 1 % de l'ensemble des peines infligées au XIIIe siècle, selon P. Christophe dans *L'Église dans l'histoire des hommes)* ; mais bien des bûchers furent élevés, en dehors de l'Inquisition, par les croisés.

L'Inquisition languedocienne s'éteignit avec l'hérésie cathare au XIVe siècle.

L'institution de l'inquisition, qui heurte profondément les mentalités du monde occidental du XXe siècle, s'inscrit dans un contexte médiéval qui en est très différent (cf. ci-dessous la position de saint Thomas d'Aquin). Deux facteurs intervenaient alors : le sentiment de grande fragilité qu'éprouvait une société en pleine évolution et encore très instable, et simultanément, le sentiment que, précisément, le fondement de la société civile était la foi ; l'hérétique était donc ressenti comme menaçant l'ordre social ; c'est un réflexe analogue qui s'exerça à l'égard des juifs. ■

(Inquisition espagnole : voir Index.)

(pape de 1198 à 1216)

- en Allemagne, il fit élire empereur Othon IV contre Philippe de Souabe, puis l'excommunia après l'occupation de la Toscane par l'empereur (1210) et le fit remplacer par Frédéric II (1212) ; Othon fut vaincu à Bouvines (1214) par les alliés du pape ;
- en France, en jetant l'interdit sur le royaume, il empêcha Philippe Auguste de répudier Ingeburge ;
- en Angleterre, par le même moyen, il obligea Jean-sans-Terre à se soumettre à propos de la nomination de l'archevêque de Cantorbéry ;
- en Espagne, il suscita la coalition qui remporta la victoire de Las Navas de Tolosa (1212), étape décisive de la *Reconquista* sur les Maures.

2. Dans la défense des lieux saints malgré l'inertie des souverains (IVe croisade, qui sera détournée de son but par Venise ; mise en route de la Ve).

3. Dans la défense de la foi (campagne de prédication contre l'hérésie albigeoise ; déclenchement de la croisade contre les Albigeois, dont les excès le feront d'ailleurs réagir).

4. Dans l'effort de renouveau spirituel (fondation des ordres mendiants - franciscains et dominicains - qui remirent en honneur pauvreté et pureté évangéliques ; adoption par le IVe concile du Latran d'un ensemble de dispositions favorisant la vie sacramentelle et combattant l'immoralité des clercs et des princes ; soutien à la création des universités malgré les réticences des évêques). ■

Bras séculier

(Du lat. *saeculum*, siècle). Dans le langage ecclésiastique ancien, on désignait de la sorte, l'action de la justice civile pour la distinguer de celle des tribunaux ecclésiastiques ; les mots « siècle », » séculier », désignaient ce qui se rapporte à la vie profane, à la vie du « monde », ou à ce qui est en lien avec elle (ainsi le clergé « séculier » désignait – et désigne encore souvent – le clergé qui ne relève pas des ordres monastiques, lesquels vivent retirés du « monde »). L'Église s'interdisant l'exécution des peines capitales, les tribunaux ecclésiastiques remettaient à la justice civile, au « bras séculier », ceux qu'ils avaient condamnés à de telles peines (voir Inquisition). Il y a longtemps, maintenant, que les tribunaux ecclésiastiques, lorsqu'ils jugent en matière pénale – ce qui est beaucoup plus rare qu'en matière contentieuse – prononcent des peines d'ordre exclusivement religieux (voir : Tribunaux ecclésiastiques. Peines canoniques).

Saint Thomas d'Aquin et la répression de l'hérésie

En ce qui concerne les hérétiques, il y a deux choses à considérer, une de leur côté, une autre du côté de l'Église. De leur côté assurément, il y a un péché par lequel ils ont mérité non seulement d'être séparés de l'Église par l'excommunication, mais aussi d'être retranchés du monde par la mort. Il est en effet beaucoup plus grave de corrompre la foi qui assure la vie de l'âme que de falsifier la monnaie qui permet de subvenir à la vie temporelle. Par conséquent, si les faux-monnayeurs ou autres malfaiteurs sont immédiatement mis à mort en bonne justice par les princes séculiers, bien davantage les hérétiques, aussitôt qu'ils sont convaincus d'hérésie, pourront-ils être non pas seulement excommuniés mais très justement mis à mort. Du côté de l'Église, au contraire, il y a une miséricorde en vue de la conversion de ceux qui sont dans l'erreur. C'est pourquoi elle ne condamne pas tout de suite, mais « après un premier et second avertissement », comme l'enseigne l'Apôtre. Après cela, en revanche, s'il se trouve que l'hérétique s'obstine encore, l'Église n'espérant plus qu'il se convertisse pourvoit au salut des autres en le séparant d'elle par une sentence d'excommunication, et ultérieurement elle l'abandonne au jugement séculier pour qu'il soit retranché du monde par la mort.

Thomas d'Aquin, *Somme théologique*, Trad. Revue des Jeunes. Desclée 1950. Cité dans *Pour lire l'Histoire de l'Église* de J. Comby, éd. Cerf.

La condition juive au Moyen Âge

Une présence qui pose question

Des colonies juives existaient en Europe sous l'Empire romain. Leur persistance au sein d'un Occident médiéval quasi-totalement christianisé ne manqua pas de poser question aux populations : d'une part, tout ce qui n'était pas conforme aux normes régissant la société y apparaissait en effet comme un défi ; d'autre part, la vitalité même de la foi juive apparaissait à beaucoup, à l'instar des hérésies, comme une menace pour la foi chrétienne.

D'autant que, après la destruction de Jérusalem en 70 et la dispersion des survivants, le judaïsme avait été conduit, notamment au cours d'un synode rabbinique tenu en 90 à Jamnia, en Palestine, à prendre une nouvelle conscience de lui-même et à se définir un nouveau type de vie religieuse et communautaire centré sur le culte synagogal, où, de fait, il puisait la force de sa survie au sein de sa condition très minoritaire en milieux non juifs.

Par surcroît, la plupart des professions étant refusées aux juifs, l'une des rares qui leur restaient ouvertes était le prêt à intérêt, interdit aux chrétiens ; profession très lucrative (les taux étant fort élevés), mais très risquée (payeurs défaillants ou de mauvaise foi, main basse périodique des pouvoirs publics sur cette richesse impure), elle sera l'une des sources du ressentiment populaire contre les juifs.

Jusqu'au XIe siècle, cependant, on ne constate pas de persécutions contre eux, sauf en Espagne où, du reste, elles feront bien accueillir par les juifs la conquête arabe au VIIIe siècle. Sous cette domination arabe, la civilisation juive atteindra même un grand éclat : des philosophes comme Avicebron au XIe siècle et Maïmonide au XIIe siècle influenceront profondément la théologie chrétienne du XIIIe siècle. Ailleurs les juifs font généralement l'objet de la protection des rois et des princes.

Un changement d'attitude

La situation se modifie totalement à partir du XIe siècle, avec les croisades. On assiste alors en Europe à des massacres de juifs, assimilés aux infidèles profanateurs des lieux saints. Les évêques ainsi que saint Bernard réprouvent sans doute ces actes : la dispersion actuelle des juifs ne sanctionne-t-elle pas suffisamment leur refus du salut et la mort du Christ ? Ne témoigne-t-elle pas parmi les chrétiens de la réalité de la rédemption ? Mais cette tolérance, si limitée qu'elle soit, n'est pas comprise.

Au XIIe siècle les hérésies populaires provoquent par contrecoup une réaction de peur à l'égard de tout non-conformisme ; les juifs sont alors accusés de crucifixions d'enfants et de profanations de l'eucharistie, et victimes de nombreux procès et massacres. Par contre, ils jouissent d'une réelle sécurité dans les États pontificaux. Conciles généraux et régionaux n'en adoptent pas moins une législation répressive ; le quatrième concile du Latran (1215) en particulier impose aux juifs le port de la rouelle (image de roue en tissu rouge ou jaune) et renouvelle l'interdiction aux chrétiens d'habiter avec des juifs. C'est l'origine des ghettos dans les grandes villes ; un véritable *apartheid* s'installe. L'art religieux commence à présenter les juifs sous des traits caricaturaux dans les scènes de la Passion.

La tension monte encore au XIIIe siècle : saint Louis fait brûler 24 charrettes d'écrits du Talmud. En 1290 le roi d'Angleterre Edouard Ier et en 1306 le roi de France Philippe le Bel expulsent de leurs royaumes les juifs, qui vont grossir les communautés judaïques en pays de langue allemande. Au XIVe siècle, nouvelle émigration lorsque les juifs sont accusés de répandre la grande peste (1348-1349) et victimes de sévices. Le Comtat Venaissin (avec Avignon alors résidence des papes) est un des lieux de refuge ; aucune mesure d'expulsion n'est prise en Italie.

En Espagne reconquise sur l'Islam, les juifs, considérés par les chrétiens comme des ennemis en puissance, sont bientôt contraints à des conversions massives. En 1478, la redoutable Inquisition espagnole est instituée pour réprimer les fausses conversions. En 1492, l'expulsion générale des juifs est décrétée (voir Inquisition espagnole). Le Portugal fait de même.

L'image du juif « perfide » subsistera longtemps chez les chrétiens (cf. en 1894-1906 l'affaire Dreyfus) et jusque dans la liturgie. Déjà en 1938, Pie XI, visant le racisme nazi, avait déclaré : « Nous sommes spirituellement des Sémites. » Mais il faudra les horreurs de la « Shoah » durant la Seconde Guerre mondiale pour voir les esprits évoluer sensiblement. Au concile Vatican II, l'Église romaine adopte une attitude positive à l'égard des juifs et du judaïsme (Déclaration sur les religions non chrétiennes, 1965) ; depuis lors, les relations interconfessionnelles se multiplient, sans exclure des moments de tension (carmel d'Auschwitz). ■

▶▶▶

tente que révélait en fait le mouvement cathare : attente d'un retour à l'esprit de pauvreté et de fraternité des origines chrétiennes.

Cette réponse, ce furent les ordres mendiants franciscain et dominicain, qui l'apportèrent, en pleine conformité avec l'esprit de rénovation qui animait les dirigeants de l'Église depuis le XIe siècle. Malheureusement elle arrivait trop tard en ce qui concerne l'affaire albigeoise ; du moins fut-ce à cette occasion que saint Dominique découvrit sa vocation.

Il est frappant de constater que les initiatives de saint Dominique avec ses *Frères Prêcheurs* et de saint François d'Assise avec ses *Frères Mineurs* sont exactement contemporaines (1215 et 1210), sans pour autant résulter d'une quelconque concertation entre eux : c'est assez dire combien était criante l'attente de leur époque.

Les nouveaux ordres modifièrent profondément le visage de l'Église au XIIIe siècle. Ils avaient pour caractéristique commune de viser à un apostolat en plein cœur de la société de leur temps, c'est-à-dire dans les villes, alors que les moines (Cluny mis à part) avaient jusque-là cherché les solitudes rurales. Le rôle croissant de la ville, celui des nouvelles catégories sociales qui la peuplaient, le développement des diverses fonctions économiques et financières, attesté notamment par l'importance prise par les foires, le fait récent des universités et leur rayonnement intellectuel, tout montrait que l'avenir de la société se jouerait désormais en milieu urbain.

▶▶▶

Ph. Roger-Viollet

Saint François d'Assise recevant les stigmates, par Giotto. Début du XIVe s. (École florentine).

Saint François d'Assise (1182-1226)
fondateur en 1210 des Frères Mineurs (franciscains)
Saint Dominique (1170-1221)
fondateur en 1215 des Frères Prêcheurs (dominicains)
Sainte Claire (1193-1253)
fondatrice en 1211 des Pauvres Dames (clarisses)
Voir Index

Les Frères Prêcheurs (ou Dominicains)

Après dix années de prédication sur le terrain, saint Dominique a pris la pleine mesure des carences de l'Église languedocienne, éminemment favorables au succès de l'hérésie cathare : médiocrité du clergé et ignorance religieuse de la population. En 1215, il fonde à Toulouse une communauté de prêtres destinés à la prédication itinérante et à l'enseignement, tout en menant une vie évangélique inspirée de celle des apôtres. Les innovations y sont nombreuses : alors que les moines vivaient loin du monde et ne quittaient pas leur monastère, les religieux de Dominique seront au contact des foules, spécialement dans les villes, et en constant déplacement. Alors que les moines n'étaient pas nécessairement prêtres, les religieux de Dominique le seront tous. Alors que les prêtres jusque-là ne prêchaient guère, l'évêque étant le prédicateur attitré, la prédication sera la vocation des religieux dominicains.

Malgré ces innovations, le pape Innocent III approuve la fondation de l'ordre des Frères Prêcheurs de Dominique, exigeant seulement l'adoption d'une règle déjà existante ; Dominique choisit celle de saint Augustin, règle du chapitre de chanoines auquel lui-même appartient. Il la complète par des dispositions originales. D'abord, s'y trouvent combinés une structure centralisée et hiérarchisée - avec un Maître général aux pouvoirs considérables - et un dispositif démocratique (les supérieurs sont désignés à tous les niveaux par voie élective ; le pouvoir législatif et judiciaire de l'ordre est confié à un chapitre général composé des représentants élus de tous les couvents).

En outre, les couvents ne doivent pas être des résidences mais des centres de ressourcement, de formation, d'étude. Tout un dispositif d'enseignement des religieux, depuis l'actuel niveau secondaire jusqu'au niveau universitaire, est mis en place, incluant l'enseignement des langues nécessaires à l'activité missionnaire.

Le niveau très élevé de formation des religieux dominicains, bien qu'essentiellement conçu dans la perspective de la prédication, fera de l'ordre un vivier de théologiens, dont certains parmi les plus célèbres (Albert le Grand, Thomas d'Aquin...). La vie du frère n'en est pas moins rude : prière nocturne, déplacements à pied, nourriture et logement mendiés, longues journées de prédication, souvent devant des auditoires hostiles. Six ans après la mort de Dominique, l'ordre était présent partout en Europe, en attendant de s'aventurer en Afrique, en Perse, en Ukraine, en Chine...

La branche féminine de l'ordre avait précédé la branche masculine, avec la fondation par Dominique en 1207 à Prouille, près de Toulouse, d'une communauté de femmes cathares converties. ■

Les Frères Mineurs (ou Franciscains)

Aux compagnons qui étaient venus, vers 1209, partager sa vie de pauvreté et de prédication, saint François n'avait demandé ni connaissances ni formation. Leur prédication était simple, directe, de style populaire, plus spirituelle et morale qu'intellectuelle et doctrinale. Ils portaient l'habit des pauvres gens : une robe brune à capuche, une corde en guise de ceinture (d'où, en France, leur nom de « cordeliers »).

Le développement et le succès même de leur ordre appelèrent bientôt une forme d'organisation. En 1223, le pape Honorius III approuva la forme définitive de la règle de l'ordre, appelé, par son fondateur, celui des Frères Mineurs. Mais François, davantage maître spirituel qu'organisateur, n'en voyait pas moins avec déplaisir cette évolution qui éloignait la communauté de son style et de son esprit primitifs ; il craignait la tentation de l'orgueil et de la possession. Se trouvant en désaccord à ce sujet avec la majorité des Frères, il en avait laissé en 1220 la direction à Elie de Cortone pour se consacrer tout entier à la prière, à la méditation et à la prédication.

A la fin du XIIIe siècle, l'ordre comptait plus de 1 500 maisons en 34 provinces ; sa vocation à prêcher l'Évangile devait le conduire très vite au-delà des frontières de la chrétienté, en Islam, en Chine, en Tartarie. Il est aujourd'hui encore l'ordre masculin le plus nombreux.

La difficulté de passer du type de vie d'un petit groupe informel à celui d'un ordre nombreux et dispersé devait provoquer bien des crises internes, dont l'origine se trouvera toujours dans la question de la pauvreté. Elles n'empêcheront pourtant pas l'ordre de progresser en effectif et en influence. Par la suite, la querelle fut avivée par l'influence de l'œuvre de Joachim de Flore († 1202) sur une partie des Frères.

Saint Bonaventure, porté à la tête de l'ordre en 1257, parvint à lui rendre son unité par des formules de compromis. Après sa mort (1274), l'opposition alla en s'aggravant entre les *spirituels*, attachés à la pauvreté absolue et sensibles aux idées de Joachim de Flore, et les *conventuels* modérés. Condamnés par les papes Boniface VIII, Jean XXII et le concile de Vienne (1311), les *spirituels* entrèrent en majorité en rébellion : ils devinrent les *fraticelli*, les petits frères : une minorité des Spirituels se sépara d'eux pour former la congrégation des *Observants*. Les *fraticelli*, de plus en plus radicalisés et marginalisés, furent poursuivis par l'Inquisition qui finit par les briser ; il en subsista cependant jusqu'au XVe siècle.

Aujourd'hui, la famille franciscaine comprend l'Ordre franciscain des Frères Mineurs (regroupement des diverses branches des *observants*), l'Ordre franciscain des Frères Mineurs conventuels, et l'Ordre franciscain des Frères Mineurs capucins (créé au XVIe siècle par un observant). ■

Ph. Alinari-Giraudon

Saint Dominique, par Fra Angelico (v. 1440). Couvent San Marco. Florence.

Ph. Roger-Viollet

Procession de flagellants (détail). Gravure (XVIIIe siècle).

JOACHIM DE FLORE (1140-1202), ou la mystique inspiratrice de révolutionnaires

Fondateur d'un ordre monastique à San Giovanni in Fiore (d'où son nom), il s'est rendu célèbre par son schéma de l'histoire du monde. Cette histoire compterait selon lui trois périodes : *l'âge du Père et de la Loi,* allant de la création à la Rédemption ; *l'âge du Fils et de l'Evangile,* qui était supposé arriver à son terme ; *l'âge de l'Esprit,* auquel il fallait se préparer car il commencerait en 1260 ; une Église entièrement monacale sous la direction d'un chef évangélique allait remplacer celle des évêques et gouverner une humanité convertie à la pauvreté évangélique.

Ses prophéties rencontrèrent un puissant écho dans le mouvement mystique et contestataire des « fraticelli » aux XIIIe et XIVe siècles. Ils voyaient dans la personne de François d'Assise († 1226) le chef évangélique annoncé par Joachim. En 1260, commencement supposé du nouvel âge, on vit apparaître en Italie et en Allemagne les premiers *flagellants,* groupes de pénitents se flagellant en public (voir p. 388 a). Dans un livre récent intitulé *La postérité spirituelle de Joachim de Flore,* le Père de Lubac retrace le cheminement, à travers les âges, de l'influence de ce mystique jusque chez les révolutionnaires et les socialistes des temps modernes. Par exemple, chez les Taborites, hussites extrémistes du XVe siècle, et dans le communisme évangélique de Münzer, leader de la guerre des paysans allemands au temps de Luther (XVIe siècle) ; chez le mystique luthérien Böhme et dans la secte secrète des Rose-Croix aux XVIIIe et XIXe siècles. Au XIXe siècle, selon le Père de Lubac, ce courant mystique et utopique trouve une nouvelle expression dans le millénarisme moderne, porteur de l'espérance d'un monde définitivement rénové : pour les historiens Michelet et Quinet, par exemple, la Révolution française a inauguré l'ère de l'Esprit. C'est le sentiment de divers socialismes utopiques, notamment ceux de Saint-Simon et Pierre Leroux, qui se réfèrent explicitement à Joachim de Flore. C'est le cas pour le socialisme marxiste lui-même qui, dans la certitude d'assumer l'accomplissement historique de l'humanité, est convaincu de réaliser le ciel sur la terre. Et il est aujourd'hui des chrétiens pour espérer une relève du temps de l'Église par celui de l'Esprit. ■

▶▶▶

A l'inverse encore des moines, l'occupation principale des frères n'était ni l'office, ni la méditation de la Bible, ni le travail manuel : c'étaient la prédication et la confession. Pour pouvoir les assurer au sein de la nouvelle société qui voyait le jour, il leur fallait recevoir une solide formation intellectuelle et être rompus aux méthodes scolastiques qui régnaient alors sur le monde intellectuel. C'est pourquoi les ordres mendiants devinrent très vite des pépinières de professeurs et de théologiens, les plus célèbres étant au XIIIe siècle Albert le Grand et Thomas d'Aquin pour les dominicains, Bonaventure et Duns Scot pour les franciscains.

Dominicains et franciscains se virent confier un rôle majeur dans l'Inquisition, mais l'essentiel de leur activité resta axé sur la prédication ; l'Inquisition ne se concevait d'ailleurs pas sans la prédication. Tout en se déployant à travers l'Europe, ils se lancèrent en même temps dans des missions à l'extérieur ; leurs tentatives en pays musulman ne connurent guère de succès, mais elles manifestèrent le souci de substituer l'idée d'évangélisation pacifique à celle de croisade guerrière.

Les deux ordres se développèrent rapidement, les franciscains étant les plus nombreux (1400 couvents au début du XIVe siècle, contre 500 pour les dominicains). Leur branche féminine connut également une expansion rapide : clarisses (fondées par sainte Claire, amie et disciple de saint François) et dominicaines constituant des ordres contemplatifs (seuls acceptés alors pour les femmes) à la différence des branches masculines. Enfin l'un et l'autre ordres se donnèrent chacun un *Tiers-Ordre*, une innovation alors : des laïcs restés « dans le siècle » s'imposaient certaines exigences spirituelles conformes à l'esprit de l'ordre auquel ils se rattachaient.

D'autres ordres mendiants virent le jour à leur tour durant le XIIIe siècle, notamment les Ermites de Saint-Augustin (1244), les Ermites de Notre-Dame du Mont-Carmel, ou carmes (1247), les Servites de Marie (1233).

L'influence des ordres mendiants sur leur époque fut considérable ; elle souleva d'ailleurs vis-à-vis du clergé paroissial ou universitaire beaucoup de difficultés, que les papes eurent à trancher à maintes reprises. Pépinières de théologiens, d'évêques, de cardinaux, de maîtres spirituels et de saints, ils ont marqué la vie de toute l'Eglise.

UNE CIVILISATION FOISONNANTE

Tout ce qui a mûri pendant les siècles précédents, et en particulier durant le XIIe siècle, atteint sa plénitude au XIIIe. Dans l'impossibilité d'en évoquer tous les aspects, on s'en tiendra ici à quelques points plus essentiels.

On évoque par ailleurs (voir p. 357 l'évolution de la scolastique) la révolution survenue au XIIe siècle avec la création de nouvelles écoles hors du cadre traditionnel du monastère et de la cathédrale, par suite de l'afflux des étudiants suscité par le développement urbain. Cette révolution allait développer ses conséquences sur deux plans au moins.

▶▶▶

Aristote et la pensée scolastique

Aristote est un des plus grands philosophes de l'antiquité grecque (384-322 av. J.C.). Esprit encyclopédique, il voit dans la philosophie la totalité ordonnée du savoir humain. Son œuvre couvre à la fois le domaine de la logique, instrument de la recherche, le domaine des sciences naturelles, qu'il appelle la « physique », laquelle débouche sur le domaine de la « métaphysique », c'est-à-dire littéralement « ce qui vient après la physique » et qui assure le fondement du tout par la recherche de la cause première ; enfin la conception d'Aristote s'inscrit dans une vision morale et politique.

Toute la pensée d'Aristote est régie par la rationalité ; elle est finaliste, c'est-à-dire que, selon lui, chaque être est organisé et tend vers sa perfection, l'ensemble des espèces animales étant lui-même organisé au sein d'une hiérarchie dont l'homme, doué de raison, occupe le sommet. Le constat du changement dans la nature conduit Aristote à la conception d'un moteur premier, à la fois acte et pensée purs.

La logique, qui fut au XIe siècle la seule partie connue de l'œuvre d'Aristote (et encore, de manière indirecte), influença profondément, à travers l'usage de la dialectique comme instrument de la connaissance, toute la construction intellectuelle du Moyen Âge. Puis la découverte de l'ensemble des œuvres d'Aristote, et tout spécialement de sa métaphysique, fournit à l'école thomiste les moyens d'une vaste construction théologique au sein de laquelle foi et raison constituent un ensemble harmonieux.

En fait, le rationalisme d'Aristote suscita des réactions multiples dans la philosophie et la théologie médiévales ; au courant thomiste, utilisant dans le système aristotélicien tout ce qui était compatible avec le donné révélé, s'opposa, surtout chez les franciscains, un vigoureux courant théologique imprégné d'esprit platonicien dans la tradition des Pères grecs de l'Église de l'École d'Alexandrie, et de saint Augustin ; en sens inverse, un autre courant, poussant à l'extrême le rationalisme d'Aristote, tendit à dissocier foi et raison, donnant ainsi des arguments aux adversaires de la pensée thomiste. ■

LE THOMISME

On appelle ainsi la doctrine exposée par saint Thomas d'Aquin et reprise depuis lors par ses disciples (l'école thomiste). La méthode de Thomas est celle de la scolastique (voir ce mot), qui part des textes de l'Ecriture sainte et les commente sous forme de *« questions disputées » ;* Thomas, recourant à l'apport de la philosophie d'Aristote, dont les textes sont devenus accessibles depuis peu, introduit dans la réflexion théologique une volonté de cohérence qui le conduit à concevoir un exposé global de la foi selon un plan logique ; ce sera sa célèbre *Somme Théologique*, qui ne représente d'ailleurs qu'une partie de son œuvre.

Quant à la doctrine elle-même, et contrairement à celle de beaucoup de penseurs chrétiens, au lieu de voir dans le monde et la nature un cadre étranger au destin de l'homme, elle les exalte au contraire, procédant par exemple à une véritable réhabilitation du corps humain comme élément « substantiel » de la personne. Pour Thomas, la nature, régie par ses lois propres et donc autonome, est offerte à l'action de la raison de l'homme pour que celui-ci y trouve, avec le secours de la grâce divine, le chemin de son salut. L'Incarnation, par laquelle Dieu s'unit à l'homme en Jésus-Christ, prend ainsi tout son sens.

Importance attribuée à la nature et confiance en la raison, intégrées dans une vision cohérente de la création, de l'Incarnation et du salut, font de la doctrine de saint Thomas un ensemble équilibré et grandiose, sorte de cathédrale intellectuelle bien représentative du XIIIe siècle.

Son audience immédiate, favorisée par l'expansion et la notoriété de l'ordre dominicain, se heurta cependant à de vives objections, en particulier de la part des théologiens franciscains ; de son vivant, Thomas se vit contredire par son ami saint Bonaventure, maître général de l'ordre franciscain ; après sa mort, deux autres éminents théologiens franciscains, Duns Scot et Guillaume d'Occam, critiquèrent sa pensée, selon des perspectives d'ailleurs différentes : Duns Scot opposa le primat de la volonté à celui de la raison, défendu par Thomas ; Guillaume d'Occam, tenant de la philosophie nominaliste (voir Querelle des Universaux), réduisit la connaissance à une expérience purement personnelle, hors de tout concept général, préparant ainsi la proche rupture entre raison et révélation.

Pour l'essentiel (et malgré la condamnation en 1270 et 1277 de certaines thèses de saint Thomas par l'évêque de Paris, Etienne Tempier), l'Église ne s'en est pas moins reconnue dans la pensée thomiste en ce que celle-ci met en pleine lumière la cohérence entre foi et raison. Pour autant, cette pensée reste l'objet de débats ouverts ; elle n'en constitue pas moins l'expression préférentielle de la théologie catholique. ■

DANTE (1265-1321)

Dante Alighieri, le plus célèbre des poètes italiens, est né à Florence. Homme politique, philosophe, moraliste, linguiste, c'est un esprit universel dont l'expérience humaine et la pensée religieuse ont nourri l'œuvre proprement poétique. Ayant participé à l'administration de sa ville avec les « guelfes blancs », il en fut banni à perpétuité par les « guelfes noirs ». Béatrice Portinari, rencontrée lorsqu'ils avaient neuf ans et retrouvée lorsqu'ils en avaient dix-huit, inspira à Dante un amour qui ne s'éteignit ni avec le mariage de la jeune femme avec un autre ni avec sa mort en 1290. Cet amour s'exprima dans des sonnets qui prirent un caractère mystique après la mort de Béatrice ; c'est ce même amour qui, porté à son plus haut degré de mysticisme, suscita la grande œuvre de Dante, sa *Divine Comédie* (1307-1321). Ce poème mystique, qui constitue en même temps une violente diatribe contre les ecclésiastiques du temps et spécialement le pape, décrit un cheminement spirituel conduisant son auteur successivement en Enfer, au Purgatoire et au Paradis, avec Virgile (représentant la Raison), Béatrice (la Foi), saint Bernard (la Mystique, qui va jusqu'à la vision de Dieu). Ce cheminement retrace celui de l'humanité à la recherche du bonheur et son itinéraire vers le salut. ■

Ph. Giraudon

Portrait de Dante (sanguine à rehauts de blanc), par Baldovinetti (XVe s.). Musée Condé à Chantilly.

AVERROÈS (1126-1198)

Les œuvres de ce célèbre philosophe arabe, qui partagea sa vie entre l'Espagne arabe et le Maroc, consistent principalement dans ses *Commentaires* d'Aristote, développés dans un sens matérialiste et rationaliste. L'averroïsme, enseigné avec un grand succès à l'Université de Paris au XIIIe siècle, notamment par Siger de Brabant, fut combattu par saint Bonaventure et saint Thomas lui-même, et condamné par l'évêque de Paris en 1270 en même temps que certaines thèses de saint Thomas. ■

Les grands théologiens du XIIIe siècle :

Saint Albert le Grand
(1193-1280)

Saint Thomas d'Aquin
(1225-1274)

Saint Bonaventure
(1221-1274)

Voir Index

▶▶▶

En premier lieu, maîtres et étudiants tendirent à s'affranchir autant que possible de la tutelle épiscopale. Ils commencèrent à se grouper en corporations (en langage de l'époque *universitates*) en vue de se donner une organisation relativement autonome de l'enseignement ; au terme de conflits parfois aigus avec l'épiscopat, ils obtinrent l'appui de la papauté dont ces *universités* purent relever directement. L'Université était née, qui jouera un rôle considérable dans la suite du mouvement des idées.

Or précisément, l'apparition d'écoles hors du cadre épiscopal au XIIe siècle avait ouvert l'ère des théologiens et favorisé l'épanouissement de la méthode scolastique conçue au XIe siècle. Le bouillonnement intellectuel, illustré au XIIe siècle par un Abélard et un Pierre Lombard, se trouva encore stimulé au XIIIe tant par la naissance des universités que par deux autres facteurs : d'une part l'entrée en scène des théologiens appartenant aux nouveaux ordres mendiants (dominicains et franciscains), très sérieusement préparés par leur ordre à l'enseignement et au débat, et d'autre part l'accès direct aux textes du philosophe grec Aristote, découverts en version arabe en Espagne.

Disposant à la fois d'une méthode pédagogique éprouvée, la scolastique, dont il sut tirer le meilleur parti, et d'un système philosophique embrassant l'ensemble des connaissances, le *système aristotélicien*, le dominicain Thomas d'Aquin élabora, avec sa *Somme théologique*, une formulation globale et systématique de la pensée chrétienne. L'innovation ainsi apportée par rapport aux conceptions traditionnelles, marquées par la *pensée platonicienne* et la *théologie de saint Augustin*, suscita de vifs débats. Au courant novateur de la pensée thomiste, soutenu par le réseau dominicain, s'opposa celui plus classique du grand théologien franciscain saint Bonaventure, soutenu par son ordre. Dans un premier temps, le courant traditionnel devait l'emporter sur le courant thomiste ; mais celui-ci était appelé à prendre une place primordiale dans la pensée de l'Église au cours des siècles. En fait, ces deux courants théologiques, l'un plus mystique l'autre plus rationaliste, et chacun associé à un type spécifique de spiritualité, correspondent à deux familles d'esprit qui ne cesseront probablement jamais de co-exister au sein du christianisme.

Au-delà de ce débat central, et largement influencés par lui, les divers domaines de la vie intellectuelle et sociale se trouvèrent stimulés, au XIIIe siècle, par la même poussée du besoin d'approfondir et de comprendre les grandes questions posées à l'homme, d'ordonner la réflexion à leur sujet en grands ensembles cohérents. Philosophie, théologie, spiritualité, art et littérature, droit et économie, technique elle-même, connurent une période d'intense créativité.

Les constructions réalisées sous le signe de l'art gothique, en particulier les grandes cathédrales, sont bien représentatives d'un siècle où la conjonction de la mystique et de la rationalité assure des ensembles à la fois grandioses et harmonieux faisant à l'homme toute sa place.

Naissance de l'université à Paris

Les maîtres et élèves des écoles qui, en marge de l'école cathédrale de Paris de l'île de la Cité, fréquentaient les établissements créés au XIIe sur les pentes de la Montagne-Sainte-Geneviève, se trouvaient en conflit chronique avec l'évêque de Paris et son écolâtre (responsable de l'enseignement). De leur côté, ces derniers s'inquiétaient des innovations continuelles et des libertés qui assuraient le succès des nouvelles écoles ; là où, déjà, Abélard avait attiré les foules d'étudiants, triomphait maintenant la mode de la *disputatio*, exercice de la scolastique permettant de soulever n'importe quel sujet, parmi les plus fondamentaux ou les plus actuels. Maîtres et étudiants s'efforçaient, bien entendu, de préserver et d'élargir leur liberté intellectuelle face au chancelier de Notre-Dame, qui entendait au contraire donner toute sa force à son droit de concéder l'autorisation (licence) d'enseigner.

Pour se défendre, et notamment pour pouvoir désigner librement les professeurs, maîtres et étudiants recoururent à la formule de l'association *(universitas)* qui avait déjà permis aux corporations et aux communes de négocier ou d'arracher des formes d'autonomie vis-à-vis du pouvoir seigneurial. Ainsi groupés dans *l'université des maîtres et écoliers de Paris*, ils obtinrent dès 1208 l'appui du pape Innocent III ; celui-ci voyait là le moyen de mettre en œuvre, vis-à-vis du monde de l'enseignement, la politique suivie avec succès par la papauté envers le monde monastique avec le privilège de l'exemption ; cette dernière faisait dépendre directement de Rome une abbaye et la soustrayait à toute ingérence de l'évêque. En 1215, le légat du pape, Robert de Courçon, approuva donc les statuts de l'université de Paris.

La tension avec l'évêque de Paris subsista néanmoins. En 1229, une banale bagarre de taverne provoqua l'intervention des forces du prévôt de Paris ; des étudiants furent tués ; l'université se mit en grève. L'évêque de Paris en profita pour essayer de rétablir sa tutelle. Par sa bulle *Parens scientiarum*, le pape Grégoire IX, auquel l'université fit appel, confirma alors solennellement l'autonomie de cette dernière vis-à-vis de l'évêque, et son rattachement au Saint-Siège. L'université, déjà personne morale, était devenue une force politique avec laquelle il fallait désormais compter.

D'autres universités virent le jour parallèlement ; en Italie, Bologne, déjà centre supérieur d'études de droit canon, et Naples ; en France, Montpellier autour de sa célèbre école de médecine, Orléans, Toulouse, Angers ; en Angleterre, Oxford et Cambridge...

Dès 1200, les étudiants et maîtres parisiens, déjà groupés par discipline (les *facultés*), s'assemblèrent par *nations* (Normandie, Picardie, Angleterre, France) ayant chacune son chef élu. ■

Art gothique
Voir Index

Cette leçon spirituelle imprégnée d'humanisme se retrouve dans le drame religieux (« mystères », « miracles ») issu des représentations liturgiques des Xe et XIe siècles.

Dante, qui clôturera le siècle, synthétisera dans sa *Divine Comédie* l'expression morale et spirituelle de l'époque qui s'achèvera avec lui.

Un grand roi pour un grand siècle : Saint Louis

Louis IX (règne de 1226 à 1270) a conduit toute sa vie dans le souci d'assurer avec exactitude la fonction royale, qu'il situait au niveau des exigences morales les plus élevées ; il s'agissait pour lui d'accomplir fidèlement la volonté et la justice de Dieu dans le royaume de France, de promouvoir et défendre la foi pour le salut de ses sujets. Sa politique a donc été fondée sur une morale, et d'abord sur une morale de paix, selon une vision qui n'était d'ailleurs pas le pacifisme. La paix était subordonnée à ses yeux à une justice souveraine à faire prévaloir ; il ne reculait donc jamais devant le combat lorsqu'il était nécessaire, mais, sans plus de faiblesse, il maintenait ou imposait la paix lorsqu'elle était elle-même exigence de justice. C'est la même inspiration qui le rendait attentif à toutes les misères, et le conduisait à pourchasser les abus de ses fonctionnaires et de la noblesse.

Ce sens de la justice et l'extraordinaire autorité morale ainsi acquise par saint Louis le firent maintes fois appeler à arbitrer les conflits de son temps.

Pur produit d'une chrétienté médiévale à son apogée, saint Louis en épousa toutes les grandes causes, et la croisade était l'une de celles qui touchaient les hommes de son temps au cœur de leurs motivations : délivrer le tombeau du Christ, c'était s'approcher au plus près de celui-ci, lui rendre l'hommage qui lui était dû. Ses campagnes furent conduites avec un mélange de respect de la per-

▶▶▶

Ph. Roger-Viollet

Statue de Saint Louis. Maineville (Eure).

Saint Louis (1214-1270)

Justice et paix

Louis IX, fils de Louis VIII et de Blanche de Castille, n'avait que 12 ans à la mort de son père ; sa mère dut assurer la régence du royaume jusqu'à sa majorité en 1236 ; elle prépara son fils à assumer sa fonction en souverain chrétien, et exerça sur lui une influence qui se poursuivit bien au-delà de sa majorité.

Dès celle-ci, Louis IX eut à manifester ses qualités d'homme d'État face à l'agitation de grands vassaux, soutenus par le roi d'Angleterre, qui mettaient en péril la fragile unité du royaume ; en 1242, il battit Henri III d'Angleterre à Taillebourg et à Saintes, obligea le comte de Toulouse, Raymond VII, à traiter, et la noblesse à déposer les armes.

Le souci de la paix, qui resta une constante de son règne, conduisit Louis IX à chercher un règlement définitif au litige chronique opposant la France et l'Angleterre. Par le traité de Paris de 1259, signé avec Henri III d'Angleterre, il lui abandonnait certains de ses droits dans le Sud-Ouest moyennant le renoncement définitif de l'Angleterre aux provinces de Normandie, Maine, Anjou et Poitou (rattachées par Philippe-Auguste au domaine royal) et la confirmation de la vassalité de la Guyenne à la suzeraineté du roi de France. Ce traité, vivement critiqué par les conseillers de Louis IX, est typique de son esprit à la fois généreux, pacifique et réaliste. Dans l'interminable lutte du Sacerdoce et de l'Empire, il se garda bien de se laisser entraîner par le pape, malgré son sentiment filial vis-à-vis de l'Église, mais par contre, à diverses reprises, il s'efforça de réconcilier le pape et l'empereur. Il fut maintes fois sollicité par les princes d'Occident d'arbitrer leurs conflits.

A l'intérieur du pays, son souci de justice et de paix fut à l'origine de multiples initiatives (création d'une section judiciaire à la cour du roi : le Parlement de Paris ; institution d'un corps de contrôleurs chargés de surveiller les fonctionnaires du roi ; interdiction des guerres privées et du duel judiciaire, etc.). Paix interne, rigueur monétaire, franchises communales favorisèrent le progrès économique, le développement urbain et l'autorité royale.

Tout en soutenant l'Église et les ordres religieux, il tint en respect les fiscalités pontificales et ecclésiastiques, qu'il jugeait abusives.

La foi de Louis IX

Par la place donnée à la prière et au jeûne, sa vie privée revêtit à bien des égards un caractère quasi-monastique ; dans le même temps, époux passionné, il forma avec son épouse, Marguerite de Provence, un foyer chaleureux, favorable à l'épanouissement de leurs onze enfants.

Roi éminemment chevaleresque, saint Louis se devait de porter secours au royaume latin de Jérusalem, menacé d'être submergé par les Turcs. La septième croisade (1248-1254) qu'il conduisit, avec pour objectif Le Caire, siège du sultan, tourna au désastre lorsque, affaiblie par les épidémies, l'armée fut faite prisonnière, roi en tête ; il dut négocier et verser une énorme rançon. Avant de revenir en France, il passa quatre années à Saint-Jean-d'Acre, à organiser et fortifier ce qui restait du royaume latin de Jérusalem. La dislocation progressive de ce petit territoire franc conduisit Louis, qui se considérait comme croisé à vie, à repartir en 1268, malgré son mauvais état de santé et le peu d'enthousiasme de sa noblesse. La nouvelle croisade (la VIIIe et dernière) mit le cap cette fois sur Tunis ; l'épidémie une fois encore gagna l'expédition, sans épargner Louis IX, déjà très faible, qui mourut devant Tunis à 56 ans.

Avec saint Louis, la fonction royale avait acquis en France un surplus de caractère religieux qui subsistera à travers les siècles. ■

sonne de l'Infidèle et de courage militaire qui reflète bien sa personnalité et lui attira la considération des musulmans. Ses deux croisades furent des échecs ; il mourut au cours de la dernière.

A peine trente ans après sa mort, il sera canonisé par le pape Boniface VIII, alors en plein conflit avec Philippe le Bel ; ce sera une manière, fort claire pour l'époque, de faire percevoir ce que devait être le comportement d'un roi vraiment chrétien.

Un ultime triomphe de la papauté

Les démêlés du pape Innocent III avec l'Empire germanique furent peu de chose auprès de ceux de ses successeurs avec le machiavélique Frédéric II, pourtant porté sur le trône impérial par Innocent III lui-même. La lutte fut longue et épique, les territoires pontificaux envahis à deux reprises, Frédéric II excommunié autant de fois, avant de l'être une troisième, définitive celle-là, en même temps que déposé par le pape Innocent IV ; celui-ci, chassé de Rome par Frédéric, avait convoqué à Lyon, en 1245, un concile, qui, non seulement prononça la déposition de l'empereur, mais lança une véritable croisade contre lui. Cinq ans plus tard (1250), la mort de Frédéric II, déjà moralement vaincu, mettait pratiquement le point final à la lutte gigantesque qui opposait depuis deux siècles le Sacerdoce et l'Empire. Les empereurs devaient cette fois abandonner pour toujours la prétention à un caractère sacré qu'Othon et ses successeurs, fascinés par Charlemagne, avaient constamment ambitionné de se voir reconnaître. Quant à la papauté, son autorité politique se trouvait certes au plus haut ; mais cette prédominance même du politique n'allait pas sans altérer dangereusement son autorité spirituelle.

L'euphorie dans l'Église d'Occident atteignit son point culminant lors du *concile d'union* tenu à Lyon en 1274 avec Michel VIII Paléologue, empereur de Constantinople, et le patriarche de cette capitale politique et religieuse ; mais cette réunification des Églises d'Orient et d'Occident, rejetée par le peuple et le clergé grecs, ne devait pas survivre à l'empereur Michel VIII.

Bientôt, en 1285, allait accéder au trône de France un grand politique sans scrupules, Philippe le Bel ; avec lui allait s'ouvrir une ère de cruelles humiliations pour la papauté. En fait, déjà, on changeait de siècle ; l'émergence des sentiments nationaux, la volonté d'autonomie des gouvernements vis-à-vis du Saint-Siège, la sécularisation progressive de la société n'allaient être que quelques-uns des symptômes d'une mutation profonde ; un nouveau type de civilisation se préparait. Ce sera de moins en moins celle de la chrétienté.

Frédéric II, ou la fin de la lutte du Sacerdoce et de l'Empire

Avec l'empereur germanique Frédéric II, la papauté eut à se mesurer à un adversaire plus redoutable encore, par son intelligence et son cynisme, que tous ceux auxquels elle avait eu affaire jusque-là.

A la mort de son père Henri VI, Frédéric fut écarté du trône impérial au bénéfice d'Othon IV de Brunswick, à l'initiative du pape Innocent III. Cependant Othon IV n'ayant pas respecté les clauses de son accord avec le pape, il fut excommunié et déposé en 1212 par celui-ci, et remplacé alors par Frédéric II. La papauté allait payer cher ce dernier choix.

Frédéric avait promis au pape de se croiser. Après plusieurs rappels infructueux de cette promesse, le pape Honorius III, successeur d'Innocent, l'excommunia (1227). Frédéric partit alors en croisade, mais de manière très particulière puisqu'il obtint du sultan d'Egypte la concession à son profit du royaume de Jérusalem pour dix années.

Frédéric II, beaucoup plus prince italien qu'empereur allemand, ne cessa de viser la possession des États pontificaux. Contre lui, le pape Grégoire IX suscita une ligue des villes lombardes qui fut défaite en 1237 ; Frédéric fut excommunié une seconde fois ; le pape mourut alors que l'armée impériale arrivait sous les murs de Rome (1241).

Son successeur, Innocent IV, dut fuir Rome et se réfugier à Lyon, ville impériale, mais à portée du royaume de France où il aurait pu chercher abri en cas de péril. Malgré les interventions du roi de France, saint Louis, en faveur d'une réconciliation entre le pape et l'empereur, Innocent IV convoqua à Lyon en 1245 un concile qui excommunia (pour la troisième fois) et déposa (pour la seconde fois) Frédéric II. Celui-ci, abandonné par ses partisans, mourut peu après, en 1250.

La lutte entre les successeurs d'Innocent IV et les héritiers de Frédéric II se prolongea quelque temps ; la mort du dernier Hohenstaufen (1268) mit cette fois un terme définitif à la querelle séculaire du Sacerdoce et de l'Empire en même temps qu'aux visées impériales sur l'Italie. Le pouvoir temporel pouvait paraître définitivement soumis au pouvoir spirituel.

En fait, le problème allait bientôt surgir une nouvelle fois, et là où on ne l'attendait pas, de la part du roi de France, Philippe le Bel. ■

Les bâtisseurs de cathédrales

Le treizième siècle a vu naître les plus beaux monuments que l'Occident ait jamais conçus : c'est le siècle des cathédrales puisqu'il a vu la construction des plus importantes, celles de Chartres, de Reims, d'Amiens, l'achèvement de celle de Paris et les débuts de celles de Strasbourg et de Cologne. Moment d'apogée s'il en fut ; jamais on n'avait construit aussi grand et aussi haut. Ces monuments, érigés à l'aide de moyens financiers et matériels considérables, ne sont pas à l'échelle des hommes mais de leur foi. La cathédrale est la Jérusalem céleste et tout doit être mis en œuvre pour en faire la demeure lumineuse de Dieu.

Exposition « Les bâtisseurs de cathédrales ». Strasbourg 1989

Ph. Giraudon

Frédéric II. Monnaie en or.

4. HISTOIRE D'UNE RUPTURE : ROME ET CONSTANTINOPLE

LE 16 juillet 1054 est considéré comme la date historique marquant la rupture entre les Églises d'Orient et d'Occident, le point de départ d'une Église orthodoxe séparée de Rome. En fait, bien d'autres ruptures étaient survenues auparavant, qui n'avaient été que temporaires ; et plusieurs unions, non moins éphémères, se feront par la suite. Si l'événement de 1054 a pris en fin de compte un caractère aussi décisif, c'est que depuis six siècles les causes du malentendu s'étaient accumulées.

Ph. Roger-Viollet

La basilique Sainte-Sophie de Constantinople (en grec Haghia Sophia) (VIe s.), transformée en mosquée par les Turcs (1453), aujourd'hui musée.

Des causes historiques, et plus encore culturelles, de malentendu

On peut dire que la mésentente trouve sa toute première cause en 285, dans la division par Dioclétien de l'Empire romain en deux parties, l'Orient et l'Occident, théoriquement unies au sein d'une même entité. A partir de là, deux mondes, déjà marqués par des origines et des influences différentes, ne vont plus cesser de s'éloigner l'un de l'autre. Alors que, notamment, le latin et le grec avaient simultanément été en usage dans tout l'Empire, le latin l'emportera peu à peu en Occident et le grec en Orient, comme c'était logique. Mais plus profondément, la différence de langue traduira en fait, et en même temps aggravera, une différence de

▶▶▶

Byzance

Grandeurs et épreuves du monde byzantin

L'empire byzantin, né de la division de l'Empire romain entre Orient et Occident aux IIIe et IVe siècles, a connu une histoire politique, militaire et religieuse agitée. En même temps, il n'a cessé d'être le foyer d'une brillante civilisation ; celle-ci atteignit son apogée au Xe siècle, au moment même où l'Occident sombrait au contraire dans la nuit du "siècle de fer". Constantinople, la ville la plus grande, la plus belle et la plus riche du Moyen-Âge, fut le centre intellectuel de l'hellénisme chrétien ; littérature tant théologique que spirituelle ou ascétique (saint Jean Climaque), hymnographie (Romanos le Mélode), histoire (Procope), architecture (église Sainte-Sophie), mosaïque (Ravenne), peinture de fresques et d'icônes, orfèvrerie montrent comment la civilisation byzantine sut assimiler à la fois les héritages de la Grèce et de la Rome antiques et les influences orientales, tout en donnant la première place aux valeurs chrétiennes.

L'histoire de l'empire byzantin est marquée par une lutte incessante contre les envahisseurs : Avars, Slaves, Perses, Bulgares... ; mais le danger de beaucoup le plus redoutable et le plus constant vint de peuples musulmans : Arabes d'abord, puis Turcs. En dépit de brillantes phases défensives, et même de reconquêtes partielles mais temporaires, l'empire byzantin se vit progressivement amputer, par les conquérants musulmans, d'abord du Moyen Orient (avec Jérusalem et les lieux saints perdus en 638) et de l'Afrique du Nord (Carthage tomba en 698), puis d'une partie croissante de l'Asie Mineure. On sait que l'empire lui-même devait disparaître avec la prise de Constantinople par les Turcs en 1453.

Les phases les plus glorieuses

Si on fait abstraction du règne de Constantin au IVe siècle, instaurateur de l'Empire chrétien avant la partition définitive entre Orient et Occident, les deux phases les plus glorieuses de l'histoire de Byzance sont le règne de Justinien et celui de la dynastie macédonienne.

Justinien (règne de 527 à 565) restaura l'Empire d'Orient dans ses anciennes limites et reconquit même une partie de l'Empire d'Occident (dont l'Italie) ; il réforma l'administration (Code Justinien) et donna un grand essor aux arts et aux lettres (églises Sainte-Sophie de Constantinople, Saint-Vital de Ravenne...).

La *dynastie macédonienne* (867-1056) est considérée comme marquant l'apogée de l'Empire, les territoires perdus depuis Justinien étant en partie repris, et en partie compensés par de nouvelles conquêtes ou zones d'influence en Europe ; le règne le plus brillant fut celui de Basile II (976-1025), qui défit les envahisseurs bulgares, incorpora la Bulgarie dans l'Empire, accrut l'influence byzantine sur la Russie ; par surcroît Basile reprit aux Turcs un ensemble de territoires d'Asie Mineure, de Mésopotamie, de Syrie ainsi que l'Arménie. Sous la dynastie macédonienne, l'activité littéraire et la vie monastique connurent un nouvel essor (premier monastère au Mont Athos en 963). Cette brillante époque contraste étrangement avec la décadence qui, dans tous les domaines, atteignait alors l'Occident.

Une intense vie religieuse

Les troubles militaires et dynastiques qui perturbèrent constamment l'empire byzantin, les querelles théologiques qui le divisèrent (crises nestorienne et monophysite ; querelle des images qui dura plus d'un siècle : 726-843) ne portèrent pas fondamentalement atteinte à l'intensité de la vie religieuse. Celle-ci se manifesta, on l'a vu, dans quantité d'œuvres écrites ou artistiques, dans toute une tradition spirituelle, dans une vie monastique d'autant plus influente qu'en Orient les évêques étaient choisis parmi les moines ; elle se manifesta aussi dans une action missionnaire à laquelle est due la christianisation des Slaves et des Bulgares (à partir de 863, saints Cyrille et Méthode entreprirent l'évangélisation de la Moravie et de la Pannonie ; en 865, Boris, roi des Bulgares, se convertit ; en 989, Vladimir, grand-prince de Kiev, se fit baptiser, déterminant la christianisation de la Russie, millénaire célébré avec éclat en 1989).

Ce monde slave devait en grande partie rester dans l'orbite de Byzance après la rupture de celle-ci avec Rome en 1054 ; c'est ce qui explique l'actuelle implantation de l'Église orthodoxe en Europe orientale. ■

Ph. Roger-Viollet

L'empereur byzantin Léon VI le Sage implorant le Christ. Mosaïque de l'église Sainte-Sophie à Constantinople (IXe-Xe s.).

▶▶▶

mentalités ; elle deviendra en outre, dans le domaine du vocabulaire théologique, une source continuelle de malentendus.

L'empereur Constantin, acquis au christianisme depuis 312, avait temporairement réunifié l'Empire en 330 ; le christianisme y était devenu, en fait, la religion officielle ; Constantin avait établi sa capitale dans la ville grecque de Byzance, qu'il avait rebaptisée Constantinople, tout de suite considérée par lui comme « la nouvelle Rome ». Les empereurs byzantins, imbus de l'idée qu'ils assumaient avec les responsables de l'Église la charge d'une mission d'origine divine, ne cesseront plus désormais d'intervenir dans les débats théologiques, source supplémentaire de frictions avec la Rome papale.

En 395, à la mort de l'empereur Théodose, l'Empire romain avait été définitivement divisé entre un Empire d'Orient, avec Constantinople pour capitale, et un Empire d'Occident dont le siège fut d'abord établi à Ravenne. Les invasions barbares, dont l'Empire d'Orient parvint mieux à se défendre que celui d'Occident en pleine décadence, donnèrent à ce dernier le coup de grâce (476). Plus que jamais Constantinople put dès lors se considérer comme l'héritière de Rome sur le triple plan politique, culturel et religieux. Capitale d'un empire à la civilisation raffinée, on y regardera longtemps avec beaucoup de mépris cet Occident sous domination barbare, cet univers politiquement éclaté, ce monde jugé inculte et grossier ; de leur côté, les occidentaux, tout en admirant la civilisation byzantine, verront volontiers dans les byzantins (le

Une première rupture entre Constantinople et Rome : Le schisme acacien (484-519)

La crise monophysite s'était traduite par la dissidence religieuse d'une part importante des communautés chrétiennes de Syrie (les futurs jacobites) et d'Égypte (les futurs coptes), qui refusaient les définitions dogmatiques sur la double nature, divine et humaine, de la personne du Christ arrêtées par le concile de Chalcédoine (451). Cette rupture n'ébranlait pas seulement l'Église mais l'empire byzantin lui-même, dont l'unité politique était liée à l'unité religieuse. D'où les multiples tentatives des empereurs pour venir à bout du monophysisme, tantôt par la violence, tantôt par des compromis théologiques.

La première tentative de compromis théologique revient à l'empereur Zénon (474-491) qui, en 482, publia comme règle de foi un édit d'union, l'« Hénotique » (en grec *henotikon*, qui unit), préparé par le patriarche de Constantinople, Acace ; ce dernier nourrissait l'idée, chimérique, qu'on réconcilierait les monophysites et l'Église restée fidèle aux définitions du concile de Chalcédoine en considérant comme nulles et non avenues toutes les prises de position survenues depuis le concile beaucoup plus ancien de Nicée (325), y compris ces mêmes définitions de Chalcédoine. C'était faire bon marché des graves questions dont l'enjeu avait précisément provoqué la rupture. Les évêques « chalcédoniens » refusèrent de signer l'Hénotique, que le pape Félix III condamna ; un concile romain excommunia Acace en 484.

Persuadés malgré tout que le faux-fuyant acacien était la solution à la dissidence monophysite, les empereurs byzantins persévérèrent dans leur attitude, provoquant cette fois une rupture avec Rome ; elle devait durer trente-quatre ans.

En 519, peu après son avènement, l'empereur Justin abolit l'Hénotique et rétablit la communion avec Rome. La tentative en direction des monophysites s'était en effet révélée parfaitement vaine, car ils exigeaient la condamnation solennelle des définitions de Chalcédoine, ce qui eût embrasé l'empire et suscité une crise beaucoup plus grave encore avec Rome ; le mouvement monophysite ne fit donc que s'enraciner, en attendant de prendre plus d'ampleur encore. ■

Byzance et l'évangélisation du monde slave

Saints Cyrille et Méthode
évangélisateurs des Slaves à partir de 863
Saint Vladimir Ier le Grand
(v. 956-1015)
grand prince de Kiev,
fondateur du christianisme russe (v. 998)
Voir index.

mot en a parfois conservé une signification péjorative) d'incorrigibles coupeurs de cheveux en quatre.

Dans la ville même de Rome cependant, et dans ses alentours, les papes avaient dû se substituer, pour la sauvegarde des populations, à une administration impériale d'Occident de plus en plus défaillante, puis anéantie à partir de 476. C'est l'origine de leur pouvoir temporel. Depuis les reconquêtes de Justinien au VIe siècle, l'Italie était théoriquement passée dans l'orbite de l'Empire byzantin ; mais, en fait, celui-ci se montrait impuissant à assurer sa protection contre les Barbares, celle de Rome en particulier. C'est donc en Occident que les papes furent conduits à chercher un appui. Ainsi vit-on en 754 le pape Etienne II faire alliance avec Pépin le Bref, fondateur de la dynastie carolingienne, qu'il vint sacrer en France ; Pépin libéra Rome de la menace lombarde et agrandit même les territoires pontificaux des possessions byzantines reprises aux Lombards : l'Exarchat de Ravenne et la Pentapole ; c'est ce qu'on appela la *« donation de Pépin »* (754).

Quant au pape Léon III, en sacrant Charlemagne en 800, il restaura l'empire d'Occident au profit du roi des Francs, au grand dépit de l'empereur de Byzance.

Des causes théologiques

Dans un tel contexte, les malentendus religieux allaient proliférer. On peut d'abord observer que, signe d'une très sensible différence de climat intellectuel, les grands débats théologiques qui obligèrent l'Église des premiers siècles à préciser les données de sa foi (notamment en ce qui concerne la Trinité et la personne du Christ) se déroulèrent pour l'essentiel entre orientaux ; les empereurs y tinrent le plus souvent plus de place que les papes, même si ces derniers les suivirent avec attention, intervenant par leurs légats dans les conciles, et cautionnant ou condamnant les décisions de ces derniers.

Ceci dit, les conflits doctrinaux entre Rome et Constantinople furent nombreux entre le IIIe et le XIe siècle ; maintes ruptures en furent les conséquences (en particulier schisme « acacien » au Ve siècle, affaire des « trois Chapitres » au VIe siècle, schisme « monothéliste » au VIIe siècle, crise iconoclaste au VIIIe siècle, schisme de Photius au IXe siècle, etc.). Dans ces crises, les problèmes théologiques tenaient bien sûr la plus grande place ; mais s'y ajoutaient les questions de liturgie (par exemple à propos de l'usage du pain azyme) et de discipline ecclésiastique (célibat des prêtres, port de la barbe...) auxquelles l'Orient attachait beaucoup de prix ; enfin, comme c'était inévitable, les questions de personnes aggravaient souvent les données objectives des problèmes.

Deux sujets dominèrent bientôt les autres, sans les éliminer pour autant : le *Filioque* et la *primauté pontificale.*

▶▶▶

Lorsqu'un mot, une expression, un événement, une institution, un nom propre vous sont inconnus, consultez l'index.

Nouvelle crise entre Rome et Constantinople : l'affaire du monothélisme (630-681)

Obsédés par la dissidence monophysite qui continuait d'ébranler tout leur empire face aux envahisseurs barbares, perses, et bientôt arabes, les souverains de Byzance cherchaient désespérément le moyen d'en venir à bout, de gré ou de force. Aux alentours de 630, l'empereur Héraclius Ier (règne 610-641),un grand souverain au demeurant, crut détenir, avec la doctrine monothéliste, la solution à ce problème lancinant.

Ce qui séparait les monophysites et l'Église était le point de savoir si le Verbe de Dieu, incarné en Jésus-Christ avait une nature unique, ou si au contraire, tout en constituant une personne unique, il avait en celle-ci deux natures, l'une divine l'autre humaine, ainsi que l'avait défini le concile de Chalcédoine en 451. Pour les monophysites, une dualité de nature, et dès lors une possibilité de contradiction au sein du Verbe incarné, étaient inconcevables. Au VIIe siècle, une nouvelle doctrine, le monothélisme (du grec *monos*, unique et *thelein*, vouloir) sembla répondre à cette objection en soutenant qu'en Jésus-Christ il y a bien deux natures non confondues, mais *une seule volonté*, la volonté divine. De fait cette doctrine rallia à elle l'ensemble de l'Orient (Pacte d'Union 633). En 634, le patriarche de Constantinople, Serge, l'exposa de manière adroite au pape Honorius et celui-ci, heureux qu'un dénouement ait enfin été trouvé au schisme monophysite, y donna un peu vite son adhésion. L'empereur Héraclius promulgua donc en 638 l'*Ekthésis*, symbole de foi reprenant la conception monothéliste.

Mais entre-temps le pape Honorius était mort, et tous ses successeurs, malgré de vives pressions impériales, s'opposèrent les uns après les autres à la formule de l'*Ekthésis,* qui revenait en fait à nier l'humanité du Christ. En 649, le pape Martin réunit même au Latran, alors palais des papes à Rome, un synode provincial qui condamna l'*Ekthésis*. Furieux, l'empereur Constant II fit enlever le pape, qui mourut déporté en Crimée (654). La rupture était devenue patente entre les Églises d'Orient et d'Occident.

Vingt-cinq ans plus tard, l'empereur Constantin IV, décidé à rétablir la paix et l'unité religieuses, réunit un concile à Constantinople sous sa présidence, avec le concours d'une délégation romaine (6e concile œcuménique). En 681, après des mois de discussion, le concile approuva la doctrine soutenue par Rome : « Nous proclamons deux volitions ou vouloirs naturels en Jésus-Christ et deux opérations naturelles, sans division, ni changement, sans partage, sans confusion ». L'anathème fut jeté sur le pape Honorius et le patriache Serge[1]. Le pape Léon II confirma bien évidemment ces conclusions. L'unité était cette fois encore restaurée, après une rupture de quarante-trois années (638-681).

1. L'imprudence commise par le pape Honorius en approuvant la thèse monothéliste n'a pas manqué de soulever la question de savoir si le principe de l'infaillibilité pontificale ne s'était pas trouvé mis en cause. On peut à tout le moins observer que l'intervention d'Honorius n'a pas revêtu les caractères de l'exercice du magistère extraordinaire couvert par le privilège de l'infaillibilité : une décision doctrinale définitive et obligatoire prononcée "ex cathedra". (Voir Index : Infaillibilité). ■

Ph. CIRIC

La crise iconoclaste ou querelle des images (726-843)

Le mot iconoclaste (du grec *eikôn*, image et *klazein*, briser) signifie *briseur d'images*. La crise iconoclaste suscita pendant plus d'un siècle des vagues successives de violences et de persécutions au sein de l'Église byzantine. Suscitée par les dévotions populaires à l'égard des icônes, elle opposa deux conceptions théologiques à propos des images du Christ. Selon la première, ces images étaient nécessairement hérétiques puisque, de nature matérielle, elles séparaient ou confondaient les deux natures humaine et divine du Sauveur ; selon l'autre conception, dont saint Jean Damascène fut le grand théologien, les icônes sont des signes visibles de la sanctification de la matière rendue possible par l'Incarnation du Christ.

La crise atteignit un degré aigu à partir de 726 lorsque les empereurs byzantins Léon III (717-741) puis Constantin V (741-775) prirent position contre le culte des images et même des reliques et ordonnèrent leur destruction ; une cruelle persécution s'abattit sur les partisans des icônes. Malgré l'opposition du pape Etienne II, l'empereur Constantin V fit confirmer cette condamnation par un concile tenu sans représentants pontificaux (Constantinople, 754). Au même moment, la faiblesse militaire de Byzance, bien incapable de protéger Rome contre les Lombards, jetait le pape dans les bras du roi des Francs, Pépin le Bref, au grand dépit de l'empereur byzantin.

A la mort de Constantin V, les partisans des icônes rétablirent leur situation grâce à l'impératrice Irène ; un nouveau concile (Nicée 787, 7e concile œcuménique), condamna cette fois l'iconoclasme comme hérésie ; le culte des images fut restauré, sa valeur spirituelle réaffirmée sans la confondre avec l'adoration due à Dieu seul.

Avec les empereurs Léon V (813-820) et Théophile (829-842), l'hostilité aux images reprit vigueur ; la nouvelle crise, qui dura trente ans, fut moins violente cependant. Finalement, avec l'avènement du jeune empereur Michel III en 842, et sous l'influence de sa mère l'impératrice Théodora, la vénération des images fut définitivement restaurée en même temps que la paix religieuse (843). L'art byzantin des images, porté par une popularité croissante, fut désormais conçu selon des principes théologiques stricts ; il entra dans une phase d'épanouissement qui devait durer trois siècles.

Mais la crise iconoclaste avait encore un peu plus éloigné l'une de l'autre Rome et Byzance, les papes défendant la vénération des icônes et dénonçant l'hérésie des empereurs iconoclastes. ■

▶▶▶

LE « FILIOQUE »

Le Credo, adopté par les conciles de Nicée (325) et de Constantinople (381) pour résumer les données essentielles de la foi chrétienne, professe : « *L'Esprit procède du Père* ». A partir du VIe siècle, en Espagne, en réaction contre l'arianisme des Wisigoths, on avait commencé à ajouter la formule *Filioque* (et du Fils), exprimant une nuance théologique sur la relation entre l'Esprit Saint et les deux autres personnes de la Trinité. Au XIe siècle, Charlemagne, heureux de faire la leçon à l'empereur byzantin, s'employa à généraliser le « Filioque » en Occident, suscitant la réprobation des Orientaux aux yeux desquels il s'agissait là d'une hérésie.

LA PRIMAUTÉ PONTIFICALE

La primauté pontificale (c'est-à-dire le pouvoir de juridiction du pape sur l'ensemble des évêques) posait à l'Orient un autre genre de question. En effet prévalait depuis longtemps, en Orient, une conception essentiellement collégiale de l'épiscopat ; en Occident au contraire, les papes avaient mis de plus en plus l'accent sur la mission spécifique confiée par le Christ à Pierre, et à ses successeurs les évêques de Rome, garants de l'unité de l'Église et de sa fidélité à la foi des origines.

La rupture

Les suspicions ainsi nourries de longue date allaient donner lieu à un nouvel incident, moins sérieux en lui-même que beaucoup d'autres dans le passé, et pourtant de conséquences infiniment plus graves. Le véhément patriarche de Constantinople Michel Cérulaire ayant repris contre Rome les accusations désormais traditionnelles, le pape Léon IX, généralement mieux inspiré, envoya comme légat à Constantinople, pour ramener la paix, son homme de confiance, le cardinal Humbert de Moyenmoutier ; il s'agissait d'une personnalité au caractère aussi cassant que celui du patriarche. Ce fut le « clash » et, le 16 juillet 1054, Humbert déposa sur l'autel de Sainte-Sophie, en plein milieu d'une célébration, une bulle excommuniant Cérulaire ; peu après, celui-ci réunit à Constantinople un concile qui procéda à l'excommunication générale des « latins ».

Malgré diverses tentatives ultérieures, dont deux se traduisirent pourtant par des actes d'union (concile de Lyon 1274, concile de Florence 1439), l'unité ne fut plus jamais durablement rétablie. Les croisades qui, dans la pensée des papes, auraient dû favoriser le rapprochement en répondant à l'attente par les orientaux d'un secours de l'Occident contre l'invasion musulmane, ne firent qu'attiser les malentendus ; la IVe croisade en particulier (1202-1204), transformée par Venise en une sanglante conquête de l'empire byzantin, devait susciter dans cette région une haine séculaire des « latins ».

Il faudra attendre le XXe siècle (avec l'avènement du pape Jean XXIII, puis le concile Vatican II auquel il invita des observateurs des Eglises non catholiques, et enfin la rencontre historique de Paul VI et du patriarche Athénagoras à Jérusalem en janvier 1964) pour voir s'ouvrir une ère nouvelle dans les relations entre Rome et le monde orthodoxe. Le 7 décembre 1965, veille de la clôture du concile, dans une déclaration commune, le pape Paul VI et le patriache Athénagoras levèrent solennellement les excommunica-

La querelle photienne (858-877)

Elle illustre le climat des relations entre Rome et Constantinople deux siècles déjà avant leur rupture historique. Elle trouve son origine dans l'élection de Photius en 858 comme patriarche de Constantinople à la suite d'un coup d'État ayant porté au pouvoir l'empereur Michel III. Le pape Nicolas Ier fait alors déclarer cette élection non canonique par un synode tenu à Rome (863), prise de position reçue à Constantinople comme une immixtion romaine intolérable dans les affaires de l'Église byzantine.

La tension est accrue par les manœuvres du roi des Bulgares, Boris, qui, converti en 864, joue de la rivalité entre Rome et Constantinople à propos de l'Église bulgare. L'empereur Michel maintient Photius sur le siège patriarcal, et en 867 convoque à Constantinople un concile qui déclare le pape déposé ; Photius y conteste avec violence la primauté pontificale et dans une lettre encyclique aux patriarches orientaux, dénonce comme hérétique le "Filioque". La rupture est consommée.

Mais, cette même année 867, l'empereur Michel III est assassiné. Son successeur Basile Ier oblige alors Photius à démissionner et rétablit la communion avec Rome ; un nouveau concile tenu à Constantinople en 869 dépose et excommunie Photius (8e concile œcuménique).

Cependant, en 877, à la mort du patriarche en place, Photius est remis sur le siège patriarcal sans opposition du pape Jean VIII, soucieux d'apaisement. Bien mieux, en 879, un concile réuni à Constantinople confirme la légitimité de l'élection de Photius, annule les condamnations contre lui et condamne toute addition au Symbole de Nicée, c'est-à-dire implicitement le "Filioque" ; toutes ces décisions sont entérinées par Rome en gage de l'union rétablie.

La figure de Photius devait rester dans la mémoire byzantine comme celle du champion de l'orthodoxie face aux erreurs et aux prétentions de Rome ; son attitude ne sera pas sans influencer, deux siècles plus tard, celle du patriarche Michel Cérulaire lors de la crise de 1054 qui provoquera la grande cassure entre Rome et Constantinople. ■

Le Filioque

Ce mot bref est à l'origine d'un des conflits les plus virulents qui aient opposé les Églises d'Orient et de Rome et conduit à leur rupture en mêlant problèmes théologiques et culturels. Le *Credo* de Nicée-Constantinople (381), reconnu en Orient et en Occident comme formulation de la foi chrétienne, professait qu'au sein de la Trinité, l'Esprit Saint procède du Père ; mais il ne disait rien des relations entre le Fils et l'Esprit. Or, par la suite, les théologiens occidentaux, s'appuyant sur le Nouveau Testament (Jn 16,13-15, et surtout Rm 8,9 et Ga 4,6) ainsi que sur les Pères de l'Eglise, étaient arrivés à la conclusion que l'Esprit Saint procédait du Père *et du Fils* (en latin, Filioque). Cette formule, qui modifiait unilatéralement l'énoncé commun de la foi, semble être apparue en Espagne au VIe siècle contre l'arianisme des Wisigoths, puis s'être répandue dans l'Église franque, Charlemagne la généralisant au IXe siècle. Les papes, sans contester la validité théologique de la formule, s'opposèrent jusqu'au XIe siècle à son usage liturgique pour éviter d'altérer l'union, déjà fragile, avec l'Orient.

Celui-ci réagissait en effet avec vivacité contre ce qu'il considérait comme une hérésie. Au milieu du IXe siècle, le patriarche de Constantinople Photius, accusant l'Occident de méconnaître que, en Dieu, le Père est la source unique, provoqua même un schisme, temporaire, avec Rome.

Il semblerait qu'aujourd'hui on s'accorde sur la formule « l'Esprit procède du Père par le Fils », ce qui ne serait nullement un compromis mais l'expression de la théologie effectivement commune aux deux Eglises. En tout cas le *Filioque* n'est pas la seule formule admissible aux yeux de l'Église romaine ; le dialogue se poursuit entre théologiens catholiques et orthodoxes. ■

tions réciproques de 1054. Pour autant, cependant, l'unité sur les questions de fond reste toujours à faire, le point le plus difficile restant la conception du gouvernement de l'Eglise universelle (primauté pontificale). Par surcroît, avec le retour à la liberté religieuse dans les pays européens de l'Est à la suite de l'effondrement des régimes communistes dans les années 1990, la question des Églises orientales unies à Rome (« uniates ») a suscité un regain d'irritation des Églises orthodoxes à l'égard de Rome.

La tradition orientale présente au sein de l'Église romaine.

Si les diverses tentatives entreprises au cours des siècles pour reconstituer l'unité n'ont pas connu de succès global, Rome est en effet parvenue, à diverses époques, à établir l'union avec certaines des Eglises orientales, ou certaines de leurs fractions. Celles-ci, tout en étant désormais unies à Rome, ont conservé leurs traditions, leur liturgie (rites, langue liturgique), leur discipline (prêtres mariés). Elles sont au sein de l'Eglise romaine les représentantes des richesses spirituelles et théologiques de la tradition orientale, et l'aiguillon incitant à travailler à l'unité. (Voir Index : Eglises orientales catholiques).

ROME ET CONSTANTINOPLE AU MOMENT DE LA QUERELLE PHOTIENNE (IXe siècle)

Deux siècles avant leur rupture historique

Le pape Nicolas Ier (858-867) écrit à l'empereur Michel III de Constantinople

Les droits de la papauté datent d'avant votre règne, ils restèrent inébranlables jusqu'alors et ils demeureront lorsque vous-même ne serez plus. Ils n'ont pas été concédés par des synodes mais, uniquement, célébrés et vénérés par eux. Comment quelqu'un pourrait-il se permettre de juger le juge suprême ? L'empereur vrai est rempli d'amour pour l'Église romaine et plein de zèle à son endroit ; il l'honore par des privilèges, l'enrichit par des présents, fait siens ses désirs et applique ses ordonnances, il sollicite sa prière et ordonne que l'on suive sa foi ; par ses lois il encourage les communautés à se joindre à elle ; mais il ne songe pas à ordonner que des synodes se réunissent et que des décisions soient prises ; bien plus, il fait une supplique pour cela ; dans ce cas il approuve les décisions qu'ils ont prises et rejette ce qu'ils ont condamné.

Le patriarche de Constantinople Photius contre la primauté de l'Eglise romaine (870)

Si Rome tient la première place sous le prétexte qu'elle a eu le premier apôtre pour évêque, c'est Antioche qui devrait avoir la primauté. Car l'apôtre Pierre fut évêque d'Antioche, avant qu'il le fût de Rome. De plus, si Rome reprend son argumentation parce que ce serait le prince des apôtres qui, le premier, aurait parachevé sa vie par le martyre, c'est à Jérusalem que devrait revenir la primauté, plutôt qu'à Rome. De plus, si les sièges épiscopaux devaient tenir leur rang hiérarchique de la qualité de leur titulaire, n'est-ce pas encore Jérusalem qui emporterait une superbe victoire sur tous les autres ? Car c'est là que le Créateur lui-même, le Seigneur de Pierre et de nous tous, le premier et seul Grand Prêtre, la source de toute vie et aussi des hiérarchies épiscopales, c'est là qu'il est né, qu'il séjourna et s'offrit librement pour le salut du monde.

De plus, si Rome cherche à fonder sa primauté sur le prince des apôtres, c'est Byzance qui prend le pas, à cause d'André (frère aîné de Pierre) qui fut le premier appelé. Car il occupa le siège épiscopal de Byzance bien avant que son frère devînt l'évêque des Romains.

Si l'on objecte, par le verset de l'Évangile, "Tu es Pierre et sur cette pierre je bâtirai mon Église" (Mt 16,18), je réponds que cela ne vise en rien l'Église romaine. Point de trace de cela. C'est être juif et d'un cœur étroit que de ramener la grâce et la divinité de l'Église à des territoires et des places particulières et ne pas les laisser s'épanouir dans et pour toute l'Œcuménie (l'Église universelle). Mais à propos des mots "sur cette pierre", comment quelqu'un, — même s'il est très audacieux et tient pour gloire son manque de pudeur, — comment peut-il prétendre, faisant violence au texte, que ces mots visent l'Église romaine ? Cela est dit clairement du rocher (pierre), sur lequel repose l'enseignement conforme au Christ et par là celui de toute l'Église qui, par l'enseignement des apôtres, se répandit jusques aux confins de la terre et fut ainsi solidement implantée. Nous confessons, nous fondant sur la très sainte et vénérable définition, que l'Esprit Saint a parlé à l'Église par les fanfares des prophètes !

Disant cela, nous ramenons les paroles des prophètes, en une pieuse interprétation, à l'Église une, catholique et apostolique, et non point à une Église de Pierre ou une Église romaine, telle que l'inculture romaine voudrait l'obtenir, dans son ridicule besoin de se faire valoir.

Cité dans *Histoire de l'Église*,
Panorama et chronologie,
par R. Fröhlich, Desclée 1984.

Un océan d'incompréhension

Quelques-uns des reproches de l'Église d'Orient aux latins rappelés par le moine grec Nicétas Stéthatos :

Ceux qui participent encore aux azymes sont sous l'ombre de la Loi et mangent le festin des juifs, non la nourriture spirituelle et vivante de Dieu [...] Comment entrerez-vous en communion avec le Christ, le Dieu vivant, en mangeant de la pâte azyme morte de l'ombre de la Loi et non le ferment de la nouvelle alliance [...]. Et qui vous a enseigné à rompre le mariage des prêtres [...] ? Faites donc, mes frères, un examen sérieux sur ces questions, et voyez si ce n'est pas de cette source [le judaïsme] que vous sont venues ces quatre pestes que je viens d'énumérer et de réduire à néant, à savoir les azymes, les jeûnes des samedis, le célibat des prêtres et l'oblation des jours de jeûne.

Dans M. Jugie, *Le schisme byzantin.* Ed. Lethielleux, 1941.

Les tentatives d'union des Églises d'Orient et d'Occident (XIIIe-XVe siècles) :
Voir Index : Conciles d'union de Lyon (1274) et de Florence (1439)

En Terre sainte, soustraite à la domination musulmane par les croisés, une hiérarchie latine a été mise en place. Jacques de Vitry, nommé évêque d'Acre en 1216, livre ses premières impressions sur les chrétiens d'Orient.

[...] « Les Syriens[1] *me sont apparus comme des hommes de trahison et pas mal corrompus. Car ils avaient été élevés chez les Sarrasins et avaient pris modèle sur leurs mœurs dépravées. Certains, séduits par l'argent, révélaient aux Sarrasins les secrets de la chrétienté. Et comme ils font, selon l'usage des Grecs, les offrandes saintes avec du pain fermenté, ils méprisaient les nôtres que nous faisons avec du pain azyme, au point qu'ils ne voulaient pas les adorer ni incliner la tête devant elles, quand nos prêtres portaient le corps du Christ aux malades. Ils ne voulaient même pas célébrer sur nos autels sans les purifier d'abord. Leurs prêtres portaient des couronnes, mais ils se soignaient les cheveux comme des laïcs et se mariaient selon l'usage des Grecs [...]. Quant à moi, je les ai fait rassembler, hommes et femmes, sur l'ordre de leur évêque, et avec un interprète je leur ai proposé le verbe de vie [...].*

1. Il s'agit de l'Église syrienne nestorienne.

Dans *Jacques de Vitry, lettres (1160-1240).* Cité en français dans *Histoire de l'Église par elle-même,* J. Loew, M. Meslin, éd. Fayard, 1978.

La rupture

Sentence d'excommunication du cardinal Humbert contre le patriarche de Constantinople Michel Cérulaire (1054)

[...] Quant à Michel, à qui l'on donne par abus le titre de patriarche, et aux partisans de sa folie, c'est une abondante zizanie d'hérésies qui est chaque jour semée par eux dans son sein [la ville de Constantinople]. *Comme les simoniaques, ils vendent le don de Dieu ; comme les valésiens, ils font de leurs hôtes des eunuques pour les élever ensuite non seulement à la cléricature mais à l'épiscopat [...]. Comme les nicolaïtes, ils permettent aux ministres du saint autel de contracter mariage [...]. Comme les Pneumatomaques* (ceux qui combattent l'Esprit), *ils ont supprimé dans le symbole la procession du Saint-Esprit a filio. Comme les manichéens, ils déclarent que le pain fermenté est animé [...]. De plus, laissant pousser barbe et cheveux, ! ils refusent la communion à ceux qui, suivant la coutume de l'Église romaine, font couper leur chevelure et se rasent la barbe [...].*

C'est pourquoi, ne pouvant supporter et ces injures inouïes et ces outrages à l'adresse du premier siège apostolique [...], nous signons contre Michel et ses partisans l'anathème que notre révérendissime pape avait prononcé contre eux s'ils ne venaient à résipiscence :

Que Michel le néophyte, qui porte abusivement le titre de patriarche [...] et tous ceux qui le suivent dans les erreurs susdites, que tous ceux-là tombent sous l'anathème. Maranatha, avec les simoniaques [...] et tous les hérétiques, bien plus avec le diable et ses anges, à moins qu'ils ne viennent à résipiscence. Amen, amen, amen !

Dans M. Jugie, *Le schisme byzantin.* Ed. Lethielleux, 1941.

Neuf siècles plus tard

Déclaration commune du pape Paul VI et du patriarche Athénagoras (7 Décembre 1965)

[...] Parmi les obstacles qui se trouvent sur le chemin du développement de ces rapports fraternels [entre l'Église catholique romaine et l'Église orthodoxe] *de confiance et d'estime, figure le souvenir des décisions, actes et incidents pénibles, qui ont abouti en 1054, à la sentence d'excommunication portée contre le patriarche Michel Cérulaire et deux autres personnalités par les légats du siège romain, conduits par le cardinal Humbert, légats qui furent eux-mêmes ensuite l'objet d'une sentence analogue de la part du patriarche et du synode constantinopolitain [...].*

Le pape Paul VI et le patriarche Athénagoras Ier, en son synode, certains d'exprimer le désir commun de justice et le sentiment unanime de charité de leurs fidèles, et se rappelant le précepte du Seigneur : « Quand tu présentes ton offrande à l'autel, si tu te souviens d'un grief que ton frère a contre toi, laisse là ton offrande devant l'autel et va d'abord te réconcilier avec ton frère » (Mt 5, 23-24), déclarent d'un commun accord :

a. Regretter les paroles offensantes, les reproches sans fondement et les gestes condamnables qui, de part et d'autre, ont marqué ou accompagné les tristes événements de cette époque ;

b. regretter également et enlever de la mémoire et du milieu de l'Église les sentences d'excommunication qui les ont suivis et dont le souvenir opère jusqu'à nos jours comme un obstacle au rapprochement dans la charité, et les vouer à l'oubli ;

c. déplorer, enfin, les fâcheux précédents et les événements ultérieurs qui, sous l'influence de divers facteurs, parmi lesquels l'incompréhension et la méfiance mutuelles, ont finalement conduit à la rupture effective de la communion ecclésiastique.

Ce geste de justice et de pardon réciproque, le pape Paul VI et le patriarche Athénagoras Ier, avec son synode, sont conscients qu'il ne peut suffire à mettre fin aux différends, anciens ou plus récents, qui subsistent entre l'Église catholique romaine et l'Église orthodoxe et qui, par l'action de l'Esprit Saint, seront surmontés grâce à la purification des cœurs, aux regrets de torts historiques ainsi qu'à une volonté efficace de parvenir à une intelligence et une expression commune de la foi apostolique et de ses exigences. [...].

Traduction de la *Documentation Catholique.*

5. LA FIN DE LA CHRÉTIENTÉ MÉDIÉVALE XIVe-XVe-DÉBUT DU XVIe SIÈCLE

Deux siècles et demi s'écoulent entre la mort de saint Louis (1270) et la diffusion des 95 thèses de Luther, début historique de la Réforme, en 1517. Ce passage d'un univers médiéval dans tout son éclat à celui de la Renaissance et de la Réforme se fait au cours d'une période tumultueuse, souvent tragique, dont émergeront un nouvel homme et un nouveau monde : ceux des temps modernes.

Même si l'Église n'avait commis pendant cette période de transition bien des fautes et des erreurs, elle aurait à coup sûr connu des problèmes d'adaptation ; mais le comportement irresponsable d'un grand nombre de papes allait susciter une suite de réactions en chaîne conduisant finalement à la rupture de l'unité chrétienne en Occident.

Philippe le Bel contre Boniface VIII, ou l'État contre la suprématie spirituelle.

Dans les dernières années du XIIIe siècle, la papauté, sortie à son avantage de la longue querelle Sacerdoce-Empire, peut penser définitivement reconnue la primauté du pouvoir spirituel sur les pouvoirs temporels. Tel est bien l'état d'esprit du pape Boniface VIII, juriste au tempérament impérieux, lorsqu'il accède au trône pontifical en 1294.

En fait la question va rebondir, et de manière sans doute plus redoutable encore pour la papauté, car celle-ci trouvera désormais en face d'elle des positions politiques solidement élaborées.

Le roi de France Philippe le Bel, monté sur le trône en 1285, en fournit la parfaite illustration. Ce petit-fils de saint Louis, qui, le premier, s'intitulera « roi très chrétien », n'a de commun avec son aïeul que d'être un grand politique ; mais c'est un politique absolument dénué de scrupules. Quant aux juristes qui le conseillent, ils incarnent un sens très moderne de l'État, résolument étranger à toute notion de suprématie spirituelle. Le choc entre Philippe et Boniface est inévitable.

Philippe le Bel commence par taxer les revenus ecclésiastiques en France sans l'aval du pape. Celui-ci réagit par un texte virulent sur la prétention des laïcs (bulle *Laicis clericos,* 1296). Philippe réplique par le blocage des fonds ecclésiastiques destinés à Rome. Le ton devient de plus en plus violent, jusqu'au jour où, en 1302, Boniface lance la bulle *Unam sanctam :* l'unique source de l'autorité découlant de Dieu se trouve dans le successeur de saint Pierre. Philippe envoie alors un commando s'emparer du pape à Anagni ; délivré par la population, Boniface ne résiste pas au choc et meurt un mois plus tard.

Philippe le Bel n'oublie pas la leçon ; en 1305, il fait élire un pape français à sa dévotion, Bertrand de Got, archevêque de Bordeaux : Clément V sera le premier pape d'Avignon.

▶▶▶

Ph.Giraudon

Philippe le Bel.

Le glaive temporel sous le glaive spirituel

Les paroles de l'Évangile nous l'enseignent : cette puissance comporte deux glaives [...] Tous deux sont au pouvoir de l'Église, le glaive spirituel et le glaive temporel. Mais celui-ci doit être manié pour l'Église, celui-là par l'Église. Celui-là par la main du prêtre, celui-ci par celle des rois et des chevaliers, au consentement et au gré du prêtre. Le glaive doit donc être subordonné au glaive, et l'autorité temporelle à l'autorité spirituelle.

La puissance spirituelle doit l'emporter en dignité et en noblesse sur toute espèce de puissance terrestre ; nous le devons reconnaître d'autant plus nettement que les choses spirituelles ont le pas sur les temporelles [...] La vérité l'atteste : la puissance spirituelle peut établir la puissance terrestre et la juger si elle n'est pas bonne [...] Si donc la puissance terrestre dévie, elle sera jugée par la puissance spirituelle : mais si la puissance spirituelle inférieure dévie, elle le sera par la puissance supérieure. Si la puissance suprême dévie, Dieu seul pourra la juger et non pas l'homme [...]

Dès lors nous déclarons, disons, définissons et prononçons qu'il est absolument nécessaire au salut pour toute créature humaine d'être soumise au Pontife romain.

Extraits de la bulle *Unam Sanctam* de Boniface VIII, 18 novembre 1302. Citation extraite de *Histoire de l'Église* de R. Fröhlich, Ed. Desclée.

Un pouvoir royal qui se laïcise en s'absolutisant

Philippe le Bel et Guillaume de Nogaret.

Le règne de Philippe le Bel (1285-1314), auquel on doit un progrès remarquable de la puissance publique et de l'organisation du pouvoir central en France, marque le début d'une ère nouvelle : celle de la *laïcisation du pouvoir civil*. Ce sera, pour une grande part, l'œuvre de ses légistes, laïcs imprégnés de droit romain ; ce dernier, en fournissant un fondement juridique et non plus théologique à l'exercice du pouvoir royal, le libère de l'emprise du pouvoir spirituel de l'Église exercé par le pape ; il renverse même l'ordre des choses : c'est le roi qui est le chef de son Église ; tout le *gallicanisme politique* est là en germe.

En face, cet autre juriste qu'est le pape Boniface VIII pousse à l'extrême la théorie inverse de la suprématie du pouvoir spirituel sur les pouvoirs temporels : le heurt entre Philippe et Boniface est d'autant moins évitable que leurs tempéraments ne se prêtent guère au compromis.

Parmi les conseillers les plus influents et actifs de Philippe le Bel se distingue la personnalité de Guillaume de Nogaret, professeur de droit à Montpellier devenu chancelier du roi en 1296, aussi subtil juriste que virulent polémiste ; il jouera un rôle de premier plan dans la controverse avec Boniface VIII ; il dirigera l'arrestation de celui-ci à Anagni en 1303 ; il sera à l'origine de l'arrestation des Templiers en 1307. ■

Boniface VIII.

Quand Guillaume de Nogaret parle de Boniface VIII

« Je prétends que l'individu en question, surnommé Boniface, n'est pas un pape. Il n'est pas entré par la porte, on doit le considérer comme un voleur et un brigand. Je prétends que ledit Boniface est un hérétique manifeste et un horrible simoniaque comme il n'y en a pas eu depuis le commencement du monde. Je prétends enfin que ledit Boniface a commis des crimes manifestes, énormes, en nombre infini, et qu'il est incorrigible. Il appartient à un concile général de le juger et de le condamner. »

Cité dans *Pour lire l'histoire de l'Église*, J. Comby, Ed. Cerf.

▶▶▶

Avignon ou la « captivité babylonienne » (1309-1377)

La papauté avait été humiliée en la personne de Boniface VIII. Le long séjour des pontifes à Avignon soulignera leur état de dépendance désormais vis-à-vis du roi de France. Ce séjour (à partir de 1309) n'avait pourtant à l'origine qu'un caractère momentané : Clément V était venu en Avignon, territoire pontifical, pour y préparer le concile qui devait se tenir non loin de là, à Vienne, sur les bords du Rhône.

Le concile de Vienne (1311-1312), réuni pour prendre diverses dispositions de réforme, fut en fait essentiellement marqué par la dissolution de *l'Ordre des Templiers*, prononcée par le pape sous la pression de Philippe le Bel. Celui-ci, qui visait peut-être l'immense fortune de l'ordre, l'avait déjà dépouillé de ses biens, avait fait arrêter ses religieux et brûler beaucoup d'entre eux sur le bûcher. Si Clément V ne consentit finalement qu'à dissoudre et non à condamner l'ordre, sa faiblesse vis-à-vis du roi n'en fut pas moins manifeste aux yeux de tous.

C'est le successeur de Clément V, Jean XXII, lui aussi un Français, qui est à l'origine de *l'installation des papes en Avignon* en raison des *troubles agitant alors Rome et l'Italie.* En fin de compte, huit papes français se succédèrent dans cette ville. Continuité nationale qui ne dut rien au hasard : chacun de ces papes peuplait de compatriotes sa curie, et au moment de l'élection de son successeur, le roi de France veillait au bon choix ! Ce séjour des papes à Avignon de 1309 à 1377 ne doit pas être confondu avec celui de deux anti-papes (1378-1417) durant le Grand Schisme d'Occident qui suivit précisément le retour des papes à Rome, et dont il sera parlé plus loin. Sur le premier séjour de la cour pontificale à Avignon, les jugements sont parfois sévères. Il est vrai que, sans même parler du pontificat tumultueux de Jean XXII (1316-1334), les papes d'Avignon attirèrent l'attention par le faste de leur cour, propice au demeurant à l'épanouissement des arts et des lettres, mais rendant plus impopulaire encore une fiscalité pontificale déjà aggravée par l'éloignement de Rome. Ceci dit, les mœurs de ces papes furent irréprochables, l'un d'eux, Urbain V, un vrai saint, devait même être béatifié ; et enfin diverses réformes indispensables furent entreprises.

Cependant, au total, ces soixante-huit années d'Avignon, que les Italiens appelèrent avec amertume « la captivité babylonienne », devaient peser lourd sur la suite. La prépondérance française causa dans l'Église un profond malaise, encore aggravé par la coupure de l'Europe entre partisans de la France et de l'Angleterre durant la guerre de Cent Ans (1337-1453). L'éloignement de la papauté suscita un vif ressentiment dans la population romaine, tandis que l'anarchie régnait dans les États pontificaux. Au total, le prestige de la papauté se trouva gravement atteint.

Urbain V (1362-1370) fit une première tentative de retour à Rome, qui ne dépassa pas trois ans (1367-1370). Le mérite d'une décision de retour définitif (1377) revient à Grégoire XI, plus sensible aux objurgations de sainte Catherine de Sienne et de Pétrarque qu'à l'obstruction intéressée des cardinaux et du roi de France.

On attendait alors du pape une reprise générale en main des affaires religieuses : la réforme de la curie et du clergé, la paix et l'unité dans l'Église, des points d'appui à une pensée chrétienne en pleine fermentation (voir plus loin). Or Grégoire XI mourut quelques mois après son accueil triomphal à Rome. Sa succession allait provoquer le Grand Schisme d'Occident. ▶▶▶

Ph. Roger-Viollet

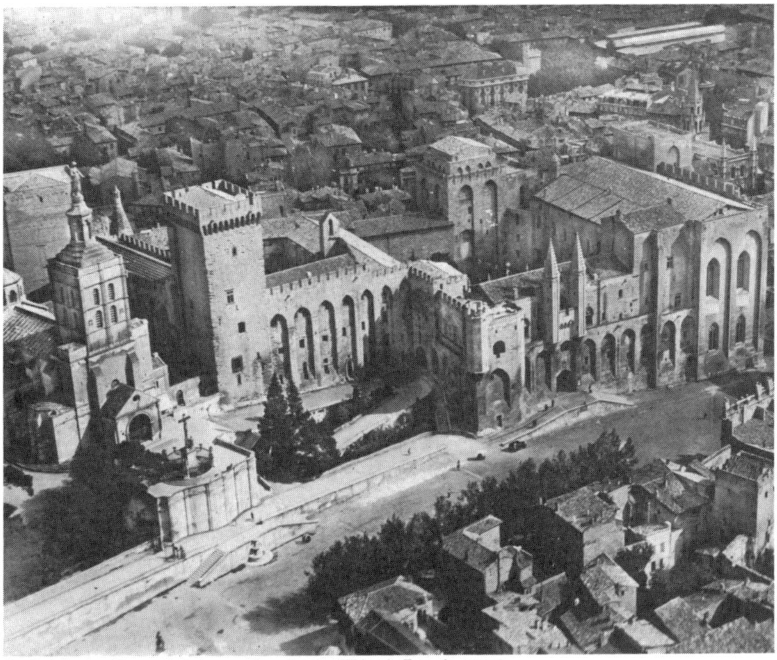

Le Palais des Papes à Avignon (Vaucluse), (XIVe s.). Façade ouest.

Le Palais des Papes à Avignon

C'est l'un des plus remarquables spécimens de l'architecture gothique du XIVe siècle. Il comprend deux grandes parties, le Palais-Vieux et le Palais-Neuf.

Le Palais-Vieux est l'œuvre de Benoît XII (1334-1342) ; il occupe les parties nord et est de l'ensemble ; s'y trouvent notamment la grande salle du Consistoire, le Grand Tinel ou salle des Festins (fresques de Simone Martini provenant du portail de la cathédrale), deux oratoires décorés de fresques de Matteo Giovanetti de Viterbe, la chambre du pape et la « chambre du Cerf », l'une et l'autre décorées de fresques. Le Palais-Vieux n'est pas bâti sur voûtes mais planchéié.

Le Palais-Neuf a été entrepris par Clément VI (1342-1352), qui édifia les deux ailes encadrant, avec celles de Benoît XII, la Cour d'Honneur. C'est dans la façade ouest, donnant sur la Place du Palais, que s'ouvre l'entrée principale. Le Palais-Neuf abrite la salle de la Grande Audience, longue de 52 mètres, divisée en deux nefs voûtées, où ne subsistent que des fragments des fresques d'origine, et à l'étage supérieur la chapelle pontificale ; par la « fenêtre de l'Indulgence » sur la Cour d'Honneur le pape donnait sa bénédiction. Tout le Palais-Neuf est voûté d'ogives.

Innocent VI (1352-1362) acheva la partie ouest et Urbain V (1362-1370) fit tailler la Cour d'Honneur dans le roc et aménager le jardin qui porte son nom.

L'ensemble du palais est donc antérieur au Grand Schisme d'Occident. ■

Les papes d'Avignon et les règnes des rois de France avant le Grand Schisme d'Occident (1305-1378) [1].

	Philippe IV le Bel 1285-1314
Clément V 1305-1314	
Vacance de siège 1314-1316	Louis X le Hutin 1314-1316
Jean XXII 1316-1334	Philippe V le Long 1317-1322
	Charles IV le Bel 1322-1328
Benoît XII 1334-1342	Philippe VI de Valois 1328-1350
Clément VI 1342-1352	
Innocent VI 1352-1362	Jean II le Bon 1350-1364
Urbain V 1362-1370	Charles V le Sage 1364-1380
Grégoire XI 1370-1378	

1. Les dates sont celles des pontificats et des règnes.

Pétrarque contre les papes d'Avignon

Pétrarque (1304-1374), poète et humaniste italien, grand admirateur de l'Antiquité et l'un des pionniers de la Renaissance, vécut plusieurs années en Avignon, où il rencontra la belle Laure de Noves chantée dans ses poèmes ; il y connut aussi la cour des papes, dont il dénonça le luxe sans pour autant en refuser les faveurs.

« Avignon, c'est l'impie Babylone, l'enfer des vivants, la sentine des vices, l'égoût de la terre. On n'y trouve ni foi, ni charité, ni religion, ni crainte de Dieu, ni pudeur, rien de vrai, rien de saint : quoique la résidence du souverain pontife en dût faire un sanctuaire et le fort de la religion [...]. De toutes les villes que je connais, c'est la plus puante [...]. Quelle honte de la voir devenir tout à coup la capitale du monde, où elle ne devrait tenir que le dernier rang [...].

Les cardinaux : [...] A la place des Apôtres qui allaient nu-pieds, on voit à présent des satrapes montés sur des chevaux couverts d'or, rongeant l'or et bientôt chaussés d'or, si Dieu ne réprime leur luxe insolent. On les prendrait pour des rois de Perse ou des Parthes qu'il faut adorer, et qu'on n'oserait aborder les mains vides. »

Cité dans *Pour lire l'histoire de l'Église*, J. Comby, Cerf.

Bienheureux URBAIN V (1310-1370)
Sixième pape d'Avignon (1362-1370)
Voir Index

Sainte Catherine de Sienne supplie le pape Grégoire XI de revenir à Rome

« [...] Mettez un remède à ces maux et comportez-vous en Jésus-Christ. En avant ! Achevez ce que vous avez commencé. Ne tardez pas, car le retard a causé de nombreux malheurs, et le démon s'ingénie à vous créer des empêchements [...]. Ne résistez plus à la volonté de Dieu, car les brebis attendent, affamées, que vous reveniez au siège de saint Pierre. Vicaire de Jésus, vous devez reprendre votre propre siège. N'attendez pas le temps, car le temps n'attend pas. Répondez à l'Esprit Saint. Venez comme l'agneau qui, de sa main désarmée, terrasse ses ennemis en se servant de l'arme d'amour. Soyez courageux ; sauvez l'Église de la division et de l'iniquité [...] »

Extraits de citations dans G. Mollat, *Les Papes d'Avignon.* Ed. Letouzey et Ané, 1964.

L'affaire des Templiers (1307-1314)

L'Ordre militaire du Temple avait été fondé au XIIe siècle pour la défense des lieux saints. Après la chute du royaume latin de Jérusalem (1291) il s'était replié en Europe, où son activité principale consistait à gérer son immense fortune. Le siège du Grand-Maître se trouvait en France, où l'ordre était devenu le banquier de la couronne. Son existence, spirituellement médiocre, n'avait cependant rien de commun, selon les historiens, avec les crimes et scandales que lui imputèrent les légistes de Philippe le Bel pour justifier l'attitude de ce dernier.

En 1307 en effet, Philippe le Bel fait arrêter dans le royaume tous les Templiers et saisir les biens de l'ordre. Sous la torture, ils avouent être des renégats, des idolâtres, des sodomites. La protestation du Pape Clément V contre la violation de toutes les règles canoniques par le pouvoir royal arrive quand les aveux ont déjà frappé l'opinion ; le pape, lui-même impressionné, ordonne aux autres princes d'arrêter les Templiers et de mettre leurs biens sous séquestre. Cependant il entend faire reprendre l'enquête sous son autorité.

A cet effet, il met en place des commissions diocésaines et des commissions pontificales ; mais, en France, Philippe le Bel a tous les atouts en mains : la garde des prisonniers, la gestion des biens saisis, l'influence sur les commissions diocésaines. En 1309, soixante-quatre Templiers revenus sur leurs aveux sont envoyés au bûcher malgré l'intervention de la commission pontificale. A l'étranger, cependant, partout où ne prévaut pas l'influence française, les enquêtes tournent à l'avantage de l'Ordre.

Depuis la mort du pape Boniface VIII, Philippe le Bel a conçu avec ses légistes un vaste plan tendant à inféoder le Saint-Siège à la couronne et à en obtenir le transfert dans le royaume. Il presse Clément V de réunir un concile général en France. Outre la réforme de l'Église, auraient notamment figuré à l'ordre du jour la condamnation des Templiers, celle de Boniface VIII, et l'absolution de Nogaret excommunié par ce dernier. Le pape louvoie. Il a bien convoqué un concile général, mais à Vienne en Dauphiné, c'est-à-dire en terre d'Empire ; il a bien inscrit l'affaire des Templiers à l'ordre du jour, mais non le procès de Boniface VIII.

Durant ce concile de Vienne (1311-1312), lorsque des Templiers se présentent pour défendre leur Ordre, ainsi qu'ils y ont été autorisés par la commission conciliaire chargée de l'affaire, le pape les fait arrêter. Sous la pression du roi, il prononce la dissolution de l'Ordre (mais se refuse à le condamner) et en attribue les biens à l'Ordre de Saint-Jean-de-Jérusalem ; le but principal du concile étant atteint, celui-ci est clos sans qu'on parle davantage de réformer l'Église.

Clément V s'était réservé le jugement des dignitaires de l'Ordre. Traduits devant une commission de cardinaux, ils sont condamnés en 1314 à la prison perpétuelle. Indignés, le Grand-Maître Jacques de Molay et un de ses adjoints crient leur innocence. Le roi les envoie aussitôt au bûcher. ■

▶▶▶

Le Grand Schisme d'Occident (1378-1417)

A la mort de Grégoire XI (1378), Urbain VI est élu ; c'est enfin un pape italien, conformément aux exigences violemment manifestées pendant le scrutin par le peuple romain. Mais, très vite, son despotisme, son hostilité aux Français (majoritaires parmi les cardinaux) conduisent cette majorité à déclarer irrégulière l'élection ; manœuvrée par le roi de France Charles V, elle élit à la place d'Urbain VI Robert de Genève, qui prend le nom de Clément VII ; Urbain VI refusant d'abdiquer, deux papes sont en présence : le Grand Schisme est commencé ; pendant trente-neuf ans, il va jeter le désarroi dans l'Église et l'Europe.

Le peuple romain étant resté fidèle à « son » pape Urbain VI, Clément VII son rival prend le chemin d'Avignon, territoire pontifical situé à proximité du royaume de France dont il est le protégé. *On est alors en pleine Guerre de Cent ans (1337-1453).* Les frontières de la division religieuse ne tardent pas à rejoindre celles de la division politique de l'Europe : le pape d'Avignon est soutenu par la France, celui de Rome par l'Angleterre et l'Empire. Chacun des deux papes nomme ses propres cardinaux, lesquels élisent à leur tour son successeur, prolongeant ainsi indéfiniment le schisme. Chacun des deux, en outre, multiplie faveurs et passe-droits pour se rallier les suffrages ; les abus se multiplient au lieu d'être pourchassés. La division coupe radicalement le monde chrétien : sainte Catherine de Sienne est pour Rome, saint Vincent Ferrier pour Avignon. En même temps, une immense et douloureuse aspiration à l'unité se fait jour, exprimée en prières publiques, en processions, en tentatives de diverses natures en vue de mettre un terme au scandale.

Un espoir apparaît en 1394 à la mort de Clément VII (Avignon) : chacun de ses cardinaux s'est engagé par serment à abdiquer s'il est élu. Mais Benoît XIII, une fois désigné, refuse de tenir parole. Malgré toutes les pressions et l'abandon progressif de ses partisans, il s'obstinera jusqu'à sa mort. Excédés, le roi de France et l'université de Paris lui retirent leur obédience (1398), sans pour autant rallier le pape de Rome. C'est toujours l'impasse.

Alors se répand la conviction que la solution réside dans un concile général. En fait, en arrière-plan, se profile la thèse *conciliariste*, en honneur chez divers théologiens et notamment à l'université de Paris : le pouvoir suprême dans l'Église n'appartient pas au pape mais au concile universel (c'est une des premières manifestations du *gallicanisme*, et cela restera une de ses convictions de base).

Les cardinaux des deux obédiences s'accordent effectivement pour convoquer un concile, qui se réunit à Pise en 1409. Ni Grégoire XII (Rome) ni Benoît XIII (Avignon) n'ayant déféré à la convocation, ils sont tous les deux déposés, et un nouveau pape, Alexandre V, est élu ; décédé peu après, il est remplacé par Jean XXIII [1].

Cependant les deux autres refusant toujours de se démettre, voilà l'Église cette fois avec trois papes !

1. Considéré comme élu irrégulièrement, il ne figure pas sur la liste officielle des papes ; c'est pourquoi, en succédant à Pie XII en 1958, le cardinal Roncalli a pu reprendre ce nom de Jean XXIII.

▶▶▶

LES PAPES PENDANT LE GRAND SCHISME D'OCCIDENT (1378-1417)

Rome	Avignon	Pise
Urbain VI 1378-1389 Boniface IX 1389-1404 Innocent VII 1404-1406 Grégoire XII 1406-1415 (déposé en 1409, démission en 1415)	Clément VII 1378-1394 Benoît XIII 1394-1417 (déposé en 1409 et 1417)	Alexandre V 1409-1410 Jean XXIII 1410-1415 (déposé en 1415)
Fin du schisme : Martin V 1417-1431		

Le concile de Constance (1414-1417)

Ce concile offre plus d'un trait original. D'abord, s'il est formellement convoqué par le pape Jean XXIII, un des trois papes en présence, c'est en fait à l'énergie et à l'autorité de l'empereur d'Allemagne Sigismond que cette convocation est due ; Sigismond répond ainsi à l'attente de toute la chrétienté occidentale de voir mettre un terme au schisme qui la déchire depuis trente-six ans. Les participants du concile relèvent de l'obédience des trois papes concurrents.

En second lieu, le concile se distingue par sa composition. Le discrédit de la papauté, la méfiance à l'égard des cardinaux de chacun des papes en présence, le sentiment croissant que l'autorité suprême dans l'Église appartient au concile et non au souverain pontife, ont fait affluer à Constance les théologiens, et en particulier les supporters de la thèse *conciliariste* : à côté de quelque 300 cardinaux, évêques et abbés, 578 théologiens (dont beaucoup de l'Université de Paris) sont présents.

C'est sous la pression de ces théologiens que, troisième particularité, il est décidé que le vote se fera non *par tête* mais *par nation* ; sur le modèle des universités, l'assemblée est répartie en quatre groupes, Italie, France, Allemagne, Angleterre, au sein desquels se feront les débats ; leurs résolutions seront soumises à des sessions générales. Cette disposition inquiète beaucoup Jean XXIII qui comptait bénéficier de la présence des nombreux évêques italiens venus avec lui.

Le concile commence par condamner Jean Hus. Puis, après de longues négociations, Jean XXIII consent à abdiquer si les deux autres papes en font autant. Grégoire XII accepte immédiatement ; mais avant qu'on connaisse la réponse, Jean XXIII, qui se sait chargé de multiples accusations, s'enfuit.

Le concile, un moment désemparé, déclare alors, conformément aux thèses du cardinal Pierre d'Ailly et de Jean Gerson, tous deux théologiens de l'Université de Paris, qu'il a pleine autorité pour siéger sans pape ; dans son célèbre décret *Sacrosancta* (1415) (voir ci-contre), il professe qu'il tient cette autorité directement du Christ et qu'il dispose en conséquence d'une juridiction universelle, y compris sur le pape, en matière de foi et de réforme. Le concile dépose Jean XXIII en 1415.

Reste Benoît XIII. A l'empereur, venu en personne lui demander son abdication, il oppose le refus le plus catégorique. Il est déposé à son tour par le concile en 1417.

A cette étape, la question se pose alors aux participants : le concile doit-il d'abord entreprendre la réforme tant attendue, ou donner à l'Église un chef pour la réaliser ? C'est cette dernière proposition qui prévaut. Mais qui, dans cette assemblée composite va élire le pape ? Après de longues tractations intervient un compromis : voteront tous les cardinaux présents des trois obédiences, et six délégués de chaque nation. Mais avant l'élection, le concile prend une dernière précaution ; par son décret *Frequens* (voir ci-contre), il impose au futur pape de réunir périodiquement le concile. Puis, le 11 novembre 1417, le collège électoral choisit à la quasi-unanimité le cardinal Ottone Colonna, membre d'une vieille famille romaine, qui prend le nom de Martin V. L'unité est retrouvée ; mais les causes de conflits restent nombreuses... ■

La maison du Concile à Constance (Allemagne).

Ph. Roger-Viollet

Les décrets « conciliaristes » de Constance

Décret « Sacrosancta » (1415)

« Ce saint synode de Constance, formant concile général, légitimement assemblé dans l'Esprit Saint à la louange du Dieu tout-puissant, pour l'extirpation du schisme actuel et la réforme de l'Église de Dieu en son chef et dans ses membres [...], ordonne, définit et déclare ce qui suit :

Premièrement, que ce même synode légitimement assemblé dans l'Esprit Saint, formant concile général et représentant l'Église catholique militante, tient son pouvoir directement du Christ ; tout homme, quel que soit son état ou sa dignité, cette dernière fût-elle papale, est tenu de lui obéir pour tout ce qui touche à la foi et à l'extirpation du schisme susdit, ainsi qu'à la réforme de la susdite Église de Dieu en son chef et dans ses membres [...] »

Décret « Frequens » (1417)

« [...] C'est pourquoi par le présent édit perpétuel nous décidons, décrétons et ordonnons que des conciles généraux soient dorénavant célébrés ; en sorte que le premier qui suivra à partir de la fin du présent concile ait lieu cinq ans après, le second après celui qui suivra le présent concile sept ans plus tard, et ensuite de dix en dix ans, en un lieu que, dans le mois précédant la fin du concile, le pape ou, à son défaut, le concile lui-même est tenu de fixer et de désigner [...] »

Dans J. Gill, Constance et Florence, *Histoire des Conciles œcuméniques.*

▶▶▶

Pour débloquer la situation, on recourt une fois de plus à un concile, imposé à Jean XXIII par l'empereur d'Allemagne, Sigismond. Réuni en 1414, *le concile de Constance* se donne pour objet la fin du schisme et la réforme de l'Église. Aux côtés des évêques, il compte nombre de théologiens ; ces derniers vont assurer une position de force aux thèses *conciliaristes.*

Le schisme est résolu par la démission ou la déposition des trois papes ; celui de Rome, Grégoire XII, se retire ; Jean XXIII s'enfuit ; quant à l'intraitable Benoît XIII, il n'a plus de partisans. En 1417, le concile élit Martin V : *le Schisme d'Occident est enfin terminé.*

Reste la réforme de l'Église. Au sein du concile, *la majorité conciliariste* a pris la précaution, avant d'élire Martin V, de voter deux *décrets* de grande importance, aux termes desquels les conciles, représentant l'Église universelle, tiennent leur autorité de Jésus-Christ ; tous leur sont donc soumis, y compris le pape, qui doit les convoquer régulièrement (la validité de ces deux décrets, non ratifiés par un pape, sera toujours contestée par la suite). Quant aux réformes que chacun attend, elles sont renvoyées aux conciles suivants, puisqu'ils doivent être réunis fréquemment...

Les orthodoxes au secours de la primauté pontificale

Conformément aux dispositions prises par le concile de Constance, un nouveau concile s'ouvre en 1431 à Bâle. Très vite, le conflit s'élève entre le pape Eugène IV, récemment élu, et la majorité, qui réaffirme la suprématie conciliaire et décrète la limitation des pouvoirs pontificaux.

Paradoxalement, le salut pour Eugène IV viendra de l'Église orthodoxe : les chrétiens de Byzance, qui se sont séparés de Rome au XIe siècle en refusant la primauté du pape, vont aider celui-ci à faire triompher cette même primauté auprès de l'Église d'Occident ! Les Turcs menacent en effet ce qui reste de l'empire byzantin : l'empereur Jean VIII Paléologue avait proposé au prédécesseur d'Eugène IV, Martin V, un concile d'union entre les deux Églises, à tenir en Italie, espérant que l'Occident volerait à son secours.

En reprenant cette proposition, Eugène IV ressaisissait en même temps l'initiative des travaux conciliaires ; il décide donc le transfert en 1438 à Ferrare, puis à Florence, du concile de Bâle, ce que refusent la plupart de ses participants. Les Grecs se trouvent dès lors en majorité à Florence ; ils signent en 1439 l'Édit d'Union par lequel, non seulement ils souscrivent à la formule controversée du *Filioque,* mais ils reconnaissent la primauté de l'évêque de Rome. En fait, l'hostilité de l'opinion grecque, puis la prise de Constantinople par les Turcs en 1453, devaient réduire à néant cette union bâclée.

Dans l'immédiat, le succès du concile de Florence assurait au pape un prestige singulièrement opportun pour le rétablissement de son autorité sur l'Église d'Occident ; celle-ci était d'ailleurs infiniment lasse des rivalités et des divisions. C'est pourquoi le

▶▶▶

Le concile de Bâle (1431-1449)

L'histoire de ce concile, qui s'étend sur dix-huit ans, est beaucoup plus complexe que celle du concile de Constance. On ne pourra ici que la résumer à grands traits.

La convocation de ce concile par le pape Martin V résultait des dispositions du décret *Frequens* du concile de Constance obligeant le pape à la tenue périodique de conciles généraux. Peu avant l'ouverture de celui de Bâle en 1431, Martin V mourut. Son successeur Eugène IV n'aborda pas sans appréhension cette rencontre, où les thèses conciliaristes avaient toutes les chances de s'imposer à nouveau avant qu'il ait eu le temps d'établir son autorité personnelle.

De fait, renouvelant le décret *Sacrosancta* de Constance, la majorité affirma une fois de plus la supériorité des conciles sur les papes et adopta un ensemble de dispositions limitant les pouvoirs de ces derniers en matière de fiscalité et de nominations.

On approchait du point de rupture lorsque le pape Eugène IV mit à profit la proposition antérieure de l'empereur de Byzance Jean VIII Paléologue de tenir en Italie un concile d'union entre l'Église d'Orient et l'Église romaine ; le pape décida à cette fin le transfert du concile de Bâle à Ferrare (1438).

Ce faisant, il jeta la division parmi les participants. La majorité refusa de quitter Bâle, mais une minorité gagna Ferrare, puis Florence, où se tint le concile d'union : cette minorité participa avec la délégation orientale conduite par l'empereur de Byzance et le patriarche de Constantinople aux débats qui devaient conduire à l'*édit d'union* (1439) : les Grecs acceptaient le *Filioque* et la primauté pontificale.

Cette union des deux Églises se révèlera éminemment précaire ; mais dans l'immédiat, la reconnaissance de la primauté pontificale par l'Église d'Orient conférait au pape, vis-à-vis de l'Église d'Occident, un prestige considérable. Eugène IV acheva de priver le concile de Bâle de tout soutien et de tout crédit en concluant avec les rois et les princes divers concordats. Il fut cependant déclaré déposé par ce qui restait du concile (1439), qui élut à sa place le duc Amédée VIII de Savoie, un laïc père de cinq enfants (Félix V), dernier antipape dans l'histoire.

Mais l'Occident était las des conciles et des papes rivaux ; il n'aspirait plus qu'à la paix religieuse et à la réforme de l'Église. Le concile de Bâle se désagrégea peu à peu ; il fallut cependant dix années encore pour que Félix V abdiquât (1449) et que le dernier carré des opposants se soumît à Rome.

L'autorité pontificale sortait apparemment renforcée de l'épreuve. Cependant l'exil d'Avignon, le Grand Schisme d'Occident, les conciles de Constance et de Bâle devaient laisser des traces durables ; on les retrouvera dans le *gallicanisme,* dans l'opposition croissante au centralisme romain, dans l'emprise de plus en plus forte de l'autorité séculière sur l'appareil religieux, dans le sentiment de plus en plus répandu que la réforme de l'Église ne viendrait pas de Rome. ■

Benozzo Gozzoli, peintre florentin (1420-1497) représente sous la forme du cortège des rois mages l'arrivée à Florence de l'empereur de Constantinople, Jean VIII Paléologue, et du patriarche de cette ville pour le Concile d'union (1439). Fresque de la chapelle des Medicis à Florence.

Les tentatives d'union des Églises d'Orient et d'Occident (XIIIe-XVe siècles) Le concile de Florence (1439)

☞ Après la quatrième croisade qui, détournée de son objectif par Venise, avait conduit les croisés d'Occident à s'emparer de Constantinople (1204) et à fonder un empire latin aux dépens de l'empire byzantin (orthodoxe), un embryon d'empire grec s'était reconstitué à Nicée, en Asie Mineure, autour de Théodore Ier Lascaris (1208-1222), point de départ d'une reconquête progressive de l'emprise latine par les Grecs. Dans cette perspective, le successeur de Théodore, l'empereur Jean III Vatatzès (1222-1254), se rapprocha de Rome ; un accord semblait imminent avec le pape Innocent IV (1243-1254) lorsque celui-ci mourut.

☞ Michel VIII Paléologue (1259-1282), fondateur de la dernière dynastie byzantine, poursuivit l'œuvre de reconquête et reprit Constantinople aux Latins en 1261, mettant fin à leur empire d'Orient. Pour se protéger des ambitions sur Byzance de Charles d'Anjou, roi de Naples et frère de saint Louis, il renoua avec Rome. Le pape Grégoire X (1271-1276) convoqua un concile d'union à Lyon en 1274 (14e concile œcuménique). L'empereur Michel VIII y admit la primauté pontificale, le pain azyme, le *Filioque*. Mais cette union, imposée par l'empereur, ne fut pas acceptée par l'Église grecque ; en 1283, elle fut dénoncée par l'empereur Andronic II.

☞ Aux XIVe et XVe siècles la politique byzantine est commandée par le péril turc, toujours plus pressant. En 1331, toute l'Asie Mineure, grecque jusqu'alors, et un des principaux foyers du christianisme à ses origines, achève de tomber aux mains des Turcs ; en 1338, ils pénètrent en Europe ; Constantinople est assiégée à diverses reprises.

L'empereur Manuel II (1391-1425) multiplie vainement les appels à l'Occident. Son successeur Jean VIII Paléologue (1425-1448) fait savoir, peu avant la mort du pape Martin V (1431), qu'il est disposé à participer à un concile d'union entre Église d'Orient et Église romaine, à réunir en Italie. En 1438, le pape Eugène IV, aux prises avec la rébellion ouverte du concile de Bâle, se saisit habilement de la proposition de l'empereur grec pour ordonner le transfert du concile à Florence afin d'en faire le concile d'union prévu ; le pape avait besoin de l'aboutissement de cette tentative pour imposer son autorité aux rebelles de Bâle et à l'ensemble de l'Occident, de même que l'empereur avait besoin de l'Occident contre les Turcs.

Le concile d'union dura cinq mois (1439) ; après des débats serrés, où l'on frôla la rupture à plusieurs reprises, un décret d'union put enfin être promulgué (6 juillet 1439) ; tous les points litigieux avaient été résolus, en particulier ceux du *Filioque* (« le Saint-Esprit procède du Père et du Fils comme d'un seul principe et par une seule spiration ») et de la primauté pontificale, reconnue par tous.

Rentrée en Orient, la délégation grecque fut violemment accusée, notamment par les moines, d'avoir trahi la foi pour de l'argent (le Saint-Siège avait pris en charge voyage et séjour) ; sur les trente signataires eux-mêmes, une vingtaine récusèrent l'union, que l'empereur Jean VIII n'osa pas promulguer. Cependant l'encerclement de Constantinople par les Turcs se resserrait ; en 1444, la petite armée envoyée par le pape Eugène IV avait été écrasée à Varna. En 1452, pour arracher des secours à l'Occident, l'édit d'union fut promulgué. Mais en 1453 la ville tombait : l'empire de Byzance avait cessé d'exister, et le croissant remplaçait la croix sur Constantinople, devenue Istanbul. Dès lors, la Russie se considéra comme l'héritière de l'orthodoxie, et Moscou comme la troisième Rome. ■

Ph. Alinari-Giraudon

▶▶▶

concile dissident de Bâle achèvera de perdre tout crédit en se donnant un nouveau pape en la personne du duc de Savoie, un laïc, avant de se disloquer peu à peu.

En fait, l'autorité restaurée du pape légitime était fragile : l'attente toujours déçue d'une authentique réforme alimentait une hostilité croissante à l'Église établie ; la poussée des Églises nationales en était un des signes révélateurs.

Une poussée des Églises nationales

Le long affaiblissement de la papauté, une aspiration de plus en plus impatiente aux réformes, le développement des thèses conciliaristes, la montée des sentiments nationaux, qui transparaît notamment dans la naissance d'une véritable administration de l'État, sont autant de facteurs propices à un mouvement général en faveur d'une plus grande autonomie des Églises nationales.

En Angleterre, la tradition d'une Église étroitement tenue sous la dépendance royale était ancienne, l'hostilité envers la fiscalité pontificale était constante ; le fait nouveau était l'influence exercée par un professeur de théologie d'Oxford, *Wyclif*, (v. 1320-1384), qui rejetait en bloc papauté, sacrements, ordres religieux, et prônait une Église sous la seule autorité de l'Écriture.

Ces idées trouvèrent un terrain tout préparé *en Bohême* et dans son université de Prague ; aiguisée par le Grand Schisme d'Occident, l'attente des réformes y exacerbait l'hostilité des Tchèques envers les Allemands, fidèles au pape de Rome. En 1402, le recteur de l'université, *Jean Hus* (1369-1415), gagné aux idées de Wyclif, prit la tête du mouvement, soutenu par le roi de Bohême Wenceslas IV et par le peuple tchèque. Condamné par le concile de Constance en 1414, Hus mourut sur le bûcher en 1415. Sa mort déclencha une violente lutte en Bohême qui, prenant de plus en plus le caractère d'une guerre nationale, opposa pendant dix-sept ans les hussites tchèques à l'empereur d'Allemagne. Il faudra la scission du mouvement hussite pour que s'effondre sa résistance, en 1434. Mais, pour la première fois en Occident, un siècle avant Luther, une nation s'était élevée contre Rome au nom de la fidélité à l'Évangile.

En France, les tendances au *gallicanisme*, c'est-à-dire à une Église nationale disposant d'une réelle autonomie, n'étaient pas récentes ; depuis Philippe le Bel les juristes royaux, l'université, un grand nombre d'évêques étaient imprégnés de cet état d'esprit. Le Grand Schisme avait stimulé ces convictions et, au concile de Constance, les français Jean Gerson et Pierre d'Ailly avaient contribué au succès de la thèse « conciliariste ». En 1438, le roi Charles VII fit adopter par une assemblée du clergé réunie par lui à Bourges un statut de l'Église de France publié sous le nom de *Pragmatique Sanction.* A la fois manifeste gallican et alliance du clergé et du roi contre Rome, elle réaffirmait la suprématie du concile sur le pape et refusait au Saint-Siège une grande part de ses attributions dans la vie de l'Église de France. Malgré l'opposition résolue de Rome, ce texte demeurera en vigueur en France jusqu'au concordat avec le Saint-Siège signé en 1516 par François Ier ; et au-delà, la Pragmatique Sanction restera la référence de la politique religieuse en France, jusques et y compris sous la Révolution et l'Empire.

JOHN WYCLIF (v. 1320 - 1384)

Ce théologien anglais, qui enseigna à Oxford avant d'en être écarté pour ses positions hétérodoxes, est proche des idées des Vaudois. Pour lui l'unique autorité dans l'Église est l'Écriture ; au nom de la philosophie *réaliste* qui est la sienne (voir querelle des universaux), il rejette la transsubstantiation et la présence réelle dans l'eucharistie. Alors que les papes durant le Grand Schisme d'Occident se disputent la tiare, il attaque avec violence la papauté, le sacerdoce, le clergé, les ordres religieux, les indulgences. L'Église est constituée par les prédestinés qui ont pour seul chef le Christ.

Les disciples de Wyclif, qu'on appela *lollards* (du vieil anglais *lollen,* grommeler) répandirent ces idées anticléricales à travers l'Angleterre, leur mouvement prenant un caractère social anti-noblesse à la fin du XIVe siècle. Wyclif est un précurseur de la Réforme et un des inspirateurs de Jan Hus ; son œuvre sera condamnée par le concile de Constance en 1414. ■

JAN HUS (1369-1415) ET LE MOUVEMENT HUSSITE

L'image désastreuse offerte par la papauté durant le Grand Schisme explique le succès de Wyclif non seulement en Angleterre mais aussi sur le continent. Au XIVe siècle, un mouvement proche de celui des *lollards* se répandit en Bohême, aussi bien dans la population paysanne, majoritaire, que dans la noblesse et dans la jeune université de Prague. Jan Hus, qui enseignait à cette dernière, se fit le défenseur de ces idées. Celles-ci ayant été condamnées par l'université, puis par le pape Grégoire XII (pape romain), Jan Hus fut excommunié en 1411 par son archevêque. Encouragé cependant par le roi de Bohême Wenceslas IV et par le peuple tchèque, Hus prit des positions de plus en plus violentes contre l'Église établie ; il ne reconnaissait comme juge de la foi que l'Écriture, et comme membres de la véritable Église que les seuls prédestinés.

L'empereur d'Allemagne Sigismond, celui-là même qui avait obtenu du pape Jean XXIII la convocation du concile de Constance destiné à mettre un terme au Grand Schisme, était soucieux de se ménager le peuple tchèque, dont le nationalisme slave supportait mal la tutelle germanique. Il proposa donc à Hus de le soutenir s'il allait défendre sa cause devant le concile. Venu à Constance, Hus y fut condamné par le concile, livré à l'empereur pour être brûlé sur le bûcher, Sigismond ne faisant rien pour le lui épargner.

Sa mort en 1415 provoqua en Bohême un soulèvement à la fois national contre les Allemands, et religieux contre l'Église établie. Les *hussites* exigeaient, dans leurs *Quatre articles* de Prague (1420), la liberté de prédication, la communion sous les deux espèces, l'interdiction aux prêtres de posséder des biens temporels, des sanctions publiques contre les péchés mortels et en particulier la simonie. Ils furent battus par l'empereur. Un compromis négocié avec le concile de Bâle (*Compacta* 1433) les autorisa à communier sous les deux espèces ; les modérés (*calixtins*) s'y rallièrent ; les extrémistes (*taborites*) poursuivirent la lutte. Parmi les hussites, les uns devaient se rallier plus tard au catholicisme, d'autres aux thèses luthériennes. Des taborites fondèrent en 1457 les *Frères Moraves,* qui subsistent aujourd'hui, notamment en Allemagne, aux Pays-Bas, aux États-Unis ; de même subsiste une *Église hussite* tchécoslovaque. Les uns et les autres se situent dans la mouvance protestante. ■

La Pragmatique Sanction de Bourges (1438)

Introduisant dans leur *Histoire du catholicisme français* (Spes) le chapitre traitant de la *Pragmatique Sanction*, A. Latreille et E. Delaruelle écrivent : « *Pendant tout le XV*e *siècle, « le roi Très Chrétien » s'est fait le champion de la réforme religieuse [...] Mais derrière cette noble façade, se dissimule une politique intéressée et mesquine : la monarchie travaille avec persévérance, à travers les règnes successifs, à mettre la main sur son clergé [...].* »

Le roi Charles VII (règne de 1422 à 1461) fournit, avec sa Pragmatique Sanction, l'illustration la plus frappante de cette politique de sécularisation, inaugurée dès le début du XIVe siècle par Philippe le Bel.

Après la rupture intervenue entre le concile de Bâle et le pape Eugène IV en 1438, Charles VII décide de consulter le clergé du royaume afin d'adapter les décrets du concile à l'Église de France. Il convoque donc à Bourges, la même année, une assemblée composée d'une trentaine d'évêques, ainsi que d'abbés, de délégués des universités et des chapitres. A la suite de quoi il promulgue la *Pragmatique Sanction*, c'est-à-dire un ensemble de règlements reprenant à son compte le résultat des délibérations de l'assemblée. Par ce texte, il donne en fait à l'Église de France un statut, de pur esprit gallican.

Le roi s'y pose en réformateur, déclarant accepter les décrets du concile de Bâle afin de remédier aux maux dont souffre l'Église. Le concile général est reconnu supérieur au pape en matière de foi et de réforme. Les élections des évêques et des abbés sont rétablies (c'est-à-dire que les nominations sont soustraites à l'autorité romaine), mais « *l'assemblée ne juge pas répréhensible que le roi et les grands du royaume [...] usent parfois auprès des corps électifs de recommandations bénignes en faveur de personnes méritantes* ». Tous les degrés de juridiction doivent être épuisés avant de faire appel à Rome. Les dispositions concernant la collation des bénéfices, malgré les quelques concessions faites à Rome, vont dans le même sens. Il s'agit toujours de briser la centralisation romaine que les papes d'Avignon avaient largement développée, et de faire que l'Église de France devienne le plus possible la chose du roi. Le pape reste cependant l'administrateur et le juge suprêmes.

Malgré l'opposition du Saint-Siège, la *Pragmatique Sanction*, véritable alliance du clergé et du roi contre le pape et la Curie, resta en vigueur jusqu'au concordat signé en 1516 entre François Ier et Léon X ; ensuite, elle ne cessa de servir de référence aux positions gallicanes, telle la *Déclaration des Quatre Articles* de 1682, sous Louis XIV. ■

Un intense mouvement intellectuel et spirituel

Dans le cours des XIVe et XVe siècles, une sorte de tension entre le monde médiéval finissant et le monde moderne en train de naître, tension aggravée par les multiples épreuves et souffrances de l'époque (Guerre de Cent ans, grande peste, anarchie, Grand Schisme...), favorise une puissante fermentation intellectuelle et spirituelle.

Le mouvement intellectuel est caractérisé par le déclin de la scolastique, plus apte désormais à critiquer qu'à remplacer les grandes synthèses théologiques et philosophiques des XIIe et XIIIe siècles.

Le franciscain écossais Duns Scot tend à séparer connaissance philosophique, basée sur la raison, et connaissance théologique, basée sur la Révélation. Beaucoup plus radical, le franciscain anglais Guillaume d'Occam, qui fera prévaloir partout en Europe les théories *nominalistes* (voir Index), privilégie la connaissance expérimentale, particulière, concrète, sur la connaissance abstraite et générale. Dans cette nouvelle approche, les sciences naturelles sont valorisées aux dépens de la métaphysique. La morale et la théologie échappent au domaine de la raison pour ne plus relever que de la Révélation et de l'intuition personnelle. La pensée thomiste est déja loin. Occam s'attaquera en outre aux principes de la papauté et de l'infaillibilité de l'Église.

Les théories *conciliaristes*, qu'on a vues à l'œuvre, conduisent tout droit, elles aussi, à la mise en cause de l'autorité pontificale. Ce nouveau climat, déjà proche du contexte moderne par la place grandissante faite à l'individualisme et par l'éveil du sens critique, se traduit notamment par trois grands ordres de faits.

• *Des réactions populaires en faveur des réformes*. Des prédicateurs surgissent qui, tels saint Bernardin de Sienne ou saint Vincent Ferrier, enflamment d'immenses auditoires par leurs condamnations des côtés trop humains de l'Église. Plus violent encore, Savonarole finira sur le bûcher. Mais si la réforme « d'en haut » ne se met pas en route, cette poussée populaire provoque au moins des

▶▶▶

JEAN DUNS SCOT (v. 1270-1308)

Surnommé *Docteur Subtil* pour son habileté dans la dialectique, ce franciscain écossais, philosophe et théologien, enseigna à Oxford, Paris et Cologne. Il est le plus éminent des philosophes *réalistes* dans la querelle des *universaux*. C'est le dernier grand nom de la scolastique.

Auteur d'une métaphysique qu'il ne put conduire à son achèvement, il ouvrit la voie à des conceptions nouvelles. Pour lui, l'absolue liberté de Dieu et la puissance de son amour sont les clefs de l'univers, plutôt que sa vérité et sa loi ; d'où l'affirmation, à l'encontre de la pensée thomiste, de la primauté de la volonté chez l'homme plutôt que de la raison ; d'ailleurs, la théologie, domaine du révélé, est étrangère à la philosophie, domaine du rationnel. Le scotisme, qui deviendra l'école de pensée de tous les théologiens franciscains, ne cessera plus de s'opposer désormais au thomisme.

Scot a apporté une contribution décisive à la théologie de l'Immaculée Conception de la Vierge en enseignant que Marie fut préservée du péché par les futurs mérites de son fils. Il a été proclamé bienheureux. ■

Un théologien conciliariste : GERSON (1363-1429)

Jean Charlier, dit de Gerson (nom de son village natal champenois), théologien (surnommé *Docteur très chrétien*), auteur d'ouvrages de spiritualité, prédicateur, joua un rôle important dans le dénouement du Grand Schisme d'Occident (1378-1417) ; chancelier de l'Université de Paris, il participa aux négociations tendant au retrait simultané des deux papes rivaux, Benoît XIII (Avignon) et Grégoire XII (Rome). La confusion ayant atteint son sommet avec l'élection d'un troisième pape, il poussa, avec l'ensemble des théologiens, à la convocation d'un concile chargé de dénouer la crise ; ce fut le concile de Constance (1414-1417). Avec son ami, le cardinal Pierre d'Ailly, il y prit une part déterminante dans le succès des thèses conciliaristes.

L'œuvre théologique de Gerson et son influence dans le renouvellement spirituel de son temps par la prière et l'ascèse ne sauraient cependant être oubliées. ■

▶▶▶

réformes « à la base » dans plusieurs ordres religieux, et la naissance de nouveaux ordres particulièrement austères (carmélites, etc.). Ce mouvement devait non seulement permettre à beaucoup d'instituts religieux de traverser la tempête de la Réforme protestante mais contribuer, tout comme l'essor de la spiritualité, à une pré-réforme catholique dont les fruits apparaîtront pleinement pendant et après le concile de Trente.

• *Un extraordinaire essor de la spiritualité.* Il est favorisé et marqué à la fois par les malheurs des temps, par un sentiment général d'angoisse, par la mise en cause de la raison comme mode d'approche de Dieu, et par la place accordée désormais à l'intuition et à l'individuel ; la vie spirituelle s'oriente dans un sens mystique.

La région rhénane et le nord de l'Europe sont les foyers actifs de ce mouvement, dont Maître Eckhart est le représentant le plus notable. Dans le sillage de ses disciples se développera la *devotio moderna,* dont *L'Imitation de Jésus-Christ* est un des fruits les plus illustres. L'éclosion mystique, la propagation de la vie contemplative chez les laïcs sont les signes d'une piété plus individuelle ; les femmes tiennent une place éminente dans ce foisonnement (sainte Brigitte de Suède, sa fille sainte Catherine de Suède, sainte Catherine de Sienne, sainte Colette de Corbie, etc.).

Le type affectif et individualiste de la piété est évidemment influencé par le contexte de souffrance et de mort de l'époque (Guerre de Cent Ans, grande peste, famines, Grand Schisme...).

Dans l'art religieux les images sereines des XIIe et XIIIe siècles font place aux mises au tombeau et aux danses macabres ; le *Stabat Mater* et les chemins de croix datent de cette période (voir le « Dévôt Christ » p. 283). Les confréries de *flagellants* se multiplient. Faut-il aussi rappeler quel témoin de la foi au sein des épreuves de l'époque fut la personne de Jeanne d'Arc ?

On assiste alors à un phénomène significatif : la multiplication des messes pour le salut ; une valeur symbole est attribuée au nombre de celles qu'on peut faire célébrer. Ce recours obsessionnel au chiffre exprime à la fois le désarroi d'un peuple devant les bouleversements de l'époque et les épreuves, et, fût-ce de manière

GUILLAUME D'OCCAM (v. 1290-1350)

Franciscain anglais vivant sur le continent, philosophe et théologien, Guillaume d'Occam s'oppose dans une controverse théologique au pape Jean XXII (2e pape d'Avignon) qui l'excommunie. Il rejoint alors l'empereur d'Allemagne Louis IV de Bavière, lui-même en lutte avec le pape contre lequel il a suscité un antipape. En même temps que Guillaume, les théologiens Marsile de Padoue et Jean de Jandun soutiennent l'empereur contre le pape ; Guillaume d'Occam attaque violemment la papauté dans ses pamphlets.

Dans ses ouvrages philosophiques et théologiques, il pousse à l'extrême la thèse *nominaliste* (voir Universaux) : la seule source de connaissance est l'intuition, la perception sensible ; celle-ci ne peut saisir que le particulier, non le général ; les concepts théologiques sont des constructions de mots, sans réalité objective ; le domaine de la raison, c'est-à-dire celui de la science et de la philosophie, est étranger à celui de la théologie ; Dieu ne peut être connu que par la Révélation et la foi. Ainsi, avec la théorie occamiste, le bel équilibre entre foi et raison, théologie et philosophie, qui fondait toute la pensée thomiste, se trouvait ruiné. Cette rupture devait peser très lourd sur la pensée chrétienne des XIVe, XVe et XVIe siècles, et contribuer à ouvrir la voie à la Réforme au XVIe. ■

Saint Vincent Ferrier (1350-1419)
ou
comment un prédicateur populaire,
fidèle à l'Église,
dénonce avec violence ses faiblesses :
Voir Index

Danse macabre (le damoiseau, le docteur en Sorbone, le troubadour, le bénédictin, le serf), par Benozzo Gozzoli (XVe siècle). Église Saint-Robert à la Chaise-Dieu (Haute-Loire).

Ph. Alinari-Giraudon

MAÎTRE ECKHART (v. 1260-1327)

Dominicain et théologien mystique allemand, il enseigna notamment à Strasbourg et Cologne et fut le maître du mouvement mystique rhénan, dont Suso, Tauler, Ruysbroeck devaient être les grands noms. Tout son enseignement mystique porte sur la recherche de l'essence divine par l'âme, et sur le secret de la génération des êtres. Certaines de ses formules ambiguës et peut-être mal interprétées furent condamnées par l'archevêque de Cologne en 1326 puis, en appel, vingt-huit d'entre elles le furent par le pape Jean XXII en 1329, après la mort d'Eckhart. Celui-ci avait déclaré renier dans son œuvre tout ce qui pouvait aller contre la foi. ■

La Devotio moderna

Il s'agit d'un mouvement spirituel très caractéristique du climat religieux des XIVe et XVe siècles. Il est né aux Pays-Bas chez les *Frères de la Vie commune* (plus tard Chanoines de Windesheim) fondés en 1381 par Geert de Groote, sous l'inspiration d'un mystique flamand, le bienheureux Jean Ruysbroeck (voir Index). Ce mouvement centre toute la vie chrétienne, aussi bien au plan de la doctrine qu'à celui de la piété, sur la Passion et la Croix. L'action charitable (hôpitaux, écoles...) tient une grande place. La *Devotio moderna* exerça une influence considérable sur la spiritualité de l'Occident à la fin du Moyen Âge et à l'époque moderne. Son témoignage le plus connu est *L'Imitation de Jésus-Christ*, dû très problablement à Thomas a Kempis (1379-1471). Parmi les autres personnalités influencées par ce mouvement, on peut citer Gerson, Luther, Ignace de Loyola. ■

JÉRÔME SAVONAROLE (1452-1498)

Prieur du couvent dominicain San Marco à Florence depuis 1491, il attirait les foules par une ardente prédication critiquant les mœurs en vigueur et exhortant à la conversion et à l'ascèse. L'invasion de l'Italie par le roi de France Charles VIII (1494) et l'expulsion des Médicis de la ville de Florence, en confirmant ses prophéties sur la venue d'un nouveau Cyrus, renforcèrent son crédit. Chargé de donner à Florence une nouvelle constitution, il instaura un régime à la fois théocratique et démocratique tout en faisant régner un ordre austère et quasi-monacal. Florence se divisa entre ses partisans, *piagnoni* (pleurards), et ses ennemis, *arrabiati* (enragés) ; ces derniers finirent par l'emporter. Ses attaques contre l'indigne pape Alexandre VI Borgia le firent excommunier par celui-ci.
Arrêté et torturé, il fut condamné, pendu et brûlé. Sa richesse spirituelle, sa lucidité sur les tares de la papauté contemporaine, ses talents d'orateur auraient rendu les plus grands services à la réforme de l'Église sans sa démesure ■

Des femmes témoins de la foi aux XIVe et XVe siècles

Sainte Brigitte de Suède
(v. 1303-1373)
Sainte Catherine de Suède
(v. 1330-1381)
Sainte Catherine de Sienne
(v. 1347-1380)
Sainte Colette de Corbie
(v. 1381-1447)
Sainte Jeanne d'Arc
(v. 1412-1431)
Voir Index

Extraits du « Stabat Mater »

Le *Stabat* est l'œuvre du moine italien JACOPOME DA TODI (début du XIVe siècle). Ce célèbre poème est lu comme séquence à la messe de la fête de Notre-Dame-des-Douleurs (15 septembre). Il a été longtemps chanté pendant les chemins de croix et maintes fois mis en musique (Palestrina, Haydn, Rossini, etc.). Ci-après, extraits en français.

Debout, la Mère douloureuse
près de la croix était en larmes
devant son Fils suspendu.
Dans son âme qui gémissait,
toute brisée, endolorie,
le glaive était enfoncé.
Qu'elle était triste et affligée,
la Mère entre toutes bénie,
la Mère du Fils unique !
Qu'elle avait mal, qu'elle souffrait,
la tendre Mère, en contemplant
son Fils tourmenté !
Quel est celui qui sans pleurer
pourrait voir la Mère du Christ
dans un supplice pareil ?
Qui pourrait sans souffrir comme elle
contempler la Mère du Christ
douloureuse avec son Fils ?
Pour les péchés de tout son peuple
elle le vit dans les tourments
subissant les coups de fouet.
[...]
Vierge bénie entre les vierges,
pour moi ne sois pas trop sévère
et fais que je souffre avec toi.
[...]
Pour ne pas brûler dans les flammes,
prends ma défense, Vierge Marie,
au grand jour du jugement.
Christ, quand je partirai d'ici,
fais que j'obtienne par ta Mère
la palme de la victoire.
Au moment où mon corps mourra,
fais qu'à mon âme soit donnée
la gloire du Paradis. Amen.

(AELF 1975)

maladroite, son espérance. « C'est dans les larmes, la peur et la mélancolie que naît la rationalité des modernes » (J. Chiffoleau dans *La comptabilité de l'au-delà*).

• *La naissance de l'humanisme.* Fait significatif, le courant humaniste surgit hors de l'Université, et souvent contre les théologiens. Pétrarque (1304-1374) et Boccace (1313-1375) sont les pionniers de ce retour à l'antique qui va passionner tout ce que l'Italie compte d'esprits distingués. On redonne vie aux trésors de la littérature et de l'art grecs et romains, on s'émerveille devant la sagesse antique ; la dignité de l'homme se perçoit maintenant indépendamment de l'aspect spirituel qui en avait paru indissociable ; la culture a valeur pour elle-même et non plus comme support de la pensée religieuse. L'esprit médiéval a vécu.

Dans ce climat individualiste, on s'emploie à présenter les dogmes chrétiens dans un langage platonicien, conforme à la culture qui prévaut désormais, hors des catégories scolastiques dépassées ; on analyse l'Écriture ou les Pères de l'Église selon les méthodes appliquées aux textes profanes, chacun tirant pour lui-même ses propres conclusions, sans plus se référer ni à la théologie ni à l'Église.

L'humanisme gagne le nord de l'Europe, où son représentant le plus éminent, Erasme (v. 1469-1536), ouvre les voies à l'exégèse moderne ; mais le rôle qu'il attribue à l'Écriture dans la vie chrétienne ne laisse plus guère de place aux sacrements, ni même à l'Église.

Simultanément, se produit une autre révolution, dont les contemporains ne peuvent alors saisir l'importance : *l'imprimerie* va désormais permettre une diffusion illimitée des textes profanes et sacrés, qui échapperont ainsi à la maîtrise des clercs et des princes.

Pour que l'Église puisse trouver sa place et assumer sa mission dans la profonde mutation qui se fait jour, il lui faudrait disposer d'authentiques pasteurs : qu'en est-il ?

Flagellants

Les confréries de *flagellants,* nées en Italie au XIIIe siècle, se multiplièrent en Europe au XIVe siècle au moment de la peste noire. Allant le torse nu, les flagellants se fouettaient jusqu'au sang en public en chantant des cantiques. L'autorité ecclésiastique, favorable au mouvement à l'origine, dût bientôt interdire et faire réprimer ce qui était devenu fanatisme religieux ; seules subsistèrent, jusqu'au XVIe siècle, quelques confréries étroitement soumises au contrôle de l'Église. ■

▶▶▶

Les papes de la Renaissance (1447-1521)

Avec eux, la coupe va déborder. Alors que le monde chrétien attend, tant de la part du clergé et des ordres monastiques que de la papauté, le retour à une vie évangélique, c'est une suite de pontifes se comportant en princes italiens de la Renaissance et en esthètes, quand ce ne sera pas en débauchés, qui va diriger l'Église pendant soixante-quinze ans. Celle-ci le paiera cher.

Naissance de l'humanisme

La désaffection pour la métaphysique, dont le témoignage est donné par le *nominalisme* dans sa forme la plus radicale avec Guillaume d'Occam, se trouve parmi les facteurs qui favorisèrent l'essor de l'humanisme.

Il est remarquable d'ailleurs de constater que l'humanisme est non seulement né hors des milieux universitaires, empêtrés dans les derniers débats de la scolastique, mais en opposition avec le monde des théologiens.

Il a vu le jour dans une Italie aristocratique et raffinée, chez de grands esprits, des laïcs le plus souvent, découvrant la grandeur de la culture gréco-romaine, en particulier avec l'arrivée des textes apportés par les théologiens grecs réfugiés de Constantinople. Se passionnant pour la sagesse antique et la beauté des formes littéraires et artistiques classiques, ils furent conduits à chercher l'épanouissement de leur personnalité dans une culture prise pour elle-même, indépendamment d'une pensée religieuse : témoignage de plus de la fin de l'ère de chrétienté.

Par ailleurs, le contact avec les textes redécouverts de Platon suscita des tentatives de présentation des dogmes chrétiens dans les termes de cette philosophie, hors des catégories scolastiques désormais considérées comme dépassées (Nicolas de Cuse, Marsile Ficin, Jean Pic de la Mirandole).

Le caractère très individualiste de cette fermentation intellectuelle multiplia les voies suivies. Les uns s'appliquèrent à l'étude des textes originaux des Pères de l'Église et de l'Écriture comme ils le faisaient pour les auteurs profanes ; ils en tiraient des conclusions délibérément personnelles, dans une indifférence croissante pour la théologie et la notion d'Église ; ils élaboraient des programmes de restauration du christianisme conformes à leurs idées propres. D'autres cherchèrent désormais chez les auteurs païens réponse aux questions que leur posait la vie ; certains adoptèrent même une doctrine de la double vérité, affirmant au nom de la foi ce qu'ils niaient au nom de la raison.

L'humanisme gagna l'Europe du Nord sous sa forme la plus érudite, l'étude critique et philologique des textes aussi bien de l'antiquité que des Pères de l'Église et de l'Écriture. C'est ainsi que le plus éminent représentant de l'humanisme nordique, Erasme (1469-1536), se livrant à l'étude scientifique du Nouveau Testament, ouvrit les voies à l'exégèse moderne. A ses yeux, l'Écriture devint même l'unique appui de l'authentique foi chrétienne, les sacrements et l'Église elle-même n'étant plus destinés qu'aux croyants les moins instruits, qui ne pouvaient accéder au véritable christianisme. ■

DIDIER ERASME (v. 1469-1536)

Celui que l'on appelle *le prince des humanistes* est représentatif de l'humanisme chrétien qui annonce et prépare la Réforme. Né à Rotterdam, prêtre, il n'exercera guère son ministère ; il se forme à Paris, où sévit la critique de la scolastique, et à Oxford, où John Colet l'initie à la science et à l'exégèse bibliques ; l'Écriture tiendra une place essentielle dans sa conception chrétienne et son œuvre. Son *Manuel du soldat chrétien (Enchiridion* 1503) trace le portrait idéal du chrétien : ses armes ne sont ni les sacrements, ni l'Église visible, mais l'Écriture sainte ; sacerdoce, liturgie, préceptes sont tout juste bons pour celui qui en reste à une piété populaire, bien éloignée de l'imitation du Christ.
Après un voyage en Italie, il écrit son *Eloge de la Folie* (1509), qui raille sans ménagements pape et cardinaux (ce qui ne l'empêchera pas de conserver d'excellentes relations dans leur milieu).
La science biblique d'Erasme apparaît dans toute son ampleur avec son édition du Nouveau Testament grec.
Dans une Europe à la recherche d'un renouveau à la fois intellectuel et religieux, Erasme fait figure de leader. Mais, en Allemagne, Luther va bientôt lui ravir cette position ; bien qu'ils soient tous deux favorables à un retour à l'esprit des origines chrétiennes, le malentendu est profond entre eux : Erasme regarde l'homme en humaniste, c'est-à-dire en optimiste, croyant dans la liberté, le *libre-arbitre ;* Luther au contraire ne voit en l'homme qu'une nature radicalement corrompue, paralysée par le péché. *Du serf-arbitre,* tel est le titre de la virulente critique qu'il décoche à Erasme (1525).
Contrairement à Luther, celui-ci ne rompra pas avec Rome ; il restera cependant dans une situation ambiguë, bien conforme à sa nature d'homme toujours partagé. ■

JACQUES LEFÈVRE D'ÉTAPLES (1450-1537)

Né à Étaples, près de Boulogne-sur-Mer, ce prêtre philosophe, moraliste et humaniste, est bien représentatif du climat intellectuel et spirituel au sein duquel la Réforme a mûri. Lié au courant spirituel de la *devotio moderna,* il était en même temps attiré par le néo-platonisme à l'honneur à la cour des Médicis à Florence, un des foyers de l'humanisme italien. Soucieux d'un retour aux sources chrétiennes, il apprend l'hébreu, étudie et commente le *Nouveau Testament,* dont il donne une des premières traductions en français (1523). Ses *Commentaires sur les Epîtres de saint-Paul* contribuent à mettre en relief l'esprit des premières communautés chrétiennes.
Vicaire général de Briçonnet, évêque de Meaux, il crée dans cette ville (1523) un groupe qui s'attache à la réforme de l'Église et à la popularisation de l'Écriture : le « cénacle de Meaux ». Ce groupe est en relation avec des humanistes et avec le mouvement luthérien naissant ; mais, à la différence de Luther, il se situe dans la perspective d'une réforme pacifique de l'Église ; il n'en sera pas moins dispersé. Menacé de poursuites par le Parlement, Lefèvre d'Étaples se réfugie à Strasbourg (1525) avant d'être appelé par François Ier (à l'époque, favorable à la Réforme) comme précepteur de ses enfants. Mais il ne trouvera de véritable protection qu'à Nérac, auprès de Marguerite de Navarre, sœur de François Ier, une humaniste qui restera fidèle à la Réforme. ■

Le début de cette période semble pourtant prometteur : Nicolas V (1447-1455) voit son autorité renforcée par le succès du Jubilé de 1450. Mais, en 1453, Constantinople tombe aux mains des Turcs sans que le pape soit parvenu à mobiliser l'Occident. En fait, Nicolas V s'intéresse avant tout aux arts et aux lettres, dont il fait de Rome une capitale ; son nom reste attaché aux travaux entrepris à Saint-Pierre et au Vatican.

Avec Calixte III (1455-1458), premier des papes Borgia, s'ouvre l'ère du népotisme (l'un de ses neveux sera le trop célèbre Alexandre VI). La papauté a épuisé son crédit ; elle ne semble plus s'intéresser qu'aux affaires temporelles. Sixte IV (1471-1484) donne le témoignage d'une cour corrompue, peuplée de sa famille ; il agite l'Italie de ses luttes avec Florence ou Venise ; il embellit Rome (chapelle Sixtine), où il attire les plus grands artistes (Botticelli, Ghirlandajo, Le Pérugin...).

Avec les règnes d'Innocent VIII (1484-1492) et Alexandre VI Borgia (1492-1503), on atteint le sommet du scandale et de l'humiliation pour l'Église ; luxe fastueux, dépravation, corruption, intrigues, crimes, achèvent de déconsidérer la papauté.

Jules II (1503-1513), neveu de Sixte IV, à défaut de réformer l'Église, se rend célèbre par les arts (Bramante, Raphaël, Michel-Ange...) et par la guerre (le « pape botté »). Le Ve concile du Latran qu'il réunit en 1512 va-t-il être pour lui l'occasion d'engager la réforme ? Nullement : simple péripétie dans la lutte de Jules II contre les ambitions italiennes du roi de France Louis XII, on se contente d'y condamner le conciliarisme. Par contre, pour financer la grande entreprise de reconstruction de Saint-Pierre et du Vatican, le pape n'hésite pas à recourir à l'appât des indulgences.

Son successeur Léon X (1513-1521), un Médicis, est sans doute le plus célèbre des papes de la Renaissance pour l'éclat donné aux arts, aux lettres et à l'érudition. Il met fin aux guerres françaises en signant, en 1516, un concordat avec François Ier ; ce traité règle les relations entre la France et le Saint-Siège, en faveur duquel il rétablit quelque peu l'équilibre rompu par la *Pragmatique Sanction* de Charles VII, déclarée abolie. Quant à l'œuvre de réforme, loin de l'entreprendre, Léon X s'en éloigne un peu plus encore en poursuivant la politique financière des indulgences de Jules II.

C'est elle qui, sans être la motivation première des réformateurs, va cependant mettre le feu aux poudres : en 1517, Luther affiche ses thèses sur les indulgences. Le temps des Réformes s'ouvre, mais d'abord hors de Rome et contre Rome.

▶▶▶

Le tréfonds de la décadence :

ALEXANDRE VI BORGIA
(pape de 1492 à 1503)

Neveu du pape Calixte III, qui le fit cardinal à 25 ans, Alexandre VI, né Rodrigue Borgia (dont la famille est originaire de Borja en Espagne), est célèbre pour sa vie scandaleuse ; elle fut d'ailleurs en harmonie avec la Rome ecclésiastique et laïque de son époque. De ses maîtresses il eut plusieurs enfants, dont les plus connus sont César et Lucrèce Borgia. Il acheta son élection pontificale, puis favorisa de tout son pouvoir les intérêts et les ambitions de sa famille, et en particulier de son fils César ; la vie mouvementée de ce dernier, fait cardinal à 16 ans, sera jalonnée de crimes et de trahisons. Alexandre VI s'employa à réduire la noblesse turbulente de ses États ; il forma une ligue contre les entreprises en Italie du roi de France Charles VIII, mais dut traiter avec lui (1495). Il s'allia ensuite avec Louis XII pour servir les intérêts de son fils César. La découverte de l'Amérique (1492) eut lieu sous son pontificat.
Espagnols et Portuguais le prirent comme arbitre pour la délimitation de leurs zones de colonisation dans ce continent. Il soumit les conquêtes à venir à l'obligation d'évangéliser les indigènes. Dénoncé par Savonarole comme le pire représentant de la décadence ecclésiastique, il l'excommunia en 1497. ■

JULES II (1503-1513)

Julien Della Rovere, neveu de Sixte IV, s'emploie, dès son élection pontificale sous le nom de Jules II en 1503, à restaurer la puissance politique du Saint-Siège. Surnommé *le Terrible* et *le pape botté*, il réduit les factions romaines (Colonna, Orsini), élimine César Borgia dont il reprend toutes les places fortes, s'affranchit de la puissance de Venise en faisant alliance avec le roi Louis XII de France (ligue de Cambrai 1508), puis de la puissance de la France en s'alliant avec Venise (Sainte-Ligue 1511) ; en 1512 les Français étaient chassés d'Italie. Contre le *conciliabule de Pise,* où Louis XII cherche à le faire déposer, Jules II convoque le Ve concile du Latran (1512) ; mais il ne saisit pas cette occasion pour entreprendre la réforme tant attendue de l'Église. Toutefois il encourage les missions. Son souvenir reste principalement lié à sa contribution à l'épanouissement artistique de la Renaissance italienne : il confie à Bramante la reconstruction de la basilique Saint-Pierre, à Michel-Ange les fresques de la chapelle Sixtine, à Raphaël celles des « Chambres » du Vatican, au Perugin, à Signorelli et à maints autres artistes diverses œuvres ; il rassemble au Vatican des collections d'antiques (Apollon du Belvédère, Laocoon...). Mais il aggrave le discrédit de l'Église en recourant à la concession d'indulgences pour le financement des travaux de la basilique Saint-Pierre. ■

LÉON X
(1513-1521)
ou l'aveuglement d'un prince de la Renaissance

Jean de Médicis, futur Léon X, avait pour père Laurent le Magnifique, chef de la puissante famille florentine, humaniste et poète autant qu'homme d'État ; il eut comme précepteurs les plus grands humanistes de son temps : Marsile Ficin, Pic de la Mirandole, Ange Politien... Toute sa vie, il restera un homme de cour fastueux, protecteur des lettres et des arts ; pape, il enrichit la Bibliothèque vaticane d'une multitude de manuscrits précieux, encouragea de ses libéralités poètes, littérateurs, érudits (l'Arioste, Machiavel, Guichardin, Paul Jove...), multiplia les commandes aux plus grands artistes et à leurs élèves (Bramante, Raphaël, Michel-Ange...), poursuivit la construction de la basilique Saint-Pierre. A l'égard des puissances extérieures, il pratiqua une politique de bascule, signant un concordat avec le roi de France François Ier (1516) et s'employant à tenir en échec les ambitions de Venise et de Charles Quint. Il mit fin au concile du Latran (1517), sans plus entreprendre la réforme de l'Église ; bien au contraire, il poursuivit la politique de financement des travaux de Saint-Pierre par concession d'indulgences. C'est contre quoi s'éleva Luther dans ses *Thèses* de 1517, première manifestation publique de ce qui allait être le mouvement de la Réforme ; sans en saisir ni les causes, ni la charge symbolique, ni la portée, Léon X condamna Luther par sa bulle *Exsurge Domine* (1520), que ce dernier brûla publiquement ; Léon X l'excommunia en 1521. Personne n'avait alors idée du fossé qui se creusait au sein de l'Église. ■

6. *LE TEMPS DES RÉFORMES XVIe-XVIIe SIÈCLES*

Une période hautement inflammable

A l'aube du XVIe siècle, au moment où Luther affiche ses thèses contre les indulgences (1517), point de départ historique d'une Réforme protestante dont les origines et les causes sont bien plus anciennes et profondes, la papauté porte, vis-à-vis de l'opinion chrétienne, le poids de deux siècles de maladresses, d'erreurs et de scandales : humiliation de Boniface VIII par Philippe le Bel, exil d'Avignon sous une sorte de tutelle française, Grand Schisme d'Occident, fastes et parfois dépravations de la Rome de la Renaissance...

A quoi s'ajoutent des abus de toutes sortes dans l'Église ; le plus ressenti est sans doute le poids de la fiscalité pontificale, non sans lien avec le train de vie des papes et de leur cour. Mais il en est beaucoup d'autres : la richesse de l'Église, propriétaire de biens immenses, et la manière dont sont attribués évêchés et abbayes à des personnes, souvent indignes, qui y voient seulement une source de revenus ; la médiocrité spirituelle, morale, intellectuelle d'un bas clergé qui ne reçoit aucune formation ; le relâchement de beaucoup d'ordres religieux. La situation de l'Église est, en réalité, plus nuancée et les forces du futur renouveau catholique sont déjà à l'œuvre ; mais non au sommet.

Or la papauté reste aveugle sur elle-même comme sur l'ensemble du monde ecclésial, ainsi que le montre l'insignifiance du concile du Latran réuni par Jules II en 1512 et clôturé par Léon X en 1517, année même de la publication des thèses de Luther.

Dans le même temps, toute l'évolution des idées pousse à des remises en cause ; le triomphe du *nominalisme* sonne le glas de la scolastique et ruine les grandes synthèses associant foi et raison élaborées au XIIIe siècle : privilégiant la connaissance intuitive, il ouvre les voies à l'individualisme ; *l'humanisme,* partout en honneur, en fait autant par un cheminement très voisin : il privilégie le *libre examen* au détriment des institutions ecclésiales, minimise l'importance des sacrements, donne à la culture un statut autonome par rapport à la pensée religieuse et conduit insensiblement à une autonomie de l'homme lui-même vis-à-vis de toute autorité spirituelle. La *spiritualité,* en plein essor, a pris, elle aussi, un tour *individualiste* et volontiers anti-intellectualiste. Les *théories conciliaristes* mettent directement en cause l'autorité pontificale et développent une logique à la fois de démocratie et d'autonomie au sein de la vie ecclésiale ; on en voit les effets dans l'affirmation des Églises nationales, avec tous les risques de mainmise des pouvoirs politiques sur elles.

L'attente est générale en Occident d'un renouveau religieux, allant bien au-delà de la répression des abus ; un immense appétit de divin travaille la chrétienté, étreinte par une *angoisse du salut* dont le XVe siècle a déjà donné maintes manifestations ; le succès des réformateurs, protestants puis catholiques, montrera l'enracinement de ce sentiment.

Des aspects propres à la vie religieuse, on ne peut dissocier les *profondes mutations suscitées dans la société et les mentalités* par une série d'événements : découverte de l'Amérique (1492), invention de l'imprimerie (1434), apparition de l'économie monétaire, volonté d'indépendance des princes au sein de l'Empire d'Allemagne, exaspération paysanne à l'égard du régime agraire...

MARTIN LUTHER (1483-1546)

Ph. Giraudon

Luther par Lucas Cranach. Musée de Nuremberg (XVIe s.).

Après une crise spirituelle
Moine augustin et prêtre, Luther enseigne les sciences bibliques à l'université de Wittenberg en Saxe. Scrupuleux et anxieux, il est hanté par son impuissance vis-à-vis du péché et considère avec terreur la distance qui sépare Dieu de la misère de l'homme : radicalement corrompu par le péché originel, celui-ci lui paraît voué à la damnation. Luther découvre alors, en méditant l'*Épître de Paul aux Romains,* que la **justice de Dieu** n'est pas celle d'un **juge**, mais celle qui **justifie** le croyant par **miséricorde**, à cause des mérites du Christ mort sur la croix. Il pousse alors cette certitude jusqu'au bout : l'homme, corrompu, ne peut rien par ses « **œuvres** » ; seule la **foi**, don gratuit de Dieu, peut le **justifier**. C'est la doctrine luthérienne de la **justification par la seule foi** (*sola fide*). La collecte de fonds assortie d'indulgences, prescrite par le pape Léon X pour financer l'achèvement de la basilique Saint-Pierre à Rome, donne à Luther l'occasion de s'élever contre l'usage qui est fait des indulgences et contre l'autorité du pape : en 1517, il publie ses *95 thèses,* point de départ historique de la Réforme protestante.

Luther contre Rome
Ces thèses se répandent très vite en Allemagne, cristallisant les ressentiments accumulés contre les autorités de l'Église. Luther, appelé à s'expliquer devant divers théologiens, rejette l'infaillibilité du pape et le magistère de l'Église : **la seule autorité** qui s'impose au chrétien est l'**Écriture** (*sola scriptura*) et c'est à lui d'en tirer les leçons (principe du libre examen).

En 1520, dans une suite d'écrits[1], il développe ses idées : tout chrétien, par son baptême, se trouve investi du **sacerdoce universel** du Christ. Le sacerdoce ministériel est d'autant moins justifié qu'il n'assume aucun rôle de médiation dans le sacrifice de la messe : l'unique médiateur est le Christ. La **seule Église** est celle, **invisible**, **dont le Christ est la tête**, présentement captive de tout un ensemble de règles de caractère seulement humain (doctrine des sacrements, transsubstantiation, caractère sacrificiel de la messe, etc.) ; le **baptême** et l'**eucharistie** (la Cène), les **deux seuls sacrements**, n'agissent pas par eux-mêmes mais en vertu de la foi de ceux qui les reçoivent.
Condamné par la bulle *Exsurge Domine* du pape Léon X en 1520, Luther en brûle publiquement le texte. Excommunié en 1521 et donc hors la loi, il reçoit l'appui des princes et du peuple allemands. Le jeune empereur Charles Quint, n'osant le poursuivre, l'invite à se justifier devant la diète d'Empire convoquée à Worms (1521) ; refusant de se rétracter et déclaré hérétique, il est caché près d'une année par le prince Frédéric de Saxe dans son château de la Wartburg.
Il y traduit le Nouveau Testament en allemand, début d'une traduction de la Bible ouvrant son accès à tous, première édition de l'Écriture en langue courante, et premier monument de la langue allemande moderne.

La réforme luthérienne

Sortie de sa cachette en 1522, Luther organise le nouveau culte (prédication de l'Écriture sainte, encharistie ou Sainte Cène, chant choral). Il fait de Wittemberg le centre de la nouvelle Église, véritable anti-Rome. En 1524, il dépose son habit de moine, et se marie en 1525.
Pendant la *Guerre des Paysans* (1524-1525), révolte agraire mêlant aspirations à la justice et à la liberté et idées luthériennes, il condamne les violences des insurgés, fort déçus.
A la même époque, il entre en controverse avec Erasme qui, favorable aux idées réformatrices de Luther, affirme cependant le rôle de la liberté, du *libre arbitre,* dans le salut. Luther lui répond avec véhémence par son livre *Du serf-arbitre* (1525) : par sa corruption absolue, l'homme ne dispose pas de liberté pour assurer son salut. En 1529, il publie ses *Grand et Petit Catéchismes,* innovations pédagogiques destinées à l'instruction des fidèles, dont l'idée sera reprise ultérieurement par l'Église romaine. Il approuve la *Confession d'Augsbourg,* résumé modéré de sa doctrine présenté par son ami Melanchthon à la diète d'Empire de 1536 : elle avait été réunie par Charles Quint dans l'espoir, déçu, d'un compromis entre les positions religieuses en conflit.
À sa mort, Luther laissera un mouvement vigoureux, doté de bases théologiques élaborées, appelé à bouleverser profondément l'Église catholique et la société européenne. Tous les autres réformateurs seront tributaires de sa doctrine. L'action et la pensée de Luther contribueront à pousser l'Église catholique à sa propre réforme et à préciser ou approfondir bien des points de sa doctrine. ■

1. *A la noblesse chrétienne de la nation allemande sur l'amendement de l'État chrétien • L'Église dans la captivité de Babylone • De la liberté du chrétien.*

Les XIVe et XVe siècles avaient fait passer la société de l'épanouissement de la chrétienté médiévale au seuil du monde moderne ; tout en sacrifiant volontiers aux comportements de l'époque, les milieux romains étaient restés aveugles à l'énorme mutation en cours.

Ainsi peut-on comprendre que la protestation formulée par un moine allemand inconnu contre le trafic des indulgences ait soudain allumé un incendie embrasant toute l'Europe.

La Réforme luthérienne

En 1517, Martin Luther (1483-1546), moine augustin allemand, professeur à l'université de Wittemberg en Saxe, publie une déclaration en 95 points (ou *thèses*) contre les indulgences et le trafic qui en est fait par la papauté pour financer la construction de Saint-Pierre de Rome. Il n'est pas alors dans son intention d'entreprendre la réforme de l'Église, et encore moins de se séparer de celle-ci. C'est progressivement, à partir de sa condamnation par la bulle *Exsurge Domine* de Léon X (1520), que, par une sorte d'enchaînement, il est conduit à des positions de plus en plus radicales vis-à-vis de l'Église romaine, tout en élaborant une doctrine visant à restaurer les données authentiques de la foi chrétienne et de l'Église telles qu'à ses yeux l'enseigne l'Écriture Sainte.

Cette doctrine luthérienne est sous-tendue par trois grands principes :

1. L'AUTORITÉ DE L'ÉCRITURE SAINTE. Luther oppose cette *Écriture,* par laquelle Dieu s'adresse à l'homme, à la *Tradition* que, selon lui, l'Église façonne à sa guise pour en tirer des conclusions purement humaines (autorité du pape, mérites des bonnes œuvres, indulgences, sacrements autres que le baptême et l'eucharistie, messe conçue comme sacrifice, purgatoire, célibat du clergé, usage du latin...). Luther ne reconnaît qu'une seule autorité dans l'Église, celle de l'Écriture (*sola scriptura*) ; le chrétien doit y chercher lui-même la volonté de Dieu (principe du *libre examen*).

2. LA JUSTIFICATION PAR LA FOI SEULE (*sola fide*), et non par les *œuvres* [1] et les mérites personnels du croyant ; l'homme, radicalement corrompu par le péché originel, n'a aucune part à son salut ; celui-ci est exclusivement le fait de l'amour de Dieu, qui accorde la grâce de la foi en vertu d'un choix mystérieux (*prédestination*).

3. LE SACERDOCE UNIVERSEL DES CHRÉTIENS qui, par le baptême, sont tous rendus participants du sacerdoce du Christ, sans distinction à établir entre des prêtres et des laïcs ; l'Écriture ne justifie pas le rôle de médiation attribué aux prêtres par l'Église dans le sacrifice de la messe : l'unique médiateur entre Dieu et les hommes est le Christ. Les ministres ne sont que des laïcs chargés d'un ministère, c'est-à-dire d'un service. A la suite de la Guerre des Paysans (1524, soulèvement agraire dont les leaders se réclameront de la doctrine luthérienne), Luther reconnaîtra la nécessité d'une autorité disciplinaire dans l'Église et l'attribuera aux princes, posant par là le principe d'Églises localisées.

1. Dans le sens donné au mot par saint Paul, à savoir les *actes de l'homme* (Rm 3, 27-29 ; 4, 2-6 ; Ga. 2, 16 ; 3, 2.5.10).

Suite page 394 ▶▶▶

CHRONOLOGIE 1517-1715

1516 Concordat avec la France.

1517 Clôture du concile du Latran par Léon X. Thèses de Luther sur les indulgences à Wittenberg.

1519 Charles Quint empereur d'Allemagne.

1520 Principaux écrits de Luther. Bulle *Exsurge* du pape Léon X condamnant Luther.

1521 Diète de Worms : Luther refuse de se rétracter. Il est banni.

1521-1526 Ire guerre François Ier - Charles Quint.

1524 Rupture d'Erasme et Luther. Guerre des paysans en Allemagne.

1527-1529 2e guerre François Ier - Charles Quint.

1528 Fondation des capucins (Basci).

1530 Confession d'Augsbourg.

1531 Mort de Zwingli. Ligue de Smalkalde des princes allemands contre Charles Quint.

1534 Affaire des placards. Calvin s'enfuit de France. Acte de Suprématie faisant d'Henri VIII le chef de l'Église d'Angleterre. Paul III pape. Vœux à Montmartre d'Ignace de Loyola et de ses compagnons.

1536 Premier séjour de Calvin à Genève.

1536-1538 3e guerre François Ier - Charles Quint.

1540 Fondation de la Compagnie de Jésus.

1541 Retour de Calvin à Genève.

1542 Inquisition romaine. François-Xavier en Inde.

1542-1544 4e guerre François Ier - Charles Quint.

1544 Traité de Crespy-en-Valois. Convocation du concile de Trente par Paul III.

1545-1549 Première période du concile de Trente.

1546 Mort de Luther. Michel-Ange à St-Pierre. Guerre de Smalkalde.

1547 Transfert du concile de Trente à Bologne. Mort de François Ier, Henri II roi de France. Mort d'Henri VIII, Edouard VI roi d'Angleterre.

1549 Ire suspension du concile. Canisius en Allemagne. François-Xavier au Japon.

1550 Jules III pape.

1551 Las Casas devant Charles Quint.

1551-1552 2e période du concile.

1552 2e suspension du concile. *Book of Common Prayer,* en Angleterre.

1553 Marie Tudor, catholique, reine d'Angleterre.

1555 Paul IV pape. Paix d'Augsbourg (*cujus regio, illius religio*).

1556 Abdication de Charles Quint. Ferdinand Ier empereur. Philippe II roi d'Espagne.

1558 Elisabeth Ire reine d'Angleterre.

1559 Premier Index. Pie IV pape. Knox en Ecosse. Traité du Cateau-Cambrésis entre France et Autriche. Mort d'Henri II, François II roi de France. Les Guise s'imposent.

1560 Mort de François II. Charles IX roi de France. Régence de Catherine de Médicis.

1561 Colloque de Poissy entre catholiques et protestants. Marie Stuart retourne en Ecosse.

1562 Massacre de Wassy. Ire guerre de religion. Édit de Saint-Germain autorisant le culte protestant hors des villes.
3e et dernière période du concile. Réforme du Carmel par Thérèse d'Avila.

1563 Clôture du concile de Trente.

1566 Pie V pape.

1567-1568 2e guerre de religion.

1568 Marie Stuart fuit d'Ecosse en Angleterre.

1569-1570 3e guerre de religion.

1570 Excommunication d'Elisabeth Ire. Paix de Saint-Germain (4 places de sûreté aux protestants, admission aux fonctions publiques, mariage de Marguerite de Valois, fille de Catherine de Médicis, avec Henri de Béarn futur Henri IV).

1571 Victoire de Lépante sur les Turcs.

1572 Grégoire XIII pape. Massacre de la St-Barthélémy.

1573 4e guerre de religion.

1574 Henri III roi de France.

1575 5e guerre de religion.

1576 Sainte Ligue dirigée par les Guise.

1577 6e guerre de religion.

1579 Union d'Utrecht : indépendance des Provinces Unies des Pays-Bas.

1580 7e guerre de religion. Essais de Montaigne.

1582 Réforme du calendrier par Grégoire XIII. Ricci en Chine.

1585 Sixte Quint pape.

1585-1598 8e et dernière guerre de religion, « guerre des trois Henri » : Henri III se rapproche d'Henri de Navarre, chef des protestants et héritier de la couronne, et s'oppose à la Ligue dirigée par Henri de Guise.

1587 Exécution de Marie Stuart.

1588 Réforme de la Curie. Assassinat d'Henri de Guise sur ordre d'Henri III.

1589 Assassinat d'Henri III.

1590 Vulgate. Achèvement de la coupole de St-Pierre. Siège de Paris par Henri de Navarre, en droit roi de France (Henri IV).

1592 Clément VIII pape.

1593 Abjuration d'Henri IV.

1594 Sacre d'Henri IV. Son entrée à Paris.

1598 Édit de Nantes. Mort de Philippe II. Philippe III roi d'Espagne.

1603 Mort d'Elisabeth Ire. Jacques Ier roi d'Angleterre.

1607 Lois d'exception contre les catholiques en Angleterre.

1608 « *Introduction à la vie dévote* » de St François de Sales.

1610 Assassinat d'Henri IV. Marie de Médicis régente. Première réduction jésuite au Paraguay. Fondation de la Visitation (St François de Sales, Ste Jeanne de Chantal).

1613 L'Oratoire français (Bérulle).

1614 Majorité de Louis XIII.

1621 Grégoire XV pape.

1622 Institution de la Congrégation romaine de la Propagande.

1623 Urbain VIII pape.

1624 Richelieu premier ministre.

1625 Fondation des lazaristes (St Vincent de Paul).

1628 Prise de La Rochelle par Richelieu.

1629 Édit d'Alès.

1633 Fondation des Filles de la Charité (St Vincent de Paul, Louise de Marillac). Descartes : *Discours de la Méthode.*

1638 Mort de Jansenius.

1640 L'*Augustinus* de Jansenius.

1641 Fondation de Saint-Sulpice (Olier).

1642 Mort de Richelieu. Mazarin lui succède.

1643 Arnauld : *De la fréquente communion.* Fondation des eudistes (St Jean Eudes). Mort de Louis XIII. Louis XIV roi de France, Anne d'Autriche régente. Mazarin reste en place. Traité de Westphalie.

1649 Exécution de Charles Ier d'Angleterre. Proclamation de la République (Commonwealth) dominée par Cromwell.

1653 Condamnation des *Cinq Propositions* attribuées à Jansenius.

1654 *Memorial* de Pascal.

1655 Alexandre VII pape.

1656 *Provinciales* de Pascal.

1659 Traité des Pyrénées.

1660 Restauration des Stuarts en Angleterre.

1661 Mort de Mazarin. Louis XIV assume le pouvoir.

1664 Réforme trappiste (abbé de Rancé). Affaire des franchises à Rome.

1667 Clément IX pape.

1668 Paix clémentine dans la question janséniste.

1671 Bossuet : *Exposition de la doctrine catholique.*

1673 Vision du Sacré Cœur par Marguerite-Marie. Extension du droit de régale.

1676 Innocent XI pape.

1678 Paix de Nimègue.

1682 Les *Quatre Articles* gallicans.

1684 Fondation des Frères des Ecoles chrétiennes (St Jean-Baptiste de la Salle).

1685 Révocation de l'Édit de Nantes.

1687 Condamnation de Molinos (quiétisme).

1695 Fénelon archevêque de Cambrai. Querelle du quiétisme.

1699 Condamnation de Fénelon.

1700 Clément XI pape. Guerre de succession d'Espagne.

1702 Discussion sur le « cas de conscience » concernant les jansénistes.

1707 Condamnation des rites chinois.

1710 Bulle *Unigenitus* de Clément XI condamnant un ouvrage janséniste de Quesnel.

1711 Destruction de l'abbaye de Port-Royal.

1713 Paix d'Utrecht.

1714 Paix de Rastatt.

1715 Mort de Fénelon. Mort de Louis XIV. Louis XV roi, Philippe d'Orléans régent.

▶▶▶ *Suite de la page 391*

EXPANSION DE LA RÉFORME LUTHÉRIENNE

Or précisément, princes et villes libres se font en Allemagne les actifs propagateurs de la Réforme, soutenus par le rayonnement de grands théologiens et maîtres spirituels (Melanchthon, Bucer...), par l'aspiration générale à un renouveau religieux, et par les sentiments anti-romains d'une partie de la population et du clergé. Les princes allemands ne sont pas non plus insensibles à l'occasion ainsi offerte de s'approprier les immenses biens de l'Église et de secouer la tutelle de l'empereur.

Face à ce déferlement, les autorités religieuses et impériales n'opposent qu'une politique inconsistante. Rome n'en finit pas de réunir le concile de réformation que tous attendent. Quant à l'empereur d'Allemagne, Charles Quint, accaparé par la lutte implacable qui le met aux prises avec la France, il tente de régler par la conciliation le problème intérieur religieux. En 1530 notamment, il réunit catholiques et protestants dans une diète d'Empire tenue à Augsbourg ; le théologien Melanchthon présente une synthèse modérée de la foi luthérienne, appelée depuis lors *Confession d'Augsbourg*, et restée la charte des Églises luthériennes ; l'accord entre parties en présence ne peut cependant se faire.

Les princes allemands protestants s'étant ligués contre l'empereur (Ligue de Smalkalde, 1532), Charles Quint veut, cette fois, en finir par les armes ; mais le soutien apporté à la ligue protestante par le roi de France Henri II, pourtant hostile aux protestants dans son pays, conduit Charles Quint, découragé, à abdiquer en faveur de son frère Ferdinand d'Autriche.

Celui-ci négocie un compromis purement politique (paix d'Augsbourg, 1555), basé sur le principe *cujus regio, ejus religio :* l'appartenance à une région entraîne l'adhésion à sa religion ; il n'y aura plus qu'une religion dans chaque principauté ou ville libre de l'Empire, celle adoptée par le pouvoir local. C'est l'échec du grand dessein de Charles Quint : l'unité de l'Empire par l'unité dans la foi catholique.

En fait, sans attendre la paix d'Augsbourg, beaucoup de princes allemands (et même, parmi eux, des princes-évêques) ont déjà imposé la Réforme à leurs sujets. De nombreuses violences accompagnent, en territoires protestants comme en territoires catholiques, la mise en œuvre du principe de la foi unique. Des Églises nationales protestantes s'érigent dans les pays scandinaves et baltes.

La Réforme gagne la Suisse. Dans le canton de Zurich, Zwingli (1484-1531) impose sa conception propre de la Réforme, différant quelque peu de celle de Luther. Ainsi isolé, il n'en tente pas moins de faire prévaloir par les armes cette conception dans les cantons catholiques ; leur confédération bat l'armée zurichoise à Kappel (1531), Zwingli meurt dans la bataille. La paix conclue accorde à chaque canton suisse la garantie de sa religion.

▶▶▶

Luther découvre la justice de Dieu

« Je brûlais du désir de comprendre l'Épître de Paul aux Romains, et une seule expression m'arrêtait : « la justice de Dieu » ; car j'entendais par là la justice par laquelle Dieu est juste et agit justement en punissant les injustes [...] Jour et nuit je méditais ces paroles, jusqu'au jour [...] où je compris enfin que la justice de Dieu c'est celle par laquelle Dieu, dans sa miséricorde et dans sa grâce, nous justifie par la foi. Aussitôt je me sentis renaître, et il me sembla que j'entrais au Paradis par des portes largement ouvertes. Toute l'Écriture prit un nouveau sens à mes yeux et, tandis qu'avant, ce mot « la justice de Dieu » m'avait rempli de haine, il me semblait à présent signifier un amour plus grand, et il revêtait une douceur indicible. Ce passage de Paul devint pour moi la porte du ciel ».

Préface des œuvres de Luther.
Extrait simplifié tel que présenté dans
Le Guide illustré de l'Histoire du Christianisme.
Ed. Le Centurion, 1982.

ULRICH ZWINGLI (1484-1531) ET LA RÉFORME ZURICHOISE

Prêtre suisse, contemporain de Luther sans en avoir l'envergure, Zwingli n'en est pas moins un des pionniers de la Réforme. D'abord marqué par la pensée humaniste d'Erasme, il se rallie bientôt à la doctrine de Luther, sauf en ce qui concerne les sacrements. Appelé comme prédicateur à la cathédrale de Zurich en 1518 et soutenu par le Conseil de la Cité, il fait de la ville une citadelle de la Réforme.

Humaniste, Zwingli cherche Dieu plus comme source de vérité et législateur que comme réponse à l'angoisse du salut. Il compare les règles religieuses en usage avec celles rapportées dans l'Écriture et condamne tout ce qui n'y trouve pas de précédent (célibat ecclésiastique, vœux monastiques, abstinence...). Des sacrements, il ne conserve que le baptême et la Cène mais, à la différence de Luther, avec simple valeur de symboles ; d'où une violente polémique avec ce dernier à propos de la présence réelle dans l'eucharistie.

La rupture avec Rome se réalise progressivement au fil de ses initiatives. Le pas décisif est franchi lors d'un grand débat public (1523) où Zwingli présente les 67 thèses définissant sa doctrine. Malgré l'opposition du clergé, le Conseil de la Cité impose cette doctrine à la population, organise un nouveau culte, interdit le culte catholique, instaure une sévère discipline religieuse et morale.

Zwingli cherche à étendre sa Réforme à toute la Suisse, sans parvenir à s'entendre avec les cantons gagnés à la Réforme luthérienne ; ainsi isolé, il se heurte aux cinq cantons catholiques groupés en Confédération ; l'armée zurichoise est battue par celle-ci à Kappel (1531) ; Zwingli y meurt les armes à la main. ■

Les 95 thèses de Luther contre les indulgences

L'ouvrage *2 000 ans de christianisme* (Société d'Histoire Chrétienne) présente comme suit les extraits tirés de ces 95 thèses, et regroupés en quelques thèmes principaux (Tome V p. 32).

La doctrine des indulgences

1. En disant : « Faites pénitence... », Notre Seigneur et Maître Jésus-Christ a voulu que toute la vie des fidèles fût une vie de pénitence.

7. Dieu ne remet aucune faute sans que le pécheur ait à s'humilier devant le prêtre.

11. Cette ivraie qu'est la transformation des peines canoniques en peines du purgatoire a dû être semée dans l'Église pendant que les évêques dormaient.

37. Tout vrai chrétien, vivant ou mort, participe aux biens du Christ et de l'Église, même sans lettres d'indulgences.

41. Les indulgences doivent être prêchées avec prudence, de peur que le peuple comprenne à tort qu'elles passent avant les autres œuvres de charité.

58. Les trésors de l'Église d'où le pape tire ses indulgences ne sont pas les mérites du Christ et des saints, car ces mérites nous profitent sans intervention du pape.

Les abus

24. On trompe la masse des fidèles en promettant sans nuances la remise intégrale des peines du péché.

27. Ils prêchent des inventions humaines ceux qui disent que l'âme sort du purgatoire dès que l'on a entendu la pièce tinter dans le tronc.

50-51. Il faut dire aux chrétiens que si le pape connaissait les abus des prédicateurs d'indulgences, il préférerait voir la basilique Saint-Pierre réduite en cendres que de la reconstruire avec la peau, la chair et les os de ses brebis.

Il préférerait, il devrait même la vendre et donner sa fortune pour aider ceux qu'on exploite en son nom.

65-66. Les trésors de l'Évangile sont des filets qui servaient autrefois à prendre les riches. Les trésors des indulgences servent à pêcher les richesses.

Le pouvoir du pape

5. Le pape ne veut ni ne peut remettre aucune peine en dehors de celles qu'il impose de lui-même ou en vertu de la loi ecclésiastique.

6. Le pape ne peut remettre aucune faute si ce n'est en la déclarant remise par Dieu.

20. Le pape ne peut accorder l'indulgence plénière que pour les peines qu'il a lui-même imposées.

La doctrine de Luther

54. On fait injure à la parole de Dieu quand, dans un sermon, on passe autant ou plus de temps sur les indulgences que sur elle.

55. Le pape pense nécessairement qu'il faut faire cent fois plus de cérémonie pour l'Évangile que pour l'indulgence.

62. Le vrai trésor de l'Église est le très saint Évangile de la gloire et de la grâce de Dieu.

68. Les indulgences sont vraiment peu de chose en comparaison de la grâce de Dieu et de l'amour de la croix.

92. A bas les prophètes qui disent au peuple du Christ : « Tout va bien », alors que rien ne va bien.

93. Vive les prophètes qui prêchent la croix !

94-95. Il faut exhorter les chrétiens à suivre le Christ dans la souffrance, la mort et l'enfer, et à croire que l'on va au ciel par de nombreuses difficultés, non lorsqu'on trouve que tout va bien. »

PHILIPPE MELANCHTHON (1497-1560)

Principal disciple de Luther, esprit pacifique et tolérant, il joue un rôle de premier plan dans la défense et la diffusion de la pensée de celui-ci (*Apologie pour Luther* 1519, *Lieux communs de théologie* 1521). Il est en particulier le rédacteur de la *Confession d'Augsbourg* (1530), synthèse de la doctrine luthérienne présentée lors de la Diète réunie dans cette ville par Charles Quint pour essayer de concilier les positions catholique et protestante ; cette *Confession,* complétée par *L'apologie de la Confession d'Augsbourg,* restera le texte majeur de référence des Églises luthériennes.

En 1529, conformément à la théologie luthérienne, Melanchthon s'était opposé à la doctrine de Zwingli qui ne voyait qu'une présence purement spirituelle du Christ dans l'eucharistie.
Après la mort de Luther (1546), il assura sa succession à la tête de l'Église luthérienne ; moins intransigeant, il chercha à y aplanir, sans y parvenir, les luttes théologiques entre les diverses tendances. ■

Qu'est-ce que les indulgences ?
Voir Index

MARTIN BUCER, RÉFORMATEUR DE STRASBOURG (1491-1551)

Né à Sélestat (Bas-Rhin), dominicain, il est marqué par la pensée humaniste d'Erasme et par son esprit d'ouverture et de conciliation. En 1518, acquis aux idées luthériennes dans lesquelles il voit la confirmation de la pensée d'Erasme, il quitte son ordre et épouse une ancienne religieuse ; en 1529, il gagne Strasbourg où il sera le grand artisan de la Réforme. Il se fait le champion de l'unité entre disciples du Christ, tentant une conciliation entre Luther et Zwingli, entre baptistes et Église hiérarchique, entre protestants et catholiques.

En 1537 il accueille à Strasbourg Calvin, chassé un moment de Genève, qui recevra beaucoup de lui.

Opposé à l'*Interim d'Augsbourg* (compromis religieux provisoire imposé en 1528 par Charles Quint), il doit s'exiler à Cambridge ; il conseille Cranmer, notamment dans la réforme du *Prayer Book ;* son influence ouvrira la voie au puritanisme au sein de l'Église d'Angleterre. ■

Lorsqu'un mot, une expression, un événement, une institution, un nom propre vous sont inconnus, consultez l'index.

Des réformés radicaux : les baptistes

Le mouvement baptiste naît d'une interprétation radicale des Réformes luthérienne et zwinglienne, qui lui attire immédiatement la plus vive hostilité des réformateurs. Les baptistes entendent vivre à la lettre l'enseignement de l'Évangile et considèrent tous les autres chrétiens comme étrangers à celui-ci. Ils rejettent toute autre autorité (Église, pouvoirs civils...) que le Christ et se groupent en communautés autonomes. On les appelle baptistes parce qu'ils ne reconnaissent que le baptême des adultes et rebaptisent ceux qui l'ont reçu enfants ; leurs adversaires les appellent aussi « anabaptistes », c'est-à-dire sans baptême.

Ils seront partout persécutés. Le comportement des plus exaltés nuira grandement à la réputation de tous, en particulier la prise de possession de la ville de Münster, en Westphalie, en 1534, pour y établir un régime théocratique, en fait accompagné de toutes sortes d'excès.

Un baptiste hollandais, Menno Simons (1496-1561), suscitera au contraire un mouvement baptiste modéré et pacifiste, connu depuis lors sous le nom de « mennonite », dont les communautés subsistent aujourd'hui aux Pays-Bas, en Allemagne, aux Etats-Unis. Des baptistes sont également à l'origine des communautés apparues en Angleterre et aux Etats-Unis au XVIIe siècle, et devenues les nombreuses Églises baptistes d'aujourd'hui (le plus grand nombre de fidèles protestants américains) ; elles comptent des millions de membres à travers le monde. ■

1983, cinquième centenaire de Luther

En 1983, le cinquième centenaire de la naissance de Martin Luther a été célébré un peu partout dans le monde. Les cérémonies les plus marquantes se sont déroulées dans sa province natale de Saxe, en République Démocratique d'Allemagne (RDA) : « Année Luther », placée sous le patronage du chef de l'État, E. Honecker (en même temps secrétaire général du parti communiste), réunion du VIe Congrès international des études luthériennes à Erfurt, dans les locaux du couvent des Augustins où Luther a été religieux, etc.

Lors des cérémonies officielles à Eisleben, ville natale de Luther, le 10 novembre 1983, le Saint-Siège était représenté par le cardinal Willebrands, président du Secrétariat pour l'unité des chrétiens. A cette occasion, le pape Jean-Paul II lui avait adressé une lettre officielle insistant sur la nécessité de poursuivre une recherche historique sans préjugés sur Luther et la Réforme, et d'intensifier le dialogue œcuménique.

En fait, disait Jean-Paul II, les recherches scientifiques, luthériennes comme catholiques, ont permis de mieux cerner « la trame complexe de la réalité historique, sociale, politique et ecclésiale de la première moitié des années 1500 » et la profonde religiosité de Luther, son interrogation sur le salut éternel. « Pareillement, il est devenu clair que la rupture de l'unité ecclésiale ne peut se ramener ni au manque de compréhension de la part des autorités de l'Église catholique, ni seulement au peu de compréhension du vrai catholicisme de la part de Luther, même si les deux choses ont joué un certain rôle. »

« Les décisions prises avaient des racines bien plus profondes. Dans la dispute sur foi et tradition étaient en jeu des questions de fond sur la droite interprétation et sur la réception de la foi chrétienne, qui pouvaient porter à la division ecclésiale, sans que des raisons historiques seules puissent être l'explication. ». ■

A propos de Luther

« Luther est un chrétien sorti tout droit de l'Évangile. Il a voulu ramener l'Église au seul combat qui fut vraiment le sien : assurer la transparence de la Parole de Dieu à une Église encombrée de bagages excédentaires. Mais en le faisant, il a aussi jeté bas des trésors inaliénables de l'Église indivisible... »

Cardinal Etchegaray, *La Croix*, 9 novembre 1983.

François Ier et les protestants

Au début du règne de François Ier (1515), les idées humanistes sur un christianisme purifié et simplifié faisaient beaucoup d'adeptes en France, jusque dans l'épiscopat et à la cour royale. Un cardinal du Bellay, un Guillaume Briçonnet, évêque de Meaux (entouré de savants et d'humanistes formant ce qu'on appela *le cercle de Meaux*), son vicaire général Lefèvre d'Étaples, traducteur du Nouveau Testament, poussaient à une réforme de l'Église sans pour autant penser à une révolution religieuse. François Ier, sa sœur Marguerite de Navarre, leur entourage, étaient dans des sentiments analogues. Grâce à l'imprimerie, et à travers les humanistes, la doctrine de Luther et les œuvres des théologiens réformistes étaient connues et diffusées.

Pourtant, des réactions hostiles commençaient à se manifester. Le Parlement de Paris, soutenu par la Sorbonne, prenait des mesures restrictives, multipliait les procès, interdisait les traductions françaises de la Bible.

Tandis qu'en Allemagne le succès des idées de Luther suscitait une division religieuse et politique que ne parvenait pas à maîtriser l'empereur Charles Quint, ce qui donnait à réfléchir à François Ier, deux événements allaient radicalement modifier l'attitude de celui-ci à l'égard des tendances protestantes.

D'abord, en 1525, il est battu à Pavie par l'armée impériale et fait prisonnier ; il revient de captivité persuadé que l'unité religieuse est indispensable à l'unité nationale.

Ensuite, en 1534, un pamphet exprimant des idées protestantes radicales est affiché un peu partout, jusque dans l'intérieur du château d'Amboise où réside le roi ; c'est la fameuse *Affaire des placards.* Ainsi défié, et redoutant plus que jamais la division du pays et un schisme avec Rome, François Ier réagit vivement. Une chasse systématique à l'hérétique commence, les édits répressifs se succèdent, les exécutions se multiplient. Beaucoup de sympathisants, tel le jeune Calvin, s'enfuient à l'étranger. Le spectre d'une division du royaume à l'exemple de l'Allemagne ne cessera plus de hanter le pouvoir royal. ■

▶▶▶

La Réforme calviniste. Les troubles religieux en France

LES DÉBUTS DE LA RÉFORME CALVINISTE

Le français Jean Calvin (1509-1564) lance la seconde vague de la Réforme protestante. Sa pensée est redevable, pour l'essentiel, de celle de Luther, avec cependant des nuances importantes à propos de la prédestination, de la présence réelle dans l'eucharistie, de la conception de l'organisation ecclésiale. Esprit clair et méthodique, Calvin expose cette pensée dans une véritable somme théologique, l'*Institution de la religion chrétienne,* maintes fois remaniée par lui. Il s'accorde avec Luther sur l'idée d'une Église invisible dont le Christ est la tête, et l'Écriture la seule autorité, ainsi que sur le sacerdoce universel des baptisés. Mais, contrairement à Luther, il se garde de confier aux princes la discipline dans l'Église ; il la confie aux fidèles eux-mêmes, par le biais de synodes élus et de divers types de ministères.

A Genève, dont le Conseil de la ville fait venir Calvin dès 1536 et le rappelle en 1541, la réforme calviniste prend corps ; la ville en devient le foyer actif. Outre la Suisse, Calvin influencera notamment la France, les Pays-Bas, la Grande-Bretagne.

En France, le terrain avait été préparé dans la première moitié du XVIe siècle tant par le courant d'humanisme évangélique inspiré par Erasme que par l'influence luthérienne. Ces idées de réforme avaient trouvé un accueil favorable chez des intellectuels (Marot, Budé, Lefèvre d'Etaples...) et des membres de l'aristocratie, voire de la famille royale (Marguerite d'Angoulême, son frère François Ier dans un premier temps) ; une modeste esquisse de réforme ecclésiastique s'était même dessinée dans le diocèse de Meaux avec le concours d'humanistes (Cénacle de Meaux). *L'affaire des placards* (1534) avait cependant suscité chez François Ier la crainte d'une division religieuse du royaume et il avait engagé la répression contre tous les non-conformistes ; c'est alors que le jeune Calvin s'était enfui de France.

Après la mort de François Ier (1547), le mouvement réformiste en France se développe rapidement sous l'impulsion de Calvin qui, de Genève, porte un intérêt particulier à son pays d'origine ;

il touche les divers milieux sociaux, y compris celui des grands du royaume (les Bourbon, l'amiral de Coligny...).

La politique répressive de François Ier est reprise et aggravée par son fils Henri II (tribunal de la « Chambre ardente »), sans pour autant venir à bout du courant réformateur. Face au danger (la France et l'Espagne restent alors en Europe les deux seules grandes puissances catholiques), il fait la paix avec Philippe II d'Espagne (Traité du Cateau-Cambrésis, 1559) afin de se consacrer au rétablissement de l'unité religieuse du royaume ; mais il meurt presqu'aussitôt dans un tournoi, laissant trois fils de 15, 9 et 8 ans, les futurs François II, Charles IX, Henri III ; l'instabilité politique ainsi créée va favoriser les troubles religieux.

▶▶▶

Ph. Cauboue-Rapho

Jean Calvin en 1564. Gravure de Visseher.

JEAN CALVIN (1509-1564)

Son adhésion à la Réforme

Né à Noyon, Calvin se trouve en contact, durant ses études en diverses villes de France, avec des milieux humanistes influencés par les idées luthériennes. En 1533, il adhère lui-même à la Réforme et commence une vie de prédicateur. La répression contre les réformés engagée par François Ier en 1534 après l'« Affaire des Placards » l'oblige à fuir à Bâle. En 1536 (il a 27 ans), il publie la première édition (en latin) de son œuvre *Institution de la religion chrétienne ;* ce bref ouvrage, qu'il reprendra à maintes reprises durant sa vie, est la première grande synthèse d'une théologie réformée ; lorsque paraîtra l'édition française, ce sera la première somme théologique en cette langue (et l'un des grands textes de la littérature française).

La pensée de Calvin rejoint en tous points celle de Luther sur le salut de l'homme ; toutefois, selon lui, c'est Dieu lui-même qui a provoqué le péché, conformément à un dessein qui nous échappe. Chez Calvin la prédestination prend un caractère plus radical.

Pour lui comme pour Luther, l'Église est de nature invisible ; mais, pour Calvin, elle revêt aussi un caractère visible dont on reconnaît l'authenticité à la conformité de ses structures à l'Évangile ; ce qui, selon lui, n'est pas le cas de l'Église catholique, défigurée par des adjonctions humaines.

Calvin partage la doctrine luthérienne des sacrements ; dans la Cène, c'est bien le Christ que reçoit le croyant, mais de manière spirituelle.

Genève

En 1537, Calvin, passant par Genève, y reste à la demande de Guillaume Farel, un autre Français en train de réformer la ville à la demande de son Conseil. La discipline bientôt instaurée par Farel et Calvin, leurs empiètements sur les pouvoirs du Conseil de la ville les font chasser de Genève en 1539.

Calvin, appelé à Strasbourg par Bucer, le réformateur de la ville, tirera le plus grand profit de ce séjour, en particulier par ses contacts avec les théologiens luthériens (mais il ne rencontrera pas Luther).

En 1541 Genève rappelle Calvin. Tirant la leçon de l'expérience, celui-ci dote l'Église genevoise d'institutions affranchies de la tutelle du pouvoir civil ; ses *Ordonnances ecclésiastiques* instaurent même pour Genève un système théocratique, l'Église régissant toute la vie des habitants : prédication par les *pasteurs*, instruction publique par les *docteurs*, responsabilité de l'ordre et surveillance des bonnes mœurs confiées aux *anciens* (élus par le Conseil), activités charitables confiées aux *diacres*...

Tout en instaurant une Église d'État, Calvin rejette, comme Luther, sacerdoce ministériel, hiérarchie ecclésiastique et magistère ; ceci dit, la discipline théologique est stricte et toute déviation réprimée. Un *consistoire*, composé de pasteurs et d'anciens, forme une sorte de tribunal d'inquisition, les sanctions pouvant aller jusqu'à la mort (de 1541 à 1546, 56 condamnations à mort, 78 bannissements). Le médecin humaniste Servet est brûlé en 1553 pour avoir contesté la doctrine de la Trinité.

Une grande place est attribuée à l'enseignement religieux. Calvin rédige un *catéchisme* par questions et réponses, manuel fondamental pour tous ; il fonde une *académie de théologie* où viendront se former de nombreux cadres des Églises calvinistes étrangères. Genève devient l'un des foyers les plus actifs de la Réforme d'où, sous sa forme calviniste, elle gagnera divers pays (Suisse, France, Pays-Bas, Angleterre, Ecosse, Hongrie...). ■

L'Église réformée s'organise en France (1559)

Les idées en faveur de la réforme de l'Église s'étaient répandues en France dans le premier quart du XVIe siècle par divers canaux : humanisme évangélique, et, en particulier, écrits d'Erasme, écrits de Luther à partir de 1519, influence des réformateurs rhénans (Zwingli, Bucer...) ; en tout cela le rôle de l'imprimerie avait été capital. Les premières répressions, sous le règne de François 1er, avaient frappé les partisans des idées nouvelles dès 1529 ; mais c'est l'affaire des placards (1534), on le sait, qui marque le renversement de la politique royale à l'égard de ce qui, depuis la condamnation de Luther par Léon X (1520), est officiellement une hérésie.

La répression n'empêche pas le mouvement réformé de poursuivre sa progression en France. Mais, à partir de 1541, les choses prennent un nouveau cours. Deux faits majeurs en sont l'origine : l'installation définitive de Calvin à Genève, et la publication de la traduction française par lui-même de son maître-livre, *L'Institution de la religion chrétienne.* Genève, sous son impulsion, est devenue une « ville-Église » (G. Goyau) et la capitale qui manquait encore à la Réforme. Elle exerce un grand rayonnement, et beaucoup de partisans de la Réforme viennent y chercher refuge ou formation ; mais Calvin attache une importance particulière à la France comme champ d'expansion de la foi rénovée selon ses vues. Par surcroît, avec le sens aigu de l'organisation qui le caractérise, il a fixé des orientation précises pour le fonctionnement des Églises et la tenue des assemblées. Ainsi, en France, ce qui en était resté au plan d'idées en cheminement et d'opinions individuelles sans communauté constituée va maintenant donner naissance à un réseau d'Églises.

La première naît à Paris en 1555 : d'autres suivent rapidement (Poitiers, Angoulême, Loudun, Angers...) ; quarante ans après les premières infiltrations des idées de la Réforme, on comptera plus de 2 000 églises calvinistes en France. En 1559 se réunit à Paris le premier *synode national,* « au milieu des bûchers et des gibets qui étaient dressés dans tous les quartiers de la ville » ; il élabore une *Confession de foi,* qui sera plus tard dite *de La Rochelle* parce qu'ayant reçu dans cette ville sa forme définitive ; il fixe les règles de fonctionnement et d'organisation des Églises (*consistoires* des Églises locales, *synodes provinciaux* et *nationaux*).

L'Église réformée, en tant qu'institution visible en France, est née. Le nombre des Églises locales, l'audace de leur rencontre dans la capitale en pleine répression montrent assez la vigueur acquise par le mouvement de la Réforme en France. Les synodes provinciaux et nationaux vont se multiplier. ■

Le colloque de Poissy (1561)

Il s'agit d'une tentative de conciliation entre catholiques et calvinistes dont la régente Catherine de Médicis et son chancelier Michel de l'Hospital, un humaniste plein de sagesse, prirent l'initiative. A ce colloque, tenu à l'abbaye de Poissy en septembre 1561, les calvinistes furent notamment représentés par Théodore de Bèze qui, à Genève, dirigeait l'académie de théologie fondée par Calvin en 1559 ; les catholiques le furent par le cardinal de Lorraine (un Guise) et Lainez, général des jésuites. Le colloque échoua essentiellement sur la question de l'eucharistie, et plus précisément sur celle de la transsubstantiation. Un essai d'entente sur la base de la *Confession d'Augsbourg* de 1530 et de la *Confession de Wurtemberg* de 1557 resta sans résultat. ■

Qu'est-ce que ?

Protestant. Lors de la diète d'Empire réunie à Spire en 1529 par Charles Quint, six princes et les représentants de quatorze villes protestèrent contre un décret impérial ayant pour objet de bloquer la situation religieuse en Allemagne et d'imposer la tolérance des diverses confessions en présence, autrement dit d'arrêter la rapide expansion de la Réforme luthérienne. Le terme protestant s'est ensuite appliqué à l'ensemble des partisans de la Réforme sous ses diverses formes (luthériens, calvinistes, baptistes...).

Réformé. Tout en se présentant comme les artisans de la véritable réforme de l'Église, les premiers réformateurs protestants ne s'intitulaient pas pour autant « réformés ». C'est peu à peu, au cours du XVIe siècle, que l'identification s'est faite entre la notion de Réforme et les groupes religieux (luthériens, calvinistes, etc.) qui s'étaient séparés de l'Église romaine. Cependant, les partisans de Calvin se donnèrent très vite le nom de réformés pour se distinguer des autres courants protestants. La plupart des Églises calvinistes portent aujourd'hui le nom d'Église réformée (cf. Église Réformée de France).

Huguenot. Ce nom donné aux calvinistes français, du XVIe au XVIIIe siècle, est diversement expliqué ; sans doute vient-il du mot allemand *eidgenossen* (confédérés) qui leur aurait été appliqué en raison de leurs liens avec Genève, liguée avec Berne et Fribourg contre le duc de Savoie.

Ph. Bulloz

Massacre de la Saint-Barthélemy à Paris.

La Saint-Barthélemy (24 août 1572)

Bien que le début du règne de Charles IX en 1560 ait été marqué par un effort sincère de pacification de la part de la reine-mère Catherine de Médicis et de son chancelier Michel de l'Hospital (colloque de Poissy 1561, Édit de Saint-Germain 1562), les violences s'étaient déchaînées en 1562 avec le massacre de Wassy. On avait vu le parti catholique trouver appui chez le roi Philippe II d'Espagne, tandis que le parti protestant s'alliait avec les princes allemands et l'Angleterre. En 1570 cependant, par la *Paix de Saint-Germain* qui accordait aux huguenots diverses garanties, la reine-mère avait rétabli un semblant de calme ; la réconciliation était symbolisée par le mariage de la sœur du roi, Marguerite de Valois (la reine Margot), avec Henri de Bourbon (futur Henri IV), devenu calviniste.

Très vite, toutefois, le parti catholique et Catherine de Médicis virent d'un mauvais œil l'amiral de Coligny, chef du parti protestant, exercer à la faveur de ce rapprochement son influence sur le jeune Charles IX ; ils redoutèrent une alliance du roi avec l'Angleterre contre l'Espagne ; un attentat contre Coligny fut donc organisé ; il échoua. Dès lors, les chefs du parti catholique et la reine-mère, craignant une réaction, décidèrent de profiter de la présence à Paris des membres les plus importants du parti protestant, venus assister au mariage d'Henri de Bourbon (futur Henri IV) avec la propre sœur du roi Charles IX, Marguerite de Valois, pour se débarrasser d'eux. On obtint l'accord de Charles IX et, dans la nuit du 24 août 1572, Coligny et les principaux responsables du parti protestant tombèrent sous les poignards.

La tuerie ne s'arrêta pas là. En effet, lorsque le peuple parisien eut connaissance de l'événement, il se déchaîna. Trois journées durant, il poursuivit avec une haine sanguinaire huguenots ou supposés tels. Le mouvement fit tache d'huile dans de nombreuses villes de province. L'évaluation du nombre des victimes oscille entre 2.000 et 10.000 à Paris, 20.000 à 70.000 dans l'ensemble du royaume. Le pouvoir répandit alors la version d'une conspiration huguenote contre le roi, déjouée à temps. Le monde catholique exulta, supposant le protestantisme à jamais anéanti en France. Le pape Grégoire XIII célébra même un *Te Deum*.

En fait, le parti protestant était décapité mais non détruit ; comme nouveau chef du parti, Henri de Bourbon-Navarre allait révéler ses qualités.

Dans la mémoire collective, la Saint-Barthélemy a vite pris valeur de symbole, et à ce titre a longtemps pesé sur les relations entre protestants et catholiques, même s'il est clair que les horreurs de la guerre religieuse ont été très largement partagées (cf. les dévastations du baron des Adrets). Aujourd'hui encore, on ne saurait affirmer que ces relations n'en sont plus affectées. ■

En quoi consiste l'Édit de Nantes (30 avril 1598) ?

L'Édit de Nantes, déclaré perpétuel et irrévocable, est une loi d'État, complétée par divers textes (articles « particuliers » ou « secrets », « brevets »). Voici les principales dispositions de l'ensemble.

Le catholicisme, religion d'État, est rétabli partout. Les protestants bénéficient à nouveau de la liberté de conscience et de l'accès à tous les emplois et dignités (en Angleterre, les catholiques ne jouiront pas de ces droits avant 1829). Pour leur garantie judiciaire, une Chambre de l'Édit comportant un conseiller protestant parmi quinze catholiques est érigée au sein du Parlement de Paris, et des chambres mi-parties sont créées à Bordeaux, Grenoble et Castres.

La liberté du culte est accordée partout où elle avait été établie par de précédents édits, et, en outre, chez les seigneurs ayant la haute justice, et dans deux localités par baillage ou sénéchaussée. Le culte est par contre interdit à Paris et dans ses environs immédiats, dans les résidences royales, dans certaines grandes villes. Quatre universités ou académies protestantes sont autorisées (Montauban, Montpellier, Sedan, Saumur). Les protestants sont autorisés à conserver durant huit années une centaine de leurs places fortes (« places de sûreté »), avec leur garnison. Parmi elles, des places très puissantes comme Montpellier, Montauban, La Rochelle (il est vrai que les « ligueurs » catholiques reçurent des avantages analogues, qui disparurent toutefois en 1606 alors que ceux des protestants furent renouvelés).

Les protestants sont tenus d'observer le chômage des fêtes catholiques et de payer la dîme ; des « brevets » garantissent aux Églises réformées un subside annuel de 45.000 livres (garanties en fait très mal observées).

Selon l'historien protestant E.G. Léonard, l'Édit faisait des protestants « un corps politique avantagé et un corps religieux désavantagé ». ■

Les guerres de religion en France (1562-1598)

Ces troubles s'étendent sur une période de près de quarante années, incluant les règnes des deux derniers fils d'Henri II (Charles IX, 1560-1574, dont la mère Catherine de Médicis assure la réalité du pouvoir ; Henri III, 1574-1589), puis le début du règne d'Henri IV jusqu'à l'Édit de Nantes (1589-1598).

Durant toute cette période, deux partis seront aux prises. Le parti catholique sera dominé par la famille des Guise, oncles de l'épouse de François II, Marie Stuart, et alliés à Catherine de Médicis ; ce parti finira par constituer une *Sainte Ligue*, qui n'hésitera pas à faire appel au roi d'Espagne. Le parti *huguenot* sera conduit par des membres de la famille des Bourbon (une des branches des descendants de saint Louis) : le prince de Condé, puis Henri de Navarre, futur Henri IV.

Malgré la politique de conciliation d'abord tentée par Catherine de Médicis et son chancelier Michel de l'Hôpital (colloque de Poissy 1561, Édit de Saint-Germain 1562), les passions se déchaînent. Le *massacre de Wassy* (une assemblée protestante est attaquée par des partisans des Guise) ouvre en 1562 la première des *huit guerres de religion*. Marquées de batailles épisodiques, de coups de mains, d'actes de vandalisme, d'assassinats de part et d'autre, elles restent symbolisées dans la mémoire collective par l'horrible tuerie de protestants déclenchée par la famille royale et les Guise le jour de *la Saint-Barthélémy* (24 août 1572) ; mais il y eut bien d'autres tueries imputables à l'un ou l'autre des partis opposés.

Henri III, troisième et dernier fils d'Henri II, s'étant rapproché d'Henri de Navarre, il est lui-même assassiné en 1589. L'héritier du trône, en l'absence de descendance mâle dans la branche régnante, n'est autre que ce même Henri de Navarre, chef du parti protestant.

Henri de Navarre, devenu Henri IV, est lucide. Les protestants, majoritaires en certaines régions, représentent à peine 10 % de la population du royaume ; la Ligue est soutenue par l'Espagne, alors très puissante ; l'unité religieuse ne pourra pas être réalisée par la force des armes. D'autant que le pays aspire à la paix et à la sécurité.

Dans un geste de portée essentiellement politique, Henri abjure la foi protestante à Saint-Denis (1593) ; après avoir reçu le sacre royal à Chartres, il entre triomphalement à Paris (1594). Encore faut-il rassurer et rallier les huguenots ; ce sera l'œuvre de *l'Édit de Nantes (1598)*, établissant le principe du pluralisme confessionnel en France.

Comment fut appliqué l'Édit de Nantes ?

Sous Henri IV, l'Édit fut, dans l'ensemble, correctement appliqué, sous le contrôle de commissaires désignés par le roi ; ils parvinrent notamment à surmonter les résistances locales à l'établissement du culte protestant là où il n'avait jamais été pratiqué (« lieux de concession »). De son côté, le culte catholique put être rétabli dans les régions protestantes, sauf en Béarn.

Bien plus, et contrairement à l'Édit, les protestants gardèrent la structure de leur parti avec ses assemblées propres, parallèlement à l'organisation de l'Église réformée avec ses synodes aux divers niveaux. Henri IV ne se hasarda pas à remettre en cause la paix civile en exigeant sa disparition.

A la mort d'Henri IV (1610), la Réforme catholique lancée par le concile de Trente était en plein développement, et le parti catholique très influent auprès de la régente, Marie de Médicis, puis du roi Louis XIII. Lorsque celui-ci rétablit le culte catholique en Béarn, conformément à l'Édit, le parti huguenot se souleva. Les troupes royales reprirent diverses places fortes protestantes mais échouèrent devant Montauban et Montpellier. La paix de Montpellier (1622) confirma l'Édit de Nantes, mais les places fortes reprises aux protestants ne leur furent pas rendues ; et surtout, le pouvoir n'était pas prêt d'oublier son demi-échec.

Lors d'un nouveau soulèvement, soutenu par l'Angleterre, Richelieu, ministre de Louis XIII depuis 1624, décida d'en terminer avec la puissance politique et militaire des huguenots. En 1627, il mit le siège devant La Rochelle, qui ne tomba qu'en 1628. L'Édit d'Alès, qui rétablit la paix, maintint les clauses religieuses de l'Édit de Nantes, mais mit fin au parti politique huguenot.

Au début de la minorité de Louis XIV (1643), la régente Anne d'Autriche confirma l'Édit. Mais à partir de 1656 et surtout de la majorité de Louis XIV en 1661, une politique d'intimidation commença à être mise en œuvre (démolition de temples, enlèvements d'enfants, brimades, dragonnades...) ; elle devait trouver son couronnement dans la Révocation de l'Édit de Nantes en 1685. ■

▶▶▶

Les protestants reçoivent même en garantie une centaine de places fortes, dites de sûreté, imprudence qui va se payer rapidement. Mais, quant au statut proprement confessionnel, c'est bien un instrument de paix ; son abrogation de fait puis de droit par Louis XIV, un siècle plus tard, en rouvrant l'ère des haines et des troubles, le démontrera.

La Réforme anglicane

Bien qu'en Angleterre le terrain soit depuis longtemps préparé au mouvement réformateur par un ensemble de facteurs (tradition d'indépendance du pouvoir royal vis-à-vis de Rome, mouvements évangéliques de Wyclif et des *lollards* aux XIVe et XVe siècles...), l'instauration de l'Église anglicane n'y résulte pas d'abord de raisons théologiques. Elle est la conséquence d'un conflit personnel opposant le roi Henri VIII (règne 1509-1547) au pape Clément VII, dont il n'obtenait pas l'annulation de son mariage avec Catherine d'Aragon. En 1533, Henri VIII fait successivement bénir son union avec Anne Boleyn et prononcer la nullité de son précédent mariage par le primat d'Angleterre qu'il a nommé à cet effet, Cranmer.

Excommunié par le pape, Henri VIII fait voter par le Parlement un *Acte de Suprématie* (1534) qui le désigne comme chef de l'Église d'Angleterre : le schisme est consommé.

Henri impose sans ménagement au clergé et au peuple la nouvelle constitution de l'Église, poursuivant avec rigueur ceux qui ne l'acceptent pas. Il n'a pas de doctrine théologique arrêtée, mais il est personnellement attaché à la foi catholique. Toutefois, sous l'influence de Cranmer, acquis aux idées luthériennes, l'Église d'Angleterre commence à s'orienter vers le protestantisme.

Sous le roi Edouard VI (1547-1553), très jeune fils d'Henri VIII et de Jeanne Seymour, sa troisième épouse, l'influence calviniste renforce cette orientation, sans toutefois remettre en cause l'institution épiscopale, tout à fait contraire pourtant aux conceptions de Calvin. Le *Book of Common Prayer* (1552) et une *Confession de foi* définissent les bases théologiques de l'Église anglicane.

Marie Tudor (1553-1558), fille d'Henri VIII et de Catherine d'Aragon, sa première épouse, s'efforce pendant son court règne de restaurer le catholicisme ; elle le fait avec une extrême brutalité, qui la fait surnommer « la sanglante » ; son mariage avec Philippe II d'Espagne achève d'exaspérer la haine populaire contre les « papistes ».

Elisabeth Ire (1558-1603), fille d'Henri VIII et d'Anne Boleyn, cherche une voie moyenne qui puisse à la fois sauvegarder son autorité et exclure toute obédience romaine : l'esprit qui prévaut est franchement calviniste, mais les types de liturgie et de piété ainsi que la structure hiérarchique restent proches de la tradition catholique. Une violente répression ne s'en abat pas moins sur les catholiques, aggravée par une intervention militaire de Philippe II d'Espagne, qui se solde par un échec (destruction de « l'Invincible Armada » 1588).

Elisabeth n'ayant pas de descendants, l'avènement, sous le nom de Jacques Ier d'Angleterre (1603-1625), de Jacques VI d'Ecosse, fils de la reine catholique de ce pays Marie Stuart, fait espérer

▶▶▶

THOMAS CRANMER (1489-1556)

En ce personnage-clef de la Réforme en Angleterre les uns voient avant tout un conseiller servile et ambitieux du roi Henri VIII, les autres un homme de Dieu, un théologien de valeur, un sage plein de modération.
Prêtre acquis au luthéranisme, il s'était marié en secret. Il fut un des conseillers d'Henri VIII dans l'affaire de sa répudiation de Catherine d'Aragon et de son remariage avec Anne Boleyn. Nommé archevêque de Cantorbery en 1533 par le roi, c'est lui qui bénit ce mariage et déclara nul le précédent ; il fut excommunié par le pape en même temps qu'Henri VIII.
A partir de là (1534), l'autonomie de l'Église d'Angleterre ayant été décidée par Henri VIII, Cranmer ne cessa plus de jouer un rôle essentiel à ses côtés, parvenant à conserver sa confiance malgré les continuelles oscillations du roi entre tendances protestantes et catholiques. Grâce à sa complaisance, Henri eut successivement huit épouses.
A la mort du roi en 1547, son fils Edouard VI avait dix ans. Durant les six années de son règne, Cranmer fit franchement prévaloir l'influence calviniste dans l'Église d'Angleterre, sans cependant supprimer sa structure épiscopale. Il dirigea la rédaction du *Prayer Book* (1549 et 1552) – base de la liturgie anglicane –, celle de la *Grande Bible* en anglais (1548) ; il rédigea les *Quarante-deux Articles,* profession de foi d'esprit calviniste de l'Église d'Angleterre (1553) et la *Réforme des lois ecclésiastiques.* Il échoua dans sa tentative de réunir en concile européen calvinistes et luthériens. Sous le règne de Marie Tudor (1553-1558), qui procéda à une restauration éphémère et sanglante du catholicisme, il mourut sur le bûcher (1556). ■

Évoquant la béatification à Rome en novembre 1987 de quatre-vingt-cinq martyrs catholiques anglais victimes de la fidélité à leur foi lors de la Réforme en Angleterre au XVIe siècle, le Dr Runcie, archevêque de Cantorbery, Primat de l'Église anglicane, a déclaré : « *Aujourd'hui nous pouvons célébrer leur témoignage chrétien héroïque et déplorer ensemble l'intolérance de ce temps-là qui embrasa les convictions.* »

Henri VIII.

HENRI VIII D'ANGLETERRE (RÈGNE DE 1509 à 1547)

Henri VIII fut regardé en son temps comme le type accompli d'un prince de la Renaissance souhaitant sincèrement le retour de l'Église à ses sources évangéliques. Il n'en fut pas moins hostile, au début, aux idées de Luther ; un ouvrage de lui défendant la primauté du pape lui valut même le titre de « Défenseur de la Foi ».
Son opposition à Rome trouva son origine dans une affaire matrimoniale : il voulut obtenir du pape Clément VII l'annulation de son mariage avec Catherine d'Aragon (dont il n'avait pas d'héritier mâle) pour épouser Anne Boleyn. Trouvant que Rome mettait trop de temps à se prononcer, Henri VIII nomma primat d'Angleterre un prélat qui lui était tout dévoué, Cranmer ; celui-ci, en 1533, bénit son mariage avec Anne Boleyn et déclara nulle sa première union. Mais le pape déclara invalide ce second mariage en 1534 et excommunia Henri. Le roi fit alors voter par le Parlement *l'Acte de Suprématie* qui faisait de lui le chef suprême de l'Église d'Angleterre (1534). La rupture avec Rome était consommée.

Henri, avec le concours de Cranmer, conduisit d'une main de fer cette Église désormais autonome : sous peine de mort, ses sujets durent reconnaître par serment son autorité religieuse. Le clergé séculier, déjà habitué au catholicisme d'État et peu favorable à Rome, se rallia dans sa grande majorité au nouvel ordre des choses. Les quelques oppositions furent réprimées avec brutalité. L'ancien chancelier et ami du roi, Thomas More, et le cardinal Fisher figurent parmi ceux qui moururent sur l'échafaud. Dans les ordres monastiques, par contre, la résistance fut beaucoup plus générale ; Henri fit alors fermer tous les couvents, saisir leurs biens et frapper de peines sévères (prison, expulsion, mort) les religieux insoumis.

En matière doctrinale, le roi était personnellement attaché à la foi catholique tout en subissant l'influence de Cranmer, théologien de valeur et sympathisant de Luther ; de la sorte, il ne cessa jusqu'à sa mort d'osciller entre des positions luthériennes et catholiques. A chaque changement de cap, de nouvelles victimes étaient envoyées à l'échafaud. Certains de ses conseillers eux-mêmes n'y échappèrent pas, tel Thomas Cromwell [1].

Quant à l'annulation du premier mariage d'Henri VIII, ce ne fut qu'un prélude : grâce au complaisant Cranmer, le roi n'épousa pas moins de huit femmes successivement, dont deux moururent sur l'échafaud, Anne Boleyn elle-même et Catherine Howard.
De ces divers mariages, Henri VIII devait laisser trois enfants, dont les règnes successifs feront alterner la religion d'Etat : protestante avec Edouard VI, fils de Jane Seymour ; catholique avec Marie Tudor, fille de Catherine d'Aragon ; à nouveau et définitivement protestante avec Elisabeth Iʳᵉ, fille d'Anne Boleyn.

1. A ne pas confondre avec Olivier Cromwell, dictateur d'Angleterre de 1645 à 1658.

Comment est née la question de la validité des ordinations anglicanes sur laquelle bute actuellement le rapprochement catholico-anglican ?

Lorsqu'en 1558 Elisabeth Iʳᵉ d'Angleterre succéda à sa demi-sœur, la catholique Marie Tudor, la réaction anti-catholique fut brutale et violente. La reine fit adopter par le Parlement un nouvel *Acte de Suprématie* faisant d'elle le *Supreme Governor* de l'Église d'Angleterre ; le clergé dut prêter serment de fidélité à ce texte. Or seul un évêque s'y soumit ; tous les autres furent déposés (onze d'entre eux périrent en détention), et de nouveaux évêques nommés. Ceux-ci furent consacrés par le seul des évêques précédents non déposé ; il procéda selon le rituel anglican établi sous Edouard VI, rituel déclaré invalide par le pape Paul IV en 1555 : en effet, il ne prenait en compte ni la doctrine catholique sur la messe comme renouvellement du sacrifice du Christ sur la croix, ni celle sur le prêtre ordonné en vue de la célébration de ce sacrifice.

Dès lors, Rome estima rompue au sein de l'Église d'Angleterre la succession apostolique, condition de la transmission des pouvoirs sacramentels des évêques et donc de la validité des ordinations faites par eux.

On sait que le réexamen de cette question par Rome, lors de la tentative de rapprochement entre l'Église anglicane et l'Église romaine engagée dans les années 1893-1896 par Lord Halifax et l'abbé Portal (voir Index), devait se conclure par une confirmation de l'invalidité des ordinations anglicanes, prononcée par le pape Léon XIII dans son encyclique *Apostolicae curae.* La question a été reprise aujourd'hui dans un nouveau climat. ■

LES PURITAINS

Le mouvement trouve son origine au sein même de l'Église anglicane au XVIᵉ siècle lorsque, la reine Elisabeth Iʳᵉ ayant rétabli l'Église d'État en 1558 après l'intermède catholique de Marie Tudor, un courant d'esprit calviniste réagit contre le caractère jugé trop catholique de la restauration elisabéthaine. Les *puritains* exigeaient une Église authentiquement protestante, « purifiée » de toute trace de catholicisme (indépendance vis-à-vis de l'État, autorité plus grande attribuée à l'Écriture, suppression de l'épiscopat, culte plus dépouillé...). Mais ni Elisabeth Iʳᵉ ni son successeur Jacques Iᵉʳ n'étaient disposés à abandonner cet instrument de pouvoir qu'était l'Église d'Angleterre. Un mouvement séparatiste se dessina alors, dont les adeptes furent appelés *congrégationalistes* parce que constitués en congrégations autonomes.

Sous la persécution, beaucoup se réfugièrent aux Pays-Bas calvinistes ; c'est de là qu'en 1620 trente-cinq d'entre eux, les Pères Pèlerins (*Pilgrim Fathers*), s'embarquèrent sur le *May Flower* à destination de l'Amérique, où ils fondèrent en Nouvelle-Angleterre une colonie conforme à leurs aspirations. C'est l'origine des Églises presbytériennes américaines, qui ont contribué à répandre dans ce pays un esprit de démocratie et de tolérance.

En Angleterre, une insurrection puritaine (1642-1646) devait révéler Olivier Cromwell, qui deviendra « Protecteur » de la république proclamée en 1649. Une austère dictature puritaine, faisant la vie dure aux anglicans et aux catholiques, règnera pendant onze ans. En 1660, les Stuart reprendront leur trône et rétabliront l'Église anglicane dans sa situation antérieure. ■

MARIE STUART (1542-1587)

Fille de Jacques V Stuart, roi d'Ecosse, et de la française Marie de Guise, elle n'avait pas un an à la mort de son père, qui s'était opposé avec vigueur à l'instauration de la Réforme en Ecosse. Elle reçut en France une éducation très soignée et y épousa le dauphin, le futur François II. C'est à l'occasion de son bref règne (1559-1560) que les oncles de Marie, les Guise, établirent leur influence sur le pouvoir royal français.

La mort de son époux François II et de sa mère, régente d'Ecosse, ramenèrent Marie dans ce pays dont elle était la reine ; elle avait 19 ans. Pendant la régence, les choses avaient beaucoup changé, avec l'appui de l'Angleterre anglicane. En 1559, à l'appel de la noblesse protestante écossaise, John Knox, un ancien prêtre réfugié auprès de Calvin, était revenu dans son pays et y avait instauré la Réforme ; le Parlement d'Edimbourg avait adopté une profession de foi d'inspiration calviniste, la *Confessio Scotica,* et interdit le culte catholique.

En 1567, un soulèvement obligea Marie à abdiquer en faveur de son fils Jacques VI, âgé d'un an ; elle se réfugia auprès de sa cousine Elisabeth Iʳᵉ d'Angleterre, qui ne ménageait pourtant pas les catholiques. Aussi Marie passa-t-elle en prison les dix-huit ans qui lui restaient à vivre. Plusieurs complots encouragés par elle et soutenus de l'étranger, y compris par le pape, s'efforcèrent de la porter au trône d'Angleterre ; le dernier (1587) provoqua sa condamnation à mort. ■

▶▶▶

aux catholiques anglais un sort moins dur ; la *Conjuration des poudres* (1605) provoque le contraire. Les catholiques anglais devront attendre deux siècles avant de voir poindre un régime de tolérance.

La Réforme protestante dans le reste de l'Europe

En Ecosse, sous l'influence de John Knox, le Parlement d'Edimbourg adopte en 1560 une *Confessio Scotica,* profession de foi d'inspiration calviniste. Bientôt l'épiscopat est supprimé, l'Église écossaise devient l'Église presbytérienne.

Aux Pays-Bas, le succès des idées de la Réforme est favorisé par le sentiment national hostile à la domination allemande de Charles Quint, puis espagnole de son fils Philippe II, tous deux défenseurs sans douceur de la cause catholique. L'insurrection conduite par Guillaume d'Orange permet aux sept provinces du nord de se constituer en *Provinces unies des Pays-Bas* (Union d'Utrecht 1579), république indépendante d'un calvinisme intransigeant. Alexandre Farnèse, gouverneur général des Pays-Bas pour le roi d'Espagne, parvient à conserver à l'Espagne et au catholicisme les provinces du sud (l'actuelle Belgique).

En Espagne et en Italie, la majeure partie de la population reste attachée, comme en France, à la foi catholique ; l'Inquisition y poursuit avec une grande rigueur les protestants.

La Hongrie est bientôt partagée entre calvinistes et catholiques, et la Bohême entre luthériens, « frères moraves » (issus du mouvement hussite au XVe siècle) et catholiques.

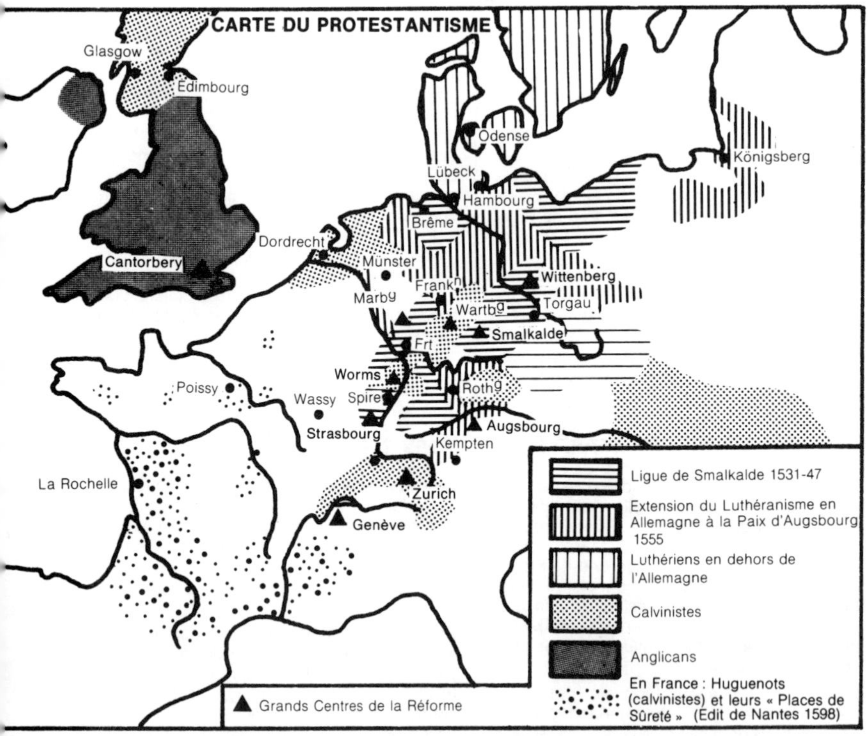

Lorsqu'un mot, une expression, un événement, une institution, un nom propre vous sont inconnus, consultez l'index.

Une milice spirituelle au service du pape :
La Compagnie de Jésus

Les origines.

Après avoir commencé une carrière des armes, Ignace de Loyola (1491-1556), membre d'une famille de la noblesse basque, avait décidé (1521-1523) de se consacrer tout entier au Christ et de mener un combat spirituel pour le salut des âmes. Il s'y était préparé par de longues années d'études littéraires, philosophiques et théologiques, en Espagne puis à Paris (1526-1535), et par une intense réflexion spirituelle dont était issue sa méthode des *Exercices spirituels.*

Durant son séjour parisien, sept de ses amis étudiants s'étaient déclarés prêts à s'associer à son entreprise apostolique (parmi eux François-Xavier, Pierre Favre, Lainez, qui tiendront plus tard un rôle important dans la Compagnie de Jésus). Ensemble, en 1534, dans une chapelle de Montmartre (détruite depuis lors), ils firent vœu de pauvreté, de chasteté, et d'aller à Jérusalem propager la foi catholique ou, en cas d'impossiblité, de se mettre à la disposition du pape.

N'ayant pu gagner la Terre Sainte, ils se rendirent à Rome, où le pape Paul III les incita à enseigner et défendre la doctrine chrétienne. Dans ce but, ils décidèrent de créer un ordre religieux, la Compagnie de Jésus, reconnue en 1540 par bulle pontificale comme un ordre de *clercs réguliers* [1], formule alors nouvelle. La Compagnie avait pour mission de propager la foi par l'étude, la prédication, les exercices spirituels, l'enseignement. En plus des trois vœux de pauvreté, chasteté et obéissance, les membres de la Compagnie de Jésus (les jésuites) se liaient par un vœu d'obéissance au pape, au service duquel ils se mettaient.

Ignace mit plusieurs années à élaborer les *Constitutions* [2] de la Compagnie, organisée de façon quasi-militaire avec une structure hiérarchisée et centralisée sous l'autorité d'un général élu à vie. La plus grande importance était accordée à la sélection de ses membres et à leur formation spirituelle et intellectuelle, assurée au cours de nombreuses années d'étude et de réflexion. Ignace fut le premier général.

Les jésuites et la Réforme catholique

La Compagnie fut un des facteurs déterminants de la préparation et de la mise en œuvre de la Réforme catholique. Lors de sa fondation (1540), le concile de Trente ne s'était pas encore réuni. Il ne sera réuni que cinq ans plus tard, et il ne s'achèvera qu'en 1563, sept ans après la mort d'Ignace de Loyola. Lui et ses premiers compagnons furent parmi les pionniers auxquels est dû le climat de renouveau qui suscita la Réforme catholique. A la mort d'Ignace, et malgré la sévérité de la sélection, la Compagnie comptait déjà plus d'un millier de membres, répandus tant en Europe qu'en Amérique et en Asie.

Dans la mise en œuvre de la Réforme tracée par le concile de Trente, les membres de la Compagnie furent partout au premier rang, créant des collèges, peuplant de professeurs les universités, engageant la controverse théologique avec les protestants, multipliant prédications et missions, rédigeant des catéchismes. Le succès de leur enseignement tenait autant à

1. Clercs réguliers : religieux (soumis à une règle) se rapprochant du clergé séculier par le costume, le genre de vie et l'apostolat dans le monde.
2. La charte fondamentale de la Compagnie de Jésus, équivalent d'une Règle.

la qualité des maîtres qu'à celle de leurs méthodes, établies en 1599 sous le nom de *Ratio et institutio studiorum* après mûre réflexion et expérimentation.

Simultanément, et se conformant à l'exemple donné par Ignace dès la première année de la Compagnie en envoyant en Inde François-Xavier, un de ses premiers compagnons, la Compagnie ne cessa de diriger vers les missions lointaines une partie de ses religieux ; en Inde, au Japon, en Chine (voir « Querelle des rites »), en Amérique latine (voir « Réductions jésuites »), au Canada français, leur action missionnaire devait être considérable. ■

Ph. Giraudon

Portrait de Saint Ignace de Loyola par Zurbaran (XVIIe s.).

Saint Ignace de Loyola
(1491-1556)
fondateur de la Compagnie de Jésus
Voir Index

Un ordre populaire :

Les capucins (1525)

Matteo da Bascio, franciscain italien appartenant à la branche dite « des observants » de son ordre, trouvait celui-ci trop éloigné de la règle de saint François ; il entreprit donc de lui redonner sa rigueur primitive, notamment par une vie de plus grande pauvreté. Encouragé par le pape Clément VII, il fonda donc en 1525 l'ordre des *Frères Mineurs Capucins*. Celui-ci resta jusqu'en 1619 sous la juridiction du général des franciscains observants, source de nombreuses difficultés ; puis il obtint du pape son autonomie.

Le mot capucin vient du capuchon (en italien, *cappuccio*) – beaucoup plus ample que celui des autres religieux franciscains – qui caractérisa longtemps le vêtement de ces religieux.

Conformément à la vocation de l'ordre de saint François, les capucins se firent principalement prédicateurs et missionnaires au sein des milieux les moins favorisés. ■

La Réforme catholique

LE CONCILE DE TRENTE (1545-1563) ET LA MISE EN ŒUVRE DE LA RÉFORME CATHOLIQUE

Le succès des réformateurs protestants était dû au fait qu'ils avaient su répondre au besoin, de plus en plus pressant, de renouveau spirituel et de réforme ecclésiale qui travaillait l'Église depuis deux siècles, sans avoir rencontré d'écho chez ses responsables.

Depuis la Réforme protestante, cette même Église romaine se trouvait au pied du mur : ou elle hâtait sa propre réforme, ou elle risquait d'être emportée par le flot protestant. La convergence entre le dynamisme des forces de rénovation délibérément fidèles à la foi catholique et l'authentique volonté réformatrice d'une série de papes et d'évêques allait permettre, in extremis, de relever ce défi et, pour l'essentiel, de retourner la situation en moins d'un demi-siècle. C'est ce qu'on appellera la *Contre-Réforme*, ou, plus justement, la *Réforme catholique*. Le concile de Trente (1545-1563), événement majeur dans l'histoire de l'Église romaine, en tracera les lignes de force et en définira les moyens, mais sans pouvoir empêcher les chrétiens de poser la question : pourquoi si tard ? L'unité brisée, en effet, ne pourra être reconstituée ; elle ne l'est toujours pas de nos jours, quatre siècles plus tard.

Un esprit de renouveau

Le mouvement de régénération de l'Église romaine partit du cœur même de cette Italie de la Renaissance, où l'humanisme avait commencé à prendre ses distances vis-à-vis de l'institution ecclésiale ; ses premières manifestations, comme souvent dans les

▶▶▶

PRINCIPAUX ORDRES RELIGIEUX FONDÉS DANS LES ANNÉES PRÉCÉDANT LE CONCILE DE TRENTE

Ordre	But	Fondateur	Date	Lieu de fondation
Théatins (Clercs réguliers)	Sanctification des prêtres et des fidèles	St Gaëtan de Thiene* et Jean-Pierre Carafa, évêque de Chieti (en lat. *Theate)*	**1524**	Rome
Capucins (Ordre mendiant)	Prédication populaire	Matteo da Bascio	**1525**	Ancône
Barnabites (Clercs Réguliers de St-Paul)	Instruction de la jeunesse	Antoine-Marie Zaccaria*	**1530**	Milan
Somasques (Clercs Réguliers de Somasque)	Orphelins	St Jérôme-Émilien*	**v. 1535**	Somasque (Italie)
Ursulines (Compagnie de Ste Ursule, ordre féminin)	Enseignement des jeunes filles	Ste Angèle Merici*	**1535**	Brescia
Frères de St-Jean-de-Dieu (Ordre hospitalier de St Jean de Dieu, ordre laïc)	Pauvres malades	St Jean de Dieu*	**1537**	Grenade (Espagne)
Compagnie de Jésus (Clercs Réguliers)	Toutes missions confiées par le pape, notamment prédication, missions, écoles...	St Ignace de Loyola*	**1540**	Rome

(Les noms signalés par le symbole * font l'objet d'une notice dans l'ouvrage ; voir Index)

►►►

périodes de crise de l'Église (cf. Cluny, les ordres mendiants...), prirent la forme de nouveaux ordres religieux ; fait caractéristique, tous s'imposaient une stricte pauvreté (capucins, barnabites, frères de Saint-Jean-de-Dieu...). De tous les nouveaux ordres, celui qui s'identifiera le plus exactement avec le mouvement de la Réforme catholique et y jouera le rôle le plus important, dans sa préparation comme dans sa mise en œuvre, sera la Compagnie de Jésus, fondée en 1540 par Ignace de Loyola.

Peu à peu l'esprit de renouveau gagna les milieux de la curie romaine eux-mêmes. C'est au pape Paul III (1534-1549) qu'on doit, avec la décision de convoquer enfin le concile, le lancement d'un processus de réforme s'appliquant à la totalité de l'Église catholique ; il est vrai qu'il le fit pour une grande part sous la pression de Charles Quint, lequel cherchait désespérément à neutraliser la Réforme protestante qui brisait l'unité religieuse et politique de son empire ; François Ier, implacable adversaire de l'empereur, avait au contraire le plus grand intérêt à favoriser l'agitation en Allemagne et donc à bloquer tout processus de réforme de l'Église. Il fallut donc beaucoup de ténacité au pape Paul III pour surmonter les obstacles sans cesse dressés devant lui ; après avoir été maintes fois retardé par les péripéties de la lutte entre la France et l'empire, le concile put enfin s'ouvrir à Trente, en Italie du Nord, en 1545, soit un an avant la mort de Luther.

Le concile et sa suite

Attendu si longtemps, le concile pouvait-il réussir ? Le scepticisme était général ; et encore ne soupçonnait-on pas les à-coups par lesquels il allait passer : il ne s'achèvera en effet que dix-huit années plus tard, après avoir connu deux interruptions provoquées par les événements politiques ; il faudra chaque fois beaucoup d'énergie et de conviction à chacun des papes alors en exercice pour le faire repartir : Jules III en 1551 après deux ans d'interruption, et Pie IV en 1562 après dix ans d'interruption. Il pourra enfin se clore un an plus tard, en 1563.

L'œuvre du concile, qui ne répondit cependant pas à tous les espoirs mis en lui, n'en allait pas moins marquer l'Église romaine pour des siècles ; elle ne devait pas connaître d'événement de pareille ampleur avant le concile Vatican II (1962-1965).

Paul III avait fixé au concile *trois objectifs :* 1. venir à bout de la division religieuse ; 2. réformer l'Église ; 3. libérer les chrétiens sous le joug turc.

Sur le premier point, le concile arrivait trop tard et sa durée ne fit qu'aggraver les choses ; en donnant une réponse précise, et attendue, aux questions de fond soulevées par les réformateurs protestants, il rendit même plus évidentes les lignes de fracture.

Le troisième point n'occupa guère les travaux du concile.

C'est sur le second point qu'on peut parler de réussite, mais elle était vitale pour l'Église ; son œuvre de rénovation pourrait se résumer comme suit : clarification théologique, mesures internes de redressement, vigoureuse impulsion à l'esprit de renouveau à travers toute l'Église.

Encore fallait-il des hommes pour traduire en actes ces grandes

►►►

PAUL III (1534-1549) PREMIER PAPE RÉFORMATEUR : UN PRINCE DE LA RENAISSANCE

Ph. Roger-Viollet

Le pape Paul III par le Titien (XVIe s.). Vienne.

Qui aurait pu penser, en ce premier tiers du XVIe siècle, qu'Alexandre Farnèse, né en 1468 dans une puissante et ancienne famille princière italienne, humaniste ami des lettres et des arts, amateur de faste et de luxe (Palais Farnèse à Rome), père de deux enfants, cardinal à 26 ans, serait le premier des papes réformateurs ? Élu en 1534, à 66 ans, il prit cependant tout de suite conscience de l'impossibilité de différer la réforme de l'Église et la convocation du concile, attendues depuis plus de quinze ans.

Il commença donc par renouveler la Curie, sans l'appui de laquelle il eût été réduit à l'impuissance. Le collège des cardinaux devint bientôt une assemblée d'hommes de valeur, entièrement acquis au renouveau de l'Église. Avec eux il put constituer une commission chargée de proposer les réformes à réaliser ; elle déposa des conclusions sans complaisance.

En 1540, Paul III approuva et encouragea l'institution de la Compagnie de Jésus, qui devait apporter un concours essentiel à la Réforme catholique.

On peut dire que, de manière générale, le pontificat de Paull III se confond avec la réalisation du projet de concile. Pour y parvenir, il lui fallut surmonter un à un tous les obstacles, toutes les oppositions, ainsi que les innombrables contretemps suscités par la lutte entre François Ier et Charles Quint. Paul III avait fait connaître dès 1535, soit un an après son élection, sa décision de réunir le concile à Mantoue en 1537. Celui-ci ne put s'ouvrir qu'en 1545 à Trente, après la signature de la paix de Crépy-en-Laonnois entre Charles Quint et François Ier (1544). Du moins avait-il été préparé avec soin. Lorsqu'en 1547, Paul III dut en suspendre les travaux, par suite de difficultés avec Charles Quint, le bilan de cette première phase était déjà considérable.

A noter que c'est Paul III qui, en 1542, pour combattre les courants protestants, institua l'Inquisition romaine, plus connue sous le nom de *Saint-Office.*

Sur un autre plan, on doit à ce pape la commande à Michel-Ange de la fresque du Jugement dernier à la chapelle Sixtine, cet artiste étant en outre chargé de la direction des travaux de la basilique Saint-Pierre.

Stendhal se serait inspiré du jeune Alexandre Farnèse pour composer le personnage de Fabrice del Dongo dans *La Chartreuse de Parme.* ■

LE CONCILE DE TRENTE (1545-1563)
Trois périodes. Vingt-cinq sessions

1re Période : 1545-1549 (8 sessions) sous le pape Paul III (1534-1549)			
Sessions où furent votées des décisions importantes	**Principaux textes adoptés**	**Contenu**	**Événements**
Ie, IIe, IIIe (15 déc. 1545)		Questions préliminaires : mode de votation, méthodes de travail.	
IVe (8 avril 1546)	Décret sur les livres sacrés et les traditions des apôtres.	Les sources de la foi se trouvent non seulement dans les Écritures mais également dans les traditions apostoliques non écrites. L'Écriture s'interprète d'après l'enseignement de l'Église et le consentement unanime des Pères. Fixation du *Canon des Écritures* (liste des livres saints authentiques), Ancien et Nouveau Testaments.	
	Décret sur la Vulgate	La *Vulgate* (traduction de la Bible en latin par St Jérôme) déclarée « texte authentique », donc suffisant comme référence pour les définitions dogmatiques.	
Ve (17 juin 1546)	Décret sur le péché originel	Le péché d'Adam a été transmis à toute l'humanité ; la concupiscence (penchant au mal) est distincte du péché originel qui est effacé par la grâce du baptême ; l'homme n'a pas perdu son libre arbitre.	
VIe (13 janv. 1547)	Décret sur la justification.	(Texte-clef du Concile). Description du plan du salut de Dieu sur l'homme : péché, rédemption, justification par le Christ, vie de la grâce, bonnes œuvres, mérites. La justification : non la simple attribution (« imputation ») des mérites du Christ au pécheur, mais une régénération intérieure par laquelle l'homme devient fils de Dieu, et qui suppose son concours personnel aidé par la grâce ; le péché originel ne détruit pas la liberté de l'homme (son libre arbitre).	
	Décret sur la résidence des évêques.	Obligation de résidence des évêques dans leur diocèse, indispensable à la réforme du clergé et des fidèles.	
VIIe (3 mars 1547)	Décret sur les sacrements.	(Complément nécessaire du décret sur la justification). Institution divine des 7 sacrements, leur nature, les dispositions requises, les effets. Ils sont efficaces non par la foi seule mais en raison même de leur accomplissement (« signes efficaces »).	
VIIIe (11 mars 1547)			Transfert du Concile à Bologne pour échapper à l'influence trop pressante de l'empereur Charles Quint ; les évêques de l'Empire refusent de quitter Trente. L'empereur menace de réunir un concile parallèle ; il prononce en Allemagne « l'Interim ».
IXe et Xe			Tenue du Concile à Bologne ; sans résultats. Le concile est suspendu en septembre 1549 par Paul III qui meurt peu après.

Une histoire tourmentée

Il avait fallu toute la persévérance du pape Paul III pour aboutir enfin à la convocation du concile, alors que plus personne n'y croyait. Il s'ouvrit finalement le 13 décembre 1545 dans la ville de Trente (territoire à la fois italien et impérial) après la signature de la paix de Crépy-en-Laonnois entre Charles Quint et François Ier.

Une déception pourtant : à son ouverture, le concile ne comptait que 29 évêques et 3 supérieurs d'ordres ; serait-ce l'échec ? Beaucoup le pensaient.

Il s'agira en fait d'un très grand concile, dont l'œuvre sera considérable. Il se déroulera pourtant au milieu de difficultés sans cesse renouvelées, qui entraveront constamment sa progression et feront craindre à plusieurs reprises sa paralysie définitive. Il lui faudra dix-huit ans pour venir à bout de sa tâche...

En 1547, deux ans après son ouverture, Paul III dut le transférer à Bologne, théoriquement pour échapper à la peste qui avait éclaté à Trente, en fait pour se soustraire aux pressions impériales. La réaction de Charles Quint fut vive, le concile dut être interrompu une première fois.

Quatre ans plus tard, le successeur de Paul III, Jules III (1550-1555), parvint à le relancer malgré les obstacles dressés une fois de plus par le roi de France. Un an après, il dut être de nouveau interrompu à l'approche des princes protestants allemands coalisés contre l'empereur (et soutenus par la France).

Encore une fois, la ténacité et la diplomatie d'un pape, Pie IV (1559-1565), permirent de lui redonner vie en 1562 (soit après dix années d'interruption), et de le conduire à bonne fin en dix-huit mois ; ce ne fut pas sans mal, au milieu de toutes sortes de péripéties politiques et de controverses religieuses passionnées. Pie IV fut en cela remarquablement secondé par son jeune neveu, Charles Borromée ; il l'avait nommé cardinal à 21 ans et lui avait confié à la fois l'archevêché de Milan et la charge de Secrétaire d'État, la principale fonction au sein de la Curie romaine. Charles Borromée joua un rôle considérable dans la phase finale du concile. ■

Ph. CIRIC

Les pères conciliaires. Fresque de Jean Dupin. Église du Saint-Esprit (XXe s.) à Paris.

▶▶▶

orientations ; or il se trouva effectivement des papes, des évêques, des religieux (sans oublier le peuple chrétien lui-même) pour se faire les réalisateurs de la réforme catholique.

En ce qui concerne *les papes,* le concile avait pu être lancé et conduit à son terme grâce à la volonté réformatrice de trois d'entre eux : Paul III, Jules III, Pie IV. Trois autres papes se vouèrent avec énergie à l'application de ses décisions : saint Pie V (1566-1572), Grégoire XIII (1572-1585), Sixte Quint (1585-1590). Avec eux, la liturgie fut réformée, un catéchisme élaboré pour l'instruction des fidèles par le clergé, les jésuites lancés dans une vaste entreprise de formation de la jeunesse et du clergé et une vigoureuse contre-offensive théologique, le gouvernement central de l'Église réorganisé, des hommes de renouveau mis aux postes-clefs.

Quant aux *évêques,* ils avaient à faire passer dans le clergé et chez les fidèles les orientations et réformes décidées par le concile ; or la majorité d'entre eux étaient d'un niveau encore médiocre en cette fin du XVIe siècle ; il se trouva cependant parmi eux de fortes personnalités qui, par leur action sur le terrain, prirent en quelque sorte valeur de référence auprès des autres ; tel fut le cas notamment d'un saint Charles Borromée, archevêque de Milan, qui avait joué un rôle capital dans la dernière phase du concile, ou d'un saint François de Sales, évêque de Genève (où il n'avait pas accès) et d'Annecy.

En ce qui concerne *les religieux* enfin, ils avaient déjà contribué, surtout avec de nouveaux ordres, à lancer le mouvement avant le concile ; la mise en œuvre de la Réforme catholique les mobilisa plus que jamais, et en particulier la Compagnie de Jésus (Canisius, Bellarmin...) ; cette mise en œuvre créa en même temps le

2e Période : 1551-1552 (6 sessions) sous le pape Jules III (1550-1555)			
Sessions	**Textes**	**Contenu**	**Événements**
XIIIe (11 oct.1551)	Décret sur l'Eucharistie	Présence réelle du Christ, et non pas seulement virtuelle ou symbolique, dans l'Eucharistie ; présence non dans la substance du pain (*impanation*) et du vin, mais par changement de cette substance (*transsubstantiation*).	Venue des délégués protestants sur l'instance de l'empereur dans l'espoir d'une réunification. Les positions prises par eux montrent que les thèses en présence sont devenues inconciliables ; par surcroît, les princes allemands ne cherchent qu'à gagner du temps pendant qu'ils préparent leur offensive contre l'empereur en s'alliant avec le roi de France ; leur arrivée en Allemagne du Sud et au Tyrol et la menace qu'ils font peser sur le concile provoquent son interruption ; il ne reprendra que dix ans plus tard.
XIVe (25 nov. 1551)	Doctrine sur la Pénitence et l'Extrême-Onction		
Durant l'intervalle de dix ans (1552-1562) séparant la 2e et la 3e période, la *Paix d'Augsbourg* (1555) met fin à la lutte entre l'empereur d'Allemagne et les princes protestants ; elle établit dans l'Empire un compromis de paix religieuse selon le principe *cujus regio, ejus religio* qui, dans chaque principauté, impose la religion du prince à tous ses sujets ; Rome désapprouve cette disposition de caractère essentiellement politique, qui ruine tous les espoirs de refaire l'unité. Deux pontificats (Marcel II et Paul IV) sans réunion du concile.			

L'œuvre du concile de Trente

Le concile de Trente n'a fui devant aucune des questions soulevées par la Réforme protestante. Certes, pour l'essentiel, les réponses données n'ont pas été dans le sens de l'attente des réformés ; il eût fallu pour cela que l'Église romaine se fît protestante. Du moins le défi lancé par la rupture protestante a-t-il obligé l'Église romaine non seulement à réformer ses modes de vie, mais à se préciser à elle-même des points essentiels de sa foi et à en faire apparaître la cohérence.

Ainsi de la place à donner respectivement à l'Écriture Sainte et à la Tradition comme sources de la Révélation, des conditions nécessaires à une juste interprétation de l'Écriture, du rôle de l'homme et de sa liberté dans son salut, de la doctrine des sacrements, de la nature de l'Église...

Après les moments de désarroi traversés par les catholiques, ce corps de doctrine (qui n'innovait en rien sur le fond mais levait un ensemble d'incertitudes) leur apportait une base d'affermissement de leur foi et un facteur de confiance dans leur Église et sa mission.

En outre, la pensée « tridentine » (de *Tridentum,* nom latin de la ville de Trente) était par elle-même incitation à la responsabilité et à l'initiative : face à la vision pessimiste de l'humanité donnée par la théologie protestante, le concile affirmait la liberté de l'homme, et par là sa souveraine dignité. Cet optimisme, cette ambition proposée à l'humanité de maîtriser l'univers pour le triomphe du bien, on les verra s'exprimer avec emphase dans l'art baroque, qui en connaîtra d'ailleurs tout autant la grandeur que les excès (triomphalisme et dogmatisme).

Enfin, la situation de l'Église elle-même après le concile incitait à l'espérance : la conduite à bonne fin de ce concile malgré tant d'obstacles avait restauré aux yeux des catholiques le crédit de la papauté, tombé au plus bas avant lui ; la gravité des périls avait contribué à resserrer les rangs au sein de l'Église romaine, renforçant même son caractère hiérarchisé et monarchique ; enfin, les dispositions adoptées par le concile dessinaient les traits d'une Église renouvelée : volonté de réforme de la part de l'ensemble du corps épiscopal, guerre déclarée aux abus, action engagée pour un clergé de qualité, effort en faveur de l'instruction religieuse des fidèles, etc. L'élan était donné. ■

Église Jésus et Marie (XVIIe s.) à Rome, caractéristique de l'art théâtral et apologétique de la Contre-Réforme inspiré à l'origine par les jésuites.

Ph. Alinari-Giraudon

3e Période (1562-1563) (9 sessions) sous le pape Pie IV (1559-1565)			
Sessions	**Textes**	**Contenu**	**Événements**
XXIe (16 juil. 1562)	Doctrine de la communion sous les deux espèces et de la communion des petits enfants.	Approbation de la communion sous une seule espèce. Droit de l'Église de légiférer en la matière.	
XXIIe (17 sept. 1562)	Doctrine sur la messe	La messe est véritablement le sacrifice rédempteur du Christ sur la Croix, rendu présent.	
XXIIIe (15 juil. 1563)	Doctrine sur le sacrement de l'Ordre	Caractère sacramentel et indélébile de l'Ordre, étroitement rattaché au sacrifice de la messe. Affirmation de l'état sacerdotal, du magistère, de la hiérarchie rattachée au pape.	Vif débat, sans conclusion, sur le point de savoir si l'évêque tient son autorité du pape ou du Christ lui-même. On retient seulement que la hiérarchie est d'institution divine.
	Divers décrets sur la réforme du clergé	Choix des évêques, des cardinaux. Devoir des évêques de fonder des séminaires dans leur diocèse pour former un clergé suffisant en nombre et en valeur, de visiter leur diocèse, d'y résider, de prêcher ; recommandation de synodes provinciaux et diocésains. Interdiction du cumul de bénéfices. Devoir de résidence, de prédication et de catéchèse pour les curés...	
XXIVe (11 nov. 1563)	Doctrine sur le sacrement de mariage	Institution divine et caractère sacramentel du mariage ; la grâce perfectionne le lien naturel ; monogamie, indissolubilité.	
	Canon sur la réforme du mariage	Abandon de la pratique du mariage secret, exigence de conditions de publicité (présence du curé ou d'un prêtre délégué, de témoins) ; empêchements.	
XXVe (3 déc. 1563)	Décret sur le purgatoire	Affirmation de son existence ; les âmes peuvent être aidées par la prière et par la messe.	
	Décret sur la vénération des saints, les reliques, les images saintes, les indulgences.	Légitimité de la prière aux saints, de leur vénération, des indulgences. Interdiction de perception d'argent pour la prédication des indulgences.	
	Décret sur les religieux et les moniales.	Propriété privée interdite, visite des couvents par les supérieurs, suppression de la commende (voir Index) à des personnes autres que des religieux ; âge minimum pour entrer dans les ordres ; rapports avec les évêques qui ont seuls le droit de prêcher des indulgences.	
26 janv. 1564	Bulle du pape Pie IV *Benedictus Deus.*	Confirmation de tous les textes par Pie IV.	

climat favorable à une nouvelle floraison d'ordres et à la réforme des plus anciens ; ainsi le Carmel connut-il avec Thérèse d'Avila et Jean de la Croix un regain de vitalité et de rayonnement. Fait significatif, les ordres anciens atteindront le niveau le plus élevé de leurs effectifs à la fin du XVIe et au cours du XVIIe siècle. Cette richesse et cette intensité de la vie religieuse donneront de nombreux fruits dans le domaine spirituel, en particulier au XVIIe siècle.

▶▶▶

SAINT PIE V (1566-1572)
Premier réalisateur des mesures de réforme du Concile de Trente

Ce pape dominicain donna l'exemple d'une vie austère et pleinement spirituelle qu'il s'efforça de faire partager par la Curie, composée par lui de cardinaux compétents et vertueux.
Il reste comme le réalisateur des premières mesures de réforme résultant du concile de Trente :

• *unification de la liturgie* (missel, pontifical, cérémonial, rituel) qui, pour l'essentiel, restera en vigueur jusqu'au concile Vatican II ;

• *nouveau bréviaire* (place plus grande faite aux textes bibliques) ;

• *catéchisme romain,* rédigé dans l'esprit du concile de Trente et destiné au clergé paroissial pour l'enseignement des fidèles.

Il s'acquit la gratitude de l'Europe avec le succès de sa croisade contre les Turcs (victoire navale de Lépante en 1571), mais manqua de jugement en diverses circonstances (l'excommunication d'Elisabeth Ire d'Angleterre en 1570 déclencha de nouvelles persécutions contre les catholiques). ■

(Voir Index : Pie V)

Des évêques artisans de la Réforme catholique

Saint Charles Borromée
(1538-1584)
Saint François de Sales
(1567-1622)
Voir Index

SAINT ROBERT BELLARMIN (1542-1621)

Bellarmin, jésuite italien de la deuxième génération et ancien élève de la première, se fait à son tour éducateur. Professeur de théologie au collège de Louvain (actuelle Belgique), il s'y révèle un redoutable controversiste à l'encontre du chancelier de l'université, Baïus, dont les théories sur la grâce annoncent celles de Jansénius.
Au Collège Romain (fondé à Rome par saint Ignace ; Bellarmin y sera le père spirituel du jeune Louis de Gonzague), il se fait avec ses *Controverses au sujet des hérétiques de ce temps* (1533) l'adversaire des théologiens protestants contemporains. Pour l'instruction des fidèles, dont la déficience a grandement favorisé la Réforme protestante, il rédige un *Grand* et un *Petit Catéchisme* (1597) appelés à une large diffusion. Cardinal en 1599, il passera à la Curie romaine l'essentiel de la dernière phase de sa vie. Bellarmin a été proclamé Docteur de l'Église. ■

(Voir Index : Robert Bellarmin)

L'École française de spiritualité au XVIIe siècle
Voir Index

▶▶▶

La situation religieuse en France après le concile de Trente

L'Édit de Nantes promulgué par Henri IV en 1598 avait mis fin à la guerre religieuse dans le royaume ; toutefois, en accordant aux protestants une centaine de places de sûreté, il avait préparé de véritables poudrières. Le fait se vérifia sous le règne de Louis XIII (soulèvements dans le Sud-Ouest, 1621-1622). Son ministre Richelieu n'était guère homme à laisser mettre en cause ni l'autorité royale ni l'unité du pays. Lors d'un nouveau soulèvement, soutenu par l'Angleterre, il porta un coup décisif à la résistance protestante par son célèbre siège de La Rochelle (1627-1628). *L'Édit d'Alès* (1629), tout en conservant aux protestants le statut civil et religieux accordé par l'*Édit de Nantes* (liberté relative de culte, droits civils), leur enleva leurs privilèges politiques et militaires. Les effets pacifiants de l'Édit de Nantes allaient désormais se faire pleinement sentir.

La question protestante se trouvant ainsi entre les mains du pouvoir politique, l'Église de France, sortie très éprouvée des guerres de religion, se consacra à sa propre rénovation. L'épiscopat, progressivement gagné à cette cause, s'employa à mettre en œuvre les décrets du concile de Trente malgré les obstacles opposés à leur enregistrement par un Parlement imprégné d'esprit gallican.

On dit quelquefois que, de cet effort de rénovation, l'Église de France est sortie plus *gallicane* que *tridentine* [1] ; en réalité, elle subit cette double influence. Il est vrai, en effet, que le *concordat* signé par François Ier en 1516 n'avait pas effacé toutes les dispositions de la *Pragmatique Sanction de Bourges* (1438) ; les nominations aux évêchés et aux abbayes restaient, par exemple, aux mains du roi. Il est vrai, aussi, que l'esprit gallican régnait partout, à la Cour, au Parlement, à la Sorbonne. Mais les efforts de renouveau spirituel, de formation et de réforme du clergé, d'instruction des fidèles, entrepris dans les diocèses, et la rénovation de nombreux ordres religieux s'inscrivaient bien dans l'esprit du concile.

Ce renouveau prendra toute sa dimension au XVIIe siècle. Deux ordres de faits contribueront à l'attester : d'une part, s'épanouira un puissant courant spirituel, connu sous le nom *d'École française de spiritualité* (Bérulle, Condren, Olier, Jean Eudes...), qui marquera les nouvelles générations de prêtres et d'évêques, et par eux tout le climat religieux du pays ; d'autre part, la vie religieuse, déjà enrichie de l'apport des fondations qui ont précédé le concile (p. 403), manifestera la continuité de sa fécondité avec la naissance d'une série de *nouveaux ordres religieux* (Oratoire de France, Prêtres de Saint-Sulpice, Eudistes, Lazaristes, Filles de la Charité...), dont les vocations respectives couvriront ensemble un vaste domaine (formation et soutien spirituel du clergé, prédication populaire, pauvres et malades...).

La personnalité de Vincent de Paul, « Monsieur Vincent », par sa sainteté, par son zèle pour les plus démunis, par son activité missionnaire, domine la vie religieuse du XVIIe siècle en France ; elle en est restée la figure la plus populaire.

1. Tridentin : qui se rapporte à la ville de Trente.

Lorsqu'un mot, une expression, un événement, une institution, un nom propre vous sont inconnus, consultez l'index.

PIERRE DE BÉRULLE (1575-1629) fondateur de l'Oratoire de France et de l'Ecole française de spiritualité

Renonçant aux riches prébendes auxquelles sa condition noble lui donne accès, Pierre de Bérulle entend vivre selon le modèle de prêtre qu'est Dieu fait homme en Jésus-Christ. Cet idéal est fort éloigné de la réalité vécue à l'époque, où les notions de prêtre et de prébende [1] sont volontiers associées. C'est pour remettre en honneur et en vigueur cet idéal, correspondant aux orientations du concile de Trente, que Bérulle fonde en 1611 une communauté de prêtres se conformant aux règles de l'Oratoire, institué en Italie par Philippe de Néri. Ainsi se prépare un type de prêtre contribuant au renouveau de l'Église. En même temps, Bérulle suscite un courant spirituel nourri de réflexion théologique et axé sur la vie intérieure du Christ. Les disciples en seront nombreux et de valeur (Olier, Condren, Jean Eudes, Vincent de Paul, ainsi que les membres des instituts religieux fondés par eux, et, par-delà, une grande part du clergé et des fidèles). Parce que le renouveau sacerdotal lui paraît lié à la formation de la jeunesse, Bérulle assigne en outre à son institut une tâche d'action éducative. Autre réalisation de Bérulle : l'introduction en France en 1604, avec le concours de Madame Acarie (Mère Marie de l'Incarnation), du Carmel réformé par Thérèse d'Avila. A la mort de Bérulle (fait cardinal en 1627), l'Oratoire de Jésus, couramment appelé l'Oratoire de France, comptait plus de cinquante maisons et treize collèges. ■

1. Part attribuée à un chanoine sur les revenus des biens d'un chapitre.

JEAN-JACQUES OLIER (1608-1657) fondateur des sulpiciens

L'idéal sacerdotal proposé par Bérulle appelait un vaste effort de formation du clergé, et notamment la création des séminaires prescrits par le concile de Trente. A la demande de Condren (successeur de Bérulle à la tête de l'Oratoire) Olier, prêtre tout acquis à la spiritualité bérulienne, fonda en 1641 un séminaire à Vaugirard ; celui-ci le suivit lorsqu'il fut nommé curé de la paroisse Saint-Sulpice à Paris, en 1642. En 1645, afin d'assurer des cadres de valeur à son séminaire et d'en faire un modèle pouvant être repris ailleurs, Olier fonda la Compagnie des prêtres de Saint-Sulpice. Sollicité par de nombreux évêques pour leur diocèse, il envoya des sulpiciens jusqu'au Canada. ■

En pleine Réforme catholique

Saint Jean Eudes
(1601-1680)
fondateur de N.-D. de Charité en 1640
et des eudistes en 1643

Saint Vincent de Paul
(1581-1660)
fondateur des Prêtres de la Mission
(lazaristes) en 1625
et des Filles de la Charité
(sœurs de St Vincent de Paul)
en 1634

Sainte Louise de Marillac
(1591-1660)
fondatrice avec saint Vincent de Paul
des Filles de la Charité.

Voir Index

PRINCIPAUX ORDRES RELIGIEUX FONDÉS OU RÉFORMÉS DANS LE SIÈCLE SUIVANT LE CONCILE DE TRENTE

Ordre	Fondation (F) ou Réforme (R)	But	Fondateur ou Réformateur	Année	Lieu d'origine
Carmélites (ordre féminin)	R	Vie contemplative	Ste Thérèse d'Avila	1562	Avila (Espagne)
Carmes réformés (déchaux)	R	Vie contemplative, missions	St Jean de la Croix	1568	Espagne
Oratoire (vie commune sans vœux)	F	Prêtres et Laïcs vivant en communauté pour perfectionnement spirituel, éducation de la jeunesse	St Philippe Néri	1575	Rome
Camiliens (clercs réguliers)	F	Malades et infirmes	St Camille de Lellis	1582	Rome
Scolopes ou Piaristes (clercs réguliers des Écoles)	F	Enseignement des enfants pauvres	St Joseph Calasanz	1597	Rome
Visitation (ordre féminin)	F	Vie contemplative ; éducation des jeunes	St François de Sales et Ste Jeanne de Chantal	1610	Annecy
Oratoire de France (vie commune sans vœux)	F	Vie commune de prêtres ; enseignement	Cardinal de Bérulle	1611	Paris
Congrégation de St-Maur (bénédictins)	R	Vie contemplative ; étude		1627	Paris
Prêtres de la mission ou lazaristes (vie commune sans vœux)	F	Séminaires ; missions	St Vincent de Paul	1625	Paris
Filles de la Charité (ou sœurs de St Vincent de Paul)	F	Enfants pauvres ; malades	St Vincent de Paul et Ste Louise de Marillac	1634	Paris
Prêtres de St-Sulpice (vie commune sans vœux)	F	Séminaires	M. Olier	1641	Paris
Eudistes (vie commune sans vœux)	F	Prédication des campagnes, séminaires	St Jean Eudes	1643	Caen
Cisterciens réformés (ou trappistes)	R	Vie contemplative	Armand de Rancé	1664	La Trappe (Soligny, Orne)
Frères des Écoles Chrétiennes (congrégation de religieux laïcs)	F	Instruction des classes pauvres	St Jean-Baptiste de la Salle	1684	Reims

La biographie de chacun des fondateurs d'ordres ci-dessus est évoquée dans l'ouvrage : voir Index

Essor et limites du renouveau catholique

A l'état dans lequel se trouvait l'Église romaine au moment où avait déferlé la Réforme protestante s'étaient ajoutées les conséquences des guerres religieuses, notamment en Allemagne et en France, sans parler des vastes régions où la foi catholique était maintenant proscrite par le pouvoir politique : partout, des ruines matérielles, des paroisses et des monastères désertés, des évêchés vacants, un clergé et des fidèles ignorants.

Il faudra plus d'une génération pour que les orientations et les réformes arrêtées par le concile de Trente fassent sentir de manière visible et générale leurs effets.

Quant à faire revenir à la foi catholique les régions gagnées à la Réforme protestante, l'entreprise était plus ardue encore : les Églises réformées y étaient maintenant solidement implantées, et non moins énergiquement défendues par les pouvoirs politiques. Le résultat le plus net de l'action entreprise à cet égard par l'Église romaine sera le coup d'arrêt donné à la progression pro-

▶▶▶

Un nouvel apôtre de l'Allemagne : Saint Pierre Canisius (1521-1597)

Le nom de Canisius est inséparable du renouveau catholique dans les pays de langue allemande.

Voir Index

▶▶▶

testante. On assistera même à un recul ou à un effacement du protestantisme dans quelques secteurs. Au XVIIe siècle, un courant de conversions chez des personnalités éminentes du protestantisme attestera en outre la force d'attraction désormais exercée par le renouveau catholique. Enfin, l'importante expansion missionnaire des XVIe et XVIIe siècles en Amérique et en Asie élargira très sensiblement l'espace catholique, en même temps, il est vrai, que le protestantisme prendra lui-même fortement racine dans les territoires britanniques d'Amérique du Nord.

C'est de l'empire germanique que la Réforme protestante était partie ; c'est là que l'action la plus vigoureuse et la plus immédiate de la Réforme catholique fut engagée sous l'impulsion du jésuite hollandais Pierre Canisius ; en Allemagne du Sud, dans les pays rhénans, en Bohême, en Hongrie, on assista à un authentique renouveau de la foi catholique, auquel l'action menée par les princes catholiques en vertu du principe de la paix d'Augsbourg (*cujus regio, ejus religio*) eut aussi sa part. En Pologne la foi protestante qui s'était largement répandue devint tout à fait minoritaire.

Cependant, la géographie religieuse de l'Allemagne, où territoires protestants et catholiques se trouvaient étroitement imbriqués, était source permanente d'incidents. Deux ligues s'opposèrent bientôt, la protestante soutenue par la Hollande et l'Angleterre, la catholique par l'Espagne. De cette confrontation sortit la Guerre de Trente Ans qui, de 1618 à 1648, ravagea l'Allemagne. Elle fut pour Richelieu l'occasion de mener à bien son dessein d'affaiblir la Maison d'Autriche, d'abord en soutenant la ligue protestante (alors qu'il avait maté les huguenots français), puis en déclarant la guerre à l'Espagne, alliée à l'empereur. La paix de Westphalie (1648), conclue par Mazarin (Richelieu était mort en 1642), empêcha de justesse l'Empire d'être emporté dans la tourmente ; mais elle lui enlevait définitivement son caractère catholique en lui imposant un statut religieux paritaire. La politique de Richelieu triomphait sur toute la ligne, à l'intérieur du royaume par la mise au pas des protestants, à l'extérieur par l'abaissement de la Maison d'Autriche grâce aux alliances protestantes.

L'EXPANSION MISSIONNAIRE AUX XVIe ET XVIIe SIÈCLES

Les grandes découvertes des navigateurs des XVe et XVIe siècles (Christophe Colomb, Vasco de Gama, Magellan...) avaient ouvert une phase nouvelle de l'histoire du monde, en même temps que de nouveaux champs à l'évangélisation.

Mais l'Église, dans l'état où l'avait trouvée le concile de Trente, pouvait-elle à la fois œuvrer à sa propre réforme, faire face à l'expansion du protestantisme, et se lancer dans une entreprise missionnaire à dimension quasi-planétaire ? Pourtant, à l'exemple de la Compagnie de Jésus qui, presque dès sa fondation en 1540, s'était aventurée dans cette triple voie (François-Xavier avait été envoyé en Inde en 1542, suivi par d'autres jésuites), l'Église romaine n'hésita pas ; l'Amérique et l'Asie devinrent effectivement les grands théâtres de son expansion.

En Amérique latine, l'implantation géographique se fit relativement en profondeur, à l'image de la conquête coloniale ibérique à

▶▶▶

Saint François-Xavier (1506-1552)
Apôtre des Indes
Voir Index

Un défenseur des Indiens :

BARTHÉLEMY DE LAS CASAS (1474-1566)

En Amérique espagnole, les rapports entre colons et Indiens reposaient sur le système de *l'encomienda* selon lequel les colons pouvaient exiger des Indiens qui leur étaient attribués travail et impôts, à charge d'assurer leur bien-être matériel et spirituel. Cette vague formule avait directement conduit au travail forcé dans les mines et les plantations.
Las Casas, propriétaire d'une encomienda à Haïti, s'était fait prêtre. Prenant conscience du caractère inhumain du système, il renonça à son encomienda et s'efforça, sans succès, de faire partager son attitude. Se rendant alors en Espagne pour attirer l'attention de la Cour sur la situation des Indiens, il parvint à faire désigner par elle une commission d'enquête. Jugeant les enquêteurs trop timides, Las Casas revint en Espagne, mais sans obtenir beaucoup plus de résultats. Pour agir plus efficacement, il se fit dominicain ; ce ne furent pas seulement les comportements des colons qu'il mit alors en cause dans ses prédications, mais aussi les méthodes de contrainte utilisées pour obtenir les conversions, rappelant avec force que la foi implique une libre adhésion. Malgré les très vives oppositions des colons et du clergé, il parvint à attirer l'attention de l'empereur Charles Quint par un rapport au Conseil des Indes, *Brevissima Relacion de la Destruccion de las Indias*, et, ainsi, à faire promulguer un ensemble de *Lois nouvelles* (1542) interdisant notamment l'esclavage et mettant en cause le système de l'encomienda. Ces dispositions venaient en renfort de textes antérieurs visant sincèrement à la protection des Indiens, mais en fait peu respectés sur le terrain.

Nommé évêque de Chiapas (Mexique) en 1544, Las Casas mit toute son énergie à faire appliquer les nouvelles lois, provoquant contre lui un soulèvement des colons espagnols. Obligé de regagner l'Espagne, il continua à y défendre la cause indienne auprès de Charles Quint, puis de Philippe II. Par lui, peu à peu, se développa en Espagne la conscience de l'égalité des hommes et des races ; il devait finalement faire admettre que le paganisme d'une population ne justifie pas l'emploi de la force pour sa conversion, question qui divisait encore les théologiens. On doit à Las Casas une *Histoire des Indes* (publiée seulement en 1875).

On pourrait citer, parmi d'autres témoignages d'attention à la condition des Indiens de la part de membres du clergé d'origine espagnole, celui de saint Turibe (ou Toribio) (1538-1606), archevêque de Lima, au Pérou (voir Index). ■

Les « réductions » jésuites en Amérique du Sud

En Amérique latine, les missionnaires se heurtaient principalement à deux ordres d'obstacles : d'une part, dans de trop nombreux cas, l'exploitation et les traitements inhumains des Indiens par les colons, d'autre part, les mœurs nomades et la versatilité d'esprit des mêmes Indiens, empêchant toute action d'enseignement et d'éducation. Pour neutraliser ces obstacles, le IIe concile de Lima (1567) imagina un dispositif de « réduction générale des Indiens en villages », dispositif auquel les jésuites apportèrent tout de suite une contribution en pleine conformité avec leur vocation. C'est à partir d'une expérience ainsi réalisée par eux près du lac Titicaca (actuelle Bolivie) qu'ils élaborèrent un type d'institutions qu'ils multiplièrent à travers l'Amérique du Sud, en vue, tout à la fois, de stabiliser la population indienne, de la protéger, et de lui donner une formation non seulement religieuse mais de technique agricole et de vie en société. En 1610, le roi Philippe II d'Espagne, favorable à cette forme de développement, délégua aux responsables des réductions les pouvoirs d'administration et de justice.

La plus connue de ces expériences s'est déroulée avec les Indiens Guaranis, au Paraguay, qui couvrait alors presque toute l'Argentine et une partie du Brésil, de l'Uruguay et de la Bolivie actuels. Plus de trente villages, de 2.000 à 3.000 habitants chacun, furent ainsi établis, comportant un système d'exploitation communautaire des terres et une organisation interne très élaborée, à la gestion de laquelle les Indiens étaient associés. L'éducation intellectuelle, religieuse, technique, associative y tenait une grande place. Cette « République des Guaranis » dura un siècle et demi malgré l'hostilité des colons et de certains fonctionnaires.

Cette hostilité fut même à l'origine de l'expulsion des jésuites du Portugal et de ses colonies en 1759, prélude à la suppression de la Compagnie de Jésus par le pape Clément XIV en 1773. La disparition des jésuites entraîna celle des réductions. Les ruines de quatre réductions jésuites ont été inscrites par l'UNESCO sur la liste des lieux de l'héritage culturel et naturel du monde. Le film *Mission* (1986) retrace, non sans inexactitudes, l'histoire d'une réduction. ■

Ph. Cauboue-Rapho

Les jésuites au Paraguay.

La foi chrétienne est-elle occidentale ? La querelle des rites

Les missionnaires jésuites en Extrême-Orient furent les premiers à saisir ce qu'on appelle aujourd'hui le problème de l'inculturation du christianisme : comment permettre à des cultures originales très éloignées des concepts et des mentalités occidentales d'accéder aux valeurs de l'Évangile, toujours exprimées jusque-là dans les formes de la culture occidentale ; comment concevoir une expression de la vie chrétienne qui respecte cette identité des cultures (et même s'en enrichisse) sans pour autant trahir le christianisme ?

En Chine

Matteo Ricci, jésuite italien (1552-1610), premier missionnaire à pénétrer en Chine (1583), s'était imposé à la classe savante des mandarins et jusqu'auprès de l'empereur par ses connaissances mathématiques et astronomiques, très en honneur dans les milieux cultivés chinois. Il avait adopté la langue chinoise (dans laquelle il écrivit plusieurs ouvrages dont l'un devait prendre place parmi les classiques chinois), s'était donné un nom chinois, et portait l'habit des mandarins.

Dans la philosophie de Confucius, qui régnait en Chine, Ricci chercha les points de convergence ou tout au moins de non-contradiction avec le christianisme, afin de présenter aux Chinois une théologie qui ne rompe pas avec le génie de leur culture nationale ; dans le même esprit il adapta la liturgie aux coutumes chinoises. Il se livrait par là à une tâche de pionnier solitaire, avec ses risques inévitables. Le fait est qu'il opéra des milliers de conversions, jusque dans la famille impériale, et qu'à sa mort il reçut des funérailles nationales. La communauté chrétienne chinoise comptait alors plus de 2.000 membres, surtout des classes cultivées.

Ses successeurs poursuivirent dans la même voie ; l'observatoire impérial demeura confié aux jésuites jusqu'à la suppression de l'ordre par Rome en 1773. En 1615, le pape Paul V autorisa la messe en chinois. Au début du XVIIIe siècle, l'Église chinoise aurait compté plus d'un million de chrétiens.

Aux Indes

Dans ce pays, un processus analogue avait également été engagé à partir de 1606 par un autre jésuite, Roberto de Nobili (1577-1656). Menant la vie d'un pénitent hindou, il s'était fait admettre comme l'un d'eux par les brahmanes dont il parlait la langue sacrée, le sanscrit. Aux convertis qu'il fit parmi eux, il ne demanda d'autres renonciations que celles de l'idolâtrie et de la polygamie. Plusieurs jésuites agirent de manière semblable au sein des autres castes.

La querelle

Ces initiatives hardies, tout en étant approuvées par Rome à l'origine, n'en suscitèrent pas moins de divers côtés l'accusation de concession à des pratiques superstitieuses ou païennes.

L'arrivée en Chine de missionnaires d'autres ordres et de vicaires apostoliques (première forme de la hiérarchie catholique dans les pays de mission), hostiles soit à ces méthodes soit aux jésuites, aggrava la polémique. Après beaucoup d'hésitations, Rome finit par condamner en 1645 le recours aux coutumes chinoises ; les jésuites, conscients des conséquences néfastes de cet abandon, s'efforcèrent de se maintenir tant bien que mal dans la voie qu'ils avaient ouverte. En 1742, le pape Benoît XIV confirma solennellement l'interdiction des rites adaptés aux traditions chinoises. Les jésuites se soumirent ; mais la mission chinoise entra alors dans l'ère des persécutions de la part du pouvoir impérial chinois ; elle ne devait plus guère en sortir.
Aujourd'hui, le problème posé aux XVIIe et XVIIIe siècles reste d'actualité vis-à-vis des pays du Tiers-monde (cf. notamment les textes adressés par Rome aux missionnaires du Vietnam), et le pape Jean-Paul II lui accorde une grande attention. ■

▶▶▶

laquelle l'action missionnaire se trouvait liée. Cependant la violence coloniale suscita beaucoup de problèmes à l'évangélisation. Le dominicain Barthélemy de las Casas en est resté l'exemple le plus connu. De même, c'est pour éviter l'exploitation des Indiens par les colons et entreprendre une œuvre simultanée de développement économique, culturel et religieux que les jésuites fondèrent leurs célèbres *réductions*. Dans l'ensemble de l'Amérique latine, les populations adoptèrent progressivement la foi catholique, encore que de façon plus ou moins profonde.

En *Amérique du Nord*, le Canada français s'ouvrit largement à la foi catholique, au prix de la vie de nombreux missionnaires.

En *Asie*, la colonisation européenne s'étant limitée, aux XVe et XVIe siècles, à la constitution d'un réseau de comptoirs commerciaux, les obstacles à l'évangélisation ne vinrent pas principalement des colons européens ; ils résultèrent plutôt de la difficulté de présenter à des civilisations très élaborées et tout à fait étrangères aux mentalités européennes un christianisme formulé jusqu'alors selon des concepts occidentaux. Les initiatives prises par des missionnaires jésuites (Robert de Nobili en Inde, Mathieu Ricci en Chine) pour exprimer les valeurs profondes du christianisme de manière accordée aux cultures et aux traditions locales, non sans prendre il est vrai certains risques, suscitèrent entre congrégations missionnaires une désastreuse querelle des rites ; Rome finit par trancher en interdisant de telles initiatives, ce qui devait avoir les plus graves conséquences sur l'enracinement du christianisme en Chine.

Un ministère romain des missions

L'expérience ainsi acquise par l'Église en tant de situations diverses l'amena à repenser profondément les modalités de la mission en milieu non chrétien. A l'origine, et selon une conception toute médiévale, l'évangélisation des terres colonisées paraissait relever tout naturellement des souverains catholiques qui étendaient leur empire ; c'était le régime dit du *patronat royal*, consistant en un mandat donné aux monarques par le Saint-Siège. Moyennant quoi, ce sont les Trésors royaux espagnol et portugais qui prirent en charge les frais de la mission et de l'installation de l'Église latino-américaine avec toute son infrastructure (églises, séminaires, monastères, hôpitaux, universités...) ; c'est le pouvoir qui suscita la mobilisation missionnaire au sein du clergé séculier et régulier. Si les inconvénients du patronat royal furent nombreux et graves, encore faut-il en soupeser toutes les données.

Rome, en tout cas, prit conscience que la responsabilité de l'évangélisation ne pouvait être ainsi abandonnée au pouvoir politique. En 1622, le pape Grégoire XV créa donc, au sein de la curie romaine, une *Congregatio de Propaganda Fide* (Congrégation chargée de la Propagation de la Foi) à laquelle il confia l'ensemble des pays non catholiques, y compris, à l'époque, les pays protestants.

Cet organe n'a cessé depuis lors de jouer un rôle essentiel dans l'activité missionnaire catholique ; il continue à le faire de nos jours[1] sous le nom de « Congrégation pour l'évangélisation des peuples ». Mais, à l'époque, cette politique nouvelle ne pouvait que se heurter au système du *patronat royal*, auquel ni l'Espagne ni le Portugal ne voulaient renoncer ; ce devait être, jusqu'au cœur du XIXe siècle, la source de nombreuses et vives tensions entre ces pays et le Saint-Siège.

1. La présence catholique en pays protestants ne relève plus de lui.

La voie des astres au XXe comme au XVIe siècle ?

Lorsqu'on se rappelle que les missionnaires jésuites purent prendre pied en Chine au XVIe siècle grâce au crédit que leur valut auprès de l'empereur de ce pays et de la classe cultivée leur science astronomique, on ne peut manquer d'être frappé par l'accord intervenu en 1985 entre le Saint-Siège (qui n'a pourtant pas de relations diplomatiques avec Pékin) et la Chine populaire sur un programme de collaboration astronomique. Cet accord prévoit des recherches communes au sein d'un Consortium international d'astrophysique relativiste (ICRA), constitué par l'observatoire du Vatican, l'université romaine « La Sapienza », l'université chinoise de Hofei, et divers organismes scientifiques étrangers ; le siège en est à Rome.

Un ministère des missions à Rome :

La Congrégation pour la Propagation de la foi

Aux XVe et XVIe siècles, les souverains catholiques étaient encore considérés par l'Église comme partageant avec elle la responsabilité du salut de leurs sujets. C'est donc tout naturellement que, lors de leurs conquêtes coloniales, le Saint-Siège délivra aux rois du Portugal et d'Espagne des « bulles de patronat » leur confiant la mission d'évangéliser leurs nouveaux peuples, mission assortie de droits pratiquement exclusifs en leur faveur sur les Églises à créer.

Il fallut du temps à Rome pour prendre conscience des tares du système (image du christianisme confondue dans l'esprit des populations avec celle du comportement des colons, épiscopat partageant souvent l'état d'esprit des colons à l'égard des Indiens...), et revenir à l'idée d'une mission constituant la tâche même de l'Église. La décision de prendre en main toute l'activité missionnaire fut arrêtée par le pape Grégoire XV qui créa à cet effet, en 1622, une « Congregatio de Propaganda Fide » (littéralement *Congrégation relative à la Propagation de la Foi*, terme souvent résumé par le mot « Propagande », devenu aujourd'hui ambigu). Le nouvel organisme avait pour objet d'élaborer, d'appliquer et de contrôler une politique missionnaire d'ensemble, là où jusqu'à présent on s'en était remis aux initiatives dispersées prises par les souverains et les ordres religieux.

Sa tâche était en réalité beaucoup plus large, puisqu'elle concernait la propagation de la foi catholique aussi bien en pays païens qu'en ceux gagnés au protestantisme.

Comme tout organe de la Curie, la Congrégation était un collège de cardinaux ; ils étaient treize, responsables chacun d'une des *provinces* entre lesquelles le monde avait été réparti (dont huit pour les régions protestantes) ; dans chacune un nonce était chargé d'assurer la mise en œuvre des décisions de la Congrégation et de tenir celle-ci informée. La Congrégation avait à trouver les ressources nécessaires aux missions, à assurer la formation des missionnaires et du clergé autochtone, à définir à la place des ordres religieux les tâches missionnaires de leurs membres, à se tenir informée des situations locales, à organiser les nouvelles Églises. Sur ce dernier point le Saint-Siège allait se heurter aux prérogatives du patronat royal, auxquelles les souverains refusaient de renoncer ; ce sera la cause de nombreux conflits jusqu'à l'indépendance des colonies d'Amérique latine au XIXe siècle. ■

Les grandes controverses religieuses dans la France du XVIIe siècle

Dans la foulée des Réformes protestante et catholique, le XVIIe siècle a été, sur les plans spirituel et intellectuel, une période de vie religieuse bouillonnante, témoignage du renouvellement en profondeur (voir p. 418 b) qui s'opérait au sein du peuple chrétien sous l'effet des multiples initiatives faisant suite au concile de Trente (prédications populaires et enseignement notamment). Ce même bouillonnement devait aussi se traduire, mais en des milieux plus restreints, par de vives controverses ; la hantise de l'unité du royaume, souvent confondue par le pouvoir royal avec le conformisme de la pensée, suscita une intervention politique dans chacune d'elles.

• L'affaire du *jansénisme* illustre bien ce passage du plan théologique au plan politique. La publication de l'*Augustinus,* ouvrage posthume de l'évêque néerlandais Jansenius, avait relancé en 1640 le grand débat sur les rôles respectifs de la grâce divine et de la volonté humaine dans le salut, débat qui avait maintes fois divisé le monde chrétien (cf. saint Augustin au Ve siècle, Luther au XVIe). Du côté catholique, le concile de Trente, au XVIe siècle, avait réaffirmé la nécessaire coopération de l'homme à son salut ; mais Jansenius penchait plus à cet égard vers le pessimisme de Luther et de Calvin, quant à la capacité de l'homme à contribuer à son salut, que vers le relatif optimisme du concile ; son ouvrage fut plusieurs fois condamné par Rome (1642, 1653, 1656). ▶▶▶

Portrait de Jansenius, d'après Philippe de Champaigne (1602-1674).
Longtemps peintre officiel de Marie de Médicis et de Richelieu, Champaigne, à partir de 1643, se lia avec le milieu janséniste, qui influença profondément son art dans le sens de l'intériorité et de la sobriété.

Le jansénisme

Une théologie pessimiste, une morale rigoriste

Ce courant de pensée à la fois théologique, spirituel et moral, qui s'inscrit dans une certaine tradition augustinienne, émane plus directement d'un théologien néerlandais, Jansen ou Jansenius (1585-1638), évêque d'Ypres. Sa doctrine se trouve exposée dans un ouvrage, l'*Augustinus,* publié en 1640, après sa mort.

Bien que le concile de Trente ait réaffirmé la nécessaire coopération de la grâce divine et de la volonté de l'homme pour son salut, Jansenius, proche à cet égard de la conception protestante, voyait l'homme si corrompu par le péché originel que seule la grâce divine pouvait assurer son salut ; Dieu n'accordant cette grâce qu'aux prédestinés choisis par lui, les autres étaient voués à la damnation ; le bénéfice de la grâce appelait la plus grande rigueur morale.

Sous l'influence d'un ami de Jansenius, le théologien Duvergier de Hauranne, abbé de Saint-Cyran, l'abbaye de cisterciennes de Port-Royal (près de Versailles) dont il était le directeur spirituel devint l'actif foyer du jansénisme ; des hommes éminents, les « Messieurs » ou « Solitaires » de Port-Royal, qui s'étaient retirés à l'ombre de l'abbaye, se firent les propagateurs de la doctrine.

Avant même la parution de *l'Augustinus,* les jésuites étaient montés en ligne ; leur théologie du salut - diamétralement opposée à celle de Jansenius - et toute leur pédagogie insistaient sur la nécessaire coopération de la volonté humaine à l'œuvre de la grâce, selon la vision relativement optimiste du concile de Trente. A leur demande, une bulle pontificale condamna l'ouvrage en 1642.

Avec la parution en 1643 d'un livre d'Antoine Arnauld - un des « Solitaires » de Port-Royal -, la controverse se passionna plus encore en s'étendant au sujet qu'il y traitait, la fréquente communion ; encouragée par les jésuites, celle-ci était au contraire réprouvée par les jansénistes.

En 1653 le pape Innocent X condamna cinq *propositions* attribuées à Jansenius et niant le libre arbitre de l'homme et la volonté de Dieu de sauver tous les hommes ; une nouvelle discussion s'engagea sur le point de savoir si ces propositions se trouvaient ou non dans son ouvrage (questions du *droit et du fait).*

L'affaire prit plus d'ampleur encore avec l'entrée en scène de Blaise Pascal, un ami des Solitaires, dont les *Lettres à un provincial* (1656-1657) tournaient en ridicule le « laxisme » et la « casuistique » des jésuites.

En 1656, le pape Alexandre VII renouvela la condamnation par Innocent X des cinq *propositions.* Pour en finir, une assemblée du Clergé de France décida en 1657 d'imposer à tous les clercs et religieuses la signature d'un *formulaire* acceptant les condamnations portées par le Saint-Siège. Les religieuses de Port-Royal s'y refusèrent.

Louis XIV et le jansénisme

En 1661, le jeune roi Louis XIV commença à exercer le pouvoir. Voyant dans les jansénistes le noyau d'une nouvelle « Fronde », et décidé à exterminer leur mouvement, il fit séquestrer dans leur abbaye les religieuses de Port-Royal.

En 1667, l'avènement du pape Clément IX, de nature conciliante, favorisa la négociation d'un compromis comportant la soumission des opposants : *la paix clémentine* (1668). Durant les trente années qui suivirent, le feu ne devait pourtant pas cesser de couver et, en 1701, l'affaire rebondit : pour recevoir l'absolution au confessionnal, un janséniste devait-il seulement manifester un « silence respectueux » vis-à-vis des condamnations pontificales ou aller jusqu'à la « soumission intérieure » ? C'est ce qu'on appela le *cas de conscience.* En 1705, le pape Clément XI exigea la soumission intérieure.

Louis XIV s'empressa alors d'imposer aux dernières religieuses de Port-Royal l'acceptation écrite de la bulle pontificale. Leur refus entraîna leur dispersion (1709) et la destruction de l'abbaye (1711).

En 1713, la condamnation d'un ouvrage janséniste du Père Quesnel par le même Clément XI (Bulle *Unigenitus)* souleva une nouvelle agitation en France, réprimée par le roi.

Au XVIIIe siècle

Après la mort de Louis XIV (1715), les jansénistes relevèrent la tête : en 1717, quatre évêques, bientôt soutenus par plusieurs autres dont l'archevêque de Paris, firent « appel de la bulle *Unigenitus* à un concile général ». Plus que jamais les catholiques français se trouvaient partagés en deux camps.

La lutte se poursuivit pendant cinquante ans, prenant un caractère à la fois plus populaire et plus politique : à partir de 1729, on assista à des formes d'hystérie collective (*les convulsionnaires de Saint-Médard),* plus tard à une crise entre le Parlement de Paris et Louis XV à propos de la soumission à la bulle *Unigenitus.*

Mais c'est surtout dans la continuité d'une certaine attitude, faite de rigueur morale et d'hostilité à Rome et aux jésuites, que survécut longtemps l'influence janséniste. En Hollande, elle alla jusqu'à provoquer, au XVIIIe siècle, le schisme de la « Petite Église d'Utrecht », fusionnée au XIXe siècle avec celle des « vieux-catholiques » (opposants au dogme de l'infaillibilité pontificale, 1870). Ce schisme subsiste aujourd'hui. ■

Ph. Bulloz

Vue et perspective de l'abbaye de Port-Royal-des-Champs (Gravure XVIIe s. Bibliothèque Nationale. Paris).

La révocation de l'Édit de Nantes en 1685

C'est par l'*Édit de Fontainebleau* que Louis XIV révoqua l'Édit de Nantes, en 1685. Le texte du nouvel édit est introduit par un exposé des motifs déclarant que l'Édit de Nantes est devenu inutile « puisque la meilleure et la plus grande partie de nos sujets de ladite R.P.R. (religion prétendue réformée) ont embrassé la catholique » ; il note que le roi a eu le « grand dessein » de réaliser l'unité religieuse dès son avènement, que seules les guerres l'en ont empêché, et que la paix lui laisse désormais ce loisir.

En douze articles sont énumérées les dispositions résultant de la révocation : suppression du culte protestant (interdiction des assemblées, démolition des temples), exil des pasteurs sous peine d'envoi aux galères, interdiction des écoles particulières, maintien de la législation contre les relaps, obligation du baptême catholique des enfants à leur naissance et de leur éducation dans cette religion, exclusivité du mariage catholique, affectation des biens des consistoires, interdiction pour les ex-réformés de sortir du royaume sous peine des galères.

Un dernier article autorise « ceux de la R.P.R. » non convertis à continuer paisiblement leur vie et activité dans le royaume « sans pouvoir être troublés ni empêchés » à condition de s'abstenir d'exercice du culte, « en attendant qu'il plaise à Dieu de les éclairer comme les autres ». On s'est beaucoup interrogé sur le sens de ces dispositions, sans y trouver de réponse satisfaisante. En tout cas, elles ne restreignirent en rien la sévérité de la chasse aux huguenots.

L'historien André Latreille, commentant l'événement, a écrit : « On a pu dire de la Révocation qu'aucun acte n'a été plus unanimement loué par les contemporains, plus unanimement blâmé par la postérité. Rien qui donne plus fortement le sentiment des différences de mentalité entre les étapes historiques. Il est vrai que les spectateurs de 1685 ne prévoyaient pas le déroulement des conséquences que l'on vit ensuite apparaître » (*Histoire du Catholicisme en France*).

En tout cas, la situation de droit créée par l'Édit de Fontainebleau, appliqué avec plus ou moins de rigueur selon les époques et les lieux, allait durer un siècle, jusqu'à l'Édit de Tolérance de Louis XVI (1787) et à la reconnaissance de la liberté religieuse par l'Assemblée constituante (1789). ■

Principales conséquences de la révocation de l'Édit de Nantes

Immédiates

En droit la « religion prétendue réformée » (R.P.R.) n'existait plus, tous les sujets du roi étant censés être catholiques. Des missionnaires furent cependant envoyés dans les régions protestantes pour parfaire les conversions, supposées accomplies. La répression (mort, torture, galères, prison) s'abattit sur toutes les formes de la résistance ou de la clandestinité. On estime à une dizaine de mille le nombre de personnes ayant eu à souffrir d'une de ces peines.

Outre les pasteurs, tenus sous peine de galères à l'exil, un grand nombre de protestants (200.000 ?) bravant l'interdiction de sortir du royaume se réfugièrent en pays protestants (Angleterre, Pays-Bas, Allemagne, Amérique britannique...) ; ce furent principalement des nobles, des bourgeois, des artisans. Berlin, où le Grand Électeur attira systématiquement les protestants français, connut grâce à eux un grand développement économique. Mais les dommages économiques causés au royaume par l'émigration furent probablement moindres que ce que l'on a longtemps supposé. Un peu partout, des Églises huguenotes de langue française se fondèrent en pays protestants, dont on trouve aujourd'hui encore les traces. Les récits des émigrés dressèrent l'opinion protestante étrangère contre la France « papiste et intolérante ».

A terme

Lors du rétablissement de la liberté religieuse à la fin du XVIIIe siècle, la communauté protestante française se retrouva à la fois très diminuée en effectif et décapitée par l'exode massif ou l'exécution des pasteurs. Alors qu'elle comptait probablement un peu moins d'un million de membres au moment de la Révocation en 1685, ils n'étaient plus que 700.000 au début du XIXe siècle, malgré le retour d'une partie des émigrés : or, entre-temps, la population française s'était accrue de près de 40 % (passant de 20 à 27,5 millions). Ceci dit, même réduite en effectif, la communauté avait été plutôt fortifiée par l'épreuve, et son caractère minoritaire l'incitait à affirmer son identité religieuse.

Autres conséquences durables : l'appauvrissement spirituel du pays à l'aube d'un « siècle des philosophes » peu favorable à la pensée chrétienne ; une approbation tacite du statut d'inégalité des protestants par la majorité de la population, freinant l'avènement de la notion de tolérance ; une animosité durable de la minorité protestante à l'égard du catholicisme, se traduisant souvent en clivages politiques. ■

Trois cents ans après la Révocation de l'Édit de Nantes, les descendants des huguenots exilés restent attachés au pays de leurs origines

Le flot d'émigrés protestants provoqué par la révocation de l'Édit de Nantes alla rejoindre ceux qui, en nombre au moins équivalent, avaient déjà gagné les pays du « Refuge » dans les périodes antérieures de répression : Angleterre, Pays-Bas, Allemagne, Suisse, pays scandinaves ; de là beaucoup partirent ensuite vers des terres plus lointaines.

De tous ces huguenots émigrés, on retrouve aujourd'hui la trace dans les noms français portés par des Allemands, des Anglais, des Sud-Africains, ainsi que dans l'existence jusqu'à aujourd'hui de communautés cultivant le souvenir de leurs origines. Certaines conservèrent l'usage de la langue française très longtemps, au moins pour le culte dominical et la prière.

Ainsi à Friedrichsdorf, village bâti en 1687 par des huguenots à 25 km de Francfort-sur-le-Main avec l'aide du roi Frédéric II de Prusse (d'où son nom), on s'appelle aujourd'hui encore Privat, Lebeau, Garnier, et les prénoms ne se sont germanisés que très lentement. On y a parlé français jusqu'au début du XXe siècle, avec le vocabulaire et les intonations du XVIIe siècle. Le culte y a été pratiqué dans cette langue jusqu'en 1914 ; le temple est la réplique exacte de celui de Cros, près de St-Hippolyte-du-Fort dans les Cévennes, et la citation de l'Évangile de Jean gravée dans le marbre de l'autel est en français.

A Londres, le quartier de Soho, où de nombreux huguenots s'établirent au XVIIe siècle, est empli de souvenirs français (y compris dans les menus des restaurants) ; c'est le quartier de Londres où, aujourd'hui encore, on trouve le plus de personnes parlant français. L'église protestante française de Londres y est établie, ainsi qu'un hôpital privé français... qui n'accueille que les personnes pouvant prouver leur ascendance française !

Aux États-Unis, l'origine huguenote est source de fierté, comme l'appartenance à une sorte d'aristocratie ; des clubs de descendants de huguenots tiennent avec soin les fichiers de leurs ascendants et collectionnent les documents de leur histoire. On rêve de venir visiter le pays des ancêtres... et le rêve se réalise parfois. Là aussi les communautés ont longtemps célébré le culte en français. ■

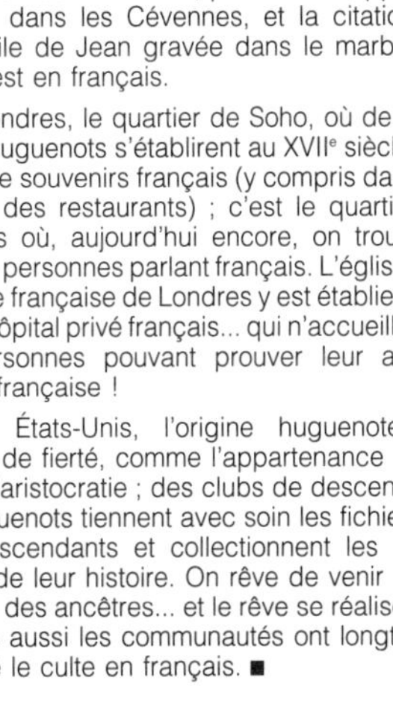

▶▶▶

Aux XVIIe et XVIIIe siècles, la France se passionna pour le débat, bientôt chargé de facteurs politiques. Un ami et disciple de Jansenius, Duvergier de Hauranne, l'abbé de Saint-Cyran (abbaye de Saint-Cyran-en-Brenne, Indre), avait fait de l'abbaye de cisterciennes de Port-Royal, près de Versailles, l'actif foyer du jansénisme ; celui-ci fut propagé par un ensemble d'éminentes personnalités en relation avec l'abbaye, les *Solitaires* ou *Messieurs de Port-Royal* (Antoine Arnauld, Nicole, Lemaistre de Sacy...) ; en sens inverse, il fut activement combattu par les jésuites, eux-mêmes tournés en ridicule par Pascal dans les *Lettres à un provincial* (1656-1657).

Une Assemblée du Clergé de France imposa en 1657 aux membres du clergé et des ordres religieux la signature d'un *formulaire* acceptant les condamnations prononcées par Rome. Les religieuses de Port-Royal refusèrent de le signer.

Or, à partir de 1661, le jeune roi Louis XIV commenca à assumer personnellement, et vigoureusement, le pouvoir ; très marqué par les événements de la Fronde survenus durant son enfance, il voyait dans les jansénistes de nouveaux et dangereux adversaires de l'autorité royale, et était décidé à en venir à bout. Il fit séquestrer dans leur abbaye les religieuses de Port-Royal, symboles de cette résistance.

En 1669, un semblant de compromis négocié par le pape Clément IX, *la paix Clémentine*, assura une période de relative tranquillité de plus de trente années.

Mais le débat ayant rebondi en 1701, Louis XIV profita d'une prise de position très ferme du pape Clément XI en 1705 pour mettre en demeure les religieuses de Port-Royal de s'incliner ; devant leur refus, il les dispersa (1709) et rasa leur abbaye (1711). Le jansénisme, momentanément affaibli, fera cependant parler de lui tout au long du XVIIIe siècle.

• Cette même volonté d'unité religieuse du royaume, considérée comme un facteur nécessaire d'unité politique, incita Louis XIV à en finir avec la *minorité protestante*. Il s'y employa par une politique de pressions et de brimades (au nombre desquelles les « dragonnades » sont restées célèbres) qui provoqua, de fait, une vague de conversions (de pure forme le plus souvent) et d'émigration. Le roi en vint alors à considérer que la majorité des protestants s'était ralliée au catholicisme et que l'Édit de Nantes n'avait plus de raison d'être ; il en prononça la *Révocation* en 1685. La « Religion prétendue réformée » (R.P.R.) fut proscrite, ses fidèles poursuivis avec rigueur (prison, galères, peines de mort...).

La résistance revêtit diverses formes ; beaucoup de protestants parvinrent, malgré l'interdiction, à gagner des pays amis ; d'autres prirent les armes : ce fut l'épopée cévenole des *camisards ;* les plus nombreux firent mine de se soumettre ; mais des célébrations clandestines de culte se poursuivirent en des lieux écartés, attestant la vitalité de l'*Église du désert*. La persécution s'atténua pendant le règne de Louis XV, sous l'influence des Philosophes (Voltaire et l'affaire Calas...) ; Louis XVI accordera aux protestants un *Édit de tolérance* (1787), et l'Assemblée Constituante fera d'eux des citoyens à part entière en proclamant, en 1789, la liberté de culte et de conscience ; elle n'a jamais été remise en question depuis lors.

▶▶▶

L'Église du désert

Ce terme désigne la forme clandestine prise par la vie religieuse des protestants après la révocation de l'Édit de Nantes ; il se réfère à un passage de l'*Apocalypse* de Jean (12,6) où est évoquée la fuite au désert de la Femme (image de l'Église) poursuivie par le Dragon (image de Satan). Les assemblées du culte, pour se réunir, durent en effet aller se cacher dans des lieux retirés (forêts, grottes, granges, etc.) sans toujours éviter pour autant les mauvaises surprises.

Le souvenir de l'Église du Désert est commémoré aujourd'hui par la tenue annuelle d'une grande assemblée protestante le premier dimanche de septembre au Mas Soubeyran, à Mialet (Gard), où se trouve le Musée du Désert. Celui-ci, fondé en 1910, a été établi dans la maison du chef camisard Roland ; on y évoque notamment le souvenir des dizaines de milliers de protestants qui ont dû fuir à l'étranger, des 5.000 hommes condamnés aux galères, des milliers d'hommes et de femmes emprisonnés de longues années, des centaines de condamnés au supplice de la roue (dont le célèbre Calas, dont Voltaire démontra l'innocence). ■

Les dragonnades

Le mot évoque une forme de brimade employée de manière systématique sous Louis XIV à l'égard des protestants ; elle consistait à loger chez eux des soldats ayant licence de s'y livrer à tous les excès. Les dragons, qu'on appela les « missionnaires bottés », se rendirent de la sorte tristement célèbres. Le procédé, qui fut surtout employé en Poitou, en Béarn, en Languedoc, provoqua des conversions massives, mais le plus souvent de pure forme. ■

Les camisards

Ce nom trouve peut-être son origine dans la chemise blanche (en occitan *camiso*) permettant de se reconnaître au cours des attaques nocturnes ; il fut donné aux paysans cévenols soulevés contre Louis XIV à la suite de la révocation de l'Édit de Nantes.

Les Cévennes, dès l'origine un foyer calviniste, avaient déjà constitué pendant les guerres de religion un centre actif de résistance aux troupes royales.

La lutte des Camisards commença le 27 juillet 1702. Ce jour-là, un groupe de paysans entreprit d'aller délivrer des fugitifs enfermés dans le château de Pont-de-Montvert (Lozère) par l'abbé du Chayla, vicaire général de Mende, chargé des missions de conversion dans les Cévennes ; l'abbé fut tué. Ce fut le signal d'une insurrection des montagnards cévenols ; 2.000 à 3.000 camisards sans moyens, mais soutenus par une foi ardente et simple, allaient mobiliser contre eux pendant deux ans jusqu'à 30.000 hommes de l'armée royale, commandés successivement par trois maréchaux. Les Camisards étaient servis par la connaissance de leur pays montagneux et la complicité de ses habitants. Parmi leurs chefs, paysans ou artisans, Cavalier et Roland sont les plus célèbres.

Finalement, le maréchal de Villars obtint la soumission de Cavalier au moyen de promesses fallacieuses. Puis, en 1704, Roland fut abattu ; la résistance s'effondra. Toutefois l'agitation ne cessera vraiment qu'avec l'Édit de Tolérance de Louis XVI en 1787. ■

▶▶▶

• Autre matière à controverse, le *gallicanisme ;* il mit gravement aux prises Louis XIV et, cette fois, le Saint-Siège. Le conflit prit naissance à l'occasion d'une affaire de *droit de régale,* droit, revendiqué par le roi, de percevoir, pendant la vacance d'un siège épiscopal, les revenus de l'évêché ainsi que de nommer aux bénéfices ecclésiastiques du diocèse.

Louis XIV fit alors adopter par une Assemblée du Clergé réunie en 1682 une *Déclaration des Quatre Articles* rédigée par Bossuet, véritable charte des libertés gallicanes. Le conflit avec le pape Innocent XI s'envenima jusqu'à conduire le roi au bord du schisme. Finalement, sous la pression des événements extérieurs, il fut amené à négocier un arrangement avec un nouveau pape, Innocent XII. Mais la doctrine gallicane continuera de marquer toute la politique religieuse française, et cela bien au-delà de l'Ancien Régime.

• L'affaire du *quiétisme* est d'un autre ordre ; cette doctrine spirituelle, due au théologien espagnol Molinos, avait été condamnée par Rome (1687) ; or, en France, Madame Guyon, auteur mystique prônant une doctrine du pur amour, fut accusée de quiétisme par une commission présidée par Bossuet ; la controverse engagée avec lui par Fénelon fit sensation. Sur l'intervention de Bossuet, Fénelon fut condamné par le pape Innocent XII (1699) ; il se soumit. Cependant, la controverse, et sa conclusion, ne seront pas sans causer de grands dommages au courant spirituel français au XVIIIe siècle, et elles prépareront des réactions anti-mystiques.

▶▶▶

Qu'est-ce que le gallicanisme ?

Le gallicanisme, à la fois doctrine théologique et conception politique, vise à une certaine autonomie de l'Église de France par la limitation des pouvoirs du Saint-Siège. Bien que proche d'autres courants en faveur d'Églises nationales, il constitue par son origine et ses objectifs un phénomème spécifique à la France, d'où son nom.

☞ **Le gallicanisme politique** tend à placer les relations entre le Saint-Siège et l'Église nationale sous le contrôle de l'État, en réservant notamment à celui-ci la nomination des évêques et en subordonnant la mise en application des textes pontificaux à son approbation. Cette conception, très ancienne, a été progressivement élaborée par les juristes royaux français. On la voit déjà à l'œuvre dans le conflit de Philippe le Bel avec le pape Boniface VIII au XIIIe siècle ; elle inspire la *Pragmatique Sanction de Bourges* de Charles VII en 1438 ; elle persiste sous le règne de François Ier malgré le Concordat de 1516 ; Richelieu en est imprégné ; elle trouve en Louis XIV son disciple le plus actif et le plus affirmé, la *Déclaration des Quatre Articles* de 1682 en donnant une formulation catégorique ; on la retrouve dans le *Concordat* de 1801, et surtout dans les *Articles Organiques* que Bonaparte y ajoutera unilatéralement.

☞ **La doctrine théologique gallicane**, dont l'un des promoteurs a été Gerson au XVe siècle, et qui influença directement les conciles de Constance en 1414 et de Bâle en 1431, tend à réduire les pouvoirs du pape à un rôle d'impulsion, de contrôle et d'unité ; elle affirme la supériorité des conciles sur les papes. Sous l'ancien régime, la Sorbonne (faculté de théologie) a toujours été un foyer actif et permanent de cette doctrine à laquelle l'épiscopat français était lui-même très attaché.

Une évolution ne commencera à se manifester que dans le cours du XIXe siècle avec l'apparition en France d'un mouvement populaire ultramontain favorable à la primauté pontificale. Il ira sans cesse en se fortifiant, malgré la longue persistance d'une tradition gallicane dans l'épiscopat français. Finalement, le courant ultramontain triomphera au premier concile du Vatican, en 1870, qui proclamera le dogme de l'infaillibilité pontificale ; les dernières traces du gallicanisme s'effaceront alors. ■

Une petite Église gallicane se réclamant de Bossuet a vu le jour en France en 1907, à la suite du refus, par l'épiscopat, des associations cultuelles imposées par la loi de séparation des Églises et de l'État (1905). Après diverses péripéties, elle a pris le nom d'*Église catholique gallicane.* Elle compte quelques milliers de fidèles (surtout dans le Sud-Ouest) ; ses premiers évêques ont été ordonnés par des évêques d'Églises séparées de Rome.

L'affaire du droit de régale et la Déclaration des Quatre Articles (1682)

La régale

Le droit de régale (du latin *regalis*, royal), d'origine féodale, permettait au souverain d'administrer les bénéfices ecclésiastiques (évêchés, abbayes...) momentanément sans titulaires et d'en percevoir les revenus. Depuis le XIIIe siècle, il n'était plus en vigueur qu'en France, et encore à l'exception des diocèses du Midi. Le roi avait finalement renoncé à la *régale temporelle* (perception des revenus) mais se refusait à abandonner la *régale spirituelle* (droit de nomination aux bénéfices dépendant des sièges vacants).

Les juristes royaux considérant la régale comme un droit inaliénable de la couronne, Louis XIV décida par un édit de 1673 de l'étendre aux diocèses du Midi. Bien au-delà de cette affaire, c'était en réalité toute la conception du pouvoir dans l'Église qui se trouvait en jeu et qui allait opposer le roi au pape.

Contre l'édit royal, les évêques d'Alet et de Pamiers en appelèrent au pape Innocent XI, qui demanda au roi de le révoquer. Loin d'obtempérer, Louis XIV, soutenu contre Rome par la majorité de l'épiscopat français, convoqua en 1681 une assemblée extraordinaire du clergé et l'invita à rappeler dans une déclaration solennelle les grands principes des *libertés de l'Église gallicane.* Ce fut Bossuet qui la rédigea.

Les « Quatre Articles »

Sous le titre *Déclaration du clergé gallican sur le pouvoir dans l'Église,* elle comporte quatre articles (d'où le nom de *Déclaration des Quatre Articles* qui la désigne habituellement), véritable manifeste gallican ; on peut les résumer comme suit.

1. Pierre et ses successeurs n'ont reçu qu'un pouvoir spirituel et ne disposent d'aucun pouvoir temporel sur les souverains.

2. Le pouvoir spirituel du pape est soumis à l'autorité des conciles généraux conformément aux décrets du concile de Constance.

3. Les règles et coutumes en vigueur dans le Royaume de France et l'Église gallicane sont inviolables par le pouvoir spirituel du pape.

4. Le jugement du pape n'est irréformable qu'après le consentement de l'Église universelle.

Approuvée à l'unanimité par l'Assemblée du Clergé en mars 1682, la Déclaration fut aussitôt érigée en loi d'État (enseignée dans toutes les écoles ; les titulaires d'un grade universitaire de théologie s'engageaient par serment à la respecter). C'était un véritable défi au pouvoir pontifical. Le pape Innocent XI cependant, craignant un schisme, évita de condamner la Déclaration ; mais, lors des présentations par le roi de candidats à l'épiscopat, il refusa son investiture canonique à ceux qui avaient participé à l'Assemblée. Louis XIV répliqua en leur interdisant de solliciter cette investiture. En six ans, le nombre de diocèses sans évêques consacrés atteignit 35.

L'affaire des franchises

En 1687, « l'affaire des franchises » vint tout aggraver. Les puissances représentées à Rome avaient consenti, sauf la France, à limiter au seul lieu de l'ambassade le droit d'asile (ou franchise), qui, jusqu'alors étendu à tout le quartier, rendait impossible la répression des crimes par les autorités romaines. L'ambassadeur de France ayant été excommunié, Louis XIV occupa Avignon, ville pontificale, et en appela au concile général contre le pape. La voie du schisme cette fois était ouverte. Toutefois, déjà aux prises avec une coalition européenne, le roi n'osa pas prendre ce risque. Avec l'avènement d'un nouveau pape, Innocent XII, lui-même soucieux de pacification, un compromis intervint. Le pape accordait l'investiture aux évêques moyennant leurs regrets écrits pour le vote de la Déclaration ; de son côté, le roi s'engageait à ne pas appliquer l'édit entérinant celle-ci. Mais ni la Déclaration ni la régale n'étaient abolies. Et surtout, le gallicanisme continuait à imprégner le catholicisme français. ■

Théorie de la monarchie de droit divin

C'est une théorie de la souveraineté d'après laquelle le roi est directement investi de son pouvoir par Dieu ; elle est tirée de l'épître de Paul aux Romains : « Toute autorité sur terre vient de Dieu ; c'est lui qui donne à chacun son pouvoir » (13,1-5).

Cette théorie a connu son affirmation la plus vigoureuse et son audience la plus générale sous le règne de Louis XIV. Mais elle relève d'une ancienne tradition remontant à Constantin, et à très fort enracinement populaire : c'est le caractère sacré de la fonction royale, attesté par le rite du sacre, qui confère au pouvoir sa légitimité. La théorie fut maintes fois invoquée au cours des siècles par les souverains en conflit avec l'Église. Le débat prit une nouvelle vigueur au début du XVIIe siècle face aux théories avancées par les théologiens jésuites : le pouvoir est accordé par Dieu aux sociétés puis transmis par celles-ci aux souverains. Le pape peut, même dans le domaine des choses temporelles, diriger les princes vers leur fin spirituelle. En France, juristes (Parlement), théologiens (Sorbonne) et évêques s'élevèrent contre ces conceptions ; ils soutinrent que le monarque est le représentant direct de Dieu sur terre, le « sacré de Dieu », dépositaire d'une mission surnaturelle par le seul fait qu'il est l'héritier de la couronne.

Au même moment, l'absolutisme royal triomphait partout en Europe. Théorie du droit divin et pratique absolutiste allaient se renforcer mutuellement, contribuant au développement du gallicanisme en France.

En montant sur le trône, Louis XIV trouva donc une théorie du droit divin parfaitement au point, en même temps que partagée par ses sujets et proclamée à l'envi par beaucoup de grands esprits (Bossuet par exemple). Elle allait servir sa propre conception du pouvoir. Il fut d'ailleurs conscient qu'elle l'engageait personnellement ; si en effet sa vie publique et privée ne se présente guère comme un modèle de vertu chrétienne, il avait cependant, à en croire ses *Mémoires* et son *Testament,* une haute idée spirituelle de sa charge. ■

BOSSUET (1627-1704)

Le rôle historique de Bossuet va bien au-delà de la place de ses œuvres dans la littérature du XVIIe siècle ; à partir de sa nomination comme évêque de Meaux (1681), il joua pratiquement aux côtés de Louis XIV le rôle de chef spirituel de l'Église de France.
Jeune prêtre, il est associé par saint Vincent de Paul à ses missions populaires. Bientôt réputé pour son talent de prédicateur, il prêche à plusieurs reprises devant la cour ; ses oraisons funèbres (1667-1687) consacrent cette réputation. Evêque de Condom (Gers) en 1669, il devient bientôt le précepteur du dauphin Louis de France, fils aîné de Louis XIV, et rédige à son intention une série d'ouvrages de haute élévation, de nature à le préparer à l'exercice du pouvoir [1] ; la philosophie qu'il y développe s'inspire de l'idée, courante alors, que les souverains sont les représentants de Dieu sur terre.
Evêque de Meaux en 1681, jouissant de la confiance du roi, il interviendra désormais dans toutes les affaires religieuses du royaume. C'est immédiatement le cas lors de l'Assemblée du Clergé convoquée par Louis XIV en cette même année 1681 pour affirmer, face au pape Innocent XI, l'attachement de l'Église de France aux libertés gallicanes (*Déclaration des Quatre Articles*).

A l'intention de la minorité protestante (l'Édit de Nantes n'avait pas encore été révoqué), Bossuet avait écrit en 1671 une *Exposition de la doctrine catholique* où apparaissait sa parfaite connaissance de l'Écriture et des Pères de l'Église. La polémique avec les protestants se poursuivit avec une *Histoire des variations des Églises protestantes* (1688), puis une active correspondance avec le philosophe allemand Leibniz, luthérien, qui travaillait à une réunification des Églises.
Bossuet prit une part décisive dans la querelle du quiétisme (1695-1699) et la condamnation des thèses de Madame Guyon et de Fénelon.
Esprit rigoureux à la recherche d'un ordre harmonisant foi et raison, théologien irréprochable en tout ce qui ne concerne pas la question du pouvoir dans l'Église, sa rigueur s'est souvent traduite en rigidité, voire en dureté. Dans le même temps, il a toujours manifesté un sens pastoral adapté à ses diverses responsabilités, aussi capable d'entretiens familiers à la portée des fidèles de son diocèse que des plus savants développements à l'intention des milieux cultivés et de l'expression la plus noble devant des parterres princiers. ■

1. Notamment le *Discours sur l'histoire universelle* (1681).

Le quiétisme

Le courant spirituel et mystique connu au XVIIe siècle sous ce nom se rattache à une tradition ancienne dont relève, par exemple, aux XIIIe et XIVe siècles, l'hésychasme grec.

En 1675, le prêtre espagnol, Molinos (1628-1696), en relance le mouvement en publiant une *Guide spirituelle :* lorsque l'âme parvient à s'unir étroitement à Dieu, elle se trouve dans un état de repos parfait (en latin *quies,* repos) et n'a plus alors ni actes à produire, ni efforts à faire, ni même résistance à opposer à la tentation ; elle ne pèche plus, même si elle semble aller à l'encontre de la loi de Dieu. La doctrine de Molinos fut condamnée par le pape Innocent XI en 1687.

Mais en France, une mystique, Jeanne-Marie Bouvier de la Motte, épouse Guyon (1648-1717), répandait une théorie du *pur amour* de Dieu proche à beaucoup d'égards de celle de Molinos, et qui lui valut à plusieurs reprises la réclusion dans des couvents. Cette recherche d'un accès à Dieu excluant toute démarche de l'esprit et négligeant toute action représentait une réaction anti-intellectualiste et anti-activiste voisine du piétisme protestant en faveur alors en Hollande et en Allemagne. Les idées de Madame Guyon rencontrèrent un sympathisant et un défenseur éminent en la personne de Fénelon, futur archevêque de Cambrai, et alors précepteur du dauphin, le duc de Bourgogne. En 1695, les idées de Madame Guyon furent condamnées par une commission constituée à l'initiative de Louis XIV (sous l'influence de Madame de Maintenon) et présidée par Bossuet, évêque de Meaux, bien en cour auprès du roi. Fénelon répliqua en 1697 par une *Explication des maximes des saints sur la vie intérieure,* où il défendait la doctrine du pur amour. La controverse qui s'engagea alors entre les deux grands évêques devait aboutir en 1699 à la condamnation de l'ouvrage de Fénelon par le pape Innocent XII, à la demande de Bossuet. Celui-ci triomphait sur le plan de la théologie ; mais la manière dont il avait conduit et fait conclure le débat contribua à discréditer le mouvement mystique dans son ensemble. Le déficit s'en fera gravement sentir au XVIIIe siècle. ■

Piétisme

Apparu au XVIIe siècle en Hollande puis en Allemagne, le piétisme est, au sein du protestantisme, une réaction de caractère spirituel contre la théologie desséchante dans laquelle on avait figé la pensée des auteurs de la Réforme, et contre le formalisme qu'avait revêtu la vie religieuse et ecclésiale. Le mouvement piétiste a eu une énorme influence ; il est à l'origine de la revitalisation du protestantisme allemand (luthériens, frères moraves), ainsi que du « Réveil » (*revival*) qui secouera au XVIIIe siècle le protestantisme britannique et américain. ■

FÉNELON (1651-1715)

Fénelon est l'antithèse vivante de Bossuet, auquel il se trouvera opposé après avoir été son protégé ; c'est un idéaliste sensible, libéral, à l'intelligence subtile, tout en finesse. Il n'a pas le souffle oratoire de Bossuet ni son autorité, mais il sera, comme lui, un grand pasteur.

Membre d'une famille noble périgourdine, François de Solignac de la Mothe-Fénelon est ordonné prêtre après des études au séminaire Saint-Sulpice. Il s'occupe d'une congrégation de protestantes converties et publie un *Traité de l'éducation des filles* très novateur pour l'époque (1687). Nommé en 1689 précepteur du duc de Bourgogne (fils aîné du dauphin), marque de confiance de Louis XIV, il écrit pour son pupille divers ouvrages de formation, dont le plus célèbre est *Les aventures de Télémaque* (1699). La leçon politique qui s'en dégage, reçue comme une critique par le roi, consomme la disgrâce amorcée par l'affaire du quiétisme ; archevêque de Cambrai depuis 1695, il se consacre totalement à son diocèse à partir de 1700.

On a vu comment, dans la question du quiétisme et à l'encontre de Bossuet (et de Madame de Maintenon), il avait pris la défense de la doctrine du pur amour de Madame Guyon dans son *Explication des maximes des saints sur la vie intérieure* (1697), condamnée par le pape Innocent XII en 1699.

Peu avant sa mort paraîtra son *Traité de l'existence et des attributs de Dieu* (1712). ■

▶▶▶

Éclat et déclin d'un grand siècle religieux

Les fruits de la Réforme catholique sont indéniables dans la seconde moitié du XVIIe siècle : multiplication des séminaires (le Concile de Trente les avait prescrits dans chaque diocèse), créations ou réformes d'ordres religieux (Trappistes, Frères des Écoles Chrétiennes, Montfortains), essor des vocations sacerdotales et religieuses, approfondissement de la piété populaire (place donnée à l'eucharistie), vigueur de la vie spirituelle et intellectuelle... Les divers ordres religieux avaient donné une impulsion nouvelle aux sciences religieuses (théologie, patristique, hagiographie, histoire...) : ainsi le jésuite Jean Bolland, à l'origine d'une société scientifique de recherche sur les vies de saints, ou le bénédictin Mabillon, qui s'illustra dans la savante congrégation de Saint-Maur, spécialisée dans les travaux historiques.

Par contre, subsistait, chez beaucoup de théologiens, la méconnaissance du caractère propre des sciences exactes, encore conçues comme subordonnées aux sciences religieuses ; le procès de Galilée en 1633 offre un témoignage de cette conception, qui risquait de conduire à un véritable divorce entre science et foi. Des difficultés analogues se préparaient dans le domaine philosophique ; la méthode du doute systématique inaugurée par Descartes pour explorer la réalité à la lumière de la seule raison portait en elle les prémices des doctrines rationalistes athéistes ; de son côté, la philosophie empirique anglaise ouvrait la route au déisme du XVIIIe siècle (excluant la Révélation) et aux courants de la libre-pensée. Or, on ne voyait s'esquisser aucune théologie prenant en compte le rationalisme contemporain, comme l'avait fait par exemple le thomisme au XIIIe siècle.

Les conceptions politiques elles-mêmes évoluaient. En prenant sous son contrôle le plus étroit les affaires religieuses, le pouvoir royal n'avait cessé de les subordonner aux intérêts de l'État, lequel n'avait plus pour vocation première d'assurer le bien spirituel des sujets mais sa propre puissance. La notion et le fait de chrétienté, même si le mot était encore employé, achevaient de s'estomper au profit d'une sécularisation de plus en plus marquée.

Saint Louis-Marie Grignion de Montfort (1673-1716)
fondateur des Sœurs de la Sagesse (1703) et de la Compagnie de Marie (1705) (Pères Montfortains, Frères du Saint-Esprit)
Saint Jean-Baptiste de la Salle (1651-1719)
fondateur des Frères des Ecoles Chrétiennes (1694)
Voir Index

ARMAND JEAN LE BOUTHILLIER DE RANCÉ (1626-1700) fondateur des trappistes

Ecclésiastique mondain et dissipé, riche de ses prébendes et de ses hautes relations (député à l'Assemblée du Clergé de 1655, aumônier de Gaston d'Orléans), l'abbé de Rancé semblait voué à une carrière d'honneurs très bénéfiques. La mort brutale de la duchesse de Montbazon, à laquelle il était très attaché (1657), puis celle de Gaston d'Orléans (1660) provoquent en lui une crise intérieure qui débouche sur une conversion radicale. Abandonnant vie mondaine, honneurs et bénéfices ecclésiastiques, il se retire à l'abbaye cistercienne de la Trappe (à Soligny, dans l'Orne) dont il était abbé commendataire ; il la soumet à une règle extrêmement austère. Il fonde ainsi l'ordre des Cisterciens réformés, communément appelés *trappistes* (1664). Entendant limiter les activités de ses religieux à la prière, à la liturgie et aux travaux manuels à l'exclusion de toute recherche intellectuelle, il aura à ce sujet une controverse célèbre avec Mabillon, le savant bénédictin de la Congrégation de Saint-Maur. Il est l'auteur, entre autres ouvrages, de *La sainteté et les devoirs de la vie monastique* (1683). Chateaubriand a écrit une *Vie de Rancé* (1844). ■

L'affaire Galilée

Jusqu'au XVIe siècle, on pensait avec Aristote (IVe s. av. J.-C.) et Ptolémée (IIe s. av. J.-C.) que la terre était immobile au centre du monde et que l'univers était formé de sphères concentriques portant les planètes et les étoiles. En 1543, le polonais Copernic (1473-1543) propose un autre système ; le soleil est au centre du monde, la terre tourne autour de lui. Un peu plus tard, le savant italien Galilée (1564-1642) invente la lunette astronomique, se livre à des observations et confirme en 1610 le système de Copernic, qui lui paraît « scientifiquement au moins aussi admissible que celui de Ptolémée ».

Les théologiens de l'époque lui opposent les textes de l'Écriture, selon lesquels « le soleil se lève et se couche », « Dieu a établi la terre immobile sur ses bases », Josué a arrêté le soleil dans sa course... En outre, tous les Pères de l'Église ont interprété ces textes à la lettre. Galilée est donc un hérétique puisqu'il contredit les textes de l'Écriture et l'enseignement traditionnel de l'Église. Galilée revendique alors l'autonomie de la science. « Nous n'avons pas à chercher dans l'Écriture un enseignement proprement dit d'astronomie », écrit-il. « L'intention du Saint-Esprit est de nous enseigner comment on va au ciel et non pas comment va le ciel ».

En 1632, il publie son *Dialogue sur les deux grands systèmes du monde,* consacré à la justification des théories de Copernic. Déféré à l'Inquisition en 1633, il doit abjurer sa théorie après un bref procès. On raconte qu'il frappa alors la terre du pied en murmurant : « Et pourtant elle tourne ! »

Les exégètes n'avaient pas encore compris que, dans l'Écriture, les affirmations ne sont pas toutes sur le même plan et que les auteurs sacrés parlent le langage de leur temps : les indications relatives à la nature que contient la Bible ne sont pas « inspirées » comme celles qui touchent à l'histoire du salut. Cette affaire eut au moins l'avantage de contribuer à faire comprendre que la Bible est un livre essentiellement religieux et non un manuel de sciences naturelles.

Cependant Copernic ne sera retiré de l'Index qu'en 1757 et Galilée réhabilité qu'en 1822.

En 1979, devant l'Académie pontificale des Sciences, Jean-Paul II avait demandé que des savants et des historiens reprennent l'examen du cas Galilée en vue d'établir avec objectivité les faits, et les torts d'où qu'ils viennent. Une commission, constituée à cet effet en 1980 par le Secrétariat pontifical pour les non-croyants, publia en 1984 une documentation complète sur la condamnation de Galilée au XVIIe siècle par le Saint-Office, lequel ne sortait pas grandi de cette sorte de contre-procès.

En septembre 1989, devant l'université de Pise, ville natale de Galilée, Jean-Paul II déclarait à propos de ce dernier : « Son œuvre scientifique, persécutée à l'origine, est à présent reconnue de tous comme une étape essentielle de la méthodologie de la recherche et, en général, sur le chemin de la connaissance du monde de la nature ». Reconnaissance nécessaire et bien venue, qui tenait à cœur à Jean-Paul II ; mais l'affaire Galilée n'a pas fini pour autant de fournir une arme de choix aux polémistes. ■

7. LUMIÈRES, RÉVOLUTIONS, RESTAURATIONS (1715-1850)

Le siècle des Lumières (1715-1789)

Des idées en marche

Le XVIIIe siècle est le siècle des « Lumières » et des « philosophes ». Leur influence sur leur temps apparaîtra dans toute son ampleur avec le renversement de l'Ancien Régime en 1789.

Le siècle s'ouvre sur la disparition de la pesante tutelle de Louis XIV. Un véritable défoulement, moral et intellectuel, se produit : licence de la Régence (et du Régent), essor des libertins (libres-penseurs), précurseurs des philosophes ; malgré la censure, les œuvres subversives imprimées à l'étranger connaissent le succès.

Le mouvement d'idées dit des « *Lumières* » voit le jour en France dans ce climat et se répand dans toute l'Europe (où les élites parlent français). Il résulte en fait de la confluence de multiples sources ; on peut citer, parmi elles, le fonds commun de l'humanisme chrétien et l'importance qui y est donnée à la personne ; l'individualisme et le scepticisme de la Renaissance ; l'esprit de libre examen et de critique dogmatique de la Réforme ; la contestation du pouvoir romain par les protestants, les gallicans, les jansénistes...

On peut dire, à cet égard, que le crédit de l'Église a tout autant souffert des controverses religieuses du XVIIe siècle que de la dépendance dans laquelle l'a tenue l'absolutisme monarchique.

Enfin le mouvement philosophique du XVIIe siècle a directement préparé les voies aux « philosophes » du XVIIIe ; dès la fin du XVIIe , sous l'influence de Descartes qui n'a pourtant jamais opposé la foi et la raison, cette dernière tend à devenir le critère absolu : Bayle, dans son *Dictionnaire historique et critique* (1695-1697), affirme l'antinomie radicale entre science et foi, l'absence de lien entre morale et religion, la relativité de toutes les religions. Les empiristes anglais, rejetant par principe tout ce qui leur paraît incompatible entre Révélation et raison, débouchent sur le déisme ; celui-ci sera largement répandu parmi les philosophes du XVIIIe siècle, avant d'évoluer bien souvent vers le scepticisme ou l'athéisme.

Sans doute, dans le même temps, les sciences restent-elles à l'honneur dans la pensée chrétienne ; elle sont enseignées avec rigueur dans les établissements scolaires (tenus par l'Église) ; nombreux sont les authentiques savants parmi les croyants tant clercs que laïcs, et jusqu'à un pape, Benoît XIV. Et pourtant, une fracture s'établit, qui ira s'élargissant : alors que la plupart des « philosophes » opposent la raison (et dès lors l'esprit scientifique) à la foi, ou tout au moins à la Révélation, le monde catholique, pour sa part, n'est pas encore prêt à reconnaître au domaine de la science son autonomie ; et les positions agressives de la pensée rationaliste ne favoriseront pas une évolution dans ce sens. Si les théologiens n'ont pas manqué à l'époque, par contre a sans doute manqué une vision théologique prenant la mesure de ce qui se préparait avec l'essor de l'esprit scientifique. Constat évidemment plus facile à faire en notre XXe siècle qu'au XVIIIe !

En tout cas, si la foi populaire n'a pas été alors affectée par l'opposition qui semble s'établir entre foi et raison, par contre, parmi les notables (ceux qui feront la Révolution de 1789), puis parmi leurs héritiers au XIXe siècle, la conviction sera volontiers partagée que foi et progrès ne vont pas ensemble.

▶▶▶

Le déisme au XVIIIe siècle

Cette philosophie a vu le jour au XVIIe siècle en Angleterre, avec John Locke (1632-1704), John Toland (1670-1722), Matthew Tindal (1656-1733). On peut la résumer comme suit : la raison suffisant pour démontrer l'existence de Dieu, la Révélation est superflue. Tout ce qui dépasse la raison est d'ailleurs à rejeter ; il suffit de s'accorder sur l'existence d'un Être suprême et l'immortalité de l'âme, croyances dont l'universalité atteste la vérité.

Le mal est le fait de l'ignorance, la terre sera un lieu habitable lorsque l'homme aura maîtrisé les forces de la nature. La morale et la religion sont « naturelles » : elles n'ont besoin d'aucun concours extérieur à l'homme.

Dans une telle perspective, le dogme chrétien se trouve pratiquement vidé de son contenu, le péché n'a plus sa place, le salut devient dépourvu de sens, et la mission de l'Église inutile ; tout au plus lui conserve-t-on un rôle moral et éducatif, et à condition de ne pas faire obstacle au bonheur de l'homme.

La philosophie déiste a profondément influencé les auteurs français du XVIIIe siècle, et notamment Montesquieu et Voltaire qui se trouvèrent en contact direct avec elle au cours des quelques années qu'ils ont passées en Angleterre. ■

Naissance de la franc-maçonnerie

La première loge maçonnique voit le jour en 1717 à Londres. Tout en se réclamant de la tradition des corporations médiévales et notamment des constructeurs de cathédrales (d'où son symbolisme), la franc-maçonnerie est un produit typique du siècle des Lumières : foi déiste dans un Être Suprême, grand architecte de l'univers ; revendication du droit à la libre-pensée ; esprit de tolérance ; ouverture aux aspirations sociales et à une fraternité universelle des peuples.

Témoignage de la mentalité régnante, les loges se multiplient en Angleterre, puis sur le continent et dans les colonies britanniques, en particulier en Amérique. Bien accueillies en pays anglicans et luthériens, elles se heurtent à l'opposition des Églises calvinistes et surtout catholique, qui ne peuvent d'ailleurs en empêcher l'extension. L'interdiction d'adhérer à la maçonnerie faite aux catholiques par le pape Clément XII en 1738 est aggravée en 1751 par Benoît XIV d'une menace d'excommunication. Sont reprochés au mouvement son caractère interconfessionnel, vu comme une menace pour la foi des catholiques, et le serment du secret. Du coup, les loges d'Italie, d'Espagne, du Portugal regroupent tous les ennemis de l'Église.

En France, où l'on compte vers 1770 plus de 600 loges (et nombre de croyants et de prélats dans leurs membres et dignitaires), leur tendance alors n'est pas à l'anticléricalisme. La maçonnerie y est cependant un puissant vecteur de la pensée des philosophes, dont beaucoup en sont d'ailleurs membres, tels Montesquieu, Diderot, Voltaire, en même temps que de futurs acteurs de la Révolution comme Mirabeau ou Talleyrand. ■

QUATRE PHILOSOPHES EN BREF

Montesquieu (1689-1755), magistrat comme son père, étudie les institutions politiques en divers pays, et notamment en Angleterre, et livre dans *De l'esprit des lois* (1748) sa réflexion. Il y développe une théorie de l'État libéral sous la forme d'une monarchie constitutionnelle assurant les libertés essentielles par la séparation des pouvoirs législatif, exécutif et judiciaire. Cette théorie, qui influencera les législateurs révolutionnaires, est aujourd'hui la référence des États démocratiques. En 1721, il avait publié sous la forme de *Lettres persanes* une critique de l'absence de liberté de conscience en France et de la décadence d'une vie religieuse devenue à ses yeux superstition.

Voltaire (1694-1778) croit en un Dieu créateur, « grand horloger de l'Univers », qui se serait retiré de la marche de celui-ci pour laisser aux hommes l'usage du libre arbitre dont il les a dotés. Il voit dans le christianisme une des causes de l'injustice dans le monde (*Essai sur les mœurs* 1756). Il oppose la science à la foi et dénonce les dangers de la métaphysique. La religion n'a d'utilité que comme facteur d'ordre moral pour le peuple. Par un ensemble de pamphlets, de contes philosophiques, d'ouvrages comme le *Traité sur la tolérance* (1763), le *Dictionnaire philosophique* (1764), ainsi que par des campagnes à propos de tel ou tel cas, il se fait le champion de la lutte contre l'intolérance et la « superstition » (« Ecrasons l'infâme »).

Diderot (1713-1784) est d'abord connu pour la réalisation de l'*Encyclopédie ou Dictionnaire raisonné des sciences, des arts, des métiers,* dont les 35 volumes parurent entre 1751 et 1772. Cette œuvre monumentale est représentative de la pensée du siècle des Lumières. Faisant une large place aux sciences et aux techniques, elle se propose de mettre en relief l'aptitude de l'homme à transformer l'univers dès lors qu'il se libère des préjugés par le contrôle de sa raison sur la religion, sur la morale et sur la politique ; sans attaquer trop ouvertement l'Église, l'ouvrage ne ménage pas la religion et souligne le rôle prééminent de la raison. Outre Diderot, et d'Alembert qui le seconde un temps, la plupart des grands noms de l'époque (Montesquieu, Voltaire, Rousseau, Turgot, Condillac...) y contribuent plus ou moins. Diderot publiera par ailleurs une œuvre personnelle considérable et variée, dans laquelle on voit sa pensée évoluer du déisme au matérialisme. Il s'attaque à la vie conventuelle dans son roman *La Religieuse.* Il professe une morale de la nature.

Rousseau (1712-1778) tient une place à part au sein des philosophes de son siècle ; déiste comme eux, il le reste jusqu'à la fin ; chez lui le sentiment a autant de part que la raison ; il retrouve Dieu dans la nature qu'il contemple (*Profession de foi du vicaire savoyard)* ; il croit à une « Providence prévoyante et pourvoyante » ; il est sensible à la grandeur de Dieu, à sa bonté, à son mystère. Son œuvre est à la fois celle d'un rationaliste et d'un croyant, hostile cependant à la « foi dogmatique », et dès lors à l'Église. Précurseur du romantisme, il prépare les voies au renouveau du sentiment religieux qui se fera jour au lendemain de la Révolution, et ainsi, indirectement, à celui de la foi. Il est l'apôtre convaincu de la morale « naturelle », les premiers mouvements de la nature étant toujours « droits ». Sa revendication de la liberté et de l'égalité (*Contrat social, Emile,* 1762) inspirera profondément le mouvement révolutionnaire. ■

L'Église et la Franc-Maçonnerie

L'interdiction aux catholiques d'adhérer à la maçonnerie faite dès 1738 par le pape Clément XII, aggravée par la menace d'excommunication formulée par Benoît XIV en 1751, fut renouvelée en 1884 par le pape Léon XIII ; toutefois, elle visait alors les mouvements manifestement hostiles à l'Église, cas du Grand Orient de France et de la maçonnerie italienne. Le Grand Orient était alors à la pointe de l'offensive anticléricale en France. Fait significatif, il avait supprimé de sa Constitution l'article premier imposant à ses membres la croyance en Dieu et en l'immortalité de l'âme. Ce rejet de la tradition déiste maçonnique avait provoqué sa rupture avec la Grande Loge d'Angleterre, considérée comme la référence mondiale du mouvement.

Le code de droit canon de 1917 avait repris l'interdiction d'adhérer à une loge, l'incluant parmi les 42 cas d'excommunication automatique. Mais dans une déclaration du 11 septembre 1974, le cardinal Seper, préfet de la Congrégation pour la doctrine de la foi, avait limité cette excommunication aux cas d'adhésion à des loges délibérément antireligieuses.

Le nouveau code de droit canon de 1983 ne reprend pas l'interdiction d'adhésion à une loge. Cependant, dans une déclaration du 26 novembre 1983, le cardinal Ratzinger, successeur du cardinal Seper à la Congrégation pour la doctrine de la foi, a qualifié de péché grave l'adhésion à une loge et précisé qu'un fidèle qui la donnerait s'exclurait lui-même des sacrements. Un commentaire paru le 23 février 1985 dans l'*Osservatore Romano* (organe officieux du Saint-Siège) observe qu'une incompatibilité de principes n'exclut pas la collaboration sur des objectifs précis (défense de la paix, de la justice sociale, de valeurs morales...).

En France, des contacts sont établis entre le Service Incroyance-Foi (SIF), mandaté par l'épiscopat français, et des maçons croyants ou incroyants ; les catholiques sont plus nombreux dans la Grande Loge Nationale, exempte d'hostilité aux Églises, que dans les autres obédiences. Le 15 novembre 1985, le Conseil permanent de l'épiscopat français, le conseil de la Fédération protestante de France, le comité inter-épiscopal orthodoxe, le conseil supérieur rabbinique et les représentants de la Grande Mosquée de Paris se sont associés à l'appel de 9 organisations humanitaires, dont 5 mouvements maçonniques (y compris le Grand Orient de France) en faveur de la fraternité vis-à-vis des étrangers et contre le racisme. C'était la première fois en France qu'on voyait figurer ensemble les signatures des représentants de l'épiscopat et d'obédiences maçonniques. ■

A propos de l'Église et la franc-maçonnerie

Un article paru dans le quotidien du Vatican *L'Osservatore Romano* du 23 février 1985 a commenté la déclaration de la Congrégation pour la Doctrine de la Foi du 26 novembre 1983, rappelant aux catholiques que l'appartenance à un mouvement maçonnique était contraire à la foi chrétienne, déclaration qui avait suscité diverses réactions. L'article évoque les diverses raisons de la position de la hiérarchie, et notamment la suivante.

« *... Avant tout, il faut rappeler que la communauté des « maçons libres » et ses obligations morales se présentent comme un système progressif de symboles qui engage profondément. La discipline rigoureuse de l'arcane qui y domine renforce encore le poids de l'interaction des signes et des idées. Par-dessus, le climat de secret comporte pour les inscrits le risque de devenir des instruments de stratégies qu'ils ignorent.*

Même si l'on affirme que le relativisme n'est pas pris comme un dogme, on propose cependant, en fait, une conception symbolique relativiste ; aussi le caractère relativisant d'une telle communauté morale et rituelle, loin de pouvoir être éliminé, se révèle au contraire déterminant [...]

[...] Pour un chrétien catholique, il n'est pas possible de vivre sa relation avec Dieu selon une double modalité, c'est-à-dire en la scindant en une forme humanitaire-supraconfessionnelle et une forme intérieure-chrétienne. Il ne peut entretenir deux sortes de relations avec Dieu... »

Osservatore Romano
de langue française n° 12
du 19 mars 1985

La Franc-Maçonnerie en France : Voir Index

Quelques symboles maçonniques : l'étoile flamboyante, le compas et l'équerre de l'architecte, le tétragramme « Yahwé » en caractères hébreux.

Ph. Bulloz

▶▶▶ **Être suprême. Peuple souverain, Voltaire et Rousseau (musée Carnavalet).**

PHILOSOPHER

Philosopher, au XVIIIe siècle, c'est exercer l'esprit de libre examen en appliquant à tous les domaines le doute méthodique de Descartes ; le scepticisme de Bayle règne en maître. C'est toute la société qui alors philosophe, dans les salons, les cafés, les cabinets de travail... Dans le foisonnement des auteurs (d'Alembert, Condillac, Helvetius, Turgot, Volney...), quatre grands l'emportent par l'étendue de leur influence et de leur talent :

Montesquieu (1689-1755), le philosophe de l'État libéral ; *Voltaire* (1694-1778) qui, au nom de la tolérance, s'en prend à l'Église, à ses dogmes, à ses ministres ; *Diderot* (1713-1784), maître d'œuvre de l'*Encyclopédie* qui répand les idées nouvelles ; *Rousseau* (1712-1778) qui allie cultes de la raison et du sentiment, déisme et foi en Dieu-Providence, individualisme et morale sociale ; il est le précurseur de ce qui sera le romantisme et le renouveau du sentiment religieux au lendemain de la Révolution.

Dans la prolifération des idées, les mots-clefs sont *raison, liberté, bonheur, nature.* Au nom de la raison, le déisme rejette Révélation et dogme, puis bientôt évolue vers l'agnosticisme ou l'athéisme. L'Église n'est plus dès lors bonne qu'à la sauvegarde de la morale, avant de devenir finalement un obstacle au bonheur de l'homme ; la voie morale est « naturelle », c'est-à-dire qu'elle doit aller dans le sens de la nature dès lors que l'on donne à l'individu, par l'instruction, les moyens de recourir à sa raison.

La vaste entreprise de l'*Encyclopédie,* conduite par Diderot avec le concours de signatures prestigieuses, a le propos de rassembler le savoir contemporain ; malgré ses nombreuses faiblesses, elle est restée comme le symbole et la tribune de la pensée du siècle. La naissance et le succès de la *franc-maçonnerie,* pur produit du déisme, en sont une autre manifestation. La philosophie des Lumières imprègnera profondément toute la société occidentale. Dorénavant, la pensée chrétienne y sera constamment confrontée. Et, sur certains points cruciaux, comme celui de la dignité de l'homme ou du respect de ses droits fondamentaux, elle trouvera avec cette philosophie de larges convergences.

Le statut des protestants et l'Édit de Tolérance (1787)

Sous le règne de Louis XV, les protestants français restent sous le coup de l'Édit de Fontainebleau (1685) de Louis XIV, révoquant celui de Nantes et mettant hors la loi leur religion. Toutefois on voit alors apparaître une certaine tolérance, d'ailleurs variable d'une région à l'autre, à laquelle l'influence des « philosophes » et en particulier de Voltaire n'est pas étrangère. On assiste, par exemple, à la libération des derniers protestants encore aux galères et des dernières prisonnières de la Tour de Constance à Aigues-Mortes.

La période 1770-1775 est marquée d'une certaine officialisation du protestantisme, qu'on voit par exemple admis à entrer en rapport avec le monde de la Cour et du gouvernement. A partir de 1783, ceux qu'on appelle les « Américains », et notamment La Fayette, appuient le parti favorable à l'émancipation des protestants ; la question est posée à l'Assemblée des Notables, qui y donne un avis favorable.

C'est Loménie de Brienne, prélat[1] et ami des philosophes qui, étant ministre de Louis XVI, lui fait signer l'Édit de Tolérance de 1787. Celui-ci ne concerne que le statut civil des réformés, et ne modifie pas l'interdiction du culte ; ce n'en est pas moins la reconnaissance d'un droit à la non-catholicité. L'Édit concède le mariage non religieux soit devant un juge royal soit devant le curé en tant qu'officier d'état-civil ; la naissance d'enfants non catholiques peut être constatée par déclaration devant un juge, la déclaration de décès de manière analogue.

Le monde protestant espérait bien davantage, et notamment sa reconnaissance *de jure,* la liberté de culte et l'admission à tous les emplois ; il accueille cependant avec soulagement cette première remise en cause de sa situation juridique. L'Édit était au moins aussi important par sa portée morale que par ses dispositions pratiques.

La liberté religieuse sera accordée deux ans plus tard, en 1789, par l'Assemblée Constituante. ■

1. Il fut évêque de Condom, archevêque de Toulouse, puis de Sens, et cardinal.

Ph. Roger-Viollet

La tour de Constance à Aigues-Mortes, un haut-lieu pour les protestants français. Entre autres prisonniers aux XVIIe et XVIIIe siècles, Marie Durand y passa trente-huit ans !

Les Lumières en Allemagne : l'Aufklärung

Arrivée en Allemagne sous le nom d'*Aufklärung*, la philosophie des Lumières y suscita un double mouvement, l'un proprement philosophique dans le sillage de Leibniz, philosophe allemand du siècle précédent, l'autre poétique et romantique d'esprit déiste (Goethe, Schiller). Mais, fait propre à l'Allemagne, le monde catholique y connaît aussi son *Aufklärung :* non pas tant dans le domaine théologique que dans celui du sentiment religieux, sous la forme d'un courant piétiste en faveur d'une pratique plus sincère où l'affectivité tient une grande place ; ce courant relativise le dogme, les différences entre confessions religieuses, l'autorité du Saint-Siège.

Fébronianisme et joséphisme sont le témoignage de l'impact en Allemagne de ce courant religieux en même temps que des idées gallicanes. Le fébronianisme (*Febronius,* pseudonyme d'un évêque allemand auteur d'un ouvrage exposant cette théorie) est l'expression d'une conception, répandue dans l'épiscopat rhénan, en faveur de la limitation des pouvoirs du Saint-Siège, non sans points communs avec la Déclaration gallicane des Quatre Articles. Par joséphisme, on désigne la ligne de conduite suivie par l'impératrice d'Autriche *Marie-Thérèse* puis par son fils *Joseph II,* et tendant également à un affranchissement de l'institution ecclésiale vis-à-vis de l'autorité romaine, mais en l'occurence pour placer l'Église sous la coupe de l'État.

Le Saint-Siège au XVIIIe siècle

Dans le climat de ce siècle, tout concourt à mettre en cause l'autorité du Saint-Siège : les philosophes n'ont que faire d'une autorité spirituelle gardienne du dogme et de la morale chrétienne, tandis que les monarques et les épiscopats revendiquent plus que jamais une autonomie religieuse de type gallican.

Or, face à ces courants hostiles, il ne se trouve guère de pape d'envergure durant tout le siècle, Benoît XIV excepté. L'élection pontificale est en effet le fruit de luttes d'influence entre les souverains catholiques qui, à défaut de pouvoir imposer chacun son propre candidat, préfèrent s'accorder sur des personnalités inoffensives. Du moins s'agit-il toujours de prêtres respectables. Dans leurs intrigues souvent cyniques, les puissances européennes ont en outre maintes fois l'occasion d'humilier des États pontificaux dépourvus de moyens militaires.

L'affaire de la *suppression des jésuites* jette une lumière crue sur cette inconsistance de la papauté face aux pouvoirs politiques. La

▶▶▶

Fébronianisme et joséphisme

Le **fébronianisme** est la conception professée par un évêque allemand, von Hontheim, sous le pseudonyme de *Justinius Febronius*, dans un savant ouvrage paru en 1763. Plaidant pour un retour à l'esprit des origines chrétiennes tel qu'il le concevait, il se prononce en faveur d'un pouvoir illimité des évêques dans leur diocèse, l'évêque de Rome étant bien reconnu comme leur chef mais sans pouvoir sur eux ; le pouvoir doctrinal et disciplinaire suprême serait exercé par les évêques en concile oecuménique. Cette thèse épiscopalienne et conciliariste, conforme à l'esprit des conciles de Constance et de Bâle au XVe siècle, et proche du gallicanisme théologique et du jansénisme, était alors partagée par la plupart des évêques allemands, hostiles à l'autoritarisme de la Curie romaine. Elle trouvera une nouvelle expression dans la *Punctation d'Ems* (1786), programme d'Église nationale allemande élaboré par quelques princes-archevêques allemands à l'intention de l'empereur Joseph II. Le fébronianisme devait disparaître avec la suppression des principautés ecclésiastiques allemandes par Napoléon en 1803.

Le **joséphisme** est la politique religieuse suivie successivement par l'impératrice d'Autriche *Marie-Thérèse* (1740-1780) et son fils et successeur *Joseph II* (1765-1790). Inspirée par le chancelier *von Kaunitz*, un adepte des philosophes, elle vise à renforcer l'emprise du pouvoir impérial sur l'Église autrichienne en relâchant sans les rompre ses liens avec Rome. Une série de mesures seront prises en ce sens : sous Marie-Thérèse, limitation du nombre des couvents, restriction de l'influence des jésuites, réformes de l'enseignement de la théologie, « placet » gouvernemental avant publication des textes romains... ; sous Joseph II - type même des « despotes éclairés » du XVIIIe siècle - le contrôle se resserre sur l'épiscopat, auquel toute relation directe avec Rome est interdite ; plus de 600 couvents sont fermés, leurs biens vendus, le produit affecté à une Caisse de la Religion (salaires du clergé, constructions d'églises...) ; les diocèses sont calqués sur les circonscriptions administratives, les séminaires regroupés, le tout sans l'accord de Rome. Cette politique contraignante s'accompagne de la proclamation de la liberté individuelle du choix de la religion. ■

BENOÎT XIV, PAPE DES LUMIÈRES (1740-1758)

Considéré comme le plus éminent des papes des XVIIe et XVIIIe siècles, c'est un esprit ouvert et savant, reconnu comme tel par un siècle épris de science et de tolérance. Par exemple, il reconnaît le royaume de Prusse, pourtant protestant, et se lie d'amitié avec son souverain Frédéric II, parvenant ainsi à améliorer la condition des catholiques polonais de cet État ; il admet la validité des mariages mixtes catholiques-protestants ; au milieu des nombreuses difficultés alors suscitées aux Églises locales par l'hostilité des esprits acquis aux Lumières et par les diverses politiques d'esprit joséphiste, il négocie des concordats (Sardaigne, Naples et Sicile, Espagne, Portugal) qui créent à ces Églises un climat plus favorable.

Critiqué pour ces attitudes conciliantes, il n'en jouit pas moins d'une estime générale, notamment dans les milieux artistiques et scientifiques. Ses initiatives y contribuent d'ailleurs (création de chaires de sciences de la nature à l'université pontificale, fondation d'académies d'archéologie, d'anatomie, d'histoire de l'art, etc.). Il met en train une révision de l'*Index* qui aboutira par exemple, un an après sa mort, à la levée des condamnations des ouvrages de Copernic et de Galilée.
Par contre, il ne manifeste pas cette même lucidité dans la querelle des rites chinois (voir « Le temps des réformes ») à laquelle il met fin en confirmant purement et simplement la décision de Clément XI (1715) d'interdire toute adaptation liturgique à l'environnement culturel des pays de mission. ■

▶▶▶

Compagnie de Jésus avait pourtant apporté une contribution décisive à l'œuvre de la Réforme catholique ; mais sa fidélité au Saint-Siège, son influence dans les milieux dirigeants, la place qu'elle occupait dans l'enseignement, dans les missions, dans les controverses religieuses lui avaient attiré beaucoup d'ennemis, jusque dans les cours. C'est précisément de celles-ci que part le règlement de comptes, le roi Joseph Ier de Portugal donnant le signal en expulsant vers les territoires pontificaux les jésuites, accusés de complot. En France, l'hostilité conjuguée des Parlements, de la Sorbonne, des gallicans, des jansénistes, des philosophes et des francs-maçons aboutit au même résultat, Louis XV se résignant à dissoudre la Compagnie en 1764. D'autres souverains catholiques suivent le mouvement. Et après la mort en 1769 du pape Clément XIII, le seul à avoir pris avec fermeté la défense de la Compagnie de Jésus, l'élection de son successeur se joue sur la dissolution de celle-ci. Élu sous la pression des rois de France et d'Espagne, Clément XIV n'a plus qu'à signer la bulle la supprimant. (1773). Les souverains catholiques qui ne l'ont pas encore fait expulsent alors les jésuites ; par contre, Frédéric II de Prusse, luthérien et voltairien, et Catherine II de Russie, orthodoxe, s'y refusent.

L'Église et la Révolution française (1789-1800)

Des débuts pacifiques (1789-1790)

Fruit de l'arbitraire du système politique, de ses privilèges, de l'état désastreux des finances publiques, des inégalités sociales et fiscales, d'une crise économique, des contestations des philosophes, la Révolution française marque la fin d'un monde. Or, tout paraît lier l'Église à la société finissante : un haut clergé, aux revenus élevés, partageant les privilèges de la noblesse dont il est issu, un épiscopat plus soumis au pouvoir qu'au Saint-Siège, des ordres monastiques en régression numérique et spirituelle tout en conservant de vastes propriétés foncières, un écart considérable entre conditions du haut et du bas clergé... Elle peut sembler vouée au même sort que l'ancien Régime.

Cependant, grâce à la qualité pastorale du clergé paroissial, fruit des séminaires institués depuis le concile de Trente, grâce aussi au zèle des religieux et religieuses assurant des services d'intérêt général (enseignement, santé, assistance...), la population reste dans son ensemble attachée à la religion catholique ; on en aura le témoignage lorsqu'après la tourmente on verra l'Église reprendre rapidement racine.

Lors de la réunion des États Généraux par Louis XVI en 1789, pour faire face à la situation des finances publiques, le Tiers État, qui compte nombre d'adeptes des Lumières, s'érige en *Assemblée nationale* en vue de donner une constitution au royaume ; après quelques péripéties, sur ordre du roi noblesse et clergé se joignent à lui.

Composé en majorité de simples curés, l'ordre du clergé est proche du Tiers État et il apporte un appoint décisif aux votes des réformes qui se succèdent en 1789 : abolition des droits féodaux (nuit du 4 août), suppression de la dîme, *Déclaration des Droits de l'homme et du citoyen* (incluant liberté de conscience et de culte), toutes mesures qui touchent directement l'Église. C'est un évêque, à la réputation il est vrai douteuse, Talleyrand, qui fait voter la nationalisation des biens ecclésiastiques

La suppression de la Compagnie de Jésus par le Saint-Siège (1773)

L'influence considérable exercée dans tous les pays catholiques par la Compagnie de Jésus, qui avait joué un rôle de premier plan dans le renouveau catholique avant et après le concile de Trente au XVIe siècle, sa fidélité au Saint-Siège alors que se développaient les forces hostiles du gallicanisme, du joséphisme, du jansénisme, de la libre-pensée, de la maçonnerie, lui avaient suscité un grand nombre d'ennemis.

Le signal d'une violente réaction contre elle fut donné par Pombal, premier ministre dictatorial, libre-penseur et anticlérical du roi Joseph Ier du Portugal : en 1759, les jésuites, accusés de subversion au Paraguay (où une partie de leurs *réductions* chez les Indiens Guaranis avaient été rattachées au Brésil en 1750), puis de complot contre le roi, furent les uns jetés en prison (certains exécutés), les autres déportés vers les États de l'Église ; la Compagnie fut dissoute au Portugal et dans ses colonies, ses biens furent confisqués.

En France, où l'hostilité contre les jésuites était largement répandue à la Cour, au Parlement, à l'Université, la faillite d'une entreprise commerciale montée par l'un d'eux pour financer leur mission de la Martinique fournit au Parlement de Paris l'occasion de prononcer la confiscation de tous leurs biens en France ; l'explosion de haine contre eux qui s'ensuivit détermina Louis XV à dissoudre l'Ordre en France en 1764.

Sous des prétextes divers les souverains catholiques d'Espagne, de Naples, de Parme suivirent le mouvement, déportant eux aussi des milliers de jésuites vers le territoire pontifical.

Or, depuis un quart de siècle, l'attitude du Saint-Siège à l'égard de la Compagnie était hésitante. Seul Clément XIII, au moment même où la crise atteignait son paroxysme, prit sa défense. Aussi, à sa mort en 1769, le conclave se joua sur la dissolution de l'Ordre. Une fois élu, le candidat de la France et de l'Espagne, Clément XIV, ne put que se conformer à ses promesses en signant le bref *Dominus ac Redemptor* (1773) supprimant la Compagnie de Jésus. Le vieux général de celle-ci, Ricci, devait mourir emprisonné au Château Saint-Ange, à Rome. Les autres souverains catholiques expulsèrent à leur tour les jésuites ; mais Frédéric II de Prusse, protestant et voltairien, et Catherine de Russie, orthodoxe, s'y refusèrent. La faiblesse de la papauté en ce siècle des Lumières ne pouvait apparaître plus clairement. La Compagnie de Jésus ne sera rétablie qu'en 1814 par le pape Pie VII, après la chute de Napoléon. ■

Le Serment du Jeu de Paume

Déclaration des Droits de l'homme et du citoyen, décrétés par l'Assemblée nationale (20-26 août 1789) et acceptés par le Roi

Les représentants du peuple français, constitués en Assemblée nationale, considérant que l'ignorance, l'oubli ou le mépris des droits de l'homme sont les seules causes des malheurs publics et de la corruption des gouvernements, ont résolu d'exposer, dans une Déclaration solennelle, les droits naturels, inaliénables, et sacrés de l'homme.

[...] En conséquence l'Assemblée nationale reconnaît et déclare, en présence et sous les auspices de l'Être suprême, les droits suivants de l'homme et du citoyen.

Art. 1. Les hommes naissent et demeurent libres et égaux en droits, les distinctions sociales ne peuvent être fondées que sur l'utilité sociale.

Art. 2. Le but de toute association politique est la conservation des droits naturels et imprescriptibles de l'homme ; ces droits sont la liberté, la propriété, la sûreté et la résistance à l'oppression.

Art. 3. Le principe de toute souveraineté réside essentiellement dans la Nation : nul corps, nul individu ne peut exercer d'autorité qui n'en émane expressément.

Art. 4. La liberté consiste à pouvoir faire tout ce qui ne nuit pas à autrui. [...]

Art. 10. Nul ne doit être inquiété pour ses opinions, même religieuses, pourvu que leur manifestation ne trouble pas l'ordre public établi par la loi.

Art. 11. La libre communication des pensées et des opinions est un des droits les plus précieux de l'homme : tout citoyen peut donc parler, écrire, imprimer librement, sauf à répondre de l'abus de cette liberté dans les cas déterminés par la loi [...]

Art. 16. Toute société dans laquelle la garantie des droits n'est pas assurée, ni la séparation des pouvoirs déterminée, n'a point de constitution [...]

CHRONOLOGIE DES ÉVÉNEMENTS DE LA RÉVOLUTION FRANÇAISE CONCERNANT L'ÉGLISE (1789-1799)

	Principaux faits de la Révolution	Événements concernant l'Église
	Assemblée Constituante (1789-1791)	
1789	**5 mai :** Ouverture des États-Généraux à Versailles. **20 juin :** Serment du Jeu de Paume. **9 juillet :** Les trois Ordres se réunissent en Assemblée Nationale Constituante. **14 juillet :** Prise de la Bastille. **4 août :** Abolition des privilèges, dont les dîmes qui font vivre le clergé. **26 août :** Déclaration des droits de l'homme et du citoyen.	Procession solennelle du Saint-Sacrement suivie par le roi et les députés (y compris Mirabeau et Robespierre). **23 août :** Décret établissant la liberté religieuse. **2 novembre :** Nationalisation des biens ecclésiastiques, à charge pour la Nation de pourvoir aux frais de l'Église et des services qu'elle assume.
1790	**14 juillet :** Fête de la Fédération au Champ de Mars.	**13-19 fév. :** Loi interdisant les vœux et supprimant les ordres religieux contemplatifs. **12 juillet :** Constitution civile du clergé. **24 août :** Promulgation de la Constitution civile du clergé par Louis XVI. **Fin octobre :** Réaction des évêques siégeant à la Constituante contre la Constitution civile. **27 novembre :** Décret imposant au clergé le serment de fidélité à la Constitution civile.
1791	**20-22 juin :** Fuite et arrestation de Louis XVI. **14 sept. :** Proclamation de la Constitution de 1791 (monarchie constitutionnelle)	**10 Mars :** Bref *Quod aliquantum* de Pie VI condamnant la Constitution civile et les principes de la Révolution

(6 à 10% du sol pour moins de 1% de la population), à charge pour l'État de subvenir aux besoins de l'Église, de ses ministres, et surtout des nombreux services publics qu'elle assurait à elle seule (enseignement, hôpitaux, aide sociale, etc.).

En 1790 les vœux et les congrégations des religieux sont déclarés illégaux : c'est la suppression de toutes les congrégations religieuses. Mais déjà on voit se dessiner au sein des députés du clergé une opposition qui va aller croissant.

LES ANNÉES NOIRES (1790-1794)

Une Constitution civile du clergé

Les difficultés qui assaillent le pouvoir ainsi que l'influence croissante des clubs radicalisent l'hostilité de l'Assemblée à la monarchie et à l'Église. Une *Constitution civile du clergé* est votée en juillet 1790, assurant à l'État le contrôle absolu de l'Église de France ; les diocèses sont calqués sur les départements ; les curés et les évêques sont élus par l'ensemble des citoyens sans distinction d'opinion religieuse, et surtout, Rome est mise hors circuit. Louis XVI, informé officieusement de l'opposition du pape, mais harcelé et désorienté, promulgue le texte en août. En octobre, les évêques membres de l'Assemblée nationale (sauf deux) protestent contre un changement de statut de l'Église non négocié avec le pape, et, soutenus par 93 autres évêques, demandent à celui-ci de se prononcer. Lorsqu'en mars 1791 Pie VI condamne la Constitution civile, elle est déjà en application un serment de fidélité a été imposé aux évêques et curés sous peine de perte de leur emploi ; les élections des évêques et curés sont en cours. L'Assemblée rompt alors avec Rome, et annexe Avignon et le Comtat Venaissin, territoires pontificaux.

L'Église de France se trouve déchirée : une partie du clergé (« constitutionnels », « assermentés », « jureurs ») a prêté serment ; l'autre (« réfractaires », « insermentés ») a refusé. De nombreux fidèles et clercs,

▶▶▶

qui avaient adhéré à la Déclaration des Droits de l'homme et à la suppression des privilèges, et auraient probablement admis un régime de séparation respectant l'autonomie de l'Église, sont rejetés dans l'opposition. La fuite manquée du roi accroît l'hostilité à la monarchie et à ce qui s'y rattache.

Sous l'*Assemblée législative* (1791-1792), les événements intérieurs se précipitent, dans la fièvre causée par la poussée des armées étrangères coalisées contre la France révolutionnaire (émeute antiroyaliste du 10 août, suspension des pouvoirs royaux, emprisonnement du roi et de sa famille, émigration massive de la noblesse). Un nouveau serment, dit de « *liberté, égalité* » (1792), est exigé de tous les citoyens, qui met les prêtres réfractaires en position plus difficile ; ils sont pourchassés, arrêtés en grand nombre ; parmi les victimes des massacres de septembre 1792, à Paris, figurent 300 d'entre eux (*première Terreur*). Le mouvement d'émigration du clergé réfractaire s'accélère, achevant de disloquer l'Église de France. Beaucoup de clandestins restent cependant sur place.

Ph. Roger-Viollet

GRÉGOIRE (1750-1831)

L'abbé Grégoire est prêtre du diocèse de Nancy lorsqu'il est élu député du clergé aux États Généraux en 1789. Ce sympathisant de l'*Aufklärung* chrétienne œuvre tout de suite à la réunion des trois ordres en Assemblée constituante. Adhérant pleinement à la *Déclaration des droits de l'homme*, il voudrait la voir compléter par une *Déclaration des devoirs*. Il vote l'abolition des privilèges (1789) ; il est l'un des auteurs de la Constitution civile du clergé (1790) ; il est le premier prêtre à prêter serment de fidélité à celle-ci.
Élu évêque constitutionnel de Blois par les électeurs du Loir-et-Cher (1791), il déploie un zèle pastoral fort marqué d'esprit jacobin. Envoyé par ses diocésains comme député à la Convention, il contribue à faire voter l'attribution des droits civils aux juifs et l'abolition de l'esclavage. Pendant la Terreur, qui ne ménage pas plus le clergé constitutionnel que le clergé « romain », il refuse de renoncer à la prêtrise et de se marier, et siège à l'Assemblée en bas et calotte violets, avec sa croix pectorale ; personne n'ose porter la main contre lui. Mais il approuve la répression en Vendée. Il fonde le Conservatoire des arts et métiers et le Bureau des longitudes.
C'est surtout dans son effort pour redonner vigueur à l'Église constitutionnelle, rendue exsangue par la politique de « déprêtrisation » de la Convention. après Thermidor, qu'il est resté célèbre. Il mène cette tâche tout en étant membre du Conseil des Cinq-Cents du Directoire (1795-1798), puis du Corps législatif du Consulat (1800). Il organise deux conciles de l'Église constitutionnelle à Paris, en 1797 et en 1801. On y affirme le principe de l'organisation collégiale ; on y reconnaît tout au plus une primauté d'honneur au pape ; tout un ensemble de dispositions pastorales est adopté (séminaires, catéchèse, liturgie...). En fait, le concordat conclu par Bonaparte avec Pie VII en 1801 signe l'arrêt de mort de l'Église constitutionnelle. Grégoire ne le lui pardonnera pas. Aussi bien ne figure-t-il pas parmi les évêques nommés par Bonaparte dans le cadre concordataire. Il restera un opposant déterminé à Napoléon, tout en étant sénateur puis comte d'Empire. Sous la Restauration, il siège dans l'opposition libérale comme député de l'Isère (1819). Au moment de mourir (1831), il refuse la rétractation du serment constitutionnel qu'exige l'évêque de Paris, Mgr. de Quélen, pour l'administration des sacrements ; le prêtre qui les lui donne malgré tout perdra de ce fait sa nomination à l'évêché de Beauvais. ■

La Terreur

Sous la Convention (1792-1795), l'hostilité à la monarchie et au clergé est aiguisée par les provocations des émigrés. La République est proclamée (septembre 1792), le roi guillotiné (janvier 1793) ; la conscription achève d'exaspérer la Vendée qui se soulève (mars 1793). La menace extérieure, les insurrections fédéralistes, les difficultés économiques aiguillonnent le mouvement révolutionnaire : tribunal révolutionnaire et Comité de salut public voient le jour, les clubs et la Commune insurrectionnelle de Paris appellent à la lutte contre les « tyrans » et contre la « superstition ». Les Girondins (les modérés de l'Assemblée) sont arrêtés (juin 1793) ; c'est le début de la Terreur, propagée en province par de redoutables « représentants en mission », dont Carrier reste le plus tristement célèbre pour les massacres organisés à Nantes (fusillades et noyades).

La volonté d'annihiler toute vie chrétienne se traduit maintenant par des pressions et des menaces sur le clergé constitutionnel lui-même pour qu'il « abdique » (abandonne la prêtrise et se marie) ; il le fait en masse. Un calendrier républicain remplace les semaines par des décades, les dimanches par des décadis, les fêtes et cérémonies religieuses par des fêtes et cérémonies révolutionnaires. Un culte de la Raison est célébré à Notre-Dame de Paris.

Ph. Roger-Viollet

La conciergerie à Paris, antichambre, pendant la Terreur, du Tribunal révolutionnaire, et souvent de la guillotine.

	Principaux faits de la Révolution	Événements concernant l'Église
	Assemblée Législative (1791-1792)	
1791	**1er octobre :** Ouverture de l'Assemblée Législative.	**29 nov. :** Décret déclarant « suspects » les prêtres qui ne prêteraient pas serment à la Constitution civile du clergé.
1792	**Avril :** Première coalition contre la France. **11 juillet :** « La patrie en danger » **10 août :** Insurrection antiroyaliste ; emprisonnement de la famille royale au Temple. **20 sept. :** Victoire de Valmy.	**27 mai :** Décret condamnant à la déportation les prêtres réfractaires. **11 juin :** Veto royal à ce décret **14 août :** Imposition d'un nouveau serment (Liberté, Égalité) aux ecclésiastiques. **18 août :** Suppression des derniers ordres religieux (enseignants, hospitaliers...). **26 août :** Décret exilant les prêtres ayant refusé le serment du 14 août. **30 août :** Arrestations massives de « suspects » à Paris. **2-3-4 sept. :** « Massacres de septembre » dans les prisons parisiennes. **10 sept. :** Réquisition des objets du culte en or et en argent. **20 sept. :** Loi transférant aux communes l'état-civil. Autorisation du divorce.
	Convention nationale (1792-1795)	
1792	**21 sept. :** Proclamation de la République. **11 déc. :** Ouverture du procès de Louis XVI.	
1793	**21 janv. :** Exécution de Louis XVI. **28 févr. :** Décret de levée de 300 000 hommes. **Mars :** Insurrection en Bretagne. Soulèvement en Vendée. **10 mars :** Création du Tribunal révolutionnaire. **6 avril :** Comité de Salut public. **31 mai :** Proscription des Girondins. **23 août :** Levée en masse. **17 sept. :** Loi des suspects. Établissement de la Terreur. **16 oct. :** Condamn. et exécut. de la reine. **10 nov .** Inauguration du culte de la Raison à N.D. de Paris, temple de la Raison. **29 nov. :** Turreau à la tête de l'armée de la Convention en Vendée.	**2 oct. :** Début d'une politique de déchristianisation systématique. **5 oct. :** Calendrier républicain remplace le calendrier grégorien. **21 oct. :** Décret décidant la déportation des prêtres réfractaires. Voir Index : Pontons de Rochefort. **28 oct. :** Décret interdisant l'enseignement aux ecclésiastiques (même constitutionnels). **23 nov. :** Fermeture des églises parisiennes.
1794	**Janv. :** Les « colonnes infernales » de Turreau en Vendée. **Mars-avril :** Procès et exécution des « hébertistes » puis des « dantonistes ». **7 mai :** Culte national de l'Être suprême comme religion d'État. **8 juin :** Fête de l'Être suprême. **11 juin :** Début de la Grande Terreur. **27-28 juillet (9-10 thermidor) :** Chute et exécution de Robespierre, fin de la Terreur ; réaction antijacobine.	**18 sept. :** Suppression du budget des cultes (Église constitutionnelle).
1795	**17 févr. :** Accords de La Jaunaie entre Convention et Vendéens. **Septembre :** Proclamation de la Constitution de l'An III (Directoire).	**21 février :** Liberté de culte à l'intérieur des églises.

Robespierre, hostile à la démagogie des ultra-révolutionnaires hébertistes et au « modérantisme » des « indulgents » (Desmoulins, Danton), se débarrasse d'eux (mars-avril 1794) et instaure un gouvernement qu'il veut fonder sur la vertu et sur la Terreur (1 376 guillotinés en 47 jours). Il entend donner un couronnement spirituel à ce régime avec l'institution d'un culte de l'Être suprême, religion d'État, (mai 1794). Sa dictature provoque la réaction de Thermidor (juillet 1794) qui, avec sa propre exécution, marque la fin de la Terreur.

▶▶▶

Le soulèvement de la Vendée (1793-1796)

Plusieurs causes y ont contribué : misère et disette, Constitution civile du clergé (1790), puis, surtout à partir de 1792, répression exercée contre les prêtres réfractaires et leurs fidèles ; enfin, en 1793, condamnation et exécution de Louis XVI et levée de 300.000 hommes pour combattre l'invasion étrangère. Cette dernière mesure donne le signal de l'insurrection (mars 1793) dans les Mauges et le Bas-Poitou ; elle prend partout un caractère religieux : les paysans en armes réclament les « bons prêtres » et pourchassent les « intrus », c'est-à-dire les prêtres constitutionnels, identifiés avec la Révolution. Les insurgés forment une armée « catholique et romaine », avant qu'elle ne devienne « catholique et royale » une fois les nobles de la région joints aux paysans. Ils portent l'insigne du Sacré-Cœur, dont le culte a été répandu dans la région par Grignion de Montfort au début du siècle. L'armée vendéenne comptera jusqu'à 40.000 hommes.

Sous la conduite de Cathelineau, Bonchamps, Lescure, d'Elbée, La Rochejaquelein, Charette, Stofflet, elle se rend maîtresse du Poitou et d'une partie de l'Anjou ; repoussée de Nantes, elle est écrasée à Cholet par les troupes de la Convention maintenant renforcées par l'armée de Mayence (Kléber, Marceau). Dans un grand désordre, elle passe la Loire et se dirige vers Granville dans l'espoir d'un secours anglais, échoue dans la prise de la ville, reflue vers la Loire. En décembre 1793, elle subit une sanglante défaite au Mans, puis est anéantie à Savenay. En 1794 et 1795, ce qui subsiste se joint aux « Chouans », insurgés de Bretagne, Normandie, Maine, et ne fait plus qu'une guerre de partisans. Les douze « colonnes infernales » du général Turreau se livrent à la dévastation de la Vendée et au massacre, par dizaines de milliers (100 000 ?), de sa population, autorisant les historiens à parler de génocide. En 1795, Charette et Stofflet signent la paix de La Jaunaie, rendue possible par la reconnaissance de la liberté de culte qu'elle stipule. Le débarquement d'émigrés à Quiberon, l'arrivée du comte d'Artois à l'île d'Yeu raniment un moment l'insurrection. En 1796, Stofflet et Charette sont pris et fusillés. Hoche achève de pacifier la Vendée par une politique de conciliation, relayée par la paix religieuse apportée par le Concordat de 1801.

Cette guerre, sanglante et cruelle, a laissé de profondes séquelles dans les mentalités françaises, contribuant à exacerber, d'un côté l'hostilité d'une large partie de l'opinion catholique vis-à-vis de la République, de l'autre, la haine du prêtre considéré comme l'instrument de l'aristocratie et de l'Ancien Régime. (Voir Index : Martyrs d'Angers. Westerman (général) et la Vendée). ■

La Marseillaise des Vendéens

« Allons, armées catholiques
Le jour de gloire est arrivé ;
Contre nous de la République
L'étendard sanglant est levé.
Entendez-vous dans ces campagnes
Les cris impurs des scélérats ?
Ils viennent jusque dans vos bras
Prendre vos filles et vos femmes !
Aux armes, Poitevins ! formez vos bataillons.
Marchez, marchez, le sang des Bleus
rougira vos sillons.
Quoi ! des gueux d'hérétiques
Feraient la loi dans vos foyers ?
Quoi ! des muscadins de boutiques
Nous écraseraient sous leurs pieds !
Et le Rodrigue [1] abominable,
Infâme suppôt du démon,
S'installerait en la maison
De notre Jésus adorable !
Aux armes, Poitevins... »

Premiers couplets du chant composé en 1793 par l'abbé Lusson, aumônier dans l'armée vendéenne.

Cité dans *La vie quotidienne en Vendée pendant la Révolution*, G. BORDONOVE, Ed. Hachette.
1. Évêque constitutionnel de Poitiers.

L'historien André Latreille décrit la vie religieuse sous la Terreur

A l'intérieur de la République, l'Église orthodoxe [1] *s'efforce de conserver les liaisons qui maintiennent une organisation cohérente, de célébrer le culte clandestin et d'assister les fidèles. Certes, elle est très durement frappée. Les historiens n'ont pas achevé le recensement régional méthodique de ses pertes, ni l'Église l'établissement du catalogue des martyrs authentiques* [...]

Suit ici l'évocation de groupes de religieuses, religieux, prêtres, exécutés à Compiègne, Valenciennes, Arras, Orange, Lyon, Angers, Laval, ou morts sur les pontons de Rochefort, et de nombreuses exécutions individuelles.

[...] Des vingt-cinq évêques qui n'ont pas émigré, dix-huit sont morts de 1792 à 1795, et sept seulement réussirent à passer toute la Terreur, faisant quelques ordinations comme Mgr. Maillé de la Tour Landry, caché dans la région parisienne. Encore sont-ils terriblement divisés, depuis le serment de liberté-égalité, sur la conduite à tenir, entre les exigences des principes et la nécessité de s'adapter aux circonstances et par suite sur les chefs à suivre [...].

[...] Comme les réfractaires ont commencé à s'adapter à la clandestinité dès la mise en place des schismatiques, leur organisation est parfois très efficace. Ainsi à Paris, où M. Herissay montre qu'en dépit de toutes les perquisitions le culte clandestin a fonctionné ainsi que le soupçonnent les agents du Ministère de l'Intérieur et où le chiffre des sacre-ments administrés en secret a été considérable. Mais la grande ville constitue un refuge relativement plus efficace que les petites bourgades.

[...] Ailleurs on s'édifie de constater que « les hommes rivalisaient en assiduité, en ferveur, et pour la fréquentation des sacrements, avec les femmes ». Il s'agit certes de petites minorités, car la Terreur a fait bien des apostats et surtout [...]. *« plus d'hypocrites que de martyrs ; une foule de personnes conservaient dans leur cœur l'idée de Dieu, mais son nom expirait sur leurs lèvres ».*

Seulement les tièdes qui se sont terrés pour survivre n'ont pas toujours renoncé pour autant à la religion : dès que le courant se renversera, dès qu'il ne sera plus trop périlleux de le faire, ils manifesteront leur attachement à l'ancien culte et on aura la surprise de retrouver des pratiquants en beaucoup plus grand nombre qu'on ne pouvait le prévoir ».

Histoire du catholicisme en France, Ed. Spes.

1. C'est-à-dire ici l'Église restée fidèle à Rome.

LE CLERGÉ FRANÇAIS AU LENDEMAIN DE LA RÉVOLUTION

Diminution en % du clergé paroissial (curés) entre 1790 et 1815

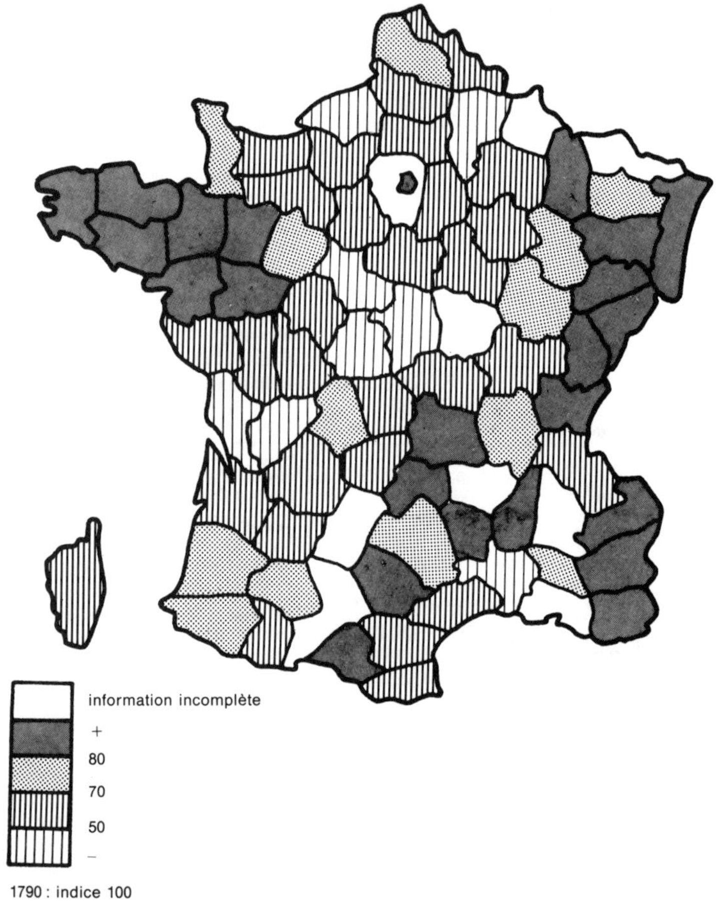

	Directoire (1795-1799)	
	Principaux faits de la Révolution	Événements concernant l'Église
1796-97	Campagne de Bonaparte en Italie.	
1797	Traité de Campo-Formio mettant fin à la première coalition. **4 sept.** (18 fructidor) : Coup d'État de Barras et des membres républicains du Directoire contre les modérés monarchistes des Assemblées élues. Un nouveau Directoire se met en place.	**Février :** Armistice de Tolentino entre Bonaparte et le pape Pie VI. **Août-novembre :** 1er Concile national de l'Église constitutionnelle à N.D. de Paris. **24 août :** Abrogation des lois contre les prêtres réfractaires. **28 déc. :** Émeute antifrançaise à Rome.
1798		**11-15 février :** Arrestation de Pie VI à Rome par les troupes françaises et déportation. Proclamation de la République romaine.
1798-99	Campagne de Bonaparte en Egypte.	
1799	Deuxième coalition contre la France. **9 et 10 nov. :** (18 et 19 brumaire) : Coup d'État de Bonaparte qui renverse le Directoire. Établissement du Consulat.	**29 août :** Mort de Pie VI prisonnier à Valence.

▶▶▶

VERS L'APAISEMENT (1794-1799)

Après Thermidor, la Convention amorce une politique religieuse plus tolérante ; en 1795, la liberté de culte dans les églises est rétablie, permettant à l'Église clandestine de revoir le jour ; la séparation de l'Église et de l'État est prononcée, privant de ressources l'Église constitutionnelle déjà mal en point du fait des nombreuses « déprêtrisations » ; l'évêque constitutionnel Grégoire essaye de lui redonner vie ; il convoque à Paris un concile national dans ce but (1797).

Institué par la Constitution de l'an III, le Directoire (1795-1799) commence par suivre la même politique religieuse modérée, tout en prescrivant au général Bonaparte d'en finir en Italie avec le pouvoir pontifical. Le coup d'État du 18 fructidor (1797), dirigé par Barras contre la tendance royaliste issue des dernières élections, marque un retour au radicalisme ; les églises sont à nouveau fermées, et des prêtres déportés ; malgré tout, le catholicisme reprend partout vigueur.

En Italie, Pie VI, qui avait rejoint la coalition dirigée contre la France, doit négocier avec Bonaparte l'humiliant et coûteux armistice de Tolentino (1797). Un an plus tard, à la suite de troubles, le général Berthier occupe Rome, y proclame la République romaine. Le pape, âgé de 80 ans, est arrêté ; conduit à Valence, il y meurt (1799). Beaucoup se réjouissent de ce qu'ils pensent être la fin de la papauté (« Pie VI et dernier »).

Le coup d'État de Bonaparte le 18 brumaire 1799 et l'instauration du Consulat ne modifient pas, dans l'immédiat, la situation incertaine de l'Église en France. Cependant, la préoccupation première de Bonaparte est de restaurer l'unité du pays ; la paix religieuse en est l'une des conditions.

Un impérialisme gallican : Napoléon Bonaparte (1799-1815)

LE CONCORDAT, RENAISSANCE OU SERVITUDE ?

Pie VI disparu, Rome occupée par les troupes du Directoire qui veut en finir avec la papauté, comment élire un successeur ? Pie VI avait tout prévu : un conclave restreint peut se réunir à Venise, territoire autrichien, et élire Pie VII en 1800, quelques mois après le coup d'État de Bonaparte.

Le nouveau pape tranche sur tous ses prédécesseurs du XVIIIe siècle par la vigueur de sa personnalité ; sa douceur évangélique n'exclut ni fermeté ni intelligence politique. Il sera secondé par un Secrétaire d'État d'envergure, le cardinal Consalvi. Les Français ayant été chassés de Rome par les Autrichiens, Pie VII peut s'y installer. Il se trouve devant une tâche immense : dans la situation de l'Europe d'alors, l'avenir du catholicisme repose, pour une grande part, sur le sort qui lui sera fait en France, où l'Église est dans un état désastreux.

Or il se trouve que Bonaparte, bien qu'adepte des Lumières et fils de la Révolution, est conscient que l'unité nationale brisée ne pourra être restaurée sans la paix religieuse. Sa victoire de Marengo (1800), en lui redonnant la maîtrise de l'Italie, le met précisément en position de force pour négocier avec le pape. Mais si ce dernier est tout autant désireux de parvenir à un accord, il n'est

▶▶▶

Quand Bonaparte parle de la religion

« Ma politique est de gouverner les hommes comme le grand nombre veut l'être. C'est là, je crois, la manière de reconnaître la volonté du peuple. C'est en me faisant catholique que j'ai fini la guerre de Vendée ; c'est en me faisant musulman que je me suis établi en Egypte, en me faisant ultramontain que j'ai gagné les esprits en Italie. Si je gouvernais un peuple de Juifs, je rétablirais le temple de Salomon. » (16 août 1800 au Conseil d'État).

[...] « Je ne vois pas dans la religion le mystère de l'incarnation mais le mystère de l'ordre social : elle rattache au ciel une idée d'égalité qui empêche que le riche soit massacré par le pauvre.

La religion est une sorte d'inoculation ou de vaccine qui, en satisfaisant notre amour du merveilleux, nous garantit des charlatans et des sorciers ; les prêtres valent mieux que tous les Kant et les rêveurs de l'Allemagne. Comment avoir de l'ordre dans un État sans religion ? La société ne peut exister sans l'inégalité des fortunes, et l'inégalité des fortunes ne peut subsister sans la religion. Quand un homme meurt de faim à côté d'un autre qui regorge, ce lui est impossible d'accéder à cette différence s'il n'y a pas une autorité qui lui dise : « Dieu le veut ainsi, il faut qu'il y ait des pauvres et des riches dans le monde ; mais ensuite et pendant l'éternité, le partage se fera autrement. » (1801).

Cité dans *Pour lire l'Histoire de l'Église.*
J. COMBY, Ed. Cerf.

UN SCHISME ANTICONCORDATAIRE : LA « PETITE ÉGLISE »

Si le Concordat de 1801 mit fin au schisme de l'Église constitutionnelle, il en provoqua paradoxalement un autre, encore que d'importance restreinte : en application du traité signé avec Bonaparte, Pie VII dut en effet demander leur démission aux 83 évêques survivants de l'Ancien Régime, d'ailleurs privés de leur juridiction par la réduction du nombre de diocèses. Parmi les 36 récalcitrants, l'ancien évêque de Blois, Thémines, et celui de La Rochelle, Coucy, entendirent cependant exercer une autorité dans leurs anciens diocèses. Ailleurs, des groupes de prêtres et de laïcs refusèrent l'Église concordataire comme ils avaient refusé l'Église constitutionnelle. Cette dissidence, connue sous le nom de « Petite Église », devait principalement se poursuivre dans le bocage vendéen et le Lyonnais. Privée de hiérarchie par la mort de l'ancien évêque de Blois en 1829, elle devait cependant perdurer jusqu'au début du XXe siècle. ■

CHRONOLOGIE DES ÉVÉNEMENTS DU CONSULAT ET DE L'EMPIRE CONCERNANT L'ÉGLISE (1799-1815)

	Principaux faits de portée générale	Événements concernant l'Église
1799	**9-10 nov.** (18-19 brumaire) : Coup d'État de Bonaparte renversant le Directoire et établissant le Consulat. **24 déc. :** Constitution de l'an VIII (Consulat).	**29 août :** Mort du pape Pie VI, prisonnier à Valence.
1800	**14 juin :** Bataille de Marengo gagnée par Bonaparte sur les Autrichiens.	**14 mars :** Élection à Venise du pape Pie VII.
1801		**15 juillet :** Signature à Paris par Bonaparte et le cardinal Consalvi du Concordat entre la France et le Saint-Siège.
1802	**Mars :** Paix d'Amiens avec l'Angleterre	**8 avril :** Vote de ratification du Concordat avec les « articles organiques » ajoutés par Bonaparte. *Génie du Christianisme* de Chateaubriand.
1803	Camp de Boulogne	
1804	**18 mai :** Proclamation de l'Empire français.	**1 déc. :** Mariage religieux, célébré en secret, de Napoléon et Joséphine de Beauharnais. **2 déc. :** Sacre de Napoléon par Pie VII à Notre-Dame de Paris.
1805	**Avril :** Troisième coalition contre la France. **Mai :** Napoléon se fait couronner roi d'Italie à Milan. **21 oct. :** Victoire navale anglaise à Trafalgar. **2 déc. :** Victoire de Napoléon à Austerlitz sur les Autrichiens et les Russes. Abandon en France du calendrier révolutionnaire et retour au calendrier grégorien.	
1806	**12 juillet :** En créant une Confédération du Rhin sous son protectorat, Napoléon met fin au Saint Empire romain-germanique.L'empereur d'Allemagne François II abandonne son titre pour celui d'empereur d'Autriche. **6 oct. :** Quatrième coalition contre la France. **14 oct. :** Victoire de Napoléon à Iéna sur les Prussiens. **21 nov. :** Établissement du « blocus continental » contre l'Angleterre.	Napoléon exige de Pie VII qu'il prenne des mesures contre les pays en guerre contre la France. Le pape refuse. Napoléon exige la démission de Consalvi. L'armée française occupe Civita-Vecchia.
1807	Victoires de Napoléon à Eylau et Friedland sur les Prusses. Traité de Tilsitt.	Napoléon somme Pie VII de participer au blocus continental. Le pape refuse.
1808	Commencement de la guerre d'Espagne qui se poursuivra jusqu'en 1814.	**2 février :** Occupation de Rome par les troupes françaises.
1809	Cinquième coalition contre la France. **6 juill. :** Victoire de Napoléon à Wagram sur les Autrichiens. **16 déc. :** Napoléon répudie son épouse Joséphine.	**17 mai :** Annexion des États pontificaux par l'Empire français. **10 juin :** Pie VII fait afficher la bulle d'excommunication de Napoléon. **6 juillet :** Pie VII est arrêté ;il sera conduit à Savone.
1810	**1er avril :** Napoléon épouse l'archiduchesse Marie-Louise, fille de l'empereur d'Autriche.	Captif, Pie VII refuse les investitures canoniques aux évêques nommés par l'empereur, qui décide dès lors de convoquer un concile national.
1810-1812	Apogée de l'Empire français, qui s'étend de l'Elbe au Garigliano.	

Le catéchisme sous l'aile de l'aigle impérial

Leçon VII - Suite du même commandement
– Quels sont les devoirs des chrétiens à l'égard des princes qui les gouvernent, et quels sont en particulier nos devoirs envers Napoléon Ier, notre empereur ?
– Les chrétiens doivent aux princes qui les gouvernent, et nous devons en particulier à Napoléon Ier notre empereur, l'amour, le respect, l'obéissance, la fidélité, le service militaire, les tributs ordonnés pour la conservation et la défense de l'empire et de son trône ; nous lui devons encore de ferventes prières pour son salut et pour la prospérité spirituelle de l'État.

– Pourquoi sommes-nous tenus de tous ces devoirs envers notre empereur ?
– C'est, premièrement, parce que Dieu, qui crée les empires et les distribue selon sa volonté, en comblant notre empereur de dons, soit dans la paix, soit dans la guerre, l'a établi notre souverain, l'a rendu ministre de sa puissance et de son image sur la terre. Honorer et servir notre empereur est donc honorer et servir Dieu même. Secondement, parce que Notre Seigneur Jésus-Christ, tant par sa doctrine que par ses exemples, nous a enseigné lui-même ce que nous devons à notre souverain : il est né en obéissant à l'édit de César Auguste ; il a payé l'impôt prescrit ; et de même qu'il a ordonné de rendre à Dieu ce qui appartient à Dieu, il a aussi ordonné de rendre à César ce qui appartient à César.

– N'y a-t-il pas des motifs particuliers qui doivent plus fortement nous attacher à Napoléon Ier, notre empereur ?
– Oui : car il est celui que Dieu a suscité dans les circonstances difficiles pour rétablir le culte public de la religion sainte de nos pères, et pour en être le protecteur. Il a ramené et conservé l'ordre public par sa sagesse profonde et active, il défend l'État par son bras puissant ; il est devenu l'oint du Seigneur par la consécration qu'il a reçue du souverain pontife, chef de l'Église universelle. »

Catéchisme à l'usage de toutes les Églises de l'Empire français, 1806.

▶▶▶ pas disposé à passer par toutes les volontés du Premier Consul. La négociation entre Rome et Paris se révèle très difficile. Enfin, après d'ultimes péripéties, un *Concordat* est signé à Paris le 15 juillet 1801 (23 fructidor an IX).

Il ne comporte que 17 articles, très brefs. La religion catholique est reconnue comme celle de la majorité des Français (mais non comme celle de la Nation) ; elle s'exercera librement, dans le cadre des règlements de police ; les circonscriptions ecclésiastiques seront délimitées en accord avec le gouvernement (ce seront en fait les circonscriptions administratives) ; les évêques seront nommés par le Premier Consul et recevront ensuite du pape l'institution canonique ; tous les évêques en place démissionneront, le pape déposant tous ceux qui s'y refuseraient ; tous les ecclésiastiques devront le serment de fidélité à l'État ; celui-ci assurera le traitement des évêques et des curés (les chefs de paroisses) mais non des autres prêtres. Ne sont prévues ni la restauration des ordres religieux ni la modification de la législation révolutionnaire sur le mariage.

Le pape se voit alors obligé de déposer 36 évêques qui refusent de démissionner ; or il s'agit de pasteurs demeurés fidèles à l'Église aux heures les plus difficiles ; en outre, parmi les évêques nommés par Bonaparte, 12 sont des « constitutionnels », donc en rupture avec Rome. Comme le pape exige d'eux au moins un acte écrit de réconciliation avant de leur donner l'institution canonique, le pouvoir n'hésite pas à en établir de faux.

Un complément unilatéral

Enfin et surtout, tenu par la Constitution de soumettre le Concordat à la ratification des Assemblées, à forte tendance anticléricale, Bonaparte y ajoute unilatéralement 77 *articles organiques* qui imposent, de fait, à l'Église de France un statut du plus pur esprit gallican (obligation de soumettre à l'approbation gouvernementale décrets pontificaux, synodes, catéchisme, etc. ; enseignement dans les séminaires des *Quatre Articles* gallicans de 1682...). Malgré les protestations de Pie VII, Concordat et articles organiques deviennent un tout indissociable par le vote de la loi de 1802 ; elle régira l'Église de France, ainsi d'ailleurs que les Églises protestantes, jusqu'à la séparation de l'Église et de l'État en 1905.

Le prix payé pour la restauration du catholicisme en France est élevé. Mais l'opinion accueille avec un immense soulagement la renaissance de la vie religieuse qui va, de fait, connaître un nouvel essor malgré l'état déplorable de l'institution ecclésiastique (clergé réduit, âgé, divisé ; ordres religieux toujours interdits, sauf ceux considérés comme « utiles » : enseignement, santé, missions ; ignorance religieuse des fidèles ; triste état des bâtiments ; biens confisqués non restitués...). L'œuvre accomplie dans ces conditions par l'épiscopat désigné par Napoléon Bonaparte premier consul sera considérable ; sans doute peut-on reprocher à ces évêques leur extrême docilité au pouvoir ; mais cet état de choses se trouvera pour une part contrebalancé par l'autorité nouvelle acquise par le Saint-Siège en la personne de Pie VII.

Suite page 434 ▶▶▶

LE CARDINAL CONSALVI (1757-1824)

Né à Rome, Ercole Consalvi a reçu le diaconat mais n'a jamais voulu recevoir la prêtrise ; même fait cardinal par Pie VII, il restera diacre jusqu'à sa mort.

Secrétaire du conclave réuni à Venise en 1799-1800 après la mort de Pie VI pour lui donner un successeur, il est l'un des promoteurs de l'élection de Pie VII. Choisi par lui comme secrétaire d'État, il doit, après l'échec de la mission de Mgr. Spina, prendre en mains les difficiles négociations engagées avec Bonaparte pour l'établissement d'un concordat avec la France. Après plusieurs crises proches de la rupture, il signe avec Bonaparte le Concordat le 15 juillet 1801 à Paris.

Lors du conflit entre Napoléon et Pie VII, suscité en 1806 par le refus du pape d'abandonner sa neutralité en s'associant au blocus continental contre l'Angleterre, Pie VII est contraint de se séparer de son secrétaire d'État, que Napoléon déteste. Après l'arrestation du pape, Consalvi est lui-même jeté en prison à Reims puis à Mézières, jusqu'en 1813.

Après la chute de l'Empire et le retour de Pie VII à Rome, il redevient son secrétaire d'État. Représentant le Saint-Siège au Congrès de Vienne (1814-1815) qui redessine l'Europe, il parvient à sauvegarder l'essentiel des États Pontificaux contre les visées des puissances européennes. Puis, par une active politique de concordats, il aide l'Église à reprendre force et dynamisme dans les divers pays. Il réorganise aussi l'administration des États pontificaux, mais selon des conceptions cléricales et absolutistes qui seront sources de graves difficultés pour les successeurs de Pie VII. Il cesse ses fonctions de secrétaire d'État à la mort de celui-ci en 1823. ■

La loi du 10 germinal an X (8 avril 1802) sur les cultes

Elle inclut le Concordat intervenu avec le Saint-Siège et, au titre des règlements de police, une série d'arrêtés organisant le culte catholique (articles organiques).

Son titre I soumet à autorisation la publication en France de tous les textes du Saint-Siège, la tenue des conciles provinciaux et des synodes, l'exercice d'une mission au nom du Saint-Siège, et institue le recours en Conseil d'État contre les décisions ecclésiastiques.

Son titre II fixe un ensemble de règles disciplinaires ecclésiastiques (le plus souvent à l'encontre des dispositions canoniques) : suppression des exemptions ; obligation, pour un évêque, d'une autorisation pour sortir de son diocèse, pour établir chapitre ou séminaire ; obligation, pour les professeurs de séminaire, de souscrire à la Déclaration de 1682 (les « Quatre articles ») ; conditions de l'ordination des prêtres, de leur âge, de leurs revenus ; administration des diocèses vacants...

Son titre III prescrit un seul catéchisme et une seule liturgie en France, interdit les fêtes hors du dimanche, réglemente la prédication, interdit le mariage religieux sans mariage civil préalable, fixe les traitements du clergé.

Des articles organiques (18 germinal) s'appliqueront au culte protestant, des décrets impériaux (mars 1808) au culte juif. ■

LES ÉVÊCHÉS DE FRANCE À LA VEILLE DE LA RÉVOLUTION

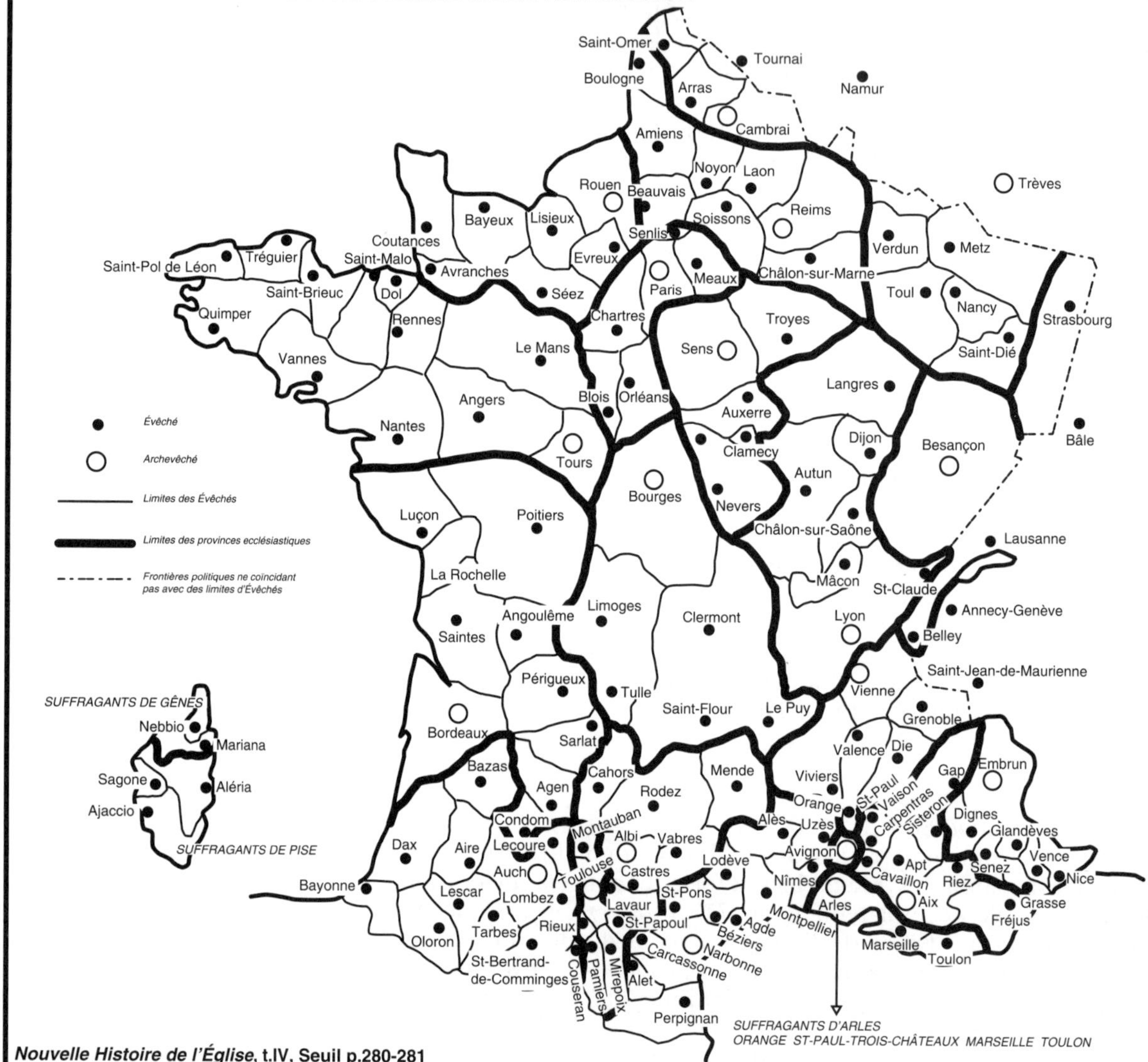

***Nouvelle Histoire de l'Église*, t.IV, Seuil p.280-281**

A la veille de la Révolution, la France comptait *135 diocèses* répartis en *18 provinces ecclésiastiques* (les archevêchés, métropoles des provinces, sont indiqués ci-après en lettres capitales).

LYON, Autun, Chalon-sur-Saône, Dijon, Langres, Mâcon, Saint-Claude. ROUEN, Avranches, Bayeux, Coutances, Evreux, Lisieux, Séez. TOURS, Angers, Dol, Le Mans, Nantes, Quimper, Rennes, Saint-Brieuc, Saint-Malo, Saint-Pol-de-Léon, Tréguier, Vannes. SENS, Auxerre, Nevers, Troyes. PARIS, Blois, Chartres, Meaux, Orléans. REIMS, Amiens, Beauvais, Boulogne, Châlons-sur-Marne, Laon, Noyon, Senlis, Soissons. CAMBRAI, Arras, Saint-Omer (et hors du royaume, Namur, Tournai). BESANÇON, Belley (et hors du royaune, Bâle, Lausanne). VIENNE, Die, Grenoble, Valence, Viviers (et hors du royaume, Annecy-Genève, Saint-Jean-de-Maurienne). BOURGES, Clermont-Ferrand, Limoges, Le Puy-en-Velay, Saint-Flour, Tulle. ALBI, Cahors, Castres, Mende, Rodez, Vabres. BORDEAUX, Agen, Angoulême, Condom, Luçon, Périgueux, Poitiers, La Rochelle, Saintes, Sarlat. AUCH, Aire, Bayonne, Bazas, Saint-Bertrand-de-Comminges, Couserans, Dax, Lectoure, Lescar, Oloron, Tarbes. NARBONNE, Agde, Alès, Alet, Béziers, Carcassonne, Lodève, Montpellier, Nîmes, Perpignan, Saint-Pons-de-Thomières, Uzès. TOULOUSE, Lavaur, Lombez, Mirepoix, Montauban, Pamiers, Rieux, Saint-Papoul. ARLES, Marseille, Orange, Saint-Paul-Trois-Châteaux, Toulon. AIX, Apt, Fréjus, Gap, Riez, Sisteron. EMBRUN, Digne, Glandève, Grasse, Senez, Vence (et hors du royaume, Nice).

Les évêchés de Metz, Toul, Verdun, Nancy, Saint-Dié dépendaient de la province ecclésiastique ayant pour métropole, Trèves, hors du royaume.

L'évêché de Strasbourg appartenait à la province ecclésiastique ayant pour métropole Mayence, hors du royaume. Les évêchés de Corse : Ajaccio, Aléria (résidence à Cervione), Sagone, Mariana et Accia (résidence à Bastia), Nebbio, relevaient, les trois premiers, de l'archevêché de Pise, les deux derniers, de celui de Gênes, hors du royaume.

L'évêché du Puy relevait directement du Saint-Siège, ainsi que celui « in partibus » de Bethléem à Clamecy.

La province ecclésiastique d'Avignon, avec les évêchés de Carpentras, Cavaillon, Vaison, était hors du royaume et faisait partie des États pontificaux. ■

LES ÉVÊCHÉS FRANÇAIS APRÈS LE CONCORDAT DE 1801

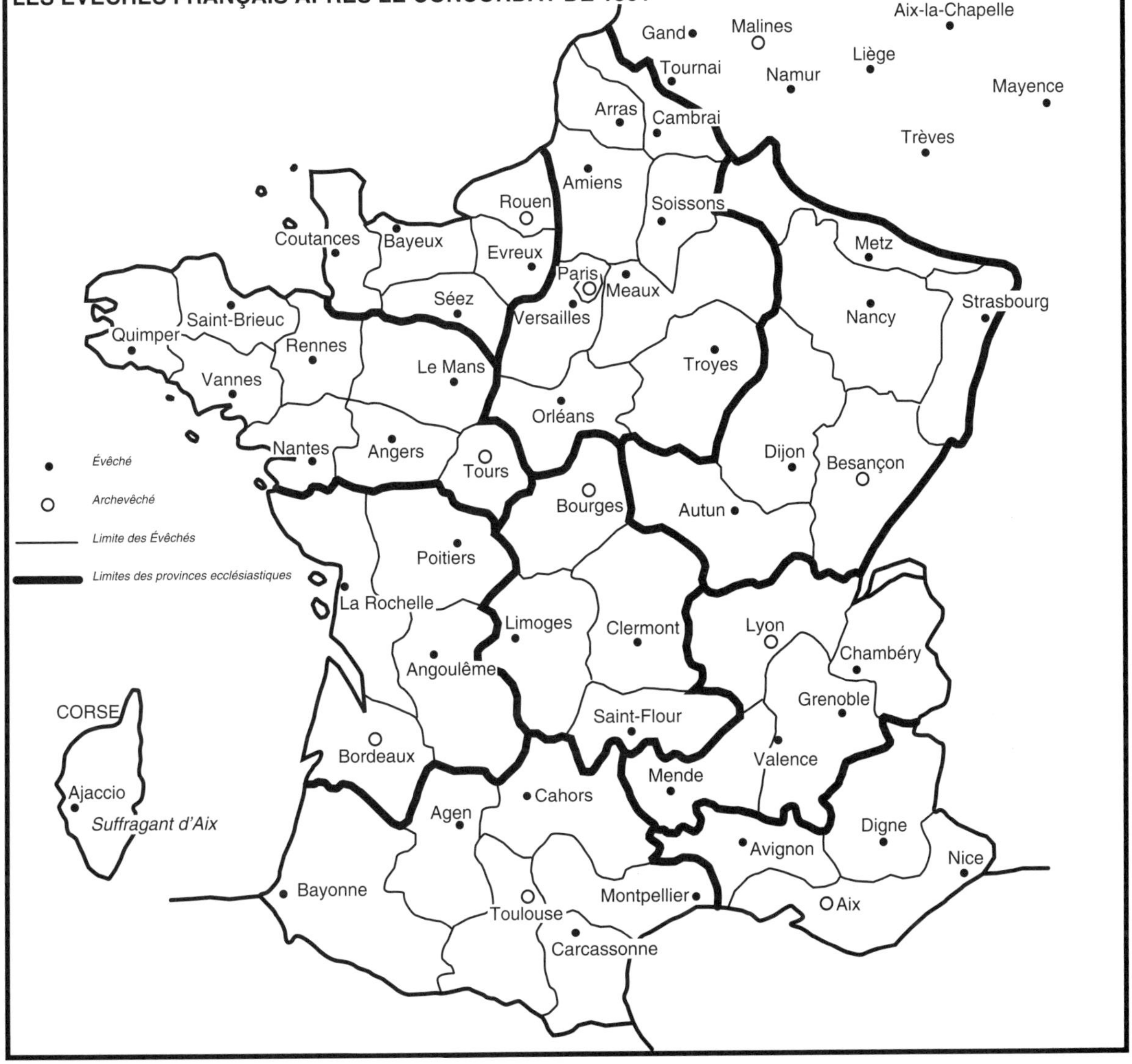

En 1790, après le vote de la *Constitution civile du clergé* par l'Assemblée Constituante, celle-ci modifia les divisions ecclésiastiques pour les faire coïncider avec la nouvelle structure administrative départementale. Aux 83 départements créés la même année correspondirent alors *83 diocèses,* regroupés en *10 arrondissements ecclésiastiques.* Pour ce faire 60 évêchés furent supprimés et 9 créés.

Le *Concordat* intervenu entre Bonaparte et Pie VII en 1801 établit de nouvelles divisions ecclésiastiques. A la suite des conquêtes et annexions, la France comptait alors 153 diocèses, dont le nombre fut réduit à 60 ; soit 10 archevêchés, et 50 évêchés, incluant l'ancien territoire du royaume (50 diocèses) et les territoires annexés en Allemagne, Belgique, Savoie, comté de Nice (10 diocèses).

Province de Lyon : LYON, Chambéry, Grenoble, Mende, Valence, *Province de Rouen* : ROUEN, Bayeux, Coutances, Evreux, Séez. *Province de Tours* : TOURS, Angers, Le Mans, Nantes, Rennes, Quimper, Saint-Brieuc, Vannes, *Province de Paris* : PARIS, Amiens, Arras, Cambrai, Meaux, Orléans, Soissons, Troyes, Versailles. *Province de Malines* : MALINES, Aix-la-Chapelle, Gand, Liège, Mayence, Namur, Tournai, Trèves. *Province de Besançon* : BESANÇON, Autun, Dijon, Metz, Nancy, Strasbourg. *Province de Bourges* : BOURGES, Clermont, Limoges, Saint-Flour. *Province de Toulouse* : TOULOUSE, Agen, Bayonne, Cahors, Carcassonne, Montpellier. *Province de Bordeaux* : BORDEAUX, Angoulême, Poitiers, La Rochelle. *Province d'Aix* : AIX, Ajaccio, Avignon, Digne, Nice.

Cette nouvelle organisation supprimait des métropoles célèbres comme Reims et Sens, des évêchés comme Chartres, Verdun ou Le Puy...

En 1822, en accord avec Louis XVIII, le pape Pie VII devait accroître le nombre des diocèses, en se rapprochant du principe d'un par département, et rétablir divers anciens archevêchés.

Diverses retouches ultérieures devaient progressivement conduire aux divisions ecclésiastiques d'aujourd'hui (voir p. 995 et ss.). ■

Le sacre de Napoléon par Pie VII en 1804, à Notre-Dame de Paris, peint par David entre 1805 et 1807 en se conformant aux instructions précises de l'empereur (Musée du Louvre).

▶▶▶ *Suite de la page 431*

Napoléon Bonaparte et Pie VII : le nouveau conflit Sacerdoce-Empire

En 1804, Bonaparte fait voter par les Assemblées l'instauration de l'empire héréditaire : nouveau Charlemagne, il entend se faire couronner empereur par le pape sous le regard de toute l'Europe ; et non à Rome mais à Paris. Pour le pape, le dilemme se pose : accepter l'invite, n'est-ce pas avaliser les articles organiques ? Mais par contre, n'est-ce pas l'occasion d'en obtenir la modification ? N'est-ce pas aussi l'occasion de mettre en relief, vis-à-vis de ce pays gallican, l'autorité spirituelle du Saint-Siège ? Enfin Napoléon ne tient-il pas entre ses mains le sort du catholicisme en Europe ? Pie VII se rend donc à Paris, accueilli partout avec ferveur par les populations, tandis qu'au contraire l'empereur ne lui ménage pas les humiliations. Encore n'est-ce qu'un début.

Le pape Pie VII, gravé par Ruelle d'après Wicard.

De plus en plus, en effet, aux yeux de Napoléon, le pouvoir spirituel doit être au service de ses desseins politiques. Aussi, lorsque Pie VII refuse d'associer les États Pontificaux au blocus continental dirigé contre l'Angleterre, ces territoires sont occupés (1808) puis annexés à l'Empire (1809). Le pape ayant excommunié tous les responsables de l'entreprise, il est arrêté, déclaré privé de sa souveraineté temporelle et transféré près de Gênes. Se déclarant alors privé des moyens d'exercer sa charge, il refuse désormais l'investiture canonique aux évêques nommés par l'empereur ; les sièges vacants se multiplient. Le divorce et le remariage de Napoléon accroissent encore la tension.

Finalement, l'empereur convoque un *concile national* (1811) ayant pour mission d'attribuer aux archevêques le pouvoir d'investiture des évêques en cas de retard de Rome. Mais le concile rejette le projet. Napoléon fait alors exercer une pression sur chacun de ses membres qui, à nouveau réunis, votent cette fois le décret attendu. Encore faut-il l'approbation du pape. Celui-ci, après s'être laissé fléchir, se reprend. Excédé, Napoléon le fait transporter à Fontainebleau (1812) et, après une scène dramatique, lui arrache la signature d'un nouveau concordat, aussitôt dénoncé par Pie VII.

Les événements se chargent de régler le litige : en 1814, la France est envahie par les armées ennemies coalisées. Napoléon fait alors reconduire Pie VII à Rome, où il est reçu en triomphe. L'empereur abdique. Les Cent Jours ne sont qu'un intermède. L'épopée impériale a pris fin. Pie VII est seul à offrir l'hospitalité à la famille Bonaparte rejetée par toute l'Europe, et à intercéder en faveur du captif de Sainte-Hélène auprès de la Cour d'Angleterre.

	Principaux faits de portée générale	Événements concernant l'Église
1811		**17 juin :** Ouverture à Paris du concile national convoqué par Napoléon.
1812	Sixième coalition contre la France **Juin :** Campagne de Russie. **15 sept :** Prise de Moscou. **15 octobre :** Commencement de la retraite de Russie.	**9 mai :** Napoléon fait transférer Pie VII de Savone à Fontainebleau.
1813	Campagne d'Allemagne. **18-19 oct. :** Défaite de Napoléon à Leipzig. **11 déc. :** Les Alliés pénètrent en France.	**Janvier :** Napoléon arrache à Pie VII, à Fontainebleau, un nouveau concordat que le pape dénonce peu après.
1814	Campagne de France **31 mars :** Entrée des Alliés à Paris. **11 avril :** Première abdication de Napoléon ; il se retire à l'île d'Elbe qu'il reçoit en souveraineté. **3 mai :** Entrée de Louis XVIII à Paris. **30 mai :** Premier Traité de Paris entre la France et les Alliés. **26 sept. :** Ouverture du Congrès de Vienne réunissant les puissances victorieuses de Napoléon.	**Janvier :** Pie VII est reconduit à Savone. **24 mai :** Pie VII rentre triomphalement à Rome. Consalvi à nouveau secrétaire d'État. **Août :** Pie VII rétablit l'ordre des jésuites.
1815	**1 mars :** Napoléon débarque à Golfe-Juan. Les Cent Jours. **20 mars :** Il entre à Paris que quitte Louis XVIII. Septième coalition contre la France. **18 juin :** Défaite de Napoléon à Waterloo. **22 juin :** Seconde abdication de Napoléon qui se rend aux Anglais. Il sera déporté à l'île de Sainte-Hélène. **8 juillet :** Retour de Louis XVIII à Paris.	

Rome entre pouvoir spirituel et pouvoir temporel (1815-1846)

Réunis en Congrès à Vienne (1814-1815), les vainqueurs de Napoléon s'emploient à restaurer les anciens régimes et à redessiner l'Europe. Les États de l'Église, en particulier, suscitent les convoitises, et il faut toute l'habileté de Consalvi, secrétaire d'État de Pie VII, pour en préserver l'essentiel ; cependant la France conserve Avignon et le Comtat Venaissin, annexés pendant la Révolution. L'Italie qui, incorporée à l'empire napoléonien, avait connu l'unité ▶▶▶

Ph. Roger-Viollet

Jean-Etienne-Marie, comte de Portalis, jurisconsulte, homme d'État, auteur du Code civil (1745-1807)

PORTALIS, MINISTRE DES CULTES DE NAPOLÉON

Jean-Etienne Portalis (1746-1807), ancien avocat au Parlement d'Aix, président du Conseil des Anciens sous la constitution thermidorienne, participa à la rédaction du Code civil mis en chantier par Bonaparte, Premier consul. Nommé directeur des Cultes en 1801, il négocia le Concordat, et rédigea les articles organiques d'inspiration gallicane qui y furent ajoutés unilatéralement par Bonaparte. Bénéficiant de la pleine confiance de celui-ci, il en fut le ministre des Cultes de 1804 jusqu'à sa mort en 1807. Il eut, à ce titre, à jouer un rôle capital dans la mise en place de l'Église concordataire.

Homme des Lumières, d'esprit monarchiste constitutionnel, il avait été emprisonné sous la Terreur. Il souhaitait sincèrement que le Concordat pût être un facteur de consensus entre, d'une part, ceux qui, comme lui, étaient restés fidèles aux Lumières tout en demeurant étrangers aux convictions révolutionnaires et aux préjugés antireligieux, et, d'autre part, les catholiques échappant à l'ultramontanisme et à tout esprit de domination.

Il trouva un appui précieux auprès de Monsieur Emery, sulpicien d'esprit modéré, lui aussi apprécié de l'empereur. C'est, pour une part appréciable, grâce à ces deux hommes, aux convictions religieuses pourtant différentes, que l'on assista à une rapide renaissance religieuse sous l'Empire. Tout en exerçant une ferme autorité sur l'épiscopat, Portalis s'attacha à donner à l'Église de France son autonomie pastorale en matière sacramentelle, tout en l'aidant à faire renaître certaines congrégations religieuses (à condition qu'elles soient « utiles » : enseignantes, hospitalières, missionnaires...), malgré la méfiance subsistant à l'égard de tout ce qui pouvait évoquer une restauration des ordres monastiques proscrits depuis 1790. ■

Lorsqu'un mot, une expression, un événement, une institution, un nom propre vous sont inconnus, consultez l'index.

▶▶▶

pour la première fois depuis l'empire romain, est à nouveau divisée : royaume lombard-vénitien et ses protectorats aux Autrichiens, royaume de Piémont-Sardaigne à la maison de Savoie, royaume de Naples et Sicile aux Bourbon, États de l'Église autonomes. La nostalgie de l'unité, et les idées libérales et constitutionnelles véhiculées par les occupants français, ne cesseront plus de travailler les esprits ; le tout souvent associé, dans une fraction de l'opinion italienne, à la haine de l'Église, symbole à ses yeux de l'absolutisme, de l'obscurantisme et de la division italienne.

Cet état d'esprit trouve en particulier son expression dans le mouvement d'idées du *Risorgimento* (renaissance, résurrection), qui fera fermenter l'Italie jusqu'à son unification en 1870. Ne reculant pas devant le terrorisme, un réseau de sociétés secrètes (dont les *Carbonari* sont les plus célèbres) couvre progressivement toute la péninsule.

A Rome, le secrétaire d'État Consalvi, à qui Pie VII, usé par l'épreuve, fait toute confiance, s'emploie à remettre de l'ordre dans les États pontificaux, mais sans séparer gouvernement de l'Église et celui de l'État temporel, ce qui sera source de difficultés croissantes. Avec les puissances européennes, par contre, il s'emploie avec beaucoup de souplesse à sauvegarder les possibilités d'action de l'Église au sein de chacune d'elles, notamment par des concordats n'excluant pas des concessions à leurs exigences gallicanes.

L'autorité du Saint-Siège confortée en Europe, et les conditions d'activité des Églises locales dès lors assurées, l'action pastorale peut se déployer ; elle sera considérable. La restauration de l'ordre des jésuites par Pie VII en 1814 assure à cet égard un concours d'importance. A la mort du pape (1823), on peut mesurer l'ampleur de l'œuvre accomplie sous ce pontificat mouvementé.

Après lui, comme on pouvait s'y attendre, la situation se dégrade dans les États pontificaux. Dès son avènement, Grégoire XVI (pontificat 1831-1846) doit faire appel aux troupes autrichiennes pour réprimer une insurrection. Une conférence européenne l'incite en vain à entrer dans la voie des réformes intérieures ; son attitude réactionnaire, qui contraste étrangement avec le caractère progressiste de sa politique missionnaire (voir plus loin), favorise une intense fermentation nationaliste et libérale à travers toute l'Italie. Le mouvement de la *Jeune Italie,* animé par Mazzini, vise à la fois l'unification italienne et la révolution républicaine, laïque et sociale ; le mouvement modéré de l'abbé Gioberti milite pour une réconciliation entre Église et libéralisme et pour une Confédération italienne présidée par le pape. Le combat pour l'unité italienne posera ce qu'on appellera la *question romaine,* suscitée par l'opposition déterminée des papes à la disparition de leurs États, garantie à leurs yeux de leur indépendance spirituelle ; la question romaine ne trouvera de dénouement qu'en 1929, avec les accords du Latran entre Mussolini et Pie XI (p. 479 b).

Les restaurations royalistes en France (1814-1848)

Sous Louis XVIII et Charles X

Lorsque Louis XVIII monte sur le trône en 1814, le pays est las du despotisme mais reste profondément divisé entre nostalgiques de l'Ancien Régime et fidèles de la Révolution. Les violences de la *Terreur Blanche* dans le Midi en donnent l'illustration. Cependant, la majorité des Français n'est pas disposée à revenir à la monarchie ab-

LE RISORGIMENTO (1815-1870)

Le mot, popularisé par le poète Alfieri, désigne le courant intellectuel et politique surgi en Italie à partir de 1815 en faveur de l'unité et de l'indépendance de la péninsule. La lutte pour cette cause s'achèvera par un plein succès politique en 1870.

Le Risorgimento est la résultante d'au moins trois grands facteurs :

1. l'influence de la philosophie des Lumières sur la bourgeoisie et sur quelques princes « éclairés » au XVIIIe siècle en Italie ;
2. la Révolution française de 1789, par son écho d'abord, puis de 1792 à 1815, par la présence française en Italie sous des formes successivement jacobine et napoléonienne ;
3. le mouvement plus général qui, sous l'effet du développement démographique, met partout en cause l'organisation économique, et par là, le système social et politique.

La notion de *Risorgimento* couvre à la fois le mouvement d'opinion qui s'est répandu dans les classes dirigeantes italiennes, et les diverses formes intellectuelles et politiques dans lesquelles il a pris corps. On y distingue de multiples courants, successifs ou simultanés, et plusieurs formes d'action : il y a des sociétés secrètes *(Carbonari, Jeune Italie* de Mazzini), et l'action méthodique et ouverte du roi de Piémont Victor-Emmanuel, et de son premier ministre Cavour ; il y a la conception unitaire, monarchiste et libérale de ces derniers, et la conception républicaine, révolutionnaire et laïque de Mazzini, et encore la conception confédérale de Gioberti, ménageant la puissance temporelle du pape pour une réconciliation entre l'Église et les libertés politiques ; enfin certains agissent sur le terrain, et d'autres inspirent l'action par leurs écrits (les intellectuels sont souvent réfugiés ou proscrits à l'étranger) : philosophes, historiens, économistes, etc. ; ces derniers jouent un rôle capital et on a pu écrire que « ce fut la culture qui créa l'unité italienne » (de Sanctis).

Le Risorgimento est essentiellement l'œuvre de la bourgeoisie italienne, numériquement minoritaire mais exerçant une influence considérable dans un pays dont la majorité paysanne, encore illettrée pour la plus grande part, n'intervenait guère dans la vie politique. Le mouvement est indissociable du courant des idées libérales, et d'autant plus volontiers anticlérical (sauf chez Gioberti) que Rome apparaît comme le principal obstacle à la réalisation de l'unité italienne. ■

LA « TERREUR BLANCHE »

On désigne par cette expression les deux vagues de représailles exercées en France par des fanatiques contre-révolutionnaires en 1795, puis à partir de 1815 :

– en 1795, après l'échec du soulèvement jacobin contre la modération du Directoire ;

– et surtout entre 1815 et 1818, dans les premières années de la Restauration ; la mise en accusation de notables de l'Empire par le nouveau pouvoir et l'exécution de nombre d'entre eux portèrent à leur paroxysme les passions politiques et religieuses dans certaines régions, en particulier le Sud-Est ; de nombreux massacres furent commis ; des bandes de partisans, les « verdets » (ils portaient la cocarde verte du Comte d'Artois, le futur Charles X) pourchassèrent jacobins, bonapartistes (le maréchal Brune fut tué à Avignon), protestants ; cette fureur se trouvait encouragée, et comme légitimée, par la sévérité de la répression contre-révolutionnaire qu'exerçaient les cours prévôtales instituées par la majorité ultra-royaliste élue en 1815 (et congédiée par Louis XVIII l'année suivante). ■

solue. Louis XVIII s'engage donc dans la voie du compromis : une *charte* institue une Chambre des Députés désignée au suffrage censitaire (qui favorise la bourgeoisie) et une Chambre des Pairs nommée par le roi (qui favorise noblesse et Église) ; le catholicisme est religion d'État, mais libertés de conscience et de culte sont conservées ; vente de biens d'Église, code civil napoléonien (sauf le divorce), statut du clergé sont conservés, mais le budget des cultes est augmenté. A noter que, malgré la situation privilégiée faite au catholicisme, la Charte favorisera le renouveau du protestantisme ; ses membres trouveront place dans les instances du pouvoir.

Louis XVIII souhaite cependant remplacer le Concordat de Bonaparte, dont Pie VII voudrait de son côté voir abroger les articles organiques. Un nouveau texte est signé en 1817, mais, décevant la droite et irritant la gauche, il n'est même pas présenté par le roi au Parlement ; force est d'en rester au statu quo.

L'élection d'une majorité royaliste *ultra* en 1822 (ministère Villèle), puis l'avènement du pieux Charles X (1824) se traduisent par une politique encore plus favorable à l'Église ; les conditions matérielles et morales qui lui sont faites contribuent à son renouveau, mais la grèvent d'une hypothèque politique qui va bientôt se vérifier. En attendant, les congrégations religieuses, même non autorisées (jésuites), multiplient écoles et collèges ; l'épiscopat contrôle l'enseignement ; le gouvernement soutient la *Congrégation,* confrérie issue de la haute société, dont le vaste réseau caritatif et éducatif est un puissant moyen d'influence. Une loi de 1825, qui punit de mort les sacrilèges, achève d'exaspérer l'opposition libérale ; celle-ci se déchaîne contre la Congrégation et les jésuites. Le gouvernement s'empresse alors d'interdire l'enseignement aux congrégations non autorisées et de réduire les effectifs des petits séminaires ; mais l'opposition continue de harceler Charles X qui, par les ordonnances de juillet 1830, supprime la liberté de presse, dissout la Chambre et modifie la loi électorale. C'est l'explosion : les « *Trois Glorieuses* » de 1830 emportent le régime.

La monarchie de Juillet

Les liens étroits qui unissaient l'Église au régime disparu se payent aussitôt d'une violente réaction anticléricale. Mais Louis-Philippe, porté au pouvoir par la bourgeoisie libérale, est un esprit modéré ; il souhaite éviter tout conflit avec l'Église. Pie VIII s'emploie de son côté à établir de bonnes relations avec le nouveau régime. Finalement, l'Église conserve son statut subordonné à l'État, mais le catholicisme n'est plus religion d'État.

Un élément nouveau et d'importance est constitué par l'apparition, dans le bouillonnement de 1830, d'un *courant libéral catholique ;* animé par Lamennais, Montalembert et Lacordaire, il a pour tribune le journal *L'Avenir.* On verra plus loin (La pensée catholique) que ces idées seront condamnées en 1832 par le pape Grégoire XVI, et que le groupe de *L'Avenir* se dispersera alors.

En 1848, le régime de Louis-Philippe s'effondre à son tour ; mais, cette fois, les distances gardées vis-à-vis du pouvoir par l'Église et par les divers courants catholiques leur évitent d'être pris dans les remous du naufrage.

L'essor de l'Église dans le monde (1800-1848)

Contrastant avec la chute de tension dans la vitalité catholique au XVIIIe siècle, puis avec les dangers mortels encourus durant la tour-

La Congrégation

Organisation de laïcs fondée en 1801 sous forme de confrérie mariale, elle se proposait de développer la spiritualité de ses membres au moment où l'Église, encore dépourvue de cadres, s'employait de son mieux à redonner vigueur à la foi des Français. Supprimée sous l'Empire, reconstituée en 1814, elle se recrutait parmi les jeunes hommes de l'aristocratie parisienne. Son influence devait devenir très importante.

Elle suscita un vaste réseau d'œuvres charitables, éducatives, apostoliques (visites des hôpitaux et des prisons, apprentissage pour orphelins, secours aux pauvres, prise en charge de jeunes aveugles, cercles d'étudiants...). En 1828, une *Association pour la Défense de la religion catholique* fondée par elle prit ouvertement le relais d'une société secrète d'esprit ultra-royaliste, *les Chevaliers de la foi,* créée à la fin de l'Empire.

La Congrégation essaima en province ; l'une de ses associations les plus actives fut celle de Lyon, qui devait apporter un appui déterminant au lancement par Pauline Jaricot, en 1822, de *l'Association pour la Propagation de la foi,* œuvre missionnaire populaire.

Les milieux libéraux anticléricaux, qui menaient une vive opposition à la politique ultra-royaliste du ministère Villèle et au soutien apporté par lui à l'Église (budget des cultes, contrôle de l'enseignement par le clergé, reconstitution des congrégations religieuses en principe interdites, et notamment celle des jésuites), dénonçaient de plus en plus véhémentement le « parti prêtre » et l'influence de la Congrégation, considérée comme une sorte de franc-maçonnerie à rebours.

Lors du vote de la loi de 1825 punissant de mort les sacrilèges, la violente réaction libérale s'en prit particulièrement aux jésuites et à la Congrégation. Après la chute du ministère Villèle en 1825, son successeur Martignac dut lâcher du lest en interdisant notamment aux congrégations non autorisées l'enseignement.

En 1829, avec la constitution du gouvernement présidé par l'un de ses membres, le prince Jules de Polignac, la Congrégation crut retrouver le soutien perdu avec la chute de Villèle. Mais, quelques mois plus tard, Polignac provoquait, avec les *Ordonnances de Saint-Cloud,* l'insurrection de 1830 et la chute du régime. L'arrivée au pouvoir de la bourgeoisie libérale avec la Monarchie de juillet de Louis-Philippe n'était pas de nature à favoriser la Congrégation. Dissoute, elle disparut de fait, ainsi que tout son réseau d'œuvres. Elle n'en resta pas moins le point de départ dans l'Église d'une tradition de service laïc ouvert aux préoccupations d'ordre social. Ce sera à ce titre une des sources du catholicisme social de la seconde moitié du siècle. ■

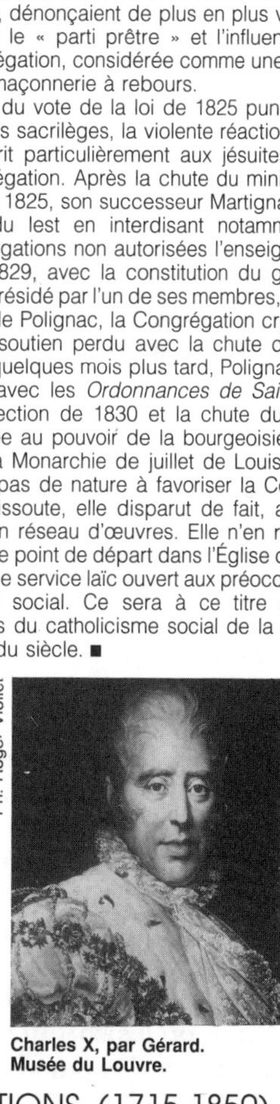
Ph. Roger-Viollet

Charles X, par Gérard. Musée du Louvre.

▶▶▶

mente politique à la fin du siècle, on assiste quasiment partout dans le monde, dans la première moitié du XIXe siècle, à un regain du catholicisme, encore qu'inégal selon les pays. Ce regain s'accompagne d'un nouveau développement des missions.

LES MISSIONS. Une redoutable chute de tension s'était produite au XVIIIe siècle dans l'activité missionnaire ; les raisons en étaient multiples : diminution de la vitalité religieuse, entraves aux congrégations par les gouvernements joséphistes, suppression des jésuites par Rome, perturbations dues à la Révolution française et aux guerres européennes... Simultanément, on avait au contraire assisté à une rapide montée en puissance des missions protestantes, non sans lien, du reste, avec le développement colonial et maritime de l'Angleterre.

Ce n'est qu'aux alentours de 1820 que l'Europe catholique, ayant pansé ses plaies, tourna à nouveau ses regards vers l'outre-mer. Favorisé par le réveil du sentiment religieux, un nouvel élan missionnaire se fit jour, dont la France, une fois encore, prit la tête. De nouvelles congrégations missionnaires se fondèrent (picpuciens, maristes, sœurs de Saint-Joseph de Cluny...), tandis que les anciennes retouvaient du sang neuf. Une initiative significative fut la fondation à Lyon, en 1822, par une laïque, Pauline Jaricot, d'une *Association pour la Propagation de la foi,* qui devait efficacement contribuer à répandre l'esprit missionnaire.

L'orchestration mondiale de ce renouveau fut assurée, au sein du Saint-Siège, par la *Congrégation pour la Propagation de la Foi* (dite de la *Propagande*) créée au XVIIe siècle.

Mais le pape auquel on doit le véritable branlebas de l'action missionnaire dans la première moitié du XIXe siècle est Grégoire XVI : sa politique en ce domaine se révéla aussi audacieuse et lucide que, à l'inverse, celle appliquée à ses États et à l'Europe fut réactionnaire et irréaliste. Il abrogea le patronat royal en Amérique Latine (voir p. 439) ; il agit de même en Inde malgré l'opposition de Lisbonne et du clergé missionnaire portugais. Il condamna la traite des Noirs au nom de l'égalité des hommes devant Dieu ; il fixa avec netteté les lignes du développement des Églises missionnaires : multiplication de leurs diocèses, formation d'un clergé autochtone jusques et y compris au niveau épiscopal, dissociation des affaires religieuses et politiques dans ces Églises... Cette impulsion et cette lucidité, soutenues par une prodigieuse floraison de vocations missionnaires, allaient préparer la naissance d'authentiques Églises africaines, asiatiques, océaniennes dont on voit aujourd'hui le rapide essor.

En *Océanie,* une véritable compétition s'engagea entre missions protestantes, implantées dès la fin du XVIIIe siècle, et missions catholiques, arrivées à partir de 1827. Ces dernières furent réparties entre les Pères de Picpus pour la partie orientale, et les Pères maristes pour la partie occidentale. Toutes les îles seront évangélisées au cours du siècle. Les noms de Pierre Chanel, mariste tué en 1841, et du Père Damien, picpucien apôtre des lépreux, mort lui-même lépreux en 1889, sont restés vivaces dans les mémoires.

En *Inde,* où la liberté religieuse était assurée par l'administration britannique, missions catholiques et protestantes multiplièrent écoles et institutions de toutes sortes ouvertes à l'ensemble de la population ; un effort de formation de clergé local fut engagé très tôt.

En *Chine,* où les chrétiens furent longtemps persécutés et les missions interdites, les pays occidentaux imposèrent, à partir de 1842,

En Allemagne

La situation considérable de l'Église avant 1789 s'était trouvée bouleversée par les remodelages politiques imposés à ce pays par la Révolution française, puis par Napoléon. Les princes-évêques avaient disparu, et deux millions et demi de catholiques étaient ainsi devenus sujets de princes protestants ; ces derniers étant dès lors majoritaires comme électeurs du Saint Empire germanique, l'empereur François Ier en avait tiré la conclusion en déposant en 1806 la couronne impériale et en prenant le titre d'empereur d'Autriche, qui restera celui des Habsbourg. L'Église, désormais partout sous la tutelle de princes laïcs, les uns protestants, les autres catholiques mais joséphistes, s'était trouvée totalement désorganisée et dépouillée de l'essentiel de ses biens. Elle avait de la sorte subi son plus grand choc depuis la Réforme au XVIe siècle.

Or, dès le milieu du XIXe siècle, on peut constater qu'au terme d'une lutte avec les absolutismes princiers, elle était parvenue à retrouver indépendance, cohésion et vitalité, aidée en cela par la restauration de l'autorité du Saint-Siège.

Aux Pays-Bas

Le nord (à majorité protestante) – les Provinces-Unies – avait été constitué en République par la Révolution française (avec instauration d'une liberté religieuse bien accueillie par les catholiques), puis en royaume de Hollande par Napoléon et le sud (catholique), l'actuelle Belgique, avait été annexé par la France ; la réunification politique de l'ensemble en un royaume des Pays-Bas avait été décidée au Congrès de Vienne (1815). Mais le peu d'égards du roi Guillaume Ier pour la partie belge du nouveau royaume n'avait pas tardé à y susciter une contestation populaire dont le clergé avait pris la tête ; il avait même fait alliance avec l'opposition libérale, pourtant anticléricale.

L'onde de choc de la révolution parisienne de 1830 provoqua le soulèvement de la Belgique, qui se constitua en royaume indépendant ; les catholiques y obtinrent un statut libéral, envié par les catholiques des autres pays ; il allait, de fait, favoriser l'essor du catholicisme belge.

Dans le royaume néerlandais, ainsi amputé de sa partie belge, les catholiques continuaient à bénéficier de la liberté du culte, mais sous la tutelle toujours pesante du roi Guillaume Ier ; du moins la paix régnait-elle entre eux et la communauté protestante majoritaire.

Sous le règne de Guillaume II, plus ouvert que son père, ils purent progressivement obtenir plus de latitude. Cette importante minorité catholique, longtemps marginalisée, n'allait plus cesser de connaître un remarquable développement quantitatif et qualitatif.

Aux États-Unis

En ce pays massivement protestant, indépendant depuis 1783, Rome avait créé un premier évêché à Baltimore dès 1789 ; son premier titulaire, John Caroll, est considéré comme le père de l'Église catholique américaine. Il la mit effectivement en place au milieu des plus grandes difficultés, la moindre n'étant pas le très petit nombre de prêtres face à un flux incessant d'immigrés catholiques débarquant sans ressources, et se dispersant à travers un immense territoire.

Au milieu du XIXe siècle, les catholiques américains étaient déjà 1 700 000, les prêtres plus de 1 500, les diocèses 35 ; paroisses et institutions religieuses de toutes sortes s'étaient multipliées. Le dynamisme du catholicisme américain ne cessera plus de s'affirmer, malgré l'hostilité et la faible considération longtemps rencontrées dans ce pays.

En Grande-Bretagne

Les persécutions depuis la Réforme avaient ramené à 100 000 le nombre des catholiques dans la partie anglaise du royaume ; depuis 1791, ils jouissaient de la liberté de culte, mais demeuraient privés de droits civiques. Dans la partie irlandaise, ils étaient au contraire restés majoritaires et la hiérarchie épiscopale avait subsisté ; dans leur résistance passionnée à l'emprise anglaise, les Irlandais associaient étroitement la défense de leurs libertés politiques et religieuses.

Pensant neutraliser cette résistance en noyant les Irlandais au sein de la population anglaise, Londres avait parachevé en 1800 le rattachement de l'Irlande à la Grande-Bretagne par un Acte d'Union. Son effet inattendu fut de grossir rapidement la minorité catholique anglaise par l'afflux des émigrés irlandais poussés par la misère. Quant à la cause de l'indépendance nationale, elle restait tout aussi vivace dans les cœurs irlandais ; elle trouva même avec O'Connel, puissamment soutenu par ses compatriotes et en particulier le clergé, le leader qui lui faisait encore défaut.

S'efforçant cette fois de dissocier chez les Irlandais la cause nationaliste de la cause religieuse, Londres accorda leur émancipation politique à l'ensemble des catholiques anglais en 1829. Cette victoire changeait du tout au tout leur situation, mais, pour les Irlandais, ne réduisait en rien leur aspiration à l'indépendance.

Cependant, en Angleterre, l'émigration irlandaise dans les régions industrielles donnait au catholicisme, jusque-là aristocratique et rural, un caractère de plus en plus urbain et populaire. Simultanément, sous l'influence de la personnalité de l'abbé Wiseman, il s'ouvrait aux grands courants intellectuels et spirituels du continent.

En même temps, se développait au sein de l'Église anglicane un mouvement spirituel connu sous le nom de *Mouvement d'Oxford,* qui tendait à y remettre en honneur certains éléments de la tradition catholique ; son leader, Newman, alla même jusqu'à se convertir au catholicisme, exemple suivi par quelques autres personnalités anglicanes comme Manning ; l'un et l'autre seront un jour cardinaux. Que des personnalités de cette envergure rejoignent la communauté catholique anglaise était non seulement la source d'un précieux enrichissement pour elle, mais un fait hautement significatif d'un changement de climat.

Le mouvement d'Oxford et la conversion de Newman

Appelé par les anglicans *mouvement tractarien* (en raison des tracts publiés par ses membres), le mouvement d'Oxford est un courant spirituel qui voit le jour dans la Haute Église (High Church) anglicane au cours du premier tiers du XIXe siècle. En effet, tandis que les confessions dissidentes (méthodistes, presbytériens, baptistes) connaissent une ferveur nouvelle, l'Église anglicane offre alors l'aspect d'une certaine sclérose : étroite dépendance du pouvoir politique, routine, abandons pour d'autres confessions plus vivantes...

En 1830, un petit groupe d'ecclésiastiques et de laïcs appartenant au milieu universitaire d'Oxford lance un mouvement de réveil spirituel, notamment en diffusant des *Tracts for our Time ;* parmi diverses prises de position, il préconise la restauration de certaines pratiques spirituelles proches du catholicisme que n'avait pas rejetées l'anglicanisme à ses origines (communion fréquente, confession auriculaire, culte de la Vierge et des saints, etc.).

Le leader du mouvement, Henry Newman (1801-1890), prêtre anglican et professeur à Oxford, pousse plus avant sa réflexion ; approfondissant sa connaissance des origines du christianisme à travers les Pères de l'Église, il en vient à la conviction que la fidélité à la doctrine chrétienne se trouve dans l'Église romaine. Malgré la réprobation du monde anglican, il poursuit sa recherche, très éprouvante pour lui, qui le conduit, avec le soutien de son ami Wiseman, à sa conversion au catholicisme en 1845. En 1847, il reçoit la prêtrise catholique.

Au sein de l'Église catholique anglaise, il va désormais exercer un rôle et une influence intellectuelle considérables. Son œuvre écrite, souvent novatrice, n'ira pas sans inquiéter jusque dans la Curie romaine. Mais l'un des premiers gestes du pape Léon XIII sera de le nommer cardinal en 1879. Parmi ses principaux ouvrages : *Essai sur le développement de la doctrine chrétienne* (1845, année de sa conversion), *Apologia pro vita sua* (1864), *Grammaire de l'assentiment* (1870). ■

En Amérique latine

L'indépendance conquise à partir de 1810 par les colonies espagnoles et portugaises avait posé à Rome un problème délicat ; dans ces pays, durant leur colonisation, l'Église avait été sous la tutelle de Madrid et de Lisbonne en vertu du *patronat royal,* mandat donné par Rome aux monarques, et qu'elle n'était pas parvenue à abolir malgré ses graves inconvénients. Or les jeunes États indépendants revendiquaient l'héritage de ce patronat. L'abolir, c'était donc indisposer les nouveaux chefs d'un immense continent catholique ; mais l'accorder, c'était tout à la fois conforter ses abus, mécontenter les souverains de Madrid et de Lisbonne dépossédés de leurs colonies, reconnaître aux jeunes Républiques la légitimité de principes révolutionnaires condamnés par Rome. Ce fut le tour de force du pape Grégoire XVI d'obtenir des nouveaux États latino-américains, par négociation, la fin du patronat royal ; l'Église put dès lors se développer sur le continent dans des conditions infiniment plus normales.

QUI SONT...?

O'Connell (1775-1847). Jeune avocat de Dublin, se passionne pour la cause de l'indépendance de l'Irlande à l'égard du triple assujettissement dont elle est alors l'objet de la part de la Grande-Bretagne : politique, religieux et social ; dans les esprits irlandais les trois causes sont indissociables. Ses charismes de leader font bientôt de lui le chef d'un puissant mouvement populaire, *l'Association catholique,* qui exerce une sorte de gouvernement parallèle. À défaut de pouvoir faire élire ses candidats, les catholiques étant électeurs mais inéligibles, le mouvement assure la défaite électorale de ses adversaires. O'Connell lui-même remporte une victoire de cette nature en 1828. Lorsqu'en 1829, dans l'espoir de désarmer la revendication nationaliste irlandaise en satisfaisant la revendication religieuse, le gouvernement de Londres accorde l'émancipation politique aux catholiques britanniques, O'Connell est élu au Parlement. La victoire remportée sur ce plan ne le détourne en rien de l'objectif national ; mais c'est sur le terrain plus qu'à Westminster qu'il le poursuit, mobilisant les foules avec l'appui du clergé irlandais. Arrêté et condamné en 1844, il est acquitté par la Chambre des Lords. Cependant, opposé par principe à la violence, il est bientôt débordé par les extrémistes de la « Jeune Irlande ». Plein d'amertume, il s'éloigne, et mourra en exil.

Wiseman (1802-1865). Prêtre catholique anglais né et ayant fait ses études à l'étranger, il est frappé, lors de sa première venue en Angleterre en 1829, par les complexes et la sclérose de la communauté catholique après trois siècles de marginalisation. Il s'emploie à lui faire découvrir les traits du renouveau catholique sur le continent, et fonde une revue ouvrant à la connaissance des courants intellectuels et spirituels de l'époque. Lorsque la hiérarchie épiscopale est rétablie par Rome en 1851, il est le premier archevêque de Westminster ; il est nommé cardinal. Il est l'un des principaux artisans du nouvel essor de l'Église catholique dans son pays. En contact avec le mouvement d'Oxford au sein de l'Église anglicane, il n'est pas étranger à la conversion au catholicisme d'un de ses leaders, Newman, appelé lui aussi à jouer un rôle de premier plan dans le développement du catholicisme anglais. ■

une série de traités (les « traités inégaux ») permettant, entre autres dispositions, la création d'établissements religieux. Mais le développement des missions se faisant en même temps que l'emprise économique occidentale, les catholiques furent périodiquement victimes de violences xénophobes.

Japon et Corée restèrent fermés aux missions jusqu'au milieu du XIXe siècle ; mais déjà alors, malgré la persécution, des Coréens avaient introduit le catholicisme dans leur pays.

En *Indochine,* l'activité missionnaire fut confrontée, à partir de 1825, à une reprise de la persécution.

En *Afrique,* malgré les hécatombes causées parmi les missionnaires par le climat et la maladie, ils parvenaient à pénétrer peu à peu à l'intérieur du continent en traitant avec les souverains locaux. Un vicariat apostolique des deux Guinées fut créé en 1842. De nouvelles congrégations furent fondées pour la mission en Afrique. ▶▶▶

▶▶▶

A *Madagascar*, l'Évangile fut d'abord prêché par des missionnaires protestants anglais, venus de l'Ile Maurice en 1820 ; bien qu'ils fussent chassés en 1828, et des chrétiens martyrisés, le christianisme y subsista cependant. Missionnaires protestants et catholiques seront à nouveau admis à partir de 1861.

La pensée catholique et la vie religieuse dans la première moitié du XIXe siècle

LA PENSÉE CATHOLIQUE Au contraire de la pensée protestante, la pensée catholique ne prend qu'une part modeste au renouveau intellectuel que manifeste l'Europe au sortir de vingt années de troubles et de guerres. L'Église, appauvrie en cadres et en ressources, surveillée de près par les gouvernements, concentre tous ses efforts sur sa reconstitution et son indépendance ; dans sa pensée, par surcroît, le rationalisme restera longtemps associé à la volonté de la détruire.

▶▶▶

Au Moyen-Orient

L'intervention des puissances occidentales dans les affaires compliquées d'un empire ottoman guetté par la désagrégation leur avait permis de lui imposer une véritable tutelle à partir de 1840 ; elles avaient, à cette occasion, obtenu un statut plus libéral pour les Églises chrétiennes orientales, traitées jusque-là sans égard. Celles-ci allaient connaître dès lors un certain épanouissement, n'excluant pas cependant des crises internes.

Rome apporta aux Églises catholiques orientales un soutien efficace. Cependant, sa politique centralisatrice et latinisante provoqua divers conflits avec leurs patriarches, dont les pouvoirs n'en furent pas moins réduits. Un patriarcat latin de Jérusalem fut même créé en 1847, avec juridiction toutefois sur les seuls catholiques de rite latin.

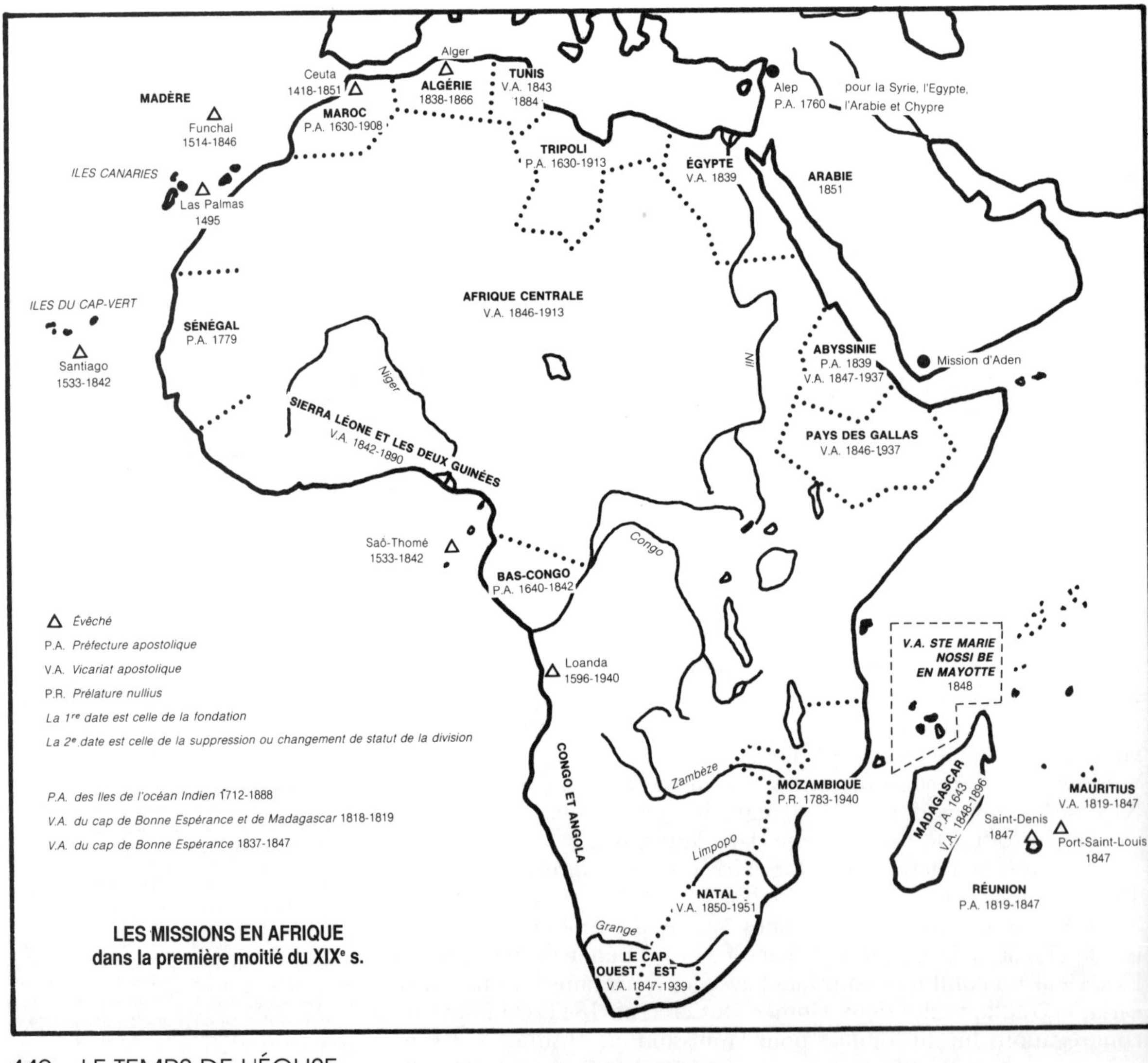

LES MISSIONS EN AFRIQUE
dans la première moitié du XIXe s.

Ph. CIRIC

Pauline Jaricot.

PAULINE JARICOT (1799-1862) ou l'intuition de la « Propagation de la Foi »

Née à Lyon, dans un milieu chrétien aisé, elle fait à 17 ans, en même temps que le vœu de virginité, celui de se consacrer au service de Dieu tout en restant dans le monde.
C'est le moment où, la tourmente révolutionnaire passée, vie de foi et institutions religieuses connaissent un vigoureux renouveau. Œuvres et congrégations se multiplient, l'esprit missionnaire souffle à nouveau sur les jeunes générations. La Société des Missions Étrangères de Paris a créé, en 1817, une association pour le soutien spirituel de ses missionnaires.
Pauline Jaricot imagine alors un plan pour sensibiliser les chrétiens à l'action missionnaire. Il consiste à susciter des groupes de dix associés donnant chacun un sou par semaine ; les chefs de dizaines seront eux-mêmes groupés par dix, sous la responsabilité d'un chef de centaine ; ainsi se constituera un réseau de prières, de collecte de fonds et de diffusion de l'esprit missionnaire. Pauline commence par recruter ses associés dans les milieux les plus humbles (ouvrières, domestiques, artisans) ; leur générosité assure un développement rapide de l'œuvre. En 1822, celle-ci peut étendre son soutien, spirituel et financier, à l'ensemble des missions. *L'Œuvre de la Propagation de la Foi* est née.
Une publication d'informations sur l'activité des missions voit le jour, dont le titre deviendra en 1825, *Annales de la Propagation de la Foi ;* en 1845, son tirage atteindra 150 000 exemplaires (en 1985, le titre deviendra *Solidaires-Annales de la Propagation de la Foi).* En 1922, l'extension prise par la Propagation de la Foi en divers pays conduira le Saint-Siège à lui donner le statut d'Œuvre Pontificale et à établir son siège mondial à Rome, avec des directions nationales en divers pays. Elle est implantée aujourd'hui dans plus de 100 pays.
La seconde partie de la vie de Pauline Jaricot est jalonnée d'épreuves. Les révoltes des canuts lyonnais en 1831 et 1834 ont attiré l'attention sur la misère du monde ouvrier. Pauline décide de la combattre de toutes ses forces : elle tente de mettre en place un dispositif de prêts sans intérêts, puis de créer une entreprise métallurgique d'esprit chrétien. Mal préparée à cette tâche, elle échoue. Ruinée, criblée de dettes, solitaire, bientôt malade, c'est dans la misère, mais sans rien perdre de sa force d'âme, qu'elle achève sa vie. ■

CHRONOLOGIE DE LA PÉRIODE 1814-1848

	Principaux faits de portée générale	Événements concernant l'Église
1814	Première Restauration. Charte octroyée par Louis XVIII.	
1815	**Mars-Juin :** Les Cent Jours. Retour de Napoléon. Waterloo. Seconde abdication de Napoléon. **8 juillet :** Retour de Louis XVIII à Paris. **20 nov. :** Second traité de Paris entre la France et les Alliés.	**1815-1818 :** Négociations entre la France et le Saint-Siège pour un nouveau concordat qui, ne satisfaisant personne en France, ne sera pas ratifié.
1815-1816	« Terreur Blanche » dans les départements du Midi : émeutes contre républicains et bonapartistes, dont sont victimes beaucoup de protestants.	
1817		*Du pape,* de Joseph de Maistre.
1820	Révolutions libérales en Espagne et au Portugal	
1822	Ministère ultra-royaliste Villèle.	Création à Lyon par Pauline Jaricot de l'Association pour la Propagation de la Foi.
1823	Intervention française en Espagne en faveur du roi Ferdinand VII. Les colonies espagnoles d'Amérique se constituent en républiques indépendantes.	Mort de Pie VII. Élection de Léon XII.
1824	Mort de Louis XVIII. Avènement de Charles X.	
1825	Sacre de Charles X à Reims. Loi sur le sacrilège	Année sainte à Rome, où affluent les fidèles.
1827	Chute du ministère Villèle.	
1828	Ordonnances contre les jésuites.	
1829	Ministère Polignac.	Mort de Léon XII. Élection de Pie VIII. Émancipation politique des catholiques en Angleterre. Rétablissement de la hiérarchie épiscopale aux Pays-Bas.
1830	**4 juillet :** Prise d'Alger par les Français. **25 juillet :** Charles X, après s'être attribué le droit de légiférer par ordonnaces, supprime la liberté de presse, dissout la Chambre, modifie le système électoral et convoque les électeurs pour le 13 septembre. **27-28-29 juillet :** Les « Trois Glorieuses » : le peuple parisien se soulève. **2 août :** Charles X abdique. **9 août :** Le duc d'Orléans est proclamé « roi des Français » sous le nom de Louis-Philippe Ier. **25 août :** Bruxelles se soulève contre les Pays-Bas. **3 octobre :** Déclaration d'indépendance de la Belgique.	**Octobre :** Premier numéro du journal *L'Avenir.* **27 nov. :** Apparition de la Vierge à Catherine Labouré. **30 nov. :** Mort de Pie VIII.
1831	Soulèvement de la Pologne contre la Russie.	**2 fév. :** Élection de Grégoire XVI **21 nov. :** Manifeste libéral du groupe de *L'Avenir.*
1832		Encyclique *Mirari vos* de Grégoire XVI condamnant plusieurs thèses du manifeste de *L'Avenir.*
1833	Loi Guizot sur l'enseignement primaire.	Fondation par Ozanam de la Société de Saint-Vincent-de-Paul. Mouvement d'Oxford.
1834		*Paroles d'un croyant* de Lamennais. Encyclique *Singulari nos* de Grégoire XVI condamnant l'ouvrage.
1848		**23-24-25 février :** Journées révolutionnaires à Paris et en province. Proclamation de la République.

▶▶▶

On conçoit donc qu'elle accueille avec chaleur le déferlement d'un romantisme tout de sentiment, d'intuition et de religiosité.

C'est en Allemagne, où l'université est en pleine effervescence intellectuelle et la réflexion théologique d'un haut niveau, en particulier chez les protestants, que la théologie catholique s'illustre le plus (Mölher, Döllinger) ; les grands débats dont l'Allemagne sera longtemps le théâtre retentiront dans l'Église tout entière.

Tout différent est le climat intellectuel en France, où les foyers de recherche religieuse, anéantis par la Révolution, n'ont pas encore été reconstitués. Fait significatif, les noms qui émergent alors ne sont pas ceux de théologiens mais de littérateurs. Avec son *Génie du christianisme* (1802), dont l'audience sera considérable, Chateaubriand ouvre vraiment une nouvelle époque, en pleine rupture avec la précédente, en réhabilitant le sentiment religieux ; tout le romantisme en sera imprégné. Louis de Bonald voit dans le catholicisme, indissociable selon lui de la monarchie, la forme accomplie de la société religieuse. Joseph de Maistre, avec son livre *Du pape* (1817), fraye la voie à un ultramontanisme (doctrine en faveur de l'autorité du pape) qui ne cessera plus de gagner du terrain sur le gallicanisme. Sous l'influence de ces auteurs, bien des membres de la noblesse marqués par la philosophie des Lumières font retour à l'Église.

A ces courants romantique et ultramontain, Lamennais associe bientôt celui, tout à fait inédit alors, du *libéralisme catholique.* Avec ses amis et disciples (Lacordaire, Guéranger, Montalembert...), enthousiasmés par la révolution de 1830, il fonde le journal *L'Avenir* sous la devise « Dieu et Liberté ». Le mouvement revendique libertés de conscience, de culte, de presse, d'association, d'enseignement, et prône la séparation de l'Église et de l'État. En 1832, le pape Grégoire XVI condamne par son encyclique *Mirari vos* ces idées libérales. La réplique de Lamennais *Paroles d'un croyant* (1834), en faveur d'une révolution au nom de l'Évangile, lui attire une nouvelle condamnation (*Singulari nos*) ; il s'écarte de l'Église ; son groupe se disperse.

Il faut dire que le formidable choc reçu par l'Église pendant la Révolution, et l'hostilité tenace que lui porte la grande majorité des « libéraux », héritiers directs des « Lumières » du XVIIIe siècle, aident à comprendre la difficulté qu'aura le monde catholique à prendre en compte, parmi les valeurs composites portées par la pensée libérale, celles qui sont en harmonie avec le message évangélique, si même elles n'en sont pas issues.

Le courant libéral catholique ne disparaît pas pour autant ; la nécessité de réconcilier valeurs de liberté et message chrétien continue de hanter certains esprits, dont Montalembert sera le leader. Libéraux et conservateurs ne cesseront de s'opposer au sein du catholicisme, déjà partagé entre gallicans et ultramontains.

Au total, même en tenant compte des importantes contributions de l'Université catholique de Louvain et des vigoureuses personnalités de Mölher en Allemagne et Newman en Angleterre, la pensée catholique n'est pas encore en phase avec les graves questions qui engagent l'avenir de la société, qu'il s'agisse du rôle de la science ou des conséquences humaines du développement industriel.

▶▶▶

FRANÇOIS-RENÉ DE CHATEAUBRIAND (1768-1848)

L'influence exercée par l'œuvre littéraire de ce gentilhomme breton durant le demi-siècle qui suivit la Révolution fut considérable. En premier lieu, il fut le promoteur de ce puissant mouvement, connu sous le nom de romantisme, qui allait imprégner toute la vie culturelle de l'époque, peinture, architecture et musique incluses. Le romantisme, triomphe du sentiment et de l'intuition, était l'expression intellectuelle d'un véritable défoulement de l'opinion en réaction contre le froid rationalisme des philosophes, dont les leaders révolutionnaires s'étaient faits les disciples agissants et redoutables.

Or, à ce mouvement romantique, Chateaubriand donna, dès ses origines, une vigoureuse coloration religieuse ; conformément à l'esprit même du romantisme, cette approche religieuse était plus affective que théologique ; elle n'en eut sans doute que plus d'impact alors.

L'œuvre maîtresse de Chateaubriand est son *Génie du christianisme* paru en 1802, deux ans après que Bonaparte eût, avec le Consulat, instauré un régime d'ordre moral et politique. Chateaubriand, fidèle monarchiste, ne devait d'ailleurs guère sympathiser avec l'empereur. Avec le *Génie du Christianisme, Les Martyrs* (1809), *L'Itinéraire de Paris à Jérusalem* (1811), l'écrivain se fait l'apologiste et le chantre du christianisme en peignant sa grandeur, ses beautés, ses mérites dans tous les domaines de l'œuvre humaine. Dans une société pourtant profondément marquée par le scepticisme voltairien (mais en même temps par le pré-romantisme de Rousseau), on pouvait désormais s'affirmer chrétien et membre de l'Église catholique sans passer pour un imbécile ou un hypocrite. ■

JOSEPH DE MAISTRE (1753-1821)

Malgré la faiblesse qu'on voit aujourd'hui à sa philosophie, cet aristocrate savoyard et homme politique du royaume de Piémont (auquel appartenait alors la Savoie) est un des maîtres à penser (et à écrire) de la première moitié du XIXe siècle. Il fonde son intransigeance monarchiste et contre-révolutionnaire (*Considérations sur la France,* 1796) sur une conception providentialiste de l'histoire proche de celle de Bossuet. Son ouvrage le plus célèbre, *Du pape* (1817), développe une théorie de l'infaillibilité pontificale faisant de celle-ci la clef de voûte de la restauration de l'ordre en Europe. Cet ouvrage allait constituer une des sources du puissant mouvement ultramontain qui, se développant dans le cours du siècle, trouvera son couronnement dans le dogme de l'infaillibilité du pape défini par le premier concile du Vatican en 1870. ■

LOUIS DE BONALD (1754-1840)

Tandis que Chateaubriand fonde toute son apologétique sur le sentiment, Bonald fonde la sienne sur un raisonnement : la société ne peut se passer de religion, car sans elle aucune autorité ne peut trouver de raison d'être. Bonald, qui s'attaque avec vigueur à l'athéisme et aux idées démocratiques, sera l'un des inspirateurs du traditionalisme. (*Théorie du pouvoir politique et religieux dans la société civile,* 1796 ; *Essai analytique sur les lois naturelles de l'ordre social,* 1800 ; *Démonstrations philosophiques du principe de la société,* 1830, etc.) ■

FÉLICITÉ DE LAMENNAIS (1782-1854)

Né à Saint-Malo, Lamennais est prêtre à 34 ans (1816). Très marqué par les violences de la Révolution, il est alors proche des milieux monarchistes ultra et des catholiques traditionalistes inspirés par de Maistre et Bonald. Dans son *Essai sur l'indifférence en matière de religion* (1817-1823), il dénonce les diverses formes de cette indifférence, largement propagée par les philosophes du XVIIIe siècle. Il base la certitude religieuse sur le « sens commun » : l'adhésion naturelle des peuples aux vérités naturelles inspirées par Dieu. La religion est aussi indispensable aux individus qu'aux sociétés ; encore faut-il que l'Église dispose de sa liberté vis-à-vis des pouvoirs politiques. Lamennais met en cause le gallicanisme en honneur dans l'épiscopat français, lequel ne le lui pardonnera pas. Dans sa maison de la Chênaie près de Dinan, en Bretagne, se groupe un cercle de disciples.

La Révolution de 1830, réponse aux aspirations à la liberté, enflamme Lamennais et ses amis. Avec l'abbé Lacordaire qui a 28 ans et le comte de Montalembert, futur pair de France, qui en a 20, il fonde un quotidien, *L'Avenir,* tribune du mouvement d'idées qu'on a appelé le *catholicisme libéral.* Ce mouvement, absolument original par rapport aux positions prises jusqu'alors au sein du catholicisme, y exercera une influence durable. L'équipe de *L'Avenir* défend les libertés de conscience religieuse, de presse, d'enseignement, d'association, et une liberté de l'Église qui implique séparation de l'Église et de l'État ; elle avance en outre un programme de réformes sociales qui rejoint les idées des premiers socialistes. On retrouve là bien des intuitions qui prendront corps un demi-siècle plus tard dans le catholicisme social et la démocratie chrétienne. Malgré les positions antigallicanes et ultramontaines de *L'Avenir,* le pape Grégoire XVI le condamne en 1832 par l'encyclique *Mirari vos.*

Tandis que, la mort dans l'âme, ses compagnons se soumettent, Lamennais ne désarme pas. Son livre *Paroles d'un croyant* (1834) est un des premiers textes du XIXe siècle à attirer l'attention sur la question sociale posée par la naissance de la société industrielle. Pressé par les monarques européens, Grégoire XVI condamne l'ouvrage par l'encyclique *Singulari nos.* Lamennais n'en continue pas moins à défendre, avec de plus en plus d'audace, un « socialisme évangélique » qui, tout en lui attirant les sympathies populaires (il sera élu député en 1848), le conduira progressivement à la solitude. Pour préparer le peuple à ses responsabilités, il publie en 1838 une sorte de catéchisme lui enseignant ses droits et ses devoirs, *Le Livre du Peuple,* .A partir de 1841, il entreprend d'exposer dans *Esquisse d'une philosophie* une synthèse de sa pensée sur la religion, sur l'Église (dont il est loin désormais), sur la société (où la révolution du peuple reste à accomplir mais sans tomber dans les illusions des socialistes). ■

« La partie spirituelle de la société doit être affranchie complètement du pouvoir politique. En conséquence :

1. La liberté de conscience et de culte doit être entière, de telle sorte que le pouvoir ne s'immisce en aucune manière et sous aucun prétexte dans l'enseignement, la discipline et les cérémonies du culte.

2. La liberté de la presse ne peut être entravée par aucune mesure préventive sous quelque forme que cette mesure se produise.

3. La liberté d'éducation doit être aussi complète que la liberté des cultes, dont elle fait essentiellement partie, puisqu'elle est, comme celle-ci, une forme de la liberté même de l'intelligence et de la manifestation des opinions.

4. La liberté d'association intellectuelle, morale, industrielle, repose sur les mêmes principes et doit être sacrée aux mêmes titres. »

Extrait du manifeste libéral publié par *l'Avenir* le 21 novembre 1831, et adressé « aux amis de la liberté » dans le monde entier.

L'encyclique « Mirari vos » de Grégoire XVI (1832) et la liberté de conscience

*(...) « De cette source infecte de l'*indifférentisme *découle cette maxime absurde et erronée, ou plutôt ce délire, qu'il faut assurer et garantir à qui que ce soit la* liberté de conscience. *On prépare la voie à cette pernicieuse erreur par la liberté d'opinions pleine et sans bornes qui se répand au loin pour le malheur de la société religieuse et civile, quelques-uns répétant avec une extrême impudence qu'il en résulte quelque avantage pour la religion. Mais, disait saint Augustin,* qui peut mieux donner la mort à l'âme que la liberté de l'erreur ? *En effet, tout frein étant ôté qui pût retenir les hommes dans les sentiers de la vérité, leur nature inclinée au mal tombe dans un précipice ; et nous pouvons dire avec vérité que le puits de l'abîme est ouvert, ce puits d'où saint Jean vit monter une fumée qui obscurcit le soleil, et sortir des sauterelles qui ravagèrent la terre.*

De là, le changement des esprits, une corruption plus profonde de la jeunesse, le mépris des choses saintes et des lois les plus respectables répandu parmi le peuple, en un mot, le fléau le plus mortel pour la société, puisque l'expérience a fait voir de toute antiquité que les États qui ont brillé par leurs richesses, par leur puissance, par leur gloire, ont péri par ce seul mal, la liberté immodérée des opinions, la licence des discours et l'amour des nouveautés.

Là se rapporte cette liberté funeste, et dont on ne peut avoir assez d'horreur, la liberté de la librairie pour publier quelque écrit que ce soit, liberté que quelques-uns osent solliciter et étendre avec tant de bruit et d'ardeur.

Nous sommes épouvantés, vénérables Frères, en considérant de quelles doctrines ou plutôt de quelles erreurs monstrueuses nous sommes accablés, et en voyant qu'elles se propagent au loin et partout, par une multitude de livres et par des écrits de toute sorte, qui sont peu de chose pour le volume, mais qui sont remplis de malice, et d'où il sort une malédiction qui, nous le déplorons, se répand sur la face de la terre. Il en est cependant, ô douleur ! qui se laissent entraîner à ce point d'impudence, qu'ils soutiennent opiniâtrement que le déluge d'erreurs qui sort de là est assez bien compensé par un livre qui, au milieu de ce déchaînement de perversité, paraîtrait pour défendre la religion et la vérité. Or c'est certainement une chose illicite, et contraire à toutes les notions de l'équité, de faire, de dessein prémédité, un mal certain et plus grand, parce qu'il y a espérance qu'il en résultera quelque bien. Quel homme en son bon sens dira qu'il faut laisser se répandre librement des poisons, les vendre et transporter publiquement, les boire même, parce qu'il y a un remède tel que ceux qui en usent parviennent quelquefois à échapper à la mort ?

(...) Comme nous avons appris que des écrits semés parmi le peuple proclament certaines doctrines qui ébranlent la fidélité et la soumission dues aux princes, et qui allument partout les flambeaux de la révolte, il faudra empêcher avec soin que les peuples ainsi trompés ne soient entraînés hors de la ligne de leurs devoirs. »

Les rédacteurs de l'Avenir annoncent sa disparition.

« Les soussignés, rédacteurs de l'Avenir, membres du conseil de l'Agence générale pour la défense de la liberté religieuse, présents à Paris.

Convaincus, d'après la Lettre encyclique du souverain pontife Grégoire XVI, en date du 15 Août 1832, qu'ils ne pourraient continuer leurs travaux sans se mettre en opposition avec la volonté formelle de celui que Dieu a chargé de gouverner son Église.

Croient de leur devoir, comme catholiques, de déclarer que, respectueusement soumis à l'autorité suprême du Vicaire de J.-C., ils sortent de la lice où ils ont loyalement combattu pendant deux années. Ils engagent instamment leurs amis à donner le même exemple de soumission chrétienne.

En conséquence,

1. L'Avenir, provisoirement suspendu depuis le 15 Novembre 1831, ne reparaîtra plus ;

2. L'Agence générale pour la défense de la liberté religieuse est dissoute à dater de ce jour. Toutes les affaires entamées seront terminées, et les comptes liquidés, dans le plus bref délai possible.
Paris, le 10 Septembre 1832.

F. DE LAMENNAIS, PH. GERBET, C. DE COUX, COMTE CH. DE MONTALEMBERT, H. LACORDAIRE.

Extrait de *Histoire de l'Église* de R. FRÖHLICH. Desclée.

Ph. Roger-Viollet

Deuxième apparition de la Vierge à Catherine Labouré le 27 novembre 1830, selon la représentation que l'on a essayé de s'en faire dans la période qui a suivi.

LA VIE RELIGIEUSE. Sous réserve de ces notations, la vie religieuse connaît pendant tout le demi-siècle une grande vitalité.

Pie VII, son secrétaire d'État Consalvi, Grégoire XVI font retrouver au Saint-Siège son autorité spirituelle et son prestige moral. Désormais, c'est auprès de Rome que les Églises nationales, aux prises avec les empiètements des gouvernements, cherchent un recours. Quant aux souverains, ils voient dans l'autorité romaine un rempart contre les menées révolutionnaires ; Rome, il est vrai, reste traumatisée par les années 1789-1815.

Le clergé, très diminué dans ses effectifs, a plutôt été stimulé par l'épreuve. Partout catéchèse, prédication, missions intérieures s'efforcent de suppléer aux carences dues à la longue interruption de la vie ecclésiale. Un Jean-Marie Vianney attirant les foules à son confessionnal, un Lacordaire les attirant à ses prédications de Notre-Dame illustrent l'ardeur et le rayonnement de ce clergé. Autre signe qui ne trompe pas et qui contraste avec la décrépitude de beaucoup d'ordres au XVIIIe siècle : la naissance ou la renaissance de multiples congrégations religieuses. La Compagnie de Jésus, reconstituée par Pie VII dès 1814, verra ses effectifs mondiaux passer de 800 alors à 6 000 en 1850 ; l'ordre bénédictin, en grave déclin un siècle plus tôt, reprend vie partout dans l'esprit de ses origines, et notamment en France avec dom Guéranger à Solesmes (1837) ; de même, Lacordaire y rétablit les dominicains. De nombreuses congrégations, en majorité françaises, voient le jour, couvrant une vaste gamme d'activités (enseignement, presse, handicapés, missions...). Même à l'époque de la Réforme catholique, on n'avait jamais assisté à pareille floraison.

De même constate-t-on un mouvement de retour au christianisme au sein de la bourgeoisie et de l'aristocratie ; on assiste même à des conversions au catholicisme chez des protestants, des orthodoxes, des juifs ; beaucoup de personnalités du catholicisme seront d'anciens incroyants (Gratry, Lacordaire, Veuillot...).

La spiritualité et les dévotions sont alors très marquées par le sentiment, en quoi elles répondent aux mentalités de l'époque, sans exclure pour autant la profondeur de la vie de foi. Le culte marial sera stimulé par l'apparition de la Vierge à Catherine Labouré (1830). Succès des exercices spirituels, fréquentation des sacrements, essor des vocations sacerdotales, religieuses et missionnaires, générosité des fidèles confirment la vitalité religieuse. Fait relativement nouveau dans le catholicisme, les initiatives prises par les laïcs ; tels les confrères de l'influente *Congrégation* fondée en 1801, bête noire des libéraux jusqu'à sa disparition en 1830. Les initiatives laïques sont multiples : presse catholique de tendances diverses (*Le Correspondant* 1829, *L'Avenir* 1830, *L'Univers* 1833) ; action politique (Montalembert, Armand de Melun) ; soutien aux missions (Propagation de la Foi fondée par Pauline Jaricot en 1822) ; service des pauvres (Société de Saint-Vincent-de-Paul fondée par Ozanam en 1833)...

Une grande ombre sur tout cela : hormis quelques esprits lucides — tels Villeneuve-Bargemont, Montalembert, Armand de Melun, Ozanam, l'abbé Ketteler, futur évêque de Mayence — dont les perspectives vont bien au-delà du soulagement des victimes de la misère pour remonter aux causes des fléaux sociaux et aux réformes nécessaires, les milieux catholiques, dans leur ensemble, manifestent encore une dangereuse myopie à l'égard de la nature de la question sociale, le plus souvent abordée dans la seule optique de la bienfaisance. On doit à cet égard noter qu'entre l'action sociale de la Congrégation sous la Restauration (p. 437) et celle de la génération des Albert de Mun et René de La Tour du Pin après 1870 (p. 458-459), un rôle charnière capital a été tenu par Armand de Melun, dont on retrouve la marque, non seulement dans la plupart des œuvres charitables et sociales de ce demi-siècle, mais aussi dans toute une législation sociale qu'il a fait voter à la Chambre. Mais il faudra attendre le *Syllabus* de Pie IX en 1864, et surtout l'encyclique *Rerum novarum* de Léon XIII en 1891, pour voir condamner les abus, alors pourtant criants, du libéralisme économique.

Cependant le clergé reste proche du peuple ; lors de la révolution de 1848, celui-ci lui manifeste une sympathie contrastant singulièrement avec l'agressivité de 1830.

Le mouvement ultramontain

Un mouvement spontané

Le mot ultramontain (du latin *ultra,* au-delà, et *montes,* les monts, en l'occurrence les Alpes), désigne le courant de pensée et d'opinion favorable à l'autorité du pape qui s'est déployé dans les milieux catholiques tout au long du XIXe siècle. Il s'oppose aux théories du gallicanisme, du fébronianisme et du joséphisme, qui tendent à faire prévaloir l'autorité des conciles sur celle du pape et les droits souverains de l'État sur le fonctionnement d'une Église nationale. Il manifeste une réaction contre les excès auxquels ces théories ont donné lieu (Constitution civile du clergé, 1790 ; Articles organiques ajoutés par Bonaparte au Concordat, 1802 ; pratiques joséphistes et fébronianistes en pays germaniques, etc.) ; mais l'ultramontanisme a beaucoup d'autres causes.

En premier lieu, intervient la restauration du rôle spirituel de la papauté au lendemain de la crise révolutionnaire ; c'est l'œuvre de Pie VII et de son secrétaire d'État Consalvi, poursuivie par Grégoire XVI. La personne même de Pie VII, en conquérant la sympathie des foules françaises par ses malheurs et sa force d'âme, n'y est pas étrangère.

Or le rôle de la papauté semble répondre aux nécessités de l'heure ; pour les monarchies et les milieux conservateurs, il s'agit de restaurer un ordre social basé sur un ordre moral ; pour la hiérarchie de l'Église, en divers pays, il s'agit de se défendre contre les pressions et les empiètements des pouvoirs politiques ; pour les populations catholiques des souverains protestants ou orthodoxes, il s'agit de sauvegarder leur foi et, si possible, d'accroître leur marge d'autonomie.

Des courants divers

Autant d'ordres de préoccupations, autant de courants de pensée, mais tous contribueront à susciter et fortifier le mouvement ultramontain.

Dans la ligne de l'ordre moral, le maître à penser sera Joseph de Maistre, dont le livre *Du pape* (1817) plaide en faveur du pouvoir papal considéré comme la clef de voûte de l'ordre à restaurer en Europe.

Dans la ligne de l'indépendance à l'égard du pouvoir politique, le pionnier est Lamennais. Déjà célèbre avec son *Essai sur l'indifférence en matière de religion,* il publie en 1825 *De la religion considérée dans ses rapports avec l'ordre public* où il attaque violemment le gallicanisme alors professé par la majorité des évêques français (nommés sous le régime du Concordat) ; il reproche au gallicanisme de placer le pouvoir spirituel sous « l'abjecte dépendance » du pouvoir politique. « Sans pape, pas d'Église ; sans Église, pas de christianisme, sans christianisme, pas de société ». L'épiscopat français, indigné, fait condamner l'auteur et l'ouvrage par la justice pour provocation à la désobéissance à l'État, cependant que le pape Léon XII pour sa part tient Lamennais en grande estime.

Le groupe de prêtres et de laïcs qui s'est constitué autour de Lamennais dans le but de rénover la pensée religieuse française adhère pleinement à cet antigallicanisme. Le journal qu'ils lancent en 1830, *L'Avenir,* se fera la tribune d'un libéralisme catholique étroitement associé à une ardente conviction ultramontaine ; même après la condamnation de Lamennais par Rome (1834), Montalembert, Lacordaire, dom Guéranger ne cesseront de militer, chacun dans son champ propre d'activités, contre les idées gallicanes encore répandues dans l'épiscopat français. Dom Guéranger, par exemple, dans son action pour la rénovation liturgique, fera prévaloir le rite latin sur les rites locaux d'esprit gallican.

Les papes et le mouvement ultramontain

Le pape Grégoire XVI (pontificat 1831-1846) hésite à encourager trop ouvertement ce mouvement ultramontain né spontanément dans l'opinion. Il craint d'entrer en conflit aussi bien avec les souverains qu'avec les épiscopats. Mais, de son côté, le bas clergé français supporte mal le pouvoir discrétionnaire attribué aux évêques par les articles organiques imposés par Napoléon, et il cherche volontiers protection auprès de Rome. Enfin, partout en Europe, la papauté jouit d'une grande popularité. Si bien qu'à la fin de son pontificat Grégoire XVI commence à encourager plus nettement le mouvement ultramontain, qui n'est d'ailleurs pas sans rencontrer de solides points de résistance en France, en Angleterre, en Allemagne, en Autriche. Son successeur, Pie IX (1846-1878), engagera, avec l'appui de la majorité de l'opinion catholique, une politique ouverte et systématique du Saint-Siège en faveur de la centralisation romaine et des pouvoirs du pape ; elle trouvera son couronnement en 1870 avec la proclamation, par le premier concile du Vatican, du dogme de l'infaillibilité du pape.

A partir de là, le mouvement ultramontain se poursuivra essentiellement sous la forme d'un soutien au pape dans la « question romaine », ce long conflit provoqué par la mainmise du jeune royaume d'Italie sur les États pontificaux et la ville même de Rome. ■

HENRI LACORDAIRE (1802-1861)

Le futur prédicateur de Notre-Dame et restaurateur de l'ordre dominicain en France est d'abord un avocat incroyant et mondain. Converti, il entre au séminaire de Saint-Sulpice ; avec Lamennais et Montalembert, il est un des chefs de file du catholicisme libéral et fonde avec eux le journal *l'Avenir,* qui en est l'organe. Après la condamnation du journal par le pape Grégoire XVI (1832), il s'éloigne de Lamennais qui refuse de se soumettre ; avec ses *Considérations sur le système philosophique de M. de Lamennais* (1834), il met au clair tout ce qui les sépare. C'est à ce moment qu'il se lance dans l'apostolat de la jeunesse étudiante, qu'il a le don d'enflammer. Bientôt, il inaugure ses célèbres *Conférences* à Notre-Dame de Paris (1835-1836), qui attirent un vaste public, en particulier masculin, bien au-delà du cercle des croyants. Il s'impose alors cinq années de recueillement, au cours desquelles, à Rome, il entre dans l'ordre dominicain (1839). Puis il reprend les Conférences de Notre-Dame, qu'il assurera pendant douze ans. En 1843, il rétablit l'ordre dominicain en France, d'où la Révolution l'avait chassé. En 1848, il fonde avec Frédéric Ozanam le journal catholique *l'Ère nouvelle,* qui attire l'attention sur le problème social et préconise un ensemble de réformes. Un moment député à l'Assemblée nationale (1848), il consacre les dix dernières années de sa vie soit à la direction de son Ordre en France, soit à celle du collège de Sorèze (Tarn) où il poursuit la tâche dans laquelle il excelle, l'éducation de la jeunesse (*Lettres à un jeune homme sur la vie chrétienne* 1858). Il est élu à l'Académie française en 1860. ■

Ph. Roger-Viollet

Portrait de Lacordaire par Th. Chasseriau (1840).

Lorsqu'un mot, une expression, un événement, une institution, un nom propre vous sont inconnus, consultez l'index.

DOM GUÉRANGER (1805-1875)

restaurateur des bénédictins en France et rénovateur de la liturgie

Prosper Guéranger, né à Sablé-sur-Sarthe, est ordonné prêtre en 1827, à une époque où les ordres monastiques, chassés de France par la Révolution, y sont encore interdits. Un moment disciple de Lamennais, Guéranger en restera à jamais marqué par les idées ultramontaines.

Pie VII, lui-même bénédictin, s'était employé après la chute de l'Empire français à faire renaître en Europe l'ordre de Saint-Benoît, que le joséphisme puis la Révolution française avaient mis à mal alors qu'il traversait précisément une grave crise de vitalité et de recrutement. En France, c'est l'abbé Guéranger qui va lui redonner vie. En 1832, il rachète l'ancien prieuré de Saint-Pierre de Solesmes, près de sa ville natale, et en 1837, malgré l'opposition de l'évêque du Mans, obtient du pape Grégoire XVI l'approbation des constitutions d'une Congrégation française de l'ordre de saint Benoît dont il est reconnu l'abbé canonique.

Sous son impulsion, l'abbaye de Solesmes va devenir non seulement la tête de pont de la réimplantation bénédictine en France [1], mais le foyer du renouveau liturgique, domaine resté relativement en marge de la Réforme catholique des XVIe et XVIIe siècles, sauf en ce qui concerne la place donnée à l'eucharistie. Il s'attache notamment au retour à une prière communautaire et d'inspiration largement biblique, c'est-à-dire à l'esprit même de la liturgie ; il entreprend en particulier la restauration du chant grégorien.

Mais ce faisant, et son tempérament fougueux n'arrange rien, il suscite des tempêtes, car il va à l'encontre d'un type de piété individuelle, intimiste et sentimentale très en faveur alors, qui s'épanouit, par exemple, dans le culte du Sacré-Cœur ou du Cœur de Marie. En outre ses convictions ultramontaines le poussent à supplanter la variété des liturgies locales, de tradition gallicane, par l'uniformité de la liturgie latine, en quoi il heurte les nombreux évêques gallicans.

On conçoit donc qu'il ait fallu beaucoup de temps pour que la prière officielle et traditionnelle de l'Église retrouve toute sa place dans les pratiques publiques et privées ; longtemps encore, par exemple, les « missels des fidèles » proposeront à leurs lecteurs des « prières pendant la messe » au lieu des prières mêmes de la messe.

Cependant Guéranger n'ira pas au bout de sa logique, se refusant notamment à traduire le canon latin en français pour les missels destinés aux fidèles, et restant loin d'une participation active de ces derniers à la liturgie.

Ses ouvrages, et en particulier ses *Institutions liturgiques* (1840-1842) et son *Année liturgique* (1842-1859), et ses initiatives n'en marquent pas moins le départ du renouveau liturgique ; Pie X lui donnera son impulsion décisive au début du XXe siècle ; le concile Vatican II lui assurera son plein épanouissement (1962-1965). ■

1. Aujourd'hui trois congrégations bénédictines sont présentes en France métropolitaine, avec 16 abbayes et 2 prieurés, ainsi qu'un grand nombre d'abbayes et monastères féminins.

Un libéral catholique

CHARLES DE MONTALEMBERT (1810-1870)

Le comte Charles de Montalembert, fils d'un pair de France ancien émigré, a 20 ans lorsque, faisant la connaissance de l'abbé de Lamennais, déjà célèbre par ses écrits, il est séduit par l'homme et ses idées. Dans l'effervescence suscitée chez les libéraux par la révolution de 1830, il se joint au groupe des amis de Lamennais pour fonder un quotidien qui défendra les conceptions du libéralisme catholique, *L'Avenir*.

Si le libéralisme catholique est déjà en soi une nouveauté qui surprend et choque une grande partie des catholiques, conservateurs dans leur immense majorité, que dire de l'adhésion d'un futur pair de France à un tel courant de pensée ! Car les libéraux ont toujours été jusqu'alors de fidèles disciples des philosophes du XVIIIe siècle, et, comme tels, ardemment hostiles à l'Église autant qu'à l'Ancien Régime.

Lors de la condamnation de *l'Avenir* par Grégoire XVI, tandis que Lamennais se durcit, ses compagnons se soumettent. Chacun d'eux continuera à agir dans le même esprit, mais en pleine fidélité à l'Église.

Ainsi Montalembert, devenu pair de France avec le décès de son père, ne cessera à la Chambre Haute de défendre contre le gallicanisme les idées ultramontaines, contre le monopole de l'Université hérité de Napoléon la liberté d'enseignement, contre leurs souverains les nationalités opprimées.

En 1848, après la chute de la Monarchie de Juillet, Montalembert est élu député à la Constituante puis à la Législative. Il fait voter en 1850 la loi Falloux sur la liberté de l'enseignement secondaire. Après les émeutes de juin 1848, qui ont jeté la panique jusque dans les milieux libéraux, il prend la tête, avec Thiers et Molé, d'un grand parti de l'ordre qui favorisera l'accès au pouvoir du prince Louis-Napoléon. Mais, l'Empire restauré (1852), Montalembert anime l'opposition libérale catholique à laquelle Mgr Dupanloup, évêque d'Orléans, apporte un actif appui, et qui s'exprime dans le journal *Le Correspondant*. Une vive polémique s'engage avec le porte-parole du catholicisme conservateur, Louis Veuillot, directeur du journal *L'Univers*.

Elle redouble lors du débat relatif à l'infaillibilité pontificale ; tout en étant ultramontains, Montalembert, Dupanloup et leurs amis estiment inopportune une formulation dogmatique de cette infaillibilité. Elle n'en sera pas moins adoptée par le premier concile du Vatican en 1870, année de la mort de Montalembert. Celui-ci a laissé une importante œuvre écrite, en particulier une *Histoire des moines d'Occident* faisant autorité. Il était membre de l'Académie Française. ■

FRÉDÉRIC OZANAM (1813-1853)

Il est souvent considéré comme le représentant achevé de la nouvelle génération de catholiques qui, aux alentours de 1830, dans la mouvance de Lamennais, Lacordaire et Montalembert et de leur journal *L'Avenir*, a pris la relève du clan aristocratique et conservateur catholique.

D'origine lyonnaise, Ozanam est venu très jeune à Paris faire carrière dans l'enseignement. Il n'entend pas seulement affirmer sa foi dans ses paroles et ses écrits ; il veut la mettre en œuvre auprès des déshérités. « Allons aux pauvres », dit-il à ses amis qu'il entraîne dans la visite à domicile des laissés pour compte de la société, sur les conseils d'une religieuse de Saint-Vincent-de-Paul du quartier de la rue Mouffetard, la sœur Rosalie Rendu. Les équipes de Saint-Vincent-de-Paul (les « conférences ») vont se multiplier à Paris, puis en province, bientôt à l'étranger [1].

Plus encore que l'entraide matérielle, pourtant le plus souvent nécessaire, ce qui prime aux yeux d'Ozanam, dans une perspective qui reste d'ordre spirituel, c'est la rencontre personnelle, la volonté de rompre solitude et isolement, la création de liens humains. C'est du reste ce caractère de relation personnelle qui explique que l'action des Conférences Saint-Vincent-de-Paul garde tout son sens aujourd'hui, quel que soit le développement pris par ailleurs par l'aide sociale publique.

Mais surtout ce serait tout à fait méconnaître la pensée d'Ozanam sur le problème social que de le voir en limiter la solution à l'assistance, fût-elle personnalisée. Fidèle en cela aux dénonciations du système économique auxquelles s'était déjà livré le journal *L'Avenir* en 1830, Ozanam, du haut de sa chaire d'histoire à la Sorbonne, s'attaque au libéralisme économique, « ignominieuse doctrine » qui réduit toute la vie aux calculs d'intérêts. « Pour rétablir l'ordre, la charité ne suffit pas, car elle soigne les plaies, elle ne prévient pas les coups qui les produisent ». Il faut faire œuvre de justice, en régularisant le marché de la main-d'œuvre par des associations de travailleurs et un certain contrôle de l'État.

La petite minorité catholique qui, à la faveur des événements de 1830, a ainsi pris plus clairement conscience de la nature du problème ouvrier se groupe en 1848 autour d'Ozanam et du Père Lacordaire pour fonder le journal *L'Ère nouvelle* et y préconiser un programme de réformes. Son succès sera éphémère, les journées de juin 1848, et la panique qu'elles suscitent lui enlevant toute audience ; il faudra attendre plus de vingt ans pour voir renaître un courant analogue au sein du catholicisme. Ozanam n'en sera pas le témoin, mourant à l'âge de 40 ans.

En revanche, il aura pu constater le mouvement de retour au christianisme qui se développe au sein de la bourgeoisie à partir des années 1830, et ce, jusque dans la jeunesse étudiante ; un mouvement qui n'est pas sans rapport avec l'action d'hommes comme Lacordaire ou Montalembert...

Ozanam, professeur à la Sorbonne, a laissé une œuvre importante d'historien médiéval, et notamment une thèse sur *Dante et la philosophie catholique au XIIIe siècle*. ■

1. Aujourd'hui plus de 700 000 membres dans 112 pays des 5 continents.

PLUS DE 100 CONGRÉGATIONS RELIGIEUSES SONT FONDÉES ENTRE 1800 ET 1850 (les deux-tiers d'origine française)

QUELQUES-UNES DES FONDATIONS FAITES EN FRANCE

Années	Congrégations	Objet	Fondateurs
1800	**Picpus** (Congrégation des Sacrés-Cœurs)	Missions	Père Coudrin
1801	**Dames du Sacré-Cœur**	Éducation	Ste Madeleine-Sophie Barat
1807	**Filles de la Croix** (ou **Sœurs de St-André**)	Éducation, Malades. Vieillards	St André-Hubert Fournet et Ste Jeanne-Elisabeth Bichier des Ages
	Sœurs de St-Joseph de Cluny	Missions (éduc., malades, action sociale)	Bse Anne-Marie Javouhey
1816	**Oblats de Marie Immaculée**	Missions	Abbé de Mazenod
	Société de Marie (Maristes)	Missions	Père Colin
	Sœurs de la Sainte Famille	Éducation	Ste Émilie de Rodat
1817	**Société de Marie** (Marianistes)	Éducation, Missions	Père Chaminade
	Frères de l'Instruction chrétienne de Ploërmel	Éducation	Abbé Jean-Marie de Lamennais
	Frères Maristes des Écoles (Petits Frères de Marie)	Éducation	Bx. Marcellin Champagnat
1822	**Dames de Nazareth**	Éducation	Père Roger, s.j.
1826	**Cénacle (N.D. de la Retraite au)**	Retraites. Catéchèse	Ste Thérèse Couderc et Père Terme
1829	**N.D. de Charité du Bon Pasteur**	Relèvement des prostituées	Ste Marie-Euphrasie Pelletier
1837	**Congrégation bénédictine de Solesmes**	Vie monastique	Dom Guéranger
1838	**Missionnaires de St-François de Sales d'Annecy**	Missions	Père Pierre-Marie Mermier
	Clercs de St-Viateur	Éducation	Père Louis Querbes
1839	**Petites Sœurs des Pauvres**	Service des personnes âgées pauvres	Bse Jeanne Jugan
1841	**Société du St Cœur de Marie**	Apostolat auprès des noirs d'Afrique et d'Amérique	Père Libermann
1843	**Religieuses N.-D. de Sion**	Relations avec les Juifs	Les deux frères Ratisbonne
1845	**Assomptionnistes**	Missions. Action caritative. Presse	Père d'Alzon
	Religieux de Saint Vincent de Paul	Service des pauvres et de la jeunesse	Père Le Prévost
1848	**Fusion Société du St Cœur de Marie - Congrégation St Esprit**	Missions	Père Libermann

Passons aux barbares

La peur suscitée par les révoltes ouvrières dues à la misère du prolétariat tout au long du développement industriel faisait parfois appeler les ouvriers « les nouveaux barbares ». Tout comme les évêques gallo-romains lors des grandes invasions, Ozanam propose de « passer aux barbares ». Il le fait dans une lettre écrite alors que l'agitation, qui va déboucher dès le lendemain sur les journées révolutionnaires des 23 au 25 février 1848, bat son plein.

« Quand je dis « passons aux barbares », je ne dis pas de passer aux radicaux... Je crois voir le Souverain Pontife consommer ce que nous appelions de nos vœux depuis vingt ans : passer du côté des « barbares », c'est-à-dire du camp des rois, des hommes d'État de 1815, pour aller au peuple. Et en disant « Passons aux barbares », je demande que nous fassions comme lui, que nous nous occupions du peuple qui a trop de besoins et pas assez de droits, qui réclame avec raison une part plus complète aux affaires publiques, des garanties pour le travail et contre la misère, qui a de mauvais chefs, mais faute d'en trouver de bons [...]. Nous ne convertirons peut-être pas Attila et Genséric, mais Dieu aidant, peut-être viendrons-nous à bout des Huns et des Vandales ». ■

Cité dans *Pour lire l'Histoire de l'Église*.
J. Comby, Ed. Cerf.

Les socialismes utopiques et l'Évangile

« On ne se souvient plus beaucoup des idéologies de 1848. Comme si l'échec, ou encore la récupération très rapide du mouvement les avaient discréditées. Du côté de l'État bourgeois, la peur institutionnelle éteignit bien vite la flambée. Du côté de la papauté, les tribulations de Pie IX et la question romaine infléchirent radicalement l'attitude. Pourtant la chaleureuse sympathie d'une bonne part du clergé, les penseurs comme les pasteurs, ne doit pas être oubliée. Et encore moins tout le bouillonnement des socialismes utopiques, en particulier français. Saint-Simon, Fourier, Louis Blanc, Proudhon charriaient assurément le meilleur et le pire dans leurs projets de réforme sociale, mais, avec une certaine gravité et beaucoup de souffle, ils faisaient passer une espérance. Comme pour le marxisme vingt-cinq ans plus tard, ce n'est pas tant l'aspect systématique de leur pensée qui a fait peur, que d'être pris dans le contexte du siècle des grands craquements, dont l'ampleur et la rapidité rencontraient des réflexes d'ordre et de propriété. Même s'il est mêlé à des fantaisies ou parfois à des idées sectaires, leur humanisme populaire, pourtant, non seulement demeure une constante de la pensée politique française, mais consonne avec l'idéal de fraternité évangélique ».

Extrait du *Livre des chrétiens*, vol. 2.
Le Livre de Paris, Ed. Hachette.

Ph. J.-M. De Reville

Saint Jean-Marie Vianney, par Cabuchet.

Un pasteur modèle dans la première moitié du XIXe siècle :
saint Jean-Marie Vianney (1786-1859),
le curé d'Ars
Voir Index

8. L'ÉGLISE DE 1848 À 1914

I. LES PONTIFICATS DE PIE IX ET LÉON XIII (1846 à 1903)

Un monde en rapide évolution

Entre les mouvements révolutionnaires de 1848, qui mettent un terme définitif à l'ère des restaurations de l'Ancien Régime, et la guerre mondiale de 1914, qui marque la véritable coupure entre XIXe et XXe siècles, le monde évolue très vite ; la société industrielle se constitue dans ses composantes techniques, économiques et sociales ; tandis que grossit un prolétariat soumis à des conditions de vie et de travail auxquelles on a peine à croire aujourd'hui, ce sont la bourgeoisie et la classe moyenne qui dominent l'époque et donnent le ton.

Deux ordres de faits contribuent à en façonner les mentalités :

• *La Révolution de 1789* a durablement inscrit dans les esprits, d'une part, l'attachement aux libertés sous toutes leurs formes et, d'autre part, la conscience que l'homme est le maître de l'histoire (la notion de Providence s'estompe).

• *Le développement des sciences et des techniques* donne le sentiment d'ouvrir la perspective d'un progrès indéfini qui résoudra les problèmes posés à l'homme et à la société ; seules la science et l'histoire offriraient donc les clefs de la vérité et de l'avenir. Ainsi le positivisme d'Auguste Comte fonde la connaissance sur les seuls faits empiriques ; le matérialisme réduit à la matière et à ses lois ce qu'on peut croire ; le transformisme de Darwin exclut l'idée de création ; Marx et Engels voient la société engagée dans un processus inéluctable de transformation en application des principes, qu'ils présentent comme scientifiques, du matérialisme historique et dialectique.

Dans ce contexte, le fait religieux tend à ne plus être considéré que comme le vestige d'un temps définitivement révolu, voire comme un obstacle au progrès humain ; agnosticisme, athéisme, libéralisme politique, socialisme prennent des orientations de plus en plus radicalement hostiles à l'Église.

Tel est le climat qui se développera pendant les trois pontificats de Pie IX, Léon XIII et Pie X, entre 1846 et 1914 : il en explique bien des traits.

Pie IX ou la tradition aux prises avec le monde moderne (1846-1878)

Ce pontificat sera tout de contrastes : d'un côté, le tempérament de Pie IX et le cours des événements le conduisent à réagir vivement contre les idées de son temps, tandis que, de l'autre, ses qualités spirituelles et pastorales assurent à l'Église un nouveau regain de vitalité et à la papauté une popularité sans précédent.

PIE IX ET LE LIBÉRALISME

Malgré quelques dispositions libérales accordées à ses États au début de son pontificat (constitution, amnistie), Pie IX se trouve bientôt aux prises avec la vague révolutionnaire de 1848 qui,

▶▶▶

Qu'est-ce que le positivisme ?

Le développement de la philosophie positiviste est significatif d'une pensée du XIXe siècle tout à la fois imprégnée de l'esprit sceptique des philosophes du XVIIIe siècle et subjuguée par le développement des sciences. En langage philosophique du XVIIIe siècle, une connaissance positive est celle qui s'impose à l'esprit par l'expérience ; elle s'oppose donc à la connaissance métaphysique, et a fortiori, à toute idée de révélation divine.

Selon Auguste Comte (1798-1857), fondateur de l'école positiviste, l'humanité (comme la personne elle-même) suit une évolution qui la conduit inéluctablement du stade primitif, celui de la théologie (fétichisme, puis polythéisme, puis monothéisme), au stade industriel et positif, où l'homme ne cherche plus à connaître l'essence des choses, mais applique sa raison à comprendre ce qui est observable et à en déduire les lois « positives » que suivent les faits. D'où le classement qu'il fait des sciences selon leur généralité décroissante et leur complexité croissante, depuis les mathématiques, bases de toute connaissance positive, jusqu'à la sociologie (terme créé par Comte). Ces idées sont exposées par Comte dans ses *Cours de philosophie positive* à partir de 1826.

A partir des années 1850, Comte érige le positivisme en une véritable religion (*Catéchisme positiviste* 1852 ; *Synthèse subjective ou Système universel des conceptions propres à l'état normal de l'humanité* 1856). Il imagine un culte rendu par la société et l'État positivistes au « Grand Être de l'humanité » ; il élabore une morale positiviste, ayant « l'Amour pour principe, l'Ordre pour base, le Progrès pour but ».

La plupart des disciples de Comte (et Littré le premier) se refuseront à le suivre dans ces considérations mystiques. Par contre, la philosophie positiviste, dans sa teneur scientiste et agnostique, marquera largement les esprits dans le cours de la seconde moitié du XIXe siècle. Les républicains de l'époque en feront volontiers la base de leur pensée et le point d'appui de leur anticléricalisme. ■

Un philosophe déterministe :

HIPPOLYTE TAINE (1828-1893)

Tout à la fois philosophe, critique littéraire et historien, Taine est un pur produit de la philosophie des Lumières du XVIIIe siècle ; il exerça une influence considérable sur les générations de la seconde moitié du XIXe siècle. Par-delà ses convictions philosophiques, il devait marquer de manière plus durable les méthodes de la recherche historique.

Son livre capital, *De l'intelligence* (1870), reprend les conceptions exposées dans ses œuvres antérieures : le développement de l'esprit relève des lois scientifiques de la physiologie ; l'art et la littérature doivent être envisagés comme des fonctions naturelles de cet « animal d'espèce supérieure » qu'est l'homme ; le génie des grands écrivains et artistes est fonction de trois grands facteurs : la race (l'hérédité), le moment, le milieu.

Le même processus déterministe est à l'origine des enchaînements historiques ; Taine s'emploie à en faire la démonstration à propos de la Révolution, et des événements de la Commune (*Les origines de la France contemporaine* 1871-1894).

Malgré ses rudes attaques contre les philosophes spiritualistes (*Études sur les philosophes français du XIXe siècle* 1857), Taine devait demander des funérailles protestantes.

CHRONOLOGIE

	France			Rome
			1846-1878	**Pie IX**
1848	Révolution. IIe République. Journées insurrectionnelles de juin. Louis-Napoléon Bonaparte élu Président.		**1848**	Révolution romaine. Pie IX chassé de Rome.
			1849	Un corps expéditionnaire français rétablit Pie IX dans ses États.
1850	Loi Falloux sur la liberté de l'enseignement secondaire.			
1851	Coup d'État de Louis-Napoléon.			
1852	Second Empire avec Napoléon III.			
			1854	Dogme de l'Immaculée Conception défini par Pie IX.
1858	Apparitions de Lourdes. Accords de Plombières Napoléon III - Cavour.			
1860	Cession de Nice et de la Savoie par le Piémont à la France.		**1860**	Annexion du nord des États pontificaux par le royaume de Piémont (Cavour et Victor-Emmanuel II).
			1861	Constitution du royaume d'Italie (Victor-Emmanuel II).
1863	*Vie de Jésus,* de Renan.			
			1864	Encyclique *Quanta cura* et son complément le *Syllabus*, de Pie IX, condamnant 80 « erreurs modernes ».
			1869	Ouverture du premier concile du Vatican.
1870	Guerre franco-allemande. Chute de l'Empire.		**1870**	Dogme de l'infaillibilité pontificale défini par le concile. Prise de Rome par Victor-Emmanuel II ; fin du pouvoir temporel des papes. Suspension du Concile (il ne sera pas repris).
1870	IIIe République.			
1871	Assemblée nationale à majorité royaliste. La Commune. Fondation des cercles catholiques d'ouvriers par A. de Mun.			
1875	Loi sur la liberté de l'enseignement supérieur. Vote de la Constitution républicaine.			
1876	Majorité républicaine anticléricale.			
			1878-1903	**Léon XIII.**
1880	Expulsion des Congrégations non autorisées.			
1881-1882	Lois Jules Ferry sur l'enseignement primaire gratuit et obligatoire.			

ERNEST RENAN (1823-1892)

Né à Tréguier, historien et philologue en renom, il a laissé une œuvre immense, et marqué de son influence la génération des intellectuels atteignant 20 ans aux alentours de 1880. En 1845, élève au séminaire de Saint-Sulpice à Paris, une grave crise religieuse le fait renoncer à la perspective du sacerdoce. Il adhère alors à la philosophie positiviste. De tempérament religieux, il gardera toujours la nostalgie et le respect de la foi de ses pères (*Souvenirs d'enfance et de jeunesse,* 1883). Agrégé de philosophie, il devient bientôt un philologue consacré, notamment dans le domaine des langues sémitiques, dont il a commencé l'étude au séminaire. Professeur d'hébreu au Collège de France, il publie, après une mission au Liban et en Palestine, une *Histoire des origines du christianisme* (1863-1883) visant à fonder un christianisme rationnel et critique. Le premier volume, la *Vie de Jésus* connaît un grand retentissement, et restera son œuvre la plus célèbre ; il s'agit d'une interprétation rationaliste et positiviste de la personne de Jésus, « cet homme incomparable ». Elle lui fera perdre sa chaire au Collège de France jusqu'à l'avènement de la IIIe République en 1870. Son œuvre ne s'en poursuivra pas moins dans les domaines de la philologie sémitique, de l'exégèse biblique, de l'histoire, de la philosophie. Devenu un personnage officiel après la chute de l'Empire, il sera comblé d'honneurs, élu à l'Académie Française, nommé administrateur du Collège de France. ■

▶▶▶

partie de Paris, balaye toute l'Europe. Le pape est chassé de Rome par l'émeute, le premier ministre tué, la république proclamée dans ses États (Mazzini, Garibaldi).

L'intervention conjuguée de l'Autriche et de la France (Louis-Napoléon, président de la IIe République) assure la restauration du pouvoir temporel de Pie IX ; mais désormais, dans son esprit, les idées libérales restent indissociables de l'hostilité au Saint-Siège et de la violence. La politique anticléricale de Cavour et son intention affichée de réaliser l'unité italienne en mettant fin aux États pontificaux ne peuvent que renforcer le pape dans cette conviction.

De fait, en 1860, malgré la résistance opposée par un petit corps de volontaires étrangers (général français de Lamoricière), le royaume de Piémont-Sardaigne annexe la majeure partie des États pontificaux, et, en 1861, Victor-Emmanuel est proclamé roi d'Italie. Seules échappent pour l'instant à cette mainmise Rome et sa région, sous la pression de Napoléon III qui, tout en soutenant la politique italienne de Cavour, doit ménager en France une forte opposition catholique. Aux yeux de Pie IX, la lutte contre les idées libérales n'est qu'une des formes du combat séculaire de l'Église contre les forces du mal.

C'est dans cette atmosphère que s'élaborent et paraissent en 1864 l'encyclique de Pie IX *Quanta cura,* condamnant les « erreurs modernes », et son annexe, le *Syllabus,* énumérant 80 d'entre elles. Le libéralisme et ses composantes (neutralité religieuse de l'État, séparation de l'Église et de l'État, liberté de religion et de conscience...) sont dénoncés comme graves erreurs ; le socialisme est condamné tout autant que le libéralisme économique (qui situe hors du champ moral les relations entre capital et travail). Il faudra un siècle avant que l'Église prenne clairement position en faveur de la liberté religieuse (concile Vatican II, 1965).

Encyclique et *Syllabus* provoquent de grands remous : les ennemis de l'Église y voient la confirmation de son incompatibilité avec le monde moderne, les catholiques intransigeants crient victoire, le petit groupe catholique libéral est consterné ; toutefois, avec l'approbation inattendue de Pie IX, Mgr Dupanloup apporte quelque apaisement aux catholiques libéraux par une brochure dans laquelle il distingue « thèse » (idéal à atteindre) et « antithèse » (attitudes imposées par les circonstances).

Pie IX et la « question romaine »

Depuis leur origine au VIIIe siècle, les États pontificaux sont considérés par la papauté comme la garantie de son indépendance spirituelle vis-à-vis des puissances temporelles. Or, face à la volonté du roi Victor-Emmanuel d'achever l'incorporation de ces États dans le royaume d'Italie proclamé en 1861, la sauvegarde de ce qui en reste, avec Rome pour centre, n'est plus assurée depuis 1867 que par un petit corps français envoyé par Napoléon III.

Mais, lors de la déclaration de guerre entre la France et l'Allemagne en 1870, ce corps est rappelé en France. Et lorsque, quelques mois plus tard, l'Empire français s'effondre, les troupes de

▶▶▶

Un texte explosif : le « Syllabus »

Le 8 décembre 1864 le Saint-Siège publie l'encyclique du pape Pie IX *Quanta cura* sur les erreurs modernes ; elle est accompagnée d'un document annexe, le *Syllabus* ou *Catalogue des principales erreurs de notre temps.*

Ces textes vont provoquer de profonds remous.

Quanta cura porte une condamnation générale du naturalisme, du libéralisme et de l'indifférentisme, du communisme et du socialisme, de l'enseignement public d'État (conçu comme monopole) ; elle proclame l'indépendance de l'Église vis-à-vis du pouvoir civil.

Le Syllabus, comporte dix parties. Les quatre premières énumèrent une série d'erreurs de nature philosophique : 1. panthéisme, naturalisme, rationalisme absolu ; 2. rationalisme modéré ; 3. indifférentisme, latitudinarisme ; 4. socialisme, communisme, sociétés secrètes, sociétés bibliques, sociétés clérico-libérales. Les six dernières évoquent les conceptions erronées à propos de : 5. l'Église et ses droits ; 6. la société civile ; 7. la morale naturelle ; 8. le mariage ; 9. le principat civil du pape ; 10. le libéralisme moderne. Chacune des 80 propositions présentées comme erronées est suivie du rappel des documents pontificaux qui l'ont condamnée.

En fait, cette énumération couvre un ensemble de doctrines ou d'attitudes de nature très diverse et d'importance très inégale. Il s'agit soit de condamner des doctrines qui étaient manifestement hérétiques ou tout au moins rejetées par l'ensemble des théologiens catholiques, soit de mises en garde, peu remarquées à l'époque, contre des formes de totalitarisme étatique ou contre les abus du libéralisme économique en matière sociale, soit enfin de réprouver les conceptions libérales de la religion et de la société, en y incluant la séparation de l'Église et de l'État, la liberté totale de culte ou de presse. La note dominante de ces textes, et ressentie comme telle, est la condamnation du libéralisme sous ses diverses formes : philosophique, politi-que, économique. ■

Quelques-unes des 80 erreurs condamnées par le Syllabus (1864)

55. L'Église doit être séparée de l'État, et l'État séparé de l'Église.

63. Il est permis de refuser l'obéissance aux princes légitimes et même de se révolter contre eux.

77. A notre époque il n'est plus utile que la religion catholique soit considérée comme l'unique religion de l'État, à l'exclusion de tous les autres cultes.

78. C'est avec raison que, dans quelques pays catholiques, la loi a pourvu à ce que les étrangers qui viennent s'y établir y jouis sent de l'exercice public de leurs cultes par ticuliers.

79. Il est faux que la liberté civile de tous les cultes et le plein pouvoir laissé à tous de manifester ouvertement et publiquement toutes leurs pensées et toutes leurs opinions, conduisent plus facilement les peuples à la corruption de mœurs et de l'esprit et à l'extension de la peste de l'indifférentisme.

80. Le pontife romain peut et doit se réconcilier et transiger avec le progrès, avec le libéralisme et avec la civilisation moderne.

Cité dans *Pour lire l'Histoire de l'Église,* par J. Comby, Cerf.

L'Église et le socialisme

Les socialismes et la religion

Dans l'histoire de la pensée socialiste tous les théoriciens ne font pas profession de sentiments antireligieux. Fourier (1772-1837) cherche à réaliser l'ordre naturel voulu par Dieu ; pour Cabet (1788-1856) le communisme est une forme accomplie du christianisme ; Lamennais (1782-1854), après s'être séparé de l'Église, déclare « s'attacher au Christianisme de la Race humaine » ; Buchez (1796-1865), converti au catholicisme, s'emploie à réconcilier, sous le signe de l'Évangile, tradition saint-simonienne, tradition catholique et tradition démocratique.

Toutefois, à partir de la révolution de 1848, les formes d'expression du socialisme se font de plus en plus radicalement hostiles à l'Église et même à la foi chrétienne. L'ampleur prise par le développement industriel, et les conditions de la vie ouvrière qui en sont le prix, contribuent à durcir les relations sociales et, dès lors, les théories socialistes ; en outre, les journées de juin 1848 ont jeté la majorité des catholiques dans les rangs d'un « parti de l'ordre » résolument conservateur au plan social. Lacordaire, Ozanam et leurs amis qui, dans leur éphémère journal *L'Ère Nouvelle*, parlent « d'économie chrétienne » et même de « socialisme chrétien », sont tout à fait isolés.

Pour Proudhon (1809-1865), la propriété c'est le vol, Dieu c'est le mal. Il faut remplacer la notion de religion par celle de justice.

Marx (1818-1883), dans sa théorie du matérialisme historique et dialectique, voit dans la religion , superstructure produite par l'infrastructure économique, un facteur d'aliénation de la classe ouvrière dont elle est « l'opium ».

Bakounine (1814-1876), théoricien du socialisme anarchique, s'en prend non seulement à la religion mais à l'État en tant qu'il est, selon lui, issu de la religion.

L'Église et le socialisme

Aussi bien, la position de l'Église à l'égard du socialisme commence-t-elle par être très sévère. Pie IX ne fait aucune distinction dans le *Syllabus* (1864) entre communisme et socialisme, qui figurent dans le catalogue d'erreurs aux côtés des sociétés clandestines, des sociétés bibliques et des sociétés clérico-libérales et sont appelés une « peste ». On peut observer que la condamnation du socialisme, opposé par principe au libéralisme énonomique, n'empêche nullement Pie IX de condamner en même temps les abus de ce dernier.

Léon XIII, dans son encyclique *Rerum novarum* (1891), introduit une distinction entre le mouvement ouvrier et le socialisme ; celui-ci continue d'être condamné en ce qu'il supprime la propriété et encourage la lutte des classes ; la distinction introduite par Léon XIII est importante, ne serait-ce que parce qu'elle permet de justifier aux yeux du monde catholique le syndicalisme chrétien alors à ses débuts.

Au XXe siècle, la pensée de l'Église continuera de s'approfondir et de s'affiner sur la question sociale et sur les théories socialistes. On rappellera seulement ici la distinction apportée par Pie XI dans *Divini Redemptoris* (1937) entre socialisme et communisme ; ce dernier est plus sévèrement condamné, tandis que le pape constate l'évolution de certaines formes du socialisme ; mais celui-ci, pour Pie XI, reste inconciliable avec la conception chrétienne de la société.

Jean XXIII établira une nouvelle distinction entre les fausses théories et les mouvements historiques qui y trouvent leur origine et même encore leur inspiration : ces mouvements peuvent en effet évoluer. Paul VI, tout en rappelant l'opposition entre les idéologies du marxisme et du libéralisme d'une part, et la foi chrétienne d'autre part, appelle les chrétiens attirés par le socialisme à faire œuvre de discernement avant d'envisager le degré d'engagement possible dans cette voie ; cet engagement n'est donc pas exclu.

On a ainsi un exemple de la manière dont la pensée de l'Église sur un sujet donné peut évoluer dans le temps, d'une part, en raison d'un approfondissement résultant de la reflexion et de l'expérience acquise, d'autre part, en raison de l'évolution historique du sujet lui-même. ■

L'atmosphère d'une fin de siècle

« Durant les trente dernières années du XIXe siècle, le tétrasyllabe Taine-et-Renan rendait dans la langue des lettres un son indivisible comme Tarn-et-Garonne. C'était le nom de deux maîtres, associés et complémentaires, d'une génération, le nom d'une magistrature collégiale ».

A. Thibaudet.
Histoire de la littérature française de 1789 à nos jours, 1936.

« Il n'y a pas de principes ; il n'y a que des lois (...) nous n'acceptons pas le libre arbitre (...) l'homme n'est pour nous qu'une machine animale agissant sous l'influence de l'hérédité et du milieu ».

Zola, *Le roman expérimental.*

« Je ne puis dire à quel point les esprits de ceux qui m'entouraient, maîtres et camarades, toute l'atmosphère morale de Paris, vers 1880, étaient déicides ».

Romain Rolland. *Le voyage intérieur, 1959.*

L'église et le libéralisme

Comme à l'égard du socialisme, la pensée de l'Église à l'égard du libéralisme a évolué dans le temps : évolution due à celle de la pensée libérale elle-même, à celle du contexte historique, à l'approfondissement enfin du sujet par l'Église à la lumière de l'expérience.

On rappellera ici que les premières applications en « grandeur nature » des principes libéraux des philosophes du XVIIIe siècle furent le fait de la Révolution française dont l'attitude, moins que libérale à l'égard de l'Église, laissa en celle-ci un traumatisme encore manifeste un siècle plus tard. Il faut ajouter que ce traumatisme se trouva en quelque sorte entretenu tout au long du XIXe siècle par les positions hostiles et souvent agressives des libéraux, qu'ils soient au pouvoir ou dans l'opposition ; de plus en plus, enfin, le libéralisme anticlérical alla puiser son inspiration dans la philosophie positiviste de Comte, radicalement opposée à la notion même de foi. C'est dans ce contexte que furent notamment prononcées les condamnations du libéralisme par Grégoire XVI (1832), Pie IX (1864), Léon XIII (à diverses reprises).

Le courant du libéralisme catholique qui, à partir de 1830 et sous des formes diverses, s'employa à réconcilier l'Église et la liberté, puis l'Église et la démocratie, resta minoritaire au sein du monde catholique. Bien qu'il eût a encourir les condamnations de Grégoire XVI, de Pie IX et de Pie X, il subsista en se renouvelant ; ce faisant, malgré des imprudences, des maladresses et des erreurs, il fut l'un des facteurs ayant favorisé l'approfondissement par l'Église de sa pensée sur les libertés et sur leur usage. Un témoignage intéressant de cette volonté d'approfondissement et de discernement fut apporté par l'encyclique *Libertas* de Léon XIII (1888), dans laquelle celui-ci s'employa à distinguer dans les idées de son temps relatives aux libertés de conscience, de culte, de presse, tout ce qui était recevable par un chrétien. C'est le même Léon XIII qui incita les catholiques français à « *rallier* » la République (1892).

La déclaration du concile Vatican II sur la liberté religieuse (1965), et maintes prises de position des papes, en particulier sur les droits de l'homme, montrent comment l'Église, à partir d'une conception fondamentale de l'homme et de son éminente dignité résultant de sa vocation de fils de Dieu, est constamment conduite à ajuster et approfondir son enseignement moral en fonction de données historiques extrêmement mouvantes. En 1971, Paul VI n'en rappelait pas moins que l'idéologie libérale procède d'une affirmation erronée de l'autonomie de l'individu (il est engagé dans une relation avec Dieu en même temps qu'avec la société), et qu'elle requiert de la part du chrétien un discernement attentif pour en connaître les risques et les limites (*Octogesima adveniens* 35, 36).

En ce qui concerne le libéralisme économique, bien que puisant aux mêmes sources philosophiques du XVIIIe siècle que le libéralisme politique, il pose des problèmes spécifiques en raison des motivations purement individualistes qu'il propose à l'activité économique, et des graves conséquences sociales qui en résultent.

D'où les réserves constamment exprimées à son égard par l'Église : elle rappelle, sans se lasser, que les mécanismes du marché et du profit ne peuvent à eux seuls assurer l'harmonie sociale ; il faut faire appel à des normes plus hautes de justice et de bien commun, et à une fonction de régulation agissant dans cet esprit. ■

Cavour, Rome et la France

Camille Benso, comte de Cavour (1810-1861), homme d'État piémontais, fut le principal artisan de la réalisation de l'unité de l'Italie. Comme tel, il fut regardé par Pie IX comme un des ennemis les plus dangereux de l'Église. Bien que descendant par sa mère de la famille de saint François de Sales, Cavour réunissait d'ailleurs tout ce qui pouvait déplaire le plus au pape : il était d'idées libérales, anticlérical (comme la grande majorité des libéraux d'alors), et l'un des partisans les plus actifs du *Risorgimento,* ce grand courant intellectuel et politique qui, depuis la Révolution française, animait les patriotes italiens aspirant à la « renaissance » de leur pays par son unification ; or celle-ci impliquait la disparition des États pontificaux, alors considérés par les papes comme la garantie de leur indépendance.

Élu député libéral au Parlement de Turin en 1848 (il a 38 ans), Cavour est appelé trois ans plus tard à la présidence du Conseil par le jeune roi Victor-Emmanuel II (le Piémont et la Sardaigne sont sous la couronne de la Maison de Savoie) ; ils réaliseront conjointement l'unité italienne.

Sur le plan intérieur, et dans la ligne de ses convictions libérales, Cavour met en œuvre à la fois un ensemble de dispositions favorables au développement économique (échanges, chemins de fer, etc.) et une politique délibérément anticléricale (à l'égard de la hiérarchie, des congrégations, de l'école...).

Sur le plan extérieur, et au nom du principe des nationalités cher à Napoléon III, il rallie celui-ci à son projet de rattacher au Piémont les territoires italiens sous domination autrichienne (Lombardie, Vénétie, les duchés sous protectorat autrichien). Leur entrevue de Plombières (1858) scelle l'alliance entre la France et le Piémont. Les victoires franco-piémontaises (Magenta, Solférino...) chassent les Autrichiens de Lombardie en 1859. La première étape de l'unité italienne est accomplie.

En 1860, Cavour obtient l'accord de Napoléon III pour l'annexion des duchés (Parme, Modène, Toscane) sous protectorat autrichien, et, en outre, ce qui va grandement irriter les catholiques français, pour l'annexion de la Romagne et des Marches, qui font partie des États pontificaux. Nice et la Savoie sont alors cédées à la France.

La même année, Garibaldi et les « Mille » s'emparent du royaume de Naples (Deux-Siciles), sur lequel régnaient les Bourbon d'Espagne, et le remettent à Victor-Emmanuel. Celui-ci est alors proclamé roi d'Italie (1861).

Seules échappent encore à l'unification la Vénétie et surtout Rome et sa région ; mais Napoléon III ne peut laisser Cavour s'emparer de Rome sans risquer des réactions incalculables de l'opinion catholique française, très hostile à la politique italienne de l'empereur.

La mort de Cavour en 1861, à peine proclamé le royaume d'Italie, l'empêchera de voir l'achèvement de son œuvre d'unification italienne avec la prise de la Vénétie (1866) et surtout avec celle de Rome en 1870, à la faveur de la défaite française par l'Allemagne ; il n'assistera donc pas au spectacle de la papauté (considérée par lui comme le symbole même des ennemis de la liberté) enfin dépouillée de son pouvoir temporel et humiliée. Ce qu'il ne pouvait cependant prévoir, c'est le regain de popularité dont le pape allait, de ce fait, bénéficier dans l'ensemble du monde catholique. ■

▶▶▶

Victor-Emmanuel s'emparent de Rome. La ville est aussitôt proclamée capitale du royaume d'Italie.

Cependant Pie IX ne désespère pas d'être remis à la tête de ses États ; s'enfermant dans le Vatican, où il se déclare prisonnier et, repoussant toutes propositions de garanties avancées par le gouvernement italien, il multiplie appels et protestations contre cette dépossession. Pendant plus d'un demi-siècle, la *question romaine* ne cessera d'agiter l'opinion catholique, d'empoisonner la vie politique italienne et d'altérer les relations du Saint-Siège avec maints gouvernements ; elle ne trouvera sa conclusion que dans les accords du Latran entre Pie XI et Mussolini en 1929.

Rome au pinacle dans le monde catholique

Le mouvement ultramontain, né en France au début du XIXe siècle, et amplifié par les catholiques libéraux malgré la constance des convictions gallicanes de l'épiscopat français, prend plus d'ampleur encore dans la seconde moitié du siècle ; la question romaine y contribue largement. Ce sont maintenant les leaders catholiques antilibéraux, et à leur tête Louis Veuillot, directeur du journal *L'Univers,* qui mènent le combat ultramontain. La personnalité chaleureuse de Pie IX et ses malheurs (événements romains de 1848, conflit avec le Piémont, perte progressive des États pontificaux...) lui attirent une sympathie populaire sans précédent dans l'histoire de la papauté. Pie IX y voit un appui providentiel à ses efforts pour renforcer l'autorité du Saint-Siège et ainsi assurer la restauration de la vie religieuse, menacée par la vague montante d'un libéralisme majoritairement anticlérical (et souvent antichrétien) ; il encourage donc le mouvement ultramontain en même temps que les idées de primauté et d'infaillibilité pontificales dont celui-ci est de plus en plus porteur. La proclamation par le pape, en 1854, du dogme de *l'Immaculée Conception* est d'ailleurs une manière pour lui d'affirmer sans ambages le caractère d'infaillibilité attaché au magistère pontifical [1].

L'adhésion au mouvement ultramontain n'est pourtant pas générale ; en France et en Allemagne notamment, des évêques, des prêtres, des intellectuels lui sont opposés, tel Mgr Dupanloup, évêque d'Orléans, un libéral longtemps ultramontain qui redoute maintenant une centralisation romaine excessive et des orientations autoritaires inopportunes, comme le *Syllabus.* En Allemagne, l'opposition, concentrée dans les milieux universitaires catholiques, a pour chef de file le théologien Döllinger.

Le dogme de l'infaillibilité pontificale. La fin du pontificat.

Cette division va peser sur le déroulement du concile du Vatican (20e concile œcuménique) réuni par Pie IX en 1869 dans le but de renforcer la lutte contre les erreurs du temps et d'adapter une législation ecclésiastique datant du concile de Trente (XVIe siècle). La question de l'infaillibilité ne figure pas à l'ordre du jour ; mais, dès les premières séances du concile la majorité ultramontaine obtient de Pie IX qu'elle y soit inscrite ; le débat s'engage aussitôt, dans un climat tendu. Le centre modéré parvient à tempérer le texte avancé par la majorité, mais sans pour autant

1. Sur l'infaillibilité, se reporter à l'Index.

Concile du Vatican réuni par Pie IX en 1869.

rallier tous les opposants ; la veille du scrutin, 55 irréductibles (sur 700 évêques), dont Mgr Dupanloup, quittent Rome pour ne pas avoir à voter de manière contraire au souhait du pape ; d'autres s'abstiendront. La constitution conciliaire, *Pastor æternus* sur l'Église, qui définit le dogme de l'infaillibilité pontificale, est adopté le 18 juillet 1870 par 553 voix contre 2.

Le concile n'a encore réalisé qu'une minime partie de son programme ; mais la guerre franco-allemande de 1870 arrête ses travaux ; après la prise de Rome par le roi d'Italie Victor-Emmanuel, Pie IX les suspend sine die. Il faudra attendre le second concile du Vatican, un siècle plus tard (1962-1965), pour voir compléter et équilibrer par la remise en lumière du rôle de l'épiscopat les dispositions concernant le gouvernement de l'Église.

Le dogme de l'infaillibilité pontificale suscite des remous dès sa proclamation. Si les évêques opposants se soumettent tous à la décision conciliaire, une minorité de prêtres et de fidèles, notamment en Allemagne, en Suisse, en Autriche, suit le théologien Döllinger dans sa rupture avec Rome (c'est l'origine de la petite Église des Vieux Catholiques, qui subsiste aujourd'hui). La proclamation du dogme provoque en outre l'exaspération des milieux

La primauté et l'infaillibilité pontificales

« [...] Nous enseignons et déclarons que l'Église romaine possède sur toutes les autres, par disposition du Seigneur, une primauté de pouvoir ordinaire, et que ce pouvoir de juridiction du pontife romain, vraiment épiscopal, est immédiat. Les pasteurs de tout rang et de tout rite et les fidèles, chacun séparément et tous ensemble, sont tenus au devoir de subordination hiérarchique et de vraie obéissance, non seulement dans les questions qui concernent la foi et les mœurs, mais aussi dans celles qui touchent à la discipline et au gouvernement de l'Église répandue dans le monde entier [...].

[...] Ce pouvoir du Souverain Pontife ne fait nullement obstacle au pouvoir de juridiction épiscopal ordinaire et immédiat, par lequel les évêques, établis par l'Esprit Saint (Ac. 20, 28) suc-

▶

cesseurs des Apôtres, paissent et gouvernent en vrais pasteurs chacun le troupeau à lui confié [...].

[...] Nous enseignons et proclamons comme un dogme révélé de Dieu :

Le pontife romain, lorsqu'il parle ex cathedra, c'est-à-dire lorsque, remplissant sa charge de pasteur et de docteur de tous les chrétiens, il définit, en vertu de sa suprême autorité apostolique, qu'une doctrine, en matière de foi ou de morale, doit être admise par toute l'Église, jouit par l'assistance divine à lui promise en la personne de saint Pierre, de cette infaillibilité dont le divin Rédempteur a voulu que fût pourvue son Église, lorsqu'elle définit la doctrine sur la foi ou la morale. Par conséquent, ces définitions du Pontife romain sont irréformables de par elles-mêmes et non en vertu du consentement de l'Église.

Extraits de la Constitution *Pastor Aeternus* du 18 juillet 1870
Cités dans *Histoire des Conciles Œcuméniques*, R. Aubert, Ed. de l'Orante

Ph. Roger-Viollet

Pie IX.

Un apôtre parmi les pauvres de Lyon :
le Père Antoine Chevrier (1826-1879)
fondateur de la Société du Prado, institut de prêtres missionnaires en milieu ouvrier.
Béatifié en 1986 par Jean-Paul II à Lyon
Voir Index

Les apparitions de la Vierge à Lourdes (1858)
Voir Index :
Apparitions, Sainte Bernadette, Lourdes

Franc-Maçonnerie
Voir Index

Lacordaire, Montalembert, Ozanam,
Voir Index

▶▶▶

anticléricaux. Par contre, ce qui peut subsister de gallicanisme dans certains milieux catholiques se trouve pratiquement balayé par la décision conciliaire et le soutien que lui apporte l'opinion catholique.

La fin du pontificat de Pie IX, assombrie par la perte de ses États et l'opposition rencontrée au concile, sera remplie de soucis (tensions avec le gouvernement italien, *Kulturkampf* en Allemagne, hostilités de maints gouvernements à l'Église...).

Le bilan de ces trente-deux années est pourtant considérable, qu'il s'agisse de la restauration de la hiérarchie en Angleterre et aux Pays-Bas, de l'expansion de l'Église au Canada, aux États-Unis, en Amérique latine, en Australie, dans les pays de mission, de l'essor sans précédent des ordres religieux, de la vigueur de la spiritualité sacerdotale, de la ferveur de la piété populaire, notamment sous les formes de la dévotion au Sacré-Cœur et à la Vierge, le tout couronné par le renforcement de la cohésion de l'Église autour du siège romain, malgré les controverses nées à ce sujet.

L'Église en France, de la Révolution de 1848 à la chute du Second Empire (1870)

Une république sans lendemain (1848-1852)

La chute de Louis-Philippe et la proclamation de la République en 1848 sont chaudement accueillies par la plupart des catholiques français ; le clergé est partout invité à bénir les arbres de la liberté.

Mais, le soulèvement ouvrier provoqué quelques mois plus tard, en juin 1848, par la fermeture des Ateliers nationaux, et les événements sanglants qui résultent de sa brutale répression (Mgr Affre, archevêque de Paris, est tué en s'interposant entre les combattants) marquent un tournant radical dans les esprits. Les catholiques rejoignent en masse le *parti de l'ordre* fondé par des conservateurs monarchistes (Thiers) et des catholiques libéraux (Montalembert, Falloux) ; la révolution romaine achève de refroidir les ardeurs républicaines catholiques. Le parti de l'ordre, porté au pouvoir par les élections de 1849, réprime brutalement le mouvement révolutionnaire et socialiste ; Falloux met à profit cette majorité pour faire voter en 1850 la liberté de l'enseignement secondaire ; on ne l'oubliera pas dans le camp adverse.

Le même état d'esprit conduit à soutenir l'accession de Louis-Napoléon à la présidence de la République (1848), puis son coup d'État de 1851, et enfin sa restauration de l'Empire en 1852.

Sous Napoléon III (1852-1870)

Louis-Napoléon ne nourrit aucune sympathie pour l'Église, mais il y voit un antidote efficace à la fois contre l'esprit révolutionnaire et contre l'influence des monarchistes légitimistes. En contrepartie du soutien catholique, il multipliera les faveurs à l'Église tant sous la IIe République que sous le second Empire.

Dans une première phase, et pour les mêmes raisons, il apporte son appui au Saint-Siège contre tout ce qui menace son pouvoir temporel ; en 1849, il envoie le général Oudinot rétablir Pie IX à la tête de ses États lors de la révolution romaine ; plus tard, il s'oppose à la volonté d'unification italienne de Cavour.

Ses accords de Plombières avec celui-ci (1858) marquent le tournant de sa politique italienne ; en échange de Nice et de la Savoie, cédés à la France, Napoléon III apporte son soutien politique et militaire à l'œuvre d'unification de l'Italie sous la couronne de Victor-Emmanuel, roi de Piémont et Sardaigne ; il permet l'annexion par celui-ci de la majeure partie des États pontificaux en 1860 ; par contre, il s'oppose à la prise de possession de Rome même et de sa région.

C'est que son appui à la politique annexionniste de Cavour lui a aliéné le soutien des catholiques français ; tout en essayant de ménager ces derniers, il lui faut dès lors chercher appui du côté des libéraux, passablement anticléricaux ; les relations se tendent avec les catholiques. Finalement, la poussée de l'opposition républicaine et socialiste conduira à un nouveau rapprochement entre le pouvoir et les catholiques dans les dernières années de l'Empire.

Au total, sans être le seul facteur de l'essor institutionnel de l'Église en France sous le second Empire, les faveurs du pouvoir n'y auront pas été étrangères. Si, par exemple, elles sont évidemment sans rapport avec le vigoureux courant des vocations missionnaires ou la vitalité de la piété populaire (dévotion au Sacré-Cœur et, surtout après les apparitions de Lourdes en 1858, à la Vierge), elles assurent, par contre, au clergé séculier une condition matérielle et une considération sociale qui ne sont pas sans effets sur son recrutement ; elles permettent aux écoles confessionnelles d'accueillir près de la moitié des élèves du pays, et assurent, en outre, la présence d'enseignants « congréganistes » dans de nombreuses écoles publiques, déjà soumises au contrôle des ministres du culte en vertu de la loi Falloux (1850).

Mais, simultanément, les enseignants laïcs manifestent de plus en plus d'hostilité à cette emprise « cléricale » ; la Ligue de l'Enseignement voit le jour en 1866 et appelle à la laïcisation de l'école. Autre fait révélateur de l'évolution des mentalités, le Grand Orient de France, principal mouvement maçonnique français, abandonne en 1864 la philosophie déiste. Les esprits de gauche se nourrissent du positivisme de Comte et de Littré. L'opposition républicaine ne dissocie pas l'Église du régime qu'elle vise à abattre, et les deux mots *républicain* et *anticlérical* se trouvent désormais accolés pour longtemps. La pratique religieuse recule dans tous les milieux, notamment intellectuels et populaires ; l'esprit voltairien se répand dans la bourgeoisie ; les positions de Pie IX à l'égard des idées contemporaines et le dogme de l'infaillibilité confirment beaucoup d'esprits dans leur certitude que l'Église est la principale force de résistance au progrès et à la liberté. Les batailles anticléricales de la IIIe République se préparent.

La division des catholiques

Face à cette situation les catholiques français sont divisés.

Pour les *traditionalistes* ou intransigeants, tout vient de l'abandon des valeurs qui ont conforté la foi et l'Église au cours des siècles ; ils sont donc foncièrement hostiles aux principes de 1789, aux idées et aux institutions libérales. Favorables au contraire à un pouvoir romain fort et centralisé qui puisse constituer un puissant rempart contre les progrès de l'idéologie libérale, ce sont des ▶▶▶

Mgr Dupanloup.

DUPANLOUP (1802-1878)

Un monarchiste libéral

Durant la trentaine d'années allant des débuts de la seconde République à ceux de la troisième, la puissante personnalité de l'évêque d'Orléans apparaît au premier rang de tous les débats publics où se trouvent engagés les catholiques français.

Jeune prêtre parisien, il prend déjà une part active à la campagne de Montalembert et Lacordaire, chefs de file des catholiques libéraux après 1830, pour la liberté de l'enseignement secondaire. Cette campagne aboutira, après la Révolution de 1848, au vote de la loi Falloux (1850). Nommé évêque d'Orléans en 1849, il continue de soutenir le groupe des catholiques libéraux.

Ni révolutionnaire ni même républicain, Dupanloup est simplement hostile à toute forme autoritaire de gouvernement ; il est aussi de ceux qui pensent qu'une attitude plus ouverte au monde moderne et aux libertés politiques et religieuses redonnerait à l'Église une audience auprès des nouvelles élites de la société. Sur ces deux points, lui et l'ensemble des catholiques libéraux se trouvent en opposition avec les catholiques intransigeants conduits par Mgr Pie, évêque de Poitiers, et, surtout, par Louis Veuillot, le fougueux directeur du journal *L'Univers*, aux yeux desquels, au contraire, les causes de la déchristianisation se trouvent dans les concessions faites aux libertés modernes. Entre Dupanloup et Veuillot, les démêlés sont continuels et retentissants.

Pourtant, le front catholique se soude un moment contre Napoléon III lorsque sa politique de soutien à Cavour (1859) met en cause la survivance des États pontificaux et celle du pouvoir temporel du pape, menacées par la perspective de réunification de l'Italie.

Lorsqu'en 1864 Pie IX condamne le libéralisme dans son encyclique *Quanta cura* et son annexe le *Syllabus*, les catholiques intransigeants ▶

triomphent tandis que les catholiques libéraux sont dans le désarroi. Dupanloup réussit alors le tour de force de publier une interprétation qui minimise la portée de cette condamnation tout en recueillant l'approbation du pape.

Contre le dogme de l'infaillibilité pontificale

La controverse entre catholiques libéraux et intransigeants reprend de plus belle dans les dernières années du second Empire, à propos de l'infaillibilité du pape ; la poussée du mouvement ultramontain au sein du catholicisme mondial incite les intransigeants à faire campagne en vue de faire reconnaître le caractère dogmatique de cette infaillibilité. Les catholiques libéraux, Dupanloup très particulièrement, ainsi qu'une minorité d'évêques, estiment cette proclamation inopportune. La bataille est rude. Au concile du Vatican réuni en 1869 par Pie IX, la majorité des évêques est favorable à l'infaillibilité ; bien que non inscrite au programme, la question occupe immédiatement le devant de la scène ; la prise en compte de certaines nuances indispensables est jugée insuffisante par une soixantaine d'évêques, dont Dupanloup, qui quittent Rome avant le scrutin pour ne pas émettre un vote négatif sur une question concernant le pape. Le vote acquis (juillet 1870), les évêques opposants se soumettent avec loyalisme à la décision conciliaire.

Après la chute de l'Empire, Dupanloup est élu député à l'Assemblée nationale (1871) ; participant de la majorité monarchiste, il fait adopter par celle-ci un ensemble de lois favorables à l'Église, en particulier celle sur la liberté de l'enseignement supérieur (1875) ; les universités catholiques qui ouvriront dans les années suivantes seront un facteur important de renouveau intellectuel dans l'Église. Avec cette majorité, Dupanloup met ses espoirs dans la restauration de la monarchie en la personne du comte de Chambord, dont l'intransigeance fait cependant échouer le projet.

A l'action de Dupanloup au sein du libéralisme catholique, il faut ajouter l'œuvre pastorale, très importante, accomplie par lui dans son diocèse d'Orléans. ■

Le mouvement ultramontain
Voir Index

Louis Veuillot.

ultramontains convaincus ; ils ont pour maîtres à penser Louis Veuillot, virulent directeur de *L'Univers,* et, sur un registre plus modéré, Mgr Pie, évêque de Poitiers.

Pour les *catholiques libéraux,* très minoritaires mais non sans influence de par la notoriété de leurs leaders (Montalembert, Falloux, Lacordaire, Mgr Dupanloup, évêque d'Orléans), qui s'expriment dans *Le Correspondant,* il faut prendre en compte les aspirations du monde contemporain et christianiser les institutions libérales, comme l'Église l'a fait à l'égard de tant de cultures étrangères à l'Évangile au cours de l'histoire ; ultramontains lorsqu'il s'agissait d'empêcher le pouvoir politique d'utiliser l'Église, ils redoutent maintenant le développement de la centralisation romaine depuis l'avènement de Pie IX et sa condamnation du libéralisme ; les uns sont opposés au principe même de l'infaillibilité pontificale ; les autres, et notamment Mgr Dupanloup, estiment inopportun de lui donner une définition dogmatique.

LOUIS VEUILLOT (1813-1883) ET « L'UNIVERS »

Figure de proue durant trente-cinq ans du catholicisme intransigeant en France, Veuillot est un autodidacte, fils de tonnelier. Son audience tiendra pour une grande part à ses origines populaires qui lui font trouver d'emblée la manière d'atteindre les foules. Polémiste redouté et sans nuances, ce tribun n'est pourtant pas un démagogue : foncièrement désintéressé, il est tout entier au service d'une cause vis-à-vis de laquelle aucune concession ne lui paraît possible, fût-ce pour plaire à son public.

Journaliste, il se convertit à 25 ans au cours d'un voyage à Rome, et décide de se consacrer à la défense de l'Église (1838). Entré au quotidien catholique *L'Univers,* fondé en 1833 par l'abbé Migne (qui sera surtout célèbre par ses publications sur les Pères de l'Église), il en devient rédacteur en chef en 1843 ; avec lui, *L'Univers* connaît bientôt une audience considérable, en France et à l'étranger.

Si, dans son premier combat, il apporte son appui à la cause de la liberté de l'enseignement secondaire défendue par les catholiques libéraux (Montalembert, Falloux, Dupanloup), il ne tarde pas à s'opposer à ces derniers. Les catholiques sont en effet très divisés à propos des libertés modernes, civiles ou religieuses. Face aux catholiques libéraux, héritiers spirituels de *L'Avenir* de Lamennais, qui rêvent de réconcilier le monde contemporain et l'Église, les intransigeants, qui s'intitulent volontiers les « catholiques tout court », ne pensent qu'à un retour à une société chrétienne de type médiéval dont la direction serait assurée par l'Église et par le pape. *L'Univers* de Veuillot prend la tête du mouvement contre les libéraux, quels qu'ils soient, catholiques ou anticléricaux ; il déborde sur sa droite un épiscopat plus nuancé parce que plus conscient de la complexité des choses.

Veuillot soutient l'Empire autoritaire de Napoléon III, tandis que les catholiques libéraux, après un temps de soutien, sont passés dans l'opposition. Mais, à partir du moment où l'empereur apporte son appui à la politique d'unification italienne de Cavour (1859), laquelle menace les États pontificaux, Veuillot se déchaîne contre le pouvoir. Son journal est interdit en 1860 et ne reparaît qu'en 1867, à la faveur d'une évolution de l'Empire dans un sens plus libéral.

Veuillot et *L'Univers* se mobilisent alors pour une autre cause : la reconnaissance de l'infaillibilité du pape comme dogme. Au très fort mouvement d'opinion qui s'est fait jour en ce sens au sein du catholicisme, le journal de Veuillot donne une voix sonore, et ajoute un peu plus de vigueur encore ; il poursuit de sa vindicte les catholiques libéraux, en particulier Mgr Dupanloup et Montalembert qui, quoiqu'ultramontains, sont opposés à cette formulation dogmatique. On sait que le dogme de l'infaillibilité sera défini en 1870 par le premier concile du Vatican.

Après la chute de l'Empire les espoirs mis par Veuillot, comme par la masse des catholiques français, dans la restauration de la monarchie en la personne du comte de Chambord sont déçus. En 1878, usé par les combats, il se retire du journal et meurt peu après. *L'Univers* connaît alors le déclin ; il cessera de paraître le jour de la déclaration de la guerre en 1914. ■

Lorsqu'un mot, une expression, un événement, une institution, un nom propre vous sont inconnus, consultez l'index.

Léon XIII ou l'ouverture au monde contemporain (1878-1903)

Léon XIII ne s'écarte pas fondamentalement des principes de base mis en œuvre par Pie IX ; mais il en fait une application radicalement différente : plus porté à encourager qu'à condamner, il va à l'essentiel et cherche le possible. Venant après les condamnations retentissantes portées sur le monde moderne par Pie IX, son souci de renouer le dialogue avec son temps est ce qui, en lui, frappe le plus l'opinion.

Léon XIII et les problèmes politiques

Le nouveau pontificat s'engage dans un climat pénible : conflits de l'Église avec maints gouvernements, influence croissante d'une franc-maçonnerie décidée à éliminer toute influence chrétienne dans la vie publique, divisions des catholiques... Léon XIII, ardent thomiste, s'attache à dégager une théologie de la vie en société dans les temps modernes et à en tirer des orientations d'action ; par tout un ensemble d'interventions, les unes écrites (nombreuses encycliques, notamment *Immortale Dei* 1885 et *Libertas* 1888), les autres orales, il apporte des vues neuves, par exemple, sur la valeur propre du pouvoir politique, ou sur la notion de liberté et ses applications par un chrétien ; conscient que la christianisation de la société ne se fera pas sans le laïcat (autre vue nouvelle par rapport à la tendance habituelle à tout attendre de la hiérarchie), il l'invite à tirer parti des libertés politiques.

Enfin, il s'emploie à régler les conflits en cours avec les gouvernements ; s'il échoue en France malgré son conseil de *ralliement* à la République donné aux catholiques (1890, voir plus loin), ou en Italie où le contentieux avec le gouvernement reste brûlant, par contre, en Allemagne, il obtient que Bismarck mette fin à son *Kulturkampf* (1886) ; de même négocie-t-il des arrangements avec la Suisse et la Russie ; les relations diplomatiques sont établies avec de nombreux pays.

Léon XIII et la question sociale

C'est le domaine où Léon XIII a laissé la trace la plus durable dans la mémoire catholique. À l'époque, le développement industriel du XIXe siècle a engendré un problème social d'autant plus aigu que les conceptions du libéralisme économique, partout en vigueur, excluent toute forme d'intervention publique ou professionnelle ; en France, par exemple, la législation interdit encore toute forme d'association ; la défense ouvrière, dès lors, n'a plus d'autre voie que révolutionnaire.

Or, tandis que, depuis 1845, s'élaborait une doctrine marxiste basée sur l'analyse des faits économiques et sociaux, la réponse chrétienne au problème ouvrier en était restée, le plus souvent, au plan d'une action caritative au demeurant remarquable. L'analyse des causes, et dès lors, la recherche de solutions au plan de réformes institutionnelles, n'avaient été le fait que de personnalités isolées, telles Villeneuve-Bargemont ou Armand de Melun, ou de cercles restreints, tel celui de *L'Avenir* autour de Lamennais en 1830, ou celui de *l'Ère nouvelle* avec Lacordaire et Ozanam en 1848 ; par contre, en Allemagne, en grande partie sous l'impulsion de l'évêque de Mayence, Ketteler, une prise de conscience avait commencé à s'opérer sur la relation entre problème ouvrier et

▶▶▶

Ph. Roger-Viollet

Léon XIII par F. von Lenbach, en 1885.

Léon XIII parle de la condition ouvrière

Nous sommes persuadés [...] qu'il faut, par des mesures promptes et efficaces, venir en aide aux hommes des classes inférieures, attendu qu'ils sont, pour la plupart, dans une situation d'infortune et de misère imméritée. Le dernier siècle a détruit, sans rien leur substituer, les corporations anciennes qui étaient pour eux une protection. Tout principe et tout sentiment religieux ont disparu des lois et des institutions publiques, et ainsi, peu à peu, les travailleurs isolés et sans défense se sont vus, avec le temps, livrés à la merci de maîtres inhumains et à la cupidité d'une concurrence effrénée. Une usure dévorante est venue ajouter encore au mal. Condamnée à plusieurs reprises par le jugement de l'Église, elle n'a cessé d'être pratiquée sous une autre forme par des hommes avides de gain et d'une insatiable cupidité. A tout cela, il faut ajouter la concentration entre les mains de quelques-uns de l'industrie et du commerce, devenue le partage d'un petit monde de riches et d'opulents qui imposent ainsi un joug presque servile à l'infinie multitude des prolétaires [...].

Encyclique *Rerum novarum sur la condition des ouvriers*, N° 2.

La marque de « Rerum novarum » dans la pensée de l'Église

L'encyclique *Rerum novarum* (1891) de Léon XIII est le seul texte d'un pape qui ait fait l'objet de commémorations systématiques de la part de ses successeurs sous forme de nouveaux textes prolongeant et actualisant l'expression de la pensée de l'Église sur le même sujet.

1931 : 40e anniversaire, encyclique *Quadragesimo anno* de Pie XI sur la restauration de l'ordre social en pleine conformité avec les préceptes de l'Évangile.

1941 : 50e anniversaire, message de Pie XII le jour de la Pentecôte.

1961 : 70e anniversaire de *Rerum novarum* et 30e anniversaire de *Quadragesimo anno*, encyclique *Mater et Magistra* de Jean XXIII sur la question sociale.

1971 : 80e anniversaire de *Rerum Novarum*, lettre apostolique *Octogesima adveniens* de Paul VI au cardinal Roy, président du Conseil des laïcs et de la commission pontificale Justice et Paix, sur la question sociale.

1981 : 90e anniversaire, encyclique *Laborem exercens* de Jean-Paul II sur le travail humain.

1991 : 100e anniversaire, encyclique *Centesimus annus* de Jean-Paul II.

ALBERT DE MUN (1841-1914) OU UNE NOUVELLE VAGUE DU CATHOLICISME SOCIAL

Les cercles catholiques d'ouvriers

Jeune officier de carrière, catholique et monarchiste, Albert de Mun est en captivité en Allemagne avec son ami René de la Tour du Pin, après la capitulation de Metz en 1870. Ensemble ils réfléchissent aux conditions de la régénération religieuse de leur pays. La Tour du Pin est un disciple de Le Play, théoricien social et sociologue catholique prônant la restauration des corporations de l'Ancien Régime. Tous deux se passionnent pour les idées exposées dans les œuvres de Mgr. Ketteler, évêque de Mayence, alors une des têtes du catholicisme social allemand.

En 1871, témoin comme officier de la sanglante répression de l'insurrection de la Commune par l'armée, de Mun est bouleversé par la découverte du monde ouvrier en révolte ; il prend conscience des responsabilités portées par son milieu dans le fossé qui s'est creusé entre les classes sociales sous le régime du libéralisme économique. Or ce régime a été tout aussi sévèrement condamné par Pie IX dans son *Syllabus* de 1864 que le socialisme. De Mun plus que jamais porte ses espoirs vers la restauration du système corporatif.

Il pense avoir trouvé la voie qui y acheminera : la constitution de cercles catholiques d'ouvriers auxquels participeront des membres des classes dirigeantes. Dès 1871 plusieurs cercles sont fondés à Paris, dans l'enthousiasme ; le mouvement se répand en province ; ils seront bientôt 400 cercles regroupant 50 000 membres de tous milieux.

Pourtant, après cette rapide expansion, le mouvement s'essouffle vers 1885. Sans doute la formule, basée sur une sorte de patronage de la classe dirigeante sur le monde ouvrier, est-elle déjà dépassée par un irréversible développement de la conscience de classe chez les ouvriers ; contrairement aux espoirs d'Albert de Mun et de ses amis, le corporatisme n'est pas la voie de l'avenir.

Ceci dit, il faut souligner le rôle capital joué par Albert de Mun dans l'histoire religieuse et sociale de son temps. Il a ranimé en France le courant du catholicisme social qui s'était développé dans les années 1830 à 1850 (Lamennais, Montalembert, Lacordaire, Ozanam...), et il a indirectement préparé les voies à sa troisième vague ; il a établi des liens entre les milieux français et étrangers (allemands, belges, suisses) du catholicisme social, dont les rencontres allaient alimenter le contenu de l'encyclique *Rerum novarum* de Léon XIII en 1891 ; il a révélé à la bourgeoisie catholique française la spécificité du monde et du problème ouvriers, ainsi que la mission de l'Église à leur égard ; au clergé et aux fidèles de son temps, enfin, inconsciemment marqués par la loi du libéralisme économique interdisant à la morale le domaine des affaires, il a fait découvrir que le dogme et la morale chrétiens ont des prolongements sociaux.

Élu en 1876 à la Chambre, il s'y considère comme un « député du travail chrétien » ; avec une grande éloquence, il y défend les exigences sociales dictées par la conscience chrétienne ; il intervient en particulier dans les discussions des lois de 1884 sur les syndicats, de 1888 sur les accidents et la durée du travail, de 1895 sur la conciliation et l'arbitrage.

L'Association catholique de la jeunesse française

En 1886, il fonde une *Association catholique de la Jeunesse française* (ACJF), recrutée en milieu étudiant catholique, qui propose une rechristianisation de la société par une vie de piété, des cercles d'études et l'action sociale ; elle est appelée à un grand avenir, encore que dans un esprit quelque peu différent de celui de son fondateur. L'encyclique *Rerum novarum* de Léon XIII (1891), en effet, parce qu'elle joue un rôle de puissant stimulant du catholicisme social, contribue à mettre en pleine lumière la nature composite de celui-ci. Le courant tourné vers l'idéal corporatif et l'action dans les œuvres, dont Albert de Mun est représentatif, est bientôt débordé par le courant de ce qu'on appellera la démocratie chrétienne ; puis, entre les deux courants, et puisant d'un côté et de l'autre, surgira rapidement une autre forme de christianisme social aux multiples initiatives (le syndicalisme chrétien sera l'une d'elles) ; l'ACJF, devenue fédération de groupes de jeunes catholiques de tous milieux, sera l'une des composantes de cette troisième forme, à laquelle elle fournira quantité de militants et de cadres formés à l'action sociale. Elle est la première forme de l'*Action catholique* en France.

En 1892, lors de l'appel lancé par Léon XIII aux catholiques français de se rallier à la République, le monarchiste convaincu qu'est Albert de Mun se soumet, et renonce à toute politique royaliste pour se consacrer exclusivement à la défense sociale et religieuse. ■

Un historien catholique, Pierre Pierrard, évoque « Rerum novarum »

« L'encyclique Rerum novarum (15 mai 1891), pour le leader socialiste Paul Lafargue[1], « est le plus grand acte de la catholicité de ce siècle. On ne l'a pas assez étudiée, assez approfondie, et beaucoup de catholiques ne soupçonnent pas ce qu'elle contient : c'est un document remarquable, fortement pensé, admirablement écrit, empreint d'une virilité que la traduction française ne rend pas »

Ce témoignage, non suspect de partialité, souligne l'importance du document pontifical ; en effet les principes posés par Rerum novarum, *parce qu'ils sont humains et fondés sur le droit naturel et le droit des gens, n'ont pas seulement guidé les catholiques – au début trop peu nombreux – dans leurs réalisations sociales, ils sont devenus en quelque sorte le patrimoine commun de l'humanité et c'est sans se forcer que, le 17 juin 1927, au Sénat, Emmanuel de Las Cases[2] pourra établir un parallèle entre les principes de* Rerum novarum *et ceux qui figurent au titre XIII du pacte de la Société des Nations.*

Léon XIII s'y montre ce qu'il fut réellement, un des plus grands papes de l'histoire, allant au-devant des préoccupations de son temps, se refusant aux anathèmes et manifestant une étonnante lucidité pour dégager le permanent du variable. Battant en brèche toutes les grandes thèses du libéralisme économique sur l'indifférence des pouvoirs publics à l'égard de la vie économique, sur la loi de l'offre et de la demande et sur l'interdiction aux producteurs de s'associer, le pape affirme : que l'État doit intervenir dans la vie économique pour déterminer les conditions de travail ; que les ouvriers ont le droit d'être traités comme des hommes et de gagner un salaire leur permettant de vivre dignement, qu'ils ont le droit de s'associer entre eux, de se donner des statuts et des règlements conformes au but qu'ils veulent atteindre.

Aux techniciens de l'économie politique qui avaient établi des lois en considérant l'homme comme une matière indifférente, Léon XIII rappelle ce qu'il y a de religieux dans chacun des hommes vivant sur la terre et qu'un Dieu est venu racheter. Aux tenants de la lutte des classes, il oppose l'union des classes, les devoirs des industriels étant au moins aussi impérieux que ceux des ouvriers.

Dans *L'Histoire de l'Église par elle-même*, sous la direction de J. LOEW et M. MESLIN, Ed. Fayard.

1. (1842-1911) Disciple et gendre de K. Marx.
2. (1854-1934) Avocat, journaliste, sénateur.

Naissance du syndicalisme chrétien

Dans les divers pays où il est à l'œuvre, le catholicisme social a la préoccupation de regrouper les ouvriers chrétiens au sein d'organisations qui les maintiennent dans la mouvance catholique et assurent la défense de leurs droits de travailleurs. Mais la tendance paternaliste y est le plus souvent très influente, comme, par exemple, dans les cercles catholiques d'ouvriers d'Albert de Mun. Laisser aux ouvriers le soin de s'organiser eux-mêmes paraît encourager la lutte des classes. Et c'est dans une perspective strictement réformiste que se situent la plupart des tenants du catholicisme social. La propension en ce sens est d'autant plus forte que, en dehors de la mouvance catholique, les organisations ouvrières sont toutes de tendance socialiste et anticléricale.

Mais exclure toute idée d'organisation proprement ouvrière engage en réalité un véritable cercle vicieux, car le catholicisme se coupe ainsi de plus en plus du monde ouvrier. Il existe cependant en Allemagne, en Belgique, en France, des partisans d'un authentique syndicalisme ouvrier chrétien.

Ils se verront encouragés dans leur orientation par l'encyclique *Rerum novarum* (1891). En Allemagne, où l'organisation des catholiques est très développée, ce syndicalisme s'enracine dès son origine, vers 1910, dans le milieu ouvrier.

En France, il prend naissance dans le monde des employés ; le *Syndicat des employés du commerce et de l'industrie* est créé en 1887, à Paris, par les frères des Écoles Chrétiennes ; il est le noyau d'un développement qui aboutit en 1912 à la constitution d'une Fédération de syndicats d'employés. Dans le milieu ouvrier, la percée est beaucoup plus lente et difficile ; elle commence chez les ouvrières à domicile et les travailleuses de la couture.

Le syndicalisme chrétien français ne prendra son essor qu'en 1919, lorsque Gaston Tessier et Jules Zirnheld, tous deux de la fédération des employés, regrouperont les divers syndicats chrétiens dans une *Confédération Française des Travailleurs Chrétiens* (CFTC) ; elle aura du reste autant de peine à tailler sa place aux côtés de la puissante CGT qu'à se faire admettre par le monde patronal. ■

▶▶▶

conception de la société. Et le *Syllabus* de Pie IX (1864) avait, quant à lui, condamné le libéralisme économique et ses conséquences sociales en même temps que le socialisme.

Après la guerre de 1870, un nouveau courant voit le jour au sein du catholicisme français, à l'initiative de jeunes aristocrates marqués à la fois par les enquêtes du sociologue catholique Le Play (1806-1882) sur le paupérisme et par les condamnations du socialisme et du libéralisme économique par Pie IX (*Syllabus*, 1864). Rêvant d'un retour aux corporations de l'Ancien Régime, Albert de Mun et René de la Tour du Pin lancent les *Cercles catholiques d'ouvriers* en vue d'instaurer le dialogue entre travailleurs et responsables ; un industriel, Léon Harmel, réalise dans son usine un système de participation, et organise des *pèlerinages du travail* à Rome pour établir le contact entre le pape et le monde ouvrier.

Entre les diverses tendances du catholicisme social allemand, belge, français, américain..., un dialogue s'instaure sur les voies pouvant conduire à la solution de la question ouvrière ; à partir de 1884, des rencontres annuelles s'organisent à Fribourg en Suisse, à l'initiative de Mgr Mermillod, évêque de Lausanne ; Léon XIII suit attentivement ces réflexions, car l'idée d'une encyclique sur le sujet mûrit en lui.

L'encyclique *Rerum novarum* sur la condition des ouvriers (1891) est la première prise de position officielle de l'Église sur la question sociale et sur la nécessité de lui trouver une réponse d'ordre non plus seulement caritatif mais institutionnel ; la responsabilité de l'Église et le rôle de l'État en ce domaine, en même temps que le droit d'association des ouvriers, y sont affirmés avec force. Ces principes heurtent de front les conceptions en vigueur du libéralisme économique et surprennent les milieux catholiques, majoritairement conservateurs. Malgré l'hostilité suscitée à gauche comme à droite par l'encyclique, les catholiques préoccupés par la question sociale se sentent encouragés à l'initiative.

Deux courants se précisent alors : l'un, d'esprit traditionaliste place ses espoirs dans la restauration du *système corporatif* ; l'autre, minoritaire, bientôt intitulé *démocratie chrétienne*, milite pour une démocratie sociale d'inspiration chrétienne ; il sera l'objet de violentes attaques de la fraction ultra chez les catholiques conserva-

▶▶▶

Qui sont ?

Gibbons James (1854-1921). Évêque de Richmond (USA) en 1872, coadjuteur puis archevêque de Baltimore (1878) et cardinal, il est un des animateurs du catholicisme social américain ; il y est le protecteur de la puissante association ouvrière des *Knights of Labour*.

Harmel Léon (1829-1915). Industriel et pionnier de l'action sociale catholique en France, il organise son usine du Val-aux-Bois, dans la Marne, sous la forme d'une communauté chrétienne où les ouvriers gèrent un ensemble d'activités (associations religieuses, cercles d'études, caisses d'épargne, de crédit, de secours, coopératives). Il organise des pèlerinages annuels de travailleurs à Rome auprès de Léon XIII (ils seront 10 000 en 1890), occasion d'attirer l'attention du pape sur les problèmes du monde ouvrier ; la réponse de celui-ci sera *Rerum novarum*.

Ketteler Guillaume-Emmanuel von (1811-1877). Évêque de Mayence en 1850, il tient une place éminente au sein de l'Église allemande, d'une part, en raison de sa clairvoyance sur la nécessité d'un ordre social chrétien et des multiples initiatives qu'il suscite en ce sens, d'autre part, en raison de sa fermeté dans la résistance au Kulturkampf de Bismarck. Dans ses ouvrages (notamment *Fondement d'une conception chrétienne de l'État ; La question sociale et le christianisme)*, il expose les principes d'un christianisme social (rôle de l'État, associations ouvrières...) dont l'encyclique *Rerum novarum* de Léon XIII s'inspirera largement. Député au Parlement de Francfort (1848), puis au Reichstag (1871-1872), il est le grand artisan du programme du Centre catholique (*Zentrum*).

▶

La démocratie chrétienne

Un mouvement d'ensemble

Les interventions de Léon XIII dans les domaines social (*Rerum novarum* 1891) et politique, en particulier son appel au ralliement de la République (1892), avaient singulièrement élargi le champ d'action ouvert aux membres de l'Église et les avaient poussés à s'y engager.

On assiste alors en Europe catholique à la naissance de plusieurs mouvements associant préoccupations sociales, politiques et religieu-ses selon une conception d'ensemble qui, pour floue qu'elle soit le plus souvent, comporte deux caractéristiques : l'acceptation des valeurs du libéralisme politique (alors rejetées par la plupart des catholiques sociaux) et la volonté de construire une démocratie d'inspiration chrétienne. A l'ensemble disparate de ces mouvements, sans coordination entre eux et aux visages divers, on a donné le nom de *démocratie chrétienne.* La simultanéité non concertée de leur apparition est en elle-même significative du courant d'idées et du besoin d'action qui traversaient alors le monde catholique, encore que le mouvement y reste très minoritaire et y suscite même très vite de vives attaques de la part des éléments les plus conservateurs, en particulier de ceux qui se nomment catholiques intégraux.

En Belgique, où le souci de l'épiscopat est de ne pas mettre en cause, face aux attaques des libéraux anticléricaux, l'unité du puissant parti catholique au pouvoir, la *Ligue démocratique belge* née en 1891 agit comme un groupe de pression ; elle favorise le vote de réformes sociales par le parlement. En Allemagne, où le parti catholique, le *Zentrum*, est aux prises avec le *Kulturkampf* de Bismarck, le courant de la démocratie chrétienne se traduit plutôt par le développement du syndicalisme chrétien, bientôt constitué en Confédération. En Italie, où le Saint-Siège interdit encore aux catholiques toute action politique, un groupe de jeunes démocrates conduits par l'abbé Murri se sépare de la grande organisation centrale catholique *Opera dei Congressi* pour se constituer en parti, la *Ligue démocratique nationale*, aussitôt désavouée par Pie X ; elle n'aura guère de succès.

En France

En France le mouvement prend naissance sous forme de *cercles chrétiens d'études sociales*, dont le premier voit le jour à Reims en 1891 ; constitués d'ouvriers catholiques, ces cercles se donnent comme projet la formation du peuple par le peuple et l'étude de réformes susceptibles d'améliorer la condition ouvrière. Ils se distinguent donc des *cercles catholiques d'ouvriers* d'Albert de Mun, au sein desquels des personnes étrangères au monde ouvrier « s'occupaient » des questions sociales. Considérant l'impuissance des œuvres traditionnelles à modifier la condition ouvrière, les nouveaux cercles prennent très vite position en faveur d'un syndicalisme spécifiquement ouvrier, à l'encontre de la conception corporative de syndicats mixtes patrons-ouvriers en honneur dans une partie du catholicisme social.

Le développement rapide des cercles chrétiens d'études sociales leur permet de constituer une fédération qui tient son premier congrès à Reims en 1893. Stimulé par l'exemple belge, le mouvement s'oriente vite vers une action de type politique.

De jeunes prêtres enthousiastes, les « abbés démocrates », se convainquent que, puisque le peuple n'est plus dans les églises, il faut « aller au peuple » ; ils prennent une place de plus en plus active au sein du mouvement, qui change ainsi de nature, et se font conférenciers, journalistes, voire députés. Parmi les plus connus on peut évoquer l'abbé Six, fondateur de *La Démocratie Chrétienne* en 1894, l'abbé Trochu fondateur, en 1899, avec Emmanuel Desgrée du Lou du quotidien *Ouest-Éclair* (ancêtre d'*Ouest-France),* et surtout l'abbé Lemire qui sera en quelque sorte le symbole, honni par les intégristes, des abbés démocrates ; élu député d'Hazebrouck contre un conservateur en 1893, il le restera jusqu'à sa mort en 1928, non sans soulever de multiples incidents au sein même de l'Église ; un autre « abbé démocrate », l'abbé Gayraud, le rejoindra au Parlement en 1897.

Cette découverte par une partie du clergé français des nécessités d'un apostolat missionnaire y suscite, en même temps qu'une série de questions inédites, une perception nouvelle de la vie chrétienne et de la vie en Église. Des congrès de prêtres s'organisent, à Reims en 1896, à Bourges en 1900, pour y réfléchir. Le principal animateur en est l'abbé Lemire. Au souci commun « d'aller au peuple » il faut répondre par une pastorale adaptée, une forma-tion nouvelle du clergé. Des évêques approuvent, d'autres s'inquiètent. Les adversaires de la démocratie chrétienne s'agitent, guettent les faux pas. Il n'y aura pas de troisième congrès...

Léon XIII intervient

En 1901, conscient de la nécessité de dépasser les vues trop étroites des conservateurs mais soucieux de maintenir l'unité du monde catholique traversé de courants contraires, Léon XIII essaye de canaliser les turbulences de la démocratie chrétienne par l'encyclique *Graves de communi* : il faut ôter tout sens politique à l'expression « démocratie chrétienne », ne pas lui donner d'autre signification que celle d'une bienfaisante action chrétienne parmi le peuple. Ce qui marquait quelque distance à l'égard de la formule des « abbés démocrates », « tout pour le peuple et par le peuple », sans fermer la porte à une action réformiste.

En France, d'abord soutenu par Léon XIII et une partie de l'épiscopat, le mouvement décline à partir de 1898 sous l'effet de multiples facteurs : opposition des conservateurs à son programme social, échec de la politique de ralliement, absence d'un véritable organisateur, concurrence du *Sillon*, imprudence de jeunes prêtres confondant ministère sacerdotal et action politique, réticences croissantes de l'épiscopat, et pour finir, déchaînement de la presse d'extrême droite identifiant sans nuance démocratie chrétienne et modernisme.

En fait le courant de la démocratie chrétienne en France tendra de plus en plus à s'identifier avec le *Sillon* de Marc Sangnier. ■

Américanisme

Plus qu'un système défini, ce qu'on a appelé américanisme est un ensemble de tendances inspirées à une fraction du catholicisme français par la manière dont le catholicisme américain avait su s'adapter aux mentalités des États-Unis, parfois, il est vrai, au prix de certaines simplifications doctrinales de la part de quelques prêtres américains.

L'affaire débuta en France, en 1894, par la publication de la traduction d'une *Vie du Père Hecker,* protestant converti au catholicisme et prêtre assez représentatif de certaines tendances nouvelles au sein de l'Église américaine. Cette traduction était préfacée par l'abbé Klein, de l'Institut catholique de Paris, qui n'hésitait pas à aller au-delà de Hecker. Un débat passionné s'engagea entre spécialistes à ce propos. En 1899, dans une Lettre apostolique adressée au cardinal Gibbons, archevêque de Baltimore, Léon XIII condamna ce qui était reproché à l'américanisme par ses adversaires, en résumé une confiance plus grande dans les forces naturelles de l'homme que dans les forces surnaturelles, l'éloge de l'activisme, la systématisation irréfléchie de la nouveauté dans les méthodes apostoliques. ■

▶▶▶

teurs. Entre les deux courants du catholicisme social émergera peu à peu une troisième force, aux initiatives durables et influentes (Semaines sociales, Secrétariats sociaux, Chronique Sociale, syndicalisme chrétien...) ; le catholicisme social de la première moitié du XXe siècle en sera pour une large part le fruit.

Léon XIII et la vie de l'Église

L'activité de Léon XIII ne laisse de côté aucun des domaines relevant de la mission de l'Église. Il donne, par exemple, une vive impulsion aux sciences religieuses (théologie, philosophie, sciences bibliques, histoire), domaine où bien des retards se sont accumulés par rapport au progrès des sciences profanes et aux positions de la critique rationaliste ; son encyclique *Aeterni Patris* (1879) redonne à la doctrine de saint Thomas d'Aquin une place éminente dans la pensée de l'Église.

Sous son pontificat, le développement du catholicisme dans le monde se poursuit, avec l'accroissement des effectifs des religieux et religieuses, l'essor continu des missions, la multiplication des évêchés dans le monde, la diversité des formes de la vie spirituelle ; une ouverture est faite en direction des Églises orientales (encyclique *Orientalium* 1894) et de l'Église anglicane, mais, en ce dernier cas, de manière malencontreuse (voir plus loin).

La fin du pontificat connaît un raidissement que manifeste la condamnation de l'*américanisme*, une tentative de réconciliation entre foi et monde moderne.

UN LAÏCAT ORGANISÉ

Si l'action des laïcs au sein de l'Église est de tous les temps, l'*organisation collective de l'apostolat* (et non plus seulement de l'action sociale ou de la vie spirituelle) est une innovation du XIXe siècle.

Les catholiques allemands ouvrent la voie lorsque, à partir de 1848, mettant à profit la liberté désormais accordée aux Églises dans leur pays, ils se dotent d'un dense réseau d'organisations *(Vereine),* touchant tous les domaines possibles d'action dans les divers milieux, et regroupées dans une grande association nationale dont les rencontres annuelles (*Katholikentagen*) attirent bientôt les foules.

Les Italiens suivent une voie analogue en créant, en 1874, un mouvement centralisé, *l'Opera dei Congressi*, qui, à la suite de tensions internes, sera transformé, en 1905, par Pie X, en *Action populaire chrétienne,* à forte préoccupation sociale.

En France, divers mouvements laïcs attachés à la solution du problème social ont vu le jour mais sans jamais atteindre le degré d'organisation des Allemands ou des Italiens, ni comme eux toucher les masses. L'institution, en 1886, par Albert de Mun de l'*Association Catholique de la Jeunesse Française* (ACJF), dans un but à la fois religieux, social et civique, n'en marque pas moins une étape importante, s'agissant du premier mouvement laïc français à visée explicitement apostolique ; il constitue de fait un des points de départ de ce qui sera l'*Action catholique* en France, et fournira pendant 70 ans aux diverses formes de la vie militante d'inspiration catholique nombre de cadres formés et motivés.

▶▶▶

Qui sont ?

La Tour du Pin René, marquis de (1834-1924). Ami d'Albert de Mun, il fonde avec lui les *Cercles catholiques d'ouvriers*. Par la suite, il anime un *Conseil des études* ayant pour objectif d'élaborer la doctrine sociale chrétienne. Ses ouvrages *Vers un ordre social chrétien, Jalons de société, Aphorismes de politique chrétienne* ont un grand retentissement. Ses mémoires, adressés à Rome, alimentent le dossier préparatoire à *Rerum Novarum*.

Le Play Frédéric (1806-1882). Économiste et sociologue, il est le fondateur en sociologie de la méthode monographique qui connaîtra un grand succès. Il étudie de la sorte les phénomènes de paupérisme. Catholique social de tendance conservatrice, traditionaliste et paternaliste, il est favorable à la restauration du régime corporatif. Il est l'auteur de *L'ouvrier européen* et de *La réforme sociale* (1864), qui influenceront Albert de Mun et René de la Tour du Pin.

Mermillod Gaspard (1824-1892). Vicaire apostolique de Genève exilé par le gouvernement calviniste du canton en 1872, évêque de Lausanne en 1882, cardinal en 1890, il joue un rôle actif dans le catholicisme social, notamment par les rencontres internationales annuelles organisées par lui à Fribourg à partir de 1884 ; il prend une part très importante dans la préparation de l'encyclique *Rerum Novarum*.

Ph. Roger-Viollet

Taudis près de Paris à la fin du XIXe siècle. Gravure d'après Meyer.

▶▶▶

L'Église en France de 1870 à 1894, ou comment s'accommoder de la République

De la République royaliste à la République républicaine

La République, proclamée le 4 septembre 1870 à la suite des défaites de Napoléon III dans la guerre franco-allemande, commence d'étrange façon avec l'élection, en 1871, d'une Assemblée nationale aux deux tiers royaliste ; c'est en fait le reflet réel du pays. Paris, par sa tradition révolutionnaire, républicaine, anticléricale, tranche sur une province encore massivement rurale. Cette coupure dégénère très vite en guerre civile. Devant les troubles parisiens, le gouvernement provisoire de Thiers se replie sur Versailles, laissant le champ libre à l'insurrection. La Commune est proclamée à Paris : elle durera deux mois, non sans susciter des émules dans quelques grandes villes de province et laisser partout des traces durables dans les esprits. L'Église a fort à souffrir de l'hostilité accumulée contre elle sous le second Empire ; à Paris, ses biens sont confisqués, le clergé déclaré ennemi du peuple, nombre de ses membres pris comme otages pour répondre de la vie des *Communards* prisonniers des *Versaillais*. Lorsque ceux-ci pénètrent dans la capitale, noyant la résistance dans le sang, beaucoup de ces otages sont massacrés par les insurgés, l'un des premiers étant l'archevêque de Paris, Mgr Darboy. Une terrible répression s'abat alors sur les Communards, qui laissera des traces profondes dans une large partie de l'opinion.

Ces sombres débuts ne sont pas faits pour rapprocher les catholiques de l'idée républicaine ; les plus nombreux mettent plus que jamais leur espoir dans une restauration monarchique apparemment à portée de main puisque la majorité de l'Assemblée est

▶▶▶

Ph. Roger-Viollet

Exécution de Mgr Darboy, archevêque de Paris, et de cinq autres ecclésiastiques otages des *Communards*, à la Roquette le 24 mai 1871.

Le XIXe siècle et le Sacré-Cœur

Si le XIXe siècle a été un siècle marial, il a aussi été « le siècle du Sacré-Cœur » (Mgr d'Hulst). La dévotion au Sacré-Cœur, cœur de chair du Christ proposé à l'adoration des croyants comme symbole de l'amour de Dieu pour l'homme, commence à se répandre au XVIIe siècle grâce aux initiatives liturgiques de saint Jean Eudes et surtout aux révélations reçues par sainte Marguerite-Marie Alacoque dans son couvent de la Visitation à Paray-le-Monial (S.-et-L.).

Par ses prédications dans l'Ouest de la France au début du XVIIIe siècle, saint Louis-Marie Grignion de Montfort popularise cette dévotion dans ces régions, si bien que les Vendéens soulevés contre la Convention en 1793 adoptent pour emblème le Sacré-Cœur (d'où la fréquente propension des ultras du catholicisme à faire de même par la suite).

Sous la Restauration les missions paroissiales élargissent cette popularisation. Mais, c'est sous le pontificat de Pie IX que la dévotion prend toute son ampleur. En 1856, à la demande des évêques français, le pape étend au monde entier la fête du Sacré-Cœur en vigueur jusque-là en France ; en 1864, il béatifie Marguerite-Marie Alacoque. La diffusion du culte du Sacré-Cœur est favorisée par la création, par les jésuites, en 1861, d'un mouvement de spiritualité, *L'apostolat de la prière,* bientôt implanté dans de nombreux pays.

Succès des litanies du Sacré-Cœur, participation croissante à la messe du « premier vendredi du mois » selon la recommandation de Marguerite-Marie, multiplication des congrégations religieuses sous le signe du Sacré-Cœur, en France puis dans le reste du monde, attestent le développement de la dévotion.

Bientôt, le mouvement ultramontain prône la reconnaissance de la souveraineté du Sacré-Cœur sur la société ; les consécrations au Sacré-Cœur de personnes, de familles, de congrégations religieuses, de diocèses se multiplient. Puis vient celle de pays, la Belgique étant le premier en 1869.

La France suit le mouvement en 1873, lors d'un vaste pèlerinage à Paray-le-Monial conduit par plus de cent députés. C'est la phase des débuts de la IIIe République, alors que siège une Assemblée nationale à majorité monarchiste et que les milieux catholiques français pensent venu le moment d'une triple restauration : de la monarchie, du pape à la tête de ses États, de la foi dans le pays, lequel reviendrait sur son apostasie publique, source de tous ses malheurs. A l'époque, les nombreux pèlerinages qui, de toutes parts, attirent les foules, chantent avec conviction « Sauvez Rome et la France au nom du Sacré-Cœur ».

En 1873, la majorité de l'Assemblée vote une loi déclarant d'utilité publique l'érection d'une basilique du Sacré-Cœur à Montmartre.

En 1899, le pape Léon XIII publie l'encyclique *Annum sacrum,* la première consacrée au culte du Sacré-Cœur, dont elle précise les bases théologiques. A la fin de la même année, il procède à la consécration solennelle de l'univers au Sacré-Cœur. En 1903, il érige une archiconfrérie (association de fidèles établie canoniquement et bénéficiant de certains privilèges spirituels) ; elle voue un culte spécial au Cœur de Jésus instituant l'eucharistie. Ainsi est clairement manifesté le lien étroit entre dévotion au Sacré-Cœur et dévotion eucharistique ; celle-ci s'exprimera notamment par l'adoration du Saint-Sacrement (avec le développement de « l'adoration perpétuelle ») et par la pratique de la communion fréquente. ■

La presse catholique française dans la seconde moitié du XIXᵉ siècle

Dans le cours de la première moitié du XIXᵉ siècle, de multiples organes de presse catholique avaient vu le jour, marqués d'une double caractéristique : faibles tirages et opinions conservatrices ou nettement monarchistes, à l'image de l'état d'esprit alors de la majorité du monde catholique.

Toutefois un quotidien libéral catholique, *L'Avenir,* avait été lancé par Lamennais et ses amis sous la devise « Dieu et Liberté » lors de la révolution de 1830 ; mais sa carrière avait été aussi brève que retentissante. Un autre organe, d'un esprit proche, *L'Ère nouvelle,* fondé en 1848 par l'abbé Maret, Ozanam et Lacordaire, avait lui aussi disparu rapidement.

C'est avec *L'Univers* que la presse catholique allait vraiment prendre place de manière durable et influente parmi les grands organes d'opinion. Fondé en 1833 par l'abbé Migne, il connut un essor remarquable à partir du moment où Louis Veuillot en devint le rédacteur en chef en 1842 (voir Index : Veuillot). Ses positions ultramontaines, conservatrices, et très antilibérales, continuaient à correspondre alors aux convictions majoritaires des milieux catholiques français. Sous le Second Empire, *L'Univers,* d'abord favorable à Napoléon III, entra dans l'opposition lorsque l'empereur commença à heurter de front les convictions ultramontaines de la majorité des catholiques, en soutenant la politique d'unification italienne de Cavour ; entre 1860 et 1867, le journal fut même interdit. Lorsque, épuisé par son activité dévorante, Veuillot quittera sa direction en 1878 *L'Univers* connaîtra un déclin inexorable.

Sous la IIIᵉ République, la liberté d'expression, l'évolution du niveau d'instruction, le progrès des moyens d'impression et de diffusion font franchir à la presse une étape déterminante : le journal devient un produit de consommation courante ; c'est l'époque du journal « à un sou ». Si les débuts de la IIIᵉ République voient les milieux catholiques donner leurs préférences à des organes monarchistes ou bonapartistes, la disparition des perspectives de restauration ouvre bientôt à un organe expressément religieux la possibilité de trouver sa place. Plusieurs tentatives en ce sens (*La Défense,* de Mgr Dupanloup, *La France nouvelle*) n'ont pas de lendemain.

C'est la congrégation des Assomptionnistes, fondée en 1845 par le Père d'Alzon, qui saisit cette possibilité. Parmi les diverses activités de la congrégation figure l'organisation de pèlerinages ; les Assomptionnistes ne sont pas étrangers à la faveur dont ces rassemblements jouissent alors. Depuis 1873, ils publient un bulletin de liaison intitulé tout simplement *Le Pèlerin.* Le Père Vincent-de-Paul Bailly, un journaliste-né, a alors l'idée de faire de ce bulletin, sans en modifier le titre, un hebdomadaire populaire à grand tirage ; celui-ci connaît tout de suite le succès ; dès 1897, il tirait à 140 000 exemplaires, chiffre important pour l'époque.

Ce succès inspire au Père Bailly l'idée de lancer un autre organe, destiné, celui-ci, aux milieux cultivés ; en 1880, il fonde une revue mensuelle intitulée *La Croix* qui, dans une société devenue largement hostile au fait religieux et à l'Église, se propose d'assurer leur défense. Le succès n'ayant pas répondu aux espérances, le Père Bailly transforme alors *La Croix* en quotidien « à un sou » visant un plus large public (faits divers, feuilleton, caricatures...), qui réussit cette fois sa percée. *Le Pèlerin* et *La Croix* deviennent les deux piliers d'un groupe de presse qui s'étoffera rapidement et prendra le nom de *La Bonne Presse* (aujourd'hui *Bayard-Presse*).

Le Pèlerin et *La Croix* ont au départ des positions modérément monarchistes ; ces organes durcissent progressivement leurs positions jusqu'à prendre, durant l'affaire Dreyfus (1894-1906), un caractère violemment antisémite et antirépublicain, malgré les appels à la modération du pape Léon XIII. Et lors de la campagne pour les élections législatives de 1898, les Assomptionnistes, par le biais d'un réseau de « Comités Justice et Égalité », mènent une active campagne conservatrice. Les élections ayant finalement dégagé une majorité républicaine anticléricale, l'un des premiers actes du ministère Waldeck-Rousseau est de poursuivre les Assomptionnistes et de dissoudre leur congrégation (1900).

Le groupe de *la Bonne Presse* est alors repris par un industriel du Nord, Feron-Vrau ; il assurera la continuité de l'œuvre en évitant les travers qui ont caractérisé sa première phase ; une nouvelle page de l'histoire de *La Croix* va commencer à être écrite préparant les voies au journal d'aujourd'hui.

Parallèlement aux publications à grand tirage de la *Bonne Presse,* le courant démocrate-chrétien, où les « abbés démocrates » jouent un rôle important, lance ses propres organes, par exemple, *La Justice sociale* de l'abbé Naudet, *Le Peuple français* de l'abbé Garnier, et surtout *Ouest-Éclair* de l'abbé Trochu et de Desgrées du Lou, qui deviendra le plus grand quotidien régional ; mais, en dehors de ce dernier cas, cette presse aura les plus grandes peines à survivre, comme du reste une multitude d'autres organes catholiques. ■

CHRONOLOGIE

	France		Rome
1886	Loi sur la neutralité scolaire. Fondation de l'ACJF par A. de Mun.	**1878-1903**	Léon XIII.
1890	Toast d'Alger par le cardinal Lavigerie sur le ralliement à la République.		
		1891	Encyclique *Rerum novarum.*
1894-1906	Affaire Dreyfus.	**1892**	Encyclique *Au milieu des sollicitudes* sur le ralliement à la République.
1895-1902	Ministère Waldeck-Rousseau.		
1901	Loi sur les associations et les congrégations.		
1902	Majorité du Bloc Républicain, anticléricale. Ministère Combes.		
		1903-1914	Pie X.
		1903	Loisy à l'Index.
1904	Loi interdisant l'enseignement aux Congrégations.		
1905	Séparation de l'Église et de l'État.	**1905**	Encyclique *Il firmo proposito* sur l'Action catholique.
1906	Loi Clemenceau autorisant l'utilisation des lieux de culte sans autorisation malgré l'absence d'associations cultuelles.	**1906**	Encyclique *Vehementer nos* condamnant la séparation de l'Église et de l'État.
		1907	Décret *Lamentabili* et Encyclique *« Pascendi »* condamnant le modernisme.
		1910	Serment antimoderniste. Condamnation du *Sillon.*
1914	Guerre mondiale.	**1914**	Condamnation des œuvres de Maurras. Mort de Pie X.

Le débat autour des lycées de filles (1880)

« Celui qui tient la femme, celui-là tient tout, d'abord parce qu'il tient l'enfant, ensuite parce qu'il tient le mari [...]. C'est pour cela que l'Église veut retenir la femme, et c'est aussi pour cela qu'il faut que la démocratie la lui enlève ; il faut que la démocratie choisisse sous peine de mort ; il faut choisir, citoyens ; il faut que la femme appartienne à la science ou qu'elle appartienne à l'Église ».

Jules Ferry

« Des lycées de jeunes filles ? Pourquoi pas des casernes de jeunes filles ? [...]. Cette paix candide de jeune fille, cette délicieuse floraison de pudiques désirs, ces élans d'idéale bonté qui plus tard font l'amour de l'épouse, le dévouement de la femme et le sacrifice de la mère, tout ce charme exquis, toute cette poésie [...]. Tout cela va disparaître ! On va supprimer la jeune fille [...]. Assez de ces petites niaises qui croient à l'ange gardien, au bonhomme de Noël, aux bébés qui naissent dans les choux [...]. M. Paul Bert leur prouvera qu'il n'y a ni Dieu, ni diable, ni devoir, ni justice, ni vertu, ni choux ; qu'il n'y a que des sensations, que des jouissances, une République et de la matière. On leur apprendra tout, même la rébellion contre la famille, même l'impureté. Elles citeront Tacite, Montesquieu les jours de gaîté. Elles n'auront même pas été vierges avant de devenir femmes [...] ».

Le Gaulois (journal monarchiste) du 25 novembre 1880.
Cité dans *L'École, L'Église et la République 1871-1914* par M. Ozouf, Éd. A. Colin.

Les lois scolaires

21 décembre 1880. Loi Camille Sée créant l'enseignement public secondaire des jeunes filles, dont l'enseignement religieux est exclu.

16 juin 1881. Loi Jules Ferry instaurant la gratuité de l'enseignement primaire public.

29 mars 1882. Loi Jules Ferry instaurant l'obligation et la laïcité de l'enseignement primaire ; les écoles vaqueront un jour par semaine en outre du dimanche pour permettre aux parents qui le désirent de faire donner à leurs enfants une instruction religieuse.

30 octobre 1886. Loi Bert-Goblet imposant la laïcisation du personnel enseignant.

9 juillet 1901. Loi Waldeck-Rousseau sur les associations, soumettant les congrégations religieuses, sous peine de dissolution, à autorisation préalable et à contrôle de l'État ; les congrégations non autorisées ne peuvent enseigner.

7 juillet 1904. Loi Combes interdisant tout enseignement aux membres des congrégations religieuses, autorisées ou non.

▶▶▶

royaliste. Les tractations avec l'héritier du trône, le comte de Chambord, échouent, mais l'image restera longtemps dans les esprits républicains d'une Église cramponnée à l'Ancien Régime.

Or, la présence de cette majorité donne précisément aux catholiques le sentiment que le moment est venu pour le pays d'en finir avec l'apostasie publique à laquelle ils attribuent tous les malheurs du pays. Les foules s'acheminent vers les grands sanctuaires ; on demande la consécration de la France au Sacré-Cœur par les autorités publiques et, dans cet esprit, en 1873, plus de cent députés se mettent à la tête d'un pèlerinage de 30 000 personnes à Paray-le-Monial qui en est le grand sanctuaire ; peu après, une loi déclare d'utilité publique l'érection d'une basilique du Sacré-Cœur au sommet de Montmartre (son financement se fera par souscription). En 1875, est votée la liberté de l'enseignement supérieur, point de départ des universités catholiques. C'est le temps de *l'Ordre moral*, personnifié par le maréchal de Mac-Mahon porté à la présidence de la République en 1873.

Cependant l'opinion évolue rapidement. Les républicains l'emportent dès les élections de 1876 ; à la « République des ducs », favorable à l'Église, succède une République républicaine et, dès lors, aux yeux de tous, inéluctablement anticléricale.

Les catholiques et l'école

Les bourgeois républicains arrivent au pouvoir avec un projet résolu de société laïque ; ils entendent substituer une fois pour toutes l'âge de la raison et de la science à celui de la « théologie », « la démocratie à la théocratie ». La question religieuse sera désormais au cœur du débat politique.

Le combat, comme il se doit, s'engage sur l'école, symbole et clef de la société à promouvoir. Le grand artisan de cette entreprise est Jules Ferry, qui sera plusieurs fois ministre de l'Instruction publique ou président du Conseil entre 1879 et 1885 ; il a voué sa vie politique à l'instauration de l'égalité devant l'instruction comme complément indispensable du suffrage universel dans une démocratie ; une égalité que seul, à ses yeux, peut assurer un enseignement conforme aux idéaux laïques, et donc exclusivement donné par l'État.

Dès 1880, les congrégations non autorisées, et au premier rang les jésuites, sont expulsées ; 261 couvents d'hommes (dominicains, franciscains, bénédictins, prémontrés) sont vidés de force.

Mais l'œuvre principale de Jules Ferry restera sa loi de 1882 instituant l'obligation et la gratuité de l'enseignement primaire, complétée par la loi Paul Bert de 1886 sur la neutralité scolaire. Pour le monde catholique le bouleversement est d'importance : l'école privée, qui n'a pas les moyens d'assurer la gratuité, pourra-t-elle résister à la concurrence ? Que deviendra l'enseignement religieux, exclu de l'école publique en même temps que les enseignants congréganistes ? D'autres mesures tendant à laïciser la vie sociale, souvent appliquées dans un esprit agressif, contribuent à creuser un peu plus encore le fossé entre catholiques et républicains.

La passion des débats gagne le pays tout entier ; la presse se déchaîne de part et d'autre ; les organes catholiques, et notam-

LAICITÉ SCOLAIRE : DEUX ÉCLAIRAGES

Jules Ferry en 1883

« Au moment de proposer à vos élèves un précepte, une maxime quelconque, demandez-vous s'il se trouve à votre connaissance un seul honnête homme qui puisse être froissé de ce que vous allez dire. Demandez-vous si un père de famille, je dis un seul, présent à votre classe, en vous écoutant, pourrait de bonne foi refuser son assentiment à ce qu'il vous entendrait dire. Si oui, abstenez-vous de le dire ; sinon parlez hardiment : car ce que vous allez communiquer à l'enfant, ce n'est pas votre sagesse, c'est la sagesse du genre humain. »

La Société générale d'Éducation et d'Enseignement (catholique) en 1886.

« Il est à remarquer que la loi de laïcisation s'applique beaucoup plus suivant son esprit que suivant sa lettre. L'athéisation brutale et sans phrases contenue dans la loi est, dans l'application, une athéisation cauteleuse, savante et progressive. Dans les parties de la France encore très catholiques, là où les écoles libres sont nombreuses, les préfets et les inspecteurs s'entendent pour la laisser, en grande partie, lettre morte : les crucifix sont en place, la prière se fait, et, si le catéchisme s'enseigne trop ouvertement, on ferme les yeux. Dans ces cantons, un instituteur qui voudrait être aussi laïque que la loi serait dénoncé par l'inspecteur et déplacé par le préfet. Par contre, un instituteur de l'Est ou du Midi qui voudrait se comporter comme un de ses confrères de la Vendée serait impitoyablement révoqué comme clérical. En un mot on ne donne aux populations que la dose d'athéisme qu'elles sont capables de porter ; mais on veille à accroître constamment la dose et ainsi l'athéisation fait tache d'huile et gagne insensiblement tout le territoire : tant il est vrai que si on renonce çà et là à appliquer la loi, on ne perd jamais de vue son esprit, qui est la déchristianisation de la France. »

Cités dans *2 000 ans de christianisme,* Société d'histoire chrétienne

ment *L'Univers, Le Pèlerin,* et, à partir de 1883, un nouveau quotidien *La Croix,* atteignent un degré inouï de violence antirépublicaine. Dans un pays encore largement imprégné de tradition chrétienne, la politique du pouvoir est ressentie par une grande partie de l'opinion comme une agression et une volonté d'anéantissement du sentiment religieux. L'épiscopat serait porté, dans sa majorité, à des positions intransigeantes ; Léon XIII a ses raisons pour l'inciter à la modération.

La politique de « ralliement » à la République (1889-1894)

Léon XIII, conciliateur par tempérament, est en outre conduit à calmer le jeu par la crainte d'une dénonciation du Concordat par la France, et par l'espoir qu'un ralliement loyal des catholiques au régime républicain permettrait de constituer dans ce pays une majorité conservatrice susceptible d'amender la législation anticléricale ; les circonstances paraissent favorables : après l'échec de l'aventure boulangiste (1889), la Chambre a maintenant une majorité républicaine modérée (ou « opportuniste »), peu favorable à une rupture déclarée avec l'Église.

Le 12 décembre 1890, sur instruction de Léon XIII, le cardinal Lavigerie, archevêque d'Alger, offrant une réception aux officiers de la flotte française, prononce un toast qui a un énorme retentissement : il appelle les Français à mettre fin à leurs divisions et à se rallier loyalement au régime en vigueur ; ces propos sont confirmés par l'encyclique de Léon XIII *Au milieu des sollicitudes* en 1892.

Mais l'opinion catholique n'est pas préparée à une telle volte-face ; l'appel de Léon XIII suscite la colère des monarchistes ; la politique du ralliement ne ralliera ni la masse des catholiques à la République ni celle des républicains à la tolérance envers l'Église. Elle favorisera cependant un certain esprit d'apaisement dans la majorité modérée, ainsi que l'entrée en scène d'un courant démocrate-chrétien, très minoritaire mais actif. Léon XIII aura, en tout cas, fait un sort à l'incompatibilité entre la foi et la conviction démocratique.

▶▶▶

Le ralliement

Seule l'Église de Jésus-Christ a pu conserver et conservera sûrement jusqu'à la consommation des temps sa forme de gouvernement. [...]

Quant aux sociétés purement humaines, le temps, ce grand transformateur de tout ici-bas, opère, selon un fait gravé cent fois dans l'histoire, de profonds changements des institutions politiques... Une nécessité sociale justifie la création et l'existence de nouveaux gouvernements, quelque forme qu'ils prennent... Toute la nouveauté se borne à la forme politique des pouvoirs civils, ou de leur mode de transmission ; elle n'affecte nullement le pouvoir considéré en lui-même. Dans toute hypothèse, le pouvoir civil, considéré comme tel, est de Dieu et toujours de Dieu (Rm 13,1).

Par conséquent, lorsque des nouveaux gouvernements qui représentent cet immuable pouvoir sont constitués, les accepter n'est pas seulement permis mais réclamé, voire même imposé par la nécessité du bien social qui les a faits et les maintient [...].

Le respect que l'on doit aux pouvoirs constitués ne peut imposer ni le respect, ni moins encore l'obéissance sans limites à toute mesure législative quelconque édictée par ces mêmes pouvoirs.

Extrait de l'encyclique de Léon XIII *Au milieu des sollicitudes,* 16 février 1892

II. LE PONTIFICAT DE PIE X (1903-1914)

Pie X : un conservateur-réformateur

Le pontificat de Pie X offre toute l'apparence d'une contradiction entre deux aspects, l'un conservateur et l'autre réformateur ; en fait, il obéit à un dessein cohérent et affiché : restaurer la société chrétienne. Ce dessein se traduit par une ferme opposition à tout ce qui apparaît comme doctrines ou positions hostiles à l'Église, et, simultanément, par une stimulation parfois hardie de toutes les énergies spirituelles. Le tempérament conservateur de Pie X et l'influence de son entourage, en particulier de son secrétaire d'État Merry del Val, pèseront cependant sur la manière de considérer les risques, au demeurant considérables, que les grands courants de la pensée contemporaine font courir à la foi.

La crise moderniste

Cette crise résulte précisément du choc entre, d'une part, les sciences religieuses telles qu'elles se sont développées hors de l'Église et, d'autre part, l'enseignement traditionnel de celle-ci. Son point de départ se situe dans l'intérêt porté par de jeunes exégètes catholiques, notamment l'abbé Loisy, professeur à l'Institut catholique de Paris et le Père Lagrange, directeur de l'École biblique de Jérusalem, aux méthodes de critique historique et littéraire appliquées par des exégètes protestants ou rationalistes allemands (Harnack) aux textes de l'Écriture et à l'histoire religieuse.

Mais Loisy en vient bientôt à considérer que la recherche exclut toute idée préconçue et toute autorité ecclésiastique ; il n'admet pas que puisse s'imposer à l'exégète un ensemble de données fondamentales de la foi (inspiration divine de l'Écriture, fondation de l'Église par le Christ...). Or, ses travaux éveillent de multiples échos chez ceux qui, dans l'Église et surtout parmi les jeunes clercs, aspirent à la prise en compte par la pensée chrétienne des apports de la culture contemporaine. Mais, de multiples problèmes de fond se trouvent posés par l'exégèse moderne, et par là, des ébranlements sont provoqués. Inquiets, les milieux traditionalistes s'agitent. En face d'eux, des intellectuels radicalisent leur position.

Dès le début de son pontificat (1903), Pie X réagit ; Loisy est mis à l'Index ; l'agitation s'aggravant, il est condamné par le décret *Lamentabili* du Saint-Office en 1907, et la même année par l'encyclique de Pie X *Pascendi* ; en 1908, il est excommunié ; en 1910, un serment antimoderniste est imposé au clergé ; en fait, le mouvement moderniste est déjà en reflux.

La lutte antimoderniste prend un tour singulier lorsque des catholiques se disant « intégraux » (fidèles à une foi « intégrale ») se lancent dans une campagne de dénonciations coordonnée par un réseau secret, la *Sodalité de saint Pie V* (*Sapinière* pour les initiés) ; ce réseau, dont l'action a probablement été grossie par ses victimes, est organisé à l'initiative d'un prélat du Vatican, Mgr Benigni, sans être désavoué par le pape. Les démocrates-chrétiens sont bientôt mis au rang des modernistes par les intégristes, qui ne font en cela que pousser à l'extrême la pensée de Pie X sur le libéralisme politique.

▶▶▶

ALFRED LOISY (1857-1940)

Celui qui devait être l'auteur le plus en vue du modernisme est né à Ambrières (Marne) dans une famille de cultivateurs. Entré en 1874 au Grand Séminaire de Châlons-sur-Marne, il y reçoit un enseignement très traditionnel qui ne le satisfait guère ; pas davantage, celui de l'Institut catholique de Paris où il est ensuite envoyé. D'une intelligence exceptionnelle, il s'initie seul à l'hébreu durant ses années de séminaire.

Prêtre en 1879, et d'abord curé de campagne, il se sent une vocation intellectuelle et obtient de revenir à Paris. Il y perfectionne sa connaissance des langues sémitiques et ne tarde pas à mettre en question, dans son esprit, les ouvrages catholiques relatifs à la composition des livres saints. Licencié en théologie en 1882, il assure un enseignement d'Écriture sainte à l'Institut catholique ; en 1890, il soutient sa thèse de doctorat sur l'*Histoire du Canon de l'Ancien Testament.* En 1892, il fonde la revue *L'enseignement biblique.* Ses positions critiques commencent à inquiéter la hiérarchie, bien que le recteur de l'Institut catholique, Mgr d'Hulst, ne cesse de le soutenir. Bientôt, le supérieur général de Saint-Sulpice interdit aux séminaristes de suivre ses cours. En 1893, il n'a plus le droit d'enseigner que l'hébreu et l'assyrien, et peu après il doit démissionner. Le livre qu'il publie en 1902, *L'Évangile et l'Église*, enlève toute chance à sa candidature à l'évêché de Monaco la même année.

Ce livre, dans lequel il entendait réfuter les thèses libérales de Harnack, historien luthérien allemand du christianisme, soutient une affirmation qui se résume en une phrase célèbre : « Jésus a annoncé le Royaume et c'est l'Église qui est venue ». L'ouvrage fait alors grand bruit ; il reflète tout un courant de pensée auquel on donnera le nom de *modernisme.* Peu après, Loisy publie un complément intitulé *Autour d'un petit livre*, destiné à éclaircir les difficultés nées de son ouvrage. Cela n'empêche ni la mise à l'Index de ses œuvres en 1903, ni son excommunication en 1908. En 1909, il obtient une chaire d'histoire des religions au Collège de France ; il y développera ses idées sur la « religion de l'humanité » (*La morale humaine*, 1923). Il ne cessera d'écrire jusqu'à sa mort en 1940. Sur sa tombe, dans son village natal d'Ambrières, figure l'inscription : « Alfred Loisy, prêtre. Retiré du ministère et de l'enseignement. 1857-1940. Tuam in votis tenuit voluntatem. » ■

Ph. Roger-Viollet

Alfred Loisy, exégète français (1857-1940).

Le renouveau des sciences religieuses en France à la fin du XIXe siècle

On ne peut comprendre les causes et le contexte de la crise moderniste sans se reporter au renouveau des sciences religieuses à la fin du XIXe siècle, sous l'impulsion du pape Léon XIII notamment.

A cet égard, la France avait un grand retard à rattraper, toute l'énergie de l'Église y ayant été consacrée depuis le début du siècle à reconstituer ses moyens et d'abord son clergé, à la suite du séisme de la Révolution. L'Allemagne et la Belgique (Louvain), par exemple, avaient une nette avance sur elle ; notamment en Allemagne, l'activité intellectuelle protestante jouait par surcroît un rôle efficace de stimulation.

La liberté de l'enseignement supérieur en France, votée en 1875 à l'initiative de Montalembert, marque un net point de départ à cet égard, avec la fondation des universités catholiques. A Paris, l'abbé d'Hulst (1841-1896), créateur puis recteur de l'*Institut catholique*, est un des agents du renouveau de la théologie thomiste voulu par Léon XIII. L'abbé Duchesne (1843-1922) applique les méthodes de la critique historique à l'étude des origines chrétiennes, démontrant par exemple l'aspect légendaire des fondations d'Églises en Gaule par des envoyés des Apôtres au Ier siècle. Il forme des pléiades de jeunes chercheurs qui seront plus tard des maîtres (l'un d'eux, Loisy (1857-1940), spécialiste des langues orientales et exégète, sera le point de départ de la crise moderniste). Un autre exégète français, le père Lagrange (1855-1938), dominicain, fonde en 1890 l'*École biblique de Jérusalem* et en 1892 la *Revue biblique*. Le philosophe Blondel (1861-1949), professeur à la Sorbonne, développe une thèse selon laquelle, à partir de l'action, on peut découvrir que l'homme aspire à une réalité qui le dépasse ; le père Laberthonnière (1860-1932), un de ses disciples, sera une des cibles les plus en vue de la réaction antimoderniste.

Ce bouillonnement intellectuel, qui remet en cause beaucoup d'idées reçues, parce qu'on commence à mettre en œuvre vis-à-vis des sciences proprement religieuses les méthodes de recherche appliquées aux sciences profanes, suscite de plus en plus d'inquiétudes tant dans les milieux catholiques conservateurs que dans la hiérarchie, dont beaucoup de membres appartiennent d'ailleurs à ces milieux. La crise moderniste va mettre cette tension en pleine lumière. ■

Le modernisme, une hantise

« Modernisme, dans le vocabulaire catholique, le mot est nouveau (il est apparu en Italie à la fin du siècle dernier), mais il a connu une fortune rapide à partir du moment où le pape Pie X l'a consacré en 1907, dans son encyclique Pascendi, *condamnant un ensemble de doctrines étiquetées sous ce nom. Il s'est alors répandu comme une traînée de poudre et, dans les années qui ont suivi, son emploi n'a fait que s'étendre. Le modernisme était dans l'air : il y en avait partout, et personne ou presque n'en était indemne. Était-ce donc une psychose, une hallucination, un délire ? On l'a dit et pensé, mais c'est retourner une interprétation au lieu d'en démonter les mécanismes.*

En fait, le rapport a été parfaitement perçu à l'époque. Pascendi *est l'aboutissement logique de l'orientation vigoureusement affirmée par* Pie IX, *près d'un demi-siècle plus tôt, dans son* Syllabus *(1864), catalogue des « principales erreurs de notre temps », au nombre de 80. Pie IX dénonçait les erreurs* ad extra *(à l'extérieur de l'Église) qui couraient le monde ; Pie X, au contraire, visait un phénomène* ad intra *(à l'intérieur de l'Église), ces mêmes erreurs qui s'étaient infiltrées dans l'Église où elles avaient pris forme et racines.*

Nous vivons aujourd'hui dans une société sécularisée et laïcisée qui nous est devenue connaturelle. Aussi avons-nous peine à mesurer la véritable révolution culturelle que suppose son établissement et dont, symboliquement, la Révolution française date la naissance. Emportée dans la tourmente de 1789, l'Église s'est retrouvée de l'autre côté de la barricade, devant l'effondrement d'un ordre social, moral et intellectuel qu'elle avait mis des siècles à construire. Dès lors, elle allait s'attacher non pas au rétablissement de l'ancien régime (dont elle n'avait pas que de bons souvenirs), mais à la restauration *de cet ordre chrétien qui demeurait pour elle, comme l'a dit Maritain, un idéal historique concret, quelle qu'ait été sa réalité historique passée.*

Ainsi l'Église se souvenait d'un temps où l'Europe était chrétienne, [...], où la théologie était au sommet du savoir, reine des sciences, et où le temporel était subordonné au spirituel.. Or voilà que le XIXe siècle accouchait d'une société qui, se disant moderne et libérale, avait brisé avec ce passé, secoué cette tutelle, tourné ses regards vers d'autres horizons. Elle donnait aux rapports humains d'autres règles, à l'activité humaine d'autres buts, au savoir humain d'autres bases. Elle parlait richesse, progrès, science, droits de l'homme et de la raison, liberté de pensée.

Le conflit était inévitable. L'Église prit une attitude intransigeante, à laquelle répondit une égale intransigeance [...].

[...] La crise moderniste apparaît ainsi comme le révélateur de la situation nouvelle faite à la tradition chrétienne par l'esprit moderne et des problèmes considérables posés à la pensée chrétienne par la pensée moderne ».

Extrait de « L'enjeu du modernisme » par E. Poulat, dans *2 000 ans de christianisme.* Société d'Histoire Chrétienne.

Dans la crise moderniste
Maurice Blondel (1861-1949)
Le père Lucien Laberthonnière (1860-1932)
Voir Index

La condamnation du modernisme (1907)

Décret *Lamentabili* du Saint-Office (3 juillet 1907). Il condamne 65 propositions dont la plupart s'appliquent à l'œuvre de Loisy, qui n'est pas nommément désigné. Parmi les propositions condamnées :

1. *La loi ecclésiastique qui prescrit de soumettre à une censure préalable les livres concernant les divines Écritures ne s'étend pas aux écrivains qui s'adonnent à la critique ou exégèse scientifique des livres de l'Ancien et du Nouveau Testament.*

20. *La Révélation n'a pu être autre chose que la conscience acquise par l'homme des rapports existants entre Dieu et lui.*

36. *La résurrection du Sauveur n'est pas proprement un fait historique, mais un fait d'ordre purement surnaturel, ni démontré ni démontrable, que la conscience chrétienne a peu à peu réduit à d'autres faits.*

40. *Les sacrements sont nés de ce que les Apôtres et leurs successeurs ont interprété une idée, une intention du Christ, sous l'inspiration et la poussée des circonstances et des événements.*

52. *Il n'a pas été dans la pensée du Christ de constituer l'Église comme une société destinée à durer sur la terre une longue série de siècles ; au contraire, dans la pensée du Christ, le royaume du ciel et la fin du monde étaient également imminents.*

65. *Le catholicisme d'aujourd'hui ne peut se concilier avec la vraie science à moins de se transformer en un certain christianisme non dogmatique, c'est-à-dire en protestantisme large et libéral.*

Extraits de l'Encyclique *Pascendi* de Pie X (8 septembre 1907)

[...] « Les modernistes assemblent et mélangent en eux plusieurs personnages : le philosophe, le croyant, le théologien, l'historien, le critique, l'apologiste, le réformateur, personnages qu'il importe de bien démêler si l'on veut connaître à fond leur système et se rendre compte des principes comme des conséquences de leurs doctrines.

[...] Embrassant d'un seul regard tout le système, qui pourra s'étonner que Nous le définissions le rendez-vous de toutes les hérésies ? Les modernistes ne ruinent pas seulement la religion catholique, mais, comme Nous l'avons déjà insinué, toute religion ». [...]

LE PÈRE LAGRANGE (1855-1938)

Entré chez les dominicains en 1879, Albert Lagrange suit à l'Institut catholique de Paris les cours de l'abbé Duchesne, un des rénovateurs des études d'histoire religieuse à la fin du XIXe siècle ; il s'initie aux langues orientales à Vienne et se spécialise dans l'Écriture sainte. En 1890, il fonde à Jérusalem l'*École pratique d'études bibliques*.
On se trouve alors en pleine évolution de l'exégèse catholique sous le double effet des découvertes archéologiques et historiques qui se multiplient, et des travaux de l'exégèse tant protestante que rationaliste, très en avance alors sur l'exégèse catholique par l'application des méthodes de la critique historique et littéraire à l'Écriture sainte : des exégètes catholiques en nombre croissant considèrent qu'il faut nettement distinguer, dans les positions des exégètes rationalistes, d'une part, les conclusions portant sur les aspects littéraires ou historiques de l'Écriture et d'autre part, leurs conceptions de l'histoire d'Israël ou des origines chrétiennes, marquées par leurs présupposés rationalistes.
C'est dans cette perspective que se situe le père Lagrange. En 1892, il fonde la *Revue biblique,* qui devient très vite un organe international de recherche exégétique, ouvert aux méthodes de pointe tout en restant attentif aux données théologiques. Mais les positions, audacieuses pour l'époque, qu'il prend, par exemple sur les premiers chapitres de la Genèse (positions qui ne font plus question aujourd'hui), ou sur la nature de l'inspiration de l'Écriture, suscitent de vives attaques, notamment de certains jésuites. Dans son encyclique *Providentissimus* de 1893 Léon XIII prend parti contre la tendance à limiter l'inspiration divine aux seules vérités religieuses et morales enseignées par la Bible ; mais dans l'ensemble, encore qu'avec prudence, il encourage les recherches des exégètes catholiques, qui se développent rapidement.
En 1902, le père Lagrange lance la collection des *Études bibliques* ; l'année suivante, il publie *La méthode historique, surtout à propos de l'Ancien Testament*, exposé des principes mis en œuvre par l'École de Jérusalem. Mais, déjà le climat a changé avec la controverse déclenchée par l'œuvre de Loisy, point de départ de la crise moderniste ; celle-ci atteint précisément sa phase aiguë à partir de 1902. Lagrange, pour sa part, est étranger au point de vue radical de Loisy selon lequel le critique biblique doit être totalement autonome vis-à-vis du magistère ecclésiastique. Il n'en est pas moins l'objet d'attaques et de dénonciations auprès des instances romaines. La condamnation du modernisme par Pie X en 1907 est suivie de campagnes très virulentes des milieux du « catholicisme intégral » contre tout ce qui peut leur paraître moderniste ; elles atteignent leur summum en 1912-1913 ; le père Lagrange, sans être l'objet d'aucune condamnation doctrinale, se voit à ce moment contraint de quitter l'École biblique de Jérusalem ; la *Revue biblique* elle-même est sur le point de disparaître.
Revenu en France, le père Lagrange y poursuivra une œuvre déjà très abondante. Il aura contribué à renouveler l'exégèse catholique, formé une pléiade d'exégètes et exercé une influence considérable, bien au-delà de l'Église catholique. ■

▶▶▶

PIE X ET LE LIBÉRALISME POLITIQUE

Comme Pie IX, Pie X voit dans le libéralisme l'erreur majeure de son temps ; l'idée de souveraineté du peuple, par exemple, lui paraît contraire à la doctrine constante de l'Église selon laquelle le pouvoir émane de Dieu et doit être géré en son nom ; de même l'Église et l'État doivent-ils coopérer dans la mise en œuvre du plan de Dieu sur l'homme. L'affaire du *Sillon* est révélatrice de ces conceptions.

Le Sillon, mouvement animé par Marc Sangnier à partir de 1899, se propose de réconcilier Église et République, de christianiser la démocratie, de regagner les milieux populaires à la foi. Une orientation plus politique à partir de 1906, des théories hasardeuses sur les aspects religieux de la démocratie lui attirent les foudres de la presse conservatrice, et en particulier de *L'Action française,* dont l'audience est très grande dans la hiérarchie et jusque dans Rome.

En 1910, sous forme d'une lettre à l'épiscopat français, Pie X condamne *Le Sillon,* auquel il reproche, notamment, des influences modernistes et libérales, et une volonté d'autonomie vis-à-vis de la hiérarchie dans un domaine relevant de la morale. Cette condamnation, à laquelle se soumettent les membres du mouvement, leur est d'autant plus amère que le directeur et maître à penser de *L'Action française,* Charles Maurras, est un agnostique et professe une doctrine d'inspiration positiviste.

A la suite de diverses interventions, Pie X est finalement conduit à condamner également les œuvres de Maurras en 1914 ; mais, pour éviter de donner des armes aux modernistes et aux libéraux, il garde provisoirement secrète sa sentence ; sa mort survenant sur ces entrefaites, on restera sur le constat de la différence de traitement réservé aux deux courants.

Malgré l'acharnement des intégristes contre les diverses formes du catholicisme libéral, celui-ci sera cependant resté vivace durant le pontificat de Pie X, que ce soit au sein du milieu universitaire, dans le jeune clergé, dans la jeunesse.

PIE X RÉFORMATEUR

Pie X, qui apparaît si conservateur à tant d'égards, est pourtant l'un des grands papes réformateurs. En onze années, il accomplit en de nombreux domaines une tâche considérable, non sans de vives résistances à Rome même : mise en chantier d'un code de droit canonique visant à la fois à condenser en un ensemble cohérent la législation de l'Église (ce qui n'avait jamais été fait[1]) et à adapter les institutions aux besoins actuels, réorganisation de la Curie romaine et des séminaires, dispositions propres à améliorer la catéchèse et la prédication...

C'est dans les domaines de la pratique eucharistique et de la liturgie que Pie X fait le plus œuvre d'innovation ; non seulement il encourage la fréquente communion, à l'encontre de tenaces traditions jansénistes, mais il admet désormais les jeunes enfants à l'eucharistie sans autre critère que leur aptitude à distinguer pain

1. Ce code a été publié en 1917 par Benoît XV ; depuis, il a été remplacé par celui de 1983 faisant suite au concile Vatican II. Voir Index : Droit canonique.

▶▶▶

Marc Sangnier (1879-1950) et le « Sillon »

Réconcilier christianisme et société moderne

Le Sillon trouve son origine dans un groupe d'étudiants du collège Stanislas à Paris cherchant une conciliation entre christianisme et société moderne, dans une double fidélité à l'Église et au mouvement de l'histoire considéré comme un progrès. Marc Sangnier (1879-1950), jeune officier sorti de Polytechnique, donne sa démission pour se consacrer à cette cause, vitale à ses yeux. D'un mouvement de pensée, de spiritualité et d'apostolat, il fait, à partir de 1899, un mouvement d'action ; la revue *Le Sillon*, fondée en 1894 par Paul Renaudin, en devient la tribune et lui donne son nom.

Sangnier est un « battant » : sa foi, son éloquence, son sens de l'organisation, son autorité lui assurent une audience considérable auprès des jeunes générations. Il multiplie les Cercles d'études sociales réunissant jeunes ouvriers et jeunes intellectuels (2 000 en 1905), et les instituts populaires, qui veulent rivaliser avec les universités populaires socialistes ; il lance des réunions contradictoires à travers le pays et constitue, pour leur déroulement, une sorte de service d'ordre et de propagande, « les jeunes gardes ».

Le Sillon se transforme progressivement en formation engagée dans la vie politique ; l'objectif est désormais, tout en développant un esprit démocratique, de faire passer l'idéal chrétien au sein même des structures de la société : « le christianisme dans la démocratie ». Or cette mutation du mouvement se fait au moment même où la politique anticléricale de Combes, et la séparation de l'Église et de l'État, ont mis le feu aux antagonismes français et donné un coup de fouet aux vieilles rancœurs antirépublicaines d'une grande partie du monde catholique. L'emprise du *Sillon* sur beaucoup de séminaristes et de jeunes prêtres, une volonté d'autonomie par rapport à la hiérarchie dans les options du mouvement, des approximations théologiques, des positions trop radicales, des maladresses inquiètent l'épiscopat, et jusqu'à Pie X lui-même, hanté par la crainte de laisser les idéologies contemporaines polluer le dépôt de la foi. Les ennemis du *Sillon*, au premier rang desquels Maurras et *L'Action française*, attisent les méfiances et rencontrent un accueil favorable dans la hiérarchie et les instances romaines.

Un problème de fond

En fait, *Le Sillon*, dans son enthousiasme et sa maladresse, soulève à propos de la société contemporaine, de ses composantes sociales et politiques, la question de fond posée par le modernisme à propos des sciences religieuses : l'Église, le monde catholique, doivent-ils se contenter de se tenir à l'écart des réalités modernes par crainte de la contamination, ou doivent-ils s'y faire porteurs d'esprit évangélique, avec les risques qui peuvent en résulter, et y favoriser toutes les valeurs communes à celles du christianisme ? Le problème de l'inculturation du christianisme, une fois de plus, est posé.

A cette question cruciale, la réponse de Pie X, on le sait, ne sera ni celle d'un Léon XIII, ni celle d'un Jean XXIII plus tard ; elle sera plutôt celle d'un Pie IX.

Le 25 août 1910, Pie X adresse à l'épiscopat français une lettre condamnant *Le Sillon*. L'Action française, pavoise ; un peu vite, car quatre ans plus tard ce sera le tour de Maurras, inspirateur de *L'Action française*, de voir ses œuvres condamnées par le même pape.

Le Sillon condamné, Sangnier se soumet sans hésitation et dissout le mouvement. Il fonde alors une nouvelle publication, *La Démocratie*, et un mouvement politique, la *Jeune République*, proche de l'esprit du *Sillon*, mais, cette fois, évitant les ambiguïtés entre visées religieuses et action politique. Ce mouvement subsistera jusqu'à la création du Mouvement républicain populaire (MRP) en 1944, au sein duquel il viendra se fondre. Sangnier, qui sera député de 1919 à 1924 sous les couleurs de la Jeune République, le sera à nouveau, cette fois au titre du MRP, de 1946 jusqu'à sa mort en 1950. ■

La condamnation du « Sillon » par Pie X

Non, vénérables Frères, il faut le rappeler énergiquement dans ces temps d'anarchie sociale et intellectuelle, où chacun se pose en docteur et en législateur, on ne bâtira pas la cité autrement que Dieu ne l'a bâtie ; on n'édifiera pas la société si l'Église n'en jette les bases et ne dirige les travaux ; non, la civilisation n'est plus à inventer, ni la cité nouvelle à bâtir dans les nuées. Elle a été, elle est ; c'est la civilisation chrétienne, c'est la cité catholique. Il ne s'agit que de l'instaurer et de la restaurer sans cesse sur ses fondements naturels et divins contre les attaques toujours renaissantes de l'utopie malsaine, de la révolte, de l'impiété [...]

(Parlant des sillonistes)... *L'exaltation de leurs sentiments, l'aveugle bonté de leur cœur, leur mysticisme philosophique mêlé d'une part d'illuminisme, les ont entraînés vers un nouvel Évangile, dans lequel ils ont cru voir le véritable Évangile du Sauveur, au point qu'ils osent traiter Notre-Seigneur Jésus-Christ avec une familiarité souvent irrespectueuse et que, leur idéal étant apparenté à celui de la Révolution, ils ne craignent pas de faire entre l'Évangile et la Révolution des rapprochements blasphématoires qui n'ont pas l'excuse d'avoir échappé à quelque improvisation tumultueuse. Nous voulons attirer votre attention, vénérables Frères, sur cette déformation de l'Évangile et du caractère sacré de Notre-Seigneur Jésus-Christ, Dieu et Homme, pratiquée dans le Sillon et ailleurs ».*

Extraits de la lettre adressée par le pape à l'épiscopat français, le 29 août 1910

L'Action française

Fondé en 1899, l'hebdomadaire *L'Action française* devint, avec Charles Maurras, l'organe du néo-monarchisme et un point de rassemblement des esprits hostiles à la démocratie. Maurras, auteur d'une œuvre importante, professait une philosophie politique selon laquelle « l'ordre de la politique et l'ordre de la conscience sont distincts » ; lui-même, agnostique, portait au catholicisme une grande considération parce que c'était un « christianisme amendé par les siècles » et par la papauté, qui avait su, selon lui, éliminer de l'enseignement de Jésus tout ce qui était révolutionnaire et subversif ; l'Église catholique et sa religion, hiérarchiques, autoritaires, fournissaient un rempart indispensable à tout ordre social, et en particulier à un pays comme la France dont l'Église avait contribué avec la monarchie à faire une nation. La Révolution avait ruiné cette œuvre qui avait fait la grandeur de la France ; il fallait donc mettre tout en œuvre pour abolir les principes de 1789.

En cela Maurras rejoignait les positions des catholiques conservateurs qui voyaient avec satisfaction *L'Action française* assurer la défense du catholicisme contre les infiltrations à leurs yeux du protestantisme, du judaïsme, du laïcisme, de l'esprit démocrate.

Au moment de l'affaire Dreyfus se constitua une *Ligue d'Action française* (AF) dans le but déclaré de combattre le régime républicain et de rétablir la monarchie. En 1908, l'hebdomadaire *L'Action française* devint quotidien.

Le journal jouissait d'une grande audience dans les milieux étudiants, la bourgeoisie catholique, une grande partie du clergé et de l'épiscopat. A Rome, il avait l'appui de nombreuses personnalités, en particulier du cardinal Merry del Val, secrétaire d'État de Pie X, qui appréciait les services rendus à l'Église par les attaques contre la démocratie franc-maçonne et la République persécutrice. Pie X lui-même, lorsque des opposants à Maurras s'en prenaient à sa conception païenne de la cité tendant à faire de la raison d'État la valeur suprême, insistait sur l'appui qu'il apportait à l'Église et au Saint-Siège considérés comme principes d'ordre.

Les milieux d'Action française prirent une part active à l'opposition aux courants de la démocratie chrétienne et au *Sillon*. Après la condamnation de ce dernier en 1910, ils triomphèrent. Mais le rôle tenu dans cette affaire par les partisans de Maurras, agnostique et théoricien d'une doctrine ramenant l'Église à un rôle de force de l'ordre, en avait choqué beaucoup ; des interventions à Rome, en 1913, inquiétèrent assez Maurras pour l'inciter à publier un livre de justification : *L'Action française et la religion catholique*. De divers côtés, de vives pressions furent exercées auprès de Pie X pour éviter à l'œuvre de Maurras d'être déférée à la Congrégation de l'Index. Pie X passa outre. Le 26 janvier 1914, les livres incriminés étaient condamnés, ainsi que la revue bi-mensuelle *L'Action française* (mais non le quotidien). Pie X confirma la sentence mais, pour éviter de donner des armes aux modernistes, il la garda provisoirement secrète ; il mourut peu après.

Le quotidien lui-même sera condamné par Pie XI en 1926 comme organe de la doctrine du nationalisme intégral, « conception païenne de la cité et de l'État où l'Église n'a de place que comme soutien de l'ordre et non comme organisme divin et indépendant chargé de diriger les âmes vers leur fin surnaturelle ».

En juillet 1939, après l'élection de Pie XII, une déclaration de soumission des dirigeants du journal entraînera la levée de la condamnation. ■

▶▶▶

eucharistique et pain ordinaire (décret *Quam singulari* 1910) ; à travers un ensemble de dispositions concernant la restauration du chant grégorien et la réforme du bréviaire, c'est en fait une impulsion vigoureuse qu'il donne au renouveau liturgique amorcé dans les années 1830 (Guéranger).

A l'égard du rôle du laïcat dans l'Église, l'encyclique *Il firmo proposito* (1905) est souvent considérée comme la première charte de l'Action catholique ; si Pie X y apparaît effectivement un précurseur par l'importance qu'il accorde à l'apostolat organisé, il faudra attendre la première encyclique de Pie XI en 1922, *Urbi arcano Dei*, puis l'essor des mouvements catholiques qui en sera la suite, enfin les textes du concile Vatican II sur l'Église et sur l'apostolat des laïcs, pour voir pleinement reconnaître la mission spécifique du laïcat au sein de celle de l'Église.

La crise de la séparation de l'Église et de l'État en France (1894-1914)

LE TEMPS DE COMBES

L'incitation de Léon XIII, en 1890, à rallier la République, si elle avait dû avoir quelque effet, n'en aurait guère eu le temps. Dès 1894, en effet, une nouvelle vague anticléricale, plus forte encore que celle de 1880-1889 (école laïque), déferle sur le catholicisme français. Elle trouve son origine dans l'affaire Dreyfus (1894-1906), qui coupe alors le pays en deux camps.

La majorité des catholiques se trouve dans celui des « antidreyfusards », à tendance nationaliste, antisémite et antirépublicaine ; la presse assomptionniste *(La Croix, Le Pèlerin)*, qui fait entendre leur voix, ne se distingue guère de *L'Action française* pour la violence de ses propos. Du coup, la gauche « dreyfusarde » dénonce une conspiration de la « Congrégation » visant à abattre la République et à abolir les conquêtes laïques ; sa presse n'est pas moins virulente que l'autre.

Le ministère Waldeck-Rousseau (1895-1902) commence par dissoudre la congrégation assomptionniste. Puis, dans sa loi de 1901 sur la liberté d'association, très libérale dans ses dispositions générales, il inscrit un ensemble de mesures discriminatoires à l'égard des « congrégations », seules associations soumises à autorisation et à contrôle de l'État.

En 1902, une majorité de « Bloc républicain », nettement plus marquée à gauche et soutenue par la franc-maçonnerie, arrive au pouvoir. Combes forme le gouvernement (1902-1905). Il commence par appliquer de manière draconienne les dispositions de la loi de 1901 ; toutes les demandes d'autorisation présentées par les congrégations ayant été refusées, il fait fermer plus de 3 000 écoles, expulser par la force 20 000 religieux et saisir les biens de leurs communautés. En 1904, une loi interdit l'exercice de tout enseignement aux religieux, même autorisés, et fait obligation aux congrégations enseignantes de disparaître dans les dix ans (les Frères des Écoles chrétiennes sont les premiers visés).

Enfin, Combes va au bout de ses intentions ; en 1904, il tire parti de deux incidents ; l'un est la protestation de Pie X, récemment

▶▶▶

Lettre de l'ouvrier-sénateur Corbon à M. le sénateur-évêque Dupanloup (1877)

Claude-Anthime Corbon (1808-1891), sculpteur sur bois, ancien rédacteur du journal *L'Atelier* d'inspiration chrétienne, sénateur, explique à Mgr Dupanloup, également sénateur, pourquoi les ouvriers se sont éloignés de l'Église.

Monseigneur, vous nous avez lancé cette apostrophe : « Qui donc me dira pourquoi ce peuple nous délaisse ? » [...] Nous vous délaissons aujourd'hui, parce que depuis des siècles vous nous avez délaissés ... J'entends que, depuis des siècles, vous avez abandonné notre cause temporelle, votre influence s'étant exercée à empêcher plutôt qu'à favoriser notre rédemption sociale. C'est en cela qu'est la cause première du délaissement dont vous êtes l'objet [...] Vous avez attiré à vous, avec un art infini, les moyens matériels d'influence, ce qu'on a appelé le nerf de la guerre : les richesses. Vous avez toujours confondu votre cause avec celle d'un parti politique. Mais il fut un temps où, différemment de ce que vous faites aujourd'hui, vous confondiez généralement votre cause avec la nôtre ; j'aime à le reconnaître. C'était pendant la première partie du Moyen Âge [...].

(Depuis la Renaissance), l'enseignement se modifie, surtout celui qui s'adresse aux masses infériorisées. Il les détourne expressément de toute pensée de rédemption en ce monde. Il ne leur recommande plus que la soumission la plus absolue aux puissances établies — si toutefois, elles sont à la dévotion de l'Église ! Il leur présente comme agréable à Dieu, la résignation la plus entière à leur misérable sort. Il s'évertue à leur faire accroire que plus elles se résigneront à être humiliées, pressurées, écrasées en ce monde, plus elles se ménageront une heureuse compensation en l'autre monde [...].

La société moderne, bien qu'elle ne soit pas religieuse à votre manière, est plus foncièrement, plus largement chrétienne que celle inspirée par l'ultramontanisme et le jésuitisme. Sans prendre souci de ce qui peut être de l'autre monde, la société moderne n'ajourne pas la rédemption au jour du jugement dernier : elle s'efforce de la réaliser sans retard comme sans conditions ; et c'est pourquoi elle est républicaine et démocratique. Assurément, ce n'est pas elle qui délaisse les principes libérateurs et miséricordieux de l'Évangile.

Cité dans F.A. ISAMBERT, *Christianisme et classe ouvrière*, Ed. Casterman.

« *La Croix* » et l'*affaire Dreyfus*

Les lecteurs actuels de *La Croix* auront quelque peine à reconnaître leur quotidien dans les propos ci-dessous, publiés en 1894, et évidemment bien différents de ceux qu'il tient de nos jours, par exemple à propos du racisme et des droits de l'homme. Ce texte n'est pourtant qu'un échantillon de ce que publiait alors la presse catholique, en réponse d'ailleurs à une presse « républicaine » qui n'était pas plus pondérée. Ainsi peut-on se faire une idée du climat politico-religieux qui régnait en France à la charnière des XIXe et XXe siècles, et qui subsista jusqu'aux approches de la guerre de 1914.

« On savait que l'administration, l'armée, la magistrature, comme les finances, sont encombrées d'étrangers, juifs internationaux qui se poussent les uns les autres pour prendre les nations chrétiennes. Par une permission providentielle, un capitaine juif... Dreyfus a été arrêté. Il s'était introduit dans les bureaux du ministère de la Guerre, s'occupait de mobilisation et envoyait les plans à l'étranger ; bien plus, il livrait le nom de tous les officiers français qu'il envoyait lui-même à l'étranger pour espionner...

Cet officier était riche et, pour lui, l'argent n'était qu'un surcroît.

C'était l'ennemi juif trahissant la France.

Il a pu être arrêté malgré les protections occultes et presque invincibles qui entourent le monde juif chez nous [...]

Puisque la Providence permet de justifier si bien avec Dreyfus ce qu'on dénonçait depuis longtemps, nous demandons à nos lecteurs un service.

Nos correspondants nous ont plusieurs fois signalé le danger des fonctionnaires étrangers dans certaines situations près de la frontière ; le moment est venu d'en dresser la liste [...]

La Croix 9 décembre 1894.

Pauvres de tous les pays, résignez-vous !

« Nous vous apportons, pauvres, les espérances de la religion, comme une magnifique compensation de ce que la fortune vous refuse et un motif puissant de résignation et de patience. »

Mgr. Sibour, archevêque de Paris, en 1848
Cité dans *Pour lire l'Histoire de l'Église*, J. Comby, Cerf.

L'anticléricalisme

Un enchaînement

La place accordée à l'anticléricalisme dans la politique de nombreux gouvernements est un fait marquant de la seconde moitié du XIXe siècle ; il se produit partout où, à la fin du XVIIIe siècle, l'Église liée à la monarchie s'était trouvée bénéficier d'une situation privilégiée dans la société. Car, c'est toujours la place de l'Église dans la société qui est au cœur du conflit. La Révolution française, sous l'influence d'une philosophie des Lumières associant culte de la liberté et hostilité à l'Église voire à la religion, avait directement ou indirectement mis fin en Europe et en Amérique latine à cette position dominante, ou l'avait au moins sérieusement ébranlée. Les restaurations monarchiques de la première moitié du XIXe siècle avaient refait à l'Église une certaine place dans la société ; mais elles n'avaient pu neutraliser les courants de pensée libéraux classant l'Église au rang des obstacles majeurs à l'avènement d'une société de libertés.

Les mouvements révolutionnaires de 1848 et leurs prolongements à travers le monde sonnent le glas de ces restaurations ; au fur et à mesure de l'accession des partis libéraux au pouvoir, ils mettent en œuvre une politique anticléricale plus ou moins incisive ; l'Italie en est le premier exemple, l'existence des États pontificaux ajoutant un motif de taille à l'hostilité à l'Église en raison de l'obstacle qu'elle oppose à l'unification politique du pays ; la personne et la politique de Cavour constituent le symbole de ce lien entre politique libérale, unité italienne et anticléricalisme.

Bien au-delà de la péninsule, cette *question romaine* devait jouer un rôle de première importance dans l'enchaînement sans fin des réactions libérales et catholiques les unes par rapport aux autres. La conjonction du pontificat de Pie IX (1846-1878) et de l'arrivée au pouvoir des forces libérales en divers pays aura pour conséquence une âpreté extrême dans les luttes entre Église et États. L'anticléricalisme, toujours fidèle à l'esprit des Lumières, puise en outre, maintenant, aux sources du matérialisme, du positivisme, du scientisme. En face de quoi Pie IX réagit à la façon du défenseur d'une citadelle doublement assiégée : par « les erreurs de son temps », libéralisme en tête, et par la menace de la mainmise italienne sur les États pontificaux, mainmise bientôt effective.

Les vives réactions de Pie IX devant cette conjonction de périls sont à leur tour ressenties par les esprits libéraux comme autant de défis au monde moderne : dogme de l'Immaculée Conception en 1854, *Syllabus* condamnant les idées modernes et spécialement le libéralisme en 1864, encouragement au mouvement ultramontain, dogme de l'infaillibilité pontificale en 1870, sans oublier les appels à l'opinion catholique et aux gouvernements à propos de la question romaine.

Aussi bien la lutte anticléricale atteindra-t-elle un premier sommet vers la fin du pontificat de Pie IX († 1878) et le début de celui de Léon XIII (phase anticléricale du Second Empire, politique de Cavour en Italie, *Kulturkampf* de Bismarck en Allemagne, hostilité au catholicisme en Suisse, lois scolaires de Jules Ferry en France, politiques anticléricales en Amérique latine...).

Favorisé par diverses circonstances, le pontificat de Léon XIII (1878-1903), pape d'esprit conciliateur cherchant à renouer le dialogue avec son époque, bénéficie d'un certain apaisement.

Pie X (1903-1914), qui renouerait plutôt avec la manière de Pie IX, se trouve en outre aux prises avec de nouvelles difficultés, en particulier dans les pays latins. C'est le moment où la France connaît, avec Waldeck-Rousseau et surtout avec Combes, l'offensive anticléricale la plus déterminée, aboutissant à la séparation de l'Église et de l'État (1905). Dans les années qui précèdent la guerre de 1914 s'amorce un reflux ; avec la guerre elle-même, l'union nationale l'emporte sur toute autre considération dans chaque pays belligérant.

Trois degrés d'anticléricalisme

L'historien Jean-Marie Mayeur[1] observe trois degrés dans l'anticléricalisme.

L'anticléricalisme régalien, d'esprit gallican ou joséphiste, est surtout méfiance vis-à-vis de Rome, il s'efforce de mettre l'Église en tutelle, de limiter son champ d'intervention dans le domaine politique et social, se méfie des congrégations trop liées à Rome et du courant ultramontain ; mais il considère la religion comme un facteur d'ordre, de moralité et de stabilité politique. Le régime concordataire a sa préférence.

L'anticléricalisme libéral vise à la séparation des questions religieuses et publiques, à « l'Église libre dans l'État libre », selon la formule de Cavour ; la religion est seulement affaire de conscience individuelle ; il convient donc de reconnaître la liberté de culte sans reconnaître aucune religion, de séparer l'Église et l'État.

Cette conception n'implique pas par elle-même d'hostilité au sentiment religieux, mais elle nourrit une certaine suspicion à l'égard des associations religieuses et congrégations, considérées comme entravant la liberté individuelle.

L'anticléricalisme sectaire va bien au-delà puisqu'il aspire à la fin de l'Église et de la religion ; le combat est déclaré contre elles en tant que forces obscurantistes et réactionnaires ; les plus radicales des loges maçonniques, les sociétés de libre-pensée, certaines formes du socialisme professent cet athéisme militant. ■

1. Cf. Les politiques anticléricales, dans *2 000 ans du christianisme*, Société d'Histoire chrétienne.

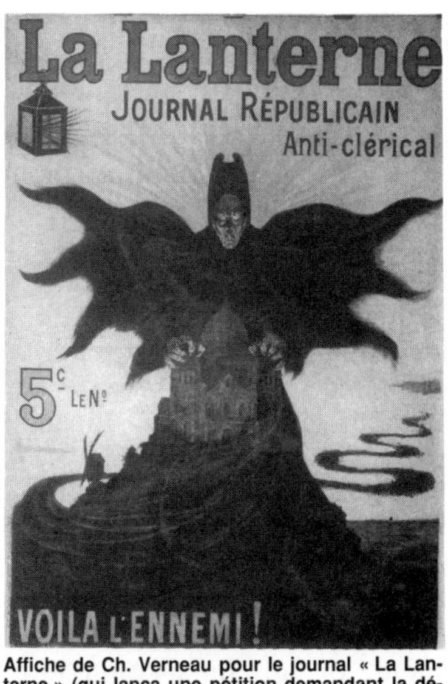

Ph. Roger-Viollet

Affiche de Ch. Verneau pour le journal « La Lanterne » (qui lança une pétition demandant la démolition du Sacré-Cœur).

▶▶▶

élu pape, contre la visite du Président de la République au roi d'Italie, à Rome même, visite ressentie comme une reconnaissance par la France de l'annexion des États pontificaux par l'Italie ; l'autre est un conflit entre deux évêques français et le Saint-Siège, où Combes voit une violation du Concordat de 1801. Il rompt les relations diplomatiques avec le Saint-Siège, dénonce le Concordat de 1801 et dépose un projet de loi prévoyant à la fois la suppression du budget des cultes, la mainmise sur les biens meubles et immeubles de l'Église, et un rigoureux contrôle de l'État sur elle.
Après la chute de Combes en 1905, le projet de loi est amendé par son rapporteur, Briand : la liberté de conscience et de culte est garantie, et les immeubles nécessaires au culte, bien que confisqués, sont confiés gratuitement à des associations "cultuelles" à élire par les fidèles. La loi est votée le 9 décembre 1905, après des débats passionnés.

Pie X, aux yeux de qui le libéralisme est la pire des erreurs du temps, et la séparation de l'Église et de l'État sa manifestation la plus significative, condamne celle-ci de manière solennelle dans son encyclique *Vehementer nos* (1906). Il interdit en conséquence aux catholiques de constituer les associations cultuelles qui, échappant au demeurant à l'autorité des évêques, ne sont pas canoniques et font craindre une mainmise du pouvoir.

Or la loi prévoit que, à défaut d'association, les lieux de culte seront fermés ; et le simple inventaire des biens d'Église prescrit par la même loi vient de provoquer des heurts sanglants de fidèles avec la troupe. Devant le risque de troubles plus graves encore, le gouvernement Clemenceau (1906-1909) fait alors voter une loi autorisant l'utilisation des lieux de culte sans formalités.

UNE ÉGLISE STIMULÉE

Le choc subi par le catholicisme français, que beaucoup espéraient lui être fatal, agit plutôt comme un coup de fouet. Certes, l'Église connaîtra désormais une situation financière difficile, mais ses fidèles sont ainsi conduits à se sentir plus responsables de sa survie matérielle. La condition économique et sociale du prêtre régresse, mais les motivations des vocations en sont purifiées d'autant. Enfin et surtout, l'Église jouit désormais en France d'une liberté qu'elle n'a jamais connue ; la nomination des évêques, par exemple, ne dépend plus du pouvoir. Mais, c'est là le jugement qu'il est possible de porter des années plus tard, une fois surmontés les difficiles problèmes posés par les mesures hostiles de 1905 ; à l'époque, on pouvait nourrir de légitimes inquiétudes.

La situation nouvelle alors faite à l'Église en France fait plus clairement percevoir à ses membres les changements survenus depuis la Révolution et accélère les prises de conscience nécessaires : le temps d'une société de chrétienté est révolu ; l'Église doit désormais accomplir sa mission dans un monde sécularisé et laïcisé. Mais il faudra encore du temps pour en tirer toutes les conséquences.

Dans l'immédiat, la vitalité du catholicisme français en ce début de XXe siècle se manifeste de maintes façons. A lui seul, par exemple, il fournit aux missions du monde entier les deux tiers de leurs prêtres, les quatre cinquièmes de leurs frères et religieuses, et la plus grande part de leurs ressources financières. Par ailleurs, au moment même où un climat d'intolérance se développe contre l'Église (et au sein même de l'Église, avec la réaction anti-moderniste), on ob-

Un anticlérical de combat

« Il faut le dire très haut : il y a incompatibilité entre l'Église, le catholicisme ou même le christianisme et tout régime républicain. Le christianisme est un outrage à la raison, un outrage à la nature. Aussi je déclare très nettement que je veux poursuivre l'idée de la Convention et achever l'œuvre de déchristianisation de la France qui se poursuivait dans un calme parfait et le plus heureusement du monde jusqu'au jour où Napoléon conclut son concordat [...] Pourquoi, nous républicains et surtout nous socialistes, voulons-nous déchristianiser ce pays ? Pourquoi combattons-nous les religions ? Nous combattons les religions parce que nous croyons qu'elles sont un obstacle permanent au progrès et à la civilisation. »

Maurice Allard, député socialiste,
10 avril 1905[1].

1. Texte cité dans Coll. Archives - J.-M. MAYEUR, *La séparation de l'Église et de l'État*, (c) Julliard-Gallimard

L'encyclique *Vehementer* (11 février 1906) de Pie X

[...] Cette thèse de la Séparation est la négation très claire de l'ordre surnaturel. Elle limite en effet l'action de l'État à la seule poursuite de la prospérité publique durant cette vie, qui n'est que la raison prochaine des sociétés politiques ; et elle ne s'occupe en aucune façon, comme lui étant étrangère, de leur raison dernière qui est la béatitude éternelle [...].

Les dispositions de la nouvelle loi sont contraires à la constitution suivant laquelle l'Église a été fondée par Jésus-Christ [...]. Cette Église est par essence une société inégale, c'est-à-dire une société comprenant deux catégories de personnes, les pasteurs et le troupeau [...]. Ces catégories sont tellement distinctes entre elles que dans le corps pastoral seul résident le droit et l'autorité nécessaire pour promouvoir et diriger tous les membres vers la fin de la société ; quant à la multitude, elle n'a pas d'autre devoir que celui de se laisser conduire et, troupeau docile, de suivre ses pasteurs. [...]

La loi de Séparation (9 décembre 1905) [1]

ARTICLE 1. *La République assure la liberté de conscience. Elle garantit le libre exercice des cultes sous les seules restrictions édictées ci-après dans l'intérêt de l'ordre public.*

ARTICLE 2. *La République ne reconnaît, ne salarie ni ne subventionne aucun culte. En conséquence, à partir du 1er janvier qui suivra la promulgation de la présente loi, seront supprimées des budgets de l'État, des départements et des communes, toutes dépenses relatives à l'exercice des cultes.*

[1] Voir « Laïcité et relations entre l'État et les cultes » selon Pierre Joxe, ministre de l'Intérieur.

serve un renouveau religieux dans les milieux intellectuels et universitaires, c'est-à-dire là où règnent le positivisme et le scientisme, renouveau attesté par de nombreuses conversions (Huysmans, Bourget, Brunetière, Blondel, Boutreux, Péguy, Psichari, Claudel...). La critique du scientisme et du positivisme par des philosophes comme Boutroux et surtout Bergson contribue à cette évolution.

Les effets du traumatisme subi par le catholicisme français commencent à peine à s'estomper qu'éclate la guerre de 1914. Les luttes religieuses se trouvent alors reléguées à l'arrière-plan par l'« union sacrée » qui soude le pays ; prêtres et religieux expulsés de France y reviennent pour s'enrôler : cette fois, on ne les distingue plus des autres citoyens ; les misères de la guerre, la fraternité des tranchées achèveront l'amalgame. C'est dans un tout autre climat que le pays abordera l'après-guerre.

Quelques aspects de la vie de l'Église dans le monde dans la seconde moitié du XIXe siècle

En Allemagne

Le climat paisible qui régnait depuis la liberté accordée aux Églises à partir de 1848 se modifie aux alentours de 1860 : protestants (les deux tiers de la population) et libéraux s'irritent du dynamisme catholique (développement des organisations de diverses natures, *Vereine*, voir plus haut : **Un laïcat organisé**), du phénomène ultramontain, des condamnations du *Syllabus*, de la proclamation de l'infaillibilité pontificale.

Devant cette hostilité renaissante les catholiques serrent les rangs. Encouragés par l'évêque de Mayence, Ketteler, qui jouit d'une grande autorité dans l'Église allemande, ils fondent un parti politique, le *Zentrum* ; celui-ci ne cessera plus de jouer un rôle important sur la scène politique allemande jusqu'à Hitler (il renaîtra après celui-ci, dans le parti démocrate-chrétien CDU).

Bismarck, autoritaire chancelier de l'Empire allemand dont il a été le réalisateur, voit dans ce catholicisme entreprenant, lié à une puissance morale extérieure, un danger pour la récente unité nationale ; avec le parti libéral, il engage le combat « pour la civilisation » (*Kulturkampf*) : laïcisation de l'enseignement, expulsion des jésuites et « apparentés », rupture des relations diplomatiques avec Rome.

La lutte atteint son paroxysme en Prusse, dont Bismarck est toujours le premier ministre ; les « lois de mai » (1883) y placent toute la vie ecclésiastique sous le contrôle de l'État ; amendes, expulsions, emprisonnements frappent évêques, prêtres, congrégations qui résistent ; d'autres États allemands suivent l'exemple.

Autour de l'épiscopat allemand conduit par Ketteler, clergé et fidèles font bloc ; le *Zentrum* voit grossir ses effectifs et ses suffrages malgré tous les efforts de Bismarck. Cependant, la situation religieuse devient difficile (séminaires fermés, diocèses sans évêques, paroisses sans curés...). De son côté, Bismarck assiste, avec cette résistance, à l'échec de son grand dessein d'un État allemand uni, fort et respecté.

L'avènement en 1878 d'un pape soucieux d'apaisement, Léon XIII, lui offre une porte de sortie ; un modus vivendi est négocié et conclu avec Rome en 1887.

Le règne de Guillaume II (1888-1918) correspondra à une période de paix et de développement pour l'Église allemande ; le *Zentrum* y sera de plus en plus étroitement associé aux responsabilités du pouvoir.

En Italie

La « question romaine » continue de déterminer l'attitude du Saint-Siège à l'égard du gouvernement ; même sous le pacifique Léon XIII, la tension reste vive ; les catholiques sont invités par la hiérarchie à s'abstenir de toute participation à la vie politique ("ni électeurs ni élus ») ; le gouvernement, pour sa part, poursuit d'ailleurs la politique anticléricale inaugurée par Cavour (fermeture de collèges religieux et de couvents, confiscations de biens ecclésiastiques...).

Les catholiques appartiennent pour la plupart au camp des *intransigenti*, opposés à tout rapprochement avec le pouvoir, contrairement aux catholiques libéraux ou *transigenti*.

Pour neutraliser l'aile progressiste des *transigenti* au sein du mouvement catholique de masse *l'Opera dei Congressi*, et assurer un contrôle plus étroit de la hiérarchie sur lui, Pie X dissout en 1904 *l'Opera* et, après avoir défini dans son encyclique *Il firmo proposito* (1905) les principes devant présider à l'Action catholique, il met en place une nouvelle structure, largement ouverte au demeurant au problème social.

Conduits par l'abbé Murri, les progressistes prennent alors leur autonomie et fondent un parti politique démocrate-chrétien ; désavoué par Pie X, il restera sans influence ; par contre, son échec nourrira la réflexion d'un autre prêtre, don Sturzo, qui, quelques années plus tard (1919), lancera le Parti populaire italien, véritable point de départ cette fois de la démocratie chrétienne italienne, toujours vivante aujourd'hui.

En Angleterre

La rapide évolution de l'Église catholique, enfin sortie dans la première moitié du XIXe siècle de sa situation marginale et de ses complexes, avait conduit Pie IX à y rétablir la hiérarchie épiscopale en 1850. Depuis lors, son développement se poursuivait ; elle continuait notamment à s'enrichir d'un courant de conversions de personnalités venues de l'anglicanisme à la suite de Newman et Manning. Des catholiques accédaient maintenant à de hautes fonctions de l'État ; des relations officieuses se nouaient entre Londres et Rome, qui ne devaient cependant se transformer en relations diplomatiques qu'en 1938.

Un point noir cependant durant cette période : l'échec spectaculaire d'une tentative de rapprochement entre Églises anglicane et catholique ; l'initiative de ce rapprochement revient à Lord Halifax, un anglican aspirant à la réunification des Églises, et à son ami l'abbé Portal, un lazariste français. Encouragé par Léon XIII, Portal avait obtenu le réexamen par Rome de la question de la validité des ordinations anglicanes, un des principaux obstacles à l'union des deux Églises. Or, au terme de l'examen fait par la Curie, Léon XIII conclut avec celle-ci à la non-validité de ces ordinations (bulle *Apostolicae durae*, 1896). La sentence est alors ressentie comme un affront par le monde anglican. L'examen de la question a été repris aujourd'hui, mais dans des conditions et un climat très différents.

Les Églises orientales catholiques

Ces Églises (arméniens, chaldéens, coptes, maronites, melkites, syriens, communautés catholiques de rite byzantin) voient, dans la seconde moitié du siècle, leur situation affectée par deux grands ordres de faits.

En premier lieu, la *question d'Orient*, posée par la lente décomposition de l'Empire ottoman (qui s'étend de l'Europe balkanique à l'Afrique du Nord en passant par le Moyen-Orient), suscite les convoitises et les rivalités des grandes puissances européennes. La Russie entend exercer un protectorat sur les chrétiens orthodoxes de l'empire ottoman, et, par là, une emprise sur le gouvernement de Constantinople. France et Angleterre s'opposent à cette prétention qui menace leur influence et leurs intérêts dans la région.

C'est l'origine de la guerre de Crimée (1854-1855), dont l'issue favorable à la coalition franco-anglaise permet à celle-ci d'imposer au sultan une politique plus libérale à l'égard des Églises chrétiennes.

En second lieu, la *politique du Saint-Siège à l'égard des Églises orientales catholiques* se propose de rénover celles-ci en leur imposant le moule de la discipline latine, ceci dans la pensée de préparer l'unité avec les Églises orientales séparées. Cette politique sera plus précisément celle de Pie IX et Pie X, Léon XIII se montrant au contraire très respectueux des traditions orientales (encyclique *Orientalium)* ; de vifs conflits surgissent entre plusieurs des Églises orientales catholiques et Rome. Ils ne s'apaiseront qu'avec le pontificat de Benoît XV (1914).

Dans les pays de mission

En Afrique, Asie, Océanie, le développement du christianisme est un des faits saillants de l'histoire religieuse de la seconde moitié du XIXe siècle. Le renouveau de la mission catholique, constaté dans sa première moitié, continue de s'affirmer, favorisé sans doute par les conquêtes coloniales, mais les précédant bien souvent.

Le partage de l'Afrique entre puissances européennes (Grande-Bretagne, France, Allemagne, Belgique, Portugal), en fait déjà solidement implantées sur ce continent, est effectué par le Congrès de Berlin (1885) ; l'empire colonial de chacune d'elles est ainsi dessiné. L'évangélisation s'organise en fonction de ces données géopolitiques ; les missions joueront un rôle considérable en matière d'enseignement, de santé, de formation des cadres.

A la différence du fait colonial, et malgré les réticences de certains missionnaires eux-mêmes, l'objectif des missions est de rendre capables le plus vite possible les jeunes Églises fondées par elles de se passer des étrangers, et d'assurer par elles-mêmes l'évangélisation de leur pays. Le propos sera confirmé avec la plus grande netteté par le pape Benoît XV (Lettre pastorale *Maximum illud,* 1919) et par tous ses successeurs.

En attendant, le problème se pose de savoir quelle culture va dominer dans ces jeunes Églises en formation : celle de l'Occident, dont sont tributaires les missionnaires et les administrateurs coloniaux, ou celles des autochtones ? Là aussi, des missionnaires lucides, tels le cardinal Lavigerie, le frère Charles de Foucauld, le père Lebbe, bientôt soutenus par le Saint-Siège qui en fera sa politique, insistent sur l'obligation de respecter et promouvoir les cultures autochtones, et ce, malgré le prestige et l'attrait souvent exercés sur les populations elles-mêmes par la civilisation et le mode de vie européens. Dans le contexte de l'époque, c'est le plus souvent aller à contre-courant de l'opinion européenne.

INSTRUCTIONS DU CARDINAL LAVIGERIE AUX PÈRES BLANCS

Pour réussir la transformation de l'Afrique [...] la première condition est d'élever les Africains choisis par nous dans des conditions qui, au point de vue matériel, les laissent vraiment africains. On ne l'a pas fait en général jusqu'à présent, et, je dois le dire, nous sommes tombés à Alger dans l'erreur commune, c'est ce qui me l'a fait toucher du doigt [...].

Il faut aux jeunes Noirs, même à ceux dont on voudra faire des instituteurs et des catéchistes, un état qui leur permette de vivre à leurs frais de la vie africaine, et, s'il se peut, un état qui les honore, qui leur donne de l'influence et soit accepté sans conteste par tous, de façon à leur permettre d'aider puissamment les missionnaires sans être en charge pour eux [...].

En parlant de l'éducation matérielle de nos jeunes Noirs, j'ai dit qu'il fallait qu'elle fût africaine. Mais par contre leur éducation religieuse doit être essentiellement apostolique. Il y a en effet deux manières de faire les hommes à notre ressemblance. La première est de les rendre semblables à nous par le dehors. C'est la manière humaine, celle des civilisateurs philanthropes, de ceux qui disent, comme on l'a répété à la conférence de Bruxelles, que pour changer les Africains il suffit de leur enseigner les arts et métiers de l'Europe. C'est croire que, lorsqu'ils seront logés, vêtus, nourris comme nous, ils auront changé de nature. Ils n'auront changé que d'habit. Leur cœur sera aussi barbare, plus barbare même ; car il sera aussi corrompu, et fera servir à sa corruption ce qu'il aura appris des secrets de notre luxe et de notre mollesse.

La manière divine est tout autre. C'est saint Paul qui l'a définie en disant : « Se faire tout à tous pour les gagner tous à Jésus-Christ » (I Co 9, 22).

L'apostolat s'adresse à l'âme, c'est l'âme qu'il change, sachant que tout le reste viendra par surcroît [...]. Il se fait barbare avec les Barbares comme il est grec avec les Grecs. C'est là ce qu'ont fait les Apôtres et nous ne voyons pas qu'aucun d'eux ait cherché à changer d'abord les habitudes matérielles des peuples. Ils ont cherché à changer leurs cœurs, et une fois les cœurs changés, ils ont renouvelé le monde.

Cardinal LAVIGERIE, *Écrits d'Afrique*, présentés par A. HAMMAN, Grasset, 1966

Charles Lwanga et ses compagnons
premiers martyrs de l'Afrique Noire
(1886 et 1887)
Voir Index

Pauvre parmi les pauvres :
Charles de Foucauld (1858-1916)
l'ermite de Tamanrasset
Voir Index

LE CARDINAL LAVIGERIE (1825-1892)

L'abbé Charles Martial Lavigerie, né à Bayonne, est d'abord professeur d'histoire ecclésiastique à la Sorbonne (1854-1856). Puis il fonde l'œuvre des Écoles d'Orient en Syrie, pour soutenir les missions du Levant ; il y découvre l'Islam et la culture arabe. Evêque de Nancy en 1863, il devient archevêque d'Alger en 1867 à 42 ans. A partir de ce moment, il se consacre à l'évangélisation de l'Afrique, qu'il ne dissocie pas du souci humanitaire des populations. En 1868, il fonde la Société des Missionnaires d'Afrique, plus connue sous le nom de Pères Blancs ; en 1869, les Frères agricoles hospitaliers et les Sœurs agricoles hospitalières ; plus tard, les Frères seront réunis avec les Pères, et les Sœurs formeront la Congrégation des Sœurs missionnaires de Notre-Dame d'Afrique ou Sœurs Blanches. En 1879, il crée une curieuse milice des Frères armés du Sahara, destinée à protéger les missionnaires ; elle disparaîtra un an plus tard, les frères étant alors affectés à des tâches artisanales qui rendront les plus grands services dans la brousse.

Lavigerie a la volonté de refaire de l'Afrique du Nord la terre chrétienne qu'elle avait été dans les premiers siècles, et qu'avait illustrée son plus célèbre évêque, saint Augustin (Ve siècle) ; mais il se heurte en ce domaine à la politique du gouvernement, opposé à une conversion des musulmans. Il tente alors de créer des villages chrétiens en mariant des orphelins et des orphelines élevés par des frères et des sœurs Blanches.

En 1882, Lavigerie est fait cardinal. Puis, la Tunisie étant devenu protectorat français (1881), un archevêché de Tunis est créé et confié à Lavigerie en sus de celui d'Alger ; le Saint-Siège lui confie en outre délégation apostolique sur le Sahara et le Soudan et lui attribue le titre de Primat d'Afrique. Lavigerie élabore alors un progamme d'évangélisation ; les missionnaires devront s'adapter aux coutumes locales (langue, nourriture, logement, vêtement) ; mais, en même temps, l'effort portera sur l'africanisation de l'Église par les Africains eux-mêmes.

Simultanément, Lavigerie se fait l'apôtre de la lutte contre la traite des Noirs, un fléau qui ravage l'Afrique. Appuyé par le pape Léon XIII, il obtient des gouvernements, après une tournée européenne, la signature à Bruxelles en 1890 d'un Acte anti-esclavagiste reprenant ses suggestions.

En la même année 1890, sur instructions de Léon XIII, Lavigerie prononce son fameux toast d'Alger devant les officiers de l'escadre française de passage dans ce grand port : il lance un appel aux catholiques français en faveur de leur ralliement au régime républicain.

Les Pères Blancs et les Sœurs Blanches, déjà présents en Afrique du Nord, pénétreront progressivement en Afrique Équatoriale, et d'abord dans la région des Grands Lacs ; beaucoup d'entre eux seront massacrés en traversant le Sahara. En 1886 et 1887, dans leur mission d'Ouganda, de jeunes chrétiens sont les premiers martyrs de l'Afrique Noire. Aujourd'hui, Pères Blancs et Sœurs Blanches sont présents dans 25 pays d'Afrique, ainsi qu'au Yémen et au Moyen-Orient. Ils sont eux-mêmes originaires de 25 pays différents, dont 8 d'Afrique, et comportent des religieux et religieuses africains. ■

Lorsqu'un mot, une expression, un événement, une institution, un nom propre vous sont inconnus, consultez l'index.

9. L'ÉGLISE DE 1914 À 1985

I. D'UNE GUERRE A L'AUTRE (1914-1939)

L'année 1914 marque un tournant décisif dans l'histoire du monde comme dans celle de l'Église.

Avec la Première Guerre mondiale en effet (1914-1918), prennent véritablement fin une époque et une société, celles du XIXe siècle ; c'est un autre monde, ce sont d'autres mentalités, d'autres modes de vie, d'autres aspirations qui émergeront de ces quatre années de combats sanglants et destructeurs qui auront mis aux prises 65 millions de combattants de quatorze pays ou empires, faisant parmi eux 8 millions et demi de morts auxquels s'ajoutent des millions de victimes civiles : véritable guerre civile entre Européens et, pour l'essentiel, entre chrétiens.

Or, cette guerre fratricide ne prendra pas vraiment fin avec les traités de paix : les esprits resteront mobilisés, les nationalismes s'exacerberont jusqu'au déclenchement de la Seconde Guerre mondiale (1939-1945), après vingt ans de paix armée. Comment l'Église, à laquelle appartiennent, par millions, des combattants des deux camps, n'aurait-elle pas été affectée par de tels événements et par un tel climat ?

En tout cas, à la différence de beaucoup de leurs prédécesseurs, les papes du XXe siècle tourneront davantage leurs regards vers le présent et l'avenir que vers un passé que chacun sait définitivement révolu ; à ce titre, on peut considérer Benoît XV comme le premier pape du XXe siècle.

Les papes face aux nationalismes et aux idéologies

BENOIT XV (1914-1922)

Le nouveau pape, élu le 3 septembre 1914 soit un mois après la déclaration de guerre, inaugure son pontificat dans une Europe en feu. Il ne se contente pas d'organiser des aumôneries militaires et d'aider prisonniers et réfugiés ; il s'efforce d'empêcher (sans y parvenir) l'extension des hostilités résultant, notamment, d'une entrée en guerre de l'Italie ou des États-Unis, alors que chaque camp s'emploie au contraire à se trouver de nouveaux alliés pour arracher la victoire.

Durant la guerre, et alors que les nationalismes sont chauffés à blanc, Benoît XV proposera à diverses reprises ses bons offices pour rétablir la paix. Son intervention la plus remarquée se situe en 1917, à un moment où, malgré l'énormité des pertes en vies humaines, aucun des camps ne semble en mesure d'emporter la victoire ; son offre de médiation est fondée sur une certaine vision de l'avenir de l'Europe : le pape veut empêcher l'éclatement de l'Autriche-Hongrie, facteur d'équilibre européen et bastion du catholicisme ; il cherche en outre à limiter la contagion révolutionnaire qui affecte déjà la Russie et travaille les autres pays en guerre. Sa proposition est mal reçue, surtout en France et en Italie : pour la première le retour de l'Alsace-Lorraine, pour la seconde celui des territoires italiens sous domination autrichienne ne peuvent faire l'objet d'aucun compromis.

▶▶▶

Proposition de paix de Benoît XV (1er août 1917)

... Tout d'abord le point fondamental doit être qu'à la force matérielle des armes soit substituée la force morale du droit : d'où un juste accord de tous pour la diminution simultanée et réciproque des armements, selon des règles et des garanties à établir, dans la mesure nécessaire et suffisante au maintien de l'ordre public en chaque État ; puis en substitution des armées, l'institution de l'arbitrage, avec sa haute fonction pacificatrice, selon des normes à concerter et des sanctions à déterminer contre l'État qui refuserait soit de soumettre les questions internationales à l'arbitrage, soit d'en accepter les décisions [...].

Quant aux dommages à réparer et aux frais de guerre, nous ne voyons d'autre moyen de résoudre la question qu'en posant comme principe général une condonation entière et réciproque, justifiée du reste par les bienfaits immenses à retirer du désarmement [...].

Pour ce qui regarde les questions territoriales, comme par exemple celles qui sont débattues entre l'Italie et l'Autriche, entre l'Allemagne et la France, il y a lieu d'espérer qu'en considération des avantages immenses d'une paix durable avec désarmement, les parties en conflit voudront les examiner avec des dispositions conciliantes [...].

Une réponse du Père Sertillange, dominicain (Paris, 10 décembre 1917)

Très Saint Père, nous ne pouvons pas pour l'instant retenir vos appels à la paix... Nous confessons que prolonger cette guerre même d'une heure serait un crime s'il y avait la possibilité de la clore par un traité rassurant [...] (Comme ce n'est pas possible) *[...] notre paix ne sera donc pas une paix conciliante. Ce ne sera pas la paix des diplomates, ni la paix de Stockholm, ni la paix des Soviets, ni la paix illusoire quoique sincère de nos socialistes ; ce ne sera pas même — et nous le regrettons de toute notre âme — la paix par une paternité s'élançant entre les deux camps, ce sera la paix par la guerre âpre et menée jusqu'au terme, la paix de la puissance brisant la violence, la paix du soldat.*

Cité dans *Pour lire l'histoire de l'Église*, J. COMBY, Ed. Cerf.

Une messe en plein air dans les tranchées pendant la guerre de 1914-18.

▶▶▶

L'opinion française, par surcroît, refuse une paix blanche qui n'aurait d'autre effet que de sauver l'Autriche-Hongrie d'un effondrement imminent. La tentative de Benoît XV embarrasse même les catholiques français, et surtout le clergé et les religieux ; ces derniers, expulsés au début du siècle, sont rentrés en France à l'appel de la mobilisation ; la fraternité des tranchées a déjà provoqué un profond changement de mentalité, le vieil anticléricalisme s'atténue, les « curés » se voient réintroduits à part entière dans la nation. Aux yeux de l'épiscopat, qui tient à paraître clairement solidaire de l'unité nationale, la proposition du pape nuit à cette réinsertion. Chacun des camps attend que le pape embrasse sa cause : sa neutralité le rend suspect à tous.

Aussi bien, lors de la Conférence de la Paix (1919), les pays vainqueurs tiennent-ils le représentant du pape à l'écart. Benoît XV jugera d'ailleurs exorbitants les traités de Versailles (avec l'Allemagne) et de Saint-Germain (avec l'Autriche), inspirés surtout, à ses yeux, par la crainte et par le désir de vengeance. De même le Saint-Siège sera-t-il écarté du système de la Société des Nations, élaboré par la Conférence à l'initiative du président des États-Unis, Wilson.

Le pontificat de Benoît XV s'achève cependant sur des notes positives qui, outre le retour à la paix tant attendue, comportent la résurrection de ce pays catholique qu'est la Pologne, le rétablissement des relations diplomatiques entre la France et le Saint-Siège, prélude au règlement de diverses questions pendantes, tandis que l'établissement de relations diplomatiques et de concordats se prépare avec divers pays.

Enfin, les signes d'un nouvel état d'esprit au Saint-Siège n'auront pas manqué pendant ce bref pontificat : avertissement aux inté-

Un changement de mentalité

La guerre avait aussi beaucoup atténué le vieil anticléricalisme. Les religieux étaient rentrés en France à l'appel de la mobilisation. Environ 32 700 prêtres, religieux et séminaristes, avaient servi dans l'armée. Parmi eux, 1 500 étaient aumôniers militaires, 13 000 infirmiers et brancardiers, et les autres étaient combattants. La fraternité des tranchées, des dépôts et des hôpitaux a provoqué un véritable changement de mentalité. L'Union sacrée et le tribut payé à la guerre créent une solidarité plus forte que les vieilles oppositions.

Au lendemain du conflit, on publie un Livre d'Or du Clergé et des Congrégations : 1 517 religieux sont morts à la guerre ainsi que 3 101 prêtres et séminaristes. Le triomphe du Bloc National aux élections législatives de novembre 1919 et l'échec de Clémenceau à la présidence de la République facilitent le rapprochement. En mai 1921, le gouvernement nomme un ambassadeur auprès du Saint-Siège et un nonce arrive à Paris en juillet suivant. Benoît XV prépare la liquidation du contentieux existant entre le Vatican et la République française. Sous Pie XI, en 1924, on s'accordera sur l'existence, dans chaque diocèse, d'une association dont l'évêque sera le président.

L'Église dans l'histoire des hommes,
P. Christophe, Ed. Droguet-Ardant, 1983.

gristes, dans la première encyclique de Benoît XV, d'avoir à cesser leurs dénonciations (1914) ; approbation donnée en 1919 à l'initiative de don Sturzo de fonder un *parti populaire italien* d'esprit démocrate-chrétien, encouragements au syndicalisme chrétien et à l'action sociale ; encyclique *Maximum illud* (1919) exprimant clairement la volonté de séparer la cause missionnaire des politiques coloniales et de susciter partout un clergé autochtone ; création d'une *Congrégation romaine des Églises orientales*, visant à respecter davantage les traditions propres à ces Églises...

PIE XI (1922-1939)

A Benoît XV, disparu prématurément, succède en 1922 le cardinal Achille Ratti sous le nom de Pie XI. C'est à la fois un homme de culture et d'action, un savant éminent (ancien Préfet de la Bibliothèque vaticane), un diplomate (envoyé par Benoît XV comme premier nonce auprès de la Pologne reconstituée après la guerre, avec la mission délicate d'en organiser l'Église à partir des diverses communautés de rites latin et byzantin jusque-là sous dominations russe, prussienne et autrichienne), et un pasteur (archevêque de Milan au moment de son élection pontificale). On découvrira vite que c'est un tempérament décidé, voire autoritaire.

La guerre, en provoquant en France un sursaut « d'union sacrée », a relégué à l'arrière-plan les luttes religieuses. A l'issue des hostilités, les relations diplomatiques ont été rétablies avec le Saint-Siège et des négociations ont été engagées par Benoît XV pour doter d'un statut juridique les biens d'Église non nationalisés (Pie X avait rejeté les *associations cultuelles* prévues par la loi de séparation de 1905) ; Pie XI règle définitivement la question avec le gouvernement français par l'instauration d'*associations diocésaines* présidées par l'évêque et reconnues par l'État (1924).

Pourtant, le climat se détériore à nouveau en France avec les élections de 1924 gagnées par le *Cartel des Gauches* (socialistes et radicaux) ; le ministère Herriot annonce une série de mesures anticléricales (nouvelle rupture avec Rome, nouvelle expulsion des religieux, application des « lois laïques » à l'Alsace-Lorraine malgré les promesses faites, « École unique »...). La réaction est très vive chez les catholiques, notamment dans les milieux d'anciens combattants. Le général de Castelnau constitue alors sous le nom de *Fédération Nationale Catholique* (FNC) une ligue de défense de l'Église qui jouera un rôle politique et religieux important en France entre les deux guerres. Lorsqu'en 1926 le Cartel des Gauches doit céder la place au ministère Poincaré « d'union nationale », l'offensive anticléricale prend fin ; ce sera la dernière.

Le compromis, progressivement réalisé durant la période 1905-1924 (séparation de l'Église et de l'État, relations avec le Saint-Siège et les autorités ecclésiastiques, acceptation de la présence des religieux, associations diocésaines, maintien du statut concordataire aux départements d'Alsace-Lorraine...), donne de fait à l'Église en France un statut que, malgré les divers changements de régimes politiques ultérieurs, personne ne prendra l'initiative de remettre en cause, signe de son acceptation par tous.

▶▶▶

Chronologie 1914 - 1939

1914 Début de la Première Guerre mondiale
Mort de Pie X. Election de Benoît XV

1917 Révolution russe
Promulgation du Code de Droit Canon
Benoît XV offre sa médiation aux belligérants
Apparition de Fatima

1918 Fin de la guerre mondiale

1919 Pacte de la SDN
Traités de Versailles et Saint-Germain
Encycl. *Maximum illud* sur les missions.
Fondation de la CFTC

1921 Début des « Conversations de Malines »

1922 Mort de Benoît XV
Election de Pie XI
Encycl. *Ubi Arcano* sur la paix.
Mussolini au pouvoir en Italie

1924 Mort de Lénine
Staline
Election du Cartel des Gauches en France

1925 Fondation de la JOC par Cardijn
Conférence œcuménique de Stockholm

1926 Sacre des six premiers évêques chinois
Fondation de la JOC française
Condamnation de l'*Action française*

1928 Encycl. *Mortalium animos* sur l'unité religieuse.
et *Rerum orientalium* sur les questions orientales.

1929 Accords du Latran
Début de la crise économique mondiale

1930 Encycl. *Casti connubii* sur le mariage chrétien.

1931 Encycl. *Quadragesimo anno* sur la question sociale.
et *Non abbiamo bisogno* sur l'Action catholique italienne.

1933 Hitler au pouvoir en Allemagne
Concordat avec l'Allemagne

1936 Front populaire en France
Guerre civile espagnole

1937 Encycl. *Mit brennender Sorge* sur la situation de l'Église en Allemagne
et *Divini Redemptoris* sur le communisme.

1938 Annexion allemande de l'Autriche
Accords de Munich

1939 Mort de Pie XI
Election de Pie XII
Levée de condamnation de l'*Action française*
Deuxième Guerre mondiale

Histoire de l'Action française avant 1914 :
Voir Index : Action française

Pie XI et l'Action française

Dès son élection Pie XI étudie le dossier de *L'Action française* constitué par Pie X. Il lit personnellement le journal deux années durant. Non seulement il réprouve son exploitation systématique de l'antagonisme franco-allemand et sa campagne antirépublicaine véhémente, préjudiciable à la politique d'apaisement religieux en France inaugurée par Benoît XV ; mais surtout, comme Pie X, il s'élève contre une doctrine du « nationalisme intégral » faisant de l'intérêt national un absolu échappant au domaine de la morale, « conception païenne de la cité et de l'État, où l'Église n'a de place que comme soutien de l'ordre, et non comme organisme divin et indépendant chargé de diriger les âmes vers leur fin surnaturelle ».

En 1926, Pie XI charge le cardinal Andrieu, archevêque de Bordeaux, de dénoncer l'antichristianisme et l'amoralisme de *L'Action française*, et il l'appuie aussitôt. Comme les dirigeants du mouvement refusent de se soumettre, le Saint-Office met à l'Index sept ouvrages de Maurras et le journal. Devant la passivité de certains ecclésiastiques, Pie XI recourt à des sanctions qui se veulent délibérément exemplaires : renvoi de séminaristes, privation des sacrements et des funérailles religieuses pour les fidèles insoumis, démission du Sacré-Collège imposée au cardinal Billot qui avait soutenu le journal...

Le déchirement est profond parmi les nombreux catholiques d'*Action française*, laïcs et clercs ; les leaders du mouvement (Maurras, Daudet) s'opposent à Rome avec opiniâtreté, entretenant une sorte de néo-gallicanisme minoritaire que stimule l'irritation suscitée dans les milieux conservateurs par les positions sociales de Pie XI (voir plus loin) ; mais si une partie de leurs disciples les suit, la plupart font au contraire acte de soumission au pape, contribuant à ce que certains ont appelé « le second ralliement à la République ».

De fait, la rupture des milieux catholiques avec l'*Action française* et l'échec de la dernière offensive anti-cléricale favorisent en France un climat politico-religieux infiniment plus tolérant. En outre, la condamnation romaine libère des forces qui vont s'investir en diverses formes d'action chrétienne (Action catholique, action sociale, etc.) ; on retrouvera d'ailleurs beaucoup d'anciens sympathisants d'*Action française* parmi ceux qui, à partir des années 1930, vont jouer un rôle actif dans la vie de l'Église. Et malgré la levée ultérieure par Pie XII (1939) de l'interdit jeté sur le journal, jamais le courant d'*Action française* ne retrouvera l'audience atteinte par lui dans le premier quart du XXe siècle.

▶▶▶

Les années qui suivent la guerre connaissent un renouveau religieux en France : vocations sacerdotales et religieuses, afflux populaire aux pèlerinages, regain de foi dans les milieux étudiants et intellectuels, place prise dans la vie littéraire par les auteurs catholiques, conversions d'écrivains et d'artistes...

Or, ce sentiment religieux en plein renouveau est souvent mêlé aux sentiments nationalistes que la guerre a contribué à exalter ; l'expression la plus achevée de cette interpénétration est offerte par le journal *L'Action française,* et surtout par l'audience considérable qu'il rencontre dans les milieux catholiques, le clergé, l'épiscopat, et jusqu'auprès de certains cardinaux.

Dans le mouvement de renouveau qui travaille le monde catholique français de l'époque, on peut distinguer deux grandes familles : l'une, plus traditionnelle, met sa confiance dans une action en faveur du vote de bonnes lois ou du rejet des mauvaises, attitude typiquement représentée par la Fédération Nationale Catholique ; l'autre investit sa foi dans la christianisation des esprits, des institutions, des structures par l'apostolat, et se méfie de la politique ; c'est la voie d'*Action catholique,* préconisée par Pie XI. Chaque tendance se pense la meilleure ; du moins, les menaces de l'anticléricalisme s'étant estompées, la légitimité du pluralisme est, quant à elle, reconnue par presque tous, progrès certain par rapport aux anathèmes mutuels antérieurs.

Maurras : Politique d'abord

[...] Nous maintenons notre programme en entier : politique d'abord — politique nationaliste —, politique du nationalisme intégral. Et cela signifie aujourd'hui que, la religion étant attaquée sur le terrain politique, il faut la défendre politiquement ; que cette défense suppose et nécessite une pensée toujours présente de l'intérêt de la nation [...].

Je m'engage à combattre tout régime républicain. La République, en France, est le règne de l'Étranger. L'esprit républicain désorganise la défense nationale et favorise des influences religieuses directement hostiles au catholicisme traditionnel. Il faut rendre à la France un régime qui soit français.

Notre unique avenir est donc la monarchie, telle que la personnifie l'héritier des quarante rois qui, en mille ans, firent la France. Seule, la monarchie assure le salut public et, répondant de l'ordre, prévient les maux publics que l'antisémitisme et le nationalisme dénoncent [...].

S'ils n'avaient pas leur République, les Juifs auraient-ils pu porter cette loi de Séparation ?

Charles MAURRAS, *Politique religieuse,* 1912.

Pie XI : Il n'est pas permis...

Il n'est pas permis aux catholiques, en aucune manière, d'adhérer aux entreprises et en quelque sorte à l'école qui mettent les intérêts des partis au-dessus de la religion et font servir celle-ci à ceux-là [...].

Il n'est pas permis aux catholiques de soutenir, d'encourager et de lire les journaux publiés par des hommes dont les écrits, s'écartant de notre dogme et de notre morale, ne peuvent échapper à la désapprobation [...], proposent à leurs lecteurs, surtout adolescents et jeunes gens, des choses où ils trouveraient plus d'une cause de détriment spirituel.

PIE XI, *Allocution consistoriale* du 20 décembre 1926.

Qu'est-ce que le fascisme ?

(En italien *fascio,* faisceau). Dans l'Antiquité romaine, les titulaires des hautes magistratures se faisaient précéder par des licteurs qui portaient sur l'épaule un faisceau (assemblage de verges liées autour d'une hache), insigne de leur autorité. Mussolini en fit le symbole du parti qu'il créa en 1919 en réaction à la fois contre les frustrations territoriales de l'Italie à la suite de la guerre de 1914-1918 et contre la situation intérieure chaotique du pays.

La doctrine du parti fasciste reposait sur trois idées-forces : *l'exaltation de la nation italienne et de l'État,* auxquels devaient entièrement se subordonner les personnes et les intérêts particuliers pour restaurer l'antique « grandeur romaine » ; *le principe d'autorité,* traduit par le culte du chef, le *duce,* titre sous lequel Mussolini se fit désigner ; *l'organisation socio-économique en corporations,* destinée tant à régler les problèmes sociaux en abolissant la lutte des classes qu'à mettre l'économie au service de la nation.

A la suite d'une marche sur Rome en 1922 à la tête des « chemises noires » (uniforme de ses partisans), Mussolini, qui ne rencontra guère de résistance de la part des pouvoirs publics, se fit confier le gouvernement par le roi ; il ne devait plus l'abandonner jusqu'à sa chute en 1943, après le débarquement allié en Sicile. Durant cette vingtaine d'années il exerça une dictature absolue sur l'Italie, appuyé sur le parti fasciste - devenu parti unique - qui avait investi tout l'appareil d'État. A partir de 1936, Mussolini se rapprocha de Hitler *(axe Rome-Berlin,* renforcé en 1939 par le *pacte d'Acier),* et, en juin 1940, fit entrer l'Italie aux côtés de l'Allemagne dans la Seconde Guerre mondiale qui devait être fatale au régime fasciste. Les mots fascisme et fasciste sont couramment utilisés aujourd'hui pour désigner des pouvoirs ou des attitudes dictatoriaux. ■

Signature des Accords du Latran, le 11 février 1929 entre le Saint-Siège et l'Italie. Le cardinal secrétaire d'État Gasparri, assis au centre. A sa gauche, Mussolini, dans le Palais du Latran à Rome.

Ph. Roger-Viollet

Accords du Latran
entre le Saint-Siège et le gouvernement italien (1929)
et **l'accord de révision** (1984)
Voir Index

PIE XI ET LE FASCISME. La condamnation de l'Action française pouvait servir également de coup de semonce à l'adresse de Mussolini, qui entreprenait de déifier la nation italienne. Apparu en 1919, le fascisme s'enracinait dans le courant nationaliste qui avait conduit l'Italie à rejoindre la France et l'Angleterre durant la guerre. Il avait recruté ses partisans dans les classes moyennes, dont la guerre avait compromis les chances d'ascension sociale, et parmi les anciens combattants mécontents des traités de paix.

La véritable nature du fascisme n'était pas apparente dans les premières années de la vie du parti, car Mussolini avait d'abord été socialiste. C'est progressivement, après son arrivée au pouvoir (octobre 1922), que la doctrine fasciste affirme clairement la suprématie absolue de la Nation : celle-ci réclame toutes les énergies à son service, fût-ce au mépris des personnes. Cependant, certaines mesures semblaient positives à l'opinion catholique : rétablissement des crucifix dans les écoles, dommages versés pour reconstruire les églises détruites pendant la guerre, aumôneries militaires, etc.

Le Vatican constate que le fascisme restaure l'influence de l'Église. Aussi se montre-t-il favorable aux ouvertures du gouvernement désireux de régler la *question romaine* qui oppose le Saint-Siège à l'État italien depuis la prise de Rome en 1870.

Une difficile négociation, engagée secrètement en 1926, aboutit aux *Accords du Latran,* signés en 1929 entre Mussolini pour l'Italie, et le cardinal Gasparri pour le Saint-Siège. Ces accords ont une triple nature : politique, financière et religieuse.

1. Le Saint-Siège reconnaît le royaume d'Italie, avec Rome pour capitale, et l'Italie reconnaît la souveraineté du Saint-Siège sur la Cité du Vatican (44 hectares) et certains bâtiments dans Rome.

2. L'État italien versera au Saint-Siège une indemnité le dédommageant de ses dépossessions patrimoniales.

3. Un *concordat* règle le statut de l'Église en Italie ; l'État accepte la doctrine chrétienne comme fondement de l'instruction publique, et l'indissolubilité du mariage ; l'Église lui concède un droit de regard sur la nomination des évêques.

Cependant, la conception totalitaire du fascisme met bientôt les accords à l'épreuve ; Mussolini, notamment, entend imposer la marque du régime sur toute la jeunesse italienne ; il a déjà obtenu, pendant les négociations des accords du Latran, l'intégration du scoutisme catholique dans le mouvement de la jeunesse fasciste ; mais, lorsqu'il prétend étendre cette mainmise sur l'Action catholique, la réaction de Pie XI est vive : l'encyclique *Non abbiamo bisogno* (1931) condamne le totalitarisme étatique et repousse « une idéologie qui se résoud en une vraie statolâtrie païenne ».

Un moment apaisé par de nouveaux arrangements qui, pour l'essentiel, donnent satisfaction au pape, le conflit rebondit avec le rapprochement entre Mussolini et Hitler et la réalisation de l'*Axe Rome-Berlin* (1936). L'importance donnée en Italie aux doctrines racistes provoquent une grande tension avec Pie XI. Le pape meurt alors qu'il s'apprête à dénoncer l'attitude du régime à l'égard de l'Église, à l'occasion d'une réunion de tout l'épiscopat italien, convoqué par lui en l'honneur du dixième anniversaire des Accords du Latran (10 février 1939). ▶▶▶

Qu'est-ce que le national-socialisme ?

La doctrine exposée par Hitler dans son livre *Mein Kampf* (Mon combat, 1924) est composée d'éléments disparates empruntés à divers courants de pensée : pangermanisme, racisme, antisémitisme, cultes de la force et de l'État, nietzschéisme, etc. L'humiliation infligée à l'Allemagne par sa défaite de 1918 et par les clauses du traité de Versailles (le « diktat » de Versailles), l'anarchie violente qui régnait depuis lors dans le pays avaient préparé le terrain à l'accueil de telles idées, que Hitler poussa en quelque sorte à leur paroxysme. En outre, il sut y rallier les masses allemandes par ses aptitudes exceptionnelles de meneur de foules : véritable pouvoir d'envoûtement sur elles, dons oratoires, sens aigu de l'utilisation des médias et de la propagande, génie de l'organisation, etc.

Son slogan, « *Ein Volk, ein Reich, ein Führer* » (un peuple, un empire, un chef) résume sa pensée. La race germanique (*Volk*) étant la race supérieure, il s'agit d'en assurer la prédominance : en rassemblant dans un nouveau Reich allemand ses constituantes dispersées (Autriche, Alsace, minorités allemandes d'Europe Centrale, etc.), en la rendant pure de toute contamination ethnique par une stricte politique raciale (interdiction des mariages mixtes, expériences de sélection génétique, etc.), en développant la population (politique nataliste), en éliminant les races considérées comme inférieures, et spécialement la race juive, désignée comme la source de tous les maux du pays et du monde.

Pour réaliser cet « ordre nouveau », l'Allemagne doit être gouvernée par un État fort, dirigé par un chef (*Führer*) disposant de tous les pouvoirs.

S'appuyant sur le parti national-socialiste ouvrier allemand (*national-sozialist*, ou *nazi*), créé par lui en 1920, et en particulier sur les redoutables milices armées qu'il avait formées (SA, SS), dosant habilement la peur et la séduction, tirant parti du terrible chômage que la crise économique avait suscité, Hitler parvint au pouvoir en 1933. Désigné comme chancelier (premier ministre) par le vieux président Hindenburg, il assuma en outre les fonctions de ce dernier après sa mort en 1934 ; il put alors établir par étapes successives une dictature de plus en plus totalitaire, et mettre ainsi en œuvre son programme, tant au plan intérieur qu'extérieur. Sa haine des juifs et des communistes, ainsi que de tous les opposants à son régime, se traduisit par une entreprise d'élimination systématique ; la réalisation de l'unité et de la suprématie allemandes fut engagée au moyen de coups de force successifs qui déclenchèrent en 1939 la Seconde Guerre mondiale, à laquelle Hitler préparait son pays depuis des années. Après avoir d'abord remporté une série de succès militaires et diplomatiques, il devait finir écrasé en 1945, avec son régime et son pays, par la coalition alliée qu'il avait lui-même provoquée. ■

Lorsqu'un mot, une expression, un événement, une institution, un nom propre vous sont inconnus, consultez l'index.

▶▶▶

Pie XI et le national-socialisme

Dès les origines de son parti, Adolf Hitler juge le christianisme inconciliable avec le national-socialisme. En 1924, dans son livre-clef *Mein Kampf* (Mon combat), il exalte la race, proclame la primauté de la nation sur la personne, expose *l'Ordre nouveau* qu'il entend imposer à l'Europe. Le « christianisme positif », réclamé par le théoricien Rosenberg, propose d'établir une Église allemande basée sur les forces issues du sang, de la race et du sol.

Les évêques allemands, à diverses reprises, dénoncent l'idéologie païenne du nazisme et interdisent aux catholiques d'adhérer à son parti. En 1932, la moitié des 20 millions de catholiques votent encore pour le *Zentrum*, le parti catholique qui a fourni la majorité des chanceliers depuis 1918.

Mais, l'humiliation du « Diktat » du traité de Versailles et les millions de chômeurs suscités par la crise économique sont les alliés les plus efficaces d'Hitler.

En janvier 1933, le président de la République de Weimar, le vieux maréchal von Hindenburg, désigne Hitler comme chancelier. Les ralliements s'accélèrent... Dans les milieux catholiques, on espère qu'en se joignant au mouvement on en édulcorera les tendances antireligieuses ; le *Zentrum*, présidé par Mgr Kaas, apporte à Hitler, en mars 1933, le complément de voix indispensable au vote des pleins pouvoirs pour quatre ans, ce qui signifie, à court terme, la condamnation de la République. Les évêques lèvent avec circonspection l'interdiction d'adhérer au parti nazi. Ils ne discernent pas les vues totalitaires du régime qui se met en place.

Le pape Pie XI lui-même, pourtant très anxieux de l'évolution allemande (mais plus anxieux encore devant le bolchevisme) estime avec son secrétaire d'État Pacelli, ancien nonce à Munich puis à Berlin, qu'il faut absolument assurer des garanties à l'Église allemande par le moyen d'un concordat. Il est négocié entre avril et juillet 1933 ; bien que, formellement, il soit favorable à l'Église catholique, ce concordat représente en fait un succès pour Hitler en lui apportant la reconnaissance de son régime ; on lui reprochera, en outre, d'avoir endormi la conscience des catholiques et désarmé les évêques tout en constituant un marché de dupes, Hitler l'ayant constamment violé.

En contrepartie de la garantie de divers droits donnés à l'Église, ce concordat accorde à l'État un droit de regard sur la désignation des évêques et l'obligation de leur part d'un serment de fidélité ; il implique une certaine entente entre l'épiscopat allemand et l'État national-socialiste.

L'incompatibilité radicale entre le christianisme et l'idéologie raciste va pourtant se manifester rapidement. Lors de « la Nuit des longs couteaux » (30 juin 1934), Hitler ne se contente pas d'éliminer physiquement les chefs nazis suspects de trahison à son égard ; il fait exécuter trois responsables de l'Action catholique, Klausener, Probst et Fritz Beck. Il engage une persécution systématique contre les organisations confessionnelles et contre la presse catholique. Les nazis multiplient les procès intentés à des clercs pour « manquements à la morale » et « perversions sexuelles ».

Ce déchaînement de violences amène Pie XI à condamner publiquement le national-socialisme dans son encyclique *Mit bren-*

nender Sorge (14 mars 1937). Le texte en est introduit en Allemagne et imprimé secrètement. Distribué au clergé par des messagers, il est lu le 21 mars, jour des Rameaux, dans toutes les églises catholiques du Reich, à la surprise des dirigeants allemands. Il dénonce les violations du concordat, condamne la doctrine nazie et refuse l'inféodation des personnes à la toute-puissance de l'État.

Le pape manifeste encore sa réprobation du nazisme en 1938 lorsqu'il prononce sa célèbre formule : « Nous sommes spirituellement des sémites ». Lors de la venue de Hitler à Rome la même année, il quitte ostensiblement la ville. Après l'annexion de l'Autriche par l'Allemagne (12 mars 1938), il convoque le cardinal Innitzer, archevêque de Vienne, qui vient d'entraîner l'épiscopat autrichien dans son adhésion à l'union avec l'Allemagne, et il l'amène à prendre publiquement ses distances avec le nazisme.

Pie XI mourra quelques mois avant la Seconde Guerre mondiale, qu'il aura vu venir sans parvenir à enrayer le processus entraîné par la volonté de domination de Hitler.

PIE XI ET LE COMMUNISME

Au mois de mars 1937, en même temps que le national-socialisme, Pie XI dénonce une autre forme de totalitarisme, le communisme, par son encyclique *Divini Redemptoris.*

En Russie, la révolution de février 1917 a mis fin au régime impérial et a d'abord délivré l'Église orthodoxe de la pesante tutelle de l'État. Mais, quelques mois plus tard, en novembre, le parti bolchevik de Lénine s'est emparé du pouvoir et a engagé un combat sans merci contre le christianisme, considéré comme un obstacle à la transformation de la société. Selon la théorie marxiste, pourtant, la religion aurait dû dépérir d'elle-même. Églises fermées, prédication interdite, déportations ou exécutions de milliers de prêtres, moines, religieuses, croyants, la persécution a cruellement sévi.

Succédant à Lénine en 1924, Staline fait proclamer « la liberté de confession religieuse et de propagande antireligieuse » ; mais dans son second plan quinquennal (1933-1937), il fixe, parmi les objectifs, l'élimination complète de la religion. Les années 1937-1939 voient régner une véritable terreur à l'égard de toute vie religieuse.

Pendant un temps, le Saint-Siège est resté dans l'expectative à l'égard du régime bolchevik. Puis, en 1926, le nonce à Berlin, Mgr Pacelli (futur Pie XII), engage avec ses représentants des négociations en vue de donner des évêques aux deux millions de catholiques russes à la faveur de la loi soviétique de séparation de l'Église et de l'État. A peu près à la même époque, Mgr Pacelli ordonne secrètement évêque un jésuite français, le Père d'Herbigny ; celui-ci, parti en Russie, y ordonne à son tour, toujours secrètement, quatre autres évêques dont un assomptionniste français, le Père Pie Neveu, procédés surprenants puisqu'une négociation est en cours. D'autres négociations aboutissent à l'envoi d'une mission pontificale d'aide aux victimes de la famine.

Tous ces efforts tournent court (Mgr Neveu, resté en Russie jusqu'en 1936 sous la protection de l'ambassade de France, fournira à Pie XI une partie des éléments de son encyclique sur le communisme).

▶▶▶

« Mit brennender Sorge » (Avec un souci brûlant)

C'est le titre célèbre de l'encyclique du pape Pie XI, rédigée en allemand, que celui-ci fit distribuer secrètement, puis lire simultanément, à la surprise générale, dans toutes les églises allemandes le jour des Rameaux 1937 (21 mars).

Quatre ans plus tôt, en 1933, peu après l'avènement de Hitler au pouvoir, Pie XI avait signé avec lui un concordat dans l'espoir d'obtenir pour l'Église allemande des garanties contre les initiatives hostiles du nouveau régime ; sans doute le pape était-il mû en outre par la crainte du bolchevisme. Quoi qu'il en soit, la lutte contre l'Église et ses institutions, les violations incessantes du concordat, la politique antisémite, devaient rapidement montrer le vrai visage du national-socialisme.

C'est à sa condamnation explicite que se livre l'encyclique, opposant point par point la doctrine chrétienne au néo-paganisme allemand, dénonçant notamment le culte idolâtrique de la race, de la nation, de l'État, la volonté d'établir une Église nationale, les menées antisémites.

Quelques mois plus tard, devant des pèlerins belges, Pie XI devait lancer une phrase restée fameuse : « Nous sommes spirituellement des sémites ».

Le texte de l'encyclique avait été préparé avec le cardinal allemand Faulhaber, qui en avait rédigé l'avant-projet. ■

Ph. Roger-Viollet

Défilé nazi de Nuremberg.

Quiconque prend la race ou le peuple, ou l'État, ou la forme de l'État, ou les dépositaires du pouvoir, ou toute autre valeur fondamentale de la communauté humaine — toutes choses qui tiennent dans l'ordre terrestre une place nécessaire et honorable — quiconque prend ces notions pour les retirer de cette échelle des valeurs, même religieuses, et les divinise par un culte idolâtrique, celui-là renverse et fausse l'ordre des choses créé et ordonné par Dieu [...].

L'homme en tant que personne, possède des droits qu'il tient de Dieu et qui doivent demeurer vis-à-vis de la collectivité hors de toute atteinte qui tendrait à les nier, à les abolir ou à les négliger [...].

PIE XI, Encyclique *Mit brennender Sorge* du 14 mars 1937.

▶▶▶

Le développement de la propagande et de la politique antireligieuses en URSS, la violence de la persécution dont souffre l'Église au Mexique (alors sous influence marxiste), la décision du Komintern de lancer partout où c'est possible des *Fronts populaires* comme moyens d'accès des partis communistes au pouvoir, la guerre civile espagnole et ses violences contre l'Église, le rôle qu'y jouent les communistes avec le soutien matériel et diplomatique de l'URSS, tous ces faits rendent plus manifestes aux yeux du pape les dangers que fait courir le communisme à la foi chrétienne, en même temps que ses possibilités d'expansion.

De fait, Pie XI s'inquiète particulièrement des visées internationales du communisme et de l'attirance qu'il exerce sur les chrétiens. En France, le parti communiste a pris l'initiative d'un vaste rassemblement de la gauche ; dix jours avant les élections qui vont assurer le triomphe du Front populaire (mai 1936), Maurice Thorez, secrétaire général du parti communiste, « tend la main aux catholiques ».

C'est dans ce contexte que Pie XI publie l'encyclique *Divini Redemptoris.* Informé par Mgr Neveu de ce qui se passe en Union soviétique, convaincu que les crimes et les persécutions sont « les fruits naturels d'un système dépourvu de tout frein intérieur », le pape réprouve la vision matérialiste de l'homme, l'absolutisation de la lutte des classes et le totalitarisme. Analysant le stalinisme, il dénonce l'athéisme fondamental du communisme. Il conclut : « Le communisme est intrinsèquement pervers et l'on ne peut admettre, sur aucun terrain, la collaboration avec lui de quiconque veut sauver la civilisation chrétienne ».

Un renouveau apostolique (1914-1939)

Le laïcat dans l'Église

Le bref pontificat de Benoît XV, presque entièrement accaparé par les questions posées par la Première Guerre mondiale, ne lui laisse pas la possibilité d'imprimer sa marque quant à un rôle du laïcat ; on rappellera toutefois son soutien à don Sturzo lorsque celui-ci fonde en 1919 le *Parti populaire italien,* ancêtre de l'actuel parti de la Démocratie chrétienne et point de départ de la participation des catholiques italiens à la vie politique.

Pie XI (1922-1939) aura, au contraire, tout le loisir de développer une active pastorale du laïcat, dans l'esprit de son programme inspiré à la fois de ceux de Pie X et de Benoît XV : instaurer une nouvelle chrétienté qui, renonçant aux modèles institutionnels du passé, en recréerait cependant l'esprit au sein de la société contemporaine tout en recourant à des moyens modernes. Il mettra donc toute son énergie à réagir contre la sécularisation des mœurs et des institutions et à les faire pénétrer d'esprit chrétien ; d'où l'importance attachée à l'apostolat des laïcs, impulsion qui sera l'une des caractéristiques de son pontificat, ainsi que de celui de Pie XII.

Alors qu'aux yeux de Pie X les laïcs n'avaient, au mieux, d'autre rôle que celui d'auxiliaires du clergé, Pie XI (qui aimera se faire appeler « le pape de l'Action catholique ») voit avec intérêt et sympathie émerger la conscience d'un rôle spécifique du laïcat au sein de l'Église.

L'encyclique « Divini Redemptoris » sur le communisme

Cette encyclique de Pie XI, datée du 19 mars 1937, soit cinq jours après l'encyclique *Mit brennender Sorge* condamnant le national-socialisme, concerne quant à elle le communisme marxiste-léniniste. Le souci majeur de Pie XI est de dénoncer une philosophie athée, aspect qui n'était pas sans doute suffisamment présent à tous les esprits lorsqu'en 1936, en particulier en France, les communistes tendaient la main à toutes les forces, y compris catholiques, susceptibles de rallier le Front populaire. C'est donc sur le caractère non seulement athée mais antireligieux du communisme que le pape met l'accent.

Il fait d'abord porter sa condamnation sur l'incompatibilité entre principes sociaux du communisme et droit naturel ou enseignement de l'Église : le communisme s'attaque à l'ordre social ; il systématise la lutte des classes ; il prive l'homme de sa liberté, « principe spirituel de conduite morale », en attribuant à la collectivité un pouvoir discrétionnaire sur les personnes ; il rejette toute hiérarchie, toute autorité établie par Dieu, y compris celle des parents, pour ne reconnaître que l'autorité issue de la collectivité ; il supprime le droit de propriété.

En ce qui concerne l'aspect proprement religieux, Pie XI dénonce le caractère athée de la doctrine du matérialisme dialectique et historique, qui ne reconnaît que la seule réalité de la matière ; le communisme est par nature antireligieux et considère la religion comme « l'opium du peuple » parce qu'en évoquant la vie au-delà de la mort, elle détournerait le prolétariat de son combat pour la réalisation d'un monde meilleur sur terre. Ce caractère antireligieux de la doctrine communiste se manifeste de fait dans les persécutions auxquelles on assiste en Russie, au Mexique, en Espagne (où se poursuivait alors la guerre civile) ; or, il ne s'agit pas là de phénomènes passagers, d'excès isolés, mais des fruits d'un système dépourvu de tout frein intérieur. « Le communisme est intrinsèquement pervers ; on ne peut donc admettre sur aucun terrain la collaboration avec lui de quiconque veut sauver la civilisation chrétienne. » ■

Benoît XV.

Il commence par organiser l'Action catholique italienne en 1922 selon le modèle à quatre branches (hommes, femmes, jeunes gens, jeunes filles), sans distinction de milieu social, modèle qui se répandra très largement, et qui donnera en France *l'Action catholique générale.*

L'ACTION CATHOLIQUE SPÉCIALISÉE

Mais Pie XI s'intéresse tout de suite à une initiative d'un nouveau type, prise, depuis 1913, par un jeune prêtre belge, l'abbé Cardijn, pour l'évangélisation du monde ouvrier, dont l'éloignement de l'Église pèse de plus en plus sur les consciences catholiques ; selon la formule conçue par Cardijn, les jeunes travailleurs agissent « entre eux, par eux et pour eux » : partant d'une connaissance de leur milieu de vie approfondie au moyen d'enquêtes, leur réflexion se déroule conformément au tryptique bientôt fameux « voir, juger, agir », qui introduisait une véritable révolution culturelle dans les mentalités catholiques ; en effet, au lieu du processus classique qui déduit de principes généraux ce qui devrait être (méthode déductive), on commence par scruter les faits pour les comprendre, la réflexion chrétienne appliquée à ces faits éclairant alors l'action à entreprendre (méthode inductive) : telle est la méthode dite de la « révision de vie », qui caractérisera toute l'Action catholique avant de se répandre dans maints autres secteurs de la vie de l'Église, et jusque dans des textes du magistère.

La *Jeunesse ouvrière chrétienne* (JOC) est officiellement fondée en Belgique en 1925 par l'abbé Cardijn, avec le soutien résolu de Pie XI qui y voit une exacte correspondance avec sa conception de l'Action catholique (« participation des laïcs à l'apostolat hiérarchique de l'Église ») ; elle fait souche en France, dès 1927, à l'initiative d'un jeune vicaire de Clichy, l'abbé Guérin. Elle se répand rapidement à travers le monde. C'est la naissance de ce qu'on appellera l'*Action catholique spécialisée* (sous-entendu : par milieux sociaux), dont la JOC restera le modèle le plus achevé.

Le rapide développement de la JOC incite en effet chaque milieu social dans l'Église à se doter de son propre mouvement ; on voit successivement en France se créer la Jeunesse agricole chrétienne (JAC) en 1929, la Jeunesse étudiante chrétienne (JEC) en 1930, la Jeunesse maritime chrétienne (JMC) en 1931, la Jeunesse indépendante chrétienne (JIC) en 1935 ; des branches féminines s'organisent simultanément ou sans tarder (JOCF, JACF, JECF, JICF).

Tout en gardant leur autonomie, ces mouvements sont tant bien que mal regroupés au sein de l'Association catholique de la Jeunesse française, l'ACJF, le mouvement de jeunesse d'action catholique fondé en 1886 par Albert de Mun ; ce ne sera pas sans y susciter beaucoup de difficultés entre deux visions des choses.

Quant aux militants des nouveaux mouvements, ils retrouvent la fierté de s'affirmer chrétiens en plein cœur d'un monde qui l'est de moins en moins ; les jocistes veulent rechristianiser la société, la rendre plus humaine et plus fraternelle ; les jacistes veulent refaire chrétienne la paysannerie. La jeunesse chrétienne est ainsi pénétrée d'un dynamisme nouveau.

En même temps, les prises de conscience des réalités dans lesquelles sont immergés ces jeunes suscitent chez eux des engagements et des attitudes auxquels les milieux catholiques ne sont pas

▶▶▶

Action catholique
Détails sur les divers mouvements de jeunes et d'adultes :
Voir Index

Les grandes phases du développement de l'Action catholique en France (dans ses principaux mouvements)

1886 Association catholique de la jeunesse française (ACJF).
1905 Encyclique de Pie X *Il firmo proposito*, appelant les laïcs à un apostolat organisé, dans une étroite dépendance du clergé.
1922 Encyclique de Pie XI « *Ubi arcano* » définissant l'Action catholique comme la participation des laïcs à l'apostolat hiérarchique : le laïcat a un rôle spécifique.
1927 Jeunesse ouvrière chrétienne (J.O.C.).
1928 Jeunesse ouvrière chrétienne féminine (J.O.C.F.).
1929 Jeunesse agricole chrétienne (J.A.C.). Le cardinal Verdier, archevêque de Paris, reçoit mandat de Pie XI de développer systématiquement l'Action catholique en France et d'en organiser la coordination : celle-ci sera de plus en plus assumée par l'A.C.J.F.
1930 Jeunesse étudiante chrétienne (J.E.C.).
1931 Jeunesse maritime chrétienne (J.M.C.).
1933 Jeunesse agricole chrétienne féminine (J.A.C.F.).
1935 Ligue ouvrière catholique (L.O.C.) (adultes). Jeunesse indépendante chrétienne (J.I.C et J.I.C.F.).
1939 Ligue agricole chrétienne (L.A.C.) (adultes). La L.O.C. devient Mouvement populaire des familles (M.P.F.).
1941 Action catholique des milieux indépendants (A.C.I.).
1942 La L.A.C. devient Mouvement familial rural (M.F.R.).
1945 Les mouvements d'adultes Ligue féminine patriotique des Françaises (féminin) et Fédération nationale catholique (F.N.C ; masculin) deviennent mouvements d'Action catholique générale (sans distinction de milieux sociaux) sous les noms d'abord de Ligue féminine d'Action catholique (L.F.A.C.) et de Fédération nationale d'Action catholique (F.N.A.C.), puis d'Action catholique générale féminine (A.C.G.F.) et d'Action catholique générale des hommes (A.C.G.H.).
1950 Le Mouvement populaire des Familles (M.P.F.) devient Mouvement de libération du peuple (M.L.P.), à vocation politique. Création de l'Action catholique ouvrière (A.C.O.), seule reconnue par l'épiscopat.
1956 Crise de l'A.C.J.F. comme organisme fédérateur des mouvements d'Action catholique de jeunes ; sa disparition. Le mouvement Cœurs Vaillants-Âmes Vaillantes devient Action catholique de l'enfance (A.C.E.).
1965 J.A.C. et J.A.C.F. fusionnent en Mouvement rural de la jeunesse chrétienne (M.R.J.C.).
1966 Le Mouvement familial rural (M.F.R.) devient Chrétiens dans le monde rural (C.M.R.).
1967 La constitution dogmatique *Lumen gentium* du concile Vatican II, complétée par le décret sur l'apostolat des laïcs, reconnaît au laïcat une mission apostolique propre au sein de la mission générale de l'Église.

Ph. Harlingue-Viollet

L'abbé Cardijn, fondateur de la Jeunesse Ouvrière Chrétienne.

Scoutisme
Voir Index

D'autres types de mouvement de jeunesse

Un autre phénomème marquera profondément le monde catholique entre les deux guerres : le *scoutisme*. Fondé en Angleterre par Baden-Powell en 1908 et vite répandu à travers le monde après la Première Guerre mondiale, il connaîtra en France une large diffusion, et le mouvement catholique y deviendra le plus important. Les méthodes actives du scoutisme, son style de vie, l'esprit chevaleresque qu'il propose aux jeunes, son sens communautaire, l'importance accordée au plein air, à la nature, à l'activité physique, au jeu, au chant, le tout fortement marqué par l'engagement chrétien, auront toutes sortes de retentissements dans la vie de l'Église ; le scoutisme catholique éveillera de nombreuses vocations sacerdotales, religieuses et militantes.

Dans un esprit voisin, on assistera à une rénovation des vieux patronages d'enfants avec la naissance en 1936 du mouvement *Cœurs Vaillants - Âmes Vaillantes* à partir du journal pour enfants *Cœurs Vaillants* lancé en 1926 par le Père Courtois ; le mouvement deviendra en 1956 l'Action catholique des enfants (ACE) avec des branches par milieu social. (Voir Index).

Encyclique « Fidei donum » de Pie XII (1957)
Voir Index

▶▶▶

habitués ; ainsi, lors des grandes grèves de 1936, la participation de jocistes, qui y défendent à la fois les droits des travailleurs, le pluralisme au sein du mouvement ouvrier contre le monopole CGT, et les principes de la morale personnelle, provoquent chez beaucoup de catholiques, clercs et laïcs, l'accusation de favoriser la lutte des classes. Mais, lors du rassemblement de 100 000 jeunes travailleurs au Parc des Princes à Paris en 1937, pour le 10e anniversaire de la JOC(1), le mouvement reçoit une fois de plus les encouragements de Pie XI et de l'épiscopat français.

Peu avant la guerre, des mouvements d'Action catholique adultes commencent à voir le jour, en France encore : Ligue ouvrière chrétienne (future ACO), Ligue agricole chrétienne (futur CMR), Mouvement des Ingénieurs et Chefs d'Industrie (futur MCC), Paroisse Universitaire...

Tous ces mouvements font éclore une pléiade de militants qu'on retrouvera bientôt dans les diverses formes de présence chrétienne. Les anciens jacistes, par exemple, viendront pour une large part prendre la relève des notables radicaux ou conservateurs dans les organisations coopératives, mutualistes ou syndicales agricoles et les conseils municipaux ruraux, et seront les promoteurs d'une profonde mutation de l'agriculture française.

(1) Un jeune aumônier, l'abbé Rodhain, y révèle ses dons d'organisateur et de metteur en scène ; c'est le futur fondateur du *Secours Catholique*.

Les missions à l'extérieur

Benoît XV et Pie XI recueillent les fruits du grand élan missionnaire qui a parcouru le XIXe siècle. Venus des pays de tradition catholique, France, Irlande, Pologne, les missionnaires sont, bien sûr, animés du désir d'annoncer l'Évangile, mais peut-être aussi poussés par le désir de rebâtir une chrétienté à laquelle l'Europe est devenue étrangère. La France a déjà apporté une contribution exceptionnelle à l'œuvre missionnaire en multipliant les fondations : Œuvre de la Propagation de la Foi, Société des Missions africaines de Lyon, Pères Blancs et Sœurs Blanches, etc. A la veille de la Seconde Guerre mondiale, elle vient toujours en tête, en chiffres absolus, quant au nombre de religieux et religieuses missionnaires. Mais la tendance se renverse : la Belgique, la Hollande et l'Irlande la dépassent maintenant, proportionnellement à leur population.

Au lendemain de la Grande Guerre (1914-1918), Benoît XV entend dissocier l'œuvre missionnaire et les intérêts nationaux. Sa lettre apostolique *Maximum illud* (1919) insiste sur la nécessité d'établir des épiscopats autochtones ; elle donne pour objectif aux missions la constitution d'Églises pleinement majeures. Le pape charge Mgr de Guébriant de préparer un épiscopat chinois.

En 1926, Pie XI publie l'encyclique *Rerum ecclesiae*, véritable charte des Missions ; il sacre à Saint-Pierre de Rome les six premiers évêques chinois. Mais, il faudra attendre 1939 pour que soient ordonnés un évêque noir et un évêque malgache. Le pontificat de Pie XI marque le franchissement d'un cap : les « missions étrangères » ont vocation à devenir les « jeunes Églises ». Pie XII demandera aux missionnaires de se considérer comme les auxiliaires du clergé local, aux prêtres et aux laïcs des pays chrétiens de consacrer quelques années de leur vie au service des Églises nouvelles (encyclique *Fidei donum* en 1957).

▶▶▶

Pour un clergé et un épiscopat autochtones
Lettre apostolique du pape Benoît XV, *Maximum illud* (30 novembre 1919)

[...] Il reste un point sur lequel tous les chefs de mission ont le devoir de fixer particulièrement leur attention. C'est le recrutement et la formation d'un clergé indigène [...]. Cette insistance des papes n'a pas pu empêcher une situation regrettable. Il y a des régions où le catholicisme a été introduit depuis plusieurs siècles, et où ne se rencontre qu'un clergé indigène de réputation inférieure. Il existe aussi plus d'un peuple qui fut tôt éclairé de la lumière de l'Évangile, qui a pu s'élever de la barbarie à la civilisation et trouver en son sein des hommes remarquables dans tous les domaines des arts et des sciences, et qui n'a pas réussi, en plusieurs siècles d'action bienfaisante de l'Évangile et de l'Église, à produire des évêques pour se gouverner ni des prêtres dont le prestige s'imposerait à leurs concitoyens. On doit reconnaître qu'il y a quelque chose de défectueux ou de fautif dans l'éducation donnée jusqu'ici au clergé des missions [...].

Grande est notre peine d'avoir vu apparaître ces dernières années des périodiques dont les rédacteurs montrent moins d'empressement pour les intérêts du Royaume de Dieu que pour ceux de leur propre nation. Ce qui nous étonne c'est qu'on n'y laisse voir aucun souci de ce qu'une pareille attitude puisse détourner de la religion des esprits des infidèles [...]. N'étant en rien le missionnaire de sa patrie mais le missionnaire du Christ, il (le missionnaire catholique) doit se comporter de telle manière que le premier venu n'hésite jamais à reconnaître en lui le ministre d'une religion qui n'est étrangère dans aucune nation parce qu'elle embrasse tous les hommes qui « adorent Dieu en esprit et en vérité », et parce qu'en elle, « il n'est ni Grec ou Juif, ni circoncis ou incirconcis, ni Barbare ou Scythe, ni esclave ou homme libre, mais tout en tous le Christ » (Col 3, 11).

Dans *Le Siège apostolique et les Missions*, cité dans *Pour lire l'histoire de l'Église* de J. Comby, Ed. Cerf.

Ph. Keystone

Ordination par Pie XI, en la basilique St-Pierre de Rome, des six premiers évêques chinois, le 26 octobre 1926.

QUI EST LE PÈRE LEBBE (1877-1940) ?

Vincent Lebbe était un lazariste belge, missionnaire en Chine, il comprit très vite que l'Église n'y avait d'avenir qu'à la condition de devenir authentiquement chinoise. En 1901 (il avait 24 ans), il déclarait à son évêque (un missionnaire comme lui) : « Nous sommes ici un corps étranger ; nos chrétientés sont des demi-colonies. » L'année suivante, il écrivait de Pékin à un ami [1] : « Ne sois surtout jamais un de ces missionnaires patriotes comme il y en a tant qui veulent – et osent le dire – planter le drapeau avec la croix, et souvent avant la croix, et quelquefois sans la croix, et toujours au préjudice de la croix. Pense que nous n'avons le droit sous aucun prétexte de voler à n'importe quel peuple sa nationalité [...]. Lis et médite saint Paul, le missionnaire par excellence, qui a dit : « Je me suis fait tout à tous » et encore « Je me suis fait Juif avec les Juifs, Grec avec les Grecs », et qui hors de Judée était si parfaitement Grec ou Romain, sans un coup d'œil en arrière, sans un faux pas ».

Toute sa vie, Lebbe se battra pour que la mission en Chine respecte la personnalité chinoise, qu'elle forme des chrétiens authentiquement chinois, et non pas plus ou moins occidentalisés. A cet égard, le premier objectif lui paraît devoir être « un sacerdoce indigène complet », c'est-à-dire composé de prêtres et d'évêques chinois : or, à l'époque il n'y a encore aucun évêque chinois.

En 1912, un conflit retentissant l'oppose au consul de France à Tientsin qui, à l'occasion de l'agrandissement du terrain de la cathédrale, a tenté d'incorporer la mission à la concession française dans l'idée d'assurer sa protection. Malgré les directives de « neutralité » données par son évêque, Lebbe défend avec vigueur les droits de la Chine. Il est éloigné de Tientsin, objet tout à la fois de la suspicion de beaucoup de missionnaires et de l'estime de beaucoup de Chinois.

En 1917, il écrit à son évêque, Mgr Raynaud, une lettre pressante : « L'heure est venue de fonder l'Église nationale, vivante, fécondée, qui sera le ferment dans la masse, chair de la chair du peuple, sang de son sang sanctifié *in Christo,* la seule viable et possédant en germe les promesses de l'avenir. De cette Église nous ne sommes plus aux préparations éloignées mais au moment des préparations prochaines, décisives, concrètes. Si nous voulons la fonder, les moyens prudents, faciles, gradués ne manquent pas : il suffit de vouloir ».

Deux ans plus tard, en 1919, le pape Benoît XV publie sa lettre apostolique *Maximum illud* dans laquelle il prescrit notamment la mise en place d'un clergé autochtone dans les pays de mission ; on retrouve dans ce texte nombre des positions défendues depuis des années par Lebbe, et certains pensent que le pape s'en est effectivement inspiré.

Lebbe n'en est pas moins objet de polémique dans la mission chinoise ; en 1920, il est éloigné de Chine. Il y revient en 1926, l'année même où le pape Pie XI, dans son encyclique *Rerum Ecclesiae,* renouvelle avec autorité les directives de son prédécesseur sur le clergé autochtone et où il procède à Rome à l'ordination des six premiers évêques chinois.

En 1927, Lebbe fonde la Société auxiliatrice des missions (SAM), constituée de prêtres au service des évêques autochtones. Il fondera aussi des congrégations chinoises de Frères et de Sœurs. En 1933, il se fera naturaliser chinois ; pendant la guerre sino-japonaise il organisera le secours aux blessés. Il mourra dans sa patrie d'adoption. ■

1. Les lettres de Vincent Lebbe ont été publiées par les éditions Casterman en 1960.

▶▶▶

PIE XI ET LA QUESTION SOCIALE

En 1931, paraît l'encyclique *Quadragesimo anno* de Pie XI, qui entend ainsi commémorer le quarantième anniversaire de l'encyclique *Rerum novarum* de Léon XIII (1891) sur la question sociale.

Le pape y constate d'abord le développement du régime capitaliste, « l'accumulation d'une énorme puissance, d'un pouvoir économique discrétionnaire, aux mains d'un petit nombre d'hommes qui, d'ordinaire, ne sont pas les propriétaires, mais les simples dépositaires et gérants du capital qu'ils administrent à leur gré ».

L'encyclique souligne donc l'importance des syndicats chrétiens pour défendre les droits des travailleurs et « pousser à l'application des principes chrétiens en matière sociale ». Pour les encourager dans cette voie, elle recourt - pour la première fois dans un document pontifical - à l'expression « justice sociale ». Celle-ci se définit en fonction des fruits que l'on peut en attendre : meilleure répartition du revenu national, participation de toutes les classes aux ressources accumulées par les progrès de l'économie.

Comme Léon XIII, Pie XI n'entend nullement mettre le point final à une définition de la doctrine sociale de l'Église. Il sait que le contenu et les manifestations de la justice sociale varieront suivant les temps, les lieux et les situations. Il déclare que la véritable fidélité à l'encyclique de Léon XIII doit se faire inventive.

Ainsi encouragé, le syndicalisme chrétien poursuivra son développement. En France, la fermeté et l'indépendance de la CFTC durant les grèves de 1936, tant vis-à-vis des employeurs que de la CGT, conduisent le ministre du Travail, Lebas, à la reconnaître en août 1936 comme syndicat représentatif, restaurant ainsi officiellement en France le pluralisme syndical[1].

1. La CGT, fondée en 1895, avait connu en 1921 une scission avec la création de la CGTU, d'obédience communiste ; le retour de la CGTU au sein de la CGT au début de 1936 avait contribué au succès du Front populaire aux élections législatives de cette même année.

Pie XI et le syndicalisme chrétien

[...] L'homme est libre, non seulement de créer pareilles sociétés d'ordre et de droit privés, mais encore de leur « donner les statuts et règlements qui paraissent les plus appropriés au but poursuivi » [...]

[...] Cet enseignement (l'encyclique *Rerum novarum* de Léon XIII), *certes, venait à un moment des plus opportuns. Car, en plus d'un pays à cette époque, les pouvoirs publics, imbus de libéralisme, témoignaient peu de sympathie pour ces groupements ouvriers et même les combattaient ouvertement. Ils reconnaissaient volontiers et appuyaient des associations analogues fondées dans d'autres classes, mais, par une injustice criante, ils déniaient le droit naturel d'association à ceux-là qui en avaient le plus grand besoin pour se défendre contre l'exploitation des plus forts. Même dans certains milieux catholiques, les efforts des ouvriers vers ce genre d'organisations étaient vus de mauvais œil, comme d'inspiration socialiste ou révolutionnaire. Les directives si autorisées de Léon XIII eurent le mérite de briser ces oppositions et de désarmer ces méfiances. Elles ont encore un plus beau titre de gloire, c'est d'avoir encouragé les travailleurs chrétiens dans la voie des organisations professionnelles, de leur avoir montré la marche à suivre, et d'avoir retenu sur le chemin du devoir plus d'un ouvrier violemment tenté de donner son nom à ces organisations socialistes, qui se prétendaient effrontément seule protection et unique secours des humbles et des opprimés. [...]*

Extrait de *Quadragesimo anno*
15 mai 1931 (AAS, p. 205-206)

Le syndicalisme chrétien en France

Au lendemain de la guerre, en 1919, les syndicats libres français d'inspiration catholique se rassemblent au sein d'une *Confédération Française des Travailleurs Chrétiens* (CFTC) présidée par Gaston Tessier ; dans ses statuts, celle-ci déclare fonder son action sur la doctrine sociale de l'Église, en l'occurrence l'encyclique *Rerum novarum* de Léon XIII (1891). Dans ses premiers congrès, elle revendique la généralisation des conventions collectives et se prononce en faveur du recours à l'arbitrage comme moyen de règlement des conflits sociaux.

Dès sa création, la CFTC se trouve en butte à l'hostilité de la CGT, qui se considère comme seule qualifiée pour représenter le monde ouvrier. En même temps, la vigueur des revendications des syndicats chrétiens irrite le patronat, y compris catholique.

Un différend spectaculaire illustre précisément la difficulté du patronat catholique à admettre le syndicalisme chrétien. A la suite d'un ensemble de conflits, le Consortium textile de Roubaix-Tourcoing juge opportun d'adresser au Vatican, en 1923 et 1924, deux rapports reprochant à des prêtres de pousser les syndicats chrétiens à la surenchère, et à ces syndicats leurs tendances socialistes. En 1929, après une longue enquête, le Vatican publie une réponse adressée à Mgr Liénart, évêque de Lille, et repoussant toutes ces accusations ; la portée délibérément donnée à cette réponse constitue une reconnaissance de la mission des syndicats chrétiens.

Peu après, en 1930, Mgr Liénart, qui s'est attiré le surnom d'« évêque rouge » pour son soutien à la CFTC lors d'un conflit dont, à l'encontre de la CGT et du patronat, ce syndicat réclamait le règlement par arbitrage, est nommé cardinal par Pie XI.

Enfin, en 1931, celui-ci encourage clairement les syndicats chrétiens dans son encyclique *Quadragesimo anno.*

Une *Confédération française du patronat chrétien* (CFPC) voit le jour en 1926 ; tout comme la CFTC, elle adopte pour base d'action la doctrine sociale de l'Église ; lors de la constitution du CNPF (1946), elle abandonnera son caractère syndical pour se faire centre de réflexion chrétienne de dirigeants d'entreprise.

Ph. Roger-Viollet

Pie XI

Une lente ouverture à l'œcuménisme [(1)] *(1918-1958)*

Le XIXe siècle avait été marqué par des affrontements rendant plus difficile qu'auparavant un simple dialogue entre les diverses confessions chrétiennes : excès de la Terreur Blanche antiprotestante en France, guerre civile du Sonderbund en Suisse... ; l'expansion missionnaire avait accentué les oppositions doctrinales entre chrétiens, qui se comportaient en rivaux en terre lointaine ; la définition du magistère infaillible du pape par le concile Vatican I avait élargi le fossé d'incompréhension entre confessions chrétiennes. Mais, de toute façon, Rome ne concevait alors l'unité chrétienne que comme le retour pur et simple en son sein des Églises séparées et non comme l'aboutissement d'un approfondissement commun. On a vu comment, sous le pontificat de Léon XIII, pourtant le plus ouvert à cet égard des papes du XIXe siècle, la tentative de lord Halifax et de l'abbé Portal pour rapprocher l'Église anglicane et l'Église romaine avait tourné court à propos de la validité des ordinations anglicanes (1896).

Au lendemain de la Première Guerre mondiale, le cardinal Mercier essaie de faire prévaloir un nouvel esprit. Mais les « conversations de Malines » avec les anglicans butent cette fois sur le rôle du pape.

Pie XI, après avoir encouragé dans un premier temps les tentatives de rapprochement, manifeste un raidissement avec l'encyclique *Mortalium animos* (1928) : il ne faut pas parler d'« union des Églises ». Sous un « panchristianisme » d'inspiration protestante, le pape voit un nouvel avatar de l'indifférentisme. L'objectif reste le retour pur et simple des dissidents à l'unité de l'Église.

L'esprit œcuménique commence cependant à s'imposer dans la pensée et dans les comportements au lendemain même de la publication de l'encyclique ; mais, c'est à la base, et non au sommet ni aux échelons intermédiaires. Et pourtant les menaces croissantes des totalitarismes rendent plus pressante encore la nécessité du témoignage d'une foi commune, ignorant les frontières de pays et de races.

L'abbé Paul Couturier (1881-1953) donne un souffle nouveau à l'œcuménisme en lui ouvrant les voies de la prière commune, une prière pour « l'unité que Dieu voudra par les moyens qu'il vou-

(1) Le mot *œcuménisme*, appliqué au mouvement en faveur de l'unité des chrétiens, est plus récent que le mouvement lui-même ; il devient d'usage de plus en plus courant à partir de la création du *Conseil œcuménique des Églises* en 1948. Voir Index.

▶▶▶

Les conversations de Malines (1921-1926)

Après l'échec de la tentative de rapprochement entre l'Église anglicane et l'Église romaine en 1896, tentative dont lord Halifax, anglican assoiffé d'unité chrétienne, et l'abbé Portal avaient été les promoteurs, ces derniers n'avaient pas perdu espoir, malgré le net raidissement marqué par le pontificat de Pie X. La Première Guerre mondiale étant terminée et le siège romain étant occupé par Benoît XV, un esprit ouvert à l'œcuménisme, les conditions paraissaient redevenues favorables en raison de l'appel à l'unité chrétienne lancé en 1920 par la Conférence de Lambeth, rencontre périodique des évêques anglicans du monde entier. Halifax et Portal suggérèrent donc au cardinal Mercier, archevêque de Malines-Bruxelles, qui jouissait d'une grande autorité, de recevoir des anglicans afin de faire avec eux le point des convergences et divergences entre les deux Églises.

Des rencontres entre théologiens catholiques et anglicans se tinrent ainsi entre 1921 et 1926 sous la présidence du cardinal Mercier. La première, en 1921, resta confidentielle. Mais bientôt la nouvelle s'ébruita, suscitant des réactions hostiles tant chez les anglicans que chez les catholiques. Cependant, après les deux rencontres de 1923, Pie XI (pape depuis 1922) confirma en 1924 au cardinal Mercier son accord sur la poursuite des conversations, à condition qu'elles ne revêtent en aucun cas de caractère officiel.

Deux autres rencontres eurent ainsi lieu en 1925 et 1926. Ces échanges portèrent sur les sujets d'ecclésiologie, notamment sur la question de la primauté romaine, ainsi que sur ce que pourrait éventuellement être un patriarcat de Cantorbéry uni à Rome à l'image des patriarcats des Églises orientales catholiques.

La mort de Mercier et Portal en 1926 coïncida avec une évolution de Pie XI à l'égard de l'ensemble des tentatives de rapprochement avec les Églises séparées, changement d'attitude qui devait se traduire en 1928 par l'encyclique *Mortalium animos*, très en retrait sur les positions antérieures du pape. La situation se bloquait, les rencontres cessèrent. Leur échec apparent, comme celui de 1896, ne doit pas cependant faire illusion ; c'est à travers ce lent défrichage des problèmes posés, et par de telles mises en alerte des esprits qu'a progressé la conscience œcuménique durant tout le cours du XXe siècle. C'est ainsi qu'il existe aujourd'hui une commission mixte officielle catholique-anglicane. ■

Le groupe des Dombes

Il s'agit d'un groupe de théologiens catholiques et protestants français se retrouvant périodiquement à la Trappe des Dombes (Ain) pour confronter les positions de leurs Églises respectives sur les grands points faisant encore obstacle à l'unité et, si possible, pour élaborer des positions communes à leur sujet. Ces rencontres n'ont aucun caractère officiel, ces théologiens n'engageant qu'eux-mêmes ; mais, en raison même de leur caractère non officiel (encore que public : les textes élaborés en commun sont publiés), la liberté de propos y est plus grande et la progression moins difficile. Ainsi se réalise une tâche considérable d'approche et de rapprochement.

Le groupe des Dombes a été fondé en 1937 par l'abbé Paul Couturier [1], l'un des grands pionniers catholiques de l'œcuménisme ; prêtre du diocèse de Lyon, c'est lui qui avait lancé la première Semaine de prières pour l'unité des chrétiens, à Lyon, en 1933, Semaine qui est maintenant célébrée dans le monde entier avec le concours officiel des Églises chrétiennes.

Les premières rencontres furent essentiellement occupées à des échanges libres, pour assurer une connaissance en profondeur, dans l'esprit d'émulation spirituelle préconisée par Couturier. Puis vint le temps des confrontations théologiques ; enfin celui des accords et notamment : *Accord sur l'eucharistie* (1972), *Propositions pour une réconciliation des ministères* (1973), *Document sur le ministère épiscopal* (1976) : ce texte n'est qu'une approche du sujet, et ne constate d'accord que sur la nécessité d'un « ministère de vigilance et d'unité » dans l'Église (ou *episkopè*), *L'Esprit saint, l'Église et les sacrements* (1980), *Le ministère de communion dans l'Église universelle* (1986), *Pour la communion des Églises* (1988), *Pour la conversion des Églises* (1991).

Les travaux du groupe ont un grand retentissement dans les Églises. Ils ont, par exemple, fourni au Conseil Œcuménique des Églises une de ses bases à la recherche qui a abouti, en 1982 à Lima, à l'adoption du texte *Baptême, Eucharistie, Ministère* avec le concours de théologiens catholiques. ■

1. A ne pas confondre avec le Père Marie-Alain Couturier (1897-1954), dominicain, l'un des rénovateurs de l'art sacré au XXe siècle.

▶▶▶

dra ». Avec lui, la semaine annuelle de prière catholique, qui depuis 1908 avait pour objectif la « conversion » et le « retour » des frères séparés, peut dès lors prendre un caractère commun à toutes les confessions chrétiennes et se répandre effectivement à travers le monde. C'est ce qu'on appellera l'« œcuménisme spirituel ». De leur côté, les Pères Congar et de Lubac ouvrent des voies à la théologie catholique de l'œcuménisme, base du dialogue à engager avec les autres confessions.

Paradoxalement, la Seconde Guerre Mondiale multiplie les contacts interconfessionnels, dans les unités combattantes, les réseaux de résistance, les lieux de captivité et de déportation ; une œcuménicité de fait se répand qui, la paix revenue, continuera de se développer. Les théologiens des diverses confessions prennent l'habitude du dialogue. Le groupe de prêtres et de pasteurs que l'abbé Couturier a commencé de réunir, en 1937, à la Trappe des Dombes (Ain) élabore des « thèses » communes à partir de 1956, qu'il propose aux Églises respectives. Dans les séminaires et les sessions de prêtres, l'ouverture à l'œcuménisme devient courante. Le monastère interconfessionnel de Taizé (Saône-et-Loire), fondé en 1940, exerce une vigoureuse attraction, notamment sur les jeunes.

Jusqu'au pontificat de Jean XXIII, le Saint-Siège s'opposera cependant aux réunions au sommet. Lors de la constitution du Conseil Œcuménique des Églises en 1948. il ne donne pas suite à l'invitation faite à l'Église catholique d'y adhérer. Toutefois, en 1950, sous Pie XII, une instruction du Saint-Office reconnaît que le mouvement œcuménique est un fruit de l'Esprit, et entérine pratiquement son existence au sein du catholicisme. Avec l'avènement de Jean XXIII, en 1958, l'Église romaine entrera de plain-pied dans les relations et la recherche œcuméniques.

Ph. CIRIC

Abbé Paul Couturier, un des pionniers de l'œcuménisme.

Unité des chrétiens.
Œcuménisme
Couturier Paul (abbé)
Semaine pour l'unité
Conseil Œcuménique des Églises
Voir Index

La vie intellectuelle

« C'est parce que pendant ces trente années (1930-1960) la théologie s'est saisie de tous les problèmes que lui posait l'apostolat et qu'en retour la réflexion sur l'Église a nourri l'action pastorale missionnaire que cette période restera dans l'histoire de l'Église comme une période riche en grâces et féconde entre toutes », à écrit l'historien René Rémond.

Il n'est guère possible de résumer en quelques lignes cette fécondité. On peut, à tout le moins, souligner le renouveau d'intérêt porté aux problèmes de morale familiale, sociale, et internationale, contrecoup de l'avènement des régimes totalitaires de droite et de gauche, de la crise économique, des menaces sur la paix. Le pape Pie XI n'est pas le dernier à enrichir la pensée de l'Église sur les divers aspects de la vie sociale (encycliques sur l'éducation chrétienne de la jeunesse 1929, le mariage chrétien 1930, la question sociale 1931, la crise économique et la course aux armements 1931, le national-socialisme 1937, le communisme 1937...).

Ces interrogations sur la vie en société incitent un certain nombre de penseurs à poser la question du sens de l'effort humain par rapport au salut spirituel ; ainsi le philosophe Jacques Maritain, un fervent thomiste, dans son *Humanisme intégral* (1936), ou le jésuite paléontologue Teilhard de Chardin, dont l'œuvre ne sera

Qu'est-ce que l'indifférentisme ?

On peut entendre le mot en deux sens : 1) l'indifférence religieuse, proche d'un athéisme pratique ; 2) l'attitude tendant à minimiser les différences entre des religions, considérées comme aussi valables les unes que les autres. En ce dernier sens, l'indifférentisme s'apparente au relativisme. C'est la crainte de ce dernier indifférentisme qui inspirait Pie XI à l'égard de l'œcuménisme, par exemple dans son encyclique *Mortalium animos* (1928) ; le risque est réel, en effet, que dans la volonté d'aboutir à tout prix à l'unité, on fasse délibérément abstraction de ce qui constitue précisément les différences - considérées alors comme secondaires - et qu'on procède à une unité artificielle, vidant de leur contenu les doctrines en présence. On peut constater aujourd'hui que, si désireuse qu'elle soit de parvenir à l'unité, aucune Église chrétienne n'est prête à la réaliser de manière contraire à la vérité. L'indifférentisme est également le reproche fait par Mgr Lefebvre à la Déclaration du concile Vatican II en faveur de la liberté religieuse : celle-ci revient, selon Mgr Lefebvre, à mettre sur le même pied la vérité et l'erreur. ■

publiée qu'après sa mort mais qui commence pourtant déjà à exercer son influence.

Le souci toujours plus affirmé de la théologie de s'abreuver à la source de la Parole de Dieu trouve son répondant dans le remarquable développement des études bibliques, où la place d'honneur revient à l'École biblique de Jérusalem, tant pour ses travaux propres que pour la pléiade d'exégètes qu'elle a formés.

La pensée proprement théologique, enrichie par un retour aux sources bibliques et patristiques, met désormais davantage l'accent sur l'Église Corps mystique du Christ que sur ses aspects visibles et hiérarchiques ; au nom déjà connu de l'Allemand Karl Adam s'ajoutent bientôt ceux des Français de Lubac et Congar et du Suisse Journet ; des bases se préparent, qui contribueront à fonder la théologie du concile Vatican II un quart de siècle plus tard.

La sociologie religieuse se crée comme science avec Gabriel Le Bras et Fernand Boulard. La catéchétique, de son côté, consciente des problèmes soulevés par la déchristianisation et l'évolution culturelle des milieux auxquels appartiennent les jeunes auxquels elle s'adresse, engage un vaste effort d'adaptation pédagogique.

Toute cette réflexion va de pair avec une insertion de plus en plus active des chrétiens dans le monde de la culture et de la science ; c'est le moment notamment où, en France, le roman d'inspiration catholique atteint un sommet (Mauriac, Bernanos, Van der Meersch, Julien Green...), tandis que Claudel se livre maintenant à la méditation et au commentaire lyrique de l'Écriture Sainte.

Les années 1927-1939 constituent aussi une période d'essor des publications catholiques ou d'inspiration catholique ; tandis que le quotidien *La Croix*, auquel s'intéresse personnellement Pie XI, poursuit sa carrière, de nouveaux titres voient le jour : l'hebdomadaire *La Vie catholique* fondé en 1924 par Francisque Gay, les revues *La Vie intellectuelle*, fondée en 1928 par les dominicains, et *Esprit*, fondée en 1932 par l'animateur du courant personnaliste Emmanuel Mounier dont l'audience déborde largement les frontières de l'hexagone ; l'hebdomadaire *Sept* paraît en 1934, *L'Aube*, organe de la démocratie chrétienne, est lancée en 1932 par Francisque Gay...

Le sentiment de chrétiens qui avaient 26 ans en 1930

« Nous sommes la génération qui a retrouvé la Bible [...]. Nous sommes la génération qui a redécouvert la liturgie [...]. Nous sommes la génération mordue au cœur pour toujours par les propos enflammés de lord Halifax, du cardinal Mercier [...], par le désir passionné de l'unité de l'Église. Nous sommes la génération qui a reçu le cri d'alarme du père Lebbe en face des nationalismes montants dans les pays de mission [...]. Nous sommes la génération qui a lu Claudel et Teilhard de Chardin et qui a redécouvert avec eux une vision du monde capable de combler les exigences du savant et les aspirations du poète, et nous sommes aussi - hélas - la génération à qui deux doctrines monstrueuses [1] [...] ont découvert les abîmes d'inhumanité et de désespoir où pouvaient conduire des siècles de méconnaissance - osons dire trahison - des exigences de justice et de charité contenues dans le message du Christ. »

BERNARD ET ÉLISABETH GUYON, « Une génération grâciée », *L'Anneau d'Or* n° 99-100, 1961.

1. Il s'agit du national-socialisme et du communisme.

Ph. Roger-Viollet

Jacques Maritain, (1882-1973).

Quelques intellectuels catholiques du XXe siècle

Bernanos	de Lubac
Boulard	Maritain
Claudel	Mauriac
Congar	Mounier
Green	Teilhard de Chardin
Le Bras	Van der Meersch

Voir Index

Jacques Maritain et la cité temporelle idéale

[...] La conception du régime de civilisation ou de l'ordre temporel qui nous paraît fondée en raison a trois caractères typiques : tout d'abord, elle est communautaire, j'entends par là que, pour elle, la fin propre et spécificatrice de la cité et de la civilisation est un bien commun différent de la simple somme des biens individuels et supérieur aux intérêts de l'individu en tant que celui-ci est partie du tout social. Ce bien commun est essentiellement la droite vie terrestre de la multitude assemblée, d'un tout fait de personnes humaines : c'est dire qu'il est à la fois matériel et moral.

Mais de plus, et par là même, ce bien commun temporel n'est pas fin ultime. Il est ordonné à quelque chose de meilleur ; le bien intemporel de la personne, la conquête de sa perfection et de sa liberté spirituelle.

C'est pourquoi la juste conception du régime temporel a un second caractère, elle est personnaliste. J'entends par là qu'il est essentiel au bien commun temporel de respecter et de servir les fins supratemporelles de la personne humaine.

En d'autres termes, le bien commun temporel est fin intermédiaire ou infravalente : il a sa spécification propre, par où il se distingue de la fin dernière et des intérêts éternels de la personne humaine ; mais dans sa spécification même est enveloppée sa subordination à cette fin et à ces intérêts, dont il reçoit ses maîtresses mesures. Il a sa consistance propre et sa bonté propre, mais précisément à condition de reconnaître cette subordination et de ne pas s'ériger en bien absolu.

Le centre absolu de fixité auquel il se réfère n'est pas en lui, mais hors de lui, il lui est donc essentiel de subir l'attrait d'un ordre de vie supérieur, qu'il prépare de plus ou moins loin selon les divers types de société politique, et de porter en lui les commencements de ce qui le dépasse [...].

Humanisme intégral, Ed. Aubier, 1936.

II. DANS LA TOURMENTE (1939-1945)

Pie XI meurt le 10 février 1939. A l'époque, l'Allemagne nazie a déjà absorbé l'Autriche (mars 1938) et les territoires sudètes de la Tchécoslovaquie (septembre 1938). L'Europe vit dans la hantise de la guerre. Secrétaire d'État de Pie XI depuis 1929, et au fait de tous les dossiers, le cardinal Pacelli est élu rapidement ; il prend le nom de Pie XII.

Quinze jours plus tard (15 mars 1939), l'Allemagne achève sa conquête de la Tchécoslovaquie ; le 1er septembre suivant, elle envahit la Pologne, qu'elle partage avec l'Union soviétique (pacte germano-soviétique). La France et la Grande-Bretagne déclarent alors la guerre à l'Allemagne ; le second conflit mondial s'engage, durant lequel l'Italie et le Japon se joindront à l'Allemagne, l'Union soviétique et les États-Unis à la Grande-Bretagne ; durant près de cinq années, la presque totalité de l'Europe sera sous la domination allemande ; la guerre mobilise plus de 90 millions de personnes ; l'estimation des pertes humaines se situe entre 35 et 60 millions ; dans ce chiffre, le nombre des juifs victimes de la volonté nazie d'exterminer leur population avoisine les six millions, dont 4 500 000 de Pologne et d'URSS.

Pie XII devant la guerre

Le pape choisit de garder une stricte neutralité. D'une part, il ne veut pas compromettre la situation des catholiques dans les pays envahis ou dans les nations en guerre ; d'autre part, il désire préserver l'indépendance du Vatican pour pouvoir offrir sa médiation en faveur de la paix. Par contre, il rappelle à maintes reprises les principes moraux d'un ordre international. Mais, il attend plus de la diplomatie que d'une parole prophétique.

Le Vatican maintient donc ses relations diplomatiques avec l'Allemagne nazie et ses pays satellites, afin de pouvoir intervenir par les nonciatures contre les lois raciales et toutes autres mesures contraires à la dignité de l'homme, et assurer au mieux la sauvegarde de la foi catholique et de l'Église, détestées par Hitler.

Au début de la guerre, cependant, Radio-Vatican encourage les pays occupés dans leur volonté de résistance ; devant les menaces de Hitler, Pie XII demande à cette station de se cantonner dans les émissions religieuses.

Dans le monde, beaucoup attendent que Rome parle. Pie XII, cependant, estime que les épiscopats nationaux sont mieux placés pour agir et s'exprimer selon leur connaissance de la situation locale et dans des conditions qui ne heurtent pas leurs compatriotes. Il craint, en particulier, s'il exaspère les dirigeants nazis, de provoquer un schisme en Allemagne et de s'interdire en outre toute possibilité de médiation.

Si l'action directe du Saint-Siège, sous des formes diverses, permet de sauver des milliers de vies, surtout de juifs, le silence public de Pie XII face à l'entreprise d'extermination systématique de la population juive par les nazis pèsera très lourdement sur la mémoire laissée par un pape qui était pourtant le scrupule fait homme.

Quand Pie XII évoquait les exterminations raciales pendant la guerre

Radio-message de Noël, 24 décembre 1942

[...] Ce vœu (de retour à la paix), l'humanité le doit à des centaines de milliers de personnes qui, sans aucune faute de leur part, pour le seul fait de leur nationalité ou de leur origine ethnique, ont été vouées à la mort ou à une progressive extinction.

Lettre à Mgr von Preysing, évêque de Berlin, 30 avril 1943

Nous laissons aux pasteurs en fonction sur place le soin d'apprécier si et dans quelle mesure il faut user de réserve, malgré les raisons qu'il y aurait d'intervenir, pour éviter de plus grands maux, étant donné que les déclarations d'évêques risquent d'entraîner des représailles et des pressions, et en tenant compte d'autres circonstances dues peut-être à la longueur et à la psychologie de la guerre. C'est l'un des motifs pour lesquels Nous-mêmes, Nous nous limitons dans nos déclarations.

Allocution au Sacré-Collège (les cardinaux), 2 juin 1943

[...] Notre cœur répond avec une sollicitude toute prévenante et émue aux prières de ceux qui tournent vers Nous un regard d'anxieuse imploration, tourmentés comme ils le sont, à cause de leur nationalité ou de leur race, par des malheurs plus grands, par des douleurs plus pénétrantes et plus lourdes, et livrés, même sans faute de leur part, à des mesures d'extermination [...].

Vous n'attendez pas que Nous vous exposions ici, même partiellement, tout ce que nous avons tenté et essayé d'accomplir pour diminuer leurs souffrances, pour adoucir leur situation morale et juridique, pour défendre leurs droits religieux imprescriptibles, pour subvenir à leur détresse et à leurs nécessités.

Toute parole de Notre part, adressée à ce propos aux autorités compétentes, toute allusion publique devaient, de Notre part, être sérieusement pesées et mesurées, dans l'intérêt même de ceux qui souffrent, pour ne pas rendre, malgré Nous, leur situation encore plus grave et plus insupportable.

Extraits publiés dans *Pour lire l'histoire de l'Église*, T. 2, de J. Comby, Ed. du Cerf.

L'attitude des épiscopats

Les sympathies de Pie XII se portent vers ceux des évêques allemands qui manifestent l'attitude la plus ferme à l'égard du régime nazi, von Preysing (Berlin) et von Galen (Münster). Mais les mises en garde de l'épiscopat allemand contre les assassinats au nom de l'État demeurent théoriques. Les évêques allemands n'élèvent pas de protestation claire et vigoureuse contre le génocide des juifs. Le concordat de 1933 semble les avoir désarmés ou paralysés, ou avoir rétréci leur champ de vision en ce qui concerne les droits de l'homme. Il est vrai aussi qu'en pleine guerre, une protestation est reçue par l'opinion comme un soutien donné à l'ennemi. Par la prédication et l'enseignement, l'Église catholique allemande réussit néanmoins à maintenir, au niveau des consciences, un certain refus de l'idéologie nazie. Des rapports de police mentionnent pour la Bavière que les milieux influencés par l'Église sont les seuls à ne pas adhérer à la politique antisémite.

En France, si de nombreuses institutions religieuses prennent le risque de cacher évadés réfractaires, résistants, juifs, l'épiscopat garde le silence jusqu'en 1942, même en zone libre. Il ne prononce aucune mise en garde sur le danger de s'aligner sur le néo-paganisme, aucune parole claire sur la persécution religieuse en Alsace-Lorraine. Il n'y a pas de protestation épiscopale contre la législation antijuive avant les rafles de 1942. Quelques voix se feront alors entendre, tardives mais courageuses (Suhard, Gerlier, Saliège, Théas, Delay, les Pères de Sion...). Mgr Saliège, archevêque de Toulouse, déclare : « Les juifs sont des hommes. Les juives sont des femmes... Ils font partie du genre humain. Ils sont nos frères comme tant d'autres. Un chrétien ne peut l'oublier. »

Ce silence des épiscopats n'est sans doute pas sans rapport avec l'excessive centralisation de l'Église catholique : les évêques, habitués à prendre leurs consignes à Rome, attendent que le pape parle, tandis que le pape attend qu'ils s'expriment. Intervient en

▶▶▶

Un évêque français devant les déportations de Juifs

Communiqué de Son Eminence le Cardinal Gerlier archevêque de Lyon qui devra être lu en chaire le dimanche 6 septembre (1942) et auquel ne devra être ajoutée aucune autre parole.

L'exécution des mesures de déportation qui se poursuivent actuellement contre les Juifs donne lieu sur tout le territoire à des scènes si douloureuses que nous avons l'impérieux et pénible devoir d'élever la protestation de notre conscience. Nous assistons à une dispersion cruelle des familles où rien n'est épargné, ni l'âge, ni la faiblesse, ni la maladie. Le cœur se serre à la pensée des traitements subis par des milliers d'êtres humains et plus encore en songeant à ceux qu'on ne peut prévoir.

Nous n'oublions pas qu'il y a pour l'autorité française un problème à résoudre, et nous mesurons les difficultés auxquelles doit faire face le Gouvernement.

Mais qui voudrait reprocher à l'Église d'affirmer hautement, en cette heure sombre et en présence de ce qui nous est imposé, les droits imprescriptibles de la personne humaine, le caractère sacré des liens familiaux, l'inviolabilité du droit d'asile et les exigences impérieuses de cette charité fraternelle dont le Christ a fait la marque distinctive de ses disciples. C'est l'honneur de la civilisation chrétienne, et ce doit être l'honneur de la France, de ne jamais abandonner de tels principes. [..].

A la même époque, le cardinal Gerlier, qui vient de « couvrir » l'enlèvement par *L'Amitié chrétienne* de 84 enfants juifs sur le point d'être envoyés à Drancy par le préfet régional, déclare à celui-ci : « Ma prétention est même de nature à renforcer le gouvernement français dans ses rapports avec les autorités occupantes, car cela montre ainsi à l'Allemagne les difficultés intérieures que crée en France la remise des Juifs. » Le compte rendu allemand d'une rencontre peu après entre Laval et les chefs SS à Paris dit : « Le président Laval a expliqué que les exigences que nous lui avions formulées concernant la question juive s'étaient heurtées ces derniers temps à une résistance sans pareille de l'Église. Le chef de cette opposition antigouvernementale étant en l'occurence le cardinal Gerlier. Eu égard à cette opposition du clergé, le président Laval demande que, si possible, on ne lui signifie pas de nouvelles exigences sur la question juive. [...]. »

(Cité par S. Klarsfeld, *Le Monde*, 25 août 1992.)

Vingt-ans plus tard lorsque le concile Vatican II parlera des Juifs

« Du fait d'un si grand patrimoine spirituel, commun aux chrétiens et aux Juifs, le Concile veut encourager et recommander entre eux la connaissance et l'estime mutuelles, qui naîtront surtout d'études bibliques et théologiques, ainsi que d'un dialogue fraternel.

Encore que des autorités juives, avec leurs partisans, aient poussé à la mort du Christ, ce qui a été commis durant sa passion ne peut être imputé ni indistinctement à tous les Juifs vivant alors, ni aux Juifs de notre temps. S'il est vrai que l'Église est le nouveau peuple de Dieu, les Juifs ne doivent pas, pour autant, être présentés comme réprouvés par Dieu ni maudits, comme si cela découlait de la Sainte Écriture. Que tous donc aient soin, dans la catéchèse et la prédication de la parole de Dieu, de n'enseigner quoi que ce soit qui ne soit conforme à la vérité de l'Évangile et à l'esprit du Christ.

En outre, l'Église qui réprouve toutes les persécutions contre tous les hommes, quels qu'ils soient, ne pouvant oublier le patrimoine qu'elle a en commun avec les Juifs, et poussée, non par des motifs politiques, mais par la charité religieuse de l'Évangile, déplore les haines, les persécutions et toutes les manifestations d'antisémitisme, qui, quels que soient leur époque et leurs auteurs, ont été dirigées contre les Juifs. »

Extrait de la Déclaration *Nostra aetate*, sur les religions non chrétiennes, (1965).

▶▶▶

outre, chez les évêques allemands, italiens, français, le loyalisme vis-à-vis de leur gouvernement, reconnu par le Saint-Siège.

Le remords de ces silences favorisera non seulement un changement de mentalité à l'égard des juifs mais, de manière plus générale, une modification profonde de perspective dont on constatera les effets dans les prises de position du concile Vatican II et des papes Paul VI et Jean-Paul II : la défense des droits de l'Église est indissociable de celle des droits de l'homme. « C'est parce que le problème n'a pas été posé dans ces termes, écrit l'historien André Latreille, que la plupart des évêques n'ont pas su saisir l'occasion de jouer un rôle de défenseur de la cité. »

Une évolution des esprits

Malgré l'attitude de loyalisme adoptée par l'épiscopat français à l'égard du régime de Vichy, et le ralliement massif des catholiques comme de leurs concitoyens à la personne du maréchal Pétain en juin 1940, la Résistance comptera nombre d'entre eux, laïcs, prêtres, religieux, dans ses diverses formes ; ils sont convaincus que leurs choix politiques peuvent être aussi éclairés que ceux des évêques. Ils constatent aussi, en l'occurrence, qu'une même cause peut unir des croyants et des incroyants dans un même combat pour l'homme.

Cette génération de catholiques, qui a ainsi mesuré et défendu l'autonomie de la conscience à l'égard de l'autorité hiérarchique, n'est plus disposée à accepter sans discussion mandats et consignes donnés par les évêques. De manière plus générale, le laïcat aspire à se voir reconnaître sa responsabilité au sein de l'Église.

La guerre accélère d'autres prises de conscience, et notamment, chez les responsables de l'Église française, celle de la déchristianisation du pays. Dès 1941, avec l'accord de l'Assemblée des cardinaux et archevêques de France, le cardinal Suhard fonde à Lisieux le séminaire de la *Mission de France,* cette dernière étant chargée de la prise en charge de secteurs parmi les plus déchristianisés ; elle deviendra vite le foyer de multiples initiatives missionnaires.

Au même moment, en 1943, deux aumôniers jocistes, Henri Godin et Yvan Daniel, publient un livre qui fait grand bruit, *« France, pays de mission ? »* A la lumière des échecs enregistrés auprès du monde ouvrier, ses auteurs plaident en faveur d'un nouveau type de ministère, hors des structures classiques. Très frappé par ce livre, le cardinal Suhard fonde, en 1944, une *Mission de Paris* dont les prêtres envoyés dans les quartiers populaires s'adaptent au milieu à évangéliser et s'efforcent d'en partager le plus possible les conditions de vie. Certains déjà se mettent à travailler en usine.

La prise de conscience s'accélère avec le retour des prêtres prisonniers ou déportés ; ils ont totalement partagé, pendant des années, les conditions de vie et de travail de leurs camarades de misère ; ils y ont découvert l'étendue de la non-christianisation et le caractère irremplaçable d'une immersion totale au sein des milieux à évangéliser.

Lorsqu'un mot, une expression, un événement, une institution, un nom propre vous sont inconnus, consultez l'index.

Un foyer de résistance chrétienne : *Témoignage chrétien*

En 1941, le Père Chaillet, jésuite, qui collaborait dans la Résistance à *Vérités,* l'organe du Mouvement de libération nationale animé par Henri Frenay, décide en accord avec celui-ci de créer un organe de résistance spirituelle sans inféodation politique. Le premier numéro des *Cahiers du Témoignage chrétien,* tiré clandestinement à cinq mille exemplaires, paraît à Lyon ; il se présente sous la forme d'une brochure écrite par le Père Fessard, jésuite lui aussi, et rédacteur aux *Études,* sous le titre « France, prends garde de perdre ton âme ». Ce texte, aujourd'hui célèbre, dit notamment :

« Pour nous, notre décision est prise. Car autant l'intérêt majeur des Allemands et de leurs serviteurs est d'entretenir et d'étendre l'équivoque, autant notre devoir de Français et de chrétien est de la dissiper. Nous ne cesserons donc de nous opposer au triomphe des principes nazis quelles que soient les formes qu'ils revêtent. [...]. Il ne faut jamais donner le spectacle de chrétiens qui, pour se sauver, pactisent avec les ennemis de Jésus. C'est donner à ceux-ci plus d'audace et les moyens de continuer leur besogne de mort. [...] »

Le Père Chaillet organise le réseau de diffusion et de soutien de *Témoignage chrétien* dans toute la zone dite alors « libre ». Il rencontre l'appui de certains membres de la hiérarchie (Mgr Saliège, archevêque de Toulouse, Mgr Bruno de Solages, recteur de l'Institut catholique de cette ville) ; des jocistes, des Compagnons de Saint-François, des syndicalistes, des démocrates chrétiens (Alfred Coste-Floret, Edmond Michelet, les Teitgen père et fils...) apportent concours ou appui. Simone Weil (avant son départ aux États-Unis), André Mandouze participent à la diffusion. Celle-ci est étendue à la zone Nord à partir de 1943, et l'impression en partie effectuée à Paris.

A partir de mai 1943 un *Courrier du Témoignage chrétien* mensuel, centré sur l'actualité (29 numéros, 410.000 ex.), double les *Cahiers,* plus doctrinaux (12 numéros, 825.000 ex.).

Le dernier message publié dans le *Courrier* par le Père de Montcheuil, théologien jésuite, avant son arrestation et son exécution (1944) avait pour titre : « Vers le soulèvement de la Nation. » ■

Les démissions forcées d'évêques en 1945

Après la libération de la France, le gouvernement du général de Gaulle envisageait une large épuration parmi les évêques, pour leur attitude favorable au régime de Vichy ou leur silence en face des atteintes aux droits les plus sacrés des personnes. Ses listes comportaient les noms de trois cardinaux et de vingt-et-un évêques.

Le Saint-Siège ne concéda que ce qu'il ne pouvait refuser, à savoir la démission des évêques manifestement victimes du ressentiment populaire. En France et Outre-mer, sept prélats furent ainsi écartés : Mgr de la Villerabel, archevêque d'Aix-en-Provence ; Mgr Dutoit, évêque d'Arras ; Mgr Auvity, évêque de Mende ; Mgr Beaussart, évêque auxiliaire de Paris ; les vicaires apostoliques de Rabat, Mgr Vielle ; de Saint-Pierre-et-Miquelon, Mgr Poisson, et de Dakar, Mgr Grimaud [1]. ■

1. Le plus compromis, le cardinal Baudrillart, était mort en 1942, à 83 ans.

III. DE LA SECONDE GUERRE MONDIALE AU CONCILE (1945-1962) OU UNE ÉVOLUTION EN QUÊTE DE REPÈRES

D'une vie ecclésiale foisonnante...

La période de l'immédiate après-guerre est difficile à définir et justifie l'interrogation de la lettre pastorale du cardinal Suhard, archevêque de Paris, en 1947 : *Essor ou déclin de l'Église* ?

En effet, on assiste simultanément à trois ordres de phénomènes, au demeurant étroitement liés. D'une part, sous l'effet d'une claire conscience de l'état de déchristianisation d'une large part de la vieille chrétienté, un puissant dynamisme se déploie dans tous les secteurs de la vie de l'Église, un souffle d'esprit apostolique suscite de multiples initiatives. D'autre part, face au caractère inédit de la nouvelle évangélisation de ce monde quelquefois appelé « post-chrétien », interrogations, incertitudes, critiques se développent. Enfin, toutes ces initiatives et ces remises en cause commencent à inquiéter les esprits les plus attachés à la stabilité et aux formes traditionnelles, dans les rangs des fidèles ou les bureaux romains.

Dans le premier ordre de phénomènes, celui du dynamisme apostolique (dont le livre du Père Voillaume « Au cœur des masses » (1950), et son retentissement sont significatifs), le fait marquant de la période 1945-1960 est la vitalité de l'Action catholique, alors à son apogée. En France notamment, à côté des mouvements de jeunesse toujours très actifs, se développent — ou se créent — des mouvements d'adultes, et notamment : dans le monde rural, *Mouvement familial rural,* devenu plus tard *Chrétiens dans le monde rural* (CMR) ; dans le monde ouvrier, *Mouvement populaire des familles* (MPF), dont l'engagement politique conduit l'épiscopat à lui retirer son mandat en 1950 et à susciter un mouvement à vocation spécifiquement apostolique, *l'Action catholique ouvrière* (ACO) ; dans le monde de la bourgeoisie, *Action catholique des milieux indépendants* (ACI). En même temps, les anciens mouvements de défense religieuse, *Ligue patriotique des Françaises, Fédération nationale catholique* (FNC), se transforment en mouvements d'Action catholique générale : *Action catholique générale féminine* (ACGF), *Action catholique générale des hommes* (ACGH).

Dans la foulée de ce dynamisme, et pour répondre à l'appel général aux catholiques lancé par Jean XXIII en 1959, naîtra en 1961, à l'initiative commune de quinze mouvements catholiques, un *Comité catholique contre la faim* ; il deviendra un peu plus tard le *Comité catholique contre la faim et pour le développement* (CCFD), émanation de vingt-cinq mouvements ; l'épiscopat français lui confiera le soin d'assurer et de gérer la collecte annuelle de Carême pour l'aide au développement du Tiers-Monde.

Il n'est pas possible d'énumérer ici la multitude des mouvements de toutes sortes (apostoliques, spirituels, caritatifs, sociaux...) qui se trouvent alors à l'œuvre et qui subsistent d'ailleurs aujourd'hui (ils sont évoqués dans le chapitre V du

Paroisse et mission selon le Père Michonneau

Tout homme appartient à une Communauté humaine quelconque, constituée par les gens avec lesquels normalement il est en relation : voisins de quartiers, ouvriers de la même usine ou du même atelier, camarades de bureau ou de loisirs, communauté composée d'éléments souvent bien divers : des jeunes, des foyers, des commerçants de la rue, de la concierge, etc., bref, de tous ceux que leur vie de chaque jour met sur leur chemin.

Tout chrétien appartient à une Communauté chrétienne, c'est-à-dire à un groupe de chrétiens se réunissant quelquefois pour la prière et la messe en commun, pour parler ensemble du Christ, se redonner mutuellement courage pour la lutte et repartir plus fort pour la vie.

[...] Un chrétien digne de ce nom aime tous ceux qui l'entourent, partage leur vie, non seulement matérielle mais morale et spirituelle, chacun d'eux devient pour lui un ami, qu'il a souci d'aider, de porter en lui, il devient de ce fait même un centre de communauté, on gravite autour de lui parce qu'en lui on sent de l'amour et le monde en a tant besoin. Lorsque ce chrétien est dans sa Communauté chrétienne, il est en quelque sorte le représentant de tous ceux qui puisent à lui un peu d'idéal, il sent sur ses épaules le fonds de ceux dont providentiellement il partage la vie, il est comme délégué par eux près du Bon Dieu.

Mais le plus souvent le chrétien (ou soi-disant tel) passe dans la vie indifférent à tous ceux qui l'entourent et ne se complaît qu'avec les autres chrétiens. Sa Communauté de vie se confond avec sa communauté chrétienne, il est une simple unité. Aux yeux du Bon Dieu il ne représente plus rien, un individu ne prenant un sens qu'avec son contexte, c'est-à-dire tous ceux qui vivent avec lui.

C'est là le grand drame de la paroisse.

[...] La Paroisse est un milieu à côté des autres milieux, elle n'est pas représentative de tout un quartier, de toute une ville.

Et voilà il me semble le premier travail à faire : renvoyer tous ces braves gens chez eux, c'est-à-dire dans leur milieu naturel de vie, là où providentiellement le Bon Dieu les a placés.

[...] Il faut donc :

1° que la paroisse représente bien tout le quartier ;

2° qu'elle soit composée de chrétiens véritables ayant la charité à la base de leur vie ;

3° qu'elle réponde aux problèmes de vie de ces chrétiens.

Paroisse, communauté missionnaire, Ed. du Cerf, 1946.

présent ouvrage). On peut à tout le moins signaler la naissance de deux mouvements qui font date, eux aussi : le *Secours Catholique,* fondé en 1946 à la demande de l'épiscopat par l'abbé Rodhain, point de départ d'un vaste réseau de *Caritas* à travers le monde ; les *Équipes Notre-Dame,* fondées par l'abbé Caffarel, mouvement de spiritualité conjugale auquel on doit un renouveau dans l'approche chrétienne du mariage et du foyer et qui, lui aussi, se répand en de nombreux pays.

L'enseignement catéchétique est lui-même en pleine créativité, au double plan fondamental (retour aux sources bibliques) et pédagogique, en particulier avec les recherches et les initiatives de l'abbé Colomb.

De manière générale, s'élargit dans les milieux catholiques la redécouverte de la Bible, dont les nouvelles traductions, comme la *Bible de Jérusalem,* rencontrent le succès, tandis que se multiplient les travaux d'exégètes catholiques.

La théologie se renouvelle, mettant davantage l'accent sur la place centrale du Christ dans la vie chrétienne, et sur l'Église comme mystère de grâce et lieu de rencontre du Christ.

L'œcuménisme continue de progresser dans les esprits, malgré les réticences romaines.

Le Centre pastoral des missions de l'intérieur (CPMI) lance à travers le pays des missions à l'échelon de villes ou de secteurs entiers.

Ainsi qu'on l'a vu, la non-christianisation du monde ouvrier, et la modestie des résultats obtenus par les formes d'évangélisation jusque-là mises en œuvre à son égard, incitent des prêtres à se faire eux-mêmes ouvriers ; un autre type de prêtres apparaît ainsi : des hommes à l'usine, qu'extérieurement on ne peut distinguer des autres ouvriers et qui, sans rien abandonner de leur conscience sacerdotale, ne ressemblent pourtant plus guère au clergé paroissial.

... à un syndrome de crise

Ces prêtres, ainsi plongés au cœur de la vie ouvrière, se trouvent inévitablement liés à ses espoirs et à ses luttes. Leur participation au combat syndical leur suscite les reproches de compromissions politiques. Alors qu'ils sont engagés dans une mission qui cherche difficilement sa voie, et qui soulève une interrogation plus large encore sur la nature et les formes du sacerdoce lui-même, le livre de Gilbert Cesbron *Les saints vont en enfer* les met sous le feu des projecteurs, en 1952.

Mais, en réalité, devant l'énormité du défi que jette aux chrétiens l'éloignement croissant d'un monde en mutation extrêmement rapide, c'est l'ensemble du dispositif ecclésial qui connaît incertitudes et tensions internes.

Au sein de l'ACJF, et précisément à propos de la manière de prendre en compte les problèmes de société, la tension s'accroît avec la JOC, qui accentue son autonomie. L'ACJF, peu soutenue par l'épiscopat, disparaît en 1956.

Les mouvements d'Action catholique spécialisé ont de la difficulté à se situer par rapport à l'action syndicale ; ils se heurtent, en outre, aux réticences d'une partie des fidèles et du clergé,

Les prêtres-ouvriers

Une question lancinante

L'écart croissant entre le monde ouvrier et l'Église ne cesse, depuis le développement de la civilisation industrielle dans le cours du XIXe siècle, de hanter la conscience catholique ; on peut même parler d'une sorte de mauvaise conscience de l'Église à l'égard du monde ouvrier, dans la mesure où celui-ci représente la partie la plus défavorisée de la société.

D'où, depuis plus d'un siècle en France, une multitude d'initiatives dans cette direction : les unes, en vue d'atténuer les conséquences les plus criantes de l'inégalité sociale ; les autres, en vue d'analyser et de combattre les causes mêmes de cette inégalité au niveau de la société (c'est tout le sens du « catholicisme social » depuis Lamennais, Ozanam, etc., ainsi que du syndicalisme chrétien) ; d'autres enfin, en vue de donner sa place dans l'Église au monde ouvrier et d'assurer au sein de celui-ci une présence chrétienne : cercles catholiques d'ouvriers avec Albert de Mun à partir de 1871, pèlerinages à Rome de la France au travail avec Léon Harmel à partir de 1885, les « abbés démocrates » (« allons au peuple ») au tournant du siècle, et surtout les mouvements ouvriers d'Action catholique à partir de 1927 (Jeunesse Ouvrière Chrétienne J.O.C., Ligue Ouvrière Chrétienne L.O.C. puis Action Catholique Ouvrière A.C.O.), ces derniers se situant délibérément au sein du « mouvement ouvrier » dans son combat pour le progrès social.

Dans l'Église, on parle de plus en plus du monde ouvrier en termes de terrain de mission, dans la mesure où les racines chrétiennes y sont de moins en moins perceptibles. Pendant la guerre, en 1941, le cardinal Suhard, archevêque de Paris, fonde la *Mission de France,* avec pour objectif de former des prêtres destinés aux secteurs les plus déchristianisés du pays.

Le choc

C'est pendant cette Seconde Guerre mondiale que se produit le choc décisif dans la conscience catholique, sous l'effet de deux ordres d'événements.

D'une part 4 000 prêtres français (soit près du dixième du clergé) se trouvent parmi les prisonniers de guerre français en Allemagne ; bientôt d'autres se glissent clandestinement parmi les travailleurs français envoyés outre-Rhin. Les uns et les autres prennent une conscience plus vive de l'ampleur de la non-christianisation des milieux populaires ; en même temps, ils découvrent ce que peut y être une présence de prêtre dès lors qu'il en partage intégralement les conditions de vie et de travail.

D'autre part, en 1943, paraît un petit livre au grand retentissement, *France, pays de mission ?,* qui souligne l'étendue du problème et l'insuffisance des moyens mis en œuvre. Les auteurs, les abbés Godin et Daniel, des aumôniers jocistes, parlent d'expérience. Quelques semaines plus tard, bouleversé par ce cri d'alarme, le cardinal Suhard, déjà fondateur de la *Mission de France,* institue dans son diocèse une *Mission de Paris* ; il n'est pas question alors de prêtres au travail, mais seulement de prêtres agissant en milieu populaire, hors des structures paroissiales. Bientôt, cependant, quelques-uns de ces prêtres, pensant qu'il faut aller au-delà, demandent à leur archevêque l'autorisation de s'embaucher comme ouvriers ; c'est le véritable départ de l'expérience.

Des prêtres à l'usine

L'idée n'est pourtant pas nouvelle. Déjà, au début du siècle, des « abbés démocrates » songeaient à cette forme de ministère ; en 1939, un prêtre parisien s'était fait embaucher en usine avec l'accord de son archevêque. Mais, cette fois, il ne s'agit plus d'une initiative isolée. Le cardinal Suhard soutient l'expérience de toute son autorité ; sa lettre pastorale *Essor ou déclin de l'Église ?* en 1947 souligne l'importance de l'enjeu. Le nombre de prêtres au travail s'accroît rapidement en France jusqu'à atteindre la centaine.

Mais, des problèmes inédits se posent ; la découverte des réalités de la vie ouvrière modifie l'état d'esprit des prêtres qui s'y sont immergés, ainsi que leur approche des questions religieuses et ecclésiales, notamment en ce qui concerne le rôle du prêtre ; en outre, leur intégration dans le monde ouvrier, si elle veut être totale, les conduit à partager ses espoirs et ses combats ; or l'action syndicale n'est pas sans interférences politiques. De vives contestations s'élèvent à ce sujet au sein du monde catholique et jusqu'à Rome.

La crise

En 1954, malgré les démarches de l'épiscopat français, Pie XII met un terme à l'expérience. On a souvent attribué sa décision à son inquiétude devant le glissement de beaucoup de prêtres-ouvriers vers le marxisme. Il est probable que l'aspect proprement religieux du problème a été encore plus déterminant chez lui : le ministère des prêtres au travail met indubitablement en cause le modèle du prêtre conçu par le concile de Trente au XVIe siècle ; mais ne met-il pas en cause la conception fondamentale du sacerdoce lui-même ? Pie XII semble trancher la question par l'affirmative. Par contre, il ne met pas un terme à la *Mission de France,* à laquelle il donne même un statut original de *prélature nullius* qui se révèlera très judicieux. On a souvent observé que la décision de Pie XII de suspendre l'expérience des prêtres-ouvriers se situe dans la phase finale de son pontificat, marquée par un net raidissement.

Elle entraîne une véritable crise, non seulement parmi les prêtres au travail (dont plus de la moitié décide d'y rester), mais au sein de l'Église en France. Beaucoup d'évêques, tout en reconnaissant le besoin d'ajustements au vu de l'expérience, considèrent que celle-ci répond à une absolue nécessité pastorale.

L'épiscopat français met alors en place une structure pastorale en milieu ouvrier : la *Mission ouvrière* (voir Index).

En 1965, dans un climat post-conciliaire détendu, et selon un cadre défini à la lumière de l'expérience passée, Paul VI autorise l'épiscopat français à recourir à nouveau au ministère de prêtres au travail. Dix ans plus tard, ils sont près d'un millier ; ils disposent d'un secrétariat national élu par eux, qui fonctionne en liaison avec la commission épiscopale du monde ouvrier. Et par-delà les prêtres travaillant en usine, bien d'autres sont immergés de diverses manières dans le monde professionnel (chercheurs, ingénieurs, employés, marins...). Sans faire l'unanimité, bien problématique dans ce domaine, la formule semble avoir trouvé son point d'équilibre. ■

Voir Index : Prêtres-ouvriers. Pastorale en monde ouvrier

et, à l'intérieur de leur propre milieu, à l'individualisme croissant des nouvelles générations.

On a vu, plus haut, l'évolution du *Mouvement populaire des familles* et la naissance d'un nouveau mouvement d'*Action catholique ouvrière* (ACO) en 1950.

Le système paroissial lui-même est contesté ; il ne semble plus adapté aux nouvelles données urbaines (conscience de classe plus vive, mobilité des populations, importance des loisirs, baisse de la pratique...) ; des prêtres s'interrogent sur la part de leur vie qu'ils peuvent consacrer à la majorité éloignée de l'Église ; aussi bien existe-t-il un réel problème de répartition du clergé entre secteurs ruraux et urbains, secteurs christianisés et déchristianisés.

Malgré tout, aux yeux de beaucoup de pasteurs, le quadrillage paroissial offre des chances irremplaçables ; en tout état de cause subsiste la nécessité de moyens permanents de rassemblement ecclésial du Peuple de Dieu dans la diversité de ses composantes ; encore faut-il que les paroisses soient de véritables communautés missionnaires ; c'est à quoi s'attache un ensemble de chefs de paroisses, les plus connus étant les Pères Michonneau et Rétif au Petit-Colombes, Remillieux à Lyon, Conan à Paris... ; ils repensent toute la vie paroissiale dans cette perspective (liturgie, catéchèse, prédication, rôle des laïcs...) ; leur expérience sera largement mise à contribution.

Une période difficile

Devant les initiatives les plus diverses, le Vatican manifeste, longtemps, à la fois compréhension et vigilance. Mais la fin du pontificat de Pie XII témoigne d'un net raidissement.

L'encyclique *Humani generis* (1950) rappelle les positions romaines les plus rigides à l'égard des recherches théologiques, bibliques, œcuméniques ; elle jette la consternation chez les théologiens et les artisans de l'œcuménisme ; les Pères de Lubac, Ganne, Bouillard doivent renoncer à enseigner et à publier ; plus tard, lors de l'affaire des prêtres-ouvriers, des mesures analogues sont prises à l'égard d'autres théologiens, comme les Pères Congar et Chenu.

En 1953, en effet, les évêques doivent faire revenir des usines les prêtres-ouvriers : Pie XII s'inquiète de l'attirance exercée sur eux par le marxisme, et des risques de réduction du message évangélique à une morale sociale. On reproche aux prêtres-ouvriers de remettre en cause le modèle qui fait du prêtre un « séparé », de confondre les tâches incombant respectivement aux prêtres et aux laïcs, de relâcher leurs liens avec l'Église.

La décision de Rome provoque un émoi considérable, tant parmi les prêtres-ouvriers qu'au sein de l'épiscopat ; le cardinal Liénart, évêque de Lille, déclare au nonce : « Il ne fait aucun doute que l'opinion publique, dans son ensemble, concluera que l'Église abandonne le monde des travailleurs ».

Les prêtres-ouvriers ont le sentiment d'être mis devant le choix entre deux fidélités, à l'Église catholique ou à la classe ouvrière ; dans un extrême déchirement, sur une centaine, près de soixante décident de rester au travail.

▶▶▶

▶▶▶

Pour préserver l'avenir, l'épiscopat français décide alors la création de *secteurs de Mission ouvrière,* organismes qui, dans les villes ou les régions qui leur seront confiées, coordonneront l'apostolat en monde ouvrier (clergé paroissial, mouvements de laïcs, et même prêtres au travail, puisque l'interdiction romaine s'accompagne d'une tolérance de trois heures de travail par jour).

Ces événements amènent les évêques à regretter encore davantage la centralisation romaine. Ils s'inquiètent d'un projet de réforme de la Curie dont le but serait de renforcer un peu plus encore ce centralisme aux dépens de la marge d'initiative des épiscopats nationaux. Mais la mort de Pie XII (9 octobre 1958) suspend toute décision.

Regards sur un pontificat

Pour juger le pontificat de Pie XII, il faut le replacer dans son contexte historique, celui de la Seconde Guerre mondiale d'abord, puis de la guerre froide. Pendant toute la durée du conflit, le communisme est resté aux yeux de Pie XII un mal plus redoutable encore que le nazisme parce que visant à une hégémonie universelle. Or, durant tout son pontificat, le pape constate que cette visée est inchangée. Sa préoccupation est renforcée par la persécution de l'Église dans les pays d'Europe sous influence soviétique, qui se traduit, entre autres, par les condamnations du cardinal Wyszynski en Pologne, de Mgr Stepinac en Yougoslavie, du cardinal Mindszenty en Hongrie, de Mgr Beran en Tchécoslovaquie, de Mgr Slipyj en Ukraine ex-polonaise annexée par l'URSS, par l'intégration autoritaire des Églises catholiques de rite byzantin dans les Églises orthodoxes en URSS et en Roumanie, etc. Sa crainte se trouve confirmée par le traitement réservé à l'Église en Chine après la victoire de Mao Ze-dong en 1949. Pie XII publie alors les encycliques *Orientales Ecclesias* (15 décembre 1952) et *Ad sinarum gentem,* (7 octobre 1954).

Les progrès du communisme dans le monde ne cessent donc de maintenir Pie XII dans une grande vigilance. Sa préoccupation majeure est de sauver l'unité de l'Église contre la menace qu'il juge la plus grave.

Mais on ne doit pas pour autant perdre de vue les aspects novateurs du pontificat de Pie XII, que ce soit dans le domaine liturgique (introduction des langues nationales dans les rituels des sacrements, restructuration de la vigile pascale et de la semaine sainte, autorisation des messes du soir, modification du jeûne eucharistique, etc.), où il ouvre la voie aux réformes du concile Vatican II ; que ce soit dans le constant encouragement aux diverses formes de l'apostolat des laïcs, dans l'internationalisation de la Curie et du Sacré-Collège (deux tiers de cardinaux étrangers), ou dans le double souci d'accélérer la constitution d'Églises indigènes dirigées par leurs propres évêques, et d'aider néanmoins ces Églises par le détachement auprès d'elles de prêtres diocésains des pays chrétiens (encyclique *Fidei donum,* 1957, voir Index).

C'est à Pie XII que revient l'initiative d'avoir défini le dogme de l'Assomption de la Vierge (1950), confirmant ce que célébrait le peuple chrétien depuis les temps les plus anciens, et couronnant un siècle de développement de la mariologie. Il est vrai que cette initiative ne devait faciliter les relations œcuméniques ni avec l'orthodoxie ni avec les Églises réformées.

Comme toutes les missions, la conquête du prolétariat est un travail austère et qui peut rester longtemps aride ; aussi demande-t-il à tous ceux qui l'entreprennent qu'ils s'y abandonnent tout entiers [...] C'est pourquoi, ces missionnaires qui doivent se faire peuple [...] doivent s'attendre à être compromis, même aux yeux de leurs confrères. Une tâche de ce genre demande des prêtres absolument décidés, qui se donnent à ce travail préféré du Christ sans trop d'espoir de pouvoir se reprendre jamais.

« Nous sommes prêts, nous, Action catholique ouvrière, à faire une trouée dans ce prolétariat. Serez-vous prêts, vous, évêques, pour accueillir dans la chrétienté et pour y garder les néophytes que nous vous amènerons ? » Toute cette étude répond : non, l'Église de France n'a pas été prête pour l'après-demain, elle n'a pas eu les institutions et peut-être l'esprit nécessaires.

H. GODIN et Y. DANIEL, *La France, Pays de mission ?*, Lyon-Paris, 1943.

Le cardinal Mindszenty, Primat de Hongrie, pendant son procès en 1949, sous le régime communiste.

Appel de Pie XII aux évêques pour l'envoi temporaire de prêtres en pays de mission

(...). Une autre forme d'entraide, plus onéreuse sans doute, est pourtant pratiquée par plusieurs évêques qui autorisent certains de leurs prêtres, fût-ce au prix de quelques sacrifices, à partir se mettre pour une durée limitée à la disposition des Ordinaires d'Afrique. Ce faisant, ils rendent à ceux-ci un service irremplaçable (...).

Encyclique *Fidei donum,* 1957 dans *Le siège apostolique et les missions,* 1959.

Un pape et un pontificat inattendus : Jean XXIII (1958-1963)

Le 28 octobre 1958, après onze scrutins, le cardinal Angelo Roncalli, patriarche de Venise, est élu pape et prend le nom de Jean XXIII. Il a près de 77 ans et l'opinion voit en lui un simple pape de transition.

Or, il surprendra tout le monde par ses initiatives. Il sera servi dans sa tâche, et sans doute inspiré dans ses orientations, par l'expérience acquise au cours de ses missions antérieures : visiteur apostolique en Bulgarie, puis délégué apostolique en Turquie et en Grèce, il y a fréquenté et découvert la chrétienté orthodoxe et le monde islamique ; appelé à succéder comme nonce à Paris à Mgr Valério Valeri après la Libération, il parvient à limiter l'épuration épiscopale qu'exigeait le gouvernement du général de Gaulle ; entre 1944 et 1953, il est le témoin attentif des efforts missionnaires que déploie l'Église en France. Nommé archevêque de Venise, il y parfait son expérience pastorale, non sans entretenir le dialogue avec le maire communiste de la cité.

A peine trois mois après son élection, le 25 janvier 1959, Jean XXIII annonce, dans un même discours, la convocation d'un synode du diocèse de Rome pour repenser l'évangélisation de la ville, la réunion d'un concile universel, et la réforme du droit canon. C'est évidemment l'annonce d'un concile qui retient l'attention générale : il ne s'en est pas tenu depuis le premier concile du Vatican en 1869-1870 ; si Pie XI et Pie XII ont, chacun, pensé en réunir un, ils ont dû y renoncer.

Jean XXIII n'a d'ailleurs pas encore une idée précise du concile à réunir ; il lui assigne deux buts très larges : adaptation (*aggiornamento,* mise à jour) de l'Église et de l'apostolat à un monde en pleine transformation, retour à l'unité des chrétiens, qu'il semble envisager dans des délais rapprochés. Sans plus attendre, il réorganise la Curie et notamment redonne vie à la fonction de secrétaire d'État que Pie XII avait assumée lui-même dans les dernières années de son pontificat.

Pressé par son grand âge, il accélère la préparation du concile annoncé, créant très vite une commission anté-préparatoire qui adresse une consultation à 2 594 prélats, 156 supérieurs d'instituts religieux et 62 universités. Le 29 juin 1959, l'encyclique *Ad Petri cathedram* trace le programme du concile.

Un an plus tard, en 1960, s'ouvre la phase préparatoire : 10 commissions et 2 secrétariats élaborent les 70 projets (*schémas*) qui, corrigés et remaniés par une commission centrale, seront adressés aux futurs membres du concile trois mois avant la réunion. Dans ces organes préparatoires, une double innovation : une commission pour l'apostolat des laïcs, la seule à ne pas correspondre à une des congrégations de la Curie, et un Secrétariat pour l'unité des chrétiens qui, dirigé par le cardinal Bea, jouera un rôle très important avant et durant le concile, à l'encontre de bien des résistances romaines à la volonté œcuménique de Jean XXIII.

Autre innovation par rapport à la préparation du premier concile du Vatican : des évêques diocésains et des théologiens (notamment les Pères de Lubac et Congar, interdits d'enseignement dans les dernières années du pontificat de Pie XII) siègent

▶▶▶

Ph. Lessing-Magnum

Le pape Jean XXIII.

Un observateur protestant au concile parle de Jean XXIII

« L'attitude, plus que les paroles, de Jean XXIII retint mon attention en cette première journée. Placé au centre de cette immense assemblée qu'il présidait, il donnait l'impression d'un homme simple et sans prétention, bien décidé à jouer le rôle qui lui était imparti dans cette étrange et anachronique parade, mais totalement dépréoccupé de lui-même, humble et priant. Il y avait un étrange contraste entre le faste déployé, les signes extérieurs de grandeur et de puissance de ce souverain, auquel ses « sujets » venaient baiser les pieds, et le visage de vieux serviteur de cet homme déjà marqué par la maladie, mais empreint de gravité bienveillante et de bonhomie sans illusions ... parfois presque ironique. »

Pasteur Hebert Roux
Détresse et promesse de Vatican II,
Ed. du Seuil, 1967

Chronologie 1945-1985

1945 Capitulation de l'Allemagne et du Japon. L'Europe de l'Est sous tutelle soviétique.

1946 Conférence de Paris sur la paix. IVe République en France.

1948 Constitution du Conseil Oecuménique des Églises, COE.

1949 République populaire de Chine. Traité de l'Atlantique-Nord(OTAN).

1950 Dogme de l'Assomption.

1953 Mort de Staline.

1957 Traité de Rome (Communauté Européenne, CEE). Encyclique *Fidei donum* Krouchtchev.

1958 **Mort de Pie XII. Élection de Jean XXIII.** Ve République en France.

1959 Annonce d'un Concile.

1961 Encycl. *Mater et Magistra.*

1962 Ouverture du concile Vatican II (voir plus loin chronologie du concile).

1963 Encycl. *Pacem in terris.* **Mort de Jean XXIII. Élection de Paul VI.**

1964 Rencontre Paul VI - Athénagoras. Encycl. *Ecclesiam suam.*

1965 Fin du concile. Visite de Paul VI au Conseil Œcuménique des Églises. Encycl. *Mysterium fidei.* Institution du Synode d'évêques. 1966 Paul VI aux Nations-Unies. Le Dr Ramsey, primat de la Communion anglicane, rencontre Paul VI à Rome.

1967 Encycl. *Populorum progressio* et *Sacerdotalis celibatus.*

1968 Encycl. *Humanae vitae.*

1971 Lettre apostol. *Octogesima adveniens.*

1976 Exhort. apostol. *Evangelii nuntiandi.*

1978 **Mort de Paul VI. Élection de Jean-Paul Ier**, qui meurt peu après. **Élection de Jean-Paul II.**

1979 Encycl. *Redemptor hominis.*

1980 Encycl. *Dives in misericordia.* Jean-Paul II en France et à l'UNESCO.

1981 Attentat contre Jean-Paul II, grièvement blessé à Rome. Encycl. *Laborem exercens.* Exhort. apostol. *Familiaris consortio.*

1983 Nouveau Code de Droit canon. Jean-Paul II à Lourdes.

1984 Exhort. apostol. *Reconciliatio et poenitentia.*

1985 Encycl. *Dominum et vivificantem.*

Jean XXIII
Biographie
Encyclique *Mater et Magistra* (1961)
Encyclique *Pacem in terris* (1963)
Encycliques de Jean-Paul II
Voir Index

▶▶▶

dans les commissions et y contrebalancent quelque peu les tendances conservatrices des membres de la Curie.

Le 15 mai 1961, Jean XXIII publie l'encyclique *Mater et Magistra* qui, à l'occasion du 70e anniversaire de l'encyclique *Rerum novarum* de Léon XIII, traite des récents développements de la question sociale.

Ainsi le pape s'attache-t-il à faire prévaloir, avec sérénité mais fermeté, l'esprit d'ouverture tout à la fois au monde et à l'œcuménisme qu'il souhaite voir inspirer les travaux du concile.

Si beaucoup de traits du pontificat de Pie XII s'expliquent par le contexte international de guerre froide dans lequel il s'est déroulé, de même bien des aspects du pontificat de Jean XXIII et même des travaux conciliaires ne se comprennent qu'en se référant au climat de détente internationale ayant fait suite à la mort de Staline en 1953 : Khrouchtchev avait alors engagé un mouvement de « déstalinisation », et annoncé une politique extérieure de co-existence pacifique qui devait trouver un écho favorable chez le président des États-Unis Kennedy, élu en 1960, partisan convaincu de la limitation des armements ; malgré l'affaire des fusées de Cuba (1962), marquée par la fermeté de Kennedy, celui-ci avait signé avec Khrouchtchev, en 1963, un traité sur les expériences nucléaires. Cette même année 1963 devait être marquée par la mort de Jean XXIII et par l'assassinat du président Kennedy.

Le dernier message de Jean XXIII sera d'ailleurs consacré à la paix. Son encyclique *Pacem in terris* d'avril 1963, adressée non plus aux seuls catholiques mais « à tous les hommes de bonne volonté », aura un retentissement considérable, jusqu'au cœur du Kremlin ; c'est que, selon un journal de gauche, son mérite sera de « mettre la paix de Dieu au niveau des réalités de notre époque ».

Dieu et les réalités de l'époque : tenir les deux bouts de la chaîne, c'était ce que Jean XXIII attendait du concile.

Jean XXIII précise au concile l'esprit de sa mission

Le Père Yves Congar, dans son livre *Le Concile de Vatican II* (Beauchesne 1984), cite le passage ci-dessous du discours de Jean XXIII à l'ouverture du concile, le 11 octobre 1962, en soulignant l'importance attachée par le pape à ces mots, rappelés par lui en diverses autres circonstances.

[...] « Notre devoir n'est pas seulement de garder ce précieux trésor comme si nous n'avons souci que du passé, mais de nous consacrer, résolument et sans crainte, à l'œuvre que réclame notre époque, poursuivant ainsi le chemin que l'Église parcourt depuis vingt siècles.

L'objet essentiel de ce concile n'est donc pas une discussion sur tel ou tel article de la doctrine fondamentale de l'Église. [...]

[...] L'esprit chrétien, catholique et apostolique, attend dans le monde entier un bond en avant vers une pénétration doctrinale et une formation des consciences qui correspondent plus parfaitement et plus fidèlement à la doctrine authentique, laquelle doit cependant être étudiée et exposée suivant les méthodes de recherche et la présentation dont use la pensée moderne. Autre est la substance de la doctrine antique contenue dans le dépôt de la foi, autre la formulation dont on la revêt, en se réglant, pour les formes et les proportions, sur les besoins d'un magistère à caractère surtout pastoral. [...].

Aujourd'hui, cependant, l'Épouse du Christ préfère user du remède de la miséricorde plutôt que de la sévérité [...] »

Ph. Moosbrugger-Rapho

Les évêques du monde entier réunis en concile (Vatican II) dans la basilique Saint-Pierre à Rome.

L'Église de 1914 à 1985

IV. LE CONCILE VATICAN II (1962-1965)

Le 11 octobre 1962, après quatre années de préparation intensive, le concile est ouvert solennellement dans la basilique Saint-Pierre par Jean XXIII, dont le discours inaugural fait sensation ; il met en garde les participants contre la tentation de multiplier les condamnations et rappelle la perspective œcuménique où doit se placer ce concile, d'esprit essentiellement pastoral. De fait, c'est cet esprit qui dominera les travaux du concile durant ses quatre sessions de 1962 à 1965.

A l'ouverture, on compte près de 2 400 participants sur les 2 800 convoqués. Innovation très remarquée, sont également présents des observateurs des Églises chrétiennes non romaines (orthodoxes, protestants, anglicans, vieux-catholiques) sur l'invitation de Jean XXIII, malgré l'avis contraire de la majorité de la Curie ; cette présence silencieuse (les observateurs seront cependant consultés en diverses circonstances par les participants) n'en contribuera pas moins à donner au concile son ouverture d'esprit. Autre présence qui aura son importance, celle de nombreux experts (théologiens, liturgistes, canonistes…) qui n'interviennent pas dans les débats généraux mais sont consultés dans les commissions, et associés à des rédactions.

▶▶▶

Les participants du concile Vatican II

Les pères du Concile

Convoqués : 2778 (Vatican I : 1080)	Cardinaux	80
	Patriarches	7
	Archevêques et évêques résidentiels	1619
	Évêques titulaires	975
	Supérieurs d'ordres	97

Présents : 2386 (Concile Vatican I : 704) auxquels s'ajoutent de nombreux experts et observateurs.

Les invités présents

Observateurs non-catholiques	101
Auditrices laïques	23
Auditeurs laïcs	29

D'où viennent les pères conciliaires ?

Europe	38 %	(pour 47 % des catholiques du monde)
Amériques	31 %	(pour 43 %)
Afrique	10 %	(pour 3 %)
Asie et Océanie	21 %	(pour 7 %)

Le climat du concile

Très vite, on verra les Pères conciliaires se regrouper en une majorité et une minorité. La majorité, d'ailleurs composite, se veut proche de l'esprit d'ouverture manifesté par Jean XXIII : elle est attentive aux réalités du monde, aux besoins d'adaptation de l'Église pour faire parvenir l'Évangile à tous les hommes, aux exigences du témoignage d'unité des chrétiens, à la nécessité d'enraciner la théologie et la vie ecclésiale dans l'Écriture sainte ; ses membres les plus marquants sont les cardinaux Liénart (Lille), Frings (Cologne), Lercaro (Bologne), Suenens (Malines-Bruxelles), dom Helder Camara (Brésil) - qui se fait la voix des pauvres. La minorité est avant tout préoccupée de la sauvegarde du dépôt de la foi, dont elle redoute l'altération dans toute modification des formes en usage (par exemple la liturgie) ; elle est attachée à la stabilité de l'Église et à son dispositif centralisé ; compte tenu du désir général de consensus elle jouera un rôle important, obligeant par exemple à des formulations plus rigoureuses, mais édulcorant également bien des textes ; elle comprend des membres de la Curie romaine et des évêques de pays de chrétienté (Italie, Espagne, Amérique latine...).

La volonté d'indépendance du concile vis-à-vis des organes et de l'esprit de la Curie - qui a eu la haute main sur la préparation et l'organisation du concile - s'affirme dès la première assemblée lorsque le cardinal Liénart, contre la volonté du président de séance, fait approuver un bouleversement de l'ordre du jour et le report du vote désignant les membres des commissions (rouages essentiels d'élaboration des textes) afin que cette désignation puisse se faire en toute liberté et connaissance de cause.

Cet esprit de liberté ne cessera de se manifester tout au long du concile, non sans susciter des moments de vive tension ; elle se traduira par exemple par le renvoi en commissions, pour refonte, de presque tous les projets élaborés par les organes préparatoires ; ils sont jugés trop étrangers à la volonté d'ouverture, de dialogue, de rénovation exprimée à l'ouverture du concile tant par le Pape que par les Pères conciliaires eux-mêmes dans leur message au monde. Ce travail de refonte ne sera pas d'ailleurs sans obliger les Pères à un véritable recyclage personnel, en même temps qu'à une plus profonde adhésion encore à l'esprit du concile.

Lorsqu'un mot, une expression, un événement, une institution, un nom propre vous sont inconnus, consultez l'index.

▶▶▶

Les débuts du travail conciliaire (1962)

Le premier « schéma » à venir en discussion est celui sur la liturgie, un des rares conçus dès sa première rédaction dans une perspective rénovatrice (encore que la plupart de ses dispositions ne fassent que rejoindre de très anciennes traditions : importance donnée à la Parole de Dieu, participation active des fidèles, usage des langues vivantes, concélébration, communion sous les deux espèces...). Malgré les vives critiques de la minorité (le cardinal Ottaviani voyait un sacrilège dans la modification de la liturgie latine), les orientations du projet sont approuvées par 97 % des participants ; on voit ainsi se dessiner l'importance de la majorité silencieuse.

Par contre, sera renvoyé pour refonte sur de nouvelles bases le projet sur la Révélation ; compte tenu de l'incidence de ce texte fondamental sur les relations œcuméniques, Jean XXIII constitue même pour ce faire une commission mixte comprenant pour moitié des membres du Secrétariat pour l'unité, récemment créé par lui (voir p. 497 a).

Durant la première intersession, la mort de Jean XXIII (3 juin 1963), qui soulève une immense émotion dans le monde bien au-delà du peuple chrétien, pose la question de savoir si son successeur relancera le concile.

Paul VI et la relance du concile (1963-1964)

Le 21 juin 1963, le conclave élit pape le cardinal Jean-Baptiste Montini, qui prend le nom de Paul VI. Diplomate de formation, il a travaillé pendant trente ans à la secrétairerie d'État, dont les dix dernières années comme substitut, à partir du moment où le pape Pie XII assura lui-même les fonctions de secrétaire d'État (1944-1954) ; il en a donc été le très proche collaborateur avant d'être nommé par lui archevêque de Milan en 1954 ; là, il a complété son expérience pastorale pendant près de dix autres années, en particulier par sa relation avec le monde ouvrier.

Partageant pleinement l'esprit de Jean XXIII, il relance aussitôt les activités conciliaires avec le souci de les accélérer et d'en améliorer l'efficacité. A cet effet, il nomme quatre « modérateurs » connus pour leur adhésion aux perspectives rénovatrices, les cardinaux Lercaro, Döpfner, Suenens et Agagianian, avec mission de faire progresser les débats ; il décide d'exercer lui-même un arbitrage en cas de tensions trop fortes, afin de réunir la plus large majorité possible sur chaque texte. Il crée un Office de presse pour assurer une information quotidienne sur les travaux conciliaires. Il invite comme « auditeurs » des hommes et des femmes représentatifs de l'activité du laïcat dans l'Église, le premier étant son ami le philosophe français Jean Guitton.

La deuxième session se tient de septembre à décembre 1963. La Constitution *Sacrosanctum Concilium* sur la liturgie recueille 2 147 voix contre 4 ; cette majorité considérable confirme le concile dans sa volonté réformatrice. Les Pères abordent alors des problèmes plus difficiles sur la nature et le fonctionnement de l'Église. Les discussions opposent les partisans du centralisme romain et ceux de la collégialité épiscopale. En novembre, plus de 500 Pères expriment le souhait de l'institution d'un *synode d'évêques* se réunissant périodiquement autour du pape. Une centaine d'évêques demandent la réforme du Saint-Office (qui sera réalisée par Paul VI).

Le pape Paul VI et le patriarche œcuménique orthodoxe Athénagoras, la main dans la main, récitent ensemble le *Pater*, lors de leur rencontre à Jérusalem en janvier 1964.

Ph. CIRIC

Mgr Lefebvre à Ecône.

En janvier 1964, Paul VI se rend en pèlerinage en Terre Sainte : c'est à la fois la rupture avec une tradition qui maintenait les papes sur le sol italien, un retour aux sources, et une démarche de grande portée œcuménique puisqu'à Jérusalem Paul VI rencontre le patriarche orthodoxe Athénagoras, venu tout exprès d'Istanbul, et il échange avec lui le baiser de paix.

Pendant la même intersession, Paul VI promulgue les premières réformes liturgiques ; ainsi peut-il ouvrir la troisième session par une messe concélébrée avec 24 cardinaux et évêques qui met en pratique les possibilités ouvertes par ces réformes.

Session fructueuse, qui voit le vote quasi unanime de la Constitution dogmatique sur l'Église *Lumen gentium*, clef de voûte de la théologie du concile et de ses réformes ; session au climat tendu cependant, l'affrontement se durcissant à propos de deux textes figurant dans le schéma sur l'œcuménisme : celui sur la liberté religieuse, combattu par l'aile traditionaliste, et celui sur les juifs, dont certains redoutent les effets sur l'opinion arabe.

Paul VI décidant de faire de ces deux textes des déclarations séparées, le décret *Unitatis Redintegratio* sur l'œcuménisme est voté à une énorme majorité, ainsi que le décret *Orientalium Ecclesiarum* sur les Églises orientales. Malgré la décision de réduire de 70 à 16 le nombre des schémas, beaucoup de textes importants restent à examiner. Une quatrième session sera donc nécessaire ; Paul VI décide que ce sera la dernière.

Ultimes débats (1965)

Dès l'ouverture de cette session, Paul VI annonce l'institution d'un *synode épiscopal* conformément aux décisions conciliaires. Cette nouvelle dissipe les inquiétudes de la majorité au sujet des derniers textes, les plus combattus par la minorité.

Le schéma sur la liberté religieuse cristallise cette opposition ; il a déjà accompli sept navettes entre l'assemblée générale et les commissions ; la minorité (au sein de laquelle Mgr Marcel Lefebvre), s'en tient aux condamnations, par les papes du XIXe siècle, de l'indifférentisme, attitude consistant à mettre toutes les religions sur le même pied et à méconnaître ainsi la vérité et ses droits ; pour la majorité, l'exercice de la religion repose sur des actes intérieurs volontaires qui ne peuvent être imposés ; la liberté de conscience est basée sur la dignité de l'homme, et c'est l'un de ses droits fondamentaux. Pour débloquer la situation, il faudra l'intervention de Paul VI qui maintiendra tel quel le texte : celui-ci sera adopté par 2 308 voix contre 70.

Ce texte sur la liberté religieuse *(Dignitatis humanæ)* est en harmonie avec une autre déclaration conciliaire relative aux religions non chrétiennes *(Nostra aetate)* et, entre autres, au judaïsme ; celle-ci exprime le respect de l'Église pour les valeurs spirituelles et morales dont sont porteuses ces religions, et pour la part de connaissance de Dieu qu'elles recèlent ; elle rappelle les antécédents juifs de l'Église, condamne les persécutions contre les Juifs, et exclut leur responsabilité collective dans la mort du Christ.

Parmi les textes restants il s'en trouve un qui a déjà donné lieu à d'amples débats : le « schéma XIII » relatif à « l'Eglise dans le monde de ce temps ». Trop audacieux et « teilhardien » pour certains, trop timoré pour d'autres, il est une fois de plus remanié

▶▶▶

▶▶▶

avant d'être finalement adopté par 2 309 voix contre 75. Présenté comme constitution pastorale *(Gaudium et spes)*, et très représentatif de l'esprit du concile, c'est l'un des textes fondamentaux de Vatican II et, pour l'historien Chélini, « un véritable concordat d'amour entre l'Église et l'humanité ».

Durant la session, cette volonté de dialogue avec le monde est illustrée de manière frappante par la visite que rend Paul VI à l'Organisation des Nations Unies (ONU) à New-York, auprès de laquelle il se fait porteur d'un message de concorde et de paix à l'échelle planétaire : « Jamais plus les uns contre les autres » (4-5 octobre 1965).

Dans les trois derniers mois de Vatican II, d'autres textes de grande portée sont acquis à une quasi-unanimité. Ils concernent la charge pastorale des évêques, la vie religieuse, la formation des prêtres, l'apostolat des laïcs, l'activité missionnaire de l'Église, la Révélation (Constitution dogmatique *Dei Verbum*).

Si Paul VI dessaisit le Concile de la question du célibat des prêtres, jugeant que ce problème n'est pas mûr et craignant que les débats ne précipitent le départ des prêtres en difficulté, par contre le décret sur la vie et le ministère des prêtres comporte un paragraphe, adopté par 2 243 voix contre 11, approuvant leur travail manuel et leur partage de la condition ouvrière là où ce ministère est jugé opportun par l'autorité compétente.

Des gestes et des décisions symboliques marquent la dernière semaine du concile. Le 4 décembre 1965, à la basilique Saint-Paul-hors-les-Murs, Paul VI prend part à une célébration commune avec des non-catholiques. Le 7 décembre, simultanément au Vatican et à Istanbul, les Églises romaine et grecque lèvent leurs sentences réciproques d'excommunication portées en 1054. Enfin, le 8 décembre 1965, lors de la messe de clôture, Paul VI et les Pères conciliaires adressent au monde un message de solidarité, d'espérance et de paix.

Par-delà le Concile

L'œuvre de Vatican II est considérable ; le concile a élaboré et adopté 16 textes : 4 constitutions, 9 décrets, 3 déclarations.

Par eux, la mise en lumière de l'Église comme *communion d'Églises particulières* assure une base à l'exercice de la collégialité des évêques et une ouverture à la recherche œcuménique ; sa mise en lumière comme *Peuple de Dieu* stimule le sens de la responsabilité de chacun et assure au laïcat la reconnaissance de sa tâche spécifique. Quantité de pratiques sont soit restaurées, soit rénovées, soit innovées : langue vivante en liturgie, diaconat permanent, synode des évêques, secrétariat pour l'unité des chrétiens ; d'autres initiatives seront bientôt prises par Paul VI : Conseil des laïcs, Commission Justice et Paix...

Enfin et surtout, par le concile, un changement d'esprit est intervenu dans la vie de l'Église, manifeste dans l'épiscopat, perceptible dans une large fraction du clergé et du laïcat ; l'heure est à l'espérance. Mais il faut maintenant faire passer les orientations conciliaires dans les réalités de la vie ecclésiale ; selon le mot du Père Congar à l'heure de la dispersion : « L'ouvrage réalisé est fantastique. Et pourtant, tout reste à faire ! »

Ph. CIRIC

L'encyclique « Populoru

L'encyclique sur « le développement des peuples », publiée deux ans après la clôture du concile, se situe dans le droit fil de celui-ci et plus particulièrement de sa constitution pastorale *Gaudium et spes* sur l'Église dans le monde de ce temps, le texte le plus souvent cité par elle. Elle approfondit et complète la pensée de Jean XXIII et celle du concile sur la question du développement économique et culturel. Elle est novatrice en subordonnant la réalisation de la paix mondiale à la transformation des rapports d'inégalité entre peuples développés et peuples dits en voie de développement. Elle met en œuvre la méthode « voir, juger, agir ».

1. Paul VI commence par une *analyse des faits*. En effet, il observe que le fait majeur aujourd'hui est que la question sociale est devenue mondiale : les peuples de la faim interpellent les peuples de l'opulence.

Suit alors la description des aspirations des hommes à « être plus » en étant affranchis de la misère, de l'oppression, de l'ignorance, alors qu'en fait les situations d'injustice internationale vont en s'aggravant.

2. Face à cette situation, Paul VI développe *la conception chrétienne du développement*, qui ne se réduit pas à la croissance économique mais se veut « intégrale », c'est-à-dire promouvant « tout l'homme et tout homme » ; car chaque être a le devoir de mettre en œuvre toutes ses aptitudes pour atteindre son épanouissement et accomplir le destin que Dieu lui propose, et la société a le devoir de l'y aider par une solidarité universelle. Pour autant, la croissance se doit de respecter une échelle de valeurs et d'éviter de s'enfermer sur elle-même : il faut que l'homme puisse se retrouver lui-même en assurant les valeurs supérieures d'amour, d'amitié, de prière, de contemplation qui le feront accéder de conditions moins humaines à des conditions plus humaines.

3. *L'action à entreprendre* est alors considérée. Le premier point est que les biens de la création soient équitablement répartis, tous les autres droits, y compris ceux de la propriété et

rogressio » de Paul VI (1967)

du libre commerce lui étant subordonnés. L'industrialisation est une nécessité, mais à condition que l'économie soit mise au service de l'homme ; le profit, la propriété, la concurrence ne peuvent à eux seuls en fournir les lois.

L'urgence est pressante, car il est « des situations dont l'injustice crie vers le ciel » ; toutefois, ce n'est pas par l'insurrection révolutionnaire, sauf cas de tyrannie, que les problèmes seront résolus, mais par des réformes audacieuses. L'initiative individuelle n'y suffira pas, il faut des programmes définissant les objectifs. Et l'objectif majeur, par-delà les moyens et les techniques, reste l'homme plénier, c'est-à-dire avec toutes ses dimensions, y compris spirituelles.

4. Ce développement intégral ne se fera pas sans un *développement solidaire de l'humanité*. appelant la concertation internationale, le dialogue entre peuples, l'institution d'un fonds mondial alimenté par une partie des dépenses militaires, des relations commerciales équitables qui ne soient pas régies seulement par le libre-échange ; il faut des conventions internationales assurant la régularisation des prix, la garantie de certaines productions et le soutien à certaines industries naissantes. Deux obstacles menacent : le nationalisme et le racisme. Le but à atteindre est que tous les peuples puissent devenir eux-mêmes les artisans de leur propre destin.

5. *En conclusion,* Paul VI déclare que *le développement est le nouveau nom de la paix* : il lance donc un appel pressant à tous, catholiques, chrétiens, croyants, hommes de bonne volonté, hommes d'État, sages, et à tous autres hommes pour qu'ils apportent leur contribution propre à cette œuvre vitale pour l'humanité. ■

Théologie de la libération
Voir Index

V. PAUL VI ET L'APRÈS-CONCILE (1965-1978)

LE CONCILE MIS EN ŒUVRE

Une des premières décisions de Paul VI avait été d'instituer le synode des évêques. Entre la fin du concile et la mort de Paul VI, celui-ci réunira cinq fois ce synode : en 1967 (révision du droit canonique, mariages mixtes), 1969 (relations entre Rome et les conférences épiscopales), 1971 (réforme du clergé, justice dans le monde), 1974 (évangélisation), 1977 (catéchèse).

Par ailleurs, dans l'esprit du concile, le pape s'emploie à engager ou poursuivre le dialogue avec les autres Églises qu'il a inauguré en rencontrant le patriarche Athénagoras en 1964 ; il le rencontre à nouveau, mais chez celui-ci, à Istambul en 1967, puis à Rome la même année ; il rend visite au Conseil Œcuménique des Églises à Genève en 1965 ; il reçoit le Dr. Ramsey, primat de l'Église anglicane (1966). Des observateurs catholiques prennent place au Conseil Œcuménique des Églises. Des commissions mixtes sont constituées avec les grandes confessions chrétiennes pour l'examen des questions pendantes avec elles.

Paul VI poursuit aussi le dialogue de l'Église avec le monde par des voyages en Amérique latine (1968), en Afrique (1969), en Extrême-Orient (1970) ; toutes initiatives qui paraissent banales aujourd'hui, parce que devenues courantes dans la vie de l'Église, mais qui étaient impensables jusqu'au pontificat de Jean XXIII.

Paul VI développe, en 1967, les éléments d'une charte chrétienne du développement dans son encyclique *Populorum progressio*, où il constate que la question sociale est devenue mondiale et affirme que le développement doit être « intégral » et « solidaire ».

En 1975, à la suite de la réunion du troisième synode consacré à l'évangélisation dans le monde actuel, Paul VI en ressaisit la réflexion dans son exhortation apostolique *Evangelii nuntiandi*, un des grands textes de ce pontificat ; après avoir rappelé que l'évangélisation n'est pas facultative pour l'Église mais constitue sa mission même, et en avoir retracé les bases théologiques, il en expose la démarche, le contenu, les moyens, son application aux divers destinataires, et la mission qui revient à chacun dans l'Église.

A travers le monde, les conférences épiscopales, un des organes de la collégialité, se mettent en place, par pays ou par région. Dans les diocèses, il en est de même des « conseils presbytéraux » associant le clergé à la responsabilité pastorale de l'évêque ; bientôt on verra se réunir des « synodes diocésains ».

Dans les paroisses, la mise en œuvre des réformes conciliaires est évidente dans le domaine liturgique ; la messe y est désormais célébrée face au peuple, dans la langue du pays ; les prières eucharistiques ont été diversifiées pour être adaptées à des situations ou à des publics eux-mêmes divers ; la lecture des évangiles est répartie de telle sorte qu'en trois années tous leurs textes soient entendus par les fidèles ; l'homélie est en rapport avec ces textes ; la prière universelle ouvre les communautés à de plus larges solidarités ; Conseils pastoraux et diocésains se multiplient... Changements bien accueillis par la majorité des fidèles, mais contestés par une minorité qui fera bientôt siennes les réticences plus fondamentales de la minorité conciliaire.

Suite page 506 ▶▶▶

CHRONOLOGIE DU CONCILE VATICAN II (1962-1965)

I. Période préparatoire

28 octobre 1958	Élection du pape Jean XXIII (cardinal Roncalli).
25 janvier 1959	Il annonce son intention de convoquer un concile œcuménique.
Dans les mois suivants	Lancement d'une consultation mondiale sur le concile. Mise en place d'une commission antépréparatoire.
5 juin 1960	Mise en place de 10 commissions préparatoires (théologie, gouvernement des diocèses, discipline du clergé et du peuple chrétien, religieux, sacrements, liturgie, études et séminaires, Églises orientales, mission, apostolat des laïcs) et de 2 secrétariats (unité des chrétiens, communication sociale) ; ces organismes élaboreront 70 projets soumis au concile (« schémas »).
25 décembre 1961	Convocation officielle du concile (Constitution apostolique *Humanæ Salutis*).

II. Première session (11 octobre-8 décembre 1962)

11 octobre 1962	Ouverture solennelle du concile.
13 octobre 1962	Le cardinal Liénart (Lille) demande et obtient que les commissions de travail puissent se constituer de manière plus libre que prévu par la Curie. Travaux des commissions conciliaires.

Intersession

9 avril 1963	Encyclique *Pacem in terris* sur la paix, de Jean XXIII.
3 juin 1963	Mort de Jean XXIII.
21 juin 1963	Élection de Paul VI (cardinal Montini).
22 juin 1963	Paul VI annonce son intention de continuer le concile

III. Deuxième session (29 septembre-4 décembre 1963)

4 décembre 1963	Promulgation de la Constitution sur la liturgie et du décret sur les communications sociales

Intersession

4-6 janvier 1964	Paul VI en Terre Sainte ; sa rencontre avec le patriarche orthodoxe Athénagoras.
6 août 1964	Encyclique *Ecclesiam suam* de Paul VI sur le dialogue et l'Église. Décision de Paul VI de réduire de 70 à 16 le nombre des textes soumis au concile ; la crainte que le concile ne vienne pas à bout de sa mission se fait jour.

IV. Troisième session (14 septembre-21 novembre 1964)

14 septembre 1964	La session est ouverte par une messe concélébrée par le pape et l'ensemble des évêques présents, première application de la réforme liturgique décidée par le concile.
21 novembre 1964	Promulgation de la Constitution sur l'Église (*Lumen gentium*), sur les Églises orientales catholiques (*Orientalium Ecclesiarum*), sur l'œcuménisme (*Unitatis redintegratio*).

Intersession

2-5 décembre 1964	Paul VI à Bombay (la faim et le pain eucharistique)

V. Quatrième et dernière session (14 septembre-8 octobre 1965)

15 septembre 1965	Paul VI, par le Motu Proprio *Apostolica sollicitudo*, établit le Synode des évêques.
4 octobre 1965	Paul VI à l'ONU : « jamais plus les uns contre les autres, jamais, plus jamais ».
28 octobre 1965	Promulgation des décrets conciliaires sur la charge pastorale des évêques, la formation des prêtres, la vie religieuse ; et des déclarations sur l'éducation chrétienne ; l'Église et les religions non chrétiennes (*Nostra ætate*).
18 novembre 1965	Promulgation de la Constitution sur la Révélation divine (*Dei Verbum*), du décret sur l'apostolat des laïcs. Paul VI annonce au concile la convocation du Synode des évêques en 1967, la réforme de la Curie romaine, l'ouverture des procès de béatification de Pie XII et Jean XXIII.
7 décembre 1965	Levée mutuelle des excommunications entre Rome et Constantinople (Déclaration commune de Paul VI et d'Athénagoras). Promulgation de la Constitution sur l'Église dans le monde de ce temps (*Gaudium et spes*), des décrets sur les prêtres, sur la vie missionnaire de l'Église (*Ad gentes*), de la déclaration sur la liberté religieuse (*Dignitatis humanæ*).
8 décembre 1965	Clôture solennelle du concile en présence de 81 délégations gouvernementales. Message du concile au monde.

Qu'est-ce que **le *Synode des évêques*** institué par Paul VI en 1965 conformément à la décision du concile Vatican II ?
Voir Index

Décret sur les moyens de communication sociale

(*Inter mirifica*).

De tous les textes, celui-ci a été voté à la plus faible majorité ; il est généralement considéré comme le moins au point. Il a cependant deux mérites : d'une part, il reconnaît que les moyens de communication sociale sont la place publique du monde moderne, et il invite en conséquence les chrétiens à en tenir compte ; d'autre part, il prescrit qu'un autre texte sur les medias soit élaboré par le Saint-Siège (il paraîtra en 1971 sous le titre de *Communion et Progrès*).

Déclaration sur l'éducation chrétienne

(*Gravissimum educationis*).

En rejetant le titre primitivement prévu, « Des écoles catholiques », les pères du Concile ont voulu tout à la fois clairement situer l'école catholique dans sa finalité et reconnaître la pertinence d'autres voies éducatives. C'est la seule originalité de ce document élaboré un peu trop vite.

Déclaration sur l'Église et les religions non-chrétiennes

(*Nostra ætate*).

Ce beau texte marque la reconnaissance officielle par l'Église des valeurs constituées par les religions non chrétiennes ; elles ont quelque chose à faire connaître de Dieu, à quoi les chrétiens doivent être attentifs. On retiendra notamment l'accent mis sur le lien fondamental entre les chrétiens et les juifs, et sur l'invitation au dialogue fraternel.

Déclaration sur la liberté religieuse

(*Dignitatis humanæ*)

Alors qu'au XIXe siècle l'Église avait lutté de toutes ses forces contre la liberté religieuse au profit des « droits de la vérité », le concile déclare ici que « la personne humaine a droit à la liberté religieuse » et qu'il est du devoir essentiel du pouvoir civil de protéger cette liberté. Ce respect des consciences est implicitement une condamnation sévère de toutes les inquisitions, viols des foules, et autres dictatures. C'est, avec la Constitution sur l'Église, le texte conciliaire le plus contesté par Mgr Lefebvre et ses disciples.

Décret sur la formation des prêtres

(*Optatam totius*)

Brisant la traditionnelle uniformité entre les séminaires, et renvoyant à la responsabilité de chaque conférence épiscopale nationale le soin de mettre en œuvre un programme adapté à la formation de ses prêtres, ce texte insiste en même temps sur la formation biblique et patristique et sur l'ouverture d'esprit des futurs prêtres.

Décret sur la vie religieuse

(*Perfectæ caritatis*).

Ce texte est essentiellement un appel à la rénovation et à l'adaptation (aggiornamento) de la vie religieuse en s'appuyant sur les sources des institutions religieuses, la première d'entre elles étant l'Évangile et la seconde, l'intuition du fondateur.

Décret sur l'apostolat des laïcs

(*Apostolicam actuositatem*)

Décret d'application de la Constitution sur l'Église, il en précise et développe divers points relatifs aux laïcs dans l'Église ; il invite notamment à la mise en place, à tous les niveaux (depuis la paroisse jusqu'au Saint-Siège), de conseils des laïcs où ceux-ci puissent exercer leur part de responsabilité dans l'Église ; il décrit les diverses formes d'apostolat des laïcs ; il invite les laïcs catholiques à prendre leur responsabilité dans la société).

Décret sur l'activité missionnaire de l'Église

(*Ad gentes*)

Dépassant l'appel traditionnel à la « mission » lointaine, ce texte invite l'Église tout entière, là où elle est, à évangéliser, c'est-à-dire annoncer à tous les peuples, à tous les pays, à toutes les cultures, le bonheur que Dieu promet à l'homme et qu'il lui assure en Jésus-Christ.

Décret sur les Églises orientales catholiques

(*Orientalium Ecclesiarum*)

En Orient, il existe des Églises séparées de Rome et des Églises qui lui sont unies ; elles ont les mêmes rites. La difficulté permanente pour l'Église romaine réside dans la nécessité pour elle de soutenir et encourager les Églises qui lui sont unies, sans pour autant creuser davantage le fossé avec les Églises qui ne le sont pas. Le décret s'y emploie en appelant à l'unité de tous les chrétiens, tout en réaffirmant solennellement les valeurs propres aux traditions des Églises d'Orient.

Décret sur l'œcuménisme

(*Unitatis redintegratio*).

Véritable charte du dialogue œcuménique, ce texte est tout à la fois prudent — car il rappelle que l'Église catholique se considère comme dépositaire de la plénitude des richesses de la Révélation — et audacieux en reconnaissant les valeurs propres aux autres Églises et en souhaitant une union qui ne soit pas un pur alignement sur Rome. C'est la première prise de position officielle de l'Église en faveur de l'œcuménisme ; elle tranche avec les prises de position antérieures, notamment de Pie XI et Pie XII.

Constitution dogmatique sur l'Église

(*Lumen gentium*)

Le texte fondamental, de caractère doctrinal, du concile Vatican II : l'Église, renonçant à donner d'elle-même une définition exclusivement juridique, hiérarchique et institutionnelle, se présente comme un peuple rassemblé par Dieu (mais ne le possédant pas), communautaire, organisé, où chacun a une responsabilité, tendu vers un avenir de rencontre avec Dieu ; un peuple ayant reçu vocation à s'étendre à la totalité du genre humain.

Constitution dogmatique sur la Révélation

(*Dei Verbum*)

A la question « Comment les chrétiens prétendent-ils accéder à la Vérité que Dieu révèle ? », la Constitution répond : dans l'Écriture sainte est consigné ce que Dieu a voulu enseigner à l'homme en vue de son bonheur ; grâce à l'Esprit, la Tradition de l'Église permet d'y puiser cet enseignement, de plus en plus profondément et sans risque d'erreur.

Constitution sur la liturgie

(*Sacrosanctum concilium*)

C'est le texte conciliaire qui a eu les conséquences les plus visibles et les plus rapides en appelant à la participation pleine, consciente et active de tous les fidèles à la liturgie, et en restaurant dans ce but l'usage de la langue vivante. Il remet en pleine lumière le fait que toute liturgie est une célébration de la mort et de la résurrection du Christ, par qui on accède à la plénitude de vie.

Constitution pastorale « L'Église dans le monde de ce temps »

(*Gaudium et spes*)

Le plus original des textes du Concile et le plus significatif de son esprit : s'appuyant sur une large vision de l'homme et de l'univers, il entend nouer un dialogue entre l'Église et le monde d'aujourd'hui sur toutes les grandes questions à travers lesquelles se joue le sort de l'humanité : vie personnelle et sociale, culture, problèmes économiques et politiques, sauvegarde de la paix.

Décret sur la charge pastorale des évêques

(*Christus Dominus*).

Il complète, à propos de la notion de collégialité des évêques, le texte de la Constitution sur l'Église. Il précise ou instaure les structures qui permettent à chaque évêque d'être à la fois vraiment responsable de son diocèse et, collégialement avec le pape et tous les évêques, co-responsable de l'Église universelle ; c'est ce décret qui institue le synode des évêques.

Décret sur le ministère et la vie des prêtres

(*Presbyterorum ordinis*).

Face à la crise du sacerdoce, ce texte s'est voulu un rappel vigoureux de la spécificité de celui-ci : par leur baptême tous les chrétiens sont « prêtres » ; mais, par son ordination, le prêtre participe à l'autorité du Christ lui-même pour bâtir son Église, son Corps. C'est dans l'accomplissement de cette tâche qu'il doit chercher la sainteté, et non à la manière des moines, consacrés à une relation directe avec Dieu.

▶▶▶ *Suite de la page 503*

La crise

Si certains pèchent alors par pessimisme, d'autres attendent de Vatican II des résultats immédiats, oubliant notamment que les pleins effets du précédent concile réformateur, celui de Trente au XVIe siècle, ne se sont fait sentir qu'à travers plusieurs générations.

Or, bien vite, force est de constater que la crise religieuse, qui a été l'une des raisons du concile, loin de s'atténuer continue au contraire de s'aggraver. En France par exemple, la pratique religieuse, qui était de 23 % en 1966, n'est plus que de l'ordre de 12 % dans les années 1980 et le nombre annuel des ordinations, qui était d'un millier en 1950, n'est plus que de la centaine ; bien que moins rapidement, les mariages religieux et les baptêmes décroissent aussi ; les divorces passent de 1 pour 10 mariages en 1963 à 1 pour 3 mariages en 1985 ; les couples non mariés, les naissances hors mariage, les familles monoparentales deviennent de plus en plus nombreux ; tout cela dénote le recul de l'influence chrétienne, tout au moins dans les pays occidentaux.

Autre signe de la crise religieuse, la contestation se développe au sein même de l'Église. A cet égard, l'impact qu'ont eu sur elle les événements de 1968 marque une sorte de tournant. On voit par exemple des prêtres se grouper en une organisation baptisée « Échange et dialogue » qui réclame un changement de leur statut sur le triple plan de la politique, du travail et du célibat ; si l'obligation du célibat est fréquemment mise en cause, des membres du clergé poussent plus loin l'interrogation : prêtres de qui, pourquoi, comment ? On entend dans l'Église des voix déplorer que le concile n'ait pas été assez loin et que son application soit trop timorée. Le pouvoir dans l'Église est l'objet de contestation, comme l'est de manière générale le pouvoir dans la société.

Humanæ vitæ

On a un témoignage particulièrement net du développement de l'esprit contestataire lors de la publication de l'encyclique *Humanæ vitæ* de Paul VI sur la régulation des naissances (juillet 1968). Lors du concile, Paul VI s'était réservé le sujet ; il avait constitué une commission, dont les conclusions avaient été plutôt favorables à un assouplissement de la position de l'Église. Dans son encyclique, le pape s'en tient cependant aux thèses constantes de l'enseignement ecclésial, rejetant toute contraception selon des méthodes non naturelles. *Humanæ vitæ* suscite une large opposition. Au-delà de la question de fond, amplement débattue (pourquoi la référence à la nature, en quoi consiste le respect de celle-ci ?), beaucoup considèrent que le pape a pris une position personnelle qui ne les engage pas ; des évêques, et non des moindres (cf. les déclarations du cardinal Suenens), regrettent à cette occasion un exercice non collégial du gouvernement de l'Église. En tout cas, l'affaire marque un recul de l'autorité de l'Église et un tournant dans le pontificat de Paul VI, dont la personne, jusqu'alors perçue très chaleureusement par la grande majorité de l'opinion catholique, se voit désormais mise en cause par une notable partie de celle-ci ; après les moments exaltants de la période conciliaire, lui-même n'est pas sans le ressentir douloureusement.

Durant la guerre froide

Succédant en 1939 à Pie XI, qui avait renouvelé en 1937 la condamnation du communisme (encyclique *Divini Redemptoris*), Pie XII était inquiet de ses progrès dans le monde ; il y voyait un danger plus redoutable encore que le système hitlérien. Aussi l'expansion soviétique à la faveur de la Seconde Guerre mondiale et l'établissement dans l'Europe de l'Est de régimes inspirés de celui de Moscou avivent d'autant plus ses craintes que les catholiques forment le gros de la population polonaise, 70 % des Hongrois, 60 % des Tchécoslovaques, 30 % des Yougoslaves...

Ceci dit, les situations restent diverses d'un pays à l'autre ; le caractère massivement catholique de la population polonaise, son attachement à la foi, l'autorité dont jouit la hiérarchie auprès d'elle, le rôle de l'Église dans l'histoire de la nation (et bientôt la présence d'un Polonais sur le siège de saint Pierre) obligent le pouvoir à composer avec l'Église ; par contre, en Roumanie ou en Bulgarie, de traditions orthodoxes, en Albanie massivement islamique, les minorités catholiques n'ont pas les mêmes moyens de se défendre.

Après la guerre, la rigueur stalinienne pèse de tout son poids sur le système soviétique et sur ses satellites. Pie XII voit ses craintes confirmées par le comportement des régimes communistes à l'égard de l'Église.

Si aucune destruction systématique de la religion (sauf en Albanie) n'est entreprise comme celle menée par l'URSS entre 1920 et 1930, par contre, les « démocraties populaires » entendent enlever à l'Église tout rôle et toute influence dans la vie en société. Conformément à cette volonté, un contrôle très rigoureux et sans bienveillance est établi sur toute la vie ecclésiale, sur le recrutement et la formation du clergé, les nominations épiscopales, l'enseignement religieux, les publications, les homélies, les relations avec Rome...

La non-reconnaissance par le Saint-Siège des nouvelles frontières tant que des traités d'États ne les légitiment pas (d'où de grandes complications dans la constitution des diocèses et les nominations d'évêques dans les régions passées d'un État à un autre) accroît la tension.

Successivement, les gouvernements de l'Est rompent leurs relations avec le Saint-Siège entre 1945 et 1950 ; ils tentent de créer des Églises nationales. On se trouve alors en pleine guerre froide. Le 1er juillet 1949, un décret du Saint-Office condamne toute collaboration avec les communistes. Sans les désavouer, le Saint-Siège reste étranger aux négociations engagées par les épiscopats de ces pays avec leurs gouvernements ; les mesures hostiles à la vie religieuse se multiplient.

En Pologne, entre 1948 et 1955, des milliers de condamnations frappent laïcs et clergé ; le cardinal Wyszynski, primat de Pologne, est démis de ses fonctions et placé en résidence surveillée.

En Yougoslavie, la situation est rendue plus compliquée par les événements survenus pendant la guerre : l'ambiguïté du rôle de l'Église catholique dans l'instauration par l'occupant allemand d'un État croate, majoritairement catholique, la guerre civile qui a opposé, au sein de la résistance, monarchistes et communistes, contribuent à rendre très vive la tension entre le pouvoir de Tito et la hiérarchie. L'archevêque de Zagreb, Mgr Stepinac, est condamné en 1946 à 16 ans de travaux forcés, l'évêque de Mostar à 11 ans. Lorsque Pie XII fait cardinal Mgr Stepinac en 1952, la Yougoslavie rompt ses relations avec Rome.

En Hongrie, où des mesures sévères sont prises contre ce qui a été une puissante et riche Église, le primat de Hongrie, le cardinal Mindszenty, qui symbolise la résistance, est arrêté en 1948, jugé coupable de complot, condamné aux travaux forcés à perpétuité.

En Tchécoslovaquie est appliquée la politique religieuse probablement la plus intolérante ; la tentative d'instaurer une Église nationale y est plus poussée encore ; parmi les nombreux évêques et prêtres arrêtés, l'archevêque de Prague, Mgr Beran, est assigné à résidence surveillée.

En URSS, qui s'est appropriée l'Ukraine polonaise où se trouvait une importante Église de rite byzantin unie à Rome, l'archevêque-métropolite de Lwov, Mgr Slipyj, est arrêté en 1945 (il ne sera libéré, sur l'intervention de Jean XXIII, qu'en 1963, et aussitôt expulsé) ; un synode orthodoxe proclame le retour des Ukrainiens catholiques à la foi orthodoxe. Mgr Slipyj, réfugié à Rome, sera fait cardinal par Paul VI en 1965 et recevra le titre d'archevêque majeur de Lwov des Ukrainiens, avec droits et privilèges des patriarches.

En 1948, l'Église uniate roumaine et en 1949, celle des Ruthènes de Tchécoslovaquie sont intégrées de façon tout aussi autoritaire dans les Églises orthodoxes nationales.

Après Staline

Après la mort de Staline en 1953 et l'élection de Jean XXIII en 1958, le climat change ; le souci de dialogue du nouveau pape, son encyclique *Pacem in terris*, la convocation du Concile contribuent au dégel. Les États socialistes, consolidés, redoutent moins la présence de l'Église. Le secrétaire du Conseil pour les affaires publiques de l'Église, Mgr Casaroli, commence à pratiquer avec l'Est une « politique des petits pas » qui s'emploie à atténuer les points de friction et à obtenir des conditions minimales de vie chrétienne. Un accord est signé en 1966 avec la Yougoslavie (facilité par la mort de Mgr Stepinac en 1961) ; des relations sont rétablies avec la Pologne où le cardinal Wyszinski a repris ses fonctions. En Hongrie, la tension s'était accrue après le soulèvement de 1956 durant lequel Mgr Mindszenty, libéré par les insurgés, avait fait de violentes déclarations anticommunistes, puis s'était réfugié à l'ambassade des États-Unis ; les relations se détendent en 1961, permettant un accord en 1964, et s'améliorent un peu plus lorsqu'en 1974 le Saint-Siège obtient du cardinal Mindszenty sa démission d'archevêque et primat. En Bulgarie, en 1975, Rome peut enfin pourvoir d'évêques les deux diocèses de rite latin.

Les résultats sont modestes, d'autant que les accords passés sont loin d'être respectés par les gouvernements signataires ; la situation est partout précaire et la vie religieuse publique souvent réduite au culte ; le contrôle du pouvoir est pesant et le plus paralysant possible. Le cardinal Casaroli, devenu secrétaire d'État de Jean-Paul II, le sait mieux que quiconque. Mais, dit-il, « tout cela n'apparaît pas comme un motif suffisant pour abandonner une voie assurément peu sûre... mais qui répond à de graves nécessités ». L'effondrement des régimes communistes européens en 1989-1990 va bouleverser le cours des choses et permettre le retour à la liberté religieuse, non sans soulever de difficiles problèmes cependant. ■

Comment interpréter la crise ?

Si les symptômes de la crise sont évidents, ses causes et dès lors ses remèdes sont l'objet d'un débat.

1) La plupart des historiens et des sociologues en font remonter les origines pour le moins au XIXe siècle, pour ne pas dire au XVIIIe, avec le développement continu de la sécularisation des esprits et des mœurs, stimulé par l'avènement d'une civilisation industrielle technicienne et urbaine, et par l'irruption des mass-médias ; au lieu, selon eux, de se réfugier dans une position de refus et de condamnation, l'Église aurait dû, depuis bien plus longtemps, se poser la question de savoir comment annoncer l'Évangile aux hommes de son temps, en prenant en compte les conditions concrètes de leur vie. Par surcroît, l'Église n'échapperait pas à une crise générale de conscience qui atteint la société tout entière, et dont, entre autres, les événements de 1968 sont l'illustration. Le concile n'avait pour sa part ni la mission ni les moyens d'agir par lui-même sur les données de la société contemporaine ; il lui revenait par contre, ce qu'il a fait, de tracer aux chrétiens la voie d'un renouveau qui, en toute hypothèse, appelait efforts et persévérance. Selon le Père Chenu, « on jugera que le travail qui s'est fait dans les années soixante-dix, malgré ses troubles, était bénéfique » (*Un théologien en liberté*).

2) D'autres pensent que, si le concile a répondu à une évidente nécessité, la mise en œuvre de ses orientations a été effectuée trop rapidement, sans y avoir préparé de manière appropriée un peuple chrétien insuffisamment formé.

3) Quelques-uns enfin attribuent tout le mal au concile lui-même et aux courants de pensée de la théologie, de la liturgie, de l'exégèse, de l'Action catholique, etc. dont il a été tributaire. Telle fut notamment la position de Mgr Lefebvre, ancien archevêque de Dakar, un des membres actifs de la minorité conciliaire. Dans son opposition à la pensée et aux réformes conciliaires il alla jusqu'à organiser une véritable Église parallèle, avec son séminaire propre (à Écône, en Suisse) et son clergé ; bien que frappé de la sanction de « suspense » par le Saint-Siège, qui lui interdit tout exercice de ses pouvoirs épiscopaux, et malgré les avertissements répétés de Rome, il continua à ordonner les prêtres issus d'Écône ; il alla même, en 1988, malgré de solennelles mises en garde par Rome, jusqu'à ordonner quatre évêques, consommant un schisme qui entraîna ipso facto son excommunication, constatée avec amertume par Jean-Paul II dans son Motu Proprio *Ecclesiam Dei adflicta* du 2 juillet 1988. (voir Index : Intégrisme ; Mgr Lefebvre).

La montée des jeunes Églises

Au concile Vatican II, les pays du Tiers-Monde, encore largement représentés alors par des évêques missionnaires d'origine occidentale, n'avaient pas beaucoup pesé dans les débats ; Mgr Zoa (Cameroun) avait eu l'impression d'y assister à une liquidation des querelles européennes.

Dans les années qui suivent le concile, au contraire, ces Églises, en pleine croissance, gagnent en importance au sein de l'Église universelle. Elles accueillent de façon extrêmement favorable l'encyclique de Paul VI *Populorum progressio* (1967), véritable charte de l'Église catholique sur le développement, qui invite au dépassement des égoïsmes et à un effort d'intelligence créatrice ; la plupart d'entre elles réservent également un accueil positif à l'encyclique *Humanæ vitæ*, si mal reçue dans les pays développés, et, avec Paul VI, refusent la tentation de s'employer « à diminuer le nombre des convives plutôt qu'à multiplier le pain partagé ».

Le synode des évêques de 1969 sur les relations entre le Saint-Siège et les conférences épiscopales met en relief la place tenue désormais par ces jeunes Églises. Pour elles, Rome ne représente pas tant un pouvoir à partager que la garantie d'une légitime diversité entre les Églises locales.

En *Amérique latine*, la disparité entre la petite minorité des riches et l'immense masse des pauvres atteint un degré difficilement supportable. Par surcroît, l'Église y a été longtemps (et est encore parfois) considérée comme liée au régime politique, économique et social d'où procède cette situation. Un vaste courant de pensée, désigné sous le terme générique de *théologie de la libération* (titre de l'ouvrage de l'un de ses animateurs, le théologien péruvien Gustavo Guttierez), s'élève au nom de l'Évangile contre la condition ainsi faite aux pauvres : il est vain de parler de salut et de libération en Jésus-Christ aux victimes de cet état de choses si on ne

▶▶▶

▶▶▶

lutte pas résolument pour le changer. Un vaste débat s'élève autour et à propos de ce courant (voir Index).

Sans entrer ici dans le détail, il est clair que, malgré la diversité d'attitudes que recouvre la théologie de la libération, et malgré les vives réactions qu'elle suscite dans une partie du monde catholique et de la société latino-américaine elle-même, elle n'est pas sans influence sur les orientations pastorales des Églises du continent qui, pour la plupart, déclarent leur option préférentielle en faveur des plus pauvres. Ainsi prend position, dès 1968, la Conférence des évêques de l'Amérique latine (CELAM) lors de sa rencontre à Medellin (Colombie) en présence de Paul VI. Plus tard, en 1979, à Puebla (Mexique), la même conférence empruntera largement à la théologie de la libération sans que Jean-Paul II, présent, condamne celle-ci. Des clarifications restaient cependant indispensables, notamment en ce qui concerne la relation de cette théologie avec la pensée marxiste ; la poursuite du débat devait y contribuer.

En *Afrique* les évêques du continent réunis à Kampala (Ouganda) en 1969, en *Asie* ceux d'Extrême-Orient réunis à Manille (Philippines) en 1970, dénoncent également l'injustice sociale dans leurs pays.

Les conférences épiscopales du Tiers-Monde sont majoritaires au synode de 1974 sur l'évangélisation du monde contemporain. Elles obtiennent de changer l'ordre du jour : les problèmes de la sécularisation doivent céder le pas au devoir d'évangélisation des non-chrétiens. Les jeunes Églises soulignent les richesses spirituelles qu'elles peuvent à leur tour partager avec les Églises des pays matériellement riches ; leur vitalité peut contenir la promesse d'un renouveau de l'Église tout entière.

Ph. CIRIC

Paul VI en Terre Sainte en 1964, premier voyage hors d'Italie d'un pape contemporain.

Rome et l'Égli

Une Église en plein développement...

Au moment du triomphe militaire de Mao Ze-Dong en 1949, l'Église chinoise a encore, pour une grande part, une structure missionnaire. Malgré l'énergie déployée par les papes Benoît XV, Pie XI et Pie XII pour y développer un clergé autochtone et mettre en place des évêques chinois (Pie XI sacre les six premiers à Rome en 1926), ces derniers ne sont encore que 30 en 1949 (dont les archevêques de Pékin, le cardinal Tien, et de Nankin, Mgr lu Pin), pour 143 diocèses ou préfectures apostoliques. La progression n'en est pas moins remarquable puisque l'épiscopat chinois s'est ainsi multiplié par 5 en 20 ans, malgré la sévérité des conditions appliquées par Rome à son choix. La plus grande part de l'animation pastorale repose cependant sur des évêques étrangers. Il faut d'ailleurs ajouter que, comme la plupart des missionnaires dans ce pays, ils se sont remarquablement « sinisés » et intégrés dans la culture, les langues, les mentalités du pays.

Toujours en 1949, sur 6 000 prêtres, 2 700 sont autochtones, ainsi que 5 000 religieuses sur 7 000. L'Église, totalement chinoise dans ses fidèles, est donc en rapide sinisation dans son encadrement ; mais l'achèvement de cette évolution aurait encore demandé quelques années. L'Église en Chine c'est aussi, alors, un important réseau d'écoles, collèges, universités, hôpitaux, orphelinats et institutions diverses à travers le pays. Les catholiques sont 3 500 000 (catéchumènes compris), soit cinq fois plus qu'au début du siècle, progression d'autant plus significative qu'à partir de 1922, elle s'est heurtée à la double hostilité des nationalistes et des communistes. Mais l'effectif catholique est cependant à rapprocher du chiffre de la population, près de 600 millions !

Dans les grandes et moyennes villes, les chrétiens connaissent une vie paroissiale et des organisations assez proches de celles de l'Occident. Par contre, dans les campagnes, la vie chrétienne est centrée sur le foyer et non sur l'église où l'on ne se rend que pour les grandes fêtes. Le responsable local est le catéchiste ou le maître d'école. Comme le montrera la suite des événements, la foi chrétienne n'y est pas pour autant superficielle.

Le parti communiste et l'Église

Arrivé au pouvoir en 1949, le parti communiste entend soustraire la Chine à toute influence extérieure, et a fortiori occidentale. Il lance alors auprès des catholiques la campagne de la *triple autonomie :* de gouvernement (pas de lien avec le Vatican), d'administration et de finance (pas de fonds de l'étranger), de personnel (pas de missionnaires étrangers). Ces derniers sont effectivement expulsés, sans ménagements. Quant aux Chinois qui ne se plient pas suffisamment aux directives du Parti, ils sont mis en prison ou exécutés, qu'ils soient laïcs, prêtres, religieux, religieuses, ou évêques. Le Parti contraint les catholiques à se constituer en « associations patriotiques » qui éliront leurs propres évêques, sans aucune intervention de Rome.

en Chine communiste

Le départ des missionnaires (soit le tiers des religieuses, plus de la moitié des prêtres et les quatre cinquièmes des évêques), l'arrestation ou l'exécution de nombreux évêques, prêtres ou cadres laïcs chinois, l'élection de nouveaux évêques, la coupure avec Rome, la fermeture de la plupart des églises, l'hostilité et la menace qui pèsent sur la communauté chrétienne bouleversent l'Église chinoise ; l'Église « patriotique » est elle-même l'objet d'une étroite surveillance. La révolution culturelle de 1966-1968 met le comble à ce bouleversement (arrestations, autocritiques publiques, exécutions, pression idéologique renforcée...).

On pourrait dire que l'Église chinoise est devenue triple : l'Église patriotique (la seule à avoir droit à l'existence), l'Église clandestine (principalement dans les campagnes), l'Église en prison. L'Église patriotique ne cesse au demeurant de souligner que, si elle refuse l'ingérence du Vatican, elle reste fidèle à la foi catholique.

Depuis la fin de la révolution culturelle, des églises ont été rouvertes, des catholiques en prison libérés (y compris prêtres et évêques), une plus grande tolérance manifestée et, fait notable, des contacts avec l'Église occidentale acceptés. Il ne s'agit certes pas de revenir sur le principe d'indépendance vis-à-vis de Rome. Mais, à partir de 1980, des associations catholiques patriotiques commencent à inviter des personnalités catholiques étrangères, à commencer par le cardinal Etchegaray, alors archevêque de Marseille.

Puis, en 1986, on assiste au mouvement inverse : des délégations catholiques chinoises se rendent l'une en Allemagne fédérale, l'autre (dont 4 évêques) aux États-Unis.

On ne négocie pas avec le Vatican, mais le climat est différent. Ainsi, en 1985, est élu évêque auxiliaire de Shangaï Mgr Jin-Lu-Xian, un jésuite qui a fait des études théologiques en Europe et qui, rentré en Chine, a passé 18 ans en prison.

Le climat se dégrade à nouveau à partir de 1989 ; la sanglante répression des manifestations étudiantes en faveur de la démocratie place Tiananmen à Pékin marque un retour du régime à l'intransigeance ; en janvier 1990, douze évêques de l'Église clandestine (de 70 à 83 ans) sont arrêtés, puis, en juillet suivant, un autre évêque, des prêtres, des diacres, également clandestins. Ceci dit, la ferveur des fidèles de l'Église patriotique est grande ; lorsqu'ils ont l'occasion de parler avec des catholiques venant de l'étranger, ils manifestent volontiers leur attachement à l'Église romaine ; aussi bien celle-ci, consciente de l'extrême difficulté de la situation où se trouvent les catholiques chinois, s'est gardée de condamner ce qui a pourtant, formellement, le caractère d'un schisme, mais n'en a très probablement pas la nature au fond des cœurs. ■

Les encycliques de Jean-Paul II
Voir Index : Bibliographie de Jean-Paul II

Dialogue avec les nations

Fidèle à la ligne du pontificat de Jean XXIII, Paul VI attache beaucoup de prix à la présence de l'Église dans le concert des nations. Son voyage à l'O.N.U. en 1965 est très significatif d'une participation de l'Église aux institutions internationales, non au titre d'État du Vatican mais en tant que Saint-Siège : l'Église s'y présente comme une conscience morale de la société, « experte en humanité. »

L'audience du pape auprès des foules, l'activité des organisations internationales de mouvements catholiques ont, entre autres, permis un changement radical de climat par rapport à la situation de 1915, lorsque le Traité de Londres[1] excluait d'avance le Vatican des futures négociations de paix. Le Saint-Siège multiplie les relations et les contacts, grâce notamment à ses observateurs attitrés auprès des institutions internationales gouvernementales (O.N.U., U.N.E.S.C.O., F.A.O....).

Paul VI poursuit l'*Ostpolitik*, l'ouverture à l'Est, entreprise par son prédécesseur : la déstalinisation amorcée par Khrouchtchev en 1956 et le poids des catholiques dans certains pays communistes avaient amené Jean XXIII, fort de sa connaissance du Sud-Est européen, à engager un dialogue avec Moscou en 1962 à l'occasion du concile. Khrouchtchev, tout en multipliant les mesures hostiles à l'Église orthodoxe, voyait dans ce dialogue un élément de détente internationale et un chemin pour des relations avec les États-Unis. Quant aux États satellites de Moscou, des rapports avec Rome constituaient pour eux un facteur d'indépendance en les réinsérant dans un espace dépassant celui du bloc soviétique.

Œuvre de Mgr Casaroli, proche collaborateur de Paul VI, le dialogue avec les pays de l'Est vise à y assurer la continuité (ou la reconstitution) du corps épiscopal, sa libre communication avec Rome, la liberté du recrutement et de la formation du clergé. Les négociations obtiennent quelques succès en Yougoslavie, en Hongrie et en Pologne.

Cependant ces négociations, dont les États communistes se sont employés à exclure les autorités religieuses locales, ne sont pas sans provoquer l'amertume de celles-ci (notamment chez le cardinal Mindszenty et Mgr Slipyj) ou leurs réticences (chez le cardinal Wyszinski) ; c'est que le fait même des négociations contribuait à légitimer ces gouvernements, et à relativiser la critique du marxisme au moment même où celui-ci était de plus en plus mis en question.

Il n'en fallait pas moins remédier à l'isolement dramatique imposé aux chrétiens des États communistes, sans que les thèmes développés par Rome dans le même temps aillent précisément dans le sens de l'idéologie communiste.

Si un certain retour à la stabilité se fait jour en France en 1975-1976, les dernières années de Paul VI sont cependant assombries par son angoisse sur l'avenir de la foi et par les difficultés rencontrées par l'Église ; elles lui sont d'autant plus pénibles qu'elles font suite aux années heureuses et pleines d'espérance du concile et de ses premières retombées.

1. Traité secret entre la Triple Entente (Grande-Bretagne, France, Russie) et l'Italie au sujet de l'entrée en guerre de celle-ci.

▶▶▶

VI. JEAN-PAUL II ET L'ÉGLISE D'AUJOURD'HUI

1978 : L'année des trois papes

Lors du conclave réuni pour élire le successeur de Paul VI, mort le 6 août 1978, l'élargissement du Sacré-Collège opéré par Jean XXIII et Paul VI ne laisse plus, aux cardinaux de Curie, qu'à peine le tiers des voix ; ils ne peuvent donc plus imposer leur choix. Les besoins de l'Église appellent au demeurant un homme qui soit à la fois un pasteur capable de s'imposer, et un conciliateur susceptible de mettre en œuvre la collégialité. Le 26 août 1978, Albino Luciani, patriarche de Venise, connu pour sa fermeté dans les questions morales et disciplinaires, est élu ; il prend le nom de Jean-Paul Ier, marquant ainsi son intention de se situer dans la ligne conciliaire de ses deux devanciers. Son sourire conquiert d'emblée la foule.

Il commençait à peine à s'initier à ses nouvelles fonctions lorsqu'on le trouve mort dans son lit, après trente-trois jours de pontificat.

Le choix d'un nouveau pape s'avère plus difficile encore, car le bref pontificat de Jean-Paul Ier a fait clairement apparaître, outre l'importance des dons de contact et de simplicité, la nécessité d'une grande envergure intellectuelle et d'une santé robuste.

A la surprise générale, c'est un cardinal polonais qui est élu le 16 octobre 1978, le premier dans l'histoire, Carol Wojtyla, archevêque de Cracovie ; il prend le nom de Jean-Paul II pour les raisons qui ont déjà déterminé Jean-Paul Ier dans son choix. Il s'était fait connaître par la part active prise aux travaux du concile puis des synodes, ainsi que par de nombreux voyages à l'étranger.

Un pape préparé au dialogue

S'il vient d'un pays fortement fixé dans sa fidélité à Rome, l'origine slave du nouveau pape en fait en même temps un familier des traditions spirituelles et théologiques de l'Orient chrétien ; l'Europe orientale a toujours été lieu d'échange et de synthèse entre diverses cultures, chacune de ses nations affirmant cependant avec vigueur la sienne propre. Jean-Paul II est donc porté par ses origines autant que par ses dons personnels à assumer une responsabilité à l'échelle universelle.

Né en 1920, il a été requis pour travailler comme ouvrier pendant la guerre alors qu'il était séminariste. Ordonné prêtre en 1946, il a été professeur de théologie morale à l'Université catholique de Lublin, et aumônier d'étudiants, puis évêque auxiliaire en 1958, archevêque de Cracovie en 1964 et créé cardinal par Paul VI en 1967.

Engagé comme tout l'épiscopat polonais dans un difficile combat avec le régime communiste, pour la défense de la foi autant que pour celle des droits de l'homme, il a l'expérience du dialogue

Comment le Père Antonin-Marcel Henri, théologien, voit l'évolution en cours au sein des Églises locales.

Au terme de l'ouvrage *La longue marche de l'Église* (Elsevier-Bordas, 1981), publié sous sa direction et celle de Jean Chélini, le Père Antonin-Marcel Henri, dominicain, ancien professeur de théologie à l'Institut Catholique de Paris, passe en revue les questions auxquelles l'Église a aujourd'hui à faire face pour l'accomplissement de sa mission.

A propos des Églises locales, il écrit :

« Les faits majeurs, dans les années 80, sont l'effondrement des vocations presbytérales ; la participation de plus en plus grande des laïcs aux responsabilités d'Église ; la promotion des femmes dans la société et dans l'Église.

• **Les laïcs** *ont déjà pris, et vont prendre de plus en plus des initiatives et des responsabilités. Tel est le but des Conseils des laïcs. Ainsi, dans les paroisses, les foyers-pilotes, chargés du catéchuménat des parents ou, plus précisément, de préparer les parents au baptême de leur enfant, et les ménages qui reçoivent les fiancés et les préparent à leur mariage. Sans compter les mamans catéchistes, ou les parents qui aident les prêtres à visiter les malades ou à porter l'eucharistie. La participation des laïcs aux conseils diocésains ou nationaux, aux synodes, aux « assemblées d'Église » (comme l'assemblée annuelle de l'Église de France à Lourdes) est devenue courante. En 1967, le synode de Santiago-du-Chili comptait deux cents laïcs, hommes et femmes, participant à tous les votes, sur les cinq cents membres élus. Ces tendances n'ont fait que s'accentuer. (...)*

• **Les femmes,** *enfin, sont davantage consultées et participantes. Paul VI a fait entrer plusieurs supérieures à la* Congrégation des Religieux. *Et ce n'est certainement qu'un commencement. Il y a encore beaucoup à faire pour que les femmes soient présentes activement avec les hommes — et non en rivalité avec eux — à toutes les instances de l'Église : dicastères romains, curies diocésaines, paroisses, etc. Mais il n'y a déjà plus d'obstacles à ce qu'elles poursuivent leurs études théologiques, gagnent des diplômes et enseignent l'Écriture Sainte ou la théologie, et fassent partie des jurys de doctorat (en théologie, droit canon, etc.).*

• ***Ira-t-on plus loin** ? Ordonnera-t-on régulièrement des hommes mariés d'ici quelques années ? C'est probable, bien que l'on y mettra certaines conditions, celles qu'inspirent et l'expérience multiséculaire des Églises d'Orient, et l'inépuisable réflexion d'aujourd'hui.*

Les protagonistes de telles ordinations mettent fréquemment en avant le fait qu'il n'y a ni contradiction ni opposition logique entre presbytérat et mariage. C'est exact ; tellement vrai qu'il y a toujours eu des prêtres mariés dans l'Église — tant orthodoxe que catholique romaine — d'Orient. Mais ces partisans du mariage des prêtres ne se demandent ordinairement pas dans quel sens l'Esprit *du Christ crucifié pousse en avant l'Église. La « logique » n'est pas un critère suffisant de l'Esprit Saint. Autre chose est à considérer ou à entendre. Cela ne signifie pas que l'on n'en viendra pas à l'ordination d'hommes mariés, mais que l'Esprit mène son Église autrement que ne voudraient en décider certains chroniqueurs des événements que la foi n'éclaire pas.*

• ***Ira-t-on plus loin encore** ? Ordonnera-t-on des femmes ? L'avenir le dira. Les questions de gouvernement et de structures ne peuvent se régler abstraitement, à l'avance, au nom d'une doctrine qui planerait au dessus des temps et des lieux. Ce qui se fait en Hollande ou en Suède est impensable encore au Rwanda ou au Bangladesh. La présence de femmes au Concile n'est venue à l'idée de personne à l'époque de l'assemblée de Trente ; mais leur absence scandaliserait le prochain concile.*

Les idées que nous professons, notre mentalité, relèvent en grande partie de notre « situation dans le monde », et du temps dans lequel nous vivons (c'est pourquoi nous ne pouvons juger, même si on ne peut aujourd'hui l'approuver, ce que firent nos anciens — fut-ce les procès de l'Inquisition, les croisades, le servage). La situation où nous sommes en ce dernier quart du XXe siècle a créé une mentalité étrangère à celle d'hier. Nous ne pouvons préjuger de celle qui prévaudra en l'an 2000 ou 2500. »

Voir Index : Géographie et sociologie du Catholicisme.

aussi bien avec un peuple foncièrement chrétien qu'avec un environnement politique peu ouvert ou hostile à la dimension religieuse.

Lorsqu'il sera pape, on verra revenir tout au long de ses écrits, de ses discours , de ses propos, l'affirmation que la lutte pour la justice sociale et le combat pour la dignité humaine sont partie intégrale de l'œuvre d'évangélisation : l'homme est la première route que l'Église doit suivre dans l'accomplissement de sa mission. Cette conviction se fonde sur celle de la grandeur de cet homme créé à l'image de Dieu, et, dès lors, sur la conscience d'une dignité à défendre contre toutes les formes de déshumanisation.

Jean-Paul II choisit de parcourir les chemins du monde dans l'esprit apostolique des origines. Partout où il passe, il expose les exigences d'une vie chrétienne selon les enseignements du concile. Il ne se laisse arrêter ni par le Rideau de fer (qui ne tombera qu'en 1989, non sans qu'il y ait contribué), ni par la contestation, ni par les risques (en mai 1982, au Portugal, pendant son onzième voyage à l'étranger, il est l'objet du troisième attentat contre sa personne). Fin 1986, après huit ans de pontificat, il avait déjà totalisé trente-deux voyages hors d'Italie, et parcouru tous les continents.

Recentrage ou approfondissement ?

Certains au sein de l'Église seraient portés à se choquer de la place qu'y occupe la vigoureuse personnalité du pape.

Il est de fait que Jean-Paul II a entrepris d'insuffler un nouveau dynamisme à l'Église dans l'esprit du concile Vatican II ; par ses nombreux voyages, il cherche bien sûr à stimuler la foi des membres des Églises visitées ; mais, en même temps, la visibilité donnée à l'Église par les grands rassemblements qu'il suscite autour de lui est, dans son esprit, une manière de s'opposer à l'emprise d'une sécularisation qui anesthésie le sentiment religieux.

De manière plus large encore, face aux immenses risques de déshumanisation que comporte une société de plus en plus soumise à la domination matérialiste de la technologie et de l'économie, il s'emploie à mobiliser les consciences pour que l'homme reste la valeur première et ultime : « Il faut se convaincre de la priorité de l'éthique sur la technique, du primat de la personne sur les choses, de la supériorité de l'esprit sur la matière » (Discours à l'UNESCO, 2 juin 1980).

Cette mission itinérante, qui mobilise les médias, est un des traits marquants de la vie de l'Église aujourd'hui.

Il est de fait, également, que divers signes peuvent suggérer une volonté de remise en ordre et de reprise en mains par rapport aux dernières années de Paul VI ; c'est le cas par exemple pour les prêtres sollicitant une « dispense de célibat » ; il en sera probablement de même à l'égard des demandes de reconnaissance en nullité des mariages, en nombre croissant ; les interventions romaines auprès de l'épiscopat français à propos de la catéchèse pourraient offrir une autre illustration d'un tel état d'esprit.

S'appuyant sur beaucoup d'autres indices, des observateurs parlent de « recentrage » de la vie de l'Église. S'agit-il d'un succès partiel des nostalgiques du passé qui, de fait, multiplient les critiques contre les conférences épiscopales, la catéchèse, les réformes

▶▶▶

▶▶▶

liturgiques, et tant d'autres aspects de l'Église aujourd'hui ? Ou du redressement d'une dérive qui, selon certains théologiens, affecterait l'application des textes du concile, par exemple, à propos de l'Église Peuple de Dieu ou de l'attitude de la pastorale à l'égard de la non-croyance ?

D'autres faits ne plaident pas en ce sens, par exemple, une certaine prise en compte par le Saint-Siège lui-même de la notion de théologie de la libération, qui a pourtant été objet de vives attaques et occasion de diverses mesures à l'encontre de certains théologiens.

Une double ligne de force transparaît, en fait, dans l'action et l'enseignement de Jean-Paul II : réaffirmer avec force ce qu'il croit fondamental ; faire passer avec ténacité, dans la communauté catholique et en chacun de ses membres, l'intégralité de l'œuvre de Vatican II, sans en rien retrancher mais sans laisser les interprétations partir en tous sens. A cet égard, sa décision de réunir en novembre 1985 un synode extraordinaire des évêques pour faire le point, vingt ans après le concile, sur les résultats de sa mise en œuvre, et en tirer les conséquences pour l'avenir, a été significative.

Un tableau sans complaisance

L'enquête réalisée auprès de ses membres, dans les mois précédant la réunion du synode de novembre 1985, a permis au cardinal Danneels, archevêque de Malines-Bruxelles, de lui présenter un bilan sans complaisance des aspects positifs et négatifs constatés dans la mise en œuvre des décisions du concile au terme des vingt années écoulées depuis sa clôture.

En positif, on inscrit le renouveau liturgique, en particulier en ce qui concerne la célébration eucharistique. La Parole de Dieu, spécialement par une meilleure connaissance de l'Écriture, est entrée dans la conscience d'un plus grand nombre de fidèles ; d'où un renouveau spirituel très marqué. Le sens de l'Église s'approfondit chez un nombre croissant de ses membres, qui y prennent de plus en plus de responsabilités ; une vue dynamique de la mission de l'Église succède à une mentalité défensive. En même temps, s'approfondit la relation Église-monde ; on comprend et on attend de l'Église un engagement plus radical dans le domaine des droits de l'homme et des problèmes sociaux (option préférentielle pour les pauvres, les opprimés, les marginaux). L'ouverture s'est faite plus grande au dialogue avec les autres chrétiens et avec les non-croyants. Des efforts se développent en faveur de l'inculturation du christianisme dans la diversité des sociétés. On note une compréhension plus profonde du sacrement de l'Ordre et un renouveau de la vie religieuse, les instituts religieux mettant une grande ardeur à ajuster leurs constitutions et leur action aux besoins spirituels et pastoraux de l'époque. La conscience missionnaire se développe, se traduisant notamment par des échanges et une collaboration accrue entre Églises anciennes et jeunes Églises.

En négatif, on constate que la réforme liturgique n'a pas été assez préparée et que, de ce fait, elle est restée trop extérieure ; on note à son sujet beaucoup de comportements subjectifs chez les prêtres ; l'aspect adoration dans la liturgie est trop souvent méconnu ; le sacrement de réconciliation est en pleine crise.

Comment l'historien Delumeau voir l'avenir du christianisme

Dans la conclusion qu'il donne sous le titre *« D'hier à demain »* dans *L'Histoire du peuple chrétien* (Ed. Privat) réalisé sous sa direction, Jean Delumeau, professeur au Collège de France, écrit notamment :

« Le christianisme actuel est maintenant confronté au pari du pluralisme et de la liberté. Notre époque ne lui demande pas de répudier le sacré, mais de le rendre libre et d'accepter son incarnation dans des cultures différentes les unes des autres. L'important n'est plus l'uniformité des rites mais la proclamation d'une même foi s'exprimant dans des sacrés accordés aux diverses sensibilités collectives.

L'avenir du christianisme passe incontestablement par un gros effort de l'imagination créatrice. En serait-il incapable ? L'histoire révèle au contraire le nombre et la variété des transformations qui l'ont affecté depuis sa naissance jusqu'à aujourd'hui et d'un continent à l'autre. Malgré l'inévitable et récurrente tentation de l'immobilisme, il n'a cessé de modifier dans le temps et l'espace ses liturgies, ses expressions artistiques et même ses institutions, comme s'il avait été en crise permanente et sans cesse contraint par elle à de continuels renouvellements. L'Église « n'est pas sortie toute armée de la tête de Jésus-Christ »[1] : d'où les possibilités d'évolution qui lui étaient ouvertes. Religion de l'incarnation et de l'histoire, le christianisme, parfois, il est vrai, avec des retards mais tout autant, à d'autres moments, avec des longueurs d'avance sur le temps, n'a cessé globalement de coller à la changeante réalité humaine. En quoi il a suivi la marche de ses débuts. Car lorsqu'il émergea dans le monde antique, il était nouveauté, refus des conformismes, scandale — au point que les païens prirent les disciples du Christ pour des athées. En outre, il était variété. Or, toutes les réformations chrétiennes de l'histoire se sont opérées par référence à la primitive Église. Celle que vit notre temps n'échappe pas à cette règle. Le christianisme sera vivant tant qu'il sera mémoire vraie, c'est-à-dire mémoire d'un passé qui n'a pas été eau dormante mais fleuve au fort courant ».

1. A. Mandouze dans le t.X de *2000 ans de christianisme.*

En ce qui concerne la Parole de Dieu, on note le risque de voir isoler la Bible de son contexte vital, la Tradition vivante, et dès lors, le risque que s'en développe une interprétation toute subjective. La catéchèse suscite des difficultés en certains cas.

En ce qui concerne la morale, l'homme moderne a tendance à penser que la sincérité est la véritable condition de la moralité des actes ; il est donc peu porté à recourir à une loi ou à des normes pour éclairer sa conscience ; cette tendance se vérifie dans le domaine de la morale chrétienne, notamment en ce qui concerne la morale sexuelle ; les comportements de nature subjective se multiplient.

Quant à l'ecclésiologie, cœur de la crise, on remarque que la doctrine de Vatican II est reçue de manière trop unilatérale et superficielle ; le concept d'Église-Peuple de Dieu est perçu de façon idéologique en le détachant des autres concepts complémentaires (Corps du Christ, Temple de l'Esprit...) ; la mauvaise compréhension du « mystère » de la nature de l'Église se traduit par des oppositions indues entre Église mystère et Église institution, Église-Peuple de Dieu et Église hiérarchique, etc. On constate une crise de confiance dans l'Église. L'idée d'Église-communion n'a pas vraiment pénétré dans le peuple chrétien. Des questions restent posées en ce qui concerne la relation entre Église universelle et Églises particulières, la collégialité épiscopale, le statut théologique des conférences épiscopales.

La relation Église-monde soulève des questions plus difficiles qu'il y a vingt ans, la situation ayant beaucoup évolué depuis lors : les pays développés connaissent le sécularisme, l'athéisme, le matérialisme pratique, l'indifférentisme ; le monde connaît une crise spirituelle, en particulier dans le domaine des valeurs morales fondamentales ; dans les pays en voie de développement, pauvreté et misère augmentent ; le combat pour la liberté, pour la justice, contre les autres discriminations, est devenu plus dur ; le problème de la paix et de la guerre se pose avec acuité ; les grandes découvertes (biogénétique) suscitent des problèmes éthiques graves et ardus.

En traçant ce tableau sans complaisance, les membres du Synode insistent tous sur le fait que l'Église ne peut se soustraire à ces questions. La réponse à y donner ne relèvera pas des seules mesures disciplinaires ou administratives ; elle appellera le dialogue et la patience.

En conclusion, s'il n'y a pas plus de raison de s'abandonner au triomphalisme qu'au pessimisme, il est clair que beaucoup reste à faire pour que le concile soit effectivement « reçu ».

D'où les grands thèmes qui inspirent la réflexion de l'Église pour l'exercice de sa mission aujourd'hui : 1. le mystère et la nature de l'Église ; 2. les sources de vie pour elle : Parole de Dieu dans l'Écriture et dans la Tradition ; 3. l'Église-communion, base des travaux du concile, et dont la compréhension théologique reste à achever (Église universelle-Églises particulières ; évêques-prêtres ; évêques-théologiens ; prêtres-laïcs ; hommes-femmes ; riches-pauvres) ; 4. la mission de l'Église aujourd'hui, et ceci en évitant d'opposer évangélisation et responsabilité dans le monde, évangélisation et culte, adoration de Dieu et service des hommes : la libération de l'homme doit être intégrale.

Ph. M. Gauvry-CIRIC

Quelques ouvrages pour mieux connaître l'Histoire de l'Église

I. Tous publics
- *Brève histoire de l'Église catholique,* Coll. « Petite encyclopédie moderne du christianisme », Desclée de Brouwer.
- *Histoire de l'Église. Panorama et chronologie,* 1 vol., 202 p., R. Frohlich, Desclée.
- *Histoire de l'Église,* 1 vol., Dom G.M. Oury, Ed. de Solesmes.
- *Histoire de l'Église,* 1 vol., M. Lemonnier, Mediaspaul.
- *Histoire de l'Église catholique,* 1 vol., 328 p., P. Pierrard, Desclée.
- *Pour lire l'Histoire de l'Église,* 2 vol., 202 et 248 p., J. Comby, Cerf.
- *L'Église dans l'Histoire des hommes,* 2 vol., 528 et 632 p., P. Christophe, Droguet-Ardant.
- *Guide illustré de l'histoire du christianisme,* 1 vol., 656 p., collectif, Centurion.
- *L'Église catholique et la Révolution française,* Coll. « Foi vivante », Cerf.
- *Le clergé à l'épreuve de la Révolution,* Coll. « Petite encyclopédie moderne du christianisme », Desclée de Brouwer.
- Revue mensuelle *Notre histoire,* 163 bd Malesherbes, 75017 Paris.

II. Pour aller plus loin
- *Nouvelle histoire de l'Église,* 5 vol., collectif, Seuil. *2 000 ans de christianisme,* 10 vol., collectif, Société d'histoire chrétienne, Aufadi, Paris et SHC. Internat.
- *Histoire vécue du peuple chrétien,* 2 vol., 454 et 480 p., sous la direction de J. Delumeau, Privat.
- *Histoire du christianisme,* 14 vol., en cours de parut., Ch. Pietri, A. Vauchez, M.Venard, J.M. Mayeur, Desclée.
- *Histoire de la France religieuse,* 4 vol., Direction J. Le Goff et R. Remond, Seuil.

LISTE DES PAPES

• Cette liste a été établie d'après celle figurant dans l'Annuaire pontifical. Les noms entre parenthèses sont ceux des antipapes ; l'astérisque désigne les papes dont la légitimité est incertaine ; cette incertitude suffit à empêcher de donner aux papes un numéro d'ordre depuis les origines. Il arrive que le même nom ait été porté par deux papes (par ex. Jean XXIII) lorsque le premier des deux était illégitime ou que sa légitimité était contestée. Jusqu'à Eleuthère (175-189) les dates ne sont pas parfaitement sûres.

• Les livres liturgiques de l'Église de Rome considèrent comme martyrs tous les papes antérieurs à Sylvestre I (314-335) et comme saints ceux de Sylvestre I à Félix IV (526-530).
• Ont été mis en italiques les noms des papes originaires de régions aujourd'hui françaises.

Ier siècle

S. Pierre	† 64 ou 67
S. Lin	67-76
S. Anaclet ou Clet	76-88
S. Clément	88-97
S. Évariste	97-105

IIe siècle

S. Alexandre I	105-115
S. Sixte I	115-125
S. Télesphore	125-136
S. Hygin	136-140
S. Pie I	140-155
S. Anicet	155-166
S. Soter	166-175
S. Eleuthère	175-189
S. Victor I	189-199
S. Zéphyrin	199-217

IIIe siècle

S. Calliste ou Calixte I	217-222
(S. Hippolyte)	217-235
S. Urbain I	222-230
S. Pontien	230-235
S. Antère	235-236
S. Fabien	236-250
S. Corneille	251-253
(Novatien)	251
S. Lucius I	253-254
S. Étienne I	254-257
S. Sixte II	257-258
S. Denys	259-268
S. Félix I	269-274
S. Eutychien	275-283
S. Caïus	283-296
S. Marcellin	296-304

IVe siècle

S. Marcel I	308-309
S. Eusèbe	309
S. Miltiade ou Melchiade	311-314
S. Sylvestre I	314-335
S. Marc	336
S. Jules I	337-352
S. Libère	352-366
(Félix II)	355-365
S. Damase	366-384
(Ursinus)	366-367
S. Sirice	384-399
S. Anastase I	399-401

Ve siècle

S. Innocent I	401-417
S. Zosime	417-418
S. Boniface I	418-422
(Eulalius)	418-419
S. Célestin I	422-432
S. Sixte III	432-440
S. Léon I le Grand	440-461
S. Hilaire	461-468
S. Simplice	468-483
S. Félix II ou III	483-492
S. Gélase I	492-496
S. Anastase II	496-498
S. Symmaque	498-514
(Laurent)	498, 501-505

VIe siècle

S. Hormisdas	514-523
S. Jean I	523-526
S. Félix III ou IV	526-530
Boniface II	530-532
(Dioscore)	530
Jean II [1]	533-535
S. Agapet I	535-536
S. Silvère	536-537
Vigile	537-555
Pélage I	556-561
Jean III	561-574
Benoît I	575-579
Pélage II	579-590
S. Grégoire I le Grand	590-604

VIIe siècle

Sabinien	604-606
Boniface III	607
S. Boniface IV	608-615
S. Deusdedit ou Adéodat I	615-618
Boniface V	619-625
Honorius I	625-638
Séverin	640
Jean IV	640-642
Théodoret I	642-649
S. Martin I	649-655 (déporté en 653)
S. Eugène I	654-657
S. Vitalien	657-672
Adéodat II	672-676
Donus	676-678
S. Agathon	678-681
S. Léon II	682-683
S. Benoît II	684-685
Jean V	685-686
Conon	686-687
(Théodore)	687
(Pascal)	687
S. Serge I	687-701

VIIIe siècle

Jean VI	701-705
Jean VII	705-707
Sisinnius	708
Constantin	708-715
S. Grégoire II	715-731
S. Grégoire III	731-741
S. Zacharie	741-752
Étienne II	752-757
S. Paul I	757-767
(Constantin)	767-769
(Philippe)	768
Étienne III	768-772
Adrien I	772-795
S. Léon III	795-816

1 Premier pape à changer de nom en accédant au pontificat.

IXe siècle

Étienne IV	816-817
S. Pascal I	817-824
Eugène II	824-827
Valentin	827
Grégoire IV	827-844
(Jean)	844
Serge II	844-847
S. Léon IV	847-855
Benoît III	855-858
(Anastase)	855
S. Nicolas I le Grand	858-867
Adrien II	867-872
Jean VIII	872-882
Marin I ou Martin II	882-884
S. Adrien III	884-885
Étienne V	885-891
Formose	891-896
Boniface VI	896
Étienne VI	896-897
Romain	897
Théodore II	897
Jean IX	898-900

Xe siècle

Benoît IV	900-903
Léon V	903
(Christophore)	903-904
Serge III	904-911
Anastase III	911-913
Landon	913-914
Jean X	914-v. 928
Léon VI	928
Étienne VII	928-931
Jean XI	931-935
Léon VII	936-939
Étienne VIII	939-942
Marin II ou Martin III	942-946
Agapet II	946-955
Jean XII	955-964 déposé en 963 par l'empereur Othon I
Léon VIII*	963-965
Benoît V*	964-966
Jean XIII	965-972
Benoît VI	973-974
(Boniface VII)	974-985
Benoît VII	974-983
Jean XIV	983-984
Jean XV	985-996
Grégoire V	996-999
(Jean XVI)	997-998
Sylvestre II [1]	999-1003

XIe siècle

Jean XVII	1003
Jean XVIII	1004-1009
Serge IV	1009-1012
Benoît VIII	1012-1024
(Grégoire)	1012
Jean XIX	1024-1032
Benoît IX*	1032-1044
Sylvestre III*	1045
Benoît IX* (pour la seconde fois)	1045
Grégoire VI*	1045-1046
Clément II*	1046-1047
Benoît IX* (pour la troisième fois)	1047-1048
Damase II	1048
S. Léon IX	1049-1054
Victor II	1055-1057
Étienne IX	1057-1058
(Benoît X)	1058-1059
Nicolas II	1059-1061
Alexandre II	1061-1073
(Honorius II)	1061-1072
S. Grégoire VII	1073-1085
(Clément III)	1080-1100
Bx. Victor III	1086-1087
Bx. Urbain II	1088-1099
Pascal II	1099-1118

1. Gerbert, moine, né à Aurillac

XIIe siècle

(Théoderic)	1100-1102
(Albert)	1102
(Sylvestre IV)	1105-1111
Gélase II	1118-1119
(Grégoire VIII)	1118-1121
Calixte II	1119-1124
Honorius II	1124-1130
(Célestin II)	1124
Innocent II	1130-1143
(Anaclet II)	1130-1138
(Victor IV)	1138
Célestin II	1143-1144
Lucius II	1144-1145
Bx. Eugène III	1145-1153
Anastase IV	1153-1154
Adrien IV	1154-1159
Alexandre III	1159-1181
(Victor IV)	1159-1164
(Pascal III)	1164-1168
(Calixte III)	1168-1178
(Innocent III)	1179-1180
Lucius III	1181-1185
Urbain III	1185-1187
Grégoire VIII	1187
Clément III	1187-1191
Célestin III	1191-1198
Innocent III	1198-1216

XIIIe siècle

Honorius III	1216-1227
Grégoire IX	1227-1241
Célestin IV	1241
Innocent IV	1243-1254
Alexandre IV	1254-1261
Urbain IV	1261-1264
Clément IV	1265-1268
Bx. Grégoire X	1271-1276
Bx. Innocent V	1276
Adrien V	1276
Jean XXI	1276-1277
Nicolas III	1277-1280
Martin IV	1281-1285
Honorius IV	1285-1287
Nicolas IV	1288-1292
S. Célestin V	1294
Boniface VIII	1294-1303

XIVe siècle

Bx. Benoît XI	1303-1304
Clément V Premier pape d'Avignon	1305-1314
Jean XXII	1316-1334
(Nicolas V)	1328-1330
Benoît XII	1334-1342
Clément VI	1342-1352
Innocent VI	1352-1362
Bx. Urbain V	1362-1370
Grégoire XI	1370-1378
Urbain VI	1378-1389
(Clément VII-Avignon)	1378-1394
Boniface IX (Rome)	1389-1404
(Benoît XIII-Avignon)	1394-1423

XVe siècle

Innocent VII (Rome)	1404-1406
Grégoire XII (Rome)	1406-1415
(Alexandre V. Pise)	1409-1410
(Jean XXIII. Pise)	1410-1415
Martin V	1417-1431
Eugène IV	1431-1447
(Félix V)	1439-1449
Nicolas V	1447-1455
Calixte III	1455-1458
Pie II	1458-1464
Paul II	1464-1471
Sixte IV	1471-1484
Innocent VIII	1484-1492
Alexandre VI	1492-1503

XVIe siècle

Pie III	1503
Jules II	1503-1513
Léon X	1513-1521
Adrien VI	1522-1523
Clément VII	1523-1534
Paul III	1534-1549
Jules III	1550-1555
Marcel II	1555
Paul IV	1555-1559
Pie IV	1559-1565
S. Pie V	1566-1572
Grégoire XIII	1572-1585
Sixte V	1585-1590
Urbain VII	1590
Grégoire XIV	1590-1591
Innocent IX	1591
Clément VIII	1592-1605

XVIIe siècle

Léon XI	1605
Paul V	1605-1621
Grégoire XV	1621-1623
Urbain VIII	1623-1644
Innocent X	1644-1655
Alexandre VII	1655-1667
Clément IX	1667-1669
Clément X	1670-1676
Bx. Innocent XI	1676-1689
Alexandre VIII	1689-1691
Innocent XII	1691-1700

XVIIIe siècle

Clément XI	1700-1721
Innocent XIII	1721-1724
Benoît XIII	1724-1730
Clément XII	1730-1740
Benoît XIV	1740-1758
Clément XIII	1758-1769
Clément XIV	1769-1774
Pie VI	1775-1799

XIXe siècle

Pie VII	1800-1823
Léon XII	1823-1829
Pie VIII	1829-1830
Grégoire XVI	1831-1846
Pie IX	1846-1878
Léon XIII	1878-1903

XXe siècle

S. Pie X	1903-1914
Benoît XV	1914-1922
Pie XI	1922-1939
Pie XII	1939-1958
Jean XXIII	1958-1963
Paul VI	1963-1978
Jean-Paul I	1978-1978
Jean-Paul II	1978

Ph. Tournus

Jean-Paul II

Christ aux liens. Chaource (Aube), (XVIe s.).
Jésus assis, après la flagellation pour laquelle il a été dépouillé de ses vêtements , portant encore la couronne d'épines, les mains liées, attend d'être conduit au calvaire où il va être mis en croix. Thème fréquent aux XVe et XVIe s.

CHAPITRE IV

Présentation de l'expérience chrétienne

QUESTIONS DES HOMMES ET RÉPONSES CHRÉTIENNES

APPROCHE PRÉALABLE

Des professions de foi aux Credo

Que dit Dieu ? Au fond, les chrétiens sont un peu embarrassés pour répondre à cette question. A cela plusieurs raisons. D'abord, parce qu'ils ont la conviction que Dieu a beaucoup parlé et de différentes manières. La Bible est pour eux le lieu privilégié où ils peuvent trouver la Parole de Dieu. Mais, dès qu'ils ont dit cela, ils se reprennent. C'est qu'en effet ils ont conscience que la Parole de Dieu n'est pas figée. Pas morte. Dieu parle au cœur des chrétiens, et même de tous les hommes. Pour répondre à la question : « Que dit Dieu ? », il leur faut chercher, évaluer, trier entre ce qui apparaît humain et ce qui semble venir de Dieu. Ce véritable travail, ils l'appellent le *discernement*.

Les chrétiens parlent de discernement parce qu'ils ont conscience que Dieu ne s'exprime que par l'intermédiaire des hommes. Dès lors, Lui, leur absolu, parle de manière relative, située et limitée. Dieu n'a jamais fait de cours de théologie, ni de catéchisme. Ce sont les croyants qui, inlassablement, ont essayé d'approfondir et de comprendre ce que Dieu leur donnait d'expérimenter : ils ne peuvent jamais que transcrire ce qu'ils croient être les paroles de Dieu à travers des mots humains !

Un texte permet de mieux suivre une telle démarche. En français, ce texte s'appelle le *Je crois en Dieu,* mais on le connaît souvent mieux sous son nom latin de *Credo.* Une des formes de ce Credo est appelée, par les savants, le *Symbole des Apôtres.* Le mot *symbole* n'est pas pris ici dans son sens le plus connu. Il signifie moyen d'identification et rappelle l'objet brisé en deux dont les anciens se servaient pour identifier le message : quand l'étranger arrivait, il vous donnait sa partie d'objet et si elle s'ajustait à la vôtre, c'est qu'il était bien le porte-parole que vous attendiez. Les chrétiens s'identifiaient les uns aux autres parce qu'ils se reconnaissaient mutuellement dans la récitation de formules de Credo identiques.

Comme introduction à la foi du chrétien, nous allons commenter rapidement un de ces Credo. Car il y en a plusieurs ! On pourrait imaginer que ce signe de reconnaissance a toujours été le même et que, cherchant à exprimer l'essentiel, il reprenait telle ou telle formule du Christ lui-même. Eh bien ! non. De fait, la prière du *Je crois en Dieu* date, dans sa forme actuelle, de 451 (Concile de Chalcédoine), mais les premières formulations analogues à celles d'aujourd'hui datent des conciles de Nicée (325) et de Constantinople (381). Il a donc fallu plus de trois siècles aux premiers chrétiens pour trouver une formulation de ce qui depuis toujours apparaissait comme l'essentiel de la foi. Et, à vrai dire, cet essentiel ne dit pas tout, et plus d'un chrétien du XXe siècle a essayé de remettre le Credo sur le chantier. Le dernier en date étant le pape Paul VI.

▶▶▶

Le premier cri des chrétiens : le kérygme

Un certain Jésus a été mis à mort.
Les chrétiens l'appellent Christ.
Dieu l'a ressuscité pour le pardon des péchés
et le salut des hommes.
Nous en sommes témoins.

Ces quatre propositions se retrouvent perpétuellement dans le livre-témoignage de la première communauté chrétienne, le Nouveau Testament (Ac 2, 22-38 ; 3, 13-19 ; 4, 10-12 ; 10, 37-43 ; 13, 23-39 ; 1 Co 15, 3-5 ; Mc 1, 14-15 ; etc.). Aux yeux des premiers chrétiens, elles sont le cœur de ce qu'ils ont appris de Dieu. Elles ne sont pas jaillissement d'une idée. Elles ne se réduisent pas à la mise en forme d'un message dit par Dieu que les chrétiens voudraient répéter. Elles sont l'expression d'une expérience. Une expérience ne se transmet pas. On vous y introduit. On la fait partager. Et même si les chrétiens ne se prétendent ni plus intelligents, ni meilleurs que les autres, ils veulent témoigner de cette expérience qui est au cœur de leur bonheur. C'est cette expérience que Dieu donne à vivre, qui est l'essentiel de ce que Dieu « dit » aux hommes. Ces quatre petites propositions sont donc, en même temps, pour les chrétiens, ce que Dieu dit d'essentiel à l'homme et l'essentiel aussi de ce qu'ils croient.

Ce cri initial, les théologiens l'appellent le *kérygme,* tout simplement parce qu'en grec, crieur public (l'ancêtre de notre garde-champêtre) se disait *keryx.* Ce message est, pour les chrétiens, d'une telle importance qu'il mérite, à leurs yeux, d'être annoncé, tambour battant, au monde entier telle une bonne nouvelle.

Vers d'autres formulations

Déjà, les premiers témoins vont se donner, dès le Nouveau Testament (1 Co 8,6), d'autres formulations plus élaborées et plus théologiques :

Il n'y a pour nous qu'un seul Dieu, le Père,
De qui tout vient et vers qui nous allons.
Et un seul Seigneur, Jésus-Christ,
Par qui tout existe et par qui nous sommes.

Là, les premiers chrétiens, réfléchissant à l'expérience de la résurrection du Christ et se remémorant son enseignement, expriment clairement qu'ils considèrent Dieu comme un père, comme le créateur (de qui tout vient, par qui tout existe), comme celui qui rassemblera tous les hommes (vers qui nous allons). Et, dans le même élan, ils affirment que Jésus, l'homme qu'ils avaient rencontré, est l'égal de ce Dieu Père.

Saint Ignace d'Antioche († 117), dans une *Lettre aux Tralliens* (9), va développer une nouvelle formulation et y intégrer ce que les contemporains de Jésus savaient et qu'ils n'avaient pas besoin de répéter : Jésus de Nazareth avait été un homme comme tout le monde. A force d'insister sur sa divinité, soixante ans après sa mort, certains devaient enjoliver la réalité et passer sous silence ce qui fait le plus de difficultés aux non-chrétiens : l'affirmation qu'un homme ordinaire, Jésus, soit en même temps Dieu.

KÉRYGME

Le terme (du grec *kerygma,* proclamation du crieur public) a été utilisé pour désigner l'annonce, faite aux incroyants par les premiers chrétiens, du contenu essentiel de leur foi en Jésus-Christ.
Les textes de la prédication des apôtres tels que nous les rapportent les *Actes des Apôtres* ont en commun quatre affirmations essentielles :

1. Jésus a été condamné et mis à mort.
2. Dieu l'a ressuscité.
3. Nous en sommes témoins.
4. C'est en lui que se trouve le salut des hommes : convertissez-vous (Ac 2,22-38 ; 3,13-19 ; 4,10-12 ; 10,37-43 ; 13,23-39).

Le mot *kérygme* continue à être employé aujourd'hui pour évoquer la proclamation missionnaire de l'essentiel de la foi chrétienne, proclamation qui tient évidemment compte du développement de la réflexion chrétienne depuis les origines. ■
(Voir *Développement des dogmes.*)

SYMBOLE DE FOI

Dans les Églises chrétiennes, un **symbole de foi** (du grec *symbulon,* signe d'identification ou de ralliement) est un texte proclamant, sous une forme ramassée et précise, l'essentiel de la foi. Il existe trois sortes de symboles traditionnels.

Le symbole baptismal
Il permet au baptisé de proclamer sa foi : sa formulation a pu varier. Il est toujours trinitaire (Mt 28,19), il manifeste ce qu'est l'Église et dit l'espérance chrétienne. Il ne donne pas d'explication théologique et emploie un vocabulaire propre, celui de l'Église : c'est une proclamation faite à l'intérieur de l'Église.

Le symbole conciliaire
Il est conçu par les évêques, pour les évêques, comme texte de référence leur permettant d'accomplir leur mission d'unité. Il est et se veut lecture authentique de la Bible sur les points fondamentaux de la foi. Les Credo de Nicée et de Constantinople sont de ce type. Repris par les assemblées dominicales, ils marquent la volonté de ces assemblées de se situer dans la communion de toute l'Église telle qu'elle est signifiée par le collège épiscopal.

Le symbole d'ordination
Ce terme s'applique à des textes destinés à nourrir la pensée de ceux qui ont mission d'enseigner. Ils ont été souvent employés dans les préparations aux ordinations sacerdotales ou épiscopales. Inspirés par les symboles conciliaires, ils sont généralement plus marqués qu'eux par leurs milieux d'origine (ils se démodent donc), puisqu'ils ont pour but de former doctrinalement les pasteurs d'un lieu ou d'une époque donnés. A ce genre de symbole, on peut rattacher le symbole dit d'Athanase et celui de Paul VI. ■

Ignace d'Antioche écrit dans cette* Lettre aux Tralliens *:

Fermez vos oreilles si quelqu'un vous parle d'autre chose que
de Jésus-Christ,
de la race de David,
de Marie,
qui est vraiment né,
qui a mangé et bu,
qui a vraiment souffert persécution sous Ponce Pilate,
qui a vraiment été crucifié.
Il est mort.
Les êtres terrestres, célestes, infernaux en sont témoins, et il est vraiment ressuscité des morts,
son Père l'ayant ressuscité,
comme, à sa ressemblance, il nous ressuscitera
en Jésus-Christ, nous qui croyons en lui,
en dehors de qui nous ne vivons pas vraiment.

Un peu plus tard, saint Irénée († 202) citera une profession de foi plus développée encore (*Adversus Haereses* 1, 10-1) :

L'Église répandue sur toute la terre
et jusqu'aux extrémités du monde,
des apôtres et de leurs disciples a reçu sa foi
qui est en un seul Dieu,
le Père tout-puissant,
qui a fait le ciel et la terre et tout ce qui s'y trouve ;
qui est en un seul Jésus-Christ,
Fils de Dieu,
qui s'est fait homme pour notre salut ;
qui est en l'Esprit Saint,
lui qui a révélé les desseins de Dieu par les prophètes,
sa venue,
sa naissance virginale,
sa passion,
sa résurrection des morts,
et la montée aux cieux en son corps
de Fils bien-aimé, Jésus-Christ, notre Seigneur,
et sa deuxième venue du ciel,
rempli de la gloire du Père,
pour rassembler tout l'univers
et ressusciter tout le genre humain
afin qu'au nom de Notre-Seigneur et Dieu et Sauveur
et en Jésus-Christ,
puisque le Père invisible l'a ainsi voulu,
tout genou fléchisse, sur terre, dans les cieux
et aux enfers.

▶▶▶

Le symbole de foi de la nuit pascale

Le prêtre :
— *Croyez-vous en Dieu, le Père tout-puissant, créateur du ciel et de la terre ?*
L'assemblée :
— *Nous croyons.*
Le prêtre :
— *Croyez-vous en Jésus-Christ, son Fils unique, notre Seigneur, qui est né de la Vierge Marie, a souffert la passion, a été enseveli, est ressuscité d'entre les morts, et qui est assis à la droite du Père ?*
L'assemblée :
— *Nous croyons.*
Le prêtre :
— *Croyez-vous en l'Esprit-Saint, à la sainte Église catholique, à la communion des saints, au pardon des péchés, à la résurrection de la chair, et à la Vie éternelle ?*
L'assemblée :
— *Nous croyons.*
Le prêtre conclut par l'invocation suivante :
— *Que Dieu tout-puissant, Père de notre Seigneur Jésus-Christ, qui nous a fait renaître par l'eau et l'Esprit Saint, et qui nous a accordé le pardon de tout péché, nous garde encore par sa grâce dans le Christ Jésus Notre-Seigneur pour la vie éternelle.*

CREDO

C'est le premier mot (du latin : *Je crois*) des *Symboles de Foi* dits *des Apôtres* et *de Nicée* (voir *Symbole de foi*). Le *Credo*, sous une forme ou l'autre, est proclamé à la messe après la lecture de l'Évangile, en forme d'adhésion à la Parole de Dieu. Il est également récité au baptême comme manifestation de la foi au Christ.
Aujourd'hui, les chrétiens éprouvent souvent le besoin, personnellement ou en communauté, de redire dans leur langage et leur culture les données essentielles de la foi. Ainsi a fait lui-même le pape Paul VI dans sa *profession de foi*. (p. 523 à 525) ■

Credo de saint Irénée

Voici la règle de notre foi.

(Nous croyons en) *Dieu Père, incréé, invisible, un Dieu, le Créateur de l'univers.*

(Nous croyons au) *Verbe de Dieu, le Fils de Dieu, le Christ Jésus notre Seigneur. Il s'est fait homme parmi les hommes, visible et palpable, pour détruire la mort, faire apparaître la vie et établir une communion de Dieu et de l'homme.*

(Nous croyons en) *l'Esprit Saint qui a été répandu sur notre humanité pour renouveler l'homme sur toute la terre en vue de Dieu.*

(IIe siècle)

Explication du Credo (Symbole dit de Nicée-Constantinople)

Le Credo est donc un texte fait par des hommes. Si l'expérience qu'il reflète est définitive aux yeux des chrétiens, les mots qu'il emploie sont humains, limités, partiels. Ils ne prétendent pas, en toute rigueur de terme, dire l'essentiel, mais le laissent pressentir suffisamment pour que ceux qui le recherchent avec le Christ puissent avancer vers lui.

En guise d'introduction à des développements forcément plus compliqués, qui chercheront à faire une présentation synthétique de l'expérience chrétienne, voici — après le rappel du texte du Credo (Symbole dit de Nicée-Constantinople) — un court commentaire qui pourra être considéré comme un abrégé de l'expression de la foi chrétienne.

Je crois en un seul Dieu,
le Père tout-puissant,
créateur du ciel et de la terre,
de l'univers visible et invisible.
Je crois en un seul Seigneur, Jésus-Christ,
le Fils unique de Dieu,
né du Père avant tous les siècles :
Il est Dieu, né de Dieu,
lumière, née de la lumière,
vrai Dieu, né du vrai Dieu.
Engendré, non pas créé,
de même nature que le Père ;
et par lui tout a été fait.
Pour nous les hommes, et pour notre salut,
il descendit du ciel ;
Par l'Esprit Saint,
il a pris chair de la Vierge Marie,
et s'est fait homme.
Crucifié pour nous sous Ponce Pilate,
Il souffrit sa passion et fut mis au tombeau.
Il ressuscita le troisième jour,
conformément aux Écritures,
et il monta au ciel ;
il est assis à la droite du Père.
Il reviendra dans la gloire,
pour juger les vivants et les morts ;
et son règne n'aura pas de fin.
Je crois en l'Esprit Saint,
qui est Seigneur et qui donne la vie ;
il procède du Père et du Fils ;
Avec le Père et le Fils,
il reçoit même adoration et même gloire ;
il a parlé par les prophètes.
Je crois en l'Église,
une, sainte, catholique et apostolique.
Je reconnais un seul baptême
pour le pardon des péchés.
J'attends la résurrection des morts,
et la vie du monde à venir.
Amen.

Symboles de foi

Le Symbole des Apôtres (du grec *symbolon*, signe de ralliement) est le plus ancien ; lui-même synthèse de formulaires antérieurs, il a vu le jour au IIe siècle et a pris sa forme actuelle au VIe siècle ; c'est avant tout une profession de foi baptismale, ramenée à l'essentiel ; sous sa traduction française, c'est le « Je crois en Dieu », une des prières de base du chrétien.

Je crois en Dieu, le Père tout-puissant, créateur du ciel et de la terre. Et en Jésus-Christ son Fils unique, notre Seigneur, qui a été conçu du Saint-Esprit, est né de la Vierge Marie, a souffert sous Ponce Pilate, a été crucifié, est mort, a été enseveli, est descendu aux enfers, le troisième jour est ressuscité des morts, est monté aux cieux, est assis à la droite de Dieu le Père tout-puissant, d'où il viendra juger les vivants et les morts. Je crois en l'Esprit Saint, à la sainte Église catholique, à la communion des saints, à la rémission des péchés, à la résurrection de la chair, à la vie éternelle. Amen.

Le symbole de Nicée a été adopté par le concile qui s'est tenu en 325 dans la ville du même nom en Asie Mineure en vue de réfuter l'hérésie arienne niant la divinité de Jésus-Christ. Il était alors apparu nécessaire aux évêques réunis à Nicée de reprendre, dans une profession de foi unique, d'une part, les affirmations figurant dans les symboles antérieurs, et d'autre part, celles que le concile venait d'adopter concernant la divinité du Christ, qu'on reconnaissait « de même nature que le Père » ; aussi bien le Symbole de Nicée insiste-t-il sur le fait que Jésus-Christ est « le fils de Dieu, fils unique engendré du Père, c'est-à-dire de l'essence du Père, Dieu de Dieu, lumière de lumière, vrai Dieu de vrai Dieu, engendré et non pas fait, consubstantiel au Père... »

Quelque temps plus tard, le Symbole de Nicée fut complété par le concile de Constantinople (381) pour affirmer la divinité du Saint-Esprit niée par diverses hérésies ; d'où le nom qu'on lui donne parfois de *Symbole de Nicée-Constantinople*. Celui-ci, revu par le Concile de Chalcédoine en 451, représente le résumé de la foi ; il constitue le Credo de la messe en latin (voir ci-contre le texte français). (Aujourd'hui on utilise au choix, dans la liturgie de la messe, en latin ou dans la langue courante, le Symbole de Nicée, ou celui des Apôtres, le *Je crois en Dieu*). On doit noter que, selon le texte issu des conciles des IVe et Ve siècles, « le Saint-Esprit procède du Père » ; mais les Latins prirent l'habitude, à partir du VIIIe siècle, d'ajouter « et du Fils » : c'est le fameux « Filioque », source d'un conflit aigu entre l'Église romaine et l'Église grecque ; celle-ci l'invoqua, entre autres griefs, lors du Schisme d'Orient au XIe siècle.

Lorsqu'un mot, une expression, un événement, une institution, un nom propre vous sont inconnus, consultez l'index.

Gerster-Rapho

Crucifixion, par Grünewald. Retable d'Issenheim (voir ci-dessous).

Le retable d'Issenheim

Ce tableau de la Crucifixion constitue l'un des deux panneaux du célèbre retable dit d'Issenheim (1512-1515), dû à Matthias Grünewald (v. 1460-1528), au musée de Colmar.

Ce retable, alliant un réalisme tragique à un mysticisme exalté, est dans la ligne de l'art gothique tardif des XIVe et XVe s. ; il est souvent considéré comme le sommet de l'œuvre de son auteur.

On y voit, dominant toute la scène par les proportions que lui a données le peintre, le Christ en croix, profondément marqué par la souffrance. A droite, saint Jean-Baptiste, le précurseur, présentant le livre des Écritures, désigne le Christ comme l'accomplissement des prophéties, et comme l'Agneau de Dieu, qui s'est sacrifié pour le salut des hommes. Aux pieds de la croix, sainte Marie-Madeleine, ayant près d'elle son vase de parfum pour l'embaumement.

A gauche, la Vierge Marie pâmée dans les bras de saint Jean l'évangéliste à qui le Christ l'a confiée.

Je

Le *Credo* commence par *Je*. Le chrétien ne croit pas par tradition familiale ou nationale. Le chrétien ne croit pas par contrainte. Dieu ne lui enlève pas sa personnalité. Bien plus, comme Dieu a libéré autrefois les Hébreux d'Égypte avant de leur parler, Dieu s'adresse à des hommes libres, qui disent *Je*. Et, spécialement en Amérique Latine, les chrétiens font remarquer que la foi en Dieu est un moyen de découvrir son identité propre.

Je crois

Si la foi suppose et approfondit la liberté, elle est aussi — aux yeux des chrétiens — un don de soi, une confiance donnée. Le chrétien est celui qui existe pour s'en remettre à un autre. *Croire*, c'est accepter de ne pas être en mesure de tout juger par soi-même. *Croire* c'est accepter de ne pas parler uniquement de soi. Bien plus, pour les chrétiens, le fait même de croire est un don de Dieu. Inexplicable. C'est l'Esprit du Christ qui fait reconnaître en Dieu un père (Rm 8,16). La foi étant confiance absolue en la personne du Christ, elle est une conviction ferme. C'est la certitude que l'on a quand on fait confiance à quelqu'un. Ce n'est pas une connaissance directe, et pourtant le doute n'y a pas de place. « Ne vous laissez pas arracher à votre assurance« (2P 3,17). « Veillez, demeurez fermes dans la foi, soyez des hommes, soyez forts » (1Co 16,13).

▶▶▶

▶▶▶

Je crois en Dieu,
le Père tout-puissant

Il est vrai que le monde peut sembler absurde si l'on refuse l'existence de Dieu. Sans lui, comment ne pas admettre que la mort soit victorieuse de tout, partout ? Mais ce refus de l'absurdité suffit-il à dire que Dieu existe ? N'est-il pas alors le seul fruit de l'imagination, du refus de mourir ? Saint Jean rappelle même aux chrétiens : « Dieu, personne ne le connaît » (Jn 1,18), et ce que les chrétiens savent de Dieu, ils l'ont appris de Jésus-Christ. Le paradoxe chrétien est de croire en un Dieu qui ne leur évite pas la mort (il ne l'a pas évitée à Jésus-Christ lui-même). Leur Dieu ne correspond pas à celui de l'imagination ou du désir. Spontanément, on imagine que Dieu sait tout, voit tout, juge tout, fait tout et que vers lui tout se dirige. Le chrétien, lui, dit que Dieu n'est pas d'abord cela.

Il est *d'abord père* (« Notre Père », disent-ils). La foi chrétienne dit de Dieu qu'il aime chaque homme et chaque femme comme un père idéal devrait aimer ses enfants adultes, dans l'amitié, le respect réciproque des libertés, l'entraide et la re-connaissance de ce que l'on doit à l'autre. Être père ainsi, c'est accepter de passer après son enfant pour que celui-ci grandisse. Le Dieu des chrétiens est un Dieu pauvre, humble... malgré sa toute-puissance de Dieu. « Dieu est amour », dit encore saint Jean. Seul l'amour, disent les chrétiens, est vraiment tout-puissant.

Créateur du ciel et de la terre,
de l'univers visible et invisible

Jean Rostand disait, paraît-il, en parlant du monde : « Je ne peux admettre qu'un être ait créé tout cela, et d'autre part, j'ai peine à admettre que cela se soit fait tout seul par la vertu du hasard. Alors je suis écartelé » (cité par le P. Carré). Pour le chrétien, oui, Dieu est créateur de tout. Pas cependant à la manière du potier qui, son vase une fois « créé », doit l'abandonner. Ce serait une vision humaine des choses. Pour Dieu, qui vit en dehors du temps humain, chaque moment est celui de la création. *Créer* est, pour lui, *synonyme d'aimer.* Son amour appelle littéralement à la vie. Les conséquences de cette foi sont multiples. Saint François d'Assise vivait une sorte de fraternité universelle avec toutes les créatures car tout devenait pour lui le signe de l'amour de Dieu, Temple qui renfermait quelque chose de divin. Cela est pourtant encore plus spécifiquement vrai de l'homme. L'homme, créé par Dieu, a été créé pour être un vivant et même, à l'image de Dieu, pour être un créateur à son tour.

A vrai dire, les chrétiens qui ont formulé cette partie du Credo ne voulaient pas simplement dialoguer, comme par avance, avec Jean Rostand, ni même chanter la grandeur de l'homme et de la nature : ils avaient clairement aussi une intention polémique. Ils voulaient montrer leur désaccord avec ceux qui affirmaient que, d'un côté, il y a le corps (la chair, la matière) qui est mauvais et, de l'autre, il y a l'esprit, noble et généreux, qui seul a été créé par Dieu. Non, disent les premiers chrétiens, Dieu a tout créé, matière comme esprit, et tout a été créé pour la vie.

Court exposé de la fo

Un seul Dieu, Père, Fils et Saint-Esprit

Nous croyons en un seul Dieu, Père, Fils et Saint-Esprit, créateur des choses visibles comme ce monde où s'écoule notre vie passagère, des choses invisibles comme les purs esprits qu'on nomme aussi les anges, et créateur en chaque homme de son âme spirituelle et immortelle.

Nous croyons que ce Dieu unique est absolument un dans son essence infiniment sainte comme dans toutes ses perfections, dans sa toute-puissance, dans sa science infinie, dans sa providence, dans sa volonté et dans son amour. Il est ***Celui qui est,*** *comme il l'a révélé à Moïse ; et il est* ***Amour,*** *comme l'apôtre Jean nous l'enseigne : en sorte que ces deux noms,* ***Être*** *et* ***Amour,*** *expriment ineffablement la même divine réalité de Celui qui a voulu se faire connaître à nous, et qui, « habitant une lumière inaccessible », est en lui-même au dessus de tout nom, de toutes choses et de toute intelligence créée. Dieu seul peut nous en donner la connaissance juste et plénière en se révélant comme Père, Fils et Esprit Saint, dont nous sommes par grâce appelés à partager, ici-bas dans l'obscurité de la foi et au-delà de la mort dans la lumière éternelle, l'éternelle vie. Les liens mutuels constituant éternellement les trois personnes, qui sont chacune le seul et même être divin, sont la bienheureuse vie intime du Dieu trois fois saint, infiniment au-delà de tout ce que nous pouvons concevoir à la mesure humaine. Nous rendons grâce cependant à la bonté divine du fait que de très nombreux croyants puissent attester avec nous devant les hommes l'unité de Dieu, bien qu'ils ne connaissent pas le mystère de la Très Sainte Trinité.*

Nous croyons donc au Père qui engendre éternellement le Fils, au Fils, Verbe de Dieu, qui est éternellement engendré, au Saint-Esprit, personne incréée qui procède du Père et du Fils comme leur éternel amour. Ainsi, en les trois personnes divines, ***coœternae sibi et coæquales,*** *surabondent et se consomment, dans la surexcellence et la gloire propres à l'être incréé, la vie et la béatitude de Dieu parfaitement un, et toujours « doit être vénérée l'unité dans la trinité et la trinité dans l'unité ».*

Le Christ, Dieu fait homme

*Nous croyons en Notre-Seigneur Jésus-Christ, qui est le Fils de Dieu. Il est le Verbe éternel, né du Père avant tous les siècles et consubstantiel au Père (****homoousios tô Patri****), et par lui tout a été fait. Il s'est incarné par l'œuvre du Saint-Esprit dans le sein de la Vierge Marie et s'est fait homme : égal donc au Père selon la divinité, et inférieur au Père selon l'humanité, et un lui-même non par quelque impossible confusion des natures mais par l'unité de la personne.*

Il a habité parmi nous, plein de grâce et de vérité. Il a annoncé et instauré le Royaume de Dieu et nous a fait en lui connaître le Père. Il nous a donné son commandement nouveau de nous aimer les uns les autres comme il nous a aimés. Il nous a enseigné la voie des béatitudes de l'Évangile : pauvreté en esprit, douceur, douleur supportée dans la patience, soif de la justice, miséricorde, pureté du cœur, volonté de paix, persécution endurée pour la justice.

Il a souffert sous Ponce Pilate, Agneau de Dieu portant sur lui les péchés du monde, il est mort pour nous sur la croix, nous sauvant par son sang rédempteur. Il a été enseveli et, de son propre pouvoir, il est ressuscité le troisième jour, nous élevant par sa résurrection à ce partage de la vie divine qu'est la vie de la grâce. Il est monté au ciel et il viendra de nouveau, en gloire cette fois, pour juger les vivants et les morts : chacun selon ses mérites — ceux qui ont répondu à l'amour et à la pitié de Dieu allant à la vie éternelle, ceux qui les ont refusés jusqu'au bout allant au feu qui ne s'éteint pas.

Et son règne n'aura pas de fin.

atholique par le pape Paul VI

L'Esprit Saint et la Vierge Marie

Nous croyons en l'Esprit Saint, qui est Seigneur et qui donne la vie, qui est adoré et glorifié avec le Père et le Fils. Il nous a parlé par les prophètes, il nous a été envoyé par le Christ après sa résurrection et son ascension auprès du Père ; il illumine, vivifie, protège et conduit l'Église ; il en purifie les membres s'ils ne se dérobent pas à la grâce. Son action, qui pénètre au plus intime de l'âme, rend l'homme capable de répondre à l'appel de Jésus : « Soyez parfaits comme votre Père céleste est parfait » (Mt 5, 48).

Nous croyons que Marie est la Mère demeurée toujours vierge du Verbe incarné, notre Dieu et Sauveur Jésus-Christ, et qu'en raison de cette élection singulière elle a été, en considération des mérites de son Fils, rachetée d'une manière plus éminente, préservée de toute souillure du péché originel et comblée du don de la grâce plus que toutes les autres créatures.

Associé par un lien étroit et indissoluble aux mystères de l'Incarnation et de la Rédemption, la Très Sainte Vierge, l'Immaculée, a été, au terme de sa vie terrestre élevée en corps et en âme à la gloire céleste et configurée à son Fils ressuscité en anticipation du sort futur de tous les justes ; et nous croyons que la Très Sainte Mère de Dieu, nouvelle Ève, mère de l'Église, continue au ciel son rôle maternel à l'égard des membres du Christ, en coopérant à la naissance et au développement de la vie divine dans les âmes des rachetés.

Le péché, la croix et le baptême

Nous croyons qu'en Adam tous ont péché, ce qui signifie que la faute originelle commise par lui a fait tomber la nature humaine, commune à tous les hommes, dans un état où elle porte les conséquences de cette faute et qui n'est pas celui où elle se trouvait d'abord dans nos premiers parents, constitués dans la sainteté et la justice, et où l'homme ne connaissait ni le mal ni la mort. C'est la nature humaine ainsi tombée, dépouillée de la grâce qui la revêtait, blessée dans ses propres forces naturelles et soumise à l'empire de la mort, qui est transmise à tous les hommes et c'est en ce sens que chaque homme naît dans le péché.

Nous tenons donc, avec le concile de Trente, que le péché originel est transmis avec la nature humaine, « non par imitation, mais par propagation », et qu'il est ainsi « propre à chacun ».

Nous croyons que Notre-Seigneur Jésus-Christ, par le sacrifice de la croix, nous a rachetés du péché originel et de tous les péchés personnels commis par chacun de nous, en sorte que, selon la parole de l'Apôtre, « là où le péché avait abondé, la grâce a surabondé ».

Nous croyons à un seul baptême institué par Notre-Seigneur Jésus-Christ pour la rémission des péchés. Le baptême doit être administré même aux petits enfants qui n'ont pu encore se rendre coupables d'aucun péché personnel, afin que, nés privés de la grâce surnaturelle, ils renaissent « de l'eau et de l'Esprit Saint » à la vie divine dans le Christ Jésus.

L'Église, édifiée par Jésus-Christ

Nous croyons à l'Église une, sainte, catholique et apostolique, édifiée par Jésus-Christ sur cette pierre qui est Pierre. Elle est le Corps mystique du Christ, à la fois société visible instituée avec des organes hiérarchiques et communauté spirituelle, l'Église terrestre ; elle est le peuple de Dieu pérégrinant ici-bas et l'Église comblée des biens célestes ; elle est le germe et les prémices du Royaume de Dieu, par lequel se continuent, au long de l'histoire humaine, l'œuvre et les douleurs de la Rédemption et qui aspire à son accomplissement parfait au-delà du temps dans la gloire.

Suite page 524 ▶

En parlant ainsi, ils ne répondaient en rien à l'épineuse question de la présence du mal dans le monde mais, au moins, ils cherchaient à en refuser une mauvaise solution, celle qui consistait à distinguer, pour y répondre, le corps de l'esprit. Comme si le mal ne venait pas aussi de l'esprit et du cœur !

Je crois en un seul Seigneur, Jésus-Christ,
le fils unique de Dieu, né du Père avant tous les siècles

Si l'on a suivi la petite histoire du Credo en tête de ce chapitre, nous voyons que nous arrivons, avec ce passage, au cœur du texte. Pour les chrétiens, tout n'a pas la même importance dans la foi et l'essentiel est dit dans ces trois lignes.

L'homme Jésus — celui qui a marché sur les routes de Palestine —, cet homme particulier est en même temps « *Christ* », mot qui signifie qu'il est l'envoyé de Dieu pour tous les hommes (nous verrons plus loin que le mot *Christ* est la traduction grecque du mot *Messie*). Cela n'est possible que parce que les chrétiens disent que Jésus est ressuscité, est vivant, et ainsi contemporain de tous les hommes. Pourquoi est-ce important ? Tout simplement parce que Dieu n'est pas visible dans le monde. Et que beaucoup n'arrivent pas à le trouver. Le prophète Jésus — l'homme de Nazareth — n'est pas simplement celui qui affirme son existence et la fait connaître sous le jour de l'amour. Ce ne serait déjà pas mal. Mais Jésus, le prophète d'hier, est vivant aujourd'hui. Il offre à tous les hommes l'image parfaite de Dieu. Et il n'y en a pas d'autres. *Il est Dieu.* Il est avec le Père avant le temps.

Affirmer cela, c'est d'un seul coup affirmer aussi que Dieu n'est pas, pour les chrétiens, une sorte d'éternel célibataire. Il est en lui-même plusieurs. Il est en lui-même amour. Oui, les chrétiens croient en un Dieu unique, mais ils croient que ce Dieu est, en lui-même, amour. Nous reviendrons plus tard sur le mot de Trinité qu'ils emploient pour signifier que, tout en étant unique, leur Dieu est trois personnes : le Père, le Fils et le Saint-Esprit. A ceux qui affirment l'absurdité du monde et sa tristesse, le chrétien répond, dans la foi, que le centre de l'univers est amitié, tendresse.

Il est Dieu, né de Dieu, lumière, née de la lumière,
vrai Dieu, né du vrai Dieu, engendré non pas créé,
de même nature que le Père, et par lui tout a été fait.

Ces phrases, au fond, n'ajoutent pas grand chose à ce qui vient d'être dit. Elles sont comme une pause, une jubilation, sur l'essentiel. Oui, Jésus est vraiment Dieu.

Pour nous les hommes, et pour notre salut, il descendit du ciel ;
par l'Esprit Saint, il a pris chair de la Vierge Marie et s'est fait homme.

Nous arrivons au moment des pourquoi. Pourquoi le Fils s'est-il fait homme ? « Pour nous les hommes et pour notre salut », dit le Credo. En quoi l'événement concerne-t-il l'humanité ? Le Credo ne le dit pas vraiment. La tradition chrétienne complète : « Dieu s'est fait homme pour que l'homme soit fait Dieu ». Cela ne veut pas dire que l'homme soit appelé à perdre son identité. Au

▶▶▶

▶▶▶

contraire ! En Dieu, l'amour différencie. Cela veut dire que l'homme est destiné à accomplir son rêve d'absolu tout en restant homme, marqué par la mort.

Le Credo emploie ici le mot *salut.* Souvent, aujourd'hui, le salut évoque l'image caricaturale de l'enfer que l'on évite. Ce qui est certain pour les chrétiens, c'est que le salut est de l'ordre de la rencontre, de l'épanouissement en chacun de ses capacités d'aimer. Certains pensent aussi que le salut (on dirait souvent, aujourd'hui, la libération) est, pour le chrétien, libération d'un péché qui remonte aux origines, celui d'Adam. Il est clair que le Credo ne le dit pas. Il ne le nie pas non plus. Le salut est offert à chacun, même si chacun est marqué par la mort et le péché. Nous reviendrons sur les différentes manières de dire comment le salut s'opère. Disons simplement ici que les chrétiens aiment employer le mot *grâce* pour désigner cette action de Dieu qui sauve l'homme en le rendant « divin ».

La mention de l'*Esprit Saint* et de la *Vierge Marie* viennent rappeler que, pour les chrétiens, Jésus de Nazareth, tout homme ordinaire qu'il fût, est né sans intervention masculine. Il naquit à la vie, comme pour annoncer mystérieusement, par avance, sa nouvelle naissance, sa résurrection, en dehors des lois du corps humain. Même si les chrétiens honorent Marie, ce n'est pas pour elle qu'ils la nomment ici. C'est pour se rappeler que, à leurs yeux, Jésus était à la fois vrai Dieu et vrai homme. Là encore, il y a trace d'une polémique contre ceux qui affirmaient que Jésus aurait eu une âme divine et un corps humain. Marie aurait été ainsi la mère de l'homme, mais pas de Dieu.

Notons enfin que le texte qui avait commencé par un *Je,* passe au *nous* : nous, les hommes. Le salut s'adresse à des hommes libres. Mais, pour le chrétien, jamais à des hommes seuls. Le salut est toujours donné à un *peuple.*

Crucifié pour nous sous Ponce Pilate,
il souffrit sa passion et fut mis au tombeau.
Il ressuscita le troisième jour, conformément aux Écritures

Tout le christianisme est parti de cette expérience faite par une poignée d'hommes. Ils avaient rencontré un homme, un juste. Et ce juste fut condamné à mort. Mais, aujourd'hui, ils disent, eux ou leurs successeurs, qu'il est vivant, parce qu'ils ont été témoins de sa « résurrection ».

Les mots « sous Ponce Pilate » rappellent aux chrétiens qu'il s'agit là d'un récit réel, daté, localisé, et non pas d'un dieu rêvé ou d'un mythe. Et ce récit ne peut se comprendre que dans son contexte juif, celui des Écritures. A vrai dire, il faut beaucoup de savoir-faire pour lire dans les Écritures l'annonce d'une résurrection du Christ le troisième jour !

Le prophète Osée avait bien écrit (VIIIe s. av. J.-C.) :

« Après deux jours il nous fera revivre, le troisième jour il nous relèvera, et nous vivrons en sa présence (Os 6, 2). Mais « selon les Écritures » renvoie plutôt à l'ensemble des Écritures, à ce que Dieu avait déjà laissé percevoir de sa tendresse pour les hommes et pour les femmes. Il avait fait Alliance avec son peuple, Israël. Alliance dont les Écritures sont l'histoire. Cette Alliance est renouvelée, rendue définitive et étendue au monde entier.

▶▶▶

▶ *Suite de la page 523*

Au cours des temps, le Seigneur Jésus forme son Église par les sacrements qui émanent de sa plénitude. C'est par eux qu'elle rend ses membres participants au mystère de la mort et de la résurrection du Christ, dans la grâce du Saint-Esprit qui lui donne vie et action. Elle est donc sainte, tout en comprenant en son sein des pécheurs, parce qu'elle n'a elle-même d'autre vie que celle de la grâce : c'est en vivant de sa vie que ses membres se sanctifient ; c'est en se soustrayant à sa vie qu'ils tombent dans les péchés et les désordres qui empêchent le rayonnement de sa sainteté. C'est pourquoi elle souffre et fait pénitence pour ces fautes, dont elle a le pouvoir de guérir ses enfants par le sang du Christ et le don de l'Esprit Saint.

Héritière des divines promesses et fille d'Abraham selon l'Esprit, par cet Israël dont elle garde avec amour les Écritures et dont elle vénère les patriarches et les prophètes ; fondée sur les Apôtres et transmettant de siècle en siècle leur parole toujours vivante et leurs pouvoirs de pasteurs dans le successeur de Pierre et les évêques en communion avec lui ; perpétuellement assistée par le Saint-Esprit, elle a charge de garder, enseigner, expliquer et répandre la vérité que Dieu a révélée d'une manière encore voilée par les prophètes et pleinement par le Seigneur Jésus.

Nous croyons tout ce qui est contenu dans la parole de Dieu écrite ou transmise, et que l'Église propose à croire comme divinement révélé, soit par un jugement solennel, soit par le magistère ordinaire et universel. Nous croyons à l'infaillibilité dont jouit le successeur de Pierre quand il enseigne ***ex cathedra*** *comme pasteur et docteur de tous les fidèles, et dont est assuré aussi le corps des évêques lorsqu'il exerce avec lui le magistère suprême.*

L'unité et la catholicité de l'Église

Nous croyons que l'Église fondée par Jésus-Christ et pour laquelle il a prié est indéfectiblement une dans la foi, le culte et le lien de la communion hiérarchique. Au sein de cette Église, la riche variété des rites liturgiques et la légitime diversité des patrimoines théologiques et spirituels et des disciplines particulières, loin de nuire à son unité, la manifestent davantage.

Reconnaissant aussi l'existence, en dehors de l'organisme de l'Église du Christ, de nombreux éléments de vérité et de sanctification qui lui appartiennent en propre et tendent à l'unité catholique, et croyant à l'action du Saint-Esprit qui suscite au cœur des disciples du Christ l'amour de cette unité, nous avons l'espérance que les chrétiens qui ne sont pas encore dans la pleine communion de l'unique Église se réuniront un jour en un seul troupeau avec un seul pasteur.

Nous croyons que l'Église est nécessaire au salut, car le Christ qui est seul médiateur et voie de salut se rend présent pour nous dans son Corps qui est l'Église. Mais le dessein divin du salut embrasse tous les hommes ; et ceux qui, sans faute de leur part, ignorent l'Évangile du Christ et son Église, mais cherchent Dieu sincèrement et, sous l'influence de la grâce, s'efforcent d'accomplir sa volonté reconnue par les injonctions de leur conscience, ceux-là, en un nombre que Dieu seul connaît, peuvent obtenir le salut.

Le corps et le sang du Seigneur

Nous croyons que la messe célébrée par le prêtre représentant la personne du Christ en vertu du pouvoir reçu par le sacrement de l'ordre, et offerte par lui au nom du Christ et des membres de son Corps mystique, est le sacrifice du calvaire rendu sacramentellement présent sur nos autels. Nous croyons que, comme le pain et le vin consacrés à la sainte cène ont été changés en son corps et en son sang qui allaient être offerts pour nous sur la croix, de même le pain et le vin consacrés par le prêtre sont changés au corps et au sang du Christ glorieux siégeant au ciel, et nous croyons que la mystérieuse présence du Seigneur,

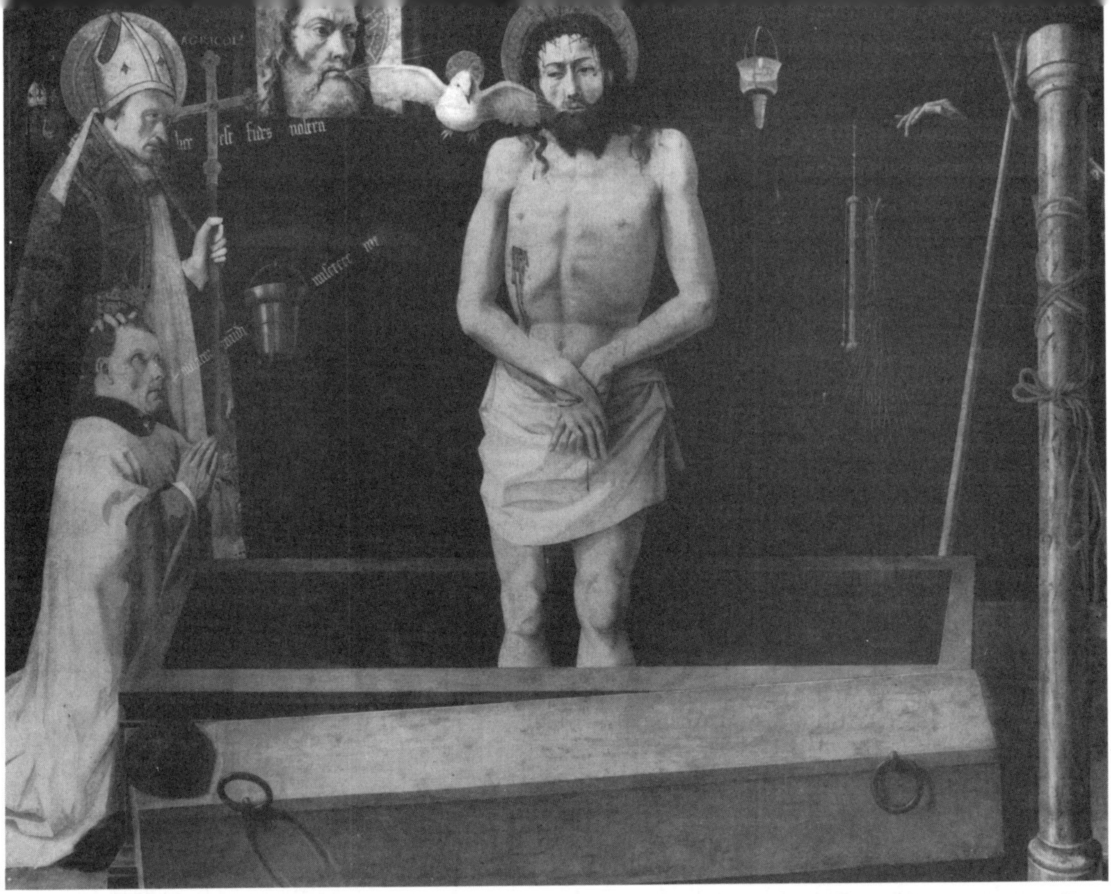

Ph. Giraudon

La résurrection. Retable de Boulbon (détail). (XVe s.). Musée du Louvre. L'artiste se propose par son œuvre de glorifier Dieu fait homme en Jésus-Christ : Jésus homme porte en sa chair les stigmates de la passion (dont les instruments figurent à ses côtés) par laquelle il a assuré le salut des hommes. Il est encore dans l'attitude du mort au tombeau ; mais il est déjà debout, vivant ; par sa résurrection sous la force de l'Esprit Saint (figuré par la colombe à hauteur de sa tête) et selon la volonté de son Père (visage figurant à gauche, insufflant la vie), il manifeste la nature divine qu'il partage avec eux au sein de la Trinité. Avec sa résurrection, la vie triomphe de la mort. A gauche, les donateurs.

sous ce qui continue d'apparaître à nos sens de la même façon qu'auparavant, est une présence vraie, réelle et substantielle.

Le Christ ne peut être ainsi présent en ce sacrement autrement que par le changement en son corps de la réalité elle-même du pain et par le changement en son sang de la réalité elle-même du vin, seules demeurant inchangées les propriétés du pain et du vin que nos sens perçoivent. Ce changement mystérieux, l'Église l'appelle d'une manière très appropriée ***transsubstantiation.*** *Toute explication théologique, cherchant quelque intelligence de ce mystère, doit, pour être en accord avec la foi catholique, maintenir que, dans la réalité elle-même, indépendante de notre esprit, le pain et le vin ont cessé d'exister après la consécration, en sorte que c'est le corps et le sang adorables du Seigneur Jésus qui, dès lors, sont réellement devant nous sous les espèces sacramentelles du pain et du vin, comme le Seigneur l'a voulu, pour se donner à nous en nourriture et pour nous associer à l'unité de son Corps mystique.*

L'unique et indivisible existence du Seigneur glorieux au ciel n'est pas multipliée, elle est rendue présente par le sacrement dans les multiples lieux de la terre où la messe est célébrée. Et elle demeure présente, après le sacrifice, dans le saint sacrement qui est, au tabernacle, le cœur vivant de chacune de nos églises. Et c'est pour nous un devoir très doux d'honorer et d'adorer dans la sainte hostie, que nos yeux voient, le Verbe incarné qu'ils ne peuvent pas voir et qui, sans quitter le ciel, s'est rendu présent devant nous.

Royaume de Dieu et civilisation

Nous confessons que le Royaume de Dieu commencé ici-bas en l'Église du Christ n'est pas de ce monde, dont la figure passe, et que sa croissance propre ne peut se confondre avec le progrès de la civilisation, de la science ou de la technique humaine, mais qu'elle consiste à connaître toujours plus profondément les insondables richesses du Christ, à espérer toujours plus fortement les biens éternels, à répondre toujours plus ardemment à l'amour de Dieu, à dispenser toujours plus largement la grâce et la sainteté parmi les hommes.

Mais c'est ce même amour qui porte l'Église à se soucier constamment du vrai bien temporel des hommes. Ne cessant de rappeler à ses enfants qu'ils n'ont pas ici-bas de demeure permanente, elle les presse aussi de contribuer, chacun selon sa vocation et ses moyens, au bien de leur cité terrestre, de promouvoir la justice, la paix et la fraternité entre les hommes, de prodiguer leur aide à leurs frères, surtout aux plus pauvres et aux plus malheureux. L'intense sollicitude de l'Église, épouse du Christ, pour les nécessités des hommes, leurs joies et leurs espoirs, leurs peines et leurs efforts, n'est donc rien d'autre que son grand désir de leur être présente pour les illuminer de la lumière du Christ et les rassembler tous en lui, leur unique Sauveur. Elle ne peut jamais signifier que l'Église se conforme elle-même aux choses de ce monde, ni que diminue l'ardeur de l'attente de son Seigneur et du Royaume éternel.

Les vivants et les morts

Nous croyons à la vie éternelle. Nous croyons que les âmes de tous ceux qui meurent dans la grâce du Christ, soit qu'elles aient encore à être purifiées au purgatoire, soit que dès l'instant où elles quittent leurs corps Jésus les prenne au paradis comme il a fait pour le bon larron, sont le peuple de Dieu dans l'au-delà de la mort, laquelle sera définitivement vaincue le jour de la résurrection où ces âmes seront réunies à leurs corps.

Nous croyons que la multitude de celles qui sont rassemblées autour de Jésus et de Marie au paradis forme l'Église du ciel, où dans l'éternelle béatitude elles voient Dieu tel qu'il est et où elles sont aussi, à des degrés divers, associées avec les saints anges au gouvernement divin exercé par le Christ en gloire en intercédant pour nous et aidant notre faiblesse par leur sollicitude fraternelle.

Nous croyons à la communion de tous les fidèles du Christ, de ceux qui sont pèlerins sur la terre, des défunts qui achèvent leur purification, des bienheureux du ciel, tous ensemble formant une seule Église, et nous croyons que dans cette communion l'amour miséricordieux de Dieu et de ses saints est toujours à l'écoute de nos prières, comme Jésus nous l'a dit : Demandez et vous recevrez. Aussi est-ce avec foi et dans l'espérance que nous attendons la résurrection des morts et la vie du monde à venir.

Béni soit le Dieu trois fois saint. Amen. ■

De la basilique vaticane, 30 juin 1968
Paulus PP. VI

▶▶▶

Et il monta au ciel :
il est assis à la droite du Père.

Les chrétiens qui rédigeaient le texte du Credo ne croyaient pas plus que ceux d'aujourd'hui à une présence spécifique de Dieu « au ciel ». Le ciel est, à l'évidence, une image qui veut dire que Dieu est hors de portée de l'homme, pas manipulable. Quand ils déclaraient que Jésus est « à la droite du Père », les auteurs reprenaient l'expression mise par le psaume 110 (1, 2) dans la bouche de Dieu s'adressant au roi de Juda et assurant que celui-ci, régnant en son nom, bénéficiait de son pouvoir. Lorsque les chrétiens affirment que Jésus est monté au ciel c'est pour dire encore qu'il est Dieu, qu'il a les pouvoirs de Dieu... Il est présent sans être à la merci de l'homme. Mais, peut-être et surtout, il y a là comme un cri d'admiration : le Christ, « siégeant à la droite du Père », c'est l'avenir absolu de l'homme, c'est l'homme réussi qui permet à tous les autres de réussir (ou d'aimer et d'être aimés en vérité).

Il reviendra dans la gloire pour juger les vivants et les morts
et son règne n'aura pas de fin.

Les chrétiens ne connaissent Dieu qu'à travers Jésus. Sa vie sur les routes de Palestine leur montre les voies de Dieu. Pour eux, Jésus est au centre du monde et de leur vie. Pourtant, jamais les chrétiens ne se sont acceptés comme des personnes tournées vers le passé. Dans ce monde où Dieu semble absent, Jésus est pour eux radicalement le seul moyen d'aller jusqu'à Dieu. Présence encore cachée, qui laisse aux hommes leurs limites et leur liberté, mais présence qui grandira et sera tout en tous.

Les chrétiens attendent avec certitude le *retour du Christ.* Ils attendent de celui qui est discrètement présent qu'il revienne un jour dans toute la gloire d'un monde où justice et fraternité auraient pleinement leur sens. Rêve..., alors que chacun se sait pécheur et mortel ? Encore une fois, ce serait un rêve si les chrétiens se pensaient dispensés de travailler à transformer le monde. Mais tel n'est pas le cas. C'est toujours dans le même mouvement qu'ils attendent le retour du Christ et son *jugement...* Or, ce jugement, l'Évangile le dit clairement, n'est pas un procès. C'est le simple constat de ce que l'homme a fait de sa liberté. Matthieu (25) l'affirme : celui qui sera sorti de lui-même et aura aidé les autres, celui-là s'est déjà jugé et s'est déjà ouvert au bonheur éternel... Même sans le savoir, il s'est ouvert à Dieu.

Je crois en l'Esprit Saint qui est Seigneur et qui donne la vie ;
il procède du Père et du Fils,
avec le Père et le Fils, il reçoit même adoration et même gloire,
il a parlé par les prophètes.

Les chrétiens croient en un Dieu unique qui, parce qu'il est amour, est plusieurs en lui-même. Père, Fils... et voici *l'Esprit.* A proprement parler, le texte ici ne dit pas qu'il est Dieu, mais il lui en donne toutes les qualités et le petit chrétien sait, dès son premier signe de croix, que les trois personnes en Dieu sont sur un pied d'égalité et qu'elles doivent être conjointement adorées. Esprit veut dire souffle, vent, et évoque quelque chose d'insaisis-

Ph. Lauros-Giraudon

Le moulin mystique. Moïse et saint Paul. Chapiteau de Vézelay (XIIe s.).

Moïse représente l'Ancien Testament, l'ancienne Alliance, le salut par la Loi ; saint Paul représente le Nouveau Testament, la nouvelle Alliance, le salut par la foi : le passage de l'ancienne Alliance à la nouvelle se fait à travers le moulin mystique symbolisant le Christ mourant sur la croix pour le salut des hommes, auxquels la Résurrection du Christ ouvre la voie.

PROFESSION DE FOI

On raconte que Frédéric de Prusse croyait à l'existence d'un langage naturel à tous les hommes et oublié par chaque bébé dès qu'on lui apprenait une langue déterminée. Il ordonna d'isoler certains enfants et de ne jamais leur parler lorsqu'on les allaiterait, les langerait ou les soignerait. Bien entendu, les enfants ne parlèrent jamais la prétendue langue naturelle. Bien plus, ils ne parlèrent jamais. Ils moururent. De la même manière que les scientifiques d'aujourd'hui croient qu'un enfant ne peut vivre sans parole, de la même manière l'Église a toujours considéré qu'une foi qui ne s'exprimait pas était une foi morte. Bien plus, l'Église se sait née de la profession de foi (du latin *profiteor,* je reconnais devant quelqu'un) des premiers chrétiens. C'est pourquoi, elle a toujours attaché une grande importance aux *professions de foi* — ou *confessions de foi* — c'est-à-dire à **l'affirmation publique de sa foi.** Le développement donné à l'expression de la foi chrétienne conduisit l'Église des premiers siècles à élaborer des textes résumant en quelques phrases son contenu ; il s'agissait pour elle de disposer à la fois d'un moyen pédagogique simple, exact et complet pour l'enseignement des chrétiens, et d'un formulaire rigoureux coupant court aux interprétations inexactes qui commencèrent très tôt à se faire jour. Ainsi sont nés les *Symboles de Foi.* Chaque Église chrétienne, dans l'Antiquité, avait ainsi élaboré sa formulation de foi. Le Symbole de Nicée-Constantinople, promulgué par les conciles tenus dans ces deux villes d'Orient en 325 et 381, exprime la foi de toute l'Église. Il a pris place dans la célébration des différentes liturgies occidentales et orientales tant catholiques qu'orthodoxes ; c'est le *Credo* de la messe dominicale. Quant au *Symbole des Apôtres,* ou *Je crois en Dieu,* il est la formulation de la foi des baptisés.
La profession de foi d'un pape ou d'un évêque est une forme d'enseignement relevant de sa mission pastorale ; c'est par exemple la *Profession de foi* de Paul VI prononcée en 1968.

Foi et profession de foi

Au moment où je récite mon Credo, et par cette récitation, je ne fais pas un acte de foi. Je déclare ma foi, je la proclame ; disons encore, pour employer deux mots traditionnels, que je la « professe », que je la « confesse ». La formule de mon « Credo », quelle qu'en soit la teneur, suppose toujours avant elle un acte dont elle rend compte, et qui est l'acte de foi proprement dit. Cet acte, antérieur et intérieur, est le mouvement même de la foi. C'est ma réponse au Dieu qui m'appelle, mon adhésion au Dieu qui se révèle, mon engagement de retour envers le Dieu qui se donne. Avant de dire au dehors : « Je crois en Dieu », afin de pouvoir sincèrement le dire, j'ai dû dire en mon cœur : « Seigneur mon Dieu, je crois en toi ».

Henri de Lubac,
La foi chrétienne,
pp. 311-312, Aubier.

L'ensemble des chrétiens sont eux-mêmes appelés en diverses circonstances à faire personnellement profession de foi.

• En premier lieu, lors de leur *baptême,* point de départ de leur vie chrétienne ; s'ils sont trop jeunes pour pouvoir donner un caractère d'adhésion consciente à la foi, ce sont leurs parrains, marraines et parents qui s'engagent en leur nom, s'engageant eux-mêmes dès lors à aider au développement de cette foi.

• Lors du renouvellement de cet engagement du *baptême,* c'est, pour ceux qui l'ont reçu en bas âge, la raison d'être de la cérémonie de *profession de foi,* ou Fête de la Foi (la Communion solennelle d'autrefois) ; elle se fait à un âge où la foi peut désormais prendre une valeur d'adhésion réfléchie.

• Lors de la réception du sacrement de *confirmation,* qui, en communiquant les dons de l'Esprit Saint au baptisé, parfait et complète en lui les effets du sacrement de baptême, le rend plus ferme dans sa foi, lui donne la force de la confesser, fût-ce au prix de sa vie.

• De manière générale, chaque fois qu'un chrétien reçoit un *sacrement :* sa profession personnelle de foi est la réponse au don de Dieu célébré par le sacrement et l'un des éléments de ce sacrement.

• Le dimanche et les jours de fête à la messe, en récitant le Credo après avoir entendu la Parole de Dieu, à laquelle on apporte son adhésion.

• Lors de la veillée pascale, au moment du renouvellement des promesses du baptême.

• Dans toute célébration, car chacune d'elles appelle toujours, au moins intérieurement, une profession de foi de caractère communautaire en même temps que personnelle.

La profession ou confession de foi peut revêtir bien d'autres formes ; c'est le cas, par exemple (et cela engage parfois très profondément), lorsqu'un chrétien exprime devant d'autres ce qu'il croit, en qui il croit, et pourquoi ; ou lorsque, par le témoignage de sa vie, il manifeste que la foi va bien au-delà des mots et engage toute la personne. ■

sable. A côté de l'amour qui donne (Père), de l'amour qui reçoit (Fils), il évoque l'amour qui est là, qui rassemble sans qu'on sache d'où il vient et où il emmène. Au fond, ici, les chrétiens témoignent de la présence, en ce monde, d'une vie qui les dépasse et en laquelle ils pressentent quelque chose d'absolu. Hier comme aujourd'hui, par qui cette vie se manifeste-t-elle mieux que par les prophètes ? Chacun sent, d'Isaïe à Mère Teresa et à tant d'autres inconnus, qu'ils sont témoins de quelque chose qui dépasse l'homme !

Je crois en l'Église,
une, sainte, catholique et apostolique.

Il y a une grande différence entre le « Je crois en Dieu » et le « Je crois en l'Église » ... On pourrait traduire « Je crois en Dieu » par « Ma foi va à Dieu ». Tandis qu'il faut traduire « Je crois en l'Église » par « Je crois au sein de l'Église » ou « Je crois ce que l'Église me dit ». En tout cas, il n'y a pas de doute, pour les auteurs du Credo il n'est pas de foi possible en dehors de l'Église.

Pourquoi ? Parce qu'il n'y a pas de foi possible sans le don de l'Esprit Saint et que l'Église est le rassemblement par l'Esprit de ceux qui croient. C'est pourquoi elle est *une,* dans l'unité de l'Esprit, elle est *sainte,* de la sainteté même de Dieu qui suscite en elle des saints, elle est *catholique* (du grec *katholikos* : universel) — c'est-à-dire ouverte à tous — parce que l'Esprit s'adresse à tous les hommes, et elle est *apostolique* parce qu'elle s'appuie sur ce qu'ont dit de Jésus les premiers témoins, les apôtres, et, d'une autre manière, ces témoins privilégiés que sont les évêques, successeurs des apôtres.

Passant outre aux apparences, les chrétiens pensent-ils donc que l'Église est parfaite ? Non. Pour eux, ce qui vient d'être dit est la réalité profonde d'une institution toute humaine. Il faut le courage de la foi pour trouver, à travers ce que l'Église donne à voir d'elle-même, l'unité, la sainteté, la catholicité et l'apostolicité. Mais il est certain, aux yeux des chrétiens, que l'Esprit travaille à l'intérieur de l'Église. Et que son travail appelle le leur. En tout cas, pour eux, l'Église est le signe indispensable de l'amour de Dieu pour tous les hommes.

Je reconnais un seul baptême pour le pardon des péchés.

Le Credo est un texte construit. Après avoir parlé du Père, du Fils, il parle de l'Esprit qui donne la vie dans l'Église. Mais, individuellement, l'entrée dans cette vie se fait à travers un rite, les chrétiens disent un sacrement, qu'ils appellent le *baptême.*

Presque tout le monde a vu un baptême d'enfant. Mais pour savoir ce qu'est le baptême, il vaut mieux se figurer certains baptêmes des origines de l'Église. Un adulte traverse une sorte de piscine d'eau froide ou un torrent d'eau. Le froid de l'eau lui coupe le souffle, puis il respire de nouveau. Le rite signifie que le baptisé accepte de quitter son souffle, c'est-à-dire accepte de mourir au péché (avec le Christ) et de recevoir un deuxième souffle (l'Esprit Saint) pour vivre avec le Christ.

Ce « jeu » de la mort et de la résurrection ne pouvait évidemment se faire qu'une fois, parce qu'on ne meurt qu'une fois et que, quand Dieu donne sa vie, c'est définitif. L'adoption de Dieu est pour l'éternité. Et si l'homme ne sait pas être fidèle, il trouvera dans

▶▶▶

▶▶▶

l'Église un autre sacrement, qui lui rappellera sa décision de mourir à lui-même et de vivre pour Dieu, le sacrement de réconciliation. Notons que les mots mourir et vivre ont un caractère absolu. Accepter son baptême, c'est réellement, aux yeux des chrétiens, choisir de vivre à chaque instant pour Dieu.

J'attends la résurrection des morts et la vie du monde à venir.

Bien qu'ils regardent en face la mort (leur emblème n'est-il pas un crucifix ?), bien qu'ils sachent la nécessité de s'engager tout de suite, les chrétiens croient, sur la parole de Dieu, qu'eux-mêmes, et le monde entier, ont un *avenir*. La parole du Christ leur dit que, lorsque Dieu aime, il aime définitivement. Et comment aimerait-il définitivement des disparus ? C'est son amour qui donne la vie et cette vie ne peut finir.

Le Credo fait dire aux chrétiens : « Je crois au Saint-Esprit et c'est pourquoi j'attends la résurrection des morts et la vie du monde à

Ph. Lauros-Giraudon

Tympan du narthex de la basilique Sainte-Madeleine à Vézelay (Yonne) (milieu du XIIe s.). L'envoi en mission des apôtres par le Christ après sa résurrection. Un Christ en gloire, dominant par ses proportions tout le reste de la scène, étend sur les apôtres les mains, d'où émanent des rayons figurant les dons de l'Esprit Saint. Les scènes entourant le Christ et les apôtres représentent les peuples à évangéliser. Ce tympan est une des œuvres capitales de l'art roman bourguignon.

venir ». Cela dit, cette vie dans l'Esprit Saint, personne ne sait comment elle se déploiera. Et les chrétiens, moins que les autres, n'imaginent des cadavres qui redeviennent vivants, ni une sorte de réincarnation d'un esprit. Ils savent que la mort est vaincue. Définitivement. C'est tout. Ils seront vivants à la manière des hommes (donc pas comme des purs esprits) et socialement (donc ensemble). Si Dieu s'est fait homme, c'est pour que l'homme devienne Dieu. C'est sur une autre manière de dire cet axiome que le Credo se termine.

Beaucoup de chrétiens aujourd'hui regrettent que le Credo ne dise rien sur l'Eucharistie. C'est-à-dire sur le rite, le sacrement, par lequel ils croient que Dieu se rend présent à eux. Mais le Credo trouve sa place naturelle au cours de la célébration eucharistique elle-même, et il est, dans les faits, une manifestation de la foi des chrétiens en cette présence de Dieu dans le monde actuel.

Encore une fois, le Credo ne se veut pas une présentation systématique de la foi des chrétiens. C'est un signe de reconnaissance entre ceux qui vivent l'expérience chrétienne.

Il nous faut maintenant présenter, d'une manière plus systématique quelle est cette expérience. Nous le ferons à partir d'un des mots-clefs des chrétiens (à la suite des Juifs), le mot *Alliance*. ■

LIVRE INTRODUCTIF

Le but de ce chapitre est de situer la démarche chrétienne dans le monde d'aujourd'hui. Comme cette démarche représente un tout, il a semblé bon de donner, pour commencer, une vision synthétique de ce qui sera développé plus tard, de manière que l'on ne perde pas de vue, en analysant chacun des éléments, sa place propre dans l'ensemble.

1. DES QUESTIONS DE TOUJOURS… LES GRANDES QUESTIONS DE L'HOMME
Le retour du sentiment religieux.
Peut-on parler de religion lorsqu'on parle du christianisme ?
Pour les chrétiens, la foi accomplit le sentiment religieux.

2. AIMER : LE FIL CONDUCTEUR D'UNE PRÉSENTATION DU CHRISTIANISME
Abraham : modèle de foi.
L'Alliance.
Le plan du chapitre.

1. DES QUESTIONS DE TOUJOURS

Notre époque veut le bonheur. Elle souhaite même le bonheur ici et maintenant. Pas question d'être résigné comme hier. Mais comme le bonheur n'est pas à portée de main, notre époque est parfois frustrée. La publicité offre son rêve de paradis terrestre où les couples, jeunes et beaux, sortent d'une onde généreuse dans un décor de paradis, à moins qu'elle ne fasse « fantasmer » sur un dépassement de soi où l'on « s'éclate » au rythme d'un hard rock. La publicité sait qu'elle n'offre qu'un rêve. Elle joue. Elle sait qu'elle évite de parler de la souffrance et de la mort. Mais le rêve qu'elle propose agace en chacun le goût du bonheur.

Face au rêve publicitaire, les médias n'en finissent pas de cultiver le cauchemar dans l'actualité : guerres, famines, ignorances, injustices du monde culpabilisent le désir du bonheur... Comment jouir de ce que propose la publicité dans ce monde-là ? Le bonheur est-il vraiment possible ici et maintenant ?

Ceux qui n'aspirent qu'à une vie paisible, une famille, la santé, un peu d'argent, la paix, savent qu'un rien, un accident, une maladie, peut détruire leur bonheur... Ceux qui travaillent pour changer le monde et assument des responsabilités syndicales, politiques ou sociales savent toutes les limites de leur action et n'aspirent seulement qu'à améliorer un peu les choses. Bien peu prétendent faire le bonheur du monde. Et d'ailleurs, on ne les croirait pas.

Alors le bonheur est-il vraiment possible ? Et puisque cette question est posée, d'autres vieilles questions reviennent. Pourquoi la souffrance et le mal ? Pourquoi la vie ? Où va l'amour ? Peut-on se satisfaire de ce que l'on a ? Où conduit le désir ? Qui peut répondre à ces questions ? Qui détient le secret de toute vérité ? Est-ce le physicien, le biologiste, le philosophe, le sage ou le prophète ?

▶▶▶

L'ordre du monde, un miracle ?

Vous trouvez curieux que je considère la compréhensibilité du monde (dans la mesure où nous sommes autorisés à parler d'une telle compréhensibilité) comme un miracle ou comme un éternel mystère. *Eh bien !* a priori *on devrait s'attendre à un monde chaotique, qui ne peut en aucune façon être saisi par la pensée. On pourrait (oui on devrait) attendre que le monde paraisse comme soumis à la loi pour autant que nous le saisissons ordonné. Ce serait une espèce d'ordre comme l'ordre alphabétique des mots d'une langue. L'espèce d'ordre, par contre, créée, par exemple, par la Théorie de la gravitation de Newton, est d'un tout autre caractère. Même si les axiomes de la théorie sont posés par l'homme, le succès d'une telle entreprise suppose un ordre d'un haut degré du monde objectif, qu'on n'était* a priori *nullement autorisé à attendre. C'est cela le "miracle", qui se fortifie de plus en plus avec le développement de nos connaissances.*

Einstein
Fragment d'une lettre à Solovine du 30 mars 1952,
dans *Lettres à Maurice Solovine,*
Gauthier Villars, 1956.

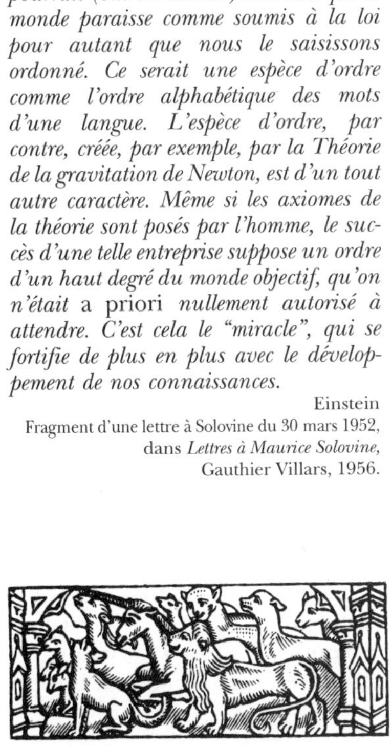

▶▶▶

Le retour du sentiment religieux

Jacques Ellul (dans le *Nouvel Observateur* du 17 juillet 1982) raconte l'histoire suivante. Au procès de Nuremberg, quelqu'un avait demandé à Hoess, le directeur du camp d'Auschwitz, comment il avait pu ne jamais être sensible à la tragédie humaine qu'il avait en permanence sous les yeux. Il fit cette réponse inouïe : « J'avais bien trop de soucis pratiques avec les crématoires qui fonctionnaient mal, qui n'arrivaient pas à absorber suffisamment de cadavres ; je n'avais pas le temps de me poser des problèmes métaphysiques. »

« Je n'ai pas le temps », telle est la réponse de beaucoup de nos contemporains à la question religieuse. Tout entiers occupés des moyens, ils sont quelquefois incapables de savoir pourquoi ils font les choses. La technique les absorbe. Mais, de tous côtés, une réaction se lève contre la société technicienne. On avait prédit la mort de la religion, la mort des pourquoi... Les voici qui reviennent. Chômage, loisirs de plus en plus longs, complexité du monde... D'une manière neuve peut-être, les vieilles questions, celles de toujours, se posent de nouveau... quelquefois sans même être formulées. Prenons quelques exemples.

L'homme moderne ne supporte pas la mort. Depuis toujours, il lui est insupportable d'être limité. Arrêté. Et aujourd'hui, il n'est qu'à voir la réaction à la mort des enfants, dans un accident par exemple, pour apprécier l'ampleur de cette révolte contre la mort. On cherche des responsables à tout prix. On oublie de parler de la fragilité de la vie. Ce refus de ce qui apparaît comme un non-sens n'est-il pas l'expression de la recherche d'un sens ?

L'homme moderne ne supporte pas la traîtrise. Il faut, pour percevoir une traîtrise, avoir un sens de l'homme universel. Il y a cinquante ans, en France, la haine du « Boche » faisait prendre pour acte de courage toute tromperie de l'ennemi. Il en est de même aujourd'hui entre Israéliens et Palestiniens. Cependant, depuis Hitler, un sentiment quasi général s'est développé : aucune idéologie, aucune guerre, aucune raison ne peuvent justifier un génocide, que ce soit celui des Juifs ou des Khmers. D'un bout à l'autre du monde, la réprobation est énorme et, si l'on veut châtier les coupables, chacun sent qu'aucun châtiment n'est suffisant. Devant de tels sentiments, est-il idéaliste de se poser des questions : ainsi, pourquoi ces sentiments, s'il n'y avait pas dans le cœur de chacun un sens inné de la fraternité universelle des hommes et de leur commune destinée ? Quelle est l'origine de ces sentiments ? Sans l'idée d'un Dieu créateur commun, Père commun, d'où viendrait l'esprit de famille de la race humaine ?

L'homme moderne ne supporte pas le manque d'harmonie. La prise de conscience de l'unité de la terre est forte. Aujourd'hui, naissent, un peu partout dans le monde occidental, des mouvements écologistes dont l'argument majeur est : « Ne troublez pas l'ordre et les équilibres de la nature ». Certes, il y a là un réflexe vital : comment survivre si l'eau de mon puits est empoisonnée ? Mais il semble qu'il y ait dans l'attitude écologique davantage que ce réflexe vital. Dans cette attitude, il y a aussi le sentiment que l'homme n'a pas le droit de faire ce qu'il veut de la nature ; celle-ci représente un ordre qui ne dépend pas de lui et qu'il faut respecter. Ce respect aurait-il un sens si, obscurément, on ne pres-

▶▶▶

Un athée n'est pas seulement quelqu'un qui n'a pas de croyance religieuse (voir Non-croyant). C'est quelqu'un qui adhère à un système de pensée selon lequel la non-existence de Dieu est une affirmation faisant appel à l'expérience et/ou à la raison.

Le mot a tout d'abord été employé pour désigner le refus de représentations par trop grossières de la divinité. En Égypte, le pharaon Akenaton qui voulut instaurer le culte monothéiste d'un dieu solaire, Aton, a été accusé d'athéisme par ceux qui étaient attachés au polythéisme traditionnel ; Socrate, au sein d'une société grecque, également polythéiste, a été condamné à mort en raison de la liberté d'esprit avec laquelle il cherchait la vérité ; les premiers chrétiens ont été mis à mort pour leur refus de sacrifier aux divinités impériales : on les poursuivait comme athées.

Le rejet total de l'existence même de Dieu

Dans la culture occidentale moderne et contemporaine, *athéisme* (du grec *théos*, dieu, précédé de l'« a privatif » signifiant « sans ») désigne *le rejet total de l'existence même de Dieu.* Le philosophe allemand Feuerbach (1804-1872) a été le premier à bâtir un système de pensée athée se voulant totalement cohérent : l'idée de Dieu n'est que la projection, dans un monde idéal, des valeurs de bonté, de vérité, de justice,

Foi et croyance

Prise dans la plénitude de son acception, la foi présente un ensemble de caractères qui la distinguent de la simple croyance. De tous les modes de connaître, elle est paradoxalement, en elle-même, le plus ferme et le plus assuré — quoique toujours libre et toujours menacé. Tandis qu'une croyance quelconque peut seulement être plus ou moins ferme, la foi, qui comme telle est ferme, est toujours susceptible de degrés de profondeur bien divers. Car elle n'est pas seulement un mode de connaître. Elle est tout autre chose qu'une simple conviction. Elle est un acte essentiellement personnel qui engage, s'il est bien compris, le fond de l'être. Elle l'oriente tout entier. Aussi a-t-on pu dire qu'elle est « synthèse totale ». De plus, si la foi se fonde, comme bien d'autres croyances, sur un témoignage, ce témoignage est d'une nature unique : il est le témoignage de Dieu ; il ne demeure pas, comme les témoignages humains, totalement extrinsèque à l'esprit qui le reçoit. Car Dieu n'est pas extérieur à l'être qu'il a créé.

Henri de Lubac,
La foi chrétienne,
Ed. Aubier.

Athéisme ses différentes formes

que l'homme recherche sans cesse et qu'il ne trouve pas dans sa vie. Pour supporter son existence malheureuse, il s'est aliéné devant un dieu sorti de son cerveau. K. Marx, F. W. Nietzsche, S. Freud, que l'on a appelés les « maîtres du soupçon », ont poursuivi dans la même ligne ; en partant de points de vue différents, tous les trois entendent libérer l'homme de son aliénation : pour devenir homme, il faut abandonner tout recours à un secours divin illusoire, et faire face à la réalité en construisant un monde pour les hommes et par les hommes seuls.

Au sein du monde scientifique, beaucoup sont aujourd'hui portés à transposer, à l'examen de la question sur le sens de la vie, les critères purement expérimentaux dont relève la recherche sur la matière et à en conclure, avec J. Monod, que l'homme est le produit du hasard et de la nécessité et d'eux seuls. A vrai dire, cette manière de voir appartient moins à l'athéisme qu'à l'agnosticisme. (Voir ce mot ; voir aussi *Origine de la vie* ; *Conception chrétienne de la vie*).

L'athéisme pratique

Mais les influences combinées des penseurs athées et de l'esprit scientifique dans la culture contemporaine ont facilité dans l'opinion publique l'apparition d'un « athéisme pratique » beaucoup plus fréquent et répandu que les deux précédents. Il s'agit de l'attitude de personnes vivant, en fait, sans aucune référence consciente à Dieu. Il ne s'agit pas d'opposition philosophique ou idéologique, mais simplement d'une indifférence, devenue permanente, au problème de Dieu dans leur vie personnelle. Ce sont vraiment des « sans Dieu ».

Il est difficile de cerner la profondeur réelle d'une telle attitude puisque, par définition, elle est vécue sans rattachement à aucune justification rationnelle, dont elle n'éprouve pas le besoin. Elle trouve dans les sciences une explication, qui lui paraît suffisante, des difficultés et des angoisses de l'homme (mort, maladie, guerres, conflits...).

La pensée chrétienne voit dans cet athéisme une invitation pour elle-même à purifier l'image qu'elle présente de Dieu, de l'homme, et des relations entre Dieu et l'homme. Elle n'en relève pas moins le caractère négatif d'une attitude qui préfère nier les problèmes plutôt que de les poser (par exemple, inutile de parler de l'âme, puisqu'on ne la voit pas ; de l'après-mort, puisqu'on ne peut y aller voir, etc.).

Elle observe enfin que l'athéisme (qu'il s'agisse de l'athéisme idéologique ou de l'athéisme-indifférence) n'exclut pas l'adhésion à des valeurs morales partagées par les chrétiens, bases souvent d'actions communes (par exemple, dans les domaines humanitaires, sociaux, politiques...) et de respect mutuel. ■

SUPERSTITION

La superstition (du latin *superstitio,* formé de *super,* au-dessus, et *sto,* se tenir : ce qui est excessif ou superflu) consiste à attribuer à certains comportements, gestes, rites, formules ou objets, des pouvoirs susceptibles de se traduire, de manière occulte, en conséquences bonnes ou mauvaises. De caractère irrationnel, la superstition est le plus souvent fondée sur la crainte. La superstition peut être ou non liée au sentiment religieux.

Elle est sans lien avec lui, par exemple, dans l'état d'esprit de ceux qui voient un présage de malheur dans le fait de casser une glace, de renverser une salière ou d'être treize à table.

Lorsqu'elle est liée au sentiment religieux, elle revêt alors un caractère plus ambigu, car il n'est pas toujours facile de distinguer dans certaines attitudes ce qui relève de l'authentique démarche de foi et ce qui appartient clairement à l'esprit de superstition. Quoi qu'il en soit, la superstition religieuse représente en elle-même la contrefaçon ou la dégénérescence d'une attitude authentique de foi. C'est, par exemple, attribuer des effets quasi-magiques à des actes ou à des objets de nature religieuse (prières, bénédictions, objets de piété, etc.) ; il ne s'agit plus alors de rendre à Dieu un culte digne de lui, ou de s'adresser à lui dans un esprit filial, mais de forcer sa bonté (en fait, on pense plutôt à lui alors en terme de puissance) pour en obtenir secours et protection, voire pour déchiffrer l'avenir.

Pour éviter toute méprise, il est important à cet égard d'être exactement éclairé sur le caractère de signes authentiquement religieux, comme les sacrements, auxquels est parfois attribuée une sorte de caractère magique fondamentalement contraire à leur nature.

Une tradition remontant à Voltaire et aux philosophes du XVIIIe siècle, qui a perdu beaucoup de son mordant et de son impact aujourd'hui, n'hésite d'ailleurs pas à classer au rang des superstitions tous les sentiments et traditions considérés comme opposés à la raison et à la « philosophie ». ■

GNOSE

Le gnostique est celui qui connaît parce qu'il a reçu une révélation. Et c'est par cette *connaissance* qu'il est sauvé. Il ne « croit » pas, car pour lui la foi est inférieure à la *connaissance.* Il « sait », parce qu'il est un initié. Aux IIe et IIIe siècles, Valentin, Marcion, Basilide et beaucoup d'autres élaborèrent chacun leur propre *gnose* (du grec *gnosis,* connaissance) à partir des doctrines grecques, égyptiennes, juives, chrétiennes et babyloniennes. Il y en eut jusqu'à soixante-dix. Le *gnosticisme,* caractérisé par un dualisme opposant un Dieu transcendant et bon à un esprit mauvais, créateur du monde et de la chair, connut un succès qui menaça par moments la nouvelle foi chrétienne.

Les filiations de ces théories à travers les âges ont été nombreuses ; on peut y rattacher notamment les conceptions cathares. De nos jours, on assiste à un regain de la gnose avec les « nouvelles Sagesses » d'Occident : anthroposophie, Rose-Croix, Fraternité Blanche Universelle, Nouvelle Acropole, Nouvel Age, etc. (Voir Index). ■

Qu'est-ce que ?

Croyance. La croyance est le fait de tenir quelque chose pour vrai ou probable. Elle se distingue de la foi, qui implique quant à elle une démarche personnelle aboutissant à une adhésion à Dieu (voir Foi et croyance p. 530).

Croyant. Dans le langage courant, être croyant c'est être convaincu de la vérité de certaines affirmations d'ordre religieux. Généralement, on réserve cette appellation à ceux qui adhèrent, au moins globalement, à la foi hindoue, mahométane, israélite, chrétienne, ou relevant d'un autre des grands courants religieux.
Être croyant est différent d'être crédule dans la mesure où le croyant accepte que son intelligence critique sa croyance et en mesure le caractère vraisemblable. Être croyant s'oppose à être sceptique en ce que le croyant ne se repose pas uniquement sur son intelligence et son expérience mais qu'il sait aussi faire confiance.
Le chrétien est un croyant qui est convaincu que Dieu se communique dans le Christ, accepte ce que Dieu lui dit par le Christ et s'engage à sa suite.

Monothéisme (du grec *monos,* seul et *theos,* dieu). Le monothéisme est la croyance en un seul Dieu, par opposition au polythéisme (voir ce mot), croyance en plusieurs dieux.
Dans l'Antiquité, en dehors du judaïsme, toutes les religions étaient polythéistes ; mais certains philosophes étaient arrivés, par la réflexion, à la conclusion que Dieu ne pouvait être qu'un.
Les religions monothéistes (judaïsme, christianisme, islam) se réfèrent toutes à celui qu'elles considèrent comme le premier des croyants, Abraham. Pour elles en effet, Abraham est le premier homme à qui Dieu se soit révélé comme le dieu vivant, personnel et unique.

Panthéisme (du grec *pan,* tout et *theos,* dieu). Le panthéisme est la théorie selon laquelle Dieu n'est autre que le monde lui-même ; elle s'est exprimée de multiples manières (Dieu est l'âme des êtres ; il est leur existence ; Dieu est la Nature, etc.) ; elle n'est plus guère présente aujourd'hui que dans les religions de l'Inde et, de manière diffuse, dans certaines religions animistes.
Selon la foi chrétienne, Dieu s'est révélé comme un être personnel, distinct de l'univers qu'il a créé ; le panthéisme a été explicitement rejeté par l'Église catholique au concile Vatican I.

▶▶▶

sentait pas que la nature est le fruit d'une volonté personnelle ? Sinon, pourquoi la respecter ?

On pourrait entasser encore beaucoup de ces questions — ou plutôt de ces réactions —, de ces sentiments de l'homme moderne, qui supposent chez lui une certaine conscience qu'il y a quelque part quelque chose de sacré... C'est précisément ce sentiment-là que l'on appelle le sentiment religieux. Il est souvent flou. Obscur. On appelle religion la mise en forme de ce sentiment religieux. Moyen de l'exprimer ou de le réprimer. Elle ne parle pas toujours de Dieu. Elle ne sait pas toujours le nommer. Le bouddhisme, par exemple, au sens strict est a-thée, sans Dieu. A partir de ce sentiment, cependant, un certain nombre de penseurs ont estimé qu'il existait des dieux, même un Dieu unique. Cherchant un absolu dans leur vie, ils ont trouvé un Dieu personnel.

Peut-on parler de religion lorsqu'on parle du christianisme ?

Les premiers chrétiens se sont faits traiter d'athées. Ceux qui les entouraient avaient l'impression que ces chrétiens rejetaient ce qui était généralement reconnu comme sacré. La même dénonciation a continué à toutes les époques ! Aujourd'hui encore, certains militants, certains prêtres sont dénoncés. « Ils font de la politique, ils feraient mieux de s'occuper de religion », « ils ont perdu toute religion ». Le plus extraordinaire est que certains chrétiens acceptent la critique et refusent énergiquement le sentiment religieux. Ils estiment que ce sentiment empêche de regarder en face le chaos que chacun porte en soi. Pour eux, la religion est l'opium qui évite d'être adulte face au tragique de la situation humaine. Vouloir un ordre du monde, une explication, « quelque chose » comme on dit, est un rêve d'harmonie qui leur paraît ressembler au désir de l'enfant qui pense trouver dans les bras de sa mère sécurité, chaleur... C'est normal un moment mais cela devient dangereux en vieillissant ! Oui, il faut savoir que certains chrétiens approuvent des penseurs de tous les temps qui, comme Marx, Freud ou Nietzsche, chacun à leur manière, expliquent que l'homme — dans la religion — s'est créé les dieux dont il rêvait.

Pour les chrétiens, la foi accomplit le sentiment religieux

Jean-Paul II rappelait que le Concile lui-même, après bien d'autres penseurs chrétiens, avait tenu à saluer le sentiment religieux : « Le document conciliaire consacré aux religions non-chrétiennes est plein d'une profonde estime pour les grandes valeurs spirituelles [...] A juste titre, les Pères de l'Église voyaient dans les diverses religions comme autant de reflets d'une unique Vérité, comme des semences du Verbe témoignant que l'aspiration la plus profonde de l'esprit humain est tournée, malgré la diversité des chemins, vers une direction unique » (Jean-Paul II, encycl. *Redemptor hominis* 5, II).

Pourtant, ceux-là même qui acceptent le sentiment religieux et « admirent les recherches du cœur et de la raison des hommes vers Dieu » sont cependant d'accord avec les critiques du senti-

Suite page 538 ▶▶▶

Saint Thomas et l'astrologie

Tout chrétien doit tenir pour certain que ce qui dépend de l'homme, telles nos œuvres humaines, n'est subordonné aux astres par aucun lien nécessitant. La vieille maxime « le Sage domine les astres » demeure vraie. Même si ceux-ci nous disposent réellement à certaines tendances de tempérament et de caractère, nous demeurons maîtres de nous-mêmes et des influences qui s'exercent sur nous, et d'empêcher celles-ci de nous entraîner malgré nous. Même si les astres disent vrai, c'est à nous de les faire mentir si ce qu'ils disent est contraire à nos intérêts, à nos convictions, à notre idéal. Loin de nous laisser impressionner par le déterminisme et par la fatalité que propagent les astrologues, même sans le vouloir, libérons-nous et diminuons les astres. Qu'ils nous éclairent et nous aident, mais sans toucher notre pleine responsabilité et liberté.

Saint Thomas d'Aquin,
Lettre à Réginald de Piperno
cf. A. I. Festugière,
L'idéal religieux des Grecs et l'Évangile.

Ph. Giraudon

La foi. Statue de Spinazzi. (XVIIIe s.) Florence. « La foi est une manière de posséder déjà ce qu'on espère, un moyen de connaître les réalités qu'on ne voit pas ». (He 11,1).

Foi chrétienne et astrologie

Histoire d'un long refus

Bien que remontant à la plus haute antiquité, l'astrologie, art d'interprétation, est plus récente que l'étude proprement astronomique, et l'invention de l'horoscope est elle-même plus récente que l'astrologie. Celle-ci, à ses origines (les documents connus les plus anciens, trouvés en Chaldée et en Mésopotamie, remontent au 3e millénaire avant J.-C.), était de caractère purement religieux ; dans les civilisations liant étroitement les astres à leurs conceptions religieuses, on s'efforçait de déchiffrer dans leurs mouvements et dans leurs aspects les signes de la volonté divine et, dès lors, le destin des hommes. De génération en génération, les prêtres se transmettaient dans des recueils secrets l'expérience ainsi acquise.

Dans les derniers siècles précédant le christianisme, on vit, en Égypte et en Grèce, l'astrologie prendre un caractère mystique et mythique. Aux alentours de l'ère chrétienne se développèrent les astrologies savantes (notamment chinoise, grecque et arabe).

Le peuple juif, entouré de populations païennes qui se livraient à l'astrologie, fut maintes fois attiré par celle-ci ; la loi judaïque la condamna fermement (Dt 18, 10-12) et les prophètes durent fréquemment mettre le peuple en garde contre les devins (« Qu'ils se lèvent donc pour te sauver, ceux qui détaillent les cieux, ceux qui observent les étoiles et font savoir chaque mois ce qui doit advenir. » Is 47, 12-14).

Le christianisme, à ses débuts, ne fut pas, lui non plus, à l'abri des influences astrologiques, beaucoup parmi les premiers chrétiens étant tout prêts à lier foi en Dieu et foi dans les astres. L'Église n'en extirpa pas moins l'astrologie de l'empire romain, comme en témoigne saint Augustin *(De Civ. Dei* 1,8).

Réintroduite en Occident au XIIIe siècle par des penseurs juifs et arabes, l'astrologie y connut une certaine faveur dans tous les milieux, plus marquée encore aux XVe et XVIe siècles (Nostradamus fut à la fois médecin et astrologue de Charles IX). Les mentalités et les pratiques superstitieuses ainsi suscitées conduisirent l'Église, à diverses reprises, à de sévères condamnations, soit lors de conciles régionaux, soit par des bulles pontificales.

Alors que le développement de l'esprit philosophique au XVIIIe siècle puis de l'esprit scientifique au XIXe avait contribué à réduire à peu de chose l'audience de l'astrologie, on la voit aujourd'hui reprendre vigueur là où le recul de l'influence chrétienne tend à laisser les esprits seuls face aux grandes interrogations de la vie. ■

L'ASTROLOGIE

30 000 voyants, astrologues, devins en France. 2 milliards de francs de chiffre d'affaires en 1981, 4 millions de clients.

Les astrologues aiment souvent la formule de Raymond Abellio « L'astrologie est à la fois une science, un art et une sagesse ».
Ils affirment que l'astrologie est une science puisqu'elle se fonde sur la carte du ciel au jour et à l'heure de la naissance du consultant ; qu'elle est un art puisqu'elle interprète cette carte, et une sagesse puisqu'elle est moyen de connaissance de soi.

En fait, il y a plusieurs types d'astrologie : naturelle, qui étudie l'influence des astres sur la nature ; médicale, sur le corps humain ; sociologique, sur la société ; individuelle, sur les personnes.

Il est évident que ce sont les deux dernières qui sont les plus connues et posent le plus de questions aux chrétiens.

La plupart des penseurs chrétiens acceptent que les astres puissent avoir une influence sur la vie et le comportement des personnes ; ils pensent aussi que, dans la relation qui s'établit entre l'astrologie et la personne, la parole de l'astrologue peut prendre une importance telle qu'elle provoque ce qu'elle annonce.

Mais ce que la tradition chrétienne reprochera aux astrologues est, d'abord et avant tout, de donner l'impression que l'avenir de chacun est « écrit », et donc que les hommes et les femmes ne sont pas libres.

La multiplication des charlatans exploitant la crédibilité publique (et cette multiplication est toujours d'actualité), ou de ceux qui, par l'astrologie, cherchaient à choisir, entre le judaïsme ou le christianisme, en faveur d'autres dieux, ont amené certaines condamnations sévères : « On ne trouvera chez toi personne qui exerce le métier de devin et de mage (...), car quiconque fait ces choses est en abomination devant l'Éternel » (Dt 18, 10-12). Le Concile de Tolède (ve s.) déclarera : « Si quelqu'un croit devoir ajouter foi à l'astrologie ou à la divination, qu'il soit anathème. » ■

Qu'est-ce que ?

Polythéisme (du grec *polus,* nombreux et *theos,* dieu). Système religieux qui admet plusieurs dieux ; c'était le cas, dans l'antiquité, des religions grecque, romaine, égyptienne, phénicienne. C'est encore le cas aujourd'hui des religions de l'Inde.
Au polythéisme s'oppose le monothéisme, religions n'admettant qu'un Dieu unique : juifs, chrétiens, musulmans..., toutes constituées de membres se considérant comme les descendants spirituels d'Abraham ; le judaïsme a été la première religion monothéiste.

Syncrétisme (du grec *sunkretismos,* littéralement union des Crétois). Le syncrétisme est une combinaison plus ou moins artificielle et superficielle d'éléments appartenant à diverses doctrines religieuses, combinaison le plus souvent realisée dans le désir de parvenir à une unification religieuse. Certains considèrent, par exemple, qu'en combinant leurs doctrines on pourrait unifier toutes les religions qui adorent Dieu. L'œcuménisme se situe à un tout autre plan ; il vise à l'unité de foi des Églises chrétiennes, lesquelles ont historiquement un point de départ unique et une large base commune : pour l'œcuménisme il s'agit donc, tout en valorisant les nombreux points de convergence, d'étudier en commun les points de divergence en vue d'accéder, par une réflexion menée ensemble avec l'aide de l'Esprit Saint, à la mise en lumière d'une vérité plus profonde dépassant sans les trahir les positions en présence.

DÉISME OU THÉISME

Il s'agit d'une doctrine (du latin *Deus,* Dieu, ou du grec *Theos,* même sens) qui, tout en comportant la croyance en un Dieu unique, créateur et être suprême de l'univers, exclut toute intervention ultérieure de sa part dans la vie du monde, toute révélation, toute Église. Voltaire, Rousseau, les encyclopédistes en général, furent les véritables apôtres de cette doctrine. On peut noter que, dans leur sillage, les références spirituelles de divers mouvements maçonniques (« le grand Architecte de l'univers ») sont parfois proches de la pensée déiste, sans d'ailleurs préjuger des convictions personnelles de leurs membres.

La Révolution française combattit à la fois la religion catholique, liée à l'Ancien Régime, et l'athéisme (supposé dangereux pour la cohésion du peuple) : d'où l'établissement d'un culte, typiquement déiste, de l'Être suprême. Ce culte ne survécut pas à la Révolution. On voit aujourd'hui le déisme réapparaître sous diverses formes. La plus courante se présente non comme une théorie mais comme un état d'esprit ; des personnes (qu'elles se disent ou non croyantes) éprouvent plus ou moins clairement le sentiment, ou émettent la supposition, qu'il doit exister une puissance spirituelle supérieure, un être suprême créateur, dont dépend éventuellement une autre vie pour les mortels. Quelques-unes l'appellent Dieu, le voient parfois comme une Providence bienveillante, et dans certains cas le prient. D'autres le considèrent comme un être lointain ne s'intéressant guère aux péripéties de l'humanité. Le trait commun à l'ensemble de ces conceptions est l'absence de toute référence à une Révélation de Dieu par lui-même aux hommes ; en particulier, Jésus-Christ n'est pas considéré comme le Fils de Dieu venu sur terre pour révéler pleinement son Père aux hommes et leur ouvrir les voies à l'intimité divine ; tout au plus est-il regardé comme un prophète ou un sage. ■

Qu'est-ce que ?

Agnosticisme (du grec *a* privatif, et *gnosis*, connaissance). Conception philosophique selon laquelle il est impossible à l'homme de se prononcer sur l'existence de Dieu ; si Dieu existe, ce qu'il n'est pas possible de savoir, il est inaccessible et on ne saurait se prononcer sur sa nature. Pour contestable que soit cette conception aux yeux des croyants, elle est pour eux le rappel de l'affirmation de la Bible que Dieu est le « Tout-Autre ».

Dualisme. Ensemble de doctrines selon lesquelles le monde est régi par deux principes opposés l'un à l'autre. L'une des plus marquantes est la religion manichéenne, fondée par Mani au IIIe siècle après Jésus-Christ, et basée sur l'idée de deux principes absolus, l'un bon, l'autre mauvais, en opposition permanente et irréductible. Comme le judaïsme, le christianisme est étranger à toute conception dualiste, même si l'on peut relever quelques influences en ce sens dans le Nouveau Testament (empire du mal opposé au Royaume de Dieu). En effet, selon la foi chrétienne, le monde est finale-ment sauvé par la mort et la résurrection du Christ, le Fils de Dieu fait homme.

Monisme (du grec *monos*, unique). Parmi les systèmes philosophiques qui entendent expliquer l'univers en dehors de toute révélation divine, les uns font appel à un principe unique (ce sont les philosophes monistes), les autres font appel à plusieurs principes (par exemple, les systèmes dualistes, basés sur l'existence de deux principes en compétition).

Selon les divers systèmes monistes, le principe unique varie ; pour s'en tenir à quelques-uns seulement :
- le matérialisme explique tout par la matière et ses lois ;
- l'idéalisme, par l'intelligence ou l'idée ;
- le panthéisme, par un dieu confondu avec l'univers ;
- le solipsisme ne reconnaît d'existence qu'à « ma » pensée.

Scepticisme (du grec *skeptikos*, observateur). Le scepticisme fut d'abord, dans l'antiquité grecque, une doctrine philosophique (pyrrhonisme) selon laquelle l'esprit humain ne peut atteindre aucune vérité, et ne doit donc formuler aucun jugement.
Le scepticisme est plutôt aujourd'hui un état d'esprit. Au cœur du scepticisme contemporain est la conviction que l'on peut toujours affirmer le contraire de tout, et réciproquement. Pour le sceptique, la sagesse absolue réside donc dans

Suite page 535 ▶

Qu'est-ce qui distingue, rapproche ou oppose la foi chrétienne et les systèmes

	Systèmes de pensée	Expression de la foi
Idéalisme	L'homme ne connaît en vérité que les « idées » qu'il se forme des choses. Il n'y a pas de connaissance possible des êtres (la nature, Dieu) extérieurs à la pensée. L'idéalisme peut devenir absolu lorsqu'il affirme qu'il n'y a aucune existence hors de la pensée : seul l'Esprit est réel.	A moins de faire de Dieu l'Esprit absolu qui récapitule en lui la totalité du réel, l'idéalisme absolu s'oppose à la foi. Celle-ci en effet se réfère à une transcendance inaltérable que la pensée ne peut contenir. L'Infini de Dieu est tel qu'il dépasse toujours l'idée qu'on peut s'en faire.
Rationalisme	Comme doctrine, il affirme que tout ce qui existe dans l'univers a au moins une raison d'être. Ainsi l'esprit humain peut comprendre la raison de toute chose. Comme méthode, il considère que la raison est la seule faculté de l'esprit qui permette à l'homme d'accéder à une connaissance vraie.	Le rationalisme comme doctrine s'oppose au discours de la foi : la raison n'est ni le fondement ni la fin de ce discours. Mais la foi n'est pas non plus un acte irrationnel : elle requiert une adhésion motivée dont la raison apprécie la valeur. Enfin, la théologie ne peut qu'obéir aux impératifs logiques de la raison.
Empirisme	Attitude de la pensée selon laquelle rien ne peut être connu qui ne soit d'abord perçu. Aucune intuition intellectuelle ne peut être considérée comme vraie. L'expérience est le point d'appui ferme de la vérité. S'oppose à l'idéalisme et au rationalisme.	L'empirisme prévient la foi contre la tentation de l'idéal désincarné. La foi témoigne de ce que la vie de la pensée ne se réduit pas à l'activité perceptive. Dans le secret de son intimité, l'esprit peut entendre la résonnance du Tout-Autre.
Matérialisme	En philosophie, il s'oppose à l'Idéalisme. Seule la matière existe, c'est-à-dire l'ensemble des objets représentables et mobiles qui occupent l'espace. Tout ce qui est produit dans et par l'esprit est réductible à des phénomènes physico-chimiques.	La foi est par elle-même refus du matérialisme puisqu'elle est, d'une certaine façon, expérience de la réalité de la vie de l'esprit. Elle ne nie pas la matière ni ses lois, mais elle saisit en elle et au-delà d'elle l'existence d'une réalité transcendante.
Existentialisme	Doctrine selon laquelle l'existence s'impose à l'homme comme un fait brut et sans raison. L'individu est « un jeté-là » dans le monde qui n'est la création d'aucun Dieu, la réalisation d'aucun plan préétabli. L'homme est contraint par la liberté ; sa tâche est d'assumer authentiquement le destin de son existence.	La foi est une manière d'exister : cette existence n'est pas seule et sans origine. Elle est en relation avec un Existant qui lui donne d'être, en toute liberté, homme ou femme appelé à la plénitude de fils et fille de Dieu.
Scientisme	Comme *méthode :* aucune vérité n'est certaine pour l'homme si elle n'a été vérifiée par l'expérimentation scientifique. Les sciences sont les seules disciplines capables de définir les conditions nécessaires de toutes vérifications. En dehors de leur traitement, l'esprit humain n'est assuré de rien. Comme *doctrine :* la science pourra un jour tout savoir. Les explications naïves et mythiques du monde s'effaceront devant la vérité. Cependant tant qu'on ne sait pas, il faut savoir se taire.	La foi voit dans l'activité scientifique l'une des tâches primordiales de l'homme : découvrir par la puissance de sa raison et de son savoir-faire le monde où Dieu l'a placé. Mais elle témoigne d'un autre niveau de connaissance de l'être : celui de la rencontre des personnes humaines dans leur réalité profonde et plus spécifiquement, l'ouverture à la rencontre avec quelqu'un qui se communique à moi comme personne, m'appelant à prendre la responsabilité de mon destin.

nsée qui se présentent comme explication globale de l'homme et du monde ?

	Systèmes de pensée	Expression de la foi
Structuralisme (plusieurs doctrines)	A l'image du langage, chacun des phénomènes humains (pensée, vie sociale, sexualité...) se présente comme une structure, c'est-à-dire comme un système particulier de signes porteurs de significations qui s'agencent les uns par rapport aux autres en fonction de leurs similitudes et de leurs différences. L'ensemble des conduites humaines s'inscrit dans ces systèmes de signes, impératifs en leurs formes et inconscients en leurs structures.	Comme méthode, le structuralisme est un instrument de recherche que les sciences religieuses en général peuvent utiliser pour découvrir leur objet : ainsi, il permet de mettre en valeur les articulations internes de l'Écriture. Comme doctrine, il retire à la notion de sujet humain capable de vérité son sens et sa primauté. L'individu, le sens de l'existence, la vérité ne sont que des éléments qui jouent à l'intérieur d'un système de représentations ou d'une structure. Ces éléments n'ont en soi aucun sens ni aucune valeur universelle, alors que la foi s'adresse à l'homme en première personne comme être libre capable de choix.
Freudisme 	Doctrine de Freud et de ses successeurs d'après laquelle tous les phénomènes humains, individuels et collectifs, sont les symptômes d'une lutte sans merci entre la réalité qui arrache chacun à ses premières amours et les pulsions sexuelles et agressives qui veulent ressusciter l'enfance du désir. Les hommes sont marqués par cette préhistoire du désir refoulé dans l'inconscient qu'ils réactivent à travers leurs rêves et leurs productions culturelles pour se consoler de la dureté de la vie.	Le freudisme invite le croyant à la lucidité et la vigilance : il met en garde contre la naissance de l'idole chaque fois que l'homme divinise son désir et se prosterne devant lui. Mais il ne peut rien dire de la foi, de ce Dieu qui a pris les risques de la parole humaine pour rappeler à l'homme sa dignité et l'inviter à convertir son désir pour enfanter l'avenir.
Marxisme 	Comme *méthode de connaissance*, le matérialisme historique (ou la science de l'histoire) affirme que les faits économiques sont la base et la cause déterminantes de tous les phénomènes sociaux et humains. Comme *doctrine*, le marxisme dénonce l'illusion de toute vie spirituelle. Les idées, la pensée, la religion sont impuissantes devant la misère concrète des hommes. Elles sont incapables de transformer le monde. Compensations imaginaires, elles disparaîtront quand le monde sera devenu plus humain.	La foi est adhésion à un sens de l'histoire humaine qui l'inscrit dans un plan divin (Voir *salut*). Pour la pensée chrétienne, tout être humain possède en lui-même une valeur d'éternité, et c'est à la lumière de sa destinée divine qu'il peut vivre authentiquement sa destinée humaine.
Nihilisme	Attitude négatrice de l'homme qui désacralise tous les systèmes de valeurs et lutte contre toute transcendance. Cette destruction de l'idéal et du sens, ce refus de tout absolu, conduit à l'indifférence, voire au désespoir. Le réel est absurde et stérile, l'individu est destiné à supporter la dimension tragique de son existence.	L'attitude nihiliste, négatrice, destructrice et violente, est le contraire de l'attitude croyante. Le nihiliste affirme au moins que Dieu est mort, que la vie n'a pas de sens et qu'elle n'est pas donnée. Le croyant affirme que, non seulement la transcendance ne le rend pas esclave, mais qu'elle est don de vie et source de libération.

Qu'est-ce que ?

Suite de la page 534

le fait de ne rien dire, de ne rien penser, de ne rien juger, de ne s'engager en rien. Cette apologie de l'indifférence et du non-engagement est aux antipodes de la pensée chrétienne ; pour elle en effet, Dieu s'est pleinement révélé aux hommes en Jésus-Christ, lequel se présente à eux comme « le Chemin, la Vérité et la Vie » (Jn 14,6) ; et tout son enseignement conduit à considérer comme essentiel d'aimer son frère, de l'aider à sortir de ses difficultés en s'engageant à son service.

Non-croyance

La non-croyance est l'absence d'adhésion à l'idée d'existence de Dieu.

Mais, entre celui qui inscrit dans un système philosophique élaboré (la négation de l'existence de Dieu) et celui qui, simplement, n'éprouve pas le besoin de se poser la question de Dieu, il existe toute une gamme de positions intermédiaires, entre lesquelles il n'est pas d'ailleurs aisé de tracer de frontières. On peut essayer cependant de définir quelques-unes des formes de l'incroyance religieuse.

En vertu d'un système de pensée

- *Athéisme* (voir ce mot) : doctrine niant l'existence de Dieu ; elle est souvent une forme de l'affirmation de l'autonomie et de la responsabilité de l'homme.
- *Agnosticisme* (voir ce mot) : doctrine selon laquelle ce qui dépasse l'expérience ne peut être connu avec certitude par la raison ; il est donc impossible d'affirmer aussi bien l'existence que l'inexistence de Dieu.
- *Scepticisme* (voir ce mot) : doctrine selon laquelle l'homme est par nature dans l'incapacité d'accéder avec certitude à la vérité.

Pour mémoire (p. 533) : *Déisme ou Théisme* (parfois distingués l'un de l'autre) : doctrine selon laquelle la raison conduit à reconnaître l'existence d'un Dieu créateur mais à rejeter toute Révélation de sa part.

Positions de fait :

- *Incrédulité* : attitude de refus de la foi, ou de doute profond à son sujet.
- *Incroyance* : situation de fait de celui qui ne croit pas mais n'éprouve pas le besoin de se préciser pourquoi ni comment.
- *Indifférence* (voir ce mot) : situation de fait de celui qui ne se pose pas la question de Dieu et n'éprouve pas le besoin de le faire ; il n'a pas d'opinion, ne se sent pas concerné.

Pour mémoire : ce qu'on pourrait appeler la *croyance culturelle* est l'état d'esprit de celui qui est porté à croire à l'existence de quelque chose ou de quelqu'un qui dépassent l'humanité, sans cependant les évoquer autrement qu'en formules empruntées au fond historique de la culture ambiante, ni se préoccuper de mettre quelque cohérence dans ces emprunts. ■

DIVINATION

La divination (du latin *divus,* dieu ou divin ; le mot a donné naissance à devin et deviner) est une pratique consistant à rechercher la volonté de Dieu pour prédire l'avenir en interprétant le résultat de jeux de hasard, le comportement des animaux, etc.

Dans la mesure où le Dieu annoncé par Jésus-Christ n'arrête pas le sort des hommes à l'avance de manière autoritaire et intouchable mais, au contraire, vient à leur rencontre en respectant profondément leur liberté, de telles pratiques ne peuvent guère avoir de sens pour un chrétien.

VOYANCE

La voyance est d'abord *une réalité,* comme un « sixième sens », exploré surtout par l'expérimentation parapsychologique, qui semble prouver l'existence entre l'homme et le cosmos de rapports d'influence mutuelle autres que ceux définis par les cinq sens habituels. Elle n'a rien de religieux. C'est un art inné et acquis, une manière de lire les choses de la nature.

Tout homme semble en effet posséder à l'état latent, plus ou moins développée, la capacité de projeter sa pensée dans celle d'autrui comme d'accueillir celle-ci, de percevoir et d'influencer des objets à distance, enfin de connaître — dans certaines conditions — des événements à venir. Cette faculté ne relève en soi d'aucune intervention surnaturelle, divine ou diabolique. Elle permet simplement à une personne de percevoir les faits de la vie d'une autre personne — son passé, son présent, parfois son futur — en transcendant le temps et l'espace.

Dans tous les cas, et quels que soient les termes employés (clairvoyance, clairaudience, intuition, télépathie ; pressentiment, précognition, prémonition, et, selon la parapsychologie, perceptions extrasensorielles—PES—), un événement extérieur—passé, présent ou à venir— parvient à son insu (parfois en rêve) et directement à la conscience du sujet, qui l'exprime ensuite par la parole, le dessin, l'apologue.

Les voyants utilisent des techniques divinatoires ou mancies — cartomancie (cartes et tarots), chiromancie (lignes de la main), oniromancie (rêves) — mais aussi des médias comme le marc de café, les taches d'encre, le feu et les braises, la boule de cristal — et bien sûr, l'astrologie, la numérologie, voire la graphologie. Mais ce sont de simples supports pour l'exercice d'un don qu'ils ne peuvent en aucun cas remplacer par une technique.

Voyance et conception chrétienne

Dans la conception chrétienne, il n'est nullement question de nier la réalité du don de voyance quand il s'avère authentique. La question délicate est celle posée par la connaissance de l'avenir : si elle existe réellement, peut-on modifier le futur prédit pour qu'il ne se réalise point ? Si la volonté de l'homme se trouve enfermée dans la prévision, où sont en effet sa liberté et sa responsabilité ? La question est ouverte et reste à creuser ; le risque est réel toutefois de quitter le strict domaine de l'observation et de l'analyse de phénomènes naturels. En effet, devant les faits authentiques de préconnaissance de l'avenir, certains sont tentés de faire appel à l'existence d'entités surnaturelles agissant comme intermédaires. Spiritisme et occultisme trouvent alors un terrain de choix dans ces phénomènes.

De leur côté, d'ailleurs, certains théologiens ont pareillement eu tendance à interpréter systématiquement l'exercice de cette faculté psychologique comme une forme de magie venant du diable, parce que « la connaissance de l'avenir appartient à Dieu seul ». Mais c'est confondre la *voyance* — qui est une capacité humaine — avec la *prophétie* — qui est l'acte théologique de celui qui parle-au-nom-de-Dieu, qui agit comme son porte-parole ; cette parole est alors revêtue de l'autorité divine. Ce n'est pas le cas des dires du clairvoyant ; s'il le laissait croire, il est évident qu'il sortirait de sa compétence en matière de voyance. La Bible est très sévère pour ceux qui s'attribuent un tel pouvoir, ils relèvent des esprits mauvais : « On ne trouvera chez toi personne qui pratique divination, incantation, ou magie » (Dt 18, 10). Dieu seul peut révéler les mystères du Temps et de l'Histoire à ceux qu'il aime ; et pour leur bien : « Ces nations que tu dépossèdes, Israël, écoutaient enchanteurs et devins. Mais tel n'a pas été le don de Yahvé ton Dieu : il suscitera pour toi, du milieu de toi, un prophète comme moi, que vous écouterez » (Dt 18 14-15).

GUÉRISSEURS

Certaines personnes bénéficient du don de guérison, comme d'autres sont gratifiées du don de voyance ou de télépathie. Parmi elles, il en est qui se servent de ces dons pour acquérir un pouvoir.

Dans la plupart des sectes thaumaturgiques (disciples du Père Antoine, du Christ de Montfavet, de Mahikari, etc.), le fondateur, doué au départ de réelles capacités guérisseuses, en arrive rapidement à se croire envoyé par Dieu. Il fonde alors une religion, souvent en recourant par surcroît à l'occultisme, à l'ésotérisme, au spiritisme.

Dans la pensée chrétienne, le don de guérison n'exclut pas que Dieu puisse intervenir. Le charisme de guérison est un des dons de l'Esprit Saint. L'Évangile se présente comme Bonne Nouvelle de guérison. Et l'expérience du Renouveau charismatique tend à restaurer la vitalité d'une foi qui attend tout de Dieu, y compris la guérison.

Mais, pour échapper au risque de magie et d'illusion, il faut se rappeler que le *miracle* dans la Bible est un *signe.* Il a un sens par rapport au *salut* que donne Dieu. Aussi, dans la tradition chrétienne, la guérison en est-elle le fruit, parce qu'elle restaure les relations de la personne tant avec Dieu (paix intérieure, avec son accompagnement psychosomatique) qu'avec elle-même (levée des blocages et inhibitions à retentissement corporel), et avec les autres (réconciliation et restauration des relations humaines perturbées avec l'entourage) : l'amour guérit.

PARAPSYCHOLOGIE, MÉTAPSYCHIQUE

Les préfixes grecs *para* et *méta* indiquent quelque chose qui est au-delà, à savoir, dans le cas des phénomènes psychologiques, ceux classés au-delà de la psychologie classique, parce qu'insolites et inexpliqués. La parapsychologie est la science positive qui étudie les phénomènes paranormaux, et établit leur authenticité par les méthodes critiques, c'est-à-dire l'observation et l'expérimentation.

Les parapsychologues sérieux restreignent leur champ d'étude aux seuls pouvoirs extrasensoriels, à savoir :

- les phénomènes relevant de *psychokinésie* (phénomènes PK), par exemple, la provocation de mouvements d'objets sans contact corporel ;
- ceux qui relèvent des *perceptions extrasensorielles* (phénomènes PES), qui sont d'ordre uniquement psychologique, par exemple, la transmission de pensée.

Certains font l'hypothèse de l'intervention de forces de l'au-delà du monde naturel. Ils attribuent ces phénomènes, non à certaines formes de facultés psychiques appartenant en propre à l'homme et encore mal explorées, mais à des forces surnaturelles ou/et à des entités supérieures à l'homme : anges ou démons, esprits ou désincarnés. Glissant ainsi dans le spiritisme, l'occultisme, la sorcellerie ou la magie, ils sortent dès lors de la compétence de la parapsychologie en tant que *science* expérimentale des phénomènes *naturels.* Souvent, ils prennent alors une position philosophique ou religieuse en utilisant les faits pour confirmer une doctrine déjà élaborée.

ÉSOTÉRISME

Le terme d'ésotérisme (du grec *esoterikos,* intérieur), réservé à l'origine à la doctrine du philosophe grec Pythagore (VIe s. avant J.-C.), a été depuis lors appliqué à toutes les doctrines qui entendent sauvegarder leur pureté en conservant secret tout ou partie de leur contenu ; ce secret est alors révélé par une initiation réservée aux seules personnes qui en sont jugées dignes, parfois après des épreuves rituelles. Il en a été ainsi notamment de la doctrine cabalistique et de la gnose (voir ces mots). Les sciences ésotériques ou occultes sont fréquemment liées à des pratiques de magie.

L'ésotérisme traditionnel se fonde sur l'existence d'une Tradition primordiale qui aurait été donnée aux hommes dès l'origine, mais voilée. Aussi veut-il « ouvrir une porte » pour « faire entrer » (c'est l'étymologie grecque du mot) dans la connaissance des vérités cachées. Il « fait passer » de l'extérieur à l'intérieur, par une révélation, une initiation qui est comme un éveil, une seconde naissance.

SPIRITISME

Le spiritisme (du latin *spiritus,* esprit) est un essai de réponse à la question : « Que deviennent les hommes après leur mort ? » Selon ceux qui y recourent, nous pourrions communiquer avec les esprits des défunts, moyennant certaines techniques et certains rituels.

Pratiqué dans l'Antiquité, remis en valeur par le mystique suédois E. Swedenborg (1688-1772) qui affirmait communiquer avec les esprits, le spiritisme se répandit au siècle dernier comme une mode et une croyance nouvelle. A l'origine de ce mouvement se trouvent, aux États-Unis en 1847, les dires des jeunes sœurs M. et K. Fox qui affirmaient entendre des coups frappés par les esprits dans leur demeure familiale.

L'expérience se répéta des milliers de fois, en Amérique et en Europe, enflammant l'imagination populaire. Des personnages célèbres devinrent les dévôts de la nouvelle pratique, par exemple, les écrivains Arthur Conan Doyle, Victor Hugo, Victorien Sardou, Théophile Gautier, l'astronome Camille Flammarion. Un français, Hippolyte Rivail (1805-1869) — plus connu sous le nom d'Allan Kardec qu'il déclarait avoir porté dans une précédente existence au temps des Druides — élabora la doctrine du spiritisme.

Elle fut proclamée au cours d'un congrès tenu à Paris en 1900 : existence de Dieu, pluralité des mondes habités, immortalité de l'âme, réincarnations successives sur terre et dans d'autres lieux de l'espace, solidarité et fraternité universelles.

Comment se situe la foi chrétienne vis-à-vis du spiritisme ?
Toute supercherie mise à part, certains médiums jouissent d'une prédisposition particulière à mettre en œuvre des capacités psychiques encore mal connues. *Pour la pensée chrétienne,* la réincarnation et les sphères successives où évolueraient les esprits n'ont rien de commun avec la foi dans la béatitude et dans la vie éternelle promises par le Christ à tout homme qui se laisse aimer par le Père ; en outre, pour un chrétien, ce Dieu Vivant révélé par le Christ, son Fils, n'a pas grand chose à voir avec le Dieu abstrait et impersonnel des philosophes, cette « Intelligence et Cause suprême de toutes choses » à laquelle se réfère la doctrine du spiritisme.
Quant à la communication avec les morts, les chrétiens la situent au plan de la foi dans la communion des saints, qui unit les hommes d'ici-bas et ceux de l'au-delà dans le Corps mystique du Christ ; c'est en vertu de cette communion que se noue la véritable solidarité entre les morts et les vivants.

OCCULTISME

L'occultisme (du latin *occultus,* caché) se fonde sur la croyance en des vérités cachées qui peuvent se révéler en recourant à des sciences auxquelles seuls ont accès des initiés *(sciences occultes).*

MAGIE

La magie, qui remonte à la plus haute antiquité, a pour objet d'assujettir à la volonté humaine les forces invisibles. Elle repose sur l'idée que des esprits (ou des génies), bons ou mauvais, sans cesse à l'œuvre dans le monde, sont à l'origine des faits inexplicables.

Existe-t-il des liens entre magie et religion ?
Ils ont été fréquents dans les religions de l'antiquité ; mais le judaïsme, pour sa part, n'a cessé de dénoncer et de ridiculiser, par la bouche de ses prophètes, les pratiques magiques des religions au contact desquelles se trouvait le peuple juif.
Quant au christianisme, bien qu'accusé de magie à ses origines, il a toujours lutté avec détermination (et parfois avec brutalité) contre toutes les pratiques qui peuvent en relever ; il y voit en effet, pour le moins, une forme dévoyée de la recherche spirituelle de l'homme, au pire une manifestation satanique. En effet, tandis que la magie vise à s'approprier la puissance des forces spirituelles dans un but intéressé (mais non nécessairement immoral), l'attitude chrétienne vis-à-vis de Dieu consiste non pas à se rendre maître de lui et à s'en servir, mais au contraire, à se donner à lui dans un mouvement d'amour et de confiance, en suivant la voie de dépouillement tracée par le Christ.

EXTRA-TERRESTRES

Les OVNI (Objets Volants Non Identifiés) sont devenus aujourd'hui l'objet d'une croyance et d'un quasi-culte. Les extra-terrestres venus d'un autre monde occupent parfois, chez l'homme esseulé dans la société contemporaine, la place tenue autrefois par Dieu : il y a quelque part quelqu'un qui pense à nous. Cette expérience religieuse-substitut, à base d'interrogations, de rêve, d'inquiétude, habite souvent des gens attirés par le bizarre, déjà clients de la voyance ou de l'occultisme.
Dans les nouveaux cultes d'extra-terrestres (Raëliens, Centre d'Études Cosmiques, Isozen, etc.), la clairvoyance et la télépathie sont d'ailleurs des techniques couramment pratiquées pour une nouvelle religion, qui relie entre eux les adeptes des « états supérieurs » de conscience, dans une sorte de course à la mutation. Mais ces voyages dans l'irrationnel ne sont pas sans perturber, parfois gravement, les psychologies de certains de leurs adeptes.

SORCELLERIE

Il est souvent difficile de distinguer sorcellerie (du latin *sors, sortis,* sort) et magie. Elles ont l'une et l'autre pour objet de se soumettre ou de se concilier des puissances qui dépassent l'homme afin d'en obtenir des effets déterminés ; elles s'y emploient en recourant à des rites et à des formules dont magiciens ou sorciers se transmettent le secret.
Le recours à des pratiques visant à jeter des sorts ou des charmes, heureux ou malheureux, sur des personnes ou leurs biens existe encore aujourd'hui ; le plus souvent, il s'agit de maléfices, destinés à leur susciter des malheurs (maladies, stérilité, décès, pertes d'animaux ou de récoltes, etc.) ; mais il peut aussi s'agir de susciter en elles l'amour, la fécondité, la guérison, etc. Le phénomène, qui était assez répandu dans les campagnes, s'étendit souvent aux villes, en particulier pendant les périodes de malheur ou d'anxiété.
Une abondante mythologie s'est développée autour de la sorcellerie, décrivant des scènes incroyables ou horribles ; on connaît la légende des réunions de sorcières et sorciers se déplaçant dans les airs pour participer à des sabbats présidés par Satan, présent sous la forme d'un bouc monstrueux ; on racontait que ces réunions étaient marquées par des orgies, des profanations, des pratiques criminelles ; on y célébrait notamment les fameuses messes noires, qui parodiaient la liturgie catholique ; à l'offertoire, on égorgeait un enfant et on recueillait son sang dans un calice ; lorsque la messe était célébrée pour une affaire d'amour, le célébrant officiait sur le corps nu de l'intéressée, etc.
Considérée par les Églises, tant catholiques que protestantes, non seulement comme des pratiques blasphématoires, mais comme « un complot du démon » menaçant les croyants, leur foi, leur Église, la sorcellerie suscita à certains moments une véritable psychose de peur ; elle fut jusqu'au XVIIe siècle l'objet d'une répression le plus souvent extrêmement brutale, massivement approuvée par l'opinion publique ; les tribunaux, ecclésiastiques d'abord, civils ensuite, recourant aux tortures les plus cruelles pour arracher des aveux, envoyèrent des dizaines de milliers de personnes au bûcher, parmi lesquelles maints innocents. Beaucoup d'hérétiques ou tout simplement des gêneurs (les Templiers, Jeanne d'Arc elle-même) furent accusés de sorcellerie.
La pratique de la sorcellerie (selon un sondage SOFRES en 1989, 17% des Français y croient) n'a pas disparu, qu'il s'agisse de la recherche d'une issue purement symbolique par des personnes en difficulté, ou de l'exploitation sans scrupules de la crédulité de gens simples, ou encore de phénomènes plus inquiétants dont les exorcistes diocésains (voir *exorcisme*) ont parfois à connaître. Pour plus de précisions, se reporter à *La Sorcellerie,* du Père Jean Vernette, Ed. Droguet-Ardant.

Ph. Charliat-Rapho

Séance de cartomancie.

▶▶▶ *Suite de la page 532*

ment religieux pour distinguer foi et sentiment religieux. Pour eux, le premier qui a fait la distinction, capitale à leurs yeux, fut Abraham. Il n'a pas simplement cherché le sens de la vie. Il a entendu. *Écouté.* Il n'a pas simplement cherché le divin. Il a *rencontré* Dieu. A la suite d'Abraham, israélites, chrétiens, musulmans essaieront d'écouter Dieu, de Le rencontrer et de Lui témoigner amour et soumission. Pour ces grandes communautés, chacune à sa manière, la réalité fondamentale sera celle de l'*Alliance*, ce pacte passé entre l'homme, en l'occurrence Abraham, et Dieu : « Marche en ma présence et sois parfait, j'institue mon alliance entre toi et moi et je t'accroîtrai extrêmement » (Gn 17, 1-2). Avoir la foi, c'est savoir qu'il n'y a pas de truc pour voir Dieu, pas de recette. La foi ne s'obtient par rien d'humain. Elle est un *don*. Un don qui cherche à être accueilli. Comme l'amour, elle n'est pas faite d'abord pour répondre aux questions. Elle n'y répond généralement pas. Mais elle les change de nature.

Une histoire pour faire comprendre la foi

Jésus avait l'habitude de raconter des histoires pour se faire comprendre. Et les premiers chrétiens aimaient utiliser ces histoires pour faire comprendre ce qu'ils disaient. Par exemple, un homme avait deux fils. Un fils bien et un fils dévergondé. Un jour, le dévergondé, après que son père eût fait les partages, demanda son héritage et le dilapida. Une fois ruiné et affamé, il chercha une solution et pensa à son père. Être domestique chez lui était meilleur que d'être esclave là où il était. Alors, il revint. Mais le père était déjà sur la route : il l'attendait. Ce fut la fête, à la grande fureur du fils bien : on dépensait de l'argent pour un vaurien (Lc 15, 11-32).

Le message est clair. Ce Dieu, que les hommes affamés de raisons divines recherchent, existe. Bien plus, il va à leur rencontre, prêt à les accueillir. Quoi qu'ils aient fait... et quoi que puissent dire les gens bien, ceux qui savent ou croient en Dieu. C'est ce que ne cesseront de crier les chrétiens : Dieu parle à ceux qui l'écoutent. Et que dit-il ? « Je vous aime » ! ▶▶▶

Qu'est-ce que ?

Apostolicité de l'Église. A la messe le dimanche, les fidèles, récitant ou chantant le Credo, proclament que « l'Église est une, sainte, catholique et apostolique ». Dire de l'Église qu'elle est *apostolique* signifie qu'elle est restée celle des apôtres, sans rupture de continuité, de doctrine, ni de pouvoir ; cette unité est garantie par le lien avec le pape, successeur de Pierre.

Catholique (du grec *katholikos*, vers tout, ouvert à tous, universel).
Ce mot a été utilisé dès les origines pour désigner l'Église universelle par distinction avec les Églises locales. Il signifie que l'Église est faite pour tous (c'est le sens de l'expression « Je crois ... à la sainte Église catholique » dans le Credo), dans une unité qui n'est pas uniformité.
De manière plus courante, par *catholiques* on désigne aujourd'hui les chrétiens en union avec Rome ; on les distingue ainsi des orthodoxes, des protestants et des anglicans. Mais anglicans et vieux-catholiques aiment, eux aussi, s'appliquer cette appellation.
Enfin, en matière de doctrine, le mot « catholique » s'oppose à « hérétique » pour désigner les conceptions déclarées par l'Église conformes à la vraie tradition des chrétiens.

Lorsqu'un mot, une expression, un événement, une institution, un nom propre vous sont inconnus, consultez l'index.

Peut-on être chrétien seul ?

Pour la tradition de l'Église, la réponse est non. Les chrétiens aujourd'hui aiment employer le mot « communauté » : ils parlent de petites communautés, de communautés de base, de la communauté chrétienne. Consciemment ou pas, ce vocabulaire les rattache à l'histoire judéo-chrétienne la plus ancienne : l'Ancien Testament est l'histoire d'une tribu du Moyen-Orient transformée en peuple par l'appel de Dieu. Le premier souci de Jésus fut de rassembler un groupe d'hommes autour de lui ; et l'Esprit de la Pentecôte créa l'Église, nouveau peuple de Dieu, communauté nouvelle. Les premiers chrétiens prirent tellement l'appel communautaire au sérieux qu'ils partagèrent leurs biens, s'appelèrent frères et sœurs, se demandèrent mutuellement pardon et vécurent en s'entraidant au point que l'on pouvait dire « Voyez comme ils s'aiment ». A vrai dire, cet amour fut loin d'être parfait, mais il fut toujours recherché. Paul fera la théologie de cette communauté toujours à construire en montrant que le plan de Dieu est de tout rassembler sous un seul chef, le Christ, comme dans une seule famille, et que l'Église est le début de la réalisation de ce plan.

Dans l'histoire de l'Église, à chaque époque, se trouvèrent de nouveaux premiers chrétiens pour demander à l'Esprit Saint la force du partage communautaire. Tous les renouveaux ecclésiaux s'accompagnèrent de renouveaux communautaires : les grands ordres monastiques en sont l'illustration.

Aujourd'hui encore, beaucoup de chrétiens répondent non à la question : « Peut-on être chrétien seul ? » Il ne s'agit pas seulement du moine, ou de jeunes vivant une rupture radicale avec la vie ordinaire : aujourd'hui, beaucoup de chrétiens veulent témoigner dans les paroisses, dans les aumôneries, dans les communautés nouvelles, et dans les mouvements, que l'Évangile les invite au partage.

Cette redécouverte a sans aucun doute quatre fondements théologiques.

1) Elle provient d'une plus grande compréhension (liée à la communion fréquente) de ce qu'est l'*Eucharistie*, le Repas du Seigneur. Manger le pain et boire à la coupe du Seigneur, invite, dit saint Paul, à se respecter, et à faire taire les divisions (1 Co 11, 20-21).

2) Elle provient aussi, chez beaucoup, d'un sens plus ferme de la mission qui leur incombe d'*annoncer l'Évangile* : dans le monde d'aujourd'hui cette mission est difficile et nécessite plus qu'un certain accord de surface, une réelle unité.

3) Elle provient encore chez certains d'une compréhension plus grande de l'unité à laquelle fait parvenir *le baptême qui unit au Corps du Christ*. Devant la croix du Christ, les causes de division apparaissent folie...

4) Enfin certains perçoivent qu'il leur faut vivre en Église simplement parce que Dieu le demande : ayant conscience d'être appelés, choisis, prédestinés... « saints », ils répondent à l'*appel* dans la communauté où Dieu les a appelés. ■

Peuple de Dieu

Chaque époque parle de l'Église à sa manière. Les catholiques depuis le concile Vatican II, au moins certains d'entre eux, aiment appeler l'Église *Peuple de Dieu* parce que cette expression a l'avantage, à leurs yeux, de donner une présentation acceptable de l'Église pour un temps de démocratie et de souligner la continuité entre le Peuple juif et les chrétiens (une telle expression tue, à la base, tout antisémitisme chrétien). Mais si le concile a privilégié (sans exclusive) cette manière d'évoquer l'Église, alors que l'expression, fréquente aux premiers siècles, avait été complètement abandonnée depuis lors, c'est :

• pour souligner que l'Église est d'abord une communauté humaine où chacun est appelé par Dieu au même bonheur, à la même dignité, même s'il n'a pas la même fonction (pendant le Concile, le chapitre sur le Peuple de Dieu a d'abord été l'introduction au seul chapitre sur les laïcs, puis est devenu l'introduction aux chapitres sur la hiérarchie et à celui sur les laïcs) ;

• pour souligner que l'Église n'est pas une institution humaine : c'est Dieu qui la rassemble et non pas la volonté des hommes ;

• pour souligner que ce rassemblement de l'Église est une reprise de celui amorcé par l'appel de Dieu au Sinaï dans l'Ancien Testament : ce qui était alors appel à un peuple déterminé est devenu appel aux hommes du monde entier, « aux juifs et aux païens pour en faire un peuple qui se rassemblerait dans l'unité, non pas selon la chair mais dans l'Esprit » (constitution *Lumen Gentium,* 9) ;

• pour souligner que l'Église n'est pas statique, mais qu'elle marche et traverse l'Histoire. ■

L'Église catholique est-elle une secte ?

Si une telle accusation n'est jamais formulée, cela tient sans doute aux quelques constatations suivantes.

1. L'Église ne passe pas pour plier sa doctrine ou sa morale aux modes du moment, ou prendre en compte n'importe quel rêve humain. On lui reprocherait volontiers le contraire !

2. La vie de foi proposée aux chrétiens n'est pas faite de l'application de quelques recettes ; elle implique l'adhésion à la globalité de l'enseignement évangélique dans toute sa profondeur et ses exigences ; le seul maître à suivre est Jésus-Christ, fils de Dieu.

3. L'Église ne revêt pas la forme d'une société fermée, repliée sur elle-même, encore moins celle d'une société secrète. Ouverte à tous (catholique signifie universel) et rassemblant 15 % de la population mondiale, elle est de plus en plus diverse par les nationalités, les cultures, les milieux sociaux, les options politiques, tant de ses membres que de sa hiérarchie. Les courants intellectuels et spirituels y ont toujours été multiples et sources de grands débats, dont les médias se font aujourd'hui l'écho.

4. Le rôle du magistère, en ce qui concerne le contenu de la foi et la définition de normes morales, s'exerce dans des conditions précises et publiques qui n'excluent d'ailleurs ni les oppositions ni même les crises.

5. Le respect de la personne humaine est au cœur de la foi et de la morale chrétiennes ; c'est lui qui a inspiré la déclaration du concile Vatican II sur la liberté religieuse et les fréquentes prises de position de l'Église en faveur des droits de l'homme. ■

Comment reconnaître l'Église ? Ou les « notes » de l'Église

Tous ceux qui ont eu à dire leur foi chrétienne se sont affrontés d'une manière ou d'une autre à la question de *l'Église.* L'Église est-elle voulue par le Christ ? L'Église est-elle une « preuve » de l'existence de Dieu ? Depuis la Réforme, la question de l'Église comporte une autre interrogation : quelle est la véritable Église du Christ ?

La réponse à ces questions a souvent été formulée par les théologiens grâce à une expression de leur vocabulaire : les **notes** de l'Église (du latin *nota,* le signe). Pour eux, certains signes attestent, dans la vie de l'Église, le vivant pouvoir du Christ et constitue pour ceux qui les « voient » un perpétuel motif de crédibilité de la révélation chrétienne.

Quels sont les signes évoqués par les théologiens ?

Les théologiens constatent que le Christ, dans le Nouveau Testament, exprime six paroles à l'égard de l'Église :

- Il promet sa présence au long des siècles.
- Il envoie ses disciples prêcher publiquement et leur demande d'incorporer de nouveaux chrétiens.
- Il envoie ses disciples dans le monde entier.
- Il prie pour l'unité de l'Église.
- Il donne le pouvoir de faire des miracles.
- Il appelle à la sainteté.

L'Église dans laquelle la parole du Christ s'accomplit visiblement est à la fois la « bonne » Église et un puissant motif de croire en Dieu. Saint Augustin pense que l'Église véritable est celle qui est vraiment sage, où il y a un accord sur la foi, des miracles, où les évêques se sont succédé sans solution de continuité depuis les apôtres et qui porte... le nom de catholique. Peu à peu, cependant, s'imposeront aux théologiens quatre « notes » : l'Église véritable est *une, sainte, catholique* et *apostolique.*

Dans l'expression de la foi, il est sans doute possible de faire pressentir que cet ensemble historique de personnes en relation les unes avec les autres qu'on appelle l'Église est un signe de celui qui est l'Absolu de chaque homme : alors unité, sainteté, catholicité, apostolicité doivent être référées dans le Christ. Dans l'Église, le Christ est sans cesse en train d'*unir*, de *sanctifier*, d'*ouvrir à tous*, de *donner vie au témoignage des apôtres.*

Une

L'unité dont il s'agit ici trouve son fondement dans l'union du Christ avec son Père et dans l'union du Christ avec son Église : le don de l'unité s'exprime dans le rassemblement progressif de tout l'univers dans le Corps du Christ. Les divisions entre chrétiens ne peuvent affaiblir l'union du Christ avec son Église, ni entamer la volonté de Dieu de rassembler l'humanité, mais, par contre, elles privent le monde de la visibilité de cette progression vers l'unité.

Sainte

Dieu seul est saint. L'Église est sainte parce que Dieu agit en elle, en particulier par les sacrements, et donne à ceux qui les acceptent les moyens de se sanctifier et de marcher ainsi vers Dieu.

Catholique

Envoyés à tous, les chrétiens ne peuvent être enfermés dans aucun particularisme : la catholicité de l'Église est ce don de Dieu qui lui permet de s'ouvrir progressivement à chaque âge, chaque milieu, chaque langue, chaque culture.

Apostolique

L'Église d'aujourd'hui a toujours comme foi celle des apôtres : cette identité est garantie par l'Esprit Saint qui agit, en particulier, à travers le ministère du pape et des évêques.

Qui voit les signes ?

Les théologiens ont poursuivi des buts différents avec des arguments presque identiques.

Au XVIe et au XVIIe siècles, par exemple, ils s'adressaient aux réformés. Leur raisonnement était le suivant : Le Christ a doté son Église de marques distinctives. Or l'Église catholique possède visiblement ces marques. Donc elle est la vraie Église.

Au XVIIIe siècle et au XIXe siècles, les théologiens s'adressaient aux non-croyants et leur raisonnement était devenu : La raison montre qu'une véritable Église doit posséder telles marques distinctives. Or l'Église catholique possède visiblement ces marques. Donc elle est la véritable Église.

Aucun de ces raisonnements ne semble très convaincant à l'homme d'aujourd'hui : comment la raison peut-elle déterminer les signes qui doivent être ceux d'une véritable Église ? Et même si elle le fait, et peut, à la limite, décrire une société parfaite, que peut-elle dire du lien de l'Église avec le Christ ? Si ce sont des marques de l'Église visibles par tous, alors la moindre critique historique montre qu'au moment de la crise arienne (et pas seulement à ce moment-là) l'unité et la catholicité de l'Église n'étaient pas « évidentes ».

Aujourd'hui, les théologiens admettent généralement que les notes de l'Église (l'Église une, sainte, catholique et apostolique) sont seulement perceptibles dans la foi ; laquelle permet de discerner les traces qu'impose l'Esprit du Christ dans la communauté chrétienne.

Alors, une question à ne plus poser ?

Il est vrai que l'argument des « notes » n'a de validité que dans la foi. Cependant, l'Église peut être perçue comme un signe de Dieu même par des non-chrétiens. Le premier concile du Vatican ira jusqu'à dire : « L'Église, à cause de son admirable propagation, de son éminente sainteté, de son inépuisable fécondité en tous biens, à cause de son unité catholique et de sa solidarité indéniable est, par elle-même, un grand et perpétuel motif de crédibilité et un témoignage irréfutable de sa mission divine ».

▶▶▶

2. AIMER

Aimer. De l'Évangile, beaucoup n'ont retenu que ce mot. Les chrétiens leur donnent raison. Leur histoire est d'abord l'histoire d'une amitié. Ou plutôt l'aboutissement d'une histoire. Son sommet. Pour eux, en effet, de toute éternité, de tous temps, Dieu aime les hommes et les hommes essaient de répondre à cet amour. Être religieux, a fortiori être chrétien, c'est chercher à répondre à un amour premier de Dieu.

C'est une idée qu'il faut souligner : la morale, la prière ne sont pas ce qui caractérise le chrétien en tout premier lieu. Ce qui le caractérise d'abord, c'est de connaître — par Jésus-Christ — l'existence d'un Dieu qui l'aime, et de vouloir, au jour le jour, dans sa vie quotidienne, répondre à cet amour de Dieu. Et, enfin, d'espérer le rencontrer totalement. Mais cela suppose de reconnaître que Dieu aime, que Dieu existe, que Dieu parle le premier. Et ce n'est pas facile. Des hommes, des femmes y sont arrivés. Tous n'étaient pas chrétiens, juifs ou musulmans. Mais tous ceux qui l'ont découvert en vérité ont cru (dans le sens fort du mot) que ce qui leur semblait impossible — leur conversion — était possible à Dieu.

Abraham

Des Grecs, à la suite d'Aristote, ont essayé de vivre pour ce Dieu unique ; et des écoles de pensée à haut idéal de vertu, de courage, de spiritualité se sont développées dans l'Antiquité. Mais l'homme qui a fait la plus grande découverte fut Abraham. Non seulement il a « trouvé » l'existence de Dieu, mais il a rencontré ce Dieu.

A la suite d'Abraham, israélites, chrétiens, musulmans essaieront de rencontrer Dieu et de lui témoigner amour et soumission. Pour tous, chacun à sa manière, la réalité fondamentale sera celle de l'*alliance :* « Marche en ma présence et sois parfait. J'institue mon alliance entre toi et moi et je t'accroîtrai extrêmement » (Gn 17, 1-2). Si l'homme reconnaît l'existence de Dieu et en vit, Dieu lui promet le bonheur. L'*Alliance* est cet échange.

L'Alliance

On comprend que, pour les croyants de l'Alliance, la vie quotidienne prend un autre sens : elle est le lieu de la réponse à l'amour de Dieu. Ceci est important. Prenons un exemple. Pour beaucoup, la morale chrétienne se définit par les Commandements. Les chrétiens — comme les juifs pour la morale judaïque — ne peuvent qu'être choqués par une telle formulation. Car les commandements ne sont pas des règles qui doivent être suivies simplement parce qu'elles existent, d'une manière impersonnelle. Automatique. La loi ici n'a pas de sens sans son auteur. L'obéissance se rapporte d'abord à celui qui demande, plutôt qu'à ce qui est demandé. Sans l'amour sauveur de Dieu, il n'y aurait pas de commandements. D'ailleurs, les formulations des commandements dans la Bible le rappelleront toujours : « Je suis Yahvé ton Dieu, qui t'ai fait sortir du pays d'Égypte, de la maison de la servitude. Tu n'auras pas d'autre Dieu que moi... » (Dt 5, 6-7). *« Écoute Israël :*

Suite page 542 ▶▶▶

Qu'est-ce que ?

Chrétiens. Le nom de chrétiens, pour désigner les disciples du Christ, est né à l'extérieur de l'Église et probablement avec une résonance péjorative. On pensait d'ailleurs que Christ était un nom propre, alors qu'il est en grec l'équivalent du mot hébreu Messie, c'est-à-dire Oint.

Selon les Actes des Apôtres (11, 26), c'est à Antioche (probablement vers l'an 40) que, pour la première fois, les disciples de Jésus furent appelés chrétiens. Le terme se répandit parmi les chrétiens eux-mêmes, surtout à partir du moment où certains d'entre eux furent martyrisés sous cette dénomination (auparavant, les chrétiens s'appelaient frères, croyants (Ac 1, 16 ; 2, 44). Aujourd'hui, chacune des différentes communautés qui se réclament du Christ aime à s'appeler chrétienne, sans pour autant d'ailleurs prétendre s'approprier le nom pour elle seule.

Ecclésiologie (du grec *ekklesia,* assemblée, Église, et *logos,* discours). Partie de la théologie qui traite de l'Église.

Fidèles (du latin *fidelis,* croyant, dérivé de *fides,* foi).

Dès les premiers temps de l'Église le mot a servi à désigner les disciples du Christ, ceux donc qui ont *foi* en lui (Ac 10, 45 ; 2 Co 6, 15 ; Ep 1, 1). Le mot est riche puisqu'il exprime simultanément, d'une part, la foi dans le Christ et, d'autre part, la fidélité à ses commandements : cette fidélité, marque de l'amour qu'on a pour lui (2 Jn 6), exige une lutte permanente contre le Tentateur (Mt 6, 13 ; 26, 41 ; 1 P 5, 8 s.).

Le mot *fidèles* désigne souvent et improprement les seuls laïcs, comme si les clercs n'étaient pas aussi des fidèles ! Il sert également parfois à typer en sociologie religieuse la catégorie des pratiquants réguliers.

Ouailles (du bas latin *ovicula,* dérivé du latin *oves,* brebis). Le mot ouailles est un ancien terme français désignant les brebis. Il ne sert plus aujourd'hui qu'à évoquer de manière familière les fidèles confiés à un pasteur. L'image de la brebis est très typiquement biblique ; dans l'Ancien comme dans le Nouveau Testament le peuple fidèle est souvent représenté par des brebis, dont les pasteurs font d'ailleurs souvent l'objet de vifs reproches de la part des prophètes (Jr 23, 1-3 ; Ez 34, 4-30, etc.).

Dans une allégorie célèbre, le Christ se présente comme le Bon Pasteur (Jn 10, 1-16). Mais, en même temps, il est lui-même l'Agneau pascal dont le sang rachète le péché des hommes.

Le mystère de l'Église

Qu'est-ce que l'Église ? Confrontés à cette question, les évêques du concile Vatican II se sont vu proposer d'y répondre dans un chapitre de la Constitution *Lumen Gentium,* sur l'Église, chapitre qui aurait été intitulé « De la nature de l'Église ». Ils ont refusé ce titre qui, pensaient-ils, aurait pu faire croire que l'on peut définir l'Église comme n'importe quelle autre société, fût-elle définie comme parfaite. Les évêques ont voulu appeler le premier chapitre de la Constitution « Le mystère de l'Église ».

Le sens du mot mystère dans l'expression « le mystère de l'Église »

Le mot mystère est un mot biblique : récent dans l'Ancien Testament, il prend petit à petit le sens de ce qui est secret parce que cela concerne Dieu, et que Dieu dépasse l'entendement humain. Mais Dieu révèle son « secret » à ceux qui l'aiment (Sg 6, 22). Le mystère par excellence pour saint Paul est « le dessein bienveillant que Dieu a d'avance arrêté en lui-même pour mener les temps à leur accomplissement, réunir l'univers entier sous un seul chef, le Christ » (Ep 1, 9-10).

La réalisation historique du « mystère »

Elle s'effectue en trois temps :

1. Israël figure et prépare l'Église.

Il y a eu en Israël communauté de race (la foi ne suffit pas encore), d'institution (la Loi), de destin (son expérience a une signification religieuse en vertu de la Promesse de Dieu). Dès l'Ancienne Alliance, la structure sociale du dessein du salut de Dieu est révélée : l'homme ne sera pas sauvé en s'évadant de l'histoire, il sera relié à Dieu par la communauté choisie par Dieu pour être son Peuple.

2. Le Christ établit l'Église dans ces temps qui sont les derniers.

L'histoire du Peuple d'Israël est une « figure » du Peuple de Dieu que fonde le Christ. Le Christ annonce la venue du Royaume et Jésus signifie cette venue en manifestant la puissance de Dieu, puissance qu'il « transmet » en quelque sorte à la communauté qu'il rassemble (puissance signifiée par les miracles, par exemple). En cette puissance, la venue définitive de la Puissance-Amour de Dieu est déjà amorcée.

De même qu'Israël était le peuple de Dieu, l'Église est l'objet d'une vocation divine ; son origine n'est pas humaine, mais sa vocation s'adresse à tous ceux qui, ayant entendu l'appel de la foi, y répondent.

3. L'Église est orientée vers « la consommation des siècles dans la gloire ».

Avec le Christ, la fin des temps est arrivée pour les chrétiens (Mc 1, 15 ; 1 Co 10, 11) : ils n'attendent plus comme les Juifs le jour du jugement. Ce jugement, déjà réalisé dans le Christ mort et ressuscité, trouvera sa pleine manifestation avec le retour de celui-ci. L'appartenance à l'Église n'implique pas une évasion du monde mais une tension vers un achèvement ; elle est communion avec ceux qui sont déjà dans le royaume céleste.

Église et Trinité

Le mystère de l'Église ne s'explique que dans la lumière de la Trinité : c'est dire qu'en toute vérité il dépasse la compréhension humaine ! Le Père a conçu le plan éternel et la finalité de l'Église. Prédestinés par lui à devenir conformes à l'image de son fils, les hommes sont rassemblés par l'Esprit dans un lien très étroit avec le Fils (pour dire ce lien on emploie l'image du Corps).

Jésus a contemplé l'Église dans le mouvement d'amour des personnes de la Trinité entre elles : « Je leur ai donné la gloire que tu m'as donnée pour qu'ils soient un comme nous sommes un, moi en eux comme toi en moi, pour qu'ils parviennent à l'unité parfaite » (Jn 17, 22-23). Si l'Église est la réalisation de l'amour du Père, par le Fils dans l'Esprit, aucune définition ne peut en être donnée. Le mystère de l'Église est expression du mystère de Dieu même. ■

La véritable Église

Où se trouve la véritable Église ? Se voit-elle ? Quelle Église peut légitimement se prétendre Église du Christ ?

Pour les réformés, et brièvement, la véritable Église est celle où est prêchée authentiquement la Parole de Dieu. La Parole authentifie l'Église.

Pour les catholiques, la question de la véritable Église a reçu des réponses qui ont sensiblement varié dans leur expression, mais dont le sens profond a toujours été que « l'Église catholique est l'expression authentique du Christ ».

Qu'est-ce à dire ? Examinons ce qu'exprime le concile Vatican II. Pour le comprendre, il faut faire deux remarques :

1. Le Concile a refusé purement et simplement d'identifier l'Église catholique et l'Église du Christ. En d'autres termes, l'Église du Christ est plus vaste que l'Église catholique.

2. Le Concile a beaucoup utilisé la notion de signe. De sacrement. Pour lui, ce qui est visible peut être, dans le domaine religieux, le signe de ce qui est invisible.

Venons-en à ce qu'affirme le Concile :

« Cette Église, constituée et organisée en ce monde comme une communauté, subsiste dans l'Église catholique gouvernée par le successeur de Pierre et les évêques en communion avec lui, encore que, hors de cet ensemble, on trouve plusieurs éléments de sanctification et de vérité qui, en tant que dons propres à l'Église du Christ, invitent à l'unité catholique » (Constitution *Lumen Gentium,* 8).

La définition du Concile rappelle clairement :

• Que l'Église-Corps du Christ dépasse largement l'Église catholique actuelle. Cette Église-Corps du Christ englobe tous les temps chrétiens et chacun des baptisés en est potentiellement membre.

• Que l'Église catholique actuelle — avec tout ce qu'elle est — s'estime être elle-même réellement l'expression de l'Église du Christ. Selon les termes retenus par les Pères du Concile, l'Église du Christ « subsiste » dans l'Église catholique.

• Qu'il n'y a pas d'opposition entre institution et mystique. Ce qui fait l'authenticité de l'Église, c'est l'Esprit Saint. Or l'institution (le pape, les évêques) est, pour les catholiques, un don de l'Esprit Saint qui garantit la fidélité à la Parole de Dieu.

• Que, pour les catholiques, les autres Églises sont aussi liées au Corps du Christ et que, recevant des richesses de l'Esprit Saint, elles peuvent être des signes efficaces de l'amour de Dieu dans le monde. Cependant, d'aucune d'elles il n'est dit que l'Église subsiste en elle. ■

J'ai rêvé d'une Église

J'ai rêvé d'une Église
qui était sans poussière
et qui avait abandonné
les formes du passé,
les gestes d'autrefois.

J'ai rêvé d'une Église
pour qui comptait encore
l'avenir de Dieu,
réalisable aujourd'hui
dans la pâte des hommes.

J'ai rêvé d'une Église
qui criait l'injustice
quand il fallait crier ;
j'ai rêvé d'une Église
qui savait tout comprendre,
qui savait tout aimer.

J'ai rêvé d'une Église
pour qui Dieu n'était rien
qu'inlassable quête,
et qui cherchait en terre à terre
le visage du Christ.

J'ai rêvé d'une Église
qui ne se cachait pas
derrière un voile de piété,
qui dans sa nudité
portait la vérité.

J'ai rêvé de moi-même
à la recherche de moi-même,
découvrant Dieu,
dans une Église peuplée d'hommes.

FRANÇOIS CHAGNEAU
Quel est ton nom ?,
Ed. Desclée.

L'Épouse sans tache

[...] Nous le comprenons maintenant : quelle que soit la misère de beaucoup de ses membres, elle reste toujours la Sainte Église. Par sa foi et par ses sacrements, par son organisation destinée à les servir, elle reste toujours l'implantation dans le monde de la force sanctificatrice de Dieu, l'organisme visible de la sainteté. Elle est l'Épouse sans tache, immaculée, que le Christ a lavée de son sang, à laquelle il a confié ce sang rédempteur. Seule la foi peut la voir ainsi [...] Au reste, le jour viendra où la sainteté de l'Église resplendira dans tous ses membres. Ce ne sera pas avant la fin des temps [...]

YVES DE MONTCHEUIL.
Aspects de l'Église. Cerf.

▶▶▶

Yahvé notre Dieu est le seul Yahvé. Tu aimeras Yahvé de tout ton cœur, de toute ton âme et de tout ton pouvoir » (Dt 6, 4-5).

La vie chrétienne aura dès lors deux piliers qui lui permettront de répondre à l'appel de Dieu : la *prière,* qui rapprochera de Dieu, et la *vie morale,* qui sera la manifestation pratique de cette proximité.

Nous verrons comment, dans le détail, les chrétiens se veulent fidèles à l'Alliance. Mais une question vient à l'esprit : obéir, même à Dieu, est-ce digne de l'homme ? L'homme est-il fait pour obéir ? L'obéissance à Dieu n'est-elle pas une manière de fuir les problèmes des hommes ?

La clé de l'Alliance : l'obéissance

Obéir est certainement un mot qui fait peur aujourd'hui. Les musulmans, les juifs et les chrétiens s'y retrouvent pourtant fort bien. Pour les chrétiens, cette obéissance n'est pas contradictoire avec la liberté réelle. Paradoxalement, ils pensent que leur obéissance est synonyme de liberté et de responsabilité. Plusieurs raisons expliquent l'opinion des chrétiens. Tout d'abord, croire en Dieu c'est, d'une manière certaine, croire que quelqu'un existe, plus grand, plus savant, meilleur que soi. Dès lors que ce quelqu'un entretient des relations avec vous, vous ne pouvez être que plus petit que lui. Par définition, toute religion — et le christianisme comme les autres — rappelle à l'homme qu'il n'est pas grand chose. Dès lors, son intérêt — sa grandeur même — n'est-il pas d'obéir à celui qui est plus grand que lui ?

Si cette idée existe dans le christianisme, elle y est plutôt peu développée, car le Dieu révélé par Jésus-Christ est un Dieu qui veut faire des hommes ses amis, ses fils (et, dans la Bible, cela ne veut pas dire faire des enfants soumis, mais des adultes qui, appartenant à la famille du grand personnage, ont la même dignité que lui).

Le chrétien cherche la gloire de Dieu et est prêt à obéir à son Dieu pour sa plus grande gloire, mais « la gloire de Dieu c'est l'homme vivant » (Saint Irénée). L'homme étant créé à l'image de Dieu, l'obéissance du chrétien — comme celle du Christ — consiste à épanouir sa vie d'homme et à atteindre le bonheur. D'ailleurs, le malentendu sur l'obéissance vient souvent d'une mauvaise conception, d'une idée qui ferait de l'obéissance à Dieu quelque chose qui ressemble à l'obéissance à un homme. Or, Dieu n'est pas un partenaire comme un autre. Ce n'est pas un « grand » par rapport à l'homme, c'est une source. Comme créateur de la liberté de l'homme, il ne veut pas autre chose que le meilleur qu'il a inscrit en elle. Cette manière de parler est approximative, mais elle sera d'une grande importance en ce qui concerne la morale. Nous verrons que la réponse morale à ce que Dieu veut consiste à chercher, dans les lois humaines, ce qu'il y a de meilleur.

L'Alliance, une expérience de libération

L'obéissance à Dieu sera donc une libération du meilleur pour l'homme. Ce n'est pas simplement il y a plus de trois mille ans que l'aventure spirituelle du peuple d'Israël a commencé par la sortie de l'esclavage d'Égypte. C'est une règle générale : toute aventure spirituelle donne la force de relativiser les carcans de

Suite page 546 ▶▶▶

L'Église prêchée hier

On l'appelle catholique, parce qu'elle est répandue sur toute la terre, d'un bout à l'autre ; parce qu'elle enseigne universellement et perpétuellement tous les dogmes que doivent connaître les hommes, à la fois sur les choses visibles et invisibles, célestes et terrestres ; parce qu'elle se soumet, pour les sanctifier, tous les hommes, les gouvernants comme les sujets, les savants comme les ignorants ; parce qu'elle soigne et guérit universellement tous les péchés, qu'ils se commettent par l'âme ou par le corps ; parce qu'elle possède en elle toutes les vertus, quel qu'en soit le nom, dans ses actions et ses paroles, et dans ses grâces spirituelles de toutes sortes.

Les rois de la terre, dans chaque pays, ont des pouvoirs limités ; seule la sainte Église catholique a, sur toute la terre, une puissance sans limite. Car Dieu, selon ce qui est écrit, a donné la paix à ses frontières.

Cyrille de Jérusalem (IVe s.)

L'Église prêchée aujourd'hui

C'est alors que nous découvrons l'Église comme étant le lieu où se fait tout le cheminement de la foi. Avant toute autre chose, l'Église est le lieu de la confession de la Foi. Elle est le lieu de cette véritable connaissance de Jésus. L'Église, pourquoi l'Église ? Pour garder perpétuellement la mémoire — et essayer de la transmettre le moins mal possible — garder la mémoire de ce que les Apôtres eux-mêmes ont fini par découvrir : le Christ, le Seigneur, le fils du Dieu vivant. Et parce que ses affirmations ne sont pas des choses qu'on pourrait se passer de mains en mains en les mettant dans un petit écrin, mais parce que ce sont des choses vivantes, il faut un milieu vivant pour les transmettre, un milieu de tradition : la tradition vivante de la connaissance de Jésus. Ce qui suppose une Église vivante, une Église où cette connaissance de Jésus est constamment renouvelée, re-vécue ; où l'expérience de Jésus est faite à nouveau par chacun, en groupe, en communauté.

Père Besnard, O. P.
Pantin 15 novembre 1971.

Lumen Gentium

Conformément à l'usage lorsqu'un texte de l'Église s'adresse au monde entier, le titre de la *Constitution dogmatique sur l'Église* adoptée par le Concile Vatican II reprend les premiers mots de la rédaction latine du document ; ici *Lumen Gentium* : le Christ est la lumière des nations (cf. Is 42,6).

Cette constitution dogmatique a peut-être eu dans l'immédiat un moindre retentissement qu'un autre document important de Vatican II, la Constitution pastorale *Gaudium et Spes* sur « l'Église dans le monde de ce temps », qui offrait un caractère apparemment plus actuel. En fait, *Lumen Gentium* constitue une synthèse capitale de la pensée de l'Église sur sa nature et sur sa mission universelle ; ce texte complète et équilibre, tout en les intégrant, les définitions données par la Constitution dogmatique *Pastor aeternus* du concile Vatican I, très fortement centrée sur le pouvoir et l'infaillibilité du pape (le concile Vatican I, interrompu par les événements de 1870, n'a jamais été achevé).

Qu'est-ce que l'Église ?

Le premier chapitre de *Lumen Gentium*, intitulé « le Mystère de l'Église », commence avant toute définition par situer l'Église dans le processus du salut apporté par le Christ ; « Elle est dans le Christ comme un sacrement ou, si l'on veut, un signe et un moyen d'opérer l'union intime avec Dieu et l'unité de tout le genre humain ».

Mais, c'est en cherchant à définir plus explicitement l'Église que *Lumen Gentium* en a offert une présentation considérée comme un des faits capitaux de Vatican II. Le Concile de Trente au XVIe siècle, face aux dangers présentés par la Réforme, avait pensé l'Église surtout en notions de société, d'institution, de hiérarchie ; le concile Vatican I avait encore renforcé cette approche avec les définitions du pouvoir et de l'infaillibilité du pape ; les pères du concile Vatican II recoururent, quant à eux, à une notion éminemment biblique, sans cesse présente tout autant dans l'Ancien que dans le Nouveau Testament et donnant cependant à l'Église un visage renouvelé et révélateur de sa nature profonde : celle de *Peuple de Dieu*, ce peuple de la Nouvelle Alliance qui a pris la suite de celui de l'Ancienne Alliance, Israël.

Ainsi se trouvent resitués les rapports clercs-laïcs, hiérarchie-fidèles, pour mettre en pleine lumière la notion beaucoup plus vaste et riche d'une communauté ouverte, en marche à travers les siècles pour l'accomplissement de sa mission. Le chapitre II, précisément intitulé « Le Peuple de Dieu » (et pourtant ajouté *in extremis*), éclaire ainsi tout l'ensemble du document, et notamment ses chapitres sur l'épiscopat et sur les laïcs.

Le rôle des évêques

Un second trait capital de *Lumen Gentium* concerne en effet l'épiscopat, objet du chapitre III ; l'originalité de cette partie est son insistance sur le fait que les évêques forment ensemble un collège qui, sous la direction de l'évêque de Rome (le pape), perpétue le collège des douze apôtres ou « collège apostolique », chargé par le Christ de diriger son Église sous la conduite de Pierre. Comme Pierre, l'évêque de Rome son successeur est le fondement de l'unité de l'Église par le moyen de la communion du collège épiscopal avec lui, et chaque évêque est lui-même fondement de l'unité de l'Église dans son propre diocèse. De cette notion de gouvernement collégial en union avec le pape, qui ne contredit pas mais complète les définitions de Vatican I sur le pouvoir pontifical, allait découler toute une pratique nouvelle de gouvernement de l'Église, à commencer par l'institution du *Synode des Évêques* par Paul VI avant même la fin du Concile (1965).

La place des laïcs

Le troisième trait saillant de *Lumen Gentium* est son insistance sur la mission propre du laïcat dans l'Église, contribuant là encore à donner à celle-ci un visage renouvelé. Sans doute ne s'agissait-il là que de la reconnaissance d'une situation historique, reconnaissance résultant de l'épanouissement et de l'intense activité des mouvements laïcs dans l'Église depuis un demi-siècle et en particulier de l'Action Catholique ; cette percée du laïcat avait elle-même provoqué toute une réflexion théologique de la part de grands esprits dont le Concile recueillit ainsi le fruit. Mais c'était la première fois que la mission propre au laïcat était prise en compte et définie explicitement au sein d'un texte dogmatique sur l'Église.

L'avenir de l'Église

Le texte conciliaire s'achève sur une double conclusion. Le chapitre VII rappelle le *caractère eschatologique* de l'Église : le Peuple de Dieu est en marche vers un Royaume de Dieu inauguré sur terre par le Christ, destiné à atteindre son plein achèvement lors du retour de celui-ci à la fin des temps, lorsqu'il restaurera dans leur perfection l'homme et l'univers. L'Église est le germe de ce Royaume, qu'elle a pour mission d'annoncer et de promouvoir, en attendant d'atteindre elle-même sa plénitude d'Église des saints dans l'union parfaite avec le Christ.

Le chapitre VIII, qui clôt la Constitution *Lumen Gentium*, est un hommage fervent à Marie en tant que modèle et figure de l'Église : par sa foi et son amour, par son rôle dans l'histoire du salut et par l'accueil donné au Sauveur dont elle acceptait d'être la mère, par le lien intime qui l'unit ainsi à lui, par la sainteté de sa vie préservée du péché, elle est pour toute l'humanité une mère dans l'ordre de la grâce. L'Église s'emploie à l'imiter dans l'accomplissement de la volonté du Père, dans l'accueil du Sauveur, dans l'amour porté à faire naître et grandir de nouveaux fils de Dieu par la prédication, le baptême, la vie sacramentelle. La Vierge est pour elle le modèle de l'amour maternel qui doit animer ceux qui coopèrent à la régénération des hommes.

La Constitution *Lumen Gentium* a profondément marqué la théologie, la catéchèse, la conduite de l'Église, sa pastorale ; cela n'a pas été sans soulever parfois de difficiles problèmes d'adaptation, ni susciter des oppositions (intégrisme, Mgr Lefebvre, etc.). ■

Le corps mystique

Cette expression théologique est depuis longtemps employée dans l'Église catholique.
Son origine est à trouver dans la pensée de saint Paul. On sait que Paul, sur le chemin de Damas, a vécu une expérience de rencontre avec Dieu ; la voix qu'il entendit alors lui dit : « Je suis Jésus, c'est moi que tu persécutes » (Ac 9, 1-5). Or Paul ne persécutait pas Jésus, mais les chrétiens. A partir de là, la foi de Paul s'exprimera en proclamant envers et contre tout : 1. Jésus est Dieu ; 2. Les chrétiens et Jésus ne font qu'un.
Pour formuler ce deuxième point de sa pensée, il emploiera l'expression « Corps du Christ » ; le Christ et les chrétiens ne font qu'un seul corps, (Rm 12,4-5, Co 12,12 ; 27, etc.) comme l'homme et la femme dans le mariage (Ep 5, 28-33) ; par cette expression, il indiquait à la fois l'unité des chrétiens avec le Christ et la distinction entre eux et lui.
A partir de cette conception, Paul tirera tout un enseignement moral sur le comportement des chrétiens tant vis-à-vis de Dieu qu'au sein de l'Église, au sein du mariage et même vis-à-vis de leur propre corps physique. L'expression Corps mystique n'est pas directement biblique, elle est théologique. Elle désigne l'Église. Le mot *mystique* doit être entendu ici dans son sens originel : « qui est lié au mystère de Dieu ». Les chrétiens sont au Christ ce qu'est le corps aux hommes : ils permettent d'entrer en relation avec lui.
A vrai dire, l'expression « Corps mystique » n'a pas toujours désigné principalement l'Église ; jusqu'au XIe siècle, elle s'est appliquée à l'Eucharistie. Manifestant le rassemblement de tous les chrétiens, l'Eucharistie est véritablement pour eux le Corps du Christ, par qui ils peuvent entrer dans le mystère de Dieu.
Au XIe siècle, pour faire barrage à une opinion selon laquelle la présence du Christ dans l'Eucharistie n'était que symbolique, on réserva l'expression « Corps mystique » à l'Église.
La notion de Corps mystique connut une certaine désaffection dans la première partie du XXe siècle ; mais, dans le même temps, s'était engagée une réflexion approfondie sur l'Église, qui conduisit le concile Vatican II (1962-1965) à la remettre en honneur, tout en privilégiant l'expression d'Église Peuple de Dieu. L'image du Corps Mystique du Christ offre en effet tout à la fois l'avantage de rendre compte de la nature profonde de l'Église (son unité avec le Christ), d'exprimer sa finalité (être signe de la présence de Dieu), et de souligner le type des relations qui unissent ses membres (chacun y occupe une place unique, essentielle et différente de l'autre, et en même temps tous y sont liés par une solidarité fondamentale) *cf.* Constitution dogmatique *Lumen Gentium*, n° 7. ■

Ce que dit le concile Vatican II du salut des non-croyants

[...] En effet ceux qui, sans faute de leur part, ignorent l'Évangile du Christ et son Église et cependant cherchent Dieu d'un cœur sincère et qui, sous l'influence de la grâce, s'efforcent d'accomplir dans leurs actes sa volonté qu'ils connaissent par les injonctions de leur conscience, ceux-là aussi peuvent obtenir le salut éternel. Et la divine Providence ne refuse pas les secours nécessaires au salut à ceux qui ne sont pas encore parvenus, sans qu'il y ait de leur faute, à la connaissance claire de Dieu et s'efforcent, avec l'aide de la grâce divine, de mener une vie droite [...]

Constitution *Lumen Gentium, n° 16*

Il y a un mystère dans l'Église. Personne ne saurait, sans se contredire ridiculement soi-même, exiger d'un individu qu'il croie au mystère de l'Église. Mais si nous le voyons rôder autour d'elle, n'avons-nous pas le droit de lui dire qu'il perd absolument son temps s'il s'arrête aux bagatelles, s'il y cherche autre chose que le Christ. Oui, qu'il y cherche le Christ ou qu'il abandonne la partie. Car, s'il n'y cherche pas le Christ, le Christ seul, il sera infailliblement malgré lui dupe et complice de la médiocrité qui l'a scandalisé dès les premiers pas, il sera une part de cette médiocrité même, il devra se condamner avec elle.

BERNANOS
Manuscrit trouvé dans sa maison brésilienne
et publié dans *Esprit*,
octobre 1951.

Hors de l'Église pas de salut

Cette formule, qui a été répétée autrefois à temps et à contretemps et qui suscite encore de nombreuses controverses, prend son origine, semble-t-il, chez un Père de l'Église, Origène, vers 240. Il se situait par rapport à des chrétiens qui s'étaient séparés de l'Église.

« Que personne ne se fasse illusion, que personne ne se méprenne, hors de cette maison, c'est-à-dire hors de l'Église, personne n'est sauvé. Si quelqu'un en sort, il se rend responsable de sa propre mort. »

Cette formule a été reprise par l'évêque Cyprien (vers 250) : « Quiconque se séparant de l'Église s'unit à une adultère (figure du schisme), se frustre des promesses de l'Église ; s'il abandonne l'Église du Christ, il n'aura pas accès aux récompenses du Christ (...) On ne peut avoir Dieu pour Père quand on n'a pas l'Église pour mère. »

Il est important de replacer ces textes dans leur époque. Dans les deux cas, il s'agit d'un conflit interne à l'Église et qui conduit à un schisme. Origène et Cyprien condamnent les chrétiens qui quittent l'Église pour former une secte à part, et qui se situent donc en rupture par rapport à la communauté chrétienne. Dans ce cas, ces chrétiens en « rupture de ban » se coupent des signes authentiques, visibles et effectifs du salut. Cette formule « hors de l'Église point de salut » s'applique donc à une situation bien particulière de la vie de l'Église. Elle ne prétend pas régler le problème du salut de tous ceux et celles qui n'appartiennent pas à l'Église, comme certaines interprétations l'ont laissé croire.

C'est assurément la foi de l'Église de croire que le Christ lui a confié l'annonce et la transmission de son message de salut à l'humanité tout entière ; elle réalise cette mission par tout son amour, par la prédication de sa foi et la pratique des sacrements. C'est aussi la foi de l'Église de croire que le baptême est un moyen de salut livré par le Christ en donnant son Esprit à l'Église.

Mais c'est Dieu qui sauve et pas l'Église ; il ne faut donc pas réduire l'action salutaire de Dieu aux frontières de l'Église, frontières qu'il n'est d'ailleurs pas aisé de tracer. ■

Infaillibilité

Est infaillible celui qui n'est pas sujet à l'erreur. Le terme infaillibilité (du latin *in,* forme négative, et *fallere,* tromper, échapper à) fait inévitablement penser à celle reconnue au pape par l'Église catholique ; en fait, la nature et les conditions de l'infaillibilité telles que l'Église les définit sont souvent méconnues.

Les conditions et la nature de l'infaillibilité

En premier lieu, c'est à l'Église dans son ensemble que, selon la doctrine catholique, s'applique l'assurance d'être assistée par l'Esprit Saint lorsqu'elle s'emploie à clarifier des points essentiels de la foi. Elle se réfère, en l'occurence, à la promesse faite par Jésus à ses apôtres d'être présent auprès d'eux par l'Esprit Saint après son départ de ce monde, et jusqu'à son retour (Jn 14,8-21).

En second lieu, le domaine auquel s'applique l'assurance de cette infaillibilité est très strictement circonscrit : il s'agit exclusivement de la définition de points de doctrine concernant la foi et la morale en vue d'expliciter le contenu de la Révélation (*Lumen Gentium* n° 25). Se trouvent donc exclues de ce domaine, entre autres, les questions de caractère pastoral ou disciplinaire. Ainsi l'encyclique *Humanae vitae* de Paul VI sur la régulation des naissances, les sanctions ecclésiastiques prises à l'encontre de Mgr Lefebvre, une canonisation, etc., ne relèvent pas du domaine de l'infaillibilité.

De plus, les formulations des éléments de doctrine auxquels s'applique l'infaillibilité doivent être comprises en les situant dans le contexte de leur époque (avec le sens alors donné aux mots, les concepts alors en usage, etc.)

En troisième lieu, la définition ainsi formulée d'un point de doctrine n'a pas pour objet d'innover ou d'ajouter, mais seulement de préciser, clarifier, élucider un aspect de l'enseignement du Christ (*Lumen Gentium,* n° 25).

Ceci dit, lorsqu'une telle définition est promulguée, les fidèles de l'Église catholique sont tenus d'y adhérer « dans l'obéissance de la foi » (*Lumen Gentium,* n° 25).

L'intervention de l'infaillibilité

Dans ces conditions et dans ces limites, l'infaillibilité de l'enseignement de l'Église peut intervenir à trois niveaux.

1. A celui de l'ensemble du peuple chrétien.

« Lorsque (ce peuple), depuis les évêques jusqu'au dernier des fidèles laïcs, apporte aux vérités concernant la foi et la morale un consentement universel », rappelle la Constitution de Vatican II, *Lumen Gentium* (n° 12), « il ne peut pas errer dans la foi ». C'est ce qu'on appelle le « sens catholique ».

2. A celui de l'ensemble de l'épiscopat.

Les évêques considérés isolément ne jouissent pas de la prérogative de l'infaillibilité ; cependant, même dispersés à travers le monde, lorsque, dans leur enseignement concernant des questions de foi et de morale, ils déclarent d'un commun accord, et en accord avec le pape, qu'il faut soutenir tel point de doctrine, ils énoncent infailliblement l'enseignement du Christ, rappelle la Constitution *Lumen Gentium* (n° 25). Cela est encore plus évident lorsqu'ils sont rassemblés en concile œcuménique (*id*).

3. A celui du pape.

L'incertitude a longtemps prévalu à ce sujet, malgré l'existence, tout au long des siècles, d'un courant permanent en faveur de l'infaillibilité pontificale. Cette incertitude a été levée en 1870 par le Concile Vatican I ; il a proclamé le dogme de cette infaillibilité, non sans rencontrer en son sein, il est vrai, une opposition minoritaire mais affirmée. Le concile Vatican II s'est, bien sûr, situé en continuité avec Vatican I : « *Cette infaillibilité, le Pontife romain, chef du collège des évêques, la possède en vertu de son office lorsque, en sa qualité de pasteur et docteur suprême de tous les fidèles qui confirme dans la foi ses frères (Lc 22,32), il proclame, en la définissant, une doctrine de foi ou de morale [...] Ses définitions sont dites à juste titre irréformables par elles-mêmes et non par suite du consentement de l'Église ; elles sont en effet prononcées avec l'assistance du Saint-Esprit, qui lui fut promise en la personne du bienheureux Pierre [...] C'est que le Pontife romain se prononce alors non pas à titre privé, mais expose ou défend la foi catholique comme docteur suprême de l'Église universelle, en qui réside d'une façon particulière le charisme de l'infaillibilité de l'Église elle-même* » (*Lumen Gentium,* n° 25).

Lorsque le pape se prononce de la sorte, on dit qu'il le fait *ex cathedra,* c'est-à-dire depuis son siège ou depuis sa chaire, autrement dit en vertu de la mission propre d'enseignement qui a été impartie par le Christ au chef de l'Église (Mt 16,18-19 ; Jn 21,15-17).

Il convient de préciser que l'Église catholique recourt de manière très exceptionnelle à des définitions solennelles relevant du domaine de l'infaillibilité. Les dernières en date sont :

— en 1854, la proclamation du dogme de l'Immaculée Conception de la Vierge Marie par le pape Pie IX ;

— en 1870, la proclamation du dogme de l'infaillibilité pontificale par le concile Vatican I sous le pontificat de ce même pape ;

— en 1950, la proclamation du dogme de l'Assomption de la Vierge Marie par le pape Pie XII.

L'infaillibilité controversée

Il est à peine besoin de rappeler que la question de l'infaillibilité figure parmi les points importants de désaccord entre les Églises chrétiennes.

Toutes s'accordent à affirmer que l'infaillibilité est garantie à l'Église par l'Esprit Saint. Mais elles se divisent quant au champ et aux modalités de son application. Le point le plus sensible est le dogme de l'infaillibilité reconnue au pape par le concile Vatican I, même si, on l'a vu, une telle infaillibilité ne s'applique que dans des conditions extrêmement strictes.

Au sein même de l'Église catholique, une controverse est survenue récemment entre la Congrégation romaine pour la doctrine de la foi et le théologien allemand Hans Küng à la suite de la publication en 1970 de son livre *Infaillible ? Une interpellation.* Küng reconnaît que l'Église est fondamentalement dans la vérité, mais il conteste que le magistère puisse être à l'abri d'erreurs dans ses énoncés ; à l'expression *infaillibilité du magistère,* il préfère celle d'*indéfectibilité* (« permanence fondamentale de la vérité, permanence que n'abolissent pas des erreurs de détail »). Le refus de Küng de revenir sur cette position a conduit la Congrégation romaine pour la doctrine de la foi à lui retirer, avec l'accord de l'épiscopat allemand, le droit d'enseigner avec la caution de l'Église.

Il faut enfin reconnaître que certains catholiques redoutent que l'infaillibilité ne rassure à bon compte l'Église et ne lui serve à se masquer sa fragilité et sa totale dépendance de l'Esprit qui est vie. ■

Petite histoire de la paroisse

Le mot paroisse est un mot d'origine grecque dont la racine veut dire vivre en voisin ou vivre en étranger auprès de. Dans le mot paroisse, il y a une connotation de séjour provisoire pour le peuple de Dieu en marche vers la Jérusalem nouvelle. En 95, la lettre du pape Clément aux chrétiens de Corinthe commence ainsi : « L'Église de Dieu qui tient paroisse à Rome à l'Église de Dieu qui tient paroisse à Corinthe. » Eusèbe de Césarée affirme même dans son histoire ecclésiastique que saint Marc établit à Alexandrie des « Églises », dans lesquelles on voit l'origine de la paroisse.

Dans les régions chrétiennes de l'Empire romain, l'évangélisation s'est faite à partir de communautés de fidèles vivant dans les cités ; elles avaient pour centre l'évêque, assisté de prêtres, de diacres et d'autres clercs. C'est l'évêque qui présidait l'Eucharistie et baptisait (le baptistère jouxtait la cathédrale). Pendant longtemps les campagnes restèrent païennes.

Peu à peu, l'évêque nomma des prêtres résidents dans des petites villes ou des gros bourgs, premier pas vers le système paroissial. Le développement de celui-ci allait cependant prendre rapidement un autre cours : des grands propriétaires fonciers commencèrent à fonder des églises privées sur leur domaine ; ils en désignaient le prêtre, en principe avec l'accord de l'évêque, et le rémunéraient. Avec le développement de la féodalité (à partir du VIIIe siècle), les églises privées devinrent le cas général ; leur bâtiment, leurs revenus, la nomination de leurs prêtres avaient pris le caractère de droits patrimoniaux seigneuriaux échappant pratiquement au contrôle de l'évêque (sauf si ces derniers en étaient les propriétaires). La charge de curé était elle-même négociée et souvent héréditaire de père en fils.

Au IXe siècle, Charlemagne s'efforça de réformer ces mœurs et ces structures ; mais l'évolution reprit son cours après sa mort. Il faudra attendre la grande réforme de l'Église par Grégoire VII (XIe siècle) pour voir renverser ce cours ; et encore les effets de la réforme grégorienne ne devaient-ils vraiment atteindre le niveau paroissial qu'au XIIe siècle, essentiellement grâce aux moines. A cette époque, la division du territoire en paroisses est pratiquement achevée.

Au XIIIe siècle, la rénovation de la paroisse s'accentue sous l'influence des nouveaux ordres mendiants (franciscains, dominicains), bien que souvent en butte à l'hostilité des prêtres et des évêques, dont les revenus parfois considérables contrastent avec le style de pauvreté délibéré des religieux.

Le concile de Trente (XVIe siècle) donnera à la paroisse le caractère et le statut que, pour l'essentiel, elle a conservé jusqu'aujourd'hui. Droits et devoirs du curé, notamment, y seront fixés avec rigueur et précision.

Le Concordat signé entre Bonaparte et Pie VII (1801) calque les circonscriptions ecclésiastiques sur les circonscriptions administratives ; en réduisant le nombre des paroisses pour des raisons budgétaires, il renforce, de fait, le pouvoir du curé, volontiers considéré d'ailleurs par Bonaparte comme un utile fonctionnaire d'autorité. La séparation de l'Église et de l'État, en 1905, redonne au dispositif paroissial sa souplesse nécessaire.

Sur soixante-quinze projets de textes proposés au concile Vatican II par la Curie romaine, trois concernaient la paroisse. En n'en reprenant aucun, le Concile a rendu évidente la question posée depuis plusieurs années par la paroisse : celle-ci ne paraissait plus adaptée ni aux nécessités pastorales ni aux attentes de beaucoup de fidèles, sans doute en raison d'une certaine absence d'évolution et d'un fonctionnement trop dépendant du seul clergé.

Depuis quelques années, la paroisse retrouve une vie nouvelle, devenant davantage une communauté prise en charge à la fois par les clercs et les laïcs, et tenant davantage compte des conditions culturelles et sociales de notre temps, et donc des nécessités pastorales. ■

CE QUE DIT LE CONCILE VATICAN II de la catholicité de l'Église

Grâce à l'universalité de l'Église, chaque élément apporte aux autres et à toute l'Église ses propres dons ; en sorte que le tout, comme chaque partie, profite du fait que tous communiquent entre eux et travaillent dans l'unité et sans restriction à la perfection de l'ensemble. En conséquence, le Peuple de Dieu non seulement se rassemble à partir de divers peuples, mais il se compose en lui-même de catégories différentes. Il existe, en effet, entre ses membres une diversité, soit dans les charges (certains membres remplissant une fonction sacrée en vue du bien de leurs frères), soit encore dans l'état de vie et l'orientation, alors que plusieurs, vivant dans l'état religieux, tendent à la sainteté par une voie plus rigoureuse et stimulent leurs frères par leur exemple.

De là vient aussi l'existence légitime, dans la communion ecclésiastique, des Églises particulières qui jouissent de traditions propres, sans préjudice du primat de la chaire de Pierre qui préside à toute l'assemblée de la charité, qui protège les légitimes diversités et, en même temps, veille à ce que les différences ne nuisent point à l'unité, mais la servent. De là enfin découle l'existence, entre les éléments qui composent l'Église, des liens d'une union intime en ce qui concerne les biens spirituels, les ouvriers apostoliques et les ressources matérielles. Car les membres du Peuple de Dieu sont appelés à se donner les uns aux autres de leurs biens ; et même il faut appliquer à chacune des Églises ces paroles de l'Apôtre : « Que chacun mette au service des autres les dons qu'il a reçus, comme de bons dispensateurs de la grâce divine qui est si variée » (1 P 4,10).

Tous les hommes sont appelés à cette unité catholique du Peuple de Dieu, unité qui annonce et promeut la paix universelle ; et c'est à cette unité qu'ont rapport, c'est à elle que sont ordonnés — et cela de façons diverses — soit les fidèles catholiques, soit les autres qui ont foi dans le Christ, soit enfin l'universalité des hommes, appelés au salut par la grâce de Dieu.

Lumen Gentium n° 13

Église une et Églises diverses

Depuis vingt ans, des expressions comme « l'Église qui est à Lyon », « l'Église de Marseille » se multiplient. Elles peuvent étonner. N'y a-t-il pas qu'une seule Église catholique ? Beaucoup le pensent et pensent que l'Église catholique est une sorte de grand diocèse dont le pape serait l'évêque majeur. A chaque subdivision de ce grand diocèse, le pape donnerait, en la personne d'un de ses évêques adjoints, un chef. Il n'en est rien.

Pourtant, l'Église catholique s'est souvent pensée ainsi. Son face à face séculaire avec l'État l'avait finalement amenée à lui ressembler. En France, par exemple, les diocèses sont calqués sur les départements et les évêques pourraient passer pour des sortes de préfets. La lutte de l'Église contre le protestantisme l'avait aussi amenée à mettre l'accent sur sa « hiérarchie ». Une longue réflexion, d'abord minoritaire au XIXe siècle, puis majoritaire et adoptée par le Concile au XXe, a rappelé que cette conception centralisatrice n'a jamais été celle de la primitive Église et qu'en ce domaine les orthodoxes étaient restés plus fidèles que les catholiques à la grande tradition chrétienne.

Pour les chrétiens, l'Église est une « communion d'Églises ». Paul parle de l'Église qui est à Corinthe et Jean parle de l'Église qui est à Laodicée. C'est-à-dire que chaque Église locale (disons, pour être bref, chaque diocèse) est autonome sous la responsabilité de son évêque, dans la mesure où elle accepte de s'offrir aux regards des autres Églises pour être interrogée sur sa fidélité à l'Évangile et où elle-même s'intéresse aux autres Églises locales. Le pape est celui qui a ce ministère spécifique de veiller à la communion de toutes les Églises entre elles. On le voit, l'unité de l'Église n'est pas l'uniformité, mais, dans la même volonté d'être fidèle au Christ, c'est le fait d'accepter le dialogue entre les diverses manières d'être chrétien.

Même s'il faut du temps pour passer, dans les faits, de la centralisation au respect réel des « traditions particulières » et des « qualités propres » de chaque Église, l'encouragement du concile Vatican II à la diversité au sein de l'unité représente certainement un des plus grands virages de la « politique » de l'Église au XXe siècle. ■

L'Église est aussi le troupeau dont Dieu lui-même avait annoncé qu'il serait le Pasteur.

Lorsqu'un mot, une expression, un événement, une institution, un nom propre vous sont inconnus, consultez l'index.

▶▶▶ *Suite de la page 542*

l'homme. Politique, idéologie, famille, argent, culte de l'épanouissement immédiat sont remis à leur place, qui est de ne pas être le tout de la vie au point d'écraser la dignité des autres hommes.

L'Alliance est d'abord une expérience et, les chrétiens l'affirment, une expérience de libération. Comment traduire en notions abstraites, en termes écrits, une telle expérience ? La difficulté a été éprouvée dès le départ. Jésus, lui-même, n'exposait pas de théories, il disait à son interlocuteur : « Viens et vois, partage notre expérience », et lorsque Pilate — celui qui prendra la responsabilité de sa condamnation à mort — l'interrogera sur la vérité, Jésus restera silencieux. Sans expérience commune avec son interlocuteur, il lui est impossible de dire l'essentiel. Cette difficulté est la nôtre. Aussi bien ne prétendons-nous pas, ici, dire la foi des chrétiens, mais proposer une analyse en quelque sorte extérieure, pour essayer de faire comprendre le sens de la démarche de foi. Le reste ne nous appartient pas.

Le plan du chapitre IV

Tous les chrétiens ne vivent sans doute pas leur foi au même degré, avec la même conscience et avec les mêmes exigences. L'expression « les chrétiens » cherchera à exprimer ce qu'une conscience chrétienne, suffisamment formée, réfléchie, mûrie, peut exprimer de ses convictions.

Ces convictions, nous les exposerons en quatre parties :

1. Le Peuple de l'Alliance
2. Le Dieu de l'Alliance
3. Vivre l'Alliance
4. La célébration de l'Alliance

Le doux visage d'une paroisse

Récemment nommé, le curé d'Ambricourt se laisse aller à l'élan d'amour qui le porte vers sa paroisse :

Jour anniversaire de ma nomination au poste d'Ambricourt. Trois mois déjà ! J'ai bien prié ce matin pour ma paroisse, ma pauvre paroisse — ma première et dernière paroisse peut-être, car je souhaiterais d'y mourir. Ma paroisse ! Un mot qu'on ne peut prononcer sans émotion — que dis-je ! sans un élan d'amour. Et cependant, il n'éveille encore en moi qu'une idée confuse. Je sais qu'elle existe réellement, que nous sommes l'un à l'autre pour l'éternité, car elle est une cellule vivante de l'Église impérissable et non pas une fiction administrative. Mais je voudrais que le bon Dieu m'ouvrît les yeux et les oreilles, me permît de voir son visage, d'entendre sa voix. Sans doute est-ce trop demander ? Le visage de ma paroisse ! Son regard ! Ce doit être un regard doux, triste, patient, et j'imagine qu'il ressemble un peu au mien lorsque je cesse de me débattre, que je me laisse entraîner par ce grand invisible qui nous porte tous, pêle-mêle, vivants et morts, vers la profonde Éternité. Et ce regard, ce serait celui de la chrétienté, de toutes les paroisses, ou même... peut-être celui de la pauvre race humaine ? Celui que Dieu a vu du haut de la Croix. Pardonnez-leur parce qu'ils ne savent pas ce qu'ils font...

Georges Bernanos,
Journal d'un curé de campagne,
Ed. Plon.

LIVRE 1

Le peuple de l'Alliance

L'OBJECTIF de cette partie est de montrer l'importance exacte que les chrétiens attachent à la **dimension collective de leur foi et à l'Église.**

1. Se découvrir peuple de l'Alliance.
2. Un peuple qui, sans cesse, prend conscience de lui-même et s'organise.
3. Un peuple qui, sans cesse, reprend conscience de sa mission.
4. Un peuple dont la mission est d'être signe pour les autres peuples.

1. SE DÉCOUVRIR PEUPLE DE L'ALLIANCE

L'Église ou la nécessité de pouvoir dire « nous »

« Un certain Jésus, que les chrétiens appellent Christ, a été mis à mort. Dieu l'a ressuscité. Pour le pardon des péchés et le salut des hommes. Nous en sommes témoins. » Voilà, nous l'avons dit, le cri initial des chrétiens, le « kerygme » (p. 518). Afin de comprendre ce cri initial, les chrétiens insistent pour que l'on commence par la fin. « *Nous* en sommes *témoins* ». Ce n'est pas le plus important. Mais c'est la clef. Sans témoins, il n'y aurait pas l'Église aujourd'hui. Cela est évident. Mais on ne réfléchit pas toujours aux conséquences. On ne connaît et on ne comprend l'histoire que par les témoins, à travers ce qu'ils ont vu, éprouvé, vécu. Il n'y a pas d'histoire chimiquement pure. Pas de faits bruts. Et c'est vrai, on ne connaît Jésus que par témoins interposés.

Les chrétiens d'aujourd'hui témoignent

« Nous en sommes témoins ». Ce *nous* qui désigne des personnes liées ensemble, c'est précisément ce que les chrétiens appellent l'Église. Sans la chaîne ininterrompue de personnes qui constituent l'Église depuis la mort de Jésus, le christianisme n'aurait pas plus de réalité que Jules César, et plus d'autre saveur que celles du passé. Or, les chrétiens d'aujourd'hui estiment qu'il est toujours urgent et essentiel pour le bonheur du monde d'annoncer ce que nous avons appelé le *kérygme.*

Certes, ils ne sont plus des témoins de l'origine. Ils n'ont pas assisté à la mort de Jésus. Ils n'ont pas été témoins des premières manifestations de sa résurrection. Ils n'ont pas vécu la première expérience chrétienne, ni été à l'origine du jaillissement. Les premiers chrétiens ayant fait cette expérience unique, les chrétiens d'aujourd'hui croient ce que croyait la première communauté chrétienne. Les premiers chrétiens ont associé à leur expérience

▶▶▶

Qu'est-ce que ?

Clerc. Selon le droit canon (can. 207), sont appelés clercs les fidèles ayant reçu le sacrement de l'ordre (diacres, prêtres, évêques), appelés aussi « ministres sacrés » du fait de la nature de leur ministère. Les ministres institués, les religieux non ordonnés, les religieuses sont des laïcs.

Laïc. Les textes bibliques rédigés en grec désignent par *laos,* mot signifiant peuple, soit les Juifs autres que les prêtres et lévites (Ancien Testament), soit le peuple en général (Nouveau Testament). Plus tard, le mot désignera l'ensemble du peuple chrétien. C'est de là qu'est venu, à travers le latin *laïcus,* le mot français *laïc* (ou *laïque*). Beaucoup plus tard encore, le terme sera utilisé pour désigner ce qui échappe à toute influence confessionnelle : l'école laïque, le laïcisme, etc. Le mot *laïc* continue à être utilisé au sein de l'Église pour désigner celui qui n'est pas clerc. Le mot *laïque* est généralement employé pour désigner ce qui est indépendant de toute confession religieuse. On parlera de l'État laïque, de l'enseignement laïque, etc.

Hiérarchie (du grec *hieros,* sacré et *arkhia,* commandement). Dans l'Église, le mot hiérarchie est employé, depuis l'âge patristique, pour désigner le clergé, c'est-à-dire l'ensemble des évêques, des prêtres et des diacres.

▶▶▶

d'autres hommes qui ont, eux-mêmes, associé à la leur d'autres hommes, et ainsi de suite jusqu'à nos jours.

Mais les chrétiens d'aujourd'hui se sentent encore « premiers chrétiens », car c'est du cœur de cette expérience chrétienne d'aujourd'hui que jaillit encore leur volonté de témoigner du kérygme de toujours. Ni petites communautés homogènes et ferventes, ni grandes assemblées enthousiastes ne peuvent les satisfaire complètement. Ils ont besoin de se réunir. Ils ont besoin aussi de témoigner. Ils ne se sentent eux-mêmes que parce qu'ils sont, à leur tour, témoins de la résurrection du Christ. Le témoignage est ce qui les définit comme chrétiens.

2. UN PEUPLE QUI, SANS CESSE, PREND CONSCIENCE DE LUI-MÊME ET S'ORGANISE

Très vite, les premiers chrétiens (les premiers à avoir dit *nous* en témoignant de la résurrection du Christ), priant ensemble, partageant leurs biens, et se « souvenant » du Christ dans un rite appelé Eucharistie, se sont rassemblés autour des témoins les plus importants : les *apôtres*, selon les termes chrétiens. Ces apôtres avaient été choisis par Jésus pour être les pivots du rassemblement des chrétiens, ceux qui, par don de Dieu, auraient pour mission de faire leur unité.

Le Christ avait dit à ses apôtres « Qui vous écoute m'écoute », et, quelles qu'aient été la valeur et l'importance de tel ou tel autre personnage, les premiers chrétiens se sont toujours centrés sur les apôtres et les apôtres sur *Pierre*, l'un d'entre eux, que Jésus avait (sur)nommé ainsi pour lui confier son Église : « Tu es Pierre et sur cette Pierre je bâtirai mon Église » (Mt 16, 18).

Aussi bizarre que cela puisse paraître, même s'ils prenaient réellement la responsabilité du groupe, ils n'étaient pas des chefs comme les autres : ils voulaient au cœur de leur tâche, rendre présent l'amour du Christ... Et c'est sans doute pour cela que les premiers chrétiens se souvenaient que, lorsque le Christ ressuscité avait confié son Église à Pierre, il lui avait dit par trois fois : « Pierre, m'aimes-tu ? » (Jn 21, 15 et suivants).

Les apôtres et Pierre ont eu un rôle irremplaçable : seuls à avoir été témoins de la vie du Christ depuis son baptême, ils ont aussi été ses amis. Pourtant, ils ont entendu, dans les paroles du Christ leur annonçant sa présence avec eux jusqu'à la fin des temps, une invitation à transmettre leur fonction d'autorité à des successeurs. Ceux-ci s'appelèrent rapidement des *évêques*, et le successeur de Pierre le *pape*. Comme Pierre et les apôtres avaient résolu les plus importants problèmes qui se posaient à l'Église en conférant ensemble, les évêques se réunissent encore avec le pape en concile. Certes, les formes ont changé, mais les catholiques se veulent fidèles à une organisation que, au cœur de leur foi, ils regardent comme un don de Dieu.

En s'organisant, on prend conscience de soi-même. Jusque-là, les premiers chrétiens étaient des Juifs, se pensaient Juifs. C'est-à-dire

▶▶▶

La question du pouvoir dans l'Église change de signification à chaque époque. Henri IV (d'Allemagne) revenant de Canossa, Philippe le Bel, ou les savants de Sorbonne, pendant plus de quatre siècles n'eurent qu'une seule question : comment établir le pouvoir royal sur l'Église locale. Aujourd'hui — sans doute parce que l'Église ne cherche plus directement à jouer un rôle politique — la question ne se pose plus ainsi, au moins dans les démocraties. Les États ne revendiquent plus (et n'ont plus), officiellement, de pouvoir sur l'Église.

Pour autant, la question du pouvoir a rebondi. Le fait même de l'existence de la démocratie et la découverte de la citoyenneté d'une part, la réflexion du concile Vatican II sur le Peuple de Dieu d'autre part, sans compter l'élévation du niveau culturel, posent d'une nouvelle manière dans l'Église la question du pouvoir.

En France, le débat a pris un tour d'autant plus vif qu'un certain nombre de chrétiens y professent des idées autogestionnaires qui trouvent souvent leurs sources, à la fois dans la lecture de l'Évangile et dans une analyse marxiste des rapports de pouvoir, et ce, quels que soient les pouvoirs, y compris donc ceux exercés dans l'Église.

Le chrétien est-

L'Église est souvent considérée comme une institution qui impose des règles. Même si ses directives sont moins contraignantes que les 613 prescriptions suivies par les juifs pratiquants, beaucoup pensent qu'elle a oublié Saint Paul lorsqu'il disait : « C'est pour que nous restions libres que le Christ nous a libérés. Donc tenez bon, et ne vous mettez pas sous le joug de l'esclavage » (Ga 5,1).

La loi n'est pas mauvaise

Que dit la pensée chrétienne sur la liberté dans l'Église ?

Tout d'abord, elle fait remarquer que la loi, en elle-même, n'est pas mauvaise. Le Christ lui-même est présenté dans l'Évangile de Matthieu comme un nouveau Moïse, c'est-à-dire comme celui qui donne une nouvelle Loi à ses disciples.

Il est vrai, en effet, que la loi vient arracher l'homme au face à face avec son désir et l'oblige à prendre en compte la réalité d'autrui. Pour prendre un exemple routier et moderne, un panneau Stop n'a pas d'intérêt par lui-même, mais le respecter est une manière (prudente) de respecter la vie d'autrui et donc d'aimer.

En ce sens-là, le Christ n'est pas venu abolir la Loi, mais montrer que le sens de toute loi est le respect de l'autre, l'amour. La libération apportée par le Christ n'est pas la possiblité de faire n'importe quoi, elle est la liberté de ceux qui découvrent et mettent en pratique ce pour quoi ils sont faits.

Primauté de la conscience sur toute loi...

Obéir n'est donc pas en soi un mal, ni quelque chose d'avilissant. Sauf si obéir est une manière de ne pas réfléchir, de ne pas tenir compte de l'autre, ce qui devient le contraire même de l'enseignement premier du Christ. Quant à lui, en effet, c'est par amour, par respect, qu'il s'est fait obéissant. Sans amour,

Les pouvoirs dans l'Église

Le fondement de l'Église se trouve dans l'appel de Dieu et dans la réponse libre de chacun à ce choix de Dieu. La liberté fait partie de la définition même de l'Église, ce qui se traduit par la primauté de la conscience sur toute loi, sur toute obligation, même si chacun est invité à éclairer ou former sa conscience. L'ensemble du concile Vatican II a largement souligné cette liberté de chacun, spécialement dans sa constitution *Gaudium et Spes* et dans sa déclaration sur la liberté religieuse « *Dignitatis humanæ* » (3) : « L'homme ne doit pas être contraint d'agir contre sa conscience. Mais il ne doit pas non plus être empêché d'agir selon sa conscience, surtout en matière religieuse ».

Le pouvoir au service de la Parole de Dieu

Dans l'Église, le Christ est source de toute autorité, et son autorité a pour but de libérer. L'Église ne se pense pas comme une société politique ordinaire, et si le « pouvoir » y est exercé par les évêques en communion avec le pape (et, de manière déléguée, par les ministres qu'ils désignent), leur pouvoir n'est pas propre : il est au service d'une Parole de Dieu qui le limite strictement. « Ce Magistère n'est pas au-dessus de la Parole de Dieu ; il la sert, n'enseignant que ce qui a été transmis, puisque, en vertu de l'ordre divin et de l'assistance du Saint-Esprit, il écoute pieusement la Parole, la garde religieusement et l'explique fidèlement » (Vatican II, constitution *Dei Verbum,* 10).

Cette invitation à suivre fidèlement la Parole de Dieu telle que transmise par le Magistère, qui a le devoir de n'en rien changer, peut sembler contraire aux principes démocratiques sur deux points. 1) La vérité n'est pas affaire de consensus, même si, selon la pensée chrétienne, le Peuple de Dieu est globalement assisté par l'Esprit Saint et ne peut donc errer dans la foi. 2) Le Magistère a un rôle, un « pouvoir », qui ne procède pas d'une délégation de la communauté mais d'un choix de Dieu (médiatisé par l'Église). Le concile Vatican II ne barguigne pas là-dessus : « Les laïcs, comme tous les fidèles, accueilleront avec promptitude et dans l'obéissance chrétienne, ce que les pasteurs, représentants du Christ, auront décidé en tant que docteurs et chefs de l'Église » (constitution *Lumen Gentium,* 37).

Encourager un dialogue laïcs-hiérarchie

Cela dit, ce même texte conciliaire — au même numéro — invite les évêques au dialogue avec les laïcs, ce sur quoi a beaucoup insisté l'ensemble de l'enseignement de Paul VI ; son souci premier en ce domaine fut en effet d'établir les bases d'une *co-responsabilité* laïcs-hiérarchie dans la gestion de l'Église, étant sauve l'autorité propre de cette hiérarchie.

Ces dernières années en France, la question des pouvoirs dans l'Église semble être entrée dans une phase plus stable. Les directives de Paul VI sont mises en application en beaucoup d'endroits, où une réelle *co-responsabilité* s'établit entre laïcs et prêtres : dans la catéchèse, les aumôneries de collèges et de lycées, les paroisses sans prêtres permanents ; dans beaucoup de paroisses et de diocèses aussi où ont été mis en place des Conseils pastoraux conformément aux orientations du concile, et enfin dans les synodes diocésains (voir Index) qui se multiplient. De plus, la contestation autogestionnaire semble avoir perdu de son intensité ; de nouveau, certains réclament des évêques une parole d'autorité. Dans cette nouvelle période, seul semble posé avec acuité le problème du pouvoir des femmes dans l'Église. ■

bre dans l'Église ?

le respect de la loi devient pharisaïsme. C'est pourquoi l'Église reconnaît toujours la primauté de la conscience sur toute Loi, car seule la conscience peut trouver les chemins du respect et de l'amour.

...Mais avec une conscience éclairée

Mais encore une fois, la conscience a besoin d'être éclairée, de sortir d'elle-même ; c'est pourquoi le Christ a donné des « commandements », et qu'il a confié à ses apôtres et à leurs successeurs (les évêques) le soin d'enseigner son Église. A leur manière, eux aussi donnent des ordres : « Qui vous écoute, m'écoute », leur disait le Christ. Ce qui ne veut pas dire que tous leurs ordres aient la même importance. Quand ils engagent leur responsabilité d'une manière solennelle, sur des points importants, l'appel à la conscience doit être considéré comme fondamental. Pour un enseignement moins solennel, ou sur des matières annexes, comme une dévotion par exemple, on peut légitimement leur opposer des arguments sérieux. Enfin, une prise de position partisane, à la veille d'une élection présidentielle, par exemple, n'obligerait personne.

Libre et organisé

Tout corps social a besoin d'un minimum d'organisation. L'Église n'échappe pas à cette règle. Mais il n'y a pas de liberté sans participation ni responsabilité. Malgré un indubitable regain d'actualité, la place des laïcs dans l'Église n'est pas aujourd'hui ce qu'elle a été. Par exemple, des évêques comme saint Ambroise (IVe siècle) ont été nommés par acclamation de la foule. Le pape Célestin Ier (Ve siècle) disait : « Qu'on n'impose pas un évêque au peuple contre la volonté de celui-ci » (P.L. 50/434). Dans le même sens, on peut relever la place de la coutume dans le droit ecclésiastique : celui-ci, en acceptant la coutume comme source du droit, reconnaît à d'autres qu'à la hiérarchie le droit d'élaborer des lois. ■

Les laïcs dans l'Église

Bien que, par la nature même de leur baptême, ils soient membres à part entière de l'Église et de sa mission apostolique, les laïcs , au-delà des premiers siècles, y ont en effet été tenus fort souvent dans une situation subordonnée.

Une révolution pacifique devait s'accomplir sur le terrain à partir de la seconde moitié du XIXe siècle et surtout dans le cours de la première moitié du XXe siècle, avec le développement des mouvements catholiques qui, tout en restant en relation étroite avec la hiérarchie, étaient animés par des laïcs. Ce fut, en particulier, la percée de l'Action Catholique, soutenue et encouragée par les papes à partir de Pie XI.

De ce qui s'était réalisé de fait sur le terrain, le concile Vatican II sut faire à la fois le constat et la théologie ; il aboutit de la sorte à une vision renouvelée de l'Église tout entière. Celle-ci était désormais présentée non plus comme une société monarchique et rigide mais comme le « Peuple de Dieu », un peuple messianique en marche, ayant pour chef le Christ et envoyé en mission pour se dilater aux dimensions de l'humanité tout entière et propager le Royaume de Dieu sur l'ensemble de l'univers (voir dans *Lumen Gentium* le chapitre II sur le Peuple de Dieu).

Au sein de ce Peuple de Dieu, tous ses membres ont égale dignité et commune vocation, même si les fonctions et les ministères sont divers et si des pasteurs sont placés à la tête d'autres membres (*Lumen Gentium,* 32). Tous participent au sein de l'Église à sa triple fonction : « sacerdotale » (prière, sacrement, sanctification), « prophétique » (annonce de l'Évangile), et « royale » (transformation du monde), termes repris au Nouveau Testament par le Concile (cf. notamment 1 P 2, 9-10).

Mais, au cœur de cette vocation commune, le laïcat a un rôle propre à exercer : plongé dans les réalités de la vie du monde (famille, activités économiques, sociales, politiques, culturelles...), sa vocation spécifique est d'y prendre des responsabilités et d'y faire pénétrer l'esprit de l'Évangile (*Lumen Gentium* 31-32). C'est ce qui constitue « l'apostolat des laïcs ».

Les laïcs sont aussi être appelés à prendre leur part dans la mission de la communauté chrétienne. Leur concours y est d'autant plus nécessaire que, par leur expérience précisément, ils peuvent aider à adapter l'action apostolique aux différents milieux où elle doit s'exercer. L'insuffisance croissante du nombre de clercs conduit d'ailleurs à leur donner une place de plus en plus large au sein des activités de la communauté (liturgie, catéchèse, aumôneries, visites aux malades, réflexion pastorale, etc.) et dans son organisation (gestion financière, etc.).

L'importance reconnue à la spécificité de la mission du laïcat au sein de l'Église lui a fait consacrer par le Concile tout un chapitre de sa constitution *Lumen Gentium* sur l'Église, et un décret particulier (sur l'Apostolat des laïcs) ; ces textes enseignent une véritable théologie du laïcat, fait radicalement nouveau dans l'histoire de l'Église, en même temps que fruit de la réflexion poursuivie par maints théologiens depuis de longues années.

Dès lors, le laïc ne peut plus être considéré au sein de l'Église comme un simple « non clerc », ni même comme un « simple fidèle » ; une mission spécifique lui est reconnue, de toute première importance : établir le Royaume de Dieu à travers la « gérance des choses temporelles » (*Lumen Gentium* 31). C'est sans doute entériner un état de fait ; mais c'est aussi affirmer une exigence vis-à-vis de l'ensemble des chrétiens laïcs, thème developpé dans l'exhortation apostolique *Christifideles laici* de Jean-Paul II en 1988, à la suite du synode des évêques tenu sur le sujet en 1987. ■

▶▶▶

se pensaient choisis par Dieu au sein d'un peuple que Dieu possédait, et qui « possédait » Dieu. Ce peuple, Israël, avait pris conscience de ce choix (cette *élection*, dit-on, en langage biblique) et de son identité lors d'un exode qui l'avait conduit d'Égypte en *Terre promise* — c'est-à-dire en Palestine. Cette Terre promise était, bien sûr, promise par Dieu comme signe de l'Alliance qu'il scellait avec ce peuple.

Or, voici que les premiers chrétiens disent *nous.* Voici qu'ils se découvrent différents. Et, spontanément, ils vont se donner le nom de *Peuple.* Le mot *Église* (en grec *ekklesia*) veut dire assemblée convoquée, Peuple rassemblé, et ils l'emploient à l'origine pour décrire la communauté de Jérusalem (Ac 8, 1).

En se pensant *nouveau Peuple de Dieu*, les premiers chrétiens font une triple découverte.

Ils sont les héritiers légitimes de l'histoire du peuple d'Israël et, à ce titre là, comme tout peuple, ils vont chercher à comprendre ce qui leur arrive à l'aide des grandes dates de l'histoire d'Israël.

Le pape Pie XI en tirera une des conséquences ultimes, en déclarant au nom de tous les chrétiens de tous les temps : « Nous sommes tous spirituellement des sémites »... (Au pèlerinage de la Radio catholique belge le 6 décembre 1938. *Cf.* son encyclique *Mit Brennender Sorge*, 14 mars 1937).

Mais, contrairement au peuple juif, ils savent que ce qui les rassemble, ce n'est pas d'être unis par la race au peuple élu de Dieu, mais c'est le don de pouvoir témoigner de la résurrection du Christ. Dès l'origine du christianisme, le nouveau Peuple de Dieu s'est senti ouvert à tous. Sans exception.

Dès l'origine aussi, ses membres savent ne pas être parfaits (il y a des conflits parmi eux), mais ils voient dans la Résurrection du Christ comme une promesse de participer, collectivement, à sa Résurrection. Ils aspirent au retour du Christ pour qu'il les entraîne dans un bonheur parfait : ce sera leur *Terre promise.*

Suite page 563 ▶▶▶

La charte des fidèles catholiques d'après le Droit Canon.

Entre tous les fidèles, du fait de leur régénération dans le Christ, il existe, quant à la dignité et à l'activité, une véritable égalité en vertu de laquelle tous coopèrent à l'édification du Corps du Christ selon la condition et la formation propre de chacun (cf. Canon 208).

Les fidèles doivent vivre en communion avec l'Église — avec l'Église universelle, et avec l'Église locale à laquelle ils appartiennent (cf. Canon 209).

Les fidèles doivent s'efforcer de mener une vie sainte (cf. Canon 210).

Les fidèles doivent s'efforcer de faire connaître le Christ (cf. Canon 211).

Les fidèles doivent adhérer à ce que les pasteurs, comme représentants du Christ, enseignent de la foi ou décident pour l'Église (cf. Canon 212).

Les fidèles sont libres : ils doivent faire connaître leurs besoins spirituels et donner aux pasteurs leur opinion sur ce qui touche le bien de l'Église (cf. Canon 212).

Les fidèles ont droit de célébrer Dieu suivant le rite auquel ils appartiennent et de mener leur vie spirituelle comme ils l'entendent, étant sauves les lois de l'Église (cf. Canon 214).

Les fidèles ont le droit d'association (cf. Canon 215).

Les fidèles ont le droit de promouvoir l'apostolat de leur choix. Mais aucune action ne peut se déclarer catholique sans le consentement de l'autorité compétente (cf. Canon 216).

Les fidèles ont droit à une formation chrétienne appropriée (cf. Canon 217).

Les fidèles ont droit de recevoir Parole de Dieu et sacrements (cf. Canon 218).

Les fidèles qui font de la recherche théologique ont le droit à une juste liberté de recherche en gardant le respect dû au magistère ecclésiastique (cf. Canon 218).

Les fidèles sont libres de choisir l'état de vie qu'ils désirent (cf. Canon 219).

Les fidèles ont le droit à leur réputation et à la préservation de leur intimité (cf. Canon 220).

Les fidèles doivent subvenir aux besoins de l'Église (exercice du culte, entretien du clergé et des ministres, soutien de l'apostolat, aide aux pauvres) (cf. Canon 222).

Les fidèles doivent promouvoir la justice sociale et aider les pauvres (cf. Canon 222).

Les fidèles, soit individuellement, soit en groupe, doivent, dans la défense de leur droit, tenir compte du bien commun de l'Église (cf. Canon 223).

Les fidèles ont toujours le pouvoir de revendiquer leurs droits et de les défendre devant les tribunaux ecclésiastiques compétents (cf. Canon 227).

Jean-Paul II en Amérique latine.

A quoi sert le pape ?

A permettre à l'Église de vivre dans l'unité de la foi. Le concile Vatican I le dit clairement : « Pour que, grâce à l'union étroite et réciproque des évêques, la multitude entière des croyants fût gardée dans l'unité de la foi et de la communion, plaçant le bienheureux Pierre au-dessus des apôtres, Jésus-Christ établit en sa personne un principe durable et un fondement visible à cette double unité » (Prologue de la constitution dogmatique *Pastor Æternus*).

Pour les catholiques, le pape comme successeur de Pierre est, théologiquement, le principe durable de l'unité de l'Église et des évêques. Mais, dans la réalité des faits, il est clair que le pape est la grande cause de division entre chrétiens. Paul VI le reconnaissait pleinement : « Le pape, nous le savons bien, est sans doute l'obstacle le plus grave sur la route de l'œcuménisme »

Le rôle du pape dans la foi des catholiques

Pour le comprendre, il faut sans doute rappeler le rôle des évêques. Chaque évêque est responsable de son Église locale, mais — avec les autres évêques (on dit collégialement) — il est aussi responsable de l'Église universelle, responsabilité qui prend son plein relief lors des conciles œcuméniques.

Le pape n'est pas d'abord une sorte de chef des autres évêques, au moins au sens habituel du mot chef. Chaque évêque doit être en communion de foi avec lui s'il veut pouvoir exercer sa pleine responsabilité locale ou universelle. En l'occurence, le pape a pour mission première de garantir l'authenticité de la foi de chacun, c'est-à-dire la conformité de celle-ci avec la foi des premiers chrétiens telle qu'elle fut exprimée, en particulier, à travers les premiers conciles.

En termes plus techniques, Vatican I reconnaît au pape un pouvoir « ordinaire », c'est-à-dire en vertu de sa charge ; « immédiat », c'est-à-dire sans avoir besoin d'intermédiaire ; et « épiscopal » sur l'Église tout entière, c'est-à-dire qu'il est de même nature que celui des évêques.

Bismarck ayant écrit que cette définition faisait des évêques les préfets d'un souverain étranger, le pape approuva une déclaration des évêques allemands que l'on peut transcrire ainsi :

1. Le pape ne peut s'arroger les droits épiscopaux, ni substituer son pouvoir à celui des évêques.
2. La juridiction épiscopale n'est pas absorbée par la juridiction papale.
3. Le pape n'est pas devenu par la définition du concile du Vatican le dépositaire du pouvoir épiscopal plein et entier.
4. Il ne remplace pas en principe chaque évêque individuellement.
5. Il ne peut pas se mettre à tous moments à la place d'un évêque vis-à-vis des gouvernements.
6. Les évêques ne sont pas devenus les instruments du pape.
7. Ils ne sont pas les fonctionnaires d'un souverain étranger vis-à-vis des gouvernements (O. Rousseau, *La vraie valeur de l'épiscopat dans l'Église d'après d'importants documents de 1875, l'Épiscopat et l'Église Universelle,* pp. 726-727).

Le pape assume deux missions, qui ne doivent pas être confondues.

Comme successeur de Pierre, il assume une mission, de caractère universel, concernant la foi.

Comme évêque de Rome, il est patriarche de l'Église latine. A ce titre, il nomme les évêques, institue une discipline ecclésiastique, bref, a une certaine fonction de chef direct sur les catholiques occidentaux. Cette fonction-là n'est pas essentielle à son rôle de Pierre et pourrait évoluer. P

MAGISTÈRE

On appelle *magistère* (terme théologique venant du latin *magister,* maître), la tâche d'enseignement des évêques et du pape telle qu'elle a été confiée par le Christ aux apôtres (*cf.* par exemple, Mt 16, 18-19 ; 28, 19-20 ; Mc 3, 14-19 ; 16, 15-16).

Le seul Maître dans l'Église c'est le Christ ; et ceux qui ont reçu pour mission d'exercer le Magistère ne le font qu'à l'écoute du Christ, fortifiés par son Esprit. Ils sont, eux aussi, des disciples. Cependant, au sein de l'Église, ils sont — selon la foi catholique — spécialement assistés de l'Esprit-Saint pour accomplir un service d'enseignement.

On distingue deux types de magistère dans l'Église catholique :

Le **magistère ordinaire** porte sur l'enseignement courant. Il est exercé :

- pour l'ensemble de l'Église : par le concile œcuménique, par le pape, par les organismes qui dépendent du pape (congrégations romaines ou dicastères, universités catholiques, ordres religieux...) ;
- dans les diocèses par l'évêque et par ceux qu'il délègue à cet effet (curés de paroisse, professeurs de séminaire, catéchistes, etc.).

Le **magistère extraordinaire** porte sur les définitions dogmatiques : de telles définitions interviennent très peu fréquemment (au XIXe s., deux fois : Immaculée Conception en 1854, Infaillibilité pontificale en 1870 ; au XXe s., une fois : Assomption de la Vierge en 1950).
Ce magistère est exercé par l'ensemble de l'épiscopat en union avec le pape, par les conciles œcuméniques en union avec le pape, par le pape lorsqu'il se prononce *ex cathedra* (littéralement depuis son siège), c'est-à-dire explicitement comme successeur de Pierre.
Selon la doctrine catholique, par le magistère extraordinaire se manifeste l'infaillibilité de l'Église en vertu de l'assistance du Saint-Esprit promise aux apôtres du Christ. P

LES GRANDES ENCYCLIQUES PONTIFICALES DE PIE VI À PAUL VI (1)

Pie VI

10 mars 1791, *Quod aliquantum,* bref condamnant la Constitution civile du clergé et le serment constitutionnel imposé aux prêtres en France.

5 juillet 1796, *Pastoralis sollicitudo,* bref reconnaissant la République française et enjoignant l'obéissance aux catholiques de France.

Pie VII

15 mai 1800, à l'occasion de son élection, *Diu satis :* éducation de la jeunesse, mauvais livres, contre la liberté de parole, droit de l'Église de se gouverner par ses propres lois.

15 août 1801, lors du Concordat, *Tam multa :* aux évêques constitutionnels, leur demandant la démission de leur siège pour permettre la réorganisation de l'Église de France et des diocèses.
Post multos labores : aux évêques non constitutionnels leur demandant la même démission.
Etsi apostolici principatus : aux prêtres mariés, leur accordant réconciliation.
Ecclesia Domini : bulle de ratification du Concordat avec la France.
La chiesa di Gesù : réorganisant les diocèses de France.

29 novembre 1801, *Qui Christi Domini vices :* supprimant les 135 évêchés français en vue de leur réorganisation complète en application du Concordat.

7 août 1814, *Sollicitudo omnium Ecclesiarum :* bulle du 31 juillet annulant la bulle *Ac Redemptor* de Clément XIV (1773) qui supprimait la Compagnie de Jésus, les Pères jésuites.

18 juillet 1817, *Ubi primum :* bulle ratifiant le nouveau Concordat avec la France (il ne sera pas ratifié par celle-ci).

13 septembre 1821, *Ecclesiam a Jesu Christo :* bulle condamnant les sociétés secrètes, les « Carbonari » et les francs-maçons.

Léon XII

13 mars 1825, *Quo graviora mala :* lettre apostolique condamnant la société des francs-maçons et toute autre société secrète.

Pie VIII

24 mai 1829, *Traditi humilitati :* prise de possession du siège romain. Réaction contre l'indifférentisme, le libéralisme, les sociétés bibliques et les sociétés secrètes.
25 mars 1830, *Litteris altero :* bref sur les mariages mixtes, valides, bien qu'illicites.

Grégoire XVI

7 août 1831, *Sollicitudo Ecclesiarum :* constitution sur l'indépendance politique de l'Église.

9 juin 1832, *Cum primum :* aux évêques polonais. Condamnation des insurrections polonaises contre l'occupant russe et appel à la soumission au pouvoir établi.

10 août 1832, *Mirari vos :* condamnation du libéralisme, de l'indifférentisme, de la liberté de conscience et de la presse (ceci vise Lammenais, Montalembert, Lacordaire et le journal *L'avenir).* Insiste sur le célibat ecclésiastique, l'indissolubilité du mariage et la corruption de la jeunesse.

8 mai 1844, *Inter praecipuas :* Insiste sur l'étude et l'interprétation de la Bible et désapprouve les sociétés bibliques et leur diffusion de l'Écriture en langue vulgaire. Seule l'Église peut faire connaître l'Écriture et autoriser les traductions de la Bible.

Pie IX

9 novembre 1846, *Qui pluribus :* s'attaque aux erreurs d'Hermès. La religion est attaquée au nom du progrès et de la raison. La Révélation. Les preuves de la divinité de la religion. Les sociétés secrètes et bibliques. L'indifférentisme et le communisme. Les mauvais livres. Les séminaires.

2 février 1849, *Ubi primum :* s'adresse à tout l'épiscopat catholique pour recueillir sa perception de la tradition concernant l'Immaculée Conception.

8 décembre 1849, *Nostis et Nobiscum :* condamne les révolutions de 1848, le socialisme et le communisme, rejette le libre examen des Écritures et les sociétés bibliques. Rappelle la prohibition des mauvais livres, exige l'ordre et la discipline dans les séminaires.

8 décembre 1854, *Ineffabilis Deus :* constitution apostolique qui définit le dogme de l'Immaculée Conception de Marie.

8 décembre 1864, *Quanta Cura :* condamne le naturalisme, le libéralisme et l'indifférentisme, dénonce le communisme et le socialisme, l'enseignement public d'État. Affirme l'indépendance de l'Église vis-à-vis du pouvoir civil.
Le Syllabus condamne le panthéisme, le naturalisme, le rationalisme absolu, le rationalisme modéré, l'indifférentisme, le latitudinarisme, le socialisme, le communisme, les sociétés secrètes, les sociétés bibliques, les sociétés clérico-libérales, les erreurs relatives à l'Église et ses droits et les abus commis au nom de la liberté.

Léon XIII

21 avril 1878, *Inscrutabili :* dénonce les maux de la société et leurs causes, et s'exprime contre la liberté de la presse, les empiètements du pouvoir civil sur les droits de l'Église et contre le mariage civil.

28 décembre 1878, *Quod apostolici :* s'attaque aux erreurs modernes, au socialisme, au communisme, au nihilisme, au libéralisme et à l'indifférentisme, aux sectes et sociétés secrètes. Il affirme la compétence de l'Église en matière politique et sociale, défend le droit de propriété, encourage les associations d'ouvriers et d'artisans.

4 août 1879, *Aeterni Patris :* souligne que la philosophie doit être subordonnée à la foi et que la philosophie moderne a une influence néfaste, fournissant des armes aux ennemis de l'Église. Appel au retour au thomisme et à la création d'une Académie de Saint Thomas.

8 février 1884, *Nobilissima Gallorum gens :* protestation contre la laïcisation progressive de la France, fille aînée de l'Église. Rappel que la société ne peut exclure Dieu de sa constitution et de son gouvernement.

20 avril 1884, *Humanum genus :* contre la franc-maçonnerie qui s'oppose à la justice et à la morale naturelle et ruine la société par son athéisme, dépravante pour les mœurs et la morale.

1er novembre 1885, *Immortale Dei :* rappelle que la société a Dieu pour auteur et fondement, l'autorité vient de Lui, d'où le devoir d'obéissance. L'Église, société parfaite, est indépendante du pouvoir civil. Condamne la laïcisation, la liberté de pensée, les libertés modernes.

5 mai 1888, *In plurimis :* demande l'abolition de l'esclavage au Brésil ; a le souci de l'égalité entre les hommes.

20 juin 1888, *Libertas praestantissimum :* porte sur la liberté humaine. Liberté et autorité. Loi naturelle, loi civile, loi religieuse. L'autorité de Dieu est la règle de la liberté. Condamnation du libéralisme, du naturalisme, du rationalisme, de la liberté des cultes, de la presse, de l'enseignement, de la conscience.

16 mai 1891, *Rerum novarum :* porte sur la condition ouvrière : les rapports du prolétariat et de la richesse, les solutions socialistes, la défense de la propriété mobilière et immobilière, la signification du travail et des inégalités sociales. Refus de la lutte des classes. Devoirs réciproques des patrons et des ouvriers. Usage des biens. Nécessité d'une législation sociale. Défiance à l'égard des grèves. Droit au repos. Fixation du juste salaire. Corporations, syndicats et associations ouvrières.

16 février 1892, *Au milieu des sollicitudes :* rappelle à l'Église de France les rapports entre l'Église et l'État, la liberté des catholiques, la condamnation de la rébellion, la distinction entre les pouvoirs constitués et la législation.

3 mai 1892, *Notre consolation :* s'adresse aux six cardinaux français, les incitant à l'acceptation du pouvoir civil et au ralliement.

18 novembre 1893, *Providentissimus Deus :* insiste sur l'importance des études bibliques, l'inspiration divine de l'Écriture Sainte, la place de celle-ci dans la vie de l'Église.

9 mai 1897, *Divinum illud munus :* la place de l'Esprit Saint dans la Trinité, l'Incarnation, l'Église, la Mission, la grâce, la conversion, la confirmation.

Pie X

15 avril 1905, *Acerbo nimis :* l'importance de la culture et de l'enseignement de la doctrine chrétienne, du catéchisme et de la prédication.

11 Juin 1905, *Il fermo proposito :* nécessité de l'Action Catholique en Italie, notamment l'Union populaire et l'Œuvre des Congrès, dans l'indépendance du laïcat.

11 février 1906, *Vehementer nos :* condamne la loi de séparation de l'Église et de l'État en France et proteste contre la spoliation des biens d'Église.

10 août 1906, *Gravissimo officii munere :* interdisant la participation des catholiques français aux associations « cultuelles », associations prévues par la loi de séparation pour l'attribution et la gestion des biens ecclésiastiques.

8 septembre 1907, *Pascendi dominici gregis :* condamne les philosophes, théologiens, historiens, critiques, apologistes, réformateurs modernistes.

25 août 1910, *Notre charge apostolique :* message au clergé français sur le *Sillon,* ses théories sociales et politiques, la démocratie chrétienne, la démocratie économique, la justice sociale.

Benoît XV

1er novembre 1914, *Ad beatissimi apostolorum principis* : condamne les horreurs et misères de la guerre, ses conséquences humaines et économiques, prône la paix, la justice et la charité, l'obéissance au pouvoir.

15 juin 1917, *Humani generis redemptionem* : traite de la prédication et des qualités du prédicateur, les sujets à traiter.

1er décembre 1918, *Quod jam diu* : ordonne des prières publiques pour la Conférence de la Paix.

Ph. Roger-Viollet

Benoît XV, par Emilio Vassari.

24 novembre 1919, *Paterno jam diu* : message en faveur des enfants affamés d'Europe Centrale, solidarité.

30 novembre 1919, *Maximum illud* : insiste sur la propagation de la foi, rappelle la mission des apôtres et le travail missionnaire, ses méthodes, ses buts.

15 septembre 1920, *Spiritus paraclitus* : pour le 15e centenaire de saint Jérôme, insistance sur l'Écriture sainte, son inspiration et son inerrance.

5 octobre 1920, *Principi apostolorum Petro* : proclame saint Ephrem, moine d'Edesse, syrien, docteur de l'Église.

1er décembre 1920, *Annus jam plenus* : appelle à l'aide pour les enfants des nations éprouvées par la guerre.

6 janvier 1921, *Sacra propediem* : pour le 7e centenaire du Tiers-Ordre franciscain : l'esprit de saint François d'Assise.

30 avril 1921, *In praeclara summorum* : pour le 6e centenaire de la mort de Dante Alighieri : rappel de la primauté pontificale et de la valeur religieuse de l'art.

29 juin 1921, *Fausto appetente die* : pour le 7e centenaire de la mort de saint Dominique : exalte les qualités dominicaines.

Pie XI

18 janvier 1924, *Maximam gravissimamque* : rappelle les suites et conséquences de la séparation de l'Église et de l'État en France et incite à la création d'associations diocésaines.

11 décembre 1925, *Quas primas* : institue la fête du Christ-Roi en rappelant les pouvoirs du Christ et son règne universel.

28 février 1926, *Rerum ecclesiae* : insiste sur le développement des missions, le clergé indigène, les congrégations missionnaires.

8 mai 1928, *Miserentissimus Redemptor* : entend promouvoir le culte du Sacré-Cœur, la réparation des péchés par l'expiation.

31 décembre 1929, *Divini illius magistri* : insiste sur l'éducation chrétienne de la jeunesse, dont l'Église a la mission et la famille la première responsabilité. Rôles distincts de la société civile et rapports entre foi, science et raison.

31 décembre 1930, *Casti connubii* : souligne la doctrine de l'Église sur le mariage chrétien, sacrement de la procréation et de la fidélité, sa préparation, les erreurs sur le divorce et l'adultère.

15 mai 1931, *Quadragesimo anno* : rappelle, 40 ans après, l'enseignement de Léon XIII sur l'ordre social, la propriété, le travail et le capital, la justice salariale, les institutions économiques et sociales, le capitalisme et ses excès. Nécessité de l'apostolat en monde ouvrier et patronal.

29 juin 1931, *Non abbiamo bisogno* : défend l'Action Catholique contre Mussolini s'attaquant aux organisations de jeunesse et d'Action Catholique en Italie.

29 juin 1936, *Vigilanti cura* : réagit face aux spectacles cinématographiques.

14 mars 1937, *Mit brennender Sorge* : s'inquiète de la situation de l'Église en Allemagne nazie. Incite à la résistance au nazisme dans l'empire allemand pour sauvegarder la vraie foi.

19 mars 1937, *Divini Redemptoris* : renouvelle la condamnation du communisme athée, la société collectiviste et rappelle la doctrine sociale de l'Église.

Pie XII

20 octobre 1939, *Summi Pontificatus* : inaugure le pontificat en remerciant catholiques, non-catholiques, chefs d'État, rappelle le culte du Sacré-Cœur et du Christ-Roi, dénonce la crise du paganisme, la violation des droits de la famille, de la conscience, de l'éducation, des parents. Appelle à la paix internationale.

29 juin 1943, *Mystici Corporis* : exalte la doctrine du Corps mystique du Christ, et notre union à lui dans l'Église dont le Christ est la tête.

30 septembre 1943, *Divino afflante Spiritu* : recommande les études bibliques et rappelle l'œuvre de Léon XIII dans ce sens.

20 novembre 1947, *Mediator Dei* : présente le renouveau liturgique sous tous ses aspects.

12 août 1950, *Humani Generis* : dénonce les périls doctrinaux en philosophie et théologie menaçant les fondements même de la doctrine chrétienne.

1er novembre 1950, *Munificentissimus Deus* : définit le dogme de l'Assomption corporelle de Marie.

6 décembre 1950, *Mirabile illud* : insiste sur la concorde entre les peuples et rappelle que la paix internationale est le fruit de la paix intérieure.

2 juin 1951, *Évangelii praecones* : invite au développement des missions et évoque la persécution en Chine, la conversion des païens, la nécessité du clergé indigène, le respect des civilisations et des mœurs valables des peuples évangélisés.

8 septembre 1951, *Sempiternus Rex Christus*, pour le 15e centenaire du concile de Chalcédoine : invitation aux Orientaux à revenir à l'Église romaine.

25 décembre 1955, *Musicae sacrae disciplina* : fait l'historique de la musique sacrée, du chant grégorien, de la polyphonie ; souligne la place, dans la liturgie, de la musique chorale et instrumentale.

15 mai 1956, *Haurietis aquas* : encourage le culte du Sacré-Cœur.

21 avril 1957, *Fidei donum* : s'inquiète de la situation des missions catholiques en Afrique, souligne la nécessité du concours de toute l'Église et de prêtres diocésains mis à la disposition des évêques africains.

8 septembre 1957, *Miranda prorsus* : fait l'éloge des mass médias au service de l'évangélisation et rappelle les devoirs des pouvoirs publics et des groupes professionnels dans l'usage de ces techniques audiovisuelles.

Jean XXIII

29 juin 1959, *Ad Petri cathedram* : souligne l'inspiration de la charité pour la vérité, l'unité et la paix, et les devoirs des mass médias pour la fraternité universelle, l'union et la concorde entre peuples et classes sociales. Rappel de l'unité de l'Église.

30 juin 1959, *Inde a primis* : lettre apostolique en faveur de la dévotion au saint Sang du Christ.

31 juillet 1959, *Sacerdotii nostris primordia* : pour le centenaire de la mort de saint Jean-Marie Vianney, curé d'Ars : évoque le sacerdoce, ses devoirs et responsabilités pastorales et sacramentelles.

29 novembre 1959, *Princeps Pastorum* : insiste sur la nécessité du clergé autochtone, la collaboration des clergés, la formation des missionnaires et l'utilisation des valeurs locales.

15 mai 1961, *Mater et Magistra* : à l'occasion du 70e anniversaire de *Rerum novarum* et du 30e anniversaire de *Quadragesimo anno* : souligne les récents développements de la question sociale.

1er juillet 1962 *Poenitentiam agere* : demande la pénitence pour préparer le concile et rappelle sa place dans la Révélation.

11 avril 1963 *Pacem in terris* : souligne que la paix est fondée sur la vérité, la justice, la charité, la liberté, et appartient à tous les hommes de bonne volonté.

Paul VI

6 août 1964, *Ecclesiam suam* : situe l'Église face à elle-même, dans sa fidélité, sa mission, sa Tradition, le dialogue avec le monde, la nécessité de l'aggiornamento, de l'œcuménisme.

3 septembre 1965, *Mysterium fidei* : insiste sur la doctrine et le culte de l'Eucharistie, la messe, la présence réelle.

26 mars 1967, *Populorum progressio* : souligne l'importance de la question sociale pour le développement des peuples. Problèmes de colonisation, colonialisme, heurts des civilisations, propriété, industrialisation, solidarité sont traités.

24 juin 1967, *Sacerdotalis cœlibatus* : le célibat sacerdotal, sa nécessité et sa continuité historique. ■

(1) Encycliques de Jean-Paul II : voir Index.

Origine et fondement du rôle du pape aux yeux des catholiques

A l'origine de l'Église, trois Églises locales jouent un rôle spécifique : celles d'Antioche, d'Alexandrie et de Rome. Leur spécificité s'appuie sur le fait que toutes les trois ont été fondées par Pierre ou, pour Alexandrie, par Marc, collaborateur de Pierre. Il semble que, dès l'origine, on ait reconnu un rôle primordial à Rome parce que Rome est l'Église de Pierre et de Paul et qu'ainsi elle a pris la succession de l'Église de Jérusalem.

Du Ier au IIIe siècle, l'évêque de Rome est intervenu dans de nombreuses querelles (Clément intervient dans les conflits de Corinthe, Victor prend position dans le problème « pascal », etc.), et saint Irénée (130-200) va jusqu'à déclarer : « C'est avec cette Église de Rome, en raison de sa plus puissante autorité de fondation, que doit nécessairement s'accorder toute l'Église, c'est-à-dire les fidèles du monde entier. »

C'est à partir des IIIe-IVe siècles que, à Rome d'abord, ailleurs ensuite, on cherche à fonder dans la Bible cette primauté de Rome. Dans cette recherche, on va passer insensiblement de la primauté de la communauté de Rome à celle de Pierre. Clairement, dans le Nouveau Testament, Jésus a choisi Pierre pour le mettre à la tête des apôtres. Cela se voit à la place que tient Pierre (Mt 16, 13-23, Jn 6, 67-71, Jn 13, 6-11, etc.) et à trois déclarations tout à fait originales : en Matthieu (16, 16-19), Jésus promet à Pierre de faire reposer sur lui son Église ; en Luc (22, 31-34), Jésus demande à Pierre de fortifier ses frères après sa conversion et Jésus prie pour lui — ce texte est généralement cité pour justifier le primat doctrinal de Pierre ; en Jean (21, 15-17), Jésus confie à Pierre son troupeau et lui annonce le martyre.

Si la plupart des protestants ne contestent pas le rôle de Pierre, ils pensent qu'il a été unique et qu'il n'a pas pu faire l'objet d'une succession. Or la succession est, pour les catholiques, inscrite même dans l'Évangile. « C'est la voix de l'Évangile et non des décisions conciliaires qui font que l'Église romaine préside aux autres Églises » (Décret de Gélase, 382). ■

PAPE

Le titre de pape (du grec *papas,* père), a été longtemps réservé, dans l'Église d'Orient, à l'évêque (patriarche) d'Alexandrie, mais s'est progressivement étendu à tous les prêtres — que l'on appelle aujourd'hui encore popes.
En Occident, il semble que tous les évêques étaient appelés du nom de pape. Mais l'usage s'en restreignit, et, au Synode de Pavie (998), on condamna l'archevêque de Milan pour se faire ainsi appeler. Et, en 1073, le pape Grégoire VIII interdit à tout évêque de porter ce titre, le réservant au seul évêque de Rome. ■

CLÉS (POUVOIR DES)

Symbole d'autorité et de puissance, les clés sont l'insigne du chef (Is 22,22).
Le pouvoir des clés est le pouvoir confié par Jésus à Pierre, chef du collège apostolique, en lui « donnant les clés du Royaume des Cieux » (Mt 16, 19) et en l'instituant chef de l'Église sur terre.
C'est aussi le pouvoir de remettre les péchés donné à Pierre et aux apôtres pour qu'il soit transmis à leurs successeurs et à tous les prêtres.
C'est pourquoi saint Pierre est souvent représenté tenant des clés entre ses mains ; elles sont parmi les attributs de la papauté et figurent sur les armoiries du Saint-Siège ■

PRIMAUTÉ

La primauté (du latin *primus,* premier) est la prééminence d'une personne sur les autres. Dans la théologie catholique, ce terme est employé principalement lorsqu'on évoque le caractère particulier du ministère de Pierre au sein du groupe des douze apôtres (Collège apostolique) et, par extension, le caractère particulier du ministère de l'évêque de Rome, le pape, au sein du collège des évêques (Collège épiscopal).
La question de la primauté du siège de Pierre se pose dès les tout premiers siècles de l'Église. Assez vite, l'Église de Rome entend voir reconnaître à son évêque, successeur de Pierre, une fonction particulière de gouvernement et d'enseignement au sein de l'épiscopat de l'Église universelle.
Ce pouvoir particulier, Pierre l'a exercé au sein du collège des apôtres à qui le Christ a confié le gouvernement de son Église (Ac 1, 15-22 ; 2, 14-41 ; 15 ; Gal 1,18, etc.). La communauté ecclésiale va donc se structurer en fonction de cette organisation du collège apostolique et de cette prééminence de Pierre en son sein. Les lettres ou les œuvres des premiers chefs des communautés chrétiennes témoignent du respect particulier accordé à la parole de l'évêque de Rome.

Comment s'exerce cette primauté ?
Si le souci de la primauté de juridiction du Souverain Pontife sur toute l'Église l'emporte lors des conciles de Trente et de Vatican I, celui de Vatican II s'est attaché à définir comment s'exerce cette primauté au sein du collège épiscopal. La constitution conciliaire *Lumen Gentium* situe le Pontife romain à la fois à l'intérieur de ce collège et au-dessus de lui. Évêque de Rome, il appartient au collège épiscopal tout en en étant le chef. Par institution du Christ (« Tu es Pierre... »), il possède un primat qui implique la charge de l'Église universelle et en assure l'unité. Mais cette primauté se situe dans la perspective d'un gouvernement collégial, expression des relations d'unité et de communion entre les diverses communautés des disciples du Christ.

Un obstacle à l'unité des Églises
La question de la primauté pontificale demeure aujourd'hui un des obstacles importants à l'unité des Églises. L'Église orthodoxe reste fidèle à l'idée d'une simple primauté d'honneur au successeur de Pierre au sein du collège épiscopal et rejette toute perspective d'un pouvoir juridictionnel particulier. Quant aux Églises protestantes (Église anglicane non comprise), elles restent marquées par la pensée des premiers réformateurs qui excluaient toute notion de succession apostolique et, à fortiori, de primauté pontificale.

Cependant, le mouvement œcuménique, stimulé par le concile Vatican II, pousse chacune des grandes communautés chrétiennes à découvrir les chemins de l'unité ; une unité qu'elles ne réaliseront pas sans être parvenues à une conception commune, entre autres, de la visibilité du ministère d'unité dans l'Église. ■

Ph. Cartier-Bresson-Magnum

Ouverture de la 2e session du concile Vatican II (sept. 1963), par le pape Paul VI, élu 3 mois plus tôt. L'immense assemblée réunit trois mille personnes et des observateurs du monde entier. Quant à la pompe des cortèges pontificaux qu'on peut voir ici, elle sera réduite à sa plus simple expression par Paul VI peu après le concile.

A propos de la papauté

L'ordre établi par Jésus-Christ subsiste encore ; et le chef des Apôtres, qui a conservé jusqu'à maintenant la solidité de la pierre, n'abandonne point le gouvernement de l'Église, dont il a été chargé. Car il a cette prérogative pardessus les autres Apôtres, qu'ayant été appelé Pierre, ayant été choisi pour être le fondement de l'Église, ayant été établi pour fermer et pour ouvrir la porte du Ciel, lorsqu'on lui a donné le pouvoir de lier et de délier, il a cette prérogative d'être comme l'associé de Jésus-Christ dans son ministère.

Saint Léon, pape, (Ve siècle).

Et moi, je te dis que tu es « Pierre » et que sur cette pierre je bâtirai mon Église et que les Portes de l'Enfer ne prévaudront pas contre elle.

Je te donnerai les clefs du Royaume des Cieux. Et ce que tu lieras sur la terre sera lié dans les cieux ; ce que tu délieras sur la terre sera délié dans les cieux.

Matthieu 16,18-19

Successeurs des apôtres

Dans les Églises catholique, orthodoxe, orientales non-catholiques, anglicane, les évêques ont toujours été considérés comme les successeurs des douze apôtres institués par le Christ comme fondements de son Église (douze par référence aux douze tribus d'Israël : l'Église est le nouveau Peuple de Dieu, issu de la Nouvelle Alliance conclue avec lui par Jésus-Christ). Ces apôtres (*apostolos* en grec signifie envoyé), le Christ les a effectivement envoyés annoncer le Royaume de Dieu jusqu'aux extrémités de la terre (Mt 28,19-20 ; Ac 1,8) et les a institués les « bergers de ses brebis » (Jn 21,16-17 ; Ac 20,28-31). Après la Pentecôte, ils ont entrepris l'évangélisation du monde tout en restant unis, sous l'autorité de Pierre, au sein de ce qu'on appelle le collège apostolique. Les évêques catholiques forment aujourd'hui, en communion avec le pape, le collège épiscopal, successeur du collège apostolique.

Cette succession s'est assurée de manière continue à travers les siècles. Aux premières années de l'Église, alors que se multipliaient les communautés chrétiennes sous l'impulsion des apôtres, ceux-ci établirent à leur tête des responsables, appelés tantôt *presbytres* (du grec *presbuteros,* ancien), tantôt *épiscopes* (du grec *épiskopos,* protecteur, surveillant) ; ils leur imposèrent les mains, comme le relatent les *Actes des Apôtres* et les *Épîtres de Paul*, pour leur transmettre, en même temps que le don de l'Esprit Saint, les pouvoirs qu'eux-mêmes avaient reçus du Christ : enseigner, baptiser, célébrer l'eucharistie, gouverner. Peu à peu, à travers diverses mutations dans l'organisation, seul subsista le titre d'*évêque* pour désigner le responsable de l'Église locale ; il était entouré du collège des *anciens*, les *presbytres* (d'où le mot français *prêtre*) ; il ordonnait prêtres et diacres. Il ordonnait aussi de nouveaux évêques afin d'assurer la continuité de la mission confiée par le Christ aux Apôtres ; c'est cette continuité depuis les origines, appelée « **succession apostolique** », qui fonde, aux yeux des Églises catholique, orthodoxe, orientales non catholiques, et anglicane, l'authenticité et la légitimité des pouvoirs assumés par les évêques (les luthériens, restés pour la plupart fidèles à l'institution épiscopale, ne la conçoivent cependant pas de la même façon ; quant aux calvinistes, ils conçoivent autrement l'ensemble de la vie ecclésiale).

Co-responsable de l'Église universelle

L'histoire montre aussi comment l'évêque n'est jamais resté cantonné dans la seule responsabilité de son Église locale, mais a toujours été associé avec les autres évêques à la co-responsabilité de l'Église universelle ; ensemble ils forment le *collège épiscopal.* Tout au long des siècles, on voit les évêques d'une même région, d'un même pays, ou de toute l'Église, se réunir en *conciles* et *synodes* pour délibérer des affaires communes de l'Église ; aujourd'hui, *conciles œcuméniques, synodes d'évêques, conférences épiscopales* poursuivent la même tâche.

Une ordination qui signifie la mission

Par leur ordination épiscopale, les évêques (toujours choisis parmi les prêtres) reçoivent, comme les apôtres, la plénitude du sacrement de l'Ordre, et par là, la charge et le pouvoir d'*enseigner* (annonce de la Parole de Dieu, doctrine), de *sanctifier* (par la vie sacramentelle et spécialement eucharistique) et *gouverner*

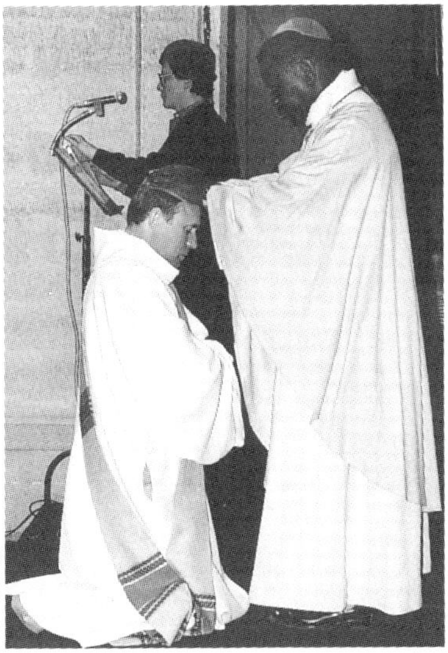

Ph. Tournus

L'imposition des mains lors de l'ordination d'un diacre au presbytérat.

(charge pastorale) au nom du Christ « la portion du Peuple de Dieu qui leur a été confiée » ; c'est ainsi que se trouve définie leur mission (Constitution sur l'Église, ch. III).

L'ordination épiscopale se fait au cours d'une cérémonie qui met en relief les *aspects fondamentaux de la charge épiscopale.*

a. *Cette ordination est faite par un évêque assisté de deux autres évêques* : ainsi est souligné le fait que le nouvel évêque vient s'adjoindre au collège épiscopal et participer désormais en son sein à la co-responsabilité de l'Église universelle.

Ainsi est souligné, en même temps, le fait que, dans l'ordination, ce qui est premier, ce n'est pas la personne de celui qu'on ordonne, mais le service de l'Église (dans le passé, on a pu ordonner des évêques contre leur gré, jamais contre celui de leur peuple). L'évêque est le représentant du Christ et de l'Église auprès de son peuple, et, simultanément, le représentant de son peuple auprès de l'Église et de Dieu.

b. Cette co-responsabilité au service de toute l'Église est également mise en relief lorsque, parmi les neuf questions posées au futur évêque par celui qui l'ordonne, est énoncée celle-ci : « *Voulez-vous édifier le Corps du Christ qui est l'Église et demeurer dans son unité avec le collège des évêques, sous l'autorité du successeur de Pierre* » ? Chacun des membres de ce collège a en effet pour mission de travailler à rendre l'Église universelle ; il a en même temps à s'y faire promoteur d'unité, tant au sein de son Église locale que dans les relations de celle-ci avec les autres Églises, et toujours en communion avec le pape, « fondement visible de cette unité ».

c. Comme dans l'ordination des prêtres, c'est *l'imposition des mains sur l'évêque* qu'on ordonne, faite par les évêques consécrateurs, qui constitue le rite sacramentel essentiel. Elle signifie traditionnellement dans l'Église la prise de possession définitive par Dieu, la transmission du don de l'Esprit Saint que l'évêque aura lui-même à transmettre dans la vie sacramentelle et notamment dans les sacrements de l'Ordre et de la Confirmation.

d. Au cours de la célébration, *on impose symboliquement le livre des Évangiles sur la tête du futur évêque*, et on demande pour lui le charisme de l'Esprit donné aux Apôtres « qui ont fondé l'Église en tous lieux ». La fondation de l'Église a été faite par les Apôtres, mais l'évêque a sans cesse à la répandre et à l'élargir ; et il ne peut le faire que dans la fidélité à l'Évangile.

Parce qu'il a cette mission de fondateur, c'est de lui que dépend tout ce qui concerne la vie sacramentelle dans son diocèse. A l'origine, il était seul à conférer le baptême et il présidait la célébration eucharistique ; aujourd'hui, il lui revient, en principe, de donner le sacrement de la Confirmation et toujours celui de l'Ordre. Baptême, Confirmation, Ordre sont les sacrements qui fondent l'Église.

Un évêque n'est jamais seul

Pour accomplir sa mission, l'évêque est aidé par les prêtres de son diocèse, qui forment avec lui un collège qu'on appelle le *presbyterium.* A propos du sacerdoce des prêtres, on peut, en s'appuyant sur l'un ou sur l'autre des textes du concile Vatican II, mettre l'accent soit sur sa participation directe au sacerdoce du Christ conformément à la grande tradition de l'Église (Constitution sur l'Église, n° 28), soit sur son caractère dérivé par rapport au sacerdoce plénier de l'évêque (Décret conciliaire sur le ministère des prêtres). Ce qui importe, c'est de constater que les relations entre évêque et prêtres ne sont pas simplement de nature hiérarchique ; fondamentalement, ils participent ensemble au même sacerdoce ; l'évêque est tenu à communiquer avec ses prêtres, et non pas seulement à les diriger. La grande tradition de l'évêque n'est pas celle de l'évêque-préfet mais plutôt celle représentée par saint Cyprien (évêque de Carthage au IIIe siècle) : « Dès le début de mon épiscopat, je me suis fait une règle de ne rien décider d'après mon opinion personnelle sans votre conseil, à vous les prêtres et les diacres, et sans le suffrage de mon peuple ». ■

SUCCESSION APOSTOLIQUE

Terme technique définissant, en théologie catholique, ce qui garantit qu'un évêque est réellement successeur des Apôtres.

Pour qu'il y ait succession apostolique, il faut — et il suffit — selon la plupart des théologiens :

- *que l'évêque remplisse la tâche des apôtres ;*
- *qu'il y ait une succession ininterrompue entre lui et les apôtres, succession marquée par l'imposition des mains de l'évêque précédent en remontant jusqu'aux apôtres et au Christ.*

La nécessité de cette succession apostolique a été mise en lumière dès l'origine de l'Église par Clément de Rome (avant la fin du 1er siècle). Son absence présumée au sein de l'Église anglicane et déplorée comme telle, en 1896, par Rome (à l'encontre de l'opinion des anglicans) est la difficulté principale entre eux et les catholiques. ■

A propos de l'Évêque

Que personne ne fasse en dehors de l'évêque rien de ce qui regarde l'Église. Que cette eucharistie seule soit regardée comme légitime qui se fait sous la présidence de l'évêque ou de celui qu'il en aura chargé. Là où paraît l'évêque, que là soit la communauté, de même que là où est le Christ Jésus là est l'Église catholique. Il n'est pas permis en dehors de l'évêque ni de baptiser ni de faire l'agape, mais tout ce qu'il approuve, cela est agréable à Dieu aussi.

SAINT IGNACE, évêque d'Antioche, IIe siècle.

Lorsqu'un mot, une expression, un événement, une institution, un nom propre vous sont inconnus, consultez l'index.

Pasteur

Pourquoi appelle-t-on, dans l'Église catholique, les évêques et les prêtres « pasteurs » ? N'est-ce pas anachronique dans une civilisation urbaine ? L'expression ne donne-t-elle pas des chrétiens une image de troupeau qui doit, même s'il bêle, suivre et être régulièrement tondu ? Malgré ses limites évidentes, on peut cependant penser qu'elle sera encore utilisée dans l'Église.

Parce que le Christ l'a utilisée pour lui-même : « Je suis le bon berger, le bon berger se dessaisit de sa vie pour ses brebis » (Jn 10, 11).

Parce que le Christ l'a utilisée pour donner mission à ses apôtres et en particulier à Pierre : « Sois le berger de mes brebis » (Jn 21,16).

Parce que le Christ n'a pas utilisé beaucoup d'autres concepts pour désigner la fonction qu'il destinait à ses « apôtres ». Bien plus, il semble avoir évité soigneusement les mots prêtre, sacerdoce, etc. qui auraient pu faire croire à ses auditeurs juifs une continuité avec le sacerdoce du Temple de Jérusalem.

Alors que les prêtres juifs offraient des sacrifices, signes de l'offrande de leur peuple à Dieu, Jésus s'offre lui-même (il n'y a plus en ce sens-là de signe). Son sacrifice, c'est de faire totalement et toujours la volonté de Dieu. Chaque chrétien est invité à être prêtre à sa suite, avec sa force, c'est-à-dire à faire ce choix fondamental analogue à celui qui oriente toute la vie de Jésus, « faire la volonté de Dieu ». Les laïcs vivent ce choix dans leurs loisirs, leur métier, leur famille. Les pasteurs sont invités à le faire pour leur communauté. C'est là que prend valeur de programme la parole du Christ déjà citée, « Le berger donne sa vie pour ses brebis ». Au-delà d'une fonction, l'image du pasteur signifie un don de soi total, 24 heures sur 24, toute une vie. Elle signifie le critère avec lequel le « pasteur » doit effectuer tous ses choix de vie, le bien de la communauté.

Pasteur... chez les Réformés

Dans les Églises de la Réforme, le terme de *Pasteur* désigne, depuis les origines, les ministres chargés de la prédication de l'Évangile et de la célébration du culte et des sacrements. ■

Le Christ, prêtre de la nouvelle alliance

Au temps du Christ, les Juifs savent ce qu'est un prêtre. Pour eux, le modèle en est Aaron, frère de Moïse ; Aaron, dont la fonction est d'offrir un sacrifice agréable à Dieu, est le seul à offrir l'encens dans le Saint des Saints (le sanctuaire du Temple) ; comme un roi, il est oint et couronné pour signifier de quelle importance est son sacerdoce (Ex 40, 13).

Au sein de la tribu de Lévi (descendants de l'un des fils de Jacob), les uns, les descendants d'Aaron, sont les prêtres (seuls à officier au Temple), parmi lesquels est choisi le grand prêtre ; les autres, les lévites, sont des auxiliaires du culte.

L'instruction du peuple est réservée aux docteurs de la Loi (les rabbins), et la direction de la prière, à la synagogue, dépend du responsable de la synagogue. Le Grand Prêtre préside le Sanhédrin, assemblée suprême de 70 membres, à la fois tribunal religieux et conseil théologique fixant la doctrine ; les communautés locales comprennent un groupe responsable, les Anciens.

« Il est notoire, dit l'*Épître aux Hébreux*, que notre Seigneur est issu de Juda, tribu dont Moïse ne parle jamais à propos du sacerdoce » (7, 14). Dans le système israélite, Jésus ne peut donc être prêtre. Du moins, il ne peut être prêtre à la manière de Lévi et d'Aaron. Car il existe une autre manière d'être prêtre.

Le Christ est prêtre

L'auteur de l'*Épître aux Hébreux*, Juif écrivant pour les Juifs, développe une logique étonnante pour les modernes. Le sacerdoce, dit-il, est réservé à la tribu de Lévi. Or, Lévi descend d'Abraham et Abraham a donné la dîme, réservée aux prêtres, à un certain Melchisedech roi de Salem, prêtre du Très-Haut (Gn 14, 18), dont on ignore l'origine. Ce prêtre est supérieur à Abraham puisque celui-ci lui verse la dîme, et, dès lors, supérieur au sacerdoce lévitique. Il a béni Abraham. Le psaume 110, qui s'adresse au roi d'Israël (de la tribu de Juda), appelle celui-ci Seigneur et lui dit : « Tu es prêtre selon l'ordre de Melchisedech ». Il existe donc, conclut notre auteur, un second type sacerdotal, supérieur au premier. Jésus est prêtre de cette manière, et non à la façon d'Aaron.

Pourquoi ? Fondamentalement, parce que Jésus est Seigneur, Dieu. Il s'est offert lui-même et son sacrifice avait le pouvoir d'atteindre Dieu, car étant sans péché, il était l'expression d'un don total, d'un amour total envers le Père. Celui-ci a répondu à ce don en ressuscitant Jésus. La Croix et la Résurrection, comme expressions de ce double don de l'homme à Dieu et de Dieu à l'homme, constituent ensemble un événement unique car il ne peut exister d'échange plus parfait entre Dieu et l'homme. Saint Paul insiste beaucoup sur le caractère unique du lien qui s'est créé à ce moment-là entre l'homme et Dieu. Si le lien est unique, celui qui l'a établi est aussi seul de son espèce : « Il n'y a qu'un médiateur entre Dieu et les hommes » (1 Tm 2, 5). Jésus est donc l'unique prêtre aux yeux des chrétiens, celui que Dieu s'est plu à désigner : son propre Fils (He 7,23-28).

La tête du corps

La démonstration de l'Épître aux Hébreux part d'une logique très caractérisée. La conclusion obtenue est irréfutable : Jésus est prêtre d'une manière tout à fait spécifique. Les autres cultes, en particulier celui de l'Ancien Testament, ne sont que des images de la réalité du Christ.

Ailleurs, dans ses épîtres, saint Paul, par une autre approche, arrive à la même conclusion. Ou bien il parle de l'Époux qui acquiert et purifie son épouse, l'Église (Ep 5, 22-23), ou, plus souvent, il assimile l'Église à un corps dont le Christ est la tête. La tête est un terme fortement symbolique : elle désigne à la fois l'origine, comme une source qui remplit tout (Ep 1, 22-23), le chef qui dirige et coordonne l'activité des membres (Ep 4, 15-16), et le principe d'unité de l'ensemble (1 Co 12, 12).

Ainsi Paul fait comprendre à ses lecteurs que l'Église se reçoit sans cesse du Christ. Elle n'est pas auto-suffisante ; sa source n'est pas en elle-même, mais dans le Christ. Le principe de son action, de son unité, de sa sainteté, est à rechercher dans l'Esprit que le Christ lui envoie d'auprès du Père. Jésus s'est acquis l'Église par son sang (Ac 20, 28), il s'est livré pour elle, il la relie au Père, il l'unit par son Esprit. Cette action du Seigneur, mort et ressuscité, donné par Dieu aux hommes, en fait un « pontife », c'est-à-dire celui qui établit un *pont* entre Dieu et les hommes. C'est ainsi que Jésus est prêtre. On voit que, par un chemin différent, Paul rejoint les conclusions de l'Épître aux Hébreux. ■

ÉTAT CLÉRICAL OU ECCLÉSIASTIQUE, ÉTAT LAÏC

Dans le langage juridique de l'Église catholique, l'état *clérical* ou *ecclésiastique* est la condition des clercs. Pendant longtemps, cette condition a été caractérisée par un service d'Église, et l'entrée dans l'état clérical était marquée par la tonsure ; aujourd'hui, d'une part, de nombreux laïcs assurent des services d'Église sans être pour autant des clercs, et d'autre part, la tonsure n'est plus en usage que dans certains monastères. L'état clérical est dès lors la condition des *ministres ordonnés* (diacres, prêtres, évêques).

D'un strict point de vue juridique, *l'état laïc* est quant à lui, la condition de ceux qui n'appartiennent pas à l'état clérical. Des clercs ordonnés peuvent, par décision de l'autorité ecclésiastique, revenir à l'état laïc ; tout en conservant le caractère indélébile de leur ordination, ils perdent alors le droit de faire usage des pouvoirs que cette ordination leur a conférés (par exemple celui de donner les sacrements et notamment de célébrer l'Eucharistie).

Le concile Vatican II, loin de ne voir dans l'état laïc que le caractère négatif de celui qui n'est pas clerc, a, au contraire, souligné la mission spécifique du laïcat au sein de la mission générale de l'Église : contribuer à l'avènement du Royaume de Dieu à travers la « gérance des choses temporelles ». ■

Qu'est-ce qu'un prêtre ?

Pendant longtemps, le prêtre chrétien a été pensé par comparaison avec les diverses activités des prêtres des autres religions. Cette méthode détecte trois activités principales de ceux qu'on appelle prêtres.

A. Dans beaucoup de religions, le prêtre — attaché à un temple — offre les sacrifices. Il est avant tout un *sacrificateur,* celui qui a reçu le pouvoir d'entrer en contact avec la divinité et de lui offrir, au nom des hommes, un sacrifice sanglant ou une oblation non-sanglante (graines, parfums, libations de vin ou d'huile...). Il arrive que ce pouvoir soit reconnu au roi, au chef de clan, au père de famille.
Même si cette voie d'approche peut permettre de comprendre quelque chose du prêtre chrétien, le christianisme diffère de cette conception par deux aspects :
— le prêtre n'est pas lié à une fonction sociale (roi, chef de clan...) : il est d'abord membre du Peuple de Dieu. Saint Augustin disait : « Je suis baptisé avec vous, évêque pour vous » ;
— le prêtre n'a pas à répéter des sacrifices, puisqu'il n'y a qu'un seul sacrifice : celui que le Christ a offert en sa propre personne (voir Eucharistie). Tous les fidèles chrétiens, en s'unissant au Christ, offrent avec lui le sacrifice de sa vie. Celui qu'on appelle prêtre est seulement là pour rappeler l'unique sacrifice du Christ.

B. Le prêtre est également perçu comme le *pasteur* d'un peuple qu'il instruit et conduit dans la règle voulue par la morale de ce peuple. Le titre de « pasteur » est d'origine royale : le roi conduit son peuple et prend soin de lui. Les princes de l'ancienne Mésopotamie se disaient les « bergers de leur peuple ».
Cette piste de recherche est aussi insuffisante pour définir le sacerdoce chrétien puisque, si le prêtre « fait paître les brebis » du Christ (Jn 21,16), il fait aussi *mémoire* de ce que le Christ a vécu (Lc 22,19), Lui, le seul Pasteur aux yeux des chrétiens.

C. Enfin, le prêtre — ou celui qui en tient lieu — *dirige la prière,* appelle sur le peuple la bénédiction de Dieu. Cette conception suppose un enseignement, un corps de doctrine à transmettre et une manière de prier à partager.
Or, le Christ n'est pas seulement un docteur, un maître. Il n'a pas fait qu'enseigner. Il a également agi. Il meurt en silence, laissant ses actes parler pour lui. On peut parler d'un enseignement chrétien et y lier le prêtre... mais le christianisme n'est pas d'abord une doctrine, c'est une vie. Le prêtre a pour mission de rendre présent le Christ qui donne cette vie. Ceci est difficilement compréhensible à partir de l'idée courante que l'on se fait du prêtre dans les autres religions.

Il faut, pour le comprendre, comprendre le sacerdoce du Christ. ■

Grande prostration de l'ordination.

Ph. Tournus

Qu'est-ce que ?

Clerc (du latin *clericus,* clerc). Terme juridique qui désigne les ministres ordonnés, évêques, prêtres et diacres, par distinction des laïcs. Dans certaines paroisses on appelle « grand clerc », un homme qui aide le prêtre à l'autel. La difficulté de cette appellation vient du fait qu'un grand clerc... n'est pas clerc.

Incardination (du latin *cardo,* gond). Le mot *cardo* a inspiré divers termes exprimant l'idée de point fixe, d'axe servant d'appui, et notamment le mot *cardinal.* L'*incardination* désigne le lien juridique qui rattache tout prêtre à son diocèse ou à son institut religieux. Aucun prêtre « n'exerce à son compte ». Par son ordination il est associé à la mission de son évêque. Lorsqu'il exerce des activités depuis cinq ans dans un diocèse autre que celui de son incardination, il peut demander à y être incardiné.

Lettre pastorale. La lettre pastorale est un écrit de l'évêque à tout son diocèse. Très souvent, les évêques publient des lettres pastorales au moment du Carême. Autrefois, on lisait ces lettres en chaire.

PASTORALE

Mot du vocabulaire ecclésiastique. L'origine du mot plonge au cœur de l'Évangile, là où le Christ — en saint Jean — se présente lui-même comme le Bon Pasteur, celui qui connaît ses brebis et que ses brebis connaissent (voir *Pasteur* p. 556). La *pastorale* est l'activité, née du dynamisme de la foi de l'Église, qui vise à donner à chacun selon ses besoins spirituels. Pendant longtemps, dans l'Église, ce mot n'avait pas de raison d'être. Dans le monde ancien, on parlait plutôt du « soin des âmes » (*cura animarum,* expression qui a donné le mot curé), et chaque pasteur se sentait de plain-pied avec ses fidèles. Il savait « spontanément » quels étaient leurs besoins.
Le premier à parler de pastorale fut, en 1591, le Père Brinsfeld dans un manuel qui exposait « la doctrine nécessaire aux prêtres qui avaient soin des âmes ». Nous étions à l'aube de l'époque moderne. On commençait à s'acheminer vers le « monde éclaté » qui caractérise — disent certains — le XXe siècle. Personne ne peut savoir facilement — a priori — quels sont les besoins spirituels de tel ou tel groupe ou de tel ou tel ensemble. Il faut **analyser**, **évaluer**, **trouver des modes spécifiques d'action**. Ces trois verbes désignent les étapes obligées de toute pastorale aujourd'hui. Et c'est ainsi qu'aujourd'hui se développent, à côté d'une pastorale générale qui définit les grands axes de l'action — dans un diocèse par exemple —, des pastorales spécialisées (tourisme, malades, immigrés, etc.) (voir p. 1061 et suiv. *Secteurs de la pastorale*). ■

Le concile Vatican II et le diaconat

Le concile Vatican II a rétabli le diaconat comme un état permanent dans l'Église, alors qu'il n'était plus, depuis longtemps, que l'ultime étape avant l'ordination sacerdotale. Il en a aussi renouvelé la théologie :

« Au degré inférieur de la hiérarchie, se trouvent les diacres auxquels les mains sont imposées "non pas en vue du sacerdoce mais en vue du service". Fortifiés en effet par la grâce sacramentelle, ils servent le Peuple de Dieu dans la diaconie de la liturgie, de la parole et de la charité, en communion avec l'évêque et son presbyterium » (concile Vatican II, *Lumen Gentium* n° 29).

Il n'est pas sûr que ces phrases (inspirées par un texte de saint Hippolyte qui, lui-même, s'inspirait au IIIe siècle de documents plus anciens) soient totalement claires au non-spécialiste.

Pour le concile, le diaconat est donné par un sacrement, ce qui veut d'abord dire que celui qui le reçoit reçoit l'assistance de l'Esprit Saint (« fortifié en effet par la grâce sacramentelle »)...

Pour le concile, il y a une distinction entre le sacerdoce presbytéral et le ministère diaconal, distinction qui n'est pas de degré (on ne monte pas une marche entre le diaconat et le presbytérat, pour en monter une autre entre le presbytérat et l'épiscopat) mais de nature. Même si l'habitude d'ordonner d'abord diacres tous ceux qui sont appelés à être prêtres peut embrouiller la perception que l'on en a, le diaconat se rattache directement à l'évêque (pour le signifier, lors de l'ordination d'un diacre, l'évêque est seul à lui imposer les mains, pas les prêtres, qui pourtant imposent les mains lors de l'ordination d'un autre prêtre).

Pour le concile, le diacre peut être associé à la responsabilité propre d'un évêque dans le domaine du gouvernement et de l'annonce de la Parole de Dieu et des œuvres de charité ; c'est même son service propre dans l'Église.

Pour le Concile, le diacre aide (le mot diacre, du grec *diakonos,* signifie serviteur, le mot *diakonia* veut dire service) l'Église locale dans ce qui est de la responsabilité même de l'évêque. En particulier, il baptise et distribue l'Eucharistie : même si les laïcs peuvent distribuer l'Eucharistie, le fait que le diacre soit ordonné à ce service signifie (un sacrement est toujours un signe) que, chaque fois que l'on distribue l'Eucharistie, c'est le Christ lui-même qui donne la nourriture à son Peuple. Le diacre signifie la personne de Jésus.

Pour bien comprendre la fonction du diacre, rappelons qu'il n'y a pas de Peuple de Dieu sans évêque pour signifier la présence de Jésus en personne. L'évêque ne pouvant être partout à la fois, notre époque a l'habitude de le voir remplacé, dans certains cas, par un prêtre... Il lui faudra aussi prendre l'habitude de le voir remplacé, en d'autres cas, par un diacre. Le diacre, lui aussi, permet d'authentifier ecclésialement, par le signe de la présence du Christ, les responsabilités prises par des laïcs, et de faire avec les communautés existantes de véritables cellules d'Église. ■

Diacre présentant l'évangile.

Ph. Tournus

SOUS-DIACRE, SOUS-DIACONAT

Le sous-diaconat était dans l'Église latine, jusqu'à la réforme des ordres ordonnés, entreprise à la suite du concile Vatican II, l'ordre précédant immédiatement celui du diaconat. Il constituait le premier degré des ordres majeurs, le diaconat en formant le deuxième. Il y eut longtemps incertitude sur le point de savoir si l'ordination au sous-diaconat et celle aux ordres mineurs, en usage depuis au moins le IIIe siècle, revêtaient un caractère sacramentel. Le concile de Vatican II a tranché le débat en ne reconnaissant comme participant au sacrement de l'Ordre que l'épiscopat (plénitude du sacerdoce), la prêtrise (participation au sacerdoce) et le diaconat (participation au ministère). (*Lumen Gentium* nos 21, 28 et 29). Après le Concile, le sous-diaconat et les ordres mineurs ont été supprimés dans l'Église latine (1972), les fonctions de lecteur et d'acolyte étant toutefois conservées sous forme non plus d'ordres mais de « ministères institués ». Dans les Églises orientales catholiques, liberté a été laissée à leurs responsables de prendre les dispositions les plus conformes à leurs traditions. ■

Le droit canon et les ministères ordonnés

« Par le sacrement de l'ordre, d'institution divine, certains fidèles sont constitués ministres sacrés par le caractère indélébile dont ils sont marqués : ils sont ainsi consacrés et députés pour être pasteurs du Peuple de Dieu, chacun selon son degré, en remplissant, en la personne du Christ chef les fonctions d'enseignement, de sanctification et de gouvernement. »

Canon 1008.

« Les ordres sont l'épiscopat, le presbytérat et le diaconat. »

Canon 1009.

Qu'est-ce que ?

Acolyte (du grec *akolouthos,* suivant, serviteur). L'acolyte était, avant la réforme des ordres mineurs par Paul VI, un clerc ordonné, chargé de fonctions subalternes : porter le flambeau dans les cérémonies, allumer les lumières, présenter les offrandes. Dans les célébrations pontificales, il se tenait près de l'évêque. Par extension, enfant de chœur qui exerce ces fonctions dans une célébration.

Lecteur. Avant la suppression des quatre ordres mineurs que recevaient successivement les candidats au sacerdoce, l'ordre de « lecteur » en était le second. Ces quatre ordres supprimés, l'Église a néanmoins conservé comme ministères « institués » (et non plus « ordonnés ») les fonctions de lecteur et d'acolyte.
Au lecteur revient, entre autres, la lecture des textes de l'Écriture autres que l'Évangile lors des célébrations liturgiques, et celle des demandes de la prière universelle. Dans la plupart des cas, cette tâche est assumée aujourd'hui par des laïcs.

Les ministères institués

Dans l'Église catholique post-conciliaire, à côté des ministres ordonnés il existe — et il pourrait en exister davantage — des « ministres » *institués.* Un ministère institué se caractérise par les traits suivants :

- *l'universalité de la fonction :* le ministère institué dans un diocèse vaut hors des limites de ce diocèse ;
- *le caractère définitif de l'engagement :* « l'institution » n'a pas à être réitérée s'il y a une reprise d'activité ministérielle après un temps d'arrêt (l'**institution** est définitive, mais l'**exercice de la charge** peut connaître des limites dans la durée) ;
- *la modalité rituelle de l'acte de reconnaissance ;* il ne s'agit cependant ni d'une ordination ni d'un sacrement ;
- les ministres institués, n'étant pas ordonnés, sont des laïcs.

A l'heure actuelle, en France, deux ministères institués existent, ceux du *lectorat* et de *l'acolytat.* Ils ne sont confiés pour l'instant qu'à des hommes.

La Conférence épiscopale française aurait pouvoir de créer d'autres ministères institués. Elle ne l'a pas fait jusqu'à présent. ■

Le droit canon

Le droit canon[1] est le droit de l'Église

Dès son origine, la communauté chrétienne s'est interrogée à propos de certains actes : faut-il, ou non, circoncire les non-juifs qui se convertissent ? Peut-on manger des viandes sacrifiées aux idoles ? Généralement, ces questions ont d'abord été résolues de manières différentes par les uns et les autres : dans un premier temps, elles ont engendré des conflits..., les conflits des discussions, les discussions des accords, et les accords ont été fixés dans des règles. On peut dire que l'origine du droit canon se situe lors du Concile de Jérusalem en 49, où les apôtres, après un conflit, édictèrent quelques règles simples pour admettre les non-juifs dans l'Église.

La vie apportant beaucoup de questions, il y eut un foisonnement de réponses, que certains, au moins dans des domaines précis, essayèrent de rassembler en des « collections » ; celles-ci, au moins au début de l'Église, s'efforcèrent de s'abriter derrière l'autorité des apôtres : la *Didachè* (Ier siècle), la *Didascalie des apôtres* (IIIe), les *Constitutions apostoliques* (IVe), les 85 *Canons des Apôtres* (Ve ou VIe), le *Testament de Notre-Seigneur* (XVe siècle).

Vers 850, dans la région du Mans, fut même publiée une collection de *fausses decrétales* (lettres du pape) qui furent tenues pour authentiques jusqu'au XVIe siècle et eurent beaucoup d'influence. Gratien, un professeur de théologie de Bologne, voulut mettre un peu d'ordre dans un ensemble foisonnant et souvent contradictoire. En 1140 il publia une *Concordance des canons discordants*, connue sous l'appellation de *Décret de Gratien*, où, après inventaire de 10.000 textes, il en faisait ressortir les éléments convergents et constants. Son travail, qui n'eut jamais force de loi, fut pourtant, pendant des siècles, la base du droit ecclésial.

Grégoire IX, en 1234, publia cinq livres de *Decrétales* (sur la justice, les procès, les clercs, le mariage et les crimes), que complétèrent Boniface VIII (en 1298 par le *Sexte*) et Jean XXII (en 1317 par les *Clémentines*). L'ensemble de ces publications furent rassemblées par Grégoire XIII (en 1580) sous le nom de *Corpus Juris Canonici*. Depuis, les décrets du Concile de Trente, les bulles pontificales, les Actes des papes, les collections de décrets ajoutèrent à ce droit de multiples dispositions, très difficiles à coordonner entre elles.

C'est pourquoi, le premier Concile du Vatican (1869-1870) demanda au pape d'établir un livre simple (un Code) à la manière du Code civil français. Pie X en lança la rédaction le 19 mars 1904 et le *Codex Juris Canonici* fut promulgué par Benoît XV le jour de la Pentecôte 1917.

1. Du grec *kanon*, cordeau, équerre, règle.

Le Code de 1917

Ce code peut s'analyser exactement comme le Code civil. Nulle part il ne cite l'Évangile ou l'Esprit Saint, nulle part il ne définit implicitement ou explicitement l'Église autrement que comme une société. Son organisation est empruntée au droit romain, qui analyse successivement les personnes, les « choses » et les actions (*personnae, res, actiones*). La démarche même du code de 1917 exprime et favorise une conception individualiste du droit. Chaque laïc, séparément semble y faire face à la hiérarchie, avec laquelle il n'a aucun autre lien que celui de l'obéissance.

L'intuition de Jean XXIII et le Code de 1983

Pour réformer l'Église, Jean XXIII, en 1959, annonça le même jour la réunion d'un synode romain, la convocation d'un concile oecuménique et la rénovation complète du code de droit canonique. Promulgué le 25 janvier 1983 par Jean-Paul II, le nouveau code entra en vigueur le 27 novembre de la même année. Paul VI, qui en fut un des grands artisans, décrivait ainsi son but : il ne s'agit pas de faire un droit ecclésial parce que l'Église serait une société comme une autre ; « Aujourd'hui, il s'agit de faire découler la loi canonique de l'essence même de l'Église » (19 janvier 1970).

Se conformant aux orientations du concile Vatican II, le nouveau code envisage l'Église d'abord comme Peuple de Dieu, un peuple uni par la foi et diversifié dans ses fonctions. Le droit qu'il élabore se veut la traduction juridique, dans la vie concrète, du contrat fondamental qui est au cœur de la vie chrétienne, l'Alliance entre Dieu et son Peuple. Dans cette perspective, la source du droit n'est pas la nécessité du fonctionnement d'une société, mais les sacrements comme expression de cette Alliance avec Dieu. ■

Le plan du nouveau code de droit canon (1983)

Livre 1.	Des normes en général
Livre 2.	Du peuple de Dieu
Livre 3.	De la charge ecclésiale d'enseigner
Livre 4.	De la charge ecclésiale de sanctifier
Livre 5.	Des biens temporels de l'Église
Livre 6.	Des sanctions dans l'Église
Livre 7.	Des procès

Les motifs d'excommunication *latæ sententiæ* (1)

1. L'hérésie, l'apostasie, le schisme.
2. La violence contre le pape.
3. La consécration d'un évêque sans mandat du pape.
4. L'avortement.
5. La profanation de l'Eucharistie.
6. L'absolution « du complice » dans le cas de relations sexuelles.
7. La violation du secret de la confession.

(1) *Latæ sententiæ* : voir p. 561 a.

Lorsqu'un mot, une expression, un événement, une institution, un nom propre vous sont inconnus, consultez l'index.

Qu'est-ce que ?

Canons. Divers recueils de règles ecclésiastiques établis à des périodes différentes portent le titre de Canons, notamment :
Canons d'Hippolyte, du nom d'un théologien romain du IIIe siècle ; en fait, ce recueil de règles liturgiques a probablement été constitué au IVe siècle en s'inspirant de l'œuvre d'Hippolyte.
Canons des Apôtres : ces textes relatifs aux évêques, aux prêtres, aux laïcs, et provenant, pour beaucoup, de recueils de textes conciliaires, forment un des chapitres des *Constitutions apostoliques* rassemblées au IVe siècle.

Canonial. Ce qui est réglé par les canons ecclésiastiques, ce qui est conforme à la règle : heures canoniales. Ce qui se rapporte aux chanoines : vie canoniale, office canonial (voir Index : Chanoine).

Canonique. Conforme ou relatif aux canons, c'est-à-dire aux règles établies par l'Église. Exemple : âge canonique, droit canonique, peine canonique, livre canonique, etc. Le mot canonique est proche de canonial.

Âge canonique. C'est l'âge requis par les règlements de l'Église pour l'attribution de certaines fonctions ou l'exécution de certains actes.

Canoniste. Spécialiste du droit canon.

Contumace. Terme juridique qui, dans l'Église, désigne le refus explicite de l'autorité de celle-ci. Pour les actes qui motivent des peines *latae sententiae,* chacun est présumé contumace tandis que, dans la plupart des cas, on ne peut être contumace, que si on a été dûment averti par l'autorité compétente de l'existence de la loi.

Corpus. Mot latin signifiant littéralement *corps*, et utilisé pour désigner un recueil de textes ou de documents : par exemple, le *Corpus Juris Canonici,* recueil, réalisé au XVIe siècle, de textes importants de droit canon allant du XIIe au XVIe siècles.

Coutume. De nombreuses règles de droit écrit ont leur origine dans la coutume : le législateur a mis en forme les règles qu'un peuple s'est données à lui-même par sa manière de vivre en société, par les solutions qu'il a apportées aux problèmes rencontrés.
Même lorsqu'une société ne reconnaît aucune force de loi à la coutume, celle-ci n'en influe pas moins, et souvent, de manière décisive, sur la mise en sommeil ou la mort de bien des lois.
Dans l'Église, la coutume a toujours été reconnue à la fois comme source de lois nouvelles et comme mode d'abrogation

Suite page 560 ▶

Qu'est-ce que ?

▶ *Suite de la page 559*

de lois périmées, sous la réserve, bien entendu, d'un discernement à opérer par la hiérarchie entre coutume (qui ne peut être que raisonnable) et égarements. Au demeurant, comme le dit le canon 29 du Code de Droit canon de 1917 (repris par le canon 27 du code de 1983), « la coutume est le meilleur interprète des lois ».

Dispense. Une dispense est un acte par lequel une autorité d'Église compétente permet à quelqu'un de se dégager d'une « loi de l'Église ».

Épikie. Il peut arriver qu'appliquer le droit entraîne une injustice. Dans ce cas, les moralistes demandent que l'on respecte la justice plutôt que le droit. Cette suspension momentanée du droit au profit de la justice relève de ce que les moralistes appellent l'*épikie* (du grec *épi-ekès*, ce qui est convenable) et que l'on traduit parfois *principe d'équité*.

Exemption. Autonomie juridique d'une personne ou d'un groupe par rapport à l'instance qui, normalement, devrait en être responsable, et dépendance par rapport à une autre instance (un supérieur religieux au lieu d'un évêque, le pape au lieu d'une conférence épiscopale).

For (du latin *forum,* place publique, et surtout tribunal). Le droit ecclésial distingue avec netteté le *for interne,* c'est-à-dire ce qui est du ressort de la responsabilité de chacun devant Dieu dans le secret de sa conscience, et le *for externe,* c'est-à-dire ce qui est du ressort de la responsabilité de chacun devant la société et l'Église.
Un acte délictueux grave aux yeux de l'Église est le plus souvent l'expression publique d'une rupture intérieure avec Dieu, c'est-à-dire d'un péché. De soi, la conversion (for interne) n'entraîne pas forcément la fin de la responsabilité « face à l'Église » (for externe), ni l'absolution (for interne) la fin des censures et autres peines (for externe).

Imprimatur (en latin : *qu'il soit imprimé*). Certificat délivré par le délégué de l'évêque ou l'évêque lui-même, sur avis (*nihil obstat : rien n'empêche*) d'un censeur, et attestant la conformité d'un livre avec l'enseignement de l'Église. Ce certificat est, en principe, demandé pour toute publication de théologie ou de morale. On trouve l'imprimatur au début des livres qui le comportent. Si l'auteur est un religieux, il demande aussi à ses supérieurs l'autorisation de publier (*imprimi potest, il peut être imprimé*).

▶

Les différents législateurs ecclésiastiques

- **Le concile œcuménique.** Il légifère par *constitutions* et *décrets*, complétés si besoin est par des *déclarations*.
- **Le pape.** Il s'exprime comme législateur, directement ou par sa Curie, dans des actes divers :
— les *Constitutions apostoliques*, qui émanent du pape en personne (elles sont appelées *statuts* dans le cas où elles proviennent de la curie romaine) ;
— les *décrets*, dont les plus importants, dits *motu proprio,* sont signés de la main du pape, et les autres sont publiés, au nom du pape, par les organes de la Curie romaine.
Ces actes peuvent recevoir des formes diverses. La plus solennelle est la *bulle* qui, publiée sous le sceau du pape, n'est généralement pas signée de lui mais de deux cardinaux ; les *brefs*, signés par le secrétaire d'État ou le chancelier au Bref ; les *décrets motu proprio* signés de la main du pape. Le pape peut s'exprimer de bien d'autres manières : mots écrits de sa main, allocutions, « oracles » de vive voix, lettres (apostoliques, encycliques...). Ces dernières formes dénotent une importance moindre du document.
- **Un concile particulier** porte des lois sur un territoire mais ne peut le faire qu'avec l'approbation de Rome.
- **L'évêque** est le seul législateur de son diocèse. Il peut se faire aider.
- Dans les instituts religieux ou les sociétés de vie apostolique, le **Chapitre général** a le pouvoir législatif. ■

POURQUOI L'ÉGLISE A-T-ELLE LE DROIT DE POSSÉDER DES BIENS ?

Le Code de droit canonique (Can 1254) en donne quatre raisons :
- organiser le culte,
- faire vivre le clergé et les autres « ministres »,
- mettre en œuvre une pastorale,
- aider les « pauvres ».

Les tribunaux ecclésiastiques[1]

Les tribunaux de première instance

Dans chaque diocèse, le juge de première instance est l'évêque diocésain. Il est tenu de nommer un *official*, c'est-à-dire un juge délégué, et peut lui donner des adjoints. L'official doit être prêtre. Des juges laïcs peuvent être assesseurs. Le droit prévoit que pour certains cas le tribunal doit être composé d'au moins trois juges.

Dans les congrégations religieuses et les sociétés de vie apostolique, ce sont les supérieurs majeurs qui jouent le rôle de juges de première instance.

Les tribunaux de deuxième instance

Chaque diocèse fait partie d'une province ecclésiastique dont un des sièges est dit *métropolitain.* Son évêque est alors désigné du nom d'*archevêque* et son tribunal est — de droit — le tribunal d'appel des diocèses de sa province. Lui-même a pour tribunal d'appel le tribunal d'un autre des diocèses (dits suffragants) de sa province, désigné une fois pour toute.

Les tribunaux de deuxième instance fonctionnent comme tribunaux de première instance quand la cause concerne les droits et les biens temporels de l'évêque ou du diocèse.

La rote

Tribunal romain exerçant essentiellement le rôle de tribunal d'appel. Il est constitué par douze juges qui fonctionnent par groupe de trois tour à tour (d'où son nom, la *rote*, la ruota, la roue... qui tourne).

En raison de la primauté du Saint-Siège, tout fidèle peut introduire une cause à Rome, mais un tel recours à Rome ne suspend pas l'exercice d'une juridiction locale. ■

Le tribunal suprême de la signature apostolique

Cette juridiction romaine est une sorte de Conseil d'État et de Haut Conseil de la magistrature réunis : elle dit le droit dans des cas difficiles, elle traite des contentieux entre administrations ecclésiales, elle veille à la correcte administration de la justice ecclésiastique. ■

1) Voir aussi p. 1039.

La colombe d'or et d'argent, symbole de l'Église.

Les peines canoniques dans l'Église

On distingue les *peines médicinales* (ou *censures*), qui visent à ramener la personne à une vie plus évangélique, et les *peines expiatoires,* qui visent surtout à protéger la communauté dont elle faisait partie.

Ces peines peuvent être *latae sententiae* si le délit est grave et porte sur une matière dont le législateur estime que chacun la sait délictueuse. Auquel cas, la peine est encourue dès l'acte posé (si cet acte a été posé librement par un adulte) sans qu'il soit besoin d'une décision expresse de l'autorité compétente.

Ces peines peuvent être *ferendae sententiae* si, pour être encourues, elles nécessitent une décision de l'autorité compétente, après une éventuelle procédure.

Les peines médicinales sont :
• *L'excommunication* : l'excommunié est, en quelque sorte, en quarantaine. Il ne peut — s'il est ordonné — accomplir une tâche liturgique ou pastorale, il ne peut participer à la vie sacramentelle de l'Église.
• *L'interdit* : la personne interdite se voit privée d'un aspect de la vie ecclésiale. L'interdit peut viser une communauté (par exemple, une paroisse qui refuserait un prêtre sous des prétextes racistes pourrait être interdite, et chacun devrait alors assister à la messe ailleurs que dans sa paroisse).
• *La suspense* : le suspens — toujours un clerc — n'a plus le droit d'exercer telle charge définie par sa suspense. Aujourd'hui, il est courant de parler de la suspense *a divinis,* qui interdit d'exercer — sauf cas d'extrême urgence — le ministère sacerdotal.

Les peines expiatoires sont :
• L'interdiction ou l'ordre de demeurer dans un lieu ou un territoire donné.
• La privation d'un pouvoir, d'un office, d'une charge, d'un droit, d'un privilège.
• L'interdiction d'exercer dans un lieu donné ou hors de ce lieu (ces interdictions n'entraînent jamais la nullité des actes accomplis malgré l'interdiction).
• Le transfert pénal à une autre fonction.
• Le renvoi de l'état clérical. ■

PÉCHÉS RÉSERVÉS

Cette expression juridique ancienne est trompeuse : il s'agit, en fait, de censures liées à des actes peccamineux, censures que l'autorité compétente se réserve le droit de lever.
La plupart des excommunications *latae sententiae* sont réservées au Saint-Siège. Les autres peines peuvent être réservées à l'Ordinaire du lieu. Pour demander de lever une excommunication réservée, il faut que celui qui l'a encourue se mette en situation régulière et s'adresse à n'importe quel prêtre ; celui-ci fera les démarches nécessaires avec le même respect du secret que dans la confession. ■

INDEX

Mot latin signifiant *indicateur.* Dans l'Église catholique l'Index (abrégé de l'expression *Index librorum prohibitorum,* c'est-à-dire Liste des ouvrages interdits) a désigné le répertoire tenu régulièrement à jour des ouvrages jugés contraires à la foi et à la morale ; leur lecture était interdite aux fidèles, sauf autorisation de l'autorité ecclésiastique (accordée assez largement pour des raisons professionnelles ou pastorales). Le principe de base de l'institution était le droit pour la vérité de dénoncer l'erreur.
L'Index date de la période agitée de la Réforme, dont l'invention de l'imprimerie favorisait la diffusion des idées. Dès 1559, le pape Paul IV avait institué une commission chargée d'établir et de tenir à jour une liste d'ouvrages prohibés. L'institution prit corps avec un décret du concile de Trente de 1563 ; le pape Pie V érigea une Congrégation de l'Index en 1571 ; celle-ci fut rattachée à celle du Saint-Office en 1918. Dans l'esprit de la déclaration du concile Vatican II sur la liberté religieuse (1965), le pape Paul VI décida en 1966 qu'aucun ouvrage ne serait plus inscrit désormais à ce répertoire. C'était mettre pratiquement fin à l'institution.
Parmi les auteurs dont des ouvrages figurèrent à un moment ou à un autre à l'Index, on peut citer Pascal, Condillac, Condorcet, Diderot et, parmi les contemporains, Gide, Sartre, Simone de Beauvoir. ■

EMPÊCHEMENT

Terme juridique servant à désigner un obstacle à l'établissement d'un acte contractuel tel que le mariage (pour lequel il est employé presque exclusivement).
On distingue dans le droit canon :

1. L'empêchement dirimant (c-à-d. « rendant impossible ») qui rend la personne incapable de contracter « validement un mariage » (can. 1073) : dans ce cas d'empêchement dirimant, le mariage est considéré comme nul et non avenu.

Les principaux empêchements dirimants sont :
• avoir moins de 16 ans pour l'homme et moins de 14 ans pour la femme ;
• l'impuissance antécédente et perpétuelle à accomplir l'acte sexuel ;
• le fait d'être déjà marié ;
• le fait d'être déjà diacre, prêtre, évêque ou d'avoir prononcé des vœux publics ;
• l'absence de liberté réelle dans la volonté de se marier (tromperie sur la personne, pression de toute sorte, folie) ;
• la parenté directe : personne n'a le droit d'épouser ses enfants (même adoptifs) ou petits-enfants, ses frères et sœurs, les enfants de son concubin ;
• le mariage avec un non-baptisé.
Certains de ces empêchements sont dits de droit divin et l'Église, évidemment, n'en dispense jamais (la consanguinité, le mariage antécédent) ; d'autres sont dits de droit ecclésiastique et l'Église peut en dispenser (le mariage avec un non-baptisé).

2. L'empêchement prohibant (c-à-d. « interdisant »), qui rend le mariage illicite mais non invalide : les mariés n'avaient pas le droit de se marier comme ils l'ont fait mais leur mariage est effectif.
L'exemple type de l'empêchement prohibant est celui dit de « religion mixte » (par exemple entre un baptisé catholique et un baptisé protestant ; il y a toujours possibilité de dispense, mais l'Église tient ainsi à souligner que les mariages « mixtes » ne sont pas sans susciter des difficultés).
Il faut cependant noter que le nouveau Code de droit canon n'emploie plus le terme empêchement prohibant, même s'il en garde la notion. ■

Qu'est-ce que ?

▶ **Indult** (du latin *indulgere,* avoir de l'indulgence, permettre). Ce terme de droit ecclésiastique désigne une dérogation au droit commun, accordée par le Saint-Siège. Ce fut, par exemple le cas, au cours de l'histoire, lorsque le pape accorda à des souverains le privilège de nommer eux-mêmes aux bénéfices ecclésiastiques.

Nullité de mariage. Un mariage est reconnu nul par l'autorité ecclésiastique compétente si, après une procédure appropriée, il apparaît que ce mariage avait été célébré malgré un *empêchement dirimant* ou qu'il n'avait pas été célébré dans les formes canoniques (par exemple par un prêtre non muni d'une « autorisation » de célébrer). En un tel cas, il n'y a pas dissolution du lien conjugal, mais constat de son inexistence.

Ordinaire. L'ordinaire est un ecclésiastique qui, par fonction, a une responsabilité juridique, le pouvoir de juridiction dans tous les domaines de la vie ecclésiale. Dans l'Église catholique, on dit que le pape possède la plénitude de la juridiction ordinaire sur toute l'Église, ce que chaque évêque, du moment qu'il est en communion avec lui, a dans son propre diocèse.
De manière générale on désigne par *ordinaires* : les évêques pour leur diocèse, les vicaires apostoliques et prélats nullius pour les territoires ou personnes qui leur sont confiés, les supérieurs majeurs pour leur ordre religieux, les abbés pour leur monastère ; et ceux qui ont reçu délégation de leur part (vicaires généraux, officiaux...) ou ont mission de les remplacer en cas d'absence ou de vacance du siège (vicaires capitulaires, administrateurs apostoliques...).

Sanatio in radice. Formule latine du droit canonique (littéralement *guérison à la racine*). La version française du droit canonique utilise, pour la traduire, l'expression *convalidation radicale.*
Lorsqu'un acte est reconnu nul (par exemple un mariage), l'autorité ecclésiastique compétente, dans certains cas (comme, par exemple, pour certains vices de forme), peut décréter un « sanatio in radice », c'est-à-dire déclarer qu'il faut considérer l'acte comme valide dès le moment où il a été posé et valider ainsi les conséquences de cet acte.

Séculier. Cet adjectif dérive du mot latin *sæculum* qui, dans son acception la plus courante, désigne le siècle, période de cent années, et, dans son acception religieuse traditionnelle, désigne la vie du monde, aux valeurs changeantes selon les époques, par opposition à la vie religieuse aux valeurs éternelles.

Suite page 562 ▶

Qu'est-ce que ?

▶ *Suite de la page 561*

Tandis qu'à l'origine le clergé régulier se composait des religieux régis par une règle et vivant en totalité retirés du monde, le clergé séculier était composé des clercs exerçant leur ministère au sein même du monde, c'est-à-dire le clergé diocésain, notamment celui qui assurait le ministère paroissial. Aujourd'hui, le mot séculier désigne non seulement le clergé diocésain mais les membres des instituts religieux exerçant leurs activités en plein cœur de la vie du monde (instituts séculiers).

Testimoniales (lettres). Attestations demandées par les supérieurs des candidats au sacerdoce ou à la vie religieuse en vue de s'assurer, auprès des ordinaires sous la juridiction desquels ces candidats se sont trouvés depuis l'âge de 14 ans, qu'ils offrent les capacités et présentent les garanties requises canoniquement pour être ordonnés ou faire profession religieuse.

Validité. Qualité attribuée à une chose ou à un acte qui a été réalisé selon ce que les normes, l'usage ou la loi indiquaient. L'acte ou la chose est donc valable. On parle par exemple, d'un mariage valide.

LA CESSATION DES PEINES

Une peine cesse quand celui qui l'a encourue cesse d'être contumace et quand l'autorité compétente accepte de rapporter cette peine. L'autorité compétente est généralement celle qui a infligé la peine et/ou qui est « l'ordinaire du lieu » (c'est-à-dire, sauf pour quelques-unes des excommunications *latæ sententiæ*, l'évêque du diocèse, où celui qui a une responsabilité équivalente).

Un confesseur peut, dans la plupart des cas, accorder l'absolution des péchés liés aux actes ayant entraîné la censure.

Si la censure, ou toute autre peine, est publique, la remise de peine au for externe sera faite par écrit. ■

Anathème

Le mot anathème vient du grec *anathema*, offrande votive ; par extension, offrande aux dieux du butin d'une victoire, y compris les prisonniers ; d'où le sens : tombé sous le coup de la malédiction.

C'est dans ce dernier sens que saint Paul a utilisé le mot anathème (Rm 9, 3) pour traduire le mot hébreu *herem*, qui désignait, chez les Juifs, le rejet du grand pécheur de la communauté. Dans les premiers siècles du christianisme, cette malédiction a accompagné les exclusions de la communauté, ou « excommunications ». Au Moyen-Âge, l'anathème désigne l'excommunication majeure, privant des sacrements et séparant de la communauté ; peu à peu, le mot anathème s'identifiera à la condamnation d'une doctrine contraire à la foi.

Exemples d'anathèmes

A propos de la nature divine de Jésus-Christ

Anathème visant Arius et la doctrine arienne, qui niaient que Jésus-Christ soit de nature divine.

« Quant à ceux qui disent : "Il fut un temps où il n'était pas, et avant d'être engendré il n'était pas", ou bien : "Il a été tiré du néant", ou qui prétendent que le Fils de Dieu est d'une autre substance que le Père, ou qu'il est créé, ou changeant, ou variable, ceux-là l'Église catholique et apostolique les déclare anathèmes. » (Concile de Nicée, en 325.)

A propos de la nature à la fois divine et humaine de Jésus-Christ

Anathème visant Nestorius et la doctrine nestorienne, selon lesquels Jésus-Christ comportait deux personnes distinctes, l'une divine, l'autre humaine, la Vierge Marie étant dès lors la mère de la seule personne humaine de Jésus et ne pouvant être appelée Mère de Dieu *(Theotokos)*.

« Suivant donc les saints Pères, nous enseignons, tous d'une seule voix, un seul et même Fils, Notre-Seigneur Jésus-Christ, le même parfait en divinité, le même parfait en humanité, le même Dieu vraiment, et homme vraiment, d'une âme raisonnable et d'un corps, consubstantiel au Père selon la divinité, consubstantiel à nous selon l'humanité, semblable à nous en tout hormis le péché, engendré du Père avant tous les siècles selon la divinité, et le même dans les derniers temps, né de la Vierge Marie, la Mère de Dieu, pour notre salut selon l'humanité, un seul et même Christ, Fils, Seigneur, Monogène, que nous reconnaissons être en deux natures, sans confusion ni changement, sans division ni séparation, sans que l'union supprime en rien la différence des natures, mais au contraire les propriétés de chacune des deux natures restant sauves et rencontrant l'autre en une seule personne et une unique hypostase. Nous confessons, non pas un Fils partagé ou divisé en deux personnes, mais un seul et même Fils, Monogène, Seigneur, Jésus-Christ, comme jadis l'ont annoncé les prophètes, comme Jésus-Christ lui-même nous en a instruits et comme le symbole des Pères nous l'a transmis.

Tout cela ayant été fixé et formulé par nous avec toutes les précisions et l'attention possibles, le saint et œcuménique Concile a décidé qu'il n'est permis à personne de professer, de rédiger, de composer une nouvelle formule de foi, ni de l'enseigner à d'autres. Car ceux qui oseront composer une autre foi, ou qui proposeraient un autre symbole à ceux qui désirent se convertir de l'hellénisme, du judaïsme ou d'une hérésie quelconque, et veulent venir à la connaissance de la vérité, ceux-là, s'ils sont évêques ou clercs, ils seront exclus, les évêques de l'épiscopat et les clercs du sacerdoce. S'ils sont moines ou laïcs, ils sont anathèmes. » (Concile de Chalcédoine, en 451, Actio n° 34, *Histoire de l'Église par elle-même*, Fayard.) ■

Le droit, ennemi de l'Évangile ?

Beaucoup de chrétiens ignorent le Droit canon, beaucoup voient même une certaine incompatibilité entre Évangile et droit. Dans l'Évangile tout serait grâce, don, liberté, vie ; dans le droit tout serait réglementation, répression, contrainte. Si le droit doit cependant exister, ce serait par simple concession aux faiblesses humaines.

Il est probable que ce jugement sur le rapport entre droit et Évangile repose sur un double quiproquo.

Le droit n'est pas toujours réglementation, répression et contrainte : le droit de grâce, le droit de l'adoption, celui de la naturalisation d'un étranger décrivent, en droit français, autant de procédures qui n'ont rien de coercitives : elles ouvrent au contraire la possibilité d'un statut plus favorable. Pour comprendre le droit d'Église, il faut sans doute toujours garder l'image de ce droit « institutionnel » qui donne à chacun un statut « légitime ». L'Évangile n'est pas exempt de référence au droit : appelé Nouveau Testament (un testament est un acte juridique), il est l'expression de la Nouvelle Alliance (et l'alliance est un acte juridique), il trace les chemins de la *justification*, qui fait les hommes fils de Dieu par adoption, et par-là « cohéritiers du Christ ».

Une lecture attentive montre que, loin d'être une sorte de poème ou de récit extérieur à celui qui le reçoit, l'Évangile est un texte juridique qui introduit le croyant dans un nouveau statut envers Dieu et ses frères : les sacrements sont l'expression même du droit dans lequel introduit l'Évangile, puisque ce sont eux qui signifient et donnent ce nouveau statut.

Ainsi, le droit institutionnel de l'Évangile est directement lié à l'action de l'Esprit Saint dans les sacrements : car c'est l'Esprit qui donne aux sacrements leur efficacité. Rien n'est donc plus contraire à l'Évangile que d'opposer droit et Esprit.

Au cours de l'histoire, l'Église a produit bien des lois en oubliant le caractère sacramentel de l'origine de son droit : de là, sans doute, les quiproquos signalés plus haut. Le nouveau Code de droit canonique essaie, au contraire, de rendre compte de l'originalité du droit ecclésial. En ce sens, on peut même dire qu'il apporte un complément important au concile Vatican II, qui a très peu parlé de l'Esprit Saint et pas du tout du droit canonique. Ces deux lacunes, paradoxales en apparence, sont en fait liées : c'est l'Esprit qui structure l'Église à travers la médiation du droit sacramentel. ■

▶▶▶ *Suite de la page 550*

3. UN PEUPLE QUI, SANS CESSE, REPREND CONSCIENCE DE SA MISSION

Les chrétiens se savent choisis pour témoigner

A Oxford, a été publié, il y a peu, un ouvrage très documenté, rédigé à Nairobi par David Barett : l'*Encyclopédie chrétienne du monde. Bilan comparatif des Églises et des religions. 1900 - 2000.* C'est le résultat de quinze ans de travail. On y apprend qu'entre 1900 et 2000, la population mondiale doit passer d'un milliard 600 millions d'habitants à 6 milliards 200 millions. Au long de ce même siècle, les chrétiens sont estimés passer de 558 millions à 2 milliards 20 millions. Les catholiques représentent environ la moitié des chrétiens. De 272 millions, ils pourraient passer à un milliard 169 millions. Les musulmans, en 2000, devraient être un peu plus nombreux que les catholiques, soit un milliard 200 millions (voir p. 138).

Ces chiffres donnent l'ampleur du défi que les chrétiens ont à relever. L'Église entend donc assumer sa mission d'annoncer le *kérygme* (voir p. 518) à ce monde parce que, selon sa foi, elle a été choisie pour ce faire. Choisie et soutenue par Dieu. Dans la Bible, on dit « élue » (le mot latin *electus* veut simplement dire *choisi*).

L'Église du Christ ne comprendrait plus rien à sa vocation catholique si elle oubliait le principe biblique de l'*élection*. Quand Dieu choisit, c'est finalement pour le service de tous. Qu'il élise un homme tel Abraham, un serviteur, une tribu, une ethnie, un peuple, un petit reste d'élus fidèles ou une communauté, c'est pour montrer qu'il ne renonce pas au salut de tous, mais confie à un petit troupeau la charge de relancer dans le vaste monde l'appel qu'il adresse inlassablement à tous. C'est pourquoi l'Église, contre toutes les vraisemblances culturelles ou démographiques, ne peut renoncer à l'ambition de son projet d'universalité.

Les signes de la crédibilité

A ceux qui lui demandent de justifier cette prétention, l'Église répond qu'en se donnant un tel programme, elle répond à la demande de Dieu. Et qu'elle n'a pas d'autres justifications. A ceux qui veulent, au moins, quelques signes pour être sûrs que Dieu lui demande cela, elle répond : d'autres organisations ont compté beaucoup de martyrs à chaque époque, hommes et femmes, qui ont donné leur vie pour un idéal, mais aucune n'a eu autant de martyrs que l'Église... Martyrs qui sont morts d'avoir voulu annoncer : « Jésus est ressuscité pour le pardon des péchés ». Malgré les défaillances, les trahisons, la faiblesse de beaucoup de ses membres, cela fait près de 2000 ans que l'Église existe et cela ne s'explique pas facilement. Aujourd'hui encore, l'Église est capable, au nom de cette mission, de susciter, un peu partout dans le monde, des dynamismes dont la valeur est universellement reconnue. Romero, Camara, Teresa de Calcutta, Jean XXIII, Jean Vanier, l'abbé Pierre, etc., et bien d'autres, vivent ou ont vécu une expérience qui change petit à petit le monde.

▶▶▶

LES GRANDS PRÉDICATEURS CATHOLIQUES

Les premiers grands prédicateurs furent les Apôtres ; les textes du Nouveau Testament nous ont conservé quelques-unes de leurs interventions. Partout l'évangélisation s'est effectuée par la prédication en même temps que par le témoignage.
Dans les siècles suivants, on peut retenir parmi les noms d'orateurs les plus connus :

St Athanase	295-373
St Hilaire de Poitiers	315-367
St Grégoire de Nazianze	v. 330-v. 390
St Ambroise	340-397
St Jean Chrysostome (c.-à-d. Bouche d'Or)	v. 345-407
St Augustin	354-430
St Cyrille d'Alexandrie	v. 380-v. 444
St Pierre Chrysologue (c.-à-d. Parole d'Or)	406-451
St Léon, pape	+ 461
St Grégoire I, pape	540-604
St Jean Damascène	v. 650-v. 749
St Paschase Radbert	+ 865
St Bernard de Clairvaux	1090-1153
St Dominique	1170-1221
St François d'Assise	1186-1226
St Antoine de Padoue	1195-1231
St Bonaventure	1221-1274
St Thomas d'Aquin	1225-1274
St Vincent Ferrier	1350-1419
Jean Gerson	1363-1429
St Bernardin de Sienne	1380-1444
St François Borgia	1510-1572
St Robert Bellarmin	1542-1621
St François de Sales	1567-1622
St Vincent de Paul	1581-1660
St Jean-François Régis	1597-1640
St Jean Eudes	1601-1680
Jacques Bossuet	1627-1704
Louis Bourdaloue	1632-1704
Esprit Fléchier	1632-1710
François Fénelon	1651-1715
St Louis-Marie Grignion de Montfort	1673-1716
Henri Lacordaire	1802-1861
Félix Dupanloup	1802-1878

LES PRÉDICATEURS DE NOTRE-DAME (1)

Lacordaire (1835-1836)
Ravignan (de) (1837-1842)
Lacordaire (1843-1846)
Plantier (1847)
Lacordaire (1848-1851)
Ravignan (de) (1852)
Félix (1853-1870)
Ollivier (1871)
Monsabré (1872-1890)
Hulst (d') (1891-1896)
Ollivier (1897)
Étournean (1898-1902)
Janvier (1903-1924)
Sanson (1925-1927)
Baudrillart (1928)
Pinard de la Boullaye (1929-1937)
Chevrot (1938-1940)
Panici (1941-1945)
Riquet (1946-1955)

(1) Années de prédication ▶

▶▶▶

Les limites de la prétention

L'Église ne se veut pas propagandiste de l'Église, mais de « Jésus, ressuscité pour le pardon des péchés ». Elle n'est pas un parti politique dont la mission est de prendre le pouvoir pour mettre en œuvre ses idées. Des hommes d'Église ont pu essayer de prêcher l'Église, elle a pu essayer d'imposer son pouvoir, ses idées... Dans certaines dictatures, dans certains mouvements politiques, on a pu essayer de se servir des notions chrétiennes pour imposer un certain ordre ; tout ceci est à la fois un contre sens et une faute.

« *Nous sommes les témoins* »... L'Église est le doigt qui désigne ; mais la réalité la dépasse de toute part. Son rôle est de l'ordre du témoignage. Elle est choisie pour être un signe, un signe qui rend présent ce qu'il signifie. Être signe ne veut pas dire, à ses yeux, ne pas être organisée ou ne pas avoir une existence comparable à celle d'autres groupements humains. Mais être signe, cela définit sa raison d'être, sa mission et son but.

Les chrétiens affirment que ce « nous » est une part importante du message qu'ils ont à dire aux hommes

Si Dieu parle aux hommes par le truchement de l'expérience de certains d'entre eux, c'est que Dieu veut « avoir besoin des hommes », c'est que Dieu prend l'homme au sérieux. Et pas seulement les meilleurs, mais tous les hommes. Car si l'on voit facilement — ce n'est pas très compliqué, il suffit d'ouvrir les yeux — dans l'Église la compromission, la bêtise et l'erreur, l'astuce et la lâcheté, c'est que l'Église a pour principe d'accueillir les gens tels qu'ils sont. Elle les appelle chaque jour à la conversion. S'ils ne se laissent pas gagner par la contagion de la sainteté, alors l'Église ne dispose d'aucune réglementation, d'aucune gendarmerie, pour mettre à la porte les membres qui lui déplairaient. Et cela tout à fait délibérément... « Toute association a, dans ses statuts, des clauses de défense qui lui permettent d'écarter les indésirables.

Suite page 568 ▶▶▶

Jean-Paul II inaugurant la cathédrale d'Abidjan.

Ph. Kna-CIRIC

▶

Blanchet (1956-1958)
Père Carré (1959-1966)
Père Thomas (1967-1970)
Mgr Brien (1971-1974)
Père Bro (1975-1978)
Père Sintas (1979-1981)
Cardinal Etchegaray, 28 février 1982, *Bénie sois-tu, notre Mère, la sainte Église.*
Monseigneur Saudreau, 7 mars 1982, *Je vous annonce une bonne nouvelle.*
Monseigneur Honoré, 14 mars 1982, *Tu le diras à tes enfants.*
Monseigneur Coffy, 21 mars 1982, *Pourquoi est-ce que je prie ?*
Monseigneur Jullien, 28 mars 1982, *Pourquoi m'interroges-tu sur ce qui est bon ?*
Monseigneur Heckel, 4 avril 1982, *Cherchez d'abord le règne de Dieu et sa justice.*
Père Latour, 1983, *Vers la réconciliation.*
Père Latour, 1984, *La vie s'est manifestée.*
Père Calvez, 1985, *Droits de l'Homme, justice et Évangile.*
Père Calvez, 1986, *Au cœur de sociétés en crise, une parole de l'Église pour la vie du monde.*
(Suite des prédicateurs de Notre-Dame, voir Index)

Les prêtres « Fidei donum »

Le 21 avril 1957, en la fête de Pâques, le pape Pie XII faisait paraître l'encyclique *Fidei donum.* Il lançait aux évêques de toute l'Église « un grave et pressant appel en faveur des missions d'Afrique... et de l'ensemble des missions catholiques »

« Certains évêques, disait-il, autorisent tel ou tel de leurs prêtres, fût-ce au prix de quelques sacrifices, à partir se mettre, pour une durée limitée, à la disposition des Ordinaires d'Afrique... Nous encourageons volontiers ces initiatives généreuses et opportunes... Elles peuvent apporter une solution précieuse dans une période difficile, mais pleine d'espérance, au catholicisme africain. »

Le 25 septembre 1961, le pape Jean XXIII, dans une lettre adressée au cardinal Liénart alors président de l'Assemblée des Cardinaux et Archevêques français, demandait à l'Église de France d'envoyer des prêtres au service des Églises du continent latino-américain.

« Nous voudrions, sans porter préjudice à l'effort magnifique consenti par nos chers fils du clergé français en faveur du continent africain et des missions dans le reste du monde, qu'un effort parallèle soit tenté, dans la mesure du possible, en faveur de l'Amérique latine » (*La Documentation catholique,* n° 1379, 1er juillet 1962).

Le concile, dans le décret *Ad gentes,* reprenait à son compte l'appel de Pie XII et, partant du fait que « tous les évêques... ont été consacrés, non seulement pour un diocèse donné, mais pour le salut du monde entier » ; il invitait ceux-ci à réfléchir à la « très grave pénurie de prêtres qui empêche l'évangélisation de nombreuses régions » et à envoyer « à des diocèses manquant de clergé quelques-uns de leurs meilleurs prêtres qui se proposent pour l'œuvre missionnaire » (*Ad gentes,* n° 38). »

A la suite de ces différents appels, résumés par la Commission épiscopale des Missions extérieures pour l'Assemblée des évêques (Lourdes, 1982), 950 prêtres français ont été envoyés de 1957 à 1982, principalement dans les diocèses d'Afrique et d'Amérique Latine. Au 1er janvier 1992, ils étaient 273, originaires de 83 diocèses français. Leur « caractéristique est de rester attachés à leur diocèse d'origine et très souvent d'y revenir ». On les appelle souvent les prêtres *Fidei donum.* ■

Petite histoire de la mission

« De sa nature, l'Église, durant son pèlerinage sur terre, est missionnaire puisqu'elle tire son origine de la mission du Fils et de la mission du Saint-Esprit, selon le dessein de Dieu le Père » (*Vatican II*, Décret *Ad Gentes* sur l'activité missionnaire de l'Église, 32).

L'Église, d'après le concile Vatican II, est donc missionnaire de nature. Il est vrai que lorsque saint Luc présente l'événement de la Pentecôte dans les *Actes des Apôtres* (2, 1-41), il décrit la naissance de l'Église dans une perspective missionnaire. Pierre explique longuement que Dieu a ressuscité Jésus des morts et qu'il donne à tous un Esprit qui fait vivre. Et l'Esprit, selon les *Actes des Apôtres*, continue son œuvre : il bouleverse les cœurs, rassemble une communauté fraternelle, pousse au partage, donne des frères, oblige à accueillir les étrangers tels qu'ils sont sans leur demander de changer de coutumes, invite à aller plus loin, ailleurs.

Les cinq premiers siècles

L'enthousiasme de ce qui commence a été la motivation principale de la mission pendant les premiers siècles. La mission, dès cette époque, a connu de grands personnages qui ont bouleversé l'histoire : les apôtres — et surtout saint Paul — furent les premiers d'entre eux. D'autres sont moins connus, qui ont eu une importance considérable : Pentène en « Inde » (vers 190), saint Grégoire l'Illuminateur en Arménie (vers 312), l'arien Ulfilas chez les Goths, saint Frumence en Abyssinie (vers 330), saint Martin dans les campagnes gauloises († 397). Mais on peut dire que la mission était un effort de tous les chrétiens. L'Église s'est surtout développée à partir des conversations de la vie ordinaire ; l'évangélisation est partie de la Palestine : vers le sud (Alexandrie), l'est (l'Asie), le nord (l'Asie mineure ; Edesse, actuelle Urfa en Turquie, a été la première ville « chrétienne »), l'ouest, où elle a suivi les grandes voies romaines (Grèce, Italie, Gaule, « Bretagne »). Et, à partir de là, elle a continué sa progression toujours plus loin (Arabie, Ethiopie, Europe centrale...).

Du Ve au Xe siècle

Les motivations de l'évangélisation et les acteurs de cette évangélisation changent assez nettement. L'Occident chrétien sera un temps quasiment arien ; bientôt Charlemagne voudra rétablir à son profit l'empire « romain » d'Occident. L'Orient va être dominé par la personnalité des empereurs de Byzance, pour lesquels les affaires religieuses sont des affaires d'État. Du coup, les motivations de la mission vont changer : à côté de la volonté d'apporter le salut en Jésus-Christ, des ambitions politiques se font jour ; par ailleurs, apparaît un corps de missionnaires « spécialisés », des moines.

Il faut retenir de cette période les efforts de l'Église nestorienne à Ceylan, sur la côte de Malabar et en Chine (où des Églises connurent leur apogée au VIIIe siècle). En Occident, les grandes figures s'appellent saint Patrick (Irlande), saint Colomba (Écosse), saint Colomban (Gaule), fondateur de plusieurs grands monastères missionnaires (Luxeuil, Bobbio), saint Willibrord (Frise), saint Boniface (Thuringe et Hesse), saint Anschaire (Suède) ; et parmi tant de personnages extraordinaires, les plus prestigieux sont saint Cyrille et Méthode, apôtres des Slaves.

Du Xe au XVe siècle

Cette période, qui recouvre en gros la seconde moitié du Moyen-Âge, voit se développer une tension entre la religion et la politique : la « mission » (le nom n'est pas encore employé pour désigner la prédication de la foi à l'extérieur de la chrétienté) va revêtir des aspects divers, où les motivations religieuses seront importantes mais souvent marquées de volonté d'hégémonie « triomphaliste ».

Quatre types de mission seront à l'œuvre durant cette partie du Moyen-Âge :

- Un effort pour convertir le reste des tribus les plus reculées d'Europe avec des hommes comme saint Adalbert (Prusse) ou les chevaliers teutoniques.
- Un effort pour convertir l'Islam alors que les Croisades essayaient de lui arracher les lieux saints : saint François d'Assise est l'initiateur de cette forme de mission, qui fut élaborée par Raymond Lulle († 1315), un mystique espagnol. Celui-ci, en particulier, demanda aux missionnaires d'apprendre les langues orientales.
- Un effort pour aller au bout du monde comme chez les Tatars et les Chinois. Saint Louis envoya Guillaume de Rubruquis aux Mongols, et Jean de Monte Corvino († 1328) travailla plus de trente ans en Chine, où il espérait convertir l'empereur.
- Un effort d'évangélisation locale, au cœur de la chrétienté : là, il faut citer l'action des ordres mendiants et des grands prédicateurs, saint François et saint Dominique.

Du XVe au XXe siècle

La découverte d'un nouveau monde (1492, Christophe Colomb) et la rivalité, en Occident, entre des communautés chrétiennes séparées par la Réforme font entrer la mission dans une nouvelle ère. Le mot d'ailleurs prend son sens actuel. Pour l'Église catholique, on peut sans doute analyser cette période comme celle de la prise en main progressive de la mission par Rome (au départ, pour éviter la mainmise des États). En 1622, le pape Grégoire XV fonde une sorte de « ministère » chargé des problèmes de la mission à Rome : la Congrégation *de Propaganda fide* (c'est-à-dire pour le développement de la foi). Depuis lors, les directives, les initiatives, les soutiens de Rome sont omniprésents. Les papes écrivent beaucoup sur la mission : au cours du seul XXe siècle, Benoît XV *Maximum illud* (1919) ; Pie XI *Rerum Ecclesiæ* (1926), sur la nécessité d'un clergé indigène ; Pie XII *Evangelii praecones* (1951), sur l'urgence d'un clergé indigène, *Fidei Donum* (1957), sur la responsabilité universelle de chaque évêque

Mort de saint François-Xavier (1552)

et la nécessité d'avoir des prêtres diocésains missionnaires ; Paul VI *Evangelii Nuntiandi* (1975), sur l'évangélisation du monde moderne ; Jean-Paul II *Redemptoris missio* ; sans oublier Vatican II et son important décret *Ad Gentes* (1965) sur l'activité missionnaire de l'Église.

Jusqu'au XXe siècle, la mission est essentiellement l'affaire des religieux (franciscains, dominicains, augustins, jésuites...), bientôt rejoints par des sociétés spécialisées comme les Missions Étrangères de Paris (au XVIIIe siècle) et les congrégations missionnaires du XIXe : Oblats de Marie Immaculée, Congrégation du Saint-Esprit, Missions Africaines de Lyon, Pères Blancs, Sœurs de Notre-Dame d'Afrique, Mary Knoll, Sœurs de Saint-Joseph de Cluny, etc. La France est très active.

En 1822, une laïque lyonnaise, Pauline Jaricot, lance une organisation de sensibilisation de l'opinion aux questions missionnaires, qui sera à la base de l'importante structure actuelle des Œuvres pontificales missionnaires (O.P.M.).

Cette mission extérieure s'accompagne, au moins jusqu'au XXe siècle en Europe, d'une organisation progressive de la mission intérieure. Les ordres mendiants s'y étaient consacrés à partir de leur fondation au XIIIe siècle. Mais le Concile de Trente relance l'effort après le XVIe siècle. Saint Charles Borromée veut réévangéliser Milan ; mais c'est en France que le mouvement sera le plus fort : saint Jean Eudes dans l'ouest de la France, Cretenet dans le Lyonnais, Julien Maunoir et Michel le Nobletz en Bretagne, saint François de Sales en Savoie, le bienheureux Alain de Solminihac à Cahors, saint Pierre Fourier en Lorraine, saint Jean-François Régis en Velay, le bienheureux Louis-Marie Grignion de Montfort en Vendée.

Cette mission intérieure a sans doute été, plus ou moins consciemment, inspirée par l'idée de restaurer un moyen-âge mythique d'avant la modernité. Mais l'effort vigoureux de cette mission française a eu aussi comme effet de susciter une réflexion permanente sur l'évangélisation intérieure. Elle annonçait, d'une certaine mesure, les intuitions qui ont conduit à créer les mouvements d'Action Catholique, par lesquels les laïcs ont retrouvé une place qu'ils avaient souvent perdue depuis les origines de l'Église. Mais le retour n'est pas total puisque, à l'origine, le baptême lui-même était conçu comme un engagement missionnaire. ■

Convertir : combattre ou dialoguer avec les autres religions ?

Saint François Xavier affirmait voir tomber en enfer les âmes de ceux qui n'étaient pas baptisés. Cette vision, ou plutôt cette image, était une puissante motivation à la mission : on allait en mission, par charité, pour éviter l'enfer à des hommes et à des femmes dont on voulait respecter la dignité.

La plupart des théologiens aujourd'hui se refusent à placer la peur de l'enfer comme source de la mission. Ils admettent que l'homme, en dehors des frontières visibles de l'Église, peut avoir une réelle expérience de Dieu, et même que le Christ donne aux « religions » certains moyens de salut : on conçoit mal aujourd'hui que, sauf exception, on puisse découvrir Dieu en dehors des moyens que donne une communauté pour le faire.

Le problème de la mission se pose parfois d'une manière nouvelle à ceux qui admettent ces principes : pourquoi aller « déranger » des gens dont on admet qu'ils peuvent, dans leur religion traditionnelle, trouver des éléments porteurs de salut ?

Pour un chrétien, annoncer le Christ n'est pas « déranger » quelqu'un, et ce, pour trois raisons.

- Parce que cette annonce correspond à une demande précise du Christ : « Allez, de toutes les nations faites des disciples ».
- Parce que, quels que soient les mérites des autres religions, elles ne peuvent donner le Christ. Certes, elles peuvent être porteuses d'une Parole de Dieu, mais elles ne peuvent permettre de vivre, dans le Christ, cette relation tout à fait spéciale à Dieu, découvert comme Père, qui est le propre du christianisme. Bref, le chrétien, en annonçant le Christ, même à l'homme religieux, a conscience de pouvoir mettre un comble à son bonheur.
- Parce qu'en toute hypothèse la liberté de conscience et la dignité des interlocuteurs doivent être respectées.

La fin du schéma simpliste — membre de l'Église catholique immédiatement ou damné — conduit de fait à une autre conception de la mission : il s'agit toujours de proclamer la résurrection du Christ, mais il s'agit aussi, dans le dialogue, de découvrir les richesses propres de chaque religion. On pourrait dire, d'une certaine manière, qu'il s'agit moins, dans la conversion, de détruire les traces de l'ancienne religion, que de porter à leur achèvement, dans le Christ, les valeurs de cette religion. On voit qu'une telle conception définit un tout autre rapport humain. ■

MISSION

Dans l'histoire de l'Église, le mot (du latin *missio,* envoi, élargissement d'un prisonnier) a reçu deux significations différentes. Jusqu'au XVIe siècle, la mission de l'Église signifiait que l'Église était envoyée par Dieu. L'Église est l'objet de la mission. Depuis le XVIe siècle, la mission de l'Église signifie l'effort d'évangélisation exercé par l'Église. C'est l'Église qui envoie.

Les spécialistes de la mission ont pendant longtemps distingué :
- la *mission intérieure* (ou *ad intra*) : l'effort d'évangélisation de régions déjà « chrétiennes » mais ayant besoin d'être ré-enseignées dans la foi au Christ ;
- la *mission extérieure* (ou *ad extra*) : l'effort d'évangélisation exercée hors des régions traditionnellement chrétiennes. ■

MISSIONS INTÉRIEURES ET EXTÉRIEURES

INSTITUTS RELIGIEUX

	Date	Nom	Fondateur
XIIIe siècle	1210	Ordre franciscain des Frères Mineurs (franciscains)	St François d'Assise
	1216	Frères prêcheurs (dominicains)	St Dominique
	1233	Servites de Marie	Sept laïcs
	1244	Ordre de St Augustin (augustins)	
XVIe siècle	1525	Ordre franciscain des Frères Mineurs (capucins)	Matteo da Bascio
	1534	Compagnie de Jésus (jésuites)	St Ignace de Loyola
	1564	Oratoire	St Philippe Néri
	1568	Ordre des Frères Déchaux du Mont Carmel (carmes déchaux)	St Jean de la Croix
XVIIe siècle	1611	Oratoire de France	Cardinal de Berulle
	1625	Congrégation de la Mission (lazaristes)	St Vincent de Paul
	1635	Filles de la Miséricorde	Mère de St Ignace
	1643	Congrégation de Jésus et Marie (eudistes)	St Jean Eudes
	1660	Société des Missions Étrangères de Paris	Mgr François Pallu
XVIIIe siècle	1703	Congrégation du Saint-Esprit (spiritains)	Père Claude-François Poullart des Places
	1703	Filles de la Sagesse	St Louis-Marie Grignion de Montfort
	1705	Compagnie de Marie (montfortains)	St Louis-Marie Grignion de Montfort
	1732	Congrégation du Très Saint Rédempteur (rédemptoristes)	St Alphonse de Liguori
XIXe siècle	1800	Congrégation des Sacrés-Cœurs (picpuciens)	Père Coudrin et Mère Henriette Aymer de la Chevalerie
	1807	Sœurs de St Joseph de Cluny	Anne-Marie Javouhey
	1816	Société de Marie (maristes)	R.P. Jean-Claude Colin
	1816	Oblats de Marie Immaculée	Mgr de Mazenod
	1817	Société de Marie (marianistes)	R.P. Joseph Chaminade
	1835	Prêtres du Sacré-Cœur de Jésus, de Bétharram	St Michel Garicoïts
	1838	Missionnaires de St François de Sales d'Annecy	Père Pierre-Marie Mermier
	1842	Petites Sœurs des Pauvres	Ste Jeanne Jugan
	1845	Augustins de l'Assomption (assomptionnistes)	Père Emmanuel d'Alzon
	1848	Fusion des Congrégations du Saint-Esprit et de la Société du Saint-Cœur de Marie	Père François Libermann
	1854	Missionnaires du Sacré-Cœur de Jésus (Issoudun)	Père Jules Chevalier
	1856	Société des Missions Africaines de Lyon	Mgr Marion Brésillac
	1856	Oblats de Saint-Charles	Mgr H. E. Manning
	1856	Auxiliatrices des âmes du purgatoire	Bse Mère Marie de la Providence
	1860	Association des Prêtres du Prado	Bx Père Antoine Chevrier
	1868	Missionnaires d'Afrique (Pères Blancs)	Cardinal Lavigerie
	1868	Sœurs Blanches (N.-D. d'Afrique)	Cardinal Lavigerie
	1874	Congrégation des Filles de N. D. du Sacré-Cœur	Père Jules Chevalier et Mère Marie-Louise Hartzer
	1877	Franciscaines Missionnaires de Marie	Mère Marie de la Passion (Hélène de Chappetin de Neuville)
	1885	Congrégation Pie IX de l'Immaculée Conception	Mlle de Mélient
XXe siècle	1918	Fils de la Charité	R.P. Anizan
	1922	Sœurs Missionnaires du Saint-Esprit	
	1933	Petits Frères de Jésus	dans l'esprit du Père Ch. de Foucauld — Père René Voillaume
	1933	Petits Frères de Marie	dans l'esprit du Père Ch. de Foucauld
	1933	Petites Sœurs du Sacré-Cœur	dans l'esprit du Père Ch. de Foucauld
	1943	Frères Missionnaires des Campagnes	R.P. Epagneul

MISSION DE FRANCE

1941	Organisation d'équipes sacerdotales pour la mission intérieure dans le cadre d'une « Prélature Nullius » érigée par le Saint-Siège.	Assemblée des cardinaux et archevêques de France

ŒUVRES DE SOUTIEN AUX MISSIONS EXTÉRIEURES

1822	Association de la Propagation de la Foi	Pauline Jaricot
1843	Œuvre de la Sainte Enfance	Mgr de Forbin-Janson
1889	Œuvre de Saint-Pierre Apôtre pour le clergé indigène	Jeanne Bigard
1916	Union missionnaire du clergé *(Ces organisations ont depuis reçu le caractère d'Œuvres pontificales missionnaires -O. P. M.-, avec un secrétariat général au Saint-Siège et des directions nationales, dont une pour la France).*	Père Paul Manna

APOSTOLAT LAÏC

1886	Association Catholique de la Jeunesse Française	Albert de Mun
1922	Action Catholique Italienne	Pie XI
1925	Jeunesse Ouvrière Chrétienne (J. O. C.) Autres mouvements d'A.C., voir p. 483 b	Abbé Cardijn

ORGANISATION DU SAINT-SIÈGE

1599	Congrégation *De propaganda fide* (pour la propagation de la foi) couramment appelée « Propagande » : département du Saint-Siège chargé des missions extérieures ; devenu, en 1967, Congrégation pour l'Évangélisation des Peuples.	Clément VIII
1967	Conseil Pontifical pour les Laïcs	Paul VI

Les évêques de France parlent de la Mission

Toute mission est universelle. *Et là, après un mouvement missionnaire centrifuge — aller vers — nous avons à découvrir un* mouvement centripète, *celui du retour de l'Évangile aux couleurs des Églises locales, vers nos vieilles Églises embarrassées dans leurs difficultés d'adaptation. Nous serons peut-être tentés plus que jamais par le repli sur nous. L'évangélisation est communication, plus que présence ; cela veut dire ici que nous avons à recevoir, de ceux que nous avons évangélisés, les formes d'une interdépendance morale et spirituelle pour ouvrir les mentalités sécularisées à des styles de vie de pauvreté, à des relations symboliques, à des expressions du rapport au transcendant que tout nous portera à marginaliser au nom de nos rationalités techniques.*

Le rapport théologique l'énonce ainsi : « Une Église de France envoie en Afrique, en Amérique latine, auprès des jeunes, en mission ouvrière, dans les situations du quart-monde, etc. Il lui faut chercher à faire place au choc en retour, à ne pas s'en étonner : ces envoyés seront témoins de l'Évangile qu'ils auront écouté dans ces nouvelles situations. Ils seront les témoins d'autres dimensions et exigences de l'Évangile, d'autres pratiques évangéliques nées en « terre étrangère ».

Assemblée plénière de la Conférence des évêques de France. Lourdes 1981.

CONVICTIONS MISSIONNAIRES

1. L'Évangile est la Bonne Nouvelle décisive pour tout homme et tout peuple.

Malgré la position de minorité et la faiblesse de l'Église, notre présence au milieu d'autres peuples a renforcé en nous la conviction que l'Évangile est décisif pour tout homme.

L'homme peut être sauvé à travers sa religion — c'est le secret de Dieu — mais nous croyons que nous n'avons pas le droit de garder pour nous la Bonne Nouvelle de Jésus-Christ.

Nous reconnaissons en nous un dynamisme de l'Esprit qui nous pousse et nous voyons le même Esprit vivre et agir en ceux que nous rencontrons. Nous croyons que tout chrétien est appelé à témoigner ainsi de Jésus-Christ : il ne s'agit pas d'abord d'une activité officielle ou spécialisée, il s'agit de mettre dans la rencontre avec autrui le meilleur de nous-mêmes.

2. La tâche de l'Église, peuple de Dieu, est d'annoncer la Bonne Nouvelle de Jésus-Christ.

Les chrétiens entrent aussi dans la mission du Christ partout où ils rejoignent l'action de l'Esprit en dévoilant, dans le cœur des hommes, les valeurs du Royaume et en s'engageant avec eux dans les gestes qui le font grandir.

L'annonce de Jésus-Christ, en effet, peut atteindre son sommet dans une proclamation explicite, quand le temps est venu, en réponse à une demande, à un désir implicite, là où existe une possibilité d'accueil.

Mais la mission de l'Église se réalise aussi là où les chrétiens, en lien avec l'Église, s'engagent dans les tâches par lesquelles vient le Règne de Dieu : « Car le Règne de Dieu ne se réalise pas seulement là où les hommes acceptent le baptême. Il vient aussi partout où l'homme est engagé dans sa véritable vocation, partout où il est aimé, partout où il crée des communautés dans lesquelles on apprend à aimer : familles, associations, nations. Il vient partout où le pauvre est traité comme un homme, partout où la justice est promue, où la paix s'établit, où la vérité, la beauté et le bien grandissent l'homme » (Déclaration des évêques d'Afrique du Nord, 1979).

3. L'évangélisation est le témoignage de l'immense tendresse de Dieu, incarnée ici et maintenant.

Nous sommes amenés à remettre en question nos représentations d'un Dieu « puissant ». Le travail au milieu d'autres peuples nous révèle la force d'un Dieu caché.

4. L'évangélisation est une tâche plus grande que nous. Elle a sa source dans la Parole de Dieu. L'Esprit de Dieu nous précède toujours.

Les échecs comme les réussites nous font communier au mystère de Jésus-Christ mort et ressuscité et nous rappellent concrètement que nous ne sommes pas maîtres de notre action.

5. La vie au service de l'Évangile est une aventure qui façonne le cœur de ceux qui s'y engagent.

Le témoin de l'Évangile est un voyageur dont la vocation est la rencontre.

« Progressivement, le témoin de l'Évangile s'imprègne de l'humanité du peuple qui l'accueille et, ce faisant, il est placé devant les choix fondamentaux de l'Évangile et donne sa réponse aux questions les plus radicales de Jésus à ses apôtres.

« Témoigner de l'Évangile est un acte de foi en l'humilité de Dieu qui déploie sa puissance dans notre faiblesse, mais aussi foi en la grandeur de l'homme dont tout l'acharnement du mal lui-même ne vient jamais à bout.

▶

▶▶▶ *Suite de la page 564*

Seule, l'Église n'a jamais admis ces restrictions »[1] (Cardinal Etchegaray). Tous les hommes, toutes les femmes peuvent, dit l'Église, être saisis par le Christ et devenir des témoins. Sans diplôme. Sans examen de moralité. Fondamentalement, Dieu fait confiance à tout homme au point de faire reposer toutes ses chances d'être connu sur qui veut... Dieu ne trie pas ses représentants.

Le sacré, c'est l'homme

Dans beaucoup de religions, il existe des rites, des signes, des lieux qui sont sacrés, c'est-à-dire qui ont un rôle privilégié dans la rencontre avec la divinité. Si le *kérygme* est bien l'essentiel du message chrétien, on voit que la question des rites, des lieux, y sera toujours relativisée et, d'une certaine manière, seconde (il nous faudra, plus loin, à propos de l'Eucharistie, situer une telle affirmation). Ceci peut sembler étonnant à ceux qui se souviennent de l'Église comme d'une instance qui imposait des pratiques et des rites sous « peine de péché grave ». Mais pourtant cela est vrai.

Même saint Paul qui avait « vu » Dieu a besoin d'une communauté

Quoiqu'il arrive, personne ne peut rencontrer Dieu sans la communauté chrétienne. « Le lieu du sacré, le temple de la rencontre de Dieu », ce sont les chrétiens, des hommes. D'ailleurs, les premiers chrétiens, après avoir, un moment, fréquenté le Temple de Jérusalem comme les autres Juifs, ont affirmé que leur propre communauté était le véritable Temple. Pour les chrétiens, tout homme a sa place propre, sa manière propre, de contribuer au *nous* du témoignage de l'Église — qu'il accepte ou pas. Chacun a quelque chose d'irremplaçable à faire, et d'irremplacé s'il ne l'accomplit pas. Évidemment, le témoignage de chacun est lié à ce qui lui est arrivé, à sa culture, à son histoire, et donc, à travers ce témoignage, c'est tout ce qui est humain qui devient sacré.

1. L'Église connaît, en rigueur de terme, quelques restrictions (cf. les mots « excommunication, interdit »), mais elles sont rarissimes et n'ont, en principe, qu'un caractère momentané. Quant à l'Inquisition, dont le souvenir peut venir ici spontanément à l'esprit, elle ne saurait, en aucun cas, être considérée comme une pratique conforme à l'esprit du christianisme.

Suite page 582 ▶▶▶

A propos de l'évangélisation

« L'action missionnaire n'est pas une œuvre de conquête, elle est la présentation d'un message, l'humble et joyeux partage d'une foi. L'accueil qu'elle sollicite n'a de prix que s'il est librement consenti. »

H. d'Ouince,

▶

« Le témoin de l'Évangile est l'homme de la double appartenance, du déchirement permanent, de l'échelle des valeurs constamment remise en cause. Le cœur du message d'un témoin de l'Évangile est : "Allons ensemble plus loin". Par son témoin, le Christ adresse à chacun un message : "Tu comptes à mes yeux, je viens vivre avec toi."

Le témoin de l'Évangile se heurte sans cesse au mystère de la toute-puissance de Dieu constamment mise en échec. C'est l'expérience de Jésus pendant la passion.

Le témoin de l'Évangile, c'est un voyageur dont la vocation est la Rencontre : avec les autres que l'on invite à faire un bout de route ensemble, à vivre le partage ; avec le Seigneur que je crois être le Seul à pouvoir guider ma vie et combler mon cœur » (un missionnaire de Chine).

6. Chercher à rencontrer les autres est partie intégrante de la foi chrétienne en l'Incarnation.

Même si leur désir de dialogue n'est pas toujours partagé, les chrétiens ne peuvent s'empêcher d'aller à la rencontre des autres dans la variété des cultures et des religions (Inde, Chine, Japon, Afrique, Islam...)

Selon la logique de leur foi, la recherche de Dieu passe par la rencontre et le service d'autrui. Le dynamisme de l'Église, qui la pousse à dépasser toutes les frontières, est l'écho de cet amour qui a poussé Dieu à venir vers nous, partager notre existence.

7. Travailler à mettre l'homme debout est une tâche essentielle de l'Église : le salut qu'elle annonce est pour tout l'homme.

- *Nous avons le droit et le devoir de lutter contre les obstacles à l'amour.*
- *Nous ne pouvons rester indifférents à la détresse du monde.*
- *Nous avons à être porteurs d'espérance.*
- *Nous devons prendre avec les autres les chemins de la libération.*

Cette tâche s'accomplit dans le dialogue et parfois dans l'affrontement.

Cette conviction mobilise des hommes, des communautés, des Églises, dans tous les continents.

Conscients de la pauvreté de nos moyens et de nos propres déficiences, nous croyons cependant qu'au cœur des initiatives de développement et de libération, la puissance de l'amour de Dieu est à l'œuvre.

8. « L'option préférentielle pour les pauvres » est la forme actuelle de l'espérance que l'Église apporte au monde.

Les Églises d'Amérique latine se sont engagées sur ce chemin (Puebla), et le même appel lance des chrétiens et des communautés du monde entier sur une route qui parfois conduit au sacrifice de la vie.

9. Toute Église vit dans une situation politique et c'est à elle d'en tirer les conséquences.

L'Église n'a pas pour vocation de faire de la politique. Mais elle cherche à poursuivre la mission libératrice de Jésus dans un contexte politique qu'elle ne peut ignorer et où elle doit se situer.

Aussi est-il important pour les témoins de l'Évangile de saisir les enjeux des mécanismes économiques et socio-politiques et d'agir en conséquence dans l'esprit de l'Évangile. ▶

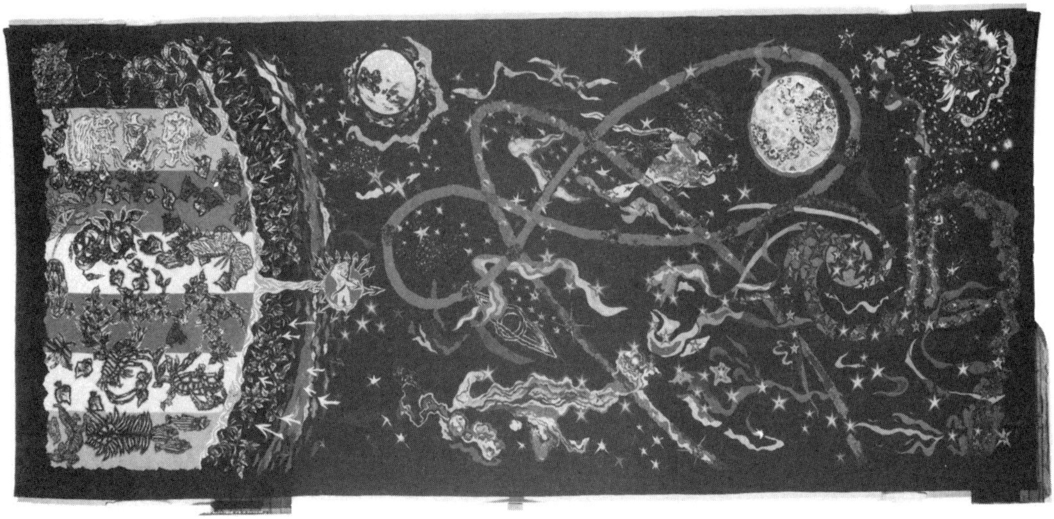
Ph. Lauris-Giraudon

Jean Lurçat. Le Chant du monde. La conquête de l'espace. Tapisserie (1957-1963).

10. Une tâche essentielle de l'Église est d'enraciner l'Évangile dans la spécificité de chaque culture et l'histoire de chaque peuple.

Une écoute attentive et respectueuse de chaque culture, une analyse de la situation socio-économique de chaque peuple, sont une démarche indispensable à toute évangélisation, car la naissance d'une Église n'est pas importation d'un modèle préfabriqué ni adaptation de ce modèle, mais incarnation de l'Évangile dans le génie de cette culture et l'histoire de ce peuple.

Chaque Église doit contribuer ainsi à l'édification du Royaume de Dieu, dans l'unité tissée de diversités.

11. La théologie doit pouvoir se formuler dans le langage de chaque culture : elle s'élabore à partir de la vie du peuple chrétien, car la vie et l'action selon l'Esprit précèdent la théologie.

Seul un contact étroit avec la base nous permet de discerner ce que vit le peuple chrétien et nous évite de manier, sans prudence, un discours universel.

C'est la démarche des théologies de la libération en Amérique latine, de la théologie indienne, de la théologie africaine... comme aussi de certains secteurs de la théologie en Europe et aux États-Unis.

12. La démarche d'évangélisation consiste à emprunter le chemin de l'amitié et du partage de la vie.

La relation d'amitié avec ceux qui nous accueillent, le partage de leur existence, la solidarité avec leur destin peuvent désamorcer nos volontés de puissance.

Cette amitié et ce partage de vie, plus que des paroles, témoignent du vrai visage de Dieu dont nous sommes les envoyés.

13. Notre dynamisme d'évangélisation a sa source dans la prière, la méditation, et non dans des techniques d'évangélisation, des « outils », par ailleurs nécessaires.

La prière enracinée dans la vie et la culture d'un peuple est une contribution capitale à l'avènement de l'homme nouveau en Jésus-Christ.

La prière partagée, comme l'amitié, dans ses joies et ses peines, soutient le témoin de l'Évangile dans son dynamisme, même lorsqu'il connaît la souffrance, la prison.

La prière est aussi expérience prophétique de libération et expression de l'unité dans l'Amour.

14. Dans la mesure où elle se fait proche des hommes, l'Église tire moins sa force de la rigueur de sa discipline, que de la Parole de Dieu vécue et partagée entre tous.

Être proche des hommes dans l'œuvre d'évangélisation prépare une modification de l'exercice de l'autorité dans l'Église : cette autorité, partagée, devient de plus en plus service.

15. L'approfondissement de la notion d'évangélisation impose une formation adéquate des évangélisateurs et une évaluation permanente de leur praxis.

16. L'avenir de l'évangélisation passe par l'échange entre Églises.

Toute Église particulière — ou locale — pour ne pas s'enfermer sur elle-même, a besoin d'être interpellée par d'autres Églises, d'autres situations. L'échange entre Églises provoque un approfondissement et un enrichissement mutuels.

Pour un échange plus fructueux entre Églises, un effort de décentralisation gagnera à être poursuivi. Le dynamisme des jeunes Églises doit être partagé aux autres et l'Église qui a reçu doit pouvoir donner à son tour.

17. L'expérience de la diversité des cultures et des situations, les changements profonds auxquels nous avons été menés dans notre tâche, nous permettent d'affirmer que l'Esprit n'a pas fini de nous surprendre.

Colloque de théologie missionnaire,
Lyon-Francheville,
15-23 septembre 1985.
Dans *Spiritus* No 94, février 1986.

Évangile et culture

Une exigence pour aujourd'hui

Évangéliser la culture est devenu une priorité pastorale pour l'Église catholique. Chacun se souvient du cri fameux de Paul VI dans son exhortation apostolique *Evangelii Nuntiandi* (décembre 1975) : « La rupture entre Évangile et culture est sans doute le drame de notre époque... » Depuis 1975, les déclarations, les réflexions et les actions se sont succédé ; on ne peut que citer quelques étapes significatives, comme la forte prise de conscience de l'Église sud-américaine à l'assemblée tenue à Puebla (Mexique) en 1979 : « Il importe que l'Église connaisse la culture du peuple de cette connaissance par connaturalité que donne l'amour (397)... Il importe que l'Église soit attentive à ce qui est nouveau parce qu'il est meilleur d'évangéliser les nouvelles formes culturelles dans leur naissance même, que lorsqu'elles ont grandi et se sont établies » (393). Après l'assemblée de Puebla, ce fut le discours de Jean-Paul II à l'UNESCO le 2 juin 1980, montrant les liens entre identité nationale, culture et religion. Puis les nombreux voyages du même pape, spécialement en Afrique, où il a souvent répété : « L'Église respecte la culture de chaque peuple. En proposant le message évangélique, elle n'a pas l'intention de détruire ou d'abolir ce qui est bon et bien. Elle vient apporter le Christ, et non pas la culture d'une autre race ». Finalement, en 1982, Jean-Paul II dote le Saint-Siège d'un ministère de la culture, le *Conseil pontifical pour la culture*, présidé par Mgr Poupard, ancien recteur de l'Institut Catholique de Paris.

Pourquoi une telle prise en compte de la culture dans les dix dernières années ? Depuis toujours, les rapports entre foi et culture ont fait l'objet de réflexion ; ce qui a changé aujourd'hui, ce n'est pas l'Église ni sa volonté d'évangéliser, c'est la culture.

Ph. Taurines-CIRIC

Liturgie catholique indienne.

▶

Une adaptation à reprendre sans cesse

Dès les débuts de l'Église, la question s'est posée de savoir si, pour être chrétien, il fallait assimiler la culture juive, et donc abandonner sa culture propre. Emporté par le souffle de la Pentecôte — où chacun comprenait les Apôtres dans sa propre langue — saint Paul dit : « Avec ceux qui sont sans loi, j'ai été comme si j'étais sans loi ; je me suis fait tout à tous » (1 Co 9,20-22). Saint Jacques ajoute pour sa part : « Je suis d'avis de ne pas accumuler les obstacles devant ceux des païens qui se tournent vers Dieu » (Ac 15,10-19).

Las Casas (1474-1566) a défendu les Indiens car il respectait leur culture, comme François Xavier (1506-1552) respectait celle des Japonais, Matteo Ricci (1552-1610) celle des Chinois, Robert de Nobili (1577-1656) celle des Hindous. Et ce ne sont que des exemples.

Plus proches de nous, on peut affirmer que, sans l'Église, les Chinois de New York (Chinatown) ou les Québecois auraient été assimilés par la marée anglophone.

Cependant les belles intentions n'ont pas toujours résisté aux faits. Depuis saint Jérôme qui pleure à Bethléem sur Rome pillée par Alaric, et saint Augustin déplorant d'Afrique la poussée des barbares, il y a, au cœur du christianisme vécu, comme un refus profond d'une pensée qui ne serait pas issue de l'humanisme gréco-latin. Même Matteo Ricci voulait faire adopter la scolastique par les Chinois... Et il est clair que l'immense effort missionnaire du XIXe siècle a été marqué par un réel ethnocentrisme européen.

Mais, petit à petit, cet ethnocentrisme diminue : la croissance rapide de certaines Églises du Tiers-Monde, le fait que les évêques autochtones y sont aujourd'hui majoritaires, impriment un nouveau cours à l'histoire de l'Église, cours parallèle aux grands mouvements de l'époque : décolonisation politique (Bandoeng 1955, révolution de Cuba 1959), décolonisation économique (volonté d'instaurer un « nouvel ordre économique international, NOEI, exprimée dans une résolution des Nations-Unies en 1975)

Des mutations accélérées et périlleuses

Même si cette histoire a une importance capitale pour comprendre les évolutions actuelles de l'Église catholique, elle n'explique pas — loin s'en faut — l'intérêt que celle-ci porte aujourd'hui à la culture.

Alors que la révolution iranienne semble avoir ouvert l'ère de la décolonisation culturelle (n'oublions pas qu'elle a commencé dans un cinéma), le monde prend conscience que toutes les cultures sont en cours d'évolution rapide.

La recherche d'un nouvel Ordre mondial de la Communication et de l'Information (dont on peut fixer le début officiel en octobre 1980 lors de la présentation du rapport Mac Bride à l'Assemblée de l'UNESCO à Belgrade) est une tâche majeure, bien plus importante qu'il n'y paraît. Pourquoi ? Le mot culture vient du verbe latin *colere,* qui signifie à la fois habiter et cultiver. Il suggère que, pour vivre, il faut se situer dans un environnement et en tirer sa subsistance à l'aide d'outils, de techniques et de connaissances, tandis que symboles, mythes, idées de droit et structures assurent l'organisation des rapports interpersonnels. Liée à un sol, la culture évoluait au rythme des découvertes techniques et des apports d'idées, apports qui généralement étaient intégrés progressivement.

Or, aujourd'hui, tous les pays développés ont décidé, pour sortir de la crise économique, d'investir prioritairement dans les systèmes de communication, qui véhiculent tout en même temps des techniques et des idées sans lien avec les pays où on les reçoit.

L'exemple le plus frappant est sans doute celui de la publicité. En 1979, les cinquante plus grosses agences mondiales faisaient un chiffre d'affaires de 4 milliards de dollars. De ce montant, les dix plus importantes agences américaines drainaient 46 %/. Le drame est que cette publicité internationale, caractérisée par sa croissance rapide et sa forte concentration, augmente la demande en produits étrangers (dans les pays du Tiers-Monde surtout), et souvent change les critères des statuts sociaux. La publicité vend bien autre chose que des produits. Elle vend du rêve. Que le rêve de réussite pour les pauvres du Tiers-Monde prenne les formes d'une star américaine peut être grave et même dangereux (on se souvient de la campagne visant à remplacer l'allaitement maternel par le lait concentré dans des pays où l'hygiène des biberons ne pouvait pas être respectée). Ces problèmes sont d'autant plus graves que les pays sont plus pauvres : leurs médias ont besoin de publicité puisqu'ils sont pauvres (en moyenne une minute de publicité pour quatre minutes de programme radio dans le Tiers-Monde), et les annonceurs qui peuvent payer cette publicité sont les entreprises transnationales.

Or la publicité n'est qu'un problème marginal par rapport à tous ceux posés par la volonté des pays riches de faire des industries de la communication les locomotives de leur développement industriel : les satellites et l'informatique auront, et ont déjà, des conséquences autrement importantes. La « compunication » (ou communication internationale entre ordinateurs) est déjà une réalité qui pose de graves problèmes d'indépendance nationale, dans le domaine politique mais aussi dans le domaine culturel. Que la France ait eu besoin de recourir aux ordinateurs de Cleveland (Ohio) pour modéliser son économie et pour la gérer d'une manière efficace pose aussi la question de la philosophie sous-jacente à la modélisation américaine. Si le problème se pose à la France, que dire des pays du Tiers-Monde ?

Que veut dire, dans ce contexte d'énormes mutations, l'évangélisation de la culture ? A quoi faut-il tenir ?

De la tradition de l'Église, une seule réponse peut venir : il faut tenir à ce qui permet à chacun d'avoir une identité (dont il soit fier) et de se situer dans le monde qui l'entoure. Dieu n'a donné sa Loi aux Hébreux que lorsqu'ils furent sortis d'Égypte et qu'ils eurent reconquis leur identité. C'est d'un seul mouvement généralement que l'on se découvre soi-même et que l'on découvre Dieu. Alors on dit : « Je suis ».

Si cela est vrai, on discerne facilement les dangers possibles d'une évangélisation de la culture, le premier étant celui d'une volonté de retour au passé : dans la complexité des problèmes actuels, le passé semblerait offrir une clef permettant de se situer comme en deçà des conflits. Or, par exemple, l'évangélisation de l'Afrique ne passe probablement pas par un retour aux traditions animistes. S'approprier son histoire, retrouver les événements fondateurs, relire ce qui permet de comprendre les rapports sociaux, est une nécessité pour chaque peuple. Mais la culture à évangéliser est celle d'aujourd'hui : la pensée scientifique y rejette comme ridicules des pratiques qui lui semblent magiques, et le reggae est devenu un bien universel qui fait partie de la culture de chaque homme, etc.

Un autre danger serait aussi de donner trop ou pas assez d'importance aux artistes. Ceux-ci ont un rôle capital dans la formation de l'imaginaire d'un peuple, et aucune évangélisation ne peut se passer d'eux. Cependant il serait dramatique pour l'Église d'identifier la culture à la seule vie artistique. La télévision a transformé la vie irlandaise, par exemple, en créant une active demande d'électrification des villages ruraux ; l'électrification et la publicité ont donné l'idée de la nécessité de l'équipement ménager, qui, à son tour, a bouleversé la conception ancienne de l'argent (on le cachait jusqu'alors, aujourd'hui on le dépense), et celles des rapports homme-femme, ville-campagne, Irlande-Angleterre, etc.

Aimer le monde d'aujourd'hui

Bref, l'évangélisation doit aujourd'hui réfléchir et assumer les changements technologiques.

Les choix ne sont pas neutres pour l'Évangile, car ils ne sont pas neutres pour l'homme. Les débats qui concernent ces choix sont aussi importants pour la planète que le débat sur le contenu de la culture. Dire cela, c'est simplement reprendre la pensée centrale de saint Thomas d'Aquin, pour qui la matière est partie intégrante de l'économie du salut et de la définition de l'homme. Il faut rappeler que, par cette affirmation, saint Thomas avait radicalement rompu avec la pensée religieuse alors dominante, et assuré les bases de l'évangélisation de son époque.

Sa pensée pose aux chrétiens actuels une des questions fondamentales de l'évangélisation : aiment-ils suffisamment le monde moderne pour analyser le sens des transformations qui s'y déroulent, et en révéler, à la lumière de l'Évangile, le sens profond ? Cela n'implique pas de tout approuver, loin de là, mais d'être très précisément conscient de ce qu'on avance quand on affirme que le Christ est destiné à être tout en tous. ■

Le défi de l'inculturation

La foi est inspiratrice de critères de jugement, de valeurs déterminantes, de lignes de pensées et de modèles de vie, valables pour la communauté humaine elle-même. C'est pourquoi l'Église, attentive aux angoisses de notre époque, indique les voies d'une culture dans laquelle le travail serait reconnu selon sa pleine dimension humaine, et où chaque être humain trouverait les possibilités de s'accomplir comme personne. Elle le fait en vertu de son ouverture missionnaire pour le salut intégral du monde, dans le respect de l'identité de chaque peuple et nation.

L'Église, communion qui unit diversité et unité par sa présence dans le monde entier, assume dans toute culture ce qu'elle y trouve de positif. Toutefois, l'inculturation n'est pas simple adaptation extérieure ; elle est une intime transformation des authentiques valeurs culturelles par l'intégration dans le christianisme et enracinement du christianisme dans les diverses cultures humaines. La séparation entre l'Évangile et la culture est un drame, dont les problèmes évoqués sont la triste illustration. Un effort généreux d'évangélisation des cultures s'impose donc. Ces dernières seront régénérées dans leur rencontre avec l'Évangile. Mais cette rencontre suppose que l'Évangile soit vraiment proclamé. Éclairée par le concile Vatican II, l'Église veut s'y consacrer avec toutes ses énergies, afin de provoquer un immense élan libérateur.

Congrégation pour la doctrine de la foi.
Instruction sur la liberté chrétienne
et la libération, n° 96, mars 1986.

Documentation Catholique,
20 avril 1986, n° 1916

Message évangélique et cultures humaines

« L'Évangile et l'évangélisation, disait Paul VI, ne s'identifient pas avec la culture et sont indépendants à l'égard de toutes les cultures. Pourtant, le règne que l'Évangile annonce est vécu par des hommes liés à une culture, et la construction du Royaume ne peut pas ne pas emprunter des éléments des cultures humaines » (Exhortation apostolique sur l'évangélisation *Evangelii nuntiandi*, 8 décembre 1975, n° 20).

Le message évangélique n'est pas « tombé du ciel ». Jésus est venu sur terre pour l'annoncer dans la langue de son pays, l'araméen, et dans la culture juive de son temps. Au début de l'Église, les premières communautés chrétiennes conservent les signes d'appartenance au judaïsme (circoncision, interdits alimentaires, règles matrimoniales, prière au Temple) et apparaissent comme une secte juive. C'est lorsque les chrétiens se recrutent parmi les Grecs et les païens que le christianisme se libère de ses attaches juives pour devenir religion universelle : le Nouveau Testament est alors écrit en grec, la langue commune des pays méditerranéens.

Le message évangélique se découvre ainsi destiné à tous les hommes : « Allez dans le monde entier proclamer la Bonne Nouvelle à toute créature » (Mc 16, 15), « jusqu'aux extrémités de la terre » (Ac 1, 8), « jusqu'à la fin des temps » (Mt 28, 20).

Le message évangélique se révèle en effet un message d'humanité : Dieu se fait homme pour apprendre aux hommes à être pleinement hommes et à convertir leurs relations entre eux en gestes d'amour, de gratuité, de justice. Une telle perspective est réaliste et concrète. Le message n'est ni éthéré, ni intemporel : il vise des hommes qui vivent en des temps et des lieux donnés et différents.

Un tel message ne peut dès lors être accueilli, compris et assimilé que si les hommes l'entendent « dans leur langue » (Ac 2, 11) et leur culture. Il est donc inévitable que la manière d'annoncer l'Évangile et d'exprimer sa foi varient d'une époque à l'autre et d'un pays à l'autre : le technicien du XXe siècle ne pense pas comme le marchand du Moyen-Âge et l'Asiatique ne vit pas comme l'Africain. Mais il est aussi regrettable qu'au XVIe siècle, les Indiens d'Amérique du Sud aient entendu l'Évangile dans son emballage européen et célébré leur foi en langue latine.

Le message évangélique ne devrait pas en conséquence « s'adapter » aux langages et aux cultures d'une époque, d'un pays ou d'un groupe social : toute culture est passagère, et le risque serait de succomber à une mode, de tomber dans le compromis ou la concession, et de trahir le message chrétien. Il devrait au contraire prendre le temps de comprendre une culture nouvelle naissante, en éclairer les richesses à la lumière de l'Évangile, et « transfigurer » ces richesses pour qu'elles participent au plein épanouissement des hommes de cette culture.

Il demeurera toujours une tension entre le message évangélique et toute culture : c'est la condition pour que tous deux grandissent l'un par l'autre.

Pierre Moitel

La ville

La ville fascine l'homme de la Bible ; il est vrai que c'est un rural, fils de nomade. Cet immense rassemblement d'hommes et de femmes est pour lui le symbole des pouvoirs et de la corruption : la Ville, c'est Babylone la prostituée, dont l'image lui répugne et l'obsède.

Mais la ville c'est aussi le lieu où se rassembleront tous les bénis du Père : alors la corruption laissera place à la fraternité ; la richesse et le pouvoir actuels sont comme les gages de l'abondance et de la bénédiction de Dieu. La ville, c'est alors une nouvelle Jérusalem « descendant du ciel toute parée comme une épouse ».

Les chrétiens dans leur histoire ont été, eux aussi, troublés par la ville. Les mouvements populistes agrariens ont été souvent menés par des chrétiens qui refusaient la modernité symbolisée par la ville révolutionnaire (*cf.* Duplessis au Québec). Les écologistes chrétiens voient dans la campagne une plus grande proximité avec Dieu. Les ermites cherchent le désert où « l'air est plus pur, le ciel est plus bleu et Dieu est plus proche... »

Pourtant la ville moderne fut sans doute le berceau du christianisme tel qu'il est connu en Europe, certainement en tout cas le lieu où il put s'épanouir. La ville ancienne était dominée par l'esclavage ; la société agraire traditionnelle était féodale, et construite largement sur la domination des forts sur les faibles.

Au contraire la commune du Moyen Âge rassemble pour des raisons économiques des personnes de multiples origines qui ne peuvent coexister que dans un climat de paix et de liberté (en particulier liberté de posséder et de travailler). La force armée perd en ville son rôle de courroie de transmission du pouvoir pour devenir seulement un moyen de se défendre collectivement.

On peut soutenir que la commune du Moyen Âge est l'ancêtre de l'État-Providence, puisque l'Église y a développé un réseau d'aides matérielles et spirituelles très dense. Il est naturel dans ces conditions que les villes apparaissent comme centrées sur leur cathédrale.

Les chrétiens ont-ils autant de raisons d'aimer la ville actuelle ? Probablement pas : les centres des mégapolis sont devenus comme d'immenses phares qui fascinent et attirent les pauvres de ce monde. Possédés ou contrôlés par les classes dominantes, ils ne sont généralement hospitaliers qu'à l'argent et au travail des pauvres, ces derniers étant eux-mêmes renvoyés aux périphéries. La liberté et la citoyenneté disparaissent facilement des mégapolis, balayées par les idéologies de la sécurité et de la gestion. Pourtant, si la cathédrale a laissé sa place à l'enseigne du fast-food comme symbole du bonheur que peut donner la ville, il faut noter que, dans de multiples pays, les communautés chrétiennes deviennent de plus en plus souvent comme des signes vivants du besoin de nouveaux types de rapports dans le monde. Dans la ville moderne prolongée par les médias, l'Église devient nécessaire comme une sorte d'opposition morale aux excès des pouvoirs commerciaux ou politiques. ■

Lettre à Diognète

Les chrétiens ne se distinguent des autres hommes ni par le pays, ni par le langage, ni par les vêtements. Ils n'habitent pas de villes qui leur soient propres, ils ne se servent pas de quelque dialecte extraordinaire, leur genre de vie n'a rien de singulier. Ce n'est pas à l'imagination ou aux rêveries d'esprits agités que leur doctrine doit sa découverte ; ils ne se font pas, comme tant d'autres, les champions d'une doctrine humaine. Ils se répartissent dans les cités grecques et barbares suivant le lot échu à chacun ; ils se conforment aux usages locaux pour les vêtements, la nourriture et la manière de vivre, tout en manifestant les lois extraordinaires et vraiment paradoxales de leur république spirituelle.

Ils résident chacun dans sa propre patrie, mais comme des étrangers domiciliés. Ils s'acquittent de tous leurs devoirs de citoyens, et supportent toutes les charges comme des étrangers. Toute terre étrangère leur est une patrie et toute patrie une terre étrangère. Ils se marient comme tout le monde, ils ont des enfants, mais ils n'abandonnent pas leurs nouveau-nés. Ils partagent tous la même table, mais non la même couche.

Ils sont dans la chair, mais ne vivent pas selon la chair. Ils passent leur vie sur la terre, mais sont citoyens du ciel. Ils obéissent aux lois établies et leur manière de vivre l'emporte en perfection sur les lois...

En un mot, ce que l'âme est dans le corps, les chrétiens le sont dans le monde.

Epître à Diognète (écrit anonyme du IIe siècle)
Sources chrétiennes n° 33 bis,
Ed. Cerf.

APOLOGIE, APOLOGISTE, APOLOGÉTIQUE

Apologie
L'apologie (du grec *apologia,* défense, justification) est un écrit visant à justifier ou à défendre une personne, une cause ou une doctrine. Une des plus célèbres est l'*Apologie de Socrate,* par Platon.
Face aux attaques et aux persécutions dont les premiers chrétiens furent tout de suite victimes de la part des responsables du judaïsme, puis du pouvoir romain, ils s'employèrent à exposer le contenu d'une foi méconnue et contestée ; ces professions de foi, dont les *Actes des Apôtres* donnent de nombreux témoignages, étaient déjà une forme d'apologie.

Apologiste
Mais c'est au IIe siècle que naît le véritable genre littéraire des apologies chrétiennes, écrites pour la plupart en grec, par une pléiade d'auteurs et de philosophes qu'on a appelés les *Pères Apologistes* ; le plus célèbre d'entre eux est **Justin** (v. 100-165) *(Première Apologie, Deuxième Apologie, Dialogue avec Tryphon).*
Tertullien à la charnière des IIe et IIIe siècles, qui écrivait en latin, est considéré quant à lui comme le maître de l'*apologétique (Apologétique, Aux nations, Contre les Juifs).*
A cette époque, les chrétiens sont aux prises avec les préjugés haineux de l'opinion publique, les attaques des philosophes païens et les persécutions sanglantes des empereurs romains. Dans cette atmosphère hostile, les apologistes n'hésitent pas à dénoncer les dépravations des mœurs païennes pour souligner au contraire les vertus chrétiennes, à s'attaquer aux fables de la mythologie et au culte de l'empereur pour mettre en lumière la véritable nature de la doctrine chrétienne, dont ils soulignent la cohérence avec la philosophie grecque.
Le genre des apologies se maintint bien au-delà de cet âge d'or que fut pour elles le IIe siècle. On y a, par exemple, bien souvent rattaché le célèbre *Génie du Christianisme* de Chateaubriand (1802).

Apologétique
Les *apologies,* œuvres particulières et de circonstance sont à l'origine de l'*apologétique,* discipline globale et systématique qui devint une des branches de la théologie ; son objet est de montrer la crédibilité de l'énoncé de la foi chrétienne, à commencer par la Révélation divine, qui en est le fondement. Parmi les grands noms de l'apologétique, on peut citer **saint Anselme** (1033-1109) avec son *Proslogion* et **saint Thomas d'Aquin** (1225-1274) avec sa *Somme contre les Gentils.*
L'apologétique a revêtu plus ou moins d'importance selon les époques ; elle est parfois tombée au niveau d'une polémique sans grandeur ; mais même lorsqu'elle se situe à son juste plan pour correspondre aux situations et aux problèmes de son temps, il est clair que l'apologétique ne saurait à elle seule conduire à l'**acte de foi** ; celui-ci ne se présente pas en effet comme la conclusion d'un raisonnement ; **il n'est pas d'abord adhésion à une doctrine mais à une personne,** Jésus-Christ, en tant que Fils de Dieu fait homme ; l'acte de foi déborde la démarche intellectuelle pour être engagement d'une vie. L'apologétique a dès lors pour raison d'être, nécessaire mais non suffisante, de dégager les possibilités de croire conformément à la raison et de mettre en lumière les motifs de crédibilité. ■

ÉVANGÉLISATION

L'évangélisation, c'est *l'annonce de l'Évangile*. En fait, le mot recouvre une réalité riche, complexe et dynamique dont aucune définition ne peut aisément rendre compte, bien que l'Église fasse grand usage du mot.

La transmission de l'Évangile comporte en effet des aspects très divers.

• On peut être plus attentif à son aspect global et, par exemple, à ce qu'a été la progression géographique du christianisme à travers les âges depuis les tout débuts en Palestine, en gagnant successivement l'empire romain, les peuples barbares, les deux Amériques, l'Afrique et, à un moindre degré, l'Asie.

• On peut être plus sensible à son aspect personnel, en songeant au cheminement de tous ceux qui ont été amenés, un à un, à la foi et au baptême.

• On peut aussi mettre davantage l'accent sur l'imprégnation des cultures, des mentalités, des modes de vie par les valeurs chrétiennes et, en ce sens, l'évangélisation est sans cesse à faire et à refaire.

L'évangélisation découle immédiatement des consignes de Jésus : « Allez, de toutes les nations faites des disciples ; baptisez-les au nom du Père et du Fils et du Saint-Esprit ; apprenez-leur à observer tout ce que je vous ai prescrit » (Mt 28, 18). Un saint Paul s'écrie en écho : « Malheur à moi si je n'annonce pas l'Évangile » (1 Co 9, 16).

Longtemps, l'évangélisation resta une tâche de spécialistes : les apôtres, les missionnaires des « missions extérieures » ou des « missions à l'intérieur ». Le peuple de Dieu, quant à lui, s'associait par la prière et par l'aide financière à ces efforts souvent héroïques.

Dans un Occident où la foi ne va plus de soi, où cultures et morales chrétiennes sont partout remises en cause, on a pris conscience que l'évangélisation, l'apostolat, la mission sont liés à toute vie chrétienne digne de ce nom. Aucun chrétien ne peut s'en dispenser. Ce fut la grande intuition de l'Action Catholique à l'aube du XXe siècle ; l'Église a pleinement confirmé cette vue des choses, et le concile Vatican II notamment en a donné des expressions très fortes (Constitution *Lumen Gentium,* ch. IV, « Les laïcs » ; Décret sur l'apostolat des laïcs). C'est un fait aussi que les valeurs contemporaines de tolérance, de liberté et de respect des consciences, valeurs en pleine harmonie avec l'esprit évangélique mais pas toujours honorées par l'Église dans le passé, ont influencé son comportement ; elle met aujourd'hui l'accent sur le mode de présence chrétienne et d'expression du message évangélique le plus respectueux de chacun : le *témoignage* ; un témoignage qui peut revêtir de multiples formes au demeurant. ■

Un marketing religieux ?

Faut-il que l'Église catholique fasse du marketing religieux ? La question a préoccupé un certain nombre de chrétiens : les uns sont favorables à ce que l'Église utilise des techniques comme celle de la publicité, d'autres, au contraire, pensent que tout chrétien doit sans cesse se souvenir de la parole du Christ : « Gardez-vous de pratiquer votre sainteté, votre justice, devant les hommes pour en être remarqués » (Mt 6, 1-4).

Qu'est-ce que le marketing ?

Le marketing est une expression américaine qui vient du mot *market,* marché.

Le marketing peut être défini comme l'ensemble des activités et des opérations qui interviennent depuis la création d'un produit jusqu'à sa destruction par le consommateur final.

Il comporte quatre séries d'éléments qui en constituent en quelque sorte les piliers :

• l'étude du marché, c'est-à-dire l'analyse aussi bien quantitative que qualitative de l'offre et de la demande ;

• le produit, c'est-à-dire l'objet à vendre, sa définition, sa présentation et son prix ;

• la distribution, qui regroupe tout ce qui concerne les circuits de distribution, le nombre et les types des points de vente, les marques des distributeurs et les forces de vente ;

• la communication au sens large, c'est-à-dire tous les éléments qui concourrent à développer et à accélérer la vente du produit par des moyens d'information et de stimulation. (Robert Leduc).

Cette définition peut donner à penser aux hommes d'Église, et elle a souvent conduit des managers à inciter les autorités catholiques :

• à faire une analyse la plus fine possible des besoins religieux du public ;

• à étudier le coût psychologique, dans la société occidentale, d'une profession publique de sa foi, et les moyens d'abaisser ce coût ou de valoriser la profession de foi ;

• à donner des objectifs cohérents à l'ensemble des groupes chrétiens qui agissent dans un territoire donné (paroisses, mouvements, écoles), et à supprimer éventuellement ce qui n'aurait pas d'utilité vis-à-vis de ces objectifs ; bref, à avoir une stratégie claire ;

• à créer des événements pour que l'on parle davantage de Dieu et donc que l'on favorise des échanges religieux dans le pays.

Pourquoi cette poussée de questions sur le marketing religieux ?

Les managers questionnent souvent l'Église parce qu'ils estiment que celle-ci est (aussi) une institution humaine qui, comme les autres, peut être en crise et mérite alors des traitements appropriés.

Pour eux, la crise actuelle de l'Église — qui amène une perte de clientèle — provient largement du fait que les hommes d'Église ne savent plus ce que pensent les gens (dans le monde rural d'autrefois, lorsque la plupart des gens vivaient de la terre, on savait immédiatement ce que pensait un village) ; aujourd'hui, dans une ville, il faut l'étudier... De plus, selon eux, le Concile a souvent brouillé l'image que les Français se faisaient de l'Église et ne leur en a pas donné une autre, alors qu'au même moment ce qui rappelait traditionnellement la question de Dieu disparaissait. On s'est mis à regarder davantage la télévision que les clochers dans les villages (dans la ville nouvelle il y a beaucoup moins de clochers), les habits ecclésiastiques et religieux ont quasiment disparu, et le langage ecclésiastique a perdu son autorité depuis qu'il n'a plus de base latine. L'abandon généralisé des attributs symboliques de l'autorité (latin, vêtement, etc.) n'a pas renforcé la communication, mais a assurément incité les fidèles à rejeter un langage dont ils s'aperçoivent aujourd'hui qu'ils ne le comprennent pas. Ils vont criant maintenant : « Le roi est nu », « Le curé n'a plus la foi ». Alors la tentation vient d'expliquer, de rationaliser ce qui semble inexplicable à beaucoup : le langage religieux actuel est pour beaucoup de Français indécodable dans leur propre registre religieux.

La réponse des responsables d'Église

Aux États-Unis, un mouvement fort important a entendu (ou deviné) ce que certains hommes de marketing soufflaient aux Églises : les *preachers* américains de diverses confessions, grâce à la télévision, ont bâti des réseaux importants de personnes qui trouvent en eux l'exacte satisfaction de leur besoin de religiosité, de générosité... et qui, quand l'émission a trop duré, la coupent.

Dans l'Église catholique, on est généralement beaucoup plus réservé que les *preachers* américains à l'égard de la démarche du marketing, surtout en France. Il y a peut-être dans cette réserve une certaine méfiance rurale contre un monde industriel et puissant. Mais il y a surtout une conviction. Dans la prédication, dans l'annonce du Christ, ce n'est pas l'homme qui agit, mais Dieu : le vrai témoin est celui qui obéit à Dieu et, parce qu'il a découvert dans la réponse à cet appel une véritable liberté, ose susciter d'autres libertés. Au cœur de la prédication chrétienne, il y a d'abord la certitude qu'il faut être à Dieu plutôt qu'à l'intelligence des hommes. L'Évangile le signifie par une parabole. Saint Pierre, ayant pêché toute une nuit sans résultat, est invité, par le Christ, contre tout réalisme, à pêcher encore, et, là, la pêche devient miraculeuse.

Paradoxalement, si l'esprit même de la démarche chrétienne est assuré, la plupart des responsables de l'Église sont prêts à écouter les hommes de marketing : « Dieu a besoin des hommes », et l'intelligence d'une situation peut, à leurs yeux, être un des moyens de comprendre ce que Dieu veut. Au sens étymologique, la publicité, c'est rendre public un message. Rendre public l'Évangile est plus qu'un devoir pour un chrétien, c'est sa manière d'entrer dans la relation d'amour du Père et du Fils. ■

Qu'est-ce qu'évangéliser ?

— *Le Seigneur nous a envoyés évangéliser les hommes. Mais as-tu déjà réfléchi à ce que c'est qu'évangéliser les hommes ? Évangéliser un homme, vois-tu, c'est lui dire : Toi aussi, tu es aimé de Dieu dans le Seigneur Jésus. Et pas seulement le lui dire, mais le penser réellement. Et pas seulement le penser, mais se comporter avec cet homme de telle manière qu'il sente et découvre qu'il y a en lui quelque chose de sauvé, quelque chose de plus grand et de plus noble que ce qu'il pensait, et qu'il s'éveille ainsi à une nouvelle conscience de soi. C'est cela, lui annoncer la Bonne Nouvelle. Tu ne peux le faire qu'en lui offrant ton amitié. Une amitié réelle, désintéressée, sans condescendance, faite de confiance et d'estime profondes.*

« *Il nous faut aller vers les hommes. La tâche est délicate. Le monde des hommes est un immense champ de lutte pour la richesse et la puissance. Et trop de souffrances et d'atrocités leur cachent le visage de Dieu. Il ne faut surtout pas qu'en allant vers eux, nous leur apparaissions comme une nouvelle espèce de compétiteurs. Nous devons être au milieu d'eux les témoins pacifiés du Tout-Puissant, des hommes sans convoitises et sans mépris, capables de devenir réellement leurs amis. C'est notre amitié qu'ils attendent, une amitié qui leur fasse sentir qu'ils sont aimés de Dieu et sauvés en Jésus-Christ.* »

ÉLOI LECLERC,
Sagesse d'un pauvre,
Ed. Franciscaines, 1959.

Evangelii nuntiandi

La publication de l'exhortation apostolique *Evangelii nuntiandi* (8 décembre 1975) est sans doute le plus grand événement de l'Église catholique de l'après-concile. Fruit de la réflexion de Paul VI sur les travaux du Synode des évêques qu'il avait réuni sur ce thème (1974), ce texte reprend toutes les grandes lignes de l'action de Paul VI, donne un élan missionnaire nouveau à l'Église catholique, inspire nombre des actes et des paroles de Jean-Paul II (dont certains affirment qu'il participa à sa rédaction).

L'évangélisation, pour Paul VI, est le renouvellement de l'humanité — de toute humanité, chrétienne ou pas — renouvellement qui part de la certitude que le Christ est le salut de tout homme et de tous les hommes. C'est pourquoi l'Église doit être ouverte à tous les hommes, à toutes les nations, à toutes les valeurs, à toutes les cultures.

Même si, dans l'ensemble, Paul VI fait une description optimiste de l'action des Églises et de l'œcuménisme, il lui semble pourtant que cette fin du vingtième siècle est marquée par un drame, « la rupture entre Évangile et culture » (20). L'inculturation de l'Évangile est sa hantise. Il ne s'agit pas simplement d'exprimer l'Évangile dans une culture locale ; il s'agit surtout d'annoncer l'Évangile de telle sorte que la vie de Dieu transforme, recrée, inspire la culture locale et lui permettre d'être un facteur puissant d'humanisation.

Pour Paul VI, cette évangélisation est d'abord un effort d'accueil à l'Esprit Saint par l'Église locale. C'est lui qui permet d'ouvrir l'Évangile à la page que recherche le Peuple. C'est lui qui permet de discerner les vraies valeurs d'une culture et qui donne la force de la créativité, que toute évangélisation réelle nécessite.

L'évangélisation s'intéresse au développement de l'homme tout entier (donc au développement économique), mais elle sait que le véritable développement de l'homme passe par l'accueil du Christ sauveur, grâce à son annonce explicite, aux sacrements, et au témoignage de foi. De fait, n'est pas évoquée la silencieuse méthode de Nazareth (celle choisie par le Père de Foucauld) pour évangéliser. Pour Paul VI, l'évangélisation demande une visibilité des communautés chrétiennes dans la cité des hommes : dix ans après, c'est probablement une opinion largement admise dans l'Église. ■

Apostolat

Apostolat est un des mots-clefs de la vie de l'Église aujourd'hui ; l'un des plus anciens du vocabulaire chrétien, il est lié aux origines mêmes de l'Église. Le Nouveau Testament recourt en effet au mot grec *apostolos*, signifiant envoyé, chargé de mission, pour désigner les douze hommes que Jésus s'est choisis parmi ses disciples en vue de constituer les fondements du nouveau Peuple de Dieu, son Église. Il les envoie en effet en mission (le mot mission, qui vient du latin *mittere*, envoyer, a le même sens étymologique qu'apostolat), et, à travers eux, c'est la future Église tout entière que, sous leur conduite, il envoie ainsi : « Allez, de toutes les nations faites des disciples. Baptisez-les au nom du Père et du Fils et du Saint-Esprit » (Mt 28, 19) ; voilà défini en quelques mots l'objet même de l'Église.

Pas seulement l'affaire du clergé

L'apostolat, au sens chrétien du terme, recouvre donc une notion se situant sur deux plans complémentaires :

- d'une part, la tâche impartie aux **successeurs des apôtres**, les **évêques**, constitués en collège épiscopal, qui est de faire accomplir à l'Église sa mission apostolique d'évangélisation ;

- d'autre part, celle impartie à **tous les membres de l'Église**, qui est précisément de participer, chacun pour ce qui le concerne et tous ensemble, à cette évangélisation.

Si, tout au long de l'histoire de l'Église, les laïcs se sont comportés en authentiques apôtres, à l'image des premières communautés chrétiennes décrites dans les *Actes des Apôtres*, en fait la notion d'apostolat a été associée pendant très longtemps à la mission du seul clergé. Cela probablement pour deux raisons : d'une part, et à juste titre, la responsabilité apostolique de l'Église n'a cessé d'être liée à la fonction même des évêques, en tant que successeurs des apôtres, et dès lors, à celle de leurs coopérateurs, les prêtres ; d'autre part, ce qu'on pourrait appeler « la force de frappe » de l'évangélisation a longtemps été constituée par les ordres monastiques, puis, de manière plus large, par les congrégations religieuses.

▶

L'ENGAGEMENT

Dans l'Église catholique on parle beaucoup d'engagement. Pourquoi ?

Même si les raisons n'en sont pas toujours explicitées, on peut faire les remarques suivantes.

Pour la foi catholique, Dieu s'est engagé vis-à-vis de l'homme par promesse ; et « il est fidèle, le Dieu qui nous a appelés à la communion avec son Fils Jésus-Christ Notre-Seigneur » (1 Co 1,9).

Pour qui découvre la fidélité de l'amour de Dieu, il semble normal de répondre par un engagement fidèle à aimer à son tour Dieu, et ses frères qui en sont les signes. Cet engagement peut prendre des formes diverses, et même se traduire dans un état de vie spécifique (mariage, ordre, vie religieuse).

Les théologiens font d'ailleurs remarquer que la réponse d'amour de l'homme à la fidélité de Dieu est elle-même fruit de l'action de Dieu : c'est l'Esprit qui, dans les cœurs, fait dire *Père* (Ga 4, 6). Ainsi l'engagement chrétien est d'abord accueil d'une sorte d'exigence intérieure, puis respect de cette vérité intérieure.

Cette exigence intérieure est souvent à l'origine de participations à des activités purement profanes (c'est-à-dire d'ordre non confessionnel), dans un esprit de service qui peut aller très loin. Ainsi s'expliquent, chez beaucoup de chrétiens, des engagements de type civique, politique, syndical. Mais, parce qu'éminemment personnelle, il peut arriver que la fidélité à l'engagement intérieur s'oppose apparemment à des engagements extérieurs. On accuse parfois les chrétiens de ne pas être des alliés sûrs, et pas seulement en politique. C'est vrai : leur engagement envers Dieu, leur foi au Dieu vivant resteront toujours une instance critique de tous leurs engagements humains. ■

▶

Tous les baptisés concernés

Il a fallu l'ampleur croissante du phénomène de déchristianisation et, plus encore sans doute, une évolution générale des mentalités dans la société, dans le sens d'une citoyenneté égale et responsable, pour faire à nouveau émerger au sein de l'Église la conscience claire que la vocation à l'apostolat est celle de tout baptisé. Le mouvement qui s'est développé en ce sens à partir de la seconde moitié du XIXe siècle, avec les encouragements croissants de la hiérarchie, a trouvé son couronnement dans les travaux et les conclusions du concile Vatican II (1962-1965). Sur ce point, comme en beaucoup d'autres, le Concile a véritablement renouvelé la théologie catholique, encore que dans une stricte fidélité à ce qui constitue les fondements de la foi et de l'Église.

Celle-ci, notamment, n'est plus seulement présentée comme une société hiérarchisée, mais comme un peuple missionnaire en marche, le Peuple de Dieu, dont tous les membres sont appelés à être personnellement apôtres. L'Église est tout entière missionnaire (Constitution dogmatique *Lumen gentium* sur l'Église, n° 17).

Unité de mission, diversité dans les formes

Divers sont les membres de l'Église, diverses sont les formes de la mission à accomplir et de l'apostolat à exercer ; mais il y a toujours unité de cette mission, qui est celle même de l'Église.

Au collège des évêques, en tant que successeurs des apôtres, appartient la responsabilité de conduire cette marche du Peuple de Dieu, d'assurer sa progression dans la vie de foi par l'enseignement et la sanctification, de maintenir et d'élargir son unité.

Aux *prêtres*, il revient d'agir comme les coopérateurs des évêques dans les diverses formes de responsabilité pastorale, et notamment d'être les ministres de la parole et des sacrements, les chefs des communautés chrétiennes et les stimulateurs de la vie apostolique.

Les *religieux* contribuent à la diffusion de l'Évangile par le témoignage de leur vie consacrée, la fécondité de leur vie spirituelle et, pour ce qui concerne les instituts à vocation apostolique (malades, enseignement, missions extérieures, etc.), l'action qu'ils engagent à ce titre.

Quant aux *laïcs*, que leur condition plonge au cœur même des réalités de la vie du monde (famille, profession, actions sociale, politique, culturelle, etc.), leur tâche spécifique est d'y exercer leur apostolat de l'intérieur, « à la manière d'un ferment » ; il leur est demandé d'y travailler tout à la fois à l'évangélisation des personnes et à ce que, dans l'Église, on appelle « le renouvellement de l'ordre temporel », c'est-à-dire à rendre le monde, dans ses institutions et son mode de vie, plus conforme à l'esprit de paix, de justice, d'amour et de fraternité de l'Évangile (Constitution dogmatique *Lumen gentium* sur l'Église, n° 31 ; Décret sur l'apostolat des laïcs, n° 2).

Cet apostolat des laïcs s'exerce aussi bien de manière individuelle (notamment dans un comportement accordé à la conviction de foi dont on est animé, ce qu'on appelle le témoignage de vie) que de manière organisée (au sein de mouvements et de groupements conçus à cet effet ; c'est en particulier le rôle de l'Action Catholique). Mais évidemment l'apostolat organisé ne peut guère se concevoir sans l'apostolat personnel de ses membres. ■

TÉMOIGNAGE

Le mot *témoin* (du latin *testis*, contraction de *terstis*, celui qui intervient en tiers, en témoin) revient fréquemment dans le vocabulaire chrétien ; il était déjà dans la bouche de Jésus s'adressant à ses apôtres : « Vous serez mes témoins jusqu'aux extrémités de la terre » (Ac 1,8) ; ce fut la dernière consigne qu'il leur laissa. Les disciples, poussés par l'Esprit Saint reçu à la Pentecôte, eurent à cœur en effet de dire ce qu'ils avaient vu et entendu du Christ, et notamment de sa résurrection (voir *Kérygme*). Bien plus, selon l'*Évangile de Jean* (15,26) et les *Actes des Apôtres* (5,32), c'est l'Esprit lui-même qui rendait témoignage en eux.

Le témoignage suprême est celui du sang. On sait que le mot *martyre* vient du grec *martus*, qui signifie témoin. Les *martyrs* sont, aux yeux de l'Église, les témoins par excellence, et elle les vénère comme tels depuis les origines. Aujourd'hui encore, le témoignage de la foi en Jésus-Christ, l'attachement à son Église, le souci des droits de l'homme (indissociables de la conception que se font les chrétiens de l'être créé à l'image de Dieu) conduisent beaucoup d'entre eux à la prison, à la torture, à la mort, et cela sous les latitudes les plus diverses. C'est toutefois dans des circonstances plus banales que la plupart des chrétiens ont fréquemment à porter le témoignage de leur foi : dans leur famille, dans leurs relations d'amitié, de voisinage, de travail, dans leurs diverses activités et engagements.

Par exemple, le chrétien porte témoignage de la parole par la participation à la catéchèse des jeunes et des adultes, ou tout simplement, quand l'occasion s'en présente, par l'évocation de ce qu'il croit, voire par l'annonce de Jésus-Christ en pleine rue comme le font certains charismatiques.

Mais le plus souvent, le témoignage passe à travers des comportements, quand ce n'est pas à travers une vie entière : attitudes d'amour véritable, de pardon, d'espérance, qu'on sait reliées à des convictions profondes de foi. Le témoignage authentique est au demeurant étranger au sentiment de supériorité, au propos de donner une leçon, à l'auto-satisfaction. Il laisse percevoir la foi et l'amour qui animent celui qui le porte, sans même que ce dernier ait conscience de donner un tel témoignage. La force du témoignage est d'ailleurs à double tranchant : bien des attitudes, des comportements, des paroles peuvent être autant de contre-témoignages ; la vocation du chrétien à être témoin de sa foi rend plus pressante encore l'exigence de sa conversion permanente.

C'est l'Église dans son ensemble (c'est-à-dire à la fois collectivement et dans chacun de ses membres) qui a reçu du Christ la mission d'être son témoin. Avec le soutien de l'Esprit Saint, et malgré le handicap du péché, il lui revient d'attester par la foi et par l'amour, par la parole et par le comportement, que l'homme historique Jésus est le Fils de Dieu ; et qu'elle a été chargée d'appeler de sa part tous les hommes à découvrir l'amour de Dieu, à partager à jamais son bonheur. ■

Fresque sur un mur du quartier populaire de la Victoria (Santiago du Chili) à la mémoire d'André Jarlan, prêtre français « Fidei donum » tué par la police en 1984. Maculé par la police, son visage est constamment refait par la population.

Ph. CIRIC

Lorsqu'un mot, une expression, un événement, une institution, un nom propre vous sont inconnus, consultez l'index.

UN PEU DE VOCABULAIRE

Faire résonner une parole à l'oreille d'un auditeur est l'image du verbe grec *katekein* qui est le « père » de tout le vocabulaire en catéch(èse, isme, étique, etc). En grec classique, ce verbe veut dire à la fois informer et enseigner. Saint Paul va lui donner un sens technique précis d'enseignement du contenu de la Révélation.

La catéchèse (adjectif : catéchétique) est l'acte et le contenu d'un enseignement destiné à faire comprendre aux baptisés la Révélation et sa cohérence d'ensemble. La catéchèse se distingue du kérygme par leurs destinataires : elle s'adresse aux baptisés, le kérygme aux non baptisés.

Le catéchuménat est la situation de ceux qui sont inscrits au baptême et le préparent (les *catéchumènes*), en même temps que l'organisation de l'enseignement qui leur est donné.

Le catéchisme (adjectif : catéchistique) est à la fois l'institution et le manuel par lesquels des catéchistes forment dans la connaissance de la Révélation des enfants déjà baptisés. ■

CATÉCHUMÉNAT

Avant de donner le baptême, les Apôtres et ceux qui les ont suivis immédiatement instruisaient assez sommairement ceux qui le demandaient (Ac 8, 30-36). Mais l'Église jugea bientôt nécessaire de donner cet enseignement d'une manière plus organisée.

Dès le second siècle, les païens qui désiraient devenir chrétiens étaient présentés à l'évêque, qui leur imposait les mains et traçait sur eux le signe de la croix ; c'était leur entrée officielle dans le catéchuménat. Ils recevaient alors une instruction durant deux ou trois ans, puis, s'ils en étaient jugés dignes, on leur donnait le baptême.

Avec l'usage du baptême des enfants dès leur naissance, le catéchuménat tomba en désuétude, sauf dans les pays de mission où les prêtres baptisaient encore des adultes.

Aujourd'hui, le baptême des petits enfants qui n'ont pas encore l'usage de la raison est contesté par certains. Il est souvent aussi différé. D'autre part, la vague de déchristianisation qui souffle sur l'Europe occidentale fait abandonner toute pratique religieuse par un grand nombre de personnes, et les baptêmes se raréfient. Mais, parallèlement, des jeunes ou des adultes découvrent la foi et demandent à recevoir les sacrements. Ces démarches, plus nombreuses aujourd'hui qu'il y a quelques années, ont amené à rétablir le catéchuménat, et à lui donner une forme nouvelle. Hier, celui qui désirait recevoir le baptême s'adressait à un centre de catéchuménat, lequel désignait une personne pour lui enseigner le catéchisme et assurer sa préparation. Aujourd'hui, ces centres tendent de plus en plus à susciter autour du catéchumène une équipe de chrétiens faisant partie de son entourage (travail, résidence, famille), afin qu'ils l'accompagnent tout au long de son chemin vers le baptême ; ainsi, tout naturellement, une fois baptisé, il est déjà inséré dans une communauté chrétienne.

Pour entrer au catéchuménat, il suffit de s'adresser à un prêtre ou à un laïc chrétien qui mettront l'aspirant au baptême en contact avec les membres d'une équipe. ■

Transmission de la parole de Dieu

Transmettre, c'est passer à autrui un dépôt après l'avoir soi-même reçu d'un autre. La notion de transmission suppose l'élaboration d'une chaîne orale ou écrite à travers laquelle on transmet un enseignement, des connaissances et des pratiques. C'est ainsi que se constitue une *tradition* (du latin *tradere,* transmettre).

Dans l'Ancien Testament

Il est certain que dans l'Israël de l'Ancien Testament existait une transmission d'un « dépôt », et par conséquent une tradition. Ce dépôt embrassait tous les aspects de la vie : rites, gestes culturels, coutumes, droits, formes de prières, règles de vie pratique, croyances, etc. C'est la transmission de ce dépôt qui a assuré la solidité et la continuité spirituelle du peuple élu, depuis le temps des patriarches jusqu'au temps de la Révélation évangélique.

Le caractère sacré du dépôt ne réside pas seulement dans le fait qu'il est un legs des générations antérieures, mais essentiellement dans le fait qu'il est d'origine divine. A l'origine des croyances et des coutumes, il y a une Parole de Dieu délivrée par ses envoyés, et consignée dans des écrits inspirés par la sagesse divine.

Cependant, c'est tout d'abord par voie orale que s'est effectuée la transmission. Cette tradition orale a nourri les écrits, et autour d'elle se sont peu à peu cristallisées les Écritures sacrées qui contiennent toute l'expression de la foi du peuple d'Israël.

Dans le Nouveau Testament

Le Nouveau Testament ouvre une perspective différente. Dès le début de son ministère, Jésus marque son indépendance vis-à-vis de la tradition juive. Il vient accomplir les Écritures mais demande aux disciples de s'affranchir de la « Tradition des Anciens » (Mt. 15, 1-20). Dans son enseignement, il ne répète ni ne transmet une tradition reçue, il innove dans ses paroles et ses actes. Descendant d'Abraham, il accomplit en lui les promesses, mais il est cependant l'origine d'une traditon nouvelle qui se substitue à celle des anciens comme base d'interprétation des Écritures. Pourtant, il ne parle pas en son nom propre. Il est l'envoyé du Père.

Jésus confie aux Apôtres le soin de transmettre et de mettre en œuvre sa Parole. C'est ainsi que se constitue le Nouveau Testament, dépôt sacré de la parole du Christ, et que s'instaurent les sacrements, centres de la vie de l'Église et instruments de transmission de la foi, car lieux de rencontres privilégiées avec la personne même du Ressuscité.

La tradition apostolique a joui d'une autorité unique qu'elle avait reçue du Christ lui-même : « Qui vous écoute, m'écoute ; qui vous rejette, me rejette et rejette Celui qui m'a envoyé » (Lc 10, 16). L'Église a pour mission de garder intact ce dépôt et de le transmettre. Elle s'y emploie, non comme une simple organisation humaine mais comme *Corps du Christ* lui-même, inspiré par son Esprit et dans lequel les fonctions de gouvernement perpétuent celles des Apôtres.

Cependant la transmission de la foi n'est pas la simple transmission d'un dépôt, la conservation de paroles, de faits et gestes accomplis dans un passé lointain. Elle est fondamentalement provocation à la rencontre de « celui qui était, qui est et qui vient ».

Ainsi la tradition ecclésiastique préserve l'authenticité des paroles et des faits qui ont marqué le temps de la Révélation, mais, en même temps, elle témoigne tout au long de son histoire de la présence du Christ vivant et ressuscité.

Si le collège des évêques, successeurs directs des apôtres, a pour mission particulière de préserver le dépôt de la Parole de toutes déviations, il a en même temps, et avec lui l'ensemble des baptisés, clerc et laïcs, à exercer un ministère prophétique en transmettant la parole vivante et en proclamant leur foi. ■

ENSEIGNER

Le seul intervenant aux sources de la foi, celui qui donne la Loi et change le cœur pour l'accomplir ; celui qui aime et corrige, éduque et inspire, c'est Dieu lui-même, maître des temps et de l'histoire, en particulier parce qu'il est Esprit, et que sa Parole invite à bien vivre. Pour les chrétiens, Jésus apparaîtra comme celui, qui non seulement vit conformément à ce qu'il dit, comme un maître de sagesse, mais comme Celui qui est en personne la Sagesse et la Parole de Dieu, libre et souveraine, créatrice et recréatrice. Les docteurs de la loi, comme le peuple, s'étonnent de son intelligence des Écritures, et de son autorité, qui manifestent de quel Esprit il est. Lui-même enseigne en prêchant le Royaume et la conversion nécessaire. Il accompagne cette prédication de gestes, de signes de guérison ou de nourriture : de salut pour tous. Aussi bien sa manière de mourir résume l'enseignement de sa manière de vivre, et sa résurrection authentifie le chemin ainsi ouvert.

C'est cela qui, dans l'Église, devient alors objet de prédication et d'enseignement proposé à la foi. Cela incombe d'abord aux Apôtres, avec un ordre précis : « Allez, enseignez toutes les nations... » (Mt 28,19), et leur témoignage est fondamental pour toutes les générations suivantes. Dans les premières communautés, à côté de leurs successeurs, les évêques, on trouvera aussi d'autres fonctions d'enseignement : évangélistes, docteurs, catéchistes, etc.

Mais, pendant toute la période des Pères de l'Église, les fonctions ne se séparent pas : les docteurs sont aussi des pasteurs, la plupart du temps évêques. Et leur rôle est de témoigner de la foi commune du peuple chrétien, avant que celle-ci, au fil du temps et des cultures traversées par le christianisme, n'ait à être explicitée toujours plus, réinterprétée et réfléchie dans une recherche intelligente, enseignée à son tour comme telle. ■

Avant le catéchisme

L'enseignement de l'Église s'est longtemps fait à la fois par le moyen de l'instruction orale et par celui de la liturgie, véritable initiation chrétienne à laquelle contribuaient le déroulement du cycle annuel des célébrations, les textes des lectures et des prières, les chants, la symbolique des gestes et des objets ; le tout s'appuyait sur le concours puissant des images : la décoration des lieux de culte en effet (sculptures, vitraux, fresques, mosaïques...), en un temps où les analphabètes étaient plus nombreux que les lettrés et où, de toutes façons, les moyens de l'imprimerie n'existaient pas, offrait les éléments efficaces d'une pédagogie expressive permettant de conduire jusqu'aux aspects les plus riches et les plus profonds du mystère de la foi. Elle était tout autant un code-mémoire utile aux prédicateurs. Aussi bien l'art chrétien médiéval garde-t-il aujourd'hui encore toute sa puissance d'expression et de suggestion.

Le véritable problème qui ne cessa de se poser fut celui de la formation des éducateurs ; et, sur ce plan, on enregistra bien des échecs jusqu'aux grands bouleversements de la Réforme protestante au XVIe siècle, auxquels ils ne furent pas tout à fait étrangers. Cependant, on avait vu un JEAN GERSON (1346-1429), éminent théologien français, ouvrir une voie nouvelle à la pédagogie religieuse avec son *Traité du devoir de conduire les enfants à Jésus-Christ* et son *Opus tripartitum* à l'usage des curés peu instruits.

L'invention du catéchisme

Les deux grands événements qui, coup sur coup, allaient conduire à un renouvellement complet de la catéchèse furent l'invention de l'imprimerie au XVe siècle et les événements de la Réforme protestante au XVIe siècle.

C'est LUTHER le premier qui, en 1525, pour lutter contre l'ignorance religieuse et propager sa doctrine, eut l'idée de publier un « catéchisme » imprimé ; bien mieux, il imagina de recourir à deux manuels distincts et complémentaires : d'une part, un grand catéchisme rédigé en latin pour les éducateurs, avec un exposé continu et détaillé, et, d'autre part, un petit catéchisme court et dialogué, rédigé en allemand pour le peuple. CALVIN, à son tour, organisant l'Église réformée de Genève, rédigea un catéchisme par questions et réponses, non pour l'instruction des enfants mais comme manuel fondamental de la foi pour les adultes.

Le grave traumatisme causé par la Réforme protestante conduisit l'Église catholique à un profond retour sur elle-même ; c'est ce qu'on appela la Contre-Réforme ou Réforme catholique, dont le Concile de Trente (1545-1563) fixa les lignes directrices. Une de ses grandes préoccupations fut d'organiser la lutte contre l'ignorance religieuse (et les superstitions qui parasitaient la foi), en assurant à tous l'enseignement d'un minimum de notions claires et sûres. Cette préoccupation allait susciter toute une série d'initiatives, notamment de la part des membres de la Compagnie de Jésus, un des principaux artisans de la Réforme catholique.

C'est un jésuite, ST PIERRE CANISIUS, le grand apôtre de la Réforme catholique en Allemagne, qui publia, dès 1555, le premier des grands catéchismes catholiques, sous forme de recueil en latin, avec questions et réponses, à l'intention des étudiants ; il rédigea ensuite une autre édition, en allemand, pour le peuple et les enfants ; ce petit catéchisme, illustré de gravures, restera pendant près de deux siècles le manuel populaire des catholiques allemands.

En 1566, pour répondre aux préoccupations et aux directives du Concile de Trente, le pape Pie V publia un catéchisme romain destiné au clergé paroissial — et non aux fidèles — qu'il fit traduire en plusieurs langues européennes.

ST ROBERT BELLARMIN, un autre grand théologien jésuite, qui exerça une énorme influence sur son époque, lança en 1598 un petit catéchisme destiné aux éducateurs, qui recueillit un vif succès. Traduit en plusieurs langues, il servit à la mise en œuvre du « catéchisme romain » de Pie V.

Au XVIIe siècle, des apôtres comme ST FRANÇOIS DE SALES, ST JEAN EUDES et ST VINCENT DE PAUL s'emploient à faire passer dans les mœurs l'institution du catéchisme ; St Vincent de Paul, par exemple, compose en 1640 un petit manuel à l'intention des plus démunis, « le catéchisme à la rencontre » ; il institue une fête de la première communion ; il adapte son catéchisme aux adultes. Un peu plus tard, BOSSUET publie un important catéchisme. Peu à peu, les manuels diocésains se multiplient. Mais ils se présentent trop souvent comme de petits résumés de théologie scolaire, peu centrés sur la personne de Jésus, et sans enracinement dans la Bible. Un ami de Bossuet, CLAUDE FLEURY, publie toutefois en 1683 un grand et un petit catéchismes nourris de la Bible, et suivant les faits de l'histoire du salut dans leur déroulement.

Toujours au XVIIe siècle, la Congrégation romaine de la Propagation de la Foi édite des catéchismes en toutes sortes de langues pour les pays de mission.

Le rôle unificateur de Napoléon

Sous l'Empire, NAPOLÉON impose l'usage d'un unique catéchisme pour toute la France ; s'intéressant personnellement à sa rédaction, il y fait tenir une grande place aux devoirs envers l'empereur, notamment le service militaire et l'impôt.

Les catéchismes du début du XIXe siècle paraissent très marqués par l'influence des philosophes du XVIIIe siècle, et ils présentent un Dieu qui pourrait être celui de la religion naturelle.

La période qui suit est marquée par le zèle des curés à enseigner le catéchisme, notamment en France et en Allemagne. Probablement sous l'influence des efforts engagés avec succès par les protestants avec leurs écoles du dimanche, on assiste à toutes sortes d'initiatives intéressantes dans les paroisses (l'abbé Dupanloup à la Madeleine en donne un exemple bien connu), et à l'édition de catéchismes de valeur dans plusieurs diocèses.

La période moderne

Il n'en faut pas moins attendre les années 1920 et 1930 pour voir s'amorcer une réelle rénovation de la réflexion et de la pratique catéchistiques. En 1937, les évêques de France publient un « catéchisme national », revu et amélioré en 1947, qui donnera plus de place à l'Évangile. Progressivement, on perçoit plus clairement que l'objectif n'est pas seulement de combattre l'ignorance, mais tout autant de créer un environnement favorable à la foi. Le catéchisme doit provoquer une relation éducative entre les catéchistes et les jeunes, aider chacun de ceux-ci à entrer dans « sa » foi, et à vivre dans la foi.

En 1966, les évêques français renoncent au catéchisme national et, pour atteindre les enfants dans leur diversité de milieu, de culture et d'environnement religieux, ils arrêtent le principe d'un « fonds commun obligatoire » et de documents complémentaires « d'adaptation » (sept en tout).

En 1977, l'épiscopat français décide la rédaction d'un recueil de base commun, pour aider à la reconnaissance mutuelle entre chrétiens, destiné à être complété par des textes offerts au choix et permettant de respecter la diversité souhaitable des cheminements. Ainsi est publié en 1981 le livre *Pierres vivantes* [1], qui se présente comme un recueil de documents privilégiés de la foi en trois parties (extraits de la Bible retraçant toute l'histoire du salut ; éléments de l'histoire de l'Église ; initiation aux sacrements, à la liturgie, à la prière ; le tout accompagné d'explications sur les « mots-clefs » et d'illustrations abondantes[2]. Des *Parcours catéchétiques*, ensembles de livres, cahiers et fiches destinés à accompagner le recueil de base et conçus pour les enfants de CE1, CE2, CM1, CM2 et parfois 6e et 5e, pour leurs animateurs, et éventuellement pour leurs parents, sont proposés par divers organismes ou Directions diocésaines de l'Enseignement religieux (DER), et permettent de jalonner autant de pistes de travail laissées au choix des responsables.

Une nouvelle phase s'ouvre ainsi dans l'histoire de la catéchèse ; elle avait déjà été largement amorcée par la rénovation des méthodes de l'animation : travail en groupes, place donnée à la réflexion des jeunes, concours de très nombreux laïcs, formation et recyclage des animateurs jusqu'aux niveaux les plus élevés de la théologie, de l'Écriture sainte et de la pédagogie. (Voir aussi *Catéchisme national pour adultes* (1991) et *Catéchisme de l'Église catholique* (1992) ■

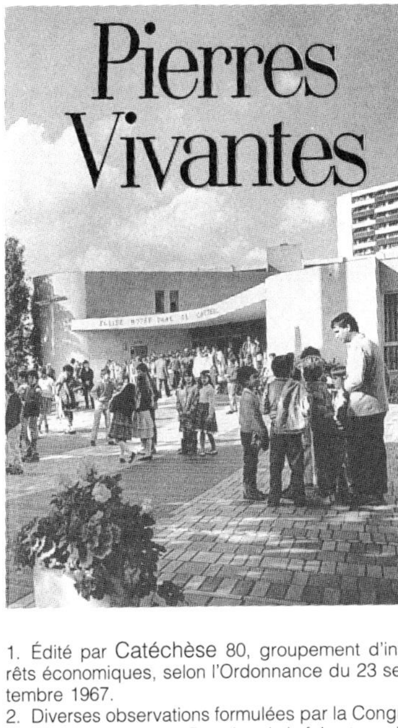

Ph. Tournus

1. Édité par Catéchèse 80, groupement d'intérêts économiques, selon l'Ordonnance du 23 septembre 1967.
2. Diverses observations formulées par la Congrégation romaine pour la Doctrine de la foi ont conduit la Conférence des évêques de France à apporter en novembre 1984 certaines retouches à la présentation des textes de l'Écriture ; une nouvelle édition de *Pierres vivantes* a donc été réalisée.

RENOUVEAU ET FIDÉLITÉ DE LA CATÉCHÈSE ÉVOQUÉS PAR JEAN-PAUL II

1. La catéchèse pose des problèmes de pédagogie. Par les textes évangéliques, nous savons que Jésus lui aussi a dû les affronter. Dans sa prédication aux foules, il s'est servi de paraboles pour communiquer sa doctrine de manière adaptée à l'intelligence de ses auditeurs. Dans son enseignement aux disciples, il procède progressivement, en tenant compte de leur difficulté à comprendre. Ainsi, c'est seulement dans la deuxième période de sa vie publique qu'il annonce expressément le chemin douloureux qui l'attend, et c'est seulement à la fin qu'il déclare ouvertement sa propre identité, non seulement de Messie mais de « Fils de Dieu ». Nous constatons aussi que, dans ses dialogues plus particuliers, il communique sa révélation en répondant aux questions de ses interlocuteurs et en employant un langage accessible à leur mentalité. Parfois, c'est lui-même qui pose des questions, qui soulève des problèmes.

Le Christ nous a montré la nécessité pour la catéchèse d'une adaptation multiforme, selon les groupes et les personnes auxquels elle est adressée. Il nous a indiqué aussi la nature et les limites de cette adaptation ; il a présenté à ses auditeurs toute la doctrine pour l'enseignement de laquelle il avait été envoyé et, devant les résistances de ceux qui l'écoutaient, il a exposé son message avec toutes les exigences de foi qu'il comportait. Rappelons-nous le discours sur l'Eucharistie, à l'occasion du miracle de la multiplication des pains : malgré les objections et les défections, Jésus a maintenu sa doctrine et a demandé l'adhésion de ses disciples (cf. Jn 6, 60-69). En transmettant à ses auditeurs l'intégralité de son message, il comptait sur l'action illuminatrice de l'Esprit Saint, qui ferait comprendre plus tard ce qui ne pouvait être compris sur-le-champ (cf. Jn 14, 26 ; 16, 13). Donc, pour nous aussi, adaptation de la catéchèse ne doit pas signifier réduction ou mutilation du contenu de la doctrine révélée, mais plutôt effort pour la faire accepter dans une adhésion de foi, dans la lumière et avec la force de l'Esprit Saint.

2. Suivant l'exemple de son unique Maître qui est Jésus, l'Église, dans sa catéchèse, a cherché à s'adapter à ceux auxquels elle voulait communiquer la lumière de l'Évangile. Cet effort d'adaptation s'est manifesté de manière particulière à une époque récente, qui a été marquée par un progrès de la spécialisation catéchétique : de fait, les instituts de formation catéchétique se sont multipliés, on a étudié systématiquement les méthodes de la catéchèse, et on a proposé les moyens les plus efficaces pour l'enseignement religieux. Il est souhaitable que cet effort continue et se développe encore. Les problèmes de l'adaptation sont nombreux et difficiles, ils varient selon les lieux et les époques, et ils ne cesseront pas de se poser dans l'avenir aussi.

Il faut observer que des problèmes, aujourd'hui, sont liés à ceux du développement des nouveaux moyens de communication sociale. A côté des formes simples et traditionnelles de la catéchèse, il y a place pour un enseignement catéchétique qui utilise les moyens les plus modernes de diffusion. L'Église ne peut qu'encourager les tentatives de créer de nouvelles formes de transmission de la vérité évangélique. On doit regarder favorablement toutes les initiatives valables en un tel domaine, et on doit féliciter ceux qui assument à cet égard le rôle de pionniers.

3. La catéchèse n'a donc aucunement l'intention de se fossiliser en ce qui a été fait dans le passé. Comme je l'ai reconnu dans l'« exhortation » **Catechesi tradendae**, *la catéchèse « a besoin d'un renouveau continu dans un certain élargissement de son concept même, dans ses méthodes, dans la recherche d'un langage adapté, dans la mise à profit de nouveaux moyens de transmission du message » (n. 17) [2]. On peut dire que la catéchèse, comme l'Église elle-même, est tendue vers un avenir meilleur que le passé, un avenir qui demande une collaboration active de tous les intéressés et une ouverture attentive aux progrès de la société humaine.*

Jean-Paul II

Les catéchismes les plus célèbres

	Catholiques		**Prostestants**
1554	**Canisius :** — en latin, pour étudiants ; — petit catéchisme en allemand pour le peuple et les enfants (en vigueur pendant 2 siècles en Allemagne).	1529	**Luther** (en allemand) : — *Grand Catéchisme, pour le clergé ;* — *Petit Catéchisme, pour le peuple.*
1556	*Catéchisme romain*, souvent appelé « du Concile de Trente », paru en latin à l'initiative du pape Pie V, à l'intention du clergé, pour exposer la doctrine de la foi conforme aux canons du concile de Trente.	1536	**Calvin** (en français), avec édition ultérieure en latin ; en 1541, réédition française sous forme de questions et réponses, formule qui sera adoptée par la plupart des autres catéchismes.
1593	**Bellarmin** (en latin).		
1601	Traduction de Bellarmin en français par *St François de Sales* (1er catéchisme catholique en français).		
1671-1682	**Bossuet** (en français).		
1806	*Catéchisme national français dit « impérial »* (rédigé sous le contrôle étroit de Napoléon).		
1947	*Catéchisme dit « national »*, rédigé par l'épiscopat français pour se substituer aux divers catéchismes diocésains.		
1979	*Texte de référence* (français)		
1981-1984	*Pierres vivantes*		
1991	*Catéchisme national français pour adultes*		
1992	*Catéchisme de l'Église catholique*		

Une image de Première Communion des années 1920.

DES CATÉCHISMES PAS TRÈS CATHOLIQUES

A la suite des protestants et des catholiques, divers auteurs ont recouru à la formule du catéchisme, soit comme moyen d'exposé d'une doctrine, soit par mode de plaisanterie. Le plus célèbre catéchisme doctrinal non chrétien est *le Catéchisme positiviste*, « Sommaire exposition de la religion universelle en onze entretiens systématiques entre une femme et un prêtre de l'humanité », paru en 1852, sous la plume d'Auguste Comte, afin de populariser le positivisme.
Un des catéchismes burlesques est le *Catéchisme poissard*, publié en 1758 sous la signature de Vadé, recueil de gros mots et d'injures en usage chez les poissardes (marchandes de poisson aux Halles parisiennes). ■

Ph. CIRIC

Christ en bois. Brésil, XVe siècle.

LES PRINCIPES DE BASE DE LA CATÉCHÈSE EN FRANCE ACTUELLEMENT

1. La tâche première et spécifique de la catéchèse demeure la présentation structurée du mystère du Christ : « Faire connaître » sans jamais oublier que cette connaissance est celle d'un mystère, « une connaissance qui remplit de joie, un savoir selon l'Esprit » (Message au peuple de Dieu, nº 8). *La catéchèse apprend aux catéchisés le langage commun de la foi et permet d'adapter à notre temps un tel langage. C'est le temps de la Parole écoutée et annoncée.*

2. La célébration liturgique et sacramentelle. Celle-ci dépend beaucoup de la qualité de la catéchèse. Dans tous les cas, l'action catéchétique ne pourra se dérouler sans s'articuler sur de telles célébrations. Nous venons de le voir en ce qui concerne la profession de foi de la communauté ecclésiale. Il en est de même pour les sacrements. Toute catéchèse de l'enfance sera structurée sacramentellement. Elle doit initier à la participation de la vie liturgique et introduire à la prière personnelle.

3. Le témoignage est tout aussi essentiel. « L'un des rôles principaux de la catéchèse aujourd'hui, c'est précisément de susciter et d'encourager de nouveaux types d'engagements sérieux et efficaces, notamment dans le domaine de la justice. Ainsi, l'expérience chrétienne fera naître de nouveaux styles de vie évangélique. Avec la grâce du Christ, ils porteront de nouveaux fruits de sainteté » (Message au peuple de Dieu, nº 10). *Le Synode nous le dit et nous réaffirmons que les enfants peuvent être des témoins et des apôtres dans leur vie quotidienne. Des témoins et des apôtres au service missionnaire de l'Église universelle.*

Les évêques de France (1979)

Comment devenir catéchistes laïcs ?

Qui sont-ils ?

L'épiscopat français évaluait à 220 000, en 1992, le nombre de laïcs au service de la catéchèse ; et encore, dans ce chiffre, ne sont pas pris en compte les nombreux parents à qui l'on demande de faire la première initiation chrétienne de leurs propres enfants et celle de deux ou trois petits voisins. En s'en tenant donc aux hommes et aux femmes ayant une mission plus officielle de catéchèse, l'appellation catéchiste recouvre en réalité des situations très diverses.

Le plus grand nombre a en charge une petite équipe de quatre à huit jeunes enfants d'un quartier, d'un village ou d'une aumônerie de collège. D'autres animent des groupes plus nombreux, ou aident à la formation de mères de jeunes enfants qui font la catéchèse de ces derniers. Quelques-uns sont permanents, au service soit d'un secteur (groupe de paroisses, ville, etc.), soit d'une aumônerie scolaire, soit même d'un diocèse. Dans plusieurs cas, c'est une femme laïque qui est responsable diocésaine de l'animation catéchétique, sous la responsabilité directe de l'évêque.

Faire le catéchisme, qu'est-ce à dire ?

Beaucoup supposent qu'il s'agit d'abord d'enseigner une doctrine, et pensent cours et leçons. Sans que cet aspect soit à négliger, il s'agit d'abord, pour un catéchiste, de témoigner de sa vie chrétienne dans un monde où il ne va plus de soi d'être chrétien, même pour un enfant. On demande donc avant tout au catéchiste de souhaiter partager sa foi en Jésus-Christ. C'est pourquoi on attend de lui qu'il écoute les questions des jeunes (qui rejoignent souvent ses propres questions), qu'il prie avec eux, qu'il réfléchisse avec eux à leur propre existence, qu'il questionne avec eux l'Évangile et l'enseignement de l'Église. Et comme l'équipe de catéchisme est souvent le seul groupe chrétien auquel appartienne un enfant, il apparaît très important que le catéchiste s'efforce d'en faire un groupe fraternel et chaleureux, une petite cellule d'Église en lien avec la grande Église, où l'on découvre ensemble Jésus-Christ.

Quelles qualités sont requises des catéchistes ?

On ne leur demande pas d'avoir réponse à tout, mais d'aimer les jeunes qu'ils prennent en charge. Il n'est pas requis d'être pratiquant parfait ; mais il faut accepter d'être remis en cause par les enfants dans les échanges avec eux, forme de pédagogie active qui se révèle aussi bénéfique aux catéchistes qu'aux jeunes.

Cependant le catéchiste sera incité à recevoir une formation avec d'autres catéchistes, afin de pouvoir exprimer une foi personnelle en pleine harmonie avec celle de l'Église, et aider efficacement les jeunes à former la leur.

Comment se former à la catéchèse ?

La formation première est en général assurée sur place, dans le cadre de la paroisse, de l'aumônerie ou du secteur. Cette formation ne se sépare pas de la pratique de la catéchèse, l'une équilibrant nécessairement l'autre.

Une formation complémentaire est assurée dans chaque diocèse, en fonction de l'âge ou de la particularité de ceux dont on s'occupe (se renseigner à la Direction de l'Enseignement Religieux, dont le siège est généralement à l'Évêché du diocèse).

Enfin, beaucoup de catéchistes éprouvent le besoin d'une formation supérieure, soit par sessions, soit par formation périodique. Sous des noms divers, il existe des centres de formation et des instituts dans plusieurs facultés catholiques et villes universitaires. ■

Saint Irénée dit l'essentiel de la pensée chrétienne : le Christ est le Sauveur de la jeunesse. Le Christ a sanctifié tous les âges et, « se faisant jeune homme parmi les jeunes hommes, est devenu un modèle pour les jeunes hommes et les a sanctifiés pour le Seigneur » (*Adv. Haer.* — traduction Adeline Rousseau).

Le Christ est le Sauveur de la jeunesse : peut-on dire plus à partir de la Bible et du Nouveau Testament ? En comparant ce dernier avec les écrits de l'Antiquité, on serait tenté de répondre non : en matière de rapport jeune et adulte, c'est le silence du Christ qui est frappant. Ce silence est, à l'examen, plein d'enseignement.

Le monde antique distingue les enfants jusqu'à 7 ans, les garçons de 7 à 12 ans, les pré-adolescents de 13 à 16 ans, les éphèbes de 17 à 20 ans, et les jeunes, c'est-à-dire les adultes en âge de porter les armes.

Les problèmes d'éducation ne se posent que pour les hommes libres — ni les esclaves ni les femmes ne comptent — et « l'éducation » a pour principe que l'enfant est une sorte de bête sauvage à dompter (le mot grec *agogé* pourrait se traduire dresser, le mot hébreu, *jasar*, pourrait se traduire discipliner, châtier, et le latin, *erudire*, pourrait se traduire dégrossir).

L'enfant n'est rien qu'un matériau brut que ses parents — à qui il appartient — doivent faire devenir adulte : scribe en Égypte ou en Mésopotamie, soldat ou citoyen en Grèce et à Rome, sujet de la Loi en Israël ; l'école, souvent, est le lieu de cet apprentissage, qui est d'abord celui du caractère. Dans le monde grec, Homère fournit les modèles d'Achille le valeureux et d'Ulysse le débrouillard. Le monde juif, s'il n'a pas le même modèle d'adulte que ses voisins, a la même conception de la jeunesse : « Dormir le matin, boire à midi, *parler avec des enfants*, se rendre chez les ignorants : voilà ce qui détruit l'homme » (Aboth 3, 11).

Lorsque, dans le dénombrement d'une foule, saint Matthieu ne compte ni les femmes ni les enfants, il est l'expression exacte d'une conception quasi universelle. L'enfant ne compte pas en tant que tel, ce qui compte c'est son futur.

Dans l'Évangile, l'enfant — et a fortiori la jeunesse — n'est ni simplement un futur adulte, ni simplement l'enfant de ses parents.

Dans les évangiles, il est question de l'enfance et de la jeunesse dans trois séries de textes :

- ceux concernant l'enfance proprement dite,
- ceux évoquant la guérison de jeunes morts,
- ceux racontant l'enfance-jeunesse du Christ.

L'Évangile de l'enfance

Des gens lui amenaient des enfants pour qu'il les touche, mais les disciples les rabrouèrent. En voyant cela, Jésus s'indigna et leur dit : "Laissez les enfants venir à moi, ne les empêchez pas, car le Royaume de Dieu est à ceux qui sont comme eux. En vérité, je vous le déclare, qui n'accueille pas le Royaume de Dieu comme un enfant n'y entrera pas". Et il les embrassait et les bénissait en leur imposant les mains. (Mc 10, 13-16)

Commentons

Des gens amènent à Jésus des enfants pour qu'il fasse envers eux son métier de prophète en les touchant pour qu'ils gardent la santé ; et voilà que Jésus fait sur eux le geste de l'imposition des mains qui signifie leur entrée actuelle dans le Royaume de Dieu ; et cette entrée est immédiatement signifiée par une embrassade.

Les Juifs pensaient que la résurrection d'Israël viendrait quand « Dieu le prendra dans ses bras, le pressera sur son cœur, l'embrassera et ainsi l'introduira dans la vie du monde à venir » (Seder Elijahu Rabba 17). Bref, les disciples du Ressuscité se souviendront de ce geste comme d'un geste messianique, mais d'un messianisme inattendu puisque concernant les petits de l'humanité, les presque pas hommes.

Certes, il y a là un message sur le Royaume, mais il y a là aussi un message révolutionnaire : les enfants, les jeunes ne sont pas des sous-hommes au regard de Dieu, ils sont suffisamment dignes pour mériter son amour.

L'Évangile de la jeunesse

Difficile aujourd'hui d'imaginer la jeunesse au temps du Christ. L'adolescence, au sens moderne, n'y existe pas ; aussi il est peu étonnant de ne rencontrer que quelques allusions à des jeunes : Marc qui s'enfuit nu, le jeune homme riche, le fils de Naïm sont qualifiés d'adolescents *(naniskos)*. Trois personnages qui évoquent l'adolescence comme l'heure de la recherche des choix de la vie, de la curiosité et du refus de se laisser enfermer, du rapport avec la mort.

A côté de ces trois adolescents, une fille de 12 ans, celle de Jaïre, permet au Christ de livrer le cœur de son message. Le récit de son retour à la vie, toujours lié à celui de la guérison de la femme hémorragique, se conclut par un vif appel du Christ au silence de ses parents, et par leur renvoi à ce qui est le cœur de leur fonction : nourrir leur enfant. Certains ont établi un parallèle entre l'hémorragique, blessée dans sa féminité et silencieuse en société, et cette jeune fille, blessée elle aussi dans sa féminité parce que n'arrivant pas à être autre chose que la fille de son père, tout aussi silencieuse : à l'une et à l'autre, le Christ ouvre la possibilité d'une parole.

Il n'y a cependant rien de démagogique dans l'attitude du Christ. Il remet la jeune fille comme le jeune homme à leurs parents ; mais son regard d'amour instaure un espace de liberté qui n'est pas réservé au seul jeune homme riche, mais proposé à tous les adolescents.

La croissance du Christ

A la lecture des récits de Luc retraçant la vie de l'enfant et du jeune Jésus, on ne peut qu'approuver les conclusions d'Irénée : pour l'évangéliste, Jésus se faisant enfant et jeune est devenu un modèle qui sanctifie les jeunes.

Pour goûter Luc, il faut le comparer — par exemple — à *L'évangile de Thomas l'Israélite*, un évangile apocryphe, c'est-à-dire non reconnu par l'Église, où l'enfant Jésus joue à être le Dieu arbitraire de tous les puérils rêves humains. Il sait tout. Fait des miracles. Embarrasse ses professeurs.

Dans le texte de Luc, il reste un enfant et, à douze ans, il est un adolescent soumis à ses parents. Même l'épisode du Temple (Lc 2, 46-51) est habilement construit pour signifier que, dans cette attitude-là, Jésus siège comme ceux qui enseignent, il suggère qu'il est au centre. Il ne le désigne plus comme « enfant » avec le mot ordinaire, mais avec le mot « pais » qui veut dire enfant, mais aussi esclave, serviteur, et qui est un des titres messianiques donnés par Isaïe. Pour autant, il ne dit pas que Jésus enseigne les docteurs : il écoute et il interroge comme un enfant ; et cette visite au Temple, chez son Père, n'interrompt que très momentanément le temps ordinaire, mais lui donne un sens.

Ce sens, la prière du *Notre Père* le fait découvrir pleinement ; l'enseignement du Christ peut se résumer ainsi : l'homme, chaque homme, dans sa petitesse, dans sa pauvreté, dans son enfance ou dans sa jeunesse, est enfant de Dieu. Chaque chrétien doit accueillir le don de cette filiation. Chaque enfant, chaque jeune est signe de ce que Dieu veut pour l'homme. Et il est pleinement frère. ■

C'est en effet tous les hommes qu'Il est venu sauver... C'est pourquoi il est passé par tous les âges de la vie : en se faisant nouveau-né parmi les nouveau-nés, il a sanctifié les nouveau-nés ; en se faisant enfant parmi les enfants, il a sanctifié ceux qui ont cet âge et est devenu pour eux un modèle de piété, de justice et de soumission ; en se faisant jeune homme parmi les jeunes hommes, il est devenu un modèle pour les jeunes hommes et les a sanctifiés pour le Seigneur.

St Irénée,

Un exemple de lien entre Église et jeunes

Les objectifs les plus fréquents d'une aumônerie catholique de l'enseignement public sont :
— accueillir chaque jeune en particulier, l'aider à se découvrir et à trouver la signification des étapes importantes de sa vie ;
— développer en lui la possibilité de vivre en communauté ;
— lui donner le sens de ses capacités et de la responsabilité ;
— le mettre en contact avec la tradition vivante de l'Église et, en particulier, avec les textes bibliques ;
— lui permettre de rencontrer le Christ dans les sacrements, de pénétrer dans le monde de la prière personnelle et de l'action liturgique ;
— l'ouvrir aux autres par la prière, la réflexion et l'action dans les domaines de la justice et de la charité ;
— développer son amour de l'Église : penser que son futur chrétien se situe dans l'aumônerie étudiante, la paroisse ou les mouvements ;
— l'aider à aller à la rencontre des autres jeunes de toute culture, et de sa vocation d'être celui qui leur annonce l'Évangile ;
— mettre à sa disposition les moyens d'évangéliser toute sa vie et, en particulier, sa vie scolaire et ses loisirs ; lui permettre éventuellement de faire face à l'échec scolaire ;
— lui donner voix pour qu'il puisse exprimer ce qu'il pense, dans l'Église, dans la société. ■

Jeunes à Lourdes.

A TOUS LES JEUNES DU MONDE

Lettre apostolique du pape Jean-Paul II à l'occasion de l'Année Internationale de la Jeunesse (31 mars 1985)

Une certaine conception de la jeunesse

Pour le pape, la jeunesse est le temps de la découverte progressive de soi et, en particulier, de son identité sexuée.

La jeunesse est la période où (la découverte de son identité sexuée) affecte l'expérience et, dans la créativité, l'âme et le corps de chaque fille et de chaque garçon, et elle se manifeste dans la conscience des jeunes en même temps que la découverte fondamentale du moi dans toute la diversité de ses potentialités [...] Soyez convaincus que cet appel vient de Dieu lui-même, lui qui a créé l'homme "à son image et ressemblance" et justement l'a créé "homme et femme". Cet appel découle de l'Évangile [...] Oui, à travers l'amour qui naît en vous — et doit s'inscrire dans le projet de toute vie — vous devez voir le Dieu amour (§ 10). Je pense que l'avenir de l'homme se décide dans une large mesure sur les voies de cet amour d'abord juvénile que vous découvrez, toi et elle, toi et lui, sur les routes de votre jeunesse (§ 10).

Dans la construction de soi-même, les jeunes doivent bien sûr compter sur l'aide des adultes, mais la liberté ne s'impose pas de l'extérieur.

Tout cela se situe au cœur même de ce que nous appelons éducation, et d'abord de ce que nous appelons l'auto-éducation. Oui l'auto-éducation ! En effet une telle structure intérieure, où "la liberté nous libère", ne peut être construite seulement de l'extérieur. Chacun doit la construire de l'intérieur (§ 13).

Un message précis

La lettre du pape se présente comme un long commentaire de la rencontre de Jésus avec le jeune homme riche, ou, plus précisément, comme un dialogue entre le pape (qui de temps en temps fait une notation personnelle : « ça c'est un sujet que j'ai beaucoup travaillé ») (§ 10) et les jeunes qu'il tutoie à l'occasion. Ce dialogue tourne autour de quatre axes.

1. Que dois-je faire pour avoir la vie éternelle ?

Certes — et le pape le reconnaît — la question ne se pose pas ainsi dans le monde d'aujourd'hui ; mais en fait, la question du jeune homme riche exprime la question fondamentale pour un jeune : « Que dois-je faire afin que ma vie ait toute sa valeur et tout son sens ? » (§ 3).

2. Tu connais les commandements

Il est certain que cette réponse du Christ est un axe fondamental du texte de Jean-Paul II. Il ouvre sa réflexion à ce propos par une autre réponse du Christ :

Seul Dieu est bon, Seul Dieu est le fondement ultime de toutes les valeurs : Lui seul donne son sens décisif à notre existence humaine [...] Pourquoi Dieu seul est-il bon ? Parce qu'il est amour (§ 4).

Si Dieu est amour, alors les racines et le fondement de chacun sont l'amour. Et le désir de fonder une civilisation de l'amour trouve dans l'Alliance entre Dieu et l'homme sa seule possibilité. C'est là qu'interviennent les commandements : une civilisation de l'amour ne se construit que sur des consciences morales formées.

Il est certain que, dès les époques les plus anciennes, la voix de la conscience tourne tout sujet humain vers une norme morale objective qui s'exprime concrètement par le respect de la personne de l'autre (§ 7).

Et si le pape cite, en note, Confucius, un maître japonais, et Gandhi, c'est évidemment selon les « commandements de Dieu » qu'il demande de former la conscience morale en la conduisant vers l'amour qui les a inspirés.

Le Christ demande à quel point vous en êtes de votre discernement moral, et il demande en même temps à quel point vous en êtes de votre conscience (§ 6).

Cette question n'est pas simplement cruciale pour chacun. La réponse de chacun est cruciale pour l'avenir du monde.

3. Jésus fixa sur lui son regard et l'aima

La personnalité morale ainsi formée constitue également la contribution la plus importante que vous puissiez donner à la vie communautaire, à la famille, à la société, à l'activité professionnelle et aussi à l'activité culturelle ou politique, et enfin à la communauté de l'Église à laquelle vous êtes ou vous serez un jour attachés (§ 7).

Pour acquérir une conscience morale et mettre en œuvre ce qu'elle demande, il faut se savoir aimé. Bâtir une civilisation de l'amour nécessite de faire l'expérience du regard amoureux du Christ.

Je souhaite à chacun et à chacune d'entre vous de découvrir ce regard du Christ et d'en faire l'expérience jusqu'au bout. Je ne sais à quel moment de votre vie. Je pense que cela se produira au moment le plus nécessaire : peut-être au temps de la souffrance, peut-être à l'occasion du témoignage d'une conscience pure, ou peut-être justement dans une situation opposée, quand s'impose le sens de la faute, le remord de la conscience (§ 7).

4. Suis-moi

Pour le pape, il s'agit ici de l'appel du Christ à chacun des chrétiens. Certes, on a beaucoup parlé — et le pape en parle — de la vocation presbytérale ou religieuse ; mais,

On pourrait parler ici de la "vocation pour la vie" qui, d'une certaine manière, s'identifie avec le projet de vie que chacun conçoit au temps de sa jeunesse (§ 9). Le "Suis-moi" du Christ se fait entendre sur diverses routes (§ 9).

Il s'agit d'un appel à la vie. A la sainteté. Il s'agit d'un appel qui doit se vivre dans un héritage culturel donné (§ 11). Il s'agit d'un appel qui — comme le disait déjà le message de Noël — doit se situer face aux injustices sociales, à la violence, au terrorisme (§ 15). Pour mettre cet appel en œuvre :

Il faut que vous repensiez, en l'approfondissant réellement, le sens du Baptême et de la Confirmation [...] fondement de la vie et de la vocation chrétienne [...] C'est à partir d'eux qu'on est amené à l'Eucharistie ; [...] toute la richesse de l'Église se concentre dans ce sacrement de l'amour » (§ 9). ■

▶▶▶ *Suite de la page 568*

4. UN PEUPLE DONT LA MISSION EST D'ÊTRE SIGNE POUR LES AUTRES PEUPLES

Aujourd'hui, quand l'Église réfléchit sur ce qu'elle est, elle aime à dire qu'elle est *sacrement.* Qu'est-ce à dire ?

LE SENS DU MOT SACREMENT

Beaucoup de ceux qui ont été au catéchisme savent ce que sont les sacrements. Ils l'ont appris et s'en souviennent. Mais probablement, ils ne se souviendront pas de ce que voulait dire le mot *sacrement* en général. On estimait généralement que les enfants étaient trop petits pour comprendre. Et c'est vrai que ce mot renvoie à un mode de pensée peu familier. Le mot *sacrement* vient du latin *sacramentum* qui traduit un mot grec (*mustérion*) dont la transcription française est connue puisqu'il s'agit du mot *mystère.* En français, un mystère c'est quelque chose que l'on ne peut pas connaître. En grec c'est, au contraire, ce que l'on peut connaître d'une réalité qui, par ailleurs, est inaccessible. Le sacrement, c'est d'abord cela : une manière de connaître ce qui, par ailleurs, est inaccessible. Le sacrement chrétien est, à partir d'une expérience humaine, une manière de vivre l'expérience des premiers chrétiens et d'éprouver la joie de savoir ce que veut dire le *kérygme.* L'Église se proclame sacrement, ou, si l'on veut, « un signe et un moyen d'opérer l'union intime avec Dieu et l'unité de tout le genre humain » (Vatican II. *Lumen gentium,* 1). Nouveau Peuple de Dieu, l'Église se pense la part d'humanité qui signifie la présence de Dieu dans notre monde.

Elle se veut signe, mais pas simplement comme le poteau indicateur qui désignerait la direction de Dieu. Elle se croit signe surtout parce qu'elle expérimente elle-même ce qu'elle annonce. Elle se croit même signe efficace, malgré ses infirmités, dans ses infirmités (un signe n'est jamais aussi parfait que ce qu'il signifie), parce qu'elle prétend permettre aux hommes et aux femmes de tous les temps et de tous les lieux de vivre une expérience de rencontre de Dieu.

Qui veut comprendre quelque chose à ce que disent les chrétiens de leur foi doit s'attacher à comprendre cette réalité du sacrement. Le sacrement est toujours quelque chose de visible, d'humain, quelquefois de trop humain, qui permet à celui qui a la foi de voir l'invisible et de faire l'expérience de la rencontre vitale avec la Parole de Dieu. Le sacrement n'est pas Dieu, mais il permet de faire l'expérience de Dieu. Et l'Église est sacrement.

L'Église se veut sacrement du Royaume qui vient

LE ROYAUME

Là encore, nous nous trouvons devant un mot spécifique du langage judéo-chrétien. Le mot Royaume évoque, aujourd'hui, un pouvoir, une police, une armée. Pour les auditeurs du Christ, le mot évoquait d'abord Dieu agissant dans son Peuple ou — si l'on veut — comme le roi de son Peuple.

Suite page 584 ▶▶▶

VATICAN II ET L'ŒCUMÉNISME

Dans son décret *Unitatis Redintegratio,* le concile Vatican II reconnaît que des éléments nombreux de sanctification et de vérité subsistent hors des structures de l'Église catholique (n° 8), que des valeurs chrétiennes, qui remontent aux patrimoines d'origine commune, se trouvent dans les communautés ecclésiales autres que la sienne (n°s 3 et 15) : la Parole de Dieu écrite, la vie de la grâce, la foi, l'espérance et la charité, d'autres dons intérieurs du Saint-Esprit et d'autres éléments visibles (n° 3). Il faut donc rechercher une unité visible entre toutes les communautés. Mais, ajoute le texte du décret, cette unité n'implique pas l'uniformité, car il y a des diversités légitimes dans les domaines de la liturgie, de la discipline, et même dans l'élaboration théologique de la vérité révélée (n° 4), du fait de la diversité des cultures et de l'histoire.
Pour l'Église catholique comme pour les autres confessions chrétiennes, la promotion de l'unité implique, en premier lieu, des efforts spirituels, à commencer par la prière commune, ainsi que la reconnaissance de ses erreurs propres, de ses incompréhensions et leur repentir. En fin de compte, l'unité implique un authentique effort de conversion des cœurs et de rénovation des Églises, avec le souci de vivre selon l'Évangile (n° 7).
Bien entendu, il convient de faire l'effort de comprendre les attitudes et les positions doctrinales des diverses communautés chrétiennes, condition d'un rapprochement entre elles, sans toutefois se leurrer sur les profondes divergences qui subsistent sur des points essentiels. Le Concile affirme pour sa part que l'Église catholique a vraiment conservé le dépôt de toute la foi, au point qu'elle soit « moyen général de salut », bien que l'Esprit du Christ puisse se servir des autres Églises et communautés comme moyens de salut « dérivés » de la plénitude de grâce et de vérité confiée à l'Église catholique (n° 3). ■

ATHENAGORAS Ier (1886-1972) Patriarche œcuménique de Constantinople

Aristoclès Spyron reçut le prénom d'Athenagoras à la tonsure monastique. Évêque de Corfou en 1922, archevêque d'Amérique en 1930, patriarche œcuménique de Constantinople en 1948. L'espérance de sa vie a été l'unité des chrétiens.
« Toujours il résumait ses sentiments en une seule et même espérance : celle de pouvoir boire avec nous dans le même calice, c'est-à-dire de pouvoir célébrer ensemble le sacrifice eucharistique, synthèse et colonne de la commune identification ecclésiale avec le Christ. » (Paul VI, *Angelus,* juillet 1972). ■

SCHISME

Rupture d'un groupe en désaccord avec l'autorité spirituelle d'une Église.
Un schisme (du grec *skhismos*, action de fendre, de déchirer) ne correspond pas nécessairement à une hérésie, c'est-à-dire à une déviation sur un point de doctrine ; mais c'est souvent une controverse doctrinale qui se trouve à son origine.
Dans l'Ancien Testament, le schisme est la rupture qui se produit en 931 avant J.-C. entre, d'une part, les tribus de Juda et de Benjamin au sud (royaume de Juda), et, d'autre part, les dix tribus du Nord (royaume d'Israël).
L'Église catholique elle-même a connu de multiples schismes au cours de son histoire. Les deux plus importants sont :
- Le *schisme d'Orient* au XIe siècle, séparation de l'Église orthodoxe de la communion romaine (voir Schisme d'Orient) ; en l'occurrence, les circonstances historiques et culturelles et les questions de personnes ont pesé d'un plus grand poids que les divergences proprement doctrinales.
- Le *grand schisme d'Occident* qui opposa plusieurs papes au sein de l'Église catholique de 1373 à 1429, les uns séjournant à Rome, les autres à Avignon (voir Grand Schisme d'Occident) ; les questions doctrinales ne furent guère en cause dans ces événements.

Quant aux graves ruptures survenues à l'occasion de la *Réforme protestante* au XVIe siècle, et qui se trouvent à l'origine des trois grandes familles religieuses réformées (Luthériens, Calvinistes, Anglicans), elles constituent de fait des schismes ; mais compte tenu de l'importance des divergences doctrinales qui y ont contribué, l'Église catholique a plus souvent employé à leur égard le terme d'hérésie que de schisme.
Le cours de l'histoire de l'Église a connu bien d'*autres divisions* se traduisant par l'autonomie prise par diverses Églises, d'importances inégales, dont certaines subsistent aujourd'hui, notamment : Nestoriens, à la suite du concile d'Ephèse (431) ; Monophysites (Coptes, Syro-Jacobites, Arméniens) à la suite du Concile de Chalcédoine (451) ; Jansénistes de l'Église d'Utrecht (1754) ; Petite Église (anticoncordataires, 1801) ; Vieux Catholiques (opposants à l'infaillibilité pontificale, 1870) ; Mgr. Lefebvre et ses fidèles (1988). ■

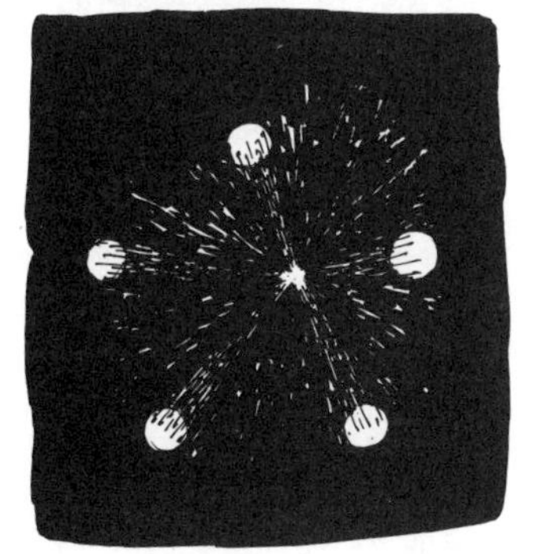

Lorsqu'un mot, une expression, un événement, une institution, un nom propre vous sont inconnus, consultez l'index.

Convictions catholiques sur l'œcuménisme

Le mouvement œcuménique

Une seule et unique Église a été instituée par le Christ Seigneur.

Pourtant, plusieurs Églises chrétiennes se présentent comme le véritable héritage de Jésus-Christ. Comme si le Christ était partagé... Une telle division est infidélité à la volonté du Christ, scandale pour les hommes, obstacle à la prédication de l'Évangile.

Sous l'action de l'Esprit Saint est né et a grandi le mouvement œcuménique.

Y prennent part ceux qui invoquent le Dieu Trinité, source de l'Unité, et qui croient que Jésus est Seigneur et Sauveur.

Ils aspirent à une Église de Dieu « une et visible », vraiment universelle, envoyée au monde entier.

L'Église

Une seule Église

« Cette Église, c'est-à-dire l'unique Église du Christ, c'est dans l'Église catholique qu'elle se trouve en tant que société constituée et organisée en ce monde.
Nous ne nions pas cependant que des éléments nombreux de sanctification et de vérité subsistent hors de ses structures. Ces éléments appartiennent à l'Église du Christ et appellent l'unité catholique. » (Vatican II, Constitution sur l'Église, I, n° 8)
A partir de là, le décret (conciliaire sur l'oecuménisme) affirme :
« Une seule et unique Église a été instituée par le Christ Seigneur » (n° 1).

Cette unique Église du Christ existe dans l'Église catholique depuis l'origine (n° 4).
Il ne peut s'agir de retrouver une « autre Église ». En fidélité à notre foi catholique, nous affirmons que le don définitif de « l'unique Église » a été communiqué dès le début par le Christ à son Église et que cette unique Église n'a pu être détruite par les divisions.
Mais il est aussi vrai de dire avec le décret :
« Les divisions empêchent l'Église d'exprimer dans sa vie, la plénitude de la catholicité » (n° 4).

Unie dans l'Esprit Saint

L'Esprit Saint réalise l'unité de l'Église.

La succession apostolique est au service de l'Esprit pour l'édification du seul corps du Christ.

Il faut dépasser l'ancienne idée de l'Église considérée comme une société dont les seuls membres seraient les catholiques, les autres n'ayant qu'à « revenir ». Telle était l'idée que beaucoup de catholiques se faisaient de l'œcuménisme avant le concile de Vatican II.

La perspective conciliaire est celle de l'Église vue et vécue comme une communion dans l'Esprit et structurée en lui.

Centrée sur le Christ

Le centre de la communion, c'est Jésus-Christ (n° 20).

L'Église catholique n'a pas sa fin en elle-même : elle veut être signe du Christ.

Jacques Desseaux

Les catholiques peuvent-ils « communier » chez les protestants et les « protestants » chez les catholiques ? [1]

C'est la question, selon le vocabulaire théologique, de l'*hospitalité eucharistique*. Pour les catholiques, l'hospitalité eucharistique ne peut être habituelle, mais elle peut être envisagée dans certains cas exceptionnels. Pour comprendre la réponse de l'Église catholique à cette question, il faut rappeler :
- que la décision de communier ou non dans une autre communauté ecclésiale que la sienne est affaire de conscience, mais d'une conscience éclairée par la prière et la réflexion et l'écoute de l'Église ;
- que, pour les catholiques, l'Eucharistie n'est pas seulement mémorial de la personne du Christ, mais communion à son corps tout entier, c'est-à-dire à l'Église : saint Paul rappelle vigoureusement aux chrétiens de Corinthe (1 Co 11, 17-34) le lien nécessaire entre la communion vécue dans l'Église et la fraction du pain ;
- que, pour la hiérarchie catholique, malgré tout le travail qui se fait, de graves questions séparent encore les Églises, notamment quant aux ministres de l'eucharistie : communier ensemble régulièrement aujourd'hui pourrait passer pour la consécration du statu quo comme forme valable d'unité ;
- que, pour la hiérarchie catholique, l'évêque est le véritable garant de l'unité de l'Église : c'est donc avec son consentement que, dans certains cas, l'hospitalité eucharistique peut être envisagée. (voir aussi p. 162 et 588.) ■

[1] (Communion d'un catholique à célébration orthodoxe : voir p. 155.)

QUELQUES MOTS

ŒCUMÉNIQUE
Ce mot vient d'un mot grec, *oikouménè*, qui désigne l'ensemble de la terre habitée. Les conciles œcuméniques des premiers siècles ont été ceux de l'Église répandue dans l'Oikouménè... C'est-à-dire alors dans l'empire romain.

CONCILE ŒCUMÉNIQUE
De nos jours, pour un catholique, le concile œcuménique (exemple, Vatican I ou II) est une réunion approuvée par le pape de tous les évêques. L'objet de cette rencontre est le discernement, dans l'Esprit Saint, de ce qui est nécessaire à la vie de l'Église.

PATRIARCHE ŒCUMÉNIQUE
Au Moyen-Âge, patriarche de la ville se considérant comme la capitale du nouvel Empire (*Oikouménè*) romain : Byzance. Aujourd'hui, son successeur, le patriarche orthodoxe de Constantinople.

CONSEIL ŒCUMÉNIQUE DES ÉGLISES (C.O.E.)
Communauté *(Fellowship)* fraternelle d'Églises réformées, anglo-catholiques, orthodoxes et autres Églises non unies à Rome qui cherchent à recevoir ensemble l'unité que le Seigneur veut leur donner. Le siège du C.O.E. (fondé à Amsterdam en 1948) est à Genève (voir p. 160).

CONSEIL PONTIFICAL POUR L'UNITÉ DES CHRÉTIENS
Organisme créé par Jean XXIII (5 juin 1960), sous forme de secrétariat, pour que le concile Vatican II soit attentif aux problèmes œcuméniques. Paul VI (3 janvier 1966) en a fait un service permanent de dialogue avec les autres confessions chrétiennes et d'animation œcuménique dans l'Église catholique.

▶▶▶

Le peuple juif attendait une action de Dieu comportant une part de force légitime pour imposer ses vues. Pour les premiers chrétiens, la force de Dieu s'est manifestée dans la douceur : le Christ s'est proclamé Roi en acceptant de mourir pour les autres : « Mon Royaume n'est pas de ce monde » (Jn 18, 36). Le Royaume, c'est cette vie qui sourd du cœur du chrétien, ce bonheur de servir le Christ à l'œuvre en soi et dans le monde. Le Royaume n'est donc pas une sorte de récompense après la mort, il est déjà définitivement là pour qui a rencontré le Christ.

L'ÉGLISE SE RECONNAÎT SACREMENT DE CE ROYAUME

Bien sûr, elle n'est pas Dieu qui agit dans le monde. Elle en est le signe, le sacrement. Et comme Dieu peut agir en dehors d'elle, et comme le Royaume est plus vaste qu'elle, elle se doit de discerner l'action de Dieu dans le cœur des hommes de bonne volonté, de l'accueillir avec joie et d'en rendre grâce. Et comme le Royaume n'est pas encore totalement réalisé, comme l'œuvre de Dieu n'est pas terminée, l'Église se doit de témoigner du futur et d'être le signe d'une indéfectible espérance.

L'Église se veut sacrement du Christ mort et ressuscité

Cette action de Dieu sur elle est commencée. Sa manifestation la plus éclatante fut la résurrection de Jésus. L'Église se veut en être le sacrement, puisque c'est cet événement qui l'a fondée. L'Esprit de Dieu qui ressuscita le Christ n'est-il pas celui qui la fait vivre ? Elle n'est pas le Christ. Elle dépend de lui. Mais elle se veut, et dans sa foi elle est, le signe perpétuel de sa résurrection. Elle est son corps et le lieu où l'on peut se confronter à sa vie. Car, s'il est ressuscité, c'est qu'il est vivant aujourd'hui. Pour le salut des hommes.

A l'heure où, après Marx, Freud et Nietzsche, beaucoup voient dans la religion une affaire dépassée, à l'heure où l'on conteste l'Église, où même des chrétiens distinguent explicitement leur foi en Dieu et leur adhésion à l'Église, pour rejeter cette dernière, à l'heure où certains pensent qu'aucune institution humaine, même l'Église, ne peut prétendre loyalement rassembler, dans l'unité, des personnes de tous âges, de tous sexes et de toutes races, à l'heure où beaucoup pensent que l'Église n'est pas un lieu démocratique, donc pas un lieu de liberté ou de libération possible, à l'heure où l'on reproche à tant d'institutions d'être des institutions et, à l'Église en particulier, de minorer la place des femmes, à l'heure où l'on estime souvent que l'Église n'a pas vraiment accepté le monde moderne et, en particulier, les sciences humaines, à cette heure-là, l'Église se prétend instituée par Dieu, signe de Dieu pour le monde, lieu où la Parole de Dieu est vivante et efficace. Bien plus, elle ose dire qu'elle est indispensable au monde, qu'elle est un point de passage obligé. Un de ses anciens auteurs, Cyprien, avait même inventé un adage (il est vrai destiné à des chrétiens qui voulaient quitter l'Église) : « Hors de l'Église point de salut » (*Lettre* 73 de Cyprien, 258).

L'ambition phénoménale de l'Église chrétienne n'est tenable qu'au prix d'une exigence sans concession : la volonté de se rappeler sans cesse qu'elle est le Peuple élu et qu'elle a été choisie

▶▶▶

De multiples déchirures

Si le christianisme n'a cessé d'être troublé depuis ses origines par des contestations (de nature doctrinale le plus souvent) occasionnant ruptures et dissidences, on pourrait dire que, depuis le début du XXe siècle, c'est un mouvement inverse qui se fait jour.

En même temps que l'*Église catholique,* qui représente aujourd'hui 55-60 % des chrétiens du monde entier, trois autres grandes familles d'Églises composent actuellement le christianisme :

- *les Églises dites préchalcédoniennes,* détachées du tronc commun lorsque les conciles d'Ephèse (431) et de Chalcédoine (451) définirent le Christ comme participant à la fois de la nature divine et de la nature humaine en une unique personne, alors que les *nestoriens* penchaient en faveur de la dualité de personnes en lui, et les *monophysites* en faveur d'une unique nature, divine, en lui (voir Églises orientales anciennes) ;
- *les Églises orthodoxes,* séparées de Rome lors du grand schisme d'Orient en 1054 pour des raisons qui, aggravées par les différences de culture, de mentalités, de traditions, tenaient plus en fait au refus de la prééminence romaine qu'à des divergences doctrinales fondamentales ;
- *les Églises issues de la Réforme,* séparées de Rome au XVIe siècle à l'occasion de la crise suscitée par l'état où se trouvait alors l'Église ; cette crise revêtit tout de suite un caractère doctrinal très fondamental, encore que très diversifié d'une tendance de la Réforme à l'autre ; de cette Réforme sont issus trois rameaux très caractérisés, le luthéranisme, le calvinisme et l'anglicanisme ; les principes mêmes de la foi protestante contribuèrent à favoriser l'éclosion d'une multitude de courants donnant eux-mêmes naissance à une grande variété d'Églises (baptistes, quakers, méthodistes, pentecôtistes...).

Les rapprochements entre l'Orient et l'Occident

L'Église catholique ne désespéra jamais de reconstituer l'unité avec les Églises orientales séparées (pré-chalcédoniennes et orthodoxes) avec lesquelles les divergences doctrinales sont, dans l'ensemble, moins accusées qu'avec les Églises de la Réforme (anglicanisme excepté) ; et de fait, à diverses phases de l'histoire, des rapprochements se firent (cf. conciles de Lyon et de Florence) entre Constantinople et Rome, mais ils échouèrent toujours ; par contre, diverses fractions d'Églises orientales rejoignirent successivement l'Église romaine tout en conservant leurs traditions, leur liturgie et leur discipline (prêtres mariés par exemple) ; elles constituèrent ce que les orthodoxes appellent les Églises *uniates* (Slaves unis, Grecs et Melkites catholiques, Chaldéens catholiques, Coptes catholiques, Arméniens catholiques, Syriens-jacobites catholiques, etc.). Sans doute ces ralliements, le plus souvent minoritaires par rapport aux Églises dont ils provenaient, contribuèrent-ils généralement à durcir le climat des relations entre celles-ci et Rome. Cependant, outre la richesse de leur apport spirituel et théologique à l'Église romaine, les Églises orientales unies n'ont cessé d'être un facteur stimulant de dialogue en favorisant au sein des Églises occidentales la connaissance et l'estime du christianisme oriental dans son ensemble.

Histoire de l'œcuménisme [1]

L'initiative réformée

Malgré ces ralliements, et malgré diverses tentatives de dialogue entre catholiques et réformés au cours des événements mêmes de la Réforme ou depuis lors (par exemple entre Leibniz et Bossuet au XVIIe siècle), la situation de division paraissait bloquée à jamais ; le plus grand nombre de chrétiens s'y résignait, quitte à la déplorer ; on restait finalement plus sensible au fossé des divergences et aux blessures reçues qu'au tronc commun des origines et à la foi dans le même Christ ; chaque Église, au demeurant, ne concevait le rapprochement que sous forme de conversions individuelles ou de ralliements collectifs à ses propres vues.

Il fallut donc beaucoup de temps et de déconvenues pour se convaincre que l'unité supposait tout autre chose : outre l'abandon des griefs légitimes et des préjugés passionnels, il fallait engager des recherches visant à approfondir ensemble la vérité révélée jusqu'à y retrouver les fondements communs d'une foi dépassant les points de désaccord.

C'est du protestantisme que partit le mouvement œcuménique, au début du XXe siècle. Divers organismes interconfessionnels protestants avaient déjà ouvert la voie (Alliance évangélique en 1846, Fédération universelle des Associations chrétiennes d'Étudiants en 1895). Mais le choc décisif fut provoqué par le développement des missions africaines et asiatiques et par l'éclairage crû ainsi jeté sur les obstacles opposés à l'évangélisation par les divisions des chrétiens. D'où une Conférence mondiale des Missions (protestante) tenue à Édimbourg en 1910, et considérée comme le véritable point de départ du mouvement œcuménique.

La Conférence d'Edimbourg conduisit à l'institution d'un Conseil international des Missions en 1921, dont l'action œcuménique fut rejointe par deux autres courants : Christianisme pratique (première rencontre à Stockholm en 1925), Foi et Constitution (première rencontre à Lausanne, en 1927). Le tout aboutit à une rencontre préparatoire, à Utrecht en 1938, dont les suites furent paralysées par la guerre, et enfin à la constitution d'un *Conseil Œcuménique des Églises* (C. O. E.), dont la première assemblée se tint à Amsterdam en 1948 ; son premier secrétaire général fut le pasteur hollandais Visser't Hooft, un des grands pionniers de l'œcuménisme. Le Conseil à ses débuts comptait 147 Églises ; plus de 300 en sont membres aujourd'hui. A son Assemblée de New-Delhi en 1961 (marquée à la fois par la présence de la quasi-totalité des Églises non-romaines, et par la venue pour la première fois d'observateurs catholiques envoyés par le Saint-Siège), le Conseil Œcuménique des Églises s'est défini comme « une communauté fraternelle d'Églises qui confessent le Seigneur Jésus-Christ comme Dieu et Sauveur selon l'Écriture, et s'efforcent de répondre ensemble à leur commune vocation pour la gloire de Dieu, Père, Fils et Saint Esprit ». Pour autant, le Conseil se refuse à jouer le rôle d'une autorité mondiale définissant les données de la foi et de la vie chrétienne.

L'œcuménisme catholique

C'est à partir du pontificat de Jean XXIII (1958-1963) que l'Église catholique prit officiellement position en faveur du mouvement œcuménique. Jusque-là Rome avait toujours manifesté méfiance et réticence. Mais, là aussi, des pionniers avaient ouvert la voie. Ce fut, par exemple, l'abbé Portal qui, associé avec un anglican, Lord Halifax, organisa les Conversations de Malines (1921-1925) entre catholiques et anglicans présidées par le Cardinal Mercier. Ce furent Dom Lambert Beauduin, bénédictin belge, avec la fondation du prieuré de l'Unité à Chevetogne (1925), et le Père Dumont, dominicain français, avec celle du Centre Istina à Paris (1926), deux foyers voués au contact avec les Églises orientales mais bien vite ouverts à tout l'univers œcuménique. Ce fut encore l'abbé Couturier avec son initiative de la prière pour l'unité (1933) et l'impulsion décisive donnée à la Semaine pour l'Unité (1935), maintenant célébrée par les chrétiens du monde entier ; on lui doit aussi la fondation du Groupe des Dombes avec le Père Villain. Deux grands noms émergent de l'histoire plus récente ; celui du Père Congar, dominicain français, dont le livre *Chrétiens désunis,* paru en 1937, fut la première expression d'une théologie œcuménique catholique et exerça une influence profonde dont le retentissement allait être très important sur le concile Vatican II ; celui de l'abbé Willebrands, prêtre hollandais (plus tard cardinal) qui mit sur pied une Conférence catholique internationale sur les questions œcuméniques, groupe non officiel de théologiens assurant un contact avec les bureaux d'études du Conseil Œcuménique des Églises.

Mais l'événement capital fut évidemment, en 1960, la création par le pape Jean XXIII, élu depuis dix-huit mois, d'un *Secrétariat pour l'Unité des Chrétiens* chargé des relations œcuméniques avec les Églises non romaines. Confié à deux éminentes personnalités, le Cardinal Béa comme président et Mgr Willebrands comme secrétaire, il allait exercer un rôle de première importance dans les travaux du concile Vatican II (1962-1965). En 1961, pour la première fois, l'Église catholique fut représentée par des observateurs officiels à l'Assemblée du Conseil Œcuménique des Églises tenue à New-Delhi.

Quant au Concile *Vatican II,* conçu par le pape Jean XXIII comme un moyen de rénovation *(aggiornamento)* de l'Église propre à contribuer au rapprochement des Églises chrétiennes, il fut de fait largement ouvert à cette perspective. Il le fut par la présence très coopérative de nombreux observateurs non catholiques (représentants du Conseil Œcuménique des Églises ou de diverses Églises non romaines) ; il le fut par l'esprit de ses travaux et de ses textes. Son décret *Unitatis Redintegratio* sur l'œcuménisme (1964) est sans doute à cet égard, le plus important ; mais les Constitutions sur l'Église *(Lumen Gentium),* sur la Révélation, sur la liturgie, les déclarations sur la liberté religieuse et sur les religions non chrétiennes, sans rien altérer de la foi catholique, sont toutes de nature à favoriser le dialogue œcuménique et ont été accueillies comme telles par les diverses confessions non catholiques.

Paul VI, élu pape entre deux sessions du Concile (1963), s'engagea résolument dans la voie ouverte par Jean XXIII. Sa rencontre historique à Jérusalem avec Athénagoras, patriarche œcuménique (orthodoxe) de Constantinople (1964), sa visite au même Athénagoras à Constantinople (1967), puis au Conseil Œcuménique des Églises à Genève (1969), ses paroles de regret sur les responsabilités de l'Église dans les divisions du passé en furent les témoignages les plus spectaculaires. Mais la constitution, dès 1965, d'un groupe mixte de travail comprenant des représentants du Secrétariat romain pour l'Unité et du Conseil Œcuménique des Églises, celle d'une Commission pour la société, le développement et la paix (Sodepax) nommée par la Commission pontificale Justice et Paix et par le Conseil Œcuménique, permettaient quant à elles d'engager le dialogue en profondeur ; bientôt, des catholiques siégèrent à la Commission Foi et Constitution du Conseil Œcuménique.

Sans hésiter, Jean-Paul II a emboîté le pas à ses deux prédécesseurs ; sa visite au primat de l'Église anglicane à Cantorbéry (1982), ses contacts personnels avec les chefs de diverses Églises et religions se situent dans cette ligne.

Quant aux organes, permanents ou occasionnels, de dialogue entre catholiques et non-catholiques, ils se sont multipliés aux niveaux national et international. L'Église catholique, toutefois, ne manifeste pas l'intention de devenir membre du Conseil Œcuménique des Églises ; et pour sa part, celui-ci est conscient des difficiles problèmes que lui poserait une telle présence, compte tenu du poids numérique du catholicisme (60 % des chrétiens) et de sa structure ecclésiale. Mais l'essentiel est dans la volonté commune de progresser dans le rapprochement, et de tendre vers une unité dont personne au demeurant ne peut prévoir ni les modalités ni l'échéance.

Un effort partagé

Il faut noter que tout un travail de rapprochement est engagé par ailleurs entre les diverses Églises non romaines. C'est ainsi que, dans une trentaine de pays, des fusions ont été réalisées ou sont en négociations (notamment en Inde, à Ceylan, au Pakistan entre anglicans et méthodistes anglais, etc.). Les Églises orthodoxes, pour leur part, ont commencé en 1961 à tenir des conférences pan-orthodoxes, non en vue d'une fusion, car elles restent attachées à leur tradition « autocéphale », mais pour resserrer leurs liens théologiques et spirituels ; un concile pan-orthodoxe est en préparation. Enfin, des alliances confessionnelles mondiales (de luthériens, de baptistes, de méthodistes, etc.) contribuent efficacement à la progression de l'idée unitaire ; la Conférence anglicane de Lambeth, réunissant périodiquement toutes les Églises anglicanes nationales sous la présidence de l'archevêque de Cantorbéry, primat de l'Église d'Angleterre et de la Communion anglicane, en est l'exemple le plus illustre. En outre, depuis 1962, les grandes alliances confessionnelles mondiales se rencontrent régulièrement. ■

Lorsqu'un mot, une expression, un événement, une institution, un nom propre vous sont inconnus, consultez l'index.

[1] (Voir aussi Index : Oecuménisme)

▶▶▶

pour annoncer l'Évangile à toutes les nations. C'est cela la catholicité de l'Église, c'est-à-dire son universalité.

Dans les années que nous traversons, trente ans après l'ouverture du concile Vatican II, moins de dix ans avant l'aube du troisième millénaire, l'Église entend relever un défi extraordinaire. On aurait envie de dire sans précédent. Ce qui serait faux car le défi des origines était bien plus fantastique : les premiers chrétiens n'étaient qu'une poignée, sans ressources, sans moyens, sans finances ; ils avaient trahi, ils avaient bien de la peine à croire à la résurrection ; et Jésus leur fixait pour horizon les dimensions d'un monde qu'ils ne connaissaient même pas. Mais enfin, la tâche que l'Église veut assumer aujourd'hui est énorme. Lorsque l'Église affirme « Hors de l'Église, point de salut » et qu'elle traduit cet adage par « à l'Église incombe la charge de mettre les moyens du salut à la disposition du monde entier », ne s'impose-t-elle pas une tâche disproportionnée avec sa force réelle ? Peut-être. Mais l'Église croit que c'est le défi qu'elle doit relever.

CONFESSION, CONFESSIONNEL, INTERCONFESSIONNEL

Le mot confession de foi[1], entendu comme exposé ou proclamation de la foi d'une personne ou d'une Église, a donné par extension au mot *confession* le sens supplémentaire de type de croyance, organisation religieuse, Église. En règle générale, il s'applique à des organisations chrétiennes. On parlera, par exemple, des « diverses confessions chrétiennes ». A l'origine, le mot ne s'appliquait d'ailleurs qu'à des types d'organisations ne prétendant pas à l'universalisme : le méthodisme par exemple.
Du mot confession compris comme organisation religieuse est dérivé l'adjectif *confessionnel ;* on parlera des écoles confessionnelles ou des luttes confessionnelles. Et, par opposition, on utilisera le mot non confessionnel.
Le mot confessionnel a lui-même engendré celui plus récent d'*interconfessionnel* pour désigner soit les relations entre Églises différentes ou leurs membres, soit des organisations composées de membres appartenant à des Églises différentes (par exemple, l'ACAT, Action des chrétiens pour l'abolition de la torture).
Enfin, interconfessionnel a donné le mot peu courant d'*interconfessionnalisme.*

1. On sait que le mot confession, venant du même mot latin « *confiteor* », je proclame, j'avoue, désigne aussi l'aveu des péchés dans le sacrement de la Réconciliation. ■

Qu'est-ce que ?

Abjuration. L'abjuration est un acte formel de renonciation à une conviction religieuse. L'Église catholique ne demande pas d'abjuration devant une autorité ecclésiastique à ceux des chrétiens qui viennent d'autres communautés chrétiennes, à condition qu'ils n'aient pas eu, eux-mêmes, une attitude schismatique ou hérétique.

Apostasie. Au sens juridique (à l'intérieur de l'Église catholique), ce mot signifie le renoncement public à la foi chrétienne ou l'abandon de vœux perpétuels. Dans la toute primitive Église, l'apostasie (de la foi) était un des trois péchés que l'on a pensé quelque temps impardonnables, puis pardonnables mais nécessitant alors une pénitence publique.

Hérésie (du grec *airesis*, choix ou objet choisi). C'est, de la part de baptisés qui entendent rester chrétiens, le refus délibéré d'une proposition de la foi catholique définie par l'Église comme vérité révélée. Les hérésies, qui ont jalonné l'histoire de l'Église en l'obligeant sans cesse à approfondir la connaissance de la vérité révélée (développement des dogmes), ont été en fait à l'origine de beaucoup de schismes (séparations) : soit par volonté de prendre leurs distances vis-à-vis de l'autorité spirituelle des papes, soit par exclusion prononcée par les papes eux-mêmes ou par les conciles en vue de sauvegarder l'authenticité et l'unité de la foi au sein de l'Église.

Traduction œcuménique du Notre Père

En 1966, les Églises catholiques, orthodoxes et protestantes ont décidé d'adopter une traduction commune du *Notre Père.* Cette décision a été facilitée par l'absence de version traditionnelle chez les uns et les autres. Le texte français des catholiques datait de 1952 et celui des protestants provenait de la Bible de Segond (XIXe s.).

Texte antérieur des catholiques	**Texte antérieur des réformés**	**Texte désormais commun**
Notre Père qui êtes aux Cieux, que votre nom soit sanctifié, que votre règne arrive, que votre volonté soit faite sur la terre comme au Ciel. Donnez-nous aujourd'hui notre pain de chaque jour. Pardonnez-nous nos offenses comme nous pardonnons à ceux qui nous ont offensés. Et ne nous laissez pas succomber à la tentation, mais délivrez-nous du mal.	Notre Père qui es aux Cieux, ton nom soit sanctifié, ton règne vienne, ta volonté soit faite sur la terre comme au ciel. Donne-nous aujourd'hui notre pain quotidien. Pardonne-nous nos offenses comme aussi nous pardonnons à ceux qui nous ont offensés. Et ne nous conduis pas dans la tentation, mais délivre-nous du malin (ou du mal).	Notre Père qui es aux Cieux, que ton nom soit sanctifié, que ton règne vienne, que ta volonté soit faite sur la terre comme au Ciel. Donne-nous aujourd'hui notre pain de ce jour. Pardonne-nous nos offenses comme nous pardonnons aussi à ceux qui nous ont offensés. Et ne nous soumets pas à la tentation, mais délivre-nous du mal.

Vingt-cinq ans d'œcuménisme vécu

Témoignage d'un ménage mixte

Françoise, protestante luthérienne, et Pierre, catholique, nous formons ce qu'on nomme curieusement un ménage mixte.

Vingt-cinq années de mariage nous donnent la mesure du chemin parcouru.

1960 : l'engagement solennel, devant témoins, avec son léger parfum d'abjuration, nous est à tous deux imposé d'élever nos enfants dans la religion catholique.

A la même époque de nombreux ménages interconfessionnels n'ont droit qu'à une bénédiction à la sauvette, dans une chapelle latérale, sans fleurs ni musique.

1984 : certes des difficultés demeurent, dont celle, douloureuse, de l'absence d'hospitalité eucharistique. Mais les mariages mixtes sont l'occasion de célébrations communes avec la participation active des pasteurs et des prêtres. Françoise, pendant de longues années, a été catéchiste dans la paroisse catholique de Pierre. Le Pasteur et le Père-Curé pratiquent régulièrement l'échange de chaires ; les deux communautés se sont connues, et se reconnaissent mutuellement.

Au niveau de nos deux paroisses, l'artisan principal de ce rapprochement a été et reste le groupe œcuménique.

Réunissant une fois par mois une douzaine de membres des deux communautés, sous la houlette de nos pasteurs respectifs, il poursuit trois objectifs.

1. La recherche d'une meilleure compréhension de la foi de l'autre. *Elle ne peut être poursuivie que dans le respect entier de l'autre confession. Ainsi, lorsque le débat porte sur une question qui divise les Églises, on ne constate aucune recherche de l'argument propre à convaincre l'autre, mais seulement la volonté de comprendre les raisons de la conviction de l'autre. C'est la source de l'approfondissement de la foi de chacun.*

2. La mise en commun des problèmes spécifiques aux ménages interconfessionnels : *la pastorale des mariages mixtes et du baptême des enfants ; le rôle des ménages mixtes dans les paroisses, et notamment, comment chacun se doit de faire connaître, dans sa communauté, la confession de son conjoint.*

A propos de l'éducation des enfants, comment faire en sorte qu'élevés dans une communauté, ils aient la connaissance et le respect d'une autre communauté, afin qu'ils s'y sentent aussi chez eux ?

3. Le témoignage de notre recherche de l'unité *par les célébrations communes aux deux Églises, la découverte de Dieu au travers de la communauté vivant sa foi.*

Enfin, le voyage en Terre sainte nous a profondément marqués. Pour tous ceux, catholiques ou protestants, qui ont mis physiquement leurs pas dans la trace de ceux du Christ, les querelles d'école prennent leur juste dimension dérisoire.

Pour nos quatre enfants, l'appartenance de chacun de leurs parents à une communauté différente ne paraît pas avoir posé de problème majeur.

Indifférence ? Il ne semble pas. Auraient-ils alors compris qu'il est plus important de s'affirmer chrétien que de se prétendre catholique ou protestant, et que le mur, chaque jour érodé, qui sépare encore nos deux Églises ne monte pas jusqu'à Dieu ? ■

DÉCLARATION COMMUNE DU SECRÉTARIAT [1] POUR L'UNITÉ DES CHRÉTIENS ET DU CONSEIL ŒCUMÉNIQUE DES ÉGLISES

Mus par la puissance de l'Esprit Saint en ce temps de Pentecôte, nous renouvelons notre engagement à travailler pour l'unité de tous les chrétiens, travail soutenu par la vision de « l'unité visible en une seule foi et en une seule communauté eucharistique exprimée dans le culte et dans la vie commune en Christ ». En appelant les Églises à s'engager dans la rencontre et l'échange, le Conseil œcuménique des Églises a joué un rôle significatif en vue de promouvoir cette vision œcuménique. Celle-ci est aussi exprimée par l'Église catholique romaine dans les documents du deuxième Concile du Vatican, et en particulier dans son décret sur l'œcuménisme.

Aujourd'hui, nous prions comme l'a fait le pape Jean-Paul II, afin de discerner « les voies par lesquelles nous pouvons rendre témoignage à la foi que nous partageons déjà et à la communion réelle, bien qu'incomplète, qui déjà nous unit en Christ et dans le mystère de son Église ».

En offrant cette prière, nous nous repentons de nos divisions et de notre désobéissance. Des désaccords sur d'importants points de doctrine, sur des questions sociales et sur la pratique pastorale continuent de séparer les chrétiens et « font obstacle à la plus sainte des causes : la prédication de l'Évangile à toute créature ». « La force de l'évangélisation se trouvera bien diminuée si ceux qui annoncent l'Évangile sont divisés entre eux par toutes sortes de ruptures... La division des chrétiens est un grave état de fait qui parvient à entacher l'œuvre même du Christ ». De fait, nous sommes convaincus que l'unité de tous les chrétiens et le témoignage commun dans le monde sont indissociables.

Lorsque nous prions ensemble, comme nous l'avons fait aujourd'hui, nous ressentons les liens profonds qui déjà nous unissent au Christ, la tête du corps, et les uns aux autres. Néanmoins, « cette communion dans la prière fait ressentir d'autant plus vivement la douleur de la division des Églises au moment de la communion eucharistique qui devrait être le témoignage le plus manifeste du sacrifice unique du Christ pour le salut du monde entier ». C'est pourquoi, nous sommes sans cesse appelés à être édifiés en maison spirituelle, pour constituer une sainte communauté sacerdotale, pour offrir des sacrifices spirituels, agréables à Dieu par Jésus-Christ ».

15 juillet 1984.

Sigle du Conseil œcuménique des Églises. [2]

[1] Aujourd'hui Conseil pontifical.

[2] (Voir Index : Conseil Oecuménique des Églises)

L'ŒCUMÉNISME... AVANT L'ŒCUMÉNISME

Le mot *œcuménique* a fait son apparition vers la fin des années 1930 dans l'Église catholique. En 1937, le Père Congar, un des grands théologiens de l'œcuménisme, s'en servait encore avec une grande circonspection comme un « terme technique assez communément employé pour désigner le labeur unioniste »... à l'extérieur de l'Église catholique !

L'unionisme désignait donc, avec l'œcuménisme, la recherche d'unité des chrétiens. A de rares exceptions près, l'unionisme catholique (comme les mouvements équivalents dans les autres confessions, la concentration protestante ou la catholicité non romaine) voulait l'abandon par les autres chrétiens de leur tradition propre et leur acceptation pure et simple de la « bonne Église ».

Pour comprendre un peu cet état d'esprit, il faut se replacer dans l'époque et penser, par exemple, à l'importance que pouvait alors avoir le lien entre confession religieuse et nation ! Russe, Dostoïevski ne pouvait s'imaginer catholique ! D'une certaine manière, c'est l'éclatement de la manière traditionnelle d'envisager la patrie qui a permis à l'œcuménisme de naître. Ce qui explique sans doute que l'unionisme ait souvent eu des connotations politiques.

Ainsi, le Parlement des Religions de Chicago (1893), le World Congress of Faith et l'Union des Croyants voulaient, par l'unité spirituelle, atteindre l'unité politique et la paix.

Ainsi le Saint-Siège a évité, un certain temps, de condamner les Soviets parce qu'il pensait pouvoir bénéficier de leur influence pour permettre à l'Église catholique de prendre pied en Union Soviétique contre l'Église orthodoxe. Le 12 mars 1922, il y eut même des accords entre le cardinal secrétaire d'État Gaspari et Vorroski, puis des discussions entre Mgr Pacelli (le futur Pie XII) et les dignitaires de Moscou... On envoya en Union Soviétique un jésuite ordonné clandestinement évêque, Mgr d'Herbigny, afin qu'il puisse ordonner des évêques russes. Malgré la persécution née de la N.E.P. (Nouvelle Politique Économique de Lénine) et l'assassinat d'un vicaire général catholique, le 21 mars 1923, il faudra attendre 1930 pour que le Vatican renonce à sa politique « unioniste » et condamne fermement le marxisme. ■

Pourquoi l'hospitalité eucharistique ne peut pas être habituelle.

1. Parce que l'Eucharistie est le repas du Seigneur et qu'elle ne nous appartient pas. Le Nouveau Testament nous montre qu'elle est partagée par ceux qui ont reçu le même baptême et vivent dans la communion visible de la même foi (Ac 2, 42-47). De même Paul rappelle vigoureusement aux Corinthiens (1 Co 11, 17-34) le lien nécessaire entre la communion vécue dans l'assemblée ecclésiale et la fraction du pain. Le « discernement du corps du Seigneur » concerne à la fois son corps eucharistique et son corps ecclésial. Pour sa part, la tradition de l'Église indivise a toujours fait de la communion à la même foi ecclésiale la condition de la participation à la même eucharistie.

2. Parce que la communion eucharistique et la communion ecclésiale sont indissociables : l'Église fait l'eucharistie et l'eucharistie fait l'Église. Le Corps eucharistique du Christ est ordonné à la construction de son corps ecclésial. La communion à la même Eucharistie engage donc la communion à la même Église, de même qu'elle suppose le partage de la même foi.
La question de l'hospitalité eucharistique ne peut donc être abordée dans la seule perspective des besoins spirituels individuels ou des liens de fraternité existant entre des groupes limités. Seule la réconciliation entre les Églises aujourd'hui divisées peut rendre normal l'accueil mutuel à la table de l'eucharistie qu'elles célèbrent. [...]

3. Aux catholiques qui estimeraient, toujours en conscience, pouvoir communier à la sainte cène, nous disons donc ce que les évêques allemands ont dit à leurs fidèles sur ce même point : « Le synode ne peut pas actuellement approuver la participation d'un catholique à la sainte cène. Il ne peut être exclu qu'un catholique — suivant sa propre conscience — puisse trouver, dans la situation particulière qui est la sienne, des raisons qui lui font apparaître sa participation à la sainte cène comme spirituellement nécessaire. Il devrait alors penser qu'une telle participation ne correspond pas au lien entre Eucharistie et communion ecclésiale, particulièrement pour ce qui concerne la compréhension du ministère. S'agissant de la décision qu'il sera amené à prendre, il ne devra pas mettre en péril son appartenance à sa propre Église et sa décision ne devra pas non plus équivaloir à un reniement de sa propre foi et de sa propre Église, pas plus qu'elle ne devra apparaître ainsi aux yeux d'autrui » (Synode des diocèses allemands de Wurzbourg, 1976, nº 5.5 du texte sur le culte).

Note de la Commission
épiscopale pour l'Unité
adressée aux prêtres et aux fidèles catholiques
(Mars 1983)

Le Christ ne saurait être divisé, le corps du Christ est un. Tous ceux qui portent le nom de chrétien doivent veiller à ce que leurs oppositions ne soient pas une occasion de scandale pour les incrédules, pour le monde. Nous rendons-nous compte que le monde a le droit de se rire de nous qui si facilement avons confessé un Dieu d'amour, tout en nous méprisant entre nous qui portons le nom du Christ ?

ROGER SCHUTZ,
Vivre l'aujourd'hui de Dieu

Qu'est-ce que ?

Hérésiarque. Fondateur d'un groupe hérétique ou propagateur d'une théorie hérétique.

Hérétique. Est hérétique la doctrine qui constitue ou comporte une hérésie. Un hérétique est celui qui professe une doctrine hérétique.

Hétérodoxe (du grec *heteros*, autre, contraire, opposé, et *doxa*, doctrine : doctrine contraire). Dans les Églises chrétiennes, le mot hétérodoxe désigne ce qui n'est pas en conformité avec la foi ; il s'oppose à orthodoxe, ce qui est conforme à la foi.

Orthodoxie (du grec *orthos*, droit, et *doxa*, opinion). En langage théologique, le mot désigne une pensée théologique conforme à l'enseignement révélé tel qu'il est défini par l'Église.
Après le Concile de Chalcédoine (451), les Églises qui en avaient adopté les définitions (ce qui n'était pas le cas des Églises monophysites, quelquefois dites pré-chalcédoniennes : Églises coptes, syro-jacobites et arméniennes) se donnèrent le titre d'orthodoxes. Après le schisme d'Orient (1054), les Églises fidèles à la foi chalcédonienne mais séparées de Rome se définirent par l'orthodoxie : ce sont les Églises orthodoxes.

L'Église catholique et les sectes

Si, officiellement, l'Église hiérarchique s'est jusqu'à présent contentée de manifester la plus grande réserve à l'égard des sectes, les spécialistes catholiques vont plus loin dans leur critique ; tout en reconnaissant la sincérité de la majorité des membres des sectes et l'authenticité de certaines valeurs promues (recherche spirituelle désintéressée, esprit fraternel, souci missionnaire, etc.), ils soulignent en revanche la profonde dénaturation apportée au message biblique quand il est pris pour référence, le simplisme des doctrines, la réduction de la vie religieuse à la mise en œuvre de recettes, l'exploitation des aspirations ou des rêves de nos contemporains, surtout parmi les jeunes, les manipulations auxquelles se livrent certaines sectes.

Les Églises reconnaissent que le phénomène les oblige à se demander si elles sont suffisamment porteuses d'espérance, de fraternité, d'accueil dans le monde d'aujourd'hui. Mais en même temps, il leur faut éviter toute ambiguïté. Comme le remarque le cardinal Krol (Philadelphie), « l'homme d'aujourd'hui a froid, il a besoin de sécurité. Les sectes promettent le confort. Tout autre est l'engagement des chrétiens, parfois au prix de leur vie, pour transformer les structures sociales injustes. Il est plus commode alors d'adhérer à une secte ». (Conf. de presse, Rome, 25 novembre 1985). ■

(Voir Index : Sectes)

Semaine universelle de prière pour l'unité des chrétiens

Cette semaine de prières est célébrée tous les ans du 18 au 25 janvier par les chrétiens des diverses confessions à travers le monde.

L'origine de cette Semaine remonte à l'initiative prise au début du XXe siècle par un prêtre catholique venu de l'anglicanisme ; soutenu par le pape Pie X, il organisa chaque année, du 18 au 25 janvier, un octave de prières « pour le retour des hérétiques et des schismatiques à l'Église romaine » ; le pape Benoît XV étendit cette célébration à l'ensemble de l'Église catholique.

En 1935, un prêtre lyonnais, l'abbé Paul Couturier, qui fut le précurseur de l'œcuménisme spirituel, reprit l'idée dans un esprit renouvelé. Persuadé que la prière était dans l'état actuel des choses la seule forme d'union possible, et que par surcroît la prière des simples fidèles était au moins aussi importante que les discussions des théologiens, il proposa aux chrétiens de se rencontrer chaque année pour demander ensemble « l'unité que le Christ veut par les moyens qu'il voudra ». La proposition, soutenue par le Cardinal Gerlier, archevêque de Lyon, rencontra très vite un accueil favorable dans les autres confessions, tant elle rejoignait le sentiment commun que les divisions des chrétiens étaient difficiles à abolir, mais insupportables ; en 1936, l'Église Réformée de France y apporta son soutien ; en 1940, ce fut le cas de la Commission Foi et Constitution qui modifia en conséquence les dates de la Semaine de l'Unité qu'elle célébrait déjà ; en 1954 enfin, le Conseil Œcuménique des Églises (créé en 1948) recommanda à ses membres (c'est-à-dire pratiquement toutes les églises chrétiennes non romaines) de participer à cette célébration annuelle. Depuis 1958, les textes de prières et les passages bibliques proposés pour ces rencontres sont choisis en commun entre les catholiques et le Conseil Œcuménique des Églises. Au sein de l'Église catholique, le pape, les évêques dans leur diocèse, les paroisses locales donnent un grand retentissement à cette Semaine qui revêt de plus en plus un caractère véritablement interconfessionnel. Des paroisses de confessions différentes préparent et réalisent des manifestations communes, bien souvent prolongées par des activités interconfessionnelles permanentes (actions caritatives ou sociales, groupes de prière ou bibliques, etc.). ■

Affiche pour la semaine de l'unité chrétienne (Lyon).

L'ABBÉ PAUL COUTURIER (1881-1953)

Ce prêtre lyonnais, meurtri par la souffrance des séparations chrétiennes et hanté par leur scandale, est un des grands artisans de l'œcuménisme contemporain. Le propre de son action est d'avoir été à l'origine de l'*œcuménisme spirituel,* en parvenant à associer durablement les chrétiens du monde entier dans une démarche de prière commune en faveur de leur unité.

Il commença de la façon la plus modeste en 1933 par trois journées de prières pour l'unité à Lyon. En 1935 il eut l'idée de reprendre dans un esprit renouvelé la pratique de l'octave de prières pour l'unité, déjà en vigueur dans l'Église catholique depuis le début du siècle ; mais, au lieu de limiter ces prières à la demande du retour des chrétiens séparés à l'Église romaine, il proposa à l'ensemble des chrétiens, avec le soutien de son archevêque le Cardinal Gerlier, de prier en commun pour « l'unité que le Christ veut, par les moyens qu'il voudra ».

Dès lors, la Semaine Universelle pour l'Unité des Chrétiens connut un essor extraordinaire à travers l'ensemble du christianisme mondial.

L'abbé Couturier est en outre, avec le Père Villain, un des fondateurs des rencontres des Dombes : hors de toute mission officielle, celles-ci réunissent dans cette abbaye proche de Lyon des théologiens de confessions différentes ; elles ont d'ores et déjà été le moyen de rapprochements notables sur des points très importants, rapprochements qui n'engagent pas les responsables des Églises, mais qui frayent la voie aux travaux des organes officiels (voir p. 487). ■

L'ŒCUMÉNISME SPIRITUEL SELON LE CONCILE VATICAN II

(N° 6)... Attendu que toute rénovation de l'Église consiste essentiellement dans une fidélité grandissante à sa vocation, c'est là certainement la raison qui explique le mouvement vers l'unité. L'Église, au cours de son pèlerinage, est appelée par le Christ à cette réforme permanente dont elle a perpétuellement besoin en tant qu'institution humaine et terrestre [...]

[...] Cette rénovation a donc une insigne valeur œcuménique. Les différentes formes de la vie de l'Église selon lesquelles s'accomplit la rénovation en cause (mouvement biblique et liturgique, prédication de la Parole de Dieu, catéchèse, apostolat des laïcs, nouvelles formes de la vie religieuse, spiritualité du mariage, doctrine et activité de l'Église en matière sociale) sont à considérer comme autant de gages et de signes qui annoncent favorablement les futurs progrès de l'œcuménisme.

(N° 7) Il n'y a pas de véritable œcuménisme sans conversion intérieure. En effet, c'est du renouveau de l'âme, du renoncement à soi-même et d'une libre effusion de charité que partent et mûrissent les désirs de l'unité. Il nous faut, par conséquent, demander à l'Esprit Saint la grâce d'une abnégation sincère, celle de l'humilité et de la douceur dans le service, d'une fraternelle générosité à l'égard des autres [...]

(N° 8) Cette conversion du cœur et cette sainteté de vie, unies aux prières publiques et privées pour l'unité des chrétiens, doivent être regardées comme l'âme de tout l'œcuménisme et appelées à bon droit « œcuménisme spirituel ».

C'est un usage reçu chez les catholiques de se réunir souvent pour renouveler la prière demandant l'unité de l'Église, celle que le Sauveur lui-même, la veille de sa mort, a élevée de façon suppliante vers son Père : « Qu'ils soient tous un » (Jn 17,21).

En certaines circonstances particulières, par exemple lors des prières prévues pour l'unité et dans les réunions œcuméniques, il est permis, bien plus, il est souhaitable que les catholiques s'associent pour prier avec les frères séparés. De telles supplications communes sont assurément un moyen efficace de demander la grâce de l'unité, et elles constituent une expression authentique des liens par lesquels les catholiques sont encore unis avec les frères séparés : « Là en effet où deux ou trois sont réunis en mon nom, je suis au milieu d'eux (Mt 18,20) [...]

(N° 24) [...] Le Concile souhaite instamment que les initiatives des enfants de l'Église catholique progressent unies à celles des frères séparés, sans mettre un obstacle aux voies de la Providence et sans préjuger des impulsions futures de l'Esprit Saint. Au surplus, le Concile déclare avec conscience que ce projet sacré, la réconciliation de tous les chrétiens dans l'unité d'une seule et unique Église du Christ, dépasse les forces et les capacités humaines. C'est pourquoi il met entièrement son espoir dans la prière du Christ pour l'Église, dans l'amour du Père à notre égard et dans la puissance du Saint-Esprit : « L'espérance ne déçoit point ; car l'amour de Dieu a été répandu dans nos cœurs par l'Esprit Saint qui nous a été donné » (Rm 5, 5).

Extraits du décret sur l'œcuménisme (*Unitatis redintegratio*)

Ph. CIRIC

Le pape Paul VI reçoit à Rome, en 1967, Athénagoras Ier, patriarche œcuménique (orthodoxe) de Constantinople.

La dimension œcuménique de toute la formation chrétienne

Malgré le progrès qui a été accompli dans le dialogue théologique et la collaboration, beaucoup reste à faire. Des attitudes œcuméniques responsables doivent encore être développées par un effort plus déterminé de formation œcuménique, et vous l'avez souligné au cours de votre rencontre. La dimension œcuménique est une partie indispensable de tous les processus de formation chrétienne. Cela inclut la formation du laïcat, le travail avec la jeunesse, les programmes de catéchèse et d'éducation religieuse ou de formation théologique.

La Documentation catholique
2 juin 1985 - N° 1897

Prière du Christ pour l'unité de ses disciples (discours après la Cène, la veille de sa mort)

Après avoir ainsi parlé, Jésus leva les yeux au ciel et dit : « Père, l'heure est venue ; glorifie-le, ton Fils, pour qu'il te glorifie et que, par le pouvoir qu'il a reçu de toi sur toute chair, il accorde la Vie à tous ceux que tu lui donnes. Or la Vie, c'est te connaître, toi le seul véritable Dieu, et moi, le Christ que tu envoies [...]

[...] Je n'intercède pas uniquement pour eux qui sont présents mais aussi pour tous ceux qui, par eux, seront conduits à croire en moi, afin que tous soient un. Père, comme tu es en moi et moi en toi, qu'ils soient en nous également pour que le monde croie que tu m'as envoyé.

La gloire que tu m'as donnée, je la leur donne, pour qu'ils soient un comme nous sommes un, moi en eux et toi en moi, afin qu'ils soient parfaits dans l'unité et que le monde croie que c'est toi qui m'envoies, que tu les as aimés comme tu m'as aimé ».

Évangile selon Saint-Jean 17, 1-3, 20-23

Relations entre christianisme et judaïsme

Le diocèse de Rome prêche l'exemple

Dans une lettre pastorale œcuménique intitulée *De l'unité chrétienne,* rendue publique à l'issue de la Semaine de l'Unité en 1983, le diocèse de Rome (dont le pape est l'évêque), a notamment donné un ensemble de directives pastorales sur les relations avec les juifs. C'était le fruit de dix ans d'études, en pleine harmonie avec les orientations prises par la Commission pour les Relations avec le Judaïsme créé en 1974 au sein du Secrétariat pour l'Unité des Chrétiens du Saint-Siège.

Ces directives sont au nombre de sept :

1. La condition essentielle du dialogue est la reconnaissance par les catholiques de la façon dont les Juifs se définissent eux-mêmes en « termes religieux et ethniques ».

2. Une attention particulière doit être accordée au contenu et au langage des lettres pastorales pour éviter tout ce qui pourrait paraître comme une offense au peuple juif (par exemple, à l'occasion de la semaine sainte).

3. Des initiatives devront promouvoir le dialogue afin de mieux connaître la foi et les traditions juives.

4. On prêtera attention non seulement aux lectures de l'Ancien Testament communes au christianisme et au judaïsme, mais aussi à l'éclairage qui leur est donné par la tradition juive.

5. Il convient de familiariser les catholiques avec les rites de la religion juive à la synagogue et à la maison.

6. Il convient de travailler ensemble à une coexistence plus fraternelle.

7. On établira une coopération entre la communauté juive locale et la communauté paroissiale.

En ce qui concerne les mariages mixtes, l'action pastorale, tout en mettant en garde contre leurs difficultés, soulignera en même temps les valeurs religieuses communes au judaïsme et au christianisme.

L'Agence télégraphique juive a qualifié ce document « d'historique ». ■

Le pape Jean Paul II reçu en 1986 à la synagogue de Rome par le Grand Rabbin.

Enseignement religieux et judaïsme

1. Dans la déclaration Nostra Aetate, *n° 4, le concile parle du « lien qui unit spirituellement » chrétiens et juifs, du « grand patrimoine spirituel, commun » aux uns et aux autres, et il affirme encore que « l'Église reconnaît que l'origine de sa foi et de son élection se trouve, selon le dessein de Dieu, chez les patriarches, Moïse et les prophètes ».*

2. En raison de ces rapports uniques qui existent entre le christianisme et le judaïsme « liés au niveau même de leur propre identité » (Jean-Paul II, 6 mars 1982), rapports « fondés sur le dessein du Dieu de l'Alliance » (ibid.)*, les juifs et le judaïsme ne devraient pas occuper une place occasionnelle et marginale dans la catéchèse et la prédication, mais leur présence indispensable doit y être intégrée de façon organique.*

Notes de la Commission du Saint-Siège pour les relations avec le judaïsme, (1985)
La Documentation catholique, 21 juillet 1985, n° 1900

Le christianisme est lié au judaïsme

Voyez-vous, il existe un contentieux entre juifs et chrétiens qu'il nous faut parvenir à dépasser. D'un côté, le christianisme a, à l'origine, rejeté les juifs, et de l'autre, les juifs ont rejeté le christianisme. Cependant, je veux être net sur ce point, il ne peut y avoir partage égal des torts et des responsabilités. J'insiste : ces rejets ne sont nullement symétriques, comme on a pu l'entendre dire, d'aucune manière et surtout pas au niveau des conséquences physiques, la persécution jusqu'à l'anéantissement !

Ce que je veux dire, au point où nous en sommes rendus à notre époque, c'est que les chrétiens ont pu être amenés à croire que les juifs sont devenus un non-sens. Mais un même raisonnement existe chez les juifs : eux aussi pourraient être amenés à considérer aujourd'hui que les chrétiens sont un non-sens. Devant cette tentation, ne faut-il pas s'élever en notre temps ?

— Le devoir du judaïsme est d'accomplir la justice. Dans ce but, Dieu a donné au peuple juif les commandements. Le christianisme en a hérité, mais dans le sens éthique du terme. Aujourd'hui, nous sommes aux prises avec un paganisme qui conduit au rejet de l'homme. Nous sommes des témoins de la vie. Nous devons heurter de front les tentations de mort de notre époque, rappeler toujours et encore que le monde est créé par Dieu et que Dieu détient l'unique souveraineté. Et que l'homme est créé à son image et à sa ressemblance. Là est le seul fondement absolu de la dignité de l'homme pour quoi il faut être prêt à tout sacrifier jusqu'à sa vie. Dans le monde d'aujourd'hui, nous nous retrouvons partenaires dans un témoignage commun. Nous avons par notre commune origine appris à lutter contre le malheur, puisque Dieu nous a confié les bénédictions que les Chrétiens reçoivent par les Béatitudes. Nous ne devons pas nous incliner, jamais. Et nous n'avons rien à perdre à mener notre combat en commun.

Cal J.-M. Lustiger,
Oser croire,
Ed. du Centurion.

Voir Index : Antisémitisme

Le Vatican et l'antisémitisme

« Parce qu'il réprouve toutes les haines et toutes les animosités entre les peuples, le Siège apostolique condamne souverainement la haine contre le peuple autrefois choisi par Dieu, cette haine qu'aujourd'hui l'on a coutume de désigner communément sous le nom d'antisémitisme » (Saint Office, 25 mars 1928).

Le 6 septembre 1938, Pie XI, prenant occasion de quelques mots du Missel (*Sacrificium patriarchae nostri Abrahae*), précisera :

« L'antisémitisme n'est pas compatible avec la pensée et avec la réalité sublimes qui sont exprimées dans ce texte. C'est un mouvement antipathique, un mouvement auquel nous ne pouvons, nous chrétiens, avoir aucune part... Non, il n'est pas possible aux chrétiens de participer à l'antisémitisme. Nous reconnaissons à quiconque le droit de se défendre, de prendre les moyens de se protéger contre tout ce qui menace ses intérêts légitimes. Mais l'antisémitisme est inadmissible. Nous sommes spirituellement des Sémites ».

Dans son Message de Noël 1942, Pie XII élève la voix en faveur *« de ces centaines de milliers de personnes qui, sans aucune faute de leur part, pour le seul fait de leur nationalité ou de leur origine ethnique, ont été vouées à la mort ou à une progressive extinction. »*

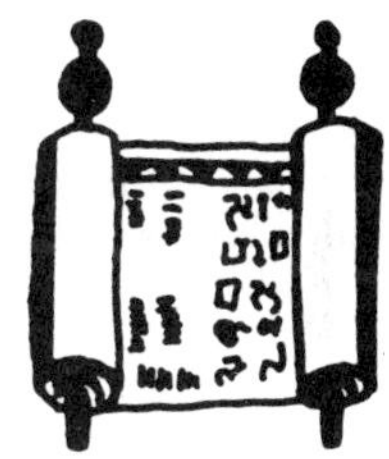

La place du judaïsme aux yeux du christianisme

Pour les chrétiens, les juifs ont un rôle spécifique à jouer dans l'histoire de l'humanité. Israël est, et demeure, le Peuple élu, le Peuple qui a reçu l'Alliance ; pour tous les hommes et jusqu'à la fin des temps, il doit rester mystérieusement le signe d'un Dieu qui intervient dans l'histoire des hommes et les appelle. Saint Paul n'en finira pas de redire ce qui lui semble une évidence de foi, alors même qu'il est persécuté par les juifs.

« Les juifs sont, selon l'élection, chéris à cause de leurs pères. Car les dons de Dieu sont sans repentance » (Rm 11,29).

Pour les chrétiens, la vraie catholicité ne peut être que le rassemblement des juifs et des « païens » — rassemblement dont, dans la foi, il est sûr qu'il adviendra : le Peuple de Dieu sera alors réconcilié. En attendant, il existe une tension entre juifs et chrétiens : le juif rappelle au chrétien le sens de l'élection et de la parfaite gratuité de l'amour de Dieu, le chrétien rappelle au juif l'universalité du don de Dieu et affirme la réalisation du don de Dieu en Jésus-Christ. ■

Au sujet de l'antisémitisme

Message de Jacques Maritain

Je suis persuadé qu'un grand travail de méditation et de purification intérieure est d'abord demandé aux chrétiens. S'ils se nourrissent de la doctrine de saint Paul, ils comprendront la signification spirituelle de l'antisémitisme, et ils comprendront du même coup la solidarité mystérieuse qui les lie à la race aînée, en communion avec laquelle, malgré tout, ils invoquent les Patriarches et les Prophètes et prient chaque jour avec les paroles de David sur leurs lèvres, confessant comme venu Celui que la Synagogue n'a pas reconnu et qu'elle attend encore, et qui est né d'une vierge d'Israël et qui était Juif lui-même « par excellence de nature », et dont les apôtres comme les premiers martyrs ont été des Juifs fécondant l'Église des Juifs et des Gentils d'un sang juif versé pour le Christ. Ils ne comprendront pas seulement qu'il leur faut balayer comme des ordures, là où par malheur elles trouvent encore des crédules, des légendes calomnieuses telles que les histoires de meurtre rituel et des forgeries telles que les Protocoles de Sion[1]*, ils comprendront aussi qu'il leur faut réviser attentivement et purifier leur propre langage, où une routine pas toujours innocente, en tout cas singulièrement insoucieuse de la rigueur et de l'exactitude, a laissé passer des expressions absurdes comme celle de* race déicide, *ou une manière plus raciste que chrétienne de raconter l'histoire de la Passion qui excite chez les enfants chrétiens la haine de leurs condisciples juifs, ou des traductions de la* perfidia judaica *de la liturgie du vendredi saint qui sont de grossiers contresens, car dans la langue de l'Église ce mot signifie « incroyance », non « perfidie ». Ils comprendront que leur manière même d'approcher les problèmes créés par la diaspora doit être fraternelle, et les amener à connaître en profondeur, grâce à une information suffisamment complète et scrupuleuse, — et à connaître du dedans, grâce à l'expérience de connaturalité que l'amour porte avec lui, — les angoisses et les débats de la conscience juive, partagée entre l'obligation de garder son identité et la volonté d'obtenir pour les Juifs la justice et l'égalité dues à tous les hommes. Alors les chrétiens de la Gentilité pourront entrer quelque peu, non pas d'une façon seulement théorique, mais d'une façon réelle et pratique, fût-ce pour pâtir à leur tour pour lui comme plusieurs l'ont fait récemment sous les persécutions nazies, dans le mystère du peuple qui a trébuché pour leur délivrance et par la désobéissance duquel ils ont obtenu miséricorde, et que Dieu continue de se réserver. Et non seulement ils auront interdit à l'antisémitisme d'aller chercher dans le vieux fond de barbarie de l'âme humaine tout faux prétexte religieux, mais ils prépareront pour leur part cette réintégration future que Paul a annoncée, et qui pour Israël, selon le mot de Cornelius a Lapide, ne sera pas une conversion mais une plénitude, et qui rappellera à la vie le monde attiédi.*

JACQUES MARITAIN
28 juillet 1947
dans *Catholicité*, 1948

[1] *Protocole des Sages de Sion.* Pamphlet antisémite se présentant comme les soi-disant conclusions secrètes du 1er Congrès sioniste de Bâle (1897) : publié en 1905 en Russie puis traduit en diverses langues (français en 1920), utilisé comme manuel antisémite en Allemagne nazie, diffusé en pays arabes par la Ligue arabe.

Dieu fait homme est un Juif

Supposez que des personnes autour de vous parlassent continuellement de votre père et de votre mère avec le plus grand mépris et n'eussent pour eux que des injures ou des sarcasmes outrageants, quels seraient vos sentiments ? Eh bien, c'est exactement ce qui arrive à Notre-Seigneur Jésus-Christ. On oublie ou plutôt on ne veut pas savoir que notre Dieu fait homme est un Juif, le Juif par excellence de nature, le Lion de Juda ; que sa Mère est une Juive, la fleur de la race juive ; que tous ses ancêtres ont été des Juifs, aussi bien que tous les prophètes, enfin que notre Liturgie sacrée tout entière est puisée dans les livres juifs. Dès lors, comment exprimer l'énormité de l'outrage et du blasphème qui consiste à vilipender la race juive ?

Autrefois, on détestait les Juifs, on les massacrait volontiers, mais on ne les méprisait pas en tant que race. Bien au contraire, on les redoutait et l'Église priait pour eux, se souvenant que saint Paul, parlant au nom de l'Esprit Saint, leur a tout promis et qu'ils doivent, un jour, devenir les astres du monde. L'antisémitisme, chose toute moderne, est le soufflet le plus horrible que Notre-Seigneur ait reçu dans sa Passion qui dure toujours, c'est le plus sanglant et le plus impardonnable parce qu'il le reçoit sur la Face de sa Mère et de la main des Chrétiens.

LÉON BLOY, *Le vieux de la montagne*,
Ed. Mercure de France.
2 janvier 1910.

Chapitre IV

LIVRE II

Le Dieu de l'Alliance

Aujourd'hui deux questions se posent à propos de Dieu. Dieu existe-t-il ? Et à cette première question, même la réponse nous est inconfortable... au point que beaucoup préfèrent fuir la question ; aujourd'hui, on doute de tout, même du doute. Et si l'on ne doute pas, et si l'on répond oui, alors vient la deuxième question. Qui est Dieu ? Et l'inconfort continue : elles sont mortes, les images du grand Dieu barbu jugeant de tout de son regard d'aigle ; assurément, elles sont mortes les images de l'enfer fumant et flambant qui leur faisaient contrepoint... Mortes ces images ? Ou simplement enfouies, prêtes à ressurgir et à absorber les nouvelles images plus personnelles que le mot Dieu peut évoquer aujourd'hui ?

En tout cas, le Peuple de l'Alliance répond à ces questions en puisant toujours dans son expérience première et ses réponses sont souvent méconnues !

Plan
1. L'expérience pascale
2. La réflexion de l'Église sur Dieu,
3. La réflexion de l'Église sur le don de Dieu.

1. L'EXPÉRIENCE PASCALE

La clef de compréhension du christianisme se trouve dans l'expérience pascale. C'est-à-dire dans cette expérience initiale des chrétiens, cette expérience de la mort et de la résurrection de Jésus de Nazareth au moment de la Pâque juive.

C'est en réfléchissant à ce qu'ils ont vécu et à ce qu'ils vivent de cette expérience que les chrétiens parlent de Dieu. Il nous faut donc repartir du *kérygme* initial (voir p. 518).

« Un certain Jésus,
a été mis à mort,
Dieu l'a ressuscité,
Pour le pardon des péchés et le salut des hommes.
Nous, les onze apôtres, en sommes témoins. »

Ce qui s'est passé

Que signifie exactement ce « cri » qui a mis en marche des millions d'hommes et de femmes dans l'histoire ? Pour les premiers chrétiens, à quelle expérience précise faisait-il référence ? C'est difficile à dire pour plusieurs raisons.

▶▶▶

RÉVÉLATION

La Révélation doit être entendue comme étant la communication que Dieu fait de lui-même à l'homme dans une manifestation progressive. Le mot évoque un « dévoilement ». L'étonnant dans la Révélation, c'est la puissance que Dieu a de proportionner ce qu'il communique à la capacité des récepteurs. Quand il se fait connaître, il le fait à la manière humaine. La Parole de Dieu se dit en paroles d'hommes, et le Fils de Dieu lui-même se fait homme.

L'enjeu premier, pour nos contemporains, est la question de la vérité. On répugne à ce qu'une quelconque autorité prétende imposer une vérité. La vérité se montre elle-même, ou elle n'est pas. Et s'il y a doute à son sujet, il n'y a d'autre issue que d'en parler ensemble.

Ce qui fait autorité dans la Révélation, c'est son auteur : Dieu lui-même. Quant au contenu de la Révélation, le spécifique du judaïsme et du christianisme est qu'ils ne tombent pas tout droit du ciel dans un texte sacré, interprété de façon autorisée par les clercs qui en ont le pouvoir. La Révélation se fait dans l'histoire des hommes, à tout un peuple, qui comporte aussi des prophètes, chargés de lui remettre en mémoire les événements fondateurs, de porter un jugement sur le temps présent, de dire le désir de Dieu pour l'avenir, en fidélité à l'ensemble de ce cheminement collectif. Le texte biblique résulte de la mise par écrit des deux éléments : une *suite d'événements fondateurs*, et leurs *incessantes réactualisations* ou *relectures*. Autrement dit encore, texte et tradition interprétante sont unis sans être confondus, doivent être distingués sans être séparés.

De même, au centre du christianisme, il y a Jésus-Christ, et le témoignage à son sujet des apôtres et disciples, dans la lumière que donne l'Esprit du ressuscité à ceux qui commencent à constituer son Église. L'autorité de la Révélation définitive vient donc, d'une part, de la proximité de Jésus-Christ et d'autre part, de la fidélité des successeurs, et des générations suivantes, à son Esprit.

Il ne faut jamais oublier que la Révélation n'est reçue et reconnue que dans la foi, ce don de Dieu qui permet de faire confiance à l'amour tel qu'il se manifeste suprêmement en Jésus-Christ, Parole de Dieu, visage de Dieu en notre humanité.

Le lieu où se transmet la Révélation est l'Église. Elle n'a d'autre autorité que l'Évangile, mais d'une double manière : la transmission fidèle du témoignage apostolique, consigné de manière normative dans les écrits du Nouveau Testament ; et aussi, la qualité de vie évangélique que doivent mettre en pratique ses membres, dans l'Esprit de Jésus, pour tenter de laisser transparaître un peu, le moins mal possible, l'amour de Dieu en notre humanité, amour qui — redisons-le — est seul digne de foi. ■

▶▶▶

D'abord, fondamentalement, une expérience s'explique mal et est difficilement transmissible. Ensuite, les premiers chrétiens n'avaient pas une mentalité ni une culture modernes... Ils ne connaissaient pas les méthodes historiques actuelles, ne s'intéressaient pas aux mêmes choses que leurs successeurs. Par contre, ils avaient une immense culture biblique qui leur permettait parfois de parler par allusion (comme en France, on peut parler par allusion en se servant des fables de la Fontaine et dire à un gaspilleur qui vient demander de l'argent : « Eh bien, dansez maintenant »... en étant parfaitement compris sur le coup ; mais que comprendront les savants de l'an 4000 d'une telle expression s'ils ne connaissent pas la Fontaine ?). Le mode de pensée des premiers chrétiens, façonné par l'hébreu et l'araméen, connaît peu de mots abstraits (en hébreu, le mot milieu se dit l'os et pour dire midi, on parle de l'os du jour). Comme nous disons que nous sommes bouleversés, ils disent que les « étoiles pleuvent » et que « le ciel s'effondre », etc. De surcroît, ces premiers chrétiens ont eu, sur le moment, le sentiment de vivre une expérience considérable et tellement nouvelle qu'ils ne trouvaient pas les mots pour la dire. Ils n'ont donc pas cherché à exprimer sous forme d'une synthèse ce qu'ils vivaient, parce que cette synthèse aurait été déficiente à leurs yeux.

Tout ceci explique la difficulté de comprendre, à travers leurs mots, ce qui leur est arrivé. Mais, chrétien ou pas, chacun s'accordera à dire que cette expérience initiale a eu une importance capitale pour la suite de l'histoire de l'humanité, et c'est pourquoi nous tenons à la présenter le plus possible dans les termes mêmes des premiers chrétiens. Petit à petit, cependant, l'Église a essayé de comprendre, d'exprimer. Elle a analysé l'expérience initiale, inventé des mots pour la décrire, construit un discours cohérent : la théologie. Mais ce qui sera gagné en clarté risquera toujours de faire oublier que le christianisme n'est pas bâti à partir d'une idée mais d'une expérience initiale.

Une expérience réservée à des croyants

Imaginons que la télévision existât au temps de Jésus. Imaginons encore qu'un journaliste ait été chargé de suivre l'affaire Jésus. Il aurait sans doute filmé la résurrection de Lazare, en étant parmi les nombreux Juifs présents qui « virent », au dire même de l'Évangile. Il aurait pu filmer le procès de Jésus et sa mort. Deux jours après cette mort, si le rédacteur en chef l'avait envoyé voir ce qui se passait au tombeau, il aurait pu filmer les soldats endormis, le tombeau vide, les femmes portant des parfums, le sprint de Jean, la figure de Pierre... Redescendu à la ville, il aurait pu filmer les onze réunis et Thomas parlant au Christ ressuscité disant : « Mon Seigneur et mon Dieu » (Jn 20,28).

Il n'aurait pas pu filmer le Christ ressuscitant

Nulle part, l'Évangile ne prétend que Jésus ressuscité ait été vu par des non-disciples. Au mieux, auraient-ils pu être dans la situation des compagnons de Paul, au moment de ce que l'on appelle sa conversion ou sa vocation, sur la route de Damas. Alors que Paul ▶▶▶

VÉRITÉ

Dans l'Ancien Testament, la vérité représente ce qui est solide, sûr, digne de confiance. Elle équivaut à fidélité. La vérité de Dieu, c'est sa fidélité relue par le peuple d'Israël à travers toute son histoire. Et la vérité du peuple est de marcher fidèlement dans l'Alliance avec Dieu, en respectant sa Loi. Son opposé, c'est la trahison, l'infidélité à l'Alliance, c'est-à-dire le péché.

Le christianisme s'enracine dans cette notion biblique de la vérité et lui donne un visage, celui de Jésus-Christ, « le chemin, la vérité et la vie » (Jn 14, 6). Dans son acception chrétienne, la vérité est fondamentalement vérité de la relation au Christ, reconnu dans la foi comme le lieu unique où se révèlent la vérité de Dieu et la vérité de l'homme. Ni conformité, ni démonstration, la vérité, dans le registre théologique, est révélation : dans la rencontre avec le Christ, le croyant découvre sa vérité d'homme en marche vers Dieu. Il est invité à accueillir et à faire sienne la parole de vérité qui lui révèle qui il est et vers qui il va. Aussi, dans ce registre, vérité ne s'oppose pas à erreur ou illusion — qui sont toujours possibles sur le chemin de l'humanité vers Dieu — mais à mensonge, au mensonge qui pervertit la relation au monde, aux autres et à Dieu, et qui dans la Bible porte un nom, celui de Satan.
Cette vérité originaire, où l'homme est révélé à lui-même dans sa dignité d'enfant de Dieu, n'est pas une vérité parmi d'autres qu'elle n'exclut pas mais qu'elle englobe. D'elle découlent des vérités que l'Église enseigne et qui sont toujours au service de cette vérité première : vérités de foi telles que les dogmes, vérités de comportement telles que des prescriptions morales... ■

Le mot *mystère* (du grec *musterion,* dérivé de *muein,* être fermé) s'emploie couramment pour parler de ce qui est secret, caché.

Dans le domaine religieux, ce terme a été utilisé principalement pour désigner un certain type de cérémonies cultuelles par lesquelles les participants étaient initiés au mystère de la divinité. Ainsi, dans l'Antiquité grecque, on célébrait surtout les mystères d'Eleusis et les mystères orphiques (dont l'institution était attribuée au dieu Orphée). Les civilisations romaine et égyptienne ont eu, elles aussi, leurs « mystères ». On trouve des signes de la célébration des mystères dès le début du VIe siècle avant Jésus-Christ et jusqu'au IIe siècle de notre ère. Ces cérémonies (dont on ne devait rien révéler) comportaient des rites de purification par l'eau et le feu, des prières, des jeûnes, et un enseignement religieux sous forme de drame ou jeu scénique. La mort et la renaissance de la nature constituaient le motif central de ces cultes païens.

Dans la Bible, le terme grec *musterion* apparaît peu, sauf dans les livres les plus tardifs de l'Ancien Testament. Il correspond à l'araméen *râz,* qui signifie chose secrète. Il figure

RÉVÉLATION

Le tableau se lit ainsi : si, pour quelqu'un, la Révélation est d'abord une doctrine, il insistera pour définir la Révélation comme un ensemble de vérités..., le Christ sera pour lui le Maître..., l'Église, la gardienne du dépôt de la Révélation, etc.

	Si la Révélation est principalement comprise comme				
	Une doctrine	**Une histoire**	**Une expérience**	**Une découverte du sens caché du monde**	**La vision d'un nouveau monde**
Concept-clef	La Révélation est un ensemble de vérités : — contenues dans la Bible, — confiées à l'Église.	La Révélation c'est l'histoire de l'action de Dieu dans le monde.	L'Esprit Saint illumine intérieurement celui qui croit.	Le Christ est la Révélation. Tout ce qui est humain n'en est qu'un signe ou un reflet. La foi à travers le reflet doit voir le Christ	La Révélation est identiquement l'entrée dans un mode nouveau de compréhension du monde et la participation à la création de Dieu.
Christ	Il est le « Maître » : ce qui est premier c'est son enseignement.	Il est celui qui révèle le sens de l'histoire (si la résurrection du Christ n'est pas à proprement parler un événement historique, elle est pourtant le point central de la foi).	Il est celui qui a expérimenté l'union avec Dieu. En lui cette expérience est offerte aux hommes.	Il est l'image parfaite du Père, le signe par excellence.	Il est la nouvelle humanité vers qui tout converge.
Église	Elle est la gardienne du dépôt de la révélation.	Elle est la gardienne des témoignages à propos de l'action de Dieu.	L'expérience chrétienne se vit en commun dans l'Église.	Elle authentifie le témoignage de la Bible : elle a un rôle dans la Révélation en témoignant du Christ.	Elle est le germe et, si possible, le moteur du nouveau monde.
Bible	Elle est source de doctrine. Elle est évidemment infaillible.	Elle est un récit d'événements : l'infaillibilité de la Bible est dans le sens de l'histoire qu'elle relate	Elle est un recueil d'expériences. Mais ces expériences ne sont pas les seules possibles.	Elle est un témoignage d'hommes à propos de la Parole vivante de Dieu.	Elle est la source par laquelle Dieu révèle sans cesse de nouveaux chemins pour des situations neuves.
Chrétien	Il doit croire les vérités révélées.	Il doit espérer en la Promesse de celui qui a toujours agi pour son bien.	Il doit s'abandonner à l'expérience révélatrice en s'ouvrant à l'action imprévisible de l'Esprit Saint.	Il doit croire : la Révélation n'a pas existé en dehors de sa foi.	La foi n'est réelle (et la Révélation n'est reçue) que lorsqu'une réflexion adulte sur une manière de vivre de plus en plus humanisante permet de lire l'action de Dieu.

Dans l'histoire de l'Église — comme aujourd'hui — beaucoup de conceptions de la Révélation se sont manifestées. Très souvent, les tenants de ces conceptions ont eu du mal à se comprendre parce que, derrière leurs « théologies », il y avait des images de la Révélation fort différentes. Ce tableau illustre les modifications que peuvent entraîner ces différences.

MYSTÈRE

cependant plus fréquemment dans les textes du Nouveau Testament.

On s'est demandé si l'emploi du mot mystère dans le Nouveau Testament ne serait pas dû à l'influence de la philosophie et du paganisme grecs. Dans les évangiles, on trouve une seule fois le mot *musterion* en saint Marc (Mc 4,11 et suiv.). Mais c'est surtout saint Paul, dans ses *Lettres (Epîtres)*, qui l'emploie : mystère de Dieu, mystère du Christ, mystère de la foi, etc. Toutefois cette notion de mystère chez saint Paul ne trouve pas son origine dans les cultes à mystères de l'Antiquité : elle vient de l'Ancien Testament, et en particulier des écrits de *Sagesse* ou d'*Apocalypse*.

L'idée des secrets de Dieu appartient traditionnellement, en effet, à l'univers biblique. Ces secrets concernent en particulier le dessein de salut que Dieu réalise dans l'histoire humaine. Cet aspect du mystère marque profondément la réflexion de Saint Paul ; pour lui, l'objet du mystère est, en effet, la réalisation du salut par la mort et la résurrection du Christ, la réconciliation opérée entre la créature et Dieu dans le corps du Christ mort et ressuscité ; c'est là un secret divin inaccessible à l'intelligence de l'homme mais que Dieu fait connaître. Le mot mystère change ici de sens. Il désigne, pour les chrétiens, ce qui normalement serait caché, inaccessible, mais que Dieu veut leur dire... et leur faire vivre. L'évocation de ce mystère caché depuis les origines et aujourd'hui manifesté aux croyants revient à diverses reprises chez Paul (par exemple 1 Co 2,7 ; Ep 3,5-6). Il va même jusqu'à dire aux Colossiens (1,27) : le mystère « c'est le Christ parmi vous ».

Le mystère chrétien réside en effet dans le salut en Jésus-Christ, qui est, lui, un événement déterminé et unique dans l'histoire de l'humanité, à la fois don de l'amour de Dieu et réponse libre de l'homme.

Vers la fin du IVe siècle de notre ère, les Pères de l'Église ont appliqué le terme de mystère aux sacrements (mystère se traduit *sacramentum* en latin) chrétiens (Baptême et Confirmation considérés comme initiation à l'Eucharistie), en soulignant que, en eux, le croyant et l'Église tout entière participent au mystère de la croix et du salut. Recevoir ces sacrements, ce n'est pas être initié à une connaissance secrète, philosophique ou religieuse ; c'est entrer véritablement dans le secret de l'amour divin, créateur et sauveur.

Mystère désignera également dans l'enseignement de l'Église ce que Dieu donne à savoir de lui-même, par exemple, sur sa vie trinitaire. Les théologiens catholiques ont défini le mystère comme une vérité inaccessible à la raison mais que Dieu donne à connaître.

Cette définition soulève une question sur laquelle bute parfois l'homme d'aujourd'hui. Si la foi chrétienne est un mystère qui réside dans le salut par la mort et la résurrection du Christ, si de nombreux articles de la foi (Immaculée Conception, Trinité, Résurrection, Grâce, etc.) sont des mystères, en un mot, si la foi est incompréhensible, comment alors peut-elle être crédible ? N'est-ce pas un songe pieux ?

En fait, mystère ici ne signifie pas que la foi et les vérités de foi soient contraires à l'intelligence et à la raison, mais qu'elles en dépassent les limites. La réflexion rationnelle ne suffit pas pour introduire dans la plénitude de sens des mystères ; il faut une disposition d'accueil au don gratuit de Dieu, celle-là même qui faisait s'écrier le Christ : « Père, je te loue pour avoir révélé aux tout-petits ce que tu as caché aux intelligents et aux sages » (Mt 11,25). Le mystère de la foi est toujours au-delà des discours et des définitions. ■

▶▶▶

est renversé et fait une expérience unique de rencontre avec le Christ, ses « compagnons étaient muets de stupeur, ils entendaient bien la voix, mais sans voir personne » (Ac 9,7).

Seuls les disciples ont vu le Christ ressuscité, et encore, d'une manière difficilement transmissible et, en tout cas, inhabituelle puisque, généralement, dans leurs récits, ils soulignent que c'est brusquement qu'ils prennent conscience de sa présence ou de son absence. De toutes façons, il n'y a que les disciples qui voient. Il faut la foi pour « voir » et le film de notre journaliste n'aurait pas été impressionné. Même si la télévision avait existé, il n'y aurait pas eu, pas plus qu'il n'y a aujourd'hui, de preuve de la résurrection de Jésus-Christ.

Une expérience qui n'est pas celle d'un retour à la vie antérieure, mais d'une vie d'un autre genre

Le mot résurrection pourrait laisser croire qu'il s'agit simplement d'un retour à la vie antérieure. Il n'en est rien. S'il en était ainsi, les évangélistes n'auraient pas constamment noté que, dans chaque apparition, le Christ n'est pas reconnu par les disciples. Comme dit Marc, il se manifeste « sous une autre forme » (Mc 16,12). Marie de Magdala le voit, lui parle et elle ne le reconnaît pas ; elle qui l'aimait, elle le prend pour le jardinier ! (Jn 20,11-18). Il est évident que les évangélistes ont toujours cherché à faire comprendre que Jésus ressuscité n'avait pas repris purement et simplement son corps. Pour eux, il était « différent ».

Cela dit, les premiers témoins essaient de montrer, en même temps, que Jésus était bien vivant et qu'il avait gardé la même identité. Il se fait reconnaître à ses gestes les plus personnels comme celui de rompre le pain, aux plaies de ses pieds et de ses mains, à sa manière d'appeler les gens par leur nom.

Il y a même plus, dans l'*Évangile de Luc* : le Christ ressuscité mange un morceau de poisson grillé (Lc 24, 42). A priori, on voit mal à quoi peut servir de manger pour un corps comme celui du Christ ressuscité. On mange pour éviter de mourir, mais après ?

A l'évidence, Luc relate de la sorte cette apparition pour combattre l'interprétation trop simpliste que certains donnaient de l'expérience des apôtres : le Christ aurait été vivant, pour ceux-là, à la manière dont on peut dire aujourd'hui que Beethoven est resté vivant à travers la *Neuvième Symphonie.* Saint Ignace d'Antioche, vers l'année 110, cite un récit d'apparition, aujourd'hui perdu, mais qui mettait les points sur les i : « Et lorsqu'il vint vers ceux qui étaient avec Pierre, il leur déclara : prenez, touchez-moi et voyez ; je n'ai rien d'un esprit incorporel » (*Ad Smyrn.* 3, 1-3).

La résurrection a d'abord été une expérience vitale

On ne dira jamais assez que ceux qui se sont dits témoins de la résurrection du Christ ont tous — sous des formes diverses — affirmé que la rencontre avec le Christ avait changé le cours de leur vie. Faire une expérience, ce n'est pas comme voir au cinéma, lire dans un livre, c'est participer à en avoir mal au ventre, chaud au

▶▶▶

Actualisation

Dans notre monde la nouveauté est devenue une valeur. La publicité aime se servir du mot « nouveau » comme d'un slogan : ce qui est vieux apparaît périmé.

L'actualisation de la religion, dans ce contexte, devient une question importante. Les uns, refusant le monde moderne, demandent que l'expression de la religion soit comme le refus de la mode de la nouveauté ; d'autres essaient de rendre la Parole de Dieu actuelle ; d'autres, enfin, estiment que les expressions de la religion sont définitivement dépassées et s'en vont.

☞ **Que pensent les chrétiens d'une actualisation de l'expression de leur foi ?** Difficile à dire tant les attitudes à l'égard de la modernité sont différentes.

Quelques remarques s'imposent cependant. A force de se projeter dans le futur et de croire au progrès de la société, et même de lutter pour lui, certains chrétiens découvrent aujourd'hui que leur goût du futur a tué le présent de leur foi : ils cherchaient à s'adapter à des cultures (celles des jeunes, du monde moderne, de la gauche...) ; ils s'aperçoivent qu'ils n'ont réussi qu'à mépriser la leur et à y perdre l'équilibre et souvent la foi (voir les nombreux articles sur ce que sont devenus les chrétiens de gauche).

Aujourd'hui une nouvelle tendance se fait jour, qui pose la question de l'actualisation d'une autre manière : **qu'est-ce que l'Église a à dire à l'homme moderne ?** Est-ce simplement la répétition d'un vieux message ?

Fondamentalement les mots sont les mêmes, l'histoire paraît toujours semblable ; en fait elle est toujours nouvelle. Qu'est-ce que la foi, sinon la rencontre avec Dieu ?

Et qui est Dieu, s'il n'est pas nouveauté ? L'homme est marqué par la mort, le destin. Dieu, quant à lui, disent les chrétiens, est créateur ; il n'a pas besoin d'ancien pour faire du neuf, l'amour est toujours nouveau. La chanson disait : « Tu peux m'ouvrir sans fin les bras, c'est toujours la première fois ». Les chrétiens affirment que leur rencontre avec Dieu est toujours la première.

Ainsi en est-il principalement, à leurs yeux, dans l'Eucharistie ; c'est pour signifier cette actualité profonde que le prêtre peut dire, en rendant présent le Christ : « Ceci est mon corps, ceci est mon sang » ; le don d'amour du Christ à son Père n'est pas lié au temps, ni cette histoire à l'actualité de celui qui l'écoute.

☞ Il est évident qu'une telle conception de l'actualité de Dieu oblige les théologiens à s'employer sans cesse à raconter cette histoire d'amour en termes actuels. Il ne s'agit pas seulement de traduire de vieux mots (passer du latin au français par exemple) ; l'actualisation de la théologie est beaucoup plus que cela : il s'agit de découvrir dans les valeurs d'aujourd'hui celles qui peuvent exprimer l'amour de Dieu avec la même force et dans le même Esprit qu'à la naissance de l'Église et tout au long de son histoire ; le défi de l'actualisation est, pour eux, d'aider l'Église à devenir ce qu'elle devrait être à leurs yeux : le risque que Dieu aime les hommes et les femmes tels qu'ils sont aujourd'hui. ■

PAROLE DE DIEU

L'expression de « Parole de Dieu » renvoie, dans l'Église, à *deux réalités* étroitement solidaires : en premier lieu *l'Écriture*, c'est-à-dire la réunion de l'Ancien et du Nouveau Testament, mais aussi la *personne de Jésus-Christ*, qui est dit être en lui-même Parole de Dieu définitive.
Ainsi il ne s'agit pas seulement d'un texte mais de quelqu'un. L'un et l'autre ne doivent surtout pas être séparés, pas plus qu'on ne sépare la lettre de l'esprit, ou le corps du tout de l'être vivant. Ce principe éclaire bien des éléments de la foi.

1. Le **rapport entre l'Écriture et la Tradition** : ce qui est Parole de Dieu n'est pas la lettre du texte sacralisée. Il s'agit bien d'une parole, que ce soit dans l'écriture, la lecture, ou la proclamation de ce texte ; d'un échange qui a lieu entre des sujets : le croyant (inséparable de tout le peuple croyant) et celui qui est reconnu dans la foi comme Dieu qui parle, à l'intérieur de l'histoire et de l'humanité. Il y a un texte, parce que cette expérience de Dieu ne s'invente pas mais se reçoit, et parce qu'elle s'incarne, prend corps dans notre humanité.

2. C'est cela aussi qui fait la dimension de « mémorial » de toute parole de Dieu : elle **suscite une mémoire de ce qui s'est passé** ; au présent, **elle passe par un acte vivant de parole**, l'échange le plus spirituel qui soit, et invite à une décision : elle ouvre enfin un avenir par ce qu'elle rend possible.

3. La méditation des apôtres, et singulièrement celle de l'*Évangile selon saint Jean*, a conduit à affirmer à **propos de Jésus-Christ** qu'il était en vérité le **Verbe de Dieu**, la **Parole de Dieu faite chair**, l'ultime et décisive Parole de Dieu adressée aux hommes. Et ceci, non seulement à partir de son enseignement en actes et en paroles, mais **en sa personne même** : homme qui réalise l'humanité accomplie devant Dieu, Dieu qui réalise en celui-là la communication qu'il veut faire de tout lui-même à l'homme. Passage de l'un à l'autre, qui s'est authentifié dans sa manière même de mourir en donnant sa vie, et qui est confirmé dans la résurrection.

4. La caractéristique par laquelle on reconnaît que la Parole est bien Parole « de Dieu » est qu'elle est tout ensemble **jugement** et **promesse**. Jugement, parce que devant le Christ ou l'Évangile, nous sommes révélés tels que nous sommes en vérité, sans pouvoir tricher. Mais ce jugement est promesse, et non désespérance : il ouvre un autre avenir, pourvu que nous écoutions cette Parole et la mettions en pratique, en donnant, chacun et tous, corps et visibilité à la nouvelle manière d'être qu'elle propose et rend possible.

5. Tout ce qui est désigné ainsi par Parole de Dieu est donc **reçu dans l'Église**, et au plus haut point **dans l'Eucharistie**, mais dans la liturgie de la vie quotidienne aussi, où la méditation de la Parole conduit à suivre le Christ, en actes, dans une existence évangélique.

Ainsi, à tous les niveaux, la Parole de Dieu est passage de ce souffle qu'est l'Esprit, mouvement d'échanges qui est la vie même de Dieu, communiquée aux hommes pour les transformer, Parole vivifiante qui nous permet peu à peu de devenir ce qu'elle dit, en lui étant configurés. ■

Ph. Rémi Tournus

Le Christ de Schneider, fusain.

Peut-on connaître Dieu par pure intuition ?

Peut-on découvrir la vérité simplement en la « sentant », par pure intuition ? Ou cette découverte n'appelle-t-elle pas toujours le recours au raisonnement (ce que les philosophes appellent « la connaissance discursive ») ? La réponse est claire : la connaissance par la voie rationnelle est le propre de l'homme.

Mais, lorsqu'il s'agit de réalités relevant du domaine spirituel, comme Dieu, est-il exclu qu'on puisse parvenir à leur connaissance directement, de manière intuitive ?

Tout au long de l'histoire, les théologiens ont été partagés sur la réponse à donner. L'Église catholique n'a jamais formulé de réponse dogmatique sur ce point. D'une part, elle admet, avec les textes du Nouveau Testament, la réalité des impulsions de l'Esprit Saint, intuition de nature spirituelle pouvant ouvrir à une conscience directe de la présence de Dieu ou de la vie de l'âme (beaucoup de conversions sont passées par cette phase). D'autre part, elle ne saurait ignorer les risques de dérapage de l'imagination et d'affabulation qui ont souvent provoqué de sérieux dégâts.

De manière générale, l'Église récuse, sous le nom de fidéisme, toute connaissance religieuse qui prétendrait exclure le rôle de la raison (Vatican I, 1870). La foi n'est jamais une adhésion purement intuitive, ni une démarche solitaire et individuelle. Elle s'appuie toujours sur l'Écriture sainte et sur la foi de la communauté des croyants, l'Église. ■

Autorité de la Bible

	Chez les Pharisiens	Chez les premiers chrétiens
Qu'est-ce que la Bible ?	La Loi.	La Bible seule est une lettre : c'est l'Esprit qui vivifie. La Bible est l'expression de l'expérience de foi de la communauté et donc permet d'exprimer ce que Dieu veut dire (1 Co 9,10).
Comment interpréter la Bible ?	En actualisant la Loi.	Sous l'influence de l'Esprit, grâce aux « charismes » de l'apostolat ou du prophétisme.
Qui interprète la Bible ?	Les Rabbis, c'est-à-dire les Docteurs de la Loi : c'est l'exégèse exacte qui donne l'autorité, et non le fait d'être « prêtre ».	La communauté de l'Esprit (2 Co 12,18) qui apprend directement de Dieu (1 Th 4,9) ; et donc chaque chrétien en communion avec la communauté.
A qui s'adresse la Bible ?	A tous et dans toute son exigence. Mais l'interprétation de la Loi est « réaliste » c'est-à-dire littérale.	A tous ceux qui acceptent le Christ comme « Seigneur » et Dieu.

MESSAGE

Le mot message (du latin *missus*, envoyé) a souvent été employé pour désigner l'Évangile. Il est sans doute moins employé aujourd'hui parce que l'Évangile n'est pas, à proprement parler, seulement un message. C'est une expérience de vie proposée par les chrétiens, au nom du Christ, à l'ensemble des hommes et des femmes du monde entier et de tous les temps. ■

A propos de la Parole de Dieu

La force et la puissance que recèle la Parole de Dieu sont si grandes qu'elles constituent, pour l'Église, son point d'appui et sa vigueur et, pour les enfants de l'Église, la force de leur foi, la nourriture de leur âme, la source pure et permanente de leur vie spirituelle.

Vatican II,
Constitution sur la Révélation divine, Dei Verbum, n° 21

▶▶▶
cœur ; c'est, tout d'un coup, se sentir autre, oublier sa fatigue, oublier de se regarder, de s'interroger, et repartir.

Prenons l'un des plus célèbres récits d'apparition du Christ ressuscité, celui dit des Pèlerins d'Emmaüs. Deux hommes quittent Jérusalem. Amers. Ils avaient cru que Jésus serait le Christ qu'ils attendaient : celui qui, à grands coups de force, mettrait un peu d'ordre dans le monde, preuve de l'amour de Dieu pour les hommes. Et voilà que Jésus était mort. Et ils sont déçus de lui, de Dieu et d'eux-mêmes. Quelqu'un leur a dit que Jésus était ressuscité, vivant. Savoir s'ils y croient ou n'y croient pas n'a aucun intérêt : Dieu est absent. Le monde est absurde. Triste. Or, voici qu'en chemin, quelqu'un fait route avec eux. Et cet homme leur explique que leur conception du Christ est mauvaise. Le Christ n'était pas fait pour dominer, même pour la bonne cause, mais pour servir. Éventuellement, au point d'en mourir. Et eux écoutent, le cœur brûlant. A l'étape, leur hôte ayant fait les gestes familiers du Christ avant de disparaître, ils se rendent compte que c'est lui. Sa Parole expliquant l'Écriture n'est pas archéologie, mais vie. Alors, oubliant la route et la fatigue de la journée, ils font le chemin en sens inverse et vont annoncer la Nouvelle (Lc 24, 13-35).

Sartre dit quelque part que le mort devient la propriété des vivants. Il ne peut plus entrer en relation, réagir ; il ne peut plus changer les idées qu'on a de lui, agir différemment, inventer. Les Pèlerins, en allant vers Emmaüs, tout en sachant le Christ ressuscité, « manipulaient » sa mémoire. Sur leur chemin du retour, tout a changé, Jésus n'est plus un souvenir qu'ils manipulent : ils sont sous le coup d'une rencontre et vont en porter la nouvelle.

Ceux qui ont témoigné avoir rencontré le Christ ressuscité n'ont pas d'abord dit que, pour eux, c'était une preuve de la vérité de la « religion ». La question n'était pas là. Ils ont été transformés par cette rencontre, ils ont affirmé que le Christ leur donnait un esprit, une chaleur dans le cœur, une force sans cesse nouvelle qui les empêchaient de rester ce qu'ils étaient. Et certains l'ont affirmé au péril ou au prix de leur vie.

Si les onze apôtres et quelques autres « frères » affirment avoir vu le Christ ressuscité et fait l'expérience du dynamisme qu'il inspirait, très vite cependant (au bout de deux ou trois ans, ou au bout de quarante jours dit le Nouveau Testament à l'aide d'un chiffre symbolique), ces premiers chrétiens n'ont plus vu le Christ ressuscité, mais ont continué à éprouver la force qu'ils recevaient de lui. Alors, ils disaient : « Heureux ceux qui croient sans avoir vu » (Jn 20, 29). Ils voulaient dire par là que, croire en la résurrection du Christ sans en avoir été témoin direct, c'était vraiment admettre que Jésus n'était pas un simple homme. La foi les conduisait à voir, en effet, dans la Résurrection, le signe par excellence de la divinité de Jésus.

Suite page 605 ▶▶▶

Lorsqu'un mot, une expression, un événement, une institution, un nom propre vous sont inconnus, consultez l'index.

Comment l'Église se réappropria la Bible juive contre les gnostiques

Passionnés du livre, les gnostiques diffusent le livre fait de cahiers et se distinguent ainsi des Juifs qui lisaient la Bible en rouleaux. Dès le Ier siècle, ils écrivent des paroles « secrètes » de Jésus (que l'Église ne reconnaîtra jamais comme authentiques) tandis qu'ils refusent la lecture de la Bible juive. Pour eux, le Dieu des Juifs est une espèce de démon qui a créé le monde matériel, la misère, le désir et la sexualité : ils le rejettent au nom d'une « connaissance » (gnose) supérieure de ce qui est vrai.

En réaction, l'Église prendra conscience de son attachement fondamental à l'Ancien Testament. Pour les chrétiens des premiers siècles, l'Ancien Testament ne parle que du Christ : les prophètes annoncent le temps du Christ, David est le signe et l'origine du Christ, etc. Origène jouera un rôle déterminant pour éliminer toutes les pseudo-traditions gnostiques et montrer que toute la Révélation était comme pré-inscrite dans l'Ancien Testament. Les livres (du Nouveau Testament) n'ont pas d'autre but que d'en faire une relecture à la lumière de la vie, de la mort et de la résurrection du Christ. Cette « relecture » a été inaugurée par le Christ lui-même qui, sur le chemin d'Emmaüs, déclarait : « Il faut que s'accomplisse tout ce qui a été écrit de moi dans la Loi de Moïse, les Prophètes et les Psaumes ». Ainsi, il ouvrait les premiers chrétiens à l'intelligence de l'Écriture. ■

Parole de Dieu et Révélation selon Vatican II

(...) Revenons aux documents conciliaires, et paroles de la Constitution* Dei Verbum. *Que suppose une utilisation correcte de la Bible ?

L'Écriture sainte ne change pas. Chaque génération de chrétiens doit lui être fidèle. On ne peut prétendre lire et interpréter la Bible en se coupant de tout rapport avec la tradition vivante qui nous la donne. Une lecture individualiste (même très savante, et surtout trop exclusivement savante) peut être le meilleur moyen de la trahir.

Ne vous semble-t-il pas aussi qu'un aspect délicat de la vie chrétienne aujourd'hui soit une sorte d'exaltation formelle de la Parole de Dieu, contraire à l'esprit de la Tradition catholique ?

Je ne suis pas sûr de vous bien comprendre. Ce qui est certain, c'est que le christianisme n'est pas, comme on le dit aujourd'hui quelquefois, une « religion du Livre ». La constitution Dei Verbum *donne une grande place à l'Écriture sainte, elle a été bien accueillie, avec raison, par l'ensemble de nos exégètes — mais elle n'est pas d'abord un document sur la Bible.*

Elle traite « de la Révélation divine », et son premier chapître, qui est le fondement de tout, est intitulé : « De la Révélation elle-même », laquelle n'est pas essentiellement un livre, mais une Personne : « Elle resplendit pour nous dans le Christ, qui est à la fois le Médiateur et la Plénitude de toute la Révélation ». Il en est la Source plénière ; Il est la Parole vivante dont la Tradition et l'Écriture constituent l'unique dépôt sacré, confié à son Église. Ce sont là les propres termes du Concile. (...)

Interview du CARDINAL DE LUBAC, *France Catholique Ecclesia*, n° 2013, 19 juillet 1985.

A propos de Parole de Dieu

Si la Parole de Dieu n'était pas voilée, elle ne serait plus la Parole de Dieu : ce serait une vérité parmi d'autres, une vérité dont on pourrait faire le tour, sans changer de vie, sans se convertir. Si la Parole de Dieu s'imposait à nous avec évidence, elle ne respecterait plus notre liberté, elle ne susciterait plus une réponse d'amour.

CL. GEFFRÉ,
Un espace pour Dieu,
Cerf, 1970.

D. R.

Le pasteur ménnonite et sa femme. Rembrandt XVIIe s. Amsterdam.

TRADITION

Le mot

Dans la langue française courante le mot évoque ce qui vient du passé. La tradition tend parfois à s'identifier ainsi avec la coutume. L'idée de tradition peut alors susciter respect, vénération, ou répugnance, selon qu'on est plus attaché au passé, ou soucieux d'explorer les chances de l'avenir.

Dans le langage de l'Église, le mot a un sens plus large, et souvent plus actif, en évoquant le processus par lequel le passé, avec tout ce qu'il contient, continue à se rendre présent et agissant. On parle ainsi de « tradition en acte », et le terme de tradition revêt un sens voisin de celui de transmission.

La Tradition de la foi

On comprend alors que la Tradition joue un rôle important dans la foi. La foi, en effet, ne s'invente pas. Elle se reçoit de Dieu, à partir de l'annonce qui nous est faite de sa Parole. Or celle-ci, qui traverse toute l'histoire biblique, s'est communiquée tout entière dans la vie, la mort et la résurrection de Jésus.

Dans son sens le plus profond, la Tradition est ce courant de vie et de lumière qui ne cesse de rendre présent à toutes les générations le don sans retour que Dieu a fait de lui-même en Jésus-Christ.

Le courant de Tradition se rencontre dès lors dans tout ce qui peut se réclamer de cet acte de donation de Dieu accompli aux jours du Christ.

Le nécessaire discernement

La question se pose alors du discernement de la vraie Tradition de foi, et de tout ce qui, dans la transmission, a pu se mêler au courant en provenant d'autres sources.

Jésus le premier, qui inscrivait sa parole et son action dans la tradition du Peuple élu et de ses prophètes, enseigne ce nécessaire discernement. Il reproche à ses contemporains de « laisser de côté le commandement de Dieu » en « s'attachant à la tradition des hommes » (Mc 7, 8). A ces traditions humaines, trop humaines, il oppose sa propre parole : « Vous avez appris... Et moi je vous dis... » (Mt 5, 31-32). Car la vraie Tradition, chargée de la pensée de Dieu sur l'humanité, est tout entière vivante en lui.

Le lieu ecclésial de la Tradition

C'est en lui, le Christ, vivant dans son Église, qu'elle demeure agissante. Aussi peut-on dire que la Tradition se confond avec tout ce qui fait la vie authentique de l'Église. Elle se maintient vivante et féconde à travers sa prédication, à travers sa prière et sa liturgie, à travers son action sociale, dans la mesure où celle-ci est inspirée par la figure du « Serviteur », revêtue par le Christ. Elle est à l'œuvre dans les proclamations solennelles des conciles ou des papes, mais aussi, d'une autre manière, dans la statuaire de Chartres, ou encore dans le geste de la mère qui enseigne à son enfant le signe de croix.

On la rencontre, en sa source, dans l'Écriture sainte et dans les sacrements, tout spécialement dans l'Eucharistie, sacrement du corps du Christ « livré » (traduction du mot latin *traditum,* sur lequel est formé le mot tradition) et de son sang versé.

Le critère de l'Écriture

L'Écriture sainte, quant à elle, est le critère premier de discernement de cette Parole de Dieu vivante et agissante dans la Tradition.

Devant la prolifération de traditions trop purement humaines dans la vie de l'Église, les réformateurs ont voulu, au XVIe siècle, restituer à l'Écriture son rôle de règle suprême de la foi, et, pour cela, l'établir dans une parfaite autonomie. « (Par) l'Écriture seule » fut un des cris de ralliement de la Réforme protestante.

L'Église catholique a refusé, au concile de Trente (1545-1563), de voir arracher l'Écriture à la vie concrète de l'Église. Elle a pour cela établi que la Révélation divine nous rejoint à travers l'Écriture *et* la Tradition, qui sont l'une et l'autre à « recevoir et vénérer avec le même sentiment de piété et le même respect ».

Les protestants sont aujourd'hui de plus en plus nombreux à reconnaître l'importance du concept de Tradition (l'Écriture elle-même est comprise par l'exégèse contemporaine comme le dépôt d'une tradition) en même temps que la valeur qui peut lui être attachée, si l'on sait distinguer entre *la* Tradition, porteuse de la foi apostolique, et *les* traditions qui appellent un continuel discernement.

De son côté, le concile Vatican II a précisé que l'Écriture et la Tradition ne viennent pas s'additionner (comme l'avait compris certaine théologie dite des « deux sources » de la Révélation), mais que « toutes deux, jaillissant d'une source divine identique, ne forment pour ainsi dire qu'un tout et tendent à une même fin » (*Verbum Dei,* n° 9). Plus précisément encore, enseigne le Concile, « la sainte Tradition, la sainte Écriture et le magistère de l'Église, par une très sage disposition de Dieu, sont tellement reliés et solidaires entre eux qu'aucune de ces réalités ne subsiste sans les autres, et que toutes ensemble, chacune à sa façon, sous l'action du seul Esprit Saint, contribuent efficacement au salut des âmes. » (*Verbum Dei,* n° 10) ■

Dans l'Église catholique elle-même il faut veiller soigneusement à s'en tenir à ce qui a été cru partout, toujours et par tous. Car c'est cela qui est véritablement et proprement catholique comme le montrent la force et l'étymologie du mot lui-même, qui enveloppe l'universalité des choses. Et il en sera de même si nous suivons l'universalité, l'antiquité, le consentement général. Nous suivons l'universalité, si nous confessons comme uniquement vraie la foi que confesse l'Église entière répandue dans l'univers ; l'antiquité, si nous ne nous écartons en aucun point des sentiments manifestement partagés par nos saints aïeux et par nos Pères ; le consentement, enfin, si, dans cette antiquité même, nous adoptons les définitions et les doctrines de tous les évêques et les docteurs.

SAINT VINCENT DE LÉRINS, (Ve s.)

Nul homme ne peut tout savoir

Vous n'aurez jamais deux interprétations similaires des commandements. On raconte — dans certains milieux juifs — que Moïse, assistant au paradis à un cours sur la Loi donné par le rabbi Quiha, découvrit des choses toutes nouvelles pour lui...

Se tournant vers Dieu, il lui dit : « Seigneur, comment cette chose est-elle possible ? Je ne reconnais pas la Loi que tu m'as donnée, est-ce une Loi nouvelle ? »

« Il y a cinquante portes de la connaissance, je t'en ai ouvert 49 mais la dernière t'est fermée car nul homme, fût-il Moïse, mon fils, ne peut tout savoir. La Loi que tu connais a 1 000 sens que tu ne connais pas et que d'autres, au cours des siècles, connaîtront. » ■

Les monuments de la Tradition

Le mot *monument* est ici employé, par la théologie catholique, dans son sens primitif (monument vient du latin *moneo*, j'avertis) : tout ce qui laisse trace d'une personne ou d'une chose. On appelle monuments de la Tradition tout ce qu'exprime celle-ci dans l'histoire : les écrits des Pères de l'Église, ceux des théologiens, le consentement universel des fidèles, la liturgie, le droit de l'Église.

Les Pères de l'Église

Il s'agit ici des écrivains catholiques de l'antiquité chrétienne, considérés, depuis toujours comme des témoins particulièrement autorisés de la foi, à cause de l'orthodoxie de leur doctrine, de la sainteté de leur vie, de leur ancienneté (pas de Père de l'Église après Saint Isidore de Séville (VIIe siècle) en Occident, et Saint Jean Damascène (VIIIe siècle) en Orient), et de l'approbation constante de l'Église.

Pour l'Église, l'unanimité (morale) des Pères est une preuve certaine de vérité. Le Concile de Trente le dira : « Que nul n'ait l'audace, en des questions touchant à la foi et aux mœurs, d'interpréter l'Écriture contrairement aux sentiments de l'Église... et au consentement unanime des Pères ». Pie XII a fait remarquer : « Dans tout le contenu des livres saints, il y a peu de choses dont l'Église, par son autorité, a défini le sens et on n'en compte pas plus pour lesquelles se réalise le consentement unanime des Pères » *(Divino afflante spiritu).*

Les théologiens

L'Église catholique estime que l'enseignement constant et unanime des théologiens sur un point donné de la doctrine en matière de foi et de mœurs serait une preuve de vérité.

Le consentement universel des fidèles

C'est un critère de vérité révélée : l'Esprit Saint assiste toute l'Église.

La liturgie

Dans la liturgie se manifeste, en acte, la foi de l'Église et, si l'Église ne peut se tromper, la liturgie peut être reçue comme une sorte de « dogme en action ». La tradition chrétienne exprime ceci par un vieil adage : *Lex orandi, lex credendi*, que l'on pourrait transcrire : « Ce qui est célébré est loi pour la foi ». La liturgie est le plus important organe du magistère ordinaire de l'Église.

Le droit canon

Il a aussi son importance dans la mesure où il reflète le magistère de l'Église et la vie des croyants. ■

La mémoire et l'histoire forment un angle droit. L'histoire est parallèle à l'événement : la mémoire lui est centrale et axiale. L'histoire glisse parallèlement à l'événement, la mémoire est perpendiculaire, la mémoire s'enfonce, plonge et sonde l'événement.

CHARLES PÉGUY, *Clio.*

Lorsqu'un mot, une expression, un événement, une institution, un nom propre vous sont inconnus, consultez l'index.

Introduction à l'argument patristique

Avant de citer les autorités des Pères, en confirmation de mes propres paroles, j'avertis le lecteur d'exercer son esprit, car l'enseignement de ces hommes admirables conseillés par l'Esprit exige un auditeur très attentif [...] Que notre entendement, accordé à l'intelligence divine, soit donc délivré de toute l'inclination pesante des préjugés qui assourdissent l'esprit. Voici que je produis cette nuée de témoins dont parle l'Apôtre : ceux qui contestent ne se rendront-ils pas à de tels témoins ? A cause du goût des querelles dont ils ont hérité de leurs ancêtres, je n'apporterai aucune citation ambiguë ou équivoque ; je ne citerai pas non plus le témoignage des Pères peu connus ; mais j'invoquerai celui des Pères les plus illustres, dont la grande lumière brille sur toute la terre, témoignages très clairs et incontestables, — à l'exclusion de toute opinion qui serait contraire à la vérité.

LÉONCE DE BYZANCE, (VIe s.)

La mémoire

La mémoire humaine, ou plus justement la mémoire, est essentiellement intelligence. Il ne faut pas confondre mémoire et perroquettisme, ce qu'on fait trop souvent. Un perroquet n'a pas de mémoire, pas plus qu'un disque.

Mémoire et approfondissement

La mémoire, la vraie mémoire, la seule mémoire est un perpétuel approfondissement. Un homme, un récitateur de génie ne récite jamais deux fois sémantiquement la même récitation (...)

On comprend pourquoi, dans le milieu ethnique palestinien, d'inlassables récitations d'un même texte traditionnel ont suscité tant de stupéfiantes découvertes.

Un texte n'est pas une chose en soi ni pour soi. C'est un réceptacle de possibilités. Un texte n'est pas absolument le même sur la bouche d'un enfant et sur la bouche d'un génie. L'enfant prépare, plus ou moins large, la coupe de cristal. Le génie l'emplit, goutte à goutte, d'une liqueur toujours plus finement distillée et toujours plus savoureusement goûtée.

Voilà pourquoi l'enfant, ce modeleur infatigable, semble avoir une plus grande mémoire que l'adulte.

L'enfant apprend en largeur. L'homme apprend en profondeur. On dirait que la nature a voulu concentrer l'homme. Au bout d'un certain nombre d'années, il croit ne plus avoir de mémoire, parce qu'il ne peut plus, aussi facilement, acquérir du nouveau. La nature lui indique qu'il fait fausse route en voulant s'étendre. Il se doit de s'approfondir.

C'est alors que tous les textes récités apparaissent avec d'inattendues nouveautés. Chaque proposition se gonfle de l'apport de toute une vie.

La mémoire est la chose la plus inconnue et la plus inconnaissable. Tous les grands génies ne savent qu'une chose, et dans cette chose, ils trouvent l'Infini.

La mémoire est essentiellement attention, et l'attention est essentiellement mémoire. Nous touchons là au secret le plus formidable de la mécanique humaine.

On comprend pourquoi il faut la fraîcheur du matin et le silence du matin pour se voir en soi-même et s'entendre soi-même, plus profondément que soi-même. Alors les mots, qui peuvent être si vides, aspirent insatiablement à se remplir.

Cette insatiabilité ainsi comprise donne une tragique profondeur à la déconcertante promesse de la Sagesse palestinienne :

Seul, un Enseigneur infini pouvait rassasier la faim de l'homme et étancher la soif de l'homme.

La vraie mémoire est donc intelligence approfondissante. Voilà pourquoi toutes les grandes civilisations passées ont été des civilisations de récitateurs. Dans leurs récitations, les hommes de génie mettaient les gestes de toute leur vie d'approfondissement.

Quand ces vivantes récitations nous sont parvenues par la graphie, nous ne pouvons malheureusement y mettre, nous, que le superficiel de notre encyclopédisme livresque.

A l'opposé, nous restons confondus devant cette proclamation qui nous arrive du fond des siècles :

Je suis Celui qui suis.

Seulement, ce n'était pas une parole humaine.

Et tous les hommes de tous les temps n'ont pas encore épuisé le sens de cette divine Parole.

MARCEL JOUSSE,
L'anthropologie du geste
La manducation de la Parole
Coll. Voies ouvertes,
Ed. Gallimard, Paris, 1975.

Dieu nous parle-t-il à travers l'actualité ?
(ou *la lecture des « signes des temps »*)

L'Ancien Testament fournit des réponses divergentes à la question, et le nouveau Testament, tout en faisant progresser la recherche, ne permet pas d'aboutir à une conclusion unique.

L'Ancien Testament

Schématiquement, on peut distinguer les réponses suivantes.

La réponse des historiens

Elle réside d'abord dans la relecture des événements fondateurs du passé : si Dieu dans le passé a aimé les siens, il ne peut pas ne pas les aimer aujourd'hui.

L'actualité est interprétée en fonction de cette certitude : Dieu dirige l'histoire ; mais aussi en fonction du lien absolu qui existe entre fidélité à Dieu et récompense terrestre : si tout réussit à Israël, c'est parce que Dieu est fidèle à sa promesse ; si une catastrophe arrive, c'est encore parce que Dieu est fidèle à sa promesse. Il cherche par la « punition » à convertir le peuple qui a péché. La suppression de l'impiété et des impies ramène le bonheur (1 M 3, 1-9).

Dans des cas très particuliers, Dieu, par lui-même ou par un homme de Dieu, envoie un « signe ». L'interprétation en est rendue claire par une explication venue de Dieu. Il peut même arriver que ce soit un homme comme Jonathan qui propose à Dieu le signe (1 S 14,10).

La réponse des prophètes

Toute la prédication des prophètes est profondément inspirée par l'actualité. Tout en étant encore proches des historiens, ils s'en distinguent sur deux points.

Même si Yavhé agit toujours, l'histoire du peuple n'est plus directement dirigée par lui.

Si l'actualité est pénible pour le peuple, c'est que celui-ci n'est pas resté fidèle aux événements fondateurs. Mais sa conversion ne suffira pas à elle seule à rétablir l'ordre de l'Alliance. Elle ne peut s'accomplir sans une nouvelle action de Dieu dans l'histoire : le don d'une nouvelle alliance... L'actualité est à la fois signe de l'impuissance d'Israël et de la puissance de Yahvé, qui est déjà à l'œuvre dans la re-création (Is 45 1-8).

La réponse des sages

Deux livres de sagesse, Job et Qohelet, ont pour sujet notre question. Dans une période de changement culturel, ces livres sont des cris violents ou désabusés contre tous ceux qui prétendent lire dans l'actualité le dessein de Dieu : ni l'un, ni l'autre ne nient que Dieu agisse dans l'histoire, mais chacun à sa manière, ils nient les concordances rapides.

Qohelet, le roi comblé, sait que toutes les histoires, les prévisions, les grands desseins ne sont que « poursuite du vent » devant la mort individuelle et que personne ne peut comprendre « ce que Dieu fait du début à la fin » (Qo 3,11).

La réponse apocalyptique

Elle tient à la fois de celle des prophètes et de celle des sages.

Dieu se tait dans l'actualité et le juste ne sait pas quelle route prendre.

Mais dans le monde mauvais où il se trouve, tout événement est signe de la fin, et cette fin apportera le repos aux justes, car elle sera équivalemment le retour de Dieu et leur résurrection (Dn 12).

Le Nouveau Testament

Dieu est entré dans l'histoire. Il s'est fait homme pour que l'homme découvre l'appel à être Dieu, c'est-à-dire l'universalité de l'amour. Le sens de l'histoire est cette réconciliation universelle à la fois totalement humaine et totalement divine. C'est pourquoi, à ce niveau, le signe, c'est le prochain...

Dieu n'infléchit pas l'histoire : la mort du Christ est la preuve éclatante qu'il n'est pas dominateur. Il ne donne pas de « coup de pouce » à l'événement. A ce niveau, le signe, c'est la croix.

Dieu n'est pas limité par l'histoire. L'Apocalypse avait raison. Si l'homme marche humainement vers Oméga, il faut la mort pour vivre l'achèvement. A ce niveau, le signe, c'est la résurrection.

Prochain, Mort, Résurrection, il est vain de chercher d'autres signes de Dieu dans l'actualité. ■

La mémoire chrétienne

Quel est le lien du chrétien avec le passé ? Quel est le rôle de la mémoire dans la foi ?

La mémoire juive

104 fois, l'Ancien Testament emploie le verbe *zakhor,* se souvenir (et il emploie presque aussi souvent le nom correspondant). Sans cesse, la Bible invite le croyant à se souvenir de l'Alliance d'Israël avec Dieu, alliance manifestée dans l'histoire du peuple juif. Pour garder espoir dans le présent, le croyant est invité à se rappeler les hauts faits de Dieu, qui, dans le passé, a libéré son Peuple. Sans cesse aussi, dans un présent difficile, la prière du croyant s'inspire de ces hauts faits pour demander à Dieu de se souvenir, et de ne pas détruire dans le présent le Peuple qu'il a su libérer dans le passé.

Mais, à regarder de plus près, si le rappel de l'Alliance de Dieu avec le Peuple conduisait les prophètes à interpréter l'actualité de leur temps à l'aide du souvenir du passé, et donc à chercher le sens de l'histoire qu'ils vivaient, il n'en est plus de même après la seconde destruction du Temple en 70 après Jésus-Christ. Pendant près de vingt siècles, les rabbins n'écriront plus l'histoire du peuple juif et se considèreront davantage comme les témoins de l'action de Dieu dans le passé que comme des acteurs dans l'aujourd'hui de Dieu.

Pourquoi ? Il est difficile de répondre avec précision à cette question. Sans doute faut-il prendre en considération la manière dont les juifs vivent l'attente du Messie. Les juifs savent que le Dieu de l'Alliance s'est engagé de manière indéfectible à l'égard d'Israël et qu'il a promis d'envoyer un jour un Messie qui sauvera son Peuple et, par lui, le monde entier. Le souvenir de cette promesse a engagé le peuple juif dans deux directions très différentes.

Les uns, généralement très minoritaires, au cours des siècles, sauf à notre époque, ne voulurent pas attendre plus et s'engagèrent dans des mouvements messianiques quelquefois violents : d'une certaine manière, le sionisme est fruit lointain de leur révolte. Ceux-là ont redonné le sens de l'histoire à leur peuple, mais ce sens est fondé davantage sur le désespoir que sur l'espoir : lassés d'attendre la réalisation de la promesse, ils cherchent à forcer la main à Dieu.

Les autres, majoritaires dans l'histoire, n'ont retenu du passé que la Promesse de Dieu. Alors l'histoire n'est qu'un perpétuel recommencement de vicissitudes déjà signifiées par les prophètes : il suffit d'attendre et d'espérer contre toute espérance l'avènement du Jour du Seigneur. Chaque année, ils réentendent à la synagogue l'histoire de Jérémie achetant depuis sa prison un champ situé à Anatot, en 589 avant J.-C., la veille de la prise de Jérusalem par les Chaldéens. Cette transaction, inutile et absurde humainement, est restée, pour les siècles, le symbole d'une espérance que rien ne peut entraver.

La mémoire chrétienne

Les questions qui se sont posées aux juifs sont aussi, d'une certaine manière, celles des chrétiens. Mais à un autre niveau.

Paradoxalement c'est dans l'impuissance du Crucifié que la Bible montre quel est le sens de la Résurrection et quelle est la puissance de Dieu sur l'histoire.

Les récits de l'Ancien Testament permettent au chrétien d'entendre la question de l'existence de Dieu et du sens de sa propre vie d'une manière totalement différente de celle dont il rêve. Il rêve de toute-puissance, de maîtrise de l'histoire pour demain sinon pour aujourd'hui, alors que les traces de Dieu dans l'histoire lui apprennent que le salut se trouve hors de l'histoire. « Personne ne peut me voir et rester en vie » (Ex 33,20).

La mémoire chrétienne n'est pas celle de l'historien, qui est comme spectateur d'événements extérieurs à lui-même ; la mémoire chrétienne invite au contraire à une présence à soi-même, car elle discerne dans chaque événement de « l'histoire sainte » un appel de ce Dieu qui demande d'avoir foi en sa Parole, d'avoir foi au Christ, et d'accueillir son Esprit : en ce sens, chaque vie est une histoire sainte.

Dans la foi, cet Esprit à son tour pousse le croyant à l'Amour actif de Dieu et des hommes et demande donc d'agir dans l'histoire. Alors chaque action, dans l'Esprit, devient comme le signe de la venue finale de Dieu au-delà de l'histoire. La mémoire chrétienne se sert donc du passé pour accueillir et vivre de l'Esprit de Dieu dans l'actualité et anticiper ainsi la rencontre avec Dieu au-delà de l'histoire. ■

Le développement du dogme

☞ Comment les dogmes voient-ils le jour ? En trouvera-t-on de nouveaux ? Peut-on, ou doit-on, reformuler ceux qui existent déjà ?

Ces questions relèvent, dans la réflexion des théologiens, d'un sujet d'ensemble appelé *Développement du dogme.*

La théologie catholique tient pour certain que *le Christ est la Révélation parfaite de Dieu ;* ce qu'il a dit et vécu est le critère absolu de la vérité. C'est la raison pour laquelle l'Église affirme que la Révélation est close avec la mort du dernier apôtre, c'est-à-dire du dernier témoin qualifié de Jésus. C'est donc exclusivement à partir de cette Révélation que l'Église définit les données de la foi chrétienne.

Mais, dans les univers culturels successifs où se déroule la vie de l'Église, de nouvelles questions surgissent, et des questions anciennes se posent en termes nouveaux.

L'Église se doit alors, pour répondre à la mission qui lui est confiée par le Christ (« Allez donc, de toutes les nations faites des disciples... Et moi, je suis avec vous pour toujours, jusqu'à la fin du monde... » Mt 28,19-20. « Ce que vous lierez sur la terre sera tenu au ciel pour lié... » Mt 18,18), de pousser plus avant **l'approfondissement de la connaissance de la vérité révélée par Dieu**. C'est en cela que consiste le développement du dogme. Ainsi en a-t-il été, par exemple, de la définition de la Trinité, ou de celle de la personne à la fois humaine et divine du Christ ; ces définitions se sont faites par étapes, au cours des premiers siècles, sous la pression de controverses qui obligèrent les responsables de l'Église à pénétrer plus avant dans l'exploration du mystère de Dieu.

Ceci dit, le développement du dogme ne peut se faire en dehors de la Révélation et appelle un rigoureux examen critique à la lumière de celle-ci ; l'Écriture sainte reste la norme de toute vie chrétienne.

☞ Il ne faut pourtant pas se leurrer : *un tel développement n'aboutira jamais à une mise au clair absolue et définitive des « vérités de la foi ».* Le concile Vatican I considérait même qu'il était contraire à la foi de prétendre y arriver, « car par nature les mystères divins surpassent de telle façon la raison créée que, même après que ces vérités ont été transmises par la Révélation et qu'elles ont été reçues dans la foi, elles restent cependant recouvertes par le voile de la foi elle-même et enveloppées d'ombre aussi longtemps que nous pérégrinons loin du Seigneur dans cette vie mortelle. Car nous cheminons dans la foi, non dans la clarté » (2 Co 5,6 ss).

Dieu parle encore aujourd'hui

D'autre part, affirmer que la Révélation est close avec la mort du dernier apôtre ne doit pas laisser supposer que Dieu ne s'est adressé qu'aux seuls apôtres (et accessoirement aux autres auteurs de l'Écriture Sainte). L'Église enseigne en effet la volonté salvifique universelle de Dieu, c'est-à-dire sa volonté d'entrer en communication avec tous les hommes. Dieu parle encore aujourd'hui au cœur de l'expérience vécue non seulement par l'Église et par les chrétiens, mais aussi par d'autres hommes. Cette relation incessante avec Dieu, en cherchant à s'exprimer, est le moteur qui pousse au développement du dogme. ■

HENRI DENZINGER

Théologien jésuite allemand († 1883), auteur d'un recueil des textes conciliaires et pontificaux les plus importants en matière de dogme et de morale, l'*Enchiridion symbolorum, definitionum et declarationum* (1854) ; cet ouvrage, mis à jour dans des éditions successives, constitue un instrument de premier ordre pour toute recherche ou exposé voulant se référer à l'enseignement du magistère. En français, un livre analogue, mais plus bref, a été publié en 1960, par le P. Gervais Dumeige, s. j. Le P. Dumeige a préféré à l'ordre chronologique de Denzinger un ordre thématique, moins commode finalement. ■

DOCTRINE DE FOI

Une doctrine est un enseignement. Dans le domaine de foi, *la* doctrine, est l'ensemble des affirmations ou explications qui font connaître l'objet de cette foi. Au pluriel, le mot désigne les enseignements donnés par les théologiens sur un sujet particulier : ainsi on parlera *des* doctrines trinitaires, christologiques, sacramentaires..., de saint Augustin, de saint Anselme, de saint Thomas...

Si l'on parle de doctrine de foi, c'est que la foi doit toujours être « instruite », en ce sens qu'elle ne s'invente pas. Elle est annoncée et reçue comme une bonne nouvelle. Or, une nouvelle « s'apprend ».

Mais une nouvelle ne s'apprend pas comme une leçon. Au moment où on l'apprend, normalement elle marque, surprend, affecte... Si elle est très importante, elle peut bouleverser, abattre, ou transporter. Ainsi la bonne nouvelle apprise par le croyant ne se laisse pas simplement enregistrer par lui. Elle vient, en même temps qu'éveiller sa foi, instruire celle-ci, au sens de la construire (les deux verbes sont formés sur la même racine).

La doctrine de foi de l'Église tout entière s'est aussi, dans un certain sens, construite progressivement tout au long de son histoire, dans la mesure où elle a eu à expliquer toujours davantage, et à s'expliquer pour elle-même, en quoi consiste cette bonne nouvelle à laquelle répond sa foi. Mais l'enseignement qu'ainsi elle ne cesse de distribuer est inséparable de la « bonne nouvelle » bouleversante qui est à l'origine de la foi du Christ, et qui a nom Évangile. ■

Saint Thomas d'Aquin (1225-1274) par Juste de Gand (XVe s.).

Ph. Musée nationaux

Qu'est-ce que ?

Article de foi. C'est la formulation élaborée par l'Église d'un aspect de la foi, reposant sur la Révélation. Rassemblés dans des formulaires abrégés de la foi, les principaux de ces articles forment les Symboles de la Foi (Symbole des Apôtres, Symbole de Nicée, Symbole de Saint Athanase, etc.).
Ils rappellent la substance de ce qu'il faut croire, et ont, par là, valeur de principe.

De foi. Une définition est dite « de foi » *(de Fide)* ou « de foi catholique » lorsque l'Église la propose comme une vérité à croire, et affirme que la contredire serait se mettre en dehors de sa communion.

Dépôt de la foi. On désigne ainsi l'ensemble des données de la foi reçues de la Révélation et contenues dans la Tradition ; l'Église a pour mission de les garder dans une fidélité vivante, et de les transmettre de génération en génération. Pour ce faire, elle se doit de les rendre intelligibles aux hommes de tous les temps et de toutes les cultures. Le dépôt de la foi est donc intangible dans son fond, mais son approfondissement et son expression intelligible à travers les fluctuations de l'histoire obligent à une recherche continue.

Dogme (du grec *dokeo,* je pense, je crois). Vérité de foi contenue dans la Révélation et proposée par le Magistère extraordinaire (voir Index) de l'Église à l'adhésion des catholiques, dans le langage d'une période historique donnée.

Règle de foi. La foi, acte libre par excellence, repose sur l'appel de Dieu tel qu'il est formulé dans la Révélation de Jésus-Christ. Et cette Révélation est objective : elle parvient aujourd'hui à l'intérieur d'une Tradition vivante, par l'Ancien et le Nouveau Testament. La Tradition est la vie même de l'Église qui, d'âge en âge, a donné une interprétation autorisée (sous l'inspiration de l'Esprit Saint), où interviennent les Pères de l'Église, les conciles, et ce qu'on appelle le magistère de l'Église avec ses différentes instances. La règle de foi est ici ce qui « régule » l'interprétation de la Tradition.
Dans la Révélation tout n'a pas la même importance : il y a comme une hiérarchie de la vérité (la Résurrection du Christ est plus fondamentale que l'existence des anges) suivant la proximité de cette vérité avec le mystère central du Christ Sauveur. La règle de foi permet de qualifier les propositions théologiques en fonction de cette proximité.

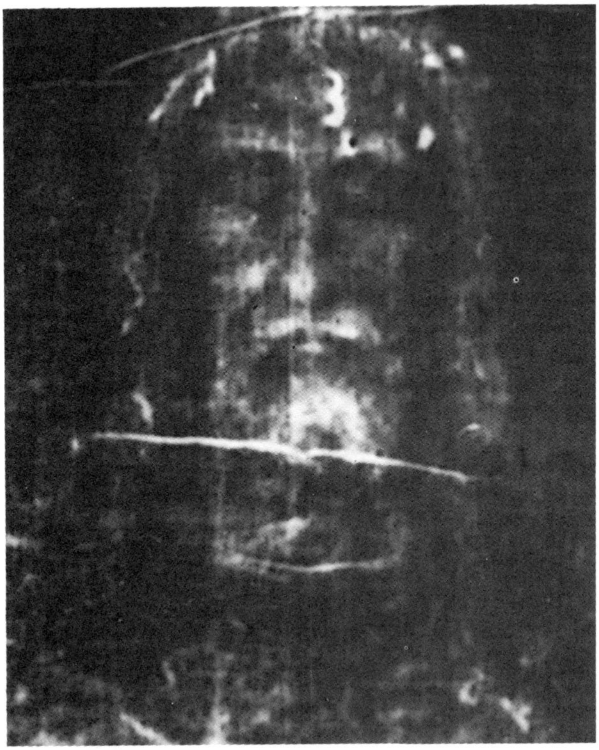

Ph. Studio fotografico nazionale, Turin

Le saint Suaire de Turin (voir Index).

DOGMATIQUE

Un mot qui aujourd'hui donne des frissons : une pensée totalitaire, intransigeante, voire répressive, fanatique. Un système clos qui, persuadé de tenir la vérité définitive, est l'exact opposé du dialogue ouvert et libre.
Dans le même sens, le dogme est vu comme intemporel, d'autant plus contraignant qu'il ne présente pas ses raisons et surplombe l'histoire de sa propre production. Bref, une pièce de l'idéologie.
En fait, dans l'histoire de la théologie, **dogme** (transcription du mot grec *dogma*) veut dire décret, maxime, mais aussi opinion. Depuis le XVIIIe siècle, le sens s'est restreint, et renvoie non pas à toutes les doctrines chrétiennes, mais aux énoncés, définis d'une manière plus ou moins solennelle, de telle ou telle vérité que l'on est tenu de croire, c'est-à-dire de tenir pour vraie. Autrement dit : un point de doctrine défini avec précision.
La notion de dogme pose ainsi deux problèmes : celui de la vérité dans l'histoire, celui de la nécessité de définir.
Dans le christianisme, la vérité n'est pas une formule, mais quelqu'un : Dieu lui-même, qui vient à nous en la personne du Christ. Par-delà l'intelligence, elle s'adresse aussi à tout l'être ; et dans l'histoire vécue, concrète. Mais aussi, du coup, elle n'est jamais possédée comme un objet, fût-ce de connaissance. Elle déborde ce que nous appréhendons et doit toujours être visée et cherchée. Pourtant, quelque chose de la vérité est déjà donné dans la recherche inconditionnelle de la vérité : par quoi elle est ainsi voie, et vie. Dès lors, des formules comme les dogmes sont plutôt des garde-fous que le terme du chemin ; elles assurent que telle est bien la direction commune du groupe chrétien en direction de ce Jésus-Christ qu'il a appris à connaître comme vérité de l'homme et de Dieu dans une histoire sans cesse inédite.

☞ Pourquoi définir dans ces conditions ? A cause même de l'unicité de cette direction de la foi à travers la diversité de l'histoire humaine. Il faut parfois définir avec précision ce qui est reconnu comme bien commun. La définition ne joue pas comme un arrêt de la marche, tout au plus comme une étape. Elle est plutôt l'aiguille de la boussole qu'il faudra un peu plus loin consulter à nouveau.
Quand l'expression du dogme dégénère, c'est que la pensée, par peur et repli, ou orgueil agressif, croit disposer de la vérité. Ce qui se guérit énergiquement par l'Évangile.
Par ailleurs, le dogme bien compris n'est jamais « dépassé » : il est la réponse juste à une question posée à un moment de l'histoire et peut aider toujours à refaire le même geste, à répondre justement à une nouvelle question, posée un peu plus tard dans d'autres circonstances historiques. L'attitude intellectuelle doit être analogue, alors même que les données sont inédites.
On a tendance aujourd'hui, devant les risques d'être mal compris, à remplacer l'expression « théologie dogmatique » par celle de « théologie systématique ». Alors même que les cultures humaines sont structurées chacune à leur manière, où prédomine tel ou tel élément culturel, les diverses expressions de l'unique foi chrétienne ne peuvent se passer d'élaborer une cohérence propre, renouvelée, affinée, pour rester parlantes en indiquant toujours l'essentiel. ■

DES QUESTIONS SUR LA FOI

On trouvera dans les pages qui suivent des définitions précises du mot *foi* et une réflexion élaborée sur la *foi des chrétiens*. Les questions rassemblées sur cette page et les réponses qui y ont été faites voudraient d'emblée exprimer ce qui est, aux yeux des chrétiens, l'essentiel de la foi : la foi est une mise en relation avec Dieu par l'Esprit du Christ. Comme de toute relation, il est possible d'en parler longtemps. Et pourtant l'essentiel est indéchiffrable.

Qu'est-ce qui permet de dire qu'on a la foi ?

Il est toujours difficile de connaître le cœur de ce qui fait sa vie : qui suis-je ? Suis-je capable d'aimer ? Ai-je la foi ? A ces questions chacun peut répondre, à certains moments de sa vie, de manière claire et satisfaisante pour lui ; mais à d'autres moments, il en est réduit à s'interroger ou à donner des bribes de réponses en apparence contradictoires.

Ces constatations appellent deux réflexions.

• Croire en Dieu n'est pas du même ordre que constater la couleur du ciel ou établir une vérité scientifique. Personne ne peut croire en Dieu comme si Dieu était totalement étranger à ce qu'il est : on ne peut croire en Dieu qu'avec la profondeur de soi-même. *Croire en Dieu, c'est pour le croyant, croire qu'il est le fondement même de son existence* : il ne peut y avoir de foi que dans l'acceptation de l'existence d'un sens à sa vie et donc d'une responsabilité à l'égard de ce sens.

• *Croire en Dieu, c'est croire Dieu.* Et, pour un chrétien, croire que Dieu parle. Beaucoup éprouvent des difficultés devant cette notion de Parole de Dieu. Pour un croyant, Dieu parle par la création tout entière, par les événements personnels et collectifs ; le moyen, qui permet d'interpréter ce que Dieu dit par la vie, la beauté du monde et les événements, est l'Écriture reçue dans l'Église.

Ces deux points étant rappelés, soulignons que *la foi est un dialogue*, spécifique mais réel, *entre Dieu et l'homme.* Spécifique, ce dialogue l'est parce qu'il a ordinairement besoin de passer par des médiations comme l'Écriture. Spécifique, ce dialogue l'est aussi parce qu'avec Dieu la relation n'est pas simplement celle d'un ami à un ami, mais celle d'un ami à une personne sans laquelle il n'existerait pas.

Comment peut-on être sûr d'avoir la foi ? Il n'y a pas de réponse directe à celui qui pose ainsi une question sur sa propre foi. Par contre, nous pouvons affirmer qu'il ne peut pas y avoir de foi chrétienne sans accueil, sans écoute, sans recherche de l'Autre qui est Dieu : **Jésus-Christ étant le chemin de cette recherche**. Pour le chrétien, contre vents et marées, même lorsque l'on est dans l'obscurité totale, Dieu aime, parle. Le sentiment d'avoir ou pas la foi est alors (presque) secondaire. ■

Comment cultiver la foi ?

Cette question pourrait sembler étrange à plus d'un chrétien si beaucoup de parents chrétiens ne se l'étaient posée sous une forme légèrement différente : que faire pour que mon fils et ma fille aient la foi ?

Le caractère étonnant de la question apparaît mieux si on la transcrivait : comment se former à aimer, par quels moyens ? Les mille et une réponses que l'on peut donner viennent toutes buter sur un obstacle : il y a des gens qui aiment et sont aimés sans être formés, sans le mériter... et d'autres qui ont tout reçu sans le principal, la personne à aimer. Il en va de même pour la foi. La foi est relation avec Dieu, et une relation (désintéressée, vraie) ne se cultive pas. Elle est donnée.

Il n'y a donc pas de manière réelle de cultiver sa foi ou d'éduquer la foi. Le chrétien qui pose la question a été renvoyé aux paroles finales du Christ : « Tout pouvoir m'a été donné au ciel et sur la terre. Allez donc, de toutes les nations faites des disciples, les baptisant au nom du Père, du Fils et du Saint-Esprit et leur apprenant à observer tout ce que je vous ai prescrit » (Mt 28,19-20). Si les apôtres, l'Église, les chrétiens, les parents ont reçu pour mission d'annoncer la Bonne Nouvelle, c'est le Christ seul qui a le pouvoir, par son Esprit, de donner la foi.

Le rôle des disciples est de préparer le terrain et de témoigner de Lui, en regardant chaque personne avec ses yeux, en contribuant à la guérir humainement, en recherchant sa part de vérité, en l'appelant à quitter sa part de mensonge, en lui permettant d'entrer, si elle le veut, dans l'Église, par le baptême, et en l'invitant à se conformer au Christ qui est mort pour ses amis et a accepté la vie de Dieu. ■

QU'EST-CE QUE LA FOI ?

Le Nouveau Testament ne répond pas directement à la question. Pour les premiers chrétiens, la foi s'exprime dans une acclamation liturgique : « Jésus est Seigneur ! ». Pour eux, la foi a un contenu : Jésus est ressuscité (Rm 10,9).

Comprendre ce que signifient ces paroles nécessite aujourd'hui de faire trois rappels.

• Les tout premiers chrétiens sont des juifs : ils croient comme tous les juifs en l'existence d'un Dieu unique qui a voulu se faire connaître. D'un seul mouvement, ils affirment qu'il n'y a qu'un seul Dieu, et un seul « Seigneur », Jésus, le Christ (1 Co 8,6).

• Le mot « Seigneur » reconnaît à Jésus le Christ une « Seigneurie » sur toute chose ; c'est-à-dire reconnaît qu'il est Dieu et qu'il exerce(ra) son pouvoir en rassemblant toutes choses.

• Si la foi s'exprime par une acclamation, même une acclamation liturgique, c'est qu'elle est vie commune avec un groupe, qui proclame publiquement son attachement à une personne. ■

La foi change-t-elle quelque chose ?

« Les chrétiens ne sont pas meilleurs que les autres » ! « J'essaie de respecter ceux que je rencontre, de leur donner éventuellement un coup de main... mais le reste je ne m'en occupe pas beaucoup »... « Vous savez, croire ou ne pas croire en Dieu, cela n'a pas beaucoup d'importance du moment que l'on se bat pour l'homme »...

On pourrait multiplier ce genre de citations de la vie courante. Elles expriment toutes, à leur manière, l'idée que la foi est une affaire privée qui ne change pas le comportement.

Le Nouveau Testament, en général, et saint Paul, en particulier, s'opposent totalement à une telle manière de concevoir la foi. Pour ce dernier, ceux qui connaissent Dieu se distinguent radicalement de ceux qui ne le connaissent pas : il demande aux chrétiens, par exemple, « d'user de leur corps avec sainteté et respect sans se laisser emporter par la passion comme font les païens qui ne connaissent pas Dieu » (1 Th 4,5).

Pour saint Paul, ne pas connaître Dieu c'est ne pas connaître l'homme et, pour finir, le mépriser ; connaître Dieu c'est s'engager dans une nouvelle manière de vivre dans le monde. D'ailleurs, il en est ainsi depuis le début du judaïsme. Moïse, recevant la révélation du « Nom » de Dieu (Ex 3), s'engage au service de son Peuple... et modifie le cours de l'histoire des hommes.

Si tel est l'enseignement de l'Écriture, comment expliquer les opinions citées plus haut ? Sans doute par la médiocrité des hommes ! Les chrétiens ne répondent pas tous et pas toujours à leur vocation. Il faut ajouter que, aujourd'hui, les chrétiens ont le souci de ne pas se croire supérieurs aux non-chrétiens et, au contraire, de reconnaître la valeur de leurs projets et de leurs luttes. Quelquefois, cette attitude positive à l'égard des non-chrétiens les conduit à ne pas vouloir se distinguer d'eux. Mais enfin, l'idée que la foi ne change rien peut venir aussi de la méconnaissance profonde de ce qu'est la foi : la foi est une relation avec Dieu. Dieu n'est pas un partenaire calme, impassible. Quiconque a vécu une expérience de foi sait qu'il lui a été demandé d'aller là où il ne pensait pas aller. La foi change toujours celui qui la vit. ■

▶▶▶ *Suite de la page 598*

La première réflexion des chrétiens sur la résurrection du Christ

Il faut, pour la comprendre, la situer dans son époque. Les disciples de Jésus faisaient partie d'un milieu qui croyait en Dieu dans la tradition juive.

Les plus fervents des croyants espéraient voir Dieu, un jour, à la fin des temps, c'est-à-dire espéraient une manifestation totale de Dieu, l'établissement du règne de Dieu sur la terre et une résurrection des morts. Très vite, les disciples ont analysé leur expérience de Jésus ressuscité à la lumière de ce qu'ils attendaient. Ils ont relu l'Ancien Testament et les promesses de Dieu qui s'y trouvent. Alors, pensant à leur expérience de Jésus « vivant », ils ont découvert que ces promesses étaient réalisées. Rien de plus significatif, pour vérifier cette démarche, que de regarder de près leur vocabulaire. Vocabulaire qui, on le sent, ne les satisfait jamais. Mais comment exprimer une telle expérience avec des lèvres d'hommes ? Les mots les plus employés sont ceux qui concernent la vie que Dieu donne à Jésus : non une vie biologique, mais la vie que Jésus a appelée « éternelle ». Ce vocabulaire exprime en même temps la participation totale du Christ à la gloire de Dieu (glorifié, monté au ciel, assis à la droite du Père). Cette participation à la gloire de Dieu conduit les chrétiens à appeler Jésus *Seigneur* (en grec, *Kurios*), ce qui équivaut à l'appeler Dieu et à reconnaître sa souveraineté sur tout ce qui a été créé (Ph 2,9-11).

De plus, les premiers chrétiens pensent que, par celle du Christ, la résurrection générale est commencée ; Dieu s'étant ainsi manifesté, ils estiment que la fin des temps est arrivée : ils pressentent qu'il n'y a plus rien de fondamental à révéler. En Jésus, Dieu a dit son dernier mot à l'homme : « Après avoir, à maintes reprises et sous maintes formes, parlé jadis aux pères par les prophètes, Dieu, en ces jours qui sont les derniers, nous a parlé par son Fils, qu'il a établi héritier de toutes choses et par qui aussi Il a fait les siècles » (He 1,1).

La naissance de l'Évangile

Les enfants racontent souvent l'histoire absurde suivante. A Laetitia Bonaparte venant déclarer, à la mairie, la naissance du « petit » Napoléon, l'employé aurait déclaré : « Ah non, pas du petit, du grand Napoléon ». L'histoire est absurde parce qu'on ne sait jamais, lorsque commence une aventure extraordinaire, si ce sera vraiment une aventure et si elle sera extraordinaire. Dans l'Histoire, les seules aventures qui méritent d'être racontées sont celles dont la fin est intéressante. Et les historiens frappés par cette fin tentent de l'expliquer en remontant l'écheveau des causes. On ne s'intéresse à la naissance des grands hommes qu'après leurs exploits ou leur mort. C'est ce qu'ont fait les premiers chrétiens. Bouleversés par la Résurrection du Christ, ils ont cherché à rassembler leurs souvenirs.

Ils ont d'abord essayé de se rappeler la dernière semaine — celle de la Passion et de la mort —, puis les dernières années — celles dites de la vie publique de Jésus —, puis celles de l'enfance de

▶▶▶

A QUOI SERT LA FOI ?

La foi est une réponse libre à Dieu qui la demande. Elle ne « sert » pas à autre chose qu'à satisfaire sa demande. La question « A quoi sert la foi ? » ne reçoit pas de réponse directe dans l'Écriture. Mais indirectement, le Nouveau Testament répond : la foi permet d'être joyeux. Évangile veut dire nouvelle de joie... « Joyeuse nouvelle » traduisent les cantiques. Et les premiers mots concernant la naissance de Jésus que saint Luc rapporte sont : « Je vous annonce une grande joie qui sera celle de tout le peuple » (Lc 2,10). Paul conclut en appelant les chrétiens à être toujours dans la joie (1 Th 5,16).
A vrai dire « la joie » de l'Évangile est souvent mal comprise. Il faut, pour en saisir le sens, se souvenir que les décrets de l'Empereur, à l'époque du Christ, étaient, eux aussi appelés Évangile *(Evangelium)* : l'Empereur, parce qu'il était le centre et le chef de l'univers, avait une parole qui était supposée donner un sens au monde.
La joie de l'Évangile, c'est la découverte que le centre et le chef de l'Univers, Dieu, a une Parole d'amour pour chacun et pour tous les hommes. Parole qui n'est pas forcément une parole de confort puisqu'elle est appel, à la suite du Christ, à donner sa vie pour ceux qu'on aime ; mais Parole de bonheur dans la mesure où la nature de l'homme — à l'image de celle de Dieu — est de ne trouver le bonheur véritable que dans l'amour.
La joie de l'Évangile, c'est aussi l'accueil d'une « communauté », l'Église, où ceux qui ont entendu la Parole d'amour reçoivent, dans la communion au Corps du Christ, de s'entraider et de quitter ainsi leur solitude. ■

A propos de la foi

La foi, dit Dieu,
ça ne m'étonne pas.
Ça n'est pas étonnant.
J'éclate tellement dans ma création.

Ch. Péguy,
Le Porche du mystère de la deuxième vertu.

▶▶▶

Jésus. Et, même si, aujourd'hui, on lit des évangiles présentés dans un certain ordre chronologique, il faut toujours se souvenir qu'ils ont été écrits en commençant par la fin et éclairés par cette fin. Ceux qui les ont écrits étaient témoins de la Résurrection du Christ, et ils cherchaient à faire comprendre la portée de celle-ci.

De cette démarche, on a de multiples traces dans l'Évangile. Prenons un exemple. C'est le jour qu'on a appelé, depuis, le jour des Rameaux. Jésus fait une entrée triomphale à Jérusalem. Entrée qu'avait annoncée le prophète Isaïe (62,11 ; *cf.* Za 9,9). L'évangéliste note : « Ses disciples ne comprirent pas cela tout d'abord ; mais quand Jésus eut été glorifié, ils se souvinrent que cela avait été écrit de lui et que c'était bien ce qu'on lui avait fait » (Jn 12,16).

En effet, une fois le Christ reconnu comme Seigneur, toute sa vie passée est apparue avoir une signification fondamentale. D'abord, puisque Dieu avait glorifié son fils, c'est que celui-ci avait mené une vie parfaite. Sa vie permettait donc de comprendre quel type de vie plaît à Dieu. Les actes et les paroles du Christ, jusque-là reçus comme des actes et des paroles d'homme, voient leur signification changer puisqu'ils deviennent Révélation de Dieu. Ensuite, et c'est ce qui a le plus compté aux yeux des premiers chrétiens, la résurrection du Christ leur a fait découvrir un dynamisme de libération dans sa vie, dynamisme qui, à partir de la Résurrection, s'est manifesté aussi dans leur propre vie et les a aussi libérés... De quelle libération ? Pour eux, il ne s'agit pas d'une évasion du monde tel qu'il est, d'une sorte de rêve. Pour eux, le ressuscité n'est pas le symbole d'une vie abstraite et toujours triomphante. Mais, chaque instant de son histoire concrète est source d'un éclairage, d'une force qui éclaire chaque histoire, oriente le dynamisme de chaque croyant et donne un sens au mot Résurrection.

Le souvenir de Jésus qui expérimente et parle de Dieu

Bossuet, parlant de Jésus, notait : « On le voit plein des secrets de Dieu, mais on voit qu'il n'en est pas étonné comme les autres mortels à qui Dieu se communique : il en parle naturellement comme étant né dans ce secret et dans cette gloire » *(Discours sur l'Histoire universelle)*. Cette familiarité a profondément frappé les premiers disciples. Les premiers chrétiens — imprégnés, comme chaque Juif, de la grandeur de Dieu (les théologiens diraient aujourd'hui de la transcendance de Dieu) — n'en finissaient pas de s'émerveiller du nom que Jésus donnait à son Père : Abba... Papa (*cf.* Ga 4,6). Tout simplement.

Le souvenir de Jésus, homme libre

Cela aussi avait beaucoup frappé les disciples. Jésus était libre. Libre par rapport aux traditions et aux coutumes. Libre par rapport à ce qu'on appellerait aujourd'hui les conflits de classe : il les ignore superbement et va manger chez les uns et chez les autres. Libre par rapport aux qu'en-dira-t-on : il parle aux prostituées comme aux « collabos ». Libre par rapport aux prescriptions reli-

▶▶▶

Foi chrétienne et religion

Une foi qui peu à peu en vient à ne plus comporter ni signe extérieur, ni culte, ni fête, ni institution sociale, ni référence à l'Histoire, ni croyance objectivement formulée, ni sentiment, ne correspond plus à la foi du chrétien moyen, ni de l'homme d'Église, ni du saint. Aucun fidèle de Jésus-Christ n'a, depuis vingt siècles, réalisé pareille vue de l'esprit ; aucun n'y a même tendu. Très éloignée de l'enseignement de l'Écriture comme de la tradition vécue, elle suppose une double méconnaissance, et de la nature humaine, et du caractère universel du christianisme, qui doit être « prêché à toute créature ». Privée non seulement de tout support, mais des éléments dont elle se nourrit, la foi meurt, asphyxiée. Dieu même disparaît de son horizon. Jésus-Christ, si l'on y pense encore, n'est plus qu'un lointain initiateur. Il ne reste plus qu'une idéologie sans consistance, qu'on l'appelle « ouverture sur l'avenir », ou de quelque autre nom qu'on veuille la désigner. C'est l'honnêteté de reconnaître ainsi qu'on parle d'autre chose que de la foi chrétienne.

Henri de Lubac,
La foi chrétienne, Aubier, 1969.

La foi dans l'Ancien Testament

Dans l'Ancien Testament deux mots de la langue hébraïque expriment la notion de foi : *aman* qui évoque la solidité et la sûreté (d'où *Amen :* nous affirmons que c'est vrai) ; *batah,* la sécurité et la confiance. Pour parler de la foi, les Hébreux semblent surtout se référer à une expérience, celle d'Abraham. Abraham est le type même du croyant ; il apparaît comme le père de ceux qui, dans une relation de personne à personne, s'en remettent à Dieu seul et à sa Parole. Appelé par Dieu, il a eu foi en la promesse que celui-ci lui a faite d'une terre, puis d'une descendance nombreuse ; il a accepté de quitter toutes ses assurances humaines en se fondant sur une promesse dont la réalisation n'était que future, voire lointaine.

L'appel de Dieu à Abraham ouvre le temps de l'Alliance entre Yahvé et son peuple ; mais les récits de la création rappellent que, dès les origines, une alliance s'était engagée entre Dieu, l'homme et la création ; alliance rompue par le péché, et dont pourtant l'espérance avait subsisté.

C'est la grande Alliance conclue plus tard au Sinaï avec Israël, ainsi fondé comme peuple et comme peuple de Dieu, qui constituera le soubassement de la foi juive ; la Parole de Dieu a été solennellement formalisée dans les préceptes de la Loi, en attendant d'être sans cesse actualisée par les prophètes ; à la fidélité de Dieu, la foi d'Israël sera appelée à répondre par sa propre fidélité : fidélité à Dieu et à sa Loi. La démarche de Dieu vis-à-vis de l'homme est constante ; Dieu l'appelle, il lui offre son amour ; l'homme répond par la foi et entre dans l'alliance, ou bien il se détourne et s'achemine vers les ténèbres. ■

Ph. Bulloz

Le sacrifice d'Abraham. Gravure de Rembrandt. (XVIIe s.)

L'enseignement des conciles sur la foi

Face aux thèses de la Réforme au XVIe siècle, puis aux courants rationalistes ou irrationalistes aux XVIIIe et XIXe siècles, l'Église a été amenée à préciser son enseignement sur la foi.

Le concile de Trente (1545-1563) proclame que la foi est bien un don de la grâce ; qu'elle est effectivement le fondement de notre salut, de notre « justification » devant Dieu ; mais, à l'encontre des Réformés, selon lesquels la foi est une pure confiance dans le pardon de Dieu, le concile affirme que cette justification ne se fait pas sans une réponse active de notre amour : la foi sans les « œuvres » est une foi morte. Toujours à l'encontre des thèses protestantes, le même concile réaffirme que la justification par la foi n'exclut pas la nécessité des sacrements, en particulier le baptême, puisque c'est par eux qu'est donnée cette vie nouvelle.

Plus tard, l'Église réagira devant les thèses faisant de la foi une adhésion purement rationnelle, où la grâce n'interviendrait pas ; puis, devant celles qui, au contraire, tendaient à exclure toute rationalité de la foi (fidéistes, traditionalistes). Le concile Vatican I (1869-1870) précise que l'acte de foi est en même temps un acte surnaturel, rationnel et volontaire.

Le concile Vatican II a rappelé que cette démarche ne saurait se faire isolément : elle doit rester communion entre ceux qui partagent cette foi, au sein du nouveau Peuple de Dieu — l'Église — institué par le Christ ; de même, cette démarche ne saurait-elle se faire qu'en pleine solidarité avec l'humanité tout entière, au sein de laquelle ce Peuple de Dieu constitue « comme un germe très fort d'unité, d'espérance et de salut ». (*Lumen Gentium* n° 9). La foi, relation personnelle avec Dieu, prend ainsi une dimension universelle. ■

LA FOI ?

Confiance (du latin *fidere,* avoir confiance) *mise dans une personne, dans son engagement, dans sa parole donnée* ; elle suggère davantage l'objectivité d'un lien avec une personne que la subjectivité d'une croyance en quelque chose. On en retrouve le témoignage dans les expressions juridiques comme « respecter la foi jurée », « témoigner sous la foi du serment ». ■

Foi et religion

La religion (du latin *religare,* relier) est le lien qui relie l'homme au sacré ; il se manifeste par des actes, des rites, des cérémonies, un droit, etc. La religion suppose que le contact de l'homme avec le sacré n'est ni total ni permanent, puisque, précisément, il faut qu'elle intervienne pour assurer cette relation.

Dans le cours des années 1960, divers théologiens ont pris soin de distinguer foi et religion, la religion risquant d'être vécue comme une manière de s'approprier la relation au sacré et d'en disposer, en ne s'intéressant en outre qu'au sacré (et non à la personne de Dieu), alors que la foi chrétienne est au contraire don de soi à Dieu et accueil de son amour manifesté dans Jésus-Christ.

Aujourd'hui, on admet plus généralement que la foi ne peut se vivre sans un soubassement de type religieux (rites, institutions, etc.), car elle saisit le tout de l'homme (corps, esprit, vie en société, etc.) ; elle ne peut dès lors trouver sa pleine expression qu'en recourant au langage et aux formes de vie qui sont les siens.

Il convient d'ajouter que, si la religion est un phénomène sociologique et culturel général, dont les origines se perdent dans l'obscurité des commencements humains, la foi, en tant qu'adhésion personnelle et intérieure à un appel de Dieu, est un fait relativement récent ; chrétiens, juifs, musulmans voient en Abraham le premier des croyants, c'est-à-dire le premier qui a répondu à un appel personnel de Dieu et engagé toute sa vie dans cette réponse. Or moins de 4 000 ans nous sépareraient de l'époque estimée d'Abraham. ■

CROIRE

Le mot *croire* peut être exprimé avec de multiples nuances, qui vont du sentiment d'une simple probabilité (je crois qu'il va venir) jusqu'à la conviction de foi la plus déterminée (je crois en un seul Dieu), en passant par le témoignage de confiance en une personne (je vous crois). **Dans le langage de la foi** lui-même, depuis une célèbre distinction faite par saint Augustin d'Hippone (354-430), on donne également au mot *croire* plusieurs nuances qui permettent de caractériser trois actes différents qui s'enchaînent l'un l'autre jusqu'à aboutir au véritable acte de foi : « credere Deum, credere Deo, credere in Deum ».

☞ • *Credere Deum,* c'est croire que Dieu existe.
• *Credere Deo,* c'est croire à Dieu, comme on dit à quelqu'un je vous crois, je me fie à votre parole.
• *Credere in Deum,* croire en Dieu, c'est beaucoup plus ; c'est mettre toute sa foi en lui, adhérer de tout son être à lui, engager toute son existence en s'en remettant définitivement à lui.

Le troisième acte, *Credere in Deum,* intègre les deux premiers ; mais il est le seul à caractériser la véritable foi ; il établit d'ailleurs entre Dieu et le croyant un lien de réciprocité, un engagement mutuel qui ne se trouve pas dans les deux autres.

Si, en outre, on prend en compte les paroles de Jésus (Jn 6,29 ; 14,1) selon lesquelles la foi en Dieu passe par la foi en lui, Fils et Parole de Dieu, on rejoint l'essentiel de la foi chrétienne, telle notamment qu'elle est affirmée dans le Symbole de Nicée (325), le Credo récité ou chanté à la messe dominicale : *Credo in unum Deum... et in unum Dominum Jesum Christum... et in Spiritum Sanctum...*

En se référant de la sorte au texte latin, on notera que lorsque, un peu plus loin, le symbole de Nicée évoque l'Église, il n'emploie pas l'expression (credo) *in unam sanctam, catholicam Ecclesiam,* mais (credo) unam, sanctam... Autrement dit : Je crois l'Église, j'ai foi dans sa sainteté, dans ce qu'elle a pour mission de me dire, je communie dans sa foi au Dieu de Jésus-Christ ; mais elle n'est pas elle-même l'objet de ma foi ; Dieu seul est objet de foi. Curieusement, l'actuelle traduction française : « Je crois *en* l'Église, une, sainte, catholique », n'a pas tenu compte de cette nuance, pourtant importante, alors que la traduction du Symbole des Apôtres (le *Je crois en Dieu*) le fait : « Je crois *à* la sainte Église » (et non pas *en*). Ce qui peut paraître bien subtil exprime pourtant l'énorme différence (le cardinal de Lubac dit même « l'abîme ») qui, dans la foi chrétienne, distingue ce qui unit le chrétien à Dieu et ce qui l'unit à l'Église. ■

▶▶▶

gieuses comme le sabbat. Libre par rapport aux femmes : alors que cela ne se faisait pas, il leur parle, en fait ses amies intimes, défend, éventuellement, leurs droits (Mt 5,31). Libre par rapport aux politiques : il paie l'impôt mais sait traiter Hérode de renard. Libre par rapport à la maladie et à la mort : il guérit les uns, ressuscite Lazare. Libre par rapport aux contraintes naturelles : il marche sur la mer. Libre par rapport à sa famille : elle veut « s'emparer » de lui, mais n'y arrive jamais. Libre dans sa mort : il retourne volontairement à Jérusalem sachant qu'il va mourir.

Pour imposer cette liberté, il a une autorité naturelle qui laisse ses contemporains éberlués : « A cette vue, les foules furent saisies de crainte et rendaient gloire à Dieu d'avoir donné un tel pouvoir aux hommes » (Mt 9,8). Mais cette liberté extraordinaire a toujours semblé s'exercer en vue d'obéir au Père et de sauver les hommes. Quel est ce Dieu qui rend l'homme aussi libre et aussi disponible ?

LE SOUVENIR DE JÉSUS QUI LIBÈRE, PARDONNE ET GUÉRIT

Au long de sa vie, Jésus avait guéri des malades, libéré des « possédés » de leurs « démons », et pardonné des pécheurs. A la lumière de la Résurrection, ces gestes vont prendre valeur de signes. Dans la mentalité contemporaine de Jésus, les miracles étaient acceptés sans difficulté spéciale. En l'absence des critères qui sont les nôtres en matière de médecine, de psychologie, ou même de physique et de chimie, on ne distinguait pas complètement entre le normal et l'exceptionnel, et, par exemple, entre la démence et la possession démoniaque. Un philosophe fort peu clérical, c'est-à-dire franchement laïque, Alain, trouvait que le christianisme était une « religion sans oracles ni miracles ». Il voulait dire par là que, comparé à tant de récits de l'Antiquité ou aux pratiques religieuses d'alors, ou à tant de légendes mythologiques, le christianisme est extrêmement sobre.

Jésus accomplit des actions qui ont un sens. Ce qui étonne chez lui, ce n'est pas qu'il guérisse, mais la façon dont il le fait, et le sens qu'il attribue à la guérison. Il y avait, de son temps, bien d'autres guérisseurs et chasseurs de démons. Par rapport à eux, quelle est l'originalité de Jésus ? Cette originalité tient à deux traits convergents. Premier trait, les interventions miraculeuses de Jésus sont toujours des actes de bienveillance, de générosité, de *miséricorde*. Plus, des gestes de tendresse. Deuxième trait, il y a toujours

▶▶▶

A propos de foi et certitude

Parlant de Jésus-Christ, l'apôtre Jean écrit :

« Celui qui vient d'en haut est au-dessus de tout. Celui qui est de la terre est terrestre et il parle de façon terrestre. Celui qui vient du ciel rend témoignage de ce qu'il a vu et entendu, et personne n'accepte son témoignage. Mais celui qui accepte son témoignage certifie par là que Dieu dit la vérité. En effet, celui que Dieu a envoyé dit les paroles de Dieu, car Dieu lui donne l'Esprit sans compter. Le Père aime le Fils et a tout remis dans sa main. Celui qui croit au Fils a la vie éternelle, celui qui refuse de croire en lui ne verra pas la vie, mais la colère de Dieu demeure sur lui ».

Jn 3,31-36

La foi est-elle un « pari » ? (Le pari de Pascal)

Un texte célèbre de Blaise Pascal (Éd. Brunschwig n° 233) a souvent été interprété comme faisant de l'acte de foi du chrétien une sorte de pari : « Dieu est, ou il n'est pas ». L'alternative s'impose : il faut en effet choisir, dit Pascal, car nous sommes « embarqués » dans l'existence, et le sens de notre vie présente et future dépend de la manière dont nous nous situons devant ce dilemme. Pascal, mathématicien et l'un des fondateurs du calcul des probabilités, développe en toute logique l'intérêt qu'il y a à parier pour Dieu : « ... Notre proposition est dans une force infinie, quand il y a le fini à hasarder, à un jeu où il y a pareils hasards de gain que de perte, et l'infini à gagner. » « Si vous gagnez, vous gagnez tout, et si vous perdez vous ne perdez rien. »

Mais l'erreur serait de penser que Pascal exprime là sa conception de la nature de l'adhésion de foi. Il n'en est rien, car tout le livre des *Pensées* vise au contraire à mettre en valeur la réalité de signes objectifs par lesquels Dieu se manifeste aux hommes dans le déroulement historique de l'Ancien et du Nouveau Testament.

Pascal s'adresse à des amis « athées pratiques », totalement indifférents à la vie religieuse, joueurs effrénés auxquels il a même prêté le secours de sa science pour les aider à calculer leurs chances dans le jeu. Ce qu'il cherche, c'est à leur faire entrevoir l'existence d'une réalité à laquelle ils sont aveugles. Ils sont de ceux qui disent : « Je suis fait de telle sorte que je ne puis croire... » C'est pour briser cette carapace d'indifférence qu'il s'adresse à leur passion favorite : le jeu. Ce fameux pari ne prétend ni être un argument en faveur de la vérité de la foi, ni mettre en doute la valeur des signes par lesquels Dieu invite à croire, mais une manière de provoquer des amis qui se refusent à prendre au sérieux la question de l'existence de Dieu ; c'est ce qu'on appelle un argument *ad hominem*.

La conclusion en est d'ailleurs tout à fait pratique : si vous êtes incapables de percevoir ce monde de la vie spirituelle, c'est à cause de l'envahissement de votre conscience par l'avidité de vos désirs.

Pour Pascal, la conversion a été une « rencontre » de Dieu en découvrant Jésus-Christ dans l'Écriture et la vie de l'Église. Or pour rencontrer quelqu'un et l'accepter en lui-même, il faut se décentrer de soi-même, donc ne plus vivre à la remorque de ses désirs, mais s'en rendre maître pour accéder à l'ouverture de l'autre. ■

Chrisme.
Ce dessin combine, de manière à les faire apparaître en étroite interdépendance, d'une part le chrisme proprement dit (monogramme formé des deux premières lettres grecques du mot Christ, Khi et Rhô), et d'autre part les deux autres lettres grecques, Alpha et Omega, qui, commençant et finissant l'alphabet, symbolisent le commencement et la fin de tout, le point de départ et le point d'arrivée, titre divin attribué à Jésus-Christ par l'auteur de l'*Apocalypse* (Ap 1, 8 ; 21, 6 ; 22, 13).

Foi et certitude
Foi et fanatisme

Le croyant sincère affirme vivre sa foi dans la certitude : il se dit prêt à risquer sa vie plutôt que de la renier ; beaucoup ont eu le courage de faire ce choix (les martyrs). Une certitude a toujours un fondement.

Qu'est-ce qui fonde la certitude du croyant ? En quoi est-elle authentique ?

Il est de la nature même de la foi d'être adhésion à une Parole transmise par une communauté (le peuple chrétien, l'Église), parce que cette Parole est perçue comme Révélation de Dieu. Il est clair que si, pour le croyant, c'est Dieu qui lui parle, la certitude de sa foi repose sur le plus solide fondement.

Pour en estimer l'authenticité, il faut admettre qu'il puisse y avoir d'autres sources de certitude que celles que fournit la science. Or la science, et les sciences, ont pris une telle importance dans la culture contemporaine que l'on oublie, et même que l'on ne voit plus, que la vie humaine met en jeu des certitudes d'un autre ordre auxquelles l'homme a pourtant toujours accordé une importance primordiale.

La certitude de la foi n'est pas une certitude qui naît de l'évidence, comme celle que, par exemple, produit dans l'esprit la démonstration du mathématicien. Elle est d'un autre ordre : celui de la *connaissance* qu'une personne a d'une autre personne ; ainsi l'homme et la femme qui se sont rencontrés dans un amour sincère ont découvert, à travers les signes qui leur permettent de communiquer, ce que chacun était pour l'autre. Il n'y a ni démonstration ni preuves intellectuelles en amour, il y a des *signes*, que l'on veut ou que l'on ne veut pas lire. Cette connaissance forme la trame des existences humaines ; elle fonde les raisons de vivre et d'agir. Elle suppose un effort d'attention (on ne connaît que ceux ou celles que l'on veut connaître), et d'ouverture à l'autre (l'in-différence, c'est à la fois la négation de l'autre — je ne le reconnais pas dans sa différence, dans le fait qu'il est autre que moi — et l'incapacité à « rencontrer » vraiment l'autre qui me parle).

Il y aura donc certitude authentique, à ce niveau de relation aux autres, s'il y a eu au préalable volonté de rechercher l'autre, de l'accepter dans sa diversité, de le reconnaître comme présence au monde et à moi-même.

La certitude de la foi n'est pas pour autant d'ordre purement « émotionnel ». Pour certains, l'adhésion de foi résulterait d'un « sentiment », d'une expérience intérieure unique, incommunicable : « On l'a ou on ne l'a pas ». L'Église catholique a toujours refusé le « fidéisme », qui retire à la foi tout support rationnel : la foi naît d'une rencontre avec quelqu'un qui se manifeste par des *signes objectifs*, que tout le monde peut voir et apprécier. A quiconque veut trouver la vérité, des repères sont proposés ; mais pour découvrir quelqu'un, encore faut-il vouloir le rencontrer. Pas de certitude dans la foi sans désir sincère d'accueillir cet Autre qui se manifeste.

La certitude de la foi n'est pas non plus le fruit d'un « fanatisme ». Qu'il soit religieux ou athée, qu'il s'agisse de politique, d'art ou même de science, le fanatique croit détenir le secret de ce que les autres hommes doivent penser et faire : il veut leur imposer sa vérité. Sa croyance n'est pas ouverture à quelqu'un, elle est volonté de puissance pour soumettre tous les hommes à sa pensée.

Le vrai croyant, pour sa part, est heureux d'avoir rencontré Quelqu'un qui l'appelle à une « vie nouvelle » ; **il sait que sa réponse, pour être authentique, ne peut être que pleinement libre et personnelle** ; il souhaite que tout homme puisse recevoir cette lumière qui, loin de mutiler sa vie, l'enrichit. Pour cela, il demande le droit de proposer à tous de faire cette même rencontre. Chercher à imposer sa foi serait renier ce que le croyant veut être. Car sa certitude ne vient pas de la conscience qu'il aurait d'être supérieur à tous les autres, mais de la rencontre de Celui qui donne un sens nouveau à sa vie. ■

Ph. Hachette

Jésus devant le peuple (détail). Gravure sur bois d'Albert Dürer de la série dite « La grande Passion », vers 1498.

Doute n'est pas indifférence

Celui qui doute sincèrement n'est à confondre ni avec le sceptique systématique, ni avec celui qui a simplement peur de s'engager. Ce qui le caractérise, c'est le refus d'adhérer tant qu'il n'aura pas vu clair. Le douteur connaît souvent une situation douloureuse, éprouvant une véritable angoisse à ne pas trouver de réponse aux questions vitales qu'il se pose.

« Croire au Christ est souvent en soi une chose bonne mais c'est une faute morale que de croire au Christ si la raison estime que cet acte est mauvais, chacun doit obéir à sa conscience même erronée », écrit saint Thomas d'Aquin (I a. II ae. q. 19 art. 5).

« Si beaucoup de nos contemporains gardent vis-à-vis des dogmes une incertitude partielle, ou même totale, c'est souvent parce qu'ils ne peuvent en conscience faire autrement », dit pour sa part le philosophe chrétien Jean Lacroix.

La foi, en effet, ne saurait aller contre la raison : l'attitude « fidéiste », qui consiste à penser que la raison n'a aucune part dans l'acte de foi, a été déclarée contraire à la vérité de la foi par le concile Vatican I (1870). Jean Lacroix écrit encore, à propos des fidéismes, qu'ils « détruisent la foi aussi sûrement que les traditionalistes détruisent la Tradition. Ils nient tout dialogue et sombrent vite dans la violence et la déraison (ou la niaiserie) ». (*Le personnalisme comme anti-idéologie,* PUF). ■

LE DOUTE DU CHRÉTIEN

Le doute est un état que peut rencontrer tout chrétien au cours de sa vie ; il est parfois conduit à reprendre à son compte la phrase du psaume XXII prononcée par le Christ sur la croix : « Mon Dieu, mon Dieu, pourquoi m'as-tu abandonné ? » (Mc 15,34).

Adhérer au Christ, lui faire confiance, et, à travers lui, faire confiance à son Père, ce n'est pas en effet éliminer toute part de doute, être transformé en un bloc de certitude, avoir résolu toutes les questions ; c'est risquer l'aventure d'un amour ; c'est oser miser sa vie sur la parole de Dieu ; c'est affirmer, parfois à l'encontre des événements, que tout homme est capable d'aimer et que la vie est plus forte que la mort.

Le doute, qui peut être source de scepticisme, peut tout autant être provocation à l'approfondissement de la foi ; bien des saints et des mystiques en ont connu l'épreuve, en sont sortis fortifiés et grandis dans leur amour de Dieu. ■

▶▶▶

un rapport entre le miracle de Jésus et l'*avènement du Règne de Dieu.* Le centre de la prédication de Jésus, c'est l'annonce que le Royaume est proche, qu'il vient. Dieu va établir son règne parmi les hommes. La venue même de Jésus est le premier acte de l'établissement de ce Règne. A la lumière de la Résurrection, le miracle apparaît avoir été un signe de ce Règne. Et, évidemment, il ne peut être perçu comme signe que si l'on croit déjà (ou en même temps) à la possibilité de l'action de Dieu. Pour les autres, il n'est pas signe. Il est tout au plus question.

Jésus ne fera pas de miracle à Nazareth, chez lui, où personne ne pense que Dieu agit par le fils du pays.

Jésus, au centre de la foi des chrétiens

L'Évangile ayant été écrit après la résurrection du Christ, il n'est pas toujours facile de savoir comment les disciples se comportaient avec lui avant sa résurrection. Ils projettent très souvent l'affection et le respect qu'ils ont éprouvés pour lui après Pâques sur leur description de la période avant Pâques. Rappelons qu'ils ne font pas, en écrivant les évangiles, œuvre d'historiens, mais qu'ils essaient de transmettre leur expérience du Ressuscité et d'expliquer en quoi sa rencontre est capitale. Pour eux, et tout l'Évangile en témoigne, Jésus est devenu le centre du monde, de l'histoire universelle, de leur propre vie.

Pour savoir qui est Jésus au jugement de l'Église primitive, il est instructif de considérer par quels noms elle l'appelle. Comme dans l'affection d'un couple, les mots avec lesquels on s'interpelle en disent long sur la qualité de l'amour et l'identité des personnes.

JÉSUS

Jésus de Nazareth. Le nom propre — nous dirions aujourd'hui le prénom — de celui en qui croient les chrétiens, le nom choisi par ses parents, suivant la volonté de Dieu manifestée par un ange, c'est *Jésus.* En hébreu, ce nom a un sens : *Dieu sauve.* Il indique déjà la mission confiée à cet homme : être le Sauveur, celui par qui le Seigneur étendait son bras pour secourir son peuple.

CHRIST

Selon l'usage le plus courant, on dit Jésus Christ, ou Jésus le Christ ou le Christ Jésus. Le mot grec *Christos,* qui a donné en français Christ, le mot hébreu *Messiah,* qui a donné en français Messie, et le mot français *oint* signifient la même chose : est Christ, dans la tradition juive, celui qui a reçu de Dieu une « onction » le consacrant comme chef du peuple, libérateur de la nation élue, celui par qui Dieu devait accomplir la promesse faite aux anciens pères.

Ce titre de Messie, de Christ, qui est pourtant resté dans l'Histoire, avait posé un vrai problème à la communauté primitive. Si la résurrection montrait à l'évidence que Jésus était le Messie attendu, Jésus lui-même avait refusé de se faire appeler ainsi. Au cœur de la Passion, à ceux qui lui demandaient : « Dis-nous si tu es le Christ », il répondait : « Si je vous le dis, vous ne me croirez

▶▶▶

L'Évangile, fondement de l'histoire

Vous ne comprenez pas qu'on peut être athée, qu'on peut ignorer si Dieu existe et à quoi il sert, et savoir pourtant que l'homme vit non pas dans la nature, mais dans l'histoire, et que l'histoire, comme on la comprend aujourd'hui, a été instituée par le Christ, que c'est l'Évangile qui en est le fondement.

Et qu'est-ce que c'est que l'histoire ? C'est la mise en chantier de travaux destinés à élucider progressivement le mystère de la mort et à le vaincre un jour. C'est pour cela qu'on découvre l'infini mathématique et les ondes électromagnétiques, c'est pour cela qu'on écrit des symphonies. Pour avancer dans cette direction, on ne peut se passer d'un certain élan. Ces découvertes exigent un équilibre spirituel. Les données en sont contenues dans l'Évangile.

Les voici : c'est, premièrement, l'amour du prochain, cette forme évoluée de l'énergie vitale, qui remplit le cœur de l'homme, qui exige une issue et une dépense, et ce sont, ensuite, les principaux éléments constitutifs de l'homme moderne, ces éléments sans lesquels on ne le conçoit pas, à savoir l'idée de la personne libre et l'idée de la vie comme sacrifice. Remarquez que tout cela est encore aujourd'hui une nouveauté extraordinaire.

L'histoire en ce sens, les anciens l'ignoraient. Ce qu'ils connaissaient, c'était la férocité sordide et sanguinaire des Caligula labourés de petite vérole, qui ne soupçonnaient même pas à quel point tout tyran est un incapable. Ce qu'ils connaissaient, c'était l'éternité vantarde et cadavérique des monuments de bronze et de marbre. Il a fallu attendre le Christ pour que des siècles et des générations puissent respirer librement. Il a fallu qu'il meure pour que l'on vive désormais dans la postérité, pour que l'homme, au lieu de mourir dans la rue, meure chez lui, dans l'histoire, au plus fort des travaux consacrés à vaincre la mort, et lui-même au courant de ces travaux. Ouf, j'en transpire littéralement !

BORIS PASTERNAK,
Le docteur Jivago,
Ed. Gallimard

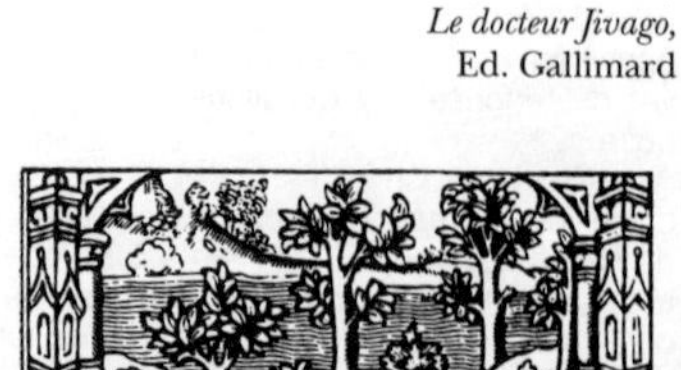

La foi aujourd'hui

La Révolution française a marqué un tournant dans l'histoire du monde et des croyances : dorénavant, des foules de plus en plus grandes allaient prendre conscience que l'ordre des choses n'est pas donné une fois pour toutes par on ne sait quelle puissance, mais qu'il peut et doit être maîtrisé.

Or, pour des générations et des générations, Dieu avait été la source et le garant de cet ordre des choses : il était l'ordonnateur du monde, la Providence (aujourd'hui symptomatiquement on ne parle plus de Dieu-Providence, mais de l'État-Providence).

Il est clair que devant une telle conception de Dieu, ceux qui voulaient maîtriser le monde n'avaient qu'un choix : soit ils disaient que Dieu n'existait pas et adoraient la déesse Raison (la raison humaine), soit ils faisaient de Dieu une coquille vide, un concept creux qui n'avait rien à voir avec le monde à construire, et vis-à-vis duquel chacun pouvait se sentir indifférent.

Aujourd'hui, on parle souvent de retour du religieux, comme si l'homme, fatigué de vouloir maîtriser l'univers, écœuré par une crise qui montre les limites de son savoir, devait revenir à l'ordre ancien, et croire, pour éviter d'avoir à faire face à ses responsabilités.

Un tel mouvement n'a que peu de rapport avec la foi.

La foi en Dieu est d'abord refus des fausses conceptions de Dieu. Les premiers chrétiens furent dénoncés comme athées parce qu'ils rejetaient la notion de divinité du monde païen. Fausse conception de Dieu aux yeux des chrétiens, par exemple, celle d'un Dieu qui dominerait directement l'univers, et qui se lirait comme à livre ouvert, à travers chaque paysage, chaque événement, chaque catastrophe. Le Dieu de la Bible est un Dieu qui crée en créant l'homme créateur, qui agit en faisant l'homme libre.

Fausse conception de Dieu, également, celle qui laisserait penser qu'elle sait qui est Dieu. La foi est tout en même temps certitude de Dieu, recherche de ce Dieu, mais conscience que l'homme ne peut penser Dieu par ses propres forces. La foi véritable comporte une part d'athéisme fondamental de la pensée puisqu'elle sait que toute représentation de Dieu est totalement insuffisante, et qu'elle est consciente de son impuissance à l'atteindre. La foi, par contre, est attente que Dieu donne cette communion à laquelle elle aspire, attente quelquefois dans l'obscurité la plus totale.

En ce sens, l'homme de foi, se sent proche de ceux qui ne savent rien de Dieu et qui cherchent à construire le monde. Mais, en même temps, il sait que Dieu a parlé en Jésus le Christ. Il sait, grâce au Christ, que Dieu est un Père qui envoie son Esprit pour être aimé. Il se sait, lui, appelé à la liberté ; et sa foi le conduit à l'action de grâces, car Jésus-Christ lui a révélé que la finalité de tout vivant est de rendre gloire à Dieu. En attendant le temps de la glorification universelle, il sait, dans sa foi, que l'Esprit est en lui, qui l'invite à célébrer le Père. Par cet Esprit, il adhère à Jésus et vit de son Amour.

Il a toujours été difficile pour un chrétien de définir ce qu'est sa foi. Aujourd'hui, chacun réalise en tout cas qu'elle ne peut plus principalement se définir par un savoir sur Dieu. Elle est *réponse à l'appel de Dieu, dans un engagement à construire un monde digne de son amour* ; elle se manifeste par la capacité à rendre grâce, dès maintenant, de sa venue définitive. ■

Pour une civilisation de l'amour

Le concile Vatican II n'a pas craint pour sa part d'affirmer que « les conditions de vie de l'homme moderne, au point de vue social et culturel, ont été profondément transformées, si bien que l'on peut parler d'un nouvel âge de l'histoire humaine. Dès lors, des voies nouvelles s'ouvrent pour parfaire et étendre la culture ». Le Concile ne verse pas pour autant dans l'utopie romantique. Il ne manque pas d'énumérer tout ce qui peut gâter la culture moderne : humanisme purement terrestre, phénoménisme, agnosticisme... ; l'angoisse et la violence, l'impuissance et les frustrations marquent profondément les cultures aujourd'hui dominantes. Devant ces déceptions, c'est à une civilisation de l'amour qu'il nous faut œuvrer, et une culture vraiment humaine qu'il faut promouvoir, c'est-à-dire de tout l'homme et de tous les hommes, de tout l'homme et non simplement de sa partie raisonnante, de tous les hommes, et non simplement de la partie privilégiée de l'humanité. Les valeurs du vrai, du bien, du beau, les idéaux de justice et d'équité sont l'humus nourricier de ce développement intégral, personnel et communautaire, où chacun trouve la place qui lui revient dans la grande communauté des peuples. L'éducation au sens critique et l'acquisition des méthodes scientifiques sont certes importantes. Mais non moins nécessaires, en notre temps, l'ouverture aux valeurs d'admiration et de contemplation, et pourquoi ne pas le dire, d'adoration, la formation du jugement personnel, l'acquisition du goût esthétique, l'affinement du sens éthique, et l'approfondissement du sens religieux sans lequel l'humanisme purement rivé aux valeurs terrestres devient vite inhumain.

La Documentation Catholique,
19 février 1984, n° 1868.

SÉCULARISATION

Le mot *sécularisation* appartient au vocabulaire religieux. Il vient du mot *séculier* qui signifie appartenant « au siècle » (au monde) par opposition à ce qui se veut hors du monde. Il est employé pour désigner :

- le passage d'un religieux (qui est hors du monde et qui obéit à une règle — c'est-à-dire un régulier) à l'état de clerc séculier, c'est-à-dire en contact avec le monde ;
- la désaffectation de biens ou d'objets servant directement ou indirectement au culte et leur passage à un usage profane.

Les sociologues des années 60 en vinrent à utiliser le mot sécularisation pour signifier que la société civile échappait de plus en plus à l'emprise des institutions et symboles religieux : la foi chrétienne aurait perdu sa signification sociale et individuelle.

Un certain nombre de théologiens prirent acte de cette sécularisation grandissante. Beaucoup se réclamaient du théologien allemand Dietrich Bonhoeffer qui, emprisonné par les nazis, passa les derniers mois de sa vie à réfléchir sur l'avenir de la foi chrétienne dans un monde où l'homme s'est émancipé de la religion.

La question est de savoir si le diagnostic de ces sociologues et de ces théologiens était juste. Certes, la majorité des penseurs modernes leur donne raison. Mais une minorité grandissante clame contre cette gigantesque « erreur de diagnostic » suivant une expression de Jacques Ellul qui date de 1972. Certains tenants de la « Cité séculière », comme Harvey Cox, font maintenant partie de cette minorité qui voit, avec humour, les mêmes sociologues, ayant hier expliqué la sécularisation par la modernité, expliquer le retour du sacré aujourd'hui par la même modernité.

Perte d'emprise des Églises, crise de crédibilité, repli social, privatisation de la foi : les descriptions des années 60 partaient d'un constat réel que l'on peut sans doute analyser aujourd'hui davantage comme transfert du besoin religieux sur les idéologies de progrès. Celles-ci ayant montré leurs limites, la foi religieuse, longtemps considérée comme foncièrement incompatible avec la modernité qu'elles incarnaient, apparaît l'un des supports « d'une critique post-moderne de la modernité ».

La foi a acquis le statut post-moderne parce qu'elle passe pour le meilleur soutien de la reconnaissance de l'affectivité et de l'enracinement de l'homme dans son environnement naturel et social que niaient les grandes idéologies du progrès. Mais, cette image du sentiment religieux aujourd'hui ne peut manquer à son tour de poser des problèmes aux Églises. En particulier, elle réduit la tradition chrétienne à une sorte de boîte à outils dans laquelle on puise au gré de sa subjectivité pour rechercher son bien-être spirituel...

Peut-être est-ce cela qu'il faudrait appeler aujourd'hui la « sécularisation » : il s'agirait alors de décrire le passage d'un christianisme régulé par une autorité ecclésiale à un christianisme sans « règle ». ■

(Voir aussi Index : Martini (cardinal), Déclaration sur la sécularisation).

L'élan de la foi

Analysant la pensée de saint Augustin sur la foi, le théologien Henri de Lubac écrit :

« La foi en Dieu est un mouvement qui commence par la « conversion » : le baptême est sacramentum conversionis et fidei. *Mais ce mouvement de conversion n'est en effet qu'un commencement. Par lui, un dynamisme est amorcé ; un voyage est inauguré, qui doit maintenant se poursuivre. Le croyant n'est pas installé dans un état qu'il n'aurait qu'à conserver ; il ne peut lui suffire de ne pas retourner en arrière, de ne pas renoncer à la foi de son baptême. Il doit marcher, s'avancer.*

C'est ce qu'Augustin explique au moyen de quatre verbes : « Croire en Dieu, c'est tendre vers lui ; c'est aller vers lui ; c'est progresser chaque jour sur le chemin qui conduit à lui ; c'est enfin accéder jusqu'à lui. »

HENRI DE LUBAC,
La Foi chrétienne, Aubier.

▶▶▶

pas » (Lc 22, 67). On a même pu dire que Marc avait construit tout son Évangile pour essayer d'expliquer pourquoi Jésus refusait d'être appelé le Messie (ce que les exégètes appellent le secret messianique), et comment Jésus avait évité que la dimension immédiatement politique, alors associée à l'idée de Messie, lui soit attribuée.

Sauveur

Le refus de Jésus de se faire appeler Messie a ainsi conduit les premières communautés chrétiennes à parler plutôt de *Sauveur*. A cette époque, ce mot rendait mieux compte de la nature du Christ dans la mesure où la notion de Messie était trop liée, dans l'esprit des contemporains de Jésus, au salut du seul Israël. Être sauveur, c'est apporter le bonheur *à tous les hommes*, que Dieu aime, jusqu'à la mort et au-delà de la mort, pour l'éternité, c'est-à-dire la vie en abondance et en plénitude, la vie plus forte que la mort ; le pardon des péchés, c'est-à-dire la sainteté qui fait des hommes des amis de Dieu, familiers de sa maison, capables de chanter la louange de sa gloire. Dans la nuit de Noël à Bethléem, les bergers avaient déjà reçu d'un ange l'essentiel de cette bonne nouvelle : l'enfant qui venait dans la ville de David était Sauveur, Christ et Seigneur.

Nouveau Moïse

En fait, dans le Nouveau Testament, jamais Jésus ne s'appelle ni est appelé le Nouveau Moïse. Cette appellation viendra un peu plus tard. Mais elle s'impose puisque, huit fois, Jésus se présente en posant des gestes qui rappellent explicitement Moïse, et que Matthieu, dans son Évangile, fait un parallèle explicite entre les deux hommes en faisant donner sur la Montagne une nouvelle Loi par Jésus (Mt 5), tout comme Moïse avait « donné » la Loi juive à partir de la montagne du Sinaï. Jésus apparaît ainsi comme le successeur d'un des plus grands parmi les « tutoyeurs » de Dieu : mieux que lui, il renouvelle l'Alliance et en promulgue une nouvelle Charte.

Fils de David

Le Messie promis par Dieu devant être, selon les Écritures, un successeur de David (1 R 8, 24-26, Is 7,13-14), l'appellation de Fils de David avait surtout pour but d'indiquer la fidélité de Dieu à sa promesse. Matthieu l'utilise dès la première ligne de son Évangile.

Fils de l'homme

Autant qu'on puisse le savoir, Jésus aimait se désigner lui-même par ce titre, énigmatique. Une expression voisine, celle de « Fils d'homme », est employée dans les livres prophétiques d'Ezéchiel et de Daniel pour évoquer un être mystérieux dont la mission, enveloppée de gloire et de majesté, était de mettre en communication le ciel et la terre, le temps et l'éternité. Mais l'expression était peu employée au temps du Christ, et, sans doute, pour la plupart de ses contemporains, Fils de l'homme ne signifiait rien d'autre qu'homme (à l'époque on appelait le charpentier « fils de charpentier » ; le prêtre « fils de prêtre », etc.).

▶▶▶

La présence de l'absent présence de Dieu

Le christianisme, aussi paradoxal que cela puisse paraître, n'est pas d'abord une religion de la présence de Dieu, mais de son absence. Ce n'est pas pour rien que les Romains considéraient les chrétiens comme des athées. Le monde antique est littéralement rempli de dieux. La lune, l'orage, la reproduction : les dieux sont partout. Ils interviennent dans la vie humaine, se marient avec les jeunes filles et apparaissent au détour des chemins.

Les Juifs furent les premiers à rejeter une telle vision du monde. Derrière la nature, Dieu n'existe pas ! Et de se gausser de ces Baals en transformant leur nom en Beel Zebud, les dieux des mouches. La Bible est pleine de moqueries car elle croit en la Création. Dire que Dieu a créé le monde, c'est, équivalemment, dire que le monde se distingue de lui. Le monde est créé par la Parole de Dieu (unique parole pour un monde unifié). Mais Dieu n'est pas le monde, n'est pas dans le monde, il est transcendant. Et si les dix commandements disent : « Tu ne feras aucune image sculptée de rien qui ressemble à ce qui est dans les cieux là-haut, ou sur terre ici-bas, ou dans les eaux au-dessus de la terre » (Dt 5,8), c'est pour rappeler à l'homme que rien de visible ne parle directement de Dieu. Dieu est Autre. Ailleurs.

Par contre, il a voulu parler aux hommes. « Au commencement, dit saint Jean (1,1), la Parole était ». Si « Dieu, nul ne l'a vu » (Jn 1,18), beaucoup peuvent l'entendre. Sa présence est de l'ordre de la Parole. La musique que l'on ne peut fixer ni emprisonner dans ses mains, la lettre qui rend présent l'absent sans qu'on puisse le saisir, sont des comparaisons qui peuvent faire comprendre, un peu, le type de présence de Dieu sur terre, une présence de Parole.

Mais, pour saisir cette présence de Parole, il faut littéralement faire l'expérience d'un changement d'être, d'une nouvelle naissance (c'est à tous les commencements de rencontre avec Dieu que la Parole est). Jésus l'explique à Nicodème au début de l'Évangile de Jean : « Nul, s'il ne naît d'en haut, ne peut voir le Royaume de Dieu (Jn 3,1-3) ».

Cette présence de la Parole est aussi celle que l'on découvre dans l'Eucharistie. L'Eucharistie est un pain de route qui signifie, par son existence même, l'absence de Dieu. C'est parce que Dieu n'est pas encore tout en tous, c'est parce qu'ils ne sont pas encore dans la Jérusalem nouvelle, que les chrétiens se réunissent. Dans cette demande, le Christ se rend présent à eux avec toute la réalité mystérieuse d'une Parole qui se fait pain, qui se fait chair (Jn 6, 51-58). Mais s'il se donne réellement au chrétien, il ne se laisse pas saisir, car Dieu dit toujours à l'homme depuis sa Résurrection : « Ne me touche pas, je suis le Tout-Autre. » ■

ÉLUS (ÉLECTION)(1)

Élus, élection sont des mots qui prêtent à confusion entre le sens moderne (les élus du canton...) et le sens consacré dans le langage religieux chrétien. Entre les deux, il y a danger de rétrécissement des proportions.

Car l'élection est un fait tout à fait décisif dans la foi d'Israël en premier lieu (puis de l'Église, nouvel Israël), et pour la conscience des croyants. C'est l'expérience sans cesse renouvelée, même et surtout en temps de détresse, d'être choisi par Dieu, et du coup mis à part, on verra en quel sens, parmi les « nations » ; bref d'être l'objet d'une vocation unique, d'un amour particulier de la part de Dieu. On n'en finirait pas de relever dans la Bible les citations où cela s'exprime, soit à propos du peuple tout entier, dans l'Alliance (« Je serai ton Dieu et tu seras mon peuple »), soit à propos de vocations particulières à une fonction ou un office (rois, prophètes, prêtres).

Il faut d'abord tenter d'énoncer trois composantes positives de cette expérience, avant de signaler deux risques majeurs de mal comprendre le terme.

Un amour prévenant de Dieu

Il y a en premier lieu cette idée d'un *amour prévenant de Dieu*. C'est lui qui a l'initiative, qui aime le premier. C'est cela l'expérience de grâce, du gracieux, du gratuit, comme l'enfant désiré et attendu par un couple est aimé avant même de venir au jour ou de pouvoir aimer en retour. Pour retrouver cette expérience, nous devons à tout prix bannir du mot « choix » tout ce qui connote l'utile ou l'inutile, la réponse à un besoin, la délibération en fonction d'un intérêt, etc.

La surabondance

Il y a, par suite, dans l'idée d'élection, l'idée de *surabondance*. Plus grand même que l'abîme de nos fautes, il y a le sans-fond de l'amour de Dieu. « Car, si notre cœur nous accuse, Dieu est plus grand que notre cœur » (1 Jn 3,20). Qu'on pense aussi aux 144 000 élus dont il est question dans l'*Apocalypse*, ce dernier livre de la Bible qui montre le terme du chemin : ce nombre symbolique réussit le tour de force d'être à la fois un nombre (contre tout anonymat des foules) et d'indiquer une plénitude de plénitude (dans 144 000, 144 est le total de 12 x 12 suggérant les membres des 12 tribus d'Israël, et 1 000 représente la multitude infinie.) (Ap 7, 4).

Sauver et faire grâce

Il y a enfin l'idée de *sauver et faire grâce*. Et ce sens est généralement reconnu : les élus sont les sauvés, ceux qui sont entrés dans la vie et l'amitié de Dieu à jamais. Ici le langage oppose souvent élus et réprouvés, non sans risque de se heurter aux deux difficultés dont il faut parler maintenant.

Le premier piège, quand il s'agit de l'élection, c'est d'en faire le résultat d'un arbitraire. On entend : élu, choisi, etc., et l'on comprend : préféré, privilégié (et donc il y a des exclus). On fait alors de Dieu un despote injuste et scandaleux. Ce piège n'est pas sans lien avec le second : l'élection, se portant sur peuple ou individu particuliers, rejetterait l'universel. C'est ainsi qu'on a (mal) interprété parfois le célèbre : « Beaucoup sont appelés, mais peu sont élus » (Mt 22,14). Quoi qu'il en soit de l'interprétation de ce verset dans son contexte, le sens général reste qu'à la grandeur de l'appel, et du don de Dieu, correspond la *radicale exigence d'un changement de vie*, ce que peu réalisent vraiment. Pour en revenir à l'élection, un exemple simple peut nous faire comprendre : les parents aiment chacun de leurs enfants, ce n'est pas pour cela qu'ils ne les aiment pas tous. L'amour partagé n'est pas restreint mais multiplié.

L'élection signifie que chacun est unique, que Dieu ne nous aime pas en général, mais chacun en particulier, tels que nous sommes, — et, pour Israël, tel qu'il est, avec ses qualités et ses défauts, sa manière d'être propre et ses particularités. De la même manière, le Fils de Dieu, qui est l'Unique, n'épouse pas l'humanité en général : il est cet homme Jésus, particulier, d'un temps et d'un lieu, avec un prénom et une histoire. Mais, en même temps, toute vocation particulière, et celle d'Israël d'abord, est corrélative d'une mission universelle : allez dire à tous que chacun est aimé pour lui-même. Quant au Christ, il est tellement unique qu'il est seul vraiment universel. Il n'y a d'uniques que solidaires. Ce sera le labeur des prophètes d'ouvrir et d'universaliser le message d'Israël, ce sera le défi et la mission du premier groupe chrétien que de proclamer le franchissement de frontières : personne ne saurait, pour ceux qui suivent le Christ, être étranger.

L'expérience de l'élection doit donc être étroitement liée à l'Évangile, la Bonne Nouvelle du salut *de tous* en Jésus-Christ. Elle reste décisive pour saisir que cette immense aventure est bien *pour moi*, d'une manière unique. « Leur vie aura du prix à ses yeux » (Ps 72,14). ■

(1) Voir aussi p. 702

Ph. Rapho

L'Enfer, détail de la fresque du Jugement dernier (fin XVe s.). Cathédrale Sainte-Cécile à Albi.

Voilà ce que fait un ami

De tout mon cœur je crie vers Dieu !
Mon cri semble tomber à rien.
De tout mon cœur, le Seigneur crie vers Dieu :
Dieu l'entend, et il vient.
Le Seigneur est amour, nous faisons cœur à deux,
Dieu fait cœur avec lui,
Car le Seigneur est Dieu :
Voilà ce que fait un ami !

Le Seigneur a tout l'homme en amour,
Tout homme ne le sait pas.
Le Seigneur veut tout homme d'amour,
Il donne tout, pour qu'il le soit.
Il s'est fait corps au corps humain,
Mon sang peut passer par son cœur ;
Il lui donne sa source et sa fin :
Voilà ce que fait le Seigneur !

Dans sa nuit de confiance, il l'envoie
Porter à tout le corps son amour ;
Il le rappelle de sa voix
Pour le recharger en amour.
Tendrement il se fait des sujets,
Patiemment, il leur forme des yeux
Pour qu'ils témoignent de la vérité :
Voilà ce que fait notre Dieu !

PATRICE DE LA TOUR DU PIN,
Concert Eucharistique,
Ed. Desclée.

Ph. B.N.

MYTHOLOGIE

(Du grec *muthos,* fable, et *logos,* discours, science). C'est l'ensemble des mythes, légendes et récits pseudo-historiques propres à une civilisation ou à une religion donnée.
C'est aussi la science qui étudie ces mythes, leurs origines, leur évolution, et procède à leur comparaison d'une culture à l'autre (mythologie comparée). ■

Lorsqu'un mot, une expression, un événement, une institution, un nom propre vous sont inconnus, consultez l'index.

Les quatre fleuves du Paradis. Lettrine.
Le livre de la *Genèse* (2,10-14), décrivant le jardin d'Eden (le paradis terrestre), où il situe symboliquement les origines de l'humanité, en voit sortir quatre fleuves, dont le Tigre et l'Euphrate, ce qui fait souvent situer ce jardin en Mésopotamie (Irak actuel).

Qu'est-ce que la « démythisation » ?

Les mythes : des fables ?

Quiconque a un peu lu la Bible n'a pas manqué d'être étonné par certains de ses récits, par exemple, dans la *Genèse*, les deux récits de la Création (ch. 1 et 2). Les exégètes disent que les écrivains sacrés ont emprunté à la culture de leur temps des éléments de « récits mythiques », c'est-à-dire de fables populaires dont les thèmes tournent autour de l'origine du monde, de l'homme, de la vie, du sens de la mort, etc.

On peut faire une double lecture d'un mythe. D'une part, en tant que fable, invention imaginaire souvent pleine d'invraisemblance (la citrouille de Cendrillon se transforme en carrosse), il peut être une œuvre d'art, mais n'a aucune valeur de vérité : il n'est pas une explication du monde.

D'autre part, en tant qu'expression de la vie humaine, il a une vérité de « signification » : il nous livre quelque chose de l'homme de ce temps et de tous les temps.

Jusqu'au début de ce siècle, on considérait que les mythes n'avaient d'autre intérêt que de nous manifester le niveau « infantile » de nos ancêtres, que l'on croyait incapables de discerner le réel du fantastique. Les recherches des ethnologues, des psychologues, des historiens des religions ont montré que, à travers ces constructions fabuleuses, il y avait l'expression d'une réalité profonde de la vie humaine. L'invention de ces « fables », leur fixation dans des poèmes et leur insertion dans des rites importants de la vie collective, leur transmission de génération en génération, tout cela correspondait à bien autre chose que le moyen de satisfaire un « besoin de merveilleux », ou de se distraire des ennuis de la vie quotidienne (comme la TV ou le cinéma aujourd'hui donnent à l'homme sa part de rêve).

L'utilité des mythes

Ces mythes se réfèrent toujours à l'origine première du monde, de la vie, de l'humanité ; ils la décrivent à partir des expériences quotidiennes de l'existence : la nature (plantes, animaux, autres hommes, l'eau, le vent, le feu, la mer, les « abîmes », les volcans, etc.), les changements (nuit et jour, soleil et lune, hiver et été, naissance, vie et mort, les âges de la vie), les événements mystérieux (la fécondité, la mort, l'apparition d'une comète, une éclipse du soleil, la découverte du cuivre, du fer, etc.).

Ils nous transmettent des messages ; ils se veulent porteurs de clés pour sortir de l'angoisse qui étreint les hommes devant des questions lancinantes et sans réponse : d'où venons-nous ? Qu'est-ce que la mort ? Qu'est-ce que la vie ? Quelle différence entre les hommes et les animaux ? Pourquoi hommes et femmes ? Pourquoi utiliser telle technique de fabrication, de chasse, de cuisine ? Quels actes sont porteurs de bonheur ou de malheur ? Pourquoi les astres du ciel, et quel rôle ont-ils dans la vie des hommes ?

Dans le groupe où ils sont reçus comme lumière sur l'homme, comme « sagesse », ils apportent une forme de réponse aux questions que l'homme se pose. On ne peut donc les considérer a priori comme radicalement faux, car ils expriment une expérience de l'homme tentant de surmonter l'angoisse née de l'ignorance, du vide, de l'obscurité, de l'inconnu. On peut même dire qu'ils sont un témoignage de l'esprit qui anime l'homme et le pousse à dépasser les limites qui l'enferment de toutes parts.

Leur rôle est fondamental : ils balisent la route de l'homme en offrant une orientation à sa pensée et à son action ; ils mettent un ordre dans le chaos qui l'entoure ; ils lui donnent le moyen de vivre en harmonie avec les puissances mystérieuses, les forces cachées de la nature (tonnerre, inondations, éruptions, incendies) ou des rêves vivants (lions, serpents, etc.) ; ils lui permettent aussi de supporter l'idée de la mort, en le rassurant sur le caractère permanent et perpétuel de sa propre identité ; ils lui procurent le sentiment de l'accord et de la participation des forces cosmiques lors des décisions qui engagent son existence (mariage, migration, chasse, guerre, alliances, plantations, moissons, etc.).

Les mythes sont fragiles mais résistants

Des mythes restent des constructions fragiles : ils valent pendant un temps ; lorsque le progrès de la réflexion, le brassage des cultures font mieux discerner les rapports de causalité dans la nature et l'impuissance du récit imaginaire à dépasser le monde de l'expérience sensible grossière, alors les mythes cèdent la place à la réflexion rationnelle, à la science, à la théologie.

☞ Il ne faut pas croire pour autant que leur existence se termine avec l'avènement de la pensée grecque ou de la science contemporaine. La « fonction mythique » subsiste aujourd'hui encore, car l'angoisse des hommes est toujours présente devant les mêmes questions. Si l'intelligence rationnelle explique comment fonctionne le monde, elle ne donne aucune signification à la vie ou à la mort de l'homme, à l'amour et à la haine. Simplement, cette fonction mythique recourt à d'autres thèmes et à d'autres images. C'est, par exemple, le mythe (déjà dépassé) du progrès, qui devait, grâce à la science, résoudre tous les problèmes de l'homme ; celui, plus récent, du retour à la nature, et d'une forme d'écologie à base de recherche du paradis terrestre ; celui d'une humanité pleinement réconciliée et qui aurait évacué toutes ses causes de discordes et de conflits (certains socialismes) ; celui de l'expansion de l'initiative individuelle dans une liberté aboutissant au bonheur pour tous (un certain capitalisme) ; celui des « surhommes protecteurs de la cité » ou du chef charismatique, etc.

Dans la science elle-même on trouve, aux frontières de l'inconnaissable, telle ou telle pensée mythique : chez Newton l'idée de gravitation universelle, action à distance et instantanée de tous les corps de l'univers les uns sur les autres ; en physique nucléaire, le mythe de la particule originelle, dont toutes les autres seraient des combinaisons ; le mythe unitaire : toutes les énergies ne serait que des manifes-

RUDOLF BULTMANN (1884-1976)

Réformé, venu de la théologie dite libérale, Bultmann a cherché à rendre l'Évangile plein de sens pour aujourd'hui. Pour cela, ayant adopté les idées existentialistes de Martin Heidegger (1889-1976), il essaya de réinterpréter l'Évangile à leur lumière.

Pour lui, les « existentiaux » de chaque homme sont sa responsabilité, ses trahisons, son trouble, son angoisse, sa mort : l'Évangile éclaire les existentiaux par la Croix du Christ. Croire en la Croix, c'est ne plus chercher de sécurité mais vivre de la grâce et du pardon de Dieu, c'est-à-dire s'identifier au Christ.

Il est probable que sa réputation vient moins de sa théologie que de sa manière d'étudier la Bible. Il est, en ce domaine, un des fondateurs de l'école critique. Sa théorie a été exposée dans un article fameux, paru en 1941, « Démy-thologisation » : il distingue la réalité historique et la vérité reçue de la foi, le mythe. Pour lui, l'histoire du salut présentée par le Nouveau Testament est mythique et doit être réinterpré-tée en fonction de la certitude « scientifique » que Dieu ne peut se manifester dans l'histoire. ■

tations d'une même réalité fondamentale qui s'appellerait aussi matière.

Mythe et démythisation

On entend par démythisation la disparition d'un mythe au profit, soit d'une explication rationnelle, soit d'un autre mythe qui remplace le précédent (par exemple, un certain pangermanisme du XIXe siècle faisant place, sous Hitler, au mythe d'une race aryenne supérieure à toutes les autres).

En tant que critique rationnelle et méthodique des mythes, la démythisation vise moins à les supprimer qu'à en faire ressortir, sous le voile des images symboliques qui le composent, le « noyau dur » de vérité profonde qu'ils contiennent. La Bible est un exemple de « démythisation » des fables païennes : même si elle se permet de leur emprunter des images ou des paraboles, elle situe toujours l'homme dans sa liberté face à son créateur, dont elle sait que le nom est indicible (il est au-delà de tout ce que l'on peut en dire). Et si elle ne se gêne pas pour employer à l'égard de Dieu un langage « anthropomorphique », c'est-à-dire recourant à des références humaines, elle souligne toujours l'imperfection du langage humain : « Tu es Dieu et non pas homme ».

Il convient de ne pas confondre langage mythique et langage symbolique : tout langage humain, même le plus rationnel, ne peut en effet communiquer que par l'intermédiaire de symboles (*cf.* les mathématiques). Ne pas confondre non plus avec des récits mythiques, comme a voulu le faire l'exégète allemand Bultmann — le grand théoricien de la démythologisation de l'Écriture sainte — tout ce qui, dans la vie religieuse, est événements sortant de l'ordinaire (miracles, résurrection du Christ, etc.). Car les Évangiles eux-mêmes distinguent, d'une part, les faits et, d'autre part, les récits didactiques ; ces derniers peuvent très légitimement, comme le fait tout professeur, utiliser images et comparaisons pour ouvrir l'esprit de l'auditeur. ■

▶▶▶

En se présentant comme *Fils de l'Homme*, Jésus posait question à ses contemporains. Il empêchait qu'on ne l'enferme dans des idées toutes faites sur ce qu'il aurait dû faire ou ne pas faire en qualité de Messie. Il évitait qu'on l'oblige à jouer un rôle politique qui n'était pas le sien, celui de héros de la résistance contre les Romains. Par son allure mystérieuse, impossible à réduire à un seul trait particulier, le nom « Fils de l'Homme » conduisait à s'interroger, à réfléchir. Porter ce nom, c'était à la fois être homme, authentiquement homme comme les autres, et en même temps être homme avec une plénitude qui n'appartient à aucun autre des individus de l'espèce humaine.

Serviteur et agneau

D'après les derniers oracles attribués au prophète Isaïe(1), devait venir un serviteur préféré par Dieu, en qui se résumerait l'amour de celui-ci pour son peuple. La mission de cet « élu » serait difficile, car, pour donner à tous la vie et le salut, il devrait être défiguré, traité comme une bête de boucherie, il aurait à donner sa vie en sacrifice pour les multitudes, frappé de la peine qui aurait dû s'abattre sur tous les autres. A cause de cette fidélité sublime dans l'obéissance, il pourrait entrer dans la gloire, afin d'y introduire avec lui une multitude de frères.

On comprendra mieux encore les allusions du Nouveau Testament si l'on sait que, dans la langue des évangiles (le grec populaire du bassin méditerranéen au Ier siècle), le même mot est employé pour dire le *serviteur* et l'*enfant* ou le *fils* ; tandis que, dans la langue maternelle de Jésus, l'araméen, le même mot veut dire le *serviteur* et l'*agneau*. Ainsi était-il facile de glisser d'un sens à l'autre. Jésus était à la fois *serviteur*, *Fils de Dieu* et *Agneau de Dieu*.

Lumière et parole

Dans l'Évangile de Jean tout spécialement, le croyant découvre que Jésus reçoit des noms et des fonctions qui répondent aux questions les plus essentielles de l'humanité. Qu'on s'interroge sur la nourriture, la boisson, la lumière, le chemin de la vie, Jean ramène constamment au centre lumineux où, pour lui, tout converge : la personne de Jésus et sa Parole. Mais il privilégie l'appellation de *Parole*; dans un monde où les philosophes pensaient que le concept, la Parole (le *logos* en grec) donnait le sens de toutes choses, Jean appelle Jésus, *Logos* (en latin *Verbum*, et en français *Verbe* ou *Parole*). Et, ce faisant, il s'inscrit dans une longue tradition biblique sur la parole créatrice de Dieu. En Jésus, la parole éternelle de Dieu se fait être humain. En voyant Jésus, Jean a la conviction que l'on découvre le sens de toute chose et que l'on voit la splendeur la plus merveilleuse qui soit, la propre gloire de Dieu.

Seigneur

C'est la transcription du nom juif, imprononçable, des quatre lettres sacrées évoquant Dieu, évoquant celui qui avait dit à Moïse : « Je suis qui je suis ». Pour les Hébreux, ce nom très saint s'écrivait YHWH, quatre consonnes sans voyelle, pour qu'on évite de les profaner en les prononçant.

(1) Les 4 « chants du serviteur » : 42, 1-4 ; 49, 1-6 ; 50, 4-9 ; 52, 13 et 53, 14.

▶▶▶

▶▶▶

L'audace était fantastique. Dire « Jésus est Seigneur », c'était l'assimiler, l'identifier même, au Dieu créateur, le Très-Haut et Tout-Puissant. Audace forte et très dangereuse : car si le mot en hébreu renvoyait au Dieu des Dieux, le Dieu vivant d'Abraham, d'Isaac et de Jacob (les autorités juives condamnèrent Jésus pour blasphème, pour s'être déclaré le Fils de Dieu), le mot en grec *(Kyrios)* était réservé à l'empereur romain, qui aimait à se faire respecter comme un dieu et qu'on divinisait volontiers après sa mort. A tel point que déclarer « Jésus est Seigneur », c'était refuser que César fût seigneur ; acte d'insoumission qui pouvait conduire au martyre et y conduira dans les faits. Être chrétien, c'était alors jouer toute sa vie, c'est-à-dire risquer la mort, pour cette affirmation que Jésus est le Seigneur.

Prince de la vie

A côté des noms qu'ils ont puisés dans la culture juive et (peut-être) grecque de leur époque, les premiers chrétiens forgeaient d'autres titres. Prenons un seul exemple. Pierre et Jean viennent de guérir miraculeusement un infirme à la Belle Porte du Temple de Jérusalem (Ac 3). Les gens sont stupéfaits et prêts à attribuer aux deux apôtres une puissance surhumaine. Pierre prend la parole pour dire : ce n'est pas notre force à nous, c'est la force de Jésus qui a guéri cet homme. Comment appelle-t-il alors Jésus ? « Le Saint et le Juste », puis surgit une expression fantastique : « Le Prince de la Vie ». Fantastique en effet : voici quelques semaines encore, Jésus était là en chair et en os. On a été témoin de sa mort. Et voilà qu'on lui attribue la capacité d'être le conducteur de la vie, comme le fondateur, l'auteur, la source de la vie, celui qui marche en tête du cortège des vivants, en leur transmettant la force rayonnante de sa vie à lui.

On commence ici à deviner un élément très important pour notre réflexion. Pourquoi, dès la première génération chrétienne, à l'époque où se constituait la tradition qui allait fixer par écrit les textes du Nouveau Testament, pourquoi assistons-nous à une si large prolifération des titres et appellations pour désigner Jésus, son être et sa mission ? C'est ainsi que prend corps une conviction : ce Jésus qu'ils avaient connu et entouré d'une amitié fraternelle, dont ils avaient été durant des mois les compagnons quotidiens, ce Jésus qu'ils avaient senti si proche et tellement incomparable à eux, ce Jésus était décidément inclassable, irréductible à n'importe quelle explication simple. Aucun mot du langage courant, aucune catégorie préétablie, aucune théorie toute faite ne suffirait à dire le mystère de sa vie. Il était trop grand et surtout trop nouveau pour qu'on puisse le définir à l'aide d'un quelconque mot emprunté au langage d'hier.

Mais ce que tous ont voulu transmettre, c'est la place extraordinaire que Jésus avait prise dans leur vie. Au point qu'ils étaient prêts à donner cette vie pour lui. Le premier martyr, Étienne, au moment où on le lapide, s'écrie : « Je contemple les cieux ouverts et le Fils de l'Homme debout à la droite de Dieu » (Ac 7, 54-60). Et, de la même manière que Jésus avait dit : « Père, entre tes mains je remets mon esprit », Étienne, expirant, va dire : « Seigneur Jésus, reçois mon esprit ». Le premier martyr était persuadé que Jésus était prince de sa vie aussi intensément que le Père, et que c'était

▶▶▶

Conception freudienne de la religion

Freud s'intéresse aux effets psychologiques de la religion sur les individus. L'homme, pour vivre en société, doit renoncer à ses instincts primitifs. En échange de ce renoncement, la culture le protège contre la puissance hostile de la nature et contre la dure nécessité de la vie collective. Cette tâche de consolation, selon Freud, est assurée par la religion.

Cette consolation purement affective prolonge l'enfance de l'individu et l'empêche de développer sa maturité. En effet, devant le conflit irréductible qui oppose les désirs et la réalité, la religion fait appel à l'image d'un Père tout-puissant et protecteur. De même que l'enfant projette sur son père la toute-puissance de son désir narcissique (en terme de psychanalyse, le narcissisme est la fixation affective à soi-même), qu'il imagine ainsi satisfait, de même l'homme religieux cherche dans son intimité avec le Dieu-Père à calmer l'angoisse née de la frustration de ses désirs.

La consolation religieuse s'adresse au désir de l'individu. Elle construit un monde imaginaire, sur le mode enfantin, qui satisfait le désir humain de manière illusoire. Du même coup, elle retire à la réalité tout son poids et toute sa valeur. Pour Freud, la religion est une illusion parce qu'elle provient du désir des hommes de ne pas se laisser limiter par les contraintes du réel.

Le sacré est un stade de l'histoire de la conscience. Autrement dit, être, ou plutôt devenir un homme signifie être religieux.

Mircea Eliade

Le sacré, c'est spécifiquement la présence de l'absence, la manifestation tangible de ce qui normalement est dérobé au sens et soustrait à l'humaine saisie. Et l'art, au sens spécifique où nous autres modernes le comprenons, c'est la continuation du sacré par d'autres moyens.

Marcel Gauchet

Détail de l'Agneau mystique de Van Eyck (XVe s.). Gand.

Inconscient et religion

L'analyse de Freud va plus loin : si la religion offre quelque chose à l'homme pour calmer son angoisse, elle est aussi une pratique rituelle. L'individu célèbre sa relation au Dieu-Père consolateur à travers des rites dont le cérémonial est très contraignant. Or, il y a une parenté entre le rite religieux et le mécanisme psychique de l'obsession. Par des actes répétitifs et par des paroles (qui symbolisent des défenses), l'être humain, aux prises avec ses obsessions, cherche à lutter contre un désir où il voit un danger pour lui. Mais son tourment ne passe jamais ; ses défenses deviennent de plus en plus compliquées, jusqu'à lui imposer des ordres impossibles à exécuter ; ainsi parvient-il à annuler son désir. Toujours selon Freud, le cérémonial religieux comme le cérémonial de l'obsessionnel résulte d'une culpabilité inconsciente ; il a pour objet de prémunir l'individu contre toute punition de la part des dieux.

Cette culpabilité inconsciente serait liée au souvenir d'un événement fondateur de la religion. La communauté serait née du meurtre d'un père violent, modèle envié et redouté. Les fils auraient mangé leur père pour s'identifier à lui, mais, en même temps, ils se seraient mis à regretter leur acte. Par ses repas sacrificiels, la religion commémorerait ce meurtre primitif et lierait les frères dans une culpabilité commune.

Ce meurtre fondateur, dont Freud voit la célébration dans le repas eucharistique des chrétiens, est au niveau collectif l'analogue du complexe paternel d'origine œdipienne. Dans le cas de la névrose, des souvenirs remontant à la période de la vie où le complexe d'Œdipe s'est développpé chez le patient resurgissent en lui de façon déguisée, sans qu'il puisse en comprendre le sens. De leur côté, les commémorations religieuses, et en particulier les sacrifices, sont les symptômes du souvenir refoulé du meurtre primitif constitutif de la communauté elle-même. Ainsi, pour Freud, les religions fonctionnent comme des névroses collectives.

La foi stimulée par la critique freudienne

L'explication freudienne du côté névrotique de la religion repose sur des hypothèses historiques qui se sont révélées fausses. Mais sa dénonciation de l'illusion au cœur des croyances religieuses n'en rencontre pas moins un large consensus. En fait, l'analyse du rôle du désir dans l'édification d'une croyance en un Dieu ne peut pas ne pas interroger le croyant.

Certes, la critique résultant de l'analyse freudienne peut destructurer l'édifice culturel et religieux ; si le chrétien prend au sérieux les données de la psychanalyse, il risque d'être quelque peu malmené dans sa foi. Mais il sera, par contre, conduit à purifier celle-ci de toute idolâtrie. La psychanalyse montre en effet à l'homme religieux du XXe siècle sa caricature et sa perversion. Elle révèle comment naît une idole, quand on fait de Dieu un père à l'image du désir humain, désir toujours frustré sur cette terre par un réel trop encombrant. Le Tout-Autre n'est rien de plus alors que le fruit de fantasmes d'un esprit qui régresse jusqu'au stade infantile pour essayer de récupérer un paradis perdu. Ainsi la psychanalyse met-elle en garde le croyant contre le risque qui le guette de récupérer Dieu pour le rendre identique à l'image idéalisée de tous ses désirs enfin satisfaits. Ce n'est plus Dieu alors qu'il rencontre, mais lui-même.

Si la psychanalyse éclaire le processus d'idolâtrie, elle n'a pas les moyens de dire si la foi n'est que cela. Dieu, en s'adressant aux hommes, en prenant l'initiative de leur révéler quelque chose de son infini dans le cadre fini, limité, de la parole humaine, en s'incarnant, a pris le risque de ce que dénonce l'analyse freudienne ; mais, en même temps, Dieu révèle au croyant une dimension possible de son désir, autre que le narcissisme régressif et le retour de l'infantile. Si le croyant vit cet événement extraordinaire d'un Dieu qui s'est fait intime à ce qu'il y a de plus intime en lui, il témoigne par sa vie que l'homme n'est vraiment homme que quand son désir quitte ses peurs et ses angoisses et se tourne vers la transcendance : loin de le détruire, de le diminuer ou de le bloquer, celle-ci l'appelle à se situer dans le risque d'un avenir toujours à inventer et à réaliser. ■

Sacré et profane

Le sacré est ce qui permet de faire une expérience du divin. Le sacré est donc une réalité (une valeur, un objet, un lieu, un temps, une personne) qui est, pour quelqu'un, à la fois un signe de la présence de Dieu et un rappel de sa condition de créature.

Le profane est ce qui n'est pas sacré.

A vrai dire, les spécialistes (philosophes des religions, exégètes de la Bible, historiens de la pensée chrétienne, théologiens et philosophes) ne s'entendraient pas sur de telles définitions qui, de fait, posent beaucoup de problèmes.

Les mots sacré et profane — et les expressions qui leur sont proches — n'ont pas la même signification dans les différentes langues, ce qui conduit à penser que ce sont des expressions dont le sens dépend des cultures et des personnes.

Le vocabulaire du sacré et du profane

Sacré : le mot vient du latin *sacer*, terme qui figure dans les plus anciennes inscriptions que l'on ait trouvées à Rome. *Sacer* a trois sens principaux : existant, numineux, qui appartient au Dieu. Le verbe *sancire* qui en provient signifie : rendre réel, rendre effectif, garantir. De ce verbe provient le français *sanctionner* qui, à l'origine, veut dire établir par la loi, mais aussi les mots *saint* et *sacré*. A l'origine, *sanctus* renvoie plutôt à une action : ce qui est vénéré ; *sacer* à un état : ce qui existe vraiment et appartient à Dieu (l'hébreu ou l'allemand ne font pas la distinction entre saint et sacré).

Numineux (du latin *numen, numinis*, volonté divine, puissance de la divinité). Pour un certain nombre de philosophes de la religion, le numineux est ce qui crée chez quelqu'un le sentiment d'être une créature, de n'être pas grand chose, de se sentir tout petit. Le numineux fait naître à la fois une frayeur, un effroi, le sentiment fort d'être étranger, et, en même temps, exerce une fascination.

Profane (du latin *pro-fanum*, ce qui est devant, le lieu sacré, le temple). L'étymologie explique le sens courant du mot : est profane ce qui n'est pas sacré.

Tabou. Terme d'origine polynésienne recouvrant un ensemble d'interdictions rituelles qui ont pour effet de cantonner le « divin » à sa place et de permettre ainsi la vie ordinaire.

(Voir aussi Index : Pur, Impur, Sacrifice).

Des concepts au sens relatif

Si les théologiens font une grande utilisation des mots *sacré* et *profane*, ils ne mettent pas forcément la même chose sous ces deux notions. Tel identifie le sacré et le divin, tel autre les distingue. Pour l'un, la religion est l'ensemble de ce qui permet de faire l'expérience du sacré et donc de Dieu... Pour l'autre, il est impossible de faire l'expérience directe de Dieu. Il faut des « médiations », et le sacré est l'ensemble des réalités qui permettent à l'homme de se faire une idée de Dieu. Mais le divin, le religieux ne tombent jamais sous les sens, ne sont pas l'objet d'une expérience. Dieu est transcendant. Le plus grand nombre des théologiens reconnaît ensemble que les frontières entre sacré et profane sont mobiles : ce qui est sacré dans une civilisation ne l'est pas forcément ailleurs.

Une réflexion chrétienne sur le sacré et le profane

1. L'expérience du sacré est une expérience naturelle et constitutive de l'homme. C'est une expérience première, en ce sens qu'elle ne ressemble à aucune autre (ce qui explique pourquoi on a du mal à en rendre compte).
2. Cette expérience a été à l'origine, dans certaines civilisations, d'une conception sacrale du monde, c'est-à-dire d'une conception du monde où rien n'était vraiment profane, où « les dieux » manifestaient leur puissance à travers tous les éléments de la vie quotidienne et « sacralisaient » l'ordre établi.
3. Le judéo-christianisme s'est, dans ses principes, fortement opposé à cette vision sacrale du monde. Pour donner ou rendre à Dieu sa grandeur, sa transcendance, toute la Bible est comme un immense effort de désacralisation de la nature. Israël se moque des dieux qui se cacheraient dans les astres, dans les animaux ou la végétation, dans l'État ou dans les morts... Il les appelle les dieux des mouches. Jésus a poussé cet effort de désacralisation à sa fin en dépassant l'interdit du sabbat qui en faisait un temps sacré et en déclarant le sabbat pour l'homme.

Cette désacralisation a toujours semblé nécessaire à certains « prophètes » juifs ou chrétiens, car sans cesse le Peuple de Dieu a tendu à reprendre des éléments de la sacralité du monde dans lequel il vivait.

4. Aujourd'hui, on peut penser que la lutte contre une conception sacrale du monde a parfois dépassé ses objectifs. Au nom de la ▶

▶▶▶

à lui, Jésus, que le chrétien restitue son souffle de vie au moment de sa mort.

Dans l'expérience pascale, les chrétiens « redécouvrent » Dieu

Beaucoup aujourd'hui croient savoir ce que l'on doit mettre sous le mot Dieu, soit pour accepter, soit pour refuser son existence. Si Dieu existe, il a tout fait. Si Dieu existe, il est tout-puissant. Si Dieu existe, il est juge de l'homme, lui qui sait tout.

Sans du tout s'inscrire en faux, les premiers chrétiens, lorsqu'ils parlent de Dieu n'en parlent pas ainsi. La manière dont ils parlent de Dieu semble même complètement différente. Car, après tout, ce Dieu qui, dit-on, a tout fait, qui peut tout, qui sait tout et qui, en particulier, sait lire dans la conscience de chacun, ressemble tellement aux rêves les plus adolescents de l'homme concernant lui-même, que l'on ne peut pas ne pas le croire un peu imaginé.

En tout cas, les premiers chrétiens sont formels, ce n'est pas leur Dieu. Le Christ apporte une nouvelle conception de Dieu. Une nouvelle et véritable conception. Pour eux, Dieu, personne ne le connaît et, seul, le Christ en parle correctement : « Nul n'a jamais vu Dieu ; le Fils unique qui est dans le sein du Père, lui, l'a fait connaître » (Jn 1, 18). Pour eux, Dieu est vivant, il est même le Vivant par excellence (Lc 24, 5)... Et pour eux, Jésus de Nazareth n'a d'autre mission que de désigner, de révéler Dieu et d'inviter chaque homme à le découvrir, bref de tout « ramener » à lui (Is 49, 5).

Le père

Ce que Jésus dit du Père

Lorsque Jésus parle de Dieu, il s'adresse à des hommes et des femmes qui croient en Dieu. Ce que les auditeurs de Jésus savent sur Dieu n'est pas rien. Il existe. Il aime. Mais que savent-ils de plus ? Rien. Toute la Bible est un long cri : « Montre-nous ton visage » (Ps 80, 4), « Viens vite, réponds-moi, je suis à bout de souffle, ne cache pas loin de moi ton visage » (Ps 143, 7).

Même à ses plus grands amis, Dieu cache ses traits... Dieu reste inaccessible : « Tu ne peux pas voir ma face, car l'homme ne peut me voir et demeurer en vie » (Ex 33, 20). L'abîme entre Dieu et l'homme est si grand qu'il est impossible de regarder le soleil sans se brûler les yeux. Pas plus qu'on ne peut voir Dieu, on ne peut le nommer, dire vraiment qui il est. Quand Moïse lui demande son nom, il répond : « Je suis », « Je suis celui que je suis » ou, comme certains traduisent, « Je suis qui je suis » (sous-entendu « ce que je suis vous dépasse ») (Ex 3, 14). Même si le Juif est aux prises avec Dieu, il sait qu'il n'a pas de prise sur lui. Dieu est le Tout-Autre.

Or, voici Jésus. Sa résurrection donne un relief particulier à ses paroles. Et ses disciples se souviennent. *Il appelait Dieu son Père. Il était familier de Dieu.* Matthieu, Luc, Jean n'en finissent pas de s'étonner et d'essayer de retrouver les intonations de Jésus dans sa prière, sa conversation avec son Père : « Je te bénis, Père, Seigneur du ciel et de la terre, d'avoir caché cela aux sages et aux habiles et de l'avoir révélé aux tout-petits. Oui Père, car tel a été

▶▶▶

▶▶▶ *Suite de la page 617*

nécessaire (aux yeux des chrétiens) désacralisation du monde, on a pu refuser l'expérience du sacré qui est fondamentale à l'homme et que les chrétiens ne peuvent ni ne doivent rejeter.

Pour les chrétiens, le Christ est celui qui permet à l'homme de faire l'expérience de Dieu. Sa présence permet de faire l'expérience du sacré. Grâce au Christ, par les sacrements, la vie humaine, la réconciliation, la maladie, le manger et le boire, le mariage deviennent les signes même de la rencontre avec Dieu. Grâce au Christ, ces éléments de la vie profane deviennent significatifs de ce que toute la vie doit être chemin pour aller à Dieu.

Serions-nous revenus au point de départ d'une conception sacrale du monde ? Non, car la conception chrétienne s'en distingue par deux points : d'abord, contre ceux qui vulgarisent Dieu en le sacralisant et en faisant de lui un potentat délimitant la place de l'homme, elle préserve l'absolue transcendance de Dieu ; en outre, elle fait de l'homme — grâce au Christ — le centre, le lieu privilégié du sacré : la seule réalité sacrée pour un chrétien, c'est le Corps du Christ et tous ceux qui y participent.

5. L'Église catholique emploie le mot sacré dans un certain nombre d'expressions, Sacré-Cœur, vases sacrés, Sacré Collège, qui ont parfois vieilli mais qui veulent manifester le lien fondamental de ces réalités avec le Christ : c'est évident pour le Sacré-Cœur, les vases sacrés qui contiennent le corps et le Sang du Christ, et le Sacré Collège qui aide le pape à poursuivre la mission de sanctification du Christ. ■

La Science est limitée ? Tant mieux

La science est une merveilleuse aventure, mais elle est incapable de répondre à nos besoins de transcendance. Elle ne donne que des vérités relatives. Cela ne diminue en rien son efficacité, mais cela lui interdit d'atteindre une soi-disant vérité absolue, indépendante de nos formes d'esprit...

... La quête de vérité absolue ne peut être d'ordre scientifique... La science n'a pas à imposer des règles sévères dans les domaines du sentiment de la beauté, de la foi, de l'appétit de justice...

... Je n'ai jamais compris ceux qui veulent démontrer scientifiquement l'existence de Dieu. Ceux qui rencontrent Dieu le trouvent en eux-mêmes... Le chemin de la foi est un chemin personnel, sans frontière, sans autre règle que l'adhésion intime. Celui de la science n'est pas individuel. Il est somptueux mais limité, fondamentalement critique ; il n'a aucun droit à une exclusivité tyrannique qui domine les autres mouvements de pensée... Nul plus que moi n'est émerveillé par l'apogée scientifique. Mais c'est ailleurs que chacun doit chercher le sens de sa vie.

Professeur Jean Hamburger.

SCIENCE ET FOI

Dans le domaine du savoir, la science et la foi apportent l'une et l'autre des connaissances qui appartiennent à deux ordres différents. La science tire son savoir de l'expérience, la foi puise le sien dans la Révélation. Leur distinction de nature, d'objet, de méthode, évidente de nos jours, n'a pas été comprise à l'aube de la science. On croyait — à tort — que toutes les narrations bibliques devaient être prises à la lettre : création du monde en six jours, Ève tirée d'une côte d'Adam, Josué arrêtant le soleil... Ces erreurs d'interprétation — inévitables à cette époque — furent la source de graves conflits, peu à peu résolus. L'autonomie de la science en son domaine propre est parfaitement reconnue par l'Église aujourd'hui.

L'emploi continuel de la méthode scientifique développe un esprit de critique et de doute systématique. Le chercheur ne croit que ce qu'il peut vérifier par l'expérience. Cette attitude d'esprit, parfaitement légitime en science, rend parfois difficile l'acte de foi dans le domaine religieux. Habitué par métier à laisser Dieu à la porte du laboratoire, le scientifique peut être tenté de l'éliminer du monde, et d'affirmer, sans pouvoir le prouver, que tout se réduit à de la matière, à une matière non créée. C'est là une prise de position gratuite.

L'acte de foi dans la Création en est une autre ; mais l'hypothèse d'un Dieu Créateur est en soi plus satisfaisante pour l'esprit que celle d'une matière increée et éternelle ; opinion renforcée par la prise en compte d'une Révélation divine, ce qui est le cas du chrétien. Pour celui-ci, Dieu s'est révélé dès l'Ancien Testament, comme « Celui qui est » et dont dépend toute existence, révélation parachevée en la personne de Jésus-Christ en sa qualité de Fils de Dieu.

Émerveillés par les brillants succès de la science et de sa fille, la technique, certains scientifiques à la fin du XIXe siècle ont cru que la science résoudrait tous les mystères. Le scientisme, le rationalisme pensaient pouvoir ainsi éliminer l'esprit religieux. De nos jours, les savants sont plus modestes : déjà, dans leur propre domaine, ils se heurtent à des interrogations fondamentales actuellement insolubles. A fortiori, de par sa nature et son objet, la science ne peut ni poser ni résoudre la question essentielle du sens de l'existence et de la condition humaine.

Aux yeux du chrétien, science et foi saisissent, chacune à sa manière un aspect de la même vérité : loin donc de s'opposer, elles apportent ensemble à l'homme la possibilité de saisir la création dans sa globalité, c'est-à-dire dans son « comment » et son « pourquoi ».

Foi et science peuvent ne pas être sans retentissement l'une sur l'autre. C'est ainsi que la démarche scientifique a fait bénéficier de ses méthodes les diverses disciplines religieuses (histoire, archéologie, exégèse, sociologie et psychologie religieuses, théologie...).

De son côté, par le biais de la morale, la foi peut avoir son incidence sur la démarche du savant. Deux domaines très actuels en offrent un exemple frappant : la science nucléaire et la génétique. Dans ces disciplines, le savant a-t-il le droit moral de réaliser tout ce qui est techniquement possible ? La foi n'a pas d'ailleurs toujours des réponses précises ni immédiates à des interrogations de nature aussi complexe et aussi neuve ; du moins doit-elle à coup sûr contribuer aux discernements nécessaires, en soulignant l'importance des valeurs mises en jeu, à commencer par la dignité de la personne humaine. ■

Ph. Roger-Viollet

Grande nébuleuse d'Andromède vue de l'observatoire de Juvisy en septembre 1929.

Il est inévitable, à l'âge de la science et de la technique, que le prestige des sciences et des techniques devienne un instrument idéologique — plus précisément, que les sciences humaines soient employées de différentes façons pour défendre la politique nationale ou servent à masquer des intérêts particuliers.

NOAM CHOMSKY

Un entretien avec André Lichnerowicz de l'Académie des Sciences.

« Les mathématiques nous apprennent ce que Dieu n'est pas. »

S. et A. : *Au moment de la création, avez-vous alors des principes qui viennent directement de votre croyance ? Fonctionnez-vous avec le modèle d'un grand Dieu horloger, du Dieu mathématicien, cher aux scientifiques du XVIIe ?*

A. L. : *Certainement pas. Ce que nous ont appris aussi les mathématiques, c'est que Dieu n'est pas un concept. Il est impossible de tenir sur lui un discours « théorique ». De toute évidence, ce n'est pas du tout le Dieu philosophe qui m'intéresse. D'une certaine manière, la démarche scientifique en général, et mathématique en particulier, nous apprend surtout ce que Dieu n'est pas. Elle permet d'éviter tout un ensemble d'idolâtries qui fait partie du patrimoine de l'humanité. La science a, comme vertu, non pas de tuer Dieu, mais de décaper son image, de faire en sorte que la partie idolâtre s'amenuise peu à peu.*

Par ailleurs, ces conceptions naïves ou sophistiquées, vis-à-vis du mot Dieu, se répartissent en catégories différentes. Prenons, par exemple, la vision panthéiste. Elle est fréquente. Cette vision revient à dire : « Dieu est l'âme du monde », et « Le monde est le corps de Dieu ». Bien sûr, il en existe d'autres encore. Cette tentation panthéiste n'est pas bonne. Dieu n'est pas l'artisan appliqué d'un monde fabriqué. Il vaut mieux se rapprocher de ce que toute l'histoire du Salut nous enseigne. Dans celle-ci, Dieu est essentiellement le Dieu de sainteté et d'amour. Pour un chrétien, l'expérience de Dieu, c'est d'abord la rencontre, par une personne spirituelle, d'une personne spirituelle qui est le Christ. Tout cela est, comme vous voyez, extrêmement loin du Dieu des philosophes. Ce Dieu en définitive ressemble beaucoup trop, pour nous, à l'Ensemble de tous les ensembles, ou à ces pseudo-concepts qui conduisent toujours à des paralogismes.

Sciences et Avenir,
N° 42, Spécial hors-série.

La vérité scientifique est-elle la seule vérité ?

Qu'est-ce qu'une vérité scientifique ? Malgré les apparences, ceci n'est pas facile à dire. La pensée moderne à ce sujet a pour fondateur Emmanuel Kant qui, prenant les mathématiques et la physique de son époque comme modèles de « sciences », propose comme critère de vérité — de scientificité de la connaissance — le succès au sens théorique.

Ce succès est le plaisir de l'esprit né de la satisfaction due, d'une part, à l'accord entre eux des « scientifiques » (la vérité n'est pas l'objet de controverses), et, d'autre part, au progrès (la science progresse sans rebrousser chemin).

Auguste Comte tirera les conclusions de cette manière de voir en déclarant : « La science est à elle-même sa propre philosophie » ; pour lui, la science définit, à partir de l'expérience, ce qu'est une véritable connaissance : il ne peut y avoir de vérité en dehors d'elle.

Le marxisme et la psychanalyse, lorsqu'ils ont prétendu être des sciences universelles, c'est-à-dire des manières uniques d'approcher la vérité, ont reposé, par l'échec de leur prétention, la question de la vérité scientifique.

Pour Karl Popper, par exemple, aucune théorie prétendant expliquer l'ensemble de la réalité ne peut prétendre à la vérité scientifique ; ne mérite le titre de science que ce qui énonce, en même temps que ses postulats, leurs limites expérimentales.

Kant, par sa définition de la vérité scientifique, voulait lutter contre tout dogmatisme... et, en particulier, rejeter la métaphysique et la théologie en dehors de la science.

Sa conception a abouti à placer les conclusions de la métaphysique et de la théologie en dehors de ce qui est reçu comme vérité, et ainsi à permettre l'absolutisme de conceptions pseudo-scientifiques. Aujourd'hui, si cet absolutisme est dénoncé, il reste à trouver les statuts relatifs de la théologie et de la science dans la recherche de la vérité. ■

▶▶▶

ton bon plaisir. Tout m'a été remis par mon Père et nul ne connaît le Fils si ce n'est le Père, et nul ne connaît le Père si ce n'est le Fils et celui à qui le Fils veut bien le révéler » (Mt 11 25-27). Et à tous ceux qui cherchent le visage de Dieu, Jésus, déjà engagé dans sa Passion, dit : « Qui m'a vu a vu le Père » (Jn 14, 9).

Ils cherchaient un Dieu tout-puissant, un Dieu qui sait tout, un Dieu juge, et la résurrection du Christ leur a permis de dire : c'est quand nous étions devant un homme sur le point de mourir, faible, bientôt abandonné, mais resté libre et vrai, que Dieu nous a montré sa face. Les disciples eurent simultanément une autre conviction. Eux qui avaient vécu l'expérience pascale, qui s'étaient sentis pris par cette force nouvelle venue du Vivant, eux-mêmes étaient devenus des images de Dieu ! Saint Paul le remarque : « Nous sommes transformés en cette même image, toujours plus glorieuse, comme il convient à l'action du Seigneur » (2 Co 3, 18). En se sentant ainsi transformés en images de Dieu, ils osent reprendre les mots de Jésus en disant : « Notre Père »... Dieu n'en est pas moins resté Dieu.

Et les chrétiens, eux aussi, le disent tout-puissant (en fait, l'expression veut dire qu'il est le Dieu des Puissances, sous-entendu célestes ; on traduit aujourd'hui *Dieu de l'Univers*). Ce que Jésus dit de Dieu, c'est que le tout-autre est, en même temps, le tout proche et que « nous sommes de sa race ».

Ce que la vie et la mort de Jésus disent du Père

Les premiers chrétiens ont eu conscience que la Résurrection du Christ était « pour le pardon des péchés et le salut des hommes ». A vrai dire, même si l'on est habitué à cette formulation, on peut s'étonner qu'elle soit venue spontanément aux lèvres des premiers chrétiens. Car ils auraient pu penser d'abord que l'assassinat d'un innocent — qui plus est Fils de Dieu — appelait de la part de ce dernier, le Juste Juge, des mesures répressives. Or, une telle idée ne les effleure même pas. La parole du Christ, sa vie, sa mort leur avaient enseigné tout autre chose sur la justice de Dieu. Dieu est juste, non parce qu'il condamne ou punit, mais parce qu'il veut rendre justes les hommes. C'est ce que le Christ n'avait cessé de faire avec ses disciples, avec les publicains, les femmes adultères, les foules. C'est ce que le Christ n'avait cessé de proclamer, en allant même jusqu'à dire : « Aimez vos ennemis, priez pour vos persécuteurs, *ainsi vous serez les fils de votre Père* » (Mt 5, 44-45).

En langage humain, cela s'appelle de la faiblesse. Dieu est faible, le mot est de saint Paul (1 Co 1, 22-25). Et c'est la Croix qui l'apprend. L'image du Crucifié est la plus parfaite image de Dieu. Dieu aime l'homme au point de lui livrer son Fils pour qu'il soit libre non pas de toute souffrance, mais dans toute souffrance. Mais on peut dire les choses autrement. La Croix rappelle un événement historique, tandis que la résurrection est une évidence de la foi : elle laisse libre et ainsi elle fait découvrir la véritable nature de Dieu, l'amour. Un Dieu qui obligerait, ne serait-ce que par des preuves intellectuelles, un Dieu qui simplifierait, ne serait-ce qu'en supprimant les problèmes des hommes, un Dieu qui forcerait, ne serait-ce que par la force de la conviction, ne serait plus le Dieu

▶▶▶

GIRAUDON

Descartes.

LA VOIE DE LA RAISON ET LA VOIE DE LA FOI

Nous avons cependant déjà considéré la possibilité de connaître Dieu par la force de la seule raison humaine. Selon la doctrine constante de l'Église, exprimée spécialement au concile Vatican I (Constitution dogmatique Dei Filius, *2) et reprise par le concile Vatican II (Const. dogm.* Dei Verbum, *6), la raison humaine possède cette capacité et cette possibilité : « Dieu, principe et fin de toute chose – est-il dit – peut être connu avec certitude par la lumière naturelle de la raison humaine à partir des choses créées (cf. Rm 1,20) », même si la Révélation divine est nécessaire pour que « les choses qui, dans l'ordre divin, ne sont pas de soi inaccessibles à la raison humaine puissent aussi, dans la condition présente du genre humain, être connues de tous, facilement, avec une ferme certitude et sans aucun mélange d'erreur ».*

Cette connaissance de Dieu au moyen de la raison, remontant vers lui « à partir des choses créées », correspond à la nature rationnelle de l'homme. Elle correspond aussi au dessein originel de Dieu qui, en dotant l'homme d'une telle nature, veut pouvoir être connu de lui. « Dieu, qui crée et conserve toutes choses par le Verbe (cf, Jn 1, 3), donne aux hommes dans les choses créées un témoignage incessant sur lui-même. » (Cf Rm 1, 19-20). (Dei Verbum, 3). *Ce témoignage nous vient sous forme de don et, en même temps, nous est laissé comme objet d'études de la part de la raison humaine. Par la lecture attentive et persévérante des choses créées, la raison humaine se dirige vers Dieu et s'approche de lui. Telle est, en un certain sens, la « voie ascendante » : à partir des « marches » des créatures, l'homme monte vers Dieu, lisant le témoignage de l'être, de la vérité, du bien et de la beauté que les créatures possèdent en elles-mêmes.*
Cette voie de la connaissance qui, en un certain sens, a son début dans l'homme et dans son esprit, permet à la créature de monter vers le Créateur. Nous pouvons l'appeler la « voie du savoir ». Il y a une seconde voie, la voie « de la foi », qui a son propre débat exclusivement en Dieu. Ces deux voies sont différentes, mais se rencontrent dans l'homme lui-même et, en un certain sens, se complètent et s'aident réciproquement.

Jean-Paul II,
Audience générale du 27 mars,
La Documentation catholique
5 mai 1985, N° 5 1985.

Lorsqu'un mot, une expression, un événement, une institution, un nom propre vous sont inconnus, consultez l'index.

RAISON

La raison est une des puissances de l'esprit humain : elle le rend capable, d'abord, d'objectiver ce qu'il connaît, en le mettant à distance de lui-même, sujet connaissant ; puis, d'analyser par abstraction, en considérant séparément et successivement ce qui dans la réalité ne fait qu'un ; enfin, en ayant formé des concepts, de former des jugements sur leur vérité objective ou non. Cette puissance remarquable a été la fascination quasi absolue de l'Occident, depuis l'aube grecque jusqu'à la science et à la technique modernes, qui en montrent la colossale efficacité.

Mais, cette puissance est portée par d'autres ressources de l'esprit, que les modes de penser de cultures différentes n'ont jamais méprisées, y aménageant d'autres demeures : les civilisations traditionnelles exercent à merveille les puissances de l'imaginaire, de la pensée symbolique, construisant le temps de l'homme à l'intérieur de récits foisonnants, et se livrant à une approche de la réalité plus synthétique, où toutes les significations se répondent ; la pensée chinoise a toujours refusé de se séparer du concret, etc.

La principale difficulté pour l'Occident a été de réunir à nouveau, pour agir, ce qu'il avait d'abord séparé : le sujet et l'objet, la logique et la durée.

Le débat entre les rationalistes et les hommes religieux est aujourd'hui plus clair, car on saisit mieux les grandeurs et les limites de la raison. Côté religieux, on a compris que l'exercice de l'intelligence rationnelle est une des conditions de la liberté ; que, s'il y a une mystique, il n'est pas question de la faire provenir de l'irrationnel ou d'un infra-rationnel : elle doit être critique, avoir traversé les purifications de l'esprit. Côté raison, on a reçu les excès réducteurs du ratio-nalisme : il y a les questions du sujet, de son désir, et de la vérité.

La question du sujet ne peut être masquée : qui connaît ? et pour quoi faire ? en quoi est-il modifié lui-même par l'exercice de cette puissance ? et à quelles fins va-t-il la faire servir ?

Si la rationalité est instrumentale, donne des moyens, le problème éthique revient, qui conjoint, au souci de l'objectivité, le choix de valeurs qui ne sont pas au pouvoir d'une simple mise en œuvre technique. Les problèmes aujourd'hui concernant la guerre, l'économie, la bio-génétique ont une telle ampleur et une telle urgence qu'on ne peut plus se fier à une illusion de progrès automatiquement procuré par la connaissance et la puissance qu'elle donne.

A la religion de faire la preuve qu'elle n'est pas à confondre avec la superstition, fruit de l'ignorance. Quant à la foi chrétienne, si elle n'est pas une « gnose », un savoir, mais d'abord une révélation, ce peut être au nom d'une conception de la vérité tout à fait radicale. Assurément, il n'y a de salut que dans la recherche de la vérité. Et cela suppose, d'abord, l'honnêteté première des scientifiques dans la quête de la vérité objective. Mais, il s'agit aussi de « faire la vérité », au sens moral du mot : une certaine qualité de relation, non plus cette fois dans la connaissance d'un objet par le sujet, mais dans le rapport qui s'établit entre sujets humains ; une vérité faite de respect et d'amour, dans l'approche de l'autre et dans le souci de se placer ensemble sous l'exigence de recherche de la vérité qui nous dépasse.

En ce sens, les croyants veulent attester que la foi en Jésus-Christ constitue à terme une étonnante libération de l'intelligence, empêchant la raison de se bloquer sur toute position de repli, et questionnant l'homme sur les orientations qu'il compte donner aux puissances qui sont les siennes, être rationnel, mais aussi spirituel. ■

INTELLIGENCE

Il est paradoxal qu'une religion aussi attachée aux valeurs de l'esprit que l'est le christianisme ait eu un débat serré à propos des rapports entre la *raison* et la *foi*, dès les XVIe-XVIIe siècles, mais surtout aux XVIIIe et XIXe. Ce débat tenait à une lutte contre l'enfermement de la raison dans des conceptions rationalistes (cf article Raison). Maintenant, cette crise entre la foi chrétienne et la naissance des sciences modernes étant dépassée, il est plus loisible aux croyants de présenter sereinement leur foi comme une libération à long terme de l'intelligence.

L'intelligence est l'une des puissances caractéristiques de l'homme, liée à sa conscience réfléchie, qui le met à distance de l'immédiat d'une conscience simplement animale, et lui permet de réagir après analyse, avec jugement, à ce qu'il rencontre.

Il émerge ainsi de son monde, avec la capacité de connaître et de comprendre. Il fait maintenir la distinction et le lien entre les deux actes. En effet, parmi toutes les cultures, l'Occident, dès l'aube grecque, travailla à développer la puissance de connaître par la raison, qui analyse et synthétise, et se dota d'instruments logiques qui sont à la base de la science et des techniques. Mais, dans cette volonté d'objectivation, on risquait de ne plus voir dans le sujet que sa puissance de connaître les choses (et de les transformer) au détriment d'un autre regard, qui comprend, mais en évaluant ce qu'il va faire avec ce qu'il connaît.

Par où reviennent, non seulement le *problème moral*, le souci des valeurs éthiques et esthétiques, (d'autant plus urgents que les moyens donnés actuellement par la science, et la technique sont colossaux), mais aussi la *recherche d'une sagesse*, et des *raisons de vivre*, par quoi il semble que les civilisations traditionnelles aient commencé. Comprendre et se comprendre, c'est aussi s'orienter avec sagesse. En ce sens, le désir de savoir lui-même doit être élucidé : pour quoi faire ?

Il est intéressant de voir comment, dans la Bible, la sagesse, à laquelle se rattachent un certain nombre d'écrits, est peu à peu purifiée. Au début, le sage, celui qui a l'intelligence des choses et de la vie, c'est celui qui sait faire, l'homme avisé, habile. Ou le père qui corrige son fils, etc. Puis, définitivement, ce sera celui qui médite et pratique la loi de Dieu. Mais, au sommet, ce sera un homme comme Job en proie au problème du mal sur lequel bute toute compréhension. L'intelligence ne cherche pas seulement à connaître le « fonctionnement » des choses, elle veut aussi en comprendre le sens, le pourquoi.
La vivacité et la puissance d'une intelligence consistent à « faire des rapports », comme le langage le dit bien. A saisir, et à se saisir, des relations. Là s'éclairent les choses.

Il faut dès lors se rendre attentif à ce que l'intelligence se diversifie du coup selon les « ordres » (pour prendre un mot de Pascal) ou les « régions » de la réalité humaine qu'elle traverse ou met en œuvre.

Il y a *l'intelligence des choses*, de leurs rapports, des lois ou des nécessités qui les gouvernent, et sur lesquelles on peut prendre appui pour agir. Il y a *l'intelligence « de finesse »* dirait encore Pascal : celle qui est proprement spirituelle, qui a l'intuition des liens, des rapports pas encore évidents et qui se met en recherche, qui imagine, qui fait travailler rien moins que mécaniquement la mémoire ; l'intelligence qui fait qu'on a du jugement. Et puis, il y a – suprêmement – *l'intelligence du cœur*, celle qui a commencé de sonder le fond des choses, et qui, elle, ne « juge » pas (au sens courant du mot, qui fait équivaloir ce jugement à une condamnation). Elle ne juge pas, parce qu'elle est préoccupée de ne pas bloquer les choses sur le passé, de les considérer au contraire avec tout l'avenir possible. C'est *l'intelligence de l'amour*, finalement. Bien loin d'être aveugle, cette intelligence-là conjoint, au contraire, lucidité et générosité. C'est elle que les maîtres spirituels ont traditionnellement désignée comme l'un des dons du Saint-Esprit, rattaché à la foi, qui voit l'invisible à venir, et sous les nécessités, la liberté créatrice.
En ce sens, s'il y a une vérité, elle n'est pas seulement donnée dans la connaissance objective, par laquelle pourtant tout commence. Cet esprit de méthode, cette mise à distance entre un sujet et un objet qui permettent de l'étudier de manière objective, peuvent entraîner le risque pour le sujet d'oublier qu'il peut et doit comprendre, c'est-à-dire qu'il doit évaluer ce qu'il va faire avec ce qu'il connaît. ■

▶▶▶

des chrétiens. Le Dieu des chrétiens est faible, parce qu'il veut une réponse libre. Il n'y a pas d'amour sans liberté. C'est cet *amour infini du Père* qui fait de toute croix le signe du bonheur que chaque chrétien pressent. Petit à petit, les chrétiens iront jusqu'à nommer cet amour, et l'appelleront *l'Esprit.*

L'ESPRIT

Nous avons déjà noté que les premiers chrétiens avaient parlé de la Résurrection de Jésus comme d'un fait concernant, bien sûr, Jésus lui-même (celui qui était mort est vivant)... mais, en même temps, comme d'une expérience qui leur était personnelle. Les pèlerins d'Emmaüs avaient entendu dire que le Christ était ressuscité et pourtant ils étaient tristes. Ils expérimentent le Christ ressuscité et les voilà qui se précipitent à Jérusalem : leur vie est changée.

Formés par l'Ancien Testament, où Dieu crée, donne vie, parle en envoyant son Esprit, les premiers chrétiens reconnaîtront dans cette force intérieure l'action de l'Esprit de Jésus sur eux. En sentant combien cette action est personnalisante, ils parlent de l'Esprit comme d'une personne.

La Pentecôte

Pour décrire leur expérience intérieure, rien ne vaut de relire leur récit de la Pentecôte (Ac 2). Voici des gens enfermés, apeurés. Ils savent la résurrection du Christ. Mais ils n'ont pas encore vécu l'expérience de cette résurrection. Ils ne sont pas encore dynamisés. (Ils sont enfermés, ensemble, ils ont peur. Dehors la foule est celle des fêtes. Ils n'osent pas participer à la fête du monde). Mais voilà que survient l'Esprit. Il est feu — signe de la présence de Dieu aux yeux des Juifs —, feu qui rassemble, qui réchauffe, qui éclaire et souffle — évoquant le souffle de vie et le vent qui disperse, symbole de liberté. Aussitôt, libres de leurs peurs, comme obligés de témoigner par une force intérieure, les Apôtres parlent du bonheur de l'homme, et de Jésus, et chacun comprend dans sa langue : l'Esprit se révèle comme ce qui unit sans détruire les différences, et donc en respectant chacun. Dès l'Ancien Testament, l'Esprit était celui qui crée en distinguant.

La mémoire et l'Esprit

Il arrive que des chrétiens de bonne volonté se résignent à admettre qu'ils n'ont rien à dire, ou presque, du Saint-Esprit. C'est le grand méconnu. Il arrive aussi que pour remédier à cette lacune, certains perdent beaucoup de temps et de labeur à essayer de caractériser l'action du Saint-Esprit, et sa personne même, pour en faire quelque chose d'original, de différent, par rapport à l'œuvre de Jésus. Peine perdue !

Il vaut mieux relire saint Jean. A la veille de sa mort, après la Cène, Jésus parle : « J'ai encore bien des choses à vous dire, mais actuellement, vous n'êtes pas à même de les supporter ; lorsque viendra l'Esprit de Vérité, il vous fera accéder à la vérité tout entière, car il ne parlera pas de son propre chef, mais il dira ce qu'il entendra et il vous communiquera tout ce qui doit arriver. Il me glorifiera car il recevra de ce qui est à moi et il vous le communiquera. Tout ce que possède mon Père est à moi, c'est

▶▶▶

De l'usage de la philosophie par le discours théologique

Selon le conseil du divin Apôtre : « Éprouvant tout, retenez ce qui est bon » (1 Th 5, 21), nous devons recourir aux discours des Sages du dehors (les philosophes de la Gentilité), car tout artisan a besoin de certains moyens pour mener son entreprise à terme. Mais il convient que les servantes soient soumises à la Reine. Nous recueillerons donc les raisonnements qui servent à la vérité, mais nous rejetterons l'impiété mauvaise qui exerce sur eux sa tyrannie (532 ab).

La philosophie est la connaissance des choses telles qu'elles sont, c'est-à-dire la connaissance de la nature des choses, connaissance des réalités divines et humaines. La philosophie est l'art des sciences : elle est en effet le principe de tout art (535 bc). La philosophie est l'amour de la Sagesse. Or la vraie Sagesse, c'est Dieu. C'est donc l'amour de Dieu qui est la vraie philosophie (ch. 3).

JEAN DAMASCÈNE,
De la foi orthodoxe.

De manière générale, la théologie (du grec *Theos,* Dieu, et *logos,* science), est la discipline qui traite de Dieu.

☞ Employé sans qualificatif, le mot désigne plus précisément la discipline centrale qui traite essentiellement du Dieu de la foi, connu dans sa Révélation.
La Révélation est consignée dans la Bible. C'est pourquoi l'exégèse, c'est-à-dire l'explication et le commentaire des textes bibliques, fait partie intégrante de la théologie.
Mais la Révélation est inconcevable sans un destinataire qui l'accueille. Ce destinataire qui l'a effectivement accueillie et continue de l'accueillir, c'est le Peuple de Dieu : Israël, puis

Philosophie et théologie

Le mot philosophie (du grec *philos*, ami et *sophia*, sagesse) signifie amour de la sagesse. Le philosophe est celui qui cherche à comprendre le monde et son fonctionnement de la manière la plus rationnelle possible : son ambition est d'aider les hommes à éviter les illusions, à découvrir ou à donner un sens à ce qu'ils font, et à mener ainsi une vie « sensée ».

Les rapports entre philosophie et théologie ont beaucoup évolué récemment : pratiquement jusqu'au XIXe siècle — à quelques exceptions près — tous les philosophes tenaient pour acquise l'existence de Dieu. Les théologiens utilisaient alors les instruments de réflexion et les visions du monde que la philosophie mettait à leur disposition pour expliciter et rendre intelligible la tradition chrétienne dans les langages de leur époque.

Depuis la fin du XIXe siècle, il ne peut plus en être ainsi. D'une part, dans leur grande majorité, les philosophes excluent par principe la notion de Dieu ; en tout cas, pour eux, elle n'a aucune portée scientifique. D'autre part, ils semblent renoncer, un à un, à donner une explication globale du monde : face à une société dont on commence à percevoir la complexité et le mouvement, toute généralisation semble dépassée. La philosophie se fait surtout épistémologie[1], justification des normes et de la façon d'écrire l'histoire.

Ainsi la théologie ne peut plus aujourd'hui ni s'appuyer sur une vision d'ensemble du monde, ni se présenter comme une science, même au sens large des sciences humaines. Elle est acculée, puisqu'elle place Dieu au centre de sa raison, à agir comme une instance critique de toutes les philosophies, et à participer ainsi au débat entre société et religion.

Elle ne nie pas pour autant la valeur de la démarche philosophique actuelle ; elle accepte même de se faire à son tour critiquer par ses méthodes ; mais elle doit entreprendre, si elle veut dire Dieu, de marquer les limites de la philosophie : il n'y a plus de théologie aujourd'hui qui ne soit, en même temps, une mise en question du savoir contemporain puisqu'elle doit justifier en raison la place centrale qu'elle donne à Dieu. ■

1. L'épistémologie est l'étude critique des sciences en vue d'en apprécier la valeur et la portée.

Saint Thomas d'Aquin et la Somme.

THÉOLOGIE

l'Église chrétienne. La théologie est alors la discipline qui cherche à rendre compte de tout ce qui fait la foi du Peuple de Dieu, notamment dans ses expressions privilégiées : symboles de foi, dogmes, sacrements.
A cet effet, la théologie fait appel aux différentes méthodes scientifiques. Parmi lesquelles l'histoire tient une place particulière, en restituant les documents de la foi à leur contexte, et en s'employant à les faire revivre.
Mais la théologie bénéficie aussi des apports de la sociologie, de la psychologie, de l'ethnologie..., et, en général, de toutes les sciences qui permettent de mieux connaître l'homme, que le Dieu de la foi vient rejoindre dans sa Révélation.
La philosophie apporte également à la théologie un concours essentiel dans sa réflexion sur les données de la foi, et dans leur organisation rationnelle.

☞ Le mot théologie accompagné d'un terme qualificatif s'applique aux diverses disciplines particulières en relation avec la discipline centrale de la théologie (théologie biblique, théologie morale, théologie du travail, etc.).

Enfin la théologie dite « naturelle », ou « philosophique », s'applique à la réflexion sur Dieu à partir des données autres que la Révélation (expérience de la réalité, raison humaine, etc.). ■

Qu'est-ce que ?

Discipline. A l'origine, en latin, la discipline était, pour un disciple, l'action d'apprendre de la bouche d'un maître. Déjà en latin, le mot a acquis progressivement d'autres sens. La discipline, c'est le domaine dans lequel enseignait le maître, le type de formation, l'école et même l'organisation d'une collectivité. Dans l'Église, c'est généralement dans un de ces sens-là qu'est employé le mot discipline. Plus rarement (mais cela arrive dans le nouveau Droit Canon), il a le sens, fréquent en français contemporain, de soumission à une règle
Le mot discipline n'est plus employé pour signifier le fouet dont on se servait pour se battre soi-même et faire pénitence, l'usage de cette pratique étant tombé en désuétude.

Erreur. Le même mot erreur revêt des sens quelque peu différents selon l'usage qui en est fait.
Dans le langage courant, l'erreur est une opinion fausse ou une méprise.
Dans le langage de la théologie, c'est une affirmation contraire aux vérités de la foi.
Dans le langage biblique, il ne s'agit ni d'une ignorance, ni d'une méprise, ni d'une inadvertance : errer, c'est « s'égarer loin de la voie où Yahweh a prescrit de marcher » (Dt 13,6) ; c'est donc refuser la vérité et être infidèle. Aussi l'Évangile invite-t-il à la vigilance pour ne pas se laisser abuser par les faux prophètes. (Mt 24, 11).

Lieux théologiques. Dans le vocabulaire de la théologie catholique, le terme désigne les sources de la connaissance théologique ; le théologien y trouve les bases sur lesquelles appuyer sa réflexion.
Parmi ces sources, il faut citer en tout premier lieu l'Écriture sainte, la Tradition, les Pères de l'Église, ainsi que le magistère de l'Église, les écrits des théologiens, la liturgie, le Droit Canon, l'histoire du peuple chrétien.
Les lieux théologiques fournissent un bien commun qui s'enrichit au cours des siècles et dont le théologien ne peut faire abstraction.
Le discernement à opérer vis-à-vis d'une doctrine appelle la connaissance de ces lieux théologiques.

Opinion théologique. Terme technique de la théologie pour désigner la pensée d'un auteur chrétien dans un domaine qui reste ouvert au débat.
Ainsi la notion d'Assomption de la Vierge a été l'objet d'une opinion très largement répandue dans l'Église durant des siècles, bien avant qu'elle ne soit consacrée, au sein de l'Église romaine, par la définition d'un dogme en 1950.

pourquoi j'ai dit qu'il vous communiquera ce qu'il reçoit de moi » (Jn 16, 12-15). La parole de Jésus est claire : inutile d'attendre de l'Esprit Saint une révélation complémentaire, plus riche ou plus parfaite que celle de Jésus.

Jésus ayant disparu du regard des hommes, l'œuvre de l'Esprit va être toute de fidélité, d'unité, de communion, de plénitude, de vérité et de liberté. Pour réaliser la présence du Christ. Naguère, Jésus marchant avec les Douze sur les chemins de Galilée, on voyait treize hommes à côté les uns des autres. Lors de la Pentecôte, au cénacle, puis ensuite, Jésus, avec eux, ne fait pas visiblement un de plus : il est *en eux* désormais, intimement, mais invisiblement. C'est l'œuvre de l'Esprit. Le chrétien se sent être un homme libre, disponible, prêt à toute aventure parce qu'il se sait Temple de l'Esprit Saint, ce vent imprévisible, insaisissable : « Tu entends sa voix, tu ne sais ni d'où il vient, ni où il va » (Jn 3, 8). Mais ce vivant, cette force que disent *expérimenter* ceux qui reconnaissent Jésus Ressuscité, porte des fruits reconnaissables : « Amour, joie, paix, patience, bonté, bienveillance, confiance, douceur, maîtrise de soi » (Ga 5,22).

Avec ce regard sur l'Esprit Saint, nous venons d'achever une première analyse de la foi de la communauté chrétienne primitive. Pour dire leur foi toute neuve, Pierre, Étienne, Paul et tous les autres vont être obligés de forger un vocabulaire sans précédent. Les dimensions de la personnalité de Jésus, telles que l'Esprit de la Pentecôte les grave dans la mémoire vivante de l'Église, semblent s'élargir progressivement. Tout se passe comme si, dans un premier temps, les apôtres et les premiers chrétiens n'arrivaient pas à exprimer la plénitude de la révélation qu'ils avaient reçue. Cela est, pour eux, d'autant plus difficile qu'ils sont extrêmement soucieux de ne pas faire de Jésus un héros mythologique, un mythe fantastique, ou une divinité quelconque.

A y bien réfléchir, la foi au Seigneur ressuscité posait à ces croyants un problème fort difficile, car il leur fallait dire comment le même Jésus était, à la fois, homme sur la terre des hommes et Fils de Dieu, Dieu lui-même, et comment, malgré cette prodigieuse affirmation, il n'y avait pas deux Dieux. Affirmer que Jésus est Dieu, parler de l'expérience d'une rencontre très personnelle avec Dieu, par son Esprit, ce n'était pas casser le monothéisme (c'est-à-dire la foi en un Dieu unique) mais, au contraire, malgré le paradoxe, le renforcer en montrant la force infinie de l'amour éternel en lequel *le Père et le Fils ne font qu'un, dans l'unité de l'Esprit d'Amour.*

L'événement survenu en Galilée et en Judée avec la naissance, la vie, la mort et la résurrection de Jésus, la portée de cet événement unique pour tous les siècles, avant comme après lui, étaient totalement inattendus pour des esprits humains. Il ne faut pas s'étonner alors des quatre siècles que l'Église mettra pour adopter un vocabulaire qui lui permette, non pas d'expliquer la mystérieuse réalité divine et humaine, mais de la désigner de façon propre à orienter les regards, les pensées et les prières dans la bonne direction.

Suite page 664 ▶▶▶

Quatre points d'attention

Une relecture de l'histoire immédiate de la théologie contemporaine ne peut qu'être aléatoire. D'autant que la période récente, les vingt-cinq ans qui nous séparent du concile Vatican II, a été foisonnante. On peut malgré tout tenter de souligner quelques caractéristiques.

Les pessimistes disant qu'il n'y a plus de grands théologiens devraient s'interroger sur les critères permettant de reconnaître une « grande » théologie. D'ailleurs, si des géants comme Barth, Bultmann, Rahner, Lubac, Balthasar sont morts, d'autres, comme Congar, ont continué de produire. Ceci dit, il est vrai qu'il y a moins de « vedettes », et une plus grande diversification des recherches. Ce qui est plutôt un signe de bonne santé, et quant à la production de la théologie, et quant à ses modes de diffusion. Le renouveau liturgique, patristique, biblique, pastoral, qui avait conduit au Concile, a continué sur son erre. C'est peut-être dans le domaine biblique qu'il y a eu le plus de nouveauté, avec l'introduction de nouvelles lectures exégétiques, en particulier l'analyse structurale des textes. Dans un autre ordre d'idées, il n'est pas négligeable, et même plein d'avenir, que de plus en plus de laïcs s'engagent dans la voie d'une formation théologique universitaire.

Retenons, de préférence à bien d'autres aspects, quatre points d'attention : le « retour de Dieu », l'ecclésiologie, la recherche éthique, l'émergence de théologies du Tiers-Monde.

1. Le retour de Dieu

Ce que l'on a appelé le *retour de Dieu* est un regain d'intérêt, ces dernières années, pour le cœur même de la théologie, le mystère de Dieu, alors que l'on s'était intéressé pendant des décennies surtout aux problèmes posés par l'impact des sciences humaines. La partition du monde en hémisphères nord et sud aurait peut-être ici encore une pertinence.

Au nord, des théologiens, surtout européens, à dominante spéculative, tentent de redire, par rapport au Dieu du théisme qui avait envahi le champ de l'attention depuis l'époque des Lumières, la différence qui est celle du Dieu trinitaire, révélé au plus haut point tant dans la croix et la résurrection de Jésus-Christ que dans l'expérience de l'Esprit. Sans pouvoir tout citer, mentionnons par exemple *Le Dieu Crucifié,* de Jurgen Moltmann, *Dieu mystère du monde,* d'Eberhard Jüngel, *Le Dieu de Jésus-Christ,* de Walter Kasper (traduit en français par : *Le Dieu des chrétiens*), ou le récent colloque de Strasbourg, *L'être et Dieu.* Côté français, des théologiens comme A. Delzant *(La communication de Dieu),* et Guy Lafon *(Le Dieu commun),* ou des philosophes comme Claude Bruaire *(Le droit de Dieu)* et Jean-Luc Marion *(Dieu sans l'être),* réabordent le problème de Dieu selon leur optique propre. Un certain nombre de publications sur l'Esprit Saint, à l'intérieur ou à l'occasion du renouveau charismatique, participeraient aussi de ce « retour de Dieu ».

Au sud, le problème de Dieu est abordé à partir de la situation historique précise des chrétiens de base, le Dieu des pauvres dans les théologies de la libération en Amérique Latine, le Dieu chrétien face aux religions traditionnelles en Afrique, ou face aux expériences spirituelles des grandes religions d'Asie.

La théologie contemporaine, depuis le Concile

2. L'ecclésiologie

Second centre d'intérêt : *l'ecclésiologie.* On a dit qu'au point de vue théologique, et jusqu'en son concile Vatican II, le XXe siècle aura été un siècle de l'ecclésiologie. Cela se confirme pour les vingt dernières années. Simplement, l'après-concile a mené à poser avec acuité les problèmes juridiques, liturgiques, pastoraux, et surtout œcuméniques, qui avaient été alors l'enjeu des débats. Aux premiers rangs, il faut nommer : la réalisation de l'Église comme Église locale dans l'Église universelle ; l'articulation entre l'exercice de la collégialité épiscopale (avec les conférences nationales ou continentales des évêques) et le ministère spécifique du pape ; la question brûlante des ministères et de leur redistribution ; la question de la sacramentalité de l'Église (avec celle de la qualité de sa visibilité) ; la question des nouvelles manières qu'a le peuple chrétien de vivre les sacrements (en particulier la réconciliation ; mais il faudrait aussi parler des problèmes nouveaux posés par les sacrements de l'initiation chrétienne — baptême, confirmation, eucharistie — dans une société qui massivement n'est plus chrétienne ; ou encore des rites du mariage en Afrique, etc.). Si l'on ressent actuellement comme un piétinement de l'œcuménisme, à la recherche d'un second souffle, cela a été l'occasion de s'apercevoir que les choses ne se résolvent pas seulement par la justesse des théories théologiques, mais par l'évolution des mentalités et des communautés — évolution dont la vitesse, hélas, s'apparente le plus souvent à celle de la dérive des continents. Ce travail autour de l'ecclésiologie ne doit pas être interprété comme un repliement de l'Église sur soi, mais plutôt comme une refonte assez radicale de son rapport au monde présent.

3. L'éthique

Troisième centre d'intérêt massif : *l'éthique.* Il y aurait beaucoup à dire. La réflexion, tant au sein du Conseil Œcuménique des Églises que dans l'Église catholique, est intense — encore qu'on perçoive surtout l'immensité des problèmes face à une certaine carence en hommes et en outils intellectuels pour les réfléchir. Le grand renversement, ici, du moins pour l'Église catholique, est que l'opinion publique commence à percevoir parfois une parole de proposition et non plus exclusivement une parole d'interdit. Ce processus est encore trop lent pour beaucoup, avec une différence fort visible de traitement, dans certains discours officiels, entre la morale sociale et la morale sexuelle ou familiale. Il reste qu'un intérêt nouveau pour l'espérance chrétienne fait retour à travers l'urgence des problèmes éthiques du monde d'aujourd'hui : et d'abord la paix, la lutte contre la faim, pour la santé, les combats pour la justice et la liberté, les droits de l'homme, la question d'un nouvel ordre économique mondial — sans parler de l'immense champ, totalement inconnu, ouvert à la bio-éthique, en particulier avec les manipulations génétiques. Pas plus qu'il n'était possible, avec le « retour de Dieu » et l'ecclésiologie, de parler de repli sur soi, il n'est possible ici de parler de dispersion de la théologie : une troisième fois, il s'agit bien d'un retour à l'essentiel : l'ultime et donc l'avenir.

4. Les théologies issues du Tiers-Monde

Il faut mentionner enfin un quatrième fait marquant la théologie de ces vingt dernières années : l'affirmation toujours plus forte, bien qu'encore modeste en Afrique et en Asie, de *théologies issues du Tiers-Monde.*

Les théologies sud-américaines de la libération (on pourrait y ajouter la Black Theology des noirs américains, et la Théologie noire d'Afrique du Sud) ont fait du bruit récemment. Mais leur histoire est complexe. Entre la première conférence du CELAM (Conférence épiscopale d'Amérique Latine) en 1955 et celle de Medellin en 1968, les idéologies du développement (desarollo) ou, à l'opposé, de la révolution, montrèrent leurs limites. Alors apparurent les théologies de la libération, plus fidèles à la réalité de base. Elles ouvrirent un chemin, grâce à plusieurs constantes : la reconnaissance de la force de libération qu'apporte l'Évangile, une option décisive et préférentielle pour les pauvres, une fidélité à l'analyse des situations concrètes sous la double lumière d'une pratique sociale et de l'Évangile. Certes, des éléments de la critique marxiste, plus opérants que la maigre philosophie alors disponible, ont été utilisés parce qu'ils s'appliquaient à des états de fait. Mais la systématisation, reconstituée et visée par l'« *Instruction sur quelques aspects de la théologie de la libération* » de la Congrégation pour la Doctrine de la Foi (6 août 1984), ne se laisse pas retrouver telle quelle dans la pensée d'hommes comme Gutierrez, Dussel, Assmann et bien d'autres, dont la signification est immensément importante pour le sous-continent, au-delà des épisodes, voire même des erreurs ou des insuffisances.

En Asie, de l'Inde au Japon, les théologiens chrétiens sont encore peu nombreux et trop peu connus. En Afrique, les noms de Mgr Sanon, Jean-Marc Ela, parmi bien d'autres (qui collaborent, par exemple, à la jeune *Revue de Théologie africaine*), commencent à marquer. Dans tous les cas, les problèmes premiers sont ceux de la rencontre entre christianisme et cultures autochtones. Est d'abord dessiné le projet d'une véritable inculturation : le christianisme doit devenir africain et asiatique, selon d'ailleurs une grande diversité de modèles, à la mesure même de l'extraordinaire multiplicité des cultures de ces continents —, et en tentant d'éviter la pulvérisation du caractère universel, ou catholique, du christianisme. Apparaissent alors les problèmes internes (à propos des castes, des rivalités ethniques, du statut de la femme, etc.), où joue la constante séculaire selon laquelle le christianisme qui épouse les cultures les conteste de l'intérieur en ce qu'elles ont d'inhumain. Un travail de mise en commun et de recherche se poursuit notamment au sein de l'Association œcuménique des théologiens du Tiers-Monde (EATWOT, ou ASETT) qui tient des rencontres mondiales assez régulièrement.

La situation européenne pourrait nous tromper : il est vrai que, chez nous, les théologiens ont moins d'audience dans les médias qu'au moment du Concile ; que la production est plus limitée chez les éditeurs ; que la génération entre les grands aînés et les jeunes espoirs est plus clairsemée. Mais, à l'échelle de l'Église universelle, le foisonnement théologique depuis trente ans, la prise en compte des problèmes essentiels, l'accès des laïcs à la théologie, et l'affirmation du Tiers-Monde, sont des signes prometteurs. ■

Enfants péruviens indiens dans la sierra andine.

Ph. CIRIC

TYPOLOGIE DES COURANTS THÉOLOGIQUES

	Classique	Moderne	En rupture	Morale	Néo-tradition
Principe clef	Il y a un « donné », un message clair.	Il faut repenser le christianisme en fonction de la culture moderne.	La foi est toujours en rupture avec la vie ordinaire et la raison, mais elle illumine toute l'existence.	Jésus est un modèle d'humanité, de libération.	L'homme est un. Il ne peut y avoir d'un côté le scientifique ou le technicien et de l'autre le chrétien. Il faut essayer d'unifier.
Destinataire	Le chrétien.	Tout homme : la théologie est la clef de la connaissance de soi et du monde.	En principe tout homme : mais à condition qu'il admette le paradoxe de la foi.	Les pauvres, les brisés par l'âge moderne	Tout homme.
Finalité du travail du théologien	1. Relier entre eux les contenus de la Révélation. 2. Les faire comprendre par analogie, par des images.	1. Réinterpréter les demandes du monde moderne pour montrer comment elles peuvent être chrétiennes. 2. Reconstruire un modèle synthétique du christianisme, dans les catégories culturelles actuelles.	1. Analyser les échecs et les limites de l'homme. 2. Repenser la Rédemption par le Christ et en montrer le sens pour aujourd'hui. 3. Montrer que l'Évangile est approprié à la situation de l'homme.	Donner des instruments intellectuels pour participer au combat de libération de l'homme.	Dans la certitude qu'il n'y a qu'une seule vérité, confronter le donné de la Tradition chrétienne et celui de la science moderne et accepter de ne pas réduire l'un à l'autre.
Utilisation des connaissances scientifiques modernes	Inutile sauf pour servir d'image.	Fondamentale comme critère de la vérité.	Fondamentale mais limitée par le paradoxe de la foi.	Instrumentale, pour aider la recherche et, si besoin est, le combat de la libération.	Fondamentale pour comprendre l'homme

Ce tableau a pour but de faire percevoir que les courants théologiques — en deçà de ce qu'ils expriment — peuvent être regroupés en familles de pensées à partir des objectifs qu'ils se donnent, de la manière dont ils utilisent les connaissances scientifiques modernes, de leur destinataire. Il est évident qu'aucun théologien ne correspond strictement à un modèle ainsi défini, c'est pourquoi aucun n'est cité ; mais ces modèles peuvent permettre d'analyser le travail de beaucoup de théologiens.

Systèmes théologiques

Les systèmes théologiques sont variés

Les systèmes et les écoles théologiques ont toujours été *très divers ;* ils varient selon les lieux et les époques, en fonction des facteurs culturels et des situations historiques ; c'est que la Révélation doit sans cesse être questionnée pour répondre aux interrogations constamment renouvelées au fil du temps par chaque culture.

La pluralité des systèmes théologiques est donc normale ; elle est même souhaitable pour l'enrichissement mutuel qu'elle procure. C'est ainsi, par exemple, qu'une ligne de partage très générale a toujours différencié les grandes théologies de l'Orient et de l'Occident : l'Occident a toujours été mû par un besoin de clarification qui l'a poussé à élaborer des définitions théologiques aussi complètes que possible ; l'Orient, qui reprochait à l'Occident de prétendre définir l'indéfinissable, le mystère même de Dieu, préférait, au contraire, approcher ce mystère par le moyen « d'affirmations négatives », qui tiennent mieux compte de la difficulté à exprimer l'inexprimable : « Dieu n'est pas bon à la manière des hommes », etc.

De même, en Occident, ont traditionnellement prévalu deux grandes lignes de pensée théologique : la ligne augustinienne, inspirée par la pensée de saint Augustin (IVe, Ve siècles), de type plus spirituel et avec une vision de l'homme plus pessimiste, et la ligne thomiste (inspirée par la pensée de saint Thomas d'Aquin, XIIIe siècle), de type plus rationnel et avec une vision plus optimiste de l'homme.

En Orient, la christologie (recherche théologique appliquée à la personne du Christ) a connu, elle aussi, deux grands courants complémentaires qu'on retrouve aujourd'hui à travers le monde : l'un, issu de l'école d'Alexandrie, est celui d'une « christologie d'en haut », conçue à partir de l'unité du Christ avec Dieu ; plus portée à la contemplation du mystère de Dieu qu'à l'action ; l'autre, issu de l'école d'Antioche, est celui d'une « christologie d'en bas », élaborée à partir de la mission historique de Jésus sur terre, et conduisant, par exemple, à actualiser pour aujourd'hui sa solidarité avec les hommes, et en particulier, avec les pauvres.

Les systèmes théologiques et l'esprit scientifique

Les systèmes théologiques ont longtemps eu l'ambition de présenter un ensemble de type scientifique, englobant la totalité du savoir sur Dieu (ainsi par, exemple l'œuvre de saint Thomas d'Aquin).

Aujourd'hui on est obligé de voir les choses différemment.

En premier lieu, le long questionnement opéré par la théologie au fil des siècles, et les évolutions culturelles de plus en plus rapides, ont fait prendre une conscience plus aiguë que *la Révélation, expression du mystère même de Dieu en langage humain et historiquement daté, n'aura jamais fini d'être explorée, approfondie, interrogée, interprétée ;* elle est inépuisable comme Dieu lui-même. Aucune théologie ne peut donc prétendre offrir un corps complet et définitif des vérités de la foi ; les théologies ne peuvent être que partielles, et, d'une certaine manière, provisoire ; chacune forme une des approches possibles de la vérité immuable et mystérieuse de Dieu. Il faut d'ailleurs rappeler que les recherches des théologiens n'engagent pas l'Église, même lorsque ces derniers jouissent d'un grand crédit auprès de ses responsables. Ce en quoi leurs recherches se distinguent des définitions dogmatiques.

Et les dogmes eux-mêmes, pourtant définis par un magistère bénéficiant du privilège de l'infaillibilité de l'Église, s'ils expriment sans erreur possible quelque chose de cette vérité, le font dans le langage et selon les concepts d'une époque donnée ; c'est pourquoi ils peuvent appeler, comme le rappelait Jean XXIII, une modification dans leur formulation (mais non dans leur consistance même). (Voir Dogme, Développement du Dogme, Actualisation de l'expression de la foi).

C'est dire que, malgré ses limites inévitables, la recherche théologique répond à une nécessité permanente.

En second lieu, il est aujourd'hui difficile de parler de la théologie comme d'une science unique ; son domaine est en effet dispersé entre de nombreuses disciplines (exégèse, histoire, patristique, spiritualité, ecclésiologie, etc.), dont chacune a ses méthodes propres, souvent tributaires des sciences humaines (linguistique, critique historique, sociologie, etc.). La rigueur de l'esprit scientifique n'en est pas moins une des exigences de la recherche théologique.

Les systèmes théologiques et la vie quotidienne

Les théologies modernes sont conduites, moins à définir des propositions se voulant immuables, qu'à chercher à saisir, dans la fidélité à ce qu'on appelle la Tradition, de quelle façon la Parole de Dieu interpelle aujourd'hui les hommes et les sociétés, quels rapports peuvent s'établir entre les appels de Dieu et l'histoire en cours. Les théologiens, sensibles aux reproches du philosophe allemand Heidegger († 1970) d'avoir enfermé Dieu dans un concept abstrait d'Être suprême, s'emploient aujourd'hui, et ce n'est pas sans soulever parfois des polémiques, à découvrir l'actualité toujours renouvelée de sa présence et de ses appels parmi les hommes. Ainsi, par exemple, en est-il de la recherche des « théologies de la libération » en Amérique Latine, source de certaines critiques de Rome. Mais, il n'est pas de recherche sans tâtonnements. ■

Quelques grands penseurs du christianisme

URS von BALTHASAR Hans (1905-1988). Né à Lucerne, il est sans aucun doute l'un des plus grands philosophes et théologiens du XXe siècle. Son activité intellectuelle et pastorale dépasse l'imagination. Von Balthasar fait ses études littéraires et philosophiques à Vienne, à Berlin (où il suit les cours de Romano Guardini, qui deviendra son ami), à Munich et à Zurich. Docteur ès lettres germaniques en 1929, il entre alors dans la Compagnie de Jésus. En 1936-1938, il étudie la théologie au scolasticat de Lyon-Fourvière. C'est là que son « maître » et ami très cher, Henri de Lubac, l'introduit dans l'étude de la patristique.
Au printemps de 1940, il fait la connaissance d'Adrienne von Speyr, qui exerçait la médecine, il l'initie à la foi catholique et devient son « père spirituel ». Cette grande mystique donne un nouveau tour à sa vie. En 1950, il quitte, avec peine, l'ordre de saint Ignace pour fonder avec elle un institut séculier « la communauté de saint Jean ». Elle mourra en 1967. Dans une anthologie des textes de sa « fille spirituelle », (traduction française Médiaspaul-Paris, 1985), von Balthasar dit tout ce qu'il lui doit. En 1950, il s'installe à Bâle, où il poursuit sa tâche d'éditeur et de directeur d'édition.
Sa qualité d'ex-jésuite semble l'avoir maintenu en marge des grands moments de l'Église, en particulier lors de Vatican II. Au moment de sa création, la revue *Concilium* le compte comme membre de son directoire pour la section de spiritualité ; mais il n'y reste pas et, en 1975, il est l'un des co-fondateurs de la revue *Communio ;* il y donne un article dans presque chaque numéro.
Justice lui fut rendue : comment pouvait-il en être autrement ? Urs von Balthasar, membre associé de l'Institut de France, fut membre de la Commission théologique internationale (auprès du Saint-Siège). Le 23 juin 1984, il a reçu le Prix International Paul VI, destiné à couronner une œuvre ayant contribué de manière importante au développement de la recherche et de la connaissance religieuses, un « Nobel » de la théologie en quelque sorte, que Jean-Paul II lui a remis avec des paroles pleines d'éloges.
Parler en quelques lignes de l'œuvre littéraire, philosophique et théologique de von Balthasar est impossible (sa dernière bibliographie, en 1975, comptait déjà 58 pages !)
Cette œuvre se compose de quatre éléments correspondant aux quatre lignes de force du système de pensée du théologien : la patrologie, la philosophie, les traductions d'auteurs anciens et modernes, et la théologie (qu'elle soit biblique, dogmatique, fondamentale, mystique ou spirituelle). Beaucoup de ses ouvrages sont traduits en français. Le plus connu est *La Gloire et la Croix* (3 vol.), Aubier, 1974. L'ensemble de son œuvre est comme une « vraie symphonie théologique » où le Christ occupe une place centrale.

QU'EST-CE QU'UN SYSTÈME THÉOLOGIQUE ?

C'est la présentation se voulant méthodique et cohérente, par un théologien ou un courant de la pensée théologique (qu'on appelle aussi une école), d'un ensemble de propositions relatives à Dieu, à la personne du Christ, au mystère du salut de l'homme, à l'Église, etc. Il ne faut pas confondre système théologique, qui est du domaine de la recherche, et enseignement dogmatique, qui appartient au seul magistère et n'est plus sujet de libres opinions dans l'Église.

BARTH Karl (1886-1968). Né et mort à Bâle, Karl Barth est à coup sûr le plus grand théologien calviniste de notre temps. Étudiant successivement à Berne, Berlin, Tübingen et Marburg, il subit d'abord l'influence de la théologie régnante, le libéralisme, avec notamment la réduction de la foi dogmatique à une conduite morale. En 1911, il devient pasteur d'un petit village suisse, Safenwil. Pendant la guerre de 1914-1918, il se demande surtout ce qu'il doit prêcher à ses paroissiens. Il découvre l'insuffisance d'une prédication purement humaine : il doit leur transmettre la Parole de Dieu. Ses conférences passionnées ont été publiées dans un livre traduit en français sous le titre *Parole de Dieu et parole humaine.* Il est rendu brusquement célèbre par son *Épître aux Romains* (1918). Le jeune pasteur du village suisse devient, dès 1921, professeur de dogmatique en Allemagne : à Göttingen, à Münster, puis à Bonn à partir de 1930 (*Encycl. univ.*, vol. 3, p. 15). Sa grande œuvre théologique est sa *Dogmatique,* qui reste inachevée quand il prend sa retraite professorale, en 1964, tout en comptant huit mille pages (20 vol. traduits en français à Genève). L'*Encyclopedia Universalis* résume ainsi la pensée théologique de Barth : « Si la connaissance n'introduit pas à la foi, la foi produit une connaissance d'elle-même, qui, partant de sa positivité, manifeste son caractère scientifique et perfectible, et met en évidence la beauté de cette vérité à la fois incompréhensible dans sa genèse et pleine d'intelligence dans son fait ».

Barth passe, à juste titre, pour un défenseur acharné de la transcendance de Dieu. Cependant, commentant son œuvre passée en 1956, il reconnaît que « la divinité comme telle a aussi le caractère d'une humanité. En Jésus-Christ, tel que la Bible en témoigne, il n'est pas question d'un Dieu abstrait, c'est-à-dire séparé de l'homme dans sa divinité, éloigné et étranger, qui ne serait donc pas humain mais en quelque sorte inhumain ».
Jamais, en tout cas, Barth ne s'est tenu éloigné des problèmes si terribles de son temps. Dès 1934, il participe directement à la rédaction de la confession de foi de Barmen qui est à l'origine de l'Église confessante allemande ; en lisant la notice sur Bonhoeffer, on verra que l'appartenance à cette Église devait conduire à la mort par pendaison ce jeune et brillant théologien ! Expulsé de son poste de Bonn parce qu'il a refusé de prêter serment à Hitler, Barth s'installe définitivement à Bâle, dans son pays d'origine ; mais il ne cesse de soutenir ceux qui sont engagés dans la lutte contre le nazisme.
On doit ajouter que le théologien ne se mit pas à part du ministère pastoral. Il était aumônier d'une prison. On a publié une traduction française des homélies qu'il donna dans ce ministère, sous le titre : « Aux captifs... la liberté » (1959). Elles sont admirables en tous points. Le portrait qu'a donné de lui Walther Fürst dans *Bilan de la théologie au XXe siècle* (Casterman, 1970) s'achève par ces mots : « On pourrait se demander s'il n'a pas dépassé le monde qui l'entoure, non d'une tête, mais de toute une longueur ».
Il n'est pas possible de donner ici une bibliographie des ouvrages et articles écrits par Barth, ni même d'indiquer les ouvrages qui ont été écrits sur lui. On se contentera de signaler celui que lui a consacré Hans Urs von Balthasar, *Karl Barth* (1951).

BLONDEL Maurice (1861-1949). Philosophe, un des penseurs les plus influents sur les idées chrétiennes contemporaines. Normalien, agrégé de philosophie, professeur à Lille puis à Aix-en-Provence, Blondel s'attacha essentiellement à déterminer comment le problème religieux était concevable philosophiquement, et comment un philosophe pouvait inclure le mystère chrétien dans sa pensée. Cette question rejoignait une conviction qu'il essayait de vivre lui-même, et qu'il a développée dans ses ouvrages : l'union de Dieu et de la nature concrète, l'accomplissement en Dieu du monde physique, la révélation de Dieu par les réalités terrestres. Sa thèse de doctorat fit grand bruit dès sa publication : *L'Action* (1893) soutenait l'idée que l'aboutissement de la pensée est dans l'action, qui est révélatrice de la vérité de Dieu (« L'action qui enveloppe et achève toutes les autres, c'est de penser vraiment à Dieu »). Sa philosophie s'exposa ensuite dans *Le problème de la mystique ?* (1925) et dans *Le Problème de la philosophie catholique* (1932) où il montre la continuité entre la nature et Dieu, la philosophie et le surnaturel. Enfin, ce furent *La Pensée* (1934) et *L'Être et les êtres* (1935), qui proposaient à l'homme d'incarner sa pensée dans une action révélatrice de Dieu. Maurice Blondel appartient à une génération de philosophes qui ont contribué à sauver la pensée chrétienne de leur époque, parfois bien défigurée ; ainsi s'explique l'influence toujours grandissante de son œuvre.

BULTMANN Rudolf (1884-1976). Né à Wiefeldstede, près d'Oldenburg, le célèbre exégète et théologien protestant allemand fait ses études aux universités de Marbourg, Tübingen et Berlin. Il est Privatdozent à Marbourg (1912) et professeur de Nouveau Testament à Breslau (1916), Giessen (1920) et Marbourg (1921). Rendu célèbre, en 1921, par son *Histoire de la Tradition synoptique,* il apparaît comme l'un des fondateurs de la *Formgeschichte* (histoire des formes littéraires) qui s'efforce de remonter en deçà de nos textes évangéliques actuels, afin de distinguer les divers apports des traditions orales dont ils proviennent. Parmi ses ouvrages les plus importants, *Jésus* (1926) (trad. fr. Le Seuil, 1968), *L'Évangile de Jean* (1941), *Le christianisme primitif dans le cadre des religions antiques* (1949, trad. fr. Payot, 1950), *La Théologie du Nouveau Testament* (1953), *Histoire et eschatologie* (1957, trad. fr. Delachaux, 1959). Son dernier ouvrage *Exegetica* (Tübingen, 1967) donne une liste exhaustive de ses publications.

CHENU Marie-Dominique (1895-1990). Né à Soisy-sur-Seine (Essonne), où son père était petit industriel, Marcel-Léon Chenu entre au noviciat des dominicains en 1913 et prend comme nom de religieux celui de Marie-Dominique. Bien que théologien « engagé », il est toujours resté un méditatif et un contemplatif. Envoyé pour ses études au collège Angélique de Rome, il y a pour maître le P. Garrigou-Lagrange, auquel il doit une vue très ferme de la surnaturalité de la foi, en même temps qu'il apprend du P. Reginald Schultes le sens de la condition humaine, et de la rationalité de la foi : « Ces deux valeurs, surnaturalité et historicité, furent décisives dans la réflexion que le jeune théologien poursuivit dès lors », écrit le P. Congar (*Bilan de la Théologie du XXe siècle,* Casterman, 1971, T. II).

En 1920, il est nommé professeur d'histoire des doctrines aux facultés dominicaines du Saulchoir en Belgique, fondées en 1905 après l'expulsion hors de France des religieux. Dès le début, il se révèle un extraordinaire éveilleur intellectuel ; en 1932, il en devient le régent des études. En 1937, se réalise un rêve de longue date : les facultés du Saulchoir peuvent revenir en France et s'installent à Étiolles (Essonne). Le Père Chenu y poursuit son activité. La même année, il publie une plaquette hors commerce, *Une école de théologie, le Saulchoir,* qui a, dit le P. Congar, une allure de programme. « Il ne ménageait pas certains théologiens, étrangers aux perspectives de ressourcement et de pensée vivante qu'il traçait ». Le petit écrit est dénoncé et, au début de 1942, mis à l'index. Une nouvelle épreuve attendait son auteur en 1954. Intervenant en tant que théologien, il avait publié un article sur les prêtres-ouvriers ; c'était l'époque où, à la suite de l'encyclique de Pie XII *Humani generis* (1950), se produisait un raidissement doctrinal dont beaucoup de théologiens subissaient les conséquences. Comme les Pères Féret et Congar, le Père Chenu est sanctionné. Il doit se retirer au Havre, revenant cependant chaque mois à Paris pour retrouver les nombreux petits groupes qu'il continue d'animer. Il en fallait d'ailleurs beaucoup plus pour ébranler sa sérénité ou atténuer son ardeur.

L'œuvre du Père Chenu sur le plan théologique est considérable. Spécialiste de la théologie médiévale, il a fondé l'Institut d'études médiévales d'Ottawa (1930), dirigé la *Revue des sciences philosophiques et religieuses,* fondé et dirigé pendant plusieurs années le *Bulletin thomiste.* Le P. Congar divise l'activité théologique du P. Chenu en deux parties : la période de 1922 à la guerre de 1939 « est remplie surtout par des articles sur la connaissance de foi et des études sur la pensée du Moyen Âge ». Le livre le plus marquant est alors *La théologie comme science au XIIIe siècle.* « La seconde période, qui s'annonce dès 1934, est ouverte à de grandes orientations apostoliques, à une réflexion théologique sur les réalités sociales et les grandes mutations de la société. »

CONGAR Yves (né en 1904). Né à Sedan (Ardennes), il passe deux ans au Séminaire universitaire des Carmes à Paris, sous la houlette de M. Verdier, futur archevêque de Paris. En 1925, après son service militaire, il entre au noviciat des dominicains. Durant son scolasticat au Saulchoir, en Belgique, il rencontre un maître, le P. Chenu. Ordonné prêtre en 1930, lecteur en théologie en 1931, il doit remplacer au pied levé le P. Chenu pour le cours d'Introduction à la théologie. Profitant de quelques mois de liberté en 1932, il suit à Paris les cours des grands maîtres de l'époque, Gilson, Le Bras, Maritain ; chez ce dernier, il rencontre Emmanuel Mounier. Il revient au Saulchoir enseigner « l'apologétique », qui devient vite un cours sur l'Église. En 1934, les dominicains de la revue *La Vie intellectuelle* lui demandent une conclusion théologique à une grande enquête sur les causes de l'incroyance moderne ; cet article lucide connaît un grand retentissement et représente pour Yves Congar une véritable « ouverture au monde ». Ces années heureuses de sa jeunesse théologique, vécues à côté des P. Féret et Chenu, sont marquées non seulement par le travail intellectuel, mais aussi par un ministère de prédication et de conférences. En 1937, il lance aux Éditions du Cerf la collection d'ecclésiologie *Unam Sanctam,* dont le premier volume est de lui, *Chrétiens désunis, principes d'un œcuménisme catholique ;* il marque un tournant important dans l'œcuménisme : au lieu de batailler, chercher chez les autres les éléments de vérité qui s'y trouvent et les embrasser.

Le Père Yves Congar.

A ce moment, Yves Congar trace le plan d'un grand œuvre théologique sur l'Église, auquel il travaillera peu à peu, poussant toute étude jusqu'à son point de publication et l'engrangeant pour un livre ayant sa place dans l'ensemble. La guerre et cinq années de captivité (1939-1945) interrompent ce fécond labeur, encore que, dans la *Revue des Sciences philosophiques et théologiques* de 1941-1942, paraisse un *Bulletin d'histoire des doctrines chrétiennes.* Il faudrait aussi parler des conférences qu'il fait dans son camp (où se trouve aussi Jean Guitton) pour lutter contre l'idéologie nazie.

A son retour, il collabore régulièrement à l'hebdomadaire *Témoignage chrétien.* A partir de 1948, il vit davantage retranché dans un travail intellectuel intense. Deux grands livres en sortiront : *Vraie et fausse réforme dans l'Église* (N° 20 de la collection *Unam Sanctam,* 1950), et *Jalons pour une théologie du laïcat* (N° 23). Durant toute cette période, les dénonciations ne cessent pas contre lui et ses plus chers confrères dominicains. En 1954, dans la période de raidissement doctrinal inaugurée par l'encyclique de Pie XII *Humani generis,* il connaît l'exil : la Terre Sainte, Rome, Cambridge, Strasbourg lui sont assignés par ses supérieurs comme lieux de résidence. Sa fidélité répond à la méfiance. Avec Jean XXIII arrive enfin l'heure de la réhabilitation. Désigné comme expert au Concile, Yves Congar y joue un rôle important. Après le Concile, il poursuivra sa recherche, malgré l'âge et les difficultés de santé. Il publiera en particulier une revue sur l'Esprit Saint.

DANIÉLOU Jean (1905-1974). Au moment de la naissance du futur cardinal, son père, Charles Daniélou, député du Finistère, travaillait avec son ami Aristide Briand à donner à la loi de séparation de l'Église et de l'État une forme acceptable pour les catholiques, tandis que sa mère s'employait à créer l'École normale libre. Après des études au collège Sainte-Croix de Neuilly, puis à la faculté des Lettres de l'Institut catholique de Paris, il prépare l'agrégation ; à cette époque, on lui demande de traduire en latin l'Œdipe-Roi de Sophocle, pour un opéra dont Stravinski voulait écrire la musique ! Jeune agrégé, après deux années passées dans l'ordre religieux des Paulins, il entre dans la Compagnie de Jésus. Il est ordonné prêtre en 1938. Mobilisé en 1939-40, il se retrouve en 1941 à Paris pour préparer son doctorat de théologie à l'Institut catholique ; il est alors l'aumônier du Groupe catholique des Lettres avec lequel il inaugurera les pèlerinages étudiants à Chartres. Il est également aumônier de l'École normale supérieure de Sèvres (jeunes filles), école qui lui resta toujours très chère. En 1942, il publie chez Gallimard *Le signe du Temple ou de la Présence de Dieu*. Pour ses deux doctorats, celui de théologie à l'Institut catholique et celui de lettres à la Sorbonne, il prend le même sujet de thèse (pratique courante, l'Université d'État ignorant l'enseignement supérieur catholique) : *La doctrine mystique de saint Grégoire de Nysse*. En 1943, il succède au P. Lebreton dans l'enseignement des origines chrétiennes à l'Institut catholique de Paris. En 1944, il fonde, avec le P. de Lubac, la collection des *Sources chrétiennes*, dont le premier volume est son édition de *La vie de Moïse*, de saint Grégoire de Nysse. En 1945, paraît le premier cahier de *Dieu vivant*, revue où il joue un grand rôle mais qui n'a qu'une existence éphémère. En 1961, il est doyen de la Faculté de théologie de l'Institut catholique. En 1962, il est expert au concile Vatican II.

Ses ouvrages se répartissent sur deux registres. Sur le premier, ses cours à l'Institut catholique, il s'intéressait particulièrement aux sources helléniques et juives de la première doctrine chrétienne (ainsi, en 1963, *Nouvelle Histoire de l'Église*, en 1966, *Études d'exégèse judéo-chrétienne*). Le second registre est celui de la spiritualité envisagée sous son aspect le plus pratique ; l'un de ses livres les plus célèbres dans ce genre est *L'oraison, problème politique* (1965).

En 1969, Paul VI le nomme cardinal. En 1972, il est élu à l'Académie française, succédant au cardinal Tisserant.

Homme de dialogue et de conviction, son activité apostolique n'a jamais cessé d'accompagner celle de professeur. En 1944, il avait fondé *le Cercle Saint Jean-Baptiste*, centre de relations avec les religions non chrétiennes. Il est souvent intervenu à la télévision ; il eut notament un célèbre face à face avec Roger Garaudy en juin 1970. Sa mort subite chez une personne de petite vertu qu'il cherchait à aider suscita beaucoup de railleries ; c'était bien mal connaître son esprit apostolique. Une société des amis du cardinal Daniélou s'emploie à conserver sa mémoire.

GILSON Étienne (1884-1978). Né à Paris, successivement élève au petit séminaire de Notre-Dame-des-Champs et étudiant à la Sorbonne, il est agrégé de philosophie en 1907. Les cours du philosophe Bergson au Collège de France n'auront pas été sans influence sur lui. En 1913, il soutient sa thèse de doctorat sur *La liberté chez Descartes*, accompagnée d'un *Index scolastico-cartésien*. Sa carrière universitaire le conduit, dès 1921, à la Sorbonne et à l'École pratique des Hautes-Études ; en 1928, il est co-fondateur de l'Institut pontifical d'études médiévales à Toronto (Canada), où il sera directeur d'études. De 1932 à 1950, il enseigne au Collège de France.

Gilson est le grand historien de la philosophie médiévale. Ses livres les plus connus sont *Le Thomisme* (1919), *La philosophie de saint Bonaventure* (1924), *Introduction à l'étude de saint Augustin* (1929), *La théologie mystique de saint Bernard* (1934), *Jean Duns Scot, introduction à ses positions fondamentales* (1952). Il a beaucoup contribué à faire renaître l'étude de saint Thomas d'Aquin, dont il a fait percevoir l'actualité. Il est d'ailleurs tout autant philosophe, et plus précisément métaphysicien, qu'historien ; jusqu'au bout, il défendra, contre Heidegger et d'autres, la primauté de *l'être*. Humaniste, il est aussi l'auteur d'une *Introduction aux arts du beau* (1963). L'ouvrage qui lui fut offert en hommage, en 1949, par Maritain, Mgr de Solages et d'autres co-auteurs, portait comme titre *Etienne Gilson, philosophe de la chrétienté*. Il était membre de l'Académie Française depuis 1946.

GUITTON Jean (né en 1901). Né à Saint-Étienne, il connaît par ses parents une première expérience de la tolérance : tandis que sa mère était plutôt de tendance janséniste (il lui a consacré un ouvrage : *Une mère dans la vallée*, 1947), son père était de spiritualité jésuite, et farouchement royaliste : le 14 juillet était, dans son enfance, jour de deuil ! Il fait toutes ses études dans l'enseignement laïque. A l'École normale supérieure, il connaît le Père Portal, et par lui Lord Halifax. Mais c'est surtout le Père Pouget — un lazariste aveugle dont il a laissé une éblouissante évocation, *Portrait de M. Pouget* — qui eut une profonde influence sur lui et l'orienta vers les études exégétiques. Agrégé de philosophie en 1923, il se reconnaît trois maîtres : Bergson, Chevalier, Blondel. Le premier lui a inspiré le sujet de sa première thèse, *Le temps et l'éternité chez Plotin et saint Augustin*, et Blondel la seconde, *La notion de développement chez Newman* (1930). Il dit en confidence : « Bergson avait du génie, Blondel du talent : il était trop catholique pour un philosophe ! Toute ma vie a été fondée sur l'idée que Dieu ne porte pas de soutane. Je crois en Dieu de façon laïque ». Ce qui ne l'empêchera pas d'être en relation toute sa vie avec des prêtres, le plus marquant étant Paul VI auquel le liera une véritable amitié ; ses *Dialogues avec Paul VI* sont célèbres. Il sera le premier laïc à être désigné par ce pape comme « auditeur » au concile Vatican II.

Guitton est avant tout le philosophe de la durée. En cela, il se rattache étroitement à Bergson, encore que celui-ci considérât la durée comme impensable. Après une carrière consacrée à l'Université, et achevée à la Sorbonne, Guitton a été élu à l'Académie Française (1961).

Ses œuvres complètes ont été publiées dans la *Bibliothèque européenne* chez Desclée de Brouwer en 6 volumes : 1. *Portraits ;* 2. *Critique religieuse ;* 3. *Sagesse ;* 4. *Philosophie ;* 5. *Journal de ma vie ;* 6. *Œuvres œcuméniques.* Il a encore publié en 1984 un petit ouvrage, *L'absurde et le mystère,* qui résume les grands thèmes de sa pensée.

GUTIERREZ Gustavo (né en 1928). Né à Lima (Pérou), il est licencié en psychologie de l'université de Louvain (Belgique) et licencié en théologie de la faculté de théologie de Lyon. Assesseur national auprès de l'UNEC (Union nationale des étudiants catholiques péruviens), il est professeur dans les sections de théologie et de sciences sociales de l'université de Lima. Mais ce qui prime dans la vie de ce prêtre, c'est son ministère pastoral auprès des plus pauvres. Il le dira dans une interview dont la traduction française est parue dans la *Documentation catholique* du 7 octobre 1984.

En 1969 paraît à Montevideo (Uruguay) son premier livre *Hacia una teología de la liberación* (*Vers une théologie de la libération*) ; cet ouvrage reproduit le texte de ses interventions dans une réunion tenue en 1968 dans la ville péruvienne de Chimbote, quelques semaines seulement avant la conférence de l'épiscopat latino-américain de Medellin qui, dans sa majorité, allait précisément entrer dans la même perspective.

L'année suivante, Gutierrez participe à une réunion organisée près de Genève par SODEPAX (Joint Commitee on Society Development and Peace), organisme

créé conjointement par la Commission pontificale Justice et Paix et le Conseil Œcuménique des Églises. C'est pour Gutierrez l'occasion de présenter un rapport substantiel, non pas sur le développement, mais sur la libération. Ce texte, publié à Bogotà, est la première esquisse de son livre le plus important, *Théologie de la libération,* qui paraîtra à Salamanque en 1972. En 1979, il rassemble ses principaux essais théologiques dans *La Force historique des pauvres,* ouvrage qui porte l'empreinte des deux importantes conférences de l'épiscopat latino-américain de Medellin (1968) et de Puebla (1979) ; il est également redevable à Bonhoeffer. En 1982, à Lima, paraît une intense méditation théologique sur *Le Dieu de la vie.* Déjà, dans un rapport donné à l'ASETT (Association œcuménique des théologiens du Tiers-Monde) à Sâo Paulo, en février-mars 1980, Gutierrez avait insisté fortement sur l'importance de la réflexion sur Dieu dans la théologie de la libération. L'ASETT est sensible à la différence qui existe entre la théologie européenne, qui a à lutter contre l'athéisme, et la théologie de la libération, qui est aux prises avec l'idolâtrie. Un des derniers livres de Gutierrez, qui doit son titre à saint Bernard, *Beber a su proprio pozo en el itinerario espiritual de un pueblo* (*Boire à son propre puits dans l'itinéraire spirituel d'un peuple,* Lima, 1983), confirme son option pour les pauvres au milieu desquels il vit.
On a reproché à la théologie de la libération son parti-pris politique. Gutierrez s'en défend. Si la théologie de la libération rencontre des difficultés, il s'en explique : « Le fait est qu'en Amérique latine nous vivons dans une situation très difficile, et nous ne pouvons pas faire de la théologie comme si nous vivions dans un angle mort de l'histoire » (*Doc. cath.,* art. cit., p. 909).

(Voir Théologie de la Libération.)

JEREMIAS Joachim (1900-1979). Il semble avoir été prédestiné à devenir un des plus grands exégètes protestants de notre temps : de 10 à 15 ans, en effet, il vécut en Palestine où son père était prévôt de la communauté allemande, et ce père avait lui-même publié une plaquette sur *Tyr, au temps de Nabuchodonosor.*

La thèse de doctorat de Jeremias, *Riches et pauvres au temps de Jésus,* est publiée à Leipzig en 1923, bientôt complétée par deux autres études réunies dans le volume *Jérusalem au temps de Jésus* évoqué ci-dessous.
Toute la carrière de Jeremias a été consacrée à l'enseignement relatif au Nouveau Testament, à l'université de Göttingen. Son activité scientifique a été considérable et ses ouvrages traduits en de nombreuses langues. On lui doit en particulier de nombreux articles du *Dictionnaire de Kittel.* (Voir sa bibliographie complète dans le *Catalogue de l'École biblique et archéologique française de Jérusalem,* dont un exemplaire se trouve dans la bibliothèque du *Saulchoir* à Paris.)

Ouvrages traduits en français (la date est celle de la parution de la traduction) :

1956, *Jésus et les païens,* Delachaux et Niestlé.
1962, *Les paraboles de Jésus,* Mappus (Le Puy).
1963, *Paroles de Jésus. Le Sermon sur la montagne. Le Notre Père,* Éd. du Cerf.
1966, *Le message central du Nouveau Testament,* Éd. du Seuil.
1967, *Jérusalem au temps de Jésus,* Éd. du Cerf.
1969, *Le problème historique de Jésus-Christ,* Éd. de l'Épi.
1970, *Paroles inconnues de Jésus,* Éd. du Cerf.
1972, *La dernière Cène. Les paroles de Jésus,* Éd. du Cerf.
1972, *Abba. Jésus et son Père,* Éd. du Seuil.
Par ces titres, on voit que Jeremias s'est particulièrement attaché à retrouver les paroles mêmes de Jésus. Bien qu'il s'agisse là d'un point de vue aujourd'hui quelque peu dépassé, il restera un des maîtres de l'exégèse du Nouveau Testament.

KÜNG Hans (né en 1928). Né à Sursee (canton de Lucerne, Suisse), il fait ses études secondaires au lycée de Lucerne, ses études de philosophie puis de théologie à l'université grégorienne de Rome. Ordonné prêtre en 1954, il poursuit des études à la Sorbonne et à l'Institut catholique de Paris, où il soutient en 1957 sa thèse de doctorat en théologie (*Justification. La doctrine de Karl Barth et une réflexion catholique* — traduction française chez Desclée de Brouwer). Il fait d'autres séjours d'études à Amsterdam, Berlin, Madrid, Londres. De 1957 à 1959, il exerce un ministère à Lucerne. En 1960, il est nommé professeur titulaire de théologie fondamentale à la célèbre faculté de théologie catholique de l'Université de Tübingen en Allemagne, et, en 1962, il est désigné par le pape Jean XXIII comme consulteur théologique au Concile. A partir de 1963, il enseigne la théologie dogmatique et la théologie œcuménique à l'université de Tübingen, dont il dirige en outre l'institut de recherche œcuménique. De nombreux titres de « docteur *honoris causa* » lui sont attribués par les universités de divers pays ; il reçoit de multiples invitations comme « professeur étranger », fait des conférences en différentes universités d'Europe, d'Amérique, d'Asie, d'Australie. Depuis 1964, il dirige la collection *Theologische meditationen* (Einsiedeln, Zürich) et, avec J. Moltmann, la collection *Œkumenische Forschungen* et celle des *Kleine œkumenische Schriften* (Fribourg). Il est membre du comité directeur de la revue théologique internationale *Concilium* (Nimègue), rédacteur en chef de la revue *Theologische Quartalschrift* (Tübingen), « Associate Editor » du *Journal of œcumenical Studies* (Philadelphie), etc.

En 1980, le nombre total de ses livres publiés en allemand atteignait déjà le chiffre de 31, dont 18 étaient traduits en français. Les plus connus sont *l'Église* (1967, traduction française en 1968 chez Desclée de Brouwer) et *Être chrétien* (1974, traduction française en 1978 au Seuil). Ce sont ces deux ouvrages qui, avec ceux concernant l'infaillibilité pontificale (*Infaillible ? Une interpellation,* 1970. *L'Église maintenue dans la vérité,* 1979), ont suscité ce qu'on a appelé l'affaire Küng, qui a mis le théologien aux prises avec l'épiscopat allemand et la congrégation romaine pour la Doctrine de la foi.

Les reproches adressés à Küng portaient sur plusieurs points. Sur certains (la divinité du Christ), il a été conduit à clarifier des positions qui paraissaient ambiguës. Sur d'autres, il n'a pas modifié sa manière de voir ; c'est particulièrement le cas pour ce qui concerne, d'une part, le rôle du théologien dans l'Église, et, d'autre part, la notion d'infaillibilité de l'Église, qu'il consteste ; à ses yeux, l'Église est seulement indéfectible, c'est-à-dire fondamentalement gardée dans la vérité tout en commettant des erreurs sur des points particuliers.

Avec de multiples rebondissements, les discussions entre Rome et Küng se sont poursuivies entre la parution de son livre *l'Église* en 1967 et la décision prise en 1979 par la congrégation pour la Doctrine de la foi de lui retirer sa « missio canonica », qui lui reconnaissait le caractère officiel de théologien catholique (ce qui n'enlève rien par contre à sa qualité de chrétien ni de prêtre). Il ne peut donc plus donner d'enseignement théologique dans un établissement universitaire catholique. L'université de Tübingen, tout en l'écartant de cet enseignement, a cependant pu lui conserver d'importantes fonctions.

Küng a toujours été à la pointe de la recherche en ce qui concerne les rapports du catholicisme avec la pensée moderne, ainsi que l'œcuménisme. Il a toujours défendu véhémentement son appartenance à l'Église catholique.

LABERTHONNIÈRE Lucien (1860-1932). Né à Chazelet (Indre) dans une modeste famille d'artisans, et après des études au petit et au grand séminaire du diocèse de Bourges, il est ordonné prêtre en 1886. Il entre alors au noviciat de l'Oratoire. En 1887, il est professeur de philosophie au collège de Juilly (Seine-et-Marne). Déjà il se passionne pour la question qui sera celle de toute sa vie : les rapports entre la philosophie et le christianisme. Poursuivant ses études supérieures, il est l'élève de Boutroux et de Brochard. La thèse de Maurice Blondel,

L'Action (1893), suscite sa réflexion ; il engage avec le philosophe aixois une correspondance qui va soutenir une amitié de plus de trente ans ; leurs divergences d'idées y mettront cependant fin. En 1900, il est supérieur du collège de Juilly. Malgré la dissolution des congrégations par la loi de 1901, Laberthonnière n'abandonne pas sa recherche, notamment sur le problème de l'immanence.

En 1905, il prend la direction des *Annales de philosophie chrétienne,* travaillant en liaison étroite avec Maurice Blondel. Mais bientôt survient la controverse moderniste ; la pensée de Laberthonnière est jugée critiquable par la congrégation de l'Index, qui lui notifie l'interdiction de publier, sous peine de suspense (1913). Il se soumet immédiatement. Il lui est défendu d'écrire mais non pas de parler. Il donne donc des conférences sur le thème qui lui est cher : l'originalité irréductible du christianisme, qui trouve son fondement dans la charité, et non pas, comme le pensent les thomistes, dans une métaphysique de type aristotélicien. Laberthonnière est un « debater » passionné. Blondel, parlant d'une réponse incisive adressée à Mgr Turinaz, évêque de Nancy, disait : « Il le passe, respectueusement, au vitriol ». Une occasion imprévue se présente à lui d'exposer sa pensée au grand public. Son confrère, le Père Sanson, chargé en 1925 de prêcher le Carême dans la chaire de Notre-Dame de Paris, lui demande son aide ; les Conférences ont cette année-là pour titre *L'inquiétude humaine.* A partir de sa troisième conférence, le Père Sanson se contente de reprendre le texte rédigé par Laberthonnière. Il en ira de même pour les Conférences de 1926, ainsi que pour celles de 1927, dont le thème est *Le christianisme, métaphysique de la charité.* Le Saint-Office y flaire évidemment du Laberthonnière ; le Père Sanson quitte la chaire de Notre-Dame...

Laberthonnière vivra jusqu'à 72 ans, et mourra en chrétien. Son influence s'est beaucoup développée de nos jours.

Parmi ses nombreux ouvrages (auxquels il faudrait ajouter ses nombreux articles), on peut signaler *Essais de philosophie religieuse* (1903), *Le réalisme chrétien et l'idéalisme grec* (1904), *Positivisme et catholicisme* (à propos de l'Action Française, 1911), et, publiés après sa mort, *Études sur Descartes* (1935), *Esquisse d'une philosophie personnaliste* (1942), *Critique du laïcisme* (1948).

Voir : *Laberthonnière, l'homme et l'œuvre,* introduction à sa pensée, par le Père Beillevert, publié par *Oratoriana,* 1972.

LÉGAUT Marcel (1900-1990). Fils d'un professeur de mathématiques au collège Chaptal, à Paris, il est reçu à Polytechnique à 18 ans. Il démissionne pour s'orienter vers l'enseignement et, en 1919, entre à l'École normale supérieure. Il y fait la connaissance de l'abbé Portal, qui exerce sur lui une profonde influence. Il apprend notamment de lui comment un intellectuel doit croire avec son intelligence et intégrer son intelligence dans sa vie spirituelle. Il se reconnaîtra également redevable de Teilhard de Chardin, des philosophes Édouard Le Roy et Gabriel Marcel. Kierkegaard a exercé sur lui l'influence non pas la plus positive, mais la plus percutante. Successivement agrégé de mathématiques et docteur ès-sciences (1924), Légaut exerce une activité universitaire de 1924 à 1926. Il habite toujours à Paris et, en octobre 1926, il s'installe, avec quelques amis, dans un appartement de six pièces où ils mènent une sorte de vie monastique ; ils réunissent autour d'eux un groupe de jeunes instituteurs qu'ils initient à la vie spirituelle ; l'été, en Auvergne, ce type de vie se poursuit dans de grandes maisons. Légaut y donne des méditations qui seront réunies sous le titre *Prières d'un croyant* (Grasset, 1933).

Démobilisé après la première phase de la guerre (1939-1940), il se marie, est nommé aux facultés de Rennes puis de Lyon, achète un hameau dans la montagne du Haut-Diois (Drôme) ; en 1942, il quitte l'université pour se faire berger et paysan tout en poursuivant son œuvre. C'est une amère déception pour les instituteurs dont il était devenu le « maître spirituel ». Sans doute aura-t-on une explication de cette orientation dans le sous-titre du livre *L'homme à la recherche de son humanité, Et homo factus est* (1971). Il s'explique longuement sur ce point dans le livre-interview *Patience et passion d'un croyant,* rédigé par Bernard Feillet (Le Centurion, 1976). Après bien des années de silence, interrompues par un seul ouvrage, *Travail de la foi* (Le Seuil, 1962), il reprend la plume en 1970 pour exprimer sa pensée philosophique et religieuse. Paraissent alors trois livres formant une sorte de trilogie : *Introduction à l'intelligence du passé et de l'avenir du christianisme* (1970), *L'homme à la recherche de son humanité* (1971), *Mutation de l'Église et conversion personnelle* (1975). On y découvre une pensée très personnelle, proche, sur beaucoup de points, des convictions des modernistes du début du siècle.

L'œuvre riche et complexe de Légaut, qu'il est difficile de résumer, est dominée par la recherche d'une humanité authentique et le respect du mystère de Dieu.

LUBAC Henri SONIER de (1896-1991). Né à Cambrai, fils d'un cadre de la Banque de France, il est élève des jésuites au collège de Mongré, près de Lyon, puis entre dans la Compagnie de Jésus en 1913. En raison de la législation française de l'époque, le noviciat se trouvait en Angleterre, à Saint-Leonards (Sussex). Lubac s'y lie avec le Père Auguste Valensin (1879-1953), dont beaucoup plus tard (1957-1963) il publiera la correspondance avec le philosophe Maurice Blondel, source d'un grand intérêt pour l'histoire de la crise moderniste. Mobilisé durant la guerre de 1914-1918, il est blessé deux fois ; sa seconde blessure à la tête ne cessera plus de le faire souffrir. Retourné en Angleterre pour y reprendre ses études théologiques, il les terminera à Lyon, les jésuites ayant été autorisés à revenir en France ; il y sera ordonné en 1927. Dès 1929, il est professeur de théologie fondamentale à l'Institut catholique de Lyon ; sollicité d'étendre son enseignement à l'histoire des religions, il est initié à cette discipline par l'abbé Jules Monchanin, un prêtre lyonnais qui ira peu après vivre en Inde et y mener jusqu'à sa mort une très exceptionnelle expérience d'immersion chrétienne au sein des milieux religieux hindous.

En 1938, paraît son premier livre, *Catholicisme, les aspects sociaux du dogme,* qui a tout de suite un grand retentissement et sera constamment réédité. Le théologien allemand Urs von Balthasar, ancien élève et ami de de Lubac, l'appelle le « livre-programme ». Cet ouvrage contribuera, dans le quart de siècle qui précède le concile Vatican II, à un changement d'accent au sein de la théologie catholique : l'Église, qu'on présentait le plus souvent d'abord comme société visible et hiérarchique, est vue en premier lieu par de Lubac comme continuation de l'Incarnation du Fils de Dieu communiquant sa vie divine à l'humanité, comme la voyaient les Pères de l'Église. Dès lors, le dialogue interconfessionnel trouvait un solide point d'appui. En 1941, de Lubac lance, avec un de ses disciples, le Père Daniélou, la grande collection *Sources chrétiennes,* qui édite les textes des Pères de l'Église et des grands mystiques (Le 400ᵉ ouvrage paraîtra à l'automne 1993).

En 1944, il publie *Corpus mysticum, l'eucharistie et l'Église au Moyen Age,* et en 1945, *Le drame de l'humanisme athée,* appelé à un grand retentissement. En 1946, son livre *Surnaturel, études historiques* suscite la suspicion de certains milieux ; après la publication en 1950 de l'encyclique *Humani generis* du pape Pie XII, manifestation d'un raidissement doctrinal qui ne devait pas durer mais dont beaucoup de théologiens ont eu alors à souffrir, le général des jésuites met de Lubac en « congé d'enseignement » (mais non de publication). Peu après, sa *Méditation sur l'Église* (1953) témoigne de son indéfectible attachement à l'Église. Quelques années plus tard, de Lubac figurera d'ailleurs parmi les théologiens associés par Jean XXIII à la préparation du concile Vatican II ; son œuvre théologique et sa participation personnelle comme expert aux travaux du concile eux-mêmes ne seront pas sans exercer une notable influence sur la teneur des textes de Vatican II.

En 1983, Jean-Paul II donnera au théologien jésuite une preuve éclatante de sa confiance en le nommant cardinal. Le Père de Lubac était membre de l'Institut de France (Académie des Sciences Morales et Politiques) depuis 1958. Son œuvre comporte plus de 30 ouvrages et d'innombrables articles de revues.

MARCEL Gabriel (1889-1973). Né à Paris, agrégé de philosophie en 1910 et professeur, il quitte l'enseignement en 1922 pour devenir critique littéraire et dramatique, directeur de collections (notamment celle de *Feux croisés* chez Plon), et surtout pour travailler à son œuvre personnelle, philosophique et théâtrale.

Converti au catholicisme et baptisé en 1929, il deviendra un des représentants de l'existentialisme chrétien, s'opposant avec énergie à Jean-Paul Sartre et à l'existentialisme athée, auquel il reproche son pessimisme. Sa vision de l'homme intègre en effet la transcendance et la rencontre avec Dieu. Au domaine de l'Avoir qui aliène l'homme, il oppose le mystère de l'Être. On lui doit la fameuse distinction entre le problème (qui barre la route) et le mystère (où l'homme se trouve engagé, et dont l'essence est donc de n'être pas tout entier devant lui).

Ses œuvres philosophiques les plus célèbres sont : *Journal métaphysique* (1927), *Être et Avoir* (1935), *Homo Viator* (1944), *Le Mystère de l'Être* (1951-1952), *L'Homme problématique* (1955). Ses derniers ouvrages (*En chemin vers quel éveil* — 1951. *Percée vers un ailleurs* — 1973) reflètent la grande place de la mort et de la finitude dans sa pensée, dans une perspective toute d'espérance.

Ses pièces de théâtre, auxquelles il attachait autant sinon plus d'importance qu'à ses ouvrages philosophiques, n'ont pas eu le même retentissement.

Gabriel Marcel, dont l'appartement parisien, rue de Tournon, était le rendez-vous de nombreux amis et sympathisants, exerça un véritable rayonnement intellectuel et spirituel. L'allocution du cardinal Daniélou à ses obsèques en donne un vivant témoignage (*Doc. Cath.* 4 nov. 1973). Il était membre de l'Institut depuis 1952.

MARITAIN Jacques (1882-1973). Philosophe, petit-fils de Jules Favre, il doit à l'amitié de Psichari, Péguy, Bloy et Massis sa conversion au catholicisme en 1906. Contre Bergson, qu'il avait d'abord admiré, il se lance dans la métaphysique et, en 1909, dans l'étude de saint Thomas d'Aquin. Professeur au collège Stanislas à Paris, puis à l'Institut catholique, il se fait, à travers le thomisme, le défenseur de la pensée catholique contre la philosophie matérialiste. Parallèlement, il fréquente l'Action Française et compte parmi les premiers collaborateurs à la *Revue Universelle* de Jacques Bainville ; il s'en sépare à regret en 1927, après la condamnation de l'Action Française par Rome. Il se tourne

Ph. H. Roger-Viollet

Jacques Maritain.

alors de plus en plus vers une sorte de catholicisme social et restera très lié à Emmanuel Mounier, le fondateur de la revue *Esprit* (1932) ; il publiera dès lors deux sortes d'ouvrages, les uns purement théoriques, les autres consacrés à la réflexion sur le monde contemporain.

A partir de la Seconde Guerre mondiale, au cours de laquelle il se rallie à de Gaulle, il enseigne aux États-Unis la philosophie médiévale, sauf de 1944 à 1948, années qu'il passe à Rome comme ambassadeur de France auprès du Saint-Siège. Son œuvre capitale, *De la philosophie chrétienne* (1933), tend à inventer un existentialisme catholique fondé sur saint Thomas, qui influencera beaucoup la pensée catholique contemporaine. On peut citer de lui : *Art et scolastique* (1918), *Réflexions sur l'intelligence* (1924), *Distinguer pour unir ou les degrés du savoir* (1932), *Humanisme intégral* (1936), *Court traité de l'existence et de l'Existant* (1947), *Le paysan de la Garonne* (1966). Grand contemplatif, il fut toute sa vie secondé par sa femme Raïssa (voir Raïssa Maritain), israélite d'origine russe convertie en même temps que lui, elle-même auteur de poèmes *(La vie donnée)* et de souvenirs *(Les grandes Amitiés)*.

MOLTMANN Jürgen (né en 1926). Né à Hambourg, il fait ses études de théologie protestante en Angleterre, puis à Göttingen en Allemagne. A partir de 1953, il exerce les fonctions de pasteur à Brême. En 1957, il commence à enseigner à Göttingen et à Wuppertal, puis à Bonn. Depuis lors, il est professeur de théologie systématique à la faculté de théologie protestante de Tübingen.

Son livre *Théologie de l'espérance. Études sur les fondements et les conséquences d'une eschatologie chrétienne,* paru en 1964 à Munich (traduction française aux Éd. du Cerf, 1970), fait sensation. Augmenté d'un appendice dès sa troisième édition, *Le principe « Espérance » et la théologie de l'Espérance,* il a été réédité sept fois en cinq ans. Il était très attendu en France par tous ceux qui s'intéressent à la théologie post-bultmannienne. En effet, Moltmann représente, avec Pannenberg, la nouvelle vague de la dogmatique allemande qui axe sa recherche sur la réalité de la résurrection du Christ et sur la dimension eschatologique de l'existence chrétienne. L'eschatologie ne constitue pas le dernier chapitre de la théologie dogmatique ; elle est le centre de gravité autour duquel s'organise toute la doctrine chrétienne. La foi et l'espérance coïncident ; elles n'ont qu'un seul objet : la vie commune avec le Ressuscité. Moltmann est étonnamment proche d'Ernst Bloch, philosophe de l'espérance.

La vaste discussion suscitée par ce livre fait l'objet, en 1967, d'un second volume : *Théologie de l'Espérance. II. Débats* (édition française au Cerf, en 1973). On y trouve notamment une contribution de Mgr Eyt, ancien recteur de l'Institut catholique de Paris, qui reproche à Moltmann son mépris de l'histoire.

En 1972 Moltmann collabore au recueil *Discussion sur la « théologie de la révolution ».*

Parmi ses autres ouvrages traduits en français :

1970. *Le Seigneur de la danse. Essai sur la joie d'être libre,* Éd. du Cerf.

1973. *L'Espérance en action. Traduction historique et politique de l'Évangile,* Éd. du Seuil.

1974. *Conversion de l'avenir,* Éd. du Seuil.

L'homme. Essai d'anthropologie chrétienne, Éd. du Cerf.

Le Dieu crucifié. La croix du Christ, fondements et critique de la théologie chrétienne, Éd. du Cerf, qui reflète une théologie fondée sur la Kénose (ou anéantissement du Christ) de type proprement luthérien.

1975. *L'Église dans la force de l'Esprit. Une contribution à l'ecclésiologie moderne,* Éd. du Cerf.

MONTCHEUIL Yves de (1900-1944). Bien que né à Paimpol, Yves de Montcheuil appartient à une vieille famille limousine. Entré dans la Compagnie de Jésus en 1917, il en suit le cours normal des études. A la Sorbonne, il prépare et obtient une licence de philosophie. Ordonné prêtre en 1932, il poursuit ses études à Rome où, en 1934, il soutient une thèse de doctorat en théologie sur *Malebranche et le quiétisme* (publiée après sa mort, Aubier). En 1935, il est nommé professeur de théologie à l'Institut catholique de Paris. Il fournit une importante collaboration au volume collectif *Hommage à Möhler,* publié en 1939. Pendant l'occupation allemande, il aide ses étudiants dans un discernement alors bien difficile.

Au cours de l'été 1944, il rejoint les résistants du Vercors qui demandaient une aide spirituelle. Arrêté peu après par les Allemands, il est fusillé à Grenoble.

On a dit du Père de Montcheuil qu'il était plus profond que brillant. En tout cas, il exerçait sur ses étudiants un grand ascendant : « Il renouvelait, dit l'un d'entre eux, toutes les questions qu'il traitait. »

Sa mort prématurée ne lui a pas permis de laisser une œuvre théologique volumineuse. On a publié de lui un recueil d'études sous le titre *Mélanges théologiques* (Aubier, 1945), un recueil de conférences faites à la JEC *Problèmes de vie spirituelle* (1945), et son ouvrage le plus marquant *Aspects de l'Église* (Éd. du Cerf, 1949) (voir p. 541 c). Un dernier volume rassemble des écrits sur l'Église : *Le Royaume et ses exigences,* 1957. Toute son ecclésiologie est bâtie sur l'idée de l'Incarnation continuée : L'Église est « l'organisme visible par lequel le Christ vit et agit en ce monde » ; le laïcat y assume des responsabilités irremplaçables. C'est là une idée qui ne va plus cesser de s'affirmer dans l'Église.

MOUNIER Emmanuel (1905-1950). Fils d'un pharmacien de Grenoble, Mounier appartenait à une famille de vigoureuse tradition chrétienne. De 1924 à 1927 il suit à l'université de Grenoble les cours de Jacques Chevalier, dont l'influence a été profonde sur les jeunes philosophes chrétiens de cette génération. Agrégé de philosophie en 1928, il enseigne successivement au collège Sainte-Marie de Neuilly, au lycée de Saint-Omer et au lycée français de Bruxelles. En 1932, il fonde la revue *Esprit,* qui regroupe les intellectuels chrétiens les plus brillants de son temps, tel Denis de Rougemont, H.-I. Marrou, J.-M. Domenach... Ce sont les éditions du Seuil, fondées par l'un d'entre eux, Paul Flamand, qui publient la revue ; leur siège, rue Jacob, devient bientôt un foyer de rayonnement spirituel. Les membres du groupe en viennent même à constituer une sorte de communauté à Chatenay-Malabry, l'Enclos.

Pour Mounier, il n'est pas de conscience chrétienne sans engagement dans les combats d'idées dont la vie en société et la personne forment l'enjeu. Sa philosophie, proche par plus d'un point de celles de Gabriel Marcel et Maurice Nédoncelle, est tout entière fondée sur la grandeur et le respect de la personne humaine. Dénonçant le désordre économique, social et politique du capitalisme, il lui oppose le personnalisme, ouvert à la fois aux valeurs chrétiennes et aux perspectives socialistes. Il en expose la teneur dans plusieurs écrits, (notamment son *Manifeste au service du personnalisme* (1936) et *Le personnalisme* (1949).

Pendant l'occupation, après une tentative de parution en zone non occupée, la revue *Esprit* est interdite en 1941 par le gouvernement de Vichy. Mounier est emprisonné un moment ; c'est pour lui l'occasion d'écrire son monumental *Traité du Caractère* publié en 1946.

Après la guerre, la revue reparaît et continue d'alimenter tout un courant de pensée. Mais Mounier meurt prématurément en 1950, à 45 ans. Jean-Marie Domenach prend sa suite.

L'influence exercée par Mounier entre les deux guerres et dans les années qui ont suivi la seconde, tant au sein du mouvement intellectuel, politique et spirituel français, qu'auprès de nombreux cercles étrangers, a été considérable.

RAHNER Karl (1904-1984). Né à Fribourg-en-Brisgau en Allemagne, il entre à 18 ans, en 1922, dans la Compagnie de Jésus. Ordonné prêtre en 1932, il se prépare longuement à enseigner la philosophie en suivant les cours de Heidegger et de Honecker à l'université de Fribourg. « Par l'ironie de l'histoire et celle d'un professeur de philosophie catholique, il passe de la philosophie à la théologie. Le passage se fait fort rapidement. En un semestre, Karl Rahner est promu docteur en théologie » (portrait de Rahner par Karl Lehmann pour *Bilan de la théologie du XXe siècle*). Il est chargé d'enseigner la théologie systématique à l'université d'Innsbrück en Autriche en 1937, mais il doit abandonner ce poste quelque temps après l'entrée des Allemands dans ce pays. Il le reprend après la guerre, en 1949, et, en 1964, il est nommé à l'université de Munich où il succède à Romano Guardini.

Le cardinal Koenig, archevêque de Vienne, qui l'avait connu pendant la guerre, demande à Rahner de l'accompagner comme expert au concile Vatican II ; il se fait tirer l'oreille pour accepter cette mission, prétextant qu'il n'a jamais été à Rome... et qu'il a eu quelques difficultés avec les milieux de la Curie. Le cardinal Koenig écrit : « Je suis encore très heureux qu'il m'ait accompagné à Rome. Dans les rencontres personnelles avec les cardinaux romains, beaucoup de préjugés contre sa théologie sont tombés, car ces difficultés provenaient du fait qu'il n'utilisait pas le langage théologique traditionnel ». De fait, il a toujours été d'une grande indépendance d'esprit. En tout cas, on lui reconnaît un rôle de stimulateur dans les travaux conciliaires.

Il est un des fondateurs de la revue internationale *Concilium,* lui donnant plusieurs articles alors que cette revue se montre souvent critique à l'égard de la hiérarchie. Le cardinal Poupard a cependant déclaré que Rahner a été « sans conteste l'un des hommes qui auront le plus marqué la théologie de notre temps dans son dialogue avec les hommes d'aujourd'hui ». Dans son dernier ouvrage intitulé *« Confession : regard sur 80 ans écoulés »,* Rahner écrivait : « La question stupide sur la raison pour laquelle je reste

Karl Rahner.

Ph. Depardon-Magnum

encore dans l'Église me retourne l'estomac ». Sa puissance de travail était comparable à celle de Karl Barth et d'Yves Congar. Il avait, comme ce dernier, une parfaite connaissance de la Tradition, mais son propos était surtout de penser les problèmes de théologie par rapport aux incroyants.

La lecture de ses œuvres est souvent difficile. Trois volumes de lui, *Mission et grâce,* ont été traduits et édités en France par les soins du chanoine Müller : ils ont eu un grand retentissement dans le clergé français. Mais les introductions du traducteur ont beaucoup contribué à ce succès.

A la différence de Barth, Rahner n'a pas voulu construire un « grand œuvre ». Les volumes réunis sous le titre *Écrits théologiques* depuis 1959 abordent des problèmes très divers. La présentation du tome XI intitulé *Axes théologiques pour demain* donne une juste idée de la pensée de Rahner : « Le terme peut-être le plus adéquat pour caractériser les axes théologiques proposés ici serait celui de "théologie offensive". Rahner veut une théologie ouverte, audacieuse, qui ne se replie pas dans l'orthodoxie verbale, mais aborde franchement les questions nouvelles et qui ne craigne pas de faire son autocritique. Face à un pluralisme philosophique insurmontable, nous entrons dans l'ère du pluralisme théologique ».

En 1969, Rahner a été nommé membre de la Commission théologique internationale auprès du Saint-Siège, témoignage de la confiance que lui accordait le pape Paul VI ; il était également un membre marquant du Secrétariat romain pour les non-croyants ; il ne s'était d'ailleurs jamais désintéressé, bien au contraire, des questions pastorales.

SCHILLEBEECKX Edward (né en 1914). Natif d'Anvers, il fait ses humanités au collège jésuite de Turnhout, puis entre au noviciat des dominicains de Gand en 1934. Durant ses années de théologie au Studium dominicain de Louvain (1939-1943), il est ordonné prêtre. En 1943, il est promu au grade de « lecteur en théologie », avec un mémoire sur *La préhumanité pécheresse d'après saint Paul,* et enseigne à Louvain. La guerre achevée, il peut enfin se rendre au couvent du Saulchoir en France, pour obtenir la licence de théologie. Le couvent était imprégné de la pensée du P. Chenu, une théologie vivante qui voulait donner une réponse aux problèmes de notre temps. Schillebeeckx fréquente assidûment la Sorbonne et les Hautes-Études, où il suit les cours de Le Senne, Lavelle, Jean Wahl, prenant ainsi contact avec la philosophie personnaliste dont on retrouve l'écho dans son œuvre.

Revenu à Louvain en 1946, il reprend ses cours de dogme au Studium dominicain ; il soutient sa thèse de théologie au Saulchoir en 1951 sur *L'économie sacramentelle du salut. Structure objective et participation subjective* (publiée en néerlandais). Ce livre, dont Karl Rahner estimait qu'il renouvelait la problématique de la théologie sacramentelle, n'a pas été traduit, conformément à la volonté de l'auteur.

En 1957, il est nommé à l'université de Nimègue pour la chaire de dogmatique et d'histoire de la théologie. Une étape décisive commence pour lui. Il devient, en fait, le conseiller théologique du cardinal Alfrink, archevêque d'Utrecht. La *Lettre de l'épiscopat hollandais* sur le Concile (1961) est entièrement de sa main. Il ne participe pas à la rédaction du *Catéchisme hollandais* qui devait susciter quelques remous, mais il lui donne le *nihil obstat.* Au Concile, il n'est pas officiellement expert, mais il donne un très grand nombre de conférences critiquant les projets de textes (schémas) préparés par la Curie. Les difficultés avec la congrégation de la Doctrine de la foi ne vont pas tarder : en 1968, le journal *le Monde* dénonce une amorce de procès contre lui, qui n'aura pas de suite mais qui irrite profondément les Hollandais ; en 1976, la Congrégation lui demande des éclaircissements sur son livre *Jésus, le récit d'un vivant* (en néerlandais). Après avoir répondu, Schillebeeckx publie un second livre sur la christologie, *Justice et amour. Miséricorde et libération.* Cette fois, il est convoqué à un « colloque » à Rome. Une lettre de la Congrégation, du 20 novembre 1980, accompagnée d'une note annexe, précise les points à propos desquels les affirmations du théologien lui ont paru insuffisantes (*Docum. Cath.* 19 juillet 1981). Une controverse à laquelle divers théologiens prennent part s'engage.

Que lui reproche-t-on principalement ? Son refus de certaine formule « ancienne » appliquée à la personne de Jésus. Ce refus pourrait laisser croire qu'il y a un « vis-à-vis entre l'homme Jésus et le Fils de Dieu ».

Schillebeeckx symbolise l'effort, toujours nécessaire et toujours périlleux, pour dépasser les formules dogmatiques traditionnelles et pour trouver un langage accessible à nos contemporains.

RICŒUR Paul (né en 1913). Fils d'un professeur de lycée, il naît à Valence (Drôme). Après des études au lycée de Rennes et aux facultés des lettres de Rennes et de Paris, il passe l'agrégation de philosophie et le doctorat ès-lettres. Successivement professeur de lycée à Saint-Brieuc, Colmar et Lorient entre 1933 et 1939, puis prisonnier de guerre de 1940 à 1945, il est attaché de recherche au CNRS à son retour d'Allemagne, avant d'être nommé professeur d'Histoire de la philosophie à la faculté des Lettres de Paris en 1948. Doyen de la faculté des Lettres de Nanterre en 1969, au sortir de la période fiévreuse dont elle a été le foyer en 1968, il démissionne de cette charge en 1970, tout en restant professeur à l'université Paris X de Nanterre ; il enseigne également à l'université de Chicago. Ricœur, ami de Mounier, a été pendant plusieurs années membre du comité de la revue *Esprit.*

Marqué par l'influence des philosophes Husserl (phénoménologie), Jaspers et Gabriel Marcel (existentialisme), et celle du théologien protestant Karl Barth, Ricœur est un des représentants, avec Merleau-Ponty, Dufrenne, Lévinas, de l'école phénoménologique française. Sa contribution propre consiste en une investigation de la volonté, d'une part, du langage, d'autre part, dans leurs divers aspects (philosophiques, psychologiques, éthiques, etc.) en vue d'interpréter les signes par lesquels la vie humaine se figure. Pour cela, il prend en compte aussi bien l'histoire de la philosophie que celle des religions, l'exégèse que la linguistique ou la psychanalyse. De confession protestante, Ricœur s'attache à dégager la signification des mythes prébibliques et bibliques de la chute et du mal.

Sans compter les articles donnés à la revue *Esprit,* sa pensée s'exprime dans un ensemble important d'ouvrages, et tout d'abord dans une *Philosophie de la volonté,* exposée en trois parties publiées entre 1950 et 1961 : *I. Le volontaire et l'involontaire* (sa thèse de doctorat), *II. L'homme faillible, III. La symbolique du mal.* A cette trilogie s'ajoutent *Histoire et vérité* (1955), *Platon et Aristote* (1960), *De l'interprétation ; essai sur Freud* (1965), *Le conflit des interprétations* (1969), *La métaphore vive* (1975), *La sémantique à l'action* (1975).

Enfin, en 1983-1985, une nouvelle œuvre maîtresse, *Temps et récit,* voit le jour en trois tomes (*Temps et récit, I ; La configuration dans le récit de fiction ; Le temps raconté*). Poursuivant sa recherche sur l'interprétation et le sens, le philosophe s'emploie à analyser l'effort continuel de l'homme pour lire, à travers les hasards ajoutés de la vie, ce qui les relie et donne sens à la durée, effort dont rendent bien compte les diverses formes de récits (fiction, histoire).

TILLICH Paul (1886-1965). Fils d'un pasteur luthérien de Prusse, Paul Tillich s'oriente dans la même voie ; après des études universitaires en diverses villes allemandes qui le conduisent au doctorat de théologie et à la licence de philosophie, il devient à son tour, en 1911, pasteur de l'Église luthérienne de Brandeburg. Après la guerre de 1914-1918, pendant laquelle il est aumônier militaire, il engage une carrière professorale qui le conduit successivement aux universités de Berlin, Marburg, Dresde, Leipzig et Francfort. Durant ces étapes, il travaille à son grand ouvrage, qu'il n'achèvera que peu avant sa mort et qui sera publié en anglais, sa *Systematic Theology.*

En 1933, alors que Tillich enseigne à Francfort, Hitler accède au pouvoir. Tillich, l'un des fondateurs du « socialisme religieux », est démis de ses fonctions. Il émigre aux États-Unis avec sa famille ; il y passera le reste de sa vie, sans exclure toutefois des tournées de conférences en Allemagne après la guerre de 1939-1945. Il enseignera la théologie d'abord à l'Union Theological Seminary, puis à l'université d'Harvard et enfin à celle de Chicago. Il recevra des mains du président de la République fédérale allemande la Grosse Verdienstkreuz, distinction suprême de ce pays.

Au total, son ministère pastoral aura donc été essentiellement celui de l'enseignement. Véritable prince de la culture, il s'intéresse à tous les domaines intellectuels et les intègre dans une vision théologique globale (*Theology of Culture,* 1959). Avec des matériaux empruntés à la fois à Marx, à Kierkegaard et aux positivistes anglo-saxons, à l'idéalisme allemand et au pragmatisme américain, il bâtit sa propre construction. Le problème de Dieu hante toute sa vie : Raison, Révélation, Religion se répondent. Tillich est l'homme de l'accord sans être celui du compromis.

Avec une christologie renouvelée, il s'attache à réinterpréter pour nos contemporains la foi et la relation à Dieu, et à en déduire les grandes lignes d'une morale, dans la volonté de faire apparaître la corrélation entre le problème de l'existence de l'homme et la réponse que lui apporte la Révélation. Tout en se situant dans la mouvance protestante, il remet en cause bien des approches antérieures ; en particulier, il voit dans la mort de Jésus sur la croix le symbole de la mort d'une certaine conception théiste de Dieu ; d'où l'expression de « théologie de la mort de Dieu » qui, avec des interprétations souvent très inexactes, a fait fortune à son sujet.

Les thèmes volontiers provocants de Tillich (provocation accentuée par certaines formes abusives de vulgarisation) ont suscité la discussion, tant chez les catholiques que chez les protestants. Force est cependant de reconnaître que ces thèmes ont exercé un effet stimulant dans la recherche d'une théologie qui soit à la fois fidèle à elle-même et capable de parler du Christ dans un langage adapté au contexte culturel d'aujourd'hui.

FOI ET LANGAGES

Cinéma

A propos du cinéma

Ce qui caractérise le cinéma c'est le scénario. Le scénario n'est pas forcément une histoire, mais c'est toujours un « montage » d'images qui leur donne sens. L'image au cinéma n'a de sens que dans ses transformations. Elle est passagère. Tout de suite morte. Elle est expression d'une vie (que la mort taraude) qui passe. Elle ne met en scène, habille, rend rutilante la vie quotidienne que pour dispenser secrètement un savoir sur la mort et le non-sens de toute vie. L'image du cinéma produit normalement la star, « l'idole ». L'idole est glorifiée, elle est prestigieuse mais on ne la glorifie que parce qu'on la sait fragile. Elle fait briller le quotidien et le superficiel d'un éclat d'éternité. Morte, elle devient l'objet d'un culte fétichiste.

Pourtant, l'image n'entraîne pas fatalement le cinéma vers l'idolâtrie. Car le scénario peut nouer l'ensemble des images de manière à laisser entrevoir un « dénouement » toujours ambigu, difficile à trouver, qui « ouvre » le spectateur sur autre chose que le phantasme. Ici, Godard arrête l'image pour inviter à prendre conscience que tout cela est du cinéma, là, Hitchcock marie dans un même élan le phantasme et la souffrance sociale, ailleurs encore, Bresson essaie — en filmant les objets, en rendant artificielles les voix, en entendant les silences — de signifier un ailleurs, un au-delà de l'expérience quotidienne. Quand le film manifeste qu'il ne prétend pas saisir directement la réalité et que le centre de son intérêt est comme hors de sa portée, l'image devient alors, dans sa caducité, le signe d'une relation qui ne meurt pas entre ce monde qui passe et... quelque chose ou quelqu'un qui le dépasse.

Les chrétiens, pourtant ouverts, dès l'origine, à tous les autres moyens d'expression, se sont, dès le début, méfiés du cinéma. Pourquoi ? Sans doute parce que, pendant longtemps, ils ne se sont pas aperçus de l'importance qu'il allait prendre. Puis, ils ont été sensibles à ce qu'ils estimaient être les images perverses du cinéma (en 1897, première réaction négative de Rome à un baiser sur la bouche dans *The Widow Jones*). La méfiance atteindra son paroxysme dans *« Vigilanti cura »*, une encyclique du 29 juin 1936 de Pie XI qui déclarait : « Chacun peut aisément constater que plus le cinéma s'est perfectionné et plus il a porté atteinte à l'intégrité des mœurs, à la religion et même à l'honnêteté nécessaire à toute société. » Il faut dire qu'à l'époque, la maffia contrôlait une partie du cinéma américain pour faire « la publicité » d'un mode de vie avec alcool, femmes, etc.

Pourtant *Vigilanti Cura* recommande, après les Ligues de décence américaines, d'instituer dans l'Église des comités d'information pour le public (qui, en France, mettront longtemps des cotes de moralité aux films) ; ils allaient favoriser l'éclosion d'une génération de chrétiens compétents, qui, peu à peu, troqueront leur tâche de contrôle, voire de censeurs, contre une volonté de promotion.

Pie XII marque un véritable changement en ne regardant plus telle ou telle image mais l'ensemble d'un film dans sa dynamique ; et en parlant d'un film « idéal »..., il admet que le mal puisse y être représenté « mais avec des intentions sérieuses et des formes convenables de façon que sa vue aide à approfondir la connaissance de la vie et des hommes, à le rendre meilleur, à élever son esprit ».

Aujourd'hui, il existe — en de nombreux endroits — des chrétiens qui promeuvent le cinéma de qualité. Pour eux, cette qualité est à la fois esthétique et morale : ils en jugent avec les critères suivants, pour la plupart empruntés à Pie XII, qui servent dans l'élaboration des appréciations sur le cinéma des organismes spécialisés.

- Il n'y a pas de films « bons » qui ne soient pas d'abord de bons films, bien faits, donnant un plaisir esthétique et racontant bien ce qu'ils veulent dire.
- Il n'y a pas de film moralement bon qui emprisonne le spectateur dans un seul sens : la pornographie, la propagande, les bons sentiments sont toujours pervers, qui prétendent dicter au spectateur ce qu'il doit penser. L'écriture d'un film doit laisser apparaître une quête de sens.
- Il n'y a pas de film moralement bon qui fait appel à ce qu'il y a de trouble en l'homme (racisme, vulgarité, sadisme, sentiments injustes, etc.).
- Il n'y a pas de film moralement bon qui (par le rire ou le drame) fait évader totalement le spectateur de la réalité et de la réflexion sur lui et sur le sens de la vie. ■

Des films à sujet religieux
(Simple inventaire sans jugement de valeur)

ADAPTATIONS DE RÉCITS BIBLIQUES

Films de 1941 à 1950
L'Apocalypse (Scorsese)

Films de 1951 à 1960
Adam et Ève (Gout)
Le chemin de Damas (Glass)
David et Bethsabée (King)
En ce temps-là (Chaumel)
L'histoire de Ruth (Koster)

Films de 1961 à 1970
Barabbas (Fleischer)
La Bible (Huston)
L'esclave du Pharaon (Rapper)
Marie de Nazareth (Lefef)

Films de 1971 à 1980
Les Actes des Apôtres (Rossellini)
La Genèse (Alibert)
Mais toi, tu es Pierre (Cloche)
Salut, Jérusalem (Chapier)

Films de 1981 à 1989
A la pousuite de l'étoile (Olmi)
Le roi David (Bruce Beresford)
La Bible (Carné)

Films en 1990-1991
(Néant)

FILMS DONT LE PERSONNAGE PRINCIPAL EST LE CHRIST

Films de 1941 à 1950
Golgotha (Duvivier)

Films de 1951 à 1960
Celui qui doit mourir (Le Christ recrucifié) [Dassin]
Ecce Homo (Rilla)
La vie de Jésus (Gibaud)

Films de 1961 à 1970
Acto da primavera (de Oliveiro)
L'Évangile selon Saint Mathieu (Pasolini)
La plus grande histoire jamais contée (Stevens)
Le Roi des rois (Ray)
Le vrai mystère de la Passion (Dalmas)

Films de 1971 à 1980
Godspell (Greene)
Jésus-Christ Superstar (Jewison)
Jésus de Nazareth (Zefirelli)
Johnny got his gun (Trumbs)
Le Messie (Rossellini)
La vie de Brian (Jones)

Films de 1981 à 1989
L'imposteur (Comencini)
La dernière tentation du Christ (Scorsese)
Jésus de Montreal (Denys Arcand)

Films de 1990 à 1992
La montre, la croix et la manière (Ben Levine)

FILMS RETRAÇANT LA VIE DE PERSONNES AYANT RÉELLEMENT EXISTÉ (AUTRES QUE LE CHRIST)

Films antérieurs à 1940
Thérèse Martin (Caronge)

Films de 1941 à 1950
L'appel du silence (Poirier)
Le chant de Bernadette (King)
Le ciel sur le marais (La fille du marais) [Genino]
Fabiola (Blasetti)
Jeanne d'Arc (Fleming)
Marie Madeleine (Contreras)
Monsieur Vincent (Cloche)
Onze Fioretti de saint François (Rossellini)
La Passion de Jeanne d'Arc (Dreyer)
Le sorcier du ciel (Blistène)

Films de 1951 à 1960
Albert Schweitzer (Hill)
L'athlète aux mains nues (Garand)
L'épée et la croix (Bragaglia)
Les hommes ne regardent pas le ciel (Scarpelli)
Il est minuit, Docteur Schweitzer (Haguet)
Il suffit d'aimer (Darène)
Jeanne au bucher (Rossellini)
Le journal d'Anne Frank (Stevens)
Martin Luther (Pichel)
Le miracle de Fatima (Braham)
Notre-Dame de Fatima (Gil)
Le procès du Vatican (Haguet)
Saint Antoine de Padoue (Francisci)
Sainte Catherine de Sienne
Sainte Jeanne (Preminger)
Tu es Pierre (Agostini)

Films de 1961 à 1970
L'arbre vert (Don Bosco) [Rolando]
Concile œcuménique Vatican II (Petrucci)
L'enfant des carmélites (Raminez)
Et vint un homme (Olmi)
Miracle à Cupertino (Dmytryk)
Le procès de Jeanne d'Arc (Bresson)
Saint François d'Assise (Curtiz)
Le vrai visage de Thérèse de Lisieux (Agostini)

Films de 1971 à 1989
François et le chemin du soleil (Zefirelli)
Bernadette (Delannoy)

Le complot (Holland)
Hiver 54 (l'abbé Pierre) (Amar)
Mère Teresa (Petrie)
La nuit obscure (St Jean de la Croix) (Saura)
Le secret de Bernadette (Delannoy)
Thérèse (Cavalier)

Films en 1990-1991
Je t'ai dans la peau (Thorn)

FILMS TRAITANT DE SUJETS A CARACTÈRE RELIGIEUX

Films antérieurs à 1940
Les jardins d'Allah (Boleslawki)
La symphonie éternelle (Florez) ; court-métrage

Films de 1941 à 1950
Les anges noirs (d'après le roman de Mauriac)
L'apôtre du désert (Alessandrini)
Les clés du Royaume (J. Stahl)
Dieu a besoin des hommes (Delannoy)
Dieu est mort (Ford)
Jour de colère (Dies irae) [Dreyer]
Journal d'un curé de campagne (Bresson)
La nuit merveilleuse (Paulin)
La Parole (Molander)
La première Légion (Sirk)
Sancta Maria (Neville)
Sœur Blanche (Fleming)
Sœur Noire (Stephen)

Films de 1951 à 1960
Anna de Brooklyn (Lastricati)
L'auberge du 6e Bonheur (Robson)
Le Christ interdit (Malaparte)
Le ciel n'est pas à vendre (Marishka)
Le destin d'un enfant (Fabrizzi)
Dieu seul le sait (Huston)
L'Emprisonné (Gienville)
Le fond du problème (O'Ferral)
Forte tête (Niceros Condé)
Le Judas (F. Iquito)
La loi du silence (Hitchcock)
Lourdes, cité de lumière (Groupe de cinéastes)
Lourdes et ses miracles (Rouquier)
La Maison de l'ange (Torrenillson)
La Maison du silence (Pabst)
Marcelin, pain et vie (Vajda)
Le pain vivant (Monsselle)
Parole (Ordet) [Dreyer]
Les Prisonniers du mal (Costa)
Le septième sceau (Bergman)
Tentations (de la Loma)
Vers l'extase (L'extase) [Wheeler]
Vivre un grand amour (Dmytryk)

Films de 1961 à 1970
Accroche-toi Peter (Collier)
A travers le miroir (Bergman)
La création du monde (Hofman)
Hawaï (Hill)
L'homme de Bornéo (Mulligan)
Jeunesse insoumise (Rosa)
Les lys des champs (Nelson)
Ma nuit chez Maud (Rohmer)
Mère Jeanne des Anges (Kawalerowicz)
Mort, où est ta victoire ? (Bromberger)
Les nouveaux aristocrates (Rigaud)
La première messe (Barreto)
Simon du désert (Bunuel)

Films de 1971 à 1980
L'audience (Ferreri)
Black Jesus (Zurlini)
Le coin des vierges (Isaac)
Les conspirateurs (Magni)
Des Christ par milliers (Arthuys)
Marjoe (Smith)
Miracle à l'italienne (Manfredi)
Siddarta (Bouddha) [Rooks]
Stalker (Tarkowski)

Films de 1981 à 1989
L'amour à mort (A. Resnais)
L'argent (R. Bresson)
Ave Maria (Richers)
L'impératif (Zanussi)
Je vous salue, Marie (J.-L. Godard)
Nostalghia (Tarkovski)
Les ailes du désir (Wenders)
L'élu (Kagan)
Lettre d'un homme mort (Lopuchanski)
La légende du saint buveur (Olmi)
Longue vie à la signora (Olmi)
Le pouvoir du mal (Zanussi)
Le sacrifice (Tarkovski)
Witness (Weir)

Films de 1990 à 1992
Le visiteur du musée (Lopuchanski)
Le Mahâbhârata (Brook)
Pourquoi Bodhi Dharma est-il parti vers l'Ouest ? (Yong Kuyun Bal)
Fisher King (Gilliam)
L'Autre (Giraudeau)
La vie sur un fil (Chen Kaige)
Céline (Brisseau)
Marcellino (Comencini)

FILMS INSPIRÉS LIBREMENT DE RÉCITS RELIGIEUX OU BIBLIQUES

Films de 1951 à 1960
Ben Hur (Wyler)
Les dix commandements (B. de Mille)
Quo vadis (Leroy)
Simon le pêcheur (Borzage)
Sous le signe de la Croix (Brigène)
La tunique (Koster)

Films de 1961 à 1970
Constantin le Grand (de Felice)
Les derniers jours d'un empire (Dawson)
Ponce Pilate (Rapper)

Films de 1971 à 1980
Moïse et Aaron (Straub)
Sacré Moïse (Weis)

Films en 1990
Le décalogue (Kieslowski) (10 films)

FILMS DONT LES PERSONNAGES PRINCIPAUX SONT DES RELIGIEUX OU DES ECCLÉSIASTIQUES

Films antérieurs à 1940
Amour interdit (Éric)
Les verts pâturages (Connelly)

Films de 1941 à 1950
Les ailes blanches (Péguy)
Les anges du péché (Bresson)
Les cloches de Sainte-Marie (McCarey)
Notre-Dame de la Mouïse (Péguy)
La route semée d'étoiles (McCarey)
Sœurs casse-cou (Roster)

Films de 1951 à 1960
Au risque de se perdre (Zinneman)
Boris Godounov (Stoera)
Les chiffonniers d'Emmaüs (Darène)
Le Christ en bronze (Shibuya)
Les cloîtrées (Alexandre)
Le défroqué (Joannon)
Le détective du Bon Dieu (Hammer)
Le dialogue des carmélites (Bruckberger et Agostini)
Dieu seul m'arrêtera (Polselli)
La grande bagarre de don Camillo (Duvivier)
La loi du silence (Hitchcock)
Les mains liées (Vachet)
Mon curé champion du régiment (Couzinet)
Mon curé chez les pauvres (Diamant)
Nazarin (Bunuel)
Le petit monde de don Camillo (Duvivier)
Le retour de don Camillo (Duvivier)
Le secret de sœur Angèle (Joannon)
Sœur Letizia (Camerini)
Tokende (de Boe)
Un missionnaire (Cloche)

Films de 1961 à 1970
Le cardinal (Preminger)
Les cloches ont fini de sonner (Torrado)
Les communiants (Bergman)
Don Camillo en Russie (Comencini)
Don Camillo Monseigneur (Gallone)
Le franciscain de Bourges (Autant-Lara)
Le journal intime d'une nonne (Buchs)
Léon Morin prêtre (Melville)
Le premier commandement (Deppe)
La religieuse de Monza (Visconti)
Les souliers de saint Pierre (Anderson)
Suzanne Simonin, la religieuse de Diderot (Rivette)

Films de 1971 à 1980
La bible ne fait pas le moine (Feldman)
Les défroqués (Héroux)
Dieu existe tous les dimanches (Stangerry)
Don Camillo et les contestataires (Camerini)
La femme du prêtre (Risi)
Il ne suffit pas de prier (Francia)
Prêtres interdits (de la Patellière)
Le Visiteur (Gold)

Films de 1981 à 1989
Don Camillo (Terence Hill)
Sanglantes confessions (Grosbard)
Agnès de Dieu (Jewison)
Au revoir les enfants (Malle)
Confession criminelle (Walton)
Drôle de missionnaire (Loncraine)
La messe est finie (Moretti)
Mission (Joffé)
Le moine et la sorcière (Schiffman)
Le nom de la rose (Annaud)
Padre nuestro (Regueiro)
Sous le soleil de Satan (Pialat)
Touch of Zen (King Hu)
L'affaire Russicum (Squetieri)
Les insoumis (Brocka)

Films de 1990 à 1992
Les tribulations de Balthazar Kober (Wojciech Has)
Un ange de trop (Parott)
Le soleil même la nuit (P. et V. Taviani)
d'après Le Père Serge, de Tolstoï
En liberté dans les champs du Seigneur (Babenco)

Sous le soleil de Satan (Pialat).

Ph. Legrand-Kipa

①

Baptistère d'Aix-en-Provence
L'*architecture chrétienne en Gaule*, comme dans le reste de l'Empire romain, n'a pu se développer qu'à partir de 313, date de l'Édit de Milan. En 314, il y a 16 évêques de Gaule au concile d'Arles. En 376, il y aura sur le territoire 54 évêques... La plupart font construire ici — avec le même style qu'ailleurs dans l'Empire — des groupes de deux églises, en dehors de la ville, groupe auquel s'adjoignait un baptistère.
De cette architecture religieuse, il ne reste à peu près rien en dehors de l'idée qu'on peut s'en faire avec des baptistères comme ceux de Saint-Jean de Poitiers (IVᵉ s.) ou d'Aix-en-Provence (Vᵉ s.), ce dernier carré à l'extérieur, avec un bassin octogonal et une coupole soutenue par huit colonnes (restaurées aux XVIIᵉ et XVIIIᵉ s.).

②

Crypte de Jouarre
Les rois mérovingiens rivalisent de faste. Les églises se construisent maintenant à l'intérieur des villes. En 510, Clovis bâtit, à l'emplacement actuel du lycée Henri IV à Paris, une église dédiée aux saints apôtres Pierre et Paul ; à l'emplacement actuel de Saint Germain-des-Prés (XIᵉ s.), Childebert, poussé par saint Germain, construit vers 550 l'église Saint-Vincent et Sainte-Croix, dont l'intérieur était couvert de marbre et l'extérieur de bronze doré.
L'art se diversifie. L'ensemble épiscopal prend de l'ampleur et se compose de la cathédrale, d'un oratoire à la Vierge et souvent d'un « palais » épiscopal.
A cette époque, les monuments sont encore rares, mais ils attestent un véritable « renouveau », à preuve la fameuse crypte du monastère de Jouarre, du VIIᵉ s. (Seine-et-Marne).

③

Germigny-des-Prés, l'église
La renaissance carolingienne (800-850) bénéficie sans aucun doute de l'apport des communautés monastiques au cours de la période précédente. On voit alors se développer des ensembles complexes, où cryptes, porches, tours et clochers voisinent, puis s'unifient en sanctuaires grandioses. L'église de Germiny-les-Prés (Loiret), construite par Théodulphe, évêque d'Orléans et ancien abbé de Fleury, comporte cinq coupoles mais, surtout, une extraordinaire décoration intérieure dont il subsiste une étonnante arche d'Alliance.

④

Saint-Philibert-de-Tournus
L'art roman (Xᵉ-XIIᵉ siècle). Après les ravages sarrasins et normands, une relative stabilité s'instaure. La terre se couvre « d'un blanc manteau d'églises », d'abord maladroites, mais ambitieuses : pour éviter l'incendie, il faut voûter entièrement de pierres un grand édifice sans l'assombrir. Rude problème ! On épaule la nef par des bas-côtés. La voûte tiendra-t-elle ? La question est celle de tous, et chacun essaie son procédé pour y répondre.
Saint-Philibert-de-Tournus (Saône-et-Loire), construite par l'abbé Guillaume de Volpiano à l'aube du XIᵉ siècle, est bâtie sur le plan de la première basilique Saint-Pierre de Rome, mais s'inspire à la fois de monuments italiens et bourguignons.

⑤

Saint-Benoît-sur-Loire
Le plein art roman. Les monastères exercent alors une influence décisive sur le développement et l'épanouissement de l'art roman. L'élan vint de Cluny (XIᵉ-XIIᵉ s.) (aujourd'hui presque entièrement disparu) dont le raffinement et les dimensions ne l'ont cédé qu'à Saint-Pierre de Rome. Aujourd'hui encore, Vézelay (XIIᵉ, début du XIIIᵉ s.) (Yonne) sur sa colline, Saint-Benoît-sur-Loire (XIᵉ au XIIIᵉ s.) (Loiret), des centaines d'abbayes en Europe rappellent l'éclectisme et la perfection dans la splendeur des « moines noirs ».
A l'inverse les « moines blancs » de Cîteaux, dans un esprit de dépouillement, cachent dans les vallées leurs églises nues, pures et austères, à chevet plat, à vitraux en grisaille.
Les couvents restèrent longtemps fidèles au roman.
Le développement des pèlerinages, et en particulier l'organisation d'itinéraires vers Saint-Jacques de Compostelle, exercèrent une profonde influence sur l'architecture des grandes églises romanes, conçues pour accueillir des foules.

Ph. Giraudon

⑥

Le Christ de Vézelay (voir aussi p. 528)
Un roman spécifique à chaque région. Les formes varient selon le type de voûte choisi, la pierre du pays et les traditions locales. L'Auvergne étage de beaux volumes en grès coloré qui se contrebutent. En Poitou, l'église-halle (trois nefs de même hauteur) s'éclaire sans peine et orne sa façade de sculpture. Les frontons de Provence gardent un parfum de l'antique. De Cahors au Berry, une chaîne d'églises, rencontrant un calcaire propice, aligne à l'orientale sur une nef unique une série de coupoles. La Bourgogne, couloir international, invente beaucoup et multiplie des décors de feuillage et des scènes familières. En Normandie, la haute-nef mérite bien son nom marin : on y respire le goût du large, les tours pointent vers le ciel. Cet art anglo-normand appelait le gothique ; sa couverture de charpente fera place directement à une voûte ogivale.

⑦

Déambulatoire de Saint-Denis (XIIe s.) (Seine-Saint-Denis)
L'art gothique ou ogival (XIIe-XVIe siècles).
Le gothique prolonge le roman : l'expérience, une technique savante, l'emploi raisonné de la croisée d'ogives pour répartir le poids de la voûte sur des piliers de la nef permettent de construire plus grand, plus lumineux. Le gothique primitif (1140-1200) maintient l'équilibre des pleins et des vides, des lignes horizontales et ascendantes. On souligne les étages superposés, surtout la file des tribunes qui surmontent les bas-côtés pour épauler la nef. L'espace est scandé, comme au temps du roman, les baies très simples sont encore timides. Les cathédrales de Paris (XIIe-XIIIe s.) et Bourges (XIIe-XIVe s.) offrent des exemples accomplis de cette époque. Mais c'est la basilique Saint-Denis, construite par Suger dans les années 1140, qui en est comme le prototype.

Ph. CIRIC

⑧

Portail sud (XIIIe s.) de la cathédrale de Chartres
Le plein gothique (XIII-XIVe siècles).
Lorsqu'en 1194 brûle la cathédrale de Chartres, peuple et clergé jurent de la relever aussitôt. Rois, seigneurs, manants, tous donnent à l'envi pour un pèlerinage vénéré. En 1220, la nef est couverte. La construction n'est pas achevée qu'elle fait école (Reims, Amiens). À Chartres, rien n'arrête l'élan : les nervures des piliers filent du sol à la voûte plate, légère. Un triforium bas remplaçant les tribunes, on peut ouvrir de hautes fenêtres qui versent l'éclat du rouge et du bleu profond. Le décor reste sobre, tapisserie, haute clôture et chœur, et la sculpture abonde au dehors. Elle constitue alors des ensembles qui sont de véritables sommes théologiques. Dès la fin du règne de saint Louis, le raffinement va succéder à la plénitude. Le gothique devient fleuri ou rayonnant à la Sainte-Chapelle à Paris (milieu XIIIe s.) ou à l'église Saint-Urbain de Troyes (fin XIIIe s.). Tout est lumière... mais bientôt on ne construira plus, c'est la guerre de Cent Ans.

Ph. Giraudon

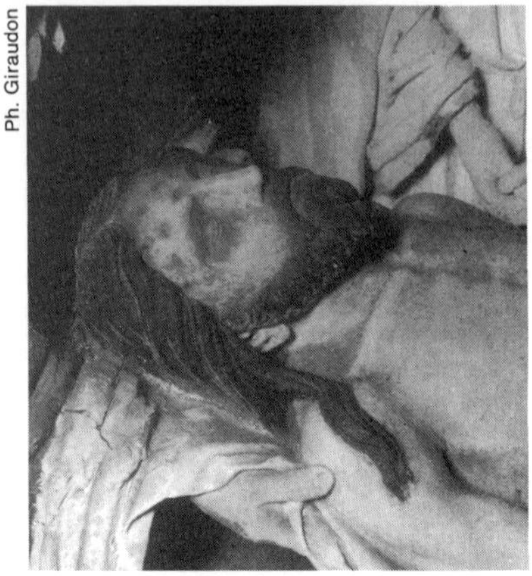

⑨

La mise au tombeau de Chaource (XVIe s.) (Aube)
L'art gothique flamboyant (1400-1500) tire son nom des « flammes » que dessinent partout les courbes et contrecourbes des nervures. On se plaît aux tours de force cachés, la structure savante disparaît sous le décor onduleux ou aéré. Une colonne lisse ou torse se ramifie en ramures qui en rejoignent d'autres pour chamarrer la voûte d'un réseau sans fin. L'art glisse peu à peu vers le sentiment, le réalisme. La statue s'isole de l'édifice. La vierge hanchée, sinueuse, n'est plus qu'une jeune maman qui joue avec son fils. Charles VI est fou. Charles VII fuit. A qui se vouer ? Aux saints ? Peut-être. Mais la mort taraude. Contre l'épouvante se multiplient des Vierges de piété (Pieta), les mises au tombeau (où la douleur est muette).

⑩

Façade de l'église Saint-André-des-Vergers (XVIe s.). Troyes (Aube)
L'art mixte de la Renaissance (XVIe siècle). L'art flamboyant bat son plein sous François Ier. Le château d'Amboise s'orne à l'antique mais la chapelle est ogivale. Le goût des grands change mais la transformation du style réside dans des ajouts plus que dans une réelle modification. Ici, on creuse de jolies portes jumelles ; là, on remplace une rose par une fenêtre plein cintre ; ailleurs, on mêle coquilles, arabesques et masques barbus aux clochetons et aux gargouilles. Petit à petit, le goût de l'antique progresse. La tribune de l'orgue fait son apparition. Les vitraux deviennent plus vifs, plus clairs, deviennent des tableaux : on commence à savoir lire !

SANCTUAIRE

Le mot (du latin *sanctuarium*, dérivé de *sanctus*, saint) a deux significations :
1. Il désigne d'abord, de manière générale, des lieux de culte, qu'il s'agisse de temples, d'églises, d'espaces consacrés à des célébrations, de lieux de pèlerinage (le sanctuaire de Delphes, le sanctuaire de Lourdes...).
2. Il désigne de manière plus restrictive la partie considérée comme la plus sainte d'un édifice religieux.
• Dans les temples grecs et romains, le sanctuaire (*naos* en grec, *cella* en latin) était la chambre du dieu, qui y était représenté en statue ; elle comportait des tables d'offrandes ; seuls y pénétraient les prêtres. Les sacrifices étaient offerts à l'extérieur, sur un autel placé à la vue du public.
• Il en était de même au Temple de Jérusalem : l'autel des holocaustes se trouvait dehors, sur le parvis des prêtres. Derrière l'autel se dressait le Temple proprement dit, composé d'une première salle, le Saint ou *Hékal,* où seuls pénétraient les prêtres de service ; on y trouvait l'autel des parfums et le chandelier à sept branches. A l'intérieur de cette pièce se trouvait le cœur du sanctuaire, le Saint des Saints ou *Debir,* séparé par un rideau, le voile du Temple. C'est là que, dans le premier Temple construit par Salomon, avait été déposée l'arche d'alliance contenant le livre de la Loi : l'arche était considérée comme le siège même ou le trône de la présence de Dieu parmi son peuple. Même après la destruction de l'arche, le Saint des Saints resta, dans les deux Temples successifs qui remplacèrent celui de Salomon, le lieu de la présence de Dieu. Seul, le Grand Prêtre y pénétrait une fois par an, le jour de la fête du Grand Pardon (Yom Kippour) pour le rite d'expiation.
• Dans les églises catholiques de rite latin, le sanctuaire est la partie du chœur située autour de l'autel ; c'est là que se déroulent les célébrations liturgiques et spécialement l'Eucharistie ; c'est souvent là qu'est conservée dans un tabernacle la réserve d'hosties consacrées (sainte réserve). Dans les grandes églises, le sanctuaire est plus élevé que le chœur, l'autel y étant lui-même placé à un niveau supérieur.
• Dans les églises de rite oriental (orthodoxes et catholiques orientaux), le sanctuaire se trouve derrière l'iconostase (voir ce mot) ; il comprend l'autel principal (*trapeza*), et deux petits autels situés à droite et à gauche ; celui de droite (*diaconicon*) sert aux célébrants pour revêtir leurs ornements liturgiques, celui de gauche (*prothèse*) à préparer les oblats (pain et vin) au début de la célébration eucharistique. ■

⑪

Le Val-de-Grâce, Alleluia de pierre (XVIIe-XVIIIe siècle).
C'est un art de la *Contre-Réforme* triomphante : il se veut au service de la participation des fidèles à la messe, à l'adoration du Saint-Sacrement, à l'écoute des sermons comme à l'oraison. Mais il est, en même temps, art pour un temps d'humanisme. Il est fête et passion de la vie. Pendant trente ans, on va construire en style « jésuite » (sur le plan de l'église du Gesu de Rome (XVIe s.) dont, par exemple, est directement inspirée l'église Saint-Paul-Saint-Louis, XVIIe s., à Paris) : la nef large regarde l'autel surélevé, à peine séparé d'elle par la balustrade de communion ; le dôme devient une obligation. Classiques ou baroques ces églises ? Classiques car l'ordre et les proportions sont d'une clarté cartésienne. Le baroque y prend sa revanche derrière le tabernacle, dans le retable, la chaire et son abat-son et l'orgue. Puis, peu à peu, la tradition française reviendra à la mode, comme à Saint-Louis-en-l'Île (XVIIe-XVIIIe s.).

⑬

Sacré-Cœur de Montmartre
Le XIXe siècle est incapable de se débarrasser du passé en architecture : on y fait du néo-gothique (inspiré par la restauration due à Mérimée et à Viollet-le-Duc), du faux roman (Saint-Ambroise, Notre-Dame-des-Champs), du pseudo-Renaissance (Trinité), du romano-byzantin (le Sacré-Cœur de Paris, 1876-1910, par Abadie) ! La cathédrale de Marseille (1852-1872, par Vaudoyer) s'inspire, elle, de l'Antiquité, de Byzance, de la Sicile, de l'Auvergne, de la Toscane et de l'Aquitaine ! Pourtant des recherches sont effectuées. L'emploi du fer dans l'église Saint-Augustin (1860-1871) à Paris, par Baltard, sera presque sans lendemain mais celui du ciment armé à Saint-Jean-de-Montmartre (1894-1904) sera, lui, porteur d'avenir.

⑫

Façade de l'église Saint-Sulpice à Paris (XVIIIe s.)
Le néo-classique (1750-1900). Pompéï sort de ses cendres. Les Français la visitent. Las des fantaisies, ils demandent aux Anciens la raison universelle prônée par Rousseau. Qu'aura Saint-Sulpice pour façade : deux beaux portiques aux ombres profondes ! Sainte-Geneviève (aujourd'hui le Panthéon) rebâtie (1764-1812) devient une croix grecque, et Soufflot fait porter sur de minces colonnes un immense dôme. La mégalomanie naît sous Napoléon : d'où la Madeleine (fin XVIIIe, début XIXe), rêve d'empereur. Les basiliques à colonnes renaissent, agrémentées de tours et de porches (N.-D.-de-Lorette) (début XIXe s.).

⑭

Ronchamp Chapelle Notre-Dame-du-Haut (1955)
Le XXe siècle. Jusqu'à la guerre de 1914, la construction stagne en France. L'entre-deux guerres verra les frères Perret (par exemple au Raincy) (Seine-Saint-Denis) être les pionniers de l'utilisation du béton dont ils chantent les louanges pour ce qu'il permet : longue portée des poutres et couverture plate. Dès 1932, le cardinal Verdier crée les Chantiers du Cardinal pour les besoins du grand Paris. Mais cet effort important n'a pas donné tout ce qu'on aurait pu en attendre sur le plan architectural. L'église doit être peu coûteuse et fonctionnelle. Avec ses contraintes et des matériaux nouveaux (comme le lamellé-collé de Viroflay) (Yvelines), le béton blanc donne quelquefois le jour à des réussites étonnantes : la chapelle du plateau d'Assy (Haute-Savoie) (Noverina), Ronchamp (Haute-Saône) (Le Corbusier), la chapelle des dominicains de Vence (Alpes-maritimes), Sainte-Jeanne-d'Arc de Rouen, toutes constructions postérieures à 1945.

Qu'est-ce que ?

Baroque. Style architectural né en Italie (au XVIIe siècle) et répandu dans toute l'Europe au XVIIIe siècle. Ce style se caractérise par l'exubérance de la vie qu'il essaie de manifester et qui contraste avec la sobriété de beaucoup de bâtiments antérieurs. Aujourd'hui, ce style est décrit comme chargé... Mais il peut être gracieux et très humain. En France, le baroque a donné naissance au style rocaille, appelé aussi rococo, parce qu'il aime les courbes souples et inattendues des coquillages.
(Voir Index : Baroque et Réforme catholique)

Campanile. C'est le nom italien des clochers (*campana,* cloche) et, naturellement, il désigne le clocher à l'italienne, tour carrée détachée de l'église.

Cloches. Leur utilisation pour scander la vie paroissiale, annoncer l'Angélus, les messes, les baptêmes, les mariages, les morts et les enterrements (le glas), l'incendie ou la guerre (le tocsin) est très ancienne. Généralement, on en attribue l'intuition à saint Paulin de Nole († 420). Mais ce n'est qu'à partir du VIIIe siècle que l'on baptise les cloches (avec de l'eau et du saint-chrême) et qu'on leur donne un nom, en raison du service qu'elles assurent en appelant à la prière de l'Église, ou en l'accompagnant de leurs sonneries joyeuses ou tristes.

Stalles (de l'ancien allemand *stal,* place). Sièges de bois aux formes caractéristiques, situés de part et d'autre du chœur des églises et réservés au clergé. Leur haut dossier, leurs accoudoirs, leur tablette relevable sont conçus tout autant pour la station assise que pour de longues stations debout durant les offices ; la tablette mobile comporte en effet sur sa face inférieure une console appelée *miséricorde* qui, une fois le siège relevé, offre un point d'appui pour la station debout. On trouve maintes œuvres d'art, dont certaines très célèbres, parmi les stalles que nous ont laissées le Moyen Âge et l'époque classique.

Orientation des églises

Une règle générale appliquée dès la construction des premières églises a été d'orienter vers l'orient leur abside, c'est-à-dire la tête de la croix que forme l'église ; ainsi le peuple des célébrations se trouvait-il symboliquement tourné vers le soleil levant, image du Christ dissipant les ténèbres de la mort, et vers les lieux saints, cadre de sa vie, de sa mort et de sa résurrection.

On remarquera que c'est en effet l'orientation de beaucoup d'églises anciennes et des grandes cathédrales. Le développement urbain n'a pas permis de continuer à respecter cette règle, à laquelle on trouve d'ailleurs une exception de taille : celle de Saint-Pierre de Rome ; il s'agit en l'occurence d'une erreur d'interprétation : comme l'usage s'était maintenu à Saint-Pierre de la célébration face au peuple, on crut devoir orienter vers l'Occident le chœur de la nouvelle basilique (commencée au début du XVIe siècle) pour que le pontife officiât tourné vers l'orient. ■

ORATOIRE

C'est un lieu de prière (du latin *oratorium,* dérivé de *orare,* prier), généralement aménagé en petite chapelle. Si chacun a, bien sûr, le droit d'ouvrir à sa convenance un oratoire privé, il faut demander une autorisation pour y célébrer la messe régulièrement, et pour y conserver le saint sacrement.

Les oratoires publics sont, quant à eux, autorisés et bénits par l'évêque comme des églises, et se distinguent des oratoires privés par le fait que le public y a libre accès.

Quant aux oratoires semi-publics, ils sont liés à une communauté, et non ordinairement accessibles aux fidèles. Une permission épiscopale est également nécessaire pour les ouvrir au public. ■

LEXIQUE D'ARCHITECTURE RELIGIEUSE

On trouvera ci-après, sommairement présentés, les principaux composants de l'architecture des églises : ils sont destinés à faciliter au visiteur la compréhension de la structure des édifices — grandioses ou modestes, primitifs ou très élaborés — qui l'accueillent dans ses promenades touristiques ou pieuses.

LECTURE D'UN PLAN HORIZONTAL

Chœur. Il est situé à l'extrémité de la construction opposée à la façade principale. C'est le lieu de la célébration. Dans les grandes églises, il convient de distinguer dans le même espace le *sanctuaire*, où est édifié l'autel, et le *chœur* proprement dit, réservé au clergé et aux chantres.

Déambulatoire. Nef circulaire, autour du chœur, qui permet de contourner celui-ci.

Abside. Extrémité arrondie d'une église derrière le chœur.

Absidioles. Petites chapelles qui rayonnent à partir du déambulatoire autour du chœur.

Jubé. Clôture séparant le chœur de la nef et surmontée d'une galerie d'où on lisait l'Épître et l'Évangile ; il en subsiste très peu (Saint-Étienne-du-Mont à Paris, cathédrale d'Albi...).

Croisée du transept. Point de croisement entre la nef principale et le transept.

Transept. Nef transversale qui, coupant la nef principale à angle droit à la hauteur du chœur, donne à l'ensemble la forme d'une croix.

Nef. Partie de l'église comprise entre le portail et le chœur. Au centre de l'église, elle est dite principale ; c'est le plus grand espace de l'ensemble ; c'est là que se tient le peuple. Les nefs qui se trouvent de part et d'autre de la nef centrale sont les nefs latérales, dites aussi collatéraux ou bas-côtés.

Bas-côtés. Nefs collatérales. Elles forment des couloirs de circulation comme le déambulatoire qui les prolonge. Leur masse contribue à contenir la poussée latérale de la voûte de la nef principale.

Narthex. Portique intérieur compris sous la même couverture que la nef, il fait partie intégrante de l'édifice et ne peut être confondu avec un simple auvent. Il est souvent surmonté d'une tribune. Avant et après l'office, il est un lieu de rencontre. S'y rassemblaient les catéchumènes.

Travée. Portion de voûte ou de nef comprise entre deux arcs ou deux piliers.

Baptistère, fonts baptismaux. Le premier est une construction, généralement en rotonde, jouxtant la cathédrale (Aix-en-Provence). Le baptême y était célébré par immersion (dans une petite piscine).
Les fonts baptismaux, d'origine moins ancienne, sont une chapelle située dans l'église même et aménagée pour les baptêmes par infusion ; les fonts proprement dits sont une cuve de pierre ou de bronze.

Porche. (Voir aussi Narthex). C'est un auvent pour protéger contre les intempéries les fidèles, voire les sculptures des tympans.

Sacristie. Construction annexe à l'église, destinée à conserver les vases sacrés (d'où son nom) et les ornements. Célébrant et clercs s'y préparent pour l'office liturgique.

Chevet. Partie extérieure et extrême de l'église, le plus souvent de forme circulaire comme le chœur lui-même. Il suit le mouvement architectural du déambulatoire lorsqu'il y en a un.

Parvis. Espace extérieur situé devant l'entrée ou la façade principale de l'édifice, et réservé aux rassemblements et aux rencontres du peuple. Le narthex ou l'auvent sont une partie couverte de cet espace.

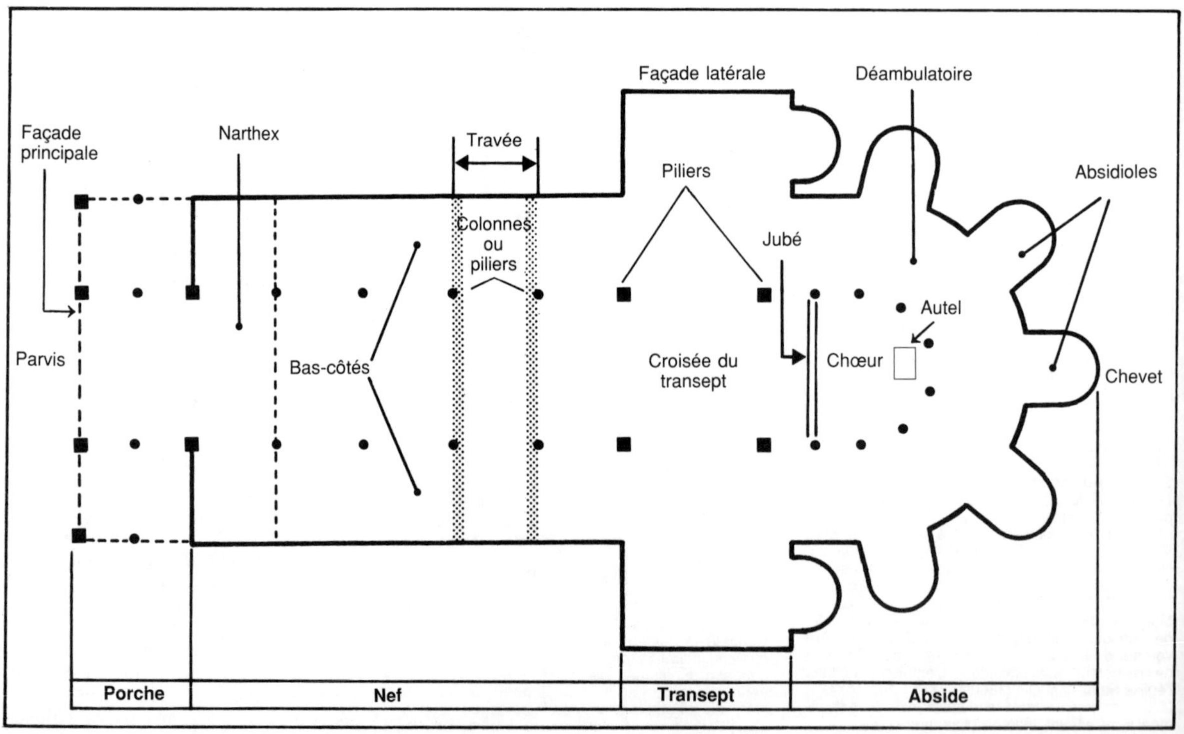

Fondations. Ensemble de travaux nécessaires pour recevoir et maintenir solidement la construction. Situé en-dessous du niveau du sol, cet ensemble n'est pas visible.

Murs. Maçonnerie qui rassemble différents matériaux superposés et liés par du mortier de chaux, de plâtre ou de ciment. Le mode d'assemblage des matériaux est dit *appareil* : il est très varié et nécessite parfois une taille spéciale pour la pierre, un moulage pour la brique ; par extension, l'appareil désigne la dimension des matériaux : petit ou grand appareil.

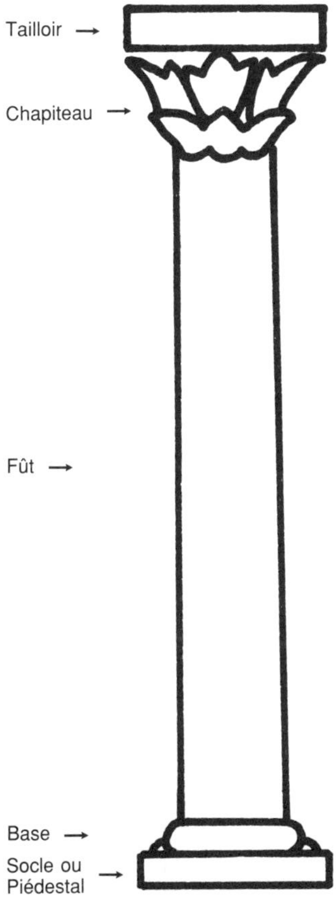

Piliers et colonnes

Le pilier est un support de section carrée ; la colonne est un support de section circulaire, dont les éléments peuvent cependant être taillés de manière à donner l'apparence d'un faisceau de colonnettes.

La colonne comprend trois parties principales : la base, le fût, le chapiteau.

La base est le soubassement sur lequel repose la colonne.

Le fût est la partie principale de la colonne, entre la base et le chapiteau.

Le chapiteau couronne le fût ; il est le plus souvent sculpté (chapiteaux anciens ou inspirés de l'antiquité, doriques, ioniques ou corinthiens selon leur style ; chapiteaux représentant des motifs végétaux ou purement décoratifs, des animaux, des personnages, des scènes). Le chapiteau est surmonté du *tailloir*, destiné à recevoir l'arc ou l'entablement portés par la colonne.

Voûte. Ouvrage de maçonnerie cintrée servant à couvrir un espace en prenant appui sur des murs, des colonnes ou des piliers. Les pierres de sa construction, appelées voussoirs, sont taillées de façon à s'ajuster en donnant sa forme à la voûte.

La voûte peut être en plein cintre ou berceau (forme semi-cylindrique) ; surhaussée (en ogive ou arc brisé) ; surbaissée (en anse de panier).

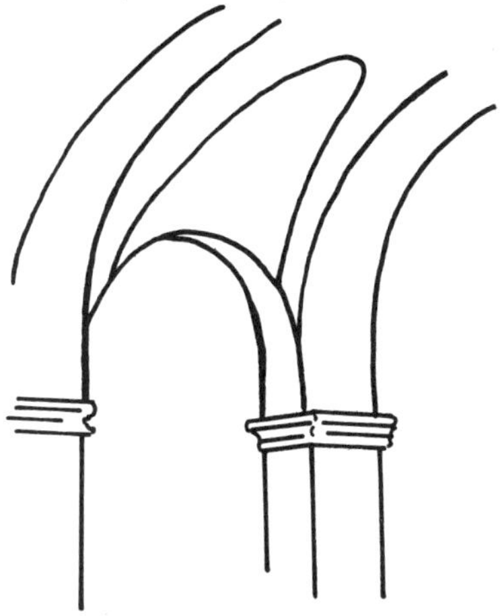

• *La voûte simple* a la forme d'un arc prolongé (plein cintre, surhaussé ou surbaissé).

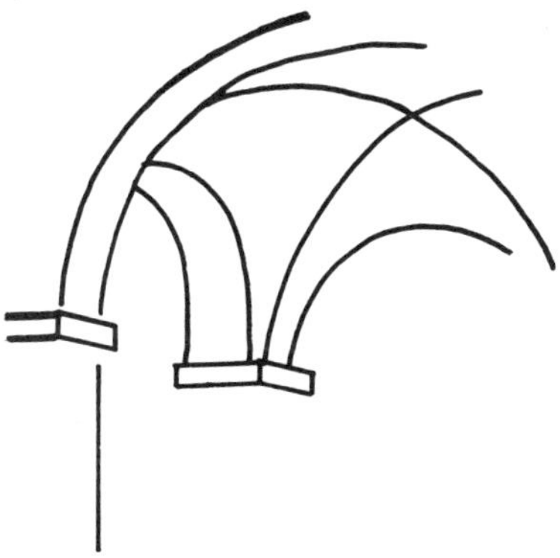

• La *voûte d'arêtes* est constituée d'éléments de voûtes simples se croisant à angles droits ; ce sont les angles formés par la rencontre des voûtes qui donnent son nom à cette construction ; les poussées de ces éléments s'équilibrent mutuellement.

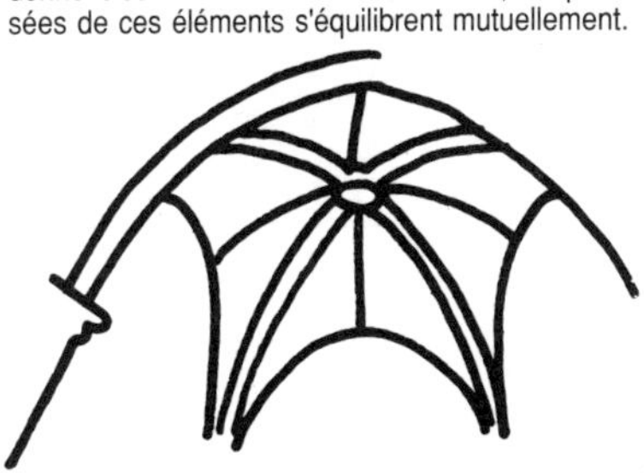

• La *croisée d'ogives* est dérivée de la voûte d'arêtes ; mais sa particularité est d'être soutenue par des nervures ou ogives qui se croisent à la clef et reportent le poids de la voûte sur les colonnes (et non sur les murs) ; d'où la possibilité de larges ouvertures dans les murs, avec une grande surface de vitraux ; c'est une des caractéristiques de la construction gothique.

• *La voûte composée* est une combinaison d'éléments de voûtes simples :

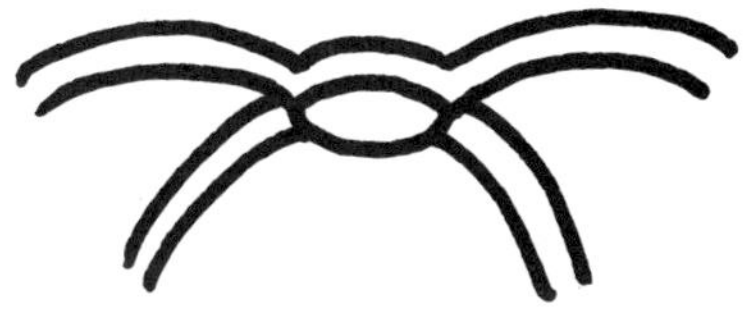

Clef de voûte. C'est le voussoir (ou claveau) qui ferme l'arc à son sommet et en assure la cohésion ; la clef de voûte placée à la croisée d'ogives est souvent sculptée (rosaces, par exemple).

Coupole. Voûte en forme de demi-sphère. L'extérieur est dit dôme, même si celui-ci est indépendant de la coupole elle-même. Si la coupole repose sur des supports de plan carré, hexagonal ou octogonal, la jonction entre le plan circulaire et le plan polygonal est assurée soit par des trompes (encorbellement), soit par des pendentifs (pyramides sphériques).

Tribune et triforium. La tribune est la galerie qui court au-dessus des bas-côtés et s'ouvre sur la nef par une baie simple ; le triforium est une galerie étroite s'ouvrant par de petites arcades doubles ou triples et passant sous les fenêtres hautes ; il peut n'être qu'un pur élément décoratif.

Fenêtre. Baie pratiquée dans les murs pour éclairer l'édifice. Dès qu'elle devient un peu importante, elle est divisée en plusieurs compartiments par des montants de pierre appelés *meneaux*.

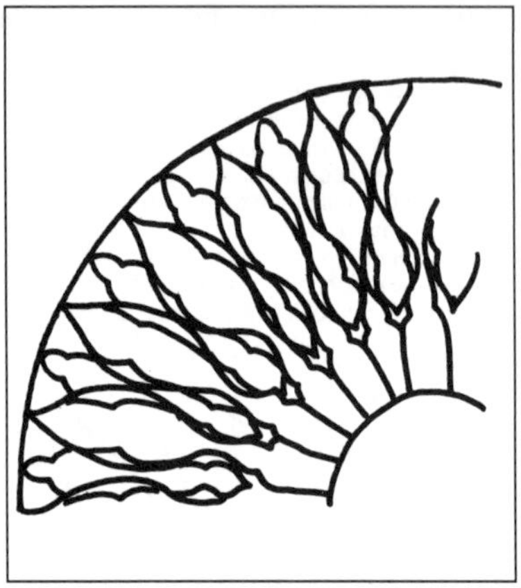

Rosace. Fenêtre de forme circulaire qui se trouve généralement sur les murs à pignon, donc sur le mur du bas de la nef ou les murs du transept. Elle peut atteindre des dimensions très importantes.

Vitrail. Les fenêtres reçoivent des vitraux, ensembles de panneaux de verre liés par un montage en plomb. Le vitrail roman et gothique est constitué de morceaux de verre de couleurs différentes assemblés en mosaïque ; à partir de la Renaissance, le vitrail est devenu un tableau peint sur verre.

Lecture du plan extérieur

Contreforts et arcs boutants. Le contrefort est une saillie en maçonnerie destinée à contrebuter de l'extérieur un mur en s'opposant à la poussée oblique d'une retombée de voûte. Dans les grandes constructions gothiques, où la poussée de la voûte haute est reportée sur les colonnes de la nef, celles-ci sont épaulées de l'extérieur par des arcs-boutants enjambant les nefs latérales ; ils sont eux-mêmes appuyés à des culées.

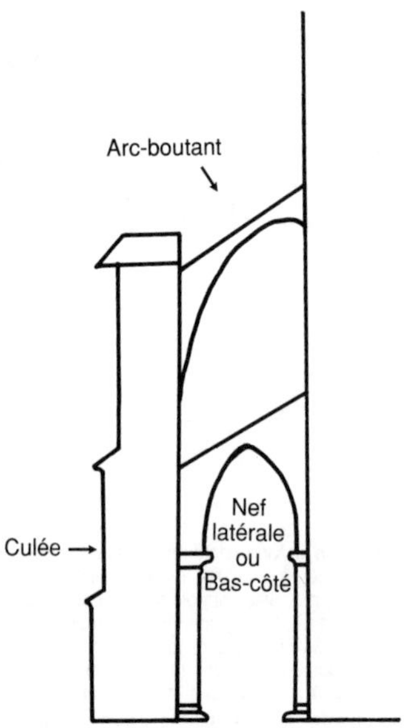

Toiture. C'est l'ensemble des composants du toit : charpente, combles et couverture. Les toits qui protègent les nefs sont de forme simple ; à deux pentes, on les dit en batière.

Tours, clochers et flèches. Les tours sont des constructions élevées, situées soit en façade, soit à la croisée du transept. On appelle tour lanterne celle qui, située à la croisée du transept, est destinée à l'éclairer par ses fenêtres (églises normandes).
Le clocher est une construction s'élevant au-dessus de l'église pour abriter les cloches, dont le son porte ainsi au loin. L'usage en date du XIe siècle.
La flèche est le couronnement de forme aiguë (pyramide ou cône) qui termine certains clochers ou certaines tours.
Les tours, flèches et clochers présentent une très grande variété de construction et d'ornementation, souvent marquée par des traditions régionales.

LES FAÇADES

Ensembles architecturaux complexes, elles correspondent aux murs pignons de la nef principale et du transept. Parfois surmontée de tours, la façade comporte un ou plusieurs porches, le plus souvent des baies en hauteur, parfois une rosace, parfois aussi une ou des galeries décoratives.

Portail. Porte importante dans une ordonnance architecturale.

Porche. Il encadre le portail. Trois éléments majeurs :
le linteau, au-dessus d'une porte, impose sa hauteur à celle-ci ;
le tympan est l'espace compris entre le linteau et l'arc qui le domine ; il est très souvent décoré d'une très riche statuaire en bas-relief ;
l'archivolte est l'ensemble de décorations concentriques (voussures) qui encadrent l'arc. Quand cet ensemble déborde largement le portail lui-même, on le dit ébrasement du portail.
Trumeau. Montant de pierre destiné à soulager le linteau, il divise en deux un grand portail. Il est souvent orné d'une statue.
Souvent, à partir du XVe-XVIe siècle, le porche et tout son ensemble architectural sont surmontés d'un pignon pointu, presque toujours ajouré. Ce pignon est dit *gâble.*

LES ARTS ANNEXES

Les cathédrales et les grands édifices de tout le Moyen Âge et de la Renaissance sont souvent anonymes, et plus encore les œuvres qui les décorent et les illustrent de toutes manières. On les distingue cependant par l'inspiration, par le style, ainsi que par le matériau. La pierre du Limousin n'est ni le tuffeau de Loire, ni la pierre volcanique de Volvic ou le granit breton qui résistent au ciseau de l'artiste. On spécifie tous ces ouvrages en les situant, par exemple, dans la tradition de l'École bourguignonne, auvergnate ou provençale, pour citer seulement quelques ateliers.
Tous ces artistes inconnus veulent faire du vaste monument urbain ou du petit sanctuaire campagnard comme un grand livre ouvert, disposé pour la lecture des images peintes ou sculptées, afin d'instruire et d'édifier les fidèles.
Cet apport foisonnant des arts annexes est très spécifique de notre art religieux occidental (l'art oriental se distinguant davantage par l'icône et la mosaïque). C'est un art spécifiquement artisanal, spontané, mais profondément inspiré.

La statuaire. Tout au début, celle-ci est strictement soumise aux impératifs des volumes et aux limites de l'architecture ; les statues-colonnes de Chartres en sont un exemple. Puis, dès le XIVe ou le XVe siècle, la fantaisie va créer le mouvement, dans l'inflexion d'une silhouette, l'agitation d'une robe ou l'expression réaliste des visages.
Quand la statue est totalement détachée du mur, on la dit en ronde-bosse ; si elle est engagée dans ce mur, on dira bas ou haut-relief selon l'importance de ce relief.

Ph. Roger-Viollet

Les vitraux. Ainsi qu'on l'a déjà vu, leur art a évolué, passant de la composition morcelée médiévale au tableau lumineux de la Renaissance et de la période classique.

Les fresques et les mosaïques. Ces deux disciplines sont très anciennes. Les fresques (*cf.* Saint-Savin, près de Poitiers : XIe-XIIIe s.) sont d'immenses compositions picturales (parfois, dans le même monument, elles recouvrent piliers, murs et voûtes) ; on les dit marouflées quand leur support est une toile collée sur le mur.
Quant aux mosaïques, petits cubes de pierre, de marbre ou de verre liés sur un soutien de ciment pour un dessin de couleurs décoratif ou historié, elles sont assez rares en France (*cf.* Germigny-des-Prés, Loiret, IXe s.). Elles caractérisent l'art byzantin.

Les tableaux. Ceux-ci sont à l'opposé de l'art de la fresque. Il s'agit d'un travail d'atelier, largement pratiqué dès la Renaissance. Ils sont généralement signés, et souvent indépendants de la conception d'ensemble du monument quant à leur inspiration.

Les retables. Ce sont d'abord des murets auxquels s'adossent les autels majeurs, dont ils dépassent la largeur et la hauteur. En bois, en pierre, en stuc, en métal repoussé ou ciselé, ils peuvent être de très grandes œuvres d'art. Plus tard, ils ont servi de socle à des ensembles très importants, notamment de grands tableaux sertis dans des encadrements de bois, de pierre ou de marbre, eux-mêmes très ouvragés. Ces tableaux représentent assez fréquemment une ou plusieurs scènes prises dans la vie du saint patron du lieu.

GALERIES ET GARGOUILLES

Galeries. Ce sont des passages qui permettent d'aller d'un point de l'édifice à un autre. Elles sont souvent aussi ornementation des façades.

Gargouilles. Ce sont des gouttières saillantes de pierre qui rejettent au-delà du pied du mur les eaux pluviales ruisselant des toits. Leurs sculpteurs, au Moyen Âge, aiment leur donner des formes variées d'animaux fantastiques.

◀ **Saint Apollinaire ; mosaïque VIe s. Église Sant' Apollinare in Classe à Ravenne (Italie).**

Statue-colonne. Porche de la façade ouest de la cathédrale de Chartres (XIIe s.), témoin d'un art roman à son sommet (la majeure partie de la cathédrale appartient au pur gothique du XIIIe s.). ▶

Ph. Giraudon

FOI ET LANGAGES
Peinture

Parmi les langages qui ont servi à exprimer la foi, la peinture a une place à part. Des fresques des catacombes aux peintres contemporains, aucune génération n'a dédaigné ce langage. Les illustrations de cet ouvrage en sont le témoignage.

Dans cette double page, nous n'avons rassemblé que six tableaux parmi des milliers possibles, parce qu'ils nous semblent significatifs de certains grands courants de la peinture française.

Erguerrand Quarton, La Pietà de Villeneuve-lès-Avignon (v. 1455). France, École de Provence. Musée du Louvre.

Ph. Giraudon

Ph. R.M.N.

Léonard de Vinci, La Vierge aux rochers. Fin XVe s. Musée du Louvre

La Pietà de Villeneuve-lès-Avignon (XVe s.)
Qui est le maître d'Avignon ? Rien ne permet de le dire avec certitude, même si aujourd'hui on s'accorde le plus souvent à penser qu'il s'agit d'Enguerrand Quarton, né dans la région de Laon et ayant vécu successivement à Aix-en-Provence et en Avignon. il aurait peint ce chef-d'œuvre en 1455. L'œuvre de Quarton est pleine des riches couleurs des primitifs flamands, couleurs empruntées aux enlumineurs ; mais, contrairement à ceux-ci, elle ne se perd jamais dans les détails : sa peinture semble marquée par le pouvoir simplificateur de la lumière provençale et la volonté de dire l'indicible. La Pietà se veut un commentaire d'un verset du Livre des Lamentations (dont la transcription domine la composition) « Vous qui marchez sur le chemin, regardez et voyez s'il est une douleur pareille à la mienne ». Au sein de la relation douloureuse et silencieuse entre Marie et son fils, Jean qui, à travers l'auréole, cherche à enlever la couronne d'épine, Madeleine qui tient le pot d'aromates, sont comme introduits dans le sacrifice. On retrouve dans cette œuvre le caractère tragique qui marque l'art religieux des XIVe et XVe s.

La Vierge aux rochers, de Léonard de Vinci
Assurément il y a quelque chauvinisme à classer Léonard de Vinci (1452-1519) parmi les artistes français. Il était florentin. Mais c'est volontairement qu'il s'exila et mourut en France. Pleinement peintre de la Renaissance italienne par la « hantise de la plastique humaine » puisée aux sources de l'antiquité, il est aussi enraciné dans l'esprit d'analyse de la nature qui, depuis la redécouverte d'Aristote au Moyen Âge, traverse les siècles jusqu'à nous. Comme les Italiens, il cultive la beauté des formes, mais affleure sans cesse chez lui le sourire propre à chacun, ouvrant sur l'énigme originale de chaque être humain. La recherche de cette énigme fait partie du patrimoine français.

G. de la Tour, Madeleine à la veilleuse (première moitié XVIIe s.)

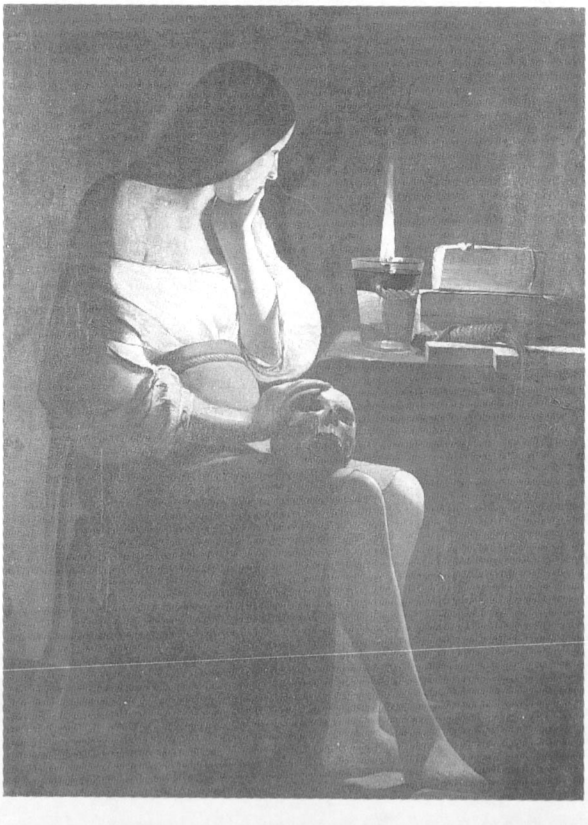

Ph. Lauros-Giraudon

Madeleine à la veilleuse, de Georges de la Tour
Georges de la Tour (1593-1652) fut un des grands oubliés de l'histoire. Comme Bach ignoré jusqu'à Mendelssohn, Georges de la Tour fut ignoré jusqu'au XXe siècle. Il est pourtant un des meilleurs représentants de ce qu'on peut appeler l'école française. Il est à la fois classique mais formé à l'école du Caravage et de son génie de la lumière. Il est mystique et peut apparaître comme le peintre de l'inconnu nocturne, de cette lumière intérieure qui traverse les nuits de l'esprit. A la naissance de la pensée moderne, il est là comme pour rappeler aux aristocrates de la raison l'autre aspect de l'homme, et la lumière qui peut jaillir dans son face à face avec la misère et la mort.

Le bienheureux Jean d'Avila, de Pierre Subleyras (XVIIIe s.)
Dans l'histoire de la peinture, certains courants provinciaux furent extrêmement importants, et fort différents de « l'art officiel » parisien. Antoine Rivalz a fondé à Toulouse une académie qui fut une des plus prestigieuses. Plus tard, au XIXe siècle, Ingres en fut un des plus fameux élèves. Mais le plus célèbre, au XVIIIe siècle, est Pierre Subleyras (1699-1749). Dans ce siècle, il est un des seuls grands peintres religieux. Au moment où l'œuvre de Watteau semble vouloir baigner le monde d'un rayon d'éternité et de poésie, Subleyras fait le lien entre le classicisme austère de Philippe de Champaigne et celui de David à Paris. Il est, dans ce siècle, le témoin de l'inquiétude humaine, qui se reflète souvent dans les yeux de ses portraits.

Ph. R.M.N.

Subleyras, Le bienheureux Jean d'Avila (XVIIIe s.)

La Crucifixion, d'Hippolyte Flandrin (XIXe s.)
Aujourd'hui, l'on citerait facilement Delacroix comme le grand peintre religieux du XIXe siècle. Sa Pietà (1844, église St Denys-du-St-Sacrement à Paris) est justement célèbre, qui crée le mystère, et de l'obscurité fait soudre la lumière. Il est l'expression du triomphe d'un certain sentiment religieux romantique.
Même s'il y a peu de peintres religieux au XIXe siècle, il en existe d'une autre tendance, plus réaliste, se voulant populaire, comme Millet. Hippolyte Flandrin (1809-1864) est aujourd'hui peu connu. Disciple d'Ingres qui, face au romantisme, impose une peinture apparemment raisonnable voire académique, il est un des peintres religieux les plus significatifs du XIXe siècle : bon dessinateur, inspiré par Raphaël, il est sérieux, raisonnable, lisible, tout en gardant quelque chose de sensible, voire de sensuel, dans l'expression. Il sait mieux décrire l'homme religieux que faire entrer dans le mystère.

Ph. Bulloz

Hippolyte Flandrin, la crucifixion (XIXe s.) (détail).

La Pietà, de Bernard Buffet (XXe s.)
Bernard Buffet est né à Paris le 10 juillet 1928. Il est entré à 15 ans à l'École des Beaux-Arts. En 1943, Paris était occupé. L'œuvre de Buffet semble tout entière empreinte du silence et de la gravité de la ville soumise à la puissance étrangère.
A mi-chemin entre l'art populaire et réaliste des pays de l'Est, qui n'est que le reflet des conformismes bourgeois du XIXe siècle, et l'agressivité d'une abstraction qui ne veut plus rien dire d'autre qu'un cri, une sensation, Bernard Buffet synthétise l'est et l'ouest, le passé et le présent. Sa Pietà renvoie, bien entendu, à celle d'Avignon. Le Christ est ici joue contre joue avec sa mère, et Jean a laissé sa place à l'autre Marie. Jésus, une fois encore condamné, aujourd'hui à Dachau, est toujours source d'une infinie tendresse.

Ph. Maurice Garnier

Bernard Buffet, Pietà (XXe s.).

Qu'est-ce que ?

Nimbe (du latin *nimbus,* nuage).
A l'origine, cercle lumineux figuré autour de la tête de divinités antiques (égyptiennes puis romaines) ou d'empereurs romains (divinisés) lorsqu'on les représentait par des peintures ou sur des médailles.
Vers le IIe siècle ap. J.-C., les artistes chrétiens appliquèrent le nimbe aux images du Christ dans les catacombes. Puis, successivement, il figura sur les représentations des anges, des évangélistes, des apôtres, et vers le VIIe siècle, de l'ensemble des saints. On le voit également entourer la tête d'animaux représentatifs du Christ (agneau, colombe) ou de saints (lion de saint Marc, aigle de saint Jean...).
Le nimbe triangulaire est réservé à Dieu le Père, le nimbe crucifère au Christ, le nimbe doré aux personnes divines, à la Vierge et aux anges, le nimbe carré (en fait rectangulaire) aux personnages vivants.

Orant (du latin *orans, orantis,* priant).
Personnage représenté dans l'attitude de la prière. Les catacombes romaines conservent maintes peintures de personnages en train de prier ; ils sont représentés debout, les bras et les mains ouverts en un geste d'offrande et d'accueil ; c'est encore aujourd'hui l'attitude du prêtre pendant la prière centrale de la messe, la prière eucharistique.
Les œuvres d'art du Moyen Âge commenceront à représenter les orants à genoux.

Pietà. Parce que le Christ a dit à saint Jean, au pied de la Croix, en désignant sa mère, « Voici ta mère... », les chrétiens de tous les âges ont aimé contempler Marie pendant la Passion. Au XIIIe siècle, en Allemagne, se répandit une dévotion à Marie tenant le cadavre de son fils dans ses bras et pleurant. C'est la représentation de cette scène qui constitue la Pietà. La plus célèbre est le groupe sculpté par Michel-Ange, qui se trouve à Saint-Pierre de Rome.

L'ŒUVRE D'ART ET L'ARTISTE

L'artiste n'est pas un « enfant du dimanche » à qui tout, d'emblée, réussit. Il n'a pas le droit de vivre sans devoirs. La tâche qui lui est assignée est pénible ; pour lui, souvent, elle est une lourde croix. Il doit être convaincu que chacun de ses actes, de ses sentiments, de ses pensées est la matière impondérable dont seront faites ses œuvres. Il doit savoir qu'il n'est pas libre, par conséquent, dans les actes de sa vie et qu'il n'est libre que dans l'art.

Comparé à celui qui est dépourvu de tout don artistique, l'artiste a une triple responsabilité : 1° il doit faire fructifier le talent qu'il a reçu ; 2° ses actes, ses pensées, ses sentiments, comme ceux de n'importe quel homme, forment l'atmosphère spirituelle qu'ils transfigurent ou qu'ils corrompent ; 3° ses actes, ses pensées, ses sentiments sont la matière de ses créations qui, à leur tour, créent l'atmosphère spirituelle. Selon le mot du Sâr Péladan, il est roi non seulement par sa puissance, mais par la grandeur de son devoir.

Ce « beau » dont l'artiste est le prêtre doit être recherché en s'appuyant sur le principe de la valeur intérieure *que nous avons montré partout présent. Et ce « beau » ne peut être mesuré qu'à l'échelle de la* Grandeur et de la Nécessité Intérieure *qui nous a été déjà, et en tant d'occasions, si utile.*

Est beau ce qui procède d'une nécessité intérieure de l'âme. Est beau ce qui est beau intérieurement.

L'un des pionniers, l'un des premiers créateurs de la spiritualité contemporaine dont l'art de demain s'inspirera, Maeterlinck, a écrit :

« Il n'y a rien sur terre qui soit plus avide de beauté et qui s'embellisse plus facilement qu'une âme... C'est pourquoi peu d'âmes, sur terre, résistent à la domination d'une âme qui se voue à la beauté. »

C'est cette qualité lubrifiante *de l'âme qui facilite la progression et la montée, lente, à peine visible, du triangle spirituel, freinée parfois extérieurement, mais constante et ininterrompue.*

KANDINSKY
Du spirituel dans l'art (1954),
Éd. Denoël-Gonthier, 1969.

CHAPELLE SIXTINE

Cette chapelle du palais du Vatican, érigée en 1473 par l'architecte Giovanni de Dolci à la demande du pape Sixte IV (d'où son nom), est célèbre par sa décoration, due aux plus grands artistes de la Renaissance italienne.
Ses murs ont été ornés entre 1481 et 1483 d'un ensemble de douze fresques par Signorelli, Botticelli, Ghirlandaio, Rosselli, le Pérugin, le Pinturicchio ; elles évoquent l'histoire de Moïse (l'Ancienne Alliance) et celle de Jésus (la Nouvelle Alliance).
Cet ensemble a été complété par les peintures, probablement les plus célèbres de Michel-Ange, qui décorent la voûte et le mur du fond de la chapelle.
La décoration de la voûte, réalisée (1508-1512) sous le pape Jules II, est ordonnée selon une composition savante ; sa partie centrale comporte neuf rectangles occupés par diverses scènes de la Genèse, et en particulier de la Création, un des sommets de l'œuvre de Michel-Ange ; sur les côtés de la voûte alternent les portraits de sept Prophètes et de cinq Sibylles (devineresses de l'Antiquité païenne), évoquant l'annonce d'un Rédempteur.
Le mur du fond est occupé en entier par un grandiose *Jugement dernier,* peint beaucoup plus tard (1534-1541) par Michel-Ange, sous le pape Paul III.
Peu d'œuvres poétiques ou artistiques ont suggéré avec autant de force la grandeur et la beauté de l'homme et de la femme créés par la tendresse divine, le drame de leur chute, l'attente souffrante d'un Rédempteur par l'humanité, l'enjeu de son salut.
C'est dans la Chapelle Sixtine, conçue à l'origine comme cadre des cérémonies de la semaine sainte, que se tiennent les conclaves du Sacré Collège réunis pour l'élection des papes. ■

Christ, Vierge, de majesté

Représentation du Christ ou de la Vierge, de face, dans une attitude hiératique, le plus souvent assis sur un trône. Le Christ a parfois à son côté la Vierge, sa mère. La Vierge, lorsqu'elle est le sujet principal, présente le plus souvent l'enfant Jésus de face, assis sur ses genoux. ■

Christ en gloire

On désigne de la sorte la représentation, classique dans l'art médiéval, et notamment celui des portails d'églises, du retour glorieux du Christ, à la fin des temps, pour le Jugement dernier. Cet état de gloire est symbolisé par la *mandorle,* sorte d'auréole ovale en forme de coque d'amande (lat. *mandorla,* « amande ») entourant la personne du Christ ; celui-ci est figuré assis ou debout, bénissant de la main droite et tenant de l'autre le livre de l'Évangile. Il est entouré soit d'anges, soit des symboles des quatre évangélistes, soit des apôtres. Il est souvent dans l'attitude du *Christ de majesté.* ■

EL GRECO (1541-1614)

Domenico Théotokopoulos était Crètois, mais il fut connu — malgré son passage à l'école romaine du Titien — comme un peintre de Tolède sous le nom du Greco. Sa peinture, hautement théologique, ne fut jamais strictement figurative. Le passage du physique au spirituel fut sa hantise, peut-être jamais mieux illustrée que par l'enterrement du comte d'Orgaz (église Saint-Thomas de Tolède) ou la Pentecôte (Musée du Prado). ■

Foi et littérature

De tout temps, les chrétiens ont cherché à exprimer leur foi dans des écrits aux genres littéraires divers : théologie, réflexion, poésie, récits, sermons, cantiques liturgiques, prières, hagiographies, romans, etc.

La littérature française tout entière a ses sources dans le terreau chrétien, au point que le christianisme peut passer, en France, pour être lié à un humanisme et une culture littéraire.

Or, cet humanisme et cette culture sont largement mis en cause dans le monde « moderne » et « scientifique ». La littérature elle-même s'interroge. Pour bon nombre d'auteurs contemporains, ce qui est écrit se divise radicalement en deux catégories.

L'une est composée des écrits qui prétendent préserver l'homme du doute en lui présentant des repères fixes, une vérité-en-soi, une description de la réalité telle qu'elle serait. A ces écrits-là, les modernes refusent toute qualification d'artistique ou de littéraire car ils sont trompeurs.

L'autre est composée des écrits qui, sachant ne pouvoir prétendre à dépeindre la réalité telle qu'elle est, se bornent à exprimer leur expérience intérieure, et cherchent seulement à capter l'originalité de cette expérience dans des formulations toujours nouvelles des rapports entre le temps, l'espace et les mots.

Pour eux, l'univers de la littérature ne peut s'accommoder d'un dogme, ou d'une vérité venue d'ailleurs que du plus intime de la personne. On ne peut être un « écrivain catholique ». Il n'y a pas de vraie littérature « officielle ».

Depuis un siècle (disons arbitrairement depuis Chateaubriand, mort en 1848), des écrivains chrétiens ont vécu cette évolution de la littérature. Suivant en cela l'exemple de saint Augustin et de ses *Confessions*, ils ont souvent exprimé, en filigrane de l'expérience humaine, le mystère de la mort et de la Résurrection du Christ, cœur de la foi chrétienne. Mais ils l'ont fait avec leur sensibilité propre, qui peut être apparemment assez distante de la formulation traditionnelle de l'Évangile. A travers l'expression de leur foi, apparaît souvent la nostalgie d'une forêt ancestrale ou d'un paradis perdu ; leur cri trouve son origine dans la déchéance qu'ils sentent en eux-mêmes ou dans le monde, dans « cette absence qui leur tient compagnie sur les collines » (Mambrino) : en cela, ils s'ancrent profondément dans la culture française moderne. ■

BAUDELAIRE Charles (1821-1867). On s'est demandé si l'auteur des *Fleurs du Mal* pouvait être appelé poète chrétien. En fait, ses vers témoignent d'une vive conscience du Mal, cette force qui dispute l'homme faible à Dieu. Ayant le sentiment d'être privé d'une grâce qu'il ressent comme inaccessible, Baudelaire se désespère dans sa misère d'homme sans Dieu, et vit avec la rêveuse nostalgie de cet état de grâce que contredit tout un monde livré au positivisme et à une mortelle sécheresse. Pascalien, Baudelaire ne peut que lancer une prière cruelle mais propre à son état : « Soyez béni, mon Dieu, qui donnez la souffrance comme un divin remède à nos impuretés ». Mais il ne sut ou ne voulut jamais passer de la notion de mal à celle de péché...

Ph. Albin-Guillot-Viollet

Charles Baudelaire.

BAUMANN Émile (1868-1941). Il fut l'un des grands romanciers et essayistes catholiques du début du siècle : *l'Immolé* (1908) ; *la Fosse aux lions* (1911) ; *le Baptême de Pauline Ardel* (1914) ; *le Fer sur l'enclume* (1920).

BAZIN René (1853-1932) ACADÉMIE FRANÇAISE. Romancier de la vie chrétienne, dont il montre les devoirs et le bonheur, il rencontra un grand succès auprès de la bourgeoisie catholique attachée aux valeurs traditionnelles.

BARBEY D'AUREVILLY Jules (1808-1889). Romancier qui agita avec panache l'étendard du catholicisme. Ses œuvres, le plus souvent d'inspiration fantastique mais animées par la foi, rendirent leur fierté à beaucoup d'écrivains catholiques et influencèrent profondément des hommes comme Paul Bourget, Léon Bloy, et même Georges Bernanos.

BARRÈS Maurice (1862-1923) ACADÉMIE FRANÇAISE. Romancier, essayiste, homme politique. Connu surtout pour son nationalisme, qui fait le fond de sa pensée ; nombre de ses idées pourtant recoupaient celles des milieux catholiques ; il voyait dans l'Église un élément important de la France profonde. La querelle qui s'éleva autour de son roman *Un jardin sur l'Oronte* (1922) révéla les préoccupations spirituelles de Barrès qui, à sa mort, semblait bien près de la foi chrétienne. Comparé à son ami Léon Daudet (1868-1942), pourtant catholique pratiquant, Barrès fut, dans une tonalité romantique, un esprit beaucoup plus religieux.

BÉGUIN Albert (1901-1957). Critique suisse de langue française, spécialiste de la littérature allemande ; a eu une grande influence sur les recherches concernant la nature du poétique, l'interprétation spirituelle de l'œuvre littéraire. Il a succédé à Emmanuel Mounier comme directeur de la revue *Esprit.* Auteur de *l'Ame romantique et le rêve, Poésie de la présence, Création et destinée.*

Ph. Roger-Viollet

Georges Bernanos.

BERNANOS Georges (1889-1948). Romancier catholique, ou plutôt « catholique écrivant des romans », selon sa propre expression ; essayiste, polémiste. Il débuta comme journaliste monarchiste. Blessé pendant la Première Guerre mondiale, marié en 1917, inspecteur d'assurances pour faire vivre sa nombreuse famille, il sera reconnu comme écrivain avec le succès de son premier livre *Sous le soleil de Satan* (1926). Assez instable par

L'enfer, c'est de ne plus aimer

Et qu'est-ce que vous avez fait de l'enfer, vous autres ? Une espèce de prison perpétuelle, analogue aux vôtres, et vous y enfermez sournoisement par avance le gibier humain que vos polices traquent depuis le commencement du monde — les ennemis de la société. Vous voulez bien y joindre les blasphémateurs et les sacrilèges. Quel esprit sensé, quel cœur fier accepterait sans dégoût une telle image de la justice de Dieu ? Lorsque cette image vous gêne, il vous est facile de l'écarter. On juge l'enfer d'après les maximes de ce monde et l'enfer n'est pas de ce monde. Il n'est pas de ce monde, et moins encore du monde chrétien. Un châtiment éternel, une éternelle expiation — le miracle est que nous puissions en avoir l'idée ici-bas, alors que la faute à peine sortie de nous, il suffit d'un regard, d'un signe, d'un muet appel pour que le pardon fonce dessus, du haut des cieux, comme un aigle. Ah ! c'est que le plus misérable des hommes vivants, s'il croit ne plus aimer, garde encore la puissance d'aimer. Notre haine même rayonne et le moins torturé des démons s'épanouirait dans ce que nous appelons le désespoir, ainsi que dans un lumineux, un triomphal matin. L'enfer, Madame, c'est de ne plus aimer. Ne plus aimer, cela sonne à vos oreilles ainsi qu'une expression familière. Ne plus aimer signifie pour un homme vivant aimer moins, ou aimer ailleurs. Et si cette faculté qui nous paraît inséparable de notre être, notre être même — comprendre est encore une façon d'aimer — pouvait disparaître, pourtant ? Ne plus aimer, ne plus comprendre, vivre quand même, ô prodige ! L'erreur commune à tous est d'attribuer à ces créatures abandonnées quelque chose encore de nous, de notre perpétuelle mobilité alors qu'elles sont hors du temps, hors du mouvement, fixées pour toujours.

GEORGES BERNANOS,
Journal d'un curé de campagne,
Éd. Plon

nature, et rebuté par l'état de la France et de la société, il résidera aux Baléares, en Tunisie, et s'exilera au Brésil pendant la dernière guerre, toujours en proie aux difficultés financières.

Parmi ses romans célèbres, on citera l'*Imposture* (1927), *Journal d'un curé de campagne* (1936), *Nouvelle histoire de Mouchette* (1937), *Monsieur Ouine* (1943). Durant la guerre d'Espagne, il avait étonné et même choqué l'opinion catholique majoritaire en dénonçant les actes des franquistes et en interpellant vivement les hommes d'Église. Le pamphlétaire donnait toute sa mesure dans *Les Grands cimetières sous la lune, la Grande peur des bien-pensants, Scandale de la vérité.* Son évolution spirituelle et politique durant la guerre s'exprime dans le *Chemin de la Croix-des-Âmes.* Peu avant sa mort, il écrivit le scénario d'un de ses textes les plus forts, *Dialogues des Carmélites,* dont on fera un film et, plus tard, un opéra.
Il avait débuté dans l'Action française, mais rompit avec Maurras. Il voulait se tenir en dehors et surtout au-dessus de tous les courants, au risque de se faire reprocher sa versatilité et, parfois, l'injustice de ses critiques. Mais, dans la lignée de Péguy et de Bloy, il affirmait sa foi, son indépendance d'esprit, sa lucidité devant les périls moraux de la civilisation. Il pourchassait le mal partout, dans la politique et aussi bien dans l'Église. Beaucoup de ses analyses, écrites avec l'art et la fougue du grand prosateur, restent d'une vérité toujours actuelle : il ne se laissait pas éblouir par la technique ni par le progrès aveugle. Il sut, comme écrivain, conquérir le respect des incroyants comme des catholiques.

BLONDEL Maurice (1861-1949). Voir Index.

BLOY Léon (1846-1917). Romancier, historien, polémiste, Léon Bloy commença comme dessinateur, tout en fréquentant les milieux littéraires où il était l'ami de Huysmans, Villiers de l'Isle-Adam, Verlaine. Converti en 1867 par Barbey d'Aurevilly, il en hérita autant de fougue que de foi. Il débuta en 1883 par des articles de critique littéraire dans divers journaux, où il se fit remarquer pour sa violence : intransigeant, il tenait à son idéal si vigoureusement qu'il rejetait tout ouvrage jugé indigne ; ses ennemis se multiplièrent, élevant autour de lui un mur de silence. Son influence n'en fut pas moins immense sur les écrivains catholiques, parmi lesquels Maritain et Bernanos. Mystique et, aux yeux de certains, illuminé, il vomissait la religion mesquine des bien-pensants de son temps, qu'il jugeait fort éloignée de la virulence radicale du Christ ; il était tout aussi sévère pour le conservatisme du Vatican, le matérialisme, la démocratie. Il voyait en tout écrit et en tout événement un signe des temps, symbolique, qu'il fallait prendre comme manifestation de Dieu : c'est ainsi qu'il regardait le monde en visionnaire, et que sa violence littéraire était toute poésie : les *Propos d'un entrepreneur de démolitions* (1884), *Le désespéré* (1886), *La Femme pauvre* (1887) témoignent d'un élan poétique et religieux que l'on retrouve, encore plus spontané, dans son *Journal* (1892-1917) : « Il n'y a qu'une tristesse, c'est de n'être pas des saints. »

BONALD Louis de (1754-1840). Voir Index.

BORDEAUX Henry (1870-1963) ACADÉMIE FRANÇAISE. Romancier, défenseur de la famille chrétienne et des valeurs traditionnelles.

DU BOS Charles (1882-1939). Un des grands critiques littéraires de l'avant-guerre. Converti au catholicisme, il a laissé un *Journal,* qui compte parmi les classiques du genre, et une série d'*Approximations,* où s'affirment la finesse de son sens esthétique, le jugement nuancé qu'il porte sur les livres, une préoccupation spirituelle qui fait de lui un homme de dialogue entre les familles d'esprits.

BOSCO Henri (1888-1976). Spécialiste de la littérature italienne, romancier ou plutôt conteur poétique, il s'est fait connaître avec *Le Mas Théotime* (1946) et *Malicroix* (1948). Se distingue par sa perception raffinée de la nature, par son recours au symbole et par la présence constante du Mystère dans ses fictions.

BOULARD Fernand (1898-1977). Un des grands noms de la sociologie du catholicisme français (*Problèmes missionnaires de la France rurale,* 1945 ; *Essor ou déclin du clergé français,* 1950, etc.).

BOURBON-BUSSET Jacques de (né en 1912) ACADÉMIE FRANÇAISE. Romancier de la discipline et du raffinement intérieurs, essayiste, chantre de l'amour conjugal. *Le silence et la Joie, Mémoires d'un lion, L'Amour durable,* etc.

BOURGET Paul (1852-1935) ACADÉMIE FRANÇAISE. Romancier moraliste dont l'œuvre s'est infléchie après sa conversion, s'enrichissant alors de ses romans les plus célèbres : *Le disciple* (1889), *Un divorce* (1904), *L'étape* (1902).

BRÉMOND Henri (1865-1933) ACADÉMIE FRANÇAISE. Critique et historien, jésuite, puis prêtre séculier, passionné par les rapports de l'homme avec Dieu. *L'inquiétude religieuse* (1901-1909), *L'abbé Tempête* (1929), *Histoire littéraire du sentiment religieux en France* (1916-1932), œuvre monumentale étudiant les modes d'expression de la spiritualité.

CARRÉ Robert (Père), en religion **Ambroise-Marie** (né en 1908). Entré chez les dominicains en 1927, ordonné prêtre en 1933, il prend en 1938 la direction de la *Revue des jeunes,* qui exerce alors une grande influence dans les milieux de la jeunesse chrétienne. Au sein de son ordre, il sera longtemps prieur du couvent Saint-Dominique à Paris et responsable des Éditions du Cerf. Il prêchera les Carêmes de Notre-Dame de Paris de 1966 à 1970. Il animera des messes radiodiffusées. On lui doit plusieurs ouvrages de spiritualité, dont le premier, *Compagnons d'éternité* (1939), a été plusieurs fois réédité. L'un des derniers parus, *Je n'aimerai jamais assez,* est son journal spirituel, qui trouve son complément dans son *Journal 1988-1990,* intitulé *Des heures de grand sens.* Il est conseiller spirituel du mouvement *Sève,* et, depuis de longues années, aumônier des artistes, milieu auquel il est très attaché. Il a succédé en 1975 à son ami de longue date, le cardinal Daniélou, à l'Académie française.

CAYROL Jean (né en 1911). Écrivain parmi les plus remarquables d'aujourd'hui, membre de l'Académie Goncourt, poète, romancier. S'est fait connaître au lendemain de la guerre (il fut déporté) en publiant son cycle romanesque, *Je vivrai l'amour des autres* (1947-1950), qui traduisait une inquiétude spirituelle, ainsi que la blessure profonde laissée par l'univers « lazaréen » des camps. Son œuvre, très abondante, a ensuite évolué assez loin de cette inspiration première, pour devenir une technique de littérature parfois proche du « nouveau roman » ; il y eut encore une autre étape, celle des « histoires » (*Histoire de la mer ; Histoire d'une maison,* etc.). Après ces incontestables réussites dans le genre de la fable poétique, du roman de culture, Cayrol allie l'actualité à l'inspiration du poète *(Poésie-Journal)* et renouvelle ce qu'il appelle le « récit court » *(Qui suis-je ?, Les enfants pillards).*

DEL CASTILLO Michel (né en 1933). Écrivain français d'origine espagnole ; a été remarqué pour un roman autobiographique poignant : *Tanguy* (1953). Quelques autres titres : *Le colleur d'affiches ; Le vent de la nuit ; La nuit du décret* (prix Renaudot 1981) ; *La gloire de Dina.* Exprime sa recherche religieuse, sa foi chrétienne en réaction contre une éducation rigoriste, dans des chroniques pour la revue *Panorama.*

CESBRON Gilbert (1913-1979). Romancier dont on a parfois sous-estimé la valeur, mais qui est beaucoup lu dans le grand public chrétien ; ses personnages témoignent toujours d'une grande profondeur morale : *Notre prison est un Royaume* (1947) ; *Chiens perdus sans collier* (1954). Son œuvre, traitée sous la forme d'une actualité romancée, avec ses drames quotidiens où les questions spirituelles tiennent une grande place, fait de Cesbron un très perspicace analyste contemporain.

CHATEAUBRIAND François-René de (1768-1848). ACADÉMIE FRANÇAISE. Son influence sur le retour au sentiment religieux après la Révolution fut considérable. Il marque la littérature d'inspiration chrétienne de l'époque contemporaine. Son œuvre ouvre une époque dans la littérature en général, et la littérature d'inspiration chrétienne, en particulier. (Voir Index).

CHATEAUBRIANT Alphonse de (1877-1951). Romancier un peu prophétique, en quête d'une communion avec Dieu. Chrétien hésitant au début de sa vie, la contemplation fait de lui un pratiquant. Ses égarements politiques pendant la Seconde Guerre mondiale ne doivent pas faire oublier le bouleversant écrivain qu'il a été : *La Brière* (1923), *La Réponse du Seigneur* (1933).

CHENU Marie-Dominique (1895-1990). Voir Index.

CLAUDEL Paul (1868-1955). Écrivain en même temps que diplomate, Claudel fut dès son temps reconnu comme un maître. Trois faits importants orientent sa vie et son œuvre. Tout d'abord, il découvre la poésie et le monde du mystère pendant son adolescence, notamment à travers Rimbaud. En second lieu, il retrouve brusquement la foi, le 25 décembre 1886 à Notre-Dame de Paris, dans un éclair spirituel demeuré célèbre. Enfin, il ne faut pas négliger sa brillante carrière diplomatique, qui lui fera parcourir le monde : consul, puis ambassadeur, il vivra aux États-Unis, en Chine, à Francfort, à Hambourg, puis à Rio de Janeiro, Tokyo, Washington, Bruxelles. Il sera marqué par d'autres événements, comme sa tentative d'entrer chez les bénédictins de Ligugé en 1900, puis une dure épreuve amoureuse, enfin son mariage en 1905 ; il le sera aussi par ses amitiés, comme celle de Francis Jammes.

Mais, en Claudel, le trait dominant vient de l'alliance entre son métier de diplomate, qui fait de lui un réaliste, connaisseur de la condition humaine, sa foi, qui éclaire toute chose d'un sens spirituel, et la poésie, qui incarne au rythme de l'auteur des éléments variés de sa vie et du monde. Ce rythme, c'est souvent le verset, redécouvert de la Bible comme chez Péguy, mode d'expression qui s'accorde au souffle de l'écrivain plus qu'à une forme régulière. Il l'emploie aussi bien dans son théâtre, *Partage de midi* (1906), *L'Annonce faite à Marie* (1911), *Le Soulier de Satin* (1929), que dans sa poésie, *Cinq grandes Odes* (1910), *Le Cantique du Rhône* (1911), *Corona benignitatis anni Dei* (1916). Il y exprime, comme dans ses œuvres de prose (*Connaissance de l'Est* 1900), la présence du divin dans toutes choses humaines, l'amour de Dieu, la présence de Dieu en tous les lieux où il a vécu. Dans la dernière partie de sa vie, il n'écrira plus que des commentaires de la Bible : *La Sagesse* (1939) ; *Job* (1946) etc.; Bible qu'il aimait à méditer en de longues oraisons et de fréquentes promenades dans la campagne française, et devenue pour lui la seule littérature qui vaille qu'on s'y consacre.

CLAVEL Bernard (né en 1923). Romancier, dont les œuvres dépeignent le terroir jurassien en témoignant, sinon d'un sens chrétien explicite, du moins d'une quête de l'Absolu, d'une indéracinable fidélité et d'un grand sens de l'humain *(Fruits de l'hiver).*

CLAVEL Maurice (1920-1979). Essayiste, romancier, philosophe, dramaturge. Normalien, agrégé de philosophie, il s'est fait remarquer par ses positions originales dans les nombreux domaines qu'il a abordés. Chrétien marginal, Maurice Clavel a fait quelque bruit avec son essai *Dieu est Dieu, nom de Dieu* (1976).

CONGAR Yves (né en 1904). Voir Index.

Trouvez Dieu : son idée est la raison de l'être ;
L'œuvre de l'univers n'est que de le connaître.
Vers celui dont le monde est l'émanation
Tout ce qu'il a créé n'est qu'aspiration.
L'éternel mouvement qui régit la nature
N'est rien que cet élan de toute créature
Pour conformer sa marche à l'éternel dessein,
Et s'abîmer toujours plus avant dans son sein !
Le murmure vivant de la pensée entière
N'est que l'écho confus d'une immense prière :
De la mer qui mugit aux sources du vallon,
Tout exhale un soupir, tout balbutie un nom ;
Ce mot, qui dans le ciel d'astre en astre circule,
Tout l'épelle ici-bas, l'homme seul l'articule.
L'Océan a sa masse et l'astre sa splendeur,
L'homme est l'être qui prie, et c'est là sa grandeur !

LAMARTINE,
La fin de Satan

COPPÉE François (1842-1908). Apprécié d'abord pour ses poèmes (*Les Humbles,* 1872) et ses pièces de théâtre (*Le Passant,* 1869), il a traduit dans *La bonne souffrance* (1898) l'expérience de son retour au christianisme. D'une inspiration parnassienne, il évolue vers une poésie plus intimiste qui révèle les émotions simples de la vie.

DANIEL-ROPS Henri Petiot dit (1901-1965) ACADÉMIE FRANÇAISE. Écrivain, d'abord célèbre par ses romans *Mort, où est ta victoire ?* (1934), *L'épée de feu* (1938) où l'on voit s'opposer la civilisation technique et les valeurs de l'humanisme chrétien, il se tourne ensuite vers l'histoire religieuse : *Histoire Sainte* (1943), *Jésus en son temps* (1945), *Histoire de l'Église du Christ* (1948-1963).

DANIÉLOU Madeleine (1880-1956). Voir Index.

DANIÉLOU Jean (1905-1974). Voir Index.

DANSETTE Adrien (1901-1976). Historien catholique dont, notamment, l'*Histoire religieuse de la France contemporaine* (2 vol. 1948-1951) est devenue un classique.

DECOIN Didier (né en 1945). D'abord journaliste et scénariste, ce jeune romancier reçoit le prix Goncourt en 1977 pour *John l'Enfer.* Il s'est fait connaître comme écrivain catholique avec des essais comme *Il fait Dieu* (1975) et *La Sainte Vierge a les yeux bleus* (1984).

DELBRÊL Madeleine (1904-1964). Voir Index.

DELUMEAU Jean (né en 1923). Historien de la Réforme et de la Renaissance, son regard s'est progressivement élargi en s'appliquant à suivre l'impact du christianisme sur la population : *Le christianisme va-t-il mourir ?* (1977), *La peur en Occident* (1978), *Le péché et la peur* (1983), direction de *Histoire vécue du peuple chrétien* (1979). *Le sentiment de sécurité dans l'Occident d'autrefois* (1989). *Une histoire du paradis* (1992).

DUPANLOUP Félix (1802-1878) Voir Index.

EMMANUEL Noël Matthieu, dit Pierre (1916-1984) ACADÉMIE FRANÇAISE. Poète et chroniqueur qui chante, sur un ton personnel et familier, traditionnel ou d'avant-garde, les inquiétudes contemporaines et les illuminations de la foi chrétienne sur le destin de l'homme et sur le monde d'aujourd'hui. Il avait contribué à exprimer l'esprit de la Résistance. Sa pensée est nourrie de la Bible : *Évangéliane* (1961) ; *la Nouvelle Naissance* (1963).

ESTANG Luc (né en 1911). Ses premières œuvres, et particulièrement sa trilogie de romans *Charge d'âmes : Les stigmates, Cherchant qui dévorer, Les fontaines du grand abîme* (1950-1953), manifestent un sens très mauriacien du péché et de la grâce, en même temps que sa sensibilité à l'enchaînement des générations. Depuis lors, l'évolution religieuse d'Estang a donné une autre tonalité à son œuvre : *L'Apostat* (1964), *Les déicides* (1980).

ESTAUNIÉ Edouard (1862-1942). Son roman le plus connu *L'empreinte* (1895) lui fut inspiré par son éducation chez les jésuites. A signaler aussi *L'Infirme aux mains de lumière.*

FOLLIET Joseph (1903-1972). Voir Index.

FROSSARD André (né en 1915). Journaliste d'abord à *L'Intransigeant,* actuellement au *Figaro* après avoir collaboré à *L'Aurore* et à divers périodiques. Grand Prix catholique de littérature en 1969 avec *Dieu existe, je L'ai rencontré* qui s'inspire de sa conversion ; a publié aussi *N'ayez pas peur,* entretiens avec Jean-Paul II, et divers essais et reportages.

FUMET Stanislas (1896-1983). Critique, attaché à tout considérer sous un regard chrétien, ami de Maritain. *Notre Baudelaire* (1926), *Mission de Léon Bloy* (1935), *Paul Claudel* (1961), *l'Histoire de Dieu dans ma vie.*

GHÉON Henri Léon Vangeon, dit Henri (1874-1944). Poète et auteur dramatique, il fut un des fondateurs de la *Nouvelle Revue Française* (1909) et participa avec Jacques Copeau à l'animation du Théâtre du Vieux Colombier (1913). Il monta avec la troupe des Compagnons de Notre-Dame des pièces populaires dans la tradition des mystères médiévaux, comme *Le Pauvre sous l'escalier* (1911), *Le Noël sur la place* (1935), *Marie Mère de Dieu* (1939), etc.

GHEORGHIU Virgil (1916-1992). Écrivain français d'origine roumaine. Connut un immense succès en 1949 avec *La vingt-cinquième heure.* Son œuvre abondante (*le Grand Exterminateur,* 1978, *Dieu à Paris,* 1980, ...), d'une réelle puissance épique, est une apologie et une défense du peuple roumain opprimé. Il était évêque de l'Église orthodoxe.

Les derniers vers de Ronsard

Quoy, mon âme, dors-tu, engourdie en ta masse ?
La trompette a sonné, serre bagage, et va
Le chemin déserté que Jésus-Christ trouva,
Quand, tout mouillé de sang, racheta nostre race.

C'est un chemin fascheux, borné de peu d'espace,
Tracé de peu de gens, que la ronce pava,
Où le charbon poignant ses testes esleva ;
Pren courage pourtant, et ne quitte la place.

N'appose point la main à la mansine, après
Pour ficher ta charrue au milieu des guerets,
Retournant coup sur coup en arrière ta veue.

Il ne faut commencer ou du tout s'employer ;
Il ne faut point mener, puis laisser la charrue
Qui laisse son métier n'est digne de loyer

Il faut laisser maisons et vergers et jardins,
Vaisselles et vaisseaux que l'artisan burine,
Et chanter son obsèque en la façon du cygne
Qui chante son trépas sur les bords Méandrins.

C'est fait ! j'ai devidé le cours de mes destins,
J'ai vécu, j'ai rendu mon nom assez insigne ;
Ma plume vole au ciel, pour être quelque signe,
Loin des appas mondains qui trompent les plus fins.

Heureux qui ne fut onc, plus heureux qui retourne
En rien comme il était, plus heureux qui séjourne,
D'homme fait nouvel ange, auprès de Jésus-Christ,

Laissant pourrir çà-bas sa dépouille de boue,
Dont le sort, la Fortune et le Destin se joue,
Franc des liens du corps, pour n'être qu'un esprit.

PARIS, BUON
Avec une préface de CLAUDE BINET.

Si ton cœur était droit...

Si ton cœur était droit, toutes les créatures
Te seraient des miroirs et des livres ouverts
Où tu verrais sans cesse, en mille lieux divers,
Des modèles de vie et des doctrines pures ;
Toutes comme à l'envi te montrent leur Auteur,
Il a dans la plus basse imprimé sa hauteur
Et dans la plus petite il est plus admirable :
De sa pleine bonté rien ne parle à demi,
Et du vaste éléphant la masse épouvantable
Ne l'étale pas moins que la moindre fourmi.

PIERRE CORNEILLE

GOYAU Georges (1869-1939) ACADÉMIE FRANÇAISE. Historien du catholicisme, et en particulier de la papauté, du catholicisme social, et, de manière générale, de la vie religieuse de la période contemporaine.

GREEN Julien (né en 1900) ACADÉMIE FRANÇAISE. Romancier né dans le protestantisme, converti au catholicisme, d'une foi tout ensemble fervente et tentée par la séduction du bonheur terrestre. Il se bat contre le mal, mais aussi contre le conformisme et pour une foi vivante. « Chaque homme dans sa nuit s'en va vers la lumière ». Ses œuvres, qui sont d'un visionnaire et d'un grand observateur de l'âme, se libèrent peu à peu dans la joie chrétienne : *Mont-Cinère* (1926), *Léviathan* (1929), *Moïra* (1950), *Frère François* (1983). D'un sombre parfois fantastique, J. Green s'achemine vers la pureté d'Assise, comme on le suit dans son très beau *Journal.*

GUÉRIN Maurice de (1810-1839). Poète, ami de Lamennais, âme inquiète vivant au rythme de la nature, où Dieu le dispute aux échos païens : *Le Cahier vert* (1883).

GUITTON Jean (né en 1901) Voir Index.

« Si la prière était réellement ce qu'ils pensent, une sorte de bavardage, le dialogue d'un maniaque avec son ombre, ou moins encore — une vaine et superstitieuse requête en vue d'obtenir les biens de ce monde, — serait-il croyable que des milliers d'êtres y trouvassent jusqu'à leur dernier jour, je ne dis pas tant de douceurs — ils se méfient des consolations sensibles — mais une forte, dure et plénière joie ».

GEORGES BERNANOS,
Journal d'un curé de campagne

HELLO Ernest (1828-1885). Journaliste et essayiste, il fut en son temps un des plus ardents défenseurs du catholicisme contre les thèses de Renan.

HUYSMANS Joris-Karl (1848-1907). Romancier naturaliste. Après sa conversion vers 1895, déjà prévisible dans *A Rebours* (1884) et *Là-bas* (1891), il met son talent et sa sensibilité réaliste au service de ses convictions catholiques, avec *En Route* (1896), *La Cathédrale* (1898) qui chante les beautés de Chartres, *Les foules de Lourdes* (1905). Huysmans s'acharne à maintenir un naturalisme chrétien, opposé au naturalisme trivial d'un Zola qu'il avait admiré dans sa jeunesse.

JACOB Max (1876-1944). Poète extravagant,le saltimbanque de Montmartre, baptisé à 40 ans en 1915, arrêté par les Allemands en sa qualité d'israélite et mort au camp de Drancy en 1944. *Le Christ à Montparnasse, Défense de Tartuffe* (1919), *Le Laboratoire central* (1921) ; œuvres posthumes : *Derniers Poèmes* (1945), *Méditations religieuses* (1947).

JAMMES Francis (1868-1938). Poète et prosateur dont l'œuvre est fortement marquée par son retour au catholicisme en 1905. Dans *Clairières dans le ciel* (1906) et dans *Les Géorgiques chrétiennes* (1912), il rend de façon personnelle et neuve le climat d'un bonheur paisible qui unit le réalisme et la grâce.

JOUVE Pierre-Jean (1887-1976). Poète et romancier, converti au catholicisme en 1924. Sa foi se joue aux confins des ténèbres et de l'abîme tourmenté : *Le livre de la grâce* (1920), *Sueur de sang* (1933), *Kyrie* (1938).

LACORDAIRE Henri (1802-1861). Voir Index.

LABERTHONNIÈRE Lucien (1860-1932). Voir Index.

LAMENNAIS Félicité de (1782-1854). Voir Index.

LANZA DEL VASTO, Joseph Jean LANZA DI TRABI A BRANCIFORTE (1901-1981). Cet écrivain français d'origine sicilienne s'efforce de faire prévaloir les valeurs spirituelles sur les servitudes du monde moderne et sur la violence ; il puise son inspiration à deux sources, sa foi et la pensée de Gandhi : *Le Pèlerinage aux sources* (1944), *Principes et préceptes du retour à l'évidence* (1945), *Commentaires sur l'Évangile* (1951). Il a fondé une communauté (l'Arche) vivant selon l'esprit de sa doctrine.

LA TOUR DU PIN Patrice de (1911-1975). Poète. Dans *La quête de joie* (1933), il nous introduit dans la seule aventure intérieure possible, la recherche de Dieu, qui passe par la beauté et la vérité éternelles. Avec *Une somme de poésie* (3 vol. de 1940 à 1963), il nous invite à entrer dans un monde rénové par l'amour, où l'homme incarné oscille entre l'inquiétude métaphysique et la quête mystique.

LATREILLE André (1901-1983). Historien de l'Église et du catholicisme pour les périodes moderne, *L'Église catholique et la Révolution française,* (2 vol. 1946-1950) et contemporaine, il a notamment dirigé, et en partie rédigé, *L'histoire du catholicisme en France* (3 tomes, 1957-1962).

Mon Dieu, quelle guerre cruelle !
Je trouve deux hommes en moi :
L'un veut que, plein d'amour pour toi,
Mon cœur te soit toujours fidèle ;
L'autre, à tes volontés rebelle,
Me révolte contre ta loi.

L'un, tout esprit et tout céleste,
Veut qu'au ciel sans cesse attaché,
Et des biens éternels touché,

Je compte pour rien tout le reste ;
Et l'autre, par son poids funeste,
Me tient vers la terre penché.

Hélas ! En guerre avec moi-même,
Où pourrai-je trouver la paix ?
Je veux, et n'accomplis jamais :
Je veux ; mais, ô misère extrême !
Je ne fais pas le bien que j'aime,
Et je fais le mal que je hais.

O grâce, ô rayon salutaire,
Viens me mettre avec moi d'accord ;
Et, domptant par un doux effort
Cet homme qui t'est si contraire,
Fais ton esclave volontaire
De cet esclave de la mort.

JEAN RACINE,
Les Hymnes du Bréviaire.

LA VARENDE Jean de (1887-1959). Dans ses romans, qui lui sont l'occasion de célébrer sa Normandie natale, il donne un souffle héroïque aux traditions ancestrales incarnées par ses personnages, hobereaux normands comme lui. Pour eux, l'appel de la vie est aussi l'appel de Dieu. *Nez-de-Cuir* (1934), *Le Centaure de Dieu* (1938).

LE BRAS Gabriel (1891-1970). Cet historien du droit canonique est devenu l'initiateur des études de sociologie du catholicisme en France. *Études de sociologie religieuse* (2 vol. 1955-1956).

LE CARDONNEL Louis (1862-1936). Poète symboliste, influencé par l'Italie. Ordonné prêtre en 1894, on lui doit notamment les beaux vers de *Carmina sacra* (1912).

LÉGAUT Marcel (1900-1990). Voir Index.

LESORT Paul-André (né en 1915). Son œuvre romanesque, qui trouve jusqu'à présent dans *Les reins et les cœurs* (1947) et *Vie de Guillaume Périer* (1966) son expression la plus significative, mêle naturalisme et mysticisme ; elle s'emploie à rendre compte, selon une écriture originale, à la fois de la diversité des existences, du caractère insaisissable et incommunicable de leur intériorité, de la présence occulte de Dieu en chacune d'elles, de la recherche du sens par chacune d'elle.

LUBAC Henri SONIER de (1896-1991). Voir Index.

MADAULE Jacques (né en 1898). Agrégé d'histoire et de géographie, professeur, essayiste : *Le génie de Paul Claudel, Le drame de Paul Claudel, Le christianisme de Dostoïevski, Graham Greene, Les Juifs et le monde actuel.*

MAISTRE Joseph de (1753-1821). Voir Index.

MALÈGUE Joseph (1876-1940). Son œuvre, peu abondante, est dominée par un grand roman d'inspiration explicitement chrétienne, *Augustin ou le Maître est là* (1933) ; une œuvre posthume : *Pierres noires ou les classes moyennes du salut* (1958).

MALLET-JORIS Françoise (née en 1930) ACADÉMIE GONCOURT (1970). Cette romancière intimiste analyse avec finesse et audace l'âme adolescente, *Le Rempart des béguines* (1952), celle de la femme, *Marie Mancini* (1961), les milieux littéraires *L'Empire céleste* (1958). Elle n'hésite pas à poser sur elle-même, ses enfants, sa foi, les mœurs actuelles, ce regard perspicace : *Lettre à moi-même, Les signes et les prodiges* (1970), *La maison de papier* (1970), *Le rire de Laura* (1985).

Chemins

Les grands et les petits
Ont pris chacun leur route
Qui mène au Paradis,
Plus loin qu'on ne s'en doute.
Les petits et les grands
Avec leurs pieds errants.

Du noir de derrière eux
Sans lieu, ni temps, ni ville,
Dans le jour dangereux
Ils entrent à la file,
Cherchant pour l'habiter,
Cherchant leur Vérité.

Mais les petits partis,
La tête encore obscure,
Les petits trop petits
Pour leur grande aventure,
Dans le brouillard épais
Ne trouveront jamais,

Parmi les jours ardus,
Les voilà sur la terre,
Si pauvres, si perdus,
Que Dieu dans son mystère
Dieu descend par pitié
Leur frayer un sentier.

Trop faibles pour marcher,
Dieu les prend et les porte.
Trop simples pour chercher,
Dieu leur ouvre la porte.
Dieu les conduit en paix
Par un chemin tout fait.

Mais les grands tourneront
Tout autour de la terre
Les grands chemineront
Dans l'ombre où le ciel erre
Sans dire, sans savoir
Où Dieu loge, le soir.

Chemineront cherchant
Partout la clef du monde...
Tournent à travers champs
Dans leur âme profonde,
Tournent à la lueur
De leur front en sueur.

MARIE-NOËL,
Les chants de la Merci.

MARIE-NOËL (1883-1968). Poète catholique. Dans l'attente d'une sécurité, d'un amour, puis frappée par l'absence de cet amour humain, elle évoque avec grâce et profondeur ses espérances et ses déceptions, tantôt gémissant dans une vie étroite, tantôt adorant dans une foi aveugle. *Les Chansons et les Heures* (1920), *Le Rosaire des Joies* (1930), *Chants et Psaumes d'automne* (1947), *Notes intimes.*

Ph. Roger-Viollet

Marie-Noël.

MARITAIN Jacques (1882-1879). Voir Index.

MARROU Henri-Irénée (1904-1977). Historien, archéologue, musicologue, spécialiste de l'Antiquité païenne et chrétienne, auteur d'une *Histoire de l'éducation dans l'Antiquité* (1948) et d'une thèse sur *Saint Augustin et la fin de la culture antique* (1937).

MASSIS Henri (1886-1970) ACADÉMIE FRANÇAISE. Critique, partisan de Charles Maurras, mais avant tout catholique ; ami de Psichari, Barrès, Péguy, puis de Maritain et Bernanos. *Les Jeunes gens d'aujourd'hui* (1910), *Défense de l'Occident* (1927), *Maurras et notre temps* (1961).

L'homme n'a qu'à pleurer pour retrouver son père.
Le malheur lui dit : Crois. La mort lui crie : Espère !
Qu'il se repente, il tient la clef d'un sort meilleur :
Dieu lui remplace, après l'épreuve et la douleur,
Le paradis des fleurs par l'Eden des étoiles.
Ève, à ta nudité Marie offre ses voiles ;
L'ange au glaive de feu rappelle Adam proscrit ;
L'âme arrive portant la croix de Jésus-Christ ;
L'Éternel près de lui fait asseoir l'immortelle...

VICTOR HUGO,
Dieu, Hetzel, édit.

Ballade pour prier Notre-Dame

Dame du ciel, régente terrienne,
Emperière des infernaux palus,
Recevez-moi, votre humble chrétienne,
Que comprise sois entre vos élus,
Ce non obstant qu'oncques rien ne valus.
Les biens de vous, Ma Dame et Ma Maîtresse,
Sont trop plus grands que ne suis pécheresse,
Sans lesquels biens âme ne peut mérir.
N'avoir les cieux. Je n'en suis jongleresse :
En cette foi je veux vivre et mourir.

A votre Fils dites que je suis sienne ;
De lui soyent mes péchés abolus ;
Pardonne-moi comme à l'Égyptienne,
Ou comme il fit au clerc Théophilus.
Lequel par vous fut quitte et absolu,
Combien qu'il eût au diable fait promesse.
Préservez-moi de faire jamais ce,
Vierge pourtant, sans rompure encourir,
Le sacrement qu'on célèbre à la messe.
En cette foi je veux vivre et mourir.

Femme je suis pauvrette et ancienne,
Qui rien ne sais ; oncques lettre ne lus.
Au moustier vois dont suis paroissienne
Paradis peint, où sont harpes et luths,
Et un enfer où damnés sont boullus :
L'un me fait peur, l'autre joie et liesse,
La joie avoir me fais, haute Déesse,
A qui pécheurs doivent tous recourir,
Comblés de foi, sans feinte ni paresse :
En cette foi je veux vivre et mourir.

Vous portâtes, digne Vierge, princesse,
Jésus régnant, qui n'a ni fin ni cesse.
Le Tout Puissant, prenant notre faiblesse,
Laissa les cieux, et nous vint secourir,
Offrit à mort sa très chère jeunesse ;
Notre Seigneur tel est, tel le confesse :
En cette foi je veux vivre et mourir.

FRANÇOIS VILLON.

MAURIAC François (1885-1970) ACADÉMIE FRANÇAISE, PRIX NOBEL DE LITTÉRATURE. Un des plus grands romanciers de sa génération. Très marqué par la foi chrétienne et par son enfance bordelaise, il va devenir tout à la fois poète (*Les mains jointes*), romancier, journaliste, polémiste, écrivain engagé dans le champ politique sans cependant être un homme politique, mémorialiste, essayiste.

Parmi ses romans, *Le baiser au lépreux* (1922), *Genitrix* (1923), *Le désert de l'amour* (1924), *Thérèse Desqueyroux* (1926), sans doute sa plus grande œuvre, *Le Nœud de vipères* (1932), *Le mystère Frontenac* (1933).

Son œuvre romanesque, venant après celle de Bloy, de Huysmans, de Barbey d'Aurevilly, fut à l'origine d'un débat parmi les catholiques sur le problème du « romancier catholique ». L'atmosphère de ses livres, l'analyse du péché, la recherche d'une rédemption parfois lointaine, la peinture d'une bourgeoisie conformiste avec des passions dévorantes, tout cela bousculait beaucoup d'habitudes mentales.

Mais la beauté classique de la langue, la force psychologique, le courage du regard, ont valu à Mauriac l'admiration de toute la classe littéraire. Il sera élu à l'Académie française et recevra le Prix Nobel de littérature.

Le journaliste et le polémiste s'affirment dans *le Bloc-Notes* (*l'Express* d'abord, *le Figaro* ensuite). Mauriac avait subi l'influence de Marc Sangnier et du *Sillon*, fait un bout de chemin avec le Mouvement républicain populaire (démocratie chrétienne), mais rompu avec lui, se rangeant du côté

Ph. Roger-Viollet

François Mauriac.

de Pierre Mendès-France puis du général de Gaulle. Ses variations politiques ont fait de lui un militant de la plume généreux, inspiré, parfois cruel dans la polémique, toujours prosateur parfait.

Tourné vers la mémoire et l'intime de lui-même et habité par son passé, il a écrit dans cette veine deux de ses plus beaux livres, *Mémoires intérieurs* et *Nouveaux mémoires intérieurs*.

On lui doit aussi, dans le droit fil de sa foi, *Dieu et Mammon*, une *Vie de Jésus*, *Souffrance et bonheur du chrétien*, ainsi qu'une *Vie de sainte Marguerite de Cortone*, témoignages d'une religion du cœur, d'une foi traditionnelle et tout en même temps ouverte.

Mauriac eut moins de succès dans le théâtre que dans le roman. On retiendra toutefois *Asmodée*, *Les mal-aimés*, *Le feu sur la terre*.

LA FOI DE MAURIAC

Dans son *Credo*, enregistré par ses soins en 1951 et lu à son enterrement (1970) : « Je crois, comme lorsque j'étais enfant, qu'aucune souffrance n'est perdue, que chaque larme compte, chaque goutte de sang. »

Dans *Les chemins de la mer* (1939) : « Pierre croyait que nous méritons toutes nos rencontres et qu'elles ont une signification qu'il nous appartient de déchiffrer. » « La vie de la plupart des hommes est un chemin mort et ne mène à rien. Mais d'autres savent, dès l'enfance, qu'ils vont vers une mer inconnue. Déjà l'amertume du vent les étonne, déjà le goût de sel est sur leurs lèvres — jusqu'à ce que, la dernière dune franchie, cette passion infinie les soufflète de sable et d'écume. Il leur reste de s'y abîmer ou de revenir sur leurs pas. »

Dans un article paru dans *Le Monde* (15 février 1985) à l'occasion du centenaire de Mauriac, B. Poirot-Delpech écrit : « Il les a enfin rejoints, le rai de lumière qu'il apercevait sous la porte dans les derniers *Blocs-Notes*, sa chère « mer inconnue ».

Dans la préface de Mauriac au *Journal* posthume de J. R. Huguenin (1964) : « Les thèmes de Huguenin, nous les accueillons comme des oiseaux voyageurs qu'il aurait emportés avec lui dans sa nuit et dans son silence. Ils ont volé au-dessus de la mer infranchissable avec ce message sous leur aile exténuée. »

MICHELET Edmond (1899-1970). Voir Index.

MONTCHEUIL Yves de (1900-1944). Voir Index.

MONTHERLANT Henri de (1896-1972) ACADÉMIE FRANÇAISE. (1960). On ne peut pas ranger son œuvre romanesque et théâtrale, très importante au demeurant, parmi celles qu'inspirent la foi ou la recherche de Dieu. Mais toute orgueilleuse qu'elle puisse être, sa recherche d'un accomplissement personnel lui fait mettre en scène dans son théâtre des personnages assoiffés d'absolu, plus d'une fois empruntés au catholicisme ; le souffle qui passe en certains d'entre eux ne laisse pas insensible un esprit chrétien : *Le Maître de Santiago* (1947), *Le Cardinal d'Espagne* (1960), mais la religion qui y apparaît est, en réalité, le jansénisme.

MOUNIER Emmanuel (1905-1950). Voir Index.

OZANAM Frédéric (1813-1853). Voir Index.

PÉGUY Charles (1873-1914). « Il y a quelque chose de pire qu'une pensée fausse, c'est une pensée habituée. » Poète chrétien et essayiste engagé, Péguy ne cessera de s'insurger contre les idées ou les conduites systématiques, tout en prônant un spiritualisme sincère et une candeur d'enfant. De famille modeste, orphelin de père, élevé par sa grand-mère dans un idéal de pureté, de rigueur et de piété, il ne cessera de manifester la droiture de son caractère tout au long de sa vie. Ayant pu accéder à l'École normale supérieure (1894) grâce à des bourses, il a notamment pour maître Bergson qui exerce sur lui une influence profonde, *Note sur M. Bergson et la philosophie bergsonienne* (1914).
Il a perdu la foi. Toute sa conviction va à l'idéal socialiste ; aux côtés de Lucien Herr et de Jaurès, il prend vigoureusement parti dans l'affaire Dreyfus (1894-1906). Mais, bientôt il se sépare de ses amis socialistes, dont l'antimilitarisme et l'anticléricalisme le rebutent. En 1900, il fonde les *Cahiers de la Quinzaine*, revue d'idées socialistes fortement marquée de sa personnalité ; il en assure la plupart des articles ; malgré son

Ph. Harlingue-Viollet

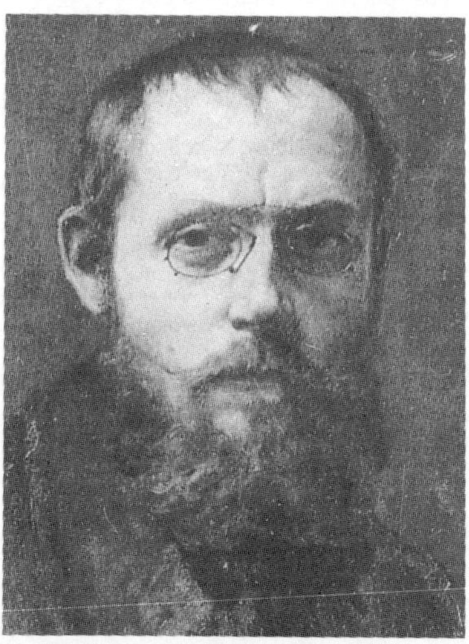

Charles Péguy, portrait par Laurens (détail).

petit nombre d'abonnés, elle exerce une influence durable tout en lui suscitant beaucoup d'ennemis. Car Péguy ne ménage ni les socialistes, trop peu idéalistes à ses yeux, ni les positivistes anticléricaux, ni les milieux bien-pensants. Son idéal socialiste se double d'un sens proprement mystique de la patrie, auquel la montée de la menace allemande n'est pas étrangère ; il attribue à la France une vocation privilégiée de cité de Dieu, *Notre patrie* (1905). C'est qu'en effet Péguy s'est converti en 1908.
Tout en poursuivant ses écrits engagés et souvent polémiques, il commence une œuvre de poésie mystique, celle qui lui vaudra de passer à la postérité : *Le Mystère de la charité de Jeanne d'Arc* (1910), *Le Porche du mystère de la deuxième vertu* (1911), *Le Mystère des Saints Innocents* (1912). Sa piété inquiète s'exprime en sortes de litanies poétiques qui se développent au rythme d'une marche de pèlerinage, à l'image de celles qu'il fait pour se rendre à Chartres : *La Tapisserie de sainte Geneviève et de Jeanne d'Arc* (1912), *La Tapisserie de Notre-Dame* (1913).
Ce spiritualisme influencera beaucoup le personnalisme d'un Mounier, mais aussi les courants patriotiques et anti-modernistes de l'entre-deux-guerres. Rompant avec une tradition souvent figée, il ouvre la voie à une oraison plus personnelle, celle d'un enfant aux pieds de la mère, la Vierge, confiant dans la tendresse d'un Dieu paternel grâce à cette « deuxième vertu » qu'est « la petite fille Espérance ». Péguy sera tué au front dès les débuts de la guerre de 1914.

PIERRARD Pierre (né en 1920). Ses travaux d'histoire religieuse concernent principalement la région du Nord dont il est originaire, et les relations entre l'Église et les milieux populaires, *1848, Les pauvres, l'Évangile et la Révolution* (1877). Il a publié une *Histoire de l'Église catholique* (2e édition 1991).

POULAT Émile. Historien et sociologue, il poursuit inlassablement sa recherche sur l'évolution du catholicisme depuis les débuts de la crise moderniste jusqu'aux débats actuels : *Une Église ébranlée* (1980) ; une vue synthétique de cette recherche et de son esprit est apportée par *Le catholicisme sous observation* (1983).

POURRAT Henri (1887-1959). Considéré comme un des maîtres de la littérature régionaliste, il fait revivre par ses romans hommes et paysages d'Auvergne *(Gaspard des Montagnes)* dans un contexte où la foi trouve naturellement sa place.

PSICHARI Ernest (1883-1914). Petit-fils de Renan, officier, sa soif d'absolu le conduisit à la conversion, en 1912, chez son ami Jacques Maritain, avant d'être tué au début de la Première Guerre mondiale. Il a raconté son itinéraire spirituel dans *Le Voyage du Centurion* (1914).

QUEFFELEC Henri (né en 1910). Romancier, il excelle à peindre la mer, la Bretagne son pays, et les hommes qu'elles modèlent ; les aspirations spirituelles ne sont absentes ni de ses romans, *Un recteur de l'île de Sein* (1945), ni de ses essais, *Saint Antoine au désert* (1950), *Le jour se lève sur la banlieue* (1954).

RÉMOND René (né en 1918). Historien, observateur des forces politiques et religieuses contemporaines, il est volontiers interrogé par les médias lors des grands événements touchant l'opinion publique. Parmi de nombreuses publications, on lui doit la partie concernant la période la plus récente dans l'*Histoire de l'Église catholique* (3 tomes) dirigée par A. Latreille. Il assure la co-direction de l'*Histoire de la France religieuse* (4 t. Ed. du Seuil). Il a dirigé le travail des historiens auxquels le cardinal Decourtray avait confié, en vue d'un rapport à rendre public, les archives relatives aux protections accordées par des hommes d'Église à l'ex-milicien lyonnais Touvier, rapport publié en 1992.

RENARD Jean-Claude (né en 1922). Poète et écrivain d'inspiration chrétienne, pour qui Dieu se lie à sa créature jusque dans les petites choses terrestres ; ce ciel incarné fait de sa poésie une liturgie. *Cantiques pour des pays perdus* (1947), *Métamorphose du monde* (1951), *En une seule vigne* (1959). On observera une évolution dans *Terre du Sacre* et dans *Notes sur la foi.*

REVERDY Pierre (1889-1960). Poète. Après des débuts dans les milieux surréalistes de Montmartre, il se retire en 1926 près de l'abbaye bénédictine de Solesmes où il cherche à retrouver la vérité de l'âme et de la vie, à travers une poésie de la pureté et de l'Absolu, nourrie de contemplation : *Le gant de crin* (1927) ; *Le Chant des morts* (1948). Par elle, il accède à l'unique réalité de Dieu qui lui fait transcender et assumer son partage entre la contemplation à laquelle il aspire et le doute qui le tenaille.

RIQUET Michel (né en 1898). Membre de la Compagnie de Jésus, docteur en théologie, il est ordonné prêtre en 1928. De 1930 à 1944 il dirige le *Centre Laënnec*, organisme catholique offrant aux étudiants en médecine, avec le concours de médecins chrétiens, des moyens de formation spirituelle, éthique et culturelle. Pendant la guerre, il participe à la Résistance. Déporté à Mauthausen, puis à Dachau, il noue de solides amitiés avec des personnalités très diverses (Jean Biondi, Edmond Michelet, le bâtonnier Arrighi, Octave Rebatet...).
A son retour, il est désigné comme prédicateur des conférences de Carême à Notre-Dame de Paris, qu'il assure de 1946 à 1955.
Il est également conférencier à l'*Université des Annales*, collabore à la *Revue des Deux Mondes* et au *Figaro*. De 1955 à 1966, il est aumônier du *Centre catholique des médecins français*, puis, de 1967 à 1977, des *Écrivains catholiques.* Il s'intéresse à l'histoire de la Franc-Maçonnerie (*Dialogue avec le Préfet Jean Baylot : la Franc-Maçonnerie et l'Église*, 1968). De ses voyages en Israël et de ses relations avec le monde juif, il tire la matière de son livre *Un chrétien face à Israël* (1975).
Il fonde et anime la *Fraternité d'Abraham*, qui rassemble des juifs, des chrétiens et des musulmans, ainsi que le *Comité de solidarité franco-libanaise.* Il est vice-président de la *Ligue contre le racisme et l'antisémitisme* (LICRA) et de l'*Office national des anciens combattants*, et « Docteur honoris causa » de l'université hébraïque de Jérusalem.
En 1989, il apporte une contribution originale aux nombreuses évocations de la Révolution française par son livre *Augustin de Barruel, un jésuite face aux jacobins francs-maçons.*

Présentation de la Beauce à Notre-Dame de Chartres

Étoile de la mer, voici la lourde nappe
Et la profonde houle et l'océan des blés
Et la mouvante écume et nos greniers comblés,
Voici votre regard sur cette immense chape.

Et voici votre voix sur cette lourde plaine
Et nos amis absents et nos cœurs dépeuplés,
Voici le long de nous nos poings désassemblés
Et notre lassitude et notre force pleine.

Étoile du matin, inaccessible reine,
Voici que nous marchons vers votre illustre cour,
Et voici le plateau de notre pauvre amour,
Et voici l'océan de notre immense peine.

Un sanglot rôde et court par-delà l'horizon,
A peine quelques toits font comme un archipel.
Du vieux clocher retombe une sorte d'appel.
L'épaisse église semble une basse maison.
Ainsi nous naviguons vers votre cathédrale.
De loin en loin surnage un chapelet de meules,
Rondes comme des tours, opulentes et seules
Comme un rang de château sur la barque amirale.

Deux mille ans de labeur ont fait de cette terre
Un réservoir sans fin pour les âges nouveaux.
Mille ans de votre grâce ont fait de ces travaux
Un reposoir sans fin pour l'âme solitaire...

Nous sommes nés pour vous au bord de ce plateau,
Dans le recourbement de notre blonde Loire,
Et ce fleuve de sable et ce fleuve de gloire
N'est là que pour baiser votre auguste manteau.

Nous sommes nés au bord de ce vaste plateau,
Dans l'antique Orléans sévère et sérieuse,
Et la Loire coulante et souvent limoneuse
N'est là que pour laver les pieds de ce coteau.
Nous sommes nés au bord de votre plate Beauce
Et nous avons connu dès nos plus jeunes ans
Le portail de la ferme et les durs paysans
Et l'enclos dans le bourg et la bêche et la fosse.

Nous sommes nés au bord de votre Beauce plate
Et nous avons connu dès nos premiers regrets
Ce que peut recéler de désespoirs secrets
Un soleil qui descend dans un ciel écarlate.

Et qui se couche au ras d'un sol inévitable
Dur comme une justice, égal comme une barre,
Juste comme une loi, fermé comme une mare,
Ouvert comme un beau socle et plan comme une table.

Un homme de chez nous, de la glèbe féconde
A fait jaillir ici d'un seul enlèvement,
Et d'une seule source et d'un seul portement,
Vers votre assomption la flèche unique au monde.

Tour de David, voici votre tour beauceronne.
C'est l'épi le plus dur qui soit jamais monté
Vers un ciel de clémence et de sérénité,
Et le plus beau fleuron dedans votre couronne.

Un homme de chez nous a fait ici jaillir,
Depuis le ras du sol jusqu'au pied de la croix,
Plus haut que tous les saints, plus haut que tous les rois,
La flèche irréprochable et qui ne peut faillir.
C'est la gerbe et le blé qui ne périra point,
Qui ne fanera point au soleil de septembre,
Qui ne gèlera point au rigueurs de décembre,
C'est votre serviteur et c'est votre témoin.

C'est la tige et le blé qui ne pourrira pas,
Qui ne flétrira point aux ardeurs de l'été,
Qui ne moisira point dans un hiver gâté,
Qui ne transira point dans le commun trépas.

C'est la pierre sans tache et la pierre sans faute,
La plus haute oraison qu'on ait jamais portée,
La plus droite raison qu'on ait jamais jetée,
Et vers un ciel sans bord la ligne la plus haute...

Quand nous aurons joué nos derniers personnages,
Quand nous aurons posé la cape et le manteau,
Quand nous aurons jeté le masque et le couteau,
Veuillez vous rappeler nos longs pèlerinages.
Quand nous retournerons en cette froide terre,
Ainsi qu'il fut prescrit pour le premier Adam,
Reine de Saint-Chéron, Saint-Arnould et Dourdan,
Veuillez vous rappeler ce chemin solitaire.

Quand on nous aura mis dans une étroite fosse,
Quand on aura sur nous dit l'absoute et la messe,
Veuillez vous rappeler, reine de la promesse,
Le long cheminement que nous faisons en Beauce.

Quand nous aurons quitté ce sac et cette corde,
Quand nous aurons tremblé nos derniers tremblements,
Quand nous aurons râlé nos derniers râlements,
Veuillez vous rappeler votre miséricorde.

Nous ne demandons rien, refuge du pécheur,
Que la dernière place en votre Purgatoire,
Pour pleurer longuement notre tragique histoire,
Et contempler de loin votre jeune splendeur.

CHARLES PÉGUY
Les tapisseries. Ed. Gallimard.

RIVIÈRE Jacques (1886-1925). Un des fondateurs de la *Nouvelle Revue Française* (1910) qu'il dirigea de 1919 à sa mort. Sa *Correspondance* (1905-1914) avec l'écrivain Alain-Fournier, son beau-frère, celle qu'il échangea avec Claudel et Gide, auteurs auxquels il a consacré par ailleurs des *Études,* sont d'un grand intérêt. Les notes publiées après sa mort par sa femme sous le titre *A la trace de Dieu* permettent de suivre le cheminement qui le conduisit à la foi. On lui doit deux romans : *Aimée* (1922), *Florence* (inachevé).

SAINT-PIERRE Michel de (1916-1987). Romancier d'un milieu traditionaliste qu'il décrit avec talent, non sans quelque difficulté à distinguer ce qui constitue les valeurs intangibles de la foi et ce qui en est l'expression particulière à un temps ou à une société. *Les Aristocrates, Les Nouveaux Aristocrates* (1960), *Les Nouveaux Prêtres* (1964).

SIMON Pierre-Henri (1903-1972) ACADÉMIE FRANÇAISE (1966). Type de l'humaniste chrétien, il n'a eu de cesse de faire prévaloir « la dignité de l'essence et du sens de la vie » ; ce souci se retrouve aussi bien dans ses essais, *Contre la torture* (1975), que dans ses romans, *Les raisins verts* (1950), *Histoire d'un bonheur* (1965), et son œuvre de critique, *L'homme en procès* (1950). Il a été le critique littéraire du *Monde* de 1961 à sa mort.

SULIVAN Jean (1914-1980). Prêtre écrivain qui a marqué une étape capitale dans l'évolution d'une présence chrétienne en littérature. Sa pensée libre à l'égard des institutions et des conformismes, son grand talent d'essayiste et de romancier, l'audience qu'il eut et a encore auprès de lecteurs devenus amis de sa « parole », l'attention qu'il accordait aux chercheurs d'espérance et d'amour, hors de toute organisation, font de lui un maître à penser (mais il aurait récusé ce mot) autant qu'un authentique écrivain. Grand Prix catholique de littérature avec *Mais il y a la mer...* en 1964. A signaler : *Le plus petit abîme* (1965), *Car je t'aime, ô éternité* (1966), *Dieu au-delà de Dieu* (1968), *Joie errante* 1974), *Matinales* I : *Itinéraires spirituels* (1976), II : *La traversée des illusions* (1977), *Quelques temps de la vie de Jude et Cie* (1979).

SUPERVIELLE Jules (1884-1960). Ce poète et conteur plein d'humour (*Le voleur d'enfants ; La Fable du monde...*) est en fait habité par l'angoisse de l'isolement de l'homme (qui n'est pas sans rapport avec sa familiarité de la pampa sud-américaine) et celle de la précarité de l'univers ; il a soif d'éternel. C'est dans la fraternisation avec cet univers précaire et l'attention à l'autre que son goût de l'éternel commencera à trouver sa réponse.

TEILHARD DE CHARDIN Pierre (1881-1955). Voir Index.

THIBON Gustave (né en 1903). Philosophe et humaniste autodidacte attaché aux traditions religieuses et paysannes, ami de Simone Weil et de Jacques Maritain, il vit d'un catholicisme à la fois mystique et réaliste. Unissant le naturel et le surnaturel, il met sa réflexion au service d'une vision spirituelle de la réalité, *L'Échelle de Jacob* (1942), *Le Voile et le Masque* (1985). « L'homme est condamné à Dieu. »

VALLERY-RADOT Robert (1886-1970). Poète et romancier, grand rassembleur d'écrivains catholiques, entré à la Trappe en 1945, *Grains de Myrrhe, L'Homme de désir* (1913).

VAN DER MEER DE WALCHEREN Pierre (né en 1880) à Utrecht (Pays-Bas). Converti par Léon Bloy dont il fut le filleul, directeur littéraire d'une maison d'édition catholique, il devient bénédictin ; il est ordonné prêtre en 1957 ; il est l'ami de Maritain. Il a laissé le très beau *Journal d'un converti* (1921), ainsi que *Le Paradis blanc* (1939) et *Rencontres* (1961).

VAN DER MEERSCH Maxence (1907-1951). Romancier dont les œuvres ont pour cadre les paysages ruraux et industriels du Nord, il unit une vision de foi à un vif souci du réel et à un sens aigu des souffrances des hommes. *La maison dans la dune* (1932), *L'empreinte du Dieu* (Prix Goncourt, 1936), *Corps et Ames* (Grand Prix de l'Académie Française, 1943).

VERLAINE Paul (1844-1896). Poète français dont la poésie, tour à tour candide et sereine, ou charnelle et anxieuse, reflète la vie mouvementée et désaxée. Petit fonctionnaire, il fréquente d'abord les milieux littéraires où son originalité se manifeste dans les *Poèmes Saturniens* (1866), recueil de poésie rêveuse, étrange, musicale, sensible, inquiète. Mais, bientôt, c'est la chute dans la boisson, début des malheurs de Verlaine qui ne cessera désormais de sortir de l'abîme et d'y retomber. Après s'être évadé dans les songes gracieux des *Fêtes galantes* (1869), il pense trouver le bonheur et la paix auprès d'une jeune fille, Mathilde Mauté, qu'il épouse en 1870 et qu'il chante dans *La bonne chanson.* Mais il retombe dans l'alcool et, en 1871, abandonne sa femme pour suivre le jeune poète Rimbaud en Angleterre et en Belgique, *Romances sans paroles* (1874), aventure qui se termine sur un coup de revolver et en prison.

C'est en captivité que Verlaine, repentant, se convertit et écrit ses plus beaux poèmes mystiques, *Sagesse ;* désormais, il essaiera de vivre chrétiennement, mais pour retomber régulièrement dans la sensualité, la boisson et la violence. Tendances contradictoires qui trouvent écho dans toute sa poésie de clochard honoré et de chrétien débauché, jusqu'à sa mort en 1896. La vie infernale menée par Verlaine, sa prison sensuelle, les excès de sa poésie charnelle sont la source d'un déchirement continuel et de remords qui le rongent. La mystique de Verlaine est une mystique de pauvre : enlisé dans son péché, sans espoir d'y échapper par ses propres forces, sa prière n'est plus qu'un cri venu du fond de sa misère, un cri d'espérance dans son Sauveur. L'idéal inaccessible n'est pas pour Verlaine l'ultime communion avec Dieu, mais une vie simple et paisible. Il a connu la souffrance morale, et sa poésie chante l'humilité du pécheur démuni.

Ph. Otto-Roger-Viollet

Paul Verlaine.

VEUILLOT Louis (1813-1883). Voir Index.

WEIL Simone (1909-1943). Agrégée de philosophie, écrivain hanté par le spirituel, elle se distingue par sa rigueur d'esprit, par sa volonté d'abandon à Dieu et par son exceptionnelle charité, qui la pousse, en particulier, à travailler dans des usines et à partager toujours le sort des plus démunis. Passionnée de vérité, elle la cherche dans une pureté qui va parfois jusqu'à l'isolement, mais témoigne toujours de l'Absolu. *La Pesanteur et la grâce* (1948), *Attente de Dieu* (1940), *La Condition ouvrière* (1951).

WYZEWA Théodore de (1862-1917). Romancier et critique littéraire, musical et d'art. Converti au catholicisme en 1904, on lui doit notamment une traduction des *Fioretti* de saint François, et des *Contes chrétiens.*

O mon Dieu, vous m'avez blessé d'amour
Et la blessure est encore vibrante,
O mon Dieu, vous m'avez blessé d'amour.

O mon Dieu, votre crainte m'a frappé
Et la brûlure est encor là qui tonne,
O mon Dieu, votre crainte m'a frappé.

O mon Dieu, j'ai connu que tout est vil
Et votre gloire en moi s'est installée,
O mon Dieu, j'ai connu que tout est vil.

Noyez mon âme aux flots de votre Vin,
Fondez ma vie au Pain de votre table,
Noyez mon âme aux flots de votre Vin.

Voici mon sang que je n'ai pas versé,
Voici ma chair indigne de souffrance,
Voici mon sang que je n'ai pas versé.

Voici mon front qui n'a pu que rougir,
Pour l'escabeau de vos pieds adorables,
Voici mon front qui n'a pu que rougir.

Voici mes mains qui n'ont pas travaillé,
Pour les charbons ardents et l'encens rare,
Voici mes mains qui n'ont pas travaillé.

Voici mon cœur qui n'a battu qu'en vain,
Pour palpiter aux ronces du Calvaire,
Voici mon cœur qui n'a battu qu'en vain.

Voici mes pieds, frivoles voyageurs,
Pour accourir au cri de votre grâce,
Voici mes pieds, frivoles voyageurs.

Voici ma voix, bruit maussade et menteur,
Pour les reproches de la Pénitence,
Voici ma voix, bruit maussade et menteur.

Voici mes yeux, luminaires d'erreur,
Pour être éteints aux pleurs de la prière,
Voici mes yeux, luminaires d'erreur.

Hélas ! Vous, Dieu d'offrande et de pardon,
Quel est le puits de mon ingratitude,
Hélas ! Vous, Dieu d'offrande et de pardon,

Dieu de terreur et Dieu de sainteté,
Hélas ! ce noir abîme de mon crime,
Dieu de terreur et Dieu de sainteté,

Vous, Dieu de paix, de joie et de bonheur,
Toutes mes peurs, toutes mes ignorances,
Vous, Dieu de paix, de joie et de bonheur,

Vous connaissez tout cela, tout cela,
et que je suis plus pauvre que personne,
Vous connaissez tout cela, tout cela,

Mais ce que j'ai, mon Dieu, je vous le donne.

PAUL VERLAINE,
Sagesse.

Vincent Van Gogh, Les oliviers (1889).

L'art et les croyants aujourd'hui

« La rupture entre Évangile et Culture est sans doute le drame de notre époque » (Paul VI, *Evangelii Nuntiandi*). Cette phrase est le constat d'un divorce.

Après des siècles de présence au monde de l'art, les chrétiens en sont massivement absents aujourd'hui : peu ou pas de chrétiens dans les vingt premiers chanteurs, danseurs, poètes, romanciers, architectes, cinéastes, auteurs, acteurs...

Pourquoi ce manque de présence de chrétiens au monde artistique contemporain ? Il est difficile de le dire.

Une première fois, dans l'histoire, un tel divorce avait été constaté ; c'était au tout début de l'Église.

Il faut dire que la philosophie ambiante était radicalement différente de la nôtre : le monde grec croyait alors que la représentation valait plus que la réalité ; ou, pour être plus exact, que la réalité était une mauvaise copie de l'idée. Certains pouvaient penser que l'image du Christ était plus réelle que Jésus de Nazareth. Les grands théologiens d'alors essayèrent de montrer l'inanité de telles réflexions et rejetèrent l'art comme forme d'expression.

Il est vrai qu'ils s'appuyaient sur le premier commandement de Dieu donné à Moïse : « Tu ne te feras... rien qui ait la forme de ce qui se trouve au ciel là-haut, sur terre ici-bas, ou dans les eaux sous la terre » (Ex 20,4).

Dans toute l'histoire de l'Église, c'est à cause de cette conception primitive que l'on a souvent rejeté l'art et les artistes : en prétendant créer la réalité, ceux-ci avaient une attitude magique, qui, au fond, contredisait la foi en un Dieu unique.

Aujourd'hui, les artistes ne prétendent plus dire la réalité telle qu'elle est : beaucoup refusent même de la figurer ; ce qui intéresse la plupart d'entre eux, c'est d'essayer d'exprimer la quête du sens devant un monde déchiré et incompréhensible.

On pourrait s'attendre à ce que, massivement, les chrétiens entrent dans cette conception très métaphysique de l'art. Il n'en est rien. La plupart regrettent le temps de l'harmonie et de la ressemblance avec la réalité, que leurs ancêtres dans la foi dénonçaient.

Le divorce vient donc d'ailleurs. Il vient sans doute de ce que beaucoup de militants pensent que la raison peut transformer le monde et qu'ils accordent peu de place — en théorie — à la sensibilité. Il est vrai qu'une réaction s'amorce avec le mouvement charismatique.

Mgr. Saudreau, alors président de la Commission épiscopale française de l'Opinion publique, a écrit : *« Il n'y a pas de liberté possible dans le monde et dans les esprits sans art et sans culture. Tous les efforts de planification, de rationalisation, de pédagogie sociale conduisent indiscutablement à la dictature ou à la destruction de l'homme par l'économique et le bureaucratique, si, dans une société, ils ne laissent plus de place pour le jeu, le symbole, l'art. C'est par l'art que l'homme prend la distance nécessaire avec la réalité, et peut, par là, mieux penser et trouver les conditions de sa liberté.*

Non seulement l'art peut concourir à la liberté de chacun, mais il peut aller plus loin. Pour certains théologiens, seuls les saints et les artistes peuvent vraiment faire sentir l'originalité du message chrétien, qui n'est pas une idéologie, ni même d'abord une doctrine, mais qui est l'accueil de la manifestation de la lumière de Dieu dans le Christ. Qui peut prétendre faire saisir la lumière et l'amour par des mots de comptables ? »

On comprend dès lors que les évêques de France, en leur assemblée de Lourdes 1980, aient lancé un appel aux artistes : « Nous avons besoin que des auteurs, des compositeurs, des poètes, des réalisateurs traduisent à travers leur art quelque chose de leur recherche, de leur foi et de la vie des chrétiens ». ■

Art et spiritualité

Ce que l'art contemporain met au jour, c'est le désarroi, la mélancolie, l'angoisse, l'inquiétude. Ce n'est pas la première fois dans l'histoire de l'art occidental que ces sentiments-là s'imposent : dans l'Europe du Nord à la fin du Moyen Âge, l'économie asphyxiait. Mais, dans le même temps, en Italie, on redécouvrait Platon. Et on était tiré d'affaire ! Nous n'avons plus de Platon à découvrir. L'énergie de la création est désespérée, parce que, désormais, elle est amputée de toute spiritualité. Les seuls dépassements que puisse tenter l'artiste sont d'ordre esthétique. D'où l'angoisse.

Si nous sommes matière, nous sommes investis d'une durée intérieure qui n'a pas cessé d'être une exigence, une volonté d'aller vers un horizon inconnu. Notre marche humaine n'est possible qu'avec la dimension physique — on sait l'essor et les succès des sciences physiques — et, avec, l'aspiration à « autre chose ». Comment comprendre, sinon, cette évolution qui passe de la matière à la conscience et à la spiritualité ?

Or cette aspiration-là est tout à la fois éthique, esthétique et spirituelle. Enlevez l'une ou l'autre des pointes de ce trident, et cette aspiration s'épuise. Ce que les jeunes générations ne cessent de chercher, ce qu'elles tentent désespérément de retrouver, c'est la spiritualité. Les pavés de 68, les philosophies indiennes ou la drogue expriment cette quête. Il faut créer d'urgence un appel d'air. A propos de l'art hollandais, Claudel me disait : en Hollande, il fait froid ; on s'enferme, on se calfeutre, on reste au coin du feu. Et quand il y a un Hollandais qui tout à coup ouvre la fenêtre, il rencontre l'infini ! Comment ouvrir la fenêtre ? Il n'y a pas de recette. Les « il faut » ne suffisent pas. Ni les certitudes. Je me méfie des certitudes et de ceux qui en ont ; ils gâchent la vie. Pourquoi ne pas faire le pari de Pascal s'il permet de réinventer une spiritualité ?

RENÉ HUYGHE,
Le Monde, 14 novembre 1985.
L'art moderne cherche ses barbares.

Puisque Dieu n'est pas reconnaissable selon la vue en tant que Dieu, il est certes loisible de faire des dessins, des peintures, des sculptures représentant tout ce que nous imaginons avoir été Jésus. Mais ceci peut avoir deux orientations. S'il s'agit de représentation symbolique, alors ceci est parfaitement correct et cohérent à la Révélation... Sitôt, au contraire, que l'on essaie de montrer « l'humanité de Jésus » dans la photo, comme les saints-sulpiciens de la peinture du XIXe siècle, alors on tombe dans le ridicule et l'idolâtrie.

JACQUES ELLUL,

Aucun humain ne pouvait être en mesure de reproduire dans leur unité le Dieu qui souffre et l'homme qui triomphe ; il n'était à la portée de personne, quel que fût son art, de dépeindre la beauté de Dieu, qui est la beauté de Jésus-Christ.

KARL BARTH,

Il n'y a pas d'art sacré, là où il n'y a pas d'art du tout.

PÈRE COUTURIER

Le théâtre et la foi

Aux origines de l'Église, des penseurs comme Tertullien et Augustin se sont opposés au théâtre, mais le théâtre auquel ils s'opposaient était un théâtre explicitement « religieux » qui prétendait décrire la réalité profonde de la vie par la mise en scène d'une mythologie étouffante pour l'homme.

Saint Thomas d'Aquin peut accepter ce qui semblait inacceptable à ses prédécesseurs : à son époque, la mythologie et le théâtre grecs n'ont plus de signification autre que symbolique.

En fait, le théâtre est toujours une certaine représentation de la vie, une certaine mise à distance de la réalité — à certains moments une fuite — mais dont le but, plus ou moins avoué, est de faire réfléchir (même par le rire) à la vie et de lui donner sens.

C'est au nom de cette recherche de sens que l'Église va être attentive à son existence et que beaucoup de chrétiens vont, à leur tour, faire du théâtre : de Ronsard à Calderon *(El gran teatro del mondo),* certains verront même l'histoire du monde comme un immense drame dont l'auteur et metteur en scène serait Dieu.

Au Moyen Âge, la liturgie devenant de plus en plus cléricale et ne permettant pas au peuple de participer avec sa sensibilité au « mystère chrétien », celui-ci va être mis en scène de manière populaire sur le parvis des églises et s'enrichir progressivement des questions de la vie ordinaire plus ou moins transposées.

Le théâtre classique naîtra de ce besoin de représentation du mystère chrétien et de ce sens de la théâtralité du monde : à son origine, il y a l'idée que le Christ est celui dont la vie résume l'histoire du monde et permet de la représenter.

Mais, dès sa naissance, le théâtre classique sera pris d'un vertige devant la distance entre

Ph. Enguerand

***Le Soulier de Satin* de Claudel, mis en scène par A. Vitez au TNP (Paris).**

le "je" de l'acteur et son "rôle". Si le théâtre représente le monde, qui va distribuer les rôles, qui va permettre à chacun d'être soi-même ? Si le « je » est l'intériorité de chacun, et le rôle sa place dans la société, peut-il y avoir concordance ? Et s'il n'y a pas de concordance, n'y a-t-il pas mensonge de jouer ainsi un rôle ?

La distance entre le « je » et le rôle fut, sans aucun doute, une des raisons de la méfiance de l'Église à l'égard des acteurs, avant que d'être au XXe siècle la cause profonde d'une des évolutions fondamentales du théâtre, où souvent (comme dans Pirandello, *Six personnages en quête d'auteur,* ou dans Beckett, *En attendant Godot*) le « je » n'existe plus et ne devient « que les mots des autres » (Beckett).

Avec Hans Urs von Balthazar, une nouvelle étape de la réflexion semble s'amorcer. Le terme de « personne » a été emprunté par les chrétiens au vocabulaire du théâtre (*prosopon* = personnage = masque) pour signifier d'abord, dans le Christ, la parfaite coïncidence entre le « je » et le rôle, l'individualité et la mission. La déchirure humaine que révèle le théâtre, à chaque époque d'une manière spécifique, appelle les chrétiens à traduire la Révélation du salut dans le Christ d'une manière adaptée à cette époque. ■

Anne Vercors. — *Jacques, mon enfant ! le même appel que le père a entendu, la fille aussi, elle lui a prêté l'oreille !*

Jacques Hury. — *Quel appel ?*

Anne Vercors, comme s'il récitait. — *« L'Ange de Dieu a annoncé à Marie et elle a conçu de l'Esprit Saint. »*

Jacques Hury. — *Qu'est-ce qu'elle a conçu ?*

Anne Vercors. — *Toute la grande douleur de ce monde autour d'elle, et l'Église coupée en deux, et la France pour qui Jeanne a été brûlée vive, elle l'a vue ! Et c'est pourquoi elle a baisé ce lépreux, sur la bouche, sachant ce qu'elle faisait.*

Jacques Hury. — *Une seconde ! en une seconde elle a décidé cela ?*

Anne Vercors. — *« Voici la servante du Seigneur. ».*

Jacques Hury. — *Elle a sauvé le monde et je suis perdu !*

Anne Vercors. — *Non, Jacques n'est pas perdu, et Mara n'est pas perdue quand elle le voudrait, et Aubaine, elle est vivante ! Et rien n'est perdu, et la France n'est pas perdue, et voici que de la terre jusqu'au ciel bon gré mal gré*

D'espérance et de bénédiction se lève une poussée irrésistible !

Le Pape est à Rome et le Roi est sur son trône.

Et moi, je m'étais scandalisé comme un Juif, parce que la face de l'Église est obscurcie, et parce qu'elle marche en chancelant son chemin dans l'abandon de tous les hommes.

Et j'ai voulu de nouveau me serrer contre le tombeau vide, mettre ma main dans le trou de la croix, comme cet apôtre dans celui des mains et des pieds et du cœur.

Mais ma petite fille Violaine a été plus sage !

Est-ce que le but de la vie est de vivre ? est-ce que les pieds des enfants de Dieu sont attachés à cette terre misérable ?

Il n'est pas de vivre, mais de mourir ! et non point de charpenter la croix, mais d'y monter et de donner ce que nous avons en riant !

Là est la joie, là est la liberté, là la grâce, là la jeunesse éternelle ! et vive Dieu si le sang du vieillard sur la nappe du sacrifice près de celui du jeune homme

Ne fait pas une tache aussi rouge, aussi fraîche que celui de l'agneau d'un seul an !

O Violaine ! enfant de grâce ! chair de ma chair ! Aussi loin que le feu fumeux de la ferme l'est de l'étoile du matin,

Quand cette belle vierge sur le sein du soleil pose sa tête illuminée,

Puisse ton père tout en haut pour l'éternité te voir à cette place qui t'a été réservée !

Vive Dieu si où passe ce petit enfant le père ne passe pas aussi !

De quel prix est le monde auprès de la vie ? et de quel prix la vie, sinon pour s'en servir et pour la donner ?

Et pourquoi se tourmenter quand il est si simple d'obéir et que l'ordre est là ?

C'est ainsi que Violaine toute prompte suit la main qui prend la sienne.

Paul Claudel,
L'annonce faite à Marie.

Évolution historique du vocabulaire désignant la musique d'Église

Généralités : l'imbroglio des termes

Musique sacrée, musique d'Église, musique ecclésiastique, musique religieuse, musique spirituelle... musique dans la liturgie, sont autant d'expressions que l'on peut enregistrer dans le langage courant, la législation ecclésiale, la théorie et la critique musicales, la pratique liturgique, jusqu'à créer un véritable imbroglio notionnel.

Le terme *musique sacrée (musica sacra),* qui se veut générique, est sans doute aujourd'hui le plus commun. Si son emploi ne date guère que du XVIIe siècle, son contenu notionnel s'est surtout fixé au XIXe siècle. La constitution *Sacrosanctum Concilium* sur la Liturgie, de Vatican II (1963), préfèrera parler de chant et musique *dans* la liturgie.

Évolution historique du vocabulaire

1. Saint Augustin (IVe-Ve siècle), le premier théoricien musical du christianisme naissant, qui est au carrefour de la tradition de la musique orale juive et de la science musicale écrite grecque, emploie le mot *musica* pour désigner la science-musique (le *musicus* est celui qui traite de cette science) et le verbe *cantare* et ses dérivés, *canticum, cantilena, cantus,* pour désigner la pratique du chant ecclésiastique. Ces deux termes *musica* et *cantus* seront utilisés dans la législation de l'Église catholique, jusqu'au XVIIIe siècle (Encyclique *Annus qui,* de Benoît XIV, 1749).

2. Isidore de Séville, au VIIe siècle, désignera la musique selon les moyens de production des sons. Il se rapporte à une expérience pratique. Or, la tradition qui se perpétue au Moyen Âge (Boèce, Guy d'Arezzo) considèrera la « pratique musicale » plutôt comme une tâche vile par rapport à la musique, qui est une science abstraite. Il distingue :

- Musica Armonica : produite par la voix humaine ;
- Musica Organica : produite par les instruments à vent ;
- Musica Rythmica : produite par les percussions et les cordes.

3. Au Moyen Âge, le terme *musica* (à la suite de Cassiodore, V^e^-VIe siècle) désigne les « pro-por-tions numériques », ce principe d'ordre dont résulte l'harmonie, celle, à la fois, de l'Univers et de l'être. Or, cette définition va se prolonger jusqu'à l'époque baroque (Werckmeister, Leibniz) et jusqu'au romantisme littéraire. D'ailleurs, cette conception antique d'une musique abstraite régie par les nombres épouse tout à fait l'idée chrétienne de l'ordre de la Création.

4. Les compositions de formes nouvelles engendrées par la liturgie (hétérophonie, polyphonie naissante) vont exiger une terminologie nouvelle pour désigner certaines techniques et les notations musicales qui se font jour ; on distingue :

- Musica plana, c'est-à-dire le *cantus :* chant à l'unisson, monodique, le chant grégorien.
- Musica Mensurabilis : l'hétérophonie, puis la polyphonie, le *choralis,* le chant choral.

5. Au XVIe siècle, Johannes de Grocheo, maître à la Sorbonne, opère une révolution exceptionnelle dans la terminologie (exceptionnelle parce qu'elle ne sera adoptée qu'au XVIIe siècle par Michael Praetorius), en classant les divers genres musicaux selon un principe sociologique (sur leur finalité) :

- Musica Simplex vel civilis : la monodie profane, les chansons, les virelais ;
- Musica composita vel regularis, vel canonica : la musique mesurée, la polyphonie ;
- Genus ecclesiasticum : le genre ecclésiastique, la musique des Livres liturgiques conforme aux rites (chants de la Messe et de l'Office).

6. Bientôt apparaîtra le terme *Cantus ecclesiasticus* pour désigner le chant ecclésiastique (dans la législation liturgico-musicale), c'est-à-dire à la fois le chant grégorien (surtout) et parfois le chant polyphonique.

7. Un changement se produit, au moment où le *cantus* est noté sur portées. N'étant plus de tradition spécifiquement orale, mais devenant écrit, le *cantus* devient, par ce fait même, objet de science : *Scientia canendi (Ars canendi).* On passe donc d'une conception surtout théorique et abstraite à une conception empirique (de la *musica-theorica* à la *musica-practica,* ou *prattica*). C'est ainsi qu'au début du XVIe siècle, le terme *musica* équivalant à *musica practica* va désigner à la fois : la pratique musicale et sa discipline, et l'enseignement de la composition musicale : vocale et instrumentale.

Mais le répertoire liturgique était, lui, toujours désigné par le terme augustinien de *cantus,* qui se présentait sous deux formes :

- Le cantus planus seu gregorianus : c'est-à-dire le *plain-chant,* monodique,
- le cantus figuratus : la musique à plusieurs voix, qu'on appellera encore, plus tard, *Cantus Musicus,* c'est-à-dire le chant « musical » réglé et structuré selon les nouvelles lois de l'art musical.

D'ailleurs, on considérait même le *Cantus planus,* ou le *Cantus Gregorianus,* comme ne relevant pas de la musique, et participant peu de l'art musical. Il n'était pas chanté comme de la musique parce qu'il était, d'abord et avant tout, considéré comme un acte liturgique, de caractère intangible et très formalisé. Cependant, à l'époque baroque, on va essayer de le « musicaliser » (Nivers en France, Schütz en Allemagne).

8. Au XVIIe siècle, à la suite de Monteverdi (1567-1643), qui distingue entre *prima et secunda prattica,* le mot *prattica,* pratique de la musique, ne va plus désigner ni une discipline, ni une technique de composition, ni une exécution musicale, mais un style.

Prima prattica désignera l'ancien style, la musique d'Église, et *secunda prattica* le nouveau style : la musique nouvelle, la musique du siècle (instrumentale, théâtrale) où s'opéraient progrès et recherches musicales.

Ce sera en Allemagne, dès 1530, avec la Réforme, que cette nouvelle notion stylistique va s'épanouir à travers le *Musicus Poeticus,* ce créateur doué, homme de génie, poète, dont Heinrich Schütz (1585-1672) est le type parfait, qui allie, dans son œuvre, à la fois le contrepoint serré (*prima prattica*) et la création de « figures musicales » à partir des *affetti* de la parole (*prattica secunda* ou *musica poetica*). Le protestantisme naissant adoptera cette manière qu'on appelle le *Neu Opus und Werk* (la nouvelle œuvre).

9. Avec Michaël Praetorius (1571-1621), dans son ouvrage encyclopédique *Syntagma Musicum* 1614/5), apparaît la distinction qui demeure encore :

- Musique d'Église, ou musique spirituelle centrée sur la liturgie, opposée à :
- Musique profane (hors des églises) centrée sur le divertissement, le plaisir.

Cette distinction est alors en nette rupture avec la tradition du Moyen Âge, car elle délimite de façon nouvelle le domaine de la musique d'Église en spécifiant son usage propre : le culte. Bien localisée, c'est davantage une différenciation stylistique, qu'une distinction esthétique, comme elle le deviendra plus tard. Car, pour Praetorius, comme pour Luther et le milieu luthérien et pour les grands compositeurs de la Réforme, tels H. Schütz et J.-S. Bach (1685-1750), il n'existe aucune différence entre style d'Église et style profane. En effet, par le biais de figures rhétorico-musicales, appliquées à un texte biblique ou s'en inspirant de près, ils opèrent une synthèse « éloquente » du style théâtral, dramatique, et de la tradition (polyphonique) de la musique d'Église (surtout les Cantates de J.-S. Bach, qui sont partie intégrante de la liturgie luthérienne de Leipzig).

Ce n'est qu'avec la contre-réforme catholique que va apparaître surtout le dualisme stylistique, bien que les grands compositeurs qui ont écrit pour l'Église catholique, Pergolèse, Haydn, Mozart, Beethoven, Schubert, Bruckner, Verdi... ne s'en soucient guère. Ce sera au XIXe siècle que va se creuser la différence, surtout avec le mouvement cécilien allemand.

10. En 1860, au Synode provincial de Cologne, pour la première fois, semble-t-il, le terme Musica sacra (Musique sacrée) entre dans la législation liturgique. Il fait une distinction entre la Musica sacra ac christiana (musique sacrée et chrétienne) invitant à la piété, et la Musica profana. Ce document sera d'ailleurs une source importante du futur *Motu Proprio* de saint Pie X (1903), où le terme *musica sacra* va désigner surtout un répertoire musical exemplaire, « décor » et partie intégrante de la liturgie solennelle : le Grégorien, la polyphonie de type Palestrinien *(a cappella)* et l'Orgue (le « sound » de l'orgue).

11. Avec l'instruction « de musica in sacra liturgia » de 1967, en application de la *Constitution sur la sainte Liturgie* du concile Vatican II de décembre 1963, apparaît une vision nouvelle, mais qui est retour à la tradition des premiers siècles de l'Église, celle de la musique *dans* la liturgie. Employer la musique (chant et musique) dans la liturgie signifie que la « fonctionnalité » (qui en est un des aspects essentiels) consiste à bien traduire ce que vise la liturgie : culte rendu à Dieu et langage de communautés en prière, par, avec, et en Jésus-Christ Sauveur, remédiant ainsi à la dérive du décor, de l'ornement... ■

GRÉGORIEN OU PLAIN-CHANT

A proprement parler, le Grégorien est un répertoire officiel de chant d'Église, chant à une seule voix, sans accompagnement, fondé sur le rythme de la prose latine. A côté d'un style presque récitatif ou syllabique, on distingue souvent dans les mêmes morceaux un style orné et même très orné. Il est évident que l'intérêt principal du grégorien ne réside pas dans la description extérieure de ce qu'il est, mais dans son inspiration profondément contemplative. Malgré son nom, il n'a probablement rien à voir avec saint Grégoire le Grand et doit son origine aux récitatifs juifs et aux chants des basiliques romaines. Il semble être né vers 700 entre la Loire et le Rhin, en milieu bénédictin et carolingien. Ce n'est que depuis le XIVe siècle qu'il est écrit en notes carrées, sur des portées de quatre lignes. Mais, alors, son usage était déjà en décadence dans l'Église. Malgré la vigoureuse restauration qu'inspirèrent Dom Prosper Guéranger et Dom Joseph Pothier, de l'abbaye de Solesmes, cette décadence se poursuit aujourd'hui.

Le concile Vatican II reconnaissait pourtant « dans le chant grégorien le chant propre de la liturgie romaine ; c'est donc lui qui, dans les actions liturgiques, toutes choses égales d'ailleurs, doit occuper la première place » (*Vatican II, Sacrosanctum Concilium*, n° 116). Si le concile n'a pas réussi à imposer le grégorien, c'est sans doute parce qu'il était trop lié au latin, trop distant des modes musicaux appréciés aujourd'hui ; et probablement aussi parce que la restauration du grégorien au XIXe siècle a pris le grégorien pour un tout (alors qu'il fut composé pendant plus de huit siècles) et qu'elle imposa une exécution avec voix détimbrée qui correspondait plus à une utilisation monacale qu'à l'expression actuelle de la foi des fidèles. Aussi bien, du reste, est-ce dans des monastères que le grégorien est le plus souvent en usage aujourd'hui. ■

Le concile de Trente et la musique

(...) Ils banniront de leurs églises toutes sortes de musiques dans lesquelles, soit sur l'orgue, soit dans les chants, il se mêle quelque chose de lascif et d'impur, ainsi que toutes les actions profanes, discours et vains entretiens, promenades, bruits et clameurs, de telle sorte que la maison de Dieu paraisse vraiment et puisse être dite la maison de la prière.

Concile de Trente,
Session XXII (1562-63),

1. ANTHOLOGIE GRÉGORIENNE.
Chœur des moines de l'Abbaye St-Pierre-de-Solesmes. Dir. : Dom Gajard.
DECCA : 7529.
Type d'interprétation des réformateurs du chant grégorien à la suite du *motu proprio* de Pie X (1903).

2. LE CHANT GRÉGORIEN DU SOLISTE.
Marie-Claire Billecocq, mezzo ; Geneviève Krier-France, mezzo sop ; Marie-Renée Walkoviak, sopr. Dir. : M.-C. Billecocq.
Graduels, Alleluias, Offertoires, Antiennes, Répons... selon les recherches, mises récemment en application, de Dom Cardine.
Enregistré en 1982.
STUDIO S.M. 30.11.81, SM 37.

3. POLYPHONIE AQUITAINE DU XIIe SIÈCLE/ SAINT-MARTIAL DE LIMOGES.
Extraits des matines de Noël.
Ensemble Organum. Dir. : Marcel Pérès.
Enregistré en nov. 1983.
HARMONIA MUNDI HMC 1134.
La poussée irrésistible de la composition d'hymnes, greffée sur les structures et les éléments de l'Office, aboutit aux premiers tropes et séquences (tout début de la polyphonie).

4. JOSQUIN DES PREZ (1442-1527).
Missa : *L'homme armé* super voces musicales.
Motets : *Huc me sydereo ; Plangent eum.*
Pro Cantione Antiqua de Londres. Dir. : Bruno Turner.
ARCHIV PROD. : 2533 360.
Enregistré en 1976.
+ GOMBERT : Musae Jovis/Circumdederunt me / VINDERS : O mors inevitabilis/Requiem aeternam.
Transition essentielle entre Moyen Âge et Renaissance.

5. PALESTRINA Giovanni Pierluigi da (1526-1594).
Messe : *Aeterna Christi munera.*
Oratio : *Jeremiae Prophetae.*
Motets : *Sicut servus, Super flumina Babylonis, O bone Jesu.*
Pro Cantione antiqua de Londres. Dir. : Bruno Turner.
ARCHIV PROD. 2533 322.
Enregistré en 1974.
Rigoureuse homogénéité entre grégorien et polyphonie.
Plénitude. Calme et tension tissent une sublime musique.

6. BACH Jean-Sébastien (1685-1750).
Cantate BWV 127 Herr Jesu Christ, wahr' Mensch und Gott (Seigneur Jesus-Christ, vrai homme et vrai Dieu), Quinquagésime, année 1725.
(Avec Cantates 124, 125, 126, de 1725.)
Sebastian Hennig, sopr. ; Max Van Egmond, basse ; Chœur d'enfants de Hannover, Collegium vocal de Gand, Leonhardt Consort. Dir. : Gustav Leonhardt.
Coffret TELEFUNKEN N° 31 6.35602.
Cette cantate 127 est une véritable apothéose de la polyphonie baroque avec profusion d'images sonores symboliques : coloris instrumentaux, figuralisme, insistance sur les mots clés, rappel constant du choral : « O Lamm Gottes » (O Agneau de Dieu).

7. PERGOLÈSE Gian Battista (1711-1736).
Stabat Mater. Sebastian Hennig, sopr. ; René Jacobs, haute contre ; ensemble instrumental.
Dir. : René Jacobs.
HARMONIA MUNDI HM 1.119. CD. HMA 190 1119
Enregistré en 1983.
L'œuvre qui a le plus marqué le XVIIIe siècle finissant et le XIXe siècle comme « modèle ».
Interprétation des plus transparentes, déthéâtralisée.

8. HAYDN Joseph (1732-1809).
Messe en si bémol avec solo d'orgue (Hob. XXII.7).
Elly Ameling, sopr. ; Peter Planyavsky, orgue ; Chœur de l'Opéra de Vienne, Orch. Philarm. de Vienne. Dir. : Karl Munchinger.
DECCA SXL 6747 (GB).
+ MOZART. Messe K. 167 / *Messe de la Sainte Trinité.*
Cette messe brève de Haydn a été composée vers 1775 pour les frères hospitaliers de St-Jean de Dieu. Son nom vient du double solo : soprano et orgue du Benedictus.
Haydn fut aussi le grand modèle du XIXe siècle.

9. LISZT Franz (1811-1886).
Via Crucis. Die 14 Stationen des Kreuzweges.
14 stations du Chemin de Croix, destinées à l'orgue et à un chœur a cappella.
Chorale des Troubadours et Menestrels d'Aix-en-Provence, Chœur d'enfants du festival international d'art lyrique d'Aix-en-Provence.
Dir. : André Lynch.
Chantal de Zeeuw (orgue de la Cathédrale St-Sauveur d'Aix).
Disque PIERRE VERAVY P.V. 8.292.
Enregistré en 1982.
Liszt ! Un maillon important d'un essai de réforme de la musique d'Église. Sobriété et forte densité dramatique.

10. PSAUMES. PSAUTIER DE LA BIBLE DE JÉRUSALEM adopté par le C.P.L.
Psalmodie de Joseph Gelineau.
Chœurs et solistes des Petits chanteurs de Provence.
Ps. 99, 129, 50, 22, 94, 90, 125, Magnificat, Ps 135.
En 1953, une psalmodie, en français, renouant avec la tradition du récitatif libre — non encore assimilée, en 1992 ! — redonne à la musique sa vraie fonction au service de la récitation du texte sacré ; musique servante !

11. CINQ SIÈCLES D'ORGUE FRANÇAIS.
Gervaise, Attaingnant, Louis Couperin, François Couperin, N. de Grigny, L.-Cl. d'Aquin, J.-A. Guilain, L.-N. Clerambault, Ch.-M. Widor, G. Lasceux, L.-J.-A. Lefebure-Wély, C. Franck, J. Alain.
André Isoir, sur divers orgues appropriés à chaque pièce de ce répertoire de l'orgue, rené dans l'église où, « baptisé », il a grandi et n'a cessé de se modeler aux exigences techniques et musicales de chaque époque.
CALLIOPE CAL 1900.
Enregistré de 1972 à 1976.

12. OHANA Maurice (né en 1914).
Messe et *Lys de Madrigaux.*
Solistes, ensemble instrumental et chœurs de Radio-France. Dir. : Guy Reibel.
ERATO STU 71 482.
Enregisté en 1981.
Cette messe, dont l'écriture chorale est conçue pour permettre une participation des fidèles, est d'apparence « primitive ». Elle conserve encore la structure de l'Ordinaire traditionnel.

Chant et musique dans la liturgie aujourd'hui

La *liturgie*, action commune de chrétiens rassemblés au nom de Jésus-Christ pour célébrer les mystères de leur foi, est composée de pratiques symboliques (rites, sacrements) où le *chant* (surtout et d'abord...) et la *musique* occupent une place privilégiée.

Contexte culturel

Aujourd'hui, grâce aux divers médias — radio, télévision, disques, cassettes, vidéo-cassettes —, la musique accompagne presque tous les moments de la vie de l'homme, pour créer la fête, la communication, l'ambiance, non sans, parfois, « téléguider » et conditionner.

De plus, de nombreux enfants, des jeunes — et aussi des adultes — sont initiés à la musique, par le biais d'un agir musical où la créativité prend une part importante.

Face à une telle diversité, un seul type de musique ne peut plus tout exprimer, ni permettre à tous de s'exprimer.

Or, c'est à l'intérieur de ce tissu vivant que se produisent les médiations et les pratiques rituelles que l'Église intègre pour symboliser le mystère du Christ mort et ressuscité.

Caractères du chant et de la musique dans la liturgie.

« Chant et musique *dans* la liturgie », (ainsi que s'exprime l'instruction romaine de 1967 pour l'application de la constitution conciliaire sur la liturgie) cette nouvelle conception revêt deux caractères fondamentaux, qui étaient déjà ceux des origines, et qui ont fécondé les divers répertoires de plains-chants (plus ou moins unifiés, sous le nom de grégorien, jusqu'au IXe siècle) : c'est une pratique *essentiellement communautaire*, où la *parole* joue un rôle spécifique.

Texte

En effet, pas de musique chrétienne sans texte, sans parole (explicite ou implicite), en interdépendance de secteurs culturels tels que lieu, décor, sonorisation, langage, poésie, instruments (orgue et autres).

Le texte, issu de l'Écriture, ou s'en inspirant de près, est porteur de significations que la musique lui emprunte en élargissant son sens, pouvant atteindre jusqu'à l'ineffable...

Les instruments (non indispensables, mais bien utiles) concourent à la cohésion de l'ensemble et peuvent, aussi, influer sur la signification des mots, qu'ils exercent un rôle d'accompagnement ou celui de soliste.

Communauté

Qui dit Église dit assemblée, et le chant de cette assemblée est « éminent et inaliénable ». C'est à cette assemblée qu'il revient, d'abord, de confesser sa foi, en réponse à la Parole annoncée.

Or, ce chant ne nécessite pas d'elle des compétences musicales spéciales. En revanche, autre sera la compétence des choristes et des instrumentistes...

L'assemblée dispose à cet effet d'un répertoire qui, normalement, tient compte et du temps liturgique (Avent, Noël, Carême, Passion, Pâques...) et des diverses fonctions d'une célébration. Dans des situations de cultures mélangées, ce répertoire présente un certain pluralisme de formes et est ouvert à la créativité, sous peine de sclérose.

A chaque fonction d'une célébration correspond une forme musicale spécifique (proclamation, supplication, louange [psalmodie, hymnes] dialogues) liée aux divers rites : ouvertures, processions diverses, escortes, méditation.

Dès lors, chant et musique dépassent l'aspect esthétique et même l'aspect purement pratique, car c'est l'homme tout entier qui est visé pour lui permettre une rencontre libre et gratuite avec le Dieu de Jésus-Christ.

Les responsables liturgiques locaux ont à délimiter le champ possible de leur propre communauté afin de mettre au point les formes les plus aptes à célébrer en « esprit et vérité ». La forme sonore adéquate (œuvre écrite ou improvisée, exécutée selon le comportement acoustique du lieu, son environnement visuel, et ... l'art des exécutants) est essentiel pour une perception signifiante, et, par contrecoup, une

Fondement humain du chant

Le chant a des racines profondes, universelles, dans l'existence humaine : cri d'appel, cri d'acclamation, méditation, cantillation, jubilus... qu'il soit personnel ou communautaire.

Pour les chrétiens, en Jésus-Christ, « Verbe de Dieu, parole de Dieu » faite chair, la pleine vérité du chant est révélée !

Cri d'appel : « Au secours » : cri primordial vers celui qui sauve ! la supplication : Kyrie eleison !

Cri d'admiration : Action de grâces : Hourrah ! Alleluia ! Joie, merveilles que Dieu opère... Les Psaumes d'Israël qui passent les âges et disent encore l'admiration, l'émerveillement dans toutes les liturgies chrétiennes. L'Eucharistie, action de grâces par excellence et mémorial de Jésus-Christ, célébrant « la fin du monde irréconcilié et l'entrée dans la grande réconciliation finale ».

Méditation, rumination, manducation de la Parole-Sagesse, exprimée à travers dictons, proverbes rythmés, scandés... récités lyriquement, savourés, l'homme ne se nourrissant pas seulement de pain, mais de toute parole sortant de la bouche de Dieu (Dt 8,3 cité par Mt 4,4).

Cantilation des saintes Écritures. La note tenue, « tranchant les sons indistincts », permet à la parole, ainsi « dé-profanée », de mieux pénétrer les cœurs de pierre pour en faire des « cœurs de chair » !

Le jubilus ! De même que le bébé chantonne de contentement, que l'amoureux sifflote, la joie, elle, va jusqu'à s'épanouir hors de toute parole : le jubilus alléluiatique, pour devenir musique transparente, pure transparence !

C'est tout cet humain fondamental qui, des premières communautés chrétiennes à aujourd'hui, de l'Orient à l'Occident, va féconder les diverses formes du chant et de la musique. Selon les lieux et les temps, les baptisés du monde entier savent ainsi rendre un culte à Dieu, par, avec, en Jésus-Christ... ■

Et vous verriez les arbres dans la mer...

Regardez :
la Vierge a un enfant,
un homme est né de Dieu,
le ciel est parmi nous :
le peuple n'est plus seul !
Il ne faudrait
qu'un brin de foi,
et vous verriez
les arbres dans la mer :
les mendiants qui sont rois,
les puissants renversés,
les trésors qu'on partage !

Regardez :
de l'eau se change en vin,
le vin devient du sang,
les pains se multiplient,
le peuple n'a plus faim !
Il ne faudrait
qu'un brin de foi,
et vous verriez
les arbres dans la mer :
les mendiants qui sont rois,
les puissants renversés,
les trésors qu'on partage !

Regardez :
l'infirme peut marcher,
l'aveugle voit le jour,
les sourds sont délivrés :
le peuple n'a plus mal !
Il ne faudrait
qu'un brin de foi,
et vous verriez
les arbres dans la mer :
les bourreaux sans travail,
les menottes rouillées,
les prisons inutiles !

Regardez :
la croix est vide et nue,
vos tombes sont crevées,
et l'homme tient debout :
le peuple n'a plus peur !
Il ne faudrait
qu'un brin de foi,
et vous verriez
les arbres dans la mer :
les fusils enterrés,
les armées au rebut,
les montagnes qui dansent.

DIDIER RIMAUD
(d'après Isaïe).

1945-1985
40 ANS DE CHANT ET MUSIQUE DANS LA LITURGIE

Dès 1935
Le mouvement scout avec les « messes dialoguées » et les chants religieux français du Père Doncœur, s. j., l'Action catholique (« La messe des paysans » de l'abbé Bouvier, pour la JAC), les mouvements de l'enfance, la « Cité des jeunes » avec la création par l'abbé Reboud de chants bibliques, les premiers du genre, incitent les assemblées à une participation active.

1943
Fondation du Centre de Pastorale Liturgique (C.P.L.), dont les premiers « Cahiers du C.P.L. » paraîtront en 1945.
• Naissance de la Mission de France, de la Mission de Paris (H. Godin, Y. Daniel), source de nombreuses initiatives pour une participation active des assemblées.
• Édition de 3 missels : rural (Boulard), communautaire (Godin et Michonneau), enfance (*Mon livre de prière*, de l'abbé Courtois).

1946
Recueil de chants *Gloire au Seigneur,* inspirés et dirigés par le Père Geoffroy, s. j. qui, le premier, fait appel à d'authentiques poètes et musiciens (2 autres fascicules suivront, en 1952 et 1960).

1947
Création de la revue *Musique et Liturgie* et du système de fiches de chants.

1950
Un renouveau biblique se fait jour, avec la parution échelonnée par fascicules de la *Bible de Jérusalem.* Parution de la *Bible du Cardinal* (Liénard), puis de la *Sainte Bible* par les moines de Maredsous.
• Début de parution de la série *Les deux tables* (de la Parole et de l'Eucharistie), psaumes et chants pour la messe (R. Jef, Lyon).

1953
A partir des textes de la *Bible de Jérusalem,* parution de *24 psaumes et un cantique* du Père Gélineau, s. j., suivi, en 1954, de *18 psaumes-chorals* (J. Samson).
• Paraphrases de psaumes, hymnes, textes de saint Paul (Deiss). Le style, réemployé, du récitatif des psaumes ne plaît pas aux professionnels, la musique s'effaçant devant la parole.

1957
Création de l'Association St-Ambroise, avec la revue *Église qui chante.*
• Publication de *Cantiques et Psaumes* par le C.P.L. (Père Hum).

Aux environs de 1960
L'assemblée continue sa transformation. La messe face au peuple se généralise ; chanter devient une façon de partager ; les chorales s'insèrent dans l'assemblée ; la sonorisation apparaît dans les églises. Un nouveau terme, *célébration,* est introduit par *Église qui chante.*

1963
Réforme du concile Vatican II sur la messe, bien accueillie, pas toujours bien appliquée.

1967
Le chant rythmé fait son entrée (John Littleton) avec le congrès de la J.O.C., l'abbé M. Debaisieux : *Louez Dieu* (folk), et Guy de Fatto, jazz et spirituals, Akepsimas et les messes de jeunes. A travers le rythme, le texte retrouve la primauté sur le chant. On redécouvre le rôle du geste, du corps. Les barrières entre sacré et profane sautent : c'est un nouveau visage de l'Incarnation. Les médias diffusent largement les nouveaux répertoires.

1980
D'autres styles se diffusent : le répertoire de Lourdes, le style « néo-byzantin » des mouvements charismatiques, le style « Taizé » (canons), le style « choral » de Saint-Séverin, styles qui restent localisés et difficiles à transporter. L'effort actuel doit porter sur la formation de « meneurs » sachant concilier les exigences de la liturgie et les réalités musicales anciennes et contemporaines. ■

MAÎTRE DE CHAPELLE

Nom donné au musicien chargé de la direction de la musique et des chœurs dans une église. On l'appelle encore « maître de chœur ». En Allemagne, c'est le mot « Cantor » qui est employé pour un musicien attaché à une église ; un maître de chapelle attaché à un prince était plutôt désigné par le terme « Kapellmeister » ; il dirigeait en outre l'orchestre de ce prince au sein même des autres instrumentistes (violon ou clavecin). Bien des grands musiciens, dans les pays germaniques notamment, ont été des maîtres de chapelle attachés à des princes ■

CHORAL

Le *choral* (du latin *chorus,* dérivé du grec *choros,* chœur, réunion de chanteurs) est un chant religieux polyphonique en langue vulgaire à l'origine duquel se trouve Luther (XVIe siècle) ; il souhaitait en effet remplacer dans les célébrations, par un chant collectif et simple, le plain-chant grégorien — de pratique difficile pour la plupart des fidèles — et les brillantes prestations de chorales exercées ; de nombreux compositeurs écriront des mélodies de chorals et seront ainsi à l'origine de la musique allemande ; le plus célèbre d'entre eux est Jean-Sébastien Bach (1685-1750) ; mais beaucoup de mélodies sont la simple reprise de celles de chants déjà bien connus du public. Le riche fond de musique chorale et instrumentale constitué par les chorals a été par la suite largement mis à profit par la liturgie catholique. ■

CHANSONS

Jésus, **Jeremy Faith**
Seigneur mon ami, **Duval**
Sœur Anne, **Piaf**
Ils te crucifieront, **John William (Polydor)**
Dites, si c'était vrai, **Jacques Brel**
L'enfant du monde, **(SM) Godspel avec les Bardannes**
La crucifixion, **Henri Salvador (La Passion en argot)**
T'es venu de loin, **Gilbert Bécaud**
Fais-moi un signe, **Gérard Pallaprat.**
Jésus Cristo, **Leny Kuhr**
Par 10, par 100, par 1000, **Mélina Mercouri**
Jésus Révolution, **Poppys**
Jésus-Christ est un hippy, **Johnny Hallyday**
Merci mon Dieu, **Léo Ferré**
Graine d'ananar, **Léo Ferré**
Envoie ton Fils, **P. Selos**
Le premier qui dit la vérité, **Guy Béart**
Megalopolis Ni Marx ni Jésus, **Herbert Pagani**

JÉSUS
ÉLÉMENTS DISCOGRAPHIQUES

JÉSUS-CHRIST
SM 305 503
J. Debruyne - R. Fau - Jo Akepsimas.

RENCONTRE DE JÉSUS-CHRIST
SM 30 589 B
Bernard Haillant - Humenry - Mannick.

JÉSUS
images de la vie de Jésus en 12 chansons (Fontana 6444-066).

GODSPELL
– version française, Philips 6332-037.
– version américaine, Columbia 2308-063.

LA PASSION
SM 33 12 A
Texte de Charles Peguy, dit par P. Hiégel.

POUR QUELQUES PAGES REMARQUABLES

Aube nouvelle, **SM 30 569, Jo Akepsimas.**
Lueurs de Pâques, **SM 30 627, Jo Akepsimas.**
Hosanna no 2, **SM 30 613 B, John Littleton.**
Jésus Libération, **SM 30 643, Virginia Vee.**
Allez dire, **SM 30 M 461, Jo Akepsimas.**
Il y eut un soir, **SM 45 12 H, M. Cl. Pichaud.**

▶▶▶ *Suite de la page 624*

Le Dieu de l'Alliance

2. LA RÉFLEXION DE L'ÉGLISE SUR DIEU

Introduction

Doucement vont disparaître ceux qui ont vu, ceux qui, les premiers, ont vécu l'expérience pascale. Doucement vont disparaître aussi, avec eux, une manière de raconter, une culture, un émerveillement jaillissant, étonné, de celui qui explique ce qui lui est arrivé. Bien sûr, de nouveaux chrétiens vont faire l'expérience du Ressuscité, mais, par pudeur, par habitude, par clarté, leur style sera différent. Ils vont souvent devenir professeurs, mettre pédagogiquement les problèmes dans l'ordre logique. Ils vont commencer l'histoire par le début. Et le début logique, c'est Dieu ; puis ils développeront l'histoire de l'homme, mettront le Christ au centre de l'histoire et chercheront à comprendre la transformation de l'histoire par sa venue.

A vrai dire, jamais ils ne respecteront totalement la logique. D'abord, parce que personne n'a inventé une logique qui puisse permettre de rendre compte exactement de l'expérience chrétienne ; or, ils partiront, eux aussi, de leur expérience ! Ensuite, parce que le développement de la réflexion chrétienne s'est fait pour répondre aux questions que posaient la vie : quand le souvenir de Jésus était tout frais, il n'était point nécessaire de dire qu'il était homme, personne n'ayant jamais pensé le contraire. Cent ans plus tard, il sera urgent de l'affirmer pour ne pas trahir l'expérience des premiers chrétiens. Car, ce sera, dans l'Église, cette expérience première qui sera normative : à travers les âges, les chrétiens y reviendront sans cesse. Toujours et toujours, ils viendront repuiser à l'expérience pascale, comme les femmes du village retournent toujours au même puits. C'est sur la foi des premiers chrétiens que repose la leur.

Cela dit, les premiers problèmes théologiques que se posèrent les chrétiens furent de deux ordres. Ils s'interrogèrent sur Dieu (et donc sur le Christ). Ils s'interrogèrent sur le don de Dieu. Nous suivrons d'abord leur réflexion sur Dieu, avant d'en venir à l'interrogation sur le don de Dieu (point 3 de notre développement sur le Dieu de l'Alliance). A vrai dire, cette coupure, nécessaire, est artificielle car toute réflexion sur Dieu et sur le Christ entraîne une conception de ce qu'ils apportent à l'homme, et toute réflexion sur le don de Dieu est aussi une réflexion sur Celui qui donne : pour les chrétiens, Dieu se manifeste en communiquant sa vie aux hommes. Mais il faut bien recourir à un certain ordre !

Le Dieu des chrétiens

Personne ne peut définir Dieu. Dieu est au-delà de tout. Souvent, parce qu'ils aiment à parler de Dieu et parce qu'ils en lisent la réalité sur le visage d'un homme, certains chrétiens peuvent donner l'impression d'une grande familiarité avec Lui... Un Dieu copain est-il la marque du christianisme ? Certainement pas. Maurice Clavel a rendu célèbre la question avec un livre dont le titre à lui seul appelle cette réponse : « Dieu est Dieu, nom de Dieu » ! Et chaque époque a eu des saints et des prophètes qui l'ont clamé à leur façon.

▶▶▶

Je me souviens d'avoir cité une pensée de Sénèque qui m'avait ébloui à quelqu'un de très calé, professeur d'université. Elle porte sur l'ignorance religieuse : la docte ignorance. Quelqu'un ayant reproché à Sénèque de s'occuper trop des choses divines auxquelles il avouait ne rien comprendre et pas suffisamment des sciences naturelles auxquelles il comprenait davantage — Sénèque a écrit des traités de sciences naturelles qui sont perdus — Sénèque répliqua : « Il ne faut jamais cesser d'apprendre ce qu'on ne peut jamais vérifier si on le sait ou non. » C'est merveilleux.

Mais le professeur en question me dit d'un ton détaché, alors que j'étais tout frémissant : « Oh, oui, c'est la théologie négative, ça. » Eh bien oui, c'est la théologie négative, mais n'est-ce que cela ? Ou l'autre réponse de Sénèque à qui on adressait le même reproche : vous vous occupez trop des choses divines, vous n'y connaissez rien. Et lui de répondre : « Je ne sais rien de Dieu, mais ce que je sais, c'est que tout me paraît bien mesquin, comparé à lui ».

GUSTAVE THIBON,
France Catholique-Ecclesia,
6 septembre 1985.

אָנֹכִי יְהוָה אֱלֹהֶיךָ

« Je suis le Seigneur ton Dieu » en hébreu.

DIEU POSSÈDE LES NOMS LES PLUS BEAUX

Le Clément
Le Miséricordieux
Le Roi
Le Saint
La Paix
Celui qui témoigne de sa propre véridicité
Le Vigilant
Le Tout-Puissant
Le Très-Fort
Le Superbe
Le Créateur
Celui qui donne un commencement à toute chose
Celui qui façonne
Le Pardonneur
Le Dominateur
Le Donateur
Le Dispensateur
Le Victorieux
Le Connaissant
Celui qui ferme les cœurs
Celui qui ouvre les cœurs
Celui qui abaisse
Celui qui élève

NOMS DE DIEU

Bien qu'elles soient voisines, il faut distinguer la question des noms de Dieu et celle des attributs divins. Les uns et les autres veulent désigner la réalité même de Dieu. Mais le nom propre, et les noms, renvoient plutôt à la personne en ce qu'elle a d'unique, en elle et pour nous ; tandis que les attributs déploient ses qualités.
Nommer, dans le langage courant, c'est désigner par un mot une réalité d'expérience, quitte à vérifier l'objet de cette expérience. Dans la mentalité des gens de la Bible, c'est encore plus fort : car le Nom, c'est la personne, et nommer, c'est avoir part à, ou maîtrise sur : Dieu fait nommer à Adam les animaux de la création, le père impose un nom à son fils, etc.

☞ Au croyant se pose la question : à quelles conditions est-il possible de nommer Dieu ? Il y a ici deux possibilités : Dieu donne son nom lui-même, ou les hommes lui en donnent un (ou plusieurs). Dans la Bible, la première possibilité vient reprendre et corriger la seconde. Le nom *El* (ou, par une sorte de pluriel d'intensité, *Elohim*) désigne communément dans le Moyen-Orient ancien la divinité, Dieu, avec qui on veut entrer en relation. On y ajoutera diverses appositions en fonction des situations : Dieu des hauteurs, Dieu des armées, etc. Dans toutes les religions archaïques, il y a ce fond commun d'un Dieu qui est à l'origine, qui a autorité, et à qui on demande protection ou succès. Mais, justement, le Dieu dont il est question dans la Bible marque sa différence en ce qu'il est créateur et donc autre que le monde. C'est lui qui va donner son Nom, dans une alliance (avec Noé, Abraham ou Moïse), et à chaque fois c'est lui qui entre en relation, qui passe contrat, qui fait une promesse. Du coup :

1. Le nom est reçu et non imaginé.
2. Il signifie le lien avec l'humanité et l'engagement dans l'histoire avec et pour elle.
3. Il fait vraiment connaître qui est Dieu sans, en même temps, laisser croire qu'on a prise sur lui ou qu'on a fini de le connaître... C'est particulièrement vrai pour le nom révélé à Moïse (Ex 3,14), Yahweh, qui veut dire *Je suis — et serai qui je suis* — et — *serai* ; « Je suis » à la fois au présent et au futur. Ce verbe tout seul dit la grandeur originelle du simple « Je suis » ; mais, en même temps, le nom signifie « Je m'engage envers vous et vous n'avez pas fini de découvrir qui Je suis ». Là est le cœur de la façon de nommer Dieu pour les croyants de la Bible : le nom ne livre pas un concept, comme je puis m'en faire d'un objet quelconque, mais désigne une personne unique, première, qui d'abord nous appelle par notre nom, et qu'il nous faut chercher à connaître toujours davantage.

On a coutume de compter également parmi les noms de Dieu un certain nombre de métaphores, qui, à mi-chemin du nom propre et de l'attribut, désignent la personne et ses qualités : rocher, berger, bouclier, etc., suivant le même mécanisme selon lequel des amoureux se donnent ainsi toutes sortes de noms, et qui se retrouve aussi dans la ferveur des litanies.

Mais l'approfondissement ultime se fait, pour les chrétiens, avec cet homme qui a pour nom propre *Jésus* (dont le sens est : *Dieu sauve*). Voilà qu'à partir des événements dont il est le centre, les chrétiens vont se rapporter à Dieu comme le Christ le fait en le nommant Père, « mon Père est votre Père » (Jn 20,17). Mais ils reconnaîtront Dieu qui les visite en Celui-là même qui est le Fils unique, et dans l'Esprit qui est l'Esprit même du Père et du Fils. Trois noms (pour trois personnes) qu'est le Dieu unique, noms qui doivent être entendus tels qu'ils ont été reçus par les contemporains du Christ, dont le témoignage croyant nous parvient dans le Nouveau Testament. Ceci permet, à propos de Père et Fils, de n'être pas prisonniers d'un certain nombre de fantasmes, bien repérés maintenant par la psychologie, et, pour Esprit, de n'être pas victime de la surcharge culturelle (en particulier avec le dualisme et l'idéalisme) qui connote fâcheusement le mot dans la mémoire commune.

Ainsi les noms divins disent l'être même de Dieu tel qu'il s'est révélé dans le judaïsme d'abord, puis à la première communauté chrétienne. En Christ, à qui « a été donné le Nom au-dessus de tout Nom » (Ph 2, 9 ; Ép 1,21), l'homme reçoit un « nom nouveau » (Ap 2,17), c'est-à-dire le renouvellement de tout son être en relation avec tous ceux qu'il aime nommer. ■

Dieu, notre joie...

Évidemment, quand nous pensons à l'œuvre de Dieu, nous ne pensons pas à quelque obscure force dernière, dont nous apercevrions les traces, ni au Destin qui enfermerait le monde dans son anneau d'airain, ni à l'une de ces idées dans lesquelles nous résumons ce qui a part pour la suprême valeur : le Bien, l'Idéal, le Beau, le Vrai. Si nous parlions de ces dieux-là nous ne pourrions pas dire : « Mon esprit se réjouit en eux ». Nous ne pouvons nous réjouir qu'en Celui qui est venu nous secourir et qui, déjà rien que par sa présence, nous dit que nous sommes des nécessiteux, que nous avons besoin d'aide. Peu importe le texte : Il est Celui qui nous secourt, Celui qui nous agrée. Celui qui nous apporte le Salut dans la perdition où nous sommes. Tel est le Dieu sauveur. Et l'on peut et l'on doit se réjouir en ce Dieu-là. On peut penser à d'autres dieux, s'incliner sous le Destin avec une résignation mélancolique, avec une consolation qu'on a fabriquée soi-même, on peut poursuivre ses idées avec fanatisme ; mais, au bout de cela, quelle joie y a-t-il ? La joie, c'est la chose la plus rare dans le monde, la plus extraordinaire. Nous trouvons dans le monde assez d'austérité, d'enthousiasme fanatique et de zèle sans humour. Mais de la joie ? C'est que la connaissance du Dieu vivant est rare.

KARL BARTH,
Avent,
Ed. Roulet (Genève).

Celui qui donne la dignité
Celui qui l'enlève
L'Attentif
Le Voyant
Le Juge
Le Glorieux
Le Revivificateur
Le Témoin
La Vérité
L'Intendant
Le Fort
L'Inébranlable
L'Ami
Le Digne de louanges
L'Omniscient
Le Prévenant
Celui qui ressuscitera ses créatures
Le Créateur de la Vie
Le Créateur de la mort
Le Vivant
Le Subsistant
Le Juste
Le Subtil
L'Informé
Celui qui est plein de mansuétude
L'Inaccessible
Celui qui pardonne
Le Reconnaissant
Le Très-Haut
Le Grand
Le Gardien
Le Nourricier
Celui qui tient compte de tout
Le Majestueux
Le Généreux
Le Veilleur
Celui qui exauce
Celui qui embrasse toutes choses
Le Sage
Le Très-Aimant
L'Opulent
Le Glorifié
L'Unique
L'Impénétrable
Le Puissant
Celui qui approche
Celui qui éloigne
Le Premier
Le Dernier
Le Manifesté
Le Caché
Le Régnant
Le Sublime
Celui qui opère dans les cœurs la piété
Celui qui revient sans cesse vers le pécheur repentant
Le Justicier
L'Indulgent
Le Compatissant
Le Maître du Royaume
Le Seigneur de majesté et de générosité
L'Équitable
Celui qui rassemble
Le Suffisant à lui-même
Celui qui enrichit
Le Défenseur
Celui qui afflige
Celui qui favorise
La Lumière
Le Guide
Celui qui est au commencement de tout
L'Éternel
L'Héritier de toutes choses
Celui qui mène sur le bon chemin
Le Patient

Les 99 noms donnés à Dieu
par les musulmans.
Le 100e sera révélé dans l'autre monde.

▶▶▶

« Qui pourra suivre le Très-Haut jusqu'en son être inexprimable et incompréhensible ? Qui scrutera les profondeurs de Dieu ? Qui risquera de traiter de l'origine éternelle de l'univers ? Qui se glorifiera de connaître le Dieu infini qui emplit tout, et enveloppe tout, pénètre tout, embrasse tout et se dérobe à tout, lui que personne n'a jamais vu tel qu'il est ? Que nul n'ait donc la présomption de sonder l'impénétrable profondeur de Dieu, le quoi, le comment, le pourquoi de son être. Cela ne peut être ni exprimé, ni scruté, ni pénétré. Crois simplement mais avec force que Dieu est et qu'il sera tel qu'il a été, car il est immuable. Qui donc est Dieu ? Père, Fils et Saint-Esprit, Dieu est un. Ne te demande rien de plus au sujet de Dieu » (saint Colomban, 540-615, *Traduction du Bréviaire*).

La conclusion évidente, c'est que Dieu est au-delà de tout ce que l'on peut dire sur lui.

« O toi, l'au-delà de tout,
N'est-ce pas là tout ce qu'on peut chanter de toi ?
Quelle hymne te dira, quel langage ?
Aucun mot ne t'exprime.
A quoi l'esprit s'attachera-t-il ?
Tu dépasses toute l'intelligence.
Seul tu es indicible,
Car tout ce qui se dit est sorti de toi... »
(Hymne attribuée à Grégoire de Naziance ou, quelquefois, à Proclus)

Il y a un paradoxe qu'il faut garder à l'esprit : les chrétiens qui parlent de Dieu et raisonnent à son sujet sont ceux-là mêmes qui sont convaincus que Dieu échappe au raisonnement. Pour eux, ce qui compte, c'est l'expérience pascale, le sens de la grandeur de Dieu. Ils savent que le raisonnement n'est qu'une exploration marginale. Un peu comme, saisi par la grandeur d'une église, le regard cherche quelques détails qui lui permettent de dire quelque chose de ce qui, pris globalement, est indicible. Le pseudo-Denys disait : il ne s'agit pas d'expliquer l'ineffable, il s'agit de le célébrer.

Au cours de l'histoire de l'Église, beaucoup de théologiens ont essayé d'aller plus loin dans la réflexion sur les rapports entre la foi en Dieu et le raisonnement.

Pour les chrétiens, que peut dire de Dieu l'intelligence livrée a ses propres forces ?

Il est évident que certains hommes, indifférents au christianisme et sans l'apport d'aucune « révélation », ont eu l'idée de l'existence de Dieu. On connaît l'histoire de l'horloger : beaucoup, en voyant le monde fonctionner comme une mécanique extraordinaire, se disent qu'il faut à cette mécanique un horloger divin. Paul, lui-même, en son temps, fait un raisonnement analogue. Certes, Dieu est invisible. Mais ce qu'il a fait est visible et chacun devrait le voir, « car ce qu'on peut connaître de Dieu est pour eux manifeste : Dieu, en effet, le leur a manifesté. Ce qu'il a d'invisible depuis la création du monde se laisse voir à l'intelligence à travers ses œuvres, son éternelle puissance et sa divinité, en sorte qu'ils sont inexcusables, puisqu'ayant connu Dieu, ils ne lui ont

▶▶▶

Vraie f

Prenez garde, Vénérables Frères, qu'avant tout autre chose la foi en Dieu, premier et irremplaçable fondement de toute religion, soit conservée en Allemagne, pure et sans falsification. Ne croit pas en Dieu celui qui se contente de faire usage du mot Dieu dans ses discours, mais celui-là seulement qui à ce mot sacré unit le vrai et digne concept de la Divinité.

Quiconque identifie, dans une confusion panthéistique, Dieu et l'univers, abaissant Dieu aux dimensions du monde ou élevant le monde à celles de Dieu, n'est pas de ceux qui croient en Dieu.

Quiconque, suivant une prétendue conception des anciens Germains d'avant le Christ, met le sombre et impersonnel Destin à la place du Dieu personnel, nie par le fait la Sagesse et la Providence de Dieu, qui « fortement et suavement agit d'une extrémité du monde à l'autre » (Sg 8,1) et conduit toutes choses à une bonne fin : celui-là ne peut pas prétendre à être mis au nombre de ceux qui croient en Dieu.

Quiconque prend la race, ou le peuple, ou l'État, ou la forme de l'État, ou les dépositaires du pouvoir, ou toute autre valeur fondamentale de la communauté

Dieu n'est pas n'importe quoi, le fourre-tout de nos désirs, de nos peurs ou de nos rêves. Aussi, les grands monothéismes, dont l'islam, mais plus encore la religion juive et le christianisme, sont-ils extrêmement attentifs à la manière dont on qualifie la personne de Dieu. Noms et attributs divins révèlent assez bien le fond d'une religion, son attitude spirituelle : invoquer le Dieu terrible ou le Dieu bon ne revient pas au même.

Il faut dire un mot de la logique de l'attribution, et de ce qu'en philosophie on nomme l'analogie. La logique de l'attribution, c'est de ne voir en Dieu que ce qui correspond pour nous à une ou des perfections. On ne dit pas de Dieu qu'il est inoxydable, gazeux ou vert pomme, mais bon, grand, juste, etc. Seulement, en attribuant ces perfections, le jugement qui opère cet acte à la fois affirme (par exemple Dieu est Père), puis nie (mais Dieu n'est pas Père comme un homme est père, biologiquement), pour enfin nier la limite que cette négation risque d'apporter (Dieu est Père, et source, éminemment, de tout ce qui est rassemblé sous

n Dieu

humaine — toutes choses qui tiennent dans l'ordre terrestre une place nécessaire et honorable — quiconque prend ces notions pour les retirer de cette échelle de valeurs, même religieuses, et les divinise par un culte idolâtrique, celui-là renverse et fausse l'ordre des choses créé et ordonné par Dieu : celui-là est loin de la vraie foi en Dieu et d'une conception de la vie répondant à cette foi.

Prenez garde, Vénérables Frères, à l'abus croissant, dans la parole comme dans les écrits, qui consiste à employer le nom de Dieu trois fois saint comme une étiquette vide de sens que l'on place sur n'importe quelle création, plus ou moins arbitraire, de la spéculation et du désir humain. Agissez sur vos fidèles, afin qu'ils soient attentifs à opposer à une telle aberration le refus qu'elle mérite. Notre Dieu est le Dieu personnel, surnaturel, tout-puissant, infiniment parfait, unique dans la Trinité des Personnes, et tripersonnel dans l'unité de l'Essence divine, le Créateur de tout ce qui existe, le Seigneur et Roi et l'ultime consommateur de l'histoire du monde, qui n'admet ni ne peut admettre à côté de lui aucun autre dieu.

Lettre encyclique de PIE XI, *Mit Brennender Sorge* sur la situation de l'Église en Allemagne nationale-socialiste (1937).

Ph. Magnum

Rosace. Cathédrale de Notre-Dame de Paris (XIIIe s.).

ABSOLU

Le mot *absolu* vient du latin *ab-solutum,* délivré de toute dépendance ; d'où achevé, complet, totalement suffisant par soi-même.

Dans l'ordre de l'Être, philosophes et théologiens disent : « Seul Dieu est l'Absolu, l'Être qui ne dépend d'aucun autre, qui existe par soi... » Descartes voit dans « l'idée de cet être souverainement parfait et infini comme la marque de l'ouvrier empreinte sur son ouvrage ». (3e Méditation).

Dans l'ordre du Vrai, on peut parler d'une proposition absolument vraie, lorsque l'esprit perçoit avec évidence le rapport établi entre le sujet et l'attribut (prédicat). Exemple : « Le tout est plus grand que la partie » ; « Je pense, donc je suis » ; dans notre système arithmétique, 2 + 2 = 4.

Dans l'ordre du Bien, Kant a mis en valeur le caractère absolu de « l'impératif catégorique » : « Tu dois faire le bien et éviter le mal » qui constitue le fondement de la conscience morale.

— On appelle souvent la *Raison,* qui guide l'esprit à la recherche du Vrai, et la *Volonté,* qui porte en elle le sens et le désir du Bien, les *facultés de l'Absolu.*

Comment expliquer la présence en notre esprit de l'idée d'Absolu ?

Pour certains, il s'agit seulement d'un concept négatif : projection par l'homme dans son imaginaire de ses désirs insatisfaits ; l'Absolu est un rêve illusoire, et consolant (ainsi Feuerbach).

Pour d'autres, il s'agit d'un héritage de la mentalité « théologique » de nos aïeux ; le seul Absolu est celui de la Raison humaine, qui s'exprime à son plus haut niveau dans les Sciences (ainsi les positivistes, à la suite d'Auguste Comte).

Pour les panthéistes, l'Absolu, c'est l'ensemble de l'univers dont nous sommes un fragment qui se résorbera dans le grand Tout.

Pour Hegel, c'est l'esprit humain universel qui est l'Absolu et se révèle progressivement à lui-même dans le mouvement dialectique de l'histoire.

Pour Kant, et ses nombreux disciples, l'Absolu est présent à l'esprit, mais celui-ci ne peut rien dire quant à son existence réelle, car il est enfermé dans les catégories toutes relatives du sensible.

Les théologiens d'aujourd'hui emploient relativement rarement le mot *absolu.* Ils lui préfèrent le terme de *transcendant* qui indique qu'à leurs yeux il existe un être qui dépasse totalement l'expérience humaine, tout en étant d'une certaine manière présent à cette expérience. Ils veulent insister par là sur le paradoxe d'un Dieu totalement inaccessible à l'homme — absolu — mais qui, en même temps, s'en fait proche. ■

Attributs divins

le nom de paternité).

Dieu, ainsi, est dit Père de *manière analogue.* Seul un jugement (et non un concept), un certain mouvement de l'esprit (qui, à la fois, a bien prise mais ne se referme pas sur ce qu'il a atteint) peut avoir cette structure. Les attributs divins indiquent une direction de pensée dont le dépassement et la purification sont la règle. En quoi d'ailleurs commence de se vérifier que c'est bien l'être de Dieu qui est visé.

Les attributs divins dans le christianisme

Ceci dit, il faut peut-être, en christianisme, classer les attributs divins en *deux grandes catégories.*

• D'abord, *ceux qu'on trouve dans la Bible.* Certains sont à étudier soigneusement, pour éviter tout contresens, par exemple quand Dieu dit de lui-même : « Je suis un Dieu jaloux » (Ex 20,5). D'autres attributs correspondent à de grandes constantes : Dieu est saint, il est vivant, il est fidèle. Mais, on fera bien, à chaque fois, de dégager le jeu d'oppositions (le saint et non pas le sacré) ou les harmoniques de signification dans le contexte (il ne s'agit pas de n'importe quelle vie...), ou enfin ce qui détermine plus précisément l'attribut (par exemple, la fidélité de Dieu à son peuple dans l'histoire induit une réflexion sur l'articulation entre Jugement et Promesse, Justice et Miséricorde, etc.).

• En second lieu, *il y a des attributs plus métaphysiques,* tels qu'on les trouve dans les développements philosophiques et théologiques des deux millénaires chrétiens. Les plus généraux relèvent de ce que l'on appelle les « transcendantaux » de l'être : et d'abord Dieu *est* (sans attribut : il existe) ; mais aussi il est un, bon, vrai : Dieu unique, Dieu bon, Dieu sage et véridique. Curieusement, du moins dans la tradition occidentale, le transcendantal « beau » n'est pour ainsi dire pas usité — sinon chez les contemplatifs et les mystiques. Une seconde série de qualificatifs, plus particuliers, attribuent à Dieu ce que l'homme pense être des perfections : Dieu est éternel ou immuable, immortel, impassible, tout-puissant, etc.

Le mot lui-même fait souvent apparaître le désir de l'homme de voir nier une de ses limitations ou agrandir à l'infini une de ses puissances. Mais ce qui est tout à fait remarquable ici, c'est la manière dont la Révélation, à partir de Jésus-Christ, demande de transformer notre pré-compréhension ou nos préjugés ; ce sont nos idées mêmes sur la perfection, souvent héritées d'ailleurs de la philosophie, qu'il faut changer. Un Dieu éternel ? Regardez le bébé, enfant, adulte, en Jésus-Christ : alors éternel, oui, mais pas ailleurs qu'à l'intérieur de notre temporalité. Un Dieu impassible ? Oui, mais regardez-le aussi en croix. Un Dieu tout-puissant ? Oui, mais comme Jésus-Christ, c'est-à-dire vulnérable : changez votre idée de toute-puissance. Ce n'est pas celle de l'empereur : au contraire Dieu est tellement puissant qu'aucune de nos limites de faiblesse, ni le péché, ni la mort, ne l'arrêtent.

Au terme de quoi, un attribut divin résumerait tous les autres, qui dit l'unique qualité de son être dont une infinité d'autres procèdent : « Dieu est Amour » (1 Jn 4,8-16). ■

▶▶▶

rendu, comme à un Dieu, ni gloire, ni action de grâces » (Rm 1, 19-21). Il est vrai que Paul pouvait avoir entendu parler de sages grecs qui démontraient l'existence de Dieu à la suite de raisonnements logiques (beaucoup de philosophes contestent aujourd'hui la rigueur de leurs raisonnements : pour eux, ne trouvent Dieu dans la conclusion d'un raisonnement que ceux qui l'y ont placé dans les prémices, consciemment ou inconsciemment). Le concile Vatican I a cependant tenu à affirmer que l'homme pouvait, par sa seule raison, savoir que Dieu existait. Disons que ce « pouvoir » est peu souvent exercé, même si beaucoup pressentent qu'il y a effectivement « quelque chose » ou se refusent à croire « qu'il n'y a rien ».

De toutes façons, si l'homme peut conclure à l'existence de Dieu par un raisonnement, il ne peut pas découvrir qui est Dieu par ce procédé. C'est le peuple juif qui, le premier, a rencontré Dieu, l'a écouté, s'est rendu compte qu'il était proche de l'homme et a accepté de faire Alliance avec lui. Et c'est la première communauté chrétienne qui a découvert, sur le visage du Christ et dans sa Parole, une vérité de Dieu qui n'avait jamais pu être atteinte jusque-là. Qui aurait pu penser que l'amour était tel en lui que, dans son unité même, Dieu était Père, Fils et Esprit ?

Trouver des mots pour dire ce qui était pressenti du mystère de Dieu

Parce que l'expérience pascale était nouvelle, il ne fut pas facile de trouver les mots et les expressions qui permettaient d'en rendre compte. L'Église mettra plusieurs siècles à savoir dire exactement ce qu'elle croit de Dieu et surtout de Jésus. Auparavant, sa foi s'exprimait de multiples manières (cantiques, profession de foi, proclamation des martyrs) et ce n'est que petit à petit, après maints tâtonnements, qu'elle est parvenue à forger les moyens d'exprimer avec précision ce qui fait le cœur de sa foi.

Le Père, le Fils et le Saint-Esprit ne sont qu'un seul Dieu : le mystère de la Trinité

C'est à Théophile d'Antioche, aux alentours de 180 (2e lettre à Autolycus, 15), qu'on doit le mot de *Trinité*, adopté unanimement par l'Église ensuite, parce qu'il rend parfaitement compte du mystère de Dieu pour les chrétiens (il faut entendre *mystère* ici au sens théologique précis du terme : réalité qui n'est pas démontrable par la raison mais qui est donnée à connaître par Dieu pour le bonheur de l'homme). En effet, le mot unique, au singulier, indique clairement qu'il n'y a qu'un Dieu pour les chrétiens. Mais l'étymologie (qui renvoie au chiffre trois en grec) indique que cette unité n'est pas monolithique : c'est l'unité de l'amour entre trois, le Père, le Fils et le Saint-Esprit.

La relation entre les trois de la Trinité : nature et personne

Pour exprimer cette réalité complexe et mystérieuse en termes précis et, ainsi, couper court à des conceptions diverses qui avaient tendance à se multiplier, l'Église des premiers siècles a eu recours

▶▶▶

Qu'est-ce que ?

Anthropomorphisme (du grec *anthropos,* homme, et *morphè,* forme). Utilisation, pour parler de Dieu, d'expressions habituellement employées pour parler des hommes.
Exemple : « Ils entendirent *le pas* de Yahvé Dieu qui *se promenait* dans le jardin à la brise du jour » (Gn 3,8).
Bien qu'il soit, de fait, inexact en rigueur de termes, ce procédé est fort utilisé par les auteurs bibliques ; le mode poétique leur permet, en effet, d'évoquer Celui qui est pour les croyants l'Indicible.

Archétype (du grec *arkè,* commencement et *typos,* empreinte). L'archétype est l'original servant de modèle, le prototype. Le terme peut s'appliquer à des personnes ou à des idées. Certains philosophes, comme Malebranche, considèrent que Dieu est l'archétype des créatures parce qu'il renferme en lui les essences et l'existence de tous les êtres possibles.

Éternité, éternel (du latin *aeternus,* contraction de *aeviternus,* dérivé de *aevum,* la durée). Au sens métaphysique, est éternel ce qui, n'ayant ni commencement ni fin, est hors du temps sans être cependant hors de la durée. L'éternité n'est pas une succession de moments comme le temps, et n'est donc pas divisible ; elle est un présent continu.
Pour les Hébreux, est éternel ce qui demeure caché aux yeux des hommes.

Immutabilité. Est immuable ce qui ne peut changer. Certains philosophes attribuent l'immutabilité à Dieu : alors que l'homme doit sans cesse changer pour atteindre son achèvement, Dieu est déjà tout ce qu'il pourrait être.
Cette immutabilité pose quelques questions au théologien chrétien qui l'affirme tout en reconnaissant que les personnes de la Trinité sont don les unes aux autres et don à l'homme. La Bible, sans nier l'immutabilité, présente un Dieu qui se met en colère pour son peuple, qui fait Alliance avec lui et le sauve.

Omniscience (du latin *omnis,* tout, et *scire,* savoir). Connaissance de toutes choses. Selon la théologie chrétienne Dieu seul est omniscient, lui qui connaît tout, y compris les secrets des cœurs (Ac 1,24 ; He 4,13).

Prescience. Dans le langage de la théologie, c'est la connaissance que Dieu a de la totalité des événements dans le temps.

Ph. Roger-Viollet

Christ en croix. C. Engelbrechtsz (XVIe s.).

Infini et fini

L'adjectif *infini* qualifie généralement ce qui est illimité ou sans fin, et ce qui est indéfini ou indéterminé. Sa signification comporte toujours une négation qui montre que ce mot est indissociable de son contraire, le *fini*. On ne peut définir l'un sans l'autre. Dans l'histoire de la pensée occidentale, le rapport entre ces deux termes a reçu des significations différentes, qui dépendaient du sentiment que les hommes éprouvaient collectivement de leur situation dans l'univers.

Chez les Grecs, par exemple, l'univers est une totalité ordonnée et entièrement déterminée par des lois ; ainsi, tout ce qui est fini ou défini ou achevé est doté d'un coefficient de perfection qui révèle sa proximité avec l'ordre fini et parfait du cosmos. L'infini en revanche est signe d'imprécision, de désordre et d'inachèvement.

La pensée médiévale va inverser le rapport : Dieu est bien l'Être infini et parfait auquel aucune création ne peut s'égaler ; le fini devient la marque de la vulnérabilité, de la faillite et du péché.

La pensée moderne, très soucieuse de logique, remarquera que les deux conceptions précédentes font du fini et de l'infini des mondes séparés qui se limitent l'un l'autre. Or, si l'infini a un sens pour la pensée, il ne peut être limité par rien. Il s'agit donc de concevoir la finitude comme appartenant à l'infini. Cet infini est la totalité indéfinie des réalités de l'univers. Logiquement, le fini est limité par du fini et ceci à l'infini car on ne peut pas concevoir une limite qui ne déboucherait sur rien. La conscience d'une limite implique le dépassement de la pensée d'une chose vers une autre. Le problème philosophique consiste à savoir si c'est l'épreuve de la limite qui révèle l'existence de l'infini, ou bien si c'est, au contraire, l'intuition de l'infini qui permet la connaissance de la finitude.

L'indéfini

L'infini a désigné d'abord et principalement ce qui échappe à toute mesure, à toute maîtrise et à tout contrôle. « Ça n'en finit pas d'en finir ! », « On n'en fera jamais le tour ! », « Ce problème est d'une complexité insurmontable ! »... On pense aussi à l'infiniment grand de nos espaces sidéraux ou à l'infiniment petit du grouillement incessant des atomes. Cette démesure de l'infini s'appelle précisément l'indéfini. Incontrôlable, insaisissable, souvent obscur et compliqué, il fait peur. A lui s'oppose la perfection du défini ! Le mot fini signifie ici ce qui est terminé ; l'œuvre bien faite et bien achevée, la bonne définition que l'esprit peut comprendre et embrasser d'un seul regard. Ainsi la perfection est plutôt pensée du côté du fini ; voilà pourquoi la tradition philosophique appelle l'infini : le mauvais infini.

La pensée a rompu avec cette appréciation quantitative de l'Infini. On en fit un qualificatif de l'absolu divin. Pour la Kabbale médiévale, il est le nom unique de Dieu. La volonté de cet être est infinie ; c'est-à-dire totalement libre, contrainte par rien et ne se déterminant que par elle-même. Aucune borne ne limite la souveraineté de Dieu. Dès lors, la perfection n'est plus synonyme d'achèvement. Le fini qualifie ce qui manque d'autonomie et d'initiative, ce qui vit en dépendance. Le parfait se conjugue au superlatif et sa supériorité est d'une telle puissance qu'elle est inconcevable pour un esprit fini. L'illimitation de l'infini indique la liberté absolue, l'indépendance et la toute-puissance d'un être qui est la cause de lui-même. La tradition l'appelle l'Infini Divin ou l'Infini actuel pour l'opposer au mauvais infini de la pensée grecque.

Les philosophes modernes et l'infini

A l'époque moderne, la philosophie s'est méfiée de la transcendance de l'Infini. Elle prononça deux critiques contre cette personnalisation et cette séparation de l'Infini. En effet, si cet Infini existe comme tel, il est inaccessible et totalement séparé et ne peut donc se signaler à la pensée sinon comme un Néant. D'autre part, si cet infini n'a aucun rapport avec les choses finies, on lui confère une existence à côté du fini : il est donc limité par le fini. Cette transcendance de l'Infini est une impasse pour la pensée moderne. Il fallut le faire descendre du ciel sur la terre et le penser dans ses relations avec le fini.

Pour la philosophie issue de Descartes, l'Infini n'est pas un être doué de toutes les perfections ni un monde au-delà du monde. Il ne peut être pensé que comme totalité des réalités de notre univers. Cette totalité des réalités, qu'on peut appeler la Réalité, est infinie : pourquoi ? Quand nous percevons une chose, nous la tirons de la réalité. Nous identifions cette chose en la comparant à d'autres choses et en éliminant ce qui ne lui appartient pas. En ce sens, toute définition est une limitation qui suppose l'existence de la Réalité comme contenant toutes les réalités. Ces dernières ne sont qu'un découpage du réel. Mais, en toute logique, cette réalité qui contient toutes les autres ne peut être définie puisqu'elle n'est limitée par rien. Elle ne peut être pensée que comme totalité indéfinie des réalités. Le fini est une limitation de l'infini mais l'infini, nécessaire à la définition du fini, est inconnaissable. Pour la science moderne, cette idée de l'infini est le garde-fou de la raison : il l'empêche d'absolutiser ses connaissances et assure du même coup le dynamisme de sa recherche.

Une présence infinie...

L'esprit humain ne connaît donc que des choses finies. Cette délimitation du pouvoir de connaissance ne souffre aucune exception. L'infini ne peut donc être connu dans sa réalité. Et pourtant, la limite qu'impose la pensée au savoir est bien limite absolue, illimitée, donc infinie ! Ainsi, au moment même où elle se juge liée à la finitude du monde, la pensée prend conscience de l'infinitude réelle de cette limite. Cette prise de conscience de l'infini est différente de la connaissance du fini. Connaître une chose finie, c'est pouvoir en faire le tour, la maîtriser et la posséder ; or, l'infini ressemble à l'horizon qui s'éloigne à mesure qu'on l'appréhende. Il s'agit d'une ligne perceptible, présente mais fugitive qui anime la perspective dans laquelle se délimitent les choses. Aucune limite n'est absolue, elle n'a de sens que dans la perspective qui la concrétise, que dans le dépassement qui la rapporte à l'horizon. L'infini est la fonction horizon de la pensée qui rend possible la connaissance des choses finies, c'est-à-dire mises en perspective. Ne peut-on pas dire que Dieu est l'horizon de l'homme ? L'Infini qui se manifeste à l'homme sans jamais pouvoir être possédé, sinon en étant ravalé au niveau de l'idole. L'Infini qui n'est pas chose ou nom ou absolutisation du fini, mais verbe ou acte. L'Infini qui ne domine pas, n'asservit pas, mais permet à l'homme d'être reconnu dans sa dignité d'être en plénitude. Quant on pense l'Infini comme horizon, la limite ne peut plus être conçue comme une imperfection. Elle est la Présence de l'Être dans la perspective qui permet son épanouissement. ■

▶▶▶

à deux notions philosophiques. Celle de *nature* pour exprimer **l'unité fondamentale de Dieu**, nature unique que l'on retrouve chez le Père, le Fils, le Saint-Esprit. Celle de *personne* pour exprimer **la relation distincte** du Père, du Fils et du Saint-Esprit.

Avec ce vocabulaire, on peut énoncer ainsi le mystère central du christianisme : c'est le *mystère d'un seul Dieu en trois personnes.* Ou pour le dire en d'autres termes : Dieu est totalement, parfaitement et **absolument amour**. L'amour absolu se vit dans l'unité absolue : Dieu est **un** *par nature.* Mais, en même temps, au sein de cette unité, une vie d'amour ne se comprendrait pas sans relations réelles entre des personnes *différentes.* Ces personnes sont le Père, le Fils et l'Esprit. Elles se définissent précisément par *leurs relations entre elles.* Le Père est Père à cause de sa relation avec le Fils. L'Esprit est Esprit à cause de sa relation avec le Père et le Fils. Le Fils est Fils à cause de sa relation avec le Père.

Les étapes de la formulation de la pensée sur la Trinité

Pour arriver à ces formulations, il a fallu quatre siècles (v. p. 317 à 325) ! Le concile de Nicée, en 325, avait affirmé que le Fils était de même nature (*consubstantiel*) que le Père, et donc qu'il était Dieu. Cinquante ans plus tard, le concile de Constantinople (381) affirma, lui, que le Saint-Esprit était de même nature (*consubstantiel*) que le Père.

A vrai dire, le travail de formulation n'est pas terminé car ces expressions, désormais classiques, ne répondent pas à toutes les questions. Si, en effet, la seule différence entre les personnes divines sont leurs relations, pourquoi le Credo attribue-t-il la création au Père, par exemple, et non à la Trinité tout entière ?

Les Pères de l'Église y voient une œuvre trinitaire ! Pour répondre à cette question, les théologiens parlent de « manières de dire », « d'appropriations » (on « approprie » la création au Père. Voir p. 675 a). En fait, ils « pataugent » souvent dans la formulation car ils veulent, en même temps, ce qui est apparemment contradictoire, exprimer la foi en l'unité de Dieu et celle en l'existence de trois Personnes en Dieu. La vie chrétienne fait pressentir sur la Trinité plus que les théologiens ne savent en dire !

Le sens pour l'homme du mystère de la Trinité

Au total, aux yeux des théologiens, comme de tous ceux qui sont entrés dans l'expérience de Pâques, Dieu dépasse infiniment l'homme. Par Jésus-Christ, il a révélé ce qu'il était en lui-même : communion de personnes. Non seulement il a révélé ainsi son amour « interne », mais il a invité chaque homme à entrer dans cette « communion trinitaire ».

Trouver les mots pour exprimer la vraie personnalité du Christ

Jésus est vrai Dieu et vrai homme

Si les conciles de Nicée et de Constantinople ont à peu près permis de trouver la formulation de la divinité du Fils et de

▶▶▶

TRANSCENDANCE

Mot du vocabulaire théologique (du latin *trans* et *ascendere,* s'élever au-delà, au-dessus), destiné à faire percevoir la différence entre Dieu et sa création.

Pour faire comprendre que Dieu est inaccessible, d'un autre ordre que l'homme, l'habitude populaire est de dire qu'il est « au ciel ». Pour éviter cette image simpliste, les théologiens parlent de la transcendance de Dieu. Mais au fond ils disent la même chose.

Pour le théologien, parler de la transcendance de Dieu ne va pas sans difficultés. Ne serait-ce que parce que Dieu s'est voulu accessible à l'homme : le Prologue de l'*Évangile de Jean* (Jn 1,3) montre que tout a été créé par le Verbe comme pour permettre à l'homme d'y lire la présence de Dieu. Bien plus, « le Verbe s'est fait chair » (Jn 1,14). Peut-on encore parler de la transcendance de Dieu si celui-ci est accessible ?

Le théologien se trouve là au cœur même du mystère chrétien : l'invisible s'est rendu visible tout en demeurant ce qu'il est. Tout parle de Dieu, mais tout n'est pas Dieu. Jésus-Christ est Dieu, mais qui le voit ne voit que l'image du Père ; le Père, nul ne le connaît, mais son Fils le révèle (Jn 1,18) : lui qui habite avec l'homme demeure avec le Très-Haut.

Il est clair que cette réponse ne fait que redire la foi avec d'autres mots et n'explique rien. Les théologiens vont cependant plus loin en posant une seconde question : pourrait-on parler de la transcendance de Dieu si l'homme n'avait pas déjà, dans le dynamisme de sa pensée, un certain sens de Dieu ? Il est absurde de la part de l'homme de prétendre dire quoi que ce soit de Dieu en lui-même, qui est transcendant, puisque l'homme ne peut connaître de Dieu que ce que celui-ci lui en laisse connaître, c'est-à-dire sa relation avec lui.

Sans entrer ici dans ce genre de discussion, on peut cependant noter que l'insistance des théologiens à parler de la transcendance de Dieu malgré tout est une manière de souligner qu'à leurs yeux l'homme ne peut ni posséder, ni définir Dieu, ni avoir des droits sur lui. Dieu est toujours source ou, comme le dit la Bible, « au commencement » (Gn 1,1 ; Jn 1,1). ■

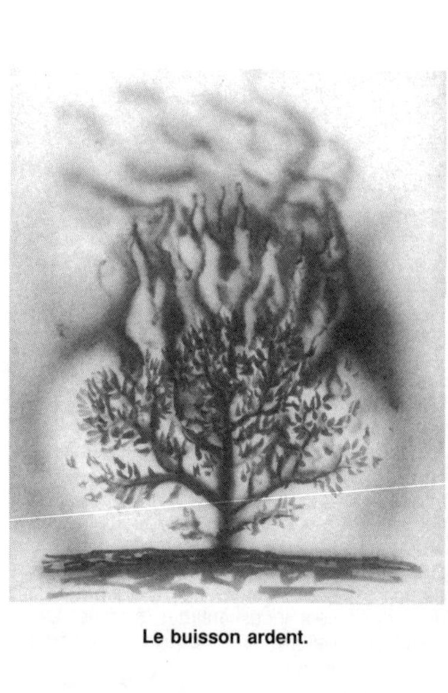

Le buisson ardent.

Dieu

Le mot Dieu vient du latin *Deus,* apparenté à une racine indo-européenne désignant la lumière du jour (cf. le sanskrit *dei-wo,* ciel lumineux). En hébreu, on désigne Dieu par le mot *El* (et souvent par son pluriel d'excellence *Elohim*) ; mais, depuis la Révélation de Dieu à Moïse, son nom propre est **Yahvé**, forme archaïque du verbe être, signifiant vraisemblablement *Il est.*

Le mot Dieu a une particularité étrange : il existe dans toutes les langues, alors qu'il ne correspond à aucune réalité visible ; il n'exprime pas, comme les mots table ou chaise, une réalité identifiable. Il ne dit rien sur celui qu'il représente. Mot sans visage qui désigne une existence différente de l'homme. C'est comme si, sous quelques cieux que ce soit, l'homme avait eu besoin d'un tel concept pour se penser lui-même.

Le Dieu des chrétiens

Le mot dieu a souvent reçu valeur de nom propre : il désigne en particulier le Dieu des chrétiens, qui l'appellent aussi Père, Seigneur, ou de bien d'autres noms qui expriment leur certitude de connaître quelque chose de lui. Pour eux, en effet, si Dieu est une existence totalement différente de l'homme et s'il n'est pas connaissable directement, il est cependant possible de le connaître à partir de ce qui existe visiblement.

On peut le connaître, en premier lieu, à partir de l'histoire : pour les chrétiens, Dieu a inspiré des hommes, s'est choisi un peuple, a été présent au cœur de sa vie. Ce qu'ils appellent l'Ancien Testament est la relecture de cette histoire pour y trouver l'expression du Tout-Autre.

L'apport de l'Ancien Testament à la connaissance de Dieu est, à leurs yeux, considérable : Dieu est vivant, proche, attentionné, il parle. Il a tout créé par générosité. Il propose alliance à l'homme qu'il destine à partager sa vie et son amitié. Il est le Dieu unique de toute l'humanité.

Le Nouveau Testament a éclairé de façon incomparable et définitive aux yeux des chrétiens le visage de Dieu. En bref — selon l'expression d'un théologien contemporain décrivant son expérience de Dieu — « la réalité de Dieu ne nous est pas accessible en elle-même, elle nous est rendue visible dans un visage humain, celui du Fils, Jésus » (Christian Duquoc).

Pour les chrétiens donc, Dieu a parlé dans l'histoire. Mais, à y regarder de près, cette certitude n'est pas fondée sur l'analyse de faits extraordinaires et miraculeux, inexplicables par l'homme, et qu'il devrait attribuer à Dieu.

Pour les chrétiens, Dieu a parlé dans l'histoire parce qu'il se révèle au cœur des hommes. Beaucoup d'hommes, peut-être tous, éprouvent un jour le sentiment — ou plutôt font l'expérience — d'une présence en eux-mêmes qui les révèle à eux-mêmes et les dépasse. Certes, tout le monde n'est pas Abraham, tout le monde n'a pas d'expérience mystique identifiable ; mais beaucoup, à un moment donné, ressentent cette présence, proche, d'autre chose ou de quelqu'un d'autre.

Dieu et l'homme de la fin du XXe siècle

Les développements récents de l'autonomie de l'homme et de sa maîtrise sur les réalités psychiques autant que matérielles ont accentué le soupçon sur une telle expérience, par conséquent sur l'existence de Dieu et, a fortiori, sur sa nature.

Aux maîtres du soupçon, les théologiens catholiques répondent traditionnellement que « Dieu, principe et fin de toutes choses, peut être connu avec certitude par la lumière naturelle de la raison humaine à partir des choses créées » (Concile Vatican I, *Constitution Dogmatique sur la foi catholique*).

C'est de façon unanime que la tradition monothéiste (juifs, chrétiens, musulmans) affirme que **Dieu se manifeste assez, par une multitude de signes, pour que tout homme soit en mesure de le découvrir.** Il reste que la foi — c'est-à-dire une relation personnelle avec ce Dieu — ne peut jamais être le fruit du seul raisonnement (pas plus que du seul amour) : elle suppose toujours une rencontre totalement gratuite, c'est-à-dire étrangère à tout calcul ; on rencontre Dieu pour lui et non pour soi.

Aujourd'hui, si certains chrétiens se désespèrent d'une indifférence croissante à l'égard de Dieu, d'autres au contraire font remarquer que la situation actuelle offre une chance pour vraiment connaître Dieu comme il est : car Dieu est amour (1 Jn 4, 8-14), et l'amour ne s'impose pas. Lorsque la société et la science faisaient de Dieu l'explication ou le remède à toutes leurs déficiences, il était probablement plus difficile qu'aujourd'hui de croire qu'il est totalement Amour, ainsi que le révèle le Christ ; si totalement Amour, qu'il est lui-même union parfaite de trois personnes, et qu'il propose cet amour à tous les hommes sans distinction. ■

ÊTRE

Ce mot peut être pris comme *verbe* ou comme *nom.*

☞ Pris comme *verbe*, il exprime l'existence, la réalité, la situation, la manière d'être d'une personne ou d'une chose (« Je pense donc je suis »). Il sert aussi à lier l'attribut au sujet pour marquer la qualité, l'état (Platon est philosophe).
Pris comme *nom*, il désigne ce qui est, ce qui a une existence et, le plus souvent, l'homme, la personne (« Un seul être nous manque et tout est dépeuplé »). Il désigne aussi la nature intime d'une personne (se sentir ému jusqu'au fond de l'être). Avec une majuscule, il peut quelquefois désigner Dieu, considéré comme Être absolu, infini, parfait, éternel...

☞ Le problème de l'être est le problème le plus fondamental de la philosophie, sous-jacent à tous les autres problèmes. Il s'est posé dès la plus haute antiquité : **qu'est-ce que l'être ?** La réponse à cette question a divisé toute l'histoire de la philosophie, des origines à nos jours.

La théologie s'est appliquée à vérifier que l'affirmation « Dieu est » est raisonnable, qu'elle est vraie. D'autre part, elle a essayé de définir Dieu en tant qu'être, l'Être par excellence. Elle le fait en attribuant à Dieu toutes les qualités humaines, mais sans être dupe de son langage. Dans la phrase « Dieu est parfait », il faut comprendre : Dieu n'est pas imparfait comme les choses de ce monde, il les transcende. ■

Qu'est-ce que ?

Latrie (du grec *latreia,* service d'un maître, dérivé de *latron,* salaire). Dans le langage théologique, le mot *latrie* est un terme technique qui désigne le culte rendu à Dieu seul ; le *culte de latrie* est, en effet, distingué du *culte de dulie* (honneur) à rendre aux saints, et en particulier à la Vierge Marie (*hyperdulie*) : il n'y a pas de commune mesure, en effet, entre l'adoration, réservée à Dieu, et la vénération des saints.

Théodicée (du grec *Theos,* Dieu, et *dikè,* justice, justification).
Ce terme de la théologie a été créé par le philosophe allemand Leibniz pour le titre d'un ouvrage dans lequel il entendait démontrer que l'existence du mal ne détruit pas la conviction de l'existence d'un Dieu bon (*Essai de théodicée sur la bonté de Dieu*, 1710). Depuis lors, le terme désigne la partie de la métaphysique qui traite de la connaissance de Dieu à l'aide des seules lumières de la raison.

IDOLES

Image ou symbole (du grec *eidolon,* image) d'une divinité, qu'on adore comme étant la divinité elle-même.
La religion judaïque, pour laquelle Dieu est non seulement unique mais ne saurait être profané par quelque représentation que ce soit (Ex 20,4), a toujours réprouvé le culte des idoles (Ex 34,13-14 ; Dt 12,30-31 ; 16, 21 ss.) ; réprobation d'autant plus énergique que le peuple juif se trouvait au contact permanent de populations païennes adorant d'innombrables *baals* (en hébreu seigneurs, propriétaires), divinités locales régnant sur des territoires déterminés et dispensant fécondité et fertilité.

Aussi la Bible s'attache-t-elle à souligner la vanité et le néant de ce qui prétend tenir la place de Dieu : « Œuvres des mains d'hommes... elles ont des yeux et ne voient pas, des oreilles et n'entendent pas... » (Ps 115,4 et ss ; Sg 13,14,15) ; bref, elles ne sauraient atteindre le cœur de l'homme pour l'ouvrir à une nouvelle vie.
Ce qu'on appelle parfois les idoles modernes (l'argent qui asservit, la réussite professionnelle à laquelle on sacrifie tout, la passion du pouvoir, le sexe, etc.) ne font évidemment pas l'objet d'une adoration de même nature ; elles peuvent cependant atteindre une puissance captatrice telle que le message biblique relatif aux idoles, lorsqu'il leur est appliqué, retrouve auprès des esprits modernes toute sa résonance et son mordant.
Pour les chrétiens, les idoles ont toujours été l'occasion de mettre à l'épreuve leur fidélité au Dieu vivant. ■

▶▶▶

l'Esprit, ils n'ont pas réglé — tant s'en faut — tous les problèmes concernant le Christ. On peut même dire que, d'une certaine manière, ils les exacerbèrent. Tout se passait comme si, plus les chrétiens formulaient clairement la divinité du Christ, plus ils se rendaient compte des problèmes qu'une telle formulation posait : Jésus-Christ pouvait-il être à la fois vrai Dieu et vrai homme ?

Les fausses simplifications

Certains théologiens essayèrent d'éluder la question. Les premiers, en prenant comme point de départ la figure de Jésus de Nazareth, décrivirent ce dernier comme un homme extraordinaire, un homme adopté par Dieu, un homme uni à Dieu de manière tout à fait étonnante... Mais, finalement, ils ne reprirent pas le cri d'étonnement des premiers apôtres devant le Ressuscité : « Jésus, Dieu l'a fait Seigneur » (Ac 2,36), et évacuèrent ce que voulait dire le mot *Seigneur* en ce temps-là.

Cette tendance théologique s'est retrouvée périodiquement dans l'Église. Certains même ont fait disparaître purement et simplement Dieu pour n'admirer que l'homme Jésus. A l'inverse, d'autres familles de pensée théologique évacuèrent le problème en acceptant parfaitement que Jésus soit Dieu... mais en refusant qu'il soit homme : il aurait fait semblant, il n'aurait pas souffert sur la croix (où il aurait été remplacé au dernier moment par quelqu'un, etc).

Le rappel de ces controverses permet de se rendre compte que ce n'est pas sans mûre réflexion sur le fond, ni sans une claire conscience de la difficulté de se faire entendre, que l'Église fut conduite à proclamer solennellement l'affirmation qu'un homme — Jésus de Nazareth — avait vraiment incarné Dieu (ou que Dieu s'était incarné en lui), et qu'il fallait voir Dieu sur le visage de ce condamné à mort. On est loin des rêves humains ordinaires sur Dieu !

Suite page 677 ▶▶▶

L'ARGUMENT ONTOLOGIQUE

L'argument ontologique (du grec *ontos,* l'étant), est le terme par lequel les spécialistes désignent un raisonnement de saint Anselme concernant l'existence de Dieu.

Pour saint Anselme, lorsqu'on parle de Dieu, on parle de ce qui est le plus grand pour l'esprit humain *(id quod nihil majus cogitari possit).* Or, lorsqu'on suppose que Dieu n'existe pas, on est placé devant une contradiction : puisque l'on peut toujours penser une réalité plus grande que quelque chose qui n'existe pas, on peut toujours penser un Dieu existant plus grand qu'un Dieu qui n'existe pas.
Un grand nombre de penseurs, comme saint Thomas d'Aquin ou Kant, ont rejeté cet argument en montrant qu'il est presque de l'ordre du jeu de mots. D'autres penseurs (Descartes, Hegel) ont, au contraire, soutenu la valeur de ce raisonnement. Pour saint Anselme, il ne s'agit pas de construire un argument de philosophe, il s'agit d'essayer de comprendre l'élan vers une présence — que certains appellent Dieu — et que — pense-t-il— l'homme ne peut éliminer : pour lui, l'argument sert à comprendre Dieu comme celui qui est plus grand que tout ce que l'esprit peut penser de lui. L'insuffisance de la connaissance de Dieu par l'homme ne doit qu'aviver en lui le désir de voir Dieu. ■

Qu'est-ce que ?

Éminence (Voie d'). Terme technique de la théologie peu employé aujourd'hui. La voie d'éminence est la méthode qui consiste à préciser le sens et la valeur des noms et des comparaisons employés pour parler de Dieu ; elle a pour principe le fait que l'homme ne peut comprendre et nommer Dieu qu'à travers sa propre expérience, mais que Dieu est toujours au-delà de la conception qu'il peut en avoir.
Par exemple, la bonté de Dieu ne peut être perçue par l'homme qu'à travers son expérience de la bonté humaine. Mais cette expérience ne peut lui donner qu'un aperçu très fragmentaire, limité et imparfait, du caractère infini de l'Amour de Dieu.

Cause première. Terme utilisé à la suite d'Aristote par la philosophie scolastique et notamment par saint Thomas d'Aquin (XIIIe siècle). La cause étant ce par quoi une chose arrive, la « cause première » désigne Dieu, principe de tout ce qui existe.

Cause seconde. Dans le langage de la philosophie scolastique, est cause seconde celle qui, sous la dépendance de la cause première, est, à son tour, cause de ce par quoi arrive un événement ou s'engage un acte ; plusieurs causes secondes peuvent agir simultanément. La volonté libre de l'homme agit comme cause seconde, puisqu'ayant elle-même sa source dans l'amour de Dieu pour l'homme.

Métaphysique (du grec *meta (ta) phusica,* après la physique).
Développant son système philosophique, Aristote, après avoir traité de la physique, c'est-à-dire de la nature, a ensuite exposé dans un autre ouvrage, qu'il a intitulé *Après la physique,* « au-delà de la physique », ses conceptions philosophiques fondamentales sur l'être, les choses, l'univers. Le terme est resté attaché à cette branche de la philosophie qui traite des principes, des causes et de la nature des choses et des êtres, en remontant jusqu'aux premières causes et aux premiers principes ; elle est ainsi confrontée au problème de l'existence de Dieu.
Au Moyen Âge, saint Thomas d'Aquin a appliqué la métaphysique à la doctrine chrétienne ; elle s'attache alors à la connaissance des choses divines et de tout ce qui s'y rapporte : l'existence de Dieu, ses rapports avec les créatures et leur nature.

▶

LES PREUVES DE L'EXISTENCE DE DIEU

1. Quand nous nous demandons : « Pourquoi croyons-nous en Dieu ? », la première réponse est celle de notre foi : Dieu s'est révélé à l'humanité, il est entré en contact avec les hommes. La révélation suprême de Dieu nous est venue en Jésus-Christ, Dieu incarné. Nous croyons en Dieu parce que Dieu s'est fait découvrir comme l'Être suprême, le grand « Existant ».

Toutefois, cette foi en un Dieu qui se révèle trouve aussi un soutien dans les raisonnements de notre intelligence. Quand nous réfléchissons, nous constatons que les preuves de l'existence de Dieu ne manquent pas. Ces preuves ont été élaborées par les penseurs sous forme de démonstrations philosophiques, selon l'enchaînement d'une logique rigoureuse. Mais, elles peuvent revêtir aussi une forme plus simple et, comme telles, elles sont accessibles à tout homme qui cherche à comprendre ce que signifie le monde qui l'entoure.

2. Quand on parle de preuves de l'existence de Dieu, il faut souligner qu'il ne s'agit pas de preuves scientifico-expérimentales. Les preuves scientifiques, au sens moderne du mot, valent seulement pour les choses perceptibles aux sens, car c'est seulement sur celles-ci que peuvent s'exercer les instruments de recherche et de contrôle dont se sert la science. Vouloir une preuve scientifique de Dieu signifierait abaisser Dieu au rang des êtres de notre monde et donc se tromper déjà méthodologiquement sur ce qu'est Dieu. La science doit reconnaître ses limites et son impuissance à atteindre l'existence de Dieu : elle ne peut ni affirmer ni nier cette existence.

Il ne faut cependant pas conclure de ceci que les savants sont incapables de trouver, dans leurs études scientifiques, des motifs valables pour admettre l'existence de Dieu. Si la science, comme telle, ne peut pas arriver à Dieu, le savant, qui possède une intelligence dont l'objet n'est pas limité aux choses sensibles, peut découvrir dans le monde les raisons d'affirmer l'existence d'un Être qui le dépasse. Beaucoup de savants ont fait et font cette découverte.

Celui qui, avec un esprit ouvert, réfléchit à ce qui est impliqué dans l'existence de l'univers, ne peut s'empêcher de poser le problème de l'origine. Instinctivement, quand nous sommes les témoins de certains événements, nous nous demandons quelles en sont les causes. Comment ne pas poser la même question pour l'ensemble des êtres et des phénomènes que nous découvrons dans le monde ?

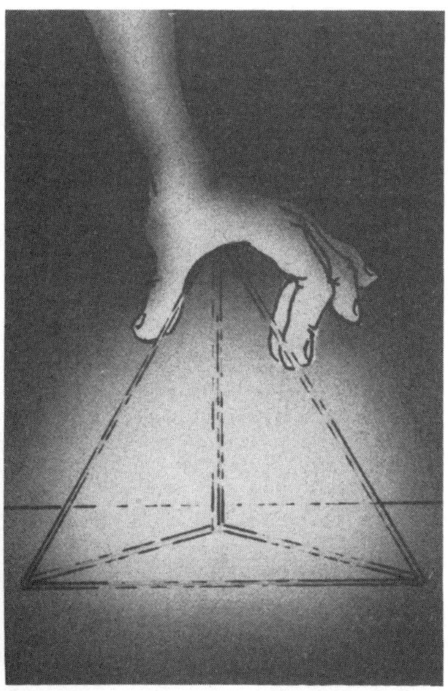

3. Une hypothèse scientifique comme celle de l'expansion de l'univers fait apparaître plus clairement le problème : si l'univers se trouve en expansion continuelle, ne faudrait-il pas remonter le temps jusqu'au moment que l'on pourrait appeler : « le moment initial », celui où cette expansion a commencé ? Mais, quelle que soit la théorie adoptée sur l'origine de l'univers, on ne peut éluder la question la plus fondamentale. Cet univers en mouvement constant postule l'existence d'une Cause qui, en lui donnant l'être, lui a communiqué ce mouvement et ne cesse de l'alimenter. Sans cette Cause suprême, le monde et tout mouvement en lui resteraient « inexpliqués » et « inexplicables » et notre intelligence ne pourrait pas être satisfaite. L'esprit humain ne peut recevoir une réponse à ses interrogations que s'il admet un Être qui a créé le monde avec tout son dynamisme et qui continue à le soutenir dans l'existence.

4. La nécessité de remonter à une Cause suprême s'impose encore plus si on considère la parfaite organisation que la science ne cesse de découvrir dans la structure de la matière. Quand l'intelligence humaine s'applique, non sans peine, à déterminer la constitution et les modalités d'action des particules matérielles, n'est-ce pas parce qu'elle est amenée à en chercher l'origine dans une intelligence supérieure qui a tout conçu ? Devant les merveilles de ce que l'on peut appeler le monde infiniment petit de l'atome, et le monde infiniment grand du cosmos, l'esprit de l'homme se sent complètement dépassé dans ses possibilités de création et même d'imagination, et il comprend qu'une œuvre d'une telle qualité et d'une telle envergure requiert un Créateur dont la sagesse transcende toute mesure, dont la puissance est inifinie.

5. Toutes les observations concernant le développement de la vie conduisent à une conclusion analogue. L'évolution des êtres vivants, dont la science cherche à déterminer les étapes et à discerner le mécanisme, présente une finalité interne qui suscite l'admiration. Cette finalité qui oriente les êtres dans une direction, dont ils ne sont ni les patrons ni les responsables, oblige à supposer l'existence d'un Esprit qui en est l'inventeur, le créateur.

L'histoire de l'humanité et la vie de chaque personne humaine manifestent une finalité encore plus impressionnante. Certes, l'homme ne peut s'expliquer la signification de tout ce qui lui arrive, et donc, il doit reconnaître qu'il n'est pas le patron de son propre destin. Non seulement il ne s'est pas fait lui-même mais il n'a même pas le pouvoir de dominer le cours des événements dans le déroulement de son existence. Toutefois, il est convaincu qu'il a un destin, et il cherche à découvrir comment il l'a reçu, comment il est inscrit dans son être. A certains moments, il peut discerner plus facilement une finalité secrète, qui transparaît par un concours de circonstances ou d'événements. Il est ainsi porté à affirmer la souveraineté de Celui qui l'a créé et qui dirige sa vie présente.

6. Enfin, parmi les qualités de ce monde qui incitent à lever les yeux, il y a la beauté. Elle se manifeste dans les merveilles infinies de la nature ; elle se traduit dans d'innombrables œuvres d'art, en littérature, musique, peinture, arts plastiques. Elle se fait apprécier également dans la conduite morale : il y a tant de bons sentiments, tant de gestes admirables. L'homme a conscience de recevoir toute cette beauté, même si, par son action, il a une part dans sa manifestation. Il ne la découvre et ne l'admire pleinement que lorsqu'il reconnaît sa source, la beauté transcendante de Dieu.

7. A toutes ces « indications » de l'existence de Dieu créateur, certains opposent la vertu du hasard ou des mécanismes propres à la matière. Parler de hasard à propos d'un univers qui présente une organisation si complexe dans ses éléments et une finalité si merveilleuse dans sa vie signifie renoncer à chercher une explication au monde tel qu'il nous apparaît. En réalité, ceci équivaut à vouloir admettre des effets sans cause. Il s'agit d'une abdication de l'intelligence humaine, qui renoncerait ainsi à penser, à chercher une solution à ses problèmes.

En conclusion, une myriade d'indices poussent l'homme qui s'efforce de comprendre l'univers où il vit à orienter son regard vers le Créateur. Les preuves de l'existence de Dieu sont multiples et convergentes. Elles contribuent à montrer que la foi ne mortifie pas l'intelligence humaine, mais la stimule à réfléchir et lui permet de mieux comprendre tous les « pourquoi » qui naissent de l'observation du réel.

JEAN-PAUL II,
La Documentation catholique,
1er-15 septembre 1985, n° 1902.

Qu'est-ce que ?

▶

Elle diffère cependant de la théologie en ce qu'elle ne traite de ces questions que par la seule raison, sans recourir ni à la foi ni à la Révélation.

Moteur premier. La notion de moteur premier appartient à la théologie scolastique ; celle-ci y recourt dans son exposé des preuves de l'existence de Dieu.
Par le terme de moteur premier, ou de moteur immobile, la théologie scolastique désigne, en effet, Dieu en tant qu'il est cause de toute origine, de tout changement, de tout devenir dans le monde, sans être lui-même sujet à aucun changement.

Ontologie (du grec *on*, *ontos*, l'être, et *logos*, discours, science). C'est la branche de la philosophie qui s'emploie à répondre aux questions telles que : Qu'est-ce qu'exister ? Que signifie ce fait d'exister ? Que signifie le fait d'être de telle ou telle manière ? Quelque chose existe-t-il en dehors de celui qui parle ? Que connaît-on ?
En un mot, elle réfléchit sur l'être en tant que tel. D'une certaine manière, l'ontologie se rapproche de la science de la connaissance (ou épistémologie). Elle intervient dans toute réflexion théologique, car celle-ci concerne tout à la fois Dieu et l'homme.

Ph. Sadler-Rapho

Icône de la Trinité. A. Roublev. (vers 1411).

A propos de la Trinité

La majesté du Saint-Esprit n'a jamais été séparée de la Toute-Puissance du Père, et du Fils : tout ce que la divine providence opéra pour le gouvernement du monde, ce sont des actions de la Très Sainte Trinité, qui agit indivisiblement. C'est la même miséricorde qui nous fait grâce, c'est la même justice qui nous condamne ; il n'y a rien de divisé dans l'action, il n'y a aucune différence dans la volonté (...). Nous ne disons pas que le Père, voire le Fils ou l'Esprit, coopère avec la Divinité puisque celle-ci est indivisible, mais nous disons que le Père a quelques actions qui lui sont propres ; que le Fils et le Saint-Esprit en ont de même, car ces actions concourent à notre Rédemption et achèvent l'œuvre de notre salut.

La Très Sainte Trinité a partagé entre elle tout l'ouvrage de notre Rédemption ; le Père a eu la compassion de nos malheurs, le Fils s'est chargé d'y remédier, le Saint-Esprit a tout enflammé par le feu de sa charité (...)

SAINT LÉON, pape (Ve siècle),
Sermon sur la Trinité.

A quoi sert la Trinité ?

La Trinité est au cœur de toute spiritualité chrétienne. En le rappelant, on rend compte de la pensée des plus grands spirituels, mais pas toujours de celle des chrétiens « ordinaires » : ils se contentent souvent d'une sorte de déisme chrétien, et pour eux, l'existence d'une, deux ou trois personnes divines n'est pas vraiment un problème.

Pourtant, si l'homme est créé à l'image de Dieu comme le dit la Bible, le dogme de la Trinité devrait aussi éclairer l'idée que les chrétiens se font de l'homme. Pour certains théologiens, un homme doit être à l'image de Dieu, Père, Fils et Esprit Saint, aussi paradoxal que cela puisse paraître de ressembler aux trois personnes dans un même temps.

Image du Père, l'homme se doit d'être créateur. D'abord créateur de lui-même, sans dépendre de personne, ni de sa famille, ni de l'État, ni de l'Église, ni même de Dieu. Créateur, il se doit de faire surgir des libertés autour de lui. Père, il ne doit pas être paternaliste.

Image du Fils, en même temps, l'homme — parce que c'est la vérité de son être — se doit d'être celui qui reçoit, d'être obéissant. Pas seulement vis-à-vis de Dieu bien sûr, pas seulement vis-à-vis de ceux qui exercent une légitime autorité sur lui, mais vis-à-vis de tout et de tous. Pour les théologiens, l'être chrétien c'est l'être à la fois créateur et dépendant. Fils sans être esclave.

Ni dominateur, ni dominé, l'homme est alors, à l'image de l'Esprit, capable de vivre des relations d'amour désintéressé, des relations qui ne soient ni dépendance honteuse, ni domination blessante. A l'image de l'Esprit, il est alors amour réel, et, malgré l'apparent paradoxe de son être, il est libre de cette extraordinaire liberté que l'on reconnaît comme signe caractéristique de la sainteté. ■

CONSUBSTANTIEL

Un des mots (du latin *consubstantialis,* transcription du grec *homo-ousios,* de même essence) qui provoquèrent le plus de tempêtes dans l'histoire de l'humanité ! Par ce mot, les chrétiens veulent dire leur foi en un Dieu unique en trois personnes ayant la même nature, le même être. La question fut soulevée au IVe siècle par Arius, selon lequel le Verbe, le Fils incarné en Jésus-Christ, ne pouvait être de même nature que Dieu le Père ; notamment, il ne pouvait être éternel, puisque né de lui ; le Christ n'était donc pas Dieu. La racine même de la foi, la divinité du Christ, se trouvait ainsi atteinte, et d'autant plus gravement que la doctrine arienne se répandait comme une traînée de poudre. Une vive controverse s'engagea, qui fut tranchée sur le fond par le concile de Nicée en 325, lequel fut confirmé par celui de Constantinople en 381 ; de là est sorti le Symbole de Nicée-Constantinople (notre Credo de la messe), affirmant que le Fils « engendré non pas créé », est *homo-ousios,* consubstan-tiel, « de même nature que le Père », bien que chacun d'eux soit une personne distincte. C'est le fondement de la théologie trinitaire.
En affirmant que le Christ est de même nature que le Père, les chrétiens proclament que Jésus de Nazareth est à la fois vrai homme et vrai Dieu. ■

Qu'est-ce que ?

Appropriation. Terme technique de la théologie pour désigner l'attribution à l'une des trois personnes de la Trinité des propriétés ou des activités *qui sont en fait communes aux trois*. C'est par appropriation, par exemple, qu'on attribue la toute-puissance au Père, la sagesse ou la vérité au Fils, l'amour à l'Esprit.

Circumincession (du latin *circum,* autour de soi, dans son entourage, et *incedere,* pénétrer dans). Terme technique de la théologie désignant le lien qui unit étroitement les trois personnes de la Sainte Trinité en un seul tout.

Communication des idiômes (du grec *idioma,* propriété que présente une chose). La loi de communication des idiômes définit, au sein de la théologie catholique, les critères à respecter pour rester conforme à la vérité révélée lorsqu'il s'agit d'appliquer à la nature humaine du Christ des termes concernant sa nature divine, et vice-versa.

Les processions divines. Il ne s'agit pas ici de procession du genre de celles qui se déployaient dans nos rues lors de la Fête-Dieu. Il s'agit d'un terme technique employé par les théologiens pour décrire une réalité trinitaire difficile à appréhender.
Selon la pensée chrétienne, il n'existe qu'un seul Dieu, et ce Dieu est en trois personnes (Trinité). Elle affirme aussi que, en Dieu, la personne du Père est à l'origine ; mais, en même temps, elle affirme qu'il n'a pas créé son Fils (car alors celui-ci lui serait extérieur, serait différent de lui), et que ce Fils n'est pas indépendant du Père (car alors il y aurait non pas un seul mais deux Dieux). Pour essayer de rendre compte de cette réalité mystérieuse d'un seul et unique Dieu en trois personnes, dont l'une d'elles, le Père, est à l'origine des autres, la théologie recourt au verbe *procéder* : le Fils procède du Père, et l'Esprit procède du Père et du Fils. D'où le mot *procession*, signifiant ici une réalité tirant son origine d'une autre.

Relation divine. Terme technique de la théologie visant à souligner le fait qu'au sein de la Trinité chacune des trois personnes divines n'existe qu'en relation étroite avec les deux autres, que leur existence est entièrement *relative* par rapport aux deux autres, au sein d'une même nature divine qui fait leur unité.

TRINITÉ

Ce mot savant, qui ne figure pas dans les évangiles, a servi, depuis le IIIe siècle, à préciser la foi chrétienne. Sous la forme *Trinité* ou *Unitrinité*, il désigne ce qu'a de particulier le monothéisme chrétien par rapport au monothéisme juif ou musulman : il ne s'agit pas d'un rébus ni d'une curiosité mathématique. Croire en la Trinité, c'est affirmer que Dieu est Amour : s'il est Amour, il n'est pas solitaire, mais il n'est pas non plus divisé. Il faut donc, pour le nommer, utiliser à la fois le pluriel et le singulier, aucun des deux n'étant capable de l'exprimer à lui tout seul. Dieu est tellement Amour qu'il fait trois, mais que ces trois ne font qu'un : à égale distance d'un principe abstrait et d'une prolifération maladive, d'un égoïsme et d'une dégénérescence, d'une unité monolithique et d'une multiplicité dévaluée. La foi chrétienne croit que Dieu est capable d'engendrer sans pour autant se défaire ; de se donner sans pour autant s'appauvrir ; de se distribuer sans pour autant se casser. C'est parce qu'il se communique en lui-même qu'il est capable de se communiquer en dehors de lui à sa créature, du même Amour par lequel le Père engendre son Fils dans l'Esprit. En ce sens, ce qui fait « comprendre » la Trinité, c'est l'Église, elle aussi faite de pluralisme et d'unité (1 Co 12,4-5 ; Ep 4,1-6).

Adhérant d'abord à Jésus d'une foi simple et émerveillée, l'Église a dû approfondir peu à peu cette réalité à mesure que, du dehors, interrogeaient les autres monothéismes. Elle a ainsi forgé son vocabulaire : en Dieu, une seule nature divine que partagent trois personnes. Il va sans dire que ces mots, humains comme tous les mots, ne doivent pas être forcés, sous peine d'induire en erreur : le mot « personne » notamment. Il n'empêche que, sous la poussée de la culture dite des « Lumières » (XVIIIe siècle), l'Européen — fût-il chrétien — a tendance à revenir au déisme, c'est-à-dire à une conception abstraite du Dieu unique, alors que celui-ci est un Dieu « personnel ». La foi en la Trinité est particulièrement développée et vivante dans les Églises orientales (orthodoxes et catholiques). ■

Hymne à la sagesse de Dieu

O abîme de la richesse, de la sagesse et de la science de Dieu ! Que ses décrets sont insondables et ses voies incompréhensibles ! Qui en effet a jamais connu la pensée du Seigneur ? Qui en fut jamais le conseiller ? Ou bien qui l'a prévenu de ses dons pour devoir être payé de retour ? Car tout est de lui et par lui et pour lui. A lui soit la gloire éternellement ! Amen.

PAUL,
Lettre aux Romains
11, 33-36

La sainte Trinité, d'après une gravure du XVe siècle.

Le retour du Prodigue, de Rembrandt. (XVIIe s.). Amsterdam.

Ph. Artephot-Held

Le Père

« Je crois en Dieu, le Père tout-puissant, créateur du ciel et de la terre. » Dans leur formulation ramassée, ces quelques mots évoquent la toute première page de la Parole de Dieu. Jean s'en fait l'écho dans le Prologue de son Évangile.

Cette première affirmation de la foi est ressentie comme un violent défi à l'idée que l'homme contemporain se fait de sa condition. Notre société et notre culture récusent directement ou indirectement que l'homme soit créature de Dieu. L'humanité est soumise à la tentation prométhéenne de s'emparer de sa propre condition et, dans le même mouvement, de l'univers entier. L'homme veut gagner sur Dieu le monde qui lui est remis par Dieu. Mais se séparant de Dieu, l'homme perd le monde au risque de le détruire et de se détruire lui-même.

L'homme, un objet

Le second défi lancé à la « modernité » par la condition de créature a pour enjeu l'homme lui-même. En ses propres mains, l'homme devient objet de ce monde, et non plus sujet en ce monde. Il n'est plus sujet face au Sujet suprême dont il est issu : Dieu, son Créateur et Père. Dès qu'il a enlevé à la création son langage et l'a réduite au silence pour la maîtriser, l'homme est tenté de se déconsidérer lui-même. Dès qu'elle s'applique à son auteur, l'ambition prométhéenne se révèle pour ce qu'elle est : une tentation et un défi. Il faut même aller jusqu'au bout : un suicide.

En effet, dès l'instant où l'homme n'est plus qu'un objet de ce monde, il cesse à ses propres yeux d'être image et ressemblance de Dieu. Il se réduit à un petit amas de cellules soumises aux lois de la matière. Disparaît alors le caractère sacré de la condition humaine, participant à l'unité divine du Père, du Fils et de l'Esprit. La première victime est le corps, qui n'a sa dignité singulière dans la totalité du monde vivant et du monde matériel que parce qu'en la singularité de chaque être, il appartient à une personne. Corps de telle personne humaine, unique et irremplaçable en sa singularité de sujet, il est, dans le Corps du Christ, temple de l'Esprit Saint, demeure de Dieu — et non pas une simple réalité biologique.

En condamnant le monde au silence, l'homme rend muette sa condition biologique et charnelle. Il ramène la personne aux choses, le sujet aux objets, la vie à la mort. Tout ce qui constitue la condition humaine, dans ses dimensions sociale, corporelle, affective, personnelle, tout ce qui, plus encore, constitue l'homme à l'image et à la ressemblance de Dieu, l'homme par qui et pour qui la création dévoile sa splendeur et sa beauté reçues de Dieu, tout cela risque d'être obscurci et déchu dans le refus de la foi et de la paternité divine.

CARDINAL LUSTIGER,
France Catholique, n° 2006,
31 mai 1985.

Père

L'attribution à Dieu du nom de Père, si elle est traditionnelle dans l'histoire de l'humanité, ne va pas sans poser quelques questions aujourd'hui, dans une société que de bons esprits appellent une « société sans père », où la notion traditionnelle de paternité est battue en brêche. Surtout pour Dieu !

Pour *Marx* (1818-1883), le culte du Père, qui est au ciel, est à la fois l'expression du désespoir de l'homme oppressé par ses « pères-patrons » de la terre, et ce qui l'empêche de se révolter contre la situation d'oppression, puisqu'il attend de ce Père du ciel une récompense de sa résignation terrestre.

Pour *Nietzsche* (1844-1900) aussi, Dieu le Père est un rêve, une projection du désir humain. Mais perverse, car elle est l'expression de la faiblesse humaine, de la décadence, du refus de la liberté et du bonheur.

Freud (1856-1939) voit dans le culte du Père omnipotent l'essence même du phénomène religieux : ce culte est l'expression du désir de toute-puissance qui existe au cœur de tout être humain, et de la nécessité d'assumer le sentiment de culpabilité œdipien qui se trouve en chacun. Le culte du Père-Origine permet — en suivant sa Loi — de s'autopunir de la « faute » de révolte contre le père terrestre.

Tous comptes faits, les chrétiens reçoivent ces critiques plutôt positivement. Elles leur semblent permettre d'épurer une notion de paternité, qui peut effectivement se charger de mille sens humains, trop humains. Pour eux, s'ils appellent Dieu Père, ce n'est pas en suivant la trilogie désir-illusion-aliénation, mais parce qu'il s'est manifesté comme Père dans une révélation historique. Cette révélation a pour effet tangible la construction d'un Peuple aux yeux duquel ce qui est premier n'est pas son sentiment, sa pensée, mais l'appel de Dieu.

Pour Israël, Yahveh s'est révélé Père dans l'acte par lequel il a délivré son peuple de l'oppression égyptienne et lui a promis assistance tout au long de son histoire (Ex 4,22. Dt 14,1. Is 1,2 ; 63, 15-16, etc.). Il ne s'agit pas là d'une paternité biologique ni même juridique, il s'agit d'une paternité d'ordre spirituel qui résulte d'une adoption (Dt 32,10), d'une élection d'Israël par Yahveh. La transcendance de celui-ci n'en empêche cependant pas la proximité affectueuse.

En appelant Dieu *Abba,* c'est-à-dire Papa en araméen (Mc 14,36), Jésus marque le lien unique qui l'attache au Père, en même temps que la profondeur véritable de ce lien. Le Fils (le Verbe dans le langage de saint Jean) est « engendré par le Père » de toute éternité. Son lien spirituel de filiation est donc d'un autre ordre que celui résultant d'une adoption. Le Père et le Fils partagent la même nature : « Au commencement le Verbe était avec Dieu, le Verbe était Dieu... Nul n'a jamais vu Dieu ; le Fils unique, qui est dans le sein du Père, lui, l'a fait connaître » (Jn 1,1-18). L'unité absolue dans laquelle se trouvent le Père et le Fils (Mt 11,27, Jn 17,10,11,22,23...) permet à Jésus de révéler le Père à travers sa personne : « Celui qui m'a vu a vu le Père » (Jn 14,9). De la sorte, lorsque le Nouveau Testament écrit Dieu avec l'article (en grec *Ho Theos*), c'est le Père qu'il désigne et non le Dieu abstrait des philosophes.

Le Christ, parlant de son Père à ses disciples, emploie maintes fois l'expression « Votre Père des cieux » (Mt 5,45, Mc 11,25, Lc 12,32, Jn 20,17...). C'est, du reste, sous cette invocation qu'il leur apprend à prier Dieu : « Notre Père qui es aux cieux... » (Mt 6,9 *sqq.*, Lc. 11,1 *sqq.*). Pour le Christ, en effet, et sous l'action de l'Esprit Saint, les hommes ont le pouvoir de devenir enfants de Dieu (Jn 1,12) et ainsi de partager pleinement, avec le Fils, l'héritage paternel (Rm 8,16-17). Pour les chrétiens, il y a un seul Dieu parce qu'il y a un seul Père, une seule source de toute vie.

En conclusion, c'est parce qu'ils ne font plus qu'un seul Corps avec le Christ que les chrétiens osent dire, grâce à l'Esprit Saint, que Dieu est leur Père. Loin de les éloigner de la construction du monde, ceci les invite à s'occuper eux aussi « des affaires du Père » et à « aider la création toute entière à parvenir à la délivrance » (Rm 8,23). Loin de les éloigner de la vie et de l'action, ceci les invite à savoir donner leur vie jusqu'au bout pour vivre en plénitude. Loin de voir en Dieu un Père tout-puissant et culpabilisant, ceci les invite à voir en Dieu un Père tout amour et dont la justice est de rendre juste. ■

L'EMPLOI DU MOT PÈRE DANS L'ÉGLISE

La notion de paternité de type spirituel fait recourir, de diverses façons, à l'emploi du mot Père au sein de l'Église.

Saint-Père : le pape, pasteur de l'Église universelle.

Père : titre donné aux religieux et très souvent aux prêtres séculiers, en considération de la fécondité spirituelle de l'état religieux et du sacerdoce.

Père Abbé : supérieur d'une abbaye (Abbaye, Abbé sont eux-mêmes dérivés du mot araméen *Abba,* Père).

Pères de l'Église : théologiens des premiers siècles dont l'œuvre bénéficie d'une autorité reconnue par l'Église.

Pères conciliaires : membres d'un Concile oecuménique (évêques).

Père spirituel : conseiller spirituel d'une personne ou d'une communauté.

▶▶▶ *Suite de la page 672*

Ephèse et Chalcédoine

Ces controverses (voir p. 322 à 325) — qui furent quelquefois, les empereurs de Constantinople s'en mêlant, des batailles — ne peuvent être réduites à des controverses de spécialistes sans conséquences pour les non-initiés. En fait, c'est toute l'histoire des relations entre l'homme et Dieu qui est en cause. Ne voir que l'homme en Jésus, c'est ramener le témoignage de sa vie à un simple épisode historique, et son message aux conseils moraux d'un sage d'autrefois : la liberté de l'homme existe, mais la religion devient une morale. Ne voir que Dieu en Jésus, c'est admettre que son témoignage et sa vie sont hors de portée des humains : la vie ordinaire des hommes n'est plus le lieu possible de la rencontre avec Dieu, et la religion devient soumission à un Dieu lointain ; il n'y a plus de liberté pour l'homme. Lire Dieu sur le visage d'un condamné à mort ne peut que bouleverser toutes les conceptions ordinaires de la vie (nous essaierons de développer ce point plus loin).

Sans mettre un terme aux controverses, ce sont les conciles d'Ephèse (431) et de Chalcédoine (451) qui formulèrent clairement la foi des chrétiens sur le Christ. En affirmant, à Ephèse, que Marie était mère de Dieu (*Theotokos*), les évêques d'alors affirmaient, du même coup, que Jésus était à la fois homme et Dieu. Chalcédoine, reprenant le vocabulaire du concile de Constantinople, affirmera qu'*en Jésus-Christ, il y a deux natures, la nature humaine et la nature divine, mais une seule personne.*

JÉSUS, EN CONSÉQUENCE, A DEUX VOLONTÉS : UNE VOLONTÉ HUMAINE ET UNE VOLONTÉ DIVINE

Cela dit, les théologiens voulurent aller plus loin. Ils se demandèrent d'abord si le Christ avait une seule volonté, ou bien deux : une volonté humaine et une volonté divine... Par le biais de la question de la volonté, certains théologiens reposaient en fait la même question : Jésus était-il vraiment homme ? N'était-il pas une marionnette mue intérieurement par sa volonté divine ? Mais que serait l'homme sans volonté humaine ? L'Église ne répondit pas autre chose que ce qu'écrivait le pape saint Damase (en 374) : « Si un homme incomplet a été assumé, incomplet est le don de Dieu, incomplet notre salut, car alors ce n'est pas l'homme tout entier qu'il a sauvé (...). Quant à nous, nous savons que nous sommes sauvés intégralement et complètement ; conformément à ce que professe l'Église catholique, nous professons que Dieu parfait a assumé l'homme complet. »

Pour le concile de Constantinople III (681) en effet, à chacune des deux natures présentes en Jésus-Christ correspond une volonté : Jésus-Christ est bien un homme à part entière (que serait un homme sans volonté propre ?), et Jésus est bien Dieu le Fils et, en tant que tel, il a la « volonté » de Dieu.

QUELLE CONSCIENCE DE LUI-MÊME AVAIT JÉSUS-CHRIST ?

La conscience de soi est déjà un problème difficile par lui-même : suis-je le même être à travers les diverses phases de mon existence ?

Suite page 680 ▶▶▶

En Jésus seul, l'amour est plus fort que la vie

Platon disait : « Seul est digne d'exister celui qui est digne d'être aimé. » Ce que Platon ne savait pas, et que nous, chrétiens, nous croyons de toute notre âme, c'est que seul est digne d'être aimé celui qui aime. Donc seul est digne d'exister celui qui aime. Car celui-là seul est libre, celui-là seul est un homme.

Mais, dans l'histoire de l'humanité, un seul fut absolument libre, parce qu'un seul a parfaitement aimé. Un seul est homme en plénitude. Nous, nous nous efforçons d'aimer ; nous construisons péniblement, à longueur de jours et d'années, notre liberté ; nous demeurons esclaves de beaucoup de choses et en bien des manières ; nous nous accrochons à notre avoir et à tout ce que nous savons bien qui doit mourir ; nous collons à la vie en forme d'esclavage et donc de mortalité. Nous sommes attachés plus que détachés. En nous la vie, la vie présente, la vie biologique, la vie mortelle est plus forte que l'amour.

En Jésus seul (je laisse de côté le cas de Marie sa mère), l'amour a été plus fort que la vie. Sa mort est la mort d'un homme absolument libre, absolument détaché de soi et de tout, totalement aimant. Comment Dieu ne l'accueillerait-il pas en Lui, afin qu'il vive éternellement en Lui ? Le Christ n'a vécu que par le Père et pour le Père, donc en un Autre plus qu'en soi. C'est cela, l'amour : vivre en un autre. Mais vivre en un autre, c'est bien mourir à soi. Dire que Jésus est ressuscité, ou que le Père a ressuscité Jésus, c'est donc dire que, pour cet homme pleinement homme en qui l'amour a été plus fort que la vie, l'amour est pour toujours plus fort que la mort. Il est ressuscité, il est Vivant.

Nous sommes donc en mesure de comprendre cette proposition qui tout à l'heure nous a peut-être semblé quelque peu sibylline : l'amour est plus fort que la mort, à condition qu'il soit d'abord plus fort que la vie.

FR. VARILLON,
Joie de croire, joie de vivre,
éd. du Centurion.

La Résurrection

La résurrection du Christ est au cœur de la foi chrétienne. Sans résurrection du Christ, dit Saint Paul (1 Co 15,17), la foi est vaine : rien du christianisme n'existerait.

Le fait de la résurrection du Christ

Ce sont évidemment les premiers chrétiens qui ont témoigné de l'importance de la résurrection à leurs yeux. Un peu comme un savant faisant une découverte extraordinaire, ils ont essayé de forger des mots nouveaux et d'utiliser le vocabulaire dont ils disposaient en corrigeant les expressions les unes par les autres.

Ils ont probablement d'abord affirmé que Jésus avait été glorifié, que Dieu l'avait « exalté » (exalter : étymologiquement faire monter) et lui avait donné le Nom qui est au-dessus de tout nom (Ph 2, 9-11). Ce langage, très fortement marqué par la Bible, et en particulier par le genre littéraire apocalyptique, signifie clairement que, pour les premiers chrétiens, Jésus avait été manifesté comme Dieu et Seigneur de l'Univers par sa résurrection, et qu'il vivait dorénavant une vie tout autre que celle dont il avait vécu sur les routes de Palestine. Les Juifs et les premiers chrétiens utilisaient, en effet, l'image du ciel, de l'altitude, pour signifier Dieu, et la gloire était l'attribut de Dieu.

Le vocabulaire de la glorification mettait l'accent sur la différence de vie entre Jésus de Nazareth et Jésus aux cieux. Les mots *Vie* (Jésus est vivant Lc 24,5) ou *Résurrection* (Lc 24,6) insistent, au contraire, sur l'identité de ces deux Jésus : c'est le même être. C'est la même personne.

L'existence de ce « double langage » est souligné par la difficulté des évangélistes à raconter sans contradiction les apparitions du Christ ressuscité : on le reconnaît et on ne le reconnaît pas, on le touche et on ne le touche pas. Tout se passe comme si les premiers chrétiens avaient témoigné d'une expérience qui leur était survenue malgré leurs doutes (que les évangélistes évoquent souvent) : expérience d'une rencontre littéralement inexprimable, à l'origine de leur foi en la divinité de celui qu'ils avaient vu mourir quelques jours avant.

La signification de la Résurrection : le triomphe de l'Alliance

Les premiers chrétiens, placés devant l'événement de la Résurrection, l'ont immédiatement interprété : ils l'ont fait avec leur manière de penser, toute nourrie de la Bible.

Les Juifs, sûrs de l'amour de Dieu inscrit dans l'Alliance avec le Peuple de Dieu, attendaient la venue d'un Messie qui établirait la paix et la justice sur terre, donnerait puissance à Israël sur ses ennemis, retournerait les cœurs vers Dieu.

Pour les premiers chrétiens, cette promesse est accomplie en Jésus. La résurrection du Christ est le triomphe de l'Alliance. Mais, en lui, l'accomplissement de la Promesse est comme personnalisé. Le salut promis ne viendra pas d'une manière automatique : il faudra, pour que la Promesse se réalise pour tout le Peuple, que chacun se lie de manière particulière au Christ ressuscité.

Les premiers chrétiens vont vivre la Résurrection du Christ comme une libération bien plus importante que la libération d'une ville ou d'un pays. Pour eux, grâce à la Résurrection du Christ, l'homme peut vraiment devenir libre et créateur : c'est la Bonne Nouvelle qu'ils vont annoncer partout dans le monde. ■

Ph. Giraudon

Christ ressuscitant, par G. Pilon (XVIe s.).

CROIRE, OU CONSTATER LA RÉSURRECTION ?

Jésus a fait des miracles. L'Évangile les décrit et montre les réactions de la foule. L'Évangile raconte comment s'est passée la résurrection de Lazare. Les gens l'ont vue. L'Évangile ne raconte pas la résurrection du Christ. Il parle d'un tombeau vide. Comme s'il n'y avait que cela d'universellement constatable. Jamais l'Évangile ne cherche à faire une démonstration de la résurrection du Christ à l'aide d'un raisonnement à partir du tombeau vide (il n'est jamais dit : le tombeau était gardé, nous, ses disciples, nous étions enfermés, le tombeau a été découvert vide, donc il s'est passé quelque chose). Par contre, l'Évangile donne à entendre des témoins. Ils disent clairement : « Nous l'avons vu », « Il nous est apparu ». Ces témoins, emploient des formules qui veulent attester la réalité humaine de leur expérience, mais, en même temps, leur vocabulaire est toujours celui de la foi et non celui du premier constat (Saint Thomas voit et dit : *Mon Dieu*). Tout se passe comme s'ils avaient toujours interprété l'expérience qu'ils ont réellement vécue en posant un acte de foi en la divinité du Christ. On ne constate pas la Résurrection. On y croit. C'est y croire qui fait des chrétiens des *fidèles* (*fides* : foi). ■

LE PORCHE D'ENTRÉE : LA RÉSURRECTION

Tout ce qu'implique la foi au Christ a un porche d'entrée : c'est sa Résurrection, gage de la résurrection des morts. Tout est dans ce point décisif : l'existence humaine de Jésus, la crédibilité de ses paroles affirmant sa nature divine, l'unité des deux natures unies dans la personne du Verbe, et tout ce que confesse la foi catholique.

On ne peut se contenter de la figure compatissante d'un frère miséricordieux, recueillant en ses mains les larmes des pauvres. Ce n'est pas assez que de reconnaître en Jésus toute la fascination exercée par l'homme sur l'homme à son plus haut degré de perfection et de beauté. Car on pourrait proposer d'autres types d'homme : plus puissant, plus stoïque, plus volontaire. Nombreux sont ceux qui aimeraient modeler le visage de Jésus sur leurs propres désirs.

En fait, croire au Christ, Verbe de Dieu fait homme, c'est croire en sa Résurrection. C'est accepter d'être mené par Dieu jusqu'à ce seuil et en faire, comme nous y invite la liturgie, le centre de notre foi.

Pourquoi ? Parce que c'est précisément la frontière sur laquelle achoppe notre propre esprit. Le fait de la résurrection semble impossible, y croire paraît inconcevable pour la raison humaine. Car ce qui semble impossible à notre expérience paraît inconcevable ou plutôt chimérique à notre intelligence. La réponse de la foi, c'est que « tout est possible à Dieu » (cf Gn. 18,14 et Lc 1,37).

Lorsque le Christ nous demande de croire à sa Résurrection et nous en donne la grâce, il nous accorde déjà le salut. Il nous donne déjà part à la Résurrection en déplaçant dans notre intelligence et notre cœur les bornes conceptuelles que nous avions nous-mêmes érigées. Il nous guérit, nous et notre intelligence, en nous permettant de croire que la vie est plus forte que la mort. Car c'est Dieu qui donne la vie.

La mort n'est pas la loi de la vie. La mort peut être vaincue par Dieu. Elle n'est pas pour l'homme qu'un fait naturel, auquel il n'aurait qu'à se résigner, quitte à imaginer une explication qui la rende plausible et acceptable. La mort est l'ennemi du genre humain. S'accomoder de la mort n'est pas noblesse stoïque mais aveuglement et capitulation de l'humanité. Car la mort est littéralement inhumaine.

Si l'homme répugne à consentir à ce déplacement conceptuel, c'est parce qu'il est prisonnier, esclave et complice de la mort. Il ne lui est pas pensable de s'en débarrasser, d'en être délivré. Alors, ou bien il masque la mort en l'oubliant, comme le font beaucoup de civilisations, dont la nôtre, ou bien il feint de ne voir dans la mort qu'une imperfection, une difficulté provisoire dont son savoir-faire et son intelligence finiront bien par faire reculer les limites.

CARDINAL LUSTIGER,
France catholique,
7 juin 1985, n° 2007.

Hymne pascale

Jour de Résurrection ! Peuples, rayonnons de joie,
C'est la Pâque, la Pâque du Seigneur !
De la mort à la vie
Et de la terre aux cieux,
Le Christ Dieu nous a menés,
Nous qui chantons l'hymne de la victoire.

Que le ciel se réjouisse,
Que la terre soit dans l'allégresse,
Que le monde soit en fête,
Tout le monde visible et invisible.
Car le Christ est ressuscité,
Lui, l'éternelle allégresse.
De la mort, célébrons la destruction,
Et de l'enfer, la ruine.
D'une vie nouvelle immortelle
Chantons avec élan l'Auteur,
Le Dieu unique des Pères,
Béni et tout glorieux.
O Pâque grande et toute sainte, O Christ,
O Sagesse, O Verbe de Dieu, O Force,
Donne-nous de t'être unis
Dans une plus grande vérité,
Au jour sans déclin de ton Royaume.
Une Pâque sacrée nous est apparue aujourd'hui :
Pâque nouvelle et sainte, Pâque mystique,
Pâque très pure, Pâque du Christ, notre libérateur,
Pâque immaculée, Pâque grandiose,
Pâque des croyants,
Pâque qui nous ouvre les portes du paradis,
Pâque qui sanctifie tous les fidèles.

C'est le jour de la Résurrection !
Rayonnons de joie en cette solennité ;
Embrassons-nous les uns les autres ;
Disons : « Frères » à ceux-mêmes qui nous haïssent,
Pardonnons tout à cause de la Résurrection
Et, alors, chantons :
Christ est ressuscité d'entre les morts ;
Par la mort il a détruit la mort.
Et à ceux qui sont dans les tombeaux,
Il a accordé la vie.

Liturgie byzantine

Non, la résurrection n'est pas...

Pour les chrétiens, la résurrection du Christ n'est pas :
• la renaissance de Jésus de Nazareth dans un corps parfait à la manière dont certains orientaux pensent que « l'âme » d'une personne se réincarne dans un être de plus en plus parfait si elle s'améliore au cours de ses différentes vies ;
• la manifestation d'un héros mi-homme, mi-Dieu, comme il pouvait en exister dans la mythologie grecque ;
• l'immortalité de l'âme de Jésus qui pourrait, de temps en temps, donner l'illusion d'avoir un corps pour apparaître aux hommes ;
• le souvenir de Jésus dans le cœur des apôtres et des fidèles de tous les temps inspirant leur vie et leurs actions ;
• le retour d'un Dieu, qui s'était absenté de lui-même, pour prendre la forme humaine, comme peuvent le faire certains récits de la mythologie solaire.

Pour les chrétiens, Jésus est **mort.** Dieu l'a **ressuscité**, et Jésus est dorénavant **vivant pour toujours**. ■

Quelle était la psychologie du Christ ?

L'homme moderne aime à s'interroger sur la psychologie de ceux qui ont vécu une expérience extraordinaire. Les interviews regorgent de questions du genre : « Et qu'est-ce que cela fait d'être le premier..., d'avoir été prisonnier, d'avoir été sur la lune ? », etc.

Ce genre de questions est ignoré des anciens et, aussi curieux que cela puisse paraître, peu se sont interrogés sur la psychologie de Jésus et sur l'effet de sa conscience d'être à la fois véritablement homme et véritablement Dieu.

☞ Deux raisons expliquent cette absence de curiosité. La première : on ne connaît Jésus que par ce qu'en a dit la communauté chrétienne primitive. Jésus n'est connu que de l'extérieur de lui-même. Il n'a pas laissé d'écrits, de confessions, qui permettraient de saisir de l'intérieur sa manière de voir le monde et de se comprendre lui-même.

La deuxième : les anciens ne s'intéressent pas à la psychologie mais aux structures fondamentales de l'être du Christ. Pour eux, la difficulté première, ce sur quoi ils réfléchissent, est la possibilité d'être à la fois homme et Dieu ; mais, une fois cette possibilité admise par la foi, ils semblent tenir pour acquis que cette structure d'être entraîne nécessairement une conscience du Christ à la fois totalement humaine et totalement divine. Pour la plupart d'entre eux, puisque, dès l'origine, le Christ est homme et Dieu, il sait qu'il est homme et Dieu.

La psychologie moderne amène à poser la question de la conscience de Jésus à nouveaux frais. Que serait une psychologie humaine qui d'avance connaîtrait tout ? La conscience de l'homme se développe lentement, prend petit à petit la mesure de son identité, sans cela elle n'est pas humaine. D'ailleurs, le lecteur de la Bible remarque que Jésus affirme ne pas tout savoir (en particulier, il ne sait ni le jour, ni l'heure (Mt 24,36) de la fin du monde), il est tenté, il semble apprendre des événements ou se sentir abandonné du Père sur la croix. Bref, ce sont les évangiles apocryphes — que l'Église n'a pas reconnus — qui montrent un Jésus sachant tout, tout le temps, ayant conscience de tout, tout le temps. Pas les évangiles des chrétiens.

La plupart des théologiens, aujourd'hui, acceptent donc, à la lumière de l'Évangile, de reconnaître que Jésus, étant vraiment homme, ne savait pas tout sur tout, et même que sa connaissance de Dieu était de l'ordre de la foi : il ne voyait pas Dieu ; mais il croyait. Pourtant, les mêmes théologiens affirment, en même temps, que Jésus avait une conscience diffuse mais profonde de son lien très spécifique avec le Père. Cette conscience, de l'ordre du sentiment d'appartenance, a dû être présente tout au long de sa vie, mais grandir en lui et s'expliciter petit à petit au fur et à mesure qu'il analysait sa propre vie, et bientôt sa propre marche à la mort, à l'aide de l'Écriture et de la Tradition juives.

Ainsi, ces théologiens professent que Jésus a dû vivre une expérience humaine totalement originale, marquée par un sentiment constant, mais pas forcément explicite, d'union à Dieu. ■

▶▶▶ *Suite de la page 677*

Je peux en éprouver la certitude sans être pour autant en mesure de le démontrer. La philosophie a lancé bien des thèses sur le sujet. La psychanalyse a, de surcroît, montré la part de l'inconscient inexprimable dans la construction de la personnalité ; la difficulté est grande de répondre à la question « qui suis-je ? ». Mais, si l'on pose la même question à propos de Jésus, c'est-à-dire si l'on demande : comment Jésus pouvait-il répondre à la question « qui suis-je ? », la difficulté est dédoublée si l'on admet que Jésus est complètement Dieu et complètement homme. Ici, deux fausses pistes sont à éviter.

La première serait de mal interpréter la formule du Prologue de saint Jean, « Le Verbe s'est fait chair », en supposant qu'elle veut dire : Jésus est homme par son corps et Dieu par son esprit ; Dieu est esprit ; et Jésus est cet homme-Dieu en qui l'esprit divin tient la place de ce qu'est l'âme chez les autres hommes. La seconde fausse piste serait de comprendre Jésus comme un être composé, comme l'addition de l'humain et du divin. Pour visualiser l'erreur à éviter, disons que, dans cette théorie inadéquate, on verrait Jésus un peu comme un bus londonien à deux étages. L'étage divin contiendrait le moteur et la direction, et il entraînerait là où il voudrait l'étage humain. Mais, en l'occurrence, la nature humaine ne se manifesterait plus que dans une personnalité diminuée, pour ne pas dire abstraite, et il n'y aurait pas une mais deux personnes.

Une conscience humaine, reflet de la conscience divine

Pas plus que l'homme situé devant un miroir ne peut empêcher son visage de s'y refléter, Dieu le Fils, présent dans l'humanité de Jésus, ne peut empêcher son être de s'y refléter, produisant ainsi une image créée qui est sa conscience humaine, et celle-ci n'a de signification que par rapport au Fils c'est-à-dire finalement par rapport au Père, puisque le Fils est tout entier relatif au Père qui l'engendre.

Jésus se savait-il depuis toujours Fils de Dieu ?

Dire cela n'est pas répondre aux questions que l'on pose aujourd'hui au théologien : Jésus avait-il conscience d'être depuis sa petite enfance le Fils de Dieu ? N'a-t-il pas plutôt pris, petit à petit, conscience de son identité et de sa mission ? Savait-il tout ?

La première communauté chrétienne se souvenait que Jésus avait déclaré ignorer quelque chose : le jour et l'heure de l'avènement du Fils de l'homme. (Mt. 24, 36) A partir de ce fait, peut-on dire que Jésus vraiment homme avait, comme tout homme, une connaissance limitée et grandissante ? Beaucoup de théologiens le pensent pour respecter l'humanité de Jésus. La première communauté chrétienne, par contre, a été frappée de l'étonnante liberté et de l'autorité incontestable de Jésus : plusieurs fois, il parle en son nom, en s'attribuant des prérogatives divines. A partir de cette constatation, certains théologiens pensent que Jésus — dès qu'il a été à même d'avoir une raison humaine — a toujours eu la conscience d'être le Fils du Père, mais que cette conscience s'est développée progressivement et qu'il a mis du temps à découvrir pleinement son identité.

Suite page 689 ▶▶▶

Jésus et l'amour

Jésus ne nomme pas l'amour beaucoup plus souvent que l'Ancien Testament. Mais il aime, il est aimé. L'amour qu'il suscite et qu'il exige, l'amour qui le dévore et qu'il répand, ses gestes bien plus encore que les mots, sont la révélation définitive de l'amour.

JACQUES GUILLET,
La générosité de Dieu.

MÉDIATEUR

Dans le langage courant, un médiateur est celui qui cherche, avec l'accord des parties, la solution d'un conflit. C'est aussi un petit instrument avec lequel un guitariste fait donner aux cordes leur pleine sonorité.
Les théologiens emploient ce mot dans un sens précis et exclusif, en l'appliquant au Christ.
Pour comprendre le sens ainsi donné au mot médiateur, il faut rappeler, avec l'évangéliste Jean dans son Prologue (Jn 1), que Dieu a tout créé par son Fils, désigné par l'évangéliste sous le nom de « Verbe » (c'est-à-dire de Parole de Dieu). C'est dire que l'homme a été créé pour vivre une histoire d'amour avec Dieu, et se tourner, avec l'Esprit du Fils, vers le créateur en disant *Père*.
Ainsi, lorsqu'il s'est détourné de Dieu, l'homme n'a pas seulement brisé une relation d'amour ; il a détruit sa propre identité et sa capacité de bonheur. Mais le Verbe, le Fils de Dieu, en se faisant en Jésus-Christ semblable aux hommes en toutes choses excepté le péché, puis en mourant sur la croix par amour, et en ressuscitant, s'est fait médiateur : il est l'Alliance vivante de l'homme et de Dieu ; il permet ainsi à chaque être humain de redécouvrir les capacités de bonheur éternel qui sont en lui depuis sa création par le Verbe, puisque chacun peut désormais, grâce à lui, entendre en son cœur l'Esprit du Fils dire *Père* (Ga 4,6).

☞ **Le Christ est le seul médiateur entre l'homme et Dieu**, puisque seul il est à la fois créateur et homme.
On dit aussi qu'il est « médiateur cosmique », car l'homme a entraîné tout l'univers dans sa propre aliénation ; le Christ reprend en lui et rénove tout le monde créé (Teilhard de Chardin a remis en lumière cette vérité bien connue des Pères grecs de l'Église).
En bref, la résurrection du Christ montre qu'il fait en lui l'unité du fini et de l'infini, de la matière et de l'esprit, de l'homme et de Dieu ; il est désormais comme le pôle d'attraction de toute la création, qu'elle soit humaine ou cosmique. ■

Jésus-Christ est-il ?

	NON, DISENT	OUI, DIT L'ÉGLISE
VRAI HOMME	DOCÉTISME (du grec *dokein* : paraître) : il fait semblant (les apôtres ont lutté contre cette doctrine ; cf. *Épître aux Colossiens, 1er Épître de St Jean*). GNOSE : ni homme, ni Dieu, intermédiaire (Valentin, † 160 ; Marcion, excommunié 144).	Tout esprit qui confesse Jésus-Christ venu dans la chair est de Dieu (St Jean, 1er épître 4, 2-3). • Il est vraiment né (St Ignace, évêque d'Antioche, † 107). • Il s'est fait ce que nous sommes (St Irénée, évêque de Lyon, † 200).
VRAI DIEU	ADOPTIANISME : c'est un homme adopté par Dieu (Paul de Samosate, évêque d'Antioche, déposé en 268). ARIANISME : seulement la plus haute créature (Arius, † 336, condamné par le concile de Nicée en 325).	• Fils de Dieu fait homme (synode d'Antioche, 268). • Non créé, mais Dieu comme le Père (concile de Nicée en 325).
DIEU ET HOMME	APOLLINARISME : le Verbe lui tient lieu d'âme (Apollinaire, évêque de Laodicée, † 390, condamné par le concile de Constantinople en 381). NESTORIANISME : deux personnes distinctes, divine et humaine (Nestorius, patriarche de Constantinople, † 451, condamné aux conciles d'Éphèse (431) et de Chalcédoine (451). MONOPHYSISME : il n'y a qu'une seule nature, son humanité ayant été absorbée par sa divinité (Eutychès, moine de Constantinople, † 454, condamné par le pape St Léon puis par le concile de Chalcédoine en 451).	• Le Christ, né du Père avant tous les siècles, est né vrai homme de la Vierge Marie (conciles de Nicée en 325 et de Constantinople en 381). • Le Christ est Dieu et homme, une seule personne en deux natures (conciles d'Éphèse en 431 et de Chalcédoine en 451). • Une seule et même personne, divine et humaine (St Cyrille, patriache d'Alexandrie, † 444). • Deux natures distinctes (St Léon le Grand, pape, † 461).

Dites, si c'était vrai

Dites, dites, si c'était vrai
S'il était né vraiment à Bethléem, dans une étable
Dites, si c'était vrai
Si les rois Mages étaient vraiment venus de loin, de fort loin
Pour lui porter l'or, la myrrhe, l'encens
Dites, si c'était vrai
Si c'était vrai tout ce qu'ils ont écrit Luc, Matthieu
Et les deux autres,
Dites, si c'était vrai
Si c'était vrai le coup des Noces de Cana
Et le coup de Lazare
Dites, si c'était vrai
Si c'était vrai ce qu'ils racontent, les petits enfants
Le soir avant d'aller dormir
Vous savez bien, quand ils disent Notre Père, quand ils disent Notre Mère
Si c'était vrai tout cela
Je dirais oui
Oh, sûrement je dirais oui
Parce que c'est tellement beau tout cela
Quand on croit que c'est vrai.

J. BREL,
Éditions musicales Pouchenet,
Bruxelles, 1958.

INCARNATION

De manière générale, l'incarnation (du latin *incarnatio*, dérivé de *in*, dans, et *caro, carnis*, chair : le fait « d'entrer dans la chair ») est le fait, pour une divinité, de prendre le corps d'un homme ou d'un animal ; selon la religion hindouiste, par exemple, le dieu Vishnu s'incarne chaque fois qu'il est nécessaire de préserver l'univers (Krishna est l'une de ses incarnations).

Pour les chrétiens, le mystère de l'Incarnation est le mystère du Fils de Dieu, seconde personne de la Trinité, se faisant homme et prenant chair humaine en Jésus-Christ. Ce Fils de Dieu a été appelé par saint Jean « le Verbe » (Jn 1,1-18), c'est-à-dire la Parole éternelle de Dieu, sa manifestation suprême.

Mais, c'est seulement après la résurrection de Jésus, et après avoir été éclairés par son Esprit à la Pentecôte, que ses disciples prirent pleine conscience qu'il n'était pas seulement un homme, mais en même temps le Fils de Dieu. Résurrection et Pentecôte sont en effet les événements fondateurs à la lumière desquels toute l'histoire de Jésus, sa vie, ses actes, sa parole prirent leur véritable dimension aux yeux de ses disciples. Ils purent alors relire tout cet ensemble en en découvrant le sens exact et la portée. C'est alors que Jean put écrire dans son *Évangile* : « Le Verbe s'est fait chair et il a habité parmi nous » (Jn 1,14).

Jésus-Christ, vrai Dieu et vrai homme

Les nombreuses difficultés que devait inévitablement poser à l'esprit cette affirmation extraordinaire ont conduit l'Église au cours des premiers siècles (conciles de Nicée, Constantinople, Éphèse, Chalcédoine, aux IVe et Ve siècles) à cerner de plus près ce mystère et celui de la personne du Christ. Il fallait en effet répondre aux hérésies de sens contraires qui déchiraient les communautés chrétiennes : certaines ne voyaient que l'homme en Jésus de Nazareth ; d'autres ne voyaient en lui que le Fils de Dieu. Recourant au langage philosophique de l'époque, les conciles de Nicée (325) et Constantinople (381) ont tranché le débat en précisant qu'il y avait en Jésus-Christ deux natures, la nature divine et la nature humaine, indissociablement unies dans ce que les théologiens ont appelé une *hypostase*, c'est-à-dire une personnalité unique. Le symbole de Nicée-Constantinople, resté la profession de foi commune à l'ensemble des chrétiens, exprime cette conviction :

« Je crois... en Jésus-Christ, le Fils unique de Dieu..., vrai Dieu né du vrai Dieu... Pour nous les hommes et pour notre salut, il descendit du ciel. Par l'Esprit Saint, il a pris chair de la Vierge Marie et s'est fait homme... »

Étant totalement Dieu, le Fils partage la même nature que le Père ; en termes philosophiques, les conciles ont déclaré qu'il lui était *consubstantiel*. Mais, ayant pris la nature humaine, il est également consubstantiel aux hommes, quoique de manière sensiblement différente : car s'il y a un seul Dieu, il y a une multitude d'êtres humains.

Ayant pleinement revêtu la nature humaine pour le salut des hommes, le Christ les a ainsi rendus ses frères ; ceux qui croient en lui peuvent dès lors, par lui, entrer en pleine communion avec son Père et devenir « enfants de Dieu » (Jn 1,12).

Pour aller à la rencontre de Jésus-Christ

Deux voies au moins semblent donc s'offrir à celui qui veut aller à la rencontre de Jésus-Christ : « partir d'en bas », en abordant le fils du charpentier de Nazareth comme ses contemporains, puis le suivre pas à pas comme ses disciples jusqu'à découvrir sa vie divine, pleinement affirmée par sa résurrection ; « partir d'en haut », en le reconnaissant d'emblée comme le Fils de Dieu, et tirer toutes les conséquences de sa démarche pour « incarner » la vie divine dans les réalités du monde terrestre et sauver les hommes. En fait, il s'agit là des deux démarches auxquelles le chrétien est simultanément appelé pour demeurer fidèle à Jésus-Christ vrai Dieu et vrai homme : d'une part, sans cesse donner un sens spirituel aux choses de la vie ordinaire (aucune n'est indifférente aux yeux de Dieu), d'autre part, sans cesse porter témoignage de l'amour de Dieu en se rendant pleinement solidaire des réalités humaines. ■

Lorsqu'un mot, une expression, un événement, une institution, un nom propre vous sont inconnus, consultez l'index.

Le Christ. Portail occidental dit « royal » (XIIe s.) de la cathédrale de Chartres.

CONCEPTION VIRGINALE

A ne pas confondre avec « immaculée conception », qui signifie que Marie est née sans être marquée par le péché.

Selon l'évangéliste Luc, Marie a conçu Jésus « sans connaître d'homme » (Lc 1,34). L'évangéliste Matthieu, lui, écrit : « Avant qu'ils aient habité ensemble, Marie se trouva enceinte par le fait de l'Esprit Saint » (Mt 1,18). Les exégètes affirment que, avant même les communautés de Matthieu et de Luc, les premiers chrétiens croyaient en la conception virginale de Jésus. Il ne cessa d'en être ainsi au long des siècles, au point que Luther et Calvin ont, eux aussi, enseigné cette conception virginale.

Aujourd'hui, la culture scientifique met en doute une telle conception : comment cela peut-il se faire ? La réponse des chrétiens est : nous n'en savons rien.

Par contre, on peut se poser la question du pourquoi de cette affirmation. Un peu d'historique nous aidera à y répondre, en éliminant l'hypothèse d'un quelconque mépris de la sexualité.

Déjà, dans les religions orientales et celles de la Gaule, le concept mythologique de Vierge Mère manifestait la fécondité comme œuvre divine.

A l'époque hellénistique, la naissance virginale attribuée aux empereurs, aux rois, signalait le rôle d'exception de ces personnages.

Dans le monde juif, où l'absence de fécondité pour une femme était considérée comme une malédiction, le thème de la naissance miraculeuse est largement répandu. La Bible impute à l'intervention de Dieu nombre de naissances chez des femmes stériles : Isaac pour Sara, Samuel pour Anne, Jean-Baptiste pour Elizabeth. Mais, toutes ces naissances se font suivant des processus normaux.

☞ La naissance de Jésus n'est pas exactement de cet ordre. Pourtant, ces exemples peuvent aider à comprendre l'affirmation de foi que les premières communautés ont transmise en parlant de la conception virginale de Jésus. Elle est double :

- l'affirmation essentielle est que Jésus est fils de Dieu ; la conception virginale n'est jamais évoquée sans la filiation divine dont elle est le signe ;
- la conception virginale s'offre aussi comme le signe à la fois de la radicale impuissance de l'humanité à se sauver seule (elle a besoin de l'intervention de Dieu) et de la radicale impuissance de Dieu à sauver l'homme sans sa collaboration ; ce signe sera celui par excellence de toute la vie de Jésus, qui est déjà résumée en sa conception. ■

HYPOSTASE, UNION HYPOSTATIQUE

Dans le langage théologique, *hypostase* (du grec *upostasis,* terme philosophique désignant littéralement ce qui est en-dessous, la substance, l'essence) a reçu la signification de « personne ». Le Christ, tout en ayant deux natures, l'une humaine et l'autre divine, n'a qu'une « hypostase », c'est-à-dire ne forme qu'une seule personne. C'est ce qu'on appelle « l'union hypostatique ».

La Trinité divine, pour sa part, est composée de trois hypostases distinctes (le Père, le Fils, l'Esprit Saint) qui partagent la même nature divine.

Les termes auxquels les théologiens se trouvaient bien obligés de recourir pour évoquer de manière aussi précise que possible le mystère de Dieu, celui de sa Trinité, celui de son Incarnation, furent longtemps sources de difficultés et de malentendus. C'était inévitable ; mais les problèmes se trouvèrent aggravés par le fait que les mots grecs n'avaient pas toujours exactement le sens des mots latins correspondants, et vice-versa. Ainsi l'Église latine soupçonna un moment l'Église grecque de voir dans la Trinité non pas trois personnes distinctes en un seul être, mais trois êtres distincts ; en réalité, les uns et les autres se trouvaient pleinement d'accord sur l'idée d'un seul être en trois personnes ayant même « nature » divine.

Ce fut l'œuvre des conciles des premiers siècles de procéder à l'indispensable clarification des notions et des termes ; la notion d'hypostase est due au concile de Chalcédoine (451). Toutefois, les Églises monophysites (une seule nature, qui est divine, dans le Christ) ont refusé la notion d'hypostase et fait sécession (Coptes, Arméniens, Jacobites). ■

IMAGE DE DIEU

Dieu est invisible, nul ne l'a jamais vu, répètent les textes du Nouveau Testament (Jn 1,18 ; Col 1,15 ; 1 Jn 4,12). Comment dès lors pourrait-on parler d'image de Dieu ? La loi mosaïque en interdisait au demeurant toute figuration (Ex 20,4).

Et pourtant, il est une image du Dieu invisible offerte par l'Écriture elle-même : c'est l'homme, que Dieu a voulu « à son image ressemblante » (Gn 1,26-27). Aucune image de Dieu faite de main d'homme ne pourrait approcher de celle-là, qui a reçu du Créateur lui-même le souffle, la vie (Gn 2,7), la domination sur le monde (Gn 1,28) ; par son esprit, il a le moyen de connaître et d'aimer Dieu ; il a vocation de partager en plénitude sa vie ; il est un reflet de la gloire de Dieu, même après le péché originel (Gn 9,6), car il reste appelé par Dieu.

Mais, comme le rappelle saint Paul avec force (Col 1,15-20 ; 2 Co 4,4), l'image par excellence du Dieu invisible, son image parfaite, c'est Jésus-Christ, Fils de Dieu fait homme ; celui qui croit en lui peut voir la gloire du Dieu invisible resplendissant sur lui, et ainsi, par l'action de l'Esprit Saint, devenir à son tour image de plus en plus resplendissante de Dieu (2 Co 3,18). ■

VERBE

Le mot *Verbe* (avec une majuscule) est, dans la théologie chrétienne, la traduction savante en français du latin *Verbum,* dont le sens courant est parole.

Et le mot latin *Verbum* est lui-même employé par la théologie pour traduire le mot grec *Logos* dans le sens où y recourt l'*Évangile de Jean* pour désigner Jésus-Christ (Jn 1).

En l'occurrence, il semble que cet Évangile se situe au confluent de deux traditions, l'une juive et l'autre grecque.

Dans la tradition judaïque, la Parole de Dieu (en hébreu *dabar*) est le signe et le moyen de la puissance de celui-ci : « Dieu dit, et cela est » (Gn 1). Dans certains targums, pour éviter de prononcer le nom de Dieu, on évoque sa Parole.

En grec, le mot *logos* signifie à la fois parole, discours, raison, science, et même, chez certains philosophes, principe organisateur du monde.

Recourant au mot *logos* pour désigner Jésus-Christ, l'*Évangile de Jean* affirme que celui-ci est Dieu : « Et le Verbe était Dieu » (Jn 1,1). ■

Tympan du portail occidental (dit « royal ») de la cathédrale de Chartres. (XIIe s.).
Le Christ revenant dans toute sa gloire à la fin des temps est un thème classique de l'art médiéval, inspiré de l'*Apocalypse* de Jean : le « Christ en gloire » est représenté complètement entouré d'une sorte d'auréole ovale en forme de demi-coque d'amande, appelée pour cette raison « mandorle » (du lat. *mandorla*, amande), symbolisant le halo glorieux émanant de sa personne. (Représenté de face assis sur un trône – comme ici – on le dit aussi « Christ de majesté ».) On le voit le plus souvent bénissant de la main droite, et tenant de l'autre l'Évangile. Il est entouré soit d'anges, soit des quatre évangélistes, souvent figurés par leurs symboles : l'ange (Matthieu), le lion (Marc), le taureau (Luc), l'aigle (Jean). (Voir symboles des évangélistes).

Ph. Giraudon

PANTOCRATOR

(Du grec *pan,* tout, et *kratos,* puissance : maître de tout, souverain maître). C'est le qualificatif donné par la mythologie grecque à Zeus, maître des dieux et des hommes. Le mot hébreu *Sabaoth* (multitudes, armées), accolé au nom de Yahvé dans l'Ancien Testament, suggérait de façon analogue la souveraineté absolue de Dieu.

L'Église byzantine reprit le mot *Pantocrator* pour l'appliquer au Christ, souverain maître de toutes choses : étroitement associé au Père dans son œuvre créatrice, il est en effet « le seul Seigneur par qui tout existe et par qui nous sommes » (1 Co 8,6) ; « image du Dieu invisible » (Col 1,15), « il est celui qui soutient l'univers par sa Parole puissante » (He 1,3).

Dans les églises de rite byzantin, le Christ Pantocrator est représenté en buste, ou assis sur un trône, tenant le Livre (de sa Parole) de la main gauche, et bénissant de la main droite. A l'issue de la lutte iconoclaste en effet (IXe s.), s'est élaborée une sorte de schéma-type de la décoration des églises, selon une hiérarchie symbolique tout entière organisée autour de l'image centrale du Christ Pantocrator : celui-ci occupe le sommet de la coupole, qui symbolise le ciel, d'où, entouré d'une cour d'anges, qui forment sa garde céleste, et des prophètes qui ont annoncé sa venue, il domine l'ensemble. Sur les parois, qui symbolisent la terre sanctifiée par le passage du Christ, se déploie le monde des apôtres, des saints, des martyrs, des patriarches, qui convergent vers l'autel ; la Vierge occupe l'abside, à un niveau intermédiaire entre le Christ, le peuple des élus sur les parois et celui des fidèles au niveau du sol : elle fait monter leurs prières vers son Fils et sollicite sa protection. ■

Qu'est-ce que ?

Chrisme. Monogramme (ou chiffre) du Christ, composé des deux premières lettres majuscules de son nom en grec *Chrustos* : X (Khi) et P (Rô). L'empereur Constantin (IVe siècle) le faisait figurer sur son *labarum* (étendard) ; il se répandit alors largement, notamment sur les monuments et dans les décorations (voir p. 608 b).

Christique. Mot nouveau des théologiens modernes pour désigner ce qui concerne spécifiquement la seule personne du Christ ; le mot chrétien, quant à lui, s'applique à celui qui adhère à la personne et à l'enseignement du Christ, et, plus généralement, aux valeurs issues de cet enseignement.

Christocentrique. Une théologie chrétienne est qualifiée de christocentrique dans la mesure où elle donne la place centrale à la personne du Christ : elle ne peut alors parler de Dieu qu'à partir du Christ.

Christologie. Branche de la théologie qui s'emploie à mieux comprendre qui est le Christ : le Christ est-il vraiment homme, ou vraiment Dieu, ou vraiment les deux ? A propos des natures du Christ, de sa conscience, de sa volonté, l'histoire est parsemée de controverses, dont l'enjeu a toujours été considérable. Celui qui professe un Christ uniquement Dieu risque de vivre et de propager une foi désincarnée, négligeant la transformation du monde à laquelle l'appelle cependant sa foi. Celui qui ne pense qu'à l'humanité du Christ tend à gommer la spécificité chrétienne : à travers sa vie d'homme, le Christ est venu révéler le visage de Dieu. (voir p. 670 et ss.)

I. H. S. Abréviation de l'expression latine *Iesus Hominum Salvator,* signifiant Jésus Sauveur des Hommes. Elle figure souvent sur les ornements liturgiques.

Kénose (du grec *kenosis,* tiré de *kenos,* vide, dépouillé). Terme technique du langage théologique ayant pour origine l'expression grecque utilisée par saint Paul (Ph 2, 6-7) pour signifier le dépouillement du Christ (« lui qui était de condition divine ») pour se faire homme. Certains théologiens luthériens du XIXe siècle ont repris le mot dans le sens d'un abandon total par le Christ de tout ce qui était divin afin de devenir un homme comme les autres. De manière plus habituelle, et notamment dans la théologie catholique, la Kénose désigne le fait pour le Fils, tout en demeurant Dieu, d'avoir abandonné pour son Incarnation tous ceux des attributs de Dieu qui l'auraient empêché de vivre la condition ordinaire des hommes.

Le concile Vatican II et la présence de Jésus-Christ

Chaque concile se veut être une rencontre avec le Christ. Vatican II n'échappe pas à la règle et il est même probable que le visage du Christ découvert par l'Église lors de sa tenue sera un des points qui marqueront son avenir. Paul VI, en dressant le bilan du Concile, le pressentait déjà.

« Ce que l'Église a rencontré dans cette réflexion, ce ne fut pas seulement elle-même, mais le Christ, le Christ qu'elle porte avec elle (...) L'Église a perçu en elle comme un reflux de l'Esprit du Christ et a senti remonter à ses lèvres le message évangélique (...) L'Église a retrouvé sa jeunesse. Elle s'est sentie renaître. Et rappelons-nous, frères, cette rencontre nouvelle et merveilleuse avec le Christ que le Concile a ménagé à l'Église » (Message de Noël, 1965).

Cette rencontre fut spécialement reconnue dans quatre grands textes :

Constitution *Sacrosanctum* sur la liturgie

La liturgie et la présence réelle de Jésus-Christ

Si, depuis longtemps, les chrétiens étaient familiers de la connaissance de la présence réelle dans l'Eucharistie, les voici invités à contempler Jésus présent dans toute la liturgie.

« Le Christ est toujours là auprès de son Église, surtout dans les actions liturgiques. Il est là présent dans le sacrifice de la Messe et dans la personne du ministre (...) et au plus haut point dans les espèces eucharistiques.

Il est présent, par sa vertu, dans les sacrements au point que, lorsque quelqu'un baptise, c'est le Christ lui-même qui baptise (...). Il est là, présent dans sa parole (...). Enfin il est là présent lorsque l'Église prie et chante les psaumes » (*Sacrosanctum Concilium* 7).

Bref, la liturgie n'est pas aux yeux des chrétiens une cérémonie ou un rite, c'est un acte du Christ qui convoque, célèbre et se rend présent personnellement à chacun.

Constitution *Lumen Gentium*

Église : les hommes par lesquels Jésus-Christ agit

Jésus n'agit pas seulement dans l'action liturgique. Il se rend présent au monde par le travail des hommes. Lorsqu'un baptisé témoigne devant les hommes, lorsqu'il se donne à Dieu dans son existence journalière, lorsqu'il vit en homme libre et mène les autres à Dieu, le Concile affirme qu'il « achève » la mission du Christ (*Lumen Gentium* 34, 35, 36). Il ne faudrait pas imaginer que le baptisé tient la place de Jésus absent ou qu'il puisse s'identifier au Christ. Il n'y a qu'un Christ. Mais, en lui et par lui, Jésus agit : c'est lui qui se manifeste, parle, prophétise, sanctifie, libère, lorsque le baptisé parle, prophétise, sanctifie, libère. Ce que le Concile affirme de tout baptisé, il le souligne pour chacun suivant sa place propre dans l'Église. Ainsi il ne dit pas « les évêques au nom de Jésus » mais « Jésus, par les évêques » (*Lumen Gentium*, 21).

Constitution *Gaudium et Spes*

Église dans le monde : Jésus-Christ, au cœur des hommes et de leur travail

Jésus agit par chaque baptisé mais il n'est pas enfermé dans l'Église : l'Église est dans le monde pour y trouver Jésus. Parce que c'est là qu'il se trouve. Cette foi est particulièrement manifeste dans le document conciliaire sur la présence de l'Église dans le monde, et, en particulier, dans sa première partie, où chaque chapitre se termine par un paragraphe dont Jésus est l'objet.

Chapitre I : la personne humaine permet de rencontrer Jésus, l'homme par excellence, dont la révélation « manifeste pleinement l'homme à lui-même ».

Chapitre 2 : la communauté humaine se bâtit dans la solidarité, qui trouve son achèvement dans son corps, l'Église.

Chapitre 3 : l'activité humaine dans l'univers trouve sa signification dans la Pâque et la Passion du Christ, qui transforment tout l'univers à la gloire du Père.

Chapitre 4 : le rôle de l'Église dans le monde de ce temps est de rappeler que le Christ est l'alpha et l'omega de toute action humaine, point de convergence de tous les espoirs.

Constitution *Dei Verbum*

Jésus-Christ Révélation

La constitution conciliaire *Dei Verbum* sur la Révélation justifie et éclaire tout ce qui est dit par ailleurs dans le Concile sur le Christ, parce qu'« en lui resplendit pour nous la vérité profonde de Dieu et de l'Homme » (*Dei Verbum,* 2).

Jésus-Christ, vérité de l'homme, ces quelques mots cristallisent dans une synthèse nouvelle ce que l'Église savait mais ne s'était jamais formulé aussi nettement par le passé. En liant ces mots à l'expression plus traditionnelle de « vérité de Dieu », en contemplant Jésus agissant par les chrétiens et présent dans le monde, Vatican II a renouvelé le regard sur le Christ. ■

Livres sur le Christ

Présenter une bibliographie sur le Christ est une gageure. Il faut d'abord évoquer Matthieu, Marc, Luc et Jean, ces évangélistes dont les témoignages demeurent au cœur de tout... Mais jusqu'où aller dans l'étonnant foisonnement de livres sur Jésus ? Pour être complet, il faudrait même citer des livres qui n'ont jamais existé et qui, pourtant, ont eu une influence considérable, comme celui que Dostoïevski n'a jamais écrit mais qui hante toute son œuvre et se trouve ébauché dans *Lettres à sa femme* à propos de la descente de croix de Hans Holbein, et dans *Les Frères Karamazov.* Il faudrait citer toute cette littérature qui, en transposant la vie du Christ et en la plaçant dans un monde un peu plus proche de notre époque — comme le *Christ recrucifié* de Nikos Kazantzakis —, le rend à certains plus accessible.

Pour être plus clair, ont été indiqués ici quelques titres significatifs de certaines des approches les plus courantes pour parler du Christ.

Approche spirituelle

Jésus, simples regards sur le Sauveur
par un moine de l'Église d'Orient,
aux éditions de Chèvetogne, Paris 1959.

Dans l'immense littérature spirituelle — celle qui s'adresse à Dieu en lui disant tu et veut aider la conscience du lecteur à marcher vers l'indicible — ce petit livre se distingue par l'écriture, qui est d'une extrême et belle simplicité, et par une sorte de clarté digne des plus belles icônes. On sent là le regard du poète et du contemplatif, qui « voit » au-delà de l'apparence le visage de celui qu'il aime.

Approche théologico-spirituelle

La vie de Jésus par Pierre de Bérulle, cardinal (éditions princeps des œuvres de Bérulle chez Antoine Estienne, Paris, 1644).

Le cardinal de Bérulle était un homme extraordinaire : rival politique malheureux de Richelieu, il n'en fut pas moins un grand politique, réconciliant notamment Louis XIII et sa mère. Mais c'est pour autre chose qu'il laissera un nom dans l'Histoire : introducteur du Carmel en France, il fut surtout le fondateur d'une école « française » de pensée spirituelle qui donna naissance aux oratoriens, aux sulpiciens et aux eudistes.

Sa *Vie de Jésus* est un livre très étonnant car elle s'arrête à la naissance du Christ : elle est pure contemplation de ce qu'est sa personne aux yeux des chrétiens, celle d'un homme et d'un Dieu.

Approche historique

Jésus en son temps, par Daniel-Rops (Fayard 1944).
Jésus et l'histoire, par Ch. Perrot (Desclée 1979).
Jésus, par Jean-Paul Roux (Fayard 1989).

Daniel-Rops est un historien de seconde main, et son livre, déjà ancien, ne tient pas compte des recherches les plus récentes ; mais il présente de manière claire, agréable à lire, la vie du Christ dans son cadre palestinien.

Les historiens professionnels lui préfèrent évidemment le livre de Ch. Perrot, exégète et historien, spécialiste du judaïsme au Iᵉʳ siècle ; il s'appuie sur les diverses disciplines, de nature à situer une approche proprement historique.

Jean-Paul Roux n'est pas historien, mais il entend faire œuvre de foi en même temps que de science : spécialiste de l'étude des textes des grandes religions, il souligne les correspondances entre celles-ci et le christianisme, avec la conviction qu'elles sont là pour le préparer.

Approche croyante

Jésus, par Jean-François Six (Aimery Somogy 1972).
Le fondateur du christianisme, par C. H. Dodd (Seuil 1972)

A chaque époque, des chrétiens s'emploient à dire aux non-chrétiens qui est Jésus à leurs yeux. Papini, Karl Adam, Mauriac ont ainsi présenté des tableaux échappant au style édifiant si souvent à l'honneur jusque-là ; mais, à leur tour, leurs textes prennent des rides. Le livre de J.-F. Six est simple, direct, presque dépouillé sans être froid. Il tient compte de la recherche exégétique et de la théologie contemporaine. Celui de C.H. Dodd, un des meilleurs, est d'un abord un peu moins facile sans être ardu.

D.R.

Le Christ. H. Pfeiffer.

Approche philosophique
La vie de Jésus par Ernest Renan, aux éditions Calmann Lévy, Paris 1863.

Cette vie de Jésus est sans doute celle qui a soulevé le plus de passions : c'est que Renan était un savant — et son livre se veut celui d'un savant — transfuge de la foi et niant, au nom de la science, toute réalité au surnaturel et au miracle. « Jusqu'à présent, aucun miracle n'a pu être étudié dans des conditions expérimentales qui permettent de conclure à sa réalité et à sa vérité. »

A l'époque de la parution, ce sont évidemment les chrétiens qui se sont insurgés contre ce livre, et il est vrai que la thèse centrale leur en est toujours inacceptable. Cependant, Renan, tout au long de ce livre, montre qu'il aime Jésus et cela ne peut que le rendre sympathique aux croyants. En revanche, sa « méthode scientifique » n'a pas résisté aux années : elle apparaît plus le fruit de convictions sur l'homme idéal et d'un esthétisme encore romantique que d'une rigoureuse analyse à partir d'hypothèses clairement énoncées.

Le Christ avenir par Pierre-Jean Labarrière, aux éditions Desclée, Paris 1983.

Une réflexion difficile d'un philosophe qui interroge sa foi chrétienne quand celle-ci fait du Christ le centre de toute l'histoire. Pour lui, le Christ est sans avenir si l'homme n'accepte pas librement de s'identifier à lui et de devenir ce qu'il est.

Approche théologique
Jésus-Christ libérateur par Léonardo Boff, aux éditions du Cerf, Paris 1974 (*Jesus Cristo Libertador, Ensaio de cristologia critica para o nasso tempo,* Petropolis 1972).

Près de la moitié des catholiques du monde se trouvent en Amérique du Sud, continent longtemps dominé par les théories de la « sécurité nationale ». Guttierrez, le Péruvien, Leonardo Boff, le Brésilien, sont parmi les initiateurs d'un courant théologique proprement sud-américain — la théologie de la libération — qui cherche, à partir de la pratique de communautés de base, à rendre les chrétiens d'Amérique Latine responsables et cohérents.

Le Jésus de Boff prédit le Royaume de Dieu, c'est-à-dire la réalisation de l'utopie fondamentale du cœur humain, celle d'une transformation totale de ce monde, sa libération de tout ce qui aliène, comme la douleur, le péché, la division et la mort. La résurrection de Jésus est, pour lui, le début de la réalisation de ce monde tel qu'il devrait être dans le monde qui est.

Libérer Jésus par Henri Bourgeois, aux éditions du Centurion, Paris 1977

Les chrétiens — et spécialement les théologiens — réfléchissent beaucoup sur celui qu'ils considèrent comme le centre non seulement de leur religion, mais de leur vie. Les dernières années ont été très riches de livres importants qui cherchent à redire la foi en Jésus après les découvertes linguistiques et le raz-de-marée des sciences humaines. Comment les citer tous ? O. Culmann, *Christologie du Nouveau Testament ;* W. Pannenberg, *Esquisse d'une Christologie ;* Karl Jasper, *Jésus, le Christ ;* J. Moltmann, *Le Dieu crucifié ;* Ch. Duquoc *Jésus, homme libre ;* D. Bellut, *Au Christ inconnu,* méritent probablement d'être parmi ceux que l'on cite. Mais il y en a d'autres et, devant tant de chemins, le lecteur moyen risque de se perdre quelque peu. Le petit livre de Bourgeois est un guide engagé dans le dédale des réflexions sur Jésus. Et, contrairement à beaucoup de théologiens, il est à peu près lisible par le non-spécialiste. On peut en dire autant de l'excellent *Le Christ de Dieu* de Jean-Noël Bezançon, Éd. Desclée de Brouwer, Paris 1979.

Approche non croyante
Jésus pour les athées par Milan Machovec, aux éditions Desclée, Paris 1978 (*Jesus für Atheisten*, Kreuz Verlag, Stuttgart 1972)

Machovec est une sorte de Garaudy tchèque (qui serait cependant demeuré athée). A la base de son ouvrage, il y a deux convictions. La première, c'est que Jésus appartient à l'humanité tout entière et pas seulement aux chrétiens. La seconde, c'est que les marxistes doivent s'intéresser aujourd'hui à l'être personnel de chacun, aux questions fondamentales de l'homme, et, pour cela, retrouver leurs racines judéo-chrétiennes.

Quand on ne reconnaît pas la divinité de Jésus (ou que l'on ne s'y intéresse pas, comme l'auteur), il est évident que l'on se focalise sur son message. C'est dans cette analyse que Machovec est passionnant. Parmi d'autres aspects, on retiendra ce qu'il dit du statut du futur dans le christianisme. « Jésus appelle à reconnaître que le futur est l'affaire de chacun, ici et maintenant ; en conséquence, l'essentiel du message de Jésus est : « Sois exigeant dans ta vie, car l'humanité pleinement accomplie est chose possible ».

Plus brillant, sans doute, mais plus difficile est le livre de Manuel de Dieguez, aux éditions Fayard, Paris 1984, qui distingue deux Jésus : le vainqueur de la lettre, le prophète de la vie, et, d'autre part, le fondateur de l'Église, le rival de César. En s'autosacrifiant, le Christ conduit les hommes à se sacrifier eux-mêmes, ce qui est à l'origine de la domination de l'Occident sur l'univers.

Approche romanesque
L'homme de Nazareth par Anthony Burgess, aux éditions Robert Laffont, Paris 1977 (*Jésus-Christ, the Love Game*, Londres)

Ce livre est sans aucun doute celui qui se lit le plus facilement aujourd'hui de tous les livres sur Jésus. L'auteur d'*Orange mécanique* écrivant l'histoire de Jésus — disons plutôt le roman — ne pouvait pas faire quelque chose de banal. Joseph a été rendu impuissant par un accident, Jésus s'est marié et est devenu veuf avant sa vie publique : les personnages ont ici une vie affective. Et cela sert le propos de Burgess qui est donné par le titre anglais de son ouvrage. L'amour est pour lui la clef de la compréhension du Christ, cet amour qui, d'un même élan, naît de la sexualité et conduit au désir fou de Dieu. ■

Lorsqu'un mot, une expression, un événement, une institution, un nom propre vous sont inconnus, consultez l'index.

L'Esprit Saint

Les chrétiens adorent, en l'Esprit Saint, la troisième des personnes divines. En mourant sur une croix, Jésus leur a révélé que le Fils était don total de soi-même au Père. Le Père, en ressuscitant Jésus, leur a révélé qu'il était don total au Fils : les chrétiens croient que ce don du Fils au Père et du Père au Fils est une personne « qui donne la vie ».

Au cours de l'histoire, les chrétiens ont cherché à se représenter le Père et le Fils : Jésus comme « image » du Père pouvait leur permettre de parler de l'un et de l'autre. Il n'y a pratiquement pas d'icône de l'Esprit Saint, même en Orient — pourtant partie de la chrétienté où la dévotion à l'Esprit est la plus vive — et les grands textes chrétiens parlent rarement de l'Esprit Saint d'une manière directe. Ils utilisent des symboles : le vent, le souffle, le feu, l'eau. Ils se réfèrent à des expériences. Déjà, le Christ annonce dans l'Évangile que l'Esprit est l'expression de l'amour mutuel du Père et du Fils et que, Don parfait, il n'a rien à lui : « Quand il viendra, lui, l'Esprit de Vérité, il vous conduira vers la vérité tout entière car il ne parlera pas de lui-même (...) Il me glorifiera car c'est de mon bien qu'il prendra pour vous en faire part » (Jn 16, 13-14). C'est l'expérience de la présence du Christ dans l'Église, ou dans son cœur, qui fait découvrir l'Esprit !

« Vous le connaissez (d'expérience), dit saint Jean, car il demeure auprès de vous. Il est en vous » (Jn 14, 17). Présence qui anime, fait parler, fait vivre. Généralement, cette présence est discrète (même s'il peut arriver qu'elle enthousiasme un fidèle), liée à l'Église (jamais, dans le Nouveau Testament, un texte ne parle de l'action de l'Esprit en dehors de la communauté croyante ; celle-ci permet l'acte de foi : être sûr, au cœur, de la vie, de l'amour de Dieu).

L'Esprit et la parole

Si les chrétiens parlent rarement de l'Esprit Saint de manière directe, l'Écriture leur fait découvrir qu'ils ne peuvent être chrétiens, reconnaître le Christ, prier le Père, que par l'Esprit Saint. La foi porte sur Jésus et son Père, mais elle n'est possible que si le chrétien est habité par l'Esprit Saint. Et il l'est. A vrai dire, l'Esprit et le Christ ne peuvent être pensés l'un sans l'autre. Sans l'Esprit Saint, Jésus ne peut pas être reçu comme Fils de Dieu. Sans le Christ, l'Esprit Saint ne peut être pensé. Il est comme sans objet.

« Par l'Esprit Saint, il a pris chair de la Vierge Marie et s'est fait homme ». Ce que dit le Credo concerne éminemment la personne même de Jésus. Mais l'action de l'Esprit ne s'arrête pas là : c'est l'Esprit qui constitue l'existence humaine de Jésus en existence de Fils de Dieu. Ce dynamisme concerne l'ensemble du Corps du Christ, c'est-à-dire son Église : c'est pourquoi le Credo attribue à l'Esprit Saint l'existence de l'Église une, sainte, catholique et apostolique ; l'authenticité d'un baptême où les péchés sont pardonnés ; la résurrection des morts et la vie du monde à venir.

L'Esprit, don aux hommes

Lié au Christ, l'Esprit Saint transforme les chrétiens en Corps du Christ, jusqu'au jour où tout sera enfin unifié, récapitulé dans une seule tête, le Christ, à la louange de la gloire du Père.

Cette unité de soi-même, cette réconciliation avec le monde, c'est l'Esprit qui l'apporte. Dieu l'a promise et l'Esprit est « le Promis » (Lc 24,49). Il est aussi celui qui transforme les cœurs. Saint Paul aime dire de cette action qu'elle se fait « avec puissance » (1 Th. 1,5). Mais, c'est une puissance de conviction, une puissance qui n'impose pas, mais suscite des libertés. Il est puissance de Dieu qui permet aux baptisés de vivre, dans un monde difficile, la foi, l'espérance et la charité.

Enfin, l'expérience de Dieu qu'il permet anticipe et fait désirer le temps où Dieu sera tout en tous : il est arrhes de la vie que Dieu donne. Prémice que l'on célèbre spécialement dans la liturgie où déjà tout est ordonné au Père, par le Fils, dans l'Esprit. ■

Viens, Esprit Saint

VIENS, ESPRIT SAINT
Et fais jaillir l'éclat de ta splendeur.
Viens, Père des pauvres,
Viens, Esprit généreux,
Viens, Lumière des cœurs,
Et fais jaillir l'éclat de ta splendeur.
Toi, le parfait consolateur,
merveilleuse fraîcheur.
En nous, Tu fais habiter la paix.
Dans la peine, Tu es le repos,
dans l'épreuve, la force,
dans la tristesse, la consolation.
Lumière bienfaisante,
pénètre l'intimité de nos cœurs
car nous te sommes fidèles.
Sans ta présence, dans l'homme
il n'y a rien qui soit pur.
Lave notre péché,
abreuve notre sécheresse,
guéris notre blessure,
fléchis notre rigidité,
enflamme notre tiédeur,
redresse notre égarement.
A ceux qui se confient en toi
et te reçoivent dans la foi,
accorde tous tes dons.
Donne-leur de grandir en toi,
de persévérer dans le salut.
Donne-leur la joie qui demeure.
AMEN. ALLELUIA !

Séquence *Veni, Sancte Spiritus* — texte d'origine très ancienne (XIIe s. ?) — chantée à la messe du dimanche de la Pentecôte entre l'épître et l'évangile

L'Esprit Saint et le concile Vatican II (1)

« Le concile sera comme une nouvelle Pentecôte »... Ainsi Jean XXIII parlait-il du Concile dans son radio-message de Pâques 1962. Mais au moment même où il parlait, les textes qui se préparaient annonçaient une Pentecôte sans beaucoup d'Esprit Saint. Il faut dire qu'en Occident, la théologie concernant l'Esprit Saint était alors relativement discrète. Sous l'impulsion principalement des évêques d'Orient, mais aussi de quelques évêques occidentaux comme les cardinaux Marty, Veuillot, Renard, Suenens et le groupe des évêques germanophones, Vatican II fut le concile d'une certaine conversion de l'Eglise catholique à l'Esprit Saint.

Il n'y a pas, dans le concile, de regard sur l'Esprit Saint en lui-même : les Père conciliaires l'ont toujours évoqué dans ses œuvres au sein de l'Église et du monde ; et au fur et à mesure que le concile se développait, ils ont perçu de mieux en mieux qu'en lui tout était don de Dieu.

Dans l'Église

L'Église, en même temps qu'elle est appelée Peuple de Dieu et Corps du Christ, est décrite aussi comme Temple de l'Esprit (L.G. 17, P.O. 1, A.G. 7). « L'Esprit habite dans l'Église comme dans un Temple » (L.G. 4).

Par la volonté du Père, cette habitation de l'Esprit dans l'Église rend l'Église « missionnaire » « puisqu'elle tire son origine de la mission du Fils et de la mission du Saint-Esprit » (A.G. 2). L'origine de l'Église, le jour de la Pentecôte, rend manifeste que sa mission est universelle puisqu'elle parle toutes les langues (A.G. 4). Puisque l'Esprit est dans l'Église, il y permet « l'accès auprès du Père » (L.G. 4), l'unité des fidèles dans la communion (L.G. 4), la communion entre les Églises locales (L.G. 26) ; il soutient le sens de la foi, assiste le magistère, équipe et dirige l'Église grâce à la diversité des dons hiérarchiques et charismatiques (A.G. 4). Cette action de l'Esprit communautaire respecte les personnes. Si l'Esprit habite l'Église, il habite aussi le cœur des fidèles : c'est grâce à lui que l'on peut écouter l'Évangile. « L'Évangile n'est accueilli par ses auditeurs que sous la motion de l'Esprit Saint » (L.G. 19). C'est l'Esprit Saint qui guide les fidèles vers la vérité toute entière (D.V.8) : il prie en eux et les rend forts dans la conscience d'être fils de Dieu » (L.G. 4).

C'est par les sacrements de l'Église que l'Esprit sanctifie spécifiquement le cœur des chrétiens et manifeste son soutien (L.G. 42, cf P.O. 5).

Dans le monde

Le concile est plein d'admiration pour la présence plénière de l'Esprit dans l'Église et le cœur des fidèles. Mais il est plus novateur quand il affirme avec force que l'Esprit Saint agit au cœur de tout homme :

« L'Église croit que le Christ, mort et ressuscité pour tous, offre à l'homme par son Esprit lumière et forces pour lui permettre de répondre à sa très haute vocation » (G.S. 10). « L'Esprit Saint offre à tous, d'une façon que Dieu connaît, la possibilité d'être associé au mystère pascal » (G.S. 22).

Non seulement le concile reconnaît que l'Esprit Saint agit dans les communautés chrétiennes non catholiques mais il reconnaît qu'il agit dans le monde entier.

« Le Christ agit désormais dans le cœur des hommes par la puissance de son Esprit (...) Il anime, purifie et fortifie ces aspirations généreuses qui poussent la famille humaine « à améliorer ses conditions de vie et à soumettre à cette fin la terre entière » (G.S. 38). ■

(1) L.G. : Constitution *Lumen Gentium*. D.V. : Constitution *Dei Verbum*. G.S. Constitution *Gaudium et Spes* : P.P.O. Décret *Presbyterorum Ordinis*. A.G. : Décret *Ad Gentes*.

Je crois en l'Esprit Saint

L'Église est, dans l'Esprit, le sacrement du ressuscité. En elle, sans cesse aussi, l'Esprit du Ressuscité survient et se manifeste.

« De même, dit saint Irénée, que Dieu a confié son souffle à la chair qu'Il a modelée pour que tous les membres du corps en reçoivent la Vie, de même a-t-il confié l'Esprit à son Église. Or cet Esprit ainsi livré, donné, infusé à l'Église, c'est le principe vivant de l'intime union au Christ ; c'est l'affermissement de notre foi, l'échelle de notre ascension vers le Père ; c'est enfin, surtout, le gage et la semence de l'incorruptibilité définitive où, à jamais, corps et âmes, nous serons délivrés des désagrégations et de l'immobilisme de la mort.

« Ainsi, là où est l'Église, là aussi est cet Esprit de Dieu ; et là où est l'Esprit de Dieu, là est l'Église, et toute grâce. Et l'Esprit est Vérité : c'est pourquoi ceux qui ne participent pas à l'Esprit ne puisent pas, au sein de leur Mère, la nourriture de vie ; ils ne reçoivent rien de la source très pure qui coule du corps du Christ[1]. »

Église : sacrement du ressuscité

En elle toujours, l'Esprit se révèle principe et force de Résurrection. Jean présentait déjà le don de l'Esprit comme le fruit de la « glorification du Christ » : « Il désignait ainsi l'Esprit que devaient recevoir ceux qui croiraient en Lui. En effet, il n'y avait pas encore d'Esprit parce que Jésus n'avait pas encore été glorifié » (Jn 7,39).

Ayant sur la croix achevé la grande trajectoire de sa vie, et par sa mort détruit la mort, exhalant son dernier souffle, c'est du même coup l'Esprit qu'Il exhale et libère, pour le monde et tous les hommes. « Emisit spiritum » (Jn 19,30).

1. Saint Irénée, *Adversus haereses* III, 24,1.

Puis, endurée la mort, et la mort sur la croix, survenue la résurrection, une fois retourné près de son Père, le Christ peut devenir, conjointement avec son Père, et pour son Église, source vive de l'Esprit de résurrection.

Dès lors, ainsi libéré, l'Esprit survient en force et fonde l'Église, l'Église devenue source d'eau vive à son tour. Toujours selon saint Jean : « Celui qui croit en moi, selon le mot de l'Écriture, de son sein couleront des fleuves d'eau vive. Il parlait de l'Esprit que devaient recevoir ceux qui croiraient en Lui » (Jn, 7,38-39).

Ainsi la Pentecôte est-elle à la fois le dernier volet et comme l'aboutissement du mystère pascal.

Le discours de Pierre en fournit la plus fidèle interprétation : l'attente de l'ancienne alliance est accomplie, le prophétisme a désormais un lieu nouveau, l'Église. En l'Église, par la puissance de l'Esprit, l'homme trouve dans le Christ sa vérité.

Dès lors, les Actes des apôtres, jamais interrompus dans la vie profonde de l'Église, apparaissent comme « l'Évangile de l'Esprit » où celui-ci parle et agit personnellement.

Ce Livre de l'Esprit est, par excellence, le livre de l'Église, dont il décrit la naissance et la première expansion missionnaire. Promis par Jésus avant l'Ascension, l'Esprit inspire les prédicateurs de la Bonne Nouvelle, suscite les dons et charismes, intervient dans le choix des itinéraires apostoliques, préside à l'établissement de la hiérarchie, se répand sur les païens comme sur les Juifs. Et cela ne cessera plus.

Aujourd'hui, même autour de nous, l'Esprit anime et intervient toujours...

GUY RIOBÉ, Évêque d'Orléans,
Des évêques disent la foi de l'Église
Ed. du Cerf, Paris, 1978.

L'Esprit Saint et le monde d'aujourd'hui

Lettre encyclique de Jean-Paul II *Dominum et Vivificantem* (18 mai 1986)

A l'approche de l'an 2000, le pape pense qu'il est de son devoir de franchir une étape dans la direction souhaitée par Paul VI lorsque ce dernier demandait « une étude nouvelle et un culte nouveau de l'Esprit Saint, précisément comme complément indispensable de l'enseignement du Concile... » (1973).

Pour Jean-Paul II, « à l'horizon de notre époque s'accumulent des "signes de mort" : course aux armements, indigence et faim dans de vastes parties du monde, avortement, euthanasie, guerre, attentats... » (§ 57), qui marquent une civilisation comme autant de « désirs contraires à l'Esprit ».

La mission de l'Église est d'aider l'homme à retrouver sa vérité et, en Dieu, les vraies sources de la liberté (§ 58-60). Pour lui, ce chemin de vérité et de liberté ne peut être que celui de l'Esprit.

Dans la première partie de son encyclique, en commentant certains textes de saint Jean, le pape fait une méditation personnelle sur ce que la tradition chrétienne dit de l'Esprit comme don de Dieu aux hommes et spécialement à l'Église. Réaffirmant la conscience de l'Église de voir dans l'amour sauveur du Christ pour les hommes comme l'extension et la manifestation de l'Amour du Père, du Fils et de l'Esprit Saint, Jean-Paul II situe la création du monde comme l'annonce du mystère de la Rédemption :

« Le concept biblique de la création comporte non seulement l'appel à l'existence de l'être même du cosmos, c'est-à-dire le don de l'existence, mais aussi la présence de l'Esprit de Dieu dans la création, c'est-à-dire le commencement du don que Dieu fait de lui-même pour leur salut aux choses qu'il a créées. Cela vaut avant tout pour l'amour » (§ 12).

La deuxième partie de l'encyclique met en relief le lien entre l'Esprit Saint et le sens du péché. Le pape aborde ce sujet en méditant les versets 7 et 8 du chapitre 16 de saint Jean : « Et lui (l'Esprit), une fois venu, établira la culpabilité du monde en fait de péché, en fait de justice et en fait de jugement ».

Établir la culpabilité ne veut pas dire condamner, bien au contraire ! En décrivant le cœur du mal du monde dans son refus d'avoir Dieu pour source, l'Esprit montre, à la fois, le mal, et le remède : l'amour de Dieu.

« Manifester le péché ne devrait-il pas alors signifier également révéler la souffrance, révéler la douleur, inconcevable et inexprimable, que, à cause du péché, le Livre Saint semble, dans sa vision anthropomorphique, entrevoir dans les profondeurs de Dieu et, en un sens, au cœur de l'inexprimable Trinité ? » (§ 39).

Si l'Esprit Saint révèle le péché, c'est qu'il est porteur de l'intensité du don à Dieu du Christ, amour infini qui est la vérité de la créature : quand le Christ donne l'Esprit, il dit à ses apôtres : « Ceux à qui vous remettrez leurs péchés, ils leur seront remis » (§ 41).

Dans la troisième partie du texte le pape évoque le bimillénaire de la naissance du Christ : il ne peut se fêter dignement sans avoir conscience du rôle de l'Esprit pour que l'homme reste homme ; « Le grand jubilé de l'an 2000 contient donc un message de libération par l'action de l'Esprit : seul, celui-ci peut aider les communautés et les personnes à se libérer des déterminismes anciens et nouveaux » (§ 60). Cette libération est accueillie dans la prière, dont le pape voit avec joie le renouveau. ■

Ph. Giraudon

Le Greco (1540-1614). Pentecôte. Musée du Prado. Madrid.

Un texte œcuménique :

Le Saint-Esprit dans le Credo de Nicée-Constantinople

La foi au Saint-Esprit est inséparable de la foi en Dieu le Père et en Jésus-Christ. On ne saurait faire l'expérience du Saint-Esprit, on ne saurait le confesser ni le concevoir indépendamment du Dieu unique, de son Fils et de son Verbe, dont il est l'Esprit. Inversement, c'est par l'Esprit Saint que nous croyons au Père et au Fils. C'est lui qui nous fait connaître Dieu et sa volonté pour nous.

Croire au Saint-Esprit est un acte de confession qui témoigne d'une expérience vivante toujours à renouveler. Il témoigne de cette conviction que l'Esprit de Dieu est présent dans le monde, vivant et agissant dans la communauté des croyants qui confessent Jésus-Christ comme ***Seigneur*** *et crient* ***Abba*** *en priant le Dieu très-haut, et qui, ce faisant, reçoivent les dons divers de l'Esprit, parmi lesquels le charisme de discernement des esprits à l'intérieur et à l'extérieur de l'Église « pour éprouver s'ils sont de Dieu » (1 Jn 4, 1).*

L'Esprit Saint est le souffle même de Dieu. L'Esprit de Dieu n'est pas l'un des nombreux esprits qui peuplent l'univers. Il n'est pas non plus appelé esprit par opposition à la matière. L'Esprit de Dieu ne s'oppose pas seulement à toutes les formes de spiritualisme occulte, mais à toutes les formes du mal, qu'elles soient d'ordre matériel ou spirituel.

En confessant l'Esprit Saint comme Seigneur, l'Église acclame sa divinité, une divinité identique à celle du Père et du Fils, et reconnaît sa seigneurie sur la création et l'histoire. Cette seigneurie libère la création et accorde aux enfants de Dieu une glorieuse liberté (Rm 8).

Le Saint-Esprit est « donateur de vie ». Il procède du Père, créateur de la vie. Sans lui, rien ne serait vivant. C'est pourquoi les chrétiens respectent la vie, particulièrement la vie humaine, et résistent à tout ce qui engendre la mort ou rabaisse la valeur de l'être humain.

Tout comme l'Esprit, donateur de vie, a fait au peuple d'Israël des dons nombreux, il répand en abondance des charismes pour l'édification de l'Église et pour le service des hommes, tels que l'enseignement, la prophétie, la guérison, les miracles, les langues et le discernement des esprits. (1 Co 12).

Le Saint-Esprit « procède du Père ». Ce point est important, même pour les chrétiens qui ne font pas une grande place aux Confessions de Foi de l'Église primitive. Si les chrétiens n'accordent pas une attention sérieuse aux rapports entre le Père, le Fils et le Saint-Esprit, ils pourraient avoir à affronter de nouveau les crises qui ont amené l'Église primitive à élaborer le Credo. Ces crises peuvent ne pas prendre la même forme qu'autrefois, mais, parce que la Trinité est au cœur de la vie de l'Église, il est inévitable qu'elles surgissent. Elles ne peuvent être évitées ou résolues qu'à travers une profession commune de la foi trinitaire avec toutes ses implications pour la vie de l'Église.

Le Saint-Esprit reçoit « avec le Père et le Fils même adoration et même gloire ». La spiritualité n'est pleinement chrétienne que si elle est trinitaire.

Le Saint-Esprit « a parlé par les prophètes ». Il continue d'interpeller les chrétiens par les prophètes hébreux. C'est là une espérance que l'Esprit de Dieu rapprochera les deux communautés par son action qui se poursuit. Les Églises doivent aussi rester ouvertes à l'action présente de l'Esprit qui continue de susciter des prophètes de manière diverses, tels ceux qui disent une parole de Dieu spécifique dans des situations d'oppression et d'injustice, ou ceux qui édifient l'Église dans son culte et son service par des dons charismatiques.

GROUPE FOI ET CONSTITUTION,
dans *Œcuménisme Informations,*
n° 153, mars 1985.

PARACLET

Le mot *paraclet* (du grec *paracletos,* avocat) est la transcription, en français, du nom donné en grec par saint Jean au Christ et au Saint-Esprit (Jn 14, 16, 26 ; 16,7). Que veut-il dire ? Nous ne le savons pas exactement. En grec, le mot dérive d'un verbe qui veut dire demander, prier, consoler, encourager, exhorter, défendre, et peut signifier celui qui demande, prie, console, encourage, exhorte, défend.

Chez les Juifs de la Dispersion, on appelait Paraclet l'homme qui se tenait à côté du lecteur de la Bible pour traduire celle-ci de l'hébreu dans la langue de ceux qui écoutaient. Il est possible que nous ayons là l'image à laquelle Jean voulait faire allusion. Le Christ exprime, « traduit », la volonté du Père, et l'Esprit « fait accéder à la vérité tout entière, car il ne parlera pas de son propre chef, mais il dira ce qu'il entendra (...), il recevra ce qui est au Christ et vous le communiquera » (Jn 16, 13-14). ■

▶▶▶ *Suite de la page 680*

Le Dieu de l'Alliance

3. LA RÉFLEXION SUR LE DON DE DIEU

Connaître Dieu, ce n'est pas simplement scruter son mystère, mais c'est aussi savoir ce qu'il fait pour l'homme. Et le discours sur Dieu a toujours consacré une part de ses recherches à la compréhension du don de Dieu tel qu'il se manifeste dans l'histoire des hommes. Généralement, cette réflexion comporte deux chapitres : l'un sur la création, l'autre sur la re-création (c'est-à-dire, dans le vocabulaire chrétien, sur le salut proposé en Jésus-Christ).

La Trinité se révèle dans la création

Beaucoup de gens aujourd'hui, en contemplant un merveilleux paysage, disent être persuadés par ce paysage « qu'au-dessus il y a Quelqu'un »... « que cela prouve bien qu'il existe Quelqu'un ». Beaucoup d'autres estiment que cela ne « prouve » rien. Et logiquement ces derniers ont raison. La « nature » peut être un chemin qui fait découvrir Dieu, pas une preuve. Car, au sens strict, la preuve s'impose à tous. Or, bien des savants ne sont pas sensibles à cette preuve. On connaît la pensée de Jacques Monod affirmant que « l'homme sait enfin qu'il est seul dans l'immensité indifférente de l'univers dont il a émergé par hasard » (*Le hasard et la nécessité,* p. 195). Au demeurant, les savants n'ont pas pour tâche de savoir pourquoi les choses existent mais de savoir comment elles existent, par quel enchaînement de causes elles existent. Et Dieu ne peut pas être une cause comme les autres.

Si les chrétiens croient que Dieu a créé le monde, ce n'est pas pour eux une évidence de leur raison. Mais de leur foi. Quand ils chantent leur Credo, ils ont les mots suivants : « Je crois en un seul Dieu, le Père tout puissant, Créateur du ciel et de la terre ». L'acte créateur de Dieu vient de sa tendresse paternelle pour l'homme, tendresse que fait découvrir la Résurrection du Christ. Cela peut étonner. Même les chrétiens.

IL FAUT DU TEMPS POUR DÉCOUVRIR LA SIGNIFICATION DE LA CRÉATION

Évidemment, presque tout le monde sait que la Bible s'ouvre sur le récit de la création du monde en sept jours. C'est pourquoi, on pense souvent que les chrétiens, à la suite des Juifs, ont une conception de la création incompatible avec la science. Il n'en est pas ainsi.

Petit à petit, essayant de comprendre son histoire à la lumière de ce que disaient les prophètes, le Peuple d'Israël avait découvert que Dieu l'aimait : il n'était jamais seul dans un monde hostile ou indifférent. Il faudra les horreurs de la grande déportation à Babylone (VIe siècle avant J.-C.) pour qu'Israël comprenne que son Dieu était celui qui, de toute éternité, cherchait toujours à faire vivre et revivre ceux qu'il aimait. Paradoxalement, c'est à ce moment-là qu'Israël découvre que, si l'amour existe en Dieu, il est de toute éternité. Il est au commencement. Il est à la fin.

Mais l'Évangile ira plus loin. Lorsque Marc décrit les ténèbres qui s'abattirent sur la terre au moment de la Crucifixion du

▶▶▶

A propos des origines de l'univers

L'œuvre de la toute-puissance créatrice, dont la vertu suscitée par le puissant fiat[1] *prononcé il y a des milliards d'années par l'Esprit Créateur, s'est déployée dans l'univers, appelant à l'existence, dans un geste généreux d'amour, la matière débordante d'énergie.*

PIE XII, 1951

(1) Du verbe *faire* ; en latin, littéralement « qu'il en soit fait ainsi, oui »

La Bible nous parle de l'origine de l'univers et de sa constitution, non pas pour nous fournir un traité scientifique, mais pour nous préciser les justes rapports de l'homme avec Dieu et avec l'univers (...). L'Écriture sainte veut simplement déclarer que le monde a été créé par Dieu et, pour enseigner cette vérité, elle s'exprime avec les termes de la cosmologie en usage au temps de celui qui l'écrit.

JEAN-PAUL II, 1981.

▶▶▶

Christ, c'est pour montrer que l'on en revient au chaos primitif, et s'il raconte l'Ascension du Christ comme un nouveau matin, c'est que, pour lui, *toute vie n'a d'autre origine que Dieu* et *d'autre sens que de conduire à Dieu.* Paul affirme même avec une belle assurance que la création attend avec impatience sa délivrance et sa glorification parce qu'elle est destinée à la vie et non au néant (Rm 8, 18-25).

LA CRÉATION : L'HOMME EST CRÉÉ CRÉATEUR

Pour comprendre la création, au sens des chrétiens, il y a des images qui trompent. Celle du potier créant son pot en façonnant au tour un morceau de glaise entre ses mains. Celle du musicien créant, à l'aide de quelques sons, une ambiance, une impression. A vrai dire, Dieu n'est pas un artisan qui fait le monde une fois pour toutes. C'est en rendant l'homme créateur qu'il est lui-même vraiment créateur. Le Père Varillon écrivait : « Il n'est pas digne de l'amour de faire du tout fait. L'amour ne peut pas ne pas vouloir que ce qu'il crée se crée soi-même, par soi-même. Je me méfie du mot « faire », je ne peux le prononcer sans penser fabriquer ou produire. Je préfère dire qu'en créant, Dieu ne fait rien, mais qu'il existe contagieusement. Ainsi les vrais éducateurs » (*L'humilité de Dieu.*)

Jean donnera le sens ultime du mot création ; son Évangile commence comme la Genèse : « Au commencement ». Il veut dire non seulement que Dieu est source de tout, mais que tout fut fait par la Parole de Dieu, c'est-à-dire par le Fils : « Tout fut fait par lui » (tout est fait pour parler de Dieu à l'homme modelé dans la Parole, le Verbe), « et le monde fut par lui et le monde ne l'a pas connu. Mais à tous ceux qui l'ont reçu, il a donné pouvoir de devenir enfants de Dieu » (Jn 1, 1-3, 10, 12). Alors que l'idée de destin n'est pas chrétienne, car l'homme est libre et créateur, il est profondément chrétien de penser que *tout ce qui existe, tout ce qui se crée dans l'univers, est porteur d'une Parole de Dieu qui, ainsi, ne cesse jamais de nouer avec l'homme une conversation variée et étonnante.* Mais, de même que la Résurrection n'a de sens que dans l'expérience de l'Esprit, ainsi en est-il de la Création : quand Dieu parle, il n'oblige jamais à écouter. Mais, à ceux qui entendent, il fait découvrir la plénitude de la vie.

La Trinité se révèle dans la re-création : le salut en Jésus-Christ

Pour les chrétiens, Jésus n'a pas seulement révélé le véritable sens de la création ; il permet à l'homme de vivre une nouvelle création : le salut. *Dieu sauve, Jésus-Christ Sauveur, Le salut apporté par Jésus Christ,* ces formules sont très usuelles dans le vocabulaire de la liturgie chrétienne... Mais elles ressemblent aux vieilles marches d'escalier. A force d'avoir été utilisées, elles ont perdu leurs arêtes et l'on peut glisser dessus sans s'en rendre compte. Il est cruel quelquefois de demander à un chrétien en quoi il se sent sauvé. Dans notre culture, « salut » veut dire bonjour. Mais le souhait est plein d'une force que peu connaissent.

JÉSUS PREMIER « SAUVÉ » ?

Le Salut ? Le premier sauvé fut-il Jésus lui-même ? Saint Pierre,

▶▶▶ *Suite p. 693*

ORIGINE

« Au commencement » : ce sont les deux premiers mots de la Bible ; pour expliquer quoi que ce soit, on remonte toujours à l'origine. Ainsi Israël, pour se situer par rapport à Dieu, remonte à ses sources : à l'Exode, où il naît comme Peuple de l'Alliance, et — à travers cet événement fondateur — à la création du monde et de l'homme.

Mais l'originalité du Peuple élu n'est pas de s'être ressourcé dans son passé : tous les groupes humains opèrent ainsi depuis toujours, vérifiant leur personnalité en célébrant l'anniversaire de leur naissance ou en se remémorant les grands mythes qui racontent les origines du monde et de l'humanité. Israël, lui, a très vite réalisé que Dieu ne s'était pas contenté de donner la chiquenaude initiale, de lancer le mouvement de la machine au début. Il a expérimenté que Dieu agissait en permanence, pas seulement hier, mais aujourd'hui et demain.

Du coup, Dieu n'est plus conçu comme le créateur immobile, qui n'aurait agi qu'une fois, autrefois, à l'origine des temps. Il devient un compagnon de l'histoire humaine, au jour le jour. Sans cesse, avec lui, tout peut toujours recommencer : il est non seulement la source du fleuve en amont, mais son estuaire en aval. Fondement de la foi, il devient maître du futur et donc fontaine d'espérance. Origine, d'accord, mais, en même temps, terme. Force de poussée et, à puissance égale, aimant d'attirance.

Plus encore que « à notre origine » dans un hier révolu, Dieu est sans cesse « notre origine », dans le présent et l'avenir. Son œuvre de créateur n'a pas été jouée une fois pour toutes « au commencement », comme pourrait le laisser croire une lecture irréfléchie du Livre de la Genèse. Les Prophètes, au contraire, proclament qu'il re-crée continuellement son Peuple et le cœur de ses fidèles, et que l'essentiel de ce qu'il fait pour les hommes est à venir. Dans la Bible, la contemplation de l'origine devient donc eschatologique : elle porte le croyant vers « les cieux nouveaux et la terre nouvelle ».

Aussi n'est-ce pas un hasard si, pour annoncer l'irruption de « l'Homme nouveau » dans l'histoire humaine, saint Jean ouvre son Évangile par les premiers mots de la Genèse : « Au commencement ».

Le Fils ressuscité est devenu, pour chaque moment du temps et de l'éternité, la source de vie, de lumière, d'amour. Par l'action continue de son Esprit auprès des hommes, il devient leur re-créateur infatigable — simultanément leur origine et leur aboutissement : Alpha et Omega de l'Alliance de Dieu avec l'humanité. C'est pourquoi le converti ne regarde pas tellement derrière, mais devant. ■

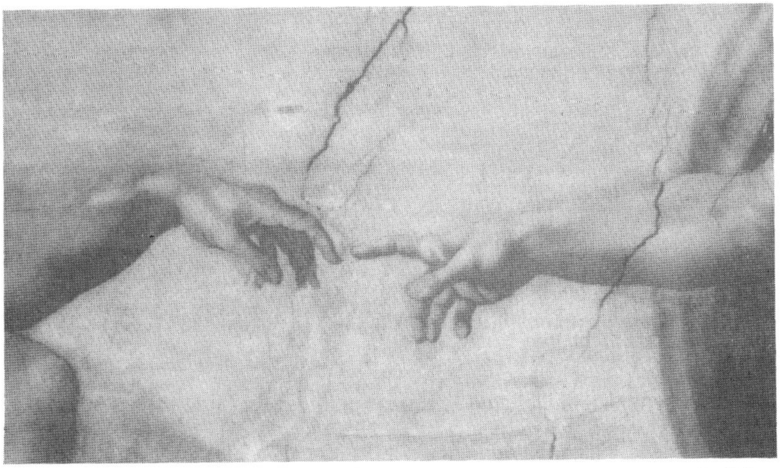

Ph. Tok-Artephot-Ziolo

Michel-Ange. La création (détail). Le peintre suggère qu'il suffit à Dieu d'effleurer de sa main celle d'Adam, premier homme selon le récit de la Genèse, pour lui communiquer la vie. Plafond de la Chapelle Sixtine (1508-1512). Palais du Vatican à Rome.

MONOGÉNISME

☞ *Monogénisme* et son opposé *Polygénisme* désignent deux théories qui concernent l'origine de l'humanité. Ces deux termes n'ont pas la même signification pour les scientifiques et pour les théologiens.
Pour le théologien, le monogénisme désigne la thèse selon laquelle l'humanité actuelle descendrait d'un premier couple unique et le polygénisme celle selon laquelle plusieurs couples seraient à l'origine de l'humanité.
Pour le paléontologiste, c'est-à-dire pour celui qui fait des fouilles dans des terrains très anciens à la recherche de fossiles, parler « d'une origine à partir d'un couple unique » est dénué de signification. Le paléontologiste ne voit que des « populations ». Il constate l'existence de lignées ou phylums. S'il pense que ces lignées proviennent d'une souche commune déjà humaine avant de se séparer, il est monophylétiste. Au contraire, s'il pense que les diverses branches issues d'une même souche sont devenues humaines après leur séparation, il est polyphylétiste.

Le monophylétisme (un seul rameau humain), sans exclure totalement le monogénisme (un seul couple originaire), s'accorde mieux avec le polygénisme (plusieurs couples, dans un seul rameau).

☞ A l'heure actuelle, la science ne peut dire avec certitude où, quand, et comment l'homme est apparu. Elle estime fort probable l'existence d'un foyer unique en Afrique Orientale. Mais elle ne conçoit pas l'apparition soudaine de l'homme par une sorte de « mutation brusque » au sein d'une lignée animale. Le corps humain actuel est le résultat d'une longue évolution.

L'Église admet cette évolution comme le moyen utilisé par Dieu pour façonner notre corps. Elle laisse à la science le soin de résoudre les problèmes purement scientifiques, mais elle affirme l'unité du genre humain. Pour cela, elle se fonde plus sur l'universalité du salut apporté par le Christ que sur l'unicité du premier couple (Adam et Ève sont des figures relevant du symbolisme biblique et non de l'histoire naturelle. Voir p. 689 c). C'est pourquoi, si un jour la science établissait de manière indiscutable le polygénisme, la foi chrétienne ne serait pas touchée pour autant. ■

COSMOLOGIE

La cosmologie (du grec *kosmos,* univers, et *logos,* science) est la discipline qui s'emploie à connaître l'univers dans sa dimension la plus vaste. Elle recouvre en fait deux ordres de disciplines.
L'une se situe sur un plan *philosophique* et constitue une branche de la métaphysique : elle s'intéresse aux lois générales régissant l'univers dans l'espace et dans le temps (existence et nature de la matière, nature et origine de la vie, fixité ou évolution de la matière et de la vie...) ; chaque système philosophique est conduit à avoir sa cosmologie.
L'autre se situe sur un plan *scientifique* et constitue un aspect de l'astrophysique ; elle étudie l'évolution du cosmos, dont on a découvert dans les années 1930 qu'il est en expansion continue et rapide : les galaxies s'éloignent les unes des autres à des vitesses proches de celle de la lumière — 300 000 km/seconde — et selon une ordonnance remarquable. La curiosité des savants ne pouvait, dès lors, manquer de se porter en amont, sur le cours de l'évolution antérieure. Ainsi allait inévitablement se poser la question du point de départ de cette expansion ; la théorie d'une explosion initiale, le fameux « big bang », rallie aujour-d'hui la majorité des esprits ; mais les théories déjà à l'œuvre sur les origines de la vie s'affrontent à propos de cette évolution, de cette « cosmogénèse » : les unes ne voient à l'œuvre que les lois du hasard et de la nécessité, les autres récusent l'importance ainsi accordée au hasard.
Enfin, bien sûr, la notion de point de départ ne peut manquer de soulever celle d'une « création » ; les uns rejettent par principe une telle hypothèse, dont ils observent au demeurant qu'elle ne relève pas de la science, ce qui est indubitable ; d'autres ne l'excluent pas mais estiment qu'il sera toujours impossible de se prononcer à son sujet ; d'autres enfin constatent que l'idée d'une création n'est pas en contradiction avec les données scientifiques et que celles-ci laissent donc toute latitude au croyant de se référer à une action divine ; les savants chrétiens soulignent donc, pour leur part, la compatibilité entre la science et la foi. ■

Qu'est-ce que ?

Contingence (du latin *contingere,* arriver par hasard). En termes philosophiques, ce qui est *contingent* est ce qui peut aussi bien être ou ne pas être, ce qui n'existe pas nécessairement, ce qui est dans un état de dépendance pour son existence même. Par opposition, est *nécessaire* ce qui ne peut pas ne pas être, ce qui existe nécessairement. Pour la philosophie chrétienne, les êtres créés sont *contingents*, seul Dieu est *nécessaire.*

Cosmogonie (du grec *kosmos,* univers et *gonos,* génération). Théorie sur l'origine du monde. En fait le mot tend à être réservé aux descriptions mythologiques, mythiques ou simplement poétiques et symboliques (comme celle de la Genèse) de l'origine de l'univers. Les théories scientifiques, quant à elles, relèvent aujourd'hui de la cosmologie et de la cosmogenèse.

Dessein ou plan de Dieu. Pour beaucoup, évoquer le *plan de Dieu*, ou le *dessein de Dieu*, serait admettre que l'homme n'est pas libre et que tout ce qui lui arrive est comme écrit d'avance par Dieu dans un grand livre. Il n'en est rien. Le Dieu de Jésus-Christ se manifeste avant tout comme un Dieu d'amour, dont le seul dessein est de faire accéder chaque homme au bonheur dans une communion parfaite de tous, entre eux et avec lui. La résurrection du Christ atteste que la voie est ouverte, l'homme s'y engageant en toute liberté ; le dessein de Dieu ne peut en aucun cas se comprendre comme une prédestination, excluant toute liberté. Sa grâce reste toujours respectueuse de la libre détermination de l'homme. (Voir aussi *Plan de Dieu* p. 695).

Préternaturel (du latin *praeter,* au-dessus de, et *naturalis,* naturel). Ce terme du vocabulaire théologique désigne ce qui dépasse l'ordre de la nature. Les théologiens appellent « dons préternaturels » ceux que le premier homme aurait reçus en sus des dons naturels et surnaturels, et qu'il aurait perdus dans le péché originel ; on a supposé qu'ils incluaient notamment l'absence de maladie, l'immortalité, l'absence de concupiscence, la science parfaite...

Lorsqu'un mot, une expression, un événement, une institution, un nom propre vous sont inconnus, consultez l'index.

Y a-t-il contradiction entre la foi, d'une part, et les données scientifiques sur l'origine de l'homme, d'autre part ?

L'idée d'une filiation des espèces par une série de transformations est fort ancienne : on la trouve déjà chez les philosophes grecs et chez les Pères de l'Église des premiers siècles. Cependant, jusqu'à la fin du XVIIIe siècle, presque tout le monde se figurait que toutes les espèces, animales ou végétales, étaient sorties des mains du Créateur telles que nous les connaissons aujourd'hui.

Lamarck (1809) puis Darwin (1859) sont considérés comme les pères de la théorie évolutionniste, opposée au fixisme et au créationnisme. Pour Darwin, les espèces varient sans cesse, la sélection naturelle élimine les variants les moins adaptés à leur milieu. Les survivants transmettent leurs nouveaux caractères à leur descendance. Ainsi, peu à peu, une espèce se transforme en une autre.

En 1865, Gregor Mendel découvre les gènes qui commandent les caractères biologiques des individus. Récemment, la biochimie a établi la structure chimique des gènes. On comprend alors mieux ce qu'est une mutation et comment elle se transmet. Aujourd'hui, l'évolution est un fait scientifiquement établi. Née dans les eaux primitives, la vie en est sortie il y a 300 millions d'années. Des poissons ont évolué en amphibiens, qui ont permis l'apparition des reptiles. De ces derniers proviennent les mammifères (200 millions d'années) et les oiseaux (150 millions d'années).

Les discussions actuelles portent sur les facteurs et les mécanismes de l'évolution. Si les mutations se produisent « au hasard », on ne comprend pas comment elles peuvent engendrer des organes complexes nouveaux, qui n'existaient pas dans les espèces antérieures (œil, placenta, poumon, etc.). Des mécanismes ont joué, mais on est loin de les connaître.

Dès leur parution, les théories de Darwin soulevèrent de vives contestations. Certains savants, comme Cuvier, restaient fixistes. D'autres, à la suite de Darwin, étendaient les théories évolutionnistes à l'origine de l'homme, mettant en cause les récits de la Genèse et le dogme de la création. Les théologiens de l'époque refusèrent une théorie qui, leur semblait-il, sapait les bases du dogme du péché originel.

Aujourd'hui, les difficultés théologiques sont effacées. Grâce aux progrès de l'exégèse, à la distinction des genres littéraires, on sait découvrir le message religieux de la Bible sous sa formulation imagée et symbolique. Ce message est clair : Dieu est le créateur de tout ce qui existe. Si donc les espèces dérivent les unes des autres depuis les premières formes de la vie, l'évolution est le moyen choisi par Dieu pour faire venir à l'être tous les vivants, y compris le corps de l'homme. Pour la foi, toutes les créatures dépendent de Dieu, qui leur donne leur existence et leur dynamisme évolutif. Quant aux mécanismes de l'évolution, il revient à la science de les chercher.

Ainsi apparaît clairement la distinction entre les vocations respectives de la foi et de la science : celle-ci cherche à comprendre et expliquer les phénomènes et leurs enchaînements, la foi s'attache plus à la question du sens. ■

Création

Percevoir Dieu comme créateur et l'homme comme créature est essentiel à la foi chrétienne. Pour autant, il est difficile à un chrétien de se faire comprendre en parlant de création :

- parce que le mot évoque, pour la plupart des Français, une image qui ne correspond pas à l'idée biblique de la création : pour beaucoup, en effet, la création est un événement au début du monde, un événement passé ;
- parce que le mot évoque souvent une question extérieure à celui qui parle, presqu'abstraite. Bien sûr, chacun pense que l'univers dont il s'agit dans la création, c'est le nôtre... mais peu joignent la question de la création à celle de leur propre origine et à celle du sens de leur existence.

L'origine de la difficulté

Elle est propre à notre culture moderne occidentale : celle-ci conçoit spontanément le monde comme une immense machine dont la complexité extraordinaire ne fait pourtant qu'obéir à des lois logiques. La création est pensée comme une « chiquenaude initiale » à l'origine d'un développement indépendant. La difficulté n'a pas pour seule origine l'assimilation de la création à la fabrication d'un objet. Elle vient aussi de ce que, pour les Occidentaux, ce qui existe, ce qui est réel, c'est ce qui est visible, ce qui obéit à des lois ; ce qui est là, ce qui existe est nécessaire et n'a pas besoin d'avoir été créé pour exister. Pour les chrétiens, il ne faut pas confondre création et commencement : la création est d'abord un type de relation entre créateur et créature.

La réponse chrétienne

Image pour image, il est bon, pour rejoindre la pensée chrétienne, d'imaginer la création comme une pro-création : celui qui procrée suscite vis-à-vis de lui un autre que lui, qui est issu de lui mais qui a une personnalité propre.

Être créé fait-il de l'homme un robot, un être manipulé ou infantile ?

Il est vrai, pour les chrétiens, que l'homme se reçoit de Dieu et qu'en cela, il est déterminé ; mais on peut être déterminé et libre. Prenons l'exemple du danseur, assujetti à la loi de la pesanteur : quelle extrême nécessité dans l'équilibre du corps et la précision des sauts, mais aussi quelle liberté ! La nécessité transfigurée dans la liberté de la danse s'appelle la grâce.

Être créé dans un monde créé donne à l'homme une tâche

À l'image de la pro-création et à celle du danseur, il faut en ajouter une autre : celle du bain révélateur qui permet de faire jaillir la photo d'une pellicule. La création, c'est la pellicule, elle est totalement là, présente avant que le révélateur n'ait fait son travail de lente prise de conscience du dessein de la création : c'est la vie de l'homme « sauvé » qui fait apparaître ce qu'est la création en réalité. La liberté, la vérité et la charité des saints sont les meilleurs révélateurs du sens du monde. Si le Christ est l'homme parfait, le sommet de la création, alors, pour que la création soit vraiment création, il est nécessaire que l'homme assume sa responsabilité de faire le salut du monde, en ressemblant au Christ en homme libre : c'est en ce sens-là qu'il est créateur.

Une création qui change la vie

L'image de l'enfant ayant sa vie propre auprès de ses parents suggère l'existence propre du monde, mais voulue et accompagnée de l'amour du Dieu-Père. Saint Jean dira même que tout parle de Dieu. Tout ce qui est existe par la Parole de Dieu. Il y a donc un sens à chercher, une Parole à trouver dans le monde et en soi-même. Mais ce qui est inscrit comme Parole dans le monde — même si c'est un donné — ne brime pas la liberté, mais la suscite et invite chaque homme à être créateur à la manière de Dieu, en faisant éclore des libertés.

Ainsi, croire en la création est pour le chrétien tout à fait différent de croire en l'existence d'un grand Architecte du monde : c'est savoir que Dieu a voulu son existence pour qu'il cherche le sens du monde à travers chaque visage et à travers chaque chose, et qu'avec ses frères, il participe à la création d'un monde de vraie liberté. ■

Montre-moi donc ton Dieu

Je ne peux te montrer mon Dieu, mais je te montre ce qu'Il a fait :
Tout a été fait par Lui ! *(Jn 1, 3). Lui qui est l'Ancien, Il a fait du nouveau ; Lui qui est l'Éternel, Il a fait du temporel ; Lui, l'Immuable, Il a fait du mouvement. Regarde ces œuvres et loue le Créateur, et crois pour être purifié. Tu aimeras Le voir ? C'est un bon désir ; je t'engage à le garder toujours. Tu voudrais Le voir ?*

Heureux, ceux qui ont le cœur pur, ceux-là verront Dieu *(Mt 5, 8).*

Avant tout, purifie ton cœur ; applique-toi à le faire ; Celui que tu veux voir est la pureté même (...). Si tu gardes encore de la boue dans ton cœur, comment pourrais-tu voir Celui que tu cherches ?

SAINT AUGUSTIN.

▶▶▶

dans le discours de la Pentecôte, n'hésite pas à dire : « Dieu l'a ressuscité, le délivrant des affres de l'Enfer » (Ac 2,24). Dieu ne l'a pas sauvé de la mort ni de la souffrance : il a mené sa vie d'homme jusqu'au bout. Ce n'est qu'après sa mort que la vie lui a été donnée. Définitivement. Ce passage de la mort à la vie, les premiers chrétiens l'attribuèrent à deux causes. D'abord, au oui de Jésus à Dieu pendant toute sa vie ; dans le plus ancien cantique connu, la communauté chrétienne chantait : « Lui de condition divine... s'est fait obéissant jusqu'à la mort, jusqu'à la mort sur la Croix » (Ph 2,6-8). Et le cantique enchaînait aussitôt sur la deuxième cause, le don de Dieu : « C'est pourquoi Dieu l'a exalté et lui a donné le Nom qui est au-dessus de tout nom » (Ph 2,9).

Le salut c'est la vie

Si Jésus est — comme dit saint Paul — le « premier-né de toutes créatures », « premier-né d'entre les morts » (Col 1,15,18), on peut retenir que le salut n'est pas la libération de la condition humaine. Le salut ne permet pas d'éviter la mort. Ni la souffrance. Être libre devant la mort ou la souffrance ne dispense pas de les subir. Le salut ne rend pas l'homme sur-humain en le rendant tout-puissant ou en lui permettant de tout savoir. Le salut est d'abord communication de la vie de Dieu. Si l'on veut une image de l'homme sauvé, on ne prendra pas celle de Napoléon au faîte de sa gloire, mais plutôt celle de François d'Assise pauvre, joyeux, libre devant les grands de ce monde, devant les animaux, la souffrance et la mort. Le salut, c'est entrer dans l'expérience pascale de Jésus et être vivant de la vie qui l'anime. Le salut n'est donc pas simplement pour demain, pour après la mort. Le chrétien ne dit pas « Dieu sauvera »... mais « Dieu sauve ». Pourtant le salut n'est pas encore totalement réalisé : la vie de Dieu n'a pas encore tout transformé. C'est au-delà du passage de la mort que le chrétien pense trouver la *pleine manifestation du salut.*

Il est possible que l'homme dise non à cette vie. Qu'il n'accepte pas de sortir de lui-même et refuse de rencontrer l'autre et le Tout-Autre. C'est l'enfer ! Car le salut n'est pas un don imposé à l'homme. Il implique aussi un choix. Il suppose d'accepter d'entrer dans l'expérience pascale. Chacun peut, de sa propre volonté, le refuser et s'exclure à jamais de la vie proposée par Dieu.

Jésus seul sauvé

Qui peut sauver ? La réponse est : Dieu seul. Si le salut est la vie de Dieu, personne ne peut prétendre à cette vie que ceux à qui Dieu la donne. Bien plus, ce don ne se fait que par Jésus-Christ. Car la communication de la vie trinitaire se fait par lui. Le Sauvé est Sauveur ! Jésus l'affirme à plusieurs reprises dans sa vie terrestre : s'il console les méprisés, nourrit les affamés, donne à boire aux assoiffés, guérit les malades, rend courage aux angoissés, c'est pour signifier qu'il est celui en qui Dieu donne sa vie en abondance.

Isaïe est l'auteur d'une prophétie concernant le Messie. Il y dit de lui ce qu'aucun programme électoral n'oserait proclamer : « L'Esprit de Dieu est sur moi (..). Il m'a envoyé porter la bonne nouvelle aux pauvres, annoncer aux captifs la délivrance, aux

▶▶▶

ANGE

Juifs, chrétiens et musulmans donnent au mot ange (du grec *angelos,* messager, envoyé) un sens qui varie entre celui de l'étymologie — l'ange est alors un simple envoyé de Dieu — et la manifestation même de Dieu de manière perceptible à un homme. Le sens le plus courant est celui d'un être spirituel, libre, puissant (on appelle quelquefois les anges des Puissances), intervenant dans la vie des hommes, influençant une liberté sans la supprimer et, de toutes façons, soumis à Dieu.

Pourquoi les anges ?

Plus l'homme reconnaît la grandeur de Dieu et sa transcendance, plus il est tenté soit par l'anthropomorphisme soit par le silence sur Dieu : comment parler d'un Dieu sans commune mesure avec l'homme ? Les anges permettent de résoudre ce dilemme : ils sont manifestations de Dieu. Les anges dont le nom comporte toujours celui de Dieu (RaphaEL, GabriEL, MichEL : EL veut dire Dieu en hébreu) sont des êtres dont la fonction est de permettre de discerner et d'évoquer les qualités de Dieu dont ils sont porteurs, sans enfreindre le secret de la grandeur de Dieu. Ceci est particulièrement vrai dans l'islam. Ceci a été vrai à certaines époques du christianisme. Bien plus, pendant les trois premiers siècles du christianisme, la théologie a souvent pensé le rôle de Jésus-Christ avec les concepts de l'angélologie, et plus précisé-ment en comparant le Christ avec Michel. Voici pourquoi.
Le nom de Michel (traduction de l'hébreu : qui est comme Dieu) a conduit beaucoup de penseurs du monde juif a voir en lui l'image de Dieu et son Christ, son Messie : ainsi, les esséniens en font un grand prêtre céleste ; ainsi, le livre d'Henoch en fait celui qui soutient l'univers ; ainsi, le *Zohar* (traité ésotérique juif écrit vers 1300 ap. J.-C.) demande de traduire Michel par « présence de Dieu » (Shekina). Ainsi, dans le monde juif de l'époque de Jésus, le Christ attendu par certains était... un ange ! Cette conception influença beaucoup les débuts de l'Église. Elle explique pourquoi, très vite, un certain nombre de chrétiens eurent du mal à voir en Jésus un homme véritable. Elle explique pourquoi les musulmans, proches par leurs origines des milieux paléo-chrétiens, ne peuvent imaginer la mort du Christ en croix : puisqu'il était reconnu comme Christ, il avait quelque chose de l'ange et donc ne pouvait mourir.

La représentation des anges

« Ces purs esprits qu'on nomme aussi les anges » (profession de foi de Paul VI) sont bien difficiles à imaginer pour un esprit moderne. Il est probable que, pour la plupart des hommes de notre époque, le mot ange évoque d'abord

Suite page 694 ▶

▶ *Suite de la page 693*

une certaine iconographie : l'iconographie orientale avec les icônes, ou occidentale avec des peintres comme Cimabue, Giotto, Fra Angelico, Memling, Botticelli, Léonard de Vinci, Raphaël, El Greco, Monet, Rouault..., ou tout simplement l'ange des santons provençaux. Il est aussi probable qu'aujourd'hui beaucoup sont tributaires de la pensée de Descartes, pour qui l'ange est un être imaginé par l'homme, être composite, à moitié Dieu, à moitié homme. Bref, pour beaucoup, croire à l'existence des anges est faire preuve de conformisme plus que de modernité.

Les chrétiens n'ont pas inventé « les anges », et pour eux la venue du Christ a rendu inutile, ou en tout cas seconde, la fonction des anges comme messagers. Cependant, la tradition a toujours tenu pour véritable leur existence, qui est mentionnée dans des textes des conciles (Vatican I par exemple) ou dans la liturgie. Plus que la philosophie de Descartes, « l'imagerie » permet de comprendre ce que signifient les anges dans la foi chrétienne.

Dans le monde antique, les dieux, les âmes et les anges étaient pourvus d'ailes. Le symbole des ailes avait deux significations principales : la beauté, et la capacité de s'envoler au-dessus de la condition humaine, c'est-à-dire de la mort.

Fondamentalement, les anges rappellent aux chrétiens que le Dieu transcendant et inaccessible a voulu communiquer avec les hommes. Ils signifient que cette communication est un don gratuit d'une vie qui dépasse les capacités humaines — et en particulier la mort — pour faire entrer dans un royaume de beauté. Comme le chante l'*Apocalypse* de saint Jean, les anges désignent mystérieusement ce pays où il n'y aura plus de nuit, ni de malédiction. Tout y sera lumière (Ap 22). ■

DU NOM DES ANGES

Raphaël : Dieu guérit
Gabriel : Héros de Dieu
Mikhaël : Qui est comme Dieu
Ouriel (cité dans les livres juifs) : Lumière de Dieu

DES CLASSES D'ANGES...

Saint Paul distingue parmi les anges, les Trônes, les Souverainetés, les Autorités et les Puissances (Col 1,16) auxquels il ajoute les Pouvoirs (Ép 1,21).
Ces distinctions proviennent d'un monde préchrétien et n'ont pas de sens précis pour un chrétien : ce que saint Paul en dit c'est que, quelle que soit « leur classe », ils sont tous soumis au Christ.

Qu'est-ce que ?

Angélologie. Branche de la théologie ayant pour objet la réflexion sur l'existence et la nature des anges. Ce type de réflexion semble moins d'actualité aujourd'hui, peut-être simplement parce que la question des anges est une de celles que l'on évite de poser.

Anges gardiens. La croyance selon laquelle chaque être humain est confié à la vigilance particulière d'un ange était déjà courante chez les Juifs (Mt 18, 10) ; elle n'a été formulée plus précisément qu'au XIIe siècle par Honoré d'Autun. L'Église, sans l'imposer, a respecté cette tradition ; c'est ainsi qu'elle a conservé dans le calendrier liturgique de 1969 la fête des Anges Gardiens, fixée au 2 octobre.

Démon (du grec *daimon*). Le mot désignait, dans la mythologie gréco-romaine, des puissances intermédiaires entre les dieux et les hommes. Il a été repris par le vocabulaire chrétien comme équivalent de Satan et de Diable.

Démonologie. Branche de la théologie qui traite des démons, de leur existence, de leur relation avec Dieu, de leur action dans le monde, des moyens à mettre en œuvre à leur égard.

Malin (du latin *malignus,* méchant). Un des noms donnés au démon dans le Nouveau Testament (Mt 12, 43-45).

Possession. Dans le langage théologique, état de celui qui est sous l'emprise physique et mentale du démon. La distinction entre cet état et l'hallucination de celui qui se croit possédé est souvent difficile à établir ; c'est pourquoi l'Église catholique, sans exclure la possibilité d'un état authentique de possession démoniaque, montre toujours la plus grande prudence en présence de phénomènes pouvant la laisser supposer. Voir Exorcisme.

Les noms du démon dans la Bible

L'Accusateur
L'Adversaire
Beelzeboul. Le mot *Baal*, en langues sémites anciennes, signifie *Seigneur* et désigne souvent des divinités locales protectrices et fécondatrices. *Beel Zebub*, « seigneur des mouches », divinité philistine, est devenu, pour les Hébreux, *Beelzeboul*, « prince des démons », évocation reprise dans le Nouveau Testament.
Belial (ou Beliar) : Beliar veut dire en hébreu le mal faisant.
La Bête
Le Diable (en grec, *diabolos* : celui qui sépare, l'accusateur).
L'Ennemi
L'Homicide
Lucifer : (en lat. « qui porte la lumière »). Un des noms donnés au démon, à la suite des Pères de l'Église interprétant un passage d'Isaïe (14, 12) : la chute d'un tyran comparé à l'astre du matin (la planète Vénus) « tombé » du ciel serait celle de Satan.
Le Malin
Le Malfaisant
Le Mauvais
Le Menteur
Le Prince de ce Monde
Satan : mot hébreu qui veut dire l'adversaire, l'accusateur.
Le Séducteur
Le Tentateur.

Diable

Alors que le Moyen Âge était très friand d'évocations du diable (du grec *diabolos,* accusateur, équivalent de l'hébreu *Ham-Shatan* dont on a fait Satan) [d'où, notamment, tant d'images de lui dans les sculptures des cathédrales, les gargouilles, etc.], beaucoup de chrétiens aujourd'hui se refusent à expliquer l'existence du mal dans le monde par celle du diable. D'autres, cependant, ajoutent que la plus grande ruse du diable est de faire croire qu'il n'existe pas. S'il existe, qui est-il ? Est-ce le serpent de la tentation au jardin d'Eden (Gn 3) ? Le tentateur du livre de Job (Jb 1 et 2) ? Celui qui tente le Christ au début de son ministère (Mc 1,13 ; Mt 4,1-11) ? Celui qui veut mettre saint Pierre de son côté (Lc 22,31-32) ? Est-ce une personnification littéraire du mal, ou existe-t-il vraiment ? La littérature apocryphe, avec beaucoup d'insistance, répond : il existe vraiment (*Enoch, Livre des Jubilés, Testament des douze patriarches*).

Aujourd'hui, la discussion sur l'existence réelle du diable continue, d'autant que rarement les conciles et les papes ont engagé leur responsabilité sur ce sujet. Jean III (VIe siècle) et le concile de Braga condamnèrent ceux qui refusaient de croire aux démons comme à des anges déchus ; le concile de Latran IV (1215) affirma, à son tour, que le diable est devenu mauvais par un choix personnel.

La préoccupation de ces deux conciles était d'éviter de faire du diable le principe du Mal, le Mal absolu opposé à Dieu. La foi chrétienne s'adresse, en effet, à un Dieu qui n'est qu'amour, et dont l'amour se manifeste par un appel à une volonté absolument libre de l'homme. C'est ce sur quoi insistent également les chrétiens qui préfèrent éviter de parler du diable ; ils admettent que des puissances entraînant au mal sont à l'œuvre dans le monde (le livre de l'*Apocalypse* appelle l'État romain « la Bête »), mais ils soulignent la radicale liberté de l'homme.

Même si l'Église est circonspecte en ce domaine, la pratique de l'exorcisme montre qu'elle croit à l'existence d'êtres personnels mauvais qui peuvent essayer d'influencer les hommes. Le concile de Trente (XVIe siècle) a d'ailleurs rappelé que c'était le démon qui avait entraîné l'homme au péché. ■

▶▶▶

aveugles la vue, aux opprimés la liberté »... Et Jésus ose dire : « Aujourd'hui s'accomplit ce passage de l'Écriture » (Lc 4, 16-21). Jean résumera ainsi la pensée de Jésus : « Celui qui écoute ma parole et croit en celui qui m'a envoyé, a la vie éternelle » (Jn 5, 24). Pierre le dit aux sages d'Israël : « Il n'y a pas d'autres noms donnés aux hommes par lesquel il nous faille être sauvés » (Ac 4,12). C'est une conviction première de toute la communauté primitive.

« L'ÉCONOMIE » DU SALUT : COMMENT JÉSUS SAUVE

Comment Jésus sauve ? Les chrétiens orientaux résument leur réponse ainsi. Étant à la fois du monde de l'homme et du monde de Dieu, Jésus a pris l'humanité de l'homme pour que l'homme puisse prendre sa divinité. Expliquons. Homme, Jésus est solidaire de toute l'humanité. Pour Paul, les chrétiens et le Christ ne forment qu'un seul corps auquel Jésus a donné son Esprit, au point que Paul pourra dire : « Ce n'est plus moi qui vis, c'est le Christ qui vit en moi » (Ga 2,20). Pour la communauté primitive, c'est cette solidarité existentielle qui fait que, dans le Christ, les chrétiens passent de la mort à la vie. Mais comment ? On aimerait comprendre encore mieux ce « mécanisme », cette « économie » (comme disent les orientaux) du salut.

ENCORE DES ERREURS THÉOLOGIQUES

A partir de ces points essentiels, les théologiens ont cherché à expliquer comment l'homme était sauvé par le Christ. Certaines de leurs explications furent franchement maladroites et fausses. Mais, parce qu'elles ont été très répandues, il faut les relater ici. En forçant les traits pour le comprendre, le raisonnement était le suivant. Dieu est un juste juge. L'humanité s'est rendue coupable aux yeux de Dieu. Il n'y avait pas de moyen pour elle de se « racheter » de cette culpabilité : ses fautes l'« opposant » à un Dieu « infini » étaient « infinies » et ne pouvaient être « rachetées » que de manière infinie. Alors Dieu, dans sa bonté, a envoyé son Fils, lui aussi de nature « infinie ». Et celui-ci s'est offert comme victime, au nom de l'humanité. Il a subi, en lui, toutes les peines encourues par les hommes pour leurs péchés.

Certains ajoutent encore que, par les péchés de l'humanité, le diable s'était acquis des droits sur l'homme et que la mort du Christ était la rançon qu'il fallait lui payer pour être libéré de lui. Il est vrai que la communauté primitive a souvent employé les mots de rançon, de rachat, de victime d'expiation, d'immolation, bref tout le vocabulaire des sacrifices sanglants offerts chez les Juifs. L'*Épître aux Hébreux* y puise même son inspiration principale. Mais, jamais le vocabulaire en question n'y a la signification qu'on lui prête dans ces théories : 90 fois le mot « racheter » est employé dans l'Ancien Testament, 85 fois, il veut dire « mettre en liberté » ou « délivrer » !

Or, c'est précisément cette notion de *libération* qui triomphe dans le mystère pascal. Jamais la première communauté chrétienne n'a présenté Dieu comme un juge impitoyable qui aurait eu besoin de la mort de son Fils innocent pour pardonner le péché des hommes. Et encore moins aurait-elle pu imaginer qu'il

▶▶▶

Le plan de Dieu ou l'Économie du salut

En théologie chrétienne, et surtout chez les Pères grecs, « économie » est une formule elliptique pour dire « Économie du salut ». Fondamentalement, il s'agit du déploiement, dans l'histoire des hommes, du dessein du salut de Dieu à leur égard ; dessein « caché » en lui dès l'origine. L'économie est alors le passage du caché au révélé, ou mieux, du latent au manifeste.

Il y a donc un plan de Dieu. En fait, dans l'Ancien Testament, les relectures incessantes qu'Israël fait de son histoire ramènent toujours à cette foi centrale en un dessein de salut de Dieu, pour ce peuple élu, symbole de l'humanité tout entière. A propos de ce plan, il faut se garder d'une conception parfois trop automatique de la Providence. Comme si tout était prévu d'avance, et s'appliquait quoi qu'il advienne de la part des hommes. Certains raccourcis des récits de l'Exode, disant par exemple : « Le Seigneur endurcit le cœur de Pharaon » (Ex 10,20 et 27, etc.), doivent être compris comme expression de la conviction d'Israël que, du mal, Dieu peut faire sortir l'espérance.

L'histoire d'Israël, c'est l'humanité dans tous ses états : en transhumance, en esclavage, en exode, en conquête, en état sédentaire, en exil, en espérance. Les hommes choisissent librement leur destin, parfois contre l'avis des prophètes (1S 8 et 2S 7). La constance, c'est la fidélité de Dieu à sa promesse.

Du coup, la génération des chrétiens contemporains du Christ atteste que toute cette « Économie » de salut s'accomplit et s'ouvre en Jésus-Christ, dans sa vie et sa personne, ses paroles et ses gestes, sa mort et sa résurrection. Pour eux, c'est là que tout s'éclaire, à propos de l'histoire humaine, mais aussi à propos de Dieu.

Chez les Pères grecs, le mot économie peut aussi être opposé au mot théologie. La théologie est ce que l'on peut dire, de manière conséquente et ordonnée, sur Dieu en lui-même. Mais, cela ne peut être dit qu'à partir de l'économie, dans son sens de déploiement de l'histoire du salut. Il n'y a en christianisme de discours valable sur Dieu qu'à partir de là. Principe très important, en particulier quand il s'agit de parler de la Trinité, c'est-à-dire du Dieu unique, comme Père, Fils et Esprit. Il faut se garder de l'abstraction et n'en parler qu'à partir de ce qu'en révèle Jésus-Christ.

Parler d'économie du salut dans l'exposé de la foi a le double avantage de signifier, en même temps, deux aspects importants : d'une part, Dieu a l'initiative, il précède toujours, il aime d'abord (ce qui nous garantit, dans la Révélation, de l'illusion et de l'imaginaire) ; mais d'autre part, pour se faire connaître réellement tel qu'il est, il s'accommode des limites humaines. Il se fait homme pour que l'homme soit fait « Dieu ». (Voir aussi Dessein de Dieu) ■

▶▶▶

fût obligé de payer une rançon au diable ! C'est l'amour seul qui explique le salut !

Le salut est une histoire d'amour

Oui, « Dieu a tant aimé le monde qu'il a donné son Fils unique pour que tout homme qui croit en Lui ne périsse pas mais ait la vie éternelle. Car Dieu n'a pas envoyé son Fils dans le monde pour condamner le monde mais pour que le monde soit sauvé par lui ». (Jn 3, 16-17) Dieu qui, par la bouche des prophètes, s'était tant de fois moqué des sacrifices d'animaux ne cherchait pas d'autre sacrifice humain que celui « d'un cœur brisé, broyé » (Ps 51), d'une acceptation totale de l'amour, avec ce que cela représente d'abnégation et de don total de soi.

On arrive enfin à parler du péché

Nous avons, jusqu'à présent, soigneusement évité de parler du péché. A peine y avons-nous fait quelques allusions. Et puisqu'il nous faut maintenant parler du péché, remarquons que, dès la formulation du Kérygme, les chrétiens ont distingué « le salut des hommes » du « pardon des péchés ». Au fond, le pardon des péchés n'est qu'un aspect — important, certes — du salut offert aux hommes. Cette vie, cette liberté qui caractérisent le salut sont apportées aussi aux pécheurs. Expliquons et reprenons un épisode de la vie du Christ : les apôtres l'ont souvent retenu pour rendre compte de l'attitude de leur Seigneur vis-à-vis du péché.

Une femme avait péché. Elle avait été surprise en flagrant délit d'adultère. Dans ce cas, la loi de Moïse prescrivait la lapidation. Les ennemis de Jésus lui amènent alors cette femme ; ou il la condamne et c'en sera fini de sa réputation d'ami des malheureux, ou il ne la condamne pas et il devient un ennemi de la loi de Moïse. Et Jésus retourne la situation. D'abord, il demande à ceux qui n'ont jamais péché de lancer la première pierre. Les pharisiens jugent selon la Loi. Jésus, quant à lui, renvoie chacun à lui-même ; là, personne ne peut juger personne. Mais il va plus loin. En rester là, c'était laisser la porte ouverte à tous les laxismes. Sachant ce qu'elle a fait, il l'accepte comme elle est, et la renvoie à sa vie en lui faisant confiance : « Ne pèche plus ». Il n'excuse pas, il n'oublie pas, il oblige la femme à être vraie avec elle-même, et, en même temps, lui ouvre, par sa confiance, les portes de l'avenir.

Le péché et la Croix

Le péché, pour la première communauté chrétienne, n'est pas nécessairement transgression de la Loi. Au contraire, Jésus fait découvrir que certaines fidélités à la Loi peuvent être péché. Celui-ci n'est pas non plus impossibilité d'atteindre un idéal : il est refus de la vérité qui libère, il est refus d'aimer, il est refus de la vie et du salut. Quand on accuse les chrétiens de semer la culpabilité puis ensuite de parler de pardon, il semble que l'on décrive exactement le contraire de ce qu'ils voudraient dire. Il faut avoir découvert la vie pour pouvoir pécher, il faut avoir découvert l'amour et le pardon pour comprendre ce qu'est le péché. Très souvent, les plus grands saints de l'Église se sont considérés comme les plus grands des pécheurs. Généralement, on sourit de ce qui passe pour une

▶▶▶

Ces deux mots salut et histoire, placés côte à côte, posent un des problèmes les plus compliqués parmi ceux que cherchent à résoudre les théologiens actuels.

L'histoire du salut

Pourtant, à première vue, les choses sont simples : un peuple, repérable dans l'histoire, a porté une tradition religieuse qui a eu une influence capitale sur l'évolution des 25 derniers siècles, et spécialement en Occident. Au sein de ce peuple est né un homme, Jésus de Nazareth, qui a tellement modifié l'histoire des hommes que, dans la plupart des pays du monde, sa naissance sert de repère historique pour décompter les années.

Face à ces réalités historiques, les hommes et les femmes de notre temps se situent suivant leur foi en la divinité de ce Jésus de Nazareth. Aux yeux de ceux qui croient, l'histoire de leur rencontre avec la personne de Jésus peut être considérée comme une petite histoire sainte.

Les questions des théologiens

Elles sont au nombre de deux :
- l'histoire particulière du Christ a-t-elle une signification pour l'histoire de tous les hommes de tous les temps, et si oui, pourquoi ?
- la rencontre avec le Christ a-t-elle une influence sur la manière de participer à la « construction de l'histoire » ?

Ces questions ne sont pas simplement théoriques : on voit bien que la réponse à la première peut dicter des comportements missionnaires fort différents. La réponse à la seconde question a sans doute encore plus d'importance pratique. Qu'on en juge.

Si les chrétiens avaient dû totalement renoncer — pour Dieu — à entrer dans l'histoire et, pour cela, s'abstraire au maximum — comme les bouddhistes — de tout mouvement afin de trouver Dieu dans le vide, alors notre civilisation occidentale n'aurait pas pu être ce qu'elle est. En fait, si la plupart des théologiens catholiques ont demandé aux chrétiens de participer à la création de l'histoire, leurs positions ont été très variées.

Certains ont demandé aux chrétiens d'être à la fois dans l'histoire et à côté d'elle, jamais complètement immergés dans l'action, toujours critiques.

Beaucoup de théologiens ont professé, à la suite de Platon, que l'histoire d'ici-bas n'est que l'histoire d'un drame, une histoire de marionnettes et d'ombres, et que le grand soleil était de l'autre côté... au-delà de l'histoire... Le propre du chrétien aurait été, selon eux, de supporter le moins mal possible les douleurs du monde qui passe, d'essayer de « purifier » les réalités terrestres autant que faire se peut, et d'attendre ainsi le bonheur éternel.

D'autres ont demandé aux chrétiens de prendre en charge totalement l'histoire : c'est la théologie de l'Occident chrétien, de la « chrétienté ». Selon elle, toute l'histoire est une histoire sainte. D'une certaine manière, des théologiens proches de K. Marx sont aussi favorables à une prise en charge de l'histoire par les chrétiens ; mais, à la différence de ceux que nous venons de citer, ces théologiens voudraient créer une histoire nouvelle qui rompe avec le passé, car l'histoire jusqu'à présent n'est pas celle du salut mais celle de l'aliénation de l'homme. Dans cette dénonciation de l'histoire présente, ils ont été précédés par Luther. Luther

Salut et histoire

abandonne l'histoire aux Princes, et se permet simplement, à partir de la foi, d'éduquer les Princes et de les critiquer. La foi devient avec lui, en théorie, une affaire purement individuelle.

Pour en finir, mais il y aurait d'autres exemples à donner, citons une des familles de pensée contemporaines pour qui le Christ est le modèle de tout homme, l'homme parfait. Plus on est « homme », plus on est proche de Dieu. Les uns tirent de cette affirmation la certitude que le christianisme doit éclairer l'histoire par le modèle du Christ. Les autres pensent, à partir de la même affirmation, qu'il suffit de travailler au bonheur et à l'authenticité de l'homme pour s'approcher du Christ. Selon eux, tous ceux qui font la vérité vont, consciemment ou non (cela, à leurs yeux, n'a pas d'importance), vers l'achèvement final de l'humanité en Christ.

Les axes de la pensée chrétienne

Il appartient aux théologiens de faire des synthèses. Ici, on se bornera à rappeler quelques éléments traditionnels à prendre en compte pour résoudre les questions posées.

Le Nouveau Testament présente le Christ comme modèle de ceux qui agissent sur l'histoire de l'humanité

Le Nouveau Testament présente le Christ comme le « Nouvel Adam » — l'ancien Adam étant le prototype de l'humanité dans son péché — et veut, par là, voir en lui le prototype de l'homme « parfait ». Sa « perfection » consiste à refuser de s'enfermer en lui-même ou de garder comme une proie ce qui le rend égal à Dieu, mais à vivre et donner librement sa vie pour ses amis. Voir dans le Nouvel Adam le type achevé de la nature humaine invite à entrer comme lui dans l'histoire des hommes.

Le Nouveau Testament présente le Christ comme immergé lui-même dans l'histoire de l'humanité

L'expression « Nouvel Adam » n'est pas la seule employée par le Nouveau Testament. Certes, le Christ est considéré par les chrétiens comme le type achevé de la nature humaine,

Adam et le Christ, nouvel Adam selon saint Paul (Rm 5,12-20). Cathédrale de Chartres (XIIIe s.).

Ph. Belzeaux-Zodiaque

mais il n'est pas que cela. Il a une nature humaine historique, concrète, qui fait de lui tout à fait autre chose qu'une « abstraction » de perfection. Il est, par son originalité, l'expression de la liberté de Dieu. En lui liberté, amour et salut de Dieu sont personnifiés. Or, pour l'Évangile, l'homme ne peut pas rencontrer Dieu autrement qu'en rencontrant le Christ, qu'on ne connaît qu'en connaissant son histoire.

Le Nouveau Testament invite le chrétien à inventer son histoire

Dieu, qui oblige à rencontrer le Christ, peut sembler arbitraire à beaucoup. Il n'est jamais présenté ainsi dans le Nouveau Testament où, encore une fois, sa liberté est liée à amour et salut. Cette liberté de Dieu appelle l'homme à vivre sa propre liberté et à « sortir » de lui-même pour le rencontrer, Lui, Dieu (comme on dit d'un jeune qu'il doit sortir de lui, ou comme on dit que l'amour permet de sortir de soi pour rencontrer l'autre)... C'est en acceptant de ne pas s'enfermer en soi-même, en acceptant de se recevoir de l'autre et de Dieu que l'on se réalise soi-même.

Dans l'histoire particulière ou générale, il est souhaitable que l'homme s'accomplisse, atteigne le meilleur de lui-même, mais ceci suppose radicalement l'acceptation de s'accomplir par d'autres forces que les siennes propres : par l'amour reçu.

Le Nouveau Testament annonce un salut qui se joue dans l'histoire, mais qui ne sera pleinement donné qu'au-delà de l'histoire

Sortir de soi-même et se donner à l'autre ne peut se faire qu'en lien avec celui qui a réussi à se donner totalement. Le Christ, par sa mort et sa résurrection, donne à ceux qui se configurent à lui (se laissent façonner par lui) dans le Baptême et l'Eucharistie la force de changer l'histoire... mais leur configuration ne sera achevée que dans un au-delà de l'histoire.

Pour les chrétiens, l'histoire (de chacun et de tous) est l'histoire d'une « humanisation » possible de ceux qui acceptent — par le Christ — de participer de plus en plus à sa divinité. La découverte progressive de l'amour de Dieu permet d'être de plus en plus soi-même, libre et libérateur. Et cette libération progressive est à la fois une voie de bonheur pour ce monde et le signe d'un bonheur au-delà de l'histoire. Plus, il en est l'anticipation.

Les théologiens disent que le salut est déjà là, mais pas encore réalisé pleinement. Il ne peut même pas être réalisé pleinement dans ce monde, puisque le dernier ennemi à vaincre, c'est la mort. Les chrétiens, contrairement aux marxistes, ne pensent pas que le bonheur parfait puisse être vécu dans l'histoire : « Le Royaume n'est pas de ce monde » ; mais contrairement aux bouddhistes, ils pensent que l'histoire est le lieu où l'homme peut accueillir l'appel, l'amour et la force de Dieu, et construire à partir de là une liberté aimante qui, tout en changeant l'histoire, le prépare à la rencontre avec son Dieu.

Modèle achevé d'humanité, partenaire choisi pour que l'homme puisse parler avec Dieu, le Christ apporte le salut à toute l'humanité. Mais ce salut, qu'il a « acquis » une fois pour toutes par sa vie, sa mort et sa résurrection, suppose la liberté de l'homme, et cette liberté a besoin de l'histoire pour se forger : mais c'est au-delà de l'histoire qu'elle s'exprimera, en sachant enfin, à ce moment-là, ce que veut dire aimer. ■

Libération et salut

Concernant le salut, il y a, dans le domaine chrétien, plusieurs registres de vocabulaire, ayant chacun ses avantages et ses inconvénients.

☞ Le vocabulaire classique est celui de la *rédemption,* du *rachat de l'homme* par Jésus-Christ. Comme un esclave ami peut être racheté pour être libéré, comme une famille menacée d'être vendue pour dettes peut être rachetée par un proche ou un allié. Ici, on pense surtout au sacrifice du Christ, qui opère la rémission du péché. Cette conception implique, à la fois, que l'homme ne s'en serait pas sorti tout seul, qu'il a fallu le Fils de Dieu en personne, et que cela est donné à l'homme par grâce ; mais, en même temps, que cela a coûté le sacrifice de la croix.

☞ Plus récemment, mais en s'inspirant d'une méditation sur l'Exode (la libération collective du peuple de Dieu sortant d'une terre d'esclavage), le vocabulaire centré sur la *libération* a beaucoup été employé. Avec un double avantage : indiquer la dimension sociale, voire politique, de tout ce qui peut aliéner l'homme, quand le péché prend la forme de l'exploitation de l'homme par l'homme ; indiquer aussi le dynamisme du salut : une libération n'est pas quelque chose qui advient d'un bloc, mais au sein d'un devenir historique. Et notre temps est très sensible à cette dimension du salut. Les inconvénients de ce registre apparaissent à propos du problème classique de la liberté et de la grâce : il ne s'agit pas de sacraliser n'importe quel mouvement qui se dit « de libération », mais de voir comment, en fait, c'est bien la gloire de Dieu qui exige qu'on prenne les moyens de faire cesser tout ce qui défigure l'homme.

☞ Un dernier registre s'emploie encore, celui de la *réconciliation,* qui a l'avantage d'être suffisamment englobant pour recouvrir la réconciliation avec Dieu, avec les hommes, avec soi-même ; d'être en harmonie avec ce que dit l'Écriture de notre filiation et de notre fraternité en Dieu, ou avec ce qu'elle annonce du rassemblement final de toute l'humanité, que l'Église doit anticiper de manière significative. Mais ce registre risque aussi de faire retomber, parfois, soit dans l'intimisme, soit dans l'illusion d'une unanimité sans conflits à surmonter.

Lorsqu'un mot, une expression, un événement, une institution, un nom propre vous sont inconnus, consultez l'index.

fausse humilité. Pourtant, c'est cette humilité-là qui dit la vérité chrétienne sur le péché. Qui contemple la croix du Christ, et perçoit l'amour dont elle est le signe, ne peut pas ne pas à la fois se sentir infiniment éloigné de cet amour et infiniment fortifié par cet amour, au point d'aller le crier sur les toits.

Et le péché originel, alors ?

S'il y a beaucoup de malentendus à propos du péché, il y en a encore plus à propos du péché dit « originel ». Un fruit défendu au paradis (on a généralement oublié que, dans la Bible, il s'agit de l'arbre de la connaissance du Bien et du Mal), une femme qui se laisse tenter par un serpent (symbole sexuel, s'il en est) et entraîne Adam dans sa gourmandise avec, pour résultat, un péché transmis de génération en génération à tous les hommes. Voilà ce que l'on dit généralement du péché originel. Et ce que, un peu trivialement, les enfants de beaucoup de catéchismes résument : « Une pomme, deux poires et beaucoup de pépins ». Ce péché originel, qui occupe tellement de place dans l'imagination populaire, remarquons qu'il n'est jamais mentionné dans les Évangiles, ni dans le Credo. Mais, il est vrai qu'il signifie quelque chose d'important pour les chrétiens. Adam, symbole de l'homme, fut, comme tous les hommes, pécheur. Si, de toute éternité, Dieu voulait donner sa Vie aux hommes, si, de toute éternité, les hommes avaient comme vocation de recevoir cette Vie et d'accomplir leur désir d'absolu, le « péché originel » était la manière de dire qu'aucun homme n'a été capable de vivre la Vie de Dieu par ses propres forces. Par nature, l'homme est limité, et, au lieu que son désir d'absolu le porte vers Dieu, il s'absolutise lui-même et fait ainsi son propre malheur. Il ne peut trouver Dieu sans être libéré de lui-même par Jésus-Christ.

Concluons sur le péché originel par ce qu'en dit saint Paul, qui est une référence plus importante pour les chrétiens que la Genèse : « Voilà pourquoi, de même que par un seul homme le péché est entré dans le monde, et par le péché, la mort, et qu'ainsi la mort a passé en tous les hommes du fait que tous ont péché (...). Mais il n'en va pas du don comme de la faute. Si par la faute d'un seul la multitude est morte, combien plus la grâce de Dieu et le don conféré par la grâce d'un seul homme, Jésus-Christ, se sont-ils répandus à profusion sur la multitude » (Rm 5,12-15). « Là où la faute a abondé, le salut surabonde » (Hymne pascale).

CONCLUSION : LA RÉVÉLATION DU DON DE DIEU

Pour conclure ce chapitre, nous voudrions répondre aux questions : « Comment sait-on tout cela ? », « Qu'est-ce qui prouve que ce que l'on dit là est vrai ? », etc. Ces questions de tous les jours sont des questions graves car elles concernent l'appel de Dieu à chaque homme et engagent des vies humaines.

Le Christ est la parole de Dieu

Seul Dieu peut parler de Dieu d'une manière digne de foi. Et le Christ, homme et Dieu, est parole (verbe) de Dieu. L'unique

SALUT

Le salut ? Un mot qui évoque...

Le mot *salut*, dont la signification est essentielle à l'intérieur du christianisme, n'est pas un mot difficile. Il fait pourtant difficulté à ceux qui l'emploient et à ceux qui l'entendent. Mais ce n'est pas étonnant. Car nos sociétés d'abondance et de relative sécurité ont bien du mal à réaliser ce qu'il signifie immédiatement dans des sociétés placées sous le régime de la rareté : d'abord, la survie et la santé. Par suite, nous utilisons plus spontanément le mot bonheur que le mot salut. Ce ne serait pas un si mauvais mot, s'il n'était pas trop souvent rétréci dans la sphère du privé et de l'individualisme, face au monde moderne de communication de masse et d'existence anonyme. Le mot hébreu *shalom,* par lequel s'échange d'ailleurs le salut (la salutation), pourrait bien être celui dont il faut traduire toutes les connotations : paix, joie, plénitude, bonheur, amour, bref, toutes les dimensions de la vie, personnelle et collective, matérielle et spirituelle.

Le salut ? Un mot qui a besoin d'expérience pour être compris

Il faut ajouter que réfléchir au salut n'est pas donné immédiatement. Car cela demande, pour ainsi dire, l'expérience de la vie comme épreuve, d'avoir à se battre, à risquer, à rencontrer l'obstacle ou le danger. A la limite, l'expérience d'être sauvé ne peut se faire qu'après coup, en se retournant sur ce que l'on vient de traverser. Il n'est pas étonnant, de nouveau, que pour des jeunes le mot salut n'évoque pas tout de suite grand chose. Là encore, ce sont ceux pour qui la réussite de la vie ne va pas de soi (pauvres et exclus de nos sociétés, handicapés de toutes sortes ou habitants du Tiers-Monde) qui saisissent aussitôt ce qu'il veut dire.

Homme traversant une place. Giacometti, 1949.

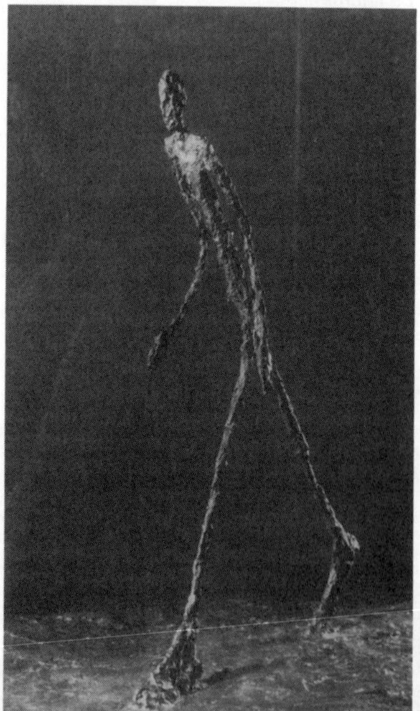

Ph. Lauros-Giraudon

Le salut ? La vérité d'une parole qui transforme la vie

Ce que l'on appelle l'économie du salut est au centre de la vision chrétienne du monde. Dieu veut voir aboutir sa création et veille à ce qu'elle ne se perde pas. L'homme est créé pour partager vie et bonheur, au-delà même de la traversée du mal et de la mort. Dieu va donc, tout au long de l'histoire, non pas dominer l'homme avec un plan dont celui-ci ne serait pas partie prenante, mais lui être fidèle, quoi qu'il arrive, quoi qu'il en coûte. Dieu s'est lié de tout lui-même à l'homme, ce qui s'atteste au plus haut point dans la croix et la résurrection de Jésus-Christ.

De quoi l'homme est-il sauvé ?

De quoi l'homme est-il sauvé ? C'est ici que l'Écriture, et au centre l'Évangile, aident à faire la différence. Le Christ, accomplissant des signes messianiques (les miracles) annonce le salut. Ce sont assurément surtout des gestes de guérison et de nourriture : le salut est bien à réaliser dans le sens de l'intégrité et de l'épanouissement du peuple et des personnes, dans le sens d'une libération de tout ce qui les entrave. Mais le don du pain, de la santé, de la réintégration sociale pour ceux que leur infirmité excluait, n'est jamais une sorte de remise en ordre magique. C'est une remise en ordre qui, en anticipant le terme du chemin, appelle à s'y engager. En ce sens, l'annonce évangélique du salut déplace toujours le désir qui se satisferait volontiers de l'immédiat. Jésus sauve effectivement, cela veut dire aussi : jamais sans la liberté de l'homme, jamais en tenant celui-ci hors du mouvement de salut et de libération, que Dieu lui-même désire ardemment pour l'homme, s'y engageant tout entier en la personne de son Fils.
C'est donc une réconciliation intégrale, avec soi, avec ses frères et avec Dieu, qui est l'objet dernier du salut. En ce sens, c'est bien du péché qu'il faut être sauvé, dans la mesure où, en sa racine, le péché est l'impuissance à aimer. Sans oublier que les conséquences du péché sont de tous les ordres, jusqu'en la vie sociale concrète. Inversement, la finitude humaine (n'avoir qu'une vie, qu'une peau, qu'un temps), les limites humaines (avoir tels dons et pas tels autres, avoir tous et chacun quelque handicap, n'être qu'un parmi d'autres) sont les données avec lesquelles bâtir une vie, et non pas des malheurs dont il faille se sauver. Le Fils de Dieu lui-même assume cette condition charnelle et traverse la mort. Par contre, toute souffrance qui empêche de vivre et d'être soi-même doit être combattue.

L'amour plus fort que la mort

Intimement, c'est donc du péché que Dieu sauve. La face de lumière de cette affirmation qui porte sur le négatif est que l'amour de Dieu pour l'homme est un abîme plus grand que l'énigme du mal. Ce qui est manifeste dans la croix et la résurrection de Jésus. Dès lors, est fondée la certitude que le dernier mot de l'aventure humaine ne saurait être vouée à l'échec et à la mort. Dire le salut, ce n'est pas dire l'effacement magique de l'épreuve, mais qu'elle est traversable ainsi vécue avec et comme le Christ. C'est dire que la vie réelle n'est pas impasse mais chemin. Si le salut est ouvert, c'est par la constance de l'amour de Dieu, et par l'avenir différent qu'il assure à la liberté au jour le jour. C'est en ce sens encore que toute la tradition a décrit le chemin du salut comme l'imitation de Jésus-Christ. ■

Ph. Lauros-Giraudon

L'ange au sourire (XIIIe s.). Façade occidentale de la cathédrale de Reims.

Grâce

En français courant, le mot *grâce* (du latin *gratia,* manière d'être agréable, amour, bienveillance, amitié) et l'adjectif *gracieux* évoquent à la fois la gratuité et la beauté. Le premier sens fait penser à une faveur accordée, ainsi qu'au pouvoir de l'accorder (le « droit de grâce ») ; il souligne la libéralité dont fait preuve le donateur (« à titre gracieux »). Dans le domaine religieux, le mot s'emploie au singulier et au pluriel.

La grâce

Plus importante est la grâce au singulier (on sait en effet que le pluriel inflige souvent aux mots une certaine perte de sens : les honneurs, les amours, etc.). La grâce, c'est l'intimité avec le Dieu de Jésus-Christ donnée par le baptême et renouvelée par les sacrements. Faite à la fois de connaissance et d'amour, elle plonge le fidèle dans le brasier divin comme un fer qui rougeoie dans le feu. Le savoir qui en résulte n'est pas livresque, mais expérimental : connaissance de Dieu plus que connaissance sur Dieu. Le fruit de cette union est la sainteté : aussi parle-t-on de *grâce sanctifiante.* C'est aussi la prière : aussi entre-t-on dans *l'action de grâce.* Plus permanente que des faveurs intermittentes, l'amitié avec Dieu procure cette attitude durable qu'est *l'état de grâce.* Elle se répercute nécessairement en bienveillance pour le prochain : elle est volonté de paix, recherche de contact, offre de service. Reçue à titre gracieux, la vie spirituelle rend gracieux vis-à-vis du Seigneur et du prochain ; elle crée cette esthétique particulière et séduisante du saint, la beauté en profondeur.

Les grâces

Au pluriel (« j'ai reçu beaucoup de grâces »), ce mot désigne des marques d'amour reçues de Dieu, soit de façon inattendue, soit au terme de prières exaucées. Ces faveurs peuvent être d'ordre matériel, psychologique ou spirituel : guérison, secours reçu dans la misère, consolation dans une épreuve, visites intérieures dans l'oraison, vocation à la générosité... On parle aussi de dons, notamment de dons venant du Saint-Esprit (intelligence de la foi, force, discernement, ferveur), lesquels s'appellent aussi charismes. Le christianisme précise avec force que ces faveurs ne sont pas à déguster de façon égoïste, qu'elles sont communiquées pour le bien d'autrui, pour la construction de la communauté. Par ailleurs, il n'a guère de sympathie pour les formes spectaculaires et désordonnées de manifestations spirituelles. ■

▶▶▶

parole de Dieu. Grâce à lui, l'appel des prophètes dans l'Ancien Testament prend tout son sens. Grâce à lui, la création tout entière devient langage. Il faut ajouter, pour donner leur pleine force à ces affirmations, que la Parole de Dieu n'est pas d'abord constituée de mots et de signes, mais qu'elle est appel efficace à aimer. Elle fait ce qu'elle dit. C'est une parole efficace.

L'Esprit est celui qui, dans le cœur de l'homme, permet de connaître Dieu

La Parole de Dieu éclaire et bouleverse parce qu'elle interpelle chaque homme. Elle est vie, dynamisme. Elle va chercher les gens sur leur route, les accompagne, « perce le cœur le plus dur et démêle les pensées et les intentions » (He 4,12). Mais l'homme n'est pas capable, seul, de recevoir Dieu. Seul Dieu comprend Dieu. Et c'est pourquoi, pour comprendre la Parole, l'Esprit de Dieu est présent dans le cœur de l'homme. La vérité de la Parole est accueillie dans les cœurs grâce à lui : « On entend la matérialité des mots, mais le véritable Maître est à l'intérieur » (Bossuet). C'est ainsi que le Christ accomplit sa promesse : « Le Paraclet, l'Esprit Saint que le Père vous enverra en mon nom, vous enseignera tout » (Jn 14,26). Cette présence de l'Esprit, qui transforme le cœur de l'homme et le rend capable d'accueillir la Parole de Dieu et d'en être transformé, est appelée en langage théologique *la grâce*. C'est la grâce seule qui permet de connaître Dieu (Ga 4,6). C'est la grâce seule qui donne la certitude dans la foi.

L'Église est le corps du Christ, parole de Dieu

La présentation que nous venons de faire offre deux difficultés. Elle semble faire du don de la grâce une affaire individuelle, et elle ne dit pas comment être atteint aujourd'hui par la Parole de Dieu. L'Église, forte des promesses du Christ, a conscience d'être le Peuple élu qui appartient à Dieu, le Corps du Christ, Parole de Dieu. L'Église affirme que, en l'écoutant, on peut découvrir la Parole de Dieu : « Qui vous écoute m'écoute, et qui vous rejette, rejette Celui qui m'a envoyé » (Lc 10,16). Bref, l'Église se sait la communauté à qui Jésus a confié sa Parole et à qui, par la médiation de certains de ses membres, les apôtres, et leurs successeurs les évêques, il a promis d'être avec elle « jusqu'à la fin du monde » (Mt 28,16-20), promettant ainsi qu'à chaque génération il serait possible de le trouver par le ministère de l'Église. L'Église n'est pas au-dessus de la Parole de Dieu. Elle est à son service pour garder, sous forme tant écrite que vécue, le souvenir de Jésus de Nazareth, Parole de Dieu. Elle est à son service pour approfondir sans cesse cette Parole, grâce à l'Esprit. Elle est à son service pour la présenter à toutes les époques. Et ce service est jugé par la Parole de Dieu. « Malheur à moi si je n'annonce pas l'Évangile », disait déjà saint Paul (1 Co 9, 16) !

L'Église présente sans cesse l'Écriture sainte pour permettre au croyant d'y découvrir la parole de Dieu

Le chrétien croit en Dieu et croit en l'Église : il croit l'Église quand elle lui parle de Dieu. L'Église définit, spécialement par les conciles, des « vérités à croire » : les dogmes. Mais l'expression est

▶▶▶

ŒUVRES

Dans le langage courant, une œuvre est une action, un travail, ou leur résultat.
Dans le langage religieux chrétien, les œuvres sont les actions de l'homme qui correspondent à ce que Dieu attend de lui. C'est d'ailleurs pourquoi il est, dans le même sens, souvent parlé de bonnes œuvres.
La réflexion chrétienne sur les *œuvres,* ainsi que les débats à leur sujet, ont leur origine dans l'enseignement de saint Paul, qui oppose la **justice** (c.-à-d. la conformité aux vues de Dieu) **qui vient de l'accomplissement des œuvres de la loi** à la **justice qui vient de la foi** (cf Rm 2,27-28). La première, qui est illusoire, traduit en fait la prétention insensée d'acquérir le salut par ses propres forces. La seconde, seule vraie, est tout entière reçue de Dieu et de sa grâce, qui suscite elle-même la foi qui y répond.
La question est reprise par saint Jacques, l'avocat d'une foi active qui se vérifie dans l'accomplissement des œuvres (Jc 2, 14-18). La doctrine de Jacques entend remédier à des conclusions fallacieuses qu'on pourrait tirer de la doctrine de Paul, notamment en se désintéressant du secours que l'on devrait apporter à son prochain. Mais elle n'est pas en contradiction avec l'enseignement paulinien bien compris. Car, pour Paul aussi, la vraie foi « agit par l'amour » (Ga 5, 6).
Dans le même sens, Jésus avait déjà enseigné que le bon arbre se juge à ses fruits (Mt 7, 17-18).
Dans l'histoire de l'Église, la question des œuvres a été réabordée sous la forme suivante : l'homme peut-il accomplir des œuvres qui le préparent à recevoir la grâce, reconnue elle-même nécessaire par tous les chrétiens pour accéder réellement au salut ? Contre les disciples de Pélage (360-422), qui lui-même avait été combattu par saint Augustin, le deuxième concile d'Orange (529) enseigne que c'est la grâce elle-même qui nous fait implorer la grâce. Luther a poussé à l'extrême la doctrine de l'impuissance de l'homme à accomplir par lui-même quoi que ce soit de bon. Les bonnes œuvres dont cet homme est toujours tenté de se prévaloir sont, pour Luther, le pire des péchés, parce que radicalement opposées à la foi, seule propre à être agréable à Dieu. Il a produit à ce sujet un célèbre *Sermon sur les bonnes œuvres* (1520).
Le concile de Trente (1545-1563) a réagi contre les excès du Réformateur, en faisant valoir la nécessité d'une coopération de l'homme à l'action de la grâce ; mais il rappelle en même temps que tout ce qui est bon dans l'ordre propre du salut est fruit de cette grâce, et donc que les *œuvres* en ce domaine sont bonnes dans la mesure où elles procèdent de la foi et de la charité, c'est-à-dire du travail de l'Esprit Saint dans l'âme du croyant. ■

LIBRE ARBITRE

Alors que la liberté caractérise en général un état de la personne, le libre arbitre désigne la faculté qu'elle a de choisir (arbitrer) entre deux choses ou deux éventualités.

L'idée de libre arbitre joue un rôle important dans l'histoire de la réflexion chrétienne.

Elle a d'abord été mise en avant pour s'opposer aux visions fatalistes du paganisme, à partir de la conviction que l'homme a été créé capable de se déterminer pour ou contre Dieu et ses exigences.

Mais elle a joué aussi un grand rôle dans les controverses menées à l'intérieur du monde chrétien à propos de la doctrine du péché originel, qui enseigne la faiblesse radicale de l'homme et le besoin d'un salut offert tout entier par grâce. Ainsi, saint Augustin, au Ve siècle, défendant cette doctrine de la grâce, rédige un traité *Du libre arbitre,* dans lequel il s'oppose à l'hérésie pélagienne (du nom du moine Pélage, 360-422), qui faisait dépendre l'obtention de la grâce des mérites de l'homme.

Au XVIe siècle, la controverse est rallumée par les Réformateurs qui, au nom de la corruption intégrale de l'homme par le péché originel, récusent toute idée de mérite, et, par conséquent, toute faculté de choix, dans l'ordre du salut. Ainsi, Luther entre en controverse avec Érasme, qui avait rédigé un *Essai sur le libre arbitre* (1524), en publiant un *Traité du serf arbitre* (1525), c'est-à-dire un traité de la liberté enchaînée, esclave (sens de serf, qui a la même racine que servitude). Dans la même ligne, la résistance à l'idée de libre arbitre dans la foi a conduit aux doctrines calvinistes de la prédestination.

Le concile de Trente (1545-1563), soucieux de préserver la responsabilité de l'homme dans sa destinée surnaturelle, tout en réaffirmant la doctrine du péché originel et la radicale impuissance de l'homme à trouver grâce par soi-même en face de Dieu, déclare que le libre arbitre de l'homme marqué par le péché originel n'est pas pour autant « perdu ou éteint ». Le magistère catholique a réitéré cette affirmation en face des jansénistes, qui développaient des thèses analogues, sur ce point, à celle des calvinistes.

Cependant, il convient de ne jamais manquer d'inscrire l'idée de libre arbitre à l'intérieur d'une doctrine générale de la liberté, dont le libre arbitre ne fait que représenter une des conditions, en elle-même relativement abstraite. ■

Don de Dieu, de l'Esprit

Par *don de Dieu,* on veut signifier que Dieu est à l'origine de tout bien pour l'homme, qu'il lui communique son amour dans un acte absolument libre ; c'est pourquoi on parle de don gratuit. L'attitude spécifique du chrétien est de reconnaître la faveur dont il est ainsi gratifié et d'accueillir ce don dans l'action de grâce.

C'est dans l'Incarnation que Dieu manifeste le plus pleinement le don qu'il fait à l'homme : selon l'Évangile de Jean (3,16), « Dieu a tant aimé le monde qu'il a donné son Fils unique ». Le même Évangile fait dire à Jésus lui-même, au cours de son entretien avec la Samaritaine : « Si tu savais le don de Dieu » (4,10).

On parle aussi des *dons de l'Esprit,* dispositions suscitées par Dieu en l'homme pour lui communiquer le dynamisme de la vie divine (sagesse, intelligence, conseil, force, science, crainte de Dieu, piété). Déjà, le livre d'Isaïe (11,2-3 ; 42,1-4 ; 61, 1) annonçait la venue, dans la descendance de David, d'un serviteur de Dieu sur lequel l'Esprit reposerait en plénitude, avec la multitude de ses dons. Les premières communautés chrétiennes avaient tout de suite reconnu en ce serviteur de Dieu le Christ, qui, par sa résurrection, s'était manifesté comme le porteur et le dispensateur du dynamisme de Dieu ; elles avaient vu dans l'événement de la Pentecôte la continuité de cette manifestation, l'Esprit du Christ communiquant cette force de Dieu à ses disciples dont il faisait son Église. Depuis lors, celle-ci continue à vivre des dons de l'Esprit, qu'elle communique à ses membres par les sacrements. ■

Les caractères de la grâce

A propos de la grâce, mot que les théologiens emploient pour désigner la bienveillance absolument gratuite que, de toute éternité, Dieu témoigne à l'homme en l'appelant à partager sa propre vie, il convient de souligner avec les théologiens :

1. *Son caractère absolument gratuit* de don de Dieu. La grâce n'est pas un dû que l'homme pourrait exiger, Dieu est libre ; elle relève de l'incommensurable amour de Dieu. Mais, si la grâce a sa source non en l'homme mais dans la bienveillance de Dieu, par contre, l'homme, par la foi, le désir, peut se disposer à l'accueillir.

2. *La liberté de l'homme* sollicité par la grâce. Toujours offerte, la grâce ne s'impose pas ; elle n'est pas un rayon laser plus ou moins subtil qui transforme les cœurs. Dieu respecte la liberté de la créature faite à son image. Mais l'homme, s'il est lucide face à lui-même, peut pressentir, expérimenter que le dessein de Dieu sur lui, et sa grâce accueillie par lui, loin de porter atteinte à sa liberté, le rendent plus libre et plus humain.

3. C'est *en Jésus-Christ* que Dieu a manifesté et réalisé son dessein éternel de bienveillance pour l'homme.

En Jésus-Christ, à la fois Dieu et homme, l'humanité a été unie à Dieu dans l'unité d'une seule personne ; en lui, Dieu s'est fait solidaire du destin de tous les hommes ; en lui, il s'est révélé aux hommes et leur a révélé leur vocation à devenir ses fils adoptifs ; en lui, il a sauvé l'homme du péché et de la mort.

Aussi l'Esprit du Christ est-il la grâce par excellence donnée à l'homme. En lui habite la plénitude de la grâce divine ; et c'est de cette plénitude que toutes grâces viennent aux hommes. ■

LA GRÂCE SANCTIFIANTE

La théologie emploie le terme de *grâce sanctifiante* pour désigner ce que, plus couramment, on appelle tout simplement la *grâce* (au singulier), par distinction avec les grâces (au pluriel) ou charismes, marques particulières d'amour de Dieu (voir la note *Grâce*).

Au sein de la grâce sanctifiante, la théologie distingue encore la grâce habituelle et la grâce actuelle :

- *la grâce habituelle,* guérissant du péché, met la personne en état habituel d'amitié avec Dieu, en « état de grâce », et lui fait ainsi vouloir et réaliser le bien ; la rupture délibérée de cette amitié, en coupant l'être humain de sa source de vie spirituelle, est, pour cette raison, appelée péché mortel ;
- *la grâce actuelle* est un secours de Dieu pour aider la volonté humaine à accomplir tel ou tel acte ayant une valeur spirituelle, à résister au péché, à vivre en chrétien, spécialement aux heures de tentations, de choix décisifs, d'épreuves, de joies.

LA GRÂCE SACRAMENTELLE

On parle aussi de *grâce sacramentelle.* Celle-ci est une forme de la grâce sanctifiante particulière à chaque sacrement et en rapport avec le caractère propre de celui-ci. Par exemple :

- *Grâce du Baptême :* ce sacrement, en conférant à la personne le don de l'Esprit Saint, signifie et réalise cette nouvelle naissance qui l'élève à la dignité d'enfant de Dieu et lui donne ainsi une nouvelle dimension. Le don gracieux de l'Esprit Saint transforme, *sanctifie* l'homme, le rend agréable à Dieu et capable d'entrer en amitié avec lui.
- *Grâce de l'Eucharistie :* Jésus-Christ rend présent dans ce sacrement le don de sa vie à l'homme, fortifie en lui la vie divine, et le transfigure progressivement à son image.
- *Grâce du Pardon :* la personne baptisée n'est pas pour autant soustraite à la faiblesse humaine, à sa condition pécheresse ; si le péché l'amène à en prendre davantage conscience, il lui révèle aussi l'amour de Dieu dont le pardon, toujours offert, est signifié par le sacrement de réconciliation. Cette grâce du pardon, chacun peut en faire quotidiennement l'expérience et découvrir par là la miséricorde de Dieu.

LA GRÂCE D'ÉTAT

Les grâces d'état sont les soutiens de l'Esprit Saint en relation avec des conditions déterminées de la vie chrétienne. Il peut s'agir notamment de grâces sacramentelles dans les cas d'état de vie engagée par un sacrement (mariage, ordre...).

L'ÉTAT DE GRÂCE

L'état de grâce est l'attitude durable d'amitié avec Dieu que procure la grâce sanctifiante. Cette attitude se répercute en bienveillance pour le prochain : elle est volonté de paix, recherche de contact, offre de service. Reçue à titre gracieux, la vie spirituelle suscite l'action de grâce vis-à-vis de Dieu.

L'ACTION DE GRÂCE

L'action de grâce est une attitude de reconnaissance envers Dieu : l'homme, « comblé de toutes sortes de bénédictions spirituelles dans le Christ » (Ep 1,3), reconnaît de quel amour il est aimé de Dieu et lui en rend grâce.

LA JUSTIFICATION, OU COMMENT DEVENIR UN SAINT ?

Pour beaucoup, cette question n'a aucun intérêt. Ils pensent qu'ils ne seront jamais saints et ne voient pas l'utilité pour eux d'une recette de sainteté. Et pourtant, selon la pensée chrétienne, cette question est fondamentale car, selon l'enseignement du Christ :
• tous les hommes sont appelés à être saints ;
• ceux qui refusent refusent le bonheur.

La seule question est donc de savoir comment ces affirmations peuvent se réaliser. Pour y répondre, la théologie a élaboré la doctrine de la *justification* (de l'homme), c'est-à-dire une réflexion sur la manière dont l'homme devient saint (devient *juste*, est *justifié,* aux yeux de Dieu).

Les Juifs, dans leur majorité, pensaient que Dieu avait donné sa Loi à l'homme pour qu'en la suivant, celui-ci se justifie. En fait (c'est saint Paul qui le remarque), la Loi ne permet pas à l'homme de sortir de son péché. Bien plus, l'homme oublie rapidement que la Loi est une parole d'amour de Dieu, et au lieu d'en faire un moyen d'aimer, il en fait un moyen de mesurer avec satisfaction sa fidélité, d'acquérir ce qu'il croit être des mérites, et finalement d'être content de lui ; bref, la Loi l'enferme sur lui-même : c'est tout le contraire de la sainteté.

Saint Paul affirme au contraire que l'homme n'est pas justifié par ses propres forces. Ses mérites ne servent de rien. Ce qui justifie l'homme, c'est sa relation vivante avec Dieu : la *foi.* Pour se faire comprendre par les Juifs de son époque, Paul évoque un exemple qui leur est familier, celui d'Abraham. L'Écriture montre en celui-ci un « juste », c'est-à-dire un ami de Dieu ; or, vivant avant Moïse, il ne connaissait évidemment pas la Loi ; il était rendu juste par sa seule foi, sans mérite acquis par la réalisation de ce que demande la loi juive.

En fait, seul le Christ, à la fois pleinement Dieu et pleinement homme, rend possible par sa vie, sa mort et sa résurrection, la justification de chaque homme devant Dieu. C'est en lui que l'homme entre en relation vivante avec Dieu. La foi est acceptation de la présence de son Esprit au cœur de chacun. Et son Esprit pousse l'homme à rendre gloire au Père. Encore faut-il que l'homme accepte cette action de Dieu qui le transforme complètement. En glorifiant Dieu, il fait déjà ce qui sera au cœur même de son bonheur éternel : il est un « homme nouveau » qui, marchant vers la lumière, fait des œuvres de lumière. Bref il est *saint.* ■

Une réflexion théologique sur l'élection

Il faut d'abord tenter de préciser trois composantes positives de ce que dit la Bible sur l'élection, avant de signaler deux risques majeurs de mal comprendre le terme.

Ce que contient l'idée d'élection

Il y a, en premier lieu, cette *idée d'un amour prévenant de Dieu.* C'est lui qui a l'initiative, qui aime le premier. C'est cela l'expérience de la grâce, du gracieux, du gratuit, comme l'enfant désiré et attendu par un couple est aimé avant même de venir au jour ou de pouvoir aimer en retour. Pour retrouver cette expérience, il faut bannir du mot *choix* tout ce qui connote l'utile ou l'inutile, la réponse à un besoin, la délibération en fonction d'un intérêt, etc.

Il y a, par suite, dans l'idée d'élection, l'*idée de surabondance.* Plus grand même que l'abîme de nos fautes, il y a le sans-fond de l'amour de Dieu. « Car, si notre cœur nous accuse, Dieu est plus grand que notre cœur » (1 Jn 3,20). Qu'on pense aussi aux 144 000 élus dont il est question dans l'*Apocalypse*, le dernier livre des Écritures, montrant le terme du chemin : ce nombre symbolique réussit le tour de force d'être à la fois un nombre (contre tout anonymat des foules) et d'indiquer une plénitude de plénitude (12 fois 12 qui représente l'ensemble — les 12 tribus d'Israël — et 1 000, qui représente la multitude infinie) (Ap 7,4).

Il y a enfin l'*idée de sauver et faire grâce.* Et ce sens est généralement reconnu : les élus sont les sauvés, ceux qui sont entrés dans la vie et l'amitié de Dieu à jamais. Ici le langage oppose souvent « élus » et « réprouvés » non sans risque de se heurter aux deux difficultés dont il faut parler maintenant.

Ce que ne contient pas l'idée d'élection

Le premier piège, quand il s'agit de l'élection, c'est d'en faire le résultat d'un arbitraire. On entend : élu, choisi, etc. et l'on comprend : préféré, privilégié, etc., (et donc il y a des exclus). On fait alors de Dieu un despote injuste et scandaleux. Ce piège n'est pas sans lien avec le second : l'élection se portant sur tel peuple ou tel individu particuliers rejetterait l'universel. C'est ainsi qu'on a (mal) interprété parfois le célèbre : « Beaucoup sont appelés, mais peu sont élus » (Mt 22,14). Quoi qu'il en soit de l'interprétation de ce verset dans son contexte, le sens général reste qu'à la grandeur de l'appel, et du don de Dieu, correspond la radicale exigence d'un changement de vie, ce que peu réalisent vraiment. Pour en revenir à l'élection, un exemple simple peut nous faire comprendre : les parents aiment chacun de leurs enfants, ce n'est pas pour cela qu'ils ne les aiment pas tous. L'amour partagé n'est pas restreint mais multiplié.

L'élection signifie que chacun est unique, que Dieu n'aime pas en général, mais chacun tel qu'il est, comme il aime Israël avec ses qualités et ses défauts, sa manière d'être et ses particularités. De la même façon, le Fils de Dieu qui est l'Unique n'épouse pas l'humanité en général : il est cet homme Jésus, particulier, d'un temps et d'un lieu, avec un prénom et une histoire. Mais en même temps, toute vocation particulière, et celle d'Israël d'abord, est corrélative d'une mission universelle : allez dire à *tous* que chacun est aimé pour lui-même. Quant au Christ, il est tellement unique qu'il est le seul vraiment universel. Il n'y a d'uniques que solidaires. Ce sera le labeur des prophètes d'ouvrir et d'universaliser le message d'Israël, ce sera le défi et la mission du premier groupe chrétien que de proclamer le franchissement des frontières : personne ne saurait, pour ceux qui suivent le Christ, être un étranger.

L'expérience de l'élection doit donc être corrélée avec l'Évangile, la Bonne Nouvelle du salut *de tous* en Jésus-Christ. Elle reste décisive pour saisir que cette immense aventure garde un caractère unique pour chacun. « Leur vie aura du prix à ses yeux » (Ps 72,14). « La femme oublie-t-elle son nourrisson, oublie-t-elle de montrer sa tendresse à l'enfant de sa chair ? Même si celles-là oubliaient, moi, je ne t'oublierai pas ! » dit le Seigneur (Is 49,15). ■

RÉTRIBUTION

PEUT-ON MÉRITER SON PARADIS ?

Ces notions appartiennent à l'univers de l'obligation et de la sanction, ou encore de la dette. Bref, à un univers de droit, codifiant des échanges. Assurément, le sens de la rétribution est humainement quelque chose de profond : toute dépense d'énergie doit obtenir un résultat, et, dans la communauté, tout service doit être reconnu, toute peine mérite salaire. De plus, obscurément ou clairement, l'homme se sait responsable, ses actes le suivent. Toute société, enfin, doit prévoir la récompense du juste et le châtiment de l'injuste, quelle que soit la définition de la justice.

Il y a donc une vérité humaine dans les représentations religieuses d'un Dieu rétributeur. On ne saurait oublier non plus un certain nombre de transformations ou de purifications de ces représentations dans la Bible.

Par exemple, on voit dans la Bible à la fois la « colère de Dieu » contre l'injustice qui atteint le pauvre, mais aussi l'apprentissage par lequel Israël est conduit à reconnaître que la bénédiction, la prospérité, n'est pas automatiquement un dû en raison de l'observance de la Loi à la lettre. Le saint homme Job, figure du juste malheureux, questionne la justice de Dieu. De même encore, ce que la tradition dit du Jugement de Dieu doit être noté : tant que l'homme est en route, chaque jugement est aussi promesse ; au bout de la route, la Justice de Dieu doit toujours être pensée simultanément avec sa miséricorde.

Pour parler par images, le langage de la rétribution est un beau mur, qui abrite et protège, avec même quelques verrières ; mais il risque bien de s'écrouler, en écrasant ceux qui étaient dessous, s'il n'a tous les contreforts qu'on vient de dire. C'est comme dans la vie : on ne mène pas une existence de droiture par peur de la prison, mais parce qu'on y trouve la joie. Inversement, on ne travaille pas pour le salaire en soi, mais pour ce qu'il rend possible, et en sachant aussi qu'il y a tout ce qui ne s'achète pas, parce qu'étant d'un autre ordre. En même temps, comme le sportif qui s'est dépassé, comment n'être pas heureux que l'effort ait porté ses fruits ? La meilleure récompense, quand il s'agit de Dieu et des autres, c'est la présence de ceux qu'on aime. ■

Élus, Élection : voir p. 613.

Sacrifice

La notion de sacrifice (du latin *sacrum*, sacré, et *facere*, faire) est aujourd'hui l'objet de conceptions diverses parmi les chrétiens.

Pour certains, elle est périmée comme n'étant pas, selon eux, de caractère évangélique : ils tiennent le sacrifice pour une privation de quelque chose d'important en vue d'obtenir une faveur de Dieu. Il est clair que Dieu ne prend aucun plaisir aux privations de l'homme, et encore plus clair qu'il ne s'achète pas.

Pour d'autres, au contraire, cette notion est essentielle, et ils interprètent son abandon par les premiers comme une sorte de refus de la grandeur de Dieu et la perte du sens de l'expiation des péchés.

A vrai dire, il semble surtout que le sacrifice, dans l'histoire des hommes et surtout du peuple de Dieu, ne soit pas exactement ce que les uns et les autres mettent sous ce mot.

Le sacrifice avant le Christ

Dans l'histoire des religions, et conformément à l'étymologie du mot, le sacrifice apparaît essentiellement comme repas sacré. A travers le rite du repas, l'homme entre en communion avec Dieu. Cette communion peut être symbolisée de manière différente : soit l'homme invite Dieu à sa table, soit il est lui-même l'invité, et peut même s'offrir comme nourriture. De façon générale, le sacrifice peut se définir comme un échange de vie corporelle et spirituelle entre l'homme et les dieux. Ce qui explique la place prépondérante, dans les religions primitives, des sacrifices sanglants, le sang étant éminemment le symbole de la vie.

☞ A l'origine, les sacrifices offerts à Yahvé par le peuple hébreu se distinguent du rituel sacrificiel des peuples des pays voisins principalement par le fait que l'immolation de victimes humaines en est strictement proscrit. Mais progressivement, ces sacrifices vont recevoir un sens particulier et très précis : ils deviennent des signes de l'Alliance entre Dieu et les hommes, et se rattachent au sacrifice de l'agneau pascal offert juste avant le départ des Hébreux d'Égypte, lorsque son sang, en marquant leurs portes, les avait protégés du fléau réservé aux Égyptiens. ■

Bientôt chaque sacrifice rappelant celui-là sera considéré comme une actualisation de l'Alliance conclue entre Dieu et son Peuple lors du départ d'Égypte.

Le Livre du Lévitique, par exemple, décrit les différents types de sacrifices que les Hébreux doivent offrir à Dieu (holocaustes, offrandes de nourriture, sacrifices de communion, sacrifices pour le péché, etc.), tout en insistant sur le respect de l'Alliance et donc sur les dispositions intérieures de l'homme vis-à-vis de Dieu : action de grâces et désir de pardon.

Progressivement, des courants juifs attacheront moins d'importance au fait de tuer la victime ; et dans des communautés contemporaines du Christ, on voit mettre l'accent sur la nécessité d'offrir sa vie à Dieu. Ces communautés connaissent aussi une sorte de repas sacrificiel qui réunit les fidèles au nom de l'espérance messianique.

Le sacrifice du Christ

Jésus, dans l'institution de la Cène, reprend les deux rites fondamentaux de ces repas : fraction du pain et distribution de la dernière coupe ; mais il en renouvelle et en approfondit le sens. Par la bénédiction du pain, qu'il considère comme mémorial de son corps livré à la mort, et par celle de la coupe de l'alliance nouvelle qui est scellée en son sang, Jésus fait de sa mort un sacrifice et institue comme mémorial le repas eucharistique. Le sacrifice de Jésus sur la croix récapitule et dépasse les rites sacrificiels de l'Ancien Testament : il est tout en même temps holocauste, offrande expiatrice et sacrifice de communion ; mais surtout, là où le culte antique se satisfaisait d'offrandes d'animaux qui n'engageaient guère ceux qui les faisaient, le Christ, en versant son propre sang, donne le témoignage d'un amour qui va jusqu'au bout de lui-même, d'un amour absolu.

Or, le sang du Christ, c'est celui de Dieu fait homme, c'est le don de Dieu lui-même, et dès lors l'offrande absolument parfaite ; *ce don parfait est pardon* (c'est le sens exact du mot pardon). « Je suis le Bon Pasteur, je connais mes brebis, je donne ma vie pour elles ; aucun ne me l'enlève, je la donne de moi-même » (Jn 10,14-18).

☞ De façon générale, le Nouveau Testament reprend et développe l'enseignement prophétique de l'Ancien Testament, en appliquant la notion de sacrifice à l'ensemble de la vie chrétienne vécue dans l'amour de Dieu. Ainsi on trouve chez saint Paul cette parole caractéristique : « Présentez vos corps en sacrifice vivant et saint, agréable à Dieu, ce qui est votre sacrifice raisonnable » (Rm 12,1).

Les Pères de l'Église resteront dans cette perspective en soulignant le fait que la vie du chrétien doit être un sacrifice à l'image de l'offrande du Christ crucifié. Ils insisteront également sur la dimension sacrificielle du mémorial eucharistique, sacrifice spirituel et unique des chrétiens qu'ils opposent aux sacrifices rituels sanglants des païens. ■

▶▶▶

mauvaise en soi. Les chrétiens ne croient pas aux dogmes comme à une série de vérités qui, ensemble, constitueraient une sorte de savoir sur Dieu. Ils ne croient pas à des vérités spéculatives. *Ils croient* — et cette foi les transforme — *en un Dieu-personne qui parle.* Les dogmes ne sont là que pour authentifier une démarche vers Dieu et pour garantir que cette démarche est la même que celle des premiers chrétiens. Les dogmes ont une importance. Mais la vie du Peuple de Dieu, de l'Église, est aussi importante. C'est cette vie qui a donné naissance à ce que les chrétiens appellent l'Écriture. L'Écriture sainte — la Bible — ce texte auquel, sans cesse, nous avons fait référence pour justifier ce que nous avancions — a une place à part. Pour comprendre ce qu'est la Bible, on peut faire une analogie avec Jésus. Il faut, pour voir Dieu en Jésus de Nazareth, s'appuyer sur le témoignage de la première communauté chrétienne. C'est la foi de l'Église, et donc le don de l'Esprit, qui permet de percevoir la divinité de Jésus. Il en est de même pour la Bible. C'est en pénétrant dans la foi de l'Église qu'on peut y découvrir la Parole de Dieu : mais pour qui la reçoit dans cette foi, elle est la norme absolue. La Bible n'est pas, pour les catholiques, la seule manière dont Dieu parle aux hommes, mais elle est le critère de vérité de ces autres manières (le magistère). Ce sont les successeurs des Apôtres, le pape et les évêques, qui ont la responsabilité d'en donner une interprétation authentique. « La charge d'interpréter authentiquement la parole de Dieu écrite ou transmise a été confiée au seul Magistère vivant de l'Église » (Constitution dogmatique du concile Vatican II, *Dei Verbum,* 10). Mais ce n'est qu'« à Dieu qu'il faut apporter l'obéissance de la foi » (*Dei Verbum,* 5. *Cf.* Rm 16,26).

Comment la mort du Christ peut-ell

Tous les chrétiens sont d'accord : le Christ est mort afin que tous les hommes aient la vie. Mais, pourquoi la mort (et éventuellement la résurrection) du Christ peut-elle donner la vie aux autres hommes ? Les réponses à cette question ont été extrêmement divergentes au cours de l'histoire de l'Église.

La réponse de la Bible

Difficile à interpréter, elle exige un regard attentif sur le vocabulaire biblique et sur la signification du sacrifice dans l'Ancien Testament.

Le vocabulaire biblique relatif au salut

La rançon. Le mot grec *lutron* (ou ses dérivés), signifiant rançon dans le vocabulaire non religieux, apparaît fréquemment dans le Nouveau Testament pour décrire l'action du Christ (Mt 20,28, 1 Tm 2,6). De nombreux théologiens ont déduit de ce mot que le Christ sauvait les hommes en payant la dette du péché soit à Dieu, soit au démon. C'est une erreur. En fait, payer une rançon c'est libérer, c'est faire passer de l'esclavage à la liberté. Et dans la Bible, le mot a uniquement cette signification de libération pour une relation privilégiée avec Dieu.

L'achat. Le mot grec, *agorazein,* et son dérivé *exagorazein,* qui signifient faire une transaction commerciale sur un marché, sont eux aussi employés par saint Paul, par exemple : « Vous avez été achetés à grand prix » (1 Co 6,20). L'Ancien Testament éclaire le sens du mot quand on sait qu'un de ses thèmes favoris est celui de l'acquisition par Dieu du peuple d'Israël, qui devient son bien précieux.

L'expiation. Le verbe grec *ilaskestai* désigne, en grec non chrétien, l'action d'un homme qui apaise la colère d'un dieu ou d'un héros et se le rend propice. A vrai dire, dans l'Ancien Testament, il n'a pas ce sens-là et traduit lui-même l'hébreu *Kiffer* qui veut toujours dire enlever le péché, et dont généralement le sujet est Dieu.

Le rôle du sang dans le sacrifice dans l'Ancien Testament

Dans le sacrifice de l'agneau pascal, le rôle du sang est clair ; il sert, au moment de la libération d'Israël, à marquer les élus de Dieu, et ainsi à leur éviter la dernière « plaie » infligée aux Égyptiens : la mort des premiers-nés.

Dans le sacrifice de l'Alliance, le sang — symbole de vie — unit les deux parties contractantes.

Dans le sacrifice d'expiation (Lv 17,11), le sang, symbole de la vie de Dieu, a pour but de consacrer à nouveau ce que le péché avait désacralisé.

Il semble que la Bible conduit à voir, dans le sacrifice du Christ, un acte par lequel, à travers les souffrances et la mort sur la croix, il ouvre un chemin vers la communion parfaite avec Dieu.

La réponse de saint Anselme (XIe siècle)

Pourquoi Dieu s'est-il fait homme (*Cur Deus homo*) ? Telle est la grande question de saint Anselme. Pour lui, le dessein de Dieu est de rendre la vie au monde, de restaurer la nature humaine blessée par le péché. Pour cela, le Père demande au Fils une fidélité sans réserve à la vérité et à la justice, même si celle-ci conduit à la mort (Livre I, chapitres 1 à 10).

Sa mort sauve l'humanité parce qu'elle est une sorte de punition et rétablit l'ordre troublé par le péché de l'homme. Ce péché est si important que seule une peine subie par l'homme-Dieu pouvait rétablir l'harmonie entre Dieu et l'homme sur une base juste : la réflexion de saint Anselme est celle d'un juriste. Ayant offert sa vie pour rétablir l'ordre bouleversé par le péché, le Christ doit être récompensé : le salut des hommes sera cette récompense.

La réponse de saint Thomas d'Aquin (XIIe siècle)

Pour lui, l'Incarnation n'a pas simplement pour but de sauver l'homme du péché. Mais elle conduit à ce résultat. Jésus vit et agit dans la justice et la rectitude parfaites, ce qui, dans un sens, met un terme à l'injustice de l'homme.

Dans la IIIe partie de sa *Somme Théologique* (q. 46 à 59), saint Thomas présente le salut de l'homme comme une libération. Cette libération est acquise parce que le Christ est la tête de l'humanité et le modèle de tout homme, et que, dans sa passion-résurrection, il a établi un nouveau type de relation avec Dieu qui, de lui, rejaillit sur toute l'humanité.

Le sacrifice du Christ sur la croix est l'acte par lequel, étant lui-même l'offrant et l'offrande, il nous réconcilie à Dieu en réunissant en lui-même tous ceux pour qui il offre ce sacrifice.

La réponse du philosophe contemporain René Girard

La pensée de René Girard, telle qu'elle s'exprime dans toute son œuvre, et en particulier

EXPIATION

☞ Sous ce mot, un fait humain et un raisonnement théologique, l'un et l'autre d'extrême importance.

Il n'est pas rare que le croyant se fasse agresser avec des reproches comme celui de « masochisme chrétien », comme si l'ensemble de la Rédemption était une obsession de la dette à payer au Père tout-puissant, ce que le Fils de Dieu venait faire à la place du genre humain. (Ne chantait-on pas dans un des couplets du *Minuit Chrétiens* que le Sauveur était venu « de son Père apaiser le courroux »). Par suite, le christianisme serait à classer dans ces religions archaïques, où une ritualité minutieuse vise à purifier de la souillure et à expier la dette, permettant ainsi de desserrer, pour vivre, l'étau d'une culpabilité fondamentale.

1. Le sens du mot avant le Christ

Avant même de regarder les diverses manières dont on a tenté de rendre compte, dans la foi chrétienne, du salut de l'humanité opéré par le Christ dans sa mort sur la croix, il faut d'abord réévaluer ce que représente, au plan humain, l'expiation.

Aussi bien psychologiquement que socialement, l'homme qui a commis une faute et en a conscience désire, pour se remettre d'accord avec lui-même, avec son clan, et même avec le cosmos, réparer. Depuis les religions archaïques multipliant les rites d'expiation, jusqu'à la pratique pénale d'aujourd'hui, qui parle de « dette envers la société », le fait est universel. La faute détruit, il faut réparer les torts causés aux plans personnel, social, naturel.

☞ L'originalité d'Israël consiste à reprendre ce vieux fonds humain et ces pratiques archaïques, mais en en transformant le sens. On connaît le « jour des expiations », le *Yom Kippour,* fête annuelle dont le chap. 16 du *Lévitique* décrit le rituel. En particulier, on lâchait dans le désert un « bouc émissaire » symboliquement chargé des péchés d'Israël. La grande différence chez Israël, c'est qu'il ne s'agit plus de fautes contre l'ordre cosmique, les dieux ou le groupe social, mais du péché : c'est-à-dire de manquements à l'Alliance. On ne se situe pas en face d'un code, même en parlant de la loi, mais en face du Dieu vivant, et de son invitation à aimer, à l'aimer, lui et le prochain, en quoi se résume toute la Loi. (*cf.* Mt 22, 36-40).

Deux choses ici sont à noter dans l'Israël ancien. En premier lieu, **l'importance du sang dans les rites**, car le **sang, c'est la vie**, qui est la réalité suprême avec laquelle Dieu est en rapport sous tous ses aspects. D'où l'interdiction du meurtre, l'interdit alimentaire du sang (par exemple la cuisine « cachère »), et l'usage d'aspersions de sang dans le culte. Et en second lieu, l'**importance donnée progressivement à « l'agneau pascal »**, un agneau mangé en famille selon les rites, en mémoire de la nuit de l'Exode où le peuple tout entier fut sauvé.

☞ C'est dans ce contexte global, humain et religieux, qu'il faut comprendre la réflexion chrétienne, à commencer par celle des premiers témoins, sur la mort du Christ.

2. Le sens du mot en théologie catholique

Aux origines mêmes du christianisme, on interpréta la mise à mort de Jésus-Christ, l'innocent même, comme un sacrifice, celui du véritable agneau pascal. En font foi la *Première Épître de Pierre*, les écrits johanniques (dans la Passion selon saint Jean, le Christ meurt au moment même où, dans le Temple, on prépare la grande Pâque, Jn 19,31), et l'*Épître aux Hébreux* (où le Christ apparaît comme remplaçant définitivement tout l'ancien système cultuel). Mais tout est désormais transformé : c'est le Seigneur lui-même, à la fois **l'un de nous** (cet homme Jésus devant Dieu son Père) et le **Fils de Dieu** (la substance même de Dieu liée à jamais à notre humanité), qui prend sur lui d'aller jusqu'à la mort, subie injustement, pour que les pécheurs qui le clouent en croix puissent changer et vivre. Ainsi est révélée la véritable toute-puissance de l'amour de Dieu, qu'aucune de nos limites

auver tous les hommes ?

dans *Des choses cachées depuis la fondation du monde* (Grasset, 1978), repose sur l'observation suivante : le désir d'appropriation est toujours la copie du désir d'un autre. L'homme ne veut que ce qui est déjà voulu par un autre : il n'y a donc pas de désir sans violence.

Si, pour accomplir son désir, il faut ravir à l'autre l'objet de son propre désir, il est inévitable que l'on entre dans une spirale de meurtres (même symboliques) et de vengeances. La seule solution pour arrêter la spirale de la violence est de renoncer, a priori, à l'objet même de son propre désir. C'est ce que le Christ déclare quand il dit : « Ne vous posez pas en juges et vous ne serez pas jugés » ou quand il demande de donner son manteau à qui le réclame.

Si cette solution n'est pas adoptée, le seul moyen de régler les crises nées de la violence est celui du sacrifice du bouc émissaire ; il s'agit là de sacrifier quelqu'un qui diffère en quelque chose du groupe et que le groupe pense réellement à l'origine de la violence — alors qu'il ne l'est pas plus que les autres. Dans ce sacrifice, le groupe se réconciliera momentanément. C'est ce que les « Juifs » ont essayé de faire avec Jésus. En fait, le « sacrifice » du Christ est la condamnation définitive de tout sacrifice pour régler les problèmes de la violence. Depuis sa mort, chaque homme est renvoyé à sa propre responsabilité. Il peut dorénavant savoir que seul son désir est cause du mal et entrer délibérément dans une voie de renoncement qui le sauve.

Les fondements d'une réponse chrétienne à la question

La mort du Christ n'a pas été voulue directement par Dieu. Du fait de la réponse négative de l'homme à l'appel du Christ, elle s'est trouvée être le passage obligé d'une expression d'une fidélité totale au Père.

Dans la mort, le Christ « vit » la condition humaine jusque dans ce qu'elle a de plus révoltant et, dans une solidarité de fait avec les souffrances du monde, il manifeste son amour pour Dieu.

La mort du Christ n'inaugure pas la possibilité d'une autre vie pour l'homme où celui-ci pourrait se sauver par lui-même. Le Nouveau Testament insiste sur le fait que l'homme est sauvé en Jésus-Christ. L'*Épître aux Hébreux* (9, 13-14), en soulignant que le Christ s'est livré à la croix dans l'Esprit, donne sans doute la clef de l'efficacité de son sacrifice : sa mort est l'expression humaine du don total du Fils au Père dans l'Esprit. Se donner librement et totalement à Dieu est la vérité de toute création. La Résurrection atteste que Dieu accepte ce don. La mort du Christ ne sauverait pas l'homme si elle n'était pas suivie de la Résurrection : c'est dans la glorification que Jésus est fait « Seigneur et Christ » (Ac 2,36).

Pour que cette glorification touche l'homme, il faut que celui-ci soit en contact avec le Christ, qu'il fasse corps avec lui. C'est le rôle de l'Église, structurée par le ministère apostolique et munie des sacrements, de rendre réelle cette incorporation établie par l'Esprit. ■

n'arrête pour le salut de l'homme, ni le péché, ni la mort. Cette mort du Christ est vue comme un échec, à regard humain (Lc 24,21) ; la résurrection dit le regard de Dieu sur l'événement, et la manière de vivre et de mourir de Jésus pour Dieu et pour les hommes.

C'est seulement à cette lumière que prend toute sa force la mystique de la « suite » et de l'imitation de Jésus-Christ, mystique par laquelle tant d'hommes et de femmes sont entrés dans ce mouvement de don et d'offrande d'eux-mêmes « pour la gloire de Dieu et le salut du monde ». En fait d'expiation, bien loin d'une exaltation morbide de la douleur ou de la souffrance, il y a dans le christianisme une espérance contre toute espérance, fondée fermement sur la foi au don de Dieu qui ouvre un chemin. « Si tu savais le don de Dieu.. » (Jn 4,10). L'homme se découvre dans la mort du Christ à la fois pécheur et pardonné, avec un avenir ouvert.

L'*Épitre aux Hébreux* (9, 13-14), en insistant sur le fait que le Christ s'est livré à la croix dans l'Esprit, donne sans doute la clef de l'efficacité de son sacrifice : sa mort est l'expression humaine du don total du Fils au Père dans l'Esprit ; elle manifeste la « vérité » de toute création soutenue par l'Esprit : se donner librement et totalement à Dieu. La Résurrection atteste que Dieu accepte ce don en manifestant son amour qui est vie. ■

Une stèle de paix.

Qu'est-ce que ?

Immolation (du latin *immolare,* littéralement saupoudrer de farine sacrée la victime d'un sacrifice religieux, par dérivation du mot *mola,* meule à moudre la farine, d'où farine).
L'immolation est l'acte de tuer une victime en sacrifice à une divinité. Dans les religions anciennes, et notamment le judaïsme, l'immolation pouvait comporter la consommation rituelle de tout ou partie de la victime. Certaines religions pratiquèrent les sacrifices humains.
Le thème du Christ s'offrant en sacrifice sanglant pour le salut des hommes est constamment évoqué dans les *Épîtres de Paul* et l'*Apocalypse de Jean,* ainsi que dans l'ensemble de la littérature chrétienne ; c'est pourquoi le mot immolation est parfois repris à propos de l'Eucharistie.

Oblation (du latin *oblatio,* dérivé lui-même de *offero,* offrir). L'oblation est une offrande de caractère religieux. Selon la loi juive, il s'agissait d'une offrande non sanglante (Lv 2 ; 6,7-16). Dans le langage chrétien, elle désigne l'offrande à Dieu par le prêtre, au cours de la messe, du pain et du vin qu'il va consacrer. Il est synonyme d'offrande et d'offertoire. On parle quelquefois de l'oblation de sa personne par Jésus-Christ.

Propitiation. Action de rendre propice (c'est-à-dire favorable), intercession, expiation.
De tout temps, quand on avait irrité une divinité par un désordre, une offense ou un péché, on offrait des prières ou un sacrifice de propitiation pour l'apaiser ou obtenir son pardon, calmer sa colère. Les Juifs offraient des sacrifices propitiatoires d'animaux pour obtenir de Yahvé la remise de leurs fautes. L'évocation de Dieu destinant le Christ à être, par son sang, l'instrument « propitiatoire » pour le salut de ceux qui croient en lui n'apparaît qu'une seule fois dans le Nouveau Testament (Rm 3,25). De fait, le mot est peu familier aux chrétiens : le Père n'est pas un Dieu que l'on doit apaiser par des sacrifices, mais un Dieu qui rend juste, qui justifie, grâce au « sacrifice » du Christ (He 9,26).

Lorsqu'un mot, une expression, un événement, une institution, un nom propre vous sont inconnus, consultez l'index.

Jugement de Dieu

Le mot *jugement* est employé dans les traductions françaises de l'Écriture Sainte comme équivalent du mot grec *krisis ;* en fait, celui-ci, d'un sens beaucoup plus large, désigne tout à la fois l'action de trier, celles de séparer, de discerner, d'examiner, de rendre justice, et de sanctionner les fautes.

La grande frayeur inspirée par le jugement dernier pendant tout le Moyen Âge, et bien audelà, se fonde sur des passages de l'Évangile présentant le jugement divin dans toute sa rigueur : les hommes doivent se convertir sous peine de périr (Lc 13,1-5), le riche qui a connu le bonheur sur la terre est dans la souffrance après sa mort (Lc 16,25), ceux qui se pensent indûment les héritiers du Royaume seront jetés dehors (Mt 8,12), ceux qui ne sont pas venus en aide à leurs frères sont voués au feu éternel (Mt 25,41-46) ...

Ph. Zodiaque

Dieu observant Job.

Ces textes doivent d'abord être entendus comme des appels pressants à la conversion. L'apparente dureté du jugement de Dieu a pour but d'engager l'homme à changer de conduite. C'est là tout l'enseignement des prophètes : Dieu ne prend pas plaisir à la mort du pécheur, mais il désire que celui qui commet le mal se convertisse et vive (Ez 18,23 ; 33,11).

Cette volonté divine de sauver plutôt que de condamner, Jésus la montre dans ses actes et dans son enseignement. Il n'est pas venu dans le monde pour juger le monde, mais pour que le monde soit sauvé par lui (Jn 3,17). C'est ainsi qu'il refuse d'appliquer la sentence condamnant la femme surprise en adultère (Jn 8,1-11), qu'il partage le repas des pécheurs (Mt 9,9-13 ; Lc 19,1-10), qu'il se laisse oindre les pieds par une pécheresse à qui il pardonne ses péchés (Lc 7,36-50), et qu'il insiste, en plusieurs paraboles, sur la joie de Dieu lorsqu'un pécheur se convertit (Lc 15,1-32).

Dans son *Épître aux Romains*, Paul rappelle que, si tous les hommes sans exception sont pécheurs, Jésus, par sa mort et sa résurrection, est un juste, qui justifie en rendant justes devant Dieu ceux qui croient en lui (Rm 3,21-24).

Le premier jugement exercé par Jésus, jugement du « prince de ce monde » (autrement dit Satan, Jn 12,31 ; 16,11), a été accompli non par autorité ni violence sur la puissance du mal, mais en subissant la Passion et la mort, c'est-à-dire en allant jusqu'à l'extrême de l'amour (Jn 13,1).

Lorsque le Christ reviendra dans la gloire pour juger les vivants et les morts, la pleine lumière qu'il est lui-même (Jn 1, 1-5, 9) révélera tout simplement dans toute sa vérité l'attitude profonde de chacun, attitude marquée par l'amour ou au contraire par son refus (Mt 25,31-46 ; Jn 3,19 ; 1 Jn 3,14).

Jugement de l'homme sur lui-même

Si le jugement de Dieu consiste à mettre en pleine lumière ce que chacun est réellement, il n'y a pas évidemment lieu d'attendre le moment de cette pleine clarté pour laisser pénétrer en soi la lumière et se juger soi-même sur la manière dont on accueille la Parole de Dieu. Ce regard sur soi se fait seul, ou avec l'aide de représentants de Dieu. On peut évoquer à cet égard la tradition russe selon laquelle le « staretz », par sa seule sainteté, permet à chacun de juger de son propre éloignement de Dieu. L'icône familiale joue, à sa façon, un rôle analogue.

Jugement de l'homme sur autrui

Sur ce point, l'enseignement de l'Évangile est on ne peut plus clair : « Ne jugez pas et vous ne serez pas jugés » (Mt 7,1 ; Lc 6,37) est la parole-clef du Christ ; parole traditionnelle s'il en est puisque, dès le premier livre de la Bible, l'origine du péché est expliquée comme étant la volonté de savoir distinguer le bien et le mal (Gn 2,17 ; 3,5). Or le jugement ne relève pas de l'homme ; il a été confié par Dieu à son Fils Jésus (Jn 5,22).

Pour souligner la force de son propos sur le jugement d'autrui, le Christ va jusqu'à dire que quiconque traite son frère d'idiot relève du Sanhédrin (le grand conseil juif).

C'est l'amour vécu aujourd'hui qui permet d'avoir pleine assurance au jour du jugement (1 Jn 4,17). ■

MÉMORIAL

A chaque messe, immédiatement après la consécration, le prêtre dit : « Vous ferez cela en mémoire de moi. »

Il reprend là les paroles de Jésus telles qu'elles sont rappelées par l'*Évangile de Luc* (22,19) et la *Première Lettre de Paul aux Corinthiens* (11,25). On comprend généralement cette phrase comme une invitation lancée par Jésus à réitérer le geste posé la veille de sa mort, lors de la Cène. En fait, il y a beaucoup plus.

L'Ancien Testament et les écrits juifs parlent très souvent d'un objet ou d'un repas mémorial (Lv 24,7 ; Si 45,9) ; il s'agit alors pour l'homme de disposer d'un signe qui lui rappelle Dieu, mais il s'agit aussi, par ce signe, de rappeler à Dieu ses promesses.

Dans le judaïsme se récite aujourd'hui encore une prière par laquelle on demande à Dieu de se souvenir du Messie, prière que l'on prononce à Pâques et à la fin des repas ; c'est une manière d'inciter Dieu à hâter sa venue. Il est plus que probable que Jésus fait allusion à cette prière dans la Cène ; dès lors, il donne d'avance aux messes, actualisations de la Cène, non seulement la dimension d'un rappel du passé, mais la force d'une sorte de mémoire du futur : la messe est la célébration de Dieu dans le futur autant qu'elle est célébration du début de cette réalisation dans le monde d'aujourd'hui. ■

RÉPROBATION, OU PEUT-ON ALLER EN ENFER ?

On dit aussi : damnation. Être réprouvé, c'est être damné. Ce qui s'oppose au salut, c'est-à-dire à être sauvé.

Dieu veut le salut de tous. Et quand il s'est fait homme, il y laisse sa vie : plutôt prendre sur lui une mort injuste, pour que l'autre vive, pour qu'il garde sa chance de changer, de vivre comme il est aimé depuis toujours par Dieu. La mort du Christ manifeste que Dieu est — hier, aujourd'hui et toujours — don total de lui-même pour que tous soient sauvés, et qu'ils entrent dans la vie qui ne passe pas.

Alors pourquoi l'Église a-t-elle toujours tenu pour logique la possibilité de la réprobation ? D'autant qu'elle considère, en même temps, qu'on ne peut affirmer de personne — et pas même de Judas — qu'il est réprouvé ou damné, qu'il a raté définitivement.

En fait, il ne faut pas du tout entendre la réprobation comme un impensable acte négatif de la part de Dieu, ni surtout comme le résultat, tout aussi inimaginable, d'un choix arbitraire entre élus et réprouvés. On ne peut l'entendre que comme une manière de dire le poids de notre liberté, que les jeux ne sont pas faits d'avance, et, enfin, que jamais nous ne serons contraints à aimer la vie réussie. Dans le temps et pour l'éternité, il faut y travailler, et nous changer. Et, en même temps, la joie qu'on y gagnera dépasse tout ce qu'on peut imaginer.

La réprobation ne saurait venir de Dieu. Le pire qui pourrait nous arriver serait de nous vouloir sans lui. Et c'est ça, l'enfer : la vie sans Amour. Comme une brûlure de froid.

La difficulté du vocabulaire de la réprobation, c'est qu'il induit à se placer sur le registre de la sanction, alors qu'il devrait indiquer en fait un appel à la responsabilité. Car il faut bien montrer aussi que la bonté de Dieu ne saurait aboutir à ce que, de toute façon, rien n'ait d'importance puisque tout finirait bien. Si le Royaume est au milieu de nous, il faut donc bien nous convertir, changer de cœur et de vie. Pour autant, Justice et Miséricorde ne se séparent pas en Dieu. Un petit verset de la *Première lettre de saint Jean* ne doit pas être oublié ici : « Si notre cœur nous accuse, Dieu est plus grand que notre cœur » (1 Jn 3,20). ■

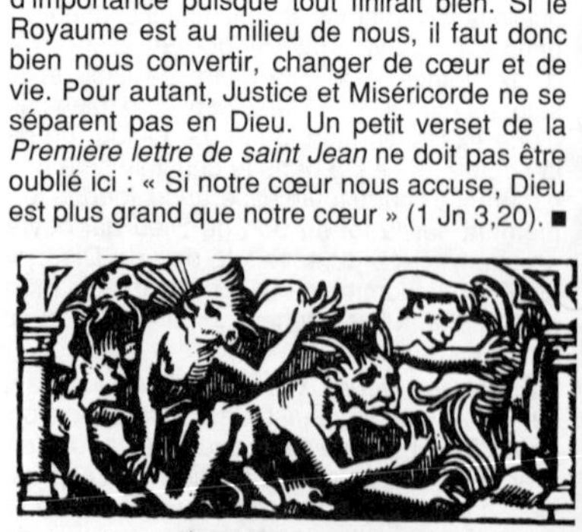

Alez mauldits au feu eternel. Math. 25.

Redemptor hominis

Cette encyclique est la première du pape Jean-Paul II. Elle a été publiée le 4 mars 1979 et marque d'abord, dans un texte, l'importance pour l'Église de s'être choisi un pape polonais.

Paul VI avait écrit : « Il nous est difficile de prononcer une parole unique comme de proposer une solution qui ait valeur universelle » (Lettre au Cardinal Roy, 14 mai 1971) ; beaucoup avaient pensé, à la suite de cette lettre et devant la complexité du monde, qu'il serait longtemps difficile à un pape de s'exprimer d'une manière générale.

Jean-Paul II, d'emblée, trouve dans *Redemptor hominis* une voix d'accès à l'universel qui ne revienne cependant pas en arrière, vers l'expression d'une pensée se prétendant universelle. Il affirme sa personnalité, emploie — le premier dans l'histoire de la papauté — le « je » à la place du traditionnel « nous », s'affirme slave, et entend jouer son rôle de pasteur du monde entier, non en écrivant des phrases générales, mais en donnant son propre témoignage de foi.

Cette démarche est cohérente avec la pensée de l'encyclique. Selon celle-ci, le mouvement de la foi porte du Christ à l'homme, puisque chaque homme est frère du Christ ; l'attention à l'homme tout entier doit ouvrir le cœur à l'Esprit. L'homme est au centre, l'homme dans toutes ses dimensions (intelligence, cœur, culture propre, ouverture au spirituel). Le respect de l'homme est fondamental (c'est le fondement de l'action en faveur des droits de l'homme). C'est l'absence du respect de la dimension religieuse de l'homme qui est explication de son angoisse à la veille de l'an 2000 : il est amputé d'une partie de lui-même. « L'homme est la route de l'Église » (14 c), laquelle doit, comme chacun, « poser en toute loyauté et en toute objectivité et avec un grand sens de la responsabilité morale, les questions relatives à la situation de l'homme aujourd'hui et dans l'avenir » (15 c). Sans aucun fidéisme (le pape accepte les défis de l'intelligence et de la recherche humaine), le pape invite les chrétiens à fonder leur « humanisme » sur le Christ. Dans la foi, celui-ci est le seul chemin du salut de chaque homme ; c'est pourquoi sa rencontre — dans l'Eucharistie — est centrale pour le bonheur de l'humanité et de chaque homme. ■

RÉDEMPTION

Ce terme, très classique dans la théologie, a été l'objet de très nombreux développements. L'explication que nous en donnons ici résume beaucoup de ces développements.

En latin, *rachat* se dit *redemptio,* sur quoi a été décalqué le terme théologique de *rédemption.* Dans l'Ancien Testament, le racheteur (*go'el* en hébreu), c'est celui qui libère un esclave en payant une rançon pour lui. Vis-à-vis d'Israël, ce rôle est attribué à Yahvé, notamment à l'occasion de la délivrance d'Égypte.

Dieu rend libre son peuple pour que celui-ci, en retour, puisse s'attacher à lui : c'est la réciprocité de l'Alliance. Le rachat ou rédemption crée un échange de bienveillance.

Avec les Prophètes, surtout après l'épreuve de l'exil, s'affirme l'idée que la servitude la plus radicale de l'homme est celle du péché : dès lors, le rédempteur véritable sera celui qui peut le libérer de ses fautes par le pardon : le Dieu-Amour.

Pour les chrétiens, celui qui accomplit cette œuvre de Dieu est Jésus-Christ ; c'est par lui et en lui qu'a été rétablie la communion d'amour qui a été brisée par le péché, communion entre Dieu et l'homme, mais aussi communion des hommes entre eux.

Le Nouveau Testament exprime ce mystère en jouant du verbe « livrer » dans trois combinaisons.

1. D'abord, *Judas a livré Jésus* aux chefs religieux d'Israël, qui l'ont eux-mêmes livré à l'autorité politique païenne, laquelle l'a livré à la mort. C'est l'aspect historique : celui d'un procès religieux dans lequel les prêtres juifs refusent de voir en Jésus-Christ le Messie attendu.

2. Mais, dans cette mort, qu'il n'a ni cherchée, ni évitée, ni subie passivement, on dit que *Jésus s'est livré lui-même* consciemment et librement, donnant à sa Passion un sens bien particulier : non pas politique (victime d'une oppression), ni moral (comme exemple d'abnégation), ni philosophique (témoin égorgé digne d'être cru), mais rédempteur. Si l'on considère le péché comme un refus et comme une déviation, Jésus s'offre à rééduquer le cœur de l'homme en venant dire oui là où le pécheur dit non ; et il le fait totalement, dans son cœur et dans sa chair. La Croix est certes le moment privilégié de ce retournement douloureux, mais Jésus l'a amorcé dès sa naissance et opéré tout au long de sa vie : il y a bien sang versé, mais c'est l'amour qui en fait la valeur, non la seule effusion matérielle. Toute la vie du Christ sur terre est libératrice ; sa Croix récapitule le don qu'il fait de lui à l'humanité, sa Résurrection donne tout leur sens à sa vie et à sa mort. Si, parmi les milliers de mises en croix perpétrées par les Romains en Palestine, on a retenu celle de Jésus, c'est à cause du sens que la foi chrétienne y a perçu ; sinon, d'elle-même, elle n'avait rien de repérable, rien de mémorisable.

3. Il y a plus : l'Écriture va jusqu'à dire de Jésus que *le Père l'a livré,* affirmation apparemment scandaleuse quand on la comprend mal. La foi ne dit pas que le Père se débarrasse lâchement de son Fils en le jetant dans la mort, encore moins qu'il éprouve dans cette mort une satisfaction morbide. Elle affirme que le Père consent aux hommes un sacrifice qui l'affecte au plus haut point, vu qu'il leur donne ce qu'il a de plus cher : on parle même de la « souffrance de Dieu ».

De toutes manières, ce n'est pas la mort qui rétablit la communion, mais la mort débouchant sur la résurrection. L'offrande totale de soi-même, que fait le Messie sur la Croix, est l'acte d'amour absolu qui réconcilie l'humanité avec Dieu. Quant à la résurrection, elle manifeste que ce rédempteur sans égal a été agréé par Dieu, et que la libération qu'il a gagnée pour tous inaugure une Alliance irréversible. ■

C'est par le bois que règne Dieu

Les étendards du Roi s'avancent,
La Croix rayonne en son mystère,
En croix, la Vie subit la mort
Et par sa mort eut fruit de vie.

Toi qui reçus le coup de lance
Au fer brutal, pour nous laver
De la souillure du péché,
Tu ruisselas d'eau et de sang.

Est accompli ce qu'a chanté
David en des vers prophétiques.
Il proclamait : « Sur les nations
C'est par le bois que règne Dieu. »

Arbre splendide, éblouissant,
Orné de la pourpre royale,
Tronc choisi qui fus jugé digne
De toucher des membres si saints,

Bienheureux arbre dont les bras
Ont porté la rançon du monde !
Tu pesas le poids de ce corps,
Et l'Enfer dut lâcher sa proie.

Salut, ô Croix, seule espérance !
Procure, au temps de la Passion,
Grâce abondante aux cœurs fidèles
Et rémission aux cœurs coupables.

Trinité, source de salut,
Les vivants chantent vos louanges.
Victorieux par votre Croix,
Ils recevront la récompense. Amen.

VENANCE FORTUNAT (VIe siècle)
Hymne à la Sainte Croix *Vexilla Regis*
Missel quotidien des fidèles, de J. FEDER, Mame 1956

Descente du Christ aux enfers. Icône russe.

Ph. Musée de Recklinghauser

Les incroyants seront-ils sauvés ?

« La vie éternelle, c'est qu'ils te connaissent, toi le seul vrai Dieu et celui que tu as envoyé, Jésus-Christ ». Telles sont les paroles de Jésus à son Père rapportées par saint Jean (Jn 17,3).

Et ceux qui ne connaissent pas Dieu ? Et ceux qui refusent l'Église, Dieu, les chrétiens, la foi ?

Quelle est la pensée chrétienne à leur sujet ? Considère-t-elle qu'ils sont et seront maudits, les voue-t-elle au malheur ? La réponse est nuancée.

D'abord, le chrétien n'a pas à se mettre à la place de Dieu : c'est à celui-ci seul qu'il appartient de déterminer qui doit être sauvé. Selon le premier livre de la Bible (la Genèse), le péché est même de vouloir savoir ce qu'est le bien et le mal en prétendant se mettre à la place de Dieu. « Tu ne jugeras pas », reprend en écho le Nouveau Testament.

En outre, Jésus lui-même invite à dépasser les critères d'appartenance à l'Église ou de reconnaissance de sa personne ; il le fait dans un récit faisant ressortir que le salut et la véritable connaissance de Dieu se situent dans l'engagement effectif au service des pauvres et des opprimés (Mt 25,31-46).

Cela dit, il est clair aussi dans l'Évangile que, seul, le lien avec le Christ (lien qui se manifeste normalement par l'entrée dans la communauté chrétienne) peut faire accéder au bonheur de Dieu.

Comment ce lien avec le Christ peut-il exister pour ceux qui ne le connaissent pas ? La doctrine chrétienne ne le précise pas. Mais, selon une tradition constante dans le christianisme (voir la descente de Jésus aux enfers), ceux qui aiment leurs frères humains en tout désintéressement, en toute vérité, à plus forte raison ceux qui donnent leur vie pour leur prochain, sont liés au Christ et sauvés par lui ; leur amour est déjà le signe qu'ils sont portés par l'amour sauveur et gratuit de Dieu.

Selon la *Première Épître de saint Jean*, « Celui qui aime son frère demeure dans la lumière et ne risque pas de trébucher. Mais, celui qui a de la haine pour son frère marche dans les ténèbres et ne sait pas où il va, parce qu'elles l'ont rendu aveugle » (1 Jn, 2,10-11).

Si les chrétiens peuvent ainsi mettre leur espérance dans le salut d'hommes qui ne connaissent pas Dieu d'âge en âge, ils se sont en même temps souvenus des paroles du Christ : « Allez, faites de toutes les nations des disciples » (Mt 28,19). Ils ont voulu entrer dans le dynamisme même de Dieu en révélant aux hommes et aux femmes de leur époque Jésus comme la source de tout amour, et comme l'homme parfait en qui chacun peut s'accomplir et se tourner vers Dieu. Cette conscience de l'exigence d'avoir à porter à tous la parole du Christ se traduit dans le cri de saint Paul : « Malheur à moi si je n'annonce pas l'Évangile » (1 Co 9,16). ■

Prédestination

Voilà un terme qui a mauvaise réputation. Il y a ce qu'il veut dire, en fait, en cohérence avec la bonne nouvelle du Christ. Et il y a ce qu'on lui a fait dire, en retombant dans de vieilles ornières.

Première difficulté : ne pas assimiler la prédestination (qui désigne le désir de Dieu pour nous) aux comportements d'un despote qui choisit arbitrairement favoris ou exclus (ce qui tient à nos fantasmes de la puissance, fascinante et détestée). Il ne faut pas non plus imaginer le plan de Dieu comme une programmation sans recours (ce qui tient cette fois à notre appartenance à l'âge de la technique et de la prévision). Il y a aussi, dans les excès du vocabulaire « prédestinationiste », des traits de mentalité qui appartiennent plus à une religiosité archaïque qu'à l'Évangile. Pensons ici aux grandes religions dualistes, où tout se décide avant et au-dessus de l'homme, dans un combat entre les dieux bons et les dieux mauvais.

En tout cas, lorsqu'on comprend mal la prédestination, on aboutit à ce désastreux paradoxe que ce qui est grâce, amour prévenant, et surabondance de Dieu pour l'homme, et donc souveraine liberté pour l'un et l'autre, se retrouve nécessité où l'on aurait, par avance, des élus et des réprouvés.

La prédestination est-elle une contrainte ou une liberté ?

Pour répondre à la question, partons des mots *destination*, et *prédestination*. *Destination* : non pas au sens du destin, d'une fatalité pour chacun — mais au sens où un train est à destination de... Il y a un but au voyage, un terme à l'aventure humaine. Quand saint Paul (car dans le Nouveau Testament c'est surtout lui qui répand l'idée) parle du dessein de Dieu, qui nous est maintenant connu à partir de la résurrection du Christ, on le voit : Dieu veut rassembler, réconcilier les hommes et leur faire partager à jamais sa vie. Cette fin de notre existence est déjà entr'aperçue dans le Christ ressuscité, qui est la fin du temps dans le temps. Mais il y a aussi *pré-destination*, et, cette fois, on veut parler de manière symétrique, non plus de la fin, mais de l'origine. Comment la fin vient-elle à nous ? Non pas à partir de nous, en fonction de nos petites bonnes actions qui seraient récompensées, mais, d'abord et avant tout, parce que nous sommes aimés les premiers, par cet amour prévenant de Dieu qui est radical, à tous les sens du mot : à la racine, mais aussi allant jusqu'au bout ; on l'a bien vu dans la manière de vivre et de mourir de Jésus-Christ.

La prédestination concerne-t-elle tout le monde ou quelques-uns ?

Dès lors, sur ce plan, on peut résoudre un second problème : Qui est concerné ? Tous ou quelques-uns ? C'est pour tous et non pas pour quelques-uns que, dès l'origine, Dieu désire une fin bienheureuse, à laquelle pourtant il ne les contraindra jamais puisque l'amour est libre essentiellement.

Ceci dit, il n'a pas manqué de gens dans le christianisme, de saint Augustin à Calvin, et plus généralement tous ceux qui ont une conception tragique et pessimiste de l'élection, pour tirer à eux les textes de saint Paul (essentiellement les chapitres 8 à 11 de l'*Épitre aux Romains*) où il médite en fait sur le mystère du refus, par l'Israël contemporain de Jésus, de la grâce venue à sa rencontre. Mais, de ces textes on ne tirera jamais plus que ceci : un refus comme celui qui a conduit à mettre à mort le Christ est toujours possible. Encore faut-il noter le « ils ne savent pas ce qu'ils font » (Lc 23,34), et ne pas interpréter ces textes hors de l'hymne à l'amour de Dieu qui les ouvre : « Qui nous séparera de l'amour du Christ » ? (Rm 8,35).

On évitera beaucoup de faux problèmes en cessant d'utiliser ce terme de prédestination, qui risque tant d'être compris à l'envers. ■

VOLONTÉ SALVIFIQUE UNIVERSELLE DE DIEU

Cette expression théologique évoque une réalité fondamentale pour la foi chrétienne : Dieu veut le bonheur de tous les hommes, et même de toute la création.

Cela veut dire que tout homme, s'il l'accepte, peut être sauvé, et que Dieu, par sa grâce, c'est-à-dire par son amour, aide à demeurer dans cet amour tous ceux qui veulent être sauvés.

Que se passe-t-il dès lors pour les enfants morts sans baptême et pour l'ensemble des hommes qui n'ont jamais été touchés par l'Évangile ? Ni les uns ni les autres ne se sont jamais trouvés placés devant un tel choix. Les théologiens reconnaissent qu'ils n'ont pas de réponse à une telle question ; mais ils observent que la volonté salvifique universelle concerne tous les êtres humains, selon des voies qui sont toutefois inconnues. ■

UNIVERSALISME

En théologie, l'*universalisme* est la conviction que le salut de Dieu est offert à tous les hommes. Déjà pressenti par l'Ancien Testament (Israël est le peuple choisi par Dieu pour être son témoin parmi toutes les nations), le caractère universel du salut offert par Dieu est affirmé avec force par l'enseignement du Christ : il a été envoyé sur terre par son Père pour annoncer la « Bonne Nouvelle » du Royaume de Dieu auquel tous sont appelés. Cet universalisme du salut a été solennellement confirmé par le Christ lorsque, apparaissant une dernière fois à ses disciples après sa résurrection, il leur précisa leur mission désormais (celle même de l'Église) : « Allez donc, **de toutes les nations faites des disciples**, les baptisant au nom du Père, du Fils et du Saint-Esprit, leur apprenant à garder tout ce que je vous ai commandé. Et voici que moi, je vais être avec vous jusqu'à la fin des temps » (Mt 28,18-20). ■

Ph. Hachette

Fresque de l'abside de l'église de Berzé-la-Ville (Saône-et-Loire) (XIIe s.). Le Christ en gloire, entouré d'apôtres et de diacres, remet à saint Pierre un parchemin (donation de la Loi).

Irénée et la vie

« La gloire de Dieu, c'est l'homme vivant, et la vie de l'homme, c'est la vision de Dieu » (*Adversus haereses,* IV, 20-6). Cette phrase de saint Irénée (130-200) est une des plus connues parmi toutes les formules des théologiens.

Dès l'origine du christianisme, les théologiens se sont posé la question de savoir si on pouvait être simultanément entièrement tourné vers Dieu et entièrement tourné vers le bien des hommes, notamment vers le triomphe de la justice sociale.

La réponse d'Irénée est claire : le véritable culte à Dieu est de placer toute la création dans le dynamisme voulu par lui, un dynamisme où chaque homme est totalement respecté pour lui-même.

Cette réponse est fondée théologiquement par une réflexion sur le Christ : pour Irénée, parce que Dieu s'est fait homme, il « récapitule », il résume toute la création en lui ; il donne ainsi à toute l'humanité et à toute la création une valeur infinie. La gloire de Dieu, c'est la vie, et la véritable vie de l'homme, c'est de voir Dieu. ■

Vie

Depuis toujours, l'homme s'est interrogé sur l'origine et le sens de la vie. L'ensemble des récits mythiques montre le désir de l'homme de connaître le secret de la vie et même de s'en emparer.

La vie physique

Pour le monde de la Bible, la vie apparaît, avec la lumière, comme la caractéristique de Dieu. Dieu est le Vivant, il donne la Vie.

Dans les récits de la Création, la vie humaine apparaît aux derniers moments, comme pour parachever l'œuvre du Créateur. Après avoir peuplé la terre, Dieu crée l'homme à son image et le bénit. Ce texte révèle de manière symbolique l'intuition qui est au cœur de la réflexion biblique : la vie est chose sacrée. Dieu insuffle la vie en communiquant son souffle. La vie est don de Dieu. C'est pourquoi la vie de l'homme doit être préservée, et le meurtre condamné. La vie même de l'animal a quelque chose de sacré : l'homme peut se nourrir de sa chair à condition d'en avoir extrait le sang, car « la vie de la chair est dans le sang » (Lv 17,11).

Dans l'Israël biblique, l'idéal est toujours celui d'une longue vie qui, à l'instar de celle d'Abraham, s'achève « dans une vieillesse heureuse et rassasiée de jours » (Gn 25,8 ; 35,29 ; Jb 42,17). La question de la descendance est très importante, parce que les enfants sont le soutien des parents et prolongent leur vie, mais également parce qu'ils sont le signe de la bénédiction de Dieu.

L'expérience de la mort

Dieu crée l'homme vivant, mais, par son orgueil à vouloir s'approprier la source de vie, l'homme trouve la mort. Cependant, Dieu ne renonce pas à donner la vie, et propose au peuple choisi d'Israël « les chemins de la vie » (Pr 2, 18-19, Ps 16,11, Dt 30,15, Jr 21,8). Il enseigne sa volonté et sa loi par la bouche des Prophètes et en inspirant les écrivains sacrés. Cependant, plus que de la vie heureuse sur sa terre, c'est de la mort qu'Israël fait l'expérience. Mort de l'exil, mort de la persécution. Mais les Prophètes proclament qu'au sein de la mort demeure encore l'espérance. Dieu « ne prend pas plaisir à la mort du méchant », mais l'appelle « à se convertir et à vivre » (Ez 33,11). Quant au juste, sa mort contient la promesse de la résurrection : « Dieu leur rendra l'esprit et la vie... Ils boivent à la vie qui ne tarit pas ».

Dans l'Incarnation du Christ Sauveur, les promesses s'accomplissent. Jésus est la vie même ; par sa mort et sa résurrection, il détruit le péché et la mort. Dans son ministère, il apparaît comme celui qui guérit, libère et rend la vie. Cependant il annonce qu'il apporte la vie qui ne meurt pas, la vie « éternelle ». Mais, à l'encontre d'une interprétation traditionnelle, celle-ci n'apparaît pas en rupture radicale avec la vie d'ici-bas. La vie éternelle ne renvoie pas directement à des notions d'espace et de temps mais bien davantage à une qualité de relation avec Dieu.

Par son enseignement, par sa mort et sa résurrection, le Christ révèle pleinement que l'homme est fait pour une vie qui dépasse infiniment la vie physique (sans l'exclure) ; il est fait pour la vie en Dieu dans sa similitude et sa gloire, son éternité. C'est dans cette vie que l'homme est appelé à trouver son plein épanouissement.

La vie que Dieu donne

Dieu offre son Alliance aujourd'hui et pour toujours. La mort ne peut mettre un terme à son amour, qui est puissance de vie. Avoir part à la vie de Dieu, c'est en conséquence ne pas mourir.

« Pain de vie », le Christ donne son corps et son sang afin que le croyant, comme lui, vive par le Père. Pour celui qui croit au Christ, le baptême marque le passage de la mort à la vie. Il « vit désormais pour Dieu dans le Christ Jésus » (Rm 6,11). Il reçoit l'Esprit de Dieu et est transformé par lui. Désormais, il peut traverser la mort et vivre à jamais. Les sociétés modernes occidentales ont pris conscience avec plus d'acuité du prix de la vie. Les derniers grands conflits mondiaux ont manifesté à l'humanité l'ampleur de ses capacités de destruction. L'homme moderne ressent profondément la précarité de sa vie et même celle de l'ensemble de la Planète. De nombreux mouvements sont nés, mouvements pacifistes, écologiques, de respect des droits de l'homme, etc., tous se proposant comme but de respecter et de faire respecter la vie.

Cependant, si notre temps voit s'épanouir ce souci de la préservation de la vie, certaines questions, comme l'avortement ou l'euthanasie notamment, révèlent une façon nouvelle de s'interroger sur le sens de la vie et de la mort. Un danger semble parfois apparaître, celui de percevoir la vie davantage comme un bien à gérer et à préserver que comme un don toujours à recevoir, toujours à donner encore...

L'Église, par la voix du pape et du collège des évêques, a réaffirmé l'enseignement biblique et évangélique. Elle a également invité à une réflexion plus approfondie sur le sens de la vie. La question demeure d'une articulation entre, d'une part, les connaissances et le pouvoir de l'homme sur la vie, et, d'autre part, la reconnaissance de l'agir de Dieu, qui toujours invite à la pauvreté, à la désappropriation. ■

TROIS MOTS POUR SIGNIFIER LA VIE...

Le texte grec de la Bible emploie trois mots différents pour signifier la vie.

Bios (origine du mot biologie, la science de la vie) signifie la vie purement physique. Saint Marc dit d'une femme pauvre qui avait donné son peu d'argent : elle a donné tout ce qui était nécessaire à sa vie, c'est-à-dire à sa survie physique (Mc 12,44).
Saint Jean n'utilise pas ce mot car, pour lui, la vie n'est jamais purement matérielle. Il emploie deux autres mots : *Psuchè* et *Zoé*.

Psuchè (origine du mot psychologie) désigne le principe de la vie corporelle (ce qui fait que le corps vit). Pour saint Jean, ce principe est un don de Dieu. Quatre fois, il met le mot dans la bouche du Christ annonçant que, librement, il va donner sa vie pour ses amis (Jn 10,11 ; 10,15 ; 10,17 ; 15,13).

Zoé (origine du mot zoologie) est employé par saint Jean pour évoquer une vie que la mort ne peut atteindre. Un verset de son *Évangile* est à cet égard très éclairant : « Qui aime sa vie (*psuchè*) la perd, et qui hait sa vie (*psuchè*) en ce monde la conservera en vie (*zoè*) éternelle » (Jn 12,25). Cinquante-cinq fois saint Jean emploie le mot *zoè* — ou le verbe correspondant — dans son *Évangile.* Jean est le véritable chantre de cette vie de Dieu qui est amour et n'est altérée par rien. ■

Par la souffrance construire le monde...

L'Église est le Corps mystique du Christ. Tout chrétien est un être vivant inséré dans cette communion surnaturelle, où personne n'est perdu dans la masse, oublié et inutile. Chacun est membre, ce qui veut dire que chacun a une fonction irremplaçable, une vocation propre, s'harmonisant avec celle de tous les autres membres du Corps de l'Église ; et tous trouvent une vie identique, un ordre spécial, dans l'union avec le chef de l'Église : le Christ, qui répand son Esprit de vie sur toute la société des chrétiens. Chacun est « christiforme ». C'est déjà là une vérité très consolante pour celui qui souffre. Personne ne souffre seul, personne ne souffre inutilement.

Celui qui souffre reflète plus fidèlement l'image du Christ.

*Mais de plus, celui qui souffre a un titre spécial à participer davantage encore à la communion avec le Christ. Et c'est là le second aspect. Comme nous le rappelle le Concile (*Lumen gentium*, n° 8), l'image du Christ se reflète d'une manière plus fidèle dans celui qui souffre. Nous pouvons aussi dire qu'elle s'y reflète d'une manière plus intime si Jésus a voulu s'identifier avec les plus petits de ses frères (cf. Mt 25, 35 sqq). Celui qui souffre acquiert une conformité toute spéciale avec le Seigneur.*

Par l'offrande de sa souffrance, il coopère au salut de ses frères.

De plus, celui qui souffre, qui souffre avec le Christ, coopère à la rédemption du Christ, selon la célèbre et éclairante théologie de saint Paul : « Je complète en ma chair ce qui manque aux épreuves du Christ, pour son Corps qui est l'Église » (Col 1,24). Celui qui souffre n'est plus un poids inerte et négatif pour la société humaine et spirituelle à laquelle il appartient ; il est un élément actif. Comme le Christ, il souffre pour les autres ; il est le bienfaiteur de ses frères, un auxiliaire du salut. Mais cette merveilleuse mise en valeur de la souffrance exige deux conditions : l'acceptation et l'offrande. ■

PAUL VI, 1967

Jean-Paul II écrit sur la souffrance l'encyclique *Salvifici doloris*

Au milieu des problèmes où le monde s'agite, il en est un sur lequel les hommes se taisent souvent, celui de la souffrance et du mal. Le pape, blessé au cours d'un attentat le 13 mai 1981, a publié, en la fête de Notre-Dame de Lourdes (1984), que tant de malades invoquent, une encyclique sur le sens chrétien de la souffrance humaine : *Salvifici doloris.*

La souffrance est un monde dont il est difficile de parler en vérité. La seule vraie question à son propos est « Pourquoi ? » et, généralement, le destinataire de cette question est Dieu ; et cette question peut faire « que l'on arrive à la négation même de Dieu ».

Devant cette question, sans cesse renouvelée, le chrétien reste silencieux tout en contemplant le Christ en croix. Avec lui, l'homme n'est plus seul dans la souffrance. Son Dieu la partage avec amour.

Bien plus, la souffrance du Christ sur la croix est le signe du don qu'il fait de sa vie. Ressuscité, il continue à donner cette vie, et les chrétiens, corps du Christ, sont appelés à vivre leur souffrance comme participation du don du Fils au Père : « Cela signifie que la Rédemption reste constamment ouverte à tout amour qui s'exprime dans la souffrance humaine ».

Entrer dans ce mouvement du don de soi-même, à partir d'une expérience inévitable, permet de vivre l'expérience chrétienne, alors que le monde de la souffrance humaine ne cesse d'appeler celui de l'amour divin. ■

A propos de la souffrance

L'extrême grandeur du christianisme vient de ce qu'il ne cherche pas un remède surnaturel contre la souffrance, mais un usage surnaturel de la souffrance.

S. WEIL,

Salvifici doloris (extrait)

La parabole du bon Samaritain appartient à l'Évangile de la souffrance. Elle indique, en effet, quelle doit être la relation de chacun d'entre nous avec le prochain en état de souffrance. Il nous est interdit de « passer outre », avec indifférence, mais nous devons « nous arrêter » auprès de lui. Le bon Samaritain, c'est toute personne qui s'arrête auprès de la souffrance d'un autre homme, *quelle qu'elle soit. S'arrêter ainsi, cela n'est pas faire preuve de curiosité mais de disponibilité. Celle-ci est comme une certaine disposition intérieure du cœur qui s'ouvre et qui est capable d'émotion. Le bon Samaritain est* toute personne sensible à la souffrance d'autrui, *la personne qui « s'émeut » du malheur de son prochain. Si le Christ, sachant ce qu'il y a dans l'homme, souligne cette capacité émotive, c'est qu'il veut en montrer l'importance dans nos comportements face à la souffrance des autres. Il importe donc de développer en soi cette sensibilité du cœur, qui témoigne de notre* compassion *pour un être souffrant. Parfois, cette compassion est la seule ou la principale expression possible de notre amour et de notre solidarité avec ceux qui souffrent.*

Mais le bon Samaritain de la parabole du Christ ne se contente pas seulement d'émotion et de compassion. Ces mouvements affectifs deviennent pour lui un stimulant qui l'amène à agir concrètement et à porter secours à l'homme blessé. Tout homme qui porte secours à des souffrances, *de quelque nature qu'elles soient, est donc un bon Samaritain. Secours efficace, si possible. Ce faisant, il y met tout son cœur, mais il n'épargne pas non plus les moyens d'ordre matériel. On peut même dire qu'il se donne lui-même, qu'il donne son propre « moi » en ouvrant ce « moi » à un autre. Nous touchons ici un des points clés de toute l'anthropologie chrétienne. La personne humaine ne peut « pleinement se reconnaître que par le don désintéressé d'elle-même ». Un bon Samaritain, c'est justement* l'homme capable d'un tel don de soi. *(n° 28.)*

JEAN-PAUL II,
10 décembre 1984.

SOUFFRANCE

Sur son lit de mort, le cardinal Veuillot, archevêque de Paris, disait : « Nous savons faire de belles phrases sur la souffrance. Moi-même, j'en ai parlé avec chaleur. Dites aux prêtres de n'en rien dire ; nous ignorons ce qu'elle est, et j'en ai pleuré. »

Il est vrai que beaucoup ont l'impression que le catholicisme aime la souffrance. Il est vrai aussi que les catholiques leur ont donné beaucoup de raisons de le croire... Du crucifix qui présente un corps torturé aux formules liturgiques parlant de la terre comme d'une « vallée de larmes », de la notion de sacrifice (même de petit sacrifice) à celle d'expiation, tout un courant d'Église semble faire une valeur de la résignation devant la souffrance. Pourtant, du cardinal Veuillot à Pie XII, les plus hautes autorités de l'Église ont toujours finalement mis en garde contre ce masochisme religieux. En 1956, alors que des chrétiens prétendaient interdire l'accouchement sans douleur au prétexte qu'il était écrit dans la Bible : « Tu enfanteras dans la douleur », Pie XII expliquait : « Dieu n'a pas défendu aux hommes de rechercher et d'utiliser toutes les richesses de la création (...), d'alléger le travail, la fatigue, la douleur, la maladie et la mort (...). Dieu n'a pas défendu aux mères d'utiliser les moyens qui rendent l'accouchement plus facile et moins douloureux ».

En fait, loin d'être masochiste, l'Église invite à lutter contre la douleur et la souffrance. Seulement — et c'est de là que viennent les déviations — quand la souffrance est inévitable, elle donne sens à cette souffrance... Le Christ a prié pour que la souffrance lui soit épargnée (à la veille de sa mort, au mont des Oliviers), mais il a accepté sa souffrance dans un acte de confiance totale à Dieu son Père. C'est ce modèle que les catholiques s'efforcent de suivre, en étant persuadés que ce oui à Dieu dans les pires conditions leur permettra d'accéder au bonheur, suivant les promesses du Christ : « Bienheureux ceux qui pleurent car ils seront consolés » (Mt 5,5). En d'autres termes, ils croient que Dieu répond à leur acceptation en leur donnant, à eux, et, par eux, à toute l'humanité, la vie du Christ ressuscité. ■

Pourquoi m'as-tu abandonné ?

Mon Dieu, mon Dieu
pourquoi m'as-tu abandonné ?
Je suis une caricature d'homme
le mépris du peuple

On se moque de moi dans tous les journaux
Les tanks blindés m'entourent
les mitrailleuses sont braquées sur moi
les barbelés m'encerclent
les barbelés électrifiés

Tout le jour ils me font répondre à l'appel
Ils m'ont tatoué un numéro
Ils m'ont photographié entre les barbelés
et on peut compter tous mes os
comme dans une radiographie
Ils m'ont enlevé toute identité
Ils m'ont conduit nu à la chambre à gaz
Ils se sont partagé mes vêtements
et mes souliers

Je crie pour demander de la morphine
et personne ne m'écoute
je crie avec la camisole de force
je crie toute la nuit
dans l'asile des malades mentaux
dans la salle des malades incurables
dans l'asile des malades contagieux
dans l'asile des vieillards
j'agonise baigné de sueur
dans la clinique du psychiatre
je me noie dans la chambre à oxygène.

Je pleure au poste de police
dans la cour de la prison
dans la chambre de tortures
dans l'orphelinat
je suis contaminé par la radioactivité
et personne ne s'approche de moi
pour éviter la contagion

Mais moi
je pourrai parler de toi à mes frères
je t'exalterai dans l'assemblée
de notre peuple
mes hymnes résonneront
au milieu d'un grand peuple

Les pauvres feront un banquet
Notre peuple célébrera une grande fête
Le peuple nouveau qui va naître.

ERNESTO CARDENAL
Cri. Psaumes Politiques
Éd. Cerf, 1970.

La vie ne perd pas son sens...

Même lorsque la médecine ne peut plus rien faire dans un but curatif, que toutes les ressources thérapeutiques sont épuisées et que la mort devient inéluctable, la vie n'a donc pas nécessairement perdu tout son sens ; ceux qui savent rester proches du malade « condamné » en témoignent. Or cette affirmation suscite désormais, dans beaucoup d'hôpitaux, l'incrédulité. Vivre dans la perspective d'une mort imminente paraît, à beaucoup, insupportable. *Dès que la médecine devient incapable de maintenir un état minimum de santé, il vaut mieux que l'homme meure ou du moins perde la conscience de ce qui lui arrive, car on ne peut l'aider à vivre humainement la toute dernière phase de son existence : telle est la conviction qui, à mon avis, se répand de plus en plus dans la société, symptôme d'une attitude de fatalisme, plus même, de* désespérance.
Certes, un tel état d'esprit n'est pas généralisé. Comme je l'ai déjà dit, un certain nombre de médecins, infirmières et aides-soignantes, visiteurs d'hôpitaux, membres d'équipes d'aumôneries et proches de malades, ont réussi à surmonter cette désespérance et à vaincre la peur que suscite toute relation avec une personne gravement éprouvée. Ils peuvent dès lors s'asseoir au chevet des grands malades et entrer en communication avec eux, à travers le silence, le langage corporel, la pression de la main, les gestes les plus simples, quelques paroles échangées et aussi, parfois, la prière partagée ou le don des sacrements.

P. VERSPIEREN

La faute d'Adam

Pourquoi le mal ?

Pourquoi le mal que l'homme fait à l'homme ?

Tout esprit religieux est confronté à cette question fondamentale.

La réponse biblique s'articule en plusieurs temps.

D'abord, Dieu est bon. Ensuite, l'homme et la femme sont à la fois libres et limités : ils transgressent la loi de Dieu. Responsables de cette transgression, ils restent libres et ne sont pas l'objet d'un quelconque déterminisme qui, lui, conduirait fatalement au mal. Par contre, leur liberté est difficile à vivre.

Le plus fameux des textes de la Bible où s'exprime une telle réflexion sur le mal est le récit de la faute d'Adam et d'Ève dans la *Genèse* (Gn 2,15 à 3,24). On a beaucoup écrit sur ce récit. On peut à tout le moins remarquer que Dieu y paraît comme bon, la création belle, le jardin agréable et même séduisant. Dieu pose un interdit : « Tu ne mangeras pas de l'arbre de la connaissance du bonheur et du malheur » ; par cet interdit, Dieu renvoie l'homme à sa condition d'homme : homme limité, il peut désirer tout savoir ; mais son bonheur ne réside pas là ; son bonheur est dans la pleine et joyeuse réalisation de sa condition humaine.

Le péché d'Adam et d'Ève est de transgresser l'interdit et de se vouloir tout-puissants ; dès lors, toute différence entre eux leur devient insupportable et ils ont honte de leurs limites, c'est pourquoi ils doivent couvrir leur nudité. Ce rêve de toute-puissance, origine du péché, entraîne la mutilation de l'autre et l'affrontement avec lui ; il déclenche un processus d'action-réaction en chaîne, il ouvre une dialectique maître-esclave sans fin.

Ou plutôt, la fin s'en trouvera en Jésus : étant Dieu, il aurait pu revendiquer légitimement, lui, la Toute-Puissance. Au contraire, il l'abandonne volontairement, se faisant esclave ; ce n'est pas pour rien que sa crucifixion a lieu dans un jardin qui rappelle le jardin originel, et que saint Paul l'appelle le Nouvel Adam (Rm 5,12-21) : au rêve de toute-puissance qui habite l'homme (et à la solitude qui accompagne ce rêve brisé), Jésus substitue la proposition de l'amour, un amour qui va au-delà de toutes les attentes. ■

Lorsqu'un mot, une expression, un événement, une institution, un nom propre vous sont inconnus, consultez l'index.

Le péché originel

La doctrine du péché originel peut tenir en quelques mots simples. Pour un catholique :

- Dieu n'est pas le créateur du mal.
- Tout homme est, par sa naissance, comme blessé par le mal ; il est incapable par lui-même d'être ami de Dieu et de participer à sa vie.
- Ce mal, dont l'homme n'est pas responsable, peut être combattu, ce n'est pas une fatalité.
- De fait, le Christ donne à chacun son Esprit pour le libérer du péché originel.

Cette doctrine inspire clairement les deux premiers chapitres de la *Genèse*. L'histoire en est connue : après avoir été créés, l'homme et la femme s'entendent donner la création tout entière à l'exception des fruits de l'arbre de la connaissance du bien et du mal. Le serpent vient les tenter et ils enfreignent l'interdit de Dieu.

☞ La doctrine du péché originel a été exposée de multiples manières durant l'histoire de l'Église. Pendant longtemps, on a lu la *Genèse* comme l'histoire de la faute d'un couple initial transmettant les conséquences de leurs actes au monde entier. Il n'est pas sûr que cette lecture soit exacte. Qu'il soit le premier couple de l'histoire ou pas n'a pas grande importance : Adam et Eve sont le symbole du commencement de chaque homme et de chaque femme. L'important, aux yeux des chrétiens, est que le Christ donne à chacun une possibilité effective de sortir du péché. La puissance de la Résurrection du Christ, proclament les chrétiens, peut agir au cœur de chacun pour qu'il recouvre la liberté de dire non au mal et retrouve la logique du partage et de l'amour. « Si par la faute d'un seul la multitude a subi la mort, à plus forte raison la grâce de Dieu, grâce accordée en un seul homme, Jésus-Christ, s'est-elle répandue en abondance sur la multitude » (Rm 5,15).

Et si l'on a toujours lié, dans l'Église, baptême et conséquences du péché originel, c'est que le baptême signifie efficacement la vie que Dieu propose à chacun, et cette force (son Esprit) qui permet à celui qui l'écoute d'être transformé pour être capable d'entrer dans la logique de l'amour (voir aussi p. 523 a et 698 a). ■

LES INDULGENCES

On appelle *indulgence* la remise de la « peine » réparatrice des conséquences d'un péché. En effet, pour l'Église, tout péché, même pardonné, entraîne un devoir de réparation de ce qu'il a détruit (par exemple, il faut rendre l'argent volé). La réparation est nécessaire pour « voir » définitivement Dieu. Elle devra avoir lieu avant cette rencontre : sur terre ou, disent certains théologiens, « au purgatoire ». A l'origine, les indulgences ont été accordées comme un substitut des pénitences très lourdes infligées dans l'Église des premiers siècles : excommunications, journées de jeûnes, etc. D'où la mention de nombre de jours d'indulgence qui, aujourd'hui, n'ont évidemment plus beaucoup de sens.

Aujourd'hui, beaucoup de catholiques attachent peu d'importance aux indulgences, dont ils trouvent la doctrine trop liée à une conception très étriquée de la justice divine. Dieu n'est pas, pour eux, celui qui juge avec une justice purement distributive, il est le juge qui justifie en donnant son amour à profusion.
Cependant, les papes Paul VI et Jean-Paul II cherchent à renouveler le sens des indulgences. Leur doctrine est très nouvelle par rapport à celle professée à certaines époques dans l'Église où, littéralement, celle-ci vendait les indulgences. Là, ce n'était pas l'amour qui réparait les conséquences du péché, mais l'argent. On vendait des mois ou des années d'indulgences, voire même des indulgences plénières (totales).

Paul VI, dans la constitution apostolique *Indulgentiarum doctrina,* insiste sur l'effet réparateur de l'amour et indique qu'aucune indulgence ne peut s'obtenir sans la conversion du cœur. Une indulgence totale ne peut venir que d'un cœur totalement converti. Et la conversion des uns peut aider celles des autres ou « réparer » les péchés des autres. En effet, les fidèles sont liés entre eux, quelle que soit l'époque où ils ont vécu, dans la communion des saints. Chaque effort de conversion de l'un se répercute sur l'ensemble. C'est pourquoi, dans l'Église, les pécheurs peuvent bénéficier (en vue de réparer les conséquences de leurs péchés) des mérites des saints. ■

METANOIA

Mot grec signifiant changement d'esprit, *retournement.* C'est proprement la conversion, la transformation du cœur et du comportement. C'est à quoi n'ont pas cessé d'appeler les prophètes de l'Ancien Testament ; Jean-Baptiste et Jésus-Christ en firent la condition de l'entrée dans le Royaume des Cieux ; les apô-tres prêchèrent le repentir comme préparation au baptême et à la réception de l'Esprit Saint ; le thème du passage de la mort à la vie, des ténèbres à la lumière, est la préoccupation majeure de l'évangéliste Jean. La metanoia marque l'entrée dans la vie chrétienne totale. ■

Chrétiens et païens

Les hommes vont à Dieu dans leur misère,
Ils demandent du secours, du bonheur et du pain,
Demandent d'être sauvés de la maladie, de la faute et de la mort,
Tous font cela, tous, chrétiens et païens.
Des hommes vont à Dieu dans sa misère,
Le trouvent pauvre et méprisé, sans asile et sans pain,
Le voient abîmé sous le péché, la faiblesse et la mort,
Les chrétiens sont avec Dieu dans sa Passion.
Dieu va vers tous les hommes dans leur misère,
Dieu rassasie leur corps et leur âme de son pain ;
Pour les chrétiens et les païens Dieu souffre la mort de la croix,
Et son pardon est pour tous, chrétiens et païens.

DIETRICH BONHOEFFER,
Résistance et soumission,
Labor et Fides, 1973.

Péché

Le péché est refus de l'amour de Dieu

En ce sens précis, le péché est distinct de la faute. Le sentiment de culpabilité (*culpa,* la faute) est le sentiment d'avoir transgressé une norme intériorisée ; même si la faute concerne autrui, même si cette norme est révélée par Dieu, la faute blesse d'abord le moi, l'image que l'on aimerait avoir de soi-même. Par contre, le sens du péché est la conscience (généralement après avoir été touchée par la Parole de Dieu) de la distance prise, à l'occasion d'un acte, avec l'amour de Dieu. Ce n'est plus une affaire interne à la personne. **C'est une affaire de relation**. Et, puisque la relation avec Dieu est une affaire de foi, **le péché est lié à la foi**.

Le péché est un manque de foi

La foi permet de « voir » Dieu à travers la médiation des hommes et du monde. Dans la foi, l'univers tout entier est don de Dieu et destiné à Dieu. Le péché est essentiellement refus du don ou de la destination divine. Il est appropriation. Le péché, c'est se refuser à la dimension significative de Dieu qui peut se trouver dans tout geste, dans toute rencontre, toute pensée. Et, puisque la pleine réalisation de la liberté humaine est de choisir Dieu, qui seul peut la combler, le péché est l'échec de la liberté.

Le péché est révélé par le pardon de Dieu

Dans l'Évangile, il est souvent parlé du péché ; le passage le plus clair à cet égard est sans doute le chapitre 15 de l'*Évangile de Luc*. A l'aide de trois paraboles, Luc décrit la joie de ce Dieu qui va à la recherche de ce qui était perdu. Dans les trois cas, c'est lui qui souffre du péché et qui part à la recherche de l'homme. En prenant conscience de cet amour, l'homme découvre la distance entre lui et Dieu ; on assiste alors au paradoxe suivant : plus Dieu semble proche, plus son amour semble évident, plus on aimerait l'aimer, et plus on sent la distance et le péché. Ce pourrait être insupportable ; mais la première des paraboles de Luc, (celle où l'on voit le berger abandonner son troupeau pour chercher une brebis perdue) apprend que le chemin du retour ne se fait pas avec ses propres forces, mais « porté » par le « berger ». Ce support, les théologiens l'appellent la grâce. ■

Ph. Dieuzaide-Zodiaque

Péché mortel, péché véniel

Tous les péchés n'ont pas même gravité. Déjà saint Jean distinguait entre les péchés qui ne conduisent pas à la mort et le péché qui conduit à la mort (1 Jn 5,16-17). Le péché qui conduit à la mort est celui qui refuse Dieu pour ce qu'il est, tel qu'il s'est révélé dans le Christ. Refus qui peut prendre bien des formes, mais qui, toujours :

1. touchera des réalités graves ;
2. en pleine connaissance de cause ;
3. avec réelle volonté de le commettre.

Il n'est certes pas facile de dresser une liste de péchés mortels puisque, en plus de la gravité objective de l'acte, il faut apprécier la connaissance et la volonté impliquées en cet acte. On peut dire que chaque époque a mis en avant telle ou telle liste. Les fluctuations ne doivent pas cependant rendre sceptique : la liberté humaine a le terrible pouvoir de refuser concrètement Dieu, parfois en ne tenant aucun compte de lui, sans même une révolte éclatante.

Le *péché véniel* (du latin *venia,* pardon) est un manquement à ce que Dieu attend de nous dans la vie quotidienne. On sait qu'un acte de charité, un véritable regret obtiennent le pardon de ces péchés véniels (cf. Jc 5,19-20).

Malgré ses incertitudes pratiques, cette distinction de gravité est à conserver. Il existe, en effet, des domaines où le refus de Dieu est plus grave, objectivement, qu'en d'autres. ■

Le pardon de chrétiens

La scène se passe le 5 octobre 1984, à la cour d'assises de Paris. Le 9 novembre 1982, Frédéric, 19 ans, a tué d'un coup de revolver Chantal, 19 ans, qu'il aimait pourtant ; le jeune homme n'arrive pas tellement lui-même à analyser les mobiles complexes qui l'ont poussé : « La tuer me permettait de la préserver des autres, de garder Chantal éternellement ». Celle-ci, une fille droite et généreuse, avait de la vie du couple une idée exigeante, inspirée par son éducation chrétienne. Mais ce qui est surtout à retenir ici, c'est l'attitude des parents de la victime.

Devant la cour, le père de Chantal dépose : « Je suis sûr qu'elle est dans la vie, dans la joie. Je suis d'abord un père, ensuite un catholique, et je veux faire passer cela dans ma vie. J'ai été peiné par le départ de Chantal, mais je sais qu'elle est heureuse. Mon souci, aujourd'hui, c'est Frédéric. Je ne serais pas plus ému si c'était un de mes fils qui se trouvait à sa place. Je veux l'aider pour que sa vie ne soit pas gâchée. Mon souci, c'est son avenir quand il sera sorti. J'ai prié pour lui. Voilà ».

Les jurés (sept femmes, deux hommes), saisis, ne cherchent pas à cacher leur émotion. Elle s'accroît encore lorsqu'ils entendent la mère de Chantal.

« Quand on est chrétien, on ne juge pas. J'ai pardonné. Puis, j'ai reçu une lettre de Frédéric me demandant pardon. J'ai voulu aller au-delà. Rencontrer les parents de Frédéric, partager avec eux cette situation terrible. C'est Frédéric qui a besoin d'aide ».

La mère de Chantal se tourne alors vers Frédéric, qui essuie ses larmes : « Vous savez que vous n'êtes pas seul ». Ils se regardent, leurs visages esquissent un pâle sourire, plus éloquent que tous les mots.

Au cours du procès, Frédéric fait savoir au président qu'il a demandé à son avocat de ne pas plaider, pour ne pas blesser les parents de Chantal. Dans son réquisitoire, l'avocat général déclare : « ... Jamais nous n'avons entendu de paroles aussi belles dans cette enceinte de justice. Mais je représente la société. Le décalogue dit « Tu ne tueras point... » Il requiert dix ans de réclusion criminelle.

Avant la délibération du jury (qui prononcera une peine de cinq ans), c'est l'accusé, Frédéric, qui, conformément à la règle, a droit au dernier mot : « Je voudrais être digne de la confiance des parents de Chantal ».

Cf. La Croix, 10 octobre 1984.

CORRECTION FRATERNELLE

Terme technique qui désigne l'avertissement dit fraternel d'un chrétien à un autre, lorsque ce dernier s'est mis en état de péché.

Le Christ a clairement demandé qu'existe ce genre de dialogue entre chrétiens : « Si ton frère a commis un péché, va lui parler seul à seul et montre-lui sa faute. S'il écoute, tu auras gagné ton frère » (Mt 18,15). Le Christ ajoute même, à l'adresse de tous ses disciples (et non des seuls apôtres) : « Tout ce que vous aurez lié sur la terre sera lié dans le ciel, tout ce que vous aurez délié sur la terre sera délié dans le ciel » (Mt 18, 18. Jn 20, 23).

La chute de Simon le magicien, sous les regards des apôtres, Pierre et Jean.
Chapiteau XIIe s. de la cathédrale d'Autun.
Simon le magicien, Samaritain ayant reçu le baptême, était près de recevoir l'Esprit Saint par imposition des mains de Pierre et de Jean lorsqu'il leur proposa de leur acheter leur pouvoir, à l'indignation des deux apôtres (Ac 8,9-24). (C'est l'origine du mot « simonie » désignant le commerce des actes et pouvoirs spirituels). Sur cet épisode se sont greffées diverses légendes, auxquelles se rapporte la scène du chapiteau.

C'est dire que le « sacerdoce commun de tous les fidèles du Christ », ce devoir qu'ils ont de s'offrir au Père, et de lui offrir le monde, leur donne mission d'aider positivement chacun de leurs proches à se tourner vers Dieu. Plus encore, le Christ, en même temps que cette mission, leur donne le pouvoir (la grâce) de l'accomplir.

Si cette pratique est souvent tombée en désuétude, c'est qu'elle est difficile à mettre en œuvre sans prendre pouvoir sur l'autre (ou avoir l'air de le prendre). La référence au sacerdoce commun des fidèles évoque la mission du Christ qui, par sa vie et sa mort, a voulu montrer — même s'il dénonçait le péché — qu'il refusait de juger son prochain ou de le diriger. La correction fraternelle ne peut être, au cœur de l'amitié chrétienne, qu'un appel à la liberté de l'autre. Pour un chrétien, ce n'est pas une sorte d'attachement à l'ordre ou à la loi qui le fait intervenir, c'est le respect de l'autre et la conviction que, plus on est proche de Dieu, plus on est soi-même. Libre. ■

Pardon

Avant le Christ

Dans le langage religieux, *pardon* (du latin *per* exprimant une idée de perfection et *donare*, donner : littéralement c'est un don parfait) et *rémission* ont un sens voisin ; or, rémission vient de remettre, dans le sens de remettre une dette ; le pardon, c'est l'attitude de celui qui, ayant été victime d'une offense, prend l'initiative d'annuler la dette morale contractée par celui qui l'a offensé. C'est bien alors faire un don parfait, car, sur un plan proprement juridique et même humain, le pardon ne se justifie pas ; l'équité impose plutôt d'exiger le règlement des dettes morales, ne serait-ce que pour faire respecter et soutenir un ordre de droit et de justice.

On comprend dès lors que cette notion de pardon n'ait pu trouver son origine que dans la foi en un Dieu bon et miséricordieux ; c'est le message de l'Ancien Testament. Celui-ci est tout entier rempli de la confiance en un Dieu qui pardonne (*cf.* les *Psaumes* en général et notamment 32,5 ; 51,9 ; 78,38 ; 103,8,13... ; Sg 11,23-26) ; car le cœur de Dieu n'est pas celui de l'homme (Os 11,8-11) ; il ne veut pas la mort du pécheur mais sa conversion ; de l'homme pécheur (Ez 18,23) il veut faire une nouvelle créature.

Ce pardon, la Loi de Yahvé ne l'exige pas encore des hommes entre eux ; elle se contente de maintenir la sanction des offenses dans les strictes limites de l'équité (talion, Ex 21,23), ce qui était déjà un progrès ; en outre, elle interdit la haine, l'esprit de vengeance, la rancune, et, déjà, demande d'aimer l'autre comme soi-même (Lv 19,17-18). Un nouveau pas en avant de première importance est accompli avec le *Siracîde* (27,30 à 28,7) et le *Livre de la Sagesse* (12,19-22) qui insistent sur le pardon des torts du prochain conformément au modèle de la miséricorde de Dieu ; on s'achemine vers l'esprit des Béatitudes évangéliques.

Le pardon en Christ

Car, c'est dans l'enseignement du Christ que le pardon de l'homme à l'homme, à l'image du pardon de Dieu à l'homme, va passer au premier plan, devenant l'un des commandements nouveaux, et l'une des pierres de touche du comportement chrétien. On en retrouve le rappel en de nombreux passages de l'Évangile et, bien sûr, dans le **Sermon sur la Montagne** qui ramasse en quelques **Béatitudes** l'essentiel de l'esprit évangélique. (Mt 5,7 ; Lc 6,27-37) ; Jésus va jusqu'à demander d'aimer ses ennemis, ce qui était proprement inouï, et le demeure aujourd'hui (Mt 5,44 ; Lc 6,27). Dans la prière qu'il a enseignée à ses disciples, ce **Notre Père** qui est la grande prière commune à tous les chrétiens, il leur apprend à dire à Dieu le Père : « Pardonne-nous nos offenses comme nous pardonnons à ceux qui nous ont offensés » (Lc 11,4 ; Mt 6,12). Lui-même, sur la croix, payera d'exemple en priant pour ceux qui l'y ont condamné ; « Père, pardonne-leur, car ils ne savent ce qu'ils font » (Lc 23,34).

Toute cette insistance est en cohérence totale avec l'œuvre que le Christ est lui-même venu accomplir sur terre, une œuvre de pardon : il a été envoyé par son Père non en juge mais en sauveur, révélant ainsi que Dieu est un Père dont la joie est de pardonner ; Jésus versera donc son sang pour ce pardon, cette « rémission » des péchés.

Un de ses derniers gestes avant de quitter les Apôtres sera de leur communiquer son pouvoir de remettre les péchés au nom de l'amour de Dieu (Jn 20, 22).

Ce geste place le pardon dans le dynamisme de la Résurrection : si celle-ci est reçue comme l'expression de l'amour de Dieu pour l'homme, la mort de la mort, on comprend qu'elle permette aux chrétiens de faire vivre, par le pardon, des relations humainement mortes. ■

Le Christ et le pardon

La mission du Christ sur terre prend son sens dans le salut qu'il est venu proposer aux hommes : le pardon de leurs fautes envers Dieu et les autres hommes (ce que le langage théologique exprime sous la formule de « rémission des péchés »). La résurrection du Christ manifeste pleinement que le Père fait en lui totalement confiance à l'homme et lui propose de l'aimer d'un amour sans fin.

Ce pardon des offenses, le Christ l'assortit cependant d'une exigence : qu'ils pardonnent eux-mêmes. Il revient souvent sur cet aspect de la conversion, : « Alors Pierre, s'avançant, lui dit : Seigneur, combien de fois devrai-je pardonner les offenses que me fera mon frère ? Irai-je jusqu'à sept fois ? Jésus lui répond : je ne te dis pas jusqu'à sept fois, mais jusqu'à soixante-dix fois sept fois » (Mt 18, 21-22).

L'importance attribuée à la nécessité du pardon se mesure aussi par le fait qu'elle figure parmi les quelques demandes essentielles au **Notre Père** : « Remets-nous nos dettes comme nous-mêmes nous avons remis à nos débiteurs » (Mt 6,12). Pour tenir compte des formules voisines se trouvant dans les autres évangiles (Mc 11,25, Lc 11,4), cette demande est exprimée de la manière suivante dans la prière récitée par les chrétiens : « Pardonne-nous nos offenses comme nous pardonnons à ceux qui nous ont offensés ».

Le Christ ne s'est pas contenté de promettre le pardon de Dieu à ceux qui pardonneraient, il a payé d'exemple à l'égard de ceux qui l'ont torturé et mis à mort : « Arrivés au lieu dit du Crâne (le calvaire), ils l'y crucifièrent ainsi que les malfaiteurs, l'un à droite et l'autre à gauche. Jésus, lui, disait : Mon Père, pardonne-leur : ils ne savent ce qu'ils font » (Lc 23,33-34). ■

Un journal pour adolescents parle du pardon...

Pardonner, ce n'est pas oublier. Car il ne nous appartient pas de perdre la mémoire volontairement. Mais on peut éviter de ressasser. Pardonner, c'est alors dépasser l'injure qui nous a été faite, prendre de la distance par rapport à elle. Il n'empêche que c'est très dur de pardonner. On ne peut pas toujours y arriver. On est coincé à l'intérieur de soi-même. Cependant, ce n'est pas parce que l'on éprouve cette résistance en soi, ce blocage, que l'on n'est pas sur la voie du pardon. On ne pardonne pas d'un seul coup. Il faut le temps. Mais c'est déjà pardonner que de faire comprendre à l'autre, s'il le veut bien, qu'il n'a pas été très « chouette ». Mais attention, pardonner n'est pas pour autant accepter les torts que l'autre a faits. Bien au contraire, il s'agit de tout faire pour rendre justice et rétablir la situation. Faire le premier pas, tendre la main le premier, c'est déjà un geste de pardon, c'est rétablir l'amitié.

Jésus, lui, va beaucoup plus loin : « Quand on te frappe sur la joue droite, tends la joue gauche ». L'amour des ennemis, cela paraît surhumain. Et pourtant, Jésus a l'audace de nous demander de vivre la charité jusqu'à ce point. La charité n'a pas de limite. C'est pourquoi Jésus dit à Pierre : « Pardonne soixante-dix fois sept fois ». Autrement dit, pardonne toujours, sans te lasser. Jésus peut nous demander d'aimer nos ennemis jusque-là puisqu'il a pardonné sur la croix à ses bourreaux. Aimer ses ennemis ne veut pas dire leur faire des risettes, les trouver sympathiques, ce serait de l'hypocrisie. Il nous est seulement demandé d'essayer de les voir comme Dieu les voit et de les aimer comme Dieu les aime. Et Dieu les voit au-delà du mal qu'ils font, il les aime au-delà. C'est donner davantage en amour que ce que l'autre a donné en haine. Dans un ciel tourmenté, c'est savoir admirer le bleu sans être obnubilé par les nuages...

Dis-moi Denys, collection Okapi

Je répandrai sur vous une eau pure et vous serez purifiés ; de toutes vos souillures et de toutes vos idoles je vous purifierai. Et je vous donnerai un cœur nouveau, je mettrai en vous un esprit nouveau, j'ôterai de votre chair le cœur de pierre et je vous donnerai un cœur de chair.

Ezechiel 36, 25-26.

Vous n'y pensez que trop, à vos péchés.
Vous feriez mieux d'y penser pour ne point les commettre.
Pendant qu'il en est encore temps, mon garçon, pendant qu'ils ne sont point encore commis. Vous feriez mieux d'y penser un peu plus alors. (...)
(...) Quand le pèlerin, quand l'hôte, quand le voyageur a longtemps traîné dans la boue des chemins,
avant de passer le seuil de l'Église, il s'essuie soigneusement les pieds, avant d'entrer,
parce qu'il est très propre. Et il ne faut pas que la boue des chemins souille les dalles de l'église.
Mais, une fois que c'est fait, une fois qu'il s'est essuyé les pieds avant d'entrer, il ne regarde plus toujours si ses pieds sont essuyés.

CHARLES PÉGUY
Le Mystère des Saints Innocents - Éd. Gallimard

LIVRE III

Vivre l'Alliance

Au XXe siècle, que signifie être chrétien ? Dieu propose une Alliance : comment en vivre, comment la vivre aujourd'hui ?

La proposition de Dieu

Au premier siècle de notre ère, Jésus de Nazareth partagea la vie des hommes avec tout ce qu'elle comporte de grandeurs et de limites, de bonheur et de souffrance, de désirs et d'efforts, de tentatives et de doutes, de rencontres et de solitude. Il a révélé un autre visage de Dieu : un Dieu qui se rend faible, vulnérable, amoureux de l'homme. Il le nomme Père. Il a inventé une nouvelle manière d'être homme devant Dieu : être « obéissant » à Dieu, reconnu comme le sommet de ce que l'homme peut désirer ; être « libre », debout devant Dieu, et prendre en main son existence ; être totalement responsable de soi ; être « fraternel » avec les hommes, en lesquels il croit Dieu présent. Il a vécu toute sa vie cette logique. Libre par rapport aux convenances, il a regardé les hommes sans distinction, attentif aux petits, aux pauvres, refusant les privilèges, les compromissions, affirmant jusqu'au bout que Dieu peut être rencontré dans le quotidien de nos vies et la personne des autres hommes. Cette fidélité l'a conduit à mourir sur une croix. En acceptant de risquer sa vie, il montrait à l'évidence qu'il faisait confiance à Dieu pour donner sens à sa vie. En fait, misant tout sur l'amour, il savait que Dieu-amour ne laisserait pas à la mort le dernier mot. Depuis lors, des hommes attestent que Dieu a répondu à leur attente. Ils disent que ce Jésus est vivant, mystérieusement. Et que l'on peut partager sa vie. Son amour.

L'actualité

Tiraillé par des forces contradictoires, entre, d'un côté, l'appétit de jouissance, la soif de paraître, la volonté de puissance, et, d'un autre côté, le désir de communiquer, la quête d'un idéal, l'appel irrésistible à aimer, l'homme cherche son chemin. Affronté à la solitude , hanté par ses limites, l'homme essaie de combler ses « manques ». Et comme souvent il ne le peut pas, il est tenté de créer en rêve un être qui soit la réalisation de ses aspirations et de l'appeler Dieu. A moins, au contraire, qu'il ne le refuse.

Paradis pour tous est le film d'Alain Jessua dans lequel Patrick

▶▶▶

Grandeur et fragilité de l'homme

A travers les sciences de la nature, et en particulier la cosmologie, nous sommes devenus beaucoup plus conscients de ***notre vraie position physique dans l'univers****, au sein de la réalité physique, dans l'espace comme dans le temps. Nous sommes fortement frappés de notre petitesse et de notre insignifiance apparente, et, encore davantage, de notre vulnérabilité dans un environnement si vaste et apparemment hostile. Cependant, cet univers qui est le nôtre, cette galaxie dans laquelle notre soleil est situé et cette planète sur laquelle nous vivons, sont notre demeure. Et tout cela, d'une façon ou d'une autre, contribue à nous soutenir, nous nourrir, nous fasciner, nous inspirer, en nous sortant de nous-mêmes et en nous obligeant à regarder bien au-delà des limites de ce que notre vision, sans aide appropriée, peut nous procurer. Ce que nous découvrons, à travers notre étude de la nature et de l'univers dans toute son immensité et sa riche variété, contribue, d'une part, à accentuer notre condition fragile et notre petitesse et, d'autre part, à manifester clairement notre grandeur et notre supériorité au sein de toute la création ; à manifester la position profondément exaltante dont nous jouissons en étant capables de chercher, d'imaginer et de découvrir tant de choses.* ***Nous sommes faits à l'image et à la ressemblance de Dieu.*** *Aussi sommes-nous capables de connaître et de comprendre de plus en plus l'univers et tout son contenu. Nous pouvons atteindre et saisir son travail et ses desseins internes, pénétrant dans ses profondeurs avec un respect plein de questions et une imagination intimidée par le mystère.*

Jean-Paul II

Définitions philosophiques

Absolu et relatif

Le mot *absolu* signifie deux choses : d'une part, ce qui est parfait, entièrement fait ou achevé et qui ne manque de rien pour exister en plénitude ; d'autre part, ce qui est indépendant, autarcique, radicalement séparé de tout autre existant et qui, dans sa souveraineté, donne gratuitement ce qu'il a en excès. L'Absolu est donc à la fois un modèle de perfection que l'individu peut imiter pour gagner son ciel, et le Tout-Autre sans commune mesure avec les créatures relatives de l'univers.

Le mot *relatif* indique le contraire de l'idée d'*absolu*. Il définit l'existence d'êtres qui ne peuvent vivre par eux-mêmes sans le secours des autres. Ces êtres, marqués par l'épreuve du manque, sont dépendants les uns des autres. En un autre sens, l'adjectif *relatif* qualifie un être qui reçoit sa raison d'être d'un *Autre*. Les créatures de Dieu sont relatives parce que c'est en Dieu qu'elles découvrent leurs raisons d'être.

« Ceci est vrai : tu ne peux le contester ! » dit-on parfois à celui qui nie contre toute évidence... Ce jugement défend une vérité qui possède les deux propriétés de l'absolu. En effet, aucun élément de cette vérité ne peut être mis en doute, elle est donc parfaitement certaine ; ensuite, elle est tellement claire, distincte et simple qu'elle s'impose objectivement et souverainement à l'intelligence ! Mais, pour la philosophie, cette relation presque naturelle entre la perfection et l'indépendance souveraine ne va pas de soi. Si l'Absolu se suffit à lui-même, il ne dépend donc de rien, il n'est logiquement en relation avec rien. On l'appelle alors le Tout-Autre : il est indicible, et en toute rigueur on ne peut même pas dire qu'il est ! C'est un presque Néant ! Si maintenant l'Absolu signifie l'être parfait, le meilleur en toute chose, l'être inégalé, qui a la plus grande valeur, logiquement on le pense par rapport à son contraire : l'existence relative de la créature. On le relativise ! Ne s'agirait-il pas alors d'une création de l'imagination humaine qui projetterait en Dieu son rêve d'une vie sans contrainte ni dépendance ?

Ainsi il paraît impossible de penser l'Absolu. Pourtant il existe une solution. L'Absolu ne peut être l'image inversée de la servitude humaine. Sa perfection n'a pas de rapport avec la situation de l'être relatif. En d'autres termes, l'homme ne peut concevoir le Tout-Autre à partir de lui-même. Mais ce Tout-Autre peut se manifester à l'homme dans sa transcendance. Cette manifestation de l'Absolu est sa perfection. Il fait don de sa plénitude aux êtres qu'il invite à vivre face à lui dans la relation ; la suffisance et le modèle ne sont plus les propriétés de la perfection, et la relation à l'autre n'est plus pensable comme dépendance ou servitude, parce que le don, c'est la relation comme chance d'être.

Essence et existence

Ces deux termes sont indissociables et appartiennent au vocabulaire de la métaphysique et de l'ontologie (science de l'être). L'univers est composé d'êtres : ils existent, on les perçoit, on les rencontre, on les expérimente. Bref, ils sont et s'imposent à l'esprit qui veut les connaître. Ce fait d'être et d'apparaître dans la présence est ce qu'on appelle l'*existence*. Seulement, l'existence de ces êtres ne dépend pas de notre imagination ou de notre bon vouloir. Chacun a sa nature propre, que l'intelligence humaine peut identifier. On appelle *essence* la nature fondamentale d'un être, son identité fondatrice, la définition de son existence.

Si Dieu est le créateur de toute chose, il détient donc l'essence de toutes ses créatures. Ainsi, pour l'homme, la connaissance de l'essence d'une chose est la découverte de son idée en Dieu. La métaphysique et la théologie traditionnelles ont toujours affirmé qu'en tout être créé **l'essence précédait l'existence**. Chaque existant atteint sa plénitude d'être en s'efforçant de réaliser son essence. Dieu est le seul être parfait en qui essence et existence coïncident éternellement. On le dit « Acte pur » puisqu'il n'a aucune essence à réaliser : il *est*.

La philosophie moderne, et en particulier l'*existentialisme*, va inverser l'ordre du rapport entre essence et existence. **L'existence est première**, elle s'impose comme un fait brut, absolu et incontournable. L'homme est radicalement jeté dans un monde qu'il doit s'approprier. Aucune volonté n'a voulu cette existence, aucune essence ne la précède, elle n'est l'objet d'aucun plan préétabli ni l'œuvre d'aucun Dieu. Personne ne peut prévoir ce qu'elle sera avant qu'elle soit ! Si cette existence n'est pas donnée, en revanche toute la tâche de l'homme est de se donner cette existence, c'est-à-dire de la faire sienne. L'essence est donc le résultat de cette appropriation, un peu comme si la vie se créait comme une œuvre d'art.

Hylémorphysme (matière et forme)

L'*hylémorphysme* est une théorie métaphysique selon laquelle tous les êtres corporels sont la résultante de deux principes : la *matière* d'abord (en grec, *hylé*), qui peut être comparée au matériau dont est fait un objet, et la *forme* (en grec, *morphé*), qui détermine l'objet et lui confère une identité.

Pour cette théorie, l'*être humain* n'échappe pas à ce double principe ; il est indivisiblement *corps* et *intelligence*. *L'âme est la forme* ou le principe vital qui anime et détermine le corps. *Le corps est la matière*, c'est-à-dire l'existence incarnée de l'âme sans laquelle elle ne serait rien. Ainsi, loin d'être une prison pour l'âme qui ne cesserait de vouloir s'en échapper, le corps est aussi essentiel à la vie spirituelle que l'âme à l'incarnation.

Cette théorie fut élaborée par le philosophe grec Aristote, puis développée par la philosophie scolastique et la théologie du Moyen Âge. Aristote réagissait contre les systèmes idéalistes qui déniaient toute existence réelle au monde matériel et physique. Platon, par exemple, considérait que ce monde n'est qu'un ensemble d'apparences et que l'Esprit seul est vrai et réel. Pour Aristote, au contraire, les réalités corporelles ont une signification qui leur est propre et qui a autant d'intérêt que le ciel étoilé des idées. La science doit pouvoir expliquer pourquoi une chose, un animal ou un homme sont ce qu'ils sont. Les deux principes de la *matière* et de la *forme* permettent d'expliquer les raisons d'être de ce monde naturel.

▶▶▶

Dewaere joue pour la dernière fois. Il s'est suicidé à la fin du tournage. Le film porte sur l'angoisse. Pas simplement le stress, mais l'angoisse plus fondamentale de la réussite de sa vie. Patrick Dewaere se suicide dans le film, se rate et tombe dans les mains d'un médecin-miracle qui détruit en lui toute peur et toute angoisse. Patrick Dewaere se met alors à ressembler aux personnages de la publicité et, petit à petit, se révèle être un monstre, méprisant la peur des autres, ne sachant pas trembler pour quelqu'un, en un mot, n'ayant plus de cœur.

Sans être génial, ce film expose les craintes de nombre de nos contemporains de voir leur « âme bouffée par la consommation », et dénonce le bonheur « sur mesure » du meilleur des mondes. Il renvoie chacun à ses angoisses en affirmant : ce sont elles qui font de vous des humains. L'intention de Jessua est polémique. Et cette polémique veut critiquer tout ce qui pourrait combler l'angoisse humaine et, à ses yeux, entre autres choses, la « religion ».

LA RÉPONSE CHRÉTIENNE

Le chrétien n'est pas atteint par la critique de Jessua. Face à la vie et à la mort, il est comme les autres hommes. A ceci près qu'il se sait appelé à toujours donner sens à ce qui lui arrive. Le chrétien ne cherche pas à éviter l'angoisse, à se créer un Dieu « consolant » (même si Dieu le console parfois). Il ne se complaît pas non plus dans l'angoisse. Homme comme les autres, *il a rencontré Dieu et cherche* — c'est le sens de sa vie — *à répondre positivement à son appel et à entrer dans l'Alliance.*

▶▶▶

Définitions philosophiques (suite)

Dans ce système, le mot *matière* n'a pas le sens que nous lui conférons aujourd'hui. L'image du travail artisanal aide à saisir sa signification primitive. Ainsi l'ébéniste choisit-il ses bois en fonction de l'œuvre qu'il veut réaliser. Il taille, façonne, découpe ou cisèle une matière qui correspond au plus près à l'idée qu'il a en tête. Peu importe la forme originelle du bois du moment que ce matériau se plie aux exigences formelles de l'artisan. Cet exemple demeure une image très approximative du principe matériel parce que le bois a lui-même une forme qui lui permet d'être identifié. En fait, si on cherche ce qu'est la matière pure et absolue, au-delà ou par-delà toute forme, on ne trouve que l'indétermination pure ou le rien. Seulement, dans le monde d'Aristote, rien n'existe par hasard ou sans raison. L'artisan n'a pu réaliser sa « forme » que parce que celle-ci était inscrite potentiellement dans le matériau. La matière est l'indétermination qui contient comme en négatif toutes les déterminations possibles de l'univers physique. Elle est pure potentialité, qui, liée à une forme, engendre un être identifiable.

Cette pure potentialité brute et indéterminée n'est pas définissable. Or, on ne peut parler d'êtres corporels ou physiques qu'à partir du moment où on peut les déterminer et les définir. Il faut donc qu'un *principe de détermination* s'ajoute à la matière pour que celle-ci devienne la réalité physique que nous connaissons. Ce principe c'est la *forme*. On peut dire que cette forme est ce que devait acquérir la réalité pour être ce qu'elle est. Ainsi l'âme est la « réalisation » vitale d'un corps doué potentiellement de la vie.

La *théologie médiévale* utilisera cette *distinction matière-forme* pour expliquer l'idée de *sacrement*. Dans l'Eucharistie, le sacrement confère au pain et au vin une forme nouvelle, corps et sang du Christ. Mais cette réalité nouvelle n'aurait aucun sens si pain et vin ne contenaient pas potentiellement cette forme spirituelle.

▶▶▶

En quelques mots, empruntés au vocabulaire chrétien, voilà caractérisée sa réponse à l'Appel du Dieu de l'Alliance. C'est ce que nous allons développer. Mais le programme peut sembler trop beau. Et il est vrai que, même s'il croit à l'amour, la réponse du chrétien n'est pas sans faiblesse ; il connaît des ombres et des ruptures, des chutes. Mais, à ses yeux, rien n'est jamais terminé. Pour lui, de la mort même la vie peut naître. Et lorsque son chemin devient difficile ou obscur, il fait confiance à la **tendresse de Dieu** : elle a le dernier mot. Saint Jean de la Croix a décrit cette aventure dans un poème qui exprime cet apparent paradoxe.

« Bien sais-je la source qui jaillit et fuit
Mais c'est de nuit !
Cette source éternelle bien est célée
Et pourtant sa demeure je l'ai trouvée
Mais c'est de nuit !
Et l'obscure nuit de cet exil mauvais
La source fraîche, par la foi, bien la sais
Mais c'est de nuit !
Bien sais que ne peut être chose si belle
Et sais que ciel et terre s'abreuvent en elle
Mais c'est de nuit !
Bien sais de fond jamais on n'y trouva
Et que nul gué oncques ne la passa
Mais c'est de nuit !

(*Souffrances de l'âme qui désire voir Dieu.*
Extrait. Traduction Cyprien de la Nativité, DDB, 1947)

Dans cette « nuit », le chrétien cherche à répondre à l'appel de l'Alliance. Pour lui, le Christ est l'homme parfait — puisqu'il a su dire totalement oui à Dieu —, aussi veut-il se mettre à son école, à sa suite, et trouver en lui son identité pour agir.

Cette « **suite** » du Christ (que l'on désigne quelquefois, en termes techniques, par sa traduction latine *sequela Christi*) est, pour beaucoup, le moteur même de la vie chrétienne.

Suite page 728 ▶▶▶

Personne

Dans l'Antiquité grecque, le mot *prosôpon* (en lat. persona) désigne le masque que revêt l'acteur pendant le déroulement d'une tragédie. Les stoïciens reprennent ensuite ce terme pour signifier l'idée de rôle joué par chaque individu dans son existence terrestre. Ces premières images indiquent l'idée d'une présence indirecte que manifestent et voilent à la fois le masque ou le rôle.

Ce thème de la transcendance de l'être sur sa manifestation est encore plus explicite dans la définition du second mot grec que traduit le mot personne : *Hypostase*. Littéralement, ce terme signifie : « ce qui se tient sous l'apparence ». Il qualifie l'individu dont l'être essentiel ne se réduit ni au rôle qu'il joue, ni à l'image qu'il donne. La personne signifie un être absolument inconnaissable et insubstituable dont l'unicité absolue résiste à toute totalisation.

Cette idée d'individualité irréductible, de foyer original d'existence, sera développée par les philosophes et les théologiens du Moyen Âge pour expliquer l'idée de Trinité. Ainsi, pour le philosophe Boèce, la personne est « la substance individuelle de nature raisonnable ». Elle est une substance unique et originale, qui a cependant la *raison* en commun avec les substances du même nom.

Substance et accident

Le monde est marqué par le mouvement, le changement, le vieillissement, la dispersion... ; on peut dire que tout est en devenir. Pourtant l'homme est capable de penser, d'évaluer, d'identifier et de nommer. Or, si tout changeait perpétuellement, on ne pourrait jamais rien identifier. Il faut donc que, dans le devenir et pour ainsi dire malgré lui, au fond des choses, derrière les apparences, il y ait du stable et du permanent. Pour la philosophie issue du penseur grec Aristote, cette permanence de l'être sous les apparences s'appelle la *substance*.

Si le mot substance indique la réalité indépendante, permanente, solide, et stable de l'être, le mot *accident* (littéralement : ce qui arrive) signifie ce qui est contingent, fortuit, non essentiel, bref ce qui explique le devenir. L'accident n'ajoute rien à la substance, mais lui donne son apparence, la définit. Dieu est la substance absolue, sans accident, donc éternelle, qui est, et ne devient jamais.

Pour l'essentiel, le mot substance désigne le fond de l'être, qui subsiste dans son identité en dépit du devenir. Chaque substance forme un tout complet, une unité d'être, une position d'existence.

Mais ce noyau de sens a subi plusieurs transformations dans l'histoire de la pensée occidentale. La *substance* fut d'abord définie comme principe de subsistance : elle est la cause de l'autonomie de certains êtres capables de se fonder en eux-mêmes et d'assurer par eux-mêmes leur existence. A partir du dix-septième siècle, et pour fonder les vérités de la science, la philosophie considéra que la substance était *l'être du contenu objectif de la vérité* auquel s'oppose *l'être subjectif du sujet connaissant*. Enfin, et plus naturellement, ce mot renvoie à ce qui est *essentiel* dans un phénomène, un événement ou une chose ; c'est en ce sens qu'on parle de la substance d'un discours.

Depuis les découvertes de la physique de l'atome et les travaux du philosophe Martin Heidegger, la philosophie n'emploie plus le terme de substance. Ce concept indique trop l'image statique de la chose. On ne peut plus penser le réel en terme de masse ou d'agrégat : l'être n'est plus un nom, aussi sublime fût-il, mais un verbe ! C'est le dynamisme de l'être, le train d'être, l'être comme verbe ou acte immobile qui intéresse aujourd'hui la pensée philosophique. ■

HOMME

Le mot latin *homo,* homme, est de la même famille que *humus,* terre. L'homme est donc le « terreux ». Cette association existe dans plusieurs langues, et notamment en hébreu, où l'on rattache le nom Adam au mot *adamah,* qui signifie justement terre.
L'homme apparaît ainsi lié à la terre, conçue à la fois comme sa source et son domaine. Symboliquement, les deux premiers chapitres de la *Genèse* font effectivement naître l'homme de l'argile, et lui donnent la terre en gérance. Toutefois, point de vue capital, cette origine et cette maîtrise terriennes de l'homme ne lui viennent ni du hasard, ni de la nécessité, mais bien de l'initiative de Dieu.
L'homme donc, aussi bien dans l'Ancien que dans le Nouveau Testament, n'existe que par et devant Dieu. Son rapport à l'univers ne s'en trouve nullement nié pour autant : il en est bien le maître, mais c'est à travers un acte créateur qui le précède et l'englobe de partout. En outre, l'homme, selon la Révélation judéo-chrétienne, n'est jamais considéré uniquement dans sa solitude d'individu, mais dans son rapport aux autres : il n'existe et ne s'exprime que dans le cadre convivial des sexes, de la famille, du peuple et de la fraternité universelle.
La Bible ne distingue pas clairement en l'homme le corps et l'âme, division qui trouve son origine dans la philosophie grecque. La Révélation judéo-chrétienne voit la personne comme un tout, dont la vie s'exprime sur des modes différents mais symphoniques : la dimension charnelle de l'homme manifeste sa fragilité, ses limites, mais surtout son aptitude à communiquer avec les autres ; sa dimension spirituelle exprime son mystère et sa relation à Dieu, dont il est l'image.
Le drame de l'homme se situe justement dans son rapport à Dieu. Mis au monde pour en être, en quelque sorte, le célébrant face à son créateur, le fils de la terre se rebelle contre celui qui lui propose une coopération. C'est le péché qui, rompant les ponts entre l'homme et Dieu, corrompt toutes les relations de l'homme avec ses semblables et avec les choses. Le récit symbolique de la *Genèse* montre Adam, voulant se faire Dieu, entrer en conflit avec Ève et avec la création entière, puis Caïn tuer Abel, puis la guerre s'installer dans les familles et sur les continents.
L'homme tel que le voulait Dieu, l'Adam véritable, ce sera Jésus. Fils unique, né de la terre et du Père, il va réaliser le projet des origines : se comporter en fils libre, mais toujours à l'écoute, et totalement coopératif ; accepter la dépendance et le caractère périssable de tous les êtres de chair jusques et y compris l'enterrement ; dépasser sa volonté de puissance et son avidité à profiter, pour devenir le frère universel ; s'ouvrir sans réserve peureuse ou égoïste au Souffle de Dieu, pour réaliser le passage — à travers la souffrance et la mort — jusqu'à la vie sans limites.
Cette genèse spirituelle fonde la conception chrétienne de l'éminente dignité de la personne humaine. Créé par Dieu à son image et appelé par lui à partager sa vie, l'homme a reçu, avec le Fils de Dieu — adoptant sa condition humaine et devenu par là solidaire de l'humanité —, la pleine révélation et les moyens de sa vocation de Fils de Dieu. ■

ANTHROPOLOGIE

Ensemble de disciplines (du grec *anthropos,* homme et *logos,* discours ou science) qui s'intéressent à l'homme dans ses différents aspects (physiologique, psychologique, social, etc.) et aident à se faire de lui une conception globale. De manière générale, les sciences humaines aident le théologien et le moraliste dans leur réflexion sur la nature de l'homme ; certaines conceptions anthropologiques ne s'accordent cependant pas avec la dignité que la pensée chrétienne reconnaît à l'homme.

Peut-on parler d'anthropologie chrétienne ?

Il est certain qu'à travers les textes de la Bible on voit se dessiner une notion de l'homme. Si, à certains égards, elle est tributaire de la connaissance rudimentaire qu'on pouvait avoir alors des sciences de la nature, elle est surtout et essentiellement marquée par une conception d'ordre proprement théologique. C'est à cette conception théologique que la pensée chrétienne est restée fidèle ; l'évolution des sciences n'a pas conduit en effet à en modifier le contenu essentiel, s'agissant de domaines d'ordre différent.

Cette conception théologique de l'homme est fondée sur l'éminente dignité de la personne humaine, créée par Dieu à son image, et appelée par lui à partager la vie divine ; la vision chrétienne prend en compte tout à la fois le péché de l'homme et les moyens que Dieu met à sa disposition pour entrer dans la voie du salut ouverte par Jésus-Christ. (« Dieu est devenu homme pour que l'homme devienne Dieu », dit saint Irénée, évêque de Lyon vers 200).

C'est en se référant à cette conception de l'homme que les théologiens considèrent, et éventuellement critiquent, les apports des sciences humaines. Simultanément d'ailleurs, les mêmes sciences humaines obligent sans cesse le théologien à préciser et à affiner son approche de l'homme et de sa vie de relation. ■

L'homme, être de chair et d'esprit

D'abord, une vision chrétienne reconnaît que l'homme est un être biologique doté d'un corps physique. En ce sens, c'est un animal. C'est pourquoi le psalmiste dit : « Tu l'as fait de peu inférieur à Dieu. » Nous ne devons pas imaginer que Dieu ait un corps. Dieu est un être purement spirituel, au-dessus de toutes les catégories de temps et d'espace ; mais l'homme, étant moins que Dieu, est pris dans les limites de temps et d'espace. Il est dans la nature et ne peut jamais désavouer sa connexion avec elle.

Le psalmiste poursuit en disant que Dieu a créé l'homme de cette façon. Ceci étant, la nature créée de l'homme ne peut être essentiellement mauvaise, car nous lisons dans la Genèse que tout ce que Dieu a fait est bon. Il n'y a rien d'humiliant à avoir un corps. Cette assertion est l'un des points qui distinguent la doctrine chrétienne de l'homme de la doctrine grecque. Sous l'influence de Platon, les Grecs en vinrent à penser que le corps est intrinsèquement un mal et que l'âme ne peut atteindre à sa pleine maturité tant qu'elle n'est pas libérée de la prison du corps. Le christianisme, par ailleurs, affirme que c'est la volonté, et non le corps, qui est le principe du mal. Dans la pensée chrétienne, le corps a un sens et il est sacré.

Dans toute doctrine réaliste de l'homme, nous devons toujours être concernés par le bien-être physique et matériel. Quand Jésus dit que l'homme ne vit pas seulement de pain, il n'entend pas dire que l'homme puisse vivre sans pain. Comme chrétiens, nous devons penser non seulement à « notre demeure qui est dans les cieux », mais aussi aux bidonvilles et aux ghettos qui paralysent l'âme humaine ; non seulement aux artères célestes « où coulent le lait et le miel », mais aussi aux millions de gens sur cette terre qui, tous les jours, se couchent affamés.

Martin Luther King,
La force d'aimer.
Casterman 1964

Lorsqu'un mot, une expression, un événement, une institution, un nom propre vous sont inconnus, consultez l'index.

NATURE

Le mot *nature* exprime un concept philosophique élaboré d'abord en Grèce (nature se dit en grec *phusis,* d'où notre « physique ») pour répondre aux questions philosophiques fondamentales du devenir, ou de l'un et du multiple.
Qu'est-ce qui fait, à l'intérieur d'une race, la ressemblance entre deux êtres ? Qu'est-ce qui fait qu'entre l'enfant qu'elle a été et l'adulte qu'elle est, une personne reste la même tout en changeant ?
Pour répondre à ces questions, des philosophes, comme Aristote, employèrent le mot *nature.* La nature c'est, pour un être, son principe interne d'organisation et de spécification ; on dit plus simplement : l'ensemble des caractères qui définissent son appartenance à une catégorie ou une espèce déterminée.
Pour les êtres vivants, « la nature » est un principe d'évolution.
Aristote lui-même opposa bientôt le *naturel* et l'*artificiel,* c'est-à-dire ce qui est produit par la nature (à savoir l'ordre du monde, par ailleurs intelligible), et ce qui est produit par l'art ou le travail humains. Les deux s'opposent un peu comme l'inné et l'acquis. Cette première approche présupposait donc un ordre stable, logique, objectif, du cosmos, sur lequel l'homme ne peut agir qu'en se soumettant à ses lois nécessaires.
Les problèmes devinrent plus complexes quand il s'agit de parler de « nature humaine », en qui toutes les parties de l'être qu'on avait commencé par distinguer se trouvent rassemblées. Du coup, il faut toujours faire attention en parlant de nature à propos de l'homme, et savoir si l'on désigne, au sens restreint, ce qui en lui est cosmique ou biologique, ou bien, au sens global, non seulement cela, mais aussi sa « nature » spécifique d'être rationnel et libre. Non seulement l'empirique, mais tout ce qui relève en lui de l'esprit et du vouloir.

La nature dans le vocabulaire chrétien

Les premiers siècles chrétiens, dans leur réflexion neuve, amenèrent deux nouvelles oppositions : *nature/grâce, nature/personne.*

Dans la première opposition, entre *nature* et *grâce,* nature désignant l'homme inclut la liberté ; et c'est nouveau, car en mentalité grecque, la nature est le règne de la nécessité. Mais ici, c'est le tout de l'homme, imaginé sans rapport au don de Dieu qui l'accomplit en sa perfection. Deux éléments sont à relever : 1. On en vient à parler ainsi, dans une méditation qui va de saint Paul à saint Augustin, de la « nature déchue » avec le « péché originel » : il y a dans l'homme tel qu'il est quelque chose de blessé, qui, sans tout corrompre, le rend incapable de devenir ce qu'il est vraiment selon le cœur de Dieu. 2. Dans cette ligne de pensée, et en Occident (parce qu'en Orient le vocabulaire est celui de la divinisation), on opposera nature et surnature à l'intérieur de l'unique vocation humaine et de la création.

La seconde grande opposition due à la réflexion chrétienne est celle entre *nature et personne.* Elle s'élabore pendant les grands conciles des IV-Ve siècles qui réfléchissent au Christ et à la Trinité. On dira, d'une part, que Jésus-Christ est vrai Dieu et vrai homme, réunissant *deux natures* en *une seule personne,* et, d'autre part, qu'il y a *un seul Dieu* en *trois personnes* : Dieu est Père, Fils et Esprit. Passons sur les difficultés qu'il y eut à définir exactement les significations, difficultés parfois

Ph. Bulloz

Christ Pantocrator XIVe s. Albanie.

jusque dans la traduction d'un même mot du grec au latin (induisant des constatations différentes) ; et retenons en première approche qu'ici le mot *personne* désigne le sujet unique d'actions et de relations qu'est un être spirituel et libre, ce qui est source pour lui d'identité agissante et de communication, et que *nature* désigne la réalité, la substance, (*ousia* en grec), l'être foncier : Jésus-Christ est « de même nature que le Père ».
Il faut remarquer, en passant, que la prudence est de rigueur en parlant de nature humaine et de nature divine, comme si l'on pouvait enfermer là ce dont on parle : car, Dieu, nous savons plutôt ce qu'il n'est pas que ce qu'il est. Et quant à l'homme, on peut décrire indéfiniment sa réalité empirique sans avoir jamais fini de cerner dans sa nature ce qui le fait ressembler à Dieu, de telle sorte qu'ici, comme pour la nature divine, on sait plutôt ce que n'est pas la nature humaine.
Enfin, dans la tradition occidentale, déjà à partir de la Renaissance mais d'une manière décisive aux XVIIIe et XIXe siècles, la découverte, la mise en valeur de la dimension proprement historique de toutes choses, et de l'homme en particulier, déterminèrent deux nouvelles oppositions significatives : *nature et histoire, nature et culture.* Dans la première opposition, il faut entendre par *nature* les nécessités immuables qui ne sont pas transformées par les œuvres historiques de l'homme. Ce qui est précisé dans la seconde opposition : la *culture,* quelles que soient ses définitions, est humanisation de la nature (la médiation privilégiée pour ce faire, dans l'analyse de Marx, c'est le travail ; notre siècle, lui, est plus sensible au rôle du langage).
On le voit, nature est un mot, un outil conceptuel, à la fois très rudimentaire et très complexe. Il importe toujours en l'utilisant de savoir ce que l'on vise, par quelles approches on détermine la réalité ainsi nommée. ■

ÂME

☞ L'histoire des théories de l'âme a connu son grand tournant au XVIIIe siècle. Jusque-là, l'âme n'a cessé de tenir une place fondamentale dans la pensée religieuse et scientifique.

Dans la pensée ancienne, l'âme est avant tout conçue comme un principe d'ordre. D'abord, parce que les hommes ont toujours été fascinés par l'organisation du corps humain, et notamment par les caractéristiques de sa croissance, toujours différente d'un individu à l'autre, mais toujours analogue. A défaut d'avoir trouvé des explications génétiques, les scientifiques avaient dès lors recouru à la notion d'un principe immatériel présidant à la mise en forme du corps. Ils l'appelaient l'*âme.*

Ensuite, parce que les anciens pensaient qu'un ordre hiérarchique (un ordre sacré allant du plus grand au plus petit) régnait dans la nature. Il y avait Dieu et l'animal ; spontanément ils plaçaient l'homme entre les deux. Animal, il l'était parce que sensible, visible, mortel. Mais, parce qu'il avait des capacités de comprendre et de savoir, il y avait nécessairement en lui quelque chose qui expliquait ces capacités : c'était *l'âme,* par laquelle il ressemblait à Dieu et était capable d'entrer en relation avec lui. Très naturellement, cette âme, qui le faisait ressembler à Dieu, ne pouvait comme celui-ci être qu'immortelle.

Bien sûr, les anciens ne pensaient pas tous de la même manière. Le philosophe grec Aristote, par exemple, mettait l'accent sur l'unité du corps et de l'âme et pensait dès lors que l'âme est mortelle.

Les Juifs, eux aussi, étaient d'abord sensibles à l'unité de l'homme ; pour eux, la vie est donnée par le souffle de Dieu, qui circule dans les artères (qu'ils croyaient pleines d'air) ; et cette vie donnée est ce qui permet à l'homme de se rapprocher de Dieu et de vivre en union avec lui ; la notion d'immortalité n'est cependant apparue explicitement pour eux que tardivement. Avec le christianisme elle s'affirmera pleinement.

Une révolution dans la réflexion sur l'âme

Cependant, avec le XVIIIe siècle, tout va changer. Le philosophe Emmanuel Kant formalise alors les principes de ce qui sera la pensée moderne. Il distingue clairement entre le monde des phénomènes repérables et identifiables — qui est le monde de la science et de l'action — et le monde de Dieu ; ce dernier, certes, est nécessaire pour motiver l'action, mais il est surtout l'expression d'une raison qui cherche à aller au-delà de son savoir. L'âme subit le même sort que Dieu : elle quitte le domaine scientifique (ou plutôt les scientifiques ne s'y intéressent plus), et on la soupçonne de n'être que l'expression du désir d'immortalité de l'homme.

Suite page 720 ▶▶▶

Ph. Zodiaque

L'âme du pauvre Lazare emportée au paradis. Chapiteau XIIe s. de la basilique de Vézelay (Yonne). Évocation de la parabole du riche et du pauvre Lazare (Lc 16, 19-31). On voit ici Lazare dans une mandorle (voir Index) portée par les anges auprès d'Abraham, le Père des croyants.

▶▶▶ *Suite de la page 719*

Bien plus, au cours du XIXᵉ et au début du XXᵉ siècle, la réflexion sur l'âme sera chargée d'une connotation de lutte contre le progrès. On verra, en effet, dans le recours à une âme immatérielle, située en dehors des contingences du temps, un moyen pour les autorités ecclésiastiques d'éviter la prise en compte des problèmes posés par l'évolution du monde, d'ignorer les critiques venues des sciences, et, finalement, d'échapper à l'esprit même de la Bible, selon lequel Dieu est à l'œuvre dans la réalité historique du monde.

☞ Il est évident que l'histoire de la conception de l'âme explique les difficultés que rencontre aujourd'hui l'Église pour en parler. Cela dit, l'Église n'a cessé de tenir pour fondamental que l'homme est créé à l'image de Dieu et que, de fait, il ne se réduit pas à un pur corps animal.

Elle croit que l'homme, lorsque son corps meurt, vit encore, en souffrance de redevenir homme, c'est-à-dire dans l'attente de la résurrection des corps : pour l'Église, en effet, il n'y a pas de plénitude possible pour un être humain, ni même d'existence réelle, sans son corps.

Beaucoup de chrétiens cependant n'aiment guère recourir au mot âme : il leur semble absent de la Bible, et il laisserait croire à une sorte de dualisme humain, contraire à leur foi, en distinguant, d'un côté, une âme spirituelle et pure et, de l'autre, un corps matériel et pécheur. Or l'homme selon la Bible est un tout, et le Christ, dans sa volonté de se rendre présent à chaque moment de l'histoire des hommes, a dit aux chrétiens « de manger son corps ». Par le geste du pain, il signifiait sa présence réelle, avec toute sa personnalité. Cela dit, certains théologiens, au nom même de la longue tradition de réflexion sur l'homme marquée par la théologie de l'âme, critiqueraient volontiers la pensée moderne lorsqu'elle substitue au mot âme celui de subjectivité. Cette subjectivité souvent désincarnée, liberté sans références, referme l'homme sur lui-même dans une solitude désespérée. Peut-être le monde contemporain pourrait-il retrouver dans la notion d'âme ce sens de la personne qui n'est authentiquement elle-même qu'en s'ouvrant à Dieu. ■

Corps et âme

Ainsi l'homme n'est pas une double substance : le corps et l'âme, dont l'une, le corps, enchaînerait l'autre, l'âme, et la desservirait. Le corps n'est pas en nous un élément tout extérieur dont l'âme pourrait se passer. Le corps fait essentiellement partie de notre être. Le corps et l'âme sont aussi liés l'un à l'autre dans l'acte même d'exister que le son et le sens dans l'acte de parler. De même que la parole est indivisiblement son et sens, de même, tout aussi indivisiblement, l'existence humaine est corps et âme. L'âme n'est jamais sans le corps, le corps n'est jamais sans l'âme, le corps et l'âme ne sont jamais sans le monde.

FRANÇOIS VARILLON,
Joie de croire, joie de vivre,
Éd. Le Centurion, 1981.

Léonard de Vinci, Proportions de la figure humaine.

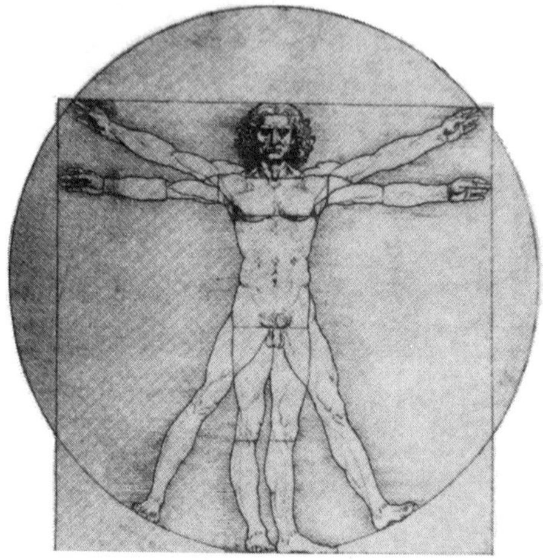

CORPS

☞ La mentalité occidentale, influencée par l'héritage de la philosophie grecque de l'antiquité, a souvent opposé le corps à l'âme ; en bref, l'âme est perçue comme bonne, et le corps comme mauvais.
Le même monde occidental est cependant également tributaire de l'héritage judaïque par le biais de la Bible. Pourtant ce n'est pas le langage biblique sur le corps qui y a prévalu, langage très différent de celui de la philosophie grecque antique.
Pour la Bible (Ancien Testament) en effet, le corps c'est l'homme, et celui-ci étant la créature de Dieu, le corps est originellement bon tout autant que l'âme ; ainsi il n'y a pas opposition entre l'âme et le corps, mais au contraire unité de la créature.
Certes, l'épisode du péché originel relaté dans les premiers chapitres de la Genèse montre l'apparition d'une déchirure dans la création, mais le texte ne dit pas que le corps soit responsable ; le péché, ici, c'est bien davantage le refus de l'amour offert par le Créateur et l'affirmation d'une volonté de puissance qui fausse tout l'être humain, car elle le coupe de la communion avec Dieu par laquelle il reçoit la Vie.

☞ Ce sens de l'unité de l'homme, on le retrouve dans le Nouveau Testament ; les perspectives qu'il ouvre sur la vie au-delà de la mort ne sont pas celles d'une âme désincarnée, mais l'espérance d'une résurrection avec le Christ. Celui-ci ne vient pas sauver une partie de l'homme (l'âme), mais il adresse son message d'amour à l'homme tout entier.

☞ Aujourd'hui, notamment avec le développement des sciences humaines, l'homme moderne redécouvre son unité profonde. Il n'est plus « en exil » sur la terre : il est installé chez lui au cœur du monde. L'univers, le corps, ne sont plus des prisons, mais des « demeures » à habiter ; le corps a une parole à dire, il est lui-même langage (place prise par « l'expression corporelle »). Il est l'homme même, et non pas un outil ou un véhicule au service d'un esprit pensant. Il n'est pas non plus le seul lieu, ni la seule origine, de la misère et des défaillances humaines.
Ainsi, après un long détour, se rapproche-t-on de l'intuition des origines, longtemps voilée par l'influence de la culture grecque. Ame-Esprit Corps-Matière forment bien le tout de l'homme, et c'est à ce tout et en ce tout que le Christ est venu apporter la Bonne Nouvelle. L'ensemble des Écritures invite à découvrir le sens de l'homme créé par Dieu dans toutes ses composantes de chair, de sang et d'esprit.
La foi chrétienne n'ignore pas le corps ; au contraire elle lui donne une place de choix : il s'agit en effet d'une foi en un Dieu incarné, « le Verbe s'est fait chair », il s'est fait totalement homme, chair et esprit, en Jésus-Christ ; et celui-ci a donné sa chair à manger et son sang à boire pour le salut des hommes. Cette considération chrétienne pour le corps s'affirme à travers bien des rites, sacrementels notamment ; elle se manifeste, encore une fois, dans les honneurs qui sont rendus au corps d'un défunt lors des funérailles chrétiennes, honneurs dont le rite de l'absoute (ou dernier adieu), avec l'encensement et l'aspersion d'eau bénite, offre une expression très parlante.

CHAIR

La chair fait penser à la peau et même à la viande. On assimile volontiers le mot à ce qu'il évoque de plus matériel et de plus périssable. C'est pourquoi la condition charnelle de l'homme a souvent été assimilée, de manière traditionnelle, à une condition inférieure et même à un mal. Or, cette pensée est assez éloignée de la réflexion biblique. Pour celle-ci en effet, la chair n'est jamais fondamentalement mauvaise. D'autre part, dans la Bible, la notion de chair ne désigne pas non plus une partie ou un élément du corps de l'homme, mais plutôt un état : celui de la créature lorsqu'elle n'est pas soutenue ou vivifiée par l'esprit de Dieu.

Toujours dans la Bible, la chair est définie comme ayant été créée par Dieu, assumée par le Fils de Dieu, transfigurée par l'Esprit de Dieu. Dans ce contexte la chair désigne en fait la condition humaine.

Cependant, dans les Lettres de l'apôtre Paul, on trouve une note particulière qui est presque un deuxième sens du mot chair. En effet, dans ces textes, la notion de chair renvoie plus précisément à tout ce qui manifeste dans

Agir avec ce que l'on est

Le corps de l'homme

Le corps humain n'est pas une partie de l'homme ; il est l'homme lui-même en tant qu'il existe en ce monde et plus particulièrement en relation aux autres hommes. Je n'existe, je ne parle, je n'agis, je ne m'exprime, je n'entre en relation qu'à partir de mon corps. La question humaine et singulièrement morale jaillit de la question : comment exister avec mon corps ? Que faire de mon corps ? Pour quoi faire m'est-il donné ?...

1. Ce corps que je suis, il me faut l'*habiter* pour pouvoir exister à la première personne, c'est-à-dire accepter mon identité personnelle, être à ma propre place, assumer tout ce qui fait mon corps unique et concret : une hérédité, une histoire, un langage qui implique une culture, un donné psychologique, un milieu familial et social, etc. J'ai à assumer tout ce corps que j'ai reçu pour pouvoir être moi-même et me situer par rapport à tout ce qui n'est pas moi.

2. Ce corps que je suis m'est donné pour *rencontrer* les autres, pour entrer en relation. J'ai besoin des autres et les autres ont besoin de moi. C'est à partir du corps que l'homme peut entrer en relation vraie avec son semblable : l'acceptation des limites de mon propre corps me permet de rencontrer l'autre dans sa différence.

3. Dans la ligne de ce qui précède, il nous faut passer du corps individuel au corps social, car nos corps individuels nous sont donnés pour *constituer* un corps social, une communauté humaine.

Autant dire que le corps de l'homme, avec sa richesse de significations, est le lieu premier où se jouent l'accomplissement de l'homme et donc sa vie morale ; c'est à partir du corps et à travers lui que je construis ou que je détruis ma propre personne, que je m'ouvre ou que je me ferme à la rencontre des autres, que je participe ou non à la construction de la communauté humaine.

Perspective que l'on retrouve dans la foi chrétienne, avec un supplément de sens : en Jésus-Christ, Dieu a « pris corps » dans l'humanité afin que l'homme tout entier soit sauvé et que naisse une communauté nouvelle — un « corps » — de frères et de fils de Dieu. C'est le Christ ressuscité qui dit le sens ultime du corps de l'homme : la mort n'est pas le dernier mot pour une humanité qui, en Jésus, s'ouvre au don d'une vie pleinement filiale et fraternelle, où le corps a et aura toute son importance comme expression des personnes, lieu de la rencontre, langage de l'amour. ■

---

l'homme sa tendance au péché. La « chair », devenue esclave du mal par le péché, apparaît comme une résistance à l'Esprit de Dieu (Rm 8,5-13 et Ga 5, 13-25). Dans cette perspective, saint Paul parlera « d'opprimer son corps et de le réduire en esclavage » (I Co 9,27). Cependant l'ascèse chrétienne dont il donne les premiers éléments ne se présentera jamais comme une lutte contre le corps ni son asservissement, mais bien au contraire, comme une restauration de l'unité de la personne humaine, une transfiguration du corps. ■

La Bible et les animaux

De nombreux textes bibliques expriment la bonté de Dieu pour toutes ses créatures, surtout les animaux.

Le *Livre de la Sagesse* proclame : « Oui, tu aimes tous les êtres et n'as de dégoût pour rien de ce que tu as fait, car si tu avais haï quelque chose, tu ne l'aurais pas formé ». (11,24).

Dieu bénit les animaux après leur création (Gn 1,22). Il se souvient d'eux dans l'Arche de Noé (Gen. 8,1). Après le Déluge, Il conclut son alliance avec tous les êtres vivants : « Voici que je conclus mon alliance avec vous et avec vos descendants et avec tous les êtres animés qui sont avec vous : oiseaux, bestiaux, toutes bêtes sauvages, bref tout ce qui est sorti de l'Arche, tous les animaux de la terre ». (Gn 9,8-11)

Le sage affirme : « Le juste prend soin de la vie de ses bêtes, mais les entrailles des méchants sont cruelles » (Pr 12,10).

Dieu dit au prophète Jonas : « Et moi, je n'aurais pas pitié de Ninive, la grande ville où il y a plus de cent-vingt mille êtres humains qui ne distinguent pas leur droite de leur gauche, ainsi qu'une foule d'animaux ? » (Jon 4,11).

Le psalmiste chante : « L'Homme et le bétail, tu les secours, Yahvé, qu'il est précieux ton amour, ô Dieu ! » (Ps 36,7.8). « Tous les animaux espèrent de toi que tu donnes en son temps leur manger ; tu leur donnes, eux, ils ramassent, tu ouvres la main, ils se rassasient » (Ps 104, 25.28). « Dieu dispense au bétail sa pâture, aux petits du corbeau qui crient » (Ps 147,9).

L'Ancien Testament prescrit de bien traiter les animaux : « Le septième jour, tu feras trêve à tes occupations ; que se reposent ton bœuf et ton âne, et que reprenne souffle le fils de ta servante, ainsi que l'étranger » (Ex. 23,12). « La septième année, tu laisseras tes terres en jachère et tu en abandonneras le produit. Tes compatriotes indigents pourront s'en nourrir et les bêtes des champs mangeront ce qu'ils auront laissé » (Ex 23,10.11). « Tu ne musselleras pas le bœuf quand il foule le grain ». (Dt 25,4).

Le Christ déclare à ses apôtres : « Voyez les oiseaux du Ciel, ils ne sèment ni ne moissonnent ni ne recueillent en des greniers, et votre Père céleste les nourrit » (Mt 6,26). ■

Association catholique pour le Respect de la création animale, (Notre-Dame de toute pitié), 7, rue Marie-Rose, 75014 Paris.

« La protection des animaux est une éthique chrétienne... »

... a dit Jean-Paul II, qui proclama officiellement, le 29 novembre 1979, saint François d'Assise patron céleste des Écologistes.

Les créatures et les éléments ne seront protégés de toute violation que dans la mesure où on les considèrera comme des êtres à l'égard desquels l'homme est lié par des devoirs.

JEAN-PAUL II, dans sa lettre aux ministres généraux des divers ordres franciscains, 15 août 1982.

En particulier, quand il s'agit de son attitude envers les animaux, ces êtres dotés de sensibilité et capables de souffrir, on exige de l'homme qu'il ne leur fasse pas de mal et ne les torture pas physiquement lorsqu'il les met à son service.

CARDINAL WOJTYLA, dans *Amour et responsabilité*, 1962.

50 millions de Français, 30 millions d'animaux familiers

Selon les données du ministère de l'Agriculture (*L'animal dans la cité*, 1983), environ trente millions d'animaux dits de compagnie vivent dans les intérieurs français : huit à neuf millions de chiens, sept à huit millions de chats, cinq millions de poissons d'aquarium, deux millions de lapins, hamsters, singes, tortues, serpents et autres...

Cette faune familière représente un marché important : 500 000 tonnes d'aliments par an ; un propriétaire de chien dépense en moyenne 2 000 F par an pour sa nourriture ; 800 F pour un chat. En 1980, la consommation de ces aliments a représenté une valeur de 28 milliards de francs, dont 15,7 pour les chiens et 6,8 pour les chats. ■

Informations tirées du « *Monde* » du 7 mai 1983.

Les animaux ont-ils une âme ?

☞ Le rapport de l'homme et de l'animal a beaucoup changé dans les pays occidentaux.

L'animal — à de rares exceptions près — a longtemps été considéré d'abord pour le travail qu'il pouvait exécuter, la nourriture qu'il pouvait apporter, les matières premières qu'il pouvait fournir (laine, cuir, etc.). La question de l'âme des animaux se posait alors dans les termes suivants : peut-on domestiquer, voire tuer les animaux ? La réponse était et demeure : les animaux peuvent servir l'homme, qui a le droit de s'en nourrir. Certes, l'animal sert encore de nourriture, de fournisseur de matières premières, de gardien ; mais de plus en plus, aujourd'hui, il devient un compagnon de l'homme, qui l'élève alors pour le plaisir.

☞ Dans ces conditions, la question de l'âme des animaux change de contexte et sans doute un peu de signification.

Il est clair que la tradition chrétienne n'a jamais reconnu à l'animal une dignité égale à celle de l'homme ; nombreux sont d'ailleurs aujourd'hui les chrétiens à se scandaliser du fait que l'on s'occupe parfois davantage des animaux que des enfants du Tiers-Monde, par exemple : l'homme n'est-il pas le seul être créé à l'image de Dieu ? N'est-il pas seul à se poser les questions sur le sens de la vie ? Cela dit, la Bible invite certainement à un grand respect de la vie. Et ce n'est pas sans raison que le plus populaire des saints, François d'Assise, est souvent montré comme un ami des animaux, sachant leur parler et même les entraîner à glorifier Dieu. Sous l'aspect quelque peu légendaire de certains de ces récits réside une vérité profonde : selon la pensée chrétienne, la création présente une grande unité, et le péché de l'homme exerce une influence négative sur la nature en général et sur les animaux en particulier. La sainteté est au contraire facteur d'harmonie dans la création.

Aussi, même si l'on observe que les animaux n'ont pas d'âme au sens d'âme spirituelle, on peut constater qu'ils reflètent souvent « l'âme » de ceux avec qui ils vivent. On peut même penser que certains des animaux supérieurs sont de nature à acquérir, au contact de l'amitié de l'homme, des éléments de ce qui fait la valeur de l'humanité : intelligence, affection, et même une certaine liberté de comportement.

L'amitié de Dieu et de l'homme peut-elle dès lors ouvrir aux animaux une vie après leur mort ? Rien dans l'Écriture ni dans la Tradition ne permet de l'affirmer, et la très grande majorité des théologiens répondraient négativement à la question. Pour autant, elle n'a jamais été tranchée. ■

Ph. Cap-Viollet

PSYCHANALYSE

Ce terme désigne une méthode de traitement des troubles mentaux reposant sur une investigation psychologique profonde. Son fondateur est le professeur Sigmund Freud (1856-1939), spécialiste viennois des maladies nerveuses et ancien élève des professeurs français Charcot et Bernheim. Il a élaboré sa méthode thérapeutique à partir de nombreuses observations qui l'ont conduit à noter l'existence d'un lien étroit entre les souvenirs ramenés à la conscience du malade, à l'aide du processus analytique, et la disparition définitive ou momentanée des troubles psychologiques.

Ainsi la cure analytique est-elle basée sur le principe du rappel des souvenirs refoulés. La forme de cette cure a évolué et varié considérablement, mais elle demeure fondée sur l'analyse des conduites et des rêves à partir de la méthode élaborée par Freud de libre association (« Dites tout ce qui vous passe par l'esprit »). Le sujet collabore effectivement à son traitement. La découverte de son inconscient ne se fait pas par effraction, mais après un long cheminement volontaire au cours duquel il redécouvre peu à peu la cohérence de sa personnalité et parvient progressivement, dans la plupart des cas, à une conduite plus équilibrée et davantage ouverte à la communication.

A la suite des travaux de Freud, deux nouvelles écoles, légèrement dissidentes, sont nées, marquées par les recherches de A. Adler (1870-1937) et C. G. Jung (1875-1961).

Le terme *psychanalyse,* bien que souvent employé dans un sens général, devrait être réservé pour désigner précisément la théorie et la méthode thérapeutique élaborées par Freud, alors que le terme de psychologie des profondeurs est plus adéquat pour désigner, d'une façon globale, le courant de pensée qui considère la vie psychique consciente, rationnelle, de l'homme comme étant dirigée en partie par des motivations inconscientes, profondes, primitives, affectives, de la personnalité.

A côté de l'aspect proprement thérapeutique, la psychologie des profondeurs a développé plusieurs théories, et elle apparaît aujourd'hui comme une des sciences explicatives du comportement humain.

L'Église et la psychanalyse

L'Église s'est parfois inquiétée de l'influence des théories psychanalytiques. De nombreux chrétiens ont vu en elles une tentative d'explication réductrice et rationalisante du mystère anthropologique, ainsi qu'une propension à l'immoralité, voire à la licence.

Certains théologiens ont montré les dangers de recherches qui tendent à éliminer toute dimension transcendante dans l'homme et à expliquer l'ensemble du comportement humain par le mécanisme de la satisfaction ou du refoulement des pulsions sexuelles.

Cependant d'autres théologiens, eux-mêmes psychanalystes (Marc Oraison et Louis Bernaert notamment), ou interrogés par les théories psychanalytiques, ont trouvé dans l'aspect démystificateur de la thérapie analytique un caractère salvateur. Pour eux, le mystère de l'homme n'est pas « au-delà » de lui, mais réside dans son histoire personnelle. « C'est en elle que se trouve la clef du rapport à soi, à l'autre, au sexe, au travail, au monde ». (Louis Bernaert).

D'autre part, les théories psychanalytiques, ainsi que certains résultats obtenus à la suite d'une psychothérapie, posent des questions morales et spirituelles importantes. La rupture avec la morale traditionnelle, le rejet des tabous, voire même de tout interdit, semblent être parfois la conséquence de la rencontre avec la psychanalyse. A tel point que certains chrétiens se posent la question d'une compatibilité possible entre morale et psychanalyse, et même plus profondément entre foi et psychanalyse.

On a en effet reproché à la psychanalyse d'être amorale et même immorale, et de ne pas compléter son traitement par trop « décapant » par une action moralisatrice. Cependant la psychologie des profondeurs veut se situer en dehors de tout système éthique particulier.

Elle propose pourtant, comme but ultime, l'avènement d'un être libre et responsable, capable de respect et d'amour, fondements nécessaires de toute conscience morale.

Située au carrefour des sciences humaines, la psychologie des profondeurs paraît pouvoir offrir, malgré certains aspects parfois excessifs, un champ de théories et de recherches capable d'aider l'homme moderne à mieux se comprendre et à parvenir à la reconnaissance de l'autre. ■

L'inconscient et la psychologie des profondeurs

La découverte de l'inconscient par Sigmund Freud, dès ses premiers travaux de psychanalyse au début de ce siècle, se heurta et se heurte encore à une très vive opposition.

Freud prétendait en effet que, par-dessous notre conscience claire et notre volonté librement et raisonnablement affirmée, existait en quelque sorte une « profondeur » de notre psychisme, comme une zone complètement obscure, ayant non seulement ses lois propres de développement, d'activité et de vie, mais aussi manifestant des tendances, des intentions, des désirs et jusqu'à des actes qui échapperaient au contrôle de notre raison et seraient même parfois en contradiction flagrante avec elle.

Un conflit entre subconscient et inconscient

C'était dire que nous ne sommes pas maîtres chez nous, dans notre propre cerveau, et qu'il s'y passe des choses que nous ignorons et que nous ne pourrions sans doute que réprouver si nous les connaissions ; car l'inconscient n'est pas le « subconscient », frange de notre conscience claire, qui, sans nous être immédiatement présente, peut être facilement évoquée et remise en lumière.

Le subconscient reste à notre disposition ; l'inconscient au contraire nous échappe totalement et semble même se jouer de nous, car ses manifestations font irruption malgré nous

▶▶▶

▶▶▶

dans notre activité mentale et notre vie quotidienne, sous forme de lapsus, d'erreurs, d'oublis, d'actes manqués, et aussi en empruntant la voie « royale » du rêve qui vient meubler notre sommeil.

Il y a ainsi comme une opposition et même un conflit ouvert entre ces mondes qui se partagent notre psychisme en deux tendances contradictoires : l'une pour ainsi dire officielle, de façade, rassurante, raisonnable, dans laquelle nous nous reconnaissons ; l'autre inopportune, plus ou moins malséante et déraisonnable et que notre Moi aimerait bien ignorer et faire disparaître dans les ténèbres intérieures.

Pour protéger le Moi conscient contre les intrusions de l'autre Moi, fonctionne de façon normale et habituelle en chacun de nous, et sans que nous nous en apercevions, un mécanisme de refoulement. C'est l'ensemble des tendances ainsi refoulées, soit que nous les ayons connues à un moment quelconque de notre vie, soit même qu'elles ne nous aient jamais été véritablement connues, qui constitue l'inconscient, inconscient qui a toujours fait partie de notre vie psychique, car Freud nous dit lui-même qu'il n'est autre chose que la phase infantile de cette vie.

L'inconscient nous échappe

C'est dire en somme que notre inconscient, c'est le petit enfant que nous avons été, l'enfant de cinq ans, trois ans, voire un an, qui n'a pas disparu, mais est resté au fond de nous, masqué par les alluvions successives des années, mais continuant sa vie propre d'enfant illogique, irrationnel, égocentrique, et se heurtant par conséquent à la résistance du Moi adulte, comme il entrait en conflit autrefois avec la réalité physique et sociale représentée par les parents.

Le ça, le surmoi et le moi

Le psychisme de l'enfant, source donc de notre inconscient, n'est pas une mare stagnante mais une vie en mouvement où s'affrontent des tendances différentes. Freud y a décrit trois instances fondamentales qu'il retrouve dans l'inconscient de l'adulte et qu'il a appelées *ça*, *surmoi* et *moi* :

• le *ça* englobant toutes les tendances et les pulsions de l'instinct, agressives, sexuelles et phobiques ;
• le *surmoi* reprenant à son compte en les modifiant plus ou moins tous les interdits édictés par les adultes et essayant de les imposer au *ça* de façon rigide et contraignante ;
• le *moi* entre les deux, ébauche de notre conscience personnelle, dans la singularité de son existence propre.

On disait naguère que sept ans était l'âge de raison car c'est seulement à partir de là que l'enfant peut distinguer véritablement le Bien du Mal, et, par conséquent, le péché de ce qui ne l'est pas. La formation de notre liberté morale est sans doute moins simple, mais ce qui est certain c'est que, pendant les premières années de notre vie, c'est la loi du permis et du défendu qui règle notre comportement, loi qui continue de régir notre inconscient à l'aide de ce système régulateur qu'est le jeu opposé du ça et du surmoi.

L'inconscient est une richesse

L'inconscient n'est pas une poubelle où seraient rejetés tous nos mauvais instincts et dont il serait dangereux de soulever le couvercle. Il est au contraire richesse en nous ; c'est notre trésor d'images, d'impressions, d'émotions, qui permet à notre vision du monde de ne pas rester abstraite mais d'acquérir de la profondeur ; c'est notre spontanéité, notre manière d'être, notre singularité, nos sympathies et nos antipathies ; c'est lui qui donne à notre personne cette couleur originale que les autres aiment ou détestent en nous.

Mais la connaissance des profondeurs psychiques n'est pas une clef qui nous dévoile les « mystères de l'Être » ni qui puisse tout expliquer de nous-mêmes. Ce que nous pouvons y trouver, c'est une vue plus complète du psychisme humain et, par la connaissance et la libération de nos entraves intérieures, la possibilité d'être véritablement nous-mêmes. ■

QUI SONT LES PSY ?

Le **psychologue** observe et étudie scientifiquement les faits psychiques ; il se sert de tests (psychométriques, projectifs...).
Le **psychiatre** est le médecin des maladies du psychisme ; il les soigne avec des médicaments pour atteindre le trouble organique, et par son action psychothérapique.
La **psychothérapie** englobe tout traitement des maladies par des techniques psychologiques. Il existe de nombreuses méthodes psychothérapiques, individuelles ou de groupe ; elles sont pratiquées par le psychiatre ou le psychologue spécialisé.
La **psychanalyse** est une psychothérapie particulière, reposant sur la connaissance et la redécouverte de la psychologie des profondeurs. Elle est pratiquée par des psychanalystes, psychologues ou médecins qui ont reçu une formation dans un institut de psychanalyse.
Ce n'est pas parce qu'un psy est croyant ou non-croyant qu'il est un bon psy, mais c'est dans la mesure où il domine bien sa technique et où il reste très respectueux de la personnalité de son patient ; car son rôle est de faire découvrir celui-ci à soi-même et non pas de le faire devenir autre. ■

PLAISIR

Le plaisir est cet état affectif gratifiant qui, sans pouvoir être exactement défini, consiste dans le sentiment d'une coïncidence heureuse du moi avec lui-même, du moi avec le corps : ainsi le plaisir du corps qui mange, qui boit, qui caresse, qui prend, qui s'unit et s'accouple ; plaisir du corps qui respire, marche, écoute, regarde, goûte, touche, parle...
Profondément lié à l'expérience du corps, état fugitif – le plaisir disparu ne revient jamais le même –, le plaisir nous enracine dans notre condition humaine finie, limitée, terrestre.
Réalité hautement humaine, le plaisir en a l'ambiguïté :

1. *A l'actif du plaisir*, notons qu'il nous ancre dans notre corps et dans le monde : exister sans plaisir est se nier soi-même. Dans les relations interhumaines, le plaisir a un rôle positif, structurant : les plaisirs vécus ensemble lient un groupe ; ils lient aussi un couple. Un monde sans plaisir serait un monde inhumain.

2. *Au passif du plaisir*, notons ceci : le plaisir est habité par une exigence de répétition qui lui fait dire sans cesse : « Encore ! », et qui finalement ne peut être satisfaite. Une quête démesurée du plaisir présente au moins un double risque :
– exprimer un refus de notre condition humaine avec ses limites, une tentation d'échapper au temps et d'atteindre à une toute-puissance imaginaire ;
– nous enfermer sur nous-mêmes, utiliser l'autre comme un moyen ou un objet de jouissance, et par là même le nier comme autre, comme différent.

Finalement, la dépréciation du plaisir et l'idolâtrie du plaisir aboutissent l'une et l'autre à un refus de la condition humaine, à une dévalorisation du corps, du temps, de l'histoire.
Souligner de cette façon l'ambiguïté du plaisir conduit à énoncer ainsi la loi de sa libération : qu'en même temps il exprime le bonheur de se réaliser soi-même, et qu'il soit porté par le désir de l'autre. Autrement dit, qu'il s'articule à une parole, à une rencontre, à une communication, et que, peu à peu, le plaisir d'exister, le plaisir d'être au monde soient associés au plaisir d'entrer en relation avec autrui.
Le plaisir, ainsi intégré dans un authentique amour qui lui donne sens, est un élément important d'une morale humaine et chrétienne. ■

Désir et Jésus-Christ

– **Inconscient, désir, dans les milieux chrétiens ces mots gênent.**

– Pas seulement dans les milieux chrétiens ! Nous sommes tous des compliqués, des peureux. Nous dépendons, dans l'enfance, des adultes tutélaires et, plus tard, du qu'en-dira-t-on. Nous sommes tous des refoulés, nous nous construisons en grande partie par refoulement des pulsions de notre inconscient pour adapter nos comportements au conformisme de la vie sociale. C'est pour cela que j'ai été frappée d'entendre Jésus dire : « Si vous redevenez comme des enfants ». Les enfants sont inconscients, ils sont entièrement dans leur désir. Ils le disent et le manifestent.

– **Quel est votre Jésus ?**

– Le maître du désir.

– **Dites-le moi autrement.**

– Jésus est le vrai modèle d'humanité, et toujours là ; nous pouvons toujours faire appel à lui, et alors nous sommes moins faux. Il est notre diapason. Nous, les humains, nous chantons faux. Jésus donne et redonne le ton. Nous sommes des mammifères sociaux et intelligents. L'intelligence nous rend prudents, et nous obéissons à un très fort instinct de conservation. Jésus nous dit : Vous êtes tellement plus que cela ! Votre cœur est fait pour l'amour de Dieu et pour de grands désirs, pas seulement pour des besoins et des défenses.

Interview de Françoise Dolto
par André Sève,
La Croix, 20-21 juin 1982.

Ph. Zodiaque

Adam et Eve. Chapiteau de Vézelay. (XIIe s.). Eve cueille le fruit défendu et le tend à Adam (Gn 3).

DÉSIR

On désigne couramment par ce mot un mouvement fondamental, une aspiration profonde qui emporte un être vers ce qui l'attire. On peut dire que le désir représente la base psychique de toute l'activité humaine.
Au contraire du besoin, le désir accepte de ne pas être satisfait. Il est « avide de ne pas être assouvi » (Georges Bataille). Il ne s'épuise pas et dépasse toujours l'objet de l'être vers lequel il tend.
Si certaines philosophies et certaines religions, tel le bouddhisme, ont prêché le renoncement à tout désir, l'enseignement biblique est au contraire rempli de la conscience de la puissance des désirs. Certes, il en dénonce les perversions, mais il insiste sur la capacité de conversion, sur l'aspect positif du désir qui porte l'homme à la rencontre de Dieu. Les textes de l'Ancien Testament reflètent l'importance accordée au désir comme puissance vitale et transformatrice. Les écrits évangéliques reprennent et amplifient cette perspective. A côté des désirs qui lient, qui aliènent et qu'il faut enchaîner, est exalté le « désir de l'esprit ». Désir qui, à l'image et en union au désir du Christ, porte le chrétien à la rencontre du prochain et du Père. C'est en particulier dans les *Lettres* de saint Paul que l'on trouve développés ces deux aspects du désir selon le Christ : le désir pour « les frères tant aimés et tant désirés » (Ph 4,1) que l'apôtre « désire tous dans les entrailles du Christ » (Ph 1,8), et le « désir de s'en aller et d'être avec le Christ » (Ph 1,23), « de demeurer auprès du Seigneur » (2 Co 5,8).

Le désir, la morale et le monde moderne

La morale chrétienne traditionnelle s'est attachée à préciser la notion de désir. Elle a surtout tenté d'élaborer une distinction rigoureuse entre bons et mauvais désirs. Dans le contexte philosophique environnant, marqué par la perspective dualiste de la pensée grecque, la tendance fut d'imputer au côté charnel de l'homme les désirs mauvais et au côté spirituel les désirs bons. De plus, l'accent fut mis davantage sur l'aspect négatif, afin d'inciter les chrétiens à se garder des penchants mauvais. A tel point que, d'une manière courante, le terme même de désir en fut affecté dans son ensemble, et qu'il devint pour de nombreux croyants synonyme de concupiscence, voire même de péché.
La psychologie et la psychanalyse ont fait vaciller cette interprétation. Elles ont montré la participation du corps à toute l'activité mentale et psychique, et par là elles ont rendu la distinction entre corps et âme sans signification pour beaucoup. La hiérarchie traditionnelle des valeurs morales a perdu de ce fait un des ses fondements principaux et il est devenu bien difficile de dresser un inventaire systématique des désirs. Cependant, une réflexion riche et positive s'est développée, plus particulièrement sur le sens du mot au singulier. Le désir apparaît alors, dans la pensée moderne, comme étant le moteur de toute vie humaine, que ce soit sur le plan personnel ou collectif, dans les dimensions sociale, économique, politique et spirituelle. Le désir, c'est cette aspiration qui donne du sens, qui dépasse la satisfaction des besoins que l'homme occidental de la société de consommation avait cru être le terme de son bonheur et la fin de sa quête. Espace toujours ouvert vers l'autre et vers Dieu, le désir est une puissance de dépassement et de grandissement qui ne peut être confondu avec une jouissance égoïste et close sur elle-même. ■

La femme, lieu de renconti

La Déclaration en 1977 de la Congrégation pour la Doctrine de la Foi a lié « nature » et « fonction » pour défendre le seul sacerdoce masculin.

Elle rappelle, en effet, que « le Christ fut et demeure un homme ; c'est en vain qu'on chercherait à minimiser ce fait qui est étroitement lié à toute la Révélation et particulièrement à l'Alliance : le Christ est l'Époux de l'Église. C'est pourquoi, dans les actes essentiels de l'Alliance, seul un homme peut jouer le rôle du Christ, être signe de sa présence ».

En d'autres termes : l'homme, de par sa nature, est seul à pouvoir représenter le Christ-homme « dans les actes essentiels de l'Alliance », c'est-à-dire ceux par lesquels Il s'attache l'Église, son Épouse.

Mais, pourquoi ne pas avoir aussi tiré argument de la nature de la femme pour dire ce qu'elle représente, elle, dans ce même mystère de l'Alliance ? Car, s'il est évident, comme le souligne la Déclaration, que « le Christ fut et demeure un homme », il est non moins évident que c'est une femme, bénie entre toutes, certes ! que Dieu s'est associée pour donner son Fils au monde et nouer pour toujours, avec l'humanité, son Alliance. N'est-ce pas également « un fait étroitement lié à toute la Révélation » ? Marie, Fille de Sion, représentait alors l'Église, « présente en elle, écrit Hans Urs von Balthasar, avant même que les hommes aient été institués dans leurs fonctions ».

La Mère, vocable sous lequel nous l'invoquons naturellement depuis que le Seigneur nous l'a donnée comme telle, était d'abord et constitutionnellement l'Épouse, partenaire de Dieu dans le mystère du salut, à qui le Christ mourant confiait les siens (« Femme, voici ton fils »), nous donnant à elle avant que de nous la donner pour mère.

L'Épouse !... Terme dont l'exégèse moderne semble avoir peur. Pourquoi ? On peut se le demander justement.

Est-ce parce que, dans l'inconscient de beaucoup, l'homme demeure « le modèle » humain par excellence ? Il serait temps alors de proposer au monde – et c'est le rôle de la femme – l'altérité (le sens de l'autre), comme nouveau moyen de vivre les rapports humains, l'Évangile en définitive, et ce rapport essentiel de « l'un » à « l'autre », de l'homme et de la femme avec ce Tout-Autre qu'est Dieu.

Est-ce par une crainte instinctive de découvrir dans la féminité une valeur spirituelle spécifique et exigeante ? Car, c'est vrai que le Fiat *de Marie – Qu'il me soit fait selon ta parole – phrase d'alliance par excellence, constamment reprise dans l'Ancien Testament, répétée à Cana pour l'Église naissante, est la phrase d'accueil de l'Épouse. Il n'y a d'Alliance que dans ce oui à Dieu dans la foi. Mais il a pour tous la même exigence : on ne reçoit l'Époux que dans cette attitude mariale de l'Épouse et il n'y a, devant Lui, ni supérieur, ni inférieur. L'exigence est celle même de la sainteté, chemin difficile pour tous, qui invite à se dépasser pour atteindre en Lui la dimension de cet Amour qui est unité.*

L'Épouse, voilà ce dont la femme est le signe dans le mystère de l'Alliance. Si elle fut, dans la Genèse, la proie première du Malin, ce n'est pas parce que plus fragile – qui oserait encore le prétendre ? – mais parce que, de son accord inconditionnel avec Dieu-Père, naîtrait un jour le Fils, en qui se réaliserait pour l'homme la filiation divine, que Satan refusait. Et c'est encore son visage que l'Apocalypse donne à l'Église des temps derniers. « La vision eschatologique des noces de l'Agneau, écrit Louis Bouyer, nous fait apparaître la qualité d'Épouse comme finale, dans la conjonction consommée de la femme et, en elle, de l'humanité, de la création tout entière, avec l'Époux céleste. »

Dans ces perspectives, comprendra-t-on enfin que tout effort pour identifier la femme à l'homme trahit une menée satanique contre cette Alliance dont elle est le signe ? Il ne saurait y avoir de « promotion » pour elle dans une identification. Mieux, c'est parce qu'elle est « l'autre », qu'elle rend possible cette unité, signe du Royaume, qui adviendra lorsque les deux seront un dans le Christ.

GENEVIÈVE HONORÉ-LAINÉ
auteur de *La femme et le mystère de l'Alliance*,
Éd. du Cerf, 1984.

Pourquoi l'Église n'admet-elle pas les femmes à l'ordination sacerdotale ?

Des précisions données par le Saint-Siège

L'attitude du Christ

3. « Le Christ a eu à l'égard des femmes une attitude qui contrastait avec celle de son milieu, n'hésitant même pas à prendre ses distances vis-à-vis de la loi de Moïse pour affirmer l'égalité des droits et des devoirs de l'homme et de la femme face aux liens du mariage. Un groupe de femmes l'accompagne dans son ministère ; ce sont des femmes qui, les premières, ont eu le privilège de voir Jésus ressuscité. Ces constatations rendent plus remarquable le fait que Jésus n'a pas confié aux femmes la charge des Douze ; les Pères de l'Église ont relevé ce fait notable que Marie, associée si étroitement au mystère de son Fils, n'a pas été investie du ministère.

La communauté apostolique est demeurée fidèle à l'attitude de Jésus. Alors que les apôtres, au moment de sortir des limites du monde juif, ont dû rompre, parfois douloureusement, avec les pratiques mosaïques, ils n'ont pas cependant envisagé de conférer l'ordination à des femmes, bien qu'ils les aient associées à l'œuvre de l'évangélisation, comme en témoignent les Actes et les Épîtres de saint Paul ».

Une norme pour l'Église

5. « Cette attitude de Jésus et des apôtres a été considérée par la tradition comme normative. On a prétendu, de nos jours, qu'elle s'expliquait par l'influence de leur milieu et de leur époque. Au contraire, l'examen des Évangiles montre que Jésus a enfreint les préjugés de son temps en contrevenant largement aux discriminations pratiquées à l'égard des femmes. A plus forte raison ce conditionnement socio-culturel n'aurait-il pas retenu les apôtres en milieu grec, où les mêmes discriminations n'existaient pas. Il est vrai que l'on peut relever dans les Épîtres de saint Paul des prescriptions ou même des considérations concernant les femmes que l'on juge aujourd'hui caduques ; mais il est excessif d'accuser l'Apôtre de préjugés hostiles envers elles, quand on constate la confiance qu'il leur témoigne : c'est même à lui que nous devons un des textes les plus vigoureux du Nouveau Testament sur l'égalité fondamentale de l'homme et de la femme comme enfants de Dieu dans le Christ ».

Le prêtre, signe efficace du Christ

7. « Le document ne se limite pas à rappeler ainsi la norme de l'Église et son fondement : il cherche à l'éclairer en montrant par l'analogie de la foi, la profonde convenance du fait que seuls des hommes sont appelés à l'ordination sacerdotale avec la nature du sacrement de l'ordre et sa référence spécifique au mystère du Christ. En effet, dans l'exercice des actes de son ministère qui exigent le caractère sacerdotal, comme la consécration de l'Eucharistie et la réconciliation des pécheurs, le prêtre n'agit pas en personne propre : il tient la place du Christ, il joue son rôle, il est le signe efficace du Christ qu'il représente et qui agit par lui. Le signe aurait-il la ressemblance naturelle avec ce qu'il signifie si le rôle du Christ était tenu par une femme ? Car le Christ fut et demeure un homme. C'est en vain qu'on chercherait à minimiser ce fait qui est étroitement lié à toute la Révélation et particulièrement à l'Alliance : le Christ est l'époux de l'Église. C'est pourquoi dans les actes essentiels de l'Alliance, seul un homme peut jouer le rôle du Christ, être signe de sa présence : cela ne relève en lui d'aucune supériorité personnelle, mais seulement d'une diversité de fait, au plan des fonctions et du service, entre l'homme et la femme. Et s'il est vrai que le prêtre représente aussi l'Église, c'est parce qu'il représente d'abord le Christ lui-même, qui est le chef et le pasteur de l'Église. »

Égalité n'est pas identité

8. « L'égalité des baptisés n'est donc point identité : l'Église est un corps différencié, où les fonctions sont distinctes et ne doivent pas être confondues ; elles ne donnent pas lieu à la supériorité des membres les uns sur les autres. Le seul charisme supérieur, qui peut et doit être désiré, c'est la charité. Les plus grands dans le Royaume des cieux, ce ne sont pas les ministres, mais les saints.
Les controverses sur l'ordination risqueraient d'empêcher les femmes chrétiennes de prendre conscience de la grandeur de leur mission : leur rôle sera pourtant capital aujourd'hui, aussi bien pour le renouvellement et l'humanisation de la société, comme le leur a rappelé le pape Paul VI, que pour la redécouverte, parmi les croyants, du vrai visage de l'Église. »

Extraits de la Déclaration
de la Congrégation pour la Doctrine de la foi,
27 janvier 1977

Ph. Ponta – CIRIC

Chiara Lubich, fondatrice du mouvement *Focolari*. À sa droite, Mgr Vlk, archevêque de Prague.

Quelle place pour la femme dans l'Église ?

L'évolution de la condition féminine sur tous les plans : familial (elle a désormais la maîtrise de la vie), social (elle accède à la presque totalité des professions, au moins en principe et dans les pays développés), culturel (aucun cycle universitaire ne lui est fermé), politique (elle occupe des postes de responsabilité de premier plan), cette évolution est un événement considérable, qui met en quelque sorte la femme à l'avant-scène de l'Histoire.

Dans son encyclique *Pacem in terris*, en 1963, Jean XXIII y voyait déjà un « signe des temps », qu'il situait au même plan que la promotion économique et sociale des classes laborieuses d'une part, que l'indépendance des peuples d'autre part.

Il fallut tout de même attendre 1975 pour que la conscience de cet événement s'éveillât au point de voir l'Organisation des Nations-Unies décider d'une décennie de la femme. La conférence de Mexico, qui ouvrit cette décennie, fut malheureusement si politisée qu'elle divisa les femmes au lieu de les unir. C'est que l'on ne fait pas facilement l'unanimité sur un sujet mettant si fondamentalement en cause l'identité des êtres, tant masculins que féminins.

Dans ce contexte évolutif, la question devait naturellement se poser de la place de la femme dans l'Église. En 1973, à la suite du concile Vatican II, une Commission pontificale d'étude sur la place de la femme dans la société et dans l'Église avait d'ailleurs été constituée. Dès cette époque, un mouvement si net se dessinait en faveur de l'accession des femmes au sacerdoce qu'il leur valut une réponse non moins nette de la Congrégation romaine pour la Doctrine de la Foi. Aux revendications, parfois maladroites et mal posées, de certaines formations féminines, elle répondit en effet, en 1976, par une Déclaration sans ambiguïté. Le dommage est que la Déclaration, qui mettait bien l'accent sur le pourquoi d'un sacerdoce seulement masculin, n'apportait aux femmes qu'une réponse négative, n'envisageant en rien l'aspect de leur propre vocation dans ce mystère de l'Alliance qu'elle évoquait pour l'homme.

A la fin de cette décennie de la femme et en dépit de tant d'interventions, de livres, de conférences, d'articles, la question de la place de la femme dans l'Église soulève toujours autant de discussions, de prises de positions souvent passionnées, et les choses n'avancent guère. Jean-Paul II en est conscient, qui a dit en Suisse, lors de sa visite de juin 1984 : « Nous avons à nous demander sérieusement si la femme a aujourd'hui dans l'Église et la société la place prévue par le Créateur et le Rédempteur, et si sa dignité et ses droits sont reconnus de façon satisfaisante. » C'est une promesse que d'aucuns n'ont d'ailleurs pas manqué d'interpréter dans leur sens.

Quel sens ? C'est toute la question.

Pour les uns, l'examen de la place de la femme dans l'Église ne peut aboutir qu'à un statut ecclésiastique égal à celui de l'homme. Il apparaît à ceux-là que l'évolution de la femme dans la société doit conduire à cette égalité. Ils ne voient pas pourquoi, alors qu'elle accède désormais en principe à tous les postes de responsabilité réservés jusqu'à ces dernières décennies aux hommes, elle se verrait interdire l'accès au sacerdoce. Ils observent que rien dans les Écritures ne s'y oppose, que seul un contexte social a conduit le Christ, il y a deux mille ans, à choisir exclusivement des hommes pour fonder son Église, et, qu'à l'heure où celle-ci souffre cruellement d'un manque de prêtres, il est temps de revoir la question.

Pour les autres, il ne faut pas confondre sacerdoce et pouvoir ; l'Église est autre chose qu'une société temporelle, et sa position traditionnelle par rapport au sacerdoce masculin repose sur un principe théologique fondamental qu'ils regrettent de ne pas voir mieux exprimer. Si, de ce fait, l'Église doit, selon eux, demeurer ferme sur ce principe, il n'en reste pas moins qu'elle doit envisager, là aussi d'un point de vue théologique, la place qu'il lui faut reconnaître à la femme.

Ph. Ragh Rai-Magnum
Mère Teresa de Calcutta (voir Index).

Nombreuses sont du reste les femmes qui, sans qu'on leur reconnaisse ou non une place, assurent une présence active à la mission évangélisatrice de l'Église. Elles couvrent à elles seules la grande majorité des besoins de la catéchèse, au moins en France. Elles sont aussi animatrices ou même responsables d'aumôneries de lycées, collèges, hôpitaux. Elles sont, comme étudiantes inscrites, plus nombreuses que les hommes, dans les facultés de théologie ; certaines y sont chargées de cours. Il en est qui prêchent des retraites, d'autres qui exercent un ministère délégué par l'Évêque.

Pour celles-ci, le décalage est flagrant entre leur participation à la vie missionnaire de l'Église et leur absence des grandes instances où s'organise cette vie missionnaire. Si quelques-unes sont admises dans différents Conseils et Commissions à titre consultatif ou délibératif, elles estiment que ce mouvement doit se développer. Mieux : certaines pensent que c'est leur statut dans l'Église-société temporelle qui doit être pensé ; un statut qui devrait leur donner accès au pouvoir de décision, auquel on n'accède aujourd'hui que par le sacerdoce. Elles souhaitent que des formules soient trouvées, qui donneraient droit de vote aux plus qualifiées pour l'organisation de la vie chrétienne du peuple de Dieu. Celles-là, pensent-elles, qui ont acquis une expérience dans l'action, pourraient apporter une opinion dont l'Église se prive avec dommage.

Bref, pour répondre de façon satisfaisante à la question de la place de la femme dans l'Église, on ne peut plus aujourd'hui faire l'économie d'une « sérieuse » réflexion comme a dit le pape en Suisse ; une réflexion théologique, au plan de l'Église-Épouse, partenaire de l'Alliance nouvelle, et une réflexion pratique, au plan de l'Église-société temporelle. Autrement dit, l'Église doit se repenser comme Peuple de Dieu en marche — soutenu par la Parole et les sacrements, à la rencontre du Christ-Époux — et comme gouvernement de ce Peuple — adapté à chaque époque et soutenu par ses représentants hommes et femmes.

GENEVIÈVE HONORÉ-LAINÉ

JEUNE FILLE, LÈVE-TOI

Comment nier l'évidence ? Voilà vingt ans que je m'intéresse aux péripéties de la lutte pour une reconnaissance du rôle des femmes dans l'Église et que j'y participe même un peu — parce que je ne peux pas faire autrement — puisque je suis femme et chrétienne. Eh bien, il faut le dire tout net : le bilan est sombre. Aucun progrès réel, une situation bloquée. Non, bien pire que l'absence d'un progrès : un pourrissement, une ankylose... Depuis vingt ans, on remâche les mêmes questions, les mêmes amertumes. Mais, en face, ce sont toujours les mêmes réfutations butées, les mêmes blocages, les pratiques abusivement autoritaires. Pourtant, je l'avoue, le sentiment qui prévaut en moi est celui d'un indéfectible optimisme, la certitude d'une fécondité à l'œuvre.

L'intérêt d'une prise de conscience

Comment est-il possible que vingt ans après le Concile, vingt ans de lutte, de service, de la part de tant de femmes courageuses et sincères et quelquefois de très haute qualité, dans les domaines de la théologie, de la pastorale, de l'engagement pour les pauvres, comment est-il possible que cela n'aboutisse qu'à une situation pratiquement inchangée ?

A force de retourner jusqu'à la révolte ce pourquoi, dans l'esprit et dans le cœur, on est amené, peu à peu, à une prise de conscience. Pour susciter de telles oppositions, de tels refus, le problème doit être extrêmement grave. ▶

Il ne s'agit pas de se faire octroyer une reconnaissance arrachée par la séduction ou les pleurnichailleries de bonnes femmes. Il s'agit de prendre acte d'une situation de péché et d'accepter l'idée de prendre son temps pour en venir à bout, pour venir à bout de ses propres lâchetés et de ses propres résistances.

L'utilité d'un temps mort

Ce genre de combat de transformation suppose une réelle conversion — une sorte de déculturation (abandon des images négatives de la femme, des rôles inculqués dès l'enfance). Il s'agit d'éviter, dans la revendication et la révolte, une attitude en miroir, une fascination de ce que l'on rejette qui ne fait qu'entraîner dans un piège redoublé. Ce genre de démons ne se combat que par le jeûne et la prière, par le silence et la patience, par le passage à travers une certaine mort. Et cela demande du temps. Alors apparaissent peu à peu, dans toute leur complexité, les questions qu'il faut étudier et auxquelles il faut tenter de répondre autrement que par des slogans.

La première question est celle du sacerdoce pour les femmes et le refus insupportable qui y est opposé. Ce refus a suscité une réflexion plus vaste sur les ministères. Le pouvoir d'organisation, de décision n'est pas automatiquement lié aux responsabilités effectives que prennent les femmes dans l'Église. Il reste toujours entre les mêmes mains. Il doit être revendiqué, conquis chaque fois que cela est possible. Et devant la féminisation d'un secteur (la catéchèse par exemple), il faut faire prévaloir une nouvelle revendication, authentiquement non-sexiste, celle d'une Église « bisexuée ».

La découverte d'un champ libre

Là où les hommes n'ont pas pu ou pas voulu engager leur pouvoir, le champ est merveilleusement libre. Le féminisme des chrétiennes s'est avéré efficace dans le domaine civil (les religieuses des professions de santé ont fait reconnaître légalement leur métier d'aide-ménagères). Le féminisme des chrétiennes est encouragé parce qu'il est jugé utile pour faire évoluer l'ensemble de la société (la commission pour la mise en place d'un langage non-sexiste s'intéresse aux efforts des femmes chrétiennes pour développer un langage inclusif et inventer des termes nouveaux).

Les religieuses ont dû affronter quelquefois de redoutables problèmes de fidélité à leur vocation et à elles-mêmes. Des femmes mariées choisissent de vivre de nouvelles étapes de leur vie conjugale, de leur vie engagée, de leur vie spirituelle. Toutes ensemble, elles découvrent une mobilité, une fluidité des vocations, la possibilité et l'intérêt d'un deuxième souffle.

Dans le conte La jeune fille sans mains *que commente Marie-Louise Von Franz, on voit l'héroïne se faire couper les mains par son père qui a signé un pacte avec le diable (elle vit donc d'abord l'écrasement par le pouvoir patriarcal). Plus tard, cette jeune femme, mutilée et en fuite, sera recueillie et épousée par un roi qui lui fera faire des « mains d'argent », des mains artificielles (c'est le « bonheur » de la conformité sociale et des rôles bien assumés). Mais de multiples épreuves, classiques des récits de conte, l'obligeront à fuir à nouveau et à se réfugier dans la forêt et dans la solitude. C'est là, après un long temps de silence et d'isolement (sous la protection d'un ange, symbole d'une expérience intérieure qui permet de découvrir le vrai sens que l'on veut donner à sa vie), que ses mains repousseront...*

Quand je suis trop découragée, j'aime me « consoler » en me racontant ce conte de fée. La femme dans l'Église n'est pas au bout de ses tribulations mais elle doit retrouver ses « vraies mains », découvrir encore mieux le sens de son rôle.

Ah ! j'oubliais ! un élément pourtant essentiel du récit. A la fin du conte, lorsque le roi retrouve sa femme avec ses mains naturelles, il est à son tour tout à fait transformé et il s'écrie : « Une lourde pierre a été enlevée de mon cœur ». Alors le roi et la reine célèbrent leurs noces une nouvelle fois et ils vécurent heureux jusqu'à leur fin bénie...

Comment ne pas évoquer ici ces hommes, ces chrétiens, ces prêtres que j'aime fraternellement, amicalement, tendrement, qui sont de vrais féministes et m'aident à le devenir. Et voilà, si l'on envoie au bûcher celles qui refusent d'abjurer une espérance irrépressible et qui croient obstinément aux contes de fée, je peux préparer mon extincteur !

Danielle Penuel

Femmes et Hommes aujourd'hui, n° 20, Septembre 1984

Hommes et femmes : l'Écriture en parle-t-elle en termes d'égalité ?

Le milieu sémite et l'ancien Orient

Malgré la place dévaluée que beaucoup de civilisations et religions orientales attribuent aujourd'hui à la femme, il n'en était pas ainsi à l'origine. Le culte arabe ancien (comme tous les cultes sémites, et surtout les cultes de la fécondité) associait les dieux par couples, souvent la déesse étant plus grande que le dieu. Par exemple, la Pierre Blanche était la divinité originelle et la Pierre Noire son fils. La prostitution sacrée florissait, et la liturgie était souvent dévolue aux femmes ; ainsi les femmes Kalin étaient-elles les grands prêtres de l'ancienne Arabie. Il en était de même dans les autres religions du Croissant fertile.

De plus, à cette époque de confusion entre le spirituel et le temporel, les alliances politiques conduisaient fréquemment à des mélanges religieux, et les cultes étrangers étaient souvent introduits par des femmes : ainsi Maaka, grand-mère d'Asa, roi de Juda, avait introduit le culte d'Ashera-Astarté (1 R 15,13), les reines Jézabel et Athalie celui des dieux phéniciens (1 R 18 à 21,16 ; 2 R 9,30-37 ; 2 Ch 23).

L'Ancien Testament

Si, à l'image de tout l'ancien Orient, les auteurs de l'Ancien Testament sont théoriquement égalitaristes, ils se montrent en fait très circonspects à l'égard des femmes, et ceci pour deux raisons.

La première, c'est la crainte de tout ce qui peut rappeler ou favoriser les cultes de la fécondité, en honneur dans les peuples voisins. Ainsi est-il interdit aux guerriers, sous prétexte de pureté rituelle, d'avoir des rapports avec leurs femmes pendant la guerre : la victoire doit pouvoir être attribuée à Dieu seul et non à quelque pratique liée au culte de la fécondité (1 S 21,5 et 6 ; 2 S 11,11).

La seconde raison est la méfiance vis-à-vis des belles étrangères, qui furent souvent à l'origine, après leur mariage avec des princes juifs, de l'introduction de cultes païens.

Cependant rien de ce qu'accomplit l'homme n'apparaît interdit à la femme : elle offre des sacrifices (Jg 13,20), elle est chantre (Esd 2,65), prophète (Ex 15,20, Nb 12,2), juge (c'est-à-dire chef du peuple), et ceci du vivant de son mari (Jg 4,4), conseiller du grand prêtre (2 R 22,14). Nombreuses sont au demeurant, dans l'Ancien Testament, les grandes figures féminines, qu'il s'agisse des femmes des patriarches, ou de Judith, d'Esther, de Ruth, etc.

Pourtant, malgré cette tradition, force est de reconnaître que la misogynie se développe ; à l'époque du Christ, les Juifs chantaient déjà : « Béni sois-tu notre Dieu de ce que tu ne m'as fait ni gentil (étranger), ni femme, ni ignorant » !

Les Évangiles et les Actes des Apôtres

Les *Évangiles* de Luc et de Jean accordent une grande place aux femmes. Les deux premiers chapitres de Luc sont frappants à cet égard, mettant en avant les grandes figures d'Élisabeth (mère de Jean-Baptiste) et de sa cousine Marie, la mère de Jésus, sans parler de la prophétesse Anne. Si les douze apôtres furent des hommes, rien n'oblige à penser que les soixante-douze disciples le furent également tous (Lc 10,1-20). Luc en tout cas fait état des femmes qui, telle Marie-Madeleine, cheminaient avec Jésus en Galilée en même temps que les apôtres (Lc 8,1-3). On les retrouve sur le chemin du calvaire, et au Golgotha même, suivant de plus ou moins loin Jésus. Au pied de la croix se trouve Marie, sa mère (Jn 19,25-27). Le dimanche de Pâques, ce sont encore des femmes venues de Galilée avec lui qui constatent

La Visitation.

Suite page 728 ▶

▶ *Suite de la page 727*

les premières le vide du tombeau et alertent les apôtres ; c'est à l'une d'elles, Marie-Madeleine, qu'apparaît en premier lieu Jésus ressuscité. Le récit des *Actes des Apôtres* peut laisser penser que des femmes, dont Marie, étaient présentes à l'Ascension et à la Pentecôte (Ac 1,6-14 ; 2,1 *sqq.*).

Parmi les femmes évoquées plusieurs fois par les évangiles se trouve bien sûr, on l'a vu, Marie, mère de Jésus (surtout par Luc). Les textes à son sujet ne sont cependant pas très éclairants sur la manière dont Jésus conçoit l'égalité des sexes ; ils mettraient plutôt en lumière ce qui fait leur spécificité (ce qui ne veut pas dire leur inégalité). Cependant, à une femme qui, dans la foule, lui crie : « Heureuses les entrailles qui t'ont porté et les seins que tu as sucés » (Lc 11,28), il répond : « Heureux plutôt ceux qui écoutent la parole de Dieu et l'observent », signifiant par là que ce qui compte, ce n'est ni la parenté, ni le rang dans la société, ni le sexe, mais le rapport avec Dieu.

Ainsi en fut-il dans les débuts de l'Église. Le premier chrétien baptisé en Europe par Paul est une femme, Lydie (Ac 16,14). Lorsqu'un couple catéchise un nouvel et ardent disciple, Apollos, c'est la femme, Priscille, qui est nommée la première et non son mari Aquila (Ac 18,26) ; cette femme tiendra même une telle place que le célèbre exégète allemand Harnack lui attribuera l'*Épître aux Hébreux*.

Saint Paul

Il passe pour mysogine. Il est vrai que certains textes prêtent à cette accusation. « Soyez soumis les uns aux autres dans la crainte du Christ. Que les femmes le soient à leurs maris comme au Seigneur ; en effet le mari est chef de sa femme comme le Christ est le chef de l'Église » (Ép 5,21 *sqq.*). « Le chef de tout homme, c'est le Christ ; le chef de la femme, c'est l'homme » (1 Co 11,3-16). Mais ces textes se réfèrent à une situation sociale donnée, et s'emploient à la rendre acceptable ! (Ép 5,25 *sqq.*). De la même manière, Paul demande aux esclaves d'obéir à leurs maîtres, et en même temps rappelle aux maîtres que chacun, qu'il soit maître ou esclave, sera jugé par le Seigneur selon son comportement. Entend-il de la sorte sacraliser l'esclavage ? Il travaille au contraire à la réhabilitation de l'esclave, condition de sa libération. Et il affirme avec force : « Il n'y a ni esclave, ni homme libre, ni homme, ni femme ; car tous vous ne faites qu'un dans le Christ Jésus. » (Ga 3,28). C'était un langage fort audacieux pour l'époque. Pour lui la charité interdit les révolutions tout en étant le ferment des grandes évolutions.

Homme et femme il les créa

On pourrait en quelque sorte résumer la pensée de l'ensemble de l'Écriture de la manière suivante : la femme et l'homme sont égaux en droit mais ont des rôles sociaux différents. En cela, l'Écriture ne fait au fond que commenter le livre de la *Genèse* selon lequel « Dieu créa l'homme à son image, à l'image de Dieu. Homme et femme il les créa » (Gn 1,27).

Si, dans un premier temps, on voit Adam donner à la femme issue de lui le nom d'Issah, c'est-à-dire en quelque sorte « l'hommesse », ensuite il lui attribue un nom absolument propre, Ève, c'est-à-dire la Vivante. Dans ce récit, l'être humain est le seul dont le nom de la femelle ne soit pas une simple féminisation du nom du mâle ; elle est semblable et autre. Et c'est ensemble qu'homme et femme ressemblent à Dieu. Sans doute parce que Dieu est amour. ■

▶▶▶ *Suite de la page 718*

Vivre l'Alliance

1. LA VIE CHRÉTIENNE EST UNE « SUITE » DU CHRIST, HOMME DE PRIÈRE

Jusqu'à une époque très récente, cette « vérité » du christianisme n'avait jamais été remise fondamentalement en cause par aucun des innombrables mouvements de pensée que le christianisme a générés. Cette vérité est probablement la seule à bénéficier d'une telle unanimité ! Depuis lors, les choses ont (un peu) changé.

En 1963, un évêque anglican, John Robinson, dans un livre fameux, *Honest to God,* exprimait publiquement les difficultés de beaucoup de chrétiens occidentaux. La prière « traditionnelle », avec ce qu'elle comporte de retrait du monde, lui semblait dépassée, périmée. Pour lui, la prière consiste « à chercher le plus profond de sa personnalité et prier pour un autre... C'est voir son attention envers lui comme une attention à l'égard de ce qui est ultime en lui, c'est faire entrer Dieu dans la relation... Cela peut très bien signifier ne pas parler à Dieu, ni le faire intervenir dans le dialogue comme troisième personne. Le Toi auquel on s'adresse peut être très bien uniquement le Toi de l'autre, mais le dialogue peut s'opérer à un tel niveau que l'on peut prétendre ne le connaître qu'en Dieu et Dieu en lui ».

Sans briser totalement l'unanimité précédente, cette opinion invite à répondre à trois questions : qu'est-ce que la prière ? La prière est-elle toujours une part essentielle de la réponse des chrétiens d'aujourd'hui à l'appel de l'Alliance ? Comment prier ?

Qu'est-ce la prière ?

Elle est une réponse à Dieu. Elle repose sur la conviction que si Dieu a parlé et se manifeste encore, il écoute aussi ce qu'on lui dit. Elle suppose donc la foi en un rapport possible avec Dieu sur le mode Toi-Moi. Cette foi a toujours été présente au cœur de la prière du Peuple de Dieu. Elle s'exprime largement dans les *Psaumes*, ce recueil de prières qui est, pour l'Église, le modèle et l'école de toute prière.

« Lève-toi, Seigneur ! Sauve-moi mon Dieu » (Ps 3,8).
« Quand j'appelle réponds-moi, Dieu ma justice » (Ps 4,1).
« Prête l'oreille à mes paroles, Seigneur » (Ps 5,1).
« Seigneur mon Dieu, tu es mon refuge » (Ps 7,1).
« Des profondeurs, je crie vers toi » (Ps 130,1)...

On le voit, la prière est ici diamétralement opposée à un repliement sur soi, à une méditation romantique, à une réflexion sur son être le plus profond, à une ouverture à l'être fondamental de l'autre ; elle est vraiment parole adressée à Dieu que l'on croit présent et écoutant.

La prière, c'est la foi qui parle. Imagine-t-on un amour qui ne s'exprime pas ? Les spécialistes des sciences humaines font remarquer que l'homme devient lui-même en parlant (ils disent : par la médiation du langage) : l'homme chrétien s'accomplit en disant sa foi à celui qui en est l'objet.

▶▶▶

Un laïc parle de spiritualité

Dieu est mort ?

Hier on disait « Dieu est mort ». Aujourd'hui on parle du retour de Dieu. Drôle de manière de poser le problème de la vie spirituelle : comme si Dieu allait et venait, s'approchait et se retirait ! Comme si Dieu changeait ! C'est nous qui changeons.

Pendant toute une période, avant et après 1940, on a exalté l'engagement. Et on a eu raison. Qu'est-ce que la foi sans les œuvres ? On a rappelé que la charité ne suffisait pas si la justice n'était pas exercée. Et on a eu raison.

Mais, en même temps, les exigences spirituelles ont été plus ou moins oubliées. On a vu disparaître du vocabulaire, ou presque, la prière, l'ascèse, l'humilité, la vertu. Et on a eu tort. Qu'est-ce que la foi sans la prière ? Qu'est-ce que le changement social sans le changement des cœurs ? Qu'est-ce que la justice sans la générosité ? Qu'est-ce que l'action sans la contemplation ?

Au fond, le problème qu'on affronte aujourd'hui est toujours celui de l'identité chrétienne. En quoi nos engagements sont-ils chrétiens, si des non-chrétiens, inspirés par telle ou telle idéologie, les prennent avec autant d'ardeur et d'efficacité que nous ? Notre identité n'est-elle pas dans notre foi elle-même, dans le type de relation que nous cherchons avec un Dieu Père, Fils et Esprit ?

Les signes du renouveau ?

De ce renouveau spirituel, les signes ne sont pas spectaculaires — parce que le spirituel lui-même ne relève pas de la catégorie du spectacle. Mais ils sont nombreux. Et surtout ils sont profonds. Ce sont des poussées plus que des explosions. Elles échappent aux sondages dans lesquels on se complaît tant depuis quelques années, jusqu'à prétendre leur faire explorer le fond des cœurs.

Les sondages sont utiles, c'est évident, à condition de les prendre pour ce qu'ils sont : des constats superficiels. Ils laissent finalement échapper les vagues de fond et les attentes. Les résultats sont utiles, si on les interprète bien. Ainsi a-t-on pu constater que des hommes s'éloignent à petits pas de l'Église. Mais on ne se rend pas compte que les questions éternelles subsistent au fond de chacun, devant la mort par exemple, devant les violences de toutes sortes, devant la destruction de la nature, devant la solitude croissante des hommes (la solitude est sans doute la plus grande plaie de notre temps). Les gens qui s'éloignent de l'institution ne sont pas toujours des gens qui cessent de prier.

Alors il faut bien constater que les pèlerinages, par exemple, attirent toujours les foules : Lourdes reçoit chaque année des millions de fidèles. Et, dans un genre différent, Taizé, l'été, est rempli de jeunes. Le Renouveau charismatique est capable de rassembler à Strasbourg 30 000 participants enthousiastes, venus de tous les pays d'Europe.

Autre signe : les livres de prière battent tous les records de l'édition. *Prière du temps présent* a tiré à 650 000 exemplaires avant d'être remplacé par une nouvelle édition. *Les prières* de Michel Quoist ont eu plus de succès que la plupart des grands romans. On se tourne vers *Les prières des premiers chrétiens* et on se tourne également vers Jean Debruynne. Les éditions C. L. D. publient 30 volumes de *Prières de tous les temps*. Michel Dubost propose un recueil de *Paroles à Marie*. Caffarel, Sève, Carlo Carretto, Bernard Bro, tous ces maîtres spirituels d'aujourd'hui, sont des best-sellers et je ne parle pas des chants, liturgiques ou pas.

Mais, le signe le plus étonnant est peut-être le développement de la revue *Prier*, qui a pris de court les meilleurs observateurs et qui pourtant s'explique très bien : on avait oublié le goût de la prière dans le goût de la vie.

Un peu partout naissent des groupes de prière, de tous les âges et de toutes les sortes. Parfois modestes et presque invisibles, au niveau paroissial, mais essentiels pour l'avenir des communautés chrétiennes locales dites sans prêtre (les A. D. A. P.). Parfois éclatants, comme ceux du Renouveau où l'on pratique la visite des malades, la prière spontanée, l'évangélisation dans la rue et même parfois, dans des communautés, le partage des biens.

Nombreux sont les chrétiens d'aujourd'hui ou les hommes en recherche qui vont se ressourcer dans les Écoles de prière des Carmes, dans les Cénacles d'inspiration ignatienne, dans les monastères, surtout les plus accueillants et les plus petits, à la maison de prière de Troussures, dans les Foyers de Charité, parfois dans les « déserts » ou les ermitages, de plus en plus recherchés et dans les rendez-vous de prière organisés par *Prier* (il y a bien des rendez-vous d'affaires ou de vacances !).

Une prière qui se renouvelle

Ce qui nous empêche peut-être d'estimer l'importance de ce renouveau, c'est le fait que les anciens critères ne sont plus valables : la prière a changé d'allure — ce qui est bien normal, puisque changent aussi les formes de la culture et de l'architecture. Toutes les enquêtes le montrent. La prière de demande, certes, reste importante, mais la prière de louange se développe, ainsi que la prière d'action de grâces et la prière d'écoute (ou d'abandon). Cette prière s'élargit aux dimensions du monde, parfois même aux autres religions ; elles prennent appui sur le corps (on parle même de « la prière du corps »). Elle redécouvre la vertu de la litanie ou de la répétition (*cf.* « la prière de Jésus », d'origine orientale), elle recherche une certaine intimité et elle se complaît dans les oratoires, qui se multiplient. Mais elle s'exprime aussi dans toutes les situations de la vie, par exemple, dans les transports, ces nouveaux temps morts. Elle gagne en intensité et en gratuité ce qu'elle perd en étendue apparente. A côté des chrétiens qui perdent — peut-être ? — le sens de la prière, il y a les chrétiens, nombreux, qui déclarent prier plus qu'avant, et différemment.

Un Esprit toujours nouveau

D'où vient donc ce renouveau spirituel ? De l'Esprit Saint sans doute. Mais l'Esprit agit souvent à travers les circonstances. Il les utilise. Il en joue. Dans ce regain de spiritualité, comment ne pas voir un besoin d'absolu dans une civilisation qui exalte le relatif, un besoin de gratuité au milieu de tant de convoitises, un besoin de silence dans le déferlement du bruit, un besoin d'intimité quand on est écrasé par la foule, un besoin de vérité quand les mots sont détournés de leur sens, un besoin d'espérance et un besoin de transparence.

Ce retour du spirituel, ce retour vers Dieu, ce regain de la prière, cette redécouverte de la contemplation — appelez cela comme vous voudrez — est indubitable, mais il n'est pas non plus sans dangers. Peut-être n'est-ce que le retour du balancier ? Après avoir exalté Marthe aux dépens de Marie, n'est-on pas en train d'exalter Marie aux dépens de Marthe[1] ? Le discernement s'avère nécessaire. Il est bien vrai que certains petits groupes — les moins formés — risquent de s'enfermer sur eux-mêmes, bien au chaud, en oubliant la nécessité parallèle des combats. Le pari de notre époque — un pari éternel — est de maintenir à la fois la contemplation au cœur de l'action et l'action au cœur de la contemplation.

JEAN-PIERRE DUBOIS-DUMÉE

1. Allusion à Luc (10,38-42) : dans ce passage, d'Évangile, deux sœurs, Marthe et Marie reçoivent Jésus. Marie écoutait Jésus pendant que Marthe vaquait au service de la maison.

Ph. Pascale L. R.

Lorsqu'un mot, une expression, un événement, une institution, un nom propre vous sont inconnus, consultez l'index.

▶▶▶

La prière, c'est l'Esprit qui parle. Dans l'Évangile, lorsque Jésus montre à ses disciples comment prier, il les met en garde contre ce que les « païens » appellent prière : « Quand vous priez, ne rabâchez pas comme les païens ; ils s'imaginent que c'est à force de paroles qu'ils se feront exaucer » (Mt 6,7). Quelle est la différence entre le « rabâchage des païens » et la prière chrétienne ? Pour les chrétiens, la parole qu'ils adressent à Dieu, et qui est le cri de leur foi, ne vient pas d'eux-mêmes, elle vient de l'Esprit. Paul exprime cela lorsqu'il écrit aux Galates : « Fils, vous l'êtes bien : Dieu a envoyé dans nos cœurs l'Esprit de son Fils qui crie : Abba ! Père ! » (Ga 4,6).

La prière chrétienne est une succession de variations (comme en musique on parle de variations sur un thème), dont le thème central est ce cri de l'Esprit en l'homme, qui l'entraîne vers le Père.

La prière chrétienne ne possède pas Dieu. Ce qui vient d'être développé pourrait faire penser que la prière chrétienne se déroule sur le mode d'une conversation où l'un parle et l'autre répond, alternativement. En fait, il n'en est pas ainsi. La prière repose sur la foi en un Dieu qui parle. Elle est l'expression de la réponse de l'homme. Mais elle reste dans le domaine de la foi, et Dieu — tout proche soit-il pensé — est aussi pensé comme inaccessible ou, pour être plus exact, transcendant.

La prière est-elle toujours une part essentielle de la réponse des chrétiens d'aujourd'hui à l'appel de l'Alliance ?

Certes, beaucoup de chrétiens ne savent plus comment prier, pris qu'ils sont dans le rythme soutenu de la vie urbaine. Certes, beaucoup de chrétiens ont l'impression que leur prière ne sert à rien. Le trouble décrit par J. Robinson, et évoqué un peu plus haut, existe encore. Cependant, l'immense majorité des chrétiens prie, et beaucoup de ceux qui ne prient pas ressentent l'absence de prière comme un manque. Bien plus, on assiste, en maints pays, en maintes communautés chrétiennes, au renouveau de la prière.

Ce renouveau est souvent présenté comme une réaction à la véritable censure de tout ce qui pouvait signifier une réalité spirituelle, censure exercée par ce que d'aucuns ont appelé les « policiers de la réalité » (enseignants, psychiatres, journalistes, etc.) définissant, au nom de la « modernité », le vrai, l'absurde ou les survivances de conceptions passéistes. Comme toute réaction, celle-ci a ses limites ; mais en donnant congé au terrorisme d'une pseudo-modernité, en retrouvant l'absolue nécessité de parler à Dieu, elle relativise tout autre langage et devrait permettre finalement une meilleure adaptation au monde moderne tel qu'il est.

Quoi qu'il en soit, le chrétien d'aujourd'hui est plus sensible qu'il y a dix ans à l'appel, central dans l'Évangile, à la prière. S'il veut suivre le Christ, il le voit prier. Il le voit prier du début de son ministère (Mc 1,35) jusqu'à la Croix (Lc 23,46). Il le voit prier dans la jubilation (Mt 11,25-26) et dans la solitude la plus horrible, celle où Dieu semble s'être éloigné (Mt 27,46). Il le voit prier dans cette grande prière que Jean rapporte au chapitre 17 de son *Évangile*,

▶▶▶

Présence à Dieu

S'il est vrai, comme l'exprime le paradoxe de Kierkegaard, « qu'il est plus difficile de devenir chrétien quand on l'est, que de le devenir quand on ne l'est pas », il apparaîtra que, dans la réalité de tous les jours, l'existence du croyant sera toujours celle d'un cœur partagé *et d'une liberté exposée. Quelle que soit sa condition de vie, le croyant ne peut, sans un combat contre soi et un défi au monde, rester fidèle à ce projet de salut et de libération en Jésus-Christ auquel il a donné son adhésion par la foi.*

L'Évangile est un appel aux béatitudes, mais les béatitudes passent par la voie étroite du renoncement et de la purification du cœur. Le monde demeure le lieu livré aux puissances et aux passions qui détournent l'homme de la rectitude et l'asservissent au péché.

En ce sens, le monde est jugé et condamné par la croix. Il est pour le chrétien sa tentation permanente et sa menace. Le croyant ne peut sauver son identité sans affronter le monde comme un défi pour sa foi. « N'allez pas vous conformer au siècle présent » exhorte l'apôtre, et saint Pierre invite les croyants à se considérer comme « des étrangers et des voyageurs » dont la « belle conduite » provoque les païens (nous dirions aujourd'hui « les non-croyants ») à reconnaître le Dieu vivant (1 P 2,11-12).

Dans ce choix pour l'Évangile qui engage sa liberté, le chrétien ne cherche pas d'abord à se donner en exemple. Il atteste devant le monde sa fidélité en faisant de sa propre vie le lieu même où le mystère de la croix est signifié. *Devant Dieu, par le sacrifice et l'offrande de sa volonté propre, il témoigne pour le sacrifice que le Christ a offert à son Père. C'est pourquoi l'apôtre Paul peut parler de l'existence chrétienne comme d'une « hostie vivante, sainte, agréable à Dieu ».*

La vie même devient liturgie, « culte spirituel » (Rm 12,1). Elle trouve dans les sacrements de l'Église, et en particulier dans l'eucharistie, les signes actuels de la rédemption qui donnent tout son sens à l'existence ainsi engagée dans le dynamisme de la croix et du salut.

Jean Honoré, évêque d'Évreux,
Des évêques disent la foi de l'Église
Paris, Éd. du Cerf, 1982.

Orant par N. Alquin (1988). Sculpture sur bois. Église Saint-Jacques-du-Haut-Pas. Paris.

Ph. Alquin

Le rôle de l'Esprit Saint dans la prière

La manière la plus simple et la plus commune dont l'Esprit Saint, le souffle de la vie divine, *s'exprime et* entre dans l'expérience, c'est la prière. *Il est beau et salutaire de penser que, partout où l'on prie dans le monde, l'Esprit Saint, souffle vital de la prière, est présent. Il est beau et salutaire de reconnaître que, si la prière est répandue dans tout l'univers, hier, aujourd'hui et demain, la présence et l'action de l'Esprit Saint sont tout autant répandues, car l'Esprit « inspire » la prière au cœur de l'homme, dans la diversité illimitée des situations et des conditions favorables ou contraires à la vie spirituelle et religieuse. Maintes fois, sous l'action de l'Esprit Saint, la prière monte du cœur de l'homme malgré les interdictions et les persécutions, et même malgré les proclamations officielles affirmant le caractère areligieux ou franchement athée de la vie publique. La prière demeure toujours la voix de tous ceux qui apparemment n'ont pas de voix, et dans cette voix résonne toujours* la « violente clameur » *attribuée au Christ par la* Lettre aux Hébreux *(5,7).*

La prière est aussi la révélation *de cet abîme qu'est le cœur de l'homme, une profondeur qui* vient de Dieu *et que* Dieu seul peut combler, *précisément par* l'Esprit Saint. *Nous lisons dans Luc (11,13). « Si donc vous, qui êtes mauvais, vous savez donner de bonnes choses à vos enfants, combien plus le Père du ciel donnera-t-il l'Esprit Saint à ceux qui l'en prient ! »*

L'Esprit Saint est le Don qui vient dans le cœur de l'homme en même temps que la prière. *Dans la prière, il se manifeste avant tout et par-dessus tout comme le Don qui « vient au secours de notre faiblesse ».*

JEAN-PAUL II,
Encyclique *Dominum et vivificantem,* 1986.

SPIRITUALITÉ

La *spiritualité* (du latin *spiritus,* esprit), c'est ce qui appartient à la vie de l'Esprit, du souffle de Dieu, en chacun des hommes.

Chaque religion connaît ses spirituels. On parle de spiritualité musulmane ou védique. La spiritualité chrétienne est accueil et vie **selon l'Esprit du Christ**. Elle est caractérisée par une écoute de la Parole de Dieu, un mode de relation avec Dieu, une vie selon le Royaume.

Une écoute de la Parole de Dieu

Toute spiritualité chrétienne est fondée sur la conviction que c'est « Dieu, le premier qui a aimé les hommes » (1 Jn 4,19). La vie spirituelle est une **réponse à l'amour de Dieu :**

- qui se manifeste **dans la création** : l'oreille qui sait écouter entend la Parole que Dieu lui adresse à travers les hommes, les femmes, le monde et les objets ;
- qui se manifeste **dans l'appel d'un peuple élu** dont, par le baptême, le chrétien se sait membre ; Karl Barth disait que deux seules lectures importaient aux chrétiens, la Bible, et le journal... ; Dieu parle dans la Bible et par les événements (même s'il n'est pas toujours facile de déchiffrer sa Parole) ;
- qui se manifeste **dans la conscience de chacun.**

Il n'y a pas de vie spirituelle chrétienne sans écoute de la Parole de Dieu. Écoute qui est souvent difficile.

« Parler de la prière, c'est révéler Dieu comme absent. Mais l'absence n'est pas négation. Elle est appel. Elle est temps de l'attente et du désir jamais comblés et qui ne doivent pas l'être. L'homme ne prie vraiment que s'il maintient la béance de son être et refuse les faux absolus qui s'offrent à lui pour la combler » (*Rapport Coffy,* Assemblée des évêques français, Lourdes 1973).

Un mode de relation avec Dieu

Toute spiritualité chrétienne est fondée sur la conviction que l'Esprit de Dieu lui-même habite au cœur de chaque baptisé. L'élan du Père vers le Fils, le don du Fils vers le Père travaillent le cœur de l'homme. Le chrétien sait que, dans les sacrements, il vit du don de soi du Fils au Père, et il sait qu'il reçoit la vie que donne le Père : sa « spiritualité » est donc de se rapprocher psychologiquement le plus près possible de cet Esprit qui l'habite et qui cherche à murmurer en lui « Père ». Il sait qu'il est loin d'y parvenir : aussi va-t-il seulement chercher à donner corps à la prière du Christ, « lui qui est toujours vivant pour intercéder auprès de Dieu ».

Une vie selon le Royaume

Toute spiritualité chrétienne est fondée sur la conviction qu'il faut que vienne le Règne de Dieu inauguré par le Christ.

La spiritualité chrétienne puise dans le baptême, qui identifie le baptisé au Christ, la certitude que le peuple des chrétiens est un peuple sacerdotal (1 P 2,4-5), c'est-à-dire qu'il a la possibilité de faire entrer toutes les créatures dans une relation vivante avec Dieu.

« Dire la prière de l'Église, c'est dire l'identité de l'Église, l'originalité de sa présence aux hommes. Dire la prière du chrétien, c'est dire l'originalité de son engagement dans la construction du monde. En priant, en offrant des prières à ses membres, l'Église rappelle que l'homme n'est signifiant que dans son rapport à Dieu » (*Rapport Coffy, ibid.*, page 15).

Les différentes manières de vivre une spiritualité

Qui parle de spiritualité rappelle aussi une histoire traduite dans une culture. Chaque époque voit surgir des hommes et des femmes, saisis par l'Esprit du Christ à travers les événements de leur temps. Dans ce qu'ils vivent, souffrances ou joies, Dieu les appelle, les provoque. Ainsi naissent de nouvelles façons de vivre l'Évangile, d'aimer, d'être présent aux plus défavorisés, de travailler à leur libération, d'aider à un monde plus fraternel : avec Augustin, Benoît, Dominique et François d'Assise, Ignace de Loyola, Thérèse d'Avila et Jean de la Croix, et les « Grands » de ce qu'on appelle l'École française (Bérulle et Olier, Jean Eudes et Grignion de Montfort), autant de façons originales d'accueillir l'Esprit et de vivre en témoins de Jésus-Christ. Hommes et femmes de leur temps, mais en même temps ouverts à l'universel, ils dépassent leur époque par leurs intuitions ; chacun est à l'origine d'une famille spirituelle dont la vitalité ne s'est pas démentie mais s'est au contraire affirmée à travers les siècles, contribuant à façonner le visage de l'Église. Aujourd'hui, on parle toujours de spiritualité augustinienne, bénédictine, carmélitaine, franciscaine, dominicaine, ignatienne, eudiste, ce qui n'empêche pas de nouveaux courants de voir le jour, comme, par exemple, la spiritualité inspirée par le Père Charles de Foucauld. ■

▶▶▶

évoquer devant son Père toute sa mission, intercéder pour l'humanité entière et plus spécialement pour ses disciples.

S'il veut suivre le Christ, il voit dans le Nouveau Testament que la première communauté chrétienne a entendu le Christ lui demander de prier. « Il faut toujours prier sans jamais se lasser » (Lc 18,1-8). « Veillez et priez en tout temps » (Lc 21,36). « Veillez et priez afin de ne pas entrer en tentation » (Lc 22,46). « Priez sans relâche » (1 Th 5,17).

« Vous donc priez ainsi : Notre Père céleste, fais-toi connaître comme Dieu, fais se réaliser ta volonté sur la terre à l'image du ciel. Donne-nous aujourd'hui le pain dont nous avons besoin, pardonne-nous nos torts envers toi, comme nous-mêmes nous avons pardonné à ceux qui avaient des torts envers nous, et ne nous soumets pas à la tentation, mais délivre-nous du Tentateur » (Mt 6,9-13).

Comment prier ?

Si la prière est foi en un rapport possible avec Dieu sur le mode Toi-Moi, elle est toujours un événement personnalisé. Chacun a sa manière de dire Toi. Cependant, des familles spirituelles se sont créées dans l'histoire, qui regroupent des personnes ayant des modes de prières analogues. Les époques aussi ont leurs caractéristiques. Il semble que la nôtre soit partagée entre plusieurs tendances ou subisse plusieurs influences. Celles de la sagesse asiatique et de la recherche du calme intérieur, de la soif d'authenticité, de l'utilisation de la Bible semblent évidentes. Cependant, quelles que soient ses formes, la prière chrétienne obéit à quelques règles simples(1).

Être disponible à l'initiative de Dieu

Puisqu'elle a pour fondement la conviction de la présence de Dieu, la prière recherche les signes de cette présence. Plus le chrétien devient homme de prière, plus il est attentif à cette recherche et, de multiples manières, trouve des signes de la présence de Dieu ; voici quelques exemples.

La recherche de Dieu peut s'effectuer *en écoutant les pauvres* qui, dans la tradition spirituelle chrétienne, sont souvent ceux par qui la Parole de Dieu se laisse connaître. Mais, à vrai dire, c'est chaque visage d'homme et de femme qui peut, dans la foi, devenir icône de Dieu.

Elle peut s'effectuer *dans la lecture de l'Écriture sainte* et *dans l'écoute*, à travers elle, de la *Parole de Dieu.* Alors le croyant est invité à entrer dans l'histoire du Peuple de Dieu. Cette écoute de la Parole de Dieu peut s'effectuer indirectement par la lecture de commentaires divers.

Elle peut s'effectuer *au sein d'une communauté de croyants*, notamment par une lecture partagée de ce que le concile Vatican II a appelé « les signes des temps » ou, en tout cas, par une lecture de la vie quotidienne pour y trouver les signes de la présence agissante de Dieu.

Entrer dans la prière de Christ

« De toute éternité, il y avait bien un Dieu infiniment adorable, mais il n'y avait pas encore un adorateur infini ; il y avait bien un Dieu digne d'être infiniment aimé et servi, mais il n'y avait aucun

(1) *Voir aussi au supplément : Prière chrétienne et méditation orientale.* ▶▶▶

Deux conversions célèbres

Le mémorial de Pascal

L'an de grâce 1654.
Lundi 23 novembre, jour de saint Clément, pape et martyr, et autres au Martyrologe.
Veille de saint Chrysogone, martyr, et autres.
Depuis environ dix heures et demi du soir jusques environ minuit et demi.
Feu.
Dieu d'Abraham, Dieu d'Isaac, Dieu de Jacob, non des philosophes et des savants.
Certitude, certitude, sentiment, joie, paix.
Dieu de Jésus-Christ.
Deum meum et Deum vestrum.
Ton Dieu sera mon Dieu.
Oubli du monde et de tout, hormis Dieu.
Il ne se trouve que par les voies enseignées dans l'Évangile.
Grandeur de l'âme humaine.
Père juste, le monde ne t'a point connu, mais je t'ai connu.
Joie, joie, joie, pleurs de joie.
Je m'en suis séparé.
Dereliquerunt me fontem aquae vivae.
Mon Dieu, me quitterez-vous ?
Que je n'en sois pas séparé éternellement.
Cette est la vie éternelle, qu'ils te connaissent, seul vrai Dieu et celui que tu as envoyé J.-C.
Jésus-Christ.
Jésus-Christ.
Je m'en suis séparé, je l'ai fui, renoncé, crucifié,
Que je n'en sois jamais séparé.
Il ne se conserve que par les voies enseignées dans l'Évangile.
Renonciation totale et douce.
Soumission totale à Jésus-Christ et à mon directeur.
Éternellement en joie pour un jour d'exercice sur la terre.
Non obliviscar sermones tuos. Amen.

Texte trouvé, après sa mort, dans la doublure du pourpoint de Blaise Pascal. (1623-1662)

CONVERSION

La conversion (du latin *convertere* tourner, changer) est un passage de l'incroyance à la foi ; mais ce passage doit s'effectuer en pleine liberté pour être authentique. On a parlé de « conversions forcées ». Il y a une contradiction dans les termes. Là où il y a eu contrainte, il n'y a pas vraiment conversion.

Les formes de conversion sont très variées. Celle de saint Paul sur le chemin de Damas fut soudaine et brutale. D'autres sont lentes et très progressives. Toute conversion, du reste, comporte des étapes d'approfondissement et de mûrissement. De l'instant où elle a commencé à se déclencher à celui d'une adhésion totale et paisible, le temps peut être long. ■

Le combat de Paul Claudel

Je suis né le 6 août 1868. Ma conversion s'est produite le 25 décembre 1886. J'avais donc dix-huit ans. Mais le développement de mon caractère était déjà à ce moment très avancé. Bien que rattachée des deux côtés à des lignées de croyants qui ont donné plusieurs prêtres à l'Église, ma famille était indifférente et, après notre arrivée à Paris, devint nettement étrangère aux choses de la Foi. Auparavant, j'avais fait une bonne première communion, qui, comme la plupart des jeunes garçons, fut à la fois le couronnement et le terme de mes pratiques religieuses. J'ai été élevé, ou plutôt instruit, d'abord par un professeur libre, puis dans des collèges (laïcs) de province, puis enfin au lycée Louis-le-Grand. Dès mon entrée dans cet établissement, j'avais perdu la foi, qui me semblait inconciliable avec la pluralité des mondes. La lecture de la Vie de Jésus *de Renan fournit de nouveaux prétextes à ce changement de convictions que tout, d'ailleurs, autour de moi, facilitait ou encourageait. Que l'on se rappelle ces tristes années quatre-vingts, l'époque du plein épanouissement de la littérature naturaliste. Jamais le joug de la matière ne parut mieux affermi. Tout ce qui avait un nom dans l'art, dans la science et dans la littérature, était irréligieux. Tous les (soi-disant) grands hommes de ce siècle finissant s'étaient distingués par leur hostilité à l'Église. Renan régnait. Il présidait la dernière distribution de prix du lycée Louis-le-Grand à laquelle j'assistai et il me semble que je fus couronné de ses mains. Victor Hugo venait de disparaître dans une apothéose. A dix-huit ans, je croyais donc ce que croyaient la plupart des gens dits cultivés de ce temps. La forte idée de l'individuel et du concret était obscurcie en moi. J'acceptais l'hypothèse moniste et mécaniste dans toute sa rigueur, je croyais que tout était soumis aux « lois », et que ce monde était un enchaînement dur d'effets et de causes que la science allait arriver après-demain à débrouiller parfaitement. Tout cela me semblait d'ailleurs fort triste et fort ennuyeux. Quant à l'idée du devoir kantien que nous présentait mon professeur de philosophie, M. Burdeau, jamais il ne me fut possible de la digérer. Je vivais d'ailleurs dans l'immoralité et peu à peu je tombai dans un état de désespoir. La mort de mon grand-père, que j'avais vu de longs mois rongé par un cancer à l'estomac, m'avait inspiré une profonde terreur et la pensée de la mort ne me quittait pas. J'avais complètement oublié la religion et j'étais à son égard d'une ignorance de sauvage. La première lueur de vérité me fut donnée par la rencontre des livres d'un grand poète, à qui je dois une éternelle reconnaissance, et qui a eu dans la formation de ma pensée une part prépondérante, Arthur Rimbaud. La lecture des* Illuminations, *puis, quelques mois après, d'*Une saison en enfer, *fut pour moi un événement capital. Pour la première fois, ces livres ouvraient une fissure dans mon bagne matérialiste et me donnaient l'impression vivante et presque physique du surnaturel. Mais mon état d'asphyxie et de désespoir restait le même.*

Tel était le malheureux enfant qui, le 25 décembre 1886, se rendit à Notre-Dame de Paris pour y suivre les offices de Noël. Je commençais alors à écrire et il me semblait que dans les cérémonies catholiques, considérées avec un dilettantisme supérieur, je trouverais un excitant approprié et la matière de quelques exercices décadents. C'est dans ces dispositions que, coudoyé et bousculé par la foule, j'assistai, avec un plaisir médiocre, à la grand'messe. Puis, n'ayant rien de mieux à faire, je revins aux vêpres. Les enfants de la maîtrise en robes blanches et les élèves du petit séminaire de Saint-Nicolas-du-Chardonnet, qui les assistaient, étaient en train de chanter ce que je sus plus tard être le Magnificat. J'étais moi-même debout dans la foule, près du second pilier à l'entrée du chœur à droite, du côté de la sacristie. Et c'est alors que se produisit l'événement qui domine toute ma vie. En un instant, mon cœur fut touché et je crus. Je crus, d'une telle force d'adhésion, d'un tel soulèvement de tout mon être, d'une conviction si puissante, d'une telle certitude ne laissant place à aucune espèce de doute que, depuis, tous les livres, tous les raisonnements, tous les hasards d'une vie agitée n'ont pu ébranler ma foi, ni, à vrai dire, la toucher. J'avais eu tout à coup le sentiment déchirant de l'innocence, de l'éternelle enfance de Dieu, une révélation ineffable. En essayant, comme je l'ai fait souvent, de reconstituer les minutes qui suivirent cet instant extraordinaire, je retrouve les éléments suivants qui cependant ne formaient qu'un seul éclair, une seule arme, dont la Providence divine se servait pour atteindre et s'ouvrir enfin le cœur d'un pauvre enfant désespéré : « Que les gens qui croient sont heureux ! Si c'était vrai, pourtant ? C'est vrai *! Dieu existe, il est là. C'est quelqu'un, c'est un être aussi personnel que moi ! Il m'aime, il m'appelle. » Les larmes et les sanglots étaient venus et le chant si tendre de l'*Adeste *ajoutait encore à mon émotion. Émotion bien douce où se mêlait cependant un sentiment d'épouvante et presque d'horreur ! Car mes convictions philosophiques étaient entières. Dieu les avait laissées dédaigneusement où elles étaient, je ne voyais rien à y changer, la religion catholique me semblait toujours le même trésor d'anecdotes absurdes, ses prêtres et ses fidèles m'inspiraient la même aversion qui allait jusqu'à la haine et jusqu'au dégoût. L'édifice de mes opinions et de mes connaissances restait debout et je n'y voyais aucun défaut. Il était seulement arrivé que j'en étais sorti. Un être nouveau et formidable, avec de terribles exigences pour le jeune homme et l'artiste que j'étais, s'était révélé que je ne savais concilier avec rien de ce qui m'entourait. L'état d'un homme qu'on arracherait d'un seul coup de sa peau pour le planter dans un corps étranger au milieu d'un monde inconnu est la seule comparaison que je puisse trouver pour exprimer cet état de désarroi complet. Ce qui était le plus répugnant à mes opinions et à mes goûts, c'est cela pourtant qui était vrai, c'est cela dont il fallait bon gré, mal gré, que je m'accommodasse. Ah ! Ce ne serait pas du moins sans avoir essayé tout ce qu'il m'était possible pour résister.*

Cette résistance a duré quatre ans. J'ose dire que je fis une belle défense et que la lutte fut loyale et complète. Rien ne fut omis. J'usai de tous les moyens de résistance et je dus abandonner, l'une après l'autre, des armes qui ne me servaient à rien. Ce fut la grande crise de mon existence, cette agonie de la pensée dont Arthur Rimbaud a écrit : « Le combat spirituel est aussi brutal que la bataille d'hommes ».

PAUL CLAUDEL (1868-1955),
Contacts et circonstances, Éd. Pléiade, IV.

homme, ni serviteur infini propre à rendre un service et un amour infinis. Vous êtes maintenant, ô Jésus ! cet adorateur, cet homme, ce serviteur infini en puissance, en qualité, en dignité pour satisfaire pleinement à ce devoir et pour rendre ce divin hommage. Vous êtes un homme aimant, adorant et servant la majesté suprême comme elle est digne d'être aimée, servie, honorée » (Bérulle).

Derrière le langage propre au XVIIe siècle, Bérulle exprime dans ces lignes une des convictions centrales des chrétiens concernant la prière : la seule prière qui compte, aux yeux de Dieu, est celle du Christ. La prière de l'homme s'y exprime tout entière. Aussi la véritable prière est de se joindre à la sienne. C'est pourquoi, dans la prière commune de l'Église, la « Liturgie », la prière est généralement adressée au Père, par le Fils : « Par Lui, avec Lui et en Lui », dit la liturgie de la messe.

S'offrir soi-même

La prière chrétienne n'est pas retrait du monde. Aux yeux des chrétiens, elle n'a de sens que comme expression du don de soi au monde. Comment d'ailleurs l'Esprit pourrait-il pénétrer dans les cœurs sans, en même temps, les ouvrir aux autres Fils de ce Père ?

L'Ancien Testament est déjà plein de cette idée, que les Prophètes, les *Psaumes* expriment souvent : ce que Dieu veut, ce ne sont pas des sacrifices, ni des paroles, mais l'expression d'une vie qui se donne : « Tu n'aimerais pas que j'offre un sacrifice, tu n'accepterais pas d'holocauste. Le sacrifice voulu par Dieu, c'est un esprit brisé ; Dieu, tu ne rejettes pas un cœur brisé et broyé » (Ps 51,17-18).

« Il est venu chez lui
et les siens ne l'ont pas reçu,
mais à tous ceux qui l'ont reçu,
il a donné pouvoir de devenir enfants de Dieu,
à ceux qui croient en son nom,
lui que ni sang,
ni vouloir de chair,
ni vouloir d'homme,
mais Dieu a engendré.
Et le Verbe s'est fait chair
et il a demeuré parmi nous,
et nous avons vu sa gloire,
gloire qu'il tient de son Père comme Fils unique,
plein de grâce et de vérité.
Jean lui rend témoignage. Il proclame :
« Voici celui dont j'ai dit :
lui qui vient après moi
est passé devant moi,
parce qu'avant moi il était. »
Oui, de sa plénitude nous avons tous reçu
et grâce pour grâce.
Car la Loi fut donnée par l'intermédiaire de Moïse ;
la grâce et la vérité nous sont venues par Jésus-Christ.
Nul n'a jamais vu Dieu ;
le Fils unique, qui est dans le sein du père,
lui, l'a fait connaître. » (Jn 1, 11-18).

Suite page 773 ▶▶▶

CONTEMPLATION

Au Curé d'Ars lui demandant comment il priait, un paysan répondit : « Je l'avise et il m'avise. » Cela pourrait être une définition de la contemplation, où le fidèle prie sans utiliser de mots, dans une sorte d'état de donation de soi-même.

Ph. Anderson-Giraudon

Saint Pierre de Vérone (v. 1205-1252), par Fra Angelico (1367-1455).

A propos de la contemplation

Tous les grands contemplatifs chrétiens sont unanimes dans leur témoignage : quelle que soit la voie spirituelle, l'union à Dieu est perçue par eux comme réelle, d'une réalité plus existentielle, plus solide, plus pleine d'être et de certitude que toute autre expérience du monde physique. En ce sens, il est vrai de dire que les contemplatifs sont les plus réalistes des hommes.

R. Voillaume,
La contemplation aujourd'hui,
Éd. du Cerf, p. 47.

Au cœur de toute spiritualité chrétienne, la Croix

Toutes les spiritualités se rejoignent au pied de la Croix du Christ. De multiples voies ont été ouvertes au cours des siècles pour acheminer l'homme à l'union, aussi intime que possible, de l'homme avec son Dieu. Les uns suivent la route tracée par saint Jean de la Croix et sainte Thérèse ; d'autres préfèrent se mettre à la suite de saint Dominique, d'autres de saint François d'Assise, d'autres de saint Ignace, d'autres de saint François de Sales, d'autres du Père de Foucauld. Mais il y a aussi des chemins qui ne mènent nulle part et se perdent dans les sables de l'illusion. Il y a l'authentique et il y a l'aberrant. Le sûr critère, on peut dire, je pense, le seul critère de l'authenticité spirituelle est la Croix. Tout ce qui conduit à la Croix est sérieusement chrétien. Tout ce qui élimine la Croix, ou la contourne, est de l'ordre du pseudo et de l'ersatz.

François Varillon.
Joie de croire, joie de vivre,
Éd. Le Centurion, 1982.

Qu'est-ce que ?

Abandon (à la volonté de Dieu). Don total de soi à la volonté de Dieu : le terme *abandon* fait partie du vocabulaire de la spiritualité.
Il désigne l'attitude de celui qui, à l'école du Christ, essaie de se remettre totalement entre les mains de Dieu en cherchant en tout quelle est sa volonté. Cette attitude entraîne souvent chez lui un dynamisme nouveau (« Je puis tout en celui qui me rend fort », dira saint Paul) : oubliant la peur, ne regardant pas le chemin parcouru, il avance par des chemins inattendus dans l'approfondissement de l'amour de Dieu. L'abandon passif, voire quiétiste, l'abandon qui ne change rien est une déformation de l'abandon chrétien et ne correspond à rien de traditionnel.

Abstinence. Privation volontaire, surtout en matière de nourriture ou de boisson. L'abstinence est prescrite dans presque toutes les religions, soit pour l'hygiène, soit pour la mortification des sens. Dans l'Église catholique, elle consiste, certains jours de l'année, dans la privation de viande. Cela s'appelait traditionnellement *faire maigre.*

Ascèse (du grec *askesis,* s'exercer). A l'origine, le mot ascèse est un mot du vocabulaire militaire romain. Il indique deux réalités légèrement différentes : l'ensemble des exercices pratiqués en vue d'un perfectionnement physique, et la méthode employée pour se perfectionner.
Le sens du mot s'est rapidement élargi pour désigner tout effort ou toute méthode pour se perfectionner dans les domaines physiques, moraux, intellectuels ou spirituels.
Dans l'Écriture sainte, il n'y a pas de « méthode » prescrite pour progresser dans la vie spirituelle. Mais saint Jean-Baptiste prêche l'austérité et saint Paul, dans le domaine spirituel, parle de lutte, de combat, d'entraînement à la manière des sportifs (1 Co 9,24,25,27). L'effort pour être fidèle à Dieu suppose de l'abnégation, du renoncement, l'acceptation de la souffrance, le dépassement de la peur. C'est cet ensemble de comportements qui est appelé ascèse chrétienne.

Ascètes. Personnes faisant le choix d'une vie où l'abnégation, le renoncement, l'acceptation de la souffrance et le refus de la peur ont une place importante.

Ascétisme. Mode de vie des ascètes. Doctrine concernant l'ascèse.

Cilice. Tissu en poil de chèvre de Cilicie (d'où son nom) utilisé dans l'Antiquité pour la confection des vêtements des gens pauvres, des voiles de navires, des tentes. Les Juifs s'en faisaient des vêtements de deuil ou de pénitence. Par extension, on a nommé cilices les chemises, ou plus souvent les ceintures, faites de crin ou d'étoffe rude portées à même la peau par mortification.

Combat spirituel. L'homme qui décide d'entrer dans la vie de l'Esprit et l'amour de Dieu ressent en lui l'opposition de forces antagonistes. Il désire le bien, mais une autre volonté en lui le refuse. Pour une part, il veut se détourner du mal, pour une autre, il reste attiré par lui. Cette lutte, il ne l'exerce pas seulement contre lui-même et ses tendances mauvaises, mais aussi contre des pouvoirs plus qu'humains : les démons. Par le combat spirituel, l'homme apprend à triompher de ses divisions intérieures pour se laisser habiter par la paix de Dieu. Son arme principale est la prière. Dieu qui a suscité en lui le désir de changer lui fournit constamment les moyens de triompher des « forces hostiles » qui le poussent au découragement et à la démission.

Discipline. C'était un fouet composé de chaînettes ou cordelettes à nœuds, avec lequel on se frappait par esprit de pénitence (« Laurent, serrez ma haire avec ma discipline », dit le Tartuffe de Molière).

Dolorisme. On parle de dolorisme lorsque quelqu'un se complaît dans la souffrance, s'en nourrit, l'érige en moyen de progrès spirituel. L'Église a toujours fait la distinction entre ascèse et pratiques doloristes

Mortification. Privation ou souffrance que l'on s'impose volontairement, soit de manière plus immédiate pour lutter contre les tentations, soit de manière plus générale comme moyen de se dominer, en vue de prévenir le péché et d'ouvrir les voies de l'union à Dieu. La tradition spirituelle a toujours prôné un certain équilibre dans l'usage des mortifications, équilibre garanti par la caution d'un guide spirituel.

Solitude. L'homme, appelé par Dieu à la rencontre de l'autre et au bonheur, éprouve pourtant l'isolement et la division au cours de sa vie ; la communication entre les hommes se heurte parfois à des obstacles qui tiennent aux différences de psychologie, de structures mentales ou de culture. Mais l'isolement n'est pas la solitude. La solitude est ce qui permet d'être face à soi-même, de se construire et de s'unifier sous le souffle de l'Esprit : Dieu parle au cœur de ceux qui se laissent conduire au désert (Os 2,16). Le Christ lui-même s'est retiré dans la solitude pour prier (Mc 1,35,45. Lc 9,18). A sa suite, nombreux sont ceux qui, tout au long de l'histoire du christianisme, l'ont imité, temporairement ou définitivement. C'est le sens notamment de la vie des ermites et des chartreux.

JEÛNE

Jusqu'à ces dernières années, le jeûne — abstention volontaire de nourriture pendant un certain temps — semblait tomber en désuétude, sauf chez les moines. Aujourd'hui, le jeûne connaît un renouveau d'intérêt dans la société et dans l'Église catholique.

Les grèves de la faim pour une cause donnée mettent en relief le fait que le jeûneur tient sa vie pour moins importante que la solidarité et la justice. Dans certains cas, elles retrouvent, comme d'instinct, la tradition des grands spirituels qui, en jeûnant, voulaient signifier symboliquement que l'homme ne se nourrit pas seulement de pain : pour eux, la volonté de Dieu est nourriture.

Les opérations « bol de riz » où, par solidarité avec les peuples qui ont faim, chacun est invité à ne manger qu'un bol de riz au cours d'un repas collectif, retrouvent, elles aussi, le sens traditionnel du jeûne dans les grandes religions et, en particulier, dans l'Église catholique : vivre symboliquement la même vie que ceux avec qui on partage, et renoncer à certains plaisirs pour se donner le temps et la disponibilité d'esprit de la prière.

Le Christ a invité ses disciples à jeûner sans ostentation (Mt 6,16) et a lui-même jeûné (Mt 4,2). A leur tour, les apôtres ont jeûné (Ac 13,2 ; 14,23 ; 2 Co 11,27) et, très tôt dans l'Église, le mercredi et le vendredi ont été considérés comme des jours de jeûne (on a des traces de cette pratique autour de la fin du premier siècle). Pâques était alors préparé par un jeûne de deux jours, étendu sur un plus grand nombre de jours au IVe siècle. Aujourd'hui, l'Église catholique ne prescrit le jeûne que deux fois par an, le Mercredi des Cendres (début du Carême) et le Vendredi saint (célébration de la mort du Christ), mais incite à des pratiques personnelles de renoncement et de partage.

La règle ancienne pour le jeûne, prescrit par l'Église, était l'abstention complète de toute nourriture pendant toute la journée. Aujourd'hui, on pratique le jeûne en prenant un repas sans viande (et sans alcool) à midi et une très légère collation le matin et le soir. (Voir aussi Jeûne eucharistique.) ■

SANCTIFICATION

Une des plus anciennes prières chrétiennes, le *Gloria in excelsis Deo,* Gloire à Dieu, reprenant une tradition biblique, proclame :
« *Toi seul es saint,*
Toi seul es Seigneur,
Toi seul es le Très-Haut, Jésus-Christ, avec le Saint-Esprit,
Dans la Gloire de Dieu le Père. Amen. »
La sainteté est un attribut de Dieu : aucun homme ne pourra jamais franchir la distance entre la créature et son créateur. Au sens strict, Dieu seul est saint.
Et pourtant, les catholiques parlent de saints, voire même invitent à la sanctification, c'est-à-dire à devenir saint. Y a-t-il une contradiction au cœur de leur pensée ?

Nullement, car si l'homme ne peut franchir seul la distance entre créature et créateur, Dieu, lui, invite l'homme à se rapprocher de lui et lui en donne les moyens. Saint Paul appelle quelquefois « saints » tous les membres de la première communauté chrétienne (Rm 1,7, Ep 1,1), probablement parce que les premiers chrétiens étaient unis par la communion au corps eucharistique du Christ, que l'on appelait alors les *sancta* ; il ne s'agissait pas d'un niveau de perfection, mais du lien vital, par le Christ, au Dieu trois fois saint.

La sanctification consiste alors à se laisser pénétrer par l'Esprit Saint et à lui permettre de transformer celui qui a reçu le corps du Christ en un véritable Temple de Dieu (1 Co. 3,16). D'une manière formaliste, ou au contraire tout remplis de cette foi en l'Esprit Saint, les hommes d'Église ont beaucoup employé le mot sanctification dans des sens dérivés. Par exemple, *sanctifier le dimanche* pouvait simplement signifier le fait d'assister à la messe et de ne rien faire d'autre ; mais il pouvait également signifier un appel à prendre le temps voulu pour s'ouvrir à l'Esprit de Dieu. ■

Appel

Le verbe appeler (en latin *vocare*) a donné naissance au mot vocation.

— Dieu appelle tous les hommes à entrer en alliance avec lui : il les invite à accueillir son salut, à partager sa vie, à être pour lui des « partenaires ».

— On parle aussi d'appel de Dieu quand un chrétien se sent poussé à la conversion, au partage, à prendre un engagement, etc., au nom de sa foi.

— Enfin, Dieu appelle certains de façon particulière, en vue d'une mission.

L'Ancien Testament en donne de nombreux exemples, tels Moïse : « Quitte ce lieu... et monte vers la terre que j'ai promise par serment à Abraham » (Ex 33,1), ou Jérémie : « Je fais de toi un prophète pour les nations » (Jr 1,5). L'Évangile résonne des appels de Jésus à devenir ses disciples : « Venez à ma suite et je vous ferai pêcheurs d'hommes » (Mt 4,19). Aujourd'hui, des hommes et des femmes répondent à un tel appel pour des services précis dans l'Église.

Parler d'appel de Dieu ne doit pas laisser croire que Dieu se manifeste directement. Il appelle toujours grâce à des médiations : des événements, des rencontres, des paroles lues ou entendues, etc. En particulier, pour ceux auxquels l'Église confie une mission, c'est celle-ci qui manifeste l'appel de Dieu.

Cet appel laisse l'homme libre de sa réponse. La Bible en donne les exemples les plus variés :

Acquiescement immédiat : « Abraham partit comme le Seigneur le lui avait dit » (Gen 12,4).

Hésitation : « Ah, Seigneur Dieu, je ne saurais parler, je suis trop jeune » (Jr 1,6).

Refus : « A cette parole, le jeune homme s'en alla tout triste, car il avait de grands biens » (Mt 19,22). ■

Comment parler de l'amour si l'on T'oubliait ?

Comment pourrait-on bien parler de l'amour si l'on T'oubliait, ô Dieu d'amour, d'où provient tout amour dans les cieux et sur la terre ! Toi qui n'as pas lésiné, mais qui as tout donné dans Ton amour. Toi qui es l'amour, en sorte que celui qui aime n'est ce qu'il est que parce qu'il est en Toi ! Comment pourrait-on bien parler de l'amour si l'on T'oubliait, Toi qui révélas ce qu'est l'amour, Toi, notre Sauveur et notre Rédempteur, qui Te donnas Toi-même pour nous racheter tous ! Comment pourrait-on bien parler de l'amour si l'on T'oubliait, Toi, Esprit d'amour, Toi qui ne prends rien de ce qui Te revient, mais qui rappelles ce grand sacrifice d'amour, qui rappelles au croyant d'aimer comme il est aimé et d'aimer son prochain comme lui-même ! Amour éternel, toi qui es omniprésent, apporte ton témoignage partout où tu es invoqué. Car il est vrai qu'il n'y a que quelques œuvres que la langue humaine

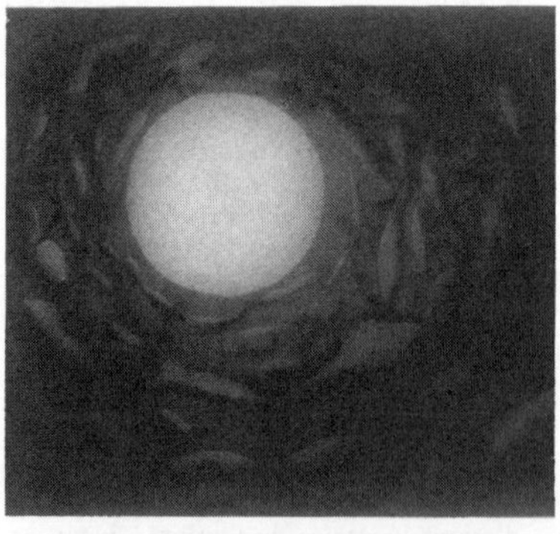

distingue et nomme mesquinement œuvres d'amour ; mais au ciel il n'est pas un acte qui soit agréable s'il n'est une œuvre d'amour, sincère dans son abnégation, accompli sous l'impulsion de l'amour, donc, sans revendiquer aucun mérite !

SŒREN KIERKEGAARD
Univers-Média.

Qu'est-ce que ?

Acédie. État spirituel d'atonie où l'esprit flotte et la chair est lourde. Ce marasme, cette indolence spirituelle, sont — disent les spécialistes — la source du découragement, de l'inconstance, de l'infidélité autant que de l'activisme (quand celui-ci est une manière de refuser d'affronter les réalités spirituelles).

Aridité. Mot appartenant au vocabulaire de la vie spirituelle. Il désigne un des temps de la recherche de Dieu, temps où la personne n'est satisfaite par rien, cherche par tous les moyens à plaire à Dieu et est totalement incapable, dans sa prière, de se servir ni de la raison ni de l'imagination. Saint Jean de la Croix estime que l'aridité est une épreuve envoyée par Dieu qui, lorsqu'elle est acceptée et dépassée, permet de beaucoup avancer dans la vie spirituelle.

Édifier. Édifier quelqu'un, au sens chrétien, c'est aider cette personne à se construire en lui parlant, et en se comportant avec elle de telle manière qu'elle comprenne qu'elle est un être d'une dignité extraordinaire, capable d'aimer et d'être aimé, et appelé à participer librement à la construction du Royaume de Dieu.
C'est en s'édifiant mutuellement que les hommes réalisent, dès aujourd'hui, l'amour de Dieu.

Jaculatoire. Mot technique des théologiens de la vie mystique. Il vient du latin *jaculare,* lancer. Une prière ou une oraison jaculatoires est une formule brève que l'on utilise plusieurs fois dans la journée pour s'adresser à Dieu, intérieurement ou de vive voix. Exemples d'oraison jacula-toire : « Seigneur, prends pitié de moi », « Toi seul es grand », « Vite, au secours, réponds moi ».

Piété (du latin *pietas,* sentiment du devoir, qui a donné aussi pitié). La piété est une affection filiale envers Dieu et envers tout ce qui est tourné vers lui. Elle se traduit par des actes dits de piété (appelés aussi : exercices de piété) destinés à manifester à Dieu cet attachement plein de ferveur. On ne saurait réduire la piété à un respect scrupuleux de formes religieuses, puisqu'elle est animée par un élan de tendresse spontané. Elle n'en reste pas moins liée à la pratique d'exercices librement choisis.

Piétisme. Le piétisme est un courant religieux qui, en réaction contre une théologie raisonneuse, a remis en valeur, dans le protestantisme, le sentiment religieux ;

DIRECTION SPIRITUELLE

Celui qui désire vivre en chrétien cherche à discerner l'appel de Dieu à travers les événements de sa vie. Il fait ses options en tenant compte de deux éléments :
- une analyse aussi précise que possible de la situation ;
- la lumière qu'apporte l'Évangile.

Mais, impliqué dans une situation, il n'est pas le mieux placé pour maîtriser tous les éléments de la décision, tout en restant seul responsable de son choix. Il peut alors recourir à un directeur spirituel. Le rôle de celui-ci est, en quelque sorte, d'« abattre les cartes », de montrer les aspects de la question que l'intéressé risque de ne pas voir. On ferait mieux de parler de « conseiller spirituel », en ce sens qu'il n'a rien à imposer, qu'il s'efforce toujours de renvoyer les gens à leur liberté et à leur responsabilité après les avoir éclairés. Ce conseiller doit être un homme (ou une femme) de discernement, c'est-à-dire avoir l'expérience de ce qu'on peut appeler « la manière de Dieu » (comme on parle de « la manière » de Picasso ou de Debussy).

La direction spirituelle est traditionnelle dans l'Église chrétienne. Elle était en usage chez les moines irlandais, à partir du VIe siècle, parfois de façon conjointe avec le sacrement de réconciliation, ce qui a longtemps provoqué une confusion entre ces deux pratiques. On retrouve actuellement la spécificité de chacune. Ignace de Loyola, au XVIe siècle, en a fait un des outils majeurs de la vie spirituelle, en particulier des *Exercices spirituels.* C'est bien ce rôle de conseiller spirituel que joue, dans l'orthodoxie, l'higoumène, remis en honneur aujourd'hui dans certaines congrégations religieuses catholiques, telles que les Petites Sœurs de Bethléem.

Ce recours au conseil d'un « aîné » dans la foi et dans la vie spirituelle rappelle que la foi est reçue de Dieu par l'Église, et que tout chrétien est un maillon dans une longue chaîne de croyants. Hier, on appelait celui qui assumait un rôle de conseil spirituel directeur spirituel ou directeur de conscience. Aujourd'hui, on préfèrerait père spirituel. ■

RETRAITE SPIRITUELLE
avec ses diverses formes

La *retraite spirituelle* suppose une période de quelques jours consacrés exclusivement à la réflexion et à la prière. Celui qui décide de faire retraite quitte ses occupations habituelles, sort de son milieu de vie ordinaire, pour tenter de se mettre en présence de Dieu. La retraite se présente donc comme un temps à la fois de rupture et d'approfondissement.

La forme la plus connue est celle prévue par les *Exercices* de saint Ignace de Loyola (1491-1556), le fondateur de la Compagnie de Jésus. Celui-ci l'avait conçue pour être suivie par un homme seul, accompagné d'un père spirituel expérimenté, ayant pour rôle de l'aider à découvrir la volonté de Dieu sur lui. La retraite dure quatre semaines. Elle se déroule dans le silence et un lieu retiré. Elle a pour but, au moyen de la méditation des évangiles, de donner un nouvel élan à la vie spirituelle du retraitant. Après avoir médité les principaux moments de la vie du Christ, il va procéder, avec l'aide de son père spirituel, au discernement (de la volonté de Dieu) pour réorienter sa vie. Le discernement n'est pas une délibération seulement psychologique, mais suppose surtout une écoute spirituelle. La retraite ignatienne est donc destinée à confirmer une orientation de vie, ou bien à inciter à en prendre une nouvelle, plus conforme à la volonté de Dieu.

La retraite selon les *Exercices* a connu des adaptations pour correspondre à des situations variées. Il est souvent difficile de faire retraite pendant un mois entier, dans une solitude exigeante. On l'a alors réduite fréquemment à trois, cinq ou huit jours. Elle se fait en groupe. L'accompagnement personnel est remplacé par des conférences (appelées instructions), données par un prédicateur reprenant assez librement les indications de saint Ignace.

Les principaux types de retraite existants dépendent de cette forme révisée de retraite ignatienne. Dans un lieu adapté et une maison aménagée pour ce genre d'accueil, un prédicateur présente, parfois à partir d'un thème, certains aspects de la vie chrétienne, en invitant les retraitants à examiner leur propre existence à la lumière de ces enseignements. Ils peuvent rencontrer en particulier le prédicateur, qui les aidera à voir plus clair dans leur vie.

Une autre forme de retraite est celle que proposent les monastères. Le retraitant loge à l'hôtellerie du monastère, où il doit respecter le silence. Il peut participer à la vie liturgique et aux travaux des moines ; s'il le désire, il peut s'entretenir avec un religieux, mais il ne reçoit pas d'enseignement. Il est davantage livré à lui-même que dans la retraite ignatienne.

Les techniques de maîtrise corporelle et mentale des méthodes de méditation orientales inspirent de nouvelles formes de retraites, où les « ateliers de travail corporel » tiennent une place importante à côté d'enseignements sur la spiritualité chrétienne.

Le développement de la vie de groupe a engendré des retraites où les échanges et la connaissance réciproque des participants jouent un certain rôle, sans que le silence soit pour autant complètement supprimé.

Les *récollections* (en latin *recolligere,* revenir à soi) sont des retraites courtes, d'une durée d'un ou deux jours. ■

Lorsqu'un mot, une expression, un événement, une institution, un nom propre vous sont inconnus, consultez l'index.

Qu'est-ce que ?

▶

le père du piétisme est Jacques Spenner (1635-1705) ; les frères Wesley (XVIIIe siècle), les pères des Méthodistes, peuvent être considérés comme piétistes. Si le piétisme libérait la ferveur et l'affectivité au risque de mépriser l'intelligence, la piété, pour sa part, toute cordiale et affective qu'elle soit, est conciliable avec une foi éclairée. Elle est toujours le fait de ceux qui prennent au sérieux leur vie religieuse. Elle peut dégénérer en pratiques méticuleuses ou en élans affectifs dénués de largeur de vues et clos sur eux-mêmes. Mais ce ne serait là que la déformation d'une vertu et d'une qualité.

Règle de vie. Les ordres religieux ont généralement une Règle qui détermine les principaux éléments de leur genre de vie (vie commune, prière, travail, orientations spirituelles de la famille religieuse, etc.). Cette Règle de vie ne se limite donc pas aux modalités pratiques mais se présente souvent comme une sorte de livre de vie spirituelle, indiquant les buts particuliers et l'inspiration propre à tel ou tel institut de vie religieuse.
Des chrétiens, désireux de mener une vie chrétienne assidue, se fixent parfois, eux aussi, une Règle de vie personnelle ; l'aide et les suggestions d'un mouvement de spiritualité ou d'un conseiller spirituel leur sont souvent précieux pour ce faire.

Secours divin (du latin *succursum,* dérivé de *succurrere,* secourir). Aide apportée de manière gratuite par Dieu à l'homme pour suppléer à l'insuffisance de ses forces naturelles ; c'est l'objet de la prière de demande des croyants. L'expression *secours divin* est moins employée aujourd'hui.

Vie contemplative. En rigueur de terme, toute vie chrétienne devrait être une vie contemplative, c'est-à-dire une vie de prière, de don de soi à Dieu. Cependant, l'expression est plus souvent réservée à des ordres (ou autres groupes) religieux qui se retirent de la vie ordinaire pour se donner totalement à la prière... (chartreux, bénédictins, trappistes, carmélites, clarisses, etc.). Souvent — et à tort — cette vie contemplative est opposée à la vie active des ordres qui assument des responsabilités pastorales, dites aussi *apostoliques,* (prédication, enseignement, soins des malades, missions, etc.). L'Église a toujours considéré la vie contemplative comme une forme essentielle de la vie pastorale ; ainsi, par exemple, sainte Thérèse de l'Enfant-Jésus, pure contemplative, a été proclamée patronne des missions.

Parler de mystique, dans le vocabulaire chrétien, c'est toujours parler du désir fondamental de s'unir à Dieu.

Pourtant, la mystique est souvent considérée aujourd'hui comme « une conduite passionnelle plus que rationnelle ». On parle de mystique démocratique, de mystique du sport, etc.

A l'origine, le mot grec *mustikos* signifiait « ce qui, dans une religion, a trait aux rites secrets, réservés aux initiés ». Depuis ce temps, le mot *mystique* n'a cessé de changer de sens et a bien failli disparaître au XIXe siècle... où, pour les scientifiques, la mystique était une sorte de folie religieuse, expression de l'angoisse. Après Charcot (1825-1893), P. Janet soutiendra encore cette thèse, en 1926, dans *De l'angoisse à l'extase*.

On pourrait croire le dénigrement de la mystique propre aux anticléricaux. Force est de constater que jamais l'Église catholique ne s'est réellement prononcée sur la mystique, ni sur ce qu'on a appelé « les phénomènes mystiques », et que, systématiquement, elle refuse de tenir compte dans ses procès de canonisation ou de béatification de tout ce qui serait « mystique ».

La mystique chrétienne

La difficulté d'une prise de position sur la mystique provient de la difficulté de la définir. En première approximation, on peut dire que la mystique est l'expression d'une expérience (instantanée ou pas) *d'unité-communion-présence* avec l'inconnu (le surnaturel, Dieu). On comprend la difficulté de toute définition en l'occurrence. Cette expérience, vécue comme intérieure et immédiate, ne peut s'exprimer que par un langage qui, dans le récit, lui enlève son caractère immédiat. Cette expérience semble correspondre à un désir profond, chez l'homme, d'union (de fusion) avec son Dieu. Ces expériences d'unité-communion-présence avec l'inconnu existent dans la plupart des religions, suivant des formes plus ou moins cohérentes avec leur message. Chez les chrétiens, elle est toujours « personnelle » et s'inscrit dans le mouvement séculaire, en Occident, de prise de conscience de l'autonomie et de l'individualité des personnes.

Certes, Moïse, Osée, Jérémie semblent avoir vécu des moments mystiques, et l'Évangile laisse percevoir que Jésus et Paul, par exemple, ont été sujets de telles expériences. Mais tout cela est discret.

Le premier grand théologien à parler de la mystique fut le Pseudo-Denis, un philosophe grec qui essayait, aux alentours des années 500, de faire la synthèse entre Platon et la foi chrétienne. Son projet était, dans *A propos de la théologie mystique,* de décrire le chemin spirituel qui conduit l'homme (ou plutôt, dans son langage, l'âme) à l'unité en Dieu. Pour lui, trois étapes s'imposent. Celle de la *purgation*, où l'on se reconnaît pécheur pour se convertir, celle de l'*illumination*, et celle de l'*union* (les noces de l'âme et de Dieu). Sa manière de concevoir la mystique chrétienne peut servir de cadre pour comprendre une grande partie de ceux que l'on peut appeler les mystiques chrétiens.

Pourtant, une autre famille de mystiques chrétiens existe : celle de l'*unité-communion-présence* à l'amour pur du Christ pour les hommes, à l'angoisse du Christ devant la mort et le péché. Ces mystiques vivent l'union au Christ jusqu'à en être quelquefois marqués dans leur chair par les souffrances de la Passion (stigmates).

Les critères de la mystique chrétienne

Beaucoup de théologiens font remarquer — sans toutefois avoir la fougue de Bossuet contre les mystiques — que la foi est ce qui sauve le chrétien. La foi n'est pas la vision de Dieu, encore moins l'expérience de l'unité avec lui.

De cette remarque découlent les critères avec lesquels on peut, dans l'Église catholique, chercher à discerner la valeur des expériences mystiques.

- Elles ne sont pas recherchées.
- Elles sont le fait de quelqu'un qui se sait pécheur et entend l'appel à la conversion.
- Elles sont cohérentes avec l'Évangile et la Tradition de l'Église : l'union avec Dieu ne peut se faire que dans le Christ vivant, qui n'est autre que Jésus de Nazareth, fondateur de l'Église.
- Elles sont considérées, par le mystique, comme moins importantes que la vie de charité (1 Co 13).
- Elles sont, en même temps qu'expériences de la proximité avec Dieu, expériences du mystère de Dieu et donc aussi de sa distance avec toute créature.

Ces critères, appliqués au long de l'histoire, permettent de se rendre compte qu'à chaque génération chrétienne il y a eu d'authentiques mystiques, sortes de témoins vivants de la possibilité pour l'homme d'être — et de se sentir — image de Dieu. En Dieu. Cela dit, ces mystiques ne peuvent apparaître comme des privilégiés. Ils sont signe d'une possibilité pour chaque homme de vivre radicalement une histoire d'amour avec Dieu. ■

NUIT SPIRITUELLE

C'est le mystique Jean de la Croix (1542-1591) qui a parlé avec le plus de pénétration de la « nuit spirituelle ». Pour lui, celui qui entre dans une vie de prière doit apprendre à dénouer les liens qui l'attachent aux réalités matérielles, sensibles ou intellectuelles, pour parvenir à une réelle libération intérieure. Ces liens l'empêchent de recevoir la vie divine, car Dieu n'a pas de proportion avec des réalités et des désirs trop limités. La *nuit active des sens* porte sur les cinq sens. Une certaine paix commence à habiter le cœur de celui qui s'est libéré de l'emprise de désirs sensibles envahissants. Mais elle reste encore précaire. L'étape suivante est la *nuit passive de l'esprit.* L'homme éprouve alors sa misère foncière tandis que sa foi s'affermit. C'est une nuit parce que l'homme a l'impression de ne plus rien voir, d'être privé de tout appui sensible et d'être livré à l'obscurité de la foi nue. C'est une *nuit-renaissance* qui détruit l'égoïsme sous toutes ses formes pour faire apparaître le fond de l'être transparent et libre afin d'accueillir la lumière divine. La nuit spirituelle est un temps passager qui s'ouvre sur la lumière. Elle se présente donc comme une étape dans un mouvement d'entrée progressif dans la vie de Dieu. ■

LA VISION BÉATIFIQUE

La vison béatifique (littéralement, la vision qui rend heureux) est l'expression du vocabulaire spirituel désignant la rencontre personnelle avec Dieu. Dans la vie actuelle, la vision béatifique n'existe pas. « Nul n'a jamais vu Dieu », dit Jean (1,18). Certains hommes ont « expérimenté » la présence de Dieu, tels Abraham, Moïse, et surtout la première communauté chrétienne. Cette dernière, sur le visage du Christ, déchiffrait Dieu. Il faut donc attendre la vie après la mort pour rencontrer Dieu face à face. Cette rencontre est pour les chrétiens la définition même du bonheur, puisque Dieu est Amour. C'est pourquoi le désir de cette vision béatifique est l'objet même de l'espérance et le moteur de l'agir chrétien. ■

> *Pour le moment nous regardons dans un miroir, en énigme ; mais alors ce sera face à face.*
>
> SAINT PAUL (1 Co 13, 12).

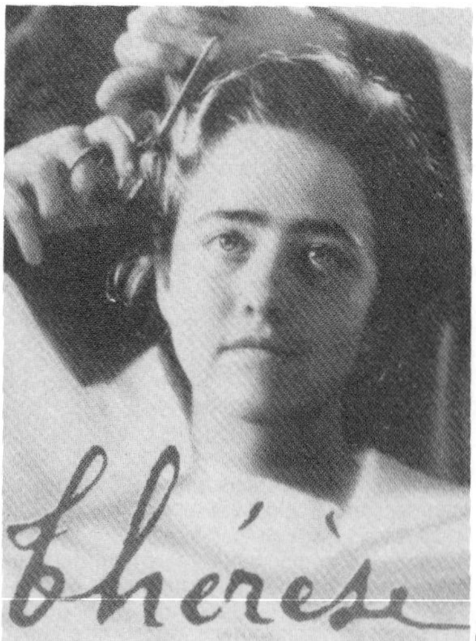

D. R.

L'actrice Catherine Mouchet dans le film « Thérèse » d'Alain Cavalier, 1986.

ILLUMINATION MYSTIQUE

Les présentations de l'illumination mystique varient beaucoup d'un auteur à l'autre dans leur formulation, mais tous s'accordent pour affirmer que, dans sa quête d'union à Dieu, vient un moment où l'homme se sent comme arraché à lui-même, et envahi, embrasé par la lumière divine. Cette sorte d'arrachement à soi prend le nom d'***extase*** chez les auteurs mystiques chrétiens. L'extase (*ek-stasis,* en grec : action de partir au loin) est donc comme une sortie hors de soi, une « divine folie ». L'homme qui connaît une telle expérience a l'impression d'être dépossédé de lui-même par l'Autre, par Dieu, qui s'empare de lui. Et pourtant, paradoxalement, il a la conviction de retrouver sa véritable identité, par l'amour que Dieu lui manifeste ainsi de façon unique. L'illumination mystique indique donc un certain degré d'union à Dieu. Elle se différencie de l'illumination intellectuelle qui a trait à des idées ou des vérités d'ordre philosophique ou scientifique. L'illumination mystique concerne le cœur, au sens biblique du terme, cette partie profonde et centrale de l'être où l'homme peut se recueillir et s'unifier. Elle est toujours le signe d'une avancée dans l'amour.

Le terme d'illumination semble indiquer une sorte de clairvoyance. Certes, il y a bien une nouvelle vision de soi, de Dieu, des autres, du monde ; mais tout se passe dans une relative obscurité ; les auteurs mystiques parlent de « ténèbres lumineuses » ou encore de « connaissance par inconnaissance ». Ce sont moins les sens externes qui sont concernés que « l'œil du cœur » ; ce qui explique le manque de clarté apparente et l'impossibilité de cerner et de décrire avec netteté l'expérience.

Le terme indique aussi que l'illumination est instantanée. Elle est effectivement une grâce divine qui vient soudainement et dépasse infiniment ce que l'homme peut déclencher par ses seules forces et la maîtrise de ses facultés. De plus, elle ne représente jamais un état stable mais plutôt un moment fugitif comme l'éclair. Une vie d'union à Dieu (« union mystique ») peut connaître plusieurs moments d'illumination, qui sont comme des jalons dans l'itinéraire de la marche vers Dieu. ■

MARIAGE MYSTIQUE

L'élan d'amour qui, en réponse à celui de Dieu, porte une âme vers celui-ci et tend à l'unir à lui a souvent été comparé par les grands mystiques à des fiançailles ou à un mariage. Un des poèmes mystiques les plus connus recourant à l'image des amants pour évoquer cette union spirituelle est le *Cantique des Cantiques* de l'Ancien Testament. Un autre classique de la littérature mystique reprenant l'image de l'épouse (pour l'âme) et de l'époux (pour le Christ) est le *Cantique spirituel* de saint Jean de la Croix, où celui-ci ne fait qu'évoquer sa propre expérience mystique (1584). ■

Qu'est-ce que ?

Extase (du latin *exstare :* se tenir hors de soi). C'est un état exceptionnel qui se caractérise par la perte des différents sens — mais pas de la mémoire — sous l'influence du sentiment de la présence de Dieu. L'extase est reçue comme une communication sensible avec Dieu. Très différente des accidents pathologiques, elle peut être accompagnée d'autres phénomènes physiques comme la lévitation ou la stigmatisation ; elle renforce la volonté de celui qui la vit, ouvre son intelligence spirituelle et le pousse à agir. Sainte Thérèse d'Avila en fait une étape dans la vie mystique entre la « prière d'union » et le « mariage mystique ».

Lévitation (du latin *levitas* légèreté). Phénomène extraordinaire, généralement lié à l'extase mystique, consistant en l'élévation au-dessus du sol sans appui ni soutien matériels.

Toute prière est la prière du genre humain

La prieure du carmel de Compiègne explique à une nouvelle arrivée, Blanche de la Force, la raison d'être d'un Carmel :

Ma fille, les bonnes gens se demandent à quoi nous servons, et après tout ils sont bien excusables de se le demander. Nous croyons leur apporter, grâce à nos austérités, la preuve qu'on peut parfaitement se passer de bien des choses qu'ils jugent indispensables.

Mais, pour que l'exemple fût efficace, il faudrait encore, après tout, qu'ils fussent sûrs que ces choses nous étaient aussi indispensables qu'à eux-mêmes (...)

Non, ma fille, nous ne sommes pas une entreprise de mortification ou des conservatoires de vertus, nous sommes des maisons de prière, la prière seule justifie notre existence ; qui ne croit pas à la prière ne peut nous tenir que pour des imposteurs ou des parasites. Si nous le disions plus franchement aux impies, nous nous ferions mieux comprendre. Ne sont-ils pas forcés de reconnaître que la croyance en Dieu est un fait universel ? N'est-ce pas une contradiction bien étrange que les hommes puissent tous ensemble croire en Dieu, et le prier si peu et si mal ? Ils ne lui font guère que l'honneur de le craindre. Si la croyance en Dieu est universelle, ne faut-il pas qu'il en soit autant de la prière ? Hé bien ! ma fille, Dieu a voulu qu'il en soit ainsi, non pas en faisant d'elle, aux dépens de notre liberté, un besoin aussi impérieux que la faim ou la soif, mais en permettant que nous puissions prier les uns à la place des autres.

Ainsi chaque prière, fût-ce celle d'un petit pâtre qui garde ses bêtes, c'est la prière du genre humain.

Court silence.

Ce que le petit pâtre fait de temps en temps, et par un mouvement de son cœur, nous devons le faire jour et nuit. Non point que nous espérions prier mieux que lui, au contraire. Cette simplicité de l'âme, ce tendre abandon à la Majesté divine qui est chez lui une inspiration du moment, une grâce, et comme l'illumination du génie, nous consacrons notre vie à l'acquérir, ou à la retrouver si nous l'avons connu, car c'est un don de l'enfance qui le plus souvent ne survit pas à l'enfance (...) Une fois sorti de l'enfance, il faut très longtemps souffrir pour y rentrer, comme tout au bout de la nuit on retrouve une autre aurore.

GEORGES BERNANOS (1888-1948), *Dialogues des carmélites* (1949), Seuil.

S.O.S. prière

S.O.S. *Save Our Souls,* sauvez nos âmes : l'appel de détresse compris du monde entier. Il a pris plus que jamais ce sens depuis la création par une communauté catholique d'un service d'aide spirituelle par téléphone dans la région parisienne.

En composant le (1) 42.73.11.70 chacun peut, vingt-quatre heures sur vingt-quatre, joindre un correspondant qui l'aide à prier ou qui priera pour lui. Ce service est assuré par la Communauté Emmanuel, dont le siège est 31, rue de l'Abbé-Grégoire (75006) à Paris.

Dans un local de deux pièces, soixante membres de cette communauté, des laïcs, hommes et femmes, célibataires ou mariés, se relaient jour et nuit pour assurer une présence de prière et une participation à la prière des personnes qui appellent ; entre deux appels, ils restent en prière devant le Saint Sacrement présent dans l'une des pièces. Près de cent appels sont ainsi reçus chaque jour.

Ils proviennent de personnes dans les situations les plus diverses ; difficulté à prier seul, crise morale, angoisse, maladie, abandon, problèmes familiaux... Les écoutants ne sont pas là pour donner des conseils ou résoudre les problèmes ; leur seule mission est d'aider par la prière, d'aider à prier, de prier avec ceux qui appellent. Il s'agit d'un service contemplatif inséparable des autres activités de la communauté Emmanuel (tiers-monde, quart-monde, gitans, jeunes en difficulté, malades des hôpitaux...).

« Souvent les gens nous rappellent pour témoigner du courage nouveau avec lequel ils ont pu affronter telle situation, de la paix qu'ils ont reçue, et même comment l'inattendu est intervenu. ■

La prière et la vie

Sans toujours oser le dire, on pense qu'il vaut mieux vivre que prier, et s'occuper des autres plutôt que de perdre son temps à marmonner des prières ou à rêvasser dans une église. Il y a du vrai, mais que vivons-nous ? Quel cœur à l'ouvrage, quelle réelle attention à nos frères, quelle relation à Dieu alors que nous sommes ses fils ? « La prière et la vie » soulève tout de suite deux autres questions : quelle prière ? quelle vie ?

« Prier » fait penser à quelqu'un qui est en prière, debout, à genoux, et maintenant en lotus, ou comme les carmélites. C'est un *acte de prière*. Sans la distinction entre acte de prière et état de prière, distinction capitale pour le problème de la prière et de la vie, on ne peut pas comprendre le fameux : « Il faut prier sans cesse », et on confond tout, en disant — par exemple — que « travailler c'est prier » ou « aider c'est prier ».

L'état de prière est la seule vraie réponse au « priez sans cesse ». Cet état, c'est toute la vie menée avec Dieu. On peut y arriver par deux efforts d'union. D'abord, le sentiment diffus de la présence divine, ravivé par des pensées éclairs ou des prières éclairs. On peut comparer cette union de présence à celle de deux copains au travail ou à un couple silencieusement uni. L'autre union à Dieu, encore plus forte et plus sûre, c'est la conformité de volonté. Faire ce que Dieu attend de nous, nous unit à lui et nous maintient donc en « état » de prière. En ce sens-là, travailler, souffrir, aider quelqu'un, etc., c'est prier, mais il vaudrait mieux dire : c'est être uni à Dieu. Il y a là toute la noblesse et la vraie spiritualité de deux très grandes choses : la tâche humaine et le service fraternel.

Mais se glisser constamment dans la volonté de Dieu, être celui-qui-fait-ce-qu'il-doit-faire, rester inlassablement fraternel, est au-dessus de nos forces, nous le savons bien. Il faut des reprises d'attention, des lumières fines (quel est mon devoir ici ?) et surtout ces forces mystérieuses qui intensifient notre courage : les grâces de Dieu. Elles sont à demander et c'est là qu'intervient *l'acte de prière*. Rencontre silencieuse avec Dieu, louange ou demande confiante et parfois quasi désespérée, l'acte de prière (la « prière » proprement dite) nous remet en présence de Dieu, en juste relation avec lui, et donc en juste relation avec notre vie. Nous pouvons, grâce à Dieu, reprendre cette vie à bras le corps, la supporter ou lui faire donner son maximum.

C'est le grand jeu de la grâce et de notre courage. La grâce nous montre ce qu'il faut vivre, et fortifie notre double courage d'homme : entreprendre et supporter. Nous ne menons pas une double vie, de prière et de travail : nous accomplissons des *actes de prière* pour tout vivre *en état de prière*.

ANDRÉ SÈVE

Prier pour tous

Le Seigneur Jésus t'a donné un enseignement divin sur la bonté du Père, qui sait donner de bonnes choses, afin que tu les demandes à celui qui est bon. Il t'a invité à prier attentivement et fréquemment, non pas pour que ta prière se prolonge dans la nuit, mais pour qu'elle se renouvelle dans l'assiduité. Lorsque la prière est trop longue, elle se répand bien souvent dans le vide, mais lorsqu'elle devient rare la négligence nous envahit.

Ensuite, il avertit que, si tu demandes pardon pour toi-même, tu songes à l'accorder le plus possible aux autres afin d'appuyer ta demande par l'éloquence de ta conduite. L'Apôtre aussi enseigne à prier sans colère ni dispute afin que ta prière ne connaisse ni trouble ni interruption. Il nous enseigne aussi à prier en tout lieu, puisque le Sauveur dit : « Entre dans ta chambre ».

Mais comprends bien qu'il ne s'agit pas de la chambre formée de murs où ton corps va s'enfermer. Il s'agit de la chambre qui est en toi, où sont enfermées tes pensées, où demeurent tes sentiments. Cette chambre de ta prière est partout avec toi, et partout elle est dans un secret qui n'a pas d'autre témoin que Dieu.

Apprends qu'il faut prier avant tout pour le peuple, c'est-à-dire pour tout le corps, pour tous les membres de ta Mère, et c'est la marque de la charité mutuelle dans l'Église. Car, si tu demandes pour toi, ta demande ne vaudra que pour toi. Et si chacun prie seulement pour soi, celui qui prie est moins agréable à Dieu que celui qui intercède pour les autres. Mais si chacun prie pour tous, tous alors prient pour chacun.

En conclusion, si tu demandes pour toi seulement, tu seras seul, nous l'avons dit, à demander pour toi. Mais si tu demandes pour tous, tous demanderont pour toi. Et, en effet, toi-même tu es en tous.

Ainsi, c'est un grand profit que les prières de chacun obtiennent pour chacun les suffrages du peuple entier. Il n'y a en cela aucune prétention, mais une plus grand humilité, et un fruit plus abondant.

SAINT AMBROISE (339-397)

COMMENT PRIER AUJOURD'HUI ?

En luttant contre deux réactions : pas le temps, pas le goût.

Le goût ? Ce n'est pas seulement notre problème ; notre goût de prier est un don de Dieu. Ne jamais oublier que le goût de prier regarde Dieu, d'abord Dieu. Ne jamais oublier que le goût de prier est un don de Dieu. Demander le goût, en se jetant sur la plus petite envie de prier : cela veut dire que Dieu nous appelle. A nous la réponse, même brève, gauche. Il ne s'agit pas de faire une jolie prière mais de prier. N'importe comment pourvu qu'on cherche le contact. Prier, c'est vouloir prier : Dieu accueille et écoute, il est toujours là pour nous, c'est nous qui oublions sa présence. Dès que nous repensons à lui, essayons une petite rencontre, un rendez-vous d'amour. Le goût de prier grandira : la prière est donnée à la prière, priez et vous aurez de plus en plus envie de prier.

Mais le temps ? On ne pose plus cette question quand on a le goût. Nous trouvons toujours le temps de faire ce que nous avons envie de faire, c'est facile à vérifier. Trouvez le goût, vous trouverez le temps.

Et les méthodes ? Nous sommes dans un climat d'amour : un rendez-vous d'amour, des mots d'amour, la rencontre de deux présences : tu es là, Seigneur, et je suis là. Toute prière revient à cela ; quand nous perdons la présence et l'amour, nous ne prions pas. Beaucoup de prières ne sont pas des prières, et ça, les hommes d'aujourd'hui ne l'acceptent plus. Bien des gens ont lâché la prière parce que c'était de la caricature, des rabâchages sans attention, la tête ailleurs, le contraire d'un rendez-vous.

Alors, pas de méthode ? Si, pour aider, et pour prier ensemble. Mais toute méthode doit renforcer la double présence : tu es là et je suis là. Sinon, rien ne va plus, il faut vérifier la méthode et notre envie de prier.

Pour prier ensemble, il y a la prière de l'Église : la *Liturgie des Heures*. C'était celle des prêtres, des religieux et des religieuses, mais maintenant les laïcs y prennent goût, avec *Prière du temps présent* [1]. On est plongé dans les psaumes, les textes d'Écriture, les hymnes, les prières et les demandes. On peut y ajouter des lectures, il y a aussi des livres pour cela. L'idéal est de prier ainsi à plusieurs, et déjà en couple, en famille. C'est encore rare mais ça existe.

Une autre prière collective : le Rosaire. En disant des *Ave Maria*, on médite sur les mystères joyeux, douloureux et glorieux. Peu à peu, Marie modèle nos cœurs sur l'Évangile.

Prière personnelle un peu méthodique : la **méditation**. On choisit un texte ou un thème, on réfléchit, on éveille en soi des sentiments et cela peut aboutir à la résolution de mieux vivre telle chose que nous avons à vivre.

Beaucoup préfèrent maintenant l'**oraison** : se tenir simplement (mais ce « simplement » est exigeant !) devant Dieu avec foi, adoration et amour, sans chercher à produire quoi que ce soit, mais à recevoir de Dieu ce qu'il veut nous donner et produire en nous. C'est la rencontre la plus forte, un long moment de silence plein : tu es là et je suis là.

ANDRÉ SÈVE

1. *Prière du temps présent* est le bréviaire en français.

MÉDITATION

La *méditation chrétienne* est très différente de la méditation bouddhiste, qui cherche à faire le vide en soi. Chez les chrétiens, on met en œuvre un genre de méditation qui, consciemment et délibéremment, recourt à la pensée et à des images mentales. On se remémore par exemple une parole ou une scène d'Évangile sur lesquelles on réfléchit. On se représente par l'imagination comment les choses se sont passées. On se demande quel est le sens profond de telle parole, pourquoi elle fut dite, à qui, etc. On en retire des vues approfondies sur les paroles ou les circonstances rapportées, et cette réflexion est de nature à soutenir et à enrichir la vie de foi ou la vie morale.
Il est d'autres manières de faire intervenir raison et volonté dans la méditation. On peut, entre autres, se faire une idée de la présence de Dieu en soi et chercher à s'en imprégner toujours plus. On est alors actif par la pensée et on agit avec conscience et de façon délibérée. Cette forme de méditation a été appelée *contemplation d'objet* car elle a un objet sur lequel on médite et vers lequel on tend consciemment et volontairement. C'est le moi qui fixe le cap et qui est actif. La méditation précède la *contemplation* (voir Index), où le moi se rend plus passif et se libère de toute réflexion ou considération volontaire pour demeurer dans le silence face à Dieu. ■

ORAISON

L'*oraison* (du latin *oratio* : parole, prière) est une forme particulière de prière. Elle se distingue de la prière récitée (en groupe ou en particulier), dont le chapelet, les cantiques, les litanies sont des exemples caractéristiques.
L'oraison se distingue aussi de la méditation ; celle-ci est une réflexion sur un point de la foi chrétienne, de la vie du Christ, sur une parole de l'Écriture Sainte.
L'oraison, elle, est une prière prolongée. La réflexion intellectuelle y a moins de place que les mouvements du cœur et de la volonté. Ceux-ci eux-mêmes se simplifient ; l'oraison devient alors présence silencieuse qui rejoint la présence de Dieu. L'être adhère à cette présence par l'acte d'une foi profonde ; il s'expose humblement à l'action mystérieuse de l'Esprit de Dieu qui agit dans le cœur de l'homme.
L'oraison peut s'accompagner d'une paix, d'une joie envahissante mais elle est souvent pure attitude de foi qui se maintient devant un Dieu qui reste mystère. Cette forme de prière n'est pas réservée « aux sages et aux savants ». Parce qu'elle est don de Dieu, elle peut surgir en tout homme qui croit ou qui cherche à tâtons.
L'oraison a une place importante dans la vie des religieux (hommes et femmes) contemplatifs, mais aussi dans celle des religieux à vocation dite active et dans celle d'un nombre croissant de laïcs. ■

BÉNÉDICITÉ

Formule simple

Bénissez-nous, Seigneur, bénissez ce repas, ceux qui l'ont préparé, et donnez du pain à ceux qui n'en ont pas.

Formule simple d'action de grâces après le repas

Pour ce repas, pour toute joie, nous te louons Seigneur.

Exemple de « Bénédicité » dans une communauté religieuse

Bénédiction de la table avant le dîner

La Supérieure, qui doit bénir la table, dit :
Bénissez.
On répond :
Bénissez.
V. Les yeux de tous.
R. Espèrent en vous, Seigneur, et vous leur donnez leur nourriture en temps opportun ; vous ouvrez votre main et vous comblez de bénédiction tout être animé.
Gloire au Père, etc.
V. Seigneur, ayez pitié de nous.
R. Christ, ayez pitié de nous.
V. Seigneur, ayez pitié de nous.
Notre Père...
V. Et ne nous laissez pas succomber à la tentation.
R. Mais délivrez-nous du mal.
Prions.
Bénissez-nous, Seigneur, et ces dons de votre libéralité que nous allons prendre. Par Notre Seigneur Jésus-Christ. Ainsi soit-il.

Bénédiction de la table avant le souper

La Supérieure, qui doit bénir la table, dit :
Bénissez.
On répond :
Bénissez.
V. Les pauvres mangeront,
R. Et seront rassasiés et ceux qui cherchent le Seigneur le loueront ; leurs cœurs vivront dans les siècles des siècles.
Gloire soit au Père, etc.
V. Seigneur, ayez pitié de nous.
R. Christ, ayez pitié de nous.
V. Seigneur, ayez pitié de nous.
Notre Père
V. Et ne nous laissez pas succomber à la tentation,
R. Mais délivrez-nous du mal.
Prions.
Bénissez-nous, Seigneur, et ces dons de votre libéralité, que nous allons prendre. Par notre Seigneur Jésus-Christ.
R. Ainsi soit-il.

Qu'est-ce que ?

Bénédicité (du latin *benedicite,* bénissez). Premier mot d'une prière qui se dit au début du repas pour remercier Dieu de permettre à ses enfants d'avoir « leur pain quotidien ». Cette prière, probablement d'origine monastique, a été dite de bonne heure par les chrétiens, se conformant à la recommandation de saint Paul de tout faire, qu'ils boivent ou qu'ils mangent, au nom du Seigneur.

Les grâces. Nom donné à la prière récitée, en certains cas, en remerciement, après les repas (on « rend grâces » à Dieu).

Intention (de prière). L'intention d'une prière est ce pour qui ou pour quoi elle est adressée à Dieu.

Intercession (prière d'). L'intercession est l'intervention en faveur de quelqu'un. Une prière d'intercession est donc celle que l'on fait en faveur d'un autre que soi-même. Le recours aux saints fait appel à leur intercession.

Introspection (du latin *intro,* à l'intérieur, et *specto,* regarder). Examen d'un esprit par lui-même. Selon le cas, cet examen peut être de caractère purement psychologique ou revêtir un caractère moral.

Invocation (du latin *invocatio,* dérivé de *vocare,* appeler). L'invocation est le fait d'implorer quelqu'un. Dans la vie chrétienne, l'invocation est tournée vers Dieu ; selon la conception catholique et orthodoxe, elle peut lui être adressée par l'intermédiaire de ses saints (invoquer la Vierge, etc.). Dès lors, mettre une cérémonie, un lieu de culte, un rassemblement sous l'invocation d'un saint signifiera les mettre sous son patronage, sa protection, son intercession.

Litanies (du grec *litaneia,* prière). Suite de courtes invocations adressées à Dieu, à la Vierge et aux Saints. Elles sont chantées ou récitées en certaines circonstances, par exemple, ordinations sacerdotales, consécrations épiscopales, office de la nuit pascale. Il existe, en outre, des litanies de la Vierge ou du Sacré-Cœur qui ne relèvent pas de la liturgie mais de dévotions particulières.

Le texte ancêtre du Notre Père

Le Qaddish juif

Que soit magnifié et sanctifié son grand nom
dans le monde qu'il a créé selon son bon plaisir !
Qu'il fasse régner son règne
durant votre vie et durant vos jours,
et durant la vie de toute la maison d'Israël,
à l'instant même et dans un temps proche.
Et que l'on dise : Amen !

Qu'il soit béni, loué, glorifié, élevé,
exalté, honoré, magnifié et chanté
le nom du Saint ; béni soit-il !
Il est au-dessus et plus haut
que toute bénédiction, hymne, louange, consolation
que l'on prononce en ce monde.
Et que l'on dise : Amen !

Prière de la fin
de l'office synagogal.

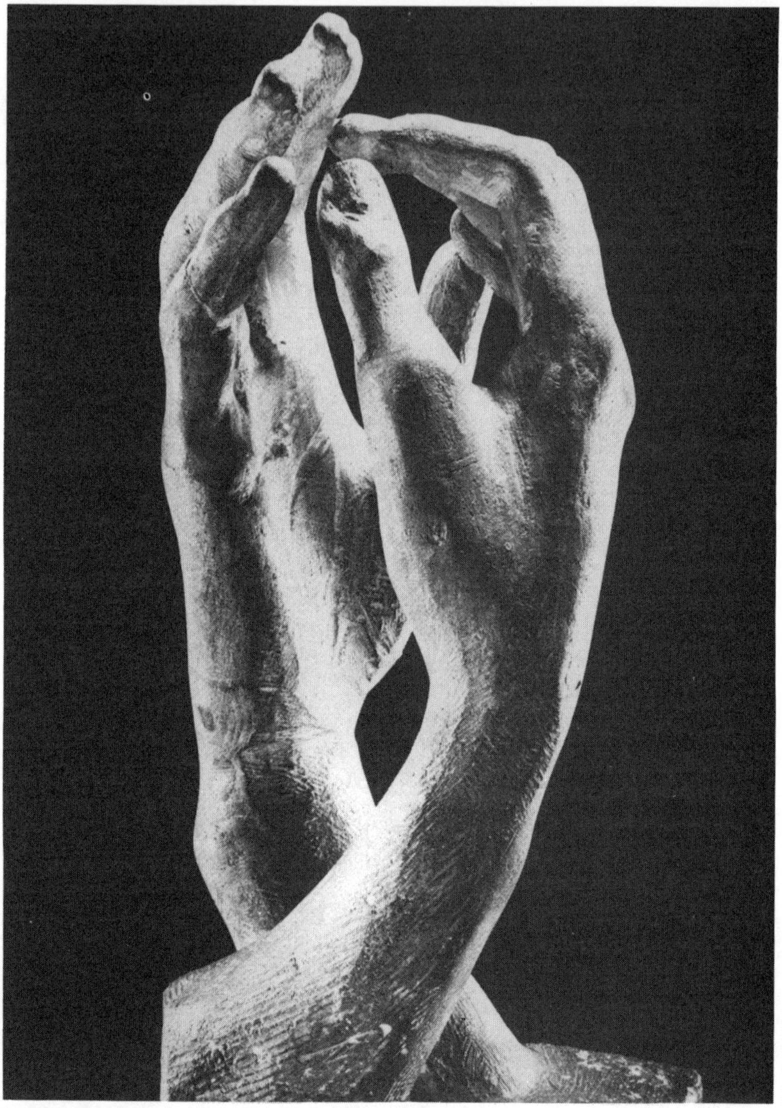

Ph. SPADEM

La Cathédrale, de Rodin (1840-1917). Musée Rodin. Paris.

PATER NOSTER

On appelle *Pater* ou *Notre Père* la prière qui commence par ces mots. Elle est aussi appelée « oraison dominicale » (c'est-à-dire « prière du Seigneur ») parce qu'elle a été enseignée par Jésus lui-même à ses disciples (Mt. 6,5-15 ; Lc. 11,1-4). Jésus leur découvrit de la sorte, en même temps qu'à tous les chrétiens, le type de relation qui les unissait à Dieu, **son Père**, appelé désormais par eux aussi **Notre Père**, ce qu'on pourrait presque écrire « papa ».

Ainsi enseigné par Jésus, le *Pater* est la grande prière du chrétien, en quelque sorte sa prière de base. Commune à toutes les confessions chrétiennes, elle est volontiers récitée dans les rencontres œcuméniques comme signe et volonté de leur union dans le Christ. Elle tient une place éminente dans la prière communautaire ou personnelle ; par exemple, à la messe elle est récitée ou chantée en préparation à la communion ; dans la récitation du chapelet le *Pater* précède chaque dizaine d'*Ave*. Autrefois, les frères convers dans les monastères et les fidèles qui n'étaient pas en mesure de comprendre les prières de la liturgie participaient à celle-ci en répétant sans discontinuer des *Pater :* c'est l'origine du mot *patenôtre*, qui a peu à peu pris le sens péjoratif de prière marmonnée de manière mécanique. Le *Pater* est le plus souvent dit aujourd'hui dans les langues courantes. ■

Un enfant qui s'endort en faisant sa prière...

Rien n'est beau comme un enfant qui s'endort en faisant sa prière, dit Dieu.
Je vous le dis, rien n'est aussi beau dans le monde.
Je n'ai jamais rien vu d'aussi beau dans le monde.
Et pourtant j'en ai vu des beautés dans le monde
Et je m'y connais. Ma création regorge de beautés.
Ma création regorge de merveilles...
Or je le dis, dit Dieu, je ne connais rien d'aussi beau dans tout le monde
Qu'un petit enfant qui s'endort en faisant sa prière...
Et qui déjà mêle tout ça ensemble et qui n'y comprend plus rien ;
Et qui fourre les paroles du Notre Père *à tort et à travers pêle-mêle dans les paroles du* Je vous salue, Marie.
Pendant qu'un voile déjà descend sur ses paupières,
Le voile de la nuit sur son regard et sur sa voix.
J'ai vu les plus grands saints, dit Dieu.
Eh bien, je vous le dis,
Je n'ai jamais rien vu de si drôle et par conséquent je ne connais rien de si beau dans le monde
Que cet enfant qui s'endort en faisant sa prière.

Charles Péguy (1873-1914),
Mystère des saints Innocents, 1912.

Notre Père
qui es aux cieux,
que ton nom soit sanctifié,
que ton règne vienne,
que ta volonté soit faite
sur la terre
comme au ciel.
Donne-nous aujourd'hui
notre pain de ce jour.
Pardonne-nous nos offenses, comme nous pardonnons aussi
à ceux qui nous ont offensés.
Et ne nous soumets pas
à la tentation, mais
délivre-nous du Mal.

Le Notre-Père

Clément d'Alexandrie nous a conservé un mot du Seigneur qui ne figure pas dans les Évangiles : « Demandez les grandes choses et Dieu vous accordera les petites. » Vous priez mal, dit le Seigneur Jésus. Vos prières se meuvent toujours dans la sphère de votre petit « moi », de vos besoins, de vos difficultés, de vos désirs. Demandez les grandes choses : la Gloire et le Règne du Dieu tout-puissant, le don des grandes grâces, pain de vie et miséricorde infinie de Dieu, dès maintenant, dès ici-bas, dès aujourd'hui. Ce n'est pas à dire que vous ne puissiez exposer à Dieu vos pauvres nécessités personnelles. Mais elles ne doivent pas déterminer votre prière. Car c'est votre Père que vous priez. Il sait tout. Il sait, avant qu'ils le lui demandent, de quoi ses enfants ont besoin. Et il ajoute aux grandes grâces ces petits dons. Jésus dit : « Demandez les grandes choses et Dieu vous accordera les petites. » L'oraison dominicale nous apprend à demander « les grandes choses ».

Partout où des hommes osent, au nom de Jésus, prier avec une confiance d'enfants le Père céleste de révéler sa Gloire et de leur accorder dès ici-bas le pain de vie et l'annulation des dettes, là se réalise dès maintenant, au fort du péril permanent de défection et d'apostasie, le Règne souverain de Dieu sur la vie de ses enfants.

J. JEREMIAS,
Paroles de Jésus,
Le sermon sur la montagne,
le Notre Père,
Coll. Foi vivante, Ed. du Cerf, 1967.

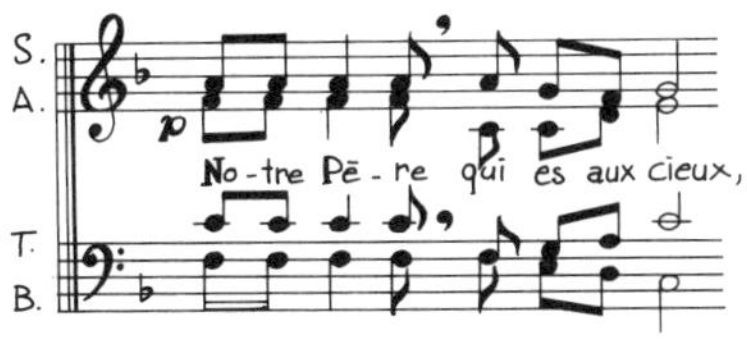

Anglais
Our Father, who art in heaven,
hallowed be thy name ;
Thy kingdom come ;
Thy will be done on earth as it is in heaven.
Give us this day our daily bread ;
and forgive us our trespasses
as we forgive those who trespass against us ;
and lead us not into temptation,
but deliver us from evil.

Italien
Padre nostro, che sei nei cieli,
sia santificato il tuo nome,
venga il tuo regno,
sia fata la tua volontà,
come in cielo cosí in terra.
Dacci oggi il nostro pane quotidiano,
e rimetti a noi i nostri debiti
come noi li rimettiamo ai nostri debitori,
e non ci indurre in tentazione,
ma liberaci dal male.

Néerlandais
Onze Vader, die in de hemel zijt ;
uw naam worde geheiligd ;
uw rijk kome ;
uw wil geschiede op aarde
zoals in de hemel.
Geef ons heden ons dagelijks brood ;
en vergeef ons onze schuld,
zoals ook wij aan anderen hun schuld vergeven ;
en leid ons niet in bekoring ;
maar verlos ons van het kwade.

Allemand
Vater unser im Himmel,
Geheiligt werde dein Name.
Dein Reich komme.
Dein Wille geschehe,
wie im Himmel so auf Erden.
Unser tägliches Brot gib uns heute.
Und vergib uns unsere Schuld,
wie auch wir vergeben unsern Schuldigern.
Und führe uns nicht in Versuchung,
sondern erlöse uns von dem Bösen.

Espagnol
Padre nuestro, que estás en los cielos,
Santificado sea tu Nombre,
venga a nosotros tu reino,
hágase tu voluntad,
así en la tierra como en el cielo ;
el pan nuestro de cada día, dánosle hoy,
y perdónanos nuestras deudas,
así como nosotros perdónamos
a nuestros deudores,
y no nos dejes caer en la tentación,
mas líbranos del mal.

Portugais
Pai nosso que estais nos céus,
santificado seja o vosso nome ;
venha a nós o vosso reino,
seja feita a vossa vontade,
as sim na terra como no céu ;
o pâao nosso de cada dia nos dai hoje ;
perdoai-nos as nossas ofensas,
assim como nós perdoamos a
quem nos tem ofendido
e nâao nos deixeis cair em tentaçâo,
mas livrai-nos do mal.

Le grand chant du merci à Dieu
Te Deum

Te Deum laudámus : te Dóminum confitémur.
Te aetérnum Patrem, omnis terra venerátur.
Tibi omnes ángeli,
tibi caeli et univérsae Potestátes :
tibi Chérubim et Séraphim
incessábili voce proclámant :
Sanctus, Sanctus, Sanctus
Dóminus Deus Sábaoth.
Pleni sunt caeli et terra majestátis glóriae tuae.
Te gloriósus Apostolórum chorus,
te Prophetárum laudabilis númerus,
te Mártyrum candidátus laudat exércitus.
Te per orbem terrárum
sancta confitétur Ecclésia,
Patrem imménsae majestátis ;
venerándum tuum verum et únicum Fíium ;
Sanctum quoque Paráclitum Spíritum.
Tu Rex glóriae, Christe.
Tu Patris sempitérnus es Fílius.
Tu, ad liberándum susceptúrus hóminem,
non horruísti Vírginis úterum.
Tu, devícto mortis acúleo,
aperuísti credéntibus regna caelórum.
Tu ad déxteram Dei sedes, in glória Patris,
Judex créderis esse ventúrus.
Te ergo quaésumus, tuis fámulis súbveni,
quos pretióso Sánguine redemísti.
Aetérna fac cum Sanctis tuis in glória numerári (...)

A toi, Dieu, notre louange !
nous t'acclamons : tu es Seigneur !
A toi, Père éternel,
l'hymne de l'univers.
Devant toi se prosternent les archanges,
les anges et les esprits des cieux ;
ils te rendent grâce ;
ils adorent et ils chantent :
Saint, Saint, Saint, le Seigneur,
Dieu de l'univers ;
le ciel et la terre sont remplis de ta gloire.
C'est toi que les Apôtres glorifient,
toi que proclament les prophètes,
toi dont témoignent les martyrs ;
c'est toi que par le monde entier
l'Église annonce et reconnaît.
Dieu, nous t'adorons :
Père infiniment saint,
Fils éternel et bien-aimé,
Esprit de puissance et de paix.
Christ, le Fils du Dieu vivant,
le Seigneur de la gloire,
tu n'as pas craint de prendre chair
dans le corps d'une vierge
pour libérer l'humanité captive.
Par ta victoire sur la mort,
tu as ouvert à tout croyant
les portes du Royaume ;
tu règnes à la droite du Père ;
tu viendras pour le jugement.
Montre-toi le défenseur et l'ami
des hommes sauvés par ton sang :
prends-les avec tous les saints
dans ta joie et dans ta lumière (...)

Faites de moi un instrument de votre paix

Seigneur, fais de moi
un instrument de ta paix.
Là où est la haine
que je mette l'amour.
Là où est l'offense,
que je mette le pardon.
Là où est la discorde,
que je mette l'union.
Là où est l'erreur,
que je mette la vérité.
Là où est le doute,
que je mette la foi.
Là où est le désespoir,
que je mette l'espérance.
Là où sont les ténèbres,
que je mette la lumière.
Là où est la tristesse,
que je mette la joie.

Fais que je ne cherche pas tant
à être consolé qu'à consoler,
à être compris qu'à comprendre,
à être aimé qu'à aimer.

Parce que,
c'est en donnant
que l'on reçoit,
c'est en s'oubliant soi-même
qu'on se retrouve soi-même,
c'est en pardonnant
qu'on obtient le pardon,
c'est en mourant
qu'on ressuscite
à l'éternelle Vie.

Attribué à
SAINT FRANÇOIS D'ASSISE.

O Dieu tout-puissant

O Dieu tout-puissant,
toi qui fis le ciel, la terre et la mer
et toute leur plénitude !

Viens à mon secours,
lave-moi de mes péchés,
sauve-moi en ce monde et dans le monde à venir !

Par Jésus-Christ, notre Seigneur et Sauveur.
Par lui, gloire et puissance à toi,
dans les siècles des siècles !
Amen.

IIIe-IVe siècle

Acte de foi

Mon Dieu, je crois fermement toutes les vérités que vous avez révélées et que vous nous enseignez par votre Église, parce que vous ne pouvez ni vous tromper ni nous tromper.

Acte d'espérance

Mon Dieu, j'espère avec une ferme confiance que vous me donnerez, par les mérites de Jésus-Christ, votre grâce en ce monde et le bonheur éternel dans l'autre, parce que vous l'avez promis et que vous tenez toujours vos promesses.

Prenez, Seigneur...

Prenez, Seigneur, et recevez
toute ma liberté, ma mémoire,
mon intelligence et toute ma volonté,
tout ce que j'ai, tout ce que je possède.
Vous m'avez tout donné :
je Vous rends tout, Seigneur.
Tout est à Vous, disposez-en selon Votre bon plaisir.
Donnez-moi seulement ce qui me suffit :
Votre amour et Votre grâce !

SAINT IGNACE.

Tu es saint

Tu es saint, Seigneur Dieu,
Toi seul qui fais des merveilles.
Tu es fort.
Tu es grand.
Tu es très haut.
Tu es roi tout-puissant, ô Père saint,
roi du ciel et de la terre.
Tu es charité, amour,
Tu es sagesse.
Tu es humilité.
Tu es patience.
Tu es assurance.
Tu es quiétude.
Tu es joie et liesse.
Tu es justice et tempérance.
Tu es toute richesse et notre suffisance.
Tu es beauté.
Tu es calme.
Tu es protecteur.
Tu es gardien et défenseur.
Tu es force.
Tu es rafraîchissement.
Tu es notre espérance.
Tu es notre joie.
Tu es notre grande douceur.
Tu es notre vie éternelle.

SAINT FRANÇOIS D'ASSISE (v. 1181-1226).

Acte de charité

Mon Dieu, je vous aime de tout mon cœur et par-dessus toutes choses, parce que vous êtes infiniment bon, et j'aime mon prochain comme moi-même pour l'amour de vous.

Acte de contrition

Mon Dieu, j'ai un très grand regret de vous avoir offensé, parce que vous êtes infiniment bon et que le péché vous déplaît. Je prends la ferme résolution, avec le secours de votre sainte grâce, de ne plus vous offenser et de faire pénitence.

CHAPELET

L'objet

Littéralement, c'est le « petit chapeau », au sens de couronne. Le mot a ainsi une origine analogue à celle du mot rosaire : l'un et l'autre viennent de l'usage, au Moyen Âge, de couronner de roses les statues de la Vierge, chaque rose symbolisant une prière. D'où l'idée de se servir d'un collier de grains pour prier la Vierge. L'usage était déjà en vigueur au XIIe siècle lorsque saint Bernard contribua à le développer. Saint Dominique en fit autant au XIIIe siècle et prescrivit à ses religieux de porter un chapelet à leur ceinture. Le chapelet comporte cinq séries de dix grains, chaque série étant suivie d'un grain séparé.

La prière

Cette forme répond à l'usage qui est fait du chapelet pour la prière. La récitation du chapelet comporte en effet cinq dizaines d'*Ave Maria* (Je vous salue Marie), chaque dizaine étant introduite par un *Pater* (Notre Père) et conclue par un *Gloria Patri* (Gloire au Père). Un rosaire correspond à la récitation de trois chapelets (*cf.* rosaire).

Dans les autres religions

Pour leurs invocations les musulmans se servent quant à eux d'un chapelet de 99 grains correspondant aux différents noms ou attributs donnés à Dieu par le Coran (le centième nom ne devant être révélé qu'au Ciel). Les religions brahmanique et bouddhiste connaissent de longue date l'usage d'une prière analogue au chapelet pour la méditation. ■

Rosaire

Forme de prière à la Vierge qui s'est progressivement élaborée au cours du Moyen Âge et qui a été popularisée au XIIe siècle par saint Bernard, puis par les dominicains. Une fête de Notre-Dame du Rosaire est célébrée le 7 octobre. Cette fête a été instituée par le pape Pie V, en 1573, après la victoire de Lépante en 1571, pour remercier Marie de cette victoire. L'ensemble du mois d'octobre, où l'on prie plus particulièrement la Vierge, est le mois du Rosaire. Le nom de rosaire vient de l'usage de couronner de roses les statues de la Vierge au Moyen Âge, ces roses étant le symbole des prières adressées à Marie.

☞ Aujourd'hui la prière du rosaire consiste en la récitation de trois chapelets, de cinq dizaines chacun (une dizaine comprend un *Notre Père* et dix *Je vous salue Marie*) ; pendant la récitation de ces 150 *Je vous salue Marie*, qui rappellent les 150 *Psaumes*, on médite sur la place de Marie dans le mystère du salut pour s'y associer ; cette méditation porte successivement :

- durant le premier chapelet, sur les *cinq mystères joyeux :* Annonciation, Visitation, Nativité, Purification, Jésus retrouvé au Temple ;
- durant le second chapelet, sur les *cinq mystères douloureux :* Agonie au Jardin des Oliviers, Flagellation, Couronnement d'épines, Portement de Croix, Mort du Christ sur la Croix ;
- durant le troisième chapelet, sur les *cinq mystères glorieux :* Résurrection, Ascension, Pentecôte, Assomption, Couronnement de la Vierge.

La pratique du chapelet, individuelle ou collective, est une forme de spiritualité à la portée de tous, qui associe l'usage d'une formule courante de prière à une méditation personnelle sur le salut proposé par Dieu aux hommes en Jésus-Christ. ■

Sous l'abri de ta miséricorde

« Sous l'abri de ta miséricorde » (Sub tuum praesidium) est l'une des plus anciennes prières mariales. Les plus récentes études montrent qu'elle est postérieure au début du IVe siècle.

On la cite ici dans la traduction de sa forme la plus primitive, telle qu'elle fut découverte sur un papyrus grec.

Sous l'abri de ta miséricorde
nous nous réfugions, ô Mère de Dieu.
Ne laisse pas succomber à la tentation
ceux qui te prient.
Mais délivre-nous du danger,
seule pure, seule bénie.

IVe siècle

Magnificat (Lc 1,46-55)

Mon âme exalte le Seigneur,
exulte mon esprit en Dieu mon Sauveur.

Il s'est penché sur son humble servante ;
désormais tous les âges me diront bienheureuse.

Le Puissant fit pour moi des merveilles ;
Saint est son nom.

Son amour s'étend d'âge en âge
Sur ceux qui le craignent ;

Déployant la force de son bras,
il disperse les superbes.

Il renverse les puissants de leur trône,
il élève les humbles.

Il comble de biens les affamés,
renvoie les riches les mains vides.

Il relève Israël son serviteur,
il se souvient de son amour,

de la promesse faite à nos pères,
en faveur d'Abraham et de sa race à jamais.

Gloire au Père, et au Fils,
et au Saint-Esprit,

au Dieu qui est,
qui était et qui vient,

pour les siècles des siècles.

Amen.

Salve, Regina(1)

Salve, Regína, mater misericórdiae ;
vita, dulcédo et spes nostra, salve.
Ad te clamámus, éxsules fílii Evae.
Ad te suspirámus, geméntes et flentes
in hac lacrimárum valle.
Eia ergo, advocáta nostra,
illos tuos misericórdes óculos
ad nos convérte.
Et Iesum, benedíctum fructum ventris tui,
nobis post hoc exsílium osténde.
O clemens, o pia, o dulcis Virgo María.

(1) L'une des antiennes à la Vierge chantées à la fin des Complies. Origine vers le XIe s. Répandue par les dominicains au XIIIe s. Traduction en français ci-contre.

Ph. Zodiaque

Notre-Dame d'Orcival. (XIIe s.). Puy-de-Dôme. Invoquée sous le nom de Notre-Dame-des-Fers, libératrice des captifs, elle est l'objet d'un pèlerinage très ancien. Statue de bois, recouverte de lames de cuivre argenté au XVIIe s.

Je vous salue, Marie
pleine de grâce ;
le Seigneur est avec vous.
Vous êtes bénie entre toutes les femmes et Jésus, le fruit de vos entrailles, est béni.
Saint Marie, Mère de Dieu, priez pour nous, pauvres pécheurs, maintenant et à l'heure de notre mort.
Amen.

Salut, ô Reine, Mère de miséricorde ;
notre vie, notre douceur, notre espoir, salut !
Vers vous nous crions dans notre exil, fils d'Eve.
Vers vous nous soupirons, gémissant et pleurant dans cette vallée de larmes.
Ô vous donc, notre avocate, tournez vers nous vos yeux compatissants.
Et Jésus, le fruit béni de vos entrailles, après notre exil, montrez-le-nous.
Ô Clémente, Ô bonne, Ô douce Vierge Marie.

Qu'est-ce que ?

Ave Maria. Premiers mots de la version latine du *Je vous salue Marie*. L'origine de ce texte inspiré par l'Évangile (Luc 1,28 et Luc 1,42) n'est pas connue. On sait toutefois que la première partie était déjà utilisée dans la prière au XIe siècle et que la deuxième a été ajoutée au XIIe siècle. Ce n'est qu'à partir du XVIe siècle que la prière entière, introduite dans la première édition du Bréviaire romain, devint très populaire et servit souvent à exprimer la foi des pauvres.

Dizaine. Manière abrégée et usuelle pour désigner une dizaine de chapelet (lequel rassemble cinq dizaines) ; composée d'un *Notre Père*, de dix *Je vous salue Marie* et d'un *Gloire au Père*. La récitation d'une dizaine de chapelet permet de méditer un aspect de la vie du Christ ou de la Vierge Marie. L'ensemble est regroupé en quinze *mystères*, le *rosaire*.

Magnificat. Premier mot d'un cantique qui se chante aux vêpres et, de plus en plus, à d'autres célébrations comme prière d'actions de grâces. Selon l'Évangile de saint Luc en effet (Lc 46-55), la Vierge Marie, enceinte de Jésus, après l'Annonciation était allée rendre visite à sa cousine Élisabeth ; saluée par celle-ci comme « femme bénie entre toutes les femmes », elle lui avait répondu par un chant de joie et de reconnaissance à Dieu commençant par les mots : « Mon âme exalte le Seigneur... ») [en latin, *Magnificat anima mea Dominum*] ; ce chant était inspiré de textes de l'Ancien Testa-

Souvenez-vous

Souvenez-vous, ô très pieuse Vierge Marie,
qu'on n'a jamais entendu dire
qu'aucun de ceux qui ont eu recours à votre protection,
qui ont imploré votre secours
et demandé vos suffrages,
ait été abandonné.

Animé d'une pareille confiance, ô Vierge des vierges, ô ma Mère,
je viens à vous, je cours à vous,
et, gémissant sous le poids de mes péchés,
je me prosterne devant vous.

Ô Mère du Verbe, ne rejetez pas mes prières,
mais écoutez-les favorablement
et daignez les exaucer. Amen !

SAINT BERNARD (1091-1153).

Je vous choisis...

Je vous choisis, aujourd'hui, ô Marie,
en présence de toute la cour céleste,
pour ma Mère et ma Reine.

Je vous livre et consacre,
en toute soumission et amour,
mon corps et mon âme,
mes biens intérieurs et extérieurs,
et la valeur même de mes bonnes actions
passées, présentes et futures,

vous laissant un entier et plein droit
de disposer de moi
et de tout ce qui m'appartient,
sans exception,
selon votre bon plaisir,
à la plus grande gloire de Dieu,
dans le temps et l'éternité.

SAINT LOUIS-MARIE GRIGNION DE MONFORT (1673-1716).

Sainte Marie, Mère de Dieu...

Sainte Marie, Mère de Dieu,
gardez-moi un cœur d'enfant,
pur et transparent comme une source.
Obtenez-moi un cœur simple,
qui ne savoure pas les tristesses ;
un cœur magnifique à se donner,
tendre à la compassion ;
un cœur fidèle et généreux,
qui n'oublie aucun bien
et ne tienne rancune d'aucun mal.

Faites-moi un cœur doux et humble,
aimant sans demander de retour,
joyeux de s'effacer dans un autre cœur
devant votre divin Fils,
un cœur grand et indomptable,
qu'aucune ingratitude ne ferme,
qu'aucune indifférence ne lasse,
un cœur tourmenté de la gloire de Jésus-Christ,
blessé de son amour
et dont la plaie ne guérisse qu'au ciel.

L. DE GRANDMAISON, S.J. (1868-1927).

Ph. Réunion des Musées Nationaux

Vierge d'ivoire (Louvre, XIIIe s.)

Dans les difficultés

Ayez mémoire et souvenance, très douce Vierge, que vous êtes ma Mère et que je suis votre fils ; que vous êtes puissante et que je suis un pauvre homme, vil et faible.
Je vous supplie, très douce Mère, que vous me gouverniez et me défendiez dans toutes mes voies et actions.
Ne dites pas, gracieuse Vierge, que vous ne pouvez, car votre bien-aimé Fils vous a donné tout pouvoir, tant au ciel comme en la terre.
Ne me dites pas que vous ne devez, car vous êtes la commune Mère de tous les pauvres humains et particulièrement la mienne.
Si vous ne pouviez, je vous excuserais disant : il est vrai qu'elle est ma Mère et qu'elle me chérit comme son fils, mais la pauvrette manque d'avoir et de pouvoir.
Si vous n'étiez pas Mère, avec raison je patienterais disant : elle est bien assez riche pour m'assister, mais hélas, n'étant pas ma Mère, elle ne m'aime pas.
Puis donc, très douce Vierge, que vous êtes ma Mère et que vous êtes puissante, comment vous excuserais-je, si vous ne me soulagez et ne me prêtez votre secours et assistance !
Vous voyez, ma Mère, que vous êtes contrainte d'acquiescer à toutes mes demandes.
Pour l'honneur et la gloire de votre Fils, acceptez-moi comme votre enfant, sans avoir égard à mes misères et péchés. Délivrez mon âme et mon corps de tout mal et me donnez toutes vos vertus, surtout l'humilité.
Enfin, faites-moi présent de tous les dons, biens et grâces, qui plaisent à la Sainte Trinité, Père, Fils et Saint-Esprit.

SAINT FRANÇOIS DE SALES (1567-1622).

La prière

Par le petit garçon qui meurt près de sa mère
Tandis que des enfants s'amusent au parterre
Et par l'oiseau blessé qui ne sait pas comment
Son aile tout à coup
S'ensanglante et descend
Par la soif et la faim et le délire ardent
Je vous salue Marie !

Par les gosses battus, par l'ivrogne qui rentre
Par l'âne qui reçoit des coups de pied au ventre
Et par l'humiliation de l'innocent châtié
Par la vierge vendue qu'on a déshabillée
Par le fils dont la mère a été insultée
Je vous salue Marie !

Par la vieille qui trébuchant sous trop de poids
S'écrie : « Mon Dieu ! »
Par le malheureux
Dont les bras ne purent s'appuyer sur une amour humaine
Comme la croix du Fils sur Simon de Cyrène
Par le cheval tombé sous le chariot qu'il traîne
Je vous salue Marie !

Par les quatre horizons qui crucifient le monde
Par tous ceux dont la chair se déchire ou succombe
Par ceux qui sont sans pieds, par ceux qui sont sans mains
Par le malade que l'on opère et qui geint
Et par le juste mis au rang des assassins
Je vous salue Marie !

Par la mère apprenant que son fils est guéri
Par l'oiseau rappelant l'oiseau tombé du nid
Par l'herbe qui a soif et recueille l'ondée
Par le baiser perdu, par l'amour redonné
Et par le mendiant
Retrouvant sa monnaie
Je vous salue Marie !

FRANCIS JAMMES (1868-1938).

Prière chrétienne et méditation orientale : voir Index

Le corps et la prière

Les mouvements de spiritualité ont contribué ces dernières années à redonner son importance au rôle du corps dans la prière, importance que n'ont jamais cessé de prendre en considération les ordres contemplatifs. Les grands spirituels ont souvent rappelé que, sans un minimum de dispositions appropriées, le corps est une gêne à la prière, alors qu'il peut au contraire lui être une aide à condition d'utiliser ses ressources. « Temple de l'Esprit Saint » selon saint Paul (1 Co 6,13-20), le corps a un langage qui permet d'exprimer la prière ; plus encore, d'être lui-même prière.

Les principales attitudes utilisées sont : debout, à genoux, assis, incliné... Mais il arrive aussi, même si cela est très rare, que l'on prie allongé par terre... ou en dansant.

La position debout

La position traditionnelle de « l'orant » (de celui qui prie) est d'être droit, le poids bien réparti sur les jambes, le centre de gravité très légèrement en avant des pieds, la tête droite dans le prolongement du corps, les bras ouverts et la paume tendue vers le haut (mais à différentes hauteurs). Cette position, qui rappelle celle de l'arbre, est celle de l'homme libre qui se tient debout devant son Dieu, comme un vivant.

La position à genoux

Moins utilisée qu'autrefois, elle exprime toujours la supplication, la soumission, le repentir, la dépendance, l'adoration. Là encore, il est important, si l'on veut garder cette position, de bien répartir le poids sur les genoux, qu'il est mieux alors d'avoir légèrement surélevés par rapport au sol (c'est le rôle du prie-Dieu... mais attention à ne pas rester à genoux sur le bout des genoux !). Il existe des petits bancs inclinés (inspirés de la tradition zen) de 15-20 cm de haut et de 7-8 cm de large et qui permettent de s'asseoir sur ses talons sans fatigue dans une position intermédiaire entre la position à genoux et la position assise.

L'inclinaison

Très utilisée dans les monastères, elle peut être faite avec dignité à tout âge. Elle a la même signification que la position à genoux.

La position assise

C'est la position de l'écoute, du recueillement et de la méditation. Elle est difficile à tenir longtemps — surtout si l'on veut être immobile — sans un minimum de précautions. Là encore, on veillera à trouver le centre de gravité de son corps et à garder le buste droit au-dessus de ce centre de gravité (la position par laquelle on s'affaisse en se servant du dossier comprime les muscles du ventre et devient vite inconfortable). Les jambes croisées obligent à bouger pour que la circulation sanguine se fasse. La position la meilleure est donc d'avoir le buste à angle droit avec les jambes, les pieds légèrement écartés, les mains reposant sur les genoux.

La grande prosternation

C'est un geste qui a lieu pendant les ordinations et à la liturgie du Vendredi Saint. Les célébrants sont allongés totalement sur le ventre en signe d'abandon total de soi à Dieu.

Beaucoup de chrétiens estiment peu importante la position de leur corps pendant la prière. Les spirituels pourtant les engagent à un minimum de technique corporelle sans laquelle, disent-ils, le corps au lieu de porter à la prière est source de gêne. Par contre, celui qui se met corporellement en prière se signifie à lui-même l'importance du geste qu'il accomplit. ■

ADORATION PERPÉTUELLE, ADORATION RÉPARATRICE, QUARANTE HEURES

L'adoration du Saint Sacrement, autrement dit du « pain eucharistique », a pris des formes variées, surtout après la Réforme : les catholiques voulaient signifier par cette adoration leur foi au Christ se rendant réellement présent d'une manière permanente dans le sacrement de l'Eucharistie.

Il semble que la dévotion des **Quarante heures** ait vu le jour à Milan. Le nom des Quarante heures a sans doute pour origine les prières dites devant le sépulcre du Christ dans l'église du Saint-Sépulcre entre le vendredi saint au soir et le dimanche matin. En 1527, en un temps de guerre, Jean-Antoine Bellotti institua une prière continue de quarante heures chaque trimestre. Mais ce sont saint Antoine-Marie Zaccaria et les barnabites qui passent pour être les véritables fondateurs de cette « chaîne ininterrompue de prière » (suivant les mots de Clément XIII dans la Constitution étendant cette pratique au monde entier en 1765).

Les Quarante heures commencent par une messe suivie d'une procession, de l'exposition du Saint Sacrement, pendant quarante heures consécutives, et s'achève par une messe pour la paix. Pendant l'exposition, il est requis que deux personnes au moins soient présentes.

Les Quarante heures donnèrent naissance à des pratiques telles que l'**Adoration perpétuelle,** c'est-à-dire une adoration jour et nuit pendant une certaine période, en des lieux successifs. En France, à la suite d'un vœu, une adoration perpétuelle est organisée au Sacré-Cœur de Montmartre ; elle se prolonge depuis plus de cent ans.

L'adoration « perpétuelle » du Saint Sacrement est quelquefois appelée **réparatrice** car elle a souvent été perçue comme un moyen de consacrer par la prière ce qui est profané par le péché. ■

BÉNÉDICTION

(Du lat *benedicere*, dire du bien). Quand Dieu dit, Dieu fait. Quand Dieu dit du bien à propos de quelqu'un, ce bien se produit. A partir de cette foi simple, les Juifs ont multiplié les bénédictions.

Telles que la Bible les raconte, ces bénédictions, à l'origine, furent des actes quelque peu magiques : il suffisait de les prononcer pour que, définitivement, la personne se transforme (Gn 27). Mais rapidement, les bénédictions changèrent de sens : le croyant comprit que Dieu laissait l'homme libre, et que c'est le croyant qui, en disant et chantant du bien sur Dieu, se transformait, répondant ainsi à celui qui lui voulait du bien de toute éternité (Gn 24,27 - Ps 28,6).

Cette tradition juive est à l'origine de l'Eucharistie (des chrétiens), qui reprend les grandes prières de bénédiction juives sur le pain et le vin. L'Eucharistie est, pour les chrétiens, la célébration d'un Dieu ne voulant avoir d'autre puissance que celle de l'amour. Un Dieu qui se donne totalement à celui qui le reçoit avec foi et amour.

Les nombreuses bénédictions en usage dans la vie chrétienne rappellent toujours — en mineur — la bénédiction fondamentale de l'Eucharistie. C'est évidemment, en premier chef, le cas de la bénédicton donnée par le prêtre à la fin de chaque messe au nom du Père, du Fils et du Saint-Esprit. ■

L'origine des pardons bretons

Selon le Père Y. Guillerm, OMI, ancien missionnaire itinérant en Bretagne, qui s'est intéressé au sujet, les pardons bretons sont nés de la manière suivante. Les paroisses bretonnes avaient été divisées en quartiers, ou « confréries », dans lesquelles les gens se devaient aide et assistance ; ainsi la veuve voyait-elle son champ cultivé par les voisins, ou « la part de filet » de son mari défunt gardée sur son bateau, etc. Chaque confrérie se mettait sous la protection d'un saint et bâtissait sous son vocable une chapelle qui était le centre spirituel du quartier. Une ou deux fois par an, les habitants se réunissaient pour refaire l'unité de la confrérie et se donner *le pardon des déchirures et des affronts* ; c'était une fête religieuse, avec confessions, messe, procession, feu de joie (où brûlaient les offenses), suivie d'une fête profane qui pouvait durer plusieurs jours (repas, luttes bretonnes, danses, jeux de groupes...). Ces coutumes sont la raison d'être de beaucoup des nombreuses chapelles dont la terre bretonne est constellée ; ce ne sont donc ni la dévotion à un saint, encore moins une source miraculeuse (ajoutée le plus souvent après coup) qui se trouvent à l'origine des pardons. Et les pèlerinages à Tréguier, Auray, au Folgoët, Rostrenen, etc. n'ont pris le nom de pardon que par extension d'un terme qui avait à l'origine un tout autre sens. (*cf. La Croix*, 20 septembre 1984). ■

DÉVOTION, DÉVOT

Le christianisme, en utilisant le mot **dévotion** (du latin *devotio*, vœu par lequel on s'engage, attachement ; dérivé de *votum*, promesse faite aux dieux), lui a donné le sens d'attachement au service de Dieu par la prière tant personnelle que liturgique. Plus tard, on l'appliqua aussi à des aspects plus particuliers de la vie spirituelle : dévotion au Cœur du Christ, à sa croix, à l'Eucharistie, à la Vierge, à des saints... Ces dévotions, d'intensité et de succès variables selon les lieux et les époques, ont parfois pris une ampleur considérable (Sacré-Cœur, dévotion mariale, sainte Thérèse de l'Enfant-Jésus, sainte Anne d'Auray en Bretagne, etc.).

Le mot dévotion est employé familièrement pour désigner des pratiques pieuses : faire ses dévotions, confit en dévotion...

Le mot dévotion a donné **dévot** pour désigner une personne sincèrement attachée à la prière et au service de Dieu (*Introduction à la vie dévote* par saint François de Sales) ; les attaques et les railleries visant les faux dévots (Cf. le *Tartuffe*, de Molière) ont cependant contribué à donner souvent à ce mot un sens défavorable d'hypocrite ou de bigot, sans que la notion même de dévotion en soit d'ailleurs affectée. ■

La dévotion au Cœur de Jésus et au Cœur de Marie
Une expression symbolique des rapports du chrétien avec Dieu

Le cœur, dans la Bible — Ancien et Nouveau Testament —, symbolise toute la personne humaine, mais — contrairement à aujourd'hui — il évoque davantage l'intelligence, la mémoire, la **volonté** que l'affectivité et l'émotion : « Marie méditait dans son cœur » (Lc 2,19) et « l'homme juste a un cœur qui lui inspire de bonnes paroles » (Lc 6,45). C'est le lieu symbolique de résidence de la foi (Ep 3,17).

A vrai dire — à très peu d'exceptions près : saint Bonaventure (traité *De Vitis mystica* ou *De ligno vitae*) — on parle peu du Cœur de Jésus dans l'Église avant la fin du XIIIe siècle. Là, les grands mystiques rhénans, sainte Mechtilde († 1298) et sainte Gertrude († 1301), contemplant le côté transpercé du Christ, donnent le départ à une véritable dévotion au Cœur-Amour du Christ. Dans une vision, sainte Gertrude, par exemple, entend saint Jean lui expliquer : « Ma mission était de présenter à l'Église dans son premier âge, sur le Verbe Incarné de Dieu le Père, une simple parole qui suffirait jusqu'à la fin du monde à satisfaire l'intelligence de la race humaine tout entière, sans toutefois que personne parvint jamais à la pleinement comprendre. Quant à ce qu'expriment de douceur les battements de ce Cœur, il est réservé aux derniers temps de le faire connaître, afin que le monde engourdi par l'âge reprenne dans l'amour divin quelque chaleur en entendant ces mystères » (*Révélation de sainte Gertrude*, L. IV et V).

Confrontés à un monde qui s'éloigne de Dieu et qui s'enivre de l'humain, les grands spirituels des XVIIe et XVIIIe siècles vont leur répondre en développant la dévotion au Cœur de Jésus, humain à en être divin.

C'est à saint Jean Eudes que reviendra de célébrer, le 8 février 1648, pour la première fois, une messe « du Cœur de Marie » qui est, bien sûr, une messe dédiée à Jésus vivant en Marie. Comme le dit l'oraison de collecte : « Donne-nous de célébrer dignement cette vie très sainte de Jésus et de Marie en un seul cœur et de n'avoir qu'un seul cœur entre nous et avec eux ». Un peu plus tard, saint Jean Eudes va composer et faire célébrer une fête liturgique du Cœur de Jésus (20 octobre 1672). Sous le symbole du cœur de Jésus, il contemple l'amour du Père pour les hommes, manifesté dans l'amour de Jésus : l'amour du Christ pour son Père, modèle et source de tout amour pour le Père, l'amour du Christ pour tous les hommes, à qui il fait don de son cœur.

Pourtant, ce n'est pas saint Jean Eudes qui a vraiment popularisé dans le monde entier la dévotion au Cœur de Jésus, mais une religieuse visitandine de Paray-le-Monial, sainte Marguerite-Marie Alacoque, à qui Jésus, montrant son Cœur, apparut entre décembre 1673 et juin 1675. C'est elle qui introduisit l'expression *Sacré-Cœur* et donna à cette dévotion un sens nouveau. Bien sûr, pour elle, le signe du cœur exprimait à la fois l'amour dont Dieu nous aime et le don par lequel cet amour devient nôtre. Mais l'amour qu'elle lui offrait en retour était plus affectif et lyrique : le Cœur du Christ « plus brillant qu'un soleil. Il était au milieu des flammes de son pur amour » (*Autobiographie*, 101, G 108). Comme saint Jean Eudes, elle rappelle que l'amour se consomme en sacrifice, mais elle introduit une notion nouvelle de réparation. Réparer, c'est essayer de *compenser* par un surplus d'amour et d'expiation une offense. Jusque-là, les chrétiens étaient surtout attentifs à la réparation que Jésus offre à son Père au nom de l'humanité pécheresse. Marguerite-Marie souligne que les fidèles doivent réparer envers Jésus lui-même les manques d'amour des pécheurs. Ce surcroît d'amour est lui-même un don du Christ, et c'est pour le reconnaître et l'accueillir que le Christ demande à la jeune visitandine de répandre sous diverses formes la dévotion au Cœur de Jésus et la célébration d'une fête en son honneur. Cette fête fut approuvée par le pape Clément XIII en 1765 et célébrée le vendredi qui suit la Fête-Dieu. Léon XIII, encouragé en particulier par une religieuse du Bon-Pasteur, la bienheureuse Mère Maria Droste zu Vischering, consacra le monde au Sacré-Cœur de Jésus en 1899. En 1942, Pie XII fit une consécration analogue au Saint-Cœur de Marie dont la fête fut fixée au jour octave de l'Assomption, le 22 août.

Cette dévotion, qui s'est répandue à travers le monde à l'initiative des papes, et a suscité une grande ferveur en France même jusqu'au début du XXe siècle, y a rencontré depuis quelque désaffection, du fait qu'elle a parfois été ressentie comme une conception un peu miévre de la spiritualité. Certaines formes de la littérature pieuse ou de la prédication y prêtaient sans doute. Aujourd'hui par contre, notamment autour des sanctuaires de Montmartre et de Paray-le-Monial, se perçoit un authentique renouveau, en lien avec une meilleure prise en compte des mentalités contemporaines. Dans de nombreux pays (Amérique latine, Asie, Europe de l'Est...), la dévotion aux Saints Cœurs n'a cessé de rester vigoureuse. ■

Saint Jean Eudes fut le premier promoteur du culte liturgique du Cœur de Jésus, après avoir été celui du culte du Cœur de Marie. Sa théologie est claire — même si son style a considérablement vieilli : il fête le Cœur de Jésus, d'abord, comme le cœur de l'homme ayant le mieux aimé Dieu et ayant le mieux aimé l'humanité.

« ...*Car, quoique jusqu'ici nous n'ayons pas célébré une fête propre et particulière du Cœur adorable de Jésus, nous n'avons pourtant jamais eu intention de séparer deux choses que Dieu a unies si étroitement comme sont le Cœur très auguste du Fils de Dieu et celui de sa bénite Mère : au contraire, notre dessein a toujours été (...) de regarder et honorer ces deux aimables Cœurs comme un cœur en unité d'esprit, de sentiments, de volonté et d'affection (...)*

C'est cette ardente dévotion des vrais enfants du Cœur de la Mère d'amour qui l'a obligée d'obtenir de son Fils cette faveur très signalée qu'il a faite à son Église, de lui donner la fête de son Cœur royal, qui sera une nouvelle source d'une infinité de bénédictions pour ceux qui se disposeront à la célébrer saintement.

Mais qui ne le ferait pas ? Quelle solennité plus digne, plus sainte, plus excellente que celle-ci qui est le principe de tout ce qu'il y a de grand, de saint et de vénérable dans toutes les autres solennités ? Quel cœur plus adorable, plus aimable et plus admirable que le Cœur de cet Homme-Dieu qui s'appelle Jésus ? Quel honneur mérite ce Cœur divin qui a toujours rendu et rendra éternellement à Dieu plus de gloire et d'amour, en chaque moment, que tous les cœurs des hommes et des anges ne lui en pourront rendre en toute l'éternité ? Quel zèle devons-nous avoir pour honorer ce Cœur auguste qui est la source de notre salut, qui est l'origine de toutes les félicités et de toutes les grâces de la terre, qui est une fournaise immense d'amour vers nous, et qui ne pense, nuit et jour, qu'à nous faire une infinité de biens. »

SAINT JEAN EUDES,
lettre du 29 juillet 1672 à sa Congrégation
pour annoncer la célébration du 20 octobre.

Qu'est-ce que ?

Ex-voto (signifiant en latin *par suite d'un vœu*).
Un ex-voto est un objet placé dans un sanctuaire comme manifestation de gratitude vis-à-vis de Dieu ou de l'un de ses saints, très souvent à la suite d'un vœu (béquilles de malades à Lourdes, maquettes de bateaux dans les sanctuaires fréquentés par des marins, tableaux représentant l'événement qui a fait l'objet du vœu, plaque gravée, etc.).
C'est une des expressions traditionnelles de la piété populaire, que l'Église a toujours considérée comme une forme de la prière d'action de grâces ; elle avait déjà cours dans les cultes païens de l'antiquité grecque et latine.

Salut du et au Saint-Sacrement. Office suivant le chant des Vêpres ou des Complies. L'initiative en revient, en 1555, à une *Confrérie des Saluts du Saint-Sacrement*, à Bruges. Une grande hostie est exposée dans un ostensoir, pièce d'orfèvrerie souvent en forme de soleil, ou dans une « monstrance » d'une autre forme mais toujours d'un travail très recherché et artistique. Le corps du Christ est honoré par des prières, des chants, des encensements, une présentation solennelle à l'assemblée. Dans la même vénération de la présence réelle du Christ dans l'eucharistie, des processions sont organisées, notamment à l'occasion de la Fête-Dieu ou lors de pèlerinages ; à Lourdes notamment, tous les malades en pèlerinage sont rassemblés chaque jour pour cette célébration.

APPARITION

La foi des chrétiens se fonde sur le témoignage des premiers chrétiens affirmant que Jésus, qui était mort, leur était apparu vivant. Généralement, ces apparitions furent brèves et eurent comme (presque) unique message de faire reconnaître que Jésus ressuscité avait vaincu la mort et qu'en conséquence il fallait aller annoncer cette (bonne) nouvelle, et faire entrer le monde dans son dynamisme.
Les apparitions du Christ ressuscité — dont témoigne le Nouveau Testament — sont fondamentales pour la foi des chrétiens, et aucune autre apparition ne peut avoir le même statut. Ce qui devait être dit a été dit, et aucun chrétien n'est obligé de croire à une quelconque des autres apparitions. Cependant la tradition chrétienne admet la possibilité de telles apparitions (Dieu est le maître des règles du monde) et reconnaît la réalité de certaines (en France : le Sacré-Cœur à sainte Marguerite Alacoque à Paray-le-Monial, ou Marie à sainte Catherine Labouré, rue du Bac à Paris, ou à sainte Bernadette à Lourdes). Mais les autorités religieuses ont toujours été, et restent très prudentes, lorsque de nouveaux faits d'apparition sont rapportés. Saint Paul disait déjà : « Trop de gens se laissent balloter à la dérive, à tous vents de doctrine ». Le cardinal Etchegaray, en 1976, faisait, comme président de la Conférence épiscopale française, une mise en garde très forte contre « toutes sortes de tracts parlant de visions apocalyptiques, d'interminables confidences du Christ ou de la Vierge, demandant également que le pape dévoile d'urgence le troisième secret de Fatima qui contient, paraît-il, la solution de tous les problèmes... Toutes ces pseudo-révélations lient l'obtention du salut à des dévotions facultatives, voire suspectes, prônent une spiritualité qui détourne d'une foi en prise avec la vie aussi bien dans l'Église que dans le monde... »
En vertu de quoi l'Église décide-t-elle qu'une apparition est authentique ? La prise en considération d'une apparition ne peut se faire qu'après une minutieuse enquête et une longue procédure (menée par l'évêque local). L'Église ne fonde jamais son jugement sur les aspects extraordinaires de l'apparition. Par contre, l'Église attache une grande importance au sens que donne à son expérience celui qui a vu l'apparition. Les apparitions reconnues sont généralement l'occasion d'un message très simple, à la portée de tout esprit de bonne volonté (quelques phrases à Lourdes, pouvant se résumer en un mot : Pénitence). Faut-il rappeler que le sanctuaire de Lourdes attire chaque année, du monde entier, près de 6 millions de personnes, dont près d'un million en 1 000 pèlerinages organisés ; c'est le plus important du monde.
Mais, de manière générale, l'afflux aux sanctuaires mariaux est un des traits de la vie religieuse contemporaine. ■

FATIMA

Le 13 mai 1917, trois enfants eurent, à Fatima (Portugal), une apparition de la Vierge Marie. Celle-ci leur demanda de réciter le chapelet chaque jour et de faire bâtir une église en son honneur. Deux de ces enfants moururent en 1919 ; la troisième, Lucie, devint carmélite et écrivit le message de Fatima, qui se résume en pénitence, prière et dévotion au Cœur de Marie. Mais tout ce qu'a dit la Vierge n'a pas été publié, et le secret de Fatima est aujourd'hui en la possession du pape. Paul VI s'est rendu à Fatima en mai 1967, et Jean-Paul II en mai 1982, un an après l'attentat dont il réchappa un 13 mai. La très grande popularité du pèlerinage de Fatima déborde largement les frontières du Portugal. ■

ET MEDJUGORJE ?

Dans ce village de Bosnie-Herzégovine, depuis 1981, deux garçons et quatre filles se déclarent favorisés d'apparitions régulières de la Vierge. De tout le pays et de l'étranger, des foules de plus en plus nombreuses jusqu'aux récents événements qui ont fait éclater la Fédération yougoslave (8 millions de 1981 à 1984) sont venues considérer ces jeunes pendant leurs moments de vision, et prier à leurs côtés ; elles sont reparties convaincues de l'authenticité de ces visions et frappées de l'atmosphère spirituelle que suscitent les voyants. Une controverse s'est toutefois engagée à propos de cette authenticité. L'évêque de Mostar (diocèse du lieu), d'abord chargé, selon la règle, d'engager l'enquête ecclésiastique, s'était déclaré persuadé qu'il s'agissait d'hallucinations collectives, et de manipulations par des religieux franciscains. En 1986 la Congrégation romaine pour la doctrine de la foi a confié l'enquête à la Conférence épiscopale de Yougoslavie (dont fait partie l'évêque de Mostar). Il y a lieu d'attendre les conclusions de l'enquête circonstanciée en cours, probablement fort longue, l'Église se montrant toujours très prudente en pareils cas. ■

Qu'est-ce que ?

Glossolalie (du grec *glôssa,* langue, idiome et *lalia,* parole). Terme du langage religieux pour désigner la faculté de parler, sous l'inspiration de l'Esprit Saint, en langues mystérieuses qui appellent une interprétation. Le phénomène était, semble-t-il, répandu chez les premiers chrétiens (1 Co 13 et 14) ; on le voit réapparaître à diverses périodes de la vie de l'Église. Saint Paul préfère ceux qui parlent clairement à ceux qui « parlent en langues », et il invite à un discernement vis-à-vis des propos de ces derniers. Ce qui est bon, selon lui, est ce qui édifie la communauté ; celui qui parle « en langues » est invité à considérer que le meilleur des dons n'est rien s'il n'est porté par le respect et l'amour de l'autre.
Les psychologues appliquent le terme glossolalie aux langages inventés par certains malades mentaux.

Guérison. Dans la société judaïque la maladie était souvent considérée comme la conséquence du péché ; les guérisons opérées par le Christ étaient donc autant de manifestations de sa volonté et de son pouvoir de libérer l'homme du pouvoir du mal.
Lorsque des guérisons se produisent aujourd'hui dans des conditions qui les rendent apparemment inexplicables par des causes naturelles, l'Église n'exclut pas l'éventualité d'une intervention directe de l'amour de Dieu. Elle est cependant très prudente dans la reconnaissance de faits inexplicables. (Voir Guérisons à Lourdes).

Stigmates (du grec *stigma,* piqûre ou marque laissée par un poinçon ; un *stigmatias* était quelqu'un de marqué au fer, c'est-à-dire un esclave). Dans le vocabulaire chrétien, les stigmates sont des blessures, des marques, ou même des douleurs, apparaissant spontanément et analogues à celles infligées au Christ pendant sa passion par la couronne d'épines, le poids de la croix à transporter, les clous et le coup de lance. Saint François d'Assise fut le premier stigmatisé connu : depuis, près de 330 personnes ont été stigmatisées, mais l'Église a toujours été très prudente à l'égard de ce phénomène extraordinaire. Seules, 60 d'entre elles ont été canonisées, et jamais pour cette raison.

Vision. Avoir une vision c'est être mis, par l'action de Dieu ou d'une puissance supérieure, en présence d'objets ou de personnes inaccessibles ou cachés.
Dans l'Ancien Testament, la vision est apparentée au songe, voie normale de la révélation divine (Dn 2, 19 ; 2, 28).
On établit parfois une distinction entre la vision, qui s'adresserait à l'esprit et à l'imagination, et l'apparition, qui s'adresserait aux organes des sens en suscitant la certitude d'une présence (apparitions du Christ après sa résurrection : Mt 28, 9-10 ; 16-20. Mc 16, 9-18. Lc 24, 13-49. Jn 20, 11-21. 1 Co 15, 8).
Bien que l'Église ait été conduite à diverses reprises à admettre l'authenticité de certaines de ces manifestations, elle adopte toujours la plus grande réserve à leur égard quand il s'en produit, tant les facteurs proprement psychologiques, voire la supercherie, peuvent aisément se trouver à leur origine ; elle ne fait jamais obligation d'y donner foi.

Voix. L'Église catholique n'exclut pas que Dieu, qui est tout-puissant, puisse éventuellement recourir à des phénomènes préternaturels (c'est-à-dire dépassant l'ordre de la nature) pour se manifester à telle ou telle personne, par exemple sous forme de visions ou d'auditions de voix ; d'autres personnes présentes au même lieu peuvent alors ne percevoir aucun de ces phénomènes. Toutefois, l'Église montre la plus grande circonspection lorsqu'une personne déclare avoir été ainsi favorisée.

Des apparitions contestées par l'Église

Si on en croyait tous ceux qui disent avoir bénéficié d'apparitions, celles-ci seraient fréquentes (plus de deux cents en un demi-siècle). Elles se multiplient toujours dans les périodes troublées. Ces dernières années notamment, l'annonce de telles apparitions a fait accourir des milliers de personnes en trois lieux :

- San Sebastian de Garabandal, dans le diocèse de Santander (pays basque espagnol, 1961).
- San Damiano, dans le diocèse de Plaisance en Italie du Nord (1964).
- Kérizinen, dans le diocèse de Quimper, en France (1968).

En chacun de ces lieux, des hommes ou des femmes affirmaient avoir été l'objet d'apparitions de la Vierge (ou de saint Michel à Kérizinen) et en avoir reçu des messages pour le monde.

Aussitôt, des mouvements de pèlerinage, quelquefois encadrés par des membres du clergé, et dans certains cas venant de pays très éloignés, se sont déclenchés.

Les autorités ecclésiastiques locales, comme elles le font toujours en pareil cas, ont procédé à une enquête approfondie : les apparitions avaient-elles eu véritablement lieu ? Les voyants n'étaient-ils pas le jouet de leur imagination ? Le message qu'ils déclaraient avoir reçu contenait-il des erreurs ?

Les enquêtes menées par les évêques des diocèses dont relèvent Garabandal, San Damiano et Kérizinen ont abouti à la même conclusion : dans ces trois cas, les apparitions n'ont aucun fondement dans la réalité. Ces conclusions ont été approuvées par la Congrégation romaine pour la Doctrine de la Foi, l'organisation de pèlerinages en ces lieux a été interdite, ainsi que tout culte fondé sur les prétendues apparitions. Ce qui n'a pas empêché les pèlerinages de se poursuivre, là encore fréquemment conduits par des prêtres. ■

RÉVÉLATIONS PRIVÉES

La certitude que Dieu se révèle à l'homme est à la racine de la foi chrétienne. Cette révélation de Dieu se fait, en premier lieu, dans sa création ; elle se fait aussi par la perception très personnelle que chacun peut avoir de lui. Toutefois, ces formes de révélation (que les théologiens appellent « révélation naturelle ») ne prennent sens et force qu'à la lumière de la Révélation proprement dite, c'est-à-dire prise au sens précis de ce que Dieu donne à connaître de lui par le Christ dans la Bible et dans la vie de son Église. En particulier, selon la pensée chrétienne, tout ce qui est nécessaire au salut se trouve dans l'enseignement du Christ. Ce qui n'exclut pas que la Parole de Dieu puisse être sans cesse de nouveau explorée et apporter des enrichissements par les découvertes que chaque âge peut y faire (voir Développement du dogme).

En outre, il arrive que des hommes et des femmes vivent des expériences spirituelles personnelles telles qu'ils puissent apporter un éclairage nouveau sur tel ou tel aspect de ce qui a été transmis sur le Christ par les premiers chrétiens. L'Église catholique a toujours admis la possibilité de telles « révélations privées », sans toutefois imposer à quiconque l'obligation de donner foi à leur contenu. Soucieuse de déjouer les mystifications et les supercheries, elle a même souvent été sévère à l'égard de ce qui se présentait comme des révélations privées. ■

RENOUVEAU

L'Église est invitée par l'Esprit à se renouveler sans cesse. De fait, son histoire est marquée par une succession de renouveaux. Beaucoup se sont effectivement traduits par l'authentique conversion d'un grand nombre de chrétiens retrouvant la fraîcheur de l'Église décrite dans les Actes des Apôtres : mouvement monastique des VI-VIIIe siècles, Cluny (Xe s.), réforme grégorienne (XIe s.) franciscaine au XIIIe siècle. D'autres ont dévié et abouti à des divisions, voire des massacres (celui des Vaudois, ceux des guerres de religion).
Selon la pensée chrétienne, l'initiative des véritables renouveaux vient de l'Esprit Saint, mais leur mise en œuvre appartient aux chrétiens eux-mêmes, et, au premier chef, aux évêques et aux papes ; très souvent, dans de telles circonstances, de saints personnages ont joué un rôle décisif (Benoît, François, Dominique, etc.). Le mot renouveau a pris, depuis le XVIIIe siècle, une coloration spéciale du fait des multiples « réveils » (revival) qui ont traversé le monde protestant anglo-saxon. John Wesley (1703-1791), un des fondateurs de l'Église méthodiste, fut sans doute une des figures centrales du *revival* anglais du XVIIIe. Mais les « grands réveils » eurent lieu aux États-Unis. Le premier (1740-1760) fut une réaction à l'abandon de la ferveur puritaine des premiers colons, le second (1800-1830) coïncide avec la création d'une société globale aux États-Unis, créant un vaste et unique marché. Des hommes religieux, comme Charles Grandison Finney, inventent littéralement l'évangélisation de masse en créant des séminaires et en suscitant des événements annoncés par des moyens que l'on doit considérer comme les ancêtres de la publicité moderne.
Le mouvement pentecôtiste démarrera publiquement en avril 1906 lors de grands rassemblements à Los Angeles au cours desquels des fidèles reçurent un baptême dans l'Esprit Saint accompagné de phénomènes de « parlers en langues » semblables à ce qui était décrit dans les Actes des Apôtres.
L'actuel mouvement de renouveau — dit *Renouveau charismatique* (voir Index) — est, lui aussi, né aux États-Unis dans les années 1960, en réaction contre un christianisme sécularisé qui, attentif à la rectitude de la doctrine et à la participation à la vie du monde, laissait peu de place à l'expérience spirituelle. Les chrétiens renouvelés par ce courant font personnellement, en quelque manière, l'expérience de la Pentecôte. Pour eux, celle-ci n'est plus seulement un événement passé mais une réalité actuelle et quotidienne. Par l'effusion de l'Esprit, ils annoncent avec assurance le Christ ressuscité et affirment que son Esprit authentifie leur parole par des signes (guérisons, libérations d'esprits mauvais) et des charismes (parlers en langues, prophéties). ■

CHARISME

Ce mot traduit le grec « charisma », don gratuit, dérivé de « charis », grâce (cf. Lc 1,28, l'ange Gabriel s'adressant à Marie, « pleine de grâce »).
Le charisme est un don gratuit de Dieu qui réjouit celui qui le reçoit, le rend gracieux, manifestant ainsi la présence de l'Esprit en lui. Toutefois, si les dons de l'Esprit ont pour but la sanctification de ceux auxquels ils sont offerts, les charismes ont avant tout pour raison d'être la construction de la communauté chrétienne, le Corps du Christ : « A chacun est donné de manifester l'Esprit en vue du bien de tous. » (1 Co 12,7). « Que tout se passe pour l'édification commune » (1 Co 14,26). Plus que les dons de l'Esprit, les charismes témoignent de façon sensible l'action de Dieu en l'homme, la puissance de l'Esprit. Ils ne sauraient être acquis une fois pour toutes, encore moins possédés, et leur exercice est imprévisible.
L'Esprit, qui est Créateur, ne cesse d'offrir aux chrétiens des charismes multiples, « distribuant à chacun ses dons selon sa volonté » (1 Co 12,11) et en fonction des besoins propres à chaque communauté chrétienne. Ainsi, le Nouveau Testament nous présente des listes de charismes bien différentes et non limitatives. Par exemple :
• « L'Esprit donne un message de sagesse à l'un et de science à l'autre ; à un autre le même Esprit donne la foi, à un autre encore le seul et même Esprit accorde des charismes de guérison ; à un autre le pouvoir de faire des miracles, à un autre la prophétie, à un autre le discernement des esprits, à un autre le don de parler en langues, à un autre encore celui de les interpréter. Mais tout cela, c'est le seul et même Esprit qui le produit, distribuant à chacun ses dons selon sa volonté » (1 Co 12,8-11).
• « Ils chasseront les démons, ils parleront des langues nouvelles, ils prendront dans leurs mains des serpents, et s'ils boivent quelque poison mortel, cela ne leur fera aucun mal ; ils imposeront les mains à des malades et ceux-ci seront guéris » (Mc 16,17-18). Cf. aussi Rm 12, 4-8 ; Ep 4, 11-16 ; 1 P 4, 10-11.

Toute l'Église est charismatique : le jour de la Pentecôte, elle a reçu le don de l'Esprit, et tout au long de son histoire elle a manifesté la diversité des charismes de l'Esprit. De nos jours, le Renouveau charismatique est une manifestation particulière de la nouvelle Pentecôte demandée par le pape Jean XXIII, lors de l'ouverture du concile Vatican II. ■

BERGER CHARISMATIQUE

Le responsable d'une communauté du Renouveau dans l'Esprit (dit parfois Renouveau charismatique) est appelé berger. Cette dénomination veut insister sur le caractère pastoral du berger, responsable et serviteur de l'unité spirituelle, de la communion dans sa communauté. Elle se distingue des termes d'animateur et de responsable, plus neutres, moins caractérisés au plan religieux. Le Christ dans l'Évangile est présenté sous les traits du Bon Pasteur qui donne sa vie pour ses brebis. ■

Imposition des mains chez les charismatiques.

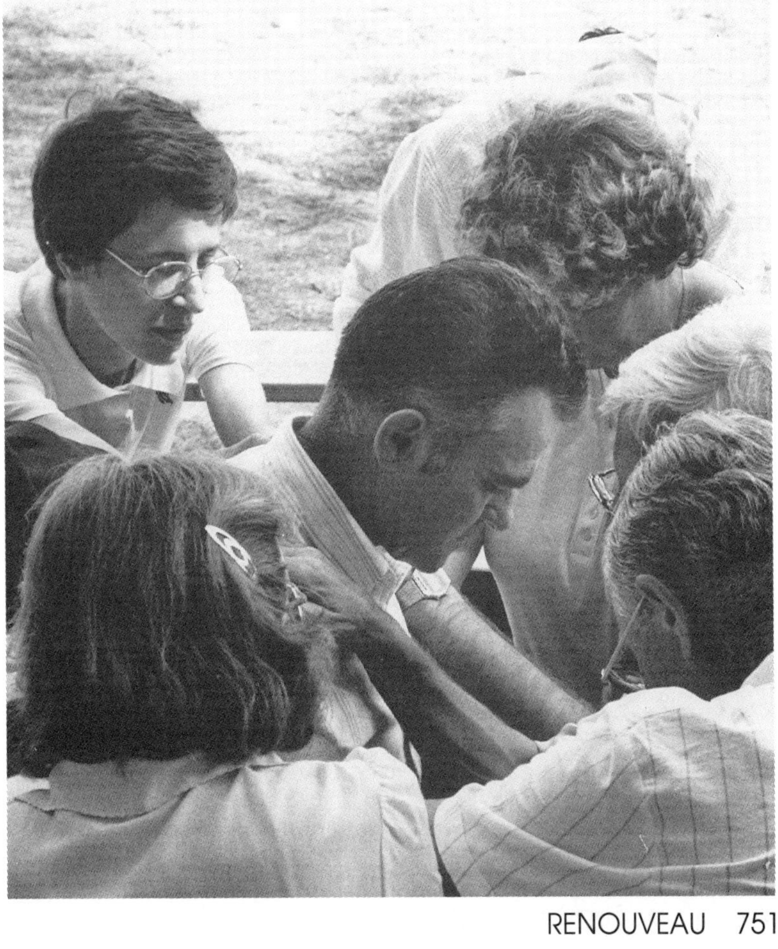

Ph. Pinoges – CIRIC

La longue histoire de la vie religieuse

La vie religieuse a-t-elle toujours existé dans l'Église depuis les origines ? Quand est-elle apparue et sous quelle forme ?

Sous sa forme instituée, la vie religieuse apparaît dans l'Église dans les premières années du IVᵉ siècle. Elle est historiquement contemporaine de la paix que l'empereur romain Constantin accorda aux chrétiens. Le christianisme change alors de statut social et politique. L'Église n'est plus marginale. Le titre de chrétien fermait les portes du pouvoir ; il les ouvre maintenant. Il devient intéressant, pour qui veut faire carrière dans l'Empire, de se dire chrétien. Le nombre des chrétiens va s'accroître, les communautés vont se multiplier.

C'est dans ce contexte qu'est née la vie religieuse. Elle apparaît sous la forme du monachisme, c'est-à-dire du retrait au désert pour une vie austère certes, mais aussi fraternelle. Le moine prend ses distances par rapport à un style de vie trop confortable, trop facile. Il rappelle que l'Évangile est exigeant. Sa vie se veut témoignage public rendu à Jésus-Christ. Elle prend donc le relais de cet autre témoignage public à Jésus-Christ qu'était alors le martyre.

Si la vie religieuse ne remonte pas à Jésus-Christ, peut-on dire qu'elle a été voulue par lui, qu'elle découle bien de l'Évangile ?

Pour être qualifiée d'évangélique, une réalité ecclésiale n'a pas besoin d'être rattachée à une parole explicite du Seigneur ou de ses Apôtres. Si une institution découle de l'Évangile pris dans son ensemble et interprété fidèlement, elle a droit, de par sa conformité avec lui, au qualificatif d'évangélique. Elle vient bien de Jésus.

C'est le cas de la vie religieuse, caractérisée par le lien fraternel entre ses membres et les *trois vœux de pauvreté, chasteté, obéissance*. Elle ne figure pas comme telle dans l'Évangile. Mais, dans l'Évangile, les invitations à un renoncement radical sont trop nombreuses pour passer inaperçues. Il y a une invitation à marcher à la suite de Jésus en abandonnant tout, comme les disciples, par amour pour lui.

Car *l'amour est premier*. Le renoncement n'est pas voulu pour lui-même. Ruptures et arrachement ne sont que la conséquence de la découverte émerveillée du Royaume de Dieu, trésor sans prix, qui relègue à l'arrière-plan tous les autres biens.

Le concile Vatican II a-t-il traité explicitement de la vie religieuse ?

Comme l'Église la tient en haute estime, elle se devait de la stimuler à l'occasion du Concile. Des textes importants ont contribué à son renouveau : le chapitre 6 de la constitution dogmatique sur l'Église, *Lumen gentium*, et le décret sur la rénovation et l'adaptation de la vie religieuse intitulé « *Perfectae Caritatis* ».

Beaucoup d'ordres, de congrégations fondés au cours des siècles ont-ils disparu aujourd'hui ?

La vie religieuse prend corps dans un ordre, une congrégation bien concrets. Religieuse, religieux, c'est le dénominateur commun, mais on est religieux en étant franciscain, dominicain, jésuite, salésien, frère des Écoles chrétiennes, etc. ; on est religieuse en étant fille de la Charité, petite sœur des Pauvres, franciscaine missionnaire de Marie, etc.

L'histoire séculaire de la vie religieuse est une succession d'actes de naissance et de décès. Nés par vagues successives à des siècles de distance, les ordres n'échappent pas habituellement au processus normal d'expansion, de déclin, de mort. Au terme d'une existence plus ou moins longue, plus ou moins florissante ou mouvementée, beaucoup disparaissent. Des 37 fondations réalisées avant l'an 1000, une seule subsiste actuellement : les Bénédictins. Sur 152 ordres ou congrégations apparus avant le XIXᵉ siècle, pour s'en tenir à la branche masculine de la vie religieuse, 98 ont disparu, soit les deux tiers.

Mais pourquoi y-a-t-il tellement d'ordres, de congrégations ? Pourquoi les branches nouvelles ne font-elles pas disparaître les rameaux plus anciens ?

Comme celles de la mer nées du même souffle violent, les vagues successives de l'histoire mouvante de la vie religieuse ne se ressemblent pas. Chaque modèle original combine à sa façon, en des proportions variables, les mêmes éléments communs. A des siècles de distance, tous ceux qui veulent suivre le Christ dans cette forme de vie évangélique originale sont bien religieux, tous se réclament du même idéal évangélique. Et pourtant le dominicain n'est pas la simple réplique du bénédictin et le jésuite n'est pas la transposition à une autre époque du franciscain.

C'est assez normal. L'Évangile ne s'incarne pas de la même façon aux XIIᵉ, XVIᵉ ou XIXᵉ siècles dans des sociétés très différentes. C'est bien le même Évangile mais les accents évoluent en fonction des formes de vie, des types de société, des urgences du moment, de la mission de l'Église telle que la ressentent des fondateurs et des fondatrices à l'affût des besoins spirituels profonds de leur temps.

Le plus curieux, c'est que les ordres survivent à l'époque qui les a vus naître, aux besoins auxquels ils voulaient répondre. Il y a, chez les plus vigoureux, une capacité d'adaptation assez exceptionnelle qui les amène à transposer l'intuition originale qui les a fait naître. Il y a une actualisation de l'intuition originale.

Ce travail de réactualisation, le concile Vatican II a demandé à tous les ordres aussi bien féminins que masculins de l'opérer. C'est maintenant chose faite.

Qu'est-ce que la vie religieuse aujourd'hui ?

Le Code de Droit Canon de 1983 distingue, dans la vie religieuse, les *Instituts de vie consacrée* (can. 573 à 730), et les *Sociétés de vie apostolique* (can. 731 à 746). Les membres des premiers prennent l'engagement explicite (vœux) de mettre en pratique les « conseils évangéliques » (chasteté, pauvreté, obéissance) ; les membres des secondes, sans prononcer de vœux, s'emploient à accomplir la mission apostolique définie par les « constitutions » de leur institut.

Entendons-nous sur les mots. Pour un chrétien, être consacré, c'est appartenir d'une manière spéciale à Jésus-Christ. Cette appartenance s'instaure invisiblement par l'action de l'Esprit Saint, et visiblement par le sacrement de baptême, qui doit être considéré comme la consécration fondamentale n'appelant aucun supplément.

Ceux que l'on nomme « consacrés » ont pour projet de manifester et d'exprimer en plénitude ce qui s'est passé au baptême. S'il s'agit de religieux, cette expression sera publique et visible, formulée dans un engagement à vivre selon l'Évangile, dans ses exigences les plus radicales de chasteté, de pauvreté et d'obéissance. Cet engagement revêt en même temps un caractère communautaire en impliquant la volonté d'appliquer la Règle (ou les Constitutions) établie par le ou les fondateurs, et approuvée par l'Église.

Quelle est la signification de la vie religieuse aujourd'hui ?

Aujourd'hui, la vie religieuse garde sa signification de toujours, qu'elle puise dans la foi en Jésus-Christ, et dans l'Évangile qu'il nous a laissé. Elle voudrait exprimer avec plus de plénitude ce qui s'est passé au baptême. Et que s'est-il passé ? Jésus-Christ, par son Esprit, a pris possession d'un homme, ou d'une femme, pour en faire une offrande agréable à son Père. Cet homme ou cette femme ont accepté librement — soit directement, soit par l'intermédiaire de ceux qui l'ont présenté à l'Église, ses parents et parrains — de se laisser saisir par le Christ et consacrer par l'Esprit, et de mettre leurs pas dans ceux du Christ, la seule route qui conduise au Père. Ils ont prononcé ce « oui » au sein d'un Peuple, l'Église de Jésus-Christ, car Dieu nourrit l'ambition de rassembler tous les hommes en un seul Peuple de fils et de frères.

En acceptant cette consécration, le baptisé ratifie le projet de Dieu, qui est de s'unir à chaque homme comme un époux s'unit à son épouse, selon une image courante dans la Bible. Il se donne à son tour totalement à Dieu aimé pardessus tout. Il s'engage à vivre en Église, à travailler pour elle et en elle pour le monde. Il annonce ainsi que ce monde-ci est appelé à se transformer selon l'esprit des Béatitudes proclamées par Jésus. Il est enfin un témoin d'un monde à venir promis par Jésus, un monde que l'effort de l'homme ne peut attendre que de la seule grâce de Dieu.

La vie religieuse ne signifie pas seulement cela (mais signifie tout cela), et elle voudrait le faire en plénitude, et de façon visible pour les hommes et les femmes de notre temps. Et c'est là qu'est la difficulté. Car notre monde occidental de la fin du XXᵉ siècle n'est pas immédiatement sensible aux signes du monde invisible qu'est le monde de la foi. On aura donc grand avantage à souligner l'enracinement humain des engagements pris par un religieux. On cherchera à les situer par rapport aux besoins fondamentaux de l'homme : aimer et être aimé, créer, donner librement un sens à sa vie, partager son destin avec ses semblables dans le respect fécond des différences.

Certes, tous les religieux ne portent pas nécessairement témoignage d'une humanité réussie. Leur projet d'ailleurs n'est que de tendre à donner ce signe. Mais l'histoire nous montre combien sont nombreux les saints qui ont su trouver dans la vie religieuse de quoi devenir des experts en humanité, des hommes de culture, des artisans de progrès social et humain. ■

Histoire des religieuses de vie apostolique : voir Index.

Être religieux aujourd'hui

Salésiens de Don Bosco

Être religieux aujourd'hui... Comment trouver les mots pour rendre compte, sans la trahir, de l'espérance qui m'habite !

Dans notre monde, en effet, où le développement tous azimuts des facilités de crédit laisse croire à tant et tant que tout peut s'acheter tout de suite, choisir la pauvreté semble une provocation.

Quand un discours prétendument psychologique illusionne tant et tant de jeunes, en laissant croire que l'épanouissement provient de la multiplicité des expériences amoureuses, choisir la chasteté dans le célibat paraît aberration d'un autre âge.

Quand l'astuce des dirigeants consiste si souvent à faire croire aux dirigés qu'eux-mêmes prennent les décisions, choisir l'obéissance a des relents d'infantilisme.

La vie religieuse ne serait-elle qu'une de ces formes aberrantes, venues tout droit du passé, que quelques rétrogrades, conditionnés par une éducation aliénante, veulent à tout prix continuer de faire survivre ?

Je sais que je n'échappe pas à ces jugements hâtifs et corrosifs, en particulier dans le milieu de mes collègues travailleurs sociaux.

Mais peut-être est-ce justement parce qu'elle est de moins en moins comprise que la vie religieuse me semble de plus en plus actuelle, car elle revêt alors avec vigueur ce que jamais elle ne devrait cesser d'être : une force d'interpellation.

Choisir la pauvreté, le célibat et l'obéissance ne signifie pas condamner la propriété, l'amour humain et l'exercice du pouvoir. Chacun sait bien que l'homme se réalise dans l'exercice des responsabilités, et qu'il n'existe rien de plus beau que l'amour humain. Non, ce que signifient les vœux, c'est que ni l'avoir, ni le pouvoir, ni l'amour ne peuvent trouver en eux-mêmes leur propre finalité. La vie religieuse n'est pas condamnation, mais interpellation d'un groupe d'hommes ou de femmes choisissant au nom du Christ de tout mettre en commun et de s'aimer comme des frères ou des sœurs.

A un jeune qui me demandait, en évoquant ce qui, lorsqu'il regardait ma vie, lui semblait un énorme gâchis : « Mais pourquoi ? », plutôt que me lancer dans de grands discours, je préférais répondre joyeusement : « Peut-être simplement pour que tu te poses cette question ».

Car, si la vie religieuse est force d'interpellation, c'est qu'elle est chemin de bonheur, bonheur dont le secret est contenu dans le chant des Béatitudes. En renonçant à ce qui apparemment fait le bonheur de l'homme, pour jouir de la liberté la plus grande possible au service de l'annonce de la Bonne Nouvelle, voici que le cœur du messager s'ouvre tout entier à la joie du message.

Pour les disciples de Jean Bosco, que j'ai rejoints voici dix ans, ce sont les jeunes, particulièrement les plus défavorisés d'entre eux, qui sont les destinataires privilégiés de cette annonce. Je crois en effet, que le message d'amour et de bonheur contenu dans l'Évangile est prioritairement destiné à tous les exclus de la terre, en particulier ces jeunes, déboussolés dans notre monde en crise, qui grandissent sans parfois trouver d'autres chemins que la délinquance, la drogue ou la prostitution.

Pour pouvoir rencontrer ces jeunes, il faut d'abord savoir les rejoindre dans leur vie quotidienne, et prendre le temps de cheminer discrètement, humblement, en leur prodiguant confiance et respect. La pauvreté et la disponibilité, que me confère mon célibat, sont des atouts pour cette rencontre. C'est dans ce « vivre avec les jeunes » que résident notre originalité et notre joie profondes de disciples de Jean Bosco.

Éduquer en évangélisant, et évangéliser en éduquant, telle est en effet la devise qui inspire notre projet religieux et remplit de bonheur notre vie.

J. M. Petitclerc,
Salésien de Don Bosco.

Règle religieuse

Quel qu'en soit le nom (Règle, Constitution, Coutumes...), chaque institut religieux reçoit de son fondateur, ou se donne, une sorte de charte qui précise son esprit, les modalités de son éventuelle vie commune, et ce à quoi s'engagent ses membres. La première règle a été conçue par saint Pacôme au IVe siècle, et on doit la plus célèbre à saint Benoît (VIe siècle). Le fait d'être soumis à une règle a fait qualifier de « régulier » le clergé appartenant à un des ordres religieux.

Cloître roman de l'abbaye cistercienne du Thoronet (Var). XIIe s.

Ph. Roger-Viollet

VŒUX

Faire un vœu c'est promettre d'accomplir volontairement un acte non imposé, pour faire plaisir à quelqu'un. Toutes les religions ont connu des vœux faits envers la divinité. L'Ancien Testament connaît cette pratique, et l'obligation d'accomplir ce qui a été promis à Dieu y est largement soulignée (Dt 23,22).

Jésus condamne ceux qui, sous prétexte de *vœux*, se soustraient à ce qui est la loi commune (Mc 7,9-13) mais ne dit rien de la légitimité des vœux. Nous savons que saint Paul a prononcé un vœu (Ac 18,18), mais nous en ignorons la nature.

Dans le vocabulaire des chrétiens, le mot *vœux* signifie généralement quelque chose de plus spécifique que ces promesses que, de tous temps, des hommes et des femmes ont faites à Dieu : ce qu'on appelle des vœux correspond à l'engagement de certains chrétiens à « suivre le Christ » et à lui ressembler en étant comme lui pauvres, obéissants et chastes. A vrai dire, tous les chrétiens sont invités fermement par le Christ à être pauvres, obéissants et chastes, mais les vœux sont la réponse à un appel à être plus totalement pauvre et obéissant, et à être célibataire.

Les théologiens font remarquer que :

• cette manière de vivre la pauvreté, la chasteté et l'obéissance est un don de Dieu — qui n'est pas fait à tous ;

• par contre, ce charisme est donné à certains pour que tous puissent y voir un signe de l'appel de Dieu à chacun à être généreux, à s'oublier dans la relation conjugale et dans la relation à l'autre, à ne pas abuser du pouvoir ;

• ces charismes sont donnés pour être signes d'un monde futur où ni l'argent, ni le pouvoir, ni l'affectivité, ni la sexualité, n'exerceront plus leur influence dans ce qu'elle peut avoir de destructeur et de violent. ■

Qu'est-ce que ?

Conseils évangéliques. On appelle généralement *conseil évangélique* l'appel du Christ à la pauvreté, à la chasteté et à l'obéissance. Tous sont appelés à être « parfaits comme Dieu est parfait » (Mt 5,48), à aimer les autres, et donc à renoncer à faire de l'avoir, du pouvoir et du plaisir le centre de leur vie. Dans le christianisme, il ne s'agit pas d'un conseil, mais d'une exigence radicale.

Par contre, certains, les religieux par exemple, sont invités à plus : comme pour signifier à quoi tous sont appelés, et rappeler ainsi au monde l'exigence de Dieu, il leur est demandé de renoncer totalement à la propriété, au plaisir, à leur volonté propre : cette vocation est spécifique et tous n'y sont pas appelés. C'est pourquoi l'on parle alors de *conseils* et non de *préceptes*.

Dom, don. (Du lat. *dominus,* puis bas latin *domnus,* pour désigner papes, évêques, abbés). Titre figurant avant le nom propre et donné aux abbés cisterciens, aux moines-prêtres bénédictins, aux chartreux et théatins, et à divers autres religieux. En Italie et Espagne, le mot peut s'orthographier *Don.* Sous cette orthographe, il est attribué aux ecclésiastiques en Italie, et aux Grands d'Espagne. L'usage de ces titres tend à s'estomper.

Silence. Le silence a toujours été aimé des spirituels. Pourtant, il n'a pas forcément de valeur en soi. Il peut être creux comme il peut être plein. Le silence aimé des spirituels est celui de la préparation et de l'attente : comment rencontrer Dieu si l'attention est distraite par du bruit, des paroles, ou même de la musique ? Le silence accepté des spirituels est celui de l'incapacité de parler : quand il n'est plus possible d'avancer dans la communication, le non-dit devient plus puissant que la parole. Le silence, alors, exprime l'émerveillement, l'adoration, l'abandon. Le silence peut être craint par le spirituel : il est alors lieu de l'aridité et du combat, signe de l'impossibilité de communiquer. Ce silence-là nécessite la fidélité.

Solitude

La cellule est un lieu sacré, une Terre Sainte, où le maître et son serviteur entretiennent de fréquents colloques, comme un homme avec son ami, l'époux avec son épouse ; le lieu où le céleste se mêle au terrestre et le divin à l'humain. Dans le temple et la cellule s'opèrent les tractations divines, dans le premier suivant le mode visible et figuratif des sacrements, dans la cellule comme au ciel, non encore avec la splendeur pure et l'éternelle sécurité qui est la part du ciel, cependant avec la réalité même dont les sacrements de notre foi sont la figure.

GUILLAUME DE SAINT-THIERRY, ami de saint Bernard (XIIe s.)

La charte des ursulines

L'Union romaine de l'Ordre de sainte Ursule, l'une des branches de la famille spirituelle fondée au XVIe s. par sainte Angèle Merici, est un institut religieux international de droit pontifical, dans lequel contemplation et apostolat se compénètrent et se vivifient réciproquement. La vie en communauté est essentielle à notre vocation ursuline.

Dans une fidélité dynamique au charisme de sainte Angèle, nous faisons nôtre la double et unique charité qui l'animait, dans une offrande tout ordonnée au service de Dieu et au salut du monde entier, « orientant tout vers la louange de sa Majesté et vers le bien des âmes ».

La profession des conseils évangéliques nous engage à la suite du Christ, par une consécration radicale, dans la chasteté en vue du Royaume et dans la condition de pauvreté et d'obéissance que le Seigneur a choisie pour Lui-même.

Nous vivons en communautés fraternelles. Le partage de la prière, du travail apostolique et de toute l'existence quotidienne, avec la note de respect et de liberté si caractéristique de sainte Angèle, exprime et renforce notre communion dans la foi.

La mission que l'Église nous confie pour l'exercer en son nom est une mission d'éducation sous des formes variées, en vue de l'évangélisation. Nous voulons annoncer Jésus-Christ et, fidèles à notre tradition missionnaire, étendre son règne jusqu'aux extrémités de la terre, afin que le Christ soit « connu, aimé, et adoré de toutes les nations ». (Marie de l'Incarnation, relation de 1654).

Nous sommes consacrées à Dieu dans l'Église et par l'Église. Comme sainte Angèle, nous aimons l'Église, nous voulons lui être toujours fidèles et rester attentives à sa voix.

L'Union romaine, de par sa nature, est internationale et répandue dans le monde entier. Elle peut ainsi, dans sa diversité même, manifester l'unité et la catholicité de l'Église et témoigner de l'amour dans un monde divisé.

A la suite de sainte Angèle, dans la docilité à l'Esprit Saint qui unifie nos vies et fait toutes choses nouvelles, nous cherchons aussi les adaptations nécessaires selon les temps et les besoins, dans une joyeuse espérance en la puissance de l'Esprit.

UNE URSULINE

LES CISTERCIENS

La volonté de revenir à la pureté originelle de la règle de saint Benoît (dont le puissant ordre de Cluny n'était plus vraiment représentatif) incita, au XIe siècle, *saint Robert* dit *de Molesme* (1025-1110) à fonder une nouvelle abbaye sur des bases plus strictes ; ce fut l'abbaye de Molesme, dans le diocèse de Langres (1075) : vie semi-érémitique dans des cabanes groupées autour d'un oratoire. Puis il s'installa avec quelques moines à Cîteaux, en Bourgogne, en 1098. Les cisterciens étaient nés. En 1112, Bernard de Fontaine, le futur *saint Bernard* (1090-1153) — qui sera abbé de l'abbaye de Clairvaux — entrait au monastère de Cîteaux. Sa personnalité, l'expansion et le rayonnement qu'il donna au nouvel ordre le font regarder comme son second fondateur.

Les cisterciens appliquaient de façon stricte la règle de saint Benoît : travail manuel, pauvreté, austérité. Les différences entre cisterciens et bénédictins, tranchées à l'époque, sont aujourd'hui plutôt des nuances dans la manière d'interpréter la règle de saint Benoît. La famille cistercienne se compose de deux branches : le *Saint Ordre de Cîteaux,* et les *cisterciens de la stricte observance* (trappistes), les plus nombreux en France. Des monastères féminins sont rattachés à ces deux branches. ■

LES MONIALES

Outre les ordres de moniales issus d'ordres monastiques masculins (bénédictines, cisterciennes, trappistines, chartreuses, etc.) et les ordres contemplatifs féminins se situant dans la famille spirituelle d'ordres apostoliques masculins (clarisses, dominicaines, carmélites, norbertines, rédemptoristines, etc.), il existe des ordres contemplatifs purement féminins, tels ceux de la Visitation et de l'Annonciade. ■

L'ORDRE DE SAINT AUGUSTIN (O. S. A.) OU DES AUGUSTINS

Beaucoup d'ermites s'étaient organisés en congrégation selon la règle de saint Augustin. En 1256, le pape Alexandre IV les réunit sous le nom d'ordre des Ermites de Saint Augustin. L'ordre fut approuvé définitivement au second concile de Lyon, en 1274. Depuis lors, cependant, d'autres ordres se sont également mis sous l'égide de saint Augustin (par exemple les Servites de Marie, les Ursulines et les Sœurs de la Visitation).

LES CHARTREUX

Le futur *saint Bruno* (1030-1101) naît à Cologne et enseigne à Reims. Il refuse de devenir évêque de ce diocèse car il a formé le dessein de se retirer dans la prière avec quelques amis. Hugues, évêque de Grenoble, leur suggère de s'installer dans la solitude du massif de la Grande Chartreuse en 1084. Ils n'avaient pas l'intention de former un ordre. Bruno sera appelé à Rome par le pape Urbain II, puis se retirera en Calabre où il fondera d'autres ermitages. L'ordre cartusien s'est édifié à partir de ses instructions et des coutumes rédigées par Guigues le Chartreux.

La vie des chartreux est un moyen terme entre celle des ermites et celle des cénobites (vie commune intégrale) ; au sein de leurs abbayes, ils logent isolément dans de petites maisons ou appartements, où ils prient, lisent, travaillent et prennent leur repas. Ils se rassemblent pour la messe et les vêpres et pour le repas du soir pris en silence. Les dimanches et fêtes, ils ont une récréation et, une fois par semaine, ils vont en promenade deux par deux. Cette solitude face à Dieu requiert une grande abnégation et un solide équilibre psychologique ; aussi bien les chartreux sont-ils peu nombreux : en France, hommes et femmes sont environ une centaine (6 abbayes). ■

Dieu aime le premier

« Tu nous as fait pour toi, Seigneur, et notre cœur est sans repos (inquiet) tant qu'il ne repose en toi ». Cette phrase du premier alinéa des *Confessions* de saint Augustin est fondamentale : bien avant sa conversion, Augustin a été comme polarisé vers Dieu ; son cœur est resté « inquiet » jusqu'à ce qu'il l'ait trouvé ; depuis lors, il n'a cessé de le chercher encore. Mais il sait aussi que Dieu l'a cherché le premier, en son Fils « par qui tu nous as cherchés sans que nous te cherchions, et tu nous as cherchés pour que nous te cherchions » (*Conf.* XI, 2).

Le mouvement qui porte vers Dieu est donc un mouvement d'amour, en réponse à un Amour premier, dont le Christ est le signe et le rappel permanents. Dans le Christ, cet Amour enveloppe l'humanité tout entière : « Dieu ne pouvait faire aux hommes un don plus grand que d'envoyer son Fils parmi eux, pour les conjoindre à lui, afin qu'ils soient le corps d'une si grande Tête » (*Sur le Ps. 85*). Dans le Christ encore, tous les hommes deviennent « un seul homme », qui souffre et crie sa prière « en tout temps [...] jusqu'à la fin du monde où finiront toutes les souffrances ». En outre, « l'Amour de Dieu est infusé en nos cœurs par l'Esprit Saint qui nous a été donné » : ce verset de saint Paul (Rm 5,5) est cité plus de deux cents fois dans l'œuvre ! Communion éternelle entre le Père et le Fils, l'Esprit nous fait aussi « communier *avec eux* et *entre nous* » (*Sermon 72*). Agissant en nous, l'Esprit convertit le cœur, et fait aimer ce qui mérite d'être aimé (*De l'esprit et de la lettre*). Une des raisons pour lesquelles Augustin s'oppose à Pélage est que celui-ci semble ignorer l'action de l'Esprit dans la vie chrétienne.

Aimer à la manière de Dieu

Or, l'amour de Dieu est inséparable de l'amour pour les hommes : amour véritable, qu'Augustin appelle charité. Pour lui, l'épiscopat est déjà une mission et un service d'amour, non un privilège : « Pour vous, nous sommes évêque, avec vous, nous sommes chrétien ; évêque, c'est le nom d'une charge acceptée, chrétien, c'est le nom d'une grâce » (*Sermon 340*). Il a d'admirables formules sur l'amour des ennemis : « Aime tes ennemis, en souhaitant qu'ils deviennent tes frères, en souhaitant qu'ils soient en communion avec toi » (*Sur I Jean*). « Rien ne triomphe de l'ennemi comme de se montrer bienveillant envers lui » (*Sur le Ps. 143*). Cela vaut même pour les criminels : « Ne va pas jusqu'à condamner à mort : que le meurtrier vive pour se repentir » (*Sermon 13, à des juges*).

L'amour de charité établit une totale communion entre les hommes ; il les pousse à s'aider mutuellement, comme les membres du corps : « Vois comme l'épine du dos se courbe, pour que la main puisse retirer l'épine enfoncée dans le pied » (*Sur le Ps. 130*). Chacun doit mettre ses dons au service des autres, et penser que les dons des autres sont aussi à lui : « Tout ce qu'a mon frère, si je l'aime et ne l'envie pas, c'est mien » (*S. Denys*). Un certain partage des biens relève de la justice, et non de l'aumône ; en effet : « garder pour soi le superflu, c'est *garder le bien d'autrui* » (*Sermon 147*). Augustin distribuait largement les dons faits au monastère épiscopal. Lui-même vivait pauvrement. Il refuse le cadeau d'un « manteau précieux » : « Ce manteau convient peut-être à un évêque ; il ne convient pas à Augustin homme pauvre » (*Sermon 356*). « Il est difficile à un riche de ne pas être orgueilleux » (*Sermon 39*). L'orgueil rend le véritable amour impossible, car il conduit toujours à l'envie, et à la *cupidité* (c'est le nom de l'amour faux). La pauvreté par contre est, avec l'humilité, la racine de la vraie charité.

Amour et amitié

Augustin qui, avant sa conversion avait aimé la mère d'Adéodat, a écrit de belles pages, très en avance sur son temps, à propos du « bien du mariage » (titre d'un petit ouvrage). « Mari et femme sont unis côte à côte (allusion à « la côte d'Adam ») ; ils marchent ensemble et regardent ensemble où ils vont... Ils procréent leurs enfants en accord d'amour ; une fois nés, ils les éduquent ensemble, dans la droiture et avec grand soin ; ils se gardent fidèles et ne violent pas le caractère sacramentel de leur union. »

Homme de cœur, Augustin était sensible et compatissant, fidèle dans ses amitiés. Ses lettres le montrent d'abord attentif aux personnes (il défend la liberté d'une jeune orpheline qu'un autre évêque voulait marier malgré elle). Dans ses sermons, il est chaleureux, persuasif, souvent avec une pointe d'humour : « Vous êtes peu nombreux, écoutez peu de choses » (ce qui devient en latin concis : *Pauci, audite pauca*). On a parlé de sa théorie excessive de la prédestination, mais il n'en tenait pas compte dans sa pastorale : pour lui, tout homme était appelé à vivre en fils de Dieu, à mettre en œuvre librement et généreusement l'amour infusé en lui par l'Esprit.

En définitive, « tout homme vaut ce que vaut son amour » (*Sur I Jean*). Et la spiritualité d'Augustin se résume bien dans la formule célèbre : « *Dilige et quod vis fac* ». Mais il faut la traduire exactement, car Augustin n'emploie pas le verbe *amare*, pour lui ambigu, mais bien *diligere*, qui s'emploie seulement pour l'amour authentique. Traduisons donc : « *Aime bien*, et fais ce que tu veux » ; il ajoute en effet : « Qu'il y ait au-dedans de toi la racine charité ; d'elle ne peut germer que le bien » (*Sur I Jean*).

LES TRAPPISTES

(Ordre des cisterciens de la stricte observance, O. C. S. O.)

L'abbaye de la Trappe, fondée en 1140 dans le Perche, dépendait alors de l'abbaye de Savigny, qui rejoignit peu après l'ordre de Cîteaux (1147). A partir de 1538, le néfaste régime de la « commende » commença à s'appliquer à l'abbaye, le roi attribuant le titre d'abbé à des ecclésiastiques plus soucieux des bénéfices personnels à en tirer que de l'observance de la règle ; comme d'autres dans le même cas, l'abbaye se mit à péricliter. C'est pourtant un abbé commendataire, *Armand Le Bouthillier de Rancé* (1626-1700) qui, s'étant converti, restaura avec une extrême rigueur, pour l'abbaye de La Trappe, la règle cistercienne. De nombreuses autres abbayes adoptèrent la réforme. A partir du XIXe siècle, les trappistes prirent le nom d'Ordre des cisterciens de la stricte observance. Celui-ci compte aujourd'hui dans le monde 88 monastères d'hommes (16 en France) et 51 de femmes (14 en France). Depuis le concile Vatican II, tout en gardant un mode de vie très exigeant, les trappistes ont tout de même modéré la rigueur des origines. ■

Cloître de Moissac (Tarn-et-Garonne). Début XIIe s. Un des plus beaux cloîtres romans de France.

Ph. Roger-Viollet

Spiritualité bénédictine

Composée dans la première moitié du VIe siècle, la Règle de saint Benoît se répandit très rapidement dans toute l'Europe chrétienne et y supplanta peu à peu presque toutes les règles monastiques alors en usage. Succès certainement dû en grande partie à cette « remarquable discrétion » qu'admirait déjà en elle saint Grégoire le Grand. Et c'est ce qui explique également qu'au cours des âges elle ait donné naissance à de très nombreuses familles monastiques et que presque toutes les formes de vie religieuse apparues plus tardivement dans l'Église se soient plus ou moins inspirées de ses prescriptions.

La fin de toute la création est et ne peut être que la gloire rendue à Dieu par sa créature : saint Benoît centre toute la vie monastique sur la célébration solennelle de l'Office divin, à l'organisation duquel il consacre une dizaine de chapitres. Et si le moine a un devoir particulier de tendre à la sainteté, c'est justement afin de pouvoir rendre à Dieu une louange plus parfaite. Mais il se trouve que, si la prière liturgique est une fin en soi, elle est également le premier des moyens de sanctification.

Obligé de tendre à la sainteté, le moine doit aussi s'efforcer d'acquérir les vertus qui font le parfait chrétien. Tout d'abord les vertus théologales (foi, espérance, charité), bien sûr ; mais aussi les vertus morales, à commencer par l'humilité, à laquelle saint Benoît consacre le plus long chapitre de sa Règle : une humilité qu'il envisage d'ailleurs en un sens très large qui l'identifie pratiquement à l'exercice constant de la foi. Puis l'amour du silence, l'obéissance, la charité fraternelle, etc.

La vie monastique bénédictine est conçue dans le cadre le plus naturel, celui d'une famille réunie sous l'autorité d'un père ou abbé : une autorité qui s'exercera de façon douce et ferme, sachant tenir compte des tempéraments individuels et des circonstances, en même temps que des exigences du bien commun. Chaque monastère constitue donc une famille ayant sa physionomie propre et jouissant d'une large part d'autonomie. Et c'est à cette famille particulière (et non à un Ordre) que s'attache le moine par son vœu de stabilité, caractéristique de la vie monastique.

Ayant ainsi tracé les lignes fondamentales de la spiritualité monastique, spiritualité essentiellement théocentrique, saint Benoît en fait alors l'application à tout le détail des circonstances de la vie quotidienne. Il le fait en bon psychologue, dans un esprit de modération, avec le sens de la mesure et du possible, au point qu'après quatorze siècles la Règle demeure encore d'une étonnante actualité. Et c'est pourquoi l'esprit qui l'anime (Bossuet disait d'elle qu'elle est un « *pressis* de l'Évangile ») continue d'être un souffle vivifiant, non seulement pour les monastères, mais aussi pour d'innombrables chrétiens qui aiment à chercher auprès d'eux un appui et une direction pour leur vie spirituelle.

L'ORDRE DE SAINT BENOIT (O. S. B.)

La fondation de l'ordre bénédictin au VIe siècle fut moins le fruit d'un propos délibéré de *saint Benoît* (Nursie, v. 480 ; Mont Cassin, v. 547) que de son rayonnement. La vitalité spirituelle de cet ermite lui attira des disciples avec lesquels il s'installa, vers 529, au Mont Cassin, au nord de Naples. La vie de son monastère, tracée par la règle qu'il avait rédigée, influença tout le monde monastique occidental.
Cette règle est brève, souple, équilibrée. Le monastère forme une famille sous l'autorité de l'abbé. La vie est partagée entre la prière commune au chœur à heures fixes (jour et nuit), la prière solitaire et le travail manuel et intellectuel. Le monastère, isolé par la clôture, reste ouvert au monde par la règle de l'hospitalité et l'orientation de sa prière.
Cette règle fut adoptée par de nombreux monastères déjà existants, tandis que de nouveaux se fondèrent sous son égide. La place éminente tenue par l'ordre a été illustrée par de multiples personnalités ; parmi les plus connues, le pape saint Grégoire le Grand, saint Augustin de Cantorbery, saint Boniface aux VIe et VIIe siècles ; Lanfranc, saint Anselme, le pape saint Grégoire VII au XIe siècle ; saint Bernard et Suger au XIIe, Mabillon au XVIIe ; dom Guéranger au XIXe.
Son histoire est marquée par des retours à l'esprit des origines chaque fois que, dans l'Église, la routine ou le laxisme semblaient l'emporter. Ce sera l'occasion de voir surgir sur le vieux tronc des rameaux, qui s'en détacheront tout en restant dans la mouvance de la règle (les cisterciens au XIIe siècle, dont une branche, celle des trappistes, se détachera à son tour au XVIIe siècle).
La Révolution française avait fait presque disparaître de l'Europe un ordre qui avait au demeurant beaucoup perdu de sa vitalité. A partir de 1830, on le voit renaître presque spontanément : Solesmes, la-Pierre-qui-vire, le Mesnil-Saint-Loup et le Bec-Hellouin en France ; Beuron en Allemagne ; Subiaco, le Mont Cassin, le Mont Olivet en Italie ; Maredsous en Belgique. Actuellement il est en expansion en Angleterre et aux États-Unis ; des communautés surgissent en Afrique et en Asie, à la recherche de chemins nouveaux dans la fidélité à l'esprit de la règle.
Depuis 1893, à l'initiative du Saint-Siège, les diverses congrégations sont rassemblées en une confédération présidée par un abbé primat résidant à Rome. En 1980, on comptait 21 congrégations totalisant 440 monastères masculins et 10 000 moines, 800 monastères féminins et 20 000 moniales. En outre, subsistent des monastères masculins et féminins autonomes. Les formes de vie des monastères sont fort diverses : les unes sont de caractère purement contemplatif, d'autres sont engagées dans des tâches d'éducation, dans l'apostolat paroissial, dans les missions extérieures, etc. La spécificité monastique se maintient, toujours rythmée par la liturgie et ouverte aux grandes questions de l'humanité. ■

EXTRAITS DE LA RÈGLE DE SAINT BENOÎT

Rédigée à la fin de la vie de saint Benoît († 547) pour l'abbaye du Mont Cassin. Les extraits ci-dessous sont tirés de la traduction française de dom Guéranger (1805-1875), abbé de Solesmes et restaurateur de l'ordre de Saint-Benoît en France ; c'est la traduction la plus répandue dans les monastères de langue française (*Règles des moines*, Éd. du Seuil, 1982).

Chapitre 48. Du travail manuel de chaque jour

« *1. L'oisiveté est ennemie de l'âme. Les frères doivent donc à certains moments s'occuper au travail des mains, et à d'autres heures fixes s'appliquer à la lecture des choses de Dieu.*

Ph. Alinari-Giraudon

Saint Benoît

2. C'est pourquoi nous croyons devoir régler comme il suit ce double partage de la journée.

3. De Pâques aux calendes d'octobre, les frères sortant dès le matin travailleront à ce qui sera nécessaire depuis la première heure[1] jusque vers la quatrième[2].

4. A partir de la quatrième heure jusque vers la sixième[3], ils vaqueront à la lecture.

5. Après la sixième heure, s'étant levés de table, ils reposeront sur leur couche dans un silence complet. Si quelqu'un veut lire, qu'il lise pour lui seul, de manière à ne pas incommoder les autres.

6. None sera un peu avancée au milieu de la huitième[4] : puis ils retourneront au travail assigné jusqu'à vêpres.

7. Si la nécessité du lieu ou la pauvreté exigent que les frères s'emploient eux-mêmes à faire les moissons, qu'ils ne s'en affligent pas ;

8. Car c'est alors qu'ils sont véritablement moines, s'ils vivent du travail de leurs mains, comme nos pères et les apôtres.

9. Que tout se fasse cependant avec mesure, à cause des faibles.

10. Des calendes d'octobre à l'entrée du carême, ils vaqueront à la lecture jusqu'à la fin de la deuxième heure[5].

11. La deuxième heure étant passée, on dira tierce ; après quoi ils s'occuperont tous au travail qui leur aura été enjoint.

12. Au premier son de none, chacun quittera son ouvrage, et ils se tiendront prêts pour le moment où l'on donnera le second coup.

13. Après le repas, ils vaqueront à leurs lectures ou à l'étude du psautier.

14. Durant le carême, ils feront leurs lectures depuis le matin jusqu'à la troisième heure pleine[6], et ils s'occuperont ensuite au travail qui leur aura été enjoint, jusqu'à la fin de la dixième heure[7].

15. En ces jours de carême, chacun recevra un

livre de la bibliothèque, qu'il devra lire en entier et par ordre.

16. Ces livres seront distribués au commencement du carême.

17. Qu'on ait soin avant tout de députer un ou deux anciens, qui seront chargés d'aller par le monastère aux heures où les frères vaquent à la lecture,

18. et de voir s'il ne se rencontre point par hasard quelque frère nonchalant qui, au lieu de s'appliquer à la lecture, se livrerait à l'oisiveté ou à des entretiens frivoles et qui, non seulement se nuit à lui-même, mais encore dissipe les autres.

19. Que si, à Dieu ne plaise, un frère est surpris en pareille faute, on le reprendra une et deux fois.

20. S'il ne s'amende pas, qu'on le soumette à la correction régulière, de manière à intimider les autres.

21. Un frère ne se joindra pas à un autre frère aux heures indues.

22. Le dimanche, les frères vaqueront tous à la lecture, hors ceux qui sont employés aux divers offices.

23. Si quelqu'un était si négligent qu'il ne voulût ou ne pût pas lire ou méditer, on lui assignera un ouvrage qu'il puisse faire, afin qu'il ne soit pas oisif.

24. Quand aux frères infirmes ou délicats, on leur donnera une occupation ou un métier qui soit de nature à leur faire éviter l'oisiveté, sans les accabler sous l'excès du travail, afin qu'ils ne se découragent pas.

25. Leur faiblesse devra être prise en considération par l'abbé. »

Chapitre 68. Si l'on enjoint à un frère des choses impossibles

1. « S'il arrive qu'on enjoigne à un frère des choses difficiles ou même impossibles, il doit recevoir en toute mansuétude et obéissance le commandement qui lui est fait.

2. Cependant, s'il voit que le poids du fardeau excède totalement la mesure de ses forces, il devra faire connaître avec patience et au moment opportun, à celui qui lui commande, les raisons de son impuissance,

3. ne témoignant ni orgueil, ni résistance, ni contradiction.

4. Que si, après avoir entendu ses représentations, le supérieur persiste dans sa pensée et maintient le commandement, l'inférieur saura que la chose lui est avantageuse,

5. et il obéira par amour, se confiant dans le secours de Dieu. »

Chapitre 72. Du bon zèle que doivent avoir les moines

1. « Comme il y a un zèle d'amertume qui est mauvais, qui sépare de Dieu et conduit à l'enfer,

2. de même il y a un bon zèle qui éloigne des vices et conduit à Dieu et à la vie éternelle.

3. Que les moines s'exercent donc à ce zèle avec un fervent amour, c'est-à-dire :

4. Qu'ils se préviennent d'honneur les uns les autres.

5. Qu'ils supportent avec une grande patience les infirmités d'autrui, soit corporelles, soit spirituelles.

6. Qu'ils s'obéissent à l'envi les uns aux autres.

7. Que nul ne cherche ce qu'il juge devoir lui être avantageux, mais plutôt ce qui l'est aux autres.

8. Qu'ils acquittent la dette de la charité fraternelle par amour.

9. Qu'ils craignent Dieu.

10. Qu'ils aiment leur abbé d'une affection humble et sincère.

11. Qu'ils ne préfèrent absolument rien à Jésus-Christ,

12. Lequel daigne nous conduire tous ensemble à la vie éternelle. Amen. »

1. Lever du jour. 2. Vers 10 h du matin. 3. Vers midi. 4. Vers 14 h. 5. Vers 8 h du matin. 6. Vers 9 h du matin. 7. Vers 16 h.

L'ORDRE DES PRÉMONTRÉS (O. PRAE.)

Cet ordre est caractéristique de la forme de vie religieuse propre aux *chanoines réguliers* ; cette vie associe le caractère monastique (vie commune en abbaye, dans le cadre d'une règle — ou canon, d'où le nom de chanoines ; offices au chœur) et le caractère apostolique (prédication, ministère paroissial, missions, aumôneries, etc.). Il a été fondé au XIIe siècle par *saint Norbert* (1080-1134), dont la première abbaye fut établie en 1120 à Prémontré (entre Laon et Soissons). Norbert étant devenu évêque de Magdebourg, l'ordre fut organisé par le bienheureux *Hugues de Fosses,* qui adopta la règle de saint Augustin tout en s'inspirant de l'esprit de Cîteaux.

Les fondations se multiplièrent en Europe (650 maisons) ; cet essor fut brisé par la Réforme protestante puis par la Révolution ; l'ordre reprit pied au XIXe siècle. Il compte aujourd'hui dans le monde 1 700 religieux (32 abbayes, dont 2 en France), 250 religieuses (7 monastères), et 5 congrégations de sœurs qui lui sont en outre rattachées.

Les prémontrés se consacrent aujourd'hui aux paroisses, à quelques collèges et aux missions. ■

Ph. Alinari-Giraudon

Saint Dominique par Fra Angelico (XVe s.).

LA FAMILLE DOMINICAINE

Saint Dominique (1170-1221) est chanoine régulier d'Osma (Espagne) lorsqu'au cours d'un voyage, il découvre les ravages provoqués dans le sud de la France par l'hérésie albigeoise. En 1205, le pape Innocent III l'envoie lutter contre celle-ci. Sa prédication, ses colloques avec les Albigeois, ont d'autant plus d'impact qu'il donne lui-même le témoignage de la vie la plus évangélique et de la plus totale pauvreté. En 1215, il réunit quelques compagnons de mission pour former l'ordre des frères prêcheurs (O. P.) qu'il place sous la règle de saint Augustin, avec des constitutions particulières. L'ordre, dépourvu de toute propriété, est voué à la prédication et à l'enseignement, auxquels ses religieux (des prêtres) sont spécialement formés.

Il connaîtra un rapide développement dans toute l'Europe occidentale. De grands noms illustreront la vigueur de sa vie intellectuelle et spirituelle ; entre autres Thomas d'Aquin, Albert le Grand, Fra Angelico, Eckhart, Savonarole, Lacordaire, etc. C'est ce dernier qui restaurera l'ordre en France au XIXe siècle, après la coupure de la Révolution.

L'ensemble de l'ordre comprend aujourd'hui dans le monde 40 provinces et quelque 9 000 religieux. Diverses congrégations féminines se sont également placées dans la mouvance dominicaine : outre les moniales contemplatives, fondées en 1206 à Prouilhe (Aude) par saint Dominique, existent de nombreuses autres congrégations soit contemplatives, soit apostoliques, celles-ci se vouant à des tâches fort diverses mais toujours marquées par le souci d'imprégner d'esprit chrétien les courants de la pensée moderne. ■

Spiritualité dominicaine

Toutes les activités de Dominique (1170-1221) découlent de sa contemplation de l'amour de Dieu et du souci des « pécheurs ». Il veut partager avec tous ses frères la découverte du ministère de la miséricorde divine.

Il cherche passionnément la vérité à la lumière de l'intelligence et surtout à la lumière de Dieu. Il est homme d'études et d'oraison.

La vie des disciples de Dominique est faite d'un double mouvement : prier et étudier puis communiquer aux autres ce qu'on a contemplé et, par là, construire l'Église, corps du Christ. La vie communautaire est ordonnée à la mission, tout orientée au service de la Parole de Dieu.

La tradition dominicaine est marquée d'une liberté joyeuse, très respectueuse de chacun et de ses dons. Il n'existe pas de chemin tracé d'avance. Seul l'amour du Christ sauveur suggère la manière de s'adapter à la vie de son temps. ■

LA FAMILLE FRANCISCAINE

Fils d'un riche marchand, *François d'Assise* (1189-1226) est bouleversé quand, à 26 ans, en 1208, il entend une prédication sur la pauvreté des Apôtres. Malgré l'opposition paternelle, il renonce à tous ses biens et se consacre à la prédication. Aux disciples qui viennent le rejoindre et qui forment dès lors avec lui les *frères mineurs*, il donne une règle stricte : ne rien posséder en propre, mendier en cas de besoin, s'adonner à la prédication ; mais l'idéal qui sous-tend la règle est tout de joie dans la paix. Sous la direction de François, *sainte Claire d'Assise* (1193-1253) fonde un ordre de femmes partageant le même idéal de pauvreté et respectant la règle de la clôture (alors impérative pour les femmes consacrées) : ce sont les *pauvres dames* ou *clarisses*. Plus tard sera fondé le « *troisième ordre* » franciscain (ou tiers-ordre), destiné à des laïcs restant dans le monde.
François parcourt l'Italie en prêchant, se rend en Espagne et en Égypte pour évangéliser les musulmans ; en 1224, au cours d'une retraite, il reçoit les stigmates des plaies du Christ.
Parmi les saints franciscains, le plus populaire, après François d'Assise et Claire, est *Antoine de Padoue* (1195-1231).
La famille franciscaine comprend aujourd'hui plusieurs branches : l'ordre franciscain des *frères mineurs* (O. F. M.), l'ordre franciscain des *frères mineurs conventuels* (O. F. M. conv.) résultant d'une séparation au XIVe siècle, l'ordre franciscain des *frères mineurs capucins* (O. F. M. Cap.) fondé en 1525 pour un retour aux exigences de pauvreté des origines. ■
(Voir **Clarisses**).

Ph. CIRIC

Spiritualité franciscaine

François, fils d'un riche marchand d'Assise (1182-1226), stigmatisé dans sa chair, saisi par le Christ, invite chacun à entrer dans l'expérience qui a bouleversé sa vie. Comme Jésus, François choisit d'entrer dans un extrême dépouillement. Il quitte ses amis et toute chose. Il s'en remet à l'amour du Père. Suprême pauvreté, richesse sans limite. Sa seule puissance est celle de l'amour. Elle l'ouvre à tous, le rend accueillant, accessible et fraternel.

Par ce chemin de pauvreté, il vit douloureusement le mystère de communion à l'Église. Il veut l'aider à se refaire pauvre avec le Christ pauvre. Il cherche la paix entre les hommes ; il chante la louange de Dieu au nom de toutes les créatures.

A leur tour, les disciples de François se veulent frères et sœurs de tous les hommes. Ils invitent à la fraternité universelle. Ils appellent à la réconciliation. Paix et louange deviennent leur prière continuelle. ■

EXTRAITS DE LA RÈGLE DE SAINT FRANÇOIS

« Au nom du Père et du Fils et du Saint-Esprit. Ainsi soit-il.

Ceci est la règle de vie que frère François demanda au seigneur pape Innocent de lui concéder et approuver. Et il la lui concéda et approuva, pour lui et pour ses frères présents et futurs.

Que le frère François et quiconque sera le chef de cet Ordre promettent obéissance et révérence au seigneur pape Innocent et à ses successeurs. Et que les autres frères soient tenus d'obéir à frère François et à ses successeurs. »

1. Que les frères vivent dans l'obéissance, sans biens propres et en chasteté.

La règle et la vie de ces frères est la suivante : vivre dans l'obéissance, en chasteté et sans biens propres, et suivre la doctrine et les traces de Notre-Seigneur Jésus-Christ qui a dit : « Si tu veux être parfait, va, vends tout ce que tu possèdes et donne-le aux pauvres, et tu auras un trésor dans le ciel ; puis viens et suis-moi ; et aussi : « Si quelqu'un veut venir après moi, qu'il renonce à soi-même, qu'il prenne sa croix et qu'il me suive » ; et encore : « Si quelqu'un veut venir à moi, et ne hait pas son père et sa mère, sa femme et ses enfants, ses frères et ses sœurs, et jusqu'à sa propre vie, il ne peut être mon disciple. Et quiconque aura quitté son père ou sa mère, ses frères ou ses sœurs, sa femme ou ses enfants, ses maisons ou ses champs à cause de moi, recevra le centuple et possèdera la vie éternelle. »

2. De la réception et des vêtements des frères

Si quelqu'un voulant, par inspiration divine, embrasser cette vie, vient à nos frères, qu'ils le reçoivent avec bonté... Que le postulant vende tous ses biens et prenne soin de distribuer le tout aux pauvres... Et que tous les frères soient vêtus d'habits pauvres et puissent les rapiécer au moyen de sacs et d'autres morceaux, avec la bénédiction de Dieu ; car le Seigneur dit dans l'Évangile : « Ceux qui portent des habits somptueux et vivent dans les délices, et qui sont vêtus avec mollesse habitent les maisons des rois ».

3. De l'office divin et du jeûne

... Que, par conséquent, tous les frères, soit clercs, soit laïcs, récitent l'office divin, les laudes et les oraisons, comme ils doivent les réciter. Que les clercs récitent l'office et le disent pour les vivants et pour les morts suivant l'usage des clercs ; qu'ils disent tous les jours, en réparation des manquements et des négligences des frères, le « Miserere mei, Deus » et le « Pater noster » ; qu'ils disent pour les frères défunts le « De profundis » et le « Pater noster ». Qu'ils aient le droit d'avoir seulement les livres nécessaires à la récitation de l'office ; et qu'il soit aussi permis aux laïques qui savent lire d'avoir le psautier ; mais aux autres qui ne savent pas les lettres, qu'il ne soit pas permis d'avoir de livres. Que les laïques disent le « Credo in Deum » et vingt-quatre « Pater noster » et « Gloria Patri » pour matines, et cinq pour laudes ; pour prime le « Credo in Deum » et sept « Pater noster » et « Gloria Patri » ; pour tierce, sexte et none sept pour chacune de ces Heures ; pour vêpres douze ; pour complies le « Credo in Deum » et sept « Pater noster » et « Requiem œternam » ; et en réparation des manquements et des négligences des frères trois « Pater noster » chaque jour.

Et pareillement que tous les frères jeûnent depuis la fête de la Toussaint jusqu'à la Nativité du Seigneur et depuis l'Épiphanie, époque où Notre-Seigneur Jésus-Christ a commencé à jeûner, jusqu'à Pâques ; mais, en d'autres temps, qu'ils ne soient pas tenus de jeûner, selon cette règle de vie, sauf le vendredi. Et qu'il leur soit permis, selon l'Évangile, de « manger (de tous les mets) qu'on leur présentera ».

7. De la manière de servir et de travailler

... Et que les frères qui savent travailler travaillent et exercent ce même métier qu'ils ont appris, s'il n'est pas contraire au salut de leur âme et s'ils peuvent le faire avec décence. Car, dit le prophète : « Tu te nourriras alors du travail de tes mains, tu es heureux et tu seras comblé de biens » ; et l'apôtre : « Que celui qui ne veut pas travailler ne mange pas ». Et « que chacun demeure » dans le métier et dans l'emploi « où il était quand il a été appelé ». Et que les frères puissent pour prix de leur travail recevoir tout ce qui leur est nécessaire, l'argent excepté. Et quand ce sera nécessaire, qu'ils aillent demander l'aumône comme les autres frères. Et qu'il leur soit permis d'avoir les outils et instruments nécessaires à leurs métiers.

8. Que les frères ne reçoivent point d'argent

... Qu'aucun des frères, où qu'il soit et où qu'il passe, ne prenne en aucune façon, ne reçoive ou ne fasse recevoir argent ou deniers, ni pour se procurer des vêtements ou des livres, ni comme salaire de quelque travail, absolument sous aucun prétexte, sauf dans le cas de nécessité manifeste pour les frères malades ; car nous ne devons pas trouver et accorder à l'argent et aux deniers plus d'utilité qu'aux cailloux. Et le démon veut aveugler ceux qui les désirent ou les estiment plus que des pierres.

9. Qu'il faut demander l'aumône

... Que tous les frères s'efforcent d'imiter la pauvreté et l'humilité de Notre-Seigneur Jésus-Christ et se souviennent que de toutes les choses du monde nous ne devons rien posséder que ce dont l'apôtre dit : « Si nous avons des aliments et de quoi nous couvrir, nous devons être satisfaits ». Et ils doivent se réjouir de se trouver parmi des gens de peu et méprisés, des pauvres et des infirmes, des malades, des lépreux et des mendiants de grands chemins. Et quand ce sera nécessaire, qu'ils aillent demander l'aumône.

... Et que les frères se fassent connaître en toute tranquillité leurs besoins les uns aux autres, pour qu'ils se cherchent et se fournissent ce qui leur est nécessaire. Et que chacun aime et nourrisse son frère, comme une mère aime et nourrit son enfant, avec ce que Dieu lui aura accordé.

Il s'agit, sinon de la première Règle composée par François (1210), qui a été perdue, du moins de celle dite *Regulata non bullata* (c'est-à-dire approuvée par le pape sans bulle en 1221) qui en est très proche, sous réserve de certains ajouts. Les extraits ci-dessus sont tirés de la traduction d'Alexandre Masseron (*Œuvre de Saint François d'Assise*, Éd. Albin Michel, 1959), reprise par *Règles des moines*, Éd. du Seuil, 1982.

LA FAMILLE CARMÉLITAINE

Le Mont-Carmel, près de Haïffa (dans l'actuel Israël), a donné son nom à la famille religieuse des carmes et des carmélites : au milieu du XIIe siècle, en effet, saint Berthold († 1195), et d'autres pèlerins venus en Terre Sainte, s'installent en ermites dans des grottes du Mont-Carmel, comme l'avait fait le prophète Elie. La règle primitive établie en 1209 prescrivait la pauvreté la plus grande, la solitude et le régime végétarien. La conquête musulmane chasse ces ermites de Terre Sainte vers l'Europe au XIIIe siècle. Saint Simon Stock († 1268) leur donne une nouvelle règle sur un modèle proche des franciscains. Une branche féminine est fondée en 1452 par Jean Soreth. Au XVIe siècle, en pleine Réforme catholique, sainte Thérèse d'Avila (1515-1582) et saint Jean de la Croix (1542-1591) entreprennent de faire revenir l'ordre à la règle primitive, à la pauvreté et à une stricte vie contemplative. Les carmes ainsi réformés s'appellent alors *déchaux* (au lieu de chaussures, ils portent les sandales de la pauvreté). Avec la réforme, l'ordre du Carmel connaît son plus grand rayonnement. Les deux branches (ordre des carmes, O. C., ordre des carmes déchaux, O. C. D.) ont depuis lors tendu à se rapprocher, dans l'esprit des origines.

Les carmes vivent en communauté, s'adonnent en priorité à la vie contemplative et secondairement à un apostolat de type spirituel, si nécessaire à l'extérieur du couvent. Quant aux carmélites, groupées en diverses fédérations, elles vivent cloîtrées et vouées à la seule contemplation, ou, pour certaines branches, se livrent à des activités apostoliques. 13 000 à travers le monde, les carmélites sont surtout nombreuses en Espagne et en France. Les carmes chaussés sont environ 2 500 et les carmes déchaux 3 500, en Europe occidentale (une centaine en France en 8 couvents), en Amérique du Nord et du Sud, en Inde.

Parmi les saints de l'ordre, outre sainte Thérèse d'Avila et saint Jean de la Croix, on peut citer sainte Marie-Madeleine de Pazzi (1566-1607), les carmélites de Compiègne guillotinées pendant la Révolution, sainte Thérèse de l'Enfant-Jésus (1873-1897) ; Élisabeth de la Trinité (1880-1906) béatifiée en 1985 par Jean-Paul II. ■

Ph. Harlingue-Viollet

Sainte Thérèse d'Avila (1515-1582).

Spiritualité thérésienne

La prière à l'école de Thérèse d'Avila et de Jean de la Croix est la prière d'un pauvre qui se tient devant la richesse de Dieu. « L'oraison ne consiste pas à beaucoup prier mais à beaucoup aimer » (Jean de la Croix).

Tout se passe dans une expérience d'union intime avec le Christ qui conduit au Père. Pour que cette expérience soit possible, il faut accepter de partir comme Elie au Carmel, de passer par le désert, d'entrer dans le silence : là, le priant se rend disponible à « Dieu seul »... et peut se laisser envahir par lui.

Cette prière contemplative a souvent Marie comme « lieu » du dialogue avec Dieu. Marie est en effet tout entière pleine de la grâce de Dieu et de sa vie et permet donc de le rencontrer.

Buvant à la source de l'amour de Dieu pour tous les hommes, la prière carmélitaine, même si elle est vécue dans une profonde solitude, a vocation d'ouvrir à la communauté et au monde. Elle est intrinsèquement missionnaire. ■

Voie d'enfance

C'est sainte Thérèse de l'Enfant-Jésus qui fut l'initiatrice de cette voie spirituelle. Elle se demandait comment accéder à Dieu alors que la perfection morale semble impossible à l'homme. Et pourtant, se fondant sur la parole évangélique : « Soyez parfaits comme votre Père céleste est parfait », elle savait que tout chrétien est appelé à la sainteté. Elle eut alors la conviction que ce n'est pas par ses efforts que l'homme peut devenir saint, mais par la confiance et l'abandon. Elle découvrit que Dieu n'est pas un maître qui exigerait un impossible héroïsme mais un Père qui aime ses enfants et leur veut du bien, quels que soient leurs mérites. Le reconnaître comme Père aimant, c'est accueillir sa sainteté, en sachant qu'il veut donner une plénitude de vie à ses enfants. La perfection est donc confiance. Voie d'enfance, car l'enfant s'abandonne à son Père en se sachant incapable de mener seul sa vie. Mais c'est une voie spirituelle qui s'applique à des adultes et non une fuite infantile devant les responsabilités à prendre. ■

Un rejeton du carmel : l'adoration réparatrice

C'est au Carmel de la rue d'Enfer, à Paris, fondé au tout début du XVIIe siècle par le cardinal de Bérulle, que la future fondatrice de l'Adoration réparatrice rencontra la pensée de Thérèse d'Avila. Artiste de talent, tempérament de feu, d'une intelligence et d'une énergie peu communes, Théodelinde Dubouché avait vécu des années d'intense activité caritative.

A l'automne 1847, elle fait une retraite rue d'Enfer, sous la direction de la mère supérieure, qui lui prête, pour s'en revêtir pendant son oraison, le manteau de sainte Thérèse (apporté d'Espagne par des carmélites). « J'eus un ravissement très long. Toute la doctrine et l'esprit du Carmel me furent révélés. Je compris tout, et rien de ce que j'ai pu lire ou entendre depuis n'approche de ce que j'ai vu et senti. Depuis, je suis restée dans une union singulière avec cette sainte très aimée. » Cette expérience se renouvelle. Théodelinde s'apprête à entrer au Carmel.

Mais, en juin 1848, la Révolution gronde dans les rues de Paris, le sang coule. Théodelinde organise une prière d'intercession ininterrompue dans la chapelle du Carmel, où l'Eucharistie reste exposée. Pendant son temps d'adoration, la nuit, le Christ Seigneur se manifeste à elle : « Je veux des âmes toujours devant moi pour recevoir ma vie, et cette vie, elles la communiqueront ». Alors Théodelinde perçoit clairement l'organisation de ce qu'elle réalisera.

Tout ira très vite. Dès le mois d'août suivant, la première petite communauté adoratrice est réunie dans les dépendances du Carmel. Elle est destinée à prendre rapidement une existence autonome. Devenue Mère Marie-Thérèse, Théodelinde infuse à son œuvre l'esprit qui devra l'animer. Cet esprit, c'est celui qu'elle-même a puisé dans le cœur « séraphique » de Thérèse d'Avila : la passion de la sainte pour la gloire de Dieu, son amour brûlant pour la personne de Jésus, son zèle pour le salut des frères, son dévouement à l'Église. Tout cela s'exprimant, non par l'activité apostolique, mais dans une vie d'oraison et d'offrande qui requiert le silence, la solitude, la radicalité des conseils évangéliques.

« Vous êtes les filles de sainte Thérèse, redit-elle à ses sœurs, (...) brûlez du séraphique amour de sa grande âme... Aimez Jésus le Pain vivant, comme sainte Thérèse, notre Mère. Aimez Jésus source de vie et vous puiserez des grâces pour les répandre, vous souvenant que le désir du Maître a été de voir allumer le feu qu'Il était venu allumer sur Terre (...) Sainte Thérèse brûlait du désir de voir se répandre cette flamme. Elle vous soutiendra dans votre grande entreprise. Elle vous donnera lumière pour accomplir votre mission. »

Cette mission, c'est l'adoration perpétuelle du Saint Sacrement exposé. Adoration qui se veut greffée dans l'adoration que Jésus lui-même offre à son Père. Adoration vécue en Église et pour l'Église.

Mais cette mission a une dimension spéciale. Les sœurs de Théodelinde sont là, en permanence, non seulement pour adorer Jésus Eucharistie, mais pour faciliter à leurs frères la rencontre avec le Seigneur. Tous peuvent s'unir à leur prière. Elles demeurent au milieu du Peuple de Dieu pour « entretenir le foyer brûlant d'Amour toujours accessible à ceux qui ont froid, pour garder la source des eaux vives où ceux qui ont soif pourront se désaltérer, pour donner l'hospitalité spirituelle, faire les honneurs du Grand Festin ». Cela requiert que, pour la forme extérieure de l'Œuvre, on se différencie du Carmel. Mère Marie-Thérèse fait simplement les transpositions nécessaires. Elle a des vues singulièrement neuves pour son époque : « Je ne voyais pas autre chose dans l'organisation de cette Œuvre que le premier christianisme (...) J'ai souvent pensé que, pour nous, notre vocation ne demandait que la méditation de l'Évangile pour se produire, que notre existence se trouvait dans le Pain de vie et le Livre de Vie. » Unis à la communauté, des laïcs vivront dans le monde la même vocation. ■

Une carmélite, c'est...

Une carmélite, c'est une âme qui a regardé le Crucifié, qui l'a vu s'offrant comme victime à son Père pour les âmes ; et, se recueillant sous cette grande vision de la charité du Christ, elle a compris la passion de son âme et a voulu se donner comme lui (...)
Sur la montagne du Carmel, dans le silence, dans la solitude, dans une oraison qui ne finit jamais — car elle continue à travers tout — la carmélite vit déjà comme au ciel : « de Dieu seul ». Le même, qui fera un jour sa béatitude et la rassasiera de sa gloire, se donne déjà à elle. Il ne la quitte jamais. Il demeure en son âme ; plus que cela : tous deux ne font qu'un. Aussi est-elle affamée de silence, afin d'écouter toujours, de pénétrer toujours plus en son être infini. Elle est identifiée avec Celui qu'elle aime, elle le trouve partout. A travers toute chose, elle le voit rayonner !

Bienheureuse ÉLISABETH DE LA TRINITÉ,
lettre du 7.8.1902.

Le message spirituel de Charles de Foucauld

« La mission du Père de Foucauld fut de réapprendre le mystère de l'Incarnation aux hommes d'aujourd'hui » (Albert Peyriguère). C'est le message spirituel que révèle la vie de Charles de Foucauld (1858-1916), ermite missionnaire auprès des Touaregs du Hoggar. Ce message s'appuie sur cette conviction que le chrétien doit s'identifier au Dieu fait homme : « L'Évangile me montra que le premier commandement est d'aimer Dieu de tout son cœur et qu'il fallait tout enfermer dans l'amour ». Comment ?

Vivre avec Jésus. D'où l'emblème de Charles de Foucauld : un cœur surmonté d'une croix ; sa devise : Jésus-Caritas (Jésus-Amour) ; temps de prière : huit heures par jour devant « la Sainte Eucharistie » ; sa méditation journalière des évangiles et son *Essai pour tenir compagnie à Jésus ;* son nom : Frère Charles de Jésus ; enfin son but : « Continuer en moi la vie de Jésus ».

Vivre Nazareth. « Quand on est plein de Jésus, on est plein de charité ». Le cœur de Jésus conduit Charles de Foucauld au cœur des hommes : c'est, comme Jésus à Nazareth, vivre dans la condition commune des hommes, ni moine, ni missionnaire, vivre « dans l'humilité, la pauvreté, le silence » et être ainsi sauveur avec Jésus. « Dieu pour nous sauver est venu à nous, nous devons pour travailler au salut des âmes nous mêler à elles » et « en tout humain voir Jésus ».

Vivre en frère universel. « Ayons hâte de partager Jésus avec nos frères infidèles qui ne le possèdent pas ». Mais Charles de Foucauld se révèle ici un précurseur. Avant de parler religion, un travail « prémissionnaire » est nécessaire : « Instruire et civiliser d'abord, convertir ensuite ». Ce premier témoignage est déjà proclamation silencieuse de la Bonne Nouvelle et « geste initial d'évangélisation » (Paul VI).

En définitive, le message de Charles de Foucauld se caractérise par son intransigeance et sa radicalité : l'Évangile vécu au pied de la lettre et le détachement de tout ce qui n'est pas Dieu.

Promenade monacale dans la forêt.

La nuit obscure

Plus les choses divines sont en soi claires et manifestes, plus elles sont naturellement obscures et cachées à l'âme. Il en est ici comme de la lumière naturelle : plus elle est claire, plus elle éblouit et obscurcit la pupille du hibou ; plus on veut fixer le soleil en face, et plus on éblouit la puissance visuelle et on la prive de lumière ; cette lumière dépasse la faiblesse de l'œil. De même quand cette divine lumière de la contemplation investit l'âme qui n'est pas encore complètement éclairée, elle produit en elle des ténèbres spirituelles, parce que non seulement elle la dépasse, mais parce qu'elle la prive de son intelligence naturelle et en obscurcit l'acte. Voilà pourquoi saint Denis et d'autres théologiens mystiques appellent cette contemplation infuse un rayon de ténèbres.

SAINT JEAN DE LA CROIX
Traduit de l'espagnol
par le père Grégoire de Saint Joseph

Spiritualité ignatienne

Ignace de Loyola n'a pas écrit de traité de spiritualité, et pourtant il est un « maître » de la vie spirituelle. Il importe de bien distinguer trois plans : 1. l'expérience personnelle d'Ignace de Loyola ; 2. les célèbres *« Exercices spirituels » ;* 3. la correspondance de direction qu'il adressa à des amis, et particulièrement à ses frères religieux. Ces trois plans se recoupent, mais les confondre risque de conduire à des erreurs.

• *L'expérience spirituelle* d'Ignace fut d'une étonnante richesse, l'*Autobiographie* et le *Journal spirituel* en témoignent ; mais elle lui est strictement personnelle et incommunicable.

• Les *Exercices spirituels* groupent un ensemble d'exercices destinés à aider le retraitant à « se vaincre soi-même et ordonner sa vie sans se décider par aucun attachement qui soit désordonné » : il s'agit donc, au cours d'une retraite de trente jours, de « faire élection », c'est-à-dire de choisir son état de vie conformément à l'Évangile et à la situation particulière de chacun ; cette décision est préparée par une patiente purification intérieure, afin que le retraitant accède, le mieux possible, à la liberté spirituelle, à la disponibilité totale aux vouloirs de Dieu sur lui. Ces démarches n'ont rien d'abstrait ; elles se font à la lumière de la vie, de la mort, de la passion et de la résurrection de Jésus-Christ.

• Enfin il y a l'ensemble des conseils, directives, propos d'Ignace dans sa *Correspondance.* Cette spiritualité est théocentrique, et même trinitaire ; c'est aussi une spiritualité du service de Dieu et des âmes en union avec Jésus, le Serviteur par excellence. Mais on ne rend « honneur et gloire à Dieu » que « par Jésus-Christ, en Jésus-Christ, avec Jésus-Christ ». Jésus-Christ (et près de lui, la Vierge Marie) sont, par excellence, nos « médiateurs » auprès du Père. Cette spiritualité est aussi très « pratique », très quotidienne et, pour ainsi dire, instantanée : par l'examen de conscience, et par le discernement, le chrétien s'efforce de déployer sa vie en présence de Dieu, sous la lumière de l'Esprit. Il doit être, selon le mot célèbre, « contemplatif dans l'action », ce qui suppose une union très familière avec Dieu. ■

LA COMPAGNIE DE JÉSUS
(S. J., jésuites)

Converti d'une jeunesse assez mondaine, *Ignace de Loyola* (1491-1556), jeune noble basque espagnol, ressent, après divers tâtonnements, un appel à servir l'Église en lui suscitant des hommes capables de réaliser de vastes desseins « pour la plus grande gloire de Dieu » (*ad majorem Dei gloriam,* devise des jésuites). La réforme de l'Église, attendue depuis des années, était alors rendue plus urgente encore par les succès de la Réforme protestante.

Le 15 août 1534, à Paris, Ignace décide avec quelques amis étudiants de se consacrer totalement à la propagation de la foi catholique. Approuvés par le Saint-Siège, à la disposition duquel ils se sont mis, ils se donnent un statut traduisant leur idéal. Les tâches ne manquent pas : rénovation interne de l'Église (ce sera une vaste entreprise d'éducation au service de la jeunesse et du clergé), débat doctrinal avec les protestants (ce sera la formation de théologiens de haut niveau), expansion missionnaire en pays non chrétiens (ce sera l'envoi immédiat, avant beaucoup d'autres, de François-Xavier en Inde par le pape).Tout cela appelle des religieux sévèrement sélectionnés, recevant une solide formation spirituelle et intellectuelle, et soutenus par un dispositif à la fois hiérarchisé et souple. Le nom de Compagnie de Jésus rappelle en permanence à ces religieux leur engagement militant et sans réserve au service du Christ.

L'ordre est caractérisé par une préférence pour l'existence active de ses religieux, l'emploi méthodique des moyens humains, l'ouverture à l'humanisme et à la culture, l'attention à la réalité historique, l'universalisme des projets, la fidélité au Saint-Siège. Les jésuites sont aujourd'hui environ 25 000, voués à travers le monde à des tâches très diverses (enseignement, recherche théologique, aumôneries, presse, missions extérieures, prêtres-ouvriers, etc.), dans une stricte fidélité à l'Église et de plus en plus au service des plus pauvres. ■

L'ORATOIRE
(oratoriens)

En 1575, *saint Philippe Néri* (1515-1595) avait fondé à Rome une congrégation de prêtres séculiers ne prononçant pas de vœux, dans le but de travailler à la sanctification de ses membres et à celle du prochain. Le petit oratoire du fondateur, où se réunissait le groupe d'origine, avait donné son nom à la congrégation. En 1611, le futur *cardinal de Bérulle* fonde à son tour en France, sur le modèle de l'Oratoire de Philippe Néri mais de manière indépendante, une congrégation de prêtres séculiers appelée *Congrégation de l'oratoire de Jésus et de Marie Immaculée,* ou *Oratoire de France.* Par l'idéal de sainteté proposé à des prêtres, par sa recherche d'une culture humaniste alliée à une vie de foi centrée sur le Verbe Incarné, l'Oratoire a été une des manifestations caractéristiques, et l'un des moyens, de la Réforme catholique. Il compte actuellement une centaine de membres (collèges, paroisses, aumôneries, travail salarié). ■

LA CONGRÉGATION DE LA MISSION
(CM, lazaristes)

C'est une société de prêtres, sans vœux, fondée en 1625 par *saint Vincent de Paul* (1581-1660) pour l'évangélisation des pauvres dans les campagnes. Cette création est, elle aussi, caractéristique de la Réforme catholique. Lorsque la maison-mère fut transférée en 1632 au prieuré Saint-Lazare (ancienne léproserie) à Paris, les religieux furent couramment appelés lazaristes. Vincent de Paul ajouta bientôt à la mission de sa congrégation la direction de séminaires, une des grandes urgences de son temps. La société compte aujourd'hui environ 4 000 membres, répandus à travers le monde, en particulier dans les pays de l'Est ; elle est restée en priorité orientée vers l'évangélisation des plus pauvres et des marginaux. ■

L'école française de spiritualité

Début du XVIIe siècle en France. Le pays est au bord de la guerre civile. Le monde ancien craque. L'humanisme, les retrouvailles avec la pensée grecque et latine par-dessus le Moyen Âge et le christianisme, le goût de l'expérience, le vertige de la raison, chacun sent qu'il faut faire « table rase » et repartir à zéro.

Descartes s'y essaie. Mais il n'est pas seul. Dans le domaine religieux, un groupe d'hommes (dont le maître fut incontestablement le cardinal de Bérulle, 1575-1629) va renouveler la manière de se penser chrétien. Le XXe siècle appellera leur courant l'École française de Spiritualité. Bérulle, en fondant l'Oratoire, en introduisant le Carmel en France et en le réformant, Condren, Olier, en inspirant et fondant les sulpiciens (formateurs du clergé en France jusqu'à aujourd'hui), saint Jean Eudes, en fondant les eudistes, les Sœurs de Notre-Dame de Charité du Refuge, en inspirant la fondation du Bon Pasteur, des Petites sœurs des Pauvres, saint Vincent de Paul, en fondant les lazaristes et les sœurs dites de Saint-Vincent-de-Paul, donnèrent une extraordinaire fécondité à cette école.

Au centre de ce renouveau — que d'aucuns ont qualifié de révolution copernicienne — une intuition essentielle : puisque, pour un esprit scientifique et humaniste, l'idée de Dieu ne peut pas être l'objet d'expérience, il faut parler d'abord de l'homme Jésus. Lui a une existence historique qui a laissé des traces « expérimentables ». Et, à partir de lui, remonter à Dieu. L'expérience chrétienne, elle aussi, doit se définir par rapport au Christ. « Le Verbe Incarné sera l'essentielle manifestation de Dieu : en lui, Dieu incompréhensible se fait comprendre, Dieu ineffable se fait ouïr, Dieu invisible se fait voir. C'est donc pure illusion de vouloir l'atteindre en dehors de cette manifestation essentielle » (Louis Cognet).

Les membres de l'École française ont tous beaucoup médité ce que dit saint Paul sur les chrétiens ne faisant qu'un seul corps avec le Christ : « Pour eux toute réalité doit être incorporée à Jésus-Christ et l'histoire du monde est l'histoire de la construction du Corps mystique de Jésus-Christ » (Paul Milcent).

Même si l'Oratoire a donné quelques grands philosophes (Malebranche, 1638-1715), il est clair que l'École française se caractérise par un rejet de la recherche philosophique abstraite, par la volonté active de faire connaître Jésus au monde tel qu'il est. D'une manière certaine, cette école française est, avant la lettre, séculière (on y refuse les vœux autant que c'était imaginable à l'époque, on s'y confronte aux problèmes de la société ; Bérulle s'oppose à Richelieu et réconcilie Louis XIII et sa mère, saint Jean Eudes s'attaque à la prostitution, saint Vincent de Paul à la pauvreté). Cette spiritualité est cultivée pour prolonger le respect de Jésus pour les hommes et les femmes de son temps, mais elle est anti-intellectuelle et mystique.

Saint Jean Eudes, en fondant le culte liturgique du Cœur de Marie et du Cœur de Jésus, donnera à cette spiritualité sa meilleure expression : rendre grâce à Dieu pour l'amour sensible, humain de Jésus à l'égard de chacun des hommes et, bien plus, s'intégrer à la prière de Jésus qui cherche à présenter tous les hommes à son Père sont l'essentiel de la richesse spirituelle de l'École française. ■

LA COMPAGNIE DES PRÊTRES DE SAINT-SULPICE
(P. S. S. ou sulpiciens)

Le concile de Trente avait mis au rang des urgences la formation du clergé dans des séminaires (qui n'existaient pas alors). *Jean-Jacques Olier* (1608-1657), prêtre tout acquis à la conception exigeante de Bérulle en ce qui touche la vie sacerdotale, crée en 1641 un séminaire à proximité de l'église parisienne Saint-Sulpice dont il est le curé ; pour lui assurer des cadres compétents, il constitue une compagnie de prêtres sans vœux, qui est bientôt sollicitée de tous côtés pour la fondation de séminaires. Les sulpiciens sont aujourd'hui environ 300. ■

LA CONGRÉGATION DE JÉSUS ET MARIE
(dite des Eudistes)

Elle relève du même courant spirituel que l'Oratoire. Fondée en 1643 par *saint Jean Eudes* pour « l'exercice des missions et des séminaires », elle offre la vie commune à ses membres qui continuent aujourd'hui à travailler, soit dans le domaine de la formation des prêtres et des laïcs engagés au service de l'Église, soit dans le domaine de l'annonce de l'Évangile à des non-croyants ou à des chrétiens non pratiquants.
Les eudistes sont à peu près 450 dans le monde, prêtres pour la plupart. ■

LA CONGRÉGATION DU TRÈS SAINT RÉDEMPTEUR
(CSSR, rédemptoristes)

Alphonse de Liguori (1696-1787), avocat napolitain, renonce à 27 ans à une brillante carrière pour se consacrer à Dieu. Prêtre et prédicateur renommé, il est frappé par la misère spirituelle des pauvres gens des campagnes. En 1732, avec quatre compagnons, il fonde une congrégation destinée à leur évangélisation. Les fondations italiennes se multiplient et Benoît XIV approuve officiellement la règle en 1749. Après la Révolution, la congrégation se développe en Pologne et en Autriche sous l'impulsion de *Clément-Marie Hofbauer,* puis dans le reste de l'Europe. Elle est aujourd'hui présente dans les diverses parties du monde.
La vie communautaire des rédemptoristes est orientée vers un apostolat aux formes très variées : missions paroissiales, retraites et pèlerinages, publications, etc. La congrégation compte aujourd'hui 6 500 rédemptoristes répartis à travers le monde. ■

IMITATION DE JÉSUS-CHRIST

Titre du plus célèbre, sans doute, des livres de spiritualité chrétienne. Ce livre exerça une influence considérable plusieurs siècles durant et reste un classique. Il invite à prendre Jésus-Christ comme modèle et insiste sur l'union avec lui dans l'Eucharistie. L'auteur semble en être le mystique allemand *Thomas a Kempis* († 1471) ; il se rattache en tout cas au courant spirituel de la *Devotio moderna,* issu des Frères de la vie commune fondés en 1381 à Deventer (actuel Pays-Bas) par *Geert Groote.* Écrite en latin, l'*Imitation de Jésus-Christ* a fait l'objet de nombreuses traductions dont les plus connues sont celles de Corneille (en vers) et de Lamennais. On appréciera celle du P. Guibert, en langage contemporain. (Nouvelle Cité 1983). ■

Spiritualité salésienne

Plus de quarante éditions du vivant même de saint François de Sales (1567-1622), tel est le score réalisé par son *Introduction à la vie dévote,* et l'ouvrage continue à être édité aujourd'hui encore. Pourquoi ce succès ? C'est que François de Sales faisait sortir du cloître la sainteté évangélique pour la faire entrer, comme il se doit, « dans la compagnie des soldats, la boutique des marchands, la cour des princes, le ménage des gens mariés », et jusque dans les prisons. A tous ceux qui cherchaient Dieu, il fournissait un guide de vie spirituelle. Que contenait donc ce « livret » ? Tout simplement le message évangélique d'amour de Dieu et du prochain adapté à la vie quotidienne et réelle de tout chrétien baptisé. Il invite son lecteur ou sa lectrice (*Philotée,* c'est-à-dire en grec, ami de Dieu) à vivre cette vie évangélique « joyeusement, promptement, cordialement » : c'est le sens du mot *vie dévote.*

Quatre ans après l'*Introduction,* François de Sales publiait le *Traité de l'Amour de Dieu.* Il y retraçait « l'histoire » de l'amour divin dans le cœur chrétien : sa naissance, son progrès, sa « décadence », ses formes variées. Il conduit l'âme depuis son premier mouvement de foi (ou de repentir) jusqu'à l'union totale avec Dieu. Aux deux livres cités, il convient de joindre l'importante *correspondance* que François de Sales adressa à ses dirigés, notamment à sainte Jeanne de Chantal avec qui il fonda l'Ordre de la Visitation. A ses premières visitandines, il adressa des *Entretiens* familiers que ses auditrices recueillirent fidèlement. La spiritualité de François de Sales est fortement marquée par saint Jean et saint Paul, et également par le *Cantique des Cantiques.* « Dieu est Dieu du cœur humain ». ■

C'est du XVIIe siècle aussi que date la fondation de la *Visitation,* par *saint François de Sales* (1567-1622) et *sainte Jeanne de Chantal* (1572-1641). Mère de six enfants et veuve, cette dernière, dont l'évêque d'Annecy, François de Sales, était le directeur spirituel, fonde en 1611, avec son concours, une congrégation qui, dans leur esprit, devait allier vie contemplative et service des malades et des pauvres. Les premières visitandines n'étaient donc pas cloîtrées. L'opposition de l'autorité ecclésiastique conduisit cependant l'ordre à renoncer aux activités extérieures ; il comporte en conséquence clôture et vœux solennels. Les 200 monastères (une cinquantaine en France) sont autonomes ; ils se sont confédérés en 1952. ■

LES ÉDUCATEURS

Parmi les nombreux instituts exclusivement consacrés à l'enseignement, on peut citer en premier lieu, chez les hommes, les *Frères des écoles chrétiennes* (F.E.C.), fondés par saint *Jean-Baptiste de la Salle* († 1718).
Celui-ci (voir Index), au cours de son activité d'enseignant dans des écoles paroissiales, d'abord à Reims, puis à Paris, avait mesuré les conséquences de l'absence de formation des maîtres. A travers une série d'initiatives, il avait ainsi été conduit à la création en 1680 d'un Institut de religieux enseignants, très sérieusement formés pédagogiquement et spirituellement, les *Frères des écoles chrétiennes.* Avec eux il put multiplier les innovations et les écoles, populariser l'enseignement, et susciter un idéal éducatif, toujours à l'honneur aujourd'hui chez les membres de cet institut religieux, nombreux en France et à l'étranger, en particulier dans les pays du tiers-monde où ils comptent une importante proportion de frères autochtones.
Les instituts féminins voués à l'enseignement sont encore plus nombreux que les instituts masculins. Parmi eux, une trentaine de congrégations, réparties en de nombreuses communautés à travers le monde, et se plaçant sous l'égide de sainte Ursule (voir Index), ont pris le nom d'*ursulines* ; la première d'entre elles a été fondée en 1535, à Brescia (Italie), par sainte Angèle Merici (1474-1540). (Voir Index). ■

LES SOIGNANTS

Beaucoup d'ordres religieux se sont créés aux XVIe et XVIIe siècles pour le soin des malades, tels les *camilliens,* les *frères de Saint-Jean de Dieu,* les *sœurs de charité dominicaines,* de nombreuses congrégations des *sœurs de Saint-Joseph.* Beaucoup d'autres verront le jour, notamment au XIXe siècle.
La congrégation la plus nombreuse dans le monde (environ 30 000) reste celle, très populaire, des *filles de la Charité* (souvent appelées sœurs de Saint-Vincent-de-Paul) fondée en 1633 par *sainte Louise de Marillac* (1591-1660) et *saint Vincent de Paul.* Ce fut la première congrégation féminine à obtenir d'échapper à la règle de la clôture : pour Vincent de Paul, leur cloître serait la rue ou la salle des hôpitaux. Consacrées au service des pauvres, elles s'y adonnent sous des formes infiniment diverses (santé, enseignement, service social, orphelins, foyers de jeunes filles, aide ménagère, service des vieillards, aide aux immigrés, etc.). ■

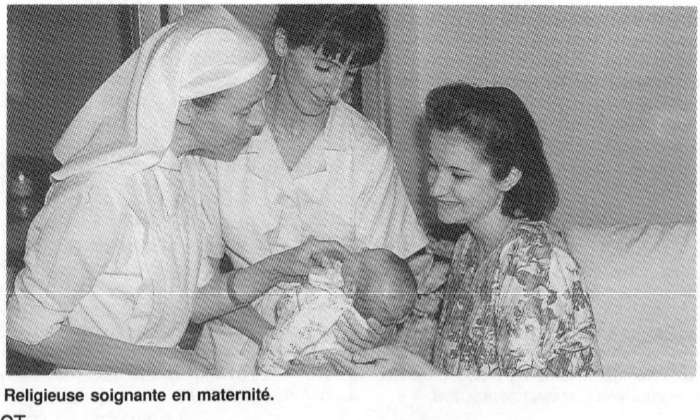

Ph. Tournus

Religieuse soignante en maternité.

LES FONDATIONS DU XIXᵉ SIÈCLE

Le retour des religieux en France au XIXᵉ siècle après leur dispersion par la Révolution a correspondu à un extraordinaire essor des vocations et à une floraison de nouveaux ordres. Parmi ces derniers, en 1800, la *congrégation des Sacrés-Cœurs*, dite de *Picpus*, comportant deux branches, masculine et féminine, aux activités apostoliques multiformes (y compris les missions extérieures) ; en 1816, les *missionnaires oblats de Marie* (O.M.I.) et les *maristes*, ou *pères de la société de Marie* (S.M.), et en 1817, les *marianistes* (S.M.), ces deux dernières congrégations tournées vers les missions intérieures et extérieures, l'enseignement, le ministère paroissial, etc., chacune d'elles étant doublée par une branche féminine : *les sœurs missionnaires de la Société de Marie* et *les filles de Marie Immaculée* (*marianistes*) ; en 1817, également, les *frères maristes des écoles* (F.M.S.) ; en 1831, les *pères de Betharram* fondés par saint Michel Garricoïts.
En 1845, le Père d'Alzon fonde les *augustins de l'Assomption* (A.A.), ou *assomptionnistes*, qui allient vie commune et tâches apostoliques de multiples natures, parmi lesquelles la presse tient une grande place en France (maison *Bayard-Presse*, avec *La Croix*, *le Pèlerin*, de nombreuses autres publications religieuses ou non, les *Éditions du Centurion*) ; en 1865, il fonde avec Mère Correnson les *Oblates de l'Assomption* ; la même année, le Père Pernet fonde les *Petites sœurs de l'Assomption*.
En 1859, Don Bosco, prêtre turinois, fondateur de maisons d'accueil pour étudiants, de foyers pour jeunes ouvriers, de séminaires pour vocations tardives, crée un institut religieux voué à l'éducation de la jeunesse et placé sous le patronage de saint François de Sales : la *société salésienne*, dite aujourd'hui *de Saint Jean Bosco* (S.D.B.), puis, dans le même esprit, l'institut féminin des *filles de Marie-Auxiliatrice* ou *salésiennes de don Bosco* ; l'ensemble se répand rapidement à travers le monde.
En 1868, le cardinal Lavigerie fonde la *société des missionnaires d'Afrique* (*pères blancs*, p. b.) et en 1869, les *missionnaires de N.-D. d'Afrique* (*sœurs blanches*).
Beaucoup d'autres congrégations, notamment féminines, datent du XIXᵉ siècle, et un grand nombre de ces dernières se consacrent à l'éducation de la jeunesse ou au service des pauvres ; parmi celles-ci les *dames du Sacré-Cœur* (société du Sacré-Cœur de Jésus) fondées en 1800 par sainte Madeleine-Sophie Barat pour l'éducation des jeunes filles ; les *filles de la Croix* ou *sœurs de Saint André Fournet* (1807), les *Religieuses de l'Assomption* (1839), les *petites sœurs des pauvres* fondées en 1840 par la bienheureuse Jeanne Jugan, les religieuses *N.-D. de Sion* (1843) pour le dialogue avec les juifs, les *auxiliatrices des âmes du purgatoire* (1856), les religieuses *N.D. de la Retraite au Cénacle*, etc.
En 1866, le Père Lataste fonde les *dominicaines de Béthanie*, ordre contemplatif constitué en partie d'anciennes prisonnières ou prostituées dont le passé est ignoré des autres religieuses.

Il n'est pas possible de citer ici toutes les fondations du XIXᵉ siècle tant elles furent nombreuses, en France et dans le monde, témoignage d'une prodigieuse vitalité. ■

Ph. Roger-Viollet

Un évêque missionnaire en Afrique vers 1930.

Ph. Roger-Viollet

Charles de Foucauld (1858-1916).

Ph. CIRIC

Une église catholique en Asie.

LE XXᵉ SIÈCLE EST AUSSI FERTILE

Dans le sillage de Charles de Foucauld, divers instituts sont nés : en 1933, *Petits Frères de Jésus, Petites Sœurs de Jésus* et *Petites Sœurs du Sacré-Cœur du Père de Foucauld* ; en 1966, *Petites Sœurs de Nazareth*, tous associant vie contemplative et insertion dans un environnement pauvre, non-chrétien ou déchristianisé ; en 1956, *Petits Frères de l'Évangile* et, en 1963, *Petites Sœurs de l'Évangile*, vivant dans le même esprit mais prenant en charge des activités sociales organisées.
Tous ces instituts, ainsi que les associations de laïcs et de prêtres attachés à la spiritualité de Foucauld, participent à une *Association Charles de Jésus — Père de Foucauld*.
En 1951, a vue le jour une nouvelle communauté monastique, la *Fraternité de Bethléem*, avec à l'origine une branche féminine bientôt complétée, en 1976, par une branche masculine ; la communauté, de caractère contemplatif, a adopté la spiritualité et le type de vie semi-érémitique des Chartreux.
Enfin, une multitude de communautés de natures variées sont nées ces dernières années dans le bouillonnement du Renouveau charismatique. Certaines mènent une vie monastique (vœux, office au chœur, etc.) comme celles des *Béatitudes,* (anciennement *Lion de Juda*) qui rassemblent des moines, des moniales, des laïcs, dont des couples mariés avec enfants. (Voir Renouveau charismatique).
Par ailleurs, l'érémitisme retrouve, sous des formes diverses, une nouvelle faveur.
Une création originale a pris de l'importance ces dernières années : l'*Opus Dei*, fondé le 2 octobre 1928 en Espagne par Mgr *Josemaría Escrivá de Balaguer* (béatifié par Jean-Paul II le 17 mai 1992) ; il est aujourd'hui établi dans plus de cinquante pays, dont la France. A l'origine, il s'est agi d'une organisation de laïcs chrétiens qui, comme tous les laïcs chrétiens, ont vocation de chercher la sainteté au sein des activités quotidiennes qu'ils assument dans le monde. Les membres de l'Opus Dei sont invités à une vie spirituelle et apostolique intense au cœur même de leurs activités familiales, professionnelles, sociales, civiques, etc. On a souvent évoqué le rôle politique de membres de l'Opus Dei dans les dernières années du franquisme, alors que cet engagement personnel était en fait une conséquence du caractère laïc de leur vocation, qui les laisse libres d'agir comme ils l'entendent au sein de leurs activités temporelles, dans le cadre de ce qui est compatible avec la foi.
L'Opus Dei, au caractère séculier dès l'origine (il ne s'agit pas d'un institut religieux), a été érigé en *Prélature personnelle* par le pape Jean-Paul II le 28 novembre 1982, à l'occasion de la réforme du Code de Droit Canon. L'institution, insérée de la sorte dans l'Église hiérarchique, relève de la Congrégation romaine pour les évêques, et entretient des rapports avec la conférence des évêques et l'épiscopat des pays et des diocèses d'implantation. Les prêtres de l'Opus Dei sont formés dans ses séminaires, et ils relèvent (incardination) de la juridiction de son évêque-prélat tout en étant soumis aux dispositions générales en vigueur dans les diocèses où ils exercent leur ministère. Ils sont membres de droit de la société sacerdotale de la Sainte-Croix, association distincte de la Prélature mais intrinsèquement unie à elle, qui propose la spiritualité de l'Opus Dei aux membres du clergé diocésain qui le désirent.
Les membres laïcs de l'Opus Dei s'engagent non par des vœux mais par un lien contractuel (vie spirituelle et apostolique, et formation), seuls domaines où, en ce qui les concerne, s'exerce la juridiction de la Prélature.
En fin 1991, la Prélature de l'Opus Dei comptaient plus de 76 000 fidèles laïcs (hommes et femmes) et 1 200 prêtres (en France 1 400 fidèles ; le vicaire régional réside à Paris ; œuvres diverses : centre de rencontres, foyers de jeunes travailleuses, centres culturels...). ■

La prière de Jésus vue par un moine d'Orient

On a vu que l'Orient byzantin a désigné, assez inadéquatement, sous le terme de « prière de Jésus » toute invocation centrée sur le nom même du Sauveur. Cette invocation a revêtu des formes diverses, selon que le nom était employé seul ou inséré dans des formules plus ou moins développées. Il appartient d'ailleurs à chacun de déterminer sa propre forme de l'invocation du nom. Une cristallisation s'est opérée en Orient autour de la formule : « Seigneur Jésus-Christ, Fils de Dieu, aie pitié de moi pécheur », mais cette formule n'a pas été et n'est pas la seule. Est authentiquement « prière de Jésus », au sens byzantin, toute invocation répétée *dont le nom de Jésus constitue le cœur et la force. On peut dire, par exemple : « Jésus-Christ », ou « Seigneur Jésus ». La formule la plus ancienne, la plus simple, et, à notre avis, la plus facile est le mot « Jésus » employé seul. C'est dans ce sens que nous parlerons ici de la « prière de Jésus ».*

Ce mode de prière peut être prononcé ou seulement pensé. Il se trouve donc à la limite entre la prière vocale et la prière mentale, et aussi entre la prière méditative et la prière contemplative. Il peut être pratiqué en tout temps, en tout lieu : église, chambre, rue, bureau, atelier, etc. On peut répéter le nom en marchant. Les débutants feront cependant bien de s'astreindre à une certaine régularité dans cette pratique et de choisir des heures fixes, des lieux solitaires. Cet entraînement systématique n'exclut d'ailleurs pas l'usage parallèle et entièrement libre de l'invocation du nom.

Avant de prononcer le nom de Jésus, il faut d'abord essayer de se mettre soi-même en état de paix et de recueillement, puis implorer l'aide du Saint-Esprit par lequel seul on peut « dire que Jésus est le Seigneur » (1 Co 12,3). Tout autre préliminaire est superflu. De même que, pour nager, il faut se jeter à l'eau, ainsi faut-il tout d'un coup se jeter dans le nom de Jésus. Ce nom ayant été prononcé une première fois avec une adoration aimante, il n'y a qu'à s'y attacher, à y adhérer, à le répéter lentement, doucement, tranquillement. Ce serait une erreur de vouloir « forcer » cette prière, d'enfler intérieurement la voix, de chercher l'intensité et l'émotion. Lorsque Dieu se manifesta au prophète Élie, ce ne fut ni dans la tempête, ni dans le tremblement de terre, ni dans le feu, mais bien dans le calme murmure qui leur succéda (1 R 19, 12-13). Il s'agit de concentrer peu à peu tout notre être autour du nom et de laisser celui-ci, comme une tache d'huile, pénétrer et imprégner silencieusement notre âme. Dans l'acte d'invocation du nom, il n'est pas nécessaire de répéter ce dernier d'une manière continue. Le nom prononcé peut se « prolonger » dans des minutes de repos, de silence, d'attention purement intérieure : tel un oiseau alterne le battement d'ailes et le vol plané. Toute tension, toute hâte doivent être évitées. Si la fatigue survient, il faut interrompre l'invocation et la reprendre simplement lorsqu'on s'y sentira disposé. Le but à atteindre est non une répétition littérale constante mais une sorte de latence et de quiescence du nom de Jésus dans notre cœur : « Je dors, mais mon cœur veille » (Ct 5, 2).

La prière de Jésus
vue par un moine de l'Église d'Orient
Livre de vie, Éd. Chevetogne
Paris, 1963.

Ph. Roger-Viollet

Les Icônes

L'icône (du grec *eikon,* image) tient une grande place dans la spiritualité de l'Orient chrétien depuis les premiers siècles du christianisme ; c'est une image peinte représentant le Christ, la Vierge ou les saints, proposée à la vénération des fidèles. Alors que les textes bibliques de l'Ancien Testament faisaient interdiction au peuple hébreu de représenter Dieu (« Vous n'adorerez pas d'images faites de main d'homme »), à la fois parce que Dieu est au-dessus de toute connaissance et de toute visibilité, et parce que le risque était grand pour les Hébreux de se laisser contaminer par les cultes idolatriques des populations environnantes (risque confirmé par l'histoire du veau d'or), les chrétiens adoptèrent une tout autre attitude : c'est en effet que Dieu avait pris en Jésus-Christ corps et figure humains, en un lieu et en un temps de l'histoire humaine. On l'avait vu, entendu, touché ; il était mort, puis ressuscité dans sa chair. Il était, il est toujours, à la fois vrai Dieu et vrai homme (notions qui scandalisent profondément juifs et musulmans).

Si le Christ est l'image visible de Dieu, si l'homme est l'image du Christ, l'homme peut tenter de représenter l'image du Christ ; mais il ne doit le faire que dans un authentique geste de foi et d'amour. C'est pourquoi les auteurs d'icônes, le plus souvent des moines ou des moniales, se livreront à ce travail dans un pur esprit de prière et de contemplation ; cela pourra leur demander des années.

De plus, les auteurs d'icône écrivent toujours sur l'icône un nom ou une phrase qui rappelle l'Écriture et indique que l'image n'a de sens que si on sait voir au-delà.

La technique de l'icône

Une planche de bois séché par les années est d'abord creusée, pour signifier qu'on ne peint pas la surface des choses, l'apparence d'un visage, mais un visage « intérieur », celui que présentera un jour l'homme transfiguré. Sur ce support est calée une toile de lin qui recevra huit couches successives d'enduit préparé avec de la colle de peau ; la dernière couche

Ph. Gauvry-CIRIC

Icône de la Transfiguration (détail).

est soigneusement poncée. Ce support figure la matière dans laquelle pénètre la lumière du Christ.

L'artiste-contemplatif dessine au crayon, puis grave, les grandes lignes de son œuvre ; il applique ensuite une matière qui attire l'or (le « bol d'Arménie »), et pose les feuilles d'or servant de fond à l'image ; l'or symbolise la lumière divine qui rayonne de l'icône.

L'artiste applique alors les couleurs par couches successives, les plus sombres d'abord, les plus lumineuses ensuite, couleurs faites de terres délayées dans une émulsion d'œuf ; tout ici a valeur symbolique : les couleurs sombres précèdent les couleurs lumineuses car nous sommes « appelés des ténèbres à ton admirable lumière », comme le chante la liturgie, et l'Esprit Saint illumine peu à peu « celui qui est au Christ ».

La peinture achevée (elle peut demander plusieurs années), l'icône est imprégnée d'huile de lin, vernie et bénie.

La spiritualité de l'icône

L'esprit qui préside à la réalisation de l'icône par l'artiste est marqué par la volonté de se laisser pénétrer par la lumière du Christ et, grâce à cette lumière, de faire progresser le regard intérieur jusqu'aux réalités divines invisibles. C'est dans le même esprit que le croyant contemple l'icône, qui trouve place dans toute sa vie ; il ne la contemple pas seulement à l'église, mais dans sa demeure. L'enfant orthodoxe reçoit l'icône de son saint patron le jour de son baptême, elle l'accompagnera toute sa vie, parfois jusque dans son cercueil. Lors de son mariage, un couple reçoit une icône de la Vierge et la place dans le « beau coin » de sa pièce de séjour ; une lampe brûle souvent devant elle, rappelant sans cesse la vie et la lumière intérieures chargées d'amour que dispense le Christ. « L'icône est un témoignage visible tant de l'abaissement de Dieu vers l'homme que de l'élan de l'homme vers Dieu » (Léonide Oupensky, iconographe et théologien russe vivant en France). ■

Qu'est-ce que ?

Hésychasme (du grec *hesychazein,* se mettre en paix). Attitude spirituelle visant à faire la paix et l'unité en soi par la prière, en vue de contempler la gloire de Dieu dans la personne de son Fils, dans l'éclat de la lumière divine dont il était entouré au mont Thabor. La prière, qui recourt souvent à la répétition d'une même formule, par exemple celle du *Notre Père*, est associée à toute une attitude du corps et à la maîtrise de la respiration. Issu du monachisme égyptien, l'hésychasme a été l'objet de tout un courant spirituel qui a trouvé son épanouissement au Moyen Âge dans les monastères du mont Athos (Grèce). L'enseignement le plus célèbre au sujet de sa pratique est donné par la *Philocalie,* œuvre de Nicodème de la Sainte Montagne, ou l'Hagiorite, moine du mont Athos.

Philocalie (du grec *philos,* ami, et *kalos,* beau). Titre donné à deux recueils d'écrits spirituels grecs : des extraits d'œuvres d'Origène par saint Basile et saint Grégoire de Nazianze ; des textes monastiques d'inspiration hésychaste (voir ce mot) réunis par Nicodème l'Hagiorite et Macaire de Corinthe, et surtout connus dans les pays slaves.

PALAMAS Grégoire (1296-1359). Très célèbre théologien byzantin canonisé par les Églises orthodoxes, qui en ont fait un Docteur. D'abord moine au mont Athos, il fut ensuite archevêque de Thessalonique. Il fut un des maîtres de « l'hésychasme » et s'employa à lui donner une justification théologique à l'encontre du moine Barlaam. Il élabora une théorie en vertu de laquelle il convient de distinguer en Dieu, d'une part, une essence divine incommunicable et, d'autre part, des énergies ou manifestations divines communicables : ceci afin d'expliquer comment l'homme peut être divinisé par la grâce du Christ. Cette théologie, compatible avec la doctrine trinitaire du *« filioque »* qui était la source de conflit entre orthodoxes et catholiques, aurait pu servir de facteur de rapprochement entre eux.

CABASILAS Nicolas. Théologien grec du XIVe siècle, dont les œuvres sont une des expressions les plus profondes de la spiritualité orthodoxe ; ses deux ouvrages les plus célèbres sont *Explication de la divine liturgie,* commentaire spirituel sur la messe, et *Vie en Jésus-Christ,* commentaire spirituel sur les sacrements, ouvrages tous deux traduits en français. Il soutint activement le mouvement hésychaste.

Année sainte

L'année sainte trouve ses antécédents dans l'« année jubilaire » de l'Ancien Testament. Dans l'Église catholique, l'institution d'une année sainte remonte à Boniface VIII, en 1300 ; la remise totale des peines dues aux péchés dont elle était l'occasion fit donner à cette année le nom de jubilaire par assimilation à la libération des esclaves dont le jubilé juif était l'occasion. Il était prévu qu'elle se célèbrerait tous les cent ans. Mais Clément VI, en 1343, ramena ce délai à 50 ans (ce fut l'année 1350), et Urbain VI, en 1389, à 33 ans (durée de la vie du Christ). Enfin, en 1470, Paul II en fixa le rythme à 25 ans, règle toujours observée depuis lors. On a de la sorte pu parler des « quatre-temps du siècle ». On faisait ainsi allusion au temps d'expiation et de grâce que constituaient les années saintes, symbolisé par l'indulgence plénière accordée à ceux qui, venant ces années-là en pèlerinage sur les tombeaux des apôtres à Rome, accomplissaient les divers exercices spirituels proposés.

☞ Aux années saintes ordinaires, les papes ont pris l'initiative d'ajouter des *années saintes extraordinaires* en fonction des circonstances, qui peuvent être aussi bien de graves menaces pour la paix ou des calamités que des célébrations proprement religieuses. Ainsi de l'année sainte de 1933 en l'honneur du mille neuf centième anniversaire de la mort du Christ, et celle proclamée par Jean-Paul II en 1983 en l'honneur du mille neuf cent cinquantième anniversaire de cet événement. En toute hypothèse, il s'agit de stimuler la prière des croyants, leur esprit de pénitence et de conversion, leur sens de l'Église.

☞ Les papes instituèrent en outre des *jubilés de caractère national,* de durée limitée ; la France, par exemple, en a connu sept (1596, 1669, 1745, 1801 à l'occasion du Concordat, 1896 pour la célébration du 14e centenaire du baptême de Clovis ; 1938 pour le 3e centenaire du vœu de Louis XIII consacrant la France à la Vierge ; 1958 pour le centenaire des apparitions de Lourdes).

☞ Depuis 1500, l'*indulgence plénière* accordée lors des jubilés mondiaux impliquait d'aller prier dans les quatre basiliques majeures de Rome : Saint Pierre, Saint Paul hors-les Murs, Saint-Jean-de-Latran, Sainte Marie-Majeure. Depuis 1950, on peut l'obtenir dans tous les pays du monde en allant prier dans une église désignée par les évêques l'année précédant l'année sainte.

☞ *L'année sainte extraordinaire de 1983* a été centrée par Jean-Paul II sur le mystère de la Rédemption, puisqu'il s'agissait de célébrer le 1950e anniversaire de la Passion du Christ ; le propos était de faire percevoir par tous les membres de l'Église catholique la nécessité de se laisser gagner par les exigences de la conversion et de la réconciliation, tant avec Dieu qu'avec ses frères. Cette année jubilaire 1983 a été conçue pour être vécue, non seulement à Rome à l'occasion de pèlerinages, mais aussi dans le monde entier. Chaque évêque a donc été invité à prendre dans son diocèse des initiatives pour aider les fidèles dans cet esprit.

Pour acquérir l'indulgence plénière, deux conditions ont été requises : la confession sacramentelle personnelle et la communion eucharistique. Les pèlerins à Rome devaient en outre aller prier dans l'une des quatre basiliques majeures, ou dans une des catacombes, ou à la basilique Sainte-Croix de Jérusalem, ou encore participer à l'une des audiences générales du pape, occasion d'une véritable catéchèse.

Dans les diocèses, les catholiques devaient participer à une célébration communautaire, aller prier dans un des sanctuaires désignés par l'évêque.

Tous étaient incités à traduire l'esprit de réconciliation et de partage dans les actes de leur vie quotidienne ; dans certains diocèses, des orientations ont été proposées en ce sens (écoute mutuelle, dialogue adultes-jeunes, attention aux immigrés...). ■

JUBILÉ

(De l'hébreu *jobel,* corne de bélier, la fête du jubilé étant annoncée par des sonneries de cors, faits de cornes).
Selon la loi de Moïse (Lv 25,8), chaque cinquantième année (« sept semaines d'années »), appelée année de rémission, était consacrée à Dieu. Chacun rentrait dans son héritage ; les dettes, les fautes, les peines étaient remises, les esclaves rendus à la liberté, le travail des champs suspendu et la terre laissée en repos. Ainsi était reconnu à Dieu tout pouvoir et toute paternité sur l'ordre cosmique, son caractère d'unique Seigneur du Ciel et de la Terre, de Père de tous les hommes et spécialement des pauvres.
Dans le Nouveau Testament (Lc 4,16-19), Jésus se présente comme celui qui donne tout son sens à l'ancien jubilé : il est venu proclamer l'année de grâce du Seigneur, annoncer la bonne nouvelle aux pauvres, libérer les opprimés, rétablir le monde dans la paix.
Dans la tradition catholique, le jubilé a pris la forme de l'*année sainte*, instituée en 1300 par le pape Boniface VIII. ■

Congrès eucharistiques internationaux

Les Congrès eucharistiques, nés à la fin du XIXe siècle, sont le fruit d'une initiative due à deux personnes, Émilie Tamisier (1834-1910) et le Père Antoine Chevrier (né et mort à Lyon, 1826-1879, fondateur de l'Institut du Prado). Toutefois cette initiative se situe au sein d'un courant spirituel très actif, fondé sur l'adoration de la personne du Christ présent sous les apparences de l'hostie pour renouveler sur l'autel l'unique sacrifice du Calvaire et se donner tout entier en nourriture spirituelle aux hommes.

Le Bienheureux Julien Eymard (1811-1868), un religieux mariste, avait largement contribué à répandre cette spiritualité, notamment par l'institution en 1856 de l'adoration perpétuelle (dans tous les diocèses du monde, chaque paroisse se charge d'assurer à tour de rôle l'adoration du Saint-Sacrement de jour et de nuit), et par la création, la même année et dans le même esprit, de la Congrégation des prêtres du Très Saint-Sacrement.

Émilie Tamisier était une de ses anciennes religieuses ; le Père Chevrier était, de son côté, un adepte ardent de la spiritualité eucharistique. Émilie Tamisier s'était ouverte à lui du projet qu'elle mûrissait d'un Congrès eucharistique international. En 1873, un groupe de députés français proclamaient solennellement à Paray-le-Monial, devant le Saint-Sacrement exposé, la consécration de la France au Sacré-Cœur. Cette initiative (qu'il faut resituer dans le contexte de l'époque) confirma Émilie Tamisier dans son idée. Avec l'aide du Père Chevrier, elle se dépensa en démarches de toutes sortes auprès des évêques (parmi lesquels Mgr. Mermillod devint un supporter actif) et auprès du pape lui-même. Elle vit enfin se réaliser son projet, patronné avec enthousiasme par Léon XIII, avec la réunion à Lille, en juin 1881, du premier Congrès eucharistique international (360 participants, 3 000 hommes à la procession). Le Père Chevrier, mort deux ans plus tôt, ne put, quant à lui, être le témoin de cet aboutissement.

Depuis lors, les Congrès internationaux se sont suivis à un rythme plus ou moins régulier, le premier tenu hors d'Europe étant celui de Montréal en 1910. Celui de Lourdes en 1981 (auquel l'attentat dont fut victime Jean-Paul II quelques semaines plus tôt l'empêcha d'être présent) était le quarante-et-unième.

Ces Congrès, qui à l'origine ont davantage procédé par affirmation et manifestation solennelle de la foi en la présence réelle du Christ dans l'Eucharistie, ont évolué depuis la Seconde Guerre mondiale dans le sens d'une recherche approfondie sur la signification de la communion eucharistique pour l'Église et pour les chrétiens, sur ses données théologiques, ses richesses spirituelles, ses implications pastorales. Cette recherche s'emploie notamment à mettre en lumière de quelle façon le partage eucharistique devrait retentir sur le comportement des personnes.

Le thème du Congrès de Lourdes (1981) était d'ailleurs *Pain rompu pour un monde nouveau.*

Aux Congrès internationaux sont bientôt venus s'ajouter des Congrès nationaux, le premier Congrès national français se tenant à Faverny, en 1908, du vivant de Mlle Tamisier ; il s'en est tenu dix-huit jusqu'au dernier en date, celui de Bordeaux en 1966. ■

Congrès eucharistiques internationaux

Lille 1881 • Avignon 1882 • Liège 1883 • Fribourg 1885 • Toulouse 1886 • Paris 1888 • Anvers 1890 • Jérusalem 1893 • Reims 1894 • Paray-le-Monial 1897 • Bruxelles 1898 • Lourdes 1899 • Angers 1901 • Namur 1902 • Angoulême 1904 • Rome 1905 • Tournai 1906 • Metz 1907 • Westminster 1908 • Cologne 1909 • Montréal 1910 • Madrid 1911 • Vienne 1912 • Malte 1913 • Lourdes 1914 • Rome 1922 • Amsterdam 1924 • Chicago 1926 • Sydney 1928 • Carthage 1930 • Dublin 1932 • Buenos-Aires 1934 • Manille 1936 • Budapest 1938 • Barcelone 1952 • Rio de Janeiro 1955 • Munich 1960 • Bombay 1964 • Bogota 1968 • Melbourne 1973 • Philadelphie 1976 • Lourdes 1981 • Nairobi 1986 • Séoul 1989 • Séville 1993 ■

Congrès eucharistiques nationaux français

Faverny 1908 • Ars 1911 • Paray-le-Monial 1921 • Paris 1923 • Rennes 1925 • Lyon 1927 • Bayonne 1929 • Lille 1931 • Angers 1933 • Strasbourg 1935 • Lisieux 1937 • Alger 1939 • Nantes 1947 • Nancy 1949 • Nîmes 1951 • Rennes 1956 • Lyon et Ars 1959 • Bordeaux 1966. ■

Le pèlerinage

Depuis longtemps — depuis toujours ? —, dans beaucoup de religions, des hommes et des femmes ayant pour but Rocamadour ou Saint-Jacques-de-Compostelle, Czestochowa ou Lourdes, Fatima ou Jérusalem, Benarès ou La Mecque, ou tel autre sanctuaire, sont partis de chez eux, ont pris la route, se sont constitués en pèlerins, y ont trouvé une véritable identité qui les marquera à vie (dans l'islam, un pèlerin de La Mecque s'appelle définitivement Hadj). Un jour, ils sont arrivés là-bas... Ils ont prié et sont rentrés chez eux.

Pourquoi ? Difficile à expliquer. On peut distinguer quatre grandes familles de pèlerinages, qui correspondent sans doute à des motivations différentes (nous parlerons ici principalement des pèlerinages chrétiens).

1. Les pèlerinages de fondation

Ce sont ceux qui sont décidés par les fondateurs ou liés à ce qu'a fait le fondateur : La Mecque pour l'Islam, Jérusalem pour les juifs et les chrétiens, et sans doute aussi Rome pour les chrétiens.

2. Les pèlerinages archaïques

Ce sont des « petits pèlerinages » locaux qui ont souvent des origines extrêmement anciennes — païennes pour la plupart — et qui ont souvent été repris par les grandes religions. Ce sont des pèlerinages d'identification locale.

3. Les grands pèlerinages médiévaux

Avec une prétention d'universalité, ils donnent identité à de grands groupes humains, comme celui de la chrétienté médiévale par exemple. Ainsi, lorsque les successeurs d'Omar, qui avait conquis Jérusalem en 697, empêchèrent les chrétiens de venir à Jérusalem, les chrétiens redécouvrent le tombeau de saint Jacques à Compostelle et font de ce tombeau ce que des écrits de l'époque appellent La Mecque chrétienne !

Bientôt vont se multiplier les sanctuaires mariaux, dont les traits caractéristiques sont d'être installés aux sommets des collines, d'avoir pour point de départ une vision ayant permis de retrouver un tombeau, une statue, une peinture, une chapelle : très souvent ces sanctuaires ont un caractère national ou au moins régional, et un rôle social et politique.

4. Les pèlerinages modernes

Ils sont caractérisés d'abord par un grand climat dévotionnel, une piété personnelle et une préoccupation apologétique qui les situe en marge, voire contre le monde moderne.

En France, au XIXe siècle, le pèlerinage est essentiellement marial : la rue du Bac à Paris (médaille miraculeuse) (1830), La Salette (1846), Lourdes (1858), Pontmain (1871), Pellevoisin (1876). La plupart de ces pèlerinages ont pour origine (au temps de Karl Marx et de Darwin) une apparition de la Vierge à des gens de milieu très simple, et leur message est un appel à la conversion du péché, appel qui affirme la responsabilité et donc la liberté des hommes. De leur côté les sanctuaires voués au Sacré-Cœur commencent à attirer les foules.

Ce qui frappe dans l'ensemble, c'est que les pèlerinages — au moins en ce qui concerne les chrétiens — ont toujours été un moment de recherche d'une identité chrétienne. A certaines époques ou dans certains pèlerinages, cette identité se trouve en revenant aux sources du christianisme ; dans d'autres, en affirmant le lien entre la foi et un sol (« catholique et français » chantait-on). Mais petit à petit, les pèlerinages sont devenus aussi, pour des gens qui se sentent marginaux (par rapport à la modernité, par rapport aux exigences de l'Église), une possibilité d'exprimer une foi qui se cherche. ■

Jérusalem, vue du Mont des Oliviers.

Saint-Jacques-de-Compostelle

La tradition

Suivant d'antiques traditions, saint Jacques le Majeur (le frère de Jean) serait venu évangéliser l'Espagne, puis serait rentré au Moyen-Orient où il aurait été martyrisé. Ses disciples auraient mis son corps sur une barque qui l'aurait conduit au rio Ulla. Là, son corps aurait été vénéré jusqu'au IIIe siècle puis « oublié » à cause des troubles et des persécutions de l'époque.

Le pèlerinage

Au IXe siècle, une étoile, en se tenant au-dessus du tombeau, permet de le retrouver (le Champ de l'Étoile, *Campus stellae,* Compostelle). Dès lors, le pèlerinage est né. On y vient de toute l'Europe. Au début — et pendant tout le Moyen Âge — le pèlerinage est vécu en partie comme une croisade : il célèbre une victoire des chrétiens sur les Maures alors que Jérusalem est inaccessible.

Mais on vient à Saint-Jacques pour toutes sortes de raisons : par dévotion, pour obtenir le pardon d'une faute, par vœu, pour demander une guérison et quelquefois plus prosaïquement pour faire du commerce. On estime aujourd'hui à 500 000 chaque année le nombre de pèlerins, qui, généralement, partaient à Pâques pour être rentrés chez eux avant l'hiver.

Les pèlerins

Le *jacquet* (ainsi appelait-on le pèlerin) devait se munir de papiers (lettre de recommandation de son curé ou de son évêque). Parfois il changeait de nom : le premier pèlerin qui apercevait Compostelle était appelé Roy et pouvait garder ce nom toute sa vie, et parfois même le transmettre.

Enveloppés dans une pèlerine, portant le chapeau à grand revers (le *galerus*), ayant un solide bâton (*bourdon*) et arborant la coquille Saint-Jacques, les pèlerins se regroupaient dans des sanctuaires précis (Saint-Jacques-de-la-Boucherie à Paris, La Madeleine à Vézelay, Le Puy, Soulac à l'embouchure de la Gironde pour les Anglais, etc.) et parcouraient les routes balisées de sanctuaires et d'hospices (voir p. 345). ■

Comment la coquille Saint-Jacques est devenue l'insigne des pèlerins.

Ce sont les pèlerins revenant de Jérusalem qui prirent l'habitude d'orner leur chapeau de coquilles. Deux des grands pèlerinages d'Occident adoptèrent alors la coquille pour emblème : une grande pour Saint-Jacques-de-Compostelle (d'où le nom de coquille Saint-Jacques donné à la coque de ce mollusque), une plus petite pour le Mont-Saint-Michel au péril de la mer. La coquille devint même l'attribut de saint Jacques le Majeur, au même titre que les clefs pour saint Pierre. Les coquilles naturelles furent vite concurrencées par des capsules en plomb ou en étain vendues aux pèlerins. La coquille se répandit dans l'ornementation religieuse. On utilisa des capsules d'argent pour verser l'eau du baptême ; on donna la forme de grandes coquilles à des bénitiers, ou même on utilisa des coquilles naturelles géantes (tridacne). ■

TAIZÉ

Taizé (Saône-et-Loire) est un modeste village au sud de la Bourgogne, doté d'une petite église romane.
L'aventure moderne qui allait faire de ce village un haut lieu spirituel a commencé le 20 août 1940. Un certain Roger Schutz, jeune pasteur protestant suisse, vient s'installer là et, pendant deux ans, accueille, parmi d'autres, des juifs notamment. Il rêve d'y implanter une communauté après la guerre, sous le signe de la Réconciliation. En 1944, il revient avec trois « frères ».
En 1949, à Pâques, les sept premiers frères s'engagent à vie dans le célibat et la vie commune.
En 1953, Roger Schutz achève la règle de Taizé. Lui et Max Thurian, un quasi co-fondateur de Taizé, ont dès lors une influence considérable dans le débat œcuménique.
En 1962, le 6 août, inauguration de l'église de la Réconciliation.
De 1962 à 1966, Roger Schutz et Max Thurian participent au concile Vatican II. Ils y ont été invités à titre d'observateurs par Jean XXIII.
En 1966, premier grand rassemblement de jeunes à Taizé.
En 1969, la communauté accueille en son sein des frères catholiques.
En 1970, le frère Roger ouvre le « Concile des jeunes ».
La communauté compte une centaine de frères de diverses confessions chrétiennes, dont une quarantaine vivent à Taizé, d'autres en petites fraternités réparties dans les milieux les plus pauvres du monde, dans des bidonvilles d'Afrique, d'Asie, d'Amérique du Sud et du Nord. La communauté n'accepte aucun don et n'a aucun capital, le produit de son travail est son seul revenu pour subsister et pour aider.
Depuis 1966, des sœurs d'une communauté catholique internationale, vivant selon l'esprit de saint Ignace, sont établies dans le village voisin et assument une grande part de l'accueil à Taizé. Le frère Roger a accueilli Jean-Paul II à Taizé en 1986. Il a reçu le Prix de l'éducation pour la paix, de l'UNESCO, en 1988.

L'accueil des jeunes
A partir des années 1960, plusieurs générations successives de jeunes, venus par milliers de toute l'Europe, et de plus loin encore, sont allées chercher à Taizé des réponses à leurs interrogations. Pendant les semaines de rencontres que la communauté anime toute l'année, les jeunes approfondissent les sources de leur foi. Depuis 1978, une rencontre européenne rassemble chaque année, soit à l'Ouest soit à l'Est, des dizaines de milliers de jeunes (1991, à Budapest : 75 000, de tous les pays européens sans exception, y compris l'ex-URSS, et d'autres continents). Ils sont ainsi des centaines de milliers à s'associer à une même recherche. Avec eux, Taizé s'est toujours refusé à créer un « mouvement », afin de les amener plutôt à s'engager là où ils vivent.
Soit depuis Taizé, soit en partageant pour un temps les conditions des plus déshérités, à Calcutta, sur la mer de Chine, en Afrique Noire, en Amérique latine, frère Roger écrit aux jeunes des lettres (*Lettre au peuple de Dieu*) qui leur proposent des engagements concrets et quelques références fondamentales auxquelles revenir constamment pendant toute la vie (notamment l'*Itinéraire d'un pèlerin,* écrit en Amérique Latine) La communauté édite également des vidéo-cassettes. ■

Pour avoir des renseignements :
écrire à F - 71250 TAIZÉ Communauté
Téléphone : 85.50.14.14

Ph. ADEM/Tournus

Rassemblement de jeunes à Taizé.

Règle de Taizé (extrait)

Frère qui te confies en la miséricorde de Dieu, rappelle-toi que le Seigneur Christ vient en aide à ta faible foi et que, s'engageant avec toi, il accomplit pour toi la promesse :

Ph. CIRIC

Frère Roger Schutz, fondateur de la communauté œcuménique de Taizé.

« Il n'y a personne, en vérité, qui ayant quitté maison, frères, sœurs, mère, père, femme, enfants, à cause de moi et à cause de l'Évangile, ne reçoive cent fois davantage, maintenant, dans le temps présent, des maisons et des frères et des sœurs et des mères et des enfants avec des persécutions et, dans le siècle à venir, la vie éternelle ». (Mc 10, 29-30)

C'est là une voie opposée à toute raison humaine, mais comme Abraham tu n'y peux avancer que par la foi et non par la vue, assuré toujours que celui qui aura perdu sa vie à cause du Christ la retrouvera.

Marche désormais sur les traces du Christ. Ne te mets pas en souci du lendemain. Cherche premièrement le Royaume et sa justice. Abandonne-toi, donne-toi, et il sera versé dans ton sein une bonne mesure pressée, secouée, débordante, car on se servira pour toi de la mesure avec laquelle tu auras mesuré.

Que tu dormes ou que tu veilles, la nuit et le jour, la semence germe et croît sans que tu saches comment.

Maintiens-toi dans la simplicité et dans la joie, la joie des miséricordieux, la joie de l'amour fraternel. Sois vigilant. Si tu dois reprendre un frère, que ce soit entre toi et lui seul.

Aie le souci de communion humaine avec ton prochain.

Le Seigneur Christ, dans la compassion et dans l'amour qu'il a de toi, t'a choisi pour être dans l'Église un signe de l'amour fraternel. Il veut que tu réalises avec tes frères la parabole de la communauté.

Ainsi, renonçant désormais à regarder en arrière et joyeux d'une infinie reconnaissance, n'aie jamais crainte de devancer l'aurore pour louer et bénir et chanter le Christ ton Seigneur.

Les apparitions de Lourdes

11 février 1858. « Alors je revins devant la grotte et je commençai à me déchausser. A peine si j'avais ôté le premier bas, j'entendis un bruit comme si c'eût été un coup de vent [...] Je mis la main à la poche, j'y trouvai le chapelet. Je voulais faire le signe de croix [...] je ne pus porter la main au front. Elle m'est tombée [...] La vision fit le signe de la croix. Alors j'essayai une seconde fois. Et je pus. Aussitôt que j'eus fait le signe de croix, le grand saisissement que j'éprouvais disparut. Je me mis à genoux, et je dis mon chapelet en présence de cette belle dame. La vision faisait courir les grains du sien, mais elle ne remuait pas les lèvres. Quand j'eus fini mon chapelet, elle me fit signe d'approcher. Mais je n'ai pas osé. Alors elle disparut tout d'un coup » (Bernadette).

14 février 1858. Bernadette arrose l'apparition d'eau bénite (pour chasser le diable).

18 février 1858. Bernadette demande à Aquero d'écrire son nom. Aquero lui demande de venir pendant quinze jours.

19 février 1858. Apparition.

20 février 1858. Apparition.

21 février 1858. Apparition.

23 février 1858. Apparition.

24 février 1858. Bernadette embrasse la terre à la demande d'Aquero.

25 février 1858. Bernadette obéissant à Aquero boit une gorgée de boue au fond de la grotte et mange de l'herbe « pour les pécheurs ».

26 février 1858. Pas d'apparition, mais Bernadette se lave le visage dans l'eau devenue claire.

27 février 1858. Apparition.

28 février 1858. Apparition.

1er mars 1858. Apparition. Premier miracle à la grotte. Catherine Latapie voit guérir sa main dans l'eau de la grotte.

2 mars 1858. Apparition. Bernadette va demander à son curé, sur l'ordre d'Aquero, de bâtir une chapelle et de venir en procession. Mais elle se fait mal recevoir.

3 mars 1858. Apparition.

4 mars 1858. Apparition.

25 mars 1858. Apparition. A force d'insistance, Aquero dévoile son nom : *« Que soy era Immaculada Concepcion »*. (Je suis l'Immaculée Conception.)

7 avril 1858. Apparition. Bernadette tient un cierge dans le creux de sa main sans se brûler.

16 juillet 1858. Dernière apparition. La grotte a été fermée par la police. Bernadette est loin. « Je ne voyais ni les planches, ni le gave. Il me semblait que j'étais à la grotte, sans plus de distance que les autres fois. Je ne voyais que la Sainte Vierge. » ■

1. Nom donné par Bernadette à l'apparition avant le 25 mars. Dans son parler, il signifie littéralement quelqu'un.

PARMI LES « GRANDS » PÈLERINAGES DE LOURDES...

Le Pèlerinage national

Fondé en 1873 par les pères assomptionnistes et l'Association Notre-Dame du Salut, ce pèlerinage fut au début très « patriotique » : il s'agissait d'y prier pour la France. D'une certaine manière, il est à l'origine du journal *Le Pèlerin.*
Aujourd'hui, du 12 au 16 août de chaque année, il se distingue des autres pèlerinages par une prise en charge totale de l'ensemble des services, de l'hospitalité des malades et des handicapés, par la présence de jeunes et par une animation spécifique.

Le pèlerinage du Rosaire

C'est le dernier grand pèlerinage de la saison : au début octobre, il rassemble des centaines de malades et des milliers de fidèles. Il est animé par les dominicains dans un style qui allie une grande liberté, un grand nombre de propositions diverses (comme celle d'une lecture chrétienne de l'actualité) et, bien sûr, une fidélité à l'intuition du Rosaire dont l'animation du pèlerinage suit la structure.

Le pèlerinage militaire international

Entre la Cité-Secours et le Chemin de Croix se trouve à Lourdes un lieu que les « vieux » appellent la Ferme Milhas, les officiels le camp des jeunes, et la plupart des Lourdais le camp militaire. Même si, aujourd'hui, un certain nombre des militaires rassemblés, fin mai début juin, vont à l'hôtel, ce lieu — depuis 1958 — marque la présence de ce pèlerinage exceptionnel où des soldats de toutes nationalités se rencontrent et font la paix... comme d'autres font la guerre.

Le pèlerinage des Gitans

Bien que très connu, ce pèlerinage n'a pas l'ancienneté du pèlerinage des Saintes-Marie-de-la-Mer. Rassemblement des gitans de toutes conditions sociales, entre le 30 septembre et le 4 octobre, il est une étape (parmi d'autres) où les gens du voyage se rencontrent et ont la possibilité de reprendre souffle dans la foi chrétienne, aidés en cela par leur aumônerie. ■

Ph. Tournus

Basilique de Lourdes (édifiée entre 1866 et 1889).

LES GUÉRISONS DE LOURDES

Les Annales de Lourdes présentent les photographies et les certificats du secrétariat du Bureau médical, lequel laisse la possibilité à tout médecin de consulter sur place les dossiers des malades. Trois étapes dans le constat des guérisons :
1. Bureau médical de N.-D. de Lourdes (Ancien bureau des Constatations).
2. Comité médical International de Lourdes fondé en 1925.
3. Commission diocésaine.

Bureau médical de N.-D. de Lourdes

Sur le plan scientifique, il se borne à examiner les personnes qui se disent guéries, soit de 30 à 50 chaque année, et il cherche à rassembler la documentation antérieure destinée à préciser la nature exacte de la maladie et son degré de gravité.
D'autres examens se renouvellent plusieurs années de suite pour déterminer s'il y avait véritable maladie et s'il y a véritable guérison. Ce bureau est composé de médecins regroupés autour d'un président responsable. C'est la première instance, qui décide de transmettre ou non le cas en deuxième instance.

Comité international médical

De hautes autorités du monde médical choisies par l'évêque de Lourdes se réunissent chaque année à Paris pour étudier en deuxième instance les guérisons dont ni le processus ni la cause ne trouvent d'explication médicale. Un rapport détaillé est mis aux voix et, selon la majorité, transmis ou non à l'évêque du diocèse auquel appartient le malade.

Commission diocésaine

L'évêque juge alors sur ce document de l'opportunité d'un « procès canonique », qui comporte un nouvel examen du malade et de toutes les pièces du dossier. C'est après cet examen que l'évêque proclame éventuellement la guérison « miraculeuse », donc en troisième instance.
5 000 guérisons ont été constatées, 64 seulement ont été proclamées miraculeuses. ■

Les paroles de la Vierge à Bernadette

18 février 1858

Bernadette :

— Voulez-vous avoir la bonté de mettre votre nom par écrit ?

La Vierge :

— Ce n'est pas nécessaire. Voulez-vous avoir la grâce de venir ici pendant 15 jours ?

— Je ne vous promets pas de vous rendre heureuse dans ce monde mais en l'autre.

24 février 1858

La Vierge :

— Pénitence.

— Priez Dieu pour la conversion des pécheurs.

— Montez à genoux et baisez la terre en pénitence pour les pécheurs.

25 février 1858

— Pénitence, pénitence, pénitence.

— Allez boire à la fontaine et vous y laver.

— Allez manger de cette herbe qui est là.

2 mars 1858

— Allez dire aux prêtres qu'on vienne ici en procession et qu'on y bâtisse une chapelle.

25 mars 1858

— Je suis l'Immaculée Conception. ■

Lourdes en chiffres

« Près de 6 millions de pèlerins par an.

« Les 3/4 sont français.

« 3 millions de cierges brûlés devant la Grotte.

« 9 millions de cartes postales ou de lettres envoyées par an depuis Lourdes par les pèlerins.

« 400 000 pèlerins — malades ou non — se baignent chaque année dans l'eau miraculeuse. » ■

LES VIERGES NOIRES

Notre-Dame de Jasnagora en Pologne, Notre-Dame de Chartres, Notre-Dame de la Délivrande, Notre-Dame du Puy, Notre-Dame du Port (à Clermont-Ferrand), Notre-Dame de Marsat, Notre-Dame de Vassivière, Notre-Dame de Font-Romeu... d'innombrables représentations de la Vierge en Europe, et surtout en France, sont des Vierges noires.

Ces Vierges noires sont apparues pour la plupart vers le XIe et XIIe siècle ; elles sont pratiquement toutes des Vierges « en majesté » (et non pas des Vierges de l'annonciation ou des Vierges allaitant Jésus). Elles semblent avoir été une manière d'amener à Marie ce qui restait, dans la piété populaire, des dévotions à Diane, la déesse de la nuit des Grecs, ou à Annis, la divinité celte, ou à Cybèle, la divinité gauloise de la terre et de la maternité. Les moines bénédictins, qui semblent avoir fait connaître les Vierges noires, évoquaient, à propos de Marie, l'image de la lune dont l'éclat provient du soleil comme celui de Marie vient du Christ. ■

QUELQUES LIEUX D'APPARITIONS ET DE PÈLERINAGES MARIAUX EN FRANCE

Voir aussi p. 1114 et 1115

Départements	Sanctuaires	Origines
02 Aisne	N.D. de Liesse	Délivrance des chevaliers de la région captifs, en Terre Sainte, des musulmans, grâce à une statuette de la Vierge.
05 Hautes-Alpes	N.D. du Laus (Gap)	1664-1719, apparitions à Benoîte Rencurel.
13 Bouches-du-Rhône	N.D. de la Garde (Marseille)	Premier sanctuaire en 1214.
	N.D. de Grâce (Maillane)	En 1854, délivrance du choléra.
14 Calvados	N.D. de la Délivrande	En 620, édification d'un sanctuaire en l'honneur d'une statue miraculeuse.
25 Doubs	N.D. du Chêne (près d'Ornans)	En 1803, apparition à Cécile Mille (13 ans).
28 Eure-et-Loir	N.D. de Chartres	Culte ancien, peut-être d'origine druidique, à la Vierge Marie.
33 Gironde	N.D. de Verdelais	Pèlerinage du diocèse de Bordeaux.
34 Hérault	N.D. du Dimanche	1873, apparition à Auguste Armand.
36 Indre	N.D. du Sacré-Cœur d'Issoudun	En 1873, institution du pèlerinage par les Missionnaires du Sacré-Cœur à Issoudun.
	N.D. de Pellevoisin	En 1876, apparitions à Estelle Faguette et guérison de son infirmité.
38 Isère	N.D. de l'Osier (près Saint-Marcellin)	En 1649, apparition à Pierre Portcombet.
	N.D. de la Salette.	En 1846, apparition à Mélanie Calvat (15 ans) et Maximin Giraud (11 ans).
43 Haute-Loire	N.D. du Puy	En 1000, le Puy-Sainte-Marie était déjà lieu de pèlerinage à la Vierge Noire dite du Mont Anis.
46 Lot	N.D. de Rocamadour	Très tôt dans le Moyen Âge, dévotion à une Vierge Noire.
47 Lot-et-Garonne	N.D. de Peyragude	Au XIe s., un premier sanctuaire à N.-D. de l'Assomption.
51 Marne	N.D. de l'Épine	Début du XVe siècle, un lys dans les épines.
53 Mayenne	N.D. de Pontmain	En 1871, apparition à Eugène et Joseph Barbedette, Françoise Richer, Jeanne-Marie Lebossé.
54 Meurthe-et-Moselle	N.D. de Sion	Sanctuaire d'origine très ancienne (déjà au Xe siècle).
61 Orne	N.D. de Montligeon à La Chapelle-Montligeon	Pèlerinage pour les âmes du Purgatoire institué à la fin du XIXe siècle par l'abbé Buguet.
62 Pas-de-Calais	N.D. des Ardents à Arras	1095, guérison du mal des Ardents. 1105, apparition à Pierre Norman.
	N.D. de Boulogne	633, une barque sans équipage aborde avec une statue de la Vierge.
63 Puy-de-Dôme	N.D. d'Orcival (N.-D. des fers)	Pèlerinage à la libératrice des captifs.
64 Pyrénées-Atlantiques	N.D. de Bétharram	Xe siècle, pèlerinages et guérisons.
65 Hautes-Pyrénées	N.D. de Garaison (près de Lannemezan)	Vers 1510, apparition à Angèle de Sagazan (12 ans).
	N.D. de Lourdes	A partir du 11 février 1858, 18 apparitions à Bernadette Soubirous (15 ans).
68 Haut-Rhin	N.D. des Trois Épis	1491, apparition de la Vierge portant trois épis, signe de profusion spirituelle, à un forgeron d'Orbey.
69 Rhône	N.D. de Fourvière à Lyon	En 1643, délivrance de la peste.
75 Paris	N.D. de la Médaille Miraculeuse	Apparitions à Catherine Labouré, 140, rue du Bac.
	N.D. des Victoires	Sanctuaire édifié par Louis XIII en remerciement de la victoire sur les protestants à la Rochelle.
80 Somme	N.D. de Brebières à Albert	Découverte d'une statue miraculeuse par un prêtre ; existait déjà au XIIe siècle.
83 Var	N.D. des Grâces à Cotignac	1519, apparition à Jean de la Baume, bûcheron.

Sur les pas de Jésus de Nazareth

Depuis vingt siècles, les chrétiens ont cherché à mettre leurs pas dans les pas du Christ, à voir les paysages qu'il avait vus, à aimer la terre qui l'avait porté, à le vénérer là où il avait vécu les grands moments de sa vie.

135. Construction, par les Romains, du Capitole qui couvre le Saint-Sépulcre et le Golgotha, pour éviter que les chrétiens ne s'y rendent en pèlerinage.

150. Justin de Naplouse relate que de grandes foules se rendent à Bethléem pour voir la grotte où Jésus est né.

170. Meliton de Sardes écrit à Onésime qu'il a visité ce territoire « où s'accroche le début de notre prédication et où s'accomplit ce qui est écrit dans la Bible. »

326. Pèlerinage en Terre Sainte de sainte Hélène, mère de l'Empereur Constantin. On dira plus tard (vers 400) qu'elle y a retrouvé la vraie croix du Christ.
Destruction du Capitole romain et construction d'un ensemble architectural par Zénobis, architecte de Constantin, à l'emplacement du Golgotha et du Sépulcre ; la basilique de l'*Anastasis* (en grec : Résurrection) en est le sanctuaire principal.

333. Premier « guide » de pèlerinage écrit par un Bordelais, *Itinerarium Burdigada Jerusalem usque.*

335. Consécration de la basilique de l'*Anastasis.*

386. Saint Jérôme s'installe à Bethléem et y travaille jusqu'à sa mort (420).

393 - 396. Pèlerinage d'Ethérie — moniale espagnole de grande famille — qui laisse un récit de son voyage (retrouvé en 1887) : « J'avais toujours désiré ceci par-dessus tout : c'est à quelque endroit que nous venions, de toujours lire le passage approprié de la Bible ».

614. Prise de Jérusalem par le roi sassanide de Perse Chosnoès II – Destruction de l'*Anastasis*

626. Les chrétiens entreprennent la réfection des Lieux saints.

630. Byzance reprend Jérusalem.

636. Conquête de la Palestine par les Arabes musulmans conduits par le calife Omar.

638. Chute de Jérusalem.

v 690. Arculf, évêque franc, raconte son séjour de neuf mois en Palestine occupée par les Arabes, il fait le croquis des basiliques : celles du Saint-Sépulcre. de l'Ascension (au sommet du mont des Oliviers), du Puits de Jacob, et de la Sainte-Sion (à l'emplacement présumé du Cénacle).

v 800. Bonnes relations entre la calife abasside Haroun Al-Rachid et Charlemagne, qui en aurait reçu la propriété du Saint-Sépulcre. Les pèlerinages se trouvent favorisés.

1009. Hakim, calife fatimide d'Égypte, fou, persécute les pèlerins. Le Saint-Sépulcre est détruit.

1033. Premier millénaire de la mort du Christ... Foules de pèlerins. « Beaucoup avaient le désir de mourir avant de regagner leur pays. »

1050. Construction d'une nouvelle basilique du Saint-Sépulcre.

1071. Les Turcs seldjoukides, musulmans très intolérants, occupent Jérusalem, Antioche, et battent l'empereur byzantin à Mantzikert. Les pèlerinages sont fréquemment attaqués.

1095. Urbain II décide la première croisade. Pendant deux siècles, des milliers d'Européens vont — avec des motivations mélangées — partir pour la Terre Sainte : mais, pour eux, le pèlerinage représente et met en pratique la vie chrétienne, marche, semée de combats, vers la Jérusalem céleste (voir p. 359).

1099. Prise de Jérusalem par les croisés. Création du royaume latin de Jérusalem (voir p. 360).

1130. Construction d'une nouvelle basilique du Saint-Sépulcre.

1187. Défaite des Croisés à Hattin. Reprise de Jérusalem par le sultan Saladin.

1229-1239. Frédéric II, empereur germanique, obtient par traité la possession des Lieux saints, repris par les musulmans dix ans plus tard. Un modus vivendi en donne la jouissance aux Occidentaux.

1244. Reprise de Jérusalem par les musulmans qui, sous des formes diverses, en resteront les maîtres jusqu'en 1917.

1342. Les franciscains sont officiellement reconnus « gardiens des Lieux saints ». Gênes puis Venise assureront le transport des voyageurs par galères et navires de haut bord.

1453. Prise de Constantinople par les Turcs ottomans.

1517. Ils s'emparent de Jérusalem pour quatre siècles.

1535. *Capitulations* passées entre François Ier et le sultan Soliman II le Magnifique. La France protectrice des Lieux saints. Capitulations renouvelées à diverses périodes de l'histoire jusqu'au XVIIIe s. La France restera protectrice des catholiques dans les Lieux saints jusqu'à l'abolition des *Capitulations* par le traité de Lausanne (1923).

1806. Chateaubriand écrit l'*Itinéraire de Paris à Jérusalem.*

1808. Un incendie détruit la basilique du Saint-Sépulcre.

1810. Reconstruction de la basilique du Saint-Sépulcre.

1894. Fondation, par les dominicains, de l'École biblique de Jérusalem.

1897. Charles de Foucauld vit comme domestique au couvent des clarisses de Nazareth.

1920. Nouvel essor des pèlerinages avec les Cadets du Père Doncœur, les Compagnons de Saint-François, le Centre Richelieu, les Groupes Bible et Terre Sainte, etc.

1948 - 14 mai. Fondation de l'État d'Israël.

1948. Jérusalem est divisé en deux secteurs nationaux (Israël, Jordanie).

1964. Paul VI et le Patriarche Athénagoras 1er se rencontrent à Jérusalem.

1967. Guerre des Six jours. Les Israëliens occupent la partie jordanienne de Jérusalem, exerçant ainsi leur autorité sur l'ensemble de la ville. ■

Les thèmes des pèlerinages d'étudiants à Chartres

1935 : Fondation par l'abbé Bosset
1935 à 1938 : pas de thème
1939 : Le Christ dans la vie de l'étudiant
1940 : Pas de pèlerinage
1941 : La place de Notre-Dame dans notre vie
1942 : Les traditions mariales de la France chrétienne
1943 : Le Saint-Esprit
1944 : L'espérance (à Longpont)
1945 : La prière
1946 : Le Corps mystique du Christ
1947 : La foi
1948 : Le mystère de la Messe
1949 : La charité,
1950 : La rédemption
1951 : L'Église
1952 : Le Notre-Père
1953 : Jésus-Christ, notre espérance
1954 : Le Baptême
1955 : La sainteté
1956 : La Pentecôte
1957 : La Messe
1958 : La conversion
1959 : La Résurrection
1960 : Le prêtre et nous
1961 : La foi
1962 : L'Église
1963 : Jésus-Christ, notre espérance
1964 : Jésus sauveur
1965 : Dieu est amour
1966 : Le baptême
1967 : Foi en Dieu, foi en l'homme
1968 : Qui est Jésus-Christ ?
1969 : L'Église (Cep : lancement commun à Saint-Piat, veillée par route)
1970 : L'Évangile (Facultés). Le courage d'être (Grandes Écoles)
1971 : Qui est-il ton Dieu (Facultés)
Christ est ressuscité. Réussir sa vie, etc. (Grandes Écoles)
1972 : Espérer : une folie ? (Facultés)
Foi et morale. Qui est Jésus-Christ ? L'espérance, etc. (Grandes Ecoles)
1973 : Risquer sa vie (Facultés)
Qu'ils soient un (Grandes Écoles)
1974 : Abattre les frontières (Facultés)
Chercher Dieu (Grandes Écoles)
1975 : Jésus, homme libre : et nous ?
1976 : L'espérance qui te fait vivre.
1977 : Croire aujourd'hui
1978 : Pentecôte 78. Une brèche, un avenir
1979 : Les uns disent : vivre l'impossible. D'autres disent : pourquoi vivre ? D'autres disent encore...
1980 : Une paix à bâtir, la paix à accueillir
1981 : Le risque du partage
1982 : Vivre : un appel à aimer
1983 : Témoins d'une espérance
1984 : La Vérité qui nous rend libres
1985 : Croire en l'homme, croire en Dieu
1986 : Choisir la vie, choisir le Christ
1987 : Le prix de la confiance
1988 : Dire oui à la parole de vie
1989 : Accueillir l'homme, rencontrer Dieu
1990 : L'espérance qui est en nous
1991 : Dieu t'appelle, lève-toi et marche
1992 : Il n'est pas d'amour plus grand que de donner sa vie pour ceux qu'on aime

HISTOIRE DU CHEMIN DE CROIX

Depuis la paix de Constantin (313), des foules de chrétiens ont voulu, chaque année, se trouver à Jérusalem la semaine de la Passion du Christ, et refaire le chemin que celui-ci avait parcouru durant les jours et les heures qui ont précédé sa mort. En quelque sorte, ils voulaient revivre l'événement, s'identifier à Jésus et, par ce geste, le remercier.

Les franciscains imaginèrent et diffusèrent aux XIVe et XVe siècles la dévotion du Chemin de la Croix. Gardiens des lieux saints depuis le XIVe siècle, en vertu d'un accord passé avec les Turcs, ils dirigeaient à Jérusalem les exercices spriritue1s des pèlerins sur la *Via dolorosa* suivie par le Christ, et allant du tribunal de Pilate, au bas de la ville, jusqu'au Golgotha (le Calvaire), à son sommet. Ils eurent l'idée de transposer cette forme de méditation sur la Passion au cadre de la vie habituelle de l'ensemble des fidèles et, ainsi, de permettre aux pauvres et à ceux qui ne pouvaient se rendre en Terre Sainte d'accomplir la même démarche que les pèlerins. Pour ce faire, ils disposaient, en plein air ou dans les églises, des séries d'évocations (tableaux, statues, croix...) des scènes marquantes de l'itinéraire du Christ vers le Calvaire, et ils faisaient prier et méditer les fidèles à chacune de ces étapes ou « stations ». Le nombre de celles-ci varia jusqu'au XVIIIe siècle, au cours duquel elles furent fixées à quatorze par les papes Clément XII et Benoît XIV qui, de manière plus générale, donnèrent au Chemin de Croix les caractères qu'on lui connaît aujourd'hui. Depuis 1958 et la construction d'un chemin de croix de quinze stations à Lourdes, s'est répandue l'habitude de terminer ce petit pèlerinage « avec Marie, dans l'espérance de la résurrection du Christ ». ■

CHEMIN DE LA CROIX

1re Station : Jésus est condamné à mort
2e Station : Jésus est chargé de sa croix
3e Station : Jésus tombe sous le poids de sa croix
4e Station : Jésus rencontre sa très sainte Mère
5e Station : Simon le Cyrénéen aide Jésus à porter sa croix
6e Station : Une femme pieuse essuie la face de Jésus
7e Station : Jésus tombe pour la seconde fois
8e Station : Jésus console les filles d'Israël
9e Station : Jésus tombe pour la troisième fois
10e Station : Jésus est dépouillé de ses vêtements
11e Station : Jésus est attaché à la croix
12e Station : Jésus meurt sur la croix
13e Station : Jésus est descendu de la croix et remis à sa mère
14e Station : Jésus est mis dans lesépulcre
15e Station : Avec Marie dans l'espérance de la résurrection

UN CHEMIN DE CROIX DE JEAN-PAUL II

Le vendredi saint à Rome, le pape suit lui-même un chemin de croix dont, à haute voix, il médite les thèmes de chacune des stations, au milieu d'un grand concours de foule. En 1991, le chemin de croix s'est déroulé sur les pentes du Mont Palatin. Jean-Paul II, tout en conservant le nombre de 14 stations, en avait modifié la liste de manière à suppr!mer celles privées de référence biblique précise : les trois chutes de Jésus, sa rencontre avec sa Mère, celle avec Véronique ; trois autres thèmes les remplaçaient : Jésus au jardin des Oliviers, le reniement de Pierre, la promesse du paradis au bon larron. Ce choix, selon le maître des cérémonies pontificales, voulait, sans intention normative, signifier l'extraordinaire richesse offerte à la réflexion et à la prière par le chemin de croix. ■

Le samedi soir, nous nous sommes engagés dans la montagne et nous sommes arrivés à des ermitages, où nous avons été recueillis très aimablement par les moines qui demeuraient là et qui ont rempli à notre égard tous les devoirs de l'hospitalité. Il y a là une église avec un prêtre. Nous y avons donc passé la nuit ; puis de bon matin, le dimanche, avec le prêtre et les moines de l'endroit, nous avons commencé à faire l'ascension des montagnes les unes après les autres. C'est avec une peine extrême qu'on fait l'ascension de ces montagnes, car on ne les monte pas tout doucement en tournant, et, comme on dit, en colimaçon, mais on monte tout droit, comme au long d'un mur, et il faut descendre tout droit ces montagnes l'une après l'autre, jusqu'à ce qu'on arrive au pied même de celle du milieu qui est le Sinaï proprement dit. Et ainsi donc, selon la volonté du Christ notre Dieu, aidée par les prières des saints qui nous accompagnaient, je marchais avec une grande peine, parce que j'étais obligée de faire l'ascension à pied (il était absolument impossible de la faire à selle) ; pourtant je ne sentais pas ma peine, et si je ne sentais pas ma peine, c'était que le désir que j'avais selon la volonté de Dieu, je le voyais se réaliser. A la quatrième heure donc (10 h), nous sommes arrivés au sommet de la sainte montagne de Dieu, le Sinaï, où fut donnée la loi, c'est-à-dire à l'endroit où descendit la majesté du Seigneur, le jour où la montagne était toute fumante (Ex 19,18).

Extrait de
Ethérie, mon pèlerinage en Terre Sainte
(IVe s.),
Éd. du Cerf, 1977,

Un chemin de croix pour aujourd'hui

• Depuis 1981, les chrétiens de Châlons-sur-Marne descendent dans la rue pour célébrer le vendredi saint ! Ce soir-là, ils se rassemblent pour une marche silencieuse qui, derrière une grande croix de bois, les conduit le long des trottoirs de la cité jusqu'à la cathédrale, en faisant étape dans trois églises du centre-ville, distantes d'une dizaine de minutes les unes des autres ; dans chacune des églises-étapes se déroule une phase de la liturgie du vendredi saint, accompagnée de témoignages donnés par des participants sur des faits d'aujourd'hui mis en relation avec les souffrances du Christ. Cette liturgie simple, en pleine continuité avec l'actualité, attire des centaines de personnes, qui n'hésitent pas à témoigner d'une foi qui prend racine dans les événements célébrés ce jour-là ; ce rassemblement est en outre l'occasion pour les chrétiens de paroisses différentes, chacune avec ses caractéristiques et ses orientations propres, de célébrer ce qui les rassemble.

• Bien d'autres initiatives analogues ont vu le jour ces dernières années : par exemple, à Paris, chaque vendredi saint, le chemin de croix conduit le long des pentes de Montmartre par l'archevêque de Paris, ou celui organisé par la paroisse Saint-Pierre-de-Chaillot en plein quartier des affaires ; ils rassemblent toujours beaucoup de monde, et se déroulent devant de nombreux témoins auxquels ils rappellent le sens de cette journée pour les chrétiens. ■

▶▶▶ *Suite de la page 734*

Vivre l'Alliance

2. LA VIE CHRÉTIENNE EST UNE SUITE DU CHRIST, HOMME JUSTE DEVANT DIEU

La vie chrétienne se forme dans la prière. Mais elle se manifeste aussi dans une manière de vivre. Osons le dire, dans une *morale*. Pour être exact, la prière fait partie de la vie « morale » parce qu'elle fait partie de la vie. Pourtant, il nous faut aborder maintenant, plus spécifiquement, ce que l'on appelle la morale. Nous le ferons en trois temps :
- Existe-il une morale chrétienne ?
- La liberté chrétienne, la conscience et la loi.
- Comment ces principes s'appliquent-ils aux grands problèmes d'aujourd'hui ?

Existe-t-il une morale chrétienne ?

Oui ! Comment avoir la foi, c'est-à-dire comment croire en Dieu, amour en lui-même et pour les autres, sans vouloir vivre de cet amour ? Comment, à la suite des premiers chrétiens, être témoins et participants de l'expérience pascale sans se laisser envahir par ce dynamisme de vie qui s'y révèle ? Dès l'origine, la confrontation avec Jésus ressuscité a bouleversé la vie de ceux qui l'ont rencontré. Acceptant d'abandonner leurs biens, leurs familles, ils sont partis sur les routes du monde au risque de leur vie, annonçant la « bonne nouvelle » aux pauvres et vivant avec eux. Pour eux, rencontrer le Christ a été un puissant appel à lui ressembler, lui *le juste*, et à donner, comme lui, leur vie pour les hommes.

En fait, le mot *juste* veut évoquer ici beaucoup plus que le respect des droits de chacun. Pour les premiers chrétiens, en écho desquels nous employons ce mot, la justice est le respect intégral de la volonté de Dieu et, en particulier, la volonté de rendre ce monde *juste*, c'est-à-dire habitable par tous. La justice humaine, en ce sens, ne devrait être que le reflet de la justice divine, c'est-à-dire, en dernière analyse, le reflet de l'amour de Dieu pour tous.

En ce sens-là, l'homme ne peut être *juste* par lui-même. C'est le dynamisme de la Résurrection, la vie de Dieu, l'Esprit Saint qui peuvent le rendre *juste*. Il n'y a pas d'agir chrétien — de morale chrétienne — sans la *grâce*. La grâce étant, comme nous l'avons dit plus haut, la présence au cœur même de l'homme (qui l'accepte) de l'Esprit Saint. C'est la grâce, et la grâce seule, qui lui permet d'être *juste*, à l'image de Dieu, c'est-à-dire qui le recrée, le sanctifie et, en quelque sorte, le « déifie » de l'intérieur. Cette transformation est au cœur de la morale chrétienne.

Nous l'avons vu, au centre de la vision chrétienne il y a le Christ, modèle et accomplissement de tout homme. Sur le visage du Christ, le chrétien lit le caractère sacré de l'homme, l'exigence de respecter le droit de celui-ci à être lui-même, à se développer et à vivre en sécurité. S'il y a un appel absolu dans la morale chrétienne, c'est dans le respect d'une certaine idée de l'homme, et de ce à quoi il est appelé, qu'il se trouve. Aux yeux des chrétiens, l'homme est image de Dieu (Gn 1,26). En d'autres termes, le fait que Dieu soit Trinité, invite l'homme à se reconnaître image de la Trinité.

▶▶▶

Jusqu'à ce que vienne l'achèvement

Notre connaissance est partielle, jusqu'à ce que vienne l'achèvement. Afin que nous devenions capables de le saisir, celui qui est égal au Père comme ayant la nature de Dieu est devenu semblable à nous en prenant la nature du serviteur, et il nous recrée à la ressemblance de Dieu. Devenu fils d'homme, l'unique Fils de Dieu transforme de nombreux hommes en fils de Dieu. Et après avoir nourri les serviteurs par sa nature visible de serviteur, il les rend libres pour qu'ils puissent contempler la nature de Dieu.

Car nous sommes enfants de Dieu, mais ce que nous serons ne paraît pas encore clairement. Nous le savons, lorsque le Fils de Dieu paraîtra, nous serons semblables à lui parce que nous le verrons tel qu'il est. En quoi consistent, en effet, ces trésors de sagesse et de science, ces richesses divines ? Tout ce que nous savons, c'est qu'ils nous suffisent pleinement. Et cette surabondance de ses bienfaits ? Tout ce que nous savons, c'est qu'elle nous rassasie. Montre-nous le Père, donc, et cela nous suffit.

En attendant que réellement il nous montre ce qui nous suffit, en attendant de boire à cette source de vie et d'être rassasiés, tandis que nous progressons par la foi en voyageant loin de lui, tandis que nous avons faim et soif de la justice, et que nous désirons d'une ardeur inexprimable contempler la beauté de la nature divine, célébrons avec ferveur le jour de sa naissance, où il prend la nature de serviteur.

Puisque nous ne pouvons pas encore contempler sa génération par le Père dès l'aurore, célébrons sa naissance d'une vierge, aux heures de la nuit. Puisque nous ne saisissons pas encore que son nom existait avant le soleil, reconnaissons qu'il a posé sa tente dans le soleil. Puisque notre regard ne découvre pas encore le Fils unique demeurant en son Père, souvenons-nous de l'Époux sortant de la chambre nuptiale.

Saint Augustin
évêque d'Hippone († 450),
Des évêques disent la foi de l'Église,
Éd. du Cerf, Paris, 1978.

▶▶▶

Et l'homme parfait, aux yeux de Dieu, est celui qui lui ressemblera le plus. La vie chrétienne, disent les Orientaux, consiste à devenir, en profondeur, ce que l'homme est, sans le savoir, par création : une *image de Dieu*, une *icône* du Père, du Fils et du Saint-Esprit.

Être image du père

Tout homme a pour vocation d'être *image de Dieu le Père.* Cette vocation fonde sa liberté. Il a le droit et le devoir de devenir ce qu'il estime devoir être. Il a le droit et le devoir de ne pas abdiquer sa responsabilité sur lui-même aux mains de qui que ce soit. Cette vocation fonde son droit à la famille, à la paternité et à la maternité. Chacun a le droit et le devoir d'être père (ou mère) en créant, en mettant au monde, en étant au service de la vie. Cette vocation fonde son droit et son devoir de travailler. Cette vocation l'empêche d'être paternaliste : être père à l'image du Père, c'est faire confiance, ne pas avoir peur de l'avenir, laisser partir. Et, le cas échéant, pardonner.

Être image du Christ

Tout homme a pour vocation d'être *image de Dieu le Fils.* Et cette vocation peut sembler difficilement conciliable avec la précédente. Le paradoxe de la vision chrétienne de l'homme est de penser qu'elles doivent être vécues ensemble. Cette vocation fonde la vérité de son regard sur lui-même : il a le droit et le devoir de se reconnaître dépendant de Dieu, de son pays, de ses parents, de sa femme, de ses enfants. Il a le droit et le devoir de l'obéissance et de la reconnaissance. Mais, s'il ressemble au Père, en même temps, il doit rejeter l'infantilisme. L'infantilisme est un mensonge puisqu'il conduit à nier sa propre existence.

Être animé par l'esprit d'amour

Tout homme a pour vocation d'être *animé par l'Esprit* : amour vrai. Il a le droit et le devoir d'établir des relations dans lesquelles il n'y ait ni maître ni esclave, ni dominateur ni dominé.

Cette image parfaite de Dieu, cet homme parfait, c'est le Christ.

C'était la conviction des premiers chrétiens, c'est ce qu'ils chantaient dans un de ces tout premiers « cantiques » de l'Église de Jérusalem.

« Il est l'image de Dieu invisible,
Premier-né de toute créature,
Car c'est en Lui qu'ont été créées toutes choses,
Dans les cieux et sur la terre,
Les visibles et les invisibles,
Trônes, Seigneuries, Principautés, Puissances :
Tout a été créé par Lui et pour Lui.
Il est avant toutes choses et tout subsiste en Lui.
Et il est aussi la Tête du Corps, c'est-à-dire de l'Église.
Il est le Principe,
Premier-né d'entre les morts,
(il fallait qu'il obtînt en tout la Primauté),
Car Dieu s'est plu à faire habiter en Lui toute la Plénitude,
Et par Lui à réconcilier tous les êtres pour Lui,
Aussi bien sur la terre et dans les cieux,
En faisant la paix par le sang de sa croix » (Col 1,15-20).

Suite page 777 ▶▶▶

Les Béatitudes

Voyant les foules, Jésus gravit la montagne. Il s'assit, et ses disciples vinrent auprès de lui. Et prenant la parole, il les enseignait en disant :

« Heureux les pauvres en esprit,
car le Royaume des Cieux est à eux.
Heureux les doux,
car ils recevront la terre en héritage.
Heureux les affligés,
car ils seront consolés.
Heureux les affamés et assoiffés de justice,
car ils seront rassasiés.
Heureux les miséricordieux,
car ils obtiendront miséricorde.
Heureux les cœurs purs,
car ils verront Dieu.
Heureux les artisans de paix,
car ils seront appelés fils de Dieu.
Heureux les persécutés pour la justice,
car le Royaume des Cieux est à eux.

Heureux êtes-vous si l'on vous insulte, si l'on vous persécute et si l'on vous calomnie de toutes manières à cause de moi. Soyez dans la joie et l'allégresse, car votre récompense sera grande dans les cieux. »

Évangile selon St Matthieu 5, 1-12.

Qui n'aspire au bonheur ? Sa recherche n'a-t-elle pas toujours été la grande raison de vivre ? Mais en quoi consiste le bonheur et comment le trouver ?

Les uns mettent tout leur espoir et toute leur énergie à l'atteindre durant leur vie ici-bas ; ils n'espèrent rien au-delà.

D'autres ont acquis la certitude que la vie terrestre n'est qu'un point de départ, un cheminement ou un apprentissage, et qu'elle trouvera son plein épanouissement au-delà de la mort physique. Sans nécessairement mépriser les joies terrestres, ils considèrent qu'avec leur fragilité et leurs limites, celles-ci ne sont qu'un très pâle symbole de ce à quoi l'homme est promis. Cette conviction se trouve au cœur de la plupart des religions.

Un sondage déjà ancien (1977) révélait que 26,6 % des Français se pensaient très heureux, et 63,6 % assez heureux ; les ingrédients du bonheur étaient, à leurs yeux, la santé (90 %), l'amour (80 %), la liberté (75 %), la famille (73 %), la justice (66 %), le travail (62 %), l'argent (52 %). Mais deux grandes peurs cachées n'en apparaissaient pas moins en creux : la souffrance (et la mort), la solitude. A quoi un Paul Valéry pourrait répondre : « Bonheur et justice ne sont point de ce monde. Ce sont des monstres qui répandent l'épouvante... ».

Comment le christianisme inclut-il le bonheur dans la perspective de salut proposé aux hommes ?

On peut d'abord noter que, dès l'Ancien Testament, Dieu est affirmé comme la seule source du bonheur authentique : le juste est celui qui « marche avec Dieu ». Dans la conception ancienne de la Bible, ce bonheur s'accomplit dès ici-bas, par les dons que Dieu fait à l'homme fidèle : longue vie, descendance nombreuse, santé, richesses... Mais il y a pourtant des justes malheureux, méprisés, persécutés : à ceux-là Dieu promet une compensation, dont la nature reste cependant voilée.

C'est avec l'enseignement du Christ que se révèle véritablement la nature du bonheur proposé à l'homme par Dieu, celui d'un amour total, absolu, parfait : l'amour même dont Dieu vit dans sa relation trinitaire.

La *Première épître de Jean*, tout entière dominée comme par une sorte de cri du cœur, « Dieu est Amour », exprime et développe cet appel de Dieu à l'homme. « Celui qui demeure dans l'amour demeure en Dieu et Dieu en lui. En ceci s'est manifesté l'amour de Dieu pour nous. Dieu a envoyé son Fils unique dans le monde afin que nous vivions par lui. En ceci consiste son amour : ce n'est pas nous qui avons aimé Dieu, c'est lui qui nous a aimés et qui a envoyé son Fils en victime de propitiation pour nos péchés. Dieu a donné la vie éternelle, et cette vie est dans son Fils ».

☞ Or le chemin proposé aux hommes par ce fils, Jésus-Christ, pour atteindre à cette plénitude de vie et d'amour (vie et amour sont toujours liés), on le trouve notamment évoqué dans le célèbre passage d'Évangile parfois connu sous le nom de *Sermon sur la montagne* ou, mieux, sous celui des *Béatitudes* (la béatitude, c'est le bonheur parfait).

De fait, les Béatitudes, présentées par les *Évangiles de Matthieu* (5,3-11) et *de Luc* (6,20 ss), peuvent être lues comme une **introduction à la morale chrétienne**, une **morale de bonheur** : le désir de Dieu est que l'homme soit heureux, et c'est tout à la fois une promesse et un chemin de bonheur que proposent les Béatitudes.

Une promesse de bonheur qui commence à se réaliser dès aujourd'hui ; ce bonheur de l'homme n'est pas d'abord le fruit de son propre effort, mais l'accueil d'un don de Dieu à tous : la communion de vie avec lui. **La morale chrétienne est la réponse à une offre gracieuse**.

Un chemin de bonheur dont le tracé est suggéré par tout un ensemble d'attitudes du cœur (pauvreté du cœur, simplicité, confiance), de comportements à l'égard d'autrui (miséricorde, volonté de paix), de situations difficiles (épreuves morales et matérielles, persécutions). Tout ceci se noue en la personne de Jésus, qui se présente comme celui en qui s'accomplit pleinement l'aspiration au bonheur. Lui-même a voulu vivre parfaitement l'esprit des Béatitudes, dans sa vie et jusque dans sa mort.

Si donc les Béatitudes introduisent à une morale du bonheur, ce n'est pas par des conseils précis ou en invitant à un effort moral ayant valeur par lui-même ; c'est en proposant un **don gratuit de Dieu**, celui d'**une communion de vie et de joie avec lui**. Ce don, l'homme commencera à l'accueillir en vivant au jour le jour le double commandement de l'amour de Dieu et des autres. Comme un chemin de bonheur inauguré par Jésus.

Pour le chrétien, agir comme Dieu, être créateur comme lui, se donner comme le Christ, est la véritable source de la liberté et du bonheur. ■

L'Espérance fait naître...

Parce qu'elle croit que la vie a un sens, l'espérance donne le goût de la marche.

Parce qu'elle croit que l'être humain a du prix, l'espérance mobilise pour défendre le visage de l'homme.

Parce qu'elle croit que rien n'est fatal, l'espérance donne envie de faire du neuf.

Parce qu'elle croit qu'en Jésus Christ est sa force, l'espérance exorcise le découragement.

Vertu théologale, l'espérance prend sa source et trouve son terme en Dieu.

De la contemplation jaillit l'espérance. Vers la contemplation chemine l'espérance.

« Quand il semblera absurde d'espérer, quand il semblera ridicule d'espérer, rappelons-nous que, dans l'évolution créatrice, l'homme a surgi d'une pensée de l'amour du Père, qu'il a coûté le sang du Fils de Dieu et qu'il est l'objet permanent de l'action sanctificatrice de l'Esprit Saint » (Helder Camara).

FRANÇOIS FAVREAU,
évêque de Nanterre
Des évêques disent la foi de l'Église,
Éd. du Cerf, Paris, 1978.

Le plein de la vie, lieu de notre foi

Je voudrais parler de Dieu non pas sur les limites, mais au centre, non pas dans les faiblesses mais dans la force, donc pas dans la mort et dans la faute, mais dans la vie et dans le bien qui est dans l'homme. Sur les limites, il me semble mieux de se taire et de laisser ce dont nous n'avons pas la solution effectivement sans solution. La foi en la résurrection n'est pas la solution du problème de la mort. L'« au-delà » de Dieu n'est pas l'au-delà de notre pouvoir de connaissance ! La transcendance établie par une théorie de la connaissance n'a rien à voir avec la transcendance de Dieu. C'est au cœur de notre vie que Dieu est au-delà.

L'Église ne se tient pas là où le pouvoir humain commence à défaillir, mais au milieu du village. Ainsi en est-il dans les perspectives de l'Ancien Testament, et dans ce sens nous lisons beaucoup trop peu le Nouveau Testament à partir de l'Ancien.

Je crois que c'est dans notre vie et dans ce qu'il y a de bon en nous que nous devons aimer Dieu et lui porter notre confiance, de telle sorte que, lorsque le temps viendra et sera là — mais alors seulement ! — nous allions aussi à lui avec amour, confiance et joie. Pour parler clair : vouloir qu'un homme dans les bras de sa femme porte ses désirs vers l'au-delà, c'est, pour ne pas dire plus, un manque de goût, et, en tout cas, ce n'est pas la volonté de Dieu. On doit trouver et aimer Dieu dans ce que justement il nous donne : s'il lui plaît de nous faire goûter un bonheur terrestre extraordinaire, on ne doit pas alors être plus pieux que lui et rendre ce bonheur vermoulu par des pensées et des exigences impertinentes, ou par une imagination religieuse échevelée, qui ne peut se contenter de ce que Dieu donne. A celui qui le trouve, avec reconnaissance, dans son bonheur terrestre, Dieu ne manquera pas d'envoyer des heures qui lui rappelleront que les réalités terrestres sont quelque chose de provisoire [...] Mais tout cela a son temps, et le principal est de marcher du même pas que Dieu et de ne pas toujours se presser de le devancer de quelques mètres, ce qui ne veut pas dire non plus demeurer derrière.

DIETRICH BONHOEFFER.

Être chrétien

On peut donc tout connaître du monde
et de la vie,
et manquer son destin éternel.
On peut croire en Dieu d'une foi héroïque
et rater sa vie chrétienne.
On peut tout donner, sa fortune
et son âme, et mourir inutile.
Il faut d'abord aimer d'amour.
Non pas seulement de cet amour
sentimental qui s'identifie
à nos meilleurs instincts,
car la philantropie n'est pas encore
la charité, pas plus que l'aumône.
Aucun des trésors du cœur de l'homme
n'est charité s'il n'est pas
le reflet de la tendresse de Dieu pour
l'homme.
Car la charité est en Dieu.
La charité est de Dieu.
La charité c'est Dieu.
Dès lors nos élans les plus généreux, et
ce don merveilleux de la tendresse que
tout homme, toute femme porte en soi,
et l'amitié la plus vive et la plus
rayonnante,
et l'amour de l'homme pour sa femme,
de la femme pour son mari,
et de la mère pour son enfant,
et le pain partagé,
et le pardon donné,
et le pardon reçu,
le chagrin consolé,
et l'éclat d'un sourire,
et toute beauté contemplée,
toute musique pour nous réconcilier,
tout cela qui nous rend dignes et fiers
de notre beau nom d'homme,
tout cela n'est charité,
tout cela n'est vie chrétienne,
que confondu dans la tendresse de
Dieu pour en être, parmi les hommes,
le reflet le plus pur.
Alors tout amour sur la terre est
réussite éternelle.
Tout amour est vainqueur parce qu'il
est au cœur de l'homme, l'insertion
même de Dieu.
Car Dieu est amour.
En hébreu, hésed, *tendresse.*
En grec, agapè, *tendresse.*
Dieu est amour : depuis le premier
jour, l'univers tout entier gravite
autour de cette radieuse vérité.
Et quelle que soit l'issue de nos
combats personnels, et le poids de notre
péché,
dès qu'une vie d'homme est capable
d'amour,
non pas de cet amour dévoyé, avide,
captatif et possessif qui dévore les
autres pour se combler de lui-même,
mais cet amour gratuit,
qui est le don de soi pour éclairer
d'autres visages,
cet amour libéré où l'on se dépossède
du meilleur de soi pour l'adresser au
meilleur de l'autre,
oui, dès qu'une vie d'homme
s'accomplit dans cette lumière,
elle est le reflet de Dieu et tout entière
marquée par la charité.
La charité : souffle de Dieu mêlé à
notre haleine, inséminant le charnel de
divin.
Elle est au centre de nous-mêmes la
respiration même de l'âme et l'âme
de notre amour.
L'un des pièges le plus redoutable —
le plus subtil aussi — pour le don
d'aimer : le pouvoir.
Noter l'admirable construction de
l'Évangile de Matthieu.
Au début de la vie publique, la
montagne de la tentation :
« Je te donnerai tous les royaumes
du monde ».
Jésus refuse le pouvoir.
A la fin du livre, c'est la montagne de
l'Ascension :
Jésus dit : « Tout pouvoir m'a été
donné ».
De la montagne de la tentation — le
pouvoir refusé — à la montagne de
l'Ascension — le pouvoir proclamé —
il y a toute la distance qui sépare le
pouvoir destructeur du pouvoir
créateur.
Nous voici au cœur même du conflit
universel où chacun se débat, hommes
et femmes, nations et continents, à tous
les niveaux de la condition humaine,
pour conquérir ou pour défendre sa
part de pouvoir et le sens qu'il lui
donne.
Tant de couples, en effet, s'affrontent
et se déchirent, qui veulent sauver
l'amour soudain fragile et menacé et
qui, souvent trompés par la peur et
le chagrin, ne peuvent plus voir ni
comprendre que ce n'est plus leur
amour qu'ils défendent mais seulement
quelques lambeaux de pouvoir.
L'amour est au-delà.
L'amour est au-delà de tous les
pouvoirs et je suis témoin des miracles
de l'amour, même au bord de
l'impossible, même verrouillé dans
l'irréversible, quand son ultime sursaut
c'est pour abdiquer tout pouvoir. Et
le pouvoir quand il s'incline devant
l'amour devient service et création.
« Tout pouvoir m'a été donné » dit
Jésus.
Ce pouvoir-là, il nous le donne : celui
de la douceur et celui du pardon, celui
de la tendresse et de la compassion,
celui qui invente l'amour et qui relève
ceux qui tombent.
On est chrétien pour vivre ça !

JACQUES LECLERC.

FIGURE

Dans la tradition chrétienne

On entend d'ordinaire par *figures* les grands personnages bibliques, principalement de l'Ancien Testament : Abraham, Moïse, David, Isaïe ou Jérémie. C'est un premier sens, qui met en valeur des figures de proue, exemplaires par leur comportement religieux : Abraham est le type même du croyant, Moïse le type du législateur et guide du peuple, David celui du roi juste et pieux bien que pécheur, etc.

Un second sens, qui a surtout retenu les Pères de l'Église, mérite attention. Cette fois, une *figure* désigne une préfiguration du Christ lui-même, puis, par extension, de l'Église. On qualifie cette interprétation de l'Écriture de *typologique*, en ce qu'elle lit dans l'Ancien Testament la révélation anticipée qui culminera dans le Nouveau. Ainsi la figure du Serviteur dans les poèmes du second Isaïe préfigure le Christ en croix. Ou encore, à l'intérieur même du Nouveau Testament, Marie est figure de l'Église, dans la mesure où ce qui lui arrive préfigure le destin et la mission de l'Église.

Il y a un troisième sens du mot *figure*, peut-être encore plus fondamental dans le christianisme et qui rejoint ce qu'effectue le sacrement : l'actualisation d'une mémoire qui permet un avenir différent. La *figure* ici est ce qui permet la *configuration* de l'existence chrétienne au mouvement même de l'alliance que Dieu veut nouer avec l'homme.

Ainsi, dans l'Ancien Testament, l'exode est sortie d'une terre d'esclavage, traversée de la mer, ressurgissement sur l'autre rive, et marche vers la terre promise sous la conduite de Dieu. Dans le Nouveau Testament, la passion et la résurrection du Christ accomplissent ce qui était préfiguré dans l'Ancien Testament : Jésus libère son peuple, est plongé dans la mort, ressuscité par le Père pour entraîner ce peuple à sa suite dans le Royaume. L'existence chrétienne aujourd'hui est structurée par cette mémoire : il s'agit, pour les chrétiens baptisés dans la mort et la résurrection du Christ, de sortir de tout ce qui rend esclave, de traverser l'épreuve de la vie avec la force même de l'Esprit d'amour du Christ et de son Père, pour se diriger ensemble vers le Royaume promis.

Cette *configuration* insère les personnes et le peuple de Dieu dans une histoire dont le mystère du Christ est bien l'origine, le milieu et la fin. ■

▶▶▶ *Suite de la page 774*

Chacun aura reconnu dans ce texte une expression de l'expérience pascale que nous avons développée longuement plus haut. Jésus est Dieu : tout a été créé par lui et pour lui. Mais ce texte va plus loin. En voyant en Jésus « le premier-né de toutes les créatures », celui en qui habite toute la Plénitude de Dieu, son auteur affirme que *c'est Jésus le modèle et la plénitude de l'homme et de tout l'univers.* Cette vision de l'homme inspire toute la morale chrétienne. La difficulté est de la traduire dans les choix quotidiens. Pour cela, il faut que chacun ait une conscience nourrie des appels de l'Alliance.

La liberté chrétienne, la conscience et la loi

Or, dans le monde d'aujourd'hui, « la morale chrétienne », avec une nuance de mépris dans la prononciation, est souvent comprise comme une série d'interdits opposés à une véritable libération de l'homme.

La situation n'est pas nouvelle. Paul, semble-t-il, s'y était déjà affronté. Et il faut nous y affronter à notre tour avant de décrire les principes fondamentaux de cette morale. Pour Paul le choix est simple : l'homme ne sait pas être libre. Ou il reconnaît sa dépendance de Dieu et Dieu le libère, ou il ne la reconnaît pas et devient esclave du péché. « Ne savez-vous pas qu'en vous mettant au service de quelqu'un comme esclaves pour lui obéir, vous êtes esclaves de celui à qui vous obéissez, soit du péché qui conduit à la mort, soit de l'obéissance qui conduit à la justice ? » (Rm 6,16).

Évidemment, Paul choisit Dieu car, pour lui, Dieu libère. Il en a fait l'expérience personnelle. La Loi de l'Alliance ne s'oppose pas à la liberté, bien au contraire. « Vous n'avez pas reçu un esprit qui vous rende esclave et vous ramène à la peur » (Rm 8,15). « Vous avez été appelés à la liberté » (Ga 5,13). « Tout est permis » (1 Co 10,23). Cette liberté donnée par le Christ a une conséquence immédiate pour l'action morale : la reconnaissance pour les chrétiens du choix de la conscience.

La conscience

Elle est donc le critère dernier de la moralité d'un acte. Insistons : l'Église catholique a la réputation de dicter à ses fidèles ce qu'ils doivent penser ou faire. Or, même lorsqu'elle parle avec autorité, elle n'invite jamais à aller contre sa conscience. Personne n'a le droit, d'après les chrétiens, d'aller contre sa conscience — même pour faire plaisir au pape ! La revendication si moderne de la liberté de conscience est inscrite au cœur même de l'Évangile et de l'enseignement du Christ. « C'est par la médiation de sa conscience que l'homme perçoit les injonctions de la loi divine ; c'est elle qu'il est tenu de suivre fidèlement en toutes ses activités pour parvenir à sa fin qui est Dieu. Il ne doit donc pas être contraint d'agir contre sa conscience. Mais il ne doit pas être empêché non plus d'agir selon sa conscience » (Vatican II — *De la liberté religieuse* — 3 b).

Paul disait tout à l'heure : « Tout est permis ». Si la conscience le dicte, cela devient même obligatoire. Mais Paul ajoute : « Mais tout n'est pas profitable » (1 Co 10,23). Ce dernier propos laisse

Suite page 781 ▶▶▶

L'homme évangélique

Lorsque nous quittons des yeux la cité de l'homme moral pour regarder la contrée de l'homme évangélique, quelle nouveauté, quel éblouissement ! De noir et blanc, le paysage passe à la couleur, tout comme l'admirable film de Tarkovski, Andrei Roublev, *dont tous les épisodes historiques sont en noir et blanc, et qui s'épanouit soudain dans la couleur pour nous faire pénétrer l'univers pictural et spirituel de l'icône chrétienne. (...)*

Dans sa fascinante grandeur, l'homme moral, s'il est logique avec lui-même, garde toujours je ne sais quoi de sévère, d'austère, de tendu, d'intransigeant, de tragique : rappelez-vous les silhouettes spirituelles de Camus, de Vercors, de Morvan Lebesque, ou de tel non-croyant que vous connaissez. Chez l'homme de l'Évangile, au contraire, et chez Jésus d'abord — qui n'a cessé d'exercer une tout autre séduction que Socrate ou Épictète — quelle douceur, quelle bienveillance, quelle tendresse, quelle désinvolture aussi, quelle liberté, quel humour, quelle mystérieuse transparence !

L'homme moral qui répond oui à la proposition d'Alliance Nouvelle qui lui est signifiée de la part du Dieu Vivant par Jésus de Nazareth est un homme qui s'éveille et qui s'émerveille : il s'éveille à une profondeur inconnue, nouvelle, de lui-même ; la Parole de l'Alliance le recrée, l'instaure et le fait entrer dans une contrée de grâce, dans un Royaume dont il découvre, émerveillé, l'horizon illimité. (...)

Cependant, l'homme évangélique sait bien que ne sont abolis pour autant ni son corps, ni ses besoins, ni ses désirs — ni le temps —, ni ses douleurs, ni les autres hommes, ni la cité séculière, ni la pratique politique. Et il se demande bientôt ce qui arrive à sa recherche morale lorsqu'il va devoir continuer à la vivre et la mener alors même qu'il a commencé d'habiter la contrée de l'Alliance. Alors il constate ceci : d'abord que sa recherche est assumée tout entière telle quelle ; ensuite qu'éclairée par le visage du Ressuscité, elle est, elle aussi, délivrée de ses démons, de ses esclavages ; enfin que, relue dans l'histoire de l'Alliance, elle est accomplie selon une profondeur nouvelle et une signification mystérieuse et déroutante.

Bernard Quelquejeu, o. p.,
dans *Esprit et Technique*,
bulletin des Équipes techniques de la Paroisse universitaire,
n° 114, mars-avril 1981, pp. 16-18.

Un critère de l'action : le prochain

Le thème du prochain est d'abord un appel à la prise de conscience : encore faut-il bien en user et ne pas incriminer sottement la machine, les techniques, les appareils administratifs, la sécurité sociale, etc. La technique et, en général, toute « technicité » ont l'innocence de l'instrument. Le sens du prochain est une invitation à situer exactement le mal dans ses passions spécifiques qui s'attachent à l'usage humain des instruments. Il est une invitation à rompre avec les vieilles philosophies de la nature et à amorcer une critique purement interne de l'existence « artificielle » de l'homme. Le vice de l'existence sociale de l'homme moderne n'est pas d'être contre-nature ; ce n'est pas de naturel qu'elle manque, mais de charité. La critique, par conséquent, s'égare complètement quand elle s'en prend au gigantisme des appareils industriels, sociaux ou politiques, comme s'il y avait une « échelle humaine » inscrite dans la nature de l'homme. Ce fut l'illusion grecque d'attacher la culpabilité à une sorte de viol de la nature (Xerxès jetant un pont sur le Bosphore, imposant « un joug à la mer » et perçant le mont Athos, comme on voit dans les Perses d'Eschyle). Nous avons besoin d'une autre critique que cette « mesure » grecque opposée aux grandes planifications de la vie sociale moderne ; l'aventure technique, sociale, politique de l'homme ne peut recevoir de limite à son extension, car le thème du prochain ne dénonce aucune démesure horizontale, je veux dire sur le plan propre à cette aventure : si un organisme est trop vaste, trop lourd, c'est une erreur, non une faute, et elle ressortit à une critique purement pragmatique d'avantages et d'inconvénients ; la dimension optimum d'une entreprise, d'un complexe industriel, d'un secteur de planification, d'un ensemble politique, etc., relève de critères purement « techniques » et non « éthiques ». Le thème du prochain dénonce plutôt une démesure verticale, c'est-à-dire la tendance des organismes sociaux à absorber et à épuiser à leur niveau toute la problématique des relations humaines. La démesure du social comme tel réside dans ce que nous appelions plus haut « l'objectivation » de l'homme dans les relations abstraites et anonymes de la vie économique, sociale et politique ; le social tend à obturer l'accès du personnel et à cacher le mystère des relations interhumaines, à dissimuler le mouvement de la charité derrière quoi se tient le Fils de l'Homme.

PAUL RICŒUR, *Histoire et vérité,* Le socius et le prochain, Paris, 1955 (3e éd.).

La pièce aux cent florins, gravure de Rembrandt.

Ph. Giraudon

Lorsqu'un mot, une expression, un événement, une institution, un nom propre vous sont inconnus, consultez l'index.

PROCHAIN

L'amour du prochain est ce qui caractérise la morale chrétienne. Et la question d'un juriste à Jésus de Nazareth est toujours d'actualité : « Mais qui est le prochain ? »
La réponse de Jésus est claire « Celui qui est sur ton chemin et qui a besoin de toi... » Celui-là, aux yeux du chrétien, est image de Dieu et route vers Dieu. ■

Ph. J. Delage

Arbres, de Prassinos.

Le signe de la présence du Christ dans notre monde : pauvres et eucharistie

Vous êtes le Christ pour nous (...), vous êtes un signe, un visage, vous êtes un mystère de la présence du Christ. Le sacrement de l'Eucharistie nous offre sa présence cachée, vivante et réelle, mais vous aussi vous êtes un sacrement, c'est-à-dire une image sacrée du Seigneur parmi nous. (...)

C'est pour cela que nous continuerons à défendre votre cause et à dénoncer les injustices économiques entre riches et pauvres.

PAUL VI aux paysans d'Amérique Latine lors du Congrès eucharistique de Bogota (1968).

AIMER LA HAUTE TENDRESSE

La haute tendresse précède toute loi ; elle est le don sans lequel la loi est férocité.
C'est pourquoi elle précède toute société et toute organisation. C'est une illusion mortelle, commune aux mainteneurs d'ordre et aux révolutionnaires, d'imaginer que de renforcer ou changer les structures sociales, les pouvoirs, les appareils, produira la tendresse.
L'humanité unie et réconciliée est le mythe le plus dangereux, la violence la plus perfide, si l'homme n'habite pas le lieu caché de la haute tendresse, qu'aucun projet ne prépare ni aucun pouvoir ne tient.
La tendresse ne sait pas faire la somme, tout englober et tenir dans la totalité. Elle est (scandale à tout pouvoir !) partielle, contingente, momentanée (...) (Elle) laisse être ; en sorte que même l'étranger ne lui est pas obstacle et scandale.

MAURICE BELLET

Les bases du jugement moral

Pour la théologie morale, l'homme porte la responsabilité de ce qu'il fait de son existence : il a le devoir de faire le bien. La difficulté réside dans la définition, à un moment donné, de ce qu'est le bien à faire : cette définition n'est jamais simple. Elle est le plus souvent l'objet d'un raisonnement qui aboutit au jugement moral. Le schéma que voici donne à penser les différents éléments à prendre en compte pour juger d'une manière vraiment responsable. Si le jugement moral est nécessaire, il n'est pas suffisant pour faire le bien : il faut encore avoir le ferme propos de le mettre en pratique.

1. L'accueil de l'Esprit Saint par la prière. Pour un chrétien, c'est l'Esprit qui libère et donne la force d'agir suivant l'Évangile.

2. L'imitation de Jésus-Christ. Pour un chrétien, le contempler dans son action permet d'agir à sa manière.

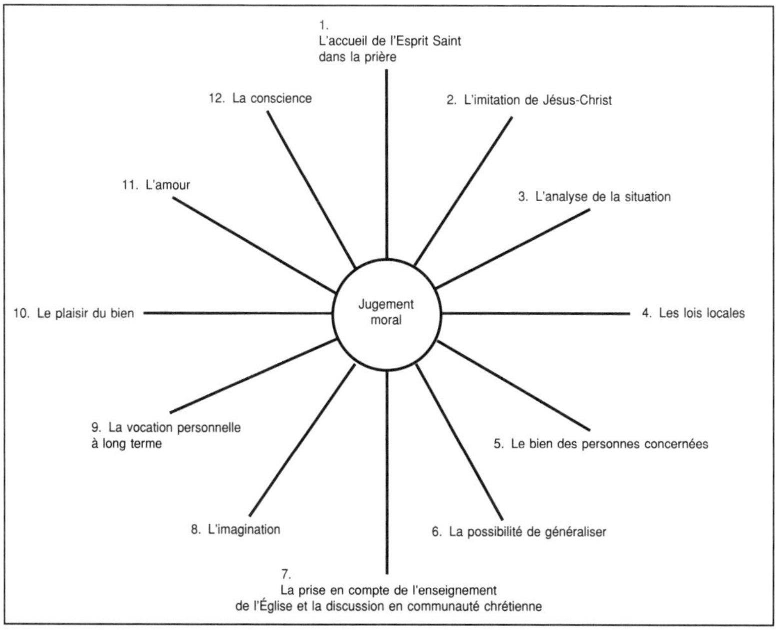

3. L'analyse de la situation. Certaines actions demandent, pour être morales, beaucoup plus d'intelligence que de sincérité.

4. Les lois locales. Elles n'indiquent pas toujours le chemin mais elles méritent toujours d'être prises en compte.

5. Le bien des personnes concernées. Il est important d'étudier les répercussions de l'acte sur tous ceux qui en auront à vivre les conséquences.

6. La possibilité de généraliser. Ce qui est considéré comme moral doit pouvoir être appliqué universellement.

7. La prise en compte de l'enseignement de l'Église et la discussion en communauté chrétienne. Pour permettre de prendre de la distance avec soi-même et évaluer plus sereinement la situation.

8. L'imagination. Agir, c'est inventer ! Il faut de l'imagination à la vie morale.

9. La vocation personnelle à long terme. Une action peut être très morale pour un autre et ne pas l'être pour soi si elle ne fait pas suffisamment fructifier ses talents et contredit sa vocation à long terme.

10. Le plaisir du bien. Se faire plaisir ne peut pas être le seul but de la vie morale... mais il faut apprendre à trouver plaisir dans le bien que l'on fait.

11. L'amour. Est-ce l'amour qui fait agir ainsi ?

12. La conscience. Pour un chrétien, elle doit être le juge en dernier appel. Mais elle doit être formée et réfléchie. ■

Bien et Mal

Le problème du Bien et du Mal est peut-être le problème le plus discuté parmi les théologiens alors que, dès l'origine — et tout au long de la Bible — une voix se lève qui dit : « Juger du bien et du mal n'appartient pas à l'homme ».

Au jardin d'Eden (le paradis) au milieu du jardin, dit la *Genèse*, il y avait l'arbre de vie et l'arbre qui permet de distinguer « le bien comme le mal ». Le tentateur vient et explique que, si Dieu interdit de manger le fruit de cet arbre, c'est que « du jour où vous en mangeriez vous seriez comme lui : vous décideriez vous-mêmes ce qui est bon et ce qui est mauvais »... Ainsi le péché originel est précisément décrit comme la volonté de savoir le bien et le mal, prétention absurde et dévastatrice, ajoute l'Évangile : laissez croître l'ivraie avec le bon grain et attendez que Dieu juge : ce n'est pas votre rôle.

En admettant même que l'on puisse vivre sans juger théoriquement du bien et du mal pour les autres, chacun est acculé à juger pratiquement du bien et du mal pour soi et pour ceux dont il a la responsabilité. Analysant les décisions de l'homme, le théologien chrétien fait d'abord remarquer que le mal n'a une existence que relative, alors que le bien existe. Le mal est un bien qui empêche un plus grand bien, un bien mutilé, déformé, mais un bien quand même. Personne ne choisit le mal pour le mal, mais pour le bien qu'il procure. Les choix humains sont toujours entre plusieurs biens et révèlent toujours les véritables hiérarchies que chacun place entre les biens. L'homme, pour faire ses choix, est éclairé par différentes lois. Paradoxalement, la Loi — humaine ou divine — est la preuve que l'homme est libre. La dictature empêche et censure. Ce qui est tout à fait différent de l'interdiction. « La liberté vaut mieux que tout car la liberté c'est l'ordre voulu par Dieu. Loin que l'ordre soit détruit par le libre combat de l'erreur contre la vérité, c'est ce combat même qui est de l'ordre du primitif et de l'universel (...) L'enfer n'existe que parce que la censure est impossible à Dieu même (...) ; si l'enfer fait des damnés, il fait des hommes libres et saints, au lieu que la censure n'eût peuplé le monde que d'idiots immortels » (Lacordaire, dans *L'Avenir,* 12 juin 1831).

Le rôle de la Loi dans la définition du Bien et du Mal peut apparaître inutile et injustement contraignant. En fait, la Loi n'est que la mise en forme des nécessités de la vie sociale et l'expression codée de la nécessité, pour survivre, de tenir compte des autres. Autrement dit, la Loi impose de penser que les autres sont un bien à faire entrer dans la hiérarchie des valeurs. Mais la Loi n'est qu'un pédagogue : elle peut apprendre à tenir compte de l'autre et elle n'empêche pas de réfléchir, au contraire. Saint Thomas d'Aquin notait qu'« en morale les principes généraux ne servent pas à grand chose car la morale se situe toujours dans le particulier ».

Et dans l'écheveau complexe de la réalité, lorsqu'il s'agit de prendre une décision, l'Évangile ne dit jamais : voici ce qui est mal. Il dit : réfléchissez et surtout aimez. C'est son seul commandement. ■

ÉTHIQUE

Il n'est pas si vieux le temps où, dans l'enseignement et bien entendu dans le langage courant, il n'était question que de morale, rarement d'éthique.

Il est vrai que, de nos jours, les mass médias boudent ce mot « éthique », qui leur semble sans doute un peu précieux ; mais les moralistes l'ont choisi, peut-être afin de redorer un blason quelque peu terni. La morale est en crise depuis la dernière guerre mondiale, l'éthique fait plus sérieux et met en confiance. Le premier sens, longtemps le plus courant, fait d'éthique le synonyme de morale, et cela par suite d'un glissement : de science des comportements — ce qu'elle était d'abord — elle s'est mise à porter sur tout jugement moral.

Un deuxième sens plus restreint tend à prévaloir : il réserve à l'éthique les principes généraux et philosophiques de cette science des comportements : quel est le sens de la loi ? Peut-on encore penser des interdits ? etc. ■

Morale

La morale est susceptible de bien des définitions. Ainsi, dans un sens très général, on dira que c'est « la science du bien et du mal ». On dira aussi qu'elle est un « ensemble de règles de conduites considérées comme valables, de façon absolue ».

Le fait est que nul ne peut se passer de morale, c'est-à-dire d'un champ de valeurs, dit ou non dit, auquel se référer pour construire sa vie. Toute personne, tout groupe, toute société met en œuvre un certain nombre de règles, d'idéaux, d'interdits, qui lui permettent de se structurer et de s'acheminer peu à peu vers ce qui paraît être l'état le plus souhaitable.

Une morale est donc une dimension obligée de toute existence. Bien des morales sont possibles. Nous dirions volontiers que la visée dernière de la morale est le bonheur de la personne, le développement le plus harmonieux possible de tout l'homme et de tous les hommes, l'organisation vivable et sensée des multiples relations humaines.

La morale chrétienne a la même visée, avec en plus cette certitude que la quête du bonheur est favorisée par la reconnaissance du Dieu de Jésus-Christ, et mieux encore, qu'elle se réalise dans le lien mutuel d'amour entre l'homme et son Dieu.

Pour préciser comment la morale balise le chemin de l'épanouissement de la personne humaine, il importe de bien distinguer trois dimensions de la morale.

1. La dimension universelle

Selon cette dimension, la morale s'efforce de dégager les principes fondamentaux, les valeurs permanentes qui doivent commander l'agir humain. Par exemple : respecte l'autre, aime ton prochain comme toi-même, etc. Ces préceptes sont valables universellement pour toute société de tout temps et de tout lieu. Nécessaires, ils sont insuffisants pour baliser le chemin de l'homme.

2. La dimension particulière

Sous cet aspect, la morale cherche à traduire les valeurs fondamentales en normes concrètes qui les précisent. Par exemple : ne divorce pas. Ces normes, élaborées par les hommes en un temps et un lieu donnés, ne sont pas universelles ; elles peuvent varier, tout en voulant exprimer les mêmes valeurs fondamentales.

3. La dimension singulière

La morale prend en compte l'unicité de chaque personne et de chaque situation ; elle cherche ici ce qui s'avère effectivement possible dans telle situation concrète. Par exemple, un couple en grave difficulté va-t-il décider de se séparer ou non ?

A ce niveau, la morale gère des conflits, conflits entre des normes, des valeurs qu'on ne peut pas tenir en même temps ; elle cherche des compromis, elle tient compte du temps : tout n'est pas possible tout de suite. Elle respecte ce qui relève finalement de la conscience personnelle de chacun.

La morale consiste, dans la pratique, à articuler ces trois dimensions entre elles. Si l'on s'enferme dans une dimension, on risque de se condamner soit à l'idéalisme vague et inefficace (l'universel), soit au légalisme desséchant (le particulier), soit à l'individualisme qui ne tient pas compte des autres (le singulier).

La morale chrétienne n'est pas faite d'un autre matériau que la morale humaine tout court ; son originalité essentielle est de faire de l'agir humain une réponse au don gratuit de l'Amour de Dieu à la suite du Christ et en communion avec l'Église. ■

Valeurs et foi chrétienne

On entend couramment dire que la liberté est une *valeur impérissable* de portée universelle, ou que l'humanisme prend l'homme comme fin et comme *valeur supérieure*. Apparu dans le langage philosophique dans la seconde moitié du XIXe siècle, le mot *valeur* désigne les biens supérieurs de nature morale, sociale, religieuse, esthétique, reconnus par un individu ou par une société comme références fondamentales de la vie. Les *valeurs* relèvent de la conscience de l'homme et lui dictent ses comportements. Malraux écrit : « Les vraies valeurs sont celles pour lesquelles les hommes acceptent la misère, la dérision et parfois la mort » *(Les voix du silence)*. Aussi bien parle-t-on de *valeurs absolues*, auxquelles toutes les autres doivent être subordonnées, et de *valeurs relatives*, qu'il convient précisément de subordonner aux premières. A ce propos, on emploie les termes d'échelle, de hiérarchie, de table, de système des valeurs pour désigner le classement que les personnes ou les sociétés se donnent pour situer les valeurs les unes par rapport aux autres, des plus importantes aux moins importantes. « Le système des valeurs (d'une société) reflète sa structure » (Sartre, *« Situation III »*). A cette vue de type marxiste, d'autres opposent la vue inverse : c'est la structure d'une société qui reflète son système de valeurs.

Cela dit, pour le christianisme il n'y a pas seulement des valeurs impersonnelles et des impératifs de conscience. Il y a *quelqu'un* qui vit ces valeurs à leur plus haut degré et qui en est le fondement : le Christ. Et parmi les valeurs, il en est une qui les dépasse toutes et leur donne sens et force : *l'amour*. Or l'amour, moins que toute autre, ne peut être une valeur impersonnelle et abstraite : on aime quelqu'un et on en est aimé. La foi chrétienne dit de Dieu qu'il est Amour et qu'il n'est qu'Amour (1 Jn 4,8-10). C'est dans l'amour de Dieu, dont Jésus-Christ est venu donner la révélation la plus parlante qu'il soit (Jn 3,16), que toutes les valeurs trouvent leur source et leur aboutissement : vérité, liberté, justice, dignité de l'homme, respect de l'autre, beauté, etc. « Je suis le Chemin, la Vérité et la Vie », disait le Christ (Jn 14,6). ■

Pour la réussite de l'œuvre immense de la Création, Dieu n'a besoin que d'une chose : c'est que vous fassiez de votre mieux. Dès lors que vous donnez ce dont vous êtes capable, vous êtes, au maximum, unis à l'Action créatrice ; vous ne sauriez être un serviteur plus utile.

P. Teilhard de Chardin

MŒURS

Le mot est entendu ici dans son sens collectif de réseau d'usages et de prescriptions qui, dans un groupe donné, organisent la vie en commun ; sans toujours en être conscient, chacun se situe par rapport aux mœurs du groupe pour savoir comment s'habiller, manifester son amour, se tenir devant la mort, etc.

Souvent décriées, les mœurs d'un groupe sont pourtant la base de toute vie morale : porteuses de valeurs spécifiques du groupe, elles aident les consciences à se former et à se situer.

Cela n'implique pas que les chrétiens aient toujours à approuver les mœurs des sociétés dans lesquelles ils vivent. Ils sont au contraire appelés à prendre quelquefois une distance critique à leur égard : le constat que « tout le monde le fait » ne saurait les obliger d'agir de même. ■

Quand on soumet sa vie aux valeurs qui sont les impératifs de la conscience, c'est-à-dire quand on refuse un bonheur qui serait purement égoïste, on connaît déjà Dieu d'une certaine manière. On ne le « reconnaît pas », mais on le connaît. Des milliers d'incroyants (comme nous disons si mal), qui ne reconnaissent pas le Dieu de Jésus-Christ, de l'Évangile et de l'Église, le connaissent déjà dans la mesure où ils soumettent leur recherche du bonheur au critère des valeurs. Dans la mesure où ils disent : le bonheur, oui, mais pas n'importe lequel. Pas un bonheur obtenu contre les autres, à leur détriment. Il est donc possible, sans croire en Dieu, sans croire que Jésus-Christ est Dieu, de lire l'Évangile sous l'angle des valeurs. Il n'y est question que de vérité, de liberté, de justice et d'amour fraternel. En ce sens, l'Évangile est pour tout homme.

F. Varillon,
Joie de croire, joie de vivre,
Éd. Le Centurion, p. 233.

▶▶▶ *Suite de la page 777*
entrevoir la nature de la morale de Paul et du Christ : ce n'est pas tant une morale de commandement qu'un appel à l'intelligence des situations, à la réflexion, pour agir aussi raisonnablement que possible en étant inspiré par l'Amour.

Une conscience intelligente

Ce mot *raisonnable* peut surprendre, ainsi lié au mot *conscience*, tant celui-ci aujourd'hui est employé pour évoquer la spontanéité d'une réponse subjective. Très souvent, l'appel à la conscience est employé comme argument quand il n'y a plus d'argument raisonnable, ou comme excuse quand on a été vraiment déraisonnable : « D'accord, j'ai eu tort, mais j'ai fait cela en toute bonne conscience ». Il y aurait beaucoup à dire sur cette « bonne » conscience et, en tout cas, les chrétiens ne croient pas à l'innocence de la *conscience non réfléchie*.

D'ailleurs Freud et Marx les rejoignent pour douter de cette « innocence ». Pour n'en citer qu'un, Marx (1858) explique que l'existence sociale forge une conscience spontanée qui peut justifier bien des choses : « Ce n'est pas la conscience des hommes qui détermine leur existence, c'est au contraire leur existence sociale qui détermine leur conscience ».

Bref, pour les chrétiens, comme pour les autres, une véritable conscience morale s'acquiert. Et le premier « devoir » de l'homme moral, ou de la femme morale, n'est pas d'obéir à n'importe quel courant de pensée ou à sa spontanéité, mais de se former comme homme ou femme libre et responsable. Il s'agit à vrai dire d'une véritable naissance, d'une nouvelle création de soi-même. Naître à la conscience, ce n'est pas appliquer quelques recettes (même celle d'une recherche apparemment généreuse du bien de l'autre), c'est d'abord se trouver, s'accepter, prendre ses responsabilités, se situer dans la société.

La « conscience du Christ »

Pour éclairer cela d'un exemple, on peut dire que, pour les chrétiens, le Christ est un modèle de moralité. Les premiers chrétiens ont même retenu de lui cette phrase : « Qui d'entre vous me convaincra de péché ? » (Jn 8,46). Cette absence du péché ne veut pas dire respect absolu de la Loi juive. Il ne la respecte pas dans sa lettre quand il viole le sabbat, refuse des prescriptions sur la pureté légale, etc. Il n'essaie pas non plus de plaire toujours, il est même quelquefois violent. Mais il possède cette conscience libre et courageuse qui permet de reconnaître en lui le respect d'autrui et la fidélité réelle au sens de la loi. « Celui qui violera l'un de ces moindres préceptes sera tenu pour le moindre dans le Royaume des cieux » (Mt 5,19).

La formation de la conscience, la loi et l'interdit

Comment peut-on arriver à ce genre de liberté ? La Bible et la psychanalyse nous montrent l'importance de l'interdit pour structurer la personnalité, disons la conscience. Chacun connaît l'hypothèse freudienne selon laquelle l'enfant, se voyant interdire par son père la possession exclusive de sa mère, est obligé, petit à petit, de découvrir qu'il n'est pas sa mère et qu'en conséquence il

▶▶▶

Droit et morale

Ces deux notions sont voisines quoique différentes, en raison soit de leur nature propre, soit du domaine recouvert par chacune d'elles.

Le droit, entendu ici au sens d'ensemble de lois, a pour but de promouvoir le bien commun en réglementant les rapports sociaux entre membres d'une même communauté humaine. Il porte donc sur des actions à prescrire, permettre ou interdire, qui ont un caractère social, repérable par l'autorité (actes externes) ; l'autorité de la loi ou du droit découle donc de celle de son législateur qui peut, selon les cas, l'abolir, la préciser ou la changer. Par contre, la morale n'est pas, comme l'entend le sens vulgaire, un ensemble d'interdits restreignant la liberté individuelle ; elle est avant tout le domaine de la conscience, soit qu'elle prescrive ou autorise un acte perçu comme bon, soit qu'elle l'interdise comme un mal. L'obligation morale s'enracine ainsi dans la conscience individuelle, persuasion intime de faire le bien ou de refuser le mal. L'exemple le plus classique de cette distinction est fourni, dans l'*Antigone* de Sophocle, par Antigone refusant d'obéir à une décision (légale) du tyran Créon, et, au nom de sa propre conscience, préférant obéir à cette loi intérieure plutôt qu'à une loi humaine qu'elle jugeait immorale.

Normalement, il ne devrait pas y avoir d'opposition entre les deux domaines : le domaine de la moralité couvre tout le champ de l'activité humaine, aussi bien celui de l'intériorité (celui de l'intention, du désir, de tous les actes internes non manifestés à l'extérieur) que celui des rapports sociaux ; le domaine du droit couvre par contre les rapports sociaux dans la mesure où est concerné le bien commun. Le domaine de la moralité, celui de la conscience ou de l'intériorité, est le plus fondamental et à l'origine même de l'obéissance à la loi positive qu'il précède, comme l'a précisé le Christ à propos de l'accomplissement de la loi : « Vous avez appris qu'il a été dit : tu ne commettras point d'adultère. Mais moi je vous dis que quiconque regarde une femme pour la convoiter a déjà commis un adultère avec elle dans son cœur » (Mt 5,27-28).

La conséquence en est que, normalement, le droit ne devrait prescrire que ce qui est moral ; mais il peut se faire qu'il autorise des actes en soi immoraux (par exemple, la forme d'homicide qu'est l'avortement). Le fait qu'un tel acte soit légalisé, devienne légal, ne signifie pas qu'il soit moral pour cela ; il doit être refusé par la conscience (c'est ce qu'on appelle alors « clause de conscience » ou plus généralement refus d'obéir par « objection de conscience »). Cette distinction et cet enseignement prennent actuellement d'autant plus de valeur que la prolifération des lois et des règlements entraîne facilement la persuasion qu'il appartient à l'autorité publique de dire où sont le bien et le mal, sans aucune référence à un ordre de valeurs morales supérieures à toute législation humaine. Cela signifie que l'exercice de la conscience appelle chez tout être humain une perception de valeurs supérieures, un sens du discernement et un esprit de responsabilité, objectifs majeurs, en fin de compte, de toute éducation. ■

▶▶▶
doit l'appeler. De la rupture entre mère et enfant naissent à la fois le sens de l'identité personnelle et le langage. Au-delà de ce schéma, on peut retenir que l'interdit crée la différence et permet à la liberté de chacun d'exister. Sans lui, il n'y aurait pas d'existence autonome et libre. Il n'y aurait pas non plus de relations entre les hommes. La conscience, elle-même, renforce le sens de l'identité personnelle dans la mesure où elle opère aussi comme une Loi. On peut affirmer que chacun dans sa vie passe de la Loi reçue — quelquefois difficilement — à la liberté. Les enfants, même éduqués dans l'atmosphère la plus libérale, recevront les non-commandements de leurs parents comme une loi et bâtiront leur liberté sur elle. A vrai dire, à l'heure actuelle, on pourrait soutenir que la « loi » existe plus que jamais et que notre société regorge de codes de la route, législations fiscales et autres, qui ont, à leur manière, un rôle structurant.

Se proclamer affranchi de la Loi, des lois, est une manière totalement irréaliste de s'exprimer. Il y a toujours un rapport entre liberté et lois. La vraie liberté consiste non à nier la loi mais à savoir l'intégrer et la dépasser éventuellement. C'est le rôle d'une conscience adulte. On peut pester contre le code de la route. Être libéré ne consiste pas à brûler les stops mais à savoir que le code a pour but le respect d'autrui. Être libéré, c'est donc respecter l'autre même en l'absence de code.

Où est la loi ?

Dans un monde complexe comme le nôtre, la Loi est omniprésente et les lois sont nombreuses. Il est difficile de les connaître et de se laisser former par elles. Et c'est pourquoi, dans l'Église, il est traditionnel, pour former sa conscience, d'en appeler à ce que font les autres chrétiens ou à ce qu'ils ont fait dans le passé. La discussion, la confrontation, l'échange sont une partie obligatoire de la formation d'une véritable conscience morale. Devant la nouveauté de la vie, si les principes restent les mêmes, les situations changent, mettent en cause d'autres éléments et jamais ne peuvent exister de réponses toutes faites.

Les critères d'une conscience formée

Celui qui peut, sans rougir, dire le pourquoi de ses choix moraux principaux, et cela parce qu'il a analysé la situation, mesuré les conséquences de ses actes et apprécié ses propres motivations, celui-là peut — si ses motivations sont inspirées par l'amour — commencer à se dire moral. Paul, dans sa *Première épître aux Corinthiens*, donne une certaine mesure de critères d'appréciation des motivations (1 Co 12,31 ; 13,1-13). Mais on peut dire que l'Évangile est comme « truffé » de ces critères.

L'amour est facile à proclamer, mais on le reconnaîtra à ce que :
• on saura avoir besoin des autres ;
• on respectera les petits et les méprisés de ce monde ;
• on ne scandalisera pas les faibles ;
• on se séparera de ce qui entraîne au mal ;
• on ne considérera jamais quelqu'un comme définitivement perdu, etc. (cf. Mt chapitre 18).

Suite page 786 ▶▶▶

Les dix commandements : le Décalogue

La Bible rapporte que les dix commandements, le *Décalogue*, furent transmis par Dieu à Moïse sur la montagne du Sinaï après la libération du peuple d'Israël d'Égypte et le passage de la mer Rouge.

A vrai dire, il existe deux « versions » de ces dix commandements dans la Bible (Ex 20,1-18 et Dt 5,1-22). Ces versions sont plus développées que la liste des dix commandements généralement connue et peuvent avoir un sens légèrement différent : par exemple le septième commandement « Tu ne voleras pas » devrait plutôt se traduire « Tu ne porteras pas atteinte à la liberté d'autrui » et viserait plus l'esclavage que le vol proprement dit.

Par exemple encore, le dixième commandement ne porte pas seulement sur la convoitise à l'égard de la femme mais aussi sur celle à l'égard du bœuf et de l'âne...

Mais surtout, dans la Bible, les dix commandements se présentent comme la réponse souhaitée de l'homme à ce Dieu qui vient de le libérer, et les deux versions commencent par ces mots :

« Écoute Israël.

C'est moi le Seigneur ton Dieu qui t'ai fait sortir d'Égypte, de la maison de servitude... »

Que signifie le Décalogue aujourd'hui ?

Il existe trois écoles d'interprétation :
• Une école laïque qui, à la suite de F. Nietzsche, voit dans les dix commandements un document historique attribué à Moïse mais rédigé plus tard. Leur valeur est aujourd'hui nulle car ils ont été rédigés à « l'époque de la raison soumise » pour une société archaïque de mineurs gouvernés par l'interdit.
• Une école fondamentaliste, qui voit au contraire dans les dix commandements la Loi fondamentale de l'univers. Pour cette école, le Décalogue n'est que la révélation d'une loi qui s'impose à chacun des hommes de tous les temps. Il est au cœur de toute vie morale.
• Une école libérale, qui fait des dix commandements un appel de Dieu permettant de structurer les consciences mais les laissant libres : le Christ vient transformer de l'intérieur ces commandements en leur donnant l'amour comme but. Dans cette transformation l'image de Dieu est bouleversée : de celui qui commande on passe à celui qui appelle à l'amour. ■

Un seul Dieu tu adoreras
Et aimeras parfaitement.

Face au dieu-voiture, au dieu-État ou parti, au dieu-réussite sociale, au dieu-science, le premier commandement invite à maintenir la relativité de toutes choses. Beaucoup le savent, mais certains ont du mal à honorer Dieu pour autant. Pour beaucoup son siège est libre. Le mal du monde leur paraît être une preuve de l'absence de Dieu. Jésus de Nazareth, sur sa croix n'a-t-il pas crié : « Mon Dieu, mon Dieu pourquoi m'as-tu abandonné ? »

Dieu en vain tu ne jugeras
Ni autre chose pareillement.

Gott mit uns, Dieu avec nous, disaient les ceinturons allemands. Comment cette inscription a-t-elle été possible ? Pour les croyants toute appropriation de Dieu est insupportable. Personne ne possède Dieu, ne peut dire ce que Dieu pense, ce qu'il fait... Et si la tentation de le posséder sans cesse renaît, même dans les Églises, celles-ci cependant ont pour fonction de casser la solitude dans laquelle chacun aime bâtir « sa religion » et posséder « sa vérité », même sur Dieu : Dieu est universel.

Les dimanches tu garderas
En servant Dieu dévotement.

Déjà se reposer. Changer de rythme. Montrer que le travail, l'argent, la réussite ne sont pas le tout de la vie. La respiration du dimanche est pourtant plus que cela. Elle est une fête (pourquoi tant de gens l'imaginent-ils ennuyeuse ?) et cette fête rappelle semaine après semaine que nous marchons vers une fête sans fin, la rencontre avec Dieu.

Tes père et mère honoreras,
Afin de vivre longuement.

Freud a appris que l'enfant, naturellement, se révolte contre celui de ses parents qui n'est pas de son sexe ; souvent la proximité attise la haine qui peut être grande. Mais, sans doute, le quatrième commandement va plus loin. Il ne demande pas d'obéir ou de copier les parents, ni de rester avec eux. Mais il demande certainement de les prendre en charge, même lorsqu'ils sont devenus (apparemment) inutiles. Cela arrive !

Homicide point ne feras,
De fait ni volontairement.

L'homme-loup, dont le frère s'appelle Abel et dont la victime est juive. L'homme-loup qui se suicide ou conduit trop vite, l'homme-loup qui ne mesure pas le poids de ses décisions ou de son éducation, l'homme-loup qui exploite son ouvrier ou se sert de son syndicat pour brimer la liberté ; l'homme-loup à la mitraillette ou au produit chimique, l'homme-loup que nous sommes tous, comment peut-il faire pour appliquer ce commandement central ?

Luxurieux point ne seras
De corps ni de consentement.

Simplement affirmer que l'amour est plus grand que le plaisir fugace, que l'instinct sexuel ou la nécessité de la procréation. L'amour appelle la réciprocité. Le don. Le temps. L'amour est une des portes du bonheur.

Le bien d'autrui tu ne prendras
Ni retiendras à ton escient.

Encore une forme négative, mais un double cœur positif. Tel qu'il est écrit aujourd'hui ce commandement est, pour le chrétien, un appel à la justice. Et pas simplement au respect de la propriété. Seul Dieu est vraiment « propriétaire » ; l'homme n'est que gérant et s'il est normal qu'il veille à sa sécurité, ses biens ont pour destination le bonheur de tous. S'il en garde plus qu'il lui est nécessaire il est un voleur. Mais la forme primitive du commandement faisait allusion à l'esclavage : malheur à celui dont les droits, la propriété ou le service, et bien sûr la force, réduisent les autres hommes en esclavage !

Faux témoignage ne porteras
Ni mentiras aucunement.

Il est facile d'accuser publicité, radio et télévision, ou la société, de porter de faux témoignages... mais si la vérité est d'abord une manière de se comporter avec l'autre, une qualité de la relation, alors ce commandement va loin : faux témoin est celui qui se défile pour ne pas avoir un souci de plus ou pour regarder tranquille son film préféré ; faux témoin celui qui ne voit pas la détresse ; faux témoin celui qui ne sait pas faire grandir.

L'œuvre de chair ne désireras
Qu'en mariage seulement.

L'auteur de la mise en vers du commandement de Dieu a déjà dit qu'il ne fallait pas tromper sa femme. Ici, il parle du désir. Bien sûr, le désir sexuel peut faire des ravages, mais il n'est pas le seul ! Le désir est le moteur de la société moderne : pour que les travailleurs travaillent, pour que l'inflation soit jugulée il faut que tous nous désirions des biens et que nous travaillions pour les acquérir. Et si nous n'avons pas besoin de plus en plus des choses, si nous ne désirons pas être comme les (plus riches) autres, alors la machine s'arrêtera de tourner... C'est vrai. Mais il est vrai aussi que le système-désir laisse des milliards de gens de côté...

Biens d'autrui ne convoiteras
Pour les avoir injustement.

Dans l'énumération biblique, parmi les biens, la femme est placée avec le bœuf et l'âne. Heureusement les temps ont changé. La femme n'est plus possédée, considérée comme du cheptel (un bel animal, jeune ; mais encombrante, vieille...). Aujourd'hui elle est un partenaire différent et égal. Les temps changent. Est-ce vrai ? ■

COMMANDEMENTS

Ce terme, employé au pluriel, désigne un ensemble de préceptes qui balisent le jeu des relations des hommes entre eux et des hommes avec Dieu. Il peut être entendu au moins à deux niveaux :

1. Les commandements peuvent traduire, sous forme impérative, des *valeurs fondamentales* qui représentent pour l'homme un enjeu de vie ou de mort.

Ainsi les commandements de Dieu, dont la signification première est d'exprimer le désir de vie et de bonheur qui est celui de Dieu vis-à-vis de l'homme.

Les commandements permettent la rencontre de ce désir de Dieu et du désir de l'homme, qui est aussi désir de vie et de bonheur.

S'exprimant sous forme d'interdictions (tu ne tueras pas, etc.), les commandements invitent l'homme à accepter sa condition de créature et à accueillir le don que Dieu lui propose, une communion de vie avec Lui-même ; à articuler sa propre liberté avec la liberté des autres, de manière à construire une communauté humaine qui renonce à la violence mutuelle et permette des relations pacifiques ; à définir des limites à l'intérieur desquelles il est appelé à exercer ses propres responsabilités.

2. Les commandements peuvent exprimer des *normes plus concrètes*, plus précises, lesquelles n'ont pas en soi une valeur absolue : elles renvoient aux valeurs fondamentales signifiées par le premier niveau ; elles s'adressent à des consciences.

Par exemple, le « tu ne tueras pas » sera exprimé en tenant compte du droit de légitime défense. D'où la situation intermédiaire de ces normes : elles sont comme un relais, l'incarnation d'une valeur fondamentale, et, comme telles, elles interpellent la conscience et la liberté : est-ce que tu articules ta liberté sur celle des autres et sur celle de Dieu ?

Ainsi les commandements, les lois, les normes signifient toujours, d'une manière ou d'une autre et à différents niveaux (du « tu ne tueras pas »... au code de la route !), la présence des autres à respecter. Sinon, ils sont insignifiants.

Obéir aux commandements n'est donc pas obéir purement et simplement à telle norme extérieure : je n'obéis humainement aux commandements qu'en y accueillant la présence des autres — et l'interpellation de Dieu — et ceci, d'une manière choisie et voulue personnellement.

On comprend que, dans la foi chrétienne, tous les commandements se nouent dans l'unique commandement de l'amour de Dieu et du prochain, et que toute norme particulière ne trouve sa signification et sa pleine valeur qu'en relation à cet unique commandement. ■

DEVOIR

Le devoir signifie *l'obligation morale considérée en elle-même*, et indépendamment de son application particulière : ainsi parle-t-on du sentiment du devoir ou d'un homme de devoir.
On désigne aussi par ce mot une *obligation morale particulière*.
On peut comprendre le devoir par opposition au plaisir, un peu comme la rigueur d'une loi contraignante s'oppose à la spontanéité de ce qui plaît. Si utile que puisse être cette opposition, son durcissement risque d'aboutir à bien des malentendus ; identifier le devoir à un comportement pénible, donner une note négative au devoir ou au plaisir (l'un étant jugé bon, l'autre mauvais)... Au visage sévère de la « morale du devoir » on opposera le visage facile de la « morale du plaisir ».
Prenons un autre point de départ. Il y a dans le devoir l'idée de dette, ce qui situe immédiatement le devoir dans un contexte de relations : nous sommes tous en effet débiteurs les uns par rapport aux autres, nous avons des devoirs les uns envers les autres, nous sommes les obligés les uns des autres... si bien que le devoir — et les devoirs — apparaissent comme nécessairement impliqués par les relations humaines.
En prolongeant la réflexion, on est amené à lier devoir, amour et liberté. En effet, la liberté et l'amour, vécus dans notre condition humaine — où l'on ne peut faire l'économie ni de la durée, ni de la société —, loin de s'opposer au devoir, ont besoin de lui pour se réaliser. Il suffit de penser où conduiraient l'amour ou la liberté sans aucun devoir, ou le devoir sans aucun amour ni aucune liberté : selon le cas, le légalisme, l'arbitraire, en fin de compte des formes diverses de violence, douce ou brutale, légale ou anarchique, en tout cas meurtrières pour l'homme.
En réalité, le devoir naît de la présence et de la reconnaissance de l'autre. Telle est la condition humaine paradoxale, qui lie devoir, amour et liberté jusqu'à pouvoir affirmer, par exemple, qu'il y a un devoir d'aimer, un commandement de l'amour.
Ne rien devoir — ou ne rien vouloir devoir — c'est entrer dans un système de violence réciproque. Ne connaître que le devoir, sans liberté ni amour, c'est s'enfermer dans un monde de domination organisée. Accepter librement le devoir — et les devoirs — pour mieux aimer, c'est construire un monde de reconnaissance réciproque. ■

Règles morales

La morale est la science du Bien et du Mal. Aussi implique-t-elle un certain nombre de règles, c'est-à-dire d'indications pratiques portant sur ce qui est à éviter et sur ce qui est à faire.

L'expression de « règles morales » peut être comprise à trois niveaux :

1. Celui des *principes fondamentaux*, des valeurs universelles, qui doivent commander l'agir humain. Par exemple, respecte l'autre, n'attente pas à sa vie, etc.

2. Celui des *normes concrètes*, qui traduisent avec plus de précision les principes fondamentaux. C'est surtout en ce sens qu'on parle de règles morales : des normes concrètes d'action qui sont élaborées par les hommes en un temps et en un lieu donnés, et qui leur permettent de vivre ensemble dans la reconnaissance et le respect mutuels.

Par exemple, tu ne tueras pas, sauf en cas de légitime défense ; tu assisteras la personne en danger ; tu paieras l'impôt ; tu respecteras le code de la route, etc.

3. Enfin, on peut dire — mais c'est beaucoup moins courant — que la *conscience personnelle* de chacun, en lui indiquant ce qui est le mieux ou le moins mal possible dans telle situation concrète, joue à son plan la fonction d'une règle morale, d'une régulation de l'agir en vue du bien.

Si l'on réserve l'expression *règles morales* aux normes concrètes d'action (second niveau), on comprend la situation intermédiaire qui est la leur :
• elles traduisent, en les précisant, des principes fondamentaux, des valeurs universelles (premier niveau) ;
• elles s'adressent à des consciences et à des libertés qui ont à déterminer en ultime instance ce qui s'avère le mieux possible dans telle situation (Voir Morale p. 780). ■

VOLONTÉ DE DIEU

Pour comprendre ce qu'est la volonté de Dieu, et comment faire la volonté de Dieu, le chrétien se réfère à Jésus-Christ. Jésus est un homme libre. Ni la loi, même religieuse, ni les conditions politiques et sociales, ni le destin ne semblent l'enfermer. C'est totalement libre qu'il aime les hommes jusqu'à en mourir. Cette liberté du Christ aide à comprendre ce qu'est la volonté de Dieu : ce que Dieu veut, c'est que l'homme soit lui-même, et que, pour être lui-même, il sache aimer et rendre gloire à Dieu.
L'Ancien Testament annonçait cette conception de la volonté de Dieu ; le Nouveau l'affirme explicitement. Accomplir la volonté de Dieu ne devrait donc pas, comme cela est souvent le cas, être jugé comme une aliénation de l'homme, mais au contraire comme le seul moyen de son épanouissement. ■

Ph. Garnier

Dieu porte Adam dans ses bras.

LA LOI NATURELLE

Le discours moral de l'Église a souvent recours au concept de « loi naturelle » ou de « droit naturel ».

Les papes diront par exemple, dans leurs encycliques, que la propriété est un droit naturel de l'homme, comme il est de droit naturel que l'homme puisse vivre avec sa famille. Le concile Vatican II appelle à reconnaître des lois « que le Créateur a inscrites dans la nature spirituelle et morale de l'homme ».

Cette manière d'invoquer ce qui est naturel à l'homme soulève aujourd'hui un grand nombre de questions : qu'est-ce que la nature ? l'homme n'a-t-il pas la vocation de maîtriser la nature ? la nature n'évolue-t-elle pas ? peut-on même la connaître ? doit-on s'y soumettre ? La théologie morale a elle-même beaucoup évolué dans ce qu'elle appelle la nature humaine. Là le naturel s'oppose à l'artificiel ou au culturel, ici au surnaturel, ailleurs la nature humaine est un concept abstrait, tandis que certains voient la nature dans ce qu'il y a de plus concret (A Pie XII, on demandait si l'allaitement au sein était un devoir selon le « droit naturel »).

Pour saint Thomas d'Aquin, le naturel humain c'est le raisonnable et le libre. Pour lui, tout ce qui va contre cette « nature » de l'homme (et il en juge par les catégories scientifiques modernes de son époque) est mauvais et contre la loi naturelle. L'homme a le droit et le devoir d'être raisonnable et libre.

Cette loi naturelle s'impose à tous à tout moment. Notre époque moderne, d'ailleurs, avec des mots différents et en évitant celui de nature, affirme facilement la même chose. Le procès de Nuremberg s'appuie sur un droit qui n'est pas écrit, et définit des crimes contre l'humanité, tandis que la *Déclaration universelle des Droits de l'Homme* (1948) cherche un consensus mondial sur les droits et les devoirs indiscutables de l'homme : à l'évidence, une telle démarche suppose une « nature » humaine universelle.
En évoquant la morale naturelle, les documents d'Église soulignent trois convictions des chrétiens :
• la création est une : tous les hommes ont été voulus par Dieu pour leur bonheur. Saint Paul souligne que les païens, eux aussi, peuvent marcher vers le bien, grâce « à une loi inscrite dans leur cœur » (Rm 2,15) ;
• appeler à reconnaître la loi naturelle inscrite par le Créateur en l'homme, c'est appeler à discerner et à mettre en œuvre le progrès moral dans la vie privée et sociale ;
• enfin, se situer au niveau de la loi naturelle, c'est se situer dans les débats au niveau de chaque conscience, sans en appeler à l'autorité de la Révélation à laquelle légitimement les non-chrétiens n'ont pas à se soumettre.
Le débat à partir de la « loi naturelle », même si l'expression peut sembler quelque peu critiquable, est ouvert à tous. ■

Quand l'homme sera-t-il récompensé de ses efforts ?

Peu d'églises médiévales en France sans un portail dédié au jugement dernier, et peu de jugements derniers sans une superbe balance.

Dans la pierre s'exprime ainsi la foi des chrétiens de l'époque en un Dieu qui punit les méchants et récompense les bons au poids respectif des bonnes et des mauvaises œuvres.

Cette foi a des racines historiques : l'Ancien Testament semble présenter les honneurs, la richesse et une longue vie comme une récompense de Dieu pour ceux qui la méritent. Et si Jésus remet en cause cette manière de voir, c'est pour affirmer que la récompense sera dans l'autre vie : comment autrement expliquer les béatitudes : « Bonheur à vous les pauvres, à vous les doux, à vous les persécutés »... (Mt 5) ?

Une telle foi a conduit des générations de chrétiens à préparer « leur ciel » en cherchant à faire ce qui méritait récompense : privations, jeûne, charités, pèlerinages. Et l'Église officielle fonda sur cette recherche la pratique des indulgences.

Les chrétiens d'aujourd'hui sont beaucoup plus circonspects devant l'idée de récompense : pour beaucoup d'entre eux, la seule récompense qui vaille (ou devrait valoir) est la foi qu'ils ont en leur proximité actuelle avec Dieu. Ils prêtent moins attention aux passages d'Évangile annonçant un futur de la foi (futur que certains considèrent même comme mythique). Ils font remarquer que, selon le Christ lui-même, le croyant a dès à présent la vie éternelle ; bref, que la foi est à elle-même sa propre récompense. Pour eux, la balance est indigne de Dieu ; l'amour se mesure-t-il ?

En fait, il est difficile de nier, dans l'Évangile, l'existence de promesses concernant un futur bienheureux pour ceux qui ont suivi le Christ, mais ce futur est déjà commencé dans la foi et ne se mesure certainement pas au poids des mérites. Il est don gratuit de Dieu. Il ne s'agit pas d'une récompense, mais d'un appel qu'il suffit d'accepter. ■

Ph. Tournus

Le jugement dernier. Tympan de la façade de la cathédrale d'Autun. Art roman bourguignon (XIIe s.).

Commandements de l'Église

Les Commandements de l'Église, à la différence des Commandements de Dieu, ne constituent pas une loi immuable, mais des prescriptions de discipline que l'Église a instituées en vertu des pouvoirs qu'elle a reçus de Jésus-Christ ; ces prescriptions s'imposent aux fidèles aussi longtemps qu'elles ne sont pas modifiées. La rédaction des Commandements de l'Église figurant dans les catéchismes diocésains édités jusqu'en 1947, était la suivante :

1. Les fêtes tu sanctifieras
   Qui te sont de commandement.
2. Les dimanches messe entendras
   Et les fêtes pareillement.
3. Tous tes péchés confesseras
   A tout le moins une fois l'an.
4. Ton créateur tu recevras
   Au moins à Pâques humblement.
5. Quatre-temps, vigiles jeûneras
   Et le Carême également.
6. Vendredi chair ne mangeras
   Ni jours défendus mêmement.

Considérant que ce type de formulation, qui fut parfaitement adapté à la catéchèse d'une époque donnée, ne correspondait plus du tout aux mentalités d'aujourd'hui, l'Église a apporté des modifications au contenu de ses Commandements sans pour autant reprendre le même style de présentation. Ces modifications, qui portent essentiellement sur le jeûne et l'abstinence, ont été décidées par les épiscopats nationaux dans le cadre des pouvoirs reçus du Saint-Siège à cet effet. Le souci général qui y a présidé a été de faire prévaloir un véritable esprit de pénitence sur des pratiques formelles, sans pour autant laisser perdre de vue les vertus d'une véritable ascèse,

En France, depuis 1966, il est demandé aux catholiques de s'imposer de faire pénitence chaque vendredi, de jeûner au moins le mercredi des Cendres et le vendredi saint ; l'abstinence (abstention de viande) du vendredi a été supprimée, sauf pendant le Carême.

Les autres prescriptions n'ont pas été modifiées. ■

MÉRITE

☞ Il y a à l'origine de cette notion, dans la foi chrétienne, une ou deux intuitions précieuses, et, autour d'elles, un paquet de faux problèmes. Ces derniers viennent à la fois d'images nécessaires, mais inadéquates, et de thématisations théologiques, à l'histoire chargée.

☞ Les intuitions précieuses d'abord : le déroulement effectif et concret de la vie humaine, les efforts et la volonté profonde, les actions et les souffrances, bref ce que l'homme est et fait, tout cela compte aux yeux de Dieu, et tout cela contribue à la construction et à la venue du monde nouveau, du Royaume de Dieu.

En ce sens-là, le paradis et la vie éternelle, « ça se mérite ». Mais en même temps, rien là ne doit être forcé. Et l'on doit toujours garder présente à l'esprit la disproportion radicale entre ce mérite et le don de Dieu, de sa grâce, de la vie à laquelle il veut nous associer — alors même que nous utilisons ce vocabulaire très naturellement issu de l'expérience du travail humain, où toute peine mérite salaire.

Paradoxe chrétien : il faut tenir à la fois, d'une part, que tout est *don gracieux* de la surabondante bonté divine, et, d'autre part, que la mise en œuvre la plus personnelle de la *liberté* est décisive. C'est que la vie, l'amour de Dieu, ne font pas nombre avec la liberté, puisqu'Il habite tout acte bon et rend l'homme à lui-même.

L'amour est un : il est vraiment humain et vraiment de Dieu. La vie éternelle sera entièrement de l'homme Dieu, mais pas malgré l'homme et pas sans l'homme. La compréhension de ce paradoxe, très fort et pourtant très simple, s'éclaire à la méditation de l'existence de Jésus-Christ, vrai Dieu, vrai homme.

☞ Les problèmes commencent, à propos du mérite, quand on desserre ce paradoxe en effaçant l'un des deux termes, et il y a plusieurs manières de le faire.

Soit, dans le contexte plus large du jeu de la liberté et de la grâce, en retombant dans la vieille querelle entre saint Augustin et Pélage : le salut est-il pure grâce de Dieu, ou se conquiert-il par les œuvres de la liberté ? A problème mal posé (à cause du « ou bien... ou bien... » exclusif) pas de réponse stable.

Soit, dans un autre contexte, celui du problème soulevé par Luther au temps de la Réforme, à propos de la justification par la foi ou par les œuvres, en posant de la même manière une alternative absolue : ce qui gagne le paradis (être justifié, c'est pouvoir être reconnu juste, se tenir en droiture sous le regard de Dieu) ce serait la foi, la confiance dans la grâce, dans le don de Dieu, à l'exclusion des œuvres que nous faisons. Le problème ici se résout quand on considère que, au moment de la polémique, les « œuvres » n'étaient bien souvent pas tant l'existence chrétienne que des pratiques presque magiques d'une piété populaire déviée. Par où l'on revient au premier problème.

☞ De toute façon, tous s'accordent, dans la tradition chrétienne, à voir dans « les mérites de Jésus-Christ » (à la fois homme devant Dieu, récapitulant toute l'humanité, et Fils de Dieu, visage de l'amour de Dieu) la source et le milieu de tout mérite humain devant Dieu, la vie humaine trouvant son accomplissement dans la vie en Jésus-Christ, dans l'Esprit.

C'est à partir de là, et de la solidarité intime, invisible mais forte, des chrétiens dans le corps du Christ, qu'a été annoncée la doctrine de la réversibilité des mérites à l'intérieur de la communion des saints (voir cet article) : tout ce que chacun fait de bien et supporte de pénible non seulement contribue à son salut mais peut aussi contribuer au salut de ceux et celles auxquels il est lié. L'apport des autres aussi nous est essentiel. En Christ tous sont uniques et solidaires. ■

▶▶▶ *Suite de la page 782*

Ces critères d'une conscience qui s'est servie de la Loi pour se former et pour apprendre à aimer montrent que la meilleure formation morale est, aux yeux des chrétiens, la rencontre et l'imitation de Jésus, lui qui sut exprimer avec sa propre vie « qu'il n'y a pas de plus grand amour que de donner sa vie pour ses amis » (Jn 15,13).

La formation de la conscience : reconnaître son péché

La morale chrétienne est souvent accusée de culpabiliser ceux qui veulent la vivre, et même de créer — comme le dénonce le docteur Solignac — une « névrose chrétienne » spécifique. L'obsession de la pureté, le sentiment que toute jouissance est volée à Dieu, le scrupule légaliste, le perfectionnisme peuvent être des maladies de la conscience chrétienne. C'est vrai. Comme toutes les autres maladies de la culpabilité, elles ressortent du traitement thérapeutique.

Est-ce à dire que le christianisme est intrinsèquement culpabilisant ? Le christianisme tient, de fait, le péché pour une réalité fondamentale. Certains ont pu dire que les chrétiens créaient un « marché » en culpabilisant les fidèles dans un premier temps et en leur apportant, dans un deuxième temps, le pardon alors nécessaire. L'Évangile semble loin de ce cercle vicieux. Il est *d'abord affirmation de l'amour de Dieu pour chacun.* Par là, il est reconnaissance de la *liberté* et de la *responsabilité.* Et c'est simplement « ensuite » qu'il est *appel à la conversion,* et au *pardon.* Loin de créer la culpabilité, il permet de se libérer de toutes les culpabilités en affirmant qu'aucun homme ne se réduit au mal qu'il a fait.

Faut-il nier le péché ?

Nous n'avons pas donné de définition de la faute morale ou du péché. Il semble que, pour la quasi-totalité des Français, cette notion ne soit pas claire. Certains cependant, en repensant aux choix qu'ils ont faits, savent dire, à l'occasion : je n'aurais pas dû faire cela. Certains essaient d'excuser ces « erreurs ». Mais, aux yeux mêmes de ceux qui les commettent, elles sont parfois difficilement excusables. Et si l'on s'excuse soi-même, on s'expose à toutes sortes de difficultés. La culpabilité refoulée, dans la personne (et dans la société), conduit à des comportements irrationnels. L'agressivité, la dépression peuvent en être des exemples. La personne s'identifie au mauvais choix qu'elle a fait. Ce choix devient son « destin ».

Reconnaître l'erreur, c'est refuser de s'identifier avec elle. C'est finalement se libérer. Paul Ricoeur dit dans ce sens-là : « Affirmer la liberté, c'est prendre sur soi l'origine du mal ».

Faut-il pour autant faire de la conscience du péché un préalable à la foi chrétienne ?

Si l'on rejette souvent l'idée du péché dans la société actuelle, c'est que souvent le discours de l'Église sur le péché a une mauvaise « image de marque ». L'affirmation du péché est ressentie comme une condamnation des personnes à propos d'actes jugés de l'extérieur. Cette condamnation semble insupportable, parce que peu res- ▶▶▶

« Participer » à l'effort de l'humanité

9. (...) La vie divine, de fait, est communion d'amour. Si elle est le sommet et la plénitude de la « participation » à laquelle nous sommes appelés, il est logique que le commandement le plus grand soit celui de l'amour de Dieu et du prochain.

Nous devons « participer » à la divinité et mûrir en cette participation à la mesure de l'éternité, en participant à l'humanité de nos frères : proches et lointains. Ceci est donc la « moelle éthique » de notre vocation, chrétienne et humaine. Le commandement de l'amour s'insère organiquement dans la vocation à la participation.

10. Ainsi donc, vous, les jeunes, à l'école de vos familles, de vos communautés, de vos nations, à l'école de l'Église, vous devez vous éduquer à toute la richesse de la participation dans la dimension interhumaine (sociale) et, en même temps, religieuse et surnaturelle.

Vous êtes appelés à participer au développement véritable et authentique qui, par le juste équilibre entre « l'être » et « l'avoir », doit devenir un progrès dans la civilisation de l'amour.

Jeunes, vous êtes donc appelés à participer à ce grand et indispensable effort de toute l'humanité qui a comme but d'éloigner le spectre de la guerre et de construire la paix. Vous devez être des « ouvriers de paix » selon l'acception multiple de ce terme qui embrasse des significations bien plus riches que celle de la simple absence de guerre. Vous devez être des « ouvriers de paix » et donc, vous sentir engagés à construire une société vraiment fraternelle.

Jean-Paul II,
(à un rassemblement de jeunes).
La Documentation catholique,
5 mai 1985, n° 1895.

Liberté et inconscient

D'ordinaire, la liberté est définie comme l'absence de contrainte : quand l'homme libre prend une décision ou quand il agit, ses motifs ne sont pas le résultat de pressions extérieures mais dépendent uniquement de sa volonté. Cette conception de la liberté n'a évidemment de sens que si la volonté est vraiment libre, et si celui qui décide a effectivement le moyen d'atteindre le but visé. L'individu libre est un individu capable d'autonomie. Le sujet (c'est-à-dire l'être pensant et agissant) doit pouvoir rendre compte, rendre raison, de ce qui détermine sa volonté à agir d'une manière ou d'une autre. C'est pourquoi, en Occident, la liberté est liée à la notion de subjectivité : celle-ci est le pouvoir intellectuel du sujet conscient, raisonnable et responsable.

Une liberté conditionnée

Toute la recherche freudienne sur l'inconscient tend à montrer que ce sujet conscient ne peut être maître chez lui ; un certain nombre de pulsions, d'instincts incontrôlés assaillent la volonté et agissent à son insu. L'inconscient joue à cache-cache avec le moi de l'individu.

Mais Freud et ses successeurs vont encore plus loin en affirmant que cet inconscient, que chacun porte en soi sans pouvoir le connaître par lui-même, est le véritable organisateur de la vie affective.

Pour devenir enfant humain, le petit être doit s'arracher à ses premiers désirs et apprendre à s'insérer dans la vie en société. Cet arrachement ne se fait pas sans douleur, et chacun en porte la trace indélébile. Chaque individu est marqué de manière inconsciente par le souvenir de ses premières amours et par le désir d'en retrouver à tout prix le bonheur perdu. L'inconscient est l'énergie pulsionnelle et psychique que tout individu déploie pour combler le manque affectif créé par l'arrachement. Le moi de chacun est tiré en arrière, vers sa propre enfance, pour tenter de corriger et supprimer les frustrations de l'âge adulte.

Selon cette conception, toute idée de liberté semble évidemment illusoire. Pour Freud, prôner la liberté, c'est pécher par ignorance. Le moi qui se donne l'air de tout savoir, de tout vouloir et de tout pouvoir, se leurre sur lui-même. Il a du mal à accepter de n'être pas le maître chez lui.

Une liberté à construire

Cependant, la psychanalyse montre que l'individu n'est pas en réalité complètement impuissant devant cette part inconsciente qui détermine son psychisme. Il est possible de faire affleurer l'inconscient et de le traduire en éléments conscients. Par cette prise de conscience, l'individu s'approprie sa propre histoire et sa vérité. Ce retour en arrière sur l'enfance cachée, mais toujours présente, de l'individu n'aurait aucun sens s'il n'était promoteur d'un mieux-vivre et d'un avenir.

Dès lors, on ne peut plus penser la liberté comme l'état parfait d'un individu autonome, rassasié, d'un être solitaire ne souffrant d'aucune solitude. L'être humain n'a pas le caractère inerte de la chose ; il est, dès avant sa naissance, relation aux autres, au corps, au langage, au monde. L'ensemble des relations qui déterminent l'individu sont aussi celles qui appellent la liberté. Au lieu de penser la liberté comme état naturel, ou propriété définitivement acquise, tout homme doit la penser comme sa tâche. L'inconscient détruit cette liberté lorsqu'il est méconnu et ignoré. Au contraire, chez l'être humain, une claire conscience de sa détermination n'est pas seulement perception de ses limitations : prendre conscience de ses déterminations pour les assumer, c'est se libérer de ce qui rend étranger à soi-même, c'est rendre le monde habitable, c'est-à-dire humain. ■

Nous ne sommes pas manipulés par un Dieu tout-puissant.

Liberté

Le mot liberté exerce une fascination irrésistible sur l'homme. Il évoque immédiatement tout le champ des libertés au pluriel, c'est-à-dire les diverses possibilités de mettre en œuvre et de vérifier la liberté de la personne : libertés de parole, de conscience, de presse, d'association...

Plus fondamentalement, il évoque ce qui précisément, au cœur de l'homme, est à la racine de ce besoin de manifester son autonomie, cette capacité de la personne de poser des actes par elle-même. La liberté est le fruit commun d'une raison et d'une volonté qui disposent d'elles-mêmes. C'est la liberté fondamentale qui définit la personne humaine ; cette liberté se traduit et se vérifie dans l'aptitude à faire les choix concrets et limités devant lesquels se trouve constamment placée toute vie humaine. Il est clair que la liberté est la condition première d'un acte moral : un acte qui n'est pas libre n'a pas de sens moral.

Les cinq caractéristiques de la vraie liberté aux yeux des chrétiens

La liberté authentique consent à *se reconnaître limitée,* conditionnée, par un ensemble de contraintes individuelles et collectives qui contribuent à constituer l'homme (naissance, sexualité, inconscient, milieu social, vie en société, mort...) ; ma liberté n'est pas une liberté humaine en général, mais celle de l'être particulier que je suis, avec toute cette part de non-liberté qui me fait tel que je suis.

La liberté authentique se traduit par une *orientation stabilisée,* et non par une incohérence de choix successifs au hasard des négociations imposées par la vie quotidienne.

Poser un acte libre, ce n'est pas faire n'importe quoi, comme si j'étais seul au monde ; c'est au contraire *articuler ma liberté avec celle des autres.* L'exercice concret de la liberté se fait dans le cadre de communautés humaines (famille, cité, nation, profession...), qui sont à la fois sources de contraintes et conditions de la liberté : sans structures organisant les relations entre les hommes, la liberté cède la place à la tyrannie du plus fort ou du moins scrupuleux.

La liberté n'est jamais définitivement acquise ; elle est sans cesse menacée ou remise en cause par de multiples pressions, conditionnements, agressions (qu'on songe au pouvoir de l'argent, aux manipulations de la publicité et de la propagande, à la discrimination raciale, à la condition encore faite à la femme, sans parler de toutes les violations des droits de l'homme sous de multiples régimes politiques). La liberté est donc à conquérir en permanence ; elle appelle à une libération personnelle et sociale progressive, supposant une action pour assurer les conditions culturelles, sociales, économiques, politiques, spirituelles de son exercice.

La *liberté chrétienne englobe et dépasse tout ce qui précède ;* elle est libération de tout ce qui enchaîne l'homme au plus profond de son cœur, parce qu'elle est d'abord un don de Dieu : l'homme a été créé libre pour entrer en communication avec ses semblables et avec Dieu ; l'amour est source et finalité de la liberté. Ainsi apparaît aux yeux des chrétiens le sens profond de la liberté, sa signification morale : elle est donnée à chacun pour entrer en relation, en communion. Tournant le dos à toute perspective individualiste, la liberté morale n'est vraiment elle-même qu'au service d'une communauté humaine où les rapports d'indifférence ou de violence cèdent le pas à des liens de reconnaissance et de respect mutuels. La liberté s'accomplit dans l'amour. ■

Action

Faire et oser non pas n'importe quoi, mais ce qui est juste. Non pas planer dans le possible, mais saisir avec courage le réel. Ce n'est pas dans les fuyantes pensées, mais dans l'action seule qu'est la liberté.

Romps le cercle de tes hésitations anxieuses pour affronter la tempête des événements.

Porté seul par la loi de Dieu et par la foi, la liberté accueillera ton esprit dans la jubilation.

DIETRICH BONHOEFFER.

▶▶▶

pectueuse de la conscience des personnes et peu conforme au mouvement de la Bible. La Loi a un but pédagogique. Elle est un appel à un respect de l'autre qui fait sortir de la subjectivité facile. Elle a aussi pour conséquence de faire découvrir à chacun sa faiblesse. Mais ce retour sur soi n'a rien de malsain, dans la mesure où il est un *appel intérieur à changer* et, avec la force du Christ, à réussir ce changement. Bref, la Loi et la découverte de sa faiblesse aident à former sa conscience. Par contre, *se sentir condamné* parce que l'on pose telle action interdite sous peine de péché est mutilant et peu conforme à l'Évangile.

Le Christ et le péché

Prenons l'exemple déjà évoqué plus haut de la femme adultère sauvée par Jésus. Cette femme a péché. Et son péché, selon la Loi, doit être puni. Le barême est prévu. Au *niveau légal*, le seul moyen de sortir d'une telle situation, c'est de payer... Mais Jésus veut précisément changer le niveau. Il en appelle à la *conscience* de ceux qui sont autour : « Que celui qui est sans péché lui jette la première pierre. »

Chacun s'en va, en commençant par les plus vieux : au niveau des consciences, qui peut se dire parfait ? Nous sommes passés du *« légalisme »* à la *conscience.* Mais la révélation chrétienne n'est pas encore faite. C'est ce qui suit qui est « chrétien » : Jésus s'adressant à la femme n'excuse pas, ne gomme pas le mal, mais il lui parle, noue un dialogue avec elle — alors que la Loi ou la conscience l'ont laissée seule — et l'invite à repartir la tête haute. « Va ». Ce que fait Jésus, ce n'est ni exiger le paiement d'une dette légaliste, ni excuser comme le font les « bonnes » âmes... C'est accueillir les hommes et les femmes tels qu'ils sont — avec leur mal — et leur dire : « Tel que tu es, je t'aime, et je te considère capable d'être un partenaire. Je te pardonne. »

Péché et marche vers la sainteté

Il est vrai que cette attitude de Jésus, la même à l'égard de tous, oblige ceux qui le suivent à refuser de se sentir « en règle » (aux yeux de Jésus cela n'a pas d'importance) ; mais elle les force à se sentir *responsables* d'eux-mêmes (à ne pas fuir leur responsabilité, en l'attribuant à la société ou à qui que ce soit) et elle leur révèle l'*ampleur de leur péché.*

Ce point est délicat. Beaucoup de « saints » ont dit être les plus grands pécheurs du monde (ce qui ne veut pas dire les plus grands coupables). Leur attitude éclaire sur le sens du péché aux yeux des chrétiens. Plus ils se découvrent adultes, responsables, traités en partenaires de Dieu, plus ils découvrent qu'ils ne le sont pas encore complètement. Loin de les désespérer, cette découverte les fait mûrir, car elle s'accompagne de la certitude du respect de Dieu pour eux et leur permet d'assumer les ambiguïtés de toute action morale.

Suite page 791 ▶▶▶

Qu'est-ce que ?

Casuistique. C'est l'art d'appliquer les principes moraux universels aux *cas particuliers*. Généralement dénigré à cause des excès de ceux qui acceptent les principes en général, mais trichent avec eux pour ne pas les appliquer dans leur propre vie, cet art est pourtant absolument indispensable. Il ne peut y avoir de vie morale sans réflexion pour passer des grands principes aux actes concrets. Et les grands principes sont souvent en concurrence les uns avec les autres.

Consentement (du latin *consensus,* dérivé de *cum,* avec, *sentire* penser). En termes de théologie morale, c'est l'acte par lequel la volonté adhère à un moyen choisi par la raison. Cette définition souligne le caractère réfléchi et volontaire du consentement. Un tel consentement, par exemple, est requis de chaque époux pour la validité du sacrement de mariage ; il est formulé par le « oui » qu'ils prononcent (consentement matrimonial ; échange des consentements).

Syndérèse. Terme technique utilisé par les théologiens du Moyen Âge pour désigner la connaissance innée des principes premiers de l'action morale (« ce qui est bien, doit être fait »...).

Comment un autre pourrait-il me juger ! Trop de circonstances singulières ont joué, et parmi elles, bien trop d'impondérables. Dans chacun de mes actes, c'est plus ou moins tout le poids de mon passé qui est en jeu, ce passé que, à la fois j'ai créé, subi, auquel j'ai consenti ou contre lequel j'ai lutté. Comment démêler un tel écheveau ? Non seulement les autres, mais moi-même, j'en suis incapable... A cette perception vive de la conscience, qui est de toujours, s'ajoutent (...), aujourd'hui, de multiples raisons d'allure scientifique qui viennent les renforcer (...) N'est-ce pas le grand but des sciences humaines de procéder à un certain déniaisement, en tirant au jour, plus ou moins complètement, sous le réseau des motivations apparentes et des intentions claires, le jeu réel des forces qui nous poussent à agir et qui justement, sont toujours dissimulées ?

B. de Vaux Saint-Cyr
Préface du livre de J. C. Sagne,
Péché et culpabilité.

NÉGLIGENCE

Le droit considère que la négligence est source de responsabilité dans les conséquences qui peuvent en découler : si je n'ai pas réparé mon toit alors que je le savais en mauvais état, et qu'une tuile en tombe et blesse quelqu'un, ma négligence est coupable.
Le moraliste sera d'accord avec le droit ; mais, plus volontiers que le législateur, il essaiera de distinguer entre, d'une part, la négligence voulue ou acceptée et, d'autre part, l'inévitable manque d'attention. Là où le droit reconnaîtra la responsabilité, le moraliste remarquera que personne ne peut faire réellement attention, vingt-quatre heures sur vingt-quatre, à toutes les conséquences possibles de ses actes et de ses omissions. Aussi bien, d'ailleurs, le droit distingue-t-il lui-même entre responsabilité civile (qui n'appelle que la réparation du dommage causé) et la responsabilité pénale (qui implique sanction). ■

La conscience, sanctuaire où l'homme est seul avec Dieu

Au fond de sa conscience, l'homme découvre la présence d'une loi qu'il ne s'est pas donnée à lui-même, mais à laquelle il est tenu d'obéir. Cette voix, qui ne cesse de le presser d'aimer et d'accomplir le bien et d'éviter le mal, au moment opportun résonne dans l'intimité de son cœur : « Fais ceci, évite cela. » Car c'est une loi inscrite par Dieu au cœur de l'homme ; sa dignité est de lui obéir, et c'est elle qui le jugera. La conscience est le centre le plus secret de l'homme, le sanctuaire où il est seul avec Dieu et où sa voix se fait entendre. C'est d'une manière admirable que se découvre à la conscience cette loi qui s'accomplit dans l'amour de Dieu et du prochain.

Par fidélité à la conscience, les chrétiens, unis aux autres hommes, doivent chercher ensemble la vérité et la solution juste de tant de problèmes moraux que soulèvent aussi bien la vie privée que la vie sociale. Plus la conscience droite l'emporte, plus les personnes et les groupes s'éloignent d'une décision aveugle et tendent à se conformer aux normes objectives de la moralité. Toutefois, il arrive souvent que la conscience s'égare, par suite d'une ignorance invincible, sans perdre pour autant sa dignité. Ce que l'on ne peut dire lorsque l'homme se soucie peu de rechercher le vrai et le bien et lorsque l'habitude du péché rend peu à peu sa conscience presque aveugle.

VATICAN II, *Constitution sur l'Église dans le monde de ce temps (Gaudium et Spes)*, n° 16.

La tentation du Christ, détail des *Heures du duc de Berry*, manuscrit enluminé par les frères Limbourg (1413-1416). Chantilly.

Tentation

La tentation, à y regarder de près, n'a pas — pour les chrétiens — de valeur morale. De tout temps (et l'étymologie des mots grec et hébreu qui la désignent en fait foi), elle est considérée comme un banc d'essai, une épreuve, et non quelque chose de fatalement mauvais. C'est d'ailleurs facile à comprendre. La tentation est la manifestation des instincts naturels primaires qui demandent à être satisfaits. Si l'on regarde l'épisode de la tentation du Christ au désert (Mt 4) comme le récit typique, pour les chrétiens, de toutes les tentations assaillant tous les hommes, on découvre que ces tentations ne sont autres que la faim, le désir de sécurité et le pouvoir. Rien que du très nécessaire à l'homme. On découvre même que c'est l'Esprit de Dieu qui pousse le Christ au désert.

Alors pourquoi le langage a-t-il fait de la tentation un mal ? Sans doute pour éviter d'affronter le vrai problème. Pour les chrétiens, en effet. le mal n'existe pas en lui-même. Il est l'absence du bien... ou l'absence d'une partie de ce qui est bien ; et la tentation est l'accaparement de l'esprit par un bien qui cache un bien plus grand : il est bon d'aimer cette femme, cela est tentant et le plaisir que nous en aurions serait bon... mais il nous cache un plus grand bien, le bonheur de nos épouses et de nos enfants. Être tenté, en soi, n'est donc pas mal ; c'est une épreuve qui oblige chacun à assumer ses responsabilités et à établir son échelle de valeurs. Saint Jacques dit dans son *Épître* (1, 13-14) : « Que nul, quand il est tenté, ne dise : ' Ma tentation vient de Dieu '. Car Dieu ne peut être tenté de faire le mal et ne tente personne. Chacun est tenté par sa propre convoitise qui l'entraîne et le séduit ».

Mais si la tentation est le lieu de la liberté et de la responsabilité, le fidèle sait que, dans sa lutte pour être lui-même, l'amour de Dieu ne le laissera pas seul : « Dieu ne permettra pas que vous soyez tentés au-delà de vos forces. Avec la tentation, il vous donnera le moyen d'en sortir et la force de la supporter » (1 Co 10,13). ■

CONSCIENCE

Il importe de distinguer la *conscience psychologique* — la connaissance qu'un homme a de sa propre activité psychique et, à travers elle, de lui-même comme sujet humain — et la *conscience morale* — la faculté ou le fait de porter des jugements de valeur morale sur ses actes.
Dans l'expérience humaine, la conscience morale apparaît au point précis où l'homme prend conscience de sa responsabilité, de sa capacité d'être un sujet responsable de sa propre conduite.
La *conscience morale* se développe à partir d'un **double refus** :
• celui de vivre sur le mode de l'**impersonnel**, du « on », du conformisme social : « Je fais comme tout le monde » ;
• celui de vivre sur le mode **individualiste**, sans tenir compte des autres : « Je fais ce qui me plaît ».
La conscience morale se construit positivement en articulant sa propre liberté sur celle des autres. En ce sens, la conscience morale est elle-même une loi intérieure : c'est-à-dire la nécessité où est chacun de vivre à la première personne, d'être sujet de sa propre conduite, et de l'être, de telle manière qu'il se construise comme homme en posant des actes dignes de l'homme, reconnaissables et avouables par tout autre homme qui serait à sa place.
Dès lors, former sa conscience morale, c'est apprendre à faire ses propres choix en tenant compte des autres et, si l'on est croyant, en tenant compte de l'appel de Dieu. Aussi bien, la réflexion personnelle, le conseil de personnes expérimentées, la confrontation avec les autres, la prise en compte de la loi humaine ou ecclésiale, l'écoute de la Parole de Dieu, etc., peuvent faciliter la maturation de la conscience morale.
On voit que la **conscience morale** présente un paradoxe qui en fait la richesse ; elle est tout à la fois :
• **autonomie et liberté** : je suis responsable de mes actes bons et mauvais ;
• **dépendance et obéissance** : je fais mes choix en tenant compte des autres et de Dieu.
Il n'y a rien de plus personnel et de moins individualiste que la conscience morale, qui exprime finalement la personne humaine en tant que celle-ci juge de façon droite et choisit librement ce qui est bien pour sa propre réalisation en lien avec les autres et avec Dieu. ■

BONNE CONSCIENCE

La bonne conscience est l'état de celui qui estime n'avoir rien à se reprocher.
Cette expression est souvent prise dans un sens péjoratif : celui qui a bonne conscience se fait illusion sur lui-même et, sous-entendu, il serait plus juste qu'il ait « mauvaise conscience », c'est-à-dire le sentiment d'avoir mal agi.
A la réflexion, bonne conscience et mauvaise conscience tout à la fois s'opposent et se ressemblent : l'une et l'autre en effet, d'une part, signifient un jugement moral, souvent peu élaboré, sur soi-même, et, d'autre part, traduisent des désirs et des craintes qui sont liés et s'appellent mutuellement : ainsi le rêve d'innocence et l'angoisse de la faute, le désir de se justifier et le sentiment de culpabilité.
Cette réflexion amène quelques remarques :

☞ Mettre à jour les mécanismes affectifs qui sous-tendent la bonne ou la mauvaise conscience permet à la fois de ne pas s'en étonner — elles ont d'ailleurs leur utilité —, de ne pas s'y enfermer, et donc de les dépasser pour élaborer un jugement moral plus réfléchi sur soi-même.

☞ Dans cette perspective, il apparaît que c'est dans une relation authentique aux autres que l'homme peut prendre une distance salutaire à l'égard de sa « bonne » ou de sa « mauvaise » conscience, attitudes où l'on est encore excessivement tourné vers soi-même.

☞ Ajoutons que la lumière de la foi chrétienne brise tout ensemble l'illusion de la bonne conscience et l'enfermement dans la culpabilité : si je suis aimé par un Autre d'une manière totalement gratuite et inconditionnelle, tel que je suis, je suis délivré, en ultime instance, du jugement sur moi-même, que celui-ci soit positif ou négatif. ■

CONFLIT DE DEVOIRS

Au sens strict, le conflit de devoirs ne devrait pas exister aux yeux du moraliste chrétien : pour lui, chacun a le devoir de suivre ce que lui dicte sa conscience.
La difficulté est au niveau de la conscience : dans une situation donnée, différents points de vue se font jour et troublent la conscience : « Le ciel des valeurs est toujours déchiré. » (Jankélévitch)
Les Juifs connaissaient déjà ce genre de problème : si une brebis tombe dans un trou un jour de sabbat, faut-il suivre la Loi qui interdit de travailler le jour du sabbat, ou faut-il sauver la brebis et éviter qu'elle ne soit perdue pour tout le monde (cf Mt 12, 11) ?
Le Christ répond que l'on sort du conflit de devoirs en faisant le « bien » (Lc 14, 5). Mais déterminer ce qui est bien est répondre à la question ; il est des moments où cela n'est pas évident, et le chrétien est laissé à son intelligence, à sa générosité. Même si les lois peuvent l'éclairer, même si des conseils peuvent l'aider, ils ne peuvent éliminer ce qui est au cœur de l'action morale : le choix responsable et libre de ce que l'on estime le meilleur. ■

Lorsqu'un mot, une expression, un événement, une institution, un nom propre vous sont inconnus, consultez l'index.

Suffit-il d'être bien intentionné ?

Le mot *intention* a eu une importance capitale dans l'histoire de la théologie morale. Beaucoup se souviennent, par exemple, de la définition du péché mortel, lequel impliquait toujours trois éléments : une matière grave, une conscience claire, et une intention affirmée (ou une volonté libre).

Souvent donc les théologiens enseignaient qu'une action valait ce que valait l'intention qui la motivait.

Ces conceptions de la morale ont été très largement critiquées à l'époque contemporaine : Max Weber se moque de cette morale de l'intention qui juge sur le bon cœur plus que sur les résultats, morale qu'il oppose à celle de la responsabilité. Quant aux psychologues, ils critiquent à bon droit une conception naïve de l'intentionalité des actes : la lucidité sur soi-même est en effet rarissime.

Le théologien ne peut cesser pour autant de proclamer la liberté de l'homme et la responsabilité qui lui incombe dans ses choix ; « Affirmer la liberté, c'est prendre sur soi l'origine du mal », dit Paul Ricœur. En fait, la Parole de Dieu, l'amour de Dieu font toujours découvrir — au-delà des bonnes raisons que chacun se donne — les déficiences et la perversité de la volonté. Mais en découvrant les véritables intentions de sa volonté, l'homme prend ses distances par rapport à elle et s'en libère.

David emporté par la passion savait-il vraiment ce qu'il faisait en prenant Bethsabée comme femme et en envoyant Uri son mari se battre au front ? Il se cachait à lui-même son intention. Nathan, en lui faisant découvrir son péché, lui révèle ainsi les voies de la libération personnelle (2 Sm 11 et 12).

Si une telle vue est exacte, la révélation du péché permet à chacun de comprendre ses véritables intentions, de découvrir ses responsabilités et de devenir libre. ■

Ph. Artephot-Ziolo-Rolland

Miserere, de Rouault (1917-1927).

ACTE

Mot technique de la théologie morale. Son étymologie (*agere,* faire, en latin) indique son sens : un acte, c'est ce que quelqu'un fait. Le problème sous-jacent à l'utilisation du mot en morale est celui de la responsabilité : à quelle condition un acte est-il vraiment humain et entraîne-t-il la responsabilité de celui qui le pose ?
Les théologiens moralistes répondaient traditionnellement d'une manière simple à cette question : il faut que l'acte ait été posé librement, en connaissance de cause, volontairement et dans un but donné.
Le renouvellement des connaissances psychologiques fait que ces catégories peuvent apparaître moins simples qu'autrefois. Que veulent dire exactement « librement », « en connaissance de cause » ? Il est souvent difficile de le préciser.
Pourtant, aujourd'hui encore, les théologiens insistent sur le lien entre responsabilité et liberté, et pensent que chaque acte posé d'une manière vraiment responsable est comme une sorte de manifestation de l'orientation profonde que chacun donne à sa vie. ■

FOLIE

La folie fait peur. Comment ne ferait-elle pas spécialement peur aux chrétiens quand ils savent que certains des leurs, dans les pays de l'Est, ont été enfermés, parce que chrétiens, en asile psychiatrique ? A vrai dire, c'est depuis le début du christianisme qu'on les traite de fous.
« Jésus vint à la maison. De nouveau la foule se rassemble à tel point qu'ils ne pouvaient même pas prendre leur repas. A cette nouvelle, les gens de sa parenté vinrent pour s'emparer de lui, car ils disaient : « Il a perdu la tête ! » (Mc 3,20-21).
Le scénario est éternel. La famille s'inquiète (encore heureux quand elle s'inquiète, cela veut dire qu'elle n'abandonne pas) parce qu'il ne « fait » pas comme tout le monde. Il bouscule les horaires et les rites — les plus sacrés, ceux du repas —, emmène des foules dans des maisons qu'il considère comme siennes alors qu'il n'a pas de famille et n'est pas marié... Et lui qui ne gagne pas son pain, essaie de persuader que l'homme ne vit pas que de pain. La conclusion va de soi : « Il est fou ! »... C'est ce que penseront plus tard les soldats romains, lorsque le gueux solitaire se déclarera Roi. Alors, ils l'habilleront de la robe des fous et lui tresseront une couronne de dérision... Et les chrétiens de tous les temps diront que la véritable folie était l'amour du normal et de la famille, l'amour de l'ordre des Romains et de la raison d'État et que ce qui apparaissait fou était en fait la véritable sagesse.
Ce retournement ne peut pas ne pas marquer à chaque époque la réflexion chrétienne sur la folie. A force d'avoir été traités de fous, comment des chrétiens n'auraient-ils pas une sympathie pour les fous ? Bien plus, comment pourraient-ils, fondamentalement, ne pas se sentir de la même race qu'eux et donc percevoir toute la dignité de ces vrais malades ? Certaines protections sont parfois nécessaires. Mais, au fond, chaque fois qu'un homme déclare un autre fou, n'est-ce pas la faillite de sa propre intelligence qu'il proclame ? Ou sa peur de voir remettre en cause son propre équilibre ? Toujours est-il que le Christ — ce fou — déclarait : « Quiconque se met en colère contre son frère en répondra au tribunal ; celui qui dira à son frère « imbécile » sera justiciable du sanhédrin ; celui qui dira « fou » sera « passible de la géhenne du feu » (Mt 5,22). ■

▶▶▶ *Suite de la page 788*

LA FORMATION DE LA CONSCIENCE : L'ASCÈSE CHRÉTIENNE

Le mot ascèse fait peur aujourd'hui. Sans doute se souvient-on de son origine militaire (lointaine) et de son sens « d'entraînement », d'exercice. En fait, dans aucun domaine de l'agir chrétien, de la prière, de la morale, la Bible ne présente de programme de formation précis, avec méthodes et exercices. Ceci est compréhensible. S'il existait de tels processus, la liberté chrétienne ne serait plus le fruit du don gratuit de Dieu, la grâce.

C'est pourquoi tous ceux — et il y en a — qui ont compris le mot ascèse dans son sens militaire et l'ont appliqué aux réalités spirituelles ont fait un contresens. Et si, dans le Nouveau Testament, on trouve l'idée d'une vie fondée sur l'austérité (autre dimension communément attachée à l'ascèse), cette idée est liée au personnage de Jean le Baptiste, non à celui du Christ.

L'ascèse chrétienne est une expression quasi-technique qui désigne l'art de savoir rassembler toutes ses forces pour progresser dans l'agir chrétien, quelles que soient les circonstances. Derrière cette définition, il y a une réalité connue : la vie morale est une sorte de combat où l'homme fait souvent ce qu'il ne veut pas et ne fait pas ce qu'il veut. L'ascèse est ce qui permet de ne pas se disperser, de ne pas se désunir — comme on dirait en termes sportifs — en gardant sa disponibilité totale au don de Dieu. L'ascèse, c'est choisir comme dieu Dieu, et non l'argent, le pouvoir, le plaisir ou n'importe quel autre bien. L'ascèse conduit à la maîtrise de soi-même, à la domination de ses instincts, pour être disponible. Mais elle peut conduire aussi, dans le monde actuel, à savoir prendre des loisirs pour rester disponible. Dans la souffrance involontaire, l'ascèse permet de garder les yeux sur l'essentiel, de rester capable de réaction et d'amour. L'ascèse est don de soi à l'amour transformant de Dieu, et refus de ce qui, très personnellement, en chacun, s'y oppose. Elle implique donc un certain renoncement.

Les principes de l'agir chrétien

La morale est une science de l'action. Les chrétiens n'ont pas de « grammaire » spécifique de l'action. Comme tout le monde, ils sont confrontés à des problèmes. Comme tout le monde, ils sont confrontés à des cas de conscience. Comme tout le monde, ils doivent choisir dans un univers où beaucoup de codes moraux sont en présence et en conflits : codes qui changent suivant les cultures, les générations, les professions, les responsabilités. Comme tout le monde, ils doivent se poser la question : que faire maintenant et pourquoi ?

LE PREMIER PRINCIPE DE L'AGIR CHRÉTIEN EST DE RÉPONDRE LIBREMENT, CONSCIENCIEUSEMENT, INTELLIGEMMENT AUX QUESTIONS QUI SE POSENT.

Le concile Vatican II n'en finira pas de reprendre ces enseignements de base : « C'est toujours librement que l'homme se tourne vers le bien. Cette liberté, nos contemporains l'estiment grandement et ils la poursuivent avec ardeur. Et ils ont raison. (...) Dieu a voulu "laisser (l'homme) à son propre conseil" pour qu'il puisse de lui-même chercher son Créateur et, en adhérant librement à

▶▶▶

FAUTE — PÉCHÉ

Il importe de bien situer ces notions, souvent confondues, mais à tort.

La ***faute*** est à la fois une tromperie et un manquement. Tromperie sur le but recherché, sur les moyens mis en œuvre ou sur le résultat acquis. La tromperie porte donc sur ce qui aurait dû être fait et qui ne l'a pas été : la faute est le manque à un devoir, à une règle. Elle fait défaut par rapport à une norme sociale, morale. *Elle se situe par rapport à une loi.*

Le ***péché*** est un *refus de Dieu. Il se situe par rapport aux relations entretenues avec une personne.* Les relations peuvent être plus ou moins compromises : un péché envers Dieu, envers les autres, envers soi-même. On voit immédiatement que toute faute n'est pas, de soi, un péché. Pour qu'il y ait péché, il faut qu'une personne soit mise en cause. Ce peut évidemment être à travers le refus de la norme donnée par Dieu. C'est pourquoi le refus d'aimer, le refus de l'autre, sont finalement présents en tout péché. ■

CULPABILITÉ

Le sentiment de culpabilité est le sentiment d'être en faute (en latin, *culpa* signifie faute, que cette faute soit réelle ou imaginaire).

Généralement, ce sentiment s'accompagne d'une dévalorisation de soi-même et d'une sorte de honte. Il s'explique souvent par la transgression de normes socio-culturelles et surtout, de normes intériorisées dans l'enfance. Ce sentiment, d'un point de vue chrétien, est ambigu.

Il peut être l'expression d'une prise de conscience de sa part de responsabilité personnelle dans le mal du monde ; il n'y a pas que les autres, la société, qui sont mauvais, je le suis moi aussi. Dans ce cas-là, ce sentiment est facteur de liberté puisqu'il permet de reconnaître son « mal » et d'essayer de le dépasser. Ici la « déculpabilisation » serait avilissante.

Il peut être aussi l'expression pathologique d'une conscience déformée. Il est alors souvent accompagné du scrupule : au lieu d'assumer la responsabilité du choix entre plusieurs « commandements » (ce qui est le propre de l'attitude morale), le scrupuleux, parce qu'il se sent coupable, veut obéir à tout à la fois. La loi, pour lui, devient un enfer. ■

Remords et Repentir

Tandis que la présence à soi-même dans le remords est stérile, la présence à Dieu dans le repentir est féconde ; d'un côté, c'est l'isolement, de l'autre, c'est la communion : le repentir est une attitude d'affection.

R. GUELLUY.

▶▶▶

Lui, s'achever ainsi dans une bienheureuse plénitude. La dignité de l'homme exige donc de lui qu'il agisse selon un choix conscient et libre, mû et déterminé par une conviction personnelle et non sous le seul effet de poussées instinctives ou d'une contrainte extérieure » (*L'Église dans le monde de ce temps. Gaudium et Spes* — *§* 17).

C'est à cause de la difficulté des problèmes, à cause de la nécessaire intégration, par la conscience, de chacune des normes morales que le concile avait d'ailleurs adressé le texte *L'Église dans le monde de ce temps* à tous les hommes de bonne volonté, en leur disant : « Par fidélité à la conscience, les chrétiens, unis aux autres hommes, doivent chercher ensemble la vérité et la solution juste à tant de problèmes moraux que soulèvent aussi bien la vie privée que la vie sociale. » (§ 16)

Le deuxième principe de l'agir chrétien est d'essayer de résoudre les problèmes dans le sens de l'amour.

A cause de l'exemple du Christ. A cause de l'appel du Christ à aimer son frère. A cause du bon sens. Une action, pour être morale, dit Kant, doit pouvoir être faite par tous, rendue universelle. Quelquefois la sagesse populaire dit : « Si tout le monde faisait cela, ce ne serait plus possible »... Et elle décrit une mauvaise action. L'amour seul est universel.

Les commandements de l'Ancien Testament (le *Décalogue*) aident à tenir ce principe. La pointe évidente des « dix commandements » se trouve dans le « Tu ne tueras pas », qui est une manière commode de dire : « Tu respecteras toute forme de vie, tu ne mutileras pas la vérité de ton être en ne reconnaissant pas Dieu pour ton Dieu, et tu ne tueras pas la vie de l'amitié en ne respectant pas ton frère ». Lorsque Jésus, selon Matthieu, déclare : « Je ne suis pas venu pour abolir la Loi ou les Prophètes, mais pour les accomplir » (Mt 5,17), il invitait certainement à continuer à utiliser ces dix commandements pour interroger sa vie et savoir si, en réalité, on aime comme lui. Il faut d'ailleurs peu de commentaires pour rendre ces commandements très actuels.

Dieu dit : « Écoute Israël, je suis le Seigneur ton Dieu qui t'ai fait sortir du pays d'Égypte, tu n'auras pas d'autres dieux que moi... » Et l'on peut commenter : tu ne feras pas de ta voiture un dieu ni de l'économie un absolu. Essayer d'oublier la création telle qu'elle est, le temps d'une drogue, de l'alcool, des vacances ou du carnaval, c'est refuser le créateur. Tu n'auras qu'un absolu, Dieu.

Dieu dit : « Tu ne prononceras pas le nom de Dieu à faux... » Et l'on peut commenter : tu n'invoqueras pas les valeurs chrétiennes pour défendre tes intérêts ou tes points de vue, tu n'écriras pas sur ton ceinturon « Dieu avec nous », tu ne parleras pas du petit Jésus pour que ton enfant soit sage ou de Dieu pour que ton fils ne vive pas en concubinage.

Dieu dit : « Tu ne tueras pas ». Et l'on peut commenter : avortement, imprudence sur la route, calomnie, refus de partager des responsabilités, exploitation de l'autre, le meurtre a bien des noms ! Et, presque tous, nous avons nos Juifs, nos frères Abel, nos concurrents et nos chefs que nous aimerions voir morts.

▶▶▶

L'homme est-il totalement pervers ?

En 1648, *la Confession de Westminster* — le texte anglican fondamental — déclarait que, depuis la faute originelle, « nous sommes incapables de tout bien, y sommes même opposés et totalement inclinés vers tout ce qui est mal ».

Ceux des chrétiens qui soutiennent cette thèse la justifient en citant saint Paul : « Je sais qu'en moi le bien n'habite pas » (Rm 7,18), ou en se référant au *Psaume 51,7* : « Dans la faute, j'ai été enfanté ». Ils veulent souligner que le bonheur et le salut viennent totalement de la grâce de Dieu et non du mérite des hommes.

Si la théologie catholique reconnaît pour sa part que l'homme est tout entier marqué par le péché, en ce sens qu'en lui ce sont également l'intelligence et le cœur qui pèchent et non, par exemple, le corps seul, elle aussi s'appuie sur l'Écriture (« Soyez donc parfaits comme votre Père céleste est parfait », Mt 5,48 ; « Heureux les cœurs des pauvres, le Royaume des Cieux est à eux », Mt 5,3, etc.) pour affirmer que l'amour de Dieu permet à chacun d'être bon, au moins en partie.

Au demeurant, si chaque homme était totalement pervers, il n'y aurait plus aucune distinction possible entre le bien et le mal. ■

TABOU

Le mot est d'origine polynésienne *(tapu)*. Il signifie un interdit formulé et/ou protégé par un pouvoir surnaturel. Par extension, il signifie un interdit culturel extrêmement fort : l'inceste est un tabou dans toutes les sociétés.

Les sociétés traditionnelles comptent souvent un nombre important de tabous ; l'urbanisation, les communications sociales, l'éducation ont permis aux sociétés modernes de détruire la plupart d'entre eux.

Certains cependant se demandent aujourd'hui si ce qui était apparu comme une libération des tabous (sexuels par exemple) n'est pas simplement en fait une sorte de retournement. Le tabou aurait perdu son caractère d'interdit, mais il garderait son aspect fascinant, et resterait lié d'une manière ou d'une autre au sacré.

De soi, il n'y a rien, dans le christianisme, qui soit tabou (tout est permis, tout n'est pas forcément bon) : la peur et l'interdit ne sont pas à la base de l'agir chrétien. Dans le judaïsme, le Saint des Saints (le sanctuaire du Temple) était tabou ; pour le chrétien, tout homme est le temple de Dieu ; s'il y avait un tabou, ce serait de profaner ce temple-là. ■

INSTINCTS

L'étymologie du mot (du latin *instinctus*, impulsion) évoque la réponse incontrôlable d'un muscle à une excitation. Bien que le mot instinct puisse s'appliquer à de très faibles réactions, il est souvent identifié aux pulsions qui sont des forces intérieures incontrôlables (ou difficilement contrôlables) poussant à agir d'une manière comme prédéterminée.
Alors que chez l'animal, l'instinct semble être un élément régulateur et qui rend la vie simple, chez l'homme l'instinct apparaît souvent comme irrationnel et difficile à gérer. De ces difficultés, et de l'angoisse qui peut en naître, on accuse souvent la société.
Qu'ils les décrivent sous les deux rubriques « concupiscible et irascible », comme les moralistes du Moyen Âge, ou « pulsion de vie et pulsion de mort » à la suite de Freud, ou encore qu'ils les considèrent en distinguant l'instinct grégaire, l'instinct de fuite, l'instinct sexuel, l'instinct de combat, l'instinct parental, l'instinct de curiosité, l'instinct de possession, l'instinct de construction, l'instinct nutritif, l'instinct de répulsion, l'instinct de défense de son droit et de son territoire, l'instinct de faire le beau, l'instinct du rire, comme certains psychologues modernes, les théologiens se sont toujours posé la question de savoir si l'instinct laisse l'homme libre.
Le philosophe allemand Max Scheler affirme que l'instinct humain coupé de l'esprit se trouve sans guide ; mais l'esprit coupé de l'instinct demeure sans force. C'est dans cette ligne que répondent la plupart des moralistes : « qui fait l'ange fait la bête ». Il est impossible et dangereux de nier l'instinct. Mais il est possible de l'endiguer et de s'en servir. C'est là que se situe la liberté de l'homme. ■

CONCUPISCENCE

Ce mot ancien, et qui n'est plus guère employé, signifie au sens large le désir, inscrit dans la psychologie humaine antérieurement à la décision de la liberté de l'homme, et qui porte spontanément celui-ci vers des biens divers ; l'usage a souvent restreint ce mot au désir d'ordre sensible, particulièrement dans le domaine sexuel, et l'a affecté d'un indice négatif en le liant plus ou moins au péché.
De soi, ce désir est une réalité positive qui s'inscrit dans les dynamismes permettant à l'homme d'entrer en relation avec le monde et les autres. Le problème moral commence quand la raison et la liberté humaines doivent intégrer ce dynamisme du désir, sans le mutiler ni se laisser conduire aveuglément par lui, et l'articuler avec les désirs des autres hommes, de manière à bâtir une communauté humaine où des règles du jeu canalisent la force des désirs dans la perspective d'un respect mutuel des personnes.
Pour le chrétien, cette visée implique une lutte où l'homme a besoin de la force de l'Esprit de Dieu, qui guérit l'affectivité de l'homme et la met au service d'un amour vrai de Dieu, des autres, de soi-même. ■

ANGOISSE

L'angoisse ou l'anxiété sont, pour beaucoup, une des caractéristiques du monde moderne. En fait, à la suite de saint Augustin, bien des théologiens ont réfléchi sur ce phénomène. Généralement — surtout lorsque ce sont des réformés — ils soulignent le lien nécessaire entre liberté et anxiété : plus l'homme est libre, plus la nécessité du choix est obligatoire et pénible. L'angoisse révèle à l'homme l'importance de ce choix ; et même, plus profondément, elle lui signifie ses limites : « La première chose à dire de l'angoisse est l'état d'un être qui prend conscience qu'il pourrait ne pas être » (P. Tillich. *The courage to be*).

D'autres penseurs voient dans l'angoisse une sorte de signal ambigu du danger : ambigu parce qu'elle peut être disproportionnée par rapport au danger et empêcher l'action. Il convient alors de la dominer, sans pour autant l'évacuer car elle met en garde contre le danger et permet de l'éviter ; elle peut en outre être un stimulant. Dès lors l'angoisse, ainsi dominée, peut aider à la décision morale. ■

SCANDALE

A l'origine, le mot évoquait la pierre cachée du chemin sur laquelle on butte et qui fait tomber, et même le piège (du grec « skandalon », obstacle, pierre d'achoppement).
Il est évident que la conscience morale ne peut approuver ceux qui, volontairement — ou par insouciance — font tomber les autres humains. Qui n'approuverait Jésus lorsqu'il dit : « Si quelqu'un doit scandaliser l'un de ces petits qui croient en moi, il serait préférable pour lui de se voir suspendre une de ces meules que tournent les ânes et d'être englouti en pleine mer ? » (Mt 18-6)
Ainsi le vrai problème moral n'est pas là. Il est dans le scandale produit pour le bien, avec conscience de vouloir faire avancer les choses. Saint Paul avait conscience d'annoncer un Christ « scandale pour les juifs » (1 Co 1,23) et il cherchait, de fait, à les faire trébucher de leur suffisance pour qu'ils puissent rencontrer Dieu. Il y a quelque chose d'ambigu dans ce travail. N'est-ce-pas un des sens du jeu de mot du Christ donnant à Simon le nom de Pierre ? Cette pierre-là, le Christ la dénonce, un moment, comme un scandale (Mt 16,23), juste après avoir dit qu'il bâtira son Église sur elle.
Il y a donc scandale et scandale ; il y a ambiguïté. Il y a aussi, dans l'Église, une manière de surmonter cette ambiguïté. Par amour, tout ce qui est absolument nécessaire au salut doit être annoncé clairement. Par contre, dès qu'il ne s'agit plus de salut proprement dit, et dans le même souci de respect, il faut éviter le scandale. Très hostile à la circoncision des nouveaux chrétiens, saint Paul fera circoncire Timothée pour que les judéo-chrétiens ne soient pas scandalisés. (Ac 16-1 à 4). Il se conformait en cela à l'avis qu'il donnait lui-même sur la question de savoir si un chrétien pouvait manger les viandes immolées aux idoles : « Tout est permis ; mais tout n'est pas profitable (...) Que personne ne cherche son propre intérêt, mais celui d'autrui, et si quelqu'un vous demande de ne pas manger une viande qu'il estime interdite, n'en mangez pas à cause de celui qui vous a prévenu et par motif de conscience. Par conscience, j'entends non la vôtre, mais celle d'autrui. » (1 Co, 10,23-29). ■

Qu'est-ce que ?

Innocence (du latin *in*, négatif, *nocere*, nuire ; c'est littéralement la non-nuisance). En langage courant, est innocent celui qui n'est pas coupable. En morale chrétienne, c'est celui qui est sans péché (les saints Innocents, enfants en bas âge massacrés sur ordre du roi Hérode). L'état d'innocence est celui que certains théologiens, à la lumière des textes de l'Écriture, attribuent à l'homme avant la chute du péché.

Scrupule (du latin *scrupulus*, petit caillou pointu ; d'où le sens figuré : embarras, scrupule).
Le scrupule est une maladie affectant le jugement, et généralement le jugement moral : au sens strict, le scrupuleux a toujours peur de ne pas avoir satisfait à la Loi.
Souvent, le scrupule s'accompagne d'obsessions, qui peuvent être l'expression d'une culpabilité inconsciente n'arrivant pas à se formuler dans la conscience claire. Jamais délivré de son obsession, le scrupuleux court de confident en confident, de prêtre en prêtre ; il n'est pas de meilleur service à lui rendre que de lui conseiller d'arrêter cette course : ce dont il a besoin, c'est d'un guide sûr et d'un médecin.

Volonté. Mot d'usage courant, mais de plus en plus rejeté par les psychologues et les théologiens : il y a peu de points communs entre bonne ou mauvaise volonté (qui dénotent un état d'esprit) et volonté de pouvoir (qui est souvent un instinct). Contrairement à ce que laissaient entendre les anciens, la volonté n'est pas une sorte d'organe que certains posséderaient plus ou moins.
La volonté est le comportement de celui qui cherche à agir d'une manière responsable, en connaissance de cause et dans un but donné. Entendue en ce sens-là, elle peut faire l'objet d'une réflexion morale.

IMPUR

Les termes de *pur* et d'*impur* sont employés dans des sens divers. Par-derrière ces mots se cache une symbolique très ancienne : celle de la souillure, de la tache, souvent liée à des types de comportements rituels, à des interdits sexuels dont la loi judaïque offre de nombreux exemples (Lv 11-16 ; 17 ; 26).
Cette portée symbolique de la souillure, de la tache, a permis la transposition du domaine rituel ou cultuel au domaine moral : tout mal, toute faute est symboliquement souillure, tache, impureté.
L'enseignement de l'Évangile va dans le sens d'une intériorisation de l'impur : c'est ce qui vient du cœur de l'homme qui est pur ou impur (Mt 15, 19-20 ; 23, 25). ■

▶▶▶

Dieu dit : « Tu ne commettras pas d'adultère, tu ne convoiteras pas la femme du voisin ». Et l'on peut commenter : on chante aujourd'hui l'amour et le plaisir, et on a raison ! La création est bonne. On a raison de dire : à chaque âge, ton corps est une merveille ! Mais tu es plus qu'un corps... et ton partenaire est plus qu'un corps... Vous êtes des personnes et vous avez besoin non seulement d'amour, mais de temps, de fidélité.

Dieu dit : « Tu ne voleras pas ». Et l'on peut commenter : sûr, tu respecteras la propriété d'autrui. Mais cela ne veut pas dire que tu abuseras de la tienne. Ce qui est à toi n'est pas simplement pour toi, et dans ce monde de pauvres, c'est ta poubelle qui te jugera.

Dieu dit : « Tu ne porteras pas de faux témoignage ». Et l'on peut commenter : tu ne répandras pas de rumeurs, spécialement sur les faibles et les vaincus, ni sur ton rival. Tu n'enjoliveras pas la vérité pour mieux vendre. Tu ne te tairas pas devant l'injustice.

Dieu dit : « Tu ne convoiteras pas la maison de ton voisin ». Et l'on peut commenter : si tu le peux, ne risque pas ta vie de famille pour des heures supplémentaires ou un double salaire ; ta maison te suffit peut-être : pourquoi vouloir toujours plus ? Et s'il est impératif de lutter pour la justice, ce n'est pas parce que les riches sont riches qu'il faut que tu deviennes riche. Ce serait ton malheur.

Les Béatitudes

Il arrive souvent que l'on oppose à la morale des dix commandements celle des Béatitudes, à la morale de la Loi celle de la Promesse. Cette opposition est factice. Les deux textes désignent deux faces différentes de la même « morale » : celle qui appelle l'homme à reconnaître en chaque homme une image du Dieu d'amour et à aller à sa rencontre.

Les Béatitudes sont l'expression de la promesse de bonheur faite à ceux qui prennent les dix commandements au sérieux et, à travers eux, cherchent à répondre à l'appel de l'amour de Dieu. Bref, qui suivent la morale de l'Alliance.

> « *Heureux, vous les pauvres : le Royaume de Dieu est à vous.*
> *Heureux, vous qui avez faim maintenant : vous serez rassasiés.*
> *Heureux, vous qui pleurez maintenant : vous rirez.*
> *Heureux êtes-vous lorsque les hommes vous haïssent, lorsqu'ils vous rejettent, et qu'ils insultent et proscrivent votre nom comme infâme à cause du Fils de l'Homme*
> (Lc 6,20-23).

LE TROISIÈME PRINCIPE DE L'AGIR CHRÉTIEN EST DE TENIR COMPTE DU GROUPE DANS LEQUEL IL S'ACCOMPLIT.

La morale n'est jamais seulement une affaire privée ! Les chrétiens savent que chaque groupe a ses coutumes, ses manières de faire, ses lois qui, pour humaines qu'elles soient, ont une valeur. Il est vrai que cette valeur n'est pas, à leurs yeux, la valeur suprême, mais souvent fruit d'une sagesse ancienne ; elle est le fruit de la mémoire du groupe : elle dit à chacun de prendre une décision. Cette manière d'agir a évité des conflits et a permis au groupe de survivre.

▶▶▶

Qu'est-ce que ?

Antinomisme (du grec *anti,* contre et *nomos,* loi). Désignation d'une tendance luthérienne, représentée au XVIe siècle par le théologien protestant allemand Agricola (Jean Schnitter, dit), et selon laquelle la foi seule serait la condition du salut. L'obéissance à la loi ne serait d'aucune importance pour être sauvé.

Hédonisme (du grec *hèdonè,* plaisir). Doctrine selon laquelle le plaisir est la finalité de toute action humaine. Certains hédonistes vont même jusqu'à soutenir que, dans l'accomplissement du devoir par exemple, c'est le plaisir de souffrir qui serait recherché.
La doctrine hédoniste n'est pas seulement en contradiction avec l'esprit des Béatitudes évangéliques ; elle va à l'encontre de la conception chrétienne de l'homme, en niant la liberté de celui-ci de donner à son action une finalité choisie et voulue.

Laxisme. Personne ne s'est jamais dit laxiste, c'est-à-dire ayant abandonné toute exigence morale. Le laxisme est donc le nom donné par leurs détracteurs aux systèmes de pensée morale qui laissent chacun libre de faire ce qu'il veut lorsque, dans un domaine donné, les lois et commandements qui devraient s'appliquer sont un tant soit peu critiquables.
Historiquement, le laxisme est né dans une période de grande mutation sociale (la fin du XVIe siècle) où, par exemple, la stricte interdiction du prêt à intérêt semblait impossible à respecter (Escobar, s.j. ; Caramuel, cistercien ; Tamburini, s.j.). Brocardés par Pascal, les laxistes furent finalement condamnés par les papes Alexandre VII et Innocent XI (1665, 1666, 1679).

Probabilisme

Le Christ semble à la fois obéissant — le Nouveau Testament dit « obéissant jusqu'à la mort » — et étonnamment libre. Ce paradoxe se retrouve aussi dans la vie chrétienne. Comment être à la fois vraiment libre et vraiment responsable ? Faut-il respecter la loi à tout prix ; sinon, à quel prix ? Si tout est permis, tout est-il bénéfique ?

Ces questions sont de tous les temps. Elles se compliquent singulièrement dans la réalité parce qu'il est rare que celle-ci soit facile à analyser.

Prenons un exemple. Un feu de signalisation reste indéfiniment au rouge. L'automobiliste voit le flot des voitures sur la voie croisant la sienne s'arrêter à l'entrée du carrefour, repartir, puis s'arrêter encore. La loi qui stipule de s'arrêter au rouge est claire. Oblige-t-elle dans ce cas-là ?

Le moraliste *probabiliste* déclarera que « probablement », le feu semblant bloqué, il y a doute légitime sur la nécessité d'appliquer la loi, et il conseillera de traverser prudemment le carrefour.

Le moraliste *tutioriste* (du latin *tutior,* plus sûr) déclarera qu'il ne faut jamais enfreindre la loi.

Le moraliste *équiprobabiliste* réagira comme son premier collègue probabiliste en demandant cependant que le chauffeur cherche à s'assurer du blocage du feu et qu'il ait une conviction relativement fondée de sa panne.

Le moraliste *probabilioriste* demandera encore plus. Pour lui, la loi, en cas de doute, doit être respectée jusqu'au moment où le doute est si grand qu'il est vraiment peu probable qu'il faille la suivre.

Certes, l'exemple choisi ici peut paraître presqu'anodin, mais il est vrai que l'homme doit faire des choix qui ne sont pas toujours clairs. Pascal condamnait le simple probabilisme, mais l'Église, elle, n'a condamné que le tutiorisme (sauf le tutiorisme dans la manière de célébrer les sacrements). Ceci veut dire que l'on peut agir en sûreté de conscience quand il y a une incertitude sur la loi, dès lors qu'il est probable que cette loi ne s'applique pas. Les moralistes chrétiens discutent simplement entre eux pour savoir quel est le degré de probabilité qui permet d'agir « moralement ». ■

Relativisme, relativité morale

☞ La morale, entre autres définitions, est l'« ensemble des règles de conduite considérées comme valables, de façon absolue » (Petit Robert). Est-il dès lors possible et légitime de parler de relativisme et de relativité morale ?

Pour répondre à cette question, il importe d'avoir à l'esprit les éléments de réflexion suivants, que nous illustrerons à l'aide de l'exemple de l'interdit fondamental « Tu ne tueras pas » :

1. La morale en effet implique des principes généraux et absolus, ainsi « Tu ne tueras pas »... Si je dénie ce principe, la vie sociale — et le minimum de morale qu'elle implique — devient impossible.

2. Mais on voit immédiatement qu'un tel principe, qu'il faut tenir absolument pour fonder la vie sociale, souffre des exceptions :

• d'une part, il y a des situations où il paraît légitime d'attenter à la vie d'autrui : la guerre, la légitime défense (à ne pas confondre avec le réflexe sécuritaire qui aboutit à tuer sans motif proportionné et en se substituant à l'action de la justice) ;

• d'autre part, la morale implique que joue en ultime instance la conscience personnelle : ainsi l'objection de conscience ou la non-violence totale, qui refusent toute exception au principe « Tu ne tueras pas », relèvent d'un choix personnel, mais non d'une règle générale absolue.

☞ Sommes-nous en pleine contradiction ? Non, car on ne peut mettre sur le même pied la valeur ou le principe absolus, d'une part, et les exceptions que certaines situations particulières entraînent, d'autre part : ces exceptions ne sont légitimes que pour autant qu'on y est pratiquement contraint, qu'on ne les souffre que de manière exceptionnelle et qu'on agit avec la volonté de retrouver dans toute sa rigueur le principe absolu.

Ainsi, on ne peut mettre un instant entre parenthèses le principe « Tu ne tueras pas » : celui-ci doit fonctionner au moment même où le sujet humain est engagé dans une violence passagère : celle-ci doit avoir pour but de rétablir une situation de respect mutuel.

Mais on peut reconnaître que la contradiction n'est pas complètement levée : la fin ne justifie pas pleinement les moyens. Simplement, la rigueur nécessaire des principes est gérée dans des situations conflictuelles et particulières, au point que les exceptions ne sont le plus souvent qu'un moindre mal et non un bien en soi.

☞ On peut dès lors distinguer :

• *La relativité morale* qui est normale dans notre condition humaine : les règles morales, si absolues soient-elles, sont à appliquer dans des situations particulières, souvent conflictuelles, et par des consciences personnelles. La morale est toujours « située » : toute décision est à prendre en fonction d'un contexte précis.

• *Le relativisme* qui est la négation ou la mise entre parenthèses de toute règle générale, de tout principe absolu, et qui se donne comme critère de jugement moral la seule conscience des personnes (ou l'arbitraire des États ou de tel ou tel groupe) : ce qui est la négation même de la morale, puisque toute référence objective pour déterminer le bien et le mal est supprimée.

Bref, autant une certaine relativité morale est admissible dans notre condition humaine où la justesse reconnue des principes doit s'adapter avec souplesse à la diversité des situations, autant le pur et simple relativisme, en étant la négation pratique de toute règle morale objective, introduit une profonde insécurité dans les relations humaines, risque de laisser cours à la violence et à l'arbitraire, et s'avère indéfendable.

Pascal, par Domat.

L'éthique (ou morale) de situation

A l'époque contemporaine, un courant de théologiens moralistes a affirmé qu'une action morale ne se juge pas en fonction de règles générales normatives, mais suivant le contexte où elle doit être posée.

L'éthique de situation a six principes :

• Seul, l'amour est bon.
• Seul, l'amour doit guider le chrétien.
• L'amour répandu est la justice.
• L'amour veut le bien du prochain, même non aimé.
• La fin justifie les moyens.
• L'amour dicte des décisions suivant la situation et non suivant un système moral.

Cette morale de situation rappelle opportunément que chaque cas nécessite une décision appropriée pour laquelle il est nécessaire d'aimer ; mais une telle « morale » risque d'abuser celui qui la pratique et, au nom de la sincérité, l'empêcher de respecter vraiment l'autre : si la fin justifie les moyens, on peut trouver des cas où l'on se croit obligé de tuer par amour, etc. ■

HORIZONTALISME

Le reproche « d'horizontalisme » vise aujourd'hui les conceptions et les attitudes de ceux qui tendraient à faire des engagements non religieux (politiques, culturels, syndicaux, etc.) l'expression la plus authentique de la vie de foi.

Le mot « horizontalisme » trouve son origine dans le fait que la relation à Dieu appelle tout à la fois deux attitudes que l'on peut très schématiquement définir comme suit :

• une relation de type « vertical », de nature plus spirituelle, mettant l'accent sur la transcendance de Dieu, la vie sacramentelle, le culte, la prière, la méditation, etc. ;

• une relation de type « horizontal », qui s'établit à travers l'attention aux hommes comme lieu de la rencontre avec Dieu ; elle met l'accent notamment sur le service d'autrui et les multiples engagements qu'il implique.

En fait, les deux types de relations sont à maintenir à la fois, en sachant découvrir dans toute réalité visible sa signification « pour Dieu ». Ce comportement se fonde sur ce qu'est la foi, adhésion à la personne tout entière du Christ, c'est-à-dire à sa divinité par la médiation de son humanité. ■

Nos maîtres les plus durs sont nos passions

Je ne vis pas perpétuellement agenouillé, je ne m'agenouille que quand je le veux, et ensuite mon attente est une espérance et pas du tout une terreur. Je ne dis pas qu'il n'y a pas là un élément de crainte, mais l'espérance domine et, de plus, c'est dans la mesure où j'étais un chrétien fidèle que j'étais libéré ; et c'est dans la mesure, très grande, où j'étais un chrétien infidèle que j'étais ligoté. Je veux dire que nos véritables maîtres, les plus durs, ce sont nos passions, et dans ma vie, je le dis très sincèrement, le Christ a été un principe de libération, et pas du tout un asservissement. Alors, il y a évidemment les obligations extérieures de l'Église, mais tout cela est très superficiel, il ne faut pas y attacher trop d'importance, ce n'est pas ça qui compte.

François Mauriac

INDIVIDUALISME

L'individualisme est une attitude récente dans l'histoire de l'humanité.
Dans l'Antiquité comme au Moyen Âge, en Europe en tout cas, il était rare que l'homme soit considéré et se considère individuellement ; il était, sauf exception, membre d'une communauté, dans laquelle il devait occuper la place qui lui était destinée ; la morale de chacun consistait souvent à s'identifier au rôle que la communauté attendait de lui.
Vers la fin du Moyen Âge, et surtout sous la Renaissance, l'homme moderne découvre ses droits et sa liberté : il veut assumer librement un rôle qu'il entend choisir dans la société, et non pas être obligé de subir celui que la société lui attribue. Plus récemment la femme a fait cette découverte.
Si, aux yeux du moraliste chrétien, cette évolution est bonne puisqu'elle permet à chacun d'être responsable et libre, elle entraîne en même temps des devoirs : car l'homme et la femme ne peuvent trouver leur bonheur que si, librement, ils acceptent de vivre pour les autres. L'individualisme est le « péché » de celui qui se mutile en oubliant que son bonheur ne se trouve que dans la relation au monde, et qu'il n'est pas d'épanouissement des personnes hors d'une vie sociale. ■

NATURALISME

Le mot naturalisme sert à désigner deux ordres de doctrine, l'un de caractère philosophique, l'autre de caractère moral, qui intéressent également les croyants en ce qu'elles prennent le contrepied de la foi chrétienne.

La doctrine philosophique du naturalisme nie l'existence d'une cause créatrice extérieure à la nature ; celle-ci existe par elle-même et possède en elle son propre principe organisateur. La philosophie naturaliste s'oppose donc à l'idée d'existence de Dieu, et, a fortiori, à celle de Révélation.

La doctrine morale du naturalisme considère que la vie morale atteint son plein accomplissement en se soumettant aux seules lois biologiques, l'idéal moral étant dès lors de répondre aux besoins et instincts vitaux. La morale naturaliste se distingue donc de la morale chrétienne. Selon celle-ci, l'homme est appelé à trouver son plein accomplissement en partageant la vie de Dieu ; il doit s'y préparer par un effort permanent de dépouillement et de don de soi pour l'amour de Dieu et de son prochain, conformément à l'esprit évangélique dont le Christ est venu témoigner. ■

L'abbaye de Port-Royal des Champs rasée en 1711.

▶▶▶

Évidemment, pour les chrétiens, les « us et coutumes », les réflexions du groupe Église devraient être primordiaux, même quand ils ne sont pas édictés avec toute la force que peuvent avoir les appels fondamentaux de la Parole de Dieu : suivre les « normes », essayer de les intérioriser est sans doute un bon moyen de suivre un chemin d'humanisation. Mais cela ne dispense d'aucune réflexion. Car suivre les normes sans réfléchir n'a rien de moral. C'est même le contraire de la morale. Cela s'appelle le légalisme.

Le quatrième principe de l'agir chrétien est de tenir compte de soi.

Ici deux choses sont indiquées. L'homme moral dit *je*. Il tranche, décide (que ce soit d'école pour les enfants... ou de participer à la grève, ou de faire le tour du monde, ou de fonder une entreprise, ou...). Il ne se laisse pas porter par les événements. Il tranche.

Mais il y a plus. L'homme moral doit trancher en fonction de ce qu'il est, de ce à quoi Dieu l'appelle, qui n'est pas la même chose pour chacun. Oui, les chrétiens disent que la même action faite par deux personnes différentes peut être, dans un cas morale et, dans l'autre, immorale (se marier peut être extrêmement moral, ou extrêment immoral si c'est par intérêt, vanité, lassitude, etc.).

LÉGALISME

Cette attitude apparaît chez ceux qui manifestent un attachement excessif pour tout ce qui est règle, norme, loi, et finissent par les prendre pour fin, aux dépens des personnes qu'elles sont pourtant destinées à servir.

Elle s'est toujours manifestée dans les diverses religions : pour certains fidèles, la lettre tient lieu d'esprit. Le moralisme aussi est une forme de légalisme, et ses effets sont souvent dénoncés par les jeunes générations.

Parmi les motivations qui conduisent au légalisme, il peut y avoir un besoin de sécurité qui finit par être paralysant ; il peut y avoir aussi le désir de se valoriser infiniment par l'observation littérale d'une loi dont, en fait, on méconnaît le sens ; il s'agit de construire la statue parfaite qui suscite la vénération. En cas d'échec, la culpabilité est démesurée ; elle peut conduire au désespoir. Saint Paul écrit à ce propos : « Il s'est trouvé que le précepte fait pour la vie conduisit à la mort » (Rm 7,10). « La lettre tue, mais l'esprit vivifie » (2 Co 3,6). ■

3. QUELQUES EXEMPLES DE RÉFLEXION CHRÉTIENNE SUR LES PROBLÈMES MORAUX

La dignité du mariage et de la famille

Ce domaine est le plus lié, dans les esprits, à la morale chrétienne. Là, se sont levées, à l'intérieur comme à l'extérieur de l'Église, le plus de contestations depuis vingt ans. Il n'est pas une autre question sur laquelle on ait autant accusé la hiérarchie d'être incompétente — des vieux garçons —, démodée et de se mêler de ce qui ne la regarde pas. Il existe, dans la pensée de beaucoup de chrétiens, un lien, souvent non explicité, entre foi et sexualité. Ou, pour dire les choses autrement, c'est souvent au moment de la découverte pré-adolescente de la sexualité que les jeunes chrétiens abandonnent la pratique religieuse et se refusent à la foi. Et beaucoup d'athées justifient leurs positions en se référant à ce que dit l'Église en matière affective et sexuelle.

La Bible et le plaisir

La position « catholique » est, sinon facile à vivre, facile à résumer. Notons, avant de le faire, qu'elle a très sensiblement évolué depuis que Jean XXIII a remarqué — il y a plus de vingt ans — que « la promotion de la femme est un des signes des temps modernes » et a ainsi réactualisé le principe de l'égalité absolue de l'homme et de la femme : si cette égalité avait toujours été admise dans les principes, elle avait été assez largement oubliée dans la vie et la spiritualité courantes. Dans la Bible aussi, foi et sexualité sont très souvent liées. Paul, par exemple, dans l'*Épître aux Romains*, établit un lien entre le refus de voir « ce qu'il y a d'invisible depuis la Création du monde », le refus de remonter jusqu'à Dieu créateur, et un certain nombre de conduites sexuelles : « Leurs femmes ont échangé les rapports naturels contre des rapports contre nature ; pareillement, les hommes, délaissant l'usage naturel de la femme, ont brûlé de désir les uns pour les autres, perpétrant ainsi l'infamie d'homme à homme et recevant en leur personne l'inévitable salaire de leur égarement » (Rm 1, 26-27).

Ne retenons pas, pour le moment, les condamnations portées par ce texte, mais le lien mystérieux entre deux activités humaines qui, a priori, semblent fort différentes. Il nous semble que ce lien est une caractéristique peu explicitée mais toujours présente des réflexions chrétiennes sur la sexualité et l'affectivité.

Cette réflexion situe ce que pensent les chrétiens du plaisir. Débarrassés du jansénisme d'hier, ils disent aujourd'hui que le plaisir fait partie d'une relation réussie à l'autre. Le plaisir est une des seules expériences humaines d'abandon réciproque dans les bras d'un autre et d'amour de soi-même pour l'autre ; à ce titre, il est une des clefs de compréhension de la foi, abandon de soi à Dieu. Bien entendu, les chrétiens ne survalorisent pas le plaisir. Et il n'a de sens pour eux que quand il est le couronnement, le sommet, d'une relation véritablement humaine car, à leurs yeux, le plaisir « pour le plaisir » est aussi aliénant que toute autre création détournée de sa fonction.

Suite page 801 ▶▶▶

L'AMOUR CHRÉTIEN

L'enfant, dès qu'il va au catéchisme, sait que, pour faire plaisir à sa dame catéchiste, il lui faut répéter souvent le mot amour. Parce que l'amour est un mot clef du christianisme. Peut-être parce qu'il est ambigu. En effet, quand les théologiens parlent d'un Dieu d'amour, ils n'évoquent pas, semble-t-il, tout à fait la même chose que lorsqu'ils disent que l'amour est une composante fondamentale de l'existence humaine. Pour tout homme, pour le chrétien, le mot amour évoque un ensemble de sensations et de sentiments étroitement liés les uns aux autres. A l'évidence, l'amour a une composante génitale, où l'instinct animal a une large place — encore que l'animal ait une génitalité plus contraignante à certaines périodes mais qui le laisse totalement tranquille à d'autres. Le génital humain est plus diffus et colore probablement toute l'activité de l'homme et de la femme. L'amour a aussi une composante érotique — qui est de l'ordre du sentiment, de la passion amoureuse — non contrôlée. C'est cette passion qui peut chercher à « avoir » quelqu'un, c'est l'érotisme qui peut faire qu'on se sente amoureux sans savoir si l'on aime.

L'amour, c'est aussi une volonté profonde — presque instinctivement – du bonheur de l'autre (dans ce sens la mère aime son enfant). La tentation de cet « amour » est de méconnaître ses racines érotiques et génitales, l'amour devenant alors effort de volonté ou devoir conjugal. L'amour est aussi charité lorsqu'il englobe tous les aspects de l'amour et les pousse à leur perfection de bonheur.

Le drame du chrétien — car c'est un drame — est souvent de ne pas arriver à faire comprendre avec quel réalisme il parle d'amour. Pas plus que les autres hommes, il ne peut parler directement de Dieu (Dieu, personne ne le connaît), mais il lit sur le visage du Christ que Dieu est amour. Croire en l'Incarnation, c'est croire que cette manifestation de l'amour est sexuée, située, et que ce n'est pas par métaphore que l'on dit que « Dieu s'est fait chair ».

Si le Christ est resté vierge, ce n'est certainement pas par dégoût des femmes — de nombreuses femmes le suivaient — ni par mépris de l'amour, mais c'est pour donner à l'amour sa véritable dimension. De même, il est mort non par mépris de la vie, mais pour donner à la vie sa véritable dimension, celle de l'universel : afin que les hommes découvrent à travers l'amour privilégié pour une personne la possibilité d'aimer le monde entier — et spécialement les proches. Il a renoncé à cet amour au singulier pour que chacun se sente aimé.

Ainsi la grandeur de Dieu se montre sur la croix du Christ : « Il n'y a pas de plus grande preuve d'amour que de donner sa vie pour ses amis » (Jn 15, 13). Dieu se manifeste là dans l'amour qui se donne absolument, sans rien retenir ; les chrétiens professent que c'est cela l'origine de la vie. ■

Dans notre culture, le verbe aimer est ambigu.
Les chrétiens veulent le convertir
En voyant en Dieu la source de tout amour,
De tout vrai souci de l'autre,
De tout don de soi.

Ph. E. Baudouin

La cueillette, par Georges Jeanclos (XXᵉ s.).

L'amitié

L'amitié est-elle encore possible ? Sans réfléchir la plupart des chrétiens diraient oui. Bien sûr, ils sentent — au moins confusément — que le temps manque, lui le bâtisseur d'amitié, dans ce monde où tout va vite, où l'école, le service militaire, l'université, le bureau même sont aujourd'hui organisés comme des self-services où l'on n'a pas le temps de se rencontrer. Bien sûr, ils ont entendu les savants psychanalystes soupçonner l'amitié d'être homosexualité ou refoulement. Et ils savent, en ces temps de solitude, que chacun est tenté de se servir de l'autre comme d'un miroir dont il souhaite, au fond, que les mille facettes ne lui renvoient qu'une image, la sienne. Bien sûr, ils connaissent les amis de stade ou de régiment, les repas, les jeux, les pia-pia, le « pot », les vacances ou le « ciné » et en savent la possible superficialité.

Et pourtant, ils croient l'amitié possible. Simplement parce que, comme les premiers chrétiens, ils éprouvent le besoin de fraternité, le refus de la solitude. Petit à petit, ils essaient de retrouver les chemins d'une réelle cordialité dans l'Église : la simplicité des rapports avec les responsables, le tutoiement qui se multiplie, le geste de paix à la messe ne sont pas de simples gadgets ; ces comportements indiquent une volonté profonde, un goût de l'amitié qui ne soit pas mièvre mais qui sache pardonner, qui ne soit pas consommation de l'autre mais volonté de lui donner du temps. Ces efforts ne sont pas encore très concluants et quelquefois ne sont presque pas perceptibles. Il est vrai que l'amitié n'a pas de gestes qui l'expriment en groupe, et l'argent, qui est la mesure de beaucoup de choses, ne la mesure pas. Elle s'invente parfois des rites, mais ils semblent toujours dérisoires.

En tout cas, l'amitié, elle, n'est pas dérisoire pour ceux qui croient que Dieu a voulu se faire l'ami des hommes et qui l'entendent encore aujourd'hui demander : « M'aimes-tu ? ». En tout cas, l'amitié, elle, n'est pas dérisoire pour ceux qui se veulent les descendants des premiers chrétiens, ceux qu'on appelait alors les frères (le mot revient près de 270 fois dans le Nouveau Testament !). ■

AMOUR DU PROCHAIN

Au cœur du christianisme beaucoup placent l'amour du prochain. De fait, dans l'Évangile, Jésus approuve l'homme qui résume toute la loi de Dieu par les deux commandements : « Tu aimeras le Seigneur ton Dieu de tout ton cœur, de toute ton âme, de toute ta force et de toute ta pensée, et ton prochain comme toi-même » (Lc 10,27).
Deux problèmes sont cependant évoqués à propos de l'importance donnée par l'enseignement évangélique à l'amour du prochain :

1 Est-il possible d'aimer son prochain ? N'y a-t-il pas hypocrisie à prétendre aimer l'autre ? En fait, ne recherche-t-on pas, en aimant le prochain, à s'aimer soi-même ?

On peut remarquer que le commandement demande d'aimer autrui dans le mouvement d'amour que l'on se porte à soi-même, mais (comme le montre l'exemple de l'enfant qui découvre sa personnalité en renonçant à posséder sa mère) le véritable amour de soi-même exige celui d'autrui.

2 Quels liens existent-ils entre l'amour de Dieu et l'amour du prochain ? Certains remarquent que, dans la pratique, des chrétiens sont tentés de tellement aimer Dieu qu'ils n'en voient plus leurs prochains, ou ne les voient que comme prétextes à aimer Dieu, tandis que d'autres, immergés dans l'action qu'entraîne la prise de conscience d'autrui, ne pensent plus à Dieu.
Si, dans la pratique quotidienne, ce problème est loin d'être facile à résoudre, il est en principe résolu par l'Évangile : Jésus y explique en effet que se mettre au service des hommes, spécialement de ceux qui ont faim, de ceux qui sont emprisonnés, bref des pauvres, c'est, en réalité, le servir, lui Jésus (Mt 25) ; le vrai sacrifice, celui qui plaît à Dieu, c'est d'accomplir sa justice, disait déjà l'Ancien Testament. Est-ce à dire que le chrétien est appelé à se tourner simplement vers son prochain sans penser à Dieu ? Dans la pratique de l'amitié il découvrira au contraire celui qui est pleinement Amour, et il voudra le connaître de plus en plus. ■

FRATERNITÉ UNIVERSELLE

Au sens strict, les frères sont les enfants de la même mère. Depuis toujours, l'humanité n'a cessé de rêver d'une fraternité universelle qui ferait de chacun le frère de l'autre : ce rêve est celui du paradis perdu où l'autre serait fondamentalement le même que soi et n'aurait aucune raison de s'opposer (dans le paradis, il y a tout ce qu'il faut pour tous), ni aucune raison de craindre celui qui est différent (puisqu'en fait il n'est pas différent).

Ce rêve, la Bible le casse dès l'origine : Caïn assassine son frère. La fraternité n'est pas « naturelle » à l'homme. La Bible et le Christ affirment par contre que l'homme peut la recevoir comme un don de Dieu.

L'Écriture montre la conscience du peuple juif d'être élu par Dieu, d'être même le « fils premier-né de Dieu » (Ex 4,22) : ce choix de Dieu c'est l'Alliance. Cette Alliance a des conséquences morales : Israël doit aimer Dieu de tout son cœur, de toute son âme, de tout son pouvoir. Mais – en même temps – pratiquer l'amour fraternel envers son prochain (Lv 19,17). Malgré les efforts des prophètes, jamais Israël n'arrivera à être fidèle à l'Alliance.

Aux yeux des chrétiens, le Christ, en prenant nature humaine, s'est fait le frère de tout homme et donne vocation à tout homme d'être, grâce à lui, fils de Dieu ; le Christ seul répond à l'appel de son Père et devient en quelque sorte le « frère universel ». Ceux qui sont baptisés dans sa mort et sa vie, ceux qui acceptent de faire corps avec lui, en lui deviennent capables d'aimer. Si les premiers chrétiens s'appellent frères, ce n'est pas tant qu'ils aient réussi, même entre eux, à s'entendre parfaitement ; mais c'est parce que, participant au Repas du Seigneur, communiant au Corps du Christ, et n'ayant foi qu'en lui, une réelle fraternité est possible entre eux.

Quelle fraternité ? Certainement pas celle du paradis perdu ! La fraternité chrétienne suppose de passer par la mort, d'accepter de recevoir la Vie, bref de se déposséder de soi et du rêve de trouver en l'autre un *alter ego*. La fraternité chrétienne est celle d'un rassemblement dans le Christ, où chacun trouvera sa place (Ep 1,10) et que les chrétiens sont appelés à préfigurer, autant que faire se peut, dans la vie présente. ■

Attention... pauvretés

... A partir de ce que vivent, souffrent et espèrent ces petites gens qui ont de la peine à vivre, ces humiliés, ces affamés, ces meurtris, avec eux Jésus reconstitue le Peuple de Dieu selon des perspectives neuves et décisives, qui exigent une véritable conversion spirituelle, et qui grandissent et libèrent, au plus profond de leur vie, ceux qui y adhèrent. Il annonce que ces « petits » sont les véritables héritiers du royaume, offert gratuitement. Avec eux, par eux, mais aussi avec ceux de toutes conditions sociales qui les rejoignent d'une manière ou d'une autre et qui se font « pauvres de cœur ».

Jésus est bien le Fils de Dieu qui a l'habitude, dans l'histoire, de toujours appeler les petits, les pauvres et de préparer le royaume avec eux. A cause de cela, il est exclu, par la mort violente, de la société de son temps. Sa résurrection est le signe que la promesse de Dieu en faveur des pauvres est réalisée définitivement. Et il en confie la manifestation à des « pauvres ».

En faisant mémoire de la vie, de la passion, de la mort et de la résurrection de Jésus dans l'Eucharistie qu'ils célèbrent, ses disciples voudront faire, des communautés qu'ils forment, des lieux de solidarité et de communion où les pauvres sont chez eux, apportant autant qu'ils reçoivent (1 Co 12, 22-26).

A leur suite, au sein de tous les peuples, les disciples de Jésus-Christ sont constamment appelés à témoigner de la justice du Dieu fidèle et de son amour pour les pauvres. Ils y parviennent, malgré leur faiblesse, quand ils tissent dans la vie sociale quotidienne la communion qu'ils célèbrent dans l'Eucharistie. C'est le sens de la mission qu'ils accomplissent quand ils témoignent de l'appel de l'Évangile à la conversion du cœur et de sa puissance à libérer du péché. C'est le sens des solidarités qu'ils confortent ou qu'ils inventent et de la résistance active et organisée qu'ils mènent contre l'inévitable dérive vers l'injustice.

Commission sociale
de l'épiscopat français, 1984.

Solidarité

La solidarité est une exigence sociale naturelle, mais devenue plus manifeste de nos jours. En effet, déjà du point de vue physique et biologique, l'être humain ne peut exister que dans une étroite dépendance (propre à tout vivant) envers un milieu ambiant, à partir duquel il se construit et dont il émerge. De plus, par sa structure spirituelle, qui l'oriente vers une destinée encore plus autonome, la personne humaine a besoin d'un milieu humain adapté pour se réaliser intellectuellement et affectivement. Ce besoin de communiquer avec autrui, d'aimer, d'être aimé et reconnu dans sa dignité, est congénital à l'homme ; c'est en le réalisant qu'il parvient à sa maturité et à son développement. Ce milieu n'est autre que la vie en société (de la famille à la société politique ou à la communauté religieuse).

En d'autres termes, la personne humaine n'est pas vouée à l'isolement dans la poursuite de sa destinée. Elle ne peut se réaliser et se développer que par la médiation d'autres réalités (l'ensemble des biens terrestres qui lui sont nécessaires) et des autres personnes, c'est-à-dire la société. C'est ce que signifie l'adage classique selon lequel « l'homme est un être social », fait pour vivre en société, c'est-à-dire en interdépendance avec ses semblables. La notion de bien commun exprime ce que toute société doit apporter à ses membres pour réaliser ce milieu humain.

Le terme de solidarité ne fait qu'exprimer cette exigence sociale de l'homme, le lien qui unit progressivement les êtres humains entre eux dans un réseau de relations dont l'histoire des civilisations révèle la multiplicité et la profondeur ; un réseau qui, de nos jours, devient planétaire sous l'effet de la socialisation. Cette socialisation manifeste la considérable croissance des communications et relations humaines, et fait émerger une communauté mondiale, en même temps qu'une prise de conscience internationale, posant en termes nouveaux la nécessité du dialogue, de la communication et de l'aide entre tous les êtres humains. La foi chrétienne donne sur ce mouvement et sur cette exigence de solidarité un éclairage nouveau, en révélant la profondeur insoupçonnée de cette solidarité inter-humaine. Tout être humain, étant appelé à devenir fils adoptif de Dieu, est le sujet d'une mutation essentielle : ce n'est plus à une simple solidarité naturelle qu'il est appelé, mais à la solidarité en Jésus-Christ, celle du Royaume de Dieu, dont le ciment est l'amour même de Dieu et l'amour du prochain. Pour un chrétien la solidarité est alors la traduction de la grande exigence évangélique, celle de l'amour de charité, porté aux dimensions du monde actuel en marche vers son unification. ■

Charité

On parle de chefs-d'œuvre en péril pour des monuments, rarement pour des mots. Pourtant le mot *charité* est en train de disparaître et c'est dommage car il est sans doute le mot le plus typique du christianisme. Il signifie amour. Il traduit le mot grec *agapè*, inventé par des traducteurs de la Bible aux yeux desquels le mot *eros*, signifiant amour-passion (Eros était le dieu grec de l'amour), avait des connotations trop sensuelles, tandis que le mot *philia*, amitié, n'était pas assez fort pour signifier l'amour-don de soi, l'accueil purement gratuit de l'autre. A noter qu'*agapè* a donné *agapes*, repas fraternel au cours duquel les premiers chrétiens célébraient l'eucharistie. C'est dire que la charité vraie n'exclut pas l'affectivité, sans en faire son caractère principal.

La charité, c'est à la fois l'Amour que Dieu donne à l'homme et l'accueil de cet amour par l'homme. Accueil qui le transforme, le sort de lui-même et des miroirs qu'il se tend, l'extirpe de sa volonté de tout ramener à lui, lui fait découvrir sa véritable nature qui est d'aimer gratuitement.

La révélation de cette charité de Dieu a commencé dans l'Ancien Testament : à l'homme qui imagine Dieu comme le plus fort, le prophète Osée répond que Dieu est Dieu parce qu'il aime, et que la manière de comprendre Dieu n'est pas d'imaginer un super-chef de guerre, mais un mari amoureux capable de pardonner sans cesse.

Ceci est évidemment largement repris dans le Nouveau Testament où le Christ explique que la charité doit tout englober : c'est le commandement unique. Si on imagine que la charité est de donner trois sous à un être envers lequel on a été injuste, on oublie que saint Paul affirme : la charité n'est pas une vertu à part, comme la justice ; mais elle doit donner forme à tout. Tout doit être fait par amour : elle ne remplace pas la justice, elle doit animer la justice.

Les théologiens l'expriment — à la suite de saint Paul — en notant que la charité est la plus grande des vertus théologales (1 Co 13,13). Saint Paul en décrit les manifestations en 1 Co 13,1-8 ; saint Jean montre qu'elle est le fruit de la volonté plus que de la passion ou des émotions, et qu'elle se manifeste dans l'obéissance aux commandements de Dieu (1 Jn 5,3).

Mais la charité n'a jamais été totalement bien décrite par les théologiens. Pour comprendre ce qu'est l'amour, il n'est pas toujours utile d'en parler. Les mystiques et les saints, eux, ont montré que la charité était au fondement de la prière et de la relation avec Dieu et les hommes. Et c'est cela qui semble important. ■

Ph. Arch. Phot. Paris/Ph. Garnier

Agneau pascal ; clef de voûte de l'abbaye de Cluny. Art roman bourguignon. XIIe s.

Charité

La Charité, c'est Dieu.
Il faut s'aventurer avec audace sur cet océan.
Il faut s'engouffrer dans cette plénitude.
Il faut se perdre dans cette démesure :
Dieu est amour.

Il ne faut pas, il ne faut jamais
se déprendre un seul instant de cette révélation qui est le cadeau reçu.
De cette vérité qui transcende toute la conscience, de cette contemplation qui éblouit toute prière :
Dieu est amour.

Si Dieu n'est pas Amour, il n'y a pas de Dieu.

Dieu est en lui-même la triple gerbe de tout amour,
le Don, l'Accueil, l'Échange.
Trinité d'émerveillement.
Trinité de transparence.
Trinité de transcendance.
Trinité de l'Amour qui dit l'Amour à l'Amour.
Les trois claviers de l'orgue pour l'unique musique.

Le silence éternel où Dieu se dit à Dieu.
Connaissance intuitive.
Connivence aux sources de l'être.
Et présence poreuse.
Les flammes sont distinctes,
mais le feu, c'est le feu...
La charité, elle est là.
Elle est d'abord là.

Jésus en prière :
la tendresse infinie,
la folle tendresse du Père,
la plénitude de l'Esprit qui déferlent sur le Fils.
Il est conscience.
Il est silence.
Il est présence de Dieu.
Charité.

C'est ici la formidable liberté.
La liberté comme une ivresse.
La liberté libérée
où la chair et le sang sont les humbles supports de la conscience dilatée,
en cet instant d'éternité où dans le même regard ébloui, la « conscience-de-soi » est totale connaissance de « qui-est-Dieu ».
« Son visage resplendissant
comme la lumière. »
« Ses vêtements éblouissants
comme le soleil. »
Comme on comprend la Transfiguration et le poème des évangiles pour traduire l'extase !
C'est ici le visage de la charité.
Comme on comprend l'émerveillement des apôtres quand ils surprennent Jésus en prière, à l'écart, dans la montagne... !
« Seigneur, apprends-nous à prier. »

Comme on comprend que les grands mystiques — Jean de la Croix, Thérèse d'Avila, François d'Assise — n'aient eu que le poème et les images les plus folles pour dire l'indicible !
Ils étaient envahis de charité.
De cette charité-là.
Dieu est Amour.
Dieu est charité.
Il crée la condition humaine à son image et à sa ressemblance.
« Nous sommes de Dieu » dit Jean.
« Nous sommes de sa race » dit Paul.
Dieu est Amour.
Et il se donne. Et il se livre.
Toute la Bible. Tout l'Évangile.
Pour dire ça !

La charité de Dieu, réponse à tous les désarrois.
Il faut relire le contexte tragique où s'accomplit la Transfiguration.

Le débat intérieur. L'angoisse.
« Qui dit-on que je suis ? » *(Mt 16,13-20).*
C'est la question de la détresse.
C'est le temps de la peur et le temps de l'audace (Mt 16,21-23).
Et voici la Transfiguration (Mt 17,1-9), huit jours après.
C'est la réponse de la tendresse.
« Tu es mon Fils Bien-Aimé ».
Et l'on comprend que la charité est le haut lieu de la relation de l'Homme à Dieu.
Elle se célèbre en prière.
Elle devient prière.

Seigneur, Seigneur,
apprends-nous le silence,
Pour écouter l'Amour
qui ne peut dire l'indicible
qu'au-delà des mots.
Comme il faut le silence
pour comprendre le vent et le chant du torrent,
la grande voix de la mer.
Il faut le silence pour entendre ta Parole,
pour entendre ton silence dans la voix innombrable du jour et de la nuit.
Seigneur, apprends-nous ton silence,
non pas le silence qui sépare,
parce qu'il est vide, hermétique.
Mais le silence du poème, le silence de la musique,
Ton silence, ô Seigneur,
Envahi de ta Présence,
Qui nous confond tous
ensemble dans le bonheur d'aimer.

JACQUES LECLERC.

A propos de la vie

Un scribe s'avança vers Jésus et lui demanda : « Quel est le premier de tous les commandements ? » Jésus lui fit cette réponse : « Voici le premier : Écoute, Israël, le Seigneur notre Dieu est l'unique Seigneur. Tu aimeras le Seigneur ton Dieu de tout ton cœur, de toute ton âme, de tout ton esprit et de toute ta force. Voici le second : Tu aimeras ton prochain comme toi-même. Il n'y a pas de commandement plus grand que ceux-là. »

Le scribe reprit : « Fort bien, Maître, tu as raison de dire que Dieu est l'Unique et qu'il n'y en a pas d'autre que lui. L'aimer de tout son cœur, de toute son intelligence, de toute sa force, et aimer son prochain comme soi-même vaut mieux que toutes les offrandes et tous les sacrifices. » Jésus, voyant qu'il avait fait une remarque judicieuse, lui dit : « Tu n'es pas loin du Royaume de Dieu ».

Évangile selon saint Marc 12,28-34.

ENNEMI

L'Ancien Testament rapporte de nombreux combats du Peuple de Dieu contre ses ennemis. La haine et le fait que les hommes cherchent à se nuire entre eux sont des vérités très présentes dans la Bible. Le Christ lui-même a eu des ennemis. Des gens l'ont haï et l'ont condamné à mort.
Mais l'attitude du Christ à l'égard de ses ennemis est révolutionnaire ; il déclare en effet : « Aimez vos ennemis, faites du bien à ceux qui vous haïssent » (Mt 5,44) ; et sur la croix, parlant de ses bourreaux, il dit : « Père, pardonne-leur, ils ne savent pas ce qu'ils font » (Lc 23,34).
Ainsi donc, le Christ ne nie pas l'existence de la haine mais, en réponse à la violence de ses ennemis, il propose son amour, il offre son pardon.
Par son attitude, il leur permet de s'ouvrir à l'amour et de se convertir, quel que soit leur passé.
Saint Paul en est l'exemple : d'abord ennemi notoire du Christ et persécuteur des chrétiens, puis, touché par l'amour de Dieu, il devient un annonciateur fidèle de l'Évangile. ■

SERVICE

On peut dire que c'est la conception judéo-chrétienne qui a modifié profondément la notion de service ; en effet, le service (du latin *servire,* être esclave) était assimilé, dans la société gréco-romaine, à une activité servile, c'est-à-dire réservée aux esclaves. Il a été, au contraire, élevé à la plus haute dignité dès la société de l'Ancien Testament ; celui-ci appelle « serviteurs de Yahvé » des personnages appelés à accomplir des missions en son nom, et d'autres qui, tout simplement, lui ont été fidèles. Isaïe, dans ses *« Chants du Serviteur »* (Is 42,1-4 ; 49,1-6 ; 50,4-11 ; 52,13 à 53,12) annonce sous ce nom le Messie. Et le Christ dit précisément à ses disciples qu'il n'est pas venu pour être servi, mais pour servir et donner sa vie pour la multitude (Mt 20,28 ; Mc 10,45). Servir Jésus, c'est le suivre (Jn 12,26) ; servir autrui, c'est servir Jésus lui-même (Mt 25,44-46). Pour ces raisons, la notion de service a revêtu dans les Églises chrétiennes une haute signification, toute fonction y étant considérée comme un service à la fois de Dieu et des hommes ; on parle du « Service de la Parole », du « Service de la Mission », du « plus haut service », etc. Les papes se disent « les serviteurs des serviteurs de Dieu » ; plusieurs congrégations religieuses se nomment « Servantes » ou « Servites ». Les Églises réformées appellent « service divin » leurs célébrations au Temple, et l'Église catholique appelle « service » un office pour un défunt (« service anniversaire », etc.).
Bien entendu, le mot service est également utilisé au sein des Églises dans son sens courant d'organisation chargée d'une fonction déterminée (voir Services d'Églises). ■

▶▶▶ *Suite de la page 797*

Le sens du mariage

La tradition chrétienne ne reconnaît la légitimité du plaisir qu'à l'intérieur du mariage. Pour elle, le mariage est le lieu de ce don mutuel à l'autre, dans une fidélité absolue comme est la fidélité de Dieu, qui n'abandonne jamais l'homme même si celui-ci est infidèle.

La paternité responsable et la contraception

Pour les chrétiens, le mariage n'est pas seulement le lieu de l'échange et de l'épanouissement humain des époux l'un par l'autre : « Le mariage et l'amour conjugal sont d'eux-mêmes ordonnés à la procréation » (Vatican II, *L'Eglise dans le monde de ce temps, Gaudium et Spes,* § 50). Se pose ici le problème de la contraception. Le concile — à la demande de Paul VI — était resté vague sur la question : « En ce qui concerne la régulation des naissances, il n'est pas permis aux enfants de l'Église, fidèles à ses principes, d'emprunter des voies que le Magistère, dans l'explication de la Loi divine, réprouve » (*Gaudium et Spes* 51,3). Et de fait, c'est Paul VI qui a prolongé la réflexion traditionnelle de l'Église et tranché la question dans l'encyclique *Humanae vitae* (1968).

Deux idées-forces peuvent être dégagées de ce document : le mariage est ordonné à l'enfant ; mais il serait anormal et déshumanisant pour un couple d'avoir plus d'enfants qu'il ne peut en élever correctement. Il y a là une question de conscience importante, que le pape appelle celle de la « paternité responsable ». Comment arriver à limiter les naissances ? Le pape refuse toutes les méthodes mécaniques et chimiques et appelle à une amélioration des méthodes dites naturelles qui, seules, à son avis, préservent la dignité de l'homme et de la femme en respectant leur nature et en provoquant leur dialogue.

A fortiori, il est évident que l'avortement est refusé par l'Église, qui le considère comme une œuvre de mort.

Ces enseignements dits et répétés — souvent reçus dans l'hostilité — sont appelés à être reçus comme tout enseignement de l'Église. Ils interdisent certaines actions mais, dans l'esprit même de leurs auteurs, ne sont pas destinés à condamner les personnes. Ils veulent marquer la gravité de certains actes et arracher les personnes à ce que les auteurs pensent être un laisser-aller fatal à la fois à l'humain et au spirituel. Pour eux, le bonheur personnel et familial ne peut être fondé que sur le respect absolu de l'autre et de soi-même.

Promouvoir la famille

Plus encore que dans telle ou telle réflexion sur la sexualité, l'Église moderne s'est lancée dans une véritable croisade pour promouvoir la famille et défendre ses droits. Pour elle, il est capital que l'homme trouve dans sa famille un lieu d'épanouissement personnel, de responsabilité à sa mesure, de dialogue entre les générations, d'amour à l'intérieur du couple.

Suite page 804 ▶▶▶

« Au cœur de la ville (Monreale) [...] se cache une des réalisations artistiques universellement reconnue comme l'une des plus étonnantes du monde : plus d'un demi-hectare, 6 340 mètres carrés exactement, de murs sont recouverts de mosaïque. Bandes dessinées d'un luxe inouï, d'une précision méticuleuse dans le dessin, et parfois d'une drôlerie extrême dans l'évocation de l'histoire, les mosaïques de Monreale racontent, sur deux ou trois registres, l'Ancien et le Nouveau Testaments. Tout est dit, de la Création du monde au Christ tout-puissant, rédempteur et juge ».

(J. Hureau. *La Sicile d'aujourd'hui* J.A. 1979).

Ph. Alinari-Giraudon

La création d'Adam, mosaïque (XIIe s.). Cathédrale de Monreale (Sicile). « Le Seigneur Dieu modela l'homme avec de la poussière prise du sol. Il insuffla dans ses narines l'haleine de vie, et l'homme devint un être vivant » (Genèse. 2,7).

La cathédrale de Monreale a été édifiée dans le dernier quart du XIIe s. par les souverains normands de Sicile qui, après avoir conquis l'île sur les Arabes, y régnèrent de 1074 à 1194.

Le cinéaste Marcel Carné a réalisé en 1976 un film de long métrage à partir des mosaïques de Monreale comme une illustration de la Bible (dialogue de Didier Decoin, musique de J.-M. Benjamin).

Le respect de la vie

1. Les chrétiens ont une exigence morale fondamentale à l'égard du vivant humain, et qu'on ne trouve pas au même degré à l'égard des autres formes de vie : la vie est à respecter absolument, et ceci tout à la fois :

— au nom de ce qui fait l'originalité irréductible de l'homme ;

— au nom de l'appel à « vivre ensemble » qui caractérise l'espèce humaine.

On comprend qu'un des impératifs tout à fait fondamentaux sur lesquels est bâtie l'humanité est le « tu ne tueras pas ».

Cet impératif universel trouve une signification et un fondement originaux dans la perspective judéo-chrétienne selon laquelle l'homme est créé à l'image de Dieu. Dans cette perspective, le non-respect de la vie humaine atteint en quelque sorte sa source et son fondement : le Dieu Vivant. La gloire de Dieu, c'est-à-dire son désir, son projet, sa joie, c'est l'homme pleinement vivant... et la plénitude de la vie de l'homme, c'est la communion des hommes entre eux et avec le Dieu Vivant.

2. Respecter la vie humaine ne signifie pas une attitude passive et irresponsable. Cet impératif éthique demande d'articuler ensemble deux exigences :

a) accueillir la vie comme un don de Dieu, ce qui implique qu'on ne puisse faire n'importe quoi avec la vie humaine, même en son premier commencement ou en ses derniers instants ;

b) gérer de manière responsable le don de la vie, ceci en profitant des apports de la science moderne.

La question soulevée est considérable : comment maîtriser la vie humaine en ses différents moments de manière respectueuse et bénéfique pour l'homme — pour l'unité profonde de son être notamment — et pour la société ?

3. Assumer cette responsabilité à l'égard de la vie humaine implique que l'on dépasse une perspective purement organique et corporelle : on ne peut oublier les dimensions psychique et spirituelle de l'homme (par exemple, soigner n'est pas seulement administrer des médicaments et des soins, mais répondre à des besoins relationnels, spirituels) ; que l'on dépasse aussi une perspective individualiste : la qualité de la vie humaine appelle la qualité des relations de l'homme avec autrui et son environnement matériel.

La responsabilité à l'égard de la vie appelle donc à prendre en compte à la fois l'homme tout entier et la communauté humaine où il est inséré.

4. Le respect de la vie humaine est à situer entre deux extrêmes : la manipulation indue, le mépris, la destruction de la vie ; mais aussi l'adulation, l'idolâtrie de la vie.

5. Précisons deux sens très différents de l'idolâtrie de la vie :

Absolutiser les lois biologiques naturelles, au point, par exemple, d'éliminer les plus faibles au profit des plus forts. Ici, l'idolâtrie de la vie finit par rejoindre le mépris et la destruction de la vie... Mais certaines aspirations spirituelles et morales (respect de l'autre, solidarité entre tous, etc.) ne s'inscrivent-elles pas en faux contre une exaltation de la « vie » qui aboutit à l'élimination de certains ?

Faire de la vie la valeur ultime au point que tout doive lui être sacrifiée. C'est s'enfermer dans une perspective totalement individualiste et à la limite inhumaine, car la personne n'existe qu'en relation avec d'autres. Et l'homme est précisément cette personne, cette liberté, cet être de relation et d'amour capable de « perdre », d'« user », de « donner » sa vie pour des êtres aimés, pour le service d'autrui, pour des causes nobles.

5. Enfin, une conception pleinement humaine et chrétienne de la vie appelle au respect et au soutien de la vie des plus faibles (la vie qui commence, l'handicapé, le vieillard...).

C'est à la lumière de ces différents aspects du respect de la vie qu'on est invité à réfléchir à nombre de questions actuelles, sans nier leur complexité parfois tragique : guerre et violence, avortement, euthanasie, etc.

En conclusion, reprenons par manière de synthèse trois affirmations :

1. *La vie humaine est,* à un titre tout à fait particulier, *don de Dieu,* Ce qui ne préjuge en rien des découvertes de la science tant sur le processus d'apparition de la vie humaine sur terre (évolution) que sur ce qui constitue le vivant humain.

2. *La vie humaine représente* en même temps *une responsabilité* et *une tâche pour l'homme* : à celui-ci de faire en sorte que la vie de tous soit viable et que chacun puisse développer au mieux toutes ses potentialités (physiques, psychiques, spirituelles...).

3. *La vie humaine appelle une exigence éthique de respect,* tant pour le bénéfice de tout homme, à commencer par le plus fragile et le plus menacé, que pour l'honneur de Dieu, qui en est la source et la fin. ■

Le phénomène de la vie et l'originalité de la vie humaine

On ne peut parler de la vie sans distinguer en même temps les formes diverses de vie (végétale, animale, humaine). On voit immédiatement que toute réflexion sur la vie devra tenter d'articuler deux données : la parenté profonde qui unit tous les êtres vivants, et la spécificité de chaque forme de vie.

☞ On ne peut ici que souligner très brièvement la parenté, la connivence et l'interdépendance étroites qui existent entre les formes de vie, comme le montre en particulier la biologie. Ainsi la vie humaine est-elle inconcevable sans le monde des végétaux et des animaux.

☞ C'est un des bénéfices des mouvements écologistes, attentifs à la protection de la vie végétale et de la vie animale, de rappeler cette parenté, cette continuité, cette interdépendance entre tous les vivants.

☞ Mais la continuité ne va pas sans rupture : les sciences de l'homme, et bien évidemment la réflexion philosophique en général comme la réflexion judéo-chrétienne en particulier, ont fortement souligné la discontinuité, la différence qui séparent vie humaine et autres formes de vie.

Ainsi les sciences humaines ont relevé plusieurs traits qui caractérisent le vivant humain : celui-ci est un animal « debout », qui se crée des outils, qui a des rites — notamment mortuaires —, qui se donne des règles sociales, un langage, etc.

Dans une perspective plus philosophique, cette originalité profonde de la vie humaine a été exprimée de diverses manières.

1. Les textes bibliques affirment l'unité profonde du vivant humain (un être de chair animé par un « souffle », un « esprit de vie »), décrivent la vie humaine très concrètement (vivre, c'est avoir de longs jours, une postérité, habiter la terre promise), et font consister la plénitude de la vie humaine dans l'état de relation, de communion avec Dieu.

2. Les grands penseurs de la philosophie grecque, dans une perspective plus dualiste, ont caractérisé l'originalité humaine par l'existence d'une âme spirituelle s'adjoignant à un corps qu'elle vient animer.

3. Dans la ligne d'une philosophie personnaliste proche de la pensée chrétienne, le trait sans doute le plus fondamental qui marque le vivant humain est d'être une *personne*, ce qui implique une dimension spirituelle tout à fait originale avec comme caractéristiques, entre autres :

• la capacité de conscience de soi réfléchie, de processus intellectuels spécifiques (jugement, raisonnement...), d'autonomie et de liberté ;

• la capacité d'entrer dans des relations de type interpersonnel avec les autres êtres humains ;

• la capacité d'interrogations philosophiques et religieuses, d'ouverture à l'Absolu...

Dans cette dernière ligne, soulignons avant tout l'unité du vivant humain, de la personne, en laquelle quatre données essentielles se trouvent étroitement imbriquées : le substrat biologique, l'autonomie de la conscience et de la liberté, la possibilité de la relation, et l'ouverture à l'Absolu.

Cette unité est donc complexe, et il importe d'affirmer tout ensemble :

• l'enracinement, l'« immanence » du spirituel dans le biologique, le corporel ; (ainsi, on ne dira pas qu'on soigne, qu'on guérit, qu'on assassine un corps, mais qu'on soigne, qu'on guérit, qu'on assassine une personne, autrement dit l'être humain tout entier) ;

• mais aussi une réelle « transcendance » du spirituel par rapport au biologique, au corporel (on peut par exemple attenter à mon corps, mais on ne peut détruire directement mes raisons de vivre, ma foi en l'homme ou en Dieu...).

Au terme de cette brève réflexion sur le phénomène de la vie et l'originalité de la vie humaine, soulignons que la réflexion judéo-chrétienne, qui se réfère notamment aux premiers chapitres de la *Genèse*, affirme nettement :

• **la bonté fondamentale de la vie**, de toute vie, réalité voulue et créée par Dieu ;

• **le lien et la distinction entre les formes de vie** : vie végétale, vie animale et, pour couronner le tout, vie humaine ;

• et donc **l'originalité irréductible du vivant humain** ; celui-ci, qui dans sa fragilité même est habité par le « souffle » de Dieu, est créé « à l'image et ressemblance de Dieu » qui est le Vivant par excellence. ■

LA SANTÉ

« La santé est un mouvement d'adaptation : elle est capacité de s'adapter à un environnement qui change ; capacité de grandir, de vieillir, de guérir, parfois au besoin de souffrir, et, finalement, d'attendre la mort en paix » (Commission préparatoire au VIIe Plan).

Cette définition modeste, qui intègre une dynamique, regarde la mort en face, et ne fait pas de la jeunesse et de la santé (celle que l'on voit rayonner chez les personnages des affiches) les critères de toutes les santés, plaît certainement davantage aux chrétiens que la définition naïve de l'Organisation mondiale de la santé, pour qui la santé est un « état de complet bien-être physique, mental et social ».

De tout temps et partout, les chrétiens ont attaché une importance considérable à la santé ; ils sont innombrables, encore aujourd'hui en France, ceux qui se consacrent à ce « mouvement d'adaptation ». Congrégations religieuses vouées aux soins hospitaliers ou à domicile, congrégations spécialisées pour les handicapés, aide sociale, animateurs de rue, éducateurs de marginaux, tierces personnes pour personnes âgées sont des dizaines de milliers.

Cet attachement à la santé s'explique par ce goût de la vie — de la vie tout entière, corporelle et spirituelle — que les chrétiens découvrent dans l'Évangile : « La gloire de Dieu, disait à l'orée du christianisme saint Irénée, c'est l'homme vivant ». Et l'enseignement du Christ a poussé les chrétiens à favoriser cette vie là où elle est le plus menacée, c'est-à-dire chez les pauvres et les malades.

Cela dit, les chrétiens du monde de la santé perçoivent aujourd'hui — pour la plupart — les limites d'un système paternaliste de la santé. « Soyez malades, nous ferons le reste » leur semble une formule avilissante pour la dignité de l'homme, et beaucoup seraient d'accord avec la Commission de la Santé du VIIe Plan lorsqu'elle déclare : « Chacun est maître de sa santé et doit exercer sa responsabilité en la matière, après y avoir été invité et formé par une éducation sanitaire adaptée ».

Beaucoup — et l'Assemblée plénière des évêques de France à Lourdes (de 1981 et 1982) en étudiant les problèmes de la santé l'a bien montré — sont en même temps attentifs aux difficultés d'adaptation dues aux situations sociales ; la santé de l'homme a aussi des remèdes relevant de l'ordre politique. ■

L'EXPÉRIMENTATION EN BIOLOGIE DOIT CONTRIBUER AU BIEN INTÉGRAL DE L'HOMME

Je n'ai donc aucune raison d'être inquiet à propos des expériences biologiques *réalisées par des scientifiques qui ont un profond respect pour la personne humaine, puisque je suis sûr qu'elles contribueront* au bien-être intégral de l'homme. *D'un autre côté, je condamne, de la manière la plus explicite et la plus formelle, les manipulations expérimentales faites sur l'embryon humain, car l'être humain, depuis sa conception jusqu'à sa mort, ne peut être exploité pour quelque fin que ce soit. En effet, comme le concile Vatican II l'a enseigné, l'homme « est la seule créature sur terre que Dieu a voulue pour elle-même » (*Gaudium et Spes, *24). L'initiative de scientifiques qui ont manifesté leur désapprobation devant les expériences qui violent la liberté humaine est digne d'estime, et je loue ceux qui se sont efforcés, dans le respect total de la dignité et de la liberté de l'homme, d'établir des règles et des limites dans les expériences portant sur l'homme.*

Des expériences visent à une plus grande connaissance des mécanismes les plus intimes de la vie, par le moyen de modèles artificiels tels que la culture des tissus et l'expérimentation sur certains spécimens d'animaux génétiquement sélectionnés.

Il faut souligner que de nouvelles techniques, comme la culture des cellules et des tissus, ont connu un développement remarquable qui permet de réaliser des progrès très importants dans le domaine des sciences biologiques, et que ces techniques sont également complémentaires des expériences faites sur les animaux. Il est certain que les animaux sont au service de l'homme et qu'ils peuvent donc faire l'objet d'expérimentations. Néanmoins, ils doivent être traités comme des créatures de Dieu, destinées à servir au bien de l'homme, mais sans que celui-ci en abuse. Et c'est pourquoi la diminution des expériences faites sur les animaux, qui sont devenues progressivement de moins en moins nécessaires, correspond au plan et au bien de toute la création.

Jean-Paul II, 1982.

Jésus guérissant les estropiés et les aveugles.

▶▶▶ *Suite de la page 801*

Les handicapés de l'amour

De plus en plus, les chrétiens sont conscients que la vie affective et sexuelle ne se développe pas toujours d'une manière linéaire et maîtrisable. Beaucoup d'hommes et de femmes connaissent des difficultés (que, d'ailleurs, les circonstances de la vie peuvent parfois atténuer). Sans approuver pour autant certaines des manières de faire face à ces difficultés, ni les situations qui peuvent en résulter (approbation que personne ne leur demande au demeurant), les chrétiens affirment que ces difficultés ne doivent pas être une occasion de repli, de désespoir ou de haine, mais bien plutôt une occasion d'approfondissement et même de recherche de Dieu.

En d'autres termes, les chrétiens — en matière affective et sexuelle — veulent proposer un idéal ; mais ils savent aussi que Dieu fait alliance avec ceux qui souffrent, et les handicapés de l'amour sont, à leurs yeux, de ceux-là. Bien plus, quel que soit leur état de vie, mariage « chrétien » (monogame, fidèle, fécond, chaste), ou célibat consacré (libre, courageux, humble, joyeux), ou célibat choisi ou subi, ils savent que vivre à la manière des « enfants de Dieu », dans le respect de soi et de l'autre, nécessite de croire que « rien n'est impossible à Dieu ».

Suite page 833 ▶▶▶

La famille,

Lieu privilégié d'identification, d'humanisation, de personnalisation, la famille est une réalité humaine originale et fondamentale.

La famille ne se définit pas seulement par une utilité sociale. Elle a une signification et une place particulière au cœur de l'expérience humaine. Elle est ce qu'on peut appeler un lieu « symbolique » privilégié, un lieu où un « sens » de la vie humaine est perçu, éprouvé, exprimé : il en est ainsi dans les grands moments de l'existence (naissance, puberté, mariage, engendrement, vieillesse, mort)... ; et dans les « rites de passage » qui souvent les accompagnent ; mais aussi, par exemple, dans le simple repas de famille. La famille est un lieu où l'homme advient à son être et à son destin. Lieu de grandes joies et de grandes peines, de déchirures et de rencontres, de violences et de tendresses. Lieu où l'amour, la vie, la mort trouvent leur accomplissement.

Il est difficile de préciser davantage sans faire un choix d'ordre philosophique. Divers courants de pensée ont donné plus ou moins

Mariage

Le mariage est l'union socialement reconnue d'un homme et d'une femme. Le fait de la régulation sociale de la sexualité est universel, et le mariage est précisément une institution sociale qui organise les rapports de sexualité sur la base de cet interdit premier qu'est la prohibition de l'inceste (c'est-à-dire des relations sexuelles entre parents très proches). Le mariage contribue à l'organisation d'un système de parenté qui permet à chacun de se reconnaître et d'être reconnu dans le groupe social : époux-épouse, parents-enfants, oncles et tantes, neveux et nièces, etc.

C'est donc la société qui « institue » le mariage, lequel se déploie en trois grandes dimensions :

1. l'*institution* proprement dite : les règles juridiques, mais aussi les représentations que les membres d'une société se font du mariage, du couple, des enfants, etc. ;

2. les *rites,* qui viennent rendre public le changement social opéré par le mariage ;

3. le *symbole :* l'institution et les rites sont porteurs d'une dimension symbolique par laquelle les individus qui se marient expriment la relation qui les unit entre eux, mais aussi leur relation à la société, au monde, voire à Dieu.

Si le mariage est une institution universelle, il prend des formes extrêmement variées selon les pays, les cultures, les époques. Dans notre société occidentale s'est produite une nette évolution du mariage : on est passé du mariage dit « traditionnel », qui s'affirme d'abord comme une institution stable, au mariage qu'on peut appeler « compagnonnage », qui relève avant tout du sentiment amoureux. Ce n'est plus l'institution qui fonde le mariage, c'est un lien affectif qu'on désire durable. Certes, l'institution demeure — on continue à se marier —, mais elle tend à devenir une simple formalité, à laquelle on reconnaît d'ailleurs une utilité. La norme première de l'entrée en mariage et de son maintien est la qualité affective de l'union.

Chacun peut évaluer les chances et les risques d'une telle évolution. Il semble qu'il serait dommageable que l'on oublie ou que l'on dévalorise trop telle ou telle autre dimension du mariage. La chance ne serait-elle pas au contraire de relier entre elles ces diverses dimensions, en tenant compte du meilleur de notre héritage occidental — humain et chrétien — et des évolutions actuelles ?

Les dimensions essentielles du mariage

Dans cette perspective, on peut dire que le mariage pleinement humain naît du libre engagement d'amour par lequel un homme et une femme se lient l'un à l'autre, dans la totalité de leur être, et d'une manière exclusive, réciproque, sans réserve et sans retour. Cet engagement mutuel se formule dans une *parole* dont la portée, dans sa vérité humaine, revêt quatre dimensions, et fait entendre comme quatre harmoniques ; il s'agit en effet :

1. d'une parole *qui unit dans la différence* un homme et une femme : dimension intime et interpersonnelle du mariage ;

2. d'une parole publique *qui s'inscrit dans la société* : dimension sociale du mariage ;

3. d'une parole *qui engage l'avenir* : dimension de fidélité qui ose le pari du « pour toujours » ;

4. d'une parole *qui crée la vie* : dimension de fécondité qui présente elle-même plusieurs aspects (l'enfant, l'ouverture aux autres et à la cité, etc.).

Le mariage chrétien n'est autre que cette réalité humaine du mariage, mais la foi y reconnaît un autre engagement d'amour, celui de Dieu à l'égard de l'humanité, engagement que les différentes dimensions du mariage humain *signifient* chacune à leur manière. Le mariage humain devient un *signe*, un symbole de l'engagement d'amour, de l'Alliance de Dieu à l'égard des hommes. ■

Rencontre de l'homme et de la femme, par Robert Rigot.

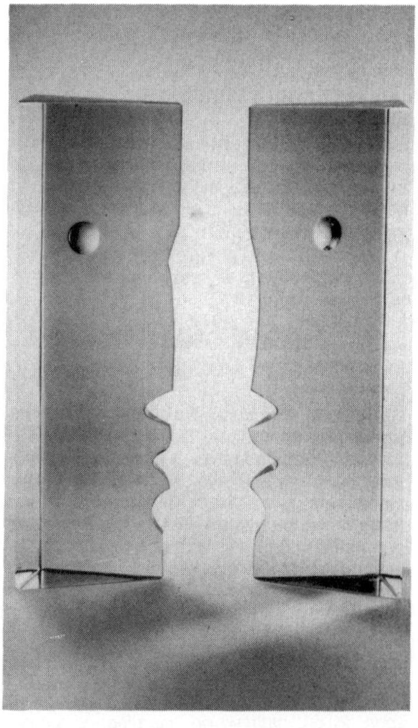

Lorsqu'un mot, une expression, un événement, une institution, un nom propre vous sont inconnus, consultez l'index.

institution de l'amour

d'importance à la famille, en ont privilégié tel ou tel aspect. L'un des plus riches est celui qui voit dans la famille ce lieu unique où peuvent se rencontrer une certaine forme d'institution et les liens d'amour entre les personnes : la famille est en quelque sorte « l'institution de l'amour », dont le fondement premier est l'alliance matrimoniale. Ce qui, loin de la replier sur elle-même, l'invite au contraire à être, d'une part, ce lieu de respect des personnes et de leur épanouissement, et, d'autre part, ce lieu de vie ouvert aux autres réalités sociales et à l'ensemble de la communauté humaine.

Tout ceci nous fait sentir combien « vivre humainement » et « vivre en famille » sont deux données profondément liées entre elles. Reconnaître la réalité tout à fait originale de la famille, « institution de l'amour », c'est fonder et servir la vérité de l'homme. Une société et une civilisation révèlent leur degré d'humanité à la place qu'elles font à la famille et au sens qu'elles lui donnent. ■

FIDÉLITÉ

La fidélité, quand il s'agit de relations entre personnes, signifie la constance dans les affections et les sentiments, et, plus précisément, désigne la qualité d'une personne qui ne manque pas à la parole donnée, à la foi donnée, aux engagements pris : ainsi parle-t-on de *fidélité conjugale*. C'est en ayant à l'esprit la fidélité conjugale que nous proposons les remarques suivantes.

1. La fidélité s'enracine dans une décision qui engage *à l'égard de quelqu'un* : attitude de foi, de confiance, qui est au cœur de la fidélité et qui présente un caractère inconditionnel : « Je te promets fidélité, non pas sous telle ou telle condition, mais parce que c'est toi ».

2. La fidélité se vit *par rapport à la durée*, au temps, à l'histoire. C'est à cause de la durée, et de toutes les surprises qui peuvent en résulter, que je suis appelé à m'engager dans l'amour fidèle. Il ne s'agit pas d'être fidèle au temps, mais à une personne aimée dans le temps : ce qui engage dans une histoire, une création. Loin d'être un immobilisme, la fidélité n'est telle que si elle est créatrice.

Ce qui met en lumière un paradoxe de la fidélité ; elle conjugue en effet :

– d'une part, *stabilité, constance* : elle ne remet pas sans cesse en question, elle ne repart pas continuellement de zéro, elle ose s'inscrire dans une parole donnée et donc dans l'institution du mariage :

– et d'autre part, *mouvement, création* : elle ne demeure authentique que si elle ne cesse de renouveler ses expressions, son visage.

On peut dire que la fidélité est le ressort de l'amour : elle consiste à assurer une durée au projet amoureux et conjugal afin qu'il puisse s'éprouver et se réaliser.

Reste que la fidélité comporte toujours un risque : c'est celui de la foi, de la confiance, qui prend en compte le temps, lequel est à la fois l'épreuve et la chance de l'amour. La fidélité s'appuie sur le souvenir et l'espérance, tenant ensemble en quelque sorte le passé, le présent et l'avenir.

Toute fidélité humaine demeure fragile et imparfaite et, pour la foi chrétienne, seul Dieu est totalement et parfaitement fidèle. ■

La famille est une donnée constitutive de la société humaine. Les hommes et les femmes, partout et toujours, savent nommer autour d'eux pères, mères, frères et sœurs, maris et femmes, aïeux et ancêtres, parents plus ou moins lointains. La réalité familiale est le lieu premier où chacun est reconnu, nommé, identifié, dans un réseau de relations organisées qui permettent un « vivre ensemble ».

Mais, si la famille est une donnée universelle, elle présente des visages extrêmement divers selon les époques, les peuples, les cultures. On ne peut parler de « la » famille en oubliant qu'il n'existe que « des » types de familles. Ainsi le mariage, l'éducation des enfants, le soutien des personnes âgées, la dévolution de l'autorité, la répartition des tâches et des biens, le rapport aux générations antérieures, etc. sont organisés et vécus très diversement selon les différents modèles familiaux.

Pour en revenir au type de famille que nous connaissons, voici la définition qu'en donne un sociologue : la famille est le groupe social qui, rassemblant sous un même toit les époux et leurs enfants mineurs, vise à assurer principalement à ses membres une certaine sécurité affective et la meilleure insertion possible dans la société.

La réalité sociale de la famille

La famille est une réalité sociale qui se traduit par l'exercice de fonctions d'ordre très divers :

- *dans le domaine biologique* : elle constitue le lieu habituel de la reproduction et des soins donnés aux enfants ;
- *dans le domaine psychologique* : elle assure une sécurité affective, elle offre un lieu privilégié de communication et d'échange ;
- *dans le domaine social et culturel* : elle permet l'insertion sociale grâce à la donation d'un nom, à l'éducation, à la transmission de valeurs et de normes, etc. ;
- *dans le domaine économique* : elle assure subsistance à ses membres, partage des ressources, solidarité entre générations.

La diversité des fonctions sociales de la famille converge vers cette fonction majeure : être un lieu d'identification, d'humanisation, de personnalisation. Toutefois l'exercice de ces fonctions se modifie selon les lieux et les époques, et notre temps a vu s'opérer dans nos pays des mutations importantes :

1. Le *passage de la famille parentale à la famille conjugale*, c'est-à-dire le passage d'une famille étendue (une parenté assez large) à une famille plus restreinte (le noyau parents-enfants) dite parfois « famille nucléaire » ; il s'agit ici, bien sûr, de la structure familiale présidant à la vie quotidienne.

2. Le *passage de la famille autonome à la famille socialisée*, c'est-à-dire à une famille qui se trouve dépossédée d'une large part de ses fonctions (l'économie, la sécurité, la culture, la santé) au profit d'autres instances (État, école, etc.).

3. Le *passage de la famille dite économique à la famille affective*, c'est-à-dire le passage d'une famille fondée sur le patrimoine, et qui avait pour principe l'autorité, à une famille fondée sur l'affectivité, et qui a pour principe la réciprocité relationnelle des personnes.

Ce dernier point est à souligner. La famille occidentale tend à monopoliser la fonction affective en s'organisant autour de **deux pôles** : **le couple**, dont la valeur première est cherchée dans l'intensité des liens affectifs ; **l'enfant**, qui est un enfant voulu et devient l'objet d'un investissement affectif très fort dont on attend beaucoup.

Dans une société qui apparaît impersonnelle, anonyme, conflictuelle, et où les relations sont souvent des relations de rivalité, de lutte pour la vie, on comprend aisément qu'un tel investissement affectif soit fort dans la famille : elle apparaît comme le « nid chaud » où l'on va se protéger contre une société perçue comme agressive. Ce qui pose une question sérieuse : tout attendre affectivement du couple et de l'enfant, que l'on veut pleinement « réussis », n'est-ce pas risquer d'être déçu — la réalité n'est jamais aussi belle que le rêve —, conduire la famille à un repliement sur elle-même, et finalement la rendre très fragile ? ■

LE CONCILE VATICAN II ET L'ÉDUCATION

Les parents, parce qu'ils ont donné la vie à leurs enfants, ont la très grave obligation de les élever et, à ce titre, doivent être reconnus comme leurs premiers et principaux éducateurs. Le rôle éducatif des parents est d'une telle importance qu'en cas de défaillance de leur part, il peut difficilement être suppléé. C'est aux parents, en effet, de créer une atmosphère familiale animée par l'amour et le respect envers Dieu et les hommes, telle qu'elle favorise l'éducation totale, personnelle et sociale de leurs enfants. La famille est donc la première école des vertus sociales nécessaires à toute société [...]

[...] La tâche de dispenser l'éducation, qui revient en premier lieu à la famille, requiert l'aide de toute la société. Outre les droits des parents et ceux des éducateurs à qui ils confient une partie de leur tâche, des responsabilités et des droits précis reviennent à la société civile en tant qu'il lui appartient d'organiser ce qui est nécessaire au bien commun temporel [...]

[...] Les tâches éducatives concernent enfin, à un titre tout particulier, l'Église : non seulement parce que déjà, en tant que société également humaine, il faut lui reconnaître une compétence dans le domaine de l'éducation, mais surtout parce qu'elle a pour fonction d'annoncer aux hommes la voie du salut, de communiquer aux croyants la vie du Christ et de les aider par une attention constante à atteindre le plein épanouissement de cette vie du Christ [...]

Extraits de la *Déclaration du concile Vatican II sur l'Éducation chrétienne*, n° 3, 1965.
Éditions du Centurion.

D. R.

Familiaris consortio

Le 22 novembre 1981, le pape Jean-Paul II publie une *Exhortation Apostolique* sur « les tâches de la famille chrétienne dans le monde d'aujourd'hui » qui commence par les mots *Familiaris consortio* (à notre époque, la communauté familiale...). Ce texte important — même s'il n'est pas la définition d'un dogme ni une encyclique — propose à toute l'Église catholique les fruits du travail accompli par le 5e synode ordinaire des évêques, réunis à Rome en 1980, et regroupant autour du pape des évêques du monde entier . Le pape, apportant sa marque personnelle aux conclusions du Synode, présente une vaste synthèse sur la famille chrétienne.

Trois idées-forces liées entre elles commandent l'ensemble du document

1. *Appelé à l'existence par amour, l'être humain est appelé à l'amour.* Autrement dit, l'amour est le premier mot et le dernier mot de l'existence de l'homme. Cette raison d'être et de vivre qu'est l'amour est inscrite au cœur même de l'être humain, qui est d'abord et avant tout une personne, c'est-à-dire un être capable d'être aimé et d'aimer, capable de don mutuel et total.

« L'amour est la vocation fondamentale et innée de tout être humain. »

2. *C'est dans l'expérience de la famille que l'homme est appelé à vivre et à réaliser de façon privilégiée cette vocation fondamentale à l'amour.*

« L'avenir de l'humanité passe par la famille », cette communauté de personnes qui est la cellule première de la société et où l'homme trouve son enracinement, son lieu originel de vie et d'épanouissement, son point d'insertion dans la famille humaine et dans la famille de l'Église.

3. *Cette vision de l'homme* — et donc de la famille qui lui est connexe — *est fondée sur la foi biblique et chrétienne en un Dieu qui a créé l'homme « à son image » et qui « vit en lui-même un mystère de communion personnelle d'amour ».* C'est dans cette lumière que se comprend la nature profonde de la famille chrétienne, communauté de personnes qui est la première expérience de l'Église — une « petite Église » ou une « Église domestique » dit le texte —, et sa vocation à être le lieu premier où est accueillie, reconnue, partagée l'expérience de l'amour de Dieu pour les hommes.

Toutes les exigences formulées par l'Exhortation concernant la famille découlent de cette vision.

Les points majeurs de ce document

La 1re partie invite à regarder **la situation de la famille** dans le monde actuel, et à s'ouvrir à la lumière de l'Évangile, interprété par l'Église, afin de discerner la pleine vérité de la famille et du mariage.

La 2e partie présente le **dessein de Dieu sur le mariage et sur la famille**, autrement dit les fondements chrétiens de la famille : partie centrale où l'on trouve les idées-forces déjà exprimées et où l'on peut également souligner :

- *le lien sexualité-amour-mariage-famille* : la sexualité n'a toute sa vérité que comme expression d'un engagement d'amour sans réserve vécu dans le mariage, lequel est le fondement de la famille qui est une « communion de personnes » ;
- *la communion homme-femme dans le mariage* est « symbole » de l'alliance d'amour entre Dieu et les hommes, alliance qui trouve son achèvement définitif en Jésus-Christ. C'est donc toute la bonne nouvelle de l'Amour de Dieu pour les hommes que le mariage chrétien signifie et dont il témoigne.

La 3e partie expose les devoirs de la famille chrétienne : cette partie découle de la précédente en déployant longuement tout ce qu'implique cette vision de la famille chrétienne comme communauté de vie et d'amour ; ce dynamisme de l'amour conjugal et familial, qui s'enracine dans la foi chrétienne, donne à la famille « la mission de garder, de révéler et de communiquer l'amour ». Ainsi, ces *quatre tâches fondamentales* :

- *La formation d'une communauté de personnes* : notamment la communion indivise et indissoluble des époux et la promotion de la dignité et de la vocation de chacune des personnes de la famille (plus particulièrement de la femme, de l'enfant, des personnes âgées).
- *Le service de la vie*, avec ses deux volets : la transmission de la vie (ici est rappelée la doctrine de l'Église catholique sur la régulation des naissances), et l'œuvre d'éducation qui revient d'abord aux parents.
- *La participation au développement de la société* : l'expérience de communion et de participation, commencée dans la famille, appelle celle-ci à une responsabilité et à des tâches d'ordre social et même politique afin d'humaniser la société.
- *La participation à la vie et à la mission de l'Église* : comme « image vivante » de ce qu'est l'Église, la famille chrétienne a à vivre la mission même de l'Église ; c'est-à-dire à être une communauté qui met sa confiance en Dieu et annonce la bonne nouvelle de son amour, une communauté qui vit profondément unie à ce Dieu d'amour, une communauté qui se veut au service des hommes.

La 4e partie développe les conséquences de tout ce qui précède pour l'action pastorale de l'Église dans le domaine familial.

Les exigences

Cette Exhortation de Jean-Paul II sur la famille frappe par son ampleur, sa cohérence, sa force de conviction, mais aussi par la rigueur des exigences proposées.

Notons simplement :

1. Il est vrai que ce texte va à contre-courant de bien des mentalités et des comportements : par exemple, ce document conteste toute vision du couple et de la famille repliés sur eux-mêmes, cherchant un bonheur intime sans vouloir participer en rien à la vie sociale et ecclésiale. Ce refus de la « privatisation » du couple et de la famille se veut au bénéfice tout à la fois de la famille et de la vie sociale et ecclésiale qui ont à s'enrichir mutuellement.

2. En fait, ces exigences ne sont que la conséquence d'une confiance en l'homme et d'une foi en Dieu qui appellent à aller toujours plus loin dans la direction de l'amour. Il est donc important de ne pas comprendre ces exigences simplement comme ce qui serait « permis » ou « défendu » ; ce serait contraire à la démarche du texte, qui ne veut que déployer une « logique » de l'amour fondée sur une vision de l'homme comme « personne » et sur une foi chrétienne.

3. Par ailleurs, le texte lui-même rappelle que « l'Église propose une route, elle ne l'impose pas ». D'une part, le mot « route » renvoie à la « loi de gradualité » mise en valeur lors du Synode sur la famille : « un cheminement pédagogique de croissance est nécessaire » pour que l'homme avance vers un amour plus vrai, plus authentique. D'autre part, une telle parole s'adresse à des consciences et à des libertés qui ont à se laisser interpeller, mais qu'on ne saurait contraindre.

4. L'exhortation ne donne pas une réponse immédiate à tout : elle appelle à articuler l'un avec l'autre l'idéal de la famille chrétienne et la réalité des différents modèles de familles existant dans le monde. Ce qui est un long chemin. ■

PARENTS

☞ La famille occupe une place importante dans la pensée de l'Église catholique. Cela n'est pas étonnant puisque, regardant Dieu, elle l'appelle « Père » et aimerait que tous les hommes soient, à l'image de celui-ci, créateurs de nouveaux êtres libres. Adorant dans le Christ le fils de Dieu, elle sait qu'il n'est paradoxal qu'en apparence d'être à la fois libre comme Dieu et obéissant, totalement au service de l'autre, comme le Fils, Dieu lui aussi. Cette liberté et cet esprit de service sont évidemment au cœur de la conception de l'Église quant à la famille et à l'éducation.

☞ L'Église valorise la joie d'être parents et de susciter en face de soi des personnes qui approfondissent petit à petit leur propre personnalité. Elle ne s'extasie pas simplement devant le berceau ; elle aime contempler la chaîne de la vie où chaque génération prend, petit à petit, ses responsabilités et participe, à son tour, à la création divine.

☞ L'Église appelle les parents à être des éducateurs : « Le droit et le devoir d'éducation sont, pour les parents, quelque chose d'essentiel, de par leur lien avec la transmission de la vie ; quelque chose d'original et de primordial, par rapport au devoir éducatif des autres, en raison du caractère unique du rapport d'amour existant entre parents et enfants, quelque chose d'irremplaçable et d'indéniable, qui ne peut être totalement délégué à d'autres ni usurpé par d'autres » (Jean-Paul II, *Familiaris consortio,* n° 36). La famille sera la première école de la vie sociale, de l'amour, du don de soi, de la juste liberté devant les biens matériels, et même de l'éducation affective et sexuelle. Elle sera aussi la première école de la prière et de la vie en Église.

☞ Ce dernier point fait difficulté aujourd'hui en France. Dans notre société ouverte, il n'est plus vrai que les enfants de parents chrétiens soient presqu'automatiquement chrétiens eux-mêmes. Il est étonnant que les chrétiens s'en étonnent alors que l'Évangile leur laisse entendre que le Christ sera un signe de division entre frères et sœurs, parents et enfants (Lc 12,53). Dans cette situation, l'Évangile et l'Église appellent fortement à respecter la liberté des consciences, mais ne prêchent certainement pas un laxisme inconsistant sous prétexte d'éviter les conflits. L'idéal pour eux a un nom : le témoignage d'une vie donnée à Dieu. ■

ADOPTION

La situation est presque bloquée. D'un côté, la contraception, l'avortement, l'aide aux mères célibataires, peut-être même une plus grande « conscience » des responsabilités parentales. De l'autre, une demande toujours grande de couples ou de personnes voulant des enfants et — pour diverses raisons — ne pouvant en avoir. Un drame pour beaucoup, qui est utilisé par quelques trafiquants. Un drame que les chrétiens ressentent vivement : l'amour de la vie humaine fait partie de leur foi. C'est pourquoi leur lutte contre l'avortement se manifeste quelquefois par une promotion de l'adoption. C'est pourquoi ils cherchent souvent à aider des couples sans enfants. Cela dit, même aux yeux des chrétiens, la stérilité n'entraîne pas de soi le droit à l'enfant. Elle peut être l'occasion de découvrir d'autres formes de fécondité que l'adoption pourrait masquer.

De plus, une adoption doit toujours être faite au bénéfice de l'enfant et en pensant à lui... et non en tenant compte d'abord des besoins affectifs des parents. ■

La famille chrétienne

Aux yeux des chrétiens, la famille est appelée à devenir une communauté chrétienne.

La perspective chrétienne trouve son origine dans le judaïsme, qui porte en lui la conviction vivante et joyeuse de la valeur des choses terrestres, singulièrement de la famille et du mariage. Aussi le judéo-christianisme accueille-t-il très positivement ces réalités humaines qu'il regarde comme des dons de Dieu.

L'apport biblique

Il se caractérise par un double mouvement :

1. D'une part, il remet à sa juste place, autrement dit *relativise*, ces réalités que sont la famille, le mariage et, plus généralement, la sexualité, et ceci de deux manières.

• Dans un monde où la sexualité était souvent sacralisée (culte de la fécondité, prostitution sacrée, etc.) et vécue comme un lieu d'expérience du « divin », l'Ancien Testament opère un mouvement de désacralisation : sexualité, mariage, famille sont des réalités simplement humaines et terrestres, relevant de l'acte créateur de Dieu et, comme telles, fondamentalement bonnes (*cf.* Gn. 1-2...).

• Pour sa part, l'Évangile *relativise* le mariage et la famille — les liens du sang en général — dans la perspective du « Royaume de Dieu » qui vient : aussi le disciple de Jésus doit-il être capable de rompre avec les liens familiaux les plus forts.

2. D'autre part, la même tradition judéo-chrétienne *valorise* d'une nouvelle manière famille et mariage, celui-ci étant le fondement de celle-là.

• En référence au livre de la *Genèse* (Gn. 1-2), l'Évangile invite à vivre le mariage selon l'idéal voulu de Dieu (Mt 19).

Ajoutons qu'en soulignant le primat absolu de la relation à Dieu (ce qu'il appellera « faire la volonté du Père »), Jésus donne par là-même son fondement le plus solide au rassemblement d'hommes, de femmes et d'enfants dans la communauté familiale.

• En référence aux Prophètes, qui n'hésitent pas à faire de la réalité humaine du couple et du mariage l'image des relations aimantes de Dieu et de son peuple, et le signe de l'Alliance, saint Paul amène à sa pleine lumière le mariage comme symbole de l'Alliance nouvelle, de l'union du Christ et de l'Église.

C'est le fondement biblique du sacrement de mariage, sacrement d'un amour qui s'engage à une fidélité indéfectible, comme est indéfectible l'amour de Dieu envers les hommes.

La tradition ecclésiale

Elle prendra en compte ces données bibliques. Elle affirmera constamment la bonté foncière du mariage et de la famille, vus comme des institutions de droit naturel capables de prendre une force et un sens nouveaux dans la foi chrétienne (saint Augustin, saint Thomas d'Aquin, etc.).

Dès les origines du christianisme, l'Église invitera à vivre de la meilleure manière possible, « dans le Seigneur », — avec ce que cela implique d'exigences de respect de l'autre, de fidélité, d'indissolubilité — ces réalités du mariage et de la famille ; et, très progressivement, se constitueront au cours des siècles une liturgie du mariage, un droit du mariage, une théologie du sacrement de mariage (qui prendra forme au Moyen Âge), plus récemment une spiritualité conjugale et familiale. C'est précisément le mariage comme sacrement qui fonde la famille comme communauté chrétienne. Mais il faudra, d'une part, que l'époque moderne et contemporaine donne une importance nouvelle à la famille, et, d'autre part, que certaines valeurs familiales commencent à être sérieusement mises en cause, non plus seulement dans des comportements individuels mais dans leurs principes mêmes et dans les institutions, pour que l'Église place la famille au premier rang de ses préoccupations et de sa réflexion (encyclique *Casti connubii* de Pie XI, 1930 ; constitution conciliaire *Gaudium et spes,* sur l'Église dans le monde de ce temps, 1965 ; encyclique *Humanae vitae* de Paul VI, 1968 ; exhortation *Familiaris consortio* de Jean-Paul II (1981)...).

Aujourd'hui, la famille et l'Église

La réflexion contemporaine de l'Église a précisément trouvé une expression majeure dans ce texte de Jean-Paul II sur *Les tâches de la famille chrétienne dans le monde d'aujourd'hui* (1981) : le pape affirme que c'est dans l'expérience de la famille que l'homme est appelé à vivre et à réaliser de façon privilégiée la vocation fondamentale à l'amour qui est la sienne. La famille chrétienne est appelée « petite Église » ou « Église domestique » : elle est une communauté de personnes et constitue la première expérience de l'Église, le premier lieu où est accueillie, reconnue, partagée l'expérience de l'amour de Dieu pour les hommes. Elle a vocation à être une profonde et solide communauté de vie et d'amour, qui permette à chacun de ses membres de s'épanouir et de réaliser sa vocation propre, qui soit au service de la vie, qui travaille à l'humanisation de la société et participe à la mission de l'Église.

En proposant cet idéal de la famille chrétienne, l'Église ne prétend pas « idéaliser » la famille. Elle sait que la famille peut être un lieu de conflits, de blessures, d'échecs d'autant plus douloureux qu'elle aspire à être communauté d'amour. Simplement, l'Église accueille avec confiance cette réalité humaine originale qu'est la famille. Elle indique le long chemin à parcourir afin qu'advienne une famille, non pas close sur elle-même, mais ouverte aux autres. Elle ose affirmer que rien ne peut être plus bénéfique pour la société que la famille, à condition qu'elle devienne peu à peu cette communauté fondée sur l'amour et le respect des personnes (y compris des plus fragiles : le petit enfant, le handicapé, la personne âgée...), ce lieu de solidarité, de communication, de désintéressement, de gratuité, ce signe de paix et de miséricorde où l'on apprend à accepter les différences et à se pardonner ; bref, cette « institution de l'amour » qui a sa source profonde en Dieu, et s'ouvre largement sur la communauté humaine. ■

Charte des droits de la famille

publiée le 25 novembre 1983 par le Saint-Siège

Article premier

Toutes les personnes ont droit au libre choix de leur état de vie, donc de se marier et de fonder une famille ou de rester célibataires.

a. Tout homme et toute femme ayant atteint l'âge de contracter mariage et ayant la capacité nécessaire a le droit de se marier et de fonder une famille sans aucune discrimination ; des restrictions légales à l'exercice de ce droit, qu'elles soient de nature permanente ou temporaire, ne peuvent être introduites que si elles sont requises par des exigences graves et objectives portant sur l'institution du mariage lui-même et sa signification publique et sociale ; dans tous les cas, elles doivent respecter la dignité et les droits fondamentaux de la personne.

b. Ceux qui veulent se marier et fonder une famille ont le droit d'attendre de la société d'être placés dans les conditions morales, éducatives, sociales et économiques favorables qui leur permettent d'exercer leur droit de se marier en toute maturité et responsabilité.

c. La valeur institutionnelle du mariage doit être soutenue par les pouvoirs publics ; la situation des couples non mariés ne doit pas être placée sur le même plan que le mariage dûment contracté.

Article 2

Le mariage ne peut être contracté qu'avec le libre consentement, dûment exprimé, des époux.

a. Sans méconnaître, dans certaines cultures, le rôle traditionnel que jouent les familles pour orienter la décision de leurs enfants, toute contrainte qui empêcherait de choisir comme conjoint une personne déterminée doit être évitée.

b. Les futurs conjoints ont droit à leur liberté religieuse ; par conséquent, imposer comme condition préalable au mariage un déni de foi ou une profession de foi contraire à la conscience constitue une violation de ce droit.

c. Les époux, dans la complémentarité naturelle de l'homme et de la femme, ont une même dignité et des droits égaux au regard du mariage.

Article 3

Les époux ont le droit inaliénable de fonder une famille et de décider de l'espacement des naissances et du nombre d'enfants à mettre au monde en considérant pleinement leurs devoirs envers eux-mêmes, envers les enfants déjà nés, la famille et la société, dans une juste hiérarchie des valeurs et en accord avec l'ordre moral objectif qui exclut le recours à la contraception, la stérilisation et l'avortement.

a. Les actes des pouvoirs publics ou d'organisations privées qui tendent à limiter en quelque manière la liberté des époux dans leurs décisions concernant leurs enfants constituent une grave offense à la dignité humaine et à la justice.

b. Dans les relations internationales, l'aide économique accordée pour le développement des peuples ne doit pas être conditionnée par l'acceptation de programmes de contraception, de stérilisation ou d'avortement.

c. La famille a droit à l'aide de la société pour la mise au monde et l'éducation des enfants. Les couples mariés qui ont une famille nombreuse ont droit à une aide appropriée, et ne doivent pas subir de discrimination.

Article 4

La vie humaine doit être absolument respectée et protégée dès le moment de sa conception.

a. L'avortement est une violation directe du droit fondamental à la vie de tout être humain.

b. Le respect de la dignité de l'être humain exclut toute manipulation expérimentale ou exploitation de l'embryon humain.

c. Toute intervention sur le patrimoine génétique de la personne humaine qui ne vise pas à la correction d'anomalies constitue une violation du droit à l'intégrité physique et est en contradiction avec le bien de la famille.

d. Aussi bien avant qu'après leur naissance, les enfants ont droit à une protection et à une assistance spéciales, de même que leur mère durant la grossesse et pendant une période raisonnable après l'accouchement.

e. Tous les enfants, qu'ils soient nés dans le mariage ou hors mariage, jouissent du même droit à la protection sociale, en vue du développement intégral de leur personne.

f. Les orphelins et les enfants privés de l'assistance de leurs parents ou de leurs tuteurs doivent jouir d'une protection particulière de la part de la société. Pour ce qui est des enfants qui doivent être confiés à une famille ou adoptés, l'État doit instaurer une législation qui facilite à des familles aptes à le faire l'accueil des enfants ayant besoin d'être pris en charge de façon temporaire ou permanente, et qui, en même temps, respecte les droits naturels des parents.

g. Les enfants handicapés ont le droit de trouver dans leur foyer et à l'école un cadre adapté à leur croissance humaine.

Article 5

Parce qu'ils ont donné la vie à leurs enfants, les parents ont le droit originel, premier et inaliénable de les éduquer ; c'est pourquoi ils doivent être reconnus comme les premiers et principaux éducateurs de leurs enfants.

a. Les parents ont le droit d'éduquer leurs enfants conformément à leurs convictions morales et religieuses, en tenant compte des traditions culturelles de la famille qui favorisent le bien et la dignité de l'enfant, et ils doivent recevoir aussi de la société l'aide et l'assistance nécessaires pour remplir leur rôle d'éducateurs de façon appropriée.

b. Les parents ont le droit de choisir librement les écoles ou autres moyens nécessaires pour éduquer leurs enfants suivant leurs convictions. Les pouvoirs publics doivent faire en sorte que les subsides publics soient répartis de façon telle que les parents soient véritablement libres d'exercer ce droit sans devoir supporter des charges injustes. Les parents ne doivent pas, directement ou indirectement, subir de charges supplémentaires qui empêchent ou limitent indûment l'exercice de cette liberté.

Ph. Szafran-CIRIC

c. Les parents ont le droit d'obtenir que leurs enfants ne soient pas contraints de suivre des enseignements qui ne sont pas en accord avec leurs propres convictions morales et religieuses. En particulier l'éducation sexuelle — qui est un droit fondamental des parents — doit toujours être menée sous leur conduite attentive, que ce soit au foyer ou dans les centres éducatifs choisis et contrôlés par eux.

d. Les droits des parents se trouvent violés quand est imposé par l'État un système obligatoire d'éducation d'où est exclue toute formation religieuse.

e. Le droit premier des parents d'éduquer leurs enfants doit être garanti dans toutes les formes de collaboration entre parents, enseignants et responsables des écoles, et particulièrement dans des formes de participation destinées à accorder aux citoyens un rôle dans le fonctionnement des écoles et dans la formulation et la mise en œuvre des politiques d'éducation.

f. La famille a le droit d'attendre des moyens de communication sociale qu'ils soient des instruments positifs pour la construction de la société, et qu'ils soutiennent les valeurs fondamentales de la famille. En même temps, la famille a le droit d'être protégée de façon adéquate, en particulier en ce qui concerne ses membres les plus jeunes, des effets négatifs ou des atteintes venant des mass media.

Article 6

La famille a le droit d'exister et de progresser en tant que famille.

a. Les pouvoirs publics doivent respecter et promouvoir la dignité propre de toute famille, son indépendance légitime, son intimité, son intégrité et sa stabilité.

b. Le divorce porte atteinte à l'institution même du mariage et de la famille.

c. Le système de la famille élargie, là où il existe, doit être tenu en estime et être aidé à mieux remplir son rôle traditionnel de solidarité et d'assistance mutuelle, tout en respectant en même temps les droits de la famille nucléaire et la dignité de chacun de ses membres en tant que personne.

Article 7

Chaque famille a le droit de vivre librement la vie religieuse propre à son foyer, sous la direction des parents, ainsi que le droit de professer publiquement et de propager sa foi, de participer à des actes de culte en public et à des programmes d'instruction religieuse librement choisis, ceci en dehors de toute discrimination.

Article 8

La famille a le droit d'exercer sa fonction sociale et politique dans la construction de la société.

a. Les familles ont le droit de créer des associations avec d'autres familles et institutions, afin de remplir le rôle propre de la famille de façon appropriée et efficiente, et pour protéger les droits, promouvoir le bien et représenter les intérêts de la famille.

b. Au plan économique, social, juridique et culturel, le rôle légitime des familles et des associations familiales doit être reconnu dans l'élaboration et le développement des programmes qui ont une répercussion sur la vie familiale.

Article 9

Les familles ont le droit de pouvoir compter sur une politique familiale adéquate de la part des pouvoirs

publics dans les domaines juridique, économique, social et fiscal, sans aucune discrimination.

a. Les familles ont le droit de bénéficier de conditions économiques qui leur assurent un niveau de vie conforme à leur dignité et à leur plein épanouissement. Elles ne doivent pas être empêchées d'acquérir et de détenir des biens privés qui peuvent favoriser une vie de famille stable ; les lois de succession et de transmission de la propriété doivent respecter les besoins et les droits des membres de la famille.

b. Les familles ont le droit de bénéficier de mesures au plan social qui tiennent compte de leurs besoins, en particulier en cas de décès prématuré de l'un ou des deux parents, en cas d'abandon d'un des conjoints, en cas d'accident, de maladie ou d'invalidité, en cas de chômage, ou encore quand la famille doit supporter pour ses membres des charges supplémentaires liées à la vieillesse, aux handicaps physiques ou psychiques, ou à l'éducation des enfants.

c. Les personnes âgées ont le droit de trouver, au sein de leur propre famille ou, si cela est impossible, dans des institutions adaptées, le cadre où elles puissent vivre leur vieillesse dans la sérénité en exerçant les activités compatibles avec leur âge et qui leur permettent de participer à la vie sociale.

d. Les droits et les besoins de la famille, et en particulier la valeur de l'unité familiale, doivent être pris en considération dans la politique et la législation pénales, de telle sorte qu'un détenu puisse rester en contact avec sa famille et que celle-ci reçoive un soutien convenable durant la période de détention.

Article 10

Les familles ont droit à un ordre social et économique dans lequel l'organisation du travail soit telle qu'elle rende possible à ses membres de vivre ensemble, et ne pose pas d'obstacle à l'unité, au bien-être, à la santé et à la stabilité de la famille, en offrant aussi la possibilité de loisirs sains.

a. La rémunération du travail doit être suffisante pour fonder et faire vivre dignement une famille, soit par un salaire adapté, dit « familial », soit par d'autres mesures sociales telles que les allocations familiales ou la rémunération du travail d'un des parents au foyer ; elle doit être telle que la mère de famille ne soit pas obligée de travailler hors du foyer, au détriment de la vie familiale, en particulier de l'éducation des enfants.

b. Le travail de la mère au foyer doit être reconnu et respecté en raison de sa valeur pour la famille et pour la société.

Article 11

La famille a droit à un logement décent, adapté à la vie familiale et proportionné au nombre de ses membres, dans un environnement assurant les services de base nécessaires à la vie de la famille et de la collectivité.

Article 12

Les familles des migrants ont droit à la même protection sociale que celle accordée aux autres familles.

a. Les familles des immigrants ont droit au respect de leur propre culture et au soutien et à l'assistance nécessaires à leur intégration dans la communauté à laquelle elles apportent leur contribution.

b. Les travailleurs émigrés ont droit à voir leur famille les rejoindre aussitôt que possible.

c. Les réfugiés ont droit à l'assistance des pouvoirs publics et des organisations internationales pour faciliter le regroupement de leur famille.

Ph. Pinoges-CIRIC

FÉCONDITÉ

La Bible présente la fécondité comme une bénédiction de Dieu (Gn 1,22-28) et un signe de la permanence de son Alliance. Il faut dire que Dieu avait promis à Abraham de rendre sa descendance aussi nombreuse que les étoiles du ciel.

Cette opinion biblique sera longtemps partagée par la plupart des hommes.

Pourtant, petit à petit, l'opinion commune va changer. Déjà au XVIIe siècle, les patriciens genevois refusent d'avoir trop d'enfants : la mortalité infantile avait diminué et une progéniture trop nombreuse devenait difficile à entretenir. Mais c'est seulement après la Deuxième Guerre mondiale que la fécondité devient un problème politique puis personnel.

[...] « Si l'homme se laisse aller à croître et à se multiplier sans frein, il risque de devenir le cancer de la planète [...] (Aujourd'hui) il use en quelques générations ce qu'il a fallu des dizaines de millions d'années pour accumuler [...] » (Julian Huxley, premier directeur de l'UNESCO).

Pour comprendre ce changement d'attitude, il faut savoir qu'en quelques dizaines d'années le taux de croissance de l'humanité était passé de 0,05 % à 1,75 % ; il faut sans doute aussi établir des liens avec le refus de plus en plus fréquent de ne considérer la femme que comme mère.

Face à ces différentes mentalités, quelle a été l'attitude des chrétiens ? Les Pères de l'Église ont toujours insisté sur le « croissez et multipliez... » ; mais, tout en affirmant la valeur de la sexualité, beaucoup prêchaient une certaine continence, pour que l'homme et la femme ne fassent pas du plaisir un but. Seul, Tertullien affirme que le conseil sur la continence (I Co 7-29) abolit le « croissez et multipliez ».

La fécondité n'a pas été une vraie question jusqu'au début du XIXe siècle. A cette époque, les évêques se mirent à s'interroger sur la baisse de la natalité et prirent la défense du « croissez et multipliez ». Leurs discours apparurent souvent ne pas prendre en compte les exigences de la réalité.

De fait, aujourd'hui, les propos de l'Église touchant la natalité ne sont pas sans nuances : si l'amour mutuel justifie le mariage et l'acte sexuel, ceux-ci ne trouvent leur pleine signification que dans le don total de soi-même et ce don s'exprime de manière privilégiée (mais pas unique) dans l'acceptation de la fécondité. Quant à cette dernière, elle n'est pas simplement un phénomène physique, et sa prise en compte dans la vie d'un couple est un signe de maturité affective et une occasion d'épanouissement.

Cependant, le mot fécondité n'a de sens que s'il s'agit de mettre ses enfants vraiment au monde. Cela nécessite soin, attention ; et donc il est du devoir des parents, au nom même de leur fécondité, d'être responsables et de n'avoir que les enfants qu'ils peuvent vraiment éduquer.

Mais la fécondité est devenue aussi un problème social et politique, et en ces domaines aussi les chrétiens ont eu à parler.

Ils l'ont fait en affirmant d'abord que la fécondité était un droit de l'homme, et qu'aucun gouvernement au monde n'avait le droit d'appliquer une politique antinataliste coercitive.

Ils l'ont fait souvent en essayant de lutter contre l'idéologie du planning familial véhiculé par les grands groupes pharmaceutiques anglo-saxons dans les pays du Tiers-Monde.

Ils l'ont fait en essayant de diffuser (et en y réussissant) des méthodes dites naturelles de limitation des naissances (comme celle des Docteurs Billings), et surtout en appelant chacun librement à la connaissance de soi-même, au respect de l'autre, et à des attitudes responsables.

Ils l'ont fait en soulignant que la fécondité physique ne prenait totalement sens que dans un monde qui aime donner la vie. ■

Sexualité et plaisir
(conception chrétienne)

Sexualité et plaisir, les deux mots vont bien ensemble : nous savons en effet que la sexualité est, pour une part essentielle, recherche de satisfaction, de plaisir. Par ailleurs, notre époque souligne l'importance du plaisir pour le plein épanouissement de nos corps et de tout notre être.

Nous pressentons, en même temps, que tout n'est pas si simple : qu'en est-il du plaisir ? Est-il toujours le lieu de l'innocence ? N'y a-t-il pas antinomie entre plaisir et morale, plaisir et christianisme ?

Ph. Musée Nal d'Art moderne

Le Baiser, de Brancusi.

Qu'en est-il du plaisir ?

Le plaisir se décrit plus qu'il ne se définit : il est ce sentiment de plénitude consécutif à l'apaisement d'un besoin ou à l'accomplissement d'un désir. Il est comme une heureuse manière d'être soi-même, de s'éprouver soi-même, de coïncider avec son corps. Le plaisir pénètre l'être entier et résonne en toutes les zones de la personne.

Ce qui invite à ne pas réduire, identifier, le plaisir au plaisir sexuel, génital. Le plaisir passe par le corps tout entier : plaisir d'entendre une belle musique ou une voix amie, plaisir de regarder un beau paysage, une œuvre d'art, le visage et le corps de l'être aimé, plaisir de la table, nourriture et amitié partagées... Mettre le plaisir exclusivement dans la zone sexuelle, génitale, c'est s'interdire de le trouver même là.

Il importe donc de distinguer et de relier un triple horizon du plaisir :

- l'ensemble des plaisirs qui donnent goût et saveur à la vie ;
- le plaisir éprouvé de manière multiforme dans la rencontre de l'autre ;
- le plaisir spécifiquement sexuel ou génital, expression privilégiée sans être unique de la rencontre avec l'être aimé.

C'est vrai : dans la mesure où le plaisir, jusque dans son expression sexuelle, se réalise avec un partenaire qu'on souhaite rendre heureux, chacun a le sentiment de vivre avec l'autre une fusion à la fois profonde et fugitive, une expérience de plénitude et de bonheur.

Ajoutons qu'à sa manière le plaisir nous enracine dans notre condition humaine fragile et limitée : à preuve, son caractère précaire, fugitif. Le plaisir disparu ne revient jamais le même. Sur tout plaisir peut se dire : « jamais plus » !

Cette expérience gratifiante et heureuse du plaisir est cependant porteuse d'ambiguïtés.

A l'actif du plaisir, on peut souligner qu'il nous réconcilie avec notre propre corps, avec les autres, avec le monde ambiant. Il contribue à la joie de vivre et à l'épanouissement des personnes. Il est là gratuitement, pour rien, sinon pour la joie des hommes et des femmes. L'expérience du plaisir, dans son expression sexuelle, est particulièrement importante pour nourrir et renforcer la qualité de la vie du couple. Quant à l'expérience de perte de maîtrise de soi et de dépendance par rapport à l'autre qui s'éprouve dans la relation sexuelle, elle traduit dans notre corps la réalité de notre condition humaine.

Au passif du plaisir, on peut mettre le vœu d'immédiateté qui lui fait s'écrier « tout de suite » et l'exigence de répétition qui lui fait dire sans cesse « encore ! » La quête démesurée du plaisir comporte une tentation d'échapper à toute limite et donc, à la condition humaine précaire et mortelle.

Le plaisir risque alors de s'épuiser dans une jouissance toute tournée vers soi-même : l'autre est réduit à n'être qu'instrument ou objet de plaisir, moyen de satisfaire mon plaisir en ne le respectant pas comme personne différente de moi — ainsi, à l'extrême limite, dans le viol — ; c'est moi-même que je ne respecte pas et à qui j'interdis toute relation vraie et heureuse.

Le plaisir est donc ambigu, ambivalent — il peut être l'expression d'une violence comme d'une tendresse à l'égard d'autrui — et il lui faut emprunter un long chemin pour trouver une pleine qualité humaine.

Cette ambiguïté du plaisir explique, sans la justifier entièrement, une longue tradition de méfiance à son égard, ainsi dans le christianisme.

Que dire aujourd'hui à ce propos ?

Avant tout, accueillir positivement le plaisir, affirmer qu'il est fondamentalement bon, jusque dans son expression sexuelle. La foi chrétienne invite à accueillir le plaisir comme un don qui se déploie en nos corps, et qui a sa source dans la bonté créatrice de Dieu.

Ensuite, reconnaître l'ambiguïté du plaisir. De ce point de vue, une saine morale humaine et chrétienne nous libère, soit du mépris ou de la peur du plaisir, que l'on ne justifierait, par exemple, que pour exercer la fonction procréatrice, soit de l'idéalisation ou de l'idolâtrie du plaisir, que l'on érigerait en absolu et auquel on demanderait tout, fût-ce à travers la domination et l'exploitation de l'autre.

Mépris et idolâtrie du plaisir sont l'un et l'autre un refus de la condition humaine et une infidélité à la foi chrétienne.

On en arrive à l'essentiel, qui est d'énoncer la « loi » humaine et chrétienne du plaisir : ouvrir la recherche de plaisir qui nous habite au désir de l'autre, au plaisir de l'autre, au bonheur de l'autre. Paradoxalement, c'est en rencontrant l'autre pour lui-même, différent de moi, que le plaisir peut m'être donné, comme par surcroît, et qu'il trouve toute sa vérité humaine.

Le plaisir apparaît alors comme un signe fragile et précieux : signe tout à la fois d'une relation réussie avec l'autre, et d'une heureuse réalisation de soi-même. Quant à la foi chrétienne, elle situe nos corps (et le plaisir qui se cherche en eux) dans le mouvement d'une rencontre et d'une communion excluant un repli sur nous-mêmes au mépris des autres. Dans cette perspective, la « vocation » du plaisir est partage, ouverture à autrui, émerveillement réciproque dans la communion.

Il y a plus : la rencontre de l'autre et le plaisir qui peut l'accompagner et l'exprimer ne sont jamais comblés. Cette rencontre des personnes dans la conjugalité réussie est, fût-ce de loin, comme un pressentiment et un apprentissage d'un au-delà de tout plaisir : la joie de la communion entre nous et avec Dieu à laquelle nous sommes invités. Le plaisir humain trouve son ultime vérité en annonçant ce qui le dépasse infiniment et qu'il ne saurait donner : une plénitude émerveillée de bonheur et de communion, de joie et de rencontre.

Concluons par ce que nous dit un contemporain : « Le plaisir est à accueillir comme un fruit et non à posséder comme une proie ; alors il peut nous ouvrir à la joie et raviver notre désir du bonheur pour nous et les autres ». ■

Ph. Tournus

Adam et Ève. La tentation. Vitrail.

Rome et l'éducation sexuelle

Objectivité et prudence des interventions

86. Pour apporter une contribution valable au développement harmonieux et équilibré des jeunes, les éducateurs doivent graduer leurs interventions en fonction du rôle particulier qu'ils jouent. Le sujet ne perçoit ni ne reçoit de la même manière de la part de ses divers éducateurs les informations et les motivations qui lui sont données, parce qu'elles touchent de façon différente son intimité. Objectivité et prudence doivent caractériser de telles interventions.

Une information véridique

87. L'information progressive requiert une explication partielle, mais correspondant toujours à la vérité. Les explications ne doivent pas être déformées par des réticences ou par un manque de franchise. La prudence requiert cependant de la part de l'éducateur non seulement une adaptation aux attentes du sujet, mais aussi le choix du langage, de la façon et du moment où il interviendra. Elle exige qu'il soit tenu compte de la pudeur de l'enfant. L'éducateur doit penser en outre à l'influence des parents : à leur préoccupation pour cette dimension de l'éducation, au caractère particulier de l'éducation familiale, à leur conception de la vie, à leur degré d'ouverture aux autres milieux éducatifs.

Confiance dans l'action éducative

88. On doit insister avant tout sur les valeurs humaines et chrétiennes de la sexualité pour les faire apprécier et pour susciter le désir de les réaliser dans la vie personnelle et dans les relations avec les autres. Sans méconnaître les difficultés que comporte le développement de la sexualité, mais sans créer une atmosphère d'obsession, l'éducateur doit avoir confiance dans l'action éducative : celle-ci peut prendre appui sur la résonance que les véritables valeurs trouvent chez les jeunes, lorsqu'elles sont présentées avec conviction et confirmées par un témoignage vivant.

Vision intégrale de la personne

89. Étant donné l'importance de l'éducation sexuelle dans la formation intégrale de la personne, les éducateurs, compte tenu des aspects diversifiés de la sexualité et de leur incidence sur l'ensemble de la personnalité, s'efforceront en particulier de ne pas séparer les connaissances des valeurs correspondantes, qui donnent un sens et une orientation aux informations biologiques, psychologiques et sociales. Donc, lorsqu'ils présentent les règles morales, il est nécessaire qu'ils fassent comprendre quelle est leur raison d'être et quelles valeurs elles impliquent.

Orientation sur l'amour humain,
Congrégation romaine pour l'éducation catholique, 1983.

CHASTETÉ

Plusieurs sens peuvent être donnés à ce mot, qui désigne généralement la manière humainement et donc moralement réussie de vivre la sexualité humaine.

La chasteté, c'est, dans un sens restreint, le refus d'une sexualité active ou la recherche d'une sexualité active qui ne soit pas possessive.

Plus positivement, la chasteté est une manière de réaliser sa sexualité — dans le mariage ou comme célibataire — qui intègre celle-ci dans la totalité de l'être humain, dans le sens qu'il donne à sa vie et, essentiellement, dans sa relation aux autres. La chasteté est ce dynamisme qui intègre instinct et plaisir sexuels, affectivité et passion amoureuse, relation aux autres respectés dans leur différence.

Loin de mépriser plaisir sexuel et affectivité amoureuse, la chasteté les met au service d'une authentique relation aux autres — ou à l'autre — désirés et aimés pour eux-mêmes. L'exigence essentielle de la chasteté se résume donc dans le principe de réciprocité : qu'on ne réduise jamais personne, ni soi-même d'ailleurs, à servir de moyen pour l'obtention de sa seule et exclusive jouissance. Vouloir se suffire à soi-même et réduire l'autre à son propre désir : tel est le contraire de la chasteté.

On voit que la chasteté ne signifie pas une dépréciation de la sexualité ou même une manière de la vivre sans problèmes et sans conflits. La chasteté, pour un être humain, consiste pour l'essentiel à accepter sa propre sexualité pour en faire un chemin de rencontre des autres. Aussi bien, être chaste, c'est reconnaître ses limites, accepter de ne pas être parfait par soi-même et même de ne pas être totalement maître de soi-même, renoncer à une relation transparente à l'autre mais au contraire lui permettre d'être différent dans ses pensées, ses désirs, ses projets.

La chasteté réalise alors un des sens les plus profonds de la sexualité humaine : un long et difficile apprentissage de la rencontre de l'autre comme toujours « autre », toujours différent, jamais réductible à mon image, à mon besoin, à mon désir... seul chemin d'un amour vrai qui unit des différences dans un respect mutuel. La foi chrétienne reconnaît ici un des lieux où se fait l'apprentissage de la rencontre de Dieu, Celui qui est le toujours « Autre », toujours différent de l'image que j'en ai ou de ce que j'attends de lui : différence la plus radicale qui ouvre à la communion la plus profonde. ■

« Des deux sexes, l'un doit être actif, l'autre passif et faible [...] La femme est faite pour plaire et être subjuguée » (J. J. Rousseau, *L'Émile,* livre 5). « L'homme qui se marie fait toujours un cadeau à la femme parce qu'elle a besoin du mariage et que lui n'en a pas besoin [...] La femme est faite pour l'homme, l'homme est fait pour la vie » (Montherlant, *Les Jeunes Filles*).

Toujours, et sans doute obligatoirement, la question sexuelle est encombrée de préjugés. Simplement parce que la différence sexuelle est quelquefois moins évidente qu'il n'y paraît. Qu'est-ce que le sexe ? Le sexe des chromosomes xx ou xy ? Le sexe des organes génitaux (testicules, c'est-à-dire petits témoins) ? Le sexe hormonal qui permet au corps d'acquérir ses capacités érotiques ? Le sexe psychologique ? Le sexe de l'état-civil ? La sexualité est-elle faculté animale de se reproduire ? Recherche de volupté ? Manière de se situer dans le monde ou moyen de s'approprier le monde ? Expression et fondement de l'amour ? Les différences de sexes entraînent-elles des différences de rôle dans la société ?

Sans nier que chaque culture interprète les différences sexuelles et organise leur rôle, l'Église pense que certains repères sont essentiels.

La sexualité est une merveille.

Mais, comme toute merveille humaine, elle comporte ses limites. Bien plus, elle est la marque même de la limite de l'homme et de la femme : elle rend évident que ni l'homme ni la femme ne sont Dieu, et ne peuvent se suffire à eux-mêmes. Pour s'accomplir, ils ont besoin de se rencontrer.

Parce que limitée, la sexualité peut être le lieu de l'ambiguïté : elle est à la fois une expérience extrêmement bonne et agréable, où la bonté de la création s'exprime dans la rencontre homme-femme. Mais elle peut être aussi détournement du sens de cette rencontre et expérience malheureuse, où la violence peut transformer l'autre en esclave ou en chose.

L'Ancien Testament s'est méfié des cultes de la fécondité qui existaient dans l'Ancien Orient, et, pour cela, semble quelquefois mépriser la sexualité et à ce titre la femme. En fait, il n'en est rien ; le Nouveau Testament montre à l'évidence que, dans la pensée biblique, l'homme et la femme se définissent en réciprocité, l'un par rapport à l'autre, ayant chacun la même dignité.

C'est dans le couple stable que la sexualité trouve son expression normale. Là, elle concourt réellement à l'épanouissement de chacun : « L'union des corps a toujours été le langage le plus fort que deux êtres puissent se dire l'un à l'autre » (Jean-Paul II). Mais le couple ne saurait être réduit au seul exercice de la sexualité.

• Les célibataires ne peuvent vivre normalement leur sexualité que s'ils ne la vivent pas négativement, comme abstention de relations sexuelles, mais positivement, comme disponibilité à un projet. De toutes façons, à l'intérieur d'une culture donnée, personne ne doit être étouffé par les rôles et les fonctions que la société distribue à chacun en fonction de son sexe. Mais personne ne peut être libre s'il ne respecte pas le langage de son propre corps, tout en le maîtrisant pour faire de celui-ci, non un moyen de violence ou de mépris, mais un langage d'amour. ■

Casti connubii

C'est le 31 décembre 1930 que le pape Pie XI promulgua une lettre encyclique sur le mariage chrétien, lettre qui débute par les mots *Casti connubii* (Combien grande est la dignité *de la chaste union conjugale*). Le but de cette encyclique est de présenter à l'ensemble de l'Église catholique et au monde une synthèse de la doctrine catholique sur le mariage, mais en insistant sur quelques points majeurs dans une perspective de mise en garde contre un certain nombre d'erreurs.

Le grand principe qui commande le document est simple : « Le mariage n'a pas été institué ni restauré par les hommes, mais par Dieu ». Autrement dit, le mariage, dans sa nature, dans son but, dans ses finalités, dans ses lois, est d'institution divine et non humaine. Dès lors, la part de la liberté humaine est exactement définie : il revient à l'homme et à la femme de s'engager en toute liberté, sans contrainte aucune, dans l'état du mariage ; ils sont les auteurs de leur mariage particulier, entrant ainsi dans cet état du mariage dont ils ont dès lors à assumer les exigences et les règles.

Les erreurs contraires à cette doctrine ont leur source dans le principe inverse : le mariage serait d'institution purement humaine, et pourrait donc se transformer au gré de la volonté de l'homme, de l'évolution des mœurs, du changement des lois.

La doctrine catholique est présentée en s'inspirant des trois « biens » du mariage d'après saint Augustin.

Les enfants : procréation et éducation des enfants sont le premier bien du mariage.

Les erreurs dénoncées ici sont surtout : tout usage du mariage où la puissance naturelle de procréer est empêchée artificiellement ; l'avortement, qui est le meurtre d'un innocent sans défense.

La foi conjugale, c'est-à-dire la fidélité réciproque des époux à leur engagement matrimonial, fidélité qui implique notamment :

- l'unité conjugale : l'union d'un seul homme et d'une seule femme ;
- un amour conjugal authentique, une mise en commun de toute la vie, permettant aux conjoints de s'épauler et de progresser ensemble et s'exprimant dans les rapports sexuels ;
- un certain « ordre », à savoir la soumission de l'épouse à l'époux, à condition toutefois que soient sauvegardées la juste indépendance et la pleine dignité de la femme.

Principales erreurs dénoncées : la légitimation des rapports sexuels hors mariage ou avec une autre personne que son conjoint ; l'émancipation totale de la femme.

Le sacrement, ce qui recouvre deux réalités liées entre elles :

- l'indissolubilité, qui est la propriété de tous les vrais mariages et qui trouve toute sa force dans le mariage chrétien ;
- le fait que l'engagement du mariage devient pour le chrétien un « signe de grâce », c'est-à-dire le lieu même où Dieu s'engage avec les époux pour conduire leur amour vers un plein épanouissement humain et chrétien.

Principales erreurs dénoncées : vouloir faire du mariage une formalité purement profane et relevant de la seule autorité civile ; nier l'indissolubilité (divorce).

Cette encyclique est marquée d'une grande cohérence : le mariage relève d'une « loi naturelle », immuable quant à l'essentiel, et dont Dieu est l'auteur. C'est l'Église qui est l'interprète autorisée de cette loi naturelle, éclairée et enrichie par la Révélation. Il revient à la société et aux personnes de la respecter au mieux.

Ce document est l'aboutissement d'une doctrine catholique qui s'est élaborée pleinement dans les temps modernes et qui fait se rencontrer, d'une part, la conception du mariage dominante à l'époque — le mariage vu d'abord comme « institution » et qui se noue dans un « contrat » qui engage les conjoints — et, d'autre part, les valeurs et exigences chrétiennes, ainsi le lien entre les différentes dimensions de l'union conjugale (mariage, sexualité, procréation, accueil de l'enfant).

L'évolution de la conception du mariage depuis 1930 conduira l'Église à relativiser certaines affirmations de l'encyclique (ainsi la procréation comme premier bien du mariage, la soumission de la femme à l'homme), et à exprimer différemment les mêmes valeurs chrétiennes. ■

Humanae vitae

Le 25 juillet 1968, le pape Paul VI promulgua une lettre encyclique sur la régulation des naissances, lettre qui débute par les mots *Humanae vitae* (Le très grave devoir de transmettre *la vie humaine*...).

Cette encyclique offre une réponse à une question d'ordre moral très largement posée dans l'ensemble de l'Église catholique, et longuement réfléchie dans les années qui ont précédé ce document : en fonction d'un certain nombre de données nouvelles (telles que la croissance démographique, la valeur donnée à l'amour dans le mariage et à la rencontre charnelle qui l'exprime, la nouvelle place de la femme dans la société, l'évolution de la puissance technique, etc.), est-il moralement légitime d'user de méthodes artificielles de régulation des naissances afin de mieux maîtriser la fécondité ?

La réponse de l'encyclique se situe à un double plan :

1. Une vision très ample de l'amour humain et de la paternité responsable.

La fécondité, en effet, n'est véritablement et pleinement humaine que si elle exprime :

1) *Un amour conjugal authentique,* c'est-à-dire un amour où les conjoints engagent toute leur humanité (leurs sens, leur affectivité, leur liberté), tendent à une communication aussi totale que possible (fidèle et exclusive jusqu'à la mort), s'enrichissent personnellement l'un par l'autre, collaborent à la génération et à l'éducation de nouvelles vies, car amour et fécondité s'appellent réciproquement. Un tel amour conjugal a sa source en Dieu qui est Amour.

2) *Une paternité responsable,* c'est-à-dire une paternité qui implique chez les époux, non seulement la connaissance de leur corps et une maîtrise d'eux-mêmes dans la vie conjugale, mais aussi une régulation des naissances responsable ; autrement dit, la détermination consciente et libre du nombre d'enfants qu'ils désirent, en fonction de leurs possibilités et de leurs ressources propres de santé, de moyens financiers et de vie.

Ainsi les époux deviennent-ils « les libres et responsables collaborateurs du Créateur. »

2. Un refus des méthodes artificielles de régulation des naissances.

La vérité de l'amour conjugal implique le respect du « langage » sexuel qui l'exprime, et donc interdit de dissocier formellement et directement les deux aspects, les deux significations de ce langage : l'union de tendresse et l'ouverture à la vie.

Dès lors, « tout acte matrimonial doit rester ouvert à la vie » ; est donc moralement illégitime toute action qui se proposerait directement de rendre impossible la procréation. Certes, l'acte conjugal n'est pas toujours apte à la procréation, et il peut toujours être accompli comme manifestation de tendresse, notamment pendant les périodes inféconde, lorsque les époux désirent ne pas avoir d'enfants.

Dans la perspective d'*Humanae vitae,* il ne s'agit donc pas d'un pur respect d'un processus biologique, mais du respect du sens et du langage de l'amour.

L'encyclique *Humanae vitae,* malgré son souci de présenter une doctrine sur la régulation des naissances dans la perspective d'une vision très positive de l'amour conjugal et de la parenté responsable, a reçu un accueil très mitigé de la part d'un grand nombre de chrétiens.

Il est vrai que l'encyclique refuse nettement la contraception. Mais :

1. Ce refus veut souligner des risques non imaginaires :

- celui d'une banalisation de la sexualité dissociée de l'amour et de l'ouverture à la vie ;
- celui d'une mentalité contraceptive qui verrait l'enfant d'abord comme un danger à éviter ;
- celui, pour les couples, d'une abdication de leur responsabilité pour s'en remettre passivement aux moyens techniques et se dispenser ainsi d'un effort pour se connaître, dialoguer, choisir ensemble ;
- celui enfin d'une intervention arbitraire des pouvoirs publics en certains pays.

2. Par ailleurs, l'encyclique n'ignore pas les difficultés concrètes des couples en ce domaine ; si elle refuse la contraception, elle ne condamne pas ceux qui pensent devoir la pratiquer et qui agissent au mieux de leur conscience.

Cette encyclique invite chaque couple à se poser la question de savoir, dans la situation très concrète et les possibilités qui sont les siennes, quelle méthode de régulation des naissances favorisera au mieux la relation du couple et la responsabilité parentale, autrement dit l'amour. C'est à l'intérieur de cette question que le « non » que l'encyclique *Humanae vitae* oppose à la contraception doit être compris. ■

Ph. Tournus

Évêques à Lourdes en 1981.

Réaction des évêques français à *Humanae vitae*

3. Cette encyclique, les évêques l'ont reçue en esprit de foi, selon la volonté du Seigneur, qui a confié à Pierre la charge quotidienne de toute l'Église. Le Pape y engage sa responsabilité : c'est pourquoi, bien que ce document ne soit pas revêtu du caractère d'infaillibilité, les fidèles « doivent lui accorder une soumission religieuse de la volonté et de l'intelligence. »

Pour autant nous ne saurions prêter trop d'attention à la souffrance de consciences divisées entre leur volonté de fidélité à l'enseignement du Pape et les difficultés quasi insurmontables auxquelles elles se heurtent ; nous savons également le malaise de ceux qui, au terme d'études sérieuses, étaient parvenus à des conclusions différentes. Nous voudrions aider ces hommes de bonne volonté à comprendre la pensée du Saint-Père et à retrouver la paix du cœur (...).

15. Il arrive que des époux chrétiens se reconnaissent coupables de ne pas répondre aux exigences que précise l'encyclique. Que leur foi et leur humilité les aident à ne pas se décourager. Qu'ils soient convaincus que les défaillances des couples, par ailleurs généreux dans leur vie personnelle et apostolique, ne sont pas d'une gravité comparable aux fautes des couples qui méprisent cet enseignement et se laissent dominer par l'égoïsme et la recherche du plaisir. Ils ne doivent pas s'éloigner des sacrements, bien au contraire.

*16. La contraception ne peut jamais être un bien, elle est toujours un désordre, mais ce désordre n'est pas toujours coupable. Il arrive, en effet, que des époux se considèrent en face de véritables conflits de devoirs (*Gaudium et Spes*, n° 51). Nul n'ignore les angoisses spirituelles où se débattent les époux sincères, notamment lorsque l'observance des rythmes naturels ne réussit pas « à donner une base suffisamment sûre à la régulation des naissances (*Humanae Vitae*, n° 24). D'une part ils sont conscients du devoir de respecter l'ouverture à la vie de tout acte conjugal ; ils estiment également en conscience devoir éviter ou reporter à plus tard une nouvelle naissance, ils sont privés de la ressource de s'en remettre au rythme biologique. D'autre part ils ne voient pas, en ce qui les concerne, comment renoncer actuellement à l'expression physique de leur amour sans toutefois menacer la stabilité de leur foyer.*

A ce sujet, nous rappellerons exactement l'enseignement constant de la morale : étant donné une alternative de devoirs où, quelle que soit la décision prise, on ne peut éviter un mal, la sagesse traditionnelle prévoit de rechercher devant Dieu quel devoir, en l'occurrence, est majeur. Les époux se détermineront au terme d'une réflexion commune, menée avec tout le soin que requiert la grandeur de la vocation conjugale. Ils ne peuvent jamais oublier ni mépriser aucun des devoirs en conflit (...) « Paix aux époux de bonne volonté »(...).

*18. Plus malaisée est la situation des catholiques qui ne parviennent pas à comprendre l'enseignement du Pape. Menant leur réflexion par des voies différentes, ils déclarent ne pouvoir loyalement y adhérer. Nous leur demandons d'abord, à l'instigation même du Pape, de ne pas confondre l'enseignement fondamental de l'encyclique avec les motifs allégués (*Humanae Vitae*, n° 28). Qu'ils considèrent aussi en catholiques que le Pape, connaissant leur position, a cependant, dans une vision pastorale des choses, jugé qu'il ne pouvait en conscience abandonner l'enseignement de ses prédécesseurs. Qu'ils veuillent donc ne pas tenir leurs convictions comme définitivement arrêtées. Qu'ils poursuivent leurs recherches, sans hésiter à faire part de leurs travaux aux évêques, car il est évident que bien des questions se posent encore. Mais qu'ils évitent les polémiques qui jettent le trouble dans les âmes et attisent la division dans l'Église. Nous demandons un même esprit de paix à ceux qui triompheraient sans discrétion au nom de l'encyclique (...).*

Assemblée de Lourdes, 1968.

Humanae vitae :

Pour une paternité responsable

10. L'amour conjugal exige donc des époux une conscience de leur mission de « paternité responsable », sur laquelle, à bon droit, on insiste aujourd'hui, et qui doit, elle aussi, être exactement comprise.

Elle est à considérer sous divers aspects légitimes et liés entre eux.

Par rapport aux processus biologiques, la paternité responsable signifie connaissance et respect de leurs fonctions : l'intelligence découvre, dans le pouvoir de donner la vie, des lois biologiques qui font partie de la personne humaine.

Par rapport aux tendances de l'instinct et des passions, la paternité responsable signifie la nécessaire maîtrise que la raison et la volonté doivent exercer sur elles.

Par rapport aux conditions physiques, économiques, psychologiques et sociales, la paternité responsable s'exerce soit par la détermination réfléchie et généreuse de faire grandir une famille nombreuse, soit par la décision, prise pour de graves motifs et dans le respect de la loi morale, d'éviter temporairement ou même pour un temps indéterminé une nouvelle naissance.

La paternité responsable comporte encore et surtout un plus profond rapport avec l'ordre moral objectif, établi par Dieu, et dont la conscience droite est la fidèle interprète. L'exercice responsable de la paternité implique donc que les conjoints reconnaissent pleinement leurs devoirs envers Dieu, envers eux-mêmes, envers la famille et envers la société, dans une juste hiérarchie des valeurs. Dans la tâche de transmettre la vie, ils ne sont par conséquent pas libres de procéder à leur guise, comme s'ils pouvaient déterminer de façon entièrement autonome les voies honnêtes à suivre, mais ils doivent conformer leur conduite à l'intention créatrice de Dieu, exprimée dans la nature même du mariage et de ses actes, et manifestée par l'enseignement constant de l'Église.

Ce que l'Église dit vraiment à propos de la régulation des naissances

Globalement, on peut dire qu'une part importante des Français, même catholiques, ne comprennent pas l'enseignement récent des papes et des évêques sur l'ensemble des problèmes moraux liés à l'usage de la sexualité. Il faut dire, par ailleurs, que cet enseignement est souvent mal connu. On peut le résumer ainsi.

1. « Contre le pessimisme et l'égoïsme qui obscurcissent le monde, l'Église prend parti pour la vie » (Jean-Paul II, *Familiaris consortio,* b 30) qui est, à ses yeux, un magnifique don du Dieu de bonté.

2. Cet appel à la vie n'est pas un appel à avoir tous les enfants physiquement possibles. Bien au contraire, les papes Paul VI et Jean-Paul II ont souligné l'importance d'une paternité et d'une maternité vraiment responsables. A leurs yeux, il serait irresponsable de mettre au monde des enfants que l'on ne serait pas, humainement, capables d'élever. Soulignons qu'il y a là, par définition, une acceptation de la régulation des naissances.

3. Cette régulation des naissances ne doit pas se faire au détriment de la vie du couple. Il faut craindre toute solution qui entraînerait une sorte d'automatisme de l'acte sexuel ; car, dans une situation d'automatisme, un conjoint peut en arriver à se servir de l'autre sans vraiment faire attention à lui. L'amour n'existe que s'il est à la fois échange physique et spirituel. La question pour un couple se pose en fonction de ce qu'il est, et de ses possibilités : quelle est la méthode de régulation des naissances favorisant au mieux la relation du couple et la responsabilité parentale, autrement dit l'amour ?

4. C'est la raison pour laquelle, en fonction d'une étude approfondie des conséquences psychologiques des formes mécaniques ou chimiques de la contraception (pilule, stérilet), et a fortiori de ses formes chirurgicales par stérilisation, depuis toujours, la hiérarchie de l'Église encourage les méthodes dites naturelles. « A la lumière de l'expérience de tant de couples et des données des diverses sciences humaines, la réflexion théologique peut saisir la différence anthropologique et en même temps morale existant entre la contraception et le recours aux rythmes périodiques : il s'agit d'une différence beaucoup plus importante et plus profonde qu'on ne le pense habituellement et qui, en dernière analyse, implique deux conceptions de la personne et de la sexualité humaine, irréductibles l'une à l'autre. Le choix des rythmes naturels comporte l'acceptation du temps de la personne, ici du cycle féminin, et aussi l'acceptation du dialogue, de la responsabilité commune, de la maîtrise de soi. » (Jean-Paul II, *Familiaris consortio,* b 32).

5. L'acte sexuel, comme tous les actes humains, n'a de sens qu'en fonction de la responsabilité qu'on y assume. C'est à l'évidence une affaire de conscience : les chrétiens affirment que celui qui suit sa conscience fait toujours bien, même si objectivement, il se trompe.

6. Mais l'Église appelle chacun à former sa conscience et à respecter « dans un contexte d'amour véritable, la signification totale d'une donation réciproque et d'une procréation à la mesure de l'homme. » (Jean-Paul II, *Familiaris consortio,* b 22). Ce qui appelle, à l'évidence, la fidélité absolue de l'un vis-à-vis de l'autre.

Enfin, la hiérarchie catholique a toujours insisté pour que la régulation des naissances reste l'affaire des parents. Et d'eux seuls. En ce sens-là, elle réagit vivement contre la prétention qu'ont certains pays développés d'imposer des programmes de limitation des naissances à des pays en voie de développement. « L'Église condamne comme une grave offense à la dignité humaine et à la justice toutes les activités des gouvernements ou des autres autorités publiques qui essaient de limiter en quelque manière la liberté des conjoints dans leur décision concernant les enfants. Par conséquent, toute violence exercée par des autorités en faveur de la contraception, voire de la stérilisation ou de l'avortement provoqué, est à condamner absolument et à rejeter avec force. En même temps, il faut stigmatiser comme gravement injuste le fait que (...) l'aide économique accordée pour la promotion des peuples soit conditionnée par des programmes de contraception, de stérilisation et d'avortement provoqué. » ■

Le concile Vatican II
à propos de la régulation des naissances :

Soyez responsables !

Dans le devoir qui leur incombe de transmettre la vie et d'être éducateurs (ce qu'il faut considérer comme leur mission propre), les époux savent qu'ils sont les coopérateurs de l'amour du Dieu Créateur et comme ses interprètes. Ils s'acquitteront donc de leur charge en toute responsabilité humaine et chrétienne et, dans un respect plein de docilité à l'égard de Dieu, d'un commun accord et d'un commun effort, ils se formeront un jugement droit : ils prendront en considération, à la fois, et leur bien et celui des enfants déjà nés ou à naître ; ils discerneront les conditions aussi bien matérielles que spirituelles de leur époque et de leur situation ; ils tiendront compte enfin du bien de la communauté familiale, des besoins de la société temporelle et de l'Église elle-même. Ce jugement, ce sont en dernier ressort les époux eux-mêmes qui doivent l'arrêter devant Dieu. Dans leur manière d'agir, que les époux chrétiens sachent bien qu'ils ne peuvent pas se conduire à leur guise, mais qu'ils ont l'obligation de toujours suivre leur conscience, une conscience qui doit se conformer à la loi divine ; et qu'ils demeurent dociles au magistère de l'Église, interprète autorisée de cette loi à la lumière de l'Évangile (...) Parmi ceux qui remplissent ainsi la tâche que Dieu leur a confiée, il faut accorder une mention spéciale à ceux qui, d'un commun accord et d'une manière réfléchie, acceptent de grand cœur d'élever dignement un plus grand nombre d'enfants ».

Gaudium et Spes, 50,2.

MÉTHODE BILLINGS

Appuyée par l'Organisation mondiale de la santé et les services officiels de santé américain, la méthode Billings de régulation des naissances — presque inconnue en France — est diffusée dans 84 pays et ardemment soutenue par l'Église catholique. Le principe en est simple. La femme, quelques jours avant l'ovulation, secrète, à la hauteur du col de l'utérus, une substance glaireuse qui est absolument nécessaire à la fécondation (son absence fait que les spermatozoïdes sont tués par l'acidité du vagin). Cette glaire change de consistance et s'épaissit au fur et à mesure que le cycle s'avance, puis devient sèche : en deux jours, la fécondité redevient impossible. Une femme, en observant ce phénomène, peut connaître, quelle que soit l'irrégularité de ses cycles, ses périodes de fécondité et peut — en s'abstenant de rapport conjugal pendant la période féconde — maîtriser naturellement sa fécondité. Cette méthode est une des seules à pouvoir être appliquée longtemps sans inconvénient psychologique ou physique. C'est la raison pour laquelle l'Église l'encourage. Elle invite les époux à se respecter mutuellement, à dialoguer, et à être, hors de tout automatisme, vraiment responsables de leur fécondité. Cette méthode a des taux de réussite parfaitement comparables à ceux de la pilule. ■

Cf. *La Méthode Billings par le Dr Billings*
Éd. Mediaspaul.
ANPFEC, Allée du Bois-Périneau,
78120 Rambouillet

Pour les méthodes naturelles

14. Nous devons encore une fois déclarer qu'est absolument à exclure, comme moyen licite de régulation des naissances, l'interruption directe du processus de génération déjà engagée, et, surtout, l'avortement directement voulu et procuré, même pour des raisons thérapeutiques.

Est pareillement à exclure, comme le Magistère de l'Église l'a plusieurs fois déclaré, la stérilisation directe, qu'elle soit perpétuelle ou temporaire, tant chez l'homme que chez la femme.

Est exclue également toute action qui, soit en prévision de l'acte conjugal, soit dans son déroulement, soit dans le développement de ses conséquences naturelles, se proposerait comme but ou comme moyen de rendre impossible la procréation.

Extrait de l'encyclique *Humance vitae* de Paul VI (1968)

Comment vivre la régulation des naissances !

La régulation des naissances est un problème ancien : maîtriser la fécondité naturelle a, de tout temps, constitué l'un des premiers soucis de l'espèce humaine. Cependant le contexte sociologique et culturel contemporain pose ce problème de manière nouvelle : qu'il suffise de noter la découverte de nouveaux moyens de contraception, la dissociation des deux fonctions de la sexualité — expression de l'amour et procréation —, l'évolution du statut de la femme, le désir d'un nombre d'enfants restreint et choisi, le problème démographique en certains pays.

L'important est pour un couple de se poser un certain nombre de questions qui lui permettront de mieux mesurer les enjeux d'une régulation des naissances, et de faire ensuite ses propres choix. Ainsi :

- Quel est pour nous le sens de la sexualité ?
- Quelle est notre vie de couple ? Comment vivons-nous la relation homme-femme ?
- Que signifie notre désir ou notre refus de l'enfant ? Quel sens et quelle place lui donnons-nous ?
- Que signifie notre volonté de programmer au mieux la naissance d'un enfant ?, etc.

Commencer à répondre à ces questions, c'est se préparer à vivre une « morale » de la régulation des naissances ; autrement dit, se déterminer à valoriser certains choix plutôt que d'autres.

Une morale pleinement humaine de la régulation des naissances sera :

1. Une morale de la *responsabilité :* c'est-à-dire la volonté d'avoir des enfants dans de bonnes conditions et donc de s'engager dans une procréation maîtrisée, consciente, volontaire. Être responsable signifie ici :

- prendre en compte le maximum de données d'ordre technique et médical (sûreté, innocuité et efficacité des moyens, etc.) ; d'ordre économique (logement, conditions de vie, etc.) ; d'ordre personnel, conjugal, familial (maturité personnelle, harmonie ou mésentente du couple, capacité réelle d'éduquer les enfants, etc.) ;
- refuser que la technique se substitue aux possibilités du couple humain, à l'effort de se connaître, de dialoguer, de choisir ;
- surtout faire de la régulation des naissances — y compris dans le choix d'une méthode de contraception — une affaire de couple et non de la femme seule.

2. Une morale de l'*amour :* ce qui est déjà largement impliqué dans ce qui précède ; mais deux orientations peuvent être soulignées : un refus de la mentalité contraceptive, celle qui refuse l'ouverture à la vie, aux autres, à l'imprévu de l'enfant ; une intégration de la sexualité dans un amour vrai : de ce point de vue, la question se pose de savoir jusqu'à quel point on peut dissocier ces deux dimensions de la sexualité que sont l'union de tendresse et l'ouverture à la vie, et, dans le choix d'une méthode, laquelle favorisera au mieux la connaissance de soi, le dialogue conjugal, le don réciproque, la parenté responsable.

C'est dans cette vision de la parenté responsable et de la relation d'amour qui unit les conjoints que se situe une morale de la régulation des naissances. ■

Le diagnostic prénatal

Le diagnostic prénatal permet de connaître les éventuelles maladies congénitales ou déformations d'un fœtus. Il est évident que l'Église encourage une telle connaissance si elle permet de soigner ces maladies et ces déformations. Son avis est tout autre quand, le fœtus s'avérant malformé, un tel diagnostic conduit à un avortement.

Comment s'explique le refus de l'Église face à des avortements qui semblent se justifier aux yeux de beaucoup ?

Il est évident que son refus n'est pas mépris de la douleur profonde de parents découvrant un diagnostic défavorable concernant leur futur enfant. Les chrétiens savent autant que les autres les difficultés que peut engendrer la naissance et la vie d'une personne handicapée.

Cependant, la « sélection » des enfants à naître pose un grave problème à la société tout entière : quelle image du bonheur et de l'épanouissement humain amène à supprimer telle ou telle vie ? Si, dans la société, d'autres vies ne correspondent pas à cette image, faut-il les supprimer aussi ?

Dans cette attitude qui peut paraître rigide, il faut bien voir qu'en réalité l'Église manifeste sa foi dans la dignité, l'humanité de tous les hommes, même de ceux qui paraissent marqués par les handicaps les plus profonds. Cette manière de voir a un côté fou aux yeux des normes humaines, mais cette folie-là est source de vie pour tout le corps social.

Pour être cohérents, les chrétiens se doivent évidemment de témoigner une solidarité réelle avec ceux qui acceptent de garder un fœtus malade ou malformé, et de tout mettre en œuvre pour que la solitude inévitable dans laquelle se fait ce genre de choix et se mène la vie qui en découle ne soit pas un isolement. ■

Faut-il prendre un risque grave de mettre au monde des enfants anormaux ?

L'analyse des enseignements de l'Église catholique en matière de fécondité montre que, pour eux, la réponse est clairement non.

Ces enseignements sont de véritables hymnes à la vie et donc des invitations à la procréation. Mais au nom de cet amour de la vie, ils invitent à la « paternité responsable », c'est-à-dire qu'ils invitent les parents à renoncer, dans certains cas, à avoir un enfant.

En effet, dans *Humanae vitae,* Paul VI, affirme clairement que la « paternité responsable » doit être considérée « par rapport aux conditions physiques, économiques, psychologiques et sociales » et peut amener à décider « d'éviter temporairement ou même pour un temps indéterminé une nouvelle naissance ». (*Humanae vitae,* n° 10). ■

Le don de la vie

Une instruction romaine sur les problèmes de bioéthique

L'Instruction publiée à Rome par la Congrégation pour la Doctrine de la Foi, le 22 février 1987, propose une réflexion, selon une vision chrétienne de l'homme, sur les problèmes posés par la bioéthique.

Ce texte rappelle que l'homme est une personne une et indivisible. Son corps est spirituel, son esprit est corporel. Cette conception d'une unité profonde de l'homme appelle à ne jamais considérer ce qui est corporel en dehors du spirituel. La dignité de l'homme veut que soit respectée cette unité : l'être humain doit, dès l'origine, être le fruit d'un amour véritablement humain et non celui d'une manipulation.

Au nom de cette conception, l'instruction romaine refuse toute manipulation de l'embryon qui ne respecterait pas le caractère « humain » de celui-ci et, a fortiori, toute manipulation tendant à son élimination. Elle refuse aussi toute fécondation hétérologue. Pour elle toutes ces pratiques sont mauvaises.

Enfin, elle ajoute : « L'insémination artificielle homologue à l'intérieur du mariage ne peut être admise, sauf dans le cas où le moyen technique ne se substitue pas à l'acte conjugal, mais apparaît comme une facilité et une aide pour que celui-ci rejoigne sa fin naturelle » (Le don de la vie – respect de la vie humaine naissante et dignité de la procréation – Instruction de la Congrégation pour la Doctrine de la Foi, Éditions du Cerf, p. 42, § 6). ■

INSÉMINATION ARTIFICIELLE

Pour remédier à la douloureuse situation des couples stériles, la médecine dispose de techniques nouvelles : on remplace la fécondation naturelle, quand elle est impossible, par une insémination artificielle (I. A.). Plusieurs cas sont possibles :

1. *L'insémination artificielle « in vivo »* : le médecin introduit le sperme du mari à l'intérieur de l'utérus de son épouse, à l'aide d'une seringue. C'est l'insémination artificielle avec le sperme du conjoint (I. A. C.).
2. *L'insémination artificielle « in vitro »* : on prélève un ovule sur la future mère ; on le place dans un milieu de culture contenant le sperme du mari ; la fécondation se produit dans ce milieu ; trois ou quatre jours plus tard, on implante l'œuf dans l'utérus maternel où il se développe comme s'il résultait d'une fécondation naturelle.
3. *L'insémination avec semence d'un donneur* (I. A. D.) dans le cas où le mari est stérile ; le sperme du donneur est introduit dans l'utérus de la femme.

Si la fécondation médicale par le sperme du mari (cas 1 et 2) n'est pas sans poser de problèmes — on dissocie l'acte conjugal et l'acte fécondant —, beaucoup en tout cas y voient aujourd'hui un lieu de recherches nécessaires.

Le cas de l'I. A. D. est tout autre : l'enfant né de cette fécondation médicale est celui d'un homme qui n'est pas le mari de la mère. On comprend que ce procédé mette en question les lois traditionnelles du mariage — et très spécialement l'exclusivité de la génération par l'époux — et qu'il ouvre la porte à des types de paternité et de maternité soulevant de difficiles problèmes d'ordre juridique, psychologique, sociologique et moral.

Les défenseurs de l'I. A. D. affirment que la véritable paternité n'est pas d'ordre biologique : le vrai père est celui qui se dévoue pour élever un enfant, auquel il donne ses soins et son cœur. Ils ajoutent que la majorité des « banques de sperme » en France ont établi des règles destinées à éviter au maximum abus et inconvénients : ainsi le don du sperme est gratuit, il est fait, par un couple marié et ayant eu des enfants, à un autre couple marié et consentant ; enfin, la règle du secret sur le donneur est rigoureuse.

Dans ce débat sur l'I. A. D., différents « biens » ou « valeurs » sont avancés en concurrence les uns des autres.

1. Les époux demandeurs et les praticiens de la fécondation médicale mettent en avant le *désir des parents :* si leur accord entre eux est sérieux, le « contrat » qui est à la base de leur couple peut être modifié dans le sens de l'acceptation de l'intervention d'un tiers donneur.
2. Les juristes défendent le *bien de la société :* c'est à celle-ci de décider s'il est souhaitable de transformer l'institution du mariage pour y inclure la possibilité de l'I. A. D. ; en tout état de cause, cette nouvelle pratique appelle une législation.
3. Les psychologues mettent au premier plan le *bien de l'enfant.* Ils sont attentifs à la nécessité vitale pour l'enfant que lui soient désignés ses parents ; au danger que représente pour lui des parents qui l'ont trop désiré pour leur propre satisfaction ; aux « nids à problèmes » que risque de créer l'I. A. D. ; problèmes provenant en particulier de la disparité du mari (stérile) et de l'épouse (féconde) dans le processus d'obtention de l'enfant, de la présence du tiers sous un mode « imaginaire », des motivations non clarifiées dans le désir d'enfant, etc.

Autant dire qu'introduire un géniteur étranger au couple des conjoints (le secret absolu le concernant souligne l'ambiguïté de sa « présence »... absente) modifie profondément la réalité du mariage, même si l'I. A. D. respecte l'exclusivité de l'union des conjoints et du don des corps, et même si elle favorise une « adoption » créant un lien filial réel.

Voilà pourquoi l'I. A. D., en modifiant fondamentalement la relation conjugale-parentale normale, en dissociant de manière inégale pour les conjoints (au contraire de l'adoption) la paternité biologique et la paternité affective et sociale, en portant en germe de sérieux problèmes psychologiques pour l'avenir, semble difficilement pouvoir être justifiée dans le principe ; elle appelle à tout le moins de très sérieuses réserves. Cette position n'exclut pas le respect de ce « service de la vie », mais invite à la plus grande prudence dans sa mise en pratique. ■

L'insémination artificielle : les arguments des théologiens

Les théologiens, les évêques et le pape sont entrés dans les débats qui se font jour, depuis quelques années, sur la procréation artificielle. Ils interviennent parce qu'ils estiment, suivant l'expression du cardinal Lustiger, que « les dégats humains provoqués par la révolution biologique peuvent être aussi graves que les dégats humains provoqués par la révolution industrielle à ses débuts ».

Les raisons de leurs interventions

Pour eux, l'homme, la femme et ce qui est « humain » (comme l'ovule ou le spermatozoïde) ne doivent jamais être considérés uniquement comme du « matériel » à manipuler. Tout ce qui est humain est porteur d'esprit et doit être considéré comme tel.

Bien plus, pour l'homme et la femme, avoir un enfant n'est jamais l'aboutissement d'un processus seulement physiologique : il se passe aussi « quelque chose » dans leur tête... Et il est essentiel à l'enfant de savoir que ce « quelque chose » qui l'a mis au monde était l'amour. L'Église — en contemplant la naissance du Christ — affirme même que l'essentiel de la paternité et de la maternité n'est pas d'ordre biologique mais spirituel : la vraie fécondité de l'homme vient de Dieu. Ceci peut sembler scandaleux mais est essentiel pour comprendre la prise de position chrétienne. Pour les chrétiens, la paternité ne prend sens qu'en Dieu « de qui toute paternité tient son nom » (Ep. 3,14).

Trois principes découlent plus ou moins directement de ces considérations.

1. *Il n'existe pas de droit à l'enfant.* Depuis la suppression de l'esclavage, un être humain a des droits, mais il ne peut pas être l'objet du droit d'une autre personne (il est sujet mais non objet de droits).
2. *La stérilité n'est pas en soi dégradante pour la personne humaine.* Pour s'en convaincre, il suffit de regarder le nombre de personnes sans enfant ayant réussi une vie relationnelle riche et « féconde ».
3. *L'équilibre humain suppose un lien entre la parenté corporelle et la parenté relationnelle.*
4. *Aucune méthode n'est bonne si elle ne respecte pas la dignité des personnes.* ■

LES MÈRES PORTEUSES

Les principes qui permettent de réfléchir à l'insémination artificielle avec donneur s'appliquent évidemment avec encore plus de force au cas des mères porteuses (dites de substitution).

Si la mère porteuse ne considère pas l'enfant qu'elle porte autrement que comme un moyen (de gagner de l'argent ou de faire plaisir) et non comme quelqu'un, elle le dévalorise. Si elle le considère comme quelqu'un, alors qu'il y a rupture entre la « maternité corporelle et la maternité relationnelle », elle se place elle-même dans une situation inhumaine.

Une telle pratique risque d'ailleurs de conduire des femmes à être considérées et utilisées simplement pour leur corps. ■

Lorsqu'un mot, une expression, un événement, une institution, un nom propre vous sont inconnus, consultez l'index.

COMITÉ D'ÉTHIQUE : NON AUX MÈRES PORTEUSES

Le Comité consultatif d'éthique, alors présidé par le professeur Jean Bernard, a pris position sur l'ensemble des techniques relatives à la reproduction artificielle de la vie humaine. Dans un avis rendu public le 31 octobre 1984, il s'est opposé fermement à la pratique dite des « *locations d'utérus* » ou des « *mères de substitution* ». Il a en outre proposé l'organisation d'une « *vaste consultation publique* » sur les nouvelles techniques mises en œuvre dans le domaine de la reproduction artificielle de la vie.

Pour motiver son avis sur les locations d'utérus, le comité explique : « *Il paraît clair que la question centrale, celle de l'intérêt du futur enfant, n'est pas résolue. Personne ne peut donner une assurance suffisante que l'idée de susciter une naissance avec, dès l'origine, l'intention de séparer l'enfant de la mère qui l'aura porté répond à l'intérêt de cet enfant. C'est tout autre chose que de trouver une famille pour un enfant abandonné : la société est alors placée devant un fait accompli sur lequel elle n'a pas à s'interroger. Elle accueille l'enfant, elle permet son adoption et on peut constater à l'expérience combien de problèmes ont été résolus et sont susceptibles de l'être mieux encore. L'enfant ainsi pris en charge a toutes ses chances. Rien ne permet d'affirmer, en l'état de nos connaissances, qu'il en irait de même d'un enfant qui, de volonté délibérée, serait conçu dans le seul but d'être donné par sa mère dès sa naissance.* »

La manipulation des embryons

Le statut de l'embryon

Lors de la fécondation d'un ovule par un spermatozoïde, l'œuf qui en résulte contient un nouveau « programme » génétique unique en son genre. Peu à peu, l'œuf se divise, donne naissance à des cellules qui se spécialisent ; des tissus se forment, puis des organes, des membres. De l'œuf fécondé à l'enfant — et à l'adulte —, c'est le même être qui se développe de façon continue. L'embryon est déjà humain, bien qu'il ne soit pas encore homme à part entière. C'est pourquoi l'Église condamne l'avortement, si précoce soit-il, parce qu'il supprime une vie humaine sur laquelle personne n'a de droit, ni les parents, ni la société, ni l'État. C'est pourquoi l'Église catholique souscrit tout à fait à l'article 4 de la Charte des Droits de la famille : « La vie humaine doit absolument être respectée et protégée dès le moment de sa conception ».

Cette vue des choses amène les théologiens à refuser :

- que l'embryon soit considéré comme une excroissance de la mère, lui appartenant comme n'importe quel autre partie de son corps ;
- que l'embryon soit considéré, au début de sa vie en tout cas, comme étant strictement une personne humaine : la tradition n'a jamais accepté de baptiser les embryons !

L'embryon est une personne humaine potentielle. De là, quelques conclusions.

Le refus de la manipulation de l'embryon

Toute manipulation doit se faire avec le consentement des deux « parents ».

L'embryon ne doit pas être un objet de manipulation comme un autre. Il ne doit pas servir à d'autres expériences que celles qui permettent sa réimplantation chez la femme du couple qui l'a engendré.

Il semble légitime de soigner un embryon et donc d'intervenir sur sa structure dans un but thérapeutique.

On ne doit pas « cultiver » les embryons pour une autre fin que la réimplantation chez sa mère avec, éventuellement thérapie (et donc arrêter cette culture quand cette fin n'est plus atteignable).

La réimplantation de l'embryon doit se faire le plus vite possible : les embryons ne doivent pas être stockés longtemps. Il s'agit là d'éviter aux chercheurs la tentation de s'en servir et aux couples d'avoir une vision purement utilitariste de la naissance de leur enfant. ■

Les divorcés et l'Église

Le divorce est le plus souvent vécu comme un drame par les époux qui se séparent, et leurs torts sont par surcroît loin d'être toujours réciproques, même lorsqu'un tribunal les déclare tels. Enfin, il est rare qu'un divorce ne laisse ni victimes ni séquelles, ne serait-ce que le traumatisme causé aux enfants, surtout s'il est mal vécu par les parents.

Or, souvent, l'espoir renaît pour un divorcé de « refaire sa vie », de retrouver la chaleur et l'équilibre d'un foyer, d'assurer un cadre familial à ses enfants. Mais le divorcé chrétien se voit alors rappeler par l'Église que, remarié, il ne pourra plus approcher des sacrements ; et il éprouvera parfois le sentiment injustifié, mais aigu, d'être désormais un exclu et un indésirable aux yeux de la communauté chrétienne, alors même que s'affirment en lui la volonté de vivre dans la foi et le besoin de la voir soutenue par la communauté ecclésiale.

Il est de fait que l'Église catholique, se référant à la parole du Christ : « Que l'homme ne sépare pas ce que Dieu a uni » (Mt 19,6), a toujours affirmé l'indissolubilité d'un mariage sacramentel. S'il lui arrive de constater l'invalidité d'un mariage, c'est qu'en l'occurrence, le sacrement n'a pas été reçu : il ne s'agit pas alors de dissolution, mais de reconnaissance de non-union, de non-sacrement.

La position de l'Église sur l'indissolubilité du mariage sacramentel lui est dictée par l'idée très haute qu'elle s'en fait : deux personnes prennent solennellement et librement Dieu à témoin de leur amour, et s'engagent mutuellement à y rester fidèles, comme Dieu lui-même restera fidèle par le soutien de sa grâce, témoignage de son propre amour.

Conformément à l'enseignement de saint Paul, l'Église considère l'amour des époux comme la représentation et l'expression de l'amour et de la fidélité du Christ pour son Église. Par leur mariage, les époux engagent non seulement eux-mêmes, mais l'Église et le Christ. Ils ne sont donc pas en mesure, et l'Église pas davantage, de considérer comme rompue une union dans laquelle le Christ lui-même s'est engagé par la vertu du sacrement. Dès lors, un mariage sacramentel subsiste alors même que l'union civile est déclarée dissoute par une autorité légale. C'est pourquoi le remariage d'un divorcé est considéré par l'Église comme une contradiction de fait avec la communion d'amour entre le Christ et l'Église, spécialement telle qu'elle s'exprime dans l'Eucharistie : ce qui rend incompatible à ses yeux la situation de divorcé remarié et la réception des sacrements.

Mais pour autant l'Église ne rejette pas ceux qui se trouvent dans cette situation. Dans son exhortation apostolique *Familiaris consortio* sur les tâches de la famille chrétienne (novembre 1981), Jean-Paul II n'hésite pas à rappeler (n° 84) le devoir des communautés chrétiennes de faire en sorte que les divorcés remariés ne se sentent pas séparés de l'Église. Car, en tant que baptisés, ils doivent continuer à participer à sa vie, par l'écoute de la parole de Dieu, par l'assistance à la messe, par des activités de solidarité et de justice, par l'éducation chrétienne des enfants, par la prière et l'imploration de la grâce de Dieu. Jean-Paul II ajoute que l'Église a confiance dans la possibilité de leur salut s'ils persévèrent dans la prière, la pénitence, la charité.

C'est un fait que l'on est aujourd'hui très préoccupé dans l'Église du soutien spirituel à apporter aux divorcés remariés, notamment pour les aider à vivre dans la foi une situation souvent difficile. On sait par ailleurs que les obsèques religieuses ne sont plus refusées aux divorcés remariés.

Dans le même temps, constatant, d'une part, un recours croissant au divorce de la part de chrétiens mariés, et, d'autre part, l'inconscience avec laquelle beaucoup de personnes sollicitent le mariage sacramentel sans en mesurer ni les exigences ni a fortiori la nature exacte, l'Église est conduite à demander aux futurs époux un minimum de réflexion avant de prendre un engagement solennel devant Dieu, qui suppose de leur part non seulement la foi mais tout autant l'intention sincère de rester fidèles à leur promesse.

A noter qu'aux yeux de l'Église, les divorcés non remariés sont dans la situation d'époux simplement séparés, qui n'ont donc pas rompu leur union et pourraient à tout moment reprendre la vie commune. Si l'un d'eux se remarie, l'autre ne saurait en supporter la responsabilité ; rien ne s'oppose donc à la continuité de la vie sacramentelle d'un chrétien divorcé non remarié. ■

Il existe un mouvement chrétien de femmes séparées divorcées :

Renaissance, 13 bis, rue des Bernardins, 75005 Paris

La position de l'Église catholique face au divorce

1. Le mariage validement contracté et consommé ne peut être dissous par aucun pouvoir humain ni pour aucune raison, excepté par la mort (Droit canonique, canon 1141).

2. L'Église ne peut malheureusement pas interdire l'échec, elle ne peut donc interdire le divorce ; la séparation physique et légale de deux époux peut être justifiée.

3. Le divorce ne change rien au statut chrétien du divorcé. S'il est pécheur (même dans la matière qui a entraîné le divorce), il peut recevoir le sacrement de Pénitence-Réconciliation. Il peut participer à l'Eucharistie comme les autres chrétiens.

4. L'Église catholique considère qu'aucune puissance humaine ne peut délier ceux que Dieu a unis ; en conséquence, elle pense que, même divorcés, les anciens époux restent mariés définitivement. Toute nouvelle relation, aussi forte et belle soit-elle, ne peut donc avoir que l'apparence du mariage puisque le premier demeure, qui était un engagement définitif « pour le meilleur et pour le pire ».

5. Les divorcés « remariés » et leurs nouveaux « conjoints » ne sont pas excommuniés. Ils sont considérés comme des chrétiens à part entière, même s'ils sont en situation « irrégulière ». Ils ont le droit et le devoir — comme les autres chrétiens — de trouver leur place dans la communauté chrétienne et d'élever leurs enfants dans la foi chrétienne.

6. Cependant, l'Eucharistie étant comme le sommet de tout sacrement, et le lieu de renouvellement de l'Alliance avec Dieu dont le mariage sacramentel est le signe, il y aurait contradiction dans le fait qu'ils communient au Corps et au Sang du Christ. Cette contradiction est, chez les divorcés remariés et dans les communautés, une source de tension d'autant plus vive que, de nos jours, la participation à la messe comporte une beaucoup plus fréquente participation à la communion. ■

Les Dormeurs, de Georges Jeanclos.

Ph. Tournus

ADULTÈRE

L'adultère est le fait, pour une personne mariée, d'avoir des relations sexuelles avec quelqu'un d'autre que son conjoint. Il présente plusieurs aspects, qui varient selon les civilisations et les sociétés, ainsi :

• *sociologique et juridique* : il est une infraction aux règles du mariage et, de ce point de vue, est susceptible d'une sanction ;

• *psychologique* : il procède souvent d'une insatisfaction que l'on a vis-à-vis de son conjoint et du désir de chercher ailleurs une relation plus satisfaisante.

L'adultère représente une infidélité à l'égard de la parole donnée dans le mariage, et donc une atteinte à la justice et à l'amour. Il manifeste ainsi un manque de respect vis-à-vis de soi-même, de son conjoint et même de l'autre personne à laquelle on s'unit.

Une réflexion humaine et chrétienne amène à souligner plusieurs points :

☞ L'adultère a son lieu premier dans le désir du cœur de s'unir à un autre que son conjoint, avant même de se réaliser dans la relation sexuelle comme telle.

Ce qui amène à souligner que la réprobation de l'adultère témoigne positivement de l'unité de la personne humaine — on ne peut séparer sans dommage la relation charnelle, le désir du cœur et l'engagement de la personne — et de la valeur de la fidélité conjugale.

☞ De plus, cette infidélité qu'est l'adultère a pour les chrétiens une dimension religieuse : elle contredit cette fidélité sans retour de Dieu à l'égard des hommes que voudrait signifier la fidélité conjugale.

Ceci dit, le chrétien se refuse à porter un jugement sur celui qui commet l'adultère : l'histoire d'un couple ne s'écrit pas comme une ligne droite, et des infidélités passagères peuvent n'être pas absolument contradictoires avec un désir de fidélité profonde. Mieux, le repentir et le pardon permettent d'ouvrir une conduite négative à une signification nouvelle : c'est à travers l'expérience de sa propre infidélité que le croyant est amené à découvrir avec émerveillement l'amour toujours et absolument fidèle de Dieu et à s'ouvrir à une plus grande bienveillance à l'égard des autres. ■

FORNICATION

Vient du latin *fornix,* voûte : le lieu où se tenaient les prostituées romaines. Vieux terme de la théologie morale pour désigner les relations sexuelles en dehors du mariage.

L'adultère et l'amour conjugal

Mariée depuis cinq ans, mère de deux enfants, je lui étais infidèle. Je l'aimais pourtant. Ne voulant pas saccager son bonheur, je veillais à ce qu'il ne puisse rien soupçonner. Son amour pour moi s'approfondissait de jour en jour. Au cours d'une veillée — je m'en souviens comme si cela datait d'hier — il m'exprima, en termes qui m'atteignirent au cœur, sa tendresse, son estime, son admiration. C'en était trop. Je laissai échapper : — Si tu savais ! — Je sais, me répondit-il. Ces mots firent exploser en moi une indignation aussi injuste que violente. Alors pourquoi me jouer cette affreuse comédie ? De deux choses l'une : ou tu ne souffres pas de ce que tu sais et c'est la preuve que tu ne m'aimes pas, ou tu es bouleversé et ta sérénité n'est que mensonge ! J'étais hors de moi, agressive, railleuse, blessante. Il attendit que l'orage s'apaisât. Puis calmement, gravement, tendrement, il ajouta : « Comprends ! Depuis six mois j'ai cruellement souffert, mais ma souffrance à moi était supportable, car elle ne m'abîmait pas, tandis que toi, ton mal t'abîmait, chose insupportable à mon amour. Je compris ce que j'avais à faire, cela seul que je pouvais faire, t'aimer plus encore pour que tu ressuscites à l'amour, pour que cet amour tout neuf, non seulement brûle ton mal à sa flamme, mais te fasse un cœur nouveau, une pureté nouvelle, une beauté plus rayonnante que jamais. » Et de fait l'amour de Serge, sur-le-champ même, fit de moi cet être nouveau.

Cahiers sur l'Oraison n° 83.

L'Église est un peuple de pécheurs qui s'efforcent de vivre au mieux l'amour de Dieu. C'est dans la mesure où nous en sommes réellement conscients que nous serons amenés à accueillir les divorcés remariés comme des frères, frères dans l'échec, frères dans le péché, frères dans le même amour prévenant de Dieu, frères dans le Christ.

LES ÉVÊQUES FRANÇAIS

BIGAMIE POLYGAMIE

Le mot *bigamie* (du latin *bis,* deux fois, et du grec *gamos,* mariage) désigne ordinairement la situation de l'homme qui, au sein d'une société où la monogamie (mariage d'un seul homme avec une seule femme) est la règle, parvient par fraude à avoir deux épouses avec lesquelles il a contracté un mariage apparemment régulier.

Le mot *polygamie* (du grec *polus,* plusieurs, et *gamos*) désigne quant à lui un fait de société dans les pays où un homme peut avoir très légitimement et très légalement plusieurs épouses ; c'est le cas par exemple de pays de droit islamique, ou encore, en vertu de droits coutumiers, de divers pays africains et océaniens.

La polygamie est constante dans le peuple juif sous l'Ancien Testament, d'Abraham jusqu'à la période de l'Exil (VIe siècle av. J.-C.) ; mais au temps du Christ, le peuple juif était devenu monogame depuis longtemps. Jésus n'aura donc pas à se prononcer sur la bigamie ; il le fera seulement sur la répudiation. Et le mariage chrétien sera, dès le départ, et sans aucune contestation, un mariage monogame.

A leur tour, au cours des siècles, les évêques auront à se prononcer sur l'adultère, sur le divorce, sur les secondes noces après veuvage, mais pratiquement jamais sur le principe de la monogamie tant celle-ci était entrée dans les mœurs en tant que droit du mariage.

Lorsqu'à partir des grands voyages et des découvertes du XVe siècle, les missionnaires annoncent l'Évangile, en Amérique, en Afrique, en Extrême-Orient, à des populations polygames, le baptême est seulement accordé aux hommes qui, en dépit de toutes les difficultés qui peuvent en résulter, acceptent de ne garder qu'une seule de leurs épouses.

Socialement, la monogamie repose sur l'égalité fondamentale de l'homme et de la femme ; le principe garde toute sa valeur même si des situations de fait conduisent à tolérer la polygamie.

Sacramentellement et chrétiennement, la monogamie est un signe de l'union du Christ et de l'Église (cf. Ep 5,23-32) ; l'Église est « Une » comme le proclame le Credo ; sa conception du mariage sacramentel est dès lors : un unique Seigneur, une unique Église, un seul homme, une seule femme. ■

La place des divorcés remariés dans l'Église catholique

Le remariage des chrétiens divorcés ne les exclut pas de l'Église.

Dans son exhortation apostolique *Familiaris consortio* sur la famille (22 novembre 1981), le pape Jean-Paul II, après avoir largement rappelé et commenté la doctrine catholique de l'indissolubilité du mariage sacramentel, a consacré un important développement à la situation dans l'Église des divorcés remariés.

Il a notamment exprimé le souci que, dans le plein respect du sacrement de mariage, l'Église ne les abandonne pas et leur apporte son soutien spirituel.

La demande faite aux divorcés remariés de ne pas participer aux sacrements rend ce soutien problématique : en effet, beaucoup de divorcés remariés souffrent particulièrement de ne pas pouvoir communier, se sentant dès lors rejetés.

Pour l'Église catholique, le fait d'être baptisé et de rompre son mariage fait naître une tension entre deux « alliances » qui, normalement, devraient s'exprimer l'une par l'autre :

– d'une part *l'alliance baptismale,* qui est fondamentale, irréversible et qui demeure quoiqu'il arrive ; rien, aucun divorce, ni même aucune faute, ne peuvent briser la fidélité de Dieu vis-à-vis du baptisé ; et cette alliance baptismale appelle la participation aux sacrements ;

– d'autre part *l'alliance conjugale,* qui reprend sens dans chaque eucharistie : en communiant, le chrétien se remet dans la perspective d'engagement pour l'autre, pouvant aller jusqu'à mourir pour lui comme l'a fait le Christ, même si l'autre est infidèle ; et lorsque cette alliance conjugale est brisée par le remariage, l'Église demande à l'époux remarié de ne pas communier, par respect pour le nouveau conjoint, parce qu'il est contraire à la vérité de dire à deux personnes qu'on leur sera fidèle jusqu'à la mort. L'Église, en cela, ne fait que se vouloir elle-même fidèle à la parole du Christ qui, malgré l'incompréhension de ses disciples, refusait le remariage d'époux séparés (Mt 19,1-11).

Les évêques de France ont souvent manifesté une très grande préoccupation à l'égard des divorcés remariés. Déjà en 1976, Mgr le Bourgeois, évêque d'Autun, avait attiré l'attention de son clergé sur l'aide qu'il se devait de leur apporter (*Documentation Catholique,* n° 1706).

Plus récemment, la Commission familiale de la Conférence des évêques de France a publié un document intitulé *Les divorcés remariés dans la communauté chrétienne* (Centurion 1992).

Et lors de son assemblée plénière de 1992, la Conférence des évêques de France a repris une fois encore cette question. De ses échanges, trois convictions ont émergé.

1. Beaucoup de couples se marient à l'église sans avoir bien réfléchi au mariage, sans connaître en vérité ce que demande le Christ, ni même connaître le Christ. Quand ils n'ont pas la foi, faut-il que des couples se marient à l'église ? Ne faudrait-il pas plutôt revaloriser le mariage civil ? Quand la célébration a eu lieu, et que le mariage religieux est vécu comme le mariage civil, avec une possibilité de divorce, y a-t-il eu forcément adhésion à l'engagement d'être fidèle ? Et s'il n'y a pas eu engagement réel, ne pourrait-on pas plus souvent faire constater la nullité du premier mariage ? Pour autant, il faut tout faire pour que le remariage n'apparaisse pas comme la seule solution, en particulier pour les enfants. Un bon célibat vaut mieux qu'un mauvais remariage.

2. L'ambiance actuelle étant ce qu'elle est, il est très important de faire valoir la beauté, l'intérêt et la possibilité de la fidélité, même dans l'échec. Il existe de nombreux groupes qui soutiennent les couples (C.L.E.R., Équipes Notre-Dame, Sessions Cana, Amour et vérité, Familles nouvelles, Mariage-rencontre...). Il existe aussi des groupes qui soutiennent les divorcés non remariés (Renaissance, Communion, Notre-Dame de l'Alliance, Myriam Solitude).

DIVORCE

Le divorce est la rupture légale du mariage civil, du vivant des époux. Le phénomène du divorce relève de plusieurs approches :

1. *Juridique :* la nouvelle législation française, qui date de 1975, prévoit plusieurs formes de divorces possibles : le divorce par consentement mutuel, le divorce pour rupture de vie commune, le divorce pour fait imputable à l'un des époux.

2. *Sociologique :* fait de société, le divorce change de sens selon l'évolution de la société. Modification du statut de la sexualité et du couple (primat de l'affectif), évolution du statut de la femme, réduction de la fonction sociale de la famille, etc., à la fois facilitent le divorce et lui donnent une signification nouvelle. Hier, divorcer était rompre avec l'institution du mariage et entraînait une forte réprobation sociale ; aujourd'hui, divorcer est rompre avec son conjoint lorsqu'il n'y a plus d'entente affective et est admis socialement.

Autre élément important qui joue : l'accroissement notable de la longévité de la vie.

3. *Psychologique :* il y a très normalement, dans l'évolution du sentiment amoureux, des moments de crise : le conjoint ne répond plus aux attentes de l'autre ; il ne vient ni combler ses manques ni réaliser ses désirs ; il est différent de l'image qu'il s'en faisait. Cette crise peut aboutir soit à une meilleure structuration du couple soit à sa dissolution.

4. *Morale :* dans une crise grave, un couple doit-il se séparer ou rester ensemble ? C'est au couple de décider en prenant en compte le maximum de données : la parole donnée au moment du mariage, le passé vécu ensemble, le bien des personnes, la compatibilité des caractères, le bien des enfants, etc. La décision morale est celle qui sera prise avec le maximum de sérieux et de responsabilité.

5. *Religieuse :* à la suite du Christ, l'Église catholique appelle les couples légitimement mariés à être fidèles jusqu'au bout à la parole d'engagement qu'ils se sont donnée ; c'est ce qu'on appelle l'indissolubilité et qui prend une force encore plus grande pour les époux chrétiens.

Cependant l'Église reconnaît que l'erreur et l'échec font partie de la vie humaine et qu'il y a des cas où une séparation entre époux est inéluctable et justifiée. L'attitude de l'Église catholique a deux faces : d'un côté, respecter les personnes qui ont à prendre cette décision difficile et souvent douloureuse du divorce ; de l'autre, affirmer le maintien du lien matrimonial s'il a été légitimement conclu. ■

SUICIDE

☞ « Il n'y a qu'un seul problème philosophique vraiment sérieux : c'est le suicide. Juger que la vie vaut ou ne vaut pas la peine d'être vécue, c'est répondre à la question fondamentale de la philosophie » (Albert Camus, *Le mythe de Sisyphe,* début).

C'est peut-être aussi la question fondamentale de beaucoup d'hommes et de femmes. Mais c'est une question difficile et qui (comme souvent le contact avec la mort) laisse muet.

☞ La tradition chrétienne a parlé, — et presque de manière unanime — en condamnant le suicide, même si elle a évolué sur l'attitude à avoir vis-à-vis des suicidés, qui est aujourd'hui très accueillante. Si la condamnation de l'acte est ferme, la justification de cette condamnation a utilisé différents arguments. Le plus employé est celui de dire que l'homme ne s'appartient pas : « C'est un des principes fondamentaux de la morale naturelle et chrétienne que l'homme n'est pas maître et possesseur, mais seulement usufruitier de son corps et de son existence » (Pie XII, *AAS*). L'argument a été aussi exprimé différemment par l'axiome : l'homme n'a pas le droit à la maîtrise sur sa mort, qui n'a pas la maîtrise sur sa vie.

☞ Ces arguments ont vu le jour dans des sociétés où l'homme n'avait aucune maîtrise sur la vie et aucune connaissance sur la mort. Ils peuvent apparaître moins probants lorsque la mort devient organisée, planifiée (par les organismes de sécurité) ; dépossédé de sa vie par ce qu'il estime être un système impersonnel, l'homme réclame la liberté de faire ce qu'il veut de lui-même. Si Dieu lui a donné la vie, pourquoi ne pourrait-il pas en disposer comme il lui convient : ce qui est donné est donné ?

Mais il est clair que, même chez les chrétiens, le refus du suicide perd de sa vigueur, non seulement avec la prise en considération des différentes significations que les suicides peuvent revêtir, mais aussi par respect de la liberté de chacun.

☞ Pourtant, c'est précisément là que la logique suicidaire va contre la logique de l'Église. On ne désespère de sa propre vie que si on a rêvé d'une liberté absolue, sans contrainte, sans contradiction, sans souffrance, d'une liberté qui puisse imposer son amour, sa manière de voir sans entrer dans le temps qui passe. Le suicide est le plus généralement le refus d'une vie mortelle au profit d'une mort qui donne la liberté. Dans tout suicide responsable, il y a une volonté de ne plus être homme, mais d'être Dieu, sans limite. C'est sans doute cette analyse qui est le fondement réel mais sous-jacent de la position de l'Église et de son refus répété du suicide.

☞ Encore une fois, la prise de position est ferme quant aux principes. Car l'Église se veut accueillante à tous les suicidés, aux malades de dépression, et même à ceux qu'elle estime responsables. Comme le faisait remarquer le curé d'Ars, il est possible de se repentir entre le sommet du pont et l'arrivée dans l'eau, et de cette ultime pensée personne, hors Dieu, ne peut être juge. En tous les cas, l'Église réserve des funérailles religieuses au suicidé qui ne les a pas implicitement ou explicitement refusées par son geste, si sa famille les demande. ■

S.O.S.-AMITIÉ-FRANCE

Cette organisation, sans attache politique ou confessionnelle, fédère 49 associations régionales. Ses 2 000 écoutants bénévoles, formés à cet effet, et se relayant au téléphone 24 h sur 24, reçoivent chaque année 700 000 appels, dont plusieurs dizaines de milliers provenant de suicidants potentiels. (En France, environ 100 000 tentatives de suicide chaque année, et 12 000 décès). Grâce à cette écoute amicale, une proportion considérable des appelants a pu être dissuadée de passer à l'acte.
S.O.S. Amitié, 12, rue du Havre, 75009 Paris.
Tél. (1) 42 93 31 31 et 42 96 26 26.
Pour la province, consulter le minitel.
S.O.S. Help (pour les anglophones)
(1) 47 23 80 80. ■

Suicide

A propos du suicide de l'acteur Patrick Dewaere (juillet 1982), un communiqué de l'Archevêché de Paris :

« L'Église considère toujours la vie comme le plus précieux don de Dieu : le respect de la vie en découle. Il n'est pas permis aux hommes d'en disposer à leur gré. Cette certitude n'empêche pas l'Église de respecter tout homme affronté au mystère de sa mort. Dans le cas de Patrick Dewaere, les circonstances de son décès placent ce mystère dans une obscurité que nous ne pouvons pas percer. La prière de l'Église signifie qu'elle en appelle à l'amour du Dieu sauveur ».

LA GRÈVE DE LA FAIM

Dieu aime passionnément l'homme vivant. La foi des chrétiens dans cette passion de Dieu les conduit à refuser toute atteinte volontaire à la vie, de l'avortement au suicide. Même les atteintes partielles (mutilations, grèves de la faim limitées) semblent contraires à ce principe. Le respect de la vie physique doit être le plus grand possible. Cependant il n'y a pas là un absolu. La vie physique n'est pas le tout de la vie d'un homme, et l'Église elle-même distingue le suicide du sacrifice par lequel, en vue d'une grande cause (l'honneur de Dieu, le salut des âmes, le service de ses frères), quelqu'un donne sa vie ou expose sa propre vie (Congrégation pour la doctrine de la foi, 5 mai 1980). La grève de la faim est une violence physique portée sur soi-même en vue de faire endurer par un adversaire une violence morale insupportable. Elle ne peut se justifier que dans des cas graves, même lorsque tout autre moyen a échoué.
Hors de ces cas extrêmes — et sans condamner les personnes — la plupart des chrétiens seraient d'accord avec le cardinal Hume pour déclarer : « La grève de la faim poussée jusqu'à la mort est une forme de violence qui ne peut d'aucune manière être acceptée par l'Église comme étant en accord avec le plan de Dieu pour l'homme » (cité dans *Information catholique internationale,* 15 mai 1981). ■

L'ALCOOL

Une drogue qui ne dit pas son nom... C'est ainsi que la Commission sociale de l'épiscopat français appelait l'alcool, en 1978, dans une des multiples dénonciations de l'alcoolisme par l'Église.

Bien sûr, il ne s'agit pas de condamner le vin ou l'alcool en tant que tels. L'Église n'a jamais dénoncé les bonnes choses ! Mais sa dénonciation vise le « premier assassin de France ». L'alcool tue chaque année trente-deux mille Français. Il est la troisième cause des décès de notre temps après le cancer et les maladies cardio-vasculaires. Le tiers des accidents de la route, 15 % des accidents du travail ont l'alcool comme origine. L'alcool entre en jeu dans 50 % des homicides et des crimes sexuels. Près de huit millions de personnes, en France, souffrent directement ou indirectement de l'alcoolisme, du fait de l'engrenage de délinquance, de violence et de destructions qu'il provoque. Un lit d'hôpital sur deux est occupé par un malade ayant un rapport avec l'alcool.

Celui qui défend l'homme ne peut qu'attaquer l'alcoolisme, dénoncer les faux motifs qui touchent tous les milieux et qui poussent à boire : besoin d'oublier, volonté de montrer sa virilité, sa civilité, son entrain. Il fait partie des rites sociaux de la première soirée comme de la fin du travail, et l'on passe de l'alcool-fête à l'alcool-jeu pour aboutir à l'alcool-symbole ou l'alcool-défi... sans oublier l'alcool-routine-pour-oublier-la-routine, et l'alcool-désespoir. Dénoncer les faux motifs ne peut s'arrêter aux causes individuelles : il est évident que l'alcoolisme révèle une société malade d'espoir.

Devant ce fléau, les moralistes chrétiens se prononcent en faveur d'un ensemble de mesures. Ils demandent :

- que l'on s'attaque aux problèmes sociaux à l'origine de l'alcoolisme ;

- une véritable prévention de nature à changer la mentalité collective à l'égard du vin ;

- que les boissons non-alcoolisées soient détaxées, pour que le vin ne soit jamais moins cher que... l'eau ;

- une courageuse politique de restructuration du vignoble en France ;

- une très grande attention au logement et à l'habitat afin de favoriser l'environnement pour tous, ainsi que la communication humaine ;

- que jamais on ne considère les victimes de l'alcool comme des humains de deuxième catégorie : plutôt comme des hommes et des femmes responsables, mais malades ;

- que chacun prête attention à ses amis, et, en particulier, qu'il y ait toujours possibilité, dans une réunion ou un repas, de ne pas prendre d'alcool ;

- le soutien apporté aux associations et des actions combattant l'alcoolisme.

- Il est clair, en tout cas, qu'on ne peut à la fois honorer un Dieu qui libère l'homme, et laisser l'alcool réduire l'homme en esclavage. ■

UN ÉVÊQUE S'ADRESSE A CEUX QUI VEULENT MOURIR DANS LA DIGNITÉ

Voir des êtres chers terminer leur existence dans un état de décrépitude ou dans des souffrances trop pénibles remplit de pitié et suggère de se protéger contre cela. Ne vaudrait-il pas mieux pouvoir se donner la mort ? Ne vaudrait-il pas mieux pouvoir abréger la vie de quelqu'un qui souffre trop ? Le croyant prie pour être délivré de l'épreuve ; il souhaite parfois hâter la fin de sa vie. Mais peut-il passer à l'acte et disposer lui-même de sa vie, de la vie ?

Quelqu'un pourra donner sa vie, tel celui qui la risque pour sauver un autre, tel le Père Kolbe à Auschwitz qui marche librement à la mort à la place d'un père de famille. L'Église en fait un saint à l'image de Jésus-Christ.

Mais peut-on se donner la mort, peut-on donner la mort ? Qui va décider qu'une vie a trouvé son achèvement ? Pour qui ? Pour moi ? Pour l'autre ? Pour les autres ? L'attitude par rapport à la mort, la sienne et celle des autres, touche profondément au sens qu'on donne à sa vie, à la vie.

Pour l'Église catholique, il n'est pas permis de se donner la mort, il n'est pas permis de donner la mort. Elle ne se reconnaît pas le droit de déclarer bon et légitime un acte qui consiste à donner la mort, même à quelqu'un qui la réclame comme une délivrance.

Cette position s'appuie sur notre foi. Nous croyons que Dieu est le maître dernier de la vie et de la mort. La mort est la marque de notre condition de créature fragile et produisant parfois le mal. Celui que nous croyons Dieu fait homme, Jésus-Christ, a assumé la mort et même à travers l'atroce supplice de la croix. Il s'est révolté contre elle, il a supplié qu'elle lui soit épargnée, mais il l'a acceptée prenant totalement notre condition humaine. Il a fait de sa mort le don de sa vie pour ses frères, donnant à toute vie et à toute mort humaines un sens possible que le Père a ratifié en le ressuscitant d'entre les morts. A cause de Jésus-Christ ressuscité, nous croyons qu'aucune situation n'est définitivement désespérée ou absurde. Cela nous incite d'ailleurs à ne pas condamner à la place du Dieu de miséricorde ceux qui ne peuvent supporter une situation trop intenable.

Quand l'homme veut disposer totalement de la mort, il n'est pas loin de vouloir disposer aussi de la vie des autres et nous savons où cela mène. Voilà pourquoi nous pensons rejoindre beaucoup d'hommes croyants ou non croyants, en insistant sur le caractère sacré de la vie humaine. Il est quelque chose de fondamental pour la société humaine : il nous paraît dangereux d'y porter atteinte.

Si le droit était donné de tuer son frère même par amour, si quelqu'un pouvait se permettre cela avec bonne conscience, les relations humaines seraient perturbées et fragilisées. Dans les familles, dans les hôpitaux, dans la cité, entre malades et bien-portants, — mais où passe la limite ? — ne court-on pas le risque de voir s'installer une suspicion et une méfiance qui menacent d'une autre manière la vie de tous et de chacun ?

Notre position stricte sur le refus de l'euthanasie et du suicide s'accompagne de la conviction qu'on peut encore faire beaucoup pour l'aide aux personnes âgées ou malheureuses et pour le soulagement des mourants. L'Église n'est pas pour la recherche et l'exaltation de la souffrance. Pourquoi, alors, aurait-elle suscité tant d'œuvres pour soigner et pour soulager ?

Le pape Pie XII, en 1957, dans un Congrès de médecins, reconnut la légitimité de l'emploi des calmants pour apaiser les douleurs des derniers instants, même si cela devait abréger la vie, ce qui ne signifie pas qu'il faut plonger systématiquement les mourants dans l'inconscience. Et l'on cite actuellement beaucoup la clinique que des religieuses, Oblates de l'Eucharistie, ont ouverte dans la région parisienne, en se donnant pour but d'accompagner des malades jusqu'à leur mort et de les soulager tout autant que de les guérir.

Sans doute, aujourd'hui, la mort de nos contemporains est souvent trop dure, trop solitaire, trop technique. On peut améliorer cette situation. Comment ne citerais-je pas ici la maison voisine de ce Palais des Congrès où, en plein Nice, les Petites Sœurs des Pauvres assurent la fin de vie la plus heureuse possible à des personnes très âgées de toutes croyances et de toutes conditions ?

Nous voulons tous défendre notre droit de vivre et de mourir dignement dans notre société. Mais posons-nous la question de savoir pourquoi notre société est celle où les vieillards sont trop souvent mis à part ou infantilisés, celle où les jeunes ne peuvent plus normalement entrer au travail, celle où la famille est fortement délabrée, celle où les sciences découpent l'homme en morceaux. Tout cela a une profonde incidence sur notre vivre et notre mourir. S'il y a une manière d'aborder, chacun pour soi, la question de sa vie et de son vieillissement, de sa santé et de sa mort, il y a aussi une manière de l'envisager plus solidairement et plus socialement qui peut aussi susciter nos espoirs et nos engagements. Je fais tout à fait mienne cette remarque des évêques des Pays-Bas dans une déclaration récente du 18 juillet 1984 : « Se vouloir frère en humanité, se rendre présent à l'autre — ce sont des éléments susceptibles de faire éviter beaucoup de problèmes qui jouent un rôle dans la discussion sur l'euthanasie. Il ne faut pas que la législation et l'application de la loi soient telles qu'elles deviennent commodes, en ce sens que les gens y trouvent plus facilement le moyen de se soustraire à cette solidarité. »

MGR SAINT-MACARY, évêque de Nice, 14 septembre 1984.

EUTHANASIE

Un grand nombre de débats se déroulent autour du mot « euthanasie » (du grec *eu,* bien, et *thanatos,* mort) ; il est capital de prendre conscience de l'ambiguïté du mot, et de bien distinguer les questions qui sont d'habitude inextricablement mêlées.

- Celle de l'*adoucissement* des derniers moments de la vie d'un malade : cet adoucissement comporte une dimension de soins et une dimension de relation personnelle. On parlera alors d'assister le mourant.
- La question de la moralité de la *lutte contre la souffrance :* peut-on employer des produits qui amènent la perte de conscience du malade ?
- Est-on tenu de *prolonger à tout prix* la vie du malade ? A *l'acharnement thérapeutique* on opposera, légitimement en certains cas, *l'abstention thérapeutique* : la cessation, non pas des soins ordinaires, mais de l'emploi de techniques lourdes de réanimation et de soins intensifs à l'égard des mourants qui vivent la dernière phase de leur vie.
- Peut-on *mettre fin délibérément à la vie* d'un homme qui souffre trop ou qui est condamné à une déchéance progressive ? C'est la question de l'euthanasie, provocation délibérée d'un processus de mort autre que celui qui est en cours.

Faisons les remarques suivantes :

- Des médecins ont souligné que, dans bien des cas, la demande d'euthanasie « Faites-moi mourir » peut être traduite par « Soulagez ma douleur et écoutez-moi ». Si l'on satisfait à ces deux besoins, la demande ne sera pas d'habitude réitérée.
- Cette double demande — être soulagé et être écouté — est plus difficile à satisfaire que de mettre un terme à une vie. Une société qui légitimerait l'euthanasie serait sans doute une société qui chercherait à échapper à l'un de ses devoirs les plus élémentaires : celui de la fraternité humaine avec les plus pauvres de ses membres. Pour des croyants, l'acceptation de l'euthanasie signifierait la peur de répondre à cet appel de la présence humaine au mourant, symbolique de la présence même de Dieu.
- De plus, la légitimation de l'euthanasie ébranlerait le corps social et singulièrement ruinerait la confiance des malades à l'égard des institutions médicales et hospitalières. D'où la nécessité d'un net refus du corps médical à l'égard de l'euthanasie. Certes, il y aura toujours des cas-limites extraordinairement difficiles, mais nous voulons souligner le danger extrême que représenterait toute caution sociale.
- Ajoutons enfin que, si l'on utilise le principe du respect de la vie humaine, c'est précisément ce respect de la vie humaine — une vie humaine capable de conscience et de relation — qui amène à marquer la double limite de l'acharnement thérapeutique et de l'euthanasie. Dans les deux cas, on risque de « voler » à l'homme sa propre mort.

Car, finalement, c'est bien cela dont il s'agit : permettre à chacun de vivre sa vie et sa mort, en sachant que ce dont a besoin avant tout le grand malade pour vivre sa mort, c'est d'une présence et d'une parole humaines.

Autant dire que l'euthanasie ne pose pas seulement le problème de la mort au niveau des personnes et même des relations entre les personnes, mais au niveau social : comment réintégrer la perspective de la mort dans notre horizon culturel, et comment redonner un statut social au mourant ?

La lutte contre la mort et l'accueil de la mort sont deux faces inséparables d'une même attitude, d'un vouloir-vivre humain auquel le message chrétien de la Résurrection donne un sens au-delà de toute espérance humaine. ■

AVORTEMENT

L'avortement (du lat. *abortare*) est une interruption de la grossesse. Lorsqu'il est volontaire, cet acte présente plusieurs aspects, et notamment :

- *sociologique* et *juridique* : l'interruption d'une vie humaine commencée est un fait social qui est pris en compte par les diverses législations ;
- *psychologique* : la grossesse non désirée, et plus encore son interruption volontaire, provoquent souvent une perturbation affective, d'autant plus forte que la femme vit ces réalités seule et sans soutien réel.

L'avortement est considéré comme un acte grave : le commencement d'une vie humaine représente une promesse d'avenir qui est alors arrêtée irréversiblement ; un « autre » être humain ne verra jamais le jour.

Une réflexion morale humaine et chrétienne réprouve l'avortement. Ce qui amène plusieurs remarques.

1. La raison première de cette réprobation est qu'**on ne peut transiger sur le principe du respect de toute vie humaine** ; transiger sur ce principe, c'est ouvrir le partage entre deux catégories d'êtres humains : ceux qui méritent de vivre et ceux qui peuvent être supprimés. Ce qui est en jeu ici, c'est le respect absolu et inconditionnel de l'autre. L'homme ne se respecte lui-même que dans l'accueil de l'autre tel qu'il est, et différent de lui, au point qu'admettre le principe de l'avortement, c'est pour l'homme ne pas se respecter lui-même : si je supprime mon semblable, c'est moi-même que j'atteins.
2. Pour le croyant, ce refus de l'avortement a une dimension religieuse : il signifie que **la vie humaine est finalement un don de Dieu à accueillir**. Et cette vie doit être d'autant plus respectée qu'il s'agit de celle de l'être le plus vulnérable, le plus fragile, le plus innocent que l'on puisse imaginer.
3. Ceci dit, une réflexion humaine et chrétienne ne nie pas qu'il puisse se présenter **des situations de détresse.**

Dans de tels cas, personne ne peut se substituer à la conscience de la femme ou du couple qui a à prendre une décision.

De telles situations amènent à préciser la position chrétienne : l'avortement est toujours un acte grave. Même si parfois il peut passer pour un moindre mal auquel on estime être acculé, il n'est jamais un bien qu'on pourrait justifier en lui-même.

Mais, dans tous les cas, le chrétien se refuse à condamner les personnes qui pratiquent l'avortement : il y a des actes de mort qui traduisent un vouloir de vie infiniment respectable. De plus, l'avortement doit être situé dans l'éventail plus large de toutes les manières de ne pas respecter la vie et dans le contexte d'une société qui manque elle-même de vouloir-vivre. ■

HOMICIDE

Le mot homicide vient du latin *homo,* homme, et *caedere,* tuer. Le sixième commandement de Dieu donné à Moïse rappelle : « Tu ne tueras pas ».

Cette formulation absolue est la clef de toute la morale chrétienne ; elle est la manière la plus forte de dire « Tu aimeras », car elle prévient toute mauvaise interprétation de l'amour. L'amour peut étouffer, envahir. L'appel de Dieu demande un respect absolu de la personnalité de l'autre.

Ce respect total de la vie de l'autre, au mépris éventuel de la sienne, est au cœur de la morale du Christ : il conduit logiquement les chrétiens à se trouver en première ligne des combats contre l'avortement, l'euthanasie, la peine de mort, pour la paix, etc.

On peut se demander aujourd'hui si, dans certains cas, une attitude si absolue est encore possible : mais pas plus qu' hier le meurtre de l'autre ou de soi-même n'apparaît admissible. Cependant, la science moderne pose des problèmes limites difficiles à résoudre : faut-il défendre la vie d'un homme jusqu'au bout des possibilités médicales ? Est-ce un homicide que d'arrêter certains moyens de maintenir une vie artificielle ?

Pour répondre à ces questions, et à d'autres semblables, des moralistes font remarquer que la vie à défendre n'est pas la vie biologique, mais la vie humaine, c'est-à-dire celle qui permet d'exister vraiment et de faire face à son histoire.

Même si la distinction est utile dans certains cas, elle n'est pas totalement satisfaisante. Le sens commun et la morale chrétienne refusent l'assassinat de handicapés qui n'ont pas leur raison. En fin de compte, on peut penser que l'argument ultime est celui du respect de l'œuvre du Créateur ; le chrétien sait que vouloir maîtriser la naissance et la mort est un rêve prométhéen : même s'il utilise son intelligence pour améliorer les conditions de la vie, il sait qu'il doit, à la fin, faire confiance à son Créateur. ■

INFANTICIDE

Rejeté par tous aujourd'hui, l'infanticide (du latin *infans, infantis,* qui ne parle pas encore, enfant, et *caedere,* tuer) a longtemps été, dans l'antiquité, un rite d'offrande pour apaiser la colère des dieux, ou simplement pour les honorer. L'homme donnait ce à quoi il était le plus attaché. Il pouvait le faire car il pensait que l'enfant lui appartenait totalement.

Le récit d'Abraham et d'Isaac doit être lu dans ce contexte : Abraham, l'homme juste, va offrir l'enfant bien-aimé au Dieu auquel il veut montrer sa fidélité absolue. C'est alors que Dieu se révèle à lui en refusant ce sacrifice humain : le véritable sacrifice dans la Bible désormais sera celui d'un cœur totalement donné à Dieu, juste et fraternel : le Dieu de l'Alliance est un Dieu d'amour. ■

Abraham et Isaac.

CÉLIBAT

Bien que, dans le monde moderne, le nombre de célibataires s'accroisse sans cesse, la société tout entière, et l'Église catholique en particulier, ont du mal à considérer le célibat pour lui-même.

Pourtant, les hommes et les femmes naissent célibataires ! Et certains le restent. Certains choisissent de rester célibataires toute leur vie. Ce choix peut avoir une signification religieuse. Il s'agit alors du célibat « en vue du Royaume des cieux » (Mt 19,12). L'Église appelle, en particulier, à ce célibat tous les évêques, les prêtres catholiques de rite latin, les diacres permanents non mariés lors de leur ordination, les religieux et religieuses.

Mais on peut vouloir rester célibataire pour d'autres raisons que religieuses. Que pense la tradition chrétienne de ce célibat voulu (ou accepté) ?

Il existe peu de réflexion sur ce sujet, et la question du célibat n'a souvent été abordée qu'à propos du débat sur le célibat religieux ou sacerdotal. Ce débat fait apparaître plusieurs tendances.

L'une ne comprend pas le célibat, ou le considère comme un mal, au mieux un pis-aller. Saint Augustin, il est vrai contre les manichéens qui estimaient la sexualité mauvaise, affirme clairement le mariage supérieur au célibat (même s'il prend ailleurs des positions contraires). Les luthériens, sans doute à sa suite, ont souvent argumenté contre le célibat ecclésiastique en prétendant, entre autres, que le fait de vivre seul favorisait l'oisiveté et l'immoralité sexuelle.

Mais tout un autre courant, dans l'Église, a défendu le célibat. Dès les débuts de l'Église, dans la communauté primitive, on voit saint Paul demander aux chrétiens de conserver l'état dans lequel ils étaient au moment de leur conversion. Il envisage donc qu'ils restent célibataires. Si l'on examine attentivement la *Première lettre aux Corinthiens* (1 Co 7), il

VIRGINITÉ

Pour les chrétiens la virginité est un état d'esprit, un « état de vie », une manière de suivre le Christ, qui a beaucoup de valeur.

Pour le comprendre, il faut d'abord distinguer la virginité physique — marquée pour une femme par l'intégrité de l'hymen — et la virginité morale : généralement elles sont liées, mais on peut perdre la première sans perdre la seconde. saint Augustin l'affirmait déjà à propos du sac de Rome en 410 ! (*Cité de Dieu* 1,15-17)

Ensuite, il faut se rappeler que la virginité n'est pas simplement une vertu féminine aux yeux de la Tradition. Jésus était vierge et saint Jean fut longtemps appelé l'apôtre vierge.

La virginité peut être d'abord volonté de se donner pleinement et exclusivement à un autre (à une autre) dans un mariage à venir : il s'agit là d'un acte d'espérance dans un amour que l'on voudrait unique et aussi absolu qu'humainement possible. Il est clair que la tradition chrétienne encourage ce type de virginité. Cela n'a rien à voir avec l'exaltation d'une virginité physique conséquence de la peur de l'autre, ou simplement de l'absence de rencontre. Pour les chrétiens, l'exercice de la sexualité est en lui-même une bonne chose.

Cela dit, certains chrétiens renoncent délibérément à ce bien légitime pour ce qu'ils estiment être un plus grand bien : l'imitation de Jésus et la volonté de se donner entièrement à Dieu

semble que, dans la communauté, des chrétiens aient contracté ce que l'on appellerait aujourd'hui des mariages blancs, de manière à pouvoir vivre le célibat, alors qu'à l'époque il n'y avait pas de statut juridique pour la femme adulte célibataire : même si saint Paul trouve inapproprié le cadre matrimonial pour vivre le célibat, il ne rejette pas le célibat, loin de là. Et, somme toute, son avis a dominé dans la suite des siècles.

Si l'on veut résumer la pensée de ce courant dominant à l'égard du célibat, on peut le faire en trois propositions.

• Le mariage est une bonne chose, et le célibat n'a pas à être choisi par mépris du mariage ou peur de la sexualité.

• Le célibat choisi doit être, en même temps, reçu comme un appel de Dieu : la logique du célibat reçu (et l'acceptation de ne pas avoir de conjoint ni d'enfant) implique un but. Sinon il est mutilation. Ce but, à l'école du Christ, peut être la disponibilité, le don de soi, la recherche d'une fécondité spirituelle, la création de relations privilégiées avec ceux que l'Église donne comme frères et sœurs, etc. Même s'il n'est pas à proprement parlé le fruit d'un engagement religieux, le célibat n'acquiert son plein sens humain et spirituel que dans l'imitation et la suite du Christ.

• Les sciences humaines ont largement montré que la sexualité était une forme de langage. Il peut être très difficile pour le célibataire de vivre sa sexualité. L'Église n'a jamais invité (ni approuvé) quiconque se mutile volontairement : elle invite donc les célibataires non pas à refouler mais à sublimer leurs pulsions sexuelles. Si elle propose aux célibataires la continence sexuelle, ce n'est pas pour les diminuer, mais au contraire pour que leur vie soit tout entière signe du don de soi. Leur sexualité doit devenir aussi une forme de langage qui dit l'amour. ■

en réponse à un appel spécifique. Saint Paul est le premier à avoir appelé à ce type de virginité, dont la fécondité est de type mystique ; et l'histoire de l'Église sera remplie du témoignage de vierges volontaires, dont beaucoup, au demeurant, mourant martyrs.

La vie religieuse féminine a certainement trouvé là son origine : dans une société où le célibat féminin était difficilement envisageable, l'Église protégea les femmes vierges en les rassemblant sous la responsabilité de femmes plus âgées, souvent veuves, ou elles-mêmes vierges. Elle prit l'habitude de leur demander de porter le voile, signe, à l'époque romaine, de la femme mariée. (Sur ce sujet, des Pères de l'Église, comme Tertullien ou saint Ambroise, ont beaucoup écrit). Cela dit, dès l'origine, certaines chrétiennes ont vécu leur virginité sans quitter la vie en société. (*cf.* Hippolyte de Rome, *La tradition apostolique* 13). Cette tradition est toujours en vigueur, en France notamment. ■

Si quelqu'un dit que l'état de mariage est préférable à l'état de virginité ou de célibat, et qu'il n'est ni mieux ni plus saint de demeurer dans la virginité ou le célibat plutôt que de se marier, qu'il soit anathème.

Concile de Trente - 24e session.

Ph. Gauvry-CIRIC

L'association « David et Jonathan » au Forum des communautés chrétiennes, Strasbourg, 1991.

Homosexualité

L'homosexualité (du grec *homos,* semblable) désigne les relations sexuelles avec une personne de même sexe ; elle se distingue de l'homophilie (penchant pour le même sexe), de la pédérastie (sexualité exercée avec des enfants), et de la transsexualité (qui est un trouble de la personnalité selon lequel on a la conviction d'avoir un sexe différent de celui de son anatomie).

L'homosexualité peut avoir des aspects maladifs (pathologiques), mais l'homosexualité n'est pas une maladie. Allons plus loin : elle ne correspond à aucune anomalie génétique ou anatomique. Depuis longtemps, on cherche à l'homosexualité des raisons hormonales, mais on n'a rien trouvé de tel. L'homosexualité a des causes psychiques. Mais on ignore lesquelles. Chaque être humain possède des composantes psychiques de l'un et l'autre sexe : la définition psychique de son sexe n'est pas toujours si évidente qu'il ne faille la défendre par une agressivité à l'égard de ceux qui admettent leurs tendances homosexuelles.

L'attitude des responsables de l'Église à l'égard des homosexuels semble toujours le fruit d'un compromis entre deux principes : l'accueil des homosexuels et le refus de l'homosexualité.

Le premier découle de celui du respect des personnes. Beaucoup de chrétiens se préoccupent aujourd'hui d'aider ces personnes souvent méprisées, rejetées et marquées par une situation qu'elles n'ont pas vraiment choisie. Dieu aime tous les hommes, rappellent-ils, et chacun a droit au respect quelle que soit sa condition.

L'amitié, l'aide, le soutien que peuvent s'apporter mutuellement deux homosexuels sont aptes à leur procurer un certain épanouissement et même à les conduire sur les chemins du don de soi, de l'attention aux plus marginaux, et de la recherche spirituelle.

Dans une émission de radio en 1976, Mgr L'Heureux, alors évêque de Perpignan, avait plaidé en faveur d'une pastorale qui puisse aider les homosexuels à accéder plus librement aux sacrements, à s'imprégner plus profondément de la Parole de Dieu, à se retrouver en groupes, soit entre eux soit avec d'autres, pour réfléchir sur la nécessité de leur vie chrétienne, et finalement, aussi, à ne pas se culpabiliser à travers des actes qu'ils seraient amenés à poser et qui nous paraîtraient anormaux par rapport à la tradition chrétienne.

Mais cette attitude de compréhension butte, même chez ceux qui la prônent, sur la condamnation biblique très claire de l'homosexualité : « Si un homme s'unit à un homme comme on use d'une femme, ils commettent tous deux une infamie. Ils seront punis de mort (Lv 20,13). Et saint Paul écrit : « Dieu les a livrés à des passions ignominieuses : leurs femmes ont changé les relations naturelles en relation contre nature ; de même les hommes, délaissant les relations naturelles avec la femme, se sont mis à brûler de désir les uns pour les autres, entretenant d'homme à homme des relations infâmes, et recevant en leur propre personne un salaire digne d'égarement » (Rm 1,26-27).

Cette condamnation de l'homosexualité a connu diverses justifications au cours des âges : l'homosexualité est contre nature, elle conduit à la solitude, à l'instabilité, elle est rarement fidèle très longtemps, elle est inféconde. Sans minimiser ces raisons, on peut se demander si la raison sous-jacente fondamentale n'est pas une certaine conception chrétienne de l'être humain ; *il ne peut devenir lui-même que dans les relations avec l'autre, avec le différent*, en brisant la tentation de s'aimer soi-même au point de n'aimer que ceux qui lui sont semblables. Au fond, la pensée chrétienne prend en compte la difficulté innée de sortir de soi et, pour elle, l'amour hétérosexuel est une chance unique de connaître l'autre, en même temps qu'un chemin vers celui qui est le Tout-Autre.

Quelles que soient les justifications et la vigueur des condamnations de l'homosexualité, rappelons qu'elles ne sont jamais condamnation de l'homosexuel. « Ce jugement de l'Écriture ne permet pas de conclure que tous ceux qui souffrent de cette anomalie en sont personnellement responsables, mais il atteste que les actes d'homosexualité sont intrinsèquement désordonnés et qu'ils ne peuvent, en aucun cas, recevoir quelque approbation » (Document romain sur quelques questions d'éthique sexuelle, 1976).

Ajoutons qu'il existe un mouvement d'homosexuels chrétiens, « David et Jonathan », dont de nombreux prêtres font partie depuis que l'abbé Max Lionnet a lancé, en 1952, un appel à une pastorale des « homophiles ». ■

Les cohabitations juvéniles

On désigne habituellement sous le terme de « cohabitations juvéniles » cet état de vie qu'adoptent beaucoup de jeunes adultes décidant de vivre en couple sans faire reconnaître leur union par aucune autorité civile ou religieuse. (...)

Analyse de la situation

Si, dans notre société, la famille se porte encore bien, les aspects institutionnels du mariage explicités par les formalités publiques, la législation et la célébration officielle, sont de moins en moins compris.

Ainsi les lois sur le divorce donnent à certains l'impression que, en matière de vie de couple, la liberté de chacun est la seule référence. Dès lors, pourquoi prendrait-on la peine de faire reconnaître socialement un lien affectif, d'autant plus que le mariage légal est dissous aujourd'hui si facilement ? Par ailleurs, un grand nombre de personnes n'attendent plus du mariage une sécurité. Celle-ci, pour beaucoup, résulte davantage du travail de chacun des conjoints, des avantages sociaux et des diverses garanties institutionnelles de toutes sortes pour le présent et pour l'avenir.

Enfin, la manière dont le mariage est contracté aujourd'hui requiert moins que par le passé la sanction de la société, qui garantissait autant l'accord des familles que celui des conjoints. On se choisit désormais plus librement ; dès lors, pour ce compagnonnage décidé d'un commun accord, faut-il encore au même degré une reconnaissance civile et une célébration religieuse ? (...)

Il arrive alors que la célébration du mariage soit perçue non comme une fête gratuite de l'amour mais comme une récupération marchande, et donc une dégradation de ce qu'on voulait signifier. On comprend que bien des jeunes voient, dans le refus d'institutionnaliser leur décision, un moyen de protéger le plus longtemps possible la fraîcheur et la gratuité de leur amour. Ils auraient l'impression de le sacrifier en satisfaisant à la célébration telle qu'elle est devenue.

A toutes ces causes de discrédit du mariage, certains jeunes ajoutent d'autres contestations.

Pour les uns, c'est un aspect de contestation de la société en général : ils récusent son pouvoir dans un domaine qu'ils estiment particulièrement significatif.

Chez la plupart, c'est l'absolutisation de la liberté individuelle. Beaucoup de jeunes veulent garder leur liberté. A leurs yeux, les engagements et l'institution sont de nature à la réduire. A la limite ils y voient une méfiance envers la qualité de leur amour.

Un grand nombre nient que leur situation soit un mariage « à l'essai ». Ils récusent l'étiquette. Mais, très marqués par l'ambiance culturelle à dominante technique, et très conscients des enjeux de longue durée de leur union, ils n'en partagent pas moins l'idée qu'un engagement de cette sorte ne saurait désormais se conclure qu'en prenant le maximum de garanties pour sa réussite.

Ainsi, le temps n'est plus considéré comme un allié indispensable à l'approfondissement des sentiments au cours des étapes de l'existence. Il est plutôt perçu comme un adversaire qui entraîne une dégradation de l'amour en réduisant les élans initiaux à un ronronnement d'habitude dont on n'aurait plus rien à espérer. (...)

Le refus de l'institutionnalisation de l'amour

Si le phénomène de la cohabitation juvénile, avant le mariage, ou même sans perspective de mariage, s'est répandu dans notre société, ce n'est donc pas pour des raisons visant à la jouissance débridée. Se contenter de dénoncer l'immoralité et d'invoquer l'interdit ne servirait pas à grand-chose. Mieux vaut affirmer certaines convictions et rappeler les fondements des liens que peuvent entretenir entre eux l'amour humain et l'institution du mariage.

Il y a lieu de rétablir tout d'abord de justes rapports entre amour et institution, même s'ils ne sont plus aussi évidents qu'autrefois.

Le mariage n'est pas une sorte de piège tendu par la société à l'amour pour l'enfermer et empêcher son libre épanouissement. Sinon, en aurait-on fêté la célébration avec ce foisonnement de rites et de coutumes qu'ont rapporté historiens et sociologues ? Entre l'amour et l'institution il y a toujours eu tension, car le désir érotique et sa violence sont subversifs. Mais en fêtant l'amour on fêtait la vie, la jeunesse, et leurs inépuisables dimensions d'espérance ; après bien d'autres, le nouveau couple en devenait à son tour le porteur et le garant. Aussi loin qu'on remonte dans l'histoire, on trouve l'institution du mariage et sa célébration. Et l'Écriture sainte l'attribue à une volonté expresse du Créateur qui en fit même l'objet d'une bénédiction.

Certes, les couples aujourd'hui se sentent davantage maîtres des choix qu'ils ont faits de vivre ensemble. Mais l'institution devrait être le signe par lequel ils manifestent leur engagement et en attendent la reconnaissance par leur communauté sociale. Qu'ils le veuillent ou non, la communauté existe. Ils ont beaucoup reçu d'elle. N'est-elle pas en droit d'attendre d'eux qu'ils l'enrichissent à leur tour, et pas seulement par la procréation d'enfants, si nécessaire soit-elle à la survie de la société ? Célébrer le mariage, c'est donc convoquer la communauté en la personne de ses représentants pour lui faire savoir qu'un nouveau couple se forme et que les conjoints entendent désormais être reconnus comme tels, avec le projet de vie qu'ils ont formé.

Mais allons plus loin. La contestation du mariage vient souvent de l'impression que toute institution est contraire à la liberté. Cette opposition n'est-elle pas illusoire ? En de nombreux domaines, la référence à la loi est au contraire, de par ses contraintes mêmes, un stimulant pour la liberté et la créativité. Se soumettre aux lois préexistantes du langage ou de la musique n'a jamais empêché le bon poète ou le bon musicien d'écrire des chefs-d'œuvre. C'est aussi en se soumettant à l'objectivité des lois de la nature que l'humanité a atteint les prouesses techniques que nous connaissons.

La liberté n'a pas à craindre toute espèce d'institution. Sauf raisons particulières, elle doit se laisser provoquer par elle à des choix décisifs. Ceux-ci sont source d'approfondissement et donc d'enrichissement mutuel. Pour autant, les difficultés inhérentes à toute rencontre ne sont pas supprimées, mais il est possible de les surmonter autrement que par la fuite.

L'institution ne lie pas la liberté. Au contraire, elle provoque les époux conscients de leurs limites à ne pas se dérober devant l'obstacle que constitue tôt ou tard la déception devant la distance entre l'amour rêvé et l'amour concret. Ils sont incités à surmonter leurs difficultés plutôt que d'entrer dans la ronde des expériences renouvelées.

Le sacrement de mariage

Le sacrement de mariage est cette parole efficace par laquelle deux conjoints nouent leurs destinées. Alors, des instants très divers qu'ils vont vivre l'un avec l'autre et l'un par l'autre, instants de plénitude du don, instants difficiles des heures de doute, de souffrance, voire d'infidélité, naîtra progressivement une histoire sensée qu'ils seront heureux de se redire en leur grand âge. Par l'accroissement de la longévité, nombreux sont aujourd'hui les couples qui célèbrent joyeusement leurs noces d'or.

Dans un tel domaine, les paroles, les explications ne suffisent pas. il y faut des témoignages. Dialogues et relations entre jeunes couples et couples plus anciens sont très importants. Si les jeunes revendiquent la cohabitation et refusent le mariage, n'est-ce pas pour avoir vu trop souvent de près ce que donne une vie conjugale, régulière certes, mais essouflée ou sans joie ? A plus forte raison, s'ils ont subi les souffrances d'une vie familiale brisée, ils n'ont nullement envie de faire la même expérience. Sous la contestation réelle perce souvent l'angoisse de ne pas savoir risquer, car on se sent fragile et désorienté devant un avenir qui n'est assurément pas donné, pour autant qu'il l'ait jamais été !

Seuls, des gens mariés peuvent témoigner valablement que l'officialisation de leur engagement n'a pas été un obstacle à leur bonheur. Des couples du troisième âge, retrouvant en quelque sorte une nouvelle jeunesse au moment de la retraite qui leur permet de se rencontrer davantage encore que par le passé, peuvent témoigner de la manière dont ils ont surmonté l'épreuve de la durée.

Sexualité et vie chrétienne, point de vue catholique.
Éd. Le Centurion.

CONCUBINAGE

Selon le *Littré*, le concubinage (du latin *cum*, avec et *cubare*, coucher), est « l'état d'un homme et d'une femme non mariés qui vivent ensemble ».

Le concubinage n'exclut pas nécessairement tout engagement mutuel et peut être vécu d'une manière plus ou moins proche du mariage :

• très éloignée, quand l'homme et la femme ne prennent aucun engagement, ne se reconnaissent aucun devoir l'un envers l'autre, ni envers les enfants qui peuvent être conçus ;

• très proche, quand ils s'engagent sincèrement et fermement dans la durée l'un envers l'autre et à l'égard de leurs enfants, récusant alors seulement le mariage parce qu'à leurs yeux inutile ou même nocif pour leur amour.

L'Église enseigne que l'homme et la femme ne peuvent avoir des rapports sexuels, a fortiori vivre ensemble, que dans l'état de mariage.

L'engagement du mariage fait en effet reconnaître à l'homme et à la femme un certain nombre de droits et devoirs mutuels qui assurent la durée de leur union, la sécurité de leur amour, celle de l'éducation de leurs enfants, ainsi que l'insertion de la famille qu'ils fondent, d'une part, dans la société, d'autre part, pour les chrétiens, dans l'Église. ■

La vertu et les vertus

Le sens primitif du mot *vertu* (du latin *virtus*, qui vient lui-même de *vir*, homme) est celui de force, de vigueur. Dans l'Ancien Testament, il s'applique surtout à la puissance de Dieu (Ps. 65,7 ; 111, 6...).

Dans le Nouveau Testament, il s'agit d'une force efficace : ainsi à propos de Jésus qui guérit, il est dit : « Une vertu sortait de lui » (Mc 5,30).

La morale classique a fait de la vertu une aptitude à accomplir ce qui est bien.

• Cette aptitude peut découler de la nature même de l'homme et on l'appelle *vertu naturelle* ou *habitus*. Les vertus naturelles s'acquièrent par un exercice prolongé (d'où l'autre nom de *vertus acquises*) ; elles perfectionnent la nature et la défendent contre les tentations : ainsi l'humilité, la patience, la chasteté... Elles peuvent être des *vertus morales, sociales* ; mais les principales vertus naturelles qui soutiennent toutes les autres sont appelées *vertus cardinales* : ce sont la **prudence**, la **justice**, la **force** et la **tempérance**.

• Cette disposition à faire le bien peut aussi être donnée par Dieu. Le théologien classique parle alors de *vertus surnaturelles*, infuses ou innées. Par ces dons l'homme devient capable d'agir d'une manière digne de Dieu.

L'Écriture (1 Co 13,13) et la Tradition détachent sous le nom de *vertus théologales* trois de ces vertus surnaturelles : la **foi**, l'**espérance** et la **charité,** parce qu'elles sont spécifiquement des dons de Dieu et la participation à la vie de Dieu. (Voir ces mots) ■

A propos de la Justice

Les anciennes divisions des nations et des empires, des races et des classes, possèdent maintenant de nouveaux moyens techniques de destructions ; la course rapide aux armements menace le plus grand bien de l'homme, la vie ; elle rend les pauvres, peuples ou individus, encore plus pauvres et enrichit seulement ceux qui sont déjà puissants, elle engendre un risque permanent de guerre qui, dans le cas des armes nucléaires, menace d'annihiler toute vie sur terre. En même temps, de nouvelles divisions font leur apparition pour séparer l'homme de son prochain. L'impact du nouvel ordre industriel et technologique, s'il n'est pas combattu et dépassé par l'action sociale et politique, favorise la concentration des richesses, de la puissance, du pouvoir de décision entre les mains d'une élite dirigeante, privée ou publique. L'injustice économique et le manque de participation sociale frustrent l'homme de l'exercice de ses droits fondamentaux humains et sociaux.

Synode des Évêques, 1971, b1.

Lorsqu'un mot, une expression, un événement, une institution, un nom propre vous sont inconnus, consultez l'index.

LES QUATRE VERTUS CARDINALES

LA JUSTICE

Pour les chrétiens, la *justice* est une exigence fondamentale puisque leur foi reconnaît en Dieu le juste Juge qui ne condamne pas mais rend juste. Jamais, dans leur histoire, ils n'ont autant réfléchi qu'aujourd'hui à la justice, parce que jamais les causes d'injustice n'ont été aussi nombreuses. Les remèdes proposés à cette situation sont, bien entendu, ceux du développement — le nouveau nom de la paix selon Paul VI —, collectif et personnel, l'établissement et le respect de lois qui protègent les pauvres ; mais c'est aussi la dénonciation, par les chrétiens, des injustices, « ce qui suppose que l'Église sache se remettre en cause elle-même : il faut donc examiner avec soin les procédures, les possessions et le style de vie de l'Église » (Synode des évêques, Rome, 1971).

Toute l'action des Églises tend, en ce domaine, à promouvoir la concertation et l'entraide internationales. Cette entraide, qui appelle la contribution à des fonds de développement, doit se fonder sur la reconnaissance des droits de l'homme, mais aussi sur le respect et la volonté d'accueillir toutes les cultures humaines. ■

PRUDENCE

La *prudence* (au sens que lui donnent les moralistes, qui est différent du sens commun) est la mise en pratique de la sagesse. La prudence nécessite courage, patience et rapidité pour être mise en œuvre.

- Elle sait analyser une situation et prévoir les conséquences de ses actes.
- Elle sait agir en tenant compte de la réalité du caractère des partenaires et elle peut opposer un refus ou montrer son désaccord sans humilier, encourager sans flatter, enseigner sans pontifier.
- Elle sait se taire sans cautionner pour autant ce qui n'est pas parfait, et, malgré leurs déficiences, être loyale aux institutions qu'elle améliore.
- Elle sait faire progresser avec courage mais sans présomption, et choisit suivant les cas le pas à pas ou l'intervention incisive. ■

TEMPÉRANCE

La *tempérance* (du latin *temperare,* garder la mesure, l'équilibre) est la vertu de ceux qui modèrent leurs désirs et leurs passions ; elle est un fruit de la présence de l'Esprit dans le cœur de l'homme, affirme saint Paul (Ga 5,23).

L'intempérance peut revêtir bien des formes actuellement : trop d'alcool, trop de travail, trop de voyages, trop de responsabilités, trop de plaisirs tuent la vie spirituelle et la vie sociale. L'Évangile n'appelle pas à la tiédeur, mais il appelle certainement au respect de soi-même.

Très souvent il n'est parlé de la tempérance qu'à propos de l'alcool : les Anglo-saxons ont lancé beaucoup de sociétés de tempérance qui, en leur temps, militèrent pour la prohibition de l'alcool aux États-Unis, puis invitèrent leurs membres à ne jamais boire d'alcool. Sans doute, aux XIXe et XXe siècles, pour des raisons sociales, l'alcoolisme est-il devenu un fléau, et il est normal que les chrétiens se soient engagés à le combattre. Mais l'usage de l'alcool et du vin n'est pas interdit par le Nouveau Testament. Paul écrit même à Timothée : « Cesse de ne boire que de l'eau, prends un peu de vin » (1 Tm 5,23). Dans l'abstinence aussi, les chrétiens se doivent d'être tempérants. ■

FORCE

La *force* donne le courage d'agir et de supporter, éventuellement, la solitude de l'incompréhension.

La force n'est pas toujours une vertu : elle est aussi ensemble de causes capables de produire des effets contre la volonté des personnes.

Ici, la tradition chrétienne fait une distinction. La foi est toujours un acte libre et ne doit jamais être imposée par une quelconque force morale ou physique. Le concile Vatican II a largement insisté sur la nécessité de respecter la liberté des consciences.

Pour autant, la Bible et les chrétiens ne condamnent la force qu'au service de l'injustice et du mensonge ; ils condamnent aussi la vengeance personnelle (« Ne vous vengez pas vous-mêmes. » Rm 13,4). ■

Des deux aspects de la force, endurer et attaquer, l'éducation chrétienne moderne ne développe guère que le premier : pour peu que l'on veuille y céder, tant de paresses lui tendent la main. Les malingres et les suaves cherchent à faire croire au nom de l'esprit que l'agressivité est toujours mauvaise. Et pourquoi donc ? Ceci est ma doctrine : qui veut apprendre à voler doit d'abord apprendre à se tenir debout, à marcher, à sauter, à courir, à grimper, à danser : on ne s'envole pas du premier coup.

L'agressivité est un instinct et il n'y a pas d'instinct mauvais, il n'y a que de mauvais usages de l'instinct. L'initiative, le courage moral ont besoin de ressort. Celui qui sent ses membres à la merci des audaces d'autrui manque de la robustesse nécessaire pour lui refuser son cœur. Si tant de bien-pensants lâchent pied au moment de bien agir, c'est qu'ils ne savent pas sauter un fossé ou donner un soufflet. Celui dont le sang n'a jamais tourné ne connaît pas la paix chrétienne.

E. MOUNIER, *L'affrontement chrétien.*

Tout le problème est de trouver avec l'autre la distance juste. Si on se tient trop près, on risque de l'étouffer et de le paralyser. Si on se tient trop loin, on risque de le perdre de vue, et même de le perdre tout court. Si on prend l'habitude de la distance juste, les rapports avec les autres en sont simplifiés et améliorés. On évite à la fois la familiarité excessive et l'indifférence. Ceci vaut à tous les niveaux, entre nations, entre partis politiques, entre parents et enfants, entre amants. Respecter la distance juste n'est pas une tâche aisée. Elle demande de la perspicacité, de la patience et de l'imagination. Elle est sans cesse à reprendre et n'est jamais terminée.

JACQUES DE BOURBON-BUSSET.

AMBITION

Il y a dans l'attitude des chrétiens à l'égard de l'*ambition* une ambiguïté certaine. D'une part, l'Évangile appelle clairement chacun à s'aimer soi-même (Mt 19,19 ; 22,39 ; Rm 13-9 ; Jc 2-8, etc.) et à faire fructifier ses propres talents (Mt 25, 14-30) : le masochisme n'est pas chrétien. D'autre part, l'Évangile appelle aussi clairement au renoncement : « Si quelqu'un vient à moi sans haïr sa propre vie, il ne peut être mon disciple » (Lc 14,26).
La résolution de l'ambiguïté ne se trouve que dans l'obéissance au Père : ambition, oui ; pouvoir, éventuellement, mais à condition de se mettre au service de l'autre. A l'ambitieux l'Évangile offre à contempler l'image de Jésus lavant les pieds de ses disciples comme le plus humble des domestiques. ■

BONTÉ

Ce mot a deux sens dans le vocabulaire chrétien.
1. *La bonté est une qualité, un attribut de Dieu.* Même si l'expression a un charme désuet, beaucoup de chrétiens désignent Dieu en l'appelant « le Bon Dieu ».
L'expression signifie, bien sûr, que les chrétiens voient en Dieu, par excellence, les qualités morales dont on parlera plus bas. Mais elle signifie plus que cela : Dieu est bon pour chaque homme en ce sens qu'il est le Bien suprême auquel chacun est appelé. Aux yeux d'un théologien comme saint Thomas d'Aquin, rien n'est suffisamment « bon » pour l'homme pour qu'il en soit rassasié. Son désir le presse toujours au-delà. Seul Dieu est absolument bon puisqu'il peut satisfaire ce désir d'absolu.
2. *La bonté est une qualité morale.* Même si les Écritures emploient assez souvent le mot bonté — et si les hommes chantent davantage la bonté de Dieu que son amour — il est clair que les mots bonté et amour sont largement synonymes pour les chrétiens. La bonté chrétienne n'est pas une quelconque faiblesse bonasse, elle est contemplation et imitation du Christ Jésus, et vit de la foi, de l'espérance et de la charité dans son Esprit. ■

COMPASSION

Le mot *compassion* vient du latin *cum pati,* souffrir avec. C'est la disposition de l'âme qui se met à l'écoute des maux et des souffrances d'autrui et y fait participer par le cœur. La Compassion de la Vierge ou des saints est leur participation aux souffrances et au sacrifice rédempteur du Christ ; on sait que pour certains d'entre eux (François d'Assise notamment) cette participation a pu se traduire par l'apparition des stigmates ou plaies du Christ crucifié, accompagnées de vives souffrances physiques et morales rappelant celles du Christ.
A noter que le mot *sympathie,* tiré du grec *sum pathos,* signifie également souffrir avec, tout en ayant un sens moins fort que compassion. ■

LA CONFIANCE

La *confiance* est le fruit de l'autorité ou de l'amour. Sa présence ne s'explique pas, même si — généralement — elle se fonde sur une expérience déjà faite. En tout cas, elle permet d'avancer vers de nouvelles valeurs. La confiance en soi, elle aussi, est le fruit de l'autorité ou de l'amour. Se savoir aimé peut dissiper (souvent lentement) les doutes sur ses propres capacités.
La confiance est aussi un mot technique (en grec : *parresia*) qui désigne une attitude plus spécifiquement chrétienne. Les martyrs chrétiens ne doivent pas être présentés comme des héros tendus vers leur but à force de volonté. Non, leur « confiance » les fait parler debout, regard droit, librement, devant le pouvoir. Et leur joie intérieure est l'expression de leur don de soi à la Parole de Dieu (*cf.* Rm 8,31-37). ■

CONTINENCE

Ce mot du langage technique de la théologie morale provient du latin *continens* (participe présent de *continere,* maîtriser, contenir).
Pour saint Thomas d'Aquin (cf. *Somme Théologique* — qu. 150 et 155), le mot *continence* a deux sens :

- l'abstention totale de tout plaisir sexuel ;
- la résistance aux actions mauvaises auxquelles pourrait entraîner le désir sexuel.

Saint Thomas distingue la *continence,* qui est un effort de volonté, de la *tempérance,* qui diminue le désir lui-même.
La tradition chrétienne a toujours été très favorable à la continence sans toujours être aussi claire que saint Thomas sur le sens de ce mot. Saint Augustin, par exemple (*Confessions* VII) semble parfois estimer que la conversion doit entraîner une abstinence sexuelle totale, même si, dans certains de ses écrits contre les manichéens, il place le mariage au-dessus de la virginité.
La difficulté ressentie aujourd'hui à l'égard de la réflexion traditionnelle sur la continence est que celle-ci semblait considérée pour elle-même. Aujourd'hui, la sexualité étant vue comme un langage, on voudrait davantage que la continence soit regardée comme une manière de vivre une relation dans l'amour et le respect de l'autre. ■

FIERTÉ

La réalité que désigne ce mot est ambiguë pour un chrétien. Pour se convaincre de cette ambiguïté il n'est qu'à constater la gêne des traducteurs de saint Paul. Par quelques-uns d'entre eux, le même mot grec *Kakesis* est traduit tantôt *orgueil* (Rm 2,17) quand il s'agit de dénoncer la suffisance des juifs qui prétendaient tout savoir sur Dieu, et tantôt *fierté* (Rm 5,3) pour signifier que le chrétien est heureux d'appartenir au Christ.
En fait, personne ne peut vivre sans s'aimer soi-même, et donc sans être, d'une certaine manière, content de soi. Le commandement chrétien est d'aimer les autres comme soi-même, ce qui suppose de s'aimer soi-même.
Cependant, tout l'Évangile dénonce ceux qui se regardent, se délectent de leurs bonnes actions, ou contemplent leurs qualités ! Car il est faux de dire : je fais de bonnes actions, donc je suis bon. « Dieu seul est bon. » « Le pharisien est cet homme admirable qui subordonne toute sa vie à sa connaissance du bien et du mal, qui est un juge sévère de son voisin comme de lui-même, en prenant comme critère l'honneur de Dieu qu'il remercie de lui avoir donné cette connaissance. ». (Bonhoeffer).
Pour un chrétien, il est légitime d'être fier de soi, mais il est mensonger de s'attribuer le bien de ses propres actions ; c'est à la fois mentir, car souvent elles sont meilleures que celui qui les fait, et se sous-estimer, car chacun vaut plus que telle ou telle action. ■

GRATITUDE

Le mot (du latin *gratus,* reconnaissant) a vieilli, parce que la vision morale qui le portait a changé. Une théologie affirmant la grâce et l'amour de Dieu présents en chaque homme et chaque femme engendre une morale de la gratitude. Par contre, une philosophie (voire une théologie) des seuls progrès et constructions terrestres, toute tendue vers un ailleurs et un autrement, peuvent sans doute conduire à la prise de conscience de ce qui manque aujourd'hui, mais aussi au désespoir de ne pouvoir changer la réalité, et au refus de Dieu… en tout cas, difficilement à la gratitude. Saint Paul, comme la plupart des auteurs du Nouveau Testament, invite, lui, « à ne pas avoir de prétention au-delà de ce qui est raisonnable » et à répondre à l'amour de Dieu « par l'offrande de soi-même » (Rm 12,1-3). ■

HONNÊTETÉ

Le mot (du latin *honestas,* dérivé de *honor,* honneur) s'applique à ceux dont les actions sont dignes de considération par leur probité et par leur observation rigoureuse de la justice et de la morale.
L'honnêteté chrétienne c'est d'« honorer tous les hommes » (1 P 2,17).
La psychologie moderne a montré l'ambiguïté de toute action morale, et a quelquefois jeté un certain discrédit sur l'honnêteté en la faisant croire impossible.
En prenant un exemple dans le journalisme, on peut cependant nuancer la portée de cette critique. Il est vrai que l'objectivité du journaliste est impossible ; deux témoins d'une même scène ne voient pas la même chose. Mais cette réalité n'enlève rien au devoir d'honnêteté du journaliste qui, parce qu'il sait l'objectivité impossible, se doit de critiquer ses sources, de mettre en cause ses propres opinions, de confronter sa vision des faits avec celle des autres observateurs. ■

HOSPITALITÉ

L'*hospitalité* est une vertu fondamentale pour tous les hommes. Elle est dans beaucoup de cultures un devoir sacré. Il en était ainsi en Israël. La Bible, en de multiples passages, demande explicitement d'accueillir l'étranger par solidarité, en rappelant à Israël que lui aussi avait été étranger sur la terre d'Égypte ; en rappelant aussi la volonté de Dieu que l'on protège tous ceux qui sont faibles.
Mais, dans l'Ancien Testament, l'accueil n'empêche pas une certaine méfiance. Il faut prendre garde de ne pas honorer les faux-dieux des étrangers, et marquer fortement dans les relations humaines sa certitude d'être membre du peuple élu.

L'enseignement du Christ va aller beaucoup plus loin. Il lance un message ouvert aux étrangers. Il ose parler à la Samaritaine et à la Syro-phénicienne, ce qui, pour un Juif, était révolutionnaire. Radicalement, il annonce la fin des discriminations entre personnes du fait de leur nation. Littéralement, avec lui, il n'y a plus ni Juif, ni Grec, mais seulement des frères. Accueillir, c'est se découvrir un frère supplémentaire, en Jésus-Christ. ■

Ph. Roger-Viollet

Le paradis terrestre, miniature des *Très riches Heures du Duc de Berry,* manuscrit enluminé par les frères Limbourg (XVe s.).

HUMILITÉ

L'*humilité* est une attitude de vérité à l'égard de Dieu, des autres et de soi-même.
L'humilité ne signifie pas d'abord un sentiment de mépris ou de dépréciation de soi-même.
L'humilité est plutôt le retentissement dans le cœur de l'homme de l'émerveillement devant le Dieu de sainteté et d'amour, et un regard positif sur les autres hommes : émerveillement et regard positif qui permettent à l'homme de se situer en vérité devant Dieu et les autres, d'entrer dans une relation d'accueil et de réciprocité, de s'accepter lui-même avec ses limites et ses qualités.
Attitude de vérité, l'humilité conduit à l'amour. Mieux, c'est l'humilité qui permet de conjuguer tout ensemble l'amour de Dieu, l'amour des autres et l'amour de soi-même. ■

LOYAUTÉ

Loyal vient du latin *legalis,* légal. Dieu aime les pensées droites, exigeantes avec elles-mêmes, et fidèles à sa Parole.
Il peut arriver que certaines loyautés, même si elles permettent à des hommes de se surpasser, soient étroites, voire dangereuses. Il arrive même que la loyauté aveugle à certaines institutions chrétiennes conduise à des résultats néfastes. Mais si le chrétien se remet totalement à Dieu, il sait au contraire que sa loyauté ne peut que le grandir. ■

MAGNANIMITÉ

Au sens étymologique, la *magnanimité* (du latin *magnus,* grand) est le fait d'avoir une « grande âme », un grand courage : la magnanimité n'est pas la vertu des grandes occasions, mais la vertu qui fait de toute circonstance une grande « occasion ». Elle est l'inverse à la fois de l'étroitesse et de la petitesse d'esprit. L'Église fait volontiers de la Vierge Marie le modèle de la magnanimité, elle qui chante : « Mon âme exalte le Seigneur, le Seigneur a fait pour moi de grandes choses » (Lc 1,46-55). Mais les autres modèles ne manquent pas ; Marie, sœur de Lazare, qui dépense une fortune en parfum pour en oindre les pieds de Jésus, montre que l'humilité chrétienne ne devrait pas être pusillanime, mais au contraire portée à la grandeur. ■

Miséricorde

La miséricorde (du latin misereri, *avoir pitié et* cor, cordis, *cœur) n'est pas à confondre avec une pitié purement émotive qui se déclencherait comme un réflexe à la vue d'une misère et traiterait l'autre en assisté, ou bien donnerait n'importe quoi — de l'argent, par exemple — pour se débarrasser d'une vue gênante.*

L'homme moderne refuse pour lui cette pitié — passagère ou permanente — qui le débilite. Vécue par le Dieu de Jésus-Christ, la miséricorde est une attitude de l'être profond qui remue comme aux entrailles. C'est une vulnérabilité à la souffrance de l'autre, à son besoin. C'est une attention non pas furtive mais prolongée, qui prend le temps et les moyens de secourir, comme fait le Bon Samaritain (Lc 10,29-37) ; qui n'hésite pas à payer de sa personne avec les risques que cela comporte. A la base, une bienveillance fondamentale qui veut du bien au prochain, en se mettant à sa place au nom de la réciprocité (Mt 7,12). Ce qui est vrai dans le cas d'une misère physique l'est aussi — et combien plus ! — dans le cas d'une misère morale. La miséricorde ne craint pas d'approcher l'être en proie au vice ou tombé dans la déchéance ; elle ne redoute ni la contamination ni le qu'en-dira-t-on (Mt 9,9-13). Elle ne classe jamais le pécheur dans l'irrécupérable ; elle ne le désespère pas en désespérant de lui ; elle lui redonne constamment sa chance, sans limitation (Mt 18,21-22).

L'Évangile de Luc *(6,36) traduit en termes de miséricorde ce que celui de* Matthieu *(5,47) appelle perfection. La miséricorde n'est pas le contraire de la justice, ni même un supplément facultatif à cette justice, mais elle entre à part entière et de façon nécessaire dans l'humanisme social ; sans l'exercice de cette gratuité, le droit se grippe, il devient « la suprême injustice ». En dehors de tout code, le malheureux a droit à la miséricorde, et la société ne peut s'en passer.*

André Manaranche

Il ressort que dire la vérité change de signification selon la situation dans laquelle nous nous trouvons.

Chaque fois, il nous faut tenir compte des conditions dans lesquelles il s'agit de dire la vérité. Il nous faut poser la question de savoir si et de quelle manière un homme a le droit d'exiger d'un autre un langage véridique (...)

Le cynique qui prétend « dire la vérité » de la même manière partout, en tout temps et à chaque homme, n'affiche qu'un simulacre de vérité. En se donnant le prestige d'un fanatique de la vérité qui ne veut avoir d'égards pour les faiblesses humaines, il détruit la vérité vivante entre les hommes. Il porte atteinte à la pudeur, profane le mystère, viole la confiance, trahit la communauté dans laquelle il vit, et sourit avec suffisance des ruines qu'il a causées et de la faiblesse humaine, « incapable de supporter la vérité ». Il affirme que la vérité est destructrice et qu'il lui faut des victimes, se croit un dieu qui règne sur les faibles créatures, et ignore qu'il sert Satan.

DIETRICH BONHOEFFER,
l'Éthique Labor et Fides 1966.

OBÉISSANCE

Le mot *obéissance* (du latin *ob* et *audire,* écouter quelqu'un, suivre ses avis) sonne désagréablement aux oreilles modernes : il évoque le manque de liberté, voire la dictature.
Un grand nombre de chrétiens aujourd'hui pensent que ce mot n'a plus de sens et qu'il doit être renvoyé au musée de la Loi, Loi que le Christ est venu remplacer par l'Esprit. « Tout m'est permis », dit saint Paul (1 Co 6,12 ; 10,23).
Pourtant le même saint Paul propose à la contemplation des chrétiens Jésus-Christ qui s'est fait « obéissant jusqu'à la mort et à la mort sur une croix » (Ph 2,8).
Alors, pour les chrétiens, faut-il parler d'une morale de la liberté ou de la contrainte ? Faut-il parler d'une Loi ou parler d'un Esprit ?
La réponse varie d'un théologien à un autre, mais la plupart accepteraient de dire que l'obéissance chrétienne n'a rien à voir avec celle de l'esclave : la Loi chrétienne est une parole d'amour de Dieu, et l'obéissance est une réponse libre à cette Parole de Dieu, le Christ.
L'obéissance chrétienne est d'abord obéissance à la conscience personnelle ; cette conscience, l'Esprit de Dieu l'habite ; il la forme et lui donne son souffle, lui inspirant le discernement parmi les nombreuses lois et interdits que chaque société cherche à lui imposer. L'Église veut être comme une sorte de caisse de résonance de l'Esprit Saint et, par sa loi, faire entendre l'appel au cœur que celui-ci adresse à chacun.
En fait, la loi de l'Église n'a de sens que pédagogiquement. La question de savoir si le chrétien vit une morale de liberté ou de contrainte semble une fausse question : son obéissance n'a d'autre but que sa libération. Pour lui, toute vraie libération passe par la découverte de l'existence de l'autre, existence que la Loi oblige à reconnaître. ■

PATIENCE

Les jeux de patience (du latin, *pati,* souffrir, supporter) sont le passe-temps, dit-on, de ceux qui savent attendre le moment opportun pour agir.
Dans le vocabulaire chrétien la *patience* est beaucoup plus qu'attendre le moment opportun : très souvent, le mot est employé dans l'Écriture comme synonyme d'espérance, avec une connotation de fidélité et de constance dans les épreuves. ■

Lorsqu'un mot, une expression, un événement, une institution, un nom propre vous sont inconnus, consultez l'index.

Pureté

La pureté, au grand sens du mot, ce n'est pas seulement l'absence de fautes, ni même la chasteté ; c'est la rectitude et l'élan que met dans nos vies l'amour de Dieu cherché en tout, par-dessus tout.

P. TEILHARD DE CHARDIN,
Être plus.

RENONCEMENT

Attitude consistant à se détacher volontairement de ce qui, en soi ou hors de soi, limite la liberté dans la recherche de Dieu et le service d'autrui. Il est une condition et une conséquence d'une harmonie à établir entre foi et comportement. ■

PERSÉVÉRANCE

La vertu de *persévérance* (du latin *perseverantia,* avec *per* exprimant l'idée de continuité, et *severus,* sérieux, inflexible) est celle du chrétien restant fidèle à sa foi malgré toutes les difficultés rencontrées. Elle trouve sa confirmation suprême dans l'acceptation de la mort (persévérance finale), acceptation dont l'Église enseigne qu'elle est le fruit d'une grâce spéciale.
On a longtemps appelé catéchisme de persévérance l'enseignement religieux donné après la communion solennelle. ■

SERMENT

« Moi, je vous dis de ne pas jurer du tout » (Mt 5, 33-37). Que veut dire cette parole de Jésus ?
Le serment (du latin *sacramentum,* affirmation solennelle faite en invoquant un être ou un objet sacré) est l'invocation de Dieu (implicitement ou explicitement) soit comme témoin de la vérité d'une assertion, soit comme garant de la volonté d'être fidèle à un engagement.
Certains moralistes pensent que le Christ a voulu bannir tout serment : il n'est pas convenable que l'homme utilise le nom de Dieu. D'autres remarquent que Jésus lui-même est sorti de son silence pendant son procès, à cause de l'interpellation que lui a lancée le Grand Prêtre « au nom du Dieu vivant » (Mt 26, 63). Dès lors, ils justifient tout serment prononcé avec loyauté et sens religieux. ■

Qu'est-ce que ?

AUMÔNE

Situé au niveau d'un devoir de justice dans l'Ancien Testament, l'acte de donner (aumône vient du grec « eleèmosynè », miséricorde, aumône) y est régi par des lois qui instituent notamment :
• la dîme annuelle (dixième des revenus de chacun) pour les pauvres ;
• le glanage et le grapillage, droit pour les indigents ;
• l'obligation d'inviter la veuve, l'orphelin et l'étranger aux banquets de fête ;
• l'obligation de distribuer ses biens en proportion de sa richesse.
Le Nouveau Testament donnera une dimension nouvelle à l'aumône : c'est l'amour des autres et non pas l'obéissance à la loi qui doit la motiver ; elle doit être désintéressée, sans ostentation (Mt 6, 1-2), sans mesure (Lc 6,30), répondre à tout appel (Mt 5,42 ; 26,11) et partager par moitié (Lc 3,11).
Saint Paul mise tellement sur l'Amour dans l'aumône qu'il va jusqu'à dire : « Quand bien même je donnerais tous mes biens aux pauvres, si je n'ai pas l'Amour, qu'ai-je de bon ? ». (1 Co 13,3)

Pourtant le mot aumône est aujourd'hui dévalorisé : il est associé à l'idée d'un geste blessant pour la dignité de celui qui la reçoit, ne satisfaisant ni aux droits de celui-ci ni à la justice, et finalement en contradiction avec le véritable esprit évangélique ; ce qui oblige celui qui donne à considérer de près ce qu'est l'authentique justice. ■

JOIE

Le mot est peu présent dans les traités de théologie et de morale ; il est pourtant au cœur de l'Évangile ; quand Luc veut définir ce qu'est l'Évangile, il fait dire aux anges de la Nativité : « Ce sera une grande joie pour tout le peuple » (Lc 2,10).
Cette joie chrétienne se fonde incontestablement sur la foi en la résurrection du Christ et, à sa suite, en celle de toute l'humanité, foi que seule donne la présence de l'Esprit Saint au cœur de celui qui croit.
Saint Paul en fait même un des signes extérieurs, un des « fruits » de la présence de l'Esprit dans le cœur des croyants (Ga 5,22). ■

FRUITS DE L'ESPRIT

La théologie chrétienne parle des « fruits de l'Esprit » (du latin *fructus*, production, fécondité, résultat. Au sens figuré : ce qui est produit par un être vivant.) : comme l'eau fait germer la semence, l'Esprit de Dieu fait germer le grain de charité que recèle le cœur de tout homme lorsque celui-ci s'ouvre à Dieu ; il éveille ou fortifie en lui l'amour du prochain. Le fruit de l'Esprit, c'est donc la charité. Elle contient tout et s'épanouit en de multiples vertus, « ou fruits », qui portent l'homme à un agir plus humain et plus chrétien.
Saint Paul énumère quelques-uns de ces fruits (Ga 5-22) :

« Le fruit de l'Esprit
est charité, joie, paix,
longanimité, serviabilité,
bonté, confiance dans les autres ». ■

TOLÉRANCE

« Tout homme est libre d'embrasser et de professer la religion que la lumière de la raison l'aura amené à juger être la vraie religion » (Pie IX, *Le Syllabus,* 15). Contrairement à ce que l'on peut penser, cette affirmation n'est pas ce qu'en 1864 pensait le pape, mais ce qu'il condamnait au nom de l'Église catholique.

101 ans plus tard, le ton est différent. Le concile Vatican II déclare que « la personne humaine a droit à la liberté religieuse (...). C'est par la médiation de sa conscience que l'homme perçoit les injonctions de la loi divine ; c'est elle qu'il est tenu de suivre fidèlement en toutes ses activités pour parvenir à sa fin qui est Dieu » (*De la liberté religieuse* - § 2 et 3).

De fait, la tolérance est une question plus difficile qu'il n'y paraît. Les chrétiens d'aujourd'hui en vivent l'exigence lorsqu'ils considèrent le droit et la dignité de chaque homme, mais ils oublient quelquefois que la tolérance peut aussi être le fruit de l'indifférence. Hier, on estimait que l'on ne pouvait laisser « se perdre » ceux qui ne voulaient pas reconnaître le Christ (et encore fallait-il le reconnaître dans la bonne Église), intolérance indubitablement inspirée par l'amour. De fait, la passion peut être aveugle et intolérante ; mais l'indifférence est-elle meilleure, qui ne s'occupe même plus de l'autre ?

En tout cas, chrétiens d'hier et d'aujourd'hui se retrouveraient pour affirmer que l'État doit être tolérant tant que la liberté des uns ne nuit pas à celle des autres. Ce consensus est un grand changement dans l'Église qui, de saint Augustin à l'Inquisition n'a pas hésité quelquefois à imposer la vérité par la force. ■

ZÈLE

Si l'on se réfère à l'origine grecque (*zêlos,* ébullition, ardeur) de ce mot, un homme zélé est un homme qui entre en ébullition.

Dans l'Ancien Testament, le zèle de Dieu apparaît dans les récits décrivant son amour jaloux pour son peuple et ses colères lorsqu'Israël se détourne de lui pour aller vers les idoles.

On peut parler du zèle chrétien : les chrétiens sont des passionnés du Christ ; comme lui, ce sont des défenseurs de l'amour et des ardents bâtisseurs d'un monde meilleur. ■

VICES

AVARICE

Point n'est besoin d'être chrétien pour ne pas aimer l'avarice : aujourd'hui, beaucoup se moquent de ceux qui aiment l'argent pour l'argent, ou — pour être plus exact — les relevés de banques, les placements et autres recherches de formes de sécurité financière.

L'Évangile est extrêmement dur et caustique à l'égard de l'avare (Mt 6,24 ; 13,22 ; Lc 14,18-19 ; Ep 4,18 ; 5,5) : il se gausse de ceux qui sont devenus esclaves de l'argent au point d'en faire leur dieu. Saint Paul a peut-être été le plus sévère en déclarant : « La racine de tous les maux, en effet, c'est l'amour de l'argent. Pour s'y être livrés, certains se sont égarés loin de la foi et se sont transpercés l'âme de tourments multiples » (1 Tm 6,10). Pourquoi cette sévérité à l'égard de l'avare ? Parce que son avarice, ce besoin d'avoir une sécurité sont pathologiques : il se trompe lui-même puisque rien ne garantit contre la mort, et son total manque de confiance l'empêche d'être disponible à l'événement, à l'autre, à Dieu. ■

BLASPHÈME

Le mot vient du grec *blapto,* abîmer, nuire et *phaino,* rendre visible, littéralement action contre l'image. C'est le mépris de Dieu voulu par pensée et manifesté par parole ou par action. Saint Thomas d'Aquin affirme que c'est un péché contre la foi. ■

CONVOITISE

Le mot vient du latin *cupiditas,* désir, envie. Le dixième commandement de Dieu donné à Moïse rappelle : « Tu n'auras pas de visées sur la maison de ton prochain, ni sur la femme de ton voisin, ni sur son serviteur, ni ... » (Ex 20,17).

Autrefois, on traduisait « Tu n'auras pas de visées sur » par « Tu ne convoiteras pas ». Cette convoitise est le principal des péchés par pensée : au fond des choses, l'objet (ou la personne-objet) désiré devient tellement le centre des préoccupations qu'elle joue le rôle d'une idole à laquelle on sacrifie tout. On ne regarde plus la personne convoitée pour elle-même, dans son dynamisme vers Dieu, mais pour soi-même. Voilà sans doute pourquoi le Christ ne cesse de répéter : « Gardez-vous de toute convoitise » (Lc 12,15). ■

HAINE

A la fois elle est totalement opposée à l'amour, et aussi très proche. Il semble que la même passion l'anime mais que, dans le cas de la haine, cette passion conduise à la mort de l'être haï.

La Bible remarque que l'aimé de Dieu est souvent haï par le pécheur, qui se sent mis en cause par sa vie même (Sg 2, 10-20). En retour, le juste, dans l'Ancien Testament, est appelé à haïr ceux qui haïssent Dieu : « Ne dois-je pas, Seigneur, avoir en haine tout homme qui te hait, exécrer qui t'exècre ? En vérité je les hais d'une haine parfaite. Ils sont pour moi des ennemis » (Ps 139, 21). Là se situe le retournement apporté par le Christ ; pour lui, il faut haïr le mal et non pas l'homme : « Qui hait son frère est dans les ténèbres » (1 Jn 2, 9-11). Mais déjà, dans l'Ancien Testament, Dieu faisait dire par ses prophètes qu'il ne voulait pas la mort du pécheur, mais « qu'il vive ». (Ez 33,11) ■

CRUAUTÉ

Plaisir de celui qui aime faire souffrir (ou voir souffrir) d'une peine inutile, qu'elle soit physique (torture, mais aussi bruit incessant, par exemple) ou morale (humiliations de toutes sortes, etc.). Cette cruauté peut avoir les animaux comme objet. Elle est souvent maladive. Mais, de toutes façons, elle est condamnée par l'ensemble des moralistes, qui relèvent qu'elle détruit davantage l'humanité de l'être cruel que celui sur lequel s'exerce sa cruauté. ■

ENDURCISSEMENT

Perte de sensibilité, diminution progressive de la possibilité d'entendre l'appel des autres, de percevoir les signes de Dieu.

Les maîtres spirituels disent que l'endurcissement du cœur est une conséquence de l'égoïsme, de l'attachement excessif aux richesses, de l'orgueil, de tout ce qui conduit à une impossibilité de rencontre avec un autre que soi-même. ■

FAUX TÉMOIGNAGE

Le neuvième commandement de Dieu donné à Moïse prescrit : « Tu ne témoigneras pas faussement contre ton prochain ». Il est clair que le faux témoignage revêtait une gravité extrême à une époque où la justice, dépourvue des moyens modernes d'investigation et d'analyse des preuves, ne disposait que du témoignage pour statuer.

Aujourd'hui, on pourrait rapprocher du faux témoignage, d'une part, la dénonciation calomnieuse dans les médias, et, d'autre part, les rumeurs, contre lesquelles, très souvent, personne ne peut se défendre réellement. ■

HYBRIS

Ce mot grec (qui signifie « tout ce qui dépasse la mesure, excès, orgueil... ») a été utilisé autrefois par la théologie. Il l'est encore quelquefois aujourd'hui pour désigner l'arrogance de l'homme lorsqu'il défie Dieu en prétendant juger de tout, comme s'il était Dieu lui-même. ■

HYPOCRISIE

Le mot (du grec *upokritès,* comédien, dérivé de *upokrinesthai,* jouer un personnage) désignait l'acteur qui, caché sous un masque selon les normes du théâtre antique, jouait le rôle qui lui était attribué.

L'hypocrisie, comme l'étymologie l'indique, est une forme de dissimulation, et aussi de simulation. Elle est plus qu'un mensonge. Elle cherche à tromper autrui pour conquérir son estime par une pratique tout extérieure de gestes religieux ou des démonstrations de vertu seulement apparente. L'hypocrite semble agir pour Dieu ou pour autrui ; il agit en fait pour se faire valoir lui-même, en prétextant l'oubli de soi. Des pratiques religieuses bonnes en elles-mêmes (aumône, jeûne, prière, etc.) sont ainsi radicalement perverties par le souci de se faire remarquer, de « se faire bien voir ». Le Christ, dans l'Évangile, s'élève avec véhémence contre l'hypocrisie des pharisiens, secte religieuse juive fervente dont certains membres cachaient sous des dehors de piété une grande suffisance et un désir de dominer les autres (cf. par ex. Mt 23, 1-36).

Le Christ condamne cette distance que met l'hypocrite entre l'apparence extérieure et les vraies intentions du cœur. Il montre que derrière les pratiques dévotes se cache une volonté d'asservir les autres et de tuer. Ce sont les scribes (docteurs de la loi chez les Juifs) et les pharisiens qui acculent Jésus à la mort. ■

IRÉNISME

L'irénisme (du grec *eirènè,* paix) est l'attitude consistant, selon l'encyclique de Pie XII *Humani Generis* (1950), à tolérer des erreurs inacceptables par un souci déplacé de paix et de conciliation. ■

JALOUSIE

La jalousie, ce sentiment fort qui habite quelqu'un lorsqu'un autre possède ce que l'on aimerait n'avoir que pour soi, fait généralement l'objet de toutes les condamnations.
Pourtant, la Bible présente Dieu, au moins dans les écrits les plus anciens, comme un Dieu jaloux. Le deuxième des dix commandements affirme : « Tu ne te prosterneras pas devant ces images (ou faux dieux) (...) car moi, Yahvé, ton Dieu, je suis un Dieu jaloux » (Ex 20, 5). La jalousie a un côté horrible, mais elle est aussi l'expression d'un amour sans mesure. C'est cette passion (pour Israël) que l'auteur biblique attribue à Dieu. Il est vrai que la jalousie entraîne la suspicion, le manque de confiance, la haine et, souvent, les jaloux se sentent eux-mêmes enfermés dans un sentiment qui les mine et les fait détruire ce qu'ils aiment. Cependant, l'amour ne peut jamais être indifférent, et la jalousie peut être le signe de l'importance donnée à l'être aimé. Encore faut-il que, comme la jalousie prêtée à Dieu, elle sache respecter la liberté et ne pas croire que ce qui a été devra toujours exister. ■

JEUX D'ARGENT

Les moralistes chrétiens ont toujours été très réservés à l'égard de la pratique des jeux d'argent (paris, loteries, dés, cartes, etc.) ; certains les condamnent totalement, d'autres les tolèrent dans la mesure seulement où les enjeux sont modérés et la finalité conforme au bien commun (en Amérique du Nord, par exemple, certaines Églises se financent en organisant une sorte de loto, le bingo, tandis qu'en France de multiples œuvres charitables trouvent des ressources dans la vente de billets de loterie).
Les moralistes justifient leurs réserves en faisant remarquer que :
1. Le jeu est la recherche d'un gain sans cause, c'est-à-dire sans lien avec le travail ou un service rendu. Quand cette recherche est le fait de pauvres, elle peut mettre gravement en danger l'équilibre de leur vie et de leur famille, pour un gain tout à fait hypothétique.
2. Pour les riches, le jeu est l'expression d'une conception perverse de la propriété privée, oubliant que chacun est gérant de son argent au service de tous, et non pour le dilapider à sa guise.
3. L'excitation produite par le jeu peut, dans certains cas, être recherchée pour oublier des situations difficiles, et, souvent, elle empêche d'y faire face avec dignité.
4. Le jeu est fréquemment l'occasion de tricherie ; les grandes organisations de jeux favorisent la constitution et le développement de réseaux de gens à la recherche de gains faciles, souvent en lien avec la grande criminalité.
5. Enfin, l'organisation par l'État de loteries et de paris est souvent dans la réalité une manière de prélever, en fait sur les plus pauvres, une sorte d'impôt volontaire, qui contribue à les appauvrir sans contrepartie. ■

Lorsqu'un mot, une expression, un événement, une institution, un nom propre vous sont inconnus, consultez l'index.

JURER

Jurer vient du latin *jurare* dérivé de *jus, juris,* le droit. Le mot *jus* est sans doute lui-même issu de la racine indo-européenne *ye,* porteuse d'un contenu de caractère sacré évoquant les relations harmonieuses à établir entre les hommes, et avec la divinité. Dès les origines le mot jurer, comme ceux de droit et de justice issus de la même racine, semble donc avoir été chargé d'une valeur religieuse, qui explique ses divers sens. Il s'agit toujours de prendre à témoin une divinité ou de se référer à une haute valeur pour garantir la vérité ou la loyauté de ce qu'on avance, soit qu'on atteste Dieu ou quelque chose de sacré par serment (exemple, jurer sa foi d'être innocent), ou qu'on fasse serment par Dieu ou par quelque chose de sacré (exemple, jurer sur la tête de sa mère qu'on dit la vérité), ou encore qu'on s'engage par serment (exemple, jurer — éventuellement sur la croix ou la Bible — de dire tout la vérité). Il suffit dès lors, pour proférer des imprécations blasphématoires contre la divinité, contre quelqu'un ou quelque chose, de retourner par dérision le sens de cette prise à témoin sacrée ; c'est l'origine du « juron ».
Les mots, dans leur signification positive ou négative, ont perdu de leur force en passant dans le langage courant ; il faut aujourd'hui un contexte solennel pour qu'ils retrouvent leur valeur originelle (prestation de serment).
La loi juive, très attentive au respect de la grandeur et de la perfection de Dieu, considérait comme une faute grave de « prononcer à tort le nom du Seigneur Dieu » ; cet interdit forme l'un des dix commandements du *Décalogue* (Ex 20,7 ; Dt 5,11). Quant à Jésus, dans son *Sermon sur la Montagne*, il reprend la Loi juive sur ce point comme sur les autres pour la mener à son accomplissement proprement évangélique : « Moi, je vous dis de ne pas faire de serment du tout, ni par le ciel, car c'est le trône de Dieu, ni par la terre, car elle est son escabeau, ni par Jérusalem, la ville du grand roi. Ne jure pas non plus par ta tête, car tu ne peux rendre un seul de tes cheveux blancs ou noirs. Dites seulement « oui » si c'est oui, « non » si c'est non. Tout ce qu'on ajoute vient de l'esprit mauvais » (Mt 5,33-37). Cette mise en garde ne vise évidemment pas un engagement solennel devant Dieu. ■

MENSONGE

Mentir, c'est refuser la vérité à qui y a droit. Saint Jean affirme que le « diable est menteur et père du mensonge » (Jn 8,44). Personne ne nie que le mensonge est un mal dans la mesure où il tue la confiance nécessaire à l'existence du tissu social. Pourtant les chrétiens se sont battus au sujet du mensonge. De saint Augustin à Kant, certains ont affirmé que tout le monde avait droit à la vérité et qu'il fallait toujours la dire quoiqu'il arrive ; la plupart des théologiens classiques catholiques sont de cet avis. D'autres font remarquer plus ou moins discrètement que cette position est difficilement tenable en toutes circonstances, et acceptent, dans certains cas, l'ambiguïté, la restriction mentale, le secret, voire même la falsification de la vérité. C'est la position d'Origène ainsi que de Jean Chrysostome et de Luther (« Un mensonge utile, un mensonge en cas de nécessité, un mensonge pour rendre service, ne seraient pas contre Dieu »). ■

OMISSION

L'omission (du latin *omissio,* dérivé de *ob* et *mittere,* laisser partir, laisser de côté) désigne à la fois le fait d'omettre quelque chose et la chose omise elle-même.
En morale chrétienne, le péché par omission consiste à s'abstenir délibérément de faire ce que l'on devrait (par exemple, cacher la vérité par son silence) ; il se distingue du péché par action qui consiste à faire délibérément ce que l'on ne devrait pas (par exemple, dire une chose contraire à la vérité). ■

ORGUEIL

L'*orgueil* est l'un des sept péchés dits capitaux, avec l'envie, la colère, l'avarice, la luxure, l'intempérance, la paresse. Lorsque l'on classe l'orgueil en tête des péchés capitaux, il ne s'agit pas de dénoncer quelques petites vanités, mais le refus fondamental de reconnaître ses limites, et de reconnaître en particulier ce que l'on doit à Dieu et aux autres. (Voir fierté). ■

RACISME

Système de pensée selon lequel un groupe de personnes serait supérieur aux autres du fait de sa race. Les personnes jugées inférieures sont dès lors traitées de manière inégalitaire, exclues et dans les cas extrêmes exterminées. C'est sur un tel système qu'était basé en Allemagne le régime nazi, qui a conduit aux massacres juifs. Pour un chrétien, le racisme est inacceptable. A ses yeux en effet, tout homme, quelles que soient son histoire, ses origines, sa race, est d'une dignité inestimable car il est appelé à être fils de Dieu à l'image duquel il a été créé. Il ne saurait donc y avoir de hiérarchie entre les races, pas plus qu'entre les classes sociales ou les sexes ; il n'y a ni surhommes ni sous-hommes. ■

ANTISÉMITISME

Le nazisme marque une période importante dans l'histoire de l'antisémitisme. Bouleversés par les horreurs des camps de concentration, les chrétiens ont alors été conduits à rejeter l'antisémitisme latent ou explicite de leurs pères. La formule qui a marqué ce revirement a été prononcée par Pie XI, en 1938, lorsqu'il a rappelé au nom de tous les chrétiens : « Nous sommes spirituellement des sémites ». Dans son encyclique *Mit brennender Sorge* (1937), il avait dénoncé l'idéologie national-socialiste en général et son culte idolâtrique de la race en particulier.
On peut signaler, parmi les nombreuses prises de position ultérieures, la condamnation de l'antisémitisme comme un « péché contre Dieu et contre l'homme » par la première assemblée du Conseil Œcuménique des Églises (1948) et la longue déclaration sur la relation de l'Église avec les religions non chrétiennes (1966) dans laquelle le concile Vatican II essaie de détruire jusqu'aux racines inconscientes de l'antisémitisme ; en particulier, il rejette une interprétation littérale qui ferait dire à l'Écriture que les Juifs sont déicides et portent la responsabilité de la mort du Christ. ■

L'évolution de la vie moderne pose le problème des loisirs avec une ampleur inconnue jadis. En effet, il tend à intéresser de nombreux domaines ; de simple détente après le travail, le loisir devient une forme de vie autonome, une fin qui souvent polarise le reste de l'existence, et ouvre de nouvelles perspectives. On est ainsi passé de l'idée classique et assez négative de repos, de temps libre et vide, à celle moderne et plus positive d'une activité nouvelle, permettant à l'être humain de se réaliser, avec plus de liberté et d'authenticité. Et ce processus est encore amplifié par la naissance d'une industrie des loisirs, offrant à ces nouveaux consommateurs une gamme infinie de produits et d'activités adaptés à ce but.

Pendant longtemps, le loisir était entendu comme temps libre, de non-travail, temps de disponibilité personnelle, pouvant être synonyme d'oisiveté, ou mieux d'occupation non rémunérée ; il était alors l'apanage d'une classe sociale, les cadres supérieurs de l'ancienne société ou la minorité sociale suffisamment fortunée pour ne pas avoir à travailler pour gagner sa vie.

Le loisir nécessaire

Avec l'avènement de la révolution industrielle et le machinisme, surtout dans sa première phase (où les travailleurs manuels étaient astreints à un dur labeur dépassant souvent les douze heures par jour, quand il n'était pas de nuit), le loisir était alors perçu comme une nécessité vitale, le besoin de récupérer ses forces (et souvent après un état d'abrutissement). Plus récemment, la lutte ouvrière pour obtenir un minimum de temps libre a été relayée par la rationalisation (taylorisme) du travail industriel, dans lequel le repos entrait dans le programme industriel comme une nécessité pour maintenir la bonne qualité de la main-d'œuvre.

Le progrès social, vers une société plus juste, devait conduire en France, en 1936, à reconnaître au monde ouvrier le droit au loisir, par la conquête de la semaine de 40 heures et les congés payés. Pour le monde bourgeois, ce fut une véritable révolution de voir les travailleurs participer à ce qu'il considérait comme un monopole, celui de se reposer et de se distraire ou de faire du tourisme.

L'Église favorable aux loisirs

L'Église, qui a toujours relativisé le travail, a traditionnellement tendu à prescrire un temps de repos hebdomadaire, pour le consacrer à la prière et à des occupations non laborieuses, veillant par là à ce qu'il ne devienne pas oisiveté. D'où les prescriptions concernant le dimanche et les nombreuses fêtes d'obligation où tout travail corporel était banni. Par là, l'Église montrait sa conception humaniste de la société : si le travail est nécessaire comme gagne-pain (voir Travail), il ne suffit pas ; l'homme doit développer ses autres facultés, en particulier son esprit, sa vie de foi et sa participation à la vie de la communauté chrétienne (le culte lié à la fête).

Donner sens au temps qui passe

De nos jours, nous sommes entrés dans une autre phase de cette histoire ; d'un côté, le loisir est devenu l'objet d'une industrie très vaste ; au lieu d'être un temps vide et mort, il est l'occasion d'autres activités, plus culturelles et distrayantes, avec la possibilité de contacts plus variés (tourisme). Et, en même temps, par une ironie de l'histoire, l'extension du chômage, et d'un chômage structurel, sorte de loisir obligé, pose le problème social d'un meilleur partage du temps de travail, qui doit aller de pair avec la recherche d'une croissance économique créatrice d'emplois, d'une plus grande solidarité et d'un aménagement plus rationnel de la société de loisirs dans laquelle nous sommes entrés. ■

Ph. Réunion des Musées Nationaux

Régates à Argenteuil, par Claude Monet (1874).

Une spiritualité des loisirs
Plaisir et joie

L'expansion des loisirs dans notre société contribue à nous déculpabiliser des plaisirs que nous offre la nature, parce que précisément le plaisir est naturel. Il est élan vital. Il va dans le sens de la vie. Dieu nous a créés êtres de chair avec des sens pour sentir et ressentir, goûter en toute chose un certain parfum de bonheur. Plaisir ne veut pas dire jouissance à tous crins et laisser-aller, mais reconnaissance de la générosité de la Création. Le plaisir est un offertoire où l'on s'offre à soi-même ce que la terre de Dieu nous prodigue. Le plaisir est action de grâce et il est remarquable qu'une certaine pudeur chrétienne — liée à la méfiance d'une sensualité que l'on pense inévitablement peccamineuse — préfère parler de réjouissance plutôt que de jouissance : de joie que de plaisir. Et cela surtout si les choses paraissent plus spirituelles. Ainsi, on parlera plus volontiers de la joie de contempler, de prier, de la joie d'écouter l'autre, de le rencontrer. Faut-il donc réserver le plaisir au corps et la joie à l'esprit ! Autrement dit, faut-il s'enliser dans ce dualisme manichéen qui a sévi pendant des siècles et des siècles ? Si les vacances pouvaient être ce moment de clairvoyance où le loisir réconcilie le corps et l'esprit, elles seraient bien remplies... pleines de cette grâce qui est l'unité d'une vie.

▶▶▶

▶▶▶

Les vacances, une chance spirituelle

Si le plaisir est lié à une certaine sensualité, on peut dire aussi qu'il va de pair avec une certaine sensibilité : celle de la gratuité. La gratuité est plaisir de la liberté : liberté de faire plaisir... liberté de rencontrer qui l'on veut en prenant son temps, rencontrer l'Autre différent, rencontrer le Tout-Autre, Dieu transcendant, dans une prière libérée de formules astreignantes, prière créative dans l'espace poétique de la création. Telle est en définitive la chance spirituelle des vacances. Autant je crois à ces valeurs de partage et d'intériorité, autant je pense qu'il est nécessaire de prendre une certaine distance par rapport à un type de discours idéaliste qui gommerait les ambiguïtés du tourisme. En effet, quelle serait la crédibilité d'un discours spiritualisant qui parlerait de « ressourcement », sans tenir compte des conditions de vie, de la pesanteur des vacanciers fatigués par une vie de travail ? C'est bien là le fin mot des vacances : l'Homme du loisir, c'est l'Homme du labeur. Alors, dis-moi quel homme, quelle femme es-tu dans la vie laborieuse et je te dirai ce que tu mets dans ta quête du loisir.

PIERRE TALEC,
Responsable de la Pastorale du Tourisme Paris
Extrait de la revue *Christus,*
Amitiés catholiques françaises,
juillet 1985, n° 137.

JEU

C'est une des activités essentielles de l'homme, de l'enfant, et probablement des animaux : le jeu apporte une distance avec la réalité et permet la détente.
Mis à part les moralistes puritains, le jeu n'a pas que des amis chez les théologiens. La plupart des jeux sont moins innocents qu'ils ne paraissent. Lieux du mime et du faire-semblant, ils permettent l'apprentissage des rôles dans la société. Lieux de la compétition, ils permettent de se confronter au hasard et à la force. Très souvent, peut-être toujours, ils peuvent être interprétés comme un défi à l'ordre établi. Ce défi est souvent inconscient. Finalement, on peut se demander si les théologiens ont suffisamment réfléchi à l'aspect métaphysique du jeu : lutte contre le destin, interrogation sur sa propre identité. Très souvent l'utilité du jeu est en fait de révéler à soi-même sa propre identité. ■

Ph. Szafran – CIRIC

NATURISME

Le Matin du 29 juin 1982 résumait un sondage Louis-Harris par le titre : « Nus sur la plage, 86 % des Français favorables ». On peut dire qu'un tel sondage sonne probablement le glas du naturisme comme mouvement organisé — avec une licence comme pour pratiquer un sport — et annonce plutôt la venue du nudisme banalisé. On voit aussi qu'avec une telle majorité aucun groupe social en France n'est vraiment opposé au nudisme — pas plus les catholiques que d'autres. C'est une évolution importante.
Le jansénisme ambiant, au XIXe siècle et au début du XXe siècle, refusait de voir la chair et taxait de péché toute nudité, même très partielle. Aujourd'hui, peu de catholiques continueraient à avoir une telle attitude, même si un certain nombre sont tentés de relativiser les bienfaits de la nudité : ils y voient, à certains moments, une sorte de romantisme païen de don de soi à la nature, au soleil, une volonté de nier les barrières sociales, un rêve d'innocence qui leur semblent un peu naïfs. Cela dit, la vision chrétienne de l'homme donne autant de dignité au corps qu'à l'âme, et tout ce qui peut réhabiliter le corps est bon à ses yeux.
On peut rappeler que dans la tradition religieuse, le nu est l'expression de la pauvreté (François d'Assise a voulu mourir nu), de la fragilité et du don de soi. Et le vêtement est un langage. Le fidèle s'habille devant Dieu, non pour nier sa pauvreté, mais pour lui dire qu'il ne veut pas être simplement ce que sa peau révèle, et ainsi signifier son intériorité. ■

Jeu

Je n'ai pas envie d'être parfaite comme l'homme parfait est parfait. Je n'ai pas envie d'entretenir en moi cette conscience policière qui épie tous les sentiers pour saisir le péché qui passe. Je n'ai pas envie de prendre cette sacrée fatigue qui, nuit et jour, mesure, ajuste, taille, rogne, rabote, pour tirer de l'arbre noueux — l'arbre vivant — une juste planche de cercueil.

Je voudrais être parfaite comme le Père est parfait. En Lui est la Loi, mais en Lui, le Jeu. Son œuvre est Séraphin, mais papillon aussi. Elle est cieux, étoiles, obéissance d'astres, mais aussi, feu, vent et caprices des nuages.

Il s'amuse à des fleurs. Il a inventé pour rire (si ce n'est pas pour rire, pour quoi est-ce ?) les queues d'écureuils, les plumes de paons, les pattes de cigognes, les trompes d'éléphants, les bosses de chameaux et de dromadaires. Et s'il trouve du plaisir — peut-être — à ce qu'un saint moine tenté se donne, de nuit, la discipline, il bénit aussi d'un sourire le chevreau qui danse, la poule qui pond et le bouc à la longue barbe qui court sus à sa biquette.

Je voudrais que mon âme aussi — et mon œuvre aussi — fût ordre et fût fantaisie.

MARIE NOËL,
Notes intimes,
Éd. Stock

▶▶▶ *Suite de page 804*

L'essor de la culture

Si tout le monde connaît, au moins confusément, la « morale » catholique en matière affective et sexuelle, peu connaissent ses grands appels dans le domaine culturel. Malgré sa condamnation de Galilée et sa lutte du XVIIIe et du XIXe siècle contre la liberté de la presse, malgré bien d'autres attitudes contestables, l'Église a été, dans l'histoire, un lieu de formation humaine et de création spirituelle. Pour l'Église, chacun a lc droit, depuis la Pentecôte, d'entendre parler Dieu « dans sa langue ». Bien plus, si « la gloire de Dieu c'est l'homme vivant », le développement de l'homme est prioritaire : la culture est un moyen privilégié du développement humain, qui permet à l'homme de vivre en comprenant son environnement, d'être efficace dans l'action, d'être responsable de soi.

A toutes les époques, les chrétiens ont été des agents d'échange et de communication du savoir. A toutes les époques, des chrétiens ont cherché à connaître les cultures des peuples au milieu desquels ils se trouvaient, à en travailler les langues, à composer des dictionnaires pour permettre les échanges, et même à inventer des alphabets ! Sait-on que ce sont saint Cyrille et saint Méthode qui ont créé l'alphabet cyrillique (russe) utilisé actuellement ? Sait-on que l'on ne connaît l'iroquois que par saint Jean de Brébeuf ? Et ce ne sont que deux exemples parmi d'autres ! Mais sait-on aussi que, pendant des siècles, en Europe et en France, pratiquement jusqu'à Jules Ferry, le catéchisme et l'école chrétienne ont été les seuls lieux d'instruction populaire ? Que c'est grâce au dévouement des chrétiens que de nombreuses personnes ont accédé à la lecture, à l'écriture et à la connaissance de leur environnement ? Que les universités sont nées au sein de l'Église ? Que les monastères ont été longtemps les seuls lieux où étaient conservés les manuscrits de l'Antiquité ?

Un engagement sans cesse rappelé

Le concile Vatican II, dans sa Constitution *Gaudium et Spes* sur « l'Église dans le monde de ce temps », a tenu à rappeler à chacun le devoir qu'il a de se cultiver : « Il faut tout faire pour que chacun prenne conscience et du droit et du devoir qu'il a de se cultiver, non moins que de l'obligation qui lui incombe d'aider les autres à le faire » (60,3) et ceci, parce que : « C'est le propre de la personne humaine de n'accéder vraiment et pleinement à l'humanité que par la culture » (53,1).

La lutte contre l'ignorance

Évidemment, de tels droits et devoirs ne sont pas possibles à honorer de la même manière dans tous les pays du monde. Dans cette même constitution *Gaudium et Spes,* quinze ans exactement avant la conférence de Belgrade de l'UNESCO sur un « Nouvel ordre de l'information », le Concile encourageait les chrétiens et les hommes de bonne volonté à s'engager dans la bataille contre l'ignorance : « Puisqu'on a maintenant la possibilité de délivrer la plupart des hommes du fléau de l'ignorance, il est un devoir qui convient au plus haut point à notre temps, surtout pour les chré-

▶▶▶

L'Évangile à l'épreuve de l'économie

Être chrétien pour moi, (et c'est une sacrée « bonne nouvelle »), c'est accepter une libre dépendance, par amour, vis-à-vis d'un Dieu qui accepte d'être dépendant de moi. Et c'est contribuer à construire une société et une Église qui soient fondées sur cette dépendance dans l'amour.

Bien sûr, l'Évangile associe liberté et dépendance. Il fait éclater cette fausse évidence selon laquelle on ne serait libre qu'en cultivant son indépendance. Ici, l'économie est extraordinairement parlante : le seul homme indépendant est aussi le plus pauvre. C'est le paysan indien qui ne dépend que de la mousson et de son buffle. Il n'échange rien et, à cause de cela, il ne survit qu'au bord de la famine. En matière morale et spirituelle, comme en matière économique, il n'y a de progrès que par la dépendance. Ce mot est d'ailleurs synonyme de religion !

Si pour Sartre « L'enfer, c'est les autres », pour moi, c'est le contraire : l'enfer, c'est moi quand je suis tout seul, isolé, indépendant. L'enfer, c'est l'enfermement.

Mais on ne peut se mettre librement en dépendance que par amour. Dieu accepte que nous ayons prise sur Lui, comme nos enfants ont prise sur nous, dans leur capacité de nous donner joie ou souffrance. Et le Salut, pour moi, c'est cette joie-là. Ce qui m'intéresse dans la vie, c'est de la renouveler sans cesse dans mes relations personnelles et d'y contribuer à ma mesure dans la société.

Au renversement qui oppose le Dieu d'amour chrétien aux divinités païennes dominatrices correspond un renversement aussi radical en économie : en jouant le jeu de la liberté de l'échange et des interdépendances, l'Occident est passé de la pénurie à la croissance, de l'économie de prédation à l'économie de création.

Dans le modèle prédateur, où règne la pénurie, seule la lutte pour la vie permet, si l'on veut manger, de ne pas être mangé soi-même. Le rapport de force l'emporte alors sur le rapport de vérité, et le succès est une victoire d'une force sur une autre.

Le modèle créateur inverse le tout. Les rapports de vérité précèdent les rapports de force. Ce modèle se fonde sur l'expérimentation. La loi commune au progrès moral et au progrès économique, c'est la culture des interdépendances. La source de tout progrès, c'est l'aptitude à se remettre soi-même en question, donc en état de dépendance.

Le premier modèle est « disciplinaire » : beaucoup de pouvoirs, peu de liberté, un minimum d'interdépendance à l'égard de l'extérieur (songez à l'économie soviétique). Le second, qui marche de mieux en mieux, est « fiduciaire » : il est fondé sur l'échange, la confiance, les libertés. Le sens de la construction de l'Europe est ici : « Donner et non recevoir ».

L'entreprise disciplinaire est stérile, seule l'entreprise « fiduciaire » peut être féconde. Voici venir le temps où, en ce sens, vraiment, ce sont « les doux qui possèdent la terre », comme il est dit dans les Béatitudes.

Enfin, le refus de l'interdépendance est la cause fondamentale de la crise mondiale, c'est la concentration du pouvoir d'État, et l'insuffisance des règles internationales. ■

MICHEL ALBERT,
P.-D.G. des AGF,
Propos recueillis
par Philippe Warnier
Témoignage chrétien, 1984

9. L'esprit de l'Évangile ne s'accommode pas de n'importe quel comportement individuel ou collectif. Il ne transige ni avec la vérité, ni avec la justice, ni avec le respect des partenaires. Dans le cas présent, la démagogie, le corporatisme, les multiples manières de tirer égoïstement son épingle du jeu, le report des responsabilités sur un bouc émissaire (...) contredisent les exigences de la foi.

Chacun porte la responsabilité des moyens à mettre en œuvre : la diversité de situation des individus, des familles et des groupes est telle qu'aucun code précis ne peut convenir à l'action concrète de tous. Il faut cependant admettre que nous devons questionner ceux qui disposent d'un pouvoir plus grand avec plus de vigueur que ceux qui sont en situation de dépendance ou de pauvreté. Tous, cependant, ont des droits et des devoirs.

10. Dans cet esprit évangélique de réconciliation et de partage, nous invitons les communautés chrétiennes à s'interroger sur la qualité de la solidarité humaine vécue par leurs membres. Nous leur proposons quelques points d'attention. Ces propositions sont exigeantes, réalistes et source d'espérance. Elles ne s'adressent pas toutes à tout le monde : à chacun, à chacune, à chaque groupe de voir celles qui les concernent davantage et de les approfondir.

— Alors que certains ménages bénéficient du cumul de salaires plus que suffisants, le renoncement total ou partiel à l'un d'entre eux, celui de l'homme ou de la femme, faciliterait le partage du travail.

— Le cumul d'un emploi et d'une retraite suffisante peut poser question. Dans certains cas, renoncer au premier développerait la possibilité d'exercer une autre activité, par exemple dans la vie associative.

— Certains foyers, lorsque les enfants sont élevés et les besoins en voie de diminution, pourraient envisager la retraite anticipée.

— Il semble que l'on n'ait pas encore suffisamment exploré la possibilité d'emplois à temps partiel, au moins à certaines époques de la vie d'une famille.

— Une société dans laquelle le travail « au noir » est aussi répandu dans la plupart des catégories sociales ne peut être une société de justice.

— Toutes les inscriptions au Fonds de chômage sont-elles pleinement justifiées ?

— Si le système de répartition des charges sociales freine l'emploi plus qu'il ne le stimule, il convient de le réexaminer. En contrepartie, les dispositions nouvelles devraient inciter à l'embauche.

— Dans la mesure où la sécurité des uns a pour contrepartie l'insécurité des autres, il serait anormal de lutter sans discernement pour le maintien des avantages acquis et des dispositions qui les consacrent.

— Dans les conditions actuelles, on ne peut en rester à une attitude nourrie de préjugés et systématiquement critique qui chercherait un refus de participer à la solution des difficultés communes.

Placement de l'argent

— Ceux qui peuvent actuellement placer de l'argent ont à juger de leurs placements en fonction de leur utilité sociale et non de leur seule rentabilité financière.

Revenu

— Sauf pour les plus défavorisés, la défense du niveau de vie n'est pas aujourd'hui l'objectif le plus urgent.

— Il est conforme à la justice que tous les professionnels, salariés ou non, participent au financement de la protection sociale.

— Les dissimulations et les fraudes fiscales et parafiscales vont à l'encontre de la solidarité indispensable.

— Les mécanismes d'augmentation des salaires sont légitimes pour assurer le nécessaire aux moins favorisés ; mais étendre sans discernement ce processus à toute hiérarchie augmente souvent les inégalités.

— L'éventail actuel des revenus paraît loin de correspondre au travail ou aux services rendus.

— Nous remarquons aujourd'hui des attitudes individualistes qui ne sont ni honnêtes ni raisonnables en face des institutions de solidarité telles que la Sécurité sociale.

— Le recours aux subventions de l'État et des collectivités n'est pas toujours justifié. Quand il l'est, le sens de la solidarité devrait conduire ceux qui en profitent à les rendre superflues grâce aux résultats obtenus pour permettre à d'autres d'en bénéficier à leur tour.

— Les responsables des deniers publics doivent se préoccuper du caractère productif et créateur d'emplois de leur utilisation.

Consommation

— La vigilance des consommateurs jointe à l'effort des intermédiaires rendraient plus équitable la détermination du prix des services et des produits.

11. S'interroger ne suffit pas. Seul le changement des comportements individuels et collectifs peut entraîner un plus haut degré de solidarité sociale, nationale et internationale. Dans ce but, que les catholiques qui exercent des responsabilités économiques et sociales déploient toutes les ressources de leur intelligence pour faire œuvre nouvelle ; pour ceux d'entre eux qui appartiennent aux catégories sociales les plus revendicatives et les mieux garanties, qu'ils poursuivent leur effort ou, éventuellement, prennent l'initiative d'imaginer, de proposer, de promouvoir, par des engagements collectifs, des pratiques neuves. Celles-ci relèvent de notre réponse à l'appel du Christ, d'un effort permanent de conversion.

22 septembre 1982.
Les évêques français

La destination universelle des biens de la terre

Dieu a destiné la terre et tout ce qu'elle contient à l'usage de tous les hommes et de tous les peuples, en sorte que les biens de la création doivent équitablement affluer entre les mains de tous, selon la règle de la justice, inséparable de la charité. Quelles que soient les formes de la propriété, adaptées aux légitimes institutions des peuples, selon des circonstances diverses et changeantes, on doit toujours tenir compte de cette destination universelle des biens. C'est pourquoi l'homme, dans l'usage qu'il en fait, ne doit jamais tenir les choses qu'il possède légitimement comme n'appartenant qu'à lui, mais les regarder aussi comme communes : en ce sens qu'elles puissent profiter non seulement à lui, mais aussi aux autres.

Vatican II, *Gaudium et Spes, L'Église dans le monde de ce temps*, n° 69.

▶▶▶

tiens : celui de travailler avec acharnement à ce que, tant en matière économique qu'en matière politique, tant au plan national qu'au plan international, des décisions fondamentales soient prises de nature à faire reconnaître partout et pour tous, en harmonie avec la dignité de la personne, sans distinction de race, de sexe, de nation, de religion ou de condition sociale, le droit à la culture, et d'assurer sa réalisation. Il faut donc procurer à chacun une quantité suffisante de biens culturels, surtout de ceux qui constituent la culture dite « de base », pour qu'un très grand nombre ne soit pas empêché, par l'analphabétisme et le manque d'initiative, de coopérer de manière vraiment humaine au bien commun » (60,1).

Une réflexion vraiment ouverte au temps de la radio et de la télévision

Depuis le Concile, deux nouvelles grandes étapes ont été parcourues au sein de l'Église. La première est la réflexion sur l'importance des mass-médias. Le texte fondamental en ce domaine, *Communion et Progrès,* a été publié en 1971 par le Vatican. Il rappelle cinq droits et responsabilités de chacun face aux médias : 1) le droit à l'information et le devoir de s'informer de ce qui est nécessaire ; 2) le droit à informer et le devoir de s'exprimer ; 3) le droit à accéder à la culture et le devoir de le faire ; 4) le droit au loisir et la nécessité de respecter ces loisirs ; 5) le tout, bien sûr, dans un sens de promotion de l'homme. A noter que le texte, *Communion et Progrès* a été actualisé en 1992 par l'instruction pastorale *Aetatis novae,* publiée par le Conseil pontifical pour les communications sociales.

Le deuxième temps part d'un cri lancé dans *Evangelii nuntiandi* (un texte de Paul VI en 1975) : « Le divorce entre foi et culture est un des drames de notre temps ». C'est un puissant appel, au nom de l'évangélisation, à connaître, comprendre et apprécier autant que faire se peut la culture contemporaine. Jean-Paul II a souvent repris ce thème en le liant à l'ensemble de ce que nous venons de développer, notamment dans son discours à l'UNESCO du 1er juin 1980. L'esprit dans lequel se sont faites ces différentes réflexions se trouve déjà présent dans la pensée du concile Vatican II : « La culture doit être subordonnée au développement intégral de la personne, au bien de la communauté et à celui du genre humain tout entier. Aussi conviendrait-il de cultiver l'esprit en vue de développer les puissances d'admiration, de contemplation, d'aboutir à la formation d'un jugement personnel et d'élever le sens religieux, moral et social » (*Gaudium et Spes* 59,1). Au fond, pour l'Église, il s'agit d'être un facteur de civilisation pour mieux évangéliser, et d'évangéliser pour être facteur de civilisation (cf. 58,4).

La vie économico-sociale

« La vérité est aussi nécessaire que le charbon », affirme Lech Walesa en écho à l'adage évangélique : « L'homme ne vit pas seulement de pain » (Luc 4,4). Dans son affirmation, Walesa rejoint la grande tradition chrétienne de réflexion sur la vie économique et sociale. Elle ne devrait pas avoir d'autres buts que de permettre à l'homme de vivre de manière libre et responsable. Cette conviction, Jean-Paul II la résume dans son encyclique sur le travail en cinq mots : « L'Église croit en l'homme » (*Laborem exercens,* 1982). Et c'est parce qu'elle croit en l'homme que l'Église intervient (par

▶▶▶

GRÈVE

La grève est un des droits fondamentaux du monde du travail, celui de refuser le travail pour obtenir la satisfaction d'une revendication portant sur une modification juste, soit du salaire, soit des conditions de travail. Ce droit a toujours été reconnu par l'enseignement social de l'Église, qui rappelle qu'il n'est légitime que s'il est exercé dans certaines conditions, dont les principales sont les suivantes.

1. Du fait que la grève exerce une contrainte sur l'employeur ou l'État, elle entre dans un climat de violence ; elle tombe alors sous la loi générale des exigences de moralité quant à l'emploi de la force : il faut que tous les autres moyens non-violents aient été épuisés, par exemple, la négociation ou l'arbitrage. La grève ne peut être que l'ultime recours, quand tout le reste a échoué. Il faut aussi que les règles équitables de procédure soient respectées (ne serait-ce que le préavis).

2. Il faut surtout que le but de la grève soit juste et moral, qu'il s'agisse de l'obtention d'un droit non reconnu, du respect d'un droit lésé, ou de la dignité des travailleurs. Fait partie de la dignité des travailleurs leur légitime participation à la gestion de l'entreprise, souvent réclamée par les derniers papes (ainsi, dans *Mater et Magistra* de Jean XXIII, où est affirmé le droit des travailleurs à participer à l'organisation du travail, à la vie, au fonctionnement et à la croissance de l'entreprise, n° 82, 83 ; voir aussi Constitution *Gaudium et Spes* de Vatican II, n° 68, 1).

3. Il faut cependant un juste rapport entre l'importance de l'amélioration recherchée et le préjudice que la grève peut entraîner (soit pour les grévistes eux-mêmes, soit pour l'entreprise, soit pour l'État, soit pour le public). Comme cette estimation est souvent délicate, la décision de faire grève ne peut émaner que d'instances vraiment représentatives des travailleurs intéressés ; sinon, elle devient tyrannique.

4. Par ailleurs, certaines formes de grèves demandent plus de circonspection, telles celles qui atteignent les secteurs clés liés au bien commun (transports, production et distribution de l'énergie, etc.) ; en effet, en raison de l'interdépendance accrue par la socialisation, une grève dans ces secteurs a des répercussions souvent très graves. Il en irait de même si la grève équivalait au sabotage des matières premières, des produits fabriqués ou des outils de travail. En de tels domaines, l'argument qui voit dans la grève un moyen de pression sur l'employeur par le biais de l'opinion publique (par exemple, grève des transports) n'est guère justifiable, car il y a disproportion entre le but recherché et les inconvénients subis par un nombreux public.

5. Enfin, les grèves contre l'État imposent de graves réserves (grève des services publics), car, dans une société démocratique, il y a des voies légales pour revendiquer contre l'État. Et surtout, de telles grèves risquent d'être manipulées par un parti politique comme moyen de pression pour imposer à la majorité du pays la volonté d'une minorité ; elle serait alors assimilable à un coup de force ou à une action révolutionnaire. En dehors de ces cas, la grève reste le symbole historique du grand moyen par lequel le monde des travailleurs fait reconnaître ses droits et sa dignité. ■

▶▶▶

sa hiérarchie, par ses mouvements, par ses fidèles) pour soutenir à temps et à contretemps trois principes fondamentaux :

- la vie économique et sociale a pour but de promouvoir la dignité de *tous* les hommes ;
- la dignité de tous les hommes exige qu'ils participent aux décisions qui les concernent ;
- la propriété est une sécurité qui préserve la dignité de l'homme, mais elle ne peut être opposée à celui qui a faim. La dignité de l'homme qui a faim exige le partage.

1) La vie économique et sociale a pour but de promouvoir la dignité de tous les hommes

Le nombre d'interventions pour exposer ce principe et en tirer les conséquences est fantastique. Citons l'encyclique du pape Jean-Paul II, *Laborem exercens* (1982), et le concile Vatican II. Le Concile réaffirme le droit mais aussi le devoir de travailler : « Le travail procède immédiatement de la personne : celle-ci marque la nature ». De plus, il lui permet d'assurer sa subsistance, celle d'une famille, de trouver une place dans la société ; il permet à l'homme de « pratiquer une vraie charité et coopérer à l'achèvement de la création divine. (...) De là découlent pour tout homme le devoir de travailler loyalement aussi bien que le droit au travail » (*Gaudium et Spes,* 67/2).

• *Un travail adapté à l'homme.* Mais le travail est fait pour l'homme et il doit s'adapter à l'homme. « Comme l'activité économique est le plus souvent le fruit du travail associé des hommes, il est injuste et inhumain de l'organiser et de l'ordonner au détriment de quelque travailleur que ce soit. Or, il est trop courant, même de nos jours, que ceux qui travaillent soient en quelque sorte asservis à leurs propres œuvres ; ceci, aucune loi économique ne peut le justifier. Il importe donc d'adapter tout le programme du travail productif aux besoins de la personne et aux modalités de son existence, en particulier de la vie du foyer (...) Les travailleurs doivent aussi avoir la possibilité de développer leurs qualités et leur personnalité dans l'exercice même de leur travail. Tout en y appliquant leur temps et leurs forces d'une manière consciencieuse, que tous jouissent par ailleurs d'un temps de repos et de loisir suffisant qui leur permette aussi d'entretenir une vie familiale, culturelle, sociale et religieuse » (*id.* 67,3).

De là découle l'exigence de voir reconnaître une série de droits aux travailleurs, spécialement en période difficile de mutation technologique, d'immigration, de chômage, etc.

• *Une condamnation du matérialisme libéral et du matérialisme dialectique marxiste.* Selon ce qu'il est convenu d'appeler « la doctrine sociale de l'Église », ni le libéralisme économique, ni le capitalisme d'État ne respectent et ne peuvent respecter l'homme. Il faut donc « dénoncer les erreurs aussi bien des doctrines qui s'opposent aux réformes indispensables au nom d'une fausse conception de la liberté que les doctrines qui sacrifient les droits fondamentaux des personnes et des groupes à l'organisation collective de la production » (*id.* 68,2). Jean-Paul II approfondit l'analyse et remarque : « Même dans le matérialisme dialectique, l'homme n'est pas d'abord sujet du travail (...) mais il reste traité et compris en dépendance de ce qui est matériel » (*Laborem exercens,* n° 13). ▶▶▶

L'origine des syndicats

Historiquement, dès ses débuts, le monde du travail s'est structuré dans une opposition radicale entre le capital (propriétaires et direction de l'entreprise) et les travailleurs ; ceux-ci constituaient une masse amorphe placée en situation juridique d'infériorité face à un capital qui exerçait la loi, du fait qu'il établissait l'emploi selon sa convenance, et très souvent sans tenir compte des exigences les plus élémentaires de la justice sociale (contrats iniques, salaires de misère, conditions et durées de travail excessives, insécurité, aucune garantie, etc.). Un travailleur isolé ne pouvait pas obtenir satisfaction sur ses droits, car il était absolument démuni, dans une situation inégale, et soumis à une pression permanente tendant à le dégrader.

La seule manière pour les travailleurs de défendre leur dignité et leurs droits a été l'association syndicale : « Quel est le but essentiel des syndicats, sinon l'affirmation pratique que l'homme est le sujet et non l'objet des relations sociales, sinon de protéger l'individu en face des responsabilités collectives et des propriétaires anonymes, sinon de défendre la personne du travailleur devant ceux qui tendent à le considérer seulement comme une force productive et un prix déterminé ? » (Pie XII, Message de Noël 1952).

La nécessité de fédérations nationales de syndicats

Peu à peu, à mesure que les travailleurs se voyaient reconnaître leurs droits, le rôle du syndicat apparut comme devant déborder la

Le travailleur ne vit pas seulement de pain

Si les structures, le fonctionnement, les ambiances d'un système économique sont de nature à compromettre la dignité humaine de ceux qui s'y emploient, à émousser systématiquement leur sens des responsabilités, à faire obstacle à l'expression de leur initiative personnelle, pareil système économique est injuste, même si, par hypothèse, les richesses qu'il produit atteignent un niveau élevé et sont réparties suivant les règles de la justice et de l'équité.

JEAN XXIII,
encyclique *Mater et Magistra,*
1961, n° 85.

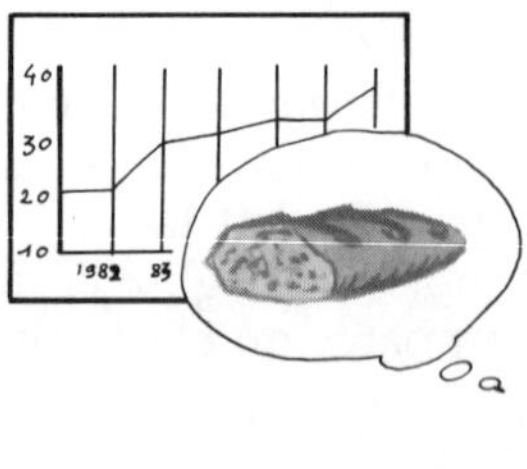

Syndicats

fonction de pure défense ouvrière. Si la fin du travail est de permettre au travailleur d'obtenir le nécessaire pour sa vie et sa dignité, il a besoin pour cela du syndicalisme. Car, par définition, les droits des travailleurs ont un caractère collectif ; ils ne peuvent s'exprimer et se réaliser que solidairement. Le syndicat apparaît ainsi comme étroitement lié à la prise de conscience collective par le monde ouvrier de sa dignité et de la place qu'il doit tenir dans la construction d'un monde plus humain ; c'est sur cette extension du rôle des syndicats qu'a insisté Jean XXIII : « Il est opportun, voire nécessaire, que la voix des travailleurs ait la possiblité de se faire entendre et écouter hors des limites de chaque organisme de production, à tous les échelons » (...) car les entreprises « si larges que soient leurs dimensions (...) demeurent toutefois inscrites vitalement dans le contexte économique et social de leur communauté politique » (Encyclique *Mater et Magistra*). Aussi Vatican II a-t-il pu proclamer : « Il faut mettre au rang des droits fondamentaux de la personne celui des travailleurs à fonder librement des associations capables de les représenter de façon valable et de collaborer à la bonne organisation de la vie économique. » (*Gaudium et Spes*, n° 68,2). De là découle certainement une obligation morale de principe pour tout travailleur d'appartenir à un syndicat (voir le *Directoire pastoral en matière sociale*, n° 167).

En raison de l'unité des problèmes du monde ouvrier, il semblerait naturel qu'existât un syndicat unique ; l'Église en reconnaît la légitimité quand les circonstances garantissent la liberté des adhérents, ce qui n'est pas toujours le cas. Car un syndicat unique peut facilement verser dans une sorte de totalitarisme ou monopole, ou être lié à une idéologie inacceptable par un chrétien, ou au service d'une politique partisane. Donc, un certain pluralisme syndical est souhaitable, comme garant de libertés.

Syndicat et religion

Traditionnellement, l'Église a tenu pour normal un certain confessionnalisme syndical, en raison du lien qu'il y a entre l'objet du syndicalisme et la vision chrétienne de l'homme, et aussi par souci de protéger les travailleurs chrétiens contre les idéologies matérialistes. Toutefois, tenant compte de l'actuelle sécularisation de la société, Jean XXIII, tout en encourageant le syndicalisme chrétien, amorçait une évolution en prenant en considération les chrétiens militant aussi dans d'autres syndicats respectueux de la morale naturelle et de la liberté religieuse de leurs membres (voir *Mater et Magistra*, n° 100-102). Mais, dans son encyclique *Pacem in Terris*, il allait plus loin en admettant la possibilité pour des chrétiens d'une coopération avec des syndicats d'inspiration non chrétienne, pourvu que ces derniers respectent le droit naturel, la doctrine sociale de l'Église, et que la hiérarchie locale ne s'y oppose pas (n° 157-160).

En France, le syndicalisme chrétien a lui-même évolué. Primitivement, la Confédération française des travailleurs chrétiens (C. F. T. C.) déclarait s'inspirer explicitement de l'encyclique *Rerum Novarum* et ne recrutait que des catholiques. Dès 1936, elle s'ouvre à des adhérents non catholiques ; en 1947, la référence à *Rerum novarum* est remplacée par celle, plus large,

Ph. Guennad – CFTC

Manifestation intersyndicale en Lorraine en 1984.

de « morale sociale chrétienne » ; et en 1964, 70 % de ces syndicats chrétiens ont opté pour la suppression d'une telle référence chrétienne (remplacée par le qualificatif de « démocratique » : Confédération française et démocratique du travail-C. F. D. T.). La minorité hostile à la suppression de toute référence chrétienne s'est alors séparée de la majorité, dans le cadre d'une organisation conservant le titre de Confédération française des travailleurs chrétiens (C. F. T. C.) et réaffirmant ses options. (Voir p. 1102). ■

L'humanisme du travail

Il convient dès l'abord de souligner que toute réflexion chrétienne théologique est assez peu outillée pour aborder la signification humaine du travail dans une société industrielle.

1. Traditionnellement, notre mentalité occidentale est restée fortement dépendante de la conception antique et païenne du travail manuel (sauf peut-être chez saint Thomas et surtout Calvin), travail considéré en général comme indigne de l'homme libre. Ce *pessimisme envers le travail*, qu'il faut situer dans un contexte plus large de mépris envers la matière, a très souvent prédominé sur la conception biblique plus optimiste, au point que travail manuel et travail « servile » furent identifiés l'un avec l'autre, dans leur incompatibilité commune avec le temps (dominical) réservé à la prière.

2. Cette diffusion de la conception antique du travail dans le christianisme a facilité sa mise en relation avec la doctrine du péché originel (caractère punitif du travail), par l'absolutisation de la malédiction divine du travail (Gn 3, 17-19). Ce *lien entre travail manuel et péché* explique que, jusqu'à une époque récente, la théologie chrétienne n'ait pas élaboré une doctrine positive sur le travail. Ce fut, au contraire, la prédominance donnée à la fonction ascétique du travail pénible, comme source de mérites ; cette attitude dolosive, intégrée dans une religion d'évasion vers l'au-delà, ne pouvait que jouer un rôle démobilisateur de tout effort pour humaniser le travail (ce qu'a souligné l'accusation marxiste du caractère aliénant d'une telle représentation religieuse).

3. Il faut souligner aussi la grande nouveauté qu'a constituée pour la société chrétienne l'avènement du travail industriel. Une telle société ne connaissait jusque-là que le travail agricole et artisanal, où le lien restait étroit entre le travailleur et son œuvre. Monde rural où *le travail agraire restait le modèle*, travail où la part de créativité restait secondaire, l'effort de l'homme consistant surtout à aider la nature à produire son œuvre. Cette « naturalité » du travail agraire a fortement marqué tout un courant chrétien traditionnel (cf. les mythes, soit du retour à la terre, soit antimachiniste, etc.).

4. Enfin, la théologie classique (même jusqu'à ces dernières décennies) considérait le travail industriel d'un *point de vue strictement individuel* (contrat de location de main-d'œuvre), alors que le caractère collectif de ce travail, lié à sa spécialisation, est prédominant. D'où la difficulté à intégrer théologiquement les notions de « classe ouvrière », de « monde du travail », ou même simplement d'entreprise.

Une réflexion théologique sur ces problèmes doit alors procéder en deux phases : l'une immédiate et à court terme, dirions-nous, (donc la plus urgente) et portant sur l'humanisation du travail industriel.

En une deuxième phase, la réflexion théologique devrait porter sur l'insertion du travail industriel dans le *contexte plus général d'un nouvel humanisme*, celui qui se cherche dans le monde actuel en mutation, à travers divers courants, qui peuvent apparaître utopiques, mais n'en sont pas moins révélateurs de la crise actuelle. Citons par exemple : l'avènement d'une société de loisirs, dans laquelle ceux-ci ne seraient plus considérés comme des « temps-morts », mais comme possibilité d'une autre activité, non plus rémunérée, mais gratuite ou de service (la progressive réduction du temps de travail doit déjà orienter la réflexion vers cette recherche). De même, le souci de nos contemporains de retrouver le sens de la fête collective (bien des cultures non-occidentales ont lié travail et fête). Mais c'est surtout la crise actuelle de la croissance, avec ses manifestations chroniques que sont l'inflation et le chômage, qui doit retenir l'attention, orientant vers la recherche d'une autre qualité de vie.

Finalement, à travers ces recherches, la réflexion théologique peut contribuer à mieux mettre en lumière *le risque d'une société trop matérialiste*, axée sur la productivité et le profit à outrance. La contestation chrétienne de l'absolutisation de ces valeurs doit inévitablement avoir un impact sur l'organisation du travail industriel, en vue de la mettre véritablement au service d'une existence digne d'un fils de Dieu. ■

▶▶▶

2) La dignité de tous les hommes exige qu'ils participent aux décisions qui les concernent

• *Une invitation à l'action.* La pensée chrétienne approuve et encourage ceux qui s'engagent dans la vie économique et sociale, ceux qui créent des emplois, ceux qui innovent, ceux qui militent pour rendre chacun responsable : « Les chrétiens actifs dans le développement économico-social et dans la lutte pour le progrès de la justice et de la charité doivent être persuadés qu'ils peuvent ainsi beaucoup pour la prospérité de l'humanité et la paix du monde. Dans ces diverses activités, qu'ils brillent par leur exemple individuel et collectif » (*Gaudium et Spes* 72,1).

• *L'exigence de la participation.* Trois ans avant les événements de mai 1968 et le grand discours du général de Gaulle sur la participation, voici ce que disait le concile Vatican II : « Dans les entreprises économiques, ce sont les personnes qui sont associées entre elles : c'est-à-dire des êtres libres et autonomes, créés à l'image de Dieu. (...) Il faut promouvoir, selon des modalités à déterminer au mieux, la participation active de tous à la gestion des entreprises. Et, comme bien souvent ce n'est déjà plus au niveau de l'entreprise, mais à des instances supérieures, que se prennent les décisions économiques et sociales, (...) (les travailleurs) doivent également participer à ces décisions, soit par eux-mêmes, soit par leurs représentants librement choisis » (*id.* 68,1).

• *La reconnaissance du droit syndical* est une fois de plus rappelée (68, 2 et 3) comme un des « droits fondamentaux de la personne » et un des moyens pour elle d'assumer ses responsabilités dans la vie économique et sociale, droit incluant la grève, qui « peut rester un moyen nécessaire bien qu'ultime pour la défense des droits propres et la réalisation des justes aspirations des travailleurs ».

3) La propriété est une sécurité qui préserve la dignité de l'homme, mais elle ne peut être opposée à celui qui a faim. La dignité de l'homme qui a faim exige le partage.

La terre est à tous. « L'homme, dans l'usage qu'il en fait, ne doit pas tenir les choses qu'il possède légitimement comme n'apparte-

▶▶▶

LA FRAUDE FISCALE

La *fraude fiscale* est un acte délibéré visant à se soustraire à un impôt légitime.
Sur le plan légal, elle doit totalement se distinguer de l'*évasion fiscale*, qui est l'utilisation de tous les procédés légaux pour échapper à l'impôt. (Il est clair que l'évasion fiscale pose aussi des problèmes à une conscience chrétienne). Sur le plan moral, la *fraude* se distingue de l'*infraction* à la réglementation fiscale : une infraction n'est pas forcément délibérée, elle peut être due à la négligence ou à l'ignorance.
La pensée chrétienne traditionnelle reconnaît à l'État le droit de percevoir l'impôt pour avoir les moyens d'agir en vue du bien commun de la société. Cette reconnaissance des droits de l'État implique, de fait, une limitation du droit de propriété de chacun.
Cette pensée traditionnelle de l'Église s'est souvent servie de l'exemple de Jésus reconnaissant explicitement la légitimité de payer l'impôt et de « rendre à César ce qui est à César ».
Cela dit, César (l'État) n'a pas tous les droits, et il est des impôts — comme des pouvoirs — illégitimes ; on peut donc très bien imaginer qu'au nom des droits de l'homme et des droits de Dieu, des chrétiens refusent certains impôts. Il faudrait cependant, en démocratie, que toutes les voies politiques ou électorales aient auparavant été épuisées. Au minimum, l'État, étant vis-à-vis du citoyen en position de rapport de forces inégal pour exiger l'impôt, se doit d'expliquer le bien-fondé de ses demandes, et de ne rien demander qui ne soit justifié. Pour l'impôt, comme pour d'autres domaines, la loi n'a pas de valeur si elle n'est applicable qu'au prix d'inconvénients insupportables. Il est légitime de nourrir ses enfants avant de payer l'impôt. Ces limites étant posées, rien ne peut justifier la fraude fiscale. Et donc, rien ne peut justifier que le citoyen s'oppose à la vérification fiscale. ■

Impôts

La légitimité morale de l'impôt est étroitement liée à la notion de *Bien commun*. Une communauté politique ne peut exister que si l'État procure à l'ensemble des citoyens les conditions de divers ordres qui permettent à chacun d'exercer sa liberté sans léser celle des autres, et de poursuivre la recherche de son bien privé. L'ensemble de ces conditions sociales de vie est le Bien commun, responsabilité de l'autorité publique. Or ce Bien commun, avec tous les services qu'il signifie, ne peut être constitué que par l'apport de chaque citoyen, en particulier celui financier de l'impôt.

Une nécessité sociale

La légitimité de l'impôt a toujours été proclamée par l'enseignement chrétien, depuis le fameux adage du Christ : « Rendez à César ce qui est à César » (Mt 22, 17-21 ; Mc 12, 13-17 ; Lc 20, 20-26) jusqu'à la précision donnée par saint Paul : « Rendez à chacun ce qui lui est dû, à qui l'impôt : l'impôt ; à qui les taxes, les taxes » (Rm 13, 1-7).

Le problème principal posé par l'impôt est celui de la justice de sa répartition, suivant la nature du bien imposé (les personnes dans l'impôt direct, les biens de consommation dans l'indirect), et surtout dans sa proportionnalité (difficile à établir) aux charges individuelles et familiales de l'individu ou au rendement de l'entreprise. Aussi, la détermination de l'assiette de l'impôt comme celle du taux d'imposition entrent-elles dans le devoir de justice distributive de l'État, dont les excès, les dépenses et les contrôles bureaucratiques peuvent inciter les citoyens à la fraude, une des plaies de notre société. Un des devoirs principaux de l'État est donc de viser à toujours plus de justice dans la fiscalité, comme le rappelait Pie XII dans une allocution à des responsables des finances publiques : « Ne ruinez pas la morale par le haut ! Abstenez-vous de ces mesures qui, en dépit de leur virtuosité technique, heurtent et blessent dans le peuple le sens du juste et de l'injuste, ou qui relèguent à l'arrière-plan sa force vitale, sa légitime ambition de recueillir le fruit de son propre travail, son souci de sécurité familiale » (10 octobre 1948).

Une obligation de solidarité

A ce devoir de l'État vers plus de justice correspond, chez le citoyen, l'obligation morale de contribuer par son impôt à la prospérité générale. Cette contribution ne peut naître que d'une véritable éducation civique et de la conviction de la justice de l'impôt. Là encore, c'est Pie XII qui a résumé le mieux le problème moral. Après avoir dénoncé les méfaits d'une politique financière partisane, il déclarait, le 2 octobre 1956 :

« Il est capital que les principes moraux justifiant l'impôt apparaissent clairement tant aux gouvernements qu'aux administrés et soient effectivement appliqués. Que l'on poursuive avec des critères toujours plus sensibles et plus adéquats l'adaptation de l'impôt aux possibilités réelles de chacun. La fiscalité ne sera plus alors ressentie comme une charge toujours excessive et plus ou moins arbitraire ; mais elle représentera, dans un État mieux organisé et plus apte à procurer le fonctionnement harmonieux des différentes activités de la société, un aspect, humble peut-être et fort matériel, mais indispensable de la solidarité civique et de l'apport de chacun au bien de tous. La sagesse des gouvernements et l'efficacité d'une administration dévouée et intègre doivent démontrer à l'évidence que le sacrifice imposé correspond à un service réel et porte ses fruits. » ■

Une exigence fondamentale

L'idée de *justice sociale* est relativement récente ; elle se substitue, surtout dans l'enseignement social des papes de l'époque moderne, à celle de *justice générale* de la théologie classique. La *vertu de justice* a pour finalité de régler les rapports entre personnes dans le cadre du Bien commun sans lequel leurs exigences risquent de devenir divergentes et de s'affronter en des conflits. Ces exigences portent sur les nombreux biens qui sont nécessaires pour leur réalisation et leur développement.

La justice, appliquée au domaine économique, est ce qu'on appelle la justice sociale ; dans la doctrine chrétienne, elle exprime une exigence fondamentale, celle de la participation harmonieuse de tous les hommes aux richesses économiques, mises par Dieu à la disposition de tous.

Cette exigence de justice a été fortement soulignée par les papes depuis Léon XIII, qui, le premier, a rejeté la conception du libéralisme absolu, en particulier à propos du contrat salarial : « Que le patron et l'ouvrier fassent telle convention qu'il leur plaira, qu'ils tombent d'accord notamment sur le chiffre du salaire ; au-dessus de leur libre volonté, il est une loi de justice naturelle plus élevée et plus ancienne... » (*Rerum novarum*).

La norme de cette justice sociale est alors le bien commun permettant à tous les membres du corps social de réaliser leur destinée. Pour ce faire, comme l'avait précisé Pie XI : « Les ressources qu'accumule l'économie sociale doivent être réparties de telle manière entre les individus et les diverses classes de la société (...) que soit respecté le bien commun de la société tout entière. La justice sociale ne tolère pas qu'une classe empêche l'autre de participer à ces avantages » (*Quadragesimo anno*). C'est d'ailleurs au nom même de cette justice que le même pape avait dénoncé avec vigueur la situation créée par le capitalisme libéral : « L'existence d'une immense multitude de prolétaires, d'une part, et d'un petit nombre de riches pourvus d'énormes ressources, d'autre part, atteste à l'évidence que les richesses créées en si grande abondance à notre époque d'industrialisme sont mal réparties et ne sont pas appliquées comme il conviendrait aux besoins des différentes classes » (même encyclique). Dans la suite, les autres papes ont généralisé cet enseignement, par exemple à propos du sort des agriculteurs, et surtout, à l'échelle mondiale, à propos du sous-développement.

Les différentes manières d'être juste

La tradition théologique catholique a depuis longtemps précisé comment la justice devait se particulariser selon les domaines qu'elle règle. Ainsi il y a deux sortes de justices plus particulières.

La justice commutative. Elle règle les rapports entre individus, ceux des droits particuliers des personnes, *en dehors de leur répercussion possible sur le bien commun.* Ce sont tous les droits qui portent sur les biens privés de la personne (propriété, succession, contrats, dettes, etc.). La règle de cette justice est la réciprocité et l'échange (mesurés uniquement par l'objet en question). Aussi l'égalité à faire respecter par cette justice doit refléter l'égalité foncière des personnes et ne se mesurer que par l'objet ou la prestation extérieure qui a donné naissance à ce droit. Elle sera une égalité quantitative, donc susceptible d'être évaluée financièrement (par exemple, à propos d'un dommage ; voir Juste prix).

La justice distributive considère la personne, non plus dans son égalité avec les autres, mais *comme membre d'une communauté, d'un groupe social.* Cette justice veut faire respecter le bien qui unit une personne, non pas à une autre personne privée, mais avec le corps social lui-même, que ce soit une commune, une entreprise, un syndicat, ou la nation elle-même. Il s'agit ici de donner au membre de la collectivité ce qu'il est en droit d'attendre du bien commun, qui est essentiellement fait pour aider les membres de la société. Il ne s'agit plus alors d'un échange, mais d'une distribution, en fonction non pas de l'apport des individus, mais de leurs besoins réels (l'exemple le plus classique est celui de la Sécurité sociale, dont les prestations ne sont pas proportionnées aux cotisations). Cette justice distributive, qui exprime la solidarité inter-humaine, a alors pour mesure les besoins, c'est-à-dire les conditions des personnes comme membres du corps social, leurs responsabilités, leurs charges. Il s'agit alors d'une égalité non plus arithmétique, mais proportionnelle. Son appréciation est délicate ; devant toujours respecter l'égalité des personnes, elle doit répondre à des situations particulières au service du corps social solidaire de tous ses membres.

Justice et charité

Quand on sait que toute vie chrétienne est appelée à être animée par l'amour-charité, on voit tout de suite que la justice sociale est un domaine privilégié pour l'incarnation de cet amour ; car aimer quelqu'un commence par le respect de ce qu'on lui doit. Aussi la charité chrétienne présume-t-elle l'accomplissement de la justice, pour lequel elle doit être le meilleur stimulant ; c'est ce que bien des chrétiens ne firent pas jadis, comme le constatait Pie XI : « La misère du prolétariat était acceptée sans aucune difficulté par ceux qui, largement pourvus des biens de ce monde, ne voyaient là qu'un effet nécessaire des lois économiques et abandonnaient à la charité tout le soin de soulager les malheureux, comme si la charité devait couvrir ces violations de la justice » (*Quadrag. anno*). Cette attitude a évidemment porté tort à la religion : « Il est malheureusement trop vrai que les pratiques admises en certains milieux catholiques ont contribué à ébranler la confiance des travailleurs dans la religion de Jésus-Christ. On ne voulait pas comprendre que la charité chrétienne exige la reconnaissance de certains droits qui appartiennent à l'ouvrier et que l'Église a explicitement reconnus » (*Divini Redemptoris*). Bref, pour le chrétien, la justice sociale doit être appliquée avec le soin et le dynamisme que peut conférer le véritable amour chrétien. ■

Ph. F. Guérin/CIRIC

▶▶▶

nant qu'à lui, mais les regarder aussi comme communes : en ce sens qu'elles puissent profiter non seulement à lui, mais aussi aux autres. D'ailleurs, tous les hommes ont le droit d'avoir une part suffisante de biens pour eux-mêmes et pour leur famille. C'est ce qu'ont pensé les Pères et les docteurs de l'Église qui enseignaient que l'on est tenu d'aider les pauvres, et pas seulement au moyen de son superflu. Quant à celui qui se trouve dans l'extrême nécessité, il a le droit de se procurer l'indispensable à partir des richesses d'autrui » (*Gaudium et Spes* 69,1).

Mais la propriété est un bien en soi. Conformément à une doctrine constante, reprise par le Concile, la propriété est considérée d'une manière positive. « La propriété contribue à l'expression de la personne et lui donne l'occasion d'exercer sa responsabilité dans la société et l'économie » (*id.* 71,1). Par contre, les abus de propriété foncière et financière — et en particulier les abus de la très grande propriété — sont dénoncés avec force. Par ailleurs, il y a une morale des placements financiers : ils doivent servir au développement du plus grand nombre et concourir au bien de leur pays d'origine. Depuis le concile, c'est dans le même esprit que les évêques français ont déclaré que le travail, devenant un bien rare, doit être aussi partagé en vue du bien de tous.

Le scandale de l'époque. La disparité des richesses entre le Tiers-Monde et les pays développés est, aux yeux des chrétiens, peut-être le plus grand des scandales de notre époque. De multiples organisations catholiques, de par le monde, essaient non seulement de satisfaire les besoins les plus criants mais aussi de sensibiliser les sociétés occidentales et de les appeler au partage.

▶▶▶

Jean-Paul II : L'État doit lutter contre le chômage

Le problème de l'emploi

1. En considérant les droits des travailleurs en relation avec cet « employeur indirect », c'est-à-dire en relation avec l'ensemble des instances qui, au niveau national et international, sont responsables de l'orientation de la politique du travail, on doit porter son attention avant tout sur un problème fondamental. *Il s'agit de la question d'avoir un travail, ou, en d'autres termes, du problème* qui consiste à trouver un emploi adapté à tous les sujets qui en sont capables. *Le contraire d'une situation juste et correcte dans ce domaine est le chômage, c'est-à-dire le manque d'emplois pour les sujets capables de travailler. Il peut s'agir de manque de travail en général ou dans des secteurs déterminés. Le rôle des instances dont on parle ici sous le nom d'employeur indirect est d'*agir contre le chômage, *qui est toujours un mal et, lorsqu'il en arrive à certaines dimensions, peut devenir une véritable calamité sociale. Il devient un problème particulièrement douloureux lorsque sont frappés principalement les jeunes qui, après s'être préparés par une formation culturelle, technique et professionnelle appropriée, ne réussissent pas à trouver un emploi et, avec une grande peine, voient frustrées leur volonté sincère de travailler et leur disponibilité à assumer leur propre responsabilité dans le développement économique et social de la communauté. L'obligation de prestations en faveur des chômeurs, c'est-à-dire le devoir d'assurer les subventions indispensables à la subsistance des chômeurs et de leurs familles, est un devoir qui découle du principe fondamental de l'ordre moral en ce domaine, c'est-à-dire du principe de l'usage commun des biens ou, pour s'exprimer de manière encore plus simple, du droit à la vie et à la subsistance.*

Extrait de l'Encyclique *Laborem exercens* (1981).

Béatitudes pour temps de chômage

Bienheureux ceux qui s'appauvrissent pour investir et créer des emplois, car ils accumulent des richesses dans le Royaume éternel.

Bienheureux ceux qui renoncent à cumuler les emplois qui ne leur sont pas nécessaires pour vivre dignement,
car ils ont une place assurée dans le Royaume.

Bienheureux les fonctionnaires publics qui travaillent comme s'ils s'occupaient de leur propre affaire, qui facilitent les démarches et qui étudient sérieusement les problèmes :
leur travail leur sera considéré comme sacré.

Bienheureux les travailleurs indépendants qui ne s'opposent pas à de justes réformes de leur profession,
parce que mieux vaut faire la volonté de Dieu que plaire aux collègues.

Bienheureux les ouvriers et les employés qui préfèrent la création de postes de travail pour tous, plutôt que d'accumuler des heures supplémentaires et des primes pour eux-mêmes,
parce qu'ils savent où est leur vrai trésor.

Bienheureux les banquiers, les courtiers, les commerçants qui ne profitent pas de la situation pour augmenter leurs gains, fût-ce de façon légale,
parce qu'ils rendent un grand service à la Paix.

Bienheureux les hommes politiques et syndicaux qui s'attachent à trouver des solutions réalistes au chômage, par-dessus les stratégies et les intérêts partisans,
parce qu'ils accélèrent la venue du Royaume.

Bienheureux serons-nous tous,
- *quand nous cesserons de dire : « Si je ne tire pas profit de la situation, un autre le fera »,*
- *quand nous cesserons de penser : « Quel mal y a-t-il à frauder, puisque tout le monde le fait ? »,*
- *quand nous renoncerons à penser : « Si la loi n'est pas violée, tout est permis »,*

parce qu'alors la vie en société sera une anticipation du bonheur du Royaume.

Mgr Torija, évêque de Ciudad (Espagne)
Extrait de *l'Appel de la route, N° 160, juillet-août-septembre 1982.*

Une situation insupportable

Le chômage n'est pas simplement absence de travail et, par là, de ressources convenables. Il est sentiment d'inutilité, et quelquefois, de culpabilité. Il est souvent conscience de ne pas être comme tout le monde et même de ne pas savoir porter ses responsabilités de parents. Il est absence de statut social. Bien sûr, il y a chômeur et chômeur, chômeur de quelques jours ou de quelques semaines et chômeur de longue durée. Le chômage de longue durée peut tuer la personnalité (une pathologie s'y développe), la famille et la société.

Une bonne partie des drames vécus viennent de l'identification de la vie et du travail : dans le travail, le rapport à la réalité est une manière de structurer sa personnalité et son rôle social. En fait, le rapport à la réalité pourrait se vivre autrement. Il est des femmes qui ne travaillent pas et qui ne souffrent pas de ne pas travailler. Il est aujourd'hui des jeunes pour qui le sens de la vie, l'intégration dans la société ne passent pas forcément par le travail. Mais cela est rare. Il est possible que la survalorisation du travail par beaucoup de chrétiens depuis la guerre soit une des causes importantes de l'intensité des drames qui se vivent. Les chrétiens ont en effet participé à l'adoption d'une vision du monde qui valorise la classe sociale déterminée par le travail au détriment d'autres facteurs d'identification personnelle comme la région, le talent, etc. Cet accent sur la valeur du travail est d'autant plus remarqué qu'il est relativement nouveau (le travail a été souvent considéré dans l'Église comme une malédiction) et déjà dépassé à un moment où le thème de la qualité de la vie sonne tout à fait différemment.

La nécessité d'une juste analyse

Le drame du chômage est connu. Comment y porter remède ? Sans doute, d'abord, en comprenant les causes du chômage.

- Pour certains, la première cause est démographique et correspond à l'arrivée des femmes et des classes 50-60 nombreuses sur le marché du travail.
- La deuxième cause est structurelle. Elle semble être la plus fondamentale. Notre économie connaît de nombreuses mutations et les entreprises naissent, vivent et meurent à un rythme plus accéléré qu'autrefois. Cette mobilité entraîne des fluctuations perpétuelles de l'emploi. De plus, la technologie remplace facilement les petits emplois par lesquels autrefois les jeunes pénétraient dans le monde professionnel.
- La troisième cause trouve son origine dans les rapports de force internationaux. L'accroissement de la concurrence par des produits fabriqués dans des pays à faible coût de main-d'œuvre ou la spécialisation de certains pays hautement équipés obligent à augmenter la productivité des entreprises françaises. C'est-à-dire à diminuer le nombre de travailleurs nécessaires.

Des propositions contre le chômage

Ce qui permet de passer de l'Évangile à l'action est toujours un ensemble de théories, d'analyses, de points de vue humains. Par exemple, d'aucuns ont essayé — et essaient encore — de se servir, en notre domaine, de la médiation du marxisme ou du libéralisme. Ces systèmes de médiation ont chacun leurs inconvénients. Les pays qui s'inspirent du marxisme ont le plein emploi sans la liberté et les Occidentaux ont la liberté sans le plein emploi.

La médiation du droit pour défendre les pauvres

Les chrétiens peuvent prendre d'autres systèmes de médiation que les grandes idéologies. Les dissidents soviétiques ont montré, par exemple, le chemin du droit... Celui-ci représente, d'une certaine manière, la conscience d'une nation. Et si faire appel au droit n'est pas directement opératoire, cet appel à la conscience peut être un puissant levier de changement. Le Préambule de la Constitution française déclare : « Chacun a le devoir de travailler et le droit d'obtenir un emploi ». Ce préambule solennel n'étant assorti d'aucune sanction n'est pas ordinairement opposable en justice, mais la jurisprudence pourrait s'appuyer sur ce passage. En tout cas, les citoyens, les groupes et les partis peuvent (et sans doute doivent) s'en réclamer pour exiger que l'emploi soit une priorité politique. A l'impossible nul n'est tenu, mais il faut à temps et à contretemps rappeler que la France est partie prenante de la convention du 9 juillet 1966 de l'O. I. T. (Organisation internationale du travail) qui est un engagement à mener « une politique active visant à promouvoir le plein emploi productif et librement choisi ».

La médiation économique

Il est évident que les solutions au problème du chômage sont principalement économiques. Il y a quelques années, on voyait souvent ces solutions par une plus grande intervention de l'État dans l'économie. Aujourd'hui, la relance est attendue d'une plus grande prise de responsabilité des entrepreneurs. Les hommes qui ont des idées pour concevoir et vendre des produits et le goût du risque sont évidemment les meilleurs moteurs de l'économie. Aucune de ces solutions ne s'est montrée totalement satisfaisante.

Des chrétiens ont été parmi les premiers à réclamer le *partage du travail.* L'idée étant que chacun travaillant moins, il y aurait davantage de personnes à travailler pour un nombre donné d'heures de travail proposées par l'économie. Mais l'idée est trop belle pour être totalement vraie. Elle est vraie quand, l'activité étant pénible, une diminution du temps de travail entraîne une augmentation de la productivité horaire et la diminution des accidents. Elle est surtout vraie si elle s'accompagne d'une diminution du pouvoir d'achat et d'une réorganisation du travail permettant une meilleure utilisation des équipements : soumis à la concurrence internationale, un pays doit absolument pour maintenir ses ventes, maintenir sa compétitivité. Il faut donc que la diminution du temps de travail n'entraîne pas d'augmentation des coûts.

La manière dont le temps de travail a diminué en France jusqu'à présent n'a pas correspondu à ces critères : elle a même mis en relief une des principales difficultés de la situation française. Tout se passe comme si certains travailleurs protégeaient le plus possible leurs droits acquis et leurs hauts salaires. Leurs exigences de protection rendent souvent risquée l'embauche de nouveaux arrivants encore à former sur le marché du travail. Les évêques français ont souvent dénoncé cette attitude : « La croissance continue a entraîné des pratiques inégalitaires. Des groupes catégoriels ont su s'organiser pour obtenir des avantages contractuels ou légaux indéfiniment » *(Pour de nouveaux modes de vie,* 1982).

La fraternité

L'analyse, même sommaire, des raisons du chômage montre à l'évidence qu'il n'y a pas de solution prévisible à court terme. Certes, l'État a un devoir de prévoyance et d'aide à l'égard de ceux qui sont au chômage, mais nombre de chrétiens insistent sur le fait que l'aide de l'État ne pourra jamais se substituer totalement à l'entraide familiale et aux expressions locales de solidarité. De multiples associations d'aide aux chômeurs naissent qui ont pour but de permettre à ceux-ci d'affronter avec dignité leur condition. Elles reçoivent très généralement

Ph. CIRIC

▶▶▶

La vie de la communauté politique

L'idée-clef de la pensée chrétienne à l'égard de la politique est celle de *bien commun.* Ce bien commun comprend le bien propre de la collectivité prise en bloc et l'ensemble des moyens que toute société doit procurer à chacun de ses membres pour lui permettre d'être pleinement humain.

Le bien commun exige le respect de chacun par l'État et appelle la démocratie

La notion de *bien commun* n'a pas laissé que des bons souvenirs. C'est au nom du bien commun que l'on a demandé à certains citoyens d'être des citoyens de seconde zone, de se résigner à la domination d'autrui. Le concile Vatican II ne l'entend pas ainsi qui — tout en reconnaissant à chaque peuple le droit de se donner les structures de son choix — souligne la nécessité d'une organisation démocratique, avec des structures offrant « sans cesse davantage à tous les citoyens, sans aucune discrimination, la possibilité effective de prendre librement et activement part tant à l'établissement de fondements juridiques de la communauté politique qu'à la gestion des affaires publiques, à la détermination du champ d'action et des buts des différents organes, et à l'élection des gouvernements ». En d'autres termes, c'est pour lui un droit et un devoir que chacun puisse librement s'exprimer et agir en « vue du bien commun » (*Gaudium et Spes* 75,1), seul ou dans des groupes politiques et dans des associations.

Le bien commun fait un devoir de ce droit à participer

Ce devoir de participation est un point sur lequel les papes ont largement insisté : « Ne vouloir prendre aucune part aux affaires publiques serait aussi répréhensible que de n'apporter à l'utilité commune ni soin, ni concours » (Léon XIII, *Immortale Dei*).

Ce devoir est surtout un devoir d'amour : comment prétendre aimer ses frères en refusant de prendre part au service de la communauté ? Pie XII faisait souvent remarquer que l'engagement politique est une des plus hautes formes de charité.

A fortiori, le bien commun doit empêcher le citoyen de chercher le privilège, le secours abusif, et de s'abandonner aux délices de l'État-Providence.

A fortiori, le bien commun invite chacun à respecter le domaine politique

« Ceux qui soupçonnent la politique d'infamie s'en font une idée courte. Au-delà, ou plus exactement, jusqu'à travers ses frivolités, ses défaillances et ses corruptions, l'action politique a un fantastique enjeu : tendre vers une société dans laquelle chaque être humain reconnaîtrait en n'importe quel autre humain son frère et le traiterait comme tel. La société des hommes n'est-elle pas appelée à exprimer, à sa manière, le mystère de la Trinité ! Certes, la politique ne peut réaliser qu'une ébauche de ce dessein de Dieu, mais sa grandeur n'est-elle pas d'avoir ce sens ? Aussi, tout chrétien doit-il se sentir concerné par la politique » (Assemblée plénière de l'épiscopat français, 1972).

Suite page 846 ▶▶▶

CAPITALISME

Dans un *sens général, capitalisme* (du latin *caput,* la tête, la somme) désigne le système économique qui recherche avant tout le plus grand profit financier possible. Avant l'âge industriel, un tel enrichissement se réalisait surtout à travers des tractations commerciales (tel le mercantilisme des XVIe et XVIIe siècles). Par contre, en un *sens strict, capitalisme* désigne le système économique qui, grâce à la capitalisation, a conduit à la révolution industrielle.

La révolution industrielle, commencée par l'utilisation d'énergies nouvelles et par l'emploi généralisé du machinisme, a sorti l'économie du stade artisanal traditionnel. Elle permet désormais de produire beaucoup plus de produits identiques et à bien moindre coût (biens de consommation). On est passé d'une économie de subsistance à une économie de consommation.

Ce progrès a été rendu possible par l'apparition, dans le processus économique, d'une nouvelle catégorie de biens, non plus destinés à être consommés mais à produire ; ce sont les biens de production. Ils constituent le capital proprement dit (usines, bâtiments, titres de propriété, réserves financières, machines-outils, etc.). En effet, l'emploi de machines exige des investissements financiers considérables. D'où l'apparition d'une nouvelle catégorie d'hommes, en plus des travailleurs, celle des propriétaires de biens de production, représentants du capitalisme industriel.

Cette innovation économique a été historiquement liée à un nouvel état d'esprit, celui du *libéralisme*, et à un statut juridique spécifique, la *propriété privée des biens de production*.

Pour l'Église, ce capitalisme, dit libéral, recèle une profonde ambiguïté. D'un côté, il a provoqué des effets heureux : mise en valeur du rôle créateur de l'individu, sens de l'initiative, esprit d'entreprise. D'un autre côté, par la primauté quasi absolue donnée à la recherche du profit, le capitalisme libéral est devenu synonyme du triomphe de l'argent, marquant le renversement des valeurs morales. Pour les papes de l'époque moderne, il signifie, de ce fait, une forme de matérialisme individualiste.

D'autres conséquences néfastes de ce système économique l'ont rendu suspect à l'Église. La liberté économique a été historiquement à l'origine d'une énorme injustice sociale : appropriée par ceux qui avaient les moyens d'en user, elle a causé la marginalisation de la masse des travailleurs, devenus une foule étrangère d'esprit et de cœur à l'œuvre produite, et écartés du profit dont elle était le principal artisan. ■

Un système s'est malheureusement édifié sur les conditions nouvelles de la société (l'industrialisation) qui considérait le profit comme motif essentiel du progrès économique, la concurrence comme la loi suprême de l'économie, la propriété privée des biens de production comme un droit absolu, sans limites ni obligations sociales correspondantes. Ce libéralisme sans frein conduirait à la dictature, à bon droit dénoncée par Pie XI comme génératrice de l'impérialisme international de l'argent. On ne saurait trop réprouver de tels abus.

PAUL VI,
Populorum progressio, n° 26, 1967.

SOCIALISME (S)

Si par socialisme on entend toute doctrine et tout mouvement cherchant une égalité et une réelle justice sociale, luttant contre toutes les exploitations et aliénations du monde moderne, on comprend le prestige du terme très vague de socialisme. Aussi importe-t-il d'en repérer les différents sens. Le marxisme s'est, dès ses débuts, présenté essentiellement comme la forme idéale du socialisme, et plus précisément comme un socialisme scientifique (car basé sur une analyse critique de l'histoire sociale) à l'encontre de nombreux socialismes (taxés d'utopiques) du siècle dernier (Fourier, Owen, Proudhon, Saint-Simon, Leroux, etc.).

Pendant longtemps, la postérité politique de Marx est restée regroupée au sein de la IIe Internationale ouvrière, dans laquelle se retrouvaient des socialistes de tendances très diverses ; car, si tous étaient fidèles à l'idéal marxiste (instaurer la dictature du prolétariat par la lutte de classes et l'abolition de la propriété privée des moyens de production), les uns estimaient devoir le réaliser par la révolution, les autres refusaient par contre toute action violente (hors des moyens légaux), animés qu'ils étaient d'un réel humanisme (Jean Jaurès, H. de Man, etc.). Ces socialistes non révolutionnaires étaient appelés socialistes modérés ; la Première Guerre mondiale montra leurs incertitudes et hésitations. La formation du régime bolchévique en Russie en 1917 devait conduire à une scission de la IIe Internationale, abandonnée à ce socialisme modéré appelé « socialisme » tout court (en France, la S. F. I. O., Section française de l'Internationale ouvrière ; en Allemagne, S. P. D. : parti socialiste allemand, etc.), tandis que les marxistes rigides, appelés désormais communistes, fondaient la IIIe Internationale.

L'évolution plus récente du socialisme devait accroître cette division. Au sein même du socialisme modéré, mais demeuré fidèle à la doctrine de Marx, les uns (ainsi la S. F. I. O.) ne cherchaient guère à se renouveler, s'enfermant dans la routine et d'ailleurs peu désireux de mettre en pratique une doctrine collectiviste en laquelle ils croyaient de moins en moins (se caractérisant aussi par un certain anticléricalisme et une conception sectaire de la laïcité). D'autres par contre, tels ceux du S. P. D. allemand, n'hésitaient pas (en 1959) à répudier officiellement l'héritage marxiste (social-démocratie).

Par ailleurs, d'autres formations plus originales (tel le Parti socialiste unifié P. S. U. français) attiraient dans leur sein des chrétiens et s'orientaient vers des formules plus démocratiques. Toutes ces incertitudes, et les dissensions nées de graves problèmes comme celui de la guerre d'Algérie incitèrent à la formation (en 1955 par F. Mitterrand) de la Fédération de la gauche démocratique et socialiste qui ouvrit la voie à un Parti socialiste renouvelé ; celui-ci obtenait la majorité nécessaire pour accéder au pouvoir en France en 1981. Alors que l'ancien socialisme sectaire avait suscité de graves réserves de la part de Pie XI (le communisme étant, quant à lui, condamné sans restrictions), l'Église admet aujourd'hui la légitimité de l'« option socialiste » pour les catholiques ; l'électorat socialiste compte nombre d'entre eux.

L'effondrement spectaculaire des régimes communistes d'Europe de l'Est, et spécialement de celui de l'URSS, à partir de 1989-1990, leur bilan économique désastreux, la révélation du caractère artificiel des solutions apportées par eux aux problèmes des nationalités et des minorités, les révélations confirmées sur la tyrannie et la cruauté de leurs dictatures, leur impopularité, ont jeté un grave discrédit dans l'opinion mondiale sur le système socialiste en général, et les mouvements politiques d'inspiration marxiste en particulier.

Mais, comme le remarque Jean-Paul II dans son encyclique *Centesimus annus* (1991), « la solution marxiste a échoué, mais des phénomènes de marginalisation et d'exploitation demeurent dans le monde, spécialement dans le Tiers-Monde, de même que des phénomènes d'aliénation humaine, spécialement dans les pays les plus avancés, contre lesquels la voix de l'Église s'élève avec fermeté (...). Il y a même un risque de voir se répandre une idéologie de type capitaliste qui refuse jusqu'à leur prise en considération, (attendant leur) solution du libre développement des forces du marché » (42) ■

LIBÉRALISME

Le terme de libéralisme peut revêtir des sens différents. On peut dire que, par libéralisme, on désigne en gros l'ensemble de réactions culturelles, économiques ou politiques contre l'autoritarisme de l'Ancien Régime, et en particulier contre les inégalités sociales et les privilèges qui caractérisaient les monarchies absolues. Amplifié tout au long du XVIIIe siècle par l'action des esprits « éclairés », des auteurs de l'*Encyclopédie* de Diderot et d'Alembert, cet esprit nouveau s'est concrétisé par la Révolution française et la Déclaration des droits de l'Homme et du Citoyen de 1789, qui se voulaient la victoire des droits des individus contre l'arbitraire d'un pouvoir politique où la volonté royale faisait la loi. Le libéralisme assume alors l'humanisme nouveau exaltant toutes les libertés peu à peu conquises dans tous les domaines. Il est synonyme de progrès, de défense de l'individu contre un pouvoir politique autoritaire.

On percevra mieux l'ambiguïté de ce mouvement si on en distingue ses deux formes, la politique et l'économique.

Libéralisme politique

C'est le domaine où le libéralisme a réellement montré ses effets heureux, celui d'une libération humaine à l'égard des contraintes politiques de l'État ancien. C'est aussi celui qui s'exprime dans la *Déclaration des droits de l'Homme* de 1789. Il est en fait plus ou moins synonyme de démocratie. On comprend alors que, face à des régimes dictatoriaux, de droite comme de gauche, ou à un danger d'étatisme, le libéralisme politique apparaisse comme une solution plus humaine. Cela est juste, mais à condition d'être averti des limites et de l'ambiguïté du libéralisme.

En effet, si ce libéralisme se limite à la pure défense des droits de l'individu, à la liberté individuelle (conception de 1789), on en reste à une démocratie libérale avec tous ses inconvénients. Car le libéralisme oublie une donnée fondamentale, et c'est la raison de son rejet initial par l'Église. La liberté n'est pas un absolu, elle est une possibilité de choix et de décisions qui ne deviennent justes que s'ils s'inscrivent dans un cadre plus vaste, celui d'une société organique ; or le libéralisme l'oublie et est réticent à donner trop de part à l'État. Mais surtout, le libéralisme partage avec le marxisme une conception trop optimiste de l'homme, telle qu'on la rencontre chez J.-J. Rousseau. L'Église, elle, affirme que l'homme ne naît pas bon, affecté qu'il est par le péché originel, c'est-à-dire des tendances natives vers l'égoïsme, l'orgueil, la domination et la violence ; d'où le besoin, non seulement d'une éducation, mais d'un système de lois qui empêche l'oppression des faibles par une minorité de puissants. Si les hommes sont égaux quant à leurs droits fondamentaux, les conditions dans lesquelles ils naissent et vivent avantagent les uns au détriment des autres ; les premiers auront alors tendance à user de leur plus grande intelligence, éducation, force, pour écraser les autres plus démunis. C'est pourquoi l'Église rappelle le rôle de l'État, qui ne peut en rester à un État-gendarme (ne se mêlant que de sécurité physique), synonyme originel de l'État libéral, ni tomber dans l'État-Providence de type collectiviste (l'État pourvoit à tous les besoins des citoyens). Sa doctrine sur le bien commun et la subsidiarité permet une solution équilibrée : laisser aux individus le plus de libertés possible, en évitant la formation de groupes de pression ou de monopoles par une législation sociale appropriée.

Libéralisme économique

C'est la forme qui a le plus révélé la nocivité du libéralisme quand il est devenu l'âme et l'esprit du capitalisme dit libéral. Si, d'un côté, il a provoqué des effets heureux sur la production (innovations, conquête de marchés), mis en œuvre des valeurs humaines indiscutables (esprit d'initiative et de compétitivité, rôle créateur de l'individu conscient de ses responsabilités), expliquant ainsi en partie la prospérité moderne ; d'un autre côté, le libéralisme est à l'origine d'un énorme désordre social et de graves injustices. Car, en fait, cette conquête de la liberté ne vaut que pour une faible minorité, celle qui a les moyens d'en tirer parti : elle détient le pouvoir économique, et maintient hors de ce domaine et de cette conquête la foule des travailleurs. C'est une liberté à sens unique et limitée à une catégorie d'humains ; liberté pour les uns, assujettissement pour les autres. Il suffit de rappeler les conditions misérables dans lesquelles fut maintenu le prolétariat ouvrier tout au long du XIXe siècle.

Cette dialectique, sous le couvert de la liberté, a abouti en fait à la formation de deux classes opposées, l'une dominant en fait l'autre par la concentration des richesses entre les mains de quelques-uns et l'appauvrissement des autres, scandaleuse exploitation du matériel humain qui devait travailler dans des conditions lamentables, hors de toute sécurité dans le travail et dans l'emploi.

La seule voie qui permette de surmonter les ambiguïtés du libéralisme sans tomber dans l'excès inverse du collectivisme est de tendre vers la vraie démocratie sociale, où le bien commun sera défendu pour le profit de tous, gros et petits, en vue de constituer une véritable communauté solidaire et juste ; ce qui ne va pas sans un certain rôle de l'État pour assurer un contrôle et une planification respectueux des initiatives personnelles. Plus que jamais le mot de Lacordaire est juste : en situation d'inégalité, la liberté, c'est l'esclavage, la loi, c'est la libération. ■

Le marxisme, forme scientifique du socialisme ?

Le marxisme se veut à la fois un véritable humanisme et une forme scientifique du socialisme. Sa force d'attraction s'origine ainsi dans le fait que ce socialisme marxiste a, dès les débuts de la révolution industrielle, pris le parti de la défense de la classe ouvrière, livrée au capitalisme libéral (notons au passage que l'absentéisme presque général des catholiques face à cette injustice explique la phrase de Pie XI sur le scandale que représente pour l'Église la perte de la classe ouvrière au XIXe siècle). Enfin, la puissance d'expansion du marxisme s'explique, en grande partie, par le fait que le système, qui se refuse à n'être que pure idéologie (mais entend être une *praxis*, action militante pour l'avènement d'un monde meilleur), avait été officiellement adopté par une des nations les plus industrialisées, l'U.R.S.S., qui s'en était fait le représentant officiel et dont le Parti communiste se considérait comme le modèle et le guide des autres Partis communistes nationaux à travers le monde. Ce marxisme international (Komintern, puis Kominform) constitua la IIIe Internationale ouvrière, la IIe ayant été abandonnée aux socialistes peu après la Première Guerre mondiale. Bref, le marxisme dut en grande partie son succès à l'espoir suscité chez d'immenses foules de travailleurs exploités par le machinisme. Or, c'était la première fois qu'un mouvement d'une telle ampleur proposait une réponse globale à tous les problèmes du monde moderne, prenant ainsi aux yeux de beaucoup de ses militants l'allure d'une véritable religion, devant laquelle les autres devaient disparaître comme aliénation de l'homme.

L'athéisme marxiste

Le marxisme apparaît de la sorte comme une forme nouvelle d'athéisme, non plus au sens classique de négation théorique de l'existence de Dieu, mais comme mouvement révolutionnaire rendant Dieu inutile. En effet, pour Marx, la religion rend l'homme étranger à lui-même en lui faisant placer son idéal et sa destinée dans une réalité extra-humaine et un au-delà de la vie illusoires. De la sorte, *toute religion*, pour Marx, *est une aliénation*, une évasion des tâches terrestres, la grande occultation du *réel* (l'opium du peuple d'après le mot de Feuerbach) que Marx veut faire redécouvrir : d'où son *matérialisme.*

Le matérialisme marxiste

Il est à rapprocher du mouvement d'idées qui se trouve en arrière-fond de la science du XIXe siècle, le *positivisme.* La seule réalité concevable est ainsi celle qui tombe sous le sens ; d'où la *négation de toute forme de vie spirituelle* (comme transcendant la matière), et donc d'une âme immortelle en l'homme. De plus, ce matérialisme prend chez Marx une forme originale : il est à la fois *dialectique* et *historique.* Il se développe au cours de l'histoire en des conflits qui amènent la victoire des opprimés sur leurs oppresseurs.

L'économie marxiste

Elle concrétise ces présupposés métaphysiques (matérialisme et athéisme). En effet, c'est essentiellement comme *critique et mise en question du capitalisme* que se présente l'œuvre de Marx. Il voit dans le capitalisme la grande aliénation humaine en raison du fait que le travailleur est frustré du meilleur de son effort (la plus-value apportée par le travail) par le capitaliste propriétaire des moyens de production. Pour la doctrine catholique, le capitalisme libéral est critiquable car il ne reconnaît pas au travailleur sa dignité et sa place dans l'entreprise. Pour le marxisme, le capitalisme, comme synonyme d'exploitation permanente, est à éliminer et cela, par la lutte des classes. Cette condamnation radicale du capitalisme est, en grande partie, dépendante de la vision du travail chez Marx ; en effet, pour lui, *c'est le travail qui doit permettre à l'homme de se réaliser et de faire l'histoire.* C'est donc comme producteur que l'homme prend sa dignité. Aussi Marx donne-t-il à l'activité économique une importance majeure : elle est la « *structure* » expliquant l'homme. Sur elle se sont développées les « *superstructures* » plus ou moins illusoires (car irréelles) que seraient le droit, la religion, la politique, etc. Bref, le matérialisme marxiste cherche sa justification dans le *matérialisme économique.* L'homme est ramené sur terre, sorti de son illusion religieuse : n'ayant nul besoin d'un rachat extérieur à lui, c'est par son effort, sa lutte de classe, voire la révolution, que l'homme se réalisera et réalisera en même temps une humanité réconciliée avec elle-même. On voit donc que, dans le marxisme, tout se tient : athéisme, matérialisme, vision économique ; il serait dès lors illusoire de croire qu'on pourrait concilier un de ses aspects avec la foi chrétienne. A ce sujet, l'encyclique *Divini Redemptoris* (1937) de Pie XI reste le document de base concernant la condamnation du communisme athée. ■

Lutte des classes

L'expression « lutte des classes » recouvre plusieurs sens. Elle peut simplement signifier la lutte de la classe ouvrière pour faire reconnaître ses droits par la classe des possédants. Elle peut aussi comporter une *implication idéologique* : pour le marxisme, elle donne le sens de l'histoire et du travail. La dualité capital-travail n'est que la forme moderne de l'opposition historique maître-esclave, ou dominant-dominé, parvenue à un degré éminent d'opposition dans la société industrielle.

Dans la perspective marxiste, la mission du prolétariat serait de résorber définitivement cette contradiction séculaire, cette constante exploitation d'une masse d'hommes par une minorité de privilégiés. Car les travailleurs, en raison de l'éminente dignité du travail, sont les seuls hommes véritables, porteurs d'une mission historique : faire émerger l'universalité humaine par la suppression de la multiplicité des classes opposées. Pour le marxisme, il n'y a ainsi qu'un seul but historique : parvenir à ce qu'il n'y ait plus qu'une seule classe d'hommes, celle des travailleurs. Et pour cela il n'y a qu'un moyen, la lutte des classes, érigée par le marxisme en valeur absolue, comme instrument de la prise du pouvoir par le prolétariat.

Cette interprétation apparaît de plus en plus archaïque, reflet d'une idéologie simpliste datant du siècle dernier ; en effet, de nos jours, on ne peut plus guère parler de prolétariat comme synonyme de l'ensemble des travailleurs opprimés et exploités par le capital. L'unité de la classe ouvrière et sa délimitation sont de plus en plus difficiles à cerner, ne serait-ce qu'avec l'apparition et la rapide extension d'une nouvelle classe de travailleurs du secteur « tertiaire » : fonctionnaires, commerçants, cadres, employés, techniciens, etc.

La pensée chrétienne

L'interprétation chrétienne du problème est bien plus nuancée. Déjà avec Léon XIII, l'Église avait dénoncé l'opposition des deux groupes humains au sein de l'entreprise et l'injustice qui en est la cause. Mais elle y voit un fait historique aberrant qu'il faut éliminer, et non pas une nécessité découlant de la nature des choses.

Ce qu'il faut supprimer, ce n'est pas l'existence de classes distinctes, mais c'est la manière dont ces classes sont situées l'une par rapport à l'autre (exploiteur à exploité) ; ce qui est à réaliser, c'est le changement de leur relation, en vue de reconnaître l'égalité de partenaires appelés à participer à une œuvre commune. C'est donc vers la formation d'une véritable communauté humaine, vers une « cordiale collaboration des différents ordres de citoyens » (Pie XI) qu'il faut tendre.

C'est dire par là que la lutte pour la reconnaissance des droits des travailleurs est légitime quand elle vise la destruction des injustices, dans le respect de la personne du prochain. Pour un chrétien, le vrai sens de l'histoire est le rapprochement et le regroupement d'hommes aux visages et vocations diversifiés, dans la véritable unité de l'amour fraternel.

On comprend alors la difficulté pour un chrétien de situer sa participation à une véritable promotion ouvrière : l'action contre l'injustice est encore facilement conçue dans la perspective de la lutte de classes, en raison de l'influence en milieu ouvrier de l'interprétation marxiste de cette action.

Ce problème pose la délicate question de la collaboration des chrétiens avec des marxistes dans la lutte contre l'injustice. Selon une distinction importante rappelée par Jean XXIII, si un chrétien ne peut pas adhérer à une idéologie athée (ce qui est le cas pour le marxisme) sans renoncer à sa foi, il peut par contre militer au sein de mouvements historiques inspirés par ces idéologies, à condition que ce soit sans ambiguïté. ■

« Le communisme est intrinsèquement pervers[1] »

58. *Veillez, Vénérables Frères, à ce que les fidèles ne se laissent pas tromper. Le communisme est intrinsèquement pervers, et l'on ne peut admettre sur aucun terrain la collaboration avec lui de la part de quiconque veut sauver la civilisation chrétienne. Si quelques-uns, induits en erreur, coopéraient à la victoire du communisme dans leur pays, ils tomberaient les premiers, victimes de leur égarement ; et plus les régions où le communisme réussit à pénétrer se distinguent par l'antiquité et la grandeur de leur civilisation chrétienne, plus la haine des « sans-Dieu » se montrera dévastatrice.*

PIE XI,
Divini Redemptoris,
19 mars 1937.

(1) Pervers : qui est enclin au mal, se plaît à faire le mal ou à l'encourager (Petit Robert)

COLLECTIVISME

Si, étymologiquement, collectivisme signifie propriété collective des biens de production économique, en fait, dans le langage courant, il est synonyme de socialisme marxiste, dont il évoque un des principaux « dogmes ».
Le socialisme marxiste en a fait une de ses données de base, mais dans un esprit bien particulier, qui rattache cette mesure économique au matérialisme idéologique communiste. Dans l'idéologie marxiste, ce collectivisme (limité d'ailleurs généralement aux biens de production) exprime la suprématie de la collectivité, représentée par l'État, sur l'individu. Intégré dans une philosophie athée qui refuse d'accorder à la personne humaine une destinée transcendante (participer à la vie même de Dieu), ce collectivisme conduit l'être humain à être un simple rouage dans un système politique où l'État devient un absolu. Ce collectivisme, s'il veut par là mieux résoudre certains problèmes sociaux, est en fait la négation de la liberté individuelle et donc de la dignité de l'homme et de ses droits inaliénables.
Enfin, conçu dans le cadre d'une critique radicale du capitalisme, le collectivisme, marxiste vise à supprimer les classes sociales autres que celles des travailleurs (dictature du prolétariat) par le moyen d'une lutte des classes permanente.
La doctrine catholique admet cependant un certain collectivisme, en reconnaissant à l'État un droit et un devoir d'intervention dans l'activité économique quand le bien commun est en jeu, soit par une planification non contraignante, soit par des mesures d'expropriation avec indemnisation, soit par des nationalisations justifiées, ou la gestion par l'État de biens détenus par la collectivité. ■

JUSTE PRIX

La notion de juste prix est liée à celle de commerce et de valeur. En effet, du fait que le commerce fait se rencontrer (sur le marché) le producteur et le consommateur, il opère par voie d'échange, selon les exigences de la justice sociale, l'un livrant à l'autre un bien économique en contrepartie d'un autre bien représenté par le moyen d'échange universel qu'est l'argent. C'est dire que l'échange n'est possible que s'il y a une certaine équivalence entre les biens échangés (cas du troc) ou entre tel bien et une certaine somme d'argent (cas du commerce courant). D'où l'importance de la notion de valeur et de juste prix.
A ce sujet, il convient de distinguer deux sortes de valeurs : *la valeur d'usage,* valeur donnée à un bien en fonction de son utilité face à un besoin à couvrir, et *la valeur d'échange,* qui est l'expression quantitative de la précédente. Or, comme la valeur d'usage est essentiellement qualitative, on ne peut l'apprécier quantitativement que par comparaison avec un autre bien échangé, comparaison qui résulte d'une sorte de consensus social, lié à de nombreux facteurs socio-culturels. Cette valeur d'échange, exprimée en argent, est le *juste prix.*
La doctrine chrétienne traditionnelle sur le juste prix était dépendante d'une économie rurale fermée qui distinguait ainsi le *prix courant,* résultant d'une estimation commune, du *prix légal* imposé par l'autorité pour éviter spéculations et abus (en temps de pénurie ou de mauvaise récolte, par exemple). A défaut de ces deux prix, face à des situations d'exception (telle une grande rareté), on légitimait le *prix conventionnel.*
L'économie industrielle a posé le problème en termes nouveaux. Les prix sont moins la résultante d'un équilibre entre l'offre et la demande que le résultat de la pression des producteurs (ou des distributeurs) sur un marché qu'ils orientent à leur avantage. D'où la justification de plus en plus grande de l'intervention de l'autorité publique pour réguler et stimuler l'économie, par une politique des prix visant à faciliter à tous l'accès aux biens de première nécessité, en empêchant la spéculation (par exemple, en matière financière ou immobilière) ou la formation de monopoles opposés à la libre concurrence, etc. Ce problème des prix conformes à la justice se pose, en une dimension planétaire, dans les relations entre pays développés et pays du Tiers-Monde, relations souvent plus marquées par la domination économique des premiers que par le respect de l'égalité des chances dans l'échange commercial. ■

D'indispensables changements sociaux

Qu'on nous entende bien : la situation présente doit être affrontée courageusement et les injustices qu'elle comporte combattues et vaincues. Le développement exige des transformations audacieuses, profondément novatrices. Des réformes urgentes doivent être entreprises sans retard. A chacun d'y prendre généreusement sa part, surtout à ceux qui, par leur éducation, leur situation, leur pouvoir, ont de grandes possibilités d'action.

PAUL VI,
encyclique sur
Le développement des peuples,
1967, n° 32.

Il est évident que cette analyse en termes de « lutte des classes » a aidé beaucoup de militants à cerner plus précisément les mécanismes structurels des injustices et des inégalités. Il faut aussi constater que, ce faisant, ils se réfèrent plus ou moins à des instruments de l'analyse marxiste de la lutte des classes. Pour que leur ambition de réaliser une société plus juste et plus fraternelle ne se dégrade pas en cours de route, pour qu'elle bénéficie tout au long du chemin des impulsions positives du sens évangélique de l'homme, un effort de lucidité et de discernement s'impose.

Assemblée plénière
de l'épiscopat français, 1972,
Pour une pratique chrétienne
de la politique, II, 2.

Lorsqu'un mot, une expression, un événement, une institution, un nom propre vous sont inconnus, consultez l'index.

▶▶▶ *Suite de la page 842*

Le bien commun limite le pouvoir des responsables politiques et lui donne le sens d'un service

Certes, les responsables sont assurés de la « grande considération » de l'Église, mais la raison d'État comme critère suprême est condamnée, la tyrannie et la dictature rejetées et chacun est invité à ne pas outrepasser sa compétence (les citoyens sont invités à lutter contre les abus de pouvoir et même à éviter « de conférer aux pouvoirs publics une trop grande puissance »). L'« amour loyal de leur patrie » doit se situer dans une volonté de bien commun universel.

La sauvegarde de la paix et la construction de la communauté des nations

Rarement, dans l'histoire de l'humanité, les autorités religieuses n'ont autant pris la parole pour défendre la paix que dans ces trente dernières années. En ce domaine, comme en d'autres, elles n'ont pas voulu dicter ce qu'il fallait faire mais participer au débat en soulignant les points qui semblaient essentiels pour que la paix soit préservée.

Un engagement décisif pour la paix

Les sommets de ce cri de l'Église ont été atteints par Paul VI dans son discours du 4 octobre 1965 à l'O. N. U., discours inséré aux Actes du concile Vatican II et que beaucoup se rappellent : « Jamais plus les uns contre les autres, jamais, plus jamais... Jamais plus la guerre, jamais plus la guerre... La paix, vous le savez, ne se construit pas seulement au moyen de la politique et de l'équilibre des forces et des intérêts. Elle se construit avec l'esprit, les idées, les œuvres de paix. » Et Paul VI dira plus tard, en 1967 : « Le nouveau nom de la paix, c'est le développement des peuples » (*Populorum progressio* — Encyclique sur le développement des peuples).

Une analyse des facteurs de guerre

Pour beaucoup, aujourd'hui, l'inégalité du développement entre les peuples, la course aux armements et l'impérialisme sont les causes premières de la tension qui règne dans le monde. Et il semble urgent de lutter contre ces causes, individuellement et collectivement, en contribuant, notamment, à une meilleure communication entre les peuples.

Un appel contre la course aux armements

Insistant sur ce point, le concile Vatican II demande aux responsables de tout faire pour éviter de s'engager dans une course aux armements : par son coût, il empêche de venir en aide à ceux qui, du fait de leur dénuement, représentent un danger potentiel pour l'équilibre international. Certains chrétiens auraient voulu voir l'Église aller plus loin et déclarer la guerre illégitime. Le concile, comme de nombreux évêques, prêtres et laïcs, a encouragé les non-violents, mais n'en a pas moins, à la suite d'une tradition constante, confirmé le droit de légitime défense des peuples (*Gaudium et Spes* 79, 4).

Suite page 859 ▶▶▶

Commerce et morale des affaires

La production des biens économiques n'a de sens que si ceux-ci parviennent facilement à ceux qui doivent les utiliser, les consommateurs. Dans les économies libérales et décentralisées, une telle fonction est remplie par le commerce. Le commerce, procédant par voie d'échanges, use d'un moyen universel qui les facilite, l'argent. Aussi, avec le commerce, évoquera-t-on la morale de l'argent.

L'enseignement chrétien traditionnel était assez pessimiste sur le commerce, soit parce que l'Église limitait la légitimité du gain au seul travail productif (le commerçant ne « produit » pas au sens strict, il distribue), soit parce que le commerce recélait un risque permanent d'abus. Ce risque était très grand dans la situation de pénurie et de rareté des biens fréquente avant l'ère industrielle. D'où la sévérité de la doctrine traditionnelle chrétienne sur le commerce, dans lequel bien des Pères de l'Église voyaient une permanente occasion de péché, à la suite de la sentence biblique : « Un marchand résiste difficilement à la tentation et le trafiquant ne saurait être sans péché » (Si 26,29) ; d'où aussi la classique interdiction faite par le droit canon aux clercs de pratiquer le commerce.

Saint Thomas, en admettant la légitimité morale d'un commerce à gain modéré, l'a quelque peu réhabilité. Mais il a fallu attendre l'avènement de la civilisation industrielle pour voir le commerce obtenir définitivement ses lettres de noblesse aux yeux de l'Église. L'accroissement industriel de la production n'est en effet possible qu'avec la présence de nombreux circuits de distribution ; en outre, l'existence d'une concurrence réelle et les interventions de l'État (par le contrôle des prix et du marché) diminuent un des risques inhérents au commerce et lui permettent d'être une des plus importantes activités sociales au service de la communauté : créant une sorte d'interdépendance entre les hommes, le commerce arrache l'individu à sa solitude, en devenant un puissant facteur de solidarité et de socialisation.

Et l'argent ?

Le commerce évoque tout de suite le rôle de l'argent, puisque celui-ci est le moyen universel d'échange. Du fait que le système monétaire est une structure relationnelle, l'argent a la signification morale de la réalité qu'il signifie. Sa valeur morale est d'abord celle des biens qu'il permet d'acquérir ou d'échanger, surtout quand il est la rémunération d'un travail qui lui confère sa dignité. En outre, pour les engagements qu'il représente (paiement de dettes), il peut éveiller au sens de la responsabilité humaine.

Cependant, l'argent est de nature profondément ambiguë ; pour l'universalité de son emploi, qui confère pouvoir et prestige, il est facilement absolutisé et peut être l'objet d'un véritable culte. Il symbolise les excès de notre société d'abondance, faisant oublier la vraie hiérarchie des valeurs pour tomber dans un véritable matérialisme. Ce risque se révèle dans la sacralisation, le prestige de l'argent, amenant à ne considérer toute réalité que dans la mesure où elle est négociable à un prix d'argent, et toute personne humaine que dans la mesure où elle est solvable, ce qui est le pire des avilissements dans l'ordre social. ■

Le chrétien et l'argent

Apparemment, il existe un contentieux entre les chrétiens et l'argent. A travers les siècles retentit, et encore aujourd'hui, le cri du Christ « Malheur aux riches ! » (Lc 6, 20-25), qui amplifie celui des prophètes d'Israël, et que l'écho des siècles a sans cesse repris, de saint François d'Assise à Mère Teresa de Calcutta.

A y regarder de près, la condamnation n'a sans doute pas une signification aussi générale qu'il y paraît. Jésus de Nazareth avait des amis riches ; il a même accepté — au scandale des esprits faux, mais « bien pensants » — que l'on dépensât 300 deniers — une année de travail d'un ouvrier — (Jn 12,5) pour parfumer ses pieds, et aucun disciple ne trouva déplacée l'offre d'un homme riche d'accueillir son corps dans un tombeau plus que correct.

Une pensée élaborée dans un autre contexte

Dans l'Église, la réflexion sur la richesse a d'abord porté sur la propriété. Dans les systèmes économiques anciens, la véritable richesse était celle du terrien aux greniers bien remplis. Les moralistes considéraient comme légitime de posséder, car la possession était la seule garantie de dignité et la seule sécurité devant les possibles famines. Par contre, il fallait que cette propriété fût légitimement acquise.

Si les grands principes qui limitent le droit de propriété ont été formulés par les Pères de l'Église, c'est l'irruption de la société marchande aux XIIe et XIIIe siècles qui a imposé un approfondissement de la réflexion. Cette fois-ci, elle n'a plus porté sur le fait de la propriété, mais sur son usage. Saint Thomas d'Aquin, par exemple, a défendu deux thèses. D'abord, l'argent est un moyen de relation ; il est un **intermédiaire**, une médiation, qui permet aux hommes de prendre conscience qu'ils appartiennent à une société globale et qu'ils ont un rôle particulier à jouer dans cette société. L'argent devient alors le signe du rôle social. Mais, deuxième thèse, l'argent ne peut avoir cette fonction que si l'on reconnaît la **destination universelle des biens**. Alors que certains ont toujours été tentés de dire : « Ceci est à moi et c'est donc pour moi », et alors que les marxistes diront : « Ceci est à tous et pour tous », les chrétiens disent : « C'est à moi, mais c'est pour tous » (donc en partie seulement pour moi). C'est le fait d'utiliser l'argent pour l'échange entre les hommes qui rend son utilisation morale.

Les problèmes d'aujourd'hui

Beaucoup aujourd'hui sentent que cette réflexion ne va pas assez loin, et il est des chrétiens pour rêver d'un monde de contacts interpersonnels directs, d'un univers sans médiation et donc sans l'argent. Dans ce rêve utopique, on oublie que l'argent rend l'être plus humain en lui donnant davantage la possibilité de trouver une place particulière dans la société (en économie de troc, il est difficile d'être trop spécialisé). C'est précisément cette spécialisation, cette « complexification » de la société qui est reprochée à l'argent qui symbolise la société. Et cela d'autant plus que flotte dans certains esprits un relent de jansénisme, et chez certains le refus d'assumer leur désir : plaisir et argent sont alors dénigrés.

D'autres chrétiens attribuent le malaise actuel vis-à-vis de l'argent à un système de société qui semble ne dépendre de personne. Les États manient aujourd'hui de telles sommes d'argent que l'appartenance à tel ou tel pays ou groupe social est bien plus importante que toutes les décisions individuelles en ce domaine. Hier, on pouvait renoncer à la sécurité que procurait la propriété. Aujourd'hui, en France, la loi impose l'adhésion à la Sécurité sociale. Sans compter que dépenser de l'argent peut devenir une vertu sociale quand les politiques réclament ce qu'ils appellent une relance par la consommation..., tandis qu'ils glorifient l'épargne lorsque l'investissement doit primer.

L'argent est devenu un problème politique. Sans prôner une égalité absolue, l'Église, face à ce problème, appelle à temps et à contretemps à la justice, et à la participation de tous, et à tous les échelons, aux décisions qui les concernent. Pour autant subsiste l'appel à la pauvreté individuelle :

« Les chrétiens actifs dans le développement économique et social et dans la lutte pour le progrès de la justice et de la charité doivent être persuadés qu'ils peuvent ainsi beaucoup pour la prospérité de l'humanité et la paix dans le monde. Dans ces diverses activités, qu'ils brillent par leur exemple, individuel ou collectif. Tout en s'assurant la compétence et l'expérience absolument indispensables, qu'ils maintiennent au milieu des activités terrestres, une juste hiérarchie des valeurs, fidèles au Christ et à son Évangile, pour que toute leur vie, tant individuelle que sociale, soit pénétrée de l'esprit des Béatitudes, et en particulier de l'esprit de pauvreté » (Vatican II, *Gaudium et Spes*, n° 72).

Même s'il y contribue, l'argent ne donne pas le bonheur

L'originalité de la pensée chrétienne sur l'argent, à l'heure actuelle, est qu'elle se donne une portée à la fois collective et individuelle : l'appel, sans cesse formulé dans l'Évangile, à ne pas croire que l'argent peut donner le bonheur (Dieu seul donne la vraie sécurité), l'appel au partage entre riches et pauvres, l'appel à renoncer à tout ce qui pourrait empêcher la communication entre les hommes, ces appels apparaissent à la pensée chrétienne comme toujours d'actualité, et utiles aux sociétés comme aux individus. ■

USURE

Le mot vient du latin *usura,* intérêt rapporté par l'argent. Faire payer des intérêts sur des sommes prêtées a été condamné par l'Église à plusieurs reprises, et en particulier aux conciles Latran II (1139) et Latran III (1179).

On a dit, et c'est en partie vrai, que ces interdictions venaient de la conception qu'Aristote se faisait de l'argent, qui pour lui était par nature improductif.

Cependant, bien avant que la pensée d'Aristote soit connue, la Loi judaïque interdisait aux Juifs de prendre des intérêts sur les sommes prêtées à d'autres Juifs (Ex 22, 25, Dt 23, 20-21). Le problème n'était pas alors de savoir si l'argent rapportait ou ne rapportait pas, il était dans la conception même de la propriété. Pour le Juif, la propriété privée existe, mais il existe aussi un devoir de solidarité du riche à l'égard du pauvre au sein de la communauté. Qui possède doit être un intendant de Dieu.

Cette conception est celle qui a été rappelée par la plupart des documents de l'Église catholique, même dans les temps récents. Il en résulte :

1. Que, prêter à un pauvre est un devoir pour celui qui peut le faire ; il est clair que le chrétien est appelé à prêter gratuitement de son superflu ; le péché d'usure commence dès que l'on se sert de la misère des pauvres pour faire du bénéfice.
2. Que, par contre, lorsqu'il s'agit de collaborer à une entreprise, surtout s'il y a des risques, il est aujourd'hui normal que le bailleur de fonds perçoive des intérêts ou des dividendes qui rémunèrent son capital.

Cependant, là aussi le chrétien est appelé à tenir compte des notions de destination universelle de l'argent et de bien commun.

Un taux trop élevé irait certainement contre de telles conceptions. On peut affirmer que ce qui est vrai des particuliers l'est aussi des États et des grandes sociétés : la fixation de taux d'intérêt trop élevés ruine les économies des plus pauvres, ou leur interdit l'accès à des biens essentiels — par exemple le logement — et tombe sous les condamnations séculaires de l'Église contre l'usure. ■

Le prêt à intérêt

On est volontiers surpris aujourd'hui par la condamnation sans appel portée jusqu'à une époque récente sur le prêt à intérêt, et ce, dès la plus haute antiquité, puis par l'Ancien Testament (Ex 22,25, Lev 25,35-38, Dt 23,20-21, Ps 15,5, Ez 18,8-17) et par le Nouveau Testament, en particulier avec le célèbre « prêtez sans rien espérer » (Lc 6,35), et enfin par l'Église jusqu'à la bulle *Non esse inquietandos* (1830). Quelle est la raison de cette condamnation ? Une formule d'Aristote — reprise par le concile Latran V — la résume : *« pecunia pecuniam non parit »* que l'on peut traduire « l'argent ne fait pas de petits ». En effet, dans les systèmes économiques anciens, les notions d'investissement ou de capital ne sont pas comprises ; le temps appartient à Dieu. Prêter à intérêt, c'est donc exiger plus que son dû et profiter de plus pauvre. (Pour comprendre cette situation où le temps ne doit pas compter, on peut imaginer la réaction de quelqu'un qui emprunterait cent francs pour une semaine à son frère... et à qui celui-ci demanderait des intérêts. A l'époque, un an, dix ans, n'étaient pas considérés autrement que nous considérons la semaine.).

Le réformateur Calvin est le premier penseur chrétien à comprendre que le monde a évolué et que l'argent joue un rôle nouveau. Il interprète la parole de l'*Évangile de* Luc 6,35 ; pour lui, elle concerne les pauvres qu'« il fallait aider même si auprès d'eux l'argent est en danger » ; mais, quand on n'est pas dans le cas de devoir aider les pauvres, l'argent est productif comme n'importe quelle autre marchandise.

« Quoi ? Quand on achète un champ, à savoir si l'argent n'engendre pas l'argent ? Les marchands, comment augmentent-ils leurs biens ? » (*Lettre à Claude de Sachim*). Distinguant le prêt de secours, qu'il veut gratuit, du prêt de production, Calvin, qui justifie le paiement d'un intérêt, est à l'orgine du développement du prêt à intérêt, d'abord dans les communautés réformées, puis chez les catholiques. Il a ainsi permis sans le savoir le développement du capitalisme. ■

Le concile Vatican II :

La Terre est à tous !

Dieu a destiné la terre et tout ce qu'elle contient à l'usage de tous les hommes et de tous les peuples, en sorte que les biens de la création doivent équitablement affluer entre les mains de tous, selon la règle de la justice, inséparable de la charité. Quelles que soient les formes de la propriété, adaptées aux légitimes institutions des peuples, selon des circonstances diverses et changeantes, on doit toujours tenir compte de cette destination universelle des biens. C'est pourquoi l'homme, dans l'usage qu'il en fait, ne doit jamais tenir les choses qu'il possède légitimement comme n'appartenant qu'à lui, mais les regarder aussi comme communes : en ce sens qu'elles puissent profiter non seulement à lui, mais aussi aux autres. D'ailleurs, tous les hommes ont le droit d'avoir une part suffisante de biens pour eux-mêmes et leur famille. C'est ce qu'ont pensé les Pères et les docteurs de l'Église qui enseignaient que l'on est tenu d'aider les pauvres, et pas seulement au moyen de son superflu. Quant à celui qui se trouve dans l'extrême nécessité, il a le droit de se procurer l'indispensable à partir des richesses d'autrui. Devant un si grand nombre d'affamés de par le monde, le Concile insiste auprès de tous et auprès des autorités pour qu'ils se souviennent de ce mot des Pères : « Donne à manger à celui qui meurt de faim car, si tu ne lui as pas donné à manger, tu l'as tué ».

Gaudium et Spes, n° 69.

Économie

L'activité économique concerne l'homme dans sa recherche des biens nécessaires à sa subsistance et à son développement. Ces activités économiques, tout en portant directement sur des réalités matérielles, débordent cet ordre, car elles mettent en jeu l'activité globale de l'homme et conditionnent en grande partie son activité intellectuelle, morale et spirituelle.

L'économie est liée à l'être social de l'homme

De plus, ces activités économiques ont un caractère éminemment social ; en effet, elles manifestent la dépendance de l'homme envers son milieu biologique et culturel ; comme tout vivant, l'homme doit se construire à partir de ce milieu pour en émerger et affirmer son autonomie et sa liberté. Or, dans cet affrontement avec la nature pour la transformer et la mettre à son usage (la consommer), l'homme découvre son être social, le besoin qu'il a des autres, chacun dans sa spécialité (c'était la grande idée d'Aristote : l'incapacité de l'homme à assurer seul sa subsistance). L'économique est donc un élément essentiel de l'ordre social.

En quoi consiste l'activité économique ? Elle est essentiellement « le comportement humain dans l'aménagement onéreux du monde extérieur, en raison de la tension qui existe entre les désirs illimités et les moyens limités des sujets » (R. Barre). Cette activité se heurte en effet à un problème capital, celui du décalage constant qui règne entre, d'une part, la nature et, d'autre part, l'homme désireux d'assouvir ses besoins légitimes. Ce décalage provient de la rareté, et de l'insuffisance des choses sur lesquelles portent les désirs et les besoins humains ; il provient en outre de l'inadaptation immédiate de ces biens à l'homme ; le plus souvent à l'état brut, ils ont besoin en effet d'être d'abord transformés par le travail, puis mis à la disposition de leurs éventuels utilisateurs.

Cette activité économique se déroule dans le temps ; elle revêt la forme d'un circuit comprenant diverses étapes (production, distribution, consommation), qui posent des problèmes spécifiques, car résultant d'une tension entre, d'un côté, les désirs et les besoins de l'homme et, de l'autre, la rareté ou l'inadaptation des biens matériels pouvant y correspondre.

L'économie moderne présente un caractère original, qui a influé sur l'ensemble de la société. Après des siècles d'immobilisme ou de très faible croissance, l'humanité est entrée dans une phase de croissance rapide, soit démographique, soit économique, grâce à des innovations techniques d'origine scientifique, dont l'industrialisation est le symbole, et l'urbanisation le cadre nouveau. Cette croissance est par contre négative (sous-développement) pour de nombreux pays du Tiers-Monde, où la production économique ne progresse pas aussi vite que la progression démographique (ou même régresse selon les cas).

La réflexion chrétienne

Le christianisme a toujours montré un grand intérêt pour l'activité économique comme élément essentiel de la vocation de l'homme tracée par Dieu. La Bible enseigne en effet (Genèse 1,26) que l'homme a une mission fondamentale à l'égard de la nature, dont il a besoin pour sa propre existence : mission de la dominer et de l'assujettir par le travail pour l'adapter à ses besoins. Créer des valeurs économiques est donc une activité voulue par Dieu, entrant dans la définition de l'existence humaine, qui implique la mise en valeur, la gérance de l'univers, en prolongement de l'activité créatrice de Dieu.

Enfin, du fait que l'activité économique oblige les hommes à collaborer, à se sentir solidaires et interdépendants — surtout dans la phase actuelle de croissance économique — elle intéresse directement l'extension du Royaume de Dieu et la mission de l'Église, qui est de rassembler l'humanité en un Peuple de Dieu ; il y a là comme une pierre d'attente que le chrétien ne doit pas négliger dans le témoignage de sa foi au sein du monde, au point que l'on peut dire que « la croissance humaine constitue comme un résumé de nos devoirs » (Paul VI). ■

LE COMMERCE ET LES CLERCS

Le commerce lucratif, qui suppose que l'on achète habituellement pour vendre plus cher, sans transformation du produit ou avec transformation du produit, n'est pas permis aux prêtres ni aux diacres (Canon 286 du Code de droit canonique). ■

Le pape Jean XXIII :
Si possible, des entreprises à taille humaine

86. Il n'est certes pas possible de définir en une formule les structures économiques qui correspondent le mieux à la dignité de l'homme et qui sont les plus aptes à éveiller en lui le sens de ses responsabilités. Néanmoins Notre Prédécesseur Pie XII a donné ces directives opportunes : « La petite et la moyenne propriété agricole, artisanale et professionnelle, commerciale, industrielle, doit être garantie et favorisée ; les unions coopératives devront lui assurer les avantages de la grande exploitation. Et là où la grande exploitation continue de se montrer plus heureusement productive, elle doit offrir la possibilité de tempérer le contrat de travail par un contrat de société. »

87. Il faut donc protéger et promouvoir, dans le cadre des exigences du bien commun et conformément au progrès technique, l'entreprise artisanale et l'exploitation familiale agricole, ainsi que les coopératives dont l'objectif est de leur apporter aide et complément.

Extraits de l'encyclique *Mater et Magistra*

Ph. Fotogram/T. Boulley

Fos-sur-mer, un port industriel.

Travail

Dans l'histoire de l'enseignement social de l'Église, le travail a pris une place grandissante par rapport à la propriété privée. En effet, il est un des facteurs essentiels de la formation de notre civilisation et de la transformation actuelle du monde ; il est enfin au centre même du processus de socialisation qui révèle à l'humanité son unité et sa solidarité. A ce titre, il est au centre de l'enseignement social de l'Église. Le sens chrétien du travail se découvre en plusieurs approches.

1. Le travail et la création divine

L'homme, en tant que créature spirituelle appelée à une véritable participation à la vie divine, a pour mission de rendre plus significative l'œuvre de Dieu dans le monde. C'est le sens profond de sa mission terrestre et de sa vocation de dominer et de soumettre la terre (Gn 1,26), comme un gérant administrant des biens au nom de son auteur. Or, l'homme réalise cette tâche essentiellement par le travail ; en effet, l'homme étant image de Dieu, la nature transformée par l'homme, en devenant plus humaine, devient en même temps plus semblable à Dieu. Comme le disait Pie XII : « Le travail poursuit l'œuvre commencée par le Créateur » (Message de Noël 1957) ; il permet à l'homme de « coopérer à l'achèvement de la création divine » (Vatican II).

Ce faisant, le travail devrait être un des grands moyens de perfectionnement humain ; car c'est en agissant, en mettant en œuvre ses possibilités, que l'homme se réalise et se perfectionne. Bref, on doit dire « qu'il est parfaitement conforme au plan de la Providence que chacun se perfectionne par son travail quotidien » (*Mater et Magistra,* 150).

2. Le travail est en relation avec le Royaume de Dieu

Par son travail, l'homme découvre son universalité humaine, son lien étroit avec l'ensemble de l'humanité, car par lui « la famille humaine se reconnaît et se constitue peu à peu comme une communauté unie au sein de l'univers » (Vatican II). Or, dans son stade de construction terrestre, le Royaume de Dieu s'édifie en usant de la médiation de tous les facteurs humains de regroupement, de solidarité, pour les pénétrer par la grâce, pour leur donner un sens nouveau, en les guérissant de toute ambiguïté. Par conséquent, le travail, par son caractère unificateur, peut être un terrain privilégié pour l'œuvre de la grâce, qui tend à regrouper tous les humains dans un Royaume de Dieu dont l'amour est le lien.

3. Le travail a besoin de la Rédemption

Il faut en effet reconnaître que le travail moderne, industriel, entre difficilement dans ce contexte optimiste. La pensée chrétienne met le travail à sa juste place, celui d'un moyen humain de valorisation, partageant avec toutes les réalités humaines le risque d'être détourné de sa fin et de devenir par là source d'injustice et d'aliénation.

Cette ambivalence du travail explique que si, d'un côté, il peut aider à la promotion humaine, d'un autre côté, il peut dégrader l'homme quand il est accompli dans des « conditions qui réduisent les travailleurs au rang de purs instruments de rapport, sans égard pour leur personnalité libre et responsable » (Vatican II). Le travail peut devenir dégradant de plusieurs façons. D'abord, s'il est trop pénible, abrutissant le travailleur considéré comme une simple marchandise. La personne humaine du travailleur était ainsi réduite à une chose ; c'est ce que dénonçait Pie XI : « Contrairement au plan de Dieu, le travail de l'homme tend dans ces conditions à devenir un instrument de dépravation ; la matière sort ennoblie de l'atelier tandis que les hommes s'y avilissent » (*Quadragesimo anno,* 146).

Une autre aliénation possible est celle du collectivisme généralisé, où toute participation à une responsabilité est refusée à l'ouvrier dépendant d'une stricte planification étatique. Enfin, la structure classique de l'industrialisation entraîne aussi une aliénation bien spécifique : la spécialisation à l'extrême, le morcellement des tâches (travail parcellaire, ou « en miettes ») ; tout cela entraîne de nombreuses frustrations que l'on ne peut résoudre que par l'instauration de relations sociales plus humaines au sein de l'entreprise, et par une organisation appropriée du travail.

4. Les droits du travail

On se limitera ici à quelques notations, résumant les positions de l'Église.

D'abord, il y a un droit à l'emploi, un droit au travail. Car, si le travail est un des moyens essentiels pour l'homme de réaliser le plan de Dieu, il a un droit au travail. Depuis Pie XII, les papes ont insisté sur ce droit, que l'actuel chômage met au premier plan. Remarquons que ce droit au travail ne peut pas être revendiqué contre le pouvoir politique ou l'État. En dehors des régimes collectivistes dictatoriaux, l'État, gestionnaire du bien commun, n'est pas directement concerné ; il l'est indirectement par le principe de subsidiarité, en facilitant la création d'emplois au niveau des entreprises, par une législation appropriée, des mesures financières (subventions, investissements, etc.). Son rôle est de créer des conditions générales permettant aux entreprises de répondre à ce droit au travail.

Parmi les autres droits du travail, citons celui à un juste salaire, le droit syndical, le droit de grève.

L'évolution de la société moderne, en croissance démographique et en diminution des heures de travail, entre peu à peu dans ce qu'on appelle une société de loisirs, qui contribue, non pas à une dévalorisation du travail, mais à une reconsidération de sa structure et de ses conditions dans un partage du travail plus équitable et sécurisant. ■

La grande entreprise

L'entreprise est l'unité technique de production de biens économiques jouissant d'une autonomie financière. Son animateur est l'entrepreneur, véritable maître d'œuvre. Primitivement, il était le principal propriétaire ; mais avec la croissance de certaines entreprises et la formation de sociétés de capitaux, son rôle est essentiellement de direction et de gestion. Bref, l'entreprise est le centre des décisions économiques, véritable source de créativité de biens et de services, ce qui lui confère son importance et sa dignité.

C'est au sein de l'entreprise que s'est posée la question sociale. En effet, l'entreprise capitalisée porte en elle une déficience historique : alors qu'elle est en fait le lieu où collaborent deux classes d'hommes (les travailleurs, les propriétaires ou les représentants du capital), elle est la négation juridique de ce fait. Car elle concrétise la radicale dissociation entre le capital (assimilé à l'entreprise au sens juridique) et le travail, qui reste extérieur à elle et est tenu à l'écart de l'œuvre dont il est le principal artisan.

Aussi l'enseignement de l'Église a toujours tendu à redonner à l'entreprise le seul visage conforme à sa finalité, celui d'être une communauté d'hommes, parce qu'associés à la même tâche (Jean XXIII : « On doit tendre à faire de l'entreprise une véritable communauté humaine » *Mater et Magistra*, n° 91). Cette conception chrétienne, qui refuse la notion libérale de l'entreprise-chose, entraîne des conséquences dont la principale est la suivante.

Comment faire participer les travailleurs aux bénéfices, à la gestion et à la direction de l'entreprise ?

La réponse à cette question soulève de sérieuses difficultés dans le cadre de l'entreprise capitaliste finalisée par le profit. Sans aucunement sous-estimer l'importance de la libre initiative de l'entrepreneur, concevoir l'entreprise comme une réelle communauté suppose un changement complet de mentalité.

C'est tout le problème de la fonction personnalisante de l'activité économique moderne qui est soulevé par là. L'idéal chrétien doit conduire à trouver des solutions qui évitent les deux excès opposés, celui de la conception purement libérale, où les travailleurs ne sont considérés que comme une force anonyme de production, et la conception collectiviste, où l'entreprise est théoriquement la propriété des travailleurs (le capital ayant été supprimé), mais en fait la propriété de l'État. L'entreprise doit rester le lieu où collaborent les deux classes, mais à condition de concilier la créativité et l'initiative de la direction avec le droit des travailleurs à être intéressés à l'œuvre dont ils restent les principaux artisans. Ceci semble plus facile à réaliser dans des petites ou moyennes entreprises, même si celles-ci connaissent leurs difficultés propres, et en particulier une moins grande présence et activité des organisations représentatives du personnel. ■

PROFIT

La notion de profit n'évoque pas un réflexe favorable dans la tradition catholique, ennemie du gain, de l'argent accumulé, comme source d'une tentation permanente de s'attacher aux biens économiques et de refuser la pauvreté évangélique. Avant la révolution industrielle, le profit visé était celui de l'activité commerciale, toujours suspectée par l'Église de pratiquer la recherche d'un gain excessif.

Avec l'industrialisation, s'est amplifiée cette recherche du gain ; la devise du libéralisme, « enrichissez-vous », explique l'opposition de l'Église à ce nouveau type de profit engendré par le machinisme, d'autant plus que seule une minorité en bénéficiait : les possesseurs du capital.

La recherche effrénée du profit, symbole d'une civilisation matérialiste fondée sur le prestige de l'argent, a tout de suite entraîné une ferme condamnation de l'Église, de Léon XIII à Vatican II. En effet, une telle économie donne le grand rôle à la production et se finalise moins en vue de la consommation : produire plus et à meilleur compte pour gagner davantage ; certes, le consommateur n'est pas perdu de vue ; mais il est conditionné par l'esprit de jouissance, la soif de consommer attisée par une publicité habile, esprit qui fait l'affaire du producteur.

Ce déséquilibre entre production et consommation se révèle évidemment dans les inégalités plus ou moins importantes que connaît la répartition des fruits de l'activité économique (distribution des revenus), inégalités qui sont un des plus grands scandales de notre temps ; alors que dans les grands siècles de chrétienté un gain important et rapide était soupçonné injuste, de nos jours il est presque devenu un idéal.

Ce scandale d'une société axée sur le profit se révèle dans ses deux formes : d'abord, celle du capitalisme libéral, où la production profite essentiellement aux producteurs, qui l'organisent moins pour le bien réel des consommateurs qu'en vue du plus grand profit possible pour eux et leurs mandataires ; ensuite, celle de la société collectiviste marxiste, où la production, entièrement planifiée par le pouvoir politique, élimine toute expression de la liberté dans les choix économiques (production comme consommation), niant ainsi la dignité de l'homme. Au contraire, il faut rappeler avec Vatican II que « le but fondamental d'une telle production industrielle n'est pas la seule multiplication des biens produits, ni le profit ni la puissance ; c'est le service de l'homme, de l'homme tout entier selon la hiérarchie de ses besoins matériels comme des exigences de sa vie intellectuelle, morale, spirituelle et religieuse, de tout homme, disons-nous, de tout groupe d'hommes, sans distinction de race ou de continent ». (*Gaudium et Spes*, 64.) ■

Le concile Vatican II et l'entreprise

Dans les entreprises économiques, ce sont des personnes qui sont associées entre elles : c'est-à-dire des êtres libres et autonomes, créés à l'image de Dieu. Aussi, en prenant en considération les fonctions des uns et des autres, propriétaires, employeurs, cadres, ouvriers, et en sauvegardant la nécessaire unité de direction, il faut promouvoir, selon des modalités à déterminer au mieux, la participation active de tous à la gestion des entreprises. Et, comme bien souvent ce n'est déjà plus au niveau de l'entreprise, mais à des instances supérieures, que se prennent les décisions économiques et sociales dont dépend l'avenir des travailleurs et de leurs enfants, ceux-ci doivent également participer à ces décisions, soit par eux-mêmes, soit par leurs représentants librement choisis.

Il faut mettre au rang des droits fondamentaux de la personne le droit des travailleurs de fonder librement des associations capables de les représenter d'une façon valable et de collaborer à la bonne organisation de la vie économique, ainsi que le droit de prendre librement part aux activités de ces associations, sans courir le risque de représailles. Grâce à cette participation organisée, jointe à un progrès de la formation économique et sociale, le sens des responsabilités grandira de plus en plus chez tous : ils seront ainsi amenés à se sentir associés, selon leurs moyens et leurs aptitudes personnels, à l'ensemble du développement économique et social ainsi qu'à la réalisation du bien commun universel.

Gaudium et Spes, n° 68 (1 et 2).

PROFESSION

Notion voisine du travail, la profession désigne une activité laborieuse spécialisée, dans laquelle la personne humaine est vitalement et durablement engagée, y trouvant en quelque sorte sa raison d'être sociale. Dans le monde antérieur à l'âge industriel, monde quelque peu statique et très structuré, la profession tenait une place majeure, situant l'individu dans une hiérarchie sociale stricte (corporation). La conception chrétienne traditionnelle y voyait une forme de l'idée de « vocation » tracée par Dieu, d'état de vie. On parlait d'ailleurs aussi de profession à propos d'un engagement définitif dans la vie religieuse ou monacale.

La civilisation industrielle a introduit une véritable crise dans la structure professionnelle antique ; d'où la difficulté de maintenir l'ancien idéal professionnel dans notre société moderne. Cette crise, provoquée par la rapidité de l'évolution technologique, par la nécessité d'une mobilité de l'emploi, par les licenciements et la menace du chômage, est bien représentée par les migrations de la main-d'œuvre ; elles sont imposées par des reconversions économiques qui rendent souvent aléatoire toute fixation professionnelle. A cela s'ajoutent les conditions mêmes du travail technique (morcellement des tâches, monotonie d'un travail à la chaîne, parcellaire et « en miettes » [Friedman], ne nécessitant qu'une faible qualification). Bref, les conditions modernes du travail le rendent, dans une proportion importante de cas, moins apte que jadis à remplir et épanouir une existence humaine authentique, dont la notion de profession est synonyme.

Est-ce à dire que l'idéal professionnel est désormais révolu ? Il ne le semble pas, car il concerne une fonction capitale de tout travail, celle d'être non seulement un gagne-pain, mais surtout un moyen de réalisation humaine. L'essentiel est alors de chercher à situer l'idéal professionnel dans les nouvelles structures du travail industriel. L'enseignement social moderne de l'Église rappelle qu'il convient de donner au travailleur sa vraie place dans la société, par la médiation de la place dans l'entreprise, en le faisant participer non seulement aux bénéfices (par un dépassement de la conception capitaliste du salariat), mais aussi aux responsabilités et à la gestion de l'entreprise. De même est soulignée la responsabilité de l'État dans l'organisation économique, le type de planification devant donner la préférence au déplacement du capital plutôt qu'à celui des travailleurs. Mais, surtout, c'est par une formation professionnelle (soit initiale, soit continue et permanente) que le travailleur se sentira valorisé, car capable de reconversion grâce à une compétence suffisamment large pour ne pas s'enfermer dans sa spécialité originelle.

Enfin, c'est évidemment dans le rôle à accorder aux organisations professionnelles, telles que les syndicats, que doit résider le sens d'une évolution redonnant au travail sa fonction personnalisante par la reconnaissance de sa fonction sociale signifiée par la profession. ■

Propriété

La Terre est pour tous

Le problème de la propriété est un de ceux qui ont été l'objet d'une évolution significative dans l'enseignement social de l'Église. La valeur reconnue à la propriété privée a été pendant longtemps l'un des points essentiels de cet enseignement ; peu à peu, celui-ci est revenu (avec Vatican II) à une conception à la fois plus traditionnelle et plus sociale en donnant la priorité au travail humain, c'est-à-dire à l'homme. C'est pourquoi il faut, dès le début, souligner la profonde ambiguïté de la notion de propriété, trop souvent associée à un contexte libéral rejeté par l'Église. Si la propriété en effet peut et doit être pour l'homme l'occasion de manifester sa liberté, son esprit d'initiative et ses talents, elle peut aussi être un moyen d'exploiter les autres. C'est la raison pour laquelle l'Église tient la propriété, seulement comme un droit second, en dépendance d'un droit premier et fondamental concédant à tous les hommes l'usage des biens de la terre. Cette doctrine traditionnelle, pendant longtemps sous-estimée (on parlait alors simplement de « fonction sociale » de la propriété), a été fermement reprise par Vatican II (Constitution *Gaudium et Spes* n° 69, qui donne elle-même toutes les références).

Commençons donc par ce droit fondamental auquel est subordonnée la propriété, ce droit signifié par la destination universelle et commune des biens économiques, droit originel remontant à la volonté créatrice de Dieu. Ayant fait l'homme à son image, Dieu lui a conféré comme une participation à ses propres pouvoir et souveraineté sur les biens de la Terre dont il est le Créateur ; ce qui implique que l'homme n'a pas un droit absolu sur les biens mis par Dieu à sa disposition, mais un droit relatif l'obligeant à respecter l'intention divine sur ces biens, à ne pas les saccager ni les gaspiller, à respecter certaines lois de la nature.

L'intention de Dieu est fondamentalement que tous les hommes puissent user de ces biens. Or, les biens économiques sont indispensables à l'homme pour vivre et se développer. Tous les hommes ont donc un droit fondamental à en user, et pour cela, à les transformer par le travail en vue de les adapter à cet emploi. Ce droit n'est pas un droit de propriété mais un droit d'usage. C'est donc à un autre droit, un droit second, de régler le mode le plus approprié à la gestion de ces biens, à la création de richesses économiques. A ce stade fondamental, c'est donc une exigence de solidarité humaine qui est impliquée (la propriété au service de tous), et aussi un esprit de pauvreté, car la propriété n'est pas un droit absolu pour le propriétaire s'attachant à ses biens, mais une responsabilité vis-à-vis de la communauté humaine.

La propriété comme moyen au service des hommes

La propriété est donc la conséquence naturelle de la destination universelle et commune des biens économiques, et cela sous ses deux formes, propriété privée et propriété publique.

a. En ce qui concerne la *propriété privée* (individuelle ou collective), elle se légitime pleinement comme principal moyen naturel pour l'homme d'exercer sa souveraineté sur les biens telle que Dieu l'a voulue. La propriété est comme une sorte d'extériorisation, de prolongement de la personne. Celle-ci a besoin d'une aire d'épanouissement garantissant son autonomie, sa créativité et sa possibilité de choisir ; de la sorte, la personne peut déployer sa libre initiative, construire son avenir, garantir sa sécurité. Ce *droit de propriété privée* n'est pas contradictoire avec celui de la *destination universelle et commune des biens*, car ces deux droits concernent deux rapports différents de l'homme avec les biens économiques : le premier relie à la *personne humaine*, à sa responsabilité et à son initiative, l'acquisition, la transformation et la gestion des biens appropriés (par un moyen légitime) ; le second relie à la *communauté humaine* l'usage, c'est-à-dire l'aptitude de ces biens à satisfaire les besoins humains.

b. L'Église a toujours reconnu la légitimité d'une *propriété publique* par l'État (collective au sens strict). Mais, comme l'économie en général est du domaine du droit privé (comme moyen essentiel pour les personnes d'exercer leur liberté), la solution d'une appropriation collective des biens (collectivisme généralisé), même si elle a pu paraître quelquefois comme un idéal plus ou moins utopique, ne peut être une solution générale ; car elle reviendrait en fait à frustrer les individus d'un droit fondamental, celui d'exercer leur liberté d'initiative par la propriété privée. Une telle solution, même partielle, ne se justifie de la part de l'État que lorsque le bien commun l'exige, et pourvu que soit sauvegardé le principe de subsidiarité ; cette solution ne se justifie donc que dans la mesure où les individus et les corps intermédiaires ne peuvent assumer la tâche considérée. C'est ce que proclamait déjà Pie XI : « L'État et les établissements publics détiennent eux aussi, en propriété légitime, des biens de production, et spécialement lorsque ceux-ci en viennent à conférer une puissance économique telle qu'elle ne peut, sans danger pour le bien public, être laissée entre les mains de personnes privées ». (*Quadragesimo anno,* n° 123). De la sorte, la nationalisation ne peut être envisagée comme solution universelle et permanente ; outre qu'elle confondrait économie et politique, elle irait contre la justice sociale. Les principaux cas légitimant une nationalisation sont : soit un péril pour le bien commun, (en raison du pouvoir grandissant sur le politique que conférerait une propriété privée de certains secteurs clés de l'économie), soit l'inefficacité de la gestion privée quand elle est source de gaspillage. Dans cet ordre, l'Église reconnaît la légitimité de l'expropriation de grands domaines fonciers, insuffisamment exploités, pour les redistribuer aux paysans après indemnisation des propriétaires.

Dans tous les cas, la propriété doit se comprendre dans le sens chrétien de l'économie, être *au service de l'homme* et *de tous les hommes.* ■

Salaire

Le problème du salaire est un des points où l'enseignement de l'Église marque son originalité, en distançant la position libérale.

Le salaire est la rémunération du travail (voir Travail). Mais cette rémunération, pour être conforme à la justice sociale, doit s'établir à partir de quelques principes de base.

Le juste salaire couvre les besoins vitaux de l'ouvrier et de sa famille

La justice d'un salaire ne découle pas nécessairement du fait qu'il résulte d'un accord entre le capital et le travail ; vu l'inégalité des partenaires dont l'un, le capital, est souvent en position de force, une convention bilatérale n'est pas forcément juste, comme l'avait déjà rappelé le pape Léon XIII en 1891 : « Que le patron et l'ouvrier fassent tant de telles conventions qu'il leur plaira, qu'ils tombent d'accord notamment sur le chiffre du salaire. Au-dessus de leur libre volonté, il est une loi de justice naturelle plus élevée et plus ancienne » (*Rerum Novarum,* 34).

Au sujet de la détermination objective du salaire, c'est-à-dire le contenu de la justice naturelle, il est significatif que l'Église ait évolué très nettement. Chez Léon XIII, c'était le critère de la subsistance individuelle de l'ouvrier « sobre et honnête ». Pie XI y a inclu la subsistance de la famille. Quant à Pie XII, il est allé beaucoup plus loin ; le salaire doit de plus contenir une participation aux bénéfices de l'entreprise. Le salaire juste ne doit donc pas être apprécié uniquement pour couvrir le minimum vital de l'ouvrier et de sa famille ; mais il doit aussi inclure, d'une façon ou d'une autre, une part de ce que l'Église appelle « le produit commun » (le profit de l'entreprise) résultant de la collaboration du capital et du travail (voir *Mater et magistra,* n° 72). C'est donc le refus radical de la conception du salaire selon le capitalisme libéral qui, en concevant le travail comme étranger à l'entreprise, ne voit dans le salaire que la location d'une force vitale, mécanique entretenue par l'entrepreneur, un peu au même titre qu'une machine.

> L'idée de base de la conception chrétienne est que, le capital et le travail étant les co-auteurs de la production, le résultat de celle-ci doit profiter aux deux.

Cette position équilibrée refuse aussi la conception marxiste, qui voit dans le travail l'unique source de la production.

La participation aux bénéfices de l'entreprise

Comment juger alors cette participation aux bénéfices ? Tout dépend de ce que l'on entend par là. Si par bénéfice on entend au sens large le produit commun du capital et du travail (la plus-value produite), déduction faite de l'entretien de l'ouvrier (le salaire au sens libéral) et de l'amortissement du capital, alors, en ce cas, les travailleurs ont un droit strict sur ces bénéfices, puisque leur salaire en resterait au minimum vital. Si, par contre, on entend, au sens strict (et comptable), le bénéfice comme ce qui reste après l'attribution au travail de sa part du produit commun (donc en plus du salaire libéral), alors il n'y a plus de droit strict. Il s'agit ici d'un principe de justice ; son application dépend des conditions locales.

La participation de tous à la gestion de l'entreprise

Au problème du salaire est lié celui de la participation des salariés à la gestion de l'entreprise, à concevoir comme une communauté humaine (Jean XXIII). On peut simplement dire que « l'attribution aux travailleurs de fonctions plus importantes dans l'entreprise non seulement répond aux exigences de la nature humaine, mais est pleinement conforme aux progrès qui s'accomplissent actuellement dans l'économie, la vie sociale et l'État » (*Mater et Magistra,* 99), doctrine que le concile Vatican II a ainsi condensée : « Il faut promouvoir, selon des modalités à déterminer au mieux, la participation de tous à la gestion des entreprises » (*Gaudium et Spes,* 68). ■

Ph. Rausch – Rapho

Une ancienne prise de position de l'Église en faveur de l'héritage

Le patrimoine familial. L'héritage.

La nature impose au père de famille le devoir sacré de nourrir et d'entretenir ses enfants. De plus, comme les enfants reflètent la physionomie de leur père et sont une sorte de prolongement de sa personne, la nature lui inspire de se préoccuper de leur avenir et de leur créer un patrimoine qui les aide à se défendre, dans la périlleuse traversée de la vie, contre toutes les surprises de la mauvaise fortune. Or, il ne pourra leur créer ce patrimoine que par l'acquisition et la possession de biens permanents et productifs qu'il puisse leur transmettre par voie d'héritage.

Aussi bien que la société civile, la famille, comme nous l'avons dit plus haut, est une société proprement dite, avec son autorité propre qui est l'autorité paternelle. C'est pourquoi, toujours sans doute dans la sphère que lui détermine sa fin immédiate, elle jouit, pour le choix et l'usage de tout ce qu'exigent sa conservation et l'exercice d'une juste indépendance, de droits au moins égaux à ceux de la société civile. Au moins égaux, disons-nous, car la société familiale a sur la société civile une priorité logique et une priorité réelle, auxquelles participent nécessairement ses droits et ses devoirs. Si les individus, si les familles entrant dans la société y trouvaient au lieu d'un soutien un obstacle, au lieu d'une protection une diminution de leurs droits, la société serait bientôt plus à fuir qu'à rechercher.

Léon XIII,
Rerum Novarum,
15 mai 1891.

Bien commun

... Le bien commun, c'est-à-dire cet ensemble de conditions sociales qui permettent, tant aux groupes qu'à chacun de leurs membres, d'atteindre leur perfection d'une façon plus totale et plus aisée...

Concile Vatican II,
Constitution pastorale *Gaudium et Spes,*
(L'Église dans le monde de ce temps),
n° 26, 1.

Faut-il parler de doctrine sociale de l'Église ?

Il y a un débat sur cette question entre théologiens. Pourquoi ?

Les théologiens qui refusent l'expression « doctrine sociale de l'Église » pensent que cette expression donne à croire que l'Église possède comme une sorte de placard où sont rangées des vérités sur la manière d'animer la vie sociale, politique et économique, et d'où elle sort, de temps en temps, un enseignement qui doit s'appliquer toujours et partout.

Bref, l'expression « doctrine sociale de l'Église » véhicule, pour eux, une vision idéologique, abstraite, d'une vérité qui n'aurait rien à voir avec l'analyse concrète des situations précises.

L'influence des théologiens qui refusaient le terme de doctrine sociale de l'Église a été grande et Paul VI leur a pratiquement donné raison dans sa lettre au cardinal Roy :

« Face à des situations aussi variées, il nous est difficile de prononcer une parole unique, comme de proposer une solution qui ait valeur universelle. Telle n'est pas notre ambition, ni même notre mission. Il revient aux communautés chrétiennes d'analyser avec objectivité la situation propre de leur pays, de l'éclairer par la lumière des paroles inaltérables de l'Évangile, de puiser des principes de réflexion, des normes de jugement et des directives d'actions dans l'enseignement social de l'Église... » (Paul VI, *Octogesima Adveniens,* 19 mai 1971).

Si le pape évite soigneusement le mot doctrine, s'il souligne qu'il lui est impossible de donner une formulation universelle de ce qu'il faut faire, il ne renonce pas à « l'enseignement social » de l'Église.

Quelle différence y a-t-il entre l'enseignement social de l'Église et ce qu'implique le mot doctrine sociale ? Malgré les apparences, elle est énorme : l'enseignement social de l'Église renvoie chacun, non pas à une norme à appliquer, mais à sa conscience formée par l'analyse de la situation et éclairée par les principes généraux découlant de l'Évangile et mis en relief par l'Église. Ces principes sont simples et surtout fondés sur le sens de la dignité de l'homme. Pour l'Église, la recherche de cette dignité est primordiale et doit conduire à des structures où la vie familiale est respectée, où la vie professionnelle ne considère pas l'homme comme une machine, où la vie sociale permet l'exercice d'une juste liberté.

Ces principes intangibles, l'Église elle-même — en particulier dans les discours du pape — les défend d'une manière engagée dans un contexte historique donné. Certes, il est des discours pontificaux qui ont pu sembler présenter comme des vérités universelles ce qui, en réalité, n'était que conséquences contingentes de principes absolus. Mais, dans l'ensemble, les interventions de l'Église dans le domaine social ont été, dans des circonstances chaque fois particulières (que ce soit celles provoquées par les régimes nazis et totalitaires pour les encycliques de Pie XII, ou plus prosaïquement « la crise » pour les évêques de France quand ils ont voulu parler de « nouveaux modes de vie »), une manière d'amener chacun à analyser les situations, à se placer devant la finalité humaine de l'économie et à trouver des solutions concrètes.

Loin d'être une doctrine qui évite à l'homme de réfléchir, l'enseignement de l'Église se veut une invitation à inventer l'Histoire.

Le bien commun

Au centre de la morale chrétienne :

Dans la doctrine de l'Église, la fonction de la société politique, ou État, est d'aider les personnes humaines qui en sont les citoyens à réaliser leur destinée, chacune poursuivant son bien particulier (profession, vocation, etc.). Or, comme ces biens particuliers sont très variés et différents les uns des autres, la société ne peut exister que si ces biens particuliers ou privés ne se détruisent pas mutuellement, mais au contraire parviennent à coexister et à se compléter, chaque citoyen apportant à l'ensemble du corps social ce dont les autres ont besoin. C'est ainsi que se forme le tissu social dans une interdépendance et une solidarité générales. C'est en ce sens que l'on dira que l'homme est un être social, fait pour vivre et s'épanouir en société comme dans son milieu ou environnement naturel, dans lequel il puise les éléments de son existence en échange de ce que lui-même apporte aux autres.

Description du bien commun

Le rôle de l'État est alors, tout en assurant l'unité nationale, de fournir aux citoyens le cadre général sans lequel ils ne pourront exercer leurs activités. Poursuivre ce but général, c'est rechercher un bien utile à tous, et qui est alors appelé bien commun. Le bien commun est alors une réalité complexe, qui dépend du degré de civilisation et de développement culturel de l'ensemble du pays.

Ainsi, il réside d'abord dans la *sauvegarde de la vie physique :* assurer la sécurité publique, intérieure et aussi extérieure (défense nationale).

Préserver et aider la sauvegarde de la *santé,* en facilitant à chacun l'accès aux moyens requis à cet effet (établissements hospitaliers, service de santé, sécurité sociale, etc.).

Faciliter *le droit au travail :* l'État n'a pas à fournir lui-même les emplois, mais à aider les entreprises à en offrir, par des mesures appropriées (subventions, aides à l'investissement, etc.), et à les aider à faire connaître leurs offres.

Dans le même ordre d'idées, il doit préserver *les droits des travailleurs.* Dans le domaine culturel, le bien commun implique les moyens nécessaires à *l'instruction et à l'éducation,* non pas que l'État doive monopoliser cette mission, mais *aider les familles* (dont c'est la mission naturelle) à élever leurs enfants selon leur choix ; de même, il doit faciliter l'accès de tous à l'information objective (mass media) et à la poursuite de l'instruction.

A un plan plus fondamental, s'il appartient à chaque personne de mener sa vie selon son idéal en pleine liberté et responsabilité, l'État doit favoriser ce que l'on appelle *la moralité publique,* surtout à l'égard de la jeunesse. Enfin, l'Église souhaite que l'État, sans avantager aucune religion, favorise et applique lui-même une authentique laïcité, laquelle exclut, dans les orientations de l'État lui-même comme dans celles des organes coopérant à sa mission, tout monopole idéologique, toute pression, voire toute brimade, de nature à entraver le libre épanouissement religieux des personnes. (Voir laïcité).

Les moyens nécessaires à la réalisation du bien commun

Pour réaliser ce bien commun, ensemble de conditions et de moyens permettant à tous les citoyens de se réaliser eux-mêmes, l'État organise trois ordres de collaboration des citoyens. En premier lieu, ils les fait participer au *débat public* ayant pour objet la définition du bien commun à réaliser. En second lieu, il fait appel à leur participation financière par *l'impôt.* Enfin, il les appelle à renoncer à une partie de leur liberté par *l'obéissance à la loi* (par exemple, donner une portion de son temps à un service militaire, ou bien, dans le cas de la circulation automobile, respecter le code de la route même si ce respect peut être occasionnellement gênant : ralentir sa vitesse, s'arrêter à un feu rouge, ne pas stationner à tel endroit, etc.). C'est par la collaboration de tous que le bien commun est obtenu. Et comme ce bien est rigoureusement nécessaire, l'État a le devoir d'obliger les citoyens à le respecter, fût-ce au prix de quelque bien particulier ; encore faut-il ne pas porter atteinte à l'aspect *spirituel* de ce bien particulier, qui engage la *conscience* la plus intime de la personne et peut dès lors transcender l'ordre politique lui-même (d'où les « clauses de conscience », « l'objection de conscience », et, de manière générale, le refus d'obéir à une loi jugée gravement injuste ou immorale).

Le bien commun règle donc les rapports délicats entre la société et l'individu, car la société n'est pas seulement la somme des individus ; elle a une fin propre qui est d'être au service des individus, tout en demandant à chacun de participer à cette fin en donnant un peu de son bien particulier et de sa liberté. Vu que la liberté propre s'arrête où commence celle des autres, les libertés des individus se limitent réciproquement, et c'est à l'État de faire en sorte que cette limitation s'opère selon la justice, et dans le respect des personnes. Le bien commun appelle donc une rationalisation des rapports humains au sein de la société pour les rendre harmonieux. ■

LES RICHESSES

Les hommes de Dieu ou d'Église se sont souvent amusés à brocarder la fausse sécurité procurée par les richesses. Le blé pourrit, l'emprunt russe se volatilise, la Bourse s'effondre... et, de plus, la richesse n'a jamais empêché de mourir ! La question qu'ils posent est toujours : les richesses, mais pour quoi faire ? Aujourd'hui, la nature même des richesses pose de nouvelles questions morales. Déposer par exemple de l'argent dans une banque qui finance tel projet d'une dictature — raciste ou autre — est une manière de soutenir cette dictature. Aussi les moralistes, après avoir ciblé leurs interrogations sur la possession, appellent-ils aujourd'hui à une cohérence entre, d'une part, la volonté exprimée de soutenir la justice et les droits de l'homme et, d'autre part, la manière dont chacun investit ses richesses. ■

Comment les papes se sont-ils saisis de la question sociale ?

2. Durant les années écoulées depuis la publication de l'encyclique Rerum novarum[1], *la question sociale n'a pas cessé d'occuper l'attention de l'Église. Nous en avons le témoignage dans les nombreux documents du Magistère, qu'ils émanent des Souverains Pontifes ou du concile Vatican II ; nous en avons le témoignage dans les documents des divers Épiscopats ; nous en avons le témoignage dans l'activité des différents centres de pensée et d'initiatives apostoliques concrètes, tant au niveau international qu'au niveau des Églises locales. Il est difficile d'énumérer ici en détail toutes les manifestations de l'engagement vital de l'Église et des chrétiens dans la question sociale car elles sont fort nombreuses. Comme résultat du concile, la Commission pontificale « Iustitia et Pax » est devenue le principal centre de coordination dans ce domaine, avec ses organismes correspondants dans le cadre des conférences épiscopales. Le nom de cette institution est très expressif : il signifie que la question sociale doit être traitée dans sa dimension intégrale, dans son ensemble. L'engagement en faveur de la justice doit être intimement lié à l'engagement pour la paix dans le monde contemporain. C'est bien en faveur de ce double engagement qu'a plaidé la douloureuse expérience des deux grandes guerres mondiales qui, durant les quatre-vingt-dix dernières années, ont bouleversé nombre de pays tant du continent européen que, du moins partiellement, des autres continents. C'est en sa faveur aussi que plaident, spécialement depuis la fin de la Seconde Guerre mondiale, la menace permanente d'une guerre nucléaire et la perspective de la terrible autodestruction qui en résulterait.*

3. *Si nous suivons la* ligne principale de développement des documents *du Magistère suprême de l'Église, nous trouvons précisément dans ces derniers la confirmation explicite d'une telle manière de poser le problème. La position clé, en ce qui concerne la question de la paix dans le monde, est celle de l'encyclique* Pacem in terris *de Jean XXIII*[2]. *Si l'on considère par ailleurs l'évolution de la question de la justice sociale, on doit noter que, si dans la période qui va de* Rerum novarum *à* Quadragesimo anno *de Pie XI*[3], *l'enseignement de l'Église se concentre surtout sur la juste solution de ce qu'on appelle la question ouvrière, dans le cadre des nations particulières, au cours de la phase suivante, cet enseignement élargit l'horizon aux dimensions du monde. La distribution inégale des richesses et de la misère, l'existence de pays et de continents développés et d'autres qui ne le sont pas, exigent une péréquation et aussi la recherche des chemins menant à un juste développement pour tous. C'est dans cette direction que va l'enseignement contenu dans l'encyclique* Mater et Magistra *de Jean XXIII*[4], *dans la constitution pastorale* Gaudium et spes[5] *du concile Vatican II et dans l'encyclique* Populorum progressio[6] *de Paul VI.*

4. Cette orientation dans laquelle se développent l'enseignement et l'engagement de l'Église dans la question sociale correspond exactement à l'observation objective des situations de fait. Si, autrefois, on mettait surtout en évidence, au centre de cette question, le problème de la *« classe », à une époque plus récente on met au premier plan le problème du « monde ».*

Jean-Paul II,
Encyclique *Laborem exercens* (1981).

(1) Du pape Léon XIII (1891). (2) 1963. (3) 1931. (4) 1961. (5) 1965. (6) 1967

« Gaudium et Spes »

Constitution pastorale sur l'Église dans le monde de ce temps

L'histoire du texte

Avec les constitutions dogmatiques *Lumen Gentium* sur l'Église et *Dei Verbum* sur la Révélation, et avec la constitution *Sacrosanctum Concilium* sur la liturgie, la constitution pastorale *Gaudium et Spes* est l'un des grands textes du concile Vatican II.

Alors que les trois autres sont en quelque sorte tournés vers l'intérieur de l'Église, qui se définit à elle-même les bases de son renouveau, *Gaudium et Spes* est tout entier consacré aux grandes questions du monde contemporain afin de montrer comment elles sont présentes à la vie de l'Église. Il répond ainsi pleinement à la volonté de Jean XXIII lorsqu'il décida de convoquer un concile : instaurer un dialogue entre l'Église et le monde de notre temps. Lui-même avait prêché l'exemple avec son encyclique *Pacem in terris* de 1963, dont l'écho avait été considérable dans le monde entier.

Gaudium et Spes sont les premiers mots du texte latin de la constitution : « les joies et les espoirs », les tristesses et les angoisses de ce temps, l'Église les partage humblement ; « Il n'est rien de vraiment humain qui ne trouve écho dans le cœur des disciples du Christ ».

Ce document fut l'objet d'un travail préparatoire considérable auquel les noms de trois cardinaux resteront attachés : Lercaro (archevêque de Bologne), Montini (archevêque de Milan et futur Paul VI), Suenens (archevêque de Malines-Bruxelles). Ses versions successives (schéma XVII, puis XIII) furent remaniées jusque dans les derniers mois du concile ; il fut voté en novembre 1965 et promulgué par Paul VI le 7 décembre 1965, veille de la clôture du concile.

Le texte

Il se présente en trois parties, de longueurs inégales. On pourrait dire qu'il a en quelque sorte suivi la méthode en honneur dans les mouvements d'Action catholique : voir, juger, agir.

☞ La *première partie* est en effet constituée d'un exposé de la condition de l'homme aujourd'hui ; on y analyse les mutations de notre époque (prédominance des sciences et techniques, passage d'un monde rural à un monde urbain industriel, développement massif des moyens de communication, sciences nouvelles de l'homme...) et les déséquilibres qui en résultent entre races, peuples, continents.

☞ Ces déséquilibres, une de leurs sources profondes se trouve dans le cœur même de l'homme ; mais, en même temps, tout être, humain porte en lui l'aspiration à un ordre plus humain. La *seconde partie* réfléchit donc sur l'homme lui-même dans sa personne (dignité de la personne humaine créée à l'image de Dieu ; problème de l'athéisme), dans sa vie communautaire (nécessité de dépasser une morale individualiste), dans ses activités (valeur et normes de l'activité humaine).

L'aide apportée par l'Église à ce monde en recherche et en évolution est alors exposée : permettre à chacun de devenir plus homme par la découverte de l'homme parfait, le Christ ; défense de la dignité et des droits de l'homme, action pour l'unité de l'humanité ; incitation des chrétiens à se comporter en citoyens actifs de la cité terrestre. À cette occasion est dénoncé le « scandale » de ceux qui, limitant leur vie religieuse à l'exercice du culte et à quelques obligations morales, agissent pour le reste comme s'il n'avait aucun rapport avec la foi.

☞ La *troisième partie* aborde « quelques problèmes plus urgents » et, pour dire vrai, parmi ceux qui posent effectivement le plus de questions aujourd'hui : la famille, la culture, la vie économique, le travail, la disparité entre les pays riches et pauvres, les conflits internationaux.

Chacun d'eux fait l'objet d'une analyse qui conduit à la présentation de quelques principes directeurs pour l'action, véritable synthèse de ce qu'en d'autres temps on aurait appelé « la doctrine sociale de l'Église ».

Au total, ce texte, centré sur les grandes interrogations contemporaines, ne saurait avoir la portée permanente d'une constitution dogmatique ; c'est pourquoi on l'a appelé constitution pastorale. Et de fait, bien des aspects de ses analyses, quasi prophétiques en 1965, ne font plus guère figure originale aujourd'hui.

Mais, d'une part, ce grand texte comporte le rappel de principes généraux dont la valeur est constante (dignité de l'homme, destination universelle des biens, principe de subsidiarité, etc.) ; ce rappel reste de grande opportunité à un moment où certains chrétiens eux-mêmes voudraient cantonner la mission de l'Église dans les limites des sanctuaires et des sacristies. D'autre part, *Gaudium et Spes* constitue une belle profession de foi du concile dans la vocation de l'homme et de son activité. La constitution ne sous-estime pas les « bavures » de la vie sociale, qui sont pour les chrétiens le signe du péché ; mais l'optimisme et l'espérance sont, dans ce texte comme dans l'ensemble de ceux du concile, la note dominante.

PROGRÈS

L'humanité a souvent été dominée par l'idée de destin. En Europe et dans les temps modernes, cette notion a laissé place à celle de progrès : l'influence des théories évolutionnistes, la prise de conscience de l'importance du changement, la maîtrise technologique ont certainement une large part dans la naissance de la croyance au progrès de l'humanité.

Les premiers chrétiens, persuadés de l'imminence du retour du Christ, n'attendaient de progrès que dans l'au-delà de la mort. Aujourd'hui, beaucoup de théologiens chrétiens ont adopté, à l'instar de Teilhard de Chardin, une vue résolument optimiste de l'évolution du monde.

D'autres, au contraire, font remarquer que l'instant décisif de l'histoire de l'humanité est la mort-résurrection du Christ : qu'en lui tout est dit et que le temps qui nous sépare de son retour ne pourrait être considéré comme celui d'un progrès possible que dans la seule prise de conscience de ce qui est déjà là. Bien plus, ce n'est pas la perfection humaine, ou le progrès indéfini, qui justifieront le retour du Christ, mais l'amour du Père. ■

Ph. Tournus

Synode des évêques à Rome en 1987.

Les grandes étapes de la pensée sociale de l'Église

I Vers la révélation évangélique

Dans l'Ancien Testament (800 av. J.-C. - 0)	Pour la croissance, l'extension vitale Pour la gestion de tout par tous La pauvreté : ouverture à Dieu
Pour Jésus-Christ	En tout, « conversion » = passage de l'égoïsme individuel à la charité universelle
Dans le Nouveau Testament (0 - 90)	Nouveau sens de l'histoire Valorisation des réalités terrestres Mission cosmique de l'homme

II De 90 à 1890

Chez les « Pères de l'Église » (4e et 5e siècles surtout)	Destination commune des biens Sévérité extrême contre les profiteurs Respect nuancé de la propriété privée
Au Moyen-Âge (surtout au 13e siècle)	L'économie, partie d'un tout, très liée au social Certaine réhabilitation du travail manuel L'ordre économique au service de l'homme
Au XIXe siècle (dans sa 1ère moitié)	Indifférence de la masse chrétienne, malgré la montée de l'ère industrielle
(dans sa 2e moitié)	Quelques « prophètes »... (Le Play, Ketteler, Mermillod, A. de Mun...)

III Les encycliques sociales

1891 : Rerum novarum	Léon XIII : « Des choses nouvelles... » Dénonciation des désordres sociaux Rejet du socialisme Proposition d'actions concertées Église-État *N.B. Se situent à ce moment le « christianisme social » et le « Sillon » (1893), le bolchevisme (1917), l'Action catholique (1927), la crise mondiale (1929).*
1931 : Quadragesimo anno	Pie XI : « La restauration de l'ordre social... » Précisions sur propriété, salariat, groupes professionnels, socialisme... Tout faire pour accroître justice et charité... Par une réforme générale des mœurs « dans l'esprit chrétien »
1939-1958	Pie XII. Nombreuses interventions (la personne humaine, les nationalisations, la paix sociale...)
1961 : Mater et Magistra	Jean XXIII. « L'Église, mère et pédagogue... » L'Église devant la nouvelle société industrielle ; la socialisation... Amorce d'un esprit nouveau dans les rapports Église-Monde (Les « signes des temps ») Du même pape, en 1963, *« Pacem in terris » : « La paix sur terre » :* texte majeur qui montre les liens entre l'économie et la construction de la paix et de la communauté mondiale.
1965 : Gaudium et Spes	« Joies et espoirs des hommes ». Constitution pastorale du concile Vatican II, abordant notamment les questions économiques et sociales.
1967 : Populorum progressio.	Paul VI. « Le développement des peuples » La question sociale est aujourd'hui mondiale. Le développement est le nouveau nom de la paix.
1971 Lettre au Cardinal Roy Octogesima adveniens	Paul VI : « 80 ans après Léon XIII », se sont modifiées la pratique ecclésiologique (pluralisme) et la direction du regard de l'Église vers une société en totale transformation.

IV L'enseignement de Jean-Paul II

4 mars 1979 : Redemptor hominis	« Le Christ, rédempteur de l'homme »... L'homme, première et fondamentale route de l'Église.
30 nov. 1980 : Dives in misericordia.	« Le Seigneur, riche en miséricorde... » Pour l'homme, image de Dieu, la justice ne suffit pas : l'amour est nécessaire.
14 sept. 1981 : Laborem exercens.	« L'homme au travail »... L'économie est au service de l'homme...
30 déc. 1987 : Sollicitudo rei socialis.	La question sociale telle qu'elle se pose à l'échelle planétaire.
1er mai 1991 : Centesimus annus.	La doctrine sociale de l'Église Fin du léninisme, limites du capitalisme. Défense et promotion de l'homme.

Encyclique
Rerum novarum
de Léon XIII

Ce premier texte de l'Église sur la question sociale (1891) a joué un rôle considérable dans l'élaboration de l'enseignement social de l'Église. Il comprend trois parties :

1. Examen des désordres sociaux. Léon XIII y dénonce vigoureusement la *misère* et l'*injustice* qui touchent la *classe ouvrière.* Ce sont ces fortes pages qui firent alors la plus grande impression sur le public.

2. Examen du remède à ces désordres que prétend être le *socialisme,* dont Léon XIII rejette les thèses essentielles, comme la lutte des classes et l'abolition de la propriété privée des biens de production.

3. Exposé du vrai remède selon le pape, qui réside en une action concertée de l'Église et de l'État. L'Église apporte sa contribution en militant pour la réconciliation des classes, par l'usage chrétien des richesses (la propriété privée est à « usage commun ») ; elle y contribue aussi par l'amour fraternel et par son action doctrinale et caritative. L'État a pour rôle de promouvoir le bien commun (faciliter la prospérité générale), protéger les travailleurs, leur assurer l'accès à la propriété, les secourir, rapprocher les classes par les corporations.

Même si ce document porte la trace de son temps, et en bien des points paraît timide en comparaison des encycliques récentes, son importance fut considérable. Certes, on lui a reproché d'être venu un peu tard ; mais il ne faut pas oublier que les pays catholiques (latins) furent les derniers touchés par l'industrialisation et donc par la question sociale, au contraire des pays anglo-saxons et de l'Allemagne. De plus, l'attention de l'Église, durant le XIXe siècle, fut principalement polarisée par la défense contre l'incroyance, le libéralisme religieux et politique. L'encyclique *Rerum Novarum* a vraiment donné le départ, dans le catholicisme, à une prise de conscience à l'égard du problème social. Toutefois, si elle a été accueillie avec admiration et gratitude par les catholiques qui s'intéressaient au problème (les catholiques dits « sociaux »), ce n'est qu'avec un assez grand retard que son influence s'est fait sentir dans les masses catholiques. Il y eut ce que l'on a appelé une conspiration du silence autour de cet enseignement, légitimant sa reprise et sa réactualisation, quarante ans plus tard, par Pie XI avec son encyclique *Quadragesimo Anno.* ■

Encyclique
Quadragesimo anno
de Pie XI

Quarante ans après l'encyclique *Rerum Novarum* de Léon XIII (publiée en 1891), le besoin se faisait sentir d'en rappeler l'importance à de trop nombreux catholiques qui y étaient restés indifférents, et d'en prolonger la doctrine en fonction de l'évolution plus récente de la situation socio-économique. Ce fut le but de l'encyclique *Quadragesimo Anno* (La quarantième année) de Pie XI (15 mai 1931).

Cette encyclique comprend quatre parties :

1. Rappel de l'importance de *Rerum novarum* et de l'action sociale.

2. Clarification de certains points de *Rerum novarum* et développement d'autres.

a. Le droit de propriété, son caractère individuel et social. Distinction entre la propriété et son usage. Les pouvoirs de l'État. Distribution du superflu.

b. Le capital et le travail : ils doivent collaborer et se partager le bénéfice de l'entreprise. Meilleure répartition des richesses. Rendre la propriété accessible au prolétariat.

c. Le salariat : sa légitimité, à condition d'y associer des éléments du type de contrat de société, dans le but de faire participer les ouvriers à l'entreprise. Caractère personnel et social du travail. La détermination du salaire doit tenir compte, en plus des besoins de l'ouvrier lui-même, de ceux de sa famille, de la situation de l'entreprise et du bien commun.

d. Réforme des institutions : rôle de l'État et des groupes professionnels.

e. Ligne générale de conduite : ni libéralisme absolu au niveau du marché et de la concurrence, ni monopole, mais justice sociale et charité.

3. Examen du capitalisme et du socialisme. Le capitalisme n'est pas mauvais en soi, mais il l'est sous sa forme libérale (recherche égoïste du profit), devenue plus dangereuse qu'à l'époque de *Rerum novarum* en raison de la dictature économique qu'il a engendrée, en concentrant une grande puissance entre les mains de quelques-uns. Condamnation du socialisme : le socialisme strict ou communisme est condamné en raison de la lutte des classes, de l'abolition de la propriété privée, de ses persécutions contre l'Église, de son athéisme et de l'emploi de la violence. Le socialisme modéré (par exemple, à l'époque, celui de la S. F. I. O.) l'est aussi, quoique de manière beaucoup plus nuancée, et essentiellement en raison de son contenu idéologique marxiste.

4. Remède à ces maux : la réforme des mœurs. Le mal fondamental est la perte de l'esprit chrétien, qui doit s'incarner dans les structures économiques et sociales. Telles qu'elles existent, celles-ci sont en effet un obstacle au salut humain. A ce propos sont évoquées les causes de l'apostasie des masses. En d'autres termes, il faut réaliser une rénovation chrétienne, qui n'est autre que le plan de Dieu, plan de justice et de charité, visant à l'unification et au rapprochement des hommes.

La méthode à employer est essentiellement l'apostolat des laïcs chrétiens, pour la formation desquels le clergé à un rôle essentiel à jouer.

Pour la première moitié du XXe siècle, cette encyclique a été comme la charte de l'enseignement social chrétien. Celui-ci a depuis lors continué à progresser avec l'évolution du contexte socio-économique, culturel et politique (voir, par exemple *Mater et Magistra, Gaudium et Spes, Sollicitudo rei socialis),* sans que pour autant ses principes de base s'en trouvent dépassés. ■

Ph. Sprengfer/Sygma

Lorsqu'un mot, une expression, un événement, une institution, un nom propre vous sont inconnus, consultez l'index.

Encyclique
Mater et Magistra de Jean XXIII

L'évolution du monde économique et social après la Seconde Guerre mondiale, l'apparition de nouveaux problèmes, et les précisions apportées par Pie XII (en ses divers messages) à la doctrine sociale de l'Église, faisaient éprouver le besoin d'un document officiel répondant aux besoins nouveaux d'une époque qui n'était plus celle de la révolution industrielle, mais de la société industrielle dans sa maturité. C'est ce à quoi voulut répondre l'encyclique de Jean XXIII *Mater et Magistra* (15 juillet 1961), qui reste le document de base en la matière.

Tout en résumant l'enseignement de ses prédécesseurs, Jean XXIII en élargit considérablement l'horizon, et le renouvelle sur de nombreux points : socialisation, développement, importance reconnue au travail comme source de promotion humaine et des droits des salariés, au lieu que la propriété privée soit située comme le point de départ de l'ordre économique et social. C'était l'annonce d'un esprit nouveau, celui du concile Vatican II, dans l'attitude de l'Église envers le monde (reprise du dialogue avec lui, notion de « signes des temps », souci de partir de l'homme et de ses besoins).

L'encyclique comporte quatre parties :

1. Résumé de l'enseignement pontifical antérieur.

2. Précisions et apports nouveaux.

La socialisation, la rémunération du travail, le renouvellement des structures sociales, la propriété privée.

3. Nouveaux aspects de la question sociale.

Il faut faire pénétrer la justice sociale dans les secteurs les moins développés, l'agriculture notamment. Problèmes posés par le sous-développement à l'échelle mondiale ; la croissance démographique et le développement.

4. Un équilibre à retrouver dans la justice et l'amour.

Lettre de Paul VI au cardinal Roy
Octogesima adveniens

A l'occasion du 80e anniversaire de l'encyclique de Léon XIII *Rerum Novarum*, si déterminante dans l'élaboration de l'enseignement social de l'Église, et sans pour autant publier une encyclique anniversaire comme le fit Pie XI avec *Quadragesimo anno* quarante ans après le texte de Léon XIII, Paul VI a néanmoins tenu à continuer cette tradition par un document plus bref, une Lettre apostolique (datée du 14 mai 1971), adressée au cardinal Maurice Roy (archevêque de Québec) en tant que président du Conseil pontifical pour les laïcs et de la Commission pontificale Justice et Paix.

Paul VI rappelle en premier lieu l'universalité de la justice sociale, et le devoir de l'Église d'en traiter. Cette lettre comprend trois parties.

1. Examen de nouveaux problèmes sociaux.
- Celui de l'urbanisation croissante, la ville étant devenue de nos jours le lieu privilégié du rassemblement des hommes.
- Le problème des jeunes et des femmes dans la société moderne.
- Le rôle croissant des travailleurs et les problèmes posés par les travailleurs immigrés (droit à l'immigration, devoir de créer des emplois).
- Le problème de l'environnement.

2. Aspirations fondamentales et courants d'idées actuels.
- Les droits de l'homme à promouvoir.
- Les ambiguïtés des idéologies.
- Rappel de la distinction faite par Jean XXIII entre, d'une part, les doctrines inacceptables par les chrétiens et, d'autre part, les mouvements historiques nés de ces doctrines et auxquels les chrétiens peuvent collaborer sous certaines conditions.
- L'option de chrétiens pour le socialisme.
- L'évolution historique du marxisme.
- Nécessité d'un égal discernement à l'égard des ambiguïtés du libéralisme.

3. Les chrétiens devant ces nouveaux problèmes.

En vue d'une plus grande justice, les chrétiens doivent donner tout son sens à l'action politique, et savoir prendre leurs responsabilités.

C'est par un appel à s'engager dans l'action que Paul VI termine ce document important, qui offre notamment l'intérêt d'aborder diverses questions d'actualité. ■

Ph. Henker of Ack-Artephot

Le bon Samaritain, par V. Van Gogh.

Encyclique
Laborem exercens de Jean-Paul II

A l'imitation de ses prédécesseurs Pie XI et Paul VI, Jean-Paul II a publié une encyclique sur le travail humain, le 14 septembre 1981, pour commémorer le 90e anniversaire de l'encyclique *Rerum Novarum*.

Après une introduction situant le contexte de son encyclique, Jean-Paul II développe un enseignement systématique sur le travail, en quatre parties :

1. Aspect anthropologique. Le travail et l'homme.
- L'objet et le sujet du travail.
- Il faut dénoncer la conception libérale du travail qui voit en l'homme une marchandise ; même si depuis le XIXe siècle cette conception a évolué, elle demeure souvent dans un oubli de la véritable hiérarchie des valeurs en jeu. Le travail rend solidaires les travailleurs et il est lié à la dignité de la personne et à son environnement social (famille, nation).

2. Aspect social. Le conflit entre le travail et le capital, actuellement.
- Risque de transformer ce conflit en lutte de classes.
- Il faut donner, dans ce conflit, la priorité au travail.
- Il ne faut pas absolutiser le point de vue purement économique (= économisme), ce qui serait une preuve de matérialisme.
- La relation entre travail et propriété.

3. Aspect moral et juridique. Les droits des travailleurs.
- Il faut insérer ces droits dans le contexte plus vaste des droits de l'homme.
- Importance de la distinction entre « employeur direct » (l'entrepreneur avec lequel travaille, traite le travailleur) et « employeur indirect » (facteurs divers qui influent sur le contrat de travail).
- Le problème de l'emploi ; rôle de la planification.
- Le salaire et la rémunération du travail.
- L'importance des syndicats.
- La dignité du travail agricole.
- Le problème du travail des personnes handicapées.
- Les travailleurs immigrés.

4. Spiritualité du travail.
- Par le travail, l'homme participe à la création.
- Le Christ, modèle des travailleurs.
- Le travail doit être placé sous la lumière de la Croix et de la Résurrection.

Cette encyclique constitue ainsi une sorte de condensé de la morale sociale chrétienne, mettant la personne humaine au centre des problèmes économiques, et précisant sur de nombreux points l'enseignement de Paul VI et de Vatican II. ■

CORPS INTERMÉDIAIRES

Une juste notion du bien commun et du principe de subsidiarité amène à valoriser un ensemble de réalités sociales qui se situent entre la société globale (que ce soit la communauté nationale ou internationale) et les individus qui la composent. Ces réalités sont appelées *corps intermédiaires*, car elles rassemblent déjà des individus au sein du corps social global ; il s'agit, par exemple, de la famille, de l'entreprise, de la profession, du syndicat, de la commune, etc. Ces réalités intermédiaires sont facilement méconnues dans les deux excès que rejette l'enseignement de l'Église ; d'un côté, le *collectivisme* qui, en donnant à l'État des pouvoirs exorbitants, réduit les individus à de simples objets irresponsables ; d'un autre côté, le *libéralisme* qui, en exaltant sans contraintes les libertés individuelles soustraites à l'intervention de l'État, engendre les injustices sociales par l'oppression des plus faibles par les plus forts. Par contre, regroupés en corps intermédiaires, les individus y trouvent un champ où exercer leur liberté et leur sens des responsabilités, sans être étouffés par le pouvoir étatique.

De la sorte, les corps intermédiaires existent quand un bien commun, plus restreint que le bien commun général, devient nécessaire à promouvoir pour le bien des membres intéressés. Par là les corps intermédiaires peuvent jouer la fonction personnalisante que ne peut guère remplir la collectivité plus vaste, trop anonyme et éloignée des besoins des individus. C'est alors, quand ils deviennent de véritables communautés, fondées sur des relations personnalisées (où chacun est reconnu comme tel), que les corps intermédiaires trouvent leur justification ; l'essentiel est que le pouvoir central leur accorde un certain nombre de droits et une zone d'autonomie (culturelle, économique, etc.) par une juste politique de décentralisation.

En raison des changements que connaît le monde moderne, entré dans la voie de la socialisation, il convient d'adapter les corps intermédiaires à de nouvelles tâches, pour faire face à des besoins nouveaux, permettant ainsi aux personnes humaines qui composent le corps social global de trouver à un niveau intermédiaire la possibilité de s'exprimer (par là est posé le problème des minorités ethniques ou linguistiques) et d'exercer leurs responsabilités ; ainsi seront-elles mieux en mesure de réaliser leur vocation humaine, qui, pour un chrétien, est la vocation d'un fils de Dieu appelé à s'épanouir dans la grande communauté d'amour du Royaume de Dieu. ■

Une solution aux difficultés de rapport entre personne et État

Le principe de subsidiarité

Il s'agit d'un aspect important de l'enseignement social de l'Église. Ce principe règle les rapports qui doivent régner entre l'État et les individus (ou les associations intermédiaires). Une remarque de vocabulaire : *subsidiaire* n'est pas à prendre ici au sens d'accessoire ou secondaire, mais au sens étymologique d'*aide*, de *secours*. On peut ainsi formuler ce principe à la suite de Pie XII : « Toute activité sociale est, de sa nature, subsidiaire ; elle doit servir de soutien aux membres du corps social et ne jamais les détruire, ni les absorber ».

Les principes

La personne humaine, de par sa nature sociale, a besoin de la société pour se réaliser ; si l'État doit lui fournir les possibilités de cette réalisation, celle-ci reste néanmoins l'œuvre de chaque personne responsable. A ce sujet, il faut bien distinguer deux plans : à son plan propre, la *mission spécifique de l'État* est la *gestion du bien commun*, fonction pour laquelle il est pleinement souverain. Mais, en dehors de ce domaine, la *gestion des biens particuliers* ne regarde que *chaque personne intéressée* ; aussi, chaque fois que le bien commun n'est pas en jeu, les citoyens ont un droit inaliénable à déployer leurs activités personnelles et à réaliser d'eux-mêmes les activités privées qui leur incombent. A ce stade le principe de subsidiarité signifie un devoir de non-ingérence de l'État dans le domaine privé.

La place de l'État

En effet, l'État n'est pas absolu ; il est au service des personnes, et pour ce faire, il doit promouvoir le bien commun, auquel chaque personne doit apporter sa contribution. Cependant, il est des cas où le rôle de l'État doit aller plus loin, et c'est là que fonctionne le principe de subsidiarité. Si, en raison de circonstances historiques ou économiques particulières (période de crise ou de pénurie, par exemple), les individus ou les sociétés se situant à un niveau moins élevé (familles, entreprises...) ne peuvent réaliser leurs tâches privées, l'État doit leur accorder aide et soutien, non pas pour profiter de la situation et prendre définitivement ces tâches en mains, mais seulement pour aider les individus à sortir de leurs difficultés.

Un cas limite peut se présenter, celui des *nationalisations* (passage du domaine privé au domaine public), qui ne peuvent pas être envisagées comme solution générale de l'économie, car négation du droit des personnes à gérer leurs biens. Cependant, la nationalisation peut se justifier quand le bien commun l'exige.

Dans cette délicate interaction entre bien commun et biens privés, l'État doit éviter deux excès. Le premier consiste à tout régenter et à assurer lui-même les biens privés des personnes, frustrées alors de leur liberté et de leurs initiatives ; en cette situation où le domaine public a tout envahi, on a affaire à ce qu'on appelle l'État-Providence, État strictement collectiviste à économie centralisée et à planification contraignante. A l'inverse, si l'État, ignorant sa mission de subsidiarité, laisse tout faire dans une sorte de contexte de loi de la jungle où les faibles sont écrasés par les forts, et n'intervient que pour empêcher l'anarchie et le chaos, on a affaire à l'État-gendarme. Pour l'Église, l'État doit rester dans sa fonction irremplaçable d'où il tire sa noblesse : laisser le maximum de jeu aux libertés individuelles, en promouvant les meilleures conditions pour leur exercice privé, en stimulant les initiatives privées en vue du bien commun (par exemple, à l'aide d'une planification incitative). En un mot, ce rôle de l'État n'est pas subsidiaire par rapport à sa propre mission ; il est seulement subsidiaire par rapport aux individus et aux sociétés intermédiaires, qu'il doit aider dans la mesure du possible. ■

Le Saint-Siège explique les fondements de l'intervention de l'Église en matière sociale et politique

Message évangélique et vie sociale

L'enseignement social de l'Église est né de la rencontre du message évangélique et de ses exigences, résumées dans le commandement suprême de l'amour de Dieu et du prochain et dans la justice, avec des problèmes émanant de la vie de la société. Il s'est constitué comme une doctrine, en usant des ressources de la sagesse et des sciences humaines ; il porte sur l'aspect éthique de cette vie, et prend en compte les aspects techniques des problèmes, mais toujours pour les juger sous l'angle moral.

Essentiellement orienté vers l'action, cet enseignement se développe en fonction des circonstances changeantes de l'histoire. C'est pourquoi, avec des principes toujours valables, il comporte aussi des jugements contingents. Loin de constituer un système clos, il demeure constamment ouvert aux questions nouvelles qui ne cessent de se présenter ; il requiert la contribution de tous les charismes, expériences et compétences.

Experte en humanité, l'Église offre par sa doctrine sociale un ensemble de principes de réflexion *et de* critères de jugement, *et aussi de* directives d'action, *pour que les changements en profondeur que réclament les situations de misère et d'injustice soient accomplis, et cela d'une manière qui serve le vrai bien des hommes.*

Principes fondamentaux

Le commandement suprême de l'amour conduit à la pleine reconnaissance de la dignité de chaque homme, créé à l'image de Dieu. De cette dignité découlent des droits et des devoirs naturels. A la lumière de l'image de Dieu, la liberté, prérogative essentielle de la personne humaine, est manifestée dans toute sa profondeur. Les personnes sont les sujets actifs et responsables de la vie sociale.

Au fondement, *qui est la dignité de l'homme, sont intimement liés le* principe de solidarité *et le* principe de subsidiarité.

En vertu du premier, l'homme doit contribuer avec ses semblables au bien commun de la société, à tous ses niveaux. Par là, la doctrine de l'Église est opposée à toutes les formes de l'individualisme social ou politique.

En vertu du second, ni l'État ni aucune société ne doivent jamais se substituer à l'initiative et à la responsabilité des personnes et des communautés intermédiaires au niveau où elles peuvent agir, ni détruire l'espace nécessaire à leur liberté. Par là, la doctrine sociale de l'Église s'oppose à toutes les formes de collectivisme.

Congrégation pour la doctrine de la foi (1984).

Lorsqu'un mot, une expression, un événement, une institution, un nom propre vous sont inconnus, consultez l'index.

▶▶▶ *Suite de la page 846*

Un appel à une réelle solidarité internationale pour le Développement

Selon cet appel, les pauvres ont droit à l'assistance des autres, mais cette assistance ne peut en aucun cas altérer le droit de chaque peuple à disposer de lui-même.

Le problème démographique

Le problème démographique pose une question difficile à la hiérarchie catholique qui refuse — comme on l'a dit — les procédés non « naturels » de contraception et la stérilisation. Dans les conférences internationales, le Vatican s'est souvent rangé du côté des pays du Tiers-Monde pour rejeter un ordre contraceptif venu d'Occident, tout en préconisant des méthodes naturelles de planning familial comme la méthode Billings appliquée avec succès aux Philippines, à Maurice, etc.

Les institutions de dialogue

La paix entre les nations est un bien sans cesse menacé, qu'il faut résolument préserver, ou rétablir. Tout en attachant une grande importance à l'État-Nation (*cf.* le discours de Jean-Paul II à l'UNESCO en 1980), les derniers papes, comme le concile Vatican II, ont appelé de leurs vœux et soutenu les grandes organisations internationales, en souhaitant que leur efficacité et donc leurs responsabilités s'accroissent, notamment pour faire cesser la course aux armements et offrir des garanties de sécurité. Le Saint-Siège est lui-même membre de la plupart des grandes instances internationales (ONU, UNESCO, FAO, Conférence sur la sécurité et la coopération en Europe, etc.).

Peut-on parler d'une doctrine sociale chrétienne ?

Couramment employé jusqu'au concile Vatican II, volontiers utilisé aujourd'hui par Jean-Paul II, le terme « doctrine sociale de l'Église » est récusé par certains comme prêtant à confusion avec une visée idéologique. Mais, qu'on y recourt, ou qu'on parle d'« enseignement social » ou de « magistère social » de l'Église, il s'agit toujours d'énoncer quelques principes fondamentaux et d'inviter chacun, à partir d'une analyse rigoureuse du réel, à voir comment ils peuvent être mis en œuvre. Sans prétendre être exhaustif, disons que les principes auxquels ils se réfèrent le plus souvent sont :

- l'absolue dignité de la personne humaine et l'intangibilité de ses droits ;
- le respect de l'identité des personnes, la nécessité du développement personnel dans le respect de la culture et l'ouverture aux autres cultures ;
- le droit de chacun à l'information nécessaire pour mener une vie vraiment humaine ;
- la primauté de la famille pour permettre l'épanouissement humain ;
- le droit au travail digne ;
- la participation de chacun aux décisions qui le concernent dans tous les domaines, notamment politique, économique, social ;
- le droit à la sécurité par la propriété ;
- mais aussi la limitation du droit de propriété, comme de tous les autres droits, en vue du bien commun du groupe, de la nation, de l'humanité ;
- au-delà de la lutte des classes, la certitude que l'humanité est

Suite page 863 ▶▶▶

Théologie de la libération

Elle est ainsi définie par l'un de ses fondateurs : « Essai de réflexion, à partir de l'Évangile et de l'expérience d'hommes et de femmes engagés dans le processus de libération, en ce sous-continent de l'oppression et du pillage qu'est l'Amérique latine. Réflexion théologique qui naît de l'expérience partagée, dans l'effort commun pour faire disparaître l'actuelle situation d'injustice et construire une société différente, plus libre et plus humaine » (Gutiérrez).

Ce courant de pensée théologique est né en Amérique latine dans les années 60. Il se situe en opposition à une théologie « libérale », qu'il considère comme proposant une vérité toute faite sans souci de savoir si elle peut se vérifier.

En Amérique latine, en effet, le salut prend une signification précise : une grande foule de pauvres y attend une réelle libération. Il semble vain d'y parler de salut et de libération en Jésus-Christ si on ne donne pas à ces mots une signification immédiate. Bien que souvent suspecté du contraire, ce courant se situe en opposition au marxisme, mais il en utilise certaines formes d'analyse par exemple, éventuellement, celle de la division de la société en classes antagonistes. Cette pensée se veut limitée au contexte actuel de l'Amérique latine ; l'inégalité sociale, en effet, y atteint un degré insupportable, et la pauvreté est le fait de la majorité des populations ; d'autre part, les dictatures sud-américaines ont pour la plupart recouru aux doctrines de la « Sécurité nationale », justifiant à leurs yeux, « pour défendre l'ordre chrétien », tous les excès. Elle s'est imposé un effort de recherche théologique impliquant la mise au point de méthodes d'analyse sociale en même temps qu'une confrontation avec l'Écriture et la Tradition. Au mot théologique « salut » elle substitue celui de « libération », chargé de sens chez des gens accablés par la pauvreté et l'injustice.

Le point clef de sa réflexion lui est fourni par la création de l'homme à l'image de Dieu. Pour être à l'image de Dieu, l'homme doit être créateur à son tour ; et donc sujet et acteur, promoteur de sa propre histoire. C'est dans cet acte de créateur qu'il devient ce qu'il doit être : fils de Dieu. La communauté de base nourrie de cette théologie doit donner à ses membres les moyens, non seulement spirituels et intellectuels, mais aussi matériels de leur responsabilité sur eux-mêmes.

Dans son domaine, la théologie de la libération a été très féconde, et beaucoup de théologiens s'en réclament (Gutiérrez, Dussel, Boff, Seguido, Vidales, Ibarre, Galilea, Sobrino, Ellacuria).

Elle a reçu à la fois encouragement et mise en garde de la part du Vatican, et des évêques d'Amérique latine. Alors que beaucoup pensaient que Jean-Paul II la condamnerait en se rendant à la IIIe Conférence générale des évêques latino-américains (CELAM) tenue à Puebla (Mexique) en janvier 1979, on peut considérer qu'elle a inspiré une bonne part des travaux de la Conférence avec l'aval du Pape.

Le cardinal Ratzinger, un adjoint immédiat du Pape, a publié deux textes concernant la théologie de la libération : le premier mettait les Sud-Américains fermement en garde contre les effets éventuels de l'utilisation des instruments de la pensée marxiste. Le deuxième (1986) traçait le chemin d'une théologie de la libération conforme à la tradition chrétienne.

En 1991, Jean-Paul II, recevant la Congrégation romaine pour la Doctrine de la Foi, et se référant à son encyclique *Redemptoris missio*, soulignait que le règne de Dieu ne doit pas être ramené à une réalité seulement humaine, et que les luttes pour la libération socio-économique, politique et culturelle, ne sont pas fermées à la transcendance. ■

Théologie de la libération et marxisme

L'avis d'un des auteurs de la théologie de la libération

Ici il nous faut parler clair : la théologie de la libération a toujours entendu utiliser le marxisme comme médiation, *comme* outil *intellectuel, comme* instrument *d'analyse sociale. Tel est le statut* épistémologique *du marxisme dans la thélogie de la libération. De cette manière, le marxisme, dans la mesure où cela était possible, a vu certaines de ses catégories incorporées au discours de la foi, et non le contraire. Certes, le marxisme est* dangereux, *mais il ne cesse pas pour autant d'être utile, utile en particulier pour comprendre la réalité sociale, surtout en ce qui concerne la pauvreté et la victoire sur celle-ci. Mais ce n'est pas parce qu'un instrument est dangereux qu'il cesse d'être utilisé, en particulier quand on en a besoin et que nous n'en voyons pas de meilleur.*

Il ne fait aucun doute (...) que, dans cette assomption de catégories marxistes, il y a eu des exagérations et des imprudences ici et là. Mais cela n'a pas été l'« orientation fondamentale » ou l'« intention de fond » de la théologie de la libération. Ici encore, il importe de voir le projet *de base et de tenir compte du* processus *avec toutes ses tentatives, certaines réussies, d'autres moins. Cela est inévitable, surtout face à un courant aussi puissant et séduisant que le marxisme. Et cela, non pas par dilettantisme intellectuel, mais par amour pour ceux que Jésus a le plus aimés, confiants dans la force de la foi, qui a le pouvoir d'« amener toute pensée à obéir au Christ » (2 Co 10,5).*

Léonard Boff,
Commentaire sur un texte
du cardinal Ratzinger
Documentation catholique, n° 1181.

Le Vatican, la liberté et la violence

Primauté des personnes sur les structures

Certes, l'Église est consciente de la complexité des problèmes auxquels les sociétés sont affrontées et des difficultés à y trouver des solutions adéquates. Cependant, elle pense qu'il faut d'abord faire appel aux capacités spirituelles et morales de la personne et à l'exigence permanente de conversion intérieure si l'on veut obtenir des changements économiques et sociaux qui soient vraiment au service de l'homme.

La primauté donnée aux structures et à l'organisation technique sur la personne et les exigences de sa dignité est l'expression d'une anthro-pologie matérialiste, elle est contraire à l'édification d'un ordre social juste.

Cependant, la priorité reconnue à la liberté et à la conversion du cœur n'élimine nullement la nécessité d'un changement des structures injustes. Il est donc pleinement légitime que ceux qui souffrent de l'oppression de la part des détenteurs de la richesse ou du pouvoir politique agissent, par des moyens moralement licites, pour obtenir des structures et des institutions dans lesquelles leurs droits soient vraiment respectés.

Il reste toutefois que les structures instaurées pour le bien des personnes sont à elles seules incapables de le procurer et de le garantir. La corrup-tion qui atteint, dans certains pays, les dirigeants et la bureaucratie d'État, et qui détruit toute vie sociale honnête, en est une preuve. La droiture des mœurs est condition de la santé de la société. Il faut donc œuvrer à la fois pour la conversion des cœurs et l'amélioration des structures, car le péché qui est à l'origine des situations injustes est, au sens propre et premier, un acte volontaire qui a sa source dans la liberté de la personne. C'est dans un sens dérivé et second qu'il s'applique aux structures, et qu'on peut parler de « péché social ».

Par ailleurs, dans le processus de libération, on ne peut faire abstraction de la situation historique de la nation ni attenter à l'identité culturelle du peuple. En conséquence, on ne peut accepter passivement et encore moins activement d'appuyer des groupes qui, par la force ou la manipulation de l'opinion, s'emparent de l'appareil de l'État et imposent abusivement à la collectivité une idéologie importée, opposée aux vraies valeurs culturelles du peuple. A ce propos, il convient de rappeler la grave responsabilité morale et politique des intellectuels.

Directives d'action

Les principes fondamentaux et les critères de jugement inspirent des directives d'action : *puisque le bien commun de la société humaine est au service des personnes, les moyens d'action doivent être conformes à la dignité de l'homme et favoriser l'éducation de la liberté. C'est là un critère sûr de jugement et d'action : pas de véritable libération si ne sont pas respectés dès le début les droits de la liberté.*

Il faut dénoncer, dans le recours systématique à la violence présentée comme la voie nécessaire de la libération, une illusion destructrice, ouvrant la voie à de nouvelles servitudes. On condamnera avec la même vigueur la violence exercée par les possédants contre les pauvres, l'arbitraire policier, ainsi que toute forme de violence établie en système de gouvernement. En ces domaines, il faut savoir tirer les leçons de tragiques expériences qu'a connues et connaît encore l'histoire de notre siècle. On ne peut non plus admettre la coupable passivité des pouvoirs publics dans des démocraties où la situation sociale d'un grand nombre d'hommes et de femmes est loin de correspondre à ce qu'exigent les droits individuels et sociaux constitutionnellement garantis.

Instruction sur la liberté chrétienne
et la libération
Congrégation pour la Doctrine de la Foi
1986.

Ph. RMN

Le passage de la mer Rouge : pour les juifs comme pour les chrétiens, symbole de toute véritable libération.

Ce qu'est la théologie de la libération par un de ses tenants

J'appelle théologie de la libération celle qui trouve ses fondements théoriques dans les écrits de Gustavo Gutiérrez, Leonardo Boff, Ignacio Ellacuria, Ronaldo Muânoz. Pour éviter tout malentendu avec les Européens, je précise que je me réfère uniquement à cette élaboration théologique et non pas au mouvement des « Chrétiens pour le socialisme ». Que dit cette théologie ? Qu'à travers cet événement fondamental qu'est l'irruption des pauvres dans un continent chrétien, des milliers d'hommes ont fait une expérience spirituelle de rencontre avec Dieu. Tous les théologiens, y compris les Européens, par exemple le défunt père Rahner que j'apprécie beaucoup, reconnaissent que chaque théologie vit d'une expérience spirituelle. Ensuite, la doctrine doit naturellement conduire à formuler cette expérience ; néanmoins la foi est antérieure à la doctrine et elle vit d'une expérience. Ainsi, les théologiens de la libération disent que ce peuple, crucifié, chargé de douleurs, torturé, est le lieu où de nombreux chrétiens ont fait l'expérience spirituelle de la rencontre avec Dieu. C'est un fait, on ne peut pas le démontrer, on peut écrire à ce sujet, mais avant tout, cela est ! Ce qui est caractéristique, c'est que la foi en Dieu et la réalité des pauvres s'illuminent mutuellement. C'est là la première des choses affirmées par la théologie de la libération ; la deuxième, c'est que le plus important des charismes est la charité, comme le dit saint Paul. « Libération » est une manière d'exprimer que l'amour conduit à lutter pour libérer les pauvres de tous les esclavages. Le premier des esclavages étant celui de la misère dont on peut littéralement mourir. Il est important de le souligner, car il ne s'agit pas là d'abstraites « conditions socio-économiques » comme on le dit parfois de manière simpliste. En France, ou ailleurs, le « socio-économique » peut désigner n'importe quoi ; ici, pauvreté veut dire, entre autres choses, mort lente par manque de nourriture, de travail, de santé... Mais aussi mort violente, et ceci n'est malheureusement pas de la rhétorique.

Il est évident que la charité, dans de telles circonstances, signifie libérer les pauvres, ainsi que l'a toujours soutenu Gustavo Gutiérrez, mais également les libérer de leur péché, car il ne s'agit pas d'idéaliser les pauvres.

Jon Sobrino,
Théologie de la libération.

La libération évangélique

De la libération que l'évangélisation annonce et s'efforce de mettre en œuvre, il faut dire plutôt :

— elle ne peut pas se cantonner dans la simple et restreinte dimension économique, politique, sociale ou culturelle, mais elle doit viser l'homme tout entier, dans toutes ses dimensions, jusques et y compris dans son ouverture vers l'absolu, même l'Absolu de Dieu ;

— elle est donc rattachée à une certaine conception de l'homme, à une anthropologie qu'elle ne peut jamais sacrifier aux exigences d'une quelconque stratégie, d'une praxis ou d'une efficacité à court terme.

C'est pourquoi, en prêchant la libération et en s'associant à ceux qui œuvrent et souffrent pour elle, l'Église — sans accepter de circonscrire sa mission au seul domaine du religieux, en se désintéressant des problèmes temporels de l'homme — réaffirme la primauté de sa vocation spirituelle, elle refuse de remplacer l'annonce du Règne par la proclamation des libérations humaines, et elle proclame que même sa contribution à la libération est incomplète si elle néglige d'annoncer le salut en Jésus-Christ.

Paul VI, 1975,
Annoncer l'Évangile aux hommes de notre temps.

Théologie de la libération :

L'avis des services romains

1. La mise en garde contre les graves déviations dont sont porteuses certaines « théologies de la libération » ne doit nullement être interprétée comme une approbation, même indirecte, qui serait donnée à ceux qui contribuent au maintien de la misère des peuples, à ceux qui en profitent, à ceux qui en prennent leur parti ou à ceux que cette misère laisse indifférents. L'Église, guidée par l'Évangile de la miséricorde et par l'amour de l'homme, entend la clameur pour la justice et veut y répondre de toutes ses forces.

2. Un immense appel est ainsi adressé à l'Église. Avec audace et courage, avec clairvoyance et prudence, avec zèle et force d'âme, avec un amour des pauvres qui va jusqu'au sacrifice, les pasteurs, comme beaucoup le font déjà, considéreront comme une tâche prioritaire de répondre à cet appel.

Instruction sur quelques aspects de la théologie de la libération, Septembre 1984.

L'avis de Paul VI

Il ne faut pas nous cacher, en effet, que beaucoup de chrétiens généreux, sensibles aux questions dramatiques que recouvre le problème de la libération, en voulant engager l'Église dans l'effort de libération, ont fréquemment la tentation de réduire sa mission aux dimensions d'un projet simplement temporel ; ses buts, à une visée anthropocentrique ; le salut dont elle est messagère et sacrement, à un bien-être matériel ; son activité, oubliant toute préoccupation spirituelle et religieuse, à des initiatives d'ordre politique ou social. Mais, s'il en était ainsi, l'Église perdrait sa signification foncière. Son message de libération n'aurait plus aucune originalité et finirait par être facilement accaparé et manipulé par des systèmes idéologiques et des partis politiques. Elle n'aurait plus d'autorité pour annoncer, comme de la part de Dieu, la libération. C'est pourquoi Nous avons voulu souligner dans la même allocution, à l'ouverture de la troisième Assemblée synodale, « la nécessité de réaffirmer clairement la finalité spécifiquement religieuse de l'évangélisation. Cette dernière perdrait sa raison d'être si elle s'écartait de l'axe religieux qui la dirige : le Règne de Dieu avant toute autre chose, dans son sens pleinement théologique ».

L'avis des « experts » romains

(...) On n'a pas le droit d'opposer une critique négative aux différents systèmes théologiques dont il s'agit, si l'on ne reste pas attentif à la clameur des pauvres et si on ne cherche pas une meilleure manière d'y répondre. Mais, d'autre part, il y a lieu de se demander si les projets théologiques les plus actuellement en faveur, tels qu'ils se présentent effectivement, ouvrent la seule voie qui mène à rencontrer le plus adéquatement le souhait d'un monde plus humain et plus fraternel.

(...) La communauté ecclésiale est toujours située dans des conditions concrètes où certaines options politiques se trouvent déjà prises (...). Il lui faut donc, à l'exemple des prophètes de l'Ancien Testament, affiner sa conscience pour instituer à la lumière de la foi la critique des situations sociales. Elle est solidaire des pauvres (...). L'Église en son ensemble peut être tenue d'exprimer sa pensée sans retard et avec vigueur. Par ailleurs, en de nombreuses circonstances particulières, est laissée au chrétien la latitude d'opérer librement son choix entre les manières diverses de tendre au même but commun. En conséquence, il est impossible d'éviter totalement, entre chrétiens, des controverses en matière sociale et politique. « Aux chrétiens qui paraissent, à première vue, s'opposer à partir d'options différentes, l'Église demande un effort de compréhension réciproque des positions et motivations de l'autre » (Paul VI).

(...) En revanche, l'unité de l'Église est sérieusement mise en danger si les différences qui existent entre les « classes » sociales sont assumées dans le système de la « lutte des classes ». Là où existent des inégalités entre « classes » on ne peut guère éviter certains litiges. Le chrétien se signale avant tout par la manière dont il cherche à résoudre ces conflits ; il ne préconise pas le recours à la violence contre la violence, mais s'efforce d'obtenir un changement de la situation par d'autres moyens, comme la formation des consciences, l'échange d'arguments, le soutien accordé à des actions non violentes. Il n'est pas non plus permis au chrétien de négliger l'objectif principal qui est la réconciliation (...).

L'option politique n'a pas le droit de se faire si combative qu'elle entame l'universalité de l'annonce chrétienne du salut. Celle-ci doit être portée à tous les hommes, y compris aux riches et aux oppresseurs. L'Église ne peut exclure aucun homme de sa charité. Ainsi elle doit constamment rappeler et aviver le souci de refuser au politique une valeur quasiment absolue. Or un choix politique exclusif, intolérant à l'égard d'une option différente, devient tyrannique et altère la nature même de la politique. L'Église a le devoir — dont elle ne peut s'écarter — de s'opposer aux revendications dictatoriales d'un État qui prétendrait régler lui-même, et de façon exclusive, toutes les dimensions de l'existence (...).

Extraits d'une déclaration de la Commission théologique internationale (nommée par Rome) sur « La promotion humaine et le salut chrétien », *Documentation Catholique*, n° 1726.

La place de la religion populaire en Amérique latine

Question : ***Quelle valeur accordez-vous donc à la religiosité populaire ?***

Réponse : *La réponse est difficile, car la réalité est immense et revêt des caractéristiques diverses. Par exemple, la religiosité populaire peut se manifester d'une façon au Salvador et d'une autre au Chili ou en Argentine. Elle peut soudain surgir comme force libératrice sous un aspect et être une force d'oppression sous un autre.*

Dans ces cultures primitives, la religion n'est pas seulement un aspect parmi d'autres, comme c'est le cas dans la culture moderne, laquelle exige une autorité pour le religieux, une autre pour l'économique, une autre pour l'éducation, une autre pour la médecine. Cela est typique de la culture moderne.

Dans les cultures primitives, il n'existe pas de différenciation dans les rôles : celui qui gère le religieux est le même qui guérit, c'est le médecin, le mage ; celui qui s'occupe de la production est celui qui fait des rituels pour que la production soit bonne.

Le malentendu consiste à croire que l'on peut gérer la religiosité, dans les cultures primitives latino-américaines, comme un secteur différent des autres, alors qu'elle est absolument mélangée à la totalité de la culture. En Occident, il n'en est pas ainsi : on peut être cultivé sans être religieux ; on peut participer à la culture en omettant ou en oubliant tout type de religion. La religion est une variable indépendante. Jusqu'à ces derniers temps il n'en était peut-être pas ainsi, mais cela est vrai aujourd'hui.

Cela ne saurait se produire dans les cultures primitives : celui qui laisse la religion d'une culture donnée laisse toute sa conception culturelle, de telle façon que lorsque l'Église croit voir se modifier la religiosité populaire, elle commet un malentendu de type anthropologique très important. Le résultat est que la pastorale est affrontée à des réalités qu'elle ne peut surmonter.

C'est là simplement une piste sur laquelle je ne porte pas de jugement. Certains pensent, en effet, que les droits de l'homme sont au-dessus de tout, que tous ont le droit de pratiquer leur religion et d'avoir leur culture, comme ils ont le droit de parler leur langue propre. Dans ce cas, il est nécessaire de les maintenir comme ils sont, et de leur donner des opportunités en fonction de leur situation.

JUAN SECUNDO,
Documentation catholique, n° 1881.

▶▶▶ *Suite de la page 859*

profondément une, ce qui invite à ne pas céder à l'égoïsme et au corporatisme ;
• le refus du libéralisme politique ou « économiste » et du capitalisme d'État, parce que les personnes humaines y sont plus considérées comme des objets que comme des sujets des systèmes que ces théories inspirent ;
• l'acceptation de la nécessaire autorité dans la société, dans la mesure où celle-ci respecte le bien commun et n'outrepasse pas ses droits ;
• la relativité de l'économique et du politique devant les autres dimensions de l'homme ;
• l'éminente dignité des pauvres et des marginaux ;
• la reconnaissance de la dimension religieuse de l'homme pour établir un monde vraiment humain ;
• la lutte contre les inégalités entre les catégories sociales comme entre les pays, et l'insistance sur le développement des pays les moins favorisés comme moyen de garantir la paix.

Il est évidemment relativement facile de détailler une doctrine, il faut cependant savoir que beaucoup ne se reconnaîtraient pas dans un tel énoncé. Non qu'ils en nieraient les principes ! Mais, pour eux, la vie morale est d'abord une pratique vécue dans une société donnée qui cherche, jour après jour, des réponses à des situations données. Ils n'ont pas l'impression de disposer de réponses toutes faites, même s'ils puisent dans l'Évangile, directement ou grâce à l'enseignement de l'Église, une certaine conception de l'homme et surtout la certitude d'être aimés et d'avoir à être signes de l'amour de Dieu.

Nous revoici donc à notre point de départ. L'amour. Les chrétiens le placent au premier plan de leur vie morale. L'amour qui n'est pas une affaire de règles, de définitions, d'ordres... L'amour qui est une réponse à l'amour de Dieu, à l'Alliance.

Suite page 886 ▶▶▶

Ph. Roger-Viollet

« J'ai vu les favelas de Rio, les callampas de Santiago et les ranchos gris de Caracas, jetés comme une malédiction parmi les palais de rêve des riches ». P. Werenfried van Straaten.

Retrouvez le lien entre culte et culture

La foi est source de culture, et la culture est épanouissement de la foi. *Telle est l'intuition que vous partagez sans doute et qui m'a conduit à créer le Conseil pontifical pour la culture : « La synthèse entre culture et foi n'est pas seulement une exigence de la culture, mais aussi de la foi. Une foi qui ne devient pas culture est une foi qui n'est pas pleinement accueillie, entièrement pensée et fidèlement vécue. » (Lettre au cardinal Agostino Casaroli, secrétaire d'État, 1982).*

Toute la tradition vivante de l'Église nous l'enseigne : la foi cherche l'intelligence, et l'intelligence cherche la foi. Le besoin de comprendre comme le besoin de croire sont profondément enracinés au cœur de l'homme. Et c'est pourquoi l'Église elle-même est au point de départ de la création des Universités, dans la conviction profonde que l'effort pour rechercher la vérité, qui est au cœur de l'esprit humain, bien loin d'être contrarié par l'accueil de la vérité en plénitude, en est au contraire immensément stimulé. Comme je le disais déjà le 1er juin 1980 aux étudiants de l'Institut catholique de Paris, les Universités catholiques « vous permettent d'unifier existentiellement, dans votre travail intellectuel, deux ordres de réalités qu'on a trop souvent tendance à opposer, comme si elles étaient antithétiques, la recherche de la vérité et la certitude de connaître déjà la source de la vérité ».

JEAN-PAUL II.

A propos de culture et foi

Comme chaque fois que l'histoire passe par une mutation de civilisation, l'Église traverse une crise. La tentation de certains chrétiens est alors de succomber à la peur et de se replier dans le ghetto du petit troupeau fidèle en condamnant les autres chrétiens qui s'efforcent d'incarner l'Évangile dans la réalité concrète de la culture de notre temps.

C. GEFFRÉ, 1970.

L'OPINION PUBLIQUE

Il y a longtemps que le phénomène de l'opinion publique est connu. Tite-Live ne parle-t-il pas des décemvirs vaincus par l'opinion unanime ? (Histoire romaine III, 52, 10). Et au sein de l'Église, on a maintes fois vu les responsables devoir répondre aux attentes du peuple chrétien ; il en a été ainsi, par exemple, pour bien des réformes (celle de Grégoire VII au XIe siècle ; et même, après une trop longue attente il est vrai, la Contre-Réforme ou Réforme catholique au XVIe siècle).

Mais, à l'inverse, l'Église catholique a lutté jusqu'au milieu du XXe siècle contre la liberté d'expression, conformément à une théorie qu'on pourrait résumer comme suit : pas de liberté pour les ennemis de la vérité.

Il est clair que l'avènement des démocraties, l'évolution des mentalités, et la possibilité de surcroît de mesurer à tout instant les courants de l'opinion, ont obligé les Églises, comme bien d'autres institutions, à tenir un plus grand compte de celle-ci.

Pie XII fut sans doute le premier pape à souhaiter qu'une opinion publique se manifestât dans l'Église, car « enfin elle (l'Église) est un corps vivant et il manquerait quelque chose à sa vie si l'opinion publique lui faisait défaut » (18 février 1950). Mais le changement le plus fondamental fut celui apporté par le concile Vatican II, qui reconnaît l'absolue liberté de conscience et le droit pour chacun de s'exprimer (Déclaration sur la liberté religieuse, 1965).

Ceci dit, il convient de rappeler que la mission première de l'Église est d'être témoin de la Révélation, laquelle ne saurait dépendre des fluctuations de l'opinion publique, fût-ce au sein même du peuple chrétien. Le critère de vérité n'est pas ici celui de telle ou telle majorité, il repose tout entier dans l'enseignement du Christ.

Par contre, c'est au peuple chrétien tout entier qu'il appartient d'en rendre compte, et selon des modalités qui appellent à coup sûr une concertation avec la hiérarchie. Des progrès notables ont été accomplis à cet égard depuis le concile Vatican II ; d'autres restent à faire. ■

Un théologien dit « Non aux médias »

« Pour un trop grand nombre de communicateurs chrétiens, le problème des médias est un problème de « surface ». Ils aimeraient garder la foule, les grands studios de T.V. et de cinéma. Et, en même temps, remplir les programmes d'un nouveau sens spirituel. Ceci est impossible. Un évangile présenté dans un contexte qui contredit l'Évangile n'est plus du tout un évangile. Vous ne pouvez parler du Christ à une personne en la passant au fil de l'épée (bien que plusieurs admettent avoir essayé). Vous ne pouvez communiquer un message d'amour et de réciprocité quand, sans aucune raison, vous parlez à quelqu'un sans lui laisser la possibilité de répliquer ».

HARVEY COX, théologien et écrivain,
Media and values, 1979.

Vous vous contredisez en utilisant la radio

« Si vous dites que la libération vient de Dieu et que vous utilisez la radio pour le dire, laquelle est un moyen non-émancipateur, vous contredisez le message. Si vous parlez de liberté dans un style non-libérateur, vous vous contredisez. »

ROBERGE.

La communication sociale

L'évangélisation étant communication, elle doit tenir compte de tous les aspects de celle-ci dans la transmission de la Bonne Nouvelle.

La communication comme acte social vital naît avec l'homme même, et son pouvoir a été accru à l'époque moderne grâce à de puissants moyens technologiques. Dès lors, l'évangélisation ne peut se passer aujourd'hui de ces moyens.

Rapport final de la Conférence
des évêques latino-américains,
tenue à Puebla,
du 27 janvier au 13 février 1979
(Cfr. EN n. 45 ; CP, n° 1).

Message évangélique et cultures humaines

« L'Évangile et l'évangélisation, disait Paul VI, ne s'identifient pas avec la culture et sont indépendants à l'égard de toutes les cultures. Pourtant, le règne que l'Évangile annonce est venu par des hommes liés à une culture et la construction du Royaume ne peut pas ne pas emprunter des éléments des cultures humaines » (Exhortation apostolique sur l'évangélisation, 8 décembre 1975, n° 20).

Le message évangélique n'est pas « tombé du ciel ». Jésus est venu sur terre pour l'annoncer dans la langue de son pays, l'araméen, et dans la culture juive de son temps. Au début de l'Église, les premières communautés chrétiennes conservent les signes d'appartenance au judaïsme (circoncision, interdits alimentaires, règles matrimoniales, prière au Temple) et apparaissent comme une secte juive. C'est lorsque les chrétiens se recrutent parmi les Grecs et les païens que le christianisme se libère de ses attaches juives pour devenir religion universelle : le Nouveau Testament est alors écrit en grec, la langue commune des pays méditerranéens.

Le message évangélique se découvre ainsi destiné à tous les hommes : « Allez dans le monde entier proclamer la Bonne Nouvelle à toute créature » (Mc 16, 15), « jusqu'aux extrémités de la terre » (Ac, 1, 8), « jusqu'à la fin des temps » (Mt, 28, 20).

Le message évangélique se révèle en effet un message d'humanité : Dieu se fait homme pour apprendre aux hommes à être pleinement hommes et à convertir leurs relations entre eux en gestes d'amour, de gratuité, de justice. Une telle perspective est réaliste et concrète. Le message n'est ni éthéré, ni intemporel : il vise des hommes qui vivent en des temps et des lieux donnés et différents.

Un tel message ne peut dès lors être accueilli, compris et assimilé que si les hommes l'entendent « dans leur langue » (Ac 2, 11) et leur culture. Il est donc inévitable que la manière d'annoncer l'Évangile et d'exprimer sa foi varie d'une époque à l'autre et d'un pays à l'autre : le technicien du XXe siècle ne pense pas comme le marchand du Moyen Âge et l'Asiatique ne vit pas comme l'Africain ; ainsi il est regrettable, par exemple, qu'au XVIe siècle, les Indiens d'Amérique du Sud aient entendu l'Évangile dans son emballage européen et célébré leur foi en langue latine.

Le message évangélique ne devrait pas en conséquence « s'adapter » aux langages et aux cultures d'une époque, d'un pays ou d'un groupe social : toute culture est passagère et le risque serait de succomber à une mode, de tomber dans le compromis ou la concession et de trahir le message chrétien. Il devrait au contraire prendre le temps de comprendre une culture nouvelle naissante, en éclairer les richesses à la lumière de l'Évangile et « transfigurer » ces richesses pour qu'elles participent au plein épanouissement des hommes de cette culture.

Il demeurera toutefois toujours une tension entre le message évangélique et toute culture : c'est la condition pour que tous deux grandissent l'un par l'autre.

PIERRE MOITEL

Ph. CIRIC

Le respect des religions
Déclaration de l'O. N. U. sur l'élimination de l'intolérance

Article 1

1. Toute personne a droit à la liberté de pensée, de conscience et de religion. Ce droit implique la liberté d'avoir une religion ou n'importe quelle conviction de son choix, ainsi que la liberté de manifester sa religion ou sa conviction, individuellement ou en commun, tant en public qu'en privé, par le culte et l'accomplissement des rites, les pratiques et l'enseignement.

2. Nul ne subira de contrainte pouvant porter atteinte à sa liberté d'avoir une religion ou une conviction de son choix.

3. La liberté de manifester sa religion ou sa conviction ne peut faire l'objet que des seules restrictions qui sont prévues par la loi et qui sont nécessaires à la protection de la sécurité publique, de l'ordre public, de la santé ou de la morale ou des libertés et droits fondamentaux d'autrui.

Article 2

1. Nul ne peut faire l'objet de discrimination de la part d'un État, d'une institution, d'un groupe ou d'un individu quelconque en raison de sa religion ou d'autres convictions.

2. Aux fins de la présente déclaration, on entend par les termes « intolérance et discrimination fondées sur la religion ou la conviction » toute distinction, exclusion, restriction ou préférence fondée sur la religion ou la conviction et ayant pour objet ou pour effet de supprimer ou de limiter la reconnaissance, la jouissance ou l'exercice des droits de l'homme et des libertés fondamentales sur une base d'égalité.

Article 3

La discrimination entre les êtres humains pour des motifs de religion ou de conviction constitue une offense à la dignité humaine et un désaveu des principes de la Charte des Nations Unies et doit être condamnée comme une violation des droits de l'homme et des libertés fondamentales proclamés dans la Déclaration universelle des droits de l'homme et énoncés en détail dans les pactes internationaux relatifs aux droits de l'homme et comme un obstacle aux relations amicales et pacifiques entre les nations.

Article 4

1. Tous les États prendront des mesures efficaces pour prévenir et éliminer toute discrimination, en raison de la religion ou de la conviction, dans la reconnaissance, l'exercice et la jouissance des droits de l'homme et des libertés fondamentales dans tous les domaines de la vie civile, économique, politique, sociale et culturelle.

2. Tous les États s'efforceront d'adopter des mesures législatives ou de rapporter celles qui sont en vigueur, selon le cas, à l'effet d'interdire toute discrimination de ce genre, et de prendre toutes mesures appropriées pour combattre l'intolérance fondée sur la religion ou d'autres convictions en la matière.

Article 5

1. Les parents ou, le cas échéant, les tuteurs légaux de l'enfant ont le droit d'organiser la vie au sein de la famille conformément à leur religion ou conviction et en tenant compte de l'éducation morale conformément à laquelle ils estiment que l'enfant doit être élevé.

2. Tout enfant jouit du droit d'accéder, en matière de religion ou de conviction, à une éducation conforme aux vœux de ses parents ou, selon le cas, de ses tuteurs légaux et ne peut être contraint de recevoir un enseignement relatif à une religion ou une conviction contre les vœux de ses parents ou de ses tuteurs légaux, l'intérêt de l'enfant étant le principe directeur.

3. L'enfant doit être protégé contre toute forme de discrimination fondée sur la religion ou la conviction. Il doit être élevé dans un esprit de compréhension, de tolérance, d'amitié entre les peuples, de paix et de fraternité universelle, de respect de la liberté de religion ou de conviction d'autrui et dans la pleine conscience que son énergie et ses talents doivent être consacrés au service de ses semblables.

4. Dans le cas d'un enfant qui n'est sous la tutelle ni de ses parents ni de tuteurs légaux, les vœux exprimés par ceux-ci, ou toute autre preuve recueillie sur leurs vœux en matière de religion ou de conviction, seront dûment pris en considération, l'intérêt de l'enfant étant le principe directeur.

5. Les pratiques d'une religion ou de convictions dans lesquelles un enfant est élevé ne doivent porter préjudice ni à sa santé physique ou mentale ni à son développement complet, compte tenu du paragraphe 3 de l'article premier de la présente Déclaration.

Article 6

Conformément à l'article premier de la présente Déclaration et sous réserve des dispositions du paragraphe 3 dudit article, le droit à la liberté de pensée, de conscience, de religion ou de conviction implique, entre autres, les libertés suivantes :

a) La liberté de pratiquer un culte et de tenir des réunions se rapportant à une religion ou à une conviction et d'établir et d'entretenir des lieux à ces fins ;

b) La liberté de fonder et d'entretenir des institutions charitables ou humanitaires appropriées ;

c) La liberté de confectionner, d'acquérir et d'utiliser, en quantité adéquate, les objets et le matériel requis par les rites ou les usages d'une religion ou d'une conviction ;

d) La liberté d'écrire, d'imprimer et de diffuser des publications sur ces sujets ;

e) La liberté d'enseigner une religion ou une conviction dans les lieux convenant à cette fin ;

f) La liberté de solliciter et de recevoir des contributions volontaires, financières et autres, de particuliers et d'institutions ;

g) La liberté de former, de nommer, d'élire ou de désigner par succession les dirigeants appropriés, conformément aux besoins et aux normes de toute religion ou conviction ;

h) La liberté d'observer les jours de repos et de célébrer les fêtes et cérémonies conformément aux préceptes de sa religion ou de sa conviction ;

i) La liberté d'établir et de maintenir des communications avec des individus et des communautés en matière de religion et de conviction aux niveaux national et international.

Article 7

Les droits et libertés proclamés dans la présente Déclaration sont accordés dans la législation nationale d'une manière telle que chacun soit en mesure de jouir desdits droits et libertés dans la pratique.

Article 8

Aucune disposition de la présente Déclaration ne sera interprétée comme constituant une restriction ou une dérogation à un droit énoncé dans la Déclaration universelle des droits de l'homme et dans les pactes internationaux relatifs aux droits de l'homme.

18 Décembre 1982

LA LIBERTÉ RELIGIEUSE

La liberté religieuse est un des droits de l'homme les plus fondamentaux et évidemment l'un des plus défendus par l'Église catholique. Elle comporte deux aspects.

☞ Suivant le premier, la liberté religieuse est le fait de ne pas être contraint par qui que ce soit en matière religieuse : *chacun doit être libre de suivre sa conscience.* Le concile Vatican II l'affirme tout particulièrement dans sa déclaration sur la liberté religieuse *(Dignitatis humanae) :* « Tous les hommes doivent être soustraits à toute contrainte de la part tant des individus que des groupes sociaux et de quelque pouvoir humain que ce soit (...) de telle sorte, qu'en matière religieuse nul ne soit forcé d'agir contre sa conscience ni empêché d'agir, dans de justes limites, selon sa conscience, en privé, comme en public, seul ou associé à d'autres ».

☞ Mais la liberté religieuse comporte un autre aspect : chacun est-il libre *devant Dieu* de se construire sa propre religion ? La réponse de l'Église catholique est claire. Elle est négative : *si quelqu'un reconnaît que Dieu s'est révélé en Jésus-Christ, il est obligé « en conscience » d'écouter ce que Dieu dit par le Christ dans l'Église que celui-ci a fondée.* Si Dieu parle, ce n'est pas la raison humaine et encore moins la paresse qui doivent être les normes de la vie religieuse, mais ce qu'il dit. Le concile parle ici du « devoir moral de l'homme et des associations humaines à l'égard de la vraie religion et de l'unique Église du Christ ». ■

Croix de Nowa Huta, Pologne.

Ph. CIRIC

Les chrétiens et la démographie

Avant le XVIIIe siècle

Les païens romains sont populationnistes : « Les législateurs qui avaient pour tâche de trouver ce qui était bon pour la cité (...) n'ont-ils pas tous pensé qu'il était avantageux pour leurs villes de remplir les maisons des citoyens et très nuisibles de les dépeupler... » (Marsonius Rufus).

Face à ce populationnisme païen, les chrétiens sont nuancés mais plutôt favorables à une limitation des naissances.

Leurs arguments ?

- Pour les premiers chrétiens, la proximité de la fin des temps devait pousser chacun à se libérer, autant que faire se pouvait, du souci familial (cf. saint Paul et Eusèbe de Césarée).
- De toutes façons, Dieu fera ce qu'il voudra : la prédestination chez Jean Chrysostome, la Providence chez Duns Scot pourvoient à une régulation de la population.
- Enfin, avoir une descendance est bon dans la mesure où on prend le temps de lui donner « la perfection spirituelle par l'éducation ».

Leurs principes d'actions ?

- Un assez large soutien à la virginité et au célibat et même à la continence dans le mariage.
- Une relative largesse d'esprit vis-à-vis des pratiques anticonceptionnelles (cf. sacramentaires du Moyen-Âge) : les vrais refus concernent l'avortement et l'infanticide.

Cependant, au fur et à mesure que le temps passe, les chrétiens deviennent de plus en plus natalistes, quelquefois pour des raisons de puissance politique (ainsi Bossuet).

Après le XVIIIe siècle

On prend conscience des problèmes démographiques.

Malthus (1766-1834), dans son *Essai sur le principe de population,* essayant de comprendre pourquoi il y a des pauvres, constate que la croissance de la population est plus grande que celle des ressources. Pour lui, il faut jouer sur la natalité pour supprimer la pauvreté. Sa recherche théorique coïncide avec l'apparition des pratiques bourgeoises (à Genève en particulier) de restriction du nombre d'enfants pour sauvegarder l'importance des patrimoines.

Pratiquement, tous les auteurs catholiques au XIXe siècle, de Chateaubriand à de Maistre, Bonald et Lacordaire, adoptent des positions malthusiennes. Paradoxalement, ces auteurs sont généralement opposés à la pratique de la limitation des naissances dans le mariage. A cette époque, les catholiques se montrent favorables à la famille nombreuse.

Le début du XXe siècle verra un renversement de situation : les auteurs catholiques dénoncent le malthusianisme comme bourgeois, mais les familles chrétiennes voient leur nombre d'enfants diminuer.

A partir des années soixante, le Saint-Siège participe aux travaux des conférences internationales sur la démographie. Dans ces instances internationales :

- Il y défend vigoureusement le droit des personnes contre les politiques anti-natalistes autoritaires, surtout quand celles-ci sont imposées, pour des raisons économiques, de l'extérieur du pays.
- Il se montre anti-malthusien avec nuance : il invite à une régulation des naissances qui ne soit pas l'expression d'un refus de confiance dans l'avenir, mais plutôt une manière raisonnable de donner aux hommes le temps de s'organiser pour accueillir les nouvelles générations.
- Enfin, il dénonce avec de moins en moins d'ambiguïté les politiques abortives et contraceptives de l'Occident : il y voit une sorte de suicide de l'Occident, qu'il invite à retrouver l'audace que lui avait donné son baptême. ■

ÉTRANGERS

La doctrine de l'Église

L'enseignement de l'Église sur le problème humain posé par la présence d'étrangers ou de migrants est sans ambiguïté ; alors que trop souvent la réaction spontanée des autochtones est le rejet de l'étranger (xénophobie) et son mépris, allant jusqu'à lui refuser les droits fondamentaux de l'homme en un réflexe raciste, l'Église rappelle que tous les hommes font partie d'une même famille humaine, et, pour le chrétien, sont appelés à participer à la vie divine ; que, par conséquent, l'étranger doit être considéré comme un frère, malgré sa différence ethnique, culturelle ou religieuse. Surmonter tout sentiment d'égoïsme national (nationalisme) est donc la première condition de l'accueil de l'étranger, accueil qui n'est qu'une forme de l'amour du prochain et dont l'hospitalité est la pratique traditionnelle.

Les interventions de l'Église

Dès que le phénomène migratoire a pris sa forme actuelle, après la Seconde Guerre mondiale, l'Église a confirmé cet enseignement soit par la fondation de mouvements comme la Caritas Internationalis, soit par des documents officiels comme la constitution apostolique *Exsul Familia* (1952) instaurant au plan mondial l'assistance spirituelle aux migrants avec le concours des épiscopats nationaux ; Paul VI a complété ces dispositions en 1964 par des directives aux évêques *(Pastoralis Migratorum cura)* et la fondation (en 1970) d'une Commission pontificale pour la pastorale de l'émigration et du tourisme. L'idée de base avait été clairement énoncée par Jean XXIII dans l'encyclique *Pacem in Terris :* « Tout homme a le droit, moyennant des motifs valables, de se rendre à l'étranger et de s'y fixer. Jamais l'appartenance à telle ou telle communauté politique ne saurait empêcher qui que ce soit d'être membre de la famille humaine, citoyen de cette communauté universelle où tous les hommes sont rassemblés par des liens communs » (n° 25 ; voir aussi Solidarité et Patrie). ■

Le problème des travailleurs immigrés

Il s'agit là d'un problème relativement récent par son ampleur ; il procède de la conjonction de deux phénomènes. D'un côté, après la Seconde Guerre mondiale, les pays industrialisés (développés) ont connu une période de forte expansion économique et de prospérité, nécessitant une main-d'œuvre abondante, peu exigeante en fait de salaires et pouvant accepter des tâches pénibles désertées par les nationaux. D'un autre côté, le sous-développement des pays du Tiers-Monde, et le manque d'emplois et de travail dans des pays peu industrialisés (Turquie, Grèce, Portugal, etc.), rendaient disponible une main-d'œuvre répondant à ces besoins et prête à s'expatrier. D'où la venue massive en Europe occidentale de travailleurs immigrés (7 millions et demi en 1974) dont l'entrée, pour beaucoup, s'est faite clandestinement. Outre les nombreux problèmes humains posés par la cohabitation de ces travailleurs avec la population autochtone (différences de langue, de culture, de religion), provoquant souvent des phénomènes de rejet, a surgi une nouvelle cause de friction à partir des années 70, le chômage généralisé, qui a fait souvent apparaître les travailleurs immigrés comme des concurrents face à un emploi en récession.

Aussi la question des travailleurs immigrés a-t-elle pris de nos jours une dimension politique qui occulte souvent le problème moral sous-jacent. Celui-ci est avant tout de l'ordre de la justice sociale. D'un côté, les travailleurs immigrés ont contribué à l'essor économique et à l'expansion des pays développés, qui ont été heureux de trouver au moment opportun une main-d'œuvre peu regardante sur la nature des emplois et leur rétribution : ces travailleurs ont par là acquis un droit à être respectés et acceptés, même quand la situation économique s'est dégradée. D'autre part, quand ces droits acquis sont reconnus, il n'en reste pas moins que les citoyens autochtones ont droit à une certaine priorité, en même temps qu' à préserver leur identité nationale face à de nouveaux modes de vie et à des valeurs culturelles différentes. D'où la nécessité d'une certaine réglementation de l'immigration, qui ne pourra jamais aller jusqu'à son interdiction, ce qui serait contraire à un des droits fondamentaux de l'homme ; réglementation qui, dans le cadre d'une justice commutative, devrait être établie en accord avec les autorités des pays dont sont originaires les travailleurs immigrés. La vraie dimension morale du problème est finalement l'exigence de solidarité inter-humaine. Comme l'a déclaré en 1969 le cardinal Léger, archevêque de Montréal : « L'étranger doit être traité comme un citoyen à part entière ; sa présence au pays nous enrichit de possibilités nouvelles. S'il est différent de nous, ce n'est pas une raison pour le mépriser ; c'est au contraire une raison d'enrichir notre nation. Même du point de vue économique, l'immigration fait naître des besoins qui créent de nouveaux emplois. Une immigration raisonnable et bien dirigée ne peut être une source de chômage, mais au contraire un facteur de vitalité économique » (Journée du migrant, 1969). ■

Lorsqu'un mot, une expression, un événement, une institution, un nom propre vous sont inconnus, consultez l'index.

Rome et la torture

Je lis dans le **Monde Aujourd'hui**, *daté 18-19 mai consacré à Amnesty International, page V : « Les Romains torturaient ouvertement leurs esclaves... Plus tard, l'Église inventera l'Inquisition... Ce n'est qu'au XVI*ᵉ *siècle, avec Montaigne et quelques autres, que la torture sera vraiment dénoncée. »*

L'emploi de la torture a été interdit en 866 par le pape Nicolas Iᵉʳ. Cette prohibition a été reprise au XIIᵉ siècle par la compilation connue sous le nom de décret de Gratien, pièce centrale du droit de l'Église jusqu'à la promulgation du premier code de droit canonique (1918).

Mais, au XIᵉ siècle, apparaît l'université de Bologne, première à être indépendante de l'Église et première à revenir au droit romain et à l'usage de la torture, qui était redevenu général dans les juridictions laïques quand Innocent II autorisa l'Inquisition à en faire usage (bulle Extirpanda, 15 mai 1252). [...]

Il faut pourtant ajouter que, dès 1311, Clément V devait restreindre considérablement l'usage de la torture de l'Inquisition en le subordonnant, dans chaque cas particulier, à un jugement préalable auquel participerait l'évêque du lieu. On n'est pas parfait.

ANDRÉ LIONNET.
Courrier des lecteurs,
Le Monde, 1ᵉʳ juin 1981

Document C.C.F.D.

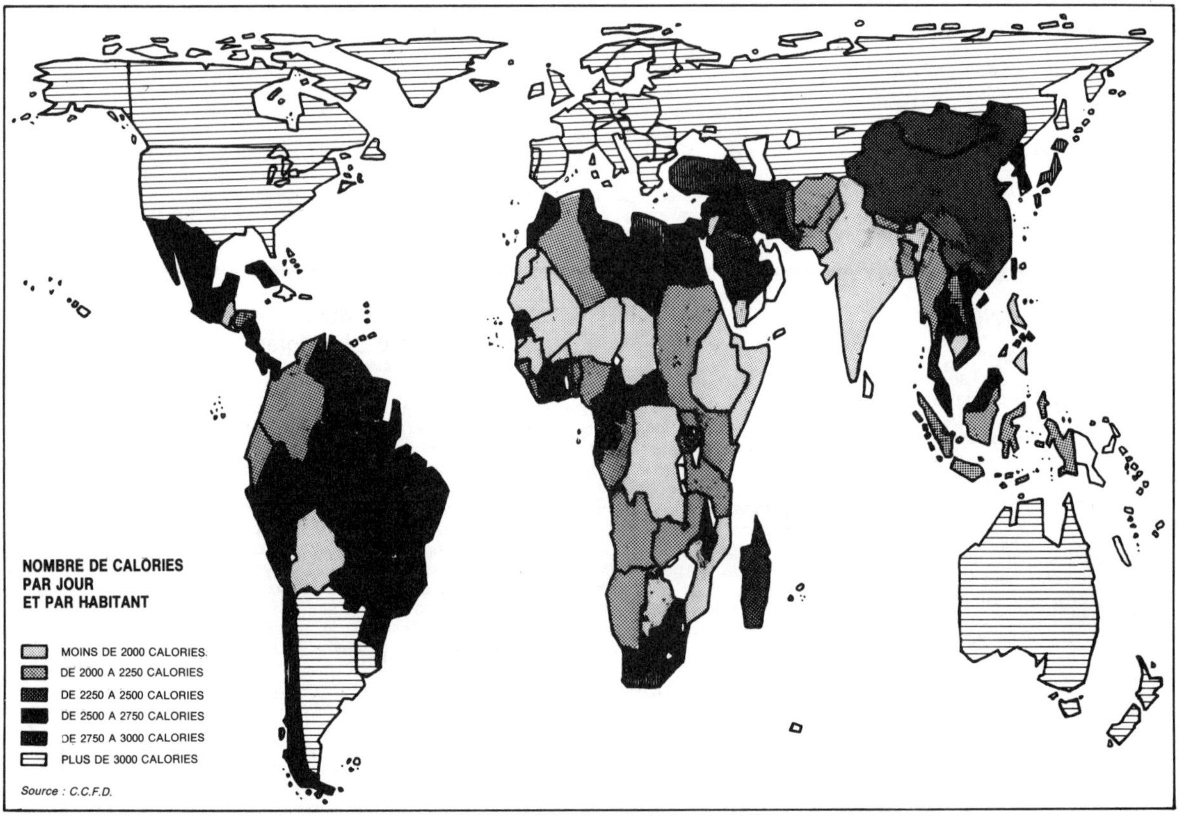

Carte de la faim dans le monde (projection de Peters).

LA FAIM

Horrible mot. Horribles images. Horrible réalité. Ils tracassent assurément les chrétiens : leur générosité pour lutter contre la faim ne s'est jamais démentie et le seul lieu où les grands mouvements catholiques de laïcs français se rencontrent depuis trente ans est le Comité catholique contre la Faim et pour le Développement (C. C. F. D.). La grande majorité des chrétiens aura approuvé les conclusions du sommet des chefs d'État réunis à Cancun (1983) sur la sécurité alimentaire : *« La faim doit être éliminée et le plus rapidement possible. Cet objectif est nettement une obligation de la communauté internationale et constitue la grande priorité (...) Un effort soutenu et à long terme de la part des pays en voie de développement pour accroître leur autonomie alimentaire est l'élément de base d'une véritable solution du problème de la faim. Mais cet effort exige un appui technique et financier international qui soit opportun, suffisant, et coordonné avec les politiques et stratégies nationales ».*

L'engagement indubitable de bon nombre de chrétiens dans la lutte contre la faim trouve sans doute son explication ultime dans l'Eucharistie : là, la foi chrétienne pense aller à Dieu, et être en présence du Christ grâce au signe du pain et du vin partagés.

L'Église a toujours osé parler du pain spirituel, même à ceux qui avaient faim du « simple » pain ordinaire. Ce n'est pas qu'elle refuse de s'engager dans la lutte contre la faim, ni qu'elle le fasse de façon timorée ; c'est qu'elle estime que l'homme qui a faim n'a pas simplement besoin de pain, mais aussi de dignité et de sens à sa vie. Et, pour elle, le don du pain de l'Eucharistie est le signe de l'éminente dignité de celui qui est convié à le manger.

Histoire des droits de l'homme

L'idée d'un texte proclamant les droits de l'homme, ou une partie de ceux-ci, ne date pas de la Déclaration Universelle de 1948. Les grandes déclarations qui marquèrent l'histoire occidentale furent l'œuvre de gens qui étaient convaincus de la valeur de l'homme[1].

Les premiers essais

Dès l'Antiquité, puis au Moyen-Âge, certains textes ont recours à la notion de droits supérieurs de l'individu pour protéger celui-ci contre tel ou tel excès des pouvoirs en place.

Le Code d'Hammourabi : *ce prestigieux souverain de Mésopotamie, vers 1750 avant J. C., défend les étrangers et se propose de « faire éclater la justice pour empêcher le puissant de faire tort au faible ».*

Le Décret de Gratien : *dans cette synthèse (XIIe s.) des textes de droit canonique depuis les origines, Gratien souligne notamment la tradition de l'Église quant au droit d'asile : certains lieux considérés comme sacrés, les églises par exemple, peuvent assurer une protection au coupable.*

Magna Carta *(Grande Charte) : en 1215, les barons anglais imposent au roi Jean Sans-Terre des règles pour limiter son pouvoir. « Aucun homme libre ne sera arrêté, emprisonné ou privé de ses biens, ou mis hors la loi, ou esclave, ou lésé de quelque façon que ce soit. Nous n'irons pas à son encontre, nous n'enverrons personne contre lui, sauf en vertu d'un jugement légal de ses pairs, conformément à la loi du pays ». Ainsi prend forme la première affirmation officielle des « Droits de l'Homme ».*

Les Leyes Nuevas : *en 1542, sous l'influence du théologien espagnol Vitoria et du dominicain Bartolomeo de Las Casas, Charles Quint édicte des lois destinées à la protection des sujets espagnols du Nouveau Monde et particulièrement des Indiens.*

La Pétition des Droits : *en 1628, le Parlement anglais, argumentant sur les droits inaliénables qui défendent les citoyens contre les arrestations abusives et les tribunaux d'exception, contraint le roi Charles 1er à accueillir leur pétition.*

L'Habeas Corpus, *en 1679, également en Angleterre, permet de lutter contre les détentions arbitraires et de laisser à l'accusé la possibilité de prouver son innocence.*

Le temps des déclarations

La Déclaration d'Indépendance des États-Unis en 1776 : *les déclarations proclamées par les premiers États américains constituent le premier projet aussi complet dans l'affirmation des droits de l'homme. « Nous tenons pour évidentes par elles-mêmes ces vérités que tous les hommes ont été créés égaux, qu'ils sont dotés par le créateur de certains droits inaliénables ».*

La Déclaration française des Droits de l'Homme et du Citoyen en 1789 : *elle est inspirée par les écrits des philosophes des XVIIe et XVIIIe siècles. Elle se distingue de la déclaration américaine en ce qu'elle se base sur le droit naturel et non pas sur des convictions religieuses. Cette déclaration affirme les droits des individus face à l'absolutisme monarchique. Elle proclame que « les hommes naissent et demeurent libres et égaux en droits ». Les droits proclamés sont absolus ; la finalité du texte est la réalisation du « bonheur de tous ». Cette déclaration aura un grand retentissement dans le monde entier.*

Les déclarations françaises de 1793 et 1848 : *elles mettent davantage l'accent sur les droits économiques et sociaux, et sur le devoir pour l'État de les réaliser.*

La déclaration soviétique des droits du peuple travailleur et exploité de 1918, *puis les constitutions soviétiques rappellent que « les libertés de parole, de la presse, de réunion, de meeting, de défilé et de manifestation de rue sont garanties aux citoyens de l'U. R. S. S. » (Art. 50 de la Constitution).*

La Déclaration Universelle des Droits de l'Homme de 1948 *a une portée universelle : pour la première fois, une déclaration affirme tous les droits de l'homme. Cependant, elle n'a pas la forme d'une convention internationale conclue sous les auspices des Nations Unies. Elle est une simple résolution adoptée par l'Assemblée générale de cette Organisation. Juridiquement elle n'a donc qu'une force morale. Mais, dans les faits, et surtout dans le domaine politique et juridique, son influence a été considérable et ne cesse de s'accroître.*

ANNE HUMEAU,
Initiales, n° 55,
Avril 1985.

1. Sources : Courrier de l'ACAT et « Les droits de l'homme », dossier pédagogique, Collection Culture et Religion, Centurion.

LA PEINE DE MORT

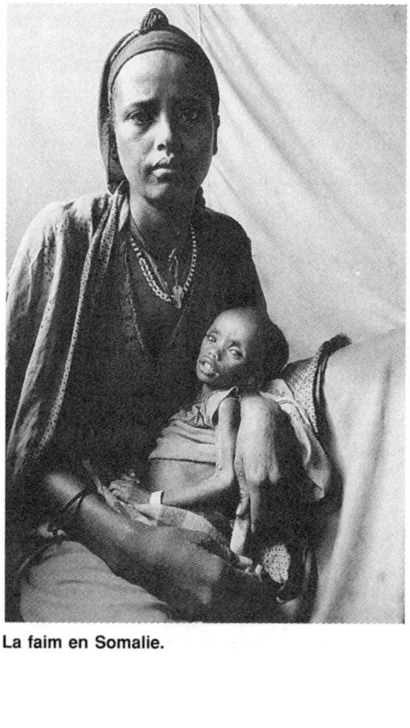

Lee-CIRIC

La faim en Somalie.

La peine de mort, sous des aspects variés, a constitué un fait universel dans presque toutes les civilisations, y compris la civilisation judéo-chrétienne dite occidentale. Sa nécessité a commencé à être contestée au XVIIIe siècle ; et il faut en venir au XXe siècle pour voir progressivement son abolition se généraliser, la France s'y ralliant le 18 septembre 1981.

Le christianisme, suivant en cela le judaïsme, a reconnu traditionnellement la légitimité de la peine de mort portée par l'autorité publique après jugement. De nombreux épiscopats nationaux (par exemple Canada, États-Unis, Irlande, et France en 1978) ont pris des positions contre le maintien de la peine de mort, souhaitant voir son abolition se généraliser.

Les motifs invoqués traditionnellement pour justifier la peine de mort (s'ils ont fait impression en des moments de troubles et d'insécurité) ne résistent pas à une réflexion humaniste. Si la peine capitale peut protéger la société en mettant définitivement le criminel hors d'état de nuire, d'autres mesures peuvent arriver au même résultat. Si l'on affirme que la fonction principale de toute peine est d'amener le coupable à se repentir, ceci est évidemment nié par la peine de mort. On invoque alors un autre rôle de cette peine, celui de l'exemplarité ; sa menace aurait un effet dissuasif sur les malfaiteurs. Or, sur ce point, toutes les enquêtes et recherches récentes, dans les pays ayant aboli la peine de mort, révèlent que cette abolition n'a en rien provoqué une augmentation de la criminalité ; une enquête des Nations Unies est venue confirmer cette constatation : la perspective d'une peine de mort n'arrête jamais un criminel. Enfin, en cas d'erreur judiciaire, l'exécution capitale rend celle-ci irréparable à l'égard d'un innocent.

Les raisons humanistes qui militent pour l'abolition de la peine de mort se regroupent autour de l'idée de la dignité de la personne humaine, qu'aucune autre personne, même revêtue de l'autorité publique, n'a le droit de supprimer. Jadis, en régime d'État chrétien, le souverain, considéré comme désigné par Dieu, était alors censé détenir un pouvoir qui n'appartenait qu'à Dieu, celui sur la vie et la mort. Mais, dans nos sociétés sécularisées et dans un État laïcisé, une telle justification serait anachronique. Pour un chrétien, ce refus de la peine de mort est renforcé par sa foi, qui lui demande de voir en tout homme un fils de Dieu et dans tout pécheur un racheté par le Christ. L'amour veut le bien de l'autre, même s'il est coupable ; et la mort du criminel est la pire des violences, car pratiquée de sang-froid, bien après l'agression criminelle qui pouvait, sur le moment, imposer la nécessité de la repousser par la force. Elle s'assimile alors davantage à une vengeance légale. L'abolition de la peine de mort révèle ainsi la qualité d'une société qui veut, avant toute considération, respecter l'homme. ■

Lorsqu'un mot, une expression, un événement, une institution, un nom propre vous sont inconnus, consultez l'index.

La notion générale des « droits de l'homme »

La personne humaine, de par sa raison et sa liberté, est sujet de droit, c'est-à-dire qu'elle a le pouvoir de faire, d'exiger ou d'interdire certains actes, portant sur des biens ou sur le comportement d'autres personnes. Ces droits sont très nombreux et déterminés par chaque législation, en fonction d'un contexte historique et culturel précis : tels sont le droit de propriété, celui de circuler, de penser, de s'exprimer librement, etc. Parmi tous ces droits, il en est qui concernent l'être humain dans sa structure la plus intime, et sans lesquels il ne peut se réaliser pleinement et épanouir ses virtualités. Ces droits fondamentaux, liés à la dignité de l'homme dont ils sont l'expression, sont de soi universels et inaliénables. Ce sont eux que l'on appelle justement « droits de l'homme », ou droits de l'être humain.

La prise de conscience de ces droits (tributaire de la conception judéo-chrétienne de la personne) s'est formée, surtout au XVIIIe siècle, en opposition avec les sociétés d'Ancien Régime, marquées par de profondes inégalités sociales et des privilèges favorisant une minorité. La Révolution française, dans sa Déclaration des droits de l'homme et du citoyen en 1789, a marqué, malgré ses abus et sa violence, l'avènement d'une autre conception sociale, dans laquelle tout homme en vaut un autre et peut prétendre à être traité sans discrimination, principalement dans l'exercice de sa liberté. Un siècle et demi après leur formulation révolutionnaire, leur conception trop individualiste avait révélé ses limites et même ses dangers. En effet, il ne suffit pas de proclamer un droit si les individus auxquels il doit profiter n'ont aucun moyen de l'exercer et si aucune garantie publique ne leur est apportée dans ce but.

C'est ainsi que les droits de l'homme proclamés en 1789 n'ont profité qu'à une minorité de citoyens, ceux que leur situation mettait en mesure de les exercer, en fait la classe possédante. Le caractère très individualiste de cette Déclaration (et de l'idée de liberté sous-jacente) explique que le libéralisme économique, tout au long du XIXe siècle, se soit soldé par l'oppression de la classe ouvrière, laquelle a dû, à son tour, conquérir elle-même ses droits peu à peu (droit à un juste salaire, droit de grève, droit de former des syndicats, etc.). C'est ainsi que, pour prendre en compte cet aspect social, les Nations Unies ont proclamé en 1948 une autre Déclaration universelle de ces mêmes droits, qui sont en fait l'expression privilégiée de la manière dont l'homme moderne se comprend. Ce renouveau d'intérêt pour une conception universelle et sociale des droits de l'homme a été reconnu solennellement par le concile Vatican II : « L'Église, en vertu de l'Évangile qui lui a été confié, proclame les droits de l'homme, reconnaît et tient en grande estime le dynamisme de notre temps qui, partout, donne un nouvel élan à ces droits » (« L'Église dans le monde de ce temps », *Gaudium et Spes*, n° 41).

La conception chrétienne des droits de l'homme

C'est au nom de l'Évangile que l'Église proclame son enseignement sur les droits de l'homme. Pour être plus précis, la conception biblique de l'homme en fait une image de Dieu ; participant de ce fait à la transcendance de Dieu, il ne peut être assimilé à un pur objet, à une simple chose manipulable. Chaque personne humaine réalise une certaine image de Dieu qui fait sa dignité, cette image se retrouvant, sous des formes diverses, à égalité chez tous. Remarquons que cet enseignement chrétien ne rend pas caduque la réflexion naturelle (indépendante de la foi religieuse) qui place cette dignité dans la structure même de la personne humaine, seule sujet de droits. De plus, le caractère social et solidaire de ces droits de l'homme est mis en relief par l'enseignement évangélique sur le salut en Jésus-Christ. En effet, ce salut, qui se réalise par une participation de tout être humain à la vie divine, implique l'unification de la communauté humaine ; c'est d'ailleurs dans ce processus d'unification que l'Église a défini sa mission lors du concile Vatican II (prologue de *Lumen Gentium*).

La conséquence immédiate de ce plan divin sur l'humanité est que cette dignité humaine (participation à celle de Dieu) n'a de sens que si elle s'incarne dans des droits fondamentaux, qui passent avant toute législation humaine et sont ce qu'on appelle les droits de l'homme. ■

Ph. Sygma

Au congrès panindou, le pandit Nehru et le mahatma Gandhi.

Devenus par Jésus les enfants de la paix, nous n'apprenons plus l'art militaire.

Origène c 185 - c 254

Dieu veut que le fer serve à cultiver la terre, non à commettre l'homicide. Il n'est pas permis aux chrétiens de tuer.

Saint Cyprien, † 258

Non violence

Un témoin contesté : le général Jacques de Bollardière (1907-1986)

« Le chemin de l'espérance passe par la non-violence »

« J'ai voulu être militaire pour défendre certaines valeurs : liberté, justice, dignité de l'homme. Mon objectif est toujours le même. Seulement j'ai changé de stratégie ».

En effet, le militaire qui fut un temps l'homme le plus décoré de France, le général de Bollardière, était devenu non-violent ! Pour ce Compagnon de la Libération, ce vétéran de l'Indochine, tout bascule quand le général Massu invite les militaires d'Algérie à procéder à des « interrogatoires poussés ». La torture s'installe et le jeune général qu'est Bollardière ne s'y résout pas.

Le 27 mars 1957, il publie dans l'*Express* une lettre où il souligne « les aspects dramatiques de la guerre révolutionnaire à laquelle nous faisons face et l'effroyable danger qu'il y aurait pour nous à perdre de vue, sous le prétexte fallacieux d'efficacité immédiate, les valeurs morales qui seules ont fait jusqu'à présent la grandeur de notre civilisation et de notre armée ».

Il va bientôt militer chez les non-violents, qui, pense-t-il, envisagent le problème de la défense nationale d'une démocratie en « respectant les valeurs de la démocratie c'est-à-dire en s'interdisant de tuer ».

Pendant sept ans, il est le responsable régional de *Culture et Promotion*, parcourant en tout sens la Bretagne, dirigeant 360 stages : il veut construire l'homme.

En 1973, il participe avec Brice Lalonde, Jean-Marie Muller et Jean Toulat à une expédition contre les essais nucléaires français. Avec le Fri, un bateau néo-zélandais, il pénètre dans la zone interdite pendant les essais nucléaires de Mururoa. Interné dans l'île de Hoa, rapatrié, il est mis à la retraite d'office et renvoie sa plaque de grand officier de la Légion d'Honneur au président Pompidou.

Son énergie à se battre pour la paix redouble. Il le fait clairement au nom de l'Évangile : « Ma foi chrétienne s'est affermie. Car la non-violence est inscrite au cœur de l'Évangile ; elle a pour fondement que l'être humain, quel qu'il soit, est d'un prix infini et doit être respecté ».■

Voir pages suivantes : Non-violence

Les évêques de France et la non-violence

L'Église n'encourage point le pacifisme à outrance. Elle n'a jamais prôné un désarmement unilatéral, sachant bien qu'il peut être une prime à la violence d'un agressif complexe militaire, politique et idéologique. Mais elle reconnaît le message évangélique dans les appels à la non-violence : c'est un rappel prophétique du caractère destructeur de la violence. « La colère, même légitime, déforme le visage », dit un proverbe polonais. Même légitime, la violence est redoutable. Elle l'est au maximum quand il s'agit de la spirale suicidaire que nous venons d'évoquer. Celle-ci introduit le monde dans une situation de péché, et chacun d'entre nous dans des réseaux de responsabilité où sa conscience est impliquée. Aussi les appels constants des hommes et des femmes qui, par-delà la triste nécessité présente, nous invitent à en démonter la logique de mort, doivent être entendus. Le temps ne serait-il pas venu, sans renoncer bien sûr à la défense armée, d'examiner soigneusement le rôle et l'efficacité des techniques non-violentes, de mieux peser leurs risques et leurs chances, comme aussi le rôle et les risques de la course aux armements ?

Au cœur de la cité, ceux qui sont plus sensibles au risque de la violence déchaînée doivent être écoutés. Ils servent le bien commun en empêchant la logique du court terme de refermer son cercle infernal. A juste titre, ils refusent d'être considérés comme des idéalistes. C'est être réaliste que d'en appeler à la possibilité de transformation qui habite le réel d'aujourd'hui ; ils sont peut-être des pionniers de l'avenir.

La non-violence ne saurait se définir par le seul refus de la violence. Elle ne se réduit pas à des techniques mises au point par Gandhi qui n'en faisait d'ailleurs pas un absolu. La non-violence est un esprit qui puise toute sa sève dans les Béatitudes... Selon le mot d'Olivier Lacombe, « Gandhi a forcé les chrétiens à se souvenir que l'Évangile est efficace ». Le non-violent se tient éveillé au milieu des hommes résignés à une violence omniprésente. Une telle vocation ne peut être ni assumée à la légère ni traitée à la légère.

Mais, quand elle plaide pour le réel de demain, la non-violence ne peut ignorer le poids réel d'aujourd'hui : il faut bien que des hommes de cœur aussi en portent le souci et les contraintes.

Gagner la paix, 8 novembre 1983.

Objection de conscience

Il semble équitable que des lois pourvoient avec humanité au cas de ceux qui, pour des motifs de conscience, refusent l'emploi des armes, pourvu qu'ils acceptent cependant de servir sous une autre forme la communauté humaine.

Vatican II. *Gaudium et Spes*, 79, 3.

Il est absolument nécessaire que les différends entre les nations ne soient pas résolus par la guerre, mais que soient trouvés d'autres moyens conformes à la nature humaine ; que soit favorisée en outre l'action non-violente et que chaque nation reconnaisse légalement l'objection de conscience et lui donne un statut.

Synode des évêques. Rome 1971, ch. 8, 2.

Église et droit d'asile. Voir Index

A propos des droits de l'homme : la violence, les immigrés

Interview du cardinal Lustiger

Cardinal Jean-Marie Lustiger. Nous vivons dans une société de communication où des sentiments comme la peur se répandent presque instantanément. Devant les violences, combien réelles, de notre société, nous devons tous faire appel à ce qu'il y a de plus noble en notre intelligence : la raison. La peur, elle aussi, est mauvaise conseillère.

Cela dit, notre civilisation joue avec la violence et la mort. Et ici, il faut accepter d'entendre certaines questions. Quel cancer de l'esprit envahit notre vie ? Certes, la violence a ses habitudes dans le cœur de l'homme. Mais, jusqu'ici, le propre de la civilisation était de parvenir à la contenir. Car la violence contredit la loi de Dieu : les chrétiens n'ont jamais fini de l'apprendre. Elle contredit aussi la dignité humaine : qui l'enseignera ? Aujourd'hui, l'homme ne contient plus sa violence. Il passe à l'acte. Pourquoi ? Parce que des enfants font trop de bruit dans la rue ? Pour d'autres motifs absurdes par leur futilité ? Ou bien parce que notre civilisation a lâché ses chiens : l'instinct de mort, l'esprit de vengeance ?

Bien sûr, cet instinct existe en toute époque. Mais il paraît se manifester aujourd'hui avec une brutalité qui nous choque d'autant plus que nous sommes civilisés.

L'instinct de mort, c'est la haine de la vie. Impuissants à aimer les autres, nous ne pouvons même pas nous aimer nous-mêmes. C'est cela qui est en jeu dans l'augmentation du nombre des suicides et de l'emprise des drogues.

Paris-Match. Il y a un autre problème, quelque peu lié à celui de la violence et de l'insécurité, je veux parler des immigrés...

J.-M. L. En cinq ans, ce problème a pris des dimensions redoutables. Lorsque j'ai été nommé archevêque de Paris, j'ai voulu annoncer publiquement la gravité de cette question. Mais je ne pensais pas que les choses iraient aussi vite. Aujourd'hui, les passions se sont allumées, au point qu'il est difficile de faire entendre la voix de l'Église, ou tout simplement de la raison.

Mais il faut que chacun se souvienne de plusieurs faits. D'abord, que la France n'est pas la seule concernée, puisque la plupart des pays développés rencontrent le même problème. Les habitants des pays pauvres viennent dans les pays riches pour y chercher le moyen de mieux vivre, ou seulement de survivre. Finalement, quoi de plus normal ? Ils ne le font ni par plaisir de voyager, ni par goût de l'aventure, mais parce qu'ils n'ont pas le choix. Ils ne viennent ni conquérir, ni menacer, mais seulement pour ne pas crever comme des bêtes.

Ensuite, le problème n'est pas récent. Aujourd'hui, nous sommes sensibilisés, en France, à la présence des immigrés maghrébins. Hier, des réactions semblables s'exerçaient contre les Portugais, avant-hier, bien souvent, contre les Espagnols ou les Italiens et longtemps contre les Polonais. Il y a dix ans, des Portugais m'ont confié qu'ils ne se sentaient pas bienvenus en France. C'est le moins qu'on puisse dire.

Paris-Match, 13 février 1986.

Lorsqu'un mot, une expression, un événement, une institution, un nom propre vous sont inconnus, consultez l'index.

Église et pacifisme

Pacifique par nature, pacifiante par vocation, l'Église n'a jamais abandonné le principe de légitime défense et n'est donc pas « pacifiste », du moins au sens, le plus commun quoique récusé par certains pacifistes, de « partisan de la paix à n'importe quel prix ». Mais l'Église accorde de plus en plus une attention bienveillante aux pacifistes, à leurs actions et à leurs thèses essentielles, parmi lesquelles la non-violence et l'objection de conscience.

La non-violence est d'abord un idéal philosophique ou religieux, qui n'est pas fait, comme on le croit parfois, de résignation passive au mal, mais au contraire de refus en soi-même et autour de soi de la haine, de l'injustice et de la violence sous toutes ses formes. Pour certains penseurs modernes, la non-violence est au centre même de la Révélation évangélique. De fait, les premiers chrétiens n'ont jamais répondu par la violence aux persécutions et, même plus tard, lorsque l'Église a elle-même recouru à la violence, l'attitude non-violente n'a jamais entièrement disparu en son sein : saint François d'Assise, par exemple, agit en non-violent au cœur des Croisades.

A notre époque, sous l'influence de Gandhi, on assiste à une véritable renaissance de cet idéal, qui est également devenu une méthode d'action, notamment dans le domaine politique et social. De nombreux chrétiens la mettent en pratique, comme le protestant Martin Luther King, ou les catholiques Lanza del Vasto, Helder Camara, Lech Walesa, etc. Le concile Vatican II et beaucoup de déclarations épiscopales rendent hommage aux non-violents et à leur exemple. Les recherches autour d'une « défense civile non-violente » suscitent de plus en plus d'intérêt parmi les chrétiens et beaucoup se sont déjà engagés dans l'action non-violente.

L'objection de conscience à l'emploi des armes et au service militaire est une des applications de l'idéal non violent. C'est parmi les premiers chrétiens qu'on trouve les plus anciens « objecteurs » de l'Histoire : les uns, il est vrai, refusaient seulement de participer aux sacrifices idolâtres de l'armée romaine ou à la répression contre d'autres chrétiens, mais d'autres se réclamaient directement du Cinquième Commandement : « Tu ne tueras pas ». Dès l'origine, d'ailleurs, l'Église interdit aux prêtres de porter les armes, même lorsqu'à partir du règne de Constantin elle accepte sans réserve pour les laïcs la fonction militaire et reconnaît le droit des États à organiser la défense, au besoin par les armes. Cette reconnaissance explique pourquoi, en dépit des critiques formulées par plusieurs papes contre le service militaire obligatoire depuis la Révolution française, l'Église s'est généralement montrée très réservée à l'égard de l'objection systématique, du moins jusqu'au concile Vatican II, à partir duquel une nette évolution se fait sentir. A notre époque, en effet, les moyens démesurés de la guerre moderne ont amené l'Église à réviser le concept de « guerre juste », à accorder à l'objection de conscience une valeur prophétique et à soutenir le droit à l'objection parmi les autres droits de l'homme. Aussi davantage de catholiques demandent-ils aujourd'hui à être reconnus pour objecteurs dans les pays, comme la France, où existe un statut spécial avec service civil de remplacement. ■

Pour une civilisation de l'amour

Évêques catholiques en ces deux peuples trop souvent ennemis, nous nous retrouvons fraternellement pour invoquer le Christ rédempteur, riche en miséricorde ; qu'il nous fasse le don de la paix ! Pasteurs de l'Église, nous devons, pour être fidèles à l'Évangile de la paix, donner un signe de réconciliation. C'est pourquoi, pour la première fois, d'une même voix, nous appelons nos peuples, en vue de la paix, à un sursaut de foi et d'espérance.

Pouvons-nous nous taire quand le bruit des armes, répercuté par les moyens de communication modernes, retentit quotidiennement ? Nous ne saurions tolérer plus longtemps que cela continue à se faire tandis que ces peuples restent désarmés devant la faim, la misère et le sous-développement.

C'est pourquoi, ensemble, évêques allemands et français, nous adressons un message aux chrétiens, et même aux hommes de bonne volonté, ainsi qu'aux responsables de nos États ; tous nous sommes responsables de la paix du monde. La parole que nous adressons en commun est sans doute un signe de réconciliation. Elle est, de notre part, un acte de foi dans cette « civilisation de l'amour » que préconisent les papes contemporains.

Déclaration du président de la Conférence épiscopale allemande et du président de la Conférence épiscopale française.

L'Église et les militaires

Quant à ceux qui se vouent au service de la patrie dans la vie militaire, qu'ils se considèrent eux aussi comme les serviteurs de la sécurité et de la liberté des peuples ; s'ils s'acquittent correctement de cette tâche, ils concourent vraiment au maintien de la paix.

Concile Vatican II,
Gaudium et Spes, ch. 79, 5.

Pour bâtir la paix, il faut en finir avec le sous-développement

De grand cœur Nous vous bénissons, et Nous appelons tous les hommes de bonne volonté à vous rejoindre fraternellement. Car si le développement est le nouveau nom de la paix, qui ne voudrait y œuvrer de toutes ses forces ? Oui, tous, Nous vous convions à répondre à notre cri d'angoisse, au nom du Seigneur.

PAUL VI,
Populorum Progressio, n° 86

Gagner la paix

Texte des évêques français du 8 novembre 1983

Présentation

Entre la guerre et la servitude il est inacceptable de faire un choix. La solution d'une dissuasion nucléaire minimum ne peut jamais assurer qu'un équilibre précaire, en quelque sorte au bord du gouffre (...) Il est urgent de rebâtir la paix, l'absence de guerre n'est pas, ne sera jamais la vraie paix (Mgr Vilnet, discours de clôture de Lourdes, 1983).

Entre la guerre et le chantage

« Le caractère suicidaire d'un conflit nucléaire le rend improbable, mais pas impossible ».

Le chantage à la guerre est actuellement utilisé comme un moyen de domination et d'oppression. Tout le monde a des torts « mais il serait injuste de renvoyer tout le monde dos à dos et de fermer les yeux sur le caractère agressif de l'idéologie marxiste-léniniste ».

La non-violence demeure comme un appel pour chaque homme et même pour les communautés humaines. Mais la non-violence est-elle transposable telle quelle aux États ? « L'Église a toujours reconnu au pouvoir politique le droit de repousser la violence par la force ».

La dissuasion nucléaire

Toutes les armes offensives sont condamnées.

La dissuasion nucléaire est un mal qui est difficilement condamnable en « situation de détresse »... « Affronté à un choix entre deux maux quasiment comparables, la capitulation et la contre-menace, on choisit le moindre sans prétendre en faire un bien ! »

Et encore on y met des conditions :

- *Qu'il s'agisse seulement de défense.*
- *Que l'on évite le surarmement.*
- *Que toutes les précautions soient prises pour éviter une erreur.*
- *Que l'on poursuive par ailleurs une politique constructive en faveur de la paix.*

Construire la paix

La non-violence est prophétique de la situation à laquelle on veut aboutir. Mais, pour le moment, un désarmement unilatéral serait une prime à la violence d'un complexe militaire, politique et idéologique.

Il faut donc un désarmement multilatéral, progressif, contrôlé (...) et pour cela il faut renforcer le dialogue dans les grandes institutions type O. N. U (...) et même renforcer tous les dialogues. Mais plus qu'éviter la guerre il faut « gagner la paix » autour de quatre pôles : vérité, justice, solidarité et liberté (...) ; chacun d'entre eux nécessite un engagement spirituel. ■

L'Église et les armements
Contre les armes A. B. C.
(atomiques, bactériologiques, chimiques)

L'homme d'aujourd'hui semble toujours menacé par ce qu'il fabrique, et vit toujours davantage dans la peur. Il craint que certaines de ses productions puissent devenir des moyens et les instruments d'une autodestruction inimaginable, en face de laquelle tous les cataclysmes et toutes les catastrophes connues dans l'histoire semblent pâlir.

JEAN-PAUL II,
Encyclique *Redemptor hominis*, n° 15, 1979.

Je m'adresse à vous, hommes de science, (...) au nom de cette menace terrible qui pèse sur l'humanité. Déployons tous nos efforts (...) pour préserver la famille humaine de l'horrible perspective de la guerre nucléaire. (...) Hommes de science, engagez toute votre autorité morale pour sauver l'humanité de la destruction nucléaire.

JEAN-PAUL II,
Discours à l'UNESCO, 2 juin 1980.

Contre la course aux armements

La course aux armements est une plaie extrêmement grave de l'humanité et lèse les pauvres d'une manière intolérable. Et il est bien à craindre que, si elle persiste, elle n'enfante un jour les désastres mortels dont elle prépare déjà les moyens.

CONCILE VATICAN II,
Constitution *Gaudium et Spes*, n° 81, § 3.

« Quand tant de peuples ont faim, quand tant de foyers souffrent de la misère, quand tant d'hommes demeurent plongés dans l'ignorance, quand tant d'écoles, d'hôpitaux, d'habitations dignes de ce nom demeurent à construire (...), toute course épuisante aux armements devient un scandale intolérable. »

PAUL VI,
Populorum Progressio, n° 53.

Sur le commerce des armes

Le commerce des armes nous paraît l'une des plaies collectives sur lesquelles il nous faut aujourdhui alerter notre pays et pour lesquelles il nous faut ensemble chercher guérison. (...) C'est à l'établissement d'un système de sécurité mis en œuvre par une autorité publique à compétence universelle qu'il faut tendre. Un tel système offrirait un substitut à la paix armée et permettrait d'alléger le fardeau des armements. Or, une limitation des armements entraînerait ipso facto une diminution des incitations à leur vente et rendrait possible une réglementation du commerce des armes.

Notes du Conseil permanent de l'Épiscopat français et de la Fédération protestante de France, 13 avril 1973.

Même lorsqu'ils ne sont pas employés, par leur seul coût les armements tuent les pauvres en les faisant mourir de faim.

PAUL VI, *discours* du 14 juillet 1976.

Pour le désarmement

Le désarmement requiert un effort extraordinaire d'intelligence et de la volonté politique. (...) Le problème du désarmement est substantiellement un problème de confiance mutuelle. (...) Il est indispensable de trouver le moyen de remplacer l'équilibre de la terreur par l'équilibre de la confiance.

PAUL VI, *Message* à la 1re conférence
de l'O. N. U. sur le désarmement, mai 1978.

La justice, la sagesse, le sens de l'humanité réclament qu'on arrête la course aux armements : elles réclament la réduction parallèle et simultanée de l'armement existant dans les divers pays, la proscription de l'arme atomique et, enfin, le désarmement dûment effectué d'un commun accord et accompagné de contrôles efficaces. (...)

L'arrêt de l'accroissement du potentiel militaire, la diminution efficace des armements et à plus forte raison leur suppression sont choses irréalisables ou presque sans un désarmement intégral qui atteigne aussi les âmes : il faut s'employer unanimement à y faire disparaître la peur et la psychose de guerre. Cela suppose qu'à l'axiome qui veut que la paix résulte de l'équilibre des armements, on substitue le principe que la vraie paix ne peut s'édifier que dans la confiance mutuelle.

JEAN XXIII, *« Pacem in terris »*, n° 112 et 113.

Sur la dissuasion

La radicalité du nucléaire enlève désormais à quiconque la prétention de gagner une guerre nucléaire. La dissuasion apparaît comme une solution de détresse, éminemment provisoire. Il n'y a donc pas d'alternative pour nous : il nous faut gagner la paix.

Épiscopat français, *« Gagner la paix »*,
8 novembre 1983.

Lorsqu'un mot, une expression, un événement, une institution, un nom propre vous sont inconnus, consultez l'index.

Ph. Réunion des Musées nationaux

La guerre. Lithographie par Henri Rousseau dit « le douanier » (fin XIXe s.).

L'Église et la guerre

« La guerre est satanique »

LE PAPE NICOLAS Ier,
en 866.

On appelle justes les guerres qui vengent des injustices, lorsque le peuple ou l'État à qui l'on doit faire la guerre a négligé de punir les méfaits des siens ou bien de rendre ce qui a été enlevé par ces injustices.

SAINT AUGUSTIN, *Cité de Dieu*, XIX, 7.
Cf. aussi SAINT THOMAS D'AQUIN, *Somme Théologique*, II-IIq. 40.

La théorie de la guerre comme moyen apte et proportionné de résoudre les conflits humains est aujourd'hui dépassée.

PIE XII, *radiomessage de Noël*, 1944.

Avec la paix rien n'est perdu, mais tout peut l'être par la guerre.

PIE XII, *radiomessage* du 10/11/1956.

La théorie de la guerre juste

Alors que les premiers chrétiens étaient enclins à pratiquer l'objection de conscience et à condamner la guerre au nom d'un pacifisme évangélique, les Pères et les Docteurs de l'Église ont été conduits très tôt à justifier le recours aux armes pour défendre la patrie et restaurer le droit. Pour saint Augustin, la guerre ne se justifie que dans la perspective du rétablissement de la paix et de la réparation des injustices. Toutefois, il ne faut y recourir qu'après avoir épuisé au préalable tous les modes pacifiques de règlement des différends. Au XIIIe siècle, saint Thomas développa des arguments identiques et précisa les conditions auxquelles il est permis de faire la guerre : autorité du prince, juste cause, intention droite et proportionalité des dommages prévisibles par rapport aux injustices à réparer. Ainsi la guerre juste apparaît comme l'ultime moyen du maintien de l'ordre juridique international, et, au XVIe siècle, le dominicain Vitoria et le jésuite Suarez ont mis l'accent sur la fonction régulatrice de la guerre : eu égard à l'état d'inorganisation de la société internationale, il appartient aux États d'agir contre les perturbateurs car chaque « État est une partie de l'univers entier » et il est comptable à ce titre du bien commun universel.

Vers la fin du Moyen Âge, la doctrine scolastique de la guerre juste tend à se vider de sa substance ou à servir d'alibi aux entreprises guerrières des princes, et avec l'avènement des États-nations elle tombe en désuétude. A partir du XVIIe siècle, le droit public européen reconnaît la compétence de guerre *(jus ad bellum)* de l'État souverain tout en s'efforçant de réglementer la conduite des opérations militaires de manière à réduire le volume des destructions et à épargner les populations civiles *(jus in bello).* Le droit humanitaire des conflits armés a connu des fortunes diverses, mais ses limites ont éclaté lorsque la guerre est devenue totale et que la violence s'est déployée presque sans entraves au cours des deux guerres mondiales et pendant les guerres révolutionnaires. C'est pourquoi les papes ont prôné la recherche de substituts à la fonction régulatrice des guerres dans l'ordre international, et ont mis l'accent sur les exigences d'un désarmement mondial et équilibré sous un contrôle efficace. Le pape Pie XII avait perçu la mutation qui s'était produite pendant la Seconde Guerre mondiale et compris la nouveauté que constituait l'arme atomique. Les réflexions auxquelles il s'est livré sur ces sujets, surtout dans ses messages de Noël, ont exercé une influence profonde sur la pensée de l'Église et contribué à l'adaptation de la doctrine catholique aux réalités du monde contemporain. On en trouve l'expression la plus achevée dans la constitution pastorale *Gaudium et Spes* du concile Vatican II.

Dépasser la guerre

Aujourd'hui, l'Église affirme que « la guerre n'est plus un moyen adapté pour obtenir jus-

Guerre à la guerre
(PIE XII, Noël 1944)

Jamais plus la guerre !

Paul VI, à l'O. N. U., 1965.

La Providence divine requiert instamment de nous que nous nous libérions de l'antique servitude de la guerre (...). Nous devons tendre à préparer de toutes nos forces le moment où, de l'assentiment général des nations, toute guerre pourra être absolument interdite.

GAUDIUM ET SPES, n° 81, § 4 et n° 82, §1.

La guerre n'apparaît plus seulement comme un crime, mais comme une absurdité (...) Elle apparaît comme un non-sens, une finalité qui se détruit elle-même.

CARDINAL ROY,
Réflexions sur Pacem in terris.

La guerre a toujours été en elle-même un moyen suprêmement irrationnel et moralement inacceptable pour régler les rapports entre les États, demeurant sauf le droit de légitime défense.

PAUL VI, 24 mai 1978.

Légitime défense

Le droit à se tenir sur la défensive, on ne peut le refuser, même aujourd'hui, à aucun État (...). Il ne suffit pas d'avoir à se défendre contre n'importe quelle injustice pour utiliser les méthodes violentes de la guerre. Lorsque les dommages entraînés par celle-ci ne sont pas comparables à ceux de l'injustice subie, on peut avoir l'obligation de subir l'injustice.

PIE XII, *discours* du 3/10/1953.

Les peuples ont le droit et même le devoir de protéger, par des moyens proportionnés, leur existence et leur liberté contre un injuste agresseur. Toutefois, compte tenu de la différence entre les guerres classiques et les guerres nucléaires ou bactériologiques, compte tenu aussi du scandale de la course aux armements face aux nécessités du tiers monde, ce droit très réel dans son principe ne fait que souligner pour la société mondiale l'urgence de se donner des moyens efficaces de négociation. Ainsi la terreur nucléaire qui hante notre temps peut-elle presser les hommes d'enrichir leur patrimoine commun de cette découverte très simple, à savoir que la guerre est le moyen le plus barbare et le plus inefficace de régler les conflits.

JEAN-PAUL II, *message* du 1/1/1982.

et la guerre

tice de la violation des droits », et qu'il faut tout mettre en œuvre pour créer les conditions de sa proscription. Celle-ci requiert l'institution d'une autorité publique universelle, susceptible d'assurer à tous « la sécurité, le respect de la justice et la garantie des droits ». En outre, comme la paix doit naître de la confiance mutuelle entre les peuples, tous doivent travailler pour mettre un terme à la course aux armements et parvenir à une réduction des armements, non pas d'une manière unilatérale, mais en vertu d'accords internationaux assortis de garanties véritables et efficaces. Toutefois, aussi longtemps que le risque de guerre subsistera et que la sécurité collective ne sera pas organisée d'une manière satisfaisante, on ne saurait dénier aux gouvernements le droit de légitime défense.

Quant à la dissuasion, elle peut encore être jugée comme moralement acceptable si elle est basée sur l'équilibre et est considérée comme une étape sur la voie d'un désarmement progressif. Dans la constitution *Gaudium et Spes,* on relève en effet que l'accumulation des armes scientifiques sert d'une manière paradoxale à détourner des adversaires mutuels, mais qu'on ne saurait s'en remettre à la course aux armements pour maintenir la paix. Il importe donc de mettre à profit le délai « qui nous est concédé d'en haut » pour trouver des méthodes permettant de régler nos différends d'une manière plus digne de l'homme.

Une réflexion qui se propage

Le pape Jean-Paul II se préoccupe vivement des risques d'une guerre nucléaire et il a demandé à l'Académie pontificale des Sciences d'étudier les données du problème et de proposer les éléments de solution.

Dans le passé, le Saint-Siège a appuyé les efforts tendant à entraver la dissémination de l'arme nucléaire et il a adhéré en 1971 au traité de non-prolifération pour témoigner de l'intérêt qu'il porte à la cause du désarmement et de la détente internationale.

Dans les années 1980, les évêques catholiques de nombreux pays ont pris position sur les questions de la guerre et de la paix et se sont efforcés d'adapter l'enseignement du magistère romain en tenant compte de la sensibilité de l'opinion publique aux périls de l'arme nucléaire et de la nécessité de préserver l'équilibre des forces. En France, l'épiscopat catholique a adopté en novembre 1983 à Lourdes une déclaration intitulée *Gagner la paix,* qui reconnaît la légitimité de la dissuasion nucléaire à condition que les moyens mis en œuvre pour l'assurer n'entravent pas la réalisation d'un désarmement équilibré, et ne tendent pas à la recherche de la supériorité. Mais, pour l'essentiel, ce document invite les chrétiens à rompre avec cette logique de l'absurde et à construire une paix fondée sur la vérité, la liberté, la justice et la solidarité. ■

Église et institutions internationales

Le Christ est venu dans le monde pour « rassembler dans l'unité les enfants de Dieu dispersés ». L'Église du Christ ne saurait se désintéresser des liens visibles qui commencent à s'établir entre tous les peuples de la terre.

Depuis longtemps, des hommes d'Église ont préconisé l'instauration de rapports de droit entre les nations afin d'éviter les conflits ou, s'il en survient, d'en faciliter le règlement. A notre époque, caractérisée par la multiplication des rapports entre les hommes à travers les frontières et par l'apparition de problèmes communs à toute l'humanité auxquels il faut trouver des solutions communes, l'Église affirme la nécessité d'une organisation internationale apte à favoriser la recherche du bien commun dans une région — l'Europe par exemple — ou dans le monde entier.

Dans l'encyclique « Pacem in Terris » (1963), le pape Jean XXIII s'était prononcé en faveur d'une « autorité mondiale de compétence universelle ». Quand Paul VI a rompu avec la tradition qui interdisait aux papes de quitter Rome, il a tenu à ce que son premier voyage, après le pèlerinage de Jérusalem, soit une visite solennelle à l'Assemblée générale des Nations Unies. Le concile du Vatican a déclaré peu après que l'Église veut « aider et promouvoir » les institutions que le genre humain s'est données et continue à se donner. Il a vivement encouragé les chrétiens à apporter, invididuellement ou en groupe, leur concours aux organisations qui visent à étendre la collaboration internationale.

Le Saint-Siège est membre de plusieurs institutions internationales, notamment la Conférence des Nations Unies pour le commerce et le développement (C. N. U. C. E. D.). Il est représenté par des observateurs permanents aux Nations Unies, auprès des institutions spécialisées de Genève, à l'UNESCO, etc. Ses délégués participent à toutes les grandes conférences internationales. Les messages qu'il adresse à celles-ci sont accueillis avec intérêt, comme ce fut le cas lors des réunions de 1978 et 1983 sur le désarmement. Ces textes mettent l'accent sur les droits de l'homme et sur l'égale dignité de toutes les nations, sur les exigences du bien commun universel et sur la nécessité de se pencher en priorité sur le sort des plus démunis.

A côté de cette présence officielle de l'Église, le rôle croissant des catholiques dans la vie internationale se manifeste notamment par l'action des Organisations internationales catholiques (O. I. C.), qui bénéficient du statut consultatif auprès des institutions intergouvernementales et participent à ce titre aux travaux de celles-ci. On peut citer Caritas Internationalis (fédération des organismes de secours catholiques), C. I. D. S. E. (regroupement des organismes de lutte contre la faim et pour le développement), le Bureau international catholique de l'enfance (B. I. C. E.), Pax Romana (intellectuels), Pax Christi (désarmement, droits de l'homme), etc. ■

L'Église catholique a une vocation internationale

Institution divine, l'Église est aussi un organisme dont l'existence s'inscrit dans le temps et dans l'espace ; de ce fait, elle vit au rythme du monde au milieu duquel elle est insérée. Dépositaire de la foi, elle est aussi chargée d'annoncer à tous les hommes la bonne nouvelle de l'Évangile et de préparer, à chaque étape de l'histoire, l'avènement du Royaume de Dieu. Sa condition et sa vocation lui interdisent donc de se replier sur elle-même et l'obligent à prendre en considération les données de la vie internationale, qui voit s'affronter, à travers les intérêts et les ambitions des États, les aspirations des peuples, des races et des civilisations.

Pendant des siècles, l'Église a été, elle-même, une puissance temporelle, souvent mêlée au jeu des rivalités entre les États. Bien que son apport doctrinal à la solution des problèmes internationaux ait été considérable et que son rôle sur le terrain se soit souvent révélé positif (surtout au Moyen Âge), les inévitables compromissions avec les autres puissances lui avaient fait, au fil des siècles, perdre une partie de sa crédibilité. Depuis les accords du Latran (1929), l'Église catholique dispose d'un statut original qui lui confère, à partir d'un territoire symbolique (les 44 hectares de la Cité du Vatican), les attributs indispensables à l'exercice de sa mission, notamment le droit de légation, actif et passif, et le droit de conclure des traités.

L'Église a les moyens d'une action internationale

Celle-ci s'appuie sur une organisation fortement centralisée et sur des structures qui étendent leurs ramifications, à travers les Églises locales, sur la plus grande partie du monde. Le pape n'est pas seulement le chef spirituel de l'Église. Il est placé à la tête d'un « gouvernement » qui comporte un nombre de « dicastères » (sortes de départements ministériels) approprié à l'exercice des fonctions universelles de l'Église. L'activité incessante de cette organisation, dont la composition reflète la diversité culturelle et géographique de la catholicité, joue un grand rôle dans la mission internationale du Saint-Siège. La concentration du pouvoir, qui résulte de la capacité et de la compétence de l'administration vaticane, trouve cependant une compensation dans le recours à la délibération collégiale, illustrée par le concile Vatican II et par les synodes que le pape réunit désormais périodiquement à Rome, mais aussi dans le rôle que jouent les conférences épiscopales (nationales ou régionales) pour faire valoir le point de vue des chrétientés locales.

De ce point de vue, il convient de souligner l'importance du déplacement du centre de gravité du monde catholique. La présence, sur le siège pontifical, d'un pape venu de l'Est, le rôle et le poids démographique croissants des Églises du Sud (notamment latino-américaines et africaines) illustrent le déclin relatif des pays de vieille chrétienté et contraignent l'appareil ecclésial à affronter les chances et les risques d'une catholicité authentiquement vécue.

Plus jamais la guerre

Dans son dialogue avec le monde, l'Église est forcément tributaire des situations concrètes qui scandent le déroulement de la vie internationale. Or, le XXe siècle a connu et connaît encore des bouleversements considérables. Deux guerres mondiales et une suite à peu près ininterrompue de conflits armés locaux, une explosion démographique sans précédent, des changements politiques majeurs, qui ont projeté brusquement sur la scène internationale une centaine de nouveaux États, un déséquilibre croissant entre la richesse des uns et la pauvreté des autres : autant de défis qui ne pouvaient laisser indifférente une Église soucieuse de promouvoir les valeurs évangéliques de la justice et de la paix.

Ph. CIRIC

« Jamais plus la guerre ». Paul VI à l'O.N.U., 1965.

Nécessité oblige : la défense de la paix bénéficie de la priorité. Dès 1917, Benoit XV lance, en pleine guerre, un appel aux belligérants pour qu'ils mettent fin à des combats fratricides. Pie XI essayera d'endiguer la montée des périls. Pie XII ne cessera, pendant toute la Seconde Guerre mondiale, d'en appeler à la raison pour une solution pacifique, puis, au lendemain de la guerre, d'indiquer les conditions à remplir pour l'établissement d'une paix durable. Tout en s'efforçant de ne pas prendre parti en faveur de tel ou tel camp, l'Église a toujours condamné le recours à la violence et préconisé la réconciliation entre les ennemis. « Plus jamais la guerre ! » s'écriera Paul VI à l'O. N. U. en 1965.

Mais elle ne s'est pas contentée de condamnations morales. Sa réflexion et son action ont été motivées par le souci primordial d'éviter le recours à la force, en contribuant à fonder une paix authentique et durable. C'est la raison pour laquelle elle a soutenu tous les efforts tendant à l'organisation permanente des rapports internationaux. Non seulement la papauté a appuyé par sa parole et sa présence active la construction des Nations Unies et du réseau des institutions spécialisées qui les entourent, ainsi que les projets d'intégration européenne, mais elle a marqué sa préférence en faveur d'un mode d'organisation encore plus ambitieux, puisque Jean XXIII souhaite, dans *Pacem in terris,* l'instauration d'une « autorité publique de compétence universelle », c'est-à-dire d'une sorte de gouvernement mondial.

Dans le même temps, l'Église se prononce nettement en faveur du désarmement et condamne le recours aux armes nucléaires. Elle ne rallie pas pour autant la cause du pacifisme inconditionnel puisqu'elle préserve le droit à la légitime défense au bénéfice de la victime d'une agression et qu'elle admet, comme un moindre mal, le recours à une « dissuasion fondée sur l'équilibre » (Message de Jean-Paul II à l'O. N. U., juin 1982). Face à ce redoutable problème, les épiscopats nationaux ont adopté des positions entre lesquelles apparaissent des nuances significatives.

Construire la paix

Mais le combat pour la paix ne passe pas seulement par l'organisation des rapports internationaux et par la lutte contre la guerre. Il implique aussi des prises de position sur les changements de fond ou sur les crises ponctuelles qui affectent les relations internationales. En ce domaine, l'Église reste très prudente pour ne pas laisser prise à l'accusation de pactiser avec telle ou telle puissance. Ses paroles, ses initiatives et, parfois même, ses silences, n'en sont pas moins chargés de sens.

Face au grand bouleversement géopolitique de la décolonisation, l'Église avait su, pour des raisons essentiellement missionnaires, anticiper sur la stratégie des puissances coloniales en favorisant, avant la Seconde Guerre mondiale, l'indigénisation du clergé et l'autonomie des Églises locales. Sa neutralité voulue, dans le conflit qui devait opposer les métropoles à leurs colonies, a contribué à amortir les chocs et à faciliter les transitions, sauf dans le cas où la hiérarchie locale a fait cause commune avec le pouvoir colonial (Portugal).

Quand les circonstances s'y prêtent, il arrive que l'Église offre ses services pour le règlement d'un différend. Renouant avec une antique tradition, Jean-Paul II a réussi à imposer son arbitrage dans le conflit qui opposait le Chili à l'Argentine dans l'affaire du canal de Beagle. Mais ce type d'intervention demeure exceptionnel. Parfois le Saint-Siège propose une solution quand ses intérêts spirituels se trouvent imbriqués dans les querelles de puissance (ainsi du statut d'internationalisation de Jérusalem). Mais c'est surtout par sa politique de présence active sur le terrain, à l'occasion des nombreux déplacements pontificaux, dans les organisations et dans les conférences internationales, enfin par sa pratique du dialogue « tous azimuts », que le Saint-Siège s'emploie à influencer le comportement des États et à rapprocher les peuples. Le chef de l'O. L. P. aussi bien que celui du gouvernement d'Israël ont été reçus en audience au Vatican, ainsi que de hauts personnages du régime soviétique. Le dialogue avec le Conseil œcuménique des Églises, les tentatives d'ouverture en direction de l'islam et du judaïsme sont autant d'occasion de contribuer à la détente et à la compréhension internationale.

Le développement comme moyen de construire la paix

Mais le problème de la paix n'est pas seulement militaire et politique. Au cours des années soixante, l'Église a découvert, en même temps que les experts économiques, la gravité des problèmes posés par le déséquilibre de la croissance dans le monde : face à une minorité de privilégiés, une masse d'hommes de plus en plus nombreux se trouvait condamnée à la misère, sinon menacée par la famine. Ce gigantesque défi à la justice a conduit l'Église à mettre l'accent sur l'urgence du développement. Dans l'encyclique *Populorum progressio,* Paul VI déclare que « la question sociale est devenue mondiale » et que « le développement est le nouveau nom de la paix », thème repris par Jean-Paul II dans ses encycliques sociales. Au-delà des gouvernements, l'Église s'adressait ainsi à tous les acteurs économiques et sociaux susceptibles d'apporter leur contribution à cette tâche immense, dont dépend, autant que de la bombe atomique, l'avenir de l'humanité. Les appels en ce sens n'ont pas cessé depuis le début des années soixante-dix. Ils sont d'autant plus justifiés que les problèmes du sous-développement n'ont fait que s'aggraver en diverses régions du monde.

Les droits de l'homme, point de passage obligé pour construire la paix

L'Église reste donc attentive à toutes les situations qui mettent en cause la **paix** et la **justice**, et c'est autour de ces deux axes qu'elle ordonne ses interventions dans les affaires du monde. La fermeté sur les principes n'exclut pas l'adaptation du message aux besoins de la conjoncture ; elle implique aussi un ressourcement permanent autour de la notion d'identité chrétienne. A ce double point de vue, le pontificat de Jean-Paul II marque une évolution. Sans négliger les interlocuteurs officiels que sont les gouvernements, le Saint-Siège semble accorder plus d'attention que par le passé aux aspirations des peuples et à la spécificité culturelle des nations, esquissant ainsi les traits de ce que pourrait être un nouvel ordre international. Quant à la mission temporelle de l'Église, elle trouve chez Jean-Paul II une finalité centrale dans le respect de la personne humai-ne. Quand on lit dans *Redemptor hominis* que « la paix se réduit au respect des droits inviolables de l'homme », cela ne signifie pas qu'il faut abandonner les tâches de la construction d'une meilleure organisation politique du monde ni celles du développement, mais que toutes ces œuvres n'ont leur sens et leur authenticité que si l'homme, dont le Christ est le modèle, est la source et la fin de toute activité sociale. Sur le mode qui lui est propre, l'Église rejoint ici les aspirations profanes qui mettent de toutes parts en valeur le dogme des droits de l'homme.

Souligner ces parallélismes n'est pas alimenter un procès en opportunisme. L'Église n'est pas une puissance étrangère qui camperait en dehors du monde. Elle vit en symbiose avec son temps et cherche à répondre aux angoisses des hommes. En « éclairant les nations », elle apporte sa contribution à la solution des problèmes internationaux ; mais elle contribue aussi à l'avènement d'un Royaume dont elle sait, de source sûre, qu'il n'atteindra sa perfection que dans un autre monde. ■

...3. Les institutions internationales déjà existantes, tant mondiales que régionales, ont certes bien mérité du genre humain. Elles apparaissent comme les premières esquisses des bases internationales de la communauté humaine tout entière pour résoudre les questions les plus importantes de notre époque : promouvoir le progrès en tout lieu de la terre et prévenir la guerre sous toutes ses formes. Dans tous ces domaines, l'Église se réjouit de l'esprit de fraternité véritable qui est en train de s'épanouir entre chrétiens et non chrétiens et tend à intensifier sans cesse leurs efforts en vue de soulager l'immense misère.

Concile Vatican II,
Constitution *Gaudium et Spes*, 84, § 3.

Jean XXIII et la Déclaration universelle des droits de l'homme de l'O.N.U.

Comme chacun sait, le 26 juin 1945 a été fondée l'Organisation des Nations Unies (O. N. U.), à laquelle sont venus se rattacher par la suite des organismes intergouvernementaux. A ces organisations ont été confiées de vastes attributions de portée internationale sur le plan économique et social, culturel, éducatif et sanitaire. Le but essentiel de l'Organisation des Nations Unies est de maintenir et de consolider la paix entre les peuples, de favoriser et de développer entre eux des relations amicales, fondées sur le principe de l'égalité, du respect réciproque et de la collaboration la plus large dans tous les secteurs de l'activité humaine.

Un des actes les plus importants accomplis par l'O. N. U. a été la Déclaration universelle des droits de l'homme, approuvée le 10 décembre 1948 par l'Assemblée générale des Nations Unies. Son préambule proclame comme objectif commun à promouvoir par tous les peuples et toutes les nations la reconnaissance et le respect effectifs de tous les droits et libertés énumérés dans la Déclaration.

Nous n'ignorons pas que certains points de cette Déclaration ont soulevé des objections et fait l'objet de réserves justifiées. Cependant nous considérons cette Déclaration comme un pas vers l'établissement d'une organisation juridico-politique de la communauté mondiale. Cette Déclaration reconnaît solennellement à tous les hommes sans exception leur dignité de personne ; elle affirme pour chaque individu ses droits de rechercher librement la vérité, de suivre les normes de la moralité, de pratiquer les devoirs de justice, d'exiger des conditions de vie conformes à la dignité humaine, ainsi que d'autres droits liés à ceux-ci.

Nous désirons donc vivement que l'Organisation des Nations Unies puisse de plus en plus adapter ses structures et ses moyens d'action à l'étendue et à la haute valeur de sa mission. Puisse-t-il arriver bientôt le moment où cette Organisation garantira efficacement les droits de la personne humaine : ces droits qui dérivent directement de notre dignité naturelle et qui pour cette raison sont universels, inviolables et inaliénables. Ce vœu est d'autant plus ardent qu'aujourd'hui les hommes participent davantage aux affaires publiques de leur propre pays, qu'ils témoignent d'un intérêt croissant pour les problèmes de portée mondiale et prennent une conscience plus vive de leur qualité de membres actifs de la famille humaine universelle.

Jean XXIII,
Pacem in terris, 11 avril 1963.

Lettre ouverte au général des Franciscains
Et s'il y avait une écologie chrétienne

Il me semble effarant — à vous livrer le fond de ma pensée — qu'aucune écologie chrétienne n'existe encore et qu'à ma connaissance aucun franciscain sérieux n'en ait assumé la responsabilité. Pardonnez-moi d'être cruel. Mais à quoi bon se bercer du Cantique des créatures si c'est pour laisser notre sœur eau devenir crachat et notre frère soleil disparaître derrière les fumées toxiques ? Que signifie l'attendrissement sur l'Alverne et les Carceri si les pluies acides détruisent nos forêts et si l'agro-alimentaire cancérise nos cultures ?

En viendrai-je à nos frères animaux ? François pleurait en voyant un agneau, car cela lui rappelait l'Agneau crucifié pour le salut du monde, le grand Frère rachetant par sa mort l'ensemble de l'univers.

J'ai toujours cru que, chez François, l'amour des créatures n'était pas une fantaisie bucolique, un goût de la solitude agrémentée de chants d'oiseaux. [...]

François est fils de la Bible. Tel le psalmiste ou l'auteur du Cantique des trois enfants dans la fournaise, il voit la gloire de Dieu dans l'innocence des créatures, comme au matin du monde. Il retrouve partout les traits d'une fraternité non seulement humaine, mais cosmique.

L'admirable est qu'il ne replonge pas pour cela dans le paganisme. Rien n'est moins panthéiste que son amour limpide comme la lumière du Thabor, qui rend à tous les êtres leur dignité de fils de Dieu. Prenant chacun à son niveau, il restitue à chacun sa capacité de louange, l'homme atteignant alors la plénitude d'un maître de chœur élevé sur la croix pascale avec tout l'univers.

Franciscains et vous, leur berger, comment ne sentez-vous pas monter vers Assise la multiple et confuse rumeur des amoureux de la nature, l'indignation de tant d'esprits généreux que scandalisent l'horreur des usines à veaux et à poulets, le désastre des mers polluées et des lacs qui ne respirent plus, la détresse des humains qui ne contemplent plus le ciel et l'herbe que sur leur écran de télévision ou derrière la glace de leur voiture ?

JEAN BASTAIRE,
France-Catholique,

ÉCOLOGIE

L'écologie (du grec *oikos,* maison, habitat) est la science qui se consacre au rapport entre l'homme et son environnement naturel. Elle est à l'ordre du jour, car elle répond à un problème majeur de notre temps, celui de la dégradation de ce rapport, menaçant la survie de l'humanité. Aussi parle-t-on souvent de crise écologique. L'apparition de cette crise est liée à un certain niveau de croissance industrielle, si bien que les pays les plus développés sont les plus touchés par cette crise généralisée ; la crise du pétrole (à partir de 1975) et, plus récemment, la croissance de l'inflation accompagnée de chômage en sont les signes les plus spectaculaires.

La crise écologique a des origines essentiellement économiques, mais elle a de graves incidences sociales. C'est la croissance industrielle moderne qui est en cause, en particulier en raison des conditions anarchiques dans lesquelles elle s'est généralisée. Les risques entraînés sont de deux sortes : d'abord, celui d'un épuisement plus ou moins rapide des ressources naturelles, en raison du gaspillage effréné qui préside à leur exploitation, ensuite, la pollution accélérée du milieu naturel, de l'environnement humain. Toute menace contre cet environnement est évidemment une menace contre l'homme, qui ne peut vivre qu'en symbiose avec lui et y puise les éléments nécessaires à son existence. Ainsi, par exemple, l'accroissement des déchets et rejets toxiques, résidus de notre civilisation urbaine et indutrialisée, atteint en certaines régions un tel rythme qu'on ne peut plus ni les stocker ni les éliminer ni les recycler ; à partir d'un certain seuil de saturation, les systèmes naturels de régénération sont débordés et inefficaces et, ce qui est plus grave, ils sont eux-mêmes irrémédiablement détruits (tel le cas de la pollution ou « mort biologique » de certains fleuves ou lacs). La pollution a un effet nocif encore plus immédiat quand il s'agit de la contamination des éléments naturels indispensables à la vie par des produits toxiques (tels les pesticides agricoles abusivement utilisés), ou lorsqu'il s'agit d'interventions humaines pouvant être dangereuses (pollution de l'air par des usines chimiques, par les gaz d'échappement des voitures, par la radioactivité consécutive à des explosions nucléaires, etc.). La crise ainsi déclenchée ne connaît pas de frontière ; ainsi la pollution engendrée par l'industrie anglaise atteint les forêts européennes, transportée par les fameuses pluies acides. Le problème est enfin aggravé par le temps assez long exigé pour que des mesures anti-pollution commencent à avoir un effet réel.

Face à tous ces risques, l'homme moderne comprend mieux ce que peut signifier « n'avoir qu'une Terre », dont il doit ménager les ressources et les écosystèmes s'il veut la transmettre habitable à ses descendants. Cette crise révèle aussi la solidarité interhumaine ; pour un chrétien, elle est une incitation à respecter la création, qu'il a à gérer au nom de Dieu et non pas à détruire ou saccager. ■

Le cantique du soleil

Très Haut, tout puissant, bon Seigneur, à toi sont les louanges, la gloire, l'honneur et toute bénédiction ;

A toi seul, Très Haut, ces hommages sont dus, et nul homme n'est digne de te nommer.

Loué sois-tu, mon Seigneur, avec toutes tes créatures, spécialement messire le frère Soleil, qui fait le jour et par qui tu nous éclaires ; et il est beau et rayonnant avec grande splendeur ; de toi, Très Haut, il porte signification.

Loué sois-tu, mon Seigneur, pour sœur Lune et les étoiles ; dans les cieux tu les as formées, claires, précieuses et belles.

Loué sois-tu, mon Seigneur, pour frère Vent et pour l'Air et le nuage et le serein et tout temps, par lesquels à tes créatures tu donnes le soutien.

Loué sois-tu, mon Seigneur, pour sœur Eau, qui est fort utile et humble et précieuse et chaste.

Loué sois-tu, mon Seigneur, pour frère Feu, par qui tu éclaires la nuit, et il est beau et joyeux et robuste et fort.

Loué sois-tu, mon Seigneur, pour sœur notre mère Terre, qui nous porte et nous mène, et qui produit les fruits divers avec les fleurs colorées et l'herbe.

Loué sois-tu, mon Seigneur, pour ceux qui pardonnent pour ton amour, et qui subissent injustice et tribulation ; et bienheureux ceux qui persévèrent dans la paix, car par toi, Très Haut, ils seront couronnés !

Loué sois-tu, mon Seigneur, pour notre sœur la Mort corporelle, à qui nul homme vivant ne peut échapper ; malheureux ceux-là seuls qui meurent en péché mortel ; mais bienheureux ceux qui ont accompli tes saintes volontés car la seconde mort ne pourra leur nuire.

Louez et bénissez mon Seigneur et remerciez-le, et servez-le avec grande humilité.

SAINT FRANÇOIS D'ASSISE

Propos sur l'origine religieuse des pensées politiques de droite et de gauche

L'hypothèse que l'on va développer ici est que, pour l'essentiel, le débat droite-gauche qui caractérise la vie politique occidentale est un débat religieux dont l'origine peut être datée du IVe siècle et personnifiée par l'opposition entre Pélage (354-418) et Augustin (354-430).

Par hypothèse encore, nous poserons que la droite est traditionnellement pessimiste sur l'homme ; elle estime l'autorité nécessaire et n'aime pas les remises en cause de l'ordre social. La gauche, optimiste, croit au progrès et pense qu'une bonne organisation sociale permettra de supprimer les inégalités entre les hommes et en particulier certaines formes d'autorité.

Pélage (voir Index) est un moine sur la vie duquel on ne sait rien sinon qu'il aimait le porridge (saint Jérôme écrit qu'il « était alourdi de porridge écossais »). Par contre, sa pensée peut être considérée comme le fondement de la pensée de gauche (Léon Moulin, *La Gauche, la Droite et le péché originel,* Librairie des Méridiens, Paris, 1984).

Les thèses de Pélage peuvent se résumer ainsi.

L'homme est libre. Totalement libre. C'est sa dignité et son destin. Puisqu'il est libre, l'homme a le droit au péché. Et le péché ne détruit pas sa liberté puisqu'il la manifeste. D'ailleurs, le péché n'est pas dans sa nature. S'il pèche, c'est par imitation.

L'homme peut assurer par lui-même son propre salut ; pour aller à Dieu il n'a pas besoin de la grâce, ou plutôt cette force est, en lui, une propriété inhérente à sa nature. Pour assurer son salut, il lui suffit de le vouloir et de suivre sa raison.

Si donc elle le voulait, l'Église (comme la société et le monde) pourrait devenir parfaite. Le progrès est une affaire de volonté. L'homme peut changer *la* vie (saint Augustin dirait : peut changer *de* vie).

Ajoutons, pour faire bonne mesure, que Pélage dénonce la propriété qui entrave la liberté, justifie la sensualité (le démon n'a pas de place dans la création), prône l'égalité des hommes et des femmes, affirme que l'homme doit maîtriser la nature.

L'essentiel des thèses de Pélage repose sur un optimisme radical à l'égard de la nature humaine : pour lui, le péché originel n'existe pas... ou, en tout cas, n'a pas de conséquence.

Cet optimisme radical a inspiré un courant de pensée qui nourrit encore la vie sociale et politique occidentale. L'exagération de cette pensée conduit paradoxalement à la dictature : l'homme étant bon, il n'a pas besoin d'autorité, ni de structure pour le gouverner. Cela dit, pour arriver à cet état idéal, il faut chasser les mauvais occupants de l'autorité et les remplacer par des représentants de l'ordre futur : ceux, qui organisent à ce moment-là la cité, le font au nom de la raison et représentent « naturellement » la totalité des hommes, puisque la raison est universelle.

On peut faire remarquer que, poussée à l'extrême, une telle pensée peut conduire aux pires déviations. Ainsi la confiance absolue dans la volonté et la raison pour conduire l'humanité au bonheur amène à penser que les dirigeants d'une société qui n'arrivent pas à donner le bonheur pour tous sont soit des criminels soit des fous : de là, la justification de beaucoup de crimes (on se souvient de Robespierre : « On conduit le Peuple par la Raison et les ennemis du Peuple par la Terreur »). De là, la justification des goulags. De là, l'impossibilité de pardonner.

L'Église a toujours fermement condamné la pensée pélagienne. Elle l'a fait à la suite de saint Augustin. Augustin mena une vie superficielle pendant des années. Puis il se convertit. De cette expérience personnelle, il déduisit que l'homme est comme précédé par le péché originel. « Ni la raison, ni la volonté n'ont force, par elles-mêmes, d'accéder au niveau de la foi et de s'y maintenir ». Le progrès, c'est la grâce. La vérité vient du Dieu transcendant. Non de l'homme. Et l'homme peut toujours retomber dans son péché. Le rôle de l'autorité est de l'aider à se protéger contre lui-même. De la pensée apparemment pessimiste de saint Augustin on a pu trouver des arguments pour justifier tous les conservatismes : il fut des périodes entières où toute velléité de mettre en cause, au nom de la raison, certaines décisions des autorités politiques ou religieuses était dénoncée comme semi-pélagienne. L'augustinisme a, lui aussi, justifié des « dictatures » épouvantables, mais il a souvent été plus capable de pardon que le pélagianisme, puisqu'il a toujours reconnu que le meilleur des hommes pouvait être sous l'emprise d'un péché qu'il ne dominait pas.

Cela dit, le « pessimisme » augustinien a reçu, au sein même de l'Église, bien des tempéraments. Saint Benoît sut, par exemple, écrire une règle pour ses moines à égale distance du pélagianisme et de l'augustinisme : elle protégeait l'homme (le moine) contre lui-même, mais en lui faisant confiance et en établissant, comme fondement de la société (l'abbaye), des relations humaines (entre l'abbé et les moines, et entre les moines). ■

Ph. Musée du Louvre

Saint François prêchant aux oiseaux, par Giotto (fin XIIIe s.).

Les chrétiens, la politique et l'avenir du monde

Beaucoup de chrétiens sont sensibles aux ombres et aux pesanteurs de l'action politique. D'autres inclinent à tout en attendre.

Que ces derniers n'oublient pas que, si la politique, comme toutes les activités humaines, est soutenue par l'espérance, celle-ci ne peut se ramener à un terme de combats politiques.

Ceux qui soupçonnent la politique d'infamie s'en font souvent une idée courte. Au-delà ou, plus exactement, jusqu'à travers ses frivolités, ses défaillances et ses corruptions, l'action politique a un fantastique enjeu : tendre vers une société dans laquelle chaque être humain reconnaîtrait en n'importe quel autre être humain son frère et le traiterait comme tel. La société des hommes n'est-elle pas appelée à exprimer, à sa manière, le mystère de la Trinité ? Certes, la politique ne peut que réaliser une ébauche de ce dessein de Dieu, mais sa grandeur n'est-elle pas d'avoir ce sens ?

Aussi, tout chrétien doit-il se sentir concerné par la politique. Chaque fois qu'il le peut, il doit être un citoyen actif et il ne doit jamais minimiser les résultats de son action. Dans les sociétés actuelles, les « lieux » où se joue le devenir se multiplient ; on peut agir au niveau de l'entreprise, de l'atelier, de la région, de la commune, du quartier, par l'intermédiaire d'un syndicat, d'un parti, d'une association, d'un conseil de parents d'élèves, d'une association de consommateurs. Cette exigence est d'autant plus impérieuse que le champ de l'action politique s'élargit de plus en plus. Car c'est toute la vie quotidienne (travail, habitat, loisirs, etc.) de chacun qui dépend des décisions des pouvoirs économiques, culturels, étatiques. Les choix politiques ont non seulement une portée immédiate mais une portée à long terme et les décisions politiques (y compris les décisions économiques et sociales) engagent les générations ultérieures.

Par voie de conséquence, l'activité politique, en quelque lieu qu'elle se déploie, doit être abordée et pratiquée dans un esprit de gravité, de lucidité, de rigueur et avec imagination.

Assemblée plénière de l'épiscopat français
(Lourdes 1972)
Pour une pratique chrétienne de la politique
(sur rapport de Mgr Matagrin,
évêque de Grenoble)

Élections

Le mot élection est pris ici au sens de mode de désignation des responsables de l'autorité politique, à quelque échelon que ce soit (commune, département, région, nation, organismes internationaux). Du fait que les élections reposent sur le libre choix des citoyens, elles sont le symbole d'un régime démocratique, dans lequel l'autorité n'est pas l'apanage d'une famille ou d'une caste, mais est désignée par le peuple. Les élections posent à la conscience chrétienne deux problèmes moraux : d'abord, celui de l'obligation d'y participer (problème de l'abstention), ensuite, celui des critères dans le choix des élus.

Participer

Les élections sont souvent dépréciées dans l'opinion publique, sous le fallacieux prétexte qu'elles ne changent pas grand chose à la politique, bref qu'elles ne sont guère utiles. Il y a là une grave méprise qui reflète une dépréciation de l'action politique elle-même, jusqu'en certains milieux chrétiens. Une telle dépréciation est d'ailleurs un phénomène assez général, dont le nombre des abstentions révèle l'importance, et dont la principale cause réside dans la dégradation des mœurs politiques elles-mêmes, faisant prévaloir l'esprit de parti sur la recherche du bien commun, et la tromperie ou les tractations occultes sur la franchise et la loyauté. Souvent, le public a l'impression d'être plus ou moins berné par ceux auxquels il a donné ses voix ; il ne se sent alors guère porté à s'intéresser à une activité qui lui apparaît comme celle d'un maquis où règne la compromission, voire la corruption. Et, pour bien des chrétiens, s'y ajoute un certain mépris (de type un peu manichéen) pour tout ce qui est temporel et profane, dont ils ne voient pas le lien avec le spirituel et qui reste plus ou moins un monde impur.

Par contre, la tradition chrétienne a toujours tendu à valoriser la dignité et la nécessité de l'activité politique. En effet, une telle activité, prise dans sa conception la plus élevée, signifie l'aménagement et la gestion de la société civile, milieu naturel de l'existence humaine. *La politique, dans son sens chrétien classique, est synonyme de la dimension sociale indispensable à la réalisation de l'homme.* Loin d'être une activité particulière à côté d'autres, elle est en quelque sorte leur englobant social. Elle permet en effet à toutes les activités humaines temporelles (familiale, culturelle, économique, etc.) de trouver leur achèvement : c'est le domaine des décisions fondamentales, qui font passer dans les faits telle ou telle conception de la vie (on parlera ainsi de telle politique familiale ou économique). C'est pour cela que l'Église a toujours vu dans la politique une des fonctions humaines les plus nobles, voulue par *Dieu qui a créé l'homme comme être social*, c'est-à-dire politique ; c'est d'ailleurs pour cela que saint Paul avait précisé que toute autorité politique vient de Dieu (Rm 13, 1-7). De ce fait, les élections doivent toujours être prises très au sérieux par les chrétiens, leur faisant une grave obligation morale d'y participer, car c'est l'acte politique fondamental qui doit orienter toute la vie sociale, en désignant les responsables de l'autorité politique appelés à faire des choix décisifs pour le pays.

Choisir

Mais il ne s'agit pas uniquement de participer aux élections, il faut y participer avec discernement. Car, en régime démocratique, c'est-à-dire pluraliste, il s'agit de voter, sinon pour une idéologie, du moins pour une politique particulière impliquant une certaine conception de la vie. Au début de l'avènement des régimes démocratiques, et dans le cadre de l'antique idée d'un « État chrétien », et aussi dans la crainte de politiques mettant en question l'ordre ancien, bien des responsables ecclésiastiques appelaient à voter pour un parti ayant la caution de l'Église (la Démocratie chrétienne en reste un des derniers vestiges). Mais, avec la progressive sécularisation de l'État et la perception de la légitimité d'un pluralisme politique, l'Église ne veut plus se lier à un parti ou à un choix politique particulier ; considérant les chrétiens comme des citoyens responsables, elle leur laisse l'entière liberté de leur choix, leur demandant seulement de ne pas négliger les implications morales et spirituelles de tel ou tel choix. Elle demande que ce choix se base sur les qualités humaines des candidats (loyauté, compétence, dévouement à la chose publique), et en même temps sur la nature de leur programme politique. Car, si le domaine religieux doit être nettement séparé du politique, ce dernier peut concerner des valeurs qui touchent le sens chrétien de l'existence. Ainsi, un chrétien ne peut accepter une idéologie politique de type athée et matérialiste ; car une telle idéologie ne reste pas théorique, elle passe obligatoirement dans les faits. Ce matérialisme peut d'ailleurs se concrétiser sous deux formes antinomiques, soit celle d'un collectivisme généralisé, refusant l'usage plénier de sa liberté à la personne humaine réduite ainsi à n'être qu'un rouage de la machine étatique, soit celle d'un libéralisme absolu qui, au nom de la liberté, n'instaurerait pas la justice sociale, laissant la liberté des plus forts et des privilégiés étouffer celle des plus faibles. Bref, les élections doivent être pour le chrétien un temps fort de sa participation à la vie politique pour édifier une cité terrestre plus juste et plus humaine. ■

Chrétiens et politique

Pie XI († 1939), en déclarant : « La politique est le domaine de la plus vaste charité », proclamait ce qui est le centre de la pensée chrétienne sur la vie politique. La doctrine sur le sacerdoce des fidèles affirme que tout chrétien a pour mission essentielle de transformer ce monde pour l'offrir à Dieu. Cette transformation s'opère dans le travail mais aussi dans la vie sociale et politique ; et il n'y a pas, aux yeux des chrétiens, de plus grande manière d'aimer que de promouvoir un mode de justice, de paix, d'épanouissement de l'homme par la culture.

Bien sûr, à chaque époque, en chaque lieu, la manière d'accomplir ce service sera différente. A l'époque des premiers chrétiens, Paul demandait « que chacun se soumette aux autorités en charge. Car il n'y a point d'autorité qui ne vienne de Dieu et celles qui existent sont constituées par Dieu » (Rm 13,1). Il invitait même à payer l'impôt « non seulement par crainte de châtiment mais par motif de conscience » (Rm 13,5-6). Cette soumission est responsable du bien commun, car Paul sait par ailleurs désobéir aux gouvernants quand ils interviennent dans le domaine de sa foi.

Car, sur certains points, l'Évangile est une exigence et une force de contestation. Si Dieu est créateur, cela veut dire, pour les chrétiens, que tout homme doit avoir les moyens d'être créateur ; si Dieu est Trinité et relation, cela veut dire que tout homme doit pouvoir être relation et amour.

C'est pour cela que, du premier prophète à monseigneur Romero, toute l'histoire religieuse reflète un long combat pour la justice, car « il n'y a pas de fidélité à Dieu sans justice pour le prochain » (Isaïe). Elle reflète aussi une préférence donnée aux pauvres — le Christ s'étant identifié à eux — et elle appelle toujours à un au-delà de la justice qui sache rendre justes les injustes plutôt que de les condamner.

Ces convictions profondes ont amené, dans l'histoire, des chrétiens à vouloir que l'Église, directement ou indirectement, prenne le pouvoir pour mettre en œuvre une telle politique. Pour ceux qui ont des responsabilités spirituelles, le pouvoir est une tentation qu'a éprouvée le Christ lui-même (Mt 4,9), et qui risque de détruire la liberté de l'homme. Définitivement, le Christ a refusé d'être le roi des hommes dans un sens politique.

Diverses raisons (méfiance à l'égard de la politique, rejet de la notion de pluralisme politique des chrétiens, etc.) ont longtemps empêché les catholiques français de réfléchir ensemble aux rapports entre foi et politique. Cependant, depuis les années 1970, un certain accord se dessine, qui reconnaît l'importance de tout ce qui est politique, mais aussi ses limites, et qui accepte la pluralité des opinions politiques dans l'Église, tout en jugeant nécessaire de passer de cette pluralité de fait à un pluralisme vécu fraternellement. ■

DÉMOCRATIE

Dans son sens originel (du grec *demos,* peuple, *kratos,* puissance), le mot démocratie désigne un régime politique au sein duquel les citoyens sont appelés à désigner et/ou à contrôler le pouvoir. Ils ne sont plus de purs objets du pouvoir, soumis à son arbitraire ; ils sont sujets, responsables à des titres divers de l'exercice de ce pouvoir. Dans un sens plus fondamental, la démocratie est la vocation d'hommes vivant en commun et appelés à prendre en charge leur destin individuel et social. A partir de ce principe peuvent exister des solutions fort diverses pour le réaliser.

L'Église et la démocratie

Les condamnations encore portées en 1864 par Pie IX, après d'autres papes, contre le libéralisme politique (et économique) trouvent pour l'essentiel leur explication dans le contexte historique et philosophique au sein duquel ce courant de pensée avait vu le jour et s'était épanoui au XVIIIe siècle (voir Libéralisme), et dans l'anticléricalisme des partis libéraux au XIXe siècle, dans la foulée de la Révolution française (voir p. 448 et ss). Depuis lors, bien d'autres événements ont bouleversé les données politiques, les mentalités, les comportements. Dès 1890, le pape Léon XIII incitait les catholiques français « à rallier la République ». Les partis démocrates-chrétiens, dont les prémices avaient suscité l'hostilité de la hiérarchie, ont progressivement pris de l'importance dans les pays catholiques, avec son approbation. Paradoxalement, en foulant aux pieds les valeurs de liberté et de responsabilité, les régimes totalitaires (Mussolini, Hitler, Staline) en avaient montré la nécessité et le prix. On voit dans les messages radiophoniques de Pie XII pendant la Seconde Guerre mondiale, puis dans les grandes encycliques de Jean XXIII, les textes du concile Vatican II (*Gaudium et Spes,* 1965), combien l'Église a pris en compte, dans sa vision de la vie en société, la nécessité d'une participation de tous les citoyens à la vie publique.

« Il est pleinement conforme à la nature de l'homme que l'on trouve des structures politico-juridiques qui offrent sans cesse davantage, à tous les citoyens, sans aucune discrimination, la possibilité effective de prendre librement et activement part tant à l'établissement des fondements juridiques de la communauté politique qu'à la gestion des affaires publiques, à la détermination du champ d'action et des buts des différents organes, et à l'élection des gouvernants. Que les citoyens se souviennent donc à la fois du droit et du devoir qu'ils ont d'user de leur libre suffrage, en vue du bien commun » (*Gaudium et Spes,* n° 75).

On a vu ces dernières années comment, dans les pays catholiques se trouvant sous régime autoritaire de droite ou de gauche, l'Église était la principale force faisant pression en faveur d'un retour à une authentique démocratie. ■

Le cardinal Lustiger à la veille des élections législatives

J'exprime trois souhaits. D'abord, que les Français ne se laissent pas entraîner par la passion, mais conduire par la raison. Ne transformons pas en guerre civile un arbitrage politique légitime et régulier. Aucun parti n'a le monopole du bien et du vrai.

C'est pourquoi aussi, évêques, responsables de l'Église, nous ne pourrions accepter que l'Église et la foi soient instrumentalisées par la politique. Les chrétiens présents dans différentes formations politiques ne doivent pas, dès lors, s'excommunier, mais devenir dans ce débat des artisans de concorde et de compréhension au service du bien de tous. La France a connu dans le passé trop de violences pour ne pas souhaiter que le bon sens, la sagesse et le respect de la paix civile régissent définitivement la vie politique de notre pays.

Je souhaite, en second lieu, que la politique et les politiciens trouvent une plus grande estime dans l'opinion. C'est une grave et dangereuse faiblesse pour une société de tenir en discrédit la politique, qui ne peut plus alors remplir son rôle, indispensable à la bonne marche de la société. Et ce sont les irresponsables, les apparatchiks ou les représentants d'intérêts particuliers qui finissent par s'emparer du pouvoir destiné à servir le bien de tous.

Enfin, la démocratie est un produit de civilisation très précieux et fragile. Peu de nations dans le monde en ont la jouissance. Si nous venions à la perdre, nous pleurerions des larmes de sang. La faire vivre est le devoir de chacun. Pour cela, nous devons bien savoir où est son fondement : dans le respect des droits et aussi des devoirs. Montesquieu disait qu'elle réclame plus que tout autre régime la vertu des citoyens. Une élection n'est pas d'abord un simulacre de bataille entre des forces antagonistes qui serait offert en spectacle au public. Elle exige de tout citoyen une réflexion et un jugement de conscience morale, conscience chrétienne aussi pour le disciple de Jésus. Cela ne rend pas la décision plus facile. Cela nous oblige à soumettre le jeu politique, et la part que chacun y prend, à la justice et à la vérité.

Paris-Match,
13 février 1986.

Loi de Séparation des Églises et de l'État
9 décembre 1905
(Extraits)

Article 1er

La République assure la liberté de conscience. Elle garantit le libre exercice des cultes sous les seules restrictions édictées ci-après dans l'intérêt de l'ordre public.

Article 2

La République ne reconnaît, ne salarie, ni ne subventionne aucun culte. En conséquence, à partir du 1er janvier qui suivra la promulgation de la présente loi, seront supprimées des budgets de l'État, des départements et des communes, toutes dépenses relatives à l'exercice des cultes. Pourront toutefois être inscrites auxdits budgets les dépenses relatives à des services d'aumônerie et destinées à assurer le libre exercice des cultes dans les établissements publics, tels que lycées, collèges, écoles, hospices, asiles et prisons.

Article 3

Dès la promulgation de la présente loi, il sera procédé par des agents de l'administration des domaines à l'inventaire descriptif estimatif (...) des biens.

Article 4

Dans le délai d'un an, à partir de la promulgation de la présente loi, les biens mobiliers et immobiliers des menses, fabriques, conseils presbytéraux, consistoires et autres établissements publics du culte seront transférés par les représentants légaux de ces établissements aux associations qui, en se conformant aux règles d'organisation générale du culte dont elles se proposent d'assurer l'exercice, se seront légalement formées.

Article 12

Les édifices qui ont été mis à la disposition de la nation et qui, en vertu de la loi du 18 germinal an X, servent à l'exercice du culte ou au logement de leurs ministres (cathédrales, églises, chapelles, synagogues, archevêchés, évêchés, presbytères, séminaires) ainsi que leur dépendance immobilière et les objets mobiliers qui les garnissaient au moment où lesdits édifices ont été remis aux cultes, sont et demeurent propriétés de l'État, des départements et des communes.

Article 13

Les édifices servant à l'exercice public du culte, ainsi que les objets mobiliers les garnissant, seront laissés gratuitement à la disposition des établissements publics du culte, puis des associations appelées à les remplacer auxquelles les biens de ces établissements auront été attribués. ■

« Nous la condamnons... »

Nous souvenant de notre charge apostolique et conscient de l'impérieux devoir qui nous incombe de défendre contre toute attaque et de maintenir dans leur intégrité absolue les droits inviolables et sacrés de l'Église, en vertu de l'autorité suprême que Dieu nous a conférée, nous (...) réprouvons et nous condamnons la loi votée en France sur la séparation de l'Église et de l'État comme profondément injurieuse vis-à-vis de Dieu, qu'elle renie officiellement en posant en principe que la République ne reconnaît aucun culte.

Nous la réprouvons et condamnons comme violant le droit naturel, le droit des gens et la fidélité publique due aux traités, comme contraire à la constitution divine de l'Église, à ses droits essentiels et à sa liberté, comme renversant la justice et foulant aux pieds les droits de propriété que l'Église a acquis à des titres multiples et, en outre, en vertu du Concordat.

Nous la réprouvons et condamnons comme gravement offensante pour la dignité de ce siège apostolique, pour notre personne, pour l'épiscopat, pour le clergé et pour tous les catholiques français.

En conséquence, nous protestons solennellement et de toutes nos forces contre la proposition, contre le vote et contre la promulgation de cette loi, déclarant qu'elle ne pourra jamais être alléguée contre les droits imprescriptibles et immuables de l'Église pour les infirmer.

Pie X,
Encyclique *Vehementer nos*,
11 février 1906.

Voir Index : Laïcité et relations entre l'État et les « cultes »

Les paradoxes de l'Église de France

(...) La vie des catholiques français au sein de l'espace public et institutionnel se situe en harmonie dans la nation. Nous ne disposons pas d'un parti politique catholique ; la hiérarchie ne dicte pas le comportement politique, mais peut se prononcer sur ce qui nous apparaît comme contraire à l'esprit évangélique dans l'organisation de notre société. L'Église ne dicte pas l'attitude à suivre, elle cherche à guider les consciences. (...) Nous ne prétendons pas faire la leçon aux autres, mais peu de nations ont vécu sur une aussi longue durée que la nôtre l'unification nationale en régime républicain (en dehors des parenthèses napoléoniennes...) ; peu de nations ont fait la preuve de cette façon, avec une capacité d'exorciser les démons de ses origines : et qui souhaite effectivement qu'ils resurgissent ? Nous jouissons d'une liberté assez singulière : la démocratie française permet à l'Église de vivre sa vocation propre. La loi de Séparation nous aura pourvus d'une liberté nouvelle, même si certains l'ont vécue douloureusement à l'origine ; y compris la liberté de ne pas dépendre d'un gouvernement pour le salaire des prêtres et la vie courante de nos églises. La Séparation nous a donné l'indépendance, l'autonomie. Nous sommes dans une situation pacifique, avec un droit de parole dont nous ne nous privons pas.

(...) La démocratie n'est pas une foire aux idées, mais elle permet aux groupes culturels et religieux de prendre la parole. Un « acte de parole » qui signifie — pour quiconque croit en l'universel, en l'humanité, en la démocratie — qu'un discours peut être utile à l'homme quel qu'il soit, et pas seulement au catholique.

Les autres interventions sont des déclarations publiques en direction du législateur, du gouvernement. Nous ne contestons pas le régime. Nous disons ce que nous pensons en utilisant les canaux de communication sociale. Nous sommes présents dans la société française sans bénéficier d'aucun monopole, et nous pouvons nous faire entendre de ceux qui sont sensibles à notre discours sans être les adhérents affirmés de l'Église, des pratiquants. Point n'est besoin d'être catholique pour être réceptif à une voix qui met l'accent sur le sens de l'homme quand d'autres s'expriment au seul nom de la technique. L'Église n'a pas la prétention de s'imposer comme une force liée au nombre de ses adhérents et fidèles, ni d'être légitimée et privilégiée grâce à un concordat avec l'État. Elle n'a que sa voix pour s'exprimer. Certes, celle-ci est souvent fluette, celle d'une Église servante et pauvre, mais puisqu'elle est écoutée, et reçue, elle prend place au sein du débat d'idées qu'une démocratie comme la nôtre rend possible.

Mais bien sûr il n'y a pas que l'éthique. Il y aussi nos droits institutionnels dont nous exigeons le respect ; ainsi d'un récent échange de lettres avec le ministre de l'Éducation à propos du calendrier scolaire ; j'ai rappelé qu'il y a une loi et une jurisprudence pour la catéchisation des enfants, et que nous tenons à certaines garanties. (...)

Mgr Vilnet,
président de la
Conférence épiscopale française,
dans *Esprit*, n° 113-114,
avril-mai 1986,

Église et État

L'histoire

Dès ses origines, le christianisme s'est affronté à la politique personnifiée par l'État. Durant les deux premiers siècles, il a refusé de voir dans l'empereur païen une divinité ; d'où les persécutions dont il fut l'objet. Mais, ayant par ailleurs une haute idée de l'activité politique, l'Église, dès qu'elle l'a pu, a cherché à collaborer avec l'État (Constantin, IVe siècle) ; car ce sont les mêmes individus qui sont à la fois sujets de l'État (citoyens) et de l'Église (chrétiens). Pendant l'antiquité chrétienne (ère constantinienne), cette collaboration a souvent pris la forme d'une sujétion ; d'où la naissance de la notion d'Empire chrétien, en une sorte d'identification entre une forme de régime politique et l'Église elle-même. Cette conception, après les invasions barbares et à partir de Charlemagne, devait se fortifier parce que les hommes d'Église étaient souvent, alors, les seuls capables de gérer les affaires publiques. Dans ce contexte politico-religieux qu'était la chrétienté médiévale, l'Église se considérait finalement comme responsable de l'ensemble, le pouvoir politique (empereur et rois) n'étant que son « bras séculier » exécutant ses décisions. Et, de fait, l'Église prit alors une part essentielle dans la structuration des activités temporelles actuellement gérées par l'État : l'éducation, avec les universités (presque toutes d'origine ecclésiastique) et les écoles épiscopales, l'hospitalisation et la santé (les hôtels-Dieu), la justice, dont les tribunaux ecclésiastiques ont été les premiers gestionnaires, etc. Cet idéal d'un État chrétien se prolongea, même s'il fut particularisé, dans l'avènement des monarchies d'Ancien Régime, dont le roi n'était tel qu'après l'acte liturgique du sacre.

L'âge moderne

La sécularisation progressive des mœurs politiques au XVIIIe siècle et l'avènement des régimes républicains devaient entraîner une profonde mutation ; en perdant le contrôle de nombreux secteurs de la vie sociale (statut civil du mariage, assorti du divorce, enseignement devenu public face à un secteur resté privé), l'Église, désormais séparée de l'État (en France en 1905), devait renoncer à l'antique notion d'un État chrétien et envisager sa relation avec les États modernes sous des formes variées selon les pays, mais basées sur le respect mutuel des compétences. Dans certains cas, ces relations sont déterminées par des concordats, par lesquels l'Église cherche à préserver sa liberté d'action ; plus souvent, sont établies des relations diplomatiques (ambassades auprès du Saint-Siège, nonciatures), par lesquelles le Saint-Siège, face aux États, est plus à même que les Églises nationales de sauvegarder l'indépendance et l'autonomie des valeurs religieuses souvent impliquées dans des problèmes communs (législation matrimoniale, problème de l'enseignement, etc.)

La période contemporaine

Le concile Vatican II a marqué une évolution dans la conception de ces rapports ; traditionnellement, Église et État étaient considérés comme les deux pouvoirs (le langage courant a souvent consacré cet usage, le mot Église désignant alors avant tout la hiérarchie, et surtout le Saint-Siège). Or, le concile Vatican II a rappelé que l'Église est d'abord et fondamentalement l'ensemble de tous les baptisés, indépendamment de leur fonction au sein de l'institution : c'est le « peuple de Dieu », Église-communauté, au sein de laquelle est instituée l'Église-hiérarchie. De même, l'État désigne la communauté politique, c'est-à-dire l'ensemble des citoyens. Le rapport Église-État devient alors le rapport entre deux communautés à finalités différentes, mais dont une importante partie des membres sont les mêmes individus (citoyens et chrétiens à la fois) ; d'où l'importance du rôle du laïcat dans cette relation, grâce à laquelle les chrétiens sont appelés à œuvrer, comme le levain dans la pâte, au sein d'une communauté humaine pour y incarner la permanente mission de l'Église, être le sacrement et le signe de l'unité entre Dieu et les hommes et de l'unification de la famille humaine. ■

Un enseignement privé reconnu d'utilité générale par l'État
Déclaration de Michel Debré
(Extraits)

L'enseignement privé représente aussi une forme de collaboration à la mission d'éducation nationale qui le fait ainsi participer à un service public. L'enseignement privé participe à une tâche d'utilité générale. Le fait même de participer à cette tâche pose, nous le savons tous, un problème, car la plus grande partie de cet enseignement a un caractère spécifique qui est d'être un enseignement religieux ou, plus exactement, un enseignement délivré dans des établissements dont le caractère et la raison d'être sont d'être des établissements religieux.

Nous devons juger ce fait avec un esprit moderne. Nous ne sommes plus à la fin du XIXe siècle, où l'État luttait contre la religion pour être l'État. Quand les représentants du pouvoir, et non des moindres, s'exclamaient « Le cléricalisme, voilà l'ennemi ! », ils vivaient à une époque où il était nécessaire de libérer l'État national d'un certain nombre de sujétions. De nos jours, l'État national s'est libéré. Ou plutôt, s'il doit encore, comme toujours et sans cesse d'ailleurs, chercher à se libérer, c'est d'abord à l'égard de bien d'autres adversaires de son indépendance. Adversaires aujourd'hui plus dangereux pour son autorité et pour l'indépendance nationale que certains restes du passé !

Cette reconnaissance de la part de l'État a une contrepartie. Sans exiger une conformité qui est contraire à la nature des choses et à l'esprit même de la mission éducative, il convient d'admettre que l'enseignement privé, reconnu par l'État et aidé par lui, coopère à une tâche nationale ; c'est-à-dire, avant toute chose et sans que cela brise le caractère propre des établissements, ni leur enseignement, qu'il doit respecter le principe du libre accès des enfants de toutes les familles et le principe du respect fondamental de la liberté de conscience.

Michel Debré,
Premier ministre, à l'Assemblée nationale,
le 23 décembre 1959.

Nationalisme

Aimer son pays

Le jugement chrétien sur le nationalisme doit partir de la conception chrétienne du patriotisme. Ce dernier est l'attachement et l'amour légitimes que l'on porte à sa patrie, c'est-à-dire cet ensemble de biens liés à un territoire natal : une langue, des institutions, des coutumes, une culture et surtout une histoire et un avenir communs. Ces biens sont ainsi comme le patrimoine d'une communauté plus ou moins étendue, l'unifiant dans l'espace et la reliant au passé (la patrie est la terre des pères) ; et finalement, la patrie désigne l'ensemble de la communauté elle-même. L'affection que l'on porte alors à sa patrie, comme à une famille élargie, correspond à un devoir et à une vertu morale.

La patrie donne naissance à la nation quand elle atteint une certaine cohésion sociale et politique. Le nationalisme n'est alors que l'exaltation des valeurs propres de la nation, de son indépendance et autonomie. Normalement il ne devrait être qu'une manifestation du patriotisme. En fait, souvent il dépasse les limites impliquées par la notion de patrie ; c'est alors le nationalisme excessif ou chauvinisme (dans le langage courant actuel, « nationalisme » tout court a d'ailleurs souvent cette nuance péjorative).

Cette tentation de l'excès est quelque peu inhérente à l'affirmation de l'esprit national, de la particularité et de la vocation nationales ; cette affirmation risque de servir de véhicule à l'instinct de puissance et de domination et à un orgueil collectif. Car, normalement, les valeurs patriotiques et nationales ne sont pas des absolus ; elles ne sont que des modes particuliers de réaliser les valeurs universelles de la nature humaine, exprimées par les droits de l'homme ; la patrie (ou la nation) ne peut dont jamais être exaltée au point de devenir un facteur d'opposition ou de division ; chaque nation n'a de sens que dans la mesure où elle est ouverte aux autres, prête à accueillir, échanger et communiquer.

Dans un esprit d'ouverture

Par là est rendu manifeste le vice du nationalisme excessif. A force d'exalter le particularisme national, de parler de grandeur nationale et de souveraineté, on en vient vite à nier la solidarité et l'unité humaines. Car, grande est la tentation de facilité. Elle consiste à s'affirmer en s'opposant aux autres, notamment par des jugements de valeur conduisant à considérer tel autre pays comme inférieur, voire comme ennemi héréditaire ; jugements conduisant donc à considérer que les membres de ces nations ne partagent pas la même dignité humaine. A cet égard, le nationalisme excessif est une attitude voisine du racisme.

En un tel domaine, les chrétiens ont un témoignage essentiel à apporter, pour lutter contre nombre de préjugés et de mythes véhiculés par le nationalisme. Certes, le christianisme respecte les particularismes nationaux et régionaux, mais comme des richesses à mettre en commun et non comme des motifs pour s'opposer à autrui. Le caractère universaliste du message chrétien (bien exprimé par saint Paul : « Il n'y a ni Juif ni Grec, il n'y a ni esclave ni maître... car vous ne faites qu'un dans le Christ Jésus », Ga 5,28) possède un aspect prioritaire qui faisait dire à Paul VI : « Le catholique n'est étranger nulle part ; il est citoyen du monde » (4 avril 1964). ■

L'Europe, pour quoi faire ?

Un manque de confiance en l'avenir gagne de nombreux citoyens de la Communauté européenne. Les causes en sont diverses. Parmi elles : l'ampleur du chômage, l'absence de perspectives d'avenir pour les jeunes, les difficultés de la vie quotidienne pour un grand nombre, de nouvelles formes de pauvreté, la marginalisation de nombreux immigrés, la montée de la violence et du terrorisme, la course aux armements, la paix mondiale menacée. Et, s'ajoutant à cela, les difficultés internes de la Communauté qui ne parvient pas à résoudre ses problèmes et à accueillir de nouveaux membres.

Ce manque de confiance conduit à un repli sur soi et à des égoïsmes individuels et collectifs dont on aperçoit bien des signes : le refus de l'enfant, la défense de certains privilèges, la difficulté à partager le travail, le protectionnisme des États, le refus pratique des pays riches d'instaurer des relations justes avec le Tiers-Monde, etc. Ces constatations ne font pas oublier les aspects positifs de la Communauté européenne.

Comme évêques, engagés dans une commune responsabilité en Europe, nous avons la mission d'annoncer la Bonne Nouvelle de Jésus-Christ. Or, celle-ci nous assure qu'aucune situation n'est désespérée. Au cœur même de la crise éthique que traverse l'Occident, nous croyons possible de construire une société nouvelle, au service de l'homme et d'une Europe qui dépasse d'ailleurs largement les frontières de la Communauté.

Une rencontre vraie des hommes et des peuples est toujours une richesse. Telle était l'intuition des fondateurs de la Communauté européenne ; telle est encore aujourd'hui la direction à rechercher. Pour trois raisons fondamentales :

- *l'identité culturelle de l'Europe et l'héritage de son passé lui confèrent des responsabilités vis-à-vis du monde actuel ;*
- *la crise actuelle ne sera résolue, de l'avis des responsables eux-mêmes, que par une coopération plus étroite entre les Européens ;*
- *il est urgent de relever ensemble les grands défis lancés par les tensions Est-Ouest et Nord-Sud de la planète. La justice sociale, le développement intégral et la construction de la paix sont à ce prix.*

Le progrès économique est au service de l'homme et non l'inverse. La Communauté européenne ne peut se contenter d'être un marché commun, si nécessaire soit-il. Il faut bâtir une Europe des hommes et des peuples, une Europe où tout homme et toute famille soient reconnus dans leur inaliénable dignité, une Europe où chaque culture et chaque communauté spirituelle se développent et s'enrichissent mutuellement, une Europe où immigrés et réfugiés trouvent leur place, une Europe qui voit dans les pays du Tiers-Monde d'authentiques partenaires. La Communauté a besoin d'un nouveau souffle, d'une âme et d'une foi.

Construire une telle Europe est une tâche à accomplir ensemble. Elle ne peut être le fait des seuls responsables politiques ou des fonctionnaires européens. Chacun peut et doit apporter sa pierre à l'édifice. Il est mille façons d'y travailler : en dépassant des rancœurs et préjugés hérités du passé ; en partageant avec les plus démunis ; en s'initiant à d'autres langues et à d'autres cultures ; en participant à des associations et à des rencontres internationales. Renoncements et confiance mutuelle en seront les conditions.

Les élections au Parlement européen, dans quelques semaines, exigent que nous nous informions sérieusement des enjeux, afin de ne pas déterminer nos choix en fonction d'objectifs seulement nationaux ou régionaux, voire d'intérêts purement catégoriels, mais en visant plus haut et plus loin.

La construction de l'Europe exige un effort plus continu encore. C'est chaque jour que celle-ci se construit ou se dilue. Les actions les plus modestes, à la portée de tous, sont significatives de l'avenir que nous désirons.

La tâche peut paraître insurmontable. Mais, si lourde soit-elle, elle ne peut décourager les chrétiens. Nous en avons la ferme conviction : l'Évangile est source d'espérance pour l'Europe.

Strasbourg, 29 mars 1984.
Message des évêques de la C. E. E. à l'occasion des élections européennes.

ÉTAT

L'origine et la nature de l'État (ou communauté politique) découlent de la nature même de l'être humain, qui ne peut se réaliser pleinement que dans la vie en société. En effet, l'homme partage le sort de tous les êtres vivants, celui de dépendre constamment d'un milieu ambiant, à partir duquel il se construit. D'autre part, l'homme, doué d'esprit et de liberté, tend à se rendre sans cesse plus indépendant des conditions matérielles de vie. Or, pour parvenir à cette autonomie toujours plus grande, il faut une collaboration incessante au sein des groupes humains, des professions. De même, la nature spécifique de l'homme le pousse à communiquer avec autrui, à nouer des relations avec ses semblables pour un enrichissement humain et réciproque.

Donc, l'homme n'étant pensable que vivant au sein d'une société organique, la société politique n'est pas autre chose que la forme naturelle de cette vie sociale temporelle.

Aussi, selon toute la tradition chrétienne, la société politique est-elle voulue par Dieu. Du fait que Dieu est créateur de la nature humaine et donc de ses tendances foncières, il est à l'origine de la société politique et de l'État, postulés par la tendance sociale. Cet enseignement se rattache au fameux texte de saint Paul : « Que chacun se soumette aux autorités en charge. Car il n'y a point d'autorité qui ne vienne de Dieu, et celles qui existent sont constituées par Dieu. Si bien que celui qui se rebelle contre l'autorité se rebelle contre l'ordre établi par Dieu (...) L'autorité est un instrument de Dieu pour te conduire au bien » (Rm 13, 1-7). A ce texte faisait écho celui de Vatican II : « La communauté politique et l'autorité publique trouvent leur fondement dans la nature humaine et relèvent par là d'un ordre fixé par Dieu. » (*L'Église dans le monde de ce temps, Gaudium et Spes* n° 74, § 3.)

Par conséquent l'autorité politique tire sa dignité et sa légitimité non pas tant des qualités de ses représentants que de sa capacité à gérer le bien commun, qui est la mission propre de l'État. Le mode de désignation de l'autorité, fondant aussi la légitimité de son détenteur, varie selon les régimes politiques et les constitutions de chaque État. ■

Tête de la Marseillaise, de Rude. (1836).
Détail du bas-relief de l'Arc de Triomphe à Paris.

Patrie

Il y a de nos jours une crise du patriotisme. Les causes en sont multiples : pour la France, le fait que, durant la Seconde Guerre mondiale, de nombreux Français se sont opposés dans la revendication patriotique, ceux du régime de Vichy et ceux de la Résistance et de la France libre, a rendu évidente la relativité de cet idéal. Par ailleurs, et surtout, l'évolution du monde moderne, la formation progressive d'une conscience internationale, la décolonisation et la connaissance mutuelle des autres cultures, ont aussi fortement contribué à la dévalorisation de l'idéal patriotique, compromis d'ailleurs avec les formes les plus outrancières du nationalisme belliqueux comme le fascisme.

Et cependant, la patrie, malgré cette crise, reste une valeur importante qu'il convient de repenser dans un contexte nouveau : l'homme ne peut vivre et se développer que dans un milieu social, une culture, un mode de vie, liés à une histoire et à un territoire. Cet ensemble de citoyens et de valeurs dans lequel chacun se sent chez soi, dans son identité profonde, est comme l'extension de la famille ; c'est précisément cette idée qui est à la base de celle de patrie (mot dérivé du latin *pater,* père), marquant le lien avec les pères, les anciens, la tradition, ou, pour employer une expression à la mode, les racines. C'est un besoin profond de la personne humaine de se rattacher à une lignée, à une histoire, à une culture, et le plus souvent par la médiation d'une langue.
Pour un chrétien, la patrie est alors une valeur morale importante.

Toutefois, cette valeur n'a qu'un caractère relatif. La patrie n'est pas un absolu, il existe de nombreuses patries aussi respectables les unes que les autres ; la patrie est de l'ordre des valeurs terrestres, temporelles, même s'il peut y avoir une spiritualité patriotique. L'histoire montre d'ailleurs les variations de l'idéal patriotique : alors qu'au Moyen Âge il se situait surtout au niveau de la chrétienté globale, et accessoirement à celui d'entités régionales, il s'est rencontré à un niveau intermédiaire avec l'apparition des nations modernes, chacune se formant par l'agrégation de territoires ou provinces jadis indépendants. Il apparaît aujourd'hui, de plus en plus, que la meilleure manière de sauvegarder les valeurs qui font la patrie est de s'unir à d'autres patries voisines, dont l'ensemble constitue un poids politique nécessaire pour sauvegarder un patrimoine commun. L'idéal patriotique a donc encore un grand avenir devant lui à condition d'être mis au service de la paix, de la réconciliation politique et de l'ouverture au monde, un monde dont les inégalités doivent susciter une volonté de solidarité à l'échelle de la famille humaine, au service de laquelle l'Église s'est déclarée, lors du concile Vatican II *(cf. Lumen Gentium I).* ■

Socialisation

Dans le langage actuel, adopté par l'Église, la socialisation est une donnée caractéristique de notre époque. En la mettant en bonne place parmi les « signes des temps », Jean XXIII la décrivait ainsi : « Elle est un aspect caractéristique de notre temps. Elle est une multiplication progressive des relations de la vie commune » (*Mater et Magistra,* 59). Elle résulte d'une très rapide croissance des interdépendances entre les hommes et les groupes humains. Elle resserre le tissu social, rendant de plus en plus solidaires les êtres humains.

Sa cause principale est l'accélération de la croissance démographique, qui change brusquement les données de tous les problèmes humains. Il y a trois siècles, l'humanité comptait à peine un demi-milliard d'hommes ; actuellement elle en compte plus de cinq milliards. La croissance de la population s'accélère avec le temps.

Cette cause de la socialisation est amplifiée par un autre phénomène : non seulement les êtres humains croissent rapidement en nombre sur le même espace, mais ils entrent en communication beaucoup plus rapidement : rapidité croissante des moyens de circulation, des moyens de transmission des informations (mass media, etc.).

Enfin, l'effet de cette rapidité des communications, la diffusion planétaire des mêmes moyens de culture accélèrent une sorte d'unification humaine, de « prise en masse » de l'humanité, facilitée d'ailleurs par des déplacements et des brassages de population accrus (immigration, tourisme) et des concentrations urbaines (par exemple, les vingt millions d'habitants de Mexico).

Ce phénomène de socialisation révèle à tous la nécessité d'une solidarité effective. La crise écologique est un de ces révélateurs. Ces risques viennent surtout du fait que la socialisation rapproche et met en contact des hommes et des peuples se trouvant à des niveaux très différents de développement. Loin d'atténuer les inégalités et injustices entre les peuples, la socialisation les rend plus manifestes et plus insupportables. C'est tout le drame du sous-développement des pays du Tiers-Monde. Car le progrès démographique (causé en grande partie par le progrès scientifique et médical) n'a pas été accompagné dans ces pays par une égale croissance économique ; aussi sont-ils apparus comme les pays de la pauvreté, de la misère et de la faim.

La socialisation interpelle alors les chrétiens pour les inciter à participer à l'action à mener pour dominer ce phénomène de la socialisation et l'orienter vers la formation d'une véritable communauté internationale, en vue d'un développement intégral et solidaire de tout homme et de tous les hommes, selon les formules de Paul VI dans son encyclique *Populorum Progressio.* ■

Lorsqu'un mot, une expression, un événement, une institution, un nom propre vous sont inconnus, consultez l'index.

▶▶▶ *Suite de la page 863*

Vivre l'Alliance

4. LA VIE CHRÉTIENNE, A LA SUITE DU CHRIST, EST UNE VIE D'ESPÉRANCE

L'Église dans le monde d'aujourd'hui

Après la guerre, un dynamisme nouveau s'était levé sur notre continent. Ce dynamisme semble s'écrouler dans la crise. L'après-guerre a été marqué par une activité prodigieuse sous-tendue par un formidable espoir humain. Il était possible de créer dans l'histoire les conditions du bonheur humain. Cet optimisme reposait sur deux facteurs : un bond dans le progrès économique et, après la chute des dictatures fascistes, une foi dans la progressive libération de l'homme. Mais cet optimisme de l'après-guerre fut bientôt remis en cause :

• Par le sentiment grandissant de la complexité du monde et de la difficulté de toute action face à des organisations se développant de manière quasi-concurrentes. Les révoltes des jeunes des années 68 n'étaient-elles pas autre chose qu'une énorme revendication d'autonomie de la personne devant cette complexité ?

• Par la menace atomique, la tension entre les « grands » et la persistance des dictatures. Soljenitsyne, en arrivant à faire reconnaître l'existence de « l'archipel du Goulag », marquait la fin de l'espérance messianique en un système porteur de la liberté absolue pour le monde. C'était la fin des mythes. La suite des événements, à partir de 1989, allait le confirmer.

• Par le développement technologique, qui — pour la première fois depuis quelques décennies — apparaissait comme dangereux pour l'espèce humaine (en permettant des manipulations génétiques), pour l'emploi, pour la paix, etc.

• Par une modification de l'équilibre mondial, notamment par le développement de certaines nations jeunes face à la relative stagnation des pays européens.

Alors, les hommes se pensent « des passions inutiles » (J. P. Sartre) et beaucoup s'imaginent sans avenir.

DANS CE MONDE, BEAUCOUP CONSIDÈRENT QUE LE « RELIGIEUX » À UN AVENIR

Chacun connaît le mot de Malraux : « Le XXIe siècle sera religieux ou ne sera pas ». Et beaucoup pensent que, devant les évolutions du monde, les raisons de vivre seront bien plus souvent cherchées dans la « religion » que dans l'attente de lendemains qui chantent. Mais le risque serait grand qu'une telle recherche ne traduise qu'un repliement sur soi-même et sur son proche environnement. Or, l'espoir des chrétiens n'est pas dans un tel repliement.

UNE AUTRE CHANCE POUR LE CHRISTIANISME

S'il y a un espoir pour le christianisme, en effet, il n'est pas fondé sur la crise de ce monde, mais sur sa mise en valeur. Et, de fait, il y a espoir. Pour les chrétiens, le christianisme ne fait que commencer !

Il a fallu, en effet, attendre notre époque pour voir le monde acquérir son unité et vivre une histoire enfin mondiale dans laquelle tout se tient. Il a fallu attendre notre époque pour que l'homme,

Suite page 888 ▶▶▶

Comment l'Église aide le chrétien devant la mort

La publicité présente volontiers le miroir d'une humanité jeune, bien portante et belle. Les hôpitaux, lieux de la mort « ordinaire », réservent une porte dérobée à la sortie des défunts : il devient banal de dire que notre Occident du XXe siècle se cache la mort.

L'Église, apparemment, reste un groupe, un « lieu » où la mort a encore droit de cité : son signe est le signe de croix, qui rappelle à temps et à contretemps l'assassinat de son fondateur ; son discours parle de la mort, et l'on ouvre encore les portails des églises à deux battants pour les enterrements.

Est-ce à dire que rien n'a changé dans l'Église au sujet de la mort ? Certainement pas.

Hier encore, la mort était vécue dans l'Église comme l'antichambre du jugement de Dieu (*Dies irae, dies illa...* jour de colère que celui-là), le grand moment où se faisait la vérité d'un être. La peur était telle que l'on cherchait jusqu'au dernier moment à mettre le mourant en règle. Faire ce qu'il fallait faire... Donner les sacrements même dans l'inconscience. Entourer le défunt de prières incessantes jusqu'à son enterrement.

Aujourd'hui, l'attitude de l'Église s'est modifiée. Profondément, elle a pris conscience que l'Évangile était celui des vivants et non des morts. Sa prédication donne beaucoup moins de place aujourd'hui à l'au-delà, et spécialement aux châtiments de l'enfer car, pour elle, le moteur de la vie chrétienne n'est pas *la peur* mais *l'amour*.

Même si elle croit que l'homme est libre, qu'il peut refuser Dieu — en en supportant dès lors les conséquences —, l'Église est finalement optimiste sur l'avenir de l'homme : pour elle, la mort d'un chrétien, c'est d'abord et avant tout le retour à son Père de quelqu'un qui avait la vie éternelle depuis qu'il avait connu le Christ.

De plus, depuis le Concile, l'Église a voulu que les sacrements reprennent pleinement leur sens : or, les sacrements ne sont pas des actes magiques. Ils sont une rencontre entre Dieu et l'homme, qui nécessite la pleine liberté des deux parties. Or, quelle est la conscience et donc la liberté d'un comateux ?

Ce n'est pas d'ailleurs à ce moment-là qu'il a le plus besoin de force spirituelle, mais aussi longtemps qu'il se trouve en état de conscience. C'est pourquoi l'Église a repris l'antique usage de faire une onction d'huile sur les malades : le sacrement appelé aux XIXe et XXe siècles *l'extrême-onction* est redevenu *l'onction des malades*, signifiant par là le soutien du Christ durant leur maladie. Ce soutien, signifié par le sacrement, est souvent apporté dans les hôpitaux par des groupes de chrétiens qui se mettent à la disposition des malades pour les écouter, les aider et prier avec eux. Lorsque la mort approche, l'Église propose, si le malade est conscient, de lui donner une dernière fois l'Eucharistie (en viatique, c'est-à-dire pour le voyage), dernière rencontre sacramentelle avant la rencontre face à face.

Après la mort, la prière de l'Église répond à un double souci : d'une part, aider celui qui paraît devant Dieu, en sollicitant le pardon de ses fautes, d'autre part, encourager l'espérance de ses proches, en proclamant la foi chrétienne dans la résurrection. Cette foi, fondée sur l'enseignement du Christ : « Je suis la Résurrection et la vie », puise toute sa force dans la Résurrection du Christ lui-même. ■

Une femme responsable d'aumônerie d'hôpital parle :

Voilà plusieurs années que j'ai été appelée à assurer un service d'aumônerie dans un centre anti-cancéreux au sein d'une équipe constituée d'un aumônier et d'une autre laïque.

« Quelle idée de faire un travail pareil ! »

C'est une réflexion que l'on me fait souvent. Je suis seule à savoir combien cet engagement d'Église a donné à ma vie chrétienne une dimension insoupçonnable.

Face au cancer, maladie encore trop mal maîtrisée, le malade et ses proches luttent comme ils peuvent. Ils traversent des étapes de dénégation, de révolte, d'angoisse mais aussi, pour certains, d'acceptation.

Qui dira alors de quelles richesses humaines et spirituelles je suis témoin !

Le malade ne peut pas toujours exprimer son angoisse à ses proches pour ne pas augmenter la leur.

Alors sa détresse est grande !

L'aumônerie peut offrir à chacun la possibilité de s'exprimer.

Je suis disponible à toute rencontre avec le malade, avec sa famille, qui vit une épreuve destructrice, avec les soignants très impliqués dans ces relations.

Dans le respect des convictions de chacun, donnant la parole aux malades — car eux seuls savent ce qu'ils vivent, et ont droit de parler de leur souffrance et de leur mort. Alors, dans une confiance réciproque, un dialogue s'établit, sans façade, qui permet un accompagnement, source de rencontres uniques.

Pour les uns, je suis un repère, un point d'ancrage.

Pour d'autres, rien du tout...

Par ma présence à l'hôpital ne suis-je pas quand même un signe visible de l'Église auprès des malades ?

Je rassemble les chrétiens séparés de leurs communautés.

Je partage l'Eucharistie chaque dimanche, à la suite de la liturgie paroissiale.

J'écoute la plainte de celui qui souffre.

Je prie à la place de celui qui ne peut plus parler.

Souvent je veille en silence.

Je tiens une main.

Je suis là...

Il m'est donné de vivre des instants privilégiés.

D'accueillir des signes d'un renouveau en lien avec l'Évangile.

De reconnaître à travers une relecture d'une vie des signes de croissance où l'Esprit de Dieu est à l'œuvre.

D'être témoin de gestes de gratuité, de quantités de situations de rupture, de mort, d'ou jaillit un signe de Résurrection.

Et ma foi s'en trouve sans cesse interpellée et renouvelée.

S. GOMAS,
Hôpital Pierre et Marie-Curie, Paris.

A propos de la résurrection des morts

« Nous proclamons que le Christ est ressuscité d'entre les morts ; alors, comment certains d'entre vous peuvent-ils affirmer qu'il n'y a pas de réssurrection des morts ? Mais s'il n'y a pas de résurrection des morts, le Christ, lui non plus, n'est pas ressuscité. Et si le Christ n'est pas ressuscité, notre message est sans objet, et votre foi est sans objet ; nous voilà reconnus comme de faux témoins de Dieu, pour avoir témoigné, en contradiction avec Dieu, en disant qu'il a ressuscité le Christ, alors qu'il ne l'a pas ressuscité, s'il est vrai que les morts ne ressuscitent pas. Si les morts ne ressuscitent pas, le Christ non plus n'est pas ressuscité, votre foi ne mène à rien, vous n'êtes pas libérés de vos péchés ; et puis, ceux qui sont morts dans le Christ sont perdus. Si nous avons mis notre espoir dans le Christ pour cette vie seulement, nous sommes les plus à plaindre de tous les hommes. Mais non ! le Christ est ressuscité d'entre les morts, pour être parmi les morts le premier ressuscité. »

1re Lettre de SAINT PAUL
aux Corinthiens 15, 12-20
A.E.L.F.

Viens, furie ! Viens Espérance
Apporte la porte immense

Destructrice de la mort
Rugissement dans l'aurore

Viens, lumineuse ! Viens, dorée
Vivre maintenant déchaînée

Viens impossibilité
Toute puissante
Espérance !

PAUL CLAUDEL

Dire « je crois en toi », dire « je t'aime », c'est ouvrir la route à l'Espérance...
L'Espérance, non pas celle qui traîne encore dans le vocabulaire chrétien et les formules anesthésiantes, ces mots qu'on distribue comme des tranquillisants, l'Espérance n'a pas besoin de phrases...
L'Espérance est « qualité d'être », rayonnante, radioactive,
et le visage tendu vers nous, c'est soudain le visage de Jésus en surimpression.
....
L'Espérance est créatrice,
elle est la vertu du devenir....
En ce sens aussi, elle est école de liberté.
L'Espérance est une vertu de combat.

JACQUES LECLERCQ

Pour rencontrer l'Espérance,
il faut être allé au-delà du désespoir.
Quand on va jusqu'au bout de la nuit,
on rencontre une autre aurore.

G. BERNANOS

▶▶▶ *Suite de la page 886*

enfin, s'il le veut, ait le cœur et la tête libres pour Dieu et le service de Dieu, puisque le développement du machinisme lui en laisse davantage le temps. Il a fallu attendre notre époque pour que « tombe le voile des énigmes qui recouvrait le monde et pour que l'homme voit celui-ci tel qu'il est. Impossible désormais de le confondre avec Dieu » (K. Rahner). Au fond, en regardant le monde d'aujourd'hui, beaucoup de chrétiens se sentent appelés à y découvrir de nouveaux champs de liberté.

Mais plus que d'espoir, le chrétien est plein d'espérance

La certitude de l'amour de Dieu

L'*espoir* est humain. Il repose sur l'analyse. Il est nécessaire mais peut se tromper. L'*espérance* repose sur la Promesse de Dieu, la certitude d'avoir été choisi par lui, par amour.

« Aussi bien, frères, disait l'apôtre Paul, considérez votre appel : il n'y a pas beaucoup de sages selon la chair, pas beaucoup de puissants, pas beaucoup de gens bien nés. Mais ce qu'il y a de fou dans le monde, voilà ce que Dieu a choisi pour confondre les sages ; ce qu'il y a de faible dans le monde, voilà ce que Dieu a choisi pour confondre ce qui est fort ; ce qui dans le monde est sans naissance et que l'on méprise, voilà ce que Dieu a choisi ; ce qui n'est pas, pour détruire ce qui est, afin qu'aucune chair n'aille se glorifier devant Dieu. Car c'est par Lui que vous êtes en Christ Jésus, qui, de par Dieu, est devenu pour nous sagesse, justice, sanctification et rédemption, afin que, selon qu'il est écrit, celui qui se glorifie, qu'il se glorifie dans le Seigneur » (1 Co 1, 26-31).

Le fondement d'un dynamisme qui résiste aux échecs

Entre la promesse d'amour de Dieu et la vie ordinaire, il y a apparemment un fossé. On peut regarder tellement la Promesse que l'on n'éprouve plus d'angoisse ni de peur et que la souffrance et la mort ne sont plus regardées comme ce qu'elles sont : un mal. On peut regarder tellement les difficultés de la vie que l'on ne sache plus quel est le sens de la Promesse.

L'espérance est ce qui permet de regarder les deux à la fois. Le regard de l'Espérance se forme en regardant le Crucifix : il proclame la mort et la rend signe de résurrection. Il accepte l'angoisse, mais dans la paix. L'espérance porte chaque homme et chaque société à s'interroger sur eux-mêmes et à découvrir cette tension entre la réalité et la Promesse : c'est là que naît une qualité d'être, un dynamisme vrai qui résiste aux échecs.

L'espérance attend le retour du Christ — puisque le Christ a promis son retour définitif — et le triomphe total du Règne de l'amour de Dieu. Elle sait devoir connaître cette joie et elle la vit déjà en percevant, dans chaque réalisation humaine, un signe de ce Règne. Mais, cette admiration ne démobilise pas son énergie, puisqu'elle la provoque à lutter, au sein même de ces réalisations, contre tout ce qui est contraire au Royaume.

L'espérance sait que, de toutes façons, Dieu ne l'abandonnera pas, car il est fidèle.

Suite page 890 ▶▶▶

Ne quitte jamais le chemin de l'espérance,
c'est le chemin de Dieu
Ne quitte jamais le chemin de la liberté,
sur une autre route tu serais seul.

Si tu es fatigué,
repose ta tête sur notre épaule.

Si tu as soif,
bois à la source de notre foi.

Si tu as faim,
mange le pain de notre amour.

Si tu es menacé,
que nos bras soient ton épée
et nos cœurs ton bouclier.

Si ton chemin est semé d'épines,
marche quand même, nous t'accompagnerons.

Mais ne quitte jamais le chemin de la liberté, de l'honneur, de la vérité.
Sur une autre route tu serais seul.

A Prague, le 31 Août 1968

Si longue que soit une nuit d'hiver, le soleil la suit.

Proverbe touareg

Il y a dans nos cœurs, dans mon cœur, une espérance que rien ne pourra détruire...
Frères très chers, je crois que vous êtes courageux.
Mais il faut l'affirmer : un homme ne recule pas.
Un homme n'a pas peur de la prison, n'a pas peur des armes.
Un homme ne recule pas...
J'attends que vous soyez des hommes...
Frères agriculteurs, n'ayez pas peur.
N'ayez peur de rien ni de personne.
Ayez seulement peur de haïr.
Ayez seulement peur de sentir la haine dans votre cœur ;
mais n'ayez peur de rien d'autre...
Je n'ai pas d'armes, je n'ai rien.
Je n'ai pas peur de la prison.
J'ai seulement peur de trahir mon peuple.
J'ai peur d'être peureux.

Antonio Fragoso en 1969
Évêque de Crateus, au Brésil

Un aumônier d'hôpital parle :

Accompagner les mourants

Une aide religieuse, chrétienne, n'est pas en dehors de l'aide humaine dont le malade a besoin.

Il a besoin de *présence*. Soyons présents. Même si nous ne sommes pas longtemps présents dans le temps, soyons très présents par la qualité de cette présence, signe de la présence du Christ, que nous représentons, à ses côtés. Je pourrais citer de nombreux cas de mourants, réalisant ma présence, s'éveillant, souriant, heureux du passage et du moment de communion, de prière ensemble. (La famille dit souvent : « Il est heureux quand vous êtes là. »)

Il a besoin qu'on *le touche*. Prenons-lui la main. C'est par là que nous communiquons lorsque toute autre communication n'est plus possible.

Appelé auprès d'une mourante, je me retrouve seul avec elle dans sa chambre. Elle semble endormie ou dans le coma. Je lui prends la main, je parle, je prie. A tous les moments importants, je sens sa main qui serre la mienne, seule manière d'exprimer qu'elle me comprend et qu'elle communie à cette prière. (J'aurais voulu réécrire ce que je lui avais dit, cela me semblait l'essentiel de ce qu'il fallait dire. Mais c'est impossible. Ce sont les mots de l'Esprit qui ne peuvent surgir que dans la communion.)

Tenir la main, c'est le geste pour réchauffer. « J'espère que, quand mes mains se glaceront, j'aurai quelqu'un aux mains chaudes comme les vôtres pour les tenir. » disait une malade à Madame Elisabeth Kubler-Ross. C'est le geste qui relie et qui retient. C'est le signe qu'on est ensemble et qu'on accompagne, comme le Christ tendant la main à Pierre sur les eaux du lac, quand il se sentait s'enfoncer et périr, et qui accompagne chaque mourant.

C'est le sens du sacrement de l'onction des malades : le Christ est là.

Le Christ a connu toutes les étapes parcourues par le malade : Il a connu le choc de se savoir condamné à mort. Il a voulu négocier devant la crainte de la souffrance : « Père, si c'est possible, que cette heure passe loin de moi ». La sueur est devenue comme de grosses gouttes de sang qui tombaient à terre. Un ange le réconfortait.

Le mourant est toujours seul face à sa mort. Faisons en sorte qu'il ne soit pas isolé. Le Christ a connu la solitude devant l'épreuve et l'abandon des siens qui dormaient tandis qu'il vivait son agonie (combat).

Il a vécu l'acceptation et donc la Paix. « Mais que ce ne soit plus ma volonté qui se fasse, mais la tienne. » Ce qui a été décidé en communion d'Amour et dans la Trinité.

C'est lui qui mène son procès en toute liberté. Ce qui ne supprime en rien la souffrance qui a été la sienne. Il connaît les chutes et les rechutes ; il éprouve le bienfait d'être soulagé par les saintes femmes ou aidé par un inconnu à porter la croix. Il a connu le dépouillement physique. Il a vécu l'abandon : « Mon Dieu, pourquoi m'as-tu abandonné ? » Il a vécu l'adieu à sa mère. Il nous la donne comme mère. Comme les mourants, il a connu la soif, et il a refusé la boisson anesthésiante. Il a connu la Paix en pardonnant à ses bourreaux (il est la Réconciliation) et en remettant son esprit entre les mains de son Père.

Le Christ vit cela aujourd'hui en souffrant avec celui qui meurt.

Par l'onction des malades, il apporte la force, pour dépasser la négation ou la dépression, et la paix du dépassement et de l'acceptation. Il donne dans le sacrement le signe que toute l'Église, par notre présence dans la foi, la prière et dans la célébration du sacrement, reste attentive à ceux qui meurent. Le Christ ouvre la porte qu'il a franchie le premier : la Résurrection.

Une malade me demandait :

— Est-ce que vous auriez quelque chose pour m'aider à mieux supporter ma maladie, à être plus courageuse pour les examens et les traitements ?

— Moi, je n'ai rien, mais le Seigneur vous a proposé quelque chose : c'est son aide et sa force dans le sacrement des malades.

— C'est exactement ce que je veux.

On l'a préparée. Elle l'a reçu en famille. Elle était dans la paix. Être dans la paix à ce moment-là, c'est déjà vivre la Résurrection.

Inévitablement, rencontrer des mourants ou parler de la mort me fait penser à ma propre mort. Cela me fragilise. « Le mourant me rappelle que la terre n'est pas ma patrie. » (Carlo Caretto). Personnellement, je n'ai jamais tant pensé à ma mort que depuis que je suis à l'hôpital. « Un homme libre ne pense à aucune chose moins qu'à la mort et sa sagesse est une méditation, non de la mort, mais de la vie ». (Spinoza). Mais d'y penser, ou d'accompagner des amis mourants, me donne une plus grande sérénité et une plus grande paix. Cela me confirme dans ma foi, qui est un passage incessant avec le Christ, dans sa Mort et dans sa Résurrection. Il faut que je meure à moi-même pour vivre avec le Christ. Dans ce sens, je sais que préparer à la mort, c'est surtout préparer à la Vie ! ■

Les soins palliatifs

Il existe aujourd'hui, dans un nombre croissant d'établissements hospitaliers publics ou privés, des unités dites de « soins palliatifs », dont l'objectif n'est pas d'abréger la vie des mourants mais, au contraire, de les aider à vivre le plus humainement possible, aux plans physique et moral, leur toute dernière étape ; de les *accompagner* en « palliant » autant qu'il est possible leur souffrance physique, leur anxiété, leur solitude morale (une organisation de soins palliatifs à domicile a également vu le jour). Des volontaires (personnel médical et hospitalier, bénévoles...) reçoivent dans ce but une formation appropriée.

Renseignements : Union des associations pour le développement des soins palliatifs, 66, rue Boissière, 75116 Paris. Tél. (1) 45 01 27 57 et 45 01 26 01

Ce que vit le mourant	Que lui apporter
1. Négation	
Non, pas moi. Ce n'est pas possible. Refus pour se protéger de la vérité.	Proposer notre aide, notre présence, notre disponibilité pour parler quand il voudra. Respect de la démarche. Il en est là et pas encore ailleurs. Il faut se proposer, tendre la perche pour faciliter.
2. Colère — Rage — Hostilité	
Pourquoi moi ? La colère se reporte sur le médecin, sur Dieu. Conflit entre croyant et Dieu.	Laisser dire, même si agressivité ou signe de régression. La permettre ou la faciliter en répondant du tac au tac (agressif et compréhensif ?). Dieu est capable d'encaisser (Psaumes de l'Ancien Testament) Si agressif contre nous (soignant ou aumônier), nous en féliciter, c'est un compliment : bien portant, je suis choisi comme partenaire.
3. Négociation	
N'est-il pas possible d'éviter l'inévitable ? Marchandage. Promesses : je changerai ma vie, je croirai en Dieu, je ferai des pèlerinages...	Risque de culpabiliser le passé. Présence nécessaire. Ne pas être dupe, ni « sauter sur l'occasion ».
4. Dépression	
Sentir la perte de sa famille, de sa situation, de tout ce qui fait sa vie. Nécessaire pour favoriser le passage à l'acceptation.	Inutile de chercher à l'intéresser à autre chose. C'est normal ! Faciliter la communication des angoisses. Sentiment de perte du malade, être disponible, savoir se retirer.
5. Acceptation	
Nécessité de la perte et acceptation de la perte. Besoin de sommeil (pas pour oublier ou soulager), comme le nourrisson vit de sentiment, de paix. Il se désintéresse du monde extérieur. Besoin de présence avant tout silencieuse.	Avoir près de soi quelqu'un qui n'a pas besoin de parler. Silence de communion, silence qui en dit bien plus que tous les mots. Rester au chevet, tenir la main. Besoin de prier ou communier.

Michel Golfier

▶▶▶ *Suite de la page 888*

Le dieu de la vie

Dieu est fidèle et il aime la vie. Les certitudes de l'espérance sont là. La Bible montre, à l'origine du monde, Dieu insufflant la vie dans les narines de l'homme (Gn 2, 7) ; et Jésus, dans le dernier livre de la Bible, est appelé le Vivant (Ap 1, 18). Entre les deux, se déroule l'histoire de la Vie. Ouverte à l'avenir, imprévue, car la vie est toujours imprévue. L'homme est invité à la découvrir comme un don d'amour.

Le Christ s'est peu exprimé sur la vie après la mort physique. Il a simplement affirmé que la vie qu'il donnait, lui — la vie éternelle — n'était pas altérée par la mort. Dès lors, pour le chrétien, il est certain que les hommes, et même le cosmos tout entier, vivront après leur mort une vie véritable. Ils existeront. Comment ? L'important n'est pas de le savoir mais d'aimer, car c'est dans l'amour que l'on découvre le sens d'éternité. Et de la vie.

Suite page 898 ▶

PURGATOIRE

Les définitions du *purgatoire* (du latin *purgare*, nettoyer, débarrasser, purifier) sont diverses et largement remises en question aujourd'hui. Pour la clarté de l'exposé, on retiendra la suivante : le purgatoire est le temps d'épreuve permettant la purification préalable de ceux qui, au terme de leur vie terrestre, sont admis à partager le bonheur de Dieu.

Si cette définition n'est pas acceptée unanimement, c'est que le purgatoire est une construction théologique : dans le Nouveau Testament, on ne trouve en effet aucune trace ni du mot ni même de la réalité qu'il désigne.

En fait, cette notion théologique s'est élaborée petit à petit, en vue de rendre compte du sens d'une pratique en usage dans l'Église depuis les premiers siècles : la prière pour les défunts. A quoi servirait-elle si les défunts avaient direc-tement accès à Dieu ? Or, la nécessité de cette prière a toujours fait l'objet d'une très forte conviction.

En outre, les grands mystiques chrétiens ont eux-mêmes fait l'expérience personnelle, dans leur approche vers Dieu, de nécessaires purifications (« purgations ») ; ils en ont naturellement tiré la conclusion qu'après la mort il faut encore purifier et approfondir son amour avant d'accéder à Dieu et de jouir pleinement de sa vision.

Le dogme du Purgatoire s'applique au processus de purification qui permet à l'être humain de s'ajuster pleinement et dans toutes ses dimensions à la sainteté de Dieu, le préparant ainsi à sa rencontre.

Objet de controverses entre l'Église catholique et l'Église d'Orient d'une part (Concile de Florence 1439), et avec la Réforme protestante d'autre part (Concile de Trente 1563), le dogme catholique du purgatoire n'a au demeurant reçu sa définition qu'à l'occasion de ces conflits. Ce dogme se fonde sur trois convictions :

1. *La vision de Dieu ne peut être partagée que par des êtres ayant atteint leur perfection,* leur plein accomplissement. La rencontre entre le Dieu absolument saint et l'homme pécheur suppose donc qu'au préalable ce dernier se soit totalement purifié de son péché, en se laissant conformer à la sainteté de Dieu dans un dépouillement nécessairement éprouvant et douloureux.

2. *Le temps du purgatoire* (le mot « temps » reflète l'impuissance de l'esprit humain à sortir des limites du temps et de l'espace) *est déjà le temps du salut définitif.*

Malgré son péché, l'homme se sait justifié par Dieu (jugement particulier) et destiné à la rencontre définitive avec lui ; celle-ci est seulement différée par la volonté de l'homme lui-même, qui ne peut accepter de se laisser approcher par Dieu avant de s'être totalement conformé à lui : temps d'épreuve mais surtout temps de l'amour et du désir entièrement centrés sur Dieu.

3. *La solidarité qui unit les hommes dans le monde* ne prend pas fin avec la mort. La prière pour les défunts, les efforts et renoncements en vue d'une vie plus conforme à l'Évangile peuvent contribuer à hâter la rencontre avec Dieu de ceux qui sont en cours de purification.

☞ Des déviations de diverses natures (descriptions imaginaires d'un purgatoire-prison ou d'un purgatoire-enfer temporaire, trafic d'indulgences faisant du salut une affaire quasi-commerciale (qui fut le point de départ de la révolte de Luther), portrait d'un Dieu présenté comme un juge impitoyable assouvissant sa vengeance, etc.) ont rendu irrecevable à beaucoup de contemporains le dogme du purgatoire.

Débarrassé de ces excès, il oblige cependant à prendre en compte des questions qui se posent en toute hypothèse au croyant ; d'une part, l'accession de l'homme au partage de la vie du Dieu Saint implique sa transfiguration ; d'autre part, le salut en Jésus-Christ proposé à tous appelle la solidarité des croyants avec l'humanité tout entière, dans ses générations passées, présentes et à venir. ■

L'au-delà : la résurrection

Y a-t-il un au-delà après la mort, ou bien l'homme disparaît-il à jamais à ce moment ? C'est la question que depuis toujours se pose l'humanité.

Chaque religion a tenté d'y répondre : pour la mythologie gréco-latine, les morts descendaient aux enfers, un abîme souterrain et obscur, où, réduits à l'état d'ombres, ils menaient une existence terne, pâle reflet de la vie terrestre. Jusqu'au IIe siècle avant J.-C., les Juifs n'avaient pas une conception tellement différente, leur shéol ressemblant fort au séjour des morts païens. L'hindouisme enseigne la réincarnation dans d'autres êtres mortels jusqu'à atteindre le degré de purification et de détachement permettant de rejoindre l'être primordial, Brahman. Le bouddhisme enseigne les voies d'accès à la délivrance de la douleur dans la paix bienheureuse du Nirvana.

Avec les livres des Macchabées, qui relatent la grande révolte des Juifs contre l'hellénisation qu'on voulait leur imposer au IIe siècle avant J.-C., on voit l'Ancien Testament accéder pleinement à la certitude de la résurrection des corps (2M 7). On la retrouve dans le livre de la Sagesse (Sg 3,4,5).

Cette foi, le Nouveau Testament l'affirme avec force, la fondant sur la résurrection de Jésus. Celui-ci, en triomphant de la mort, en a délivré tous ceux dont il s'est fait solidaire par son incarnation (Rm 6,6-11 ; 8,11). Il est comme le premier de cordée qui, entré dans la vie définitive, y entraîne tous les hommes.

Cette vie avec le Christ commence, chez le chrétien, dès la foi de son baptême (Rm 6,4-11) et se poursuit après la mort en attendant la résurrection finale.

Quant à ceux qui, avant leur mort, n'ont pas cru en cette vie avec le Christ (ceux que l'on appelle les non-chrétiens), la qualité de leur rencontre avec Dieu dans l'au-delà est déterminée par leurs actions pendant la vie terrestre (Mt 25,31-46 et Lc 16,19-31).

Ce qui attend l'homme après la mort dépasse tout ce qu'il peut concevoir ou imaginer. C'est un don de Dieu, un effet de son amour sans limites.

Pour autant, une telle espérance n'est pas de nature, aux yeux des chrétiens, à éloigner l'homme de ses tâches et responsabilités présentes, comme on le reproche parfois au christianisme. Car il y a continuité entre, d'une part, l'effort pour préparer l'avènement du Royaume de Dieu et, d'autre part, l'accès à ce Royaume ; entre la vie présente et l'au-delà espéré ; c'est là un enseignement constant de l'Église, renouvelé avec force par le concile Vatican II (Constitution pastorale *L'Église dans le monde de ce temps, Gaudium et Spes,* n° 43). La résurrection est l'épanouissement en Dieu de la vie présente vécue dans la foi et la charité ; mais seule, la foi en la résurrection du Christ authentifie la foi en l'au-delà. ■

L'homme ressuscité sera l'homme total

... « Ce que l'Église affirme, c'est essentiellement ceci : notre béatitude éternelle sera vraiment une béatitude d'homme, c'est-à-dire conforme à la nature de l'homme :

- *sociale ou communautaire (car l'homme est un être social, et une béatitude individualiste ne répondrait pas à sa nature) ;*
- *incarnée (car l'homme n'est pas un esprit pur) ;*
- *divine, consistant en l'unité de vie avec Dieu (car l'homme n'est pas un être clos en lui-même mais ouvert sur l'infini ; ou, pour parler autrement, une des dimensions de l'homme est son aspiration à l'infini).*

Ces trois aspects sont intimement liés dans le dogme de la résurrection de la chair. Je veux dire qu'une telle béatitude, pleinement humaine, ne peut être réalisée que dans et par la résurrection de la chair. Si l'homme ne ressuscitait pas tout entier, corps et âme, notre béatitude éternelle ne serait pas une béatitude d'homme mais une récompense extérieure, plaquée sur l'homme du dehors, comme le vélo qu'on offre à un garçon qui a réussi son examen. Ce ne serait plus l'homme que je suis par nature, mais un être nouveau et différent qui serait éternellement heureux, ce ne serait pas ma béatitude. Une telle pensée est absolument insupportable, c'est une affaire de dignité élémentaire comme nous le rappellent certains athées : je suis homme, ma dignité est d'être homme et donc de le rester éternellement. S'il est bien vrai qu'il ne peut y avoir de résurrection de la chair sans le don de Dieu qui nous appelle à partager sa vie, ce don et cet appel impliquent que nous nous construisions nous-mêmes par toute notre activité et notre vie présente (...)

(...) La foi en la résurrection de la chair est, en fait, la foi en la résurrection du monde. Vous voyez poindre ici l'importance de nos tâches terrestres, lesquelles consistent toujours directement ou indirectement à transformer, à humaniser le monde. Nous sommes loin d'une philosophie qui se contente de prouver l'immortalité de l'âme et pour laquelle l'univers tel qu'il est n'aurait pas de valeur durable. On aboutit ainsi à une béatitude d'esprit pur qui va facilement devenir une béatitude d'individualisme. La vérité révélée est infiniment plus riche : béatitude sociale ou communautaire, incarnée et divine ; ou, en d'autres termes, permanence spiritualisée et divinisée dans tout l'homme et de tout l'univers dont l'homme est solidaire... »

François Varillon,
Joie de croire, joie de vivre,
Éd. le Centurion.

PARADIS

Beaucoup de religions ont en commun le mythe d'un âge d'or où, à l'origine, l'homme vivait heureux dans un jardin merveilleux, le paradis.

Pour certains, ce mythe est une manière de décrire le bonheur futur de l'humanité. Dans l'islam, le paradis *(Al Janna)* est un jardin magnifique qui permettra au croyant de connaître tous les plaisirs. La Bible utilise, elle aussi, le mot persan *paridaëza* (qui signifie terrain planté d'arbres et que l'on transcrit paradis) pour désigner le lieu de délices (en hébreu, *Eden)* où se trouvent l'homme et la femme au début de la création (Gn 2,8-15) et où l'humanité se retrouvera, éperdue de bonheur, à la fin de ses tribulations (Ap 2,7).

Mais, il n'est pas sûr que les rédacteurs de la Bible aient cru davantage au paradis terrestre que les concepteurs des affiches du Club Méditerranée qui, à travers de superbes photos, essaient d'accrocher l'attention du public sur leur message. Le message des hommes de la Bible est de proclamer que Dieu a créé le monde bon et a promis à l'homme d'être heureux.

L'*Évangile de Jean*, en plaçant l'ensevelissement et la résurrection du Christ dans un jardin (qui évoque celui du paradis originel) suggère bien que le jardin des délices, de la vie à profusion, est une image. La vie et les délices promis par le Christ n'évitent pas la mort physique, leur douceur n'a rien de matériel. Mais l'image du paradis invite à croire que c'est l'homme tout entier, corps et esprit, qui jouira d'un bonheur sans fin. ■

La « résurrection de la chair » dans le Symbole des apôtres

En mars 1984, la Congrégation romaine pour la Doctrine de la foi déclarait :

1. L'expression « carnis resurrectionem » du Symbole des apôtres a été traduite jusqu'à présent dans les diverses langues de façons différentes :

— En traduisant à la lettre le texte latin du Symbole des apôtres ;

— En traduisant le mot « carnis » par un mot équivalent ;

— En adoptant la traduction du mot « mortuorum », pris dans le paragraphe « Et exspecto resurrectionem mortuorum » (et j'attends la résurrection des morts) du Symbole de Nicée-Constantinople.

2. La question de la traduction de l'expression « carnis resurrectionem » du Symbole des apôtres a été examinée par la S. Congrégation pour la Doctrine de la foi qui, dans sa réunion ordinaire, a adopté les décisions qui suivent, accompagnées des raisons théologiques afférentes.

A. Décisions

1. Il n'existe pas *dans l'absolu* de raisons doctrinales contre la traduction « résurrection des morts », comme si cette formule n'exprimait pas la même foi que celle qui est exprimée par la formule « résurrection de la chair » ; mais il existe une convergence de raisons théologiques conjoncturelles qui militent pour le maintien de la traduction traditionnelle exacte (littérale).

2. Dans les futures traductions, à présenter à l'approbation ecclésiastique, on devra maintenir la traduction exacte traditionnelle.

3. Là où le changement a déjà été autorisé, il conviendra de communiquer aux évêques les raisons qui font *recommander* le retour à la traduction *exacte* traditionnelle.

B. Raisons théologiques et conjoncturelles

1. Les deux formules « résurrection des morts » et « résurrection de la chair » sont des expressions différentes et complémentaires de la même tradition primitive de l'Église, et, par conséquent, une prévalence exclusive ou totale de la formule « résurrection des morts » constituerait un appauvrissement doctrinal. Il est vrai en fait que cette dernière expression contient aussi implicitement l'affirmation de la résurrection corporelle, mais la formule « résurrection de la chair », comme *expression,* est plus explicite dans l'affirmation de cet aspect particulier de la résurrection, comme le démontre son origine même.

2. L'abandon de la formule « résurrection de la chair » comporte le danger de soutenir les théories actuelles qui placent la résurrection au moment de la mort, excluant en pratique la résurrection corporelle, spécialement de *cette* chair.

Le Vatican, mars 1984.

Un témoignage de l'actrice Mado Maurin sur la mort et l'espérance, après le suicide de son fils, l'acteur Patrick Dewaere.

Au micro de Radio Notre-Dame, la mère de Patrick Dewaere, a déclaré, après le suicide de celui-ci en juillet 1982 :

« Je supporte la mort de mon fils, nous ne sommes pas les possesseurs de nos enfants. Nous en sommes les responsables (...) Mes enfants n'ont pas demandé à venir, ils ne doivent rien à leurs parents, leurs parents leur doivent tout (...) Ma douleur me rapproche de Dieu. Dans le cas présent, je n'ai aucun mouvement de révolte, d'injustice. C'est une douleur, c'est une souffrance. Je ne pensais pas que Dieu me donnerait une si grande douleur. Ce que m'apporte la mort de mon fils, c'est que ma foi s'en trouve renforcée (...) Depuis que Patrick est parti tout d'un coup, je crois à la résurrection des morts, je crois que je retrouverai mon fils, c'est le cadeau qu'il m'a fait en donnant sa vie (...) »

« Patrick Dewaere, c'était une vedette, on en parle, mais il y a des multitudes de mamans dont les enfants se tuent parce que la vie est trop dure ; il y a trop de guerres, trop d'injustices, trop de méchanceté, trop de chômage, trop de tout cela et les gosses ne tiennent pas le coup. Ils se suicident, ils se tuent. Je m'adresse à toutes les mamans dont les enfants se sont tués, je suis avec elles, ni plus, ni moins qu'elles. Je suis avec elles. Je leur jure que la résurrection existe et que leur petit, il est à côté d'elles, il les accompagne ; il ne les quittera plus, plus jamais. »

DÉFUNT

Au sens strict, le *défunt* (du latin *fungor :* je m'acquitte de, je remplis...) est celui qui a cessé sa « fonction » *(de-functus).* Ayant accompli sa tâche, il jouit de la relation qui le constitue : la foi des chrétiens en la résurrection leur fait affirmer que la mort physique n'est pas le terme de leur relation avec Dieu. D'où la place donnée par l'Église aux prières pour les défunts (messe de funérailles, intentions de messe, liturgie du jour des Morts - 2 novembre, etc.). ■

Ciel

De tout temps le ciel a fasciné l'homme. Situé au-dessus de lui et hors de son atteinte, il en a fait le lieu de résidence des puissances cachées qui influent sur sa destinée. Dans le symbolisme des religions primitives, le ciel est toujours apparu comme la demeure spéciale des dieux. La plupart des récits de la création du monde décrivent l'apparition d'un ordre des choses basé sur les relations entre le ciel et la terre.

Dans la Bible, les récits de la création, rapportés par les premiers chapitres du livre de la Genèse, proposent une représentation bien particulière de la structure de l'Univers (cf. p. 256) : la terre est plate et le ciel la recouvre comme un dôme ou une toile de tente. Les étoiles sont comme épinglées sur la surface du ciel. Audessus de la voûte céleste, il y a les « eaux d'en-haut ». Pour féconder la terre, Dieu entrouvre le ciel et laisse passer la pluie. Lors du Déluge, Dieu purifie la terre en la noyant sous le flot des eaux retenues au-dessus du ciel visible.

Dans la langue hébraïque, le terme qui désigne le ciel est toujours au pluriel : en effet, bien que le ciel soit à la fois la voûte qui recouvre la terre, le lieu de Dieu et celui des anges, ces diverses réalités ne sauraient être confondues. Les lieux élevés (en particulier les montagnes, qui apparaissent comme des points privilégiés de rencontre entre le ciel et la terre) sont souvent des lieux où Dieu se révèle. Mais, pour le peuple d'Israël, l'affirmation que le Seigneur est le Dieu du ciel signifiait surtout, de manière symbolique, que la présence divine ne pouvait être saisie, captée. Dieu est au-delà et, malgré sa proximité, il demeure toujours le Tout-Autre.

Dans le Nouveau Testament, les récits évangéliques de l'Ascension de Jésus dans les cieux expriment la certitude que le Sauveur ressuscité est désormais associé au règne et à la puissance de Dieu. Pour saint Paul, le Christ ressuscité apparaît comme l'homme céleste à l'image duquel nous devons conformer notre vie, cette vie qui était jusque-là celle de l'Adam terrestre.

Il se dégage des *Écritures* une certaine cosmogonie, c'est-à-dire une vision du monde créé, qui a inspiré la réflexion théologique et philosophique et marqué profondément les représentations de l'art chrétien. L'univers, la société, l'homme lui-même ont pu être perçus à travers un système hiérarchisé et orienté de haut en bas. Le ciel, lieu de la divinité, recèle en son sein l'ensemble des valeurs hautes (le Bien, le Vrai, le Beau, la Lumière, l'Ordre, etc.). Ainsi ce monde invisible céleste détient la clé du monde visible, en donne le sens. Plus on s'éloigne du lieu de Dieu, plus on s'achemine vers le non-sens, le chaos, le désordre, le Mal, les Ténèbres.

Ce n'est donc pas par hasard que, traditionnellement, le Paradis a été localisé dans le ciel, alors que les textes de la Genèse le situaient sur la terre.

La science et la technologie modernes ont bouleversé cette représentation du monde. Notre temps a été marqué par l'exploration de l'espace céleste et interplanétaire. Le ciel est devenu un nouveau terrain d'exploration pour l'homme. Il a perdu son caractère inaccessible. Avions et fusées sillonnent l'espace et poursuivent toujours plus loin leur route. Les premiers cosmonautes russes ont déclaré en revenant de leur voyage que l'espace était vide : ils n'y avaient pas rencontré Dieu. De leur côté, certains croyants se sont interrogés sur leur foi en découvrant que le lieu de Dieu était vide.

Tout cela a permis de retrouver le sens profond de l'intuition biblique originelle : l'homme ne peut faire que Dieu lui soit semblable. Dieu ne peut être assigné à résidence. Confesser ma foi en un Dieu qui est au ciel, c'est, en fait, confesser ma foi en un Dieu qui est au-delà de ma perception sensible, qui est plus intime à moi-même que moi-même, et cependant radicalement autre, perpétuel objet de mon désir. Des expressions comme « le Père qui est dans les cieux », « le Christ ressuscité est monté au ciel », « le séjour céleste », sont ce qu'on appelle un *langage anthropomorphique* : ce sont des images humaines destinées à exprimer l'inexprimable divin. Le Christ est venu révéler que Dieu son Père accueillera en son intimité ceux qui ne refusent pas définitivement toute lumière venant de lui : on dit d'eux qu'ils « iront au ciel », à défaut de pouvoir exprimer ce que sera cette vie bienheureuse ; de même dit-on de ceux qui, dans leur liberté, refuseront cette lumière offerte, qu'ils « iront en enfer », à défaut de pouvoir exprimer ce que sera la privation de cette vie bienheureuse. ■

La mort

Il est probable qu'une étude approfondie sur l'image que chaque époque se fait de la mort montrerait des différences considérables entre la conception de 1800 et la nôtre, ou entre celle de beaucoup de pays du Tiers-Monde et la nôtre.

Il est vrai que, depuis 1800, l'espérance de vie a plus que doublé (elle était de 35 ans à l'époque). Il est vrai que, après une période d'euphorie pendant laquelle les progrès de la méde-cine dans tous les domaines semblaient évidents, aujourd'hui, en Occident, chacun devient plus conscient des limites de ces progrès. Le cancer semble loin d'être vaincu.

Il est vrai qu'en raison même des succès de la médecine, chacun est malade plus longtemps qu'autrefois. On a parlé pour notre civilisation de tabou de la mort, et pourtant la peur de la mort semble omniprésente : la psychose de la sécurité, la violence réelle ou imaginaire, la drogue, peut-être même certaines formes du goût pour le fantastique semblent être autant de manières de lutter contre l'angoisse de la mort.

Cette angoisse, la peur de l'hôpital l'avive : autrefois, on priait pour ne pas mourir à l'improviste, aujourd'hui, on le souhaite. Il est vrai qu'autrefois on mourait au cœur de sa famille et qu'aujourd'hui on a toutes les chances « de mourir dans la solitude d'une chambre d'hôpital » (Philippe Ariès).

Cette angoisse devant la mort a, de tout temps, fait naître des questions en l'homme. La Bible en posait principalement deux : pourquoi mourons-nous ? La mort est-elle définitive ? L'Occidental moderne en a ajouté une troisième : pourquoi vivons-nous ?

Pourquoi mourons-nous ?

A l'image des hommes qui sanctionnaient une faute grave par la peine de mort, beaucoup ont pensé que la mort était comme une sanction envoyée par Dieu pour punir l'humanité (Gn 18,20-32). A partir de cette comparaison, Israël en est venu lentement à penser que, puisque tous meurent, c'est qu'il y avait à l'origine un péché qui concernait toute l'humanité. Il faudra du temps pour que l'homme religieux abandonne cette vision de la mort. Les Juifs découvrent petit à petit que Dieu ne punit pas par la mort et qu'il ne prend pas plaisir à la perte des vivants (Sg. 1,13). Au contraire, la mort est inacceptable.

La mort est-elle définitive ?

Jusqu'à une époque assez récente (même après la résurrection du Christ), certains Juifs ne croyaient pas à un au-delà de la mort. Pour eux, l'homme mort subsistait dans une sorte d'existence larvaire, sans aucune relation ni avec les hommes, ni avec Dieu (Jb 14,12. Is 38,18).

L'espérance en une nouvelle vie donnée par Dieu est née de la confiance totale de ceux qui préféraient mourir plutôt que d'agir contre l'Alliance. Dans sa fidélité, Dieu, auteur de la vie, se devait de faire revivre de tels martyrs (2M 7,2-38). Plus d'un siècle avant le Christ, Daniel annonce que tous les morts ressusciteront (Dn 12). Mais c'est la Résurrection du Christ et sa promesse « d'être le premier-né d'entre les morts » qui fondent la foi des chrétiens en la résurrection des corps. Il n'y a pas négation de la mort. Il y a foi en une vie donnée gratuitement par Dieu là où aucun espoir humain n'est permis.

Pourquoi vivons-nous ?

La question est celle qui touche le plus aujourd'hui. C'est peut-être celle qui ouvre une des lectures les plus actuelles de l'Évangile. Pour celui-ci, l'homme d'aujourd'hui vit mal, vit au rabais, en petite vitesse. Il ne peut découvrir ce qu'est la vie (pourquoi il vit à l'origine, et quels sont ses buts) qu'en acceptant de mourir à soi-même, de se donner totalement. S'il entre dans ce mouvement, il comprendra qui est Dieu (Dieu est don), il comprendra qui il est lui-même (il est le fruit d'un don et fait pour donner), et il comprendra comment aller vers le bonheur (en se donnant).

Cette force d'accepter la mort pour se donner est elle-même un don ; ce don, c'est l'Esprit de Jésus, esprit de vie qui pousse à la résurrection de toute chair. ■

Immortalité

Depuis toujours, l'homme s'interroge sur le sens d'une vie qui débouche sur la mort. N'y a-t-il pas quelque chose en l'homme qui échappe à la mort et qui demeure ? L'être humain se résigne difficilement à ce que rien de lui ne subsiste.

En Orient comme en Occident, le principe de l'immortalité de l'âme s'est progressivement affirmé dans la plupart des religions. La matière dans l'homme, le corps, se dissout dans la mort ; l'âme, l'esprit, ne meurt pas. Pour certains, l'immortalité de l'âme est due au fait que l'âme est un don de Dieu. Pour d'autres, l'esprit ou l'âme ne peuvent mourir car ils sont capables de se dégager de la matière par la réflexion. Plus que l'esprit, c'est alors la pensée qui est immortelle. Pour d'autres encore, c'est la mémoire des hommes qui est le facteur d'immortalité.

Selon la conception biblique de l'homme, le corps et l'âme sont indissociables, car c'est l'homme tout entier qui a été créé à l'image de Dieu (Gn 1,27). Aussi est-il appelé tout entier à l'immortalité. Cependant, celle-ci n'a longtemps été conçue que comme un séjour sans fin dans le triste Shéol, loin de la terre des vivants (Jb 10,21), loin de Dieu (Ps 88,6). C'est dans les derniers siècles précédant le Christ que le judaïsme accède à l'idée d'une immortalité dans la société de Dieu, et d'une résurrection des corps.

C'est la mort et la résurrection de Jésus-Christ qui manifestent aux yeux de ses disciples la toute-puissance de l'amour divin. La mort a été vaincue et, dès maintenant, le croyant peut entrer dans cette dynamique de la résurrection.

Ainsi, à l'encontre des conceptions de la Grèce antique, selon lesquelles l'âme humaine, libérée du poids du corps, s'élève seule vers l'immortalité, l'espérance chrétienne et la foi en la résurrection supposent une restauration intégrale de la personne humaine, une transformation radicale du corps, qui devient spirituel, incorruptible, immortel (1 Co 15,35-53).

La question semble pourtant loin d'être résolue : chrétiens ou non, tous meurent. La mort demeure toujours l'horizon douloureux, parfois tragique de la vie. Alors, de quelle mort et de quelle immortalité parle la révélation chrétienne ?

La Bible, dans l'Ancien comme dans le Nouveau Testament, distingue deux morts. La mort corporelle est le sort commun à tous les êtres vivants. Les auteurs de la Bible y voient un rappel de la condition de l'homme devant le Dieu immortel qui, seul, est le Vivant. Mais, au-delà de cette mort physique, le véritable destin de l'être humain se joue face à la « seconde mort », terme employé par *l'Apocalypse* pour désigner la condition de ceux qui seront séparés de Dieu, qui est perte de l'amour de Dieu, damnation (Ap 21,8).

C'est avant tout de cette seconde mort que le Christ sauve, par sa propre mort et par sa résurrection, ceux qui ne rejettent pas l'amour de Dieu (Jn 11,25-26).

Mais, en outre, la puissance de l'amour divin est telle qu'à la fin des temps, lors du retour du Christ, les corps eux-mêmes reprendront vie (Rm 8,11). Alors, en chacun de ceux qui partageront l'intimité de l'amour absolu de Dieu, la vie atteindra sa plénitude : **vie**, **amour**, **bonheur** ne feront qu'un en eux comme ils ne font qu'un en Dieu, auquel ils seront unis à jamais. ■

Lorsqu'un mot, une expression, un événement, une institution, un nom propre vous sont inconnus, consultez l'index.

Une assurance

« Réfléchissant au cours de la dernière guerre sur ses caractéristiques et évoquant la condition tragique des prisonniers, je fus amené à me demander si, en dernière analyse, l'espérance ne pouvait pas toujours être regardée comme une réaction active contre un état de captivité. Peut-être ne sommes-nous capables d'espérer que dans la mesure où nous nous reconnaissons d'abord comme captifs, cette servitude pouvant d'ailleurs se présenter sous des aspects très divers, tels que la maladie ou l'exil. (On comprendra par là pourquoi, dans certains pays où la technique sociale est poussée très loin, où une sorte de confort est assuré à tous, l'espérance s'étiole et avec elle la vie religieuse tout entière. La vie s'immobilise, et un ennui invincible se répand partout.) L'espérance serait donc liée à un certain tragique. Espérer, c'est porter en moi l'assurance intime que, quelles que puissent être les apparences, la situation intolérable qui est présentement la mienne ne peut pas être définitive, elle doit comporter une issue.

▶

▶

Une détente

Le malade qui espère ne souhaite pas simplement guérir, il ne se borne pas à dire : je voudrais guérir, il s'affirme à lui-même : tu guériras, et c'est à cette condition expresse qu'une telle espérance peut dans certains cas devenir un facteur réel de guérison. On objectera à vrai dire que c'est là une pure et simple autosuggestion (...). L'autosuggestion consiste, en somme, à se crisper sur une certaine représentation ; on ne peut guère la concevoir que comme une contracture psychique. L'espérance présente au contraire les caractères d'une détente, elle suppose un temps ouvert par opposition au temps clos de l'âme contractée (...). On pourrait d'ailleurs montrer que ce temps clos n'est pas nécessairement celui du désespoir qui ne voit rien devant lui et n'attend rien de personne, mais aussi bien celui de l'homme enfermé dans le cercle des tâches journalières, de ce qu'on pourrait appeler une routine aveuglante. Peut-être est-il désespéré, mais il ne le sait pas, il ne prendra conscience de ce désespoir que lorsqu'il se sera dégagé suffisamment de cet étau pour en prendre conscience.

Espérer, ce n'est pas essentiellement espérer que...

Une vertu

« A la racine de l'espérance, il y a quelque chose qui nous est littéralement offert ; mais nous pouvons nous refuser à l'espérance comme à l'amour ; et sans doute pouvons-nous aussi renier l'espérance, comme nous pouvons renier et dégrader notre amour.

(...) On voit par là pourquoi il est légitime de regarder l'espérance comme une vertu : c'est que toute vertu est une spécification d'une certaine force intérieure, et que vivre en espérance, c'est obtenir de soi de rester fidèle, aux heures d'obscurité, à ce qui ne fut peut-être à l'origine qu'une inspiration, une exaltation, un ravissement. Mais cette fidélité ne peut sans doute elle-même être pratiquée qu'à la faveur d'une collaboration, dont le principe est et demeurera toujours le mystère même, entre une bonne volonté, qui est après tout la seule contribution positive dont nous soyons capables, et des initiatives, dont le foyer réside hors de nos prises, là où les valeurs sont des grâces. »

GABRIEL MARCEL,
Homo Viator, Éd. Aubier,
Paris, 1963.

Destin - Destinée

Il est de la nature de l'homme de s'interroger sur le sens de sa vie et sur la maîtrise de son déroulement. Malgré ses efforts pour connaître l'avenir et pour intervenir dans le cours de son histoire, il a dû reconnaître qu'il n'est pas le maître absolu de sa destinée. Mais alors qui en est le maître ? Quelle est la puissance qui guide ses pas ?

1. La mythologie grecque a vu le *Destin* sous les traits d'un dieu, fils du chaos et de la nuit, véritable maître de l'univers auquel même les autres dieux étaient soumis. Il représentait une force aveugle contre laquelle on ne pouvait lutter.

Dans la philosophie grecque, la notion de destin a joué un rôle important. Elle désigne une fatalité mystérieuse qui dirige les hommes et les choses. Dans la littérature grecque, la tragédie est le fidèle reflet de cette vision pessimiste du monde.

Ainsi, très tôt dans l'histoire de l'humanité, l'idée de destin a engendré une attitude fataliste : « On ne peut rien y faire, ce qui arrive doit arriver, c'était écrit... »

2. Pourtant, les écrits de l'Ancien Testament révèlent que le peuple d'Israël s'est dégagé de la tendance fataliste des religions et des mythes des peuples qui l'entouraient. Pour lui, l'homme et le monde ne sont pas la proie d'une force aveugle. Dieu a bien un *dessein sur l'homme* ; mais ce dessein (qui ne sera pleinement révélé aux hommes qu'en Jésus-Christ) est de *faire l'être humain libre*, maître de la création, en l'appelant à découvrir l'amour de Dieu dont il est l'objet, et à y répondre librement. En attendant le temps de cette pleine Révélation, le Dieu d'Israël vide l'univers de toutes les puissances que les hommes, pour éviter d'affronter leur liberté, avaient cru y découvrir ; toute la Bible retentit de la dénonciation des idoles qu'elle tourne en dérision : « ces puissances qui ont une bouche et ne peuvent parler, des oreilles et n'entendent pas, des yeux et ne voient pas... » (Ps 115,4-7).

3. « Là où est l'Esprit du Seigneur, là est la liberté » (2 Co 3,17). Cette liberté opposée à toute destinée préétablie est inscrite au cœur du Nouveau Testament ; et la théologie médiévale (cf. saint Thomas d'Aquin) fonde toute sa conception de l'acte humain sur cette liberté. Plus tard, au moment de la crise de la Réforme protestante, le concile de Trente réaffirmera avec force le *libre arbitre de l'homme* dans le processus du salut. Il est vrai qu'aussi longtemps que n'aura pas triomphé l'idée de liberté d'opinion au sein du contexte politique et culturel (idée qui était portée en germe dans la notion de liberté morale affirmée par les théologiens), c'est plus volontiers la vision d'un monde intangible, à recevoir avec résignation, qui l'emportera dans les esprits ; le grand ébranlement de la Révolution française contribuera à renouveler la pensée à ce sujet.

Le monde apparaît aujourd'hui (on ne soulignera jamais assez la concordance de ce fait avec l'enseignement biblique) comme un chantier remis aux mains des hommes, une construction à réussir par eux.

Si l'on voulait encore parler de destin, il faudrait dire alors que, dans la perspective chrétienne, celui de l'homme est de découvrir la liberté en participant à la création du monde, et d'offrir librement ce monde à Dieu.

C'est à quoi Dieu l'appelle, lui donnant force et Esprit pour y parvenir.

4. Cela dit, il reste que la liberté humaine n'est pas sans limites : d'une part, l'homme est largement conditionné par son hérédité, son milieu naturel, social, culturel... ; d'autre part, il est marqué du sceau de la mort et du mal. Même s'il cherche à repousser ces limites, il restera enfermé dans des contraintes qui lui paraîtront insupportables. Son désir le poussera à les dépasser, et il ne cessera de s'y heurter. Mais *qui dit limites ne dit pas fatalité* : l'acte humain est un compromis continuel entre le désir, la raison et la volonté de l'homme, d'une part, et la force des diverses contraintes qui pèsent sur lui, d'autre part. ■

FATALISME

Théorie selon laquelle tous les événements sont fixés à l'avance par une cause unique et surnaturelle, le *Destin* (*fatum* en latin) ou la *Nécessité* ; le *fatum* désigne un destin irrévocable, « ce qui est écrit à l'avance », ce qui arrive en vertu d'une nécessité aveugle.
Dans l'Antiquité, on croyait que les dieux eux-mêmes étaient soumis au Destin. Cette théorie se trouve dans les tragédies grecques et dans certaines philosophies, en particulier chez les stoïciens. La seule manière de se libérer des événements extérieurs, que nul ne peut changer, c'est de les accepter. Les destins entraînent celui qui résiste, ils conduisent celui qui accepte.

Aujourd'hui, le fatalisme recule devant les théories scientifiques qui expliquent les phénomènes autrefois mystérieux : l'orage, les éruptions volcaniques, la mort... La science trouve les causes, et le mystère disparaît ; le hasard est lui-même traduit en calculs statistiques. Cependant, la science est loin encore d'avoir pu expliquer tous les événements et n'a pas encore atteint tous les peuples.

Dans l'Ancien Testament, Israël croit que le sort, la destinée des hommes est entre les mains de Dieu.
Le christianisme, faisant, en Jésus-Christ, l'expérience d'un Dieu qui s'intéresse à l'homme, a remplacé la notion de fatalisme par celle de Providence. Ce mot a souvent donné à penser que Dieu connaissait à l'avance les événements qui allaient fatalement se produire.

C'est mal poser le problème, en ce sens que c'est attribuer à Dieu une situation dans le temps et dans l'espace qui est propre à l'homme.
Dieu a *un projet sur l'homme* : il lui propose d'être associé à sa vie divine. Le Christ est venu préciser ce projet, le Royaume de Dieu, et en amorcer la mise en œuvre. En tout cela Dieu entend respecter la liberté dans laquelle il a créé l'homme et lui faire confiance, quelles qu'en puissent être les conséquences. La foi chrétienne s'inscrit dans une perspective d'espérance et de liberté, contraire à toute idée de fatalisme.
(Voir Liberté, Providence.) ■

Ph. Roger-Viollet

Art précolombien du Mexique : civilisation aztèque, Mitlanteocutli, dieu de la mort.

MÉTEMPSYCOSE OU RÉINCARNATION

Le mot (du grec *metempsikhosis,* composé de *meta* indiquant le changement, et *empsukhon,* animé, c'est littéralement « le déplacement de l'âme ») désigne les doctrines selon lesquelles une même âme peut animer successivement plusieurs corps.

Les Égyptiens croyaient à la réincarnation de l'âme humaine dans des animaux, principalement oiseaux et serpents.

La philosophie grecque à partir de Pythagore (sauf l'épicurisme) reprit l'idée de la métempsycose ; Platon la soutient dans le *Phédon,* la fondant sur la théorie des contraires (la vie engendre la mort et vice versa) et sur celle de la réminiscence (apprendre c'est se souvenir).

Pour l'hindouisme, la transmigration d'une âme est le cheminement indispensable qui lui permet d'accéder, par purifications successives à travers plusieurs vies, à la libération de la pesanteur et de l'illusion, et ainsi à l'extinction en Brahma (Dieu), la seule réalité. Les vies successives expliquent les différences sociales et apportent une réponse à la question du mal.

La croyance à la réincarnation connaît aujourd'hui un fort regain d'audience : selon une enquête récente, 22 % des Français et des Européens y adhèrent. Elle se fonde, à côté de l'aspiration à une rétribution après cette vie, sur un sens renouvelé de notre communion avec le cosmos, état d'esprit favorisé par la prise de conscience écologique ; sur un refus du racisme (j'ai peut-être été, dans une existence antérieure, jaune ou noir, je serai peut-être, dans une existence future, juif ou arabe) ; sur l'attrait grandissant des religions orientales, dont la base est la croyance à la chaîne des renaissances ; sur un regain d'intérêt pour le spiritisme (nous pourrions entrer en communication avec les esprits en attente de réincarnation).

Le christianisme, qui croit à l'*unicité* de la personne humaine (chaque homme est unique aux yeux de Dieu), et à son *unité* (la personne est tout à la fois corps et âme), exclut toute perspective de transmigration d'un corps à l'autre ; et a fortiori dans des corps d'animaux. Chaque être humain a vocation à se trouver un jour, dans l'unité et la totalité de sa personnalité (corps et âme), pleinement uni à la personne du Christ, Dieu et Homme, et par lui à la vie divine trinitaire (sans pour autant s'y dissoudre). ■

Enfer

Voilà un mot qui a provoqué bien des angoisses, des révoltes, des sarcasmes. A-t-il encore sa place aujourd'hui dans le langage chrétien ? Ne peut-on pas affirmer qu'en fait on le trouve bien davantage dans le langage courant ? Car, si on évoque l'enfer de Verdun ou de Hiroshima et qu'on entend Sartre affirmer : « L'enfer, c'est les autres », par contre le mot revient peu dans les homélies dominicales aujourd'hui...

Il faut reconnaître que l'enseignement religieux a usé et abusé pendant des siècles des menaces de la damnation, au point que la vie chrétienne a fini par paraître davantage conduite par la peur que par l'amour. Un « recentrage » était à coup sûr nécessaire. La notion d'enfer est-elle pour autant périmée ?

Au sens étymologique, l'enfer (du latin *infernus*) désigne « ce qui est en dessous ». Beaucoup de religions ont en effet placé sous terre (le monde étant supposé une surface plate) le séjour des morts, séjour au demeurant considéré le plus souvent comme une disgrâce par rapport à la vie sur terre. Ce fut très longtemps le cas, notamment, pour la religion juive, dont le triste *Shéol* était l'aboutissement des vies terrestres. C'est tardivement que le judaïsme accéda à l'idée d'un sort heureux assuré aux justes, tandis que ceux qui se détournaient de Dieu étaient promis aux peines éternelles.

☞ Le Nouveau Testament n'a pas de mot pour désigner l'enfer en tant que sort réservé aux pécheurs ; c'est en recourant aux images en usage dans le judaïsme de son temps que le Christ en évoque la réalité, images parmi lesquelles le feu tient une grande place (voir le sens du symbole dans l'Ancien Testament). Reste que le noyau central de son enseignement est formé par l'annonce du salut et de la miséricorde de Dieu.

☞ Que dit l'Église de l'enfer ? Son enseignement à ce sujet, fondé sur les textes du Nouveau Testament (et surtout le chapitre (25, 31-46, de Matthieu) tient essentiellement dans le dogme affirmant l'existence de l'enfer. Ce dernier est caractérisé par la privation éternelle du bonheur offert par le partage de la vie de Dieu (peine du *dam,* d'où le mot damnation), et accessoirement par d'autres souffrances (peine du *sens).* Cet enseignement se garde d'ailleurs de préciser quoi que ce soit tant sur la nature de ces souffrances que sur l'idée d'un lieu où elles seraient subies. L'imagination populaire s'est déchaînée à leur sujet en s'inspirant des images auxquelles le Christ avait recouru dans sa prédication. Or, ces images ne sont pas à prendre comme un reportage sur l'au-delà, mais comme une pédagogie visant à mettre clairement en garde chacun contre la possibilité effective d'un échec à dimension éternelle de sa vie, risque inhérent au fait que l'homme est libre de refuser la plénitude de vie et de bonheur offerte par Dieu pour l'éternité. D'où les appels pressants du Christ, qu'on pourrait résumer comme suit : ne ratez pas votre vie, prenez-la au sérieux sans plus tarder, et fondez-la sur l'amour dont je suis auprès de vous le témoin et le chemin. ■

Un théologien répond à la question : « Si Dieu est bon, l'enfer peut-il exister ? »

Ou bien Dieu nous manipule, manipule notre liberté, use de puissance pour se faire aimer, alors il n'y a aucune éventualité d'enfer ni pour lui, ni pour nous. Ou bien il est la pureté absolue de l'amour qui respecte jusqu'au fond notre liberté et s'interdit d'obtenir coûte que coûte la réciprocité de l'amour, alors l'éventualité de l'enfer existe pour lui comme pour nous. Choisissez : si Dieu est amour, l'enfer est une éventualité réelle ; si vous niez l'enfer, ayez le courage de dire que Dieu n'est pas amour. Je reconnais que le paradoxe est très violent, mais il est vrai.

Certes, parvenue à ce point, l'intelligence hésite, comme interdite et désarmée. Mais pourquoi, quand nous évoquons l'éventualité terrible, ne pensons-nous qu'à nous, et si peu à lui ? Il faudrait ne pas espérer seulement pour les hommes, mais espérer d'abord pour lui.

C'est dans une telle lumière qu'il nous faut lire les textes de l'Évangile. Quand l'Évangile semble dire que Dieu prend à son compte la damnation des hommes, que c'est lui qui prononce la sentence de condamnation (Mt 13,41 ; 25,41), cela signifie que Dieu lui-même ne peut rien, sinon souffrir devant une liberté qui se ferme à l'amour. Le châtiment ne vient pas de Dieu, il vient du dedans, comme celui qui ferme ses volets et qui, du même coup, est privé de la lumière du soleil. Cela signifie que l'acte créateur, qui est éternel, ne peut pas ne pas inclure cette éventualité ; c'est le grand risque de l'acte créateur.

François Varillon,
Joie de croire, joie de vivre,

APOCATASTASE

Vient du grec *apocatastasis,* fait de remettre en son premier état. C'est l'opinion selon laquelle toutes les créatures intelligentes sans exception seront un jour participantes au bonheur divin. Origène en fut le théoricien et saint Augustin l'opposant le plus contestataire. L'Église catholique a condamné cette opinion contraire à l'idée qu'elle se fait de la liberté. Pour elle, en effet, l'homme est fondamentalement libre et peut donc refuser la participation à la vie avec Dieu.

DAM, DAMNATION

Vient du latin *damnum,* perte. Fait de ne pas accéder, dans l'au-delà, à la vision de Dieu.

Des questions souvent posées à propos de l'enfer

L'enfer est une invention des classes dominantes pour défendre leurs intérêts.
L'enfer est le fruit d'une mentalité infantile attachée à des mythes aujourd'hui dépassés.

Il est incontestable que la menace de l'enfer a souvent été employée, consciemment ou non, pour prévenir les attitudes d'insoumission ou les mises en cause de l'ordre social.

Peut-on pour autant dire que c'étaient ces préoccupations qui animaient le Christ lorsqu'il évoquait le risque d'un échec éternel, lui qui était au contraire considéré par les puissances de l'époque comme un dangereux « déstabilisateur » ?

En réalité, le fond de la question reste le point de savoir si l'on croit ou si l'on ne croit pas au Dieu d'amour annoncé par Jésus-Christ, un Dieu qui propose à l'homme de partager sa vie et son bonheur, mais le laisse libre de répondre à son appel.

Si Dieu était véritablement un Dieu d'amour, il n'y aurait pas d'enfer.

Dans la pensée chrétienne, Dieu et l'enfer sont radicalement incompatibles. L'enfer est fondamentalement contraire à la volonté de Dieu. Il est le fruit de la liberté donnée à l'homme, qui peut effectivement refuser de partager la vie et l'amour de Dieu. Dieu est sans doute tout-puissant, mais il ne cesse de limiter cette toute-puissance par égard pour la liberté de l'homme : que serait un amour obligé ?

Marcel Jouhandeau a écrit : « Là où je suis, là est ma volonté libre, et là où est ma volonté libre, l'enfer absolu et éternel existe en puissance. Si l'homme ne comprend pas l'enfer, c'est qu'il ne comprend pas sa propre réalité. »

Reste que le jeu intérieur et mystérieux qui, en chacun, se poursuit jusqu'à son dernier jour entre sa liberté et l'amour de Dieu (ce qu'on appelle sa grâce) échappe à tout observateur, et que personne, en dehors de Dieu, ne peut prétendre en connaître le résultat. L'Église affirme seulement que le salut est toujours l'œuvre de l'amour de Dieu. ■

TEXTES DU NOUVEAU TESTAMENT ÉVOQUANT LA DAMNATION ÉTERNELLE

Parmi les nombreux textes du Nouveau Testament, évoquant la damnation éternelle :
Mt 3,12 ; 5,22 ; 5,29-30 ; 7,21-23 ; 10,28-30 (Lc 12,5) ; 13,36-43,49-50 ; 18,8-9 (Mc 9,43-49) ; 22,1-14 ; 23,15 ; 23,33 ; 25,1-13, 31-46 ; Lc 13,22-28 ; 16,19-31 ; Ap 20,11-15 ; 21,8 ; 21,10-27.

Lorsqu'un mot, une expression, un événement, une institution, un nom propre vous sont inconnus, consultez l'index.

La vie éternelle

Il est plus facile de dire ce que la vie éternelle ne sera pas que de dire ce qu'elle sera. J'en suis bien sûr, nous ne passerons pas notre temps à dormir (...)

Toute notre action sera « Amen » et « Alleluia » (...) Ce n'est pas par des sons qui s'envolent que nous disons Amen et Alleluia, *mais par l'affection du cœur. Que signifie* Amen ? *Que signifie* Alleluia ? Amen *signifie « C'est vrai ».* Alleluia *veut dire « Louez Dieu ». Dieu est la vérité, sans changement, sans défaut, sans progrès, sans diminution, sans augmentation, sans tendance à la fausseté, vérité éternelle, stable, incorruptible. Tout ce que nous faisons ici-bas, dans la chair et dans cette vie, n'est que le signe de la réalité vraie, dont les choses corporelles sont le symbole ; c'est au milieu de ce monde que nous marchons par la foi.*

Lorsque nous verrons face à face ce que nous ne voyons maintenant qu'en reflet, alors, d'une manière bien différente, avec un mouvement d'amour incroyablement différent, nous dirons : « c'est vrai ». En parlant ainsi, nous dirons Amen avec une insatiable satiété (...)

Tu seras donc rassasié de la vérité sans lassitude, et c'est dans une vérité dont tu n'auras jamais assez que tu diras Amen. *Actuellement, qui peut dire « ce que l'œil n'a pas vu, ce que l'oreille n'a pas entendu, ce qui n'est pas monté au cœur de l'homme » ? Sans ennui, dans une joie perpétuelle, nous verrons le vrai, nous le contemplerons avec une évidence absolue ; alors nous serons enflammés d'amour pour la vérité, nous nous attacherons à elle dans une étreinte tout incorporelle, et nous la louerons et nous dirons* alleluia. *En s'entraînant les uns les autres à cette louange, dans un brûlant amour les uns pour les autres, les citoyens de cette cité diront* Alleluia, *parce qu'ils diront* Amen.

S. AUGUSTIN

Ph. Rapho-Guillumetti-Roubier

Deux démons tentant St Benoît. Chapiteau de Vézelay, XIIe siècle.

Le Royaume des cieux est encore comparable à un filet qu'on jette en mer et qui ramène toutes sortes de poissons. Quand il est plein, on le tire sur le rivage, puis on s'assied, on ramasse dans des paniers ce qui est bon et l'on rejette ce qui ne vaut rien. Ainsi en sera-t-il à la fin du monde : les anges surviendront et sépareront les mauvais d'avec les justes.

MATTHIEU 13,47-49

LA PAROUSIE
ou faut-il attendre le retour du Christ ?

A l'unanimité, les premiers chrétiens et, à leur suite, la tradition chrétienne, répondent oui en assimilant ce « retour » à la fin de notre monde. Et la seule question qui se pose d'abord c'est : quand reviendra-t-il ? Petit à petit, cependant, la question deviendra : comment reviendra-t-il ? La réflexion sur cette question s'est faite autour de quelques mots clefs. Le mot *parousie* (en grec, *parousia*) est souvent traduit par *avènement* en langage technique, mais il signifie plus simplement *venue* et il est employé en grec profane pour signifier la venue du souverain. Il se réfère souvent, dans le Nouveau Testament, à la venue du Christ à la fin des temps. Paul lui préfère quelquefois le mot *manifestation* (dans le sens de se manifester) — *épiphanie*, en grec — ou le mot *révélation* (*apocalypsis*, en grec) qui indiquent un des aspects importants de la foi chrétienne à propos de la venue du Christ à la fin des temps. Cette venue marquera la fin du temps de la foi et le début de la rencontre directe avec le Christ. Enfin, l'homme verra son Sauveur face à face.

Quand cela se passera-t-il ?

Périodiquement, des chrétiens pensent que la venue du Christ est imminente ; ils annoncent la fin des temps, généralement en prédisant de grands bouleversements (on parle alors de vision apocalyptique de l'histoire).

Cette manière de voir fut très largement répandue dans la première Église ; les apôtres eurent à lutter contre elle :

• en affirmant que personne, pas même Jésus, ne pouvait connaître l'heure de la fin du monde et du retour du Christ (Mt 24,36) ;

• en faisant remarquer que ce retour supposait la conversion du Peuple juif, et Paul lui-même pensait bien que, lui vivant, peu de ses coreligionnaires se convertiraient (Rm 11,14-15).

Petit à petit, les apôtres firent remarquer que les prophéties sur le retour de Dieu (exprimé souvent à l'aide de l'expression « le Jour du Seigneur » dans l'Ancien Testament) avaient déjà reçu un début de réalisation. En fait, la Parousie avait commencé le jour de la Résurrection du Christ. C'est pourquoi Paul emploie des expressions telles que « la nuit s'achève, c'est déjà le jour » (Rm 13,12), qui expriment la pensée la plus claire de la tradition chrétienne sur la Parousie, ce que les théologiens appellent « déjà-là-et-pas-encore-là ». Le jour du Christ est déjà-là et pas-encore-là. Les premiers chrétiens aimeraient que le jour s'achève et ils prient pour enfin revoir leur Seigneur (Mt 25,31-34 ; Ap 22,20).

Que se passera-t-il ?

Le Credo affirme, à l'aide d'une formule biblique : « il reviendra dans la gloire pour juger les vivants et les morts. » En effet, la venue du Christ est une mise en lumière, une discrimination (du mot grec *krisis*, jugement, d'où vient notre mot crise), et tout d'abord une lumière sur le monde qui juge, c'est-à-dire qui fait apparaître ce que sont les forces du mal destructrices. Ce que l'on appelle le jugement dernier est la récapitulation de toutes les vies dans la lumière fulgurante de l'amour de Dieu, la constatation de leur poids. ■

Eschatologie

L'eschatologie (du grec *eschatos*, dernier, et *logos*, discours, science) est dans la théologie, la branche autrefois appelée *Traité des fins dernières*, qui étudie la destinée finale de l'homme et du monde.

Dans l'Ancien Testament, cette destinée se confond souvent avec l'attente d'un Messie inaugurant une période nouvelle. Avec le Nouveau Testament s'ouvre effectivement la perspective d'un Royaume de Dieu dont tous les hommes sont appelés à être membres. De façon originale, cette perspective appartient en même temps au présent et à l'avenir : Jésus annonce à la fois que le Royaume approche (d'où l'idée chez certains d'une fin prochaine du monde) et qu'il est déjà présent (ce qui ne veut pas dire réalisé). En effet, par sa mort et sa résurrection, le Christ a inauguré une ère nouvelle ; et depuis lors, aidés par l'Esprit Saint, les croyants sont appelés à coopérer tant personnellement que collectivement à la réalisation de ce monde nouveau à travers leurs activités quotidiennes. Ce peuvent être des tâches accomplies en Église et en son nom, ce peuvent être des tâches profanes accomplies avec des non-croyants ; la perspective demeure la même : il s'agit du renouvellement du monde selon l'esprit du Christ. Ce renouvellement est d'ores et déjà acquis ; mais jusqu'au moment où, par le retour du Christ et la libre rencontre avec Dieu, « seront réalisés les nouveaux cieux et la nouvelle terre où habite la justice » (Vatican II *Lumen Gentium* 48), l'Église et les croyants sont en « pèlerinage ». D'où l'expression souvent employée : « aujourd'hui c'est déjà et pas encore ». ■

FINS DERNIÈRES

Ce terme de théologie désigne tout ce qui concerne la mort, le jugement, le ciel, l'enfer, la résurrection, la vie éternelle... ■

Les morceaux eschatologiques (du Nouveau Testament) peuvent être obscurs sur bien des détails. Ils sont parfaitement nets sur deux points : Jésus affirme qu'étant le Fils de l'homme, il est le Seigneur de l'avenir et que tous les siècles s'achèvent par sa venue ; que tout le contenu de l'histoire humaine trouvera dans cette heure son sens et son accomplissement.

J. Guillet

Fin des temps

Dans l'Écriture sainte on désigne par ce terme (1 Co 10,11) le moment de la dissolution du monde actuel.

Les Juifs de l'Ancien Testament l'attendaient comme le « Jour de Yahvé ». Redoutée d'abord comme une menace (Am 5,18-20), elle devient objet d'espérance pendant l'exil (Jl 3,4-5) ; au retour de Babylone, elle est perçue comme le temps du jugement (Ml 3,19-21).

Quand le Nouveau Testament parle de la fin des temps, il utilise les images qui appartiennent au genre apocalyptique ; dans les évangiles synoptiques, la description d'une prochaine ruine de Jérusalem sert à présenter la vision des derniers temps avant l'avènement du Jour du Seigneur (Mt 24). Ce qui est nouveau par rapport à l'Ancien Testament, c'est la venue du Fils de l'Homme dans sa gloire, la *Parousie*.

Ces textes ont par la suite suscité maints commentaires, et aussi inspiré les prédicateurs dans les moments troubles de l'histoire. On cherchait des correspondances avec le temps présent, on relisait avec inquiétude les Écritures.

Aujourd'hui, sauf dans quelques sectes, on est devenu plus prudent dans l'interprétation : cela est dû à une meilleure connaissance du genre littéraire auquel ces pages appartiennent.

La signification théologique, elle, demeure : le Christ, par sa résurrection, a ouvert les derniers temps ; le Royaume de Dieu s'achemine vers sa plénitude, en réalisation des promesses prophétiques (Ac 1,11) ; ce temps intermédiaire est celui de l'Église, sous la mouvance de l'Esprit (Jn 16, 5-15 ; Rm. 8,14-29) ; l'Évangile du salut sera annoncé à tous les hommes (Mt 28,19-20 ; Ac 1,6-8) ; il faut les préparer au « Jour du Seigneur », à son retour glorieux et définitif. Il convient donc de veiller dans l'espérance (Mt 24,42), puisque ce Jour arrivera « comme un voleur en pleine nuit » (1 Th 5,2), et de prier de la prière même du Christ : « Que le Règne de Dieu vienne » (Mt 6,10).

Alors, tandis que sombrera « l'ancien monde », monde du péché (Mt 13,36 ss ; Ap 16 ; 17), et que s'accomplira le jugement, « le monde nouveau » s'ouvrira (Ap 21,1-8). L'Église, après avoir été le signe précurseur de ce monde à venir, y trouvera elle-même son accomplissement : « Jérusalem céleste » et pure, resplendissante de la lumière du Christ, elle rassemblera en celui-ci tous les rachetés (He 12,22-29 ; Ap 21,10-27), tandis que lui-même « remettra toutes choses à son Père » (1 Co 15,25-28) ; alors l'homme sauvé partagera à jamais le bonheur de la vie de Dieu. ■

Suite de la page 890

L'Espérance de Marie, Mère de Jésus

Si le Christ est le modèle et la plénitude de tout homme, Marie, pour les chrétiens, est le prototype de la réponse de foi et d'espérance à l'appel de l'Alliance. Les chrétiens l'honorent, en effet :

parce qu'elle attendait la réalisation de la Promesse de Dieu ;
parce qu'elle a cru celui qui lui en a annoncé la réalisation ;
parce qu'elle a accepté d'être la mère du Sauveur ;
parce qu'elle est restée près de lui, pendant sa vie ;
parce qu'elle a été donnée, en la personne de Jean, comme Mère à tous les croyants.

Elle tient une place à part chez les chrétiens. Prenons-en conscience grâce à un texte mystérieux : l'Apocalypse.

Un texte étrange : l'apocalypse

Aujourd'hui, la lecture chrétienne de la Bible a un grand succès, et pourtant le livre de *l'Apocalypse* n'a pas la faveur des chrétiens. Cela est curieux car c'est le seul livre du Nouveau Testament à donner une signification chrétienne à l'histoire, à la lumière de la présence du Christ dans cette histoire. Caractérisé par l'accumulation de symboles, ce livre s'inscrit dans la tradition des prophètes de l'Ancien Testament. A l'époque où les Néron et les Domitien exigent de recevoir le culte dû à l'empereur mis par eux au rang de divinité, l'auteur entend proclamer que le seul roi de l'univers, c'est le Christ.

Le livre est divisé en deux parties. La première (ch. 1 à 11) ressaisit la perspective prophétique de l'Ancien Testament, dont il reprend maints symboles, et notamment les termes messianiques, qu'il applique à Jésus (« lion de Juda », « surgeon de David »...). La deuxième partie (ch. 13 à 22) est consacrée à l'Église, dont sont célébrées les noces avec l'Agneau, figure du Christ, dont le triomphe sur le mal justifie le titre de « roi des nations » ou « des seigneurs ». Entre les deux parties, le chapitre 12 évoque, dans une vision tout à fait grandiose, une femme « vêtue de soleil, la lune à ses pieds »...

Qui est cette femme ?

Incontestablement, la symbolique le prouve, cette Femme représente une collectivité. Jusqu'au milieu du texte, elle représente le Peuple de Dieu qui, après avoir mis au monde (verset 5) le Messie, est devenu l'Église. Cette Femme, on la voit, en même temps, triomphante et souffrante. Elle est donnée comme un signe. Elle est le signe de l'œuvre que Dieu accomplit dans l'Église dont elle annonce la glorification. Or, pour les chrétiens, une femme réelle symbolise, signifie ce Peuple de croyants, c'est Marie, Mère de Dieu. Elle est, à la fois, celle qui attend, celle qui met au monde dans la souffrance de la Passion, celle qui est remplie de la vie du Ressuscité, celle dont le destin annonce et prépare à chaque homme le sien. Nous sommes là au cœur de l'Espérance chrétienne. Celui qui, comme Marie, dit oui à l'Alliance est entré dans la communion de

Lorsqu'un mot, une expression, un événement, une institution, un nom propre vous sont inconnus, consultez l'index.

Immaculée Conception

L'Immaculée Conception n'est pas à confondre avec la conception virginale de Jésus par Marie.

Selon la foi catholique traditionnelle, Marie, la mère de Jésus, en vertu d'une grâce exceptionnelle, n'a jamais connu le mal, ayant été conçue sans être marquée par le péché originel. C'est cette *immunité absolue* qui est appelée *Immaculée Conception.* Au-delà du caractère en quelque sorte négatif de cette définition, ce que l'Église entend affirmer en y recourant, c'est *l'exceptionnelle sainteté* de Marie. « Elle est celle qui n'a jamais refusé à Dieu la plus petite preuve d'amour », écrivait à son sujet Mgr. Thomas, alors évêque d'Ajaccio. « Depuis le premier instant de son existence, elle est enrichie des splendeurs d'une sainteté tout à fait singulière », dit d'elle la Constitution sur l'Église du concile Vatican II. Les Orientaux appellent Marie *la panagia,* terme grec signifiant la toute sainte. Cette foi s'appuie sur une très ancienne tradition au sein de l'Église, qui trouve elle-même son fondement dans la salutation de l'archange Gabriel à Marie : « Salut, pleine de grâce » (Lc 1,28).

A dire vrai, si la tradition voyait depuis très longtemps dans la Vierge « la toute sainte », les théologiens ne se résignaient pas à l'appeler ainsi. L'immaculée Conception leur paraissait poser en effet un problème insoluble : Jésus est le sauveur de toute l'humanité, dont fait partie Marie ; mais si Marie est toute sainte, comment Jésus peut-il être son sauveur ? Ni saint Bernard, ni saint Thomas d'Aquin, ni saint Bonaventure ne surent résoudre cette apparente contradiction. C'est le théologien écossais Duns Scot (XIIIe siècle) qui sortit la théologie de l'ornière en reconnaissant à Marie le bénéfice d'une « rédemption » anticipée, préservatrice, de la part de son fils.

Cette explication sera reprise par l'Église ; elle est en particulier à la base de la définition du dogme de l'Immaculée Conception proclamé par le pape Pie IX en 1854.

Quatre ans plus tard, par un concours frappant de circonstances, cette définition allait recevoir, aux yeux du monde catholique, une étonnante illustration : une fillette illettrée de 14 ans, totalement ignorante du vocabulaire théologique, allait en effet voir la Vierge lui apparaître et se présenter à elle comme étant « l'Immaculée Conception » ; c'était à Lourdes en 1858, et la fillette s'appelait Bernadette Soubirous. (Il faut préciser, au demeurant, que, si l'Église catholique a reconnu l'autenticité de ces apparitions, elle n'en a jamais fait un article de foi).

Quel sens donne l'Église à l'Immaculée Conception ? Elle propose à ses membres de contempler en Marie la parfaite réussite de l'humanité telle qu'elle est voulue par Dieu. Le modèle auquel ils se réfèrent ainsi n'est ni un héros de guerre, ni quelque illustre savant ou artiste ; c'est une jeune fille qui a dit « oui » une fois pour toutes à Dieu, qui est restée fidèle à sa Parole et n'a jamais cessé d'avoir foi en son Fils même lorsque celui-ci était traité de fou.

INEFFABILIS DEUS

Constitution apostolique en forme de bulle par laquelle le pape Pie IX, le 8 décembre 1854, a défini le dogme de l'Immaculée Conception.

A propos de l'Immaculée Conception

C'est pourquoi l'ange dit : Tu es bénie entre toutes les femmes, *c'est-à-dire plus bénie qu'elles toutes. Toute malédiction portée contre Ève a été effacée par la bénédiction donnée à Marie. L'auteur du Cantique dit à ce sujet quelque chose qui peut convenir à Marie :* Viens, ma colombe, *dit-il,* mon immaculée. *Plus blanche que la neige, par les dons du Saint-Esprit, elle représente en tout la simplicité de la colombe (...) Aussi est-elle immaculée parce qu'elle n'a été corrompue en rien.*

Paschase Radbert, moine de Corbie (IXe s.),
Sermon sur l'Assomption.

MARIOLATRIE

Dans le langage théologique, le culte de *latrie* (du grec *latreia*, service d'un maître) est le culte réservé à Dieu seul. La mariolatrie serait donc le culte rendu à Marie comme à un Dieu.
Les catholiques ont parfois été accusés de mariolatrie. Au niveau des principes, cette accusation est sans fondement : jamais un texte officiel de l'Église catholique n'a voulu placer Marie ni au rang du Christ, ni – a fortiori – à celui de son Père.
Cela n'exclut pas que, dans la pratique, des excès aient pu être commis et que Marie ait occupé dans certains esprits catholiques une place qui, en réalité, est réservée à son Fils. Les théologiens catholiques d'hier ont forgé un mot pour exprimer le type de vénération que l'Église réserve à Marie : c'est un culte d'*hyperdulie* (de *doulos* le serviteur, d'où *dulie*, culte rendu aux saints, serviteurs de l'amour de Dieu), c'est-à-dire une vénération spéciale envers la personne qui a su être transformée totalement par l'amour de Dieu.

Pourquoi les chrétiens disent-ils que Marie est « toujours vierge » ?

La tradition chrétienne, depuis le IVe siècle, n'a cessé de dire Marie « toujours » vierge (cf. Epiphane). Le concile de Latran (649) consacre l'expression.
Les théologiens explicitent celle-ci de la manière suivante : Marie est Vierge avant l'enfantement (Jésus n'est pas le fruit d'une rencontre charnelle avec un homme, ni bien entendu avec Dieu, comme dans la mythologie grecque), pendant l'enfantement, après l'enfantement (Jésus n'a pas eu de frères et sœurs).

Au cours de l'histoire, certains ont voulu s'intéresser au côté physique de cette virginité. Un « évangile » non reconnu par l'Église, le *Protévangile de Jacques* (19,3 – 20,1), du IIe siècle, raconte que la sage-femme qui accoucha Marie chercha à « vérifier » la virginité de Marie et en fut punie ! Par contraste, ce *Protévangile de Jacques* met en valeur la volontaire discrétion des véritables évangiles et des chrétiens sur des questions gynécologiques qui, d'ailleurs, ne se posaient ni au temps du Christ, ni au VIIe siècle.

A vrai dire, l'affirmation de la virginité de Marie est analogue (et d'ailleurs, pour la pensée chrétienne, significativement liée) à l'affirmation de la résurrection du Christ. Dans les deux cas, Jésus se tient présent malgré les lois de la physique ordinaire ; et – dans la foi – cette présence est un don de Dieu, qui suppose le don de soi de Jésus pour la résurrection et, à un autre plan, le don de soi de Marie pour la nativité.

Marie est-elle un modèle pour la femme chrétienne ?

Pendant longtemps, la réponse de la tradition chrétienne a été un oui sans hésitation, Marie semblant offrir par sa maternité, sa discrétion, et surtout sa foi, un modèle de féminité accomplie.
Beaucoup, aujourd'hui, rejettent cette manière de voir. Et pourtant, voici que de nouveaux théologiens placent Marie au centre d'une réflexion sur la femme. Pour eux, l'homme et la femme étant créés à l'image et ressemblance de Dieu, la plénitude de la femme se trouve en Dieu (et non en l'homme). Ce qui explique que l'Ancien Testament attribue souvent à Dieu des « qualités » qui étaient attribuées aux femmes, comme la tendresse par exemple. Marie est une image de la « maternité » de Dieu.

Le Fils incarné – Jésus – assume en son humanité le modèle parfait de l'homme et de la femme. Mais, pour la femme, indirectement. Par contre, l'accueil de la présence de Dieu, la reconnaissance de Dieu dans le monde nécessitent l'action de l'Esprit Saint qui, seul, permet la « divinisation » de l'homme comme de la femme, c'est-à-dire leur accomplissement parfait dans leur montée ver le Père. Cette « divinisation » par l'Esprit s'effectue d'abord chez la femme, en Marie, et de manière seconde chez l'homme.

Aussi, Marie n'est-elle pas simplement un modèle pour la femme, mais elle permet de saisir mieux qui est Dieu et quel est le rapport de l'humanité à Dieu. C'est dans la complémentarité du masculin et du féminin que l'on doit comprendre ce que veut dire être sauvé.

Marie... Aujourd'hui, même chez les chrétiens, ce nom provoque des réactions contradictoires. Si beaucoup respectent ce nom, et le prononcent dans leurs prières (que l'on pense aux millions de chapelets dits à Lourdes chaque année...), d'autres voient en Marie une figure mythique qui permet à des célibataires d'idéaliser une femme sans désir sexuel, symbole d'une fusion maternelle dont ils rêvent toujours. Les livres sur Marie sont très nombreux et de qualité très diverse. Il est incontestable que la réflexion théologique, à son propos, a pu se perdre dans des excès que seule excuse la passion. C'est pourquoi, malgré la difficulté de l'entreprise, il a semblé meilleur de revenir ici aux sources bibliques de la pensée des chrétiens sur Marie.

Aux origines de la foi catholique, il y a la foi de la première communauté chrétienne et son expression, le Nouveau Testament. Pour savoir ce que pensent les chrétiens de Marie, il est indispensable de revenir à cette source. Un premier regard sur le Nouveau Testament – discret à son égard – peut faire penser que Marie fut une femme ordinaire. Sinon, les villageois de Nazareth n'auraient pas déclaré devant la sagesse inattendue de Jésus : « N'est-ce pas là le fils de Joseph... » (Lc 4,22), comme pour dire que Joseph n'était pas très malin et que sa femme ne méritait pas d'être citée. Et pourtant, le silence n'est pas absolu et cache des « secrets » que les premiers chrétiens ont pris soin de noter.

La femme de Jean

L'école de l'apôtre Jean, ce courant de pensée de l'Église primitive où se sont écrits les épîtres de Jean, son *Évangile* et l'*Apocalypse*, est une école dans laquelle Marie tient une place importante, et théologiquement très élaborée. Deux mots clefs permettent de comprendre l'école johannique en ce qui concerne ses idées sur Marie.

Tout d'abord, le mot *femme*, Jésus l'emploie au moment des noces de Cana en s'adressant à sa mère, qui lui fait remarquer le manque de vin (Jn 2,4). Il l'emploie encore sur la Croix (Jn 19,26) en donnant Marie comme mère à Jean. L'expression est curieuse. Difficile d'imaginer un fils parler ainsi à sa mère d'une manière ordinaire. Il y a donc une intention derrière ce mot. Laquelle ?
L'école de Jean emploie une troisième fois le mot *femme* dans l'*Apocalypse* (Ap. 12). Il s'agit, dans un genre littéraire très particulier, celui de l'apocalypse, d'une vision. Une femme apparaît dans le ciel, elle enfante le Messie et, après un combat contre le dragon du Mal (ou de l'État romain persécuteur ?), s'échappe. Qui est cette femme ? Pour répondre à cette question, il faut savoir que la Bible aime personnaliser des réalités collectives. Cette femme est le Peuple de Dieu, c'est-à-dire successivement Israël attendant le Christ, puis l'Église vivant de lui. Mais cette femme enfante un enfant mâle, évoqué comme étant le Christ. Comment ne pas penser à Marie ?
Dès lors, on commence à comprendre que, pour Jean, Marie est le type, le symbole vivant de l'Église.

Le deuxième mot clef est le mot *heure*. Selon l'*Évangile de Jean* (Jn 16,21), Jésus évoque et explique en une petite phrase ce que sera la Passion : « Lorsque la femme enfante, elle est dans l'affliction puisque son *heure* est venue, mais lorsqu'elle a donné le jour à l'enfant, elle est toute à la joie... ».

L'*heure* de Jésus, c'est sa mort comparée à une naissance parce qu'ouverte à la Résurrection.

A Cana, Jésus dit à sa mère : « Femme, mon heure n'est pas encore venue » : Marie-Église, tu ne peux pas me demander le vin de l'Eucharistie tiré à la mort et à la Résurrection, je ne vais t'en donner que le signe. Et quand l'*heure* est venue, Marie est au pied de la Croix, et Jésus la donne, symbole de l'Église, à Jean. Alors, l'Apocalypse peut chanter : « Voici le temps du salut » (Ap 12,10).

Sous leur apparence un peu difficile, ces textes ont une signification qui devient claire. Non seulement Marie est la *Femme* qui, par elle-même, symbolise toute l'Église, mais elle est liée d'une manière toute particulière à l'*heure* de la Passion et de la Résurrection du Christ. Quand Jésus la donne comme mère à Jean, il lui fait faire une démarche qui reproduit, à son échelle, son propre don au Père. Pour lui, « tout est achevé » puisqu'à la fois il s'offre au Père et fonde l'Église. Jean affirme que Jésus remet alors l'Esprit.

Pour l'école johannique, Marie est un don de Dieu aux hommes, qui signifie et personnalise l'Église.

L'annonce faite à Marie

Saint Luc, par des voies différentes, suggère une conclusion analogue. Prenons, pour le montrer, une des pages les plus célèbres de l'Évangile, l'Annonciation, ce texte où un messager de Dieu (un ange) annonce à Marie qu'elle va devenir mère (Lc. 1,26-38).
Ce passage se situe après l'annonce d'une naissance inespérée (celle du futur Jean le Baptiste) dans le couple vieilli de Zacharie et d'Élisabeth, naissance qui rappelle tant de naissances inespérées de l'Ancien Testament dont la signification unique est évidente : dans le cadre de l'Alliance entre Dieu et son Peuple, Dieu est fidèle à sa promesse et peut guider son Peuple alors que tout espoir humain est perdu.

L'annonce faite à Marie s'inscrit dans cette logique. Le rappel de David évoque l'immense attente d'un chef – d'un roi – par le peuple juif, attente qui devait être celle de Marie (quelques lignes plus loin, Luc place dans la bouche de Marie un texte, le *Magnificat*, où elle s'identifie au Peuple tout entier). Mais le récit suggère qu'il s'agit de beaucoup plus que de l'annonce de la naissance d'un nouveau David. D'ailleurs, la deuxième partie du texte n'y fera plus allusion. Tout se passe comme si le narrateur essayait de faire comprendre ce qu'a vécu Marie lors de l'événement. Elle a d'abord cru qu'elle allait devenir la mère d'un roi ordinaire. Puis tout a basculé au moment précis où elle a entendu : « L'Esprit Saint viendra sur toi et la puissance du Très-Haut te couvrira de son ombre ».
Il faut, pour comprendre ce « basculement », se situer au moment où Luc écrit le texte de son *Évangile*. Son problème est le problème fonda-mental auquel se sont affrontés tous les chrétiens : faire passer de l'attente humaine d'un « Messie » à la découverte d'un Sauveur donné aux hommes.

L'Esprit Saint, l'ombre du Très-Haut, évoque pour les Juifs des références bibliques très connues : l'Ombre de la nuée (Ps 91,1. Sg 19,7) est le signe de la présence de Dieu lui-même, de cette présence insaisissable par l'homme. Alors, devant cette présence, Marie dit : « Je suis la servante du Seigneur ». Le mot *servante* évoque le Peuple d'Israël, appelé dans la Bible Serviteur du Seigneur ; il évoque surtout, pour les chrétiens, Jésus lui-même, qui a pris la forme de Serviteur (Ph 2,7) dans la Passion ; il évoque enfin, au moment où Luc écrit, les chrétiens qui se veulent le reflet du Christ Serviteur (Jacques se présente comme le Serviteur de Dieu et du Seigneur Jésus-Christ). Luc joue de l'ensemble de ces références comme pour dire : « Marie-image du Peuple d'Israël, ayant porté l'attente d'un messie royal jusqu'à son accomplissement spirituel, s'identifie, comme par avance, au don de Jésus-Serviteur à son Père, et accepte, au nom de la communauté chrétienne, de l'appeler Seigneur et de se mettre à son service ». Ce jeu de références très élaboré, Luc l'explicitera un peu plus loin dans son *Évangile* en montrant comment, pour Marie, accepter Jésus, c'est accepter de s'en séparer (Jésus au Temple) et d'être elle-même un serviteur souffrant (« Un glaive te transpercera le cœur », lui annonce prophétiquement le vieillard Siméon, Lc 2,35). ■

QUELS SONT LES REFÉRENCES ET TEXTES DU NOUVEAU TESTAMENT OÙ MARIE EST ÉVOQUÉE ?

Mt 1,18-25	Lc 1,26-56	Ac 1,13-14
Mt 2,1-11	Lc 2,1-52	Ac 2, 3-4
Mt 2,13-15	Lc 11, 27-28	Rm 1,3
Mt 12, 46-50	Jn 2,1-12	Ga 4,4
Mc 3,31-35	Jn 19,25-27	Ap 12,1-17
Mc 6,3		

1 « Sous l'abri de ta miséricorde, nous nous réfugions, sainte Mère de Dieu » !
En prononçant les paroles de cette antienne avec laquelle l'Église du Christ prie depuis des siècles, nous nous trouvons aujourd'hui devant toi, ô Mère, en l'Année jubilaire de notre Rédemption.
Nous sommes unis à tous les pasteurs de l'Église par un lien particulier, constituant un corps et un collège, de la même manière que, selon la volonté du Christ, les Apôtres constituaient un corps et un collège avec Pierre.

C'est dans le lien de cette unité que nous prononçons les paroles du présent acte, dans lequel nous désirons rassembler encore une fois les espoirs et les angoisses de l'Église dans le monde de ce temps.

Il y a quarante ans – puis à nouveau dix ans plus tard –, ton serviteur le Pape Pie XII, ayant devant les yeux les douloureuses expériences de la famille humaine, a confié et consacré à ton Cœur immaculé le monde entier, et spécialement les peuples qui, de par leur situation, sont d'une manière particulière l'objet de ton amour et de ta sollicitude.

Ce monde des hommes et des nations, nous l'avons aussi devant les yeux aujourd'hui : le monde du second millénaire qui va se terminer, le monde contemporain, notre monde !
Se souvenant des paroles du Seigneur : « Allez... de toutes les nations faites des disciples... Et moi, je suis avec vous tous les jours jusqu'à la fin du monde » (Mt 28, 19-20), l'Église a ravivé, au concile Vatican II, la conscience de sa mission en ce monde.

Ph. Anderson

Madona del Parto (Vierge de l'accouchement). Chapelle du cimetière. Monterchi (Arezzo), par Piero della Francesca. (v. 1460)

La Vierge est-elle médiatrice ?

La Vierge Marie a parfois reçu, dans l'Église catholique, le titre de « médiatrice de toutes grâces » ; elle le doit à la place éminente tenue par elle dans l'accomplissement du mystère de Dieu s'incarnant en Jésus-Christ, et par là, dans l'histoire du salut de l'humanité. Sa vie dans l'étroite proximité de Jésus, la part prise par elle dans le drame de la Passion, la déclaration du Christ sur la croix la désignant comme mère à ses disciples en la personne de Jean, confirment son intime participation à l'œuvre de son Fils (déjà entrevue de manière prophétique par le vieillard Siméon lors de la présentation de Jésus, bébé, au Temple). Enfin, la sainteté de Marie, la place qu'elle tient auprès de son Fils, son exemption du péché affirmée très tôt dans les communautés chrétiennes la mettent au-dessus de tous les êtres et en font, pour les chrétiens, un exemple, et un itinéraire vers le Christ.

Le titre de médiatrice n'en choque pas moins les chrétiens réformés qui, à juste titre, ne reconnaissent qu'un seul Médiateur, le Christ. Ils craignent qu'en l'attribuant à Marie on ne lui donne un rôle égal à celui du Christ. Le IIe concile du Vatican s'est prononcé clairement sur ce point : il affirme que toute l'influence de Marie découle de l'unique médiation du Christ. Dans l'Église catholique, la Vierge Marie est invoquée sous les titres d'avocate, auxiliatrice, aide : ce qui doit s'entendre de manière à ne rien enlever à la dignité et à l'efficacité du *Christ, seul médiateur.* (Constitution *Lumen Gentium*, ch. 83 n° 60).

Le terme de médiatrice appliqué à Marie est donc légitime, mais sujet à équivoque. Il exige lumière et sobriété pour ne pas donner prise à l'erreur théologique. ■

Prière de consécration du monde au Cœur de la Vierge

C'est pourquoi, ô mère des hommes et des peuples, *toi qui connais toutes leurs souffrances et leurs espoirs, toi qui ressens d'une façon maternelle toutes les luttes entre le bien et le mal, entre la lumière et les ténèbres, qui secouent le monde contemporain, reçois l'appel que, mus par l'Esprit Saint, nous adressons directement à ton Cœur,* et, *avec ton amour de Mère et de Servante du Seigneur,* embrasse *notre monde humain que nous t'offrons et te consacrons, pleins d'inquiétude pour le sort terrestre et éternel des hommes et des peuples.*

Nous t'offrons et te consacrons d'une manière spéciale les hommes et les nations *qui ont particulièrement besoin de cette offrande et de cette consécration.*

« Sous l'abri de ta miséricorde, nous nous réfugions, sainte Mère de Dieu ! » Ne rejette pas nos prières alors que nous sommes dans l'épreuve !

2. Devant toi, Mère du Christ, devant ton Cœur immaculé, nous voulons aujourd'hui, avec toute l'Église, nous unir à la consécration que ton Fils a faite de lui-même à son Père, par amour pour nous : « Pour eux – a-t-il dit – je me consacre moi-même, afin qu'ils soient eux aussi consacrés en vérité » (Jn 17, 19). Nous voulons nous unir à notre Rédempteur en cette consécration pour le monde et pour les hommes, car, dans son Cœur divin, elle a le pouvoir d'obtenir le pardon et de procurer la réparation.

La puissance de cette consécration *dure dans tous les temps, elle embrasse tous les hommes, peuples et nations, elle surpasse tout mal que l'esprit des ténèbres est capable de réveiller dans le cœur de l'homme et dans son histoire, et que, de fait, il a réveillé à notre époque.*

Combien profondément nous sentons le besoin de consécration pour l'humanité et pour le monde, pour notre monde contemporain, dans l'unité du Christ lui-même ! A l'œuvre rédemptrice du Christ, en effet, doit participer le monde par l'intermédiaire de l'Église.

C'est ce que manifeste la présente Année de la Rédemption, le Jubilé extraordinaire de toute l'Église. En cette Année sainte, bénie sois-tu par-dessus toute créature, *toi, la servante du Seigneur, qui as obéi de la manière la plus pleine à ce divin appel ! Sois saluée, toi qui t'es* entièrement unie *à la consécration rédemptrice de ton Fils !*

Mère de l'Église ! Enseigne au peuple de Dieu les chemins de la foi, de l'espérance et de la charité ! Aide-nous a vivre dans la vérité de la consécration du Christ pour toute la famille humaine du monde contemporain !

3. En te confiant, ô Mère, le monde, tous les hommes et tous les peuples, nous te confions *aussi* la consécration même du monde *et nous la mettons dans ton Cœur maternel.*

O Cœur immaculé ! Aide-nous à vaincre la menace du mal qui s'enracine si facilement dans le cœur des hommes d'aujourd'hui et qui, avec des effets incommensurables, pèse déjà sur la vie actuelle et semble fermer les voies vers l'avenir !

De la faim et de la guerre, délivre-nous !
De la guerre nucléaire, d'une autodestruction incalculable, de toutes les sortes de guerre, délivre-nous !
Des péchés contre la vie de l'homme depuis ses premiers moments, délivre-nous !
De la haine et de la dégradation de la dignité des fils de Dieu, délivre-nous !
De tous les genres d'injustice dans la vie sociale nationale et internationale, délivre-nous !

De la facilité avec laquelle on piétine les commandements de Dieu, Délivre-nous !
De la tentative d'éteindre dans les cœurs humains la vérité même de Dieu, délivre-nous !
De la perte de la conscience du bien et du mal, délivre-nous !
Des péchés contre l'Esprit Saint, délivre-nous ! Délivre-nous !
Écoute, ô Mère du Christ, ce cri chargé de la souffrance *de tous les hommes !* Chargé de la souffrance *de sociétés entières !*
Aide-nous, par la puissance de l'Esprit Saint, à vaincre tout péché : le péché de l'homme et le « péché du monde », le péché sous toutes ses formes.

Que se révèle encore une fois dans l'histoire du monde l'infinie puissance salvifique de la Rédemption, la puissance de l'Amour miséricordieux ! Qu'il arrête le mal ! Qu'il transforme les consciences ! Que dans ton cœur immaculé se manifeste pour tous la lumière de l'Espérance !

Jean-Paul II, Annonciation 1984

Notre-Dame des Douleurs : voir p. 922 a

A propos de l'Annonciation ou de la Vierge

Vierge, c'est toi qui as conçu celui qui t'a faite ; celui de qui tu tiens ton origine prend son origine de toi ; ton créateur est en celui que tu engendres, ton Dieu est en ta chair. Celui qui donne le jour au monde, c'est toi qui l'as mise au jour.

SAINT PIERRE CHRYSOLOGUE,
évêque de Ravenne (Vᵉ s.)
Sermon pour l'Annonciation.

Descente de croix.

Lorsqu'un mot, une expression, un événement, une institution, un nom propre vous sont inconnus, consultez l'index.

ASSOMPTION DE LA VIERGE MARIE

« ... Nous affirmons, Nous déclarons et Nous définissons comme un dogme divinement révélé que l'Immaculée Mère de Dieu, Marie toujours vierge, après avoir achevé le cours de sa vie terrestre, a été élevée en corps et en âme à la Gloire céleste ».
C'est par ces mots que, le 1ᵉʳ novembre 1950, le pape Pie XII affirmait la foi en l'Assomption de la Vierge Marie.

Cette foi, générale parmi les chrétiens d'Orient (même si ceux-ci préfèrent parler de la « dormition de la Vierge »), et partagée par les catholiques, n'a pas été manifestée dès l'origine de l'Église, sauf si on tient compte de certains textes apocryphes qui situent l'événement entre 3 et 50 ans après la mort et la résurrection du Christ.
Le premier « théoricien » de cette foi de l'Église est saint Grégoire de Tours (VIᵉ siècle). Ce furent saint Albert le Grand, saint Thomas d'Aquin et saint Bonaventure qui, au XIIIᵉ siècle, lui donnèrent ses lettres de noblesse. On célébrait déjà la fête à Antioche au IVᵉ siècle et en Palestine au Vᵉ. Il semble que la date du 15 août ait été choisie en Orient par l'empereur Maurice (582-603) pour commémorer l'inauguration d'une église dédiée à la Vierge montée au ciel. Le 15 août fut longtemps le jour de la fête nationale en France, et Louis XIII, consacrant la France à Notre-Dame, demanda qu'on fit ce jour-là, dans chaque paroisse, une procession en l'honneur de la Vierge. ■

DORMITION DE LA VIERGE MARIE

La fête célébrée en Occident le 15 août sous le nom d'Assomption de la Vierge Marie a son origine dans celle constamment célébrée en Orient, depuis le VIᵉ siècle, sous le nom de Dormition de la Vierge Marie.

Le concile Vatican II présente Marie.

Dans sa volonté de rénovation de l'Église, le concile Vatican II a voulu donner sa place au culte de la Vierge Marie. Il est d'ailleurs intéressant de considérer ce qu'il a d'abord refusé de dire à ce sujet. Lors de la première session (octobre 1962), un texte particulier traitant de la médiation de la Vierge fut présenté aux évêques. Il fut repoussé, les Pères conciliaires ne voulant pas laisser penser que Marie était une sorte d'intermédiaire entre les hommes et Dieu. Ils voulaient au contraire montrer que, quelle que soit sa prééminence, la Vierge est elle-même membre de l'Église, et que tout son rôle y « est tourné vers le Christ, source exclusive de la vérité » (Constitution sur l'Église *Lumen Gentium*, 67).

C'est pourquoi, à la session suivante, on décida de traiter de la Vierge non plus dans un texte particulier mais dans celui consacré à l'Église (la Constitution *Lumen Gentium*). Et on le fit en donnant à la dévotion mariale sa juste valeur, en particulier en soulignant son enracinement dans l'Écriture, dans la littérature des Pères de l'Église, et dans la tradition liturgique.

Le 21 novembre 1964, en contresignant la Constitution sur l'Église dont le dernier chapitre était de la sorte consacré à Marie, les Pères conciliaires pouvaient déclarer : « Nous proclamons Marie Mère de l'Église, c'est-à-dire de tout le Peuple de Dieu, aussi bien des fidèles que des pasteurs, qui l'appellent Mère très aimante ». Comme souvent, l'Église donnait de ce qu'elle croit une définition paradoxale : Marie était désignée à la fois comme la fille de l'Église, et comme mère, parce que, créature sauvée par son fils, elle est un modèle de foi pour tous les chrétiens ; comme mère et modèle de l'Église, parce que, ayant collaboré de manière étroite à l'œuvre de salut par la place qu'elle a tenue dans la naissance et la vie du Christ, elle a ainsi contribué à restaurer la vie surnaturelle dans les âmes, et continue de le faire : elle ne cesse d'être « une mère dans l'ordre de la grâce ». C'est pourquoi le Christ, sur la croix, l'a donnée pour mère à toute l'humanité en la personne de Jean. ■

NOTRE-DAME

Le mot français *dame* vient du latin *domina*, maîtresse. Comme le mot *Madame*, il était à l'origine réservé aux femmes de noble origine, de même que *Sieur* (contraction de *Seigneur*) et *Monsieur* l'étaient aux hommes de cette condition.

Le terme de Notre-Dame appliqué à la Vierge Marie apparaît en France au XIIᵉ siècle ; ce n'est pas un hasard s'il est contemporain de la naissance de l'amour courtois et du culte de la femme (une femme volontiers idéalisée), eux-mêmes tout droit issus de l'esprit de la chevalerie. La femme est alors volontiers conçue comme initiatrice de la religion, conception qu'on retrouvera par exemple dans la Béatrice de Dante (XIIIᵉ-XIVᵉ siècles). La pensée sur la Vierge, assez intellectualisée par Byzance, prend alors un tour plus affectif ; Notre-Dame est une reine en majesté qui, auprès du Seigneur de justice, son Fils, représente la puissance suprême d'intervention.

L'expression « *Notre-Dame* » est par elle-même très significative de ce culte imprégné de respect, de confiance, d'affection ; le « Notre » souligne que la Vierge est la protectrice de tout le peuple chrétien.

La place donnée par la ferveur populaire à Notre-Dame va se manifester de multiples façons, et ce jusqu'à nos jours : quelle ville ne lui dédiera pas une église, et souvent sa cathédrale ? Pèlerinages (Chartres, Le Puy, Lourdes...), sculpture et peinture, littérature (« Miracles Notre-Dame »), ordres de chevalerie, ordres religieux, noms de ville, exprimeront cette ferveur. La peinture et la sculpture mettront en évidence l'idéalisation de la femme et de la mère en Notre-Dame et, surtout aux XIIᵉ et XIIIᵉ siècles, dans une note de ferveur toute spirituelle.

Le culte de Notre-Dame se répandra partout dans le monde chrétien, restant toujours une forme de piété très proche des mentalités populaires (Notre-Dame de la Garde à Marseille : la Bonne Mère ; Notre-Dame de Lourdes ; Notre-Dame de Guadalupe à Mexico, etc.). ■

LE DÉVELOPPEMENT DU CULTE MARIAL
A TRAVERS LES SIÈCLES.

	Les grands points d'appui	Des faits significatifs
Ier siècle	**Le Nouveau Testament** évoque la place de Marie dans la vie de son fils Jésus : Évangiles : Mt 1,18-25 ; 2,1-11 ; 2,13-15 ; 12,46-50. Mc 3,31-45 ; 6,3. Lc 1,26-56 ; 2,1-52 ; 11,27-28. Jn 2,1-12 ; 19,25-27. Actes des apôtres : 1, 14 Apocalypse : 12	
IIe, IIIe, IVe siècles	**Pères de l'Église** St Ignace d'Antioche († 107) : parle de Marie pour défendre l'Incarnation du Christ ; traces (?) d'une dévotion à Marie dans sa lettre aux Éphésiens. St Justin († 165) : parle de la Vierge (sans autre qualificatif et nom). St Irénée († 202) : parle du rôle de Marie dans l'amour de Dieu pour les hommes. Origène (185-254) : Marie a comme tout le monde douté au pied de la Croix. St Ambroise (339-347) : Marie est modèle de toutes les vertus ; non seulement la conception du Christ mais aussi sa naissance sont miraculeuses. St Epiphane (315-403) : évoque l'Assomption de Marie	Avant 300 : première prière connue à Marie : *Sub tuum praesidium* (sous ta protection...). Vers 350, Marie est appelée fréquemment « Theotokos », mot grec signifiant « Mère de Dieu ».
Ve siècle	**Concile d'Ephèse (431) :** affirme contre la doctrine de Nestorius que Marie est « Theotokos » (en grec, Mère de Dieu) (cf. p. 323a).	Vers 410, le mouvement pélagien diffuse la croyance en l'Immaculée Conception à l'encontre de St Augustin. Multiplication des fêtes mariales, en particulier l'Annonciation, et, le 15 août, la fête de la « Theotokos ».
VIe siècle	**St Grégoire de Tours († 594) :** première formulation théologique de l'Assomption.	En Gaule, le 18 janvier, fête de Marie. Maurice, empereur de Constantinople (582-603), impose le 15 août, à l'Église grecque, comme fête de l'Assomption.
VIIe siècle	**St Jean Damascène**, l'un des derniers Pères grecs de l'Église (675-749) : tout en affirmant que Dieu seul doit être *adoré*, demande à tout chrétien de vénérer sans cesse Marie. **St Serge I**, pape (687-701) : instaure officiellement les fêtes mariales, dont celle de l'Assomption (15 août).	St Germain de Constantinople (634-733) : personne ne se sauve sans Marie.
VIIIe, IXe siècles		Charlemagne (742-814) a une immense dévotion pour Marie : il sera enterré, à sa demande, avec une statue de Marie sur son cœur.
XIe, XIIe, XIIIe siècles	**St Bernard** (1090-1153) : l'un des plus grands chantres de Marie de tous les temps, développe le culte marial ; il ne parvient cependant pas à justifier théologiquement l'Immaculée Conception. **St Thomas d'Aquin** est opposé à la notion d'Immaculée Conception, à laquelle il ne voit pas de justification théologique. **Le bienheureux Duns Scot** (1266-1308) expose le premier la justification de l'Immaculée Conception et sa signification dans l'histoire du salut par le Christ.	Apparition de l'appellation « Notre-Dame » : églises, fêtes, chants, textes littéraires en son honneur ; invocations lors des batailles. Adhémar de Monteil († 1098), prédicateur de la première croisade, écrit le *Salve Regina* à cette occasion. Vers 1150-1200, apparition des *Litanies de Lorette* : 49 noms donnés à Marie.
XVe, XVIe siècles		Louis XI (1423-1483) demande, le 27 juin 1471, à tous les Français de réciter chaque jour trois *Ave Maria* à genoux pour la paix du royaume. Au pèlerinage du Puy, le jour de la fête de la Vierge en 1502, 95 personnes meurent étouffées, témoignage de l'énorme afflux populaire. Luther (1483-1556) publie, le 10 mars 1521, un *Magnificat*, commentaire du cantique évangélique et probablement un des plus beaux textes sur la Vierge. A Meaux, en 1528, on brûle un batelier qui avait dit : « La Vierge n'a non plus de puissance qu'une image ». Luther, dans une prédication de 1546 : Marie, « Vierge avant la conception et l'enfantement, l'est restée à l'enfantement et après l'enfantement ». 7 octobre 1571 : Bataille de Lépante, coup d'arrêt aux menées turques contre l'Occident. En 1573, le pape Pie V institue, en action de grâces, la fête de Notre-Dame-du-Rosaire, qui donne un nouvel essor à la récitation du chapelet. Les excès du culte marial entraînent des réactions contraires parfois violentes. Dans le jeu action-réaction, les protestants finissent par durcir leurs positions critiques à l'égard du culte de la Vierge et les catholiques par exalter parfois plus la Vierge que le Christ.

▶

▶

	Les grands points d'appui	Des faits significatifs
XVIIe siècle		Après la perte de Corbie en 1635 (guerre de Trente ans), Louis XIII voue le Royaume à Marie. Le 15 février 1638, après une série de victoires, il renouvelle son vœu et instaure à perpétuité une procession le 15 août dans toutes les villes et villages de France. St Jean Eudes (1601-1680) fait célébrer le 8 février 1648 la première messe en l'honneur du Cœur de Marie. Si Louis-Marie Grignion de Montfort (1673-1716) : un des chantres les plus connus de Marie. Son *Traité de la vraie dévotion à la Sainte Vierge* aura une influence considérable à partir de la seconde moitié du XIXe siècle.
XVIIIe siècle		St Alphonse de Liguori (1697-1787) : son livre *Les gloires de Marie* (1750) connaît le plus fort tirage de tous les ouvrages marials et ne cesse d'être réédité depuis.
XIXe siècle		1800-1850 : multiplication des fondations d'ordres marials et publication d'une abondante littérature mariale. 18 juillet 1830 : première apparition de la Vierge à Catherine Labouré, rue du Bac à Paris (médaille miraculeuse). 18 septembre 1846 ; apparition de la Vierge à deux jeunes bergers, Maximin Giraud et Mélanie Calvat, à La Salette (Isère).
	Le pape **Pie IX**, après consultation des évêques du monde entier, proclame le 8 février 1854 le dogme de l'Immaculée Conception par la bulle *Ineffabilis Deus*.	11 février 1858 : première apparition de la Vierge à Bernadette Soubirous à Lourdes : le 25 mars, à Bernadette qui lui demande son nom, elle répond en patois béarnais : « Je suis l'Immaculée Conception ». 17 janvier 1871 : apparition de la Vierge à plusieurs enfants à Pontmain (Mayenne). Quatre ont été retenus comme témoins : Eugène et Joseph Barbedette, Françoise Richer, Jeanne-Marie Lebossé.
XXe siècle		En 1912 : le poète et écrivain Charles Péguy effectue à pied, depuis Paris, le premier pèlerinage de l'époque contemporaine à Chartres. 13 mai 1917 : première apparition de la Vierge à trois petits bergers, Lucia, Francisco, Vacunta, à Fatima (Portugal).
	Pie XII, après consultation des évêques du monde entier, proclame le 1er novembre 1950 le dogme de l'Assomption de Marie, par la bulle *Munificentissimus Deus*.	
	21 novembre 1964 : pour la première fois dans l'histoire, un concile (**Vatican II**) donne une vision, intégrée à l'ensemble des données de la foi, des rapports entre Marie et l'Église (ch. VIII de la Constitution Dogmatique *Lumen Gentium* sur l'Église).	15 août 1983 : le pape Jean-Paul II évoque à Lourdes l'éventualité d'une célébration exceptionnelle du deuxième millénaire de la naissance de Marie.

MARIOLOGIE

Branche de la théologie qui concerne la place de Marie dans la foi chrétienne, la mariologie a été traversée de mouvements totalement contradictoires pendant les cinquante dernières années.

Pie XII fut certainement un grand théoricien en même temps qu'un grand promoteur du culte marial ; consécration du monde au cœur de Marie (1942), définition du dogme de l'Assomption (1950), célébration d'une année mariale exceptionnelle (1954), appui au renouveau des congrès marials n'eurent qu'un seul but : rappeler au monde que la véritable vie chrétienne tend « à l'union avec le Christ avec Marie pour guide ».

Au développement sans précédent du culte marial répondit bientôt une sorte de silence gêné des théologiens sur Marie. Il s'explique par les renouveaux des pensées biblique, liturgique et œcuménique au moment où, dans la société, l'émancipation de la femme faisait rejeter le modèle de la « vierge et mère ». Le concile Vatican II eut beau présenter en Marie une femme de foi totale, membre, modèle, figure et – par don spécifique du Christ aux hommes – « mère de l'Église », le message ne passa point sur le moment. A vrai dire, on retint surtout du concile son approbation, sous forme d'un appel au discernement, des formes éprouvées du culte marial (*Lumen Gentium* 67). Pour le reste : Paul VI le reconnut dans un texte intitulé *Marialis cultus* (2/1974).

Il semble que l'on assiste à un renouveau de la pensée mariale sous la pression d'une pratique renouvelée du culte marial. Le pape Jean-Paul II, le mouvement des Focolari et leur Mariapolis, les groupes charismatiques ont certainement tenu là un rôle important en accentuant le lien entre Marie et l'Esprit Saint. Mais ce renouveau est surtout dû à un approfondissement de la recherche biblique œcuménique (cf. la réimpression en français du *Magnificat* de Luther) et liturgique. De plus, on voit poindre des réflexions qui présentent en Marie un modèle de liberté ; dans le *Magnificat*, un chant de libération incarné dans l'histoire concrète d'un Peuple ; dans les « privilèges » autrefois chantés sous les termes de virginité, assomption, etc., des figures du futur de chaque homme et de chaque femme (l'utopie du Royaume) ; bref, on peut penser que la mariologie est devant un nouveau départ.

REDEMPTORIS MATER

Jean-Paul II a publié, le 25 mars 1987, une encyclique appelée *Redemptoris Mater* (la Mère du Rédempteur) pour préparer l'année mariale qui, commencée à la Pentecôte 1987, s'est terminée le 15 août 1988.

Cette année mariale avait pour objectif d'associer Marie à la grande célébration du jubilé de l'an 2000 (Marie est venue avant le Christ). Elle a été choisie parce qu'elle est l'année des millénaires du dernier concile œcuménique reconnu à la fois par les orthodoxes et les catholiques et du baptême de saint Vladimir, qui marqua le début de l'évangélisation de la Russie.

Cette encyclique, tout entière inspirée par une volonté œcuménique, souligne le rôle de Marie dans la démarche de foi de l'Église et des chrétiens. Pour eux, elle est le modèle du cheminement dans la foi, celle qui leur est donnée comme Mère de leur foi. ■

Extrait de l'encyclique *Redemptoris Mater* de Jean-Paul II

Marie n'était pas parmi ceux que Jésus envoya pour « faire des disciples de toutes les nations » (cf. Mt 28,19). Mais elle était dans le Cénacle où les Apôtres se préparaient à assumer cette mission grâce à la venue de l'Esprit de Vérité : elle était avec eux. Au milieu d'eux, Marie était « assidue à la prière » en tant que « Mère de Jésus » (cf. Ac 1, 13-14), c'est-à-dire du Christ crucifié et ressuscité. Et le premier noyau de ceux qui regardaient « avec la foi vers Jésus auteur du salut » savait bien que Jésus était le Fils de Marie et qu'elle était sa Mère, et que, comme telle, elle était, depuis le moment de la conception et de la naissance, un témoin unique du mystère de Jésus, de ce mystère qui s'était dévoilé et confirmé sous leurs yeux par la Croix et la Résurrection. Dès le premier moment, l'Église « regardait » donc Marie à travers Jésus, comme elle « regardait » Jésus à travers Marie. [...]

Mais dans l'Église d'alors et de toujours, Marie a été et demeure avant tout celle qui est « heureuse parce qu'elle a cru » : elle a cru la première.

Chapitre IV

LIVRE IV

La célébration de l'Alliance

Il nous faut maintenant pénétrer jusqu'au cœur de la foi chrétienne. Il nous faut parler des **sacrements**. Ces gestes, dans la foi des chrétiens, sont en même temps :

- ce qui exprime le sens de l'histoire et du cosmos,
- ce qui donne sens à la vie,
- ce qui manifeste l'amour de Dieu pour eux,
- ce qui signifie leur intimité personnelle avec Dieu,
- ce par quoi ils témoignent de leur foi,
- ce qui les réunit,
- ce par quoi Dieu agit dans le monde.

Tout est résumé, tout culmine ici. Et pourtant, les pages qui vont suivre risquent d'être difficiles à comprendre. A certaines époques, l'Église aurait refusé de les écrire pour des non-croyants simplement parce que, devant la difficulté, elle ne voulait pas mal parler des sacrements et ainsi risquer de les galvauder.

Reprenons par le début. « Dieu vit que tout ce qu'il avait fait, c'était bon, très bon ». (Gn 1,31) Ainsi la Bible conclut-elle le premier récit de la création. Bonne est l'existence, bonne est la création. Dire que Dieu a créé le monde, c'est dire que ce monde possède un sens, qu'il n'est pas absurde. Le cœur du monde n'est pas comme l'âme d'un canon : un grand espace vide. En le créant, Dieu s'est engagé envers l'homme : ne l'a-t-il pas créé « à son image » ? Il existe donc entre Dieu et l'homme comme un air de famille, une parenté. La Bible appelle parfois Dieu « le Parent ». L'homme porte en lui l'empreinte de Dieu ; Dieu et l'homme ne sont pas des étrangers. La création est déjà une *alliance* entre Dieu et l'homme à qui il confie le monde : « La terre, Il l'a donnée aux fils d'Adam ». (Ps 115,16)

1. MAIS QUEL EST LE SENS DU MONDE ?

Quel sens Dieu a-t-il donné à l'histoire des hommes ? Où désire-t-il mener ce monde ? Qu'appelle-t-on sa « volonté » (son dessein) ? A ces questions fondamentales, l'Ancien Testament apporte trois éléments de réponse. Premièrement, le Dieu de la Bible est le Dieu de la *vie*. Jamais la mort ne l'emporte sur lui ; il assure toujours la survie de l'homme. Au déluge, il sauve Noé et la vie continue. Il libère son peuple de l'Égypte puis de Babylone. « Il ne prend pas plaisir à la perte des « vivants ». (Sg 1,13) Il est « le Dieu Vivant ». Il conduit donc le monde vers la vie.

▶▶▶

Un peu d'histoire de la liturgie

La liturgie chrétienne date des débuts du christianisme. Elle s'est créée naturellement, par la nécessité pour les croyants de prier en commun. Elle s'enracine dans la liturgie juive. Au cours des temps, elle devait évidemment subir d'innombrables transformations. Ainsi, dans l'Église franque, sous les derniers Mérovingiens, de multiples usages avaient cours simultanément. Charlemagne unifia la liturgie romaine ; celle-ci fut rendue partout obligatoire, mais les évêques et les conciles particuliers conservaient le droit d'y introduire les modifications jugées opportunes. Dès lors, les liturgies particulières, aux XIVe et XVe siècles notamment, allèrent se multipliant. Au XVIe siècle, le concile de Trente n'eut pas le temps de statuer sur la liturgie ; c'est au pape Pie V que revint la charge d'introduire une réforme imposant un type de liturgie unique pour l'ensemble du monde latin (en 1568 et 1570). C'est à partir de cette époque que la réglementation de la liturgie devint l'affaire du Saint-Siège et non plus des évêques ou de conciles particuliers. Jusqu'au concile Vatican II, c'était donc uniquement au Saint-Siège qu'il appartenait de régler la liturgie et d'approuver les livres liturgiques.

Depuis le concile Vatican II, les assemblées épiscopales des différents pays ont compétence pour déterminer les adaptations appropriées aux mentalités locales. Après des siècles de centralisation et d'uniformisation, une certaine diversification est donc de nouveau encouragée par l'Église pour mieux répondre aux besoins des différentes cultures. De plus, les Églises d'Orient ont conservé la diversité de leurs rites.

Les décisions en matière liturgique reviennent toujours, pour les lignes principales, au Saint-Siège. Le pape exerce personnellement son autorité par la publication de documents spéciaux. Le plus souvent cette publication est le fait, avec son aval, de la Congrégation du culte divin et de la discipline des sacrements, qui a la charge de régler la vie liturgique de l'Église en délimitant les compétences, actuellement assez larges, des conférences épiscopales particulières. Par ailleurs, le Code de Droit canonique établit les orientations majeures de la vie cultuelle et sacramentelle de l'Église. ■

▶▶▶

Dieu s'est engagé envers sa création. Mais il est « Celui que ni les cieux ni les cieux des cieux ne peuvent contenir » (1 R 8,27). Si bonne soit-elle, la création ne peut enclore Dieu. En donnant la vie de manière infinie, Dieu lance le monde en avant pour se donner lui-même de plus en plus à ce monde. C'est pourquoi, seul au milieu des religions qui l'entourent, le judaïsme est une religion de l'histoire et non pas d'un éternel recommencement. Si la création est bonne dès son départ, cela ne signifie pas qu'elle soit terminée. Il reste à l'homme et au monde à entrer de plus en plus dans l'alliance avec un Dieu qui propose son amour inépuisable. Pour permettre à la création de réussir dans cette opération, Dieu s'engage par des *promesses.* L'histoire devient ainsi le lieu de rencontre de l'homme et de Dieu. « J'accomplirai la promesse de bonheur que j'ai prononcée ». (Jr 33,14)

Mais les promesses de Dieu, la vie avec Dieu, Dieu lui-même, sont au-delà des mots de l'homme, au-delà de ses emprises. « Haut est le ciel au-dessus de la terre, aussi hautes sont mes voies au-dessus de vos voies ». (Is 55,9) Le secret de Dieu, voilà ce que la Bible appelle le mystère. Plus tard, les chrétiens ont traduit en latin le mot grec « mystère » (*musterion*) soit par *mysterium,* soit par *sacramentum.* Ce dernier mot a donné *sacrement.* Chez les païens, *sacramentum* désignait, entre autres choses, le contrat sacré, le *serment* qu'un nouveau soldat passait envers l'empereur en s'engageant à son service.

La Bible, elle-même, suggère une comparaison : l'histoire du monde est semblable à une femme enceinte. Ou bien sa grossesse est toute récente et elle l'ignore encore. Ou bien elle arrive à terme, mais elle ignore toujours le visage de son enfant. Au cœur du monde, Dieu a placé un sens, une promesse. Mais quel est le sens de ce monde ? Quel est le contenu des promesses ? Quel est le visage du fils ?

▶▶▶

A quoi sert la liturgie ?

Il est difficile à l'homme et à la femme du XXe siècle de ne pas aborder une réalité sans demander : « A quoi ça sert ? » Pour comprendre à quoi sert une liturgie, on peut sans doute, en France, prendre l'image du repas. La plupart des Français aiment un repas bien agencé, bien présenté, où l'on parle amicalement. Pour eux, le repas ne sert pas simplement à se nourrir, mais sert aussi — surtout — à « faire société ». La liturgie ne sert à rien d'autre qu'à « faire société » avec et devant Dieu. On comprend la difficulté qu'elle peut présenter à ceux qui ne conçoivent qu'une union directe avec Dieu.

La liturgie permet de « faire société », avec Dieu et avec les hommes, à travers des symboles, c'est-à-dire des gestes porteurs d'une richesse de significations que n'épuise pas leur efficacité immédiate. Dans la liturgie chrétienne, par exemple, on emploie souvent la symbolique de la lumière (le cierge pascal...) laquelle peut faire percevoir que Dieu est la lumière de la vie. Bref, toute liturgie permet, à travers des symboles, d'actualiser des réalités d'ordre spirituel.

On parle généralement de *célébration* liturgique, car la liturgie est généralement composée de rites festifs à l'occasion d'un événement marquant pour lequel se sont rassemblées diverses personnes. Lesquelles forment, petit à petit, grâce à ces liturgies qui marquent leur histoire, une véritable communauté.

Quand la liturgie est chrétienne, certains symboles sont appelés *sacrements* et sont alors présentés comme des gestes du Christ lui-même, geste d'un Dieu qui donne ce que les gestes signifient (l'eau peut évoquer pour tous une purification et la vie ; l'eau du baptême non seulement les évoque, mais donne effectivement purification et vie). Pour un chrétien, ces sacrements font exister une communauté, consciente de devoir son existence à Dieu. ■

CULTE

On peut définir le culte comme l'ensemble des démarches personnelles et collectives, en pensées, en paroles et en gestes, par lesquelles l'homme s'emploie à établir et entretenir les relations appropriées avec la divinité, notamment pour lui rendre l'hommage qu'il estime lui devoir. Des moralistes latins comme Cicéron, certaines descriptions de l'histoire des religions, se situent dans cette perspective.

L'Ancien et le Nouveau Testament n'ont pas seulement conduit à une purification des intentions et de l'esprit du culte ; ils ont introduit dans un monde liturgique nouveau : par ses prophètes, puis en son Fils Jésus-Christ, Dieu s'adresse aux hommes dans leur langage, et la notion même de culte s'en trouve transformée. Un passage du dialogue de Jésus à la Samaritaine (Jn 4,23) l'explicite clairement : « L'heure vient, et nous y sommes, où les vrais adorateurs adoreront le Père en esprit et en vérité ». Le culte chrétien ne peut plus être dissocié de la foi et de la charité, et il perd sa signification si l'on refuse de pratiquer la justice et la miséricorde. Du fait de la place importante et originale qu'occupe la Parole de Dieu dans sa liturgie, on ne peut oublier que le culte chrétien ne se conçoit pas sans le dialogue entre Dieu et son peuple, même si certains chrétiens auraient tendance à préférer un culte purement individuel.

Pourtant, le sacrifice de la Croix a été offert par le Christ pour fonder la nouvelle Alliance, non avec des personnes isolées mais avec un peuple, et, de son vivant, il a inauguré dans l'Eucharistie le culte qui est célébré aujourd'hui par ce peuple. Ainsi, le culte n'est-il pas à considérer comme un aspect plus ou moins suranné de la vie de l'Église. Il est pour elle une manière fondamentale d'exister, en tant qu'Assemblée des chrétiens.

C'est vrai aussi pour chaque chrétien : la coupure d'avec la communauté s'accompagne fréquemment d'une anémie spirituelle et d'un oubli des grands appels de l'Évangile. Puisque la liturgie est « comme le lieu de rencontre privilégié entre Dieu et l'homme », il y a là un motif important qui pousse l'Église à convoquer les baptisés au nom de son Seigneur. ■

Ph. Roger-Viollet

Assemblée. Le terme grec *ekklesia* signifiant *assemblée convoquée* a été transcrit en latin et utilisé dès le début de l'Église. Il désigne indifféremment la collectivité des chrétiens dispersés et leur réunion dominicale.

Pour l'Ancien Testament, la notion d'assemblée du peuple est capitale. C'est Dieu qui la convoque. Il y est présent et cette présence est signifié par un homme, un ministre du Seigneur, y ayant un rôle spécifique.

Les chrétiens reprendront la tradition de l'Ancien Testament en voyant, dans le Christ, Dieu qui appelle et qui rassemble : c'est l'explication de l'emploi du mot grec *ekklesia, assemblée convoquée,* qui a donné *Église.* L'Église, c'est l'Assemblée de ceux qui sont appelés par le Christ et au milieu desquels il se trouve.

Le concile Vatican II et la liturgie

Pour beaucoup de catholiques à l'époque, le concile Vatican II fut d'abord le Concile « qui nous a changé la messe ». Et, d'une certaine manière, c'est vrai. Le Concile a non seulement rénové les rites de la messe, mais aussi toute la liturgie.

Le premier travail du Concile

Le pape Jean XXIII décidait, en octobre 1962, de faire commencer le travail du Concile par la réforme de la liturgie. Il voulait ainsi marquer sa détermination à faire du Concile un moment de renouveau effectif et visible de l'Église. Le projet préparé avant le Concile fut le seul de tous les textes préparatoires à être accepté comme base de travail par les Pères du Concile ; après 25 assemblées plénières, 678 interventions orales et écrites et des centaines d'amendements, il fut adopté, le 4 décembre 1963, par 2147 « oui » contre 4 « non ».

Un texte préparé de longue date par la vie de l'église

Le concile de Trente (1563) avait demandé au pape Pie V de revoir bréviaire et missel. A la suite de ces réformes, la liturgie resta à peu près fixe pendant trois siècles quant à la forme. Les seuls changements notables furent l'institution des fêtes du Sacré-Cœur, du Précieux Sang, du Christ Roi, de saint Joseph et de 118 autres saints. A l'initiative de Dom Guéranger (1805-1875), une réflexion sur la liturgie prit une place importante d'abord chez les bénédictins (dans les abbayes de Solesmes, Maredsous, Mont-César), puis dans l'Église universelle. Cette réflexion fut le terreau des réformes du XXe siècle et l'inspiratrice directe de celles de Pie X.

Celui-ci appela chacun à participer activement à la liturgie (1903), à communier fréquemment (1905), dès « l'âge de raison » (1910). A partir de ces réformes de base, un véritable mouvement liturgique vit le jour dans les années 30 en Allemagne et en France. Pour percevoir ce qu'il a changé dans la mentalité des chrétiens, il suffit de comparer un missel de 1920 et un missel de 1940.

En 1947, Pie XII institue une commission chargée de préparer une réforme générale de la liturgie. Dès lors, les réformes vont prendre un caractère presque systématique : restauration de la veillée pascale (1951), réduction du jeûne eucharistique à trois heures avant la communion (1953) (ce qui rendait désormais possible de célébrer la messe le soir ; auparavant, il fallait avoir jeûné depuis minuit pour communier), autorisation de lire l'épître et l'évangile en français, restauration de la Semaine Sainte (1955), etc.

Une loi programme plus qu'un texte précis

Jean XXIII avait demandé explicitement au Concile « la détermination des principes fondamentaux d'une restauration d'ensemble de la liturgie ». Ces principes fondamentaux, développés sur 130 numéros dans la Constitution *Sacrosanctum Concilium* (c'est le texte le plus long du Concile), peuvent se résumer par la très dense définition de la liturgie donnée par ce texte : « La liturgie est l'exercice de la fonction sacerdotale de Jésus-Christ. D'une part, au moyen de signes sensibles, la liturgie fait percevoir et réalise la sanctification de l'homme : sanctification diverse suivant la diversité des signes. D'autre part, le culte public intégral est exercé par le Corps mystique de Jésus-Christ, c'est-à-dire par le Chef et par les membres » (n° 7).

Par ces mots, le Concile voulait souligner :

- La liturgie est d'abord une action de Jésus-Christ ; il est présent dans l'assemblée ; n'avait-il pas dit : « Là où deux ou trois sont réunis en mon Nom, je suis au milieu d'eux »? (Mt 18,20) Il y est présent par le ministère du prêtre. Il est présent dans l'Eucharistie. Pour les catholiques, la liturgie n'a de sens que dans l'unité avec le Christ qui offre le monde au Père. C'est pourquoi on écoute la Parole de Dieu dans toute liturgie ; et c'est pourquoi on ne fabrique pas « sa » liturgie mais on la reçoit de l'Église pour signifier qu'on la reçoit de Dieu.
- La liturgie est une action du peuple tout entier. L'évêque et le prêtre ont un rôle spécifique à y jouer ; mais, par le baptême, chacun est devenu membre du Corps du Christ, et chacun a dès lors le droit de participer pleinement. C'est sur ce principe que l'on s'appuie pour traduire la liturgie en français ou pour trouver des gestes significatifs pour aujourd'hui.
- La liturgie est un moment où, dans le même mouvement, le peuple offre sa prière à Dieu et reçoit l'Esprit de Dieu. C'est sur ce principe que l'on s'appuie pour redire l'ardente nécessité de participer le plus souvent possible à la liturgie.

Un texte suivi d'effets

En 1964, Paul VI mit en place une commission chargée d'appliquer la Constitution sur la liturgie. Sous diverses formes, elle travailla jusqu'en 1975. Sans entrer dans les détails, et en soulignant que beaucoup de ses applications dépendent des conférences épiscopales, voici les grandes étapes des réalisations :

De 1964 à 1967, possibilité étendue progressivement de remplacer le latin par la langue du pays dans la liturgie.

1965. Possibilité pour les prêtres de concélébrer, et pour les fidèles de communier sous les deux espèces.

1968. Publication de trois nouvelles prières eucharistiques (en sus du canon romain), entre lesquelles le choix est laissé au célébrant.

1969. Rénovation des cérémonies du mariage, du baptême des enfants, refonte du calendrier liturgique, rénovation du rite de la messe et du cycle des lectures bibliques à la messe.

1971. Rénovation de la confirmation et du bréviaire.

1972. Rénovation des célébrations de l'initiation chrétienne des adultes, et de l'onction des malades.

1973. Rénovation des célébrations du sacrement de la pénitence-réconciliation. ■

Qu'est-ce que ?

De l'assemblée liturgique, il est possible de dire, comme de l'Église tout entière : elle est le Corps du Christ. Le célébrant est là pour signifier la présence du Christ, mais, à vrai dire, tous font partie du Corps du Christ, et tous sont en quelque sorte célébrants.

Célébration (du latin *celeber,* fréquenté). Action de ceux qui se sont rassemblés pour une occasion festive. Dans le langage liturgique, la célébration désigne une action liturgique, notamment la messe (célébration eucharistique).

(Voir aussi Concélébration.)

Cérémonial. De manière générale, ensemble de règles régissant les cérémonies ; le mot est employé tant dans le domaine profane (cérémonial diplomatique) que religieux (cérémonial des évêques).

Dans le domaine proprement liturgique, le mot *cérémonial* au sens strict s'applique aux modalités de l'action liturgique, tandis que le mot *rituel* concerne plutôt les mots employés. En fait, les deux termes sont interchangeables.

Le mot *cérémonial* désigne aussi les livres contenant les règles à observer et les formules à employer lors des cérémonies liturgiques.

Cérémonie (du latin *caerimonia,* cérémonie à caractère sacré). Forme extérieure du culte divin. Elle permet de mettre en relief la signification profonde des rites essentiels, notamment dans la célébration des sacrements.

Alors que le mot *célébration* est davantage employé aujourd'hui par le langage liturgique, celui de *cérémonie* continue à l'être plus volontiers par le langage courant.

Le déroulement des cérémonies liturgiques se trouve codifié dans divers recueils : *pontifical* (pour les évêques), *cérémonial, rituel, missel.*

Liturgie (des mots grecs *laos,* peuple et *ergon,* travail, action). Le mot signifiait à Athènes un service public que les citoyens devaient prendre en charge à tour de rôle. Il a été adopté par l'Église pour signifier que la liturgie est un culte public.

Ce mot a trois sens dérivés les uns des autres. 1) Au sens large, la liturgie est l'ensemble des célébrations officielles du culte rendu à Dieu. 2) Dans un sens plus spécifique, surtout en Orient, la liturgie, c'est la messe (on parle ainsi de la divine liturgie de saint Jean Chrysostome). 3) Enfin, la liturgie est l'étude ou la science de ce qui concerne le culte divin, et de ses diverses mises en œuvre (liturgie romaine, byzantine, syrienne, etc.).

Paraliturgie. Célébration qui n'emprunte pas son cérémonial aux livres officiels de l'Église.

2. LE CHRIST, SACREMENT DE DIEU

« Un enfant nous est né ! Un fils nous est donné ! » Le cri de joie d'Isaïe (9,5) est repris par la liturgie de Noël. Celui qu'Israël attendait, sans en connaître le vrai visage, arrive. Il est l'*Emmanuel,* c'est-à-dire, en hébreu, « Dieu avec nous ». Jésus-Christ révèle Dieu. Il le révèle : il montre qui est Dieu, il manifeste l'amour de Dieu pour l'homme. En même temps, il ne fait pas de Dieu un objet mis entre nos mains. Il laisse Dieu au-delà de nous. « Nul n'a jamais vu Dieu. Le Fils unique qui est dans le sein du Père, lui, l'a révélé ». (Jn 1, 18)

Aux hommes, Jésus dit clairement qu'ils ne connaissent pas Dieu, alors que, lui, il le connaît. Il vient dans le monde, envoyé par son Père, pour dire qui est Dieu. « Le Verbe s'est fait chair et il a habité parmi nous ». (Jn 1,14) Jésus révèle Dieu comme son propre Père. Il accomplit sa volonté. Cette volonté est « vie éternelle » (Jn 12,50). Elle s'exprime par l'amour total qui anime Jésus, au point qu'il conclut avec les hommes une alliance nouvelle et éternelle, au point d'en donner sa vie.

Les apôtres sont surpris de la familiarité de Jésus avec Dieu. Il leur répond : « Qui m'a vu a vu le Père », car « Je suis dans le Père et le Père est en moi ». (Jn 14,9-10) Phrase surprenante : l'Ancien Testament savait déjà que Dieu était avec — ou dans — le cœur des justes. Jamais il n'avait pensé qu'un homme pût être « en Dieu ». Cette réciprocité d'amour entre Jésus et son Père fonde l'affirmation des chrétiens que Jésus est le Fils de Dieu incarné, permettant ainsi aux hommes de partager la vie même de Dieu et de devenir des frères : « Dieu nous a donné la vie éternelle et cette vie est en son Fils ». (1 Jn 5,11)

Jésus-Christ révèle le sens du monde

C'est ainsi que Jésus dévoile les mystères du monde. « En lui, écrit saint Paul aux Colossiens, habite corporellement toute la plénitude de la divinité ». (Col 2,9) Tout ce que Dieu désirait commu-niquer aux hommes est maintenant manifesté en Jésus. Maintenant, disent les chrétiens, nous connaissons le plan de Dieu : faire des hommes des fils grâce à son Fils Jésus. Avec son Fils, Dieu a tout donné. Il s'est engagé personnellement dans l'histoire de l'homme quand son Fils est devenu l'un d'eux. Ce qui était secret, caché au creux du monde, est devenu visible. « Dès l'origine du monde, écrit saint Paul, Dieu avait tout créé en son Fils, par Lui et pour Lui, mais les hommes l'ignoraient ». (Col 1, 16-17) Aujourd'hui, ils le savent et ils peuvent en vivre : le mystère « enveloppé de silence durant une éternité de siècles a maintenant été manifesté » (Rm 16,25-26). Saint Paul résume tout en ce mot lapidaire : « Le mystère de Dieu, c'est le Christ ». (Col 2,2)

Jésus-Christ est le sacrement de Dieu

Désormais, disent les chrétiens, les hommes peuvent savoir quel était le projet de Dieu en créant le monde. Ils peuvent vivre avec le Fils qui les conduit au Père. Le secret du monde, le sens de la vie sont communiqués, le mystère est révélé. Jésus-Christ est le sacrement de Dieu.

▶▶▶

Qu'est-ce que ?

Années A, B, C. La réforme liturgique de 1970 a prévu que, sur trois années, l'ensemble des principaux textes bibliques seraient lu à la messe dominicale. Les années ont reçu l'appellation A, B et C (appellation qui se trouve, par exemple, sur les missels annuels).
L'année A commence à l'Avent 1992, 1995, 1998, 2001... et se termine fin novembre 1993, 1996, 1999, 2002...
L'année B commence à l'Avent 1993, 1996, 1999, 2002... et se termine fin novembre 1994, 1997, 2000, 2003...
L'année C commence à l'Avent 1994, 1997, 2000, 2003... et se termine fin novembre 1995, 1998, 2001, 2004...

Octave. Dans la liturgie catholique, l'octave est la semaine qui suit une grande fête, semaine pendant laquelle on prolonge la célébration de celle-ci. La pratique de l'octave religieuse se trouve déjà dans l'Ancien Testament avec la Fête des Tabernacles (Lv 23-26). C'est Constantin qui l'introduisit dans la liturgie catholique. Les octaves s'étant multipliées depuis lors, et se portant ainsi tort mutuellement, Pie V, Pie X et Paul VI entreprirent successivement d'en réduire le nombre. Depuis le 21 mars 1969, il n'y a plus d'octave que pour les deux principales fêtes de l'année : Noël et Pâques, celles-là même qui sont également précédées d'une période préparatoire : l'Avent pour Noël, le Carême pour Pâques.

Triduum, (du latin *tri,* trois fois et *dies,* jour). Période de trois jours. Le triduum pascal commence le jeudi saint avec la messe du soir et se termine avec le dernier office du soir de Pâques.

LE CORPS DANS LA LITURGIE

La liturgie chrétienne a toujours été considérée comme une action des personnes tout entières, corps et esprit. La liturgie chrétienne est héritière, par la tradition juive, de pratiquement toutes les religions du monde. On y fait des gestes symboliques, on y mange, on y boit. On y chante et on éprouve la joie de s'entendre chanter en groupe. On change de positions : on s'assoit, on se lève. On y est invité à se serrer la main.

Certains peuvent en être étonnés et estimer être gênés dans leur prière personnelle : d'une certaine manière, ils ont raison puisque la place des corps dans la liturgie marque non seulement une relation avec Dieu (s'agenouiller, se prendre la tête dans les mains) mais aussi une relation avec ceux qui composent la communauté. La liturgie, en prêtant attention aux corps, signifie qu'elle n'est pas simplement une somme d'attitudes spirituelles individuelles mais qu'elle est d'abord action d'un groupe qui veut faire corps. ■

Fêter Pâques à un jour fixe ?

Les chrétiens célèbrent Pâques en fonction de la date de la Pâque juive. Il y eut, dans les premiers siècles, diversité dans la manière de fixer le jour de cette commémoration ; les Églises plus directement issues du judaïsme s'en tenaient à la date de la Pâque juive, le 14 nizan, c'est-à-dire le jour de la pleine lune de printemps ; les autres voulaient que cette célébration se fît un dimanche, jour de la résurrection du Christ. C'est cette manière de faire qui fut finalement imposée à toute l'Église par le premier concile de Nicée et l'empereur Constantin (325) : la fête de Pâques est célébrée le premier dimanche suivant la pleine lune de printemps.

Mais, depuis la décision de Nicée, le pape Grégoire XIII a révisé le calendrier (v. p. 910-911) pour le mettre en accord avec le soleil, en retirant 10 jours à l'année 1582. Les orthodoxes n'acceptèrent pas cette décision. Aujourd'hui, la différence entre les deux calendriers est de 13 jours. Ce qui explique que le même calcul du dimanche qui suit la pleine lune de printemps conduise à des dates différentes pour la Pâque orthodoxe et pour la Pâque catholique.

La situation actuelle pose deux problèmes :

- la différence dans la date de la célébration de Pâques met en relief la division des chrétiens ;
- la date de Pâques, variant beaucoup d'une année à l'autre, rend difficile l'organisation rationnelle de l'année (en France, les vacances scolaires de printemps n'ont, à cause de cela, plus de lien avec la fête de Pâques) : en effet, la date de Pâques peut se situer entre le 26 mars (en 1989) et le 23 avril (en 2000).

Pour sa part, le concile Vatican II a souhaité l'établissement d'un calendrier plus fixe, à condition toutefois que cette stabilisation de la date de Pâques ne devienne pas une pomme de discorde supplémentaire avec les orthodoxes. Paul VI, en 1975, a même suggéré au Conseil œcuménique des Églises que Pâques soit définitivement fixé le dimanche compris entre le 9 et le 16 avril. La mesure aurait pu entrer en vigueur en 1977, année durant laquelle la date de Pâques était identique pour toutes les confessions chrétiennes.

Les orthodoxes, très attachés au calendrier qui leur permet de vivre au rythme même de la vie personnelle du Christ, ont cependant accepté, par la voix du patriarche Athénagoras (en 1969) et celle de son successeur Dimitrios (en 1972), d'étudier le problème lors d'un concile pan-orthodoxe qui est encore à tenir. ■

LA FÊTE

La fête est redevenue d'actualité chez les chrétiens. De beaucoup d'endroits se lève une réflexion sur la fête, qui en souligne la spontanéité, l'aspect communautaire, le rôle du lieu de partage. « La danse est un jeu, la danse est un cri, la danse est une prière, c'est un moyen de sortir de soi. Les gens ne dansent plus parce que notre civilisation a exacerbé la notion du moi (...) Constamment on se trouve englué dans les problèmes de son moi : l'agressivité, la violence exacerbent le moi ; il y a moi et les autres, il y a moi et le monde, il y a moi et Dieu. (Maurice Béjart, *Art sacré,* n° 1, 1969) ». Ce que Béjart dit de la danse, beaucoup l'étendent à la fête ; une occasion de se désengluer de la réalité, de soi-même mais aussi du monde. Car le regain d'attention à la fête est franche contestation d'un monde trop organisé et bureaucratique, et vraie acceptation de l'Esprit qui souffle où il veut, et se joue des idéologies.

Cela dit, les chrétiens ont une longue tradition festive. Il y a dans la fête une manière de dire ses espoirs et d'exorciser ses peurs, d'installer un univers différent où les faiblesses de ce monde sont dépassées, de chanter la vie plus forte que tous les malheurs : tout cela ne peut que concorder avec la vision chrétienne du monde.

Pourtant, dans l'histoire, beaucoup de chrétiens — et spécialement des pasteurs — se sont levés pour lutter contre les excès et les abus des fêtes. Sans doute y avait-il souvent dans leur attitude une réaction conservatrice (la fête met souvent en cause l'ordre traditionnel) à l'égard d'une société dans laquelle ils avaient leur place. Il y avait donc, fréquemment, contestation de certains excès de la fête et des dépenses sans proportion qu'elle pouvait entraîner.

Le Christ a accompli le renversement des valeurs qui est cherché plus ou moins explicitement dans chaque fête : avec lui, les pauvres sont riches et les morts ressuscitent ! Le Christ assume les espoirs et les angoisses de l'homme. Avec lui, la fête n'est pas simple diversion, ni évasion : elle est joie d'une victoire certaine, et pourtant toujours à conquérir. ■

Les chrétiens et le temps

Nos contemporains ont le choix entre deux sortes de montres et rêvent souvent de ne pas en porter, sentiment exprimant leur profonde déchirure sur la conception du temps.

La conception antique du temps était celle d'une réalité aussi concrète que l'espace ; affectant une forme circulaire, il était constitué de cycles réguliers : le temps se répétait indéfiniment par une sorte d'enchaînement invariable et fatal, excluant un véritable devenir. Les montres à cadran circulaire sont conformes à cette conception du temps, à l'intérieur de laquelle les chrétiens ont longtemps vécu. Le rythme du jour, des saisons, des moments de la vie modelait leur travail et leur prière : vivant dans un temps cyclique, on cherchait à en offrir à Dieu les moments significatifs, début, fin, milieu, etc.

A côté de cette conception du temps, s'en est développée une nouvelle (que symbolise bien aujourd'hui la montre à affichage digital) : chaque instant est unique et n'a pas grand chose à voir avec les grands cycles de la nature ; ce temps digital est d'abord le temps industriel (et télévisuel), temps du travail imposé sans tenir compte des rythmes naturels ni des problèmes personnels. Mais, ce temps est aussi celui de la rupture avec les cycles de la fatalité. Il est le temps du progrès, de l'histoire. Demain ne sera pas comme hier : travaillons à ce qu'il soit meilleur. Cette conception du temps trouve ses origines dans la Bible, avec l'attente d'un Messie qui brise tous les cycles. L'Histoire sainte est un long cheminement vers un but, le Royaume de Dieu, que le Christ est venu annoncer et qu'il a inauguré ; il faut dès maintenant continuer de lui donner corps, en sachant qu'il ne prendra sa pleine dimension qu'à la fin des temps.

Beaucoup de nos contemporains rêvent cependant de se passer de montre : refus plus ou moins conscient de ce temps qui s'écoule et conduit à la mort, refus du temps objectif d'une société dont l'organisation est lourde à porter, peut-être ; mais probablement aussi, recherche d'un rythme intérieur et personnel. Si les couples veulent attendre pour se marier, si les grèves naissent souvent du refus des temps imposés, c'est probablement pour trouver une certaine manière de vivre, où le temps réapproprié permette de se reprendre soi-même, de se posséder, peut-être de mêler l'éternité à l'instant présent. « O temps, suspends ton vol », disait le poète. Dans cette recherche de libération par rapport au temps « objectif », il y a certainement une part de refus des limites de la créature, mais peut-être aussi compréhension, par l'intérieur, de ce qu'est le temps chrétien : à savoir, dans le déroulement du temps objectif, la certitude de toucher à l'éternité à chaque instant que l'Esprit donne. Pour le chrétien, la vie éternelle est déjà inaugurée : « Qui mange ma chair, dit le Christ, a la vie éternelle. » ■

▶▶▶

Pourquoi dire qu'il est « le sacrement de Dieu », lui dont les chrétiens disent déjà qu'il est le Fils de Dieu ? L'expression signifie qu'en Jésus le mystère caché depuis la fondation du monde est rendu visible et communicable « corporellement », donc par le moyen d'un corps, par une activité humaine, de la même manière que les hommes communiquent entre eux.

Il est facile de le comprendre. Nos pensées les plus secrètes parviennent à s'exprimer corporellement, par un geste, par un mot. Il nous est possible de traduire un amour immense par le don d'un minuscule objet. Dans ce petit cadeau, tout est dit. D'un simple mot, l'essentiel est communiqué. Un amour que rien ne peut contenir passe à travers un geste. Mieux encore, l'amour crée des gestes pour se dire. Car ce geste rend visible — il incarne, au vrai sens du mot — un sentiment invisible. Lier ainsi ensemble un sentiment et un geste, du visible et de l'invisible, un cadeau ordinaire et une affection sans borne, ce lien que nous faisons chaque jour pour exprimer ce qui compte à nos yeux, ce lien s'appelle un *symbole.* Le cadeau visible est le symbole de l'amour invisible. Le corps humain est le premier des symboles, parce qu'il exprime inévitablement les pensées et les affections. Poser un acte symbolique, ce n'est donc pas, comme on le pense parfois, mais à tort, accomplir une action sans importance, c'est exprimer de la seule manière possible pour un homme ce qui lui tient à cœur. Être homme, vivre, aimer, partager, combattre, revient sans cesse à poser des actes symboliques. Par son incarnation, Jésus exprime Dieu, il est le sacrement de Dieu. D'ailleurs, autrefois, sacrement et symbole étaient deux mots synonymes. On comprend alors que :

• Jésus est le sacrement de Dieu : il révèle Dieu par sa manière humaine de vivre. Il vit comme homme selon la « logique » de Dieu.

• Jésus est le sacrement de l'histoire humaine : il révèle aux hommes comment ils doivent vivre, à quelle alliance Dieu les appelle ; Dieu veut faire des hommes ses fils en son Fils. En Jésus-Christ, Dieu et l'homme se rejoignent.

• Pour nous, les hommes, le symbole concerne l'essentiel de la vie. Le symbole parle toujours de ce qui nous est fondamental ; il parle donc de vivre et de mourir, de naître ou de ne pas naître, d'aimer ou de rejeter l'autre. Ainsi l'eau du baptême évoque tout à la fois le fait qu'on ne vit pas sans eau et celui qu'on peut également se noyer en elle.

Suite page 915 ▶▶▶

Les calendriers

☞ Les cycles du soleil et de la lune ont depuis toujours permis aux hommes de subdiviser et de compter le temps : années, saisons, mois, jours, heures. Une première difficulté est toutefois venue de ce que, si les révolutions lunaires autour de la terre offrent le moyen le plus visible de marquer les mois, douze révolutions lunaires ne coïncident cependant pas exactement avec une année solaire ; elles ne totalisent en effet que 354 jours et 8 heures, alors que la terre met 365 jours et un peu moins de 6 heures à faire le tour du soleil.

Cette non-concordance a obligé de longue date les civilisations à faire le choix entre le *calendrier lunaire* et le *calendrier solaire.* Les calendriers solaires conservent en général douze mois dans l'année, mais chacun d'eux est un peu plus long qu'une lunaison. Se rattachent par exemple au cycle lunaire le plus ancien *calendrier romain*, le *calendrier juif*, les actuels *calendriers chinois* et *musulman.* Se rattachent par contre au cycle solaire le *calendrier julien*, institué par Jules César en 45 av. J.-C. (et donc en vigueur à l'époque du Christ dans l'empire romain), et le *calendrier grégorien* institué par le pape Grégoire XIII en 1582, calendrier quasi-universel aujourd'hui, au moins pour les relations internationales.

☞ Les **calendriers lunaires** posent inévitablement un problème de rattrapage du cycle solaire, ne serait-ce qu'à cause du rythme des saisons et des activités agricoles. Divers dispositifs ont été imaginés à cet effet selon les lieux et les époques. Par exemple, le *calendrier juif* ajoute à l'année lunaire un mois supplémentaire tous les deux ou trois ans : il est donc luni-solaire. Par contre, le *calendrier musulman* est resté résolument lunaire, le rattrapage se faisant de lui-même, mais en 33 ans ; un même mois lunaire ne cesse donc pas de parcourir toutes les périodes du cycle solaire ; on comprend dès lors pourquoi la célébration du Ramadan est si mobile d'une année à l'autre par rapport à notre calendrier.

▶

POURQUOI CERTAINES FÊTES RELIGIEUSES SONT-ELLES LÉGALEMENT CHÔMÉES ?

De même que l'Église a, dès les origines, demandé aux chrétiens de consacrer le *dimanche* au Seigneur (l'expression *dies dominica,* jour du Seigneur, est l'origine du mot *dimanche*) en le chômant et en participant à la célébration eucharistique, elle a voulu aussi donner toute leur importance aux grandes fêtes du Seigneur, de la Vierge et des saints, lorsqu'elles pouvaient tomber en semaine, en les honorant de la même façon que le dimanche (Fêtes d'obligation).

Avant la Révolution, ces fêtes chômées étaient nombreuses en France (elles étaient d'ailleurs une façon d'humaniser la vie de travail, à une époque où les vacances étaient inconnues). Lors du concordat signé entre Bonaparte et Pie VII pour régler les relations entre l'Église et l'État après la Révolution, Pie VII avait concédé à Bonaparte que le nombre de ces fêtes d'obligation fût réduit à quatre en France (Noël, Ascension, Assomption, Toussaint), Bonaparte acceptant de son côté que le chômage, ces jours-là, soit légal. Lors de la dénonciation du concordat par Combes en 1905, cette obligation légale n'a pas été remise en cause. Dans d'autres pays de tradition catholique comme l'Italie, les fêtes religieuses chômées sont restées plus nombreuses. ■

Les calendriers (suite)

☞ **Les calendriers solaires** n'en posent pas moins, eux aussi, des problèmes. Non seulement en effet le nombre des rotations de la terre sur elle-même ne tombe pas absolument juste avec sa révolution autour du soleil (365 jours plus quelques heures), ce qui appelle là aussi un dispositif de rattrapage : c'est la raison d'être des années bissextiles, déjà adoptées par le calendrier julien à raison d'une année sur quatre ; mais, par surcroît, on a longtemps cru que la durée de la révolution de la terre autour du soleil était de 365,25 jours alors qu'elle est en réalité de 365,2422166 ; d'où un retard progressif du calendrier julien sur le soleil, qui atteignait 10 jours en 1582 lorsque le pape Grégoire XIII décida de le réformer ; pour ce faire, il supprima 3 années bissextiles sur 4, et il rattrapa le retard en changeant le 5 octobre 1582 en 15 octobre.

☞ L'ensemble de l'Europe occidentale adopta le *calendrier grégorien*, plus rigoureux ; par contre, les pays orthodoxes restèrent fidèles au *calendrier julien* qui, en vigueur au temps du Christ, rythmait depuis lors l'année religieuse. La Russie ne vint au calendrier grégorien qu'en 1918 et la Grèce en 1923 ; les Églises orthodoxes cependant n'ont jamais abandonné le calendrier julien. Ainsi s'expliquent les différences de dates que l'on peut constater entre les fêtes religieuses des Églises orientales et occidentales, même si les unes et les autres continuent de s'inspirer de l'ancien calendrier juif pour la fixation de Pâques et du temps liturgique qui en dépend.

☞ Quant au **point de départ de l'ère chrétienne,** dont la première année est censée être celle de la naissance du Christ, il n'a été fixé qu'assez tardivement, au VIe siècle, par un moine arménien, Denis le Petit. Celui-ci a retenu comme première année de l'ère chrétienne l'année 754 de l'ère romaine (qui était elle-même décomptée à partir de l'année supposée de la fondation de Rome). Il plaça le début de l'an I, le 25 mars, jour de la Conception du Christ. En réalité, le roi Hérode étant déjà mort en 754, les historiens considèrent que la naissance du Christ se situe entre l'an 8 et l'an 4 *avant notre ère*, les années 7 et 6 étant les plus probables (lors de sa vie publique et de sa mort, le Christ était donc un peu plus âgé qu'on ne l'a longtemps cru).

Au temps du Christ, l'ère en vigueur en Palestine était celle instituée en 312 av. J.-C. pour tout l'Orient par le roi macédonien Seleucus, et de ce fait appelée *ère séleucide* ou *ère des Grecs*. ■

Calendrier juif (1)

Numéro d'ordre	Noms	Nombre de jours	Époque	Fêtes
1er	Nisan (Abib[2])	30	fin mars-avr.	• 14-15 : Pâque (Pessah[3]) ; • 15-21 : Fête des Azymes ; • lendemain du Sabbat de cette semaine : offrande de la 1re gerbe.
2e	Iyyar (Ziv[2])	29	fin avr.-mai	
3e	Sivan	30	fin mai-juin	• 7 semaines après l'offrande de la 1re gerbe, « Fête des Semaines » appelée aussi « de la Moisson », « des Premiers Fruits », « des Prémices », « Pentecôte » (50 jours) (Chavouoth[3]).
4e	Tammuz	29	fin juin-juil.	
5e	Ab	30	fin juil.-août	
6e	Elul	29	fin août-sept.	
7e	Tishri (Etanim[2])	30	fin sept.-oct.	• 1er (nouvelle lune) : Nouvel An du judaïsme, appelé « Jour des Acclamations » (Roch Hachana[3]) ; • 10 : Jour des Expiations, avec jeûne (Yom Kippour[3]) ; • 15-23 : Fête des Tentes, des Huttes ou des Tabernacles (Soukkoth[2]) : fête de la récolte (voir index).
8e	Marchesvan (Boul[(2)])	29	fin oct.-nov.	
9e	Kislev	30	fin nov.-déc.	• à partir du 25 : 8 jours de fête de la Dédicace (Hanoukka[3]), ou Fête des Lumières.
10e	Tebet	29	fin déc.-janv.	
11e	Shebat	30	fin janv.-févr.	
12e	Adar	29	fin févr.-mars	• 13 : Jour de Nikanor ; • 14-15 : Fête des Pourim, ou des Sorts, ou de Mardochée.
13e	We-Adar	29	fin févr.-mars	

1. Voir aussi Index 2. Avant l'Exil. 3. Nom hébreu.

Calendrier juif

On retrouve dans le calendrier juif l'influence des civilisations orientales avec lesquelles les Israélites se sont trouvés en relations, et particulièrement celle de Babylone où, au VIe siècle av. J.C. l'élite juive fut déportée pendant 50 ans (Exil).

Le calendrier juif est *luni-solaire*. Son année compte 12 mois de 29 à 30 jours chacun, dont le début correspond à la nouvelle lune et le 15 à la pleine lune. Tous les 2 ou 3 ans, sur des périodes de 19 années, un mois supplémentaire est ajouté pour rattraper le retard pris sur le cycle solaire. Les années de 12 mois sont appelées *communes*, les années de 13 mois *embolismiques*. L'année civile part de l'automne (comme le calendrier séleucide), mais l'année religieuse, depuis l'Exil, part du printemps comme le calendrier babylonien. C'est la nouvelle lune suivant l'équinoxe de printemps qui fixe le début du premier mois de l'année, Nisan, et par suite l'ensemble du calendrier annuel. Le mois supplémentaire, quand il y en a un, vient se placer après le douzième mois (Adar) et est appelé We-Adar (Nouvel Adar). Chaque mois est désigné soit par un nom particulier, soit par son numéro d'ordre dans l'année.

La semaine est de 7 jours et indépendante du cycle lunaire ; le dernier jour est le Sabbat. Le Christ est ressuscité le lendemain d'un Sabbat, et donc le premier jour de la semaine suivante (c'est notre dimanche).

Le jour est compté d'un coucher de soleil à l'autre ; le Sabbat et la Pâque commençent donc la veille au soir. Le temps écoulé entre le coucher et le lever du soleil, d'abord réparti en 3 veilles, le fut ensuite en 4, comme par les Romains, à partir du moment où la Palestine fut sous leur tutelle. Le temps écoulé entre le lever et le coucher du soleil était divisé en 4 « heures triples », ou, selon le système romain, en 12 heures ; la sixième heure tombait à midi, la neuvième (heure de la mort du Christ) approximativement à 15 heures. La longueur des heures variait donc avec la période de l'année.

Calendrier liturgique

Un calendrier, deux cycles

Le calendrier liturgique catholique a été élaboré au fil des siècles de l'histoire chrétienne ; la dernière réforme, à la suite du concile Vatican II (décret de la Congrégation des Rites du 21 mars 1969) est entrée en vigueur le 1er janvier 1970.

Le calendrier liturgique est conçu depuis les origines comme un moyen d'aider les chrétiens à revivre en Église les grands événements du salut apporté à l'humanité par Jésus-Christ.

Pour ce faire, le calendrier combine deux cycles différents, couvrant chacun l'ensemble de l'année. D'une part, un cycle de base centré sur les grands faits de la vie du Christ, appelé **cycle temporal.** D'autre part, un cycle secondaire consacré à la commémoration des principaux saints, le **cycle sanctoral.** Un dispositif ingénieux de priorités permet de combiner jour après jour ces deux cycles simultanés.

Pour chacun des deux cycles, on trouve dans les missels les textes de prières et de lectures tirés de l'Écriture sainte qui correspondent à la célébration du jour. Depuis les réformes liturgiques résultant du concile Vatican II, les lectures des *jours de semaine du cycle temporal* permettent le parcours des quatre évangiles en *une année* et des passages importants des autres livres bibliques en *deux ans* (lecture dite continue) ; de son côté, le choix des lectures pour les *dimanches* a été fait en vue d'un parcours similaire, quoique moins complet, s'étendant sur une période de *trois années* successives (désignées par les lettres A, B, C).

I. Le cycle temporal

Le cycle liturgique de base (cycle temporal), s'il couvre effectivement tous les jours de l'année, donne évidemment une place éminente aux dimanches et aux grandes fêtes du Christ. Les jours du cycle, autres que les fêtes et les dimanches, sont désignés sous le nom de « *férie* ».

L'année liturgique atteint son sommet à la fête de Pâques.

C'est toutefois la préparation de Noël qui ouvre l'année liturgique. Celle-ci débute donc le premier dimanche de l'Avent (fin novembre).

Ces deux grandes fêtes de Pâques et de Noël sont les véritables piliers de l'année liturgique chrétienne. Chacune est précédée d'une période préparatoire, et suivie d'une période d'action de grâces.

L'Avent et le Carême

La période préparatoire de Noël est l'Avent (du latin *adventus,* venue), qui dure quatre semaines. La période d'action de grâces qui suit Noël, et dure jusqu'à la mi-janvier, constitue le *Temps de Noël* ; elle englobe l'*Épiphanie.*

La période préparatoire à Pâques, le Carême (du latin *quaranta,* quarante, cette phase durant quarante jours), est un temps de pénitence et de conversion qui s'ouvre avec le Mercredi des Cendres et culmine dans la semaine qui précède Pâques, la *semaine sainte* ; celle-ci commence avec le *dimanche des Rameaux* (célébration de l'entrée solennelle du Christ à Jérusalem) et inclut le *jeudi saint* (célébration de l'institution de l'Eucharistie et du Sacerdoce par le Christ), le *vendredi saint* (célébration de la Passion du Christ et de sa mort sur la croix) et s'achève avec la *veillée pascale*, pendant la nuit du *samedi saint* au dimanche de *Pâques.* Les sept semaines (« une semaine de semaines ») qui suivent Pâques constituent le *Temps pascal* ;

Calendrier liturgique simplifié

Les *Solennités* **(S)** sont toujours célébrées, quel que soit le jour où elles tombent, sauf les dimanches de l'Avent, du Carême, et du Temps pascal.

Les *dimanches ordinaires* le sont aussi, sauf en cas de solennité.

Les *Fêtes* **(F)** (du Seigneur, de la Vierge, des saints) sont célébrées quand elles ne coïncident pas avec une Solennité ou un dimanche, à moins que ce dernier soit consacré de manière permanente à telle Fête déterminée (ex. Sainte Famille le dimanche après Noël).

Les autres jours de l'année, c'est, selon le cas, le jour du cycle temporal *(Férie)* (f), ou la fête du saint du jour *(Mémoire obligatoire* ou *facultative)* qui l'emporte ; la priorité à respecter (ou le libre choix en certains cas, voir ci-dessous) sont précisés pour chaque période de l'année liturgique. (Voir ***Choix des priorités*** p. 913 c). ■

CYCLE TEMPORAL Dimanches, Solennités, Fêtes célébrées un dimanche déterminé, Semaines du Temps (Féries)		CYCLE SANCTORAL Solennités, Fêtes, mais non Mémoires
TEMPS DE L'AVENT **(4 semaines avant Noël).** • 1er, 2e, 3e dimanches de l'Avent • 1er, 2e, 3e semaines de l'Avent : pendant ces trois semaines, on célèbre en semaine les Mémoires obligatoires des saints ; en leur absence, la messe du temps (Férie) • 4e dimanche de l'Avent. • 4e semaine de l'Avent : du 17 au 24 déc., on célèbre la messe du temps (Férie).		8 déc. Immaculée conception. **S**
TEMPS DE NOËL **(De Noël à la Fête du Baptême du Seigneur)** • 25 déc. Nativité du Seigneur (Noël). **S** • Octave de Noël (une semaine) : pendant l'octave, on célèbre la messe du temps (Férie) s'il n'y a pas de Fête. • 1er dimanche après Noël : Sainte Famille. **F** • 1er janvier : sainte Marie, Mère de Dieu. **S** Après le 2 janvier, on célèbre en semaine les Mémoires obligatoires des saints ; en leur absence, les « messes du temps » (Féries). • 1er dimanche après le 1er janvier :Épiphanie. **S** • Semaine après l'Épiphanie. • Dimanche suivant celui de l'Épiphanie : Baptême du Seigneur. **F**		26 déc. St Étienne premier martyr **F** 27 déc. St Jean apôtre et évangéliste. **F** 28 déc. Sts Innocents, martyrs. **F**
TEMPS ORDINAIRE (1e partie) **(Du lundi suivant la Fête du Baptême du Seigneur au Mercredi des Cendres non compris, soit, selon les années, de 5 à 9 semaines) :** pendant cette période, en semaine on célèbre toujours les Fêtes et les Mémoires obligatoires des saints ; les autres jours de semaine, libre choix entre les messes du temps, les Mémoires facultatives, et les messes votives (dévotions diverses). • 1re semaine du Temps ordinaire. • 2e au 5e, 6e, 7e, 8e ou 9e dimanche du temps ordinaire selon la date de Pâques. • 2e à la 5e, 6e, 7e, 8e ou 9e semaine du temps ordinaire.		25 janvier. Conversion de St Paul, apôtre. **F** 2 février. Présentation du Seigneur au Temple. Purification de la Vierge Marie (Chandeleur). **F** 22 février. Chaire de St Pierre, apôtre. **F**

CYCLE TEMPORAL Dimanches, Solennités, Fêtes célébrées un dimanche déterminé, Semaines du Temps (Féries)	CYCLE SANCTORAL Solennités, Fêtes, mais non Mémoires
▶ TEMPS DU CARÊME **(Les quarante jours avant Pâques) :** pendant le Carême, on célèbre la messe du temps (Férie), sauf Solennité. • Mercredi des Cendres : ouverture du Carême, temps de conversion et de pénitence. • 1re, 2e, 3e, 4e, 5e dimanches de Carême. • 1re, 2e, 3e, 4e, 5e semaines de Carême. • Dimanche des Rameaux. (une semaine avant Pâques), ouverture de la Semaine Sainte. • Semaine sainte : Lundi, mardi, mercredi saints. Jeudi saint : institution de l'Eucharistie et du Sacerdoce par le Christ. Vendredi saint : Passion et mort du Seigneur sur la croix. Samedi saint (dans la soirée, Veillée pascale : célébration de Pâques, voir Temps pascal).	19 mars. St Joseph, époux de la Vierge Marie. **S** 25 mars. Annonciation du Seigneur. **S**
TEMPS PASCAL **(Cinquante jours, de Pâques à la Pentecôte) :** durant le Temps Pascal, en semaine, on célèbre toujours les Fêtes et les Mémoires obligatoires des saints ; hors ces cas, libre choix entre messes du temps (Féries), Mémoires facultatives, messes votives. • Samedi saint : Veillée pascale ouvrant sur la fête de la Résurrection. • Dimanche de Pâques : Résurrection du Seigneur. **S** • Octave de Pâques. • 2e, 3e, 4e, 5e, 6e dimanches de Pâques. • 2e, 3e, 4e, 5e, 6e semaines de Pâques. • Jeudi de la 6e semaine : Ascension du Seigneur. **S** • 7e dimanche de Pâques. • 7e semaine de Pâques. • Le dimanche après le 7e dimanche : Pentecôte. **S**	25 avril. St Marc évangéliste. **F** 3 mai. Sts Philippe et Jacques, apôtres. **F** 14 mai. St Mathias, apôtre. **F** 31 mai. Visitation de la Vierge Marie. **F**
TEMPS ORDINAIRE (2e partie) **(De la Pentecôte au 1er dimanche de l'Avent non compris,** soit, selon les années, 25 à 29 semaines) : durant cette période, en semaine, on célèbre toujours les Fêtes et les Mémoires obligatoires des saints ; les autres jours de semaine, libre choix entre messes du temps, Mémoires facultatives, et messes votives. • Dimanche suivant la Pentecôte : Sainte Trinité. **S** • Dimanche suivant la Trinité : Saint-Sacrement (ou Corps et Sang du Christ, autrefois Fête-Dieu). **S** • Vendredi de la 3e semaine après la Pentecôte : le Cœur du Christ. **S** • Du 6e, 7e, 8e, 9e ou 10e dimanche du Temps ordinaire (selon les années) jusqu'au 34e. • De la 6e, 7e, 8e, 9e ou 10e semaine du Temps ordinaire jusqu'à la 34e. • 34e dimanche : le Christ roi de l'Univers. **S**	24 juin. Nativité de St Jean-Baptiste. **S** 29 juin. Sts Pierre et Paul, apôtres. **S** 3 juillet. St Thomas, apôtre. **F** 25 juillet. St Jacques, apôtre. **F** 6 août. Transfiguration du Seigneur. **F** 10 août. St Laurent, diacre et martyr. **F** 15 août. Assomption de la Vierge Marie. **S** 24 août. St Barthélémy, apôtre. **F** 8 sept. Nativité de la Vierge Marie. **F** 14 sept. Croix Glorieuse. **F** 21 sept. St Matthieu, apôtre et évangéliste. **F** 29 sept. Sts Michel, Gabriel et Raphaël, archanges. **F** 18 oct. St Luc, évangéliste. **F** 28 oct. Sts Simon et Jude, apôtres. **F** 1er nov. Fête de Tous les Saints. **S** 2 nov. Commémoration des Défunts. 9 nov. Dédicace de la Basilique St-Jean-de-Latran (cathédrale du pape). **F** 30 nov. St André, apôtre. **F**

▶▶

elles englobent l'*Ascension* quarante jours après Pâques, et se terminent au cinquantième jour avec la *Pentecôte*, célébrant la venue de l'Esprit Saint sur les disciples et les débuts de l'Église.

La première semaine après Noël et après Pâques, l'Octave, est le prolongement de ces fêtes elles-mêmes.

Le temps ordinaire. Le reste du cycle temporal, soit 34 semaines, est appelé *temps ordinaire* ; il comprend deux périodes, l'une allant du premier dimanche suivant l'Épiphanie au mercredi des Cendres, et l'autre de la Pentecôte au premier dimanche de l'Avent (fin novembre).

La date de Pâques

La date de Pâques est mobile. Le Christ étant en effet mort le jour de la Pâque juive, l'Église a voulu célébrer annuellement l'événement en respectant la tradition juive (voir p. 909 a, b).

La date de Pâques détermine elle-même celles du mercredi des Cendres quarante jours avant, de l'Ascension quarante jours après (un jeudi), et de la Pentecôte cinquante jours après Pâques (un dimanche).

II. Le cycle sanctoral

Le cycle liturgique secondaire (cycle sanctoral) est constitué par les fêtes d'un certain nombre de saints (environ 200) choisis parmi la quarantaine de milliers connus. Leur fête est en principe célébrée le jour anniversaire de leur mort (c'est-à-dire de leur « naissance au Ciel »). (Voir Calendrier des saints, p. 25, 26)

III. Choix des priorités

Quelques règles précises déterminent le choix à faire, cas par cas, entre les jours liturgiques du cycle temporal et ceux du cycle sanctoral, selon les priorités données par l'Église. Pour ce faire, les jours liturgiques se trouvent répartis en quelques grandes catégories. Par ordre décroissant d'importance :

1. *Solennités* du Seigneur, de la Vierge, des saints (liste très restreinte : 11 solennités dans l'année). (Voir aussi p. 920a)
2. Les *dimanches* de l'année.
3. *Fêtes* du Seigneur, de la Vierge, des saints (26 fêtes en tout).
4. Jours de la semaine du cycle temporal, ou *féries*.
5. *Mémoires obligatoires de saints* (une soixantaine).
6. *Mémoires facultatives de saints* (environ 140).

Une véritable hiérarchie a donc été établie entre les saints, selon l'importance que l'Église accorde au rôle joué par chacun d'eux.

Le calendrier liturgique ci-contre précise le dispositif de priorités réglant le déroulement de l'année liturgique.

A noter que le jour liturgique va de minuit à minuit, que la célébration des dimanches et solennités commence dès la veille au soir (souvenir du Sabbat juif), et que certaines solennités ont même une messe propre, dite de Vigile, pour le cas d'une célébration la veille au soir. ■

CORRESPONDANCES ENTRE CALENDRIER LITURGIQUE GRÉGORIEN
ET CALENDRIERS ORTHODOXE, JUIF ET MUSULMAN
pour l'année 1993 du calendrier grégorien

Dans chaque colonne, la première date est celle correspondant au calendrier grégorien, et la seconde (entre parenthèses) celle du calendrier concerné par la colonne considérée.

1993	ROMAIN-GRÉGORIEN	ORTHODOXE		JUIF	MUSULMAN
		Toutes Églises locales sauf → (Julien uniquement pour le comput pascal)	Églises de Jérusalem Russie Géorgie Serbie Mont-Athos (Julien intégral, c.-à.-d. grégor. + 13 jours)		
JAN.	1. Nouvel an 1993 Ste Marie Mère de Dieu 3. Epiphanie 10. Baptême du Seigneur 25. Conv. St Paul	1. Circoncision 6. Théophanie Baptême de NS (= Epiphanie)	7. Noël (25 déc. 1992) 14. Circoncision (1er jan. 1993) 19. Théophanie (6 jan. 1993)		21. Mi-Radj = Ascension du Prophète (27 Rajab 1413)
FÉV.	2. Présentation 11. N.D. de Lourdes 24. Mercredi des Cendres	2. La Ste Rencontre (Présentation de Jésus au Temple)	15. La Ste Rencontre		24. Début du jeûne (1 Ramadan 1413)
	28. 1er dim. de Carême	28. Dimanche du Pardon			
MAR.		1. Début du Carême 7. Dim. de l'Orthodoxie		7. Pourim = les sorts (15 Adar 5753)	22. Leilat et Kdar : Première descente du Coran (27 Ramadan 1413)
	25. Annonciation	25. Annonciation		23. Nouvel an religieux (1 Nisan 5753)	25. Id-el-Fitr : Nuit de la fin du jeûne (1 Shawwa 1413)
AVR.	4. Dim. des Rameaux 8. Jeudi Saint 9. Vendredi Saint 10. Samedi Saint 11. Pâques	11. Dim. des Rameaux 15. Jeudi Saint 16. Vendredi Saint 17. Samedi Saint 18. Pâques 27. Mardi Radieux (commémor. pascale des défunts)		6. Pessah : Pâque (15 Nisan 5753)	
MAI	1. St Joseph travailleur 20. Ascension 30. Pentecôte	27. Ascension		26. Chavouoth : Pentecôte (6 Sivan 5753)	
JUN.	13. St Sacrement (Fête-Dieu)	6. Pentecôte 13. Tous les Saints 20. Tous les saints de l'Égl. loc.			1. Aïd-el-Kebir : Fête du sacrifice (10 Dhul-Hidja 1413)
	17. Sacré-Cœur 24. Nativité de St Jean-Baptiste 29. Sts Pierre et Paul	24. Nativité de St Jean-Baptiste 29. Sts Pierre et Paul			21. Nouvel an (1 Mouharam 1414) 30. Achoura (10 Mouharam 1414)
JUL.			7. Nativ. St Jean-Baptiste (24 juin 1993) 12. Sts Pierre et Paul (29 juin 1993)		
AOU.	6. Transfiguration 15. Assomption de la Vierge Marie 22. Marie Reine 29. St Jean-Baptiste (décollation)	6. Transfigur. de N.S. 15. Dormition de la Mère de Dieu (= Assomption) 29. St Jean-Baptiste (decollation)	19. Transfiguration de N.S. (19 août 1993) 28. Dormition de la Mère de Dieu (15 août 1993)		30. Mouloud : Naissance du Prophète (12 Rabi 1414)
SEP.	8. Nativité de la Vierge Marie 14. Croix Glorieuse 15. N.D. des Douleurs	8. Nativité Mère de Dieu 14. Ste Croix	11. St Jean-Baptiste (29 août 1993) 21. Nativité Mère de Dieu (8 sept. 1993) 27. Ste Croix (14 sept. 1993)	16. Roch Hachana : Nouvel an civil (1 Tishri 5754) 25. Yom Kippour : Expiations (10 Tishri 5754) 30. Soukkoth : Tabernacles (15 Tishri 5754)	
OCT.				6. Sima Thora (22 Tishri 5754)	
NOV.	1. Toussaint 2. Fidèles défunts 21. Christ-Roi 28.1. dim. Avent	15. Début du Carême de Noël 21. Entrée de la Mère de Dieu au Temple	28. Début du carême de Noël (15 nov. 1993)		
DÉC.	8. Immaculée Conception de la Vierge Marie 25. Nativité du Seigneur (Noël) 26. Ste Famille	25. Noël		9. Hanoukka : Dédicace (25 Kislev 5754)	

▶▶▶ *Suite de la page 910*

La célébration de l'Alliance

3. L'ÉGLISE-SACREMENT

« Le Royaume de Dieu est tout proche », tel est le premier message de Jésus en saint Marc (Mc 1,15). Le Royaume de Dieu, cette expression disait beaucoup de choses aux Juifs de l'époque. Un roi devait assurer à l'ensemble de ses sujets la vie, la paix, la justice. Le Royaume de Dieu est, dans le Nouveau Testament, cet état du monde où Dieu assurera vie, paix et justice aux hommes. Le Royaume de Dieu est le terme de l'histoire. Il sera la communion de Dieu et du monde. On n'en est pas encore là ! Mais Dieu qui a créé le monde l'a confié aux hommes. Il ne veut pas faire le bonheur de l'homme sans l'homme. L'homme est donc invité à collaborer avec Dieu pour construire son histoire.

Jésus a ouvert la porte du Royaume de Dieu. Il l'a inauguré, il l'a rapproché de l'homme. Il en a décrit l'esprit : ce sont les Béatitudes. Puisque Dieu désire toujours la collaboration de l'homme, le Royaume qui est commencé en Jésus-Christ est ensuite annoncé, attendu, préparé par les disciples de Jésus. Ainsi les hommes sont-ils associés à la venue de ce Royaume, car Dieu, qui donne sa vie, donne aux hommes, à leur tour, de se donner eux-mêmes. « Nous sommes les coopérateurs de Dieu », écrit saint Paul aux Corinthiens (1 Co 3,9).

Après avoir inauguré ce Royaume, Jésus n'est plus visible depuis l'Ascension. Mais il a laissé un signe de sa présence et un signe du Royaume à venir : la communauté des chrétiens. Le mot même de communauté signifie « porter ensemble une même charge, une même fonction ». Cette communauté s'appelle l'Église : ceux que Dieu appelle à collaborer avec son Fils. A cette Église, Jésus envoie la promesse du Père : l'Esprit Saint. A la Pentecôte, l'Esprit de Dieu unit les chrétiens au Ressuscité. Il leur donne de vivre dans le Christ, avec les orientations mêmes de Jésus. L'Église fait corps avec Jésus : « Vous êtes le corps du Christ », écrivait saint Paul. Très exactement, depuis vingt siècles, l'Église est le symbole du Christ ressuscité. L'Église est sacrement. Elle est le sacrement du Christ : en elle, la vie du Christ est communiquée aux hommes par l'Esprit Saint qui a été répandu sur les disciples. Au milieu des hommes, elle rend présent de manière visible le Christ vivant. Elle est le sacrement du Royaume de Dieu : en elle, ce Royaume est déjà donné, mais il reste à venir. Elle en a l'espérance, les « arrhes ».

Suite page 943 ▶▶▶

Le concile Vatican II et le chant liturgique

La constitution conciliaire De sacra liturgia, *promulguée le 4 décembre 1963, marque un tournant décisif qui va reconnaître et avaliser tout l'effort de renouveau déjà entrepris, en ouvrant des perspectives nouvelles au chant dans la liturgie. Cette constitution est un événement récent pour nous. (...) Nous n'avons pas encore assez de recul pour apprécier comme il convient ce qu'elle a produit. Nous sommes sous la mouvance de ce qu'elle provoque. (...)*

Parmi les orientations de la constitution, quelques-unes vont avoir des conséquences notables sur la place et le rôle du chant dans la liturgie. Il n'est pas inutile de les rappeler :

— 112 : « (...) La musique sacrée sera d'autant plus sainte qu'elle sera en connexion plus étroite avec l'action liturgique, en donnant à la prière une expression plus suave, en favorisant l'unanimité ou en rendant les rites sacrés plus solennels. Mais l'Église approuve toutes les formes d'art véritables, si elles sont dotées des qualités requises, et elle les admet dans le culte divin (...) »

— 36 : « (...) L'emploi de la langue du pays peut être souvent très utile pour le peuple : on pourra donc lui accorder une plus large place (...) »

— 37 : « L'Église, dans les domaines qui ne touchent pas la foi ou le bien de toute la communauté, ne désire pas, même dans la liturgie, imposer la forme rigide d'un libellé unique : bien au contraire, elle cultive les qualités et les dons des divers peuples et elle les développe (...) »

— 28 : « Dans les célébrations liturgiques, chacun, ministre ou fidèle, en s'acquittant de sa fonction, fera seulement et totalement ce qui lui revient en vertu de la nature de la chose et des normes liturgiques. »

— 118 : « Le chant religieux populaire sera intelligemment favorisé pour que, dans les exercices pieux et sacrés, et dans les actions liturgiques elles-mêmes, conformément aux normes et aux prescriptions des rubriques, les voix des fidèles puissent se faire entendre. »

Ces textes sont d'une grande ouverture, et dessinent un axe stratégique nouveau : la langue du peuple accède au sanctuaire et devient « liturgique » ; l'Église reconnaît une légitime diversité des cultures et des formes d'art ; la liturgie est l'acte de

Suite page 916 ▶

louange du peuple de Dieu rassemblé, où chacun « fait seulement et totalement ce qui lui revient » ; et surtout cette définition de la musique « sacrée » : d'autant plus sainte qu'elle sert l'action liturgique.

Parmi les critères de convenance d'un chant ou d'une musique pour le culte, il en est un désormais qui passe avant tous les autres et les colore tous : compte tenu du sens d'une célébration, d'un geste rituel, d'une prière, quel est le chant, quelle est la musique qui permettra à l'assemblée d'exister comme assemblée et d'entrer en communion avec le Dieu de l'Alliance ?

La plupart des revues et des ouvrages des années 1960-1970 trouveront là ample matière à réflexion. Juger un chant à partir de critères esthétiques étroits et immuables, tout investir pour obtenir de choristes ou d'assemblées l'exécution correcte et conforme d'un répertoire autorisé, ce n'est plus la priorité. Désormais, d'autres questions se posent : de quoi est fait le rite d'ouverture d'une célébration, par exemple ? Quelles solutions musicales, quel type de chant va-t-on mettre en œuvre pour constituer une assemblée, afin que, venant de la rue et de son univers quotidien dispersé, elle se sente accueillie et s'éprouve progressivement comme peuple convoqué par son Seigneur ? Est-ce une hymne, un processionnal, un morceau d'orgue du répertoire, une improvisation sur le timbre du chant qui suivra le mot d'accueil ? A quels besoins nouveaux doit s'ouvrir le répertoire et quels seront les critères de création à privilégier ? Comment vont s'articuler et s'harmoniser les rôles dans l'assemblée ? « La réforme liturgique, en effet, outre la place fondamentale qu'elle donne à l'idée de célébration et d'événement, remet en valeur la notion d'assemblée. Une assemblée active et hiérarchique, s'édifiant par le moyen d'opérations bien définies : son lien organique au pasteur célébrant, l'écoute attentive de la Parole de Dieu, le chant, les diverses postures, la communion sacramentelle... C'est ainsi que les rites, les gestes, les attitudes sont justifiés non plus par leur caractère légal ou prescrit, mais par leurs significations, leur charge de communication, leur portée édificatrice. »

MICHEL SCOUARNEC,
Dis-moi ce que tu chantes,
« Rites et symboles », Ed. du Cerf, Paris 1981.

Lorsqu'un mot, une expression, un événement, une institution, un nom propre vous sont inconnus, consultez l'index.

Qu'est-ce que ?

Acclamation. Cri de joie, d'enthousiasme, d'admiration, d'approbation d'une assemblée ou d'une foule.
Dans le langage liturgique, certaines formules sont devenues rituelles pour exprimer la foi, la joie, l'accord, la louange :
- *Gloria tibi Domine :* Gloire à toi Seigneur.
- *Alleluia* (mot hébreu signifiant « louez Dieu », en signe de reconnaissance).
- *Amen* (mot hébreu signifiant l'approbation, l'affirmation).
- *Deo gratias :* Rendons grâces à Dieu !
- *Hosanna* (voir plus loin).

Adeste fideles (Accourez fidèles). Vieux cantique de Noël, probablement écrit en France au XVIIe siècle.

Amen. Ce mot hébreu se rattache à une racine qui signifie solidité, fermeté. Il était largement utilisé dans le culte juif, non seulement au sens d'un souhait : « Ainsi soit-il ! », mais beaucoup plus comme une affirmation : « C'est solide, c'est vrai ! D'accord ! » Jésus l'emploie souvent dans l'Évangile, parfois en le redoublant pour accentuer la solennité de l'affirmation : « Amen, amen » ; « En vérité ». La tradition chrétienne a gardé le mot pour exprimer la pleine adhésion de foi.

Cantique. Dans l'acception ordinaire, c'est un chant adapté aux cérémonies religieuses. Mais on emploie aussi le mot dans un sens plus spécifique pour désigner un passage poétique de la Bible qui, sans être un psaume, est utilisé à la manière d'un psaume. A l'office des Laudes, 44 cantiques de l'Ancien Testament sont ainsi utilisés, tandis que, chaque jour, la *Liturgie des heures* (bréviaire) invite à réciter les trois cantiques du Nouveau Testament : le *Benedictus* (Lc 1,68-79), le *Magnificat* (Lc 1,46-55) et le *Nunc Dimittis* (Lc 2,29-32).

Deo gratias (Merci à Dieu). Expression que l'on traduit dans la liturgie actuelle par « Nous rendons grâce à Dieu ».

Dominus vobiscum. Adresse liturgique du prêtre ou du diacre au peuple et qui signifie à la fois « Le Seigneur est avec vous » et « Que le Seigneur soit avec vous ». La réponse est : « Et avec ton esprit », « Avec toi aussi », *(Et cum spiritu tuo).* Cette formule est très ancienne dans l'Église (saint Hippolyte, IIIe s., la cite) et a son origine dans l'Ancien Testament (Rt 2,4).

Doxologie. Petite prière de louange qui s'adresse à Dieu, Père, Fils et Saint-Esprit. On trouve ces prières le plus souvent à la fin des psaumes.
Exemple de doxologie : « Gloire au Père et au Fils et au Saint-Esprit, maintenant et à jamais pour les siècles des siècles. Amen »

« Gloire au Père... » Dans certains livres liturgiques, *abréviation de la formule* « Gloire au Père, au Fils et au Saint-Esprit, au Dieu qui est, qui était et qui vient, pour les siècles des siècles. Amen. » Cette formule, appelée *doxologie* (du grec *doxa,* la gloire), peut varier dans la forme de sa seconde partie. Elle est employée pour conclure chaque psaume dans la récitation de l'office divin. Elle est sans doute inspirée de grandes bénédictions juives et de la finale de l'*Évangile de saint Matthieu* (28,19) ; elle rappelle que, pour les chrétiens, tout doit être fait à la « gloire de Dieu ».

Hosanna (transcription de l'hébreu : sauve, nous te le demandons). Le Nouveau Testament rapporte que la foule criait ces mots lors de l'entrée solennelle de Jésus à Jérusalem le jour des Rameaux (Mt 21,9 ; Mc 11,9 ; Jn 12,13). Il a été repris par la liturgie chrétienne, probablement dès l'origine, en tout cas dès avant la fin du 1er siècle.

Kyrie eleison. Formule grecque qui signifie « Seigneur, prends pitié ». Déjà employée dans les cultes païens et à la cour des empereurs, elle est également très ancienne dans la liturgie catholique. Comme l'attestent des documents du IVe siècle, elle a d'abord été utilisée comme réponse du peuple dans des litanies — elle l'est encore ainsi en Orient. Ce n'est qu'en 598 que Grégoire le Grand la double d'une invocation au Christ (*Christe eleison,* Christ, prends pitié), et c'est probablement à cette époque que la prière, telle qu'elle est dite aujourd'hui, prend sa place dans le cours de la messe.

Mea culpa. Signifie en latin : « par ma faute », ou « c'est ma faute ». La prière du *Confiteor* comporte ces mots, répétés à trois reprises par les récitants en se frappant la poitrine ; par là ils se reconnaissent devant Dieu réellement responsables de leurs fautes. Dans la liturgie actuelle de la messe en français (préparation pénitentielle, au début de la messe) l'expression utilisée est : « Oui, j'ai vraiment péché », dite une seule fois.

Ode (du grec *ôdê,* chant). Dans la Grèce antique, poème lyrique destiné à être chanté, ou récité avec accompagnement musical.
Dans la liturgie byzantine, nom donné aux neuf cantiques de l'Écriture chantés à l'office du matin.
(Voir cantique, hymne).

Sanctus. Chant en l'honneur de la grandeur et de la sainteté de Dieu, introduit à la messe par la préface et ouvrant avec celle-ci la prière eucharistique (l'ancien Canon de la messe), au cours de laquelle seront consacrés le pain et le vin. Le texte français en est : « Saint, Saint, Saint, le Seigneur Dieu de l'Univers. Le ciel et la terre sont remplis de ta gloire. Hosanna au plus haut des cieux. Béni soit celui qui vient au nom du Seigneur. Hosanna au plus haut des cieux. » Ce texte est constitué, dans sa première partie, de paroles d'Isaïe prononcées lors de sa fameuse vision (Is 6,3) et, dans sa seconde partie, d'acclamations d'origine juive (Hosanna) ou tirées du Psaume 117 (Béni soit...), reprises dans le récit de l'entrée de Jésus à Jérusalem le jour des Rameaux (Mt 21,6-10).

Séquence. Texte rythmé chanté à la messe entre l'épître et l'évangile certains jours de fête (*Veni Sancte Spiritus*, le dimanche de la Pentecôte).

Stabat Mater. Premiers mots d'un ancien et célèbre chant liturgique en latin sur le thème de la douleur de la Vierge pendant la Passion de Jésus : *Stabat Mater dolorosa...*, « Douloureuse sa mère se tenait debout... » Ce texte de caractère poétique, composé par le franciscain Jacopone de Todi au XIVe siècle, appartient à la catégorie des « séquences » ou « proses », textes chantés à la messe entre l'épître et l'évangile ; c'était le cas pour le *Stabat* à la messe du dimanche de la Passion avant la réforme liturgique ; on le chante souvent aussi durant les chemins de croix. Il a inspiré maints compositeurs musicaux, par exemple Palestrina, Haydn, Rossini, Pergolèse, Poulenc...

Tantum ergo. Premiers mots d'un cantique latin chanté avant la bénédiction du Saint-Sacrement : *Tantum ergo sacramentum veneremur cernui*, « Adorons donc prosternés un si grand sacrement ». Ce chant est constitué par les dernières strophes d'un hymne beaucoup plus long, le *Pange lingua* (Chante, ô ma langue...) attribué à saint Thomas d'Aquin et qui célèbre l'Eucharistie.

Trisagion (du grec *tris*, trois fois, et *hagios*, saint). C'est, dans la liturgie byzantine de la messe, le chant d'acclamation : « Dieu saint, saint et fort, saint et immortel, ayez pitié de nous », répété trois fois avant les lectures des textes de l'Écriture sainte ; pendant le chant du Trisagion, le prêtre récite lui-même une oraison portant le même nom.
Le chant du Trisagion est fidèle au symbolisme biblique, selon lequel le chiffre trois, appliqué à une parole ou à un geste, lui attribue une importance et une portée exceptionnelles (*cf.* « Saint, Saint, Saint le Seigneur » (Is 6,3).

Tropaire (du grec *tropos*, tour). Les tropes sont des pièces poétiques introduites à titre d'ornement dans un texte liturgique.
Les tropaires sont, dans la liturgie byzantine, de courts textes poétiques chantés à divers moments de la messe, chaque fête ayant son tropaire principal *(apolytikion)*.

Ange musicien. Détail du « pilier des anges » (XIIIe s.), transept de la cathédrale de Strasbourg.

Ph. Roger-Viollet

HYMNE

Chez les Grecs, l'hymne (du grec *humnos*, chant) était un chant poétique en l'honneur des dieux ou des héros. Chez les Juifs, le genre hymnique fut également en honneur : on en trouve de nombreuses expressions non seulement dans les Psaumes, où elles abondent, mais dans bien d'autres Livres (par exemple Ex 15,1-21 ; Jg 5,1-31). Le Nouveau Testament montre que la première génération chrétienne, celle des témoins de la vie du Christ et de ceux qui ont recueilli et mis par écrit leur témoignage, était restée familière du genre : le *Magnificat* (Lc 1,46 s.), le *Nunc dimittis* (Lc 2,29 s.), le *Benedictus* (Lc 1,68 s.) s'inscrivent très exactement dans la tradition hymnique de l'Ancien Testament.
Ce qui caractérise l'hymne, c'est la louange désintéressée ; on ne demande rien à Dieu, on glorifie sa bonté, sa miséricorde, sa puissance, sa création (hymnes cosmiques).
Des textes plus anciens ont d'ailleurs pu se trouver intégrés dans de plus récents (cf. l'hymne de l'épître aux Philippiens, 2,5-11). L'Église a largement puisé dans cet héritage pour sa prière quotidienne, spécialement celle de l'office divin ; les chrétiens n'en ont pas moins continué à composer des hymnes *(Gloria in excelsis Deo, Te Deum...)* ; mais ce n'est qu'au XIIe siècle que l'office divin fit une place aux hymnes non bibliques, et c'est même à elles qu'on réserva le nom d'hymne, les poèmes bibliques recevant celui de cantique. ■

Dis moi ce que tu chantes...

Catholiques, protestants ou orthodoxes, avec leurs particularités aisément reconnaissables, aiment chanter pendant leurs liturgies. Pourquoi ?

• Parce que le chant est un puissant moyen d'unification d'un groupe : chanter ensemble « crée » une communauté. Il est pour la communauté une manière d'agir, de répondre, de vivre.

• Parce que le chant est une manière efficace de signifier une distance rituelle avec un texte : le prêtre ou le diacre orthodoxes — mais ils ne sont pas les seuls — chantent une partie de la messe pour la mettre en relief et montrer que ce ne sont pas des paroles banales.

• Parce que la mélodie d'un chant est par elle-même une forme d'expression, qui soutient et souligne celle des paroles.

• Parce que le chant permet une intériorisation sans égale de la Parole de Dieu transcrite ou glissée dans ses paroles ; on mémorise beaucoup plus facilement un chant qu'un texte. « Dis-moi ce que tu chantes, je te dirai ce que tu crois » titrait un livre de M. Scouarnec : ce que l'on chante est souvent ce que l'on croit.

La place de la musique dans la liturgie est moins universelle. Elle est toujours seconde. Elle peut accompagner le chant, permettre l'intériorisation de la Parole de Dieu, signifier l'aspect festif de la rencontre liturgique. ■

Funérailles ou célébration des obsèques

Si, de manière générale, on voit partout, à travers le temps et l'espace, les corps des défunts faire l'objet de respect, à plus forte raison encore est-ce l'attitude de l'Église : n'enseigne-t-elle pas que tout baptisé a en lui la vie même de Dieu, que son corps est « temple » de l'Esprit Saint, que la mort du corps n'est pas destruction de la personne, mais, depuis la résurrection du Christ, le passage vers la vie sans fin avec Dieu ? Et dans l'espérance, n'attend-elle pas la résurrection des corps ?

En fait, tous les membres du Peuple de Dieu sont concernés par la mort de l'un d'eux. Certains d'une manière particulière, sa famille, ses proches qui l'ont bien connu ; tous les autres, parce que leur frère en Jésus-Christ s'en est allé. C'est pourquoi l'Église recourt à un rite spécial au moment de la mort d'un chrétien : la communauté se rassemble, d'une part, par respect pour le défunt, pour prier pour lui ; d'autre part, elle veut prier pour sa famille et ses amis afin de leur apporter la consolation et leur rappeler les promesses de Jésus sur la vie éternelle, objet de la foi chrétienne.

Les funérailles ont souvent lieu au cours d'une célébration eucharistique, car il n'y a pas de prière mieux appropriée pour faire revivre le mystère pascal, mystère de la mort et de la résurrection. Toutefois, si la famille ne souhaite pas de célébration eucharistique, la cérémonie religieuse n'en fait pas moins ressortir la foi de l'Église dans l'amour de Dieu pour tous ses enfants, l'espérance dans sa miséricorde, et la solidarité des chrétiens, tant vis-à-vis de celui qui vient de paraître devant Dieu que vis-à-vis de ses proches dans l'épreuve.

Dans la mesure du possible, la famille sera associée à la préparation de la célébration, et dans le choix des textes en particulier. En l'absence de prêtre, un diacre ou un laïc pourra présider la cérémonie. L'essentiel est que les diverses étapes de la cérémonie soient comprises par tous et que tous puissent s'y associer activement si possible : veillée de prière, associant par exemple témoignage laissé par le défunt, prières connues, passages appropriés d'Évangile ou autres textes ; fermeture du cercueil, arrachement mais espoir de se revoir un jour ; départ de la maison des hommes vers la maison de Dieu ; rassemblement des proches et de la communauté chrétienne pour accueillir la Parole de Dieu et, éventuellement célébrer l'eucharistie ; dernier adieu, où l'on confie au Seigneur celui qui vient de disparaître dans l'espoir d'être à nouveau ensemble un jour. Un dernier geste de respect au cimetière quand c'est possible : la bénédiction de la tombe et du corps ; lui a fini sa route ; aux autres de repartir dans l'espérance. ■

Cimetière

Le mot vient du latin *coemeterium,* issu du grec *koimêtêrion,* lieu où l'on dort. Lorsque le Christ dit (Mt 5,22) : « Laisse les morts enterrer les morts », il relativise l'importance à donner à la sépulture. Mais, de tout temps, l'Église a manifesté son respect pour le corps humain, forme visible de la personne créée à l'image de Dieu, membre du corps du Christ et « temple » du Saint-Esprit.

Sans se crisper sur son attitude, l'Église a toujours préféré que le corps soit mis en terre, s'inspirant en cela du symbolisme du grain de blé tombé en terre, repris par saint Paul : « Ainsi en va-t-il de la résurrection des morts : semé corruptible, le corps ressuscite incorruptible ; semé méprisable, il ressuscite éclatant de gloire » (1 Co 15,42-44).

Le cimetière est donc le lieu d'une attente fraternelle de la résurrection ; en pays majoritairement catholiques, les règles de l'Église furent longtemps très strictes quant à l'exigence de cimetières qui lui soient propres, et quant à leurs caractéristiques. Aujourd'hui, par la force des choses, les chrétiens sont le plus souvent enterrés dans des cimetières qui ne leur sont pas réservés ; leurs tombes voisinent avec celles de personnes de toutes opinions. Du moins les chrétiens ont-ils le souci de rester fidèles aux signes donnant à leur sépulture un caractère spécifiquement chrétien en évoquant leur foi et leur espérance par une sobre décoration : croix, inscriptions, et, quand c'est possible, par une bénédiction. ■

A propos des morts

Les soins délicats apportés à la sépulture, les riches constructions de tombeaux sont bien une consolation pour les vivants, mais ils ne sont pas un secours pour les morts. Les défunts sont mieux aidés par les prières de la sainte Église, par une offrande et par les aumônes qui sont faites pour les âmes du Purgatoire. L'Église tient de ses tout premiers Pères cette tradition de prier pour les défunts morts dans la communion du Corps et du Sang du Christ au moment où l'on en fait la commémoration à la messe, et de rappeler que le sacrifice est aussi offert pour eux.

SAINT AUGUSTIN,
Sermon, *id.*

Ph. Tournus

Cimetière de Lombreuil (Loiret).

DERNIER ADIEU

L'absoute est maintenant remplacée par le *Dernier Adieu* dans le rituel romain des funérailles.

Ce rite exprime l'adieu de la communauté chrétienne à l'un de ses membres avant que son corps ne soit inhumé ; le mot « adieu » prend ici toute sa force : recommandation de quelqu'un faite à Dieu, confiance de se retrouver en lui un jour.

Le rite comprend une prière d'introduction (*invitatoire*), un chant d'adieu, les gestes d'encensement, et l'aspersion d'eau qui rappelle l'eau du baptême, lien qui unit la communauté au défunt.

Exemple d'*invitatoire* tiré du nouveau rituel :

« Voici que nous allons nous séparer de N...
Il a travaillé, il a souffert,
il a servi, il a aimé,
et nous savons que tout cela ne peut mourir.
Ne nous quittons pas sans espoir.
Nous venons de nous rappeler
que le Christ a vécu aussi notre vie d'hommes,
et son amour est plus fort que la mort.
Aujourd'hui, nous nous sommes retrouvés pour un dernier adieu ;
un jour, nous nous retrouverons.
Que cette espérance nourrisse notre recueillement
et notre prière. » ■

ABSOUTE

Le mot est tiré du latin *absolvere,* détacher, tout comme le mot *absolution* qui en est proche. Dans la liturgie des défunts en vigueur avant la dernière réforme, c'était le nom de la dernière prière dite autour du cercueil, pour demander à Dieu d'absoudre le défunt de ses péchés, c'est-à-dire de les lui pardonner. Elle est aujourd'hui remplacée par le *Dernier Adieu.* (Voir ci-contre) ■

Jour des morts

La conviction que les vivants ont à prier pour les morts s'est établie dès les premiers temps du christianisme. Sans doute le langage humain est-il tout à fait inadapté à l'évocation de la situation des défunts, qui échappent désormais à nos notions de temps et d'espace ; c'est donc en termes très approximatifs qu'on peut parler de la miséricorde à solliciter de Dieu pour ceux qui n'ont « pas encore » été admis à participer à sa béatitude.

Cette prière pour les morts a très vite trouvé son expression la plus achevée dans la messe : non seulement dans celle des funérailles, mais aussi dans toutes celles qui sont célébrées quotidiennement, qu'elles le soient spécialement pour les morts ou non, car même en ce dernier cas elles comportent toujours un « memento des morts ».

L'idée d'une journée spéciale de commémoration des défunts a vu le jour de divers côtés dans les dix premiers siècles, et souvent, déjà, on avait pris l'habitude de la situer dans le prolongement immédiat de la Toussaint, pratique qui s'est généralisée et officialisée à partir du XIe siècle.

Le lien établi avec la Toussaint répond à une vue cohérente : le 1er novembre, l'Église célèbre dans l'allégresse la fête de tous les saints connus et inconnus, c'est-à-dire de tous ceux qui sont « déjà » admis à partager le bonheur de Dieu ; comment dès lors ne pas aussi penser aux autres, c'est-à-dire à ceux qui, ayant également quitté ce monde, ne font « pas encore » partie de celui des saints.

Le 2 novembre, Jour des Morts, ou selon le langage liturgique, Commémoration de tous les fidèles défunts, toutes les messes sont célébrées pour l'ensemble des défunts, et les chrétiens sont invités à se joindre par la prière, et si possible par la participation à la messe, à ce vaste mouvement de solidarité spirituelle.

On peut penser que cette vision d'espérance n'est pas tout à fait étrangère aux foules qui se rendent dans les cimetières en ces journées ; force est de constater, par contre, que, dans la plupart des cas, la note funèbre semble l'emporter sur l'allégresse de la fête de la Toussaint, dont le nom paraît indissociablement lié, chez beaucoup, à la mélancolie des chrysanthèmes. ■

REQUIEM

C'est par ce mot latin (*requies,* repos) que débutait l'*Introït* (ou prière d'introduction) de la messe des défunts avant la réforme liturgique de 1969 :

« Requiem aeternam dona eis Domine
Et lux perpetua luceat eis ».
« Donne-leur, Seigneur, le repos éternel
et que la lumière brille sans fin pour eux. »

Par extension, on a appelé *Messe de Requiem* tout l'office des défunts ; lorsque la messe était chantée, les chants comprenaient : l'Introït (Requiem...), le Kyrie, le Graduel avec le Trait (Absolve Domine), le Dies Irae, l'Offertoire (Domine Jesu Christe), le Sanctus, le Benedictus, l'Agnus Dei, la prière de Communion (Lux aeterna). La messe des morts ne comprend ni Gloria ni Credo.

Les messes de Requiem ont fait l'objet de maintes compositions musicales, certaines très célèbres : Palestrina, Vittoria, Mozart, Cherubini, Berlioz, Brahms, Verdi, Saint-Saëns, Fauré...

Aujourd'hui, la liturgie des défunts offre le choix entre plusieurs formulaires (voir ci-dessous une des prières d'ouverture proposées) ; elle n'exclut pas le recours aux chants de la musique grégorienne classique, mais son esprit est marqué par la sobriété et tend à mettre davantage en valeur les textes d'Écriture (Épître, Évangile et leur commentaire). ■

ANNIVERSAIRE

L'habitude de célébrer l'anniversaire d'un décès remonte aux premières communautés chrétiennes : le jour anniversaire de la mort d'un martyr, notamment, faisait l'objet d'une célébration annuelle ; c'est l'origine des fêtes des saints. Celles-ci sont l'occasion de rappeler leur entrée dans la béatitude divine, leur « naissance au ciel », de se remémorer le témoignage de leur foi, d'en rendre louange à Dieu.

Les messes anniversaires pour les défunts relèvent quant à elles de la prière de demande : en renouvelant, par la messe, le sacrifice du Christ Sauveur, on sollicite la miséricorde de Dieu à leur égard et leur accès à cette intimité bienheureuse que connaissent les saints.

Bien d'autres anniversaires sont célébrés dans l'Église : vingt-cinquième ou cinquantième anniversaire (jubilé) de sacerdoce, de consécration épiscopale, de pontificat, de profession religieuse, de mariage, dédicace d'une église, années saintes, etc. ■

Texte d'une des prières d'ouverture proposées par la liturgie des défunts

Seigneur, n'oublie pas ce que tu es pour les tiens : un Père qui aime à pardonner, un ami qui ne ferme jamais son cœur. Écoute-nous quand nous t'implorons pour ton serviteur N., notre frère, que tu viens d'appeler à toi. Tant qu'il a vécu au milieu de nous, tu as été son espérance et sa foi : maintenant, reçois-le dans ta maison à la place que tu lui as préparée ; ouvre-lui les bras et donne-lui le bonheur que rien ne peut détruire.

Lorsqu'un mot, une expression, un événement, une institution, un nom propre vous sont inconnus, consultez l'index.

Qu'est-ce que ?

D.O.M. Deo optimo maximo. « Au Dieu le plus grand, le meilleur ». Formule latine adressée à Jupiter et « récupérée » par les chrétiens qui en ont fait un large usage sur les sépultures.

Incinération (du latin *cinis,* cendre) La coutume de brûler les corps et de les réduire en cendres était très répandue dans les temps anciens, sauf en Chine, en Palestine et en Égypte. En Grèce et à Rome, l'incinération avait de plus en plus remplacé l'inhumation. Pour manifester leur foi en la résurrection des corps, les chrétiens s'abstinrent longtemps de recourir à l'incinération. Ils voulaient signifier, par l'inhumation, leur foi en Celui qui fait lever le grain tombé en terre (1 Co 15,35 sqq).
Depuis 1963, l'Église ne fait plus obstacle à l'incinération du moment que celle-ci ne revêt pas le caractère d'un rejet de la foi en la résurrection du corps.

Sépulture. Le mot désigne à la fois le cérémonial de l'inhumation et la tombe où est déposé le corps du défunt.
L'expression sépulture chrétienne s'applique à la célébration liturgique des funérailles d'un chrétien ; mais elle s'est longtemps appliquée également à la tombe elle-même, la plupart des cimetières ayant été pendant des siècles une dépendance de l'église locale et situés dans l'enclos qui l'entourait : à défaut de pouvoir être tous enterrés dans l'église même, les chrétiens entendaient en effet l'être à son voisinage immédiat, en lieu saint. Dès lors, y enterrer un non-chrétien aurait paru aller tout autant à l'encontre de ses convictions que de celles des chrétiens.

DE PROFUNDIS

(Littéralement « des profondeurs »), ce sont les deux premiers mots du texte latin du psaume 129, généralement utilisé dans les liturgies des défunts.

« Des profondeurs je crie vers toi, Seigneur :
Seigneur, écoute mon appel !
Que ton oreille se fasse attentive
au cri de ma prière !... » ■

Qu'est-ce que ?

Commun. Terme du langage liturgique. La messe comprend, d'une part, un ensemble de prières invariables, qui constituent l'*ordinaire de la messe*, et, d'autre part, diverses prières et lectures variables, appropriées à la fête du jour, qui constituent le *propre de la messe*. Lorsque les textes du propre sont particuliers à la fête d'un saint déterminé, ils appartiennent au *propre des saints* ; lorsqu'ils sont communs aux diverses fêtes d'une même catégorie de saints (apôtres, martyrs, confesseurs, vierges, etc.), ils appartiennent au *commun des saints*.

Propre (du latin *proprius,* à titre privé, particulier). Dans le langage liturgique, le *propre* est tout élément de célébration particulier à un temps, à un lieu, à un saint. Les fêtes religieuses particulières à un pays ou à un diocèse constituent le *propre de ce pays* ou *de ce diocèse*.

Sanctoral (du latin *sanctus,* saint). Au sein du cycle liturgique annuel, le *cycle sanctoral* est constitué de l'ensemble des fêtes réparties tout au long du calendrier des saints établi par l'Église (p. 25, 26, 912).
L'ensemble des prières propres à chaque fête de saint forme le *propre des saints*. Dans le missel et la liturgie des heures (bréviaire), les textes se rapportant aux célébrations de ces fêtes forment le *Sanctoral*.

Solennité. Nom donné à certaines fêtes importantes de la communauté chrétienne. Les solennités peuvent être soit célébrées dans toute l'Église catholique (par exemple, l'Épiphanie), soit propres à un diocèse (par exemple, dédicace de la cathédrale), soit propre à une église (par exemple, fête du saint patron de l'église ou de la commune).
Au jour d'une solennité, l'Office, et à la messe les lectures, la préface, les prières, sont particulières. Si la solennité tombe en semaine, elle peut être reportée au dimanche pendant le Temps ordinaire ; si elle tombe un jour de plus grande fête, elle peut être anticipée au samedi précédent ou le jour libre le plus proche (voir p. 912, 913).

Temporal (du latin *tempus,* temps). Au sein du cycle liturgique annuel, le cycle temporal, ou *Temporal* (c'est-à-dire se rapportant aux temps liturgiques), est constitué par l'ensemble des fêtes célébrant tout au long de l'année l'histoire du salut des hommes par Jésus-Christ : depuis l'attente de la venue du Christ (Avent) jusqu'à son retour glorieux à la fin des temps (derniers dimanches du Temps ordinaire). Voir p. 912, 913.

L'ANNÉE LITURGIQUE

L'année liturgique part du premier dimanche de l'Avent et va jusqu'au dernier dimanche du Temps ordinaire. Elle retrace ainsi l'ensemble de l'histoire du salut et de la vie du Christ. Pâques en est le sommet.
Avec ce cycle principal (*Temporal*) se combine un cycle secondaire consacré aux fêtes des saints (*Sanctoral*). Voir p. 912, 913. ■

L'Église continue la fonction sacerdotale de Jésus-Christ principalement par la sainte liturgie.
La sainte liturgie est donc le culte public que notre Rédempteur rend au Père comme Chef de l'Église ; c'est aussi le culte rendu par la société des fidèles à son Chef et, par lui, au Père éternel ; c'est, en un mot, le culte intégral du Corps mystique de Jésus-Christ, c'est-à-dire du Chef et de ses membres.

Pape Pie XII

LES COULEURS LITURGIQUES

Elles sont empruntées à la Bible et aux usages de la cour de l'empereur de Byzance.
Blanc : c'est la couleur de Dieu, de la lumière, des fêtes.
Violet : la couleur de la cendre. On se mettait de la cendre sur la tête en signe de pénitence (d'où : le mercredi des Cendres). Signe de deuil, de pénitence et de contrition.
Rouge : couleur du feu et du sang (martyrs). Couleur de l'Esprit, à cause des flammes de la Pentecôte.
Vert : un « blanc adouci », en demi-teinte ; couleur des « Temps ordinaires ».
Noir : autrefois réservé aux offices pour les défunts et, depuis le Concile, le plus souvent remplacé par le violet. ■

Quelles sont les fêtes d'obligation ? (ou de précepte)

L'expression « fête de précepte » désigne dans le droit canon les grandes fêtes de l'Église catholique dont les membres doivent participer à la célébration de la messe (cf. canon 1246).

Ces fêtes sont : Noël, l'Épiphanie, l'Ascension, Fête du Corps et du Sang du Christ (ex Fête-Dieu), les fêtes de l'Immaculée Conception, de l'Assomption, de sainte Marie Mère de Dieu (1er janvier), de saint Joseph, de saint Pierre et saint Paul et la Toussaint.

Les Conférences épiscopales ont le pouvoir de modifier le précepte concernant certaines fêtes soit en les déplaçant (comme l'Épiphanie en France) soit en supprimant leur caractère d'obligation (comme la Saint-Joseph en France). ■

Chandeleur

Le nom officiel de cette fête est *Présentation du Seigneur* (autrefois c'était *Purification de la Vierge Marie*). Elle rappelle que Jésus, suivant la loi juive, fut présenté au Temple de Jérusalem quarante jours après sa naissance et offert à Dieu (Lc 2,22-39). En ce jour, le vieux Siméon vit l'enfant Jésus et le premier l'appela « Lumière pour éclairer les nations », d'où l'utilisation des cierges pendant la cérémonie et le nom commun de celle-ci. ■

PENTECÔTE

Le mot dérive du grec *pentecostè,* cinquantième. La fête de la Pentecôte est célébrée cinquante jours après Pâques, pour commémorer le don de l'Esprit aux apôtres, survenu le jour de la fête juive de *Chavouoth,* c'est-à-dire *des Semaines,* elle-même célébrée « une semaine de semaines » (49 jours) après la Pâque juive. Jean, dans son *Évangile,* et Pierre, selon le 2e chapitre des *Actes des Apôtres,* lient dans une seule célébration, un seul moment, Résurrection, Ascension et don de l'Esprit.
Les premiers chrétiens d'ailleurs ne semblent pas faire attention à la Pentecôte comme telle. Ils célèbrent Pâques — immense jubilation — « grand dimanche » comme dit saint Athanase, pendant 49 jours. Au début du IIIe siècle, quand on parle de Pentecôte dans l'Église, c'est pour désigner la durée de ces 49 jours et non la fête du 50e.
C'est au IVe siècle qu'on se mit à célébrer le 50e jour... mais on y célébrait l'Ascension ! Et ce n'est que vers la fin du IVe siècle que les chrétiens en sont arrivés à célébrer la Pentecôte comme aujourd'hui en suivant saint Luc dans son *Évangile,* qui place au cinquantième jour après Pâques l'envoi du Saint-Esprit sur les apôtres. La manière de Luc de parler de la Pentecôte permet d'insister sur ce qui est essentiel pour les chrétiens.
Le Souffle de Dieu s'approprie un groupe d'hommes représentatifs du Peuple de l'Alliance ; Luc présente ce fait comme la réalisation de la promesse de Dieu à Israël, le signe même de l'arrivée des temps messianiques.
Mais alors que, pour les Juifs, les temps messianiques semblaient devoir être un peu statiques, Luc fait, de ce temps nouveau, le temps du témoignage à rendre à la puissance de Dieu dans le monde entier.
Et ce témoignage — que les hommes ne peuvent même pas imaginer être capables de rendre (peut-on imaginer être compris dans une autre langue que la sienne ?) — les chrétiens savent, depuis la Pentecôte, que c'est l'Esprit qui leur donnera de le rendre. ■

SAINT JOSEPH

La célébration de la Saint-Joseph est sans doute très ancienne dans l'Église, Certes, le Nouveau Testament est discret sur la présence de Joseph dans la vie de Jésus, après le fameux pèlerinage au Temple où ce dernier avait échappé à son attention. Mais, assez rapidement, les évangiles apocryphes (*Protévangile* de *Jacques*, vers 150, et surtout l'histoire de *Joseph le charpentier,* entre 300 et 600) complétèrent le récit de sa vie par des traditions anciennes ou des légendes. Ces écrits firent largement la popularité de Joseph d'abord en Orient, puis, par l'Irlande, en Occident, sans que, pour autant, l'Église ne leur reconnût aucune authenticité.
Jean Gerson (1363-1429) et saint Bernardin de Sienne (1380-1444) furent les vrais fondateurs de la réflexion théologique à propos de saint Joseph, et leurs efforts aboutirent à la création de sa fête le 19 mars 1479.
Depuis lors, de multiples saints et de multiples papes furent d'ardents propagateurs de sa dévotion : sainte Thérèse d'Avila et saint François de Sales, Clément XI, Benoît XIII, Pie IX qui le déclara Patron de l'Église, Léon XIII qui le plaça parmi les saints juste après la Vierge Marie, Pie XII qui le fit célébrer aussi le 1er mai, fête des travailleurs, Jean XXIII qui plaça son nom dans le Canon romain.
Traditionnellement, le mois de mars lui est dédié et il est invoqué comme patron de la bonne mort. ■

LA FÊTE-DIEU

La Fête-Dieu s'appelle aujourd'hui officiellement la *fête du Saint-Sacrement*, ou *du Corps et du Sang du Christ*. Paradoxalement, elle a été instituée à une époque où l'on communiait peu. Sa première célébration date de 1246 à Liège, et c'est le pape Urbain IV qui, par la bulle *Transiturus* du 11 août 1264, étendit à toute l'Église cette fête du Corps du Christ. Ptolémée de Lucques affirme, en 1313, que saint Thomas d'Aquin avait rédigé, à la demande du pape, les textes de la messe de cette fête. En tout cas, la célébration en devint effective dans la chrétienté au cours du XIVe siècle, et rapidement se développa l'habitude d'accomplir, le jour de la fête, une procession du Saint-Sacrement. Le concile de Sens (1320), par exemple, en fait mention. Le clergé, ayant souhaité montrer le Saint-Sacrement aux fidèles au cours de ces processions, eut l'idée de placer des hosties dans des monstrances de reliquaires, et réalisa ainsi les premiers ostensoirs.
La fête du Saint-Sacrement a lieu en principe le jeudi qui suit le dimanche de la Trinité. Dans les pays où ce jour n'est pas chômé (cas de la France), elle est célébrée le dimanche suivant. ■

LA TOUSSAINT

C'est la fête de tous les saints connus et inconnus. Elle a lieu le 1er novembre. Longtemps, elle fut célébrée dans la mouvance de Pâques ou de la Pentecôte. Au Ve siècle, en Syrie, c'était le vendredi de Pâques ; en Orient, cette fête reste célébrée le dimanche dans l'octave de la Pentecôte.
Ce lien avec Pâques et la Pentecôte donne le sens originel de la fête. Il s'agit de fêter la victoire du Christ dans la vie de beaucoup d'hommes et de beaucoup de femmes. A Rome, la fête existait certainement, au Ve siècle, le dimanche après la Pentecôte, mais elle fut déplacée une première fois par le pape Boniface IV au jour anniversaire de la dédicace de l'ancien Panthéon, transformé en église sous le vocable de Sainte-Marie et des martyrs le 13 mai 610. Le pape voulait honorer la foule des martyrs dont il avait fait transférer les corps des catacombes dans l'ancien temple. Cette fête fut bientôt connue sous le nom de « Fête de tous les martyrs, de tous les saints et de Marie ». Elle fut, semble-t-il, transférée définitivement au 1er novembre, par Grégoire III († 741), qui dédicaça en ce jour une chapelle de la basilique Saint-Pierre en l'honneur de tous les saints.
Grégoire IV, en 835, ordonna que la Toussaint fût fêtée dans le monde entier. ■

A propos de la Toussaint

La foi (...) nous offre la possibilité d'une communion dans le Christ avec nos frères bien-aimés qui sont déjà morts, en nous donnant l'espérance qu'ils ont trouvé près de Dieu la véritable vie.

Concile Vatican II,
L'Église dans le monde de ce temps, Gaudium et Spes, n° 18, 2.

Peuple des Béatitudes

Peuple des Béatitudes : le peuple des petites gens, des humiliés, des laissés pour compte, ceux qu'on exploite parce qu'ils sont sans défense, les affligés, les découragés, les malades, les perdus.

Mais aussi le peuple des militants, quelle que soit leur cause, croyants ou non, pour autant que leurs solidarités soient un don constant, au mépris d'eux-mêmes, pour que leurs frères pauvres trouvent leur vraie libération dans la justice et la charité du Christ. Et pour que règne entre les hommes, dans le respect mutuel, à travers les diversités de tempéraments et d'âges, et au-dessus des divisions de classes, de nations et de races, l'unité dans l'Amour.

MGR. GUY-MARIE RIOBÉ

LE 1er NOVEMBRE

LA FÊTE DE TOUS LES SAINTS

ANNONCIATION

C'est la fête qui commémore la rencontre de l'ange Gabriel avec la Vierge Marie, l'annonce par celui-ci de la naissance du Christ, l'acceptation de la Vierge, la conception du Christ et donc ainsi l'Incarnation.
Sa date a été placée neuf mois avant Noël, soit le 25 mars, mais ceci d'une manière relativement tardive. En Espagne, elle s'est célébrée pendant longtemps le 18 décembre.
Dans une certaine vision mystique du monde, on a quelquefois affirmé que le 25 mars était aussi la date de la résurrection du Christ, et même de la création du monde ! Évidemment sans fondement historique, ces méditations montrent l'importance qu'a toujours revêtue, pour les chrétiens, cette aurore du salut : elle est comparable à leurs yeux à l'aurore du monde et fait penser, déjà, à la pleine lumière de la résurrection et du bonheur final. ■

NOTRE-DAME DES DOULEURS

Lors de la Présentation de Jésus au Temple, le vieillard Siméon annonça à Marie que, en même temps que son fils serait un signe en butte à la contradiction, elle-même aurait l'âme transpercée d'un glaive (Lc 2,35). La dévotion à cette « Compassion » (au sens étymologique : souffrance avec) de la Vierge a pris naissance en Flandre au XVe siècle ; elle propose une réflexion spirituelle nourrie de la contemplation des grandes douleurs qui ont jalonné la vie de Marie : la prophétie de Siméon, la fuite en Égypte, la perte de Jésus au Temple, la montée au Calvaire, le crucifiement, la descente de croix, la mise au tombeau. Au XVIIIe siècle, la fête liturgique de Notre-Dame des Sept Douleurs fut instituée par le pape Benoît XIII, qui la fixa au vendredi de la semaine de la Passion (qui précédait alors la semaine sainte). Depuis 1913, elle est célébrée le 15 septembre, et depuis la réforme de Paul VI elle a rang de mémoire, sous le nom de Notre-Dame des Douleurs. Elle rappelle aux chrétiens que Marie, après avoir mis au monde le Christ, a communié à sa Passion, engendrant dans cette souffrance les élus sauvés par lui ; c'est à ce titre que Marie est considérée comme la figure de l'Église. On peut rappeler que le prénom espagnol Dolorès évoque le patronage de Notre-Dame des Douleurs. ■

DÉDICACE

Cérémonie par laquelle une église est consacrée, c'est-à-dire solennellement vouée à Dieu et à son culte. Les Grecs et les Romains pratiquaient déjà la consécration de leurs temples. Les Juifs commémoraient chaque année, par la fête de la Dédicace (*Hanoukka*), la purification du Temple de Jérusalem par Judas Maccabée après sa profanation par Antiochius Epiphane en 165 avant J.-C.
La dédicace d'une église revient à l'évêque, qui en bénit les murs et les croix et en consacre l'autel avant d'y célébrer la messe. L'anniversaire de la dédicace de toute église est l'objet d'une fête annuelle. ■

A propos de l'église-édifice ou de sa dédicace

Quelle sainteté peuvent avoir ces pierres pour que nous en fassions une fête ? N'oubliez pas que si elles sont sanctifiées, ce n'est qu'à cause de vous. Pouvez-vous douter que vos corps ne soient saints, puisqu'ils sont les temples du Saint-Esprit, et que chacun de vous doit, selon l'expression de l'apôtre, garder son corps dans le respect (1 Th 4,4) ? Si donc vos âmes sont saintes à cause de l'Esprit-Saint qui habite en vous, vos corps sont saints à cause de vos âmes, et cette église est sainte à cause de votre corps.

SAINT BERNARD,
Sermon pour la dédicace.

Semaine

Le mot vient du latin populaire *septimana*, période de sept jours. La division du temps en mois correspondant à une lunaison a conduit tout naturellement à une subdivision du mois en quatre périodes de sept jours, correspondant elles-mêmes aux phases de la lune. Ce fut le cas chez les Égyptiens, les Chaldéens, les Juifs. Ces derniers firent même de la semaine la durée symbolique de la création du monde ; la loi juive prescrit de consacrer à Dieu le dernier jour de la semaine, le Sabbat, par le repos et par la prière, à l'image de Dieu se reposant le 7e jour de la création et le bénissant (Gn 2,3).

Le mois étant solaire chez les Grecs et les Romains, ils le subdivisèrent en trois décades. Mais les Romains prirent peu à peu l'habitude de suivre la division en semaines ; sous Auguste le fait était devenu général. Chacun des sept jours était consacré à une divinité : le pre-

Mercredi

Très longtemps considéré comme le jour où Jésus fut trahi, le mercredi était alors un jour d'abstinence. Le mercredi des Cendres, un des deux jours de jeûne et d'abstinence qui ont subsisté dans l'Église catholique, correspond à l'ouverture du temps de Carême (voir Mercredi des Cendres). ■

Vendredi

Le vendredi est volontiers regardé dans l'Église comme l'occasion de célébrer, chaque semaine, la commémoration de la Passion du Christ. Traditionnellement, il a été un jour de pénitence, marqué par le jeûne, l'abstinence de viande, ou toute autre forme de pénitence et de partage.
Sainte Marguerite-Marie Alacoque (XVIIe s.) est à l'origine de la dévotion particulière dite du « premier vendredi du mois » : le Christ, affirmait-elle à la suite d'une révélation du Sacré-Cœur, ne laisserait jamais mourir dans le péché mortel ceux qui communieraient neuf premiers vendredis du mois de suite.
Chez les musulmans, le vendredi est généralement chômé en l'honneur d'Adam, dont le Coran affirme qu'il a été créé un vendredi (ce qui revient à dire le sixième jour, comme dans la Genèse). ■

A propos de l'Ascension

Lorsque le Christ souffre sur la croix, il est comme ce grain dont lui-même a parlé, qui doit mourir pour porter du fruit ; lorsque le Christ est environné de la foi de ses nombreux apôtres, il est le grain qui a fructifié. Que fut Jésus avec ses disciples pendant ces quarante jours qui ont suivi la résurrection ? Il leur enseigne la sagesse de l'âge mûr, il leur donne des instructions fécondes qui les convertissent. Ensuite il monte au ciel, c'est-à-dire vers son Père ; son incarnation fructifie alors, et il communique à ses disciples les semences de la sanctification.

SAINT MAXIME, évêque de Turin (Ve s.),
Homélie pour l'Ascension

mier (notre dimanche) au Soleil, le lundi à la Lune *(Lunae dies)*, le mardi à Mars *(Martis dies)*, le mercredi à Mercure *(Mercuri dies)*, le jeudi à Jupiter *(Jovis dies)*, le vendredi à Vénus *(Veneris dies)*, le samedi à Saturne *(Saturni dies)*.

Les chrétiens conservèrent la semaine juive, mais en déplaçant le jour de repos consacré au Seigneur du dernier jour (le Sabbat) au premier jour, en souvenir de la résurrection de Jésus-Christ ; ils l'appelèrent alors *Dies dominicus* (Jour du Seigneur) qui, par déformation, est devenu *dimanche* en français.

Mais, par un étrange paradoxe, les appellations païennes des jours de semaine furent conservées en de nombreux pays, et même, chez les peuples d'origine germanique, pour le dimanche (*sonntag, zondag, sunday*). Par contre, la référence au Jour du Sabbat (*sabbati Dies*) a, en de nombreux cas (*samedi, sabato*...) supplanté celle à Saturne (*saturday*). ■

Dimanche

Le premier jour de la semaine (notre dimanche) a, dès les origines du christianisme, été consacré à Dieu, en l'honneur de la résurrection du Christ le dimanche de Pâques. L'Église demande aux fidèles de s'abstenir de travail ce jour-là, afin de pouvoir se consacrer à la prière, et plus particulièrement à la célébration en commun de la mort et de la résurrection du Christ : l'eucharistie, célébrée à la messe. Dans le monde chrétien, le dimanche a ainsi remplacé, dès le IIe siècle, le Sabbat célébré par les juifs (qui y restèrent fidèles), et le Jour du Soleil célébré par les païens ■

Le jour du Seigneur

Le jour « seigneurial » est consacré à célébrer le repas « seigneurial » ; dès les origines ((Ac 20,7), le dimanche, mémorial de la Résurrection, est lié à la célébration de l'Eucharistie. En même temps que le repas eucharistique sont mentionnées la prière d'action de grâce et la confession communautaire des péchés. Ainsi la *Didachè*, l'un des plus anciens textes (IIe s.) de la littérature chrétienne, évoque l'assemblée qui scelle son unité dans la reconnaissance de son péché, dans la prière d'action de grâce et dans le repas eucharistique :

Le jour du Seigneur, réunissez-vous
pour la fraction du pain et pour
l'Eucharistie.
Confessez vos péchés
pour que votre sacrifice soit pur.
Mais que celui qui a un différend avec
son compagnon
ne se joigne pas à votre assemblée
avant de s'être réconcilié,
afin que votre sacrifice ne soit pas profané.
Ce sacrifice est en effet celui dont le
Seigneur dit :
« Qu'en tout temps et en tout lieu
on m'offre un sacrifice pur,
car je suis un grand Roi, dit le Seigneur,
et mon nom est merveilleux parmi les nations » ■

DIDACHÈ, 14
Printemps de la Liturgie, Éd. du Levain.

A propos du jeûne

L'Ancien Testament et le Nouveau nous exhortent également à nous attacher aux biens solides et à mépriser les biens frivoles et passagers (...) Est-il rien de plus juste que l'homme fasse la volonté de celui dont il porte l'image, et que, s'abstenant des viandes, il s'abstienne aussi du péché ? C'est pour cela qu'on a ordonné des jeûnes (dans les Quatre-Temps de l'année), pour nous faire souvenir que nous avons besoin de nous purifier en tout temps, et de faire tous nos efforts pour effacer par les jeûnes et les aumônes les péchés que nous avons commis par la fragilité de la chair...

SAINT LÉON, pape (Ve s.)

ROGATIONS

Prières d'intercession (du latin *rogare*, demander) s'exprimant au cours de processions à travers la campagne, généralement lors des trois jours qui précèdent l'Ascension : on y demande à Dieu de bénir et faire fructifier les travaux des champs. Du fait du développement de la vie urbaine, les Rogations n'ont plus aujourd'hui la même importance qu'autrefois. ■

AVENT

Du latin *adventus, avènement*. En Occident, période de l'année liturgique, dont elle marque le début, et qui se situe entre le quatrième dimanche avant Noël et Noël. Elle a une place toute spéciale dans la liturgie : on y prépare Noël, on y rappelle la longue attente de Dieu par les justes (chacun connaît le cantique « Depuis plus de 4 000 ans ») et l'attente, par tous les chrétiens, du retour du Christ.

Sans que ce soit un temps triste, cette attente exclut les grandes festivités : la couleur liturgique devient le violet (sauf le troisième dimanche où elle est rose pour signifier que cette attente reste joyeuse), et on omet le « Gloire à Dieu » à la messe du dimanche. ■

Lorsqu'un mot, une expression, un événement, une institution, un nom propre vous sont inconnus, consultez l'index.

QUATRE-TEMPS

Autrefois, périodes de trois jours de pénitence et de jeûne (mercredi, vendredi et samedi) situées respectivement après : le 3e dimanche de l'Avent, le 1er dimanche de carême, le dimanche de la Pentecôte, le 17e dimanche après la Pentecôte. Leur origine, très lointaine (les Quatre-Temps furent célébrés par le pape Sirice au IVe siècle), est mystérieuse. C'est probablement une reprise de célébrations païennes marquant les semailles, les moissons et les vendanges. ■

SEPTUAGÉSIME

Le mot vient du latin *septuagesima dies*, soixante-dixième jour. C'est le nom donné au premier des trois dimanches (de la Septuagésime, de la Sexagésime, de la Quinquagésime) qui, avant la réforme liturgique engagée par le concile Vatican II, précédaient le Carême ; le dimanche de la Septuagésime se situait soixante-trois jours avant Pâques et soixante-dix avant l'Octave de Pâques ; par extension, on avait appelé temps de la Septuagésime la période de deux semaines et demie qui, allant du dimanche de la Septuagésime au mercredi des Cendres, constituait la première phase de la préparation de la fête de Pâques. Le dimanche de la Quadragésime était, quant à lui, le premier dimanche de Carême. Aujourd'hui, les trois dimanches de l'ancienne période de la Septuagésime sont inclus dans la phase du cycle liturgique annuel dite *Temps ordinaire*, laquelle couvre l'année liturgique en dehors des Temps de l'Avent, de Noël, du Carême et de Pâques ; ainsi est rendue possible une certaine continuité des lectures d'évangile d'un dimanche à l'autre. ■

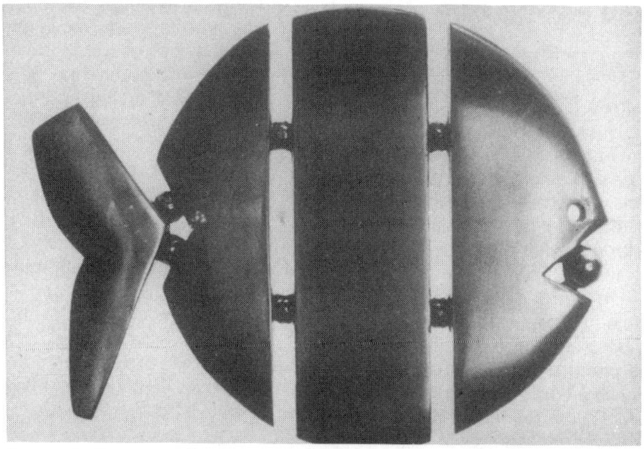

Bronze de Bezombes. Édition des Monnaies et Médailles de Paris.

LA PRÉPARATION DE PÂQUES

MERCREDI DES CENDRES

Jusqu'au VIIe siècle, le Carême commençait le dimanche de la Quadragésime (*quadragesima dies,* le quarantième jour — en réalité le quarante-deuxième — avant Pâques). Mais, en tenant compte des dimanches, pendant lesquels le jeûne était interrompu, le nombre de jours de carême effectif jusqu'à Pâques se trouvait inférieur à quarante ; pour rester fidèle à ce chiffre (quarante ans de traversée du désert par les Hébreux, quarante jours de jeûne du Christ dans le désert...) on avança le début du Carême au mercredi précédant le dimanche de la Quadragésime : le *mercredi des Cendres*.
Il faut d'abord se rappeler le symbolisme attaché à la cendre dans l'Ancien Testament, et repris dans le rite du mercredi des Cendres ; la cendre est la représentation à la fois du péché et de la fragilité de l'homme (Sg 15, 10 ; Ez 28, 18 ; Ml 3, 21) ; se couvrir de cendres c'est exhaler sa douleur au sein de l'épreuve, mais c'est aussi manifester sa conscience et son regret du péché (Jdt 4, 11-15 ; Ez 27, 30), signifier son espérance dans la miséricorde de Dieu.

C'est pourquoi au cours de la célébration du mercredi des Cendres (le plus souvent placée en soirée dans les paroisses maintenant), le front des membres du clergé et des fidèles est marqué d'un peu de cendres ; en même temps, le célébrant leur rappelle « qu'ils ne sont que poussière » et doivent s'employer à trouver Dieu par la conversion.

Ainsi est souligné le sens de la période de Carême qui s'ouvre, tout entière orientée vers l'esprit de pénitence, c'est-à-dire de retour sur soi et de conversion.
Alors que les conditions de la vie contemporaine ont conduit l'Église à alléger les obligations du jeûne et de l'abstinence (qui à l'origine s'appliquaient à tous les jours de semaine pendant l'ensemble du Carême), elle continue de demander aux fidèles de s'y conformer au moins le mercredi des Cendres et le vendredi saint, les autres jours de Carême devant à tout le moins rester une période de renoncement volontaire, d'ouverture à Dieu et à autrui. ■

CARÊME

Période de quarante jours (du latin *quadragesima dies,* le quarantième jour) consacrée à la préparation de la Semaine sainte et de Pâques. Dans l'Église primitive, c'était le temps ultime de préparation au baptême pour les catéchumènes, qui devaient le recevoir dans la nuit de Pâques. Dès le IVe siècle se manifeste la tendance à en faire un temps de pénitence et de renouvellement pour toute l'Église, avec la pratique du jeûne, de l'abstinence (c'est-à-dire l'abstention de certains aliments, en l'occurrence de viande). Restée assez stricte dans les Églises d'Orient, la pratique pénitentielle de Carême a été de plus en plus allégée en Occident, pour se réduire à des exigences minimales : invitation au jeûne le mercredi des Cendres (qui ouvre le Carême) et le vendredi saint, et abstinence de viande les vendredis de Carême. L'Église catholique conseille aussi de profiter du temps de Carême pour remettre en vigueur l'antique pratique de l'aumône, sous forme, par exemple de dons à des organismes d'aide au Tiers-Monde. L'Église, en effet, entend toujours faire de ce temps une sorte de retraite spirituelle marquée par la prière, la mortification et le partage. Elle propose comme modèle Jésus lui-même luttant pendant quarante jours au désert contre les forces du mal qui cherchaient à contrecarrer sa mission. Le chrétien est ainsi invité à secouer sa torpeur et à raviver sa foi. Temps de pénitence, le Carême est également présenté par la liturgie comme un temps de joie, car il est déjà éclairé par la lumière de Pâques. La Résurrection du Christ est déjà présente dans la pénitence du Carême, qui aide le chrétien à mourir à lui-même pour revivre pleinement en Jésus ressuscité. Temps par conséquent non pas de tristesse mais de retour à Dieu, de conversion, d'ouverture à autrui, par retranchement de tendances et d'attitudes qui s'y opposent. ■

Qu'est-ce que ?

Impropères (du latin *improperium,* reproche). Le chant traditionnel des *impropères*, d'inspiration biblique, accompagne le rite de vénération de la croix accompli au cours de la célébration liturgique du Vendredi saint. Il met dans la bouche du Christ les reproches douloureux qu'appelle l'ingratitude de son peuple.

Messe « in cena domini ». Messe du jeudi saint. Le nom de « messe de la Cène du Seigneur » rappelle que, dans les Églises chrétiennes, la liturgie du jeudi saint célèbre l'institution de l'eucharistie par le Christ lors du dernier repas, la Cène, pris avec ses Apôtres la veille de sa mort.

Pascal (du latin *paschalis,* dérivé lui-même de l'hébreu *Pessah,* Pâque). Ce qui est en rapport avec la fête juive de la Pâque (repas pascal, agneau pascal) ou avec la fête chrétienne de Pâques (triduum pascal, du jeudi saint au dimanche de Pâques ; temps pascal, de Pâques à la Pentecôte ; cierge pascal, symbole du Christ vivant, placé dans le chœur des églises durant le temps pascal ; mystère pascal de Jésus-Christ, etc.)

Pascalisant. Dérivé de pascal, le mot « pascalisant », désigne, en sociologie religieuse, le fidèle qui, n'ayant pas de pratique religieuse régulière, reste néanmoins fidèle à la communion au moment de Pâques demandée par l'Église à ses fidèles (« faire ses Pâques »).

Pascatin. Même sens que *pascalisant*.

DIMANCHE DES RAMEAUX

Dimanche avant Pâques et premier jour de la semaine sainte, il est marqué par la célébration liturgique de la bénédiction des Rameaux, qui accompagne la lecture de l'évangile de l'entrée triomphale de Jésus-Christ à Jérusalem quelques jours avant sa Passion.
Beaucoup sont restés attachés à cette bénédiction d'un buis (d'un rameau d'olivier ou d'une palme) qui ornera chez eux leur crucifix ou sera déposé sur une tombe, et signifiera leur espérance de voir le bois mort refleurir ou revivre, leur foi en la résurrection du Christ.
Cependant les célébrations du jour auxquelles introduit la bénédiction des Rameaux insistent davantage sur la Passion du Christ, dont on lit le récit ; elles sont une invitation pressante à préparer la grande fête de Pâques en contemplant le Christ. ■

SEMAINE SAINTE

Les chrétiens donnent ce nom à la semaine qui précède la fête de Pâques. Elle commémore les derniers jours du Christ (en avril 30 ou 33) : le repas de la Cène (au cours duquel il institua l'eucharistie), sa Passion, sa mort. Avec la glorieuse et lumineuse fête de Pâques qui célèbre sa résurrection, ces jours forment la phase centrale de toute l'année liturgique. La semaine sainte s'ouvre par le *dimanche des Rameaux et de la Passion* ; depuis la réforme liturgique effectuée à la suite du concile Vatican II, les deux célébrations de la Passion et des Rameaux, qui se suivaient auparavant à une semaine de distance, ont été réunies assez logiquement en une seule, le temps de la Passion se confondant tout entier désormais avec la semaine sainte. Ce dimanche des Rameaux est donc placé sous le double signe, symboliquement paradoxal, de l'entrée triomphale du Christ à Jérusalem et de sa mise à mort ignominieuse quelques jours plus tard. Les *lundi, mardi* et *mercredi saints* préparent au mystère du Dieu fait homme, mort et ressuscité pour le bonheur des autres hommes. Le *jeudi saint* fait revivre l'institution de l'eucharistie au cours de la Cène ; le Christ y fait l'offrande de son corps et de son sang comme nourriture et breuvage pour la vie qui ne finit pas, préfiguration du très prochain sacrifice sur la croix. Le *vendredi saint* est centré sur le récit de la Passion et de la mort du Christ, et la méditation sur le symbole de la croix ; c'est par excellence pour les chrétiens le jour du retour sur soi-même, de l'union aux souffrances du Christ pour le salut de tous, de la pénitence (par le jeûne notamment). Le *samedi saint* est vécu dans l'attente de la proche résurrection du Christ, lumière se levant dans la nuit des hommes ; la veillée pascale, dans la nuit du samedi saint au dimanche de Pâques, célèbrera la joie de cette espérance et l'allégresse de son accomplissement.

Les offices des jeudi et vendredi saints sont maintenant le plus souvent célébrés en fin de journée afin de permettre au plus grand nombre d'y participer ; une veillée d'adoration devant l'eucharistie se fait souvent dans la nuit du jeudi au vendredi saint ; une célébration ou un chemin de croix sont organisés dans beaucoup d'églises le vendredi saint après-midi, à l'heure de la mort du Christ. La veillée pascale dans la nuit du samedi saint au dimanche de Pâques, bien qu'en phase avec les célébrations de la Semaine sainte qui l'ont précédée et préparée, appartient au temps liturgique suivant : le temps pascal. ■

La célébration du Jeudi saint

Le *jeudi saint* célèbre le jour où, selon la Tradition, le Christ a institué l'eucharistie lors du repas de la Cène.

Une cérémonie « relativement » récente

• Pour l'Église primitive la célébration importante était celle de la vigile pascale : il semble qu'il n'y avait pas de célébration spéciale le jeudi saint.

• Puis, petit à petit, et sous différentes formes, s'est dégagée la structure des célébrations du jeudi saint.

... Dernier jour liturgique avant Pâques, on y « consacre » le saint chrême et bénit les saintes huiles en vue de la nuit pascale.

... Fin du Carême, c'est le jour de réconciliation des pénitents publics.

... Commémoration de la Cène, on y célèbre une messe et on y répète le geste du lavement des pieds.

A Jérusalem et à Rome, au VIe siècle, on célèbre deux messes le jeudi saint, une pour clore le Carême, l'autre pour commencer les fêtes pascales. Mais très rapidement, il n'y aura qu'une messe, le matin (950), et se développeront alors les traditions du reposoir où sont déposées les hosties consacrées en vue de la célébration du vendredi saint, et de la procession qui les y porte (surtout du XIIIe siècle au XVIe siècle).

C'est en 1955 que Pie XII instaure la liturgie actuelle du jeudi saint.

• *Messe chrismale* (du grec *khrisma*, huile) : messe célébrée le jeudi saint (parfois un des jours précédents) par l'évêque et au cours de laquelle il consacre les *saintes huiles* (des catéchumènes, des infirmes, saint-chrême) qui seront utilisées dans son diocèse en diverses célébrations sacramentelles (v. p. 934). La messe chrismale est de plus en plus souvent célébrée un jour autre que le jeudi saint pour permettre la rencontre de l'évêque avec les prêtres et les fidèles de son diocèse.

• *Messe de la sainte Cène.* Elle comporte des éléments de chacune des deux messes qui marquaient autrefois le jeudi saint : célébration de l'eucharistie, mais surtout « Vigile » des jours saints.

• *Le reposoir* du jeudi saint, dressé dans les églises où ont lieu les célébrations de la Semaine sainte, s'inscrit dans une ancienne tradition prenant en compte l'appel du Christ à ses apôtres dans les heures qui, à Gethsémani, suivirent la Cène et précédèrent l'arrestation de Jésus : « Veillez et priez » (Mt 26,41. Mc 14,38. Lc 22,46). C'est là que l'on dépose les hosties consacrées durant la messe du jeudi saint et qui seront consommées lors de la célébration du vendredi saint. Nombreux sont les fidèles qui, répondant à l'appel, viennent y prier et adorer le corps du Christ, en ce jour commémorant l'institution de l'eucharistie à la veille de la Crucifixion. Le reposoir a parfois été appelé *tombeau,* peut-être par suite d'une confusion avec des cérémonies d'ensevelissement de la croix, le vendredi saint, qui se firent en certains monastères. ■

TÉNÈBRES

Dans le langage biblique (Ancien et Nouveau Testament), et dans la tradition chrétienne, les ténèbres symbolisent et désignent le monde sans Dieu, le mal. Alors que le Christ se dit « lumière du monde », Satan est le « prince des ténèbres ». Les « puissances des ténèbres » sont les forces du mal qui dominent le monde et sont vaincues par le Christ.

Avant la réforme liturgique l'Office des Ténèbres (Matines et Laudes des Jeudi, Vendredi et Samedi saints, toujours récités dans l'Office divin actuel) recourait de manière frappante à cette symbolique. Sur un chandelier placé dans la chœur étaient éteints progressivement 14 cierges, psaume après psaume, le dernier étant seulement caché un moment puis placé sur l'autel, symbole du Christ ressuscitant et demeurant à jamais lumière de salut. ■

Le célébration du vendredi saint

Le *vendredi saint* est, le jour où l'Église commémore la mort du Christ.

Pâques ou vendredi saint ?

Jusqu'au Ve siècle, le vendredi saint est appelé jour de Pâques, le jour de Pâques actuel étant appelé dimanche de la Résurrection ; mais, à vrai dire, vendredi saint et jour de Pâques ne font qu'une sorte de grande fête dont nos liturgies actuelles du vendredi gardent l'atmosphère de victoire par la Croix.

Jusqu'au VIIe siècle, il n'y a pas de cérémonie propre au vendredi saint, mais seulement un grand jeûne, depuis la messe de la Cène du Seigneur jusqu'à la vigile pascale.

Du VIIe au XIIe siècle, les Romains avaient adopté pour le vendredi saint un rite inspiré de ce que faisait l'Église d'Orient les jours où elle ne célébrait pas la messe. Tout le peuple pouvait communier sous les deux espèces. Après le XIIe siècle, ce rite particulier s'était maintenu, mais seul le prêtre communiait. C'est Pie XII qui, en 1955, rétablit l'usage antique d'un office — ce n'est pas une messe — où chacun peut communier avec des hosties consacrées le jeudi saint.

L'office du vendredi saint

Il comporte quatre parties :

• Les *lectures* (Ancien et Nouveau Testament) évoquent bien sûr le sacrifice de celui qui a pris sur lui le péché des hommes.

• Les *grandes prières de l'Église pour le monde* ont été, avant le rétablissement de la prière universelle dans la messe en 1969, le seul vestige d'un rite du formulaire de la messe au Ve siècle.

• L'*adoration de la Croix* est née à Jérusalem, où le rite se déroulait sur le Golgotha lui-même. Il a été adopté à Rome au VIIe siècle ; il commençait l'office du vendredi saint après une procession durant laquelle le pape faisait porter, par un diacre, une relique de la vraie Croix. A l'évidence, l'adoration de la Croix s'adresse au Christ mort en croix et non à l'instrument lui-même.

• La *communion* permet de faire le lien entre l'office du jeudi saint et celui du vendredi saint. S'il n'y a pas de messe le vendredi, c'est pour souligner cette unité ; mais le croyant continue à avoir besoin du Corps du Christ pour s'unir à

Ph. Harlingue-Viollet

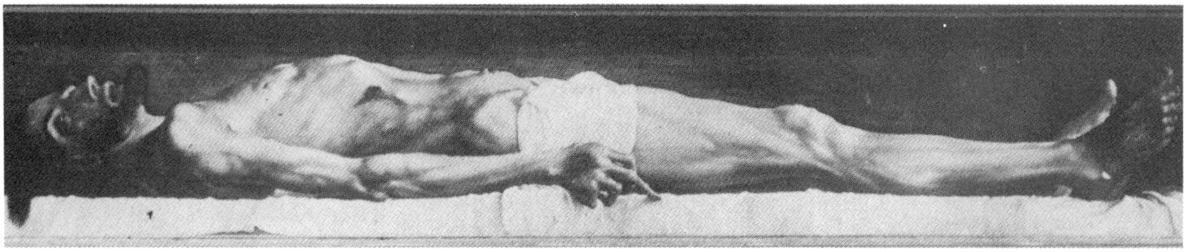

Hans Holbein le Jeune, Le Christ mort (peinture, 1521). (Musée de Bâle)

PÂQUES

La Vigile pascale

Un peu d'histoire

Jusqu'au IVe siècle, Pâques est la fête de l'année chrétienne, et la vigile pascale le point fort de cette fête. On appelle alors *vigile de Pâques* deux réalités différentes :

• le jeûne d'un, deux, trois ou six jours qui précèdent la veillée ;

• le temps qui va du moment de la mort de Jésus, le vendredi après-midi, au chant du coq le dimanche matin, moment où le jeûne est rompu par l'eucharistie de la Résurrection.

La célébration de la vigile pascale se compose alors de trois éléments :

• Prière, chants, lectures sur la Passion de Notre Seigneur.

• Au chant du coq, chant de joie et de remerciement, repas eucharistique.

• Éventuellement, baptêmes et consécration de l'huile sainte. La célébration de la lumière en

Suite page 926 ▶

ouverture de la cérémonie est introduite par l'empereur Constantin (IVe s.).

Après le IVe siècle, deux tendances se font jour dans l'Église :

• La liturgie de Jérusalem, populaire, qui revit de plus en plus sur place la Passion du Christ (répartition de la vigile pascale sur la semaine, procession des Rameaux, adoration de la Croix au Golgotha, etc.).

• La liturgie de Rome, beaucoup plus sobre... au départ. Mais, lentement, elle accueille les rites populaires de Jérusalem, ce qui explique son caractère composite et une certaine tension entre les éléments très traditionnels et théologiques, comme la veillée faite de lectures bibliques sur la Rédemption (romaine), et la fête de la lumière (Jérusalem).

Puis, petit à petit, surtout depuis la fin du Moyen Âge, la liturgie de la nuit pascale se réduit à une sorte de pré-célébration du dimanche de Pâques, placée le samedi saint au matin. Le 9 février 1951, le pape Pie XII, par le décret *Dominicae Resurrectionis,* revient à l'usage antique de la veillée pour favoriser l'assistance des fidèles.

De nos jours, la vigile pascale se célèbre donc dans la nuit du samedi saint au dimanche de Pâques, en général à partir de 21 ou 22 h, le Christ étant ressuscité aux premières heures du dimanche de Pâques. C'est le jour de la plus grande fête chrétienne de l'année, célébrée solennellement par les fidèles. L'acclamation hébraïque « Alleluia » exprimant l'allégresse y revient comme un leitmotiv.

Le sens de la vigile pascale

Pour comprendre le sens donné par les catholiques à la vigile pascale, il faut savoir que :

• dans la liturgie, comme c'en était l'usage au temps du Christ, la vigile (veille au soir) fait partie de la journée du lendemain (c'est pourquoi d'ailleurs toute l'année on peut célébrer le samedi soir la messe du dimanche) ;

• la veillée nocturne suggère presque spontanément le temps de l'attente extraordinaire, et le jour nouveau l'arrivée d'une réalité nouvelle : la vigile est donc accordée à l'idée de « passage » (Pâques veut dire passage) ;

• la célébration de la Pâque lors de la vigile est l'événement annuel qui donne à l'Église un nouvel élan constitutif ; cet élan vient de la célébration de l'événement, source des différents sacrements qui puisent leur sens dans la mort et la Résurrection du Christ ;

• traditionnellement, la vigile pascale a été l'occasion de baptêmes et de la rénovation de l'engagement du baptême ; on y célèbre la plus solennelle des eucharisties de l'année, préparée par le sacrement de Pénitence-Réconciliation. ■

L'annonce de la Résurrection, la nuit de Pâques (Exultet)

Chant concluant la liturgie de la lumière, première partie de la veillée pascale

Exultez de joie, multitude des anges,
exultez, serviteurs de Dieu,
sonnez cette heure triomphale
et la victoire d'un si grand roi.
Sois heureuse aussi, notre terre,
irradiée de tant de feux,
car il t'a prise dans sa clarté
et son règne a chassé ta nuit.
Réjouis-toi, mère Église,
toute parée de sa splendeur,
entends vibrer dans ce lieu saint
l'acclamation de tout un peuple.

(Et vous, mes frères bien-aimés,
à la lumière de cette flamme,
ne cessez pas d'en appeler avec moi
à la bonté du Tout-Puissant.
Il m'a choisi dans mon indignité
pour être à son service ;
que sa lumière me pénètre
et je chanterai la gloire du cierge pascal.)

Le Seigneur soit avec vous.
Et avec votre Esprit.

Élevons notre cœur.
Nous le tournons vers le Seigneur.

Rendons grâce au Seigneur notre Dieu.
Cela est juste et bon.

Vraiment, il est juste et bon
de chanter à pleine voix et de tout cœur
le Père tout-puissant, Dieu invisible,
et son Fils unique, Jésus Christ, notre Seigneur.
C'est lui qui a remis pour nous au Père éternel
le prix de la dette encourue par Adam ;
c'est lui qui répandit son sang par amour
pour effacer la condamnation du premier péché.
Car voici la fête de la Pâque
dans laquelle est mis à mort l'Agneau véritable
dont le sang consacre les portes des croyants.
Voici la nuit où tu as tiré d'Égypte
les enfants d'Israël, nos pères,
et leur as fait passer la mer Rouge à pied sec.
C'est la nuit où le feu d'une colonne lumineuse
repoussait les ténèbres du péché.
C'est maintenant la nuit
qui arrache au monde corrompu, aveuglé par le mal,
ceux qui, aujourd'hui et dans tout l'univers,
ont mis leur foi dans le Christ :
nuit qui les rend à la grâce
et leur ouvre la communion des saints.
Voici la nuit où le Christ,
brisant les liens de la mort,
s'est relevé, victorieux, des enfers.
A quoi servirait-il de naître
sans le bonheur d'être sauvé ?
Merveilleuse condescendance de ta grâce !
Imprévisible choix de ton amour :
pour racheter l'esclave, tu livres le Fils.
Il fallait le péché d'Adam
que la mort du Christ abolit.
Heureuse était la faute
qui nous valut pareil Rédempteur.
Ô nuit de vrai bonheur
toi seule pus connaître cette heure
où le Christ a surgi des enfers.
C'est de toi qu'il fut écrit :
« La nuit resplendira comme le jour ;
la nuit même est lumière pour ma joie. »
Car le pouvoir sanctifiant de cette nuit
chasse les crimes et lave les fautes,
rend l'innocence aux coupables
et l'allégresse aux affligés,
dissipe la haine, dispose à l'amitié et soumet
toute puissance.
Dans la grâce de cette nuit,
accueille, Père saint, en sacrifice du soir,
la flamme montant de cette colonne de cire
que l'Église t'offre par nos mains.
Nous savons ce que proclame cette colonne
qui brûle en l'honneur de Dieu :
quand on en transmet la flamme,
sa clarté ne diminue pas.
Ô nuit de vrai bonheur,
nuit où le ciel s'unit à la terre,
où l'homme rencontre Dieu.
Aussi, nous t'en prions, Seigneur :
Permets que ce cierge pascal, consacré à ton nom,
brûle sans déclin dans cette nuit.
Qu'il soit agréable à tes yeux,
et joigne sa clarté à celle des étoiles.
Qu'il brûle encore quand se lèvera l'astre du matin,
celui qui ne connaît pas de couchant,
le Christ, ton Fils ressuscité, revenu des enfers,
répandant sur les humains sa lumière et sa paix,
lui qui règne avec toi et le Saint-Esprit,
maintenant et pour les siècles des siècles.

A.E.L.F.

EXULTET

Premier mot latin du chant de l'annonce de la Résurrection du Christ lors de la vigile pascale (« Qu'exulte le chœur des anges... ») : après la cérémonie du feu nouveau, ce chant commente l'aspect libérateur de la lumière du Christ ressuscité.

Il semble qu'à l'origine le diacre annonçait avec ses mots propres la Résurrection du Christ, mais l'on a des traces de ce chant, tel qu'il est aujourd'hui, dès le VIIe siècle, et son emploi est généralisé dès le IXe siècle.

La mélodie qui accompagne ce chant dans le missel romain passe pour être une des plus belles utilisées dans la liturgie. ■

A propos de Pâques

C'est pourquoi, mes frères, il faut que tous entrent dans la joie de ce saint jour : personne ne doit s'y soustraire ; la vue même des péchés, le poids des crimes ne doit pas éloigner les pécheurs des prières publiques ; ils trouveront dans ce jour un espoir de pardon, c'est son privilège. Si un scélérat y a mérité le paradis, un chrétien ne pourrait-il pas mériter le pardon ?

SAINT MAXIME, évêque de Turin (Ve s.),
Homélie pour la solennité de Pâques

Rénovation des promesses du baptême

Parmi les dernières consignes données par Jésus aux Apôtres, Marc note celle-ci : « Celui qui croira et sera baptisé sera sauvé » (Mc 16,16). Tout sacrement suppose la foi, et même la foi affirmée, la « profession de foi ».

Quand un chrétien a été baptisé tout enfant, comme c'est le cas de la majorité des Français, vient le moment où il doit prendre à son compte sa propre foi : profession de foi plus solennelle, ou renouvellement des engagements pris au baptême. Cette célébration de la profession de foi est liée — au point de la supplanter parfois — à celle de la Communion solennelle (voir ce mot).

Mais l'Église sait bien que rien n'est définitif à 12 ans. Aussi est-ce toute sa vie que le catholique est invité à manifester à nouveau sa volonté de suivre Jésus-Christ, et notamment chaque année, dans la cérémonie solennelle de la vigile pascale, la nuit de Pâques. ■

NOËL

LE BŒUF ET L'ÂNE

La présence d'un bœuf et d'un âne auprès de Jésus dans la crèche n'est évoquée dans aucun des récits évangéliques de la Nativité (ceux de Matthieu et de Luc) ; elle l'est seulement dans un des évangiles apocryphes (c'est-à-dire non reconnus par l'Église comme source authentique de la foi), l'*Évangile du pseudo-Matthieu* (VIe siècle), selon lequel, « le troisième jour après la naissance du Seigneur, Marie sortit de la grotte, entra dans une étable, et elle déposa l'enfant dans la crèche, et le bœuf et l'âne l'adorèrent. Ainsi s'accomplit ce qui avait été dit par le prophète Isaïe : « Le bœuf a connu son maître et l'âne la crèche de son maître » (1,3). Les évangiles apocryphes ont eu un grand impact sur l'imagination populaire ; ils ont fourni maints thèmes traditionnels que l'Église a respectés lorsqu'ils n'étaient pas contraires à la foi et pouvaient avoir valeur de symboles en harmonie avec l'enseignement biblique : toute la création tend vers Jésus, qui récapitule l'univers. ■

Lorsqu'un mot, une expression, un événement, une institution, un nom propre vous sont inconnus, consultez l'index.

D'où vient le mot « Noël » ?

La liturgie latine désigne la célébration de la Nativité de Jésus par les mots *Festum Nativitatis Domini Nostri Jesu Christi* ou, en résumé, *Dies Natalis Domini,* jour de naissance du Seigneur. De là sont venues les expressions populaires pour nommer Noël : *Natale* en italien, *Navidad* en espagnol, *Natal* en portugais, *Nadal* dans le sud de la France, puis *Noël* dans toute la France. ■

La crèche

La dévotion à la Nativité du Christ a pris corps très tôt, et sous de multiples formes, à commencer par les pèlerinages à Bethléem, dans la grotte supposée être le lieu de la naissance ; un peu partout en pays chrétiens, on installa des grottes de Bethléem, comme aujourd'hui des grottes de Lourdes. Les images (peintures, figurines de l'Enfant Jésus couché, de son berceau, de la Vierge après l'accouchement...) se répandirent dans les églises et les maisons.

Au XVe siècle apparaissent en Italie les crèches permanentes dans des églises. Elles atteignent parfois de vastes proportions ; certaines existent encore. Les crèches temporaires à leur tour se multiplient, et des traditions se développent dans diverses régions pour la confection de leurs personnages (en bois, en argile, en mie de pain, etc.), par exemple, les célèbres santons de Provence (*santoun,* petit saint).

Parallèlement, la dévotion à la Nativité avait aussi pris la forme de représentations. Des jeux liturgiques de la Nativité dans les églises sont présentés à partir du XIe siècle ; ils ont l'autel pour centre, en conformité avec l'idée que l'autel est la véritable crèche : c'est là que Jésus-Christ se rend présent dans le pain et le vin consacrés. Noël ne prend son sens que dans la perspective du mystère pascal.

C'est dans cet esprit que, pour la messe de Noël 1223, François d'Assise rassembla les habitants de Greccio, en Ombrie, dans une grotte où l'on avait disposé une crèche garnie de foin et amené un bœuf et un âne véritables, reconstituant ainsi de manière très parlante pour des paysans l'humble cadre dans lequel le Sauveur était venu sur terre. Par contre, aucune représentation de Jésus, non plus que de Marie et Joseph, ne figurait : Jésus-Christ était présent dans l'eucharistie qu'on célébrait. On a souvent fait de la célébration de Greccio la première crèche.

Plus tard, les jeux liturgiques émigrèrent vers le portail des églises, qui s'y prêtait mieux. On y figurait, cette fois, l'Enfant et sa Mère. Lorsqu'après avoir dégénéré, ces jeux liturgiques furent supprimés, la représentation prit une nouvelle forme, celle de pastorales et de crèches parlantes, jeux scéniques populaires donnés devant les crèches.

Les crèches ont beaucoup évolué de nos jours, se dépouillant parfois à l'extrême, voire jusqu'à l'abstraction, dans l'intention de conduire le regard intérieur à l'essentiel du mystère de Dieu se faisant homme. D'autres s'efforcent de rester fidèles à l'esprit de François d'Assise en reliant la Nativité au cadre de la vie et des occupations contemporaines. D'autres enfin s'en tiennent aux formes traditionnelles. Chacune de ces crèches s'efforce à sa façon de faire percevoir le message de Noël à l'homme d'aujourd'hui. (Voir aussi p. 269 b) ■

Le Christ est-il né un 25 décembre à minuit ?

Pourquoi le 25 décembre, et minuit ? Très probablement pour supplanter la fête païenne de *Natalis Invicti* (la naissance du soleil) qui se célébrait à cette date ; c'était au moment du solstice d'hiver, à partir duquel les jours allongent de nouveau. Dans la nuit du 24 au 25 décembre, on célébra désormais Marie donnant le jour à celui qui apporta la lumière au monde.

Une fois enracinée, la fête connut un énorme succès populaire. On institua une vigile, c'est-à-dire une veillée nocturne comme à Pâques, avec trois messes : de la nuit, de l'aurore, du jour. Si aujourd'hui les messes nocturnes de Noël ne sont plus nécessairement célébrées à minuit, elles n'en continuent pas moins à drainer plus de fidèles que toutes les assemblées de la journée. Si les chants traditionnels éveillent en chacun la nostalgie de l'enfance, veillées et liturgie s'emploient à faire redécouvrir le sens profond du mystère célébré en cette nuit, celui de Dieu fait homme. ■

On ignore le jour et l'heure de la naissance de Jésus, qui ne sont évoqués dans aucun texte du Nouveau Testament. Dès le IIe siècle, on célébrait le 6 janvier le baptême du Christ et la « manifestation » (en grec *epiphaneia*) de sa divinité, sans attribuer à cette date aucune valeur d'anniversaire. Au IVe siècle, en Orient, on célébrait à cette date à la fois la naissance de Jésus, son baptême et le miracle de Cana : ses trois premières « manifestations » (épiphanies) au monde ; mais déjà, à Bethléem, la liturgie de ce jour-là était centrée sur la Nativité.

Pourquoi le 6 janvier ? Selon divers auteurs du IVe et du VIe siècles, on célébrait dans certaines villes d'Orient la naissance du dieu Aïon (parfois identifié avec Hélios, le soleil), enfanté d'une vierge. Il s'agissait probablement d'un culte lié au solstice d'hiver. Sans doute les responsables de l'Église ont-ils voulu, comme ils le firent souvent, christianiser des fêtes païennes plutôt que d'obliger les populations à y renoncer.

En Occident, on commença par suivre la coutume instaurée en Orient. Mais bientôt la célébration se fit le 25 décembre, date qui devint officielle (pour l'Occident) en 353. Dans le monde païen latinisé, en effet, des fêtes célébrant la remontée du soleil sur l'horizon, les Saturnales, se déroulaient du 17 au 24 décembre, avant que l'on célèbre Janus (dont le nom avait été donné au mois de janvier), dieu à deux faces, l'une tournée vers le passé, l'autre vers l'avenir. De nombreux autres cultes païens célébraient également le retour du soleil. Les chrétiens s'adaptèrent à ces coutumes en donnant à cette période le sens d'une célébration de ce qui était pour eux la venue de la vraie lumière, celle du Christ. Ainsi la fête de la Nativité fut-elle fixée au 25 décembre. L'heure de minuit est tout aussi symbolique : c'est celle qui marque l'arrivée d'un nouveau jour. La tradition fixant à minuit la naissance du Christ se réfère à un texte du livre de la Sagesse : « Alors qu'un silence paisible entourait toutes choses et que la nuit parvenait au milieu de sa course rapide, du haut des cieux ta parole toute-puissante s'élança du trône royal ». Or le Christ est le Verbe, la Parole de Dieu. Dès le IVe siècle, une hymne latine fait état de la naissance de Jésus au milieu de la nuit.

On conserva en Occident la date du 6 janvier (qui restait en Orient celle de la Nativité) pour fêter la « manifestation » (épiphanie) du Christ aux nations païennes, symbolisée par la venue des mages à Bethléem pour adorer Jésus nouveau-né. La fête de Noël prit en Occident une telle importance qu'on en fit le début de l'année liturgique ; au Xe siècle on la fit précéder d'une période de préparation, l'Avent (c'est-à-dire « avènement »), l'année liturgique commençant alors avec le premier dimanche de cette période (fin novembre-début décembre). ■

Nativité (art gothique XIIIe s.). Porche nord de la cathédrale de Chartres.

Ph. A. Allemand

Les couronnes de l'Avent

Dans le Nord principalement, il est d'usage de confectionner pour l'Avent des couronnes faites de branches de pin. Ces couronnes comportent quatre bougies qui sont allumées progressivement chaque dimanche d'Avent.

Ces bougies, dit-on, symbolisent les grandes étapes du salut.

Le 1er dimanche : la 1re bougie symbolise le pardon à Adam et Ève. Ils mourront sur la terre, mais ils vivront en Dieu.

Le 2e dimanche : la 2e bougie symbolise la foi des patriarches. Ils croient au don de la Terre Promise.

Le 3e dimanche : la 3e bougie symbolise la joie de David. Il célèbre l'Alliance et sa pérennité.

Le 4e dimanche : la 4e bougie symbolise l'enseignement des prophètes. Ils annoncent un règne de paix et de justice. ■

L'arbre de Noël

L'arbre de Noël n'est pas d'origine païenne germanique, mais une coutume chrétienne associant deux symboles religieux : la lumière et la vie.

Parmi les divers *mystères* (représentations religieuses) joués dans les églises ou sur leur porche à partir du XIe siècle, l'un connaissait un grand succès pendant l'Avent. Il évoquait le paradis terrestre, la création, le péché d'Adam et d'Ève, leur expulsion, pour se conclure par la promesse du Sauveur, dont on s'apprêtait à fêter la Nativité à Noël. Le paradis était figuré par un arbre chargé de fruits, placé au centre de la scène.

Après la disparition des mystères, l'arbre du paradis resta un des symboles des festivités de Noël : on établissait une correspondance entre la création de l'humanité, en Adam et Ève, et la naissance de Jésus, nouvel Adam venu régénérer cette humanité.

Cet arbre du paradis ne faisait d'ailleurs lui-même que rejoindre un symbolisme très ancien, qui voyait dans l'arbre une représentation du cosmos et de la vie ; cette représentation avait maintes fois été reprise par la Bible (arbre de la vie au paradis terrestre, arbre de Jessé figurant l'ascendance du Christ, arbre de la croix, arbre de la vie à nouveau dans l'Apocalypse...). Toutes ces représentations se rattachent au même thème central de la vie par Dieu et en Dieu.

L'arbre de Noël proprement dit apparaît en Alsace au XVIe siècle. Au siècle suivant, l'habitude se répand de l'illuminer avec des bougies. Au XIXe siècle, il se généralise dans l'Europe du Nord. L'épouse allemande du duc d'Orléans l'introduit en France en 1837. En 1912, la ville américaine de Boston a l'idée de dresser sur la place publique des arbres de Noël illuminés : l'initiative connaîtra un grand succès à travers tous les pays à tradition chrétienne, et même au-delà. ■

Saint Nicolas, petit Jésus et Père Noël

Dans l'Antiquité, on échangeait des cadeaux à l'occasion du solstice d'hiver, fête du renouveau ; à Rome, on le faisait en l'honneur de la déesse Strenia (d'où le nom étrennes). Dans les pays nordiques, le dieu Odin, à cheval sur un nuage, apportait aux enfants la récompense ou la punition de leur comportement par les objets qu'il déversait en pluie à leur intention. C'est l'une des origines du Père Noël.

Mais avant que s'établisse le règne, très récent, de ce dernier, ce fut d'abord à saint Nicolas qu'à l'époque chrétienne on attribua la mission de récompenser les enfants, la légende faisant de lui leur protecteur. Un chevalier lorrain avait ramené de la croisade une relique de ce saint, dont on sait peu de choses, mais dont le culte était déjà très répandu en Orient. Il devint très populaire en Lorraine, dans les Flandres et en Angleterre (Santa Claus) ; on disait aux enfants que, le jour de sa fête, le 6 décembre, il allait de toit en toit déposer les présents et les friandises dans les souliers disposés devant les cheminées. Il était parfois accompagné d'un « méchant » chargé de punir les enfants désobéissants.

Plus tard, l'Enfant Jésus prit la relève progressive de saint Nicolas (sans éliminer totalement celui-ci en Lorraine et dans les Flandres) ; on lui attribuait à peu près les mêmes fonctions, mais, évidemment, il opérait dans la nuit du 24 au 25 décembre et non plus dans celle du 5 au 6 décembre.

Le Père Noël vit le jour aux États-Unis au milieu du XIXe siècle sous la forme d'une réminiscence de saint Nicolas transformé en lutin ; puis on lui redonna une nouvelle vieillesse. Il s'introduisit en Europe après la Première Guerre mondiale et s'y imposa peu à peu, sous la double pression du monde du commerce et de ceux qui entendent fêter Noël sans référence religieuse. Ainsi disparaît la légende du Petit Jésus, laquelle, au demeurant, n'était pas sans présenter beaucoup de risques du point de vue de la pédagogie de la foi. Une célébration de Noël dans un esprit de foi n'en appelle pas moins le sens de la fête, à laquelle concourt la joie des cadeaux. ■

LE GUI ET LE HOUX

Le symbolisme de l'un et de l'autre est antérieur au christianisme. Le gui était, on le sait, une plante sacrée chez les Gaulois, cueillie par les druides. On lui attribuait des pouvoirs de guérison de maladies et de protection contre les sorts. Quand deux ennemis se rencontraient sous du gui, ils devaient observer une trêve jusqu'au lendemain, c'est l'origine du gui placé sur les portes ou au milieu d'une pièce comme signe de paix et d'hospitalité. Le baiser sous le gui était promesse de mariage et présage de bonheur. Tout ce symbolisme a aisément trouvé place dans les traditions chrétiennes de Noël.

Il en est de même pour le houx, auquel étaient, là encore, attribués des pouvoirs contre les sorts ou contre la foudre. Dans l'Europe du Nord, le christianisme donna un symbolisme religieux à cette plante, dans laquelle on vit l'évocation du buisson ardent de Moïse, de l'amour de Dieu dans le cœur de Marie, de la couronne d'épines de Jésus. ■

Ph. Lauros-Giraudon

Le sommeil des mages. Art roman bourguignon XIIe s. Chapiteau de la cathédrale d'Autun.

Les rois mages

L'*Évangile de Matthieu* (2,1-12) est le seul à relater l'épisode des mages venus d'Orient à Bethléem, sous la conduite d'un astre, pour adorer « le roi des Juifs qui vient de naître », et lui offrant en présents de l'or, de l'encens et de la myrrhe. Il s'agit pour cet évangéliste, qui s'adresse à des judéo-chrétiens persécutés par les Juifs, de montrer que Jésus est bien le Messie, et que se vérifie notamment la prophétie d'Isaïe (60,2-6) : « Tandis que les ténèbres s'étendent sur la terre et l'obscurité sur les peuples, sur toi se lève le Seigneur, et sa gloire sur toi paraît. Les nations marcheront à ta lumière et les rois à ta clarté naissante. Les richesses de la mer afflueront vers toi et les trésors des nations viendront vers toi (...). Des multitudes de chameaux te couvriront (...) Tous viendront de Saba, apportant l'or et l'encens, et proclamant les louanges du Seigneur ». De même, le psaume 72 annonçait un roi idéal, devant lequel « les rois les plus lointains, prosternés devant lui, ceux de Tarsis et de Saba, présenteront leurs dons et leurs tributs » (9-11).

C'est sur ces textes que s'est bâtie plus tard la légende concernant les rois mages, notamment avec les récits d'évangiles apocryphes. On s'accorda d'abord à les faire venir de Perse, où l'astrologie avait toujours été à l'honneur. Au Ve siècle, Origène et saint Léon le Grand adoptèrent le nombre de trois mages, que les références bibliques avaient déjà conduit à considérer comme des rois. La tradition de leurs noms remonte au VIIe siècle : Melchior, Balthasar (déformation de Balat-Shur-Usur, « Baal protège la vie du roi ») et Gaspard. Au XVe siècle, on leur attribua des races différentes : Melchior était blanc, Gaspard jaune, Balthasar noir, symbolisant ainsi l'ensemble de l'humanité. Quant à la galette, dont on fait attribuer les parts par un enfant caché sous la table (le petit roi ou l'enfant-soleil), elle se rattacherait à un culte solaire pré-chrétien dont une fête était célébrée le 6 janvier (après le solstice d'hiver). ■

Épiphanie

Dans le vocabulaire chrétien, le mot *épiphanie* (du grec *epiphaneia,* manifestation ; à rapprocher de *théophanie*, voir ce mot) désigne les manifestations de Dieu aux hommes, et plus précisément, son irruption dans le monde en un temps historique donné, en la personne de Jésus-Christ. C'est le sens profond de la fête de l'Épiphanie.

Celle-ci a vu le jour en Orient au VIe siècle où, dès l'origine, elle fut célébrée le 6 janvier ; elle y a été longtemps associée à la fête de la Nativité, dont la fixation au 25 décembre est plus tardive et d'origine occidentale. Après bien des discussions, les Églises d'Orient et d'Occident s'accordèrent pour fêter ensemble Noël le 25 décembre, la fête de l'Épiphanie restant, quant à elle fixée au 6 janvier.

Elle est restée en Orient la grande célébration des « Manifestations du Seigneur », essentiellement centrée sur le baptême du Christ. Ceci d'abord parce que ce baptême fut lui-même l'occasion d'une manifestation de Dieu le Père (« Celui-ci est mon fils bienaimé »... (Mt 3, 13 ss ; Mc 1,9 ss, etc.). Ensuite, parce que la célébration du baptême de Jésus tend à mettre en pleine lumière le sens spirituel de sa venue en ce monde.

En Occident, où l'on est moins spontanément mystique, la tradition populaire s'est davantage attachée à l'épisode des rois mages, associé à la Nativité célébrée quelques jours plus tôt. Cet attachement fut d'autant plus marqué qu'au récit de l'*Évangile de Matthieu* relatant la venue des mages (2,1-12) étaient venues s'ajouter les poétiques fictions du texte apocryphe connu sous le nom de « Protévangile de Jacques » (IIe siècle), qui avaient frappé les foules. La liturgie latine s'est donc employée, pour sa part, à mettre en relief le sens profond du récit de Matthieu : ces sages venus d'Orient, ces étrangers à Israël, sont la manifestation du caractère universel du salut apporté par le Christ. C'est ce que célèbre aujourd'hui la liturgie occidentale dans les jours qui suivent Noël.

La fête de l'Épiphanie, toujours célébrée le 6 janvier en Orient, l'est aujourd'hui en Occident le dimanche qui suit le 1er janvier ; il s'agissait en effet de redonner quelque éclat à une fête qui, contrairement à la coutume orientale, avait fini par revêtir un caractère par trop secondaire pour ne pas dire folklorique. ■

Lorsqu'un mot, une expression, un événement, une institution, un nom propre vous sont inconnus, consultez l'index.

AU SERVICE DES CÉLÉBRATIONS LITURGIQUES

Ph. Roger-Viollet

Autel de la première époque chrétienne provenant de Glanum près de St-Rémy de Provence.

AUTEL

Le mot vient du latin *altare,* autel, dérivé lui-même de *altus,* élevé. Dans le vocabulaire chrétien, c'est la table sur laquelle on célèbre la messe. Le nom évoque l'autel du Temple de Jérusalem sur lequel étaient offerts les sacrifices du culte juif : la messe est en effet, pour les chrétiens catholiques et beaucoup de chrétiens non catholiques, l'actualisation du sacrifice du Christ s'offrant lui-même pour le salut des hommes.
Le sacrifice eucharistique fut à l'origine célébré au domicile des premiers chrétiens, sous forme de repas fraternels (« agapes ») pris autour de tables ordinaires et rappelant la Cène. Par la suite, pendant et après les persécutions, il fut volontiers célébré sur la tombe de martyrs, eux qui avaient courageusement « confessé leur foi au Christ » (d'où le nom de confession donné à beaucoup de tombeaux de martyrs situés sous les autels, par exemple au plus célèbre d'entre eux, celui de saint Pierre à Rome).
C'est de là qu'est venue l'habitude d'édifier des autels en pierre au-dessus de tombeaux de saints (à défaut de tombeaux, et jusqu'en 1977, on s'imposa de placer au moins des reliques de saints au centre de la pierre d'autel).
Par la suite, les autels furent édifiés aussi bien en pierre qu'en bois (avec au moins une pierre d'autel en son centre en ce cas), selon une forme carrée — ou rectangulaire — et selon des styles plus ou moins ornementés (certains autels sont des œuvres d'art remarquables).
Aujourd'hui, la tendance est en faveur d'un style très simple ; on cherche à mettre en valeur dans l'autel son symbole de table du repas eucharistique, le repas de la Cène.
Haut lieu spirituel d'une église, puisque destiné à la célébration de l'eucharistie, l'autel symbolise le Christ qui, selon l'*Épître aux Hébreux* (13,10), est lui-même le véritable autel du nouveau Temple : il fait dès lors l'objet de multiples marques de respect (inclinations ou agenouillements, encensements, luminaire, décoration artistique ou florale...). Du reste, avant qu'à la faveur de la récente réforme liturgique on ne revînt à l'usage ancien de la célébration face au public, l'autel comprenait toujours un tabernacle, petite armoire où est conservée une réserve d'hosties consacrées ; le tabernacle se trouve le plus souvent aujourd'hui sur le pourtour du chœur ou dans une chapelle qui lui est réservée.
Pour souligner le caractère de l'autel, il est placé au milieu d'un espace plus ou moins vaste réservé aux célébrants, le chœur, et il y est édifié en surélévation ; ainsi, du reste, se trouve favorisée la participation de l'assemblée à la célébration. Dans ce but, le missel de Paul VI invite d'ailleurs à faire de l'autel un endroit dégagé, ce qui, dans un souci trop exclusivement décoratif (grilles de chœur, hautes stalles...) et dans une conception trop cléricale de la liturgie, avait été souvent perdu de vue ces derniers siècles. ■

La messe peut-elle être célébrée ailleurs que dans une église ?

Depuis le concile Vatican II, il arrive en France que la messe soit célébrée dans des maisons ou appartements particuliers. Ces pratiques naissent souvent dans des groupes qui veulent « célébrer » ensemble après avoir prié ou réfléchi ou vécu quelque chose d'important en commun. Elles peuvent être aussi justifiées par la distance physique ou psychologique du bâtiment église.

Sans encourager ces manières de faire, le Droit de l'Église les permet à condition, bien sûr, qu'il y ait une vraie raison (depuis les origines, une des raisons pastorales est la maladie ; on célèbre la messe dans une famille avec un malade mourant), que la célébration soit faite « dans un lieu honnête » et suivant les normes liturgiques. En pareil cas, on célèbrera sur une table (et non sur un autel) que l'on aura préparée avec une nappe, une ou plusieurs bougies, un crucifix, des fleurs. Le prêtre, généralement, apporte les objets liturgiques nécessaires à la célébration. ■

Qu'est-ce que ?

Antimansion. Pièce de tissu contenant des reliques et utilisée dans l'Église d'Orient pour célébrer la messe lorsqu'il n'y a pas d'autel.

Chœur. Du grec *khoros,* ensemble de chanteurs. C'est la partie d'une église réservée au déploiement de l'action liturgique. En son centre, ou d'une manière à occuper une position éminente, se trouve l'autel. Un ou deux ambons (ou pupitres) permettent de s'adresser à ceux qui ne sont pas dans le chœur (lectures, homélies, annonces...). Le clergé se tient dans le chœur.
Le mot *chœur* désigne aussi un groupe de chanteurs dont la fonction est d'aider l'assemblée par son chant. Depuis le renouveau liturgique, il est demandé au chœur de favoriser effectivement le chant de l'assemblée et non de se substituer à celle-ci.

Ciborium. Baldaquin de pierre, de bois ou de métal supporté par quatre colonnes et placé au-dessus d'un autel dans certaines églises.

Chapelle. Lieu dédié au culte et comportant un autel, soit à l'intérieur d'une église, soit à l'extérieur et dépendant d'elle, soit encore pour les besoins religieux d'une communauté particulière, religieuse ou non (écoles, hôpitaux, etc.) ; mais l'exercice du culte y est toujours subordonné à l'autorité ecclésiastique. On raconte que les rois de France transportaient le manteau de saint Martin (*capa*) lors de leurs batailles et que la tente abritant cette relique avait été appelée *capella* ; d'où *chapelle.*

Chapelle ardente. Salle revêtue de tentures sombres et éclairées par des cierges, où l'on dépose un défunt durant les heures qui précèdent son enterrement. La pratique de la chapelle ardente tend à devenir plus rare avec la simplification des rites funéraires. Le terme de chapelle vient du caractère religieux qui était toujours donné, à l'origine, à la disposition des lieux (crucifix, bénitier, luminaire...) et de la prière à laquelle ont toujours été invités les croyants venant se recueillir devant un défunt.

Lorsqu'un mot, une expression, un événement, une institution, un nom propre vous sont inconnus, consultez l'index.

Vêtements et couleurs liturgiques

Aux premiers temps de l'Église, les célébrants ne portaient pas de vêtements particuliers. C'est seulement à partir du IVe siècle qu'apparaissent les vêtements liturgiques, certains n'étant d'ailleurs que des éléments du vêtement romain conservés pour les célébrations, alors que le mode d'habillement de la population s'était modifié avec les invasions barbares.

C'est le cas de **l'aube** (du latin *alba*, dérivé de *albus*, blanc), vêtement que les Romains portaient sous la toge. L'aube liturgique est une tunique de toile blanche pourvue de manches étroites, et serrée à la taille par un cordon ; elle est portée sous la chasuble, la chape ou la dalmatique, pour célébrer la messe ou lors des processions, bénédictions solennelles, offices festifs ou funéraires.

L'aube est le plus souvent remplacée aujourd'hui par **l'aube-coule,** ample vêtement blanc rappelant la coule des moines. Pourvue de larges manches, parfois d'un capuchon, elle se porte sans cordon et s'évase vers le bas.

Le surplis (de toile) et le **rochet** (de dentelle) s'arrêtent à mi-jambe ; vêtements de chœur, ils sont le plus souvent remplacés aujourd'hui par l'aube-coule.

La chasuble, dont la forme a quelque peu varié au cours des siècles, pour revenir aujourd'hui à sa forme primitive, est une sorte de manteau ample, de la forme de deux demi-cercles juxtaposés retombant sur la poitrine et sur le dos, pourvue d'une ouverture pour le passage de la tête. La chasuble n'a pas de manches. Portée par le prêtre pour la célébration de la messe, sa couleur dépend du temps liturgique ou des circonstances de la célébration.

L'étole, portée sur l'aube ou le surplis, est une bande d'étoffe d'environ 2,60 m de longueur et 10 à 12 cm de largeur, habituellement ornée de trois croix. Sa couleur est également appropriée au temps et aux circonstances de la liturgie. L'étole est réservée aux diacres, aux prêtres et aux évêques. Les diacres la portent sur l'épaule gauche, en écharpe ; les prêtres et les évêques la portent sur les deux épaules, ses extrémités étant croisées sur la poitrine sous la chasuble lorsque les prêtres sont revêtus de celle-ci.

La dalmatique est le vêtement liturgique du diacre, sorte de tunique courte et étroite avec manches longues et larges. La dalmatique se met sur l'aube, de la même façon que la chasuble. Elle est de plus en plus réservée aux célébrations solennelles, le diacre étant le plus souvent revêtu aujourd'hui de l'aube-coule et de l'étole en écharpe. ■

Ornements

Comment s'habiller devant Dieu ?

Selon le livre de la Genèse (2,25), avant la chute Adam et Ève étaient nus ; il existe un certain courant, dans la tradition, d'un nudisme devant Dieu. David danse nu, avec un pagne, devant l'arche (2S,6-14). Gnostiques, Bégards, Turlupins, Adamites ont cru au cours des siècles — pour des raisons diverses allant de la pauvreté devant Dieu au rêve d'innocence — que l'on devait se présenter nu devant Dieu.

Un autre courant de pensée, minoritaire, traverse l'histoire de l'Église : selon lui, on ne doit pas se présenter devant Dieu, pour le célébrer, comme on se présente devant les hommes. Avant l'empereur Constantin (313), puis dans les Églises de la Réforme, et enfin à notre époque dans certains groupes catholiques, ce courant a pu rencontrer quelque succès. En fait, dans les temps modernes, il a été souvent une forme de refus de l'ordre sacramentel et hiérarchique.

Reste que, dans l'histoire, l'immense majorité des hommes de Dieu ont tenu à signifier, par des vêtements spécifiques, leur rôle dans la communauté et leur séparation du monde ordinaire. L'ornement est d'abord signe et communication. Suivant les époques, la richesse des ornements servira plus ou moins à dire la grandeur de Dieu ; la blancheur indiquera une certaine simplicité et évoquera la pureté de Dieu ; l'ampleur permettra de renforcer l'autorité de celui qui parle en son nom, etc.

L'Église catholique n'a pas innové en matière d'ornements liturgiques. Chaque époque a repris, en les modifiant, des vêtements des époques précédentes (et ce, en remontant jusqu'à la fin de l'Empire romain). Dans l'*Ordo missae* de 1969 (livre qui donne les règles de la célébration de la messe en Occident), il est précisé que l'aube est le vêtement commun de tous les ministres, les autres ornements servant à distinguer les diverses fonctions dans la liturgie. Il n'est pas fait mention de la possibilité de célébrer en vêtements ordinaires. ■

Ph. Rapho

Prêtre revêtu de l'aube-coule et de l'étole

Qu'est-ce que ?

Amict. Ornement liturgique dont le prêtre recouvre ses épaules et son cou. Linge de toile fine, il a la forme d'un rectangle aux coins duquel sont fixés des cordons que l'on croise dans le dos avant de les attacher sur la poitrine. Une croix est brodée au centre.
De nos jours, les nouveaux vêtements liturgiques ne nécessitent plus le port de l'amict.

Barrette. Même origine que *béret.* Coiffure ecclésiastique en forme de toque quadrangulaire, portée au chœur, plus rare depuis la réforme liturgique ; noire pour les prêtres, noire avec liseré violet pour les chanoines, violette pour les évêques, rouge pour les cardinaux. Sa remise à un nouveau cardinal par le pape (au lieu de l'ancien chapeau de cardinal) marque son introduction dans le Sacré Collège ; en France, avant le concile, il était de tradition qu'elle fût remise par le président de la République, ainsi que le fit encore le président Auriol au cardinal Roncalli, nonce à Paris (futur Jean XXIII).

Gothique (vêtement liturgique). L'adjectif « gothique » appliqué à des vêtements liturgiques désigne une forme de chasuble s'inscrivant approximativement dans un long rectangle et comportant en son milieu une ouverture pour le passage de la tête ; l'étole qui l'accompagne est courte et étroite.

Huméral (voile) (du latin *humerus*, épaule). Ce vêtement liturgique se présente sous la forme d'une longue écharpe posée sur les épaules et dont les extrémités recouvrent les mains de celui qui tient un objet sacré : par exemple, pour la bénédiction donnée par un prêtre avec l'ostensoir et le ciboire ; ou, autrefois, pour le port de la patène par le diacre durant une partie de la grand-messe.

CHAPE

L'Instruction romaine du 21 juin 1968 fixant les rubriques concernant les vêtements liturgiques déclare : « Le pluvial ou chape est utilisé par le prêtre pour les processions ou pour d'autres actions sacrées, selon les rubriques propres à chaque rite ».
En fait, la chape est la version liturgique d'un vêtement d'extérieur porté par les Romains. C'est une grande pièce de tissu semi-circulaire tenue par une agraphe. Quelquefois la chape est doublée dans le haut du dos.
Elle peut être utilisée pour toutes les cérémonies liturgiques autres que la messe (baptême, enterrement, etc.) par tous les ministres ordonnés. Son utilisation dans la liturgie remonte aux premiers rituels franco-germaniques (Ve siècle) et elle connut un très grand usage au Moyen-Âge où elle servait à protéger du froid des églises. Elle est aujourd'hui employée plus rarement. ■

SOUTANE

Le mot soutane (de l'italien *sottana,* littéralement vêtement de dessous parce qu'elle est portée sous les vêtements liturgiques), désigne la robe longue portée par les clercs comme en ont longtemps porté tous les gens de savoir : médecins, gens de justice, professeurs... Elle avait pris la suite des vêtements longs communément portés dans les pays latinisés avant les invasions barbares ; il en est resté, outre la soutane ecclésiastique, les toges ou robes de magistrats, d'avocats, de greffiers et, dans les cérémonies officielles, de professeurs d'université.
La soutane ecclésiastique a été le vêtement habituel du clergé du XVIIIe siècle jusqu'à une époque récente. C'est une robe longue boutonnant par devant du haut en bas, souvent serrée à la taille par une large ceinture de

▶

▶

tissu. Sa couleur est noire pour les prêtres, violette pour les évêques, rouge pour les cardinaux, blanche pour le pape ainsi que pour le clergé des pays de climat chaud.
Elle est de plus en plus remplacée par la tenue de clergyman (vêtement sombre, avec col romain), ou par un vêtement ordinaire ; en ce cas, beaucoup de prêtres se signalent par une petite croix de métal au revers de la veste. Lors des célébrations liturgiques les prêtres revêtent le plus souvent aujourd'hui de longues aubes blanches qui n'appellent pas le port de la soutane ; surplis et camails, qui étaient mis par-dessus la soutane, sont beaucoup moins utilisés. ■

TABERNACLE

Ph Pinoges-CIRIC

La traduction de la Bible en latin connue sous le nom de Vulgate désigne par le mot *tabernaculum* la tente constituant le sanctuaire portatif qui, durant le séjour des Hébreux au désert, abritait à chaque étape l'Arche de l'Alliance ; cette dernière servait à transporter les tables de la Loi. Cette tente était dès lors considérée comme la demeure de Yahvé parmi son peuple ; après l'installation en Canaan, elle fut remplacée par le Temple bâti par Salomon. Le mot *tabernaculum* a été repris par l'Église catholique ; c'est le tabernacle de nos églises.

Celui-ci est la petite armoire destinée, depuis le XVIe siècle, à conserver les hosties consacrées (« réserve eucharistique »). Il a toujours été placé sur l'autel jusqu'au moment où la célébration face au public a généralement conduit, ces dernières années, à le disposer soit dans le chœur à proximité de l'autel, soit dans une chapelle où les fidèles peuvent aller se recueillir entre les offices. Une petite lampe signale la présence de la réserve eucharistique. ■

OSTENSOIR

Le mot vient du latin *ostensio,* action de montrer, dérivé de *ostendere,* mettre en avant, présenter. Cet objet du culte n'apparaît pas avant le XIIIe siècle ; il est destiné à présenter à l'adoration des fidèles l'hostie consacrée. On le place sur l'autel pour les saluts du Saint Sacrement ou les moments d'adoration silencieuse ; il est porté en procession solennelle (par exemple, dans les processions de la Fête-Dieu). Il peut présenter plusieurs formes ; celle qui a longtemps prévalu est la « tour » ou « monstrance », constituée d'un cylindre de verre, dans lequel était placée l'hostie, monté sur un pied ; sa forme rappelait celle de beaucoup de reliquaires, dont il était dérivé.

La forme la plus répandue aujourd'hui est le soleil ; c'est un disque plus ou moins ouvragé, généralement entouré de rayons, au centre duquel est placé la custode de verre contenant l'hostie, le tout monté sur un pied par lequel on peut le saisir. Certains ostensoirs anciens constituent des pièces d'orfèvrerie figurant parmi les grandes œuvres d'art. ■

Qu'est-ce que ?

Ampoule. Récipient destiné à contenir des huiles bénites. La plus célèbre est la Sainte Ampoule, que, selon la légende, une colombe apporta pour la consécration royale de Clovis par saint Rémi en 496 ; la Sainte Ampoule fut utilisée pour le couronnement de tous les rois de France depuis lors. Cassée en 1793, on arriva à se servir de ce qui en restait pour le couronnement de Charles X en 1825.

Burettes. Petits vases contenant le vin et l'eau pour la messe.

Calice. Coupe contenant le vin consacré en Sang du Christ pendant la messe. Jusqu'à la récente réforme liturgique elle devait être en or ou en argent doré comme tout objet en contact avec les espèces consacrées. Maints orfèvres à travers les âges ont fait de calices des œuvres d'art.

Ciboire. Vase sacré, en général fermé d'un couvercle, destiné à contenir les hosties consacrées soit pour les conserver dans le tabernacle soit pour les distribuer aux fidèles qui communient.

Colombe. Dans les Églises chrétiennes, l'image de la colombe est liée à la présence de l'Esprit Saint (Mc 1.10). Les Méditerranéens savent qu'une colombe familière peut vous avoir accompagné silencieusement et être là alors qu'on ne s'en doute pas. Incontestablement, c'est à cette origine qu'il faut rattacher la « colombe eucharistique » utilisée comme tabernacle, autrefois plus fréquemment qu'aujourd'hui. On trouve une telle « colombe eucharistique » à la cathédrale d'Amiens.

La colombe est aussi dans l'Église, comme ailleurs, utilisée comme symbole de la paix. Elle a alors un rameau d'olivier au bec et rappelle la colombe du Déluge qui, revenant vers l'Arche avec cette petite branche, annonçait la décrue des eaux et donc le retour au calme.

Corporal (du latin *corpus,* corps, dans le sens de Corps du Christ). Linge consacré, rectangulaire, que le prêtre étend sur l'autel au début de la messe pour y placer la patène (coupe dans laquelle est placée l'hostie) et le calice.

Coupe Nom fréquemment donné aujourd'hui au calice.

Crucifix (du latin *crucifixus,* dérivé de *crucifigere,* fixer sur la croix). Objet représentant le Christ sur la croix (en bois, en métal, en ivoire, etc.). Voir Index.

Custode (du latin *custodia,* garde). Petite boîte ronde en métal doré dans laquelle on dépose une ou quelques hosties consacrées pour les porter aux malades ; boîte ronde dans laquelle on place une hostie consacrée pour être exposée dans l'ostensoir à la vénération des fidèles.

Lunule (du latin *lunula,* petite lune). Deux plaques de verre cerclées de métal doré enserrent une hostie pour la placer au centre de l'ostensoir.

Oblats (du latin *oblatum,* offert). Nom donné au pain et au vin offerts à la messe, avant leur consécration.

Patène (du latin *patena,* petit plat). Plat (consacré avec du saint chrême) sur lequel on dépose l'hostie durant la messe ; sa forme est conçue de manière à pouvoir être posée sur le calice, autre vase sacré utilisé pour la célébration eucharistique.

Pixide (du grec *puxis*). Custode en bois puis en métal qui a longtemps servi à garder et à porter le Saint Sacrement.

Purificatoire. Linge avec lequel le prêtre essuie ses lèvres, ses doigts, le calice après la communion, par respect pour le Corps et le Sang du Christ.

Réserve eucharistique (ou sainte Réserve). Hosties consacrées conservées dans le tabernacle d'une église en vue d'être portées aux malades, ou distribuées lors d'une assemblée dominicale en l'absence de prêtres, ou encore proposées à l'adoration des chrétiens dans une liturgie du Saint Sacrement.

Patène avec hosties. Calice contenant le vin.

Lorsqu'un mot, une expression, un événement, une institution, un nom propre vous sont inconnus, consultez l'index.

LES SIGNES DISTINCTIFS DE L'ÉVÊQUE

Aujourd'hui, en dehors des célébrations liturgiques, la plupart des évêques ne portent que deux insignes distinctifs : l'anneau pastoral, symbole de fidélité au peuple chrétien dont ils ont la charge, qui se porte à l'annulaire droit, et la croix pectorale, suspendue sur la poitrine par une chaînette ou un cordon passés autour du cou.

Au cours des célébrations liturgiques, l'évêque porte généralement la calotte violette et, selon le cas, soit l'aube et la chasuble s'il célèbre, soit, en cas contraire, l'aube sur laquelle repose sa croix pectorale, ou encore la tenue de chœur épiscopale : soutane noire bordée de violet, rochet, mosette violette, sur laquelle repose la croix pectorale. Lorsqu'il préside une célébration solennelle, il porte à certains moments la mitre, coiffure à deux pointes dont l'origine est obscure ; et il tient en main la crosse ou bâton pastoral, qu'on rapproche de la houlette du berger. Mitre et crosse sont les insignes de l'évêque en responsabilité pastorale au sein de son peuple : il les porte par exemple lorsqu'il donne sa bénédiction, ou lorsqu'il se rend solennellement au chœur en traversant le peuple rassemblé, ou durant les processions ; il porte la mitre lorsqu'il confirme, ordonne, consacre. ■

MITRE

(De l'égyptien *mythra*, le bandeau). La *mitre* est une coiffure de cérémonie portée par les évêques et certains abbés. L'origine de ce couvre-chef n'est pas connue. Il semble qu'elle soit apparue sous le nom de *phrygime* comme coiffure non liturgique des papes vers les IXe ou Xe siècles. C'est deux siècles plus tard qu'elle apparaîtra dans les ordinations épiscopales.

La forme de la mitre a beaucoup évolué. Partant d'une forme conique avec deux fanons, le cône est devenu rapidement comme fendu en deux, la fente étant portée d'avant en arrière. C'est vers le XIIIe siècle que, petit à petit, la mitre a pris sa forme et sa position actuelles, avec la fente de droite à gauche. ■

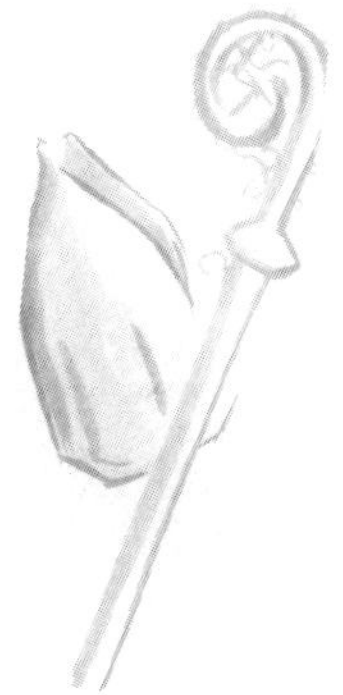

Mitre et crosse de l'évêque.

CROSSE

Bâton pastoral d'évêque, d'abbé ou d'abbesse, dont l'extrémité supérieure est recourbée, cette courbe étant fréquemment celle de la volute. La crosse est, avec la mitre, l'anneau pastoral et la croix pectorale, l'un des insignes de la charge de l'évêque. Son origine est discutée : houlette du pasteur (qui est le véritable sens qu'on lui donne) ou canne (lituus) des pontifes et augures de la religion romaine païenne. La crosse était en bois à l'origine ; elle est le plus souvent en métal aujourd'hui, et plus ou moins ouvragée, encore que la tendance actuelle soit au plus sobre dépouillement. Dans les célébrations solennelles l'évêque marche ou se tient la crosse à la main ; la crosse est tournée en avant, comme symbole de sa responsabilité vis-à-vis du peuple qui lui est confié ; l'abbé ou l'abbesse, au contraire, la tiennent tournée vers eux pour signifier que leur juridiction est limitée à l'intérieur de leur abbaye. Dans les Églises orientales, la crosse est réservée aux seuls patriarches. ■

ANNEAU

L'anneau est porté constamment par l'évêque (à la main droite) comme signe du lien spécial qui l'unit à son diocèse. L'anneau est la caractéristique de l'évêque depuis le VIIe siècle. A l'origine, il comportait souvent un fragment de relique.
L'anneau du pêcheur est l'anneau que le cardinal camerlingue place au doigt du nouveau pape... et détruit à sa mort. Il est mentionné pour la première fois en 1265 et sert à sceller les textes officiels du pape. Il est ainsi appelé parce que sa gravure représente saint Pierre en train de pêcher (« Je ferai de vous des pêcheurs d'hommes », avait dit Jésus en appelant Pierre et André en train de pêcher, Mc 1,17). ■

TIARE PAPALE

(Du latin *tiara,* emprunté à un mot d'origine perse). Dans l'antiquité la tiare était une coiffure d'apparat, de forme conique, portée par de grands dignitaires de l'Orient, notamment de l'Égypte.

La tiare comme coiffure propre au pape remonte probablement au XIe siècle ; son origine est obscure ; elle deviendra peu à peu le symbole du pouvoir temporel et même impérial des papes ; elle recevra une première couronne à la fin du XIIe siècle avec Innocent III, en pleine querelle du Sacerdoce et de l'Empire ; puis une seconde couronne à la fin du XIIIe siècle avec Boniface VIII (aux prises avec Philippe le Bel) ; enfin une troisième couronne au XIVe siècle avec Benoît XII, pape d'Avignon. La richesse de l'ornementation de la tiare atteindra des proportions incroyables ; Jules II, au XVIe siècle, en fit confectionner une comportant un rubis de 120 carats surmonté d'une énorme perle.

Mais peu à peu ce symbolisme du pouvoir temporel alla en s'estompant, pour ne laisser place qu'à celui du seul pouvoir spirituel. C'est à ce titre que la tiare figure encore aujourd'hui, avec les clefs de saint Pierre, dans les armes pontificales.

Aujourd'hui l'expression « coiffer la tiare » pour désigner l'accession à la papauté ne correspond plus à la réalité. Car Jean XXIII fut le dernier pape à se faire couronner de la tiare. Paul VI, élu en plein concile Vatican II, rompit de manière significative avec l'usage séculaire en excluant pour lui le port de cette coiffure ; le pape étant d'abord l'évêque de Rome, Paul VI ne coiffa jamais que la mitre, dont le symbolisme est essentiellement de caractère pastoral ; il ne pouvait plus clairement manifester sa communion d'esprit avec les orientations conciliaires. Ses successeurs sont restés fidèles à cette nouvelle manière de faire, qui a probablement rangé pour toujours la tiare au rang de pièce de musée. ■

Qu'est-ce que ?

Croix pectorale. Croix de métal que l'évêque porte à la poitrine. Elle est suspendue grâce à une chaîne ou à un cordon passés autour du cou.

Gremial. Linge en lin blanc placé sur les genoux de l'évêque pendant certaines cérémonies, comme celle de l'onction des mains des nouveaux prêtres.

Mosette ou mozette (de l'italien *mozetta*). C'est le camail (petite pèlerine courte arrivant à mi-bras) que portent certains dignitaires ecclésiastiques (rouge pour les cardinaux, violette pour les évêques, noire avec liseré violet pour les chanoines).

Pallium. Tissé à partir de la laine bénite le jour de la Sainte-Agnès, c'est une sorte de large collier de tissu (avec deux bandes pendantes marquées de six croix) que le pape porte sur ses épaules pendant les célébrations liturgiques. D'origine indécise, il est devenu un des signes de sa fonction ; il est également l'insigne distinctif des archevêques ; c'est le pape lui-même qui la leur remet.

Qu'est-ce que ?

Cierge pascal. Chaque année, pendant la vigile pascale, dans chaque paroisse est béni et allumé un grand cierge sur lequel on a gravé le millésime de l'année en cours, une croix, les A et Ω, première et dernière lettres de l'alphabet grec. Ce cierge, allumé solennellement dans la nuit et acclamé au cri de « Lumière du Christ », signifie la présence vivante du Christ dans l'Église. Il est placé dans le chœur de l'église jusqu'à l'Ascension, servira ensuite à éclairer chaque baptême de l'année, et, fréquemment aujourd'hui, à allumer les cierges disposés autour du cercueil lors des funérailles chrétiennes.

Les lettres grecques *Alpha* et *Oméga* symbolisent le début et la fin, et sont appliquées par le livre de l'*Apocalypse* (22, 1,8 ; 1,17 ; 22,13) au Christ, principe et fin de toutes choses.

Encens. Résine tirée de plusieurs plantes et qui, en brûlant, dégage une odeur parfumée. Faire brûler de l'encens est une pratique très ancienne, commune à de nombreuses religions pour honorer leurs divinités ; les Juifs en brûlaient journellement sur l'autel des parfums du Temple de Jérusalem.

Dans les liturgies chrétiennes, l'encensement est resté une marque d'honneur, aussi bien vis-à-vis des diverses formes de présence ou de représentation du Christ (espèces consacrées, livre d'Évangile, croix, autel, cierge pascal, images...) que des personnes (reliques de saints, célébrants, fidèles, corps des défunts aux funérailles...) ; la fumée de l'encens s'élevant vers le ciel est le symbole de la prière montant vers Dieu.

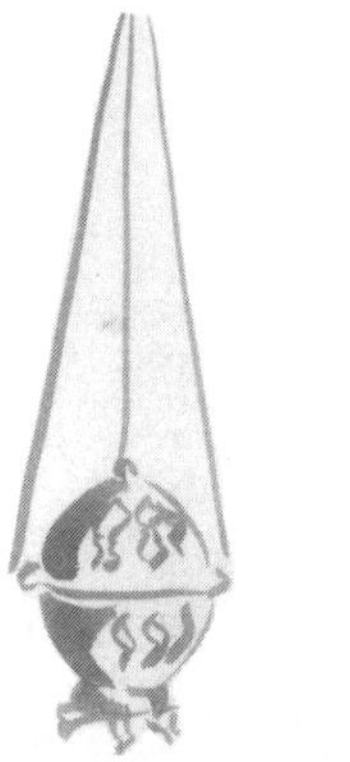

Encensoir.

LAMPE DE SANCTUAIRE

Alors que les Juifs plaçaient une lampe devant leur sanctuaire, la lampe allumée perpétuellement devant un tabernacle où se trouve le Saint Sacrement n'est pas authentifiée avant le XIIIe siècle. Cette lampe invite au respect et à la prière. ■

CIERGES, LAMPES

L'Église catholique fait un abondant usage de cierges et de lampes. A chaque messe ou devant le Saint Sacrement, devant des statues de saints ou pendant la nuit pascale, au baptême ou autour du corps lors des funérailles, la lumière est toujours présente. Mais quelle est sa signification ? La lumière éclaire, elle est symbole de la vérité : le Christ est « lumière pour éclairer les nations » (Lc 2,32). Elle rassemble autour d'elle, et rassure. Elle est signe de fête et de joie, de respect et d'honneur. La flamme suggère la prière fervente, parfois hésitante, qui monte vers Dieu.

A vrai dire, l'utilisation de la lumière n'est pas une idée neuve. Déjà l'Ancien Testament rappelle que, dans le Temple de Jérusalem, considéré comme le lieu de la présence de Dieu, se trouvait un candélabre à sept branches où des lampes à huile brûlaient perpétuellement (voir Index). Le Nouveau Testament atteste qu'à certaines célébrations chrétiennes, il y avait aussi beaucoup de lumière (Ac 20,8). Mais il est difficile d'être sûr qu'elles avaient une fonction symbolique car la célébration évoquée se déroulait de nuit ! Tertullien († 200) se moque de « l'inutile lumière des lampes allumées à midi » (Apôtres 46) chez les païens. Ce qui tendrait à prouver que les chrétiens d'alors étaient loin de l'usage actuel. Dès le IIIe siècle, les prières et les témoignages sur l'utilisation de la lumière se multiplient... Mais l'habitude des empereurs romains de se faire précéder d'acolytes (*akouletos,* serviteur), porteurs de torches, a certainement servi de modèle. On a ainsi voulu marquer la dignité du pape, puis des autres évêques, puis des prêtres allant célébrer la messe. Et ce n'est que petit à petit que les cierges sont restés une décoration permanente sur les autels. ■

Les saintes huiles

Trois sortes d'huile sainte sont utilisées dans la liturgie.

L'huile des exorcismes ou des catéchumènes

Son symbolisme est clair : elle doit fortifier le futur baptisé dans son combat avec le péché — comme l'huile fortifie le lutteur — et le prépare ainsi au baptême proprement dit. Son usage est aujourd'hui facultatif. Elle est bénie par l'évêque lors de la messe chrismale, mais, à certaines époques, tout prêtre pouvait le faire.

L'huile des infirmes ou des malades

Son symbolisme n'est plus immédiatement évident : l'huile sert à fortifier (qu'on pense aux onguents) et elle est à la fois symbole de vie et de richesse. Elle était consacrée autrefois au cours du canon de la messe après la bénédiction à Dieu pour les biens de la terre. Elle est aussi symbole de purification. Elle est utilisée dans la célébration du sacrement des malades. Elle est également bénie, par l'évêque, lors de la messe chrismale.

Le saint chrême

Son symbolisme est clair : l'huile est signe de richesse et de bénédiction de Dieu. Elle est signe de joie (qu'on songe aux fards et aux huiles parfumées). Elle est aussi marque indélébile. Le parfum du saint chrême, huile mélangée de balsame, signifie la plénitude des dons que l'Esprit Saint procure. Son usage est prescrit dans tous les sacrements qui confèrent ce que les théologiens appellent un « caractère », une marque définitive : le baptême, la confirmation, l'ordre. Il est également utilisé pour la consécration des églises, des autels et des cloches. Il est, lui aussi, béni par l'évêque lors de la messe chrismale. ■

LE MISSEL

Du latin *missa,* messe. Livre regroupant les textes des prières et les descriptions des actes liturgiques s'appliquant à la messe pour tous les jours de l'année. Ce livre est composé de trois parties : l'*ordinaire de la messe*, le *propre des saints* et le *propre du temps.* Le premier missel est celui du pape Gélase († 496). Il se répandit et se diversifia petit à petit. Il reçut de Pie V en 1570 une forme commune pour l'ensemble du rite romain : c'est le missel romain. Le texte de 1570 fut revu par Clément VIII en 1604, Urbain VIII en 1634, Léon XIII en 1884 et 1898. Le concile Vatican II en ordonna une refonte complète. Paul VI publia le nouveau missel le 26 mars 1970.

Ce missel se caractérise par plusieurs prières eucharistiques (alors qu'il n'y en avait qu'une auparavant, le Canon romain). On y trouve un grand nombre de nouveaux textes de préfaces, de nouvelles oraisons, soit tirées de livres anciens, soit créées de toutes pièces. (Les lectures de l'Ancien et du Nouveau Testament propres à chaque jour font l'objet d'un autre livre liturgique, le *lectionnaire.* Voir p. 935). A partir de cette édition romaine, en latin, les conférences épiscopales de chaque pays ont pu veiller à la traduction de ces textes en langue courante, désormais autorisée par le Concile. Avec ces traductions, les éditeurs proposent des missels abrégés destinés aux fidèles, que l'on appelle aussi *missels.* Aucun aujourd'hui ne peut contenir toutes les prières ou les lectures des messes, à cause du nombre accru de textes. Les plus répandus sont les missels des dimanches, contenant les prières et lectures des dimanches et fêtes principales. Il existe aussi des missels pour les jours de semaine. On peut disposer, mois par mois, de la messe de chaque jour de l'année, dimanche et semaine, par abonnement aux fascicules mensuels *Prions en Église* (Bayard Presse). ■

ORDO

Dans le français ecclésiastique courant, deux livres (qui, dans certains diocèses, sont réunis) sont appelés *ordo* (du latin *ordo, ordinis,* l'ordre, le rangement, la succession chronologique ou organisée) :

L'ordo liturgique est un petit fascicule, publié chaque année dans chacun des diocèses et des grands ordres religieux, qui donne, pour chaque jour de l'année, les normes pour la célébration de la messe et de l'Office.

L'ordo administratif donne, pour chaque année, les titulaires de toutes les fonctions officiellement exercées au service de l'Église dans un diocèse. Selon les diocèses, seules y figurent les fonctions exercées par des ministres ordonnés, ou, en outre, celles confiées à des laïcs. ■

Ph. Hachette

Les faneurs ou le Mois de Juin ; extrait des Très Riches Heures du duc de Berry. Manuscrit enluminé par les frères Limbourg (XVe s.). Musée de Chantilly.

Les livres liturgiques

Ce sont les livres officiels de la prière publique de l'Église. Pour les communautés de rite latin, ils sont établis et promulgués sous la responsabilité des Conférences épiscopales des différents pays, et confirmés par la Congrégation romaine pour le Culte et les Sacrements.

Le *Livre des bénédictions* contient les rites et prières sur les personnes, les lieux et les objets pour y reconnaître la présence de Dieu et implorer son secours.

Le *Lectionnaire* comporte les lectures de la Bible choisies pour les célébrations de la Messe et des Sacrements.

Le *Missel* contient toutes les prières de la messe durant l'année et pour des circonstances particulières.

Le *Martyrologe* donne la liste des martyrs et des saints, établie suivant la date de leur fête, généralement au jour anniversaire de leur mort.

Les *Rituels* comportent les rites et prières pour les différents sacrements et bénédictions particulières.

La Liturgie des heures : c'est le livre de l'Office divin. ■

Lorsqu'un mot, une expression, un événement, une institution, un nom propre vous sont inconnus, consultez l'index.

Qu'est-ce que ?

Consignation. Inscription sur un registre paroissial d'un acte relatif à la vie de l'Église (baptême, mariage...).
Nom donné quelquefois à la confirmation, surtout lorsqu'elle est célébrée en même temps que le baptême.

Kyriale. Nom d'un livre latin rassemblant les différentes partitions des chants de l'ordinaire de la messe (Kyrie, Sanctus, Agnus, Ite Missa est). Ce livre s'appelle ainsi parce que les Kyrie s'y trouvaient au début. Une version officielle du Kyriale a été publiée par Pie X. Elle contenait 18 « messes ».

Pontifical. Dérivé de pontife, ce mot qualifie tout ce qui se rapporte à l'évêque ou au pape. Messe pontificale : messe présidée par l'évêque ou le pape. Insignes pontificaux : insignes propres à l'évêque (l'anneau, la croix pectorale, la crosse, la mitre) ou au pape. Le « Pontifical romain » décrit les fonctions liturgiques propres aux évêques (confirmations, ordinations, dédicaces des églises, etc.). Celui actuellement en vigueur, qui date de 1961, est considérablement simplifié par rapport à celui qui le précédait (depuis 1595, avec quelques corrections ultérieures).

Paroissien. Le mot a deux sens :

1. Membre d'une communauté paroissiale, personne qui dépend d'une paroisse.
2. Nom autrefois donné aux missels imprimés en France depuis le XVIIe siècle. Généralement écrit en latin et en français, ils donnaient une place importante à la messe, aux vêpres et aux exercices de dévotion. Souvent, ils comportaient des éléments pour le chant. Le nom employé aujourd'hui est « missel » (du latin *missa*, messe). (Voir ce mot).

Rubriques (du latin *rubrica,* écrit en rouge). Le mot tire son origine du fait que les indications pratiques données aux célébrants (gestes, choix des prières, etc.) figuraient en rouge dans les missels. Plus tard sont venus s'ajouter des recueils exclusivement consacrés à la description des rites (Cérémonial, Rituel...). C'est tout à la fois l'ensemble et chacune des indications concernant le déroulement des célébrations liturgiques qui constituent les Rubriques ; elles sont soit préceptives (impératives) soit directives (proposées).

ANGELUS

Prière en trois versets, en l'honneur de l'Incarnation du Christ, dont les premiers mots sont « Angelus Domini... » « L'Ange du Seigneur... ». Un Ave Maria suit chaque verset, une oraison conclut le tout. L'Angelus se récite trois fois par jour, le matin, à midi, le soir, au signal d'une sonnerie caractéristique de cloches appelée elle aussi *Angelus* (trois fois trois coups, suivis d'une sonnerie en volée) qui rythmait autrefois la vie des bourgs et des cités (tableau célèbre de Millet) ; la sonnerie, dont l'usage fut généralisé par la papauté aux XVe et XVIe siècles, trouverait son origine dans une pratique en honneur depuis le XIIe siècle à la cathédrale Saint-Pierre de Saintes ; elle est encore en usage dans les monastères et beaucoup d'églises. ■

L'Angelus

• L'Ange du Seigneur annonça à Marie.
Et elle conçut du Saint-Esprit.
Je vous salue Marie...
• Voici la servante du Seigneur.
Qu'il me soit fait selon votre parole.
Je vous salue Marie...
• Et le Verbe s'est fait chair.
Et il a habité parmi nous.
Je vous salue Marie...
• Priez pour nous, sainte Mère de Dieu.
Afin que nous soyons dignes des promesses de Jésus-Christ.
• Prions :
Répands, Seigneur, ta grâce en nos cœurs, afin qu'ayant connu par la voix de l'Ange l'Incarnation de Jésus-Christ ton Fils, nous arrivions par sa passion et sa croix à la gloire de la résurrection.
Par le même Jésus-Christ notre Seigneur. Amen.

Qu'est-ce que ?

Exhortation (du latin *exhortatio*). Dans le vocabulaire ecclésiastique le mot désigne, d'une part, l'incitation pressante d'un supérieur visant à obtenir d'une personne qu'elle accomplisse ou n'accomplisse pas tel ou tel acte, d'autre part, une prédication ou une causerie invitant les auditeurs au progrès spirituel.

Votif (du latin *votum*, vœu). Tout ce qui se rattache à un vœu, par exemple offrande votive, messe votive... (Voir Vœu)

Messe votive. Messe célébrée dans une occasion particulière ou dans un but particulier. Très en honneur autrefois, la pratique des messes votives ne rencontre pas le même appui dans le missel romain de 1970, qui ne compte plus que seize messes votives (la Trinité, le Saint Sacrement, etc.). Ces messes votives peuvent être dites, chaque jour, sans fête particulière. L'évêque peut prescrire des messes votives solennelles dans certains cas (par exemple pour l'élection d'un pape).

Profession de foi (liturgie)

La *profession de foi* (du latin *profiteor*, je reconnais devant quelqu'un) est l'affirmation solennelle de sa foi faite par un chrétien. C'est désormais le nom le plus souvent donné à l'ancienne célébration de la communion solennelle, avec cependant un caractère un peu différent.

Les années 1970 ont connu en France une controverse entre catholiques : communion solennelle ou profession de foi ? (les mots ont leur importance). Autrefois, les enfants finissaient leur catéchisme vers 12-13 ans, peut-être un peu plus tard. La fin de leur initiation chrétienne était marquée par leur première communion, qui était une communion solennelle. Peu après, ils entraient dans la vie professionnelle ; cette communion était ainsi devenue un rite de passage de l'enfance à l'âge adulte.

Différentes évolutions intervinrent successivement. La première fut le fruit du pressant appel du pape Pie X (1910) à avancer l'âge de la première communion et à ne plus lier celle-ci à la fin du catéchisme. Plus tard, la scolarité s'étant prolongée, le seuil des 12-13 ans ne fut plus celui d'une entrée dans l'âge adulte mais dans l'âge adolescent. Les adolescents, grâce aux progrès des moyens de communication, étaient beaucoup plus informés qu'auparavant ; ils devenaient plus libres par rapport aux convictions de leurs parents, tout en étant d'ailleurs davantage dépendants d'eux matériellement.

Enfin le clergé, appuyé par une active fraction des chrétiens et bientôt encouragé par le concile Vatican II, cherchait à redonner toute leur authenticité aux démarches de la vie religieuse. Il montrait donc quelque réticence à organiser des cérémonies dont les participants abandonnaient dès le lendemain toute manifestation extérieure de foi ; le comportement de beaucoup de parents, qui ne semblaient voir dans ces cérémonies qu'une occasion de fête familiale et non pas religieuse, ne pouvait que le conforter en ce sens. Les enfants n'étaient-ils pas conduits ainsi à accepter de tricher et à affirmer une foi qu'ils n'avaient pas ? Cependant, devant le changement d'attitude du clergé, beaucoup de parents réagirent en l'accusant de juger la foi des chrétiens sur la seule pratique religieuse.

Aujourd'hui, la controverse semble s'estomper. Dans un monde moderne plein de contradictions, il a paru bon que les jeunes prennent l'habitude de célébrer par une fête les étapes de leur vie, spécialement de leur vie de foi, et d'y renouveler les engagements de leur baptême dans des conditions de réelle liberté.

Nombre de paroisses et d'aumôneries s'emploient aujourd'hui à trouver, en lien avec les parents, les formes appropriées à la célébration de ces passages, et à leur donner un caractère d'authenticité. ■

Bénédicité dit de l'abbé Pierre

Seigneur,
Bénis ce repas
Donne du pain à ceux qui ont faim
Et faim à ceux qui ont du pain.

EXPOSITION DU SAINT SACREMENT

On expose le Saint Sacrement en plaçant une hostie consacrée (souvent dans un ostensoir) en vue des fidèles. Cette exposition est destinée à l'adoration du Corps du Christ présent sous les apparences du pain eucharistique. Les cérémonies qui l'accompagnent sont les mêmes que celles de la bénédiction du Saint Sacrement. A la suite d'un vœu national, la basilique du Sacré-Cœur, à Paris, est le lieu d'une exposition jour et nuit du Saint Sacrement. La fête du Saint Sacrement, ancienne Fête-Dieu (2e jeudi ou 2e dim. après la Pentecôte) célèbre le Corps et le Sang du Christ offerts dans l'eucharistie. ■

BÉNÉDICTION DU SAINT SACREMENT

C'est au XIe siècle que l'on commença, dans l'Église occidentale, à vénérer le Corps du Christ : élévation à la messe, bénédiction avec le Saint Sacrement, devinrent l'occasion de montrer ce que, par ailleurs, les chrétiens recevaient de moins en moins souvent dans la communion, devenue peu fréquente. Par un mouvement inverse, lorsqu'ils retrouvèrent la possibilité et le désir de communier à la messe — et spécialement aux messes du soir — les fidèles catholiques, participèrent moins souvent à des bénédictions du Saint Sacrement. Celles-ci se déroulent de la façon suivante : après avoir exposé le Saint Sacrement sur un autel illuminé et fleuri, le prêtre l'encense, des cantiques sont chantés ; puis le prêtre bénit l'assistance avec le Saint Sacrement et le replace dans le tabernacle. ■

Ostensoir.

COMMUNION SOLENNELLE

Cette cérémonie très populaire en France y fut sans doute introduite par saint Vincent de Paul et ses missionnaires. Elle marqua longtemps la première communion, c'est-à-dire l'admission au sacrement de l'eucharistie, au seuil de l'adolescence, vers 12 ans. En 1910, le pape saint Pie X demanda qu'on admette à l'eucharistie des enfants beaucoup plus jeunes, dès lors qu'ils étaient convenablement préparés (communion dite alors privée). Mais parents et prêtres étaient très attachés au cérémonial ancien, alors couronnement de l'enfance et du catéchisme. Le rite est donc demeuré, mais sa signification a évolué : aujourd'hui on lui donne plutôt le sens d'une profession de foi solennelle, chaque enfant reprenant à son compte les engagements chrétiens pris pour lui au baptême. Les attributs traditionnels comme la robe blanche, l'aube, le cierge sont d'ailleurs liés au cérémonial du baptême. ■

Un rapport de 1985 sur les laïcs dans la liturgie

Les effets de la réforme liturgique

La réforme liturgique a entraîné un certain déplacement des rôles dans la célébration. Ainsi, même dans les pays où les moyens liturgiques paraissent peu développés, sont mentionnés, en plus des lecteurs, ceux qui s'occupent de l'accueil ou qui apportent les dons à l'offrande. En revanche, dans certains pays, le rôle des servants de messe (ministrantes) a moins d'importance qu'auparavant, malgré les indications de l'Institution du missel à leur sujet.

Même sans vouloir désacraliser, on encourt le péril d'aller à quelque degré dans cette direction lorsqu'on néglige ou qu'on sous-évalue la qualité de la célébration, de son aspect musical et de son cadre même. Un tel risque n'est pas particulier à notre époque, il est de tous les temps, mais il est normal que les chrétiens de notre temps, qui attendent beaucoup de la liturgie et de sa réforme, y soient particulièrement sensibles. Une telle exigence de qualité religieuse vaut pour toute la célébration liturgique, pour la manière dont les prêtres célèbrent, pour les rôles exercés par les laïcs, pour la manière dont ceux-ci y sont préparés (...)

Les laïcs ministres extraordinaires de la communion

Ce ministère qui, du point de vue du droit, est un ministère extraordinaire, est pratiqué maintenant dans la grande majorité des pays, et, sauf dans quelques pays, il est bien accueilli par le peuple chrétien. Parfois, on précise que la pratique en existe dans presque toutes les paroisses. Fréquemment, il est indiqué que cela favorise beaucoup la communion des malades.

On ne voit pas si ceux qui distribuent la communion le font en vertu d'une députation de fait, éventuellement répétée, ou à titre de ministres extraordinaires proprement dits, ou parce qu'ils ont été institués acolytes. A ce qu'il semble, ce dernier cas est moins fréquent (...)

Rôle des laïcs quand il n'y a pas de prêtre

(...) La présidence par des laïcs du baptême, du mariage (en qualité, comme dit le droit, de témoins qualifiés), des funérailles, des célébrations de la Parole et des assemblées dominicales sans prêtre pose une série de problèmes distincts à plusieurs égards. En première approximation, il apparaît qu'une telle pratique est fréquente surtout pour l'assemblée dominicale, et qu'elle est même en quelque sorte traditionnelle pour les pays où, depuis longtemps, les chrétiens sont dispersés sur un vaste territoire, avec très peu de prêtres ; qu'un usage semblable est assez fréquent, dans les mêmes conditions, pour les funérailles, mais que jusqu'à présent il est en général resté tout à fait exceptionnel pour le baptême ou le mariage, malgré les possibilités offertes par le rituel du baptême ou par le droit canonique : ici les réticences semblent venir des fidèles plutôt que de la discipline de l'Église (...)

(...) Faut-il que dans une communauté donnée, dépourvue de prêtre et de diacre, la célébration dominicale soit toujours présidée par le même, ou au contraire, à tour de rôle, par les membres d'une équipe ? Cette question paraît ressentie différemment selon les lieux et il n'est peut-être pas nécessaire qu'elle reçoive partout la même réponse. De même en ce qui concerne la manière dont l'homélie est faite et dont son contenu est, en certains endroits, communiqué in scriptis par le prêtre, ou préparé localement. De toute façon, une double responsabilité incombe aux évêques et aux prêtres : d'une part, notamment par la formation des laïcs et au besoin par des directives souples et des documents pour aider la célébration, faire en sorte que celle-ci soit adaptée aux besoins locaux ; d'autre part, veiller à ce que la célébration sans prêtre et son style, et la célébration de la messe, soient vraiment articulées entre elles et que ne se constituent pas deux types de participation qu'il serait difficile de faire communiquer entre eux (...)

Pierre-Marie Gy, O.P.,
La Documentation catholique, n° 1891,
3 mars 1985.

ENFANTS DE CHŒUR

Enfants qui, à défaut de clercs ou d'hommes, assistent le prêtre pendant la célébration de la messe. On appelle, quel que soit leur âge :

- ceux qui portent des chandeliers, les *céroféraires* ;
- celui qui porte l'encensoir, le *thuriféraire* ;
- ceux qui portent les burettes, sonnent la clochette, et éventuellement portent les cierges, les *acolytes* ;
- celui qui porte la croix, le *porte-croix*.

En France, il existe des groupes qui rassemblent des enfants de chœur : les plus jeunes sont appelés petits clercs, les aînés grands clercs.

En principe, les enfants de chœur et les clercs sont des garçons. Il n'y a aucun uniforme ou signe distinctif imposé dans toute l'Église mais des coutumes locales. Hier habillés d'une soutane rouge et d'un surplis, les enfants de chœur, quand ils existent aujourd'hui, sont le plus souvent revêtus d'une aube blanche. ■

Ph. Tournus

Célébration à l'église St-Jacques du Haut-Pas à Paris : procession d'entrée

Qu'est-ce que ?

Célébrant. Ministre du culte qui officie dans une action liturgique, par exemple le prêtre qui célèbre la messe. Lorsqu'ils sont plusieurs, ceux qui entourent le célébrant principal sont appelés concélébrants. Célébrants et concélébrants ont pour fonction de permettre à l'assemblée tout entière de célébrer Dieu avec eux.

Portier. Avant la récente réforme des modalités de préparation au sacerdoce (1972) – réforme qui s'accompagna de la suppression des ordres mineurs – l'ordre de portier était le plus modeste d'entre eux, le premier à être conféré à un clerc. Il avait longtemps correspondu à un service effectivement accompli par ceux qui l'avaient reçu (ouverture et fermeture des portes de l'église, sonnerie des cloches), avant de n'être plus que le premier degré d'accession à l'ordination sacerdotale.

Présidence. Le prêtre auquel revient la fonction principale dans la célébration d'une messe est dit avoir le rôle de présidence. L'expression par elle-même indique que ce n'est pas lui seul qui « fait » la messe, mais qu'il a au contraire à veiller à ce que diverses autres fonctions concourent harmonieusement à la célébration. Lorsqu'il y a concélébration (c'est-à-dire lorsque plusieurs prêtres célèbrent ensemble l'eucharistie), l'un d'eux préside cette célébration commune ; il distribue les interventions de chacun, prononce lui-même les prières centrales, prend la parole aux moments-clés de la célébration, s'emploie à assurer la participation de tous.
Le président de la célébration signifie le Christ à un titre particulier.

Tonsure. Le même mot désigne, d'une part, la marque distinctive longtemps donnée au clergé en rasant, sur une surface plus ou moins importante, la partie centrale du crâne, et, d'autre part, la cérémonie au cours de laquelle l'évêque donnait la tonsure à ceux qui devenaient clercs. Alors que les moines ne gardaient qu'une mince couronne de cheveux allant d'une oreille à l'autre, le clergé séculier portait une tonsure réduite et quasiment symbolique. L'usage de la tonsure, encore en vigueur dans certains monastères, remonte aux premiers siècles du christianisme lorsque les moines, par esprit d'humilité et de dépouillement, commencèrent à se raser la tête et signifièrent ainsi leur appartenance au Christ. Elle a été supprimée pour le clergé séculier par la réforme des ordres mineurs réalisée en 1972 par Paul VI *(Ministeria quaedam)*.

Les rites

Le *rite* est l'ensemble des formes du culte d'une communauté religieuse. On ne connaît pas avec précision les formes du culte chrétien durant les deux premiers siècles ; mais on sait que déjà, au IIIe siècle, des différences étaient apparues entre les liturgies des grandes métropoles de l'Empire : Rome, Alexandrie, Antioche. Au IVe siècle, de véritables zones liturgiques sont repérables, en relation avec les grandes divisions politiques du temps ; les diverses formes liturgiques d'aujourd'hui en sont les lointaines descendantes.

En Occident, une certaine diversité de rites subsista plusieurs siècles durant. Le rite *romain* finit cependant par prévaloir presque partout ; il remplaça progressivement à partir de Charlemagne le rite *gallican*, pourtant très largement répandu, et au XIe siècle, en Espagne, le rite *mozarabe* dérivé du gallican (le rite mozarabe fut remis en vigueur au XVIe siècle dans une chapelle de la cathédrale de Tolède par le cardinal Ximenès et y est toujours pratiqué). Le concile de Trente au XVIe siècle, puis la remise en valeur de la liturgie grégorienne par Dom Guéranger au XIXe siècle, parachevèrent l'unification occidentale. Outre le rite romain, seuls subsistent aujourd'hui le très ancien rite *ambrosien*, rétabli par saint Charles Borromée dans son diocèse de Milan, précisément après le concile de Trente, et le rite *mozarabe*, exclusivement à Tolède.

Le latin, succédant au grec des premiers siècles, était devenu la langue universelle du rite romain ; il a fait place aux langues locales depuis la réforme liturgique réalisée à la suite du concile Vatican II, sans toutefois que ces langues soient obligatoires ; le latin est encore utilisé dans diverses célébrations ; des communautés monastiques et divers lieux de culte lui sont restées fidèles pour partie ou totalité de leurs offices.

A noter que la liturgie anglicane est dérivée de la liturgie romaine, avec laquelle elle a conservé beaucoup de points communs : la langue liturgique en est évidemment l'anglais (église anglicane à Paris : 5, rue d'Aguesseau, 8e).

En Orient, *cinq grandes familles de rites*, toutes d'origine très ancienne, subsistent aujourd'hui : rites *antiochien*, *alexandrin*, *byzantin*, *syro-oriental* ou *chaldéen*, *arménien*. Du fait de leur ancienneté, ces rites sont communs à la fois aux Églises orientales séparées de Rome et à celles qui lui sont aujourd'hui unies.

• ***Le rite antiochien est le plus ancien :*** il s'est formé d'abord à Jérusalem, puis surtout à Antioche (actuelle Antakya, Turquie) et s'est répandu en Palestine, en Syrie, en Mésopotamie et, au XVIIe siècle, jusqu'à la côte des Malabars en Inde (actuel État de Kerala). Malgré la concurrence du rite byzantin, auquel finirent par se rattacher les melkites, traditionnellement en communion plus étroite d'esprit avec Constantinople, l'essentiel du rite antiochien a subsisté dans le rite *maronite* d'une part, et dans le rite *syro-malankar* (Inde) d'autre part. Les langues liturgiques du rite antiochien étaient à l'origine le grec et le syriaque (dialecte araméen proche de celui parlé en Palestine au temps du Christ) ; c'est aujourd'hui encore le syriaque, avec de nombreuses contributions en arabe chez les maronites, et en malayâlam (langue vulgaire malabar) chez les syro-malabars.

On peut assister à une liturgie maronite à Paris à l'église N.-D. du Liban, 17, rue d'Ulm (5e).

• ***Le rite alexandrin,*** né à Alexandrie (Égypte), comporte deux rameaux : égyptien et éthiopien.

En Égypte, le rite alexandrin continua à être pratiqué par les coptes monophysites après leur dissidence provoquée par le concile de Chalcédoine de 451. Les melkites égyptiens, restés fidèles quant à eux aux définitions christologiques du Concile, pratiquaient également le rite alexandrin ; cependant, comme leurs frères syriens et palestiniens, ils finirent par adopter le rite byzantin. Lorsqu'une minorité copte se rallia à Rome, elle conserva le rite alexandrin égyptien, et elle le pratique toujours. Les langues liturgiques du rite alexandrin égyptien étaient à l'origine le grec et le copte (égyptien ancien) ; depuis la conquête musulmane, l'arabe ne cesse de prendre plus d'importance dans la liturgie. Certains textes sont encore en grec.

En Éthiopie, la liturgie alexandrine a subi de profondes modifications et s'est enrichie de nombreux textes, où se manifeste notamment l'influence antiochienne. Les coptes éthiopiens, tant les monophysites que ceux ralliés à Rome, utilisent comme langue liturgique le ghéez, qui était la langue officielle en Éthiopie au Ve siècle.

• ***Le rite syro-oriental*** ou ***chaldéen*** s'est développé de manière tout à fait indépendante au sein de l'ancien Empire sassanide (Perse). A partir du XVIIe siècle, la dénomination de « chaldéen » a prévalu à Rome tandis que ceux qui pratiquaient ce rite continuaient à employer celle de « syro-oriental ». Ce rite, qui fut celui de l'Église nestorienne entrée en dissidence après le concile d'Éphèse (Ve siècle), se répandit avec elle jusqu'en Chine et en Inde (côte des Malabars). La majeure partie de ses fidèles rejoignit progressivement la communauté catholique tout en conservant sa liturgie propre. Les syro-malabars utilisent à la fois leur langue locale et le syriaque (celui-ci étant écrit et prononcé autrement qu'en Syrie) ; la liturgie syro-malabar a en outre subi une forte influence latinisante. En Mésopotamie (Irak), où se trouve le Patriarcat chaldéen (catholique), le syriaque subsiste, mais l'arabe prend une place croissante, notamment pour les textes d'Écriture.

A Paris on peut assister à une liturgie chaldéenne (catholique) à l'église Notre Dame de Chaldée, 4, rue Greuze (16e) ; et syriaque (catholique) à l'église Saint-Éphrem, 15, rue des Carmes (5e).

• ***Le rite arménien*** s'est développé en Arménie (pays à cheval sur l'ex-U.R.S.S. et la Turquie actuelle) en combinant l'influence antiochienne et des éléments totalement originaux. Au Moyen Âge une certaine influence latine se fit sentir, dont il est resté des traces (par exemple l'emploi de la mitre par les évêques) aussi bien dans l'Église arménienne séparée de Rome que dans celle qui lui est unie. La langue liturgique est l'arménien classique tel qu'il était parlé au Ve siècle.

On peut assister à une liturgie arménienne catholique à Paris à l'église Sainte-Croix, 10 bis, rue Thouin (5e), et à une liturgie arménienne non catholique, 15, rue Jean-Goujon (8e).

• ***Le rite byzantin, ou grec,*** qu'on dit aussi *de Constantinople*, s'est développé dans cette ville, l'ancienne Byzance (capitale de l'Empire romain d'Orient jusqu'à la disparition de celui-ci au XVe siècle). Il dérive de l'antiochien mais comporte des éléments venant d'Alexandrie et de Cappadoce. La langue d'origine était le grec ; celui-ci fit progressivement place, partout ailleurs qu'à Constantinople et en Grèce, aux langues populaires locales au fur et à mesure de l'évangélisation ou simplement de la diffusion du rite byzantin : langues géorgienne, vieux slave ou slavon, roumaine, serbe, arabe, etc. L'Église melkite emploie l'arabe. Avec l'extension de l'émigration russe, le rite byzantin se célèbre aujourd'hui un peu partout dans le monde dans les langues les plus diverses.

A Paris, on peut assister à des liturgies byzantines catholiques aux églises Saint-Julien-le-Pauvre, 1, rue Saint-Julien-le-Pauvre (5e) [melkite] ; Sainte-Trinité, 39, rue Fr. Gérard (16e) [russe] ; Saint-Wladimir, 51, rue des Saints-Pères (5e) [ukrainienne] ; Saint-Georges, 39, rue Ribera (16e) [roumaine] ; à des liturgies byzantines orthodoxes dans des églises orthodoxes françaises : russe, géorgienne, roumaine, serbe, grecque. ■

RITE

Au sens étroit, le *rite* ou *rit* (du latin, *ritus*, usage, rite) est l'ensemble des gestes, prières, lectures d'une célébration (rite de la messe, du baptême, de l'ordination, etc), ou un élément d'une célébration (rite de l'imposition des mains, de la communion, etc).

Au sens large, un rite est l'ensemble des formes liturgiques particulières à une Église, à une communauté de chrétiens, à une région (rite latin ; rites orientaux : byzantin, copte, syrien, etc). ■

LE RITUALISME

Pour qu'un rite garde sa vérité dans la liturgie catholique, il faut qu'il ait trois caractéristiques :

• il doit, plus ou moins directement, être en relation avec le Christ : exprimer sa volonté, reproduire un de ses gestes, signifier son enseignement ;

• il doit être accompli dans une communauté (quelquefois très réduite) pour laquelle il doit avoir sens ;

• il doit avoir sens pour la personne qui accomplit ce rite.

S'il manque un de ces éléments, il n'y a plus de célébration d'un rite mais ritualisme, c'est-à-dire célébration d'un geste dans le but d'être en règle, d'obliger Dieu (c'est la magie), ou de se passer de la communauté. ■

Rites

Familles de Rites	Rites	Régions d'origine	Langues liturgiques	Églises	Foi
Alexandrin	Copte ou Alexandrin	Alexandrie (Égypte)	Copte (égyptien ancien), arabe	Orthodoxe copte	Monophysite (copte)
	Copte catholique	"	"	Patriarcat d'Alexandrie des Coptes (uni à Rome)	Catholique
	Copte éthiopien	Éthiopie	Ghéez (éthiopien ancien)	Orthodoxe éthiopienne	Monophysite (copte)
	Copte éthiopien catholique	"	"	Coptes éthiopiens (unis à Rome)	Catholique
Antiochien	Syrien ou Antiochien	Antioche, Syrie, Palestine	Syriaque, arabe	Patriarcat orthodoxe syrien d'Antioche	Monophysite (jacobite)
	"	"	"	Patriarcat d'Antioche des Syriens (uni à Rome)	Catholique
	"	Inde, côte de Malabar (État de Kérala)	Syriaque	Orthodoxe syrienne (Catholicat d'Orient)	Jacobite
	Syro-malankar	"	"	Archevêchés Syro-malankars (unis à Rome)	Catholique
	Maronite	Liban	Syriaque, arabe	Patriarcat d'Antioche des Maronites (uni à Rome)	Catholique
Arménien	Arménien grégorien	Arménie	Arménien	Apostolique d'Arménie	Monophysite (arménien)
	Arménien catholique	"	"	Patriarcat de Cilicie d'Arménie (uni à Rome)	Catholique
Syro-oriental ou chaldéen	Chaldéen	Chaldée (empire Perse, Iran)	Syriaque, persan, arabe	Apostolique assyrienne d'Orient	Nestorienne
	Chaldéen catholique	"	Syriaque	Patriarcat de Babylone des Chaldéens	Catholique
	Chaldéen	Inde, côte de Malabar (État de Kérala)	Syriaque	Église syrienne Mar Thoma	Nestorienne
	Syro-malabar	"	"	Archevêché d'Ernakulam (uni à Rome)	Catholique
Byzantin ou grec ou de Constantinople	Byzantin	Constantinople et les pays d'implantation	Grec, slavon, géorgien, roumain, arabe, etc.	Les diverses Églises orthodoxes	Orthodoxe
	Byzantin melkite	Constantinople et le Moyen Orient	Grec, arabe	Patriarcat d'Antioche des Melkites catholiques	Catholique
	Byzantin	Constantinople et les pays d'implantation	Grec et langues locales	Grecs catholiques unis à Rome	Catholique
Latin	Romain	Rome	Latin et langues locales	La majorités des Églises catholiques dans le monde	Catholique
	Mozarabe	Espagne (aujourd'hui Tolède)	Latin et espagnol	Rite catholique local	Catholique
	Ambroisien	Milan	Latin et italien	Rite catholique local	Catholique

LITURGIE DE SAINT BASILE

Alors que l'Église d'Orient, la plupart des jours de l'année, utilise, pour célébrer la messe, un rituel dit de saint Jean Chrysostome (IVe-Ve s.), à certaines occasions comme les dimanches de Carême, le Jeudi saint, la Saint-Basile, elle célèbre avec une liturgie différente quoique très proche de celle de saint Jean Chrysostome ; dans ses grandes lignes elle est attribuée à saint Basile de Césarée (IVe s.). ■

Lorsqu'un mot, une expression, un événement, une institution, un nom propre vous sont inconnus, consultez l'index.

L'OFFICE DIVIN

L'*Office divin* (du latin *officium*, de *facere*, faire : service ou fonction dont on doit s'acquitter) est le nom donné depuis le XIIe siècle à la grande prière quotidienne de l'Eglise, répartie à travers l'ensemble de la journée, en vue de sanctifier le temps dans son déroulement quotidien et annuel, et répondre ainsi à l'invitation du Christ : « Priez sans cesse ».

C'est à quoi, par l'Office divin, l'Eglise invite ses ministres, les religieux et l'ensemble des fidèles. Par la grâce de leur baptême, en effet, les chrétiens sont appelés à s'unir au rôle sacerdotal du Christ, et à sa voix, pour la louange du Père et le salut des hommes. En vertu de leur ordination et conformément à leur vocation, les prêtres portent devant Dieu, entre autres missions, celle de la louange en union avec tout le peuple qui leur est confié ; quant aux religieux et religieuses, ils s'y engagent suivant leur vocation ; les baptisés laïcs, enfin, y sont invités, que ce soit dans les communautés de leurs paroisses, groupes et familles, ou isolément.

C'est là le sens de la prière des « heures » qui, répartie sur des moments clés de la vie humaine, symbolise l'attention continuelle des chrétiens à la présence de Dieu.

Il s'agit en l'occurence d'un héritage du peuple juif, qui montait au Temple de Jérusalem plusieurs fois par jour, « le soir, le matin, le midi » (Ps. 54), ou priait à la maison à ces mêmes moments.

A noter que beaucoup de moines et moniales ont un Office adapté aux conditions même de la vie contemplative qui, tout entière rythmée par lui, se déroule pour une bonne part dans les célébrations au chœur.

Les « heures » de l'Office divin

Les « heures » sont les parties successives de l'Office, réparties dans la journée. D'où le nom de « liturgie des heures » donné à celui-ci. La dénomination propre à chacune de ces heures dérive en grande partie du système horaire en vigueur dans l'Empire romain (y compris chez les Juifs), lors de la naissance de l'Eglise, et de celle de l'Office. La journée y allait d'un coucher du soleil au suivant. La nuit était divisée en quatre *veilles (vigiliae)* ; et le jour en douze *heures* entre le lever et le coucher du soleil. On indiquait l'heure par les expressions « à la première veille », « à la sixième heure »... D'où les noms de la plupart des « heures » de l'Office.

Les temps considérés comme les plus importants pour la prière sont l'« heure » du *matin* (*Laudes*, de *laus, laudis*, louange) et celle du *soir* (*Vêpres*, de *vesper*, soir) ; ainsi les chrétiens insèrent-ils leur prière dans la vie cosmique (lever et coucher du soleil), dans les rythmes de leur vie personnelle, en même temps que dans la relation avec le mystère pascal du Christ mourant (ténèbres de la nuit) et ressuscitant (lever du jour). Ces liturgies du matin et du soir atteignent leur sommet dans les chants d'action de grâces pour le mystère du salut que sont les cantiques évangéliques de Zacharie (*Benedictus*), le matin, et de Marie (*Magnificat*), le soir.

Pendant la journée, un temps de prière est proposé, qui peut se situer soit dans la matinée (*Tierce*, mot dérivé de la « troisième heure » romaine : 9 heures du matin), soit à midi (*Sexte*, mot dérivé de la « sixième heure » : midi), soit dans l'après-midi (*None*, mot dérivé de la « neuvième heure » : 6 heures du soir).

Au moment du coucher du soleil, ou juste avant le sommeil, la dernière « heure » est celle des *Complies* (de *complementum*, complément, achèvement).

Sans lien avec l'heure, *l'Office des lectures* comporte la lecture, dans la prière, d'un long passage de l'Ecriture et d'un texte d'un auteur spirituel, ou du saint célébré ce jour-là. Il peut aussi être célébré la veille au soir, en vigile.

L'office monastique, qui a conservé plus d'« heures » dans la journée, comporte en outre une prière nocturne qui s'enracine dans la tradition juive et la très ancienne tradition chrétienne lui faisant suite : celle des *Vigiles* (de *vigilia*, les veilles du système horaire romain) ; la liturgie chétienne les a longtemps appelées *Matines* (*vigilia matutina*) ; cette prière symbolise et exprime l'attente par les chrétiens du retour glorieux du Christ à la fin des temps, à l'aube des temps nouveaux qu'il inaugurera.

L'Église a toujours eu grand soin de la célébration des « heures », dans laquelle elle voit à la fois un sommet et une source de sa vie spirituelle et apostolique, en participation à la prière du Christ lui-même. C'est pourquoi, d'une part, elle a organisé toute la vie monastique autour de cette célébration, et d'autre part elle a demandé aux membres du clergé n'appartenant pas aux ordres monastiques de réciter quotidiennement, sous une forme abrégée, l'Office divin : autrefois *bréviaire* (voir ci-dessous), aujourd'hui *Liturgie des heures* ou *Prière du temps présent*. Les *Livres d'heures* ou *Heures* étaient des recueils de dévotion, d'abord manuscrits, puis, à partir de la fin du XVe siècle, imprimés, parfois illustrés de miniatures (*Très riches Heures du Duc de Berry*, musée de Chantilly) et contenant les prières de l'Office, à une époque où se répandait leur usage comme prières privées, notamment dans la noblesse et la riche bourgeoisie (il fallait savoir lire).

Le contenu des « heures »

Chacune des « heures » comporte toujours une *hymne*, la *psalmodie*, une *lecture de la Bible* et une *prière d'intercession.* Au cours des siècles ces éléments essentiels ont toujours demeuré. Dans la célébration communautaire, (celle qui correspond le mieux à l'esprit de la liturgie, faite de célébrations par l'assemblée du peuple), alternent chants, psalmodie, lectures. Des éléments secondaires aident à entrer dans la prière : *titres* et *antiennes* pour les psaumes ; *répons* après les lectures ; *acclamations* et *refrains* servant à manifester la communauté en prière ; *versets* d'introduction et de conclusion.

Pour respecter la diversité des groupes priant, diverses adaptations sont prévues dans le calendrier, le choix de certaines parties de l'Office, les modalités de la célébration (chant ou lecture). ■

Quelques exemples d'antiennes de l'Office divin

O Roi et désiré des nations, pierre angulaire de l'Église,
unifiant les deux peuples,
viens et sauve l'homme que tu as créé de la terre.

Antienne du 22 décembre

O admirable échange !
Le Créateur du genre humain,
prenant un corps et une âme, a daigné naître d'une Vierge,
et homme sans le concours de l'homme,
il nous a fait part de sa divinité.

Antienne du 1er janvier

Roi de gloire, Dieu de l'univers, toi qui montes au plus haut des cieux,
ne nous laisse pas orphelins,
envoie-nous celui que le Père a promis,
l'Esprit de vérité, alleluia.

Antienne de l'Ascension

Banquet très saint où le Christ est reçu en nourriture :
le mémorial de sa passion est célébré,
notre âme est remplie de sa grâce,
et la gloire à venir nous est déjà donnée, alleluia.

Antienne du Saint Sacrement

Heureuse es-tu, Vierge Marie, toi qui as cru,
en toi s'est accomplie la Parole de Dieu.

Antienne des Fêtes de Notre-Dame

LES PSAUMES

Le *livre des Psaumes* (en hébreu « Louanges »), dont la prière chrétienne se nourrit depuis les origines, est un héritage reçu du peuple juif. Constituant l'un des livres de la Bible, ce recueil de 150 poèmes s'est formé progressivement jusqu'aux alentours du IIIe s. av. J.C. Les Psaumes furent d'abord chantés dans le Temple de Jérusalem, puis dans toutes les églises chrétiennes. Comme mémoire d'un peuple, ce livre est, parmi tous ceux de la Bible, celui qui a été le plus utilisé pour la prière et dans la liturgie, tant par les juifs que par les chrétiens.

Comme tout juif fidèle, Jésus lui-même a prié avec les Psaumes. L'Évangile met dans sa bouche les Psaumes 117,22 ; 21,2 et 30,6. L'Évangile de Luc (24,44) relate ses paroles : « Il fallait que s'acccomplisse tout ce qui a été écrit de moi dans la loi de Moïse, les Prophètes et les Psaumes ».

L'Église des origines y a lu surtout leur dimension prophétique. A partir du IIIe siècle, le psautier devint la base de la prière de tous, puis spécialement de ceux qui se retirèrent au désert et des moines. Aujourd'hui, forte de cette tradition, l'Église continue à prier avec eux et à les chanter à chacune de ses assemblées : célébration de l'Eucharistie, des sacrements et des autres rites. C'est surtout dans la liturgie des heures qu'ils tiennent une place de choix : leur totalité est psalmodiée en une semaine dans l'office monastique, en quatre semaines dans l'office romain (ancien bréviaire). C'est une parole de Dieu adressée à Dieu par les croyants. ■

Le latin dans la liturgie

Certains identifient traditions de l'Église, notamment en matière liturgique, et usage du latin. Ils oublient que Jésus prêchait et priait en araméen, que pendant deux ou trois siècles toute l'Église d'Occident célébra en grec, et que les chrétiens d'Orient célèbrent dans leurs langues particulières : grec, syriaque, slavon (slave ancien), arabe... Ce n'est que peu à peu — non sans des contestations ou résistances qui font penser aux remous occasionnés par les évolutions actuelles — que l'on est passé en Occident du grec au latin, langue des clercs.

L'usage des langues dites vulgaires, c'est-à-dire des langues courantes, fut une des revendications majeures de la Réforme protestante. C'est du reste la raison pour laquelle, en réaction, l'Église catholique demeura si attachée au latin, qui a le mérite de la précision, de l'immutabilité et d'une certaine universalité, qualités réelles pour le maintien de la foi.

Le concile Vatican II a fait sauter la barrière du latin au profit de chaque langue maternelle, explosion peut-être un peu rapide : on comprend que d'aucuns regrettent certaines richesses artistiques et culturelles disparues. Mais le latin n'était plus familier qu'à un petit nombre, et par surcroît de moins en moins enseigné. La plupart pensent qu'il est bon que, comme à la Pentecôte, chacun puisse louer Dieu dans sa langue maternelle et que tous puissent participer sans aucune restriction aux célébrations liturgiques. Cela n'exclut nullement la possibilité de célébrer en latin en certaines circonstances (rencontres internationales par exemple), ou d'inclure telle ou telle prière en latin (Sanctus, Pater, Agnus Dei...), dans des célébrations en français. ■

Hymne « Joyeuse lumière »

Joyeuse lumière de la sainte gloire
du Père céleste, immortel,
saint et bienheureux Jésus Christ !

Venant au coucher du soleil,
contemplant la lumière du soir,
nous chantons le Père et le Fils
et le Saint-Esprit de Dieu.

Tu es digne en tout temps
d'être loué par de saintes voix,
Fils de Dieu qui donnas la vie !
Aussi le monde te glorifie.

L'hymne « Joyeuse lumière » se chantait à l'office du soir appelé Lucernaire, lorsqu'on allumait les cierges et les torches en l'honneur du Christ ressuscité, lumière du monde. L'hymne semble remonter au II-IIIe siècle.

On ignore l'auteur de l'hymne. Basile de Césarée (IVe s.) écrit à ce propos : « Quel est le père de ces paroles de l'action de grâce du lucernaire, nous ne saurions le dire. Le peuple pourtant... prononce l'antique formule : "Nous louons le Père et le Fils et le Saint-Esprit de Dieu." »

LUCIEN DEISS
Printemps de la Liturgie
Éd. du Levain

Qu'est-ce que ?

Antienne. Texte généralement bref, sorte de refrain, chanté ou dit par tous, au début et à la fin d'un psaume, ou après chacune des strophes, comme à l'invitatoire du premier office du jour.
Les *antiennes d'ouverture, d'offertoire et de communion*, à la messe, sont plus développées et ont souvent perdu le psaume qui les accompagnait à l'origine.
Sous le nom d'*antiennes mariales*, on trouve des textes en l'honneur de la Vierge Marie à la fin des Complies : *Alma Redemptoris Mater*, *Ave Regina coelorum*, *Salve Regina* (des XIe et XIIe siècles) et *Sub tuum* (antérieur au IIIe siècle).
7 antiennes, dites *antiennes O*, d'après leur premier mot (O Sapientia,...), sont chantées à l'Alleluia de la messe, et avant le cantique de Marie à l'Office du soir, du 17 au 23 décembre.

Antiphonaire. Recueil des textes et de la musique des antiennes soit de la messe soit de l'Office divin. Il contient souvent l'ensemble des chants de la messe ou de l'Office.

Bréviaire (lat. *breviarum*, abrégé). Les conditions de vie du clergé séculier et des laïcs ne leur donnant pas la possibilité qu'ont moines et moniales de consacrer une grande partie de leurs journées à l'Office divin, et de le célébrer comme eux de façon communautaire au chœur, l'Eglise a adapté, depuis longtemps déjà (IXe s.), à l'intention de ceux qui ne mène pas la vie monastique, la Liturgie des heures. Le livre contenant cet office adapté était le *bréviaire*. En 1971, à la demande du concile Vatican II, le pape Paul VI a réformé le *bréviaire romain*, lui-même issu de plusieurs réformes antérieures. Cette nouvelle présentation de la *Liturgie des heures* porte le titre de « *Prière du temps présent* » ; comme l'ancien bréviaire, elle permet aussi bien la récitation privée que communautaire. Il existe des adaptations de la liturgie des heures pour les laïcs. (*Bréviaire des fidèles, Nouveau bréviaire des laïcs, Les heures du jour...)*

Doxologie. Acclamation au Père, au Fils et à l'Esprit dite après les psaumes et certaines hymnes (par ex. « Gloire au Père, au Fils, au Saint-Esprit, maintenant... »).

Hymnaire. Recueil des hymnes (texte et musique).

Invitatoire. Au début de l'office d'une journée le psaume invitatoire, avec son antienne, « invite » à l'adoration et à la louange (Psaumes 23, 66, 94, 99). Au sens large, l'invitatoire est une formule introduisant à la prière.

Livre des Jours. En un volume rassemble toutes les lectures bibliques et d'auteurs spirituels de l'Office des lectures.

Livres liturgiques pour l'Office divin. « Liturgie des heures » et « Prière du Temps présent » sont les titres des volumes contenant l'office quotidien. Du IXe siècle à la veille du concile Vatican II, ce dernier livre portait le titre du « bréviaire », c'est-à-dire abrégé...

Lucernaire (du lat. *lucerna*, lanterne). Dans les premiers siècles chrétiens, office célébré à l'heure d'allumer les lampes. Origine des *Vêpres*.

Psautier. En un volume il rassemble les 150 psaumes, et parfois des cantiques de l'Ancien et du Nouveau Testament utilisés à l'Office). Voir Psaumes.

Répons. Bref ou long, le répons suit une lecture et vise à apporter une lumière nouvelle sur le texte qui vient d'être lu, ainsi qu'à mettre en relief ce que celui-ci fait apparaître de l'histoire du salut. Il oriente vers la contemplation à partir de la Parole de Dieu, et permet une réponse commune. De manière plus générale, refrain repris par l'assemblée entre les versets d'un psaume.

L'IMPOSITION DES MAINS

Les mains expriment l'homme. Elles façonnent et manient les outils ; elles reçoivent l'enfant qui naît. Elles agissent, parlent, caressent ou frappent. Elles unissent l'homme au monde qui l'entoure et relient les hommes entre eux. Libérées par la station verticale, en même temps que le cerveau se développe, elles traduisent l'humanisation de l'espèce et, en retour, la favorisent. Très tôt, l'homme a été fasciné par ses mains, il les a peintes aux parois des cavernes.

En l'homme se tient une force qui le dépasse et qui anime ses mains : la force de la vie, que les religions estiment sacrée. Les mains ont donc été chargées de faire le lien avec cette puissance sacrée et vitale. Elles mettent au contact de l'énergie qui habite une personne. C'est par l'imposition des mains qu'interviennent souvent les guérisseurs. Tout naturellement, la Bible dira que Dieu agit « à main forte et à bras étendu ».

L'imposition des mains (ou de la main) peut se faire de deux manières :

1. — Les mains posées sur quelqu'un le recouvrent, le saisissent, le prennent « en mains ». Elles reconstituent alors comme un sein maternel. C'est un geste d'intégration, un acte de naissance qui fait appartenir à un groupe. Ainsi Jacob adopte Ephraïm et Manassé (Gn 48,5 13-20), ainsi Jésus impose les mains aux enfants, les intégrant, eux aussi, au groupe de ses disciples (Mt 19,13-15). Le geste était connu. Quand il devenait rabbin, l'étudiant juif recevait l'imposition des mains du collège de ses anciens.

2. — Les mains posées, paumes ouvertes, *devant* soi, délèguent un pouvoir et envoient en ambassade. Ce sens rejoint le premier, car celui qui est envoyé en mission est d'abord identifié à celui qui lui impose les mains, il fait corps avec lui. Il lui est substitué. Ainsi, la communauté chrétienne d'Antioche impose les mains à Paul et à Barnabé pour les envoyer en mission (Ac 13,3).

Le sens fondamental est donc celui d'*intégration.* A partir de là, on retrouve toutes les autres significations de ce geste ; imposer la main sur la victime d'un sacrifice, pour lui faire porter le désir de l'offrant de mieux vivre ; imposer la main pour guérir, c'est transmettre une puissance vitale à un malade (Lc 13,13). Une remarque : selon Matthieu (12,28) Jésus expulse les démons grâce à l'Esprit Saint, mais selon Luc (11,20) reprenant une formule de l'Ancien Testament (Ex 8,15), il chasse les démons « par le doigt de Dieu ». Par les mains du Christ passe la puissance de Dieu, et le Saint-Esprit sera nommé « Le doigt de la main droite du Père » ; imposer la main à son successeur, c'est lui remettre ses pouvoirs (Dt 34,9) ; imposer la main sur le bouc émissaire (Lv 16,20-21), c'est l'intégrer à un peuple pécheur.

Dans les sacrements, l'imposition des mains reste un geste d'intégration. Ce geste de bénédiction exprime en réalité la volonté de faire participer à la vie de Dieu. Cette *bénédiction* (littéralement « dire du bien ») signifie en effet : « Je veux que tu vives de la vie de Dieu ». C'est donc un signe d'intégration au peuple de Dieu.

L'imposition des mains intervient dans tous les sacrements : au baptême, à la confirmation, sur le pécheur pendant la réconciliation, sur les offrandes au cours de l'eucharistie, sur le malade pendant le sacrement des malades, sur les époux au cours de leur mariage. Elle constitue le geste fondamental du sacrement de l'ordre : un homme est ainsi orienté, au fond de lui-même, en toute sa personne, au service de l'Église ; il est destiné (ordonné) au peuple de Dieu. ■

Qu'est-ce que ?

Ablution. (du lat. *abluere*, laver). Action de laver ou de purifier avec de l'eau. Chez les Orientaux, purification religieuse consistant à se laver tout ou partie du corps. Chez les catholiques latins, purification du calice après la communion. Au pluriel, le mot désigne le vin et l'eau qui servent à cette purification.

Aspersion. L'aspersion avec de l'eau bénite est associée à un grand nombre de rites de bénédiction. Dans son sens le plus fort, elle rappelle l'eau du baptême, c'est par exemple le cas de l'aspersion qui précède la grand-messe solennelle ; c'est encore le cas de l'aspersion du corps à la fin de la liturgie des funérailles, rite auquel l'assistance est conviée à participer dans un geste de fraternité et d'espérance ; le baptême lui-même a pu être donné par aspersion dans certains cas (lépreux, foule nombreuse).

Baiser de paix. « Frères, Sœurs ! Dans la charité du Christ, donnez-vous la paix. » A cette invitation que le prêtre peut faire pendant la messe avant la communion, les assistants échangent entre eux un signe de paix et de réconciliation pour se préparer à communier ensemble. C'est le baiser de paix. Souvent, on s'embrasse en famille et on tend la main à ses voisins. Cette pratique, très ancienne, avait été remplacée, vers le XIIIe siècle, par une procession au cours de laquelle on embrassait une plaque (d'ivoire, de métal) représentant la Passion du Christ. Cette plaque s'appelle aussi un baiser de paix.

Génuflexion (du latin *genuflectere,* fléchir le genou). La génuflexion est un geste de respect, de soumission ou d'adoration. Elle peut être faite à un genoux ou, pour plus de solennité, à deux genoux.
Dans la tradition catholique, elle est essentiellement un geste d'adoration vis-à-vis de Dieu. Elle est faite dans cet esprit, par exemple, devant un tabernacle ou un autel où se trouvent déposées des hosties consacrées ; elle est faite à deux genoux lorsque l'hostie est solennellement exposée à la vénération des fidèles (Saint Sacrement), ou devant la croix présentée durant la liturgie du Vendredi saint. La génuflexion lors de la bénédiction donnée au nom de Dieu par un de ses ministres (pape, évêque, prêtre) relève du même esprit.

Métanie (du grec *metanoia,* repentir). Rite en usage dans les Églises orientales, consistant en une profonde inclination et en un signe de croix accompagnés d'une invocation demandant à Dieu sa pitié.

Prostration (du latin *prostratio,* prosternation, dérivé de *prosternere :* se prosterner, abattre). Dans le langage religieux le mot prostration désigne la position allongée sur le sol, face contre terre, dans une attitude de vénération devant la grandeur de Dieu. L'Ancien Testament en donne maints exemples. Dans la liturgie catholique, cette attitude se retrouve dans le rite d'ordination (diacres, prêtres, évêques), dans celui de la profession des vœux religieux, et dans l'adoration de la croix par le clergé le Vendredi saint.

ONCTIONS

Rite consistant à oindre quelqu'un ou quelque chose avec une huile bénite.

L'huile est par elle-même chargée de divers symboles (qui n'ont d'ailleurs plus la même portée aujourd'hui qu'autrefois) : nourriture, éclairage, remède, fortifiant, parfum...

Le geste de l'onction est très ancien. Dans l'Ancien Testament on le voit pratiqué aussi bien de manière profane (joie, honneur, hospitalité) que comme rite de consécration à Dieu. C'était le cas pour l'autel (Ex 29,36 sqq., etc.), pour les rois (oints par un homme de Dieu, prophète ou prêtre) (1 Sm 10,1 ; 16,13 ; 1 R 1,39, etc.), pour les prêtres et spécialement le Grand Prêtre (Ex 29,7 ; Lv 8,12, etc.). Les prophètes ne recevaient pas d'onction : elle leur était en quelque sorte donnée par Dieu lui-même (cf. le passage d'Isaïe 61,1).

S'appliquant précisément ce passage d'Isaïe, le Christ se présentera comme consacré par l'onction reçue de l'Esprit de Dieu (Lc 4,18 sqq). Dans la première communauté chrétienne on dira volontiers qu'il a reçu cette onction lors de son baptême par Jean (Ac 10,38) et que ce baptême prend lui-même tout son sens dans sa mort et sa résurrection (Ac 4,27,28 ; Rm 6,3 sqq.). La liturgie chrétienne est restée fidèle au rite consécratoire de l'onction ; elle en a fait soit le signe même d'un sacrement (confirmation, onction des malades), soit un signe secondaire dans d'autres sacrements (baptême, ordre), soit encore un geste de consécration à Dieu ou de bénédiction : églises, autels, cloches... L'onction royale consacrait les nouveaux souverains.

De ces gestes de bénédiction, et du caractère onctueux de l'huile, est venu un sens second au mot onction : il signifie alors douceur de gestes et de paroles, voire même comportement quelque peu affecté (« une onction tout ecclésiastique »...). ■

Lorsqu'un mot, une expression, un événement, une institution, un nom propre vous sont inconnus, consultez l'index.

▶▶▶ *Suite de la page 915*

La célébration de l'Alliance

4. LES SACREMENTS

L'Église est sacrement (voir p. 915). En elle le Christ se manifeste et se donne. Ce qu'on appelle communément « les sacrements » est l'expression de ce don du Christ.

Toutes les religions possèdent des rites et des paroles sacrées

Souvent elles utilisent l'eau, la nourriture en leurs actes de culte. Il peut être tentant de comparer le christianisme aux autres religions et de conclure que les sacrements ne sont, en régime chrétien, que l'équivalent des rites des autres religions. Cette manière de voir est très superficielle.

Les sacrements chrétiens ne partent pas d'abord de choses (pain, vin, eau, huile). Il n'y a pas de « choses » pour le mariage, l'ordre ou la réconciliation ! Les sacrements chrétiens partent d'une histoire. De même que Jésus, à la suite de tout ce qui l'a précédé, révèle le sens du monde, ainsi les sacrements rendent présent, aujourd'hui, ce que Jésus a fait.

Les sacrements ne sont pas d'abord accomplis par l'homme, comme les autres rites. Ils sont d'abord donnés à l'Église, par l'Esprit de Jésus. L'Église n'est pas propriétaire des sacrements, elle les reçoit. Même si la manière concrète de célébrer a parfois changé au cours de l'histoire, l'essentiel demeure au-delà de ces modifications. Il est de recevoir la présence du Christ, source de l'Église, grâce à l'Esprit qui est invoqué en chaque sacrement.

Les sacrements sont le don de la vie du Christ en personne. Cette vie transforme le croyant. Elle l'introduit davantage dans le Royaume de Dieu.

Jésus a voulu son Église symbole visible de son Royaume. Tel est le sacrement premier qu'il a fondé

Les divers sacrements s'enracinent dans l'Église et expriment, chacun à sa façon, la vie qui l'anime. C'est pourquoi il n'a pu y avoir de sacrements qu'après la Pentecôte. Comment, en effet, rendre présents la personne et les actes du Christ si on n'a pas reçu l'Esprit qui vivifiait Jésus ? Jésus a fondé l'ordre sacramentel en voulant l'Église qui est son corps. Il a voulu un corps de croyants, animé par son Esprit, et vivant de sa vie par des actes dont, lui, Jésus ressuscité, serait la source. Ces actes sont les symboles visibles par lequels le Corps du Christ donne la vie invisible qui le dynamise.

Il est donc un peu vain de chercher à quel moment précis Jésus a institué tel ou tel sacrement (par exemple le sacrement du mariage), moment cependant évident pour les deux sacrements principaux : le baptême, qu'il fonde en traversant la mort sur la croix et que symbolise l'eau qui sort de son côté (qui est aussi la source de l'Esprit Saint), et l'eucharistie, qu'il inaugure à la Cène le jeudi saint, et qu'il accomplit en mourant et en ressuscitant. Ces deux sacrements agrègent à son corps et le nourrissent. Mais chaque sacrement donne Jésus-Christ dans l'acte suprême de son existence, sa mort et sa résurrection : en un mot, dans sa Pâque, dans son « passage de ce monde à son Père ». ▶▶▶

SIGNE ET SYMBOLE

Au sujet des sacrements, il est très important de distinguer le signe et le symbole. A la limite, les deux mots deviennent contradictoires.

Le **signe.** C'est un rapport conventionnel établi entre deux réalités différentes. Lever le doigt signifie, chez nous mais pas forcément ailleurs, « Je veux parler ». C'est donc une convention sociale qui reste extérieure aux réalités considérées : il n'y a pas de lien nécessaire entre lever le doigt et vouloir parler. Le signe peut être un objet, par exemple un feu rouge : c'est alors un signal. Les signes appartiennent à un code social de relations : se découvrir, enlever sa cigarette, tendre la main sont des manières conventionnelles de se dire bonjour. Ce code est établi par la société. Il change avec le temps, l'espace et les milieux sociaux. En bande, les animaux utilisent aussi un code et des signes.

Beaucoup d'objets liturgiques sont des signes : le crucifix, les cierges, l'eau bénite... Des gestes liturgiques sont également des signes : s'agenouiller, se prosterner, se lever...

Le **symbole.** C'est le propre de l'homme. Au sens fort, ce mot désigne une alliance qui lie, de l'intérieur, deux réalités. A l'origine, le mot grec *sumbolein* (jeter, mettre ensemble) signifiait l'acte de casser en deux un jeton de terre cuite et d'en remettre une moitié à chacune des deux parties contractantes d'une alliance. Chaque moitié, s'emboîtant dans l'autre, attestait l'alliance conclue, le dépôt confié. Il y a un lien intime et obligatoire entre les deux parties du tesson : chaque partie appelle l'autre. La moitié possédée renvoie à la moitié absente, grâce à l'alliance conclue et qui est bien plus qu'un code.

Ainsi le symbole relie deux réalités : une visible, l'autre invisible, mais qui sont liées comme les deux parties du tesson, comme le corps humain et les sentiments secrets, comme le corps visible de Jésus et sa personne de Fils de Dieu. Ce qui est vu, face émergée de l'iceberg, renvoie à ce qui est invisible. L'homme symbolise sans cesse ce qui est le plus important à ses yeux. Son corps est le premier lieu où se manifestent les symboles, au nom de l'unité de la personne.

Le signe s'impose dès qu'il est vu. Le symbole exige confiance. Je comprends tel petit cadeau comme geste d'amitié et non de mépris, parce que j'ai confiance en celui qui le donne. Le symbole suppose la foi. Le signe se répète indéfiniment, toujours identique. Le symbole peut reprendre des gestes connus, mais il doit être nourri de l'intérieur par une fidélité : à travers mille gestes, c'est la même amitié qui s'exprime.

Au fond, les signes sont des choses. Les symboles ne sont pas des choses, mais des manifestations de la personne qui ne sont comprises que par ceux qui partagent la même alliance et y sont engagés. Je puis rester indifférent devant un signe. Un symbole m'interpelle et m'oblige à me situer devant lui.

Des signes peuvent devenir des symboles : ainsi l'eau qui lave (c'est un signe) peut devenir symbole de l'eau qui a coulé du côté du Christ. Pour cela, il faut partager la foi, et c'est la prière à l'Esprit Saint qui fait de cette eau le symbole du baptême, parce que le Ressuscité s'engage en elle, personnellement. ■

Un petit livre utile :
Les Sacrements sources de vie.
de R. Sholtus. DDB.

▶▶▶

Cela est vrai de tous les sacrements, qui puisent leur origine dans la Pâque de Jésus, même si l'Église n'en a dégagé la liste exacte et complète que peu à peu. C'est en vivant du Christ qu'elle a compris qu'elle distribuait aux hommes la plénitude des richesses du Christ. Ainsi prend-elle conscience du sacrement de pénitence et de réconciliation au cours du IIe siècle. Car l'Église a vécu les sacrements avant de dire : « J'appelle ceci un sacrement » ! Ce n'est qu'en 1215, au concile de Latran IV, que l'Église a retenu comme seuls sacrements, parmi les nombreux signes dont elle faisait usage, ceux qui sont indispensables à la vie du chrétien et à celle de l'Église. C'est le concile de Trente, en 1547, qui en a défini le nombre : sept, le chiffre de la plénitude.

Gestes du Christ accomplis dans son Église

Les sacrements sont toujours accompagnés d'une parole : « Je te baptise », « Ceci est mon Corps », « Je te pardonne ». Pour le croyant, c'est le Christ vivant dans son Église qui parle. L'Église reçoit les paroles du Christ, elle y adhère. C'est donc la foi de l'Église en son Seigneur qui est le milieu porteur d'un sacrement. L'Église fait les sacrements : c'est elle qui les célèbre et les donne. Les sacrements font l'Église : ils lui communiquent la vie du Ressuscité et son Esprit grâce auxquels l'Église existe et grandit.

Recevoir un sacrement demande donc d'accepter au plus profond de soi la parole de Jésus, Verbe du Père, et d'y adhérer. Le sacrement suppose une foi suffisante pour croire que le Christ est vie ; mais le sacrement donne aussi la foi, puisqu'il unit plus intimement à Jésus-Christ. Ainsi le croyant va-t-il « de la foi à la foi » (Rm 1,17). Être uni au Christ Jésus, c'est devenir davantage membre de son Corps, participant à l'Église, uni à tous ceux en qui Jésus vit. C'est devenir soi-même un symbole vivant « pour la vie du monde ». Les sacrements ne sont donc pas des actes privés, indépendants de l'appartenance à l'Église.

Les sacrements sont le contraire de la magie

Il est bien difficile de définir ce qu'est la magie. On qualifie volontiers magie ce qui n'est pas de notre religion ! Parmi tous les éléments de la magie, on peut retenir deux aspects : la volonté de s'emparer d'une force invisible pour résoudre ses difficultés, et la confiance en des pratiques extérieures. Parce que l'homme rencontre des difficultés à vivre (peurs, maladies, échecs), il va chercher ailleurs protection et guérison. Il demande donc à la puissance vitale de le fortifier, et recourt pour ce faire à des gestes qui, soigneusement posés, doivent agir automatiquement. Point n'est alors besoin de faire appel à la foi. Il s'agit plus de ravir une puissance bénéfique pour soi que de partager l'amour d'un Père et de devenir frère. De ce fait, la magie réclame peut-être une pureté externe, mais ne s'inquiète pas d'une conversion du cœur.

A l'inverse, les sacrements font communier au Christ afin de lui devenir semblable, avec une vie à donner, des frères à aimer, un Père à rejoindre. La magie est solitaire. Le sacrement est solidaire. L'une est privée, l'autre a dimension universelle, puisqu'il concerne le Royaume de Dieu. Le vrai problème du sacrement n'est pas d'être guéri ou apaisé, il est de devenir soi-même un Christ (ce qu'indique le mot « chrétien »). ▶▶▶

Qu'est-ce que ?

Intention (dans les sacrements). Dans la présentation traditionnelle des sacrements, l'Église attache une importance première à l'intention. Pour qu'un sacrement soit donné validement, il faut que son ministre ait l'intention de le donner, en faisant « ce que l'Église fait » dans les formes prescrites (la nécessité de l'intention a été mise en relief par le concile de Trente ; Session 7, Can. 11).

Sacramental. Par sacramental on désigne un rite qui, tout à la fois, ressemble au sacrement (il s'agit d'un signe) et en diffère. Les sacrements sont en nombre limité, les sacramentaux sont beaucoup plus nombreux : les bénédictions sur l'eau, l'huile, les récoltes, les navires, la consécration d'une église, d'une image sainte, l'utilisation de l'eau bénite peuvent être considérés comme des « sacramentaux ». Les sacramentaux se veulent l'expression de la foi de ceux qui les demandent et les utilisent, et l'attachement des chrétiens à leur égard vient de ce qu'ils sont toujours directement ou indirectement une manière de rappeler un sacrement (l'eau bénite rappelle le baptême) ou d'y préparer.

Sacramentel. Ce qui se rapporte à un sacrement : la grâce sacramentelle propre à chaque sacrement, l'eau sacramentelle du baptême, etc.
La présence sacramentelle désigne le mode de présence du Christ dans l'Eucharistie.
(Voir Présence réelle).

Sacramentum. Terme juridique latin qui a d'abord désigné la caution que deux personnes qui entraient en procès allaient déposer devant les dieux. Le perdant laissait son argent au temple et cette caution, ce *sacramentum,* était consacré aux dieux.
Par analogie, le *sacramentum* est devenu aussi le *serment* qui accompagnait le dépôt.

LES SACREMENTS DE L'INITIATION

Initier vient du mot latin *initium,* le début. Il y a trois sacrements de l'initiation chrétienne : le *Baptême*, la *Confirmation* et l'*Eucharistie* (voir à chacun de ces sacrements).
L'initié est celui qui est introduit dans un groupe dont il apprend peu à peu les secrets et dont il partage progressivement la vie. Le mot est pratiquement absent du Nouveau Testament. Les chrétiens l'ont emprunté aux autres religions, car il leur paraissait utile pour décrire le chemin de celui qui devient chrétien.

1. Initié AUX sacrements.

C'est à l'époque de la Renaissance que l'on s'est mis à comprendre l'initiation chrétienne comme un cheminement, un parcours, dont le sacrement est le terme. *Être initié à un sacrement* signifie donc « aller vers tel ou tel sacrement », s'y préparer. La préparation est ainsi l'aspect fondamental. On insiste alors sur les qualités de celui qui va recevoir le sacrement et sur les conditions de son accès.

2. Initié PAR les sacrements.

Telle n'était pas la manière de comprendre de l'antiquité chrétienne. Il est vrai, en effet, que le pédagogue, celui qui accompagne sur le chemin, n'est autre que le Christ. C'est lui qui initie par les gestes sacramentels. D'où il résultait, qu'après une préparation portant sur la rectitude de vie, le futur chrétien recevait les trois sacrements d'initiation et, qu'ensuite, on lui expliquait ce qu'il venait de recevoir. Il était *initié par les sacrements*, véritablement sources de vie chrétienne (que, parfois, il n'avait jamais vu célébrer avant de les recevoir).

3. Les sacrements de l'initiation chrétienne.

Le *baptême* fait passer d'un monde sans Christ à la communauté des enfants de Dieu, à l'Église. Car on ne naît pas chrétien, on le devient. Puis, la *confirmation* ratifie ce baptême et donne au baptisé sa stature de frère reconnu par Dieu comme fils, et par les chrétiens comme frère. Enfin, par l'*eucharistie,* le chrétien communie au don que le Christ fait de sa propre vie. « Le chrétien est un autre Christ » écrivait Tertullien.

Ce sont des circonstances historiques, liées à un temps de chrétienté, qui ont modifié l'ordre primitif, en intervertissant confirmation et eucharistie. La pastorale des enfants a ensuite fait passer le sacrement de pénitence et de réconciliation après le baptême. Dans le cas d'un baptême d'adulte, il est demandé de suivre l'ordre ancien. ■

Pourquoi sept sacrements ?

L'Église catholique a pris lentement conscience du nombre des sacrements. On a admis définitivement qu'il y en avait sept au XVIe siècle et, plus précisément, à la septième session du concile de Trente.

A vrai dire, deux sacrements sont dès l'origine apparus comme fondamentaux : le Baptême et l'Eucharistie.

Au Moyen Âge, certains affirmaient qu'il y en avait deux ou trois autres ; d'autres, au contraire, beaucoup plus. Saint Thomas distinguait entre les sacrements majeurs et les sacrements mineurs. Il justifiait l'existence des sacrements en les rattachant aux grandes étapes de la vie (naissance, baptême, passage à l'état adulte, confirmation, mariage, etc.) ; et il est vrai que, si Dieu rejoint l'homme, il le lui signifie aux moments significatifs de sa vie.

On préfèrera aujourd'hui affirmer qu'en fait il y a un sacrement, l'Eucharistie, qui signifie fondamentalement la totalité du mystère du don de Dieu à l'homme et de l'homme à Dieu, et six sacrements qui développent, chacun dans sa ligne particulière, une des richesses de l'Alliance de Dieu avec l'homme. ■

Le baptême

On vous a amenés à la sainte piscine du divin baptême, comme le Christ fut amené de la Croix au sépulcre tout proche. Et l'on demanda à chacun de vous s'il croyait au nom du Père, du Fils et du Saint-Esprit. Et vous en avez fait l'affirmation salutaire, et, par trois fois, vous êtes entrés dans l'eau et vous en êtes sortis, rappelant encore ici par un symbole les trois jours que le Christ passa dans le tombeau. De même, en effet, que notre Sauveur demeura trois jours et trois nuits dans le sein de la terre, de même vous aussi, par votre première sortie de l'eau vous avez figuré le premier jour que le Christ passa dans la terre, et par votre entrée dans l'eau vous avez représenté la nuit. Car, de même que celui qui est dans la nuit ne voit plus, tandis qu'on marche en pleine lumière durant le jour, de même, en vous enfonçant dans l'eau, vous ne voyiez plus rien, comme dans la nuit, et, en sortant de l'eau, vous vous trouviez comme en plein jour. Au même instant, vous êtes morts et vous êtes nés, et cette eau salutaire devint pour vous à la fois un tombeau et une mère.

SAINT CYRILLE DE JÉRUSALEM,
(IVe siècle).

Ph. Tournus

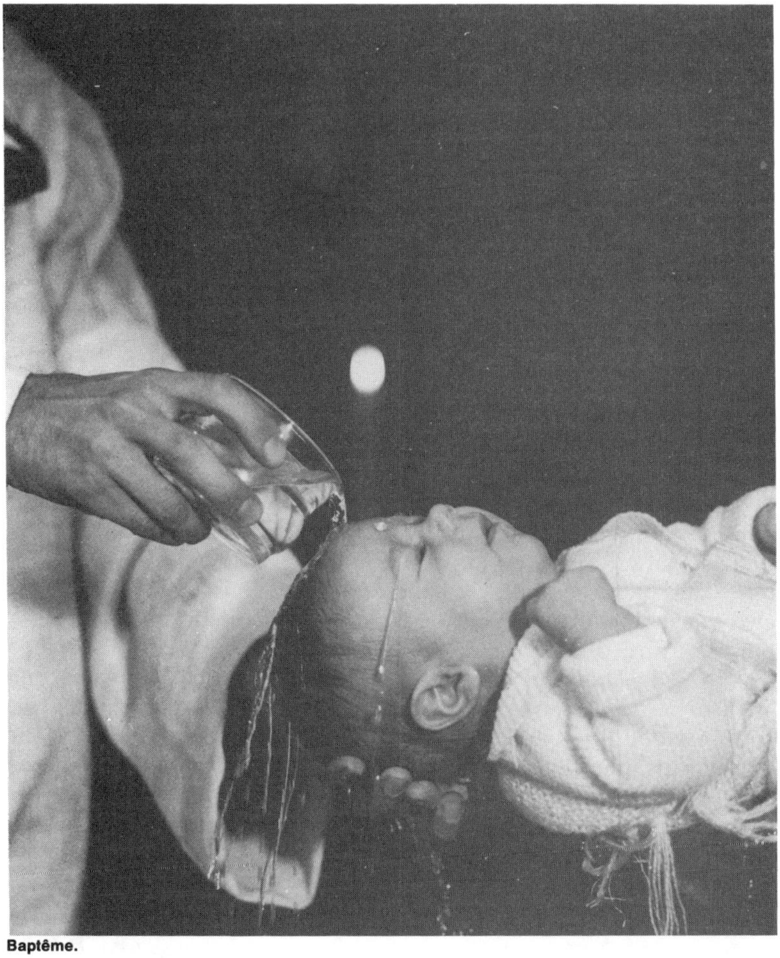

Baptême.

▶▶▶

Ouverts sur le Royaume de Dieu, les sacrements représentent le sommet de l'annonce du Christ. Pourquoi parler du Christ, si ce n'est pour vivre de la vie de celui-ci ? Et quand on a reçu sa vie, comment son amour ne pousserait-il pas à l'annoncer autour de soi ? Les sacrements sont la *source* de l'annonce de l'Évangile et le *sommet* de sa réception. Comme source, ils sont départ, origine, envoi. Comme sommet, ils réclament une préparation plus ou moins longue. Il n'y a pas de sacrement qui ne rappelle au croyant la nécessité de se convertir sans cesse.

C'est ici que l'on peut comprendre comment les sacrements donnent la grâce. La grâce, c'est le don gratuit, gracieux, que Dieu fait de sa vie aux hommes. C'est la beauté de la vie d'un fils. La grâce est donc le don fondamental de Dieu, sur lequel l'homme n'a pas de prise. L'homme reste ce « mendiant de Dieu » auquel le Père a tout donné en envoyant son Fils. Jésus est la source première de la grâce. Dans un sacrement, la grâce du Christ est donnée par l'Esprit, qui unit l'Église au Christ et les hommes à l'Église. L'Esprit fait corps.

Si on pouvait imaginer une Église sans sacrements, elle serait alors un groupement de volontaires de l'engagement ou une association de morale, mais plus du tout l'Église du Christ incarné. Car les hommes deviendraient les créateurs de l'Église par leur souvenir ou leur volonté. Ils en seraient la source. Ils ne seraient plus alors les témoins du Ressuscité, envoyés par Lui. Un déisme n'a pas besoin de sacrement car il se satisfait de l'idée qu'il se fait de Dieu.

Les sept sacrements de l'amour réciproque de Dieu et de l'homme

On verra plus loin que le **mariage**, symbolisant l'histoire d'amour, l'Alliance, entre Dieu et l'humanité, fournit comme une clef ouvrant à la compréhension ce qu'est un sacrement.

I ET II. LE BAPTÊME ET LA CONFIRMATION, qui, avec la première communion, sont appelés sacrements de l'initiation chrétienne, ne peuvent en effet se comprendre que dans l'Alliance. Dans le Baptême de chaque enfant, de chaque adulte, se joue, aux yeux des chrétiens, l'histoire d'amour de Dieu pour l'humanité. Le nouveau baptisé est reconnu (appelé par son nom de baptême), il devient l'« élu » de Dieu, choisi pour recevoir son salut et s'incorporer au Christ afin d'entrer dans l'amour trinitaire. Ce choix de Dieu est définitif quoi qu'il arrive. Définitivement le nouvel élu est marqué par la victoire de Dieu. Il n'est plus — en dernier ressort — au pouvoir du mal. Il est l'ami de Dieu. Et la Confirmation viendra confirmer aux yeux du monde ce choix de Dieu pour le nouveau baptisé.

Suite page 955 ▶▶▶

MYSTAGOGIE

De manière générale le mot (du grec *mustes,* initié et *agein,* conduire) signifie : initiation aux mystères. Dans les premières communautés chrétiennes, il désignait la catéchèse destinée aux néophytes, c'est-à-dire à ceux qui venaient de recevoir les sacrements de l'initiation chrétienne : baptême, confirmation, eucharistie. (Cf. par ex. les *Catéchèses mystagogiques* de saint. Cyrille de Jérusalem vers 350). ■

Onction avec le saint chrême

Le prêtre dit ensuite :
Par le baptême,
le Dieu tout-puissant,
Père de notre Seigneur Jésus-Christ,
t'a libéré(e) du péché
et t'a fait renaître de l'eau et de l'Esprit.

Désormais, tu fais partie de son peuple, tu es membre du corps du Christ et tu participes à sa dignité de prêtre, de prophète et de roi. Dieu te marque de l'huile du salut afin que tu demeures dans le Christ pour la vie éternelle
Tous : *Amen.*

Après quoi le prêtre fait, sans rien dire, sur le haut de la tête de l'enfant, une onction avec le saint chrême.

LES SCRUTINS BAPTISMAUX

Le mot scrutin (du latin *scrutare,* pénétrer) est un vieux mot de la pastorale du baptême. Désuet pendant longtemps, il est de nouveau (un peu) employé à propos du baptême des adultes.

Aux IVe et Ve siècles, ce mot servait à nommer une cérémonie de préparation au baptême : les catéchumènes étaient appelés à marcher vers le baptême en recevant une formation doctrinale et morale et en faisant des efforts pour vivre une vie spirituelle plus intense.

Les scrutins étaient l'occasion de vérifier leurs progrès. Mais il ne faut pas les imaginer comme des examens au sens moderne du terme : ils étaient conçus pour mettre en relief que ce n'était pas leur volonté et leurs efforts qui allaient leur permettre d'accéder au baptême, mais le choix et l'amour de Dieu. Ces scrutins valorisaient l'appel de Dieu et étaient toujours accompagnés d'exorcismes qui signifiaient que cet appel pouvait être compromis par Satan.

Dans le vocabulaire ecclésial, le mot *scrutin* rassemble trois sens : c'est une cérémonie au cours de laquelle le candidat au baptême est replacé devant la grandeur de l'appel de Dieu, examiné sur sa progression dans la vie chrétienne, et aidé par un exorcisme contrecarrant l'emprise du mal sur lui.

La réforme liturgique issue du concile Vatican II a redonné de l'importance aux scrutins. Trois sont prévus, le 3e, 4e et 5e dimanche de Carême, en vue des baptêmes donnés pendant la veillée pascale. Ils ont même signification que dans l'Église ancienne. ■

La naissance est un passage, à travers l'eau et le sang. Naître, c'est partir pour passer d'un état à un autre. On oublie aujourd'hui combien cet acte qui donne la vie représentait de risques de mort autrefois. Venir au monde, c'est affronter à la fois vie et mort. Une nouvelle vie s'élance, mais ce commencement met fin à une situation antérieure. Il n'y a pas de naissance sans rupture avec un passé. Il y a toujours un cordon ombilical à couper.

La naissance du baptême

Le verbe grec *baptizein* signifie *plonger* : plonger une épée dans l'eau, couler un navire. C'est ce terme qui a été retenu au premier siècle avant notre ère pour désigner un mouvement de renaissance religieuse en Israël caractérisé par les baptêmes : le mouvement baptiste, dont existent encore de lointains descendants en Irak.

Peu avant le Christ, en effet, la conscience religieuse du peuple juif s'est interrogée sur le meilleur moyen d'attendre activement l'envoyé de Dieu, le Messie. Le Temple était entre les mains d'un haut clergé riche et politique ; les sacrifices d'animaux paraissaient des convenances externes depuis longtemps critiquées par les prophètes. La fidélité à la loi de Moïse croulait sous des exigences sans cesse multipliées et, de fait, inapplicables par la majorité des travailleurs. C'est alors que surgit un mouvement populaire de retour au désert (donc aux portes de la Terre promise), animé d'un profond désir de conversion intérieure, soutenu par une vive espérance messianique. Au désert, le peuple venu en foule répétait le geste qui avait conclu l'Exode de ses ancêtres – les Hébreux – et leur séjour au désert : se plonger dans le Jourdain. Plus qu'une simple ablution indéfiniment répétée, ce baptême manifestait la volonté de préparer à Dieu un peuple renouvelé, un peuple de pauvres et de convertis, un peuple capable d'accueillir son envoyé.

Ces baptêmes étaient donnés « au nom de » personnages religieux, ascètes vivant au désert, prophètes dans la ligne de leurs devanciers. Le plus célèbre d'entre eux, mais non le seul, est Jean-Baptiste. Il est possible que le premier martyr, Étienne, ait appartenu à ce mouvement, si on en juge par sa critique du Temple (Ac 7,48). C'est vers Jean que Jésus se dirige, rejoignant ainsi une profonde aspiration religieuse du peuple juif.

Du baptême de Jésus dans le Jourdain à son baptême sur la croix

Chez les quatre évangélistes, le baptême de Jésus par Jean inaugure la vie publique du charpentier de Nazareth. Chaque évangile insiste sur un aspect particulier, mais on note les points communs suivants :

- *Jésus plonge dans le Jourdain* : il risque symboliquement sa vie en affrontant la mort contenue dans les eaux. Il « descend et remonte » : cette plongée, accomplie vraisemblablement à l'endroit où l'Exode s'était achevé, renouvelle en Jésus l'acte de naissance du Peuple de Dieu.
- *L'Esprit de Dieu*, qui était descendu sur Moïse, supprime la séparation du ciel et de la terre et *vient sur Jésus*. La descente de l'Esprit inaugure les temps messianiques. La colombe représente ici le peuple même d'Israël (on parle bien du coq gaulois !). Jésus est le nouveau Peuple de Dieu, condensé en sa propre personne. Il est un commencement.
- *La Voix du ciel*, signe de la manifestation de Dieu, *désigne Jésus comme le Fils* en qui le Père se complaît. L'expression est royale : Jésus est ici intronisé roi du nouvel Israël (le roi était sacré dans l'eau) ; elle reprend aussi la définition du Serviteur souffrant annoncé par Isaïe (42 ; 49 ; 50 ; 53) comme le seul en qui Dieu se complaît. Le Serviteur va donner sa vie. La gloire du baptême s'oriente vers la Croix.
- *Jésus est désigné comme le Messie*. Jean le reconnaît et lui envoie ses premiers disciples. L'Agneau de Dieu reconnu par Jean est l'image du roi qui prend la tête du troupeau.

Les chrétiens aimeront à méditer les richesses de cette scène admirable. Après la Pentecôte, l'Église en découvrira les composantes : Jésus est le Fils de Dieu ; mieux que le roi d'Israël, il méritait ce titre de Fils de Dieu, qui signifiait « protégé par Dieu ». L'Église en découvrira donc la dimension trinitaire. Surtout, elle fera le lien entre *ce baptême*, où Jésus reprend à son compte l'Exode d'Israël (il va aussitôt au désert et y est tenté), et *sa Croix*, où ce même Jésus plongera dans la mort pour en remonter vivant.

Jésus lui-même a orienté sa vie vers un « autre baptême ». Jean-Baptiste baptisait « dans l'eau » afin de remettre en état le peuple juif. Il annonce que Jésus baptisera dans l'eau « et dans l'Esprit » : il s'agira alors d'un renouvellement complet de l'homme, car l'Esprit habitera au cœur de l'homme, réalisant ainsi une nouvelle création. Jean annonce également un « baptême de feu », signe de purification totale, certes, mais signe surtout d'appartenance à ce « peuple de feu » que Daniel voit couler du trône de Dieu et qui désigne le peuple incandescent des croyants fidèles dans l'épreuve. Dans cette ligne, Jésus aspire à un nouveau baptême lié à un feu qu'il désire allumer (Lc 12,50). Lui-même appelle sa mort un passage (Jn 13,1).

Arrive l'heure de la croix. Jésus y effectue son grand passage, de ce monde au Père. Parce qu'il se donne complètement à son amour, ce passage coïncide avec l'exaltation du Christ. Jésus est à la fois élevé de terre sur la croix, et exalté par le don de sa vie. Sa mort devient source de vie : de son côté ouvert coulent l'eau et le sang. Dans cette eau, saint Jean voit la fontaine de l'Esprit (Jn 7,39) que Jésus va répandre sur ses disciples. Parce qu'il a été fidèle jusqu'au bout à son Père, Jésus remonte de la mort : son Père le ressuscite, selon les formules des Actes des Apôtres (2,24 ; 4,10 etc.). Jésus remonte de la mort, vivant, ressuscité. C'est son passage, sa Pâque.

Tel est le baptême chrétien, le baptême du Christ. Au lendemain de la Pentecôte, les apôtres donneront le baptême « au nom de » Jésus : c'est-à-dire dans la personne même de Jésus, dans le don que Jésus a fait de lui-même (Ac 2,38). Être baptisé « en Jésus-Christ », consiste à faire, à son tour, le passage qu'il a accompli. Jésus nous donne de le suivre. En même temps que l'Église perçoit le visage trinitaire de Dieu — et donc perçoit qui est réellement Jésus-Christ —, elle donnera le baptême « au nom du Père et du Fils et du Saint-Esprit » (Mt 28,19 ; écrit vers l'an 80). Par le baptême un homme devient « participant de la nature divine » (2 P 1,4).

Dès l'âge apostolique et immédiatement après, les chrétiens comprendront que ce baptême du Christ reprend « les grands passages » dont parle l'Ancien Testament. Ces passages sont des actes sauveurs de Dieu. La liturgie chrétienne les cite encore comme passages de la mort à la vie :

Chaos et désordre originel	→	**CRÉATION**	→	monde ordonné et rempli
Noyade dans l'eau	→	**DÉLUGE**	→	Noé sauvé par Dieu
Esclavage en Égypte	→	**EXODE**	→	création d'un peuple
Errance au désert	→	**JOURDAIN**	→	entrée en Terre promise
Jésus : vie cachée	→	**BAPTÊME DU CHRIST**	→	Jésus : vie publique
Jésus donne sa vie	→	**PÂQUE DU CHRIST**	→	Jésus ressuscite
Un homme « sans Christ » (Ep 2,12)	→	**BAPTÊME**	→	Un fils de Dieu

Le baptême chrétien

Le rite du baptême est donc un rite de passage : l'eau symbolise la mort à traverser avec le Christ afin de participer à sa vie de Ressuscité. Saint Paul résume admirablement ce qu'est le baptême chrétien en écrivant aux Romains :

« Nous tous qui avons été baptisés en Jésus-Christ, c'est dans sa mort que nous avons été baptisés. Si, par le baptême dans sa mort, nous avons été mis au tombeau avec lui, c'est pour que nous menions une vie nouvelle, nous aussi, de même que le Christ, par la toute-puissance du Père, est ressuscité d'entre les morts. Car, si nous sommes déjà en communion avec lui par une mort qui ressemble à la sienne, nous le serons encore par une résurrection qui ressemblera à la sienne » (Rm. 6.35).

Le baptême chrétien consiste à rendre présent, pour un homme, la mort et la résurrection de Jésus-Christ, dans lesquelles cet homme est plongé, par lesquelles il passe. Au lieu de se noyer dans l'eau, au lieu de voir sombrer la vie dans les innombrables morts symboliques de l'argent, de la violence, du pouvoir, de l'oppression, le chrétien resurgit de ces puissances de mort, vivant avec le Christ. A son tour, il remonte de ces enfers, ou plutôt, c'est l'Esprit du Christ qui l'en tire et en fait une création nouvelle. C'est ainsi encore que le comprend saint Paul : *« Si quelqu'un est dans le Christ, il est une création nouvelle ; l'être ancien a disparu, un être nouveau est là. Et le tout vient de Dieu qui nous a réconciliés avec lui par le Christ »* (2 Co 5,17-18).

Pour découvrir le sens du baptême, rien ne vaut mieux que de reprendre le déroulement liturgique d'un baptême d'adulte, tel qu'il se célébrait quand ce rituel fut constitué (au IVe siècle). La colonne de droite ci-après permet de retrouver les gestes actuels et de se référer à des passages d'Écritures. On verra immédiatement que le baptême d'un enfant est une célébration qui condense en un seul acte ce qui, pour un adulte, se déroulait, et se déroule aujourd'hui encore, en plusieurs temps. (Voir p. 948). ■

PRÉPARATION

HIER	AUJOURD'HUI
Le candidat au baptême commençait par faire preuve d'une conduite conforme à la vie des chrétiens. Il était admis par étapes dans l'Église :	Aujourd'hui encore, il n'y a pas de baptême (sauf en cas de danger de mort) qui ne demande une préparation. Les quatre étapes existent toujours pour les catéchumènes qui ne sont plus de petits enfants.
1re étape. Entré dans l'Église, il recevait un nom chrétien et le signe de la croix. Il était alors catéchumène : celui à qui on apprenait point par point la vie chrétienne.	La première étape comporte les mêmes signes fondamentaux, avec la même signification, que dans l'Église antique.
2e étape. Sur le catéchumène avaient lieu des signes de purification, les exorcismes, pour l'amener à s'arracher aux faux dieux et à « leurs pompes » (les fêtes païennes). Il recevait alors une onction sur tout le corps pour le fortifier dans ce combat.	Les exorcismes sont encore prévus par la liturgie du baptême. L'imposition des mains est un geste d'introduction au sein de l'Église.
3e étape. La communauté chrétienne admettait, par scrutin, les catéchumènes à être baptisés. En certains endroits, on leur remettait le *Notre Père* et le *Je crois en Dieu* qu'ils réciteraient avec les baptisés.	La troisième étape prévue par le rituel faisant suite au concile Vatican II a le même sens que dans les premiers siècles du christianisme.
4e étape. C'était le baptême proprement dit, qui se déroulait hors de l'église, dans le baptistère, et seulement pendant la liturgie de la nuit de Pâques et celle de la nuit de la Pentecôte. Ces liturgies comprenaient des lectures relatant les actes sauveurs de Dieu.	Aujourd'hui, l'initiation chrétienne des adultes (baptême, confirmation, eucharistie) se célèbre à nouveau, habituellement, au cours de la veillée pascale. Quand ce n'est pas le cas, on choisit une ou deux lectures.

CÉLÉBRATION DU BAPTÊME

HIER	AUJOURD'HUI
Le catéchumène est conduit près de la piscine : un puits profond d'environ 1 m, avec des marches pour y descendre et en remonter. Tourné vers l'occident (où la lumière se couche), il renonce au péché. Puis faisant face à l'orient (le soleil levant est le signe du Christ), il proclame sa foi. Il se dépouille de ses vêtements et descend dans la piscine baptismale. Il est plongé dans l'eau, en signe de mort. Le prêtre verse de l'eau sur sa tête, par trois fois : au nom du Père, du Fils et de l'Esprit Saint. A chaque fois, le baptisé répond : « Je crois ». Puis il remonte de l'eau.	Le baptême par immersion est toujours possible et la pratique en est plus fréquente. Il est courant en Orient. Le baptême par aspersion (verser de l'eau sur la tête) a été introduit au IIIe siècle pour baptiser des malades. Il s'est étendu aux baptêmes d'enfants. Le rite baptismal proprement dit comporte deux éléments essentiels et indissociables l'un de l'autre : • d'une part, **renonciation au mal** et **profession de foi** ; • d'autre part, **versement de l'eau accompagné des mots** « *Je te baptise au nom du Père, et du Fils, et du Saint-Esprit* ».

APRÈS LE BAPTÊME

HIER	AUJOURD'HUI
Le baptisé est alors un néophyte : une pousse nouvelle. Il est oint du saint chrême de la tête aux pieds : l'huile fait briller les corps, signe de la marque de Dieu, et son parfum indique l'invisible présence de Dieu.	L'onction se fait encore : le chrétien est un autre Christ. Le mot chrême vient de la même racine grecque : *chriô*, oindre d'huile ; Christ signifie « oint ». « Nous sommes bien, pour Dieu, la bonne odeur du Christ » (2 Cor 2,15).
Il revêt un vêtement blanc : la lumière est la « couleur de Dieu ».	Une tunique blanche est remise.
Il reçoit un cierge et pénètre alors dans l'église, au milieu des fidèles. Il se dirige vers l'évêque qui confirme le baptême par une onction sur le front (et par l'imposition des mains). Le nouveau baptisé participe alors à l'eucharistie, pour la première fois.	Un cierge est allumé et remis au nouveau baptisé (« Vous êtes la lumière du monde ». Mt 5,14), ou à sa marraine s'il s'agit d'un petit enfant. L'évêque ne pouvant être présent dans toutes les paroisses où des adultes sont baptisés la nuit de Pâques, le rituel prévoit que le prêtre qui baptise peut également donner le sacrement de la confirmation.
Les jours suivants, le nouveau chrétien apprend le contenu complet de sa foi.	C'est l'origine du catéchisme.

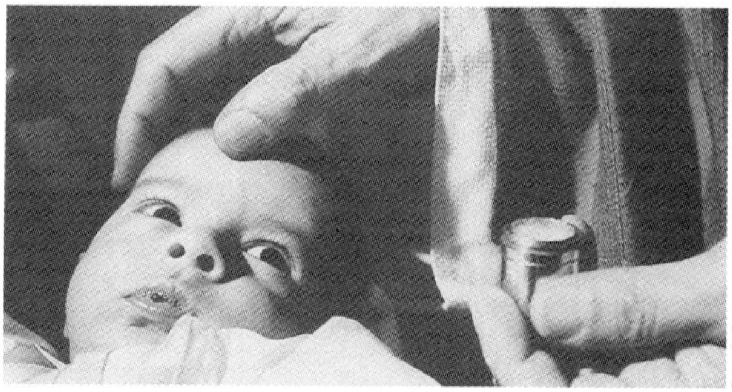

Ph. CIRIC

CONCLUSION

Rite de passage, le baptême est une renaissance. On peut être baptisé à tout âge. « Il faut naître à nouveau », explique Jésus à Nicodème (Jn 3,3). Désormais cet homme est fils de Dieu : « Vous avez reçu un esprit de fils adoptifs qui nous fait crier : Abba ! Père » (Rm 8,15). Cette vie de fils, en Jésus-Christ, est la grâce même du baptême.

Ainsi un homme passe des ténèbres à la lumière, de l'ignorance de Dieu à la communion avec Dieu. Il passe du monde (au sens où celui-ci ne connaît pas Dieu) à l'Église. Au début, quand l'Église était minoritaire, les baptisés avaient grande conscience d'effectuer un passage, de s'arracher à un monde païen pour entrer dans la communauté des chrétiens. Ce sentiment redevient aujourd'hui très présent.

A partir du VIe siècle, le nombre des baptêmes d'enfants l'emporte sur le nombre des baptêmes d'adultes. Le monde semble peuplé de chrétiens. C'est alors qu'on se met à insister, puisque le passage du monde païen à l'Église paraît moins évident, sur le fait que le baptême efface le péché originel. L'éloignement de Dieu n'est pas simplement le fait d'un monde païen, il est l'état dans lequel naît chacun.

On peut remarquer que le christianisme ignore un sacrement de la mort. En effet, baptisé dans la mort et la résurrection du Christ, on peut dire que pour le chrétien, la mort est derrière lui, enfouie dans son baptême. Devant lui, il a l'éternelle jeunesse de Dieu. C'est pourquoi le baptême oriente toute l'existence humaine vers le Ressuscité. Vivant avec le Christ, saint avec lui, le baptisé doit imprégner ses actes et toute sa vie de cette résurrection et de cette sainteté. « Deviens ce que tu es » : telle est la morale du baptisé. ■

Mon enfant est mort sans baptême...

J'hésite à te répondre ; devant la mort, et la mort d'un enfant, les mots sonnent tellement creux ! Pourtant, une de tes phrases me pousse à te répondre vite. « Et dire qu'en plus, par ma faute, il peut être damné »... Et là, je te dis : non !

Toi qui l'as porté pendant neuf mois, toi qui l'avais dans tes tripes au point que ce que tu percevais de ses souffrances se multipliait en toi, toi qui n'as pas dormi pendant si longtemps alors qu'une caresse, que son odeur même t'aurait donné la paix, toi qui as vécu avec une boule au fond de la gorge quand Louis, ton enfant, ton bébé, passait de main en main, non pour être choyé mais pour être ausculté, toi qui as tout vécu jusqu'au moment dérisoire où tu t'es retrouvée seule avec quelques layettes dont tu ne savais si elles étaient reliques ou horreur, toi qui as souffert le martyre, penses-tu réellement que Dieu — le bon Dieu — veuille voiler ton cœur en y semant l'angoisse ? Dieu est bon. Je t'en supplie, crois-le, c'est le B.A.BA de la foi.

Franchement, tu as fait tout ce qu'il fallait. Souviens-toi, les médecins te disaient : « C'est rare que les parents s'occupent autant d'un enfant ». Je le sais, tu le sais, tous ceux qui te connaissent le savent, dans d'autres circonstances, tu aurais fait baptiser Louis... Tu le voulais. Crois-tu que Dieu tient compte de la surface — de ce que l'on fait — ou du cœur de ce que l'on veut ? Cela a été plus vite que nous le pensions tous, est-ce de ta faute ? Autrefois, on aimait faire baptiser dans les quelques heures après la naissance : c'était une pratique adaptée au temps où, malheureusement, beaucoup de bébés mouraient en quelques heures. Mais, aujourd'hui, il est normal de penser que les enfants vivront et il est normal d'attendre de pouvoir faire une fête de famille. Si le baptême n'est pas l'occasion d'une fête, quand se réjouira-t-on ?

J'ai probablement tort d'essayer de te déculpabiliser. Je suis sûr que tu n'es coupable de rien... Mais le serais-tu que cela ne changerait rien à ce qu'est Dieu. Et Dieu est amour. Il est vrai que, pour nous, le baptême est nécessaire. Il est vrai que l'Écriture elle-même laisse entrevoir, dans certains cas, la possibilité pour ceux qui professent leur foi en Jésus-Christ ou aiment leur prochain d'être sauvés comme le bon larron (Lc 23,43). Ou les justes du chapitre 25 de Matthieu... Mais il n'est rien dit dans l'Écriture sur ce qui arrive aux enfants morts sans baptême.

Et comme il n'est rien dit, pour éviter des douleurs comme la tienne, des savants ont essayé de faire des suppositions, des inventions. On a parlé des limbes, de... Inventions pour calmer l'angoisse. Je ne sais pas inventer. Mais je crois l'angoisse inutile et un peu déplacée : elle suppose que l'on croit à une vie après la mort, donnée par Dieu, et, en même temps, que l'on croirait que ce même Dieu punirait des enfants. Mais c'est impossible. Je sais, dans la foi, l'amour de Dieu. Comme toi, j'ai eu du mal à ne pas me révolter après la mort de Louis, mais je voudrais te dire, je voudrais te convaincre, dans la foi que nous partageons, d'avoir confiance... Je médite les psaumes :

> « Près du Seigneur est l'amour
> près de lui abonde le rachat ».

Près du Seigneur est l'amour, de qui Louis pourrait-il avoir crainte ?

Franchement, si c'est trop dur, téléphone-moi et je viendrai... Pleure, si tu veux, mais calme ton angoisse, ne crains plus pour Louis, Dieu t'aime, je te le jure. Et moi, je t'embrasse.

Paul.

A la suite du concile Vatican II

Trois manières de célébrer le baptême selon la catégorie d'âge

La décision majeure des Pères conciliaires dans le domaine du baptême figure dans la *Constitution sur la liturgie* (N° 67) : « On révisera le rite pour le baptême des tout-petits et on l'adaptera à la situation des petits enfants ».

La mise en œuvre de cette décision a mené à considérer trois situations différentes, si bien que nous disposons aujourd'hui de trois rituels du baptême, tous regroupés avec celui de la confirmation sous le titre « l'Initiation chrétienne ». Trois rituels, c'est-à-dire trois manières de célébrer le baptême en fonction des conditions concrètes de ceux qui viennent à la foi.

Le rituel du baptême des adultes par étapes (1974)

La promulgation de ce rituel est très significative :

- elle manifeste toute l'importance que l'Église attache à l'*initiation* des adultes, prise en sa totalité : baptême, confirmation, eucharistie ;
- elle affirme la nécessité d'une *pédagogie spécifique* pour l'entrée dans l'Église et reconnaît qu'il y a différentes manières de vivre en Église ;
- elle définit les perspectives du catéchuménat comme « *une exigence d'authenticité et de conversion pour les communautés chrétiennes* ».

La grande nouveauté de ce rituel est la restauration des *étapes* : « Ce rituel comporte toutes les étapes de la préparation des adultes à la vie chrétienne, qui trouvent leur achèvement dans la célébration des rites du baptême, de la confirmation et de l'eucharistie. Ainsi célébrés par degrés, les rites de l'initiation correspondront mieux au cheminement de l'adulte qui se convertit à Dieu par la foi ». Quatre étapes sont prévues.

Le rituel du baptême des enfants en âge de scolarité (1977)

Ce rituel comporte aussi *quatre étapes,* mais elles ne sont pas distribuées de la même manière que dans le rituel du baptême des adultes.

Les orientations pastorales font état d'une situation nouvelle que les pasteurs ont à prendre en considération d'une manière nouvelle :

« On accède au baptême à tout âge (...) On rencontre aujourd'hui des demandes pour des enfants en âge de scolarité primaire. De réelles demandes méritent d'être considérées en elles-mêmes bien qu'elles représentent une situation parmi d'autres et appellent comme les autres un cheminement (...) L'enfant en âge de scolarité est à même de faire la profession de foi baptismale et de recevoir le baptême en connaissance de cause (...) ».

Le rituel du baptême des petits enfants [1]

La nouveauté de ce rituel consiste — comme le Concile l'avait demandé — dans la prise en considération de la situation réelle des petits enfants. Jusqu'en 1969, le rituel du baptême des petits enfants n'était qu'un mauvais décalque — mal aménagé — d'un rituel du baptême des adultes : le prêtre s'adressait au bébé, comme à un adulte et les parrain et marraine répondaient à sa place ! Le nouveau rituel marque la fin de cette fiction et le rôle du parrain s'en trouve d'ailleurs diminué. Par contre, ce sont les parents qui demandent le baptême pour leur enfant et qui professent leur foi d'adulte.

Enfin, pour terminer, il ne paraît pas possible de passer sous silence l'Instruction sur le baptême des petits enfants publiée par la Congrégation pour la Doctrine de la Foi le 20 octobre 1980. Si la première partie (n° 4 à 15) ne fait que rappeler la doctrine traditionnelle sur le baptême des petits enfants et le devoir des parents chrétiens de faire baptiser leur enfant dès le plus jeune âge, la seconde partie (n° 16 à 26) prend en compte les difficultés actuellement soulevées par le contexte socio-culturel, et la troisième partie (n° 27 à 34) apporte quelques directives pastorales.

Il est fait mention de la préparation au baptême (n° 29), du « délai pédagogique » (n° 31), mais il ne faudra jamais oublier les deux principes énoncés pour guider toute pastorale du baptême des petits enfants :

« Des garanties doivent être assurées pour que ce don puisse se développer par une véritable éducation de la foi et de la vie chrétienne, en sorte que le sacrement atteigne sa totale vérité. Elles sont normalement fournies par les parents ou la famille proche, bien que diverses suppléances soient possibles dans la communauté chrétienne. Mais si ces garanties ne sont pas sérieuses, on pourra être amené à différer le sacrement et on devra même le refuser si elles sont certainement nulles » (n° 28,2).

[1] 2e édit. 1984.

Fonts baptismaux.

> *« Oui, c'est vous qui êtes la race choisie, le sacerdoce royal, la nation sainte, le peuple qui appartient à Dieu ; vous êtes donc chargés d'annoncer les merveilles de celui qui vous a appelés des ténèbres à son admirable lumière. Car autrefois vous n'étiez pas son peuple, mais aujourd'hui vous êtes le peuple de Dieu. Vous étiez privés d'amour, mais aujourd'hui Dieu vous a montré son amour. »*
>
> 1 P 2,9-10

La dernière phase de la préparation au baptême dans une paroisse de Versailles

Chaque paroisse a son mode de préparation au baptême. Elles demandent toutes un certain délai pour l'inscription au baptême (2 à 3 mois). Elles organisent souvent (surtout en ville) des réunions de préparation. La paroisse Notre-Dame de Versailles a conçu une formule originale qui laisse la responsabilité de la dernière réunion aux parents des enfants à baptiser. On trouvera ci-dessous le texte du document remis aux parents pour les y aider.

POUR PRÉPARER LA CÉLÉBRATION DU BAPTÊME

1. Dix-quinze jours avant le baptême, vous serez contactés pour déterminer la date d'une rencontre avec les autres familles qui participeront à la même célébration de baptême que vous. Avec elles et un foyer de la paroisse, vous préparerez dans le détail cette célébration, pour qu'elle soit à la fois familiale et communautaire.

2. Avant cette réunion
a) Choisir le texte de la « Parole de Dieu » que vous trouverez dans le livret « le Baptême de votre enfant » ou dans la Bible.
b) Écrire les intentions de prière (prière commune de l'assemblée ou prière universelle) ou les choisir dans le livret. Trois ou quatre intentions suffisent. Vous pouvez, par exemple, écrire ce que vous demandez au Seigneur :
pour vos enfants ;
pour les parents, parrains, marraines ;
pour l'Église et l'assemblée que vous formez.
c) Si vous le souhaitez, prévoyez des chants. Penser aux personnes qui peuvent lire les textes de la Parole de Dieu et la Prière Universelle et à celles qui peuvent entonner les chants.

3. Au cours de la célébration à l'église
Même si votre bébé a pris son biberon avant la cérémonie, il risque de pleurer, de crier, et de couvrir les voix adultes. Voulez-vous avoir la bonté d'apporter un *biberon*, fût-ce d'eau sucrée, que vous lui donnerez tout simplement au cours même de la cérémonie.

4. Faut-il donner quelque chose à l'Église à l'occasion du Baptême ?...
Cela est bien entendu laissé à votre jugement, sachant cependant que la cérémonie aura occasionné quelques frais, et que la communauté chrétienne dans laquelle entre votre enfant ne peut vivre matériellement que si chacun de ses membres participe à sa vie matérielle, selon ses possibilités.

5. Le prêtre qui baptisera les enfants désire connaître à l'avance les textes et les prières que vous aurez choisis. Le lien pourra être assuré par le foyer de la paroisse qui vous aura accueillis.
N'oubliez pas également d'apporter à la sacristie votre feuille de demande de baptême.
Apportez le jour du baptême votre livret de famille catholique, s'il vous en a été délivré un, nous y inscrirons le baptême de votre enfant.
Gentil rappel : soyez à l'heure. Merci.

DÉROULEMENT DE LA CÉLÉBRATION

Accueil
Le prêtre accueille les familles.
Dialogue avec les parents, parrains, marraines.
Signe de croix (signation) sur le front des enfants par le prêtre, les parents, parrains et marraines.

Célébration de la parole
Lecture : on peut choisir une épître ou un Évangile.
Homélie (ou partage sur l'Évangile).
Prière en silence.
Prière commune de l'assemblée.
Invocation des saints.
Prière en forme d'exorcisme.
Imposition des mains par le prêtre ou onction d'huile sur la poitrine des enfants.

Au baptistère
Bénédiction de l'eau.
Renonciation au mal (trois interrogations aux parents, parrains, marraines) et profession de foi par les parents, les parrains et marraines, le prêtre et l'assemblée.
Baptême.
Onction avec le saint-chrême.
Vêtement blanc pour l'enfant.
Cierge allumé.

A l'autel
Notre-Père.
Bénédiction des parents, parrains, marraines et participants.
Signature sur les registres.
Lecture et prière de l'assemblée.

Parrain, marraine

Le parrain et la marraine (du latin *pater*, père et *mater*, mère ; de même que filleul est dérivé de *filius* et *filia*, fils et fille) entourent les parents d'un enfant au moment de son baptême. Lorsque celui-ci avait lieu dans les premiers jours suivant la naissance, la marraine y remplaçait même la mère. En les choisissant, les parents de l'enfant leur manifestent leur amitié et leur confiance, car c'est ensemble qu'ils prennent, au nom de l'enfant, l'engagement d'une vie chrétienne. Par le fait même, parrain et marraine acceptent d'assumer avec les parents la responsabilité d'une véritable « parenté spirituelle » (d'où leur nom) à l'égard de leur filleul.

Au jour du baptême, ils représentent la communauté des croyants qui accueille le nouveau baptisé et lui donne son appui. Parrain et marraine ont donc à aider leur filleul à grandir dans la foi. L'enfant appréciera peut-être, à certaines périodes de sa vie, d'avoir un adulte, différent de ses parents, à qui se confier et à qui parler.

Le rôle du parrain et de la marraine est donc double : ils sont les témoins de l'Église auprès du baptisé, lui présentant une manière de vivre la foi autre que celle de ses parents ; ils sont les témoins de leur filleul auprès de la communauté chrétienne. C'est pourquoi, lors du sacrement de confirmation, ils seront, si possible, à nouveau présents.

En cas de défaillance des parents dans l'éducation de la foi, parrain et marraine auront à se soucier davantage de l'éducation chrétienne de leur filleul. Si les parents venaient à disparaître, la garde de l'orphelin, malgré un projet législatif qui n'a jamais vu le jour, est très rarement confiée à ses parrain et marraine si ceux-ci ne sont pas des parents. Au plan de la vie chrétienne, évidemment, leur rôle deviendrait encore plus important, même si la garde de l'enfant ne leur était pas confiée.

Les adultes qui demandent le baptême sont, eux aussi, entourés d'un parrain et d'une marraine.

Y a-t-il des règles à respecter pour être parrain ou marraine ?

1. En cas de difficulté, un parrain seul ou une marraine seule suffit.
2. Être assez mûr pour remplir cette fonction : donc ne pas les choisir trop jeunes. Il faut en effet qu'ils aient reçu les trois sacrements de l'initiation chrétienne : baptême, confirmation et eucharistie.
3. Appartenir à l'Église catholique et avoir accès à l'eucharistie. Quand il y a déjà un parrain ou une marraine catholique, on peut admettre, mais seulement comme témoin au baptême, un chrétien appartenant à une Église séparée, s'il professe la foi au Christ. ■

> *« Vous tous qui avez été baptisés dans le Christ, vous avez revêtu le Christ. Il n'y a plus ni Juif ni païen, ni esclave ni homme libre, ni homme ni femme : tous, vous ne faites plus qu'un dans le Christ Jésus. »*
>
> SAINT PAUL, Épître aux Galates 3,27-28.

UN NOM CHRÉTIEN

On voit dans la Bible que, lorsque Dieu fait appel à un homme pour lui confier une mission, très souvent il en change le nom. Ainsi Abram reçoit le nom d'Abraham, et Simon celui de Pierre. C'était déjà une coutume des anciens empires de donner un nom nouveau à un fonctionnaire chargé de mission.
En donnant un nom nouveau, Dieu s'attache par alliance à la personne même, et lui signifie sa mission.
Par sa résurrection, Jésus a reçu un « Nom nouveau » (Ph 2,9) qui exprime sa personne même : il est Fils de Dieu. A son tour, Jésus donne un nom nouveau à ses fidèles. Le nom du chrétien est une manière de dire son attachement au Christ.
Très tôt, les chrétiens ont donné à leurs enfants des noms de personnages de la Bible ou de fêtes du Christ (Noël, Pascal...). Ils leur ont aussi donné le nom d'un saint dont la vie leur semble être un modèle pour le futur chrétien. Ce saint est le *saint patron* : le saint protecteur qui sert d'exemple.
Quand, aux XI-XIIe siècles, sont apparus les noms de famille, le nom de baptême est devenu le prénom. ■

FONTS BAPTISMAUX

(Du latin *fons,* source). On appelle ainsi le bassin ou la cuve destinés à recevoir l'eau baptismale ; l'expression désigne également le lieu où ils sont placés. Aux premiers temps du christianisme, on baptisait aussi bien par *immersion* que par *aspersion* (verser un peu d'eau sur la tête). Les fonts étaient alors généralement une sorte de bassin de pierre, quelquefois en forme de croix, creusé dans le sol du baptistère et contenant de l'eau. Le futur baptisé s'y tenait debout, pendant que le célébrant, prêtre ou diacre, versait de l'eau sur sa tête ; on sait qu'il a existé des diaconesses pour le baptême des femmes.
Les fonts étaient hors de l'église, dans un bâtiment symboliquement séparé, le *baptistère* (cf. Saint-Jean de Poitiers, Aix-en-Provence, Florence, Pise...). Les catéchumènes ne participaient pleinement à la liturgie dans l'église qu'après leur baptême. Le baptême par immersion a été remplacé par le baptême par aspersion, d'abord prévu pour les malades, et a pratiquement disparu à partir de la période carolingienne, sauf en Orient. Les fonts ont pris alors la forme d'une cuve plus ou moins grande, plus ou moins ouvragée, en pierre ou en métal, placée à hauteur de main sur un soubassement, et recouverte d'un couvercle pour garder sa propreté à l'eau baptismale.
Dans la plupart des églises, les fonts baptismaux sont placés dans une chapelle spéciale, portant le nom de baptistère comme le bâtiment séparé où ils se trouvaient à l'origine. ■

Le baptême des petits enfants

Si haut qu'on remonte dans les témoignages archéologiques chrétiens, on retrouve des traces de sépultures d'enfants baptisés. Il existe des tombes d'enfants chrétiens datant du IIe siècle, à une époque où l'on sait que la liturgie prévoyait le baptême, dans l'ordre, des adultes, des jeunes, des enfants sachant parler, puis des enfants ne sachant pas encore parler. Avant cette époque, conformément au statut de l'enfant dans l'antiquité, on baptisait toute une famille, toute une « maison », parents et enfants. C'est ce que firent les apôtres (cf. 1 Co 1,16). Cet usage de baptiser les enfants de familles chrétiennes s'est prolongé jusqu'à aujourd'hui.

Il ne connut, semble-t-il, qu'une brève suspension : au plus fort des persécutions, afin d'éviter à des enfants de renier leur baptême. Au Ve siècle s'est posé un problème étonnamment moderne : faut-il baptiser les enfants de familles peu chrétiennes ou qui demandent le baptême pour des motifs insuffisants ? Oui, répond saint Augustin, car un enfant n'est pas baptisé dans la foi de ses parents, mais dans la foi de l'Église. « L'Église lui prête sa foi. » Le parrain qui est présent témoigne de la foi de l'Église, ainsi que le prêtre qui baptise.

Sur quoi fonder le baptême des petits enfants ?

C'est le même et unique baptême qui est donné à tout âge. Au sujet des petits enfants, plusieurs arguments sont avancés :

1. Jésus lui-même, en un temps où l'enfant était peu considéré, a tenu à ce que rien n'empêche qu'ils viennent à lui (Mt 19,14). « Rien n'empêche » : chez les premiers chrétiens, cette expression ouvrait au baptême. Tout âge peut donc avoir accès au baptême. L'Église comprend des chrétiens de tous âges.
2. En arrivant au monde, l'enfant arrive précédé par une histoire, qu'il reçoit. Cette histoire est marquée par le don de Jésus aux hommes. « Il nous a aimés le premier » (1 Jn 4,19). Baptiser un enfant rappelle à l'Église que Jésus lui fut donné avant même qu'elle existât et qu'elle puisse comprendre ce qu'elle recevait. Dieu nous précède toujours.
3. Comment des parents qui donnent la vie pourraient-ils se désintéresser des raisons valables de vivre cette vie ? Baptiser un enfant revient donc à lui transmettre la foi, la charité et l'espérance où, de leur mieux, ses parents puisent des raisons de vivre.
4. La liberté ne choisit pas à partir de rien, sinon elle rêve ! Le baptême permet à un jeune de s'éveiller à la vie en découvrant en même temps le regard du Christ sur cette vie. Ayant ainsi reçu l'appel du Christ, il peut y répondre de l'intérieur, expérience faite, par la prière, les sacrements et l'éducation chrétienne. Le christianisme, en effet, est une vie avant d'être un corps de doctrine ou un faisceau d'engagements, qu'on apprend ou découvre plus tard.

Y a-t-il des conditions pour baptiser un enfant ?

Tout baptême demande préparation. Actuellement, en France, les paroisses demandent aux parents de se présenter au moins un mois avant la date prévue (mieux vaut d'ailleurs prendre contact avec la paroisse avant de retenir la salle de restaurant !). Souvent les baptêmes sont célébrés de manière communautaire, comme ce fut le cas dans la majeure partie de l'histoire de l'Église. Les baptêmes individuels se sont ensuite multipliés par crainte de voir mourir l'enfant sans baptême, à une époque où la mortalité infantile était considérable ; on baptisait alors le plus rapidement possible et la mère n'assistait pas au baptême, l'enfant étant porté par la marraine.

Si la famille est croyante, le baptême n'a aucune raison d'être refusé.

Si la famille est peu croyante, le témoignage du parrain ou de la marraine sert de garantie. Au cas où cette garantie manquerait, le baptême de l'enfant n'est possible que si les parents s'engagent à ce qu'il soit ensuite catéchisé. En cas de refus total (ou encore, par exemple, quand un aîné baptisé ne va pas au catéchisme du fait des parents), le baptême de l'enfant doit être remis à plus tard. C'est d'ailleurs une règle déjà ancienne. Il y a alors lieu d'informer les parents sur la pratique, de plus en plus fréquente, du baptême d'enfants en cours de scolarité, et volontaires.

On voit que c'est la promesse clairement acceptée d'être instruit dans la foi qui permet le baptême d'un petit enfant. Le sacrement de baptême inaugure en effet une vie avec le Christ. ■

Ph. J.-N. Dumont

Baptistère du IVe siècle. Basilique St-Jean à Ephèse (aujourd'hui en Turquie).

A propos du baptême du Christ, et du baptême en général

Quelqu'un dira peut-être : mais il était saint, pourquoi voulut-il être baptisé ? Écoutez donc : le Christ n'a pas été baptisé afin d'être sanctifié par les eaux, mais afin que lui-même sanctifie les eaux. C'est sa pureté qui purifie les eaux qui le touchent. Ce que nous appelons consécration du Christ est bien plutôt une consécration de l'eau qui devait nous consacrer.

Saint Maxime, évêque de Turin (Ve s.),
Homélie sur le baptême du Christ.

LES « DIFFÉRENTS » BAPTÊMES

En fait, il n'y a qu'un seul baptême : « Il n'y a qu'un seul Seigneur, une foi, un baptême » (Ep 4,5). Les circonstances ont conduit à distinguer trois formes, dont les noms ne sont pas toujours très heureux :

Baptême d'eau : c'est le baptême dans sa forme habituelle. C'est donc un baptême d'eau et d'Esprit.

Baptême de sang : quand un catéchumène subit le martyre pour la foi chrétienne, on dit que son martyre est son baptême, car sa mort le rend conforme à la Croix du Christ.

Baptême de désir : on considère quelqu'un comme baptisé quand il meurt avant la célébration à laquelle il se préparait activement. Tout catéchumène appartient déjà à l'Église ; il reçoit, par exemple, des obsèques religieuses en cas de décès avant son baptême. ■

Lorsqu'un mot, une expression, un événement, une institution, un nom propre vous sont inconnus, consultez l'index.

Pilotés par le Christ

Un homme baptisé, c'est un navire dont la construction est terminée ; il a reçu son enduit, il est orné de ses voiles ; mais livré à la mer, il lui faut un gouvernail jusqu'à ce qu'il arrive au port désiré. La mer, qui est le monde, offre les mille dangers des tempêtes et des écueils, et de plus, elle est remplie de monstres perfides, de passions.

Il faut que les matelots soient vigilants, inquiets, attentifs, industrieux.

Il faut souvent invoquer le Christ, pilote du navire, afin qu'il l'éloigne de tout danger et le conduise au port de la sécurité...

Sois soldat, ne quitte pas ton poste...

Sois toujours prêt au combat, et le Christ qui est ta force te protégera, et les autres chrétiens te soutiendront.

SAINT AUGUSTIN (IVe-Ve siècle),

IMMERSION

Rarement utilisée aujourd'hui dans l'Église latine, l'immersion (du latin *mergere*, plonger et *in* dans : action de plonger dans) est depuis le IIe siècle une des formes d'administration du baptême ; elle rappelle le baptême du Christ par Jean-Baptiste dans le Jourdain. Tandis que le catéchumène était plongé dans l'eau jusqu'à la taille, le célébrant versait de l'eau sur sa tête en prononçant les paroles rituelles du baptême.

En vue de cette forme de baptême, le baptistère, qui constituait un bâtiment extérieur à l'église, comportait une petite piscine dans laquelle descendait le catéchumène (cf. le baptistère d'Aix-en-Provence, de Saint-Jean de Poitiers...). ■

(Voir Baptistère, Baptême)

LES LIMBES

Un problème mal posé ne peut avoir de bonnes solutions. Si on admet que les seuls baptisés sont sauvés et les autres damnés, que deviendront les enfants morts sans baptême ? Ils sont innocents. On leur avait donc trouvé un statut après la mort, pas vraiment au ciel avec Dieu, ni sûrement en enfer sans lui ; mais comme à côté, un peu avec Dieu, un peu privés de lui : les limbes. Les prédicateurs s'appuyaient beaucoup sur eux pour inciter à faire baptiser le plus rapidement possible.

En réalité, si l'Église est sacrement du salut au milieu du monde, elle prépare le Royaume pour tous les hommes qui ne rejettent pas délibérément la loi de leur conscience (Rm 2,14). Il faut que l'Église soit la présence du salut ; mais cela ne résoud pas le problème de ceux qui ignorent l'Église. Pour eux aussi le Royaume est préparé. Dieu est le but unique, encore inconnu mais réel, de leur vie. Leur mort sera leur rencontre avec Dieu et, en quelque sorte, comme leur baptême. Ils seront alors invités au passage à la vie en plénitude, dont les fidèles ont fait le choix au baptême. L'Église ne s'est jamais prononcée sur l'existence des limbes. ■

RÉNOVATION DES PROMESSES DU BAPTÊME

Parmi les dernières consignes données par Jésus aux Apôtres, Marc note celle-ci : « Celui qui croira et sera baptisé sera sauvé » (Mc 16,16). Tout sacrement suppose la foi, et même la foi affirmée, la « profession de foi ».

Quand un chrétien a été baptisé tout enfant, comme c'est le cas de la majorité des Français, vient le moment où il doit prendre à son compte sa propre foi : profession de foi plus solennelle, ou renouvellement des engagements pris au baptême. Cette célébration est liée — au point de la supplanter parfois — à celle de la Communion solennelle (voir ce mot). Mais l'Église sait bien que rien n'est définitif à douze ans. Aussi est-ce toute sa vie que le catholique est invité à manifester à nouveau sa volonté de suivre Jésus-Christ, et notamment chaque année, dans la cérémonie solennelle de la vigile pascale, la nuit de Pâques. ■

Certaines confessions chrétiennes gardent encore aujourd'hui la tradition du baptême par immersion.

D.R.

LA CONFIRMATION

Qu'est-ce que le sacrement de confirmation

Ceux qui ont reçu le baptême poursuivent leur initiation chrétienne en recevant le sacrement de confirmation.

Comme Pâques et la Pentecôte sont deux fêtes qui manifestent le même mystère du Christ mort, ressuscité et donnant vie à chacun, comme l'Esprit est déjà donné à Pâques (Jésus émet l'Esprit en mourant) mais qu'il est manifesté à la Pentecôte, de même l'Esprit Saint « donné » au baptême est manifesté à la confirmation. Comme Pâques et Pentecôte n'ont eu lieu qu'une fois, ainsi le baptême et la confirmation ne sont conférés qu'une fois.

Ainsi la confirmation est d'abord confirmation du don de Dieu.

En Occident, le confirmé a déjà assez vécu pour savoir la distance qu'il y a entre les engagements du baptême et sa vie ; la confirmation vient lui confirmer que Dieu veut confirmer publiquement qu'il veut être considéré comme son Père et qu'il ne cesse de lui prodiguer son amour. La vie chrétienne n'est pas d'abord une morale, elle est d'abord accueil d'un don, le don que Dieu fait aux hommes de vivre dans son Esprit. Loin de sentir la sueur d'efforts qui n'atteignent jamais leur but, elle respire la joie de l'« huile d'allégresse » (suivant l'expression de la Bible).

Elle est reconnaissance, confirmation solennelle, de l'appartenance plénière au Peuple de Dieu

La confirmation prend son sens dans son lien avec l'évêque. Celui-ci est le signe de l'Église universelle. La confirmation est le signe de l'adoption du confirmé par l'Église universelle. Adoption qui lui donne ses pleins droits et ses pleins devoirs. Dans la primitive Église, on ne partageait la prière des chrétiens rassemblés qu'après avoir reçu la marque de l'Esprit.

Étroitement liée au baptême, la confirmation est liée à l'eucharistie, et d'ailleurs, en toute logique, elle devrait être conférée avant la première réception de l'eucharistie par le nouveau baptisé comme le faisait l'Église primitive et comme le font aujourd'hui l'Église orthodoxe et les Églises catholiques orientales : la confirmation – dans l'Esprit – scelle l'union avec tous les autres chrétiens.

Ainsi le confirmé peut-il parler dans l'Église et parler au nom de sa foi. Il devient le témoin de la communauté. ■

Le ministre du sacrement de confirmation

La célébration primitive des sacrements de l'initiation prévoyait que le prêtre baptisait dans le baptistère ; puis les nouveaux chrétiens pénétraient dans l'église où l'évêque les confirmait (il les « *consignait* »). Quand les campagnes devinrent chrétiennes, en Orient, le prêtre éloigné de la cité épiscopale confirmait les nouveaux baptisés avec le *myron* (le saint parfum) consacré par son évêque seul. Ces prêtres des bourgs s'appelaient des *chorévêques* (évêques des campagnes) : ils n'avaient pas reçu l'épiscopat.

A partir du Ve siècle, l'Orient et l'Occident vont opter pour des pratiques différentes. L'Orient tiendra beaucoup à l'ancienne unité des sacrements de l'initiation chrétienne, au point qu'il autorisera le prêtre à confirmer la personne qu'il vient de baptiser. L'Occident voudra maintenir une intervention de l'évêque au cours de l'initiation, quitte à séparer la confirmation du baptême et de l'eucharistie.

Ainsi, dans la ville où réside l'évêque, jusqu'à l'époque carolingienne environ, le baptême a lieu à Pâques (ou à la Pentecôte), et la tradition des premiers siècles se maintient. A la campagne, en revanche, les prêtres baptisent et donnent la communion (le saint Sang) aux bébés : ceux-ci seront confirmés lorsque l'évêque passera..., s'il le fait. Les anciens rituels montrent très clairement que l'élément déterminant est l'absence de l'évêque lors du baptême ; « si l'évêque est présent » disent les rubriques, il confirme ; « s'il est absent », le prêtre donne directement la communion aux nouveaux baptisés.

Deux éléments sont ainsi apparus en Occident : le baptême se fait n'importe quand, dans les campagnes ; et si l'évêque ne baptise pas lui-même, la confirmation est reportée à plus tard.

A partir du XIIIe siècle, les enfants sont confirmés dès que l'évêque passe dans leur région. C'est la pratique que préconisait encore le Code de Droit canonique de 1917 (c. 788) ; il souhaitait que la confirmation ne soit pas différée au-delà de 7 ans. Cette pratique s'est maintenue jusqu'à Vatican II dans les pays méditerranéens, et donc aussi en Amérique latine. Au nord des Alpes, par contre, à partir du XVIIIe siècle la confirmation a eu tendance à être retardée.

Dans sa Constitution *Lumen Gentium* sur l'Église (§ 26), le concile Vatican II emploie une nouvelle terminologie. L'évêque est dit ministre *« originaire »* de la confirmation. L'adjectif, qui remplace *« ordinaire »*, tend à justifier la pratique orientale ; il ouvre aussi la porte à la délégation, par l'évêque à des prêtres, d'exercer le ministère de la confirmation en son nom. ■

Quand le Père confirme son Fils

En parlant de Jésus, l'auteur de l'Épître aux Hébreux emploie une expression curieuse :

« Le Christ ne s'est pas attribué à lui-même la gloire de devenir grand prêtre. Non, c'est Celui qui lui a dit : « Tu es mon Fils » (qui lui a donné cette gloire)... Tout Fils qu'il était, il apprit, par ce qu'il souffrit, ce que c'est qu'obéir, et, *rendu parfait,* il devint principe du salut éternel » (He 5, 5-9).

Que veut dire *se rendre parfait* ? Pour le comprendre, il faut distinguer commencement et perfection. Le commencement est un don. La perfection nécessite une acceptation, une collaboration avec ce don (on ne dirait jamais d'un enfant passif qu'il est parfait ; il faut, pour mériter ce qualificatif, qu'il soit actif, obéissant, imaginatif, etc.). La perfection nécessite l'engagement de la liberté.

Ce texte, relisons-le :

Commencement : « Tout Fils qu'il était »,

Histoire : il apprit, par ce qu'il a souffert, ce que c'est qu'obéir (à travers toute son histoire, spécialement sa passion, Jésus s'est voulu totalement Fils de Dieu, son Père, et a agi en conséquence),

Perfection : « rendu parfait » (il a laissé l'amour du Père transparaître en lui).

Si on resitue ce texte dans l'histoire de Jésus, on peut affirmer :

1. Le Père se montre (se confirme) vraiment Père en ressuscitant Jésus.
2. Le Fils est confirmé comme Fils en accomplissant le dessein du Père.
3. Cette collaboration se fait dans l'Esprit qui les unit.
4. Ainsi est rendue parfaite l'histoire de Jésus le Fils. ■

Petite histoire de la confirmation

En Orient, on baptise et confirme au cours d'une seule célébration. Il semble que ce soit la pratique du début de l'Église. En Occident, petit à petit, il y a séparation des deux célébrations. Cette séparation se fait en trois étapes.

1. Le premier rituel qui nous soit parvenu date de 217. Il vient de Rome et se présente comme une codification d'une pratique établie. Dans ce rituel, après le baptême l'évêque fait sur les nouveaux chrétiens une onction de chrême, accompagnée d'une prière et suivie du baiser de paix. Cette pratique doit se comprendre en référence à la coutume juive. On naît juif en naissant de mère juive, mais, par la circoncision, on reçoit le sceau de l'Alliance qui authentifie l'appartenance au peuple d'Israël. On naît chrétien par le baptême, mais la confirmation (que l'on appelle successivement *signation, consignation, sceau de l'Esprit, sceau de l'évêque*) est comme la circoncision, la reconnaissance officielle de l'appartenance à l'Église.

2. Du IIIe au Ve siècle, l'Église approfondit sa connaissance de l'Esprit Saint. C'est lui qui fait vivre l'Église et le chrétien. La confirmation (qui s'appelle alors *chrismation*) est explicitement pensée en référence à l'Esprit.

Par ailleurs, devant la multiplication des baptêmes, on disjoint la confirmation de leur célébration. Aux prêtres, la célébration du baptême ; à l'évêque celle de la confirmation. Au Xe siècle, cette séparation est totale.

Pendant cette longue période, la confirmation prend un sens nouveau. Des sectes surgissent partout. La confirmation donnée par l'évêque authentifie l'appartenance à l'Église universelle. Elle sert aussi à réintroduire dans l'Église ceux qui ont été baptisés dans les sectes.

3. A partir du VIe siècle, les choses sont pratiquement fixées comme nous les connaissons aujourd'hui (c'est à ce moment-là que l'on parle de *confirmation*).

Deux significations apparaissent alors, que l'on met toujours en relief :

— La confirmation donne au chrétien la *force de témoigner.* Ainsi un catéchisme du XVIIe siècle enseigne :

« Comment ce sacrement rend-il parfait chrétien ?

R. En nous rendant forts et courageux :

1. pour affirmer notre foi ;

2. pour souffrir avec patience les afflictions de la vie ;

3. pour combattre contre les ennemis de notre salut. »

— La confirmation donne l'*âge adulte* au chrétien. L'expression est de saint Paul (Ep 4,13). « Dans la confirmation, écrit à sa suite saint Thomas d'Aquin, l'homme reçoit pour ainsi dire l'âge adulte dans la vie spirituelle. »

A vrai dire, cette « croissance » vers l'âge adulte semblait à certains si naturelle que des protestants, et spécialement Calvin, s'insurgèrent contre un sacrement qui leur semblait oublier la grâce de Dieu. ■

Le soufflet

Le léger soufflet donné par le célébrant au confirmand, symbole très ancien de l'entrée dans l'âge adulte, ne figure plus dans le cérémonial.

LES DONS DU SAINT-ESPRIT

La piété chrétienne a beaucoup insisté sur *les sept dons* du Saint-Esprit, et cherché à en préciser la plénitude (symbolisée par le chiffre 7). Pour ce faire, elle s'est inspirée d'un texte du prophète Isaïe (11,2-3) qui décrit les qualités que le Messie recevra de Dieu :

Sur lui repose l'Esprit du Seigneur, esprit de sagesse et d'intelligence.
Donc la plénitude de l'Esprit ; deux dons pour comprendre le dessein de Dieu (intelligence) et pour discerner comment vivre en fonction de ce dessein (sagesse).

Esprit de conseil et de force.
Deux dons pour décider comment vivre (conseil) et pour avoir le courage de le faire (force).

Esprit de science et de crainte du Seigneur.
Deux dons pour découvrir qui est Dieu (science) et pour respecter son alliance (crainte).

Le don de crainte s'est divisé en deux pour obtenir le nombre des sept dons : la crainte et la piété.

Le premier usage liturgique de cette liste est attesté par saint Ambroise de Milan (fin du IVe siècle) et par le rituel du pape Sirice (en 385). De là, elle est passée sans discontinuer dans les différentes liturgies de la confirmation. Voici le texte actuel. On remarquera les deux mentions de la plénitude :

« Donne-leur (aux confirmands) en plénitude
l'Esprit qui reposait sur ton Fils Jésus :
esprit de sagesse et d'intelligence,
esprit de conseil et de force,
esprit de connaissance et d'affection filiale (piété)
remplis-les de l'esprit d'adoration (crainte). » ■

Comme par un feu

Lorsque le feu pénètre à travers l'épaisseur du fer, toute la masse de celui-ci se transforme en feu ; de froid, le voici brûlant ; de sombre, brillant. Si le feu, qui est matériel, pénètre ainsi dans la matière du fer et y travaille sans obstacle, pourquoi t'étonner si l'Esprit Saint pénètre au plus intime de l'âme ?

SAINT CYRILLE DE JÉRUSALEM, (IVe s.).
17e catéchèse baptismale
Traduct. et présent. par le ch. Bouret.
Éd. Soleil Levant. Namur.

La célébration du sacrement

Le 15 août 1971, le pape Paul VI précisait que « le sacrement de confirmation est conféré par l'onction de saint chrême sur le front, faite en imposant la main ». Tel est le geste principal de ce sacrement. Le pape répondait ainsi à un désir du concile Vatican II de voir révisé le rite de la confirmation. Il mettait fin à une longue incertitude sur le geste essentiel de ce sacrement : était-ce l'imposition des mains ou l'onction du saint chrême ? Paul VI précisait que l'imposition des mains « ne fait pas partie de l'essence du rite sacramentel ». Pourquoi une telle incertitude sur le rite ?

Imposition des mains et onction

Les deux gestes sont bibliques. L'imposition des mains est un geste d'appartenance : celui sur qui on impose les mains est agrégé à un groupe. C'est l'origine lointaine des haies d'honneur : au mariage, une équipe adopte ainsi le conjoint d'un de ses membres. Ce geste d'appartenance est également un geste de transmission. Moïse transmet l'Esprit à Josué son successeur par l'imposition des mains (Dt 34,9).

Les apôtres ont imposé les mains pour transmettre l'Esprit (Ac 8,17 ; 19,6). Certaines Églises orientales avaient conservé ce geste pour la confirmation. Mais l'imposition des mains servait — et sert encore — dans tous les sacrements, en particulier dans l'ordination. Il fallait donc mieux spécifier le geste principal de la confirmation. En outre, il s'agissait de faire percevoir clairement que, si le célébrant transmet l'Esprit qui l'habite, c'est le Christ qui agit dans ce sacrement. Aussi l'onction fut-elle préférée au geste de l'imposition des mains.

L'onction puise son sens dans le symbolisme de l'huile : la puissance divine pénètre en celui qui est oint (les rois et les prêtres en Israël) comme l'huile de l'onction en son corps. Elle a le caractère d'un parfum. Le parfum indique la présence de quelqu'un qu'on ne voit ni n'entend. « Nous sommes la bonne odeur du Christ » écrit saint Paul (2 Co 2,15). Ayant reçu, après son baptême, l'onction de l'Esprit, comme le Christ a reçu l'Esprit en remontant du Jourdain, le chrétien est un « christ », un homme oint. Un évêque de Jérusalem, à la fin du IVe siècle, prêchait ainsi : « Pour vous semblablement, une fois remontés de la piscine des saintes eaux, ce fut la chrismation, l'image exacte de celle dont fut oint le Christ. Je veux dire l'Esprit Saint.

Vous êtes devenus christs, en recevant l'empreinte de l'Esprit Saint, et tout s'est accompli sur vous sacramentellement, parce que vous êtes des images du Christ ».

Certaines autres Églises avaient, en conséquence, préféré l'onction comme geste de la confirmation. Entre les deux rites, celui de l'imposition des mains et celui de l'onction, une distance s'était établie qui ne favorisait pas l'entente entre les Églises. La liturgie latine avait combiné les deux gestes : l'évêque confirmait en posant la main sur la tête du confirmé et en faisant, de son pouce, une onction en forme de croix. La décision de Paul VI a clarifié la situation et permis aux Églises de reconnaître le même geste sacramentel.

La liturgie du sacrement de confirmation

La confirmation est généralement donnée pendant l'eucharistie, après l'homélie. Ainsi les confirmés se trouvent-ils au milieu de la communauté où ils grandissent dans la foi. Cette liturgie comprend :

La profession de foi, qui reprend celle du baptême.

L'imposition des mains de l'évêque et des prêtres présents, avec une prière demandant la plénitude de l'Esprit Saint pour les confirmands.

L'onction, qui est le geste sacramentel. L'évêque marque le front du confirmand d'un signe de croix fait avec le saint chrême (*chrismation*), en disant :

« N., sois marqué de l'Esprit Saint, le don de Dieu ».

Le confirmé adhère à cette onction en répondant : "Amen". ■

Quand faut-il être confirmé ?

Depuis le Moyen Âge, la confirmation est donnée à des âges variables : entre 7 ans (au XIIIe siècle) et 14-15 ans. Actuellement, une tendance très nette se fait jour pour célébrer ce sacrement à l'adolescence. Quand un jeune commence à prendre conscience de ce que sera sa vie adulte, il demande de recevoir la confirmation. A vrai dire, le problème de l'âge est second. La première question à se poser est de savoir quel accueil et quel échange les confirmés trouveront dans leur communauté.

C'est essentiellement à des pré-adolescents et à des adolescents que la confirmation est donnée actuellement. Dans certains cas, ce sont des enfants de CM1-CM2 qui la reçoivent. Mais cette pratique est minoritaire. Les évêques de France ont décidé que ce serait entre douze et dix-huit ans.

La proposition du sacrement est faite le plus souvent dans les aumôneries de l'enseignement public et de l'enseignement catholique, mais aussi en paroisse et parfois dans des mouvements de jeunes (scoutisme, M.E.J., J.O.C., J.I.C...). De plus en plus une coordination de tous ces lieux de propositions est souhaitée au plan d'un même secteur pastoral, et tend à se réaliser.

Sur quels **critères** proposer la confirmation aux jeunes ?

Bon nombre d'orientations diocésaines se réfèrent à ceux qu'indique le *Rituel* : que les candidats aient une certaine expérience de vie en Église (famille, catéchèse, aumônerie, mouvement, groupe de prière, service de l'autel...), et qu'ils aient une certaine autonomie dans leur vie de foi. Le temps de la préparation et de la célébration doit permettre aux confirmands de progresser dans ces deux directions.

Quant aux catéchumènes adultes, la confirmation leur est donnée soit tout de suite après leur baptême et juste avant leur première réception de l'eucharistie, soit ultérieurement, et ce souvent dans des célébrations regroupant plusieurs adultes autour de leur évêque. ■

Chrismation

Le parrain pose la main droite sur l'épaule du confirmand.

Puis le célébrant, après avoir plongé son pouce droit dans le saint chrême, trace avec celui-ci le signe de la croix sur le front du confirmand, en disant ces mots :

N., Sois marqué de l'Esprit Saint, le don de Dieu.

Le confirmé : Amen.

Le célébrant donne alors la paix au confirmé ; il saura trouver le geste qui convient pour cela.

Le baume consacré

Mais ne t'imagine pas que ce soit un baume ordinaire. Car, de même que le pain de l'Eucharistie, après l'invocation du Saint-Esprit, n'est plus du pain ordinaire, mais le Corps du Christ, de même ce baume saint, après l'invocation, n'est plus ce qu'on pourrait appeler un baume ordinaire et commun, mais un don du Christ, et la présence de l'Esprit Saint, de la divinité, le rend efficace. Il sert à chrismer ton front et tes autres sens. Ceci, c'est un symbole : tandis que le corps est chrismé par le baume visible, l'âme est sanctifiée par l'Esprit Saint et vivifiant.

SAINT CYRILLE DE JÉRUSALEM
Catéchèse baptismale 21,3. *Printemps de la Liturgie,*
Lucien Deiss. Éd. du Levain, 1977.

▶▶▶ *Suite de la page 946*

III. LE SACREMENT DE L'EUCHARISTIE, LA MESSE.

Ce que l'on connaît le plus communément de la liturgie des chrétiens est la messe. Dans notre pays, il est peu de gens qui n'aient jamais assisté à une messe. Généralement, cette célébration se fait dans une église et les rôles y sont nettement partagés. L'assemblée chante, répond, prie, offre... Quelques membres de l'assemblée font certaines lectures à haute voix, éventuellement donnent la communion... Le(s) prêtre(s) préside(nt) cette assemblée et lit (lisent) seul(s) un certain nombre de prières. L'ordre de la célébration est toujours le même : signe de croix, moment de réflexion sur les « péchés », série de lectures de la Bible (une ou deux lectures de l'Ancien ou du Nouveau Testament, un psaume chanté ou lu, lecture de l'Évangile), commentaire du prêtre (sermon ou homélie), prière aux intentions du monde entier (prière universelle), présentation à Dieu du pain et du vin (offertoire), grande prière du prêtre (prière eucharistique), conclusion de cette prière par l'assemblée, puis récitation du *Notre-Père*, prière pour la paix, communion, prière de conclusion, renvoi. Ce schéma rapide est complété par des chants de l'Ordinaire (« *Seigneur prends pitié* », « *Saint, le Seigneur* », « *Agneau de Dieu* »), des cantiques, ou diverses acclamations. (Voir p. 959 et suiv.)

Quel est le sens que les chrétiens donnent à la messe ? La messe a plusieurs sens : pour s'en convaincre il suffit d'énumérer et d'expliquer les différentes manières dont les chrétiens ont appelé cette cérémonie capitale pour eux.

L'Eucharistie.

On sait que, depuis vingt ans environ, en France, les chrétiens ont remis en honneur le mot *Eucharistie* (ou liturgie eucharistique), qui signifie action de remerciement, de louange et de joie (action de grâce). Cette appellation est très ancienne et rend compte de l'histoire de la messe. L'origine de la messe est une cérémonie juive, cérémonie de la vigile de la Pâque où chaque famille israélite remercie Dieu, lui rend grâce pour la libération d'Égypte des Hébreux et pour les différentes libérations spirituelles dont cette libération initiale est le signe. Le plan de cette célébration est le même que celui de la messe : rappel des grands faits de Dieu pour son Peuple, chants et remerciements, bénédiction du pain et d'une coupe, et partage de cette coupe.

La similitude avec la Pâque juive ne doit pas étonner : c'est au cours d'une telle célébration de la Pâque que le Christ, à la veille de sa mort, à institué l'Eucharistie. Au lieu de simplement bénir Dieu pour le remercier pour le pain, le vin, et tout ce qu'ils peuvent signifier de bonheur, Jésus *« prit du pain et après avoir rendu grâce, le rompit et dit : "Ceci est mon Corps, qui est pour vous : faites ceci en mémoire de moi". De même, après le repas, il prit la coupe, en disant : "Cette coupe est la nouvelle Alliance en mon sang ; chaque fois que vous en boirez, faites-le en mémoire de moi" ». (1 Co 11,24-25).* Ces paroles, centrales pour les chrétiens, nous les expliquerons au fur et à mesure de cette réflexion. Qu'il soit simplement clair que la Cène est, à l'origine, une cérémonie juive destinée à célébrer la libération du Peuple, et que le Christ, tout en lui gardant ce sens, l'a rendue à la fois nouvelle et universelle. En fait, depuis la Cène, les chrétiens offrent, au Père, chaque jour et en tout lieu, le sacrifice d'action de grâce du Christ.

Suite page 956 ▶▶▶

Les noms de la messe

Fraction du pain. Celui qui présidait à la liturgie du repas juif bénissait le pain, le rompait, et le distribuait aux convives. Ce geste du Christ (Mc 14,22), par lequel il se fait reconnaître des disciples d'Emmaüs (Lc 24,30-31), a servi primitivement à désigner l'Eucharistie (Ac 2,42).

Repas du Seigneur. Cette expression n'apparaît qu'une fois (1 Co 11,20) pour désigner la célébration eucharistique du Ressuscité (Le mot Seigneur désigne Jésus).

Eucharistie (du verbe grec *eucharistein :* rendre grâce, remercier). Le mot souligne la reconnaissance et la louange rendues par le Christ à son Père, et l'union de l'Église à cette filiale allégresse.

Eulogie (du grec : bénir, dire du bien). Ce terme a été pratiquemment synonyme d'Eucharistie. Il a désigné dans l'Ancien Orient chrétien l'Eucharistie, mais ne désigne plus aujourd'hui que le pain béni non consacré.

Mystères. Tout sacrement rend présente l'action du Christ et révèle ainsi le mystère de Dieu. L'expression *les mystères* (ou les *saints mystères*) sert en Orient depuis fort longtemps à désigner la présence eucharistique du Christ pendant l'Eucharistie et donc la célébration eucharistique elle-même.

Messe. Acta missa, ite in pace : « Ce qu'on avait à faire est accompli, allez en paix ». Ainsi un huissier clôturait-il les séances d'un tribunal, d'une audience officielle. A partir du VIe siècle « missa est » (l'action est accomplie), est attestée comme formule de renvoi. Aujourd'hui, le participe *missa* est devenu un nom commun : la messe.

Action. D'autres termes ont été utilisés, de manière absolue, pour désigner l'Eucharistie : l'*Action* (sous-entendu : liturgique) ; le *Sacrifice* (eucharistique) ; la *Prière* (eucharistique).

Qu'est-ce que ?

Adoration. Du lat. *ad orem*, « à sa bouche » (porter la main), geste respectueux pour ne pas mêler son souffle à celui d'un supérieur. L'origine du mot rend bien compte de l'attitude de respect et d'amour du chrétien priant Dieu comme le seul Dieu, le Tout-Autre, Celui de qui tout dépend. L'adoration s'adresse exclusivement à Dieu. Ainsi les chrétiens adorent-ils le Christ présent dans l'Eucharistie.

Anaphore (du grec *anaphora*, élévation). Son appellation courante est *Prière eucharistique*. Voir ce mot.

Biner. Pour un prêtre : célébrer deux messes le même jour. Cela n'est justifié que pour répondre aux besoins de deux communautés différentes (cf Exhortation pastorale *Munus A.A.S.*, 1969, p. 5).

Embolisme. (lat. *embolisma* : pièce cousue). Dans la liturgie romaine de la messe, prière qui enchaîne sur la dernière demande du *Notre-Père* (« Délivre-nous du mal ») pour la développer : « Délivre-nous de tout mal... » ; « Libera nos » de la messe en latin). Supprimée aux messes de mariage et remplacée par la bénédiction nuptiale.

Fraction du pain. Les Juifs ne coupaient par les galettes de pain, mais les rompaient. C'est ainsi que le Christ a procédé à la Cène pour partager entre les apôtres le pain dont il faisait son corps (Mt 26,26 ; Mc 14,22 ; Lc 22,19). Ce geste du Christ est rappelé à la messe par les paroles de la consécration : « Il prit le pain, le bénit, le rompit, et le donna à ses disciples en disant... » Le prêtre lui-même rompt l'hostie et en laisse tomber un fragment dans le calice avant la communion. Les Pères de l'Église ont souvent appelé l'eucharistie « Fraction du pain ». Le pain partagé entre les chrétiens est le grand sacrement de leur unité, puisqu'en recevant chacun le Corps du Christ ils ne forment plus qu'un en lui.

Hostie (du latin *hostia*, victime offerte). Le sacrifice de la messe est celui du Christ qui s'offre à son Père, unique victime et unique offrande de ce sacrifice, et donc unique Hostie. Victime signifie ici : qui s'offre complètement. Le Christ ayant lui-même pris le pain et le vin pour réaliser sa présence, le pain a reçu le nom d'hostie.

▶▶▶ *Suite de la page 955*

Le Repas du Seigneur

La messe est une Eucharistie (une action de grâces). Elle est aussi, depuis l'origine, le Repas du Seigneur. C'est ainsi que Paul, dans la Première épître aux Corinthiens, en parle. Or cette épître (56 ap. J.-C.) est le plus ancien témoignage historique sur l'Eucharistie. Le repas rituel (comme la cérémonie juive dont nous venons de parler) des chrétiens fut pris, à l'origine de l'Église, à l'intérieur — à la fin ? — d'un vrai repas. Mais, comme dans certains repas de famille, les choses ont mal tourné rapidement et des discussions sont apparues : « Lors donc que vous vous réunissez en commun, ce n'est plus le Repas du Seigneur que vous prenez. Dès qu'on est à table, en effet, chacun prend d'abord son propre repas et l'un a faim tandis que l'autre est ivre » (1 Co 11,20-21). Alors Paul leur dit : « Peu importe le « vrai » repas, l'important c'est le Repas du Seigneur... » Quand Paul utilise l'expression « Repas du Seigneur », il rattache ce repas à une longue tradition.

Nous avons beaucoup parlé de l'alliance ! L'alliance entre deux pays, deux rois, l'alliance entre un dieu et son peuple se concluaient généralement par un cérémonial incluant un repas : on prenait un animal que l'on coupait en deux, on disposait l'animal des deux côtés d'un chemin, et l'on passait au milieu en s'aspergeant du sang de l'animal, ce sang symbolisant la vie unique qui circulait, à cause de l'alliance entre les deux parties contractantes. A la fin de la cérémonie, on faisait une fête en mangeant l'animal en signe de joie et d'amitié (cf. Ex 32,6). Pour se souvenir de l'alliance et de la joie d'être ensemble, généralement on dressait une stèle, un mémorial, que l'on arrosait du sang des victimes et qui, à la croisée des chemins, rappelait les engagements pris en commun. Lorsque Paul rapporte la manière dont le Christ a célébré l'Eucharistie pour la première fois, on voit qu'il a tenu intentionnellement à parler de ce repas comme d'un repas d'alliance entre Dieu et les hommes ; le terme « mémoire » rappelle le « mémorial » qui permettait de se souvenir de l'Alliance. Dans ce repas d'alliance, d'une manière mystérieuse et réelle, la victime du sacrifice, dont le sang fait l'unité entre les contractants et dont le corps permet de célébrer la joie de l'union, c'est le Christ.

Chaque messe renouvelle, aux yeux des chrétiens, ce que la première messe symbolisait : le Christ meurt et ressuscite, donne son corps et son sang pour les multitudes et pour chacun. Chaque messe est, pour les chrétiens, le re-nouvellement de ce sacrifice unique. On voit l'importance de l'Eucharistie : c'est un repas où Dieu fait alliance avec les convives, Alliance qui rappelle celle de l'Ancien Testament, mais s'adresse d'une manière nouvelle et définitive à tous les hommes. Il est évident que ce contrat, cette Alliance, engage à la fois Dieu et les hommes. Dieu se donne, Dieu donne la vie. L'homme s'engage à se tourner vers Dieu et à ne pas trahir en se détournant de la justice. Saint Paul ajoute d'ailleurs que celui qui participe à ce repas sans vouloir respecter l'Alliance « mange et boit sa propre condamnation » (1 Co 11,29).

Suite page 957 ▶▶▶

▶▶▶ *Suite de la page 956*

Un Christ qui se rend présent à chaque époque, à chaque personne

Les paroles du Christ « Ceci est mon corps », « Ceci est mon sang » indiquent que l'Eucharistie n'est pas une action de grâce ou un repas d'Alliance comme les autres. Jésus, en disant « C'est mon corps », « C'est mon sang », veut indiquer quelque chose en plus. Mais quoi ? Les chrétiens pensent que – mystérieusement mais certainement – le Christ se rend présent à celui qui le mange. Pour les catholiques, ce pain et ce vin sont réellement le Corps et le Sang du Christ ressuscité, et manger ce corps, boire ce sang leur permet de vivre de la vie même de Dieu.

Aucun raisonnement humain ne peut justifier une telle foi : cette foi s'appuie sur la parole du Christ. Mais cette parole n'arrive pas toujours à dissiper les doutes. Dans les premiers temps de l'Église, les communautés chrétiennes se sont posé maintes questions, et saint Jean, par exemple, a dû puiser dans ses souvenirs pour rappeler ce que Jésus avait fait et dit.

A ceux qui disent : « C'est impossible de manger le Corps du Christ, ce pain n'est pas le Christ, il le symbolise simplement », Jean rappelle en même temps (Jn 6) que Jésus avait marché sur les eaux (« Ils virent marcher Jésus sur la mer et s'approcher du bateau. Ils eurent peur. Mais il leur dit : “C'est moi, n'ayez pas peur” ») et qu'il avait déclaré : « Je suis le pain vivant. Qui mangera ce pain vivra à jamais. », et même : « Le pain que je donnerai, c'est ma chair pour la vie du monde ». Quand le prêtre dit au nom du Christ : « Ceci est mon corps, ceci est mon sang », le pain et le vin sont vraiment le Corps et le Sang du Christ. Il n'y a pas de magie dans le christianisme ; même si le pain et le vin sont vraiment son Corps et son Sang, Jésus ne se donne pas à qui ne le veut pas : il faut le manger dans la foi. « Oui telle est la volonté de mon Père, que quiconque voit le Fils et croit en lui ait la vie éternelle ; et moi, je le ressusciterai au dernier jour. » (Jn 6,40)

Suite page 958 ▶▶▶

EXEMPLES D'ORAISONS

Père, toi qui as merveilleusement créé l'homme
et plus merveilleusement encore rétabli sa dignité,
fais-nous participer à la divinité de ton Fils,
puisqu'il a voulu prendre notre humanité,
Lui qui règne pour les siècles des siècles. Amen.
Prière d'ouverture, messe du 25 décembre.

Dieu qui as envoyé ton Fils pour nous sauver
et pour faire de nous tes enfants d'adoption,
regarde avec bonté ceux que tu aimes comme
un père ;
puisque nous croyons au Christ,
accorde-nous la vraie liberté
et la vie éternelle.
Par Jésus le Christ notre Seigneur. Amen.
Prière d'ouverture, messe
du XXIIIe Dimanche du temps ordinaire.

Dans ta sagesse infinie, Seigneur,
tu veux étendre à l'univers entier
le règne du Christ,
et sauver par lui tous les hommes ;
accorde à ton Église d'être vraiment
le signe du salut que tu offres à tous,
le lieu où se révèle et s'accomplit
le dessein de ton amour.
Par Jésus le Christ notre Seigneur. Amen.
Prière d'ouverture, messe pour l'Église.

Seigneur, tu as voulu que tous les peuples
soient les membres solidaires d'une même humanité
et se développent chacun selon sa grâce ;
remplis de ton amour le cœur de tes enfants,
afin qu'ils se passionnent
pour le sort de leurs frères :
et puisque tu as confié la terre aux hommes
pour qu'elle serve à l'épanouissement de tous,
que chaque peuple ait les moyens de travailler à sa
croissance, dans le respect des autres et la justice.
Par Jésus le Christ notre Seigneur. Amen.
Prière d'ouverture, messe
pour le développement des peuples.

Seigneur notre Dieu, puissance inaltérable
et lumière sans déclin, regarde avec bonté
le sacrement merveilleux de l'Église tout entière.
Comme tu l'as prévu de toute éternité, poursuis
dans la paix l'œuvre du salut des hommes.
Que le monde entier reconnaisse la merveille :
ce qui était abattu est relevé,
ce qui avait vieilli est rénové,
et tout retrouve son intégrité première
en celui qui est le principe de tout,
Jésus-Christ, ton Fils et notre Seigneur.
Lui qui règne pour les siècles des siècles. Amen.
Liturgie de la Vigile pascale.

Qu'est-ce que ?

Intinction (du latin *intingo,* tremper dans). C'est une des formes de la communion sous les deux espèces du pain et du vin ; elle consiste à tremper le pain consacré dans le vin consacré.

Monition (du latin *monere,* avertir). Le mot signifie avertissement. Dans l'Église catholique, il est employé pour désigner plusieurs types d'avertissements ; notamment : celui d'un supérieur à une personne en faute ; ou, en cours de célébration, une précision sur le sens d'un texte d'Écriture qui va être lu, ou sur la célébration elle-même ; ou encore l'exhortation du célébrant à l'assistance ; ou, dans le cas du sacrement de pénitence-réconciliation, à celui qui le reçoit.

Oremus. Mot latin qui se traduit par la forme impérative : *prions.* Dans les célébrations liturgiques en latin (messe notamment), ce mot est prononcé par le célébrant au début d'une prière pour inviter les participants à s'associer à celle-ci. Dans les liturgies célébrées en français, ce terme est remplacé par l'invitation : « Prions » ou « Prions le Seigneur ».

Oraison (du latin *orare,* prier). Quatre prières (*oraisons*) concluent les quatre parties principales de la messe : à la fin de l'accueil (prière d'ouverture), à la fin de la prière universelle, à la fin de l'offertoire (prière sur les offrandes), et juste avant le renvoi (prière appelée autrefois post-communion). Elles sont dites par le célébrant. Elles commencent par une invocation à Dieu. Elles se poursuivent par une phrase exposant le motif ou l'occasion fondant la demande. Puis vient la demande, parfois complétée par une évocation du but final de la prière. Elles s'achèvent par une doxologie (invocation à la Trinité, Père, Fils et Esprit Saint). Les oraisons de la liturgie romaine sont courtes et sobres.

Prône. A l'origine, le prône était la grille du chœur, d'où le prêtre donnait, durant la messe, l'ensemble de ses instructions et annonces ; le mot s'est ensuite confondu avec ces instructions elles-mêmes, parmi lesquelles le sermon (aujourd'hui appelé homélie).

Qu'est-ce que ?

Récit de l'institution de l'eucharistie. La *prière eucharistique*, qui comporte notamment les formules de consécration du pain et du vin, proclame les bienfaits accomplis par le Père en faveur de son peuple, dont le sommet a été atteint avec l'envoi de son Fils aux hommes. Les paroles de consécration sont étroitement associées au récit de l'institution de l'eucharistie par Jésus à la Cène.
Ce récit combine les relations évangéliques de Matthieu, Marc et Luc et celle de Paul (1 Co 11, 23-27). Il rappelle le contexte de la passion de Jésus. C'est à ce moment que l'Esprit rend présente l'offrande du Christ.

Sainte table. Au sens propre, la sainte table, c'est l'autel. A partir de l'époque (Moyen Âge) où, le chœur ayant été plus strictement réservé aux clercs, une clôture haute (jubé, voir Index) ou basse le sépara de la nef, c'est là que les fidèles vinrent recevoir la communion ; la clôture basse fut dès lors appelée *grille* ou *table* de communion et, par extension, *sainte table.* (Dans le cas de jubé, la communion était donnée à sa porte).

Le signe de croix. Le signe de croix est un des gestes les plus fondamentaux de la prière chrétienne. Toujours fait au nom du Père, du Fils et du Saint-Esprit, il rappelle évidemment la mort sur la croix et la résurrection du Christ. Dans sa très grande simplicité, il est donc l'expression du cœur de la foi chrétienne : l'existence d'un Dieu amour révélé par la vie du Christ.
On comprend que les chrétiens le réitèrent souvent et ne commencent jamais une liturgie sans le faire solennellement.

Synaxe (du grec *sunaxis,* assemblée ; même origine que synagogue). Dans les premières communautés chrétiennes, on a désigné par ce mot les assemblées eucharistiques ; la synaxe était la messe dans les Églises grecques. Par la suite, on introduisit une distinction entre synaxe liturgique et aliturgique suivant qu'elle comportait la célébration eucharistique ou non. Aujourd'hui, on emploie parfois en Occident le terme de synaxe pour désigner des assemblées de type non eucharistique.

Trentain. Série de trente messes célébrées pour un défunt pendant trente jours consécutifs. Cet usage trouve son origine dans un récit figurant dans les « Dialogues » de saint Grégoire le Grand (VIe siècle).

▶▶▶ *Suite de la page 957*

L'élan de joie d'un peuple tout entier

L'Eucharistie est aussi appelée — en langage savant — la *synaxe eucharistique.* Le mot signifie tout simplement « l'action faite ensemble » ; il souligne un aspect qui n'est pas toujours compris. Certains conçoivent la messe comme une cérémonie consistant en prières dites par le prêtre et donnant aux fidèles l'occasion de se recueillir. Non que le silence soit mauvais ; mais la messe n'est pas d'abord silence personnel, elle est un temps où l'on *agit ensemble* et participe à quelque chose *en commun.* Ce rassemblement est né de la volonté du Christ de voir les chrétiens unis : « Je leur ai donné la gloire que (toi Dieu le Père) tu m'as donnée pour qu'ils soient un comme nous sommes un, moi en eux et toi en moi. » (Jn 17,21-23) De l'Eucharistie naît la fraternité dans l'Église. C'est d'ailleurs spontanément le sens que l'on donne au mot *communier* ; et c'est ensemble que l'on peut en toute vérité dire *Notre Père.* Même seul, le chrétien commence cette prière par ce pronom pluriel *Notre,* parce que, même seul, il se rappelle, en la disant, ce moment de la messe qui lui permet, avec le Christ et ses frères, de la prononcer en vérité.

On fait la fête aujourd'hui pour célébrer le bonheur de demain

Cette fraternité des enfants de Dieu pose une question : comment peut-on célébrer tranquillement un repas-mémorial, un repas sacré, alors que tant de gens ont faim dans le monde ? La réponse pourrait se donner en deux temps.

1) Le repas eucharistique est non seulement un rassemblement pour aujourd'hui, mais le signe du grand rassemblement final, de la fête, du repas de noces auquel tous sont invités pour l'éternité. Dimanche après dimanche, jour après jour, les chrétiens — pour célébrer en vérité — se fortifient, à la messe, dans l'idée que ce repas doit arriver et qu'ils doivent en être les promoteurs.

2) Mais aujourd'hui, la messe rappelle aussi que l'homme ne vit pas que de pain matériel. La lutte pour la justice ne suffit pas quand cette justice s'arrête au pain et au vin. La fraternité née du partage, l'Alliance que Dieu proclame avec chaque homme à chaque messe, font que, pour le chrétien, le combat doit porter sur l'homme intégral (corps et esprit), suffisamment dégagé du souci matériel pour prendre sa dimension spirituelle et sa responsabilité au milieu de ses frères. Loin d'être une « distraction », la messe renvoie les chrétiens à leurs solidarités humaines. ■

Suite page 969 ▶▶▶

Eucharistie et vie

En étant source de charité, l'Eucharistie a toujours été au centre de la vie des disciples du Christ. Elle se présente sous l'aspect de pain et de vin, c'est-à-dire de nourriture et de boisson. Elle est donc aussi familière à l'homme, aussi étroitement liée à sa vie, que le sont justement la nourriture et la boisson. La vénération de Dieu qui est Amour naît, dans le culte eucharistique, de cette sorte d'intimité dans laquelle Lui-même, comme la nourriture et la boisson, remplit notre être spirituel, *en lui assurant, comme elles, la vie. Une telle vénération « eucharistique » de Dieu correspond donc étroitement à ses desseins salvifiques. Lui-même, le Père, veut que « les vrais adorateurs » l'adorent ainsi. Le Christ est l'interprète de cette volonté, par ses paroles et par ce sacrement, dans lequel il nous donne la possibilité d'adorer le Père, de la façon la plus conforme à sa volonté.*

JEAN-PAUL II,
Lettre aux évêques sur le Mystère du culte,
18 mars 1980.

LA STRUCTURE DE LA MESSE

Malgré des différences secondaires lors de certaines fêtes (les Rameaux, par exemple) ou célébrations (mariage, obsèques), la liturgie de la messe conserve une structure identique.

I. CÉLÉBRATION DE L'ACCUEIL
- Entrée, chant, salutation.
- Préparation pénitentielle (Je confesse à Dieu. Seigneur, prends pitié = Confiteor. Kyrie).
- *Gloire à Dieu* (= *Gloria*) (sauf en Avent et Carême), dimanches et fêtes.
- *Prière d'ouverture* ou *Collecte*.

Cette partie a pour but de réunir les participants (faire une assemblée) et de se reconnaître en vérité devant Dieu.

II. CÉLÉBRATION DE LA PAROLE
- *Première lecture* (généralement, Ancien Testament).
- Chant de méditation, psaume.
- *Deuxième lecture* (Nouveau Testament) (Épître).
- Acclamation de l'Évangile (*Alléluia*, sauf en Carême).
- Lecture de l'*Évangile*.
- *Homélie*.
- *Prière universelle*.

Cette partie découle directement de la liturgie juive de la synagogue. En Gaule, les trois lectures ont été conservées jusqu'aux Carolingiens. Vatican II les a remises en honneur. Chaque année on fait la lecture continue d'un Évangile.

III. CÉLÉBRATION DE L'EUCHARISTIE

— **Offertoire** : offrande du pain et du vin ; prière de conclusion.

— **Prière eucharistique** :
- Proclamation de l'œuvre de Dieu : *préface ; Saint* (= Sanctus).
- Invocation à l'Esprit : l'*épiclèse*.
- *Consécration du pain et du vin*.
- Rappel de l'œuvre du Christ : *anamnèse*.
- Invocation de l'Esprit pour devenir un dans le Christ (*2e épiclèse*).
- Intercessions pour les vivants et les morts.
- Demande de participer au Règne de Dieu.
- Conclusion trinitaire : *par lui, avec lui, en lui*.

Ce plan, dérivé de la liturgie juive des repas, est commun à 9 prières eucharistiques actuellement en usage, sur 10 (au VIIe siècle, certaines régions en utilisaient jusqu'à 70). Seul le *Canon romain* (Prière eucharistique n° 1) possède un plan un peu différent : l'intercession pour les vivants se fait avant la consécration, c'est une survivance des intentions de prière à la fin de l'offertoire.

IV. CÉLÉBRATION DE LA COMMUNION
- *Notre Père*.
- Geste de paix.
- Fraction du pain et chant de l'*Agneau de Dieu* (= Agnus Dei).
- *Communion*.

La communion sous les deux espèces (Corps et Sang du Christ) est prévue en certaines circonstances.
- Temps de méditation.
- Prière après la communion.

V RITE DE CONCLUSION OU RENVOI
- Bénédiction et renvoi. ■

On trouvera ci-après (p. 959 à 963) le détail de ces diverses parties.

> *Lorsqu'un mot, une expression, un événement, une institution, un nom propre vous sont inconnus, consultez l'index.*

LES PRIÈRES DE LA MESSE
I. CÉLÉBRATION DE L'ACCUEIL OU RITE D'OUVERTURE

Depuis la réforme liturgique, l'*Introït*, que l'on récitait ou chantait au début de la célébration, a été remplacé par un *rite d'ouverture* se déroulant comme suit.

Tandis que le ou les célébrants s'avancent vers l'autel, l'assemblée commence à former son unité par un chant, qui peut être un cantique approprié à la liturgie du jour : c'est le *chant d'entrée*. Au cas où le chant n'est pas possible, un lecteur, ou l'ensemble de l'assemblée, ou le prêtre à son arrivée à l'autel, lisent une *antienne d'ouverture*, bref texte d'Écriture Sainte extrait du propre de la messe du jour. Après un mot d'accueil par le prêtre et les prières de la préparation pénitentielle (incluant souvent *Confiteor* et toujours le *Kyrie*), suivis par la récitation ou le chant du *Gloria* les dimanches et jours de fête, le prêtre récite la *prière d'ouverture*. Cette prière clôt le rite d'ouverture ; la seconde partie de la messe, la liturgie de la parole, va alors commencer. ■

CONFITEOR

C'est le titre d'une prière de la liturgie latine commençant par ce mot latin (signifiant 1. J'avoue, je reconnais ; 2. Je fais connaître, je manifeste), employé ici dans le sens de « je me reconnais pécheur ». La version française est connue sous le nom de *Je confesse à Dieu*, ses premiers mots. Par cette prière, le chrétien se reconnaît devant Dieu pécheur vis-à-vis de lui et vis-à-vis des hommes ; et il sollicite son pardon. On la récite notamment au début de la messe, et au cours de la célébration du sacrement de Réconciliation (sacrement de Pénitence), dans l'un et l'autre cas comme préparation spirituelle au sacrement qu'on s'apprête à recevoir, ainsi qu'en beaucoup d'autres occasions de prière collective ou personnelle. ■

> *Je confesse*
> *à Dieu tout puissant,*
> *je reconnais devant mes frères*
> *que j'ai péché*
> *en pensée, en parole,*
> *par action et par omission.*
> *Oui, j'ai vraiment péché.*
> *C'est pourquoi*
> *je supplie la Vierge Marie,*
> *les anges et tous les saints,*
> *et vous aussi, mes frères,*
> *de prier pour moi*
> *le Seigneur notre Dieu.*

KYRIE

Kyrie eleison, en français *Seigneur, prends pitié*. Seule prière en grec de la liturgie latine de la messe. Cette litanie traditionnelle, récitée ou chantée, en français ou en grec, participe à la préparation pénitentielle.

L'ASPERGES (OU L'ASPERSION)

Asperges me sont les deux premiers mots du refrain chanté avec le psaume 51 : « Lave moi à grande eau de ma faute et purifie moi de mon péché ».
Ce chant a donné son nom à une courte cérémonie (facultative) qui consiste à lancer sur l'assemblée et sur l'autel quelques gouttes d'eau à l'aide d'un goupillon avant la messe. Cette aspersion est destinée à inviter chacun à regretter ses fautes et à actualiser son baptême. Elle tient lieu de préparation pénitentielle et peut se faire à toutes les messes dominicales.
Durant le temps de Pâques, le chant utilisé est le *Vidi Aquam*. ■

GLORIA OU GLOIRE A DIEU

Chantée ou récitée durant la première partie de la messe le dimanche (sauf pendant l'Avent et le Carême), cette très vieille hymne est aussi appelée « le cantique des anges ». On n'en connaît ni l'auteur ni la date de composition, mais on sait que déjà elle faisait partie de la prière du matin en Orient au IVe siècle. ■

> *Gloire à Dieu*
> *au plus haut des cieux,*
> *Et paix sur la terre*
> *aux hommes qu'il aime.*
> *Nous te louons, nous te bénissons,*
> *nous t'adorons,*
> *Nous te glorifions,*
> *nous te rendons grâce*
> *pour ton immense gloire.*
> *Seigneur Dieu, Roi du ciel,*
> *Dieu le Père tout-puissant.*
> *Seigneur,*
> *Fils unique, Jésus-Christ,*
> *Seigneur Dieu, Agneau de Dieu, le Fils du Père.*
> *Toi qui enlèves le péché du monde,*
> *reçois notre prière.*
> *Toi qui es assis à la droite du Père,*
> *prends pitié de nous.*
> *Car toi seul es saint,*
> *Toi seul es Seigneur,*
> *Toi seul es le Très-Haut,*
> *Jésus-Christ, avec le Saint-Esprit,*
> *Dans la gloire de Dieu le Père. Amen.*

PRIÈRE D'OUVERTURE OU COLLECTE

C'est une formule dite par le prêtre et destinée à rassembler (collecter) les prières des fidèles : elle commence par une invocation à une des qualités, un des attributs de Dieu, puis énonce une demande, l'appuie par une action du Christ et la conclut par une formule trinitaire. La Collecte est très caractéristique de la liturgie occidentale où elle s'est multipliée. Elle est énoncée par le prêtre, à la messe, juste après le rite pénitentiel (et le Gloire à Dieu) et avant les lectures. ■

II CÉLÉBRATION DE LA PAROLE

LES LECTURES

La messe est à la fois célébration de la *parole de Dieu* (Écriture Sainte) et de l'*Eucharistie*, l'une renvoyant à l'autre, les deux étant indissociables. La messe comporte donc toujours une lecture d'Évangile, précédée d'une (en semaine) ou deux autres (dimanches et solennités) lectures de l'Ancien ou du Nouveau Testament, ainsi que d'un *psaume*, chanté ou récité après la première lecture. Avec la réforme de Paul VI, une large place a en effet été accordée aux textes de l'Ancien Testament (fréquemment première lecture) ; la même réforme a instauré la *lecture continue* des évangiles, sur trois années (A, B, C) les dimanches, et sur deux années (paire et impaire) en semaine.

La lecture de l'évangile est précédée et suivie par l'acclamation liturgique *Alleluia* (en hébreu « Louez Dieu »), dite ou chantée.

Après les lectures, l'homélie a pour but d'aider les chrétiens à faire passer dans leur vie cette Parole de Dieu. ■

GRADUEL

Jusqu'à la réforme liturgique, bref texte chanté ou lu à la messe entre les lectures de l'épître et de l'évangile ; extrait des psaumes ou d'un autre livre de l'Écriture, il variait chaque jour (une des prières du propre de la messe). Il est maintenant remplacé par le *psaume*. ■

LA PRÉDICATION

Du latin *praedicare*, publier, faire savoir. Désigne au sens large toute présentation orale des données de la foi et de la spiritualité chrétiennes à l'occasion d'une célébration religieuse (eucharistie, baptême, mariage, obsèque...) ou d'un rassemblement de fidèles (pèlerinage, retraite...). L'homélie en est une des formes. La prédication vise à nourrir et stimuler la foi des fidèles, en tenant compte le mieux possible de leurs besoins et de leurs attentes spirituels, en même temps que de leurs problèmes concrets.
La *parénèse* (du grec *parainesis*, exhortation) est une prédication de type moral ■

HOMÉLIE

Ce mot (du grec *homilia,* entretien familier) s'appliquait aux discours et entretiens de style familier adressés au peuple par les Pères de l'Église grecque, en se laissant guider de manière très spontanée par l'inspiration des textes de l'Écriture ou par l'actualité (homélies de St Basile, de St Jean Chrysostome, etc.). De nos jours, le mot homélie désigne très précisément le commentaire, fait au cours de la messe, des textes d'Écriture qui y ont été lus ; il a remplacé le mot *sermon* en raison même de l'insistance mise depuis le concile de Vatican II sur la place de l'Écriture sainte, et en particulier de l'Évangile, dans la célébration. L'homélie est habituellement prononcée par un ministre ordonné (évêque, prêtre, diacre). ■

SERMON

(Du latin *sermo,* conversation) Discours religieux adressé aux fidèles. Il comporte un enseignement de nature morale ou doctrinale. ■

CREDO

Aux messes des dimanches et solennités le peuple chrétien, en réponse à la proclamation de la Parole de Dieu, proclame sa foi en récitant (ou chantant) l'un des deux « symboles de foi » (*Symbole de Nicée – Constantinople, Symbole des Apôtres*), dont le texte latin commence par le mot « Credo » (Je crois). (Voir Index : Credo. Je crois en Dieu. Symboles de foi).

PRIÈRE UNIVERSELLE, OU PRIÈRE COMMUNE, OU PRIÈRE DES FIDÈLES

La Constitution *Sacrosanctum Concilium* sur la liturgie (1963), du concile Vatican II, prescrit (art. 53) de rétablir cette prière de la messe « après l'évangile et l'homélie, surtout les dimanches et fêtes, afin qu'avec la participation du peuple, on fasse des supplications pour la sainte Église, pour ceux qui détiennent l'autorité publique, pour ceux qui sont accablés par diverses nécessités, et pour tous les hommes et le salut du monde entier. » Les intentions en sont librement choisies pour chaque célébration, en fonction de l'actualité. ■

III CÉLÉBRATION DE L'EUCHARISTIE

OFFRANDE

Offrande, comme offertoire, évoque spontanément pour un chrétien l'eucharistie. L'offrande passe d'abord par la reconnaissance de l'autre. C'est ainsi que faire une offrande à Dieu, c'est toujours affirmer qu'il est la source de tout bien. L'offertoire le manifeste avec netteté, et bien sûr, avec plus de richesse encore, la prière eucharistique :

« Qu'ils soient eux-mêmes dans le Christ une vivante offrande à la louange de ta Gloire ».

Certes, à l'image du Christ le soir du jeudi saint, les membres de l'assemblée ne sont qu'au seuil de l'offrande qu'ils auront à faire. Pour les uns, ce sera comme la nuit et la tentation du Jardin des Oliviers, pour d'autres ce seront plus simplement les joies et les peines suscitées par des événements en apparence de peu de poids.

C'est tout cela qui, par avance est déjà offert à Dieu, dans la liberté. ■

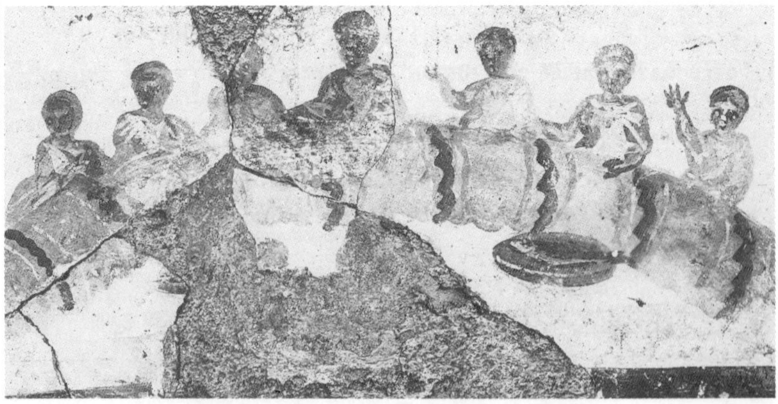
Ph. Alimari-Giraudon

Agapé (repas) céleste, représentation symbolique de l'Eucharistie. Fresque IIIe s. Catacombe de St Callixte à Rome.

OFFERTOIRE

Situé entre la liturgie de la Parole et la grande prière eucharistique, l'*offertoire* présente aujourd'hui un aspect simplifié : les rites et prières ont été allégés lors de la réforme liturgique issue du Concile. Il s'agissait en fait d'éviter que les prières d'offertoire n'apparaissent comme un temps d'offrande préliminaire à celle du Christ. Dans leur brièveté, elles ont pourtant un contenu important puisqu'elles soulignent que l'offrande de l'homme est déjà don de Dieu.
« Tu es béni Dieu de l'univers, toi qui nous donnes ce pain ». C'est ainsi que pour célébrer l'eucharistie, il faut prendre conscience de l'œuvre de Dieu en l'homme.
Le pain et le vin donnent par excellence lieu à bénédiction : ils sont le symbole de ce qui fait vivre l'homme, de ce qui apaise la faim et la soif, de ce qui comble. Pris dans un ensemble de gestes et de paroles, ils permettront d'évoquer et de rendre présent l'événement pascal. Ainsi donc, de manière discrète, mais réelle, l'offertoire se trouve-t-il entraîné dans le mouvement de la liturgie de la Parole. Dieu est déjà là qui donne vie et sens au travail de l'homme, à ses dons les plus précieux. ■

QUÊTE

Du latin *quaerere,* chercher. Collecte faite durant une célébration religieuse. A l'origine, les fidèles fournissaient le pain et le vin de la célébration eucharistique, apportés en procession à l'autel et offerts à Dieu par le célébrant avant d'être consacrés. D'où la prière actuelle de l'offertoire, préparant à la consécration. Lorsque, pour des raisons de commodité, la quête remplaça au IXe siècle ces offrandes en nature, on la plaça au même moment de la messe comme signe de participation des fidèles à l'offrande du pain et du vin, et d'offrande de leur propre personne. Le défilé de l'offrande, encore en usage en diverses régions en certaines occasions, est une forme de survivance de la pratique ancienne. Collecte d'argent, la quête relève au demeurant d'une pratique de la solidarité en vigueur dès les premières communautés chrétiennes (cf. 2 Co. 8-9 ; Ac. 11, 27-30...). ■

LAVABO

A la fin de l'offertoire, quand le prêtre a fini de présenter les offrandes (et éventuellement d'encenser), il se lave les mains.
On appelle ce geste le *lavabo* car, avant le concile Vatican II, le prêtre disait, en se lavant les mains, le début du psaume 25 *Lavabo manus meas,* Je laverai mes mains. Aujourd'hui, le prêtre dit le début du psaume 50 « Lave moi de mes fautes, Seigneur et purifie moi de mon péché ». Le geste a pour seule raison aujourd'hui (car les offrandes sont généralement propres) de signifier la nécessaire purification intérieure pour se présenter devant Dieu. ■

PRÉFACE

La préface est cette prière de la messe qui précède immédiatement la proclamation de la prière eucharistique au sens strict. Elle est introduite par un court dialogue entre le prêtre et l'assemblée, partie la plus ancienne de la messe. Elle débute par les derniers mots de ce dialogue : « Vraiment il est juste et bon (de te rendre gloire) ». Elle énumère les motifs d'actions de grâce ; elle loue le Père pour la création et pour le salut apporté par Jésus-Christ. Louange solennelle, la préface est souvent chantée et cela convient bien à son caractère lyrique. Elle s'achève par le chant du *Sanctus*. En Orient, la préface est fixe ; en Occident, elle est variable selon les fêtes. ■

PRIÈRE EUCHARISTIQUE (ANCIEN CANON)

Le canon de la messe (du grec *kanon,* la règle, la norme) est désigné aujourd'hui sous le nom de *prière eucharistique.* Il est vrai que, après la réforme de Paul VI offrant un choix de prières eucharistiques, l'unique canon d'autrefois perdait son caractère de règle absolue pour tout l'Occident. Aujourd'hui, parmi les autres prières eucharistiques, on continue à appeler *canon romain* l'ancien canon.
Prière eucharistique, canon, anaphore ont la même signification. ■

ÉPICLÈSE

En grec « appeler sur ». L'*épiclèse* est une prière d'invocation à l'Esprit Saint, faisant appel à sa puissance créative (l'Esprit est à l'action dans la création du monde, l'Incarnation du Christ, la Résurrection...), et en l'occurrence sur les offrandes pour en faire le corps et le sang du Christ. La liturgie de la messe a toujours comporté une, et souvent deux épiclèses.

1. Une épiclèse *avant* la consécration, pour que l'Esprit, envoyé par le Père sur le pain et le vin, réalise la présence du Corps et du Sang du Christ au milieu de son Église (noter la dimension trinitaire).

2. Une épiclèse *après* la consécration pour que l'Esprit rassemble les chrétiens dans l'unique peuple de Dieu, grâce à leur communion au Christ (noter aussi la dimension trinitaire).

La première prière eucharistique ne comprend que l'épiclèse avant la consécration. D'autres expressions que celle de « par la puissance de l'Esprit-Saint » ont été utilisées : « par ta main », « par ta bénédiction ». A l'origine ces expressions étaient synonymes de « par ton Esprit ».
Des divergences entre Orientaux et Occidentaux sur la place de l'épiclèse avant ou après la consécration ont alimenté leur mésentente. Sur ce point le malentendu a été dissipé au concile de Florence (1439 à 1442) : celui qui consacre est bien l'Esprit, que son action soit invoquée avant la consécration ou après. ■

EXEMPLE DE PRÉFACE DE LA MESSE
(Préface des Dimanches du temps ordinaire n° 5)

Vraiment, il est juste et bon
de te rendre gloire,
de t'offrir notre action de grâce,
toujours et en tout lieu,
à toi, Père très saint,
Dieu éternel et tout-puissant,
à toi,
Créateur de tous les éléments du monde,
Maître des temps et de l'histoire.

C'est toi qui as formé l'homme à ton image
et lui as soumis l'univers et ses merveilles ;
tu lui as confié ta création
pour qu'en admirant ton œuvre
il ne cesse de te rendre grâce
par le Christ, notre Seigneur.
C'est toi que la terre et le ciel,
avec les anges et les archanges,
ne cessent d'acclamer en chantant...

COMMUNICANTES

C'est le premier mot (signifiant en latin « unis dans une même communion ») d'une des prières du canon romain de la messe ; située entre le *Memento des Vivants* et la *Consécration,* cette prière fait mémoire des saints, exprimant ainsi la communion entre tous les membres de l'Église sur terre et dans le ciel. Le texte français de la commémoration des saints y commence maintenant par les mots « Dans la communion de toute l'Église... » ; certaines variantes lui sont apportées à l'occasion des grandes fêtes. ■

Dans la communion de toute l'Église, nous voulons nommer en premier lieu la bienheureuse Marie toujours Vierge, Mère de notre Dieu et Seigneur, Jésus-Christ, saint Joseph son époux, les saints Apôtres et Martyrs Pierre et Paul, André et tous les Saints. Accorde-nous par leur prière et leurs mérites d'être toujours et partout forts de ton secours et de ta protection par le Christ Notre-Seigneur. Amen.

Consécration de l'hostie.

CONSÉCRATION

Étymologiquement : action de consacrer une personne, un objet, ou un bien, en les vouant au service de Dieu. Dans la liturgie de la messe, ce mot désigne la prière du prêtre redisant les paroles du Christ à la Cène sur le pain et le vin, qui deviennent alors le Corps et le Sang du Christ. La puissance qui intervient pour ce changement est celle du Père qui envoie son Esprit « pour consacrer ce pain et ce vin ». Cette prière forme comme le sommet de la prière eucharistique ■

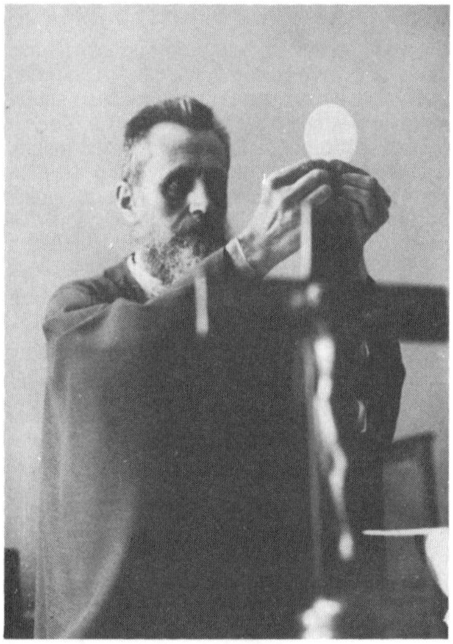

Élévation de l'hostie consacrée.

ÉLÉVATION

Rite de la messe par lequel le prêtre, après avoir consacré le pain et le vin en prononçant les paroles du Christ à la Cène, élève successivement l'hostie et le calice pour présenter le Corps et le Sang du Christ à l'adoration des fidèles. ■

ANAMNÈSE

Ce mot (du grec *anamnesis,* souvenir) signifie dans la liturgie l'action de « rendre présent en remettant en mémoire ». Il désigne la prière qui, à la messe, suit immédiatement la consécration de l'eucharistie, et par laquelle l'Église rappelle en quelques mots les principaux mystères de la vie du Christ sur terre. Il en est plusieurs formules par exemple : « Nous rappelons ta mort, Seigneur Jésus, nous célébrons ta résurrection, nous attendons ta venue dans la gloire ».
Dès les origines, l'Église, par cette commémoration, a voulu rester fidèle à la parole du Christ : « Faites ceci en mémoire de moi ».
Depuis le concile Vatican II, le peuple chrétien a repris cette acclamation tombée en désuétude et s'est remis à la chanter. ■

Rituel du repas pascal dans une famille juive au temps du Christ

1re partie : la préparation

• Annonce de la fête par une bénédiction spéciale (*Kiddouch* pascal) :

« Béni sois-tu, Seigneur notre Dieu, roi du monde, qui as donné à ton peuple d'Israël cette fête des pains azymes pour sa joie et au titre de mémorial. Béni sois-tu, Seigneur, qui sanctifies Israël et les temps. »

• Bénédiction de la première coupe par le père de famille :

« Béni sois-tu, Seigneur notre Dieu, roi du monde qui crées le fruit de la vigne. »

• Bénédiction des herbes amères :

« Bénis sois-tu (...) qui crées les produits de la terre. »

• Bénédiction pour les poissons et les poulets.

2e partie : le repas

• On se lave les mains.
• L'accueil d'un invité impliquait sans doute un baiser de paix.
• Question du plus jeune sur la signification de la fête.
• Explication du père de famille sur cette signification.
• Chant de la première partie du *Hallel* (Psaume 113).
• Bénédiction et fraction du pain azyme par le père de famille.
• Bénédiction d'une deuxième coupe.
• On mange l'agneau pascal.

3e partie : conclusion du repas

• Le père de famille, élevant la coupe de la main droite au-dessus de la table, les yeux fixés sur elle, dit la grande bénédiction.

« Béni sois-tu, Seigneur notre Dieu, roi éternel, qui nourris le monde entier par ta bonté. Avec grâce, amour et pitié, tu donnes de la nourriture à toute chair, car ton amabilité subsiste éternellement. Grâce à ta grande bonté, la nourriture ne nous a jamais manqué. Puisse-t-elle, à cause de ton grand Nom, ne jamais nous manquer : car tu nourris et entretiens tout ce qui vit, tu montres de la bonté à tous et tu prépares de la nourriture pour toutes les créatures que tu as créées. Béni sois-tu, Seigneur, qui donnes de la nourriture à tous ».

« Nous te remercions, Seigneur notre Dieu, parce que tu as donné à nos pères en héritage un pays agréable, bon et étendu, et parce que tu nous as fait sortir du pays d'Égypte et que tu nous as délivrés de la maison de servitude. Nous te remercions aussi pour ton alliance que tu as scellée dans notre chair, pour ta loi que tu nous as enseignée, pour tes préceptes que tu nous as fait connaître, pour la vie, la grâce et l'amour dont tu nous as gratifiés, et pour la nourriture dont tu nous as nourris et entretenus constamment, chaque jour et en toute saison et à toute heure. Pour tout cela, Seigneur notre Dieu, nous te remercions et nous te bénissons. Béni soit ton nom par la bouche de tout être vivant, continuellement et à jamais, ainsi qu'il est écrit : « Lorsque tu mangeras et que tu te rassasieras, tu béniras le Seigneur ton Dieu pour le bon pays qu'il t'a donné » (Dt 8,10). Béni sois-tu, Seigneur, pour la nourriture et pour le pays ! »

« Aie pitié, Seigneur notre Dieu, d'Israël ton peuple, de Jérusalem ta cité, de Sion la demeure de ta gloire, de la royauté de la maison de David ton oint, de la grande et sainte demeure sur laquelle ton Nom est invoqué. Notre Dieu, notre Père, donne-nous pâturage et nourriture, prends soin de nous, soutiens-nous, et rapidement, Seigneur notre Dieu, accorde-nous du soulagement au milieu de nos peines. Nous t'en prions, Seigneur, notre Dieu, ne nous laisse pas avoir besoin des présents ou des prêts des hommes, mais seulement de ta main secourable qui est remplie, ouverte, sainte et large, pour que nous ne rougissions pas et que nous ne soyons pas confondus éternellement. Construis Jérusalem, la sainte cité, promptement, en nos jours ! Béni sois-tu, Seigneur, qui édifies Jérusalem (...) Amen ».

• Ensuite chacun boit.
• Et on termine en récitant la fin du *Hallel.* ■

A.D.A.P.

Ce sigle signifie, à l'origine, *Assemblée Dominicale en l'Absence de Prêtres.* Certains voudraient le traduire aujourd'hui par Assemblée Dominicale en Attente de Prêtres... On lui préférerait Assemblée Dominicale avec Prêtre Absent.
Derrière ces subtilités de langage se cachent des questions fondamentales pour l'Église de France.
Il est certain que, dès aujourd'hui, il n'y a pas assez de prêtres pour assurer la célébration de la messe chaque dimanche dans chaque communauté chrétienne. Devant un tel état de fait on peut, soit regrouper plusieurs communautés chrétiennes ensemble, soit inviter chaque communauté chrétienne à se réunir pour célébrer le dimanche sous la direction d'un ou plusieurs laïcs — sans messe — en lisant l'Écriture, chantant des cantiques et communiant grâce à la réserve eucharistique. C'est l'A.D.A.P. L'Église de France a utilisé les deux formules.
La solution de l'A.D.A.P. est évidemment une solution de pis-aller : il est clair pour la tradition chrétienne que la célébration eucharistique est le moyen voulu par le Christ pour unir ses disciples à sa Pâque. Il y a donc incompatibilité entre la célébration de l'A.D.A.P. et la présence d'un prêtre disponible à proximité.
Cela dit, les communautés qui célèbrent des A.D.A.P. apprécient généralement la solidarité qui naît de telles célébrations. Il est fréquent que celles-ci, en effet, fassent brusquement apparaître à chaque membre combien sa présence et son activité sont nécessaires à tous. De telles communautés savent, par ailleurs, qu'elles n'existeraient pas sans la présence, même lointaine, d'un prêtre qui leur permet de recevoir l'eucharistie et qui les relie, par l'évêque, à l'Église tout entière. En ce sens-là, le prêtre est présent spirituellement à toute A.D.A.P. même si, physiquement, il est absent ; et il est vrai que toute A.D.A.P. est une célébration dominicale avec un prêtre absent. ■

La « communicatio in sacris »

Le problème de la participation des chrétiens à la liturgie des autres confessions chrétiennes

Communicatio in sacris est une expression latine (qui signifie mise en commun dans le domaine des réalités sacrées) employée par les théologiens catholiques lorsqu'ils évoquent le problème de la participation active des membres d'une Église à la liturgie d'une autre Église. Le vrai problème se pose surtout pour les sacrements, et tout particulièrement pour l'eucharistie.

Pour certains chrétiens, surtout parmi les protestants, l'eucharistie (la sainte Cène dans le vocabulaire protestant) est un pain de route que le Christ donne aux chrétiens pour marcher vers l'unité. La *communicatio in sacris* est donc pensable à certaines conditions. (voir Hospitalité eucharistique) ■

IV LA CÉLÉBRATION DE LA COMMUNION

Communion

Le mot *communion* (de *communio*, qui appartient à plusieurs) désigne la réception du Corps du Christ conformément à son appel : « Prenez et mangez » ; ainsi s'établit une union intime du fidèle avec Dieu. La partie de la messe où les fidèles reçoivent le Corps du Christ est aussi appelée la communion (procession de communion, chant de communion).

La manière de communier

Jusqu'au VIe siècle, les fidèles recevaient le corps du Christ dans la main. Il était possible d'emporter chez soi ou en voyage des morceaux d'hostie consacrée et de se communier soi-même. Le changement de mentalité apporté par les Francs et le souci de lutter contre des actes de magie (on mettait des hosties en terre pour féconder les récoltes) ont peu à peu amené à recevoir directement l'eucharistie dans la bouche.

Si, au début, une seule grande hostie était partagée entre tous les assistants, les petites hosties sont très vite apparues. Ce n'est qu'au XIIIe siècle qu'on a cessé de communier au calice, au grand étonnement des Orientaux, qui n'ont jamais cessé de communier au Corps et au Sang du Christ.

Communion dans la main et communion au calice ont été à nouveau autorisées par le concile Vatican II.

Première communion

A l'origine, un enfant communiait dès qu'il était baptisé. C'est encore la pratique des Orientaux. En réfléchissant à la demande de saint Paul (1 Co 11,29) de « discerner » le Corps du Christ dans l'eucharistie, l'Église occidentale a posé deux conditions à la première communion d'un enfant : qu'il sache discerner la différence entre du pain ordinaire et le Corps du Christ, et qu'il ait conscience de ce Corps du Christ qu'est l'Église.

Pour communier

Sauf pour les malades et les personnes astreintes à des médicaments, l'Église demande de n'avoir rien consommé (sauf de l'eau) dans l'heure précédant la communion. Elle insiste également sur la nécessité d'être en état de grâce, c'est-à-dire de ne pas s'être volontairement et gravement séparé de Dieu.

La communion est principalement donnée au cours de la messe : c'en est un acte important. Assister à la messe sans y communier (ce qu'on appelle communion d'intention) est une attitude spirituelle respectable, aidant à vivre en chrétien une personne qui ne peut recevoir l'eucharistie.

Pendant la communion, des fidèles peuvent recevoir une ou plusieurs hosties consacrées afin de porter l'eucharistie à des malades ou à des personnes empêchées d'aller à la messe pour des raisons graves.

On peut communier à chaque messe à laquelle on assiste, si on est en état de le faire. Mais, en principe, on ne communiera pas plusieurs fois par jour. Un malade qui ne peut rien avaler de solide communiera au saint Sang.

Amen : Celui qui donne la communion (prêtre ou non) présente le Corps ou le Sang à celui qui va le recevoir en lui disant : « Le Corps ou/et le Sang du Christ ». Le communiant, en réponse, exprime sa foi par ce mot : « Amen ! » (C'est vrai !). ■

Purification

Rite de la messe par lequel le prêtre, après la communion, s'assure qu'il ne reste ni parcelle de pain consacré ni trace de vin consacré dans les coupes qui ont servi à la célébration : à cet effet, il verse notamment un peu d'eau dans le calice et la consomme. ■

Prière après la communion

Prière de la messe, venant après la communion, et demandant à Dieu que l'eucharistie produise ses fruits en chacun de ceux qui l'ont reçue. Exemple :
« Dieu qui veux notre guérison, agis en nous par cette eucharistie : libère-nous de nos penchants mauvais, oriente notre vie vers le bien ». (XIe dimanche du temps ordinaire). ■

Jeûne eucharistique

Dans l'Église catholique, depuis longtemps (première expression écrite : concile d'Hippone en 393), il a d'abord été conseillé, puis imposé, de jeûner pour se préparer à communier. Ce jeûne s'explique par une volonté de respect à l'égard de l'eucharistie. Jusqu'à une période récente, il fallait avoir jeûné complètement (nourriture et boisson) depuis minuit. Pie XII, en 1953, officialisa certaines dispenses (pour les malades, par exemple). En 1957, il précisa que l'eau ne rompait pas le jeûne et que trois heures pour la nourriture et l'alcool et une heure pour les autres liquides étaient des jeûnes suffisants. Paul VI, le 21 novembre 1964, réduisit le jeûne à une heure avant la communion. ■

PAIN BÉNIT

Dans beaucoup de régions françaises, on distribuait (et on distribue encore) du pain bénit à la messe en signe de fraternité et de partage. Évidemment totalement différent de l'eucharistie, il en rejoint — par cette fraternité — un des aspects essentiels.

Son origine est peut-être semblable à celle de l'*antidorum* des orientaux, ce pain qui, après prélèvement de ce qui servira à l'eucharistie, sera distribué à ceux qui n'ont pas reçu l'eucharistie, comme pour signifier qu'ils ont aussi faim de vie spirituelle que les autres.

Mais l'origine peut aussi se trouver dans le fait que, jusqu'au IXe siècle, c'étaient les fidèles qui apportaient le pain et le vin nécessaires à la célébration eucharistique ; ils étaient portés à l'autel en procession d'offrande, origine de l'offertoire de la messe. Lorsque, pour des raisons de commodité, la procession des offrandes fut remplacée par la quête, certains vestiges de l'ancienne tradition subsistèrent dans beaucoup d'églises, sous forme, d'une part, de bénédiction de pain distribué ensuite aux fidèles (le pain bénit), et d'autre part, du défilé de l'offrande, de plus en plus rare, à l'occasion de certaines cérémonies (mariages, enterrements). ■

Pourquoi le prêtre met-il un petit morceau d'hostie dans le calice ?

Après avoir partagé l'hostie, juste avant la communion, le prêtre laisse tomber une très petite fraction d'hostie dans le calice en disant : « le Corps et le Sang de Jésus-Christ réunis dans cette coupe nourrissent en nous la vie éternelle ».

A l'origine, ce geste était un geste de communion avec l'évêque : la fraction de pain placée dans le calice provenant d'une hostie consacrée par l'évêque. ■

Comment communier

Lorsque tu t'avances, ne t'approche pas les mains grandes ouvertes, ni les doigts écartés ; mais avec la main gauche, fais un trône pour la droite qui va recevoir le Roi. Reçois le Corps du Christ dans le creux de ta main et réponds : « Amen ».

Avec soin, sanctifie alors tes yeux par le contact du Corps sacré. Prends-le, veille à n'en rien perdre. En effet, si tu en perdais une parcelle, ce serait comme si tu perdais l'un de tes membres ! Dis-moi, si on te donnait des paillettes d'or, est-ce que tu ne les garderais pas avec le plus grand soin, en veillant bien à ne pas en perdre, pour ne pas subir de dommage ! Ne dois-tu pas être plus attentif encore à ce qui est bien plus précieux que l'or et les pierres précieuses, pour ne pas en laisser tomber une miette ?

Puis, après avoir communié au Corps du Christ, approche-toi aussi de la coupe de son Sang. Ne tends pas les mains, mais incline-toi en attitude d'adoration et de respect et dis : « Amen ». Sanctifie-toi aussi par la participation au Sang du Christ. Et tandis que tes lèvres sont encore humides, effleure-les de tes doigts et sanctifie tes yeux, ton front et tes autres sens. Puis, en attendant la prière, rends grâces à Dieu qui t'a jugé digne de si grands mystères.

SAINT CYRILLE DE JÉRUSALEM, (c 315-386)

V RITE DE RENVOI OU DE CONCLUSION

A la fin de la messe le célébrant, après éventuellement quelques annonces pratiques, donne une bénédiction (plus ou moins solennelle selon le cas) à l'assemblée ; puis le diacre, ou le célébrant, la congédie (« Allez dans la paix du Christ ». C'est l'ancien « Ite missa est ») pour l'envoyer partager et répandre la Bonne Nouvelle qu'elle vient de célébrer.

La plus ancienne prière connue de la messe

Au sujet de l'Eucharistie, rendez grâce ainsi :

D'abord pour le calice :
Nous te rendons grâces, ô notre Père,
pour la sainte vigne de David, ton serviteur,
que tu nous as révélée par Jésus, ton Enfant.
Gloire à toi dans les siècles !

Puis pour le pain rompu :
Nous te rendons grâces, ô notre Père,
pour la vie et la connaissance
que tu nous as révélées par Jésus, ton Enfant.
Gloire à toi dans les siècles !

De même que ce pain que nous rompons,
autrefois disséminé sur les collines,
a été recueilli pour n'en faire plus qu'un,
qu'ainsi ton Église soit rassemblée
des extrémités de la terre dans ton Royaume !
Car à toi sont la gloire et la puissance
dans les siècles !

Que personne ne mange ni ne boive de votre Eucharistie,
sinon ceux qui ont été baptisés au nom du Seigneur ;
car le Seigneur à dit à ce propos :
Ne donnez pas aux chiens les choses sacrées.

Après vous être rassasiés, rendez grâces ainsi :
Nous te rendons grâces, ô Père saint,
pour ton saint nom
que tu as fait habiter en nos cœurs,
pour la connaissance, la foi et l'immortalité
que tu nous as révélées par Jésus, ton Enfant.
Gloire à toi dans les siècles !

C'est toi, ô Maître tout-puissant, qui as créé l'univers,
à la louange de ton nom ;
tu as donné en jouissance
nourriture et breuvage aux enfants des hommes ;
mais à nous, tu as fait la grâce
d'une nourriture spirituelle
et d'un breuvage pour la vie éternelle,
par Jésus, ton Enfant.

Par-dessus tout, nous te rendons grâces
de ce que tu es puissant.
Gloire à toi dans les siècles !
Amen.

Souviens-toi, Seigneur, de ton Église,
pour la délivrer de tout mal,
pour la rendre parfaite dans ton amour.

Rassemble-la des quatre vents, cette Église sanctifiée,
dans ton royaume que tu lui as préparé.
Car à toi sont la puissance et la gloire
dans les siècles ! Amen.

La Didachè

(On date cette prière entre l'an 60 et 120)

INTENTION DE MESSE

La messe a toujours valeur universelle ; elle est célébration du sacrifice du Christ « pour la multitude » et communion avec toute l'Église, celle des saints et celle qui poursuit son pèlerinage ici-bas. La liturgie eucharistique comporte donc toujours des prières pour l'Église et pour l'ensemble des défunts.

Il n'est cependant pas contraire à l'esprit de cette célébration que le célébrant puisse ajouter à ces intentions générales des intentions plus particulières, que ce soit de sa propre initiative ou en réponse à une demande. Ainsi célèbre-t-on, par exemple, des messes pour de nouveaux mariés (messe de mariage), pour de nouveaux évêques, prêtres ou diacres (liturgies de l'ordination), pour un défunt (messe de funérailles), pour un malade, pour la paix, pour les victimes d'une catastrophe, etc. On célèbre aussi des messes d'action de grâces (noces d'argent ou d'or, jubilé sacerdotal, guérison, etc.). ■

HONORAIRES DE MESSE

Toute messe est célébrée pour le monde entier : « C'est mon corps livré pour vous. C'est mon sang versé pour la multitude » a dit Jésus. Mais l'on a toujours reconnu au célébrant la possibilité de joindre à cette intention générale telle ou telle intention particulière qui peut lui être confiée.

Toute messe est sans prix. Mais les fidèles, dès les origines, ont voulu montrer que leur participation à l'eucharistie engageait la totalité de leur personne, comme le Christ lui-même s'y est engagé tout entier. D'où leurs offrandes soit en nature (pain, vin, luminaire), origine de l'offertoire de la messe, soit en espèces destinées à assurer les frais du culte, la subsistance des prêtres, la vie de l'Église. C'est aussi le sens de leur offrande quand ils confient à un prêtre une intention qui leur est chère.

D'où la pratique des « honoraires de messe », universelle depuis le XIIe siècle. Leur montant, fixé par les évêchés, se situe délibérément à un niveau accessible à tous. Mais, à cause du soupçon qu'elle peut faire naître sur son caractère mercantile, beaucoup souhaitent voir supprimer cette pratique : cependant, la vie matérielle de l'Église et de son clergé ne reposant, comme il est normal, que sur les participations volontaires des fidèles, force est de constater que les honoraires de messe représentent encore 25 % des ressources des prêtres, ressources qui sont elles-mêmes très modestes : faut-il aller jusqu'à cette amputation ? ■

« Ensuite, on apporte à celui qui préside du pain et une coupe remplie de vin mêlé d'eau. Il les prend et fait monter la louange et la gloire vers le Père de l'univers au nom du Fils et du Saint-Esprit. Il prononce une action de grâce développée sur ce qu'il nous a jugé dignes de ces biens. L'Eucharistie et les prières achevées, tout le peuple qui est présent s'y associe en disant : Amen (ce qui en hébreu signifie ainsi soit-il). Lorsque le président a fait l'Eucharistie et que le peuple s'y est associé, ceux que l'on appelle chez nous diacres donnent à chacun des assistants une portion de pain et de vin mêlé d'eau, sur lesquels il a été rendu grâces, et ils en portent aux absents. »

JUSTIN († 135)

Je ne peux pas aller à la messe ce dimanche...

Si pour une raison grave (absence de prêtre catholique, impossibilité de se déplacer, grande difficulté à se rendre là où est célébrée une messe, obligation d'assister une personne malade, etc.), la participation à la messe est impossible, il est vivement recommandé aux catholiques, (le samedi soir ou le dimanche) :

• d'assister à une A.D.A.P. (p. 962 a) s'il y en a une dans une église proche, et même d'en provoquer une au besoin (en se renseignant auprès des autres catholiques du lieu, et en prenant contact avec l'évêché) ;

• à défaut, en groupe, en famille, ou seul, de se donner un temps de prière convenable en union avec ceux qui célèbrent la messe dans le monde. Quand cela est possible, la messe à la télévision est susceptible d'aider cette prière. Dans certaines paroisses, tandis que les malades et handicapés regardent la messe télévisée, ou juste après l'avoir regardée, ils reçoivent l'eucharistie de la main de personnes qui ont participé à la messe paroissiale ;

• dans un pays étranger, il peut arriver qu'il n'y ait pas de messes catholiques mais qu'il y ait d'autres cultes chrétiens ; étant sauves les règles de l'hospitalité eucharistique (voir Index), il est souhaitable d'assister à l'un de ces offices. ■

CONCÉLÉBRATION

La concélébration, c'est, au sens strict, la célébration d'une même messe par plusieurs prêtres ensemble, sous la présidence de l'un d'entre eux. La concélébration était une très ancienne pratique, dont le rite est déjà décrit dans *La Tradition Apostolique* d'Hippolyte (225). Cette pratique s'est peu à peu dégradée, et même si, au VIIe siècle, le pape invitait prêtres ou évêques à concélébrer avec lui en signe de communion, et si saint Thomas d'Aquin († 1274) se prononçait en faveur de ce rite, peu à peu la concélébration devint purement formelle, et les prêtres assistèrent silencieusement à la messe plutôt qu'ils ne la concélébrèrent. La concélébration s'était pourtant maintenue jusqu'au concile Vatican II pour l'ordination des prêtres et des évêques.

C'est le concile Vatican II qui en a rétabli la possibilité permanente, mettant dans une juste perspective la nature hiérarchique de l'Église, le caractère collégial du ministère sacerdotal et l'unicité du sacrifice du Christ.

La concélébration est d'usage courant, depuis toujours, en Orient. ■

VOCABULAIRE THÉOLOGIQUE DE L'EUCHARISTIE

Accident
Pour la philosophie du Moyen Âge, à la suite d'Aristote, un *accident* (du latin *accidens,* ce qui se trouve arriver) définit une qualité d'être : sa forme, son poids, sa taille, son goût. Cet accident n'est pas l'essentiel (voir à Substance), mais il lui donne forme. L'hostie consacrée garde les mêmes « accidents » de poids, de goût, de couleur qu'avant la consécration. Selon la doctrine catholique, sa nature profonde est cependant transformée.

Espèces
(Vient du latin *species,* l'apparence, le visage : d'abord ce qui se voit). Selon la foi chrétienne le Christ est présent sous les *espèces* du pain et du vin. D'où, par extension, les *saintes Espèces* ont désigné l'Eucharistie elle-même.

Permanence
Selon la doctrine catholique, la présence du Christ dans le pain et le vin consacrés ne cesse pas avec la fin de la liturgie. L'hostie consacrée non consommée continue à rendre le Christ présent : le fait de la conserver pour la communion et l'adoration remonte à la plus haute antiquité. En effet, l'action par laquelle l'Esprit a rendu le Christ présent n'est pas limitée par la fin des offices humains. Cette présence demeure tant que l'hostie et le vin consacrés sont des aliments fidèles à leur qualité de nourriture ; un vin devenu aigre ne permet pas de renouveler l'acte de Jésus : il a pris du vin et non pas du vinaigre. La permanence cesse alors.

Présence réelle
La présence du Christ dans l'Eucharistie se fait à la manière dont les évangiles parlent de la présence du Ressuscité : Jésus-Christ *se* rend présent, il est *rendu présent* (sous-entendu : par Dieu). Ce n'est donc pas une présence identique à celle d'avant la Résurrection. Ce qui est présent, c'est bien le même Jésus, mais à la manière de la création nouvelle, à la manière du Royaume de Dieu.
Cette présence n'est pas une figure, un symbole, une image, ni une évocation. Elle est véritable, de par la volonté du Christ et grâce à l'action de l'Esprit.
Elle n'est pas non plus une présence physique, comme une chose. L'hostie consacrée ne change ni de couleur, ni de poids. Rompre l'hostie ne casse pas le Christ en deux. D'ailleurs cette présence n'est pas une « présence-là », comme un objet inerte posé sur un meuble. Elle est « présence à » quelqu'un, présence active et offerte. Seule la confiance, la foi, la discernent. L'adjectif « réelle » a été choisi pour éviter deux dangers : celui de l'imaginaire, de la présence fictive, et celui du matérialisme, de la présence chosifiée.
A parler très exactement, Jésus-Christ est présent non pas tant « sous » les apparences du pain et du vin, comme s'il fallait soulever un voile pour le trouver ; ni « dans » le pain et le vin comme s'il s'y incrustait ; mais — et cela est conforme à la manière d'être d'une personne — il est présent AU pain et AU vin, avec une telle intensité (une telle « présence ») que le pain et le vin changent de nature profonde pour signifier uniquement la réalité du don du Christ.
Selon la foi catholique et la foi orthodoxe, l'expression « présence réelle » signifie que la réalité du Corps et du Sang du Christ est effectivement rendue présente par les apparences du pain et du vin consacrés pendant la messe. C'est donc Dieu lui-même qu'on adore en son Fils Jésus-Christ présent dans l'Eucharistie.
Les luthériens affirment, eux aussi, cette présence réelle du Christ dans le pain et le vin eucharistiques, mais ils n'acceptent pas la conception catholique d'un changement de nature, d'un changement de « substance » de ce pain et de ce vin sous les apparences inchangées ; pour eux le pain et le vin restent intégralement les mêmes.
Les autres confessions protestantes ne retiennent pas la notion de présence réelle au sens des catholiques, des orthodoxes et des luthériens ; elles s'en tiennent à une présence plus spirituelle, mais effective, du Christ dans le pain et le vin de la Cène.
Ces divergences, qui contribuent à faire obstacle à l'« intercommunion » entre chrétiens de confessions différentes, sont depuis quelques années l'objet de discussions approfondies entre les diverses Églises, dans l'espoir de trouver ensemble le fondement d'une foi commune à l'égard de l'eucharistie, signe par excellence de l'unité des chrétiens dans la personne du Christ. Les points de vue se sont indubitablement rapprochés : on voit bien qu'on ne peut ni minimiser les termes très réalistes du Christ lui-même (« Ceci est mon corps,... ceci est mon sang... » Mt 26, 26-28 ; Mc 14, 22-24 ; Lc 22,15-20 ; 1 Co 11,23-26 ; « Celui qui mange ma chair et boit mon sang a la vie éternelle (...) car ma chair est vraiment une nourriture et mon sang vraiment une boisson. » Jn 6, 54-55), ni se contenter de traduire en termes d'objet cette présence personnelle de Jésus.
Mais, pour autant, les différences de conception restent trop importantes pour que les autorités de diverses confessions acceptent la validité de célébrations eucharistiques communes, qui laisseraient d'ailleurs supposer de manière contraire à l'honnêteté une unité fondamentale non encore réalisée. Les recherches se poursuivent activement dans un climat fraternel.

Saint Sacrement
Tous les sacrements sont saints. Si, dans l'Église catholique, on appelle l'Eucharistie le Saint Sacrement, c'est pour souligner à quel point ce sacrement rend présent l'acte suprême de Jésus livrant sa vie. Toute la vie du Christ est comme condensée en cet acte. L'Eucharistie constitue le centre de l'existence chrétienne.

Substance
L'*accident* représente une qualité d'un être. La *substance*, quant à elle, définit la nature profonde de cet être : ce qu'il est en lui-même. En outre, ce terme permet de distinguer un être d'un autre, une personne d'une autre personne, car chaque substance est particularisée, individualisée.
Ces termes de *substance* et d'*accident*, empruntés à Aristote et chers à la théologie classique, ont servi à présenter le mystère de l'eucharistie. Bien que le pain ne soit pas réellement une substance (il n'a pas de réalité individualisée), et bien qu'il soit un agglomérat (farine, eau, sel), il est considéré par les théologiens comme une quasi-substance.

Transsubstantiation
Depuis les origines, l'Église met sa foi dans le changement du pain et du vin au Corps et au Sang du Christ, par l'action de l'Esprit Saint, à la parole du prêtre redisant le récit de l'institution de l'Eucharistie.
Pour rendre compte de ce changement, divers termes ont été proposés. Le plus traditionnel est celui de *transsubstantiation.* Ce mot, apparu au XIIIe siècle, désigne le mouvement *(trans)* par lequel le Dieu créateur change intégralement la *substance* du pain en la substance de la personne totale de Jésus-Christ tout en laissant intacts les *accidents.*
L'avantage de cette manière de présenter les choses est d'insister sur la réalité et la plénitude du changement accompli dans l'Eucharistie. Il faut en effet, par fidélité à l'Évangile, tenir à la radicalité de ce changement. Il ne faudrait cependant pas tomber dans une sorte de mécanisme un peu matérialiste de ce changement, qui oublierait l'action de l'Esprit et la force de la Résurrection.
D'autres essais de formulation ont été tentés, de manière plus ou moins satisfaisante. En voici quelques-uns.
La *conversion* du pain et du vin au Corps et au Sang du Christ. L'expression est ancienne. Son inconvénient est de laisser entendre qu'il peut exister des conversions partielles ou superficielles.
L'*impanation :* le Christ se rend présent dans *(in)* le pain, qui ne change pas vraiment de nature. Cette insertion du Christ dans la réalité étrangère fait de sa présence une présence accidentelle. La comparaison, faite en l'occurence, avec l'incarnation du Christ où Dieu se rend présent dans une nature humaine n'est pas exacte, car, outre le fait qu'il s'agit du Corps ressuscité, du pain ne peut être comparé à l'humanité assumée par le Verbe.
La *companation :* la présence du Christ coexiste avec la permanence du pain. Il n'y a pas véritablement de changement complet.
Dans ces deux derniers cas, la radicalité du verbe *être* dans « ceci est mon Corps » n'est pas respectée.
La *transfinalisation :* le pain a pour but de nourrir l'homme. L'Eucharistie vise (trans) un but supérieur : lui donner le pain de vie. L'idée est belle, mais est-ce le Pain de vie qui est donné réellement, ou n'est-il qu'évoqué par cette destination (cette finalité) supérieure ? ■

Il faut manger pour vivre

Manger est une affaire de vie ou de mort. L'homme n'a pas en lui-même ce qui lui permettrait de vivre de manière totalement autonome. Pour subsister, il doit chercher sa « subsistance » en dehors de lui.

Mais quelle nourriture peut lui permettre d'exister vraiment ? D'être ce qu'il rêve d'être ? La Bible est pleine de cette recherche d'une nourriture plus forte que le vieillissement, d'un aliment qui brise les limites humaines.

Adam et Ève prennent le fruit d'immortalité et ce rapt les conduit à la mort : car l'homme ne se nourrit pas que de pain. Il a besoin de relations. Or, en prenant ce fruit, ils brisaient leur relation avec Dieu.

Le Peuple d'Israël, parti de la riche Égypte sur la Parole de Dieu, se retrouve dans le désert, et là s'aperçoit qu'il doit tout à Dieu. Il ramasse alors la manne, cette nourriture mystérieuse qui lui permet de subsister.

Le chrétien reçoit le pain de l'Eucharistie. Il sait que ce pain-là ne lui donnera aucun pouvoir surnaturel. Mais celui qui l'invite au repas, le Christ, signifie, à travers ce pain, l'amour avec lequel il donne sa vie. Ce pain est comme un message de Dieu qui signifie : si je t'invite à mon repas, c'est parce que je veux que tu vives de cette vie réelle qui seule peut te satisfaire. Et je t'en donne la force. ■

Le lien entre la messe et la Cène

Quelle est la signification de la messe ?
Quel est son contenu ?
Pour le dire, la réflexion doit se dérouler en trois temps.

1er temps
Une comparaison peut ici être éclairante. Le partage du monde entre zones d'influence des grandes puissances s'est effectué à Yalta, en février 1945. Depuis lors, le monde en subit les conséquences. Mais l'événement originel est à jamais disparu. L'origine du monde présent s'éloigne dans le passé, inaccessible.

Si la croix est comparable à Yalta, nous ne vivons que des conséquences de cet événement du passé. C'est dire alors que la croix n'est qu'un acte de l'histoire, dont il subit le cours : il s'éloigne dans le temps, n'est plus qu'une source dont les eaux vont se mélangeant. C'est dire également qu'il y a moins aujourd'hui qu'hier, sinon au prix d'un gros effort psychologique de commémoration, laquelle, d'ailleurs, reste soumise aux aléas des mentalités qui oublient ou enjolivent.

Or, au contraire, pour la pensée chrétienne, la croix est le centre du monde et de son histoire, le point de rencontre de Dieu et de l'humanité, leur mariage, scellé dans le sang du Christ (Ep 5, 25). Il ne saurait être question de répéter cet acte fondateur : il est unique. Mais comment comprendre sa permanence ?

2e temps
Il faut faire intervenir ici la notion biblique de *mémoire* qui est, il faut le dire, assez particulière.

L'homme est versatile et oublieux. Compter sur la mémoire, c'est se livrer à des enjolivures, à des mélanges, à des pertes que le temps aggrave. En réalité, c'est Dieu qui garde mémoire. Car il est le Fidèle. Pour une autre raison également : aucun événement historique ne saurait épuiser, quand il se produit, le don que Dieu fait de lui-même. L'Exode a bien eu lieu, le salut a été donné. Mais Dieu n'a pas fini de le déployer dans l'histoire : il a sauvé, il sauve, il sauvera. La mémoire de Dieu est contemporaine de chaque époque. La source du salut, inscrite dans la fidélité divine, est donc indépendante du temps et comme inaltérable, puisque Dieu « garde mémoire ». Faire le mémorial de l'Exode n'est pas simplement célébrer un anniversaire. En fêtant sa libération d'Égypte, Israël laisse la mémoire de Dieu pénétrer en lui et le façonner.

« Faites ceci en mémoire de moi » ; ainsi Jésus conclut-il la Cène (1 Co 11,25). Mais cette mémoire, ce « faire mémoire », ne sont pas l'apanage des disciples. Leur mémoire va leur être donnée par l'Esprit : « Il fera mémoire en vous de tout ce que je vous ai dit » (Jn 14,26). La mémoire de l'Église, c'est l'Esprit Saint lui-même, qui rend présents, ici et aujourd'hui, l'énergie avec laquelle Jésus s'est offert et l'acte par lequel il s'est offert. Au cours de chaque messe, avant chaque consécration, l'Esprit est invoqué pour qu'il intervienne en ce sens.

3e temps
A la Pentecôte, l'Esprit est répandu sur l'Église. Il peut, en elle, rendre actuelles la Croix et la Résurrection. Le sacrifice unique de Jésus devient ainsi notre contemporain permanent grâce aux *signes de l'alliance* qu'il a lui-même indiqués : le *pain* et le *vin*.

« Grâce aux signes » : il faut aller plus loin. Nous avons vu comment Jésus s'est personnellement identifié au pain et au vin de l'alliance. Ce pain et ce vin deviennent, dans l'Esprit, la réalité personnelle de l'alliance nouvelle et éternelle. En eux et par eux, *l'offrande du Christ* est non pas répétée, ni renouvelée, mais *rendue présente par la mémoire active de l'Esprit.* Il y a donc « autant » et non pas moins à la messe qu'à la Cène, à la croix et à la Résurrection. L'acte inépuisable d'hier agit identiquement aujourd'hui. Le corps ressuscité, qui se tenait là, toutes portes closes (Jn 20,19), advient jusqu'à nous par la transformation de ce pain et de ce vin en son Corps et en son Sang. Parmi toutes les manières d'en rendre compte, l'Église aime celle qu'elle appelle *transsubstantiation* (voir note).

Il est important de rappeler ici deux points fondamentaux.

1) L'eucharistie est un sacrement. Elle est dévoilement et don de l'alliance qu'est le Christ ; mais elle reste dans la logique des sacrements en étant perceptible par la foi. Sommet de la vie sacramentelle, elle permet au chrétien de s'unir à l'offrande du Christ, « par lui, avec lui et en lui », pour louer le Père dans l'unité du Saint-Esprit et marcher « lui-même dans la voie où lui, Jésus, a marché » (1 Jn, 2,6), jusqu'à livrer sa vie. C'est ainsi que l'Eucharistie édifie l'Église, corps ecclésial du Ressuscité, sacrement du Royaume à venir « afin que Dieu soit tout en tous » (1 Co 15,28).

2) L'Eucharistie est sacrifice et présence. Sacrifice rendu présent de manière sacramentelle (et non pas physique, matérielle), la messe unit l'Église à l'offrande du Fils. *La communion à cette présence est participation à la résurrection de Jésus.* Il n'y a donc aucune trace de « repas cannibale » comme le supposent certains critiques.

A vrai dire, cette nourriture qui vivifie l'homme (Jn 6,51), seul aliment qui donne la vie divine, est la Parole faite chair. Les deux parties principales de la liturgie, celle de la Parole et celle du Pain, se renvoient l'une à l'autre. La Parole s'accomplit dans l'offrande et l'offrande s'explicite par la Parole. A ceci près que l'offrande du Christ est la vérification ultime de la vérité et la crédibilité de sa Parole. En communiant, le fidèle reçoit la Parole vivante avec le dynamisme de son Verbe. Ainsi l'Eucharistie ne sera-t-elle jamais achevée tant que l'homme ne sera pas devenu lui-même Eucharistie, uni à jamais dans le Christ. ■

La Cène, de L. de Vinci. Musée de Louvre (XVIe s.)

Ph. Bulloz

Messe de saint Pie V ou de Paul VI ?

La minorité de catholiques hostiles aux réformes apportées par le concile Vatican II met en accusation le rite de la messe institué par Paul VI en application des décisions conciliaires. Pour elle, seul le rite institué par Pie V en 1570 est valable. Y a-t-il une « bonne » et une « mauvaise » messe ?

☞ A l'issue du concile de Trente (1545-1563) qui a permis à l'Église catholique de reprendre son souffle après le grand séisme provoqué par la Réforme protestante, les papes (Pie IV, Pie V, Grégoire XIII, Sixte-Quint) promeuvent tout un ensemble de réformes trop longtemps attendues. Parmi celles-ci s'inscrit en 1570 l'institution par Pie V (canonisé en 1712) d'un nouveau rite de la messe. C'est ce rite qui, sous réserve de modifications apportées par divers papes en 1604, en 1634, et encore en 1914, est resté en vigueur dans l'Église latine jusqu'au concile Vatican II (1962-1965).

☞ En 1963, le concile Vatican II adopte la constitution *Sacrosanctum Concilium* sur la liturgie, qui prescrit une révision du rituel de la messe pour mieux répondre aux besoins spirituels de notre époque et favoriser la participation du peuple à la célébration de l'Eucharistie ; c'est ainsi, notamment, que la Constitution autorise l'usage de la langue du pays à la place du latin (à noter, que dans les Églises orientales catholiques, les langues liturgiques étaient depuis longtemps diversifiées : grec, arabe, slavon, syriaque, copte...). En conséquence de quoi, le pape Paul VI prend un ensemble de décisions qui entrent en vigueur par étapes ; puis, en 1970, il promeut un nouveau missel. L'ensemble constitue ce qu'on appelle souvent la « messe de Paul VI », celle qui est célébrée aujourd'hui dans l'ensemble de l'Église latine, et à laquelle, parfois, on oppose la « messe de saint Pie V ».

☞ C'est qu'en effet les décisions du concile Vatican II ont rencontré au sein des milieux catholiques les plus traditionalistes une opposition qui s'est cristallisée autour de Mgr Marcel Lefebvre ; le nouveau rituel de la messe symbolise et manifeste ce qui est à leurs yeux l'abandon des données essentielles de la foi par le concile Vatican II. Dans quelques pays, et notamment en France, de petits groupes de catholiques se rassemblent donc pour continuer à célébrer la messe en latin selon l'ancien rite de Pie V, de 1570. A noter que le nouveau rituel de Paul VI prévoit la possibilité de célébration en latin, mais selon le missel de 1962 et non celui de 1570. En tout état de cause, et quoi qu'en pensent ceux qui rejettent la messe de Paul VI, ce qui fait l'essence même de la messe (et qui remonte aux tout premiers temps de l'Église) se retrouve aussi bien dans un rite que dans l'autre, ainsi d'ailleurs que dans les divers rites en vigueur dans les Églises orientales. La seule question qui se pose est d'ordre pastoral. Quelle est la meilleure manière de favoriser la participation des fidèles à la célébration eucharistique ?

☞ Soucieux de favoriser l'unité des catholiques, et plus encore sur le point central de ce qui devrait assurer leur « communion », le pape Jean-Paul II a décidé de faire un geste de bonne volonté et d'ouverture à l'égard des catholiques éprouvant des difficultés à se situer dans l'Église post-conciliaire. A son initiative, la Congrégation pour le Culte divin (qui est en quelque sorte, au Vatican, le ministère de la liturgie) a donné aux évêques, par lettre circulaire du 3 octobre 1984, la possibilité d'autoriser dans leur diocèse la célébration de la messe selon le rite de saint Pie V, sous cinq conditions :

1. Reconnaissance de la légitimité et de la rectitude du missel promulgué en 1970 par Paul VI.
2. Célébration dans les lieux de culte désignés à cet effet par l'évêque (mais non les églises paroissiales, sauf cas extraordinaire) et selon les conditions précisées par lui.
3. Célébration selon le missel 1962, et en latin.
4. Pas de mélange entre les rites et les textes des deux missels.
5. Comptes rendus à Rome, par les évêques, des permissions accordées et des résultats obtenus.

☞ Cette disposition a été prise après une enquête effectuée en 1980 par Rome auprès des évêques sur l'accueil de la réforme de Paul VI par clergé et fidèles ; le résultat en avait été très majoritairement en faveur du nouveau rite et hostile à une autorisation de l'ancien ; le Saint-Siège a toutefois voulu tenir compte du fait que le problème subsistait en certains lieux. C'était évidemment le cas en France, où l'opposition de Mgr Lefebvre se faisait sentir dans des cercles restreints mais actifs. Depuis lors, les évêques français ont autorisé en divers lieux de culte, sous les conditions fixées par le Saint-Siège, la pratique du rite de Pie V, dit également « rite tridentin » (en référence au concile de Trente qui avait inspiré la réforme de Pie V en 1570). Malgré les dispositions libérales de Jean-Paul II, diverses communautés qui avaient suivi Mgr Lefebvre jusques et y compris dans sa rupture avec Rome sont restées sur leurs positions. ■

Avec quel vin peut-on célébrer la messe ?

La seule règle est de célébrer la messe avec du vin « naturel ». En France, l'habitude est de célébrer la messe avec du vin blanc (qui tache moins). Dans beaucoup de pays non viticoles, on célèbre la messe avec des vins naturels un peu alcoolisés, comme le porto, qui se conservent mieux. ■

La naissance de l'Eucharistie

La Cène et la croix

Arrivé à la fin de son histoire terrestre, Jésus, qui a mangé avec tout le monde, sans exclusive, invite ses seuls disciples à partager la Pâque avec lui au cours d'un repas que la tradition appelle *la Cène*. Si les évangiles ne parlent pas de l'agneau de ce repas, le Nouveau Testament (Jn, 1 Co, 1 P, Ap, etc.) abonde en textes évoquant Jésus comme le véritable agneau pascal dont le sang sauve l'humanité et parlant de son retour à son Père comme d'un exode, d'un passage, d'une Pâque.

Il n'est possible de disjoindre le repas pascal des Hébreux avant leur sortie d'Égypte ni de leur Exode à travers la mer Rouge ni de leur entrée en Terre Promise. C'est le même acte sauveur de Dieu qui suscite son peuple. Il n'est pas davantage possible de séparer la Cène, la croix et la résurrection de Jésus. C'est un même acte, définitif, accompli une fois pour toutes en Jésus.

Le contexte de la Cène est celui d'un repas, quasi liturgique, tels que ceux pris par les confréries religieuses juives. On y faisait mémoire (voir ci-dessous) de l'Exode, on y célébrait la présence active de Dieu en son peuple, on attendait le Royaume. Ces repas étaient un authentique culte rendu à domicile. Plusieurs coupes de vin, dont une à la fin du repas, commémoraient la victoire de l'Exode et le don de l'Alliance. On priait également pour le peuple de Dieu, en espérant sa pleine restauration.

Les trois parties : *louange* pour le passé (anamnèse), *prière*, et *espérance* sont le cadre primitif que reprendront les prières eucharistiques des chrétiens. Car Jésus place la Cène dans le cadre liturgique du repas. Quand le maître de maison bénissait le pain, Jésus se donne : « Ceci est mon corps ». Quand le maître de maison célébrait l'Exode et l'Alliance, Jésus se livre : « Ceci est mon sang, le sang de la Nouvelle Alliance » (Voir rituel pascal juif p. 962).

Au sens très fort, Jésus s'incorpore l'histoire de l'Alliance. Il est ce qu'il dit : Dieu communiquant sa Parole vivante aux hommes. Parce que Jésus est personnellement ce qu'expriment ses paroles (qui sont celles du Père), le verbe « être » revêt dans les phrases « Ceci est mon sang » un sens tout à fait fondamental et existentiel. Toute la tradition chrétienne, à commencer par saint Paul, l'a ainsi compris (1 Co 11,17-29).

La croix est la Cène en acte. Jésus fait ce qu'il dit : il s'offre, il se livre. Son corps est donné, son sang est versé. Jésus se donne « jusqu'au bout » (Jn 13,1). Or le « jusqu'au bout » du Christ ne s'arrête pas aux seules limites humaines dont la mort représente la butée finale. Jésus va jusqu'au Père qui l'a envoyé. Le « jusqu'au bout » du Christ atteint Dieu dont il est le Fils (Mc 15,39). C'est à son Père qu'il remet son esprit : sa vie tout entière (Lc 23,46). La croix forme ainsi un lien entre Dieu et les hommes : Jésus est médiateur en sa personne offerte.

Jésus est prêtre parce qu'il s'offre au Père. Il est victime, car il se livre lui-même par amour ; il est l'autel, parce que c'est en lui-même, dans sa propre personne, que se trouve le lieu de l'offrande. Depuis vingt siècles, la tradition chrétienne se nourrit de ces réalités qui fondent la foi. Prêtre, victime et autel : Jésus est à lui seul le *sacrifice* parfait. En lui culminent les sacrifices de l'Ancien Testament.

On a beaucoup discuté autour de ce mot de sacrifice. Il reçoit des critiques de deux côtés. D'un côté, on fait remarquer que le sacri- ▶

▶

fice est sanglant mais comment concilier le sang de l'innocent avec un Dieu amour ? D'un autre côté, on fait valoir que tout sacrifice est offrande de quelque chose et non pas, ce serait horrible, de quelqu'un. Dieu refuse qu'Abraham immole son fils Isaac. Le mot sacrifice en dirait donc trop à cause du sang versé, ou pas assez eu égard à la qualité de la victime assassinée.

Il faut reconnaître que la croix est un sacrifice unique en son genre. Cela étant, ce n'est pas seulement le sang versé qui fait le sacrifice en tant qu'union à Dieu, mais bien l'amour avec lequel il est versé (Mt 9,13 citant Osée 6,6). Or Jésus affirme qu'il livre sa vie par amour (Jn 15,13). Comme un grain de blé jeté en terre (Jn 12,24), le sang versé est source de vie, car la volonté du Père est la vie éternelle (Jn 12,50). Si les premiers chrétiens se sont méfiés des contagions possibles par le vocabulaire des religions païennes, ils n'ont cependant pas rejeté, dans les écrits apostoliques, les expressions sacrificielles (par exemple, Jn 19,36-37).

La Résurrection a été comprise comme l'acceptation par Dieu du sacrifice de son fils. Acceptation désignée du mot d'*exaltation* (Ac 2,33 ; Ph 2,9) : ainsi est signifié et révélé l'accord profond du Père et du Fils. En cet accord se dévoile l'*Esprit*. Toute la vie de Jésus se déroule sous la mouvance de l'Esprit. Saint Jean fait clairement entendre ceci : l'Esprit sera répandu sur les hommes au moment où Jésus s'offrira et s'unira visiblement à son Père par le don de sa vie (comparer Jn 7,39 et 19,34). Mort et Résurrection constituent un seul et même acte accompli dans l'Esprit. A l'origine du sacrifice, se tient l'Esprit d'amour qui unit le Père et son Fils envoyé chez les hommes. ■

« Cette nourriture s'appelle chez nous Eucharistie. Ne peut y avoir part que celui qui croit que ce que nous enseignons est la vérité, qui a été lavé par le bain du pardon des péchés et par la nouvelle naissance, et qui vit selon les préceptes du Christ. Nous ne prenons pas cela comme du pain ou une boisson ordinaires, mais de même que notre Seigneur Jésus-Christ incarné eut, par l'action du logos divin, de la chair et du sang pour notre salut, de même nous avons appris que la nourriture, sur laquelle l'Eucharistie a été prononcée suivant une formule de prière qui vient de lui et dont notre chair et notre sang se nourrissent, est la chair de ce Jésus incarné (...) Les Apôtres dans leurs Mémoires que l'on appelle Évangiles, nous ont ainsi transmis ce qui leur avait été commandé : Jésus ayant pris du pain et ayant rendu grâces dit : « Faites ceci en mémoire de moi. Ceci est mon corps ». De même, ayant pris la coupe, et ayant rendu grâces, il dit : « Ceci est mon sang ». »

JUSTIN († 135)

Pain et vin ont une histoire

Le Moyen Orient est une région où l'on cultive le blé depuis le VIIe millénaire et la vigne depuis le IIIe. Les divinités des différents peuples de cette contrée étaient sensées se nourrir d'un « fruit d'immortalité » ; les animaux broutent l'herbe qu'ils trouvent ; l'homme, lui, cultive les céréales et la vigne. Le pain et le vin sont le résultat conjugué d'une culture, au sens de travailler la terre, et d'une technique, pour passer des grains de blé au pain, des grappes de raisin au vin. La place de l'homme, avec sa civilisation, est ainsi marquée par le pain et le vin. Il n'est donc pas étonnant de rencontrer ces aliments, dans les religions du Moyen Orient, comme symboles du rapport de l'homme à la terre et de ses liens avec les puissances célestes vivifiantes.

Le signe du pain

Dans la Bible, on voit le pain jouer un rôle très particulier dans les relations entre l'homme et Dieu. Sa signification ira d'ailleurs en s'enrichissant constamment. Au départ, deux fêtes différentes chez les Hébreux.

• *La fête du printemps des nomades :* le pain sans levain (donc « neuf » parce que fait sans le ferment obtenu à partir de vieux pain) est consommé à la pleine lune de printemps, pour célébrer l'agnelage et les nouvelles pâtures. Après la sortie d'Égypte, cette fête rappelle la libération du peuple d'Israël. Elle est célébrée le 14 Nisan (début avril). Accompagnée du sacrifice de l'agneau, elle s'appelle la *Pâque*.

• *La fête du printemps des sédentaires :* avec le premier coup de faucille est célébrée l'offrande de la première gerbe. Pendant sept jours, on mange du pain « neuf » donc sans levain (du pain azyme). Cinquante jours plus tard avait lieu la fête de la moisson qui deviendra la Pentecôte.

• *Les deux fêtes* vont se mêler : avec la sédentarisation d'Israël, la fête du pain azyme se conjuguera avec celle des nomades. Toute fête exige de monter au Temple de Jérusalem. La fête des Azymes (sédentaire) draine la célébration vers Jérusalem. La Pâque donne la référence à l'Exode. La jonction est définitive en 622 av. J.-C. La Pâque est fêtée le 14 Nisan et le 15 commencera la fête des Azymes : c'est la situation qu'a connue le Christ.

Le pain va se charger de quatre autres significations :

1. *La manne :* pain du désert qui est à la fois merveilleux, parce que donné par Dieu, et pain de misère, parce que reçu hors de la Terre promise. Israël attendait du Messie une manne nouvelle dont parle Jésus en Jean 6,33-50.
2. *Les pains de proposition* (Lv 24,5-9), ainsi nommés parce qu'ils étaient posés, chaque semaine, dans le Temple, sous le regard de Dieu. Ils sont un *mémorial*, une *permanence*, qui rappelle l'*alliance* entre Dieu et les siens.
3. *La vraie nourriture* de l'homme n'est pas que matérielle. Elle est aussi parole de vie, donc Parole de Dieu : « L'homme ne vit pas seulement de pain, mais de toute parole qui sort de la bouche de Dieu » (Dt 8,3 ; Sg 16,26).
4. *Le banquet de Dieu :* Israël envisage alors un repas avec Dieu où le peuple de l'alliance reçoit la « Sagesse », c'est-à-dire la vie qui permet de se conduire selon l'amour de Dieu. La Sagesse divine donne aux hommes un pain qui rend sensé (Pr 9,5). Certaines paraboles de l'Évangile parlent de ce banquet.

Jésus recueille toute cette histoire, avec sa richesse symbolique : il est lui, personnellement, la Parole de Dieu, l'alliance entre Dieu et un peuple. On peut dire qu'il fait sienne, qu'il s'approprie cette histoire qui culmine en lui. Quand il affirme : « Je suis le Pain vivant, descendu du ciel » (Jn 6,51), il se donne lui-même, comme nourriture pour le monde.

Le signe du vin

Israël se compare à la vigne, le bien le plus précieux d'une terre (Is 5,1-2). Mais cette vigne ne produit que du verjus. Il faut attendre la vigne véritable qui est Jésus (Jn 15,1) pour recueillir du fruit. Car le vin possède une grande portée cultuelle.

1. *Il est signe d'allégresse et d'abondance :* breuvage des noces et des réjouissances (cf. les noces de Cana, Jn 2,1-12).
2. *Il est employé dans le culte* (Si 50,15). Israël refuse l'ivresse qui aliène l'homme, mais accepte d'offrir le vin, signe de l'abondance donnée par Dieu. Ainsi le vin se charge d'une espérance : il rappelle la joie de l'Exode et appelle la venue du règne bénéfique de Dieu (Cf. Lc 22,15-18). Jésus rend ce règne présent.
3. *Le vin rappelle le sang humain,* par sa couleur : il est signe de violence et de vengeance (Is 63,3-4). Par là, il crée un besoin de justice et de paix que Jésus donnera au monde.
4. *Finalement le vin est un signe messianique :* il résume en lui l'espérance de justice, d'abondance et de joie qu'Israël attendait de la part de l'Envoyé de Dieu. En donnant son sang, Jésus est source d'un monde nouveau.

Là encore, Jésus récapitule en lui-même l'espérance d'Israël. Il est lui-même ce que signifie le vin, car il inaugure personnellement la présence du Règne de Dieu parmi les hommes. Un monde nouveau commence en lui. ■

Ph. Held-Artephot

Rembrandt, les pèlerins d'Emmaüs. (1628) Musée du Louvre.

▶▶▶ *Suite de la page 958*

IV. Le sacrement de réconciliation est célébration du pardon. Demander pardon, c'est se reconnaître faible devant l'autre. C'est reconnaître à l'autre un droit sur vous. Par contre, accorder son pardon est aussi donner un droit à l'autre. Trahir son pardon est humainement aussi grave qu'offenser quelqu'un. Mais la confession de ses péchés n'est pas simplement la « consécration » d'une mise à égalité de l'offenseur et de l'offensé par le pardon mutuel, elle est « confession » (dans le sens « je reconnais », « je déclare ») que Dieu aime malgré les torts, et qu'il veut sauver, donner le bonheur, même à celui qui peut s'en croire indigne. Le sacrement de Réconciliation est pardon de Dieu : il réactualise l'Alliance quand celle-ci a été mise en cause par l'attitude du partenaire humain. Sa célébration est célébration de la vie plus forte que l'échec.
V. Le mariage peut être pris comme la clef de compréhension de tous les sacrements ; ce n'est pas le plus important des sacrements, mais il permet de comprendre ce qu'est un sacrement ; car il rappelle l'Alliance qui est au cœur de l'histoire d'amour entre Dieu et les hommes. Cette Alliance, symbolisée par le mariage humain, en dépasse largement le cadre, forcément limité à deux personnes. C'est l'Église qui est le véritable signe que Dieu a « épousé » l'humanité. Chaque mariage est comme la réactualisation de ces noces éternelles. Il a donc une dimension universelle. Acte de l'homme, signe concret de l'amour de Dieu pour l'homme, actualisation de l'Alliance avec l'Église, nous avons là ce qui est au cœur de l'ordre sacramentel.
VI. Le sacrement de l'onction des malades a longtemps été appelé sacrement de l'Extrême onction, et réservé aux mourants. Aujourd'hui, conformément à la tradition la plus ancienne, le sacrement que l'on donne aux mourants, c'est l'eucharistie, que l'on dit être reçue alors en *viatique*, en pain de route... L'onction est, quant à elle, réservée aux malades qui, dans les souffrances et les difficultés, doivent lutter pour rester fidèles à l'Alliance et ne pas être entièrement tournés sur eux-mêmes. Ce sacrement célèbre, en quelque sorte, l'amitié efficace de Dieu pour quelqu'un qui pourrait être tenté d'en douter. Et comme tout sacrement, il transforme la personne qui le reçoit dans la foi.
VII. Le sacrement de l'ordre est le sacrement que reçoivent l'évêque, ainsi que les prêtres et les diacres, qui sont les coopérateurs de l'évêque. L'Église n'est pas propriétaire des sacrements, mais leur servante. Le *ministre*, le mot latin l'indique (*minister*, celui qui sert), est celui qui rend aux autres le service de leur communiquer le don de Dieu. Jésus est donc le seul Ministre, le Serviteur du Père. Il l'affirme en lavant les pieds de ses apôtres.

Si l'Église était maîtresse des sacrements, chaque membre de l'Église pourrait les donner. En donnant les sacrements, l'Église doit donc agir de manière à rappeler sans cesse qu'elle les reçoit du Christ. Le ministre du sacrement doit renvoyer à l'Église, à son origine, qui n'est pas en elle-même mais dans le Ressuscité. C'est pourquoi le ministre du sacrement doit lui-même symboliser l'origine de l'Église, rendre visible cette origine. L'Église reconnaît le symbole de son origine en celui qui a reçu le sacerdoce. Si l'Église transmet le sacerdoce, elle n'est pas la source de ce sacrement. En ce sens, le prêtre est d'abord un « homme-symbole » : ce qu'il est devenu par l'ordination renvoie au Christ, il est ordonné au Christ.

Jésus, témoin du pardon de Dieu

Je sais qu'on peut désespérer de soi-même, mais comment peut-on désespérer de Dieu ? Il me suffit d'accompagner Jésus dans l'Évangile — celui qui a été écrit il y a deux mille ans sur les routes de Palestine et celui qui s'écrit tous les jours dans la vie des croyants que je connais — pour découvrir le Dieu de la tendresse et du pardon. Il n'y a pas de situation sans issue. Jacques Fesch, assassin, disait quelques jours avant d'être guillotiné le 1er octobre 1957 : « Puisse le Seigneur me faire comprendre un peu plus profondément la grandeur de son amour. J'aimerais surtout pouvoir apprécier plus complètement que ce qui se passe n'est que miséricorde et que, si je suis rejeté et banni par les hommes, c'est parce que le Seigneur veut me donner le plus grand des biens : la gloire dans le Christ ressuscité[1]. »

Le monde est cassé. Nos vies sont lourdes de tout le poids de nos indifférences et de nos égoïsmes. Mais je crois — comme l'exprime le verrier de Chartres dans son vitrail de la création — que Dieu et l'homme ont le même visage et que, depuis que le Christ est venu dans le monde, le Père ne nous voit que sous les traits de son Fils. Peuple de Dieu, nous sommes à jamais conformés au Christ, et, reprenant l'image souvent utilisée par les prophètes, un peu comme ces époux qu'une vieille habitude de vie commune finit par faire se ressembler. Le couple a pu connaître des tensions, des heures de lassitude, des moments de découragement ou tout simplement le temps de la banalité et de l'indifférence, cela ne les a pas empêchés de se modeler dans une ressemblance qui n'exclut pas la différence. Dieu en Jésus-Christ s'est fait homme. Il veut faire de nous des « dieux ». Nous sommes « à son image et à sa ressemblance ».

Jésus a la passion du pardon. Il ne peut rencontrer quelqu'un, fût-ce le plus endurci des pécheurs, sans l'aimer et l'appeler à la conversion. « Jésus le regarda et l'aima. Il lui dit : « Va, vends ce que tu possèdes... Puis, viens et suis-moi... » (Mc 10,21).

Des évêques disent la foi de l'Église.
Bernard Panafieu,
archevêque d'Aix-en-Provence.
(Cerf 1978)

(1) Jacques Fesch. *Lumière sur l'échafaud* (Éd. Ouvrières)

LE SACREMENT DE PÉNITENCE ET DE RÉCONCILIATION

Un peu d'histoire

Le repentir possible

Les prophètes de l'Ancien Testament avaient insisté sur la possibilité pour un pécheur de se repentir et de revenir dans le droit chemin (Ez 18,21). Si Dieu ne punit pas immédiatement le fautif, c'est qu'il tient à lui laisser un temps de conversion (Sg 12,2). Jésus se place dans cette ligne. En pardonnant à la femme adultère, condamnée à mort par une loi qui ne sait pardonner (Jn 8,11), le Christ refuse d'identifier le coupable à sa faute. Un espoir reste possible : le Fils de l'Homme redonne l'espérance, il a le pouvoir de pardonner sur terre les péchés (Mc 2,10).

Le Christ pardonne ; sa mort est une mort au péché : il a été « livré pour nos fautes et ressuscité pour notre justification » (Rm 4,25). Mais qu'en est-il après l'Ascension, après le baptême qui assimile à la mort et à la résurrection de Jésus ? Existe-t-il encore un remède au péché ?

Avant l'an 70, l'auteur de l'*Épître aux Hébreux*, dans un passage très sévère, met fermement en garde contre l'apostasie : « Si nous péchons volontairement après avoir reçu la connaissance de la vérité, il ne reste plus de sacrifice pour les péchés » (He 10,26). Il vise ici celui qui rejette la foi au Christ : l'unique sacrifice de Jésus ne saurait être encore répété.

Un peu plus tard, saint Jean reprend cette question : « Si nous nous prétendons sans péché, nous nous trompons nous-mêmes et la vérité n'est pas en nous. Si nous confessons nos péchés, il (Dieu) est fidèle et juste : il nous remettra ces péchés et nous purifiera de toute iniquité » (1 Jn 1,8-9). Comment cela est-il possible ? « Si quelqu'un vient à pécher, nous avons auprès du Père un défenseur, Jésus-Christ le Juste » (1 Jn 2,1). Le pardon est possible parce que l'unique sacrifice du Christ plaide éternellement en notre faveur. La source du pardon est unique pour le monde entier (1 Jn 2,2) : elle s'écoule dès qu'un homme en a besoin.

La pénitence des pécheurs

Dès ses débuts, consciente de cette réalité d'un pardon accordé par le Christ, l'Église se met immédiatement à le dispenser sans jamais renouveler l'unique baptême. Elle commence par se préoccuper des fautes graves et publiques, celles qui font retomber un chrétien dans la manière païenne de vivre : celui qui rejette la foi lors des persécutions, celui qui recommence à vivre en païen par l'adultère, par l'homicide...

Dans un premier temps, elle constate que cet homme ne se comporte pas en chrétien. Il s'est exclu de la communauté. Il est excommunié, privé de la communion. Mais il reste un baptisé. Se constitue alors un groupe, celui des *pénitents* : ceux qui expient leur faute. Autour de la communauté chrétienne, se trouvent deux groupes distincts : les catéchumènes qui se préparent au baptême, et les pénitents, exclus de la communion, qui attendent leur réintégration.

La question pratique est de savoir quand les réintégrer à la communauté, très particulièrement quand un pénitent se trouve à l'article de la mort. On ne peut pas le laisser quitter cette terre sans lui manifester, s'il le désire, la miséricorde de Dieu.

La réintégration des pénitents, par leur réadmission à l'eucharistie, s'accompagne d'un geste qui est le plus souvent l'imposition des mains. Mais cette réconciliation va rencontrer des critiques et des refus très graves, en particulier à l'égard d'anciens apostats, de la part de groupes de chrétiens ayant souffert pour la foi. Il faudra la détermination du pape pour faire admettre la généralisation de la réconciliation des pénitents, après un temps plus ou moins long de probation. Cette réconciliation demeure cependant accordée une seule fois dans la vie.

La confession privée

Puisque la réconciliation n'est donnée qu'une fois, des pécheurs de plus en plus nombreux attendent leur lit de mort pour la recevoir, s'écartant ainsi pendant de longues années de la vie normale d'un membre de l'Église. Il fallait absolument trouver une autre manière de manifester la miséricorde de Dieu.

A partir du VIe siècle, sous l'influence des moines irlandais et anglo-saxons, un effort d'objectivité et une volonté de rendre plus accessible le sacrement de pénitence se font progressivement jour : apparition de recueils, les *pénitentiels,* fixant les pénitences correspondant à la diversité des fautes, admission du recours au sacrement chaque fois qu'il est désiré (abandon de la « non-réitération »).

A partir du XIIe siècle, on s'avise que l'aveu de ses péchés est déjà un acte d'humilité, une reconnaissance pénible de son état de pécheur. La confession privée — seul à seul avec un prêtre — de tous ses péchés et de leurs circonstances est déjà un acte de pénitence. Il suffit de le compléter, après le pardon, par une pénitence adaptée que le prêtre indiquera. Ainsi a pris forme le sacrement de la pénitence.

La réconciliation

Sur le fond, rien n'a changé *dans la pratique actuelle.* On s'est simplement rendu compte de deux difficultés de la pratique traditionnelle. D'une part, l'aveu, qui coûte sur le plan de la psychologie, risque d'apparaître comme le plus important, au point que certains vont confier leur faute en dehors de toute démarche sacramentelle, dans un souci de soulagement psychologique. Mais surtout la dimension ecclésiale, la réconciliation avec l'Église, manifestée notamment par la communion eucharistique, s'était un peu estompée. D'où l'accent porté sur deux efforts :

- dépasser le simple plan psychologique, afin de se placer face à l'Écriture, qui témoigne du pardon du Christ : c'est dans cette lumière que le péché est véritablement démasqué ;
- retrouver des formes liturgiques qui redonnent valeur à la dimension communautaire.

Ces accentuations renouent avec l'origine du sacrement, dont le titre complet est le « sacrement de pénitence et de réconciliation ». ■

Qu'est-ce que le péché ? p. 712-713

Qu'est-ce que le pardon ? p. 713-714

Qu'est-ce que la grâce ? p. 699-701

IVe CONCILE DU LATRAN. CANON 21 (1215)

21. De la confession, du secret de confession, de l'obligation de la communion pascale. *Tout fidèle de l'un ou l'autre sexe parvenu à l'âge de discrétion doit lui-même confesser loyalement tous ses péchés au moins une fois l'an à son curé, accomplir avec soin, dans la mesure de ses moyens, la pénitence à lui imposée, recevoir avec respect, pour le moins à Pâques, le sacrement de l'Eucharistie, sauf si, du conseil de son curé, pour raison valable, il juge devoir s'en abstenir temporairement. Sinon, qu'il soit interdit ab ingressu ecclesiae de son vivant, et privé de la sépulture chrétienne après sa mort. Ce décret salutaire sera fréquemment publié dans les églises, de sorte que nul ne puisse couvrir son aveuglement du voile de l'ignorance. Quiconque désire pour des raisons légitimes confesser ses péchés à un autre prêtre doit auparavant en solliciter et obtenir l'autorisation de son curé : autrement, ce prêtre ne peut valablement l'absoudre ou le lier. Le prêtre, quant à lui, doit agir avec discernement et prudence, pour savoir, tel un médecin expérimenté, « verser le vin et l'huile » (Lc 10,34) sur les plaies du blessé, s'enquérir avec soin de la situation du pécheur et des circonstances du péché, pour discerner en toute prudence le conseil opportun et appliquer le remède approprié, divers étant les moyens susceptibles de guérir le malade. Qu'il prenne garde de trahir en quoi que ce soit le pécheur, par une parole, par un signe, ou de toute autre façon. S'il a besoin d'un conseil éclairé, qu'il le sollicite prudemment sans dévoiler la personne : quiconque révèle le péché dénoncé au tribunal de la pénitence, nous statuons qu'il doit être non seulement déposé du ministère sacerdotal, mais voué à l'état de pénitent, à perpétuité, dans un monastère de stricte observance.*

ATTRITION

Ce terme théologique ancien et rarement employé aujourd'hui désignait à l'origine un repentir — c'est-à-dire un regret d'avoir offensé Dieu — imparfait, en quelque sorte un effort encore insuffisant pour atteindre le parfait repentir appelé *contrition* ; par la suite, il signifia un vrai repentir, fondé sur des motifs d'ordre psychologique et moral (ainsi la crainte des conséquences du péché) mais pas encore sur l'amour, qui répudie le péché en tant que tel, c'est-à-dire comme ingratitude à l'égard du Dieu qui aime les hommes.

Intéressant pour suggérer qu'il y a des étapes — et donc des formes imparfaites — sur le chemin du repentir, du retournement du cœur de l'homme vers Dieu, ce terme ne doit pas faire oublier que le repentir véritable, en toutes ses étapes et sous toutes ses formes, est d'abord le retentissement dans le cœur de l'homme de l'offre du pardon gratuit de Dieu : c'est une réponse de l'homme à un don d'amour et de pardon qui le précède et précisément suscite cette réponse. ■

Le retour de l'enfant prodigue, gravure de Rambrandt (1636).

Qu'est-ce que ?

Confession générale. A l'occasion de grandes étapes ou de circonstances importantes de leur vie, l'Église conseille volontiers à ses membres de se mettre en présence de Dieu par une confession qu'on appelle « générale » : elle porte en effet sur tout ce que le chrétien peut ressaisir d'essentiel dans le cours de son existence et non pas sur la seule période écoulée depuis sa dernière confession. Ainsi font certains, par exemple au moment de leur mariage, de leur entrée dans la vie religieuse, à l'occasion d'un changement important dans la vie familiale ou professionnelle, d'une grave décision à prendre, et bien sûr, à l'approche de la mort.

Confessionnal. Meuble d'église plus ou moins important dont l'origine remonte au XVIe siècle, et qui est conçu pour assurer secret et discrétion aux confessions. Le pénitent s'y tient à genoux, le prêtre y est assis ; ils sont séparés l'un de l'autre par une cloison comportant une ouverture munie de treillage *(craticulum)*. Beaucoup de confessions se déroulent aujourd'hui sans recourir au confessionnal.

Indulgence plénière. Remise entière de la peine temporelle due au péché ; la remise de la peine n'est pas la remise du péché, celle-ci étant le fruit du sacrement de la Réconciliation.
(Voir Indulgences)

CONFESSEUR

Comme le mot *confesser* dont il dérive, le mot *confesseur* a deux sens.
1. Le sens le plus ancien s'applique au chrétien proclamant sa foi au péril de sa vie : c'est un « confesseur de la foi » ; il se distingue du martyr, effectivement mis à mort à cause de sa foi. Beaucoup de *confesseurs* figurent dans le « cycle sanctoral » de la liturgie.
2. Le sens le plus courant aujourd'hui s'applique au ministre du sacrement de pénitence et de réconciliation.

Le prêtre peut-il refuser l'absolution ?
En certains cas, oui. Quand il s'aperçoit que manifestement la confession n'est pas sincère, quand le pénitent refuse obstinément de changer d'un mode de vie qui le conduit habituellement au péché, ou de réparer, s'il le peut, un tort commis. ■

L'AVEU DES PÉCHÉS

Au cours de l'histoire, l'aveu des péchés a eu cinq fonctions différentes :
• Il a, très tôt, été une manière de demander pardon.
• Pour les Pères du désert, exprimer le mal qui est en soi est une manière de l'expulser *(catharsis)*.
• Pour les Pères du désert, exprimer le mal qui est en soi permet à votre maître spirituel de vous aider (pédagogie).
• A partir du XIIe siècle, l'aveu a souvent été considéré, parce qu'il est pénible, comme la punition même du péché.
• Au XIIIe siècle, l'aveu au curé permettait, à ce dernier, de contrôler la vie spirituelle de sa paroisse.

L'aveu est indispensable à la confession, puisqu'il implique de reconnaître comme sien le péché accusé et, en même temps, de se distinguer de ce péché. En avouant, je montre que je ne veux pas être identifié à cette action.
Cet aveu doit être précis, énoncer les circonstances qui peuvent modifier la gravité de l'acte. Les péchés graves sont accusés un par un. Le prêtre qui confesse aide le pénitent à discerner ses fautes.
On sait très bien qu'un aveu peut engendrer la complaisance, le scrupule, et que certaines personnes n'arrivent pas à dire ce qu'elles voudraient confier. Plus qu'à cultiver un raffinement psychologique, le chrétien cherche en quoi il a pu faire offense à Dieu, et à se situer dans la foi face à lui. D'ailleurs, il se peut qu'au lieu de tel ou tel acte précis, ce soit d'un état général de tiédeur, de révolte dont il ait à s'accuser.
Au lieu de fixer l'aveu sur le soulagement ressenti par rapport à soi-même, le chrétien s'efforce de le placer face à la miséricorde du Père. ■

LE CATHOLIQUE EST-IL OBLIGÉ DE SE CONFESSER ?

Chaque fidèle ayant atteint l'âge de raison a l'obligation de confesser ses péchés graves et en tout cas de se confesser fidèlement au moins une fois par an (Can. 989). ■

La Réconciliation dans le Christ

Être réconcilié

Spontanément chacun raisonne de la manière suivante : je m'entends avec quelqu'un, je me fâche avec lui, je me réconcilie. Cette conception ne sort pas de la psychologie du sujet qui *se* fâche et *se* réconcilie. Le sujet est ainsi posé comme l'origine et le moteur de ce mouvement.

Tout autre est la pensée de saint Paul : « Dieu, dans le Christ, se réconciliait le monde (...) Laissez-vous réconcilier avec Dieu » (2 Co 5, 19-20). La réconciliation suppose un médiateur, un réconciliateur. En effet, aucun homme ne peut prétendre se réconcilier seul avec Dieu s'il ignore quel lien l'unit à Dieu, et s'il méconnaît l'attitude de Dieu envers lui. Dans le Christ, apparaît le véritable visage de Dieu. Il fait le lien entre Dieu et l'humanité. Il est donc le réconciliateur.

Le Réconciliateur

Un poète du IVe siècle, saint Ephrem de Syrie, utilise une comparaison. Il compare le Christ à un plongeur de perles qui va, au fond de la mer, chercher les huîtres précieuses. Ainsi, dit-il, au fond du gouffre qui est en chacun, le Christ est descendu, par une véritable descente aux enfers, pour y chercher l'image du Père qui existe en chaque homme, mais que le péché a souillée, enfouie, noyée. Le Christ fait remonter l'homme des abîmes. Il va le chercher en plongeant dans la mort, il le ressuscite en restaurant son image première, d'avant le péché.

Saint Paul écrivait aux Romains : « Preuve remarquable de l'amour de Dieu à notre égard, c'est quand nous étions encore pécheurs que le Christ est mort pour nous. » (Rm 5,8) Ainsi le pardon passe-t-il par le Christ, et par lui seul. C'est au nom du Christ qu'est donné le pardon.

La parole qui pardonne

Chacun connaît la parabole du fils perdu et retrouvé (Lc 15, 11-32) ; le fils cadet part et dissipe son héritage. Affamé, il revient vers son père. Or celui-ci l'accueille à bras ouverts. Il se conduit en père authentique. Il n'a rien d'autre à dire à ce fils repentant que « tu es toujours mon fils ». Non pas qu'il ignore ce que son fils a fait, non pas qu'il n'en tienne nul compte ; mais par-dessus tout cela, au-delà de la fuite, de la perversité, cet homme blessé qui revient reste fondamentalement son fils.

Pardonner, c'est *donner par-delà* le mal accompli ; c'est rappeler et remettre en premier la condition de fils. Cette parole « tu es toujours mon fils » est précisément la parole que personne ne peut se dire à soi-même. Il doit la recevoir, l'entendre d'un autre. Telle est bien la parole qu'au nom de Dieu le prêtre dit à celui qui vient se confesser. C'est pourquoi le sacrement de réconciliation exige la présence d'un prêtre : en signe que l'Église reçoit sans cesse du Père la parole miséricordieuse qui fait des fidèles des fils dans le Christ.

Les diverses liturgies

Le sacrement n'est pas le seul acte liturgique de pénitence. Il existe des célébrations pour demander pardon, la remise des cendres, par exemple ; de même, la messe commence par une liturgie pénitentielle. Prières de pénitence, publiques ou privées, jalonnent l'histoire biblique et celle de l'Église.

Quant au sacrement de pénitence et de réconciliation proprement dit, il connaît *quatre formes de célébration* ; toutes comportent la lecture d'un passage de l'Écriture, sauf la forme brève en cas d'extrême nécessité, où seule la formule d'absolution est requise.

1. La *célébration privée* entre un pénitent et un prêtre.
2. La *célébration en rite abrégé* en cas de danger de mort. La parole sacramentelle est alors celle-ci : « Au nom du Père, et du Fils et du Saint-Esprit je vous pardonne tous vos péchés. Amen ».
3. La *célébration pénitentielle communautaire avec aveu individuel de ses péchés* à un prêtre et *absolution individuelle*.
4. La *célébration pénitentielle communautaire sans aveu de ses péchés et avec absolution collective.* Réservée autrefois à des cas exceptionnels (naufrage, guerre...), elle vient d'être étendue à certains cas de grave nécessité, en particulier lorsque, face à une grande assemblée désirant se confesser, il n'y a pas assez de confesseurs. Pendant cette célébration, ceux qui désirent recevoir le sacrement font un geste indiquant leur intention. Il est bien précisé que les fautes graves devront être avouées ensuite à un prêtre : l'aveu n'est pas supprimé, il est suspendu pour un temps. En effet, l'Église ne saurait pardonner des fautes inconnues. ■

La crise du sacrement de Pénitence - Réconciliation

Depuis les années 1950, on a vu, en France, les confessions diminuer d'une manière spectaculaire. Pourquoi ?

• Pendant longtemps, l'Église a parlé du confessionnal comme d'un « tribunal » où l'on jugeait les pécheurs pour leur éviter les peines éternelles (enfer). Prenant conscience que Dieu est un Dieu d'amour et qu'il juge en justifiant, les hommes d'Église ont renoncé à une prédication fondée sur la peur de l'enfer. Du coup, ils ont supprimé une motivation importante de la confession.

Pendant longtemps aussi, le péché a été, chez beaucoup, assimilé à une souillure, une saleté, plus qu'à un défaut de relation. Le seul péché à la portée de tous semblait être le péché sexuel. Aujourd'hui, la société tout entière voudrait, en se servant de Freud, déculpabiliser « le sexe ». Du coup, on a évacué un péché important et facile à discerner.

• De plus, notre époque insiste sur la culpabilité collective (structurelle) et a du mal à comprendre un geste qui s'appuie sur la responsabilité individuelle. Il y a un doute collectif sur l'efficacité de l'amour d'une seule personne et l'on voit mal à quoi sert, à l'âge atomique, la repentance d'une seule personne.

Si la crise du sacrement de Pénitence-Réconciliation semble en voie de stabilisation et peut-être même de résorption, c'est que beaucoup de catholiques semblent redécouvrir, quelquefois avec l'aide des sciences humaines :

• que se reconnaître pécheur est une manière de briser l'illusion de l'innocence, et que se reconnaître pécheur devant un Dieu d'amour permet de ne pas être désespéré par sa faute ;

• que la parole d'aveu brise l'enfermement de la culpabilité : or, la culpabilité demeure très présente dans la société moderne, même en dehors du christianisme ;

• que recevoir le sacrement de Pénitence-Réconciliation, c'est accepter de ne pas être le juge ultime de sa propre vie, ni du monde ; c'est reconnaître l'existence d'autres réalités que soi, son idéologie ou sa science. ■

Absolution - Contrition - Satisfaction

Absolution

L'*absolution* (du latin *absolvere,* détacher, délier, acquitter) est le fait d'absoudre quelqu'un de sa faute, c'est-à-dire de la lui pardonner. Selon la foi catholique, l'absolution est le pardon (ou « rémission ») des péchés par Dieu, que le prêtre prononce au nom de celui-ci en donnant le sacrement de Pénitence et de Réconciliation.

Après avoir entendu la confession des fautes, le prêtre donne l'absolution en prononçant une prière par laquelle, sollicitant la rémission des péchés de celui qui reçoit le sacrement, il le déclare pardonné « au nom du Père, du Fils et du Saint-Esprit » ; en même temps il fait sur lui le geste qui marque cette réconciliation : imposition des mains et signe de croix.

Le même mot *absolution* désigne à la fois le pardon des péchés et le rite (paroles et geste) par lequel il est donné : *donner l'absolution.*

Contrition

Ce terme théologique ancien désigne habituellement le regret du péché en lui-même. Précisons : il ne s'agit pas d'un simple regret, c'est-à-dire le souhait de ne pas avoir fait une action jugée mauvaise. Il ne s'agit pas non plus d'un simple remords, c'est-à-dire le sentiment douloureux, que cause la conscience, d'avoir mal agi. Il s'agit du repentir, c'est-à-dire ce retournement du cœur de l'homme que suscitent en lui l'offre et l'accueil du pardon gratuit de Dieu. La contrition ou repentir est une réponse de l'homme à un don qui le précède : c'est dans la lumière et la force de ce pardon de Dieu que l'homme se désolidarise de son péché tout en le reconnaissant comme sien, et réoriente son cœur et sa vie vers Dieu et vers les autres. La vérité de la contrition ou du repentir est mesurée par la foi émerveillée en l'amour de Dieu, qui rencontre l'homme tel qu'il est et lui offre son pardon. On parlera de « contrition parfaite » lorsqu'elle est uniquement inspirée par l'amour de Dieu.

Satisfaction

Dans le langage du sacrement de pénitence, ce mot signifie ce qu'il est plus courant d'appeler « faire sa pénitence ». Il ne s'agit pas d'une punition mais d'un geste à accomplir, ou d'une prière qui exprime un merci pour la réconciliation obtenue et la volonté de repartir avec un cœur nouveau. Il s'agit parfois d'une « réparation » quand cela est nécessaire (en cas de tort causé à autrui). ■

Voici comment une paroisse parisienne suggère de se préparer au sacrement de pénitence-réconciliation.

QUELQUES SUGGESTIONS POUR VOUS PRÉPARER

Même si mon père et ma mère m'abandonnaient, Dieu me recevrait.

Ps 27,10

Cette préparation est un temps important : elle est déjà prière et rencontre de Dieu.

Sans doute, celui-ci vous appelle à la conversion et au regret de vos péchés,
mais il ne vous demande pas de vous torturer l'esprit.
Au contraire !

Les quelques manières de se préparer qui vous sont suggérées ont pour but de correspondre à différentes manières d'être. Mais il est très possible que vous en ayez une propre, meilleure que celles-ci.

* Vous pouvez prendre l'Évangile de dimanche dernier, ou un texte biblique que vous aimez (ou un de ceux qui se trouvent dans ce fascicule) : écoutez en vous-même l'appel que Dieu vous lance à changer de vie par ce texte.
Tout à l'heure, vous pourrez vous servir de ce texte pour parler avec le prêtre et lui avouer votre péché.

* Vous pouvez penser successivement aux gens que vous rencontrez — ou que vous devriez rencontrer : Dieu vous appelle à les aimer chacun selon le type de relation que vous avez avec lui (c'est différent pour un parent, un ami, un client...), selon ce qu'il est et ce dont il a besoin.

A qui devriez-vous demander pardon ?

La vie est un tissu de choix (petits ou grands) dans tous les domaines.

• Quels sont les choix que vous avez faits ces derniers temps (choix actifs ou refus de choix... je m'en lave les mains) ?
— Pour prendre ces choix, avez-vous été prudent (réflexion... silence... prière... conseil ...) ?
— Dans ces choix, avez-vous été vrai ?
— Avez-vous l'impression que ces choix vont dans le sens du meilleur de ce que vous êtes réellement ?
— Avez-vous le sentiment que ces choix ont été bons (ou les moins mauvais possibles) pour ceux qu'ils concernaient directement ou indirectement (vous, les « autres », Dieu) ?
— Estimez-vous que, globalement, ces choix s'inscrivent dans un chemin de pauvreté (de dépossession de soi-même) vis-à-vis de Dieu et des autres ?
(Vous pouvez murmurer avec foi et répéter très lentement) :
— « Seigneur Jésus, Fils du Dieu vivant, aie pitié de moi, pécheur » ; ou :
— « Seigneur Jésus, si tu le veux, tu peux me guérir. »

Le déroulement de la célébration du sacrement de pénitence-réconciliation

1. Le prêtre accueille celui qui vient lui demander le sacrement. Aujourd'hui, cet accueil a souvent lieu dans un confessionnal, ou dans une petite pièce conçue à cet effet dans une partie reculée de l'église.

2. Il est conseillé que, pour commencer, (ou à tout autre moment, selon ce qui convient le mieux) le prêtre – ou le fidèle – lise ou dise de mémoire un bref passage approprié de l'Écriture. (Amour de Dieu pour les pécheurs, appel à la conversion).

3. Celui qui demande le sacrement confesse alors ses péchés. S'il en est besoin, le prêtre l'aide, lui donne les conseils appropriés et l'exhorte à la contrition. Ensuite, il lui propose une œuvre de pénitence, que le fidèle accepte afin de signifier sa volonté réelle de conversion.

4. Ensuite, le prêtre invite le fidèle à exprimer sa contrition, ce qu'il peut faire à l'aide d'une prière qu'il choisit, d'une formule biblique ou de l'acte de contrition.

5. Puis, le prêtre, étendant la main droite (ou les deux mains) sur la tête du pénitent, dit : *« Que Dieu notre Père vous montre sa miséricorde ; par la mort et la résurrection de son Fils, il a réconcilié le monde avec lui, et il a envoyé l'Esprit Saint pour la rémission des péchés. Par le ministère de l'Église, qu'il vous donne le pardon et la paix. Et moi, au nom du Père, et du Fils, et du Saint-Esprit, je vous pardonne vos péchés ».*

6. Le fidèle répond AMEN.

7. Avec une courte salutation, le prêtre et le fidèle prennent congé l'un de l'autre. ■

EXAMEN DE CONSCIENCE

L'Évangile ne donne pas des règles de vie, il n'est pas un guide détaillé de conduites morales à tenir. La foi, pourtant, n'est pas sans relation avec l'agir. « Sans les œuvres, la foi est morte » (Jc 2,26). Et le chrétien s'efforce d'édifier peu à peu un certain art de vivre qui soit en cohérence avec la foi qu'il professe. Prendre le temps de regarder sa vie à la lumière de l'Évangile, d'ajuster sa pratique à ses convictions profondes, c'est faire un examen de conscience.
L'examen de conscience est donc un regard critique porté sur sa propre conduite. L'examen de conscience a précédé le christianisme et a été recommandé par les philosophes du stoïcisme comme Sénèque et Plutarque : savoir se critiquer est une manière d'avancer dans la vie.
L'examen de conscience, aux alentours du XVIe siècle, est devenu *l'examen particulier,* qui a trouvé ses lettres de noblesse dans les *Exercices spirituels* de saint Ignace de Loyola. Dans cette forme d'examen de conscience, il s'agit de se concentrer pendant un certain temps sur un seul défaut à combattre, ou sur une vertu à acquérir, et de réfléchir sur les moyens d'y parvenir.
Mais l'examen de conscience a surtout été reçu comme le moyen normal de se préparer à la confession ou, comme l'on dit aujourd'hui, à recevoir le sacrement de Pénitence-Réconciliation.
L'examen de conscience est un exercice spirituel qui a tenu une grande place dans la vie chrétienne. Il peut cependant connaître certaines déformations lorsqu'il pousse à exercer le jugement dans un rapport à soi-même ou dans un rapport à la loi. Or, la vie chrétienne s'apprécie dans le rapport à Dieu et à l'autre. Cet examen suppose donc une conscience saine (bon sens, équilibre, maturité), droite (honnêteté personnelle), et éclairée (référence à l'Évangile, au magistère de l'Église). C'est pourquoi le concours d'un conseiller spirituel est souvent très utile. ■

Remords et repentir

Tandis que la présence à soi-même dans le remords est stérile, la présence à Dieu dans le repentir est féconde ; d'un côté, c'est l'isolement, de l'autre c'est la communion : le repentir est une attitude d'affection.

R. GUELLUY,
Vie de foi et tâches terrestres, p. 71.

Le don du repentir, qui est peut-être ce qui différencie le plus l'homme de l'animal, a été aliéné par l'homme contemporain. C'est une désaffection, c'est un décri universels ; l'influence du repentir est certainement de plus en plus imperceptible sur notre terre. Le repentir est une valeur que notre siècle enragé et affolé a égarée.

Le repentir est le premier arpent de terre ferme sous nos pieds d'où nous puissions repartir non vers d'autres haines, mais vers la concorde. Il n'y aura pas de redressement moral sans repentir de tous.
De chaque homme en particulier.
Et de chaque famille idéologique.

A. SOLJENITSYNE.
Des voix sous les décombres
Le Seuil, 1972, p. 112-113
Lumières d'Orient
Michel Evdokimov, Éd. Droguet-Ardant
1981.

Ph. Pinoges – CIRIC

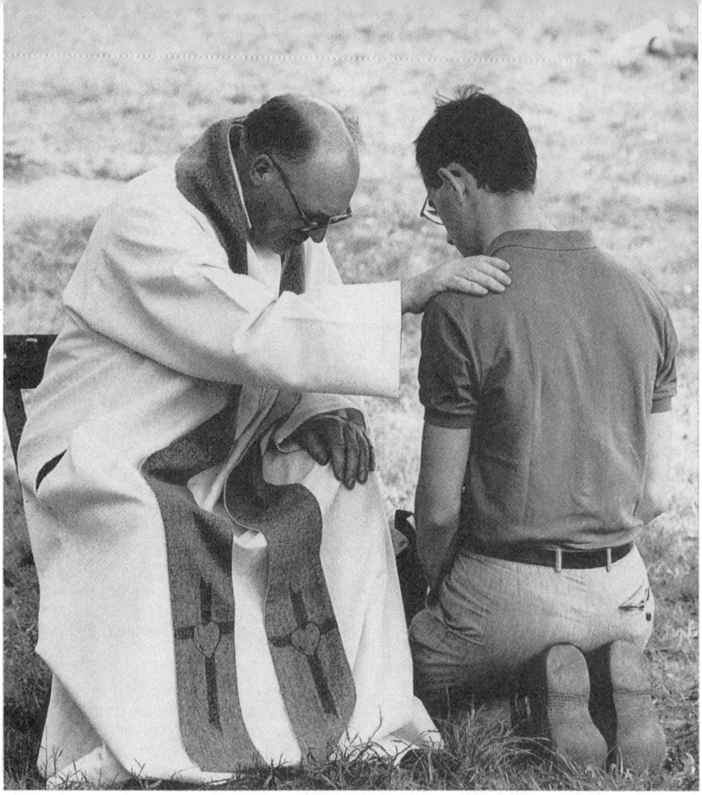

Sacrement de pénitence-réconciliation à Paray-le-Monial.

Le sacrement de réconciliation est toujours un sacrement de l'Église

Même lorsque ce sacrement est célébré en tête-à-tête, il n'est jamais célébré seul à seul. C'est un sacrement où la communauté chrétienne est toujours partie prenante.

• Le lieu est généralement une église.

• Le prêtre est à la fois signe de Dieu et de la communauté. Le fidèle se reconnaît pécheur devant Dieu et devant ses frères. Il sait que sa démarche implique et signifie qu'il demandera pardon à ses frères et qu'il comptera sur eux pour se convertir.

• Le pardon est donné « par le ministère de l'Église ». Le prêtre a reçu de Dieu, dans l'Église, le « pouvoir » de remettre les péchés, et c'est comme représentant de l'Église qu'il pardonne.

• Ainsi le sacrement n'est pas seulement une célébration destinée à une ou deux personnes, mais c'est un acte où l'Église se reconnaît à la fois pécheresse dans ses membres, et sainte parce que Dieu l'invite sans cesse à la conversion, et que, dans la foi, elle sait recevoir de lui la force pour y parvenir. ■

Les effets du sacrement de pénitence et réconciliation

Au sens strict, les péchés ne sont pas effacés comme s'ils n'avaient pas eu lieu. Dieu ne gomme pas notre histoire. Les péchés sont pardonnés, c'est-à-dire que le pécheur est réintégré dans l'amitié avec Dieu. Le mal qu'il avait commis est retourné. Saint Paul écrivait : « Dieu fait tout concourir au bien de ceux qui l'aiment » (Rm 8,28) et saint Augustin ajoutait : « Même leurs péchés ». En effet, du mal et de la mort, Dieu tire du bien : il redresse ce qui est courbé, il assouplit ce qui est raide. Le chrétien retrouve ainsi la pureté de son baptême. Il est reconnu comme fils.

Ainsi pardonné, le chrétien devient à son tour capable de pardonner. La prière chrétienne par excellence, le *Notre Père*, le lui demande. Bien des paraboles vont en ce sens. Le pardon reçu incite donc à devenir instrument de pardon. Le sacrement de réconciliation rend frères là où le péché avait divisé.

Enfin – tout sacrement rend conforme au Christ mort et ressuscité, au Christ portant sa croix et s'offrant pour le monde. Celui qui est pardonné devient ainsi uni au Christ pénitent. Il porte avec le Christ la croix — la sienne et une part de celle des autres. Le sacrement de pénitence apprend donc à s'offrir pour le salut du monde : il renvoie ainsi à l'eucharistie.

Au fond des choses, se confesser, c'est d'abord confesser Dieu : reconnaître qu'il est un Père aimant. En pardonnant, Dieu lui-même confesse (au sens de proclame) qu'il est Père. Le visage de Dieu est ainsi restauré en sa vérité première (1 Jn 3,21). ■

Sous la lumière de la Parole de Dieu et dans des perspectives communautaires

Le rituel du sacrement de pénitence et de réconciliation prévoit, après l'accueil mutuel du prêtre et du pénitent, une *écoute de la Parole de Dieu.* Elle va illuminer l'ensemble de la démarche. Elle fait découvrir le péché. Elle rappelle la fidélité de Dieu qui pardonne. Elle invite à regarder vers le Christ, crucifié par le péché des hommes pécheurs et implorant pour eux le pardon du Père. Elle insère l'acte sacramentel dans la longue histoire des réconciliations entre Dieu et l'homme. Elle empêche d'oublier que Dieu prend toujours l'initiative de ces réconciliations. Ce n'est pas nous qui l'aimons les premiers : c'est lui qui nous aime alors que nous sommes pécheurs.

La « confession », toute personnelle qu'elle soit, revêt nécessairement une *dimension ecclésiale,* donc communautaire. Nos péchés sont toujours aussi une blessure du Corps du Christ, qui est l'Église. « Cette accusation arrache d'une certaine façon le péché des secrètes profondeurs du cœur et donc du cercle de la pure individualité, en mettant aussi en relief son caractère social ; en effet, par l'entremise du ministre de la Pénitence, c'est la communauté ecclésiale, lésée par le péché, qui accueille de nouveau le pécheur repenti et pardonné » (RP 31) [...]

L'accueil du pécheur par la communauté ecclésiale marque que le sacrement de réconciliation est *œuvre de paix.* Cette œuvre de paix dépasse le cercle de ceux qui le reçoivent. Le sacrement agit au bénéfice de tous les hommes et rend présentes au monde la miséricorde et la réconciliation auxquelles ils aspirent et que Dieu rend possibles. C'est pourquoi, ceux qui sont réconciliés avec Dieu, avec leurs frères et avec eux-mêmes, par le sacrement, sont appelés à devenir, de manière grandissante, des messagers de la paix et de la joie qui leur ont été données ou rendues. « A l'Église est confiée la parole de réconciliation pour la réaliser dans le monde. Elle montre à l'homme les chemins et lui offre les moyens de se réconcilier avec Dieu, avec lui-même, avec ses frères et toute la Création » (cf. RP 8).

CATHÉCHISME POUR ADULTES
par les évêques de France
n° 440. 441. 442.
Éd. Centurion. Cerf. CERP. CRER. Décanord. Desclée. Droguet-Ardant. de Gigord. Mame. Éd. Ouvrières. Privat. Tardy. Zech éd. 1991.

LE MARIAGE CHRÉTIEN
Une vie

Le mariage chrétien suit la logique de l'alliance de Dieu avec les hommes ; il s'appuie donc sur l'incarnation du Christ dans l'histoire humaine. Toute la morale conjugale en découle.

La promesse et la fidélité

Autrefois fiancé et fiancée s'appelaient le promis et la promise. Mais cette promesse de mariage ne s'arrête pas avec les noces. On a remarqué que, si la Bible ignore l'expression « le sens de la vie », elle parle fréquemment des promesses de Dieu. C'est sur une parole de promesse que partent Abraham et Moïse. Promettre, c'est tenir une personne pour un partenaire capable d'avenir, porteur d'une espérance. Promettre, c'est placer devant quelqu'un un espace à parcourir, où se rencontrer, où se donner l'un à l'autre. Dieu promet : il s'engage lui-même à ouvrir une espérance que rien ne peut lasser. Dieu promet : il se donne personnellement dans sa parole d'avenir. Rien ne peut épuiser la richesse de Dieu. Il est donc l'inépuisable promesse de l'homme. Pour celui-ci, être l'objet d'une promesse consiste à recevoir une fondation solide sur laquelle s'appuyer (c'est le sens premier du mot croire, *aman* en hébreu) et une espérance à laquelle répondre et par laquelle construire sa vie. Un enfant sans promesse fait un homme douloureux.

Dieu des promesses : ce titre de Dieu en fait le Dieu *vrai* parce qu'il s'engage personnellement, et *fidèle* parce qu'il accomplit ce qu'il dit. Vrai et fidèle sont d'ailleurs exprimés par le même mot hébreu, qui est de la même racine que croire (*aman*).

Le mariage est promesse, et il le reste toujours. Nul ne sait de quoi demain sera fait. Mais chacun dit à l'autre que demain peut être saisi de manière à échanger de l'amour et de la fidélité ! Ainsi Dieu se comporte-t-il. C'est pourquoi, au cœur de l'amour se tient la fidélité : car l'amour inépuisable attend l'avenir pour déployer ses richesses. Qui parle de fidélité parle aussitôt de pardon. Pardonner, c'est donner par-dessus ce qui est arrivé, même si cela est pénible et offensant. Car aucune personne ne peut être identifiée à sa faute. Pardonner revient donc à ouvrir un avenir nouveau à l'autre. Ainsi Jésus se consacre à la vérité et à la fidélité du Père au moment où, en croix, il va offrir aux hommes le pardon ressuscitant du Père (Jn 17).

L'échange et le corps

L'homme échange par son corps : il parle, il entend, il fait des gestes. Mais ce corps, grâce auquel il entre en relation avec autrui, peut devenir le moyen de s'emparer, de s'opposer, de s'isoler. Le même acte objectif peut être soit offrande, soit captation. Au début, aimer fait plaisir. A l'autre qui est aimé, et à soi, car on aime aimer. Toute la difficulté consiste donc à apprendre à aimer l'autre pour lui-même avant de l'aimer pour soi (d'où le fameux « soyez soumis » de saint Paul, Ep 5,21-33). Peut-on prétendre aimer sans crucifier en soi son égoïsme ? Aimer n'est pas facile, car on ne peut se donner sans se déprendre de soi. C'est ce que les chrétiens disent en affirmant qu'il faut suivre le Christ jusqu'à la croix. La croix, au sens chrétien, n'est pas *dolorisme*, mais *offrande*.

La morale sexuelle de l'Église vient de là. Elle cherche, non pas à oublier le corps (c'est impossible et pas souhaitable), mais à en faire la fidèle expression d'un amour total. En fin de compte, ici comme pour le Christ, aimer consiste à livrer sa vie pour que l'autre vive. Tel est l'échange premier du mariage chrétien. Et par là, ce sacrement se rapproche de l'Eucharistie.

Témoins du Christ et de l'Église

Il ne suffit pas de parler — même bien ! — de l'amour, il faut le vivre. Par le sacrement de mariage, deux êtres s'engagent dans cette vocation merveilleuse d'être ensemble un lieu où exprimer, où signifier quelque chose de l'amour du Christ pour les hommes. Le mariage est un symbole visible de l'amour de Dieu. Sa fidélité n'est donc pas statique, comme s'il suffisait d'être côte à côte ; elle est dynamique, inventive. Elle rayonne, au loin, en particulier par les enfants. A travers les joies et les peines de la vie, le témoignage essaie de se laisser façonner par l'Esprit de Jésus-Christ. C'est ainsi qu'il est créateur.

Dans les foyers chrétiens, l'Église dévoile ce qu'elle est appelée à vivre avec le Christ. Le sacrement donné à deux fiancés rappelle, à travers eux, à toute l'Église quelle est sa nature (elle est le Corps du Christ) et quelle est sa mission (elle est le témoin de l'amour du Christ). ■

UN EXEMPLE DE DÉCLARATIONS D'INTENTION EN VUE DU MARIAGE

Anne, aujourd'hui, librement, je veux (sur notre route) faire alliance avec toi pour célébrer notre amour.

Parce que la saveur que tu donnes à ma vie est pour moi signe de l'amour du Père, je veux fonder notre vie sur notre foi de chrétien : Christ est ressuscité !

Avec toi, Anne, je veux cheminer jusqu'au bout, plus loin que nos projets. Pas à pas, vie contre vie, nous communierons au même amour, attentifs à renouveler chaque jour notre regard, soucieux de nous accueillir l'un l'autre, dans le dialogue, le don, le pardon. Comme des marcheurs de longue haleine, nous saurons faire halte souvent, seul, en couple, et avec l'Église pour prier. Quand le fardeau sera trop lourd, je veux garder la certitude avec le Christ que dans les brèches de la souffrance s'élaborent des énergies pour aimer. T'être fidèle, c'est écrire avec toi une parabole d'Amour qui appelle à grandir, appelle à bâtir et appelle à vivre.

Avec toi, Anne, je veux accepter nos enfants comme un don de vie. Avec notre amour et toutes nos forces, nous les aiderons à grandir pour qu'ils deviennent des hommes libres et responsables, acteurs émerveillés de la Bonne Nouvelle.

Avec toi, Anne, je veux ne pas oublier que le tablier de l'Amour est un tablier de service. Je joins mes mains aux tiennes pour le tisser, non seulement avec nos compagnons de joie, mais d'abord avec tous ceux qui souffrent ! Qu'à ceux-là, notre amour puisse transmettre la paix des pauvres de cœur (bienheureux !).

Éric, par la qualité de ton regard, par tes paroles et ton silence, par ta présence et ton mystère, tu fais jaillir en moi l'amour. Aujourd'hui, émerveillée par ce don de Dieu, je choisis librement de me donner à toi et d'accueillir toute la richesse de ton amour.

Avec toi, Éric, dans la pauvreté du cœur, je veux me laisser transformer par le Christ, pour que, toujours plus, grandissent en chacun de nous l'écoute, la tendresse, le pardon, pour que chaque jour davantage nous soyons attentifs à nos frères, pour que notre chemin de couple soit un chemin de vivants, créateurs d'espérance.

Avec toi, Éric, je veux accepter nos enfants comme une source vive et goûter avec eux la saveur de l'Évangile, afin que notre famille tout entière grandisse en communauté d'amour, afin qu'ils sachent porter en eux et transmettre au monde une parole de vie.

Éric, c'est par la foi que j'ose me mettre en route pour toujours à tes côtés et je veux, avec toi, confier notre projet de vie, nos peines et nos joies à venir, et tout cet inconnu vers lequel nous partons, au Christ ressuscité. ■

MARIAGE ET FOI

Un des problèmes les plus délicats posés par le sacrement de mariage est celui de la foi des fiancés. L'Église accepte de marier le couple dont l'un seulement est catholique. Mais que faire quand la foi exprimée est si faible, si peu apparente, qu'on finit par se demander pourquoi ces fiancés viennent trouver l'Église ? Il est bien difficile de juger de la foi de quelqu'un, surtout à partir de simples conversations. Le temps de préparation est très utile pour raviver une foi peu motivée. Mais souvent ce temps ne suffit pas : certains couples continuent la réflexion après le mariage, mais beaucoup l'abandonnent.

Les sacrements sont pour les personnes. L'Église doit faire confiance. Il reste cependant quelques cas où, en accord avec les fiancés, le prêtre les aidera à reconnaître que leur demande à l'Église n'a pas de sens.

Notons ici que, célébré sans l'Eucharistie, le mariage reste un sacrement. Parler de simple « bénédiction » est un abus de langage. ■

Le mariage, un sacrement

Une remarque de vocabulaire d'abord : la foi et le mariage utilisent les mêmes mots. On y parle d'alliance, de confiance, de fidélité (de fiançailles : ces mots ont même origine) ; on y parle de communion, d'échange, de promesses. Cette identité de termes n'est pas sans signification. La Bible elle-même compare le lien de Dieu avec son peuple à un mariage :

> « *Je te fiancerai à moi pour toujours,*
> *je te fiancerai dans la justice et dans le droit,*
> *dans la tendresse et dans l'amour* » (Os 2, 21).

Sans reprendre tous les textes bibliques applicables au mariage, deux d'entre eux méritent attention.

Deux caractéristiques du mariage chrétien : Matthieu 19,3-12

Les pharisiens posent au Christ une question piège : à quelles conditions un homme peut-il répudier son épouse ? Les légistes du temps s'affrontaient sur ce point en deux tendances : sévère (il fallait de très graves conditions), et plus complaisante (il suffisait que la femme eût cessé de plaire). Ou bien Jésus prend parti pour l'une ou l'autre position, et il n'est plus qu'un maître parmi les autres ; ou il rejette la question, alors que la loi de Moïse autorisait la répudiation, et, ce faisant, il blasphème contre la Loi de Dieu.

Jésus déplace le problème en se référant à l'origine de toutes choses, donc à leur source divine, bien avant Moïse. Il cite le livre de la Genèse : Adam n'avait trouvé, en régnant sur le monde, aucun vis-à-vis. Rien que des choses. Dieu avait alors réduit Adam à l'impuissance par une profonde torpeur et, de son côté (de sa vie), il avait tiré, façonné la femme, semblable et différente de l'homme.

Dieu avait présenté Eve (la « vivante ») à Adam qui avait reconnu en elle « les os de ses os, la chair de sa chair » (Gn 2,23). Et la Bible d'ajouter : « C'est pourquoi l'homme quittera père et mère et s'attachera à sa femme, et les deux ne seront qu'une seule chair » (Gn 2,24). L'union de l'homme et de la femme symbolise ainsi l'engagement fidèle de Dieu envers sa création.

Pour Jésus, toujours selon Matthieu, la répudiation de la femme (ou du mari, ajoute Marc 10,12) est donc un signe du péché, de la « dureté du cœur », car elle représente une rupture d'alliance, alors que Dieu lui-même, bien qu'il en aurait des motifs, ne retire jamais sa fidélité (Ex 34,6-7). En évoquant ainsi le livre de la Genèse, Jésus en fait sienne la leçon et affirme la fidélité de Dieu envers son peuple, fondement de la fidélité de l'homme envers sa femme.

C'est alors que les disciples interviennent : « Si telle est la condition de l'homme envers la femme (s'il ne peut la répudier), il n'y a pas intérêt à se marier ». Logique imperturbable : ces hommes se voient enlever leur pouvoir ! Jésus continue en prenant l'exemple d'êtres sans pouvoir : les eunuques. Il affirme que certains se sont rendus eunuques « en vue du Royaume des Cieux », c'est-à-dire qu'ils ont rejeté tout pouvoir sur une autre liberté, au nom du Royaume, donc au nom d'un Dieu qui respecte la liberté de l'homme. La Genèse (3,16) ne voyait-elle pas dans la domination du mari sur sa femme une des conséquences du péché ? Il faudrait d'ailleurs se rappeler que Jésus, maître et Seigneur, s'est comporté comme celui qui sert (Jn 13,14). Outre la fidélité, le mariage devient ainsi le lieu privilégié de relations humaines égales et différentes, signe des relations miséricordieuses de Dieu avec l'homme. ■

Le mystère du mariage chrétien : Ephésiens 5, 22-33

En écrivant aux Ephésiens une lettre centrée sur le mystère du Christ dans son Église, Paul en vient à parler du mariage chrétien. Sa position, résumée en quelques phrases très denses, demande à être analysée.

• Le mari fait corps avec sa femme : elle est sa propre chair. Il doit donc l'aimer comme lui-même. Paul cite alors le même verset de la Genèse que Jésus : « Les deux ne seront qu'une seule chair » (Mt 19,5). La sexualité exprime l'union de deux personnes, car le mot « chair » ne désigne pas seulement le corps, mais toute la personne dans sa présence aux autres.

• Or le Christ fait corps avec l'Église : il s'est livré pour elle ; elle est son corps. Sans cesse, comme un mari pare sa femme, le Christ présente son épouse « glorieuse, sans tache ni ride » (cf Is 62, 3-5). Le Christ, Fils de Dieu incarné, s'est uni à l'humanité, comme un époux attaché à son épouse.

• Le mariage chrétien est le symbole de l'union du Christ et des chrétiens : il donne un visage concret de ce mystère du Christ et de l'Église. Dans le mariage, ce mystère émerge et se donne à vivre. Paul demande donc de vivre entre époux comme le Christ se comporte envers son corps qu'est l'Église.

• Ici intervient un mot qui fait sursauter, le fameux « femmes, soyez soumises à vos maris ». On y a vu un moyen de tenir la femme en subordination. C'est commettre un grave contresens. En effet, Paul parle du Christ qui se soumet à son Père (1 Co 15,28) : il s'agit de reprendre l'attitude même du Christ. Si chacun part de sa volonté propre, le mariage va devenir un lieu conflictuel. Au contraire si, tout en restant lui-même, chacun commence par passer par l'autre, par se mettre sous le regard de l'autre, avant de penser à soi, alors l'échange devient possible.

Le Christ époux

On l'a compris : le mariage chrétien puise son fondement dans l'alliance entre Dieu et son peuple. Il en reçoit sa nature propre, il en rend visible l'actualité ! Les quelques textes de l'Ancien Testament déjà cités montraient qu'Israël appelait Dieu Époux. Ce thème est appliqué au Christ par saint Paul (Ep 5,22-33), par saint Jean (Jn 3,29 ; Ap 19,7-9 ; 21 ; 22,17). Le mariage humain a fourni l'image pour parler des relations avec Dieu. En retour, ces relations apportent au mariage un contenu nouveau. Voilà pourquoi le mariage chrétien n'est pas la sacralisation d'une réalité humaine : on ne bénit pas un mariage comme on bénit un navire. Il est un sacrement, c'est-à-dire le don aux hommes de l'amour unique et particulier de Dieu envers eux, de la manière même dont cet amour a été vécu par Jésus. ■

Lorsqu'un mot, une expression, un événement, une institution, un nom propre vous sont inconnus, consultez l'index.

FIANÇAILLES

Il est loin (1907) le temps où le Vatican était obligé de spécifier que les fiançailles, c'est-à-dire la promesse mutuelle de mariage, n'avaient aucune valeur juridique à moins d'être faites par écrit, devant témoin ou devant un prêtre.
L'Église insistait alors beaucoup sur la valeur du temps durant lequel les « futurs » (c'était l'expression officielle) approfondissaient leur connaissance mutuelle sans toutefois cohabiter. Il y avait dans cette attitude un profond respect pour la virginité (respect qui pouvait connaître ses excès), mais aussi une sorte de sagesse selon laquelle différer l'expression sexuelle de l'amour était pour les fiancés une preuve qu'ils acceptaient de se maîtriser et de passer du désir à l'amour véritable de l'autre.
Sans renoncer en rien à ce qu'elle demandait alors aux fiancés, l'Église met aujourd'hui l'accent sur l'importance du temps à consacrer à une véritable préparation au mariage ; celle-ci implique notamment une réflexion sur le sens de ce mariage, et sur la place que le couple se propose de tenir dans la vie sociale et dans l'Église, ainsi bien sûr qu'une préparation de la célébration sacramentelle. ■

PUBLICATIONS DES BANS

Le ban est la proclamation officielle et publique d'un événement public. Afficher les bans d'un mariage, c'est annoncer à l'église (oralement ou le plus souvent par voie d'affichage), pendant trois dimanches consécutifs, l'intention d'un homme et d'une femme de s'unir par le sacrement de mariage. Cette proclamation officielle a été rendue obligatoire par le IVe concile de Latran (1215) et plus tard par le concile de Trente (1545-1563).
Les bans sont publiés afin que celui qui connaîtrait un empêchement à un tel mariage (par exemple l'un des futurs époux serait déjà marié, ou ils auraient entre eux une parenté trop proche, etc.) puisse en avertir le curé de la paroisse où le mariage doit être célébré. Le sacrement de mariage n'est pas une affaire privée qui ne concernerait que les seuls époux : elle concerne la communauté chrétienne tout entière. Celle-ci est d'ailleurs souvent invitée, lors des messes dominicales, à prier pour les nouveaux époux. ■

Autour du sacrement de mariage

L'alliance : portée à l'annulaire de la main gauche (le doigt le plus près du cœur, pensaient les Anciens), elle indique, depuis les Romains, la situation de personne mariée. En certains pays, l'alliance est bénie puis échangée lors des fiançailles et se porte alors à la main droite ; au mariage, on la change simplement de doigt.

Les périodes de l'année où le mariage n'était pas célébré étaient autrefois fort nombreuses (Avent, Carême...). Actuellement l'Église ne célèbre pas de mariage les vendredi et samedi saints en souvenir de la Passion. Ne pas se marier pendant le mois de mai est une tradition venue de l'astrologie païenne, jadis christianisée par le « mois de Marie ». Mais ce n'est pas un empêchement de choisir ce mois !

Le mariage religieux doit, depuis le code Napoléon, suivre le mariage civil.

La robe blanche, qui rappelle le vêtement du baptême, a entendu signifier la pureté de la jeune fille quand cette mode s'est répandue : au XIXe siècle. ■

L'échange des consentements

Il peut se signifier avec différentes formules. En voici une

— Sophie, veux-tu être ma femme ?

— Oui. Et toi, Nicolas, veux-tu être mon mari ?

— Oui. Sophie, je te reçois comme épouse et je me donne à toi pour t'aimer fidèlement tout au long de notre vie.

— Nicolas, je te reçois comme époux et je me donne à toi pour t'aimer fidèlement tout au long de notre vie.

MARIAGE MIXTE

On appelle ainsi un mariage entre un baptisé catholique et un baptisé non catholique ou un non-baptisé. Dans un tout autre contexte que le contexte actuel, ces mariages étaient sévèrement interdits. L'ancien Droit canon demandait aux évêques « de détourner autant qu'ils le peuvent, les fidèles des unions mixtes... » et on allait jusqu'à excommunier un catholique acceptant même tacitement qu'un de ses enfants ne soit pas élevé dans le catholicisme (anciens canons 1060-1064 - 2379, etc.).

Aujourd'hui, les choses ont bien changé. Il est vrai qu'entre gens convaincus, les différences religieuses ne vont pas sans poser de problème à l'intérieur d'un couple. Mais elles peuvent être, et sont souvent, l'occasion d'un approfondissement spirituel. Des possibilités d'enseignement religieux commun pour catholiques et protestants sont offertes aux enfants. Un dynamisme naît ; mais plusieurs problèmes sont encore mal résolus et, en particulier la communion (la participation à l'Eucharistie) des deux conjoints (quand le deuxième est explicitement chrétien mais d'une autre confession). Certains évêques admettent, aujourd'hui, que cette intercommunion ait lieu dans l'Église catholique à condition que le conjoint non catholique partage et confesse fondamentalement la même foi que les catholiques au sujet de l'Eucharistie. Exceptionnellement, un catholique pourrait participer à une sainte Cène protestante s'il n'avait rien à renier de sa foi profonde. ■

LA BÉNÉDICTION NUPTIALE

Voici un des textes possibles de cette prière (célébration avec messe) :

Seigneur notre Dieu,
tu as appelé par leur nom
NICOLAS et SOPHIE
pour qu'en se donnant l'un à l'autre
ils deviennent une seule chair
et un seul esprit ;
donne-leur le Corps de ton Fils
par qui se réalisera leur unité.
Tu es la source de leur amour
et tu as mis en eux
le désir de bonheur qui les anime ;
donne-leur le Sang de ton Fils
qui sanctifiera leur amour et leur joie.
En reçevant le pain de vie
et la coupe de bénédiction,
qu'ils apprennent
à donner leur vie pour les autres ;
qu'ils élèvent
dans la fidélité à l'Évangile
les enfants qui naîtront de leur amour ;
qu'ils recherchent avant toutes choses
le Royaume de Dieu et sa justice ;
qu'ils soient utiles
au monde où ils vivront ;
qu'ils se montrent
accueillants aux plus pauvres ;
qu'ils puissent toujours te rendre grâce,
et viennent souvent
renouveler leur alliance
en communiant ensemble
au Corps ressuscité de Jésus-Christ.
C'est par lui que nous te prions :
puisqu'il a sanctifié les noces de Cana,
et purifié son Église
en se livrant pour elle ;
nous savons qu'il intercède auprès de toi
pour nos amis SOPHIE et NICOLAS
aujourd'hui, demain et tous les jours
de leur vie, jusque dans l'éternité.

Tous : *Amen.*

Ph. CIRIC

A propos des MARIAGES MIXTES

1. Maintien de l'empêchement prohibant pour tout mariage entre une partie catholique et une partie chrétienne non catholique.
2. Maintien de l'empêchement dirimant pour tout mariage entre une partie catholique et une partie non baptisée.
3. Concession de la dispense par l'Église, dans l'un et l'autre cas, quand il existe une cause raisonnable.
4. Pour obtenir la dispense, la partie catholique doit promettre de faire « tout son possible » pour que les enfants soient baptisés et éduqués dans l'Église catholique.
5. La partie non catholique sera informée des promesses auxquelles est tenu le conjoint catholique.
6. L'une et l'autre parties doivent connaître les propriétés essentielles du mariage.
7. Les Conférences épiscopales (continentales ou nationales ou régionales) peuvent déterminer la forme des promesses exigées (oralement ou par écrit) et préciser la façon de les porter à la connaissance de la partie non catholique.
8. La forme canonique est requise pour la validité, sauf dans les mariages avec une partie chrétienne orientale non catholique où elle n'est exigée que pour la licéité.
9. Les ordinaires des lieux peuvent dispenser de l'observation de la forme canonique tout en veillant à une certaine forme publique de célébration.
10. Inscription obligatoire dans les registres (catholiques) de tout mariage mixte célébré selon la forme ou avec dispense de la forme.
11. Quant à la forme liturgique, les mariages mixtes peuvent être célébrés avec ou sans messe, selon le cas.
12. Obligation pour les Conférences épiscopales d'informer le Saint-Siège des dispositions prises par elles-mêmes dans le domaine de leur compétence.
13. Interdiction d'une célébration simultanée selon deux rites différents ; interdiction d'une célébration religieuse du mariage antérieure ou consécutive à la cérémonie catholique.
14. Insistance sur l'aide pastorale à apporter aux foyers mixtes et à leurs enfants dont l'unité est fondée sur un même baptême (dans le cas de chrétiens) ; cette aide pastorale est à réaliser de concert avec les ministres non catholiques.
15. Abrogation définitive des peines prévues par le canon 2319 du Codex juris canonici.
16. Faculté accordée aux ordinaires du lieu de normaliser, à certaines conditions, par la sanatio in radice, *les mariages mixtes invalides.*
17. En cas de difficultés particulières, on peut recourir au Saint-Siège.

Matrimonia mixta (1970)
Le droit de l'Église, résumé par
Mgr le Bourgeois, évêque d'Autun

Le mariage a-t-il une dimension religieuse ?

Le mariage est, certes, une réalité sociologique que toute société organise au mieux de ses intérêts et de ses valeurs. Selon que le groupe humain est nomade ou sédentaire, cultivateur ou fonctionnaire, les règles matrimoniales varient. Elles évoluent également selon les taux de mortalité infantile, selon la manière de choisir le conjoint (dans le clan ou hors du clan). On peut même remarquer que toute modification du comportement d'un groupe entraîne avec elle un changement dans la manière de comprendre le mariage : celui-ci fournit un excellent indicateur des variations, parfois invisibles à un regard superficiel, qui affectent une société.

Le mariage a un caractère sacré

Dire tout ceci est exact. Mais c'est oublier deux dimensions fondamentales du mariage. *Première dimension :* le mariage comporte une signification religieuse. Jusqu'à une époque très récente, et hors des civilisations industrielles et techniques, tout mariage comportait un élément religieux (au sens large) ou sacré. Pourquoi ? Parce qu'il touche à la transmission de la vie dont l'homme n'avait pas, jusqu'ici, percé « le mystère ». Il en reste des traces aujourd'hui encore dans notre monde moderne quand des fiancés veulent « passer à l'église », parce que « l'amour, c'est sacré », parce que « se marier à l'église fait plus sérieux ». D'une façon ou d'une autre, les fiancés ont conscience que dans cet acte la profondeur de leur existence est en cause. Le sacré peut se définir comme « le sérieux de la vie » : ce qui fait que la vie vaut d'être vécue.

Introduisons immédiatement une remarque historique sur le sacrement du mariage chrétien. On écrit souvent que le mariage à l'église n'apparaît que fort tardivement. Les dates avancées évoluent du IXe au XVIe siècle ! Ce type de réflexion n'est exact qu'en superficie. En effet, il convient de nuancer considérablement cette affirmation. D'une part, en effet, les sociétés anciennes ne connaissaient pas notre distinction entre mariage civil et mariage religieux. Même célébrées à la maison, les noces comprenaient toujours une partie de prière et de bénédiction. Dès le IIIe siècle, on voit ainsi des évêques venir à domicile bénir un mariage, prier avec les familles.

Ensuite, le monde ancien n'était pas uniforme. La célébration religieuse du mariage a donc suivi et modifié les coutumes locales. Ici le prêtre s'est substitué au père de la fiancée pour conclure le mariage, là il bénissait le lit nuptial, là enfin le mariage mettait en avant l'échange, par les fiancés, de leur engagement.

Mariage à domicile, mariage à la porte de l'église, mariage dans l'église : l'évolution est assez claire pour attester la continuité d'une dimension religieuse.

Le mariage est l'expression d'une société

Soulignons maintenant la *seconde dimension* fondamentale. Tout mariage exprime les valeurs d'une société. Il est en effet le moyen de sa continuation en assurant sa descendance et la permanence des valeurs auxquelles elle est attachée. Aujourd'hui encore, quand des jeunes rejettent ce qu'ils appellent « l'institution du mariage », il est facile de constater à quel point ils reflètent l'individualisme des sentiments. Notre société est peut-être la première où il devient possible, étant donné son organisation, de considérer le mariage comme une affaire purement privée. Il reste que, même en refusant le passage à la mairie et à l'église, ces couples se présentent ensemble à leurs amis et connaissances : ils posent ainsi la nécessité d'une reconnaissance publique de leur vie commune (ce n'est pas une liaison secrète), mais devant des instances fraternelles d'un petit groupe et non plus devant les instances officielles de leur société.

Voilà qui conduit à une seconde remarque historique sur le mariage chrétien. Il semble que l'Église ait appelé très tard sacrement le mariage. On avance des dates voisines du XIIe siècle. Là encore il faut nuancer. D'une part, parce que saint Paul lui-même lie le mariage chrétien au « mystère » (donc au sacrement) du Christ et de l'Église et que l'Église ancienne n'a jamais oublié cette affirmation. Ensuite, parce qu'il faut comprendre à quel point la christianisation des mœurs a été lente, surtout en ce domaine. Les chrétiens vivaient dans des sociétés où le statut matrimonial était différent et parfois difficile. Il restait un héritage grec, où l'épouse assurait la descendance légitime et la concubine le plaisir ; il flottait une philosophie d'un « monde plein », donc d'un monde qui, doutant de l'utilité d'avoir des enfants, voyait dans le mariage « un remède à la concupiscence » (aux tentations) ; il allait de soi que la répudiation de la femme (ou, à Rome, du mari) était un droit. Comment, dans ces conditions, estimer possible une perception plénière de ce sacrement ? Il fallait d'abord établir des conditions de vie où parler de sacrement devint possible. Or — et voilà ce qui est remarquable — jamais l'Église n'a relâché sa volonté de promouvoir un idéal matrimonial fidèle à l'Évangile. Un seul exemple : c'est elle qui, à l'époque où les mariages étaient conclus par les pères de famille, défendit avec ténacité la valeur du consentement des jeunes fiancés. Elle n'a donc jamais été le parfait reflet de son temps, même si elle a dû, par pédagogie, composer avec lui ■

La liturgie du sacrement du mariage

La préparation

Tout sacrement mérite préparation. Le mariage est un grand moment pour faire le point sur sa foi. Aussi l'Église demande-t-elle de prendre contact avec sa paroisse trois mois avant la date prévue. Ce temps permet des rencontres, des réflexions, en particulier avec des foyers chrétiens. Il existe, parmi d'autres organismes, des Centres de préparation au mariage (CPM) qui favorisent cet approfondissement. Certains fiancés font une retraite préparatoire.

Comme en principe tout sacrement, le mariage est public, puisqu'il est un sacrement donné à toute l'Église. Les témoins sont les représentants de celle-ci. Ils expriment la dimension ecclésiale de cet engagement et certifient la réalité du mariage.

Le temps de préparation permet également de choisir les textes et les prières qui exprimeront au mieux le sens du mariage célébré.

La célébration

Le mariage repose sur un échange, celui des consentements. Un homme et une femme se disent « oui » l'un à l'autre. Mais tout consentement suppose des conditions dont l'Église s'assure avant la célébration.

- Il doit être *libre,* sinon il n'y a pas véritablement échange, puisque une liberté ne se donnerait pas à une autre liberté.
- Il doit être *fidèle :* l'être humain vit dans le temps, le consentement demande donc que cette liberté se donne dans une promesse qui fonde une espérance.
- Il doit être *fécond,* c'est-à-dire qu'il doit construire un foyer qui soit un lieu d'échange et non pas seulement une cohabitation de deux égoïsmes, et qui accepte de rayonner son amour dans des enfants.

Il doit être ouvert à l'Évangile, et, en particulier, permettre à ses enfants d'être élevés dans la foi chrétienne.

Si une de ces conditions n'est pas acceptée au départ, ou s'il s'avère qu'un des conjoints est, au départ, incapable de la tenir (par impuissance sexuelle, par immaturité...), le consentement est inexistant et donc le mariage est nul, même si, extérieurement, il a paru avoir été célébré en toute régularité.

Le consentement, vraiment voulu et publiquement exprimé, fait du mariage un contrat entre deux personnes. L'Église peut célébrer ce sacrement : le Christ se donne à vivre dans ce couple. Mais l'Église ne peut casser ce sacrement : elle n'en est pas propriétaire, mais servante.

Le ministre du sacrement

Pratiquement jusqu'au XVIIe siècle, la conception commune faisait du prêtre le ministre du sacrement de mariage. C'est aujourd'hui encore la position traditionnelle de l'Église orthodoxe. Mais l'insistance sur le libre échange des consentements du mariage par les deux fiancés a lentement conduit à la position actuelle : ce sont les conjoints qui se donnent le sacrement, ce sont donc eux qui en sont les ministres. Le prêtre est alors le témoin nécessaire. En France, cette position est très largement majoritaire.

Elle n'est cependant pas sans inconvénients. En particulier, elle focalise sur les conjoints une attention qui estompe la dimension ecclésiale. En toute rigueur de terme, avant de parler du mariage de tel homme avec telle femme, il faut dire que c'est l'Église qui célèbre ce mariage. Elle célèbre son propre mariage avec le Christ, symbolisé par ces noces concrètes des nouveaux époux. Et cette réalité, le prêtre la représente : il la rend présente en ce mariage des deux fiancés. Il est, à ce titre, le véritable ministre du sacrement, puisqu'il permet à deux personnes de signifier une réalité qui les dépasse. En effet, le mariage n'est pas d'abord la célébration de l'amour humain, mais, dans cet amour humain, il est le don de l'amour du Christ, Époux de son Église. ■

Au-delà de l'amour

Depuis que l'homme existe, l'amour est cette éclatante évidence dont le contenu reste toutefois indicible ; à la rigueur, on peut s'ingénier à dire comment ; *jamais* pourquoi *ni* quoi. *Tout simplement : « Ils s'aimaient l'un l'autre, parce que tout le désirait ainsi : la terre au-dessous, le ciel au-dessus, les nuages et les arbres... », ou encore : « Parce que c'était lui, parce que c'était elle ».*

Aucun des grands penseurs ni des poètes n'a jamais trouvé de réponse à la question : Qu'est-ce que l'amour ? Nous ne pouvons rien dire de sa naissance, et, au sommet de son élévation, l'âme devient musique pure et arrête toute parole. Peut-on emprisonner la lumière, elle glisse à travers les doigts. Si une formule de l'amour était possible, on aurait trouvé la formule même de l'homme. Quant toutes les flèches de l'intelligence sont épuisées, il reste la dernière, celle du mythe, pour nous parler de l'essence transrationnelle profondément mystérieuse. [...]

Il faut aller bien au-delà de l'amour, « L'amour est plus que l'amour », jusqu'à cette profondeur de l'esprit où la passion, tout en sauvegardant la densité de son contenu, se libère de toute exaltation charnelle et devient l'axe immobile d'une roue qui tourne.

En transcendant le sensuel, l'amour donne une profondeur insoupçonnée à la chair. Clairvoyant et prophétique, il fait voir l'âme de l'aimé en terme de lumière, et ainsi transfiguré, il y contemple l'innocence originelle, telle que Dieu la voit.

L'être aimé n'est pas un dieu, mais un don royal frappé de la présence du Donateur. Dante le dit très simplement : « Elle regardait Dieu, et moi je Le regardais par ses yeux, et le ciel était plus bleu. »

PAUL EVDOKIMOV

L'annulation du mariage

L'Église ne peut pas revenir sur un mariage publiquement célébré entre deux baptisés, et consommé. Car alors le sacrement est pleinement conféré et l'Église n'est pas propriétaire des sacrements. En revanche, elle peut constater après enquête, et *déclarer* par jugement, qu'il n'y a jamais eu mariage. C'est cela qu'on appelle « annulation du mariage » ; non pas que le jugement annule un mariage réel, mais au sens où il constate que le mariage n'existe pas. Trois séries de causes peuvent intervenir.

1. Défauts dans le consentement : absence de liberté d'un conjoint, refus a priori des objectifs du mariage (fidélité, fécondité,...), immaturité rendant impossible un engagement.
2. Graves vices de forme : mariage célébré avec quelqu'un qui ne peut se marier (car déjà marié avec un conjoint vivant, ou entré dans les ordres et n'ayant pas obtenu de dispense), mariage célébré volontairement hors du cadre de l'Église (refus de la présence d'un prêtre, mariage secret). Ces mariages sont invalides de droit.
3. Impossibilité majeure à vivre le mariage : ce cas concerne essentiellement l'impuissance à accomplir l'acte conjugal (mariage non consommé). En outre, dans le cas où le conjoint non catholique empêche absolument le conjoint catholique de pratiquer sa religion, l'Église, au nom du bien de la foi, se reconnaît le droit de déclarer nul ce mariage.

Un mariage qui souffre de certaines irrégularités peut être rendu valide par une « guérison à la racine » *(sanatio in radice).*

Si quelqu'un pense que son mariage est nul, il s'adresse au prêtre de son diocèse que l'évêque a désigné pour cet office : l'official (même adresse que l'évêché). L'official instruit la cause. Il juge assisté de deux autres juges. Le demandeur a un avocat ecclésiastique (ce peut être un laïc). La réalité du mariage est défendue par « le défenseur au lien ». Tout se fait par écrit. Chaque évêché dépend d'une seconde instance, qui juge en appel. Rome n'intervient qu'en troisième position, si les deux jugements précédents ne concordent pas. Le tribunal romain compétent est celui de la Rote (la « roue », parce que les juges y siègent par rotations). ■

30 000 MARIAGES RECONNUS NULS PAR L'ÉGLISE CHAQUE ANNÉE POUR LE MONDE ENTIER

Toute personne qui, ayant reçu de l'Église catholique le sacrement de mariage, estime celui-ci invalide peut formuler une demande de reconnaissance de nullité auprès d'un tribunal d'Église, diocésain ou interdiocésain, appelé « officialité ». Il peut être fait appel du jugement de ce tribunal. L'Église réserve à un tribunal constitué par le pape les causes matrimoniales des chefs d'État et de leurs enfants pour éviter toute pression sur les juges locaux. (Ce fut le cas en ce qui concerne Caroline de Monaco). Certaines autres causes relèvent en outre du tribunal du Saint-Siège, appelé Sainte Rote romaine.
Les motifs invoqués doivent être graves et certains ; ils font l'objet d'un examen extrêmement attentif selon une procédure stricte qui protège au demeurant les demandeurs contre tout arbitraire. Les principaux motifs portant à reconnaître comme non valide l'engagement des époux dans le sacrement de mariage sont les maladies mentales graves, l'impuissance absolue et définitive, les intentions contraires à la nature du mariage, le manque de liberté, etc.

Environ 70 000 causes (300 en France) sont introduites chaque année, dont approximativement 50 % sont reconnues fondées. Sur le total des causes, environ 25 000 bénéficient de l'assistance gratuite (40 en France), 17 000 de l'assistance semi-gratuite (50 en France), 30 000 restent à la charge des demandeurs (200 en France). Les causes jugées par la Rote romaine sont de l'ordre de 330 (dans un tiers des cas, le lien matrimonial est reconnu valide, dans un autre tiers il est reconnu invalide, et dans un dernier tiers le tribunal a estimé manquer des éléments essentiels pour une procédure normale). ■

Combien coûte une sentence de nullité ?

En France (1984) les frais de première instance sont environ de 4 000 F, et de 2 000 F pour la seconde.

En 1980, en France, il y eut 236 causes matrimoniales traitées ; 40 ont bénéficé de l'assistance gratuite, 53 de l'assistance semi-gratuite. ■

La valeur du mariage des princes

Dans le cours de l'histoire, pour des raisons diverses, un certain nombre de princes et de gouvernants ont voulu se dispenser des règles du mariage ou faire annuler le leur. Entre autres cas célèbres, on peut citer les quatre suivants.

• La tentative de Philippe-Auguste de faire annuler son mariage avec la princesse Ingeburge de Danemark : celle-ci et son père en appellent au pape Célestin III qui casse la sentence de nullité rendue par les évêques et jette l'interdit sur le royaume. Philippe-Auguste reprendra son épouse légitime.

• En 1476, Louis, duc d'Orléans, le futur Louis XII, épouse Jeanne de France, fille de Louis XI. Devenu roi en 1498, il demande au pape de prononcer la nullité de ce mariage conclu, disait-il, sous la pression de Louis XI. La sentence de nullité du 17 décembre 1498 lui permet d'épouser Anne de Bretagne.

• Henry VIII, roi d'Angleterre, désireux d'épouser Anne Boleyn, demande au pape de prononcer la nullité de son mariage avec Catherine d'Aragon en arguant du fait qu'elle était la veuve de son frère et que la dispense obtenue pour l'épouser avait été obtenue par ruse. Rome tardant à se prononcer, en 1533, le roi fait bénir par le primat d'Angleterre son mariage avec Anne et prononcer par lui la nullité du mariage avec Catherine. En 1534, le pape déclare invalide le mariage avec Anne. Henri VIII rompt avec Rome ; c'est le schisme anglican.

• Napoléon Ier et Joséphine se marièrent religieusement, à la veille du sacre, le 1er décembre 1804. Voulant épouser Marie-Louise d'Autriche, le 2 avril 1810 Napoléon fit déclarer la nullité du mariage de 1804 par le tribunal ecclésiastique de Paris. Le pape était alors prisonnier, et 13 des 27 cardinaux présents à Paris refusèrent d'assister au remariage de l'empereur, arguant de l'incompétence des tribunaux parisiens. Ils furent exilés et privés, par l'empereur, de leurs insignes cardinalices : on les appela les cardinaux noirs
.

Cette longue histoire explique pourquoi l'examen des causes matrimoniales des chefs d'État (et de leurs enfants, jusqu'à l'adoption du dernier Droit canon) est réservé à un tribunal spécial, constitué par le pape, qui a pour but de soustraire les juges aux pressions locales... Aux yeux de l'Église, tous les mariages ont la même valeur. ■

LE SACREMENT DES MALADES

Brève histoire

Dès l'Ancien Testament, comme dans toute l'Antiquité, on avait constaté que des applications d'huile apaisaient la souffrance, principalement celle des contusions (Lc 10,34). Peu avant le Christ, des textes juifs, qui seront repris par les écrivains chrétiens, parlent de l'huile qui coulait de l'arbre du paradis et qui guérissait les malades ; les auteurs chrétiens la verront couler de la croix. L'huile appliquée aux malades dès les débuts du christianisme était donc tout imprégnée de valeur religieuse. Une prière accompagnait cette onction et l'huile fut nommée « huile de la prière » (début du IIIe siècle) : le terme est resté en usage en Orient.

Le texte principal du Nouveau Testament est celui de l'Épître de saint Jacques (5, 14-16).

« Quelqu'un parmi vous est-il malade, qu'il appelle les anciens de l'Église et que ceux-ci prient sur lui en l'oignant d'huile au nom du Seigneur. La prière de la foi sauvera le malade ; le Seigneur le relèvera et, s'il a commis des péchés, ils lui seront remis. Confessez donc vos péchés les uns aux autres et priez les uns pour les autres, afin d'être guéris. »

Trois remarques sur ce texte :

1. Le malade n'est pas séparé de l'Église. La maladie n'est pas une impureté dont il faut se détourner, mais elle se vit dans une personne, un frère à assister. Jamais l'Église n'abandonnera ses malades : soulignons ce point avec force.

2. Le texte suggère que la maladie est une épreuve religieuse : c'est une question de salut. A une épreuve religieuse ne peut répondre que la foi. Cette foi est celle en la Résurrection, foi manifestée par le titre de *Seigneur* donné au Ressuscité et par le verbe « relèvera » qui servait à désigner la résurrection. L'onction d'huile, faite au nom du Ressuscité, fait ainsi participer à la vie pascale. C'est le véritable salut.

3. Enfin le texte évoque le pardon des péchés. La foi doit être purifiée afin de participer pleinement à la Résurrection. Ce dernier point va durablement conditionner le rite du sacrement des malades en le liant au sacrement de la pénitence et de la réconciliation.

L'onction sur les malades, continuant un geste inspiré par Jésus lui-même (Mc 6,13), va d'abord se spécialiser

Les liturgies prévoyaient des aspersions d'eau ou des onctions d'huile sur les malades, accompagnées de l'imposition des mains.

Comme, à l'époque, la réconciliation n'était donnée qu'une fois et souvent le plus tard possible, une célébration commune des deux sacrements s'instaura progressivement : l'onction des malades servait à guérir les corps, et la réconciliation à purifier les cœurs. Malgré des rappels en faveur du sacrement des malades comme « œuvre de miséricorde et non de pénitence », l'onction fut réservée peu à peu aux derniers instants : on sait l'influence encore actuelle de cette pratique. Le sommet est atteint quand, en 1173, le sacrement des malades, jusqu'ici appelé « huile sanctifiée », « huile des malades », prend le nom d'« extrême-onction ». Le rituel du sacrement des malades insiste sur son influence corporelle. En témoigne cette prière du sud de la Gaule (VIIe-VIIIe siècle) :

« Quand nous donnerons cette huile, en onction et en boisson, afin de soulager les malades présents dans leur corps, que toutes les violences de la douleur sortent immédiatement de leur chair. Qu'elle serve de remède aux fiévreux, aux dysentériques. Qu'elle serve de remède aux paralytiques, aux boiteux, aux aveugles et à tous les infirmes. »

C'est la théologie du XIIIe siècle qui commence à insister sur la grâce de la guérison spirituelle. Le sacrement de réconciliation est reçu plus fréquemment, une certaine objectivité s'introduit dans les actes médicaux : « l'extrême-onction », comme on l'appelle, insiste davantage sur la paix avec Dieu au milieu de l'épreuve de la maladie. Ce sacrement agit principalement pour le salut de l'âme.

Les « derniers sacrements » comprennent alors : le sacrement de pénitence, le sacrement des malades et celui de l'eucharistie (le viatique : la nourriture sainte pour la dernière étape).

Depuis le concile Vatican II, le sacrement des malades est conféré pour permettre à une personne atteinte par la maladie ou le vieillissement de vivre cette épreuve en « ayant les sentiments qui furent ceux du Christ ». Il peut être célébré communautairement.

Conclusion : un sacrement pascal

Le Christ a porté le péché et les épreuves de l'homme, jusqu'à la mort. Dans la maladie, l'homme expérimente sa fragilité et ses limites. Il éprouve combien il est faible. Cette faiblesse, à la fois physique et spirituelle (car l'homme est un tout) n'est pas sans rapport, en lui, avec le péché. Non pas que la maladie soit un résultat de son péché (Jn 9,1-3), mais il existe une ressemblance entre les deux types de faiblesse : c'est l'homme tout entier qui est fragile. Ainsi la souffrance en devient-elle une épreuve plus redoutable.

Or, dans cette misère humaine qu'il a portée (He 4,15), Jésus a placé avant tout la fidélité à son Père, celui-ci étant la source unique de la vie et du salut. Il donne sa vie dans le plus extrême dénuement, et cet acte vivifie les hommes. Quand un corps s'affaisse, quand les facultés défaillent, il reste possible de recevoir de Dieu, qui jamais ne rompt la communication, cette vie ressuscitante. Voilà ce que procure le sacrement des malades. ■

Les vertus « médicinales » des sacrements

Le sacrement des malades donne l'occasion d'une observation plus générale s'appliquant à tous les sacrements. Ceux-ci sont des sources d'où coule la vie du Christ, et eux-mêmes sont issus de son côté transpercé (Jn 19,34) : cette source est le symbole de l'Esprit Saint.

Mais cette source n'irrigue pas seulement un terrain sec. Elle purifie un terrain pollué : l'homme est pécheur. En lui donnant la vie du Christ, les sacrements le guérissent. Si le sacrement de pénitence réconcilie ceux qui ont gravement péché, chaque sacrement opère en l'homme une guérison : il rend sain ce qui est blessé ; il purifie ce qui est trouble. En conformant une existence à celle du Christ, le sacrement agit comme moyen de salut. C'est ce qu'on appelle la vertu « médicinale » du sacrement. L'Antiquité chrétienne aimait d'ailleurs à comparer le Christ à un médecin. ■

Lorsqu'un mot, une expression, un événement, une institution, un nom propre vous sont inconnus, consultez l'index.

Une célébration communautaire du sacrement des malades à Paris

La paroisse Saint-Jacques-du-Haut-Pas à Paris propose depuis quelques années, tous les deux ans, une célébration communautaire du sacrement des malades. Sont invitées à cette liturgie célébrée dans le cadre de la messe dominicale de 11 h, des personnes âgées encore valides mais se sentant de santé fragile, ou menacées dans leurs infirmités, toutes de plus de 75 ans.

Une petite « retraite préparatoire » réunit les intéressés deux fois, dans l'après-midi, les jours précédents : un moment de réflexion sur la place du sacrement des malades dans le mystère de rencontre que Jésus propose, lui qui est l'« unique sacrement », et un moment de préparation plus immédiate à la liturgie.

Le jour même, l'accueil se fait avec le temps nécessaire : que chacun soit bien à l'aise dans les premiers rangs réservés. En principe les lectures du dimanche ne sont pas changées, mais l'homélie va à l'essentiel pour inviter toute l'assemblée à méditer sur la place des malades, des infirmes et des personnes âgées dans une communauté chrétienne.

Se déroule ensuite la liturgie du sacrement des malades :

- profession de foi de toute l'assemblée ;
- geste de l'imposition des mains sur l'ensemble d'abord, accompagné d'une parole : « Père, tu as mis la main sur moi... » ; puis sur chacun et chacune, en silence ;
- brève litanie ;
- onction d'huile sur le front et sur les mains (huile dans une coupe et non dans un petit godet invisible de loin) ;
- chant d'action de grâce.

Suit la liturgie de l'eucharistie : ceux et celles qui ont reçu le sacrement des malades reçoivent le Corps du Christ sans quitter leur place. A la fin de la messe, une rose est remise à chacun et chacune : petit signe de joie et de tendresse pour ces personnes dont plusieurs sont habituellement très seules. ■

Sacrement des malades ou extrême-onction ?

Le christianisme ne connaît pas de « sacrement de la mort » ; ou plutôt, c'est le baptême qui en tient lieu puisque le croyant est « enseveli dans la mort avec le Christ » comme l'écrit saint Paul. Dès le baptême s'ouvre devant lui la participation à la vie divine.

L'existence humaine évite difficilement deux réalités : celle de la souffrance, par la maladie ou le vieillissement, et celle de l'agonie, l'ultime combat face à la mort. Le Christ lui-même a connu cette épreuve : sa prière, au Jardin de Gethsémani, lui permet d'accepter la volonté de son Père à la veille de sa Passion (Lc 22,41-42).

Il est sûr que les réactions psychologiques devant une grave maladie varient suivant les personnes, mais aussi selon les époques. A plus forte raison face à la mort. Une mort subite, par exemple, est couramment appelée aujourd'hui « une belle mort : il ne s'est pas vu partir », alors que longtemps on a prié au contraire pour en être protégé.

Ces réactions psychologiques ne sont pas seules en cause. La maladie et l'agonie représentent des temps d'épreuve pour la foi. Le malade peut s'enfermer et feindre d'ignorer son état, il peut se révolter et s'endurcir, il peut s'en prendre à Dieu. Il ne s'agit pas ici de simples sentiments, mais d'attitudes touchant directement la vie chrétienne. Deux questions résument assez bien ce qui est en cause. 1) La maladie est-elle seulement un échec, du temps perdu ? 2) Qui peut être sûr, à l'agonie, même après une longue vie chrétienne, de rester fidèle ?

Sous des aspects différents, la vie chrétienne a toujours cherché à répondre à ces questions fondamentales. Elle a mis en avant ce que, par exemple, le XVIIe siècle appelait le « bon usage des maladies » ; elle a demandé « la grâce de la persévérance finale », c'est-à-dire de la fidélité à Dieu en ces derniers instants, donc « la grâce de la bonne mort ». En effet, ce serait une grave présomption que de s'estimer capable de rester, *seul,* fidèle à Dieu en de telles épreuves où l'homme est souvent coupé de ses semblables (la maladie isole), où il est comme dépossédé de son corps, livré aux soins médicaux, aux instruments, aux analyses, et, souvent, laissé dans l'ignorance sur son état.

Le sacrement des malades est destiné « aux fidèles dont la santé commence à être dangereusement atteinte par la maladie ou la vieillesse » (Rituel, n° 57). L'onction des malades est destinée à aider la vie des malades et non leur mort. « A ceux qui vont quitter cette vie, l'Église offre l'Eucharistie reçue en viatique » (c'est-à-dire en provision de route) (...). « Le viatique offre au malade de s'unir au Christ », le premier-né d'entre les morts ». Celui-ci peut aider le malade à assumer sa propre mort pour en faire une pâque » (Rituel, n° 144). C'est l'Eucharistie qui est, à proprement parler, le sacrement des mourants ■

Ph. Staatliche Graphische Sammlung - München

Saskia au lit, Rembrandt.

Que préparer à domicile pour le sacrement des malades

Célébrer un sacrement, c'est fêter la Résurrection. Ne serait-ce que sur la table de chevet, auprès du malade, il est important de signifier cette dimension par un napperon, par une bougie, par quelques fleurs. Si le prêtre n'apporte pas l'huile des malades, on peut préparer un peu d'huile dans une soucoupe. On prévoira aussi du coton et de quoi se laver les mains.

La célébration commence par le rite d'entrée, suivi du rite du pardon, de la lecture de la Parole de Dieu, du *Notre Père.* (Le prêtre peut donner la communion à ce moment-là).

Ensuite, il impose les mains au malade et, avec l'huile sainte, il oint au moins le front, sinon les divers « sens » du malade (les yeux, les oreilles, les narines, la bouche, les mains, les pieds) en disant :

« Par cette onction sainte, que le Seigneur, en sa grande bonté, vous réconforte par la grâce de l'Esprit Saint » — « Amen » — « Ainsi, vous ayant libéré de tout péché, qu'il vous sauve et vous relève » — « Amen ».

C'est alors, généralement, que le prêtre donne la communion, de la même façon qu'à la messe : « Heureux les invités au repas du Seigneur ! Voici l'Agneau de Dieu, qui enlève le péché du monde ! Seigneur, je ne suis pas digne de te recevoir, mais dis seulement une parole et je serai guéri » – « Le Corps du Christ » – « Amen ». ■

Quand recevoir le sacrement des malades ?

- Au moment où la grande vieillesse laisse encore une totale conscience, mais où la vie semble à la merci d'un accident qui, pour d'autres, serait bénin.
- Au moment où l'on apprend que la maladie est incurable et qu'elle va s'installer comme un état plus ou moins permanent.
- Par contre, au moment où l'on sent que la mort est toute proche, on proposera au mourant de recevoir la communion en viatique (éventuellement après avoir reçu le sacrement de réconciliation). A ce moment-là, l'onction des malades n'a plus de raison d'être. ■

Jésus et le sacrement des malades

Pour situer l'origine du sacrement des malades, il semble bien qu'il faille délaisser une présentation souvent utilisée : on a noté en effet que le Christ a souvent contact avec les malades (environ 59 fois). De là à y voir l'origine du sacrement des malades il n'y a qu'un pas aisément franchi, tout comme on pensait que Jésus avait institué le sacrement du mariage en assistant aux noces de Cana.

Cette présentation pèche par excès : elle veut trop prouver. Il faut en effet opérer une double distinction. D'un côté, Jésus n'a pas guéri tous les malades de son temps. Ses guérisons, parfois nombreuses, sont des miracles à mettre en rapport avec son activité de Messie inaugurant des temps nouveaux, ceux du Règne de Dieu. Ce sont donc des signes. Force est bien de constater que, si le miracle guérit sur-le-champ, le sacrement des malades possède rarement cette vertu. Passer du miracle au sacrement exige donc de changer de plan, donc de passer de la guérison qui appartient à ce monde terrestre présent (tous les miraculés avaient-ils la foi ?) au monde nouveau de la résurrection et de la foi en Jésus-Christ.

De plus, la maladie était tenue pour relever de l'action de démons, de mauvais esprits, de puissances maléfiques. Guérir quelqu'un, c'était vaincre un esprit pernicieux, abattre la puissance non de microbes ou de virus, mais de forces montant de la terre ou volant dans les airs. Ambroise Paré (1509-1590) avouait lui-même : « Je le pansai, Dieu le guérit ». Aujourd'hui, la guérison appartient au domaine de la nature, à l'efficacité du médicament, au succès d'une opération. Plus qu'un art, elle devient une science. Elle s'est naturalisée : elle est entrée dans le domaine de la nature, de ce qu'on en connaît ou de ce qui reste à en découvrir.

Certes, il faut reconnaître que, dans les évangiles, la guérison est un élément du salut. Mais celui-ci la dépasse : être sauvé ne se limite pas à être guéri, même si la maladie tenaille la personne dans son intégralité, et jamais son corps isolé. Être sauvé, c'est croire au Christ et, par lui, connaître le Père.

Tout sacrement étant sacrement de la foi et unissant au Christ, c'est donc dans la vie même du Christ qu'il convient de trouver le fondement du sacrement des malades. Certes, Jésus a connu la fatigue (Jn 4,6), mais deux épisodes sont plus révélateurs.

La tentation de la faim (Matthieu 4,1-4)

Avoir faim, c'est affronter la mort. Au désert, Israël affamé avait cru périr et s'était insurgé contre Dieu. Lui aussi au désert, dans le même péril physique et dans la même tentation spirituelle, Jésus ne se rebelle pas ; il refuse le pain du tentateur et s'en remet à la Parole de Dieu. Ainsi triomphe-t-il de l'épreuve en restant fidèle au Père, au lieu d'utiliser Dieu à son profit. Sa confiance en fait un homme libéré de l'obsession de manger. Il a une autre nourriture : faire la volonté du Père (Jn 4,34).

L'agonie à Gethsémani (Matthieu 26,36-46)

Jésus voit venir la mort. Son corps en est écrasé et se cabre contre cette fin horrible. Il est « triste à en mourir ». Là encore il pourrait faire appel à la puissance divine (Mt 26,53) pour échapper à ce destin. Au lieu de cela, il se raccroche à la fidélité au Père, il fait sienne la volonté de celui-ci. Il accomplit ainsi un acte de foi absolu puisqu'il jette tout son espoir, toute son existence, en Dieu. « Mon Dieu, c'est Toi » : tel est son dernier cri, qu'on interprètera comme s'adressant à Élie. Mais dans cette remise active entre les mains du Père, Jésus entre dans la résurrection. Il donne sa vie, il donne la vie.

Ainsi, au cœur de l'expérience de la souffrance et de l'agonie, le chrétien reçoit la force de la foi afin de proclamer que Dieu ne l'abandonne pas et qu'il s'en remet complètement à lui. Cette force ne vient pas de l'homme : c'est, au contraire, le Christ qui lui dévoile un aspect de son existence : celui de la constante adhésion au Père, même aux pires moments. Voilà pourquoi il existe un sacrement des malades : pour que le Christ vienne vivre dans cet homme souffrant son union au Père et qu'il transforme en fidélité une épreuve qui peut tourner à l'abandon. Alors que la souffrance rompt les communications, le sacrement unit le malade au Christ. ■

Ph. Roger-Viollet

Le Greco. Le jardin des oliviers (détail). Cathédrale de Cuenca (Espagne).

VIATIQUE

On appelle viatique (en latin *via,* le chemin), la communion donnée à un mourant. L'Eucharistie a toujours été considérée comme le véritable sacrement du moment de la mort. Communier en ce moment ultime — surtout si on le fait en sachant que l'on va mourir — montre que l'on accepte la mort avec et comme le Christ : c'est offrir toute sa vie au Père dans une solidarité affirmée avec l'humanité ; c'est proclamer sa foi en la Parole du Père qui donne la vie éternelle au-delà de la mort physique, au-delà du temps où le pain permet de garder la vie. C'est donner son plein sens à une vie de baptisé.
Jusqu'au XIIe siècle, on donnait le viatique sous les deux espèces, et très longtemps on essaya de garder un caractère solennel à ce « dernier » sacrement en invitant les paroissiens à manifester leur foi sur le passage du Corps du Christ. Aujourd'hui, lorsque cela est possible, on peut garder à la réception du viatique ce caractère solennel. ■

L'huile qui sauve

Dans *La Vie grecque d'Adam et d'Eve* (I^e^ siècle), Adam est à la mort. Sa femme et son fils s'en vont réclamer l'huile qui guérit :

« Seth s'en alla avec Eve aux abords du Paradis et ils pleurèrent en demandant à Dieu d'envoyer son ange et de leur donner de l'huile de l'olivier. Dieu envoya l'archange Michel et celui-ci dit à Seth : "Seth ! Homme de Dieu ! Ne te fatigue pas en prières et supplications de la sorte pour (réclamer) l'arbre d'où s'écoule l'huile pour oindre ton père Adam. Tu n'en auras pas maintenant, mais à la fin des temps : alors toute chair ressuscitera". »

Ce texte, issu du judaïsme, est intéressant pour deux raisons : il mentionne une huile paradisiaque qui guérit des maladies mortelles ; il renvoie à l'idée de résurrection.

Au VIe s., un poète chrétien revient sur ce thème :

« O torrent de délices !
Sitôt cet arbre-là te donne-t-il congé
qu'un autre te fait signe :
Le même accueil radieux
est réservé par tous.
Ainsi tu peux manger du fruit
de celui-ci,
boire de celui-là,
dans la rosée de l'un
prendre un bain purifiant,
de la sève de l'autre te faire une onction. »
(St Ephrem de Syrie, *Hymnes sur le Paradis,* 9,6)

Pour saint Ephrem, l'arbre de la Croix a réouvert les portes du Paradis et les chrétiens ont accès à la vie divine.

Lorsqu'un mot, une expression, un événement, une institution, un nom propre vous sont inconnus, consultez l'index.

LE SACREMENT DE L'ORDRE

Petite histoire des fonctions du prêtre et de l'évêque

Les textes du *Nouveau Testament* permettent de saisir trois fonctions essentielles remplies par les apôtres et leurs délégués dans les Églises qu'ils fondaient.
• Permettre une vie en commun, de se rassembler, d'établir un lien d'unité avec des communautés différentes.
• Accomplir les services indispensables à la communauté : la *diaconie* (du grec *diakonia,* service). Service liturgique du culte et de la prière, service fraternel du partage matériel et de l'assistance aux pauvres.
• Témoigner du Christ dans la communauté par l'enseignement, et hors de la communauté par l'évangélisation.

On note que les responsables, à commencer par les apôtres, exercent ces trois fonctions d'unité, de service commun et de témoignage. Au fil des siècles, elles prendront d'autres noms. On parlera des fonctions :
• de *gouvernement* : unir la communauté et la guider dans l'Évangile ;
• de *sanctification* : donner aux chrétiens la vie même du Christ par les sacrements ;
• d'*enseignement* : annoncer l'Évangile dans et hors de l'Église.
Ces fonctions sont celles des prêtres.

A l'origine du sacerdoce hiérarchique

Nous rencontrons donc, dès les débuts de l'Église, d'une part, des fonctions, et d'autre part, des dons personnels. Les deux réalités ne se recouvrent pas entièrement. Il est évident que, indépendemment des dons personnels, le sacerdoce sacramentel va s'attacher à l'exercice des trois fonctions principales. Comment s'est-il manifesté dans l'organisation ministérielle de l'Église ?

Il apparaît que les chrétiens se sont organisés comme les autres associations de leur temps, avec un responsable local, parfois élu. C'est certain, à condition d'ajouter cette précision capitale : chaque Église a eu grand soin d'entretenir des liens fraternels avec d'autres Églises. Le responsable local n'était pas simplement désigné par ses compatriotes, il était reconnu par les autres responsables, le plus souvent par l'Église-Mère, c'est-à-dire par l'Église qui avait envoyé le premier apôtre dans la localité. Ainsi fait Paul envers les communautés qu'il crée (Ac 14,23 ; Tt 1,5). Un signe visible de la fraternité est indispensable aux Églises pour se comporter en Église du Christ. Est prêtre celui qui fait le lien : il y est ordonné. C'est pourquoi sa charge procède de la reconnaissance active de l'Église et non pas seulement de son mode de désignation. Un autre mode de fonctionnement est intervenu, issu du judaïsme, et comprenant deux sortes de responsables : d'un côté, dans les cités, un groupe d'anciens (les *presbyteroi,* mot qui donnera prêtre), avec un responsable à leur tête ; de l'autre des responsables itinérants allant de ville en ville visiter les communautés..Manifestement saint Paul a travaillé suivant ce schéma. Dès avant la fin du Ier siècle, il semble bien que l'organisation soit en place ; le nombre des responsables itinérants va aller en s'amenuisant au fur et à mesure que des responsables locaux sont désignés et que le système de succession est en place.

Les trois degrés du ministère ordonné

La situation que nous connaissons aujourd'hui apparaît déjà au tout début du IIe siècle, à Antioche, et, sans doute ailleurs, puisqu'elle pouvait s'appuyer sur un modèle juif déjà existant.

A la tête de la communauté chrétienne se trouve l'évêque, *episcopos,* celui qui voit : celui qui voit l'état et les besoins de son peuple. Il est entouré d'un groupe d'anciens, les *presbyteroi,* les prêtres. Là où le modèle juif était inconnu, il semble que l'évêque ait été parfois seul, parfois assisté d'un ou de plusieurs adjoints pour les communautés disséminées dans les quartiers ou dans la campagne.

L'évêque est le prêtre par excellence. En lui sont réunies toutes les fonctions nécessaires à la vie de sa communauté. Mais ses adjoints vont poser plus de problèmes aux historiens ! Il semble que l'on puisse dire ceci.
1. L'évêque a eu deux sortes d'adjoints : les prêtres et les diacres.
2. Le diacre est au service direct et personnel de l'évêque. Il est attaché à sa personne. On ne peut, historiquement, appeler diacres les responsables qui, selon les Actes des Apôtres (6,1-6), furent désignés pour les frères de langue grecque à Jérusalem : le mot n'est pas prononcé.
3. Le prêtre est un représentant de l'évêque délégué par lui dans les communautés éloignées.
4. D'où, deux solutions :
• là où existe le « modèle juif », nous avons un ordre clair : évêque, anciens (prêtres), diacres (attachés à l'évêque) ;
• là, en revanche, où ce modèle est inconnu, la distinction entre prêtre et diacre a mis du temps à se faire, à travers parfois des conflits. Mais finalement l'ordre évêque-prêtre-diacre s'est imposé partout : les prêtres témoignent de l'unité de l'Église locale autour de l'évêque, les diacres se mettent au service des besoins de la communauté.

Par hiérarchie (du grec *archè,* commandement et *hiereus,* prêtre), il ne faut pas entendre d'abord une échelle de promotion ! Il convient plus profondément de remarquer la réalité concentrique d'une Église locale : au centre, son évêque, sacrement du Christ ressuscité, avec ses représentants dans les diverses communautés, tenant lieu de sa présence, les prêtres ; puis les diacres, témoins des sollicitudes du père-évêque envers son peuple. La hiérarchie est elle-même symbolique, puisqu'elle se met au service de l'Amour du Christ pour les hommes. La réalité ultime repose en ceux qui vivent de cet amour : les saints.

Pour comprendre le sacerdoce ministériel, il faut donc partir de l'évêque, tête visible de son Église locale. Prêtres et diacres rendent présent, de manières différentes, le sacerdoce de l'évêque au service de son peuple. ■

Vocations ? J'embauche

L'Église, il faut la faire vivre. Comme évêque, c'est ma tâche et ma passion. Construire l'Église comme une communion de multiples communautés.

Et ici, à certains d'entre vous, je veux adresser un appel plus particulier. Pour mon ministère d'évêque, et celui de mes successeurs, je cherche des collaborateurs, des prêtres et des diacres. Je cherche des hommes qui acceptent de consacrer toutes leurs forces vives au service de l'Évangile et de la Communion.

Quelques-uns parmi vous sont venus m'en parler. Parfois timidement. Avec tout ce qu'on peut raconter sur l'Église et sur le ministère des prêtres, ils se demandaient s'il y avait encore de l'embauche.

Eh bien, oui, j'embauche !

Pourquoi faire ?

Souvent vous me posez cette question. J'y réponds : pour annoncer l'Évangile, pour faire naître de vraies communautés d'Église, et pour les faire vivre de Jésus-Christ. Des témoins et des fondateurs. Des hommes qui, dans l'Église, ne monopolisent pas les responsabilités, mais qui soient responsables de la responsabilité de tous. L'Église de Vatican II, l'Église des cinq continents, a besoin de ces prêtres-là.

Au nom de Jésus, pour la vie du monde et pour la communion des frères chrétiens, les prêtres refont avec le pain et le vin le geste du partage, et redisent les mots du Sacrifice : « Ceci est mon Corps, ceci est mon Sang, pour vous, et pour la multitude ». *Dans l'Église de la Résurrection, ils incarnent la tendresse du Père et expriment son pardon. Ils insufflent l'Esprit Saint. Non comme un pouvoir, mais comme un service. Dans un monde qui change, dans une Église secouée par les bourrasques ou tentée par la peur, ils ont — et vous aurez — l'audace de la fidélité et la passion de l'espérance.*

Si d'aventure, en certains d'entre vous, cet appel à devenir prêtre rejoint comme un désir, ou comme l'ébauche d'une question, ne l'étouffez pas. Prenez le temps d'y voir clair, sereinement. Parlez-en entre vous. Parlez-en avec un ami. Parlez-en à un prêtre. Ou venez me voir.

Pour ma part, voyant s'approcher le terme de ma course, je peux dire avec saint Paul : je sais en qui j'ai cru. *Dieu ne déçoit pas. Je peux vous le dire à tous et à toutes. Vous choisirez des chemins divers. Vous y rencontrerez les difficultés et le doute. Puissiez-vous reconnaître alors Celui qui chemine avec vous sur la route. Puissiez-vous, pleins de joie, en porter la nouvelle à vos frères.*

CARDINAL FRANÇOIS MARTY,
Archevêque de Paris. Pâques 1978

Ordination d'un diacre au ministère presbytéral.

Ph. Tournus

L'ORDINATION

Le rite de l'ordination reprend le geste, connu du judaïsme, de l'imposition des mains. Ce geste a souvent été fait par le Christ, pour guérir, pardonner, consacrer. Mais sa symbolique est plus fondamentale. Imposer les mains, c'est refaire comme un sein maternel. Ce geste agrège celui qui le reçoit au corps de celui qui lui impose ses mains. Ainsi agrégé à un ordre, il peut être envoyé en délégation (Ac 13,3). L'imposition des mains, et la prière qui l'accompagne, confèrent un don de l'Esprit Saint.
Le rituel de l'ordination accorde une grande importance à la communauté qui entoure celui qu'on ordonne.
Un prêtre devient *évêque* par le geste de l'imposition des mains fait au moins par trois évêques : il devient membre du *corps épiscopal*.
Un diacre devient *prêtre* par le geste de l'imposition des mains fait par son évêque, accompagné de l'imposition des mains des autres prêtres présents : il devient membre du *presbyterium*, l'unique corps sacerdotal autour de l'évêque.
Pour ordonner un *diacre*, seul l'évêque impose sa main : il place quelqu'un en *lien direct* avec lui.
Voici les principaux rites des ordinations.

L'ordination épiscopale (évêque)
Longtemps appelée consécration épiscopale ou sacre, la liturgie se déroule au cours d'une messe concélébrée. Elle comporte successivement, de la part de l'ordinand (celui qu'on ordonne), une profession d'attachement à l'Église, une profession de foi, une grande prostration pendant le chant des litanies. Les évêques consécrateurs imposent alors les mains sur l'ordinand ; puis le consécrateur principal pose sur la tête de ce dernier le livre des évangiles ouvert, que maintiennent deux diacres pendant la prière de consécration (invocation du don de l'Esprit) ; il lui remet ensuite le livre des évangiles avec recommandation d'annoncer la Parole de Dieu ; il lui remet l'anneau, la mitre et la crosse. La messe se poursuit alors ; elle se termine par la bénédiction donnée par le nouvel évêque.

L'ordination presbytérale (prêtre)
La liturgie se déroule au cours d'une messe concélébrée. L'évêque interroge d'abord l'assistance sur la possibilité de conférer le sacerdoce aux ordinands, rappelle à ceux-ci la nature de leur ministère et les invite à manifester publiquement leur intention d'accepter ses engagements. Les ordinands font alors une grande prostration pendant que l'assemblée chante des litanies. Puis l'évêque impose les mains sur la tête des ordinands et, à sa suite, en signe d'accueil, chacun des prêtres présents fait de même. L'évêque prononce alors la prière d'ordination qui appelle l'Esprit Saint sur les ordinands. Après que ceux-ci aient reçu l'étole, l'évêque oint leurs mains avec le saint-chrême. La messe se poursuit alors, véritablement concélébrée par les nouveaux prêtres.

L'ordination diaconale (diacre)
La liturgie se déroule aussi au cours d'une messe concélébrée et d'une manière à peu près similaire à celle de l'ordination des prêtres jusqu'à la prostration (comprise). Ensuite, seul l'évêque impose la main sur le futur diacre. Il chante alors, ou dit, la prière d'ordination. Puis il passe l'étole sur l'épaule droite du diacre, signe de sa nouvelle mission, et il lui remet le livre des évangiles. La messe se poursuit alors normalement. Le nouveau diacre assiste l'évêque dans la distribution de la communion ■

Le Christ, prêtre de la Nouvelle Alliance

Au temps du Christ, les Juifs savaient ce qu'était un prêtre. Pour eux, le modèle en était Aaron, frère de Moïse, tous deux de la tribu de Lévi : Aaron, le premier grand prêtre, dont la fonction était d'offrir un sacrifice agréable à Dieu et qui était seul à faire brûler l'encens dans le Saint des Saints (sanctuaire), avait été choisi par Dieu. Il avait été oint et couronné pour signifier de quelle importance était son sacerdoce (Ex 28,40-41 ; 29,4-9 ; 8 ; 21,10).

Le grand prêtre, ainsi que les prêtres, étaient pris parmi les descendants d'Aaron ; les lévites appartenaient à la même tribu, celle de Lévi, mais sans être descendants d'Aaron.

L'instruction du peuple était réservée aux docteurs de la Loi (les rabbins), et la direction de la prière, à la synagogue, dépendait du responsable de la synagogue. Le grand prêtre présidait le Sanhédrin, assemblée suprême de 70 membres ; les communautés locales comprenaient un groupe responsable, les Anciens.

« Il est notoire, dit l'*Épître aux Hébreux*, que notre Seigneur est issu de Juda, tribu dont Moïse ne parle jamais à propos du sacerdoce » (He 7,14). Dans le système israélite, Jésus ne peut donc être prêtre. Du moins, il ne peut être prêtre à la manière d'Aaron. Car il existe une autre manière d'être prêtre.

Le Christ est prêtre

L'auteur de l'*Épître aux Hébreux*, Juif écrivant pour les Juifs, développe une logique étonnante pour les modernes. Le sacerdoce, dit-il, est réservé à la tribu de Lévi. Or, Lévi descend d'Abraham, et Abraham a donné la dîme, réservée aux prêtres, au roi de Salem, Melkisédech, prêtre du Très-Haut (Gn 14,18) dont on ignore l'origine. Ce prêtre est supérieur à Abraham qui lui verse la dîme, supérieur donc au sacerdoce lévitique. Il a béni Abraham. Le psaume 110,4 qui s'adresse au roi (de la tribu de Juda) l'appelle Seigneur et lui dit : « Tu es prêtre selon l'ordre de Melchisédech ». Il existe donc, conclut notre auteur, un second type sacerdotal supérieur au premier. Jésus est prêtre de cette manière, et non à la façon d'Aaron.

Pourquoi ? Fondamentalement, parce que Jésus est Seigneur-Dieu. Il s'est offert lui-même et son sacrifice avait le pouvoir d'atteindre Dieu, car étant sans péché, il était l'expression d'un don total, d'un amour total envers le Père. Celui-ci a répondu à ce don en ressuscitant Jésus. La Croix et la Résurrection, comme expressions de ce double don de l'homme à Dieu et de Dieu à l'homme, sont un événement unique car il ne peut exister d'échange plus parfait entre Dieu et l'homme. Saint Paul, lui aussi, insiste beaucoup sur le caractère unique du lien qui s'est créé à ce moment-là entre l'homme et Dieu. Si le lien est unique, celui qui l'a établi est aussi seul de son espèce : « Il n'y a qu'un médiateur entre Dieu et les hommes » (1 Tm 2,5). Jésus est donc l'unique prêtre, aux yeux des chrétiens, celui que Dieu s'est plu à désigner : son propre Fils (He 7,23-28).

La tête du Corps

Jésus est prêtre d'une manière tout à fait spécifique. Les autres cultes, en particulier celui de l'Ancien Testament, ne sont que des images de la réalité du Christ.

Ailleurs, dans ses épîtres, saint Paul, par une autre approche, arrive à la même conclusion. Ou bien il parle de l'Époux qui acquiert et purifie son épouse, l'Église (Ep 5,22-23), ou, plus souvent, il assimile l'Église à un corps dont le Christ est la tête. La tête est un terme fortement symbolique : elle désigne à la fois l'origine, comme une source qui remplit tout (Ep 1,22-23), le chef qui dirige et coordonne l'activité des membres (Ep 4,15-16), et le principe d'unité de l'ensemble (1 Co 12,12).

Ainsi Paul fait comprendre à ses lecteurs que l'Église se reçoit sans cesse du Christ : sa source n'est pas en elle-même mais dans le Christ. Le principe de son action, de son unité, de sa sainteté, est à rechercher dans l'Esprit que le Christ lui envoie d'auprès du Père. Jésus s'est acquis l'Église par son sang (Ac 20,28), il s'est livré pour elle, il la relie au Père, il l'unit par son Esprit. Cette action du Seigneur, mort et ressuscité, donné par Dieu aux hommes, en fait un « pontife » : celui qui établit un pont entre Dieu et les hommes. C'est ainsi que Jésus est prêtre. On voit que, par un chemin différent, Paul rejoint les conclusions de l'*Épître aux Hébreux*. ■

LA VOCATION

Vocation (du latin *vocare,* appeler) veut dire appel. Et dans l'Église, lorsqu'on parle de vocation, l'on sous-entend généralement vocation sacerdotale. C'est-à-dire appel à être prêtre. Mais, à vrai dire, il n'y a dans l'Église de vocation que par un double appel. « La voix de Dieu qui appelle s'exprime de deux façons différentes, merveilleuses et convergentes ; l'une est *intérieure,* c'est celle de la grâce, c'est celle de l'Esprit Saint, de l'ineffable attrait intérieur que la voix silencieuse et puissante du Seigneur exerce dans les insondables profondeurs de l'âme humaine ; l'autre est *extérieure,* humaine, sensible, sociale, juridique, concrète, celle du ministre qualifié de la Parole de Dieu, celle de l'Apôtre, celle de la hiérarchie, instrument indispensable, institué et voulu par le Christ comme un moyen permettant de traduire en langage que l'on peut expérimenter le message du Verbe » (Paul VI, Exhortation du 5 mai 1965, *Osservatore romano* du 6 mai 1965).

Ainsi, dans l'Église, la vocation est toujours la rencontre d'un appel intérieur et d'un appel de l'Église (signifié par l'évêque).
Il y a d'autres vocations reconnues dans l'Église que celle du ministère presbytéral.
L'usage en ce qui concerne la prêtrise est que celui qui ressent l'appel intérieur se propose à l'évêque, qui l'appelle ou non. Pour le diaconat et pour les ministères institués, par contre, ce sont, le plus souvent, l'évêque ou les responsables de communautés chrétiennes qui proposent à telle personne de remplir tel ministère déterminé.
Ce qui est constant, c'est la certitude de l'Église que Dieu continue à appeler les hommes et les femmes dont elle a besoin. Mais, afin que tout à la fois les appelés et les appelants sachent discerner les appels de Dieu, elle prie très souvent pour les vocations. Le quatrième dimanche de Pâques, en particulier, est chaque année Journée mondiale des Vocations, et consacré à cette prière. ■

Qu'est-ce que ?

Celebret (mot latin signifiant *qu'il célèbre*). Document délivré par l'autorité ecclésiastique attestant que le porteur est un prêtre et qu'il peut célébrer la messe dans un lieu où il est inconnu.

Ordinand (du latin *ordinandus,* qui va ou doit être ordonné). Clerc reconnu apte à être ordonné (diacre, prêtre, ou évêque).

Le sacrement de l'Ordre. C'est le sacrement qui confère le diaconat à un baptisé, le sacerdoce presbytéral à un diacre, l'épiscopat à un prêtre.

QU'EST-CE QU'UN PRÊTRE ?

Dans l'Église catholique, est prêtre (du grec *presbyteros,* âgé, ou ancien, dans le sens des « anciens », notables ou chefs d'une communauté), celui qui a reçu le sacrement de l'Ordre par imposition des mains de l'évêque, qui le rend ainsi participant de son propre sacerdoce et l'associe à son ministère.
Sans doute est-ce le Christ qui, médiateur entre Dieu et les hommes (puisqu'il est en même temps Dieu et Homme), exerce la plénitude du sacerdoce par son sacrifice et par sa parole. Mais, à l'intérieur même de cette médiation, le Christ s'est associé l'humanité : tous les membres de son Corps (l'Église) participent dès lors à son unique sacerdoce. Et au sein même de ce peuple sacerdotal qu'est l'Église, les évêques, et leurs coopérateurs les prêtres, participent de manière plus étroite encore au sacerdoce du Christ. Les évêques sont en effet les successeurs directs des apôtres auxquels, en leur imposant les mains, le Christ a confié le soin de poursuivre sa mission auprès des hommes. Il leur a donné, en particulier, les pouvoirs de renouveler dans la messe l'unique sacrifice de la croix, de faire connaître la Bonne Nouvelle de sa Parole à tous les peuples, de donner les sacrements, d'assurer l'unité des croyants.
Conformément à une pratique constante dans l'Église catholique, la prêtrise n'est donnée qu'aux hommes. Dans l'Église latine, elle exclut le mariage, mais peut cependant être donnée à des veufs. Dans les Églises orientales catholiques et les Églises orthodoxes, on ordonne des hommes mariés ; mais les prêtres célibataires ne peuvent plus se marier, et seuls peuvent accéder à l'épiscopat les prêtres célibataires (le plus souvent des moines).
Portée au XIXe et au début du XXe siècle, la soutane, est de moins en moins en usage en Occident depuis qu'elle n'est plus une obligation ; elle est parfois remplacée par un vêtement sombre et le col romain, mais plus souvent par une simple croix au revers de la veste.
L'ordination d'un prêtre est précédée de plusieurs années (au minimum cinq) d'études et de préparation dans des séminaires ; cette formation peut revêtir diverses modalités. ■

Prêtre chrétien et prêtre des autres religions

Pendant longtemps, le sacerdoce chrétien a été pensé par comparaison avec les diverses activités des prêtres des autres religions. Cette méthode permet de distinguer trois activités principales chez ceux que les religions appellent « prêtres ».

Un sacrificateur

Dans beaucoup de religions, le prêtre — attaché à un temple — offre les sacrifices. Il est avant tout un sacrificateur, celui qui a reçu le pouvoir d'entrer en contact avec la divinité et de lui offrir, au nom des hommes, un sacrifice sanglant ou une oblation non sanglante (graines, parfums, libations de vin ou d'huile...). Il arrive que ce pouvoir soit également reconnu au roi, au chef de clan, au père de famille.

Le christianisme diffère de ces conceptions par deux aspects :
• le prêtre n'est pas lié à une fonction sociale (roi, chef de clan...) : il est d'abord membre du Peuple de Dieu. Saint Augustin disait : « Je suis baptisé avec vous, évêque pour vous » ;
• le prêtre n'a pas à répéter des sacrifices, puisqu'il n'y a qu'un seul sacrifice : celui que le Christ a offert en sa propre personne (voir le sacrement de l'Eucharistie).
Le prêtre chrétien ne fait que signifier l'actualité de ce sacrifice.

Un pasteur

Dans certaines religions, le prêtre est également perçu comme le pasteur d'un peuple, qu'il instruit et conduit selon la règle voulue par la morale de ce peuple. Le titre de « pasteur » est d'origine royale ; le roi conduit son peuple et prend soin de lui. Les princes de l'ancienne Mésopotamie se disaient les « bergers » de leur peuple.

Cette notion est insuffisante pour spécifier le sacerdoce chrétien puisque, si le prêtre « fait paître les brebis » du Christ (Jn 21,16), il ne le fait qu'en rendant présent et actuel ce que le Christ prescrit de faire « en mémoire de lui » (Lc 22,19).

Le prêtre dirige la prière

Enfin, dans les autres religions, le prêtre — ou celui qui en tient lieu — dirige la prière, appelle sur le peuple la bénédiction de Dieu. Cette conception suppose un enseignement, un corps de doctrine à transmettre, et une manière de prier à faire partager.

Or, le Christ n'est pas seulement un docteur, un maître. Il n'a pas fait qu'enseigner. Il a également agi. Il meurt en silence, laissant ses actes parler pour lui. On peut parler d'un enseignement chrétien et y lier le prêtre, mais le christianisme n'est pas d'abord une doctrine, c'est une vie. Et le prêtre a pour mission de rendre présent le Christ qui donne cette vie, mission incompréhensible à partir de l'idée courante que l'on se fait du prêtre dans les autres religions.

Il faut, pour la comprendre, comprendre le sacerdoce du Christ lui-même. ■

Un prêtre doit-il célébrer la messe tous les jours ?

Au sens strict du mot « devoir », non. Il lui est cependant demandé de célébrer « fréquemment », et recommandé de faire l'effort de célébrer tous les jours puisque, dans la célébration de la messe, il accomplit ce qui est au cœur de sa fonction propre au sein de l'Église (cf. Can. 904). ■

Lorsqu'un mot, une expression, un événement, une institution, un nom propre vous sont inconnus, consultez l'index.

Dans l'Église catholique occidentale, le célibat des prêtres a été une règle constante depuis les origines, bien que, au cours des siècles, elle ait été constamment critiquée.

Le concile de Nicée (325) avait pourtant rejeté une motion imposant le célibat à tout le clergé, et depuis lors les Églises orthodoxes et les Églises catholiques orientales admettent que leurs prêtres (mais non leurs évêques) soient mariés, à condition qu'ils l'aient été avant leur ordination. Cette pratique souligne à l'évidence le fait que le célibat des clercs n'est pas une exigence d'ordre divin (sinon elle ne souffrirait aucune exception) ; il s'agit d'une question de discipline interne à l'Église latine. Même en Occident, il a existé en certaines circonstances des prêtres mariés, par exemple lorsque Pie VI a été conduit à accepter que des prêtres mariés pendant la Révolution continuent leur ministère ; il en est de même lorsque des prêtres mariés d'Églises chrétiennes non catholiques (anglicans ou orthodoxes par exemple) rejoignent la communauté catholique.

A l'origine, le moine (du grec *monos,* seul) est volontairement célibataire.

En Occident, la règle du célibat ecclésiastique pour le clergé séculier (c'est-à-dire « dans le monde ») est une extension du célibat monastique. Elle a été confirmée époque après époque, tout en mettant en avant des raisons diverses. Ainsi, au IVe siècle, la coutume voulait qu'on s'abstînt de relations sexuelles la veille de la célébration de la messe. Logiquement la continence devint permanente lorsque la messe devint elle-même quotidienne. Plus tard, les évêques ont craint que les prêtres ne disposent des biens d'Église en faveur de leurs enfants. L'insistance sur la disponibilité favorisée par le célibat des prêtres et sur sa dimension mystique ne s'est fait jour que progressivement. Quoi qu'il en soit, la règle du célibat n'a cessé d'être affirmée, depuis le concile d'Elvire (306), en passant par la décrétale du pape saint Sixte (386), les instructions d'Innocent Ier (402-417), les canons du deuxième concile du Latran (1139) et du concile de Trente (1545-1563), le code de Droit canon de 1917, les décrets du concile Vatican II (1965), jusqu'à l'encyclique de Paul VI *Sacerdotalis coelibatus* (1967), la lettre aux prêtres de Jean-Paul II (1979) et le code de Droit canon de 1983 ; le mariage des prêtres est même déclaré nul.

Mais, en même temps, ces rappels fréquents soulignent les difficultés que soulève le célibat ecclésiastique ; et certaines périodes ont, de fait, connu des mœurs du clergé très relâchées, particulièrement aux Xe et XVe siècles pendant lesquels le concubinage clérical était très fréquent.

Dès lors pourquoi une telle règle ?

L'Église voit dans le célibat de ses prêtres un signe important : si le célibat apparaît à première vue comme une forme de stérilité et donc comme en lien avec une forme de la mort, le prêtre a précisément pour mission d'annoncer le Christ qui a vaincu la mort, et donc la possibilité pour chacun de vivre malgré la mort et malgré tous les échecs : la fécondité du prêtre est d'ordre spirituel. Le célibat est ainsi un signe du Royaume à venir auquel le prêtre se consacre tout entier.

« Le célibat en vue du Royaume n'est pas seulement un signe eschatologique : il a également une grande signification sociale, dans la vie présente, pour le service du peuple de Dieu. Par son célibat, le prêtre devient l'homme pour les autres (...). Le prêtre, en renonçant à cette paternité propre aux époux, cherche une autre paternité, et même presque une autre « maternité », quand je pense aux paroles de l'Apôtre au sujet des enfants qu'il engendre dans la douleur (...). Normalement la vocation est liée au service d'une communauté déterminée du peuple de Dieu, dans laquelle chacun s'attend à recevoir attention, sollicitude, amour. Pour être disponible à un tel service, à une telle sollicitude, à un tel amour, le cœur du prêtre doit être libre. » (Jean-Paul II, *Lettre aux prêtres,* 8 avril 1979).

Au demeurant, les responsables de l'Église n'ont cessé d'être conscients de la difficulté d'un tel engagement d'amour. Pour passer par « ces épreuves de feu » (Jean-Paul II), ils ont constamment insisté sur la nécessité de la confiance totale en Dieu, celle qui faisait dire à saint Paul : « Je puis tout en Celui qui me rend fort ». ■

Ph. Le Diascorn-Rapho

Les Églises orthodoxes et les Églises catholiques orientales admettent que leurs prêtres (mais non leurs évêques) soient mariés, à condition qu'ils l'aient été avant leur ordination. (Ici, procession des palmes, Fête des Rameaux, à Athènes.)

CHAPITRE V

LES INSTITUTIONS

LIVRE I

L'organisation de l'Église

Pour saisir clairement le sens et le mode de fonctionnement des institutions ecclésiales, il est utile de se reporter au préalable à la partie du présent ouvrage exposant la nature et la mission de l'Église.

On rappellera seulement ici un passage essentiel de la constitution dogmatique « Lumen gentium » sur l'Église du concile Vatican II.

« Le Christ, unique médiateur, crée et continuellement soutient sur la terre, comme un tout visible, son Église sainte, communauté de foi, d'espérance et de charité, par laquelle il répand, à l'intention de tous, la vérité et la grâce. Cette société organisée hiérarchiquement, d'une part, et le Corps mystique, d'autre part, l'ensemble discernable aux yeux et la communauté spirituelle, l'Église terrestre et l'Église enrichie des biens célestes ne doivent pas être considérées comme deux choses, elles constituent au contraire une seule réalité complexe, faite d'un double élément humain et divin. C'est pourquoi, en vertu d'une analogie qui n'est pas sans valeur, on la compare au mystère du Verbe incarné. Tout comme, en effet, la nature prise par le Verbe divin est à son service comme un organe vivant de salut qui lui est indissolublement uni, de même, le tout social que constitue l'Église est au service de l'Esprit du Christ qui lui donne vie en vue de la croissance du corps (cf. Ep 4,16) (*Lumen gentium* n° 8). »

On se situe donc ici dans une tout autre perspective que celle qui prévaut dans les institutions des sociétés civiles (équilibre des pouvoirs, rapports de force, majorité et minorité, démocratie et autocratie...).

Il ne faut jamais perdre de vue, notamment, que, dans la perspective chrétienne, la source et le principe de toute la vie ecclésiale se trouvent dans l'Esprit Saint, dont l'assistance a été promise par le Christ à ses disciples et concrétisée par l'événement de la Pentecôte, point de départ historique de l'Église.

C'est sous le signe de l'Esprit, principe unitaire de la Trinité, qu'est placé l'ensemble de la vie ecclésiale, appelée à tendre sans cesse vers la plénitude de la communion, tant avec Dieu qu'en elle-même et avec le genre humain ; d'où l'importance de la collégialité des évêques, en union avec celui de Rome, du presbyterium évêque-prêtres, de la participation des fidèles à la mission de l'Église,et le souci de la dimension œcuménique ou des solidarités humaines (pauvres, paix...).

Un geste, en usage depuis les origines de l'Église, illustre cette conception reconnaissant en l'Esprit du Christ la source de tout pouvoir en elle : l'imposition des mains ; par ce rite, l'Église confère à ses ministres les pouvoirs d'exercer au nom du Christ le ministère (service) qu'elle leur confie, et, simultanément, elle leur transmet les dons appropriés de l'Esprit.

(Pour de plus amples développements sur les pouvoirs dans l'Église, cf. « Les chrétiens dans la société », par G. DEFOIS, éd. Desclée).

1. L'ÉGLISE EN FRANCE

Rappel de quelques notions éclairantes

L'expression « Église de France » ne correspond à aucune notion de la théologie sur l'Église (ou ecclésiologie) ; selon cette dernière, il n'est d'Église qu'universelle, celle-ci étant communion d'Églises particulières (diocèses). L'Église universelle est celle fondée par le Christ en vue de porter l'Évangile aux extrémités de la terre, et dont il est le chef invisible ; elle rassemble le « Peuple de Dieu » réparti à travers le monde. Les Églises particulières, ou diocèses, sont les « portions du Peuple de Dieu » confiées aux évêques, successeurs des apôtres. Ensemble, ces évêques, en union avec l'évêque de Rome, successeur de Pierre, forment le collège épiscopal, successeur et héritier spirituel du collège apostolique auquel le Christ a confié, sous la conduite de Pierre, le soin de « paître ses agneaux » (d'où les termes *pasteur, pastoral, la pastorale...*).

Église universelle et Églises particulières (diocèses) sont donc les deux faces d'une seule et même réalité fondamentale, à partir de laquelle ont été élaborées, à travers les siècles, un certain nombre de dispositions pratiques pour assurer plus efficacement la mission assignée par le Christ à son Église. Le droit canonique a ensuite pris en compte les structures ainsi peu à peu mises en place autour du noyau du diocèse et leur a donné des bases juridiques.

*1. **La paroisse*** est la communauté de fidèles, le plus souvent territoriale, confiée par l'évêque à un prêtre de son diocèse, le curé. Elle ne constitue pas une Église particulière, mais une des cellules de l'Église particulière qu'est le diocèse.

*2. **Les provinces et régions ecclésiastiques*** sont des regroupements de diocèses pour des besoins de bonne administration et, surtout aujourd'hui, de concertation pastorale entre évêques de diocèses voisins ; les pouvoirs (devenus très théoriques) de l'archevêque à la tête de la province ou les décisions d'une Conférence régionale des évêques ne peuvent porter atteinte aux pouvoirs de ces derniers dans leur diocèse.

*3. **Les Conférences des évêques*** instituées au plan national (ou éventuellement pour un territoire plus vaste ou plus restreint) constituent essentiellement des moyens de concertation entre évêques ; elles procèdent du principe général de la collégialité dans l'Église ; elles n'exercent cependant de pouvoirs sur les évêques qui relèvent d'elles que dans des limites très précises et sous réserve d'approbation du Saint-Siège cas par cas.

Malgré la multiplication des organes intermédiaires entre les Églises particulières et le siège de l'Église universelle, organes intermédiaires rendus indispensables par la complexité des questions et des situations dans le monde contemporain, la conception théologique fondamentale d'une Église universelle, communion d'Églises particulières confiées aux successeurs des Apôtres, n'a pas varié. C'est un facteur de première importance dans la recherche de l'unité entreprise entre Églises chrétiennes.

QU'EST-CE QUE

Dans l'empire romain, le diocèse (du grec *dioikèsis,* conduite des affaires de la maison, administration), était une subdivision administrative. Le terme a été très vite appliqué par l'Église à plusieurs de ses circonscriptions avant de désigner exclusivement ce qui correspond à l'actuel diocèse.

Selon le Code de droit canonique de 1983, qui reprend les termes du concile Vatican II, le diocèse est « la portion du peuple de Dieu confiée à un évêque pour qu'il en soit, avec la coopération du presbyterium[1], le pasteur... ».

On pourrait être tenté de voir dans le diocèse une sorte de département dont l'évêque serait le préfet, par délégation de pouvoirs attribués par le pape. Ce serait méconnaître la nature de l'Église. Le même concile Vatican II rappelle en effet que chaque Église particulière est « formée à l'image de l'Église universelle ; c'est en

LES DIOCÈSES DANS LE MONDE

Les circonscriptions ecclésiastiques de l'Église catholique sont au nombre de 2 545, se répartissant comme suit :

Sièges patriarcaux	12
Sièges métropolitains	428
Sièges archiépiscopaux	67
Sièges épiscopaux	1 812
Prélatures	63
Abbayes territoriales	14
Administrateurs apostoliques	5
Exarques et ordinaires	15
Vicaires apostoliques	69
Préfets apostoliques	14
Missions « sui generis »	5
Vicaires patriarcaux	12
Évêques aux Armées	29

Sur ces 2 545 circonscriptions, 2 381 sont de rite latin et 164 de rite oriental.
La superficie moyenne d'un diocèse est de 38 810 km². Cette moyenne recouvre en fait des situations très contrastées :

Afrique	73 028 km²
Amérique du Nord	73 292 km²
Amérique du Sud	32 457 km²
Asie Moyen-Orient	38 905 km²
Asie Sud-Est	35 479 km²
Europe	7 895 km²
dont France métro. (93 dio. territ.)	5 867 km²
Océanie	111 960 km²

Le nombre moyen de centres pastoraux (paroisses, postes missionnaires...) par diocèse est de 157 ; là aussi, les situations sont en fait très diverses selon les continents :

Nombre moyen de centres pastoraux par diocèse :

Afrique	200
Amérique du Nord	111
Amérique du Sud	108
Asie Moyen-Orient	21
Asie Sud-Est	140
Europe (dont France 377)	233
Océanie	61

Sources : Statistiques du Saint-Siège pour l'année 1989, publiées en 1991.

toutes ces Églises particulières, et par elles, qu'existe l'Église catholique, une et unique. C'est pourquoi chaque évêque représente son Église, et tous ensemble, avec le pape, les évêques représentent l'Église universelle dans le lien de la paix, de l'amour, de l'unité » (*Lumen gentium*, n° 23).

Autrement dit, l'Église universelle est faite de toutes les Églises particulières (les diocèses), et chaque diocèse est par lui-même une représentation de cette Église universelle, peuple de Dieu répandu sur toute la terre. Auprès de chaque Église particulière, l'évêque a donc pour mission d'être promoteur d'unité, tant au sein de cette Église particulière elle-même que dans sa relation avec les autres Églises particulières, et toujours en communion avec le pape, « fondement visible de cette unité ». ■

1. Ensemble des prêtres du diocèse.

Un bref historique du diocèse en France

Jusqu'à la Constitution civile du Clergé (1790) et au Concordat signé en 1801 entre Bonaparte et le Saint-Siège, le nombre des diocèses français était beaucoup plus élevé qu'aujourd'hui. En effet, ils avaient été constitués, pour la plupart, au fur et à mesure de la progression du christianisme en Gaule puis en France.

Dans les premiers temps (pratiquement à partir des IIIe-IVe siècles), l'Église avait tout naturellement calqué son organisation territoriale sur celle de l'administration romaine, dont les circonscriptions de base, les cités, étaient beaucoup plus nombreuses dans la partie sud du pays, la plus romanisée et la plus peuplée, et y recouvraient donc des territoires de dimension relativement faible. En outre, ces régions ayant été christianisées les premières, c'est là que, dans les premiers siècles, on rencontrait les plus fortes proportions de chrétiens. D'où le grand nombre de diocèses qui y avaient été fondés. Ainsi s'explique le nombre élevé de cathédrales qu'on voit encore dans le sud de la France (l'actuel diocèse de Montpellier en compte six).

En 1790, l'Église constitutionnelle instituée par l'Assemblée Constituante (et non reconnue par Rome) fut organisée en diocèses correspondant aux départements qui venaient d'être créés.

Pour des raisons politiques, Bonaparte exigea, lors de la négociation du Concordat avec Pie VII, que la géographie ecclésiastique française correspondît effectivement à la géographie administrative. Le nombre des diocèses se trouva de la sorte fortement, et heureusement, diminué, leurs limites correspondant désormais, à plusieurs exceptions près, à celles des départements.

Depuis lors, quelques retouches ont été apportées à la carte des diocèses français, sans remettre fondamentalement en cause le dispositif concordataire. ■

Lorsqu'un mot, une expression, un événement, une institution, un nom propre vous sont inconnus, consultez l'index.

L'ÉGLISE DIOCÉSAINE
L'ÉVÊQUE

• Dans les Églises chrétiennes ayant un épiscopat, dont, bien sûr, l'Église catholique, les *évêques* ont toujours été considérés comme les *successeurs des douze apôtres* institués par le Christ comme fondements de son Église (douze par référence aux douze tribus d'Israël : l'Église est le nouveau Peuple de Dieu, issu de la Nouvelle Alliance conclue avec lui par Jésus-Christ). Ces apôtres (*apostolos* signifie en grec envoyé), le Christ les a effectivement envoyés annoncer le Royaume de Dieu jusqu'aux extrémités de la terre et les a institués « bergers de ses brebis ». Après la Pentecôte, ils ont entrepris l'évangélisation du monde tout en restant unis, sous l'autorité de Pierre, au sein de ce qu'on appelle le *collège apostolique*. Selon la théologie catholique, les évêques forment aujourd'hui, en communion avec le pape, le *collège épiscopal*, successeur du collège apostolique.

• *Cette succession s'est assurée de manière continue à travers les siècles.* Aux premières années de l'Église, les apôtres établirent à la tête des communautés chrétiennes des responsables appelés tantôt *presbytres* (du grec *presbuteros*, ancien), tantôt *épiscopes* (du grec *episkopos*, protecteur, surveillant) ; ils leur imposèrent les mains, comme le relatent les *Actes des Apôtres* et les *Épîtres de Paul*, pour leur transmettre, en même temps que le don de l'Esprit Saint, les pouvoirs qu'eux-mêmes avaient reçus du Christ.

Peu à peu, à travers diverses mutations, seul subsista le titre d'évêque pour désigner le responsable de l'Église locale. Pour le seconder, il avait auprès de lui deux catégories de collaborateurs : les *presbytres* (d'où le mot français *prêtre*), qui formaient autour de lui un collège *(presbyterium)* directement associé à son ministère ; et les *diacres* (du grec *diakonos*, serviteur, assistant), auxquels étaient confiées diverses tâches, y compris la participation à l'annonce de l'Évangile et l'administration du baptême. Prêtres et diacres étaient ordonnés par leur évêque.

Afin d'assurer la continuité de la mission confiée aux apôtres par le Christ, l'évêque ordonnait aussi de nouveaux évêques, pris parmi les prêtres. C'est cette continuité depuis les origines, appelée *succession apostolique*, qui fonde, aux yeux des Églises catholique, orthodoxe et anglicane, l'authenticité des pouvoirs assumés par les évêques.

L'histoire montre aussi que l'évêque n'est jamais resté cantonné dans la seule reponsabilité de son Église locale, mais a toujours été associé avec les autres évêques à la coresponsabilité de l'Église universelle ; ensemble ils forment le « collège épiscopal ». Tout au long des siècles, on voit les évêques d'une même région, d'un même pays ou de toute l'Église, se réunir en conciles et synodes pour délibérer des affaires communes de l'Église ; aujourd'hui, conciles œcuméniques, synodes des évêques, conférences épiscopales poursuivent la même tâche.

• *Par son ordination épiscopale*, l'évêque (toujours choisi parmi les prêtres) reçoit, comme les apôtres, la plénitude du sacrement de l'ordre, et, par là, la charge et le pouvoir d'**enseigner** (annonce de la Parole de Dieu, doctrine), de **sanctifier** (par la vie sacramen-

▶▶▶

Organisation territoriale

Le *diocèse*, « portion du peuple de Dieu », est constitué de l'ensemble des baptisés de l'Église catholique résidant sur le territoire qu'il recouvre, sans oublier toutefois que « tous les hommes sont appelés à former le nouveau peuple de Dieu » (Vatican II).

Au fur et à mesure de la christianisation et du développement démographique, le territoire des diocèses a été progressivement pourvu d'églises, points de rassemblement de communautés locales qui sont à l'origine des paroisses. La *paroisse* est confiée à un prêtre délégué par l'évêque, le *curé* (*cura animarum*, charge d'âmes). Dans les pays d'ancienne christianisation, le territoire des diocèses est entièrement couvert par le réseau paroissial.

A l'intérieur des diocèses, au cours des siècles, ce réseau paroissial a été progressivement structuré en secteurs, de plus ou moins grande étendue : archidiaconés, doyennés, archiprêtrés...

Aujourd'hui, un diocèse est le plus souvent subdivisé en quelques *grandes zones*, dont le nom varie d'un diocèse à l'autre (archidiaconés, zones, régions, secteurs, etc.) ; chacune de ces zones est généralement confiée à un des collaborateurs de l'évêque qui portent le titre de *vicaire épiscopal*.

Dans chaque zone, les paroisses sont groupées en sous-ensembles portant ordinairement le nom de *doyennés*, mais pouvant avoir d'autres appellations (par exemple archiprêtrés) selon les diocèses. Leur responsable[1] est nommé par l'évêque après consultation du clergé qui y exerce un ministère ; sa fonction, limitée dans le temps, n'est plus liée, comme ce fut longtemps le cas, à la charge d'une paroisse déterminée ; elle n'interrompt pas le ministère exercé par le doyen avant sa désignation. L'organisation en doyennés permet une concertation et une entraide pastorales entre les paroisses.

Comment fonctionne un évêché ?

Pour l'aider à accomplir sa mission, l'évêque dispose de collaborateurs et d'organes consultatifs.

Les collaborateurs permanents de l'évêque sont, en tout premier lieu, les prêtres du diocèse ; ils forment avec lui le *presbyterium*, c'est-à-dire le collège des prêtres, sur lequel il s'appuie et auprès duquel il doit chercher conseil.

Parmi ces prêtres, certains exercent plus immédiatement à ses côtés des fonctions contribuant au gouvernement du diocèse ; ils forment ce que le droit canonique appelle la *curie diocésaine*.

Dans les diocèses très importants, l'évêque diocésain peut être assisté d'un (et parfois plusieurs) *évêques auxiliaires*.

Lorsque l'évêque diocésain est appelé à prendre bientôt sa retraite, il est parfois assisté par un *évêque coadjuteur* avec droit de succession, qui le remplace de droit à son départ.

Dans tout diocèse, l'évêque est tenu de désigner un *vicaire général* qui (évêque auxiliaire ou coadjuteur mis à part) est son collaborateur le plus proche, celui qui exerce la fonction la plus générale. Dans les diocèses très importants, il y a parfois plusieurs vicaires généraux. Outre la responsabilité de la curie diocésaine, le vicaire général dispose sur l'ensemble du diocèse de pouvoirs étendus, toujours révocables par l'évêque d'ailleurs, et nécessairement exercés en union étroite avec lui.

En outre, l'évêque désigne le plus souvent un ou plusieurs *vicaires épiscopaux ;* contrairement au vicaire général, ils n'ont chacun compétence que dans un domaine déterminé : ou la responsabilité d'une des grandes zones territoriales du diocèse (appelées selon les diocèses, archidiaconés, zones, régions, etc.), ou la charge d'une catégorie déterminée de questions (apostolat des laïcs, relations avec le clergé, enseignement religieux, etc.), ou toute autre mission confiée par l'évêque.

S'il le juge utile, l'évêque peut instituer un *conseil épiscopal*, composé de lui-même, du ou des évêques qui éventuellement l'assistent, du vicaire général, des vicaires épiscopaux. Ce conseil se réunit alors régulièrement, généralement chaque semaine, pour délibérer sur les affaires courantes du diocèse.

La décision appartient toujours à l'évêque (sauf délégation de sa part), mais le conseil épiscopal n'en joue pas moins, le plus souvent, un rôle très important.

D'autres fonctions spécialisées sont confiées à divers collaborateurs : le *chancelier* a la charge de l'établissement et de la conservation des actes de la curie diocésaine ; l'*économe* administre les finances et les biens du diocèse, selon les directives définies par le *conseil pour les affaires économiques ;* celui-ci, nommé et présidé par l'évêque, et composé d'au moins trois fidèles compétents (clercs ou laïcs), établit le budget du diocèse, en approuve les comptes, en contrôle les finances ; *l'official*, assisté éventuellement de vice-officiaux et de juges assesseurs, est chargé par l'évêque de juger les affaires portées devant son tribunal (Voir Tribunaux ecclésiastiques).

Enfin, divers autres collaborateurs ont la responsabilité de *directions diocésaines* ou de *services diocésains* ayant en charge l'animation pastorale dans des domaines déterminés : enseignement religieux et catéchèse, enseignement catholique, aumônerie de l'enseignement public, apostolat des laïcs, pastorale liturgique, pastorales des malades, des migrants, de la famille, œcuménisme, coopération missionnaire, information, vocations, action sociale, enfance et jeunesse inadaptées, etc. Beaucoup de ces services sont en relation avec une instance nationale spécialisée dans le même type de questions ; beaucoup également comportent un comité diocésain réunissant des prêtres, des religieux et religieuses, des laïcs.

On se fera une idée des activités que ces divers services ont en charge en prenant connaissance des grands secteurs pastoraux évoqués plus loin.

L'élaboration des orientations et décisions de l'évêque diocésain fait l'objet de délibérations au sein de divers organes consultatifs.

On a évoqué au passage le *conseil épiscopal* et le *conseil pour les affaires économiques*, ainsi que les comités ou conseils pouvant fonctionner auprès des services diocésains spécialisés. Il en existe plusieurs autres à compétence générale.

Le plus important, institué par le nouveau Code de droit canonique de 1983, est le *Synode diocésain* (cf. Index), réunissant des délégués des prêtres, des religieux et des laïcs du diocèse, présidé par l'évêque et pouvant être saisi de toutes questions que celui-ci jugera opportunes. Cette innovation ouvre une perspective très prometteuse dans la vie diocésaine si les évêques la mettent effectivement en œuvre, comme l'ont déjà fait beaucoup d'entre eux.

• Le *Conseil presbytéral*, qui a vu le jour depuis le concile Vatican II, est également une innovation ; ou plutôt il renoue avec l'institution des « anciens » créée par les Apôtres. Il réunit des représentants de l'ensemble des prêtres du diocèse, les uns élus par les prêtres, d'autres membres de droit, d'autres encore désignés par l'évêque. Le Conseil est consulté par celui-ci pour toutes les affaires importantes. Selon les diocèses, il se réunit plus ou moins fréquemment.

Au sein du Conseil presbytéral, l'évêque choisit entre six et douze *consulteurs* chargés, en cas de vacance du siège épiscopal, d'élire l'administrateur diocésain qui gouvernerait le diocèse durant cette vacance.

• Le *Chapitre cathédral des chanoines* fut pendant des siècles le véritable conseil de l'évêque ; il lui appartenait, en outre, en cas de vacance du siège épiscopal, de désigner l'un de ses membres qui, avec le titre de *vicaire capitulaire*, administrait le diocèse pendant cette vacance. Aujourd'hui, le chapitre constitue un collège honorifique, encore chargé toutefois d'une fonction liturgique (la *Liturgie des heures,* voir ce mot) dans l'église cathédrale.

• Le *Conseil pastoral* préconisé lui aussi par le Concile Vatican II, est d'institution récente (mais il fonctionnait de fait dans beaucoup de diocèses bien avant que le Code de droit canonique de 1983 lui donne une existence juridique). Il est constitué majoritairement de laïcs, chargés de représenter l'ensemble du « peuple de Dieu » du diocèse. Ses membres en sont généralement choisis de manière à rendre présents les divers secteurs géographiques, les diverses conditions sociales et les diverses activités apostoliques du diocèse. Il délibère sur les questions concernant l'évangélisation du diocèse, établissant ainsi un contact fructueux entre le responsable du diocèse et les chrétiens engagés dans les conditions courantes de la vie (famille, profession, action sociale, syndicale, etc.) et les institutions ecclésiales et s'efforçant d'y exercer une action apostolique. ■

DES ÉVÊQUES FRANÇAIS ÉVOQUENT LEUR MINISTÈRE

CARDINAL DECOURTRAY, archevêque de Lyon, *22 entretiens avec André Sève,* Éd. le Centurion.

MGR DELAPORTE, archevêque de Cambrai, *Osez l'Espérance.* Entretiens avec R. Pontel. Éd. Desclée de Brouwer.

MGR ARMAND LE BOURGEOIS, évêque d'Autun, *Un évêque français,* Entretiens avec J.-P. Chartier. Éd. Desclée de Brouwer.

MGR JACQUES GAILLOT, évêque d'Évreux, *Ils m'ont donné tant de bonheur,* Entretiens avec G. Jarczyk. Éd. Desclée de Brouwer.

1. Le Code de droit canonique donne le nom général de « vicaire forain » au prêtre désigné par l'évêque pour exercer ce type de mission.

▶▶▶

telle et spécialement eucharistique), et de **gouverner** (charge pastorale), au nom du Christ, « la portion du Peuple de Dieu qui lui a été confiée » ; c'est ainsi que se trouve définie sa mission (Constitution sur l'Église, concile Vatican II).

• Pour accomplir cette mission, aujourd'hui comme hicr, l'évêque est *aidé par les prêtres de son diocèse,* qui forment avec lui un collège, le *presbyterium.* A propos du sacerdoce des prêtres, on peut, en s'appuyant sur l'un ou sur l'autre des textes de Vatican II, mettre l'accent soit sur sa participation directe au sacerdoce du Christ conformément à la grande tradition de l'Église, soit sur son caractère dérivé par rapport au sacerdoce plénier de l'évêque. Ce qui importe, c'est de constater que les relations entre évêque et prêtres ne sont pas simplement de nature hiérarchique ; *fondamentalement ils participent au même sacerdoce* ; l'évêque est tenu de communiquer avec ses prêtres, et non pas seulement de les diriger.

Le presbyterium[1]

Du fait de leur ordination, qui les a fait entrer dans l'ordre du presbytérat, les prêtres sont tous intimement liés entre eux par la fraternité sacramentelle ; mais du fait de leur affectation au service d'un diocèse en dépendance de l'évêque local, ils forment tout spécialement un presbyterium unique. Certes les tâches confiées sont diverses ; il s'agit pourtant d'un ministère sacerdotal unique exercé pour les hommes. C'est pour coopérer à la même œuvre que tous les prêtres sont envoyés, ceux qui assurent un ministère paroissial ou supra-paroissial comme ceux qui se consacrent à un travail scientifique de recherche ou d'enseignement, ceux-là même qui travaillent manuellement et partagent la condition ouvrière (...) comme ceux qui remplissent d'autres tâches apostoliques ou ordonnées à l'apostolat. Finalement, tous visent le même but : construire le Corps du Christ.

Décret *Presbyterorum ordinis* de Vatican II, n° 8.

(1) Voir Index

COMMENT SONT NOMMÉS LES ÉVÊQUES

En France, ils sont nommés par le pape.

Tous les trois ans au moins, les évêques d'une même province ou même région ecclésiastique dressent en commun et en secret une liste de prêtres, même religieux, les plus aptes à l'épiscopat. Chaque évêque conserve toujours le droit de faire ses propores propositions.

Les listes ainsi établies sont transmises à Rome par le nonce apostolique.

• Lorsqu'un évêque (diocésain, coadjuteur, ou auxiliaire) doit être nommé, le nonce fait le choix de trois noms après s'être livré à une enquête sur les candidats possibles ; il consulte en particulier les évêques de la province ecclésiastique où se trouve le siège à pourvoir, le président de la Conférence épiscopale nationale, le collège des « consulteurs » et le chapitre cathédral du diocèse concerné, et tous autres ecclésiastiques ou laïcs qu'il juge à propos.

L'évêque diocésain qui souhaite se voir assisté d'un auxiliaire ou d'un coadjuteur propose lui-même une liste d'au moins trois noms.

• Le Saint-Siège fait le choix de l'évêque au vu du rapport du nonce et des éventuelles suggestions de l'évêque diocésain demandeur d'un auxiliaire ou coadjuteur. En France, jusqu'à la séparation de l'Église et de l'État (1905), l'avis conforme du gouvernement français était sollicité pour les évêques français. Depuis le rétablissement des relations diplomatiques avec le Saint-Siège en 1921, celui-ci consulte le gouvernement sans toutefois être tenu par son avis ; mais il ne semble pas qu'il soit jamais passé outre à un avis négatif. Par ailleurs, les évêchés de Strasbourg et de Metz étant resté sous régime concordataire lors du retour de l'Alsace et de la Moselle à la France en 1918 et 1944, la nomination de leurs évêques est restée un acte du gouvernement français, et comme telle publiée au Journal Officiel. Le Saint-Siège doit donc saisir en temps utile le gouvernement.

Ailleurs les procédures peuvent être autres. En Allemagne, par exemple, le chapitre cathédral du diocèse à pourvoir d'un évêque propose six noms à Rome, qui en retient trois ; le chapitre choisit l'un d'eux. ■

POURQUOI LA COULEUR VIOLETTE POUR LES ÉVÊQUES ?

Soutane ou liseré de soutane, ceinture, calotte, barrette, mozette (et jusqu'à une époque récente, mantelet, cappa magna, bas) sont de couleur violette dans le vêtement de l'évêque (rouge dans celui des cardinaux). Le violet épiscopal tire sur le rouge, à la différence de celui des ornements liturgiques (chasuble, étole) qui, symbole de pénitence ou de deuil, tire davantage sur le bleu.

Dans la symbolique riche et complexe des couleurs, qui a toujours tenu une grande place dans les signes utilisés par l'Église, une des significations du violet, qui prévaudrait dans les vêtements épiscopaux, est d'être une couleur d'apaisement : l'ardeur du rouge y est adoucie par la froideur du bleu. « A la différence du mystique, dit le *Dictionnaire des Symboles* (Ed. R. Laffont), l'évêque, chargé de veiller sur son troupeau, doit tempérer l'ardeur de ses passions ». Le violet est un emblème de la tempérance, une des quatre vertus cardinales. ■

Ph. Durand

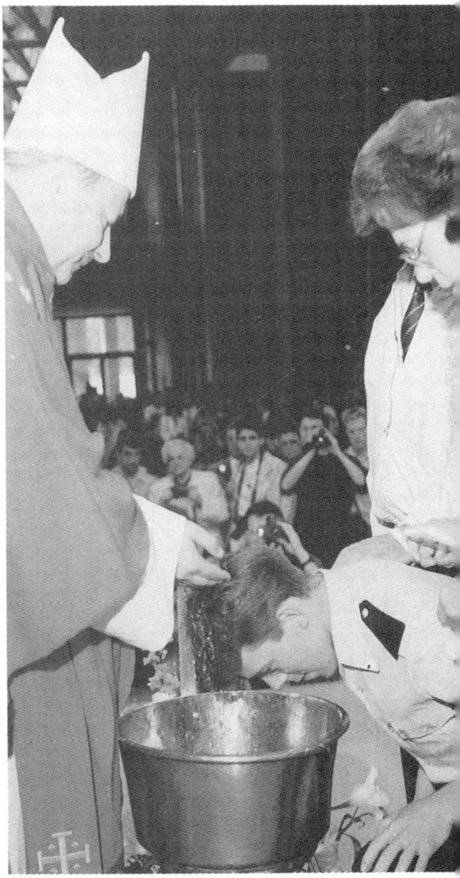

Baptême par Mgr Dubost, évêque aux armées.

Lorsqu'un mot, une expression, un événement, une institution, un nom propre vous sont inconnus, consultez l'index.

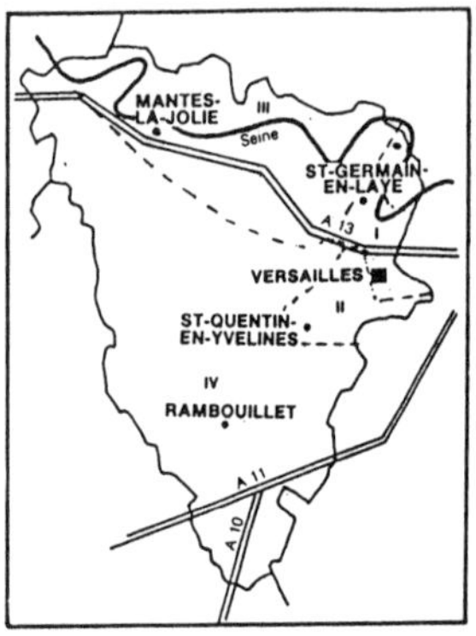

Un diocèse parmi d'autres, celui de Versailles

• Puisqu'il faut prendre un exemple, le diocèse de *Versailles* sera ici retenu. Il correspond au département des *Yvelines* (population en 1990 : 1 304 143 hb., en 260 communes). Il compte 269 paroisses formant 16 doyennés, regroupés en 4 zones pastorales :

1. **Zone de Versailles-St-Germain-en-Laye** (343 923 hb.) : 4 doyennés, 34 paroisses.

2. **Zone de St-Quentin-en-Yvelines** (325 549 hb.) : 4 doyennés, 31 paroisses. Elle inclut la ville nouvelle de même nom.

3. **Zone de la vallée industrielle de la Seine** (469 383 hb.) : 4 doyennés, 81 paroisses.

4. **Zone verte ,** la plus étendue, rurale (ouest et sud du département) (165 288 hb.) : 4 doyennés, 141 paroisses.

• Plus de 50 congrégations religieuses sont présentes dans le diocèse (9 maisons de religieux et 71 de religieuses).

• **Prêtres en activité** fin 1991 : 282 (74 de plus de 70 ans, 136 de 50 à 69 ans, 69 de 30 à 49 ans, 3 de moins de 30 ans. Moyenne d'âge 60 ans. Effectif en diminution continue ; la moyenne d'âge va s'abaisser avec la retraite d'une proportion importante d'actifs. 3 prêtres du diocèse sont en mission à l'étranger au titre de *Fidei donum* (voir Index).

• **Diacres permanents** fin 1991 : 29. Moyenne d'âge : 52 ans. Effectif en accroissement continu.

• **L'évêque** de Versailles a comme collaborateurs immédiats un **vicaire général** (voir Index) et 8 **vicaires épiscopaux** : 4 responsables de zone, les autres étant chargés de la pastorale familiale, de la formation permanente, de la mission ouvrière, de l'état religieux, de l'apostolat des laïcs. L'*officialité* (tribunal ecclésiastique) de Versailles est désormais exclusivement tribunal d'appel pour l'ensemble de la province ecclésiastique d'Ile-de-France, l'officialité de Paris étant le tribunal de première instance de la province. Un prêtre assure la direction du bureau des mariages.

• Le **conseil épiscopal** réunit, chaque semaine, l'évêque, le vicaire général, les 8 vicaires épiscopaux ainsi que l'économe.

• Le **conseil presbytéral**, présidé par l'évêque, comprend 26 prêtres, dont 6 membres de droit (en vertu de leurs fonctions), 5 élus par leurs pairs au titre des aumôneries, 13 autres au titre des zones, et 2 cooptés par l'évêque. Élu pour trois ans, il tient quatre sessions de 2 jours par an et une assemblée annuelle de tous les prêtres du diocèse. Ses commissions se réunissent plus souvent pour élaborer des projets à lui soumettre.

• Le **conseil pastoral diocésain** compte, outre l'évêque, 24 membres (15 laïcs, 2 religieuses, 1 diacre, 6 prêtres) ; il se réunit 4 à 5 fois par an. Actuellement, le diocèse privilégie *les conseils pastoraux de doyennés, de groupements paroissiaux ou de paroisses* : en décembre 1991, ils étaient au nombre de 75, travaillant au bénéfice de plus d'un million d'habitants du diocèse. Il n'a pas été réuni de *synode diocésain,* mais des rencontres sur le terrain sont systématiquement organisées par l'évêque et les vicaires épiscopaux pour développer *l'évangélisation* à travers le diocèse.

• **Le Vicariat à la Solidarité** vise à développer un esprit de charité-solidarité à l'intérieur des Yvelines, comme entre le diocèse et le reste du monde.

• **Le conseil pour les affaires économiques** est composé de 10 laïcs, experts en droit ou en gestion financière et associés à la pastorale du diocèse, d'un curé de paroisse, du vicaire général, du chancelier ; il est présidé de droit par l'évêque.

• Le **chapitre cathédral** compte 4 chanoines titulaires.

• Le **collège des diacres** réunit les diacres permanents du diocèse et leurs épouses.

• Le diocèse n'a pas d'*exorciste* : celui de Paris à compétence pour l'ensemble des diocèses de l'Ile-de-France.

• Un ensemble de **directions et services diocésains** a en charge les autres activités relevant de l'évêque : aumôneries de mouvements d'action catholique, enseignement religieux, enseignement catholique (avec un CODIEC, Comité diocésain de l'enseignement catholique, voir Index), aumônerie de l'enseignement public, pastorale liturgique, vocations, coopération missionnaire, formation, œcuménisme, information, enfance et jeunesse inadaptées, aumônerie d'hôpitaux et pastorale de la santé, étrangers, communautés nouvelles, groupes de prière, chantiers diocésains, coopérative d'enseignement religieux. Leurs responsables ont pour la plupart leur base à l'évêché, mais certains exercent en outre des fonctions pastorales basées ailleurs. Quatre responsables de ces grands services sont des femmes. ■

UN DIOCÈSE POUR LES ARMÉNIENS EN FRANCE

En 1986, le pape Jean-Paul II a élevé au rang d'éparchie (diocèse), avec le titre de Sainte-Croix de Paris, l'exarchat apostolique pour les catholiques arméniens résidant en France créé en 1960 par Jean XXIII.

Dans les Églises catholiques de rite oriental, au rang desquelles se trouve la communauté catholique de rite arménien, l'exarque apostolique est le prélat exerçant une juridiction au nom du Souverain Pontife sur un territoire ne relevant pas du patriarche de même rite. Il y avait jusqu'alors deux exarchats apostoliques en France, l'un pour les Arméniens catholiques, l'autre pour les Ukrainiens catholiques. L'élévation d'un exarchat au rang d'éparchie, qui est l'équivalent d'un diocèse, donne à son évêque une plus grande autorité et une plus large marge d'initiative par rapport au siège romain. L'éparchie, comme l'exarchat, relève à Rome de la Congrégation pour les Églises orientales.

Avec plus de 30 000 fidèles, le diocèse français des Arméniens forme la communauté la plus nombreuse de celles qui se trouvent en dehors du territoire relevant du patriarche catholique des Arméniens, dont le siège se trouve à Beyrouth, au Liban (voir Index : Rites). L'éparchie de France compte 6 paroisses (en région parisienne, dans la vallée du Rhône, en Provence), 8 prêtres, 8 religieuses de l'unique congrégation féminine de rite arménien ; 5 institutions scolaires sont tenues par les Pères mékhitaristes et les Sœurs arméniennes.

L'éparchie française des Arméniens est, comme le diocèse aux Armées, un « diocèse personnel », c'est-à-dire défini non par un territoire mais par la nature des personnes qui le constituent. ■

Ph. CIRIC

Rassemblement diocésain à Pontoise, en 1986.

Des fêtes et des rassemblements

Pendant longtemps, les rassemblements des chrétiens d'un diocèse autour de leur évêque se sont faits à l'occasion de célébrations liturgiques (par exemple les processions de la Fête-Dieu) ou de pèlerinages.

Aujourd'hui on voit apparaître et se multiplier d'autres formes de rassemblements populaires, qui n'excluent pas la célébration liturgique, mais tendent plutôt à faire de celle-ci le couronnement soit de rencontres festives (pouvant inclure des activités d'information et d'échanges), soit de rencontres pour une réflexion approfondie.

Les *rassemblements diocésains festifs* se déroulent sur de vastes espaces, extérieurs ou intérieurs, où peuvent être établis des stands, des expositions, des dioramas ou diaporamas, présentant les divers aspects et activités de la vie diocésaine et de la société humaine dans la région. Des « carrefours » ou « ateliers » sont organisés pour des échanges sur diverses questions posées par la mission de l'Église dans le diocèse. Éventuellement, une assemblée générale présidée par l'évêque trouve sa place dans la journée. Selon le cas, orchestre, groupes folkloriques, chorale contribuent à l'animation. Le tout vient culminer dans une célébration eucharistique présidée par l'évêque. Toute la population du diocèse est conviée à ce type de rencontres, qui, de ce fait, revêt un caractère populaire.

L'autre type de rassemblements qui tendent à se multiplier en France est celui des *synodes diocésains*. Cette pratique, très ancienne mais longtemps tombée en désuétude, a été remise en honneur par le concile Vatican II (Décret sur la charge pastorale des évêques, 1965). Le Code de droit canon de 1983 en a fixé les règles générales (can. 460-468). Il revient, notamment, à l'évêque de le convoquer et de le présider. Le premier synode diocésain « célébré » (selon l'expression canonique) en France depuis le concile s'est tenu en 1985 dans le diocèse de Limoges (un des diocèses français les plus marqués par une déchristianisation très ancienne, dans une des région les plus affectées par l'évolution économique contemporaine). Soigneusement préparé pendant de longs mois par quelque 300 groupes composés en majorité de laïcs et travaillant sur 13 dossiers précis, il s'est tenu durant les trois journées de la Pentecôte 1985 à l'initiative et sous la présidence de l'évêque de Limoges, Mgr Gufflet. Il a ainsi pratiquement ouvert, de manière concrète, cette voie nouvelle de réflexion et d'action au sein de l'Église en France ; depuis lors, un nombre croissant de diocèses français l'a suivi dans cette voie.

De tels rassemblements permettent de mieux tenir compte de la grande diversité humaine dont est faite une Église diocésaine (âges, milieux, cultures et même, aujourd'hui, nationalités) ; de donner de celle-ci un visage plus proche, plus chaleureux ; de rendre plus visible son insertion dans les réalités humaines ; et finalement, de manifester de manière plus parlante la nature de l'Église et sa mission, qui est d'annoncer à tous la bonne nouvelle du salut.

Les membres de l'Église prennent ainsi davantage conscience de constituer un peuple, « le Peuple de Dieu ». ■

LES SYNODES DIOCÉSAINS ET LES DIOCÈSES EN DÉMARCHE DE TYPE SYNODAL EN FRANCE

(Situation au 3 décembre 1992)

Synodes diocésains terminés

Aire et Dax	1990-1992
Aix-en-Provence	1987-1989
Angoulême	1987-1988
Annecy	1990-1992
Avignon	1988-1990
Bayonne	1990-1992
Beauvais	1986-1989
Bourges	1989-1990
Dijon	1988-1992
Dioc. Armées	1975-1978
Évreux	1988-1991
Évry	1987-1990
Grenoble	1989-1990
Le Mans	1986-1988
Limoges	1982-1985
Marseille	1988-1991
Montpellier	1990-1992
Nancy	1988-1990
Nanterre	1991-1992
Papeete	1987-1990
Perpignan	1985-1988
Saint-Dié	1986-1990
Sens	1987-1990
Vienne (diocèse de Grenoble)	1991

Synodes diocésains en projet ou en cours

Bordeaux	1990-1993
Digne	1992
Le Havre	1992-1994
Lyon	1990-1993
Orléans	1992
Pointe-à-Pitre	1991
Poitiers	1991-1993
Sées	1992-1993
Toulouse	1991
Tulle	1990
Valence	1992-1994

Démarches synodales terminées

Ajaccio	1991
Besançon	1986-1990
Nîmes	1990-1992

Démarches synodales en cours

Agen	1989
Arras	1991-1994
Chalons/Marne	1992
La Rochelle	1991
Limoges	1992
Paris	1990-2000
Reims	1992
Rennes	1991-1993
Rouen	1990-1993

LES 17 PROVINCES ECCLÉSIASTIQUES FRANÇAISES AUJOURD'HUI

En traits gras : limites des provinces ecclésiastiques

En traits fins : limites des diocèses avec numéros minéralogiques des départements correspondants

En capitales : archevêchés

En minuscules : évêchés

PROVINCE DE PARIS

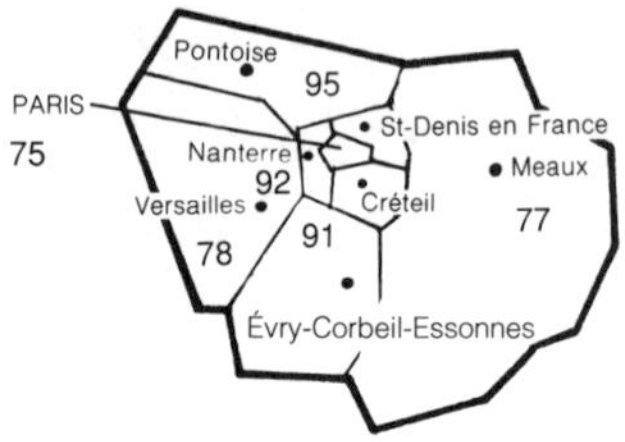

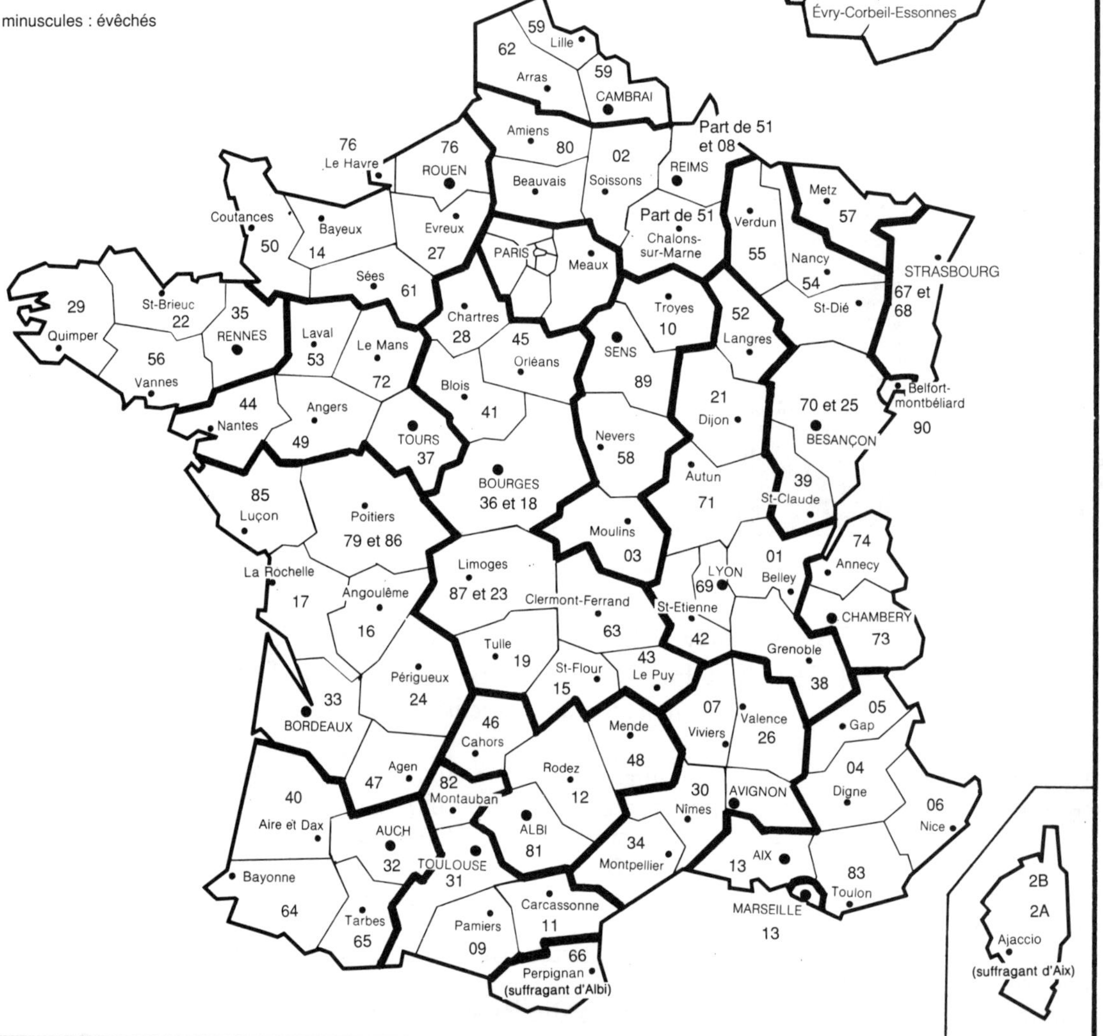

Les diocèses de France et leurs regroupements régionaux

Les diocèses

La France métropolitaine compte actuellement 93 diocèses territoriaux (95 en comptant ceux de Maurienne et de Tarentaise, dont l'évêque est désormais l'archevêque de Chambéry). 74 correspondent à un département ; les 19 autres recouvrent soit 2 départements, soit au contraire une portion seulement de département (voir tableau p. 998).

S'y ajoutent : le diocèse aux Armées (diocèse non territorial), la prélature de la Mission de France, l'ordinariat des catholiques de rite oriental en France, l'éparchie (diocèse) des Arméniens en France, l'exarchat apostolique pour les Ukrainiens en France.

En outre, les départements d'Outre-Mer (DOM) forment quatre diocèses et 1 vicariat apostolique, et les territoires d'Outre-Mer (TOM) 4 diocèses.

Les provinces ecclésiastiques

De même qu'à l'origine les diocèses ont souvent été calqués sur l'organisation administrative romaine en *cités,* leur groupement s'est fréquemment opéré, dans les premiers siècles, selon le dispositif romain des *provinces.* Le chef-lieu de la province romaine portait le nom de *métropole* (du grec *meter,* mère, et *polis,* ville : la ville-mère). C'est pourquoi à la tête de la province ecclésiastique fut placé un *évêque métropolitain* qui, en Occident, fut plus tard appelé *archevêque* (le mot grec *archi* exprime la prééminence). Le diocèse dont l'évêque est un métropolitain porte le nom *d'archidiocèse*

L'archevêque ou métropolitain avait autorité sur les évêques des diocèses de sa province ecclésiastique ; il avait notamment à valider leur élection par le clergé et les fidèles. Lui-même était élu par les évêques de sa province, appelés de ce fait suffragants (c'est-à-dire électeurs). Toutes ces dénominations sont restées en vigueur bien que le système de fonctionnement soit devenu très différent.

Aujourd'hui les diocèses restent groupés en *provinces ecclésiastiques,* chacune de celles-ci ayant son siège dans un *archevêché* qui lui donne son nom. Il y a ainsi en France 17 provinces ecclésiastiques (mais 19 archevêchés, Marseille et Strasbourg constituant des archidiocèses sans province). Les évêques des sièges métropolitains portent le titre d'archevêque : l'insigne propre à leur fonction est le *pallium,* bande de laine blanche que leur remet le pape et qu'ils portent sur leurs vêtements liturgiques. En fait, en dehors de l'organisation judiciaire ecclésiastique et de certaines dispositions d'ordre juridique, les provinces ecclésiastiques n'ont pratiquemment plus de vie propre.

Une nouvelle vie régionale

Si la concertation régionale entre les diocèses a repris vie depuis 1961, c'est en effet dans le cadre de neuf *régions apostoliques,* nouvelles circonscriptions plus vastes que les anciennes provinces et donc moins nombreuses. Les évêques d'une même région apostolique se retrouvent périodiquement ; un certain nombre d'activités communes sont en outre organisées à ce niveau (entre autres, les séminaires) ; de plus chacune des neuf régions est représentée par un de ses évêques au sein du Conseil permanent de la Conférence des évêques de France et dans les grandes Commissions épiscopales nationales (voir Index). ■

PROVINCES ECCLÉSIASTIQUES FRANÇAISES (1)

Sièges des archevêchés	Sièges suffragants
Aix-en-Provence :	Ajaccio, Digne, Fréjus et Toulon, Gap, Nice.
Albi :	Rodez, Mende, Cahors, Perpignan.
Auch :	Aire et Dax, Bayonne, Tarbes.
Avignon :	Nîmes, Montpellier, Valence, Viviers.
Besançon :	Belfort-Montbéliard, Nancy, Saint-Claude, Saint-Dié, Verdun.
Bordeaux :	Agen, Angoulême, La Rochelle, Luçon, Périgueux, Poitiers.
Bourges :	Clermont, Limoges, Le Puy, Saint-Flour, Tulle, Blois, Chartres, Orléans.
Cambrai :	Arras, Lille.
Chambéry :	Maurienne, Tarentaise (unis à celui de Chambéry), Annecy.
Lyon :	Autun, Belley, Dijon, Grenoble, Langres, Saint-Étienne.
Paris :	Créteil, Nanterre, Saint-Denis, Évry-Corbeil-Essonnes, Meaux, Pontoise, Versailles.
Reims :	Châlons, Soissons, Amiens, Beauvais.
Rennes :	Vannes, Saint-Brieuc, Quimper.
Rouen :	Bayeux et Lisieux, Évreux, Le Havre, Sées, Coutances.
Sens :	Troyes, Nevers, Moulins.
Toulouse :	Pamiers, Carcassonne, Montauban.
Tours :	Angers, Laval, Le Mans, Nantes.

(1) Siège des archevêchés (en gras) et diocèses suffragants.

Nota : Marseille et Strasbourg sont les sièges d'archevêchés sans être métropoles d'une province ecclésiastique ; ils relèvent directement du Saint-Siège.

Qu'est-ce que ?

Administrateur apostolique. Prêtre ou évêque nommé par le Saint-Siège à la tête d'une circonscription ecclésiastique qui, pour des raisons graves, n'a pas actuellement le caractère de diocèse. Ce fut ainsi le cas dans plusieurs diocèses de Tchécoslovaquie dont les sièges épiscopaux restèrent à pourvoir pendant des années, du fait de l'opposition du gouvernement communiste aux nominations décidées par le Saint-Siège.

Administrateur diocésain. Prêtre assurant provisoirement le gouvernement d'un diocèse durant la vacance du siège épiscopal (lorsque l'évêque est décédé, ou a démissionné, ou a été nommé ailleurs...), et ce jusqu'à l'entrée en fonction du successeur. A la différence de l'administrateur apostolique, l'administrateur diocésain est élu, dès la vacance du siège, par le collège des « consulteurs » que chaque évêque doit désigner au sein du Conseil presbytéral. Il a des pouvoirs limités. Ce peut être l'évêque auxiliaire ou le coadjuteur du diocèse, s'il y en a un, mais ce n'est pas nécessairement lui.

Archidiacre. Titre très ancien dans l'Église : à Rome, l'archidiacre était le chef du collège des diacres du diocèse. Par la suite, ce titre a désigné le ou les collaborateurs de l'évêque chargés chacun d'une zone importante du diocèse, parfois appelée dès lors archidiaconé. Aujourd'hui le seul titre repris par le Code de droit canonique pour l'exercice d'une telle fonction est celui de *vicaire épiscopal*.

Archiprêtre. Titre traditionnellement en usage dans certains diocèses, avec des sens légèrement différents. Il est ou était généralement attribué au curé de l'église principale d'une ville ou d'un canton. Selon le nouveau Code de droit canon, il s'agit désormais d'un office de « vicaire forain » (voir plus loin), qui n'est plus lié à celui d'une paroisse déterminée.

Capitulaire. Le mot a plusieurs sens :

- Ce qui est *divisé en chapitres* (édits ou ordonnances capitulaires des rois et empereurs francs).
- Dans le langage ecclésiastique, ce qui est *relatif à un chapitre* de religieux ou de chanoines (assemblée capitulaire, vicaire capitulaire, office ou messe capitulaire).

Qu'est-ce que ?

Cathédrale. Le mot désigne l'église-mère d'un diocèse, celle dans laquelle se trouve le siège ou trône de l'évêque (en grec *cathedra*), symbole de son autorité et de sa mission apostolique comme le siège du pape à Rome (Saint-Siège) est celui de son autorité et de sa mission vis-à-vis de l'Église tout entière.

La ville où se trouve la cathédrale est le siège de l'évêché du diocèse. Il peut arriver qu'un diocèse soit le regroupement de plusieurs anciens diocèses et comporte plusieurs cathédrales. En ce cas, l'une d'elles l'emporte sur les autres comme siège du diocèse.

Chanoine (du latin *canonicus*, soumis à une règle, dérivé du grec *kanon*, règle). Le mot désigne deux catégories de clercs ayant une origine commune : les chanoines réguliers, qui forment un ordre religieux ; les chanoines séculiers, qui sont des prêtres diocésains.

Leur origine est la forme de vie commune donnée au IVe siècle par saint Augustin, évêque d'Hippone (dans l'actuelle Algérie) aux clercs de sa maison épiscopale.

C'est à partir du XIe siècle qu'on voit se distinguer plus clairement les deux grandes catégories de communautés *canoniales* : chanoines réguliers (voir Religieux) et chanoines séculiers. Ces derniers appartiennent soit au chapitre cathédral attaché à l'église cathédrale, siège de l'évêque, soit à un chapitre collégial auquel a été confiée une église (dès lors appelée collégiale). Ils sont nommés par l'évêque.

Le chapitre cathédral a été longtemps le conseil de l'évêque ; en cas de vacance du siège épiscopal, il élisait parmi ses membres un administrateur provisoire du diocèse, le vicaire capitulaire. Restée une manière, pour l'évêque, d'honorer des prêtres dans la dernière phase de leur ministère, la fonction capitulaire se traduit principalement par la récitation quotidienne de l'office divin dans le chœur de la cathédrale.

Outre les chanoines titulaires, l'évêque peut nommer à titre honorifique des chanoines honoraires qui ne font pas partie du chapitre cathédral.

Suite page 1002 ▶

Cathédrale Notre-Dame de Paris (XIIe-XIIIe siècles pour l'essentiel).

LES 9 RÉGIONS APOSTOLIQUES

Région Ile-de-France :
Évry-Corbeil-Essonnes - Créteil - Meaux - Nanterre - **Paris** [1] - Pontoise - Saint-Denis-en-France - Versailles.
Diocèse aux Armées - Mission de France - Ordinariat des catholiques de rite oriental - Éparchie des Arméniens - Exarchat des Ukrainiens.

Région Nord :
Amiens - Arras - Beauvais - **Cambrai** - Chalon-sur-Marne - Évreux - Langres - Le Havre - Lille - **Reims** - **Rouen** - Soissons - Troyes.

Région Ouest :
Angers - Bayeux - Coutances - Laval - Le Mans - Luçon - Nantes - Quimper - **Rennes** - Saint-Brieuc - Sées - Vannes.

Région Centre :
Blois - **Bourges** - Chartres - Moulins - Nevers - Orléans - **Sens et Auxerre** - **Tours**.

Régions Sud-Ouest :
Agen - Aire et Dax - Angoulême - Bayonne - **Bordeaux** - La Rochelle - Limoges - Périgueux - Poitiers - Tulle.

Région Midi :
Albi - **Auch** - Cahors - Carcassonne - Mende - Montauban - Pamiers - Perpignan - Rodez - Saint-Flour - Tarbes et Lourdes - **Toulouse**.

Région Provence-Méditerranée :
Aix - Ajaccio - **Avignon** - Digne - Fréjus et Toulon - Gap - **Marseille** - Montpellier - Nice - Nîmes.

Région Centre-Est :
Annecy - Autun - Belley - **Chambéry** - Clermont - Grenoble - Le Puy - **Lyon** - Saint-Étienne - Valence - Viviers.

Région Est :
Belfort-Montbéliard - **Besançon** - Dijon - Metz - Nancy - Saint-Claude - Saint-Dié - **Strasbourg** - Verdun.

1. Archidiocèse.

La France compte
98 circonscriptions ecclésiastiques :

17 sièges métropolitains (archevêchés).
2 sièges archiépiscopaux (Marseille et Strasbourg).
74 sièges épiscopaux (évêchés).
1 diocèse aux armées.
1 prélature (Mission de France).
1 ordinariat
1 éparchie
1 exarchat
} pour les catholiques de rite oriental.

Lorsqu'un mot, une expression, un événement, une institution, un nom propre vous sont inconnus, consultez l'index.

LES 9 REGIONS APOSTOLIQUES ET LES 93 DIOCESES DE FRANCE METROPOLITAINE AUJOURD'HUI

En traits gras : limites des régions apostoliques

En traits fins : limites des diocèses, avec numéros minéralogiques des départements correspondants

En capitales : archevêchés

En minuscules : évêchés

CONCORDANCE DÉPARTEMENTS — DIOCÈSES en France
(En gras, sièges d'archidiocèse)

Départements	Diocèse correspondant
01 Ain	Belley
02 Aisne	Soissons
03 Allier	Moulins
04 Alpes-de-Hte-Provence	Digne
05 Htes-Alpes	Gap
06 Alp. Maritim.	Nice
07 Ardèche	Viviers
08 Ardennes	**Reims**
09 Ariège	Pamiers
10 Aube	Troyes
11 Aude	Carcassonne
12 Aveyron	Rodez
13 Bouches-du-Rhône	• **Marseille :** arrond. de Marseille • **Aix :** arrond. d'Aix et Arles
14 Calvados	Bayeux/Lisieux
15 Cantal	Saint-Flour
16 Charente	Angoulême
17 Char.-Marit.	La Rochelle
18 Cher	**Bourges**
19 Corrèze	Tulle
2A Corse du Sud	Ajaccio
2B Haute Corse	Ajaccio
21 Côte-d'Or	Dijon
22 Côtes-d'Armor	Saint-Brieuc
23 Creuse	Part. de Limoges
24 Dordogne	Périgueux
25 Doubs	• Belfort-Montbéliard : zone de Montbéliard • **Besançon :** tout le reste du département
26 Drôme	Valence
27 Eure	Évreux
28 Eure-et-Loir	Chartres
29 Finistère	Quimper et Léon
30 Gard	Nîmes
31 Haute-Garonne	**Toulouse**
32 Gers	**Auch**
33 Gironde	**Bordeaux**
34 Hérault	Montpellier
35 Ile-et-Vilaine	**Rennes**
36 Indre	**Bourges**
37 Indre-et-Loire	**Tours**
38 Isère	Grenoble
39 Jura	Saint-Claude

Départements	Diocèse correspondant
40 Landes	Aire et Dax
41 Loir-et-Cher	Blois
42 Loire	• Saint-Étienne • **Lyon** (arrond. de Roanne)
43 Haute-Loire	Le Puy
44 Loire-Atl.	Nantes
45 Loiret	Orléans
46 Lot	Cahors
47 Lot-et-Garonne	Agen
48 Lozère	Mende
49 Maine-et-Loire	Angers
50 Manche	Coutances
51 Marne	• **Reims :** arrond. de Reims • Châlons-sur-Marne : autres arrond.
52 Haute-Marne	Langres
53 Mayenne	Laval
54 Meurthe-et-Moselle	Nancy
55 Meuse	Verdun
56 Morbihan	Vannes
57 Moselle	Metz
58 Nièvre	Nevers
59 Nord	• Lille : arrond. de Lille, Dunkerque et Hazebrouck. • **Cambrai :** arrond. de Cambrai, Douai et Valenciennes, Avesnes, Maubeuge.
60 Oise	Beauvais
61 Orne	Sées
62 Pas-de-Calais	Arras
63 Puy-de-Dôme	Clermont
64 Pyr.-Atlant.	Bayonne
65 Htes-Pyr.	Tarbes et Lourdes
66 Pyr.-Orient.	Perpignan
67 Bas-Rhin 68 Haut-Rhin	**Strasbourg**
69 Rhône	**Lyon**
70 Hte-Saône	• **Besançon** • Belfort-Montbéliard : canton d'Héricourt
71 Saône-et-Loire	Autun
72 Sarthe	Le Mans
73 Savoie	• Annecy : canton d'Ugine • **Chambéry :** le reste du département
74 Hte-Savoie	• **Chambéry** : quelques communes • Annecy : le reste du département

Départements	Diocèse correspondant
75 Seine	**Paris**
76 Seine-Marit.	• Le Havre : arrond. du Havre • Rouen : autres arrondissements
77 Seine et Marne	Meaux
78 Yvelines	Versailles
79 Deux-Sèvres	Poitiers
80 Somme	Amiens
81 Tarn	**Albi**
82 Tarn-et-Garonne	Montauban
83 Var	Fréjus et Toulon
84 Vaucluse	**Avignon**
85 Vendée	Luçon
86 Vienne	Poitiers
87 Hte-Vienne	Limoges
88 Vosges	Saint-Dié
89 Yonne	**Sens** et Auxerre
90 Territoire de Belfort	Belfort-Montbéliard
91 Essonne	Évry-Corbeil-Essonnes
92 Hauts-de-Seine	Nanterre
93 Seine-Saint-Denis	Saint-Denis-en-France
94 Val-de-Marne	Créteil
95 Val-d'Oise	Pontoise

DÉPARTEMENTS D'OUTRE-MER (DOM)

971 Guadeloupe	Basse-Terre
972 Martinique	**Fort-de-France**
973 Guyane Franç.	Cayenne
974 La Réunion	Saint-Denis-de-la-Réunion
Saint-Pierre-et-Miquelon	Vicariat Apostolique de Saint-Pierre-et-Miquelon

TERRITOIRES D'OUTRE-MER (TOM)

Leur évêques sont membres de la Conférence épiscopale du Pacifique ; ils participent à l'Assemblée Plénière de la Conférence des évêques de France avec voix consultative.

Nouvelle-Calédonie	**Nouméa**
Iles Wallis-et-Futuna	Wallis-et-Futuna
Polynésie Française sauf les Marquises	**Papeete**
Iles Marquises	Taiohae

OÙ SONT LES CATHÉDRALES DE FRANCE ?

(En gras, siège d'archidiocèse)

Départements	Cathédrales existantes		Cathédrales disparues (dont le siège a été supprimé ou transféré)	Titre actuel de l'évêque du diocèse
	Sièges actuels	Sièges anciens		
01 Ain	Belley-Ars		Bourg-en-Bresse	Évêque de Belley
02 Aisne	Soissons	Laon	Saint-Quentin Vermand (transféré à Noyon, dans l'Aisne au VIe s.)	Évêque de Soissons, Laon et St-Quentin
03 Allier	Moulins			Évêque de Moulins
04 Alpes de Hte-Provence	Digne : 2 cathédrales ; l'ancienne : N.D. du Bourg (XIIIe s.), l'actuelle : St-Jérôme (XVe)	Entrevaux Senez Sisteron Forcalquier (co-cathédrale avec Sisteron)	Glandèves (IVe, Ve s., transféré à Entrevaux) Thorame (Rigomagus) et Castellane (Salinas) (IVe s.) (unis à Senez au VIe s.), Riez (vestiges)	Évêque de Digne, Riez et Sisteron
05 Htes Alpes	Gap	**Embrun** (titre « relevé » par l'Archevêque d'Aix)		Évêque de Gap
06 Alpes Maritimes	Nice	Vence Grasse	Cimiez (a coexisté avec Nice au Ve s. ; fouilles) Antibes (tranféré à Grasse au XIIIe s.)	Évêque de Nice
07 Ardèche	Viviers			Évêque de Viviers
08 Ardennes	(relève du diocèse de Reims, 51)			
09 Ariège	Pamiers	Saint-Lizier (capit. du Couzerans) Mirepoix		Évêque de Pamiers, Couzerans et Mirepoix
10 Aube	Troyes			Évêque de Troyes
11 Aude	Carcassonne	**Narbonne** (titre « relevé » par l'Archevêque de Toulouse) Alet (en ruines) Saint-Papoul		Évêque de Carcassonne
12 Aveyron	Rodez	Vabres		Évêque de Rodez et Vabres
13 Bouches-du-Rhône	**Aix-en-Provence**	**Arles** (Le titre d'Archevêque d'Embrun (05) a été également « relevé » par l'Archevêque d'Aix)		**Archevêque d'Aix, Arles et Embrun**
	Marseille (archevêché sans province ecclésiastique).			**Archevêque de Marseille**
14 Calvados	Bayeux	Lisieux		Évêque de Bayeux et de Lisieux
15 Cantal	Saint-Flour			Évêque de Saint-Flour
16 Charente	Angoulême			Évêque d'Angoulême
17 Charente-Maritime	La Rochelle (par transfert de Maillezais (85) au XVIIe s.)	Saintes		Évêque de La Rochelle et Saintes
18 Cher	**Bourges**			**Archevêque de Bourges**
19 Corrèze	Tulle			Évêque de Tulle
20 Corse	Ajaccio	Bastia Calvi Nebbio Mariana (transféré à Bastia au XVIe s.) ; vestiges de la 1e cathédrale du IVe siècle ; 2e cathédrale de La Canonica (XIIe siècle)	Sagone Accia Aléria Taina (site inconnu)	Évêque d'Ajaccio
21 Côte-d'Or	Dijon			Évêque de Dijon
22 Côtes-d'Armor	Saint-Brieuc	Tréguier		Évêque de Saint-Brieuc et Tréguier
23 Creuse	(relève du diocèse de Limoges (87)			
24 Dordogne	Périgueux	Sarlat		Évêque de Périgueux et Sarlat
25 Doubs	**Besançon**			**Archevêque de Besançon**
26 Drôme	Valence	Die Saint-Paul-Trois-Châteaux		Évêque de Valence, Die et Saint-Paul-Trois-Châteaux
27 Eure	Évreux			Évêque d'Évreux
28 Eure-et-Loir	Chartres			Évêque de Chartres
29 Finistère	Quimper	Saint-Paul-de-Léon		Évêque de Quimper et Léon
30 Gard	Nîmes	Alès Uzès	Arisitum (Le Vigan ?) à l'époque mérovingienne	Évêque de Nîmes, Uzès et Alès

Les cathédrales de France (suite)

Départements	Cathédrales existantes Sièges actuels	Sièges anciens	Cathédrales disparues (dont le siège a été supprimé ou transféré)	Titre actuel de l'évêque du diocèse
31 Haute-Garonne	**Toulouse**	L'Archevêque de Toulouse a « relevé » le titre de l'archevêché de Narbonne (11). Rieux Saint-Bertrand-de-Comminges		**Archevêque de Toulouse et Narbonne**, Évêque de Saint-Bertrand-de-Comminges et Rieux
32 Gers	**Auch**	Condom Lectoure Lombez	**Eauze** (a précédé Auch)	**Archevêque d'Auch,** Condom, Lectoure et Lombez
33 Gironde	**Bordeaux**	Bazas	Buch (Ve s.)	**Archevêque de Bordeaux,** Évêque de Bazas
34 Hérault	Montpellier	Agde Béziers Lodève Maguelonne (transféré à Montpellier au XVIe s.) Saint-Pons de Thomières		Évêque de Montpellier, Agde, Béziers, Lodève et Saint-Pons-de-Thomières
35 Ille-et-Vilaine	**Rennes**	Dol Saint-Malo	Aleth (a précédé Saint-Malo ; site disparu)	**Archevêque de Rennes, Dol et St-Malo**
36 Indre	(relève du diocèse de Bourges-18)			
37 Indre-et-Loire	**Tours**			**Archevêque de Tours**
38 Isère	Grenoble	**Vienne** (titre « relevé » par l'Archevêque de Lyon (69) à partir de la Révolution)		Évêque de Grenoble
39 Jura	Saint-Claude			Évêque de Saint-Claude
40 Landes	Dax	Aire-sur-l'Adour		Évêque d'Aire et Dax
41 Loir-et-Cher	Blois			Évêque de Blois
42 Loire	Saint-Étienne			Évêque de Saint-Étienne
43 Hte-Loire	Le Puy		Saint-Paulien	Évêque du Puy-en-Velay
44 Loire-Atlantique	Nantes			Évêque de Nantes
45 Loiret	Orléans			Évêque d'Orléans
46 Lot	Cahors			Évêque de Cahors

Départements	Cathédrales existantes Sièges actuels	Sièges anciens	Cathédrales disparues (dont le siège a été supprimé ou transféré)	Titre actuel de l'évêque du diocèse
47 Lot-et-Garonne	Agen			Évêque d'Agen
48 Lozère	Mende		Javols (au IVe s., transféré à Mende au Ve s.)	Évêque de Mende
49 Maine-et-Loire	Angers			Évêque d'Angers
50 Manche	Coutances	Avranches		Évêque de Coutances et Avranches
51 Marne	**Reims** Châlons-sur-Marne			**Archevêque de Reims,** Évêque de Chalons-sur-Marne
52 Haute-Marne	Langres			Évêque de Langres
53 Mayenne	Laval		Jublains (époque gallo-romaine)	Évêque de Laval
54 Meurthe-et-Moselle	Nancy	Toul		Évêque de Nancy et Toul, Primat de Lorraine
55 Meuse	Verdun			Évêque de Verdun
56 Morbihan	Vannes			Évêque de Vannes
57 Moselle	Metz			Évêque de Metz
58 Nièvre	Nevers			Évêque de Nevers
59 Nord	**Cambrai** Lille			**Archevêque de Cambrai** Évêque de Lille
60 Oise	Beauvais	Noyon (succédant à Vermand, aujourd'hui dans l'Aisne, au VIe siècle) Senlis		Évêque de Beauvais Noyon et Senlis
61 Orne	Sées			Évêque de Sées
62 Pas-de-Calais	Arras	Boulogne-sur-Mer Saint-Omer	Thérouanne (remplacé par Boulogne au XVIe s.)	Évêque d'Arras, Boulogne et Saint-Omer
63 Puy-de-Dôme	Clermont-Ferrand			Évêque de Clermont-Ferrand
64 Pyrénées-Atlant.	Bayonne	Lescar Oloron-Sainte-Marie		Évêque de Bayonne, Lescar et Oloron-Sainte-Marie

Les cathédrales de France (suite)

Départements	Cathédrales existantes		Cathédrales disparues (dont le siège a été supprimé ou transféré)	Titre actuel de l'évêque du diocèse
	Sièges actuels	Sièges anciens		
65 Hautes-Pyrénées	Tarbes			Évêque de Tarbes et Lourdes (Lourdes n'a pas de cathédrale ; l'importance de ce lieu de pèlerinage mondial, où réside l'été l'évêque de Tarbes, justifie le double titre que porte celui-ci)
66 Pyrénées-Orientales	Perpignan	Elne (transféré à Perpignan au XVIIe s.)		Évêque de Perpignan et Elne
67 Bas-Rhin et 68 Haut-Rhin	**Strasbourg** (67) ; l'église St-Martin de Colmar, communément appelée « la cathédrale », est en réalité une ancienne collégiale			**Archevêque de Strasbourg**
69 Rhône	**Lyon**			**Archevêque de Lyon,** Primat des Gaules
70 Haute-Saône	(relève pour l'essentiel du diocèse de Besançon (25) et pour une petite portion de celui de Belfort-Montbéliard (90))		Port-sur-Saône (Ve siècle)	
71 Saône-et-Loire	Autun	Chalon-sur-Saône Mâcon (vestiges)		Évêque d'Autun, Chalon et Mâcon, Abbé de Cluny
72 Sarthe	Le Mans			Évêque du Mans
73 Savoie	**Chambéry** Moutiers-Tarentaise Saint-Jean-de-Maurienne			**Archevêque de Chambéry,** Évêque de Maurienne et de Tarentaise
74 Haute-Savoie	Annecy			Évêque d'Annecy
75 Paris	**Paris**			**Archevêque de Paris**
76 Seine-Maritime	**Rouen** Le Havre			**Archevêque de Rouen** Évêque du Havre

Départements	Cathédrales existantes		Cathédrales disparues (dont le siège a été supprimé ou transféré)	Titre actuel de l'évêque du diocèse
	Sièges actuels	Sièges anciens		
77 Seine-et-Marne	Meaux			Évêque de Meaux
78 Yvelines	Versailles			Évêque de Versailles
79 Deux-Sèvres	(relève du diocèse de Poitiers-86)			
80 Somme	Amiens			Évêque d'Amiens
81 Tarn	**Albi**	Castres Lavaur		**Archevêque d'Albi,** Castres et Lavaur
82 Tarn-et-Garonne	Montauban			Évêque de Montauban
83 Var	Toulon	Fréjus		Évêque de Fréjus et Toulon
84 Vaucluse	**Avignon**	Apt Carpentras Cavaillon Orange Vaison-la-Romaine (2 cathédrales : la plus ancienne, N.-D. de Nazareth (VIe-XIIIe siècles) ; la plus récente (XVe-XVIIe siècles) au Vieux-Bourg)	Vénasque (du VIe s. au Xe s. siège des évêques de Carpentras)	**Archevêque d'Avignon,** Apt, Cavaillon, Carpentras, Orange et Vaison
85 Vendée	Luçon		Maillezais (ruines) créé au XIVe s., transféré à La Rochelle (17) au XVIIe siècle	Évêque de Luçon
86 Vienne	Poitiers			Évêque de Poitiers
87 Haute-Vienne	Limoges			Évêque de Limoges
88 Vosges	Saint-Dié			Évêque de Saint-Dié
89 Yonne	**Sens**	Auxerre		**Archevêque de Sens,** Évêque d'Auxerre
90 Territoire de Belfort	Belfort			Évêque de Belfort-Montbéliard
91 Essonne	Corbeil Évry (en construction)			Évêque d'Évry-Corbeil-Essonnes
92 Hauts-de-Seine	Nanterre			Évêque de Nanterre
93 Seine St-Denis	Saint-Denis			Évêque de Saint-Denis-en-France
94 Val-de-Marne	Créteil			Évêque de Créteil

Départements	Cathédrales existantes Sièges actuels	Cathédrales existantes Sièges anciens	Cathédrales disparues (dont le siège a été supprimé ou transféré)	Titre actuel de l'évêque du diocèse
DÉPARTEMENTS D'OUTRE-MER				
971 Guadeloupe	Basse-Terre		Pointe-à-Pitre	Évêque de Basse-Terre et Pointe-à-Pitre
972 Martinique	**Fort-de-France**		Saint-Pierre	**Archevêque de Fort-de-France et Saint-Pierre**
973 Guyane française	Cayenne			Évêque de Cayenne
974 La Réunion	Saint-Denis-de-la-Réunion			Évêque de Saint-Denis-de-la-Réunion
Iles Saint-Pierre et Miquelon	Saint-Pierre			Vicaire apostolique des Iles Saint-Pierre-et-Miquelon
TERRITOIRES D'OUTRE-MER				
Nouvelle-Calédonie	**Nouméa**			**Archevêque de Nouméa**
Wallis-et-Futuna	Ile Wallis			Évêque de Wallis-et-Futuna
Polynésie-Française	**Papeete**			**Archevêque de Papeete**
Iles-Marquises	Taïohae			Évêque de Taïohae ou Tefenuaenata

Départements	Cathédrales existantes Sièges actuels / Sièges anciens	Cathédrales disparues (dont le siège a été supprimé ou transféré)	Titre actuel de l'évêque du diocèse
RITES ORIENTAUX CATHOLIQUES			
75 Paris	Cathédrale arménienne catholique 10 bis, rue Thouin, 75005 Paris		Éparque de Sainte-Croix-de-Paris pour les Arméniens
	Cathédrale ukrainienne catholique 51, rue des Saints-Pères, 75006 Paris		Exarque Apostolique pour les Ukrainiens de rite byzantin
CATHÉDRALES NON CATHOLIQUES EN FRANCE			
75 Paris	Cathédrale de l'Église orthodoxe grecque (Patriarcat de Constantinople) 7, rue Georges Bizet, 75016 Paris		Métropolite de l'Église grecque en France
	Cathédrale de l'Église orthodoxe (autonome, ex-russe) 12, rue Daru, 75008 Paris		Archevêque de l'Église Orthodoxe en France
	Cathédrale américaine (Église épiscopalienne) 23, Av. George V, 75008 Paris		

Qu'est-ce que ?

▶ *Suite de la page 996*

Chapitre (du latin *caput*, tête, chef). Dans les abbayes, le mot désigne la salle où se lit quotidiennement un chapitre de la règle de l'ordre ; il s'est progressivement appliqué en outre à l'assemblée qui, se tenant dans cette salle, y délibère des affaires de la communauté, puis aux divers autres niveaux de délibération (chapitre provincial, général).
Le mot s'est également appliqué au collège des chanoines (*chapitre canonial*). Parmi les collèges canoniaux, il en est un qu'on trouve dans chaque diocèse, c'est le *chapitre cathédral,* (voir Chanoines).

Conseil épiscopal, presbytéral, pastoral...
Voir Index.

Directoire (du latin *directorius*, ce qui peut indiquer la bonne direction, itinéraire).
• Livret (appelé plus communément *ordo*) édité annuellement par chaque diocèse pour donner le calendrier et l'ordonnancement des célébrations liturgiques.
• Dans certaines congrégations religieuses, ouvrage distinct des Règles ou Constitutions, précisant quelques directives de conduite de nature à favoriser la fidélité à l'esprit de l'Institut.
• Texte ayant valeur de recommandation, et non de règle, indiquant des orientations à promouvoir ou à poursuivre. Entre 1951 et 1956, les évêques français ont adressé au clergé de France plusieurs directoires relatifs aux sacrements en général, à la messe, au domaine social.

Doyen. Voir Organisation territoriale du diocèse.

Évêché. Au sens strict, l'évêché est le territoire soumis à la juridiction d'un évêque ; c'est l'équivalent du mot diocèse, qui est employé plus généralement.
Au sens le plus courant, l'évêché est la ville où réside l'évêque, siège de l'évêché. L'évêché est aussi le bâtiment abritant la résidence de l'évêque et ses services ; il se trouve le plus souvent dans la même ville que la cathédrale du diocèse ; c'est d'ailleurs celle-ci qui constitue le véritable siège du diocèse, car c'est là que se trouve le siège pontifical *(cathedra)*, symbole de la charge pastorale et des pouvoirs de l'évêque.

Évêque diocésain, titulaire, auxiliaire, coadjuteur...
L'évêque placé à la tête d'un diocèse est dit *diocésain* : son titre (évêque de Nantes, ou de Lille, etc.) correspond au diocèse sur lequel il a juridiction et où il est tenu de résider (ce qui n'a pas toujours été le cas dans l'histoire). Jusqu'à la récente réforme du droit canonique, il était dit « évêque résidentiel ».
Un évêque en activité mais non chargé d'un diocèse (par exemple, un évêque en fonction à la curie romaine, un évêque auxiliaire ou coadjuteur assistant un évêque résidentiel) reçoit un *titre* d'évêché mais sans juridiction sur celui-ci ; c'est pourquoi il est appelé *évêque titulaire*. Le titre d'évêché ainsi attribué est choisi par-

Suite page 1006 ▶

DIOCÈSES DE FRANCE

Figurent ici, pour chaque diocèse, les titres de diocèses anciens qui ont pu lui être rattachés (qu'il a « relevés ») par suite de regroupements et fusions. Les noms des sièges d'**archevêchés** sont en caractères gras.

Diocèses	Province ecclésiastique	Région apostolique	Département correspondant au diocèse	Adresse de l'évêché
Agen	Bordeaux	Sud-Ouest	47 Lot-et-Garonne	4, rue du Quatre-Septembre, 47000 Agen Tél. 53 66 10 23
Aire et Dax	Auch	Sud-Ouest	40 Landes	32, cours du Maréchal Joffre, 40100 Dax Tél. 58 90 05 54
Aix, Arles et Embrun	métropole de la province	Provence-Méditerranée	13 Bouches-du-Rhône : Arrondiss. d'Aix et Arles. (L'arr. de Marseille relève de l'Archidiocèse de Marseille). 05 Embrun	7 cour de la Trinité, 13625 Aix-en-Provence Tél. 42 17 58 01
Ajaccio	Aix	Provence-Méditerranée	2A Corse-du-Sud 2B Haute-Corse	8, boulevard Sylvestre Marcaggi, 20000 Ajaccio Tél. 95 21 05 48
Albi, Castres et Lavaur	métropole de la province	Midi	81 Tarn	12, rue de la République, 81000 Albi Tél. 63 54 08 32
Amiens	Reims	Nord	80 Somme	Parc de Beauvillé, Bt G1, 80000 Amiens Tél. 22 91 37 80
Angers	Tours	Ouest	49 Maine-et-Loire	8, place Mgr. Rumeau, BP 246, 49000 Angers Tél. 41 88 07 00
Angoulème	Bordeaux	Sud-Ouest	16 Charente	226, rue de Bordeaux, 16021 Angoulême Tél. 45 91 61 60
Annecy	Chambéry	Centre-Est	74 Haute-Savoie moins quelques communes, plus le canton d'Ugine sur la Savoie	12, rue J.-J. Rousseau, BP 41, 74000 Annecy Tél. 50 51 52 72
Arras, Boulogne et Saint-Omer	Cambrai	Nord	62 Pas-de-Calais	4, rue des Fours, BP 137, 62003 Arras Cx Tél. 21 51 67 67
Auch	métropole de la province	Midi	32 Gers	13, rue du Docteur-Samalens, 32020 Auch Tél. 62 05 23 92
Autun, Chalon et Mâcon	Lyon	Centre-Est	71 Saône-et-Loire	1, place Cardinal-Perraud, BP 135, 71403 Autun Cx Tél. 82 52 30 30
Avignon Apt, Cavaillon, Carpentras, Orange et Vaison	métropole de la province	Provence-Méditerranée	84 Vaucluse	35, rue d'Annannelle, 84000 Avignon Tél. 90 82 43 46
Bayeux et Lisieux	Rouen	Ouest	14 Calvados	1, rue Lambert-Leforestier, BP 67, 14402 Bayeux Cx Tél. 31 92 02 81
Bayonne, Lescar et Oloron	Auch	Sud-Ouest	64 Pyrénées-Atlantiques	16, rue des Gouverneurs, 64100 Bayonne Tél. 59 59 16 88
Beauvais, Noyon et Senlis	Reims	Nord	60 Oise	15, rue Jeanne-Hachette, BP 636, 60000 Beauvais Tél. 44 45 06 47
Belfort-Montbéliard	Besançon	Est	90 Territoire Belfort 25 Doubs : Zone de Montbéliard 70 Haute-Saône : cant. d'Héricourt	25, place de la République, BP 708, 90020 Belfort Cx Tél. 84 22 08 18
Belley-Ars	Lyon	Centre-Est	01 Ain	31, rue du Dr. Victor-Nodet, BP 154, 01004 Bourg-en-Bresse Cx Tél. 74 21 65 67
Besançon	métropole de la province	Est	25 Doubs (sauf zone Montbéliard) 70 Haute-Saône, sauf canton d'Héricourt	3, rue de la Convention, 25041 Besançon Cx Tél. 81 82 19 67
Blois	Bourges	Centre	41 Loir-et-Cher	2, rue Porte Clos-Haut, 41000 Blois Tél. 54 78 09 25
Bordeaux et Bazas	métropole de la province	Sud-Ouest	33 Gironde	183, cours de la Somme, BP 79, 33034 Bordeaux Cx Tél. 56 91 81 82
Bourges	métropole de la province	Centre	18 Cher 36 Indre	4, avenue du 95e de Ligne, BP 95, 18002 Bourges Tél. 48 24 12 17
Cahors	Albi	Midi	46 Lot	73, cours de la Chartreuse, 46000 Cahors Tél. 65 35 25 84
Cambrai	métropole de la province	Nord	59 Nord : arrond. d'Avesnes, Cambrai, Douai, Valenciennes (les autres au diocèse de Lille)	30, rue de Noyon, 59400 Cambrai Tél. 27 81 34 96

Diocèses	Province ecclésiastique	Région apostolique	Département correspondant au diocèse	Adresse de l'évêché
Carcassonne	Toulouse	Midi	11 Aude	89, rue Jean-Bringer, 11000 CARCASSONNE Tél. 68 47 05 31
Châlons-sur-Marne	Reims	Nord	51 Marne sauf arrondissement de Reims	20, rue de l'Abbé Gillet, 51038 CHÂLONS-SUR-MARNE Cx. Tél. 26 68 07 03
Chambéry, Maurienne et Tarentaise	métropole de la province	Centre-Est	73 Savoie, plus quelques communes sur le département de Haute-Savoie, moins le canton d'Ugine au diocèse d'Annecy	18, avenue Dr. Desfrançois, BP 107, 73001 CHAMBÉRY Cx. Tél. 79 33 26 09
Chartres	Bourges	Centre	Eure-et-Loir	1, rue Saint-Eman, 28000 CHARTRES Tél. 37 34 61 86
Clermont	Bourges	Centre-Est	63 Puy-de-Dôme	23, rue Pascal, 63000 CLERMONT-FERRAND Tél. 73 91 49 47
Coutances et Avranches	Rouen	Ouest	50 Manche	Impasse de l'Évêché, 50200 COUTANCES Tél. 33 45 16 18
Créteil	Paris	Ile-de-France	94 Val-de-Marne	2, avenue Pasteur-Vallery-Radot, 94000 CRÉTEIL Tél. (1) 48 98 48 05
Digne, Riez et Sisteron	Aix	Provence-Méditerrannée	04 Alpes-de-Haute-Provence	18, boulevard Soustre, 04000 DIGNE Tél. 92 31 32 90
Dijon	Lyon	Est	21 Côte-d'Or	20, rue du Petit-Potet, 21000 DIJON. Tél. 80 66 68 22
Évreux	Rouen	Nord	27 Eure	4 bis, boulevard Jules-Janin, 27000 ÉVREUX Tél. 32 33 06 65.
Evry-Corbeil-Essonnes	Paris	Ile-de-France	91 Essonne	Cours Mgr Romero, BP 170, 91006 Evry Cx Tél. (1) 60 77 70 59
Fréjus et Toulon	Aix	Provence-Méditerranée	83 Var	Impasse Beaulieu, 83100 TOULON Tél. 94 27 03 17
Gap	Aix	Provence-Méditerranée	05 Hautes-Alpes	18, bd Charles-de-Gaulle, BP 76, 05003 GAP Cx Tél. 92 51 02 75
Grenoble	Lyon	Centre-Est	38 Isère	11, place des Tilleuls, 38000 GRENOBLE Tél. 76 44 11 43
Langres	Lyon	Nord	52 Haute-Marne	11, rue des Platanes, 52008 CHAUMONT Cx Tél. 25 32 12 43
La Rochelle et Saintes	Bordeaux	Sud-Ouest	17 Charente-Maritime	7, place Foch, BP 1088, 17087 LA ROCHELLE Cx 02 Tél. 46 41 40 06
Laval	Tours	Ouest	53 Mayenne	27, rue du Cardinal Suhard, BP 1225, 53012 LAVAL Cx Tél. 43 69 24 21
Le Havre	Rouen	Nord	76 Seine-Maritime (arrond. du Havre seulement)	17, rue Percanville, BP 1029, 76061 LE HAVRE Cx Tél. 35 22 66 66
Le Mans	Tours	Ouest	72 Sarthe	1, place du Cardinal Grente, 72016 LE MANS Cx Tél. 43 81 71 80
Le Puy-en-Velay	Bourges	Centre-Est	43 Haute-Loire	2, place du For, 43000 LE PUY Tél. 71 05 54 69
Lille	Cambrai	Nord	59 Nord : Arrondissements de Lille, Dunkerque et Hazebrouck (les autres à l'archidiocèse de Cambrai)	68, rue Royale, 59042 Lille Cx Tél. 20 55 28 72
Limoges	Bourges	Sud-Ouest	87 Haute-Vienne	3, rue de la Cathédrale, BP 93, 87000 LIMOGES Cx Tél. 55 34 16 15
Luçon	Bordeaux	Ouest	85 Vendée	1, place du Général-Leclerc, BP 95, 85400 LUÇON Tél. 51 28 53 00
Lyon	métropole de la province	Centre-Est	69 Rhône 42 Loire (arrondissement de Roanne)	1, place de Fourvière, 69321 LYON Cx 5 Tél. 78 25 12 27
Marseille	relève directement du Saint-Siège	Provence-Méditerranée	13 Bouches-du-Rhône, arrondissement de Marseille seulement (les autres à l'archidiocèse d'Aix)	14, place du Colonel-Edon, 13007 MARSEILLE Tél. 91 52 38 23
Meaux	Paris	Ile-de-France	77 Seine-et-Marne	7, rue Notre-Dame, 77109 MEAUX Tél. (1) 64 34 02 21
Mende	Albi	Midi	48 Lozère	1, rue de l'Espérance, 48000 MENDE Tél. 66 49 00 60

Diocèses	Province ecclésiastique	Région apostolique	Département correspondant au diocèse	Adresse de l'évêché
Metz	relève directement du Saint-Siège	Est	57 Moselle	15, place Sainte Glossinde, BP 690, 57019 METZ Cx Tél. 87 74 54 20
Montauban	Toulouse	Midi	82 Tarn-et-Garonne	6, Faubourg du Moustier, 82017 MONTAUBAN Cx Tél. 63 63 32 67
Montpellier, Agde, Béziers, Lodève, St-Pons-de-Thomières	Avignon	Provence-Méditerranée	34 Hérault	22, rue Lallemand, BP 2137, 34026 MONTPELLIER Tél. 67 66 07 44
Moulins	Sens	Centre	03 Allier	43, rue de Paris, 03300 Moulins Tél. 70 44 38 70
Nancy et Toul	Besançon	Est	54 Meuthe-et-Moselle	65, rue Girardet, 54042 NANCY Tél. 83 35 47 56
Nanterre	Paris	Ile-de-France	92 Hauts-de-Seine	85, rue de Suresnes, 92000 NANTERRE TÉL. (1) 42 04 62 30
Nantes	Tours	Ouest	44 Loire-Atlantique	7, rue Cardinal-Richard, 44072 NANTES Cx 03 Tél. 40 76 22 00
Nevers	Sens	Centre	58 Nièvre	3, place du Musée, 58000 NEVERS Tél. 86 61 02 89
Nice	Aix	Provence-Méditerranée	06 Alpes-Maritimes	23, Avenue Sévigné, 06100 NICE Tél. 93 98 43 16
Nîmes, Uzès et Alès	Avignon	Provence-Méditerranée	30 Gard	2, rue Robert, 30000 Nîmes Tél. 66 67 31 00
Orléans	Bourges	Centre	45 Loiret	1, Cloître Saint-Aignan, 45000 ORLÉANS Tél. 38 53 34 48
Pamiers, Couzerans et Mirepoix	Toulouse	Midi	09 Ariège	8, Cours Mercadal, BP 122, 09100 PAMIERS Cx Tél. 61 67 00 34
Paris	métropole de la province	Ile-de-France	75 Paris	8, rue de la Ville-l'Évêque, 75384 PARIS Cx 08 Tél. (1) 49 24 11 11
Périgueux et Sarlat	Bordeaux	Sud-Ouest	24 Dordogne	22, rue P.L. Courrier, BP 5064, 24000 PERIGUEUX Cx Tél. 53 08 07 44
Perpignan et Elne	Albi	Midi	66 Pyrénées-Orientales	8, rue de l'Académie, 66027 PERPIGNAN Cx Tél. 68 35 20 65
Poitiers	Bordeaux	Sud-Ouest	86 Vienne 79 Deux-Sèvres	44, rue Jean-Jaurès, 86035 POITIERS Cx Tél. 49 41 03 34
Pontoise	Paris	Ile-de-France	95 Val d'Oise	16, chemin de la Pelouse, 95300 PONTOISE Tél. (1) 30 38 34 24
Quimper et Léon	Rennes	Ouest	29 Finistère	3, rue Rosmadec, BP 405, 29101 QUIMPER Tél. 98 55 34 47
Reims	métropole de la province	Nord	51 Marne, (arrondissement de Reims seulement) 08 Ardennes	3, rue du Cardinal-de-Lorraine, BP 2729, 51058 REIMS Cx Tél. 26 47 05 33
Rennes, Dol et Saint-Malo	métropole de la province	Ouest	35 Ille-et-Vilaine	45, rue de Brest, 35042 RENNES Cx Tél. 99 54 06 06
Rodez et Vabres	Albi	Midi	12 Aveyron	1, rue Frayssinous, BP 821, 12000 RODEZ Cx Tél. 65 68 06 28
Rouen	métropole de la province	Nord	76 Seine-Maritime (sauf arrondissement du Havre, au diocèse du Havre)	2, rue des Bonnetiers, BP 886, 76001 ROUEN Cx Tél. 35 71 20 52
Saint-Brieuc et Tréguier	Rennes	Ouest	22 Côtes-d'Armor	10, rue Jean-Métairie, BP 4224, 22042 SAINT-BRIEUC Cx 2 Tél. 96 33 23 43
Saint-Claude	Besançon	Est	39 Jura	1, avenue du Colonel-Mahon, BP 70, 39000 LONS-LE-SAUNIER Cx Tél. 84 47 10 89
Sainte-Denis-en-France	Paris	Ile-de-France	93 Seine-Saint-Denis	7, rue Catulienne, 93200 SAINT-DENIS Tél. (1) 48 20 35 01
Saint-Dié	Besançon	Est	88 Vosges	7, rue de la Préfecture, 88025 ÉPINAL Cx Tél. 29 82 21 63
Saint-Étienne	Lyon	Centre-Est	42 Loire (sauf arrondissement de Roanne, au diocèse de Lyon)	1, rue Hector-Berlioz, 42030 Saint-Etienne Cx 2 Tél. 77 57 34 20
Saint-Flour	Bourges	Midi	15 Cantal	1, rue de la Frauze, BP 20, 15100 SAINT-FLOUR Tél. 71 60 11 12
Sées	Rouen	Ouest	61 Orne	13, rue des Cordeliers, BP 25, 61500 SÉES Tél. 33 28 72 33
Sens et Auxerre	métropole de la province	Centre	89 Yonne	7, rue Française, BP 287, 89005 AUXERRE Cx Tél. 86 52 15 00

Diocèses	Province ecclésiastique	Région apostolique	Département correspondant au diocèse	Adresse de l'évêché
Soissons, Laon et Saint-Quentin	Reims	Nord	02 Aisne	17, rue des Déportés et Fusillés, BP 95, 02203 Soissons Cx Tél. 23 53 06 35
Strasbourg	Relève directement du Saint-Siège	Est	67 Bas-Rhin 68 Haut-Rhin	16, rue Brûlée, 67081 Strasbourg Cx Tél. 88 32 76 25
Tarbes et Lourdes	Auch	Midi	65 Hautes-Pyrénées	5, place Charles-de-Gaulle, 65000 Tarbes Tél. 62 93 05 83 Avenue Monseigneur-Théas, 65100 Lourdes Tél. 62 42 79 66
Toulouse et **Narbonne** év. de St-Bertrand-de-Comminges et Rieux	métropole de la province	Midi	31 Haute-Garonne	26, rue Perchepinte, 31073 Toulouse Cx Tél. 61 52 06 51
Tours	métropole de la province	Centre	37 Indre-et-Loire	27, rue Jules-Simon, BP 1117, 37011 Tours Cx Tél. 47 05 63 90
Troyes	Sens	Nord	10 Aube	3, Cloître Saint-Etienne, 10042 Troyes Cx Tél. 25 80 58 30
Tulle	Bourges	Sud-Ouest	19 Corrèze	21, avenue de la Bastille, 19007 Tulle Tél. 55 26 22 16
Valence, Die et Saint-Paul-Trois-Châteaux	Avignon	Centre-Est	26 Drôme	1, place du Présidial, BP 825, 26008 Valence Tél. 75 42 64 13
Vannes	Rennes	Ouest	56 Morbihan	18, rue Richemont, BP 3, 56000 Vannes Cx Tél. 97 47 21 47
Verdun	Besançon	Est	55 Meuse	Place Monseigneur Ginisty, BP 90, 55103 Verdun Cx Tél. 29 86 01 72
Versailles	Paris	Ile-de-France	78 Yvelines	16, rue Monseigneur Gibier, BP 655, 78006 Versailles Cx Tél. 39.50.61.54
Viviers	Avignon	Centre-Est	Ardèche	Évêché, BP 1, 07220 Viviers-sur-Rhône Tél. 75 52 64 12
Mission de France	Participe aux réunions de l'Ile-de-France			16, rue du Père Lucien Aubry, BP 18, 94121 Fontenay-sous-Bois Cx Tél. (1) 48 75 05 07
Diocèse aux Armées françaises	Participe aux réunions de l'Ile-de-France			20, rue Notre-Dame-des-Champs 75006 Paris. Tél. (1) 42 22 41 30
Ordinariat des Catholiques Orientaux en France	Invité aux réunions de l'Ile-de-France			24, rue de Babylone, 75007 Paris Tél. (1) 45 49 10 90
Éparchie apostolique pour les Arméniens	Invité aux réunions de l'Ile-de-France			10 bis, rue Thouin, 75005 Paris Tél. (1) 43 26 50 43
Exarchat apostolique pour les Ukrainiens	Invité aux réunions de l'Ile-de-France			27, avenue Foch, 94300 Vincennes Tél. (1) 43 28 42 39

Qu'est-ce que ?

▶ *Suite de la page 1002*

mi la longue liste des évêchés des premiers siècles qui ont disparu, à la suite notamment de l'islamisation de territoires chrétiens à partir du VIIe siècle. C'est pourquoi les évêques titulaires ont longtemps été dits *in partibus infidelium* (dans les contrées des infidèles), ou plus brièvement *in partibus*.

Dans les diocèses importants, il arrive que l'évêque diocésain soit assisté d'un *évêque auxiliaire* (et même de plusieurs, comme à Paris). Ces évêques, n'ayant pas eux-mêmes juridiction sur le diocèse, sont des évêques titulaires et non pas diocésains.

Il en est de même lorsque l'évêque adjoint à l'évêque diocésain est désigné d'avance pour lui succéder ; c'est alors un *évêque coadjuteur* (du latin *adjuvare*, aider) « avec droit de succession ».

Hiérarchie (du grec *hieros*, sacré, et *archè*, commandement, commencement). Dans l'Église catholique, et selon le droit canon, la hiérarchie est, au sens large, l'ensemble de ceux qui ont reçu le sacrement de l'Ordre et constituent une structure à divers degrés subordonnés les uns aux autres. On distingue la hiérarchie d'ordre (évêques, prêtres, diacres) et la hiérarchie de juridiction (pape, patriarches, évêques, curés).

Le mot et la notion de hiérarchie, d'origine religieuse, se sont progressivement étendus à tous les domaines de la vie sociale pour en désigner les structures d'organisation et de commandement.

Official. Voir Tribunaux ecclésiastiques.

Ordinaire. Ce mot employé sous la forme du substantif (l'ordinaire) désigne, dans le langage juridique ecclésiastique, les membres de la hiérarchie ayant pouvoir de juridiction au for externe, c'est-à-dire ayant compétence, dans la vie de l'Église, sur les actes extérieurs (ceux qui ne relèvent pas du for interne, autrement dit de la conscience). Les ordinaires sont : pour l'ensemble de l'Église, le pape ; pour leur diocèse, les évêques et leurs vicaires généraux et épiscopaux ; pour une abbaye, l'abbé ; pour les personnes ou les territoi-

Diocèses	Province ecclésiastique	Région apostolique	Département correspondant au diocèse	Adresse de l'évêché
		DEPARTEMENTS D'OUTRE-MER (D.O.M.)		
Saint-Pierre et Fort-de-France	Antilles-Guyane		972 Martinique	BP 586, 97207 FORT-DE-FRANCE Cx (MARTINIQUE). TÉL. (19 596) 63 70 70
Basse-Terre	Antilles-Guyane		971 Guadeloupe	Place Saint-François, BP 369, 97101 BASSE-TERRE Cx (Guadeloupe) Tél. (19 590) 81 36 69
Cayenne	Antilles-Guyane		973 Guyane frnaçaise	24, rue Madame Payé, BP 378, 97328 CAYENNE (Guyane française). Tél. (19 594) 31 01 18
Saint-Denis-de-La-Réunion	Relève de la Congrégation romaine pour l'Évangélisation des Peuples		974 La Réunion	BP 55, 97462 SAINT-DENIS (Ile de la Réunion). TÉL. (19 262) 21 28 49
Saint-Pierre-et-Miquelon	Relève de la Congrégation romaine pour l'Évangélisation des Peuples		Saint-Pierre-et-Miquelon	Evêché de Saint-Pierre, SAINT-PIERRE-ET-MIQUELON via Canada (Terre-Neuve) Tél. (19 508) 41 20 35
		TERRITOIRES D'OUTRE-MER (T.O.M)		
Les Évêques des T.O.M. ne sont pas membres de la Conférence des évêques de France. Ils participent à l'Assemblée Plénière, avec voix consultative.				
Nouméa	NOUMÉA	L'évêque est membre de la Conférence épiscopale du Pacifique	Nouvelle-Calédonie	BP 3, NOUMÉA (Nouvelle-Calédonie) TÉL. (19 687) 27 31 49
Wallis-et-Futuna	Nouméa	L'évêque est membre de la Conférence épicoscopale du Pacifique	Iles Wallis-et-Futuna	LANO, Ile Wallis, via Nouméa (Nouvelle-Calédonie) Tél. (19 681) 72 27 83
Papeete	Relève de la Congrégation romaine pour l'Évangélisation des Peuples et fait partie de la Délégation Apostique de l'Océanie	L'évêque est membre de la Conférence épiscopale du Pacifique	Polynésie franç. moins les îles Marquises qui constituent un diocèse	BP 94, PAPEETE (Tahiti). Tél. (19 689) 42 02 51
Taiohae	Papeete	L'évêque est membre de la Conférence épiscopale du Pacifique	Iles Marquises (Polynésie française)	TAIOHAE–Iles-Marquises (Polynésie française Tél. (19 689) 92 03 52

res qui leur sont confiés, les prélats territoriaux, les administrateurs apostoliques et diocésains, les vicaires et préfets apostoliques, les supérieurs majeurs de certains ordres religieux.
L'ordinaire du lieu est celui qui exerce la juridiction sur ce lieu (l'évêque et ses vicaires généraux dans un diocèse, par exemple).

Ordo. Mot latin signifiant ordre, ordonnancement. Dans l'Église le mot désigne notamment le ou les livrets édités annuellement par chaque diocèse et contenant, d'une part, le calendrier et l'ordonnancement des célébrations liturgiques, d'autre part, l'annuaire des titulaires des diverses fonctions au service du diocèse, clercs ou laïcs (curie diocésaine, paroisses, aumôneries, etc.).

Pontife (du latin *pontifex*, faiseur de ponts). En termes religieux, est pontife celui qui établit un pont entre la divinité et l'humanité. Dans l'antiquité romaine, le collège des pontifes, présidé par le « Pontifex maximus », avait la haute surveillance du culte ; à partir d'Auguste, les empereurs s'attribuèrent le titre de « Pontifex maximus ». Vers le VIe siècle, on commença à donner aux évêques le titre de « pontifes » (d'où les « insignes pontificaux », la « messe pontificale », etc.) et au pape celui de « Souverain Pontife » (d'où les universités pontificales, la maison pontificale, etc.).

Préfet apostolique. Prélat chargé d'un territoire (préfecture apostolique) qui n'a pas encore le caractère de diocèse (par exemple en pays de mission) et ne dispose pas de la même autonomie. A la différence du vicaire apostolique, le préfet apostolique n'est généralement pas évêque, bien qu'il dispose d'un important pouvoir de juridiction dans sa circonscription (par contre, il ne peut ordonner de prêtres).

Prélat. Voir plus loin.

Vicaire (du latin *vicarius*, suppléant, assistant). Le mot désigne de manière générale dans l'Église une fonction de suppléance ou d'adjoint.

Vicaire apostolique (littéralement représentant du Siège Apostolique). Prélat ordonné évêque et chargé d'un territoire (vicariat apostolique) qui n'a pas encore le caractère canonique d'un diocèse et ne dispose pas de la même autonomie vis-à-vis de Rome. C'est encore le cas dans un certain nombre de pays de mission.

▶

▶

***Vicaire général**, vicaire épiscopal.* Collaborateurs immédiats de l'évêque. Voir Index.

Vicaire paroissial. Collaborateur du curé d'une paroisse.

Vicaire capitulaire. Avant la récente réforme du Droit canonique, membre du chapitre cathédral désigné par celui-ci pour gouverner le diocèse pendant la vacance du siège épiscopal. Cette fonction provisoire est maintenant assurée par l'administrateur diocésain (voir plus haut).

Cardinal-Vicaire. L'évêque qui administre le diocèse de Rome au nom du pape.

Le pape se présente lui-même comme le *Vicaire du Christ.*

PRÉLAT, PRÉLATURE

Dans l'Église catholique, le prélat (du latin *praelatus,* placé en avant) est un haut dignitaire. Au sens strict du droit canon, c'est tout membre du clergé dépositaire d'un pouvoir d'ordinaire (pouvoir exercé de manière publique vis-à-vis d'une communauté de fidèles : évêque d'un diocèse, préfet apostolique, prélat territorial, etc.). Au sens coutumier, la prélature est une dignité conférée soit à des prêtres exerçant une fonction effective auprès du pape, soit à d'autres prêtres, beaucoup plus nombreux, agrégés de manière purement honorifique à cette « famille pontificale » (« protonotaires apostoliques surnuméraires », « prélats d'honneur de Sa Sainteté », « chapelains de Sa Sainteté »). Bien que n'étant pas évêques, ces prélats ont le droit à l'appellation « Monseigneur » et celui de porter certains éléments des vêtements épiscopaux. On parle souvent à Rome des « Monsignori », nombreux dans le personnel ecclésiastique du Saint-Siège. La *prélature territoriale* (avant le Code de droit canonique de 1983, *prélature nullius)* est un territoire ne relevant d'aucun diocèse *(nullius diocesis)* et placé sous la juridiction d'un prélat qui la gouverne à l'instar d'un évêque diocésain ; c'est, par exemple, le cas de la Mission de France, dont le siège canonique se trouve à Pontigny (Yonne) ; la prélature territoriale offre une formule juridique permettant de donner une certaine souplesse au fonctionnement d'une institution comme la Mission de France (voir Index), dont les prêtres sont présents dans divers diocèses. Une nouvelle forme de prélature, la *prélature personnelle* a été voulue par le Concile Vatican II (décr. sur les prêtres n° 10), instituée par Paul VI en 1966 et confirmée par le Code de droit canon de 1983 (c. 294-297). Elle a un caractère personnel, c'est-à-dire qu'elle n'est pas circonscrite à un territoire (comme les diocèses par exemple) ; elle est gouvernée par un prélat, évêque ou non, en tant qu'Ordinaire propre ; à Rome, elle relève de la Congrégation pour les évêques ; elle est érigée par le Saint-Siège pour la réalisation d'activités pastorales ou missionnaires, après avoir entendu les conférences des évêques concernées ; ses statuts, établis par le Saint-Siège, déterminent les rapports de la prélature avec les Ordinaires des lieux. Outre des prêtres et des diacres du clergé séculier (qu'elle peut former dans des séminaires propres), elle peut comprendre des laïcs qui coopèrent à ses tâches de façon organique par un lien contractuel. Ces dispositions nouvelles ont été appliquées pour la première fois en 1982 par Jean-Paul II à l'*Opus Dei*, fondé en 1928 (voir Index). ■

LA PAROISSE

Toute Église diocésaine est subdivisée en paroisses. Celles-ci en constituent les communautés canoniques de base.

Le droit canonique définit la paroisse comme « la communauté précise de fidèles qui est constituée de manière stable dans l'Église particulière et dont la charge pastorale est confiée au curé, comme à son pasteur propre, sous l'autorité de l'évêque diocésain ». C'est à celui-ci qu'il revient de créer, modifier, supprimer, regrouper les paroisses de son diocèse.

Le plus souvent, la paroisse est territoriale, c'est-à-dire rassemble les fidèles d'un territoire déterminé ; mais l'évêque peut constituer des paroisses *personnelles,* c'est-à-dire définies non par un territoire mais par la nature des personnes qu'elles sont appelées à rassembler (de tel rite, ou de telle langue, ou de telle nationalité, etc.).

La paroisse (du grec *paroikia,* signifiant voisinage, réunion d'habitations, mais pouvant aussi être interprétée comme « à côté de la maison », et donc comme étranger de passage) est apparue très tôt en Gaule romaine, vers le IVe siècle, avec l'affectation permanente de prêtres aux églises rurales qui commençaient à se multiplier, alors que toute la vie de l'Église locale s'était trouvée jusqu'alors concentrée au siège du diocèse (l'évêque y baptisait, concélébrait avec ses prêtres, enseignait, etc.). C'est seulement le concile de Trente, au XVIe siècle, qui imposa aux évêques l'obligation de subdiviser systématiquement leur diocèse en paroisses.

La paroisse rurale resta longtemps la cellule de base de toute la vie sociale ; jusqu'à la création des communes par la Révolution (sur la base des circonscriptions paroissiales),elle constitua même la circonscription civile de base (les fonctions administratives, sauf l'état civil, étaient confiées à un syndic). Voir Index : Histoire de la paroisse.

La paroisse est canoniquement confiée par l'évêque à un prêtre, le curé. Selon l'importance de la paroisse et les ressources du diocèse en clergé, celui-ci est éventuellement assisté par un ou plusieurs *vicaires* (mot signifiant adjoint).

Dans la plupart des paroisses, les *laïcs* jouent aujourd'hui un rôle important, non seulement sur le plan des tâches matérielles ou administratives, mais, et de plus en plus, sur celui de l'animation pastorale. C'est particulièrement vrai dans le domaine de la catéchèse ; mais cela l'est également dans les domaines de la liturgie et de la prière communautaire, de la préparation au baptême et au mariage, du catéchuménat, de la formation des adultes, de l'aide spirituelle aux malades et aux personnes âgées, des rencontres avec des non-pratiquants et des incroyants, sans oublier les nombreuses et diverses activités caritatives.

Cette participation du laïcat joue également de plus en plus au niveau des orientations générales de la pastorale paroissiale elle-même au sein du *conseil pastoral.* Celui-ci, réunissant clergé paroissial et représentants des laïcs, et présidé par le curé, examine les besoins de l'évangélisation sur le territoire de la paroisse, et les moyens d'y répondre.

Le Code de droit canonique de 1983 en a officialisé l'existence, laissant toutefois aux évêques le soin d'en prescrire l'obligation et d'en établir les règles dans leur diocèse.

Un conseil pastoral n'a que voix consultative auprès du curé. Mais l'expérience montre qu'il est de nature à susciter maintes initiatives et à faire évoluer bien des situations.

Par ailleurs, le Code de droit canonique prescrit l'institution dans chaque paroisse d'un *conseil pour les affaires économiques,* régi par les règles établies par l'évêque, et au sein duquel des laïcs apportent au curé leur aide pour l'administration matérielle et financière de la paroisse. De plus en plus de curés estiment ne plus pouvoir se passer de ce concours.

Ph. CIRIC

Une célébration du jeudi saint à l'église Saint-Merri, à Paris. Une table, évoquant celle de la Cène, a été dressée comme autel. Les fidèles viendront y recevoir pain et vin consacrés.

Les centres pastoraux (paroisses, quasi-paroisses, postes missionnaires) dans le monde

Ils sont 399 210 dans le monde
153 048 en Europe
37 062 en France.

Leur population moyenne selon les continents va de 90 295 habitants en Asie du Moyen-Orient à 3 345 en Europe (1 515 en France).
La population catholique moyenne de ces centres selon les continents va de 6 102 personnes en Amérique centrale continentale à 1 031 en Afrique (Europe 1 840 ; France 1 286).
Sources : Statistiques du Saint-Siège pour l'année 1989, publiées en 1991.

Les paroisses en France métropolitaine

Sur 37 062 centres pastoraux, 35 493 paroisses (pour 36 000 communes) ;
- nombre moyen d'habitants par paroisse : 1 682 (mais 20 000 à Paris) ;
- paroisses sans curé et desservies par celui d'une autre paroisse : 21 942 (soit presque les 2/3 de l'ensemble français) ;
- paroisses confiées à un diacre, à un religieux non prêtre, à des religieuses, à des laïcs : 574 ;
- paroisses vacantes : 35.

Selon les statistiques du Saint-Siège (1989), le nombre moyen de centres pastoraux par diocèse était en France de 398, celui des paroisses 381 ; (centres pastoraux par diocèse : Europe, 233 ; monde, 156).

Le curé

Selon le Code de droit canonique de 1983, le *« curé est le pasteur propre de la paroisse qui lui est remise, en exerçant, sous l'autorité de l'évêque diocésain dont il a été appelé à partager le ministère du Christ, la charge pastorale de la communauté qui lui est confiée, afin d'accomplir dans cette communauté les fonctions d'enseigner, de sanctifier et de gouverner avec la collaboration éventuelle d'autres prêtres ou de diacres et avec l'aide apportée par des laïcs, selon le droit ».*

Alors que dans la plupart des langues européennes la dénomination du prêtre responsable d'une paroisse a la même racine que le mot paroisse (parochus, Pfarrer, parish priest, parroco), le mot français curé vient de sa fonction (en latin *cura animarum,* soin des âmes, c'est-à-dire le soin spirituel des personnes demeurant sur la paroisse dont il a la charge).

La caractéristique essentielle du curé est en effet sa responsabilité, déléguée par l'évêque, vis-à-vis de toutes les personnes vivant sur le territoire de sa paroisse, quels que soient leurs convictions religieuses ou philosophiques, leur âge, leur condition sociale, etc. Le curé a la charge et la mission d'annoncer Jésus-Christ à tous.

Il doit, bien sûr, pourvoir à la vie chrétienne de ceux qui se veulent membres de l'Église, avec tout ce que cela comporte (catéchèse, formation, liturgie, sacrements, activités caritatives, etc.). Il a la mission de rassembler en communauté d'Église les chrétiens de sa paroisse.

C'est dans le *caractère général* de cette responsabilité, exercée par délégation de l'évêque et en lien étroit avec lui (encore qu'avec une large autonomie), que réside la différence essentielle du ministère du curé avec d'autres ministères également exercés dans le cadre du diocèse, tels que les aumôneries (de mouvements catholiques, de lycées et collèges, d'hôpitaux, de religieuses, etc.) ou l'activité de prêtres dans l'enseignement, au travail, etc. dont la mission est centrée sur un secteur plus spécifique du point de vue chrétien et humain.

Le curé doit appeler au partage de sa mission entre les chrétiens de sa paroisse, mais il ne peut jamais renoncer à sa responsabilité d'ensemble, sauf sur les points dont son évêque le déchargerait.

Le curé préside de droit le *Conseil pastoral paroissial,* s'il existe, et qui exerce en ce cas un rôle consultatif auprès de lui. Il est assisté dans la gestion matérielle et financière de la paroisse par le *Conseil pour les affaires économiques,* tout en restant le responsable de cette gestion.

Une tendance relativement récente est de confier les paroisses importantes ou un ensemble de paroisses non plus à un curé assisté de vicaires, mais à une équipe de prêtres collégialement responsables. Le Code de droit canonique de 1983 entérine cette possibilité, étant toutefois précisé qu'au sein d'une telle équipe un « modérateur » dirigera l'activité commune et en répondra devant l'évêque.

Le Code de droit canonique précise que, pour assurer la nécessaire stabilité du curé, celui-ci est nommé pour un temps indéterminé ; il n'est nommé pour une durée déterminée que si la Conférence des évêques du pays considéré en a admis le principe et l'a rendu officiel par décret. C'est le cas en France, où les évêques peuvent nommer les curés avec des mandats à durée limitée, généralement renouvelables une fois. ■

La paroisse a-t-elle un avenir ?

Dans l'esprit de beaucoup, l'image de la paroisse reste liée à celle du clocher autour duquel se serre le village ou le quartier urbain. Sous la houlette du curé, assisté éventuellement d'un ou plusieurs vicaires, elle était comme le point de rassemblement de la communauté chrétienne locale : chacun pouvait y recevoir les sacrements ; on y dispensait l'instruction religieuse des enfants ; des « œuvres » et institutions diverses y assuraient un ensemble de services de nature spirituelle ou charitable, voire culturelle ou sportive.

Ce schéma traditionnel, sans être radicalement remis en cause, n'en a pas moins connu de profondes transformations en France ces dernières décennies. Certes le réseau paroissial continue de quadriller intégralement le pays, et la paroisse de former la cellule territoriale de base de l'Église institutionnelle. Mais, en ville, les paroisses peuvent atteindre des proportions énormes (certaines dépassent 50 000 habitants). L'anonymat de la vie urbaine et l'instabilité résidentielle contribuent à leur donner un caractère bien éloigné de celui de l'ancienne communauté villageoise. A la campagne elle-même, l'exode rural et la diminution des effectifs du clergé conduisent de plus en plus à des regroupements de paroisses en secteurs, souvent très vastes. Facilités de transport, migrations des week-ends, choix personnels contribuent à retirer au cloisonnement paroissial sa rigidité d'autrefois.

En outre, les paroisses ne sont plus le seul pôle de la vie religieuse locale ; les aumôneries d'établissements scolaires ou hospitaliers, les mouvements d'Action catholique, les groupes de prière ou de vie chrétienne rejoignent beaucoup de personnes indépendamment de leur appartenance paroissiale.

Ceci étant rappelé, force est cependant de constater un renouveau de l'intérêt porté à la paroisse ; l'expérience démontre qu'elle répond effectivement à une nécessité permanente. Elle reste aux yeux de tous le signe visible d'une présence chrétienne et un lieu d'accueil ; chacun, qu'il réside ou non sur son territoire, peut y prendre part à l'assemblée chrétienne, y recevoir les sacrements, requérir un soutien spirituel. Selon ses possibilités, elle continue d'assurer un ensemble de services relevant de la formation, de la spiritualité, de l'entraide. Enfin et surtout, si l'Église assume aujourd'hui par bien d'autres voies sa vocation première à l'évangélisation, la paroisse, grâce à son implantation locale et malgré divers handicaps, apporte à l'accomplissement de cette mission un concours à la fois spécifique et polyvalent qu'aucune autre structure n'est en mesure d'assurer.

Cette mission, elle doit toutefois l'accomplir aujourd'hui avec un clergé de plus en plus restreint ; mais elle le fait avec des laïcs de plus en plus responsables. Ils sont déjà nombreux à animer la liturgie, à assurer la catéchèse, la préparation au baptême et au mariage, la visite aux malades ; ils sont de plus en plus nombreux à devoir assumer la conduite d'assemblées dominicales sans prêtre ou de funérailles chrétiennes. La paroisse subsiste, son visage change. ■

Les finances paroissiales

Jusqu'à la séparation de l'Église et de l'État en 1905, les finances de la paroisse, qui pouvaient être importantes en certains cas parce que prenant en charge des écoles, des institutions charitables, culturelles, etc., en plus des frais proprement paroissiaux, étaient gérées par un « Conseil de Fabrique » élu par les paroissiens, et un « Bureau des Marguilliers » dont faisait partie le curé.

Depuis 1905, la gestion financière de la paroisse incombait au curé lui-même, dans le cadre des dispositions générales arrêtées par chaque diocèse.

Le nouveau Code de droit canonique de 1983 prescrit l'établissement dans chaque paroisse d'un *Conseil pour les affaires économiques,* selon des dispositions générales à arrêter dans chaque diocèse ; ce conseil, constitué de laïcs, apporte son aide au curé pour l'administration des biens de la paroisse, le curé restant seul responsable de la gestion.

Dans beaucoup de paroisses, déjà, un conseil de laïcs contribuait à cette gestion ; cet état de fait est désormais obligatoire et normalisé dans le cadre de chaque diocèse.

On verra, à propos des finances de l'Église, de quelle manière diocèses et paroisses couvrent leurs frais de fonctionnement. La paroisse est en tout cas le dispositif de base par lequel transite l'essentiel des ressources du diocèse, selon des modalités propres à chaque diocèse. ■

LE CONSEIL DE FABRIQUE

C'était autrefois l'organe chargé de l'administration financière et matérielle d'une paroisse. Le mot *fabrique* avait, à l'origine, un sens plus large qu'aujourd'hui ; il désignait tout ce qui était création manuelle, et notamment la construction de bâtiments ; appliqué entre autres à l'édification d'une église, le mot a vu son sens s'étendre progressivement, d'abord aux ressources nécessaires à cette construction, puis à son entretien, puis à la gestion d'ensemble des finances paroissiales, et enfin, aux personnes chargées de cette gestion. Parmi ces dernières (les *fabriciens*) figuraient les *marguilliers* (du latin *matricularius,* matricule), chargés du registre des pauvres de la paroisse et de l'aide à leur apporter. Par la suite, le bureau des marguilliers, présidé par le curé, devint l'organe exécutif du conseil de fabrique élu par les paroissiens. Abrogées par la Révolution, les fabriques ont été rétablies par le Premier Consul, qui en fit des établissements civils. La loi de séparation des Églises et de l'État de 1905 les a supprimées.
Les paroisses, qui depuis cette loi n'ont plus que le caractère d'associations de fait, se sont donné des organes de gestion dont beaucoup reprirent le nom de « conseils de fabrique » avec leurs « marguilliers » ; ces derniers continuèrent à disposer d'une place réservée dans l'église, le « banc d'œuvres », placé face à la chaire. Ces institutions sont peu à peu tombées en désuétude. Par contre, la gestion financière et administrative des paroisses continue pratiquement partout d'être assurée avec le concours des laïcs, concours rendu obligatoire par le Code de droit canonique de 1983. ■

PRESBYTÈRE

(Du grec *presbuteros,* ancien, chef de la communauté, d'où est dérivé le mot prêtre). Habitation du curé d'une paroisse (elle est parfois appelée cure) et de ses vicaires.

VICARIAT

Dans certaines paroisses importantes dont le presbytère est trop exigu pour héberger à la fois le curé, le secrétariat paroissial et les vicaires, ces derniers occupent une résidence distincte, appelée alors vicariat.

Une paroisse nouvelle dans un quartier nouveau :

Saint-Augustin à Rennes

A l'est de Rennes s'étend un quartier neuf, entre l'université des sciences Beaulieu, un quartier pavillonnaire et la Z. A. C. des Longs-Champs ; il compte environ 10 000 habitants. C'est l'un des aumôniers du campus universitaire qui décida d'y construire une église et de rassembler autour d'elle une communauté, le tout prenant corps aux alentours de 1970. Une nouvelle paroisse est ainsi née.

D'emblée, les laïcs ont été appelés à prendre une part très active à son animation pastorale. Associés au clergé paroissial et à deux religieuses permanentes, une quinzaine de laïcs, élus ou cooptés avec un mandat limité à un ou trois ans, représentent au sein d'une équipe pastorale les principales activités de la paroisse ; ils sont renouvelés lors d'assemblées paroissiales convoquées à intervalles réguliers qui jouent le rôle d'instances de concertation.

Chacun des aspects de l'animation paroissiale est sous la responsabilité d'un petit groupe de laïcs (accueil, préparation au baptême et au mariage, accompagnement des malades, gestion...) ; au total, environ 200 laïcs sont associés à la charge pastorale de la paroisse. Plusieurs équipes liturgiques, différentes, assurent à tour de rôle la préparation et l'animation des messes dominicales, auxquelles viennent non seulement des habitants du quartier, mais bon nombre de Rennais d'autres quartiers, attirés par l'esprit d'initiative et l'ambiance qui règnent dans cette paroisse.

Lorsqu'une famille désire faire baptiser un enfant, une équipe se rend chez elle et l'aide à préparer la célébration (une centaine de baptêmes par an) ; en cas de décès, un laïc vient rendre visite à la famille, puis l'accompagnera au cimetière le jour des obsèques.

Des groupes de prière, d'aumônerie, de formation biblique et théologique, d'accueil aux étudiants étrangers, d'entraide, s'efforcent de répondre aux divers besoins internes et externes à la communauté. C'est le souci d'évangélisation qui prime ; le secrétaire du bureau de l'équipe pastorale, un professeur d'université, constatait : « L'évangélisation commence à ma porte. » ■

Une paroisse sans paroissiens :
Saint-Louis-d'Antin à Paris

Ph. CIRIC

Église Saint-Louis d'Antin à Paris.

L'église Saint-Louis-d'Antin à Paris se trouve en plein cœur du quartier des grands magasins, à deux pas de la gare Saint-Lazare, dans un environnement de grandes banques, de compagnies d'assurances, de commerces de toutes sortes ; les immeubles d'habitation ont progressivement perdu leurs occupants, remplacés par des bureaux. Le territoire de la paroisse ne compte plus que 150 résidents !

Or l'église ne désemplit pas de la journée : 2 500 à 4 000 personnes y passent chaque jour ! A l'intérieur, des gens prient en silence, d'autres attendent leur tour devant les confessionnaux, d'autres encore sont en conversation dans les bureaux d'accueil avec les prêtres ou laïcs qui leur consacrent une partie de leur temps.

Trois moments de la journée connaissent plus d'affluence : le matin avant l'ouverture des bureaux, l'heure du déjeuner, la sortie des bureaux. La permanence est assurée treize heures par jour ; onze messes sont célébrées, chacune avec une homélie de trois minutes soigneusement préparée ; deux à quatre confesseurs, parlant souvent une seconde langue, sont constamment disponibles ; ils sont plus nombreux lors des célébrations pénitentielles ou dans les temps forts de la vie liturgique : approche de Noël, Carême, semaine sainte... Des conférences contribuent à l'effort d'ensemble d'accueil et de réponse aux besoins du public très mêlé, habitué ou purement passager, qui fréquente l'église. Les uns viennent y chercher le silence pour prier et réfléchir, émergeant un moment de l'agitation trépidante où ils se trouvent plongés ; d'autres viennent au contraire y chercher quelqu'un à qui s'ouvrir de leurs questions, d'autres encore des célébrations communautaires et, pour certains, leur eucharistie quotidienne.

Pour répondre à tant de besoins si divers, et pour faire que cette paroisse reste lieu de communion, une équipe de prêtres s'est constituée, dont plusieurs à temps plein, avec plus d'une centaine de laïcs qui prennent une part croissante à cette animation.

A l'inverse de la généralité des églises, celle-ci connaît son maximum d'activité en semaine, le dimanche étant au contraire, à l'image de tout le quartier, le jour le plus calme.

Église Saint-Louis-d'Antin : 63, rue Caumartin, 75009 Paris (Métros Havre-Caumartin, Saint-Lazare, Aubert). ■

Une profusion de petites « communautés »

On assiste depuis un demi-siècle à la multiplication de petites communautés chrétiennes faites en quelque sorte sur mesure. Beaucoup sont nées comme équipes de base de mouvements (action catholique, spiritualité, etc.) ; d'autres, plus récentes, sont le fruit du renouveau charismatique ; d'autres encore répondent à un besoin d'approfondissement biblique, doctrinal, liturgique, etc. ; d'autres enfin se veulent tout à fait autonomes et expérimentent des formes nouvelles de la vie chrétienne.

Les unes et les autres permettent de prier en commun dans l'amitié et de réfléchir ensemble sur la manière de vivre sa foi dans les conditions les plus concrètes de la vie quotidienne et d'y porter un témoignage chrétien. Certaines vont très loin dans l'esprit communautaire (mise en commun des ressources de leurs membres et, pour quelques-unes, vie commune).

Dans ce foisonnement de groupes, la plupart ont, de fait, ou affirment explicitement vouloir des liens organiques avec les instances ecclésiales ; c'est institutionnellement le cas des équipes de mouvements catholiques ; c'est aussi celui de beaucoup d'autres groupes par le truchement du clergé paroissial ou diocésain.

D'autres groupes, par contre, s'érigeraient plutôt en contre-pouvoirs, ou, en tout cas, en prophètes d'un nouveau mode de vie en Église. Plus ou moins périodiquement, ils tiennent des rassemblements où ils mettent en commun leur expérience et affirment, à l'occasion, la spécificité de leur mouvement comme alternative de la vie ecclésiale ; le mouvement est d'ailleurs traversé de courants multiples, les uns plus centrifuges, les autres plus tournés vers une « communion d'Église ».

La multiplication de petites communautés « sur mesure » répond à des besoins réels ; le risque pour certaines serait toutefois de réduire l'Église à une entité abstraite alors qu'elle est essentiellement relation « communion » ; et le maintien du tissu ecclésial suppose, au premier chef, la « communion » avec celui qui a reçu la charge de « l'Église particulière », dont chaque catholique est membre, l'évêque. ■

Qu'est-ce que ?

Les Actes de catholicité. Registres paroissiaux, sur lesquels sont enregistrés baptêmes, confirmations, mariages, ordinations, professions religieuses, décès ; ils permettent à tout fidèle ou à ses proches d'apporter les justifications de sa situation canonique ; en France, ils ont constitué les registres de l'état civil jusqu'à la Révolution, et offrent, de ce fait, quand ils n'ont pas disparu, une source d'une valeur inestimable pour l'historien et le généalogiste.

UNE CONCERTATION NATIONALE

La Conférence des évêques de France

• Elle est constituée par l'ensemble des cardinaux et évêques en activité résidant en France métropolitaine et dans les départements d'outre-mer (D. O. M.), ainsi que par les cardinaux français en retraite résidant en France.

Font aussi partie de la Conférence l'évêque placé à la tête de l'éparchie (diocèse) des Arméniens en France, l'exarque des Ukrainiens en France, les vicaires apostoliques et préfets apostoliques des départements d'outre-mer (D. O. M), les administrateurs apostoliques et administrateurs diocésains (dans les diocèses momentanément dépourvus d'évêques) exerçant leur charge en France.

Participent à l'Assemblée plénière des évêques de France, mais avec simple voix consultative, les évêques, vicaires apostoliques et préfets apostoliques des territoires d'outre-mer (T. O. M.) qui relèvent de la Conférence épiscopale du Pacifique et les délégués des supérieurs majeurs religieux.

La Conférence des évêques de France se réunit de plein droit en Assemblée plénière au moins une fois par an (en octobre à Lourdes). Elle étudie et arrête les orientations et décisions importantes concernant l'Église en France. Le vote s'acquiert à la majorité des deux tiers du nombre des membres de la Conférence ayant voix délibérative pour les décisions ayant valeur obligatoire pour tous (qui doivent en outre être reconnues par le Saint-Siège), et à la majorité des deux tiers des membres présents ayant voix délibérative pour les autres décisions.

Le nonce apostolique en France participe à l'Assemblée plénière lorsque le Saint-Siège le demande ; en outre, il est invité à siéger aux séances publiques de l'Assemblée.

Enfin, la presse est invitée aux séances publiques ; elle est en outre en relation constante avec le secrétaire général adjoint chargé du Secrétariat national de l'opinion publique (S. N. O. P.), porte-parole de l'épiscopat ; enfin, la tenue de l'Assemblée donne généralement lieu à une ou plusieurs conférences de presse.

• L'Assemblée plénière élit un *Conseil permanent,* comprenant le président et le vice-président de la Conférence, et 9 évêques à raison d'un par région apostolique ; si le Conseil ainsi constitué ne comprend pas de cardinal, l'un d'eux est désigné par ses pairs ; l'archevêque de Paris siège de plein droit s'il ne figure pas parmi les membres élus à un titre ou à un autre.

Les mandats sont de trois ans, renouvelables une fois (donc au maximum six ans).

Le Conseil permanent, qui se réunit tous les mois, reçoit délégation pour assurer l'exécution des décisions prises par l'Assemblée, la continuité d'action d'une Assemblée à l'autre, la coordination du travail des commissions, comités et secrétariats nationaux, en nommer les secrétaires, nommer les aumôniers nationaux des mouvements, assurer le règlement des questions urgentes n'exigeant pas une décision de l'Assemblée, préparer les débats de l'Assemblée. Il réunit une fois par trimestre les présidents de commissions épiscopales, celui du Bureau d'études doctrinales et, éventuellement, ceux des Comités épiscopaux.

▶▶▶

De l'Église de France à l'Église en France

• Du XVIe siècle à la Révolution, les délégués du clergé de France se réunirent en principe tous les cinq ans en Assemblée du clergé pour délibérer des affaires temporelles et spirituelles de l'Église de France. L'esprit qui présidait à ces rencontres était imprégné de gallicanisme ; l'une des plus célèbres prises de position en ce sens fut la *Déclaration des Quatre Articles* (voir Index), rédigée par Bossuet et adoptée par l'Assemblée du clergé en 1682, qui proclamait les libertés de l'Église gallicane à l'encontre de la primauté pontificale. On sait que le clergé constituait, au sein de la société monarchique française, le second « État », après celui de la noblesse et avant le Tiers-État (ce qui n'était ni noblesse ni clergé) ; il siégea à ce titre aux États Généraux de 1789.

• Pendant la première partie du XIXe siècle, l'épiscopat français resta, dans sa majorité, imprégné de conceptions gallicanes. Le pontificat de Pie IX (1846-1878) et le premier concile du Vatican (1869-1870) qu'il convoqua marquèrent le déclin définitif de ce courant et accentuèrent au contraire le mouvement en faveur de la centralisation romaine ; plus qu'à des relations entre eux, les évêques se trouvèrent dès lors incités à des relations directes avec Rome. Entre 1811 et la guerre de 1914, l'épiscopat français ne se réunit qu'en une seule circonstance (1906-1907), à propos de la séparation de l'Église et de l'État (1905).

• Après la Première Guerre mondiale cependant, pour étudier les questions posées par la réintégration de l'Alsace et de la Lorraine dans la communauté nationale, les cardinaux et archevêques français tinrent conseil en 1919. D'autres réunions suivirent, qui prirent un caractère périodique. Bien qu'elle ne disposât d'aucun pouvoir canonique, l'*Assemblée des Cardinaux et Archevêques* français fit bientôt figure de la plus haute instance de l'Église en France, assurant sa représentation et émettant des avis faisant moralement autorité. Avec son secrétariat permanent et ses commissions, elle préfigurait l'actuelle organisation de l'épiscopat français mise en place à partir de 1964.

• A Rome en effet, le pontificat de Jean XXIII (1958-1963) et le concile Vatican II (1962-1965) dont il avait pris l'initiative entamèrent une ère nouvelle de plus grande ouverture aux spécificités et initiatives locales, et surtout une ère de gouvernement plus collégial. Le Concile devait lui-même préconiser l'instauration et la généralisation de conférences épiscopales nationales et continentales.

La Conférence des évêques de France a vu le jour en 1964, bien que ses statuts datent de 1975.

Le dispositif adopté a pour objectif d'assurer une participation aussi large que possible des membres de la Conférence aux responsabilités communes de l'épiscopat en France, conformément au principe de collégialité remis à l'honneur par le concile Vatican II. ■

Lorsqu'un mot, une expression, un événement, une institution, un nom propre vous sont inconnus, consultez l'index.

Une structure nationale permanente :

le Secrétariat général de la Conférence

Sous la responsabilité du président de la Conférence des évêques de France et du Conseil permanent, le Secrétariat général de la Conférence, véritable cheville ouvrière du travail collégial des évêques de France, est à l'écoute de tout ce qui se passe dans et hors de l'Église. Il prépare les travaux de l'Assemblée plénière et du Conseil permanent ; il coordonne et suit l'exécution des décisions et orientations adoptées par eux ; il assure les liaisons nationales et internationales et la coordination des divers Commissions et Secrétariats nationaux ; il procède aux études qui lui sont confiées (106, rue du Bac, 75341 Paris Cedex 07. Tél. (1) 42 22 57 08).

Le secrétaire général, nommé par l'Assemblée plénière, est assisté de plusieurs secrétaires généraux adjoints (nommés par le Conseil permanent), associés à ses responsabilités. Ces secrétaires généraux adjoints actuellement au nombre de quatre sont en outre respectivement chargés :

• du *Secrétariat national de l'Opinion publique* (SNOP), 106, rue du Bac, 75341 Paris Cedex 07. Tél. (1) 42 22 61 70 : porte-parole de la Conférence des évêques, liaison avec les médias, représentation de la Conférence des évêques auprès des organisations et mouvements catholiques de communications sociales, documentation du Secrétariat général ; secrétariat de la Commission épiscopale de l'Opinion publique ;

• de *l'étude des questions pastorales*, 106, rue du Bac, 75341 Paris Cedex 07. Tél. (1) 42 22 59 55) ; secrétariat du Groupe épiscopal pour les communautés chrétiennes ;

• du *Secrétariat général pour l'apostolat des laïcs,* 106, rue du Bac, 75341 Paris Cedex 07. Tél. (1) 42 22 56 39) : liens avec les divers mouvements d'apostolat des laïcs ; secrétariat de la Commission épiscopale de l'enfance et de la jeunesse ;

• des *questions financières,* administratives et juridiques, 106, rue du Bac, 75341 Paris Cedex 07. Tél. (1) 42 22 47 12 ; secrétariat du Comité épiscopal financier.

• Un certain nombre de *Secrétariats nationaux* (voir plus loin), créés par l'Assemblée plénière, sont chargés d'assurer, dans un domaine spécialisé, une double fonction d'études et d'animation pastorale, en lien avec une Commission épiscopale, un Comité épiscopal ou un groupe épiscopal.

• Le souci des évêques d'associer les prêtres à leur responsabilité pastorale, qui est à l'origine, dans les diocèses et dans les régions, de diverses dispositions (notamment le fonctionnement de Conseils presbytéraux), se traduit au plan national par les rencontres d'une *Équipe nationale Évêques-Prêtres.*

Celle-ci, instituée officiellement par l'Assemblée plénière de Lourdes de 1970, comprend 3 évêques membres du Conseil permanent, et 12 prêtres : 9 délégués régionaux représentant les conseils presbytéraux, 1 représentant de la Mission de France, 1 représentant des religieux-prêtres, le secrétaire de la commission épiscopale du clergé et des séminaires.

Elle se réunit régulièrement sur un ordre du jour établi d'un commun accord, en fonction du programme des Assemblées plénières et des questions susceptibles d'intéresser l'ensemble des presbyteriums français. Des prêtres de l'équipe peuvent être invités à faire partie des groupes chargés par le Conseil permanent d'étudier tel ou tel dossier en préparation de l'Assemblée plénière.

Dans les régions, la coresponsabilité évêques-prêtres s'exerce de diverses façons, sous forme de rencontres entre les évêques et les délégués des conseils presbytéraux.

Le Bureau d'études doctrinales

Composé d'un cardinal choisi par ses pairs et de six évêques élus par l'Assemblée plénière de l'épiscopat, et fonctionnant sous la responsabilité du Conseil permanent, il informe évêques, commissions épiscopales, comités et groupes de travail sur toute question doctrinale qui lui est soumise ou dont il estime devoir se saisir. Il dispose présentement de deux secrétaires nationaux.

Les 15 Commissions épiscopales et les 3 Groupes épiscopaux

1. Famille.
2. Monde ouvrier.
3. Monde rural.
4. Milieux indépendants.
5. Enfance-Jeunesse.
6. Monde scolaire et universitaire.
7. Migrations.
8. Clergé-séminaires.
9. État religieux.
10. Liturgie et pastorale sacramentelle.
11. Opinion publique.
12. Commission sociale.
13. Enseignement religieux.
14. Missions à l'extérieur.
15. Unité des chrétiens.

• Groupe épiscopal pour les communautés chrétiennes
• Groupe épiscopal pour la pastorale des réalités du tourisme et des loisirs.
• Groupe épiscopal pour le Renouveau charismatique.

Les 7 Comités épiscopaux

Financier
Mission ouvrière
Relations avec le judaïsme
Mission de France
France-Amérique latine
Mer
Canonique. ■

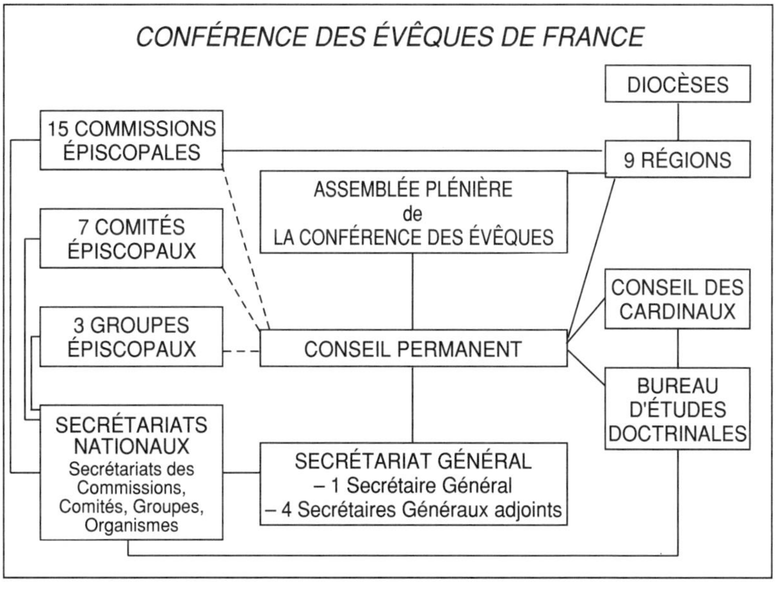

Quand l'épiscopat se prononce collectivement...

Les instances nationales de l'épiscopat publient de temps à autre des textes prenant position sur tel ou tel point de l'actualité, religieuse ou générale.
Tous engagent-ils l'épiscopat de la même manière ?
Il faut, à cet égard, distinguer trois catégories de textes :
• Les textes adoptés par l'*Assemblée plénière de la Conférence des évêques de France* (c'est-à-dire par au moins les deux tiers des membres de la Conférence) ; ce sont les plus solennels et ceux où l'ensemble de l'épiscopat se trouve engagé.

• Les textes adoptés par le *Conseil permanent,* c'est-à-dire l'exécutif de l'Assemblée plénière ; ils peuvent, en cas d'urgence, avoir la même portée, mais ils sont le plus souvent d'une portée moindre.

• Les textes adoptés par une des *Commissions épiscopales ;* ils n'engagent formellement que les évêques les ayant signés, mais ces derniers n'en agissent pas moins dans le cadre du mandat général qui leur a été confié par l'ensemble des évêques.

Les Secrétariats nationaux

Deux des secrétariats nationaux sont confiés chacun à l'un des secrétaires généraux adjoints de l'épiscopat :
le Secrétariat général de l'apostolat des laïcs,
le Secrétariat national de l'opinion publique (S.N.O.P.).

Autres services considérés par l'épiscopat comme secrétariats nationaux au sens strict

Centre national de l'enseignement religieux (C.N.E.R.),
Centre national de pastorale liturgique (C.N.P.L.),
Secrétariat général de l'enseignement catholique,
Secrétariat national de l'aumônerie de l'enseignement public,
Secrétariat national de pastorale familiale.

Les responsables de ces secrétariats nationaux assurent en outre le secrétariat de la commission épiscopale dont chacun de ceux-ci relève.

Autres secrétariats nationaux

Outre le secrétariat de chacune des commissions épiscopales, plus ou moins étoffé selon les nécessités et les possibilités, les organismes suivants travaillent en lien étroit avec les instances nationales de l'épiscopat.
Bureau d'études doctrinales,
Délégué pour les questions morales,
Questions relatives à la vie humaine,
Chrétiens-médias,
Comité France-Amérique latine,
Comité pour les relations avec le judaïsme,
Commission de l'état religieux,
Commission du clergé et des séminaires,
Commission des milieux indépendants,
Commissions des missions à l'extérieur,
Commissions du monde rural,
Commission sociale,
Commission pour l'unité des chrétiens,
Mission de la mer,
Mission ouvrière,
Œuvres pour l'émigration,
Secours catholique,
Secrétariat pour les relations avec l'islam,
Service Incroyance et foi,
Service national des vocations,
Service national du catéchuménat,
Comité catholique contre la faim et pour le développement.

Quelques autres organismes nationaux

Aumônerie générale des Français hors de France,
Délégation catholique pour la coopération,
Aumônerie nationale de la batellerie,
Aumônerie nationale des forains et artisans de la fête,
Aumônerie nationale des gitans,
Commission française « Justice et Paix »,
Groupe épiscopal pour la pastorale des réalités du tourisme et des loisirs,
Service catholique de l'enfance et de la jeunesse inadaptée.

Les attributions et activités des divers secrétariats nationaux et organismes en relation avec les instances nationales de l'épiscopat sont évoquées plus loin à l'occasion de la présentation des grands secteurs de la pastorale. ■

▶▶▶

Les cardinaux français résidant en France constituent un *Conseil des Cardinaux* qui peut être appelé à un rôle de conseil et d'arbitrage. (C'est en quelque sorte un « Conseil des Sages ».)

Quinze *Commissions épiscopales,* sept *Comités épiscopaux,* trois Groupes épiscopaux, un *Bureau d'études doctrinales,* des *Groupes de travail* constitués selon les besoins, permettent de prendre en compte l'ensemble des questions posées par les divers secteurs de la pastorale (voir « les Secteurs d'action pastorale »).

Les commissions, dont les présidents sont élus par la Conférence des évêques de France, comportent un évêque ou un vicaire général de chacune des neuf régions apostoliques. La plupart disposent d'un secrétariat permanent, dont le titulaire est nommé par le Conseil permanent.

Des liaisons internationales

La mission de la Conférence épiscopale n'est pas seulement tournée vers l'intérieur de l'Église en France ; elle a aussi à prendre sa part de la mission et de la vie de l'Église universelle et à maintenir constante la préoccupation de l'unité des chrétiens dans le monde.

C'est à elle qu'il appartient de désigner les quatre représentants de l'épiscopat français au Synode des évêques qui, sous la présidence du pape, réunit les délégués des Églises locales du monde entier ; le Synode comptant en outre un certain nombre de membres nommés par le pape (maximum 15), plusieurs d'entre eux ont, jusqu'à présent, été des évêques français (voir Synode des évêques).

La Conférence des évêques de France a par ailleurs pris une part active à la création, à partir de 1965, d'un *Conseil des conférences épiscopales d'Europe* (C.C.E.E.), approuvé par le Saint-Siège en 1977. Ce Conseil présente notamment l'intérêt de réunir des représentants de l'épiscopat catholique de toute l'Europe y compris de pays de l'Est.

En outre, un Comité commun réunit chaque année les représentants du Conseil des Conférences épiscopales d'Europe (C.C.E.E., catholiques) et ceux de la Conférence des Églises Européennes (K.E.K., non catholiques) ; cette dernière comporte des représentants des confessions réformée, luthérienne, anglicane, orthodoxe (y compris des Églises des pays de l'Est). Ce Comité commun suscite de grandes rencontres œcuméniques européennes sur des thèmes précis.

La Conférence des évêques de France participe également à la *Commission des épiscopats de la Communauté Européenne* (COMECE) dont le secrétariat se trouve à Bruxelles.

Enfin, des rencontres bilatérales entre représentants de la Conférence française et représentants de conférences étrangères sont assez fréquentes, par exemple avec la Conférence allemande. Des représentants de conférences étrangères sont régulièrement invités aux Assemblées plénières annuelles de Lourdes, de même que des représentants de la Conférence française sont invités à des Assemblées de l'épiscopat d'autres pays.

Relations œcuméniques

Pour tout ce qui concerne les relations de la Conférence des évêques de France avec les autres Églises chrétiennes, voir, dans les Grands secteurs de la pastorale en France, *Une pastorale pour l'unité des chrétiens.*

Conseil des Conférences épiscopales d'Europe (CCEE)

Secrétariat Klosterhof : 65, 9000 Saint-Gallen (Suisse). Tél. (19-41) 71 22 81 06 - Fax : (19-41) 71 22 58 42

Commission des épiscopats de la communauté européenne (CODECE)

Secrétariat : 13, avenue Pierre-Damien, 150 Bruxelles (Belgique) - Tél. (19-32) 27 71 36 78 - Fax : (19-32) 27 70 76 54.

Bibliographie

L'Église catholique en France, ouvrage publié par le Secrétariat général de la Conférence des évêques de France, 106, rue du Bac, 75341 Paris Cedex 07. ■

Ph. CIRIC

Quatrième Symposium des évêques européens, à Rome, en 1979. On voit ici le cardinal Etchegaray présidant l'assemblée.

2. LES ÉGLISES CATHOLIQUES DE RITE ORIENTAL

Dans l'Église catholique, on accole volontiers le qualificatif « vénérable » au nom des Églises orientales unies à Rome. C'est que, par leur histoire, leur liturgie, leur mode d'organisation, leur spiritualité, elles restent aujourd'hui des témoins très vivants de traditions dont certaines remontent aux tout premiers siècles du christianisme ; du reste, leur berceau se trouve souvent dans les premières régions christianisées.

▶▶▶

Ph. CIRIC

Mgr Sfeir, patriarche des Maronites.

Le patriarcat

Le mot *patriarche* (du grec *patria*, race ou pays, et *arkhê*, autorité, tête) désigne le chef d'une lignée. Dans les Églises orientales (unies ou non à Rome), il désigne traditionnellement un chef religieux ayant juridiction sur un ensemble d'archevêques (ou métropolites), d'évêques, de clercs et de fidèles formant une communauté de même rite et, au moins à l'origine, établie sur un même territoire (éventuellement très vaste).

L'origine de l'institution patriarcale remonte à l'Église primitive ; l'évangélisation s'y organisa en effet autour des trois grands centres de l'empire romain : *Antioche* (dans l'actuelle Turquie), troisième ville de l'empire, *Alexandrie* en Égypte, seconde ville, et *Rome*, la capitale. Les évêques de ces trois villes prirent dès lors rapidement autorité sur ceux de leur région ; elle fut confirmée en 325 par le concile de Nicée, qui établit un ordre de préséance entre ces sièges épiscopaux ; celui de Rome venait en tête, suivi de ceux d'Alexandrie puis d'Antioche, auxquels fut ajouté celui de Jérusalem.

Constantin ayant transféré en 331 de Rome à Byzance (alors rebaptisée Constantinople) la capitale de l'empire, le concile œcuménique tenu dans cette ville en 381 attribua au siège épiscopal de cette dernière le deuxième rang de préséance après Rome, Alexandrie se trouvant reléguée au troisième rang pour la plus grande humiliation de l'Église d'Égypte. Ces cinq sièges, Rome, Constantinople, Alexandrie, Antioche et Jérusalem, auxquels on réserva peu à peu l'exclusivité du titre alors courant de patriarcat et qui formèrent ensemble ce qu'on a appelé la « pentarchie » (ou gouvernement à cinq), constituèrent les grands foyers du développement du christianisme dans les premiers siècles ; on les retrouve aujourd'hui encore dans l'organisation patriarcale des Églises orientales, qu'elles soient indépendantes ou unies à Rome.

L'histoire de l'institution patriarcale se compliqua avec les diverses ruptures survenues au sein de l'Église au cours des siècles à l'occasion des grandes controverses théologiques : schisme nestorien après le concile d'Ephèse en 431 et schisme monophysite après le concile de Chalcédoine en 451 ; les Églises devenues indépendantes soit conservèrent en effet leur patriarche (Alexandrie pour les coptes), soit s'en donnèrent un (nestoriens, jacobites, arméniens, chaldéens). En 1054, c'est presque toute l'Église d'Orient non encore séparée de Rome qui, sous la conduite du patriarche de Constantinople, prit son autonomie et devint l'Église orthodoxe. Puis, à l'intérieur de celle-ci, l'Église de Russie se donna un patriarcat (Moscou) en 1589 ; au XXe siècle, la Serbie, la Roumanie, la Bulgarie en firent autant.

Cependant le patriarche de Constantinople porte le titre d' « œcuménique », et jouit dans l'Église orthodoxe d'une primauté d'honneur (mais non de juridiction).

Lorsque, au cours de l'histoire, des fractions importantes d'Églises séparées de Rome renouèrent avec le Saint-Siège, celui-ci s'employa à favoriser leur ralliement en leur laissant généralement leurs traditions, leur liturgie (y compris la langue), leur discipline et leur organisation propres, mais aussi en reconnaissant l'autorité de leur patriarche (maronites) ou, en plusieurs cas, en les dotant ultérieurement d'une autorité patriarcale conforme à leurs traditions.

C'est ainsi qu'aujourd'hui six grandes communautés catholiques de rite oriental se trouvent sous un régime patriarcal :

— Patriarcat d'Alexandrie des *Coptes* (Le Caire, Égypte).
— Patriarcat d'Antioche des *Syriens* (Beyrouth, Liban).
— Patriarcat d'Antioche des *Maronites* (Bkerké, Liban).
— Patriarcat de Babylone des *Chaldéens* (Bagdad, Irak).
— Patriarcat de Cilicie des *Arméniens* (Beyrouth, Liban).
— Patriarcats d'Antioche, d'Alexandrie, de Jérusalem, des *Grecs Melkites catholiques* (en fait actuellement le patriarche melkite d'Antioche porte en même temps les titres de patriarche d'Alexandrie et de Jérusalem ; son siège est à Damas, Syrie).

Le droit canonique propre aux Églises orientales unies à Rome attribue à leurs patriarches un pouvoir important de juridiction sur l'ensemble des évêques, du clergé, des fidèles relevant d'eux, le tout sous l'autorité du pape.

Mais, contrairement aux patriarches des Églises orientales non unies à Rome, leur juridiction ne s'étend pas aux fidèles de leur rite résidant en dehors des pays d'Orient.

D'autres Églises unies à Rome (Églises catholiques de rite byzantin, catholiques coptes éthiopiens, catholiques syro-malabars et syro-malankars) ne sont pas sous la juridiction d'un patriarche ; leur hiérarchie comporte des archevêques ou métropolites et des évêques, les uns et les autres désignés selon les règles du droit canonique des Églises orientales.

L'ensemble des Églises orientales catholiques relève à Rome de la *Congrégation pour les Églises orientales*, qui exerce à leur égard les attributions qu'exercent pour l'Église de rite latin les Congrégations pour les évêques, pour le clergé, pour les religieux, pour l'éducation catholique.

Dans l'Église latine[1], le titre de patriarche est de caractère purement honorifique, à une seule exception près : celui de Jérusalem. Les titres de patriarche de Venise, de Lisbonne, des Indes Orientales (Goa, Inde) sont donc portés par les archevêques de ces villes sans leur donner aucun pouvoir supplémentaire. Par contre, le patriarche latin de Jérusalem (résidant dans cette ville) a juridiction sur les catholiques de rite latin d'Israël, de Jordanie et de Chypre, en majorité arabes ; jusqu'en 1987, le patriarche latin de Jérusalem avait été traditionnellement choisi par le Saint-Siège parmi les franciscains italiens ; pour la première fois, en 1987, le choix s'est porté sur un prêtre arabe palestinien.

Le pape porte le titre de *patriarche d'Occident* qui a remplacé celui de *patriarche de Rome* des premiers siècles chrétiens. Voir Index.

1. C'est-à-dire les communautés catholiques de rite latin, par distinction avec les Églises orientales catholiques qui ont chacune leur rite propre traditionnel ; le rite latin n'implique plus obligatoirement, depuis le concile Vatican II, l'usage de la langue latine. ■

▶▶▶

Par cette fidélité à leurs traditions, ces Églises sont un rappel permanent à l'ensemble de l'Église que catholicité (universalité) et unité ne doivent pas être confondues avec uniformité. Il est clair, en particulier, que l'unité des chrétiens ne pourra se réaliser que comme une communion dans la même foi d'Églises aux formes multiples.

Le cas de l'Église maronite mis à part, la quasi-totalité des Églises catholiques de rite oriental proviennent du retour à l'union avec Rome de tout ou partie d'Églises qui s'en étaient séparées au cours des siècles. On trouvera les précisions nécessaires à ce sujet en d'autres parties du présent ouvrage [1].

1. Voir notamment Grandes religions non catholiques ; Histoire de l'Église ; Œcuménisme.

QUELQUES ADRESSES CONCERNANT LES COMMUNAUTÉS CATHOLIQUES DE RITE ORIENTAL EN FRANCE

Vicariat général pour les catholiques de rite oriental, 24 rue de Babylone, 75007 PARIS Tél. (1) 45 49 10 90

Exarchat apostolique pour les Ukrainiens, 27 avenue Foch, 94300 VINCENNES Tél. (1) 43 28 42 39

Éparchie apostolique pour les Arméniens, 10 bis rue Thouin, 75005 PARIS Tél. (1) 43 26 50 43.

LES ÉGLISES CATHOLIQUES DE RITE ORIENTAL

Familles de rites	Rites	Églises catholiques de rite oriental	Langue liturgique	Communauté d'origine avant l'union à Rome	Origine de la séparation d'avec Rome de cette communauté
Alexandrin	Copte	**Patriarcat d'Alexandrie des Coptes** (Le Caire. Egypte) (union XVIIIe s. ; patriarcat 1899)	Copte (ancien égyptien), - Arabe	Église orthodoxe copte (doctrine monophysite)	Concile de Chalcédoine (451)
	Copte	**Métropole d'Addis-Abeba** (Ethiopie)	Gheez (éthiopien ancien)	Église orthodoxe éthiopienne (doctrine monophysite)	*id.*
Antiochien (ou syro-occidental)	Syrien (ou antiochien)	**Patriarcat d'Antioche des Syriens** (Beyrouth-Liban) (union 1662 ; organisation 1783)	Syriaque, Arabe	Église orthodoxe syrienne d'Antioche et de tout l'Orient : (jacobites monophysites)	*id.*
	Syro-malankar	**Métropole de Trivandrum** (Inde) (union 1930)	Syriaque, Langues loc.	Église orthodoxe syrienne Catholicat d'Orient (jacobites monophysites)	*id.*
	Maronite	**Patriarcat d'Antioche des Maronites** (Bkerké-Liban) (union explicite à partir du XIIe s.)	Syriaque, Arabe		
Chaldéen (ou syro-oriental)	Chaldéen	**Patriarcat de Babylone des Chaldéens** (Bagdad - Irak) (union 1552 ; patriarcat 1681 et 1830).	Syriaque, Persan, Arabe	Église apostolique assyrienne d'Orient (doctrine nestoriennes)	Concile d'Ephèse (431)
	Syro-malabar	**Métropoles et diocèses en Inde** (union XVe s. ; hiérarchie autochtone 1896).	Syriaque, Langues loc.	Église syrienne Mar Thoma de Malabar (Inde) (doctrine nestorienne)	*id.*
Arménien	Arménien	**Patriarcat de Cilicie des Arméniens** (Beyrouth-Liban) (patriarcat 1742).	Arménien	Église apostolique arménienne (monophysites)	Concile de Chalcédoine (451)
Byzantin		**Patriarcats d'Antioche, d'Alexandrie et de Jérusalem des Melkites** (En fait un seul patriarche au siège d'Antioche fixé à Damas, Syrie).	Grec, Arabe	Patriarcat grec orthodoxe d'Antioche et de tout l'Orient Patriarcat orthodoxe grec d'Alexandrie	Grand Schisme d'Orient (1051)
		Exarchats, métropoles, archevêchés, diocèses pour les Albanais, les Blancs-Ruthènes, les Bulgares, les Grecs, les Hongrois, les Italo-Albanais, les Yougoslaves, les Roumains, les Russes, les Ruthènes, les Slovaques, les Ukrainiens, les Grecs-Melkites, de rite byzantin.	Slavon pour les Slaves, Langue nationale et locale pour tous.	Églises orthodoxes	*id.*

PARMI LES ÉGLISES ORIENTALES CATHOLIQUES : QUELLES SONT CELLES ISSUES D'ÉGLISES SÉPARÉES DE ROME AVANT LE GRAND SCHISME D'ORIENT (1054) ?

Origine de la séparation	Églises orientales non chalcédoniennes	dont fractions aujourd'hui unies à Rome (voir tableau page précédente)
431. Concile d'Ephèse Condamnation de la doctrine de Nestorius, patriarche de Constantinople, selon laquelle : deux personnes distinctes, divine et humaine, dans le Christ, et non pas une seule personne ayant à la fois la nature divine et la nature humaine ; la Vierge est la mère de la personne humaine, et ne peut être dite « Mère de Dieu ». Schisme nestorien :	Église Perse (*nestorienne*) Aujourd'hui : *Église Apostolique Assyrienne d'Orient* (rite chaldéen, langues syriaque, persane, arabe)	Chaldéens catholiques
	La doctrine nestorienne s'est propagée vers l'Extrême-Orient, et notamment en Inde. Aujourd'hui : *Église Syrienne Mar Thoma de Malabar* (rite chaldéen ; langues syriaque et locale)	Catholiques Syro-malabars (Inde)
	Par suite de divisions dans l'Église malabar, une fraction se rallie à l'Église Jacobite. Aujourd'hui : *Église Orthodoxe Syrienne, Catholicat d'Orient* (Inde)	Catholiques Syro-malankars (Inde)
451. Concile de Chalcédoine Condamnation de la doctrine monophysite d'Eutychès, selon laquelle : une seule personne, divine, dans le Christ ; celui-ci n'a eu qu'une apparence humaine. Schisme monophysite : (Églises antéchalcédoniennes)	Église de Syrie (*Jacobite*) Aujourd'hui : *Patriarcat Orthodoxe Syrien d'Antioche et de tout l'Orient* (rite syrien ; langues syriaque, arabe)	Syriens catholiques
	Église d'Alexandrie *(copte)* Aujourd'hui : *Église Orthodoxe Copte* (rite copte ; langues copte = égyptien ancien, arabe)	Coptes catholiques
	Église d'Abyssinie *(Copte)* Aujourd'hui : *Église Orthodoxe Éthiopienne* (rite copte ; langue gheez = éthiopien ancien)	Coptes catholiques éthiopiens
	Église d'Arménie Aujourd'hui : *Église Apostolique Arménienne* (rite arménien ; langue arménienne	Arméniens catholiques

L'Église maronite n'a jamais été séparée explicitement de Rome ; son union avec Rome a été formellement affirmée à partir du XIIe siècle.

Gauvry-CIRIC

Liturgie du Vendredi Saint selon le rite grec-melkite. Église Saint-Julien-le-Pauvre, Paris.

COMMUNAUTÉS CATHOLIQUES DE RITE ORIENTAL À PARIS[1]

Ukrainiens : Cathédrale,
51 rue des Saints-Pères. 75006 PARIS
Tél. (1) 45 48 48 65

Arméniens : Cathédrale,
13, rue du Perche, 75003 PARIS
Tél. (1) 42 78 31 93

Maronites : église Notre-Dame du Liban,
17 rue d'Ulm, 75005 PARIS
Tél. (1) 43 29 47 60

Syriens : église Saint-Ephrem,
17 rue des Carmes, 75005 PARIS

Chaldéens :
16, rue Faidherbe, 91600 SAVIGNY-SUR-ORGE
Tél. (1) 69.96.51.62

Russes : église Sainte-Trinité,
39 rue François-Gérard, 75016 PARIS
Tél. (1) 42 24 05 53

Roumains : église Saint-Georges,
38 rue Ribéra, 75016 PARIS
Tél. (1) 45 27 22 59

Grecs-melkites : église Saint-Julien-le-Pauvre, 1 rue Saint-Julien-le-Pauvre, 75005 PARIS Tél. (1) 43 54 52 16

1. On ne saurait trop suggérer à ceux qui veulent découvrir les liturgies des Églises orientales de participer une fois ou l'autre à la célébration d'une de ces communautés.

Qu'est-ce que ?

Archimandrite. En Orient, supérieur de monastère, ou titre honorifique attribué à certains prêtres non mariés.

Chorévêque. Autrefois, évêque rural aux pouvoirs limités. Aujourd'hui, titre honorifique attribué, dans certaines Églises orientales, à des prêtres qui n'ont pas le caractère épiscopal.

Exarque (du grec *arkhein*, commander). Dans l'empire d'Orient, l'exarchat était une administration territoriale confiée à un gouverneur militaire (ainsi l'exarchat de Ravenne en Italie). Dans l'Église d'Orient, l'exarque fut, à partir du Ve siècle, un dignitaire situé dans la hiérarchie ecclésiastique entre le patriarche et le métropolite (archevêque). Aujourd'hui, dans les Églises orientales non unies à Rome, l'exarque est le représentant du patriarche hors du territoire du patriarcat (par exemple en Europe occidentale ou en Amérique). Dans l'Église romaine, l'*exarque apostolique* est celui qui a reçu du Saint-Siège juridiction sur les catholiques d'un rite oriental résidant dans un territoire non soumis à un patriarche ou à un archevêque de ce rite. En France, par exemple, le nombre des catholiques de rites arménien et ukrainien est suffisant pour avoir justifié l'instauration d'un exarchat pour chacune de ces deux communautés. L'exarchat des Arméniens en France a été élevé en 1986 au rang d'*éparchie*, c'est-à-dire de diocèse, par le Saint-Siège.

Métropolite. Dans les Églises orientales, évêque d'un siège métropolitain ; autrement dit, titre équivalant à celui d'archevêque.

Les Églises d'Orient en dialogue

Les Églises catholiques orientales, ainsi que les communautés catholiques de rite latin du Moyen-Orient, ont rejoint en 1989, après quinze ans de négociation, le Conseil des Églises du Moyen-Orient (CEMO), jusque-là exclusivement composé de représentants d'Églises orientales non catholiques. L'ensemble du monde chrétien oriental considère que l'entrée de ces communautés catholiques (environ 2 millions de fidèles dans la région, mais 10 millions en Europe et dans les Amériques) dans le CEMO va faire progresser de manière importante non seulement le dialogue interchrétiens, mais également les relations avec l'islam. Sans qu'il y ait encore unité totale dans la foi, les communautés chrétiennes, dont certaines ne s'étaient pas retrouvées depuis le Ve siècle, ont enfin maintenant une institution permanente de rencontre où siègent les représentants des Églises pré-chalcédoniennes (voir ce mot), orthodoxes, protestantes et catholique ; certains n'ont pas hésité à parler de « nouvelle Pentecôte ».

Les Églises catholiques de rite oriental hors de leur région d'origine

Selon l'importance des communautés de fidèles catholiques de rite oriental hors de leur région d'origine, elles peuvent soit constituer un ou plusieurs diocèses avec leur évêque propre (diocèses melkites ou ukrainiens aux U. S. A. et au Brésil), soit relever d'un exarque apostolique propre à un rite déterminé (exarque relevant de Rome), soit relever d'un « ordinaire pour les fidèles de rite byzantin » ou « de rite oriental » de ce pays, soit enfin, s'ils sont trop peu nombreux, ne pas disposer d'organisation propre ; en ce cas, ils relèvent de l'organisation de l'Église catholique locale.

En France se trouvent une éparchie (diocèse) pour les Arméniens, et un exarchat apostolique pour les Ukrainiens de rite byzantin ; l'ordinaire pour l'ensemble des catholiques des rites orientaux est habituellement l'archevêque de Paris, sans que le cumul des deux fonctions soit cependant de droit. L'ordinaire est assisté par un vicaire général pour les catholiques de rite oriental. ■

Ph. CIRIC

Lourdes, 1981. Célébration de la messe par un évêque catholique de rite oriental.

UN CARMEL DE RITE ORIENTAL EN FRANCE

Le 28 septembre 1986, le cardinal Lustiger, en sa qualité d'ordinaire des catholiques orientaux en France, le cardinal Decourtray, ancien évêque de Dijon, et Mgr Balland, évêque de Dijon ont célébré à Saint-Rémy-lès-Montbard (Côte-d'Or) l'installation définitive d'un carmel de rite oriental (ils sont quatre en tout dans le monde), autorisée quelques mois auparavant par la Congrégation romaine pour les Églises orientales. « Permettre aux latins que nous sommes une meilleure connaissance de la tradition liturgique et spirituelle des Orientaux, contribuer à enraciner l'ordre du Carmel dans une tradition orientale, être un support de prière aux rencontres œcuméniques que l'existence même de ce monastère pourrait favoriser », sont, selon Mgr Balland, les buts poursuivis par douze religieuses de ce carmel. ■

3. LE GOUVERNEMENT DE L'ÉGLISE UNIVERSELLE

LE PAPE, LE SAINT-SIÈGE, LE VATICAN

Le pape

Le pape exerce une quadruple fonction : il est évêque de Rome, patriarche de l'Occident, pasteur de l'Église universelle, chef de l'État de la Cité du Vatican. Pour chacune de ces fonctions, il est assisté d'une organisation appropriée.

ÉVÊQUE DE ROME

Le Christ a confié à ses apôtres la charge de l'Église naissante ; il a désigné saint Pierre pour être à leur tête. Les évêques sont les successeurs des apôtres ; la mort de saint Pierre à Rome a fait de ce siège épiscopal celui dont le titulaire, en tant que successeur de Pierre, a pour mission de garantir l'unité visible de l'Église et l'unité de la foi. C'est en tant qu'évêque que le pape participe au collège épiscopal et en tant qu'évêque de Rome qu'il le préside.

Comme tout autre évêque, celui de Rome est pleinement responsable du diocèse qui lui est confié. Les papes ont toujours attaché un grand prix à leur responsabilité d'évêque de Rome malgré le poids de leur mission universelle. Cependant on remarque que, depuis Jean XXIII, ils s'y intéressent de plus près encore. Dès son accession au pontificat, Jean-Paul II a annoncé qu'il visiterait une par une toutes les paroisses de son diocèse. Cette volonté de se situer clairement comme l'évêque de Rome est très significative de sa volonté de faciliter le dialogue œcuménique où la question de la primauté pontificale tient une grande place.

Pour assumer la charge de ce diocèse de 3 000 000 d'habitants, le pape est assisté d'un *cardinal vicaire de Rome*, lui-même aidé de plusieurs évêques auxiliaires. La charge de ce cardinal ne cesse pas pendant la vacance du Saint-Siège, à la mort du pape. Les bureaux du vicariat de Rome se trouvent au palais du Latran, près de la basilique Saint-Jean-de-Latran, la cathédrale de Rome.

PATRIARCHE DE L'OCCIDENT

Ce titre rappelle que le pape ne dispose pas exactement des mêmes pouvoirs sur les Églises orientales catholiques que sur l'Église dite latine, par exemple en ce qui concerne les nominations d'évêques. L'organisation de la curie romaine est conçue en conséquence.

PASTEUR DE L'ÉGLISE UNIVERSELLE

Chef du collège épiscopal, le pape exerce avec l'ensemble des évêques la conduite du peuple chrétien. Ainsi s'explique la structure collégiale du gouvernement de l'Église. D'une part, l'ordre des évêques dispose du pouvoir suprême et plénier sur toute l'Église, pour autant qu'il est en union avec l'évêque de Rome, le pape ; d'autre part, celui-ci, en tant que successeur de Pierre et dépositaire de la primauté au sein du collège épiscopal, dispose lui-même du pouvoir suprême et plénier sur toute l'Église (cf. Constitution du concile Vatican II sur l'Église, n° 22).

Pour assurer l'exercice de cette responsabilité générale, le pape et le collège des évêques sont assistés d'un ensemble d'organes fonctionnant à Rome sous l'autorité du pape (Curie romaine, secrétariats, tribunaux...). Il revient à ce dernier de convoquer et présider conciles et synodes, de nommer cardinaux et évêques, de promulguer les dogmes.

▶▶▶

Qu'est-ce que ?

Patriarche d'Occident. Les conciles de Nicée et Constantinople au IVe siècle avaient reconnu la juridiction exercée sur les diocèses dépendant de chacun d'eux par les cinq principaux sièges épiscopaux de l'époque, ainsi que leur ordre de préséance : Rome, Constantinople, Alexandrie, Antioche, Jérusalem.

En tant que patriarche d'Occident, l'évêque de Rome a de tout temps exercé une juridiction immédiate sur l'ensemble de l'Église de rite latin ; aujourd'hui encore, le titre de patriarche d'Occident est l'un de ceux portés par le pape.

Les patriarches des Églises orientales unies à Rome ont eux-mêmes un pouvoir de juridiction sur les diocèses qui dépendent d'eux ; ils l'exercent en union avec le pape et dans le respect des pouvoirs de celui-ci en tant que successeur de Pierre et pasteur universel.

Sa Sainteté. Titre d'honneur donné à l'origine à tous les évêques ; à partir du VIIe siècle, il fut réservé aux patriarches, et à partir du XIVe siècle, dans l'Église romaine, il ne fut plus attribué qu'au pape. (Sa Sainteté le pape Jean-Paul II..., Sa Sainteté a reçu en audience..., etc.). Par écrit, le titre est souvent abrégé en S.S.

Sedia gestatoria (en italien, chaise à porteurs). Siège fixé sur des brancards, sur lequel était porté le pape se rendant à certaines cérémonies officielles au milieu de la foule, qui pouvait ainsi l'apercevoir. Le premier, Jean-Paul Ier se rendit à pied à la cérémonie de son couronnement. Jean-Paul II a totalement renoncé à l'usage de la sedia. A l'extérieur, il recourt souvent à la *papamobile,* sorte de tribune automobile vitrée à l'épreuve des balles, sans pour autant renoncer aux bains de foule.

Tiare. Ce fut, jusqu'à Jean XXIII, la coiffure traditionnelle d'apparat des papes. Formée d'une haute coiffe conique blanche entourée de trois couronnes (il y en eut d'abord une, puis deux, puis trois...), elle avait au cours des siècles revêtu le caractère d'un signe de l'autorité suprême du pape, les pouvoirs temporels eux-mêmes étant soumis au pouvoir spirituel. Puis, elle est devenue l'un des emblèmes du Saint-Siège, et figure dans les armoiries pontificales en même temps que les clefs de saint Pierre. Coiffure non liturgique, elle fut abandonnée par Paul VI qui revint au port de la coiffe liturgique de l'évêque, la mitre ; ses successeurs l'ont imité.

Constitution apostolique
Nom donné aux décisions les plus importantes du Souverain Pontife concernant la foi, les mœurs, l'administration de l'Église ; elles se présentent souvent sous forme de bulles ; c'est l'équivalent d'une loi (par exemple : Constitution apostolique de Jean-Paul II *Sacrae disciplinae leges* du 25 janvier 1983 promulgant le nouveau Code de droit canonique).

Motu proprio
Acte législatif pris et promulgué par le Souverain Pontife « de son propre mouvement » (et non pour répondre à une sollicitation) ; c'est l'équivalent d'un décret (par exemple : Motu proprio de Paul VI *Apostolica sollicitudo* du 15 septembre 1965 créant le Synode des Évêques en application des délibérations du concile Vatican II).

Bulle
Toute lettre du Souverain Pontife rédigée en forme solennelle ; elle est scellée soit d'une boule de métal (origine du mot bulle), soit d'un cachet de cire. Les constitutions apostoliques se présentent souvent sous forme de bulles.

Bref apostolique
Au sens large, lettre du Souverain Pontife de moindre importance que la bulle ; au sens strict, lettre pontificale scellée de « l'anneau du pêcheur ».

Rescrit
Acte administratif donné par écrit (d'où son nom) par une autorité ecclésiastique (Souverain Pontife, Congrégation romaine, évêque, vicaire général ou épiscopal), dans le domaine de sa compétence juridique propre, sous forme de réponse à une demande effectuée par une personne physique ou juridique (personne morale de droit canonique). Cet acte accorde un privilège ou une dispense. Il faut par exemple un rescrit du Siège apostolique pour autoriser un prêtre à quitter l'état clérical (mais l'ordination reçue validement ne peut jamais être annulée).

Indult
(Du latin *indulgere,* permettre). Acte administratif d'une autorité ecclésiastique par lequel elle accorde un privilège ou une dérogation ; l'indult apostolique est celui qui émane du Saint-Siège (c'est le cas par exemple pour autoriser un religieux ou une religieuse ayant fait profession de vœux perpétuels à quitter la vie religieuse).

Encyclique
Lettre du Souverain Pontife adressée à l'ensemble des évêques du monde (ou à une partie d'entre eux) et, par leur intermédiaire, au clergé, aux fidèles, éventuellement aux « hommes de bonne volonté » ; ce sont des textes qui ont le plus souvent valeur d'enseignement mais peuvent comporter de très strictes mises en garde ou (rarement) des condamnations. Chaque pontificat est marqué par de nombreuses encycliques.

Exhortation apostolique
Texte voisin de l'encyclique par son esprit et ses destinataires, mais présentant souvent aujourd'hui les conclusions du pape à une réflexion collective comme celle d'un synode d'évêques. Exemple : Exhortation apostolique *Evangelii nuntiandi* de Paul VI sur l'évangélisation dans le monde moderne (1975).

Lettre apostolique
Lettre publiquement adressée à un responsable en vue de développer un enseignement ou une orientation sur un point précis. Exemple : Lettre apostolique de Paul VI au cardinal Roy, président du Conseil pour les Laïcs et de la Commission pontificale Justice et Paix, sur le problème social, à l'occasion du 80e anniversaire de l'encyclique *Rerum novarum* sur le même thème (1971). ■

Pour tout ce qui concerne la mission, la fonction et les pouvoirs du pape dans l'Église, ainsi que la notion d'infaillibilité, se reporter, par l'intermédiaire de l'Index, aux développements contenus dans le présent ouvrage.

Qu'est-ce que ?

Urbi et orbi. En latin *urbs, urbis* signifie ville, et *orbs, orbis* signifie monde. En outre le mot *Urbs,* écrit avec une majuscule, désignait la ville par excellence aux yeux des Romains, Rome, d'abord capitale de l'Empire puis de la chrétienté.
La formule *Urbi et orbi* signifie « À la ville et à l'univers » ; appliquée à un acte du pape, elle exprime le fait qu'il s'adresse non seulement aux fidèles de Rome (dont le pape est l'évêque), mais à ceux de tout l'univers (dont il est le pasteur universel).
C'est notamment le cas lorsque le pape donne sa bénédiction solennelle en certaines grandes circonstances, par exemple le dimanche de Pâques ; cette bénédiction *Urbi et orbi* appelle alors la bienveillance de Dieu non seulement sur la foule rassemblée place Saint-Pierre, mais sur les fidèles du monde entier. Aujourd'hui radio et télévision permettent de manifester de façon tangible ce caractère universel en retransmettant instantanément les paroles et les gestes du pape jusqu'au bout du monde.
L'expression *Urbi et orbi* est passée dans le langage courant pour signifier : proclamer à tous les échos.

Ph. Cocco-CIRIC

POURQUOI LE PAPE EST-IL VÊTU DE BLANC ?

Jusqu'à saint Pie V, dont le pontificat va de 1566 à 1572, le pape était vêtu de rouge, comme ses cardinaux. Lors de son élection pontificale, Pie V, qui était dominicain et portait donc la robe blanche de cet ordre (un ordre mendiant), tint à la conserver par fidélité à l'esprit de celui-ci. Ses successeurs ont conservé cet usage. Toutefois l'habit de chœur du pape comporte la mozette rouge ; lorsque le pape se trouve en déplacement officiel il porte souvent une cape de même couleur. ■

Armoiries du Vatican

Ph. CIRIC

Grande salle d'audience du Vatican (7 000 à 12 000 personnes) construite par l'architecte Pier Luigi Nervi à l'initiative de Paul VI.

▶▶▶

Comme pour tout évêque, la mission d'enseigner est première dans la charge du pape. En tant qu'il est pasteur universel, cette mission revêt évidemment une importance particulière. Son enseignement peut se dispenser sous de multiples formes, les unes plus familières, les autres plus solennelles. La plus courante parmi celles relevant du *magistère ordinaire* (voir Index) est celle du discours adressé chaque semaine, lors de l'audience générale du mercredi, aux pèlerins venus à Rome, toujours nombreux. Mais les occasions d'autres interventions orales sont fréquentes : audiences particulières, homélies aux célébrations solennelles, voyages à l'étranger, réception par des organismes internationaux, etc. Les textes en sont généralement publiés ensuite par le Saint-Siège (et en France par la *Documentation catholique*, Bayard-Presse).

Une autre forme, moins fréquente mais de plus de poids, est la *lettre encyclique* (c'est-à-dire universelle) adressée à tous les évêques du monde (éventuellement à ceux d'un pays déterminé) et par eux aux fidèles, et traitant d'un point précis.

Enfin, l'enseignement du pape peut revêtir des formes plus solennelles encore, ou plus juridiques (voir Actes du Souverain Pontife).

Il faut rappeler que le caractère d'infaillibilité de l'enseignement pontifical (« magistère extraordinaire ») qui a été défini avec précision par le concile Vatican I (1870), ne concerne que des prises de position touchant la foi ou les mœurs, et ce, dans des conditions déterminées, qui se présentent rarement (trois fois depuis 1854).

CHEF D'ÉTAT DE LA CITÉ DU VATICAN

La Cité du Vatican forme un minuscule État autonome (le plus petit du monde), dont la raison d'être est d'assurer au Saint-Siège son indépendance à l'égard de toute puissance temporelle. Le pape y exerce la totalité des pouvoirs législatif, exécutif et judiciaire, avec le concours d'une administration distincte de celle du gouvernement de l'Église : le *gouvernorat de la Cité*. On trouvera décrits plus loin le statut et l'organisation de cet État.

POUR ASSISTER A UNE AUDIENCE GÉNÉRALE DU PAPE

Il est nécessaire de se faire délivrer un billet d'admission qui porte le jour de l'audience et l'emplacement dans la salle d'audience. Pour obtenir ce billet, il est préférable d'en faire la demande à l'avance en écrivant à la Préfecture de la Maison Apostolique, Cité du Vatican (ne pas ajouter Rome ou Italie, la mention retarderait le courrier), en précisant le jour de l'audience (tous les mercredis matin lorsque le pape n'est pas hors de Rome) et l'adresse à Rome où sera déposé le billet (toujours au dernier moment, l'emploi du temps du pape pouvant faire l'objet de modifications inopinées).
On peut aussi se présenter, la veille de l'audience, aux bureaux de la Préfecture de la Maison Apostolique au Vatican ; on y accède par la *porte de bronze*, à droite de la colonnade de la place Saint-Pierre ; préciser au garde, à la porte, l'objet de la démarche.
Les audiences générales, quand elles ne se déroulent pas sur la place Saint-Pierre (les jours de très grande affluence), se tiennent dans une salle construite à cet effet par Paul VI, à gauche de la colonnade de la place Saint-Pierre ; elle peut accueillir près de 7 000 personnes assises ou 12 000 debout. En été, elles ont lieu à Castel Gandolfo.

Pour tout ce qui concerne la mission, la fonction et les pouvoirs du pape dans l'Église, ainsi que la notion d'infaillibilité, se reporter, par l'intermédiaire de l'Index, aux développements contenus dans le présent ouvrage.

Qu'est-ce que ?

L'anneau du pêcheur. Chaque évêque porte au doigt un anneau pastoral, signe de son alliance avec l'Église. L'anneau du pape porte l'image de saint Pierre jetant son filet, en évocation de la phrase du Christ « Désormais tu seras pêcheur d'hommes ». Il a longtemps servi à sceller des actes officiels du Souverain Pontife (bulles, brefs...). Selon un usage séculaire, il est publiquement détruit à la mort du pape par le cardinal camerlingue avec un marteau et une enclume en or : ce qui était une précaution a pris figure de symbole.

Papauté. Ce mot désigne à la fois la *fonction* exercée par le pape : « Accéder à la papauté », la *période* d'un pontificat : « Sous la papauté de Pie XI », l'*institution* que constitue le gouvernement de l'Église sous l'autorité du pape : « Les relations entre la papauté et les États ».

La Maison pontificale

L'expression *cour pontificale* n'est plus guère utilisée pour désigner l'ensemble des clercs et des laïcs qui constituent l'entourage du pape. Tout ce qui contribuait à donner au Saint-Siège le style d'une cour royale a achevé de disparaître sous le pontificat de Paul VI.

Toutes les fonctions dévolues auparavant au majordome, au maître de chambre de Sa Sainteté et à la congrégation cérémoniale sont remplies maintenant par un prélat, le préfet de la Maison pontificale, assisté d'un régent. Il établit la liste des audiences, délivre les invitations, prépare les cérémonies papales (en dehors de la partie strictement liturgique qui incombe au Bureau pour les cérémonies pontificales) ; il est responsable du protocole et de l'organisation des voyages du pape. Ce prélat n'est pas cardinal. Il est nommé pour cinq ans et doit, en cas de décès du pape, être confirmé dans ses fonctions par le nouveau pape. ■

La « Famille pontificale »

Lorsque le Saint-Siège donnait encore l'image d'une cour de souverain, à côté de fonctions proprement gouvernementales (congrégations, tribunaux, etc.) s'exerçaient diverses fonctions ayant trait à la « maison » du pape (camériers, chapelains, bibliothécaires, secrétaires, etc.) ; les titulaires de ces fonctions en rapport avec la vie personnelle du Souverain Pontife formaient alors, depuis saint Léon le Grand, la *Famille pontificale,* c'est-à-dire les familiers du pape. Avec le temps, beaucoup de ces fonctions avaient disparu ou pris un caractère purement honorifique.

Aujourd'hui, surtout depuis la réforme de Paul VI en 1968, et même lorsqu'un titre attaché à la Famille pontificale est lié à une fonction effective auprès du pape, l'appartenance à cette Famille pontificale constitue essentiellement un moyen d'honorer des personnalités.

Composition de la Famille pontificale

Famille ecclésiastique

Outre divers titulaires de fonctions exercées auprès du Saint-Siège (substitut de la Secrétairerie d'État, secrétaire du Conseil pour les affaires publiques de l'Église, aumônier de Sa Sainteté, vicaire général de Sa Sainteté pour la Cité du Vatican, etc.), la Famille pontificale comporte de nombreux ecclésiastiques portant les titres de *protonotaires apostoliques, prélats d'honneur de Sa Sainteté* ou *chapelains de Sa Sainteté,* dont la plupart ne résident pas à Rome ; prélats, ils ont droit à l'appellation « Monseigneur », bien que n'étant pas évêques, ainsi qu'au port d'une ceinture violette et de liserés de même couleur sur leur soutane.

Famille laïque

La plupart des membres laïcs de la Famille pontificale exercent des fonctions auprès du Saint-Siège ou de la Cité du Vatican (délégué spécial de la Commission pontificale de la Cité du Vatican, architecte des palais apostoliques, commandant de la garde suisse, etc.) ; mais certains, comme les *gentilshommes de Sa Sainteté,* titre non héréditaire attribué par Paul VI aux anciens et pittoresques *camériers de cape et d'épée,* ne sont plus que les derniers témoins de ce qui fut autrefois la puissante noblesse romaine, ainsi conduite vers son extinction progressive. ■

Le Saint-Siège

Le mot *siège* (du latin *sedium,* dérivé de *sedere,* s'asseoir) désigne le lieu de résidence d'une autorité, d'une organisation (siège d'une préfecture, d'un tribunal, siège social d'une société...).

Dans l'Église, le siège (en grec *cathedra*) où s'asseoit l'évêque pour présider aux célébrations dans sa cathédrale (siège qu'on a appelé en français *trône de l'évêque*) a toujours constitué le symbole de sa mission pastorale, de sa responsabilité, et dès lors de son pouvoir épiscopal ; d'où ce nom d'*église cathédrale,* ou de *cathédrale,* donné à l'église principale du diocèse, celle où se trouve ce siège.

Le *siège de l'évêque de Rome* est en même temps celui du chef de l'Église universelle ; on parle à ce propos du siège ou du trône de Saint-Pierre. Le *Saint-Siège* désigne non seulement le pape dans l'exercice de son pouvoir pontifical, mais l'ensemble des organes qui l'assistent dans cette mission (secrétairerie d'État, congrégations, conseils, secrétariats, tribunaux...) ; les ambassadeurs étrangers sont nommés « près le Saint-Siège ». D'où l'expression *sede vacante* (littéralement, le *siège étant vacant*), pour évoquer la période intérimaire entre deux pontificats. D'où aussi l'expression *ex cathedra* (littéralement *depuis son siège*) pour spécifier une définition de nature dogmatique ou morale (et non pas de gouvernement ou de discipline) donnée par le pape et revêtant le caractère d'infaillibilité défini par le premier Concile du Vatican en 1870.

Le Vatican

Sur ce qui a toujours été considéré comme le lieu d'inhumation de saint Pierre, premier évêque de Rome, très probablement supplicié à proximité puis mis en terre dans le cimetière qui se trouvait sur le flanc de la colline du Vatican (une des sept collines de Rome), l'empereur Constantin avait bâti dès le IVe siècle une basilique devenue très vite un but de pèlerinage. Les guerres, les invasions barbares mirent plusieurs fois à mal la basilique et le palais pontifical qui la jouxtait. Pendant le séjour des papes à Avignon (1305-1377), les édifices ne furent guère entretenus. Avec le retour des papes à Rome et le début de la Renaissance italienne, les travaux d'aménagement reprirent. Mais c'est avec Jules II, au XVIe siècle, que fut entreprise la construction de la grandiose basilique Saint-Pierre que l'on voit aujourd'hui, chef-d'œuvre de Bramante, de Michel-Ange et du Bernin. Bientôt est venu s'ajouter à ses côtés le palais apostolique, résidence du pape et siège du gouvernement central de l'Église. D'autres palais de différentes époques abritent la bibliothèque, des musées d'art sacré et profane très riches, l'imprimerie et la typographie polyglotte, les académies pontificales, le gouvernorat de la Cité du Vatican, divers services et les logements du personnel.

Le même mot Vatican est indifféremment employé pour désigner : le *Saint-Siège* lui-même, en tant qu'organe de gouvernement de l'Église catholique ; *l'ensemble des bâtiments qu'il occupe ;* le minuscule *État souverain* (44 hectares) qui, sous le nom de *Cité du Vatican,* et doté de son administration interne propre (gouvernorat), assure l'indépendance du Saint-Siège. A noter que c'est près le Saint-Siège, c'est-à-dire près le chef spirituel de l'Église catholique et non le chef de l'État du Vatican, que sont accrédités les ambassadeurs étrangers.

Jean-Paul II

Karol Wojtyla est né le 18 mai 1920 à Wadowice (Pologne). En 1938, il s'inscrit comme étudiant de philosophie à l'université Jagellon de Cracovie. A cette époque, il appartient à un groupe de théâtre amateur.

Sous l'occupation allemande, il entre au grand séminaire — clandestin — de Cracovie ; il travaille un temps comme ouvrier ; il est ordonné prêtre en 1946. Il poursuit ses études à l'université dominicaine de Rome, l'*Angelicum*, où il est fait docteur en théologie avec une thèse sur la spiritualité de saint Jean de la Croix. De retour en Pologne, il soutient une thèse de philosophie à l'université catholique de Lublin, sur la pensée du philosophe allemand Max Scheler (1874-1928).

En 1954, il enseigne l'éthique à l'université catholique de Lublin. En 1958, il est nommé évêque auxiliaire de Cracovie. Il en devient archevêque en 1964. Il réunit régulièrement un synode diocésain d'une centaine de personnes, entretient d'étroites relations avec les catholiques libéraux de son pays et prend une part active à la défense des droits de l'homme, ceux des travailleurs en particulier.

Pendant le concile Vatican II (1962-1965), il prend une part importante à la rédaction de la Déclaration sur la liberté religieuse. En 1967, il est fait cardinal par le pape Paul VI. Présent à tous les synodes, il est membre du Conseil du secrétariat du synode à partir de 1971.

En 1974, avec tout l'épiscopat polonais, il se rend à Dachau (ancien camp de concentration) où il concélèbre une messe solennelle avec l'évêque de Munich, le cardinal Doepfner, pour manifester la réconciliation des peuples polonais et allemand.

Le 16 octobre 1978, il est élu pape, succédant à Jean-Paul Ier, dont il reprend le nom pour rendre hommage, comme lui, aux papes du concile Vatican II, Jean XXIII et Paul VI.

Quelques mois plus tard il commençait la série de ses déplacements à travers le monde, qui n'ont été interrompus que durant quelques mois, après l'attentat dont il a été victime à Rome le 13 mai 1981 et au cours duquel il a été grièvement blessé. ■

« Évêque de Rome, successeur de l'apôtre Pierre, j'ai reçu comme mission le service de l'unité et de l'affermissement de tous ceux qui partagent notre foi chrétienne.

Ensemble, nous célébrerons cette foi. Pour ma part, je serai Témoin de la foi de l'Église universelle enracinée dans la foi des apôtres...

7 avril 1985,
Aux catholiques du Benelux

« J'ai confiance que la Providence et la lumière de l'Esprit Saint m'aideront à accomplir ce voyage pastoral comme un service que m'impose mon ministère de successeur de Pierre, aussi selon l'esprit de Paul qui allait affermir la foi des Églises, recevoir leur témoignage, et les mettre en communion entre elles. »

27 mai 1980,
Message au peuple de France

LES VOYAGES DE JEAN-PAUL II HORS D'ITALIE DE 1979 A 1987(1)

Année 1979		
1	25-31 janvier	Mexique, Amérique Centrale
2	2-9 juin	Pologne
3	29 sept.-1er octobre	Irlande
	1er-4 octobre	États-Unis et O. N. U.
4	29-30 novembre	Turquie, Patriarcat orthodoxe de Constantinople
Année 1980		
5	2-12 mai	Afrique : Zaïre, Congo, Ghana, Haute-Volta, Côte-d'Ivoire
6	30 mai-2 juin	France (Paris, Lisieux), U. N. E. S. C. O.
7	29 juin-10 juillet	Brésil
8	14-20 novembre	Allemagne fédérale
Année 1981		
9	16-27 février	Philippines, Japon, Alaska
En raison des suites de l'attentat du 13 mai 1981, les autres voyages programmés sont annulés.		
Année 1982		
10	12-19 février	Afrique : Nigeria, Gabon, Bénin,Guinée équatoriale
11	12-14 mai	Portugal, Fatima
12	28 mai-2 juin	Grande-Bretagne, Primat de la communion anglicane
13	10-11 juin	Argentine
14	15 juin	Genève (O. I. T., Croix-Rouge, Centre Européen de Recherche Nucléaire)
15	29 août	Saint-Marin
16	31 octobre-9-nov	Espagne
Année 1983		
17	2-9 mars	Amérique centrale (Costa Rica, Nicaragua, Panama, Salvador, Guatemala, Honduras, Belize, Haïti)
18	6-23 juin	Pologne
19	14-15 août	France (Lourdes)
20	10-13 septembre	Autriche
Année 1984		
21	2-12 mai	Corée du Sud, Papouasie, Nouvelle-Guinée, Iles Salomon, Thaïlande
22	12-17 juin	Suisse et Conseil Œucuménique des Églises
23	9-20 septembre	Canada
24	10-13 octobre	Saragosse, Saint-Domingue, Porto Rico
Année 1985		
25	26 janvier-6 février	Venezuela, Équateur, Pérou, Trinité, Tobago
26	11-21 mai	Pays-Bas, Luxembourg, Belgique
27	10-19 août	Afrique : Togo, Côte-d'Ivoire, Cameroun, Zaïre, Kenya, Centrafrique, Maroc
28	8 septembre	Lichtenstein
Année 1986		
29	1-10 février	Inde
30	1-7 juillet	Colombie
31	4-7 octobre	France (Lyon, Taizé, Paray-le-Monial, Ars, Annecy)
32	19-30 novembre	Asie-Océanie : Bangla-Desh, Singapour, Fidji, Nlle-Zélande, Australie, Seychelles
Année 1987		
33	31 mars-12 avril	Uruguay, Chili, Argentine
34	30 avril-5 mai	Allemagne fédérale
35	8-14 juin	Pologne
36	10-20 septembre	États-Unis

Au total, de 1979 à 1987, Jean-Paul II a visité 67 pays, est allé à huit reprises en Amérique latine et centrale, à quatre reprises en Asie, à trois reprises en Afrique, et à quinze reprises en Europe hors d'Italie (dont trois fois en France).

(1) Voir l'Index pour les voyages de Jean-Paul II hors d'Italie de 1988 à 1992.

Bibliographie de Jean-Paul II

Avant son élection au pontificat, Karol Wojtyla, outre sa thèse de doctorat en théologie, *La foi selon saint Jean de la Croix* (Éd. du Cerf), a écrit de nombreux articles, des pièces de théâtre et des livres : *La personne et l'acte,* (Éd. du Centurion), *Amour et responsabilité,* (Éd. Stock), *Les fondements du renouveau de Vatican II* (Éd. du Centurion), *Signe de contradiction* (Éd. Fayard).

Depuis son élection, il a publié entre autres textes importants : l'encyclique *Redemptor hominis* (1979), la lettre aux évêques, prêtres et diacres sur l'Eucharistie (1980), l'encyclique sur la miséricorde divine *Dives in misericordia* (1980), la lettre aux évêques pour le 1 600e anniversaire du concile de Constantinople et le 1 550e anniversaire du concile d'Ephèse (1981), l'encyclique sur le travail humain *Laborem exercens* (1981), l'exhortation apostolique sur les tâches de la famille chrétienne dans le monde d'aujourd'hui *Familiaris consortio* (1981), la lettre aux évêques du monde entier *Prier pour la Chine* (1982), la lettre sur le sens chrétien de la souffrance *Salvifici doloris* (1984), l'exhortation apostolique sur la consécration religieuse à la lumière de la Rédemption *Redemptionis donum* (1984), l'exhortation apostolique *Réconciliation et pénitence* (1984), l'encyclique sur les saints Cyrille et Méthode *Slavorum apostoli* (1985), l'encyclique *Dominum et vivificantem* sur l'Esprit Saint dans la vie de l'Église et du monde (1986), l'encyclique *Redemptoris Mater* sur la place et le rôle de Marie dans l'Église (1987), l'encyclique *Sollicitudo rei socialis* sur la solidarité comme réponse à la misère du monde (1987), la lettre apostolique *Mulieris dignitatem* sur la dignité et la vocation de la femme (1988), l'exhortation apostolique *Christifideles laici* sur la vocation et la mission des laïcs dans l'Église et dans le monde (1989), l'encyclique *Redemptoris missio* sur la valeur permanente du précepte missionnaire (1990), l'encyclique *Centesimus annus* sur le centième anniversaire de *Rerum novarum* (1991), l'exhortation apostolique *Pastores dabo vobis* sur l'identité et la formation des prêtres (1992).

On trouvera les textes français des encycliques et des exhortations apostoliques dans *La Documentation catholique,* 5, rue Bayard, 75008 Paris. ■

Il faut en outre signaler le dialogue avec André Frossard, édité sous le titre *N'ayez pas peur* (Éd. R. Laffont).

QUELQUES LIVRES SUR JEAN-PAUL II

Georges Blazynski, *Jean-Paul II, un homme de Cracovie.* Éd. Stock.
J. Bourdarias et B. Chevallier, *Les fumées du Vatican,* De Paul VI à Jean-Paul II. Éd. Fayard.
Jean Chelini, *Les nouveaux papes* (préface de Mgr Etchegaray). Éd. Jean Goujon.
A. Frossard, *Le Monde de Jean-Paul II.* Éd. Fayard.
Mgr Poupard, *Un pape, pourquoi faire ?* De Saint Pierre à Jean-Paul II. Éd. Mazarine.
Maria Winowska, *Jean-Paul II.* Apostolat des Éditions (album de 200 photos de son enfance à la papauté). Éd. Stock.
Rocco Buttiglione, *La pensée de Karol Wojtyla.* Éd. Fayard.
Jean Offredo, *Jean-Paul II.* Éd. Fayard.

LA COLLÉGIALITÉ DANS LE GOUVERNEMENT DE L'ÉGLISE

• On appelle *collège apostolique* le groupe des « Douze » (les Apôtres) auquel le Christ a confié le gouvernement de son Église sous l'autorité de Pierre. Les évêques sont les successeurs des Apôtres, et l'évêque de Rome celui de Pierre ; ensemble ils constituent le *collège épiscopal,* successeur et continuateur du collège apostolique. Le concile Vatican II a remis en pleine lumière le caractère collégial du gouvernement de l'Église.

L'Église, en effet, n'est pas une vaste organisation internationale dont le pape serait en quelque sorte le grand patron, et les évêques ses directeurs locaux. Dans chaque diocèse, l'évêque est institué en plénitude comme successeur des apôtres, avec la charge de la « portion du peuple de Dieu qui lui est confié » ; simultanément, il est conjointement responsable, avec tous les autres évêques, de la mission de l'ensemble de l'Église, et de l'unité de la foi en son sein ; cette unité est manifestée par la « communion » des évêques entre eux, et spécialement avec celui de Rome, le successeur de Pierre, institué garant de cette unité par le Christ.

La collégialité n'est donc pas d'abord recherche d'une organisation efficace, mais expression de l'unité de l'Église et du caractère universel de sa mission, puisqu'elle est appelée par le Christ à s'étendre à toute la terre.

• Pendant longtemps, cette collégialité s'est essentiellement manifestée par les conciles et les synodes d'évêques, les deux mots ayant pratiquement reçu la même signification durant des siècles. La formation d'un collège de cardinaux autour du pape à partir du XIIe siècle, le *Sacré Collège,* a été une autre forme de collégialité, mais d'un caractère à la fois restreint en nombre et dans sa nature, puisque les cardinaux n'étaient pas toujours des évêques (aujourd'hui ils le sont toujours) ; et, même évêques, ils ne sont pas tous en charge d'un diocèse. On sait qu'il revient notamment au Sacré Collège d'élire le pape.

• Depuis le concile Vatican II, la collégialité épiscopale s'exprime dans le fonctionnement des institutions suivantes, désormais définies par le Code de droit canonique de 1983 :
— les *conciles œcuméniques,* réunissant les évêques du monde entier ; — en dehors d'une telle réunion, l'*action conjointe* (le Code de droit canonique dit « unie ») *de l'ensemble des évêques,* à leur initiative ou à celle du pape, sur tel ou tel point ; ce peut être par le moyen d'une consultation ;
— le *synode des évêques,* sous ses diverses modalités ;
— le *Sacré Collège* des cardinaux ;
— les *conciles particuliers :* pléniers quand ils réunissent les évêques d'une même conférence épiscopale ; provinciaux quand ils réunissent les évêques d'une même province ecclésiastique ;
— les *conférences épiscopales* (d'une nation ou d'un territoire) ; leur réseau est maintenant très dense ; en France, la conférence épiscopale dispose d'une structure permanente assortie d'échelons régionaux, et prolongée au plan européen par un Conseil des conférences épiscopales d'Europe et une Commission des épiscopats de la Communauté européenne.

Ph. Moosbrugger-Rapho

Le Concile Vatican II (2 500 évêques venus du monde entier) réuni dans la basilique Saint-Pierre à Rome.

Les conciles

Concile vient du latin *concilium,* mot formé à partir de *cum,* ensemble, et *calare,* appeler : assemblée réunie par convocation ; c'est l'équivalent du mot grec *ekklesia,* avec lequel il a une racine commune, *kalo,* appeler.

On l'a vu, les conciles peuvent être *œcuméniques* (réunissant tous les évêques du monde) ou *particuliers : pléniers* quand ils réunissent les membres d'une conférence épiscopale, c'est-à-dire le plus souvent à l'échelle d'une nation, *provinciaux* quand ils réunissent les évêques d'une province ecclésiastique sous la présidence du « métropolitain » (archevêque).

Dans les premiers siècles, les conciles à l'échelle de la province ou du pays ont été fréquents, les communications étant alors difficiles et l'Église peu centralisée. Depuis lors ils étaient devenus rares ; certaines tendances autonomistes (de type gallican) y étant souvent à l'œuvre, le Saint-Siège les considérait avec une grande circonspection.

Le Code de droit canonique de 1983 définit les pouvoirs, très larges, des *conciles particuliers,* mais leurs décrets sont toujours soumis à l'approbation du Saint-Siège.

Le *concile œcuménique* représente l'Église universelle ; c'est la plus haute autorité dans l'Église. Constitué de l'ensemble des évêques du monde, il est convoqué par le pape, présidé par lui ou par ses légats, et ses décisions doivent être également confirmées par le pape. Leurs actes revêtent un caractère d'infaillibilité s'ils concernent la définition d'une vérité de foi.

Cette nécessaire unité de vue n'est en fait un obstacle ni à l'initiative ni à l'innovation. Les débats sont toujours très animés ; ils se font sur la base de projets (schémas) établis par des commissions préparatoires. Dans l'histoire, il n'est guère de conciles où n'ait régné une tension sur certains points. Ainsi, par exemple, au concile Vatican II, la déclaration *Dignitatis humanae* sur la liberté religieuse a connu une élaboration mouvementée ; une minorité réduite mais résolue, qui voyait dans l'affirmation de la liberté religieuse le risque de sembler mettre sur le même pied ce qui est la vérité et ce qui y est contraire, s'efforça de modifier substantiellement le contenu du projet et d'en différer l'adoption. De fait, la IIIe session du Concile s'acheva sans qu'il ait pu être adopté ; durant la IVe et dernière session, les débats furent très serrés à son sujet ; le texte final ne fut approuvé (à une très large majorité il est vrai : 2 308 oui contre 70 non) qu'à la fin de cette ultime session. Du moins s'agit-il d'un texte d'une grande portée, représentatif de l'esprit général d'ouverture qui a régné au sein de la grande majorité des pères conciliaires ; il fait date. ■

LES CONCILES ŒCUMÉNIQUES

L'Église catholique reconnaît 21 conciles œcuméniques, c'est-à-dire universels :

1	**325**	Nicée
2	**381**	Constantinople
3	**431**	Éphèse
4	**451**	Chalcédoine
5	**553**	Constantinople II
5	680-81	Constantinople III
7	787	Nicée II
8	869-70	Constantinople IV
9	1123	Latran I
10	1139	Latran II
11	1179	Latran III
12	1215	Latran IV
13	1245	Lyon I
14	1274	Lyon II
15	1311-12	Vienne
16	1414-18	Constance
17	1431-45	Bâle-Ferrare-Florence
18	1512-17	Latran V
19	1545-63	Trente
20	1869-70	Vatican I
21	1962-65	Vatican II

L'Église orthodoxe ne reconnaît, quant à elle, que les huits premiers conciles, c'est-à-dire ceux antérieurs à la séparation des Églises d'Orient et d'Occident, en 1054.

Le synode des évêques

Synode vient du grec *sunodos*, littéralement, chemin parcouru ensemble, d'où assemblée délibérante. Le concile Vatican II a redonné vigueur aux notions de *collège épiscopal* et de *gouvernement collégial*. Il a notamment adopté le principe d'un synode des évêques auprès du pape, conseil travaillant au nom de l'ensemble de l'épiscopat (décret conciliaire sur la charge pastorale des évêques du 28 octobre 1965). Le synode épiscopal est une assemblée plus restreinte que le concile, et donc plus facile à réunir.

Le pape Paul VI n'attendit même pas la promulgation du décret conciliaire pour publier le 15 septembre 1965 un *motu proprio*, intitulé *Apostolica sollicitudo*, instituant ce synode.

Comme prévu, celui-ci se présente sous la forme d'une assemblée consultative convoquée par le pape. Son but est de l'informer et de le conseiller. Le pape peut également lui donner un rôle délibératif, sous réserve de ratification des décisions par ses soins.

Si le pape ne le préside pas en personne, il nomme pour chaque session un ou plusieurs présidents. Un secrétariat permanent, dirigé par un secrétaire général, assure la préparation et le suivi des sessions. Un secrétaire spécial est en outre nommé pour chaque session.

Le *synode des évêques*, convoqué par le pape, n'est pas à confondre avec le *synode diocésain*, convoqué par un évêque dans son diocèse (Voir Index).

Les synodes des évêques sont de trois types :

1. Le synode dit ordinaire, auquel participent des évêques élus par les conférences épiscopales, les patriarches orientaux, des évêques nommés personnellement par le pape, des religieux. Huit synodes de ce type se sont tenus entre 1967 et 1990.

2. Le synode dit extraordinaire, qui réunit seulement les présidents des conférences épiscopales, les patriarches orientaux, les cardinaux préposés aux congrégations de la Curie, trois religieux, et des participants nommés par le pape. Il s'agit alors de donner des réponses rapides à « des questions concernant le bien de l'Église universelle ». Deux synodes extraordinaires se sont déjà tenus : celui de 1969 était destiné à étudier la coopération entre les conférences épiscopales et le Saint-Siège, et entre les conférences épiscopales elles-mêmes ; celui de 1985 à réfléchir sur la mise en œuvre du concile Vatican II.

3. Le synode dit spécial, qui est convoqué sur une question propre à une région ou à une Église particulière. Ainsi Jean-Paul II en a-t-il convoqué un en 1980 pour aborder les problèmes spécifiques de l'Église des Pays-Bas, et un autre, la même année, pour faire élire à Rome, par les évêques ukrainiens de la diaspora, le coadjuteur du cardinal Slipyj, archevêque de Lvov et chef de l'Église ukrainienne[1].

Un troisième s'est tenu en 1991 sur l'Europe. A la fin d'un synode, les évêques adoptent un rapport remis au pape et, souvent, rédigent un message au monde. Le pape, sous réserve d'avoir ratifié les conclusions ainsi présentées, reprend fréquemment dans un document paraissant sous sa responsabilité propre les éléments essentiels du rapport qui lui a été remis ; ainsi, par exemple, après le synode de 1974 sur l'évangélisation, l'encyclique de Paul VI *Evangelii nuntiandi* de 1976 ; après le synode de 1980 sur la famille, l'encyclique de Jean-Paul II *Familiaris consortio* de 1982 ; après le synode sur la réconciliation de 1983, l'exhortation apostolique du même pape sur la réconciliation et la pénitence en 1983 ; après le synode sur la vocation et la mission des laïcs dans le monde de 1987, l'exhortation apostolique *Christifideles laici* ; après le synode sur la formation des prêtres de 1990, l'exhortation apostolique *Pastores dabo vobis*. ■

1. Dans l'ex-U. R. S. S., l'Église catholique ukrainienne, de rite byzantin, a été fusionnée d'autorité avec l'Église orthodoxe par Staline et son archevêque, Mgr Slipyj, emprisonné puis exilé.

Le cardinal Kim, archevêque de Séoul (Corée du Sud)

Ph. CIRIC

LES SYNODES D'ÉVÊQUES DEPUIS VATICAN II

Les synodes ordinaires

Il y en a eu 8 entre le concile Vatican II et 1992 :

1) 1967 : Problèmes doctrinaux, mariages mixtes, liturgie.
2) 1971 : Le sacerdoce. La justice dans le monde.
3) 1974 : L'évangélisation.
4) 1974 : La catéchèse.
5) 1980 : Les fonctions de la famille chrétienne dans le monde aujourd'hui.
6) 1982 : La réconciliation et la pénitence dans la mission de l'Église.
7) 1987 : Vocation et mission des laïcs dans l'Église et dans le monde après le concile Vatican II.
8) 1990 : La formation des prêtres dans les circonstances actuelles.
9) Prévu en 1994 : La vie consacrée, et sa mission dans l'Église et dans le monde.

Les synodes extraordinaires

Il y en a eu 2 entre le concile Vatican II et 1992 :

1) 1980 : L'épiscopat. La collégialité. Le pape. Rome et les Églises locales.
2) 1985 : Vingt ans après le concile Vatican II.

Les synodes spéciaux

1) 1980 : L'Église catholique aux Pays-Bas.
2) 1980 : L'Église catholique en Ukraine.
3) 1991 : L'Europe (réunissant pour la première fois des évêques de l'Europe de l'Est et de l'Europe de l'Ouest).
4) 1992 : L'Église catholique arménienne.

Sont annoncés des synodes spéciaux sur l'Église catholique au Liban et, en 1994, sur l'Église catholique en Afrique.

Qu'est-ce que ?

Conférence épiscopale. Réunion d'évêques pour délibérer de questions qui leur sont communes.

Avant le concile Vatican II, les évêques d'une même province ecclésiastique devaient se réunir au moins tous les cinq ans sous la présidence de l'archevêque.

Les instances nationales ont été longtemps considérées avec suspicion par le Saint-Siège (précédents gallican ou anglican).

Cependant, certaines instances de concertation avaient commencé à voir le jour au cours du XXe siècle, par exemple en France (voir Organisation de l'Église en France).

En 1965, le décret du concile Vatican II sur la charge des évêques officialisa les conférences épiscopales, insistant même sur leur importance et traçant leurs caractères essentiels : « Une conférence épiscopale est en quelque sorte une assemblée dans laquelle les prélats d'une nation ou d'un territoire exercent conjointement leur charge pastorale en vue de promouvoir davantage le bien que l'Église offre aux hommes, en particulier par des formes et des méthodes d'apostolat convenablement adaptées aux circonstances présentes. »

Le Code de droit canonique de 1983 précise les modalités de fonctionnement des conférences dans l'esprit de Vatican II.

La plupart des conférences aujourd'hui en place ont un caractère national ; certaines ont un caractère régional au sens large : Afrique du Nord, Antilles, Pays arabes ; certaines enfin sont des réunions de conférences épiscopales : Afrique équatoriale, Afrique-Madagascar, Afrique méridionale, Afrique occidentale, Afrique orientale, Asie ; Conseil des conférences épiscopales d'Europe ; Conseil épiscopal latino-américain (CELAM) ; Secrétariat épiscopal d'Amérique centrale et Panama (SEDAC).

Visite ad limina. Forme abrégée de l'expression latine « Ad limina apostolorum » qui signifie « aux seuils (des basiliques) des Apôtres », autrement dit à Rome. On désigne par « visite ad limina » le voyage que chaque évêque est tenu de faire périodiquement au Saint-Siège pour rendre compte au pape de sa mission dans son diocèse (obligatoire tous les 5 ans pour les évêques européens, tous les 10 ans pour les autres) ; pour les évêques français, 1987, 1992, etc.

Les évêques s'y rendent aujourd'hui en groupes d'une même région (en France, il y a 9 régions) et présentent au pape un rapport sur la situation générale et religieuse de celle-ci ; puis ils sont reçus individuellement par lui pour évoquer les questions propres à leur diocèse.

LES CARDINAUX, CONSEILLERS DU PAPE

Dans l'Église primitive, les évêques étaient élus par le clergé et par les fidèles de leur diocèse. Le soin d'organiser l'élection de l'évêque de Rome par le clergé et la population de la ville revint très tôt aux curés de ses principales paroisses et aux diacres qui assistaient le pape. Ces clercs portèrent le nom de cardinal (du latin *cardo, cardinis,* le gond) parce qu'ils occupaient un poste fixe et servaient en quelque sorte de pivot à la vie de la communauté ; ainsi distinguait-on les *cardinaux-prêtres* et les *cardinaux-diacres.* Plus tard, les évêques des diocèses suburbicaires (c'est-à-dire entourant Rome) vinrent se joindre à ce collège, avec le titre de *cardinaux-évêques.* En 1059, le pape Nicolas II décida que les papes seraient désormais désignés par les seuls cardinaux et que l'intervention du peuple dans l'élection se bornerait à une simple approbation. En 1150, sous le pape Eugène III, les cardinaux formèrent le *Sacré Collège,* avec un doyen président, et un *camerlingue* administrateur des biens. En 1179, le troisième concile du Latran décida que l'élection du pape serait faite à la majorité des deux tiers des voix des votants, disposition tendant à prévenir les contestations sur la validité d'une élection pontificale et les schismes qui en résultaient souvent. Elle est toujours en vigueur.

La création d'un cardinal relève de l'autorité souveraine du pape. Il y procède en *consistoire* (réunion des cardinaux). Pour la plupart, les cardinaux ne sont plus originaires aujourd'hui du clergé romain. Cependant, lorsque le pape crée un cardinal, il le nomme toujours titulaire soit d'un des diocèses suburbicaires (périphériques) de Rome (cardinaux-évêques), soit d'une des anciennes paroisses (cardinaux-prêtres) ou diaconies (cardinaux-diacres) de la ville. Cette relation avec une église de Rome est purement symbolique, mais elle est importante car elle souligne le fait que le pape n'est chef de l'Église universelle qu'en sa qualité d'évêque de Rome, successeur de Pierre : l'Église catholique est une communion d'Églises locales au sein de laquelle l'évêque de Rome a un rôle particulier.

▶▶▶

Le Sacré Collège ou Collège des cardinaux

Depuis le XIIe siècle, l'ensemble des cardinaux constitue le Sacré Collège. Celui-ci a trois fonctions :

1. Se réunir en *conclave* pour élire un nouveau pape ;
2. Sous la présidence du cardinal camerlingue, assurer la conduite de l'Église entre la mort du pape et l'avènement de son successeur ;
3. Assister le pape dans son activité quotidienne comme *presbyterium* qualifié de l'Église romaine (alors que le Synode, émanation de l'ensemble des évêques du monde, ne se réunit que de temps à autre, et sur des ordres du jour déterminés).

La réunion plénière du Sacré Collège sous la présidence du pape s'appelle *consistoire.* Y participent les cardinaux de Curie, dont les fonctions principales s'exercent dans le cadre de l'administration romaine, et les autres cardinaux (aujourd'hui les plus nombreux) répartis à travers le monde. Le pape les consulte en particulier pour la création de nouveaux cardinaux ou la préconisation des futurs évêques (acte par lequel on reconnaît les qualités requises de la personne concernée).

Le rôle de conseillers du pape confié aux cardinaux s'exerce enfin de manière quotidienne au sein des Congrégations de la Curie romaine, ou *dicastères,* qui constituent, sous l'autorité du pape, l'organe de gouvernement de l'Église : commissions permanentes et spécialisées de cardinaux chargées, chacune sous la direction de l'un d'eux, préfet ou président, de traiter les affaires de l'Église.

Le Sacré Collège est présidé par son doyen, élu par les cardinaux-évêques, assisté d'un vice-doyen, élu lui aussi, et d'un secrétaire, nommé par le pape.

Le Code de droit canon de 1983 n'emploie, à l'égard du Sacré Collège, que l'expression *Collège des cardinaux.* ■

Composition du collège des cardinaux

Au 28 juin 1991, le Collège des cardinaux comptait 162 membres ; 42, ayant plus de 80 ans, n'étaient plus électeurs ; le nombre des électeurs s'élevait donc à 120. La répartition des cardinaux entre continents s'établissait à cette date selon le tableau suivant.

(Le chiffre entre parenthèses désigne le nombre des cardinaux encore électeurs).

Afrique, 17 (15)
Afrique du Sud 1 (0)
Algérie 1 (0)
Angola 1 (1)
Bénin 1 (1)
Burkina-Faso 1 (1)
Cameroun 1 (1)
Côte-d'Ivoire 1 (1)
Éthiopie 1 (1)
Ile Maurice 1 (1)
Kenya 1 (1)
Madagascar 1 (1)
Mozambique 1 (1)
Nigeria 2 (2)
Tanzanie 1 (1)
Zaïre 1 (1)

Amérique du Nord, 15 (12)
Canada 5 (4)
États-Unis 10 (8)

Amérique latine, 25 (21)
Argentine 4 (4)
Brésil 7 (6)
Chili 2 (1)
Colombie 2 (2)
Équateur 1 (0)
Mexique 3 (2)
Nicaragua 1 (1)
Pérou 1 (1)
Porto Rico 1 (1)
Saint-Domingue 1 (1)
Venezuela 2 (2)

Asie, 15 (12)
Chine 1 (0)
Corée 1 (1)
Hong Kong 1 (1)
Inde 4 (4)
Indonésie 1 (1)
Japon 1 (0)
Liban 1 (0)
Pakistan 1 (1)
Philippines 3 (3)
Thaïlande 1 (1)

Europe, 86 (55)
Allemagne 5 (4)
Autriche 3 (1)
Belgique 3 (2)
Espagne 6 (5)
France 10 (5)
Grande-Bretagne 2 (1)
Hollande 2 (1)
Hongrie 1 (1)
Irlande 1 (1)
Italie 40 (23)
Pologne 4 (4)
Portugal 1 (1)
Roumanie 1 (1)
Suisse 1 (1)
ex-Tchécoslovaquie 3 (1)
ex-URSS 2 (2)
ex-Yougoslavie 1 (1)

Océanie, 4 (4)
Australie 2 (2)
Nouvelle-Zélande 1 (1)
Samoa 1 (1)

La vacance du siège apostolique

A la mort du pape le cardinal camerlingue, qui préside la Chambre apostolique, gouverne l'Église pendant la vacance du Saint-Siège. Il lui revient en outre de convoquer le conclave pour l'élection du nouveau pape. Son premier devoir est de convoquer les cardinaux en réunions dites congrégations. La première se tient le premier soir après le décès : c'est la congrégation préparatoire, qui réunit auprès du camerlingue les trois cardinaux chefs d'ordre, c'est-à-dire le premier des cardinaux-évêques (le doyen du Collège des cardinaux), le premier des cardinaux-prêtres et le premier des cardinaux-diacres. Ces quatre personnes se partagent la charge mais ne prennent que des décisions imposées par l'urgence sans chercher à innover.

Lorsque le poste de camerlingue est vacant, ce qui fut le cas à la mort de Pie XII, ce sont les cardinaux présents à Rome qui en élisent un. Notons que les cardinaux chefs de dicastères et le secrétaire d'État sont démissionnaires d'office le jour du décès du pape, ce qui rend très lourde la charge du camerlingue durant cette période transitoire.

Les cardinaux présents à Rome, bientôt rejoints par ceux qui arrivent du monde entier, se retrouvent chaque jour dans des congrégations générales. Leur nombre relativement limité facilite les échanges. Ainsi l'élection de l'un d'eux à la papauté peut-elle se préparer sur la base d'une nécessaire connaissance mutuelle. Néanmoins Pie XII a limité à dix-huit jours le délai séparant la mort du pape et le début du conclave. ■

Conclave

Le mot (du latin *cum,* avec, et *clavis,* clef, pièce fermée à clef) recouvre deux notions : l'*enceinte* où sont enfermés les cardinaux pour l'élection d'un nouveau pape, et l'*assemblée* des cardinaux réunie pour cette élection.

Les conclaves se sont tenus en dehors de Rome en diverses circonstances au cours de l'histoire, le dernier cas étant l'élection de Pie VII à Venise en 1800. Depuis lors, c'est au Vatican qu'ils ont toujours eu lieu.

Pendant toute leur durée, la Chapelle Sixtine sert de salle de délibérations et de vote ; des chambres sont très sommairement aménagées pour chacun des cardinaux dans les locaux avoisinants ; avec les cardinaux, est aussi enfermé un petit groupe de personnel de service allant du médecin au cuisinier.

L'invention de cette mise sous clef remonte à l'élection du successeur de Clément IV à Viterbe en 1271 ; les cardinaux ne parvenant pas à se mettre d'accord, les gens de Viterbe s'impatientèrent, les enfermèrent et les condamnèrent au pain et à l'eau jusqu'à décision de leur part ; cette claustration s'étant révélée efficace, le nouveau pape, Grégoire X, l'érigea en règle. En outre, le principe a l'avantage de mettre le scrutin à l'abri des pressions extérieures, ce qui ne fut pas un luxe à diverses périodes de l'histoire !

Durant toute la durée du conclave, qui peut se prolonger plusieurs jours, tous les accès de l'enceinte sont fermés et scellés, et leur surveillance assurée de l'intérieur et de l'extérieur. Deux tours permettent toutefois de faire passer une correspondance soumise à contrôle.

Le scrutin se fait par bulletins déposés dans un calice ; l'élection suppose la réunion des deux tiers des voix plus une ; après dépouillement de chaque scrutin, les bulletins sont brûlés dans un poêle ; si le résultat est négatif, on ajoute dans le poêle de la paille humide qui épaissira et noircira la fumée ; si le résultat est positif, on fait brûler les seuls bulletins, qui donnent alors une fumée blanche et légère annonçant à la foule massée sur la place Saint-Pierre l'élection d'un nouveau pape ; de la foule monte alors le cri : « La sfumata ! » Mais la confusion est souvent provoquée par la couleur indécise de la fumée, signal singulièrement primitif qui contraste avec le rassemblement sur cette même place Saint-Pierre, en pareille circonstance, des moyens de communication les plus sophistiqués.

Lorsque l'élection est acquise, le camerlingue demande à l'élu s'il accepte cette désignation ; si c'est le cas, l'élu devient immédiatement pape, sans plus de formalités ; on lui demande sous quel nom, puis chacun des cardinaux présents vient lui faire obédience personnelle.

La nouvelle est confirmée à l'extérieur ; les scellés sont levés ; tandis que, sur la place, la foule attend avec impatience le nouveau pape, celui-ci revêt les vêtements pontificaux et se dirige en cortège solennel vers le balcon de la basilique Saint-Pierre ; déjà a été proclamé à la foule le *Habemus papam,* « Nous avons un pape », avec le nom de l'élu ; celui-ci donne sa première bénédiction à la foule, puis lui adresse en italien quelques mots, qui sont acclamés. Déjà radios, télévisions, télex, téléphones ont lancé la nouvelle à travers le monde. ■

Qu'est-ce que ?

Camerlingue (de l'italien *camera*, chambre). Équivalent du mot français chambellan. Le camerlingue de la Sainte Église romaine est le cardinal placé à la tête de la *Chambre apostolique,* laquelle est chargée de l'administration des biens et droits temporels du Saint-Siège entre la mort d'un pape et l'avènement de son successeur ; en ce cas, le rôle du camerlingue revêt une grande importance (voir Vacance du Siège apostolique). Le camerlingue est nommé par le pape (ou élu par les cardinaux si le poste est vacant lors du décès du pape).

Consistoire (du latin *consistere,* se tenir avec). Antichambre où l'empereur romain rendait la justice. Aujourd'hui, réunion du pape avec les cardinaux. Les consistoires *ordinaires* sont réunis pour délibérer d'affaires importantes de l'Église ou pour l'accomplissement de certaines solennités ; en ce dernier cas, ils sont publics (des invités peuvent y être présents). Les consistoires *extraordinaires* délibèrent d'affaires très importantes.

Chapeau. Le chapeau rouge était un des insignes de la dignité cardinalice ; il était solennellement remis aux nouveaux cardinaux par le pape (aujourd'hui celui-ci ne remet que la barrette). L'expression « recevoir le chapeau » signifie être nommé cardinal.

Doyen. Le doyen du Sacré Collège préside le collège des cardinaux, notamment lorsque celui-ci siège en conclave pour l'élection du pape. Sa désignation ne doit rien à son âge : il est élu par les cardinaux-évêques, et parmi ces derniers, ainsi que le vice-doyen qui le remplace en cas d'empêchement ; ces élections sont soumises à la ratification du pape.

Pourquoi la pourpre cardinalice ?

Dans la symbolique des couleurs, le rouge a de multiples sens parce qu'il est en même temps la couleur du sang et du feu, et dès lors, tout à la fois signe de vie, de puissance, de force, de pouvoir et de sacrifice. Dans la Rome antique, la pourpre était la couleur des généraux, des patriciens, et devint ainsi celle des empereurs qui s'en réservèrent l'usage. L'empereur de Constantinople était entièrement habillé de rouge. C'est pourquoi, sans doute, le détenteur du pouvoir suprême dans l'Église, le pape, porta lui-même longtemps des vêtements rouges. Malgré l'adoption de vêtements blancs par saint Pie V lors de son accession au pontificat en 1566, adoption devenue ensuite un usage constant chez ses successeurs, le rouge demeura couleur pontificale (d'où la mozette et la cape rouges du pape).

C'est le pape Innocent IV qui, en 1244, concéda à ses cardinaux le port du chapeau rouge (en italien *galero*) qui, orné de 30 houppes rouges, resta pendant des siècles l'insigne par excellence de la dignité cardinalice. Le symbolisme donné à la couleur rouge est en l'occurrence celui de la promptitude à répandre son propre sang pour la foi catholique. Selon une coutume remontant au XVe siècle, à la mort d'un cardinal son chapeau était suspendu à la voûte de sa cathédrale jusqu'à ce qu'il tombe en poussière.

Aujourd'hui, chapeau, cappa magna, mantelet ayant disparu, les vêtements de couleur pourpre des cardinaux sont seulement la soutane (le plus souvent remplacée par une soutane noire à soutache rouge), la ceinture, la mozette, la barrette et la calotte. En clergyman, ce qui, en dehors des cérémonies, est la tenue la plus fréquente aujourd'hui en Occident hors de Rome, un cardinal ne se distingue pas d'un évêque, lequel ne se distingue lui-même d'un prêtre que par la croix pectorale et l'anneau pastoral. ■

Ph. Gamma

Le cardinal Etchegaray en mission.

▶▶▶

La prédominance italienne dans le collège des cardinaux s'est prolongée jusqu'au milieu du XXe siècle, mais en s'estompant progressivement. En 1946, Pie XII assura la majorité aux non-Italiens. Ce mouvement a été constamment poursuivi par ses successeurs. Le nombre des cardinaux a varié au cours des âges. Sixte-Quint l'avait fixé à 70 en 1586. Il est aujourd'hui de l'ordre de 160.

Pendant longtemps il ne fut pas nécessaire d'être prêtre pour être cardinal (ainsi Mazarin). Malgré tout, parmi les cardinaux, les prêtres et les évêques étaient les plus nombreux. En 1919, Benoît XV décida qu'il faudrait au moins être ordonné prêtre pour recevoir la dignité cardinalice, et, en 1962, Jean XXIII la réserva à des évêques. Lorsqu'un prêtre non évêque est créé cardinal, il est aujourd'hui ordonné évêque avant de recevoir les insignes du cardinalat.

En 1970, Paul VI a fixé à 80 ans l'âge limite des fonctions d'électeur du pape. A 75 ans, les cardinaux préposés aux congrégations romaines ou autres organes permanents du Saint-Siège doivent présenter leur renonciation à ces charges, le pape se réservant le pouvoir de les y maintenir.

En 1973, Paul VI a introduit pour la première fois le patriarche d'une Église catholique orientale dans le Sacré Collège, décision qui fut controversée parmi les Orientaux eux-mêmes, craignant une mise en cause du caractère spécifique des Églises orientales au sein de l'Église catholique. Aussi bien, un patriarche créé cardinal, tout en étant intégré dans l'ordre des cardinaux-évêques du Sacré Collège, ne reçoit-il pas le titre de l'un des diocèses suburbicaires de Rome (qui relèvent de l'Église latine).

Qu'est-ce que ?

Éminence. Titre honorifique accompagnant le nom d'un cardinal : Son Éminence le cardinal X. Jusqu'au concile Vatican II on s'adressait à un cardinal en lui disant « Éminence », expression généralement remplacée aujourd'hui par « Monsieur le Cardinal ».

In pectore (en latin) ou *in petto* (en italien). Littéralement, *dans son cœur*. Se dit lorsque le pape crée un cardinal en consistoire en déclarant réserver son nom, par exemple pour des raisons liées à la situation politique ou religieuse de son pays : tel fut le cas pour le cardinal Tomasek, archevêque de Prague, créé au consistoire de 1976, dont le nom ne fut rendu public qu'au consistoire de 1977 ; la nomination prend effet du jour où elle a été faite *in pectore*.

Ordres. Le Sacré Collège est réparti en trois ordres : *les cardinaux-évêques* (comprenant les titulaires d'une église suburbicaire et les patriarches orientaux nommés cardinaux) ; *les cardinaux-prêtres*, titulaires d'une église romaine ; *les cardinaux-diacres*, titulaires d'une diaconie romaine (Voir p. 1027a).

Suburbicaire (du latin *sub*, sous, et *urbs*, la ville : ce qui est sous la ville, c'est-à-dire autour de Rome). Le mot désigne ce qui se rapporte aux sept diocèses constituant la périphérie de celui de Rome. Dans l'histoire, leurs évêques ont été parmi les premiers conseillers du pape et ont été introduits dans le collège des cardinaux chargé d'organiser l'élection du pape, puis chargé de l'élire ; c'est l'origine de l'ordre des cardinaux-évêques. Sauf les patriarches d'Églises orientales lorsqu'ils sont cardinaux, les cardinaux-évêques portent tous le titre d'un des diocèses suburbicaires : Ostie (titre réservé au doyen du Sacré Collège et s'ajoutant à celui de l'église suburbicaire qui lui avait été attribué avant son élection au décanat), Albano, Frascati, Palestrina, Porto et Santa Rufina, Sabina et Poggio Mirteto, Velletri. Mais ces diocèses sont sous la responsabilité de droit et de fait d'évêques diocésains, et les cardinaux-évêques n'y ont aucun pouvoir de gouvernement.

Titulaire. « Qui porte le titre de... » Les cardinaux-évêques sont symboliquement titulaires d'un des diocèses suburbicaires de Rome, les cardinaux-prêtres d'une des anciennes paroisses de la ville, les cardinaux-diacres d'une des anciennes diaconies de la ville ou de la région.

LA CURIE ROMAINE

La Curie romaine constitue l'organe chargé d'assister le pape dans le gouvernement de l'Église universelle (sous la Rome antique, la *Curie* était le lieu où se réunissait le Sénat, qui finit par en prendre le nom).

La Curie a été réorganisée par Paul VI après le concile Vatican II pour mieux répondre aux besoins de l'Église universelle. Ses responsables peuvent être renouvelés au bout de cinq ans et à la mort du pape, ce qui préserve les possibilités d'adaptation. La présence de collaborateurs choisis dans le monde entier facilite une meilleure compréhension des questions qui se posent : en 1990, 25 % seulement des préfets des congrégations et autres organes étaient italiens, 38 % des secrétaires, 70 % des sous-secrétaires, 23 % des membres, 30 % des consulteurs.

LES GRANDES ÉTAPES DE L'HISTOIRE DE LA CURIE ROMAINE

• Pendant longtemps la plupart des affaires de l'Église universelle furent traitées par la Chancellerie Apostolique, une des formes du développement pris progressivement par le secrétariat du pape.

• En 1542, Paul III crée, pour lutter contre l'hérésie protestante, la première commission permanente de cardinaux sous le nom de Sacrée Congrégation de l'Inquisition universelle (le tribunal romain de l'Inquisition existait depuis 1260) ; cette congrégation prendra rapidement le nom de Saint-Office. Les successeurs de Paul III instituent d'autres commissions permanentes spécialisées de cardinaux.

• En 1588, Sixte-Quint organise le gouvernement de l'Église selon un plan d'ensemble cohérent, comportant 15 congrégations cardinalices. C'est la base du dispositif resté en vigueur depuis lors.

• En 1908, Pie X supprime les organes devenus inutiles avec la disparition du pouvoir temporel des papes, et détermine les nouvelles compétences.

• En 1917, Benoît XV érige en dicastère autonome la section orientale de la Congrégation pour la propagation de la foi ; la nouvelle congrégation devient celle pour les Églises orientales.

• Entre 1967 et 1975, Paul VI, tenant compte des travaux du concile Vatican II, réorganise les congrégations (au nombre de dix), les secrétariats nés au cours du concile, les tribunaux, les conseils et les bureaux. Le Saint-Office devient la Congrégation pour la doctrine de la foi, avec un rôle important d'étude et de recherche théologiques.

• Le 28 juin 1988, la nouvelle Constitution *Pastor bonus* est promulguée par le pape Jean-Paul II. Cette Constitution nouvelle représente une étape dans l'histoire de la Curie romaine ; elle aménage les structures mises en place par Paul VI aussitôt après le concile Vatican II. Désormais la curie romaine comprend neuf congrégations, deux commissions pontificales, douze conseils pontificaux. ■

Le Secrétaire d'État

Sous la haute autorité du pape et animée par des cardinaux, la Curie travaille sous la responsabilité générale du cardinal secrétaire d'État, second personnage de l'Église, que l'on assimile parfois à un premier ministre. Il serait plus juste de voir en lui le coordinateur des diverses instances de la Curie ; l'étendue de ses fonctions dépend d'ailleurs pour une large part des affaires que lui confie le pape.

Le cardinal secrétaire d'État a la possiblité de réunir les cardinaux préfets des congrégations (voir plus loin ce mot) en une sorte de « conseil de cabinet » (sans la présence du pape) ou de convoquer tel ou tel d'entre eux.

La fonction première du cardinal secrétaire d'État est la direction du secrétariat du pape, appelé encore *Secrétairerie d'État.* Celle-ci est divisée depuis 1988, en deux sections, présidées par le secrétaire d'État : la *Section des Affaires générales,* dirigée par le *substitut,* et la *Section des rapports avec les États,* dirigée par le secrétaire d'État lui-même assisté par le secrétaire de cette section. Cette seconde section remplace le Conseil pour les Affaires publiques de l'Église qui, avant 1988, était distinct et séparé de la secrétairerie d'État.

La Section des affaires générales

A cette première section revient particulièrement d'expédier les affaires courantes qui touchent au service quotidien du pape, d'assurer les relations avec les dicastères, d'en coordonner les travaux, de diriger la charge des légats (nonces) du Saint-Siège et leurs activités, spécialement en ce qui concerne les Églises particulières. Il lui revient aussi de traiter les affaires concernant les représentants des États près le Saint-Siège. En accord avec les autres dicastères compétents, elle s'occupe des liens du Saint-Siège avec les Organisations internationales (sauf relations diplomatiques).

La Section des rapports avec les États

Revient spécialement à cette section l'ensemble des affaires à traiter avec les gouvernements, et la mission de favoriser les bonnes relations diplomatiques, tant avec les États qu'avec les autres sujets de droit international (organisations internationales notamment). Un nonce « avec charges spéciales » joue le rôle d'ambassadeur itinérant pour toutes les affaires délicates.

Outre la Secrétairerie d'État, le gouvernement de l'Église comporte essentiellement les Congrégations romaines, un ensemble de secrétariats, conseils et comités, des tribunaux, divers bureaux spécialisés, un dense réseau d'institutions culturelles. ■

Les congrégations

Les congrégations (du latin *congregatio,* assemblée. On les appelle aussi *dicastères,* du grec *dikasterion,* tribunal) sont des commissions permanentes et spécialisées de cardinaux qui, depuis le XVIe siècle, assistent le pape dans sa mission de pasteur universel. Chaque congrégation est dirigée par un *cardinal-préfet,* avec le concours d'un *secrétaire* et d'un *sous-secrétaire,* et l'assistance de *consulteurs* pris à travers le monde (évêques, religieux, prêtres, laïcs) qui, par correspondance ou en venant à Rome, exercent le rôle d'experts.

Le nombre des congrégations a varié. Réduit de 12 à 10 par la réforme de la Curie effectuée par Paul VI après le Concile, il est aujourd'hui de 9.

La Congrégation pour la doctrine de la foi, autrefois appelée Saint-Office, est compétente pour toutes les questions de foi et de morale. Elle suit le mouvement des idées et des recherches théologiques, elle suscite études et rencontres de spécialistes. Après avoir consulté les évêques concernés, et donné aux auteurs dont les écrits sont mis en cause la possibilité de se défendre, elle se prononce sur les doctrines qui, en tout ou en partie, peuvent se révéler contraires aux principes de la foi ou de la morale. Elle publie éventuellement des déclarations sur les problèmes doctrinaux du moment. Elle compte deux commissions dont le rôle est important : la *Commission théologique internationale* et la *Commission biblique.* L'Index a été supprimé en 1966.

La Congrégation pour les évêques est le nouveau nom de l'ancienne *Consistoriale,* ainsi appelée parce qu'elle préparait les délibérations du consistoire. Elle a notamment en charge la nomination des évêques (sauf de ceux relevant des deux congrégations des Églises orientales et de l'Évangélisation des peuples), les relations avec eux et avec les Conférences épiscopales, ainsi que la délimitation des diocèses (en lien avec les gouvernements).

La Commission pontificale pour l'Amérique latine est chargée de prêter son concours aux Églises particulières d'Amérique latine et d'étudier les questions qui regardent la vie et le développement de ces Églises. Le président de cette Commission est le préfet de la Congrégation par les évêques.

La Congrégation pour les Églises orientales a en charge tout ce qui concerne les diocèses catholiques de rite oriental (patriarches, évêques, prêtres, religieux, fidèles). Elle a une section par rite : rite alexandrin (fidèles coptes, éthiopiens, érythréens) ; rite antiochien (fidèles malenkars, maronites) ; rite syrien (fidèles arméniens, chaldéens, malabars) ; rite byzantin (fidèles albanais, bulgares, géorgiens, hongrois, grecs, italo-albanais, melkites, roumains, russes, ruthènes, slovaques, ukrainiens, yougoslaves), soit au total 11 000 000 de catholiques (les chrétiens non unis à Rome appartenant aux mêmes rites sont de 100 à 180 millions). Après les tracasseries et les persécutions subies par les catholiques de rite oriental en Europe de l'Est sous le régime communiste, ce sont aujourd'hui leurs difficultés à retrouver leurs lieux de culte et à disposer de toute leur liberté d'action, qui préoccupent les autorités romaines, soucieuses au demeurant de bonnes relations avec les Églises orthodoxes.

La Congrégation du Culte divin et de la Discipline des sacrements n'a juridiction que sur l'Église latine. Relèvent de sa mission la promotion de la liturgie et sa réglementation (en particulier en ce qui concerne les sacrements), et, par voie de conséquence, les questions relatives à la validité du mariage et de l'ordination (sans empiéter sur la compétence des autres organes de la curie).

La Congrégation pour le Clergé a remplacé la Congrégation du Concile qui datait du concile de Trente. Elle s'occupe de plusieurs secteurs :

– vie spirituelle, intellectuelle et pastorale des prêtres et des diacres du clergé séculier, pour un meilleur ministère ;

– promotion de la formation religieuse des fidèles de tout âge et de toute condition ; elle présente les normes pour la catéchèse ; elle concède l'approbation du Saint-Siège prescrite pour les catéchismes, avec l'assentiment de la Congrégation pour la doctrine de la foi ;

– administration des biens ecclésiastiques ; elle concède les approbations ou les reconnaissances nécessaires ; elle veille à ce que soient assurées la subsistance et la prévoyance sociale des clercs.

La Congrégation se tient en relation étroite avec les conférences épiscopales à propos de ces questions, et publie des directoires pastoraux (par exemple, le *Directoire général sur la catéchèse* en 1971).

La Commission pontificale pour la conservation du patrimoine artistique et historique a été constituée en 1988 auprès de la Congrégation pour le Clergé. Elle a pour fonction de présider à la préservation du patrimoine historique et artistique de l'Église tout entière.

La Congrégation pour les Instituts de vie consacrée et les Sociétés de vie apostolique étend sa juridiction à tous les religieux et religieuses autres que ceux de rite oriental et des pays de mission, soit environ 200 000 religieux et 800 000 religieuses, et sa compétence concerne tous les aspects de la vie religieuse. Trois de ses membres sont pris parmi les supérieurs généraux.

La Congrégation pour l'évangélisation des peuples (autrefois appelée aussi Congrégation de la propagation de la foi : *de propaganda fide* en latin, d'où le nom de *Propagande* parfois donné à cette congrégation) dirige et coordonne l'ensemble de l'œuvre et de la coopération missionnaires.

Sa compétence est exclusive dans les territoires de mission, y compris sur les questions concernant les évêques, le clergé, les religieux. D'elle dépendent 59 instituts religieux (23 masculins, 36 féminins), 387 petits séminaires, 87 grands séminaires, l'Université Urbanienne et le Collège Urbain à Rome.

La Congrégation pour les causes des saints est chargée des procès canoniques concernant les béatifications et les canonisations (examen de la vie des fidèles susceptibles d'être béatifiés ou canonisés, de leurs écrits, de leurs miracles éventuels).

La Congrégation des Séminaires et des Institutions d'enseignement a en charge trois secteurs :

— séminaires, formation scientifique des clercs et des religieux ;

— universités et établissements d'enseignement supérieur catholiques (17 universités et instituts romains — dits Athénées —, 47 universités catholiques, 41 facultés d'études ecclésiastiques, 33 facultés de théologie, 4 instituts de culture religieuse) ;

— écoles catholiques non universitaires (sauf celles qui relèvent des Églises orientales ou de la Congrégation pour l'évangélisation des peuples). ■

Les Conseils pontificaux

La nouvelle loi de 1988 (Constitution *Pastor bonus*) rassemble les Conseils, les Commissions et les Secrétariats sous le nom générique de *Conseils,* unifiant toutes les désignations employées jusqu'alors. On marque ainsi une distinction entre la Secrétairerie d'État, les congrégations, les tribunaux, d'une part, les Conseils, d'autre part.

Le Conseil pontifical pour l'unité des chrétiens assure les relations avec les autres Églises chrétiennes en vue de promouvoir l'unité. Il a 2 bureaux, un pour le *monde oriental,* un pour le *monde occidental.* Une commission distincte qui lui est reliée s'occupe des rapports avec le *judaïsme* (on sait l'événement important qu'a constitué la visite de Jean-Paul II à la synagogue de Rome le 13 avril 1986).

Le Conseil pontifical pour le dialogue interreligieux entretient le dialogue avec les croyants non chrétiens (bouddhistes, hindouistes, adeptes des religions africaines, etc.). Auprès du Conseil est constituée une commission pour la promotion des relations avec les musulmans, sous la direction du président du Conseil.

Le Conseil pontifical pour le dialogue avec les non-croyants étudie le problème de l'athéisme et de ses motivations, et dialogue avec les non-croyants qui l'acceptent (ainsi les rencontres avec des penseurs marxistes, y compris soviétiques, en 1986 à Budapest et 1989 à Kligenthal (Bas-Rhin), sur les problèmes éthiques de vie en société et sur le rôle de la civilisation dans la construction européenne).

Le Conseil pontifical pour les laïcs, dont le président et le secrétaire sont des prélats mais dont la majorité des membres sont des laïcs, étudie et organise la participation des laïcs à la vie et à la mission de l'Église (voir Présence du laïcat près du Saint-Siège).

La Conseil pontifical « Justice et paix » est un organisme d'études s'intéressant à tout ce qui touche le progrès des pays pauvres, la justice sociale entre les nations, l'aide internationale, la promotion de la paix. Sa réflexion théologique s'applique à deux grands secteurs : le développement (coopération mondiale, promotion humaine) et la paix et les droits de l'homme.

Le Conseil pontifical « Cor unum » (« Un seul cœur ») coordonne les initiatives prises dans l'Église pour les secours aux victimes des catastrophes et pour le développement des peuples.

Le Conseil pontifical pour la famille étudie sous l'angle pastoral les problèmes spirituels, moraux et sociaux de la famille.

Le Conseil pontifical des communications sociales aborde tout ce qui a trait à la presse, à la radio, à la télévision, au cinéma, à la formation de l'opinion publique, à l'éducation, à la culture, aux loisirs. Elle a la responsabilité des activités du Saint-Siège relevant de ces domaines.

Le Conseil pontifical pour l'interprétation des textes législatifs. La charge du Conseil consiste avant tout dans l'interprétation des lois de l'Église. Il remplace la Commission pontificalee pour l'interprétation du Code de droit canonique qui avait été créée en 1984 après la promulgation du nouveau code de 1983. La Commission pour la révision du Code de droit canonique oriental continue son travail.

Le Conseil pontifical pour la culture est chargé du dialogue avec les conférences épiscopales sur les questions qui se posent aux hommes de notre temps. Il collabore avec les grandes organisations internationales catholiques ou universelles (UNESCO notamment).

Le Conseil pontifical pour la pastorale des migrations et des personnes en déplacement. Il veille aux besoins particuliers de ceux qui ont été contraints de quitter leur patrie ou qui n'en ont pas.

Le Conseil pontifical pour la pastorale des services de santé. Il assiste ceux qui assurent un service auprès des malades et des personnes souffrantes et offre sa collaboration avec les Églises particulières dans ce domaine. Il suit attentivement les nouveautés dans le domaine législatif et scientifique qui concernent la santé. ■

Services administratifs

La Chambre apostolique est chargée de l'administration financière et des biens et droits temporels du Saint-Siège pendant la vacance du Siège. C'est aussi le tribunal de l'État du Vatican. Son président est le cardinal camerlingue qui, assisté de trois autres cardinaux, gouverne l'Église entre la mort d'un pape et l'élection de son successeur.

La Préfecture des affaires économiques, sorte de Cour des Comptes, coordonne et surveille les organismes financiers du Saint-Siège (voir Finances de l'Église), sauf l'administration du patrimoine du Saint-Siège. Elle contrôle les dépenses des administrations du Saint-Siège et du gouvernorat de la Cité du Vatican.

L'Administration du patrimoine du Siège apostolique s'occupe des biens restés au Saint-Siège après l'annexion des États pontificaux par le royaume d'Italie en 1870, et du patrimoine attribué par l'État italien au titre des Accords du Latran de 1929.

A ces organismes financiers il y a lieu d'ajouter l'*Institut pour les œuvres de religion,* familièrement appelé Banque vaticane. ■

Les autres organismes de la Curie romaine

La Préfecture de la Maison pontificale organise les audiences pontificales, les cérémonies papales (en dehors de la partie liturgique), les voyages du pape. Elle a la charge du protocole et de l'administration de la maison du pape.

L'Office des célébrations liturgiques du Souverain pontife prépare tout ce qui est nécessaire pour les célébrations liturgiques et les autres célébrations présidées par le pape ou en son nom, et les dirige selon les prescriptions en vigueur du droit liturgique. ■

Les tribunaux

La Pénitencerie apostolique se prononce sur les affaires de « for interne non sacramentel » (c'est-à-dire touchant le domaine de la conscience personnelle, mais hors du sacrement de pénitence) qui lui sont soumises.

Le Tribunal suprême de la Signature apostolique a deux sections correspondant respectivement à une *Cour de cassation,* avec compétence sur tous les tribunaux ecclésiastiques, et à un *Conseil d'État,* avec compétence sur tous les actes de l'administration ecclésiastique.

Le Tribunal de la Rote romaine (du latin *rota,* roue, ses juges (« auditeurs ») siégeant à tour de rôle par rotation de groupes de trois). C'est le tribunal d'appel des causes jugées par les tribunaux ecclésiastiques, notamment sur les nullités de mariage. (Voir Tribunaux ecclésiastiques). ■

QU'EST-CE QU'UN DICASTÈRE ?

Le terme (du grec *dikasterion,* tribunal) s'appliquait autrefois aux tribunaux de la Curie romaine auxquels ne siégeait aucun cardinal. Aujourd'hui, c'est le nom donné aux divers organes de la Curie romaine, congrégations, offices, conseils, commissions, tribunaux. Chacun d'eux est sous l'autorité d'un cardinal (ou d'un autre prélat appelé à devenir cardinal).

Les instituts culturels (1)

Enseignement supérieur. Les Universités catholiques réparties à travers le monde décernent, au nom du Saint-Siège, des grades académiques relatifs aux disciplines ecclésiastiques.

A Rome même : *Université pontificale grégorienne, Institut biblique pontifical, Institut pontifical d'études orientales, Université pontificale du Latran, Université pontificale urbanienne, Université pontificale de Saint-Thomas d'Aquin, Université pontificale salésienne, Athénée pontifical Saint-Anselme, Athénée pontifical Antonianum, Institut supérieur pontifical de latinité ou faculté de lettres classiques et chrétiennes. Institut pontifical de musique sacrée, Institut pontifical d'archéologie chrétienne, Faculté pontificale de théologie Saint-Bonaventure, Institut pontifical de spiritualité Teresianum (Carmes déchaux), Faculté pontificale de théologie Marianum (Servites de Marie), Institut pontifical d'études arabes (Pères blancs), Institut Maria Assunta, Institut pontifical Regina Mundi, Institut Mater Ecclesiae, Institut de sciences religieuses, Institut Ecclesia Mater.*

Académies pontificales. Académie romaine de Saint-Thomas d'Aquin et de religion catholique, Académie pontificale de théologie romaine, Académie pontificale de l'Immaculée, Académie pontificale mariale internationale, Académie liturgique, Académie pontificale artistique des virtuoses du Panthéon, Académie pontificale d'archéologie, Collegium Culturum Martyrum.

L'*Académie pontificale des sciences.* Cette dernière est la plus importante des Académies.

Bibliothèque vaticane (fréquentée par plus de 2 000 chercheurs et 15 000 lecteurs). 60 000 volumes manuscrits, 100 000 autographes, 700 000 imprimés, 100 000 gravures et cartes.

Archives secrètes vaticanes. Ouvertes aux chercheurs pour toutes les périodes antérieures au 20 juillet 1903 (fin du pontificat de Léon XIII).

A ces diverses institutions il y a lieu d'ajouter celles relevant du Gouvernorat de la Cité du Vatican : musées, recherches archéologiques locales. ■

(1) Voir aussi plus haut le *Conseil pontifical pour la culture.*

Le Vatican et l'information

Radio-Vatican, créée par Pie XI en 1931, émet en 33 langues. Depuis 1955, ses émetteurs sont installés à l'extérieur de Rome dans des conditions qui lui permettent de toucher le monde entier. Sa direction a été confiée par le pape aux jésuites. Un délégué, assisté de directeurs spécialisés, assure la direction générale en lien avec la Secrétairerie d'État. Ses diverses sections linguistiques disposent d'une grande autonomie ; la rédaction centrale leur fournit la documentation d'actualité.

(En France, réception sur ondes courtes 49, 41, 31, 10, 25, 55 m. Sur ondes moyennes, après le coucher du soleil, 196 m, 1 530 Khz.)

Un *Annuaire Pontifical* (Annuario Pontificio) est édité tous les ans depuis 1860, présentant l'ensemble des personnes du Saint-Siège et de la hiérarchie catholique dans le monde, leurs fonctions, l'organisation des services.

L'*Attivita della Santa Sede* rend compte chaque année des événements de l'année écoulée.

Un *annuaire statistique de l'Église* est publié tous les ans en 7 langues par le Bureau central de la statistique de l'Église.

Les *Acta Apostolicae Sedis* constituent le Journal officiel (en latin) du Saint-Siège : décisions de nature dogmatique ou disciplinaire du pape ou des dicastères. La *Documentation catholique* en publie l'essentiel en français.

L'*Osservatore Romano,* quotidien rédigé en italien et imprimé au Vatican, est le journal officieux du Saint-Siège depuis 1861. Il comporte toute une série d'articles qui n'engagent que sa rédaction ; certaines rubriques, par contre, ont un caractère d'informations particulièrement autorisées (*Nos informations, Saint-Siège, Cité du Vatican*).

De plus, les textes de documents pontificaux (encycliques, bulles, discours, etc.) qu'ils publient au jour le jour, soit intégralement soit en larges extraits, font autorité jusqu'à leur publication dans les « Acta Apostolicae Sedis ».

Les initiés savent en outre que certains articles constituent en fait des prises de position officielles ; c'est le cas lorsqu'ils paraissent sans signature et qu'ils sont composés en italique ; ils paraissent généralement dans la dernière colonne à droite.

L'édition quotidienne italienne de *L'Osservatore Romano* est complétée par des éditions hebdomadaires en français, en anglais, en italien, en portugais, en espagnol, en allemand et en polonais, qui reprennent les principales informations parues pendant la semaine dans le quotidien.

Le dimanche paraît, en italien, un hebdomadaire populaire illustré, *L'Osservatore della Dominica,* sans aucun caractère officiel.

Un *Bureau des informations* a été créé sous le pontificat de Pie XII. Il reçoit un nombre important de publications venant du monde entier et des dépêches transmises par téléscripteurs. Une synthèse de presse est faite chaque jour à l'intention du pape et du cardinal secrétaire d'État. Des dossiers de presse sont constitués.

La *salle de presse du Vatican* est ouverte aux journalistes accrédités auprès du Saint-Siège. Un bulletin ronéotypé y est diffusé quotidiennement et des conférences de presse y sont tenues régulièrement depuis le concile à l'occasion de réunions importantes (synodes) ou lors de la publication de textes majeurs. Comme Radio-Vatican, la salle de presse a été confiée par le pape aux jésuites.

Le *Centre de production audiovisuelle* répond à la nécessité pour le Saint-Siège de fournir des informations télévisées relatives à ses activités et à celles de l'Église, malgré l'impossibilité financière, pour lui, de disposer d'un émetteur propre. Ce centre a donc pour mission de produire en vidéo, et de distribuer, des programmes religieux, utilisables soit sous forme d'émissions de télévision soit sous forme de cassettes individuelles. Le Vatican pense à des co-productions internationales, comme cela a été le cas avec la télévision autrichienne pour le pèlerinage de Jean-Paul II à Lourdes en 1982.

Comme tous les États, le Vatican s'est vu attribuer par la Conférence de Genève en 1977 une position orbitale pour un satellite de télévision, ce qui lui permettrait de couvrir notamment le bassin méditerranéen et une bonne partie de l'Afrique. ■

En quoi consistait l'Index ?

Dans l'Église catholique, l'*Index* (abrégé de l'expression *Index librorum prohibitorum,* c'est-à-dire liste des ouvrages interdits) désigne un répertoire, longtemps tenu à jour par une congrégation romaine spécialisée, d'ouvrages jugés contraires à la foi et à la morale ; leur lecture était interdite aux fidèles, sauf autorisation de l'autorité ecclésiastique (accordé assez largement pour raisons professionnelles).

L'Index date de la période agitée de la Réforme, alors que l'invention de l'imprimerie favorisait la diffusion de ses idées. Dès 1559, le pape Paul IV institua une commission chargée d'établir et de tenir à jour une liste d'ouvrages prohibés. L'institution prit corps avec un décret du concile de Trente de 1563 ; le pape Pie V érigea une *Congrégation de l'Index* en 1571 ; celle-ci fut rattachée à celle du *Saint-Office* en 1918. Dans l'esprit de la déclaration du concile Vatican II sur la liberté religieuse (1965), le pape Paul VI décida en 1966 qu'aucun ouvrage ne serait plus inscrit désormais à ce répertoire. C'était mettre pratiquement fin à l'institution.

Parmi les auteurs dont des ouvrages figurèrent à un moment ou à un autre à l'Index, on peut citer Pascal, Condillac, Condorcet, Diderot, et parmi les contemporains, Gide, Sartre, Simone de Beauvoir... ■

LE SAINT-SIÈGE ET LES RELATIONS INTERNATIONALES

Le Vatican est un État reconnu par la communauté internationale, même si sa souveraineté est devenue « quasi symbolique » (Paul VI). Quand les papes se déplacent à l'étranger, ils sont reçus comme des chefs d'État indépendamment de toute considération religieuse ou idéologique. L'Église catholique n'est plus une puissance temporelle depuis 1870, mais elle n'a pas oublié cette expérience de plusieurs siècles et elle exerce un pouvoir moral dans le concert des nations ; il arrive que le pape ou ses représentants interviennent comme médiateurs dans certains conflits. La médiation du Vatican a été acceptée, il y a peu de temps, par l'Argentine et le Chili dans le différend qui les opposait à propos du canal de Beagle ; elle a permis, après plusieurs années de négociations, la signature d'un traité en décembre 1984.

Depuis la réorganisation de la Curie au XVIe siècle, le Saint-Siège a une représentation diplomatique dans beaucoup de pays (en 1992, 129 nonces ou pro-nonces et 15 délégués apostoliques).

Le Saint-Siège est représenté auprès du Bureau International du Travail à Genève, depuis sa création en 1919, à la demande même du premier directeur de cette institution : quoiqu'incroyant, il avait mesuré l'importance sociale de l'encyclique *Rerum novarum* (1891). Après une période d'observation, le Saint-Siège a décidé d'être présent auprès des grands organismes institués par la communauté internationale, en particulier l'Organisation des Nations Unies (ONU) et les institutions spécialisées créées sous son égide. La Secrétairerie d'État et le Conseil pour les affaires publiques de l'Église sont responsables de ces relations.

Le secrétaire du Conseil pour les affaires publiques de l'Église, alors Mgr Casaroli, représentait lui-même le Vatican à la Conférence sur la sécurité et la coopération en Europe, qui a abouti aux accords d'Helsinki (1975) et à l'institution d'un organe permanent auprès duquel est représenté le Saint-Siège.

▶▶▶

Concordat

De manière générale, un *concordat* (du latin médiéval, *concordatum,* mot lui-même dérivé de *cum,* ensemble, et *cor,* cœur ; concordat, comme concorde, exprime une idée d'entente) est une convention. Plus précisément, dans le domaine religieux, il désigne la convention passée entre le Saint-Siège et un État en vue de déterminer les relations entre eux ainsi qu'entre l'État et l'Église au sein du pays considéré.

Le plus ancien concordat est celui de Worms (1122), qui mit fin à la première phase de la lutte du Sacerdoce et de l'Empire (romain-germanique). Actuellement, des concordats sont en vigueur avec divers pays (par exemple, Italie, Espagne, Allemagne). La France a connu deux concordats : celui signé en 1516 par Léon X et François Ier, et abrogé en 1790 par l'Assemblée Constituante (Constitution civile du clergé) ; celui signé en 1801 par Pie VII et Bonaparte, Premier Consul, et abrogé en 1905 par la loi de séparation des Églises et de l'État (gouvernement Combes).

Depuis lors, les relations entre l'Église catholique et l'État français ne relèvent plus d'un dispositif contractuel, ce qui n'exclut pas l'existence d'un minimum de rapports. Les relations diplomatiques entre l'État français et le Saint-Siège ont été rétablies en 1919, et le régime concordataire de 1801 conservé dans les départements du Bas-Rhin, du Haut-Rhin et de la Moselle lors de leur retour à la France en 1918 ; ce régime avait été laissé en vigueur par l'Empire allemand pendant leur annexion de 1870 à 1918 ; la République française pouvait difficilement se montrer moins libérale que l'Allemagne, compte tenu des vœux des populations locales ; dans le cadre de ce concordat, outre le statut spécial de l'enseignement religieux, on peut noter que les ministres des cultes sont rémunérés par l'État et qu'officiellement c'est le Président de la République qui nomme les évêques de Metz et de Strasbourg, même si la décision effective (sauf opposition du gouvernement français) appartient au pape. Cette nomination est publiée au *Journal officiel.*

Là où des concordats n'existent pas, des accords peuvent être signés, comme cela s'est passé avec la République populaire hongroise, en 1964, pour régler des problèmes pratiques. ■

Représentation du Saint-Siège auprès des organisations internationales gouvernementales

- Organisation des Nations Unies ONU (New York).
- Instituts et services spécialisés de l'ONU : Organisation internationale du travail OIT (Genève), Organisation mondiale de la santé OMS (Genève), Haut-Commissariat pour les réfugiés HCR (Genève), Agence pour le développement industriel ONUDI (Vienne), Agence internationale de l'énergie atomique AIEA (Vienne), Organisation pour l'alimentation et l'agriculture FAO (Rome), Organisation pour l'éducation, la science et la culture UNESCO (Paris).
- Communautés Européennes (Bruxelles).
- Conseil de l'Europe (Strasbourg).
- Conseil pour la coopération culturelle du Conseil de l'Europe (Bruxelles).
- Organisation des États américains OAS (Washington).
- Comité international de médecine et pharmacie militaires (Tirlemont, Belgique).
- Organisation mondiale du tourisme (Madrid).

Le Saint-Siège est en outre membre des organisations internationales gouvernementales suivantes : Union postale internationale, Union internationale des télécommunications, Organisation internationale pour la protection des lettres et des arts ; Union internationale pour la protection de la propriété industrielle ; Organisation internationale des télécommunications par satellites (Intelsat) ; Conférence européenne des administrations des postes et télécommunications (CEPI) ; Institut international pour l'unification du droit privé.

La liste n'est pas exhaustive. Signataire des conventions internationales de Genève et d'Helsinki, le Saint-Siège participe, par exemple, aux conférences de la Croix-Rouge et à celles sur la sécurité et la coopération en Europe.

Enfin, il est représenté auprès de nombreuses organisations internationales non gouvernementales (ONG).

Il faut noter que la représentation catholique auprès des grandes instances internationales (ONU, UNESCO, OIT, UNICEF, FAO...) est également assurée par une trentaine d'organisations internationales catholiques bénéficiant auprès de ces instances du statut consultatif d'Organisation non gouvernementale (ONG).

Ces organisations, qui siègent pour la plupart à la Conférence des Organisations internationales catholiques (dite Conférence des OIC ; voir Présence du laïcat auprès du Saint-Siège) bénéficient, dans leur activité auprès des organismes des Nations Unies et autres instances internationales officielles, de l'appui de quatre bureaux en relation avec la Conférence :

- le Centre d'information des OIC, à Genève, travaillant auprès des nombreuses institutions internationales siégeant dans cette ville ;
- le Centre catholique international pour l'UNESCO, à Paris ;
- le Centre d'information des OIC, à New York, auprès de l'Organisation des Nations Unies ;
- une antenne à Vienne, où plusieurs agences et services des Nations Unies et d'autres organes ont leur siège.

Les OIC ayant statut d'ONG n'engagent évidemment pas le Saint-Siège dans leurs prises de position, qui peuvent d'ailleurs différer de l'une à l'autre. Du moins ont-elles une conscience très claire du témoignage chrétien que, dans leur contribution à la vie internationale, elles ont à apporter. Leurs rencontres, dans le cadre de la Conférence des OIC, leur sont un moyen de confronter et mûrir leur réflexion. ■

▶▶▶

Paul VI a franchi une étape importante en prenant lui-même la parole devant l'Assemblée générale des Nations Unies, le 4 octobre 1965, soulignant de cette manière à la fois la mission de l'Église au sein des nations, conformément aux directives du Christ « d'enseigner toutes les nations », et l'intérêt qu'elle porte à la cause de la paix internationale. Ce geste a été renouvelé par Jean-Paul II en 1979 ; l'un et l'autre sont en outre venus s'adresser à diverses autres instances internationales (OIT, FAO, UNESCO, etc.).

Légat

Autrefois le *légat* (du latin *lex, legis,* la loi) était un fonctionnaire impérial romain chargé de l'administration d'une province. Le terme fut repris pour désigner les administrateurs des États de l'Église, puis les délégués envoyés par le pape pour une mission temporaire et exceptionnelle. Ainsi en 1981, Jean-Paul II a choisi un cardinal béninois, Mgr Gantin, pour le représenter au Congrès eucharistique international de Lourdes.

Un *légat a latere* (venant du côté du pape) est nommé en consistoire pour une mission importante. ■

Nonce

Le nonce (du latin *nuntius,* messager) est l'ambassadeur du pape auprès d'un gouvernement étranger. C'est toujours un archevêque relevant directement du Saint-Siège ; il assure en même temps un rôle de liaison et d'unité entre le Saint-Siège et l'Église du pays où il est envoyé ; sa part dans l'établissement des listes de candidats à l'épiscopat à présenter au pape est importante. Depuis 1981, les nonces prennent leur retraite à 70 ans.

La représentation permanente du Saint-Siège auprès des gouvernements remonte aux XVe et XVIe siècles ; jusque-là, on avait recours à l'envoi de « légats » pour des missions temporaires et limitées.

Selon la Convention de Vienne de 1815, confirmée par les nouveaux accords de Vienne de 1961, le nonce est, de droit, le doyen du corps diplomatique auprès du pays où il est envoyé ; il porte le titre de *pronounce* lorsque l'État auprès duquel il est accrédité ne lui reconnaît pas ce privilège ; c'est par exemple le cas dans les États africains francophones liés par des accords bilatéraux avec la France qui réservent à l'ambassadeur de ce pays le titre de doyen du corps diplomatique. Lorsqu'un empêchement durable prive une nonciature de son titulaire, le Saint-Siège désigne un *internonce* qui a rang de ministre plénipotentiaire. Dans les États qui n'ont pas de relations diplomatiques avec le Saint-Siège, celui-ci envoie des *délégués apostoliques* qui le représentent auprès des Églises locales ; ils ne jouissent pas des privilèges diplomatiques.

Enfin, le Saint-Siège est officiellement représenté auprès des grandes organisations internationales par des *missions diplomatiques* ou des *observateurs permanents.* ■

L'académie diplomatique pontificale

Les diplomates du Saint-Siège reçoivent une formation qui leur est dispensée pendant deux ans par des professeurs, pour la plupart prélats de la Secrétairerie d'État. L'académie diplomatique pontificale accueille de jeunes prêtres déjà munis au moins d'un doctorat. L'enseignement porte notamment sur l'histoire de la diplomatie, le droit international et les langues vivantes. Les conférences épiscopales sont invitées à signaler au Saint-Siège les prêtres aptes à suivre cette voie. ■

Jean-Paul II à l'UNESCO (2 juin 1980)

Ph. CIRIC

[...] *Tous ensemble, vous êtes une puissance énorme : la puissance des intelligences et des consciences ! Montrez-vous plus puissants que les plus puissants du monde contemporain ! Décidez-vous à faire preuve de la plus noble solidarité avec l'humanité : celle qui est fondée sur la dignité de la personne humaine. Construisez la paix en commençant par le fondement : le respect des droits de l'homme, ceux qui sont liés à la dimension matérielle et économique comme ceux qui sont liés à la dimension spirituelle et intérieure de son existence en ce monde ....*

En 1965, pour la première fois, un pape prenait la parole dans une enceinte internationale, l'ONU.

Tel le messager qui, au terme d'un long voyage, remet la lettre qui lui a été confiée, ainsi nous avons conscience de vivre l'instant privilégié — si bref soit-il — où s'accomplit un vœu que nous portons dans notre cœur depuis près de vingt siècles. Oui, vous vous en souvenez. C'est depuis longtemps que nous sommes en route et nous portons avec nous une longue histoire. Nous célébrons ici l'épilogue d'un laborieux pèlerinage à la recherche d'un colloque avec le monde entier, depuis le jour où il nous fut commandé : « Allez, portez la bonne nouvelle à toutes nations ». Or c'est vous qui représentez toutes les nations.

Début du discours de PAUL VI, à New York, le 4 octobre 1965, devant l'Organisation des Nations Unies.

Les relations du Saint-Siège et du gouvernement italien : les accords du Latran (1929) et l'accord de révision (1984)

L'unité italienne ne s'est achevée qu'en 1870. Elle fut l'œuvre du roi de Piémont et de Sardaigne, Victor-Emmanuel II, qui annexa progressivement les divers États de la péninsule et, en dernier lieu, malgré l'opposition du pape, les États pontificaux qui en occupaient la partie centrale (Romagne, Marches, Ombrie, Latium y compris Rome). Il fit alors de cette ville la capitale de son royaume. Pie IX refusa de reconnaître la loi de garanties (13 mai 1871) qui lui laissait la souveraineté du Vatican et lui accordait une compensation financière, et il se considéra comme prisonnier dans son palais. C'est Pie XI qui, cinquante ans plus tard, accepta de reprendre le dialogue avec le gouvernement italien. Les accords du Latran furent signés avec Mussolini en 1929. Ces accords comprennent un traité et un concordat.

• Par le *traité*, le pape reconnaissait le royaume d'Italie, avec Rome pour capitale, tandis que le gouvernement italien reconnaissait que la religion catholique était « la seule religion de l'État » en Italie. Il reconnaissait aussi au pape la souveraineté temporelle sur la Cité du Vatican et la pleine propriété, avec privilège de l'exterritorialité, des basiliques patriarcales de Saint-Jean-de-Latran, Sainte-Marie-Majeure, Saint-Paul-hors-les-murs, du palais du Latran, ainsi que des divers bâtiments qui abritent l'administration du Saint-Siège hors du Vatican, enfin de Castel Gandolfo hors de Rome.

Pour dédommager le Saint-Siège de la perte de ses anciens États temporels (qui assuraient l'essentiel de ses ressources financières), le gouvernement italien lui versa la somme de 750 millions de lires et constitua un capital destiné au versement d'une rente irréductible.

Ce traité fut confirmé en 1947 lors de l'établissement du régime républicain en Italie, et ses clauses incorporées en 1948 à la Constitution de la République.

• En vertu du *concordat*, considéré par Pie XI comme la contrepartie inséparable du traité, le pape avait le libre choix des évêques italiens, en s'assurant toutefois que le gouvernement n'avait pas d'objection d'ordre politique à la nomination d'un candidat. D'autre part, l'enseignement religieux était rendu obligatoire pour tous les élèves dans les écoles publiques italiennes (sauf dérogation).

• Un *accord de révision du Concordat du Latran* est intervenu le 18 février 1984 entre le gouvernement italien et le Saint-Siège, et a été ratifié par le Parlement italien le 25 mars 1985, sans revenir sur les garanties apportées par la Constitution de la République. Cette révision pose le principe de la séparation de l'Église et de l'État en Italie, en conformité avec la déclaration conciliaire sur la liberté religieuse. Tout en prévoyant le maintien de l'enseignement de la religion catholique dans les écoles publiques italiennes, il confie à un accord d'application à intervenir entre le gouvernement et la Conférence épiscopale italienne le soin d'en régler les modalités dans le respect de la liberté laissée aux intéressés de mettre à profit ou non cet enseignement.

• *L'accord d'application* a été signé le 14 décembre 1985 entre le ministre de l'Instruction publique et le président de la Conférence épiscopale italienne, le cardinal Poletti, vicaire de Rome ; il souleva une tempête dans les milieux laïcs ; le gouvernement dut poser la question de confiance devant la Chambre des Députés en janvier 1986.

En matière d'enseignement religieux catholique dans les écoles publiques italiennes, l'accord prévoit les modalités d'établissement des programmes et des horaires, de nomination des enseignants, et du choix des livres, le tout grâce à une concertation entre les autorités scolaires et les autorités religieuses ; par exemple, dans le secondaire, le titulaire de l'enseignement religieux est un professeur proposé par le service diocésain reconnu par l'évêque du lieu, mais nommé par l'autorité académique et payé par l'État. ■

Les relations diplomatiques entre la France et le Saint-Siège

Rompues par la France au moment de la séparation de l'Église et de l'État en 1905, elles ont été rétablies en 1921 dans le climat d'apaisement religieux suscité en France par la fraternité des tranchées durant la guerre 1914-1918.

Le Saint-Siège est représenté auprès du gouvernement français par un nonce apostolique (Nonciature Apostolique, 10, av. du Président Wilson 75116 Paris), de droit doyen du corps diplomatique en France (Convention de Vienne 1815, nouveaux accords de Vienne 1961). La République française est représentée auprès du Saint-Siège par un ambassadeur extraordinaire et plénipotentiaire (Ambassade de France près le Saint-Siège, Villa Bonaparte, Via Piave 23, Rome).

A chacun de ses voyages en France, le pape Jean-Paul II a été accueilli par le chef de l'État en exercice, d'abord M. Giscard d'Estaing, puis M. Mitterrand, et reçu par les autorités régionales, départementales et municipales des lieux où il s'est rendu.

Répondant à la bonne volonté des pouvoirs publics français, le Saint-Siège s'est engagé en 1921 à consulter ces derniers pour toute nomination d'évêque, sans promettre toutefois de suivre toujours l'avis exprimé ; cependant, on ne pense pas qu'il ait jamais passé outre à un avis négatif.

Depuis le rétablissement des relations diplomatiques en 1921, celles-ci n'ont connu aucune difficulté majeure, malgré les divers changements de régimes et de majorités politiques survenus en France.

Comme on l'a vu, le régime concordataire de 1801 a continué d'être appliqué aux départements du Bas-Rhin, du Haut-Rhin et de la Moselle à chacun de leurs retours à la France en 1918 et 1944 (voir article Concordat).

Enfin, de manière générale, non seulement les pouvoirs publics entretiennent des relations régulières avec l'épiscopat français aux plans national et diocésain, mais ils respectent leur engagement d'assurer la liberté de culte et de conscience en organisant des aumôneries dans les collectivités publiques (internats scolaires, hôpitaux, armées) où, autrement, les fidèles n'auraient pas la possibilité d'observer une pratique religieuse ; l'aumônerie militaire dispose même d'un statut officiel qui intègre ses membres dans les cadres des armées. Enfin des émissions religieuses régulières à la radio et à la télévision sont confiées aux diverses confessions, permettant ainsi, en particulier, la retransmission de la messe télévisée le dimanche matin. La question scolaire a, par moment, posé problème, en particulier lorsque le gouvernement de majorité de gauche voulut mettre en œuvre son projet d'un grand service d'enseignement unifié et laïc en 1984 (voir Les Français et l'enseignement privé). La question du choix du jour de repos scolaire (samedi au lieu du mercredi ?) suscite un nouvel ordre de problèmes par ses conséquences sur la pratique de la catéchèse (Voir Index : laïcité, relations État-Cultes).■

Ph. Lapi-Viollet

Le président Vincent Auriol saluant le nonce apostolique en France, le futur pape Jean XXIII, à l'Arc-de-Tromphe le 14 mai 1950.

PRÉSENCE DU LAÏCAT AUPRÈS DU SAINT-SIÈGE

Le Saint-Siège entretient avec les organisations catholiques de laïcs des relations directes. La prise en considération de la part revenant aux laïcs dans la mission de l'Église se trouve favorisée par deux institutions d'ordre sensiblement différent : le *Conseil Pontifical pour les laïcs* et la *Conférence des Organisations internationales catholiques (COIC).*

Le Conseil Pontifical pour les laïcs

C'est un des organes nouveaux du Saint-Siège créés par Paul VI à l'issue du concile Vatican II et en fidélité avec les orientations pastorales tracées par celui-ci. Le rôle du laïcat dans la mission de l'Église avait été souligné par l'importance que lui avait accordée la Constitution sur l'Église, un des textes-clefs du concile (1964), complété par un décret sur l'Apostolat des laïcs (1965). Ce décret comportait une invitation au Saint-Siège à constituer auprès de lui un secrétariat spécial pour le service et la promotion de l'apostolat des laïcs, doté des moyens appropriés d'information et de recherche ; les diverses organisations apostoliques du laïcat seraient parties prenantes de cet organisme, au sein duquel collaboreraient laïcs, clercs et religieux (nº 26 du décret).

Dès 1976, par motu proprio *Catholicam Christi Ecclesiam,* Paul VI instituait, à titre expérimental, un *Consilium de laïcis* (Conseil relatif aux laïcs). En 1976, par motu proprio *Apostolatus peragendi,* il lui donnait son statut définitif sous son nom actuel.

Ce dicastère a pour compétence tout ce qui concerne l'apostolat des laïcs, c'est-à-dire leur participation à la mission de l'Église aussi bien dans le cadre d'organisations apostoliques qu'à titre personnel. Si le président de ce conseil est un cardinal et son secrétaire un évêque, la grande majorité des membres permanents sont des laïcs, hommes et femmes, de diverses nationalités ; les consulteurs sont à peu près moitié évêques et clercs (souvent membres de congrégations romaines, ce qui favorise la communication interne au Saint-Siège), et moitié laïcs.

Il faut noter à ce propos que la présence du laïcat auprès du Saint-Siège est également assurée au sein de la commission pontificale *Justice et Paix,* du conseil pontifical *Cor Unum,* du *Comité pour la Famille,* tant par des membres laïcs à plein temps de ces organismes que par des consulteurs (voir Curie romaine). ■

La Conférence des Organisations internationales catholiques (OIC)

Elle remonte à 1927, peu après la création de la Société des Nations : 11 organisations se réunirent alors à Fribourg (Suisse) à l'invitation de l'Union catholique d'études internationales, et décidèrent de se retrouver annuellement au sein d'une Conférence des présidents. Ces rencontres permirent de fructueux échanges d'expériences apostoliques et facilitèrent la présence chrétienne auprès de la Société des Nations.

De nouveaux statuts furent adoptés lors d'une assemblée tenue en 1951 à Luxembourg, et approuvés par le Saint-Siège ; Mgr Montini, alors substitut de la Secrétairerie d'État (et futur pape Paul VI), joua un rôle actif dans ce sens.

Une organisation internationale catholique est l'instance internationale que, sous des formes juridiques diverses, se donne un mouvement catholique ayant atteint un certain développement mondial ; elle a rarement pouvoir de décision sur les organisations nationales qui la composent, mais elle joue un rôle très important de concertation et d'action au plan international, en même temps que de diffusion du mouvement et de son message à travers le monde.

O.I.C. membres de la Conférence

- Association catholique internationale des services de la jeunesse féminine
- Association internationale des charités de Saint Vincent de Paul
- Bureau international catholique de l'enfance (BICE)
- Caritas Internationalis
- Comité international catholique des infirmières et assistantes médico-sociales
- Conférence internationale catholique du guidisme
- Conférence internationale catholique pour les migrations
- Conférence internationale catholique du scoutisme
- Fédération internationale des hommes catholiques (FIHC)
- Fédération internationale des mouvements d'adultes ruraux catholiques (FIMARC)
- Fédération internationale des communautés de jeunesse catholique paroissiales
- Fédération internationale des pharmaciens catholiques
- Fédération internationale des universités catholiques (FIUC)
- Fédération mondiale des communautés de vie chrétienne
- Jeunesse étudiante catholique internationale (JEC Intern.)
- Jeunesse ouvrière chrétienne internationale (JOC Intern.)
- Mouvement international d'apostolat des milieux sociaux indépendants (MIAMSI)
- Mouvement international d'apostolat des enfants (MIDADE)
- Mouvement international de jeunesse agricole et rurale catholique (MIJARC)
- Mouvement mondial des travailleurs chrétiens (MMTC)
- Organisation catholique internationale du cinéma (OCIC)
- Office international de l'enseignement catholique
- Pax Romana : Mouvement international des étudiants catholiques — Mouvement international des intellectuels catholiques
- Société de Saint Vincent de Paul
- Union catholique internationale de la presse (UCIP)
- Union catholique internationale de service social
- Union mondiale des enseignants catholiques
- Union mondiale des organisations féminines catholiques (UMOFC)
- UNDA, Association catholique internationale pour la radio et la télévision.

O.I.C. associées

- Alliance internationale Jeanne d'Arc.
- Pax Christi International

O.I.C. invitées

- Comité international catholique des aveugles
- Coopération internationale pour le développement socio-économique
- Fédération internationale des associations médicales catholiques
- Association internationale rurale catholique
- Jeunesse indépendante chrétienne internationale (JIC intern.)
- Organisation mondiale des anciens et anciennes élèves de l'enseignement catholique
- Union internationale chrétienne des dirigeants d'entreprise (UNIAPAC)

Les assemblées générales de la Conférence fixent son programme d'activités et élisent son comité de continuité et son président. Des groupes de travail, permanents ou non (Engagement et foi, Éducation des adultes, Femmes dans l'Église, etc.), permettent un travail d'approfondissement sur des sujets d'actualité. La Conférence constitue un moyen d'aider les organisations dans leur participation à la vie de l'Église et à la vie internationale. Elle est en relation régulière avec le Saint-Siège (toujours représenté à ses assemblées générales), et de manière plus étroite encore avec le Conseil pontifical pour les laïcs. Elle participe à la préparation des différentes sessions du synode des évêques par des études sur les thèmes concernés. Elle soutient le travail des OIC dans la vie internationale, tant par des recherches menées en commun sur les grands sujets traités par les organisations des Nations Unies (Décennies de la femme, Années mondiales de la population, etc.) que par ses quatre bureaux d'information et de liaison situés près des sièges des instances des Nations Unies : New-York, Genève, Paris, Vienne (voir le Saint-Siège et les relations internationales).

- Siège de la Conférence, 37-39, rue de Vermont. CH 1202 Genève.
- Centre pour l'UNESCO (CCIC), 9, rue Cler, 75007 Paris - Tél. (1) 47 05 17 59 ■

LES ORDRES DE CHEVALERIE PONTIFICAUX

(distinctions conférées par le Saint-Siège)

Ordre équestre Suprême du Christ (Milice de N. S.J. C.)
Institué en 1319 par le pape Jean XXII. Distinction très rarement accordée, et aux seules hautes personnalités, par exemple des chefs d'État (René Coty en 1957, général de Gaulle en 1959).

Ordre équestre de l'Éperon d'Or (Milice dorée)
Date d'institution imprécise, restauré en 1905 par Pie X. Classe unique (chevalier).

Ordre équestre de Pie
Institué en 1847 par Pie IX. Quatre classes (chevalier, commandeur, grand-croix, grand-collier).

Ordre équestre de saint Grégoire le Grand
Institué en 1831 par Grégoire XVI. Trois classes (chevalier, commandeur, grand-croix).

Ordre équestre de saint Sylvestre, pape
Institué en 1841 par Grégoire XVI. Trois classes (chevalier, commandeur, grand-croix).
La croix *Pro Ecclesia et Pontifice* et la médaille *Benemerenti* ont été instituées par Léon XIII. ■

Croix de commandeur de l'ordre équestre de saint Grégoire le Grand

Ordre de chevalerie sous la protection du Saint-Siège

L'Ordre Équestre du Saint-Sépulcre de Jérusalem remonterait à la prise de Jérusalem par les croisés en 1099 ; il assurait la continuité de la prière au Saint-Sépulcre et la garde des lieux saints. Après diverses réorganisations par les papes, il a aujourd'hui pour mission d'aider les communautés chrétiennes en Terre Sainte (paroisses, écoles, séminaires, organisations caritatives). Son siège central est à Rome ; son grand-maître, un cardinal désigné par le Saint-Siège, est assisté de divers organes ; dans les pays où l'ordre est présent, il est dirigé par un lieutenant. L'ordre est recruté par cooptation. Quatre classes (chevaliers, commandeurs, grands-officiers, grands-croix). L'insigne de l'ordre est la croix de Jérusalem (croix potencée rouge suspendue à un cordon noir). En France, les œuvres de l'ordre sont reconnues d'utilité publique.

Il ne doit pas être confondu avec l'*Ordre de Malte* (Ordre Souverain Militaire et Hospitalier de Saint-Jean de Jérusalem, de Rhodes et de Malte) qui n'est pas un ordre pontifical ; ordre « souverain », bien que dépossédé depuis le XIXe siècle de la souveraineté de Malte que lui avait conférée Charles-Quint au XVIe siècle, il échange des ambassadeurs avec 43 États dont la France et le Saint-Siège, ce dernier étant représenté par un « cardinal patron » ; sa vocation hospitalière se traduit par de nombreuses activités médicales et sanitaires dans le monde, en particulier la lutte contre la lèpre. Son insigne est la croix de Malte (blanche). ■

LA CITÉ DU VATICAN

Elle forme un minuscule État souverain (le plus petit du monde : 44 ha), dont la raison d'être est d'assurer au Saint-Siège, dans le gouvernement de l'Église, son indépendance à l'égard de toute puissance temporelle.

Le statut international de cet État a été fixé par les accords du Latran passés avec le gouvernement italien en 1929. Ces accords, en particulier, reconnaissent l'État souverain du Vatican, ses annexes dans Rome (les basiliques majeures : Saint-Jean-de-Latran, Saint-Paul-hors-les-murs, Sainte-Marie-Majeure ; divers édifices abritant des services de la Curie, des universités, des séminaires...) et hors de Rome (la résidence d'été du pape à Castel Gandolfo à 25 km de Rome, la station émettrice de Radio-Vatican à Santa-Maria di Galleria, à 18 km de Rome) qui bénéficient de l'exterritorialité par rapport à l'Italie.

Cet État souverain est reconnu par l'ensemble des autres États, même s'ils n'ont pas de relations diplomatiques avec lui (Ce fut le cas des pays du bloc soviétique).

Le pape exerce la plénitude des pouvoirs législatif, exécutif et judiciaire de l'État, dont l'administration intérieure (distincte de celle du gouvernement de l'Église universelle, assurée par le Saint-Siège avec le concours de la Curie romaine) forme le *Gouvernorat de la Cité*. Depuis 1984, le gouverneur civil de la Cité est le cardinal secrétaire d'État, avec mandat spécial du pape à cet effet.

▶▶▶

La population de la Cité du Vatican

La population résidant au Vatican, beaucoup plus restreinte que celle qui y travaille, compte environ 700 personnes, dont moins de 400 jouissent de la citoyenneté vaticane (citoyenneté temporaire strictement liée à l'exercice d'une fonction au Vatican : il n'existe pas de nationalité vaticane).

La Curie (ensemble de l'organisation assistant le pape dans le gouvernement de l'Église universelle) emploie environ 2 000 personnes, depuis les cardinaux de Curie jusqu'aux secrétaires et huissiers, en passant par le personnel diplomatique à l'étranger et quelques centaines de religieux et religieuses qui travaillent dans les services du Saint-Siège.

Le gouvernorat de la Cité du Vatican (administration de la Cité) emploie, quant à lui, 2 000 personnes (ouvriers d'entretien des bâtiments, artisans des ateliers de restauration, personnel des musées, du journal *L'Osservatore Romano,* de la radio, de la typographie vaticane, de la poste, gardes suisses, pompiers, etc.).

Au total, en comptant les retraités, un peu plus de 5 000 personnes perçoivent une mensualité du Saint-Siège (pas d'impôts ; pas de cotisation à un système de retraite, entièrement pris en charge par le Vatican ; approvisionnements cédés au personnel du Vatican et au corps diplomatique accrédité auprès du Saint-Siège en franchise de taxes et de droits de douane, y compris l'essence). ■

▶▶▶

Le pouvoir législatif est assuré au nom du pape par une *Commission pontificale pour l'État de la Cité du Vatican* composée de cardinaux, sous la présidence du secrétaire d'État.

Le pouvoir exécutif est exercé par un délégué spécial, assisté d'un conseil de 24 membres laïcs romains et 6 étrangers, et d'un secrétaire général. Cette administration, subdivisée en plusieurs directions, a en charge les finances de la Cité (qui a son budget propre, avec des ressources, une trésorerie, une administration financière propres), la gestion du personnel, les services sanitaires, les communications postales et téléphoniques, l'émission des timbres, monnaies, médailles, l'entretien des bâtiments, la conservation des musées, les recherches archéologiques, la radio, l'observatoire...

Le pouvoir judiciaire dans la Cité, exercé au nom du Souverain Pontife, est assuré par un tribunal de première instance, une cour d'appel, une cour de cassation ; ces tribunaux ne sont pas à confondre avec les tribunaux ecclésiastiques fonctionnant au sein de la Curie romaine.

Enfin, tout en dépendant du diocèse de Rome, la Cité a son *organisation religieuse* propre, avec un *vicaire général* (dont la juridiction n'inclut pas la basilique Saint-Pierre), et une église paroissiale : Sainte-Anne.

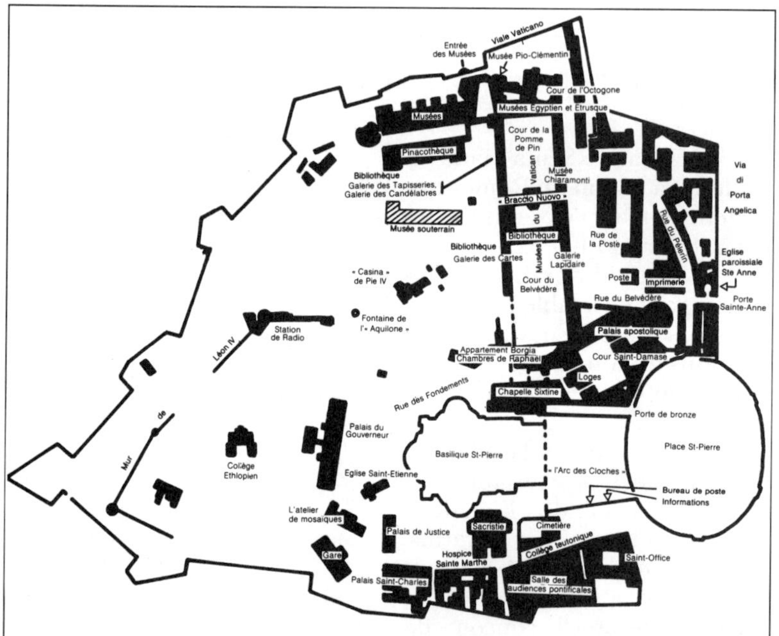

La Cité du Vatican

Lorsqu'un mot, une expression, un événement, une institution, un nom propre vous sont inconnus, consultez l'index.

Comme tout État souverain, la Cité du Vatican a...

Ses « armées »

A partir de la Renaissance, les papes ont recruté des troupes chargées de leur défense et de celle de leurs États. Ces troupes avaient survécu de façon symbolique jusqu'au milieu du XXe siècle, alors que leur besoin ne s'en faisait plus sentir. C'est pourquoi Jean XXIII et Paul VI ont supprimé *la Garde noble, la Gendarmerie pontificale et la Garde palatine.* La seule unité militaire pontificale qui subsiste aujourd'hui est la célèbre *Garde suisse* (100 gardes, fondée par Sixte IV en 1480) qui assure la sécurité intérieure de l'ensemble du Vatican, conjointement avec un service d'ordre civil (en tenue bleu marine) qui a remplacé la Gendarmerie pontificale. On sait que la grande tenue des gardes suisses aurait été dessinée par Michel-Ange ; elle a cependant reçu quelques retouches depuis, sans perdre cependant son style Renaissance.

La garde suisse continue à être recrutée parmi les citoyens suisses catholiques de moins de 25 ans (mesurant au moins 1,74 m !), ayant accompli leur service militaire dans leur pays et souscrivant un engagement minimum de deux ans au service du Saint-Siège.

Son drapeau

C'est l'ancien drapeau des États de l'Église, tel que l'avait créé en 1825 le cardinal Gatoffi, camerlingue. Il est bi-parti dans le sens vertical : une bande jaune du côté de la hampe et une bande blanche portant la représentation des armes pontificales : tiare couleur or avec rubans rouges, clefs de saint Pierre croisées couleur or. Le blanc et le jaune étaient les couleurs de la cocarde de la gendarmerie pontificale depuis 1808.

Sa monnaie

Frappées par la Monnaie italienne, les pièces de la monnaie vaticane, dont la valeur est exprimée en lires, sont à parité avec celles de l'État italien ; la libre circulation des deux monnaies est garantie sur les deux territoires respectifs.

Ses timbres postaux

Ils n'ont de valeur d'affranchissement que pour le courrier expédié par les postes vaticanes (qui ont, pour le public, un bureau sur la place Saint-Pierre). Très recherchés par les philatélistes, leur vente est une des ressources financières de la Cité du Vatican.

Son hymne (pontifical, et non pas national)

Composé par Gounod. Il est notamment joué lors de l'accueil officiel du pape (ou de ses légats) à l'étranger. ■

Les musées du Vatican

Le Vatican recèle des richesses artistiques et historiques exceptionnelles, héritage pour l'essentiel des fastes de la cour pontificale aux XVIe et XVIIe siècles. Ce sont d'abord la basilique Saint-Pierre, la principale œuvre architecturale de la Renaissance et du baroque italiens (Bramante, Michel-Ange, Bernin, Maderno), et, parmi les œuvres qu'elle contient, la célèbre Pietà de Michel-Ange.

Ce sont ensuite les palais qui, à partir de bâtiments antérieurs, se sont surtout développés, sans véritable plan d'ensemble, aux XVe, XVIe et XVIIe siècles, et sont en grande partie occupés aujourd'hui par les musées. L'origine de ces derniers remonte à Jules II qui, en 1503, déposa quelques œuvres d'art antique dans la cour du palais du Belvédère ; ses successeurs continuèrent à réunir des collections artistiques, pour lesquelles on édifia divers bâtiments.

Les principaux musées du Vatican sont actuellement : le *Musée Pio-Clementino :* antiquités grecques et romaines (parmi les œuvres les plus célèbres : le torse du Belvédère, le groupe de Laocoon, l'Apollon du Belvédère, l'Athlète...) ;

- le *Musée Chiaramonti* et la *Galerie lapidaire :* copies romaines d'œuvres grecques, portraits, monuments, inscriptions païennes et chrétiennes ;
- le *Musée égyptien ;*
- le *Musée étrusque ;*
- la *Galerie des cartes de géographie* (XVIe siècle) ;
- les *« Chambres de Raphaël » :* série de pièces décorées de fresques célèbres de ce peintre (la dispute du Saint-Sacrement, l'École d'Athènes, le miracle de la messe de Bolsena...) ;
- les *« Logias » de Raphaël* (visite réservée aux spécialistes) : galeries courant le long de la cour Saint-Damase, et ornées de fresques de Raphaël et de ses élèves (Ancien et Nouveau Testament, décorations de « grotesques » dans le style pompéien) ;
- la *Chapelle de Nicolas V,* décorée par Fra Angelico ;
- la *Chapelle Sixtine :* fresques de grands peintres de la Renaissance, et très particulièrement de Michel-Ange : Jugement dernier, Création du monde, Déluge..., qui sont parmi les plus grandes œuvres de l'artiste ;
- la *Pinacothèque :* peintures italiennes du XIe au XVIIIe siècle, parmi lesquelles des œuvres de Raphaël, de Léonard de Vinci, du Caravage... ;
- le *Musée profane* et le *Musée chrétien,* ouverts au public en 1970 : art antique et art chrétien venant du palais du Latran.
- le *Musée d'art moderne,* inauguré par Paul VI en 1973 (Braque, Buffet, Chagall, Dali, Matisse, Picasso...)
- la *Bibliothèque Apostolique :* objets précieux, profanes et religieux, 60 000 volumes manuscrits, 100 000 autographes, 100 000 gravures et cartes géographiques, cabinet numismatique (la salle de consultation n'est pas dans le circuit des visites) ;
- le *Musée missionnaire et d'ethnologie.*

La charge financière de la conservation de ces collections est sans commune mesure avec les recettes provenant des droits d'entrée aux musées. Le Saint-Siège, tout en se préoccupant du poids de cette charge sur ses finances, considère qu'elle relève de la mission culturelle assumée depuis ses origines par l'Église. ■

POUR LES VISITES

Toutes indications pour la visite de la basilique, des fouilles (lieu probable d'inhumation de saint Pierre sous la basilique), des jardins, des musées, sont disponibles au bureau de renseignements : sur la place Saint-Pierre, sous la colonnade de gauche en regardant la basilique.
Pour plus de détails, se reporter aux divers Guides d'Italie publiés en France ; au Guide de la Cité du Vatican et au Guide des musées du Vatican, édités par les Monumenti, Musei e Gallerie Pontificie à Rome.

4. LES TRIBUNAUX ECCLÉSIASTIQUES

En même temps qu'un droit canonique, l'Église s'est donné des institutions judiciaires en vue de régler, selon des dispositions précises et apportant les garanties nécessaires aux parties concernées, les cas litigieux ou délictuels en matière ecclésiastique.

Les procès ecclésiastiques sont présentement régis par le livre VII du Code de droit canonique de 1983.

Ils sont jugés par des tribunaux de première instance, de deuxième instance, et des tribunaux du Siège Apostolique.

Tribunaux de première instance

Dans chaque diocèse, et pour toutes les causes ne faisant pas l'objet de règles particulières prévues par le droit canonique, le juge de première instance est l'évêque diocésain. Toutefois, si la cause le concerne personnellement ou concerne son diocèse, elle est jugée par le tribunal de deuxième instance dont relève ce diocèse.

Chaque évêque diocésain est tenu de nommer un juge, ou *official,* ayant le pouvoir de le remplacer (ce qui est le cas le plus courant), sauf pour les causes qu'il se réserve. L'évêque peut nommer des *vice-officiaux.* Official et vice-officiaux doivent être prêtres et docteurs ou licenciés en droit canonique. L'évêque peut également nommer des *juges assesseurs.*

Certaines causes, en effet, doivent être jugées par un tribunal de trois membres ; c'est notamment le cas des causes matrimoniales (causes introduites en vue de faire reconnaître la nullité de mariages) ; les causes matrimoniales constituent actuellement la majorité de celles jugées par les officialités.

Dans les causes mettant en jeu le bien public, un *promoteur de justice* (sorte de procureur) est chargé de plaider ce bien public ; dans les causes concernant la nullité d'un mariage ou d'une ordination, un *défenseur du lien* est chargé d'exposer tout ce qui peut s'opposer à cette nullité. L'un et l'autre peuvent être des laïcs. Les parties peuvent faire appel à un avocat de leur choix, clerc ou laïc, mais sans y être tenus.

Dans les congrégations religieuses, les supérieurs majeurs sont les juges de première instance. ■

Tribunaux de deuxième instance

L'organisation de l'Église en diocèses est, comme on le sait, complétée par leur regroupement régional en provinces ecclésiastiques autour de l'un d'eux, l'archidiocèse ou métropole, dont l'évêque porte le titre d'archevêque ou métropolitain.

Le tribunal de l'archevêque est, de droit, le tribunal d'appel des diocèses de la province ; à l'inverse, les causes jugées en première instance devant le tribunal de l'archevêque vont en deuxième instance devant le tribunal d'un autre diocèse de la province, désigné de manière permanente. ■

Tribunal de la Rote (Sacra Romana Rota ou SRR)

Ce nom (du latin *rota,* roue) vient du fait que le tribunal est constitué par douze juges (« auditeurs ») siégeant par rotation par groupes de trois.

C'est essentiellement un tribunal d'appel pour toutes les causes ecclésiastiques de la compétence de la Curie romaine non réservées à d'autres instances. Il juge en deuxième ou troisième instance.

Cependant, en raison de la primauté reconnue dans l'Église au Souverain Pontife, tout fidèle peut directement introduire une cause devant ce tribunal ; il peut également le saisir alors même qu'un procès est déjà engagé devant un autre tribunal ecclésiastique ; mais il faudra toutefois que celui-ci se prononce.

La Rote juge également en première instance les causes réservées au Saint-Siège par le droit canonique (par exemple, celles concernant les chefs d'État et leur famille, pour éviter toute pression de leur part sur les tribunaux diocésains) ; il juge de même les causes qui lui sont soumises par le pape.

Tribunal suprême de la signature apostolique

Ce tribunal suprême exerce le rôle à la fois d'une cour de cassation pour certaines causes jugées par la Rote, de Conseil d'État pour les litiges administratifs, de tribunal des conflits en cas de litiges de compétence, de Conseil supérieur de la Magistrature et de Chancellerie dans sa mission de veiller à la bonne administration de la justice ecclésiastique.

Autres instances

A côté de ces juridictions qu'on pourrait appeler de droit commun, fonctionnent certaines instances romaines de caractère très spécialisé.

C'est le cas de la *Pénitencerie apostolique,* dicastère romain à la fois tribunal ayant juridiction sur les affaires dites « de for interne » (c'est-à-dire relevant de la conscience), et organisme chargé de tout ce qui concerne les indulgences.

C'est le cas aussi de la *Congrégation pour les Causes des saints,* qui juge les causes de béatification et canonisation (instruites au préalable dans les officialités). Voir Canonisation.

Pour mémoire, on rappellera ici que la *Congrégation pour la Doctrine de la Foi,* en même temps qu'organe d'étude et de recherche théologique, se prononce en outre, selon une procédure contradictoire, sur les doctrines de nature à mettre en cause le contenu de la foi (voir Congrégation pour la Doctrine de la Foi). ■

LES CAUSES DE NULLITÉ DE MARIAGE TERMINÉES EN 1990

Première instance					
	Total	Sentences favorables à la nullité	Sentences contraires à la nullité	Péremptions	Renonciations
Monde	68 272	53 259	2 905	5 482	6 626
France	435	310	48	16	61

Deuxième instance						
	Total	Décrets de confirmation	Sentences favorables à la nullité	Sentences contraires à la nullité	Péremptions	Renonciations
Monde	50 881	47 108	2 573	813	258	129
France	338	226	95	15	–	2

RÉPARTITION DES PROCÈS MATRIMONIAUX SELON LE RÉGIME DES FRAIS JUDICIAIRES (1990)

	Assistance Judic. gratuite	Réduction de frais	Frais à la charge des parties	Total des procès
Monde	32,5 %	32,8 %	34,7 %	100 %
France	33,2 %	33,5 %	33,2 %	100 %

5. LES FINANCES DE L'ÉGLISE

Les finances de l'Église ont longtemps constitué un domaine mal connu des fidèles eux-mêmes. La possession des États pontificaux, puis le capital versé par l'État italien en 1929 en dédommagement de leur annexion, ont longtemps assuré au Vatican des revenus suffisants ; jusqu'à une période récente, il n'éprouvait pas la nécessité de publier des comptes. Quant aux besoins des diocèses et des paroisses des pays de tradition chrétienne, les fidèles y subvenaient par leurs contributions, ou tout au moins complétaient ce qui n'était pas pris en charge par l'État en cas de régime concordataire. Leur générosité soutenait aussi les missions et les congrégations religieuses. Dans plusieurs pays, en vertu d'un concordat avec le Saint-Siège, l'État assure ou assurait un traitement aux prêtres et l'entretien des bâtiments nécessaires à la vie de l'Église.

Deux raisons ont conduit les responsables ecclésiastiques à faire connaître de manière plus précise les données financières de l'Église : les difficultés croissantes pour faire face aux besoins, et la nouvelle conception qui prévaut désormais, surtout depuis le concile Vatican II, au sujet des responsabilités des laïcs dans l'Église.

Les finances du Saint-Siège

Le patrimoine du Saint-Siège

L'évêque de Rome devint un important propriétaire terrien par la donation qui lui fut faite par Pépin le Bref en 754. Le patrimoine du Saint-Siège s'est accru pendant tout le Moyen Âge grâce aux dons que les fidèles, selon l'habitude de l'époque, affectaient aux saints patrons des institutions. Ce patrimoine (essentiellement foncier), qui assurait au Saint-Siège ses moyens d'existence, était devenu considérable au moment où l'annexion des États pontificaux par le jeune royaume d'Italie au XIXe siècle créa une situation nouvelle.

La Cité du Vatican n'est plus aujourd'hui qu'un État symbolique ; l'Église y possède un ensemble immobilier et artistique qui n'a pas de prix, mais il s'agit d'un capital improductif dont les frais de conservation ne sont même pas couverts par la vente des billets d'entrée dans les musées.

La question de la propriété de ce capital a été posée lors de la préparation des accords de Latran en 1929. Il parut inopportun de disperser cet héritage artistique et historique, dont la garde fut dès lors confiée au Saint-Siège, mais en stipulant (art. 18 du traité) que « les trésors d'art et de science existant dans la Cité du Vatican et dans le palais de Latran doivent demeurer visibles aux chercheurs et aux visiteurs ».

Ces accords prévoyaient aussi l'indemnisation du Saint-Siège pour la perte de ses importants domaines fonciers : 750 millions de lires en devises et des titres de rentes à 5 % pour la valeur d'un milliard de lires lui ont été versés par l'État italien en 1929. Ce capital a été partiellement investi dans la construction d'immeubles (services du Saint-Siège, séminaires), et partiellement placé en valeurs de rapport.

Les contributions des catholiques

Dès le Moyen Âge, des monastères ou des collectivités civiles contribuèrent aux finances du Vatican, ne serait-ce que pour se mettre sous sa protection. Les chrétiens anglais furent les premiers à verser un véritable impôt, le « denier de Saint-Pierre », à partir de 740. Cette pratique était tombée en désuétude quand la perte des revenus liés à la possession des États pontificaux incita à la remettre en vigueur à partir de 1870 (ce fut très principalement le fait, à l'époque, des catholiques autrichiens, bavarois, français et anglais). Le « denier de Saint-Pierre » est aujourd'hui recueilli dans toutes les églises catholiques au cours d'une quête annuelle faite le jour de la fête de saint Pierre, le 29 juin.

Les budgets du Vatican

On a vu, à propos du Vatican, que son organisation interne se subdivisait en deux types de services : ceux assurant le fonctionnement interne de la Cité du Vatican, et ceux contribuant au gouvernement de l'Église universelle. D'où l'organisation financière en deux budgets distincts.

Le gouvernorat de la Cité du Vatican

Il a en charge les bâtiments et musées situés dans l'enceinte du Vatican, et les traitements et retraites du personnel de ses services propres (environ 1 700 personnes, retraités inclus : ouvriers, pompiers, gardes, employés de la poste, etc.) ; les frais de personnel constituent environ 58 % des dépenses du gouvernorat. En 1992, les salaires étaient compris entre 1 250 et 1 900 dollars par mois, avec une augmentation de respectivement 20 et 33 dollars tous les deux ans. Les allocations familiales étaient de 30 dollars par membres de la famille. L'accès au magasin hors taxe réservé au personnel et l'organisation médicale gratuite améliorent ce niveau de vie. Une association des employés laïcs du Vatican (ADLV) joue le rôle de syndicat.

Face à des dépenses de l'ordre de 70,4 millions de dollars en 1988 (environ 420 millions de F), les recettes du gouvernorat (parmi lesquelles les ventes de timbres et de monnaies de collection, et les entrées de musées) ont atteint 83,7 millions de dollars (environ 500 millions de F) laissant un excédent de l'ordre de 13 millions de dollars (environ 79 millions de F). Le gouvernorat fait appel au mécénat pour de grosses dépenses telles que la restauration de la Chapelle Sixtine, financée par une chaîne de télévision japonaise.

Le Saint-Siège

Ses dépenses ont trait à tout ce qui concerne le gouvernement de l'Église universelle. Elles comportent, en premier lieu, les traitements et retraites du personnel concerné (2 374 personnes, depuis les huissiers et les secrétaires jusqu'aux cardinaux de curie, en y incluant plusieurs centaines de religieux et religieuses qui reçoivent une rétribution ; s'y ajoutent 914 retraités). Les dépenses comportent, en second lieu, les frais de fonctionnement et de déplacement (on compte plus de 200 rencontres internationales par an). Le budget de 1992 prévoyait, en chiffres ronds, un montant total de dépenses de 219 milliards de lires (env. 1 milliard de F, dont un tiers en charges de personnel), pour un montant total de recettes de 113 milliards de lires (env. 500 millions de F), soit un déficit de 106 milliards de lires (env. 500 millions de F) venant s'ajouter au déficit des exercices antérieurs. La couverture de ce déficit était attendue, pour une part, du denier de Saint-Pierre (300 millions de F) ainsi que des dons personnels au pape, et, éventuellement, selon leurs possibilités, de contributions du Gouvernorat de la Cité du Vatican et de l'Institut pour les œuvres de religion (voir plus loin). La contribution ordinaire des diocèses français est de l'ordre de 10 millions de F. Le budget de 1993, pas mieux équilibré, suppose un concours accru du denier de Saint-Pierre.

Le déficit est dû à des charges pastorales qu'on ne peut guère voir compenser par des recettes publicitaires, par exemple pour Radio Vatican ou l'Osservatore Romano, si le Saint-Siège veut rester indépendant. La fragilité de la lire italienne n'est pas non plus étrangère aux difficultés financières du Saint-Siège. Le Conseil des cardinaux pour l'étude des questions économiques (voir plus loin) ainsi que le président de la Préfecture des affaires économiques souhaitent que les diocèses contribuent aux frais du Saint-Siège non seulement par le biais du denier de Saint-Pierre recueilli par eux auprès des fidèles mais aussi en fonction de leurs ressources propres. En 1986, l'épiscopat d'Allemagne fédérale, alertant déjà l'opinion allemande sur la situation financière du Saint-Siège, observait que les ressources de ce dernier n'atteignaient pas le niveau du budget d'un diocèse allemand. A titre de comparaison on peut ajouter que, si les dépenses du Saint-Siège, dont la responsabilité est de portée mondiale, étaient en 1992 de l'ordre du milliard de francs, celles d'une collectivité comme la ville de Paris étaient 20 fois plus élevées.

A côté de ce dispositif général de financement, certains départements ont une caisse propre, telles les *Œuvres pontificales missionnaires* (OPM) qui publient chaque année un bilan détaillé de leurs recettes et de leur affectation aux Églises des pays de mission. L'ensemble des fonds répartis en 1991 par les OPM a été de 186 millions de dollars, dont 34 millions pour le fonctionnement de 950 diocèses (vie des paroisses et des prêtres), 17 millions pour les catéchistes, 18 millions pour les lieux de culte, 39 millions pour les séminaires. Les OPM de France ont envoyé 37 millions de F en 1992, au titre des collectes de la Propagation de la foi et de Saint-Pierre Apôtre.

L'administration des biens du Saint-Siège

La gestion des biens du Saint-Siège selon des méthodes modernes date de la perte des États pontificaux. En 1878, Léon XIII créa une administration des biens du Saint-Siège. Puis en 1933, pour gérer les fonds reçus au titre des accords de Latran, Pie XI mit sur pied une administration spéciale. Paul VI regroupa ces deux organismes dans l'Administration du patrimoine apostolique, qui gère l'ensemble des biens, et il en confia le contrôle au préfet des Affaires économiques. Face aux difficultés financières croissantes du Saint-Siège, en partie entraînées par le développement des contacts entre Rome et l'ensemble du monde, Jean-Paul II a confié en 1981 l'étude des problèmes économiques et de la réorganisation de la Curie à un conseil auquel participent 14 cardinaux de diverses parties du monde (puisque les catholiques du monde entier alimentent le budget). L'Église des États-Unis et celle d'Allemagne fédérale y sont notamment présentes, compte tenu de l'importance de leur contribution. La France y est aussi associée. Ce conseil, présidé par le cardinal secrétaire d'État, publie désormais des comptes. Il a entrepris l'étude de la réorganisation de la Curie.

L'Institut pour les œuvres de religion (I. O. R.)

En 1887, Léon XIII créa une administration jouant le rôle de banque pour les communautés religieuses, les couvents, les écoles catholiques. En 1942, Pie XII en étendit les attributions ; elle prit alors le nom d'Institut pour les œuvres de religion. Elle est accessible à tous les organismes du Saint-Siège, aux diocèses, aux paroisses, aux instituts religieux et même à des personnes privées qui ont un emploi au Vatican. L'attention a été attirée sur elle ces dernières années quand elle s'est trouvée prise dans les remous suscités en 1982 par la faillite de la banque milanaise Banco Ambrosiano, vis-à-vis de laquelle elle avait engagé sa caution dans certaines opérations. L'Institut, mis en cause par des banques créancières dans cette faillite, a dû leur verser 241 millions de dollars de dédommagement, sans toutefois porter atteinte aux dépôts qui lui étaient confiés. Le pape Jean-Paul II a tenu à souligner que le Vatican ne portait aucune responsabilité dans la faillite du Banco Ambrosiano, et a déclaré conserver sa confiance au directeur de l'Institut, qui n'en a pas moins été remplacé depuis lors. Il est clair que les finances du Vatican ont été affectées par cette affaire, dans la mesure où elles bénéficient d'une partie des produits de l'Institut. Pour éviter le retour de telles erreurs, le conseil des cardinaux chargés des questions économiques a, depuis lors, fait admettre que la direction de l'Institut pour les œuvres de religion soit confiée à des professionnels laïcs. ■

Ph. CIRIC

L'organisation financière des Églises locales varie beaucoup d'un pays à l'autre, selon le développement économique de chacun d'eux, l'importance numérique de la communauté catholique, son degré de motivation, le statut local de l'Église, etc.

Dans les pays où se trouve en vigueur un concordat entre l'État et le Saint-Siège, il est généralement prévu des dispositions assurant une participation de l'État aux finances de l'Église. En Allemagne, l'État perçoit une contribution obligatoire en supplément de l'impôt, le contribuable précisant l'Église à laquelle est affectée la sienne. Sur ce point, la République fédérale a renoué avec le concordat de 1803 et la constitution de Weimar. On peut se soustraire à l'impôt ecclésiastique en versant l'équivalent à l'État. Cela n'exclut pas les dons privés volontaires ; la générosité des chrétiens allemands à l'égard des œuvres caritatives, par exemple, est remarquable.

Aux États-Unis, le financement des besoins de l'Église est assuré par des offrandes volontaires, mais les aides indirectes des pouvoirs publics (variables selon les États) ne manquent pas : exemption d'impôts pour les dons faits par les particuliers ; des organismes ecclésiastiques sont subventionnés par le gouvernement fédéral et par ceux de différents États, etc.

En France, depuis la loi de Séparation des Églises et de l'État (1905), l'Église en France ne reçoit plus aucune contribution de l'État. Le traitement des membres du clergé, assuré jusque là en contrepartie de la confiscation des biens de l'Église en 1789, et toutes autres possibilités de subvention par l'État ou les collectivités publiques ont été supprimés. Seule subsiste la prise en charge de l'entretien des bâtiments servant au culte (cathédrales par le budget de l'État, églises paroissiales et presbytères par les budgets communaux) pour autant qu'ils étaient en service au moment de la séparation ; ils sont demeurés propriété nationale ou communale.

On sait que, par contre, le concordat de 1801 est toujours en vigueur dans les départements annexés par l'Allemagne en 1871 puis 1940, et ayant fait retour à la France en 1918 et 1945. (Voir Index : Concordat de 1801, application à l'Alsace et à la Moselle).

Il n'y a pas de « ministère des finances » au sein de l'Église en France. La gestion est totalement décentralisée et autonome ; chaque diocèse a son budget et ses ressources ; par contre, ils contribuent au financement des organes communs qui ont été institués au niveau national.

Les finances des diocèses et des paroisses

Les contributions des fidèles aux finances des diocèses et paroisses sont principalement :

• le *denier de l'Église* (autrefois appelé denier du Culte), contribution volontaire des fidèles, pratiquants ou non, qui joue le rôle de cotisation du catholique vis-à-vis de l'Église ; il devrait correspondre au moins au montant d'une journée de travail ou de revenu ; sa collecte en France, tous diocèses confondus, s'est élevée en 1990 à 963 millions de F ;

• les *offrandes de messe,* remises au prêtre célébrant la messe à une intention particulière ; il ne s'agit pas d'un paiement, la messe n'ayant pas de prix ; il s'agit d'un geste en union à la prière du célébrant ; leur montant total en 1990, tous diocèses confondus, s'est élevé à 395 millions de F ;

• les *offrandes à l'occasion de cérémonies,* qui ont le même sens : baptêmes, mariages, enterrements ne se paient pas ; mais, si l'on en a les moyens, on participe de la sorte aux charges de l'Église et aux moyens d'existence de son clergé ; leur montant annuel total en France est de l'ordre de 300 millions de F ;

• les *quêtes dominicales,* faites le plus souvent au profit du budget paroissial, mais dont certaines sont « impérées », c'est-à-dire ordonnées par l'évêque à l'intention d'un service d'Église soit diocésain (séminaire, chantiers diocésains...), soit national (Secours catholique, Instituts catholiques...), soit mondial (missions, Comité catholique contre la faim...) ; leur montant total en France en 1990 a été de 601,5 millions.

Le mode de répartition de ces diverses recettes entre le diocèse et ses paroisses varie d'un diocèse à l'autre.

Au total les ressources de l'ensemble des diocèses francais se sont élevés en 1990 à 2 269,5 millions de F, à quoi il faut ajouter les legs et les revenus des placements. Les catholiques ont en outre donné aux grandes œuvres telles que le Secours catholique, le Comité contre la faim et pour le développement CCFD, les Œuvres pontificales missionnaires OPM, l'Aide à l'Église en détresse AED, pour un total d'environ 1 milliard de F.

Si l'on ajoute les 10 millions versés pour le Saint-Siège, on peut estimer que les catholiques français donnent plus de 3,3 milliards de F par an à leur Église, chiffre comparable à celui du budget d'une ville comme Saint-Étienne ou Nantes.

Le budget d'un diocèse

Dans certains diocèses, il existe une centralisation du denier de l'Église et une redistribution d'une allocation mensuelle aux prêtres complétée par des offrandes de messe, et souvent par une péréquation locale ou diocésaine établie à partir des ressources des paroisses. Dans d'autres, une telle centralisation n'existe pas, mais des règles communes assurent l'unité du régime de rémunération du clergé.

Malgré la grande diversité de l'organisation financière des diocèses, on peut considérer, selon le Secrétariat général de la Conférence des évêques de France, qu'un diocèse moyen de 400 000 habitants dispose des mêmes ressources qu'une commune de 8 000 habitants.

Les *principales dépenses en moyenne* sont :

60 % : Traitement des prêtres et permanents laïcs ou religieux, et cotisations sociales
17 % : Financement des activités pastorales
12 % : Entretien des bâtiments nécessaires aux activités
6 % : Formation des prêtres et des permanents
5 % : Frais de fonctionnement des services administratifs.

Les *principales ressources* sont :

40 % : Denier de l'Église
22 % : Quêtes paroissiales
18 % : Offrandes de messe
13 % : Contribution de solidarité des paroisses
7 % : Dons, legs, kermesses...

(Pour ce qui concerne la gestion du budget diocésain, voir Organisation de l'Église diocésaine).

Le budget des paroisses

Il est, lui aussi, très variable de l'une à l'autre, selon l'importance de chacune, les activités qu'elle prend en charge, le taux de la pratique religieuse, les milieux sociaux qui la composent, le dispositif centralisé ou non des finances diocésaines...

Les *dépenses* comprennent essentiellement : traitements et charges des prêtres et des laïcs au service de la paroisse, frais des bâtiments paroissiaux, dépenses de chauffage, éclairage, transports, frais de culte, contribution aux charges diocésaines, frais d'activités paroissiales diverses.

Les *recettes* sont constituées essentiellement par les quêtes (déduction faite des quêtes impérées, c'est-à-dire prescrites par le diocèse pour un objet déterminé : denier de Saint-Pierre, missions, séminaires, chantiers diocésains, Secours catholique, etc.). S'y ajoutent les offrandes de messe et celles pour cérémonies religieuses ; quelquefois, des dons en espèces ou en nature ;

LE DENIER DE L'ÉGLISE

Collectée par les paroisses auprès de leurs paroissiens, pratiquants ou non, cette contribution volontaire forme toujours une des principales ressources des diocèses.

Jouant en quelque sorte le rôle de cotisation du catholique, elle constitue de sa part un devoir élémentaire de solidarité en vue de l'accomplissement de la mission de l'Église.

Pour aider les catholiques à établir l'ordre de grandeur de leur contribution personnelle, on leur propose de verser l'équivalent soit d'une journée de travail, soit de 1 % de leur revenu, soit de 5 à 10 % de leur impôt sur le revenu. Beaucoup vont au-delà ; beaucoup, par contre, ne perçoivent pas la faiblesse des moyens financiers de l'Église, persuadés au contraire qu'elle dispose de grandes ressources (un "mythe tenace" selon le cardinal Decourtray).

Le produit du denier de l'Église est très inégal d'un diocèse à l'autre, comme le montrent les quelques chiffres suivants (1990) :

Diocèses	Nombre d'habitants	Montant recueilli	Montant / habitant
Marseille	969 800	9 506 110	9,80
Versailles	1 307 150	9 400 000	7,19
Autun	558 700	13 363 889	23,91
Annecy	570 000	14 911 822	26,16
Saint-Denis	1 381 200	8 297 915	6,00
Sens	322 700	5 387 783	16,70
Lille	1 531 900	33 208 761	21,73

Ainsi les montants recueillis dans un diocèse ne sont pas nécessairement en rapport avec sa population, dont l'effectif conditionne pourtant en grande partie les modalités de son activité et de ses dépenses.

De manière générale, la baisse de la pratique religieuse s'accompagne d'une diminution des ressources. Une campagne de publicité nationale a été mise en œuvre en novembre 1988 et elle s'est prolongée en 1989. Malgré un semi échec dû à une grêve des postes qui a immobilisé pendant trois semaines les journaux qui transportaient l'appel national à la générosité, sur deux années le denier de l'Eglise au plan national s'est accru de 14,75 %. Dans 17 diocèses la hausse a été de plus de 20 %, dans 56 diocèses entre 103 et 20 %.

parfois, des ressources exceptionnelles (souscription paroissiale pour gros travaux, par exemple).

(Pour ce qui concerne la gestion du budget paroissial, voir Organisation de l'Église diocésaine, Paroisse).

Une certaine solidarité s'établit entre les diocèses.

Au Secrétariat général de la Conférence des évêques de France à Paris, le secrétaire général adjoint chargé des questions administratives et financières préside un groupe national de travail sur la vie matérielle de l'Église, créé en 1969.

Ce groupe, composé d'évêques, de prêtres délégués par leur région, d'économes diocésains, de religieux et religieuses, d'experts, étudie les questions posées par le financement de l'Église et la gestion de ses ressources ; il élabore des propositions soumises à l'Assemblée plénière des évêques ; il comprend plusieurs commissions.

Il existe d'ores et déjà une caisse d'entraide interdiocésaine, à laquelle les diocèses participent selon leurs ressources. Cette entraide s'exerce principalement dans l'équilibre des caisses de Sécurité sociale du clergé.

Le financement de l'organisation nationale de l'épiscopat.

L'ensemble du dispositif national de concertation mis en place par l'épiscopat français dans les années 1960 est financé pour l'essentiel par les contributions des diocèses.

Ses principaux postes de dépenses sont constitués par les frais de fonctionnement des instances délibératives (Assemblée plénière annuelle de l'épiscopat, réunions mensuelles de son Conseil permanent, réunions de commissions spécialisées, frais de déplacements qui y sont liés...) ; par les frais de personnel, de locaux et de fonctionnement du Secrétariat général de l'épiscopat, ceux des secrétariats nationaux spécialisés et des commissions ; par les subventions à divers titres aux organismes et mouvements catholiques.

Les cotisations des diocèses sont calculées en fonction des quatre grandes ressources de chaque diocèse : le denier de l'Église, les quêtes paroissiales, les offrandes de messe, et les offrandes pour célébration (appelées "casuel", c'est-à-dire "ce qui est aléatoire"). ■

Budget 1992 de la Conférence des évêques de France (représentée civilement par l'Union des Associations Diocésaines UAD)

Charges

Secrétariat Général : 4 600 000 F (salaires et charges du personnel : 18 personnes + 5 secrétaires généraux ; frais postaux et déplacements ; administration de la Conférence)

Frais de la Conférence : 1 700 000 F (frais d'assemblées des évêques, du Conseil permanent, de la présidence, voyages des évêques, synodes romains, européens, subventions aux manifestations exceptionnelles)

Frais des Secrétariats nationaux des Commissions épiscopales : 2 980 000 F

Subventions aux Mouvements de jeunes, aux aumôniers nationaux, à divers organismes, au Tiers-Monde : 3 200 000 F

Subventions aux services Clergé et Séminaires, aux organismes nationaux : 1 200 000 F

Total des charges : 13 800 000 F

Produits

Recettes internes : 2 600 000 F
Produits financiers : 2 600 000 F
Participation des 95 diocèses : 8 600 000 F

Total des produits : 13 800 000 F

Les ressources des instituts religieux

Là encore, l'autonomie financière est la règle. Chaque institut a son budget et ses ressources propres ; et à l'intérieur de chacun d'eux, ses maisons cherchent à équilibrer leur propre budget. Dans l'ensemble, la diminution du nombre des vocations et la pyramide des âges qui en résulte commencent à poser de sérieux problèmes.

Les communautés, en effet, subsistent essentiellement par leur travail : telle abbaye vit de son exploitation agricole ; telle autre produit une liqueur ; telle autre imprime des ouvrages d'art religieux, etc. ; telles moniales se livrent à des travaux d'aiguille ou de reliure, ou à la fabrication de produits d'hygiène ; telle congrégation anime un groupe de presse ou d'édition, une ou des cliniques, etc.

Là où il n'est pas prévu une tâche commune à tous les membres de la communauté, certains d'entre eux exercent une activité salariée au dehors, dans la diversité de leurs compétences, et ils reversent leur salaire à la communauté ; il arrive que des activités apostoliques soient rémunérées (retraites, conférences, etc.) ; mais beaucoup sont assurées gratuitement, ce qui n'est rendu possible que par la mise en commun de toutes les ressources de la communauté.

En ce qui concerne plus précisément les communautés monastiques, deux organisations ont été créées pour leur soutien financier : la *Fondation des Monastères de France,* reconnue d'utilité publique, recueille dons, donations, legs. (21, rue Paradis 75010 Paris. Tél. (1) 48 24 47 21) ; l'*Association Aide au Travail des Cloîtres (A. T. C.)* expose et vend les produits du travail des religieuses contemplatives (68 *bis,* avenue Denfert-Rochereau 75014 Paris. Tél. (1) 43 35 17 76).

La Sécurité sociale des clercs, religieux et religieuses

La loi du 2 janvier 1978 a institué deux régimes obligatoires de Sécurité sociale propres aux ministres des cultes de toutes les religions.

La CAMAC (Caisse mutuelle d'assurance-maladie des cultes) et la CAMAVIC (Caisse mutuelle d'assurance-vieillesse des cultes) sont gérées par le régime général. Les clercs bénéficient des mêmes remboursements de frais de maladie que les travailleurs salariés.

Financièrement, le régime est autonome ; les cotisations assurent la totalité de ses ressources. Compte tenu du vieillissement des membres du clergé et des congrégations, ces cotisations sont de plus en plus lourdes et certaines communautés de moniales en particulier, où le revenu moyen est inférieur à la moitié du SMIC, ne peuvent y faire face. Celles du clergé diocéain sont prises en charge par les diocèses.

Les autorités catholiques ont maintenu, à titre de complément, le régime d'assurance-maladie qu'elles avaient créé à partir de 1950 : la Mutuelle Saint-Martin. Celle-ci propose plusieurs options de régime et de tarifs. Par ailleurs, l'Union Saint-Martin gère des établissements de soins et des maisons de retraite accessibles aux clercs.

Le patrimoine de l'Église en France

Depuis la séparation de l'Église et de l'État en 1905, les églises et presbytères antérieurs à cette date sont restés propriétés des communes, et les cathédrales et édifices classés monuments historiques celles de l'État ; ces collectivités publiques continuent d'en assurer l'entretien. Les constructions de bâtiments entreprises depuis lors (églises, presbytères, salles de réunions, etc.) et leur entretien sont par contre financés par les paroisses et diocèses, qui recourent le plus souvent à des emprunts pour en étaler la charge dans le temps ; mais leur amortissement n'est pas sans poser parfois de sérieux problèmes (par exemple, dans les villes nouvelles où les habitants se sont souvent lourdement endettés eux-mêmes pour se loger).

Les immeubles diocésains ou paroissiaux qui ne sont pas propriétés de collectivités publiques le sont *d'associations diocésaines* constituées à partir de 1923. Depuis 1924, celles-ci n'ont plus d'immeubles de rapport ; tout le patrimoine immobilier est utilisé pour des services d'Église ; les immeubles qui ne répondaient pas à cet usage ont été vendus, ce qui a permis de faire face aux besoins de constructions neuves, d'aider les missions, etc.

Le patrimoine immobilier des paroisses, diocèses et communautés religieuses constitue une immobilisation importante mais qui, sauf pour les communautés monastiques exploitant un domaine agricole, est source de charges plus que de revenus. Ces dernières années, beaucoup de communautés religieuses ont d'ailleurs vendu une partie de leurs immeubles pour tirer un meilleur parti de cette immobilisation (nouveaux locaux plus fonctionnels, équilibre de leur budget, action missionnaire ou pour le développement, etc.).

COMBIEN GAGNE UN PRÊTRE ?

Aujourd'hui tous les prêtres d'un même diocèse reçoivent le plus généralement le même traitement. Selon le Secrétariat général de la Conférence des évêques de France, à quelques rares exceptions près l'ensemble du clergé français en activité dispose de ressources mensuelles qui, compte tenu des avantages en nature, se situent légèrement au-dessus du S. M. I. C.

En moyenne en France, en 1991, un prêtre recevait 4 000 F nets (dont 20 honoraires de messe à 65 F en moyenne) par mois, logé, charges sociales CAMAC et CAMAVIC payées par le diocèse, la cotisation à la Mutuelle, la nourriture, les frais quotidiens restant à sa charge. Les frais de déplacements étaient remboursés par le diocèse ou la paroisse : de 1,10 F à 1,70 F au km. Il existe différents types de partage et de péréquation diocésains ou interparoissiaux.

Les prêtres retraités reçoivent souvent le même traitement que les actifs, la pension versée par la CAMAVIC, 21 060 F par an, venant alléger la participation du diocèse. De toute manière, les évêques fixent chaque année un minimum vieillesse pour les prêtres retraités : en 1992, 48 000 F, ce qui correspond, en moyenne, au traitement des actifs.

Les permanents laïcs (catéchistes à plein temps, aumôniers de lycée, assistants paroissiaux...) reçoivent un salaire fixé par référence à un dispositif établi au plan national. Il ne peut être inférieur à 160 points, la valeur du point (41,40 au 1.1.1992) étant fixée par un Commission nationale Employeurs-Employés du Personnel laïc de l'Église en France.

6. VOCATIONS ET ENGAGEMENTS DANS L'ÉGLISE

Le concile Vatican II, rappelant que « l'Église est faite pour étendre le règne du Christ à toute la terre » et faire participer tous les hommes au salut, souligne le devoir d'apostolat qui incombe dès lors à tous les membres de l'Église sans exception ; car tous sont, par leur baptême, rendus participants à « l'unique sacerdoce du Christ » (« le sacerdoce universel » des chrétiens) ; « Un membre qui ne travaille pas selon ses possibilités à la croissance du corps est réputé inutile à l'Église et à lui-même. » (Vatican II, Décret sur l'Apostolat des laïcs, 2).

Ceci dit, s'il y a unité de mission dans l'Église et égalité de dignité au sein de celle-ci (« par le fait de la régénération dans le Christ »), il y a en même temps nécessaire *diversité des tâches et des fonctions* (Vatican II, Constitution sur l'Église, 32).

De fait, ces dernières sont nombreuses, et de plus en plus diversifiées avec la complexité croissante de la vie sociale. Cependant, toutes continuent de relever de l'une ou l'autre des trois grandes voies ouvertes par l'Église depuis ses origines :

1. les *ministères ordonnés* au service de l'Église, afin d'en assurer la charge pastorale dans le cadre de sa structure hiérarchique : évêques, prêtres, diacres ;

2. *l'état religieux* ou *vie consacrée* (ordres contemplatifs, instituts religieux, etc.), n'excluant d'ailleurs pas, pour les hommes, l'ordination ;

3. la vaste palette des *tâches revenant aux laïcs,* tant au sein même de l'Église (y compris dans l'exercice d'*offices ecclésiaux*, voir Index) que dans la société civile.

C'est à chacun, bien sûr, qu'il appartient de répondre à quoi il est personnellement appelé, c'est-à-dire à sa vocation propre, en fonction de ses aptitudes personnelles, des besoins de l'Église dont il a à prendre conscience, de l'appel qu'il peut ressentir intérieurement ou de celui que l'Église peut lui adresser.

LES MINISTÈRES ORDONNÉS LE CLERGÉ DIOCÉSAIN

On trouvera exposés dans les pages consacrées au sacrement de l'Ordre (voir Index) les caractères spécifiques que celui-ci confère à ceux qui le reçoivent (évêques, prêtres, diacres), appelés à porter la responsabilité pastorale du peuple chrétien ; c'est sur ces ministres que repose la constitution hiérarchique de l'Église : évêques et prêtres, en vertu de leur ministère pastoral et sacerdotal, diacres en vertu de leur ministère de service.

Dans le monde : évêques, prêtres et diacres

CIRCONSCRIPTIONS ECCLÉSIASTIQUES

	Total 1990	Afrique	Amérique du N. et du S.	Asie	Europe	Océanie
Rite latin	2 415	403	958	341	641	72
Rite oriental	173	16	31	97	26	3
	2 588	419	989	438	667	75

Situation au 31 décembre 1990 selon les statistiques du Saint-Siège publiées en 1992.

Ces 2 588 circonscriptions ecclésiastiques (31.12.1990) se répartissent selon le degré hiérarchique de la façon suivante :

Sièges patriarcaux	12
Sièges métropolitains	437
Sièges archiépiscopaux	67
Sièges épiscopaux	1 851
Prélatures territoriales	62
Abbayes territoriales	14
Exarcats et ordinariats	16
Ordinariats militaires	29
Vicariats apostoliques	68
Préfectures apostoliques	11
Missions indépendantes	4
Vicariats patriarcaux	12
Administrations apostol.	5

PRÊTRES DANS LE MONDE (1990)

	Diocésains	Religieux	Total	% du total mondial	Sur base 100 en 1980
Afrique	10 287	10 112	20 399	5,0	117,6
Amérique du Nord	40 499	25 011	65 510	16,2	91,2
Amérique latine	29 009	24 363	53 372	13,2	109,4
Asie	18 799	15 056	33 865	8,4	124,8
Europe	156 312	68 294	224 606	55,7	92,3
Océanie	2 790	2 641	5 431	1,4	95,8
Total	257 696	145 477	403 173	100	97,5

Situation en fin 1990 selon les statistiques du Saint-Siège publiées en 1992.

Les circonscriptions ecclésiastiques sont, pour la plupart, confiées à des *évêques*. Le nombre total de ces derniers en 1990 était de 4 210, soit : 2 432 évêques diocésains, 650 coadjuteurs ou auxiliaires, 180 à la Curie romaine, 36 en d'autres fonctions, 912 n'exerçant plus de fonction épiscopale. Les *prêtres* (diocésains et religieux) étaient au total 403 173, en diminution de 2,5 % par rapport à 1980.

La répartition de l'effectif global entre continents (voir p. 170) ne correspond ni à celle de la population, ni même à celle de la population catholique. On constate dès lors un fort déséquilibre d'un continent à l'autre, dans le rapport nombre de prêtres-nombre de catholiques. On rappellera seulement ici qu'en chiffres ronds on compte un prêtre pour 7 600 catholiques en Amérique latine, pour 4 263 en Afrique, pour 2 462 en Asie, pour 1 289 en Océanie, pour 1 266 en Europe, pour 1 033 en Amérique du Nord.

Cette répartition inégale tend à évoluer lentement, sous l'effet de la diminution de l'effectif des prêtres en Amérique du Nord et en Europe et de son augmentation dans les autres continents. Entre 1980 et 1990 en effet, si l'effectif mondial des prêtres diocésains a diminué de 2,5 %, cette évolution globale a recouvert en fait de grands contrastes entre continents : Afrique + 17,6 % ; Amérique du Nord – 8,8 % ; Amérique latine + 9,4 % ; Asie + 24,8 % ; Europe – 7,7 % ; Océanie – 4,2 %. C'est donc bien à l'Amérique du Nord et plus encore à l'Europe qu'est dû le déficit mondial. A elle seule, l'Europe n'en assurait pas moins 56 % de l'effectif total et, avec l'Amérique, 72 %.

La diminution de l'effectif des prêtres en Amérique du Nord et en Europe est due tout à la fois à une importante régression du nombre des ordinations et à de nombreux départs de prêtres ces dernières années ; les départs sont aujourd'hui devenus plus rares (et plus difficiles) ; les ordinations ont recommencé à augmenter en Europe (de manière inégale selon les pays), mais elles restent à un niveau numérique insuffisant pour assurer le renouvellement de l'effectif ; en Amérique du Nord, la moyenne annuelle des ordinations n'atteint pas non plus le niveau nécessaire.

Quant à l'Afrique, à l'Amérique latine et à l'Asie, elles sont au contraire en plein développement de leur clergé diocésain, ainsi qu'on peut le voir tant par l'évolution de l'effectif de leurs prêtres que par celle du nombre de leurs ordinations. On est très loin, pour autant, d'y atteindre le niveau du rapport prêtres-population catholique encore constaté en Amérique du Nord et en Europe.

Ph. CIRIC

Concélébration eucharistique présidée par un évêque.

TOTAL MONDIAL DES ORDINATIONS DE PRÊTRES

	1980	1990	Évolution 1980-1990
Diocésains	3 860	5 938	+ 53,8 %
Religieux	1 927	2 277	+ 18,1 %
Total	5 787	8 215	+ 41,95 %

RÉPARTITION PAR CONTINENT DES ORDINATIONS DE PRÊTRES DIOCÉSAINS

	1980	1990	Évolution 1980-1990
Afrique	397	716	+ 80,35 %
Amérique du Nord	648	517	− 20,21 %
Amérique latine	528	1 246	+ 136,00 %
Asie	562	959	+ 70,64 %
Europe	1 682	2 456	+ 46,01 %
Océanie	43	44	− 0,23 %
Total	3 860	5 938	+ 53,83 %

Si remarquable que soit l'augmentation du nombre mondial des ordinations ces dernières années, elle n'est pas encore suffisante pour assurer le maintien de l'effectif mondial du clergé : le nombre des ordinations de 1990 ne représente que 2 % du nombre des prêtres (2,3 % pour les diocésains ; 1,5 % pour les religieux), alors que le taux devrait être au minimum de 2,5 % pour assurer leur renouvellement à leur niveau actuel. Ce n'est le cas nulle part sauf en Afrique et en Amérique Latine où, avec des taux de 6,7 % et 4,8 % en 1990, on peut espérer voir s'atténuer quelque peu la pénurie de prêtres ; ces perspectives sont confirmées, ainsi qu'on le verra, par l'accroissement remarquable de l'effectif des séminaires en Afrique, Amérique Latine et Asie.

Ceci dit, on ne saurait considérer comme un facteur satisfaisant d'équilibre entre continents la diminution des effectifs du clergé en Europe et en Amérique du Nord, où les besoins sont rendus plus pressants encore par la déchristianisation et la sécularisation. Ils sont d'autant plus considérables qu'il faudrait multiplier les envois de prêtres vers les pays les plus dépourvus : que ce soit dans le cadre traditionnel des congrégations missionnaires ou dans celui du dispositif institué en 1957 par le pape Pie XII sous le nom de « *Fidei donum* » (don de la foi) ; il consiste, pour les diocèses des pays les plus pourvus, à détacher pour quelques années, auprès des pays les moins pourvus, quelques-uns de leurs prêtres (voir *Fidei donum*). ■

Les prêtres en France

Au 31 décembre 1990, le nombre des évêques en France, selon les statistiques du Saint-Siège publiées en 1992, était de 206 (dont 97 évêques diocésains – parmi lesquels 3 cardinaux – 12 coadjuteurs ou auxiliaires, quelques évêques à la curie romaine, et tous les autres à la retraite).

A la même date, le nombre de prêtres était de 32 267, répartis entre 25 203 prêtres diocésains et 7 064 prêtres religieux. De 1980 à 1990, le nombre des prêtres diocésains était ainsi passé de 31 481 à 25 203, en diminution de 20 % (alors que, durant la même période, l'effectif mondial était pratiquement resté stable, quoiqu'avec de grandes disparités d'un continent à l'autre, et que l'effectif européen avait diminué de 7,6 %.

Voir les chiffres et les courbes des ordinations sacerdotales en France de 1970 à 1990 page 199.

Le nombre annuel des ordinations de prêtres diocésains en France qui était de 1 033 en 1950 et de 564 en 1960 (après avoir été de l'ordre de 1 500 au cours du XIXe s.), avait continué à régresser jusqu'en 1977, puis s'était stabilisé autour de la centaine avant de remonter aux alentours de 130-140 ces dernières années. Mais, même à ce niveau, le rapport avec l'effectif des prêtres diocésains (pourtant en régression) s'établit aux environs de 0,5 % alors qu'il devrait être de 2,5 ou 3 % pour assurer le simple renouvellement de l'effectif. ■

CLERGÉ DIOCÉSAIN. RELIGIEUX. RELIGIEUSES EN FRANCE
(au 31.12.1990 selon Statistiques du Saint-Siège publiées en 1992)

Évêques	Prêtres diocésains	Prêtres religieux	Diacres permanents diocésains	Diacres permanents religieux	Religieux profès non prêtres	Religieuses professes	Membres instituts séculiers masculins	Membres instituts séculiers féminins
206	25 427	7 064	609	25	4 675	65 178	57	2 133

VARIATION DANS LE NOMBRE DE PRÊTRES DIOCÉSAINS EN FRANCE EN 1990
(selon Statistiques du Saint-Siège publiées en 1992)

Situation au 1.1.1990	Ordinations		Décès		Défections		Autres motifs		Variation nette		Situation au 31.12.1990
	en valeur absolue	en %	en valeur absolue	en %	en valeur absolue	en %	en valeur absolue	en %	en valeur absolue	en %	
26 019	+ 128	+ 0,49	− 689	− 2,65	− 17	− 0,06	− 14	− 0,05	− 592	− 2,27	25 427

Ph. Tournus

La formation des prêtres

L'institution des séminaires (du latin *seminarium,* pépinière) remonte au concile de Trente (1545-1563) : une formation sérieuse du clergé y était apparue comme une des réformes les plus urgentes à introduire dans l'Église catholique, à la lumière de la grave crise dont la Réforme protestante avait été le révélateur et le résultat. Le Concile avait prescrit l'établissement d'un grand séminaire dans chaque diocèse.

Dans le monde

En 1990, selon les statistiques du Saint-Siège (publiées en 1992), on comptait dans le monde, pour la formation du clergé diocésain et religieux, 1 772 grands séminaires et 1 328 foyers. Les grands séminaires sont des centres de formation spirituelle et intellectuelle à plein temps accueillant des jeunes hommes aspirant au sacerdoce ; les foyers sont des centres accueillant des candidats au sacerdoce recevant tout ou partie de leur formation dans d'autres établissements (par exemple dans des universités catholiques).

Le nombre des séminaristes diocésains et religieux dans le monde était, en 1990, de 96 155, en accroissement de 45,6 % par rapport à 1980.

Alors qu'en Amérique du Nord l'effectif des séminaires régressait de 26,6 % en dix ans, et celui de l'Océanie de 15,2 %, partout ailleurs dans le monde il était en augmentation : appréciable en Europe (+ 26,4 %), impressionnant en Amérique latine (+ 75 %) et en Asie (+ 74,5 %), extraordinaire en Afrique (+ 119,7 %). L'Amérique du Nord a du moins pour elle, dans l'immédiat, le nombre encore élevé de ses prêtres par rapport à la population catholique.

CANDIDATS AU SACERDOCE (DIOCÉSAINS ET RELIGIEUX) DANS LE MONDE

	1980	1990	Évolution 1980-1990
Afrique	6 549	14 363	+ 119,7 %
Amérique du Nord	8 543	6 268	– 26,6 %
Amérique Latine	14 157	24 781	+ 75,0 %
Asie	12 190	21 288	+ 74,5 %
Europe	22 666	28 661	+ 26,4 %
Océanie	937	794	– 15,2 %
Monde	66 042	96 155	+ 45,6 %

En France

La formation des futurs prêtres diocésains se fait actuellement en France selon les dispositions du décret *Optatam totius* (1965) du concile Vatican II, et du document *Pour une pratique de la préparation au ministère presbytéral* adopté par l'Assemblée plénière de l'épiscopat français en 1975, et complété par un programme d'études adopté en 1978 ; les deux textes de 1975 et 1978 ont été mis à jour en 1983 (le tout approuvé par le Saint-Siège).

Cette formation vise à faire des années de séminaire un temps de discernement, de formation (spirituelle, intellectuelle, pastorale), et d'initiation au ministère presbytéral. Elle s'effectue en 2 ou 3 cycles totalisant 6 années, auxquelles s'ajoute la durée des stages.

Le *premier cycle* des grands séminaires comprend en général deux années d'études et un temps de stage. Les *deuxième* et *troisième cycles* durent quatre ans en tout, avec des alternances entre périodes d'études et périodes d'activité dans une paroisse. Le troisième cycle n'est pas une obligation ; il est suivi par ceux auxquels leur évêque désire faire donner une formation intellectuelle de haut niveau pour leur futur ministère.

Les grands séminaires ont longtemps été diocésains ; en vertu des prescriptions du concile de Trente, chaque diocèse devait avoir le sien. Depuis quelques années, la diminution des effectifs et une répartition différente des temps de formation ont conduit la plupart des diocèses à procéder à des regroupements interdiocésains ; il y a aujourd'hui 32 grands séminaires diocésains et interdiocésains (9 de 1er cycle ; 6 de 2e cycle, 13 de 1er et 2e cycles réunis, 4 séminaires universitaires dont 1 à Rome).

En outre, des *Groupes de formation universitaire* (G. F. U.) ou *ouvrière* (G. F. O.) reçoivent des jeunes qui choisissent de faire le premier cycle sur une période plus longue tout en restant dans leur milieu universitaire (où ils achèvent leurs études profanes) ou professionnel ; formant des équipes qui se retrouvent régulièrement, ils bénéficient d'un encadrement approprié. Ils sont ensuite admis en 2e cycle dans les séminaires.

Enfin la *Mission de France* et la *Société du Prado* ont chacune leur propre centre de formation, adapté au type de ministère exercé par les prêtres de ces institutions.

Les quatre grands séminaires universitaires reçoivent des séminaristes envoyés par leur évêque pour compléter leur formation en suivant les ▶

▶

cours d'universités catholiques préparant à des grades d'enseignement supérieur (licence, maîtrise, doctorat) dans des disciplines religieuses (théologie, études bibliques, philosophie, droit canon...).

De manière générale, l'âge moyen des séminaristes est aujourd'hui plus élevé que celui d'il y a 20 ou 30 ans ; beaucoup d'entre eux ont accompli un cursus d'études supérieures (université, écoles d'ingénieurs ou de commerce, etc.) ou acquis une expérience de vie professionnelle ; leur expérience de la vie et leur maturité s'en ressentent, conformément aux intentions de l'épiscopat de s'assurer d'une pleine conscience chez les séminaristes de ce qu'exigera d'eux la vie de prêtre.

Les effectifs des trente séminaires diocésains ou interdiocésains français, ainsi que des GFU et GFO et des centres de formation du Prado et de la Mission de France, s'élevaient à 1 258 en 1989, 1 219 en 1990, et 1 210 en 1991, soit à un niveau proche du chiffre de 1 200 autour duquel ils se sont stabilisés depuis une quinzaine d'années, après la chute sensible qui a suivi les années de la guerre 1939-1945 (voir p. 199).

Quant à ceux des novices des instituts religieux qui se préparent au sacerdoce, ils reçoivent leur formation soit dans un centre propre à leur institut (noviciat, séminaire, etc. ; selon les statistiques du Saint-Siège ils étaient 23 en 1990, plus 9 foyers), soit dans un des séminaires diocésains ou interdiocésains.

Enfin, en ce qui concerne les petits séminaires qui, également à raison d'un par diocèse, assuraient les études secondaires et la préparation spirituelle des jeunes songeant au sacerdoce, la diminution de leurs effectifs a conduit à les transformer en établissements scolaires privés ordinaires.

Groupes de formation

Groupes de formation en monde universitaire (GFU).
Groupes de formation en monde ouvrier (GFO).
Equipes de formation en monde ouvrier (EFMO).

Adresses de leurs secrétariats :

renseignements auprès du Secrétariat général de la Conférence des évêques de France (Information), 106, rue du Bac, 75007 Paris
Tél. (1) 42 22 61 70

Les diacres permanents

A la fin de 1990, il y avait dans le monde 17 525 diacres permanents (17 120 diocésains, 405 religieux, statistiques du Saint-Siège).

En France, les premières ordinations de diacres permanents datent de 1970. En 1971, ils étaient 6. Leur effectif est passé à 49 en 1978, à 100 en 1981, à 200 en 1984. En 1990 il était, toujours selon les chiffres du Saint-Siège, de 609 diocésains et 25 religieux (selon le Comité national du diaconat, ils étaient 627 en 1990, et 716 en fin 1991).

La préparation au diaconat dure de trois à cinq ans. Dans chaque diocèse, l'évêque désigne un responsable de cette préparation ; des groupes diocésains ou interdiocésains rassemblent les candidats. ■

(Voir p. 200 b, 558 b.)

OÙ SONT LES SÉMINAIRES FRANÇAIS ?

Il y a actuellement en France 32 grands séminaires diocésains ou interdiocésains :
9 de 1er cycle : Angers, Arras, Dax, Dijon, Issy-les-Moulineaux, Paray-le-Monial, Poitiers, Le Puy, Villers-les-Nancy.
6 de 2e cycle (ou 2e et 3e cycles) : Bayonne, Bordeaux, Issy-les-Moulineaux, Metz, Nantes, Reims.
13 de 1er et 2e cycles (ou de 1er, 2e et 3e cycles) : Aix-en-Provence, Avignon, Caen, La Crau, Francheville, Issy-les-Moulineaux, Lille, Orléans, Paris, Rennes, Strasbourg, Toulouse, Vannes.
4 universitaires : Lyon, Paris (Carmes), Toulouse, Rome.
Le séminaire de la Mission de France se trouve à Fontenay-sous-Bois, et celui du Prado à Limonest, près de Lyon.
Enfin, il existe **2 séminaires d'aînés,** à Vienne et à Lisieux, pour les candidats les plus âgés ayant besoin d'un complément de formation antérieure. (Voir aussi p. 1075) ■

L'ADMISSION DANS UN GRAND SÉMINAIRE

Elle se fait sur présentation du responsable des vocations du diocèse auquel appartient le jeune songeant au presbytérat. La décision est prise par le supérieur du séminaire en accord avec l'évêque du candidat. Certains diocèses ont ouvert ou vont ouvrir des centres de préparation (propédeutique).

S'il n'a pas été accompli avant l'entrée au séminaire, le service militaire ou de coopération s'effectue après le 1er cycle.

L'ordination au diaconat non permanent a lieu à la fin de la 5e année ; normalement, un an après, le diacre est ordonné prêtre.

COMMENT NAIT UNE VOCATION PRESBYTÉRALE OU RELIGIEUSE ?

S'agissant d'un cheminement purement intérieur, il n'est pas de processus-type. Parfois l'idée émergera très tôt chez un jeune, et ne le quittera plus. Dans d'autres cas, elle se fera jour lentement, parfois non sans combats intérieurs ; dans d'autres cas encore, un événement, une rencontre, une retraite feront clairement percevoir un appel à s'engager. Certaines vocations sont perçues tard dans la vie.

Souvent, la rencontre d'un prêtre, d'une religieuse, d'un mouvement, est soit un point de départ, soit un facteur de prise de conscience conduisant à la décision.

L'environnement n'est pas sans importance. Selon une enquête réalisée auprès des séminaristes par un sociologue en 1982, parmi les relations ayant favorisé leur vocation leur famille arrivait en tête (46,8 %), puis les mouvements (32,4 %) et les paroisses (21,6 %). On conçoit l'importance accordée par l'épiscopat et par le pape au rôle de la famille dans l'éclosion des vocations. Ceci dit, il ne manque pas de prêtres, de religieux et de religieuses nés dans une famille indifférente, incroyante, voire hostile à l'Église, ou appartenant à une confession non catholique.

Qu'est-

Aumônier, aumônerie. L'aumônier était jadis le prêtre qui, attaché à une personne de haut rang, était chargé de distribuer ses aumônes aux pauvres et de célébrer le culte dans sa chapelle particulière.

Actuellement les aumôniers ont pour mission d'assurer une présence chrétienne soit auprès d'une institution laïque ou confessionnelle (établissement scolaire, hôpital, unité militaire...), soit auprès d'un groupe humain (étudiants, artistes, marins...), ou encore un rôle de conseil spirituel, de formation religieuse ou d'animation apostolique auprès de communautés religieuses ou de mouvements catholiques.

Les aumôniers ont longtemps été exclusivement des prêtres, du fait de leur formation et de leur rôle dans la vie sacramentelle. Le Code de droit canonique les désigne sous le nom de *chapelains*.

Aujourd'hui beaucoup d'aumôneries, notamment scolaires ou hospitalières, sont assurées avec le concours de religieux non prêtres, de religieuses, et surtout de laïcs, en liaison avec un prêtre ; des moyens de formation appropriée ont été établis à l'intention des laïcs.

Chapelain. Le droit canon désigne sous le nom de chapelain les prêtres plus souvent appelés aumôniers dans le langage courant de l'Église elle-même. Toutefois le mot chapelain est aussi appliqué depuis longtemps aux prêtres chargés d'un sanctuaire (par exemple Lourdes).

Clerc, clergé, clérical (du grec *kleros,* part d'héritage ; en l'occurrence, la part de Dieu). Le clergé est constitué des clercs, c'est-à-dire des fidèles engagés dans l'état ecclésiastique, les autres fidèles étant désignés par le terme de laïcs (du grec *laos,* le peuple).

Très vite, sous l'impulsion des Apôtres, l'Église primitive s'organisa en instituant des *ministres* (les futurs clercs) au service des communautés chrétiennes ; leur rôle respectif se précisa assez rapidement : les évêques étaient les chefs des Églises locales et les successeurs des Apôtres ; ils étaient assistés par des prêtres, qui avaient notamment le pouvoir de célébrer l'eucharistie, et par des diacres. Plus tard des clercs « mineurs » leur furent adjoints (acolytes, lecteurs, exorcistes...).

Les premiers moines furent des laïcs ; quand ils commencèrent à recevoir le sacrement de l'ordre, ils formèrent le clergé régulier, c'est-à-dire régi par une règle, à la différence du clergé séculier, c'est-à-dire resté dans le siècle ou le monde. Mais depuis lors sont apparus de nombreux instituts religieux qui, tout en étant régis par une règle, ou des constitutions, se livrent à un apostolat dans le monde.

ce que ?

La distinction hiérarchique entre les ordres de clercs (évêques, prêtres, diacres, ordres mineurs) s'est progressivement doublée d'une autre distinction, fondée sur la nature des pouvoirs reçus : pape, cardinaux, patriarches, primats, métropolites ou archevêques, évêques, curés. (Voir ci-dessous)

État clérical, état laïc. Dans le langage juridique de l'Église catholique, l'état clérical est la condition des clercs. Pendant longtemps cette condition a été caractérisée par un service d'Église, et l'entrée dans l'état clérical était marquée par la tonsure ; aujourd'hui, d'une part, de nombreux laïcs assurent des services d'Église sans pour autant être des clercs, et, d'autre part, la tonsure n'est plus en usage que dans certains monastères.

Selon le Code de droit canonique de 1983 (Canon 207) : « Par institution divine, il y a dans l'Église, parmi les fidèles, les ministres sacrés qui en droit sont appelés clercs, et les autres qui sont appelés laïcs. »

Les clercs sont donc ceux des fidèles qui ont reçu le sacrement de l'ordre (diacres, prêtres, évêques). Des clercs peuvent, par décision de l'autorité ecclésiastique, revenir à l'état laïc ; tout en conservant le caractère indélébile de leur ordination, ils perdent alors le droit de faire usage des pouvoirs que cette ordination leur a conférés (par exemple celui de donner les sacrements, et notamment de célébrer l'eucharistie).

Le concile Vatican II, loin de ne voir dans l'état laïc que le caractère négatif de celui qui n'est pas clerc, a au contraire souligné la mission spécifique du laïcat au sein de la mission générale de l'Église : contribuer à l'avènement du Royaume de Dieu à travers la « gérance des choses temporelles » (voir Index : Laïc, Laïcat).

Le Code de droit canonique observe que, de par sa nature, l'état de vie consacrée n'est ni clérical ni laïc ; l'institut religieux est clérical ou laïc selon qu'il implique ou non l'exercice d'un ordre sacré.

Curé (du latin *curare,* prendre soin). Le curé est en effet chargé par son évêque du soin spirituel des habitants d'une paroisse (il a « charge d'âmes ») ; il est le pasteur de la communauté locale, la paroisse.

Le langage populaire emploie ce mot pour désigner n'importe quel prêtre (un curé), ou l'ensemble du clergé (les curés).

Ecclésiastique. Adjectif désignant ce qui est lié à l'Église (on dit plutôt, alors : ecclésial) ; dans un sens plus étroit, ce qui concerne le clergé.

Nom désignant une personne faisant partie du clergé.

Ph. Gamma

QUI, DANS L'ÉGLISE, EST RESPONSABLE DES SÉMINAIRES ET DE LA PASTORALE DES VOCATIONS ?

C'est l'évêque qui, dans son diocèse, est au premier chef responsable du clergé, de son recrutement, de sa formation, dans le cadre de la mission générale de pasteur de l'Église diocésaine et d'évangélisation du territoire qui lui est confiée.

Dans ce domaine comme dans les autres, les évêques sont largement entrés dans la voie de l'action collégiale, autant pour des raisons de principe que de nécessités pratiques. D'où, notamment, en France : *au plan régional :* séminaires interdiocésains (voir plus haut) ; *au plan national :* une « Commission épiscopale du clergé et des séminaires » (une des 15 commissions de la Conférence épiscopale française) ; cette commission comporte une sous-commission Séminaires.

En outre, au plan national, l'épiscopat français, s'est donné une structure d'animation permanente de la pastorale des vocations en créant en 1970 un Service national des vocations (voir Pastorale des vocations).

Ces moyens communs n'excluent pas l'action propre à chaque diocèse, qu'il s'agisse des séminaires s'y trouvant (l'évêque en est responsable) ou des efforts à déployer pour susciter et favoriser les vocations presbytérales, diaconales, religieuses ; un Service diocésain des vocations, animé par une équipe de prêtres, religieux, religieuses, diacres, laïcs, est plus spécialement chargé de cette mission par l'évêque.

L'ensemble des séminaires du monde relèvent, au Saint-Siège, de l'une ou l'autre des trois congrégations suivantes :

- Congrégation pour l'éducation catholique (qui comporte une section Séminaires) ; c'est le cas des séminaires français.
- Congrégation pour les Églises orientales.
- Congrégation pour l'évangélisation des peuples (qui a en charge les pays de mission).

C'est à ces congrégations qu'il appartient, en conformité avec les décisions conciliaires et sous la responsabilité du pape, de définir les directives générales en la matière et d'approuver les dispositions prises par les évêques relevant d'elles (fondations ou suppressions de séminaires, statuts, programmes, etc.). ■

> Toute personne souhaitant rencontrer un interlocuteur susceptible de l'aider à réfléchir sur une éventuelle vocation sacerdotale ou religieuse peut s'adresser au responsable du service des vocations de son diocèse, à l'évêché (prendre rendez-vous par téléphone ou par correspondance).

Incardination (du latin *cardo, cardinis,* gond). Littéralement, le fait de reposer sur un gond. L'incardination est le lien juridique d'un clerc avec son diocèse (ou avec une congrégation). Un clerc ne peut exercer « à son compte » (être « acéphale », c'est-à-dire sans tête, dit le Code de droit canonique) ; il est toujours incardiné soit dans un diocèse, soit à une prélature personnelle, à un institut religieux ou à une société de vieapostolique. Le Code prévoit les conditions et modalités de changement d'incardination.

Presbytéral (du grec *presbuteros,* ancien, chef de la communauté, d'où est dérivé le mot *prêtre*). Ce qui est relatif au prêtre ou à la prêtrise (ministère presbytéral, ordination presbytérale, etc...). Le conseil presbytéral est le conseil représentant l'ensemble des prêtres d'un diocèse auprès de l'évêque (voir *Presbyterium*).

Recteur (du latin *regere,* diriger). Titre attribué à diverses fonctions de responsabilité (à la tête d'une université ou d'une académie, de certains collèges...). En Bretagne, on appelle traditionnellement recteur le curé de la paroisse.

Vicaire. Voir index.

LES INSTITUTS DE VIE CONSACRÉE ET LES SOCIÉTÉS DE VIE APOSTOLIQUE

Pendant longtemps la vie religieuse s'est confondue avec la vie monastique, et la distinction entre religieux et clergé diocésain était évidente. Progressivement, avec l'apparition de nouvelles formes de la vie religieuse (notamment les ordres mendiants au XIIIe siècle et, plus encore, à partir du XVIe siècle, les ordres religieux formés principalement de prêtres, comme les jésuites, dont l'apostolat et jusqu'au costume les rapprochaient du clergé diocésain), la distinction parut de moins en moins claire. C'est alors que naquit l'expression « *clergé régulier* » (XVIe siècle) pour souligner la spécificité des religieux, dont chacun des instituts est régi par sa « *règle* » propre ; ainsi se distinguaient-ils du clergé « séculier » ou clergé diocésain, vivant « *dans le siècle* », c'est-à-dire en plein monde.

Ceci dit, le mot « *clergé* » ne peut, par définition, s'appliquer qu'à des *clercs*. Or, s'il a suffi pendant longtemps d'être tonsuré pour être rangé parmi eux, ce n'est plus le cas aujourd'hui. De plus la notion de clergé régulier laissait de côté le vaste monde de la vie religieuse féminine, laquelle paraissait dès lors, contre toute raison, d'une autre nature que la vie religieuse masculine.

Aujourd'hui les choses sont clairement précisées par le Code de droit canonique de 1983.

1/ Les seuls *clercs* sont les *ministres sacrés* (can. 207), c'est-à-dire ceux qui ont reçu le sacrement de l'ordre pour l'exercice de leur ministère : diacres, prêtres, évêques. Tous les autres fidèles, y compris donc les religieux non ordonnés et les religieuses, sont des fidèles *laïcs*.

2/ Le code rappelle d'ailleurs (can. 588) que, de par sa nature, l'état religieux n'est ni clérical ni laïque : l'institut religieux est clérical ou laïque selon qu'il implique ou non que ses membres soient ordonnés.

3/ Le Code distingue *Instituts de vie consacrée* et *Sociétés de vie apostolique.*

LES INSTITUTS DE VIE CONSACRÉE

Au sein de cette catégorie intervient une nouvelle distinction, entre *Instituts religieux* et *Instituts séculiers* (voir ci-contre les caractères essentiels de ces deux formes de vie religieuse).

Les traits communs aux diverses formes de la vie religieuse au sein du catholicisme, ainsi notamment qu'il apparaît dans les textes du concile Vatican II et du Code de droit canonique de 1983, sont les suivants.

a) Pour les personnes :
- "Recherche de la charité parfaite par la pratique des conseils évangéliques" (chasteté, pauvreté, obéissance), objets ou non de vœux personnels explicites ;
- en se consacrant intégralement à la forme de vie religieuse librement choisie ;
- dans une perpective de service de l'Église ;
- par l'insertion dans un institut, ou au moins en relevant d'un statut, l'un comme l'autre reconnus par l'autorité ecclésiastique.

b) Pour les instituts :
- Des personnes morales de droit ecclésiastique ;
- chacune d'elles étant définie dans ses buts, son esprit, ses modalités de vie, par une charte propre (*règle* ou *constitutions*), approuvée par l'autorité ecclésiastique (selon le cas Saint -Siège ou évêque diocésain) ;
- et relevant des dispositions du droit et de la discipline ecclésiastiques, applicables aux instituts de vie consacrée. Tous ces instituts relèvent, au Saint-Siège, soit (la plupart) de la *Congrégation pour les instituts de vie consacrée et sociétés apostoliques,* soit de la *Congrégation pour les Églises orientales,* soit encore de la *Congrégation pour l'évangélisation des peuples* (missions).

En France, ils sont en relation, selon le cas, ou avec la Conférence des Supérieurs majeurs ou avec celle des Supérieures majeures, ou encore avec la Conférence monastique ou le Service des moniales, ainsi qu'avec la Commission épiscopale de l'état religieux, tous organes eux-mêmes en relations mutuelles au sein d'un Comité de coordination. Des liaisons se font aussi au niveau des diocèses et des régions.

LES SOCIÉTÉS DE VIE APOSTOLIQUE

La caractéristique principale de ces sociétés est que leurs membres, qui vivent dans le monde comme ceux des instituts séculiers, ne font pas de vœux.

Spirituellement, cette absence de vœux signifie que, dans ces sociétés, l'appel de Dieu à la sainteté se fait par le don de soi à une communauté ou à un peuple.

Mais, comme le constate le Code, sur bien des points, les sociétés de vie apostolique ressemblent aux instituts de vie consacrée, au moins lorsque les uns et les autres proposent la vie commune ; et, du reste, bien des dispositions du Code s'appliquent aux uns et aux autres.

Le monachisme

Le monachisme (moines et moniales) sera pendant plusieurs siècles la forme d'abord exclusive, puis la plus fréquente, de la vie religieuse. Fondé au IIIe siècle dans les déserts d'Égypte par saint Antoine (vie érémitique, c'est-à-dire solitaire) et par saint Pacôme (vie cénobitique, c'est-à-dire communautaire), lequel rédigera la première règle monastique, le monachisme connaîtra une rapide extension tant en Orient (Palestine, Syrie, Cappadoce... ; des moines s'établissent au Mont Athos dès le IVe siècle) qu'en Occident. Il est introduit en Gaule en 361 par saint Martin (monastère de Ligugé).

Au VIe siècle la fondation de l'ordre bénédictin au Mont-Cassin (Italie) par saint Benoît de Nursie et la règle bénédictine ouvrent une phase nouvelle dans la vie monastique occidentale, qui connaîtra d'ailleurs d'autres formes.

Le moine ou la moniale s'engagent par des vœux solennels à vivre selon la règle de l'ordre et à mettre en pratique les « conseils évangéliques » de chasteté, pauvreté et obéissance.

Au IVe siècle, saint Augustin, évêque d'Hippone (Afrique du Nord) institue pour son clergé

Le nouveau Code de droit canon, mis en chantier par Jean XXIII en 1959, promulgué par Jean-Paul II en 1983, et directement inspiré des travaux et orientations du concile Vatican II, apporte, on le sait, de nombreuses retouches aux dispositions juridiques régissant la vie de l'Église.

Dans son Livre II, significativement intitulé « Le Peuple de Dieu », expression et concept repris de la constitution conciliaire « Lumen gentium » sur l'Église, il traite notamment des « diverses formes d'organisation dans lesquelles des fidèles, clercs ou laïcs ou encore clercs et laïcs ensemble, tendent par un agir commun à favoriser une vie plus parfaite » et des activités d'apostolat.

C'est ainsi que la troisième partie de ce Livre II traite des *instituts de vie consacrée* (canons 573-730) et des *sociétés de vie apostolique* (canons 731-746), tandis que, dans la première partie de ce même livre II, consacrée de manière générale aux « Fidèles du Christ », se trouvent les dispositions concernant les *associations de fidèles* distinctes de ces instituts de vie consacrée et sociétés de vie apostolique (canons 298-329).

1. Les instituts de vie consacrée (can. 573-730)

Bien qu'en fait et en droit tout chrétien soit « consacré » au Christ de par son baptême, cette expression appliquée à la vie religieuse souligne le caractère public d'un engagement plus absolu. On distingue traditionnellement les *préceptes évangéliques*, qui s'imposent à tout chrétien, et les *conseils évangéliques*, qui invitent à s'identifier davantage au Christ : chasteté (continence dans le célibat), pauvreté, obéissance signifient ce don de soi sans partage ; le propre de la *vie consacrée* est de prendre pour base les *conseils évagéliques.*

Chaque institut détermine dans ses *constitutions* la manière dont seront mis en œuvre ces conseils tout en observant les règles générales fixées par le Code de droit canon.

et lui-même un type de communauté permettant de mener conjointement une vie d'esprit monastique et un ministère. C'est l'origine des *chanoines réguliers* (chanoine : du mot grec *kanon*, règle).

Les ordres mendiants

Au XIIIe siècle, l'enrichissement de l'Église suscite en réaction la création des *ordres mendiants* par saint François d'Assise (frères mineurs ou franciscains) et saint Dominique (frères prêcheurs ou dominicains), dont le vœu de pauvreté s'étend à l'ordre lui-même ; ces religieux mènent une vie conventuelle tout en se livrant à l'apostolat à l'extérieur, et spécialement à la prédication.

Les jésuites

Au XVIe siècle, avec la fondation de la Compagnie de Jésus (jésuites) par saint Ignace de Loyola, apparaît une nouvelle famille d'ordres : les *clercs réguliers,* sociétés de prêtres soumis à une règle et à une vie spirituelle exigeantes tout en se consacrant à des tâches apostoliques (formation du clergé, enseignement et éducation, prédication, missions en pays non chrétiens, etc.). Bien d'autres congrégations adopteront cette forme de vie religieuse.

Les congrégations

A partir du XVIIIe siècle commencent à se créer des sociétés de prêtres ou de laïcs qui, de manière plus souple encore, adoptent la vie en communauté et la référence à une règle ou constitution tout en assurant des tâches d'apostolat : *congrégations religieuses cléricales,* principalement composées de prêtres (rédemptoristes, maristes...), *congrégations religieuses laïques* (frères des écoles chrétiennes...), *sociétés de vie commune sans vœux* (oratoriens, sulpiciens, eudistes...).

Parallèlement au développement des ordres et congrégations masculins, de nombreux ordres et instituts féminins ne cessent de voir le jour, appartenant ou non aux mêmes familles spirituelles que les instituts masculins. Le nombre de ces instituts et surtout leur effectif dépasse bientôt ceux des instituts masculins. Le rapport des effectifs est aujourd'hui de 4 à 1.

Les instituts séculiers

En 1947, le Saint-Siège reconnaît une forme de vie religieuse en réalité bien antérieure et se caractérisant par une insertion encore plus marquée dans la vie du monde en vue de contribuer à sa sanctification : les instituts séculiers (par exemple Institut du Prado).

Un droit rénové

Fn 1983, le nouveau Code dc droit canonique promulgué par le pape Jean-Paul II comporte un ensemble de dispositions concernant les instituts de vie consacrée et les sociétés de vie apostolique, rénovant et simplifiant les dispositions du Code de 1917.

Le Père de Foucauld.
Le Renouveau charismatique

La seconde moitié du XXe siècle voit apparaître de nouvelles formes de vie religieuse (par exemple dans la ligne spirituelle du père de Foucauld, ou dans la mouvance du mouvement de renouveau spirituel dit charismatique), en même temps que la remise en honneur de formes très anciennes comme l'érémitisme. Simultanément, bien des instituts font leur propre « aggiornamento » pour tenir compte des orientations et de l'esprit du concile Vatican II, par exemple en réformant certaines dispositions inadaptées et surtout en manifestant une attention préférentielle aux plus pauvres. ■

Instituts de vie consacrée, instituts religieux, instituts séculiers, sociétés de vie apostolique, associations de fidèles : un fil conducteur pour s'y retrouver, le code de droit canonique

Un institut est dit *clérical* lorsqu'il est prévu que ses membres reçoivent les ordres sacrés (sacrement de l'ordre), et *laïque* dans le cas contraire.

En outre, il est dit *de droit pontifical* lorsqu'il est institué par le Saint-Siège ou officiellement approuvé par lui, ou *de droit diocésain* lorsqu'il est institué ou approuvé par l'évêque du diocèse.

Le nouveau code reconnaît canoniquement certaines formes très anciennes de vie consacrée qui rencontrent une faveur renouvelée aujourd'hui : *la vie érémitique* (le candidat doit faire profession devant l'évêque et lui reste subordonné), et *l'ordre des vierges* (des femmes, seules ou regroupées, sont reçues dans cet ordre au cours d'une célébration présidée par l'évêque, avant de se mettre au service de l'Église).

Dans ces deux cas, ce qui est nouveau, c'est de ne pas être obligé de s'agréger à une congrégation.

Les instituts de vie consacrée comportent eux-mêmes deux catégories : les *instituts religieux* et les *instituts séculiers*.

• *Dans les instituts religieux,* les membres font des vœux publics et solennels (soit perpétuels, soit temporaires renouvelables) ; ils mènent une vie commune, ils vivent séparés du monde (plus ou moins selon la vocation de leur institut). Il s'agit notamment des ordres monastiques masculins (bénédictins, cisterciens, trappistes, chartreux, prémontrés, etc.) et féminins (bénédictines, cisterciennes, trappistines, chartreuses, carmélites, clarisses, etc.). Relèvent aussi de cette catégorie certains ordres qui exercent un apostolat « dans le monde » (dominicains, franciscains, jésuites, etc.).

• *Dans les instituts séculiers,* il n'y a pas de vœux publics, la vie commune ne s'impose pas. C'est dans le monde que leurs membres se sanctifient et pratiquent l'apostolat selon la forme d'engagement prévue par les constitutions de leur institut.

2. Les sociétés de vie apostolique (can. 731-746)

Leurs membres ne professent pas de vœux ; ils poursuivent un but essentiellement apostolique (mission, prédication, enseignement, soins aux malades, service des pauvres, ...). Chaque société précise dans ses constitutions les formes de vie adaptées à son objet et détermine les conditions d'admission, de formation et d'engagement.

A noter qu'au Saint-Siège, c'est la même Congrégation qui a en charge les instituts de vie consacrée et les sociétés de vie apostolique (*Congrégation pour les instituts de vie consacrée et les sociétés de vie apostolique*), pour autant toutefois qu'ils ne relèvent pas de la *Congrégation pour l'évangélisation des peuples* (instituts missionnaires) ou de la *Congrégation pour les Églises orientales*. De même, dans les instances de la Conférence des évêques de France, c'est la même *Commission de l'état religieux* qui suit les affaires relatives à ces deux ordres d'institutions.

3. Les associations de fidèles

Le statut des associations de fidèles établis par le Code de droit canon est assez souple pour s'appliquer aussi bien à des œuvres caritatives, des mouvements d'apostolat des laïcs, des groupements spirituels (y compris les tiers ordres) qu'à des communautés proches de la vie religieuse ou à des associations de prêtres. Ces associations sont soit *publiques* (érigées par l'autorité ecclésiastique : Saint-Siège, conférences nationales d'évêques, évêques), soit *privées* (simplement approuvées par l'autorité ecclésiastique). Ce cadre juridique très large permet notamment à des communautés se constituant dans un but spirituel ou apostolique, selon des conditions souvent proches de la vie religieuse, de disposer d'un statut au sein de l'Église. Il peut éventuellement constituer la première étape vers l'accession à un statut d'institut de vie consacrée ou de société de vie apostolique.

4. Les communautés nouvelles

Recourant ou non au statut des associations de fidèles, de nombreuses communautés voient aujourd'hui le jour et se développent, dans la mouvance ou non du Renouveau charismatique (voir ce mot, et Renouveau communautaire). Regroupant fréquemment des personnes fort différentes (célibataires des deux sexes, personnes mariées, avec ou sans enfants, exerçant un travail à l'intérieur ou à l'extérieur...) elles mènent une vie fraternelle très poussée, axée sur la prière, le travail, la pauvreté, le partage, la charité, l'accueil, la présence aux plus démunis, et donnent un très authentique témoignage évangélique. Des religieux et religieuses partagent parfois leur vie. Les congrégations religieuses, loin de voir en elles des concurrentes, se montrent disposées à les aider à préciser leur place dans une Église ouverte aux innovations de l'Esprit Saint.

Pour une concertation

Depuis 1950, le Saint-Siège encourage les instituts religieux à constituer des *organismes de concertation.* En France, la *Conférence des supérieurs majeurs de France* (ordres masculins) et la *Conférence française des supérieures majeures* (ordres féminins mais non les moniales) rassemblent tous les supérieurs en charge. Les moines se sont donné une *Conférence monastique de France*, les moniales un *Service des moniales.* Les instituts séculiers sont regroupés au sein d'une *Conférence nationale française* (C.N.I.S.). A Rome existent une *Union romaine des supérieurs généraux*, une *Union romaine des supérieures générales* et une *Conférence mondiale des instituts séculiers.* ■

INSTITUTS MASCULINS DE VIE CONSACRÉE ET SOCIÉTÉS MASCULINES DE VIE APOSTOLIQUE

Leurs effectifs dans le monde

En 1990, pour l'ensemble du monde, selon les statistiques du Saint-Siège, le nombre des instituts masculins de vie consacrée et des sociétés masculines de vie apostolique, de droit pontifical, était de 236. Ils comptaient 225 137 membres profès (donc non compris les novices), dont 142 042 prêtres et évêques.

Dans cet effectif ne figurent ni les membres des instituts séculiers, ni ceux des instituts de droit diocésain (ces derniers d'ailleurs peu nombreux parmi les instituts masculins).

Le nombre des membres est en régression depuis plusieurs années. De 1980 à 1990, l'effectif mondial des profès est en diminution de 6,5 %. Ce sont les profès non prêtres qui connaissent la diminution la plus rapide (- 17,11 %) tandis que les profès prêtres (les plus nombreux) sont en diminution de 8 %. Mais depuis cinq ans la diminution est sensiblement moins rapide.

Les novices, c'est-à-dire ceux qui se préparent à faire profession religieuse, étaient en 1990 au nombre de 10 075, dont 8 087 se préparant au sacerdoce et 1 998 autres. Au total, l'ensemble mondial des instituts et sociétés masculins de droit pontifical comptait donc cette année-là un total de 235 200 membres en chiffres ronds.

A noter que, de 1980 à 1990, le nombre des novices est passé de 7 644 à 10 075, soit une augmentation de 32 %. C'est ce qui explique le ralentissement de la diminution des profès ; mais il est encore trop tôt pour affirmer que la tendance à la diminution touche à sa fin.

RÉPARTITION DES PROFÈS DES INSTITUTS ET SOCIÉTÉS MASCULINS DE DROIT PONTIFICAL
(Statistiques du Saint-Siège pour 1990, publiées en 1992)

I SELON LA CONGRÉGATION DE LA CURIE ROMAINE DONT ILS RELÈVENT

	Nombre d'instituts	Évêques	Prêtres	Diacres permanents	Séminaristes	Profès non-prêtres	Total des profès
• Rite latin hors pays de mission	205	1 005	131 031	341	24 981	55 821	213 179
• Rite latin en pays de mission	15	82	7 632	7	266	619	8 606
• Rites orientaux	16	37	2 255	14	865	181	3 352
TOTAL	236	1 124	140 918	362	26 112	56 621	225 137

II SELON LES TYPES D'INSTITUTS

	Nombre d'instituts	Évêques	Prêtres	Diacres permanents	Séminaristes	Profès non-prêtres	Total des profès
(A) Instituts de vie consacrée	208	970	126 083	349	25 235	55 339	207 976
dont							
• Ordres[1]	86	478	68 510	214	12 844	17 149	99 195
• Congrégation de clercs	89	492	57 274	106	12 358	13 170	83 400
• Congrégation de laïcs	33	–	299	29	33	25 020	25 381
(B) Sociétés de vie apostolique	28	154	14 835	13	877	1 282	17 161
TOTAL A + B	236	1 124	140 918	362	26 112	56 621	225 137

1. Chanoines réguliers, moines, ordres mendiants, clercs réguliers.

Pour se faire une idée de l'effectif total dans le monde, il faudrait ajouter aux chiffres ci-dessus les membres des instituts séculiers et ceux des instituts de droit diocésain, qui n'apparaissent spécifiquement ni les uns ni les autres dans les statistiques du Saint-Siège.

On pourrait évaluer aux alentours de 245 000 membres, novices compris, le nombre total des membres des instituts religieux et sociétés de vie apostolique dans le monde.

Les instituts masculins de vie consacrée et les sociétés masculines de vie apostolique en France

• De 1980 à 1991 le nombre des membres de ces instituts et sociétés en France est passé de 18 128 à 15 155, en diminution de 16,4 %. Tandis que la catégorie des moines restait pratiquement stable (– 0,4 %), la plus touchée par la diminution a été celle des clercs réguliers et congrégations cléricales (voir note de tableau 1 ci-dessous) : – 22,5 %. A noter que, parmi les membres résidant en France, la proportion des prêtres est de l'ordre de 60 %.

• La *proportion des religieux français à l'étranger* est passé de 22,81 % à 21,26 %, essentiellement en raison d'un vieillissement global, obstacle à l'expatriation. Ainsi, dans les congrégations missionnaires, le nombre de leurs membres présents en Asie, Afrique, Amérique du Sud, Océanie était en 1991 de 1 258, et celui de leurs membres vivant en France de 1 280 : pour la première fois les proportions de trouvaient inversées.

• Globalement, cependant, de 1980 à 1989, le nombre des *professions de vœux perpétuels* et des *ordinations presbytérales* dans les instituts religieux français s'est accru de manière notable : de respectivement 16,8 % et 37 %. Ce sont là les indices d'un authentique renouveau, nettement plus accusé qu'au plan mondial.

• Cet indice de vitalité est d'autant plus significatif que, depuis le concile Vatican II et à son appel, tous les instituts ont *révisé leurs Constitutions* afin de se rendre plus fidèles à l'esprit de leurs origines, et plus aptes à l'accomplissement de leur part dans la mission de l'Église ; ces textes rénovés accordent par exemple, à côté des traditionnelles "œuvres de miséricorde", une grande place à la promotion de la justice et des droits de l'homme, à l'attention au monde de l'indifférence et de l'incroyance, à la présence auprès des milieux qui agissent sur l'avenir de la vie en société (chercheurs, cadres,...).

• La *collaboration avec les laïcs* prend d'autant plus d'importance que les institutions religieuses consacrées à l'enseignement et à la santé sont de plus en plus entre les mains de ces derniers ; d'où la naissance de formes d'associations entre religieux et laïcs visant non seulement au bon fonctionnement de ces institutions mais aussi à la fidélité à la spiritualité qui a présidé à leur fondation.

TABLEAU 1(1)
LES EFFECTIFS EN 1991

	RÉS. EN FRANCE		RÉSIDANT A L'ÉTRANGER							TOTAL
	Sup. maj.	Nbre de relig.	Europe	Asie	Afrique	Am. du Nord	Am. du Sud	Océanie	Total	GÉNÉRAL
Moines 2	44	1 505	37	6	41	1	7	6	98	1 603
Chanoines réguliers 3 et Ordres apostoliques 4	28	1 512	177	65	136	13	43	0	434	1 946
Clercs réguliers et congrégations cléricales 5	53	3 704	134	102	372	29	197	76	910	4 614
Sociétés de vie apostolique 6, instituts laïcs, instituts séculiers	11	709	9	7	27	4	5	0	52	761
Missionnaires 7	8	1 280	80	246	833	18	149	30	1 356	2 636
Frères enseignants 8 et hospitaliers 9	28	3 222	64	51	153	39	22	44	373	3 595
Total	172	11 932	501	477	1 562	104	423	156	3 223	15 155

1. Source : Conférence des supérieurs majeurs de France
2. Par exemple : bénédictins, cisterciens, chartreux...
3. Prémontrés, chanoines réguliers de Saint-Augustin...
4. Dominicains, franciscains, capucins...
5. Jésuites, assomptionnistes, rédemptoristes...
6. Eudistes, lazaristes, oratoriens...
7. Pères Blancs, Pères du Saint-Esprit, Missions Étrangères de Paris... Il s'agit des missionnaires actuellement en France. On évalue à 4.000 les religieux français exerçant un ministère hors de France.
8. Frères des Écoles Chrétiennes, Frères maristes...
9. Frères de Saint-Jean-de-Dieu...

TABLEAU 2 (2)
COMPARAISONS 1980 - 1991 et 1980 - 1989

Catégories	Effectifs français en 1980			Effectifs français en 1991			Profes. perpétuelles		Ordina. presbytérales	
	En France	A l'étranger	Total	En France	A l'étranger	Total	1980	1989	1980	1989
Moines	1 500	110	1 610	1 505	98	1 603	21	31	16	14
Chamoines réguliers et ordres apostoliques	1 723	327	2 050	1 512	434	1 946	15	33	12	13
Clercs réguliers et congrégation cléricales	4 550	1 406	5 956	3 704	910	4 614	23	11	14	17
Sociétés de vie apostolique	834	73	907	709	52	761	3	6	0	12
Missionnaires	1 418	1 833	3 251	1 280	1 356	2 636	4	8	4	6
Frères enseignants et hospitaliers	3 967	387	4 354	3 222	373	3 595	13	6	0	1
Total	13 992	4 136	18 128	11 932	3 223	15 155	79	95	46	63

2. Source : Conférence des supérieurs majeurs de France

LES RELIGIEUSES

Les effectifs de religieuses dans le monde

Dans le langage courant des milieux catholiques, on fait la distinction, parmi les religieuses, entre, d'une part, les *moniales* (ou contemplatives ; équivalent féminin des moines, et vouées comme eux à une vie communautaire de prière, hors du monde) et, d'autre part, les *religieuses de vie apostolique* (adonnées à des activités "apostoliques" d'enseignement, de santé, de catéchèse, d'action au service des jeunes, des personnes âgées, des personnes démunies, etc.). Les statistiques du Saint-Siège se réfèrent quant à elles à des critères juridiques, qui permettent un classement rigoureux : elles distinguent les instituts religieux de *droit pontifical* et ceux de *droit diocésain* ; et, au sein des premiers, elles distinguent les religieuses vivant en *monastères autonomes* (pratiquement les moniales), et celles appartenant à des *instituts centralisés* (pratiquement des religieuses de vie apostolique) et à des *instituts séculiers* (également des religieuses de vie apostolique). Elles ne fournissent pas de détails sur les membres des instituts de droit diocésain, trop dispersés pour en rassembler régulièrement les données.

Les statistiques du Saint-Siège pour 1990 (publiées en 1992) font état d'un total mondial de 724 860 religieuses *professes* (c'est-à-dire ayant prononcé des vœux soit temporaires soit perpétuels), et appartenant soit à des maisons autonomes (monastères) soit à des instituts centralisés, les unes et les autres de droit pontifical. Les membres des maisons autonomes étaient 54 491 et ceux des instituts centralisés 670 369. On trouvera ci-après le tableau de leur répartition géographique.

De 1980 à 1990 l'effectif des *professes des instituts centralisés* est passé de 744 663 à 670 369, en diminution de 9,8 %. En fait c'est la régression des gros effectifs de l'Amérique du Nord et surtout de l'Europe qui, malgré la poussée des autres continents, a provoqué le recul global. Aucun des continents actuellement en expansion n'apparaît au demeurant en mesure de compenser dans les plus prochaines années les pertes de l'Europe, celles qui influent le plus sur le total.

A l'effectif des maisons autonomes et des instituts centralisés il y a lieu d'ajouter les religieuses des *instituts séculiers*, non repris dans les chiffres ci-dessus. Qu'elles soient incorporées temporaires (2 926) ou perpétuelles (20 410) à leur institut, elles étaient au total 23 336 en 1990.

L'ensemble des religieuses professes (ou assimilées) s'élevait donc cette année à 748 196, dans un rapport de 3,3 pour 1 religieux profès.

Aux professes il y a enfin à ajouter les *aspirantes* ou *postulantes* et les *novices*. Celles des instituts centralisés (les seuls sur lesquels on dispose d'éléments comparatifs) étaient 35 766 (soit 5,3 % du nombre des professes. De 1980 à 1990 leur nombre s'est accru de 37% (avec une poussée plus vigoureuse encore entre 1980 et 1985 : + 33 % en cinq ans).

Toutefois le nombre des novices (non comprises les postulantes) étant avec celui des professes dans un rapport de 1 à 35, leur augmentation n'aura qu'un effet progressif sur le nombre total des religieuses et tout au plus, dans l'immédiat, en freinera la diminution. Sentiment renforcé lorsqu'on constate qu'en 1990, le nombre des décès des professes (13 165) est resté très supérieur à celui des professions de vœux perpétuels (5 422), bien que ce dernier fût en augmentation. Ceci dit, si, comme on peut le penser, le mouvement d'accroissement des aspirantes et novices continue à se développer, et compte tenu du renouveau intérieur que connaît, depuis le concile, la vie religieuse féminine, on pourrait assister, à l'aube du nouveau siècle, a un essor tout à fait remarquable de sa contribution à l'évangélisation.

EFFECTIFS MONDIAL DES RELIGIEUSES PROFESSES DES MAISONS AUTONOMES ET INSTITUTS CENTRALISÉS DE DROIT PONTIFICAL (professes temporaires et perpétuelles) en 1990 (selon statistiques du Saint-Siège)

	Maisons autonomes	Instituts centralisés	Total
Afrique	1 420	23 826	25 246
Amérique du Nord	2 959	117 495	120 454
Amérique latine	8 841	105 569	113 410
Asie	2 639	77 660	80 299
Europe	38 374	335 481	373 855
Océanie	258	11 338	11 596
Monde	54 491	670 369	724 860

Les religieuses en France

En 1989, selon les statistiques pontificales, le nombre de religieuses professes en France s'élevait à 66 887, en diminution de 12,8 % depuis 1984 (la régression serait donc presque trois fois plus rapide que pour l'ensemble du monde, ce qui était déjà le cas pour la période 1984-1989).

Sur le total des professes en France, celles appartenant à des instituts de droit pontifical étaient 54 902 (1 016 liées par des vœux temporaires, 53 886 par des vœux perpétuels).

Sur leur répartition entre les diverses formes de la vie religieuse, on peut apporter les quelques précisions suivantes concernant la France ; les chiffres (Service des Moniales, Conférence des Supérieures Majeures de France) concernent l'année 1991 et, ne se référant pas aux critères juridiques pris en compte dans les statistiques vaticanes, ne se recoupent pas exactement avec elles ; mais les ordres de grandeur restent compatibles.

La diminution des effectifs des religieuses française sur cinq ans (1986-1991) est un peu moins élevée chez les moniales (– 9,3 %) que chez les religieuses de vie apostolique (– 11,7 %). Il faut, de toute façon, considérer que, chez les hommes comme chez les femmes, les entrées dans la vie religieuse se font aujourd'hui à un âge moyen plus élevé ; fréquentes sont les candidatures de personnes au terme d'études supérieures, parfois très poussées, ou qui ont exercé une activité professionnelle ; ce qui est source de ralentissement du recrutement est gage d'une vocation assumée en meilleure connaissance de cause.

De leur côté, les instituts religieux, tant de moniales que de vie apostolique, ont procédé depuis le concile à une réflexion approfondie sur les moyens de répondre fidèlement aux exigences de leur vocation, en communion avec les grandes orientations présentes de l'Église, et en prenant en compte le monde d'aujourd'hui tel qu'il est et les appels d'évangélisation qui en découlent ; les conséquences en sont multiples, par exemple dans les domaines de la formation biblique, doctrinale, spirituelle, de la liturgie, de l'information sur l'actualité, de l'ouverture œcuménique, de la priorité à accorder aux plus pauvres, de la pratique de la pauvreté, etc.

RELIGIEUSES DE VIE APOSTOLIQUE EN FRANCE (1991)

Nombre d'instituts	364
dont ayant des sœurs à l'étranger	240[1]
Religieuses en France	60 202
Novices en France	284
Sœurs françaises à l'étranger	4 598
dont :	
en Amérique du Nord (4 pays)	65
en Amérique latine (28 pays)	500
en Afrique du Nord et en Afrique Noire (41 pays)	2 370
en Asie (32 pays)	354
en Europe (28 pays)	1 179

[1] Dont 212 hors d'Europe

MONIALES EN FRANCE (1991)

	Monastères	Religieuses
Bénédictines	51	1 597
Carmélites	112	1 869
Cisterciennes	19	648
Clarisses	52 + 2 ermitages	824
Dominicaines	18 + 1 communauté et 1 fraternité	436
Visitandines	31	658
Diverses [1]	34	523
	317 + 1 communauté 1 fraternité et 2 ermitages	6 555

[1] Annonciades, Chartreuses, Norbertines, Rédemptoristines, etc.
Source : Service des moniales

Voir dans Histoire de l'Église : Tableaux des ordres créés avant et après le concile de Trente, p. 403 et 409.
Voir aussi *Missions intérieures et extérieures*, p. 565 à 568, *Vie religieuse*, p. 752 à 763, *Religieuses apostoliques*, p. 1168 et 1198.

Qu'est-ce que ?

Abbaye. Monastère dont le supérieur est un Abbé ou une Abbesse.

Abbé ou Abbesse (de l'araméen *abba,* père). Titre donné au supérieur ou à la supérieure d'un monastère autonome (d'où abbaye). Chez les bénédictins, il est élu à vie. Le titre s'est aussi appliqué à partir du XVIe siècle aux membres du clergé séculier. L'Abbé de certaines abbayes (abbé mitré), sans être évêque, porte la mitre et la crosse dans les grandes cérémonies, signes de sa responsabilité pastorale vis-à-vis de la communauté. L'Abbé Général est celui qui préside à l'ensemble d'une congrégation monastique. L'Abbé Primat, depuis 1893 (Léon XIII), préside à la confédération de toutes les congrégations bénédictines.

Aspirant(e). Voir Novice.

Chanoine (du latin *canonicus,* soumis à une règle, dérivé du grec *kanon,* règle). A l'origine, se trouvent des clercs réguliers *(clerici canonici)* vivant sous une règle à l'exemple du clergé de saint Augustin, évêque d'Hippone (IVe - Ve s.). A partir du XIe siècle, on distingue deux catégories de chanoines :
- les *chanoines réguliers,* religieux vivant en communautés tout en se livrant à un ministère extérieur (par exemple prémontrés) ;
- les *chanoines séculiers,* prêtres diocésains tenus à la récitation de l'office divin au chœur et formant soit un *chapitre collégial,* soit auprès de l'évêque diocésain un *chapitre* cathédral.

Chanoinesse. Nom porté par les membres de certaines congrégations féminines (par exemple les chanoinesses de Saint-Augustin).

Chapitre. Local de l'abbaye où est lu journellement un chapitre de la règle de l'ordre ; par extension, assemblée délibérant des questions de la communauté (chapitre conventuel), de la province (chapitre provincial), de l'ordre (chapitre général), assemblée des chanoines (chapitre collégial ou cathédral). D'où l'expression : « avoir voix au chapitre ». Adjectif correspondant : *capitulaire.*

Cloître (du latin *claustrum,* clôture). Partie des bâtiments monastiques réservée aux membres de la communauté. Au sens restreint, galerie couverte autour d'une cour ou d'un jardin pour servir de promenoir, et généralement située au cœur du monastère.

Clôture. Partie interdite aux étrangers à la communauté.

Correction fraternelle. Usage pratiqué dans certains ordres monastiques en conformité avec un conseil donné par l'Évangile (Mt 18, 15-17) et consistant à avertir un membre de la communauté d'un manquement à la règle. Généralement un rituel précis est destiné à en assurer l'objectivité. (Voir Index).

Coule. Vêtement porté par les moines au-dessus de leur tenue courante pour les offices liturgiques.

Coulpe (du latin *culpa,* faute). Aveu devant la communauté des manquements à la règle de l'ordre. *Battre sa coulpe* est le geste de celui qui se frappe la poitrine pour se reconnaître fautif.

Couvent (du latin *conventus,* réunion). A l'origine, toute forme de réunion ; aujourd'hui, mot désignant les établissements où des religieux ou religieuses vivent en communauté. La messe *conventuelle* rassemble toute la communauté.

Discipline. Corde avec nœuds dont on se battait le dos en pénitence de ses fautes.

Érémitisme, ermite, ermitage (du grec *erèmos,* lieu délaissé, solitaire). L'ermite choisit de vivre dans la solitude. Le premier ermite est saint Antoine (vers 250-350), qui s'établit dans le désert de Haute-Égypte (région de Thèbes, appelée Thébaïde). La solitude en un lieu désertique correspond à une volonté de dépouillement, de retour sur soi, de pénitence à l'égard de ses propres fautes et de celles d'autrui, à une volonté de lutter contre les tentations, et finalement à la recherche des conditions les plus favorables à la rencontre avec Dieu. Le Christ s'est souvent retiré dans le désert pour prier.
L'ermite partage sa vie entre la prière, la méditation et le travail. Dès les premiers siècles du christianisme, on vit aussi apparaître une forme de vie *semi-érémitique* lorsque des disciples établirent leur ermitage à proximité d'un maître spirituel. On en trouve aujourd'hui des exemples dans le désert égyptien à Scété, ou en Grèce au Mont-Athos, ou encore dans la proximité de certaines abbayes d'Europe occidentale. La vie des chartreux procède du même esprit.

Gardien. Supérieur d'une fraternité (couvent) franciscaine.

Général. Supérieur général d'un ordre ou d'une congrégation (ministre général chez les franciscains, maître général chez les dominicains, préposé général chez les jésuites, prieur général chez les carmes, etc.). Élu par le chapitre général (assemblée de délégués de tout l'ordre ou de la congrégation), il réside le plus souvent à Rome si l'institut est reconnu par le Saint-Siège, cas de presque tous les grands ordres.

Lai (du grec *laos,* peuple, origine également de « laïcs »). Frère ou sœur lai (e) : religieux (se) non tenu (e) à l'office du chœur et souvent préposé (e) à des tâches matérielles ; le terme actuel est plus souvent convers (e) ou coadjuteur.

Monachisme, moine, moniale (du grec *monachos,* seul). Le monachisme désigne à la fois l'état de vie et l'institution monastiques. Il recouvre aussi bien la vie en communauté (cénobitisme) que celle dans la solitude (érémitisme, anachorétisme). Bien que la vie religieuse en communautés remonte aux débuts du christianisme, c'est la vie solitaire qui a le plus frappé les chrétiens des premiers siècles ; c'est pourquoi le mot *monachos* a désigné tous ceux qui se retiraient hors du monde.
Moines et moniales partagent leur temps entre la prière commune au chœur (« l'office divin »), la prière personnelle, la lecture de l'Écriture, le travail intellectuel ou manuel. Le bâtiment qui les abrite est le monastère. Ceux qui vivent à l'intérieur d'une clôture sont dits cloîtrés.

Monastère (du lat. *monasterium*). Établissement abritant une communauté de moines ou de moniales, cloîtrés ou non.

Nonne (du latin *nonna*). Mot ancien pour désigner la religieuse ; aujourd'hui il a une nuance familière ou plaisante.

Novice (du latin *novus,* nouveau). Celui ou celle qui, après avoir été déjà admis comme aspirant ou postulant (« qui demande »), décide d'aller plus avant dans la vie religieuse. Le noviciat est une période d'essai, d'un maximum de deux ans, sans engagements.

Obédience (du latin *obedientia,* obéissance, ce que le mot *obédience* a signifié jusqu'au XVIIe siècle). Aujourd'hui ce mot a de multiples sens : permission donnée par un supérieur religieux, maisons religieuses dépendant d'une maison principale, mouvance spirituelle dans laquelle se situe une personne ou une collectivité (en ce dernier sens, la franc-maçonnerie l'emploie aussi).

Oblat ou *oblate* (du latin *oblatus,* offert). Laïc vivant en lien avec une communauté religieuse sans prononcer de vœux. C'est également le nom des religieux de certaines congrégations (Oblats de Marie-Immaculée, Oblats et Oblates de Saint-François de Sales, etc.).

Observance. Respect de la règle d'un ordre religieux ; règle elle-même ; manière de se situer par rapport à la règle (cisterciens de stricte observance) ; par extension, ordre religieux défini par sa règle.

▶

▶

Postulant(e). Voir Novice.

Prieur(e) (du latin *prior,* premier). Le titre s'applique à plusieurs types de responsables ; à l'intérieur d'une abbaye comportant un abbé, le prieur le seconde ; dans un prieuré, couvent autonome ou dépendant d'une abbaye, il est le supérieur.

Prieuré. Voir ci-dessus.

Prise d'habit. Cérémonie au cours de laquelle on remet à celui ou celle qui entre au noviciat l'habit de l'ordre (tunique, ceinture, scapulaire, voile, etc.).

Prise de voile. Le port du voile correspondait, pour les femmes juives, à une attitude de pudeur ou encore d'appartenance à un mari. Le voile de la religieuse est un symbole de respect et d'appartenance à Dieu.

Profès(se) (du latin ***profiteor,*** affirmer). Religieux(se) ayant fait *profession*, c'est-à-dire ayant prononcé des vœux, temporaires ou perpétuels. Il (elle) aura alors « voix au chapitre » de la communauté.

Provincial. Dans un ordre religieux centralisé (ce qui n'est pas le cas des ordres monastiques traditionnels), responsable des maisons d'une région ; il est élu pour un temps déterminé. La province d'une congrégation peut s'étendre sur une partie de pays, un pays entier ou plusieurs pays.

Reclus, recluse. Ermite se faisant enfermer dans une cellule, parfois pour la vie. On en vit en Égypte et en Syrie au IVe siècle et plus tard en Occident. La cellule était souvent contiguë à une église et, par une petite ouverture, le reclus pouvait suivre les offices. On cite parfois le cas célèbre de sainte Colette (1381-1447) qui aurait vécu de la sorte pendant quatre années à Corbie.

Révérend(e) (du latin *reverendus,* digne de respect). Titre honorifique précédant les mots Père ou Mère pour désigner un religieux ou une religieuse ; le terme « révérendissime » s'applique à des supérieurs d'ordre religieux ou à des archevêques. L'usage de ces titres se perd actuellement ; la plupart des religieux et religieuses se font simplement appeler « père » ou « sœur ».

Scapulaire (du latin *scapula,* épaule). Dans certains ordres, vêtement couvrant les épaules, le dos et la poitrine avec, pour les hommes, un capuchon.

Stylite (du grec *stulos,* colonne). Ascète qui, pour s'isoler plus radicalement, s'installait au sommet d'une colonne, tel saint Siméon le Stylite au Ve siècle. Cette forme extrême d'ascèse connut un certain succès en Orient.

Tertiaire. Membre d'un *tiers ordre,* association de laïcs dont les membres s'efforcent d'atteindre à la perfection par l'observance d'une règle adaptée à leur condition séculière. La notion de tiers ordre date de saint François d'Assise qui, après avoir fondé les frères mineurs, puis les clarisses, imagina un « troisième ordre » spécialement adapté à la vie des laïcs en plein monde. Beaucoup de familles religieuses ont fondé des tiers ordres (franciscains, dominicains, etc.) désignés aujourd'hui sous le terme général de « groupements de vie évangélique » (voir Index). Cependant certaines congrégations régulières portent également le nom de tiers ordre (les tertiaires réguliers de Saint-François-d'Assise, par exemple).

Tourier (frère), *tourière* (sœur). Le tour était, dans un couvent, une armoire cylindrique tournant sur elle-même et permettant de recevoir de l'extérieur ce qui était nécessaire à la communauté. Le tourier ou la tourière sont les religieux non cloîtrés qui, succédant à ceux autrefois préposés au tour, sont chargés des relations avec l'extérieur.

Vœu. De manière générale, promesse faite à Dieu, délibérée et libre, de faire quelque chose à quoi on n'est pas obligé (par exemple, un pèlerinage ou un don). Un vœu est *privé* (sans témoin) ou *public* (devant l'autorité de l'Église, cas principalement des vœux de religion). L'Église n'encourage vraiment que les vœux de religion, par lesquels le membre d'un ordre religieux s'engage à mettre en pratique les conseils évangéliques de pauvreté, chasteté, obéissance ; ces vœux sont *simples* (temporaires ou perpétuels) ou *solennels* (définis comme tels par l'Église, et en ce cas toujours perpétuels). Sauf dispense, tout engagement contraire à un vœu avant son échéance est nul de plein droit aux yeux de l'Église.

Ph.CIRIC

Prise d'habit de religieuses, présidée par l'évêque, à Notre-Dame de la Paix à Treichville, en Côte-d'Ivoire.

LES LAÏCS DANS LES MOUVEMENTS DE SPIRITUALITÉ

Le concile Vatican II a rappelé de manière insistante le rôle spécifique des laïcs au sein de l'Église en vertu de leur qualité de baptisés : le propre de leur état « étant de mener leur vie au milieu du monde et des affaires profanes, ils sont appelés par Dieu à exercer leur apostolat dans le monde à la manière d'un ferment, grâce à la vigueur de leur esprit chrétien (...) Ils doivent assurer comme leur tâche propre le renouvellement de l'ordre temporel (...) » (*Décret sur l'apostolat des laïcs*, n°s 2 et 7). Dans le même temps, par le témoignage de leur vie et de la parole, ils ont à participer à la mission d'évangélisation et de sanctification des hommes confiée à l'Église (id. n° 6). Mais « ni le soin de leur famille ni les affaires temporelles ne doivent être étrangers à leur spiritualité » car « une telle vie exige un continuel exercice de la foi, de l'espérance et de la charité ».

L'action des laïcs au sein de la mission de l'Église s'exerce de multiples façons, individuelles et collectives, qui se complètent de manière indissociable.

La participation des laïcs à la mission de l'Église dans les divers secteurs de sa pastorale, notamment dans le cadre de mouvements organisés et en particulier de l'Action catholique, est évoquée plus loin (voir Les grands secteurs de la pastorale). Les *offices ecclésiaux* leur offrent une autre forme de participation.

On ne présentera ici que les moyens de vitalisation intérieure que proposent aux laïcs les *mouvements* dits *de spiritualité*. Il ne faudrait pas cependant les opposer aux mouvements plus tournés vers l'action : la prière et la réflexion du chrétien le renvoient sans cesse à l'action, et celle-ci s'essouffle ou perd son inspiration sans le soutien de cette prière et de cette réflexion. Aussi bien tous les mouvements de spiritualité ont-ils le souci d'être des stimulants à l'action d'évangélisation de leurs membres.

Dans les mouvements de spiritualité, on distinguera ici *deux grandes familles*.

- Les mouvements de spiritualité de type classique.
- Les communautés du Renouveau charismatique.

Ph. Pinoges-CIRIC

Mouvements de spiritualité

Chacun d'eux a son originalité et sa tonalité, reflet de la diversité des familles d'esprit au sein de l'Église. Ceux qui sont évoqués ici sont en relation habituelle avec l'épiscopat français par l'intermédiaire de son Secrétariat général ; ils y trouvent appui et possibilité de concertation entre eux.

Les Groupements de vie évangélique (G. V. E.)

Ce sont les plus anciens mouvements laïcs de spiritualité, longtemps appelés *tiers ordres*.

Le rayonnement des grands fondateurs d'ordre et de leurs disciples attira des laïcs qui, tout en continuant à vivre dans le monde, souhaitaient prendre pour modèle leur vie spirituelle. Saint François d'Assise, après avoir fondé l'ordre des franciscains et celui des clarisses, fut le premier à proposer une règle de vie aux laïcs qui aspiraient à une plus grande perfection. Il les regroupa dans un « tiers ordre » (troisième ordre) institué en 1221. Le tiers ordre de Saint-Dominique date de 1422. D'autres sont plus récents, telles les communautés Vie chrétienne d'esprit ignatien.

Les tiers ordres se présentent aujourd'hui sous le nom de *groupements de vie évangélique*. Ils sont animés par des laïcs, avec le concours de religieux appartenant à la famille spirituelle dont ils s'inspirent ; cette spiritualité propre s'exprime tant dans leur forme de prière (récitation de l'office, par exemple) que dans la discipline de vie qu'ils acceptent. Ainsi, les fraternités Lataste, à l'imitation du P. Lataste, fondateur des dominicaines de Béthanie en 1864 (voir Vie religieuse) posent comme principe que celui ou celle qui les rejoint fera un silence délibéré sur son passé et sur sa situation actuelle (profession, situation familiale, etc.) ; il n'est connu dans le groupe que par son prénom ; il est libre d'entrer dans le groupe, d'en sortir et d'y revenir. Cette discrétion permet à chacun d'être aimé tel qu'il est aujourd'hui quel que soit son passé.

Les Groupements de vie évangélique sont :

- Communautés Vie chrétienne
(dans la mouvance spirituelle des jésuites)
9, rue Raynouard
75016 Paris
Tél. (1) 42 88 94 30
- Ordre séculier des carmes déchaux
1, rue du Père-Jacques
77120 Avon
Tél. (1) 60 70 13 41
- Fraternités séculières Charles-de-Foucauld
2, allée Charles-Colin
35000 Rennes
Tél. 20 31 29 65
- Fraternités laïques dominicaines
222, rue du Faubourg Saint-Honoré
75008 Paris
Tél. (1) 42 22 66 05

▶

• Fraternités Saint-Jean-de-Dieu
18, rue des Belles-Feuilles
75116 Paris
Tél. (1) 45 53 34 78
• Fraternités séculières de Saint François d'Assise
27, rue Sarrette
75014 Paris
Tél. (1) 45 42 47 18
• Fraternités Lataste
14, Bd Jean-Henri Fabre
13011 Marseille
Tél. 91 36 00 01
• Fraternités marianistes
Maison Saint-Jean
5, rue Maurice-Labrousse
92160 Antony
Tél. 46 68 13 64
• Fraternités maristes
6, rue Jean-Ferrandi
75006 Paris
Tél. (1) 43 44 03 10
• Oblatures bénédictines
7, rue d'Issy
92170 Vanves
Tél. (1) 45 34 39 36

Autres mouvements s'adressant à tous

Les équipes d'Eaux vives (mouvement noëliste)
16, rue Saint-Martin, 75004 Paris

Mouvement de spiritualité et d'apostolat issu en 1941 du mouvement noëliste (revue *Noël*) fondé en 1901 par les assomptionnistes. En majorité des femmes ; quelques équipes mixtes de jeunes et d'adolescents. Outre les réunions régulières, sessions, récollections, activités de loisirs et culture.

Publications
Eaux vives (pour tous),
Vie noëliste (pour les membres des équipes),
Le lien des jeunes,
Le lien des juniors,
Reliance (destiné aux malades et handicapés).

Équipes du Rosaire
222, rue du Faubourg Saint-Honoré,
75008 Paris – Tél. (1) 45 63 59 46

Animation spirituelle accessible à tous, pratiquants ou non, à partir de la récitation du rosaire (chapelet médité) en petites équipes de quartier. Animation par les dominicains. *Publication :* feuillet mensuel *Le Rosaire en équipes* (texte pour la prière commune, éléments de pédagogie apostolique, nouvelles du mouvement).

Focolari
Centre masculin : 8, rue Gambetta, 92320 Châtillon-sous-Bagneux
Tél. (1) 46 56 09 69
Centre féminin : 41, rue Boileau, 75016 Paris. Tél. (1) 46 51 69 10.

Mouvement fondé en Italie en 1943 par Chiara Lubich, les « focolari » (en italien, foyers) sont des communautés de vie laïques s'efforçant de mettre en œuvre les textes d'Écriture révélant Dieu-Amour. Les foyers se veulent ouverts sur l'extérieur. Des personnes mariées, sans partager leur vie commune, s'associent à leur type de spiritualité. En 1967 s'est fondée une branche jeune : GEN (« génération nouvelle »), qui compte 3 600 jeunes en France. Chaque été, grands rassemblements de cinq jours, les *Mariapolis.* Dans les divers continents, 20 "petites villes" (*Mariapolis*) portent un témoignage permanent. Plus d'un million de membres dans le monde.

Publications
Nouvelle Cité (adultes),
GEN (jeunes),
Parole de vie (commentaire mensuel d'une phrase d'Évangile par Chiara Lubich, touchant 80 000 personnes en France, 13 millions dans le monde.
Éditions de livres et disques *Nouvelle Cité.*

Légion de Marie
43, rue Boileau, 75016 Paris.
Tél. (1) 46 51 92 03

Fondée en Irlande en 1921 par Frank Duff, présente en France depuis 1940 et s'inspirant de la doctrine spirituelle de saint Louis-Marie Grignion de Montfort, elle se veut au service de Marie, mère de l'Église. Deux obligations pour ses membres : participer à la réunion hebdomadaire du groupe (prière commune, formation), exercer un apostolat précis.

Pax Christi (Pour mémoire)
58, avenue de Breteuil, 75007 Paris
Tél. (1) 44 49 06 36

(Voir « Église, paix, développement et droits de l'homme »)

Approuvé et soutenu par l'Église, ce mouvement catholique international pour la paix, tout en menant une action militante, des rencontres, des recherches sur les problèmes des relations internationales, offre son soutien spirituel pour la prière en faveur de la paix.

Pour les jeunes

Jeunesses mariales
65, rue de Sèvres
75006 Paris
Tél. (1) 42 22 33 90

Ancienne Association des enfants de Marie Immaculée fondée en 1830 à l'initiative de Catherine Labouré selon la spiritualité de saint Vincent de Paul. Devenue mixte en 1968 sous son nom actuel. Son projet : donner à Marie, dans la prière et dans la vie, la place correspondant au rôle que lui a confié Dieu dans la réalisation du salut par Jésus-Christ. Formation spirituelle et doctrinale.

Publications : selon âges.

Mouvement eucharistique des jeunes (M. E. J.)
19, rue de Varenne
75007 Paris
Tél. (1) 45 48 97 97

Ancienne Croisade eucharistique fondée en 1917. Son objectif : aider ses membres à faire de toute leur vie une eucharistie (action de grâces) là où ils se trouvent engagés. Petites équipes de jeunes soutenus par un adulte. 90 000 membres.

Publications :
6 revues mensuelles adaptées aux différents âges (de 9 à 19 ans) de ses membres.

Revue *Prions le Seigneur,* éducation à la prière, destinée aux enfants de 11 à 14 ans.

(Voir Secteur pastoral Enfance-jeunesse).

Pour les foyers
Équipes Notre-Dame (END)
49, rue de la Glacière
75013 Paris
Tél. (1) 43 36 08 20

Issues de groupes de foyers constitués par l'abbé Caffarel depuis 1938, elles se sont explicitement organisées en mouvement de spiritualité conjugale et familiale en 1947. Soutenus par la vie en équipes avec le concours d'aumôniers, les foyers membres sont incités à mettre en œuvre les engagements établis par la Charte du mouvement (pratique de la Parole de Dieu, de l'oraison, de la prière et du dialogue en foyer, retraite annuelle...). 3 700 équipes, 22 000 foyers dans le monde.

Pour les veuves
Espérance et vie
49, rue de la Glacière
75013 Paris
Tél. (1) 45 35 78 27

Accueil amical et spirituel aux veuves récentes. Tous les cinq ans, pèlerinage-rencontre international à Lourdes s'adressant à toute veuve, faisant ou non partie du mouvement, spécialement aux jeunes et à celles dont l'épreuve est récente.

Publications :
Reflet, bulletin ronéoté pour les responsables

Pour les femmes séparées ou divorcées
Renaissance
13, rue des Bernardins
75005 Paris
Tél. (1) 46 34 29 74

Groupement chrétien de femmes séparées et divorcées, en vue de les aider à vivre leur épreuve dans un esprit de foi et avec le soutien de la prière commune.

Pour les femmes au service des prêtres
L'aide au prêtre
La Contie
15250 Jussac
Tél. 71 46 62 45

Mouvement fondé en 1946 pour soutenir la vie spirituelle des femmes au service des prêtres et, par là, de la communauté chrétienne ; leurs tâches (accueil, secrétariat, service de l'église...), souvent complétées par d'autres plus directement apostoliques ou liturgiques, les font concourir à l'apostolat des prêtres. Dimension internationale du mouvement.

Pour les retraités et le troisième âge
Mouvement chrétien des retraités M.C.R. (Vie Montante)
84, rue Charles-Michels
93206 Saint-Denis Cedex
Tél. (1) 48 20 37 75

Mouvement organisé en 1962 à partir de la réflexion et de l'expérience d'un groupe de laïcs se réunissant depuis 1951 pour prier et réfléchir à la vocation des « anciens » dans l'Église. Ses équipes apportent à leurs membres une entraide morale et un soutien à leur vie spirituelle (méditation de l'Évangile, prière personnelle et communautaire). Dimension internationale du mouvement.

Pour les malades et handicapés

Divers mouvements s'adressent aux malades et handicapés. Voir « L'Église et le monde de la santé ».

Un foisonnement d'initiatives

De multiples autres formes de groupements spirituels, plus ou moins structurés, constitués parfois au gré des affinités ou du voisinage, ont vu le jour.

D'autres se sont donné une organisation plus élaborée, mais sans lien avec la Conférence épiscopale ; parmi ces derniers, on peut citer :

SEVE (Spiritualité et Vie Évangélique)

Fondé par Madame Hoppenot (14, rue Freycinet, 75116 Paris). La révélation que Dieu est Amour transforme la vie d'un chrétien.

Fraternité Notre-Dame de la Résurrection.

Elle s'adresse à des veuves encore jeunes, pour la plupart ayant des enfants à élever, voulant vivre leur veuvage dans l'espérance de la résurrection (39, rue Gay-Lussac, 75005 Paris). ■

LE RENOUVEAU CHARISMATIQUE

Le renouveau charismatique est un courant de renouveau spirituel qui s'est répandu en France à partir de 1971.

On a coutume de dire qu'il est arrivé dans l'Église catholique par le pentecôtisme américain. C'est en partie vrai, puisque les fondateurs des plus importantes communautés charismatiques catholiques américaines (qui eurent ensuite une influence en Europe) reçurent l'effusion de l'Esprit par l'intermédiaire de la prière de pentecôtistes ; mais, dans les années 70, c'est dans le monde entier, et dans toutes les confessions chrétiennes, que le renouveau charismatique éclata simultanément, embrasant les Églises comme un feu de Pentecôte. Le renouveau charismatique est également appelé « nouvelle Pentecôte ».

Certes, l'Esprit Saint assiste en permanence l'Église ; mais, à certaines époques, il se manifeste avec une force plus éclatante. Ce fut le cas dans l'Église catholique lors des grandes fondations monastiques, et François d'Assise est une référence pour les charismatiques d'aujourd'hui.

Mais, depuis plusieurs siècles, ces renouveaux semblaient s'être cantonnés dans le protestantisme, et les « pentecôtistes » étaient en général rejetés de leurs Églises et poussés à en fonder de nouvelles.

La grande caractéristique du renouveau des années 70 est qu'il se manifeste dans *toutes* les confessions chrétiennes et que ces « baptisés dans l'Esprit », loin de s'en séparer, restent dans leur Église et l'aiment d'un amour revivifié.

N'était-il pas l'exaucement de la prière de nombreux protestants (notamment David du Plessis, Thomas Roberts, Louis Dallière), et de Jean XXIII qui, en convoquant le Concile, appelait de ses vœux une nouvelle Pentecôte sur l'Église ?

D'abord suspecté dans les milieux catholiques, à cause de sa parenté pentecôtiste, le renouveau charismatique fut salué en 1975 par Paul VI comme « une chance pour l'Église et pour le monde », et n'a cessé depuis de s'intégrer à l'Église, d'y servir et de la renouveler de l'intérieur.

Il serait d'ailleurs plus juste de dire que le « renouveau charismatique » n'est que la partie la plus émergée de l'iceberg d'un renouveau de l'Esprit dans toute l'Église.

La première manifestation de l'effusion de l'Esprit est une conversion, qui donne la conscience vive de l'Amour de Dieu. Cela se traduit par la prière de louange, l'amour de l'Écriture, Parole Vivante, et l'amour du frère (d'où la fondation de communautés pour tout partager).

Comme les apôtres au sortir du Cénacle, les charismatiques sont brûlés par la nécessité de proclamer la Parole et d'annoncer Jésus-Christ à temps et à contretemps.

L'amour du frère les pousse à accueillir les plus pauvres, les plus paumés, et à inventer quantités d'actions concrètes à leur service. Ces charismatiques, que l'on dit souvent « désengagés », proposent en fait des alternatives sociétaires. Ce n'est pas « réformer les structures » qui les intéresse, mais ils sont conduits à mettre en œuvre des réalisations et des modes de vie basés sur les valeurs du Royaume de Dieu.

Les charismatiques catholiques sont vraiment des « enfants du Concile », leurs communautés et leurs œuvres étant dues en majorité à l'initiative de laïcs. Les communautés et les groupes, à l'image du Corps du Christ, rassemblent en leur sein la diversité des états de vie, des charismes et des ministères.

MONIQUE HÉBRARD.

Voir Index :
- *Renouveau charismatique*
- *Renouveau communautaire*
- *Groupes de prières*

A lire :

Les Charismatiques, par Monique Hébrard. Cerf. Fides, 125 p.

Le dossier *20 ans de Renouveau charismatique en France*. Revue *Tychique*. Communauté du Chemin Neuf. 10, rue Henri-IV – 69287 Lyon Cedex 2 ■

QUELQUES COMMUNAUTÉS DU RENOUVEAU

• L'EMMANUEL

31, rue de l'Abbé-Grégoire, 75006 Paris. Tél. (1) 42 22 48 57. Fondé en 1972 à Paris. Des maisonnées, résidentielles ou non, réunissent 3 à 6 personnes partageant les exigences de la vie quotidienne en se soutenant dans la prière et l'action apostolique. 3 000 membres, et des fraternités de par le monde.

La communauté anime de grandes assemblées de prière, pratique l'évangélisation dans la rue, organise d'importants rassemblements, notamment l'été à Paray-le-Monial, et s'est vu confier par le cardinal Lustiger une grande paroisse de Paris (la Trinité).

La F.I.D.E.S.C.O. propose à des jeunes de partir pour un temps dans un pays du Tiers-Monde. Une revue à grand tirage : *Il est vivant*. Vie de prière marquée par l'adoration du Saint Sacrement et l'union spirituelle à Marie.

Au cœur de l'Emmanuel, la *Fraternité de Jésus*, où des prêtres diocésains et des laïcs constituent des communautés au service des paroisses.

• LE CHEMIN NEUF

10, rue Henri-IV, 69287 Lyon Cedex 02. Tél. 78 42 72 95. Fondée en 1973. Marquée par le renouveau charismatique et la spiritualité ignatienne. Catholique à vocation œcuménique, accueille divers états de vie. Ministère auprès des jeunes, des couples (Cana), ministère de formation (cycles spécifiques, retraites, sessions, revue *Tychique*) et d'évangélisation (médias). Environ 500 membres en France et à l'étranger. 4 000 membres dans la communion du Chemin Neuf.

• LES BÉATITUDES (nouveau nom du *LION DE JUDA*)

Couvent Notre-Dame, 81170 Cordes. Tél. 63 56 04 36.

Fondé en 1974. Une vie de type monastique, réunissant des couples avec leurs enfants et des hommes et femmes consacrés dans le célibat. Spiritualité marquée par saint François d'Assise et sainte Thérèse de l'Enfant-Jésus. 700 membres et 45 fondations (Afrique, Hongrie, Tchécoslovaquie, Liban, Israël, Italie, Nouvelle-Calédonie, Pérou, etc.). 2 revues : *Feu et Lumière* et *Vivre et faire vivre*. Grands rassemblements à Lisieux et à Lourdes.

La communauté a fondé *Mère de Miséricorde*, accueil par des familles de jeunes femmes enceintes refusant l'interruption de grossesse.

• LES FONDATIONS DU MONDE NOUVEAU

59, rue des Merlettes, 78360 Montesson. Tél. (1) 30 53 43 43. Fondées en 1974 à Poitiers. 2 800 membres en Europe Occidentale (Belgique, France, Grande-Bretagne, Suisse), Amérique latine (Chili), Afrique (Bénin, Burkina-Faso, Togo), Asie (Malaisie, Philippines), Amérique du Nord (Québec).

Vivant de leur conversion à Dieu, des hommes et des femmes se rassemblent en communauté d'alliance en vue de participer à la construction d'un monde nouveau en Jésus-Christ. Pour cela, en Église, ils s'engagent dans le monde à travers diverses actions d'évangélisation.

Quatre priorités : relation à Dieu, formation, vie communautaire, évangélisation.

Des week-ends et sessions sont organisés en vue de transmettre le contenu de la foi et favoriser l'expérience chrétienne.

Des initiatives diverses s'adressent à des catégories socio-culturelles précises, notamment la « Communauté chrétienne de formation » et la « Communauté chrétienne d'adolescents » pour les jeunes désireux de se former dans la foi en vue d'un renouveau de la société ; « Chrétiens pour la cité nouvelle » pour les responsables dans la société ; les « Nouvelles communautés chrétiennes » pour des chrétiens engagés dans la vie paroissiale ou les mouvements d'Église ; la « Communauté de services en Yvelines », avec notamment un projet d'évangélisation pour rejoindre les chrétiens du seuil et les personnes qui n'ont jamais connu la foi ; mais aussi « Renouveau rural », « Communauté chrétienne des aînés », etc.

• PAIN DE VIE

9, place Verte, 59300 Valenciennes. Tél. 27 46 66 27. Fondé en 1976. Reconnu par l'Église en 1984 comme Association de fidèles. Regroupe des laïcs, familles et célibataires, des consacré(e)s et des clercs, avec les plus pauvres – marginaux et autres – autour des enfants, pour une vie partagée de travail, de service et de contemplation. Adoration perpétuelle du Saint Sacrement.

100 membres environ, autant de personnes accueillies ; autant d'enfants. Des compagnons autour de chaque maison.

• PUITS DE JACOB

12, rue des Dentelles, 67000 Strasbourg. Tél. 88 22 11 14. Fondée en 1977. Communauté catholique ouverte à l'œcuménisme. Son nom fait référence au dialogue de Jésus avec la Samaritaine rapporté au chapitre 4 de l'*Évangile de saint Jean*. Travaille à la construction et à la restauration de l'homme en Jésus-Christ par l'accueil, la formation et l'évangélisation.

• COMMUNION DE COMMUNAUTÉS BÉTHANIE

3, rue d'Issy, 92170 Vanves. Tél. (1) 46 42 46 75.

Fondée en 1978. Des communautés autonomes, mais en communion entre elles. Forma- ▶

tion au discernement et à l'accompagnement spirituel. Chaque communauté s'engage selon sa vocation propre : « Notre-Dame de l'Hermitage » accueille pour un chemin de guérison intérieure ; « La Fontaine » anime un café chrétien, etc.

• RÉJOUIS-TOI

8, boulevard Alsace-Lorraine, B.P. 81, 50200 Coutances. Tél. 33 45 04 87.

Communauté de prière et de partage au service de l'évangélisation dans l'Église diocésaine. Fondée en 1975 dans le diocèse de Coutances, reconnue comme association publique de fidèles en 1985, elle s'étend maintenant dans d'autres diocèses de l'Ouest de la France (Bayeux, Nantes, Angers, St Brieuc, etc.), mais aussi dans le Sud (Toulon, Auch, Montauban, Pau) et ailleurs (Amiens, Orléans, etc.). Son désir est de travailler dans l'Église diocésaine, en lien avec d'autres courants d'Église, au service de l'évangélisation des jeunes à travers les pèlés jeunes et les week-ends qui leur font suite. Dans ses locaux à Coutances, elle accueille l'École de la foi, fondée par les 12 évêques de la région apostolique de l'Ouest.

• LE BUISSON ARDENT

37, place des Promenades, 42300 Roanne. Tél. 77 71 38 99.

Fondée en 1981, reconnue par l'archevêque de Lyon comme association privée de fidèles, la communauté regroupe une quarantaine de membres (couples, célibataires, consacrés) vivant ou non sous le même toit. Elle est un lieu de prière (adoration, liturgie, intercession, prière charismatique) et un lieu d'accueil pour un temps de discernement, de guérison intérieure, avec accompagnement personnel.

• LA PAROLE DE VIE

10, rue Berlioz, 06000 Nice. Tél. 93 82 24 93.

Communauté œcuménique proche de la grande communauté américaine « Word of God ».

• COMMUNAUTÉ CHRÉTIENNE DE LA RÉCONCILIATION

111, rue des Stations, 59800 Lille.
Tél. 20 57 23 19. Fax : 20 42 94 22.

Communauté protestante (baptiste) à vocation œcuménique fondée en 1975. Vie communautaire, évangélisation, accueil et service du pauvre.

• LA SAINTE CROIX, grande communauté des débuts, a été dissoute par l'évêque de Grenoble en 1984, et LA THÉOPHANIE, autre grande communauté des débuts, ne compte plus que des communautés monastiques (Cantauque et Jérusalem), les familles s'en étant retirées ■

Qu'est-ce que ?

Berger. Nom donné au responsable d'un groupe de prière ou d'une communauté.

Charisme. Ce n'est pas un mot nouveau. Saint Paul l'emploie pour désigner les *dons* de l'Esprit qui, après la Pentecôte, sont destinés à la construction de l'Église.

Chiffres. Le sociologue américain David Barrett compte dans le monde :
- 176 millions de pentecôtistes (voir ci-dessous)
- 123 millions de charismatiques, dont 64 millions de catholiques.

En France on compte une dizaine de « grandes communautés » (de 30 à 3 000 membres) et une multitude de petites, jamais recensées. Certaines ont un statut canonique d'association de fidèles.
On compte également 1 800 groupes de prière, dont les effectifs vont d'une dizaine à plusieurs centaines de personnes. (Voir Index)

Effusion de l'Esprit. Se refère aux langues de feu qui descendent sur les apôtres au Cénacle et « activent » les dons du baptême.
Est donnée dans la prière et l'imposition des mains par les frères, ou « tombe » sans que l'on s'y attende.

Glossolalie ou « parler en langue ». C'est le charisme qui étonne le plus, mais saint Paul dit qu'il est le plus modeste, le premier des dons étant la charité.
C'est un « chant » spontané, venu du cœur, dans la louange, parfois langage incompréhensible, parfois paroles dans une langue inconnue de celui qui l'émet.

Guérison. C'est sans doute le charisme qui surprend et « scandalise » le plus. Il est pour les charismatiques quelque chose de très simple : un signe de Dieu, guérison physique et spirituelle étant liées.

Pentecôtisme. Mouvement de réveil spirituel qui a éclaté par vagues dès le début du XXe siècle dans les Églises protestantes, en particulier aux États-Unis.

Rassemblement charismatique à Rome.

Ph. CIRIC

Chapitre V

LIVRE II

Les grands secteurs de la pastorale en France

L'Évangile trace du *bon pasteur* auquel Jésus se compare une image restée célèbre : le bon berger connaît par son nom chacune des brebis de son troupeau, court après celle qui est perdue, se préoccupe de celles qui n'ont pas encore rejoint sa bergerie, et enfin donne sa vie pour sauver ses brebis des périls qui les menacent. L'image du bon pasteur, une des premières représentations de l'art chrétien, est toujours restée vivace et parlante jusqu'en pleine civilisation urbaine et industrielle. Jésus, avant de quitter ses disciples, ayant dit à Pierre : « Sois le berger de mes brebis », on a appliqué à ceux qui, dans l'Église, se voient confier une responsabilité de chef de communauté le terme de *pasteur,* et celui de *pastorale* à leur action.

Dès les débuts de l'Église, on a assisté à la mise en place de certaines spécialisations dans la pastorale ; par exemple, l'apôtre Paul est plus directement chargé de l'évangélisation des « gentils », c'est-à-dire des non-Juifs ; des diacres reçoivent la responsabilité de l'entraide au sein de la communauté chrétienne. Plus tard, enseignement, missions extérieures, service des malades ou des pauvres, etc., s'organisent avec leurs institutions propres.

Avec les temps modernes et la complexité croissante de la vie sociale, les problèmes nouveaux et ardus posés à l'action évangélisatrice de l'Église appellent une spécialisation infiniment plus poussée des tâches apostoliques. Ainsi s'est progressivement mis en place, diversement selon les pays et leurs besoins apostoliques, un ensemble varié de secteurs pastoraux ; on évoquera ici ceux qui ont été créés par l'Église en France.

Cette nécessaire diversité de la pastorale ne saurait toutefois aller contre la cohérence du tout. Le pivot de cette unité est constitué dans chaque diocèse par l'évêque : pasteur à qui a été confiée « une portion du peuple de Dieu », c'est à lui qu'il appartient de déterminer les moyens par lesquels s'exercera dans son diocèse la mission de l'Église, tant dans sa pastorale d'ensemble que dans des pastorales sectorisées. Non seulement il doit en assurer la cohérence interne, mais il doit en assurer l'*unité* et la *communion* avec les autres « Églises particulières », et avec l'évêque de Rome, garant de cette unité.

PASTORALE SACRAMENTELLE ET LITURGIQUE

Repères sur une évolution

Au cours des décennies qui ont précédé le concile Vatican II, un réveil biblique, dû à la fois aux travaux des exégètes catholiques, à l'essor de l'Action catholique, et aux rencontres catholiques-protestants dans les camps de prisonniers de la Deuxième Guerre mondiale, a contribué à recentrer sur l'Évangile la piété catholique héritée d'un XIXe siècle assez individualiste et axé sur de nombreuses « dévotions » particulières.

Dans la ligne de ce retour aux sources, un courant de renouveau liturgique s'est développé avec la diffusion du *Missel des fidèles* de Dom Gaspard Lefebvre, avec des expériences comme celle des abbés Michonneau (*Paroisse, communauté missionnaire*, 1946) et Rétif à Colombes, avec l'effort de renouvellement des méthodes catéchétiques. Le Centre de pastorale liturgique (CPL), fondé en 1943, est un témoignage de ce renouveau.

Dans les années 50, l'accent est mis sur la participation active

▶▶▶

La liturgie est le sommet auquel tend l'action de l'Église en même temps que la source d'où découle toute sa vertu. Car les labeurs apostoliques visent à ce que tous, devenus enfants de Dieu par la foi et le baptême, se rassemblent, louent Dieu au milieu de l'Église, participent au sacrifice et mangent la Cène du Seigneur.

Constitution de Vatican II sur la liturgie, ch. 1, n° 10.

Les instances nationales

Commission épiscopale de liturgie et de pastorale sacramentelle

Au niveau national, l'élaboration des documents et la réflexion sur la pastorale liturgique relèvent de la responsabilité de la Commission épiscopale de liturgie et de pastorale sacramentelle. Celle-ci est en lien organique avec le Saint-Siège ; elle prépare les orientations et décisions à soumettre à l'Assemblée plénière de l'épiscopat et en assure l'exécution.
Elle dispose du concours du Centre national de pastorale liturgique (CNPL) et de ses services de musique liturgique et d'art sacré.
Secrétariat : 4, av. Vavin, 75006 Paris.
Tél. (1) 43 25 40 00.

Centre national de pastorale liturgique CNPL 4, avenue Vavin, 75006 Paris. Tél. (1) 43 25 40 00

Le Centre de pastorale liturgique (CPL) existait en France depuis 1943. Sous le sigle CNPL il devient en 1965, conformément à la constitution conciliaire et dans l'esprit défini par elle, un secrétariat de la Conférence épiscopale française.

Les tâches du C.N.P.L.

Elles consistent à mettre en œuvre les orientations de Vatican II, à faire passer au niveau du peuple chrétien l'esprit de la réforme liturgique, à prendre en compte les problèmes nouveaux posés par l'évolution de la société.

• *Édition des livres liturgiques*

Comme secrétariat de l'Association épiscopale liturgique pour les pays francophones (A.E.L.F.), le C.N.P.L. a assuré la traduction, l'adaptation et l'édition en français des livres liturgiques publiés à Rome ; c'est le cas, en particulier, des rituels : du baptême des petits enfants (1969, puis 1984), du mariage (1970), des funérailles (1972), du baptême des adultes (1974), de la confirmation (1976), du baptême des enfants en âge de scolarité (1977), des sacrements pour les malades (1977), des ordinations (1978), du sacrement de la pénitence et de la réconciliation (1978) ; c'est le cas aussi du missel (1974 et 1978), de la Bible de la liturgie (1977), de la liturgie des Heures (1969, puis 1980).

• *Formation des animateurs liturgiques*

Le CNPL suscite des rencontres de travail et des sessions à plusieurs niveaux pour la formation des animateurs liturgiques.
Il propose diverses publications qui constituent des instruments de travail et de formation continue : *La Maison-Dieu*, revue de niveau scientifique international ; *Célébrer*, un dossier paraissant tous les deux mois sur un thème liturgique ; la collection *Célébrations* (brochures d'initiation) ; les *fiches F.A.C.* fournissant des données pratiques sur les différents aspects de la célébration.

• *Recherches face à des problèmes nouveaux*

Les responsables de la pratique sacramentelle et liturgique s'emploient à trouver les éléments de réponse aux questions surgies de situations nouvelles.

L'évolution des mentalités, la baisse de la pratique religieuse, le phénomème accru de non-croyance, mal-croyance ou indifférence religieuse obligent à trouver un langage et des formes de célébrations accessibles aux hommes de ce temps privés de références traditionnelles.

La diminution du clergé et l'accession croissante de laïcs à des responsabilités ont amené à organiser, en particulier dans les secteurs ruraux, des assemblées dominicales de prière liturgique (appelées A.D.A.P., littéralement Assemblées dominicales en l'absence de prêtre). Ce type de célébrations animées par des laïcs a commencé aussi à s'instaurer pour les funérailles. Des questions se posent pour le baptême et le mariage.

La mobilité de la population, phénomème actuel (tourisme, vacances, week-ends, immigration, etc.), invite à une réflexion pastorale : comment faire en sorte que les personnes qui y sont étrangères se sentent « accueillies » dans les communautés dominicales ?

L'augmentation rapide du nombre de divorces rend plus urgente la question : comment aider les « empêchés » des sacrements à assumer leur situation, en particulier dans le cas des divorcés remariés ?

Le secteur musical du C.N.P.L.

En lien avec la Commission épiscopale de liturgie et avec les responsables diocésains de musique liturgique, le secteur musical du C.N.P.L. s'emploie à coordonner et à stimuler les activités des musiciens, autres personnes, et associations qui désirent se former ou mettre leurs compétences au service des assemblées chrétiennes.

Le Comité national d'art sacré (C.N.A.S.)

Également à la suite du concile Vatican II, le Centre national de pastorale liturgique a mis en place un Comité national d'art sacré pour tout ce qui concerne celui-ci.

Ce comité est constitué par les animateurs régionaux et présidé par l'un des évêques de la Commission épiscopale de liturgie. Il est assisté d'experts de l'architecture et des Beaux-Arts.

Sa tâche est de susciter et de coordonner l'action des commissions diocésaines d'art sacré.

Le C.N.A.S., 4, av. Vavin, 75006 Paris, édite une revue trimestrielle *Chroniques d'art sacré*.

Publications

Outre les revues déjà signalées, on peut recommander :
Église qui chante, revue trimestrielle, 85, rue de Paris, 03000 Moulins.
Choristes (4 nos par an), 38, rue des Remparts d'Ainay, 69002 Lyon.
Et le livre *Dans vos Assemblées* (Desclée 1989) sous la direction du P. Gelineau, livre de référence à la fois doctrinale et pastorale.

Ph. CIRIC

Célébration eucharistique en plein air.

Les instances diocésaines

Le concile Vatican II demande explicitement (Constitution sur la Liturgie, n° 45 et 46) que chaque diocèse constitue :

- *une commission liturgique* « pour promouvoir l'action liturgique sous la direction de l'évêque » ;
- autant que possible « *des commissions de musique sacrée et d'art sacré* ».

Généralement, en France, l'évêque nomme un responsable diocésain chargé de la liturgie, de la musique et de l'art sacré. Celui-ci coordonne les efforts des personnes (prêtres, religieuses, laïcs) qui assument effectivement des responsabilités en ce domaine. Il se soucie de leur formation. Son service suppose la mise en place des commissions diocésaines : sacrements-liturgie, musique liturgique, art sacré, qui, quelquefois, sont regroupées en une seule commission.

Rôle de la commission diocésaine d'art sacré

Constituée d'hommes compétents dans le domaine artistique et liturgique, elle est en contact avec les représentants de diverses administrations, des Monuments historiques, des conservateurs de musées, des architectes.

Elle veille au respect et à la restauration du patrimoine artistique religieux et intervient comme conseil pour la construction de nouveaux lieux de culte et l'adaptation des anciens à la liturgie d'aujourd'hui.

Elle poursuit un effort d'éducation du peuple chrétien dans ce domaine.

Rôle de la commission diocésaine de musique liturgique

Il est de veiller non seulement à la valeur du chant et de la musique dans les célébrations liturgiques, mais aussi à leur aptitude à susciter la communion dans la prière. Il est aussi de former des animateurs compétents et de leur donner des instruments de travail adaptés. ■

▶▶▶

des fidèles à la messe, sur la remise en valeur du mystère pascal au sommet de l'année liturgique. Pie XII autorise les rituels en langue moderne, instaure la vigile pascale (1951), les messes du soir et la réduction du jeûne eucharistique à une heure (1953).

Quand s'ouvre le concile Vatican II en 1962, l'un des premiers schémas proposés à la discussion des Pères conciliaires est consacré à la réforme liturgique. C'est le 4 décembre 1963, lors de la clôture de la 2e session, que Paul VI promulgue solennellement la *Constitution sur la liturgie,* qui définit celle-ci comme « le sommet et la source de la vie chrétienne »

En 1972, l'Assemblée plénière de l'épiscopat français vote un texte visant à préciser les tâches et les modalités de la vie liturgique et de la pastorale des sacrements.

Cette note a été remise à jour dans le n° 14 de septembre 1985 de *Documents-Episcopat* par Mgr François Favreau, alors président de la Commission. En 1976, Mgr Robert Coffy présente à l'Assemblée plénière de Lourdes un texte intitulé *Église, assemblée, dimanche,* instrument de réflexion et de travail. L'Assemblée de 1990 reprend ce travail, enrichi d'une réflexion sur le dimanche qui s'était faite dans tous les diocèses de France.

La chapelle de Matisse à Vence

Que ceux de nos amis qui doutent encore de ce que peuvent être la dignité et le pouvoir spirituel des formes aillent donc à Vence. Là ils verront de leurs yeux ce qu'apporte à l'âme et au cœur la beauté des choses parmi lesquelles on vit.

[...] L'œuvre étant achevée, Matisse pouvait nous dire : « Ce que j'ai réalisé dans la chapelle, c'est la création d'un espace religieux [...] »

Et il apparaît ainsi que ces espaces illimités, ces prolongements infinis que Matisse cherchait pour couronner l'œuvre de sa vie, il ne pouvait les trouver que dans un monument lui-même ouvert à des espaces spirituels où la vie de l'homme ne connaît plus de limites, ni dans l'étendue ni dans le temps : c'est-à-dire un monument sacré, un monument religieux.

M.A. Couturier, o.p., *Art. Sacré*, 1951.

UNE PASTORALE DE LA VIE COMMUNE

L'unité dans la diversité ne va pas de soi, même au sein de l'Église, pourtant appelée à être signe et moyen de communion. Des chrétiens s'y emploient, notamment au sein de mouvements qu'on pourrait appeler « de la vie commune », par-delà, par exemple, les frontières des milieux sociaux, mais sans exclure pour autant des spécificités humaines traversant ces frontières (condition féminine, monde des retraités...).

Groupes et mouvements

L'Action catholique générale féminine

A.C.G.F. 98, rue de l'Université, 75007 Paris.
Tél. (1) 47 05 93 89 - Fax : 45 50 44 33

Origines

Il s'agit du plus ancien des mouvements français d'Action catholique, puisque son origine remonte à 1901, avec la fondation à Lyon d'une Ligue des femmes françaises ; en 1902 était fondée à Paris une autre ligue, la Ligue patriotique des Françaises ; les deux ligues devaient fusionner en 1933, constituant un mouvement de masse considérable (son organe *L'Echo des Françaises*, avec un tirage de plus d'un million d'exemplaires, représentait alors la plus forte diffusion de la presse française).

A l'issue de la guerre 1939-1945, au terme d'une évolution favorisée par l'épiscopat français, le mouvement, sous le titre de Ligue féminine d'Action catholique (L.F.A.C.) confirmait son orientation proprement apostolique dans un esprit encore très marqué par le cadre paroissial et le fonctionnement des divers services paroissiaux. En 1954 le mouvement devenait Action catholique générale féminine (A.C.G.F.). tandis que son champ apostolique ne cessait de s'élargir et que la spécificité du rôle de la femme dans la société et dans l'Église prenait toujours plus d'importance aux yeux de ses membres.

Buts apostoliques

L'A.C.G.F. se présente comme un mouvement de femmes participant en tant que telles à la mission d'évangélisation de l'Église. Elle prend en compte les multiples réalités de la vie, et propose des lieux d'accueil où toutes les femmes peuvent prendre la parole, chercher un sens à ce qu'elles vivent, réfléchir dans la foi, rencontrer et célébrer Jésus-Christ.

Le mouvement considère comme un enjeu important la dynamique de la promotion des femmes dans un contexte où hommes et femmes se reconnaissent partenaires. Il se donne les moyens de faire entendre la parole des femmes dans la société et dans l'Église.

Organisation

A la base, des équipes de femmes qui ont une rencontre mensuelle et partagent leur vécu quotidien. Un aumônier participe à leur réflexion.

Elles s'organisent en fédérations géographiques et par diocèses. Dans chaque diocèse une équipe diocésaine avec un aumônier, au plan national une équipe de responsables et un aumônier assurent animation et coordination. Le mouvement est en relation avec le Conseil permanent de l'épiscopat, qui désigne un évêque chargé d'assurer une relation plus immédiate.

L'A.C.G.F. regroupe environ 30 000 femmes en France. Elle organise par ailleurs des « rendez-vous de la vie » ouverts à des femmes hors A.C.G.F., parfois éloignées de l'Église, pour répondre à des problèmes plus spécifiques : par exemple, femmes divorcées, mamans adoptives, etc. Elle organise aussi des « relais » pour des femmes ayant le même type d'engagement : par exemple, conseillères municipales.

La pédagogie de l'A.C.G.F. est celle de la révision de vie : partage du vécu quotidien et partage de foi, les deux s'enrichissant l'un par l'autre.

Publications

Le Gué : journal bimestriel, « plate-forme » d'un dialogue au féminin à l'intérieur et à l'extérieur de l'A.C.G.F.
En équipe au service de l'Evangile : bulletin bimestriel.
Lettre aux équipes diocésaines : trois ou quatre fois par an.

L'A.C.G.F. adhère à l'Union mondiale des organisations féminines catholiques (U.M.O.F.C.).
C'est ce mouvement qui a créé en 1933 les « Bibliothèques pour tous ». Elles ont connu un très grand développement et ont pris leur autonomie en 1971. Elles existent aujourd'hui dans la plupart des villes de France : 1 800 bibliothèques animées par 7 000 bibliothécaires certifiées et bénévoles.
Union nationale Culture et Bibliothèques pour tous
63, rue de Varenne, 75007 Paris.
Tél. (1) 45 55 87 79.

Vivre ensemble l'Évangile aujourd'hui

V.E.A. 12, rue Edmond Valentin, 75007 Paris.
Tél. (1) 47 05 43 31

Buts apostoliques

Ce mouvement d'Action catholique générale est l'aboutissement d'une évolution correspondant aux grandes phases de l'évolution même du catholicisme français depuis 1925. A l'époque était arrivée au pouvoir en France une majorité Cartel des Gauches avec un programme ouvertement anticlérical. Avec l'appui de l'épiscopat, le général de Castelnau fonda alors, sous le nom de Fédération nationale ca-

Ph. Pinoges-CIRIC

Réunion d'une équipe de foyers chrétiens.

tholique (F.N.C.), un mouvement de défense et d'action civique, qui regroupa bientôt une forte proportion de la population catholique masculine. En 1945, l'épiscopat orienta le mouvement vers une activité de type apostolique, essentiellement exercée dans le cadre paroissial, dans l'esprit de l'Action catholique (Fédération nationale d'Action catholique, F.N.A.C.). En 1954, l'orientation apostolique du mouvement s'étant de plus en plus précisée et s'élargissant de plus en plus, au-delà de la sphère paroissiale, vers les lieux et les facteurs de vie commune dans et hors l'Église, il prit le nom d'Action catholique générale des hommes, A.C.G.H. (symétrique du mouvement féminin devenu de son côté Action catholique générale féminine, A.C.G.F.). En 1976, sous la pression de sa base, le mouvement s'ouvrait à la mixité sous le nom de *Vivre Ensemble l'Évangile Aujourd'hui*, tandis que l'A.C.G.F., de son côté, préférait garder son identité spécifique et sa vocation de facteur de promotion de la femme dans la société et dans l'Église.

Organisation

Les équipes V.E.A. rassemblent des personnes appartenant à des milieux socio-professionnels diversifiés ; elles se veulent promoteurs de rencontres et de dialogues entre gens différents au sein des diverses communautés de vie. Leurs réunions se tiennent mensuellement, avec la présence d'un aumônier. Elles sont soutenues par un échelon diocésain (équipe et aumônier diocésains) et un échelon national (équipe et aumônier nationaux).

Le mouvement est en relation avec la Commission épiscopale de la Famille. Il regroupe 10 000 militants (un millier d'équipes) en France. Sa méthode est celle de l'Action catholique (révision de vie sur les faits vécus, éclairée par l'échange sur l'Évangile).

Tout en étant devenu mixte, le mouvement est resté affilié à la Fédération internationale des hommes catholiques (F.I.H.C.).

Publications

Vivre ensemble, revue mensuelle.

Lettre trimestrielle aux Equipes diocésaines, guide pour responsable et aumônier.

Partage et Rencontre

18, rue de Varenne, 75007 Paris.
Tél. (1) 42 22 18 56

Mouvement d'Eglise détaché des deux autres mouvements d'A.C.G. en 1974, où il avait d'abord formé un groupe A.C.G.-Foyers.

Mouvement ouvert à tout chrétien, à toute personne désireuse de réfléchir sur sa vie et de la confronter avec d'autres.

Chaque région apostolique a une équipe ou un couple responsable.

Au plan national une équipe de cinq foyers et un aumônier.

Le mouvement regroupe environ 3 000 personnes.

Publication

Un bulletin de liaison quatre fois par an : « Partage et rencontre ».

Mouvement chrétien des retraités (anciennement « La Vie Montante »)

84, rue Charles-Michels, 93206 Saint-Denis Cedex
Tél. (1) 48.20.37.75 - Fax : 48.20.19.62

Orientations du mouvement

L'arrivée dans le 3e âge de nombreux militants d'Action catholique et d'Action sociale, le phénomène de l'allongement de la vie humaine en même temps que l'avancement de l'âge de la retraite, la multiplication des clubs et groupes divers de personnes retraitées soucieuses de garder des contacts sociaux et une certaine activité bénévole, tout cela explique le surgissement et le développement important du mouvement *Vie montante* dans l'Église.

Nés dans les années 1960 avec une perspective à la fois de vie spirituelle et de relations amicales, ces groupes, généralement liés aux paroisses et aux quartiers, se sont organisés et structurés au plan diocésain et national et constitués en un mouvement d'Église reconnu comme tel par l'épiscopat.

Ses objectifs

D'abord, aider ses membres dans la recherche d'une vie spirituelle adaptée à la retraite, considérée comme un nouvel état de vie.

Ensuite, créer des liens d'amitié et d'entraide entre ses membres, et de solidarité entre les diverses générations de retraités.

Enfin, viser à les ouvrir aux activités ecclésiales (liturgie, service évangélique des malades, services paroissiaux divers, etc.), en même temps qu'aux activités civiques et sociales où les chrétiens ont à être présents et à témoigner de valeurs humaines et spirituelles.

Organisation

Des groupes locaux se réunissent chaque mois avec un aumônier. Une structure classique (responsable, équipes, aumôniers diocésains) assure animation et coordination.

Le mouvement touche environ 300 000 personnes. Il est en relation avec le Comité épiscopal pour les communautés chrétiennes, et en lien avec la *Vie montante internationale.* Il participe à la Commission nationale de pastorale des personnes âgées.

Publications

La Vie montante, bulletin paraissant tous les deux mois.

Lettre aux animateurs et *Notes aux responsables et aumônier diocésains* (trimestrielles).

PASTORALE DES PÈLERINAGES

Dans la tradition chrétienne le pèlerinage a toujours eu le sens d'un ressourcement dans la foi, d'une démarche de conversion personnelle et collective, d'un temps de prière, de pénitence, de vie fraternelle.

Un acte d'Église

Même si, dans l'histoire et aujourd'hui, beaucoup de pèlerins se déterminent seuls à accomplir un pèlerinage, la mise en route d'un groupe de pèlerins est un acte d'Église locale, laquelle en prend la responsabilité spirituelle.

L'appellation de pèlerinage ne saurait couvrir un voyage dont le but serait seulement culturel ou touristique.

Dans chaque diocèse, c'est l'évêque qui est de droit responsable des pèlerinages. Il délègue cette responsabilité à un directeur diocésain nommé par lui, chargé d'organiser des pèlerinages au nom du diocèse.

Dans chaque sanctuaire de pèlerinage, un recteur est responsable de l'organisation des actes cultuels accomplis dans le domaine du sanctuaire et de l'accueil des pèlerins, en collaboration avec les prêtres organisateurs des pèlerinages.

Au plan national

L'Association nationale des directeurs diocésains de pèlerinages (A.N.D.D.P.) a pour but de soutenir et de favoriser l'organisation et l'animation des pèlerinages comme service d'Église. L'A.N.D.D.P. regroupe en France 95 directions diocésaines et 17 directions de pèlerinages nationaux. Elle est en lien avec de nombreuses directions de pays d'Europe.

Chaque année, l'Association tient un congrès sur un thème permettant d'approfondir l'orientation spirituelle à donner aux pèlerinages en fonction des données sociologiques nouvelles ou des besoins ressentis chez les pèlerins. (En 1984 « Pèlerinages chemins de paix » ; en 1985 « Nouvelles cultures, nouveaux pèlerins " (voir encadré page suivante).

Pèlerins à l'image du Dieu étranger

Être pèlerin, nous l'avons dit, c'est marcher sur les pas du Christ. C'est vivre sa marginalité comme une chance. Autrefois, sur les routes de Saint-Jacques en Europe, être pèlerin, c'était accepter d'être pris pour un étranger tout au long de sa route. Qu'est-ce qui pouvait distinguer un pèlerin d'un brigand déguisé en pèlerin ? Aujourd'hui, il me semble qu'être pèlerin, c'est encore, ce doit être toujours, accepter, dans sa chair, de ressembler au Christ, ce Galiléen à l'accent qui le trahissait à Jérusalem, cet homme que les grands prêtres de son peuple ont voulu exclure.

Il me semble que Lourdes permet, en particulier, de ces rencontres où chacun découvre le fait qu'il est étranger. Et il me semble aussi que c'est l'un des bénéfices du voyages à l'étranger.

MICHEL DUBOST,
Au congrès A.N.D.D.P. de Biarritz 1985.

ph. Vioujard-Gamma

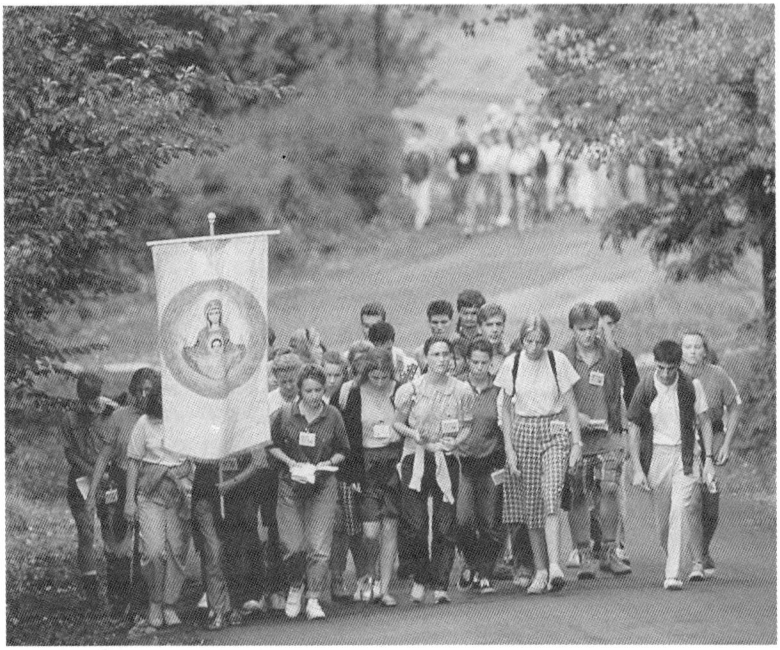

Jeunes pèlerins sur la route de Compostelle.

PAIX-DÉVELOPPEMENT-DROITS DE L'HOMME

Une formidable prise de conscience de l'Église des temps modernes

Le concile Vatican II, en consacrant une constitution pastorale (*Gaudium et Spes,* 1965) à « l'Église dans le monde de ce temps », n'a pas manqué, au nom de l'Evangile, de reconnaître les droits de l'homme tels qu'ils ont été définis dans la Déclaration universelle adoptée en 1948 par les Nations Unies. Depuis l'encyclique de Jean XXIII, *Pacem in terris* (1963), les liens entre la paix, le respect des droits de l'homme et les devoirs qui en résultent étaient devenus une des composantes essentielles de la doctrine de l'Eglise concernant la vie en société et la relation entre les peuples. C'est cette même doctrine qu'a reprise Jean-Paul II dans son encyclique *Redemptor hominis* (1979), et dont il se fait partout à travers le monde l'ardent défenseur : « Tout manquement au respect des droits de l'homme est une atteinte grave à la paix. »

Quant au lien étroit entre la paix, la promotion de l'homme et le développement des pays les moins favorisés, lien déjà souligné par la constitution conciliaire « *L'Eglise dans le monde de ce temps* », il a été mis en relief par l'encyclique *Populorum progressio* (Le développement des peuples 1967) du pape Paul VI, pour qui « le développement est le nouveau nom de la paix ». La même année, Paul VI avait créé la Commission pontificale Justice et Paix, dont

Jean XXIII et les droits de l'homme

Tout être humain a droit à la vie, à l'intégrité physique et aux moyens nécessaires et suffisants pour une existence décente, notamment en ce qui concerne l'alimentation, le vêtement, l'habitation, le repos, les soins médicaux, les services sociaux. Par conséquent, l'homme a droit à la sécurité en cas de maladie, d'invalidité, de veuvage, de vieillesse, de chômage, et chaque fois qu'il est privé de ses moyens de subsistance par suite de circonstances indépendantes de sa volonté.

Tout être humain a droit au respect de sa personne, à sa bonne réputation, à la liberté dans la recherche de la vérité, dans l'expression et la diffusion de la pensée, dans la création artistique, les exigences de l'ordre moral et du bien commun étant sauvegardées ; il a droit également à une information objective.

Encyclique *Pacem in terris,* (n° 11 et 12), 1965.

l'objet est l'étude des problèmes relatifs à la justice et à la paix, et la sensibilisation des catholiques à ces questions ; une commission française de même vocation était créée peu après par l'épiscopat français (voir plus loin).

En France également, c'est sous l'impulsion de Mgr Théas, évêque de Tarbes et Lourdes et ancien déporté, et du cardinal Feltin, archevêque de Paris, que, tout de suite après la Seconde Guerre mondiale est né et s'est développé le mouvement *Pax Christi* (voir ci-après). Notons aussi la déclaration des évêques français à leur Assemblée plénière de Lourdes, en 1983, « Gagner la paix ». Par ailleurs, l'Eglise de France n'a cessé d'encourager les chrétiens à militer aussi bien en faveur du développement (création en 1961 du Comité catholique contre la faim et pour le développement) que contre la torture et le racisme, et à s'engager dans les nombreux organismes non confessionnels concourant à la défense des droits de l'homme ou aux actions pour la paix et le développement.

Pour plus de précisions sur la pensée de l'Église au sujet de la paix, du développement, des droits de l'homme, se reporter à l'Index.

La course aux armements

Au Synode des Evêques réuni à Rome en 1971, le cardinal Gouyon, archevêque de Rennes et président de la section française de Pax Christi, déclare :

« Aux yeux de l'Église, la situation actuelle de prétendue sécurité est à condamner, au nom de la paix qu'elle n'assure pas ; en particulier en raison des armes atomiques. Au nom de la morale naturelle et de l'idéal évangélique, la course aux armements [...] est contraire à l'homme et contraire à Dieu. Cette course folle est donc à proscrire au niveau de l'éthique. »

Instances nationales

C'est à la **Commission sociale de l'épiscopat** que sont habituellement confiées les questions touchant à la paix, au développement et aux droits de l'homme.

Pour ce faire, la Commission est en lien avec les mouvements et organisations catholiques qui s'y consacrent.

Secrétariat national : 8 rue Jean-Bart, 75006 Paris. Tél. (1) 42 22 26 90

Le **Conseil National de la Solidarité**
106, rue du Bac - 75341 Paris Cedex 07 - Tél. (1) 42 22 56 39

Ce Conseil. présidé par un évêque, réunit les responsables des organismes catholiques de solidarité :
Aide à l'Église en détresse
Aide inter-monastères
C.C.F.D.
Délégation catholique pour la coopération
Équipes Saint-Vincent
FIDESCO
Instituts missionnaires masculins
Instituts missionnaires féminins
Œuvres hospitalières françaises de l'ordre de Malte
Œuvres d'Orient
Œuvres pontificales missionnaires
Secours Catholique
Société de Saint-Vincent-de-Paul.
Ce conseil fondé en 1989 est un lieu de concertation et d'échange d'informations.

Groupes et mouvements

Le Centre Lebret

9, rue Guénégaud, 75006 Paris.
Tél. (1) 43 54 25 02.

L'apparition d'un militantisme du développement est un des phénomèmes les plus significatifs de la vie des Églises chrétiennes depuis 30 ans. Né d'un appel dans le cadre de la campagne mondiale contre la faim lancée par la FAO (Organisation des Nations Unies pour l'alimentation et l'agriculture) en 1960, ce militantisme a été conduit, par l'analyse du sous-développement, à un engagement politique pour la transformation du système international. La formation de l'opinion publique est son principal champ d'action.

Voulant mobiliser l'opinion chrétienne, il lui faut traduire sa pratique en pratique de la foi. Par là même, ce militantisme devient collectivement théologien, allant à la rencontre des théologies qui naissent des mouvements de libération.

Le *Centre Lebret,* organisme indépendant animé par des chrétiens, s'est donné pour objectif de suivre, d'observer, d'analyser ces évolutions, aussi bien au sein des Églises du Tiers-Monde que de celles des pays industrialisés.

Un centre de documentation collecte et analyse l'information sur les pratiques et les discours des Églises du Tiers-Monde.

Foi et Développement, bulletin mensuel du Centre, publie des échos de ces observations, de ces analyses, avec le souci de donner en priorité la parole à ceux qui, dans le Tiers-Monde, cherchent à analyser et à interpréter les dynamiques sociales et ecclésiales dont ils sont parties prenantes.

Pax Christi

Secrétariat national : 18, rue Cousté - B.P. 133 - 94234 Cachan Cedex . Tél. 46 63 10 30 - Fax : 46 63 70 88

Né après la Deuxième Guerre mondiale comme un mouvement de prière et de réconciliation franco-allemande, Pax Christi est, par la suite, devenu mouvement d'Église chargé de sensibiliser les chrétiens aux problèmes de la paix, tant au plan de la prière qu'à celui de l'action. Il s'est internationalisé en 1952.

Le mouvement a progressivement élargi ses centres d'intérêts à la lutte contre la faim dans le monde, à la défense des droits de l'homme, aux problèmes de la violence et de la non-violence, de la guerre et du désarmement, du dialogue international.

Les orientations du mouvement

Sa conviction fondamentale étant que la paix est un don de Dieu, il insiste sur la prière personnelle et communautaire (célébrations, pèlerinages, etc.) et il a poussé à l'institution en 1951 du Dimanche de la Paix, élargi en 1956 à la Semaine de la Paix, elle-même moyen de préparer les chrétiens à la Journée mondiale de la Paix instaurée en 1967 par le pape Paul VI.

Par ailleurs, mouvement d'éducation, Pax Christi s'efforce, dans le cadre de ses structures, de réunir jeunes et adultes, clercs et laïcs, hommes et femmes, chrétiens de sensibilités et d'engagements politiques différents, dans une recherche et une réflexion permettant à chaque citoyen de prendre conscience de ses responsabilités dans la construction de la paix.

Ses moyens d'action

- Des publications destinées à agir sur l'opinion publique (Journal de la paix, mensuel ; dossiers et fiches consacrés à des sujets précis et à des publics divers ; bulletin de liaison des militants, etc.) ;
- des sessions d'été pour les adultes et les jeunes ;
- des centres de rencontres et d'animation pour les jeunes pendant l'été et une « Route » internationale ;
- des expositions, conférences, congrès.

Son organisation

Présidence : un évêque en lien avec la Commission sociale de l'épiscopat.

Animation : à l'échelon national, régional, diocésain, deux délégués (un prêtre et un laïc responsable des jeunes). Un Conseil national élu.

LOUIS LEBRET

Le dominicain Louis Lebret (1897-1966), fondateur du Centre et de la revue *Economie et Humanisme* (1942), et de l'Institut de recherche et de formation (IRFED 1958), est l'un des pionniers de l'étude et de la prise en considération des problèmes du développement. Par-delà la mort, il a été l'un des inspirateurs de l'encyclique du pape Paul VI *Populorum progressio* (1967) consacrée au développement.

Comité catholique contre la faim et pour le développement

CCFD 4, rue Jean Lantier, 75001 Paris. Tél. (1) 40 26 51 60 - Fax (1) 45 49 94 50
Il a été suscité en 1961 par l'épiscopat français en réponse à l'appel général adressé par le pape Jean XXIII aux chrétiens, lors du lancement, par l'Organisation des Nations Unies pour l'alimentation et l'agriculture (FAO), de la campagne mondiale contre la faim.
Il se caractérise par :
• le fait qu'il est l'émanation de mouvements catholiques ou services d'Église (voir encadré) qui ont uni leurs efforts, à la demande de l'épiscopat français, pour l'exercice d'une solidarité plus active en faveur du développement du Tiers-Monde ;
• une double vocation, à la fois humanitaire et éducative :
1. action en faveur du développement, en coopération avec ses partenaires du Tiers-Monde ; ses ressources proviennent notamment de la collecte annuelle de carême au sein de la communauté catholique ;
2. éveil de la conscience chrétienne quant aux droits des peuples au développement ; à cet égard, il s'apparente aux organismes comme la commission Justice et Paix et tous ceux qui agissent à propos des droits de l'homme.
A l'échelon de chaque diocèse, le CCFD est représenté par un comité composé de ces mêmes mouvements. 500 équipes locales rassemblant 15.000 membres assurent une tâche d'animation.

Actions principales du CCFD

Soutien financier d'environ 600 projets de développement chaque année dans près de 90 pays, principalement dans les domaines suivants : développement agricole et promotion paysanne, action sanitaire et sociale, développement du Sahel, programme de développement dans une quinzaine de pays d'Asie du Sud-Est, actions pour les droits de l'homme, promotion des travailleurs immigrés. D'autre part, actions multiformes auprès de l'opinion publique en France, formation des animateurs du CCFD.

Les mouvements ou services d'Église dont le CCFD est l'émanation

Action catholique de l'enfance (ACE), Action catholique générale féminine (ACGF), Action catholique des milieux indépendants (ACI), Action catholique des membres de l'enseignement chrétien (ACMEC), Action catholique des milieux sanitaires et sociaux (ACMS), Action catholique ouvrière (ACO), Aumônerie de l'enseignement public, Chrétiens-Médias, Chrétiens dans le monde rural (CMR), Croisade des aveugles, Équipes enseignantes, Guides de France, Jeunesse étudiante chrétienne (JEC), Jeunesse indépendante chrétienne (JIC et JICF), Jeunesse ouvrière chrétienne (JOC et JOCF), Jeunesse mariale, Mouvement des cadres chrétiens (MCC), Mouvement eucharistique des jeunes (MEJ), Mouvement rural de la jeunesse chrétienne (MRJC), Œuvres pontificales missionnaires (OPM), Pax Christi, Scouts de France, Secrétariat général de l'enseignement catholique, Conférences de Saint-Vincent de Paul, Union nationale des centres d'études et d'action sociale (UNCEAS), Vivre ensemble l'Évangile aujourd'hui (VEA).

Quelques organismes catholiques de coopération

Centre de formation pour le développement (CEFODE), 3, rue Saint-Léon, 67082 Strasbourg Cedex. Tél. (1) 88 32 60 02.
Envoi de volontaires pour la réalisation de projets d'animation rurale ou sanitaire, après une préparation en deux fois dix jours.

Centre de rencontres et d'échanges pour le développement (CRED) 5, rue François Bizette, 35000 Rennes. Tél. 99 38 82 49.
Formation de coopérants partant en équipes polyvalentes : agriculture, santé, promotion féminine. Sessions de préparation en 3 semaines ou en week-ends.

Service de coopération au développement (SCD) 42 montée Saint-Barthélémy, 69004 Lyon. Tél. 78 25 41 65.
Envoi de volontaires pour la réalisation de projets d'éducation et de formation professionnelle, de développement agricole et rural, de soins curatifs et primaires, d'animation socio-culturelle et pastorale. Préparation par stages de 9 jours, sessions de départ de 13 jours, rencontres de 3 jours.

Fondation internationale pour le développement économique, social et spirituel (FIDESCO). 31, rue de l'Abbé-Grégoire, 75006 Paris - Tél. 42 22 48 57

Délégation catholique pour la coopération (DCC) 9-11, rue Guyton-de-Morveau, 75013 Paris. Tél. (1) 45 65.96.65.
Créée à la demande de l'État par l'épiscopat français pour traiter avec les ministères intéressés des questions relatives à l'envoi de volontaires en coopération, notamment au titre du service national, elle s'emploie à répondre aux appels des Églises d'Afrique, du Moyen et de l'Extrême-Orient, et d'Amérique latine, concernant des tâches de développement (enseignement, hôpitaux, centres ruraux...). Elle offre deux services :
• coopération au titre du service national ;
• coopération à titre civil.

1. **Au titre du service national.** La DCC s'informe chaque année des besoins des Églises concernées, recrute et sélectionne, parmi les appelés au service national, des volontaires désireux d'accomplir ce service en coopération ; elle soumet leur dossier aux administrations concernées et assure des sessions de formation préalables à leur départ.

2. **A titre civil.** La DCC est chargée par l'épiscopat d'assurer la coordination des activités des organismes catholiques de coopération civile. Elle étudie les candidatures des volontaires, auxquels elle propose soit des postes qu'elle cherche à pourvoir, soit une orientation vers les organismes correspondant le mieux à leurs compétences et à leur souhait.
Entre 1967 et 1988, la Délégation catholique pour la coopération a reçu 13 200 appels venant de 58 pays et a envoyé 9 200 volontaires. Au 1er janvier 1989, 596 coopérants et coopérantes remplissaient des missions dans 53 pays : services de santé 109, animation rurale 72, animation socio-éducative et pastorale 81, enseignement secondaire 213, enseignement technique 49, promotion féminine 19, responsabilité de chantier 16, formation d'instituteurs 15, postes de gestion 22. Parmi ces volontaires : 71 couples, 27 séminaristes, 16 candidats à la vie religieuse.
Les 35 organismes catholiques européens de coopération ont formé entre eux une instance intitulée *Concertation Europe des organismes chrétiens de coopération.*

Il faudrait aussi souligner le rôle exercé par les missionnaires, hommes et femmes, dans l'action en faveur du développement. Une authentique évangélisation ne peut d'ailleurs qu'éveiller les consciences aux responsabilités personnelles et collectives.

Commission française Justice et Paix

71, rue Notre-Dame-des-Champs,
75006 Paris. Tél. (1) 43 25 92 91
Fax : (1) 43 29 09 95.

• Fondée en juillet 1967 sur l'initiative de l'épiscopat français, quelques mois après la création de la Commission pontificale Justitia et Pax par le pape Paul VI, elle a été redéfinie le 30 juin 1979 dans une lettre de mission du cardinal Etchegarray (alors président de la Conférence épiscopale française) comme « une voix autorisée au service de l'Église de France... en ce qui concerne le développement des peuples, la paix et les droits de l'homme ».

• Présidée par un évêque, elle est en lien avec la Commission sociale de l'Épiscopat, où siège son président. Elle fait partie, de la conférence européenne Justitia et Pax, qui assure la relation entre les diverses commissions nationales européennes (de l'Ouest et de l'Est).

• Composée d'une vingtaine de membres venant d'horizons variés (avocats, hauts fonctionnaires, syndicalistes, journalistes, universitaires, éducateurs, religieuses, prêtres, etc.), elle accomplit sa mission :
– par des déclarations publiques, à l'occasion d'événements ou de situations où les droits de l'homme, la paix ou le développement sont en jeu, en quelque pays que ce soit ;
– par une action auprès des organismes publics, par exemple à l'occasion d'une conférence internationale, d'un projet de loi, etc. ;
– par des contacts et des relations avec des Églises ou des groupes de chrétiens engagés dans le combat pour la justice sociale et le respect des droits de l'homme (mission oecuménique en Amérique Centrale, solidarité avec les Églises d'Afrique du Sud pour la lutte contre l'apartheid et pour l'indépendance de la Namibie, soutien des chrétiens en Tchécoslovaquie, en Corée du Sud, etc).

Un organisme œcuménique pour les droits de l'homme

Action des chrétiens pour l'abolition de la torture

A.C.A.T., 252, rue Saint-Jacques 75005 Paris. Tél. (1) 43 29 88 52

Près de la moitié des États du monde, d'orientations politiques les plus diverses et les plus contraires, font de la torture un moyen de gouvernement. Ils ont pourtant, pour la plupart, souscrit à la Déclaration universelle des droits de l'homme proclamée en 1948 par les Nations Unies, dont l'article 5 déclare : « Nul ne sera soumis à la torture ni à des peines ou traitements cruels, inhumains ou dégradants. »

C'est pour lutter contre ces violations permanentes qu'est née en 1961 en Angleterre l'organisation Amnesty International. En 1973, elle avait lancé un appel aux différents groupes socio-culturels, et notamment aux Églises, pour leur demander leur contribution propre à cette action. Ainsi fut créée l'ACAT en 1974, par quelques chrétiens de différentes confessions.

L'ACAT, organisation oecuménique, est institutionnellement indépendante des Églises, mais en relations étroites avec elles. Elle se veut « sentinelle vigilante pour l'Église et pour le monde », en vue de rappeler l'incompatibilité de la torture avec le message évangélique et d'alerter les chrétiens et les communautés chrétiennes à ce sujet. Elle entend donner une dimension spirituelle à cette action par la réflexion doctrinale, des célébrations, des veillées de prière, des jeûnes, etc.

Elle agit en coopération avec Amnesty International, mais les deux organisations sont indépendantes l'une de l'autre.

Évocation de victimes des Khmers rouges, par l'ACAT.

Ph. J. Mayans-CIRIC

Un mouvement contre la prostitution

Le Nid

Association reconnue d'utilité publique.
7, rue du Landy 92110 Clichy.
Tél. (1) 42 70 92 40.
Lutte contre la prostitution, réinsertion sociale des femmes qui en sont victimes.

PASTORALE DES MISSIONS À L'EXTÉRIEUR

Une pastorale des missions extérieures doit s'exercer dans deux buts étroitement tributaires l'un de l'autre :

1. en toute hypothèse, éveiller en tous les chrétiens l'esprit missionnaire, susciter l'intérêt pour l'œuvre accomplie par les missionnaires, provoquer la solidarité spirituelle et matérielle vis-à-vis d'eux ;

2. favoriser l'éveil des vocations missionnaires tant masculines que féminines, et, tant religieuses que laïques.

La France a, de longue date, une tradition missionnaire ; les congrégations missionnaires masculines et féminines d'origine française sont nombreuses.

La proportion des Français parmi les missionnaires a longtemps été prépondérante et reste élevée. En outre, le souci de soutenir l'action des missionnaires a été à l'origine de diverses initiatives, dont la plus notable est celle d'une jeune laïque lyonnaise de 23 ans, Pauline Jaricot (voir Index) qui, en 1822, a fondé l'œuvre de la Propagation de la foi, point de départ des Œuvres pontificales missionnaires (O.P.M.) qui s'exercent aujourd'hui sur un plan international.

COOPÉRATION

Il est possible pour des laïcs d'apporter, dans le cadre de la coopération, leur concours à une présence catholique dans les pays en voie de développement ; en particulier, des jeunes gens peuvent accomplir à ce titre leur service national, moyennant certaines conditions.
Trois à quatre cents personnes partent chaque année de France en qualité de coopérants envoyés par l'un ou l'autre des organismes présentés p.1068, qui assurent leur formation préalable et travaillent en liaison avec les services officiels de la Coopération.

(Voir Index : Coopération).

Ph. CIRIC

Un catéchiste indien.

Les Œuvres pontificales missionnaires (O.P.M.)

5, rue Monsieur, 75007 Paris.
Tél. (1) 47 83 67 95.
Créées à l'initiative des Églises des pays christianisés pour soutenir l'action des missionnaires dans les régions non chrétiennes, les Œuvres pontificales missionnaires (O.P.M.) sont devenues une institution de l'Église universelle et de chaque Église particulière.
Les O.P.M. dont le siège est à Rome constituent une institution unique avec quatre branches :

1. L'Œuvre pontificale missionnaire de la propagation de la foi.

Fondée à Lyon en 1822 par un groupe de laïcs dont la figure centrale était *Pauline Jaricot* (voir Index), elle s'adresse aux jeunes et aux adultes. Elle a pour objectif d'aviver chez tous les membres du peuple de Dieu la conscience de leur responsabilité dans l'annonce de l'Évangile et la croissance de l'Église dans le monde entier, de promouvoir l'entraide spirituelle et matérielle entre les différentes Églises locales et l'échange de personnel apostolique. Elle est répandue aujourd'hui dans plus de cent pays. Chaque année le mois d'octobre est marqué par la prière pour la mission universelle et par une collecte.
L'Œuvre de la propagation de la foi a deux centres en France :
Secteur de Lyon, 12, rue Sala, 69287 Lyon Cedex 1. Tél. 78 83 67 95.
Secteur de Paris, 5, rue Monsieur, 75007 Paris. Tél. (1) 47 83 67 95.
Elle publie la revue *Solidaires, Annales de la Propagation de la Foi et de Saint-Pierre Apôtre.*

2. L'Œuvre pontificale missionnaire de Saint-Pierre-Apôtre a été créée à Caen en 1889 par les dames Bigard pour sensibiliser le peuple chrétien au problème de la formation du clergé local dans les Églises missionnaires et l'inviter à collaborer à la préparation des candidats au sacerdoce par une aide spirituelle et matérielle.
Ces derniers temps, elle a élargi ses objectifs en assurant dans les pays de mission une aide à la formation des candidats et candidates à la vie religieuse.
Elle partage, en France, la même adresse que l'Œuvre de la propagation de la foi.

3. L'Œuvre pontificale de la Sainte-Enfance

Fondée en 1843 par Mgr de Forbin-Janson, évêque de Nancy, sous le nom de Sainte-Enfance, elle s'adresse aux jeunes d'âge scolaire, et aide leurs éducateurs à les amener à un partage de foi et de moyens matériels avec les enfants des régions et des Églises les plus démunies à cet égard. En attirant l'attention des enfants sur les besoins de ceux qui sont matériellement pauvres, elle leur fait découvrir en même temps les richesses de ces dernières en valeurs spirituelles.
Elle publie la revue *Terres lointaines* et un bulletin d'animation *Lettre aux éducateurs.*
Secrétariat national : 15, Villa Molitor, 75016 Paris - Tél. (1) 42 88 25 45.

4. L'Union pontificale missionnaire

Fondée en Italie par le frère Manna, en 1916, et conçue d'abord comme une association de prêtres, elle fut élargie aux religieux et religieuses en 1949. Elle vise à la formation et à l'information missionnaires de ses membres, élargis à des laïcs engagés dans le ministère pastoral de l'Église. Elle favorise les échanges entre tous ceux qui œuvrent au service de l'Église dans les différents continents.
Les supérieurs et supérieures des instituts religieux sont invités à soutenir les O.P.M. en mettant à leur disposition des collaborateurs motivés et compétents.
L'Union pontificale missionnaire publie la revue *Mission de l'Église.* Elle a en France les mêmes adresses que l'Œuvre de la propagation de la foi.

L'organisation des O.P.M. en France

- Un directeur national unique pour les quatre œuvres est nommé par le cardinal préfet de la Congrégation pour l'évangélisation des peuples à Rome. Il est choisi parmi les candidats présentés par le président de la Conférence épiscopale française. Il peut être choisi parmi les évêques.
Il présente ses rapports à la Conférence épiscopale française en qualité de membre de la Commission épiscopale des missions à l'extérieur. Il est assisté de deux vice-directeurs, chargés respectivement des centres de Lyon et de Paris.
- Au sein de l'épiscopat français, c'est à la Commission des missions à l'extérieur qu'il appartient de suivre les questions relatives aux O.P.M.
- La direction des O.P.M. pour la France se trouve 5, rue Monsieur, 75007 Paris. Tél. (1) 47 83 67 95.
- Les délégués nationaux et régionaux des O.P.M. sont chargés soit de secteurs spécialisés (jeunes, malades...), soit de régions apostoliques. Ils sont à la disposition des délégués diocésains pour la coopération missionnaire. ■

Instances diocésaines

Dans chaque diocèse un délégué épiscopal à la Coopération missionnaire (le plus souvent, responsable diocésain des Œuvres pontificales missionnaires), est chargé par l'évêque d'ouvrir la pastorale diocésaine à la dimension de la mission universelle.

Dans chaque région apostolique, un délégué régional à la Coopération missionnaire assure la coordination entre délégués diocésains, sous la responsabilité de l'évêque représentant la région au sein de la Commission épiscopale des missions à l'extérieur. ■

Commission épiscopale des missions à l'extérieur

Au sein de l'épiscopat français, un Comité épiscopal (1963) devenu en 1975 Commission épiscopale des missions à l'extérieur a la charge, au nom de l'ensemble de l'épiscopat, d'aider l'Église de France dans toutes ses composantes (clercs et laïcs) à assumer ses responsabilités dans le domaine de la coopération missionnaire : entraide apostolique aux Églises des pays de mission, inclusion de la dimension missionnaire dans la pastorale française, soutien des œuvres et congrégations missionnaires.

Secrétariat national des missions à l'extérieur

5, rue Monsieur, 75007 Paris. Tél. (1) 47 83 67 95. Il assure en même temps le secrétariat de la Commission épiscopale des missions et celui du Conseil national missionnaire, facilitant la coordination d'ensemble. Il a, entre autres, la charge du fonctionnement du service *Fidei donum* (Don de la foi) (voir plus loin).

Conseil national missionnaire (C.N.M.)

Il est chargé d'assurer l'unité et l'efficacité de la coopération missionnaire. Présidé par le président de la Commission épiscopale des missions à l'extérieur, il comprend des représentants des Œuvres pontificales missionnaires et des congrégations religieuses missionnaires masculines et féminines, des délégués régionaux à la coopération missionnaire, des membres laïcs d'équipes régionales et diocésaines de coopération missionnaire, les responsables du Bureau d'information missionnaire, du Centre de recherche théologique missionnaire, des représentants des organismes et mouvements nationaux, le secrétaire de la Commission épiscopale des missions à l'extérieur.

• *Un Bureau d'information missionnaire (B.I.M.) et un Centre de recherche théologique missionnaire (C.R.T.M)* apportent leur concours au Conseil, 5, rue Monsieur, 75007 Paris. Tél. (1) 47 83 67 95. ■

Un centre d'information missionnaire

C.I.M., 30 rue Lhomond, 75005 Paris.
Tél. (1) 47 07 49 09.

La province de France de la Congrégation du Saint-Esprit a créé ce service pour promouvoir l'usage des moyens audio-visuels dans l'activité missionnaire.

En collaboration avec l'ACNAV (Association catéchétique nationale pour l'audio-visuel) et Chrétiens-Médias, il assure une formation aux animateurs ; il dispose d'archives photographiques, de services de prêt et de diffusion de la catéchèse audio-visuelle élaborée dans les Eglises locales, et d'un service technique assurant conseils, acquisition de matériel, reproduction de photos, bandes sonores, vidéo, etc.

Ph. Tournus

Prêtres « Fidei donum »

Depuis l'encyclique *Fidei donum* publiée à Pâques 1957 par la pape Pie XII, reprise huit ans plus tard par un des chapitres du décret conciliaire *Ad gentes, sur l'activité missionnaire de l'Église*, et, en 1991, par l'encyclique *Redemptoris missio*, les évêques sont invités, au nom de leur responsabilité vis-à-vis du salut du monde entier, à mettre pour un temps un ou plusieurs de leurs prêtres à la disposition des évêques des pays les plus pauvres en clergé. Depuis 1957, plus d'un millier de prêtres français ont ainsi été envoyés par leurs évêques, avec des contrats de trois ans renouvelables. Une session de neuf jours prépare à sa mission le prêtre candidat au départ, mandaté par son évêque.

Nombre de prêtres *Fidei donum* français :

	1988	1992
Afrique	156	134
Asie	7	4
Océanie	2	6
Antilles	9	7
Amérique latine	143	137
TOTAL	317	288

Total des départs (88-92) : 77
Total des retours (88-92) : 100

Il faut noter la présence de nombreux religieux français en pays dits de mission (ainsi, en 1992, en Amérique latine se trouvent 276 religieux et 388 religieuses d'origine française).

Le fonctionnement du service *Fidei donum* en France est assuré par le Secrétariat de la Commission épiscopale des missions à l'extérieur, 5, rue Monsieur, 75007 Paris. (Tél. (1) 47 83 67 95) et par le Comité épiscopal français pour l'Amérique latine (CEFAL) en ce qui concerne ce continent.

Le Comité épiscopal français pour l'Amérique latine (CEFAL)

2, rue de l'Abbé Patureau, 75018 Paris.
Tél. (1) 42 52 07 89 Fax (1) 42 55 49 82.

Il est composé de trois à cinq évêques, choisis selon leur connaissance des problèmes pastoraux du continent latino-américain. En lien avec les diocèses, les principaux mouvements de laïcs, l'Institut du Prado, la Mission de France, la Conférence des supérieurs majeurs, celle des supérieures majeures, le service *Fidei donum* et les autres secrétariat nationaux, le C.E.F.A.L. soutient l'action des Français, clercs, religieux, religieuses et laïcs, qui sont mis au service des Églises d'Amérique latine. Ils sont quelque six cents (à comparer aux dix-huit mille Espagnols). Il organise les échanges entre les Églises latino-américaines et l'Église en France.

Le président du C.E.F.A.L. nomme un délégué dans chacun des neuf pays où il est présent (deux au Brésil).

Le C.E.F.A.L. est en relation avec les organismes semblables existant en Europe et avec le Conseil épiscopal latino-américain (CELAM). Avec eux, il constitue un comité formant l'organisme consultatif de la Commission pour l'Amérique latine (département de la Secrétairie d'État à Rome). Son secrétaire est nommé par le conseil permanent de l'épiscopat.

L'Œuvre d'Orient

20, rue du Regard, 75006 Paris.
Tél. (1) 45 48 54 46

L'Œuvre d'Orient a été fondée en 1856 par diverses personnalités françaises, notamment l'abbé Lavigerie, futur cardinal et archevêque d'Alger et fondateur des Pères Blancs.

Elle groupe 230 000 adhérents (principalement en France, mais aussi en Belgique) qui aident de leur prière et de leurs offrandes l'action des diverses congrégations religieuses présentes dans le Proche et le Moyen-Orient ; ce soutien concerne principalement l'enseignement (écoles, collèges, universités, séminaires...), soit au total 200 000 jeunes, mais également l'action médicale (hôpitaux, asiles, dispensaires, qui reçoivent environ 3 000 000 de personnes chaque année), et l'entraide aux plus dépourvus.

Elle subventionne plus de 2 500 établissements appartenant à près de 70 congrégations installées dans l'ensemble de l'Orient, jusqu'aux Indes et en Ethiopie, en passant par la Turquie, le Liban, l'Egypte ; elle soutient de nombreuses communautés de rites orientaux.

L'Œuvre d'Orient exerce son action au service de populations de rites et de croyances divers et, en union avec le Saint-Siège, apporte sa contribution à l'union des chrétiens. Dépendant directement de la Congrégation pour les Églises orientales à Rome, elle n'est rattachée à aucune Commission épiscopale française, mais la nomination de son directeur est soumise à l'agrément non seulement de la Congrégation romaine des Églises orientales, mais à celui du Conseil permanent de l'épiscopat français et de l'archevêque de Paris (en tant qu'« ordinaire » pour la France des catholiques de rite oriental).

UNE PASTORALE POUR L'UNITÉ DES CHRÉTIENS

La recherche œcuménique au sein du catholicisme français repose sur une tradition déjà longue, puisque le *Père Portal* l'avait déjà engagée à la fin du XIXe siècle. Des membres du corps enseignant lançaient en 1927 une revue, l'*Amitié*, pour faciliter le dialogue entre les confessions chrétiennes. L'*Abbé Couturier* proposait dès 1935 une « Semaine de l'Unité », allant du 18 janvier (fête de la Chaire de saint Pierre à Rome) au 25 janvier (fête de la conversion de saint Paul), semaine pendant laquelle les chrétiens prieraient « pour l'unité que le Christ veut par les moyens qu'il voudra ». En 1936 était créé le centre œcuménique *Istina*. L'année suivante, le *Père Congar*, avec le livre *Chrétiens désunis*, faisait avancer la réflexion théologique tandis que des théologiens, de diverses confessions, prenaient l'habitude de se réunir, à titre privé, à la Trappe des Dombes (Ain). Les abbayes bénédictines du Bec-Hellouin et de Ligugé sont, elles aussi, très engagées dans la recherche œcuménique.

Les instances diocésaines et nationales

Chaque évêque est dans son diocèse le responsable de la marche vers l'unité des chrétiens. La plupart des évêques ont nommé pour les aider dans cette tâche un délégué diocésain à l'œcuménisme.

Chaque région apostolique dispose également d'un délégué régional nommé par les évêques de la région.

Les relations entre Églises demandant une réflexion et une action d'ordre national, la Conférence épiscopale française a créé pour permettre cette réflexion et cette action une commission épiscopale pour l'unité des chrétiens, assisté d'un secrétariat pour l'unité.

Un œcuménisme européen : voir Index.

Conférence des Églises européennes à Chantilly, le 11 avril 1978.

Ph. Arjault-Gamma

Le Secrétariat pour l'unité des chrétiens

80, rue de l'Abbé-Carton, 75014 Paris
Tél. (1) 45 42 00 39. Fax (1) 45 42 03 07.

Fondé en 1963, il relève de la Commission épiscopale ayant le même objet. Il est assisté dans ses travaux par des théologiens consulteurs. Le secrétaire national est nommé par la Conférence épiscopale. Neuf délégués régionaux sont en outre désignés par les évêques de chaque région.

Le secrétariat publie depuis 1971 la revue trimestrielle *Unité des chrétiens* (diffusée dans soixante-quatre pays).

Le secrétariat a la charge d'organiser, du côté catholique, les rencontres avec les autres confessions dans le cadre de comités mixtes. Avec les protestants, réformés et luthériens, des rencontres ont lieu trois fois par an depuis 1966, avec sept interlocuteurs de chaque côté. Les questions de fond y sont abordées ; certains textes communs sont publiés (par exemple sur la pastorale des foyers mixtes, ou, en 1985, à propos du tricentenaire de la Révocation de l'Édit de Nantes).

Par ailleurs, les délégués du conseil permanent de l'épiscopat et du conseil permanent des Églises luthéro-réformées se retrouvent une fois par an, depuis 1980, pour examiner la pratique de la pastorale dans l'Église.

Avec les anglicans, une réunion annuelle de quelques jours a lieu une fois par an, depuis 1970.

Avec les orthodoxes, des rencontres ont lieu deux fois par an depuis 1980. Les patriarcats de Moscou et de Constantinople y sont représentés. On y traite surtout de questions pastorales.

De même que Jean XXIII avait invité au concile Vatican II des observateurs venant des autres confessions chrétiennes, de tels observateurs sont invités à l'assemblée plénière annuelle de l'épiscopat français, et les protestants en font autant à leurs synodes. Les échanges sont constants entre la Commission sociale de l'épiscopat et la Commission sociale, économique et internationale de l'Église réformée ; il est vrai que, s'agissant en l'occurrence de questions qui ne sont pas doctrinales, les différences d'appréciations sont minimes.

De grandes rencontres nationales interconfessionnelles de responsables sont organisées périodiquement. Depuis 1968, elles avaient lieu tous les deux ans, à Bièvres. Depuis 1974, elles ont lieu tous les trois ans à Chantilly.

Il faut signaler le retentissement qu'a eu dans les Églises chrétiennes le document intitulé *Baptême, eucharistie, ministère* publié par la commission Foi et constitution du Conseil œcuménique des Églises après sa rencontre de Lima, tenue en 1982 sur ce sujet capital pour l'avenir des relations entre Églises. Les théologiens français des diverses confessions ont procédé ensemble à divers échanges à son sujet, dont la synthèse a été publiée par la revue *Unité des chrétiens* du Secrétariat catholique français pour l'unité.

Le Conseil d'Églises chrétiennes en France

Le Conseil français comprend sept représentants catholiques (dont six évêques, parmi lesquels le président et le vice-président de la Conférence épiscopale), sept représentants protestants, sept représentants orthodoxes et arméniens, un observateur anglican.

Il a vu le jour en décembre 1987, à l'initiative de l'épiscopat français et conformément aux orientations du Secrétariat romain pour l'Unité des chrétiens.

Il est le 33e Conseil d'Églises chrétiennes au monde à avoir une participation catholique, mais 39 autres sont encore dépourvus d'une telle participation.

Lieu d'écoute, d'information, de dialogue, le Conseil se propose en outre des initiatives communes touchant la présence et le témoignage chrétiens dans la vie en société.

La Semaine de l'Unité (18-25 janvier)

Initiative prise en France par l'abbé Couturier en 1935, elle est aujourd'hui célébrée dans les Églises chrétiennes du monde entier. Elle est préparée conjointement par le Secrétariat romain pour l'unité des chrétiens et le Conseil œcuménique des Églises. Entrée désormais dans la mémoire collective des Églises, elle permet, par la prière et diverses formes de rencontres, d'associer l'ensemble du peuple chrétien à cette préoccupation et de l'inciter à une attitude d'ouverture.

Un service commun d'information

Une diffusion d'information officielle des Églises est assurée en commun par l'Association des services d'information chrétienne (A.S.I.C.), dont le siège est la Fédération protestante de France, 47, rue de Clichy, 75009 Paris :
- B.I.P. publie les nouvelles du Bureau d'information protestant ;
- S.N.O.P. publie celles du Secrétariat national de l'opinion publique (catholique) ;
- S.O.P. publie celles du Service orthodoxe de presse ;
- B.S.S. reprend les trois initiales pour publier les nouvelles oecuméniques.

Des centres œcuméniques

- Istina, 45, rue de la Glacière, 75013 Paris.
- Unité chétienne, 2, rue Jean-Carrières, 69005 Lyon. Documents pour la Semaine de l'Unité ; organisation de retaites ; revue *Unité chrétienne.*
- Centre Saint-Irénée. Revue *Foyers mixtes,* 2, place Gailleton, 69002 Lyon.
- F.O.I. (Formation œcuménique interconfessionnelle). Cours par correspondance.
- C.L.E.O. (Culture, loisirs œcuméniques). Organisation de voyages interconfessionnels dans le monde entier, avec l'idée qu'un voyage favorise la connaissance mutuelle, le partage des découvertes et la rencontre sur place d'autres Églises. (S'adresser au Secrétariat national pour l'unité des chrétiens).
- Institut supérieur d'étude oecuménique. Rattaché administrativement à l'Institut catholique de Paris mais avec un comité de patronage et un corps enseignant interconfessionnels. Divers niveaux de formation proposés.
21, rue d'Assas, 75270 Paris Cedex 06.

Des groupes de foyers mixtes (conjoints catholiques et protestants)

- Ils se sont constitués en diverses villes de France, avec le soutien de prêtres et de pasteurs. Leur réflexion a permis de trouver des dispositions plus souples, propres à respecter les consciences, pour la célébration des mariages mixtes, le baptême et l'éducation religieuse des enfants qui en sont le fruit. En 1972, Mgr Elchinger, évêque de Strasbourg, a accepté dans son diocèse que, sous certaines conditions précises, l'hospitalité eucharistique puisse être ouverte aux conjoints de foyers mixtes. En 1983, la Commission épiscopale pour l'unité des chrétiens a rappelé que cette ouverture ne pouvait qu'être exceptionnelle, compte tenu des conceptions doctrinales différentes des Églises sur la question des sacrements. Toutefois, elle s'en remet à la conscience de chacun. (Entre catholiques et orthodoxes, ce ne sont pas les difficultés dogmatiques qui font obstacle à l'hospitalité eucharistique – admise par l'Église catholique selon certaines conditions – mais les orthodoxes lient l'eucharistie et l'Église de telle manière que, dans leur perspective, elle n'est pas possible).

L'A.C.A.T., (Action des chrétiens pour l'abolition de la torture)

252, rue Saint-Jacques, 75005 Paris - Tél. (1) 43 29 88 52.
Dès sa création en 1974, ce mouvement a été œcuménique. (Voir Index).

On pourrait évoquer maintes autres initiatives prises conjointement par des chrétiens de confessions diverses : groupes bibliques ou d'études religieuses, actions communes dans le domaine social (soutien des chômeurs, des immigrés ...), contacts entre religieuses catholiques et diaconnesses protestantes, etc.

La communauté de Taizé

- Compte tenu de son rayonnement auprès des jeunes, la communauté de Taizé, en Saône-et-Loire, mérite une mention particulière. Fondée par des protestants suisses et vivant dans un style monastique, elle est aujourd'hui de caractère à la fois international et interconfessionnel; elle comprend des frères catholiques. Outre les foules, notamment de jeunes, qu'elle attire sur place à longueur de temps, elle organise fréquemment de vastes rassemblements mondiaux en divers points du monde (1985 à Madras, en Inde, pour la clôture de l'Année de la jeunesse). Les propositions faites aux jeunes portent en particulier sur la lutte contre la pauvreté et l'apprentissage de la contemplation. Les relations de la communauté avec la hiérarchie catholique, sans être organiques, sont très cordiales.

Sur les questions de fond relatives à l'unité des chrétiens, se reporter à l'Index aux mots Œcuménisme, Églises orientales anciennes, Église orthodoxe, Églises de la Réforme, Convergences et divergences entre confessions chrétiennes, etc.

Relations entre catholiques et religions non chrétiennes

Le Comité épiscopal pour les relations avec le judaïsme

2 bis, quai des Célestins, 75004 Paris
Tél. (1) 42 74 03 68.
Alors qu'à Rome, la Commission pour les relations avec le judaïsme est un département du Secrétariat pour l'unité des chrétiens, c'est un secrétariat particulier qui a cette mission en France. Cela s'explique par l'importance de la communauté juive (650 000 personnes), la plus nombreuse d'Europe après celle de l'U.R.S.S.
Le secrétariat relève du Comité épiscopal pour les relations avec le judaïsme, créé en 1969. Ce comité a publié en 1973 des orientations d'application du document conciliaire concernant le dialogue avec le judaïsme.
L'action du comité est appuyée par celle de l'Amitié judéo-chrétienne de France (10, rue de Rocroy, 75010 Paris. Tél. (1) 42 80 30 29), association qui, depuis 1949, réunit juifs et chrétiens afin de combattre l'antisémitisme, et se donne en outre pour tâche de faire mieux connaître par les chrétiens les sources bibliques et juives du christianisme.

Le Secrétariat pour les relations avec l'islam

71, rue de Grenelle, 75007 Paris -
Tél. (1) 42 22 03 23
Créé en 1973 par la Conférence des évêques de France, dans l'obédience spirituelle du Conseil pontifical pour le dialogue inter-religieux, et dans l'esprit du concile Vatican II, il a pour objet de promouvoir le dialogue entre les deux communautés, chrétienne et musulmane, en France. Il s'efforce d'aider les chrétiens dans leurs relations avec les musulmans (en France environ 3 millions de personnes sont de culture marquée par l'islam), de susciter des rencontres inter-religieuses, et de conduire une recherche théologique sur la place de l'islam dans le plan divin du salut. En 1986, l'Assemblée plénière des évêques de France avait mis à son ordre du jour la place de l'islam en France.

Pour une information sur le **judaïsme et l'islam,** se reporter à ces mots dans l'Index.

PASTORALE DES VOCATIONS

Le mot *vocation* vient du latin *vocare*, appeler, et signifie appel. L'appel de Dieu à la foi, et à la vie avec lui pour toujours, est universel ; il s'adresse à tous.
L'appel peut aussi se faire plus précis, en vue d'une mission déterminée ou d'un mode de vie particulier ; l'Ancien et le Nouveau Testament en donnent de multiples exemples.
Selon la conception chrétienne, c'est l'Esprit Saint qui suscite le sentiment intérieur d'un appel à suivre le Christ de telle ou telle façon, qu'il s'agisse d'un engagement consacré au service de l'Église (prêtrise, diaconat, vie religieuse), ou d'un autre type d'engagement, de nature laïque par exemple. Il appartient évidemment aux responsables de l'Église, en cas d'appel à un engagement consacré, de s'assurer du sérieux de la motivation et des aptitudes à y répondre. Ils peuvent, de leur côté, estimer que l'Esprit Saint appelle tel ou tel à une mission déterminée au service de l'Église et lui en faire part. Dieu appelle qui il veut ; mais la réponse reste toujours libre.

Ph. Pinoges-CIRIC

Le grand séminaire de Lyon à Francheville.

Pour plus de précisions sur le sacrement de l'Ordre, les ministères, le clergé, la vie religieuse, les missions extérieures, les séminaires, etc., se reporter à l'Index.

Les instances diocésaines

Qui est chargé de la pastorale des vocations ? C'est, au premier chef, l'évêque dans son diocèse.

Il est assisté, dans ce domaine par une équipe diocésaine des vocations, animée par un prêtre (ou un religieux) nommé par lui ; elle s'emploie à susciter les prises de conscience et la réflexion à propos des vocations, notamment au moyen de rencontres, en particulier avec des jeunes, et en organisant la journée annuelle des vocations dans les paroisses.

Les instances nationales

La réflexion sur les vocations au plan national relève plus directement de la Commission épiscopale du clergé et des séminaires et de la Commission épiscopale de l'état religieux, qui disposent à cet effet du *Service national des vocations*.

Le Service national des vocations

106, rue du Bac, 75341 Paris Cedex 07.
Tél. (1) 42 22 51 20
Il a été institué par l'épiscopat français en vue de promouvoir une pastorale propre à favoriser les vocations répondant aux besoins diversifiés de la mission de l'Église.
Une attention particulière est portée aux vocations de prêtres, de diacres, et aux diverses formes de la vie consacrée (vie monastique, vie religieuse, etc.).

Les orientations et activités du Service sont délibérées au sein d'un Conseil pastoral, présidé par l'évêque qui y représente la Commission épiscopale du clergé et des séminaires. La direction du Service est assurée par un coordonnateur nommé par l'épiscopat.

Le Service :

- se livre à une recherche théologique et pastorale assurant ses bases à l'action pastorale à mener ;
- se tient en relation avec les équipes diocésaines des vocations, et met à leur disposition les moyens appropriés à leur activité (sessions, rencontres, documentation, matériel, etc.) ;
- assure au plan national la liaison avec les mouvements de laïcs, les responsables de la formation sacerdotale, les instituts de vie consacrée, etc. ;
- est en contact avec les organismes analogues au sien dans le monde.

Il publie divers périodiques (*Vocations*, et *Jeunes et vocations*, trimestriels ; *Semailles*, fonds commun pour bulletins diocésains).

ADRESSES

Commission épiscopale de l'État religieux
25, boulevard des Arènes - 24000 Périgueux
Tél. 53 53 47 89
Commission épiscopale Clergé-Séminaires
Presbytère de la cathédrale, rue de la Chantrerie - 46000 Cahors
Tél. 65 35 27 80
Aide au Prêtre (L') - La Contie - 15250 Jussac
Tél : 71 46 62 45.
Auxiliaires du Sacerdoce. « Bethléem » - Rte de Volesvres - 71600 Paray-le-Monial
Tél. 85 88 84 15

LES SÉMINAIRES EN FRANCE[1] (1992-93)

Régions	Séminaires	Cycles	Diocèses
Ile-de France	Saint-Sulpice (Issy-les-Moulineaux)	1er	Paris, Créteil, Nanterre, St-Denis, Versailles, Corbeil, Pontoise, Meaux, Amiens, Beauvais, Châlons-sur-Marne, Reims, Soissons, Troyes, Rouen, Le Havre, Évreux.
	id.	2e	Paris, Créteil, Nanterre, Saint-Denis, Versailles, Corbeil, Pontoise, Meaux, Rouen, Le Havre, Évreux.
	Paris	1er et 2e	Paris
	Sémin. univers. des Carmes à Paris	Études universitaires	Séminaire de Paris
Nord	Lille	1er, 2e et 3e	Lille, Cambrai, Arras
	Arras	1er	Arras
	Reims	2e	Amiens, Beauvais, Soissons, Reims, Châlons-sur-Marne, Troyes, Langres
Pays de Loire	Angers	1er	Angers, Le Mans, Luçon, Nantes, Ile Maurice
	Nantes	2e et 3e	Angers, Le Mans, Luçon, Nantes, Ile Maurice
Normandie	Caen	1er, 2e et 3e	Bayeux, Coutances, Sées
Bretagne	Rennes	1er, 2e et 3e	Rennes
	Vannes	1er et 2e	Vannes, Quimper, Saint-Brieuc, Laval
Centre	Orléans	1er et 2e	Blois, Bourges, Chartres, Nevers, Orléans, Tours
Sud-Ouest	{ Dax	1er	Bayonne, Dax, Tarbes, La Réunion, Les Seychelles
	{ Bayonne	2e	Bayonne, Dax, Tarbes
	{ Poitiers	1er	Agen, Angoulême, Bordeaux, La Rochelle, Limoges, Périgueux, Poitiers, Tulle
	{ Bordeaux	2e	Les mêmes
Midi	Toulouse	1er et 2e	Toulouse, Albi, Carcassonne, Perpignan, Pamiers, Rodez, Montauban, Auch, Cahors, La Guadeloupe
	Sém. de l'Institut cathol. de Toulouse	Études univers.	
Provence-Méditerranée	Avignon	1er, 2e et 3e	Avignon, Montpellier, Mende, Nîmes, Digne, Gap, Marseille, Nice, Ajaccio, La Martinique, Monaco
	Aix	1er, 2e et 3e	Aix
	La Crau	1er, 2e et 3e	Toulon
Centre-Est	Paray-le-Monial [2]	1er	Autun
	Le Puy	1er	Le Puy
	Francheville	1er et 2e	Lyon, Saint-Étienne, Annecy, Chambéry, Belley, Clermont, Valence, Viviers, Grenoble, Belfort-Montbéliard, Besançon, Saint-Claude
	Sém. univers. de Lyon	Études univers.	
Est	Dijon	1er	Autun, Dijon, Langres, Sens
	Villers-les-Nancy	1er	Metz, Verdun, Nancy, Saint-Dié.
	Metz	2e	Metz, Nancy, Saint-Dié, Verdun
	Strasbourg [3]	1er et 2e	Strasbourg

1. Les diocèses français disposent d'un séminaire universitaire commun à Rome.

2. Le séminaire de Paray-le-Monial offre la particularité d'un 1er cycle sur 3 années, la première étant consacrée à la formation spirituelle ; les séminaristes du diocèse d'Autun ont le choix, pour le 1er cycle, entre ce séminaire et celui de Dijon.
Paray-le-Monial accueille des séminaristes d'autres diocèses avec l'accord de leur évêque.

3. L'Université d'État de Strasbourg comporte une faculté de théologie catholique fonctionnant dans le cadre du Concordat de 1801, toujours en vigueur en Alsace et en Moselle, et des accords intervenus entre le gouvernement français et le Saint-Siège en 1923 ; elle délivre des diplômes d'État.

PASTORALE
DES MÉDIAS ET DE L'INFORMATION

Les instances diocésaines

Les centres diocésains d'information

Sous différentes appellations (CDI, Chrétiens-Médias ou autres), ces centres existent dans tous les diocèses de France.
Leur objectif est de promouvoir sur place la pastorale des médias et de la communication, sous la responsabilité de l'évêque et en lien avec les autres instances du diocèse.

Leur tâche est multiple et très diverse selon les diocèses. D'une part, ils sont en relation avec les médias locaux. D'autre part, ils s'efforcent de faire prendre conscience à l'ensemble de la communauté chrétienne de l'importance du phénomème des médias et de la nécessité d'une présence chrétienne dans le monde de la communication. Un des moyens dont ils disposent est celui de la Journée de la Communication sociale fixée au premier dimanche de février dans l'ensemble des paroisses de France.

Les instances nationales

Mais le domaine des médias est assez souvent un domaine où les actions ont un champ national. La réflexion sur cette pastorale a été confiée à la Commission épiscopale de l'Opinion publique dont relèvent deux organismes :
1) le Service Information-Communication.
2) Chrétiens-Médias Fédération.

Le Service Information-Communication

106, rue du Bac, 75341 Paris Cedex 07. Tél. (1) 42 22 61 70. Fax (1) 45 48 13 39.
Il constitue une des composantes du Secrétariat général de l'épiscopat ; son responsable, secrétaire général adjoint de l'épiscopat, est le porte-parole de la Conférence des évêques de France et le secrétaire de la Commission épiscopale de l'opinion publique.
Il est chargé de diffuser les informations officielles concernant l'Église universelle et l'Église en France (textes et documents, événements et situations, commentaires, etc.). Pour cela, il est en lien constant avec les professionnels de la presse écrite et parlée ; il organise des conférences de presse à leur intention ; il leur facilite l'accréditation et l'accès à l'information dans toutes les circonstances importantes de la vie de l'Église, telles que les voyages du pape, les synodes, les assemblées épiscopales, les congrès, etc.

Publication :

SNOP (Service catholique français d'information), bulletin hebdomadaire, associé avec le *BIP* (Bulletin protestant d'information), également hebdomadaire, et le *SOP* (Service orthodoxe de presse), mensuel.
Renseignements et abonnements à l'A.S.I.C. (Association des services d'information chrétienne) 47, rue de Clichy, 75009 Paris.

Chrétiens-Médias Fédération Nationale

47, quai des Grands-Augustins, 75006 Paris. Tél. (1) 43 26 19 78. Fax (1) 43 29 72 78.

Jusqu'à une époque récente, l'organisation Chrétiens-Médias était formée, au plan national, de trois associations : Chrétiens-Médias Fédération, regroupant les organismes diocésains chargés des médias (voir plus haut), suscitant leurs initiatives et stimulant leur réflexion ; Chrétiens-Médias Services, dont relevait un large éventail d'activités (livre, cinéma, affiches, enregistrement sonore, formation aux médias, minitel Gabriel...) ; Chrétiens-Médias National, inspirant, coordonnant et subventionnant les deux autres associations. A la suite de difficultés financières, il a été procédé à une importante refonte du dispositif : Chrétiens-Médias Services et Chrétiens-Médias National ont été dissous, seule a subsisté l'association Chrétiens-Médias Fédération Nationale. Son activité comporte désormais :
• l'aide aux diocèses et aux régions, avec le concours de permanents nationaux ;
• l'organisation, avec l'aide des organisations diocésaines, de la *Journée chrétienne de la Communication* ;
• un bulletin de liaison *CHA* ;
• L'édition d'affiches.
Un projet d'action relative à la T.V. est à l'étude.
Par ailleurs :
• le minitel GABRIEL a été confié, au moins pour un temps, au Centre d'information et de documentation religieuses du diocèse de Paris (8, rue Massillon, 75004 Paris. Tél. (1) 46 33 01 01), qui en assure la marche en lien avec un certain nombre d'autres diocèses ;
• le groupe chargé de l'appréciation morale des films subsiste, sous la responsabilité de Chrétiens-Médias Fédération ;
• la publication des *Fiches du Cinéma*, documentation présentant les films au fur et à mesure de leur sortie, a été reprise par une association du diocèse de Versailles, en lien avec Chrétiens-Médias-78 ;
• la participation au *Festival de Cannes* a été confiée à Chrétiens-Médias Nice.

Le premier aréopage des temps modernes est le monde de la communication, qui donne une unité à l'humanité en faisant d'elle, comme on dit, « un grand village ». Les médias ont pris une telle importance qu'ils sont, pour beaucoup de gens, le moyen principal d'information et de formation ; ils guident et inspirent les comportements individuels, familiaux et sociaux.

Jean-Paul II,
encycl. *Redemptoris missio*, n° 37 (1991)

Pour beaucoup de personnes, la réalité correspond à ce que les médias définissent comme telle ; ce que les médias ne reconnaissent pas explicitement paraît insignifiant. Le silence peut ainsi se trouver imposé de facto *à des individus ou des groupes que les médias ignorent ; la voix de l'Évangile peut, elle aussi, se trouver par là réduite au silence, sans être pour autant entièrement étouffée.*

Instruct. pastor. *Aetatis novae*, n° 4
(Conseil pontif. pour les communic. soc.) (1992)

Formation aux médias

Des stages de formation aux médias sont organisés en de nombreux diocèses (notamment par les associations Chrétiens-Médias), en relation ou non avec l'un des organismes nationaux énumérés ci-après. Ces derniers ont leurs propres activités de formation, auxquelles peuvent s'adresser les personnes intéressées.
• ACNAV, Association catéchétique nationale pour l'audiovisuel, 3, rue Amyot, 75005 Paris. Tél. (1) 45 87 26 11.
• CREC-AVEX, Centre de recherche et communication audio-visuel, expression de la foi, 12, rue de Chalin, B.P. 70, 69132 Écully Cedex. Tél. 78 33 42 20. Fax 78 43 33 65. Il travaille en lien avec l'Université catholique de Lyon.
• Département de Communication, Université catholique de Lyon, 10-12, rue A.-Fochier, 69228 Lyon Cedex 02. Tél. 72 32 50 50. Fax 72 32 50 19.

Il est ainsi très important, pour l'attitude que l'Église doit adopter envers les médias et face à la culture qu'ils contribuent à élaborer, d'avoir toujours présent à l'esprit « qu'il ne suffit pas de les utiliser pour assurer la diffusion du message chrétien et de l'enseignement de l'Église, mais il faut intégrer le message dans cette nouvelle culture créée par les moyens de communication moderne, (...) avec de nouveaux langages, de nouvelles techniques et de nouveaux comportements » [1]*. L'évangélisation actuelle devrait trouver des ressources dans la présence active et ouverte de l'Église au sein du monde des communications.*

Instruct. pastor. *Aetatis novae*, n° 11
(Conseil pontif. pour les communic. soc.) (1992)

(1) Jean-Paul II, encycl. *Redemptoris missio*, n° 37

Émissions religieuses télévisées

Comité français de radio-télévision

121, avenue de Villiers, 75849 Paris Cedex 17.
Tél. (1) 47 66 01 08.

Constitué sous la forme d'une association selon la loi de 1901, il est chargé par l'épiscopat d'assurer l'émission catholique *Le Jour du Seigneur* à la Télévision française (tous les dimanches de 10 h 30 à 12 h sur France 2, programme repris par France 3 en Martinique, Guadeloupe, Guyane, Tahiti, Nouvelle-Calédonie, Réunion, St-Pierre et Miquelon, et par plusieurs télévisions de pays africains francophones).

Créée en 1949, cette émission est beaucoup plus que la retransmission en direct de la messe dominicale (fort appréciée, notamment par les personnes malades, handicapées, âgées, pour lesquelles elle constitue un temps fort de vie spirituelle) ; par son *magazine* et par ses *témoignages* en direct, elle exprime la vie des chrétiens, leurs engagements dans les domaines les plus divers ; elle évoque les grands traits de la vie de l'Église.
Les animateurs de l'émission entretiennent des relations étroites avec ceux des autres émissions religieuses du dimanche (juive, orthodoxe, protestante) ; certaines émissions sont parfois réalisées en commun (pour la Semaine de l'Unité, par exemple).
Touchant chaque dimanche plus de 2 millions de personnes, l'émission *Le Jour du Seigneur* est pour l'Église un incomparable moyen apostolique dans le domaine des médias.

La chaîne France 2 apporte son concours technique et couvre les frais des émissions en direct et des enregistrements en studio. Le Comité français de Radio-Télévision doit assumer pour sa part la charge financière de la préparation des émissions, des films, des salaires de l'équipe de tournage, des collaborateurs aux émissions, de ses frais administratifs (au total 3 millions et demi par an), le tout à couvrir par les dons volontaires des fidèles et sympathisants.

Ph. Tournus

Émissions religieuses de radio

Radios à diffusion nationale

France Culture
Dimanche
7 h 15 : « Horizon », magazine religieux.
8 h : « Foi et tradition » ou « Orthodoxie »
8 h 30 : Service protestant.
9 h 10 : « Écoute Israël ».
10 h : Messe.

RFI
Dimanche 11 h 02. « Chemins de lumière », actualité religieuse.

Europe 1
Dimanche 7 h 55 : « Le père Caro ».

RTL
Dimanche 7 h 45 : « Un chrétien vous parle ».

RMC
Dimanche 8 h 15 : « Église d'aujourd'hui ».

Sud Radio
Dimanche 8 h 07 : « Bon dimanche ».

Des radios locales

Beaucoup d'entre elles ont pris ou accueilli l'initiative d'émissions régulières ou ponctuelles sur des sujets religieux, avec le concours de chrétiens. Se référer aux programmes publiés dans la presse locale, ou se renseigner auprès du service diocésain d'information... Consultez le supplément et l'index.

Les dons de Dieu aujourd'hui...

Nous réaffirmons que « l'Église considère ces moyens de communication comme « des dons de Dieu ». Selon l'intention de la Providence, ils doivent engendrer entre les hommes des rapports fraternels susceptibles de favoriser son dessein de salut ». (1) Tout comme l'Esprit a aidé les prophètes anciens à déchiffrer le plan de Dieu à travers les signes de leur temps. Il aide aujourd'hui l'Église à interpréter les signes de notre temps et à réaliser sa tâche prophétique qui comporte l'étude, l'évaluation et le bon usage, désormais fondamentaux, de la technologie et des moyens de communication sociale ».

Extrait de l'instruction pastorale *Aetatis novae* du Conseil pontifical pour les Communications sociales (22 février 1992)

(1) *Communio et progressio* n° 2, in AAS, LXIII (1971), pp. 593-594

Radios chrétiennes Voir Index

Radio Vatican, créée en 1931 par Pie XI, émet en 33 langues ; son émetteur lui permet depuis 1955 de toucher le monde entier.
En France, les émissions en langue française sont reçues sur ondes courtes (49, 41, 31, 10, 25, 55 m) et sur ondes moyennes après le coucher du soleil (196 m. 1530 khz).

Des adresses

Association des écrivains catholiques
12, rue Edmond-Valentin, 75007 Paris.
Tél. (1) 47 05 43 31.

Association française des journalistes de l'information religieuse (AJIR), 13 bis, rue des Bernardins, 75005 Paris - Tél. (1) 46 34 29 74

Association des journalistes catholiques (AFJC)
2, chaussée de la Muette - 75016 Paris

Centre d'études religieuses
24, rue des Boulangers, 75005 Paris,
Tél. (1) 43 54 56 16.

Cercle Saint-Jean-Baptiste,
6, rue Jean Ferrandi, 75006 Paris.
Tél. (1) 45 44 73 51.

Messe France Culture
67, rue Saint-Dominique - 75007 Paris

U.N.C.E.A.S. (Union nationale des centres d'étude et d'action sociale)
2-4, rue de l'Échiquier, 75010 Paris
Tél. (1) 48 24 95 07

Groupe des éditeurs de livres religieux
35, rue Grégoire-de-Tours, 75006 Paris
Tél. (1) 43 29 75 75 - Fax (1) 43 29 68 95

Syndicat des libraires de littérature religieuse
2, rue Émile-Augier - 26000 Valence
Tél. (16) 75 43 12 90 - Fax (16) 75 56 06 59

Association des bibliothèques ecclésiastiques de France (ABEF), B.P. 9 - 56001 Vannes Cedex

Foi et culture

Il existe de multiples lieux de réflexion en ce domaine (moins qu'autrefois cependant). Signalons :

Confrontations
61, rue Madame, 75006 Paris.
Tél. (1) 45 48 04 44.

Association qui réunit philosophes, historiens, juristes, théologiens, sociologues et publie les cahiers *Recherches et Débats.*

Voir aussi **Service, Incroyance et Foi** p. 1078.

Le livre religieux en France en 1990

- De 60 à 80 éditeurs, dont une dizaine assurent 90 % du chiffre d'affaires.
- 7.880.000 exemplaires (2,40 % de l'édition française).
- 253.013.000 F de chiffre d'affaires (1,94 % de l'édition française).
- Environ 170 libraires spécialisés ; des rayons religieux, parfois au sein des rayons « sciences humaines », dans beaucoup de librairies générales, mais avec un moindre choix.

L'ensemble de la presse catholique totalise plus de 13 millions d'exemplaires et 500 titres, couvrant une vaste gamme de formules, depuis le quotidien national jusqu'aux nombreux organes de mouvements (*Message* du Secours Catholique tire, à lui seul, à près de 1 200 000 exemplaires), de congrégations, de diocèses ou de paroisses, en passant par l'importante presse périodique nationale et provinciale, tant pour adultes que pour jeunes ou pour enfants.

Une presse variée.
On distingue 4 grands types de presse, en fonction de leur émetteur.
La presse grand public : plus de 5 000 000 exemplaires.
La presse éditée par les mouvements
catholiques : 5 300 000 exemplaires.
La presse paroissiale : 2 500 000 exemplaires.
La presse institutionnelle : plus de 100 000 exemplaires.
Au total : 13 000 000 exemplaires.

La presse grand public.
Elle s'est adaptée à l'évolution très rapide du marché.
Elle compte plus de 80 titres s'adressant à tous les publics et à tous les âges.
Globalement, la diffusion de ces revues s'est accrue de 10 % au cours des dix dernières années.
Ce résultat a été obtenu par un renouvellement constant des formules, pour assurer les positions des revues-phares (*La Croix-L'événement, Pèlerin-Magazine, Notre temps, La Vie, Témoignage Chrétien...*), mais aussi par un effort de lancement de nouveaux titres adaptés aux attentes des publics : depuis 1980, une quinzaine de nouvelles publications sont venues enrichir le champ de la presse catholique française.

Des organes de représentation

Cette presse comporte des titres à diffusion nationale et des titres à diffusion régionale. Certains des uns et des autres se sont regroupés pour se doter d'organes de représentation et de promotion correspondant à leur caractère spécifique : le **Centre national de la presse catholique (CNPC)**, et l'**Association nationale de la presse catholique de province (ANPCP).** Aucun de ces organismes, malgré leur caractère pluraliste, ne regroupe cependant la totalité des titres de sa spécificité. Par exemple ni l'hebdomadaire *France catholique* (12, rue E.-Valentin, 75007 Paris) ni le bi-mensuel *L'homme nouveau* (1, place Saint-Sulpice, 75006 Paris) n'adhèrent au CNPC.

La presse catholique nationale

Le *Centre national de la presse catholique* (12, rue Ampère, 75017 Paris) rassemble 28 titres diffusés à 2 430 000 exemplaires touchant 7 300 000 lecteurs.

Publications adhérant au Centre national de presse catholique CNPC :
L'Actualité religieuse dans le monde (1) Mensuel.
Astrapi (2). Bi-mensuel pour les 7-10 ans.
Cahiers pour croire aujourd'hui (3). Bi-mensuel. Une revue des jésuites.
Croissance (1). Mensuel. Le magazine du Tiers-Monde.
La Croix-L'Événement (2). Quotidien catholique.
La Documentation catholique (2). Bi-mensuel (publie notamment les principaux textes de l'Église).
Famille chrétienne (4). Hebdomadaire au service des familles.
Fêtes et Saisons (5). Magazine mensuel sous forme de dossiers sur des sujets intéresssant la vie chrétienne.
Feu et lumière (7). Mensuel de vie spirituelle.
La foi aujourd'hui (2). Mensuel de réflexion chrétienne.
Fripounet (6). Hebdomadaire pour les 8-10 ans.
Grain de soleil (2). Magazine mensuel pour les 8-11 ans.
Okapi (2). Bi-mensuel pour les 10-15 ans.
Panorama (2). Mensuel chrétien.
Pèlerin Magazine (2). Hebdomadaire catholique.
Perlin (6). Hebdomadaire pour les 4-8 ans.
Peuples du monde (9). Magazine mensuel de la mission universelle.
Phosphore (2). Le magazine mensuel des années de lycée (3e-Terminale).
Points de repère (2). Co-édité avec le Centre national de l'Enseignement religieux (CNER). Pour les catéchistes et parents des 7-12 ans. 7 numéros par an.
Pomme d'Api (2). Mensuel pour les 3-7 ans.
Prier (1). Mensuel.
Télérama (1). Hebdomadaire. TV, radio, cinéma, musique.
Témoignage chrétien (9). Hebdomadaire chrétien d'information.
Terres lointaines (10). Magazine missionnaire mensuel des jeunes réalisé par l'œuvre pontificale de l'Enfance missionnaire.
Triolo (6). Bi-mensuel pour les 11-14 ans.
Vermeil (2). La foi au fil des ans.
La Vie (1). Hebdomadaire chrétien d'actualité.
Vie chrétienne (3). Revue de réflexion spirituelle.

(1) Malesherbes-Publications, 163, Bd Malesherbes, 75017 Paris, Tél. (1) 48.88.46.00.
(2) Bayard-Presse, 5, rue Bayard 75008 Paris.
Tél. (1) 45 62 51 51.
(3) 14, rue d'Assas 75006 Paris.
Tél. (1) 45 48 52 51.
(4) 52, rue Taitbout 75009 Paris.
Tél. (1) 42 81 49 94.
(5) 29, Bd de Latour-Maubourg 75007 Paris.
Tél. (1) 45 50 34 07.
(6) Fleurus-Presse, 21, rue du Fbg St-Antoine 75550 Paris Cedex 11. Tél. (1) 40.02.63.00.
(7) BP 8. 50140 Mortain
(8) 21, rue du Fbg Saint-Antoine 75011 Paris.
Tél. (1) 40 02 62 62.
(9) 8, rue François-Villon 75015 Paris.
Tél. (1) 45 31 13 00.
(10) 49, rue du Fbg - Poissonnière 75009 Paris.
Tél. (1) 42 46 37 50.
(11) 15, villa Molitor 75016 Paris.
Tél. (1) 42 88 25 45.

La presse catholique de province

L'*Association nationale de la presse catholique de province (ANPCP)* rassemble une trentaine d'hebdomadaires, d'un tirage total de 450 000 exemplaires (estimés toucher 2 500 000 lecteurs) ; elle assure à ses adhérents, qui conservent toute leur indépendance, divers services : bulletin hebdomadaire d'informations et reportages, pages d'informations générales et religieuses, programmes de radio et T.V.

L'Ami du Peuple, 30, rue Thomann, 67082 Strasbourg Cedex. *L'Ami des Foyers chrétiens,* B.P. 329. 57016 Metz Cedex. *Aurore du Bourbonnais,* B.P. 625, 03006 Moulins Cedex. *Courrier Français,* B.P. 506, 33005 Bordeaux Cedex. *Courrier du Léon,* 55, route de Brest, B.P. 104, 29103 Quimper Cedex. *Croix Jurassienne,* 18, rue de Ronde, B.P. 173, 39005 Lons-le-Saunier Cedex. *Courrier Savoyard,* 3, rue Sommeiller, B.P. 225, 74006 Annecy. *Croix de la Haute-Marne,* 1 bis, rue Chambrulard, B.P. 50, 52200 Langres. *Croix du Nord,* B.P. 27, 59009 Lille Cedex. *L'essor,* B.P. 186, 42005 Saint-Étienne Cedex. *Indépendance du Haut-Anjou,* 24, rue Chevreul, 53200 Château-Gontier. *Liberté de l'Yonne,* 4, rue Belle-Pierre, B.P. 142, 89002 Auxerre Cedex. *Lozère Nouvelle,* B.P. 117, 48000 Mende. *Peuple Libre,* B.P. 16, 26001 Valence Cedex. *Renaissance,* 13, rue des Deux-Ponts, 71600 Paray-le-Monial. *Renouveau,* Place du Clauzet, 43000 Le Puy. *Le Rouergat,* 12, rue Abbé-Bessou, B.P. 225, 12002 Rodez Cedex. *Semaine de Provence,* B.P. 109, 13253 Marseille Cedex. *Le Semeur Hebdo,* B.P. 201, 63000 Clermont-Ferrand. *Terre Vivaroise,* 29, rue Franki-Kramer, B.P. 132, 07104 Annonay Cedex. *Vie Nouvelle,* 6, rue Ducis, B.P. 927, 73009 Chambéry Cedex. *Voix de l'Ain,* 6, rue de la Paix, B.P. 88, 01003 Bourg-en-Bresse. *Herria,* 64780 Ossès. *Croix du Midi,* B.P. 503, 31011 Toulouse Cedex. *La Vie Quercynoise,* B.P. 127, 46003 Cahors Cedex. *La Voix du Cantal,* B.P. 31, 15004 Aurillac. *La Vie Corrézienne,* 6, rue Maréchal-Brune, 19316 Brive-la-Gaillarde. *L'Écho de l'Ouest,* 15, rue Contrescarpe, 44000 Nantes. *La Renaissance du Loir-et-Cher,* 3, rue d'Artois, 41000 Blois. *Le Courrier du Treguier,* 55, route de Brest, B.P. 104, 29103 Quimper Cedex. *Journal de la Grotte,* Domaine de la Grotte, 65100 Lourdes.

L'Église et l'incroyance

A l'égard de personnes qui se situent volontairement en dehors d'elle, l'Église entend respecter leur propos. Mais, à la lumière de la déclaration conciliaire sur la liberté religieuse, elle a cependant voulu engager le dialogue avec ceux qui l'acceptent.

Le Service Incroyance et Foi

8, rue Saint-Simon, 75007 Paris - (1) 45 44 66 38
En 1966, l'épiscopat a créé un Secrétariat national pour les Non-Croyants, organisme d'Église dont le responsable est nommé par le Conseil permanent de l'épiscopat. Il a pris en 1975 le nom de Service Incroyance et Foi (S.I.F.).

Il suscite rencontres et débats sur des sujets d'intérêt général permettant des échanges entre points de vue différents. Il est aussi l'interlocuteur des organismes préoccupés par la question de la foi, qu'ils la combattent ou qu'ils cherchent à en discuter en tant que fait de société ou composante de la culture. Tel est, par exemple, le cas des loges franc-maçonnes et du parti communiste. Les textes romains qui ont trait à la participation des catholiques à leurs activités les intéressent évidemment au premier chef.

Instances diocésaines

Dans la plupart des diocèses, une ou deux personnes désignées par l'évêque poursuivent une activité analogue sur un plan plus localisé. Les délégués diocésains s'appuient sur un réseau de correspondants qui suscitent des rencontres, ponctuelles ou durables, entre chrétiens et incroyants. On y traite de problèmes éthiques, de questions religieuses, de tel événement qui appelle réflexion, etc. Certaines rencontres sont organisées à l'échelon national.

Les responsables du S.I.F. sont aussi invités à faire part de leur expérience devant des chrétiens engagés (Action catholique, paroisse universitaire, etc.) ou devant des prêtres qui s'interrogent sur la forme que doit prendre leur mission dans une société marquée par l'indifférence. Le S.I.F. publie une revue trimestrielle : *Incroyance et Foi.*

ENSEIGNEMENT PRIVÉ CATHOLIQUE

Enseignement primaire et secondaire

REPÈRES HISTORIQUES

Au XIXe siècle, en France, l'enseignement étant assuré par la collectivité publique depuis la Révolution et l'Empire, il s'agit pour l'enseignement catholique de se voir reconnaître le droit d'ouvrir ses propres écoles ; la liberté d'enseignement est successivement instaurée en 1833 pour l'enseignement primaire (loi Guizot), en 1850 pour l'enseignement secondaire (loi Falloux), en 1875 pour l'enseignement supérieur ; elle est un moment remise en cause par les dispositions hostiles aux congrégations enseignantes adoptées pendant la période 1898-1908.

Dans la seconde moitié du XXe siècle, c'est la question de l'aide financière de l'État à l'enseignement privé, condition de sa survie, qui passe au premier plan ; les lois Barangé (1951), Debré (1959), Guermeur (1977) définissent le cadre contractuel de cette aide. Le projet de « service national laïc d'enseignement unifié » de la majorité de gauche portée au pouvoir en 1981, qui remettait en cause ce dispositif, provoque en 1984 une mobilisation sans précédent des partisans de la liberté d'enseignement, bien au-delà des clivages confessionnels et politiques ; le projet est alors abandonné et le statut contractuel confirmé sous réserve de diverses modalités d'application. L'Assemblée de la conférence des évêques de France de mai 1992 a confirmé les statuts de l'enseignement catholique et son soutien à celui-ci.

▶▶▶

« PROJET » DE L'ÉCOLE CHRÉTIENNE

Depuis 1976, sous l'impulsion du Comité national de l'enseignement catholique, ont été diffusées des « propositions de recherche de vérité pour une école catholique » qui constituent en quelque sorte la charte de tous ceux qui animent les communautés éducatives chrétiennes.

Ces propositions s'articulent autour de 5 lignes de force :

- Pour une école qui contribue à plus de justice.
- Pour une école qui permette l'expression et l'éducation de la liberté.
- Pour une école qui soit ouverte sur la vie.
- Pour une école qui favorise de nouvelles relations entre les jeunes, entre les adultes, entre les jeunes et les adultes.
- Pour une école qui permette aux jeunes de donner un sens à leur vie.

Son apport original est de lier dans le même temps et le même acte l'acquisition du savoir, la formation de la liberté, l'éducation de la foi : elle propose la découverte du monde et le sens de l'existence. (Déclaration épiscopale sur l'éducation de la foi, 1969).

Chaque école catholique jouit d'une large initiative dans son fonctionnement ; l'animation incombe à la communauté éducative qui rassemble les divers partenaires concernés : chef d'établissement, corps enseignant, autres personnels, aumônerie, parents, gestionnaires, anciens élèves, association propriétaire.

Les instances nationales

La mission de l'école catholique s'exerce, en ce qui concerne ses aspects nationaux, sous la responsabilité de la Commission épiscopale du monde scolaire et universitaire ; celle-ci comporte, outre une sous-commission Enseignement public, une sous-commission Enseignement catholique. Le Secrétariat général de l'enseignement catholique en constitue en quelque sorte l'exécutif pour ce qui concerne ce dernier enseignement, et le Comité national en est l'organe de participation.

Secrétariat général de l'enseignement catholique

S.G.E.C. 277, rue Saint-Jacques 75005 Paris. Tél. (1) 43 29 12 77

Créé en 1951 par l'Assemblée des cardinaux et archevêques de France, il fonctionne sous la responsabilité de la Commission épiscopale du monde scolaire et universitaire, qui désigne le secrétaire général et ses adjoints. Il coordonne et s'emploie à animer en permanence l'ensemble de l'enseignement catholique primaire et secondaire (général, technique, agricole), et dispose à cet effet des services nécessaires (administratif, juridique, pédagogique, prospective, catéchèse, formation des personnels, etc.).

Comité national de l'enseignement catholique (CNEC)

277, rue Saint-Jacques, 75005 Paris. Tél. (1) 43 29 12 77

Présidé par l'évêque président de la Commission épiscopale du monde scolaire, il regroupe les représentants des diverses instances nationales concernées par l'enseignement catholique, et notamment :

- le secrétaire général de l'enseignement catholique et ses adjoints ;
- les représentants des directeurs diocésains de l'enseignement catholique ; des organes de gestion des établissements ; des organisations professionnelles de chefs d'établissements ; des organisations professionnelles du personnel enseignant, administratif et de service ; des religieux et religieuses enseignants ; des directeurs des centres de formation pédagogique ; des associations de parents d'élèves ; des associations d'anciens élèves ; de l'Action catholique des membres de l'enseignement chrétien.

Le Comité national, ou selon le cas sa Commission permanente, sont habilités à exprimer auprès de la Commission épiscopale du monde scolaire et du Secrétariat général de l'enseignement catholique tous avis sur les questions de leur ressort et, dans les domaines prévus par les statuts, à prendre les décisions appropriées.

L'ENSEIGNEMENT CATHOLIQUE EN QUELQUES CHIFFRES

2 000 000 d'élèves, soit 93 % de l'enseignement privé et 17,6 % de la population scolaire française. Premier degré : 900 000 élèves, soit 13,8 % du total des élèves du premier degré. Second degré : 1 100 000 élèves, soit 20,1 % du total des collégiens, 19,5 % du total des lycéens et 32 % du total des élèves de l'enseignement agricole.

9 750 établissements, dont 390 préélémentaires. 6 390 élémentaires, 1 735 collèges, 784 lycées (enseignement général et technique), 521 lycées professionnels. L'implantation la plus dense se trouve dans les régions de l'Ouest, du Nord et du Centre-Est.

Les instances diocésaines

Directions diocésaines de l'enseignement catholique

Dans chaque diocèse, le directeur (prêtre ou laïc) est nommé par l'évêque ; associé au Comité diocésain de l'enseignement catholique (CODIEC), il nomme les directeurs d'établissements et s'assure de la bonne marche des établissements et de l'accomplissement par eux de la mission propre à l'enseignement catholique.

Comités diocésains de l'enseignement catholique (CODIEC)

Institués en 1978 par l'épiscopat français, ils regroupent dans chaque diocèse, autour du directeur diocésain de l'enseignement catholique, les représentants des instances pastorales, des organismes de gestion des établissements, des chefs d'établissements, des enseignants, des parents d'élèves.

Leur mission est d'animer et coordonner l'enseignement catholique dans le diocèse et de veiller au caractère propre des établissements. Une coordination régionale des CODIEC est assurée par des Comités académiques de l'enseignement catholique (CAEC).

Organismes de gestion des établissements

Ils assurent la personnalité juridique des établissements scolaires, sont responsables de leur gestion er de leur administration, sont les employeurs de leur personnel. Les parents d'élèves y sont largement présents. Ces organismes sont groupés en unions départementales, elles-mêmes rassemblées en Fédération nationale des organismes de gestion des établissements d'enseignement catholique (FNOGEC).

Syndicats du personnel enseignant, administratif, de service

- Syndicat national de l'enseignement catholique (SNEC-CFTC)
- Fédération de l'enseignement privé (FEP-CFDT)
- Fédération nationale des syndicats professionnels de l'enseignement catholique (SPELC)
- Syndicat national des chefs d'établissement de l'enseignement libre (SNCEEL)
- Syndicat des directeurs d'école
- Syndicat des directeurs de collège
- Enseignement technique et professionnel
- Enseignement agricole
- Éducation physique et sportive
- Pédagogie et formation

Associations de parents d'élèves

- Union nationale des associations de parents d'élèves de l'enseignement libre (UNAPEL). Regroupant les associations constituées auprès de chaque établissement, elle représente 800 000 familles (Voir Index).

Religieux et religieuses enseignants

- Religieuses en mission éducative (RME)
- Union des frères enseignants.

Les évêques rappellent fermement leur attachement à l'école catholique, à son projet éducatif propre et aux moyens indispensables à sa mise en œuvre.
[...] Qu'il y ait des lieux où soient proposées, au cœur même du projet scolaire, les valeurs inspirées de l'Évangile, apparaît, dans une société pluraliste, comme une contribution originale au service de jeunes en quête de sens pour leur vie. Cette proposition de la foi dans le respect de la liberté donne au projet éducatif de l'école catholique son vrai caractère et sa dimension profonde.

Assemblée plénière de l'Épiscopat français, Lourdes 1981.

Ph. Phot'r

Vue aérienne d'une partie des bâtiments de l'Institut catholique de Lille, (quartier Vauban).

▶▶▶

L'enseignement supérieur

L'Église, qui est historiquement à l'origine des universités, a senti la nécessité, lorsque la société civile a pris en charge l'enseignement universitaire, que subsiste une forme d'enseignement supérieur d'esprit chrétien.

Dans le pluralisme qui caractérise la société moderne, l'université catholique constitue un mode essentiel de présence de la pensée chrétienne au sein du monde de la culture, de la recherche et de la formation supérieure. Point de rencontre entre les données de la Révélation et les grandes disciplines intellectuelles, elle a à

Cinq établissements universitaires catholiques français

Chacun d'eux a son organisation propre autonome. Mais, à la demande de l'Assemblée plénière de l'épiscopat, ils ont constitué entre eux, en 1973, une Union des établissements d'enseignement supérieur catholique (UDESCA) destinée à favoriser la convergence de leurs efforts. Son siège est à l'Institut catholique de Paris.
L'UDESCA est elle-même en relation avec la Commission épiscopale du monde scolaire et universitaire.
Les universités catholiques françaises sont membres de la Fédération des universités catholiques européennes F.U.C.E. et de la Fédération internationale des universités catholiques F.I.U.C.

Institut catholique de Paris

21, rue d'Assas, 75270 Paris Cedex 06.
Tél. (1) 42 22 41 80
Il comprend un ensemble d'Unités d'études et de recherche (UER), facultés, instituts et écoles, regroupés en trois grandes sections : Sciences théologiques et religieuses, Lettres et pédagogie, Écoles supérieures professionnelles (ESSEC, ISEP, ESCOM, etc.).
Il a ouvert deux annexes principales, l'une au palais abbatial de Saint-Germain des Prés à Paris et l'autre au Centre polytechnique Saint-Louis de Cergy-Pontoise.

Université catholique de l'Ouest

Place André-Leroy, 49008 Angers.
Tél. 41 81 66 00
Elle comprend : 1 faculté de théologie, 7 instituts de faculté (lettres, histoire, langues, psychologie, sciences de l'éducation, éducation physique, mathématiques), 1 centre d'études françaises pour étrangers, 3 écoles supérieures professionnelles (ESSCA, ESEO, ETSCO), 16 laboratoires ou centres de recherche.

Fédération universitaire et polytechnique de Lille

60, boulevard Vauban, 59016 Lille Cedex.
Tél. 20 30 88 27.
Elle comprend : 5 facultés (théologie, droit-sciences économiques, lettres et sciences humaines, médecine, sciences), 35 écoles et instituts (paramédicales, sociales, de langues, de secrétariat, de gestion, de commerce, d'ingénieurs), 40 laboratoires ou centres de recherche, dont 7 associés au CNRS.

répondre pour sa part aux grandes interrogations lancées tant à la foi chrétienne qu'à la morale par le développement incessant des sciences naturelles et humaines ; ce faisant, elle apporte sa contribution à la recherche de synthèse et de sens auxquels aspire l'homme contemporain : l'enjeu de cette recherche touche en effet au plus profond de son mystère et de sa dignité. D'où l'importance accordée par l'université catholique à la théologie, à la philosophie, et à toutes les autres disciplines gravitant autour d'elles : exégèse, catéchèse, histoire, sciences humaines, etc.

Elle propose aux étudiants de toutes disciplines la possibilité de réaliser à leur niveau cette synthèse entre culture et foi qui leur permettra d'assumer leurs responsabilités sociales et professionnelles en un engagement chrétien de toute leur vie.

Institut catholique de Lyon

25, rue du Plat, 69288 Lyon Cedex 02. Tél. 72 32 50 12

Il comprend : 1 faculté de théologie, 10 instituts, 5 écoles professionnelles, 22 laboratoires et centres de recherche, 4 centres d'études pédagogiques, 4 centres d'orientation inter-professions.

Institut catholique de Toulouse

31, rue de la Fonderie, 31068 Toulouse Cedex. Tél. 61 36 81 00

Il comprend : 3 facultés (théologie, philosophie, droit canon), des organismes de formation religieux, un enseignement de lettres, 2 écoles supérieures (sciences, agriculture), 4 centres et instituts de pédagogie et éducation, 4 centres de formation au travail social et au secrétariat.

PASTORALE FAMILIALE

Son enjeu

Faire connaître et faire vivre l'enseignement du Christ et de l'Église sur l'amour et la vie, le mariage et la famille, le corps et la sexualité.

Beaucoup confondent pastorale familiale et morale sexuelle. Ils connaissent uniquement les interdits de l'Église et ignorent le sens profond de ses positions, inspirées de l'Évangile.

Celui-ci répond aux aspirations profondes de chacun : être heureux, être reconnu pour ce qu'il est, aimer et être aimé en vérité. « L'amour est la vocation fondamentale et innée de tout être humain ». (Jean-Paul II)

La pastorale familiale est fondée sur l'alliance d'amour que Dieu a réalisée définitivement avec l'humanité en Jésus-Christ, et sur la conviction que cette alliance rend capable d'aimer comme Dieu aime, de devenir libres comme Dieu est libre.

Ces convictions de la pastorale familiale sont exprimées dans quelques textes importants du pape et des évêques :

- *Gaudium et spes,* du concile Vatican II (1962-1965) (dignité du mariage et de la famille, n° 47-52) ;
- *Humanae vitae,* de Paul VI (1968) ;
- *Faire vivre,* dossier de l'épiscopat français sur l'avortement (1978) ;
- *Familiaris consortio* de Jean-Paul II (1981) ;
- *Vie et mort sur commande,* de la Commission familiale de l'épiscopat français (1984) ;
- *Charte de la famille,* publiée par le Saint-Siège (1983).

Pour connaître l'enseignement de l'Église sur l'amour, la vie, le mariage, la famille, le corps, la sexualité, se reporter par l'Index aux développements qui leur sont consacrés dans cet ouvrage.

Instances diocésaines et nationales de la pastorale familiale

Dans chaque diocèse, un responsable est désigné par l'évêque : il suscite les initiatives et coordonne les activité en ce domaine.
Au plan national organisations familiales et services diocésains sont en relations constantes avec la Commission familiale de l'épiscopat. Sous la responsabilité de cette dernière, la coordination est assurée par le Secrétariat national de pastorale familiale (4, cité du Sacré-Cœur, 75018 Paris. Tél. (1) 42 55 05 58).

Quelques livres

Le mariage à travers la Bible et l'histoire, c'est le thème du livre *Pour vivre le mariage* de Jean-Pierre Bagot (Cerf, 1986).
Découvrons l'amour, D. Sonet, Droguet-Ardant 1990.
Demain la famille, J. Jullien, Mame 1992.
Le Mariage Mystère Trinitaire, Alex et Maud Lauriot-Prevost. Fayard-le Sarment.

La famille, école d'humanité

La communion conjugale constitue le fondement sur lequel s'édifie la communion plus large de la famille, des parents et des enfants, des frères et des sœurs entre eux, des parents proches et autres membres de la famille.

Une telle communion s'enracine dans les liens naturels de la chair et du sang et se développe en trouvant sa perfection proprement humaine par la mise en place et la maturation des liens encore plus profonds et plus riches de l'esprit : l'amour qui anime les rapports interpersonnels entre les différents membres de la famille est la force intérieure qui donne forme et vie à la communion et à la communauté familiales.

La famille chrétienne est en outre appelée à faire l'expérience d'une communion nouvelle et originale qui confirme l'expérience naturelle et humaine. En réalité, la grâce de Jésus-Christ, « l'aîné d'une multitude de frères », est par sa nature et son dynamisme interne une « grâce de fraternité », comme l'appelle saint Thomas d'Aquin. L'Esprit Saint répandu dans la célébration des sacrements est la source vivante et l'aliment inépuisable de la communion surnaturelle qui relie les croyants au Christ et les rassemble entre eux dans l'unité de l'Église de Dieu. La famille chrétienne est une révélation et une réalisation spécifique de la communion ecclésiale, c'est pourquoi elle peut et elle doit se dire « Église domestique ».

Tous les membres de la famille, chacun selon ses propres dons, ont la grâce et la responsabilité de construire, jour après jour, la communion des personnes, en faisant de la famille une « école d'humanité plus complète et plus riche » (Vatican II, Gaudium et spes 59.1). Cela s'accomplit à travers les soins et l'amour donnés aux jeunes enfants, aux malades, aux personnes âgées ; à travers les services réciproques de tous les jours ; dans le partage des biens, des joies et des souffrances.

Jean-Paul II,
Familiaris consortio (21),
1981.

Ph. Fournier-Rapho

Groupes et mouvements

C.L.E.R. (Centre de liaison des équipes de recherche)

65, boulevard de Clichy,
75009 Paris. Tél. (1) 48 74 87 60.
Fondé en 1962. Reconnu comme établissement d'information, d'éducation, de conseil conjugal et familial. Il se propose d'aider toute personne, jeune ou adulte, en vue d'un meilleur épanouissement humain et spirituel. Ses animateurs sont formés pour assurer l'éducation affective et sexuelle et aider à la régulation des naissances. Présent dans 78 départements avec 161 lieux de permanence.

C.P.M. (Centres de préparation au mariage).

6, avenue Vavin, 75006 Paris.
Tél. (1) 43 25 94 98.
Ils sont à la disposition de tous les jeunes, quelle que soit leur situation, pour les aider à réfléchir au mariage et à approfondir sa préparation. Proposent soit plusieurs soirées soit une journée. Présents dans 75 départements.

Équipes Notre-Dame

49, rue de la Glacière, 75013 Paris.
Tél. (1) 43 36 08 20.
Mouvement de spiritualité conjugale fondé dans les années 1940. Veulent développer chez les chrétiens mariés le dynamisme né de leur baptême et orienté vers leur sacrement de mariage. 1 500 équipes en France.
Le mouvement comporte une branche « Jeunes » (même adresse ; Tél. (1) 43 31 82 60).

Confédération nationale des associations familiales catholiques

28, place Saint-Georges, 75009 Paris.
Tél. (1) 48 78 81 61.
Fondées au début du siècle. ont une action civique (participation aux U.D.A.F.) et organisent divers services pour les familles, ainsi qu'une formation chrétienne. 30 000 familles adhérentes.

Renaissance

13 bis, rue des Bernardins, 75005 Paris
Tél. (1) 46 34 29 74
Des femmes divorcées ou séparées accueillent d'autres femmes au moment de leur séparation ou de leur divorce pour les aider à franchir ce passage. Elles veulent aussi témoigner dans l'Église et la société de la fidélité au sacrement et de l'espérance sans se résigner à une situation d'échec. 50 groupes environ en France.

Espérance et Vie

(Mouvement chrétien des veuves)
49, rue de la Glacière, 75013 Paris.
Tél. (1) 45 35 78 27.
Lieu d'accueil de veuves récentes (qui ne sont pas toutes âgées) pour un rééquilibre et un approfondissement spirituel. Le mouvement aide dans une recherche de foi sur le sens d'une épreuve comme celle du veuvage. 70 groupes environ en France.

D'autres mouvements

Amour et vérité (fondé par l'Emmanuel en 1980). But : la promotion totale de la famille. B.P. 104 - 92203 Neuilly-sur-Seine - Tél. (1) 47 22 40 00.

Cana (fondé par le Chemin Neuf). (sessions) Spiritualité familiale. 49, montée du Chemin-Neuf - 69500 Lyon - Tél. 78 37 88 67.

Familles Nouvelles (fondées par les Focolari en 1967). Mouvement de spiritualité. 33, La Gaillarderie, 78590 Noisy-le-Roi.

Mariage-Rencontre, avec ses week-ends où l'on apprend à mieux s'écouter en couple et à communiquer : 35, rue Vauvenargues, 75018 Paris. Tél. (1) 42 29 24 85.

Résurrection (mouvement chrétien de veufs) 159 bis, boulevard du Moulin-de-la-Tour, 92350 Le Plessis-Robinson (fondé par les *Frères de la Résurrection,* congrégation récente fondée par des veufs). Tél. (1) 46 30 12 77.

Action familiale pour l'apostolat de l'enfance (AFALE)
11, rue de l'Abbé-Grégoire, 75006 Paris
Tél. (1) 45 44 48 81.

Autres organismes

Des organisations aident les femmes enceintes en difficulté pour leur permettre d'éviter l'avortement, au lieu de le subir comme une fatalité.

S.O.S.-futures mères. Tél. (1) 43 98 03 06

Magnificat. Route de Parçay. 37220 L'Isle-Bouchard. Tél. 47 58 69 33.

Grossesse-Secours. Tél. (1) 45 84 55 91

Mère de Miséricorde. Tél. (1) 63 56 12 92
Les trois premières sont non confessionnelles mais animées par des chrétiens ; la troisième a été fondée par la communauté charismatique Les Béatitudes, ex-Lion de Juda.

En 1982 un divorce pour quatre mariages.
En 1992, un divorce pour trois mariages (Avec une très forte proportion de ménages où les deux conjoints ont une activité professionnelle : ces foyers divorcent quatre fois plus que les autres).
724 000 mères et 123 000 pères élèvent seuls leur enfant.
1,6 millions d'enfants ont seulement un père ou une mère pour les élever.
600 000 enfants sont partagés entre deux foyers.
Statistiques France INSEE.

Des faits

Il y a à peu près autant de familles monoparentales en 1982 qu'en 1962 (on est passé de 6,1 à 6,3 %), mais la mère divorcée ou célibataire y a remplacé la veuve. Il existe, dans la France de 1982, 13,2 millions de couples (dont 6,1 % ne sont pas mariés). Dans cet ensemble, 3 millions ont un enfant, 2,8 millions ont deux enfants, 1,2 millions ont trois enfants et 600 000 ont quatre enfants et plus. En 1962, chaque enfant avait 2.08 frères et sœurs en moyenne ; aujourd'hui il en a 1,58. De plus, on assiste à un resserrement des âges des frères et sœurs, et donc à de véritables coupures entre les générations. Le recensement de 1982 est le premier qui fasse état d'autant à deux activités professionnelles de foyers qu'à une seule (Population et Société nouvelle, novembre 1984).

Insistons. Globalement, la proportion des femmes qui ont une profession n'a pas changé depuis... 1900 (30 %). Elle aurait même tendance à diminuer si l'on inclut les femmes de 14 ans et plus (51 % travaillaient en 1906... 45 % en 1981). Mais si l'on exclut le secteur agricole, si l'on remarque que la scolarité est plus longue qu'au début du siècle, et que le début du travail professionnel en est retardé, alors on constaste un quasi-doublement du travail des femmes depuis lors. A vrai dire, le changement familial est plus important que de tels chiffres ne peuvent le laisser supposer. Beaucoup de femmes travaillaient hier dans des entreprises familiales. En 1906, 47,9 % des travailleurs, hommes et femmes étaient employés dans une exploitation agricole, commerciale, artisanale, industrielle, de caractère familial. Le taux aujourd'hui est de 7,5 %. 51 % des enfants ont à présent une mère qui travaille généralement hors du foyer. Ces enfants, surtout lorsque leur mère est salariée à plein temps, sont gardés soit par un membre de la famille (25 %), soit à l'extérieur par une personne rémunérée (51 %), soit dans une crèche...

M. Dubost,
Église, la jeunesse se renouvelle,
Éd. Le Sarment-Fayard, 1985.

Après 1972, alors que les générations de jeunes en âge de se marier demeurent aussi nombreuses, on assiste à une chute brutale des mariages.
1970 : 400.000
1980 : 334.400
1983 : 300.000
1990 : 288.000
Il faut remonter à 1955, année de l'envoi du contingent en Algérie, pour trouver un nombre inférieur à celui de 1983.

De 1975 à 1981, le nombre de familles de 3 enfants a chuté de 9,3 %.
Moyenne par ménage :
1962 : 3,10 enfants
1968 : 3,06 enfants
1975 : 2,88 enfants
1981 : 2,07 enfants
1989 : 1,92 enfants
C'est presque uniquement dans les familles où la mère n'a pas d'activité professionnelle que se trouvent les fratries de 3 enfants ou plus.

LE CATÉCHUMÉNAT

Un adulte ou un jeune frappe à la porte de l'Église...
Il est en recherche de Dieu. Il veut donner sens à sa vie.
Il désire en savoir plus sur le christianisme.
Il demande à découvrir ou redécouvrir la foi chrétienne.
Il demande à recevoir le baptême, la confirmation, l'eucharistie.
Comment va-t-il être accompagné ? Comment va se réaliser son initiation chrétienne ?
Il appartient au catéchuménat de répondre à ces attentes.
Depuis près de trente ans, des adultes, des adolescents, des jeunes enfants sont de plus en plus nombreux à vouloir être baptisés.

▶▶▶

LE PROFIL DES « NOUVEAUX CHRÉTIENS »

Ils sont entre 1 500 et 1 600 adultes à être baptisés chaque année. 6 000 font actuellement partie des équipes catéchuménales. 55 % d'entre eux sont des ouvriers, employés, personnels de service ; 25 % sont cadres, membres des professions libérales, étudiants (cette catégorie semble en augmentation). Le catéchuménat demeure surtout urbain.

L'âge moyen des catéchumènes est relativement jeune : 75 % ont entre 18 et 40 ans (66 % de femmes, 33 % d'hommes). La proportion des étrangers se révèle assez forte, environ 20 %. Parmi eux, des Vietnamiens, des Cambodgiens, mais aussi des Africains, et des Maghrébins issus de la deuxième génération d'immigrés.

Comment l'Église accueille-t-elle ceux et celles qui demandent le baptême ?

Elle leur propose une formation à la vie chrétienne, une initiation au mystère chrétien, et des temps de célébration.

L'accompagnement se présente sous deux formes, souvent combinées :

- un accompagnement personnalisé par quelqu'un qui souvent devient le *parrain ;*
- un accompagnement en équipe par le *groupe catéchuménal ;* c'est au sein de ce groupe qu'est assurée la catéchèse.

Les étapes du cheminement (1)

Trois étapes marquent le temps de l'initiation chrétienne.

1. L'entrée en Église

Appelée aussi *entrée en catéchuménat*, parce que le candidat, à partir de cette étape, est considéré comme chrétien (avec un statut de catéchumène), c'est la première rencontre officielle avec l'Église. Elle a lieu quand le candidat a manifesté une conversion initiale, a commencé à découvrir Jésus-Christ et désire mieux le connaître et vivre avec lui l'Évangile. Il a fait aussi une première expérience de la vie en Église.

2. L'appel décisif

C'est l'étape définitive ; le catéchumène donne son nom pour être baptisé la nuit de Pâques. L'appel est nominatif. La présence de l'évêque signifie que c'est toute l'Église diocésaine qui accueille les catéchumènes et veut les accompagner jusqu'à la célébration des sacrements de l'initiation chrétienne.

3. Les sacrements de l'initiation

Ils constituent la dernière étape. Ils sont la porte par laquelle on entre dans la vie nouvelle de baptisé. Par eux, le catéchumène prend toute sa place dans la communauté chrétienne, il participe à la louange que l'Église exprime à Dieu, il est témoin du Christ.
Il reçoit d'abord le baptême, puis la confirmation, et enfin l'eucharistie. Il arrive que la confirmation soit reçue plus tard (à la Pentecôte ou un an après), suite à un temps d'expérience de la vie de baptisé.

(1) Voir p. 947 et ss.

Baptême d'adulte à Épinay-sur-Sénart.

Ph. Gauvry-CIRIC

Les demandes de baptême parmi les enfants en âge de recevoir la catéchèse ou parmi les adolescents ne sont plus rares aujourd'hui ; c'est souvent dans leur milieu scolaire, au contact de camarades, que l'idée se fait jour en eux. Ils sont alors confiés aux responsables de la catéchèse.

Textes du concile Vatican II

La conversion

« Sous l'action de la grâce de Dieu, le nouveau converti entreprend un itinéraire spirituel par lequel, commu-niant déjà par la foi au mystère de la mort et de la résurrection, il passe du vieil homme au nouvel homme qui a sa perfection dans le Christ. Ce passage, qui entraîne avec soi un changement progressif de la mentalité et des mœurs, doit devenir mani-feste avec ses conséquences sociales et se développer peu à peu pendant le temps du catéchuménat. »

L'initiation

« Les catéchumènes doivent donc être initiés comme il faut au mystère du salut et à la pratique des mœurs évangéliques, et introduits, par des rites sacrés à célébrer à des époques successives, dans la vie de la foi, de la liturgie et de la charité du peuple de Dieu. »

La liberté

« L'Église interdit sévèrement de forcer qui que ce soit à embrasser la foi, ou de l'y amener ou attirer par des pratiques indiscrètes, tout comme elle revendique avec force le droit pour qui que ce soit de n'être pas détourné de la foi par des vexations injustes. »

Décret *Ad Gentes* ch. 2
(n° 13, 14)

Pour les données fondamentales du catéchuménat, se reporter à ce mot dans l'Index.

Quelques repères historiques

Au IIe siècle, la première *Apologie* de Justin et la *Didaché* (enseignement), qui s'adressent soit à des juifs, soit à des païens, indiquent la « voie » pour devenir chrétien.
Au IIIe siècle, le catéchuménat s'organise et se structure dans plusieurs villes du bassin méditerranéen. Tertullien, pour le nord de l'Afrique, la *Tradition* d'Hippolyte, pour Rome, précisent les conditions pour être baptisé, la catéchèse, les étapes.

Aux IVe et Ve siècles, de nombreux écrits, en particulier, les 18 *catéchèses* de saint Cyrille de Jérusalem et la *catéchèse des débutants* de saint Augustin déterminent la catéchèse baptismale et le chemin de conversion dans le nouveau contexte où se trouve l'Église, au lendemain de la paix constantinienne.

Du VIe au XVIe siècle, le catéchuménat n'existe plus. La pratique du baptême des bébés se généralise. Du XVIe au XXe siècle, c'est surtout en Amérique latine, en Asie et en Afrique, avec l'évangélisation de ces pays, que le catéchuménat reprend forme.

Au XXe siècle, dans l'Europe marquée par une certaine incroyance et de nouvelles questions face à la modernité, le catéchuménat des adultes renaît. Dès avant le concile Vatican II, et plus encore sous son impulsion, le catéchuménat est restauré. En France, il se met en place dans les diocèses et plusieurs rencontres nationales, de 1964 à 1985, abordent les questions que se posent les accompagnateurs de catéchumènes. ■

Les instances diocésaines

C'est l'évêque qui est le responsable du catéchuménat des adultes. Il est aidé dans sa tâche par un service diocésain du catéchuménat dont le rôle est :

- accueillir et initier ceux qui demandent le baptême ;
- envisager comment assurer l'initiation avec les accompagnateurs des catéchumènes ;
- proposer une formation des accompagnateurs ;
- exercer un discernement en vue de l'appel au baptême sous la responsabilité de l'évêque ou de son délégué ;
- intéresser les communautés locales à l'avancée des catéchumènes vers le baptême.

Le service diocésain est animé, la plupart du temps, par une petite équipe composée d'un prêtre, de laïcs et de religieuses.

Les instances nationales

Le Service national du catéchuménat

4, avenue Vavin 75006 Paris.
Tél. (1) 43 54 45 43.

Créé en 1964, à Paris, il a pour rôle de faciliter les liens entre services diocésains, de faire circuler informations et expériences catéchuménales, d'encourager et de proposer des temps de formation.

Il est suivi par un évêque, membre de la *Commission épiscopale de l'enseignement religieux*, et son directeur est nommé par le Conseil permanent de l'épiscopat.

En outre, il entretient des liens avec plusieurs instances nationales : Centre national de l'enseignement religieux, Centre national de pastorale sacramentelle, Secrétariat pour les relations avec l'islam, Secrétariat national de pastorale familiale, Secrétariat national de la pastorale des migrants, Mission ouvrière, Action catholique ouvrière, Action catholique des milieux indépendants, Centre national de pastorale rurale, etc.

Publications

Croissance de l'Église, revue de pastorale catéchuménale, éditée par le Service national. Paraît 4 fois par an.

N.E.R.F. (Nouvelles, Expériences, Recherches, Formation), bulletin de liaison des équipes catéchuménales et des services diocésains. Édité par le Service national (10 numéros par an).

Dire la foi des chrétiens (3 fascicules), publié par le Service national.

Guide pratique de l'animateur catéchuménal, outil précis pour accompagner. Réaliser par le catéchuménat de Lyon.

Pour les catéchumènes

La collection de 4 tomes. *Découvrir le christianisme* (Pascal Thomas, Éd. Fayard).

Les 7 fascicules *Matins de la foi.*

Les 7 fascicules *La foi des chrétiens.*

LA CATÉCHÈSE

Repères historiques

Dans les années 50, la quasi-totalité des enfants de 8 à 12 ans étaient formés dans leur paroisse par les prêtres, curés et vicaires, à partir du catéchisme national (datant de 1937). Le manuel, sous forme de questions et réponses, avait pour trame les vérités à croire, les commandements à pratiquer, les sacrements à recevoir. Il était enseigné et mémorisé avec les prières de base du chrétien.

Dans les années 60, sous l'influence d'autres recherches (celles du renouveau biblique et liturgique, d'une part ; les découvertes en matière psycho-pédagogique – Decroly, Freinet, Montessori – d'autre part), une impulsion est donnée à l'évolution de la catéchèse : des catéchistes laïques se mettent à l'œuvre en grand nombre, le dialogue s'instaure avec les enfants, et on leur propose de nouvelles formes d'expression : dessins, images, chants, mimes, etc. ; de nouveaux manuels soutiennent ces méthodes pédagogi-

▶▶▶

> *Les évêques rappellent fermement leur attachement à l'école catholique, à son projet éducatif propre et aux moyens indispensables à sa mise en œuvre.*
>
> *[...] Qu'il y ait des lieux où soient proposées, au cœur même du projet scolaire, les valeurs inspirées de l'Évangile apparaît, dans une société pluraliste, comme une contribution originale au service de jeunes en quête de sens pour leur vie. Cette proposition de la foi dans le respect de la liberté donne au projet éducatif de l'école catholique son vrai caractère et sa dimension profonde.*
>
> Assemblée plénière
> de l'Épiscopat français,
> Lourdes 1981.

▶▶▶

ques. L'influence du concile Vatican II conforte ce mouvement d'adaptation à la psychologie de l'enfant, et divers documents de l'épiscopat viennent le guider.

En 1977, à la suite du 5e Synode romain des évêques, tenu sur la catéchèse (1977), et de l'Exhortation apostolique du pape Jean-Paul II *Catechesi tradendae* (1979), les évêques de France adopteront un *Texte de référence* à l'intention des responsables de la pastorale et des auteurs de publications catéchétiques.

En 1981, sous le patronage de l'épiscopat français, sort un ouvrage très remarquable et très remarqué, *Pierres Vivantes,* sorte d'encyclopédie de la foi destinée aux enfants. Il est accompagné d'autres documents proposés au travail des groupes de catéchèse : les *parcours catéchétiques.*

A la suite de certaines critiques, une remise en chantier de *Pierres Vivantes* aboutit à une seconde édition, approuvée par l'Assemblée plénière de l'épiscopat en 1984 et honorée d'une bénédiction spéciale de Jean-Paul II.

A la demande de la Congrégation romaine pour la Doctrine de la foi, la même assemblée décide, dans sa session de 1985, de compléter le dispositif catéchétique par un exposé complet et organique de la foi destiné aux adultes et, en priorité, aux catéchistes.

Ce projet rejoint une des conclusions du Synode romain des évêques tenu *en décembre 1985* pour faire le point sur l'application des orientations données par le concile Vatican II, vingt ans plus tôt : que soit rédigé un condensé (*compendium*) de toute la doctrine catholique, qui constituerait un document de référence pour les ouvrages de catéchèse rédigés dans les différents pays.

En mai 1991 est donc publiée par la Conférence des évêques de France ce *Catéchisme pour adultes* qui a reçu auparavant l'approbation du Saint-Siège. Ce catéchisme a un sous-titre : « L'Alliance de Dieu avec les hommes ». En mai 1992, le Centre national de l'enseignement religieux publie un *guide d'utilisation* de ce *Catéchisme pour adultes* afin d'en faciliter l'accès et d'apporter une aide concrète à tous ceux qui désirent l'utiliser pour la formation chrétienne d'adultes.

Les instances diocésaines

Dans chaque diocèse un directeur du service diocésain de catéchèse, nommé par l'évêque et responsable devant lui, a pour mission d'assurer l'organisation de la catéchèse, la formation des catéchistes et animateurs, de déterminer la pédagogie en conformité avec les orientations établies au plan national par les instances de l'épiscopat. Il travaille en relations étroites avec les responsables diocésains de l'enseignement catholique et de l'aumônerie de l'enseignement public (pédagogie, formation,etc.). Il est très généralement assisté d'une équipe diocésaine.

LA CATÉCHÈSE EN CHIFFRES

Selon une enquête nationale (1984), il y a en France au moins 150 000 catéchistes dans le primaire et 70 000 animateurs dans le premier cycle. Plus précisément, on a recensé :

Dans le primaire
Enfants scolarisés : 3 623 604
Catéchistes : 151 803
Soit une moyenne de
4 catéchistes pour 100 enfants scolarisés.

Dans le premier cycle
Enfants scolarisés : 3 322 903
Animateurs : 68 207
Soit une moyenne de
2 animateurs pour
100 élèves.

Sur l'ensemble des catéchistes et animateurs :

21,00 % débutent en première année
15,50 % ont une expérience de deux ans
63,50 % ont trois ans et plus d'expérience

Qui sont les catéchistes et animateurs ?

87,00 % sont des laïcs
84,00 % sont des femmes
83,00 % sont des pratiquants réguliers
75,00 % sont mariés
53,00 % exercent une profession
27,00 % ont une formation supérieure
12,70 % forment d'autres catéchistes

Selon une étude réalisée par l'Institut Estel.

Les instances nationales

C'est de la Commission épiscopale de l'enseignement religieux que relèvent au plan national les questions relatives à la catéchèse.

Le Centre national de l'enseignement religieux (C.N.E.R.)

6, avenue Vavin, 75006 Paris. Tél. (1) 43 25 23 75.

Le terme « enseignement religieux » désigne ici l'enseignement de la foi à tous, aussi bien jeunes qu'adultes. Il ne désigne donc pas le système scolaire catholique, qui relève, quant à lui, du Secrétariat général de l'enseignement catholique.

Sous la responsabilité de la Commission épiscopale de l'enseignement religieux, l'objet du CNER est de promouvoir et coordonner l'enseignement religieux et la formation de ceux qui le donnent.

Une *Commission nationale de l'enseignement religieux* (à ne pas confondre avec la Commission épiscopale de l'enseignement religieux, uniquement composée d'évêques), composée de prêtres, religieuses et laïcs, présidée par l'évêque président de la Commission épiscopale, et assistée de commissions spécialisées, élabore les orientations soumises à la commission épiscopale.

Le C.N.E.R. assure le secrétariat de la commission épiscopale et de la commission nationale de l'enseignement religieux ; la liaison avec les Services diocésains de catéchèse placés auprès de chaque évêque ; le contact avec d'autres organismes nationaux, les divers mouvements et groupes ; il publie diverses revues pour jeunes, adultes, catéchistes, ou participe à leur rédaction.

Publications

Le Centre national de l'enseignement religieux publie :
- *Points de repère* (pour parents et catéchistes).
- *Initiales* (pour animateurs d'aumônerie de collèges et lycées).
- *Instantanés-actualités* (pour animateurs d'aumônerie de lycée).
- *Catéchèse* (revue de réflexion et de recherche).

L'Association catéchétique nationale pour l'audio-visuel (ACNAV)

3, rue Amyot, 75005 Paris. Tél. (1) 45 87 26 11.
L'A.C.N.A.V. est au service des diverses formes de catéchèse et s'adresse donc à tous ceux qui exercent un rôle d'animation en catéchèse (prêtres et religieuses, enseignants, animateurs, parents de l'enseignement catholique assurant la formation chrétienne...).

L'A.C.N.A.V. a reçu mission de la Commission épiscopale et de la Commission nationale de l'enseignement religieux de favoriser l'usage des moyens audiovisuels en catéchèse. Elle assure une formation aux techniques et la promotion de production de documents. A noter aussi parmi ses activités : animation de sessions diocésaines et régionales ; organisation d'un cycle de formation sur l'année ; organisation en juillet d'ateliers d'été.

- Catéchisme pour adultes, par les évêques de France (1991).
- Catéchisme de l'Église catholique (1992).

Voir Index

Quelle formation pour les animateurs de catéchèse ?

Réflexion, échanges, approfondissement, partage des expériences, recherches plus fonfamentales en Bible, théologie, histoire de l'Église, langages de la foi... Et aussi acquisition de techniques manuelles, audiovisuelles, ou d'animation... c'est là une gamme très variée de formation à tous les niveaux.

Les responsables de la pastorale catéchétique considèrent cette formation comme une affaire sérieuse et y investissent beaucoup de temps et d'efforts. Ils ont le souci de rejoindre les animateurs de base sur le terrain, de décentraliser au maximum les lieux de formation pour tenir compte des contraintes des participants. Les formules sont très diverses : demi-journées, soirées, week-ends, sessions au plan local, régional, national.

Plusieurs régions de France bénéficient de la présence d'Instituts de formation rattachés à des Universités catholiques et délivrant des diplômes. ■

Instituts et centres de formation

Institut supérieur de pastorale catéchétique (I.S.P.C.),
21, rue d'Assas,
75270 Paris Cedex 06.
Tél. (1) 42 22 41 80.

Institut de pédagogie religieuse (I.P.R.), Palais universitaire,
67084 Strasbourg Cedex.
Tél. 88 25 97 23.

Institut pastoral d'études religieuses de l'Institut catholique de Lille (I.P.E.R. de Lille),
60, boulevard Vauban,
59046 Lille Cedex. Tél. 20 30 88 27.

Institut pastoral d'études religieuses des Facultés catholiques de Lyon (I.P.E.R. de Lyon).
31, place Bellecour,
69002 Lyon.
Tél. 72 32 50 24.

Institut d'études religieuses de l'Institut catholique de Paris (I.E.R.),
22, rue Cassette, 75006 Paris.
Tél. (1) 42 22 41 80.

Institut d'études religieuses et pastorales de l'Institut catholique de Toulouse (I.E.R.P.),
23, rue de la Dalbade,
31000 Toulouse.
Tél. 61 52 23 86.

Centre autonome d'enseignement de pédagogie religieuse de Metz,
2, avenue Jean-XXIII,
57045 Metz Cedex. Tél. 87 75 05 08.

Centre interdiocésain de pastorale catéchétique de Lille (C.I.P.A.C.),
74, rue Hippolyte-Lefebvre,
59045 Lille Cedex
Tél. 20 55 26 70.

Centre lyonnais d'études religieuses et pastorales (C.L.E.R.P.),
6, avenue Adolphe-Max,
69005 Lyon. Tél. 78 42 40 64.

Pour les questions de fond concernant la catéchèse, se reporter à ce mot dans l'Index.

OÙ SE FAIT LA CATÉCHÈSE ?

Les enfants du primaire participent le plus souvent à la catéchèse de leur paroisse ; cependant, nombre d'écoles catholiques assurent elle-même cette catéchèse.

La catéchèse des jeunes collégiens et lycéens est assurée par les aumôneries de l'enseignement public et par celles de l'enseignement catholique. Dans la plupart des diocèses, les paroisses n'ont, à l'égard des collégiens et lycéens, en matière de catéchèse, qu'un rôle de suppléance.

Ph. CIRIC

Séance de catéchisme.

L'ENFANCE ET LA JEUNESSE

Les mouvements d'action catholique d'enfants et de jeunesse

Action catholique des enfants (A.C.E.)

6, rue Duguay-Trouin 75006 Paris.
Tél. (1) 45 48 46 36.

Objectif

L'A.C.E. veut donner leur place aux enfants qu'elle touche (de 5 à 15 ans) et les accompagner dans tous les aspects de leur vie.

Son optique est l'apprentissage à la responsabilité. Sa démarche pédagogique vise à donner aux enfants la possibilité de se prendre en mains. Elle fait confiance à leur capacité de joie, de jeu, d'initiative. Elle les sait capables de s'organiser, de fonder une équipe, de se donner des projets.

Sa visée apostolique : permettre aux enfants, avec l'aide des responsables, de découvrir ensemble Jésus présent dans leur vie, de le célébrer en Église, de construire un monde meilleur.

L'ACE devient elle-même lieu d'Église : en effet elle touche un grand nombre d'enfants non catéchisés et, de plus en plus, certains d'entre eux lui demandent de recevoir le baptême ou la confirmation.

A noter que les équipes accueillent aussi, dans le respect des croyances, beaucoup de jeunes musulmans.

Organisation et structures

L'ACE est née d'abord sous la forme du mouvement *Cœurs Vaillants* et *Ames Vaillantes* en 1937. Sur le modèle de l'Action catholique spécialisée, elle s'est subdivisée en trois branches : monde ouvrier, monde rural, milieux indépendants. Une enquête (cf. bulletin SNOP, juin 85) fait apparaître un effectif de 100 000 enfants de 5 à 15 ans, dont 48 % du monde ouvrier, 39 % du monde rural et 13 % de milieux indépendants.

Ils sont accompagnés par des animateurs et des responsables, jeunes ou adultes, proches d'eux, qui les soutiennent dans leurs activités et leurs projets.

Ces responsables sont 12 000 laïcs, jeunes et adultes, (13 % hommes, 87 % femmes), 1 200 prêtres et 700 religieuses ; au total, 55 % de jeunes et 45 % d'adultes.

Par ailleurs, dans chaque branche, se fait une autre répartition par groupes d'âges, les

▶▶▶

▶▶▶

équipes ou clubs portant un nom correspondant à une des publications éditées avec le concours du mouvement : les *Clubs Perlin* pour les moins de 8 ans), *Fripounet* de 8 à 11 ans, *Triolo* de 11 à 15 ans.

Les activités du mouvement sont constituées par :

- des temps de vie en équipe ou en club (jeux, formes diverses d'expression : dessin, audiovisuel ; actions ponctuelles concrètes : par exemple, démarches auprès d'une municipalité pour l'organisation d'une fête, etc.) ;
- des temps forts : rassemblements, weekends ;
- des camps de vacances.

Les responsables ACE tiennent une rencontre nationale tous les trois ans afin de réactualiser régulièrement le mouvement.

Publications

Des journaux :
Perlin, chaque semaine pour les 5 à 8 ans.
Fripounet, chaque semaine pour les 7 à 11 ans.
Triolo, chaque quinzaine pour les 10 à 15 ans.
(Édités par Fleurus-Presse, 21, rue du Faubourg Saint-Antoine, 75550 Paris Cedex 11).
Des bulletins : *Mifasols, Tric et Truc, Vitamine*
L'ACE est en relation avec la *Commission épiscopale Enfance-Jeunesse.*

Action catholique de la jeunesse

JEC : Jeunesse étudiante chrétienne.
JIC-JICF Jeunesse chrétienne des milieux indépendants (branches masculine et féminine).
JOC-JOCF Jeunesse ouvrière chrétienne (branches masculine et féminine).
MRJC Mouvement rural des jeunes chrétiens (mixte)
JCM Jeunesse chrétienne de la mer
Voir « Pastorale des milieux sociaux »

Le Mouvement eucharistique des jeunes (MEJ)

19 rue de Varenne, 75007 Paris.
Tél. (1) 45 48 97 97.
Issu de l'ancienne Croisade eucharistique, elle-même née en 1917 au sein de l'Apostolat de la prière, le MEJ a vu le jour en 1962. Il s'adresse aux garçons et aux filles de tous les milieux de 9 à 19 ans. Il a connu un développement rapide et compte actuellement 60.000 jeunes répartis dans l'ensemble du pays, et d'origines diverses (milieu employés 9 %, ouvriers 16 %, monde agricole 12 %, milieux cadres, patrons, professions libérales 57 %).
Il compte cinq sections :

- Feu Nouveau (FN) : 9-11 ans (publication : *Feu Nouveau*)
- Jeunes Témoins (JT) : 11-13 ans (*Jeunes Témoins*)
- Témoins Aujourd'hui (TA) : 13-15 ans (*Témoins aujourd'hui*)
- Équipes Espérance (ES) : 15-17 ans (*Journal Espérance*)
- Équipes Apostoliques (EA) : 17-19 ans (*Equap*)

Autres publications : *Partage* (responsables et parents), *Lettre au J.K.* (16-18 ans participant à l'animation des plus jeunes), *Prier* (11-14 ans).

L'unité de base est l'équipe (5 à 7 jeunes accompagnés d'un adulte, parfois aidé d'un jeune de 16 à 18 ans) ; beaucoup d'équipes sont mixtes, notamment pour les plus jeunes. L'équipe, formée dans le cadre d'une école (62 %), d'une paroisse (26 %), d'un quartier (10 %), d'une aumônerie (2 %), est lieu d'échange, de partage, de vie, où chacun livre ce qui lui tient à cœur ou lui pose question ; c'est une petite communauté chrétienne où l'on approfondit sa foi, on prie, on écoute la Parole de Dieu, on célèbre l'eucharistie. Selon les âges, divers modes d'expression complètent l'échange parlé : jeux, mimes, activités manuelles, dessin, chant, expression corporelle...

Son ouverture sur la vie, ses méthodes pédagogiques, en partie inspirées du scoutisme, ses activités de culture et loisirs, ses exigences spirituelles situent le mouvement au croisement des mouvements de spiritualité, d'action catholique, d'éducation.

Il est en relations régulières avec la Commission épiscopale Enfance-Jeunesse.

Autres mouvements

Les Jeunesses Mariales
Les Équipes Eaux-Vives (Mouvement Noëliste)
La Communauté des Jeunes de l'Emmanuel (charismatique)
Les Équipes Notre-Dame-Jeunes
Les Focolari : GEN (« Générations nouvelles »)
Les équipes Vie chrétienne Jeunes
Les équipes Jeunes des Fraternités Charles-de-Foucauld.

Voir *Vocations et engagements* dans l'Église : mouvements de spiritualité

Les services « Jeunes »

Un certain nombre de services d'Église et de mouvements adultes comportent en leur sein un service « Jeunes ».
Citons notamment :

Au plan caritatif :

Service « Jeunes » du Secours catholique, Commission Jeunesse de la Société Saint-Vincent-de-Paul (voir l'Église et les pauvres), Le SCEJI (Service catholique de l'enfance et de la jeunesse inadaptée) (voir l'Église et la Santé).

Pour la vie militaire :

Service « Jeunes » du Diocèse aux Armées, (voir Diocèse aux Armées).

Pour la vie missionnaire :

Service missionnaire des jeunes (S.M.J.) (voir Pastorale des Missions extérieures).

Pour la paix :

Équipes et routes « Jeunes » du Mouvement Pax Christi (voir l'Église, les Droits de l'Homme, la Paix et le Développement).

LES JEUNES, L'ÉGLISE ET LA FOI

64 % des 18-24 ans se déclarent catholiques, 34 % sans religion, 19 % des jeunes Français se déclarent très pratiquants (3 %) ou assez pratiquant (16 %). Sondage Sofres-Madame Figaro, nov. 1991.

Réponses en %			
Voici 5 affirmations. Avec laquelle êtes-vous le plus d'accord ?	15-25 ans	15-17 ans	Pratiquant régulier
Je crois en Dieu et c'est très important pour moi	16	23	72
Je crois en Dieu mais cela n'est pas très important pour moi	18	23	11
Je ne crois pas en Dieu mais cela m'intéresse de réfléchir à cette question	20	17	4
Je ne crois pas en Dieu et cela ne m'intéresse pas du tout	13	14	/
Je crois qu'il y a quelque chose au-dessus de nous mais je ne sais pas si c'est Dieu	31	23	13
Je vais vous lire plusieurs phrases, pour chacune d'elles vous me direz si vous êtes plutôt d'accord ou plutôt pas d'accord			
Les religions sont aujourd'hui dépassées oui	55	55	24
non	38	44	24
s.o.	6	1	/
Les religions ont l'avantage de proposer un sens à la vie oui	51	54	87
non	41	41	10
s.o.	8	5	3
Sondage La Vie/Louis Harris, 11 octobre 1984.			

Si l'on veut commenter ces chiffres, on peut souligner que le groupe des jeunes catholiques est certainement le groupe jeune le plus nombreux en France. Pour la plupart d'entre eux, la foi n'est ni une valeur-refuge ni un très grand appel. La foi les intrigue.
Ce regard cursif sur le rapport à la religion en France, pour nécessaire qu'il soit parce qu'il rapporte des faits, des interprétations qui ont cours, laisse l'éducateur sur sa faim. Il ne dit pas l'ambiguïté de la situation. Surtout chez les jeunes.

D'HIER A AUJOURD'HUI

Dans le monde

Le scoutisme a été fondé en 1907 par un ancien officier de l'armée britannique, le général Robert Baden-Powell (1857-1941), B.P. Durant la guerre du Transvaal contre les Boers (1899-1902), il avait eu l'idée de recourir au service de garçons de 12 à 16 ans pour remplir les fonctions d'éclaireurs (en anglais *scouts*) ; les résultats obtenus en faisant appel à leur esprit d'initiative et de responsabilité sont à l'origine de la formule éducative qu'il imagina quelques années plus tard lorsqu'il eut quitté l'armée.

Il constitua alors de petits groupes de « boy-scouts » et de « girls-scouts », formés d'adolescents acceptant de s'imposer une discipline fondée sur l'honneur, l'énergie, la responsabilité. L'essentiel de leurs activités se déroulait en plein air, notamment sous forme de camps, de style spartiate, qui leur fournissaient l'occasion de développer tout à la fois leur *résistance* à l'effort physique, leurs *facultés d'observation, d'adaptation et d'initiative,* en même temps que le *sens de l'action en commun.* La méthode de BP fait une grande part au jeu, auquel le système de « patrouilles » est particulièrement bien adapté : les jeunes sont répartis en petites équipes (patrouilles) ayant chacune son identité bien affirmée (nom d'animal, fanion, emplacement de camp, etc.) et placée sous la responsabilité de l'un des leurs. L'ensemble des activités se déroule en référence à un code moral exigeant, auquel souscrit le jeune dans sa « promesse scoute ». Les innovations éducatives de BP se répandirent rapidement à travers le monde ; dès 1911 les scouts, garçons et filles, étaient 500.000.

En France

A partir de 1910, introduction du scoutisme par le pasteur Gallienne et Georges Berthier, directeur de l'École des Roches.
Le lieutenant de vaisseau Nicolas Benoît fonde les *Éclaireurs de France* (E.D.F.), sans référence confessionnelle.
Williamson fonde les *Éclaireurs unionistes* (E.U.) d'inspiration protestante.
A partir de 1914 se forment des groupes catholiques de scouts.

En 1920 ils sont rassemblés par le général Guyot de Salins et le chanoine Cornette en un mouvement, les *Scouts de France* (S.D.F.).

En 1921, *Fédération des Éclaireuses de France* (F.E.F.), comportant des sections unionistes (d'inspiration protestante), neutres (d'inspiration laïque) et, à partir de 1927, israélites.

En 1923, *Éclaireurs Israélites* (E.I.F.).
Guides de France (catholiques) (G.D.F.).

En 1964, Éclaireurs de France et sections neutres des Éclaireuses de France fusionnent. En 1970, opération analogue entre Éclaireurs uionistes et sections unionistes des Éclaireuses de France.

Scouts de France

54, avenue Jean-Jaurès 75940 Paris Cedex 19. Tél. (1) 42 38 37 37. - Fax : (1) 42 38 09 87
Centre de Formation et d'activités des Scouts de France, Château de Jambville par Gargenville 78440. Tél. 34 75 40 84.
La « proposition » des Scouts de France se situe aux différentes tranches d'âge :
- de 6 à 9 ans : les *Sarabandes* permettent aux enfants et aux parents de découvrir ensemble le scoutisme.
- de 8 à 11 ans : les *Louveteaux* et *Louvettes* (une meute : 24 louveteaux répartis en 4 sizaines) ;
- de 11 à 15 ans : les *Scouts* ou les *Scoutes* (une troupe = 3 ou 4 patrouilles) ;
- de 14 à 18 ans : les *Pionniers* et les *Pionnières* (un poste rassemble de 3 à 6 équipes) ;
- de 17 à 21 ans : les *Compagnons* (un relais fédère plusieurs équipes).
- Les *Mousses* et les *Marins* permettent de vivre le scoutisme et de découvrir la mer.

Les méthodes sont adaptées aux différents âges : le jeu et l'aventure, l'exploration de la nature, la route et le camp, les tâches collectives, chantiers et activités de service, la rencontre et l'engagement spirituels, etc., le travail en équipe étant le principe de base de toute action.

Publications

Une revue pour chaque tranche d'âge :
Louveteaux - Scouts de France, bimestriel (35 000 ex.) ;
Scouts de France, bimestriel (25 000 ex.) ;
Pionniers-Scouts de France, bimestriel (15 000 ex.) ;
Scouts-Avenir, bimestriel (6 000 ex.) ;
Demain-Scouts de France, bimestriel pour cadres, parents, anciens, amis (20 000 ex.) ;
Le Timon, trimestriel pour responsables Scouts Marins ;
Lettre SDF Service, mensuelle pour amis et anciens.

Ph. Pouteau

SCOUTISME ET CATHOLICISME

Dans l'état présent, les grands mouvements du scoutisme français à référence catholique sont
- Les Scouts de France, le mouvement français le plus nombreux avec environ 110 000 garçons.
- Les Guides de France, comptant environ 65 000 filles.
- Les Scouts et Guides d'Europe, comptant environ 30 000 garçons et filles.
- Les Scouts Unitaires de France, comptant environ 30 000 jeunes.

Le scoutisme, présent presque partout dans le monde, a exercé une influence profonde sur l'ensemble des méthodes pédagogiques appliquées à la jeunesse.
Le scoutisme catholique, en même temps que les mouvements de jeunesse de l'Action catholique, a constitué depuis ses origines une pépinière de militants engagés dans tous les secteurs de la vie sociale et ecclésiale, ainsi que de prêtres, religieux et religieuses.
Le scoutisme en France, dans ses diverses modalités, connaît actuellement un regain de faveur chez les jeunes, ce qui pose de manière plus pressante aux mouvements le problème des cadres à leur assurer.

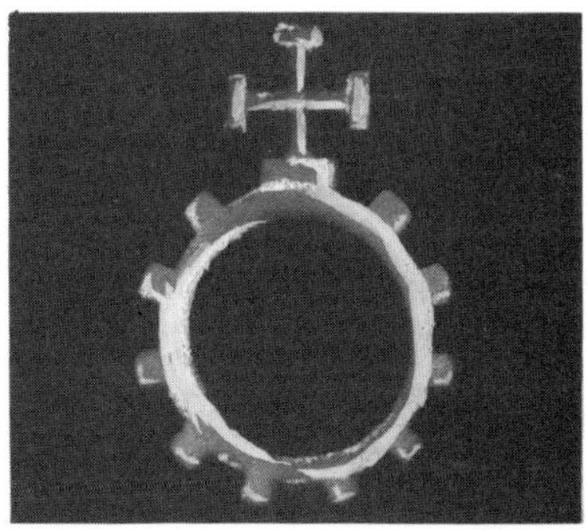

Dizainier scout.

Guides de France

65 rue de la Glacière 75013 Paris.
Tél. (1) 47 07 85 59

La « proposition » des Guides de France se fait, elle aussi, aux différentes tranches d'âge :
- de 8 à 12 ans : les *Jeannettes* (réparties en sizaines) ;
- de 12 à 15 ans : les *Guides ;*
- de 15 à 17 ans : les *Caravelles ;*
- de 17 à 20 ans : les *J.E.M.* (Jeunes en marche).

Une étape supplémentaire a été créée pour une première initiation au groupe social des 6 à 8 ans.
Les Guides se proposent de vivre le scoutisme au féminin, spécificité qui leur a permis de contribuer à l'épanouissement et à la promotion des femmes dans une société de type fortement masculinisée.
Aujourd'hui encore, alors que l'éducation, les loisirs, la vie professionnelle et sociale sont devenus mixtes, les Guides de France tiennent, malgré diverses sollicitations, à garder cette spécificité précisément pour sauvegarder dans les personnes et dans la société les richesses du « féminin ». Elles entendent travailler à construire une société où hommes et femmes soient partenaires et égaux dans leurs différences.
Il existe toutefois des équipes de base mixtes selon les lieux, et, par ailleurs, des structures de rencontres et d'échanges entre les responsables des deux mouvements, scouts et guides.

Publications

Une revue par tranche d'âge :
Jeannettes, Guide de France, Cap Levant, Jem Avenir (mensuelles) ;
Pour toi, Journal de Dominique pour les handicapés mentaux ;
Demain, mensuel pour les cadres ;
Pari-Documents pour les équipes d'animation et aumôniers.

Liaisons nationales et internationales

Les cinq associations : Scouts de France, Guides de France, (catholiques), Éclaireurs et Éclaireuses de France, Éclaireurs et Éclaireuses unionistes (d'inspiration protestante), Éclaireurs et Éclaireuses Israélites se retrouvent au sein d'un Conseil national du scoutisme français affilié à la Conférence mondiale du scoutisme (Genève).

L'Association des Scouts de France est membre de la Conférence internationale du scoutisme catholique (C.I.C.S.), et l'Association des Guides de France est membre de la Conférence internationale catholique du guidisme (C.I.C.G.), qui font l'une et l'autre partie de la Conférence des Organisations internationales catholiques (O.I.C.) auprès du Saint-Siège.

Les deux associations françaises sont en relations régulières avec la Commission épiscopale « Enfance-Jeunesse ».

Autres mouvements du scoutisme catholique

L'évolution de la pédagogie du scoutisme catholique français (S.D.F. et G.D.F.) dans les années soixante le fit accuser par certains de s'éloigner des méthodes éprouvées de Baden-Powell ; d'où la création de deux mouvements qui déclarent s'en tenir strictement à ces méthodes en même temps qu'aux valeurs chrétiennes traditionnelles : ce sont, d'une part, les Scouts et les Guides d'Europe, fondés en Autriche en 1952 et introduits en France vers 1965, et, d'autre part, les Scouts unitaires de France. Les deux mouvements comportent les branches appropriées aux âges (louveteaux ou louvettes, éclaireurs ou guides, routiers ou guides aînées). Ils se refusent à la coéducation garçons-filles. ■

- *Scouts et Guides d'Europe,*
Le relais de Poste, route de Montargis - B.P. 17 - 77570 Château-Landon - Tél. 64 29 40 15
- *Scouts unitaires de France*
12, rue Antoine Roucher, 75016 Paris.
Tél. (1) 45 24 57 80.

PASTORALE DE LA JEUNESSE

Instances diocésaines et nationales

Dans les diocèses la pastorale de l'enfance et de la jeunesse est souvent confiée, par l'évêque, à celui de ses collaborateurs qui a en charge l'apostolat des laïcs.
Au niveau national, elle relève de la Commission épiscopale de l'Enfance et de la Jeunesse,
106, rue du Bac, 75007 Paris.
Tél. (1) 42 22 56 39.

LES AUMÔNERIES DE L'ENSEIGNEMENT PUBLIC

Les aumôneries de l'enseignement public sont des lieux privilégiés de l'initiation chrétienne. Elles assurent de plus en plus la première catéchisation de jeunes ; elles célèbrent des baptêmes, des confirmations ; elles préparent à la première communion. Elles sont pour beaucoup de jeunes la première et quelquefois la seule communauté d'Église.

Ph. Tournus

Célébration eucharistique au cours d'une retraite pour une classe de 6ᵉ.

Les problèmes actuels

Le monde des jeunes évoluant très vite, le style des aumôneries change : le rythme hebdomadaire est moins facile à tenir, les groupes ont tendance à se réduire, des jeunes demandent un accompagnement personnel. Les attentes sont très diverses selon les jeunes : les uns cherchent un lieu où être ensemble et causer tout en écoutant de la musique, les autres veulent militer pour le Tiers-Monde ou à l'école, d'autres encore demandent une formation biblique ou théologique ou une initiation à la prière... Les aumôneries sont amenées à faire des propositions claires, qui d'ailleurs sont souvent bien accueillies. On voit se développer aussi les rassemblements. L'évolution est particulièrement nette en second cycle. Mais le risque est grand en même temps d'oublier tous les jeunes qui ne feront jamais le premier pas vers l'aumônerie. Un certain courant de retour vers l'intérieur des lycées permet d'assurer une visibilité de l'aumônerie au sein de l'institution scolaire.
Il n'est pas toujours aisé pour les animateurs de saisir les enjeux d'une évangélisation qui assume la totalité de la vie, et en particulier la culture et les valeurs transmises par l'école.

- On constate un effort important pour *rejoindre des secteurs un peu délaissés ces dernières années :* les collèges de l'espace rural, les sections d'éducation spécialisées, les lycées professionnels, l'enseignement technique...

- *Le souci de la formation* est très grand chez les responsables diocésains. Depuis quelques années, des formations régionales de responsables d'aumônerie se mettent en place. Des projets de formation des jeunes animateurs et des nouveaux responsables diocésains sont en cours d'élaboration. ■

Les instances diocésaines

Dans chaque diocèse, un responsable de l'aumônerie de l'enseignement public (prêtre, religieux, éventuellement laïc), nommé par l'évêque et responsable devant lui, a pour mission d'assurer la mise en place et le fonctionnement des aumôneries auprès des divers établissements de l'enseignement public secondaire dans le diocèse, la formation de leurs responsables et animateurs, de leur donner les directives en conformité avec celles qui sont fixées au plan national, de déterminer la pédagogie.

Le directeur diocésain est assisté de permanents ou semi-permanents, et s'appuie fréquemment sur une *commission diocésaine* comprenant des membres des aumôneries d'établissements. Il travaille en relation étroite avec le responsable diocésain de l'enseignement religieux (catéchèse), ainsi qu'avec celui de l'enseignement catholique, bien des initiatives communes pouvant être prises en faveur de l'évangélisation des jeunes en monde scolaire du diocèse.

Les instances nationales

Les questions concernant l'aumônerie de l'enseignement public relèvent de la *Commission épiscopale du monde scolaire et universitaire*. Celle-ci comporte une sous-commission *« Enseignement public »*.

Les orientations de la pastorale de l'aumônerie sont débattues au sein du *Conseil national de l'aumônerie de l'enseignement public* qui a pour mission d'élaborer au niveau national les projets concernant les formations et les instruments de travail nécessaires au fonctionnement des aumôneries diocésaines. Ce conseil, présidé par un évêque membre de la Commission épiscopale, est composé de membres d'aumôneries (prêtres, religieuses, laïcs) des diverses branches de l'enseignement public, de représentants des parents d'élèves fréquentant ces aumôneries, de jeunes, de délégués de mouvements, des secrétaires nationaux de l'aumônerie de l'enseignement public. Il appartient à la Commission épiscopale d'arrêter les orientations dont le Conseil national élabore les propositions.

Le Secrétariat national, de l'aumônerie de l'enseignement public institué en 1960, (7, rue Vauquelin, 75005 Paris — Tél. (1) 43 36 54 75), assure le secrétariat de la Commission épiscopale et celui du Conseil national dont sont membres le ou les secrétaires nationaux. Il met en application les orientations définies selon le processus précisé ci-dessus.

LES DIX COMMANDEMENTS DE L'AUMÔNERIE

Pour le reste, chaque aumônerie tricote sa vie à l'aide de dix fils (... les jacquards ont des dessins différents !) :

- accueillir chaque jeune en particulier, l'aider à se découvrir et à trouver la signification des étapes importantes de sa vie ;
- développer en lui la possibilité de vivre en communauté ;
- lui donner le sens de ses capacités et de la responsabilité ;
- le mettre en contact avec la tradition vivante de l'Église et, en particulier, avec les textes bibliques ;
- lui permettre de rencontrer le Christ dans les sacrements, de pénétrer dans le monde de la prière personnelle et de l'action liturgique ;
- l'ouvrir aux autres par la prière, la réflexion et l'action dans les domaines de la justice et de la charité ;
- développer son amour de l'Église : penser que son futur chrétien se situe dans l'aumônerie étudiante, la paroisse ou les mouvements ;
- l'aider à aller à la rencontre des autres jeunes de toute culture et de sa vocation d'être celui qui leur annonce l'Évangile ;
- mettre à sa disposition les moyens d'évangéliser toute sa vie et, en particulier, sa vie scolaire et ses loisirs ; lui permettre éventuellement de faire face à l'échec scolaire ;
- lui donner voix pour qu'il puisse exprimer ce qu'il pense, dans l'Église, dans la société. ■

Quelques chiffres

L'ENSEIGNEMENT SECONDAIRE PUBLIC

En 1989-90, étaient scolarisés dans l'enseignement secondaire public en France 4.251.200 élèves, dont :

- en collèges : 2 526.000
- en C.P.P.N. et C.P.A. : 124.000
- en second cycle court (lycées professionnels) : 640.000
- en second cycle long : 927.000.

La baisse de la natalité, qui fait déjà sentir ses effets en primaire, commence à affecter les collèges (premier cycle). Par contre le second cycle continue à se développer, et l'objectif du ministère de l'Éducation nationale est de conduire au niveau du baccalauréat 80 % d'une classe d'âge en l'an 2000 (aujourd'hui moins de 30 % des jeunes obtiennent un baccalauréat).

LES AUMÔNERIES

On compte en France 3 000 aumôneries environ, regroupant 260 000 jeunes, avec près de 22 000 animateurs. Toutes les aumôneries ne sont pas officiellement reconnues par l'Administration. 90 % pour les lycées classiques bénéficient d'une reconnaissance officielle ; bien moins pour les collèges et les lycées techniques ou professionnels ; mais actuellement beaucoup de demandes de reconnaissance ont été faites.

Le pourcentage des jeunes qui fréquentent les aumôneries est très variable suivant les classes. Si près du quart des élèves de 6e y viennent, ceux de 3e représentent moins de 10 %, et ceux du second cycle sont encore moins nombreux.

Ph. Tournus

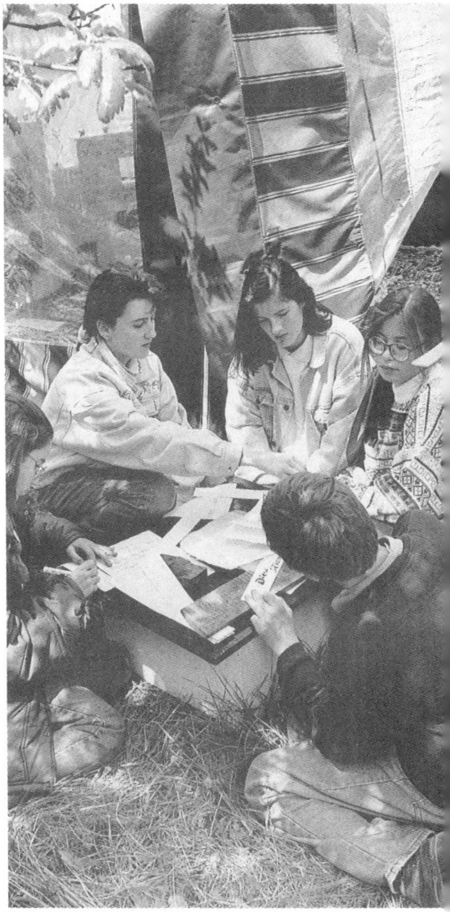

FRAT à Jambville.

Groupes et mouvements

La Jeunesse étudiante chrétienne (J.E.C.)
27, rue Linné, 75005 Paris, Tél. (1) 43 31 36 39
Ce mouvement d'Action catholique, fondé en 1929 (deux ans après la J.O.C.), a formé des générations de militants chrétiens assumant ensuite des responsabilités, souvent de premier plan, dans tous les secteurs de la vie sociale. A la suite d'un conflit avec la hiérarchie catholique en 1965, il a été principalement centré sur la jeunesse lycéenne.
Publications : *Aristide-Infos*. Pour animateurs : *Anima J.E.C.*

La Mission étudiante

Ses origines remontent à 1892. Aujourd'hui *Fédération des aumôneries étudiantes de l'enseignement supérieur* (universités et grandes écoles), elle est présente dans plus de 50 villes (avec 150 points de rencontre) et organisée en 7 régions. Les aumôneries de grandes écoles forment en son sein un réseau spécifique, *Chrétiens en grande école* (C.G.E.).
Elle a reçu de l'épiscopat la mission d'être sur les lieux d'enseignement supérieur un signe d'Église, le point de rassemblement des étudiants catholiques en vue de l'évangélisation des étudiants et de la vie étudiante.
Publications : *Campus-Actualités* ; *C.G.E.*
Mission étudiante : 7, rue de Vauquelin. 75005 Paris, Tél. (1) 43 36 21 87.
Chrétiens Grande école : 18, rue de Varenne, 75007 Paris, Tél. (1) 42 22 18 56.

PASTORALE DU TOURISME ET DES LOISIRS

Groupes et mouvements

Fédération sportive et culturelle de France

F.S.C.F. 5, rue Cernuschi, 75017 Paris. — Tél. (1) 47 66 03 23

Créée en 1898 pour regrouper les sections sportives des patronages catholiques, elle joua un rôle de pionnier à une époque où le sport n'était encore pratiqué que dans les milieux aisés ; elle introduisit le basket en France et donna son impulsion au football ; la Coupe de France s'appelle toujours Trophée Charles-Simon, du nom d'un secrétaire général de la Fédération. Celle-ci, la première, exigea le contrôle médical pour les sportifs et une assurance pour couvrir les frais d'accident.

Si la Fédération a évolué en près d'un siècle d'existence, elle a gardé le même objectif : « favoriser l'éducation dans les loisirs selon une vision chrétienne de l'homme et du monde, en cohérence avec l'Évangile » ; elle s'emploie donc à inculquer à ses membres une éthique du sport, faisant de celui-ci un moyen de formation morale autant que physique.

La Fédération, avec ses 2 300 clubs et ses 170 000 licenciés, touche 400 000 personnes, dont 70 % ont moins de 16 ans ; sa principale activité est le sport, avec une quinzaine de disciplines ; elle compte aussi des fanfares, des chorales, des groupes de danse et de théâtre ; elle anime des centres de vacances.

Après avoir connu, dans les années 60, un moment de crise lorsque le clergé a pour une part cessé d'assurer la responsabilité des clubs sans que les laïcs soient préparés à la relève, la Fédération a repris un nouveau dynamisme. Elle est membre de la Fédération internationale catholique d'éducation physique et sportive (3 millions de membres).

Union générale sportive de l'enseignement libre

UGSEL, 277, rue St-Jacques, 75005 Paris. Tél. (1) 43 29 12 77.

Elle a pour but de participer à l'éducation des jeunes au sein de l'enseignement libre, en promouvant l'éducation physique et le sport dans les établissements de tous degrés de cet enseignement.

Les associations sportives de ces établissements sont fédérées en Unions départementales, adhérentes de l'Union.

Celle-ci assure en outre la formation première et continue des enseignants d'éducation physique et sportive (École normale d'éducation physique féminine, 17, rue de l'Assomption, 75016 Paris ; Institut libre d'éducation physique supérieur, 20, rue de Châge, 77100 Meaux ; stages, etc.). Elle est associée à la formation initiale et continue des instituteurs et institutrices, organise des stages d'été pour les élèves, et des rencontres sportives pendant l'année scolaire. Elle est à l'origine de la Fédération internationale sportive de l'enseignement catholique.

Autres organisations

L'Association nationale des directeurs de pèlerinages (A.N.D.D.P.) (voir Pèlerinages).

L'Association des recteurs de sanctuaires (A.R.S.). (voir Pèlerinages).

Cap vrai, association pour l'animation spirituelle, culturelle et éducative de la plaisance, (222, rue du Faubourg Saint-Honoré, 75008 Paris), qui a ouvert deux escales d'accueil pour les plaisanciers à l'île de Porquerolles (Var) et à celle de Hoëdic (Morbihan).

C.A.S.A. (Communauté d'accueil dans les sites artistiques 8, rue Gît-le-Cœur, 75006 Paris. Tél. (1) 43 29 63 44), association qui forme des jeunes à l'accueil des visiteurs dans les édifices religieux ; elle propose à des jeunes une vie communautaire pendant la période où ils rendent ce service.

Celui-ci est assuré aussi dans beaucoup d'endroits par des équipes qui s'appuient sur les paroisses. L'objectif est dans les deux cas de faire le lien entre l'architecture et l'art religieux, d'une part, et le message spirituel qu'ils expriment, d'autre part.

Les *mouvements d'Action catholique*, surtout ceux de jeunes : M.R.J.C., J.O.C., qui se préoccupent des conditions de vie des travailleurs saisonniers et du soutien à leur apporter (voir Enfance-Jeunesse).

Les instances diocésaines

Les délégués diocésains

Dans chaque diocèse un délégué au tourisme et aux loisirs, nommé par l'évêque, suscite les initiatives locales et assure le relais des initiatives nationales ; c'est un prêtre, une religieuse ou un laïc. Il est lui-même entouré d'une petite équipe, constituée autant qu'il est possible de professionnels, d'usagers et de représentants des divers mouvements apostoliques intéressés. ■

Les instances nationales

Le groupe épiscopal pour la pastorale des réalités du tourisme et du loisir

L'idée d'une pastorale spécifique du tourisme et des loisirs est née des initiatives prises dans des stations touristiques ou thermales par des prêtres soucieux d'accueillir leurs paroissiens de passage et d'assumer convenablement leur responsabilité spirituelle à leur égard. Pour élaborer et animer cette pastorale spécifique, l'épiscopat a donc constitué au plan national un groupe composé de sept évêques, qui se cooptent en raison de leur intérêt pour ce sujet et de leurs compétences. Des prêtres, des religieuses et des laïcs engagés à des titres divers sont associés à ce groupe. Celui-ci dispose d'un délégué national permanent nommé par l'épiscopat. Le groupe épiscopal s'est donné un moyen de recherche et d'action en créant le Service d'études et d'échanges pour les loisirs et le tourisme.

Le Service d'études et d'échanges pour les loisirs et le tourisme (SELT)

4, cité du Sacré-Cœur, 75018 Paris
Tél. (1) 42 54 97 31 - Fax : (1) 42 64 76 30

Cet organisme a pour secrétaire le délégué national du groupe épiscopal.

Regroupant des adhérents individuels et collectifs, il recourt notamment aux travaux de commissions intérieures sur les sujets très divers qui le concernent (hauts lieux spirituels, tourisme, salon mondial du tourisme, vie religieuse dans les professions du tourisme, tourisme vert, etc.).

En 1986, il a tenu un colloque très ouvert sur le thermalisme.

Après s'être surtout intéressé aux loisirs de vacances, le SELT a élargi sa réflexion aux loisirs concernant le reste de l'année (activités socio-culturelles, sports, nouvelles bases de loisirs...) ; à ce sujet il suit de près les réalisations dans le secteur de Marne-la-Vallée.

Le SELT entretient des relations avec des professionnels ou des organismes (associations de tourisme, fédérations sportives ou culturelles, etc.) dont la raison sociale n'est pas de nature religieuse, mais qui sont animés par un authentique souci de servir l'homme. La réflexion qui peut ainsi s'engager sur les nombreux problèmes humains auxquels sont confrontés les responsables du tourisme et des loisirs (accueil des usagers, vie familiale des professionnels...) est très fructueuse.

Le SELT entretient aussi des relations avec des instances publiques (direction ministérielle du tourisme, Organisation mondiale du tourisme O.M.T., UNESCO...). Il participe au Salon mondial du tourisme et des voyages, tenu annuellement à Paris, et à diverses rencontres internationales.

Enfin, il est évidemment en relations étroites d'une part, avec les délégués diocésains, d'autre part, avec les divers organismes catholiques s'intéressant à l'un ou l'autre des aspects du tourisme et des loisirs.

Le SELT publie la revue *Haltes,* lien entre les adhérents, les responsables de la pastorale du tourisme et des loisirs aux divers niveaux, et les professionnels intéressés.

Il publie aussi des *fiches* présentant les textes de la liturgie dominicale en plusieurs langues (anglais, allemand, néerlandais, espagnol) à l'intention des paroisses fréquentées par les étrangers. Il propose en outre une liturgie pour un dimanche de vacances avec des suggestions appropriées. ■

L'ACTION SOCIALE

Selon le concile Vatican II, il est de la vocation de l'Église d'éclairer de la lumière de l'Évangile les relations de la personne humaine et de la société ; de proclamer et de défendre les droits de l'homme, de promouvoir « les progrès d'une saine socialisation et de la solidarité au plan civique et économique ». (*Gaudium et spes,* ch. IV)

Déjà, dans son encyclique *Mater et Magistra* (1961), Jean XXIII, dès avant le Concile, évoquait l'encyclique de Léon XIII *Rerum novarum* (1891) comme une synthèse catholique en matière économique et sociale, une sorte de « grande charte » de l'époque moderne.

C'est à cette époque et à ce document qu'il faut remonter pour voir distinguer *l'action charitable* vis-à-vis des pauvres (qui a toujours été celle de l'Église depuis les premiers temps et l'institution des diacres) de l'action et de l'élaboration d'une *doctrine sociale* portant sur l'organisation de la société, en vue de sauvegarder les droits et la dignité de la personne humaine, corps et esprit.

LES SEMAINES SOCIALES DE FRANCE

En 1904 Marius Gonin forma le projet d'instituer des « *Semaines sociales* » pour diffuser l'enseignement donné par l'encyclique de Léon XIII « *Rerum novarum* » (1891) sur la doctrine sociale de l'Église. La première eut lieu dès 1905 à Lyon. Elles devinrent une sorte d'université itinérante se tenant chaque année, en juillet, dans l'une des grandes villes de France.

Les *Semaines sociales* se trouvent à l'origine d'une foule d'initiatives et d'institutions ; c'est après celle de Metz en 1919 que prit corps définitivement la C.F.T.C. ; c'est après celle de Nancy en 1927 qu'une commission d'étude fut mise en place pour préparer les catholiques à l'application des assurances sociales ; ce sont des chefs d'entreprise « semainiers » qui instituèrent les premiers, pour leur personnel, des allocations familiales, puis des « caisses de compensation » inter-entreprises pour en répartir la charge ; c'est l'origine du système actuel des allocations familiales. Le nom de Joseph Folliet est lié aux Semaines sociales, dont il devint, à la mort de Marius Gonin en 1937, la cheville ouvrière.

Les événements de mai 68, aggravèrent une crise latente.
Un nouveau départ a été pris avec la tenue d'une Semaine en 1987 à Paris sur le thème « le travail, problème de l'homme, problème de la société ».
Depuis lors, les Semaines Sociales ont repris leurs assises régulièrement.
Semaines Sociales de France, 18, rue de Varenne, 75007 Paris - Tél. (1) 42.22.41.53.

Une action de laïcs

Ce qui touche à l'organisation de la société constitue, selon les documents conciliaires, « le champ propre de l'activité évangélique des laïcs », engagés dans toutes les réalités de la vie. A eux d'acquérir en ces domaines « une véritable compétence » et de « prendre leurs responsabilités ». Les prêtres ne sont là que pour les éclairer sur les exigences de la foi. Ils n'ont pas à leur « fournir de solution concrète et immédiate » aux problèmes soulevés. « C'est à leur conscience de laïcs, préalablement formée, qu'il revient d'inscrire la loi divine dans la cité terrestre. » (*Gaudium et spes* 43 § 2)

En France, diverses organisations, notamment les Centres d'études et d'action sociale (C.E.A.S.) contribuent à cette réflexion et sont sources d'initiatives sur le terrain.

Elles sont en relation avec la Commission sociale de l'épiscopat (71, rue Notre-Dame-des-Champs, 75006 Paris. Tél. (1) 43 25 92 91).

Celle-ci comporte trois sections : socio-caritative, socio-économique, santé et prisons.

Des Secrétariats sociaux aux C.E.A.S. 90 ans d'action sociale

Les Secrétariats sociaux sont nés à la fin du XIXe siècle non d'un plan préconçu mais, à la lumière de la doctrine sociale de l'Église explicitée peu auparavant par le pape Léon XIII dans son encyclique *Rerum novarum* (1891), comme une volonté des chrétiens de trouver une réponse aux problèmes contemporains : détresses, affrontements idéologiques, séparation des Églises et de l'État, vulgarisation des idées de Marx et Engels, inquiétudes de catholiques sociaux comme Albert de Mun et Léon Harmel devant certains méfaits du capitalisme.

C'est principalement autour de Marius Gonin que s'en concrétisèrent les objectifs avec la création à Lyon en 1892 d'un secrétariat, puis d'une revue *La chronique sociale :* formation et information des citoyens, groupes d'études, campagnes d'opinion.

Au fur et à mesure de l'implantation des Secrétariats sociaux dans plusieurs départements, ces objectifs se précisèrent autour de quelques grands axes : diffusion et vulgarisation de la pensée sociale de l'Église puisée notamment dans l'encyclique *Rerum novarum ;* création d'institutions sociales les plus diverses (bureaux de placement, enseignement professionnel, mutuelles, syndicats, etc.) en vue de préparer l'établissement d'une véritable organisation sociale ; dialogue et concertation entre organismes sociaux.

Au lendemain de la Première Guerre mondiale les Secrétariats sociaux — qui étaient au nombre de 32 en 1920 — éprouvèrent le besoin de s'unir dans un organisme commun, *l'Union nationale des secrétariats sociaux*, union qui eut un siège et un secrétariat à Paris en 1929 et se dota d'un conseil national.

De 1920 à 1939, les Secrétariats sociaux déve-loppèrent des activités multiples et virent s'accroître le nombre de leurs équipes locales et départementales. Cependant, dans les années 30, ils éprouvèrent quelque difficulté à se situer face aux mouvements d'Action catholique adultes nés dans le prolongement de la J.O.C. ; il leur fallut surmonter une crise d'identité. Ils furent ainsi amenés à clarifier leur action en la démarquant à la fois de l'action politique de la démocratie chrétienne, de l'action caritative, et de l'action apostolique directe des mouvements d'Action catholique.

Après la Seconde Guerre mondiale, les Secrétariats sociaux connurent un nouveau souffle, créant dans leur orbite des organismes complémentaires de recherche et de formation.

C'est au Conseil national de l'année 1965 que les Secrétariats changèrent de titre pour s'intituler désormais *Centres d'étude et d'action sociales (C.E.A.S.)*.

Après les effervescences de mai 68, les C.E.A.S. mirent l'accent sur les aspects majeurs d'une société successivement marquée par une croissance euphorique mais inégalitaire et une brutale recession économique.

Que sont les Centres d'études et d'action sociale

On compte une cinquantaine de C.E.A.S. locaux, départementaux ou régionaux.

Il existe des associations membres, comme la *Chronique sociale* en France à Lyon, et des liens étroits avec l'organisme de formation *Culture et promotion* qui en est né dans les années cinquante.

Tous les C.E.A.S. sont regroupés en une Union nationale (U.N.C.E.A.S.), animée par un conseil d'administration et une équipe nationale. Elle édite, outre des dossiers, la revue *Action sociale* et la *Lettre aux C.E.A.S.*

Elle a mis en route depuis 1978 des commissions nationales. Sur l'ensemble du réseau, 35 permanents épaulent les C.E.A.S. départementaux ou régionaux et assurent des actions de formation.

U.N.C.E.A.S. 2 et 4, rue de l'Échiquier, 75010 Paris. Tél. (1) 48 24 95 07.

Les C.E.A.S. exercent de multiples rôles :

- *Centres de documentation, de réflexion, d'analyse.*
- *Carrefours pluralistes.*

Dans le respect d'options diverses, peuvent s'y rencontrer et se confronter personnes et groupes amenés parfois à élaborer des démarches communes.

- *Facteurs d'animation de la vie sociale.*

Libres de leurs objectifs et de leurs méthodes, ils jouissent d'une grande autonomie aussi bien par rapport à l'Église hiérarchique que vis-à-vis des pouvoirs publics.

Leur domaine d'action est tout le champ social, avec une insistance sur des secteurs qui ont pris plus d'importance, comme le développement microrégional ou rural ; le cadre de vie, l'environnement, l'urbanisme ; les personnes âgées et les handicapés ; la vie associative ; l'emploi et les problèmes du travail, etc.

PASTORALE DES MIGRANTS

I. Les étrangers en France

A propos des migrants en France, il y a d'abord lieu de rappeler que près de 50 % d'entre eux viennent de pays de tradition catholique, et 45 % de pays de tradition islamique.

L'action pastorale est d'abord *accueil,* et en cela elle concerne tous les membres de l'Église, appelés à vivre « mieux que d'autres groupes sociaux cette dynamique de l'unité fraternelle et du respect des différences » (selon les mots mêmes de Jean-Paul II).

Quelques convictions essentielles animent l'Église en France dans son comportement à l'égard de l'immigration :

— la présence d'une population étrangère dans un pays est désormais un phénomène permanent et irréversible ;

— le « choc des cultures » dans le respect des diversités est une chance de progrès pour tous ;

— pour faire réussir une société multiraciale et d'origines pluriculturelles, il faut permettre aux étrangers de faire entendre leur voix et les faire participer à certaines instances de la vie nationale ;

— si les travailleurs étrangers appartiennent à la classe ouvrière, c'est avec leurs manières d'agir spécifiques.

Plus précisément, l'action de la pastorale des migrants, en lien avec les responsables prêtres et laïcs engagés dans la pastorale d'ensemble et les mouvements, est multiforme et se situe à plusieurs niveaux.

Auprès des *immigrés chrétiens* (où interviennent aussi les prêtres des pays d'origine sous la responsabilité de l'évêque du lieu), ce seront l'animation de messes portugaises dans telle paroisse, l'organisaton d'une catéchèse spécifique, l'élaboration de documents pastoraux dans telle langue étrangère, la collaboration avec des religieuses déléguées aux migrants, etc.

Auprès des *immigrés de confessions non chrétiennes,* musulmane en particulier (la seconde religion pratiquée en France), il s'agit d'établir des relations fraternelles pour un plus grand respect mutuel des valeurs et des traditions religieuses (par exemple, la pratique du Ramadan). De multiples initiatives locales sont prises dans cet esprit (relations avec l'Islam, comités « Maghreb », ouverture de l'Action catholique des enfants (ACE) aux enfants maghrébins et de l'Action catholique ouvrière (A.C.O.) aux immigrés, etc.

Groupes et mouvements

• *Les Équipes d'accueil et d'amitié* pour les étudiants et étudiantes étrangers : 24, Bd Victor-Hugo, 92200 Neuilly — Tél. (1) 47 22 32 19 et (1) 47 22 94 23.

• *Les Communautés catholiques étudiantes* établies dans la plupart des villes universitaires, et notamment à Paris (CEP).

• *Le Secours Catholique* comporte un service Émigration qui conseille et aide étrangers et réfugiés en France, et les Français souhaitant aller s'installer outre-mer ou à l'étranger (États-Unis, Canada, Australie, etc.). Il agit comme agence de la Commission internationale catholique pour les migrations, en liaison avec les agences des pays d'immigration et en lien avec le Haut Commissariat des Nations-Unies pour les Réfugiés.

Combien sont les étrangers en France ?

En 1990 le ministère de l'Intérieur donnait le chiffre de 4,5 millions d'étrangers vivant en France, plus 1 million d'étrangers clandestins ; le recensement de 1982 effectué par l'I.N.S.E.E. l'évaluait entre 3,6 et 3,7 millions.

Les nationalités

Selon le ministère de l'Intérieur, les nationalités les plus représentées sont :
les Portugais : 845.000 (18,7 % des étrangers)
les Algériens : 725.000 (16 %)
les Marocains : 558.000 (12,5 %)
les Italiens : 378.000 (8,3 %)
les Espagnols : 352.000 (7,8 %)
les ressortissants des anciennes colonies françaises d'Afrique noire : 135.000 (4,5 %)
les membres des pays de la C.E.E. : 630.000 (14 %).

Les catégories

La population étrangère séjournant en France se répartit entre 50 % d'hommes, 27 % de femmes, 22 % d'enfants de moins de 16 ans.

On y compte donc presque deux hommes pour une femme.

Elle comporte trois catégories très différenciées :

Maghrébins, Africains noirs, Turcs (au total, 36 % des étrangers) : immigration relativement récente ; insertion difficile au sein de la population européenne ; majorité d'hommes seuls ; lorsque les familles sont présentes, les enfants y sont nombreux ; vie en ville (meublés ou chantiers) ; logements petits, surpeuplés, inconfortables.

Européens du Sud (Italiens, Espagnols, Yougoslaves, Portugais — au total, 42 % des étrangers) : ouvriers assez qualifiés ; activité féminine assez importante ; insertion plus aisée ; vie en famille, en ville ou à la campagne ; logements de confort acceptable en moyenne.

Autres Européens (12 % des étrangers) : moyenne d'âge assez élevée ; faible proportion d'actifs ; non ouvriers ; forte proportion de personnes seules ou en familles sans enfants ; beaucoup de propriétaires de leur logement ; habitat à confort élevé. ■

Qu'il n'aille pas dire, le fils de l'étranger qui s'est attaché au Seigneur, qu'il n'aille pas dire :

« Le Seigneur va certainement me séparer de son peuple. »

[...] Car ainsi parle le Seigneur :

Les fils de l'étranger qui s'attachent au Seigneur et qui se tiennent dans mon alliance,

Je les ferai venir à ma sainte montagne, je les ferai jubiler dans la Maison où l'on me prie ; car ma Maison sera appelée :

Maison de prière pour tous les peuples.

Isaïe 56, 3, 6, 7.

Des délégations par pays d'origine

Mission Afrique Noire 269 bis, rue du Fbg Saint-Antoine, 75011 Paris. Tél. (1) 43 72 47 21

Mission Allemande 38, rue Spontini, 75116 Paris. Tél. (1) 47 04 31 49

Mission Anglaise 50, avenue Hoche, 75008 Paris. Tél. (1) 42 27 28 56

Mission Belge 228, rue La Fayette, 75010 Paris. Tél. (1) 46 07 95 76

Mission Cambodgienne 100, route de Montreuil, 93230 Romainville. Tél. (1) 48 57 26 40

Mission Chaldéenne, 16, rue Faidherbe, 91600 Savigny-sur-Orge Tél. 69.96.51.62

Mission Chinoise 105, boulevard Richard-Lenoir, 75011 Paris Tél. (1) 47 00 00 16

Mission Coréenne 128, rue du Bac, 75007 Paris Tél. (1) 45.48.19 92

Mission Croate 124, rue de Bagnolet, 75020 Paris. Tél. (1) 46 63 57 16

Mission Espagnole 5, rue Emilio Castalar, 75012 Paris. Tél. (1) 43 46 98 36

Mission Hollandaise 39, rue du Dr. Heulin, 75017 Paris. Tél. (1) 46 27 49 02

Mission Hongroise 42, rue Albert-Thomas, 75010 Paris Tél. (1) 42 08 61 70

Mission Italienne 48, rue de Montreuil, 75011 Paris. Tél. (1) 43 72 49 30

Mission Japonaise 92 bis, Bd Montparnasse, 75014 Paris. Tél. (1) 43 35 17 35

Mission Laotienne 48, rue des Pyrénées, 75020 Paris. Tél. (1) 43 72 38 27

Mission Lituanienne 8, avenue César-Caire, 75008 Paris Tél. (1) 42.93.04.88

Mission Malgache, 22, rue des Fleurs, 31008 Toulouse Cedex
Tél. (16) 61.52.03.60

Mission Philippine, 20, rue Claude-Lorrain, 75016 Paris Tél. (1) 42 24 50 47

Mission Polonaise 263 bis, rue du Fbg Saint-Honoré, 75001 Paris. Tél. (1) 42 60 93 25

Mission Portugaise 111, avenue Paul-Vaillant-Couturier, 94250 Gentilly
Tél. (1) 46 57 70 18

Mission Roumaine (rite latin) 38, rue Ribéra, 75016 Paris.
Tél. (1) 45 27 22 59

Mission Slovaque 64, rue Riquet, 75019 Paris. Tél. (1) 40.05.12.37

Mission Slovène 3, impasse Hoche, 92320 Chatillon.
Tél. (1) 42 53 64 43

Mission Sud-Est Asiatique 46, rue de Romainville, 75019 Paris
Tél. (1) 42 08 81 41

Mission Suisse 10, rue Violet, 75015 Paris. Tél. (1) 45 75 09 72

Mission Tchèque 35, rue de Sèvres, 75006 Paris. Tél. (1) 45 44 58 91

Mission Vietnamienne 15, rue Boissonade, 75014 Paris
Tél. (1) 43 35 20 72.

A ces délégations, il faut joindre : *L'Aumônerie nationale des Gitans* : 5, rue d'Estienne d'Orves, 93500 Pantin Tél. (1) 48 40 74 94

Pour avoir une vue complète des structures d'accueil destinées aux catholiques étrangers en France ou appartenant à des familles d'origine étrangère, il convient d'ajouter aux Délégations Nationales énumérées ci-dessus, les communautés qui relèvent de *l'Ordinaire des catholiques de rite oriental en France* : Exarchat apostolique des Ukrainiens, Éparchie des Arméniens, communautés chaldéenne, maronite, melkite, roumaine, russe, syrienne.

(Voir plus loin les communautés de rite oriental en France).

Pour les Français d'Outre-Mer

Mission Antillaise 51 bis, rue de la Roquette, 75011 Paris. Tél. (1) 48 06 00 60
Mission Réunionnaise 1, rue Lacharrière, 75011 Paris.
Tél. (1) 47 00 03 71

Publications

— Service National de la Pastorale des Migrants : *Migrations et Pastorale*
— Gitans, *Le Monde Gitan*
— Antillais, *Alizés*
— Réunionnais, *La Passerelle*
Brochures œcuméniques : *Immigrés en France aujourd'hui, Raisons de notre refus, plaidoyer pour l'homme.*

Les instances nationales

La coordination de la pastorale des migrants en France et la réflexion à son sujet relèvent plus immédiatement de la *Commission épiscopale des migrations.*

Son moyen permanent d'action est le *Service national de la pastorale des migrants,* dirigé par un prêtre qui est en même temps le secrétaire de la Commission (269 bis, rue du Faubourg Saint-Antoine. Tél. (1) 43 72 47 21)

Ce service a pour mission de susciter et de coordonner, au sein de l'Église en France, y compris dans ses mouvements laïcs, les initiatives concourant à la pastorale des migrants. Il travaille en liaison avec les Églises de leurs pays d'origine.

Des délégations nationales par pays, groupes de pays ou ethnies, rassemblent laïcs, prêtres, religieux et religieuses de chacun d'eux.

Les instances diocésaines et locales

Dans presque tous les diocèses, un délégué diocésain est chargé par son évêque de la pastorale des migrants (s'adresser à l'évêché).

Au plan des communautés chrétiennes (paroisses, services, mouvements, écoles chrétiennes, etc.), des initiatives diverses sont encouragées pour sensibiliser leurs membres à l'accueil et à la prise en considération des problèmes des immigrés : journées dans les secteurs ou les zones pastorales, campagnes, ouverture des équipes d'Action catholique ouvrière (A.C.O.) aux immigrés, équipes d'A.C.O. spécifiques (75 équipes A.C.O. sont composées de Portugais), etc.

Il faut également noter la part très importante prise par les chrétiens dans la création et l'animation d'organisations de soutien aux travailleurs immigrés (A.S.T.I.) et d'alphabétisation.

II. Les Français à l'étranger

Même en pays étrangers catholiques, la présence de paroisses, rectorats ou aumôneries françaises est parfois très ancienne (l'église française de la Trinité-des-Monts à Rome a été fondée en 1495 par le roi de France Charles VIII). Des aumôneries catholiques existent aussi dans certaines ambassades de France depuis longtemps.

En 1955, l'Assemblée des cardinaux et archevêques de France a estimé nécessaire d'assurer une liaison régulière avec ces institutions et de favoriser la création de nouvelles paroisses ou aumôneries scolaires françaises à l'étranger pour répondre au *motu*

▶▶▶

Français à l'étranger : quelques chiffres

On estime généralement leur nombre à 1 400 000 personnes (1 000 000 en 1970). Contrairement aux 4 000 000 d'étrangers vivant en France, la majorité des Français émigrés appartiennent aux milieux de cadres, d'ingénieurs, de techniciens, d'enseignants, de diplomates. Le nombre d'artisans, petits commerçants en certains pays (Etats-Unis par exemple) n'est cependant pas négligeable (hôtellerie, commerce, etc.).

▶▶▶

proprio de Pie XII *Exsul famillia* insistant sur l'importance de l'évangélisation dans la langue d'origine ; une *Direction de l'aumônerie générale des Français à l'étranger* fut donc instituée dans ce but. Le premier directeur, Mgr Ramondot, eut alors la responsabilité conjointe de l'aumônerie des étrangers en France et de l'aumônerie des Français à l'étranger. En 1973, l'aumônerie des étrangers en France fut séparée de celle des Français à l'étranger, et placée sous la responsabilité de la commission épiscopale des migrations.

Les communautés catholiques à l'étranger

On recense 235 communautés catholiques francophones et 60 aumôneries de lycées, collèges et écoles françaises, dans 94 pays. 189 prêtres appartenant à 36 diocèses de France et à 28 congrégations religieuses assurent à l'étranger, à temps plein ou partiel, un ministère en langue française pour des ressortissants français ou francophones ; des religieuses appartenant à 31 congrégations féminines et des centaines de laïcs, hommes et femmes, s'activent dans la catéchèse, la liturgie, l'action caritative, etc. Des mouvements sont également présents (ACI, MCC, scoutisme, etc.) ainsi que des groupes d'approfondissement bilblique, théologique, etc.

Les instances nationales

L'aumônerie générale des Français à l'étranger ne relève d'aucune commission épiscopale mais directement du Conseil permanent de l'épiscopat, qui désigne un évêque pour en suivre l'activité.

Aumônerie catholique des Français à l'étranger :
9-11, rue Guyton-de-Morveau,
75013 Paris. Tél. (1) 45 65 96 65

Publication annuelle d'un annuaire des églises, chapelles et aumôneries françaises ou de langue française hors de France. (Voir la liste de ces établissements dans la partie Renseignements pratiques).

Un *Comité catholique des amitiés françaises dans le monde,* 99 rue de Rennes, 75006 Paris. Tél. (1) 45 48 23 09, association créée en 1915 par Mgr Baudrillard et Paul Claudel, s'emploie à faire connaître dans le monde la culture française dans ses rapports avec la pensée catholique. Il est à l'origine des *Cours universitaires d'été* de l'Institut catholique de Paris, fondés en 1950. Il assure le soutien moral et financier de l'*Aumônerie catholique des Français et francophones hors de France* depuis 1955. Il a été reconnu d'utilité publique en 1972. Par l'envoi de volontaires enseignants dans le Tiers-Monde dès 1960, il a préparé la création par la Conférence épiscopale française de la *Délégation catholique pour la coopération* (D.C.C.) en 1967 ; il en assure le soutien (voir Index : Coopération).

Cette *Délégation* (9-11, rue Guyton-de-Morveau, 75013 Paris. Tél. (1) 45 65 96 65) relève de l'Aumônerie générale, et fonctionne comme service de l'épiscopat français pour l'envoi de volontaires laïcs en coopération (voir coopération).

Le Comité catholique des amitiés françaises participe aussi, avec le concours des ministères intéressés, à l'aide aux établissements scolaires catholiques français et francophones hors de France fondés par les 220 congrégations enseignantes d'origine française.

LE MONDE DES PRISONS

Des chrétiens au service de leurs frères détenus

Les aumôniers

En général, leur ministère s'exerce de trois façons :

— par des visites personnelles ;

— par des rencontres collectives : la plupart des aumôniers y célèbrent l'Eucharistie, avec souvent un échange sur l'Évangile ; dans certaines prisons, un échange sur les problèmes de vie est autorisé en dehors du culte ;

— par d'autres sacrements (réconciliation, parfois baptême) donnés à ceux qui les demandent.

Depuis quelques années, lorsque les directions l'ont autorisé, les aumôniers ont cherché à s'entourer d'une équipe d'aumônerie constituée de quelques laïcs participant à leur ministère ; des diacres permanents commencent également à être associés à ce ministère par leur évêque.

Des religieuses

Certaines congrégations se sont spécialement orientées vers le soutien des femmes incarcérées.

Les Sœurs de Marie-Joseph et de la Miséricorde

5, rue de la Salette, 87210 Le Dorat

Fondées à la fin de la Révolution, le gouvernement leur confia les grandes prisons centrales de femmes. Les lois laïques de 1905 les obligèrent à quitter les maisons de province, mais elles furent maintenues à Paris ; elles sont aujourd'hui présentes :

— au dépôt de la Préfecture de police de Paris, où, chaque nuit, neuf d'entre elles accueillent les femmes arrêtées ;

— à Fresnes, infirmières à l'hôpital pénitentiaire et à la maternité ;

— à la Maison d'arrêt de femmes de Fleury-Mérogis et (depuis 1959) à la Maison centrale des femmes de Rennes, où elles exercent un rôle d'éducatrices et de soignantes.

Les Sœurs de Notre-Dame de Charité.

Elles ont créé des centres d'observation, de rééducation, des foyers de semi-liberté, des services de suite, et elles y reçoivent des femmes mineures qui leur sont confiées par les ministères de la Justice et des Affaires sociales. Aujourd'hui, par insuffisance d'effectifs, elles quittent progressivement la responsabilité de ces centres.

Les Petites Sœurs de Jésus du Père de Foucauld.

Elles ont vécu quelque temps la condition des détenues, à tour de rôle, à la prison de Haguenau puis à Rennes. L'administration pénitentiaire a mis fin à l'expérience en 1971.

Les Dominicaines de Béthanie

91910 St-Sulpice de Favières. Cette congrégation de religieuses contemplatives, fondée en 1866 par le Père Lataste, est ouverte aux femmes sortant de prison, dans une discrétion absolue sur leur passé. Par ailleurs, certaines de ces religieuses sont visiteuses de prisons et y animent parfois des célébrations liturgiques et des rencontres de détenues.

Visiteurs et visiteuses de prison

Ils sont quelque 1500 femmes et hommes en France reconnus par l'Administration comme visiteurs. Parmi eux, 800 sont membres de *l'Œuvre de la visite des détenus dans les prisons* (O.V.D.P.), branche spécialisée de la Conférence Saint-Vincent-de-Paul (5, rue du Pré-aux-Clercs, 75007 Paris).

Autres organisations

Le Secours catholique

106, rue du Bac, 75007 Paris.
Tél. (1) 43 20 14 14.

Parmi ses diverses activités, cette organisation apporte, par le biais de ses délégations diocésaines, un concours actif à la recherche de solutions aux divers problèmes posés par l'incarcération (aide aux familles, aux libérés, etc.).

Le courrier de Bovet

BP 117, 75073 Paris Cedex 16

Du nom de sa fondatrice, cette association assure une correspondance avec les détenus qui le souhaitent (800 correspondants sont en relation avec environ 2 000 détenus).

Repères historiques

De tout temps l'Église, se souvenant de la parole du Christ. : « J'étais en prison et tu m'as visité », a été attentive aux personnes détenues.

L'aide aux prisonniers figurait traditionnellement au nombre des œuvres de miséricorde, et de nombreuses confréries se sont développées au cours des siècles pour l'exercer. Personne n'a oublié Monsieur Vincent, envoyant dans les prisons les Filles de la Charité et des personnes du monde pour visiter et secourir les malheureux qui s'y trouvaient, dans des conditions souvent effroyables...

Ce n'est qu'en 1819 qu'un arrêté officialisa la présence des aumôniers dans les établissements pénitentiaires « ayant ordinairement plus de cent détenus ».

Après 1830, des Frères de la Doctrine chrétienne et des religieuses eurent en outre des fonctions régulières de surveillance et de soins auprès des détenus, hommes ou femmes.

Après la loi de 1905 sur la séparation de l'Église et de l'État, le rôle de l'aumônier de prison fut limité, suivant le Code de procédure pénale, « au culte et à l'assistance spirituelle des détenus ».

Les aumôniers catholiques - comme les ministres du culte protestant et juif - sont nommés par le ministre de la Justice en accord avec l'autorité religieuse. Ils sont présents dans toutes les prisons.

Les instances diocésaines et nationales

Comme toute action pastorale, celle concernant les détenus relève de l'évêque diocésain. Au sein de la Conférence épiscopale, il appartient à la Commission sociale de l'épiscopat de suivre ce dossier.

L'Aumônerie générale des prisons
(106, rue du Bac, 75007 Paris. Tél. (1) 42 60 37 70) centralise les informations, organise des formations pour les aumôniers et plus généralement veille à la solution des problèmes posés au niveau national.

Quelques chiffres

Le 1er septembre 1991, le nombre de détenus était de 52 198 en France dont 20 159 prévenus (c'est-à-dire en attente de jugement définitif) et 32 039 condamnés.

LA SOLIDARITÉ ET LES PAUVRES

Les instances diocésaines et locales

Sans qu'il soit toujours besoin d'une organisation diocésaine spécifique, la présence des chrétiens auprès de ceux qui ont un besoin urgent d'aide est une priorité dans tous les diocèses de France.

Aux grandes organisations caritatives nationales catholiques s'en ajoutent beaucoup d'autres moins importantes, ainsi que le vaste réseau des structures paroissiales d'entraide (accueil, recherche de travail et de logement, vestiaires, restaurants, etc.) travaillant le plus souvent en liaison étroite avec les organisations nationales ainsi qu'avec les multiples services locaux compétents. Certains diocèses se sont donné un « Vicariat à la solidarité. »

Les instances nationales

Au sein de la Conférence des évêques de France, la *Commission sociale de l'épiscopat* comporte deux sections : Santé, Socio-caritatif. Secrétariat : 8, rue Jean-Bart, 75006 Paris. Tél. (1) 42 22 26 90.

L'épiscopat a créé en 1989 un *Conseil national de la solidarité*, composé des responsables des organismes catholiques de solidarité (Aide à l'Église en détresse ; Aide inter-monastères ; C.C.F.D. ; Délégation catholique pour la coopération ; Équipes Saint-Vincent ; Fondation internationale pour le développement économique, social et spirituel au service de la coopération (FIDESCO) ; Instituts missionnaires féminins et masculins ; Œuvres hospitalières françaises de l'Ordre de Malte ; Œuvre d'Orient ; Secours catholique ; Société de Saint-Vincent-de-Paul).

Lieu de concertation, d'information, de réflexion sur tous les problèmes posés par l'exercice de la solidarité d'aujourd'hui, il est présidé par un évêque mandaté par la Conférence des évêques de France.
Secrétariat : 106, rue du Bac, 75007 Paris. Tél. (1) 42 22 56 39.

Les grands organismes caritatifs

Secours catholique

106, rue du Bac, 75007 Paris.
Tél. (1) 43 20 14 14

Créé en 1946 par Mgr Rodhain (voir Index) à la demande de l'épiscopat français, il a pour raison d'être de promouvoir la charité et la solidarité et de donner toute son efficacité à l'action caritative catholique en la stimulant et en la situant à une échelle correspondant à la nature et à l'étendue des problèmes à résoudre. Ses statuts, donnés par les évêques de France, le chargent d'apporter aide et secours matériels et moraux partout où le besoin s'en fait sentir (en excluant toute discrimination confessionnelle et nationale). Il le fait tant directement qu'en suscitant l'intervention des organismes publics et privés d'aide sociale. Il tend aussi à rendre les intéressés acteurs en les associant aux initiatives prises à leur intention.

Outre son action permanente en faveur des cas individuels, le Secours catholique lance des actions de développement et des opérations d'urgence tant en France qu'à l'étranger, dans les cas de graves situations collectives (catastrophes, guerres, famines...). Ses micro-réalisations dans le Tiers-Monde sont célèbres ; mais il s'agit toujours de mettre groupes et personnes sur le chemin de leur propre développement.

Le Secours catholique est membre de l'organisation catholique internationale *Caritas Internationalis* (131 organisations nationales) dont le siège est à Rome, qui agit elle-même en relation étroite avec le *Conseil pontifical Cor unum.*

Il est articulé en 6 directions nationales :

1. *Secteur action France et Europe :* malades, handicapés, enfance, jeunes, personnes âgées, prisons, accueil de migrants, femmes en difficulté, réfugiés.
2. *Secteur action internationale :* Micro-réalisations, Urgence-réhabilitation, Services géographiques par continent, Animation Développement, Affaires sociales internationales.
3. *Secteur Communication :* publication du mensuel *Messages* (1 200 000) ; audio-visuel ; relations avec l'opinion et les médias.
4. *Administration-gestion :* budget de l'ordre de 750 millions en 91-92.
5. *Secteur Ressources humaines :* 800 salariés en 1992.
6. *Délégations, commissions nationales*

Dans les diocèses de métropole et d'outre-mer : 106 délégations, subdivisées en secteurs et équipes locales.
Le Secours Catholique compte :
• 1 200 000 donateurs, 68 000 bénévoles responsables ou militants et 3 700 équipes locales, 2 700 permanences d'accueil.
Il est en lien avec 131 « Caritas » nationales étrangères.

DES LIEUX D'ACCUEIL

• Région parisienne, 6 foyers : pour hommes en difficulté, pour femmes en difficulté, pour femmes seules, pour jeunes en désarroi, pour Maghrébins, pour familles de malades de province hospitalisés à Paris.

• Province : dans les délégations départementales.

• A Lourdes : Cité Saint-Pierre pour pèlerins aux ressources modestes.

• A Jérusalem : Maison d'Abraham, foyer ouvert sans distinction de confession.

Association des Cités du Secours Catholique, 2 bis, rue Mornay, 75004 Paris - Tél. (1) 42 77 78 11 - Fax : (1) 42 74 11 54

En 1991 : 2 000 000 de personnes rencontrées en France, 473 projets de développement dans 68 pays, 2 200 opérations d'urgence-réhabilitation.

« Le combat pour la justice et la participation à la transformation du monde sont constitutifs de la prédication de l'Évangile... »

Synode des évêques sur la Justice, Rome, 1971.

Comité catholique contre la faim et pour le développement (CCFD)

Voir *l'Église, la paix, le développement, les droits de l'homme.*

Société de Saint-Vincent-de-Paul Louise-de-Marillac

5, rue du Pré-aux-Clercs, 75007 Paris.
Tél. (1) 42 61 50 25

La Société de Saint-Vincent-de-Paul a été fondée en 1833 à Paris par Frédéric Ozanam (il avait 20 ans) pour le service des humbles, des faibles, des oubliés, dans le respect de leur dignité et pour leur rendre l'espérance, en leur permettant de vaincre la misère et la souffrance. Elle a fusionné en 1969 avec le mouvement féminin Louise-de-Marillac fondé en 1909 dans un esprit analogue.

Le mouvement est laïc, international, mixte, se donnant pour double objet la formation spirituelle et l'action sociale ; il compte dans le monde 850 000 membres répartis dans 116 pays des 5 continents (30 000 membres en France).

Activités : accueil des jeunes, appui des femmes abandonnées, visites des vieillards isolés, des malades, des handicapés, action morale auprès des alcooliques, visites des prisonniers, assistance post-pénale et réinsertion sociale, aide aux gens du voyage, accueil des migrants, des étrangers, des réfugiés, solidarité avec le Tiers-Monde, actions d'urgence, campagnes pour le développement, promotion et réfection des logements, formation scolaire, universitaire, professionnelle, action culturelle et loisirs, conseils juridique et social.

Équipes Saint-Vincent

67, rue de Sèvres, 75006 Paris.
Tél. (1) 45 44 17 56

Elles sont les héritières des Confréries de Charité fondées en 1617 par saint Vincent de Paul, devenues ensuite Dames de Charité, puis Équipes Saint-Vincent en 1968. Elles sont au service de tous ceux qui souffrent (personnes âgées, migrants, isolés, inadaptés, etc.). En France, 400 équipes, 7 500 bénévoles, 7 000 auxiliaires.

Ordre souverain de Malte

4, avenue Marceau, 75008 Paris.
Tél. (1) 47 23 51 60.

Héritier d'un ordre de chevalerie fondé en 1113 à Jérusalem par les Croisés en vue de soigner et protéger les pèlerins, replié successivement à Chypre, Rhodes, Malte (donné en souveraineté par Charles Quint) et finalement à Rome au XIXe siècle, l'Ordre de Malte[1] a conservé un statut international original reconnu par 43 États (dont la France et le Saint-Siège) avec lesquels il échange des ambassadeurs. Par ses diverses associations nationales, il exerce à travers le monde une importante activité hospitalière, médicale et humanitaire, prenant notamment une grande part à la lutte contre la lèpre. Son siège international est à Rome.

Son association française est reconnue d'utilité publique

1. Son titre exact est Ordre Souverain Militaire et Hospitalier de Saint-Jean de Jérusalem, de Rhodes et de Malte.

Quelques-unes des organisations non confessionnelles fondées par des chrétiens

A.T.D. Aide à Toute Détresse-Quart Monde, fondée par le Père J. Wresinski.
107, avenue du Général-Leclerc,
95480 Pierrelaye. Tél. (1) 30 37 11 11.
Son action s'étend aujourd'hui bien au-delà de la France.

Association Emmaüs, fondée par l'Abbé Pierre
32, rue des Bourdonnais, 75001 Paris.
Tél. (1) 42 33 61 06.

Les Petits Frères des Pauvres, association fondée en 1946 par Armand Marquiset
64, avenue Parmentier, 75011 Paris.
Tél. (1) 43 55 39 39.
Armand Marquiset est également le fondateur de Frères des hommes.

Les fondations Raoul Follereau, qui poursuivent l'œuvre de lutte contre la lèpre entreprise par R. Follereau.
33, rue de Dantzig, 75015 Paris.
Tél. (1) 48 28 72 42.

Auxilia, association d'enseignants fondée en 1926 par Marguerite Riyard 102, rue d'Aguesseau, 92100 Boulogne, tél. (1) 46 04 56 78. Enseignement par correspondance (1er et 2e degrés, technique, supérieur) pour malades, handicapés, détenus ; prises en charge et soutien par lettre et visiteurs de prison.

LADAPT, *Ligue pour l'adaptation du diminué physique au travail,* 185 bis, rue Ordener, 75882 Paris Cedex 18. Tél. (1) 42 64 59 99. Fondée en 1929 par Suzanne Fouché (voir Index) (rééducation fonctionnelle, mise au travail, reclassement).

Ph. CIRIC

L'abbé Pierre, fondateur de l'Association Emmaüs.

Pour mémoire, on rappellera que de nombreuses actions sont menées conjointement par des organismes catholiques et la CIMADE, Service œcuménique d'entraide, d'origine protestante (176, rue de Grenelle, 75007 Paris). ■

UNE INITIATIVE ORIGINALE : LES BANQUES ALIMENTAIRES

Dans *Le Monde* du 13 novembre 1985, un titre résume leur objet : « Une banque pour les exclus du banquet ». L'idée est née et a été mise en œuvre aux États-Unis. Elle a été reprise en France en 1984 par le Secours catholique, Emmaüs et l'Armée du Salut qui ont fondé ensemble la Banque alimentaire de Paris. 15, avenue Jeanne-d'Arc, 95110 Arcueil. Tél. (1) 47 35 92 02.

Le dispositif repose entièrement sur des dons, des services bénévoles et des prestations gratuites. Les produits alimentaires proviennent de sources diverses : surplus agricoles gérés par l'État, dons en nature de sociétés ou professions agro-alimentaires, dons en nature de particuliers. Par exemple, des collectes sont organisées auprès des clients de grandes surfaces, et certains magasins doublent même la mise de leurs clients.

Les produits (frais, congelés, conservés) sont vérifiés, stockés, gérés par des équipes bénévoles ; ils sont remis à des associations caritatives (hors de toute considération confessionnelle ou politique) apportant des garanties de bon usage. Celles-ci, soit les distribuent en l'état, soit organisent des repas, le tout en faveur des plus démunis ; il est frappant de constater que le monde de ceux-ci est aujourd'hui infiniment plus étendu que celui des « errants », eux-mêmes en nombre croissant.

En fin 1985, une vingtaine de banques alimentaires fonctionnaient déjà en France. Une fédération nationale avait été constituée ; une fédération européenne et une fédération internationale étaient en voie de constitution.

Lorsqu'un mot, une expression, un événement, une institution, un nom propre vous sont inconnus, consultez l'index.

LES CHRÉTIENS
ET LA VIE PROFESSIONNELLE

Beaucoup de mouvements ou de communautés d'Église se proposent d'aider les chrétiens à vivre leur foi au sein de leur milieu professionnel, dans l'exercice de leurs responsabilités de tous ordres (humaines, économiques, techniques...) et de leurs engagements divers (professionnels, syndicaux...). On évoquera ici quelques-uns de ces mouvements.

Centre chrétien des patrons et dirigeants d'entreprise (C.F.P.C.)

C.F.P.C., 24, rue Hamelin, 75116 Paris. Tél. (1) 45 53 09 01 - Fax : (1) 47 27 43 32

Objectifs

Le Centre se propose d'aider ses membres à concilier leur foi et la fonction de dirigeant d'entreprise.

Il fonde ses actions et ses propositions sur les principes chrétiens suivants :

1. Le respect de la personne humaine. Tout homme, créé à l'image de Dieu, racheté par le Christ, mérite respect et considération, responsabilité et liberté.

2. Le primat de l'amour. Sans nier les conflits sociaux, il repousse la conception du progrès par la lutte des classes et entend promouvoir une « nouvelle entreprise » tendant à confier plus d'initiative et de liberté d'action aux membres du personnel.

3. La destination universelle des biens. Tout homme a droit à une part de bien qui lui assure une vie décente (ce principe ne condamne pas la notion de profit).

4. Le principe de la délégation. On doit reconnaître à chaque échelon hiérarchique la possibilité de décision dont il est capable.

Organisation et méthodes

• 1500 adhérents, hommes et femmes, chefs d'entreprise, cadres supérieurs, professions libérales, se retrouvent en sections, cellules de base du mouvement regroupant, avec un conseiller spirituel, 10 à 15 membres, souvent accompagnés de leurs épouses.

Ces sections sont un lieu d'échanges et de partage dans une approche chrétienne ; ces petites communautés fraternelles permettent à des dirigeants de sortir de la solitude morale inhérente à leur type de responsabilité. Leurs réunions sont l'occasion de susciter et de confronter des initiatives au sein de l'entreprise, et même de déboucher sur des formes d'entraide en cas de difficultés.

• Une structure régionale et nationale légère assure l'animation de l'ensemble. Le prêtre conseiller spirituel national est nommé par le Conseil permanent de l'épiscopat. Des groupes d'études, des tables rondes, des assises du mouvement permettent de pousser plus avant la réflexion sur tel ou tel aspect de la responsabilité du dirigeant d'entreprise. Le C.F.P.C. est en relation avec la Commission sociale de l'épiscopat. Il est membre de l'Union internationale chrétienne des dirigeants d'entreprise (U.N.I.A.P.A.C.).

Publication (mensuelle) : *Professions et Entreprises.*

A.C.M.E.C.

Action catholique des membres de l'enseignement chrétien, (95, rue de Vaugirard, 75006 Paris. Tél. (1) 42 22 90 51)

Objectifs

Permettre aux enseignants de se retrouver hors de l'école pour réfléchir entre eux, en toute liberté, à leur mission et échanger sur les réalités scolaires. Celles-ci sont par elles-mêmes assez consistantes et évolutives pour justifier l'existence d'un mouvement spécifique. Ce dernier prend en compte toute la vie des enseignants, y compris les problèmes de vie familiale, de loisirs, d'engagements syndicaux, culturels, catéchétiques.

Organisation et méthodes

L'A.C.M.E.C., mouvement de laïcs né en 1945, compte 2 500 sympathisants et quelque 250 équipes, inégalement réparties selon les régions.

L'équipe est généralement mixte et riche d'une grande diversité : enseignants de tous niveaux et animateurs-surveillants, venant de divers établissements, conjoints non enseignants, aumônier. Autrefois réparties par branches d'enseignement (secondaire, primaire, technique), la tendance est aujourd'hui de plus en plus au brassage au sein de ces équipes.

La méthode de travail des équipes est celle de l'Action catholique, basée sur la révision de vie et le partage de la Parole de Dieu. Un plan de travail annuel est proposé, avec des pistes de recherche et des textes d'Évangile.

Des responsables diocésains, en contact permanent au plan régional et national, des responsables nationaux, des rencontres à divers niveaux assurent l'animation de l'ensemble.

Publication

La revue *Engagement* 5 numéros par an.

Rapports avec les structures de l'enseignement catholique : l'A.C.M.E.C. ne dépend pas du Secrétariat général de l'enseignement catholique, mais elle est membre du Comité national de l'enseignement catholique et participe à ses commissions nationales de pastorale et de catéchèse. Elle est en relation avec la Commission épiscopale du monde scolaire et universitaire.

Mouvement des cadres chrétiens (M.C.C.)

M.C.C., 18, rue de Varenne, 75007 Paris.
Tél. (1) 42.22.18.56 - Fax : (1) 45 44 44 46
Il est issu de la fusion de deux mouvements : le M.I.C.I.A.C. (Mouvement des ingénieurs et chefs d'entreprise d'Action catholique) et l'U.S.I.C. (Union sociale des ingénieurs catholiques).

Objectifs

Le mouvement a mission d'aider ses membres à progresser ensemble dans la foi pour témoigner de la Bonne Nouvelle de Jésus-Christ là où ils vivent, et plus précisément dans les lieux et situations où s'exercent leurs responsabilités et se déterminent leurs décisions de techniciens, ingénieurs, cadres et dirigeants, dans la vie professionnelle et son environnement socio-économique.

Face aux situations nouvelles à dimension internationale qui affectent la vie de l'entreprise et la société, le M.C.C., lors de son congrès du Bourget en 1985, a précisé sa volonté de relever un double défi :

• Il s'agit, d'une part, de saisir les chances offertes par les évolutions actuelles, c'est-à-dire rechercher et mettre en œuvre toutes les possibilités d'innovations créatrices qui permettront de bâtir un avenir plus humain et plus solidaire.

• Il s'agit, d'autre part, d'être attentif aux impasses où peuvent conduire les changements. Ceci demande en particulier de faire preuve d'inventivité pour limiter dans le présent et l'avenir proche les risques d'exclusion et de marginalisation de certains.

Organisation et méthodes

Le M.C.C. regroupe en France 7 000 membres ou foyers, répartis en 540 équipes. Les épouses ont leur rôle à part entière dans ces équipes, qu'elles soient ou non elles-mêmes engagées dans la vie professionnelle ; la vie professionnelle en effet retentit largement sur le foyer, quand elle ne s'exerce pas à son détriment.

Les équipes se réunissent selon une fréquence en général mensuelle.

Les échanges se font autour d'un thème d'année proposé par le mouvement ainsi que sur les questions soulevées par l'actualité ou la situation des membres.

Le M.C.C. comprend deux branches : ingénieurs et cadres, et directeurs et chefs d'entreprise.

Les équipes sont regroupées en secteurs, fédérations, régions.

Aux côtés des responsables nationaux, un aumônier national est nommé par le Conseil permanent de l'épiscopat.

Le M.C.C. est en relation avec la Commission épiscopale des milieux indépendants. Il est fédéré au Secrétariat international des ingénieurs et cadres économiques catholiques.

Publications

Responsables (mensuel) ; tirage 5 500 exemplaires.
Liaisons M.C.C. cadres
Liaisons M.C.C. dirigeants
Problèmes et méthodes, pour responsables.

Autres mouvements

A.C.M.S.S. (Action catholique des milieux sanitaires et sociaux),

21, rue Salvador-Allende,
BP 73, 93002 Bobigny Cedex.
Tél. (1) 48 95 31 00

Association française des pharmaciens catholiques,
5, avenue de l'Observatoire, 75006 Paris.
Tél. (1) 43 26 59 19

C.C.M.F. (Centre catholique des médecins français),
5, avenue de l'Observatoire, 75006 Paris.
Tél. (1) 46 34 59 15

C.C.P.S. (Centre chrétien des professions de santé),
16, rue Tiphaine, 75015 Paris.
Tél. (1) 45 75 34 71

M.C.P.S. (mouvement chrétien des professions sociales). Même adresse.

Centre chrétien des sages-femmes,
6, place A. Chérioux, 75015 Paris.
Tél. (1) 42 50 42 06

Diocèse aux Armées (Apostolat des laïcs du),
20, rue N.-D. des-Champs, 75006 Paris.
Tél. (1) 42 22 41 30 - Fax : (1) 42 22 36 20

Équipes chrétiennes de la fonction publique,
1, rue de la Comète, 75007 Paris.
Tél. (1) 47 05 05 38

Équipes enseignantes
18, rue Ernest Lacoste, 75012 Paris.
Tél. (1) 43 43 16 60.

Les Équipes enseignantes rassemblent des enseignants chrétiens du primaire.

Fédération française des juristes catholiques,
22, rue Cassette, 75006 Paris.

M.C.P.S. (Mouvement chrétien de professions sociales),
16, rue Tiphaine, 75015 Paris. Tél. (1) 45 75 34 70.

Mouvement chrétien des P. et T.,
91, rue de Sèvres, 75006 Paris. Tél. (1) 45 48 01 22

Paroisse universitaire,
170, bd. du Montparnasse, 75014 Paris.
Tél. (1) 43 25 28 50

La Paroisse universitaire, fondée en 1911 par Joseph Lotte et le père Paris, est un lieu de rencontre entre professeurs chrétiens de l'enseignement public.

U.N.A.E.D.E. (Union nationale des assistants et éducateurs de l'enfance),
45, bd. Magenta, 75010 Paris. Tél. (1) 42 03 75 76

Union catholique des cheminots français,
15, bd. du Temple, 75003 Paris.
Tél. (1) 42 72 66 64

Union catholique du théâtre et de la musique
24, rue Saint-Roch, 75001 Paris.
Tél. (1) 42 60 58 46 et 42 60 78 45

LE DIOCÈSE AUX ARMÉES

La Constitution apostolique *Spirituali militum curae* sur les aumôneries militaires explicite le pourquoi de l'existence des Églises aux Armées : « L'Église a toujours voulu s'occuper, avec une sollicitude toute spéciale et proportionnée aux différents besoins, de la pastorale des militaires. Ces derniers, en effet, forment une catégorie spéciale précise et, étant donné les conditions particulières de leur vie, qu'ils fassent volontairement partie, d'une façon stable, des forces armées ou qu'ils y soient appelés en vertu de la loi pour un temps déterminé, ils ont besoin d'une forme de pastorale concrète et spécifique. » (20 mai 1986, JEAN-PAUL II)

Repères historiques

Depuis longtemps des prêtres ont eu le souci d'accompagner les militaires et de les soutenir dans leur vie chrétienne. C'est le 26 juillet 1952 qu'a été fondé le Vicariat aux Armées françaises. Il était alors confié à l'Archevêque de Paris. En 1968, le Saint-Siège, à la demande du cardinal Veuillot, décidait de nommer un évêque, Monseigneur Jean Badré, pleinement responsable du Vicariat aux Armées et de ne lui confier que cette seule tâche. En 1986, le pape Jean-Paul II a modifié le statut de tous les Vicariats aux Armées pour les transformer en Églises (ou Diocèses) aux Armées (*Ordinariat aux armées*). ■

Un souci pastoral

Le premier souci pastoral du Diocèse aux Armées françaises est d'être immergé au cœur même du monde militaire : par ses aumôniers, qui sont appelés à être avec les militaires en manœuvre, avec les jeunes à l'instruction, avec les troupes en séjour outre-mer ou en Allemagne ou en opérations extérieures, avec les marins embarqués... ; par les laïcs chrétiens convaincus, de tous grades, de toutes armes et de tous services.

Être avec, pour que partout naissent des groupes de chrétiens qui constituent comme une présence d'Église en ce monde et rendent possible à chacun la rencontre d'un croyant, d'un prêtre.

Être avec, pour que naissent des communautés fraternelles : la prière, la messe, la foi partagée effacent les séparations, abaissent les barrières dues aux différences de grades, de responsabilités, d'âges et d'idées.

Être avec, pour que passe un témoignage de vie. Les militaires ont des vies familiales difficiles et leurs familles sont fragilisées. Les militaires ont leur conception de l'autorité et de l'obéissance. Les militaires manient la force, ils disposent d'armes meurtrières. Le témoignage de foyers solides, de chefs qui se mettent au service des autres, qui respectent l'homme en chacun et qui savent limiter l'usage de la force lorsqu'elle est nécessaire, ce témoignage est indispensable au monde militaire. Le Diocèse aux Armées a donc le souci d'appeler des chrétiens à devenir de plus en plus solides dans leur foi et actifs dans leur milieu. Il a le souci aussi d'appeler des adultes à prendre leurs responsabilités dans l'Église et éventuellement à engager toute leur vie au service de cette Église. ■

Lorsqu'un mot, une expression, un événement, une institution, un nom propre vous sont inconnus, consultez l'index.

L'organisation du diocèse aux Armées en France

Le diocèse aux Armées est organisée comme les autres diocèses : l'évêque a un vicaire général, un conseil épiscopal, un conseil presbytéral. Mais il est aussi organisé sur le modèle du monde militaire : les vicaires épiscopaux sont chacun responsables de l'aumônerie d'une armée (Terre, Air, Mer, Gendarmerie). Les aumôneries d'armées sont divisées en 11 groupements pastoraux, puis en aumôneries de garnisons, ceci afin d'être très proches de la réalité militaire.

Relèvent du diocèse aux Armées françaises quelque six cent mille militaires français, dont deux cent vingt mille jeunes qui font leur service militaire, leurs familles et les personnels civils du ministère de la Défense (près de cent mille dans les arsenaux, bureaux, etc.). A leur service, 250 prêtres dont 150 à temps plein, quelques diacres et laïcs permanents d'aumôneries. C'est un diocèse dispersé dans le monde entier, de Mururoa à Berlin et de Djibouti à Dakar.

Diocèse aux Armées françaises : 20, rue Notre-Dame-des-Champs, 75006 Paris.
Tél. (1) 42 22 41 30 Fax : (1) 42.22.36.20.
C'est là que sont délivrés les certificats de baptême de tous ceux qui ont été baptisés dans des paroisses ou chapelles relevant de l'Aumônerie militaire.

C'est également le siège de l'Apostolat des laïcs du diocèse aux Armées.

La vie matérielle du diocèse aux Armées
Elle est assurée essentiellement par le ministère de la Défense : traitement des aumôniers, entretien de la plupart des locaux puisque ceux-ci sont situés dans des enceintes militaires, frais de déplacements. Le budget propre du diocèse aux Armées françaises ne dépasse pas les 2 millions chaque année et repose sur le denier de l'Église versé par les fidèles concernés.

« Quant à ceux qui se vouent au service de la patrie dans la vie militaire, qu'ils se considèrent eux aussi comme les serviteurs de la sécurité et de la liberté des peuples ; s'ils s'acquittent correctement de cette tâche, ils concourent vraiment au maintien de la paix »

Constitution pastorale sur l'Église dans le monde de ce temps n° 79 § 5, Vatican II.

Quelques sigles

V.A.F. : Vicariat aux Armées françaises est devenu D.A.F., Diocèse aux Armées françaises.

A.A.C.A.F. : Association des amis de l'aumônerie catholique des Armées françaises : groupe de chrétiens sympathisants de l'aumônerie.

H.N.D.A. : Hospitalité Notre-Dame des Armées : groupe de chrétiens engagés au service des malades du monde militaire à Lourdes et dans les hôpitaux militaires.

P.M.I. : pèlerinage militaire international : rassemblement de quelque 20 000 militaires de 10 pays d'Europe. Il a lieu chaque année fin mai début juin.

PASTORALE DES MILIEUX SOCIAUX

Une histoire récente

La pastorale des milieux sociaux est une initiative relativement récente dans l'Église. Le développement de la société industrielle et l'urbanisation avaient suscité, au XIXe siècle, des clivages croissants entre les modes de vie et les mentalités des classes sociales, en même temps que la notion marxiste de lutte des classes se faisait jour. Simultanément, le milieu ouvrier apparaissait de plus en plus étranger à l'Église. La nature des questions à prendre en compte pour une présence chrétienne au sein des divers milieux sociaux se montrait finalement de plus en plus spécifique à chacun d'eux.

Une première ébauche de présence chrétienne auprès du monde ouvrier avait vu le jour, après le choc de la Commune, avec la fondation par Albert de Mun, en 1871, de l'œuvre des Cercles catholiques ouvriers : cette initiative était en avance sur son époque à beaucoup d'égards, mais la formule, qui connut un certain succès, n'en reposait pas moins sur une sorte de patronage de la classe dirigeante sur le monde ouvrier. On en était encore au stade paternaliste.

Ce sont la naissance, le développement rapide et les succès apostoliques de la Jeunesse ouvrière chrétienne, fondée en Belgique en 1925 par l'abbé Cardijn, qui devaient faire prendre une claire conscience à l'Église, non seulement de la spécificité des milieux sociaux à évangéliser, mais du fait essentiel, souligné par

▶▶▶

Structures et méthodes de l'Action catholique spécialisée

A quelques nuances près, ce qui est commun à tous les mouvements d'Action catholique spécialisée par milieu social de jeunes et d'adultes, c'est :

L'organisation

Ils se sont peu à peu donné une structure hiérarchisée allant des équipes de base jusqu'à un conseil national, en passant par des fédérations (secteurs géographiques) et des équipes diocésaines. Aux divers échelons sont désignés des responsables laïcs (et, quand c'est possible, des permanents, notamment au plan national) ; des aumôniers jouent le rôle de conseillers spiri-tuels aux divers échelons.

Chaque mouvement est en lien avec une des Commissions épiscopales.

La pédagogie

Elle se résume dans la formule fameuse « voir, juger, agir » imaginée par l'Abbé Cardijn, le fondateur de la JOC.

Les réunions d'équipe (le plus souvent mensuelles) partent de l'enquête annuelle et des faits de vie (éventuellement dans le domaine proposé par un programme d'année). Ces « révisions de vie » sont effectuées avec le souci de mettre en évidence ce qu'elles traduisent des mentalités et des comportements du milieu. A partir de ce constat, on cherche ce qui peut apparaître comme des signes de Dieu dans cette vie, des pierres d'attente placées par lui pour une progression humaine et spirituelle des personnes et des collectivités. On s'efforce alors d'en dégager des lignes d'action personnelles ou communautaires.

Parallèlement, un partage d'Évangile contribue à éclairer ces échanges de la lumière de la foi.

Mouvements d'action catholique en monde ouvrier

Action catholique des enfants (A.C.E.)

Elle comporte une branche « Monde ouvrier » (voir Enfance et jeunesse, pastorale).

Jeunesse ouvrière chrétienne (J.O.C.) et Jeunesse ouvrière chrétienne féminine (J.O.C.F.)

246, boulevard Saint-Denis, 92400 Courbevoie.
Tél. (1) 47 88 78 00 et Fax : (1) 47 88 90 46

Objectifs

Reconnaître et annoncer Jésus dans le dynamisme de l'action ouvrière et de la vie en mouvement.

La J.O.C. mène, notamment depuis quelques années, une action en faveur des jeunes en chômage ou en situation d'emploi précaire. Quelque 200 comités de chômeurs, organisés en 1983, lui ont permis d'être représentative des chômeurs en tant qu'organisation.

Organisation

La base de la J.O.C. est constituée de comités d'action, dont les militants se retrouvent dans des groupes de révision de vie et d'action ouvrière. Ces comités sont groupés en fédérations au niveau d'une ville ou d'un département.

Un Conseil national réunit, tous les deux ans, les présidents et trésoriers fédéraux et décide de l'orientation du mouvement.

Quelque 250.000 jeunes sont touchés par les 185 fédérations que compte le mouvement.

Les deux mouvements J.O.C. et J.O.C.F. ont fusionné en 1987 en J.O.C.-J.O.C.F.

Publications

Jeunesse Ouvrière (17-25 ans), mensuel, 30.000 exemplaires ;

Carbure (13-17 ans), bimestriel, 20.000 exemplaires.

Vers l'avenir.

Pour les militants : *Équipe Ouvrière,* bimestriel ;

Pour les responsables fédéraux : *C.P.A. (Cahiers pour l'action),* bimestriel.

La J.O.C.-J.O.C.F. est membre de la J.O.C. internationale reconnue par le Saint-Siège comme l'une des organisations internationales catholiques (O.I.C.).

Action catholique ouvrière (A.C.O.)

A.C.O., 7, rue Paul Lelong, 75002 Paris.
Tél. (1) 42 36 36 11 - Fax : (1) 40 26 20 18

Objectif

Soutenir les chrétiens engagés en monde ouvrier.

Depuis sa Rencontre nationale de 1974, l'A.C.O. met l'accent sur deux convictions, qui animent la démarche apostolique de ses militants et leur réflexion en équipes de base (mixtes) sous forme de révisions de vie :
1. dans le dynamisme du mouvement ouvrier pour la libération de l'homme, Jésus-Christ nous précède par l'action de son Esprit ; « Nous n'apportons pas Dieu à un monde dont il serait absent » ;
2. l'engagement des hommes dans l'histoire est un chemin privilégié de la rencontre possible de Dieu et des hommes.

Organisation

Les équipes de base, qui comportent en général un aumônier, sont soutenues par une instance départementale ou diocésaine, et par une instance nationale composée de permanents et d'aumôniers.

Publications

Témoignage, 10 numéros par an. *Courrier aux responsables,* 5 numéros par an. *Correspondance aux aumôniers,* 12 numéros par an.

L'A.C.O. est affiliée au Mouvement mondial des travailleurs chrétiens (M.M.T.C.), une des O.I.C reconnues par le Saint-Siège.

Ph. Gauvry – CIRIC

Rencontre nationale de la J.O.C. à la Courneuve, 1990.

La Mission de France

Siège canonique à Pontigny (Yonne)
Services : 16, rue du R.P. Lucien Aubry, B.P. 18, 94120 Fontenay-sous-Bois.
Tél. (1) 48 75 05 07 - Fax : (1) 48 77 18 51

En 1941, l'Assemblée des cardinaux et archevêques de France (qui était alors l'instance nationale de concertation de l'Église de France) décida, à l'initiative du cardinal Suhard, archevêque de Paris, la création d'un séminaire interdiocésain, dit de la Mission de France, en vue de former un clergé préparé à l'évangélisation des régions et des milieux les plus marqués par l'incroyance. Afin de permettre toutes les adaptations nécessaires, au sein des structures d'Église, à l'action des prêtres ainsi formés et d'assurer leur soutien. la Mission de France reçut du Saint-Siège, en 1954, le statut d'une « prélature territoriale » sous l'autorité d'un évêque nommé par Rome à cet effet. C'est habituellement le président ou le vice-président de la Conférence des évêques de France. Il est assisté d'un évêque auxiliaire et d'un Comité épiscopal de la Mission de France comprenant 7 évêques.

La Mission de France est constituée d'équipes de prêtres présentes sous diverses formes dans les secteurs particulièrement déchristianisés, aussi bien urbains que ruraux, et ce, à la demande de l'évêque du lieu. Les équipes en monde ouvrier sont les plus nombreuses ; on en trouve également en milieu rural, maritime, hôtelier, technique, scientifique, etc. En 1986, sur 287 prêtres de la Mission, 250 étaient « prêtres au travail » (17 manœuvres, 107 ouvriers, 50 employés, 55 techniciens, 21 cadres), ce qui n'empêchait pas un grand nombre d'entre eux d'avoir une charge de paroisse (110). La Mission de France était présente dans 52 diocèses de France et 10 pays du Tiers- Monde.

La Mission ouvrière

Secrétariat national : 29, place du Marché-Saint-Honoré, 75001 Paris. Tél. (1) 42 61 06 01

Les initiatives s'étant multipliées pour une présence chrétienne active au sein du monde du travail, la nécessité est apparue bientôt de les coordonner, tout en soutenant sur le terrain ceux qui y étaient engagés : militants laïcs de la JOC et de l'ACO, animateurs de l'ACE, prêtres-ouvriers, clergé des paroisses ouvrières, religieuses présentes dans le monde ouvrier. A cette fin, l'épiscopat français a institué à partir de 1954 des *secteurs* dits *de Mission ouvrière* dans diverses agglomérations ou bassins industriels ; chacun d'eux est doté d'un comité de coordination réunissant localement les partenaires concernés ; dans les diocèses où se trouvent des secteurs de mission ouvrière, un conseil diocésain, comportant des représentants des laïcs, des prêtres, des religieuses concernés, joue le rôle de conseil de pastorale auprès de l'évêque pour ce type de questions.

Au plan national, depuis 1956, un Secrétariat national de la Mission ouvrière, lui aussi composé de laïcs, de prêtres, de religieuses, assure la coordination de l'ensemble et poursuit la réflexion ; il est placé sous la responsabilité d'un Comité épiscopal de la Mission ouvrière, lui-même désigné par l'Assemblée de l'épiscopat français. ■

Les instances nationales

Commission épiscopale du monde ouvrier,
29, place du Marché Saint Honoré,
75001 Paris. Tél. (1) 42 61 06 01

Au sein des instances nationales de l'épiscopat, il appartient à cette commission de suivre plus directement les questions relatives à la pastorale en milieu ouvrier.

Les prêtres-ouvriers

A partir de 1942, 26 prêtres, qui seront bientôt 275, se joignent à l'insu des Allemands aux jeunes du Service du travail obligatoire envoyés en Allemagne par l'occupant et travaillent avec eux en usine. À la même époque, le père Loew, dominicain, se fait docker à Marseille avec l'autorisation de ses supérieurs ; il y fondera bientôt la Mission St-Pierre et St-Paul. En 1944, le cardinal Suhard, archevêque de Paris, hanté par l'éloignement du monde ouvrier, fonde la Mission de Paris, communauté de prêtres agissant en milieu populaire hors des structures paroissiales, et bientôt autorisés à travailler en usine ou dans les chantiers de la région parisienne.

A l'initiative de prêtres et d'évêques, la présence de prêtres dans le monde du travail s'élargit dans les années d'après-guerre, les volontaires ne manquant pas pour ce genre de ministère. Le manque de préparation de certains de ces prêtres, l'ambiguïté de leurs motivations, l'inexistence d'un statut canonique suscitent beaucoup de difficultés tant aux prêtres-ouvriers qu'à la hiérarchie. En 1953, Pie XII décide d'interrompre cette forme de présence au monde ouvrier, décision qui provoque une grave crise parmi les prêtres au travail. Après le concile Vatican II, bien des choses ayant évolué, Paul VI accède à la demande des évêques français en autorisant, en 1965, le travail des prêtres selon des modalités plus précises, sous l'égide de la Mission ouvrière, fondée en 1956.

Les prêtres au travail, à temps plein ou partiel, sont actuellement plus de 800 en France.

(Se reporter à l'Index pour l'historique des prêtres ouvriers).

▶▶▶

Cardijn, que « les apôtres des ouvriers seront les ouvriers ». Cette formule de l'action du semblable sur le semblable s'appliquait avec évidence à chaque milieu social. La JOC française fut dès lors le point de départ d'un ensemble de mouvements d'Action catholique, de jeunes et d'adultes, spécialisés par milieux (monde ouvrier, monde rural, monde maritime, milieux indépendants, jeunesse étudiante), qui constituent aujourd'hui ce qu'on appelle *l'Action catholique spécialisée.*

Le remarquable succès de la formule entre les deux guerres devait inciter l'épiscopat français à prendre davantage en compte la notion de milieu social dans l'ensemble de l'activité pastorale de l'Église en France. Il ne s'agissait nullement de réduire l'Église à une simple coexistence de milieux sociaux, car la notion de catholicité (universalité) est étroitement liée à celle d'unité dans la personne du Christ ; une unité à susciter sans cesse, et appelant une véritable éducation. Pour autant, il ne s'agissait pas davantage de nier les particularités propres à chaque milieu, comme à chaque culture à évangéliser.

Cette réflexion pastorale appliquée aux milieux sociaux put prendre un cours plus actif à partir du moment où l'épiscopat français commença à se réunir en assemblées plénières annuelles (à partir de 1951) et que, dès lors, il se dota de commissions épiscopales spécialisées par grandes questions ; ainsi virent notamment le jour les commissions épiscopales respectivement consacrées au monde ouvrier, au monde rural, aux milieux indépendants, à l'enfance et à la jeunesse, au monde scolaire et universitaire, à côté d'autres commissions ayant en charge l'enseignement religieux, la famille, la liturgie, etc. Ces commissions, disposant chacune d'un secrétariat permanent, travaillent en liaison étroite avec les mouvements laïcs de jeunes et d'adultes appartenant au secteur qui relève de chacune d'elles. Elles permettent à l'ensemble des évêques français de donner une certaine unité à l'action pastorale des divers diocèses.

Église et syndicalisme chrétien en France

Le syndicalisme chrétien français est né en 1887 d'une initiative d'anciens élèves des Frères des écoles chrétiennes soutenue par ces derniers. La hiérarchie dans sa grande majorité en a encouragé, au moins jusqu'à une époque récente, le développement dans les milieux catholiques.

Cependant, la *Confédération française des travailleurs chrétiens* (CFTC), formée à partir de 1919 par le regroupement des divers syndicats chrétiens existants, n'a jamais constitué une organisation d'Église, ni eu de relations organiques avec elle. Si la CFTC a inscrit dans ses statuts, à ses origines, la référence explicite à la doctrine sociale de l'Église, et si, depuis ses débuts, une grande part de ses membres et de ses cadres sont personnellement catholiques, l'appartenance au catholicisme n'a jamais été exigée des adhérents, qui comptent de nombreux non catholiques, y compris des athées ou des musulmans. Aussi bien, d'ailleurs, la CFTC avait-elle été conduite à modifier ses statuts pour ne plus se référer qu'« aux principes de la morale sociale chrétienne », référence qui en reste le caractère spécifique.

C'est en raison de la volonté d'une majorité d'adhérents (parmi lesquels d'actifs catholiques) d'aller jusqu'à une déconfessionnalisation intégrale de leur centrale que la scission s'est faite en 1964 entre, d'une part, une CFTC « maintenue », conservant la référence à la morale sociale chrétienne, et, d'autre part, la CFDT (Confédération française démocratique du travail), ne faisant plus état d'une telle référence.

Lorsqu'un mot, une expression, un événement, une institution, un nom propre vous sont inconnus, consultez l'index.

II. Pastorale en milieu maritime

Dans un esprit voisin de la pastorale en monde ouvrier mais tenant compte de la spécificité des conditions de vie des marins de la pêche et du commerce, une pastorale en milieu maritime a vu le jour avec la création de la Jeunesse maritime chrétienne en 1930, et celle, au même moment, des Secrétariats sociaux maritimes sous l'impulsion du père Lebret, lui-même ancien officier de marine.

Au sein de l'épiscopat français, la réflexion pastorale sur l'évangélisation du milieu maritime relève plus directement aujourd'hui du *Comité de la Mer* (Secrétariat : 15, quai Garnier, 85100 Les Sables d'Olonne - Tél. 51 32 06 37)

Les mouvements d'Action catholique au sein du monde maritime sont :

• *La Jeunesse de la Mer* (JMC) (ancienne Jeunesse Maritime Chrétienne), 16, rue du Père-Aubry, 94120 Fontenay-sous-Bois.
Tél. (1) 48 77 78 71.

• *Les Équipes Maritimes de l'ACO* (ACOM) 16, rue du Père-Aubry, 94120 Fontenay-sous-Bois. Tél. (1) 48 77 78 71.

Quelques prêtres travaillent comme marins de la pêche et du commerce.

La *Mission de la Mer* assume vis-à-vis de l'évangélisation du monde maritime une mission analogue à celle de la Mission ouvrière vis-à-vis du monde ouvrier.

Secrétariat : 16, rue du Père-Aubry, 94120 Fontenay-sous-Bois. Tél. (1) 48 77 78 71.

Des permanences côtières sont établies en divers ports de France, à la Réunion, à Tamatave, à Abidjan.

III. Pastorale en espace rural

Repères historiques

L'Église a toujours été étroitement présente au monde rural, alors que le monde ouvrier, au contraire, s'est formé, pour l'essentiel, hors d'elle. C'est cependant l'expérience de la JOC en monde ouvrier qui a ouvert de nouvelles perspectives à l'évangélisation du monde rural, dont la christianisation était d'ailleurs parfois restée superficielle, ou était même en voie de disparition dans certaines régions. La *JAC* (Jeunesse agricole chrétienne) est née très vite, en 1929, dans la foulée de la JOC. Elle a su non moins vite prendre en compte la spécificité du monde rural, sa mentalité, sa culture, les caractéristiques de sa vie professionnelle. Sa réussite fut en tous points comparable à celle de la JOC, induisant toutes sortes d'effets à terme : naissance d'un mouvement adulte, la Ligue agricole chrétienne LAC, devenue Mouvement familial rural MFR, puis Chrétiens en monde rural CMR, création d'une presse rurale, formation de cadres ruraux chrétiens peuplant par la suite les conseils municipaux, les formations politiques, les états-majors des syndicats et coopératives agricoles, où ils ont très souvent pris la relève des notables ruraux traditionnels, radicaux-socialistes ou catholiques conservateurs.

Réunion d'une équipe de CMR.

Ph. CIRIC

Mouvements d'Action catholique

Action catholique des enfants (ACE)

Elle comporte une branche Monde rural (Voir Enfance-Jeunesse), pastorale.

Mouvement rural de la jeunesse chrétienne

M.R.J.C., 53, rue des Renaudes, 75017 Paris. Tél. (1) 42 27 74 18 - Fax : (1) 47 66 38 67

C'est la forme que se sont donnée à partir de 1963 la Jeunesse agricole chrétienne (fondée en 1929) et la Jeunesse agricole féminine (fondée en 1933). Le monde rural est en effet composite ; les exploitants agricoles, de moins en moins nombreux, n'en ont jamais été, de toutes façons, les seuls éléments ; la volonté d'une authentique évangélisation appelait la prise en considération de cette diversité.

En 1963, la JAC devient donc Mouvement rural de la jeunesse chrétienne (MRJC) et la JACF devient Mouvement rural de la jeunesse chrétienne féminine (MRJF) ; en 1966, les deux mouvements fusionnent en un unique MRJC, composé de plusieurs branches (voir plus loin).

Un double objectif

1. Formation des jeunes ruraux, par l'organisation de cycles et stages et de camps : formation économique et sociale ; analyse des espaces ruraux ; formation aux méthodes d'animation et aux moyens techniques, à l'organisation, à la vie associative, aux finances et à l'utilisation de la presse et autres moyens de communication ; compréhension des mentalités, des cultures ; évaluation des pratiques.

2. Ouverture des militants à l'ensemble des problèmes de l'espace rural, et volonté d'agir sur les structures économiques, sociales et politiques de ce milieu. Le mouvement vise à ce que son action soit prise en compte par les pouvoirs publics.

Le mouvement n'en affirme pas moins son caractère de mouvement d'Église et la place centrale donnée à la foi, qui, étroitement liée à l'action, en nourrit le dynamisme tout en la vérifiant par un regard critique.

Organisation

Trois branches :
• J.T.S. *Jeunes travailleurs salariés* : 26 % du MRJC
• J.A.C. *Jeunesse agricole chrétienne* : 22 % du MRJC
• G.E. *Grandes écoles* : 52 %
(carte scolaire - rythme de vie - formation) : enseignement professionnel ou général, étudiants, enseignants.

Le MRJC organise les jeunes en équipes dans les villages, les cantons, les lieux de travail ou de formation.

Des instances départementales, régionales et nationales assurent l'animation de l'ensemble (65 permanents dont 12 au siège national).

Publications

Folavoine, mensuel ; journal pour les jeunes à l'action en milieu rural.

Esquisse, mensuel des militants animateurs.

Construire, trimestriel ; recherche et théorisation de pratique.

MRJC-Infos, bimestriel ; informations internes.

Téléphone, trimestriel, bulletin des jeunes en lycées d'enseignement professionnel.

Tilt, trimestriel ; bulletin des apprentis.

La Mèche 4e-3e, trimestriel ; journal des jeunes.

45 journaux régionaux et départementaux tirant de 400 à 1000 exemplaires.

Le MRJC est affilié au MIJ ARC (Mouvement international de la jeunesse agricole et rurale catholique), reconnu comme O.I.C. par le Saint-Siège :

Chrétiens dans le monde rural (C.M.R.)

CMR 21, rue du Fg Saint-Antoine, 75541 Paris Cedex 11. Tél. (1) 43 07 59 63
Mouvement d'Action catholique des adultes du monde rural.

Fondée par des anciens de la JAC (comme la L.O.C. l'avait été par des anciens de la JOC), *La Ligue agricole chrétienne* (LAC) s'est ensuite transformée en *Mouvement familial rural* (MFR), puis en mouvement *Chrétiens dans le monde rural* (CMR) afin de mieux spécifier son ouverture à l'ensemble des questions à prendre en compte pour une présence chrétienne en milieu rural, qui n'est pas seulement fait d'agriculteurs et d'ouvriers agricoles.

C'est même l'originalité du CMR comme du MRJC que de prendre en compte, au sein d'un même mouvement, la diversité du monde rural et les tensions internes qui en résultent.

Méthode

Réflexion chrétienne en équipes de base, permettant partage de vie et de foi dans le langage culturel propre à chaque groupe social. Face aux bouleversements économiques, sociaux, culturels, religieux du monde rural, le CMR se propose de faire surgir des initiatives porteuses d'espérance.

Organisation. Quatre branches :

- Agricole (10 000 membres, 1 300 équipes),
- Artisans - Commerçants,
- Ouvriers ruraux,
- Techniciens, Services, Animation.

Chaque branche a un bulletin pour militants. Le CMR est membre de la *Fédération Internationale des mouvements ruraux chrétiens* (FIMARC), reconnue par le Saint-Siège comme O.I.C.

Les instances nationales

Au sein de l'épiscopat français, la réflexion pastorale concernant le monde rural relève de la *Commission épiscopale du monde rural.*

IV Pastorale en milieux dits « indépendants »

Repères historiques

L'expression « milieux indépendants » désigne, dans le vocabulaire catholique, ce que le langage courant appellerait volontiers et simplement le monde bourgeois et les classes moyennes ; elle offre cependant l'avantage de prendre en compte la diversité de situations qui s'y rencontre de fait, depuis l'aristocratie jusqu'aux couches sociales issues le plus récemment des milieux populaires à travers la promotion scolaire et professionnelle.

Les classes dites dirigeantes sont souvent considérées comme celles où les catholiques sont les plus nombreux et l'Église la plus influente. Ce n'est pas inexact (voir Sociologie du catholicisme français). Cependant, d'une part, depuis la Révolution française, un courant voltairien anticlérical et agnostique a toujours subsisté au sein de la bourgeoisie traditionnelle ; d'autre part, le rapide élargissement des classes moyennes par afflux d'éléments nouveaux et l'évolution générale non moins rapide des mœurs et des mentalités contribuent de plus en plus à faire des milieux indépendants un terrain de mission pour l'évangélisation. ■

Mouvements d'Action catholique

Action catholique des enfants

Elle comporte une branche Milieux indépendants. (Voir secteur pastoral Enfance Jeunesse).

Jeunesse chrétienne des milieux indépendants (J.I.C.)

JIC, 5, allée des Anémones, 91330 Yerres.
Tél. (1) 69 49 26 04
JICF, 7, bd Delessert, 75016 Paris.
Tél. (1) 45 20 58 52

La Jeunesse indépendante chrétienne (JIC), mouvement masculin, a vu le jour en 1930 et le mouvement féminin (JICF) en 1931, au moment où, à la suite de la JOC, surgissaient les divers mouvements d'Action catholique spécialisée de jeunesse. La JICF collabore avec la JIC, mais tient à sauvegarder son identité féminine et à prendre sa part dans les débats sur la place de la femme dans la société et dans l'Église.

Le mouvement vise à préparer les jeunes des milieux indépendants à leurs responsabilités dans le monde où ils sont appelés à vivre ; elle est donc attentive aux situations qui sont les leurs dans l'immédiat (études, profession, relations, etc.) pour les aider à les analyser, à y découvrir leurs solidarités, leurs responsabilités, les engagements à y assumer.

Bien qu'une moitié des jeunes qu'elle touche ne se reconnaissent pas croyants, elle ne leur en propose pas moins d'éclairer leur réflexion par la Parole de Dieu.

Organisation

La JIC compte 7000 jeunes dans ses équipes et la JICF 4000. Quelque 15.000 jeunes sont à un moment ou à un autre en lien avec le mouvement.

Ils ont entre 15 et 28 ans et sont répartis en 3 branches : scolaires - au travail - étudiants.

La JIC compte 83 fédérations (de 3 à 12 équipes) et la JICF 85.

Action catholique des milieux indépendants (A.C.I.)

A.C.I. 3 bis, rue François Ponsard, 75116 Paris. Tél. (1) 45 24 43 65

Objectif

La mission que se donne l'ACI est l'évangélisation des milieux indépendants dans leur diversité. Ces milieux sont traversés et parfois ébranlés par les mutations contemporaines. En équipes, les membres du mouvement appliquent leurs réflexions sur les questions que se chargent de poser les événements de leur propre vie et ils s'efforcent d'y voir Jésus-Christ à l'œuvre ; ils réfléchissent sur le monde à construire, sur les moyens d'y faire progresser collectivement justice et paix, d'y faire découvrir Jésus-Christ, en s'appuyant sur les ressources et les valeurs des personnes et de leurs milieux.

Organisation

L'ACI compte environ 15 000 membres regroupés en équipes par affinités de « nuances » de milieu social (bourgeoisie, aristocratie, classes moyennes, artisans-commerçants).

L'ACI est en relation avec la Commission épiscopale des milieux indépendants.

Elle est membre du MIAMSI (Mouvement international d'apostolat en milieux sociaux indépendants), reconnu par le Saint-Siège comme O.I.C.

Publications

Le Courrier, 5 n^{os} par an + un n^{o} spécial ; *Plan d'année* :
Prêtres en milieux indépendants ;
Lettres des Fédérations.

D'autres mouvements

D'autres mouvements exercent une action importante au sein de ces milieux en se situant sur le plan des responsabilités professionnelles, par exemple le *Mouvement des cadres chrétiens* (MCC), le *Centre chrétien des patrons et dirigeants d'entreprise français* (CFPC), la *paroisse universitaire, etc.,* qu'on trouvera évoqués à propos d'autres secteurs pastoraux.

Les instances nationales

Au sein de l'épiscopat français, la réflexion pastorale concernant ces milieux relève plus directement de la *Commission épiscopale des milieux indépendants.*

Ph. Pinoges-CIRIC

Rassemblement JIC, dans la grande Halle de la Villette.

L'ÉGLISE ET LE MONDE DE LA SANTÉ

La pastorale de la santé consiste dans l'impulsion et la coordination des réflexions, efforts et actions de toutes sortes entrepris par les diverses instances catholiques au service des malades et handicapés et des professionnels de la santé.

Dans une société sécularisée où l'organisation hospitalière revêt dans la majorité des cas un caractère laïc, c'est à l'ensemble des chrétiens que l'Église rappelle leurs responsabilités vis-à-vis de ceux qui souffrent dans leur corps : aux professionnels de la santé de plus en plus nombreux, aux malades eux-mêmes et à leur famille, aux communautés chrétiennes et à leurs membres personnellement ; tous sont appelés à témoigner des valeurs évangéliques d'écoute et de solidarité, et du sens donné par Jésus-Christ à la vie, à la souffrance et à la mort.

C'est pour les aider dans cette présence, à la fois service de l'homme et témoignage chrétien, que s'est mise progressivement en place une pastorale de la santé.

En ce qui concerne la France, cette réflexion s'est accentuée depuis 1970. Au cours de trois sessions annuelles consécutives (1980, 1981, 1982), l'Assemblée plénière de l'épiscopat s'est interrogée sur le mode de présence de l'Église au monde vaste, complexe et en évolution rapide qu'est celui de la santé[1].

1. L'ensemble des travaux de l'Assemblée de 1982 sur le sujet a été publié par les éditions du Centurion sous le titre *La santé, enjeux humains, approches chrétiennes.*

Mouvements et organismes s'adressant à des professionnels

L'Action catholique des Milieux sanitaires et sociaux (ACMSS) réunit des personnes travaillant dans les secteurs de la santé et voulant y exercer leur vie professionnelle dans un esprit évangélique et en témoin de la foi.
21, rue Salvador-Allende, B.P. 73, 93002 Bobigny Cedex. Tél. (1) 48 95 31 00

• *Le Centre catholique des Médecins français* (CCMF) s'intéresse aux découvertes techniques et aux questions éthiques qu'elles soulèvent, et s'interroge sur le pouvoir médical et ses limites, afin d'être au service de l'homme en médecin chrétien.
5, avenue de l'Observatoire, 75006 Paris.
Tél. (1) 46 43 59 15

• *L'Association des chrétiens en psychiatrie* regroupe tous ceux qui, à des titres professionnels divers, sont préoccupés par la recherche de pratiques nouvelles en santé mentale et soucieux d'un témoignage évangélique dans le monde « psy ».
15, rue Saint-Georges, 35000 Rennes.

• *L'Association française des pharmaciens catholiques*
5, avenue de l'Observatoire, 75006 Paris.
Tél. (1) 43 26 59 19

• *Le Centre chrétien des professions de santé*
16, rue Tiphaine, 75015 Paris. Tél. (1) 45 75 34 71

• *Le Centre chrétien des sages-femmes*
6, place Adolphe Chérioux, 75015 Paris.
Tél. (1) 42 50 42 06

• *Le Mouvement chrétien des professions sociales (M.C.P.S.)*
16, rue Tiphaine, 75015 Paris. Tél. (1) 45 75 34 70 (Centre de formation et de recherche sur les responsabilités professionnelles dans une optique chrétienne).

Les instances diocésaines

Dans chaque diocèse la pastorale de la santé est coordonnée par un *délégué diocésain* (prêtre, religieux, religieuse ou laïc). Nommé par l'évêque, il est généralement entouré d'un conseil où se retrouvent des délégués de tous les organismes qui, dans l'Église locale, agissent dans le secteur de la santé.

A Lourdes, Pavillon des personnes handicapées, malades et de leurs familles et amis.
Boulevard de la Grotte, 65100 Lourdes
Tél. 62 94 32 26

Les instances nationales

La pastorale de la santé relève plus directement de la Commission sociale de l'épiscopat, qui comporte une section Santé.
8, rue Jean-Bart, 75006 Paris.
Tél. (1) 42 22 26 90

C'est d'elle que relève l'Aumônerie nationale des hôpitaux.

Il existe aussi une Commission nationale de pastorale des personnes âgées, qui relève de la Commission épiscopale de la Famille (4, cité du Sacré-Cœur, 75018 Paris. Tél. (1) 42 55 05 08.

Mouvements et associations de malades et handicapés

La Fraternité catholique des malades et handicapés, mouvement d'Action catholique du monde des malades et handicapés, aide ses membres à assumer leur situation en chrétiens et à partager leur espérance avec d'autres. Elle milite aussi pour que malades et handicapés soient reconnus à part entière dans la société.
B.P. 9, 66, rue du Garde-Chasse, 93260 Les Lilas. Tél. (1) 48 44 95 26.

L'Union catholique des malades crée des liens par le moyen de la correspondance entre malades et handicapés.
2, rue de l'Amiral-Coligny, 75001 Paris.
Tél. (1) 42 36 69 36.

Le Service catholique de l'enfance et de la jeunesse inadaptée est responsable auprès de l'épiscopat de la pastorale des enfants et des jeunes inadaptés, en lien avec les parents et les éducateurs.
19, rue de Varenne, 75007 Paris.
Tél. (1) 45 48 62 19
Il est en relation étroite avec le service de la Catéchèse des handicapés (cf. Centre national de l'enseignement religieux).

Aumônerie nationale des Centres de jeunes inadaptés, qui relève de la Commission sociale de l'épiscopat et de la Commission épiscopale Enfance-Jeunesse, 106, rue du Bac, 75007 Paris. Tél. (1) 42 60 37 70.

La Croisade des Aveugles
15, rue Mayet, 75006 Paris. Tél. (1) 47 34 97 32 et 45 66 40 22

Foi et Lumière. Mouvement chrétien de handicapés
8, rue Serret, 75015 Paris.
Tél. (1) 40.60.63.67

La Fraternité catholique des Sourds
5, rue Las Cases, BP 2, 75007 Paris.
Tél. (1) 45 51 39 15

L'Office chrétien des handicapés
(O.C.H.) 90, avenue de Suffren,
75738 Paris Cedex 15. Tél. (1) 47 34 33 08

Le Service missionnaire des malades et handicapés, branche des Œuvres pontificales missionnaires
5, rue Monsieur, 75005 Paris.
Tél. (1) 47 83 67 95

Amicitia (Union de malades et handicapés)
14, imp. Coursimault, 45000 Orléans.
Tél. 38 66 32 96

L'Apostolat des malades
24, rue du Professeur Paul Sisley, 69003 Lyon.
Tél. 78 54 99 03

Le service « Malades et handicapés » du Secours catholique
106, rue du Bac, 75341 Paris Cedex 07
Tél. (1) 47 83 67 95

Les *« Communautés de l'Arche »,* fondées par Jean Vanier, accueillent les handicapés.
Trosly-Breuil, 60350 Cuise-la-Motte.
Tél. 44 85 61 02

Ph. Lochon-Gamma

Le pape Jean-Paul II avec une handicapée.

Liens entre les communautés chrétiennes et le monde des malades et handicapés

Le Comité catholique des malades et handicapés est le point de rencontre entre les organisations de malades et handicapés, d'une part, et, d'autre part, les mouvements qui entendent faire place, au sein de leurs activités, à une prise en compte de ce monde des malades et handicapés (mouvements caritatifs, d'Action catholique, de jeunesse, etc.), 106, rue du Bac, 75341 Paris Cedex 07. Tél. (1) 42 22 56 39.

Dans un certain nombre de diocèses fonctionnent des *services évangéliques de visites aux malades* (à domicile, ou dans les maisons de soins ou les établissements d'accueil des personnes âgées). Ces services sont le plus souvent organisés en équipes paroissiales et animés par le délégué diocésain à la pastorale de la santé.

Les religieuses dans les professions de santé

R.E.P.S.A., 106, rue du Bac, 75341 Paris Cedex 07. Tél. (1) 45 48 05 82.

Appartenant à des congrégations diverses, et exerçant leur mission d'Église dans une pratique professionnelle sanitaire ou sociale, elles se retrouvent au sein de l'*Union des religieuses dans les professions de santé* (R.E.P.S.A.), organisée au plan national en commissions spécialisées et, sur le territoire, en sections diocésaines.

L'Aumônerie nationale des hôpitaux

Aumônerie nationale des hôpitaux,
106, rue du Bac, 75341 Paris Cedex 07,
Tél. (1) 42 60 37 70

Au service des personnes malades ou handicapées en établissements de soins, c'est une institution d'Église reconnue par l'État dans les établissements publics (Loi de séparation 1905 et circulaires de 1976).

Depuis l'Assemblée plénière de l'épiscopat français de 1982 et conformément à ses orientations sur la pastorale de la santé, ce service a mis l'accent sur la création d'équipes d'aumôneries où prêtres, diacres, religieux, religieuses et laïcs partagent effectivement les responsabilités pastorales. Pour répondre aux situations nouvelles, la nomination de diacres, religieuses et laïcs comme aumôniers permanents se réalise peu à peu : elle exige évidemment formation et discernement.

Aumônerie nationale des centres de jeunes inadaptés, 106, rue du Bac, 75007 Paris.
Tél. (1) 42.60.37.70.

Elle relève à la fois de la Commission sociale de l'épiscopat (section Santé) et de la Commission épiscopale Enfance-Jeunesse.

MALADE CHRÉTIEN A L'HÔPITAL

Un chrétien, quand il est malade, ne cesse pas pour autant de faire partie d'une communauté chrétienne. La maladie peut même lui donner l'occasion de renouer des liens avec une telle communauté : paroisse, aumônerie, mouvement, œuvre peuvent apporter leur soutien au malade par la prière, des visites, des lettres. (Encore faut-il qu'elle ait été prévenue).

Dans beaucoup d'hôpitaux, il existe une aumônerie composée le plus souvent d'un prêtre et de laïcs. S'il y a un lieu de culte dans l'établissement hospitalier (fût-ce un modeste oratoire), on y trouve généralement indiquées les heures de messe, utiles pour les malades qui peuvent se déplacer, et pour les membres de leur famille, qui peuvent ainsi entrer en relation avec l'aumônier.

Le plus souvent, il faudra demander à l'administration hospitalière ou au personnel s'il existe une aumônerie et, en ce cas, exprimer à l'administration sa demande de recevoir sa visite ; on pourra aussi écrire à l'aumônier.

Dans le premier contact, ceux qui participent à la vie de l'aumônerie souhaitent que le malade précise qui il est et ce qu'il désire (ceci afin de répondre au mieux à son attente et de ne pas l'importuner) : simples visites, prières avec lui, réflexion, réception des sacrements...

La maladie conduit souvent à se poser les problèmes essentiels de la vie. Elle est dans bien des cas l'occasion de redécouvrir la prière, en tout cas au moins le besoin de prier ; divers livres ou brochures peuvent y aider. En faire la demande à l'aumônerie. ■

LES HANDICAPÉS

(Infirmités motrices, sensorielles ou mentales) *Ils sont plus de 2 millions en France,* soit 1 104 000 adultes, 900 000 enfants.

Parmi ces 2 millions, 800 000 handicapés moteurs ou physiques, dont 100 000 enfants ; 77 000 handicapés visuels, dont 12 000 enfants ; 63 000 handicapés auditifs, dont 18 000 enfants ; 890 000 handicapés mentaux, dont 770 000 enfants.

Sur les 1 200 000 handicapés en âge de travailler : 300 000 sont inaptes au travail ; 300 000 sont aptes mais sans emploi ; 600 000 ont un emploi dont 50 000 en « milieu protégé ».

L'emploi en « milieu protégé » est assuré en France par deux types d'établissements :
les « ateliers protégés » (5 000 emplois en 1980) fonctionnant comme des entreprises sous la tutelle du ministère du Travail ;
les « Centres d'aide par le travail » (C.A.T. - 40 000 emplois en 1980) reçoivent des handicapés ne pouvant travailler en milieu ouvert ni en ateliers protégés. ■

Témoignage d'une laïque membre de l'aumônerie d'un centre anti-cancéreux

« Voilà plusieurs années que j'ai été appelée à assurer un service d'aumônerie dans un centre anti-cancéreux, au sein d'une équipe constituée d'un aumônier, d'une autre laïque et de moi-même.

"Quelle idée de faire un travail pareil !" C'est une réflexion que l'on me fait souvent. Je suis seule à savoir combien cet engagement d'Église a donné à ma vie chrétienne une dimension insoupçonnable.

Face au cancer, maladie encore trop mal maîtrisée, le malade et ses proches luttent comme ils peuvent. Ils traversent des étapes de dénégation, de révolte, d'angoisse, mais aussi pour certains, d'acceptation.

Qui dira, alors, de quelles richesses humaines et spirituelles je suis témoin ?

Le malade ne peut pas toujours exprimer son angoisse à ses proches pour ne pas augmenter la leur.

Alors sa détresse est grande !

L'aumônerie peut offrir à chacun la possibilité de s'exprimer.

Je suis disponible à toute rencontre avec les malades et avec leurs familles, qui vivent une épreuve destructrice ; avec les soignants aussi, très impliqués dans ces relations.

Dans le respect des convictions de chacun, leur donnant la parole, car eux seuls savent ce qu'ils vivent et ont une confiance réciproque, un dialogue s'établit, sans façade, qui permet un accompagnement, source de rencontres uniques.

Par ma présence à l'hôpital ne suis-je pas un signe visible de l'Église auprès des malades ?

Je rassemble les chrétiens séparés de leur communauté.

Je partage l'Eucharistie chaque dimanche, à la suite de la liturgie paroissiale.

J'écoute la plainte de celui qui souffre.

Je prie à la place de celui qui ne peut plus parler.

Souvent je veille en silence.

Je tiens une main.

Je suis là ...

Il m'est donné de vivre des instants privilégiés : de reconnaître, à travers une vie, des signes de l'Esprit de Dieu à l'œuvre ; d'être témoin de gestes de gratuité, de situations de rupture et de mort, d'où jaillit un signe de Résurrection.

Et ma foi s'en trouve sans cesse interpellée et renouvelée ».

S. Gomas,
Hôpital Pierre et Marie-Curie,
Paris.

LE MONDE DES ITINÉRANTS

I. Les artisans de la fête (forains et gens du cirque)

... Des paroissiens itinérants

La France est un pays où chaque région a gardé la tradition de ses fêtes locales, de ses foires et ducasses... sans oublier celle des cirques, petits et grands, qui font régulièrement le parcours de l'une à l'autre de ses frontières.

Ceux qu'on appelle *les artisans de la fête* sont des familles que leur profession oblige à une mobilité permanente. Certains d'entre eux, en particulier les gens du cirque, se déplacent à travers la France ; mais le plus grand nombre ne dépasse pas le cadre d'une région, d'un département, parfois même d'un arrondissement (sait-on, par exemple, qu'une ville comme Lens dans le Pas-de-Calais ne compte pas moins de 18 ducasses par an ?). Et les fêtes de quartiers se succèdent dans les grandes villes. En hiver ou dans les périodes creuses, les forains habitent généralement en caravanes situées dans des terrains de remise disséminés.

En France, le nombre des artisans de la fête – difficile à évaluer – doit se situer autour de 100 000 personnes en comprenant ceux qui travaillent pour eux, tels les fabricants de manèges. ■

Une pastorale spécifique

Pour les familles itinérantes des artisans des fêtes foraines et des cirques, l'Église a organisé une pastorale spéciale, adaptée à leurs besoins.

Les prêtres qui en sont chargés sont en contact avec eux tels des curés ambulants. Ils ont des relations régulières avec ceux qui ne se déplacent que dans un secteur géographique certain. Par contre, il est de leurs paroissiens qu'ils ne rencontrent qu'une fois par an. Pour ceux-là, les aumôniers, à travers les régions, constituent entre eux des « relais ». Ainsi telle famille demandant un baptême ou un mariage à l'un d'eux sera mis par lui en rapport avec l'un de ses confrères d'une autre région s'il ne dispose pas du délai nécessaire pour préparer lui-même les intéressés au sacrement.

« Nos paroissiens - dit un aumônier - sont comme le reste de la population, plus ou moins croyants. Ils pratiquent peu, et pour cause, mais ils sont nombreux lorsqu'en certaines occasions nous organisons pour eux des célébrations ; certains cependant regardent la messe dominicale télévisée et ceux qui demandent les sacrements s'y préparent sérieusement. On trouve chez beaucoup d'artisans de la fête une réelle foi. »

Dans un certain nombre de villes, des aumôneries locales (composées de prêtres, religieuses et laïcs) accueillent les artisans de la fête au nom de l'Église.

Des pèlerinages nationaux (Lourdes) ou locaux sont organisés pour les artisans de la fête. ■

Les instances nationales

La pastorale des artisans de la fête relève du Groupe épiscopal pour la pastorale du tourisme dont le secrétariat est assuré par le *Service d'études et d'échanges pour les loisirs et le tourisme* (S.E.L.T.), 4, cité du Sacré-Cœur, 75018 Paris. Tél. (1) 42 54 97 31.

L'adresse de l'aumônerie des artisans de la fête est celle de l'aumônier général en fonction et change avec lui. Consulter le SELT indiqué ci-dessus.

L'équipe nationale est composée d'aumôniers régionaux, qui y ont chacun une responsabilité déterminée (par exemple, les jeunes, les relations avec les pays étrangers, etc).

Deux communautés de religieuses participent à l'aumônerie nationale en étant « itinérantes » : les Petites Sœurs de Jésus (13370 Malmort) et les Sœurs de Saint-Gildas (44530 Saint-Gildas-des-Bois).

Une association : Promofête

Créée en 1976 par un aumônier national des Artisans de la fête, cette association professionnelle a pour objet de favoriser la rencontre et la concertation de tous ceux qui sont concernés par la promotion de la fête (forains et artisans du divertissement). Elle les représente auprès des ministères, organismes, municipalités, comités des fêtes...

Elle est membre de l'Union foraine européenne (18 pays).

ET SI DIEU AUSSI PASSAIT PAR LA FÊTE ...

Regarder les manèges ensemble, participer à la même ambiance, c'est déjà « être à la fête ». Voyez les gens devant la loterie. S'il y en a un qui gagne, ceux qui sont autour ont la figure souriante. S'il y en a un qui perd, on dirait que ça leur fait peine ! C'est comme s'ils partageaient un moment le même espoir, le même plaisir. Sans même qu'ils en soient conscients, la fête rend les gens déjà plus proches les uns des autres.
Ici les immigrés viennent à la fête foraine comme une espèce de pèlerinage. Ils se sentent accueillis sans problème avec les Français. Pour eux c'est l'occasion d'une insertion sociale. Des contacts sont possibles avec eux, il suffit de prendre le temps de bavarder. Ils m'appellent par mon prénom. De même pour ma femme.

Un forain.

II. La Batellerie

Des aumôniers de la batellerie résident dans les principaux ports fluviaux : Conflans-Sainte-Honorine, Dunkerque, Lille, Lyon, Longueil-Annel (60150 Thouratte), Compiègne, Metz, Nancy, Reims, Rouen, Strasbourg, Chalon-sur-Saône.

C'est lorsque les péniches sont à quai que ces prêtres rencontrent leurs « paroissiens », plus ou moins fréquemment suivant l'importance de leurs parcours. Ils gardent contact avec eux quand ils sont hospitalisés ou lorsque l'épouse est en maternité.

Des religieuses se consacrent aussi à la pastorale des bateliers ; le plus souvent elles assurent la catéchèse des enfants scolarisés dans les écoles de batellerie (63 % des petits mariniers sont internes dans des E.N.P.D. — Écoles nationales du 1er degré spécialisées pour itinérants). Huit établissements secondaires peuvent les accueillir en internat, mais beaucoup abandonnent leurs études à la fin de l'école primaire ; 10 % environ de jeunes bateliers ne sont pas scolarisés en raison du coût de la pension. Un enseignement par correspondance a été créé au centre de Conflans-Sainte-Honorine.

Le mode de vie des bateliers ne permet pas aux aumôneries d'organiser des réunions ou des rencontres collectives régulières. Cependant, les bateliers célèbrent religieusement les festivités de quelques temps forts dans l'année, en particulier la fête de Noël, ainsi que des « pardons » de la batellerie organisés depuis une vingtaine d'années par les aumôneries. Occasion de faire connaître leur profession, ces fêtes sont pour les bateliers des rassemblements d'amitié, comme le sont aussi les professions de foi et les mariages, sur les péniches décorées où la grande famille batelière se réunit pour de joyeuses retrouvailles.

Dans chacune de ces circonstances, les aumôneries s'efforcent de faire percevoir que l'Église est proche de ces « nomades », chez qui l'on rencontre une foi souvent profonde. Certains sont des pratiquants dominicaux dans les églises proches de leur port d'attache.

Les instances nationales

Les aumôniers de la Batellerie se rencontrent au plan national deux ou trois fois par an autour de l'aumônier de Conflans-Sainte-Honorine (*Aumônerie nationale de la Batellerie*) Entraide sociale batelière, Bateau « Je sers ».
78700 Conflans-Sainte-Honorine.
Tél. (1) 69 72 62 83.

Publication

Ils éditent un journal, *La famille batelière* (5 numéros par an).

Des chiffres

On comptait, en 1985, quelque 2 500 artisans bateliers et 3 700 salariés.
Entre 1967 et 1982, 1450 ont abandonné le métier ou sont partis à la retraite : cent de moins chaque année. Il y a 20 ans, ils possédaient 12 000 bateaux. Il en reste 3 000. Un mois d'attente pour une semaine de travail : c'est un rythme de vie de plus en plus fréquent.

(Chiffres cités par *Messages* du Secours catholique)

III. Les Gitans

L'Église et les Gitans

Parmi les Gitans (150 000 à 200 000 en France), nombreux sont les catholiques ; nombreux aussi les membres de l'Église évangélique pentecôtiste, laquelle a su, depuis longtemps, les accueillir. Petit à petit, l'Église catholique s'est ouverte aux Gitans, mais plus au niveau des responsables ecclésiastiques qu'à celui de l'opinion publique chrétienne.

Un Mouvement catholique des Gitans et gens du Voyage a été fondé, soutenu par une aumônerie nationale, des aumôneries régionales et, dans plusieurs diocèses, une aumônerie diocésaine. Les prêtres au service des Gitans (les « Rashaï » en langue gitane), les religieuses et laïcs « gadgés » (c'est-à-dire non gitans) associés à cette mission, le Secours catholique, s'emploient non seulement à aider ces nomades, à résoudre leurs nombreux problèmes, en particulier dans leurs relations avec les autorités et les populations (par exemple, en ce qui concerne les terrains de campement ou les prestations sociales), mais aussi à susciter la prise en charge par les Gitans eux-mêmes de leur vie chrétienne (groupes de prière, de réflexion, catéchèse...), et enfin à favoriser l'accueil par les autres communautés chrétiennes.

Des rencontres de caractère religieux rassemblent de temps à autre des membres de la population gitane ; outre le célèbre et populaire pèlerinage annuel aux Saintes-Maries-de-la-Mer (24 et 25 mai), des pèlerinages à Lourdes et des congrès nationaux du Mouvement catholique des Gitans sont organisés.

Des sessions de formation religieuse, et notamment biblique sont mises en place au niveau national ou régional ainsi que des « missions ».

Le grand problème posé à l'Église aujourd'hui est celui de la réponse à donner par les communautés chrétiennes à la demande des Gitans d'être accueillis et écoutés, puisqu'aussi bien ils sont eux-mêmes membres à part entière d'une communauté chrétienne.

Des adresses

– Aumônerie catholique nationale des Gitans, 5, rue d'Estienne-d'Orves, 93500 Pantin. Tél. (1) 48 40 74 94.
– Association nationale Notre-Dame-des-Gitans (*personnes désireuses d'apporter leur aide aux Gitans et de soutenir leur aumônerie nationale)* 99, rue du Bac, 75007 Paris.
– Comité national d'Information pour les nomades, 2, rue d'Hautpoul, 75019 Paris.

Ph. CIRIC

Pèlerinage des Gitans aux Saintes-Maries de la Mer.

La chanson des « gadoues »

Toi, Notre-Dame, vois nos gadoues.
Viens nous sortir de notre boue.
Arrache-nous de nos poubelles,
Toi qui, pour nous, es la plus belle.
Nous travaillons sur les cartons
et cet argent que nous gagnons
nous fait sortir de la prison
de ces gadoues où nous peinons.
Quand nos femmes vont aux commissions,
bien habillées et sentant bon,
les gadgés les reconnaîtront
à cette boue de leurs talons.

Pourquoi tous ces méchants fossés
ces barrières et ces barbelés ?
Toi, notre Mère de tendresse,
nous te chantons notre détresse.
Nous sommes tes enfants Manouches
Ton amour merveilleux nous touche.
O Vierge Marie, nous t'aimons
et nous t'offrons cette chanson.

(Paroles des jeunes Manouches de Pau). Publié par *Messages* du Secours catholique, n° 384 (juillet-août 1986), Dossier « L'appel de la route » sur les Gitans.

Ph. Tapabor

Saint Bénigne.

Suppléments au chapitre I
Des chercheurs de Dieu par milliers...

A. LES BÉATIFICATIONS ET LES CANONISATIONS DE 1987 À 1991

(compléments aux pages 35 à 40)

1987

29 mars, béat. de trois carmélites espagnoles tuées pendant la guerre civile espagnole : **Maria del Pilar** (1877-1936).
Maria Angeles de Saint Joseph (1905-1936).
Teresa de l'Enfant Jésus (1909-1936).

29 mars, béat. de **Marcelo Spinola y Maestre** (1835-1906), Espagnol. Évêque de Malaga, puis archevêque de Séville et cardinal, il est le fondateur de la *Congrégation des esclaves du divin Cœur, pour l'éducation de la jeunesse.*

29 mars, béat. de **Manuel Domingo y Sol** (1836-1909), Espagnol. Fondateur de la *Fraternité des Prêtres diocésains-ouvriers du Sacré-Cœur.* Appelé « l'apôtre des vocations sacerdotales ».

3 avril, à Santiago du Chili, béat. de **Teresa de Los Andes** (**Juanita Fernandez Solar** 1900-1920), Chilienne. Carmélite après avoir été une jeune sportive dynamique, elle décède à vingt ans avant d'avoir pu prononcer ses vœux.

1er mai, à Bonn, béat. de **Rupert Mayer** (1876-1945), Allemand. Jésuite, prêtre, aumônier militaire pendant la Première Guerre mondiale, au cours de laquelle, blessé, il a été amputé. Prédicateur opposé au nazisme, il est arrêté à trois reprises, interné à Sachsenhausen. Après la Seconde Guerre mondiale, il meurt en chaire.

1er mai, béat. de **Thérèse Bénédicte de la Croix** (Édith Stein, 1891-1942). Juive convertie devenue carmélite, elle meurt gazée à Auschwitz, fidèle à son peuple et à sa foi (voir index Édith Stein).

10 mai, à Rome, béat. de **Andréa Carlo Ferrari** (1850-1921), Italien. Archevêque de Milan, il développe la catéchèse et les initiatives sociales en faveur des ouvriers et des prisonniers. Fondateur de la *Compagnie de Saint-Paul,* ensemble d'activités sociales en monde ouvrier, et de *l'Université Catholique de Milan.*

10 mai, béat. de **Louis-Zéphyrin Moreau** (1824-1901), Canadien. Evêque de Saint-Hyacinthe, il multiplie les initiatives apostoliques dans les paroisses et en faveur des malades, ainsi que la formation des futurs prêtres. Il sera cardinal.

10 mai, béat. de **Pierre-François Jamet** (1762-1845), Français. Prêtre en 1787, il refuse le serment à la Constitution civile du Clergé en 1790 et exerce un ministère clandestin. Après la Révolution française, il restaure *l'Institut des Sœurs du Bon Pasteur* pour les handicapés physiques et mentaux. Recteur de l'Université de Caen de 1822 à 1830.

10 mai, béat. de **Benedetta Cambiagio** (1791-1858), Italienne. Son mari et elle décident d'entrer chacun dans la vie religieuse ; elle fonde *l'Institut des bénédictines de la Providence* consacré à l'éducation, ainsi qu'une œuvre d'accueil de jeunes filles abandonnées.

11 juin, à Tarnow (Pologne), béat. de **Karolina Kozka** (1898-1914), martyre polonaise. Mère de famille très active dans sa paroisse, elle est assassinée par des soldats russes qui voulaient la violer.

14 juin à Varsovie, béat. de **Michel Kozal** (1893-1943), martyr polonais. Évêque de Wloclawek, il est déporté à Dachau, où il meurt témoin de sa foi.

28 juin, à Rome, béat. de **Jurgis Matulaitis Matulewicz** (1860-1927), Lituanien. Évêque de Vilnius, ses innombrables initiatives évangéliques le font considérer comme un authentique apôtre du Christ.

28 juin, à Rome, béat. de **Pierina Morosini** (1931-1957), martyre italienne. Ouvrière de filature, elle développe son activité missionnaire dans le monde ouvrier. Agressée sur le chemin de l'usine, elle meurt assassinée.

28 juin, à Rome, béat. de **Antonia Mesina** (1919-1935), martyre italienne. Militante d'Action Catholique dès 15 ans, elle est tuée l'année suivante par un homme qui voulait abuser d'elle.

4 octobre, à Rome, béat. de **Marcel Callo** (1921-1945), martyr français. Jociste, mort en déportation (voir index).

18 octobre, à Rome, can. des **Seize Martyrs de Nagasaki** (Japon). Parmi eux, **Lorenzo Ruiz**, marié, père de trois enfants, missionnaire laïc, est le premier Philippin canonisé ; il l'a été avec ses quinze compagnons, parmi lesquels le dominicain français **Guillaume Courtet**, tous les seize martyrisés entre 1633 et 1637.

22 octobre, à Rome, béat. de George **Haydock** et de 84 autres **Martyrs Anglais** : 63 prêtres et 22 laïcs anglais condamnés entre 1584 et 1679 pour leur foi catholique romaine. Une délégation de l'Église anglicane était présente à la célébration de leur béatification.

25 octobre, à Rome, can. de **Giuseppe Moscati** (1880-1927), Italien, béatifié en 1975. Médecin-chef d'un hôpital, chercheur, professeur à l'Université, il a vécu tous ses engagements en témoin exemplaire de la vie chrétienne laïque.
1er novembre, à Rome, béat. d'**Arnould-Jules Rèche** (1838-1890), Français. Frère des Écoles chrétiennes, il marque ceux qu'il rencontre par son ascèse, sa vie de prière et par sa fidélité à sa vocation dans le détail de sa vie quotidienne.

1er novembre, à Rome, béat. d'**Ulrika Nisch** (1882-1913), Allemande. Entrée chez les Sœurs de Sainte Croix d'Ingenbohl, elle mène une vie humble dans le service de la cuisine. Elle est favorisée de grandes grâces mystiques.

1er novembre, à Rome, béat. de **Blandine Merten** (1883-1918), Allemande. Paysanne, elle entre chez les ursulines et se consacre à l'éducation des enfants, donnant l'exemple d'une vie de détachement, toujours attentive à la grâce de Dieu chez les autres.

1988

17 avril, à Vérone, béat. de **Giuseppe Nascimbeni** (1851-1922), Italien. Prêtre, il fonde

DES CANONISATIONS DANS L'ÉGLISE ORTHODOXE

En 1988, l'Église orthodoxe a procédé pour sa part à la canonisation de neuf saints, à l'occasion du millénaire du « baptême de la Russie », au cours d'une célébration à la Laure (monastère) de la Trinité Saint-Serge, près de Léningrad (aujourd'hui Saint-Pétersbourg) :

DIMITRI DOWSKOÏ (1350-1389). Grand Prince de Vladimir et de Moscou, unificateur de la terre russe, qu'il libéra du joug tatar-mongol (bataille de Koulikovo), exceptionnel homme d'État, doué d'une grande piété.

ANDREÏ ROUBLEV (v. 1360-1370 – v. 1427-1430). Moine peintre, auquel on doit de nombreuses et remarquables icônes, dont la plus célèbre est celle de la Trinité. Il est vénéré comme un saint depuis sa mort.

MAXIME LE GREC (1470-1556). D'origine grecque, théologien, philosophe, traducteur, dont l'œuvre lui valut maintes difficultés et condamnations.

MACAIRE (1482-1563). Métropolite de Moscou et de toute la Russie, il introduisit l'imprimerie dans son pays ; auteur d'une œuvre importante sur les saints russes du XVIe siècle, il convoqua deux conciles pour leur canonisation. En 1551, il présida le « concile des Cent chapitres ».

PAISSY VELICHKOVSKI (1722-1794). Moine en Moldavie, puis au Mont Athos, il ressuscita la tradition des staretzs (voir index), imposa une stricte règle de vie à ses disciples, traduisit en slavon nombre d'écrits grecs.

XENIA (1720 ?– 1806 ?). Connue pour son don de prophétie, son ascétisme et sa douceur.

IGNACE (1807-1867). Successivement ingénieur, moine, prêtre, supérieur de la Trinité Saint-Serge près de Saint-Pétersbourg, évêque du Caucase et de la Mer Noire, il finit par se consacrer totalement à son œuvre écrite (notamment : *Paterikon*, recueil de paroles d'anciens moines ; Doctrine de l'Église face à la société contemporaine).

AMBROISE (1812-1891). Prêtre, successeur du staretz saint Macaire, on venait de toute la Russie (Tolstoï, Dostoïevski, Leontiev, Soloviev...) le consulter pour son don de discernement spirituel. De nombreux miracles lui sont attribués.

THÉOPHANE LE RECLUS (1815-1894). Moine, professeur de théologie, évêque de Tambov et de Shatsk, fondateur d'écoles et de paroisses, il consacra la fin de sa vie à la liturgie et à la théologie.

---

les Petites Sœurs de la Sainte-Famille en vue de soutenir son ministère paroissial.

17 avril, à Vérone, béat. de **GIOVANNI CALABRIA** (1873-1954), Italien. Prêtre, il fonde la *Congrégation des Pauvres Serviteurs de la Divine Providence*, au service des déshérités, congrégation surtout présente aujourd'hui en Amérique Latine et en Afrique.

24 avril, à Rome, béat. de **SAVINA PETRILLI** (1851-1923), Italienne. Elle fonde les *Sœurs des Pauvres de sainte Catherine de Sienne*, au service des pauvres, congrégation qui a essaimé en Amérique latine, en Inde et aux Philippines.

24 avril, à Rome, béat. de **DON PIETRO BONILLI** (1841-1935), Italien. Il fonde les *Sœurs de la Sainte-Famille*, au service des pauvres, des orphelins et des déshérités.

24 avril, à Rome, béat. de **FRANCISCO PALAU Y QUER** (1811-1872), Espagnol catalan. Carme, écrivain, journaliste, prédicateur, ermite. Il fonde deux congrégations de *carmélites missionnaires.*

24 avril, à Rome, béat. de **KASPAR STANGGASSINGER** (1871-1899), Allemand. Rédemptoriste, il exerce son apostolat à l'école missionnaire à Dürnnberg.

16 mai, à Asunción (Paraguay), can. de trois jésuites : **ROQUE GONZALEZ** (1576-1628), Paraguayen. Né de parents espagnols, il fonde dix « réductions » (voir index) au Paraguay, au Brésil, en Argentine, s'emploie à protéger les Indiens de l'exploitation des colons, lutte contre l'esclavage avec les deux autres jésuites, d'origine espagnole, tués comme lui par des Indiens le 15 novembre 1628, et canonisés en même temps que lui : **ALFONSO RODRIGUEZ** et **JUAN DEL CASTILLO.**

11 juin, à Messine (Italie), can. d'**EUSTACHIA CALAFATO** (1434-1486). Moniale mystique très populaire, fondatrice d'un *monastère* de clarisses pratiquant dans toute sa rigueur la première règle de sainte Claire.

19 juin, à Rome, can. des 117 **MARTYRS DU VIETNAM**, proclamés bienheureux entre 1900 et 1951, et victimes de persécutions religieuses échelonnées entre 1745 et 1862 : 96 Vietnamiens, clercs et laïcs, parmi lesquels **AGNES LE THI THANH**, mère de six enfants le **Père ANDRÉ DUNG-LAC**, le Père **VINCENT LIEM**, dominicain ; 11 Espagnols (6 évêques et 5 prêtres, tous dominicains) ; 10 Français, prêtres de la Société des Missions étrangères de Paris, la plupart jeunes encore : **JEAN-LOUIS BONNARD** (1824-1852), **PIERRE-ROSE BORIE** (1808-1838), **FRANÇOIS-ISIDORE CAGELIN** (1799-1833), **JEAN-CHARLES CORNAY** (1809-1837), **ETIENNET-THÉODORE GUENOT** (1802-1861), **FRANÇOIS JACCARD** (1799-1838, voir index), **JOSEPH MARCHAND** (1803-1835), **PIERRE-FRANÇOIS NÉRON** (1818-1860), **AUGUSTIN SCHOEFFLER** (1882-1851), **THÉOPHANE VENARD** (1829-1861) (voir index).

3 juillet, à Rome, can. de **SIMON DE ROJAS** (1552-1624), Espagnol. Entré à vingt ans dans l'ordre de la Très Sainte Trinité, il se consacre au rachat des prisonniers des pirates, auquel se voue son ordre ; il fonde la *Congrégation de l'Ave Maria* pour s'occuper des pauvres.

3 juillet, à Rome, can. de **ROSE-PHILIPPINE DUCHESNE** (1769-1852), Française. Elle entre à dix-huit ans chez les Visitandines. Pendant la Révolution, la dispersion de son ordre la ramène dans sa famille. En 1804, elle rejoint la Société du Sacré-Cœur que vient de fonder sainte Madeleine-Sophie Barat. A quarante-huit ans, elle part en Amérique fonder des écoles en Louisiane, visite les malades. A soixante-douze ans, elle se rend chez les Indiens Potawatomi, au Kansas, qui l'appellent « la femme qui prie toujours ».

3 septembre, à Turin, béat. de **LAURA VICUNA** (1890-1904), Chilienne. Avant de pouvoir entrer chez les Salésiennes de Don Bosco, elle meurt à treize ans, dans l'offrande de ses souffrances.

Le 14 septembre, le cardinal Decourtray a rendu officielle l'ouverture de la cause de béatification collective des martyrs de l'apostolat au sein du STO (Service du travail obligatoire, institué par l'occupant allemand) : neuf prêtres, deux séminaristes, quatre religieux, onze scouts, dix-sept jocistes, victimes du nazisme dans les camps de la mort pour leur apostolat chrétien auprès des déportés du travail.

15 septembre, au Lesotho, béat. de **JOSEPH GÉRARD** (1831-1914), Français. Né dans une famille paysanne des environs de Nancy, Oblat de Marie-Immaclée, il est l'un des premiers missionnaires catholiques en Afrique du Sud.

25 septembre, à Rome, béat. de **MIGUEL AGUSTIN PRO** (1891-1927), Mexicain. Jésuite, il exerce son ministère clandestinement en raison des persécutions religieuses. Arrêté, il est fusillé en 1927.

25 septembre, à Rome, béat. de **GIUSEPPE BENEDETTO** (1818-1894), Italien. Abbé de l'abbaye bénédictine de Catane, puis archevêque de cette ville, il donne une attention particulière aux plus pauvres.

25 septembre, à Rome, béat. de **Francesco Faa di Bruno** (1825-1888), Italien. Professeur à l'Université de Turin, il est ordonné prêtre, en 1851, et fonde de nombreuses œuvres pour la promotion et la protection de la femme.

25 septembre, à Rome, béat. de **Frère Junipero (Miguel Serra** 1713-1784), Espagnol. Franciscain, il enseigne la philosophie et la théologie, puis part au Mexique et au Texas où il évangélise les Indiens de Californie.

25 septembre, à Rome, béat. de **Josefa Naval Girbes** (1820-1893), Espagnole. Laïque consacrée, elle exerce une grande influence dans sa paroisse en raison de sa vie spirituelle et charitable.

25 septembre, à Rome, béat. de **Frédéric Janssoone** (1838-1916), Français. Prêtre franciscain envoyé en Terre Sainte, la misère des chrétiens le conduit à s'y faire mendiant ; envoyé au Canada pour y quêter en faveur de la Custodie de Terre Sainte (garde des lieux saints), il y développe le culte marial.

2 octobre, à Rome, can. de **Madeleine de Canossa** (1774-1835), béatifiée en 1941, Italienne. Née dans la noblesse de Vérone, elle quitte en 1808 le palais Canossa, se met au service des pauvres avec des compagnes, et fonde avec elles les *Filles de la Charité* (« Canossiane »).

16 octobre à Rome, béat. de **Bernard Marie Silvestrelli** (1831-1911), Italien. Religieux passionniste, il connaît de grandes difficultés d'adaptation à la vie religieuse, qu'il parvient à surmonter. Il sera supérieur général de sa congrégation.

16 octobre, à Rome, béat. de **Charles Houben** (1821-1893), Hollandais. Religieux passionniste, il exerce son ministère au service des humbles et des pauvres en Angleterre puis en Irlande.

16 octobre, à Rome, béat. de **Honorat Kozminski** (1829-1916), Polonais. Prêtre capucin, il fonde plus de 20 associations et congrégations religieuses sous l'occupation russe, malgré la persécution.

23 octobre, à Rome, béat. de **Niels Stensen** (1638-1686), Danois. Homme de sciences réputé, luthérien, il se convertit au catholicisme, devient prêtre. Il sera vicaire apostolique à Hambourg, en charge de l'Église catholique dans ces régions à majorité luthérienne.

11 décembre, à Rome, can. de **Maria Rosa Molas y Vallve** (1815-1876), béatifiée en 1977, Espagnole. Entrée en 1841 dans une association de femmes pieuses au service de l'hôpital de Reus, elle ouvre en 1849 un hôpital à Tortosa, puis fonde en 1868 les *Sœurs de Notre-Dame de la Compassion*, au service des pauvres (écoles, hôpitaux, maisons d'accueil).

1989

9 avril, à Rome, can. de **Clelia Barbieri** (1847-1870), béatifiée en 1968, Italienne. Née à Bologne dans une famille ouvrière, elle s'engage à quatorze ans dans les « Ouvriers de la doctrine chrétienne ». Malgré le climat anticlérical, elle fonde en 1848 une communauté vouée au service des pauvres et à la contemplation, les *Sœurs de l'Addolorata*. Elle meurt à vingt-trois ans. Elle est la plus jeune fondatrice d'ordre dans l'histoire de l'Église.

23 avril, à Rome, béat. de **Martin de Saint-Nicolas** et **de Melchior de Saint-Augustin**, Espagnols. Religieux de l'Ordre de Saint-Augustin, morts martyrs au Japon en 1632.

23 avril, à Rome, béat. de **Marie de Jésus Bon Pasteur** (**Francesca Siedliska**, 1842-1902), Polonaise. Fondatrice des *Sœurs de la Sainte Famille de Nazareth.*

23 avril, à Rome, béat. de **Marie-Marguerite Caiani** (1863-1921), Italienne. Fondatrice des *Sœurs Minimes du Sacré-Cœur.*

23 avril, à Rome, béat. de **Marie-Catherine de Saint-Augustin** (1632-1668), Française. Religieuse augustine, elle sera l'apôtre du Canada, toute dévouée aux malades.

30 avril, à Madagascar, béat. de **Victoire Rasoamanarivo** (1848-1894), Malgache. Baptisée à quinze ans, mariée à un débauché qui la rend malheureuse, elle lui reste fidèle, et le baptisera sur son lit de mort. Après l'expulsion des missionnaires catholiques en 1883, elle contribue à maintenir la foi, tout en s'occupant des pauvres et des lépreux.

2 mai, à La Réunion, béat. de **Jean-Bernard Rousseau** (frère **Scubilion**, 1797-1867), Français. Frère des Écoles Chrétiennes, il est envoyé à l'île Bourbon (La Réunion) ; il s'y consacre aux enfants d'esclaves, qu'il prépare à la responsabilité et à la dignité d'hommes libres, statut qu'ils obtiendront en 1848.

18 juin, à Rome, béat. d'**Antonio Lucci** (1682-1752), Italien. Franciscain conventuel, évêque de Bovino, il se distingue par son zèle pastoral et son engagement au service des pauvres.

18 juin, à Rome, béat. d'**Elisabetta Renzi** (1786-1859), Italienne. Fondatrice d'une congrégation pour l'éducation des jeunes filles des milieux pauvres, elle doit affronter bien des difficultés pour répondre à sa vocation.

1er octobre, à Rome, béat. de **Niceforo Diez Tejerina** et ses **25 Compagnons martyrs**, Espagnols. Religieux passionnistes, exécutés pour leur foi entre le 23 juillet et le 23 octobre 1936, pendant la Guerre Civile espagnole. Ils étaient étudiants, se préparant pour les missions de Cuba, du Mexique et du Vénézuéla.

1er octobre, à Rome, béat. de **Lorenzo Maria Salvi** (1782-1856), Italien. Religieux passionniste travaillant dans les missions populaires, il se fit l'apôtre de la dévotion à l'Enfant Jésus.

1er octobre, à Rome, béat. de **Gertrude Caterina Comensoli** (1857-1903), Italienne. Fondatrice des *Sœurs sacramentines de Bergame.*

1er octobre, à Rome, béat. de **Francisca Anna Cirer Carbonnel** (1781-1855), Espagnole. Fondatrice des *Sœurs de la Charité*. Ne pouvant elle-même entrer au couvent, elle mène une vie de mortification, d'apostolat et de prière.

22 octobre, à Rome, béat. de **Sept martyrs thailandais** morts en 1940 : **Philippe Siphong**, catéchiste ; **Agnes Phila** et **Lucie Khambang**, religieuses de la Congrégation des Amantes de la Croix ; trois jeunes filles de quatorze à seize ans, **Marie Phon**, **Viviane Khampai**, **Cécile Butsi** ; une mère de famille, **Agathe Phutta**. Ils furent tués pour avoir refusé de renoncer à la foi chrétienne.

31 octobre, à Rome, béat. de **Giuseppe Baldo** (1843-1915), Italien. Prêtre, il fonde la *Congrégation des Petites Filles de Saint-Joseph.* Curé, il prend de nombreuses initiatives sociales.

1990

6 mai, à Mexico, béat. de **Juan Diego**, Mexicain. Cet humble pasteur indien a, en 1530 à Tepeyac, près de Mexico, la vision de Notre-Dame de Guadalupe qui se présente à lui sous les traits d'une Indienne à la peau foncée. Les Mexicains feront de Notre-Dame de Guadalupe leur patronne, honorée par tous ; cette apparition sera à l'origine d'un pèlerinage marial très populaire dans toute l'Amérique latine. Quant à Juan Diego, il était déjà, depuis trois siècles et demi, l'objet d'une grande vénération.

6 mai, à Mexico, béat. de **José Maria de Yermo y Parres**, Mexicain. La vie de ce prêtre a été consacrée à l'oraison, au service spirituel des fidèles, à la formation des prêtres. Il est le fondateur des *Servantes du Sacré-Cœur de Jésus et des pauvres.*

6 mai, à Mexico, béat. de trois enfants mexicains de Tlaxcala, martyrisés pour leur foi : **Cristobal, Antonio, Juan**, qui s'étaient faits les catéchistes de leurs contemporains.

20 mai, à Rome, béat. de **Pier Giorgio Frassati** (1901-1925), Italien. Jeune ingénieur, il milite au Parti populaire fondé peu auparavant (1921) par Don Sturzo, à « Pax Christiana », mouvement d'universitaires catholiques, à la Conférence Saint-Vincent de Paul ; il est tertiaire de Saint-Dominique. Il manifeste ouvertement sa foi dans un milieu universitaire très anticlérical. Il meurt à vingt-quatre ans de la poliomyélite.

1er novembre, can. de **Gaspare Bertoni** (1777-1853), Italien. Prêtre du diocèse de Vérone, fondateur de la *Congrégation des Stigmates de Notre Seigneur Jésus-Christ*, attentif aux misères provoquées par les guerres de la Révolution et de l'Empire dans son pays.

1er novembre, can. de **Ricardo Pampuri** (1897-1930), béatifié en 1981, Italien. Médecin, frère de l'Ordre hospitalier de Saint-Jean de Dieu, il donne constamment, et particulièrement au service des blessés de la Première Guerre mondiale, le témoignage d'une immense charité.

4 novembre, à Rome, béat. d'**Elisabeth Vendramini** (1790-1860), Italienne. Elle se consacre à trente ans aux orphelins, se fait tertiaire franciscaine. Elle ouvre à Padoue, en 1829, une école gratuite et, en 1830, fonde un institut religieux au service des orphelines, des personnes âgées, des malades.

4 novembre, à Rome, béat. de **Louise-Thérèse de Montaignac de Chauvance** (1820-1885), Française. Elle crée à Montluçon une asso-

ciation de femmes chrétiennes qui devient en 1874 la *Congrégation des Oblates du Cœur de Jésus* (écoles, foyers d'accueil, retraites...).

4 novembre, à Rome, béat. de **Marthe-Aimée Le Bouteiller** (1816-1883), Française. Entrée dans la Congrégation des Sœurs de Sainte Marie-Madeleine Postel, elle restera jusqu'à sa mort attachée à la communauté de Saint-Sauveur-le-Vicomte (Manche), travaillant à la cuisine, (on l'appelait « sœur Cidre »), à la buanderie, aux champs, à l'économat.

4 novembre, à Rome, béat. de **Maria Schininna** (1844-1910), Italienne. Fondatrice des *Sœurs du Sacré-Cœur de Jésus*, à l'apostolat très divers (orphelins, malades, détenus ; service d'autres congrégations, etc).

12 novembre, à Rome, can. d'**Agnès de Bohême** (dite **Agnès de Prague**, 1211-1288). Fille du roi de Bohême Ottokar Ier, et disciple de François-d'Assise. Elle a laissé le témoignage d'une foi et d'une charité héroïques.

12 novembre, à Rome, can. d'**Albert Chmielowski** (1845-1916), béatifié en 1983, Polonais, Peintre, prêtre, il fonde les *Frères du Tiers-Ordre de Saint-François, serviteurs des pauvres*, dits *Frères Albertins* ; toute sa vie est vouée aux déshérités.

9 décembre, à Rome, can. de **Marie-Marguerite d'Youville** (1701-1771). Première sainte canadienne. Voir index.

10 décembre, à Rome, can. de **Louis Wiaux (Frère Mutien-Marie**, 1841-1917), béatifié en 1977, Belge. Né dans un milieu très modeste, il entre à quinze ans chez les Frères des Écoles Chrétiennes. Il y mènera comme enseignant une vie de devouement, d'humilité et de prière. (fête : 30 janvier).

1991

21 avril, à Rome, béat. d'**Annunciata Cochetti** (1800-1882). Italienne. Religieuse fondatrice des *Sœurs de Sainte-Dorothée de Cemme.*

21 avril, à Rome, béat. de **Marie-Thérese (Jeanne) Haze** (1782-1876), Belge. Religieuse fondatrice des *Filles de la Croix de Liège.*

21 avril, à Rome, béat. de **Chiara Dina Bosatta** (1858-1887), Italienne. Religieuse fondatrice des *Filles de Sainte Marie de la Divine Providence.*

14 juillet, à Suse (Italie), béat. d'**Edoardo Giuseppe Rosaz** (1830-1903). Italien, Évêque de Suse, fondateur de la *Congrégation des Sœurs franciscaines missionnaires de Suse.*

13 août, à Cracovie, béat. d'**Aniela (Angele) Salawa** (1881-1922), Polonaise. Employée de maison à seize ans, elle milite, dès dix-neuf ans, dans l'association Sainte Zita fondée pour aider les jeunes employées ; à trente et un ans elle entre dans le Tiers-Ordre séculier de Saint-François. Ses cinq dernières années se passent dans de grandes souffrances physiques et une extrême pauvreté, vécues en étroite union avec Dieu.

18 octobre, à Florianópolis (Brésil), béat. de **Paulina Visintainer** (1865-1942), Brésilienne. Immigrée d'Italie à dix ans avec sa famille, elle commence à s'occuper des pauvres et des malades dès l'âge de quinze ans. En 1895, âgée de trente ans, elle fonde pour eux une communauté religieuse qui deviendra *l'Institut des Petites Sœurs de l'Immaculée Conception.* Elle est la première bienheureuse brésilienne.

27 octobre, à Rome, béat. d'**Adolf Kolping** (1813-1865), Allemand. Parfois appelé le « Don Bosco allemand », ce prêtre est le fondateur et l'organisateur d'un ensemble d'œuvres sociales réalisées par des laïcs. Son mouvement est présent dans une quarantaine de pays aujourd'hui, avec 4 000 organisations locales et 42 000 adhérents.

17 novembre, can. de **Joseph Kalinowski** (1836-1907), béatifié en 1983, Polonais. Officier dans l'armée du Tsar, il participe au soulèvement polonais de 1863, est déporté en Sibérie. A son retour, il entre chez les carmes déchaux, dont il contribue à restaurer l'ordre, et il se voue à la direction spirituelle des jeunes.

B. QUELQUES VIES DE SAINTS

(compléments aux pages 45 à 124)

AARON († 552). Fête le 22 juin. Abbé à Césambre (actuellement Saint-Malo).

ABBON († 860). Fête le 3 décembre. Abbé de Saint-Germain à Auxerre. Évêque de cette ville en 857

ABBON († 1004). Fête le 13 novembre. Moine de Saint-Benoît-sur-Loire, il fut appelé en Angleterre. Il fut martyrisé à La Réole, tué par des moines qu'il avait tenté de réformer.

ABDON (IIIe siècle). Fête le 30 juillet. Martyr romain.

ABELLA. voir ABEL.

ACACE († 250). Fête le 31 mars. Evêque d'Antioche de Pisidie.

ACHAIRE († 640). Fête le 27 novembre. Moine de Luxeuil, puis évêque de Noyon-Tournai

Bienheureux ADALBÉRON († 1128). Fête le 1er janvier. Successivement chanoine de Metz et évêque de Liège. Trois autres saints ou bienheureux portent ce nom, dont un († 1005) (fête le 15 décembre) fut évêque de Verdun puis de Metz.

ADALBERT ou ALBERT DE BOHÊME († 997). Fête loc. le 23 avril. Evêque de Prague, évangéliseur des Hongrois et des Prussiens. Martyr.

AGÉRAN († 888). Fête le 21 mai. Moine de Bèze, dans la Côte-d'Or

AGÉRIC († 680). Fête le 11 avril. Abbé de Saint-Martin de Tours.

AGNÈS DE POITIERS († 588). Fête le 13 mai. Abbesse de la Sainte-Croix à Poitiers. Son amitié spirituelle avec Venance Fortunat est connue.

AGOFROY († 738). Fête le 21 juin. Moine bénédictin de la Sainte-Croix dans le diocèse d'Evreux.

AICHARD († 687). Fête le 15 septembre. Né à Poitiers. Il passa sa vie en Poitou. Moine à Ansion. Abbé de Saint-Benoît à Quinçay. Il succéda enfin à saint Philibert comme abbé de Jumièges.

AIGULPHE († 676). Fête le 3 septembre. Abbé de Lérins. Il mourut martyr, tué par quatre de ses moines dans une île de l'archipel corse.

AIGULPHE († 835). Fête le 22 mai. Évêque de Bourges.

ALBÉRIC († 1109). Fête le 26 janvier. Abbé de Citeaux. Un des trois fondateurs des *Cisterciens.*
Cinq autres saints portent le nom d'Albéric.

ALBIN. Voir Aubin.

Bienheureux ALCUIN. († 804). Fête le 19 mai. Anglais, originaire d'York. Moine. Charlemagne le rencontra en Italie et l'engagea au service de sa campagne éducative. Dans sa vieillesse, Alcuin devint abbé à Saint-Martin de Tours.

ALETHE († 1105). Fête le 4 avril. Mère de saint Bernard de Clairvaux.

ALLEAUME († 1100). Fête le 30 janvier. Soldat, puis abbé de la Chaise-Dieu (Hte L.) puis de Saint-Jean (Lesmes) en Espagne.

ALMER ou ALMIRE. († 560). Fête le 11 septembre. Ermite auvergnat à Gréez-sur-Roc.

ALTIN (IVe siècle). Fête le 19 octobre. Martyr que la légende fait vivre au temps du Christ ; elle en fait aussi l'un des soixante-douze disciples dont parle l'Évangile, avant qu'il fonde les Églises d'Orléans et de Chartres.

ALYPIUS († 430). Fête le 15 août. Disciple et ami de saint Augustin. Évêque de Tagaste.

AMABLE († 475). Fête le 1er novembre. Prêtre en Auvergne.

AMADOUR (dates inconnues). Fête le 20 août. Nom donné à un inconnu dont le corps fut trouvé en l'église de Notre-Dame de Rocamadour en 1168.

AMÉ († V. 628). Fête loc. le 13 septembre. Moine évangélisateur de la région de Remiremont.

ANASTASE († 628). Fête locale le 22 janvier. Persan ; militaire puis moine. Martyr.

ANASTASE († 977). Fête le 7 janvier. Archevêque de Sens.

ANDRÉ DE BAUDIMENT († 1142). Fête le 10 novembre. Fondateur de *l'abbaye de Chablis.*

ANGELELME († 828). Fête le 7 juillet. Évêque d'Auxerre.

ANGILBERT († 814). Fête le 18 février. Ministre de Charlemagne, puis abbé de Saint-Riquier.

ANGILRAM († 1045). Fête le 9 décembre. Poète, et abbé de Saint-Riquier.

ANNOBERT († 689). Fête le 16 mai. Évêque de Séez.

ANSBERT († 700). Fête le 9 février. Évêque de Rouen.

ANSÉGISE († 833). Fête le 30 juillet. Abbé à Luxeuil et à Fontenelle.

ANTHOLIEN († 265 ?). Fête le 6 février. Martyr d'Auvergne ?

ANTIDE († v. 265). Fête le 17 juin. Évêque de Besançon, martyr.

ANTONIA. Voir Antoinette.

APRÔNE (VIe siècle). Fête le 15 juillet. Sœur de sainte Èvre, morte à Troyes.

AQUILA et PRISCILLE (Ier siècle). Fête le 8 juillet. Époux juifs qui hébergèrent saint Paul à Corinthe.

ARCONCE (IXe siècle). Fête le 19 janvier. Évêque de Viviers, martyr.

ARDAING († 1058). Fête le 11 février. Abbé de Tournus.

ARDON († 843). Fête le 7 mars. Abbé d'Aniane.

ARÈDE († 591). Fête le 25 août. Abbé fondateur d'Atane dans le Limousin.

ARTÈME († 396). Fête le 24 janvier. Évêque de Clermont en Auvergne

ARTÈME († 609). Fête le 28 avril. Évêque de Sens.
Deux autres saints portent ce nom.

Bienheureux **ARTHAUD** († 1206). Fête le 7 octobre. Évêque de Belley.

ASPACE († v. 560). Fête le 2 janvier. Évêque d'Auch.

ATTALAS († 627). Fête le 10 mars. Moine de Lérins, abbé à Bobbio.

ATTALIA ou ATTALA († 741). Fête le 3 décembre. Abbesse à Strasbourg.

AUSONE (IIIe siècle). Fête le 22 mai. Premier évêque d'Angoulême. A ne pas confondre avec le poète du même nom.

AUSTREBERTE († 704). Fête le 10 février. Née en Artois. Abbesse d'Abbeville. Plus tard abbesse de Pavilly, en Normandie.

AUSTREGISILE († 624). Fête le 20 mai. Évêque de Bourges.

AUSTREMOINE (IIIe siècle). Fête le 29 avril. Premier évêque de Clermont-Ferrand.

AUSTRUDE († 688). Fête le 17 octobre. Abbesse de Saint-Jean-Baptiste à Laon.

AUTEUR (Ve siècle). Fête le 9 août. Évêque de Metz.

AUTHAIRE (VIIe siècle). Fête le 24 avril. Père de saint Ouen.

AYMERIC. Voir Émeric.

BABETTE. Voir Elisabeth.

BABOLEIN († 677). Fête le 26 juin. Moine de Luxeuil. Premier abbé de Saint-Pierre (Saint-Maur-les-Fossés).

BAIN († 710). Fête le 20 juin. Abbé de Fontenelle après avoir été évêque de Thérouanne (P. de C.).

BALDE (fin du VIIe siècle). Fête le 9 décembre. Abbesse de Jouarre.

BALDEGONDE († 850). Fête le 10 février. Abbesse de Sainte-Croix à Poitiers.

BALDERIC (VIIe siècle). Fête le 16 octobre. Abbé-fondateur de *Montfaucon* (Champagne).

BANDARIDE († 566). Fête le 9 août. Évêque de Soissons.

BAPTISTE. Voir Jean le Baptiste.

BASSUS († v. 250). Fête le 11 mai. Évêque de Nice, martyr.

BASTIEN. Voir Sébastien.

BAUDILE († IIIe siècle). Fête le 20 mai. Laïc, martyrisé à Nîmes.

BÉRAIRE († 680). Fête le 17 octobre. Évêque du Mans.

BERCAIRE († 696). Fête le 16 octobre. Abbé d'Hautvilliers, il mourut assassiné par un moine.

BÉRÉNICE. Voir Véronique de Binasco.

BERTAUD († 540). Fête le 16 juin. Ermite dans les Ardennes françaises.
Un autre **BERTAUD** (VIIe siècle), fête le 13 octobre, fut évêque de Cambrai.

BERTHOLD († 1195). Fête le 29 mars. Étudiant à Paris, il devint croisé. Devenu moine du Mont-Carmel, il fut nommé supérieur. Considéré comme fondateur de l'*ordre du Carmel.*

Bienheureux **BERTILON** († entre 878 et 888). Fête le 26 mars. Abbé de Saint-Bénigne à Dijon. Martyr.

BERTIN († 709). Fête le 5 septembre. Moine de Luxeuil puis abbé de Sithin dont l'abbaye prit plus tard son nom.

BETON († 918). Fête le 24 février. Évêque d'Auxerre.

BETTINA ou BETTY. Voir Elisabeth.

BEUVE (VIIe siècle). Fête le 24 avril. Abbesse de Saint-Pierre à Reims.

BILLY. Voir Guillaume.

BLANDINE MORTEN Fête le 18 mai. Ursuline allemande, témoigna d'une grande dévotion pour l'Eucharistie. Béatifiée en 1987.

BOBIN († 766). Fête le 31 janvier. Évêque de Troyes.

BOBON († 985). Fête le 22 mai. Provençal, homme de guerre puis ermite.

BOND (VIIe siècle). Fête le 29 octobre. Ermite vénéré à Sens.

CALÉTRIC († 580). Fête le 4 septembre. Évêque de Chartres.

CALMIN († 690). Fête le 19 août. Ermite saint Honorat puis moine en Auvergne.

CAPRAIS († 430). Fête le 1er juin. D'abord ermite dans l'île de Lérins. Quand saint Honorat eut fondé la célèbre abbaye il lui aurait succédé comme abbé.

CAPRAIS († IIIe siècle ?), ÉVÊQUE et MARTYR. Fête loc. 20 octobre. Honoré dans le midi de la France comme premier évêque d'Agen, il aurait été martyrisé dans cette ville, stimulé par le courage de sainte Foy.

CARL, CARLOS Voir Charles.

Bienheureux CARLOMAN († 755). Fête le 17 août. Fils aîné de Charles Martel, il fut roi d'Austrasie. Il aida saint Boniface dans l'évangélisation de l'Allemagne. Sur le conseil de ce dernier, il abdiqua en faveur de son frère Pépin le Bref et se fit moine, d'abord au Mont-Soracte puis au Mont-Cassin.

Bienheureuses CARMÉLITES DE COMPIÈGNE († 1794), martyres. Fête le 17 juillet. Béatification en 1906. Seize religieuses du Carmel de Compiègne, guillotinées à Paris, pendant la Terreur.

CARMES (MARTYRS DES). Groupe de 191 martyrs mis à mort les 3 et 4 septembre ("massacres de septembre") 1792. 120 furent tués dans l'église des Carmes. Béatifiés en 1926.

CAROLE, CAROLINE. Voir Charlotte.

CASSIEN († v. 250). Martyr. Fête loc. 13 août. Connu par le récit de son martyre écrit par le poète Prudence ; professeur à Imola, en Italie, il est livré par les bourreaux à ses élèves, qui écrivent dans sa chair à l'aide de stylets. Une dizaine d'autres saints portent le nom de **CASSIEN**, dont un évêque d'Autun († 350), fête 5 août, et le fondateur à Marseille (v. 415) de deux monastères, masculin et féminin, honoré comme saint dans cette ville (v. 360 – v. 435), et connu comme auteur spirituel marqué de semi-pélagianisme.

CÉLERIN († 250). Fête le 3 février. Diacre, il souffrit la persécution de Dèce, sans en mourir, mais il est cependant considéré comme martyr.

CÉLIA. Voir Cécile.

CÉRAN († après 614). Fête le 27 septembre. Évêque de Paris.

CÉRASE († 455). Fête le 6 juin. Évêque de Grenoble.

CÉSARIE († 530). Fête le 12 janvier. Abbesse à Arles.

CÉSARINE. Voir Césarie.

CHAMOND († 657). Fête le 28 septembre. Archevêque de Lyon, il mourut assassiné.

CHARBEL MAKHLOUF († 1898). Fête le 24 décembre. Moine maronite.

CHEF ou THÉODORE († 575). Fête le 29 octobre. Abbé, puis reclus à Vienne.

CHELY ou HILAIRE DE MEUSE († 535). Fête le 25 octobre. Moine à Lérins puis évêque de Mende.

CHERON (Ve siècle). Fête le 28 mai. Romain chrétien assassiné en Gaule.

CHILIAN (KILIEN) († 639). Fête le 13 novembre. D'origine irlandaise, il fut évêque de Wurzbourg.

CLOVIS. Voir Louis.

COLIN. Voir Nicolas.

COLOMBE († 273). Fête le 31 décembre. Espagnole, elle fuit la persécution de son pays mais elle fut martyrisée près de Meaux.

COMMINE († 177). Fête le 3 juin. Compagnon de saint Pothin ; martyr à Lyon.

CONAN († 648). Fête le 26 janvier. Moine d'Iona puis évêque de Man.

CONRAD († 975). Fête le 26 novembre. Evêque de Constance.

CONSTANCE († 1794). Fête le 17 juillet. Une des carmélites de Compiègne guillotinées pendant la terreur.

CONSTANTIEN († 529). Fête le 1er décembre. Auvergnat, premier abbé de l'abbaye de Javron.

CONSTANTIN († 529). Fête le 12 avril. Premier évêque de Gap.

CONTEST († 510). Fête le 19 janvier. Évêque de Bayeux.

CONVOYON († 868). Fête le 5 janvier. Abbé fondateur du *monastère du Saint-Sauveur* à Redon. Il mourut chassé par les Vikings.

CORÉE (MARTYRS DE LA). Fête le 20 septembre. En 1839, 1846, 1867, les catholiques coréens furent victimes de sept persécutions. 101 catholiques coréens (hommes, femmes, enfants, de tous âges et origines) et quelques français moururent martyrisés. Ils furent canonisés en 1984 à Séoul par le pape Jean-Paul II.

DALMACE († 580). Fête le 5 décembre. Évêque de Rodez.

DIÉGO. Voir Didace

DISMAS († 33). Fête le 25 mars. La tradition appelle ainsi le bon larron crucifié à côté du Christ.

DODOLIN († VIIe siècle). Fête le 1er avril. Évêque de Vienne (France).

DODON († 750). Fête le 1er octobre. Abbé de Walers-en-Faigne.

DOMITIEN († IVe siècle). Fête le 9 août. Évêque de Chalons-sur-Marne.

DOMNOLE († 581). Fête le 16 mai. Évêque du Mans.

DOMNUS († 657). Fête le 3 novembre. Évêque de Vienne (France).

DOSITHÉE († 530). Fête le 23 février. Moine en Palestine.

DOUAI (MARTYRS DE) (XVIe et XVIIe siè-cles). Fête le 29 octobre. 160 prêtres anglais formés à Douai moururent martyrs en Angleterre de 1568 à 1679.

DRAUSIN († 576). Fête le 7 mars. Évêque de Soissons.

DROCTOVÉE (DROTÉ). Fête le 10 mars. Abbé de Saint-Symphorien à Autun. Saint Germain en fit le premier abbé du monastère de Saint-Vincent et de la Sainte-Croix, appelé plus tard Saint-Germain-des-Prés.

EBBON († 740). Fête le 27 août. Évêque de Sens.

EDEYRR (VIe siècle). Fête le 6 janvier. Ermite breton.

ELAPHE († 580). Fête le 19 août. Évêque de Châlons-sur-Marne.

Bienheureux ÉLIE DE BOURDEILLES († 1484). Fête le 5 juillet. Né dans le Périgord, évêque de Périgueux, puis archevêque de Tours et cardinal. Confesseur de Louis XI. Il défendit sainte Jeanne d'Arc.

ÉLODIE († 851). Fête le 22 octobre. Martyre en Espagne.

ELPIDE († 422). Fête le 2 septembre. Évêque de Lyon.

ELSA. Voir Elisabeth.

EMEBERT († 710). Fête le 15 janvier. Évêque de Cambrai et d'Arras.

ÉMERIC († 1301). Fête le 4 novembre. Fils de saint Étienne, roi de Hongrie, il mourut avant lui.

ÉREMBERT († 672). Fête le 14 mai Évêque de Toulouse.

ERMIN († 737). Fête le 25 avril. Moine à Lobber (Sambre).

ÉTHÈRE († 573). Fête le 27 juillet. Évêque d'Auxerre.

EUGÉNIE MILLERET. Voir **MARIE-EUGÉNIE DE JÉSUS**.

EUGÉNIEN (IVe siècle). Fête le 8 janvier. Évêque d'Autun.

EUPHRONE († ap. 475). Fête le 3 août. Évêque d'Autun, ami de saint Loup.

EUPHRONE († 573). Fête le 4 août. Évêque de Tours.

EURASIE († 714). Fête le 25 juin. Martyre née à Bayonne et tuée à Jacca (Espagne).

EUSÉBIE ou YSOIE († 680). Fête le 16 mars. Abbesse à douze ans. Elle mourut à vingt-trois ans.

EUSTACHE († 461). Fête le 19 septembre. Évêque de Tours.

EUSTADIOLE († 690). Fête le 8 juin. Veuve, elle fonda un monastère à *Bourges*.

EUVERTE († 340). Fête le 7 septembre. Évêque d'Orléans.

FACILE († 950). Fête le 7 septembre. Moine à Saint-Cyprien (Poitiers).

FANCHON. Voir Françoise.

FANNY. Voir Étienne.

FARON († 675). Fête le 28 octobre. Chancelier du roi Dagobert, puis moine et évêque de Meaux.

FAUSTE († 490). Fête le 28 septembre. Moine, puis abbé à Lérins. En 459, il fut choisi comme évêque de Riez.
Quinze autres saints portent ce nom.

Bienheureuse FÉLICIE († 1666). Fête le 6 juin. Religieuse de la Visitation (Autun).

FIDOLE († 540). Fête le 16 mai. Fils de militaire romain ; vendu comme esclave, il fut acheté par l'abbé d'Aumont (voisin de Troyes). Il devint lui-même abbé.

FLAVIER (VIIe siècle). Fête le 23 août. Évêque d'Autun.

FLORA ou FLORE († 851). Fête le 24 novembre. Martyre à Cordoue.

FLORIAN († v. 304). Fête loc. le 4 mai. Martyr. Patron de la Basse-Autriche.

FORT (1er siècle ?). Fête le 16 mai. Premier évêque de Bordeaux.

FOULQUES († 845). Fête le 10 octobre. Abbé de Fontenelle.

Bienheureux FOULQUES DE NEUILLY († 1201). Fête le 2 mars. Prêtre de paroisse à Neuilly-sur-Marne, il fut chargé par Innocent III de prêcher la troisième croisade.

FRANCE, FRANCELINE, FRANCETTE, FRANCINE. Voir Françoise.

FURCY ou FURSY († v. 680). Fête loc. 16 janvier. Issu de la noblesse irlandaise, il passe en Angleterre, où il fonde deux abbayes ; puis, comme tant d'autres moines irlandais évangélisateurs, il vient sur le continent : avec l'aide du maire du palais de Clovis II, il y fonde l'abbaye de Lagny puis celle de Péronne. Frohen (Somme), où il est mort, est resté lieu de pèlerinage.

GALLICAN († ap. 541). Fête le 25 juin. Cinquième évêque d'Embrun.

GAUDEFROY († 1139). Fête le 9 septembre. Abbé de Savigny.

GÉBUIN († 1080). Fête le 18 avril. Archevêque de Lyon.

GÉDÉON († 796). Fête le 8 août. Évêque de Besançon.

GENGOUL († 760). Fête le 11 mai. Familier de la cour de Bourgogne, il s'en retira et fut tué par l'amant de sa femme.

GERBAUD († 690). Fête le 5 décembre. Évêque de Bayeux.

GERBAUD († 885). Fête le 12 juin. Évêque de Chalon-sur-Saône.

GÉRIN († 560). Fête le 20 octobre. Frère de saint Léger. Il mourut lapidé.

GERMIER († 560). Fête le 16 mai. Évêque de Toulouse.

GILDUIN († 1077). Fête le 27 janvier. Chanoine de Dol-de-Bretagne.

GIRAUD († 1031). Fête le 29 décembre. Abbé de Saint-Arnoul, il fut tué par un de ses moines.

GLADYS (Ve siècle). Fête le 29 mars. Fille d'un roi gallois, elle fut épouse et mère de saint.

GOEZNON († 675). Fête le 25 octobre. Évêque de Léon (Bretagne).

GOHARD († 843). Fête le 25 juin. Évêque de Nantes et martyr.

GOMBERT († 676). Fête le 21 février. Évêque de Soissons puis, ayant démissionné, fondateur de *l'abbaye de Sénones* (Vosges).

GOMER († 774). Fête le 11 octobre. Après un mariage malheureux, il dut quitter sa femme et vécut en reclus. Il devint moine et fut assassiné.

GOSWIN († 1165). Fête le 9 octobre. Né à Douai, il fit ses études à Paris. Il devint moine puis abbé à Anckin.

GRÉGOIRE L'ILLUMINATEUR († v. 326). Fête loc. le 30 septembre. Arménien. Évêque. Évangélisateur de l'Arménie.

GRÉGOIRE DE TOURS († v. 594). Fête loc. le 17 novembre. Évêque de Tours et historien. Il s'oppose aux violences des rois et reines mérovingiens, convertit juifs et ariens, développe la pratique du culte dans son diocèse.

GRIMAUD († 901). Fête le 8 juillet. Moine et prieur de Saint-Bertin.

GUÉRIN († 1150). Fête le 6 janvier. Fondateur de l'abbaye Notre-Dame d'Aulps, en Savoie. Évêque de Sion (Suisse).

GUÉVROC (VIe siècle). Fête le 17 février. Abbé de Locquirec (Bretagne).

GUIBERT († 962). Fête le 23 mai. Homme de guerre lorrain, il devint moine.

GUIMER († 765). Fête le 10 décembre. Abbé de Saint-Riquier.

GUNTHER († 1045). Fête le 9 octobre. Cousin du roi de Hongrie. Il est d'un caractère ambitieux. Converti, il se nomme lui-même abbé avant de devenir ermite.

HABIB († 322). Fête le 15 novembre. Diacre martyr à Édesse.

HADOUIN († 662). Fête le 20 août. Évêque du Mans, il fonda plusieurs monastères dont *Notre-Dame d'Evron.*

HADULPHE († 728). Fête le 19 mai. Simultanément abbé de Saint-Vaast et évêque d'Arras-Cambrai.

HANS. Voir Jean.

HARDOUIN (VIIe siècle). Fête le 29 novembre. Évêque de Saint-Pol-de-Léon.

HÉGÉSIPPE († 180). Fête le 7 avril. Originaire d'Orient, il est, avec ses *Mémoires*, le premier historien de l'Église.

HELDRAD († 842). Fête le 13 mars. Provençal. Riche, il fut généreux. Il devint moine et fut le fondateur de l'*hospice du Mont-Cenis.*

HELLADE († 387). Fête le 8 mai. Évêque d'Auxerre.

HÉLOÏSE († 1066). Fête le 11 février. Recluse normande.

HERBERT (dates incertaines). Fête le 30 octobre. Évêque de Tours.

HERLINDE († 745). Fête le 12 octobre. Abbesse (Meuse).

HERLUIN ou HELLOUIN († 1078). Militaire devenu moine, il fonda *l'abbaye du Bec-Hellouin* en 1034.

HERMELAND († 720). Fête le 25 mars. Échanson du roi, il devint moine et abbé dans la région nantaise.

HILDA († 680). Fête le 17 novembre. Abbesse.

HUMBELINE († 1135). Fête le 12 février. Sœur cadette de saint Bernard. Mariée et riche, elle se convertit lors d'une visite à son frère. Elle se retira alors et devint plus tard abbesse de bénédictines.

Bienheureux **HUMBERT** († 1148). Fête le 7 décembre. Moine de Clairvaux. Saint Bernard en fit l'abbé d'Igny.

Bienheureux **HUMBERT DE ROMANS** († 1277). Fête le 14 juillet. Premier Maître général des dominicains.

JACINTHE († 1640). Fête le 30 janvier. Devenue religieuse après sa conversion.

JASMINE. Voir Fleur.

JEANNINE, JENNY. Voir Jeanne.

JOËL (Ve s. av. J.C.). Fête le 13 juillet. Un des douze « petits prophètes » de la Bible. Joëlle.

JORAND († 1340). Fête le 2 novembre. Ermite breton.

JOSSE († 688). Fête le 13 décembre. Roi de Bretagne devenu ermite.
Josselin, Josseline, Jocelyne.

KARELLE, KAREN, KARINE. Voir Carine.

KATEL, KATIA, KATY. Voir Catherine.

KEVIN († 618). Fête le 3 juin. Fondateur de l'*abbaye de Glendalough* en Irlande.

KILIAN ou CILIAN (643 – 657) Évêque et Martyr. Moine irlandais, il était déjà évêque quand il passa en Allemagne ; il y évangélisa la Franconie, et fut martyrisé à Wurzbourg.

KILIEN (VIIe siècle). Fête le 13 novembre. Missionnaire dans l'Artois.

LADISLAS (LANCELOT) († 1095). Fête le 27 juin. Roi de Hongrie.

LAETITIA Prénom correspondant au patronage de Notre-Dame de Liesse, honorée dans le diocèse de Soissons le 18 août (pèlerinage).

LANDELIN († 686). Fête le 15 juin. Brigand converti. Abbé, fondateur de plusieurs abbayes, dont celle de *Crespin* en 670.

LAURE († 864 ?). Fête le 19 octobre. Martyre à Cordoue.
Laurence, Laurentine, Laurette, Laurie.

LAURENT DE BRINDISI (1559-1619), Prêtre et Docteur de l'Église. Cal. rom. 21 juillet*. Né en Italie, à Brindisi, capucin, il a été, à travers l'Europe, un des promoteurs du renouveau catholique après le Concile de Trente. Il est mort au Portugal, à Lisbonne, après avoir assumé de multiples types de ministères, et avoir été général de son ordre.

LÉNA. Voir Hélène.

LÉONE, LÉONTINE Voir Léon.

LÉOPOLD († 1136). Fête le 15 novembre. Margrave d'Autriche. Il eut dix-huit enfants.

LESLIE. Voir Élisabeth.

LEUFROY († 738). Fête le 21 juin. Abbé fondateur du *monastère de La-Croix-Saint-Ouen*, près d'Évreux.

LIBÉRAL († 400). Fête le 27 avril. Prêtre d'Ancône.

LIBERT († 1076). Fête le 23 juin. Évêque de Cambrai.

LOÏC. Voir Louis.

LOLA, LOLITA. Voir Dolorès.

LONGIN (Ier siècle). Fête le 15 mars. C'est le nom donné traditionnellement au soldat qui transperça le cœur de Jésus. Il serait mort martyr.

LOTHAIRE († 750). Fête le 14 juin. Évêque de Séez.

LUCAS. Voir Luc.

LUDMILLA († 921). Fête le 16 septembre. Duchesse de Bohême. Elle mourut étranglée.

LUDOVIC. Voir Louis.

MACRE († 287). Fête le 6 juillet. Vierge, martyrisée à Fismes, près de Reims.

MACRINE († 379). Fête le 19 juillet. Petite-fille d'une autre sainte Macrine, fille de saint-Basile et de sainte Emmelie, elle était la sœur de saint Basile le Grand et de saint Grégoire de Nysse. Elle fut abbesse.

MAGNE († 660). Fête le 19 août. Né en Avignon, il en fut gouverneur. Après la mort de sa femme il fut moine à Lérins. En 656 il fut sacré évêque.

MAIEUL ou MAYEUL († 994). Fête le 11 mai. Né en Avignon, abbé de Cluny. Il refusa d'être pape.

MAIMBŒUF († 670). Fête le 16 octobre. Évêque d'Angers.

MANUEL. Voir Noël.

MARCEAU. Voir Marcel.

MARCELLIN (256-304). Pape. Écarté du calendrier romain.

MARCELLIN et PIERRE († 304), Martyrs. Cal. rom., 2 juin*. Un prêtre et un exorciste, décapités à Rome sous Dioclétien.

MARCIEN († 470). Fête le 20 avril. Frère laïc à l'abbaye Saint-Côme-et-Saint-Damien à Auxerre.

MARCIEN († 485). Fête le 25 août. Né à Saignon, dans le Vaucluse, il fut abbé-fondateur du monastère Saint-Eusèbe à Apt.

MARIANNE († 1794). Fête le 9 juillet. Ursuline guillotinée sous la terreur.
Voir aussi Marie et Anne.

MARIE-EUGÉNIE DE JÉSUS (EUGÉNIE MILLERET († 1898). Fête le 10 mars. Fondatrice de la *Congrégation des religieuses de l'Assomption.*

MARIELLE, MARILYNE. Voir Marie.

MARINA (dates indéterminées). Fête le 18 juin. Martyre à Alexandrie. Marinette.

MARION. Voir Marie.

MARJOLAINE. Voir Marie.

MARLÈNE, contraction de Marie-Hélène.

MARYSE. Voir Marie.

MARYVONNE, contraction de Marie-Yvonne.

MARON († 435). Fête le 14 février. Ermite syrien.

MAURILLE († 453). Fête loc. le 9 août. Évêque d'Angers.

MAUSILLE († 430). Fête le 13 septembre. Évêque d'Angers.

MAUSILLE († 580). Fête le 3 septembre. Évêque de Cahors.

MAUSILLE († 1067). Fête le 9 août. Moine bénédictin de Fécamp, puis archevêque de Rouen à partir de 1055.

MARIE-MADELEINE DE PAZZI (1566-1604). Fête le 25 mai. Née dans une grande famille florentine, elle prononce très tôt le vœu de virginité et, refusant le mariage ménagé par ses parents, entre chez les carmélites de Notre-Dame-des-Anges, où elle prend le nom de Marie-Madeleine. Elle y est successivement maîtresse des novices et prieure ; elle est affligée d'insupportables souffrances physiques, et d'un sentiment du sécheresse spirituelle qui ressemble à ses yeux à une absence de foi et constitue une épreuve permanente. Patronne de Florence.

MECHTHILDE († 1280 et 1288). Fête les 8 octobre et 19 novembre. Deux saintes mystiques allemandes portent ce nom : elles furent toutes les deux compagnes de sainte Gertrude la Grande.

MÉLAN († ap. 549). Fête le 15 juin. Évêque de Viviers.

MELOIR (dates incertaines). Fête le 1er octobre. Fils d'un roi breton.

MÉRIADEC († 1302). Fête le 7 juin. Évêque de Vannes.

MICHELINE († 1356). Fête le 19 juin. Venue d'un Malatesta devenue tertiaire franciscaine. Voir aussi Michel

MILÈNE. Voir Marie-Madeleine.

MODÉRAN († 730). Fête le 22 octobre. Évêque de Rennes.

MORGAN (VIe siècle). Fête le 26 septembre. Chrétien anglais.

Bienheureux MORIC († 1236). Fête le 8 novembre. Un des tous premiers disciples de saint François.

MORVAN. Voir Maurice.

NADÈGE. Diminutif de Nadia, nom slave signifiant Espérance. Fête le 18 septembre. Nadine.

NÉPOTIEN († 388). Fête le 22 octobre. Évêque de Clermont.

Bienheureux NICÉPHORE ET SES COMPAGNONS MARTYRS († 1936). Fête le 22 juillet. Ils furent tués pendant la guerre civile espagnole.

NICET († 449). Fête le 5 mai. Évêque de Vienne.

OCÉAN († 310). Fête le 4 septembre. Martyr oriental, il périt par le feu.

ODON DE CLUNY († 942). Fête le 11 mai. Deuxième abbé de Cluny, dont il fit le centre de la réforme monastique.

OLGA DE RUSSIE († 969). Fête le 11 juillet. Grand-mère de saint Vladimir, elle a préparé la Rus à devenir chrétienne.

OLIVE († 138). Fête le 5 mars. Martyre sous Hadrien.

OSWALD († 992). Fête le 28 février. Né en Angleterre, moine de Saint-Benoît-sur-Loire, il fut évêque de Worcester ; il fonda l'*abbaye de Ramsay* et *le monastère de Worcester*. Il fut ensuite archevêque d'York.

PASCHASE († 312). Fête le 22 février. Évêque de Vienne (France).

PAULINE († 1107). Fête le 14 mars. Princesse allemande, fonda un monastère avec son fils.

PÉLAGE DE LAODICÉE († ap. 381). Fête le 25 mars. Évêque de Laodicée. Il défendit la foi catholique contre les ariens.

PÉLAGIE († v. 302). Fête loc. le 8 octobre. Martyre à Antioche.

PHILOMÈNE († 275). Fête le 29 novembre. Martyre de Galatie.

PIERRE CÉLESTIN (CÉLESTIN VI) († 1296). Fête le 21 mai. Ermite, élu pape et abdiquant quelques mois plus tard.

PIERRE DE VÉRONE, dit saint Pierre Martyr (v. 1205-1252) Dominicain et Martyr. Fête loc., 29 avril. Né à Vérone (Italie) dans une famille cathare, il est converti à la foi catholique durant sa jeunesse, devient un des premiers disciples de saint Dominique à Vérone même. Il se consacre à la prédication au sein des cathares italiens, parmi lesquels il réalise de nombreuses conversions. En 1232, il est nommé inquisiteur. Bien que se sachant condamné à mort par les cathares, il poursuit sa mission. Il est assassiné près de Côme. Dès l'année suivante, il est inscrit par le pape Innocent IV au catalogue des saints martyrs (martyrologe).

PIRMIN († v. 755). Fête le 3 novembre. Abbé, fondateur de plusieurs abbayes, dont *Reichenau*, près du lac de Constance.

PONCE († 258). Fête le 14 mai. Martyr à Nice.

PONTIEN († v. 235). Pape et Martyr. Cal. rom. le 13 août*. Il se trouva aux prises avec le prêtre romain Hippolyte (voir index) qui, lui reprochant une trop grande indulgence à l'égard des hérétiques, alla jusqu'au schisme lorsque Pontien fut élu pape en 217 : Hippolyte fut le premier antipape. La persécution de Maximin en 235 les rapprocha ; ils démissionnèrent tous deux, peu avant que l'empereur Maximin les déportât l'un et l'autre dans les mines de Sardaigne, où ils moururent d'épuisement. Réunis dans le martyre, ils le furent également dans la vénération de l'Église, qui les fête ensemble le jour anniversaire de la translation de leurs corps à Rome.

PULCHÉRIE († 453). Fête le 10 septembre. Impératrice, elle s'opposa au monophysisme et convoqua le concile de Chalcédoine en 451.

QUINT († 570). Fête le 4 octobre. La reine Frédégonde (voir index) le fit assassiner car il refusait de se laisser séduire (Tours).

Bienheureux RABAN MAUR († 856). Fête le 4 février. Abbé de Fulda. Archevêque de Mayence en 847. Auteur présumé de l'hymne « *Veni Creator Spiritus* ».

RADULPHE († 866). Fête le 21 juin. Évêque de Bourges.

RAYNAUD († 1151). Fête le 16 décem-bre. Abbé de Citeaux.

RÉGINALD († 1220). Fête le 1er février. Né en Provence, à Saint-Gilles, il fut un des premiers dominicains.

REINHARD († 1170). Fête le 7 mars. Abbé en Saxe.

RIQUIER († 645). Fête le 26 avril. Il fonda une abbaye aux environs d'Abbeville.

ROMAIN († 460). Fête le 28 février. Avec saint Lupicin, son frère, il fonda une abbaye dans le Jura.

ROSE-VIRGINIE PELLETIER. Voir **MARIE DE SAINTE-EUPHRASIE**.

ROSELINE († 1329). Fête le 17 janvier. Moniale chartreuse.

ROSEMONDE, ROSETTE, ROSINE. Voir Rose.

RUDY. Voir Rodolphe.

RUF DE METZ († 400). Fête le 7 novembre. Un des premiers évêques de Metz.

RUSTIQUE († 446). Fête le 24 septembre. Évêque de Clermont.

RUSTIQUE († 462). Fête le 26 octobre. Moine de Lérins et évêque de Narbonne.

SABIN (Ve siècle). Fête le 11 juillet. Disciple poitevin de saint Germain d'Auxerre.

SABINIEN († 300). Fête le 31 décembre. Il est vénéré comme premier évêque de Sens.

SABRINA. Voir Sabine.

SALVE († 625). Fête le 12 janvier. Évêque d'Amiens.

SALVIN († 420). Fête le 4 septembre. Troisième évêque de Verdun.

SANCHO († 851). Fête le 5 juin. Né à Albi, il mourut martyr à Cordoue pour avoir refusé à l'émir de devenir musulman.

SANDRA, SANDRINE. Voir Alexandrine.

SENNEN (IIIe siècle). Fête loc. le 30 juillet. Martyr romain.

SÉVÈRE († 690). Fête le 1er février. Évê-que d'Avranches.

SIBYLLE († 1367). Fête le 23 mars. Aveugle, elle vécut en recluse soixante-cinq ans.

SIGEBERT († 656). Fête le 1er février. Fils de Dagobert 1er, il fut roi d'Austrasie.

SILVAIN († 312). Fête le 6 février. Évêque en Phénicie. Martyr.
Voir aussi Sylvain.

SIMPLICE († 360). Fête le 24 juin. Évêque d'Autun.

SIMPLICE († 477). Fête le 16 juin. Évêque de Bourges.

SINDULPHE DE REIMS († 660). Fête le 20 octobre. Ermite près de Reims.

SINDULPHE DE VIENNE († 669). Fête le 10 décembre. Évêque de Vienne, en Gaule.

SUZEL, SUZETTE, SUZON, SUZY. Voir Suzanne.

TAURIN († 412). Fête le 11 août. Évêque d'Évreux.

TÉTRICE († 707). Fête le 12 avril. Abbé de Saint-Germain à Auxerre, puis évêque de cette ville. Assassiné par son archidiacre.

THAÏS (IVe siècle). Fête le 8 octobre. Femme d'Alexandrie de petite vertu et de grande richesse. Elle se convertit et devint recluse.

THIBAUD († 1066). Fête le 30 juin. Pèlerin. Ermite puis camaldule, canonisé en 1073.

Bienheureux MARTYRS DE TOULOUSE († 1228). Fête le 29 mars. Quarante prêtres séculiers, trois dominicains, deux bénédictins, deux franciscains, un laïc, mis à mort par des cathares.

TROPHIME († 280). Fête le 29 décembre. Premier évêque d'Arles.
Trois autres saints portent ce nom.

TRYPHON († 484). Fête le 4 janvier. Martyr en Afrique.

TYCHIQUE (1er siècle). Fête le 29 avril. Compagnon de saint Paul.

ULRIC ou ULRICH DE CLUNY († 1093). Fête le 14 juillet. Moine de Cluny et fondateur de nombreuses abbayes en Germanie.

VÉNÉRAND († 275). Fête le 14 novembre. « Bourgeois » de la ville de Troyes. Martyr.

VIANNEY. Voir Jean-Marie Baptiste Vianney.

WILFRID († 709). Fête le 20 octobre. Ordonné évêque à Compiègne, il peut être considéré comme un des personnages clefs de l'Église catholique anglaise.

Index :
les saints
sont classés
par leur prénom

YSOIE. Voir Eusébie.

YVES DE CHARTRES († 1115). Fête le 23 mai. Évêque de Chartres. Célèbre canoniste.

* Mémoire facultative

C. DES TÉMOINS POUR AUJOURD'HUI

(compléments aux pages 125 à 133)

JOSEPH COLOMB (1902-1979)

Ordonné prêtre en 1926, Joseph Colomb entre à la Compagnie de Saint-Sulpice, société de prêtres consacrés à la formation des clercs dans les grands séminaires. Il commence par enseigner sa spécialité, la philosophie, avant d'être nommé en 1944 professeur aux Facultés catholiques de Lyon. C'est là que le cardinal Gerlier, archevêque de Lyon, vient le chercher pour lui confier la direction de l'enseignement religieux du diocèse, organisme créé dans chaque diocèse par Pie XI en 1935 pour animer le catéchisme. A Lyon, Joseph Colomb fonde la première École de catéchisme (1946), puis la licence d'enseignement religieux (1947). En 1954, l'Assemblée des cardinaux et archevêques de France (ACA) l'appelle à Paris pour fonder le Centre national de l'enseignement religieux (CNER), destiné à succéder au Centre national du catéchisme fondé en 1946. A la suite d'interventions intégristes auprès du Saint-Siège, aboutissant à des mises en garde de l'épiscopat français en 1957, Colomb doit quitter son poste en 1958. De cette date à sa mort, il séjourne à Strasbourg où il fonde en 1962 l'Institut de pastorale cathéchétique, destiné à développer la catéchèse des adolescents. Il consacre les vingt dernières années de sa vie à la promotion et à la pratique de la catéchèse des adultes.

Très tôt, Joseph Colomb prend la mesure de la disparition du « catéchuménat social » (*La grande pitié de l'enseignement chrétien*, 1946) : les enfants naissent et grandissent dans un environnement et un univers où les références religieuses ont disparu. Aussi, face à un catéchisme hérité du concile de Trente (1566), marqué dans son édition de 1937-1947 et sa pratique par l'abstraction philosophique et théologique, par la répétition mécanique de formules dont le sens échappe aux jeunes qui les apprennent, et par une paresseuse sclérose, Joseph Colomb se fait le partisan d'un renouveau catéchétique en France et dans le monde. Il s'agit en fait d'un retour systématique du catéchisme à ses sources traditionnelles, bibliques et liturgiques. « Fidèle à l'homme et fidèle à Dieu », sa pédagogie est basée sur ce qui est au cœur du mystère de la foi, à savoir l'Incarnation : « La Parole de Dieu que dit le catéchète est déjà radicalement humanisée dans le Christ, mais il revient au catéchète de continuer l'incarnation de cette Parole pour l'homme de tel âge, de tel milieu, pour l'homme moderne, pour l'homme actuellement mieux connu en ses dimensions, ses besoins, ses attitudes » (*Le Service de l'Évangile, 1968*).

Qu'il s'agisse de l'enfance ou de l'âge adulte, Joseph Colomb a travaillé pour qu'advienne « une pensée plus consciente, plus lucide, capable de critique » (*op. cit.*) en vue de provoquer l'auditeur « à une relation confiante, amoureuse, entre Dieu et l'homme, en quoi consiste la foi ».

Le PÈRE DAMIEN
Apôtre des lépreux (1839-1889)

Joseph de Veuster naît dans une famille chrétienne à Trémolo, village près de Louvain, en Belgique. Prêtre dans la Congrégation des Sacrés Cœurs de Jésus et Marie (dite « de Picpus », nom de la rue de Paris où elle a pris naissance), il reçoit comme religieux le nom de Père Damien.

En 1862, à vingt-trois ans, il part comme missionnaire à Hawaï, dans le Pacifique (les premiers missionnaires catholiques y sont arrivés en 1827, mais n'ont pu y établir durablement la foi catholique qu'aux alentours de 1840).

Dix ans plus tard, en 1872, à trente-trois ans, il se porte volontaire pour aller vivre au milieu des lépreux de l'île de Molokaï, à une centaine de kilomètres au nord-ouest de la grande île d'Hawaï. « Me voici prêt à m'ensevelir tout vivant avec des infortunés », déclare-t-il à son évêque. De fait, il y restera jusqu'à sa mort, dix-sept ans plus tard, victime à son tour de la lèpre, une maladie alors non seulement incurable mais volontiers considérée comme un châtiment de Dieu. Le Père Damien choisit d'aller avec ces exclus pour se faire, parmi eux, le témoin de l'Évangile, c'est-à-dire de l'amour que Dieu leur porte. Ce faisant, il ne lui faut pas seulement surmonter la barrière des préjugés sociaux et moraux ainsi que celle de l'isolement ; il lui faut affronter un autre type d'épreuve : la répulsion naturelle que provoquent les lépreux, l'horreur de leurs plaies ouvertes, leur odeur insupportable, le spectacle permanent de leur déchéance physique.

Les premiers mois sont difficiles. Mais ils conduisent le Père Damien à la constatation que, pour sauver les âmes, il faut sauver les corps afin de redonner leur dignité aux personnes humaines qui ont le sentiment de l'avoir à jamais perdue du fait de leur dégradation physique. Leur dignité recouvrée, elles peuvent alors percevoir l'amour que Dieu leur porte.

Le Père Damien, tout en soignant les lépreux et en organisant l'entraide des soins entre eux, s'emploie dès lors à susciter avec eux et pour eux une authentique vie sociale : avec eux, il met en route la construction de maisons entourées de jardins, d'un orphelinat, d'une église, d'une conduite d'eau courante. Et ce faisant, lui-même leur est apparu comme le signe de l'amour que Dieu leur porte.

En 1989, le centenaire de la mort du Père Damien a été célébré en Belgique, où il est considéré comme un héros national ; autorités civiles et religieuses lui ont rendu hommage, notamment à Louvain, où se trouve aujourd'hui sa tombe.
L'Association des « Amis du Père Damien », qui emploie plus de 1 500 personnes dans le Tiers-Monde, mène la lutte contre la lèpre dans une vingtaine de pays, où elle a en charge 400 000 malades ; ces derniers bénéficient, quant à eux, des progrès décisifs faits par la médecine depuis la mort du Père Damien.

SŒUR EMMANUELLE (1908)

Née à Bruxelles en 1908, Madeleine Cinquin est de nationalité française. Elle a pris le nom de Sœur Emmanuelle en entrant dans la congrégation religieuse de Notre-Dame de Sion, une congrégation orientée vers l'enseignement. Après une licence classique en Sorbonne, Sœur Emmanuelle a passé une bonne partie de sa vie dans l'enseignement : quinze ans en Turquie, cinq ans en Tunisie, avant de gagner Alexandrie en Égypte. Brillante enseignante, elle se pose cependant de plus en plus de questions sur le sens de son métier dans un collège fréquenté par les jeunes filles de familles aisées : elle avait l'impression de sacrifier sa vie pour donner à des jeunes filles de grande famille un vernis qui leur permettrait de mieux se marier, alors qu'elles paraissaient rester insensibles au drame de la pauvreté autour d'elles.

Sœur Emmanuelle a soixante ans quand elle demande à sa supérieure générale de pouvoir être déchargée de ses cours pour aller enseigner au Caire, dans une petite école en milieu populaire. Sa supérieure ne l'y autorise que deux ans plus tard, en 1970. Sœur Emmanuelle voudrait cependant faire plus, par exemple venir en aide aux lépreux dans les léproseries du canal de Suez.

Mais d'autres « parias » vont lui être signalés : les chiffonniers du Caire. Et c'est le début d'une nouvelle entreprise, qui n'a cessé de se développer depuis une vingtaine d'années.

SUZANNE FOUCHÉ (1901-1989)

Née à Épreville (Eure), Suzanne Fouché raconte elle-même comment sa vie a été marquée à jamais par trois ordres de faits : la mésentente de ses parents et leur divorce, qui ont empoisonné sa jeunesse en lui révélant trop tôt la faiblesse de l'homme ; la guerre de 1914, qui lui apparaît comme un immense scandale alors qu'elle croyait à la fraternité universelle ; les humiliations de la pauvreté et les privations, qui l'ont rendue solidaire de ceux qui ont faim de considération et de pain.

A dix-sept ans, une autre épreuve l'attendait, qui persistera jusqu'à sa mort soixante-et-onze ans plus tard : le handicap de la maladie, qui lui vaudra dix-huit ans de lit et d'immobilité ; cette épreuve allait faire d'elle la pionnière de l'adaptation du diminué physique au travail. Mais un an avant sa maladie, en 1917, alors que, perturbée par la « boucherie guerrière » d'alors, elle ressent le vide en elle-même et se répète : « Si je trouve la vérité, je lui consacrerai ma vie », voilà que, dans l'église d'Avranches, elle a une révélation de l'amour de Dieu qui transfigure sa vie. « Le Seigneur m'a donné sa preuve avant l'épreuve. »

Quelques mois plus tard, c'est la paralysie. Elle qui voulait être médecin va réaliser autrement sa vocation : en rendant à la vie sociale et à l'espoir une multitude de handicapés. En 1920, à Berck, elle appelle ses compagnes de sana à réagir ; avec elles, elle organise des cours, crée une bibliothèque, réfléchit à l'avenir des malades. En 1926, avec un jeune officier atteint de coxalgie, Henri Chappoulie (plus tard évêque d'Angers), elle fonde l'Association catholique des malades, pour éclairer l'avenir des « allongés », avec la devise « Pour le malade, par le malade ». Elle découvre le problème de fond que pose l'infirmité : l'impossibilité d'avoir un vrai métier, et donc une vraie insertion sociale. En 1929, elle crée la Ligue pour l'adaptation du diminué physique au travail (LADAPT, reconnue d'utilité publique en 1934). En dix ans, elle fondera sept établissements, prototypes des fondations futures (service d'orientation professionnelle, ateliers protégés, écoles de formation professionnelle spécialisée...).

La guerre anéantit tout. Suzanne ne se décourage pas ; en 1941, la Ligue ouvre à Valence un centre de post-cure et de rééducation professionnelle, qui sera suivi de vingt-neuf autres. Suzanne Fouché se consacre totalement à la Ligue, malgré son handicap : reclassement des infirmes et malades chroniques, rééducation fonctionnelle, mise au travail. Par ses démarches et ses publications, elle alerte opinion et pouvoirs publics. Durant ses rechutes, elle consigne dans ses écrits, pour la partager, son expérience spirituelle (en 1933, *Souffrance, école de vie*, présenté par F. Mauriac et couronné par l'Académie Française ; en 1982, elle écrit *J'espérais d'un grand espoir. Au service du malade, mon frère*).

Elle sera membre de plusieurs commissions ministérielles, et commandeur de la Légion d'Honneur. Le Père Carré, qui la connaissait bien, citait souvent cette phrase d'elle : « Ma douleur, je l'ai prise en mains comme un instrument de travail. » Pendant les derniers mois de sa vie, elle avait obtenu d'avoir chez elle l'Eucharistie, dont elle nourrissait sa méditation.

LADAPT (195 bis, rue Ordener, 75882 Paris Cedex 18) compte aujourd'hui trente établissements à travers la France.

LOUISE MONNET (1902-1988)

Elle voit le jour à Cognac (Charente), dans un milieu croyant, aisé, ouvert aux réalités du monde (son frère Jean Monnet sera un des « pères de l'Europe »). Sa vie prend son orientation en 1931, à Lourdes, en assistant au premier grand rassemblement de la JOC (Jeunesse ouvrière chrétienne) fondée quelques années plus tôt en Belgique par un prêtre, le futur cardinal Cardijn.

Six mois plus tôt, le pape Pie XI, évoquant, dans son encyclique *Quadragesimo anno* (sur la question sociale) la déchristianisation du monde ouvrier, avait repris la formule du Père Cardijn : « Les apôtres des ouvriers seront des ouvriers ».
Et le même pape, dans une précédente encyclique (*Ubi arcano*, 1921), avait souligné le rôle spécifique de l'apostolat du laïcat, rôle qu'il avait favorisé de tout son pouvoir en suscitant et en soutenant l'essor de l'Action Catholique.

Louise Monnet lance alors l'idée d'une action catholique pour les jeunes des milieux bourgeois (qu'on appellera « indépendants » pour désigner l'ensemble des nuances sociales des milieux qui ne sont ni ouvriers ni ruraux) ; élargissant une initiative prise dans le diocèse de Lille sous le patronage du cardinal Liénart, elle fonde la JICF (Jeunesse indépendante chrétienne féminine), venant ainsi compléter la panoplie des mouvements de jeunesse par milieu social qui avaient vu le jour, notamment en France : JOC (ouvrière), JAC (agricole), JEC (étudiante), JMC (maritime). Elle sera la première secrétaire générale de la JICF, reconnue en 1935 par l'épiscopat français. Fondant ensuite « les aînées de la JICF », elle en vient très vite à la création d'un mouvement pour adultes, l'ACI (Action Catholique des milieux indépendants), reconnue par l'épiscopat en 1941, et qui prend place parmi les autres mouvements spécialisés d'Action Catholique pour adultes, notamment ceux dénommés plus tard ACO (ouvrière) et CMR (rural).

Elle sera la première secrétaire générale de l'ACI.

Donnant toujours plus d'ampleur à ses initiatives, elle favorise la création de mouvements semblables hors de France, si bien qu'en 1963 elle est naturellement conduite à donner à l'ensemble une structure internationale de concertation, le MIAMSI (Mouvement international d'apostolat en milieux indépendants), très vite reconnu par le Saint-Siège comme l'une des Organisations internationales catholiques (OIC, voir index). Ses branches nationales sont aujourd'hui présentes dans trente pays des quatre continents.

En 1964, le pape Paul VI, qui a déjà constitué une sorte de collège, d'« auditeurs » laïcs auprès du Concile Vatican II, fait de Louise Monnet la première des quinze « auditrices » du Concile. Les contacts des auditeurs avec les Pères conciliaires permettent à la voix du laïcat de se faire entendre d'eux, ce qui ne sera pas sans conséquences sur la pensée conciliaire. Le 8 décembre 1965, lors de la séance de clôture du Concile, Paul VI remet à Louise Monnet le message adressé aux femmes, en français, par le Concile.

En 1970, Louise Monnet viendra se fixer à Rome pour pouvoir donner toute l'impulsion souhaitable au MIAMSI. Elle mourra en France, en 1988.

Par ses intuitions apostoliques, ses initiatives, son témoignage et son rayonnement à travers le monde, par la franchise de son dialogue avec la hiérarchie catholique à tous les niveaux, Louise Monnet restera comme une figure typique de l'essor de l'Action Catholique à partir des années 1930.

FRÈRE ROGER SCHUTZ (1915)

Roger Schutz-Marsauche est né en 1915 à Provence (Suisse), de père suisse et de mère française. En 1940, en pleine guerre mondiale, il quitte la Suisse pour s'établir à Taizé, en Bourgogne. Il veut situer dans la détresse du moment le projet qui l'habite : créer une communauté qui soit « parabole de communion » au cœur des déchirures entre chrétiens et des conflits dans l'humanité. Il cache des réfugiés politiques, juifs notamment, qui fuient le nazisme.

Fin 1942, la France est occupée. La police nazie perquisitionne à son domicile alors qu'il aide une personne à passer en Suisse ; Roger Schutz est contraint de rester en Suisse. En 1944, à son retour en France, il est accompagné de quelques frères rencontrés en exil. Ils forment en 1949 une communauté au sein de laquelle ils s'engagent pour toute l'existence dans le célibat, dans l'acceptation du ministère du prieur et dans la mise en commun des biens matériels et spirituels. La première génération de leur communauté est d'origine évangélique, mais elle plonge ses racines spirituelles dans la famille monastique séculaire. Des frères catholiques se joignent à elle dès 1969. Aujourd'hui, la communauté est constituée de frères catholiques et de diverses origines évangéliques, d'une vingtaine de nationalités. Ils gagnent leur vie par leur travail, sans accepter de dons, ni même leurs héritages personnels.

Pour expliquer ses propres choix, le fondateur de Taizé évoque sa grand-mère. Durant la Première Guerre mondiale, dans le nord de la France, sous les bombardements, elle abrite ceux qui fuient. Elle acquiert la conviction que si les chrétiens se réconciliaient ils pourraient créer un espace de paix et tenter d'empêcher une nouvelle guerre en Europe. De vieille souche évangélique, elle se met à aller à l'église catholique, sans que cela apparaisse comme un reniement des siens. Ses deux aspirations – prendre des risques pour les plus malmenés et se réconcilier avec la foi catholique – ont marqué son petit-fils.

Lors d'une rencontre européenne de jeunes à Rome, en 1982, dans la basilique Saint-Pierre, en présence du pape Jean-Paul II et de dizaines de milliers de jeunes, frère Roger a décrit son propre cheminement, tel qu'il le vit depuis de très longues années : « Comme je l'exprimais déjà en Allemagne lors de la célébration de la confession d'Augsbourg, à la suite de ma grand-mère, sans être symbole de reniement pour quiconque, j'ai trouvé mon identité de chrétien en réconciliant au-dedans de moi, le courant de foi de mes origines évangéliques avec la foi de l'Église catholique. »

En petites fraternités, certains des frères vivent dans des quartiers déshérités à New York, au Brésil, à Séoul, au Bangladesh. Frère Roger va lui-même passer des périodes en des lieux qui traversent l'épreuve : quartier portoricain de New York, Chili, Calcutta, Afrique du Sud, Liban, Haïti, Sahel, Éthiopie, Philippines, Europe de l'Est.

Depuis les années 1957-1958, des jeunes d'Europe, de l'Est et de l'Ouest, d'autres continents, vont à Taizé en un pèlerinage ininterrompu. Aux sources de la foi, ils cherchent un sens à leur vie, ils se préparent à prendre des responsabilités là où ils vivent. Les rencontrent qui se déroulent chaque semaine réunissent des jeunes de trente-cinq à soixante-dix nations. Les sœurs de Saint-André, communauté catholique fondée il y a 750 ans, assument une part de l'accueil. Pâques tient une place primordiale : chaque fin de semaine est vécue comme une célébration pascale. Des centaines de milliers de jeunes se sont succédé à Taizé autour d'un thème central : vie intérieure et solidarités humaines. Visitant Taizé en 1986 , le pape Jean-Paul II se présente comme un pèlerin et dit : « On passe à Taizé comme on passe près d'une source. »

En 1970, frère Roger annonce un « concile des jeunes », dont le principal rassemblement en réunit 40 000 en 1974. Dès 1979, il est relayé par un « pèlerinage de confiance sur la terre. » Ce pèlerinage n'organise pas les jeunes en mouvement autour de Taizé mais les incite à devenir chez eux créateurs de paix, promoteurs de confiance, de réconciliation. Chaque année, frère Roger anime avec ses frères une rencontre européenne avec des dizaines de milliers de jeunes, dans une ville d'Europe de l'Ouest ou de l'Est. Il y a aussi des rencontres sur les autres continents.

Frère Roger a écrit *Vivre l'aujourd'hui de Dieu* (1959), *Dynamique du provisoire* (1965), *Unanimité dans le pluralisme* (1966), *Violence des pacifiques* (1968). Mère Térésa et frère Roger ont publié ensemble *Le Chemin de Croix* (1986), *Marie, mère de réconciliation* (1987) et *La Prière* (1992). D'autre part, chaque année, frère Roger écrit pour les jeunes une *Lettre* traduite en trente-cinq langues.

MÈRE TÉRÉSA (1910)

Agnès (Gonxha) Bojaxhiu, dernière de trois enfants d'une famille albanaise catholique, naît en 1910 à Skopje, en Macédoine, qui faisait alors partie de l'Empire ottoman (cette partie de la Macédoine est devenue depuis lors une des Républiques de la Fédération yougoslave, avec Skopje comme capitale).
En 1928, à dix-huit ans, elle entre à la maison-mère de la congrégation irlandaise

des Sœurs de Notre-Dame de Lorette, qui travaillent comme missionnaires en Inde ; elle est envoyée à Darjeeling, en Inde, où elle fait son noviciat, avant d'être nommée directrice des études à l'école Sainte-Marie à Calcutta, fréquentée par les hautes castes. Mais le spectacle de pauvreté est partout dans la rue.
En 1946, Mère Térésa se sent appelée à s'occuper des pauvres et, deux ans plus tard, en 1948, elle reçoit l'autorisation de se consacrer aux « intouchables » dans les taudis de Calcutta, et en particulier aux malades les plus abandonnés (lépreux, cancéreux, ulcéreux, etc.). En 1949, une ancienne élève vient la rejoindre ; d'autres suivront. En 1950 naît avec elles la congrégation des *Sœurs Missionnaires de la Charité*. Sa première fondation sera la *Maison des mourants*, dans un ancien temple de la déesse Kali. La même année, Mère Térésa ouvre un foyer pour orphelins et enfants abandonnés (« le palais des enfants »). Suivront léproseries (80), dispensaires, écoles, crèches, orphelinats, etc.

En 1963, Mère Térésa fonde la branche masculine des Missionnaires de la Charité. De partout, de Rome même, on appelle les Missionnaires de la Charité. Entre 1967 et 1970, s'ouvrent des maisons à Rome, en Australie, au Venezuéla, en Jordanie, à Londres. Puis ce sera au Yémen, où aucun établissement chrétien n'a été admis jusque-là, au Bangladesh, en Éthiopie, à New York... Partout des non-catholiques, des non-chrétiens se joignent à son action. « Nous ne parlons pas, nous ne prêchons pas, disait-elle, nous essayons de mettre l'amour du Christ en actes... Plus l'action presse, plus la prière est urgente. C'est en elle que le travail trouve son appui. » « En Mère Térésa, disait Raoul Follereau, il n'y a pas de pitié... La pitié, c'est la forme malingre de l'amour. Elle est l'amour... »

En 1969, le pape Paul VI approuve l'Association des coopérateurs de Mère Térésa. En 1976, est fondée la branche contemplative des Missionnaires de la Charité. En 1991, les Missionnaires de la Charité comptaient 3 300 Sœurs (485 maisons en 95 pays) et 380 Frères (81 maisons en 26 pays). Les bénévoles étaient près de 100 000. A Paris les Sœurs ont une maison 10, rue Saint-Bon (4e arrt.), les Frères 15, rue Philippe-de-Girard (10e arrt.) ; les Volontaires (bénévoles) et les Coopérateurs se retrouvent régulièrement.

Mère Térésa a été maintes fois appelée à participer aux travaux d'instances nationales (notamment Saint-Siège et ONU) et à ceux de conférences internationales, en particulier à propos de la méthode *Billings* de régulation des naissances. Elle a été encouragée par le gouvernement indien dans l'action poursuivie par ses Centres de planification familiale.
Elle a reçu de Nehru, chef de l'État indien, le prix Patma Shri (« Lotus magnifique ») en 1963, de Paul VI le prix de la Paix Jean XXIII en 1979 ; elle a reçu le Prix Nobel de la Paix à Oslo en 1979.

Jean VANIER et L'ARCHE (1928)

L'Arche a été fondée en 1964. A cette époque, beaucoup de personnes ayant un handicap mental vivaient dans des asiles ou des hôpitaux psychiatriques, où elles étaient souvent inoccupées et logées dans de mauvaises conditions. Méprisées, elles étaient les grandes exclues de la société et de l'Église.

Celles qui vivaient dans leur famille représentaient quelquefois, aux yeux de cette famille, un échec, une honte. Cependant, reconnaissant la valeur de leur enfant, des parents se sont regroupés pour créer des écoles spécialisées, des ateliers, des foyers. Simultanément, sous l'impulsion de l'abbé Henri Bissonnier, une catéchèse spécialisée voyait le jour.
C'est dans ce contexte que l'Arche a vu le jour. Jean Vanier, dont le père a été Gouverneur général du Canada, est né en 1928. Il a quitté la marine de guerre canadienne en 1950 pour vivre une vie plus proche de l'Évangile. Après avoir fait des études de philosophie, il est devenu professeur. Mais c'est la rencontre avec le Père Thomas Philippe, dominicain, qui était alors aumônier d'une résidence pour une trentaine d'hommes atteints d'un handicap mental à Trosly-Breuil dans l'Oise, qui fut déterminante. En août 1964, il a donc accueilli Raphaël et Philippe, deux handicapés venant d'un asile de la région parisienne, dans une petite maison délabrée qu'il avait pu acheter dans le village de Trosly. Ils ont alors commencé à vivre ensemble. Jean Vanier n'avait pas de plan précis à ce moment-là. Il a découvert progressivement les blessures profondes de ceux et celles qui ont été accueillis ; mais il a aussi compris que ces hommes et ces femmes sont capables d'aimer et d'appeler à l'amour, capables d'attirer d'autres personnes vers les richesses de la communauté, capables de célébrer la vie ; ils rappellent au monde les valeurs du cœur. En créant des foyers et des communautés au cœur des villes et des villages, Jean Vanier appelle simultanément des assistants à partager la vie et le travail des personnes ayant un handicap. Pour devenir assistant, il faut surtout avoir le désir de découvrir la personne au-delà de son handicap comme une personne à aimer et de qui on peut recevoir ; des stages sont possibles et ils peuvent se poursuivre par un engagement plus long.
Aujourd'hui, l'Arche réunit quatre-vingt-quinze communautés dans vingt-trois pays, des plus riches (Canada, France, Japon...) aux plus pauvres (Haïti, Burkina-Faso...). Elles forment une Fédération qui permet à chaque personne et à chaque communauté d'être soutenues et accompagnées, qui aide l'ensemble de l'Arche à être fidèle à l'inspiration des débuts, qui maintient l'unité tout en encourageant la créativité et les charismes particuliers.
Chaque communauté est gérée par une association locale et un conseil d'administration qui en portent la responsabilité.
L'Arche accueille des hommes et des femmes adultes ayant un handicap mental moyen ou profond avec – en France – l'accord de la COTOREP (Commission technique d'orientation et de reclassement professionnel) et à la suite de stages effectués dans la communauté.

PÈRE JOSEPH WRESINSKI (1917-1988)

Joseph Wresinski est né le 12 février 1917 à Angers, dans une famille vivant dans une grande pauvreté. Ordonné prêtre en 1946, il rejoint le 14 juillet 1956 les 252 familles d'un camp de sans-logis à Noisy-le-Grand, en banlieue parisienne. « Ces enfants qui m'assaillaient, c'étaient mes frères, ma sœur, moi-même quarante ans plus tôt, rue Saint-Jacques, à Angers » dira-t-il. Il s'y retrouve parmi les siens et comprend d'emblée qu'il est en présence d'un peuple, son peuple.

Il consacrera toute sa vie à faire reconnaître par la société et par les plus hautes instances internationales ce peuple en quête de dignité, porteur d'une pensée pour l'humanité et capable de se mobiliser pour que tous aient accès aux droits humains fondamentaux.

Avec ces familles vivant dans l'extrême pauvreté, il fonde en 1957 une association non confessionnelle, « ATD Quart-Monde » (Aide à toute détresse), qui est un véritable défi à l'humanité. Elle deviendra le « Mouvement international ATD Quart-Monde » dont la conviction tient en ces termes : « La misère n'est pas fatale, elle est l'œuvre des hommes, seuls les hommes peuvent la détruire. » Cette conviction anime le Père Joseph. Il sera rejoint peu à peu par des personnes de tous horizons qui acceptent d'engager leur vie, leur mode d'existence, leur avenir, avec les familles les plus pauvres. Ainsi est né le *volontariat ATD Quart-Monde*, aujourd'hui présent sur quatre continents.

Le 11 février 1987, le Père Joseph, membre du Conseil économique et social français, présente au vote de ce Conseil un rapport « Grande pauvreté et précarité économique et sociale ». La misère y est reconnue comme violation de l'ensemble des Droits de l'Homme. Ce rapport propose un programme global, cohérent et prospectif, de lutte contre l'extrême pauvreté, fondé sur le partenariat des familles les plus démunies.

Le 17 octobre 1987, à Paris, en présence de cent mille personnes, le Père Joseph inaugure une dalle sur le parvis des Libertés et des Droits de L'Homme, au Trocadéro ; cette dalle rend hommage à toutes les victimes de la misère :

« Là où des hommes sont condamnés à vivre dans la misère
« les Droits de l'Homme sont violés.
« S'unir pour les faire respecter est un devoir sacré. »

Le Père Joseph Wresinski meurt le 14 février 1988 ; il repose sous la chapelle construite au cœur du centre international du Mouvement ATD Quart-Monde (au hameau de Vaux, à Méry-sur-Oise, dans le Val-d'Oise). Il est l'auteur de plusieurs ouvrages et éditoriaux et a animé de nombreuses conférences. Tous ses écrits sont actuellement rassemblés à la Maison Joseph Wresinski, à Baillet (France).

En France, ATD Quart-Monde comptait en 1991 vingt et un centres permanents, trois cités de promotion familiale accueillant temporairement quatre-vingt-cinq familles (environ cinq cents personnes) à Noisy-le-Grand, Herblay, Reims, cinq centres d'insertion et de formation professionnelle, seize universités populaires ou « Club du savoir » (trois mille jeunes et adultes), soixante-dix-huit bibliothèques de rue, deux cents comités locaux dans quatre-vingt-quinze villes et deux mille militants actifs.

LES ÉTAPES D'UNE VIE : L'ABBÉ PIERRE.

• 5 août 1912, naissance à Lyon de Henri Grouès, cinquième d'une famille de huit enfants.

• De 19 à 25 ans, il choisit « l'intensive action de l'adoration » et l'ordre le plus pauvre, celui des capucins.

• 24 août 1938, ordination sacerdotale. Il quitte la vie religieuse pour raison de santé.

• Juillet 1942, vicaire de la cathédrale de Grenoble ; il héberge des juifs qui frappent à sa porte. Quelques mois plus tard, il participe à l'organisation des maquis en Chartreuse et dans le Vercors. Il emprunte différents noms, dont celui d'Abbé Pierre.

• 1944, l'Abbé Pierre rejoint le général de Gaulle à Alger.

• De 1945 à 1951, il est député MRP de Meurthe-et-Moselle.

• 1949, fondation des communautés des chiffonniers d'Emmaüs.

• Hiver 1954, combat pour les sans-abri. (Un film intitulé précisément *Hiver 1954* retrace ce combat).

• 1988. Il donne une pièce de théâtre, *Permis de vivre*, qui fait suite à *Mystère de la joie*, écrit en 1945, à bord du *Jean-Bart*.

• 1991, *Prix Balzan pour l'humanité, la paix et la fraternité entre les peuples.*

Ph. Gamma

Manifestation de Hare Krishna : la grande marche de la paix (septembre 1991).

Suppléments au chapitre II
Géographie et sociologie du catholicisme au sein des grandes religions

A. Mouvements et groupes à visée spirituelle

Face à l'homme moderne en quête de repères, prolifèrent des mouvements et des groupes, à visée spirituelle ou humaniste, le plus souvent sans lien avec les grandes Églises.

Aucun recensement de ces divers mouvements et groupes ne peut prétendre être complet, ne serait-ce que parce que, si certains sont anciens, il en apparaît et il en disparaît continuellement. La présentation (alphabétique) qui en est faite ici n'échappe pas à cette difficulté ; du moins, et c'est son but, permet-elle de prendre conscience de l'étendue, de la force, et de la nature d'un phénomène caractéristique de notre temps : l'homme moderne à la recherche de repères.

Il doit être clair que la présentation ici des buts et des méthodes d'un groupement n'équivaut en aucun cas à son approbation, mais répond seulement à un propos d'information.On remarquera d'ailleurs qu'il ne serait pas conforme à la vérité de mettre tous ces mouvements sur le même plan, qu'il s'agisse du sérieux de leur projet ou du désintéressement de leurs responsables.

N.B. Les astérisques renvoient à des termes figurant dans ce lexique ou à l'index général de l'ouvrage.

AAO (Organisation d'Analyse Actionnelle). Pratique de vie sociale nouvelle fondée par le peintre autrichien Otto Mühl, qui a défrayé la chronique en prônant l'amour libre (« La secte de l'amour libre ») dans une vie de communauté totale visant à détruire les notions de couple et de famille. Cette sorte de psycho-secte a d'ailleurs pu servir de structures d'accueil à des jeunes perdus dans la société et dans leurs difficultés de communication. La technique-clé est la SD *(Selbst Darstellung)*, ou « représentation de soi-même », sorte de psychodrame sauvage en groupe. Actuellement, en France, on assiste à un prosélytisme actif auprès des enfants et des jeunes, sous les noms d'« Atelier culturel », « Maison des arts et de la communication », « Centre de recherche d'expression émotionnelle », « Atelier de théâtre », etc., avec proposition d'activités artistiques, psychologiques, de travail en groupe. Le degré de rattachement de ces diverses activités au centre de l'organisation en Autriche n'est pas toujours évident.

ACADÉMIE DES PROFESSEURS POUR LA PAIX MONDIALE. Voir Moon.

ACTION BIBLIQUE. Petite Église de Réveil (1926) qui se consacre à la diffusion de la parole de Dieu. En France, on connait huit « Maisons de la Bible ».

ADEPTES DE SATAN (Les). Ce groupe est né de Charles Mansai, se disant 5e archange, nouveau Satan. Il pratique le sacrifice humain et est ouvertement raciste vis-à-vis des noirs et des juifs.

AICK (Association Internationale pour la Conscience de Krishna). Voir Hare Krishna.

ALBARRACIN. Méthode et centre de thérapie nouvelle* pour « l'éveil de la conscience et du moi » (Rodriguo de Azagro).

AMIS DE LA CROIX GLORIEUSE DE DOZULÉ (Les). Association fondée le 2 avril 1982 pour ériger une croix de 783 mètres de haut à Dozulé (Calvados), où réside Madeleine Aumont qui se déclare gratifiée d'un message unique, ultime et définitif. Le maître de l'association a prévu en 1982 un « cataclysme » et une guerre mondiale et atomique qui devait se terminer en 1985 par la victoire du grand Monarque à Dozulé.

AMIS DE LA PRESLE (Les). Recherche spirituelle se référant à la pensée du mystique suédois Emmanuel Swedenborg (1688-1772), qui affirmait communiquer avec les esprits. Voir Nouvelle Église (Les Amis de la Presle et la Nouvelle Église ont un même président), et Swedenborgiens.

AMIS DE L'HOMME (Les). Mouvement philanthropique de type millénariste fondé par Alexandre Freytag (1820-1847). Celui-ci a fait dissidence d'avec les « Étudiants de la Bible » (futurs *Témoins de Jéhovah*) qu'il dirigeait à Genève. Le mouvement se propose de rassembler le troupeau des 144 000 élus dont parle le *Livre de l'Apocalypse*, en vue de la restauration prochaine de toutes choses sur une terre redevenue paradis terrestre. A la mort du fondateur, un instituteur du Pays Basque, Bernard Sayerce, fait scission lui aussi et fonde la branche française. Sa secrétaire, Lydie Sartre, lui succède en 1963. Elle donne le signal décisif du retour à la terre, en 1969, pour construire le Paradis dans l'espace rural. Le Lot-et-Garonne en sera le berceau. Son fils spirituel, Joseph Neyrand († 1981), lui succède à son tour et devient le « Frère Aîné » de la « Famille » fondée par la « Chère Maman ». Il se donne pour tâche de construire le Royaume de Dieu sur la terre (car il n'y a pas d'au-delà) par la pratique de l'altruisme et d'une philanthropie active (et contestée dans ses formes) surtout auprès des agriculteurs.

AMITIÉS SPIRITUELLES (Les). Regroupent des disciples d'Y. Le Loup, dit Paul Sédir (1871-1926), qui se voulait porteur du message christique.

AMIS UNIS (Les). Association dirigée par un évêque oriental, Louis Canivet, et se rattachant au Nouvel Age*.

AMORC. Voir Rose-Croix

AMOUR ET LUMIÈRE. Fondé par Joseph Bey autour d'un « Centre d'enseignement des psychosynthèses spirituelles pratiques » à Roquebrune. Le groupe prône l'amour et le respect de l'opinion des autres.

ANABAPTISTES. Ce sont des « baptistes » appelés ainsi par leurs adversaires : en effet, ces dissidents radicaux de la Réforme de Zwingli ne reconnaissent comme valide que le baptême des adultes. Voir Baptistes.

ANALYSE TRANSACTIONNELLE. Thérapie imaginée par Éric Berne (1953) et visant à comprendre ce qui se passe dans une relation entre deux personnes ou dans un groupe.

ANANDA MARGA (« Chemin de la Félicité »). « Secte » hindouiste parfois controversée

ANTHROPOSOPHIE. La « Société Anthroposophique Universelle » propose un « chemin de connaissance », une sorte de sagesse, dans un syncrétisme gnostique original. Fondée en 1913 par un philosophe et artiste autrichien, Rudolf Steiner (1861-1925), elle entend favoriser le développement de la pensée, l'affinement de la sensibilité et une conscience meilleure de soi-même. Nombreux centres d'intérêt : la pédagogie (Écoles Steiner, « eurythmie »), l'agriculture « biodynamique », la médecine clinique. Doctrine : une vaste synthèse gnostique qui va de l'occultisme théosophique à la philosophie de la nature de Gœthe, et dans laquelle le

UNITARISME

Courant de pensée qui, à l'origine, se situait en marge du christianisme : il reconnaissait l'autorité de l'Écriture mais refusait la divinité du Christ et de l'Esprit Saint. Aujourd'hui, beaucoup de penseurs de ce courant se situent loin du christianisme et sont proches des rationalistes.
On situe souvent l'origine du courant unitarien dans la pensée de J. Reuchlin et de son disciple Martin Cellarius (1499-1564). Le plus célèbre des unitariens est sans doute Michel Servet (1511-1553). Même si de nombreuses personnalités européennes du XVIIIe et du XIXe siècles peuvent être classées dans ce courant, c'est aux États-Unis que l'unitarisme se structura. Une association unitarienne y fut fondée en 1825, et en 1865 s'y tint la première Conférence des Églises unitariennes.

christianisme est introduit comme de force (car la foi chrétienne est à l'opposé d'une gnose). Voir Communauté des chrétiens.

ANTOINISME. Église guérisseuse fondée par Louis Antoine (« Père Antoine », 1846-1912), mineur belge à l'origine, puis guérisseur mystique. Il veut avant tout « soulager l'humanité souffrante », mais fonde en fait une religion nouvelle qui présente un mélange de spiritisme, de théosophie et de christianisme, et qu'il résume dans son livre *La Révélation de l'auréole de la conscience.*

ARCANE (École). Voir Bonne volonté mondiale.

ARCHE (Communauté de l'). (150 membres engagés.) Fondée par le noble sicilien, et disciple de Gandhi, Lanza del Vasto (1901-1981). Celui-ci propose un idéal de nonviolence et de renouveau de la vie communautaire, très inspiré du christianisme. Il refuse la civilisation industrielle, l'appât du gain, l'exploitation de l'homme par l'homme et prône le travail manuel, la vie en autarcie économique, la méditation et la prière.

ARES. Le frère Michel Potay, après des « apparitions » (de 1974 à 1977), réunit un groupe qui refuse toute parole d'homme et entend s'en tenir strictement à l'Écriture.

ARICA. École et méthode d'élargissement de l'« espace intérieur » et thérapie nouvelle*.

ARIMAN. Pour certains adeptes du « Nouvel Age* », un des deux grands séducteurs (avec Lucifer).

ARMÉE DU SALUT. Mouvement religieux – mais non Église – fondé en 1878 par un pasteur méthodiste, William Booth, pour lutter « contre la misère, le vice et le péché » (les « 3 S » : Soupe, Savon, Salut). Organisé militairement, le mouvement compte 3 millions de salutistes dans le monde, 20 000 postes en 80 pays ; il est implantée en France depuis cent ans et rassemble 145 centres, dont deux cités-refuges à Paris et 1 500 militants. (Journal : *En Avant.* Adresse : 76, rue de Rome, 75008 Paris.)

ASSOCIATION CHRÉTIENNE SUPRA CONFESSIONNELLE. Voir Moon.

ASSOCIATION POUR LA PROMOTION D'UNE SANTÉ PARFAITE. Voir Méditation transcendantale.

LE DIALOGUE ENTRE LES RELIGIONS ET LA MISSION

L'esprit de la Prière pour la paix à Assise

Lors de la rencontre inter-religieuse de prière pour la paix tenue à Assise le 27 octobre 1986 à l'initiative de Jean-Paul II, et plus tard, particulièrement dans son allocution aux cardinaux et à la curie romaine en décembre 1986, le pape a expliqué la signification de cette célébration d'Assise. Il a souligné « l'unité fondamentale du genre humain, en son origine et en sa destinée, et le rôle de l'Église comme signe effectif de cette unité ». Il a fait ressortir avec force la portée exacte du dialogue inter-religieux, tout en réaffirmant le devoir de l'Église d'annoncer Jésus Christ au monde. L'année suivante, s'adressant aux membres de l'assemblée plénière du Conseil pontifical pour le dialogue inter-religieux, le pape Jean-Paul II a déclaré : « De la même manière que le dialogue entre religions est un élément de la mission de l'Église, la proclamation de l'œuvre salvifique de Dieu en notre Seigneur Jésus-Christ en est un autre [...]. Il ne saurait être question de choisir l'un et d'ignorer l'autre ou de le rejeter. »

LA RELIGION, PEUT-ELLE GUÉRIR ?

Beaucoup de sectes affirment volontiers que la foi peut, et même doit, guérir. Que l'unité de l'homme soit telle que la qualité de ses relations avec Dieu et avec ses frères ait un effet bénéfique sur sa santé, et que Dieu puisse intervenir et intervienne quelquefois par des miracles, ceci est indéniable pour un chrétien.
Cela dit, l'action de l'Église doit être distincte de celle des médecins ou des psychologues et autres psychiatres : si la médecine sous toutes ses formes a pour objet la guérison des maladies ou des conflits internes de la personnalité, l'Église a pour objet de permettre un rapport avec Dieu. Le péché n'est pas une maladie et la maladie n'est pas un péché.

ATLANTIS. Groupe de recherche sur l'ésotérisme et en particulier sur la tradition occidentale, fondé par Paul Le Cour en 1926 (3 000 adhérents).

ATMAN. Mot dont l'étymologie évoque « le souffle » et qui dérive d'un pronom réfléchi du sanscrit qui signifie *soi.* On peut le traduire par « Soi », mais ce principe n'est pas personnel. Il relie tous les êtres.

AURA. Champ magnétique dont les adeptes du Nouvel Age* – entre autres – pensent qu'il entoure chacun, de la naissance à la mort.

AUROVILLE. Cité idéale, près de Pondichéry, commencée en 1968 pour réaliser les intuitions de Sri Aurobindo, penseur et mystique hindou (1877-1950) qui invitait à une révolution spirituelle transformant le monde. Associée à son œuvre, Madame Alfassa devint « la Mère » d'Auroville. Mais, depuis sa mort, bien des problèmes se posent.

AVENIR DE LA CULTURE. Voir Travail-Famille-Propriété.

BAHA'I. Voir Foi universelle Baha'ie.

BAPTISTES. Chrétiens de confession protestante, présents principalement en Amérique du Nord, et constitués en de nombreuses « Églises libres » (au sens où elles se veulent indépendantes de toute autorité ecclésiastique ou civile autre que celle de Jésus-Christ et de l'Esprit Saint agissant dans l'Assemblée). Chaque communauté locale est autonome et souveraine. Le baptisme est né au XVIIe siècle en Angleterre dans la ligne du mouvement anabaptiste*. Il veut constituer des communautés composées exclusivement de vrais convertis, et n'admet pas le baptême des nouveau-nés. Les baptistes les plus célèbres sont le pasteur Martin Luther King, l'évangéliste Billy Graham, le théologien Harvey Cox, le président Jimmy Carter. On compte 60 millions de fidèles dans le monde et, en France, 20 000 environ.

BERDINE. Communauté de prière et d'accueil (3 000 « anciens ») en Provence.

BÉTHANIE (Centre de recherche et de méditation). Animé par un prêtre de « l'Église catholique orthodoxe »*, A. Goetmann. Il propose des stages et un enseignement s'appuyant sur la Bible, la tradition orthodoxe et l'anthropologie de Karl Graf Dürkheim.

BHAGWAN (Mouvement néo-Sannyas de Bhagwan Shree Rajneesh). Mouvement né autour d'un ancien professeur de philosophie indien qui ouvrit en 1974 (« 20e anniversaire de son illumination ») un ashram (couvent indien) renommé à Poona (Inde). Autour d'un noyau stable de 300 disciples gravitait une communauté de 2 à 3 000 personnes. En 1981, Bhagwan (« Dieu ») s'est expatrié aux États-Unis (en Oregon). On recense plusieurs centres en Europe (en Provence, un ensemble important, actuellement fermé, avait commencé à se développer à Thorenc).

La forte personnalité du guru a attiré des thérapeutes occidentaux. Son enseignement, qu'il veut non-intellectuel et purement expérimental, est en effet un syncrétisme de modèles thérapeutiques et de vérités religieuses du fonds oriental et occidental. Des éléments de bouddhisme tantrique entrent dans son enseignement. Mais, à l'expérience de plusieurs personnes, l'essentiel est la « présence » de

EXORCISME

Tout en montrant une grande prudence quant à d'éventuelles emprises du démon sur des personnes ou des choses (voir Possession, Diable), l'Église catholique n'en exclut cependant pas la possibilité. C'est la raison d'être de la pratique de l'exorcisme (du grec *exorkizein,* adjurer) ; elle a pour fondement la foi dans les pouvoirs donnés par Jésus Christ à des disciples contre les puissances du mal (Mt. 3,14-15, Lc 9,1).
Les exorcismes ordinaires font partie de la liturgie du baptême. Les exorcismes extraordinaires ont pour but la délivrance des possédés ; ils consistent en prières à Dieu et en adjuration au démon de libérer le possédé. Dans chaque diocèse l'évêque désigne un clerc comme exorciste, avec une délégation spéciale pour discerner les cas de possession, et avec le pouvoir d'exorciser.

Bhagwan comme « éveilleur » (dont il n'est pas sûr que tous les disciples se réclamant de lui aient l'aval). Certains textes laissent entendre qu'il est le seul maître divin actuel (or les apparitions divines ne se reproduiraient que tous les 2 500 ans, la dernière étant celle du Bouddha). On devient sannyasin (membre) par l'imposition du nouveau nom et du Mala (collier de 108 grains portant le portrait de Rajneesh).

BHAKTIVEDANTA SWAMI PRABHUPADA. (Calcutta 1896 - New York 1977), fondateur d'Hare Krishna*. Grand traducteur et vulgarisateur de la Bhagavad-Gita*.

BIO-DYNAMIQUE. Thérapie nouvelle* élaborée par G. Boyesen.

BIO-ÉNERGIE. Thérapie nouvelle* élaborée par A. Lowen (1950), disciple de W. Reich. Elle cherche à libérer les émotions par une prise en compte des tensions du corps et une action sur elles.

BONNE VOLONTÉ MONDIALE. Association qui diffuse la pensée d'une ex-théosophe anglaise, Alice Bailey (1880-1949). Les sympathisants méditent quelques minutes tous les mercredis à midi (le « réseau des Triangles » médite chaque jour). L'« École Arcane » pratique la « méditation occulte ».

BRAHMA-KUMARI (Université spirituelle du). Créée en 1937 « Pour une évolution spirituelle améliorant l'homme ». 650 centres, 50 000 Raj-yogis dans le monde s'y rattachent.

BRAHMA-KURAMIS. Groupe pour lequel le sexe est l'ennemi de l'homme. Pour le combattre, il faut vivre dans l'ascèse. La crainte nucléaire joue un rôle important dans le groupe.

CAO-DAI. Doctrine syncrétiste (Jeanne d'Arc, Descartes et Victor Hugo sont au nombre de ses guides spirituels) élaborée au Vietnam en 1926 par des responsables civils préoccupés de questions spirituelles.

CAODONG. École chinoise du bouddhisme mahayana.

CARGO (Culte du). Mouvements religieux d'origine mélanésienne qui espèrent la venue d'un bateau apportant des biens spirituels en abondance.

CARP. Voir Moon.

CATHARSIS. Pour Aristote, effet de « purification » d'un spectacle dramatique. Méthode psychothérapique qui trouve dans l'expression de souvenirs refoulés le remède aux troubles qu'ils suscitent. Cela peut être un simple exutoire.

CAUSA. Voir Moon.

CENTRE CULTUREL DE NATURO-BIOTIQUE. Pour Michel Ballias, fondateur du centre, l'homme n'est que la transformation des aliments qu'il consomme. Il a été condamné par la justice.

CENTRE D'ÉTUDES FRATERNITÉ COSMIQUE. Groupe messianique de croyance aux OVNIS* dirigé par un « contacté », Eugenio Siragusa.

CENTRE JDANOV. A. Jdanov fonde en 1967 l'Institut Primal Européen. L'institut a fermé en 1986, mais Jdanov se présente toujours comme thérapeute des névroses.

CHAMANISME. Phénomène magico-religieux auquel recourent diverses religions animistes, dont les prêtres (*chamans* en Asie, *medecine-men* en Amérique) se mettent en état de transe et d'extase pour entrer en contact avec les esprits.

CHANNELLING. Communication avec l'au-delà (spiritisme).

CHAPELLE SAINTE-MARIE. Petite Église non reconnue, créée en 1964 par Maurice Cantor, prêtre de Rouen. S'est appelée « Église Vieille Catholique Romaine », puis (1978) s'est déclarée comme Association culturelle de l'Église apostolique de France.

CHEVALERIE (Ordres de). Associations contemporaines se présentant comme des Ordres de Chevalerie. L'origine des Ordres de Chevalerie remonte aux croisades (XIe-XIIIe siècles), lorsque l'aide à apporter aux pèlerins et la défense des lieux saints suscitèrent la naissance des moines-chevaliers, animés à la fois de l'idéal chevaleresque et de l'esprit monastique : en 1090, l'Ordre des Chevaliers hospitaliers de Saint-Jean-de-Jérusalem, vers 1120, ceux des Chevaliers du Temple et des Chevaliers Teutoniques. Quant à l'Ordre du Saint-Sépulcre, qui remonterait au XIe siècle, il reçut un statut pontifical au XVe siècle. Les Templiers furent supprimés en 1312 par Philippe le Bel et le pape Clément V ; les Chevaliers Teutoniques ont été sécularisés au XVIe siècle lors de la Réforme protestante en Allemagne.

Seuls subsistent aujourd'hui l'Ordre de Saint-Jean-de-Jérusalem (Ordre Souverain militaire et hospitalier de Saint-Jean-de-Jérusalem, de Rhodes et de Malte, appelé plus couramment, Ordre Souverain de Malte), reconnu par le Saint-Siège et 45 États, et l'Ordre Équestre du Saint-Sépulcre de Jérusalem, qui bénéficie d'un statut pontifical.

Cependant, les notions d'idéal et d'élite attachées à celle d'Ordre de Chevalerie ont suscité à notre époque la naissance d'une multitude d'associations privées se présentant sous les traits d'Ordres de Chevalerie, d'esprit très traditionnel par définition, et dont les caractères se rapprochent en fait, selon le cas, de ceux de confréries pieuses, d'organes militant pour une cause, de sociétés ésotériques, ou même de sectes ; plusieurs se réclament de l'Ordre du Temple et de son grand maître, Jacques de Molay, brûlé sur le bûcher par Philippe le Bel. Nous citerons ici quelques-unes de ces associations sans prétendre être exhaustifs.

LE REGARD CATHOLIQUE SUR LES RELIGIONS NON CHRÉTIENNES

Dans la pensée chrétienne, seul le Christ peut sauver ; seul il est la Vérité et la Vie. Chaque homme dès lors a le droit de connaître cette vérité pour éclairer son chemin ; et il est, en conséquence, du devoir du chrétien de présenter le plus largement possible, sans attenter bien sûr à la liberté des personnes, le message de salut délivré par le Christ ; à chacun ensuite de se déterminer librement à son égard.

Pour autant, les chrétiens n'ont pas un regard négatif sur les religions non chrétiennes. A leurs yeux, en effet, l'homme créé par Dieu cherche « naturellement » son créateur. Au profond de sa quête du bon, du beau, du vrai, de l'unité, mais aussi, à un autre plan, de la paix, il y a souvent une recherche de Dieu, une « religiosité », que les grandes religions ont souvent prises en compte dans l'accomplissement de leur mission.

D'ailleurs, c'est bien ce sentiment religieux qui, le plus souvent, porte l'homme à écouter Dieu à travers le Christ. Le problème de l'acceptation des religions par le christianisme n'est pas fondamentalement différent de l'acceptation des élans religieux dans la psychologie et la vie du chrétien.

Sans doute Karl Barth – il a influencé nombre de protestants et de catholiques – a-t-il voulu opposer religion et foi. Pour lui, la foi suppose que l'on se quitte soi-même – comme Abraham a quitté son pays – pour laisser seul Dieu parler en l'homme et le sauver. Beaucoup aujourd'hui contestent cette manière de penser. Pour eux, la foi s'incarne dans la religion, et la force de Dieu sauve la recherche humaine de toutes ses tentations et de toutes ses déviations. On rejoint ici le vieux débat sur le naturel et le surnaturel : selon la tradition catholique, le surnaturel ne détruit pas mais, au contraire, pousse à son achèvement le naturel.

Saint Jean affirme : « Dieu, nul ne l'a jamais vu (1/18) ». Seul le Christ peut le révéler et donner les moyens de devenir enfants de Dieu. La foi est nécessaire. Mais, aux yeux des chrétiens, les religions non chrétiennes ne sont pas sans une valeur propre, en aidant à chercher Dieu et à le découvrir quelque peu. Toutefois, elles peuvent aussi contribuer à le cacher un peu plus. Sans la foi, les plus "justes" sont paradoxalement, en effet, les plus susceptibles de ne pas trouver Dieu, leur "justice" pouvant susciter en eux ce qui menace toute religion (et toute vie religieuse) sans la foi : l'autosatisfaction.

En ce qui concerne plus précisément le judaïsme, les chrétiens aiment à voir dans l'Ancien Testament le récit d'une histoire de la présence de Dieu dans un peuple, histoire tout imprégnée – par avance – de l'esprit du Christ. Le chrétien est spirituellement un sémite.

PRIÈRE CHRÉTIENNE ET MÉDITATION ORIENTALE

Les méthodes de méditation (zen, yoga, etc.) auxquelles recourent les religions orientales, comme l'hindouisme ou le bouddhisme, exercent une influence croissante en Occident. Beaucoup de chrétiens sont donc conduits à s'interroger sur l'aide qu'elles peuvent leur apporter dans la prière. (Voir index : Zen et christianisme.)

La Congrégation romaine pour la doctrine de la foi a donc jugé utile d'adresser à l'ensemble des évêques catholiques, sous la signature de son préfet, le cardinal Ratzinger, et avec l'approbation du pape Jean-Paul II, une lettre publiée le 15 octobre 1989 sous le titre « Sur quelques aspects de la méditation chrétienne » (*Documentation catholique*, 7 janvier 1990), afin de situer clairement la spécificité de la prière chrétienne.

Indépendamment de l'opportunité de la mise au point visée, et même si on peut regretter que les modalités de la méditation dans les religions orientales n'y fassent pas l'objet de définitions aussi rigoureuses que la prière chrétienne, ce texte offre le mérite d'une présentation claire et précise de ce qu'est celle-ci. Il rappelle notamment que l'originalité de la prière chrétienne réside en deux points fondamentaux :

1. Elle est un face à face, une relation interpersonnelle, avec un Dieu Trinitaire (et donc personnel), et non pas une fusion avec lui (la personne humaine, bien que créée par Dieu et à son image, n'est pas appelée à être absorbée dans un créateur). L'affirmation « Dieu est Amour » « concilie l'union parfaite avec l'altérité entre l'être qui aime et l'être aimé ; avec l'éternel échange et l'éternel dialogue ».

2. Aucune technique au monde ne donne par elle-même la grâce : l'amour est toujours un don gratuit.

Dès lors qu'elle respecte ces points fondamentaux, la prière chrétienne peut fort bien s'enrichir de la recherche spirituelle orientale.

On trouvera ci-dessous deux passages de ce texte, lequel mérite, en réalité, qu'on le lise dans tout son développement.

... 7. Si la prière du chrétien doit s'insérer dans le mouvement trinitaire de Dieu, son contenu essentiel devra nécessairement être aussi déterminé par la double direction de ce mouvement : dans l'Esprit Saint, le Fils vient dans le monde pour le réconcilier avec le Père par ses œuvres et ses souffrances ; d'autre part, dans le même mouvement et dans le même Esprit, le Fils incarné retourne au Père, accomplissant sa volonté par la Passion et la Résurrection. Le « Notre Père », la prière de Jésus, indique clairement l'unité de ce mouvement : la volonté du Père doit se réaliser sur la terre comme au ciel (les demandes de pain, de pardon, de protection, explicitent les dimensions fondamentales de la volonté de Dieu envers nous), afin qu'une nouvelle terre vive dans la Jérusalem céleste.
C'est à l'Église que la prière de Jésus est remise (« Vous donc, priez ainsi » Mt 6, 9), et pour cette raison, la prière chrétienne, même lorsqu'elle s'élève dans la solitude, est en réalité toujours située à l'intérieur de cette « communion des saints » dans laquelle et avec laquelle on prie, tant en forme publique et liturgique qu'en forme privée. C'est pourquoi elle doit se faire toujours dans l'esprit authentique de l'Église en prière et donc sous sa conduite, qui peut se concrétiser parfois sous forme d'une direction spirituelle expérimentée. Même quand il est seul et prie dans le secret, le chrétien a conscience de prier toujours en union avec le Christ, dans l'Esprit Saint, en union avec tous les saints, pour le bien de l'Église.

... 30. Pour qui s'engage sérieusement, il y aura toutefois des moments où il lui semblera errer dans un désert et, malgré tous ses efforts, ne rien « sentir » de Dieu. Il doit savoir que ces épreuves ne sont épargnées à aucun de ceux qui prennent la prière au sérieux. Mais il ne doit pas identifier immédiatement cette expérience, commune à tous les chrétiens qui prient, avec la « nuit obscure » de type mystique. De toute manière, pendant ces périodes, la prière qu'il s'efforcera de maintenir fermement pourra lui donner l'impression d'avoir un caractère « artificiel », bien qu'il s'agisse en réalité d'une chose tout-à-fait différente : elle est en effet, justement alors, expression de sa fidélité à Dieu, en la présence duquel il veut demeurer même lorsqu'il n'est récompensé par aucune consolation subjective. Dans ces moments apparemment négatifs, devient manifeste ce que la personne qui prie cherche réellement : si elle cherche vraiment Dieu qui la dépasse toujours dans son infinie liberté, ou bien si elle se recherche elle-même, sans réussir à dépasser ses propres « expériences », qu'elle lui apparaissent comme des « expériences » positives d'union à Dieu ou comme des « expériences » négatives de « vide » mystique.

Documentation catholique 7 janvier 1990

Organisations dont le siège est à l'étranger :

• Association de l'Ordre Souverain de Saint-Jean-de-Jérusalem. Fondée en 1908, siège aux États-Unis. L'Ordre se veut l'héritier des grands prieurés de Russie, et compte parmi ses grands maîtres toute une suite d'aristocrates, authentiques ou non.

• Ordre Souverain de l'Hôpital de Saint-Jean-de-Jérusalem. Fondé en 1934. Grand chancelier actuel : prince Pierre de Grèce et de Danemark.

• Ordre Souverain de Saint-Jean-de-Jérusalem, Chevaliers de Malte ou Chevaliers hospitaliers, OSJ. Fondé en 1961 par Paul de Granier de Cassagnac, ancien de l'organisation américaine. « Haut Protecteur héréditaire » : l'ex-roi Pierre II de Yougoslavie.

• Ordre Souverain de Saint-Jean-de-Jérusalem. Fondé en 1965 à New-York par l'ex-roi Pierre II de Yougoslavie.

• Ordre du Saint-Sépulcre Byzantin. Fondé en 1968 par un Néerlandais, Jan Nico Blom, qui se dit « patriarche de l'Église catholique apostolique primitive d'Antioche », et « évêque copte-orthodoxe en France ».

• Ordre Souverain militaire et hospitalier de Saint-Jean-de-Jérusalem, Chevaliers œcuméniques de Malte. Fondé en 1970 par Isaac Wolfe, qui se fait appeler Prince Robert Bassaraba von Brancovan Khimchiachvili. Siège en Belgique.

• Grand Prieuré royal de Malte et d'Europe de l'Ordre Souverain de Saint-Jean-de-Jérusalem. Créé par G. Tunna Barthet en 1970, grand bailli. Grand Maître : le prince André de Yougoslavie (malgré les protestations du chef de la Maison yougoslave, le prince Alexandre). Siège aux États-Unis.

• Ordre Souverain des hospitaliers de Saint-Jean-de-Jérusalem, Chevaliers de Malte. Créé à Rome en 1971 par Vittorio Busa et Basilio Petricci « prince de Vacone et de Sienne ». Lié à celui dont le siège est en Belgique.

• Grand Prieuré International de l'Ordre Souverain de Saint-Jean-de-Jérusalem, fondé à Malte en 1971 par Robert Paterno. Grand maître : un Vénézuélien dont l'identité réelle est inconnue.

• Ordre de Saint-Jean-de-Jérusalem, Chevaliers hospitaliers de Malte, prieuré de Saint-Sauveur, aux États-Unis. Dirigé par le « Grand prieur », Christopher Stanley. Date de création inconnue.

• Chevaliers de Malte, Ordre Souverain de Saint-Jean, prieuré des États-Unis, fondé en 1981 par Enrico Vigo, transfuge du groupement du prince Von Brancovan. Siège à La Valette, Malte.

• Grand Prieuré américain de l'Ordre Souverain de Saint-Jean-de-Jérusalem, Chevaliers de Malte. Fondé en 1981 aux États-Unis, sous la protection du tsarévitch Alexis Romanoff, supposé réchappé du massacre de juillet 1918.

Plusieurs de ces groupements se réclament d'une tradition russe, contre laquelle s'élève le grand-duc Vladimir, chef de la Maison impériale de Russie, qui a nommé un représentant chargé d'intervenir contre les usurpateurs. De même pour la Maison de Yougoslavie.

Organisations dont le siège est en France :

• Chevaliers du Temple de Jérusalem : Commanderie de Vaulx (entre Lyon et Grenoble). Se situent dans la descendance de Jacques de Molay.

• Ordre Souverain du Temple Solaire. Commanderie Saint-Jean-Baptiste. « Frère Jean » se dit 23ᵉ grand maître, successeur unique de Jacques de Molay. Recrutement par cooptation.

• Compagnie chevaleresque de l'Ordre Christien. Mission : préparer la nouvelle venue du Christ prévue pour la fin de l'ère du Verseau.

• Nouvelle Civilisation. Se déclare apolitique, pour l'écologie et la restauration de la dignité de l'homme. Mouvement associé à « Nouvelle Civilisation », « Llys Dana » : Cour de Danon ; occultisme, parapsychologie, etc.

• Croix Blanche Universelle. Recherche de la perfection, occultisme.

• Ordre des Chevaliers du Saint-Temple.

• Parti Mondialiste de la Nouvelle Chevalerie. But : arrêter le processus autodestructeur de la planète.

• Ordre Rénové du Temple. But : régénérer l'humanité ; action sociale, éducative, etc.

• Ordre des Chevaliers de la Paix de Dieu. Conduit par une mystique considérant Paul VI comme un usurpateur.

• Ordre des Chevaliers de France. Se dit prêt à prendre les armes contre le pape s'il continue ses « réformes sataniques ».

• Ordre des Chevaliers Bretvins.

• Chevaliers Teutoniques.

• Souvenir Templier.

• Ordre du Christ Roi.

• Ordre d'Allibert.

• Association du Prieuré de Sion.
• Ordre Souverain de Saint-Jean-de-Jérusalem.
• Ordre des Chevaliers d'Occident.
• Ordre des Coteaux.
• Templiers du Saint-Graal.
• Ordre des Veilleurs du Temple. But : accueil des chercheurs se reconnaissant une vocation de « Chevaliers » pour les former en vue du maintien d'une tradition ésotérique.
• Chevaliers du Temple et Notre-Dame. But : préparer le retour du Christ ; revenir au christianisme primitif ; favoriser l'élévation spirituelle par la voie de l'initiation ; revivre les idéaux des chevaliers de l'ancien Ordre du Temple.
• Commanderie Saint-Louis-Roi de France. But : restaurer l'Occident chrétien et rétablir le royaume de Dieu sur terre.
• CIRCES (Cercles international de recherche culturelle et spirituelle), animé par l'OSTI (Ordre souverain du temple initiatique). But : rapprocher les peuples et les civilisations en réalisant la symbiose des cultures. Son chancelier a pour mission de reconstituer l'Ordre du Temple, issu de l'Atlantide, et perpétué par la civilisation égyptienne, les cathares et les templiers.
• Ordre Rosicrucien « AMORC » (ancien Ordre de la Rose-Croix). Ordre ésotérique se réclamant de la religion chrétienne tout en croyant à la réincarnation et en se référant à un Dieu cosmique.
• Chevaliers du Lotus d'Or. Son fondateur a créé un centre intellectuel de yoga et de méditation où vivent « les Chevaliers Initiés ».
• Chevaliers de Notre-Dame.
• Chevaliers de Saint-François d'Assise (Canada). Association religieuse, en cours de développement en France.

CHRÉTIENS PRIMITIFS. Petite Église non reconnue, créée en 1830 par Fabre-Palaprat à partir d'un certain « Ordre du Temple » et d'une « religion johannite », qui affirmait être la croyance des anciens Templiers et de l'Église primitive, fondée sur une version tronquée de l'*Évangile de saint Jean*. L'abbé Chatel (1795-1857), fondateur de « L'Église Catholique* Française » en 1831 rejoint ces « chrétiens primitifs » et y est sacré évêque.

CHRISTIAN-SCIENCE. L'« Église du Christ Scientiste » fut fondée par Mary Baker-Eddy (1821-1910 ; auteur de *Science et Santé avec la clef des Écritures*). Ce mouvement compte plus de 15 000 Églises, 1,5 million d'adhérents et possède un journal à grande influence, le *Christian Science Monitor*. Il s'est surtout développé aux États-Unis à partir de l'Église-mère de Boston.

CHRISTIEN (Compagnie chevaleresque de l'Ordre). Peu nombreux.

CHRIST-LIBÉRATEUR (Centre du). Organisation pour les homosexuels. N'est plus reconnue par la Fédération Évangélique de France.

CITADELLE (La). Voir Église chrétienne biblique.

CLUB DES SURHOMMES. Fondé en 1961 par Jean-Claude Monet. C'est une religion qui veut imposer la paix par la force des surhommes que sont les membres du groupe.

COMMUNAUTÉ DES CHRÉTIENS. Née en 1921 d'un groupe de théologiens de différentes confessions à la suite de rencontres avec Rudolf Steiner (Voir Anthroposophie). Le culte de cette nouvelle Église est centré sur les sept sacrements, une eucharistie appelée « Acte de consécration de l'homme » et la célébration des grandes fêtes.

COMMUNAUTÉ INTERNATIONALE DES HOMMES D'AFFAIRES DU PLEIN ÉVANGILE (souvent abrégé « Communauté du plein Évangile »). Branche française du « Full Gospell Business Men's Fellowship International » fondée en Californie par Damos Shakarian (1953) « pour amener les croyants, sans quitter leurs Églises, à s'ouvrir à la puissance de l'Esprit Saint » dans la ligne du mouvement pentecôtiste. (En Suisse : « Association de chrétiens témoins dans leur entreprise », A.C.T.E., plus évangélique.)

C'est un groupe œcuménique, souvent proche des pentecôtistes ou des baptistes* évangéliques.

COMMUNAUTÉS ÉVANGÉLIQUES NAZARÉENNES (Les). Groupement baptiste* indépendant (1845).

COMMUNION PHALANGISTE (La). Né en 1924 à Toulon, Georges de Nantes est prêtre du diocèse de Grenoble en 1948. En 1963, il est déclaré « suspens » de sa fonction, puis de toutes fonctions sacrées. Désavoué par Rome (1969), il lui est interdit de célébrer la messe depuis 1970. La Communion phalangiste, fondée en 1984, réclame de ses membres un acte d'allégeance à Georges de Nantes, qui revendique pour la France une dictature morale, la démocratie étant la source de tous les maux.

COMPORTEMENTALISME. École de thérapie qui voit dans les troubles psychologiques de mauvaises habitudes que l'on peut désapprendre grâce à une technique appropriée.

CONGRÉGATIONALISME. Organisation de certaines Églises protestantes dont les communautés locales sont autonomes. Généralement, elles interprètent la Bible de manière littérale.

CONTRE-RÉFORME CATHOLIQUE (La). Voir la Communion Phalangiste.

COSMICIA. Religion autour des extraterrestres (voir OVNI).

CROISADE INTERNATIONALE POUR UN MONDE VRAI. Voir Moon.

CYCLAMEN (L'Ange). Fondé par Robert France (alias « l'Ange Cyclamen »), envoyé par Dieu pour sauver le monde par la tendresse.

DARBYSTES (Assemblées de Frères ou Assemblées Évangéliques). Mouvement de Réveil. En 1828, J.N. Darby, prêtre anglican, quitte son Église et crée des communautés « libres » qu'il veut radicalement coupées de toutes les autres confessions. Cette intransigeance aboutit à une scission en deux branches : les « Frères larges » (plus ouverts à l'œcuménisme) et les « Frères étroits ».

DÉNOMINATION. Mot anglais voulant dire « culte », « groupement » ; le mot tend à désigner un groupe qui se constitue en Église reconnue et ouverte à un certain pluralisme.

DEVAS. Pour certains adeptes du Nouvel Age*, esprit des plantes.

EAU-VIVE. Chaîne de restaurants tenue par les « Travailleuses Missionnaires de l'Immaculée », « association pieuse de laïques » (Belgique, Rome, Burkina Faso, Vietnam,Philippines, Argentine, Pérou, Nouvelle-Calédonie), fondée par l'Abbé Roussel (mort en 1984) en 1949. Controversée pendant un temps, elle a actuellement le statut canonique d'Association de vie apostolique.

ÉCOLE DE L'ACTEUR. Voir Scientologie.

ÉCOLE DE LA VIE ABONDANTE. Voir Jayet.

ÉCOLE DE L'ÉVEIL. Voir Scientologie.

ÉCOLE DU RYTHME. Voir Scientologie.

ÉCOOVIE. Communauté écologique fondée par un Canadien, Piel, il y a quelques années. Se définit comme « un réseau autogéré présentant une alternative globale », procurant des produits alimentaires écologiques et pratiquant « le retour à une vie saine et primitive ». A ce groupement sont reprochées des conditions sanitaires douteuses et une vie en ghetto avec travail non rémunéré.

ÉGLISE APOSTOLIQUE. Église de Réveil née en Pays de Galles au début du siècle, qui fait partie des Mouvements de Pentecôte. (Voir Néo apostoliques.)

ÉGLISE CATHOLIQUE APOSTOLIQUE GALLICANE. Petite Église non reconnue, fondée en réaction contre le dogme de l'infaillibilité pontificale de 1870. Actuellement dirigée par Mgr Thierry Teyssot « patriarche » du « Saint-Siège de Gazinet » (Gironde).

ÉGLISE CATHOLIQUE APOSTOLIQUE OCCIDENTALE. Petite Église non reconnue.

ÉGLISE CATHOLIQUE FRANÇAISE. Petite Église fondée par l'Abbé Chatel en 1831 dans l'esprit de la religiosité de la Révolution Française et qui présente certains liens avec les unitariens (Voir encadré Unitarisme Voir aussi Chrétiens primitifs).

ÉGLISE CATHOLIQUE LIBÉRALE. Petite Église non reconnue, fondée sur le syncrétisme, la théosophie et l'enseignement (non imposé) « de la transcendance de Dieu dans l'univers et de son immanence dans les créatures ».

ÉGLISE CATHOLIQUE ORTHODOXE APOSTOLIQUE FRANÇAISE. Petite Église non reconnue (Mgr de la Thibauderie).

ÉGLISE CATHOLIQUE ORTHODOXE DE FRANCE (ÉCOF). Elle est issue de la petite communauté reçue dans l'Église orthodoxe russe en 1937, avec à sa tête Mgr L. J. Winnaert, passée ensuite avec le père Eugraphe Kovalevsky sous la juridiction de l'exarchat russe du Patriarcat de Constantinople, puis sous la juridiction de l'Église russe hors frontière, où le père Eugraphe fut consacré évêque. En 1967, il quitta cette Église, se retrouvant sans lien canonique avec les Églises orthodoxes. En 1972, l'Église de Roumanie prit sous son obédience l'ÉCOF et célébra le sacre de Mgr Germain, évêque de Saint-Denys : aucun évêque orthodoxe de France n'assista à la cérémonie. Dans un rapport, rédigé par une équipe de six théologiens orthodoxes mandatés, et publié par le Service Orthodoxe de Presse (SOP) en France, fut dénoncée cette errance juridictionnelle et l'ÉCOF accusée de pratiquer l'intercommunion. Des discussions sont en cours.

ÉGLISE CHRÉTIENNE BIBLIQUE. Fondée en 1973 par des Roumains s'appuyant sur la pitié à l'égard des Églises de l'Est, cette Église affirme l'inutilité de la vie familiale et la nécessité de se couper du monde extérieur.

ÉGLISE DE JÉSUS-CHRIST SUR-TERRE. Voir Kimbanguisme.

ÉGLISE DES ADVENTISTES DU 7e JOUR. Fondée en 1844 aux États-Unis par un baptiste, William Miller, qui, faisant une interprétation chiffrée de la Bible (*Livre de Daniel, Apocalypse*), annonça le retour *(advent)* du Christ pour 1843, puis 1844. L'Église a été organisée par Ellen White (1827-1915), visionnaire surnommée « l'Esprit de Prophète ».

Les adventistes ont foi en Dieu-Trinité, et en Jésus-Christ vrai Dieu et vrai homme ; ils attribuent un rôle prépondérant à l'Esprit Saint. L'âme n'est pas immortelle ; seuls ressusciteront les justes. Le Christ va revenir prochainement pour un règne terrestre de mille années, au terme duquel se feront le jugement général et la restauration de l'univers. Le baptême (des adultes, par immersion) n'est que le symbole de la mort du péché ; la Sainte Cène réalise une présence purement spirituelle du Christ. Le jour du Seigneur est le Sabbat (samedi, 7e jour). La morale est austère et exigeante. L'Église s'octroie le versement de la dîme (dixième de leurs revenus) par ses fidèles.(Siège à Washington, 2 350 000 fidèles pour 189 pays, hôpitaux, écoles, périodiques, émissions. France : 6 400 baptisés actifs, 102 églises.)

ÉGLISE DU CHRIST. Église anglo-saxonne de chrétiens « indépendants » née aux États-Unis au siècle dernier et regroupant ceux qui entendent ne se réclamer d'aucune dénomination particulière et faire retour directement au Nouveau Testament. Chaque Église locale est autonome, mais il y a des rencontres entre responsables (prosélytisme actif actuellement en France, spécialement dans l'Église du Christ de Paris).

ÉGLISE ÉVANGÉLIQUE LIBRE. Rassemblement de chrétiens professant leur foi à l'intérieur du protestantisme français. Voir Évangélique.

ÉGLISE UNIVERSELLE DE DIEU. Église millénariste fondée par H.W. Armstrong, et pratiquant une lecture fondamentaliste de la Bible. Elle appuie fortement la politique des États-Unis et développe certaines perspectives racistes. Elle est connue surtout par une émission radio, *Le Monde à venir* (R.T.L.) et un magazine gratuit, *La Pure Vérité*.

ÉGLISE UNIVERSELLE DE LA NOUVELLE ALLIANCE. Petite Église non reconnue (1972), fondée par Roger Caro (« Patriarche »). Origines gnostique et rosicrucienne.

ÉGLISE UNIVERSELLE DU CHRIST. Voir Montfavet.

ÉLAN VITAL. Voir Guru Mahara Ji.

EMPIRIKA. Voir Saint Erme.

ENCRATISME. Mouvement de pensée des quatre premiers siècles qui méprisait la matière et la chair, créées selon lui par un esprit mauvais.

ENFANTS DE DIEU ou FAMILLE DE L'AMOUR. Mouvement relativement récent, né dans le milieu hippie de Californie autour de David Brandt Berg, ancien pasteur méthodiste (il signe Moïse David, ou Mo), qui a repris les critiques radicales sur la société, la famille, les Églises, la morale, exprimées par une fraction de la jeunesse américaine. Dramatisant les choses, et notamment l'opposition riches-pauvres, il annonce la fin du monde pour 1993 sous forme de catastrophe atomique ; elle épargnera les pauvres et les Enfants de Dieu ; d'où l'inutilité de la lutte contre la misère d'ici-bas.

La secte est organisée de manière très hiérarchisée, sous l'autorité de Brandt Berg et dénombre 300 « colonies » dans le monde.

L'antenne française de cette association a été officiellement dissoute (JO 29/12/78) mais elle continue à exister à travers de petits groupes.

ÈRE DU POISSON. D'après le Nouvel Age*, c'est l'ère qui finira en 2160 à l'équinoxe de printemps (certains affirment qu'elle est déjà en train de s'installer et qu'elle le fera plus nettement à partir de 2012) et laissera place à celle du Verseau. L'ère du Poisson aurait été marquée par le Christ (souvent désigné par le sigle ICTHUS qui veut dire poisson en grec) et la violence. L'ère du Verseau sera celle de la paix.

ÉSOTÉRISME. Doctrine selon laquelle tout ce qui existe dans l'univers terrestre est le reflet de ce qui existe dans le domaine spirituel d'en haut et peut être découvert par des techniques appropriées : astrologie, alchimie, tarot, magie, cabale, chamanisme, parapsychologie, médecines parallèles, karma.

Quant aux chrétiens, s'ils croient à l'unité du monde créé par Dieu, pour eux Dieu est totalement transcendant, l'homme est totalement libre, et le seul secret à découvrir est l'amour.

ÉVANGÉLIQUE (LES ÉVANGÉLISTES). Dénomination courante pour désigner des chrétiens fondamentalistes pour qui le seul critère de la foi et de la pratique est la Bible (et rien que la Bible). Ils sont congrégationalistes (pouvoir à l'Église locale), « confessants », et baptisent par immersion les croyants à l'âge adulte. Voir Église Évangélique Libre.

FACULTÉ DE PARAPSYCHOLOGIE DE PARIS. École initiatique prodiguant un enseignement complet visant à l'individuation*. Sa fondatrice, Marguerite Preux, née Colombani (1935), enseigne une doctrine syncrétiste associant ésotérisme et catholicisme. Elle tient à ce que les élèves de la faculté célèbrent les grandes fêtes à l'église catholique de Morsain (Aisne) et qu'ils s'y marient lorsqu'elle le désire.

FAMILLE DE L'AMOUR. Voir Enfants de Dieu.

FAMILLE DE NAZARETH (La). Daniel Blanchard (né en 1940) est le fondateur de la « Commune de Nazareth » puis, en 1984, de « l'Atelier de Psychanalyse Existentielle ».

La famille de Nazareth est une communauté spirituelle de laïcs qui n'est pas reconnue par l'Église catholique. L'intégration dans cette famille se fait en trois étapes : entrée, fiançailles, Alliance.

FGBMF. Voir Communauté internationale des hommes d'affaire du plein Évangile.

FINDHORN. Certains voient l'origine du Nouvel Age* dans une communauté fondée à Findhorn (en Écosse). Là, Li Peter Caddy, sa femme Eileen et leur collaboratrice, devenus chômeurs, s'étaient faits horticulteurs. Ayant reçu des messages de l'au-delà, ils attirèrent des adeptes. En 1980, la communauté avait déjà 200 membres (David Spangler y séjourna). Aujourd'hui, elle compte 300 permanents et accueille des milliers de stagiaires chaque année.

FOI UNIVERSELLE BAHA'IE. Elle se définit comme une religion indépendante possédant ses propres écrits sacrés, révélés par son fondateur Bah'a'U'llah « Gloire de Dieu » (1817-1892), lequel affirmait que ses enseignements étaient d'inspiration divine (*Le Livre de la Certitude, Les sept Vallées, Les Paroles cachées*). Il se présentait comme l'envoyé divin annoncé par le Bab (« la Porte », 1819-1850), et promis par toutes les saintes écritures du passé. Pour les Baha'is, toutes les religions procèdent de la même source divine : elles font partie d'un plan de Dieu pour l'évolution de l'humanité, dont les grands personnages religieux – Bouddha, Zoroastre, Krishna, Moïse, Jésus, Mohammed, le Bab et Baha'U'llah – sont des manifestations et portes-paroles successifs. Ils visent à l'établissement d'une communauté mondiale réalisant l'union de toutes les nations, croyances et classes. Il n'y a ni clergé, ni Église ; la direction est assurée par des assemblées élues de neuf personnes, du niveau local au niveau international.

FONDATION POUR LA COMMUNICATION DE LA CULTURE INTERNATIONALE. Voir Scientologie.

FRATERNITÉ SACERDOTALE MONSEIGNEUR Pierre-Martin NGO DINH THUC, ou OHCL (Organisation Humanitaire Chrétienne et Libérale). Association animée par le Père Dominique Labranque et par Mgr Jean Gérard Roux. Autre nom : « Les Rameaux ».

FRÉCHOU (Le). Voir Fraternité Fréchou-Andiran.

GAME (Groupe pour l'Amélioration de Méthode d'Enseignement). Voir Scientologie.

GAMIETTE. Ex-Mormon, fondateur d'une religion personnelle en Guadeloupe.

GESTALT-THÉRAPIE. École de thérapie nouvelle* fondée par F. Peris. Enseignement diffusé à partir de l'Institut d'Esalen (États-Unis).

GNOSE DE PRINCETON (La). Nom donné en 1969 à un mouvement de pensée rassemblant discrètement dans les universités de Princeton et de Pasadena des chercheurs et des scientifiques, notamment dans les domaines de l'astrophysique, de la biologie, de la médecine.

La gnose de Princeton est une recherche religieuse qui accepte la connaissance scientifique dans son ordre mais la trouve réductrice dans sa prétention à être la seule connaissance authentique de la réalité. Au nom des problèmes et des limites de la science moderne, elle pose les grandes questions métaphysiques (l'unité du monde, le sens du tout, la nécessité d'une finalité supérieure, l'interrogation sur l'origine, etc.). Elle étudie ces questions à partir de la science la plus moderne et en présupposant que tous les êtres sont conscients, signifiants – ou plus exactement plein de sens –, alors que le matérialisme consiste à croire que tout est objet, tout est extérieur, tout est chose ! Ainsi, l'incapacité d'expliquer par le seul hasard l'émergence de la vie fait présumer l'intervention d'une conscience, ce qui vient confirmer l'irréversibilité du temps, donc le fait que l'univers a une histoire et un sens. Enfin, la gnose de Princeton reconnaît, à cause de l'unité statistiquement improbable du monde, de l'interaction de la conscience et de la participation, l'existence de Dieu (« Dieu est la pensée dont le monde constitué est le cerveau »), l'anti-hasard.

La connaissance de ce Dieu porte à une vraie sagesse qui ne veut pas s'engager dans les grands combats du monde, ni même dans la foi chrétienne (le Christ est laissé aux hippies).

FRATERNITÉ BLANCHE UNIVERSELLE. Mouvement initiatique selon lequel la connaissance des choses de la terre appartient à une loge de « Grands Initiés », dans le soleil, et à une loge de savants initiés, sur la terre, le tout au sein d'une fraternité universelle composée d'êtres parfaits : ils ont pris part à la création du cosmos, qu'ils dirigent sous la conduite de l'Esprit Divin ; s'y oppose une fraternité noire composée d'êtres égocentriques, ignorants du sens de la vie.

FRATERNITÉ D'ABRAHAM. Association de chrétiens (catholiques et protestants), de juifs et de musulmans travaillant à une connaissance mutuelle des trois grandes religions monothéistes : christianisme, judaïsme, islam.

FRATERNITÉ FRÉCHOU-ANDIRAN. Apparitions supposées de la Vierge le 14 du mois en 1977 à Robert Kosik, qui fonde un culte ; et une communauté religieuse (sous le nom de Communauté des Serviteurs et Servantes de Marie, ou de Fraternité Notre-Dame) avec Michel Fernandez. Le style en est traditionaliste. Ordinations sacerdotales puis épiscopales non reconnues par Rome et ayant entraîné leur excommunication (mars 1983 et avril 1989). Inculpation d'escroquerie en 1988.

FRATERNITÉ JOHANNITE pour la RÉSURRECTION TEMPLIÈRE (FJPLRT). Créée en 1978, elle se propose de revivre les idéaux templiers (voir Temple), faire connaître le christianisme ésotérique, préparer la résurgence templière de 1984 et le retour du Christ.

FRATERNITÉ MONDIALE D'ENSEIGNEMENT DES MAITRES COSMIQUES. Syncrétiste, polythéiste et gnostique, cette fraternité diffuse les messages des maîtres cosmiques reçus par télépathie...

GNOSE EUROPÉENNE (La). Il ne s'agit pas d'un mouvement, encore moins d'une secte. C'est une somme d'idées plus ou moins partagées par beaucoup de gens :

- le monde n'est pas bien organisé, on peut l'améliorer en supprimant le mal ;
- la libération de l'homme est à portée de main, il suffit de faire un (dernier) effort ;
- l'homme crée l'ordre politique et humain ; le corps politique a donc une souveraineté absolue sur lui-même, et par conséquent peut « changer la vie » ;
- pour maîtriser le monde, il suffit de le saisir à un certain niveau d'abstraction, même si cela supprime la référence au réel ; ▶

LIBRES EN VÉRITÉ : L'ARTICULATION ENTRE LA VÉRITÉ ET LA LIBERTÉ DANS LE CATHOLICISME

Depuis l'époque des Lumières, la société occidentale a privilégié la liberté individuelle comme valeur suprême. A l'encontre du pouvoir centralisé de l'État et des contraintes sociales des siècles précédents, voire des guerres de religion, les philosophes ont mis au premier plan la personne humaine et ses droits inaliénables. Toutes les institutions, y compris l'autorité morale de l'Église, furent remises en question. Les combats anti-religieux du XIXe siècle se sont cristallisés sur cette promotion de la liberté d'action, d'expression ou d'association comme la pierre angulaire d'une société moderne.

De nos jours en Europe, par exemple, la liberté est une requête pour défendre l'enclos privé et le bonheur de chaque citoyen. Nous connaissons encore des conflits comme ceux qui ont trait à la liberté d'avorter, de vivre ou non dans le mariage, de l'homosexualité, ou encore de publier des œuvres non-conformes aux principes établis. Mais il existe un sentiment diffus d'une liberté qui consiste à faire « ce que l'on veut » dans la mesure où cela ne porte pas atteinte à la liberté d'autrui. Le libéralisme des mœurs et des convictions est souvent interprété comme un progrès conquis sur l'univers des tabous et des obscurantismes du passé. La liberté risque de devenir un absolu, fondé sur le désir individuel.

Pour le chrétien, la liberté n'est pas d'abord dans l'absence de soumission à des règles, mais dans un consentement à la vérité. Celle-ci prend le caractère de l'absolu de Dieu et de sa Parole pour donner à la liberté son sens dans une relation avec le Créateur de l'homme. La vérité n'est pas une notion abstraite ou un préjugé d'hier mais la prise de conscience d'une parole vivante qui est adressée à l'homme. Les règles et les repères de vie qui en découlent prennent le sens d'une fidélité dans l'amour et non celui de la soumission à des contraintes impersonnelles.

C'est pourquoi l'apôtre saint Paul fut le chantre le plus ardent de la liberté : « C'est à la liberté que vous êtes appelés », dit-il aux habitants de Galatie (Galates 5,3).« Pourquoi ma liberté relèverait-elle du jugement d'une conscience étrangère ? » demande-t-il aux Corinthiens ? (1Co10,29). Ou encore : « Là où est l'Esprit du Seigneur, là est la liberté. (2Co. 3,17) » Mais si l'apôtre oppose cette conception aux traditions juives qui étaient reçues comme des contraintes, il se méfie tout autant de l'anarchie des passions et de la « chair ». Là aussi, il faut conquérir sur soi-même cette liberté du cœur et de l'esprit qui, seule, permet de s'ouvrir à la vérité de la Parole de Dieu.

Le concile Vatican II est très clair en matière de liberté religieuse : « Dieu, certes, appelle l'homme à le servir en esprit et en vérité ; si cet appel oblige l'homme en conscience, il ne le contraint donc pas. Dieu en effet, tient compte de la dignité de la personne humaine qu'il a lui-même créée et qui doit se conduire selon son propre jugement et user de la liberté .» Jésus avait dit : « La vérité vous rendra libres » (Jean 8,32) ; c'est elle, en effet, qui nous révèle ce bien que nous cherchons dans l'amour, au-delà des dérives individuelles ou imposées par les modes ou les idéologies. Chercher la vérité libère des aveuglements et des errances, délivre des contraintes qui pèsent sur la liberté de conscience, et oriente vers cette liberté reçue de Dieu qui parle dans la fidélité du cœur.

LA FRANC-MAÇONNERIE EN FRANCE

Le mouvement maçonnique tient une place à part dans le monde contemporain des groupes et sociétés de pensée humaniste ou spiritualiste, ne serait-ce qu'en raison de son ancienneté (XVIIIe siècle), et de l'influence, réelle ou supposée, qu'il n'a cessé d'exercer depuis ses origines au sein de la société française (peut-être à un moindre degré aujourd'hui). Il faut dire que ses rites, son goût du secret, le nombre et le niveau des notables parmi ses adhérents, ses solidarités internes, son réseau de relations, favorisent singulièrement les rumeurs à son sujet. Sur le fond, il se situe explicitement dans l'héritage de la philosophie des Lumières, dont il prône l'idéal humaniste et tolérant ; si certains de ses mouvements ont renoncé à la référence déiste, d'autres l'ont conservée. Ses constantes prises de position en faveur de la laïcité sont, à son point de vue, une application de l'esprit de tolérance à faire prévaloir au sein de la société ; en fait le problème est de clairement définir tolérance et laïcité, car c'est en leur nom que bien des offensives anticléricales, voire antireligieuses, ont pu être lancées par certaines organisations. On trouvera exposées p. 421 les positions, tant de principe que de circonstance, de l'Église catholique à l'égard de la maçonnerie.

FRANC-MAÇONNERIE EN FRANCE. Alors que les organisations maçonniques comptent dans le monde de 6 à 7 millions de membres, les obédiences françaises en rassemblent au total de 80 à 100 000, de manière inégale entre elles.

- **Grand Orient de France.** Sens de son nom : « de l'Orient vient la lumière ». Fondée en 1773, c'est l'obédience la plus ancienne en France, et la plus nombreuse, annonçant 35 000 « frères » et 500 loges. Elle a renoncé en 1864 à toute référence déiste, un des fondements de la philosophie maçonnique à l'origine, ce qui a conduit à sa rupture avec la Grande Loge d'Angleterre, repère central dans le monde. Bien que signataire en 1985, conjointement avec quatre autres obédiences maçonniques françaises (dont la Grande Loge), avec le président de la Conférence des évêques de France, celui de la Fédération protestante de France, celui du Comité inter-épiscopal orthodoxe français, le grand rabbin de France, le représentant de la Grande Mosquée de Paris, d'un appel commun contre la montée du racisme et de la xénophobie, le Grand Orient est probablement l'obédience maçonnique française dont le laïcisme est le plus affirmé.
- **Grande Loge de France.** Fondée en 1894, elle annonce près de 20 000 membres et 490 loges. Pratique du rite écossais ancien.
- **Grande Loge nationale française.** Fondée en 1913. Seule obédience française reconnue par la Grande Loge d'Angleterre, pour son respect de la règle de la Franc- Maçonnerie universelle, caractérisée par la croyance en Dieu et l'apolitisme. Annonce 15 000 membres et 700 loges. C'est probablement celle où les catholiques sont les plus nombreux. Plusieurs rites acceptés.
- **Grande Loge féminine de France.** Fondée en 1945. Environ 8 000 membres et 205 loges.

Grande Loge Traditionnelle et Symbolique Opéra. Fondée en 1958, elle suit la tradition spiritualiste mais reste en relations avec les obédiences françaises non reconnues par la Grande Loge d'Angleterre. 1 650 membres, 95 loges. Plusieurs rites.

- **Droit humain.** Appartenant à un ordre international mixte, cette obédience, fondée en France en 1893, y compte environ 11 000 membres et 380 ateliers. Pratique du rite écossais ancien.
- **Grande Loge indépendante et souveraine des rites unis.** Fondée en 1976, compte des loges masculines, féminines et mixtes. Plusieurs rites.
- **Grande Loge Œcuménique d'Orient et d'Occident.** Fondée en 1976. Devise : « Dieu, Amour, Tous Frères ». Environ 1 900 membres. Plusieurs rites.
- **Grande Loge Œcuménique féminine d'Orient et d'Occident.** Fondée en 1980.
- **Grande Loge mixte universelle.** Fondée en 1973. 500 membres, 21 loges. Idéal laïque. Plusieurs rites.

CHRÉTIENS ET GROUPES ALTERNATIFS

Bref descriptif

Il est difficile d'avoir des chiffres : en France, on parle de 300 groupes religieux « alternatifs » qui rassembleraient environ 400 000 personnes, dont un quart de Témoins de Jéhovah.

On appelle souvent ces groupes des sectes. Mais le mot est très péjoratif. Il a d'ailleurs été employé contre l'Église naissante par les Juifs : il suffit de se souvenir de Paul se défendant en disant : « Je suis au service du Dieu de nos Pères selon la voie qu'eux qualifient de secte ; je crois tout ce qui est écrit dans la Loi et les Prophètes » (Act 24/4).
Il vaut mieux, sans doute, parler de groupes de vie « alternatifs » dans la mesure où ces groupes proposent une vie différente qui se situe en opposition avec la vie des gens ordinaires, alors que, selon la conception chrétienne, le croyant mène dans le monde (mais opposé au péché du monde) une vie semblable à celle de tout un chacun.

Dans tout l'univers, et dans toutes les couches de la société, de tels groupes se multiplient. On peut les classer en quatre familles de pensée.

• *Les courants orientaux :* ils se rattachent au bouddhisme ou de l'hindouisme ou s'en inspirent ; ils sont souvent centrés sur une pratique de la méditation.

• *Les courants gnostiques, ésotériques et occultistes :* ce sont probablement les courants dont la croissance est la plus forte à l'heure actuelle. Certains portent un regard optimiste sur le monde. D'autres pensent au contraire que le monde et la matière sont mauvais. Très souvent, ces courants se réfèrent à des forces invisibles (venant d'ondes, d'énergies, des astres) qu'ils cherchent à capter. Ils ne se définissent pas seulement par leurs doctrines : leurs organisations sont souvent basées sur le secret : il doit être pris en compte pour saisir leur exacte nature.

• *Le Nouvel Age :* comme son nom l'indique, il annonce l'ère du dépassement des grandes religions. Il permet, tout en se situant dans un vaste ensemble, de mener une vie très individuelle. C'est un courant informel très soumis à la mode.

• *Les courants bibliques :* ils restent quantitativement les plus nombreux et se fondent sur des lectures généralement fondamentalistes de la Bible (cf. les Témoins de Jéhovah).

Que cherche-t-on dans les groupes alternatifs ?

Le secret des cœurs est difficile à percer ! Certains peuvent à proprement parler n'avoir cherché dans des « sectes » que la satisfaction d'une curiosité et s'être fait prendre par des techniques de recrutement, un isolement, une mise en état de fatigue ou de dépendance qui ne laissent aucune liberté.

On peut penser que d'autres sont prisonniers de ce que, profondément, ils cherchaient :
• Une identité : avoir été choisi pour appartenir à une élite – celle qui sait et qui est sauvée – est certainement valorisant.

• Un chemin vers la transcendance : en 1968, il était de bon ton de dénoncer le « métro-boulot-dodo » ; la quête de sens peut prendre aujourd'hui une autre forme que la recherche révolutionnaire.

• Une sécurité affective : des directives claires, une communauté, un guru qui sait, rassurent. Beaucoup de groupes renforcent cette sécurité en ayant une vision unifiante du monde.

• Un salut : même si les questions de la souffrance et de la mort sont souvent occultées dans la société, elles n'empêchent que beaucoup cherchent guérison et salut.

• Des responsabilités : un prosélytisme sans complexe en est souvent la première.

Les chrétiens et les groupes alternatifs

Comme face à n'importe quel autre problème, la réponse des chrétiens est théoriquement facile : il leur faut être chrétien, c'est-à-dire avoir foi en Jésus-Christ, Fils de Dieu, Sauveur. C'est-à-dire aussi avoir foi dans l'Église épouse et Corps du Christ (1 Col 1/24, 2 Co 11/2) et « sacrement universel du salut » (Gaudium et Spes 45).

Il est probable qu'aujourd'hui la majorité des Français ignorent les bases même de la foi chrétienne : très souvent, ils se font abuser par des paroles qu'ils ne sont pas à même de discuter, parce qu'ils ignorent ce que l'Évangile dit de Jésus, du Père, de l'Église, de l'homme. En conséquence, ils ne cherchent pas, dans l'Évangile, une parole concrète de salut. « Toi seul, tu as les Paroles de la vie éternelle !... »

En fait, le problème posé par les sectes est celui qui a toujours été posé au théologien. Comment se fait-il qu'il faille obligatoirement passer par le Christ pour rencontrer Dieu et être sauvé ?

Ancré dans la foi au Christ, le chrétien se doit évidemment d'écouter celui qui appartient à un groupe. Il doit le faire sans trouble : les Hébreux avaient Moïse quand ils suivirent le veau d'or. Les chefs du peuple avaient le Christ quand ils préféraient Barabbas. Mais sans naïveté : certaines sectes sont puissantes, riches et ont des plans de développement bien étudiés. « L'Église électronique » qu'ont développée des *preachers* américains à travers la télévision et les médias (on se souvient d'émissions comme *Pray The Lord* qui voulait constituer une communauté chrétienne par la télévision autour d'un prédicateur, mi-animateur, mi-psychologue) a drainé des millions de dollars tout en prétendant combattre à la fois la solitude des âmes et le socialisme des peuples. Les *preachers* ont donné beaucoup d'idées à tous les autres « sectateurs » en mal d'argent.

Or la planification ou les méthodes « évangélisatrices », et nombre de groupes sectaires, recourent à une critique systématique des Églises, et spécialement de l'Église catholique jugée « dépassée, trop centralisée, trop dogmatique, trop moralisatrice, trop intellectuelle, sans souffle spirituel, sans vie communautaire réelle, sans fidélité aux vérités essentielles. »

Même si elles sont télécommandées, les critiques portent souvent, et elles trouvent un accueil favorable dans la communauté catholique elle-même, parfois chez ses responsables. Certes tout n'est pas parfait dans l'Église. Mais ces critiques à tout va semblent être contradictoires avec la foi et être le reflet d'une autre époque : « *De Marx jusqu'à Michel Foucault, je pense que nous avons été victimes d'un leurre. Nous n'avons pas à espérer un nouvel être humain, ou à rêver de casser les institutions, ni même à perdre notre temps à critiquer nos démocraties. A force de slogans, nous avons oublié les vrais problèmes de tous les jours. Si nous, intellectuels, devons faire de la politique, ce n'est pas avec des concepts miraculeux mais dans le cadre des lois et face aux réalités présentes.* » (Richard Rorty, *Le Monde*, 03.03.1992).

Cette citation pourrait être de certains intellectuels chrétiens. La réalité, c'est, en particulier, le besoin religieux de l'homme dans la grande ville, d'où les repères traditionnels ont disparu. Certes, pour un chrétien, foi et religion ne sont pas à confondre. Mais si la foi ne prend pas en compte la religion, celle-ci prend son autonomie et devient « folle ».

Cela dit, les axes de recherches des nouveaux groupes religieux apprendront aux chrétiens à scruter d'une nouvelle manière leur tradition, leur Évangile : tout ce qui est compatible avec l'Évangile – et explicitement avec le salut apporté par le Christ – tout ce qui n'est pas contraire à la communion ecclésiale sera considéré comme bon. De la confrontation avec les « sectes », on peut penser que les chrétiens retiendront la nécessité de retrouver, encore et encore, un sens de la guérison, du pardon, des fins dernières... et de la prière.

Enfin, il y aura à lutter pour le respect des personnes et pour la liberté : le sujet est difficile car il semble contradictoire de proclamer la liberté et de protéger quelqu'un contre lui-même. Cependant, il est incontestable que certaines sectes sont totalitaires et qu'il faut défendre vis-à-vis d'elles la liberté de conscience.

▶• le quantifiable et le technique sont des approches opérationnelles de la réalité ; seuls, ils comptent ; la vérité est une notion sans intérêt. Ce qui est intéressant est ce qui fonctionne.

Même si l'idée que le bonheur vient de la connaissance est gnostique, le courant de pensée est loin des gnoses traditionnelles marquées par le secret et par des structures caractéristiques.

GOYAVE. Voir Gamiette.

GRAAL (Mouvement du). Association philosophique et religieuse fondée en 1932 (en France) pour diffuser « Le Message du Graal » (3 volumes : *Dans la lumière de la Vérité*), « ultime Parole de Dieu » apportée par Oskar Ernst Bernhardt (1875-1941) qui, en Allemagne, prend le nom d'Adb-Ru-Shin et se présente comme « le Fils de l'Homme promis par Jésus ». C'est une gnose inspirée de la révélation chrétienne.

GROUPE D'ÉTUDES ET DE RECHERCHES PHILOSOPHIQUES, HISTORIQUES ET RELIGIEUSES. Fondé en 1973 par un abbé Rouméas. Il vise à déstabiliser les jeunes afin de les restructurer dans leur personnalité.

GURDJIEFF (Groupes). Assurent la diffusion de la pensée du célèbre « éveilleur » que fut Georges Ivanovitch Gurdjieff (1877-1949).

GURU. Mot dérivant du sanscrit, qui signifie lourd. L'hindouisme appelle *guru* un maître spirituel dont la parole a du poids.

GURU MAHARA JI. Maître de la « Mission de la Lumière Divine », secte hindoue proposant des techniques de méditation, il se présente comme « le maître parfait venu dans ce monde troublé pour enlever la souffrance en nous révélant la même méditation spirituelle que Jésus, Krishna, Bouddha révélaient de leur temps ». Il affirme avoir reçu « son pouvoir spirituel et sa grâce divine » de son père, en 1960, à l'âge de huit ans et demi. Il s'installa ensuite aux États-Unis. Son groupe fut divisé en 1974 après son mariage avec une américaine. Quiconque a reçu « la Connaissance » (après initiation par un mahatma) peut pratiquer la méditation, qui permet « un contact réel et direct avec la conscience pure et l'intérieur de soi » et avec Dieu-Énergie. Depuis 1986 le groupe s'intitule "Élan vital". Beaucoup de contestations sont formulées tant à l'égard du guru, qui vit du travail de ses fidèles, qu'à l'égard des risques de fragilisation des jeunes qu'il rassemble.

HARE KRISHNA. Association internationale pour la conscience de Krishna, fondée aux États-Unis en 1966 par Bhaktivedanta Swami Prabhupada, descendant d'une lignée de maîtres spirituels hindous. La doctrine s'inspire des védas et de la Bhagavad-Gita ; mais, alors que Krishna n'est pour l'hindouisme qu'une incarnation de Vishnou, la secte en fait le Dieu suprême dont nos âmes sont des fragments, appelés à se fondre dans la conscience de Krishna après de multiples réincarnations. La voie de la dévotion (bhakti-yoga), appliquée dans les ashrams de la secte, est sévère (abstinence de viande, de poisson, d'œufs, d'excitants ; levers à 3 h 30 ; douches froides ; pour les couples, relations sexuelles seulement pour la procréation, etc.). 1 728 fois par jour on chante « hare Krishna, hare Rama », formule de louange à Krishna accompagnée par les tambours et les clochettes. La secte annonce deux millions de membres dans le monde, chiffre contesté (150 en France). Ses méthodes restent controversées (rupture avec le milieu familial, culturel, risque de dépersonnalisation, etc.). Un redressement s'est opéré chez certains à la suite du départ du responsable pour la France (1984) avec la caisse...

HINSCHISTE (Église Évangélique). Cette minuscule Église aux doctrines proches de la gnose a rejoint l'Église Réformée Évangélique Indépendante.

HOLISTE. Le Nouvel Age* et quelques groupes alternatifs emploient souvent cet adjectif, transcrit du mot grec qui veut dire totalité, pour désigner l'universalité, la plénitude, le regard sur toutes les dimensions, voire la communauté qui prend toute la vie.

ILLUMINATIONS INTENSIVE. Séminaires intensifs d'expériences de développement personnel (comme une thérapie nouvelle*) à base de philosophie bouddhiste et de techniques zen.

IN. Association fondée sur la thérapie nouvelle* pour promouvoir l'hygiénisme, le mieux-être et la relaxation. (Stages de Do-in et de sophrologie).

INDIVIDUATION. Ce qui individualise chaque personne.

INSTITUT DE RECHERCHES PSYCHANALYTIQUES. Fondé en 1976 par Maud Pison (née en 1922) dans la conviction d'être à l'origine d'une nouvelle école de psychanalyse. Croyance en la réincarnation (Mme Pison se dit une réincarnation de la Vierge).Thèses millénaristes.

INSTITUT MERU FRANCE. Voir Méditation transcendantale.

ISKCON (International Society for Khrisna Consciousness). Voir Hare Khrisna.

ISO-ZEN. Groupe de croyants aux extraterrestres, avec lesquels ils entreraient en contact par l'intermédiaire d'OVNI*.

IVI (Invitation à la Vie Intense). Association fondée en 1983 par Yvonne Joubert, qui se déclare investie d'une mission divine – elle est quelquefois considérée comme une réincarnation de la Vierge Marie – et professe une doctrine syncrétiste à base de christianisme, d'hindouisme, d'ésotérisme et de bioénergie. Elle enseigne à prier, aimer et guérir. Elle croit à la vertu des « vibrations cosmiques » qui relient la terre au monde invisible. Elle explique les échecs conjugaux par de mauvaises rencontres de Karmas* et considère même comme providentielles les naissances illégitimes.

JAYET. Les membres du groupe s'appellent les compagnons d'Epaphras. Ils se considèrent comme médiateurs entre l'homme et Dieu et recueillent des fonds pour la mission africaine.

JEAN (Jeunesse d'esprit, Éducation de soi-même, Ardeur au travail, Noblesse de caractère). Mouvement culturel à tendance ésotérique fonctionnant en cours par correspondance.

JEAN-MICHEL Cravanzola (« Jean-Michel et son équipe »). Évangéliste actif en Suisse, où il monte des centres d'accueil pour jeunes en difficulté. Condamné pour escroquerie, il s'expatrie en France dans le Gard, à Lafrançaise, où il crée « l'Ile de la Foi ». Il doit quitter précipitamment le village pour Miami (États-Unis). En France, il assurait la vente d'ouvrages par colportage : *Et si c'était vrai ?, Les morts qui revivent.*

KALPA. Mot de la tradition indienne qui désigne le temps, « la grande année universelle », divisée en différentes périodes (les yaga). Après l'âge d'or (Kratayuga) viennent l'âge d'argent, puis l'âge de bronze, puis l'âge de fer, dans une lente dégradation qui s'achèvera par un retour de l'âge d'or.

KARDECISME. Doctrine d'Allan Kardec (1804-1869) qui, cherchant l'harmonie dans la religion, découvrit le spiritisme et s'en fit le propagateur. Il écrivit *Le Livre des Esprits* (1857) (voir index Hippolyte Rivail).

KARMA. Mot sanscrit désignant l'acte humain délibéré, et ses effets, en particulier la rétribution méritée, et donc les réincarnations successives.

KERIZINEN. Lieu-dit, dans le Nord-Finistère, où, en 1968, la Vierge Marie serait apparue 58 fois à J.L. Ramonet (28 ans) qui tricotait en gardant ses vaches, lui donnant de nombreux « messages ». Les déclarations des évêques du lieu et du Saint-Siège furent nombreuses: « Aucune garantie d'origine surnaturelle », « erreurs et ambiguïtés doctrinales des messages. »

KIMBANGUISME. Mouvement fondé au Bas Congo par Simon Kimbangu (1889-1951), un ex-baptiste.

LIGUE CHRÉTIENNE DE TÉMOIGNAGE. Organisation « constituée afin de témoigner pour Jésus face au faux messianisme d'Israël ». Fondée par Marcel Haddad, « apôtre des derniers temps », qui dit tenir son message depuis 1968 du Christ lui-même, lequel lui aurait révélé les prophéties scellées de l'*Apocalypse*.

LIGUE POUR UNE JUSTICE HONNÊTE. Voir Scientologie.

LONGO MAI. Coopérative européenne « SCOP » à Limans, près de Forcalquier, dans les Alpes-de-Hte-Provence : une des rares communautés alternatives ayant survécu au mouvement communautaire et néo-rural d'après mai 68 dans le Midi de la France. Ce courant révolutionnaire – écologique, utopique (de type politique plus que religieux), et de refus de la civilisation urbaine, de la société de consommation, de l'économie de profit – attira de nombreux jeunes. La coopérative fut fondée par Roland Perrot (dit « Rémi ») en 1973, personnalité aussi controversée que le fonctionnement de son groupe.

LOTUS (Association du). Études de textes religieux traditionnels (syncrétisme ésotérique).

LOTUS D'OR. Ashram (couvent indien) fondé par un yogi (Gilbert Bourdin, ou Hamsanoudah, ou encore, depuis 1991, Hamsanarah) où vivent des moines et moniales, les chevaliers du Lotus d'Or. Cet ordre repose sur le culte syncrétiste du Bouddha et du Christ Roi. G. Bourdin s'est déclaré « Messie Cosmoplanétaire » en 1991. Voir Mandar'om.

LUMIÈRE VERS L'EST. Nom de la campagne 1991 du groupement Travail Famille Propriété*.

MAGE DE COMPIÈGNE. René Hénaux, rebouteux-guérisseur et visionnaire.

MAHA BUDHI SOCIETY. Association bouddhiste internationale.

MAHIKARI (Sekal Mahikari Bunmai Kyodan, ou « Mouvement pour réaliser une Nouvelle Civilisation par la Lumière de la Vérité). Secte guérisseuse japonaise, syncrétiste, fondée en 1960 par M. Okada.

MANA. Terme polynésien qui désigne en même temps, dans l'acte magique, l'acteur, le pouvoir, les rites et l'action magiques.

MANDAR'OM. Ashram proposant un syncrétisme religieux dans la ligne de l'hindouisme, et un ordre monacal : « Les Chevaliers du Lotus d'Or » (à l'origine d'un « Temple de la Religion Universelle » et d'un « Centre International de Yoga et de Méditation ». Voir Lotus d'Or.

MANTRA. Dans l'hindouisme, ce sont des formules des textes sacrés indiens, ou même de simples interjections, qui permettent de mettre le croyant en harmonie (en phase) avec la divinité.

MARTINISTE (Ordre). Ordre initiatique fondé au début du siècle par le Dr Gérard Encausse († 1916), dit « Papus », occultiste. Quelques ordres en sont dérivés, par exemple, « l'Ordre Martiniste Traditionnel d'Augustin Chabozeau ».

MATAJI. Indienne sexagénaire se présentant comme le Saint-Esprit (1970). Méthode de méditation permettant de devenir un être « réalisé ». Ses adeptes sont peu nombreux. Mataji connut quelques problèmes judiciaires en 1991 à propos de l'enfant d'un membre du groupe envoyé faire ses études en Inde.

MÉDECINE-MAN. Voir Chamanisme.

MÉDITATION TRANSCENDANTALE. Il s'agit plutôt d'une technique de méditation et de relaxation empruntée à l'hindouisme et adaptée au monde moderne par Maharishi Manesch Yogi. Si elle peut favoriser la recherche spirituelle, elle n'est cependant inspirée par aucune doctrine religieuse.

MENNONITES. Mouvement de Réveil, fondé par Menno Simon (1492-1559), prêtre catholique passé à l'anabaptisme*. Ce mouvement ouvert à l'œcuménisme a adopté la doctrine de la Réforme.

MILLÉNARISME. Croyance s'appuyant sur quelques versets du dernier livre de la Bible (l'Apocalypse) où il est question symboliquement d'un règne du Christ sur la terre pendant 1 000 ans (Ap 20, 1-10). Selon les millénaristes, une intervention directe de Dieu rétablira ainsi le paradis sur terre.

MÉTANOIA. Groupe de recherche sur ésotérisme et gnose.

MISSION CHRÉTIENNE EUROPÉENNE. Mission et cours bibliques, fondée en 1904.

MISSION DE LA LUMIÈRE DIVINE. Voir Guru Maharaj Ji.

MISSION MESSIANIQUE. Petit groupe à révélation particulière, millénariste et syncrétiste (1980). A fusionné en 1982 avec les « Amis Unis »*.

MISSION POPULAIRE FRANÇAISE. Missions bibliques sous la tente (dans l'Est).

MONDE A VENIR. Voir Église Universelle de Dieu.

MONTFAVET (L'Église Universelle du Christ de). Fondée par Georges Roux (1903-1981), guérisseur convaincu d'être le Christ pour notre temps (1954), auteur de : *Journal d'un guérisseur* (1950), *Paroles du guérisseur* (1950), *Mission divine* (1951).

MONT SAINT-AIGNAN. Voir Chapelle Sainte-Marie.

MOON. Association pour l'unification du christianisme mondial, ou **Église de l'unification.** Fondée par Sun Myung Moon, Coréen passé par divers groupes religieux ; il aurait eu une vision à Pâques 1936 : le Christ (qui n'est pas Dieu) lui aurait demandé d'achever sa mission, interrompue par le fait imprévue de sa crucifixion. Sa doctrine mêle des traits empruntés au christianisme et aux religions orientales. Le monde, entraîné dans le péché par Ève et Adam, sera purifié par un couple parfait (Moon et sa quatrième épouse) réalisant les Noces de l'Agneau de l'Apocalypse. Modèle des familles, Moon sélectionne les fiancés et procède à leur mariage (jusqu'à 2 000 couples à la fois). Ainsi, des forces neuves pourront combattre avec succès Satan (identifié au communisme) et réussir, avec la Nation-Sainte (les États-Unis), la réunification de la Corée, nouvelle Terre promise.

La secte recrute principalement auprès des jeunes (le plus souvent de tradition catholique), qu'on persuade d'abandonner études, métier et famille pour se préparer à une mission de « pionniers » du monde nouveau ; soumis alors à un régime très strict (jeûne, peu de sommeil), ils sont confiés pendant ce temps à des « parents » qui les laissent seuls le moins possible.

La secte dispose de moyens financiers considérables, réunis notamment au titre de la lutte contre le communisme (organisation « Causa », ramifiée à travers le monde, y compris la France). Elle fait état de 2 millions de membres (Corée du Sud, 400 000 ; Japon, 50 000 ; États-Unis, 40 000 ; France, moins de 1 000).

MORMONS. Église de Jésus-Christ des Saints des Derniers Jours, fondée aux États-unis par Joseph Smith. Un envoyé de Dieu lui aurait révélé en 1828 que la première population de l'Amérique était constituée de tribus d'Israël non mentionnées dans la Bible ; l'histoire en était consignée dans un livre écrit sur des plaques d'or par le prophète Mormon, dernier roi d'une de ces colonies israélites ; ce livre aurait été traduit par Smith, chargé de rétablir l'Église dans sa pureté primitive ; à la fin des temps, les tribus d'Israël se rassembleront autour de la Sion d'Amérique (Salt Lake City, fondée par la secte après un exode épique au XIXe siècle), et le règne du Christ s'établira.

Cette Église compte 8 500 000 membres, dont les deux tiers aux États-Unis, 22 000 en France ; les adeptes vivent une stricte morale, ont un sens aigu de la mission et versent 10% de leurs revenus à leur Église.

MORMONS RÉORGANISÉS. L'Église Réorganisée de Jésus-Christ des Saints des Derniers Jours, qui compte environ 200 000 membres en Amérique du Nord, est née en 1860 de Joseph Smith III (fils de Joseph Smith, fondateur du mormonisme). Proche du christianisme traditionnel, cette Église fait preuve d'un certain pluralisme doctrinal et s'ouvrirait à l'œcuménisme.

MOUVEMENT MISSIONNAIRE INTÉRIEUR LAÏQUE. Se considère comme le seul authentiquement fidèle au fondateur des actuels Témoins de Jéhovah*, Charles Taze Russel. Il s'agit d'un mouvement interconfessionnel qui se propose de répandre la connaissance de la Bible, et de présenter les œuvres de Russel. Il a été fondé sous sa forme actuelle par P.S.L. Johnson en 1920.

MOUVEMENT NOUVELLE CIVILISATION. Organisé comme un Ordre du Temple*, pour empêcher la catastrophe finale.

MOUVEMENT PAIX INTÉRIEURE. Organisation de développement du Potentiel humain (1964).

RÉINCARNATION ET FOI CHRÉTIENNE

La foi chrétienne est contraire à l'idée de réincarnation. Le Concile œcuménique de Constantinople V l'a clairement affirmé.

• Pour le chrétien, l'homme est une personne individuelle. Cette idée est totalement étrangère à la pensée bouddhique en particulier, et orientale en général, pour qui la réincarnation est désintégration du soi dans le grand Soi de l'univers.

• Pour le chrétien, l'homme est son corps. Celui-ci n'est pas un vêtement que l'on change, il est le visage de la personne : quand le Christ veut se donner tout entier (avec sa divinité même) il présente du pain qu'il partage et dit : « C'est mon corps. »

• L'idée exprimée par le Karma, la soumission au poids de ce qui a fait l'existence d'un homme, n'est pas chrétienne. Le chrétien se croit libéré par l'amour du Christ, même s'il est ouvrier de la onzième heure, même s'il est déjà fiché sur une croix.

• La pratique de l'Église, vivre en communion avec les morts dans l'actualité d'une commune appartenance au corps vivant du Christ, est totalement contradictoire avec la croyance en la disparition des morts par réincarnation.

ÉGLISE CATHOLIQUE ET TRADITIONALISME

Le mot *traditionalisme* s'est appliqué, dans l'Église catholique, à plusieurs courants de pensée au cours de son histoire :

1. Théorie de Louis de Bonald et Félicité de Lammenais (XIXe siècle) selon laquelle la raison ne peut atteindre par elle-même la vérité révélée par Dieu à l'homme et transmise par la Tradition de l'Église. Théorie rejetée par le concile Vatican I (1870).

2. Courant des catholiques hostiles aux principes libéraux de 1789 ; il s'est notamment manifesté avec vigueur sous le Second Empire (voir index : Louis Veuillot).

3. Manière de penser et d'agir, aujourd'hui, chez des catholiques qui, par volonté de fidélité aux formes de l'enseignement de l'Église qu'ils avaient toujours connues, contestent tout ou partie des réformes et changements survenus dans celle-ci ces dernières années. Les plus intransigeants se rallient aux positions de Mgr Lefèbvre dans son rejet des décisions et orientations du concile Vatican II (1562-1965) et jusque dans sa rupture avec le Saint-Siège. La plupart se refusent cependant à aller jusque-là.

MOUVEMENTS POUR JÉSUS (Les). Voir Enfants de Dieu, Teen Challenge.

MOUVEMENT UNIVERSEL POUR LA RÉVOLUTION SPIRITUELLE. Voir Moon.

NARCONON. Voir Scientologie.

NDE (*Near Death Experiments*, ou Expériences aux frontières de la mort). Série d'expériences popularisées par le Docteur Raymond Moody dans son livre *La Vie après la vie.*

NÉO-APOSTOLIQUES (Les). Nés de la dissidence de F.W. Schwartz († 1895) d'avec l'Église Apostolique*. Millénaristes stricts, les néo-apostoliques sont gouvernés très fermement par un « Apôtre-Patriarche » et douze « apôtres-vivants ».

NEW ERA (New Œcumenical Research Association). Voir Moon.

NICHIREN SOSHU (ou SOKKA GAKKAI). Secte « bouddhique » en expansion s'appuyant sur le Komeïto (parti politique du Japon) et sur une organisation stricte. Religion pour temps de crise, elle promet un bonheur immédiat.

NOUVEAUX SENTIERS (Les). Voir Hare Krishna.

NOUVEL AGE (Le) (New Age). Le Nouvel Age n'est ni une secte, ni une Église ; c'est un courant de pensée qui analyse notre époque comme la fin d'un âge de violence (Ère du Poisson*), et l'entrée dans une ère d'harmonie (Ère du Verseau).

Le livre fondateur de ce courant a été écrit par Marilyn Ferguson : *Les Enfants du Verseau, pour un nouveau paradigme* (Calmann Levy 1981). « Une conspiration réunit des individus qui respirent le même air et aspirent aux mêmes buts... Nous pénétrons dans un millénaire d'amour et de lumière, l'Ère du Verseau. »

On comprend que l'écologie soit une des valeurs clefs du Nouvel Age. Mais cette vision où tout est dans tout a aussi une importance pour la vie sexuelle : « la masculinité et la féminité sont les parties d'un seul tout qui est en chacun de nous. »

Le Nouvel Age aime la musique et certains voient dans le *Grand Bleu* (le film de Luc Besson) une sorte de mise en image et en son de sa philosophie générale.

Les chrétiens – même s'ils apprécient telle ou telle expression artistique proche du Nouvel Age – ne se retrouvent en rien dans une vision du monde qui leur semble tenir plus du rêve d'amour que de la rencontre vraie, et quelquefois douloureuse, avec un Dieu personnel, avec des hommes et des femmes marqués par le péché et la mort. Pour le chrétien, tout amour est une sorte de combat avec la réalité de l'Autre et non une fuite.

Les enfants du Verseau sont les adeptes des techniques douces – méditation, yoga, phytothérapie, diététique, communication avec l'audelà par *channeling*, c'est-à-dire par transmission de messages par le canal du spiritisme, des voyages hors du corps, etc.

Ces techniques sont affirmées efficaces.

Parce qu'au centre de l'univers, il y a une énergie qui est en tout et en tous et rassemble chacun : « l'homme-Énergie, replacé dans son contexte, dans la globalité d'une énergie primordiale et nourricière, voilà la médecine du Nouvel Age. » Dieu est intérieur et la santé consiste à le trouver.

NOUVELLE ACROPOLE (La). Secte dont la doctrine repose sur le symbolisme, la mythologie, l'occultisme. Le rapport Vivien sur les sectes la classe parmi les groupes néofacistes.

NOUVELLE ÉGLISE. Église invisible fondée par E. Swedenborg. Voir Amis de la Presle, Swedenborgiens.

NOUVELLE PENSÉE. Doctrine qui propose la réussite sociale et la guérison par la force de la pensée. Plusieurs mouvements – dont Mermer (1734-1815) est l'inspirateur – revus par Quimby, un magnétiseur américain qui persuade ses clients qu'ils ne sont pas malades, se rencontrent dans l'« Alliance Internationale de la Pensée ». Parmi ces mouvements :

- Psychania, fondée par Robinson ;
- l'École d'unité du christianisme, fondée par Charles Fillmore (1957) ;
- l'Institut de psychosynthèse spirituelle.

OBE. (Out of Body Experiences). Ensemble d'expériences pour sortir du corps, voyages astraux.

OCCULTISME. Courant de pensée du début du XXe siècle de caractère magico-religieux, se référant à des forces cachées de l'univers ; il déclare enseigner les « sciences occultes « (mêlant astronomie et astrologie, psychologie et parapsychologie, etc.) qui permettent d'utiliser au mieux ces forces.

ŒUVRE DE SAINTE CATHERINE. Essaie d'associer le Nouvel Age et le christianisme.

OIGNON (Adorateurs de l'). Secte aberrante du même genre que les « Adorateurs du nombril » (Omphalopsiques), « de l'œuf » (Ovobiologistes), « de la lune » (Témoins d'Artémis), « du soleil » (Héliophiles), etc. Voir Guy Breton, *Les Nuits secrètes de Paris* (Presses de la Cité, 1973).

OMEGA. Groupe qui annonçait la fin du monde pour le 26 juin 1988. Sa directrice, Madame Nicole Calot, dite Sarah, continue, cependant, à enseigner.

OMNES FRATRES. Groupe chrétien « consacré au Cœur Douloureux et Immaculé de Notre-Dame du Grand Retour aux Sources naturelles et surnaturelles, conditions du bonheur ».

ONDES VIVES. Communauté spirituelle dont le but est de créer « une grande famille » et qui prédit la fin de presque la totalité du monde en 2009.

OSBORN (Fondation). « Croisades d'évangélisation » de l'évangéliste Osborn. Appels financiers nombreux.

OVNI. (Objets Volants Non Identifiés). De nombreux groupes se sont fondés autour d'un quasi-culte lié aux Objets Volants Non Identifiés et à l'existence d'extra-terrestres. (Voir Centre d'Études Fraternité Cosmique, Cosmicia, Iso-Zen, Raëliens.)

PALMAR DE TROYA. Clemente Dominguez, fondateur des « Carmélites de la Sainte-Face », s'est proclamé Pape sous le nom de Grégoire XVII en 1978 et dirige fermement un « Saint-Siège Apostolique » abondamment

PROSÉLYTE, PROSÉLYTISME

Ces mots (du grec *proselutos*, étranger établi dans le pays) ont beaucoup changé de sens au cours des âges. Chez les Juifs, le prosélyte était un païen converti. Il y avait, d'une part, les « prosélytes de la porte », non circoncis mais appliquant la loi mosaïque ; au Temple, ils n'avaient accès qu'au « Parvis des Gentils » (c'est-à-dire des non-Juifs) ; il y avait, d'autre part, les « prosélytes de Justice » qui s'étaient soumis à un rite d'initiation comprenant bain de purification et circoncision, et dès lors assimilés, en principe, aux Juifs de naissance, tout en étant méprisés par eux. Le terme de prosélyte, longtemps propre au judaïsme, ne s'appliquera que très tardivement aux païens convertis au christianisme, mais sans aucune connotation péjorative, bien au contraire. Le prosélytisme désignera alors l'action missionnaire d'évangélisation.

C'est plus tard encore que le mot prosélytisme sera appliqué, de manière générale, à la recherche de nouveaux adeptes aussi bien par une religion que par un mouvement d'idées, une école, un parti, voire un homme. Les moyens de persuasion employés pouvant ne pas être sans reproches, la notion commencera à offrir un caractère moins positif.

Ce sera le cas au sein du christianisme, lorsque certaines Églises reprocheront à d'autres de faire du « prosélytisme », autrement dit, de chercher à attirer dans leurs rangs des membres d'autres communautés chrétiennes. Un document de réflexion, élaboré en 1970 par le groupe mixte de travail entre Conseil œcuménique des Églises et Église catholique (voir *Documentation catholique* 1970, pp. 1077-1081), relève que « l'existence des Églises catholiques orientales est considérée par les orthodoxes comme le fruit du prosélytisme ». Aussi bien le concile Vatican II, conscient du sens ambivalent du mot, s'était-il gardé de le faire figurer dans ses textes.

Avec le retour à la liberté religieuse faisant suite à l'effondrement des régimes communistes en Europe Orientale, les Églises gréco-catholiques, qui avaient été intégrées de force dans l'Église orthodoxe par le pouvoir, ont renoué avec Rome et cherché à récupérer leurs lieux de culte et à refaire leurs forces ; le Saint-Siège a procédé à la reconstitution des anciens diocèses, et envoyé quelques prêtres et religieux. Ce fut la source de vives tensions avec la hiérarchie orthodoxe, accusant Rome de prosélytisme. Le patriarche de Moscou, invité comme délégué fraternel par Jean-Paul II au synode spécial des évêques européens à Rome en 1991, déclina pour cette raison l'invitation, tandis que le représentant du patriarche de Constantinople développa en séance les griefs faits à l'Église Romaine.

LES CATHOLIQUES ET LES MIRACLES

« Le miracle est un fait sensible que le cours habituel de la nature n'explique pas, mais que Dieu produit dans un contexte religieux comme signe du surnaturel » (F. Taymams).

Notre fin de siècle est plus attentive aux paroles et aux gestes de Dieu dans notre histoire que la génération qui l'a précédée. C'est pourquoi la doctrine traditionnelle de l'Église catholique sur les miracles reçoit un regain d'actualité.

Faut-il rappeler que l'Église croit à la possibilité des miracles, même si son extrême prudence l'amène à se donner des critères de discernement pour reconnaître ceux qui proviennent de Dieu. Cette prudence a toujours été accompagnée d'une certaine attente : ainsi elle ne procède aux canonisations qu'après l'obtention par le « serviteur de Dieu » de miracles.

Le miracle est pour l'Église un signe : il doit être observable et l'attention à la réalité historique des faits est un point très important du discernement. Ces faits doivent être extraordinaires (au moins dans leur déroulement, généralement instantané), et s'exprimer dans un contexte religieux qui permettent instantanément de les discerner comme des signes venant de Dieu, directement ou par intermédiaire. Ceci exclut tout miracle extravagant, frivole, ou dans un contexte a-religieux ou non religieux.

Le miracle fait appel à la liberté de l'homme et il est signe de la puissance, de la sagesse, de la sainteté de Dieu ; il permet de prendre conscience du salut, du bonheur auquel l'homme est appelé. Ce signe met le plus souvent le cœur de l'homme à nu et le pousse à une conversion véritable. Après chaque miracle reçu pour ce qu'il est, le chrétien devrait, dans la foi, entendre le Christ dire à Bartimée, l'aveugle de naissance guéri : « Va, ta foi t'a sauvé. » (Mc 10)

---

fourni en évêques et jeunes cardinaux, dans un petit village de la province de Séville.

PETITES ÉGLISES (Les). A côté des deux « Petites Églises catholiques » séparées de Rome, mais reconnues comme telles et en relations œcuméniques, (la « Petite Église* » née de catholiques ayant refusé le Concordat de 1801 entre Rome et Bonaparte, et les « Vieux Catholiques* » nés en 1870 du refus de la définition de l'infaillibilité pontificale par le premier concile du Vatican) surgissent depuis le début du siècle des regroupements non reconnus portant les adjectifs de : (Église) « catholique », « apostolique », « traditionnelle », « gallicane », « autocéphale », « libérale », etc., et regroupant quelques centaines de fidèles.

PREACHERS. Pasteurs évangélistes, comme Jim Baker, Pat Robertson, Swaggart, « prêchant » (d'où leur nom) à la télévision aux États-Unis ; ils promettent le salut contre des dollars.

QUAKERS (ou Société des Amis). Mouvement de Réveil d'origine anglo-saxonne, organisé par George Fox (1624-1691), visant au retour au christianisme primitif. Pacifistes et philanthropes.

RAËLIENS. Claude Vorilhon (dit « Raël), né en 1946, après des essais dans la chanson, la course automobile et le journalisme, déclare avoir été enlevé par des extra-terrestres (le 13 décembre 1973 en Auvergne, puis le 7 octobre 1975 en Périgord), emmené sur leur planète, et chargé par eux de messages aux terriens et d'une mission : préparer la venue des élohims (ou extra-terrestres). Une relecture de la Bible par les Raëliens est faite dans ces perspectives. Pour assurer cette préparation, les Raëliens doivent verser 1% de leurs revenus et léguer leur héritage à Raël, « guide des guides ».

RAJNEESH. Voir Bhagwan.

RAMAKRISHNA (Centre Védantique). Fondé par des disciples du célèbre penseur mystique hindou (1836-1886).

RASSEMBLEMENT FRANCE LIBRE. Sous couvert d'un parti politique inspiré par Lyon du B. Larouche, ce groupe publie un journal, *Nouvelle Solidarité*, qui se sert de la musique, du Général De Gaulle, de la lutte contre la drogue pour recruter avec des méthodes agressives.

RASSEMBLEMENT POUR L'UNITÉ DES CHRÉTIENS. Voir Moon.

RAVENISTES. Dissidents rigoristes (1891) des Darbystes*.

RÉARMEMENT MORAL. Il s'agit d'une morale, non d'une religion (1938). Cependant, le « Réarmement moral » possède en Suisse, à Caux (1824), un centre où chacun est invité à se transformer soi-même en cherchant honnêteté, pureté, désintéressement et amour absolu dans le silence de la montagne.

REBIRTH. Technique thérapeutique qui consiste, en maîtrisant la respiration, à revivre sa naissance et par là, à en assumer les conséquences mal vécues. Elle a été mise au point par L. Orr (1960) à Esalen (États-Unis).

RHÉMA. Voir Jayet.

ROSE-CROIX (Les). Fondé en 1909 par Spencer Lewis aux États-Unis, où se trouve son siège suprême, cet ordre déclare se situer dans la continuité des enseignements secrets de la Rose-Croix du passé, dont il fait remonter les origines aux écoles de mystères de l'Égypte, de la Babylonie, de la Grèce et de la Rome antiques. Ce mouvement initiatique est fortement hiérarchisé, organisé en loges ; il s'inscrit typiquement dans le courant de la gnose ; il propose un savoir confidentiel permettant de vivre en harmonie avec les forces créatrices du cosmos pour acquérir le bonheur, la paix, la connaissance. (Effectifs annoncés : dans le monde 6 millions, en France 160 000.)

ROSE-CROIX DE HERLEM. Très différent des Rosicrociens, la Rose-Croix de Herlem est une association initiatique proche des cathares.

ROSE-CROIX MAX HEINDEL (La). Max Heindel est un Danois émigré aux États-Unis. Il a fondé un groupe de rosicruciens.

ROSE ET LES BLÉS (La). Voir Famille de Nazareth.

SAINSARA. Dans la tradition indienne, suite indéfinie des existences réincarnées.

SAINTE-CROIX. Communauté charismatique (Grenoble).

SAINTE-FAMILLE (Église de la). Pierre Poulain se dit chargé de la « Mission de l'Œuvre d'Intervention du Père » (à Derval, Loire-Atlantique). Prophéties apocalyptiques.

SAINT-ERME. Communauté de jeunes chrétiens fondée par un leader charismatique qui a évolué de la spiritualité d'Institut séculier (la « Famille de Nazareth »), au gauchisme, au charismatisme, au millénarisme, et finalement à la recherche scientifique athée (voir leur livre, *Communication ou manipulation*).

SCIENCE CHRÉTIENNE (La). Fondée par Mary Morde Baker (1821-1910). L'Église scientiste chrétienne se réfère au Christ et aux Écritures, mais n'est pas une Église au sens ordinaire du terme : elle est le lieu d'une révélation où l'homme apprend ce qu'il doit être ; en particulier, il apprend à ne pas être malade. En effet, toute la matière étant spirituelle, la maladie n'est qu'une mauvaise idée que la pensée – placée en Dieu – peut chasser. Cette religion croit donc au « salut » personnel donné par le Christ, mais ce salut est expérimental.

SCIENTOLOGIE (Église de). Fondée en Californie en 1954 par L.R. Hubbard, (auteur de *La Dianétique, la Science moderne de la santé mentale*). Cette Église se dénomme, depuis 1978, « Église de la Nouvelle Compréhension ». Elle est caractérisée par son athéisme : « Dieu... est une idée fausse inculquée de force à un individu dans le but de l'opprimer » (*Le Mur de Feu* T.III). Son objectif est d'aider les hommes à devenir des êtres « heureux et en bonne forme ». Cette « philosophie religieuse appliquée » permettrait à l'homme d'accéder par lui-même au contact avec la divinité (c'est une forme de gnose). Elle a été l'objet de fortes critiques de la part d'anciens adeptes, de journalistes, et a connu des restrictions d'activité en certains pays. En France, après une condamnation en première instance à Paris pour escroquerie (14 février 1978), la Cour d'Appel a relaxé le Président français d'alors et débouté la partie civile (29 février 1980). La Cour s'est référée à la Loi de 1905 sur la séparation des Églises et de l'État, reconnaissant à l'Église de Scientologie le caractère de « religion ». Depuis 1990, certains membres de la branche française de l'Église de scientologie sont l'objet de nouvelles poursuites judiciaires.

SIDDHAS (La Voie des). Revue de Groupes de Méditation se réclamant de Baba Muktananda.

SILVA MIND CONTROL. Groupe d'« exploration de l'espace intérieur » fondé sur une thérapie nouvelle*.

SOCIÉTÉ THÉOSOPHIQUE. Fondée aux États-Unis en 1875, elle mêle des traditions hindouistes et bouddhistes (notamment la réincarnation) à du spiritisme et de l'occultisme. Sa doctrine, s'inscrivant dans le courant théosophique, vise à la connaissance de Dieu par la nature et par l'illumination de l'esprit, tout en recourant à des pratiques magiques ou occultes.

SOKKA GAKKAI. Voir Nichiren Soshu. A été exclu du Nichiren Soshu en 1992.

SOPHROLOGIE (« Recherche de l'harmonie de la conscience »). Thérapie nouvelle* inaugurée par Alfonso Caycedo, qui consiste à favoriser un niveau de conscience « sophronique » situé entre la veille et le sommeil, sur fond de philosophie humaniste.

SOS DROITS DE L'HOMME. Voir Moon.

SOUFISME. Un soufi est un mystique musulman, et le soufisme l'ensemble du mouvement spirituel des soufis. Par ailleurs, l'ordre soufi est une école ésotérique de l'islam, née en Inde. L'actuel maître, Pir Vilayat, enseigne la rencontre entre religions et chemins de la vie intérieure.

SOUTIEN POUR UN ENVIRONNEMENT SAIN. Voir Scientologie.

SPIRITUALITÉ VIVANTE. L'École de la SV de Sundari (« don-du-soleil », 1951) propose l'« Essentialisme » (spiritualité syncrétiste), « école de redressement volontaire de la nature humaine ».

SUBUD. Groupe oriental syncrétiste (de thérapie ?) parfois controversé.

SUNDARI. Voir Spiritualité vivante.

SWEDENBORGIENS (Les). Emmanuel Swedenborg, philosophe, penseur ésotérique, et visionnaire « mystique » du XVIIIe siècle, créa une religion fondée sur les rites, la symbolique, la fréquentation du monde des esprits, l'attente de l'avènement de la Nouvelle Jérusalem. Voir Amis de la Presle. Nouvelle Église.

SYNCRÉTISME. Système religieux s'efforçant de fusionner plusieurs doctrines différentes.

SYNDICAT CONVIVIAL. Voir Famille de Nazareth.

TAI-CHI-CHUAN. Discipline chinoise traditionnelle alliant la méditation et la gymnastique douce, utilisée dans les thérapies nouvelles*.

TCHAN. Enseignement par correspondance d'un bouddhisme particulier, mêlé d'occultisme.

TEEN CHALLENGE. Issu d'un Mouvement pour Jésus, le Straight People, ce groupe aide les jeunes en détresse par la pratique de l'Évangile (leur slogan : « Un défi de la jeunesse face à la marée montante du péché »).

TÉMOINS DE JÉHOVAH. Fondation aux États-Unis vers 1880 par Charles Taze Russel, dissident adventiste. Leur doctrine est inspirée par le livre de *l'Apocalypse* pris à la lettre : le monde est livré au mal, la lutte est engagée entre les troupes de Dieu (les Témoins) et celles de Satan (les autres). Victorieux, Dieu prendra le gouvernement du monde, secondé par les 144 000 élus supérieurs qui, comme Jésus (qui n'est pas Dieu), ressusciteront et régneront dans le ciel ; les autres Témoins resteront sur terre, où le paradis aura été rétabli. Parmi leurs règles : baptême par immersion à partir de 13 ans, refus de la transfusion sanguine, du service militaire, du vote, des engagements politiques ou sociaux, etc.

Le zèle et la générosité des Témoins ont contribué à leur expansion (2 400 000 dans le monde, 75 000 en France ?).

A lire : Nicolas Herse et Jean-François Blanchet, *Si les témoins de Jehovah viennent vous voir*, Téqui, Paris 1991.

TEMPLE (Ordres du). Voir Chevalerie.

TEMPLE DU PEUPLE. Secte dirigée par un leader américain mégalomane, Jim Jones, qui s'acheva en suicide collectif d'un millier de fidèles, dans la communauté néo-rurale, utopique et révolutionnaire de Guyana en novembre 1978.

THÉRAPIES (Nouvelles). Ensemble de méthodes orientées vers le mieux-être et faisant une place importante au corps, à l'expression émotionnelle. Elles s'appuient sur des techniques de groupe et sont proches de la « psychologie humaniste » visant au développement du potentiel humain. Certains groupes (et leaders) suscitent des adhésions et pratiques quasi-religieuses.

THÉTAN. Nom de l'âme dans l'œuvre de Ron Habbard.

TORRENT ET LA GRAPPE (Le). Voir Famille de Nazareth.

TRAVAIL-FAMILLE-PROPRIÉTÉ (TFP). Fondée au Brésil par Plinio Correa de Oliveira, FTP est présent dans quinze pays dont la France. Le groupe, considéré comme une secte par beaucoup, a fondé une association, « Avenir de la Culture » (1986), puis une autre « Lumière vers l'Est » (1991), qui lui permettent, sur le thème de la défense des valeurs, de prendre contact avec des milliers de gens sans leur dévoiler ses intentions. Ces véritables intentions sont en fait destinées à lutter contre le communisme et, d'une manière subtile, contre l'Église catholique. Le militant FTP est appelé à faire des vœux et à se former au Brésil.

Le secrétariat de l'épiscopat français, en mars 1989, a publié une mise en garde contre cet organisme.

TROIS SAINTS CŒURS. « Communauté » pseudo-religieuse dirigée par les frères Melchior.

TZIGANE (Mission Évangélique). Mouvement proche des Assemblées de Dieu (voir Pentecôtisme) fondé en 1946 par le pasteur C. Le Cossec. La mission est rattachée à la Fédération Protestante de France (1974) et vise à évangéliser les 40 millions de Tziganes du monde.

U-KUL-CLUB. Voir Club des Surhommes.

UNION CHRÉTIENNE BIBLIQUE. Même origine que la Mission chrétienne européenne*.

UNION des PETITES ÉGLISES CATHOLIQUES INDÉPENDANTES. Elle regroupe sous la direction de Mgr A. Enos, « Patriarche », quelques Petites Églises et communautés non reconnues, en particulier la Chapelle de la Sainte-Famille.

UNITÉ UNIVERSELLE. Mouvement pour l'unité avec Dieu et entre les hommes.

UNIVERSITÉ NOUVELLE TRANSNATIONALE (UNI-T). Voir Écoovie.

VIE ABONDANTE. Groupe évangélique connu par ses nombreux appels financiers « pour l'évangélisation », avec promesse de « miracles » en échange.

VIPASSANA. Méditation bouddhique enseignée en Inde par S.N. Goenka et qui recherche une vision Intérieure où l'attention tournée vers le corps le connaîtra tout entier ». Voir Hare Krishna.

ZAZEN. Mot bouddhique désignant la méditation assise.

CATHOLIQUES ET TÉMOINS DE JEHOVAH

Pour les catholiques :

• La Bible n'est pas un livre de reportages ou un rapport de police : c'est une série de livres qui, à travers le témoignage d'hommes inspirés, enseigne ce qui est nécessaire au salut. Sa vérité est exprimée à travers des genres littéraires (tel livre apporte la vérité comme un livre d'histoire, tel autre comme un livre de poésie ou un roman).

• Rien dans la Bible ne permet de dire que l'histoire du salut (de la création, de l'élection d'Israël, de l'exode, de l'incarnation du Christ, de sa mort et de sa résurrection, de la présence de l'Esprit dans l'Église jusqu'en 1914) est le temps du règne de Satan.

• La plupart des chiffres dans la Bible ont une signification symbolique plus que mathématique. Il suffit d'ailleurs d'appliquer à tous les chiffres le même traitement fondamentaliste qu'utilisent les Témoins de Jéhovah pour aboutir à des impasses : si un jour veut dire une année, faut-il vraiment croire que le Christ est resté au tombeau trois ans ? De plus, dans leurs calculs, les Témoins ont des années qui durent tantôt 360 jours, tantôt 365 jours... tantôt 354 jours.

• Plus grave aux yeux des chrétiens, les Témoins de Jéhovah ne croient pas en l'existence d'un Dieu Père, Fils et Esprit Saint. Jésus Christ est pour eux un Fils humain de Dieu sur terre, et, au ciel, il s'identifie à l'archange Michel.

• Pour les Témoins de Jéhovah, le salut vient d'une fidélité à leur interprétation de la Bible et non de la rencontre du Christ dans sa Parole, dans ses sacrements, par le don de son Esprit.

ISLANDE
FINLANDE
SUÈDE
NORVÈGE
ESTONIE
LETTONIE
RUSSIE
LITUANIE
DANEMARK
IRLANDE
DU NORD
RÉPUBLIQUE
D'IRLANDE
GRANDE-
BRETAGNE
BIÉLORUSSIE
POLOGNE
PAYS-BAS
ALLEMAGNE
BELGIQUE
UKRAINE
RÉPUBLIQUE DE
BOHÊME-MORAVIE
LUXEMBOURG
SLOVAQUIE
MOLDAVIE
LIECHTENSTEIN
FRANCE
AUTRICHE
HONGRIE
SUISSE
ROUMANIE
SLOVÉNIE
CROATIE
BOSNIE-
HERZÉGOVINE
SERBIE
BULGARIE
ITALIE
MONTÉNÉGRO
MACÉDOINE
PORTUGAL
ESPAGNE
ALBANIE
GRÈCE
GIBRALTAR (G.B)
CHYPRE

B. LES CHRÉTIENS ET L'EUROPE

THÉO est catholique et français, non par ostracisme mais par modestie : il n'est pas possible dans le cadre d'un seul volume de rassembler des données exhaustives et des synthèses sur chaque religion et chaque pays. Cela dit, on a rassemblé ici quelques renseignements qui permettent de se faire une idée de la complexité des situations et de la richesse spirituelle européennes.

Comme lorsqu'il s'agit de la France, les chiffres donnés doivent être pris avec une extrême précaution : il peut exister des différences importantes entre les statistiques offertes par les Églises et le nombre de ceux qui se disent catholiques, ou entre le nombre des baptisés et celui des pratiquants (en France les chiffres varient presque de 8 à 1).

Il n'est pas présentement possible de proposer des chiffres cohérents entre eux, d'un pays à l'autre.

LA CONSTRUCTION EUROPÉENNE

La construction de l'Europe moderne répond à une idée déjà ancienne que beaucoup de chrétiens ont défendue.

Il y aurait ici beaucoup de noms à citer : Adenauer, de Gasperi, Monnet, Schuman, de Gaulle, Delors...

Les papes n'ont pas été en reste. Déjà Léon XIII dans *Immortale Dei* (1er novembre 1885), Benoît XV et Pie XI, ont apporté leur pierre à la réflexion. Mais entre 1939 et 1978, les papes sont intervenus 136 fois sur le sujet (Pie XII : 36 fois, Jean XXIII : 7 fois, Paul VI : 93 fois). Quant à Jean-Paul II, ses apports sont innombrables.

Les évêques ont, eux aussi, participé au débat : parmi leurs multiples interventions, signalons celle de leur Synode en 1974. Le texte adopté par le IIe Symposium des évêques européens sur l'évangélisation de l'Europe (1976), a revigoré l'Europe, de même que les messages et déclarations de la Conférence épiscopale européenne en date des 29 juin 1977, 28 avril 1979 et 28 septembre 1980.

Ajoutons le Synode des évêques sur l'Europe du 28 novembre 1991.

Pourquoi un tel intérêt des instances catholiques à propos de l'Europe ?

L'Europe n'est pas un article de foi, l'Europe n'est pas un principe structurant l'Église. L'Église baptise les personnes et non les organisations politiques ou les systèmes économiques.

Alors pourquoi ?

Plusieurs raisons d'ordre et d'importance différenciés peuvent expliquer cet engagement.

Les raisons d'ordre historique

Nul ne peut nier le rôle essentiel des chrétiens dans l'histoire de l'Europe : les Européens doivent reconnaître que les différents groupes ethniques qui composent l'Europe (latins, germains, celtes, anglo-saxons, slaves), ont trouvé dans l'Évangile à la fois – et paradoxalement – ce qui leur a permis de se distinguer (par exemple la fixation de l'écriture chez les Slaves) et d'être unis. Ils ne peuvent ignorer ce qu'ils doivent au courant bénédictin (et à son trinôme « croix, livre et charrue »), au droit d'Église, aux voyages et pèlerinages des chrétiens (Rome, Saint-Jacques de Compostelle), au calendrier qui rappelle les mystères chrétiens, au sens du prochain, de la solidarité, au latin, etc.

Les divisions du christianisme font aussi partie de la culture européenne ; et on peut même penser que les grands mouvements qui ont lutté contre le christianisme en sont, d'une certaine manière, issus : les Lumières, le capitalisme, le marxisme sont pour une large part des « hérésies » chrétiennes. Bref *l'identité de l'Europe ne se comprend pas sans le christianisme ; c'est en lui que l'on trouve les racines desquelles ont mûri son sens de l'entreprise et sa capacité de construction, même dans les autres continents.* (Jean-Paul II à Compostelle).

Après l'effondrement du communisme et des idéologies rationalistes, les Européens doivent accéder à leur propre mémoire pour retrouver leur identité, et ils ne peuvent le faire les uns sans les autres.

L'histoire donne une autre raison aux chrétiens de se battre pour l'Europe : *la construction de la paix.*

A la différence de l'islam, qui veut fonder une communauté unique dans l'uniformité linguistique, la foi chrétienne voit la communauté ecclésiale comme une communion de personnes de différentes origines et gardant leurs différences. Partout dans le monde, les chrétiens ont contribué à fixer l'écriture, notamment en traduisant la Bible. Cela dit, ce respect de la différence a souvent dégénéré en exaltation de la différence... et les divisions religieuses ont quelquefois sacralisé les conflits ethniques ou culturels. L'Europe chrétienne a même exporté ses conflits et ses divisions dans le monde. C'est pourquoi les chrétiens peuvent se sentir une responsabilité particulière dans la construction de la paix ; et de fait à l'origine de la communauté européenne, ce sont des chrétiens qui promu les institutions propres à éviter que les conflits renaissent sans cesse, principalement entre la France et l'Allemagne. C'est pourquoi aussi les chrétiens se doivent de construire la paix non seulement dans le domaine politique mais aussi dans le domaine œcuménique. Au siècle des techniques modernes, personne ne peut accepter d'être cause même indirecte d'un conflit. Bien plus, la responsabilité historique des chrétiens dans l'antisémitisme les pousse à bâtir un continent où toute « shoah » soit rendue impossible.

Les raisons d'ordre théologique

L'Église se doit d'être instrument d'unité pour le monde entier.

Certes les chrétiens ont à distinguer ce qui appartient au Royaume – cette unité parfaite de l'humanité rassemblée dans le Christ – et ce qui appartient aux « réalités avant-dernières », au temps de l'attente du Christ, où rien n'est encore parfait.

Mais il est de leur mission de travailler à l'avènement de ce Royaume et de participer à l'élaboration d'un ordre humain favorisant une unité respectueuse des droits de chaque peuple et de chaque personne.

Or, l'Europe semble offrir une opportunité historique pour avancer dans ce sens. Les chrétiens se doivent de la saisir, d'autant que l'Europe a toujours tenu, depuis les origines de l'Église, une place capitale dans l'histoire de celle-ci. C'est par les Européens que, principalement, elle s'est diffusée dans le monde entier. Mais il est important de noter aussi que les Européens, quel qu'ait été leur rôle, ne sont pas à l'origine du christianisme : ils ont été constitués en ce qu'ils sont comme à partir de l'étranger et peuvent donc assumer une mission de transmission et de modèle excluant toute notion d'annexion.

Les raisons d'ordre politique

Une Europe unie représente une force considérable dans le monde.

L'Évangile enseigne que tout « pouvoir » ne doit être recherché que comme un service.

Le pape Jean-Paul II, à Strasbourg en 1988, apercevait trois domaines où la force de l'Europe pourrait apporter quelque chose de positif au bonheur du monde.

Elle devrait, disait-il, *réconcilier d'abord l'homme avec la création* : il est clair que les Européens unis ont un pouvoir économique et politique suffisant pour veiller à la préservation de l'intégrité de la nature, de l'air, de l'eau, de la faune, de la flore.

Elle devrait aussi, ajoutait-il, *réconcilier l'homme avec ses semblables :* le travail est immense. Mais aux yeux des chrétiens, l'Europe offre une chance de réaliser ce que des États seuls ne peuvent entreprendre : imposer une régulation du marché qui allie liberté, intégration sociale par l'économie et la solidarité, susciter un commerce international dans lequel les pays pauvres aient une juste place, travailler au développement de ces peuples par la formation et, éventuellement, l'aide directe, bref lutter contre toutes les exclusions.

De plus, son poids diplomatique et militaire, ainsi que son exemple doivent pouvoir être utilisés pour empêcher la violence et promouvoir la paix par l'entente et la négociation.

Elle devrait enfin *réconcilier l'homme avec lui-même*. Incontestablement, l'échange culturel devrait permettre de dépasser le caractère trop superficiel ou techniciste de la plupart des débats actuels.

Les raisons d'ordre pastoral

Les transformations culturelles, politiques, technologiques, ont bouleversé la conscience des Européens qui sont quelquefois prisonniers d'une vie dont la complexité va croissante. Dans ces transformations, les formes traditionnelles de la vie religieuse ont souvent été mises à mal. Mais de l'Est à l'Ouest, un courant parcourt l'Europe : elle attend un nouveau souffle spirituel, ouvert, généreux, qui respecte les personnes et les cultures, qui leur donne le sens de leurs limites et de l'au-delà de ses limites...

Certes, existent aussi des courants qui lient religieux et nation ; il est donc urgent, dans le respect des différences, de créer des liens entre les pays pour permettre une communication entre tous, et une nouvelle évangélisation.

Quelle Europe ?

Il n'appartient pas aux chrétiens, en tant que tels, de se prononcer sur une forme politique déterminée ; mais leur conscience morale les conduit à formuler ou à rappeler les principes en l'absence desquels ne serait pas sauvegardée la dignité de l'homme dans une société politique. En l'occurrence, la construction européenne se doit de faire en sorte que soient respectés :

- les droits de l'homme dans leur généralité ;
- les nationalités, dans leur expression collective et dans leurs cultures.

A ces deux principes fondamentaux, on peut ajouter comme corollaire une autre exigence à respecter : concevoir la maison commune européenne comme composée de plusieurs appartements, afin que, dans la diversité des langues et des cultures, le citoyen de base soit en mesure de participer au débat politique nécessaire à toute vie démocratique.

Cela dit, cette maison européenne ne sera elle-même que si son Orient et son Occident y sont présents et communiquent : l'Europe occidentale a un devoir de fraternité à l'égard de la Russie et des anciens pays communistes, celui de leur ouvrir un avenir.

GÉOGRAPHIE DE L'EUROPE CHRÉTIENNE

Pays de tradition catholique

Portugal, Espagne, Italie, France, Irlande, Belgique, Luxembourg, Autriche, Pologne, Lituanie, Croatie, Slovénie

Pays de tradition protestante

Finlande, Suède, Norvège, Danemark, Estonie, Lettonie

Pays de tradition orthodoxe

Russie, Belarus (Biélorussie), Ukraine (sauf Ukraine occidentale), Roumanie, Bulgarie, Grèce, Serbie, Monténégro

Pays de traditions protestante et catholique coexistantes

Allemagne, Pays-Bas, Grande-Bretagne, Tchécoslovaquie, Hongrie.

Pays marqués par la rencontre chrétiens-islam

Bosnie-Herzégovine, Macédoine, Albanie

ALBANIE

Superficie : 28 748 km²
Population totale : 3 100 000 habitants
Densité : 108 habitants/km²

Religions déclarées	Nombre	% de la population totale
Musulmans	2 240 000	73%
Orthodoxes	525 000	17%
Catholiques	233 000	7,5%
Autres	82 000	2,5%
Sans religion	–	–

Église catholique :
Nombre de diocèses : 3

ALBANIE

L'Illyrie est une très vieille nation. Elle est occupée à partir de 1385 par les Turcs qui auront toujours du mal à la pacifier, surtout en montagne. En 1912, le pays redevient indépendant. En 1939, le roi d'Italie se proclame roi d'Albanie. C'est Hojda qui libèrera le pays à la tête des communistes. L'Albanie va, dès lors, s'enfoncer dans la pire des dictatures et l'isolement le plus complet. En 1985, Hojda meurt et le pays va se réouvrir doucement au monde. Le parti communiste y semble définitivement battu aux élections de mars 1992.

L'Église catholique sort d'une longue persécution commencée en 1944 lorsque le gouvernement essaie d'imposer une Église nationale aux catholiques. Leur refus est suivi d'une répression féroce (28 000 morts, 70 000 blessés, arrestation des prêtres et des religieux). 1951, 1967 sont de nouvelles années de persécutions : toutes traces de religion sont bannies (2 000 églises détruites). En 1988, il est interdit de donner un prénom religieux à un enfant. En décembre 1990, la liberté religieuse est enfin reconnue. Un seul évêque et 22 prêtres ont survécu au communisme.

On n'oubliera pas que l'Albanie est la patrie de Mère Térésa.

ALLEMAGNE

Superficie : 357 041 km²
Population totale : 78 000 000 habitants
Densité 218 habitants/km²

Religions déclarées	Nombre	% de la population totale
Catholiques	25 500 000	33%
Protestants	32 000 000	41%
Juifs	31 000	–
Autres	–	–
Sans religion	18 000 000	23%

Église catholique :
Nombre de diocèses : 23 (+ 1 exarchat pour les Ukrainiens + 1 ordinariat militaire + 4 administrateurs apostoliques)
Nombre d'évêques : 101
Nombre de prêtres : 22 368 (diocésains 16 962)
Nombre de diacres : 1 528
Nombre de religieuses : 51 807
Nombre de religieux : 2 513
Instituts séculiers hommes : 50
Instituts séculiers femmes : 2 718

ANDORRE

Superficie : 467 km²
Population totale : 51 000 habitants
Densité : 100 habitants/km²

Religions déclarées	Nombre	% de la population totale
Catholiques	46 000	90,59%

Église catholique :
Nombre de prêtres : 19
Nombre de diacres : 1
Nombre de religieuses : 17

ALLEMAGNE
(Église et réunification, Église allemande aujourd'hui)

La situation religieuse en Allemagne réunifiée est difficile à analyser. Massivement, à l'Est comme à l'Ouest, se développe un fort courant qui, apparemment, est totalement sécularisé. Paradoxalement se développe simultanément, à l'Est encore plus qu'à l'Ouest, un grand nombre de sectes.

L'Église catholique – si l'on s'en tient aux personnes qui se déclarent pratiquantes – y est aussi répandue que le protestantisme, même si sa présence est beaucoup plus massive à l'Ouest qu'à l'Est.

L'Église catholique, comme les autres Églises, bénéficie d'un système original (il y a cependant un système analogue au Danemark et dans certains cantons suisses) : l'État prélève en son nom un impôt sur ceux qui se déclarent catholiques : l'Église en tire une très grande puissance financière (le seul diocèse de Cologne dispose de plus de ressources que le Vatican). Elle emploie 400 000 personnes (dont beaucoup enseignent la religion dans les établissements scolaires) qui créent de puissants réseaux dans tous les domaines.

La générosité des Allemands les conduit par ailleurs à soutenir largement les grandes centrales chrétiennes d'aide au Tiers-Monde : Adveniat, Misereor, Missio, Caritas.

Cela dit, cette Église semble aujourd'hui traversée par les grandes remises en cause d'une société en pleine mutation ; et si l'on peut parler de crise, celle-ci est largement exploitée et aggravée par la presse et en particulier par le *Spiegel* ; en bien des endroits, les thèmes de la paix, les questions sur l'argent ou le sexe bousculent une Église qui passe pour bureaucratique et a du mal à faire entendre le meilleur d'elle-même : sa vigoureuse recherche spirituelle et théologique.

AUTRICHE

Superficie : 83 857 km²
Population totale : 7 500 000 habitants
Densité : 89,5 habitants/km²

Religions déclarées	Nombre	% de la population totale
Catholiques	6 200 000	83%
Luthériens	375 000	5%
Autres protestants	225 000	3%
Juifs	70 000	0,9%
Musulmans	75 000	1%
Sans religion	450 000	6%

Église catholique :
Nombre de diocèses : 9 (+ 1 abbaye territoriale + 1 ordinariat pour les byzantins + 1 ordinariat militaire)
Nombre d'évêques : 22
Nombre de prêtres : 5 201 (diocésains 3 122)
Nombre de diacres : 261
Nombre de religieuses : 8 265
Nombre de religieux : 560
Instituts séculiers femmes : 370 membres

BELARUS (BIÉLORUSSIE)

Superficie 207 600 km²
Population totale : 10 500 000 habitants
Densité : 51 habitants/km²

Religions déclarées	Nombre	% de la population totale
Catholiques	1 000 000	10%
Orthodoxes	4 000 000	38%
Juifs	150 000	1,4%
Autres	–	–
Sans religion	4 725 000	45 %

Église catholique :
Nombre de diocèses : 3
Nombre d'évêques : 1
Nombre de prêtres : 110 (diocésains 62)
Nombre de religieuses : 22
Nombre de religieux : 2

BELGIQUE

Superficie 30 518 km²
Population totale : 10 000 000 habitants
Densité : 328 habitants/km²

Religions déclarées	Nombre	% de la population totale
Catholiques	8 721 000	87%
Protestants	125 000	1,25%
Musulmans	100 000	1%
Juifs	35 000	0,3%
Autres	1 000 000	10%
Sans religion	–	–

Église catholique :
Nombre de diocèses : 8
(+ 1 ordinariat militaire)
Nombre d'évêques : 32
Nombre de prêtres : 10 350 (diocésains 6 430)
Nombre de diacres : 468
Nombre de religieuses : 23 222
Nombre de religieux : 1 839
Instituts séculiers femmes : 287 membres

BOSNIE HERZÉGOVINE

Superficie : 51 100 km²
Population totale : 4 200 000 habitants
Densité : 82 habitants/km²

Religions déclarées	Nombre	% de la population totale
Catholiques	827 000	20%
Musulmans	506 000	13%

Église catholique :
Nombre de diocèses : 3

BENELUX

Les Pays-Bas, la Belgique et le Luxembourg ne se ressemblent pas autant que beaucoup le croient.

Cependant, même si les Pays-Bas sont de tradition protestante et la Belgique et le Luxembourg de tradition catholique, ils ont maintenant, du point de vue religieux, quelques traits communs et particuliers.

• Dans ces trois pays, la majorité de ceux qui s'affirment chrétiens est catholique. Mais si en Flandre belge et au Luxembourg le catholicisme est lié au sentiment national, il n'en est pas de même aux Pays-Bas ni surtout en Wallonie, où il existe un fort courant laïque.

• Dans ces trois pays, la séparation de l'Église et de l'État n'est pas nette : l'État y finance les activités de l'Église, rétribuant le clergé ou subventionnant les écoles.

• Dans ces trois pays, les institutions chrétiennes (il faut y inclure les institutions protestantes aux Pays-Bas) sont visibles et importantes. Deux des principales chaînes de télévision aux Pays-Bas sont confiées, l'une aux catholiques, l'autre aux protestants. Les institutions religieuses sont de véritables « piliers » de la vie sociale.

• Dans ces trois pays, le concile Vatican II a été un moment très important d'ouverture. Cette ouverture cependant n'a pas toujours été sans des excès, d'autant plus grands qu'elle n'était pas évidente à priori. A ces excès ont répondu quelquefois des raidissements, dont la tradition voudrait qu'ils ne soient que la première phase de la recherche d'un compromis.

• Dans ces trois pays, les femmes jouent un rôle important dans leur Église.

• Dans ces trois pays, la sécularisation semble progresser rapidement, surtout en Belgique et aux Pays-Bas ; beaucoup moins au Luxembourg. Mais on peut s'interroger sur le point de savoir s'il ne s'agit pas là d'une mutation des formes traditionnelles plus que d'un abandon de la foi.

BULGARIE

Superficie : 110 911 km²
Population totale : 9 000 000 habitants
Densité : 81 habitants/km²

Religions déclarées	Nombre	% de la population totale
Catholiques	70 000	0,8%
Protestants	36 000	0,4%
Musulmans	810 000	9%
Orthodoxes	5 670 000	63%
Juifs		0,1%
Autres	2 250 000	25%

Église catholique :
Nombre de diocèses : 2 (+ 1 exarchat apostolique de rite byzantin à Sofia)
Nombre de prêtres : 53 (diocésains 34)
Nombre de religieuses : 64
Nombre de religieux : 17

BELGIQUE (IIIe siècle à 1952)

IIIe siècle : Un évêché est établi à Trèves qui va devenir le point de départ de l'évangélisation en Belgique.

IVe Siècle : Tongres, 1er évêché en Belgique (plus tard transféré à Maastricht, puis à Liège).

496 : Baptême de Clovis. L'Église naissante, loin d'être persécutée comme elle l'était jusqu'alors, va être aidée.

VIIe Siècle : Le territoire est réparti en quatre diocèses : Trèves, Maastricht, Tournai et Cambrai. Des vagues de moines (surtout irlandais) évangélisent le pays.

842 : La division de l'Empire passe au cœur de la Belgique actuelle : la rive gauche de l'Escaut dépendra du roi de France, la rive droite du monde germanique.
Liège devient une principauté ecclésiastique autonome jusqu'en 1795.

XIe siècle : Le mouvement communal s'impose sur tout le territoire en même temps qu'un renouveau monastique.

XII-XVe siècles : C'est l'époque des saints :
- Marie d'Oignies (1117-1213) ;
- Julienne de Cornillon (1192-1258), qui est à l'origine de la Fête-Dieu ;
- Jan Van Ruysbroeck (1291-1381) ;
- Thomas à Kempis (1379-1471), à qui fut attribuée la fameuse *Imitation de Jésus Christ ;*
- Denis le Chartreux (1402-1471).

XVe siècle : Les ducs de Bourgogne regroupent une bonne partie du territoire.

1425 : Fondation de l'Université de Louvain.

1482 : Marie de Bourgogne épouse Maximilien de Habsbourg et, dès lors, ce sont les Habsbourg qui vont fédérer le pays. Charles Quint s'y emploiera avec constance.

1517 : Fondation du Collège des trois langues par Érasme de Rotterdam, qui tente de faire entrer le catholicisme dans la modernité. Son effort sera annihilé par la Réforme de Luther. Celle-ci en se développant provoquera la scission du Nord, gagné au calvinisme (futurs Pays-Bas), et du Sud, demeuré catholique (future Belgique).

1715 : Les provinces catholiques passent sous la souveraineté des Habsbourg d'Autriche.

1780-1790 : L'Empereur d'Autriche Joseph II met en application ses conceptions « joséphistes » (voir index).

1795 : Intégration à la République française. Pays-Bas et principauté de Liège sont fondus dans un ensemble de neuf départements français.

1801 : En vertu du Concordat entre Pie VII et Bonaparte, le culte catholique est officiellement reconnu ; les limites de nouveaux diocèses sont fixées. (Malines, Gand, Liège, Namur, Tournai).

1815 : Le Congrès de Vienne réunit sous une couronne protestante la Hollande calviniste et les départements « belges » catholiques.

1825 : Le roi s'emploie à la néerlandisation du pays. Il limite les congrégations religieuses. Il s'oppose aux autorités religieuses sur la politique de l'éducation.

1827 : Tentative d'accord entre le roi et les catholiques dans un Concordat.

1830 : Dans la foulée de la Révolution parisienne de 1830, la Belgique conquiert son indépendance nationale.

1831 : La Constitution est le fruit d'un compromis entre catholiques et libéraux et institue un régime concerté de séparation-entente entre Église et État.

1834 : Le diocèse de Bruges est rétabli.

1842 : La loi donne au clergé le contrôle de l'enseignement primaire.

1909 : Congrès national des œuvres catholiques à Malines. Il sera à l'origine de l'Action Catholique et d'un renouveau liturgique.

1846-1914 : La période peut être décrite comme une suite de conflits et de compromis entre catholiques et libéraux (mais aussi entre Flamands et Wallons) sur les problèmes de l'éducation, de l'Église et les problèmes sociaux. On ira jusqu'à une rupture des relations entre Belgique et le Saint-Siège de 1880 à 1884.

1925 : L'abbé Cardijn (1882-1967) fonde le JOC, la Jeunesse ouvrière chrétienne.

1935-1937 : L'épiscopat désavoue Léon Degrelle et le rexisme, parti fasciste qui s'était fondé à partir des éditions de l'Action Catholique Rex.

1939-1945 : L'épiscopat soutient Léopold III.

1950-1958 : Lutte scolaire à propos de subventions à l'enseignement : un pacte scolaire est signé en 1958.

1952 : Publication de la *Bible de Maredsous.*

BULGARIE

L'histoire de l'Église en ce pays a été marquée au XXe siècle par la persécution imposée par le Parti communiste : pour ne prendre qu'un exemple, aucune Bible et aucun document religieux n'ont été imprimés en Bulgarie depuis 1944. Cela dit, la persécution à l'égard des catholiques a été moins expéditive qu'à l'égard des musulmans. Depuis 1989, la Bulgarie marche à pas comptés vers une libéralisation, mais en 1992 les hôpitaux psychiatriques sont toujours utilisés contre les chrétiens, l'Église orthodoxe est toujours contrôlée par l'État et les grandes lois anti-religieuses ne sont pas abrogées.

BULGARIE (681 à 1961)

681-1018 : Premier État bulgare

864 : La Bulgarie se déclare chrétienne.

884 : Boris Michel, prince bulgare, accueille Clément et Naum, disciples de Cyrille et Méthode.

927 : Le patriarcat national est reconnu par Constantinople et Rome.

972 : Le patriarcat s'installe à Ochrid.

1018-1024 : Conquête byzantine.

1018 : Le patriarcat devient archevêché byzantin.

1204-1393 : Deuxième État bulgare.

1235 : Le patriarcat est rétabli à Trnovo.

1393-1877 : Domination turque, le patriarcat est supprimé.

1624 : Fondation d'une Église catholique gréco-byzantine.

1860 : Les Bulgares ne nomment plus le patriarche de Constantinople.

1870 : Les Turcs autorisent la constitution d'un exarchat autocéphale, ce que refuse le patriarcat de Constantinople.

1926 : Fondation d'un exarchat catholique à Sofia.

1945 : Réconciliation entre Constantinople et le patriarcat établi à Sofia.

1946-1947 : Sévères persécutions anti-religieuses.

1961 : Les deux patriarcats de Constantinople et de Sofia se reconnaissent officiellement.

CHYPRE

Superficie : 9251 km²
Population totale : 700 500 habitants
Densité : 76 habitants/km²

Religions déclarées	Nombre	% de la population totale
Catholiques	4 500	0,6%
Musulmans	112 000	16%
Orthodoxes, Grégoriens, Arméniens	540 000	77%
Autres	16 000	2,3%
Maronites	2 752	0,4%

Église catholique :
Nombre de diocèses : 1

CROATIE

Superficie : 56 538 km²
Population totale : 4 780 000 habitants
Densité : 85 habitants/km²

Religions déclarées	Nombre	% de la population totale
Catholiques	3 720 000	78%
Orthodoxes	526 800	11%
Luthériens	49 000	1%

Église catholique :
Nombre de diocèses : 11

DANEMARK

Superficie : 43 000 km²
Population totale : 5 130 000 habitants
Densité : 119 habitants/km²

Religions déclarées	Nombre	% de la population totale
Catholiques	29 000	0,6%
Luthériens	4 105 000	80%
Baptistes	60 000	1,2%
Juifs	5 100	0,1%
Sans religion	400 000	18%

Église catholique :
Nombre de diocèses : 1
Nombre d'évêques : 3
Nombre de prêtres : 94 (diocésains 37)
Nombre de diacres : 1
Nombre de religieuses : 398
Nombre de religieux : 3

ESPAGNE

Superficie : 504 782 km²
Population totale : 38 810 000 habitants
Densité : 774 habitants/km²

Religions déclarées	Nombre	% de la population totale
Catholiques	37 000 000	95,4%
Protestants	38 000	0,1%

Église catholique :
Nombre de diocèses : 65 (+1 ordinariat militaire)
Nombre d'évêques : 104
Nombre de prêtres : 30 583 (diocésains 20 552)
Nombre de diacres : 145
Nombre de religieuses : 75 552
Nombre de religieux : 6 741
Instituts séculiers hommes : 86
Instituts séculiers femmes : 3 502

ESPAGNE

Un nouveau concordat avec le Saint-Siège a été signé en 1979 par le gouvernement. Le catholicisme n'est plus religion d'État, et, depuis 1990, l'État a mis fin à son aide à l'Église. Même si les contribuables peuvent déduire leurs dons à l'Église jusqu'à hauteur de 0,52% de leurs revenus, l'Église va devoir changer de train de vie. La situation est d'autant plus tendue qu'il semble exister une sorte de malentendu persistant entre le gouvernement et l'Église. Ce n'est pas la guerre, mais c'est un froid persistant.

CROATIE (VIe siècle à 1992)

VIe siècle : Les Croates arrivent en Pannonie (Dalmatie).

640-642 : Envoyé par Jean IV, l'abbé Martin prend contact avec les Croates. Des missions romaines vont se succéder en Croatie. Les Croates deviennent les premiers Slaves chrétiens.

Vers 680 : Pacte entre le pape et les Croates qui s'engagent à ne pas envahir les terres d'autrui et à vivre en paix.

7 juin 879 : Le pape reconnaît l'indépendance de la Croatie.

IXe siècle : Mise en place de la tradition dite de Saint-Jérôme qui unit à la fois des éléments latins et slaves. Les papes autorisent la célébration de la messe en langue locale.

1075 : Le pape envoie un légat pour couronner le roi Zvonimir (1075-1089) qui place le royaume sous la protection directe du Saint-Siège.

1097 : Mort du dernier souverain national.

1102 : Les *Pacta Conventa* unissent la Croatie aux rois féodaux magyars.

1358-1808 : République de Raguse (Dubrovnik) liée à Rome.

1519 : Conscient que les Croates sont les remparts contre les Turcs, Léon X parle de la Croatie comme de la « muraille de la chrétienté ».

1527 : Le Parlement croate choisit Ferdinand de Habsbourg comme roi. Les Habsbourg régneront en Croatie jusqu'en 1918.

1918 : Le Parlement croate proclame l'indépendance de la vice-royauté de Croatie. Celle-ci est englobée dans le Royaume des Serbes, Croates et Slovènes.

1941 : Proclamation de l'État indépendant de Croatie (inféodé à l'Allemagne nazie).

1943-1945 : Reconnaissance internationale et mise en place du gouvernement communiste du maréchal Tito.

1946 : Le cardinal Stepinac est mis en prison (il y restera 16 ans).

1992 : Indépendance de la Croatie.

ESPAGNE (entre 1936 et 1990)

1936-1939 : Guerre civile espagnole (600 000 morts sur 25 millions d'habitants, 400 000 exilés).
Les républicains ont tué 13 évêques, 4 000 prêtres, 2 500 religieux, 280 religieuses, 240 séminaristes.
Les nationalistes ont déporté 278 prêtres et 125 religieux basques.
A Guernica (26 avril 1937), l'aviation allemande fait 1 654 morts et 889 blessés sur 7 000 habitants.
En 1937, les évêques espagnols (sauf 3 qui seront déportés) apportent leur soutien sans réserve au général Franco.

1939-1970 : Le général Franco « présente » les futurs évêques à la nomination du pape.

1953 : Concordat entre le Saint-Siège et l'Espagne franquiste.

1968-1970 : Mgr Morcillo et Mgr Guerra luttent (et gagnent) contre l'Action catholique.

1971 : Mort de Mgr Morcillo, archevêque de Madrid. Rome nomme administrateur apostolique Mgr Tarancon, un homme ouvert.

1972-1975 : Des prêtres font l'objet de procès-verbaux pour leurs homélies et doivent payer des amendes, 30 prêtres sont mis en prison (à Zamora), menace d'expulsion de l'évêque de Bilbao, Mgr Anoveros, et de l'évêque auxiliaire de Madrid, Mgr Iniesta.

1973 : L'épiscopat admet que l'Église ne doit pas intervenir dans les affaires de l'État.

1975 : Mort de Franco, avènement de Juan-Carlos. Le cardinal Tarancon déclare :« L'Église ne décidera jamais quelles autorités doivent nous gouverner, même si beaucoup lui demandent ce qu'elle n'a pas mission de donner. »

1976 : Le concordat est modifié. Les évêques, sauf huit, approuvent la nouvelle Constitution.

1979 : Accord avec le Saint-Siège : l'État doit garantir à l'Église des revenus.

1982 : Visite de Jean-Paul II en Espagne alors que les thèses du gouvernement en matière religieuse sont marxistes. Le gouvernement socialiste s'aperçoit de son erreur, fait marche arrière, mais, pour montrer sa fidélité à lui-même, légalise l'avortement, les drogues douces et se montre d'une extrême permissivité morale.

1990 : Les évêques publient un texte qui dénonce le climat permissif de la société espagnole, et l'attitude anticléricale des chaînes publiques de télévision.

ESTONIE

Superficie : 45 100 km²
Population totale : 1 500 000 habitants
Densité : 33 habitants/km²

Religions déclarées	Nombre	% de la population totale
Catholiques	7 000	0,4%
Protestants	10 500 000	70%
Orthodoxes	67 500	4,5%
Sans religion	375 000	25%

ILES FEROE (Dépendance autonome du Danemark)

Superficie : 1 398 km²
Population totale : 48 000 habitants
Densité : 33,7 habitants/km²

Religions déclarées	Nombre	% de la population totale
Catholiques	100	0,17%
Luthériens	47 000	98%

Église catholique :
Nombre de prêtres : 1
Nombre de diacres : 1
Nombre de religieuses : 10

FINLANDE

Superficie : 338 145 km²
Population totale : 5 000 000 habitants
Densité : 14,8 habitants/km²

Religions déclarées	Nombre	% de la population totale
Catholiques	4 000	0,08%
Orthodoxes	57 500	1,1%
Musulmans	10 000	0,2%
Luthériens	4 450 000	89%
Juifs	5 000	0,1%
Sans religion	45 000	9%

Église catholique :
Nombre de diocèses : 1
Nombre d'évêques : 1
Nombre de prêtres : 21 (diocésains 5)
Nombre de diacres : 2
Nombre de religieuses : 41
Nombre de religieux : 1
Instituts séculiers femmes : 2

GIBRALTAR

Superficie : 586 km²
Population totale : 32 000 habitants
Densité : 51 habitants/km²

Religions déclarées	Nombre	% de la population totale
Catholiques	24 000	75%
Anglicans	2 900	8,5%
Musulmans	2 600	8%
Juifs	700	2,2%
Autres	850	2,6%
Sans religion	1 300	4,1%

Église catholique :
Nombre de diocèses : 1
Nombre d'évêques : 1
Nombre de prêtres : 12 (diocésains 10)

GRANDE-BRETAGNE

Superficie : 243 500 km² + Irlande du Nord 14 120 km²
Population totale : 55 000 000 habitants
Densité : 225 habitants/km²

Religions déclarées	Nombre	% de la population totale
Catholiques	5 000 000	9,1%
Anglicans et épiscopaliens	2 000 000	3,6%
Presbytériens	1 500 000	2,7%
Méthodistes	500 000	0,9%
Baptistes	200 000	0,4%
Juifs	110 000	0,2%
Musulmans	900 000	1,6%
Mormons	150 000	0,3%
Autres églises	350 000	0,6%
Siks	175 000	0,3%

Église catholique :
Nombre de diocèses : 30 (+ 1 exarchat pour les Ukrainiens + 1 ordinariat militaire)
Nombre d'évêques : 67
Nombre de prêtres : 7 069 (diocésains 4 681)
Nombre de diacres : 220
Nombre de religieuses : 11 817
Nombre de religieux : 709
Instituts séculiers femmes : 171

GRANDE-BRETAGNE

Quatre groupes sont à l'origine de l'Église catholique actuelle en Angleterre : les descendants des aristocrates qui, au XVIe s., se sont opposés à Henri VIII, un groupe qui prend son origine dans le mouvement d'Oxford dans lequel des intellectuels (avec Newman) sont passés au catholicisme au XIXe s., les descendants des Irlandais qui ont immigré en Angleterre à la fin du XVIIIe et au XIXe siècle, enfin les émigrés de l'empire. L'Écosse a une tradition catholique plus locale et populaire, qui s'incorpore même dans le sentiment national écossais.

Même si l'Église catholique est devenue la plus nombreuse en Grande-Bretagne (du fait du très petit nombre de pratiquants anglais toutes confessions confondues et, du fait de la division des communautés protestantes), elle n'en constitue pas moins une petite minorité : 13% des adultes en Angleterre, 23% en pays de Galles, 37% en Écosse disent appartenir à une Église (contre 80% en Irlande du Nord).

En Grande-Bretagne, libéralisme religieux et déclin des Églises vont de pair (sauf chez les presbytériens qui, bien que non-libéraux, voient aussi leurs effectifs s'effriter).

L'Église catholique, après avoir mis en œuvre très progressivement les orientations du concile Vatican II, manifeste une indubitable vitalité, et bénéficie d'un authentique renouveau de la recherche spirituelle.

NOTRE-DAME DE WALSINGHAM (1061-1922)

Selon la tradition, la Vierge apparut en 1061 à Richeldis de Faverches, à Walsingham, près de la côte Nord de l'Angleterre dans le conté de Norfolk.
La Vierge ayant demandé la construction d'une chapelle, celle-ci fut pendant tout le Moyen Age un centre important de pèlerinage que fit détruire Henry VIII lors de sa rupture avec Rome.
Depuis 1922, une copie de la Vierge traditionnelle a été installée dans une nouvelle chapelle et les pèlerins affluent.

GRÈCE

Superficie : 131 957 km²
Population totale : 10 000 000 habitants
Densité : 76 habitants/km²

Religions déclarées	Nombre	% de la population totale
Catholiques	52 000 + 50 000 étrangers résidents	1,2%
Orthodoxes	9 000 000	90%
Autres chrétiens	80 000	0,8%
Musulmans	150 000	1%
Sans religion	700 000	7%

Église catholique :
Nombre de diocèses : 8 (+ 2 exarchats + 1 vicariat apostolique)
Nombre d'évêques : 7
Nombre de prêtres : 105 (diocésains 54)
Nombre de religieuses : 137
Nombre de religieux : 38

FINLANDE

La Finlande a appartenu à la Suède du XIIe siècle jusqu'en 1812, année de sa conquête par la Russie. La Finlande est devenue une république indépendante en 1917. Le pays compte deux langues officielles, le finnois et le suédois. Au nord habitent les Lapons, qui ont leur propre langue, le Saame. 28 000 étrangers sont établis d'une façon permanente dans le pays, parmi eux environ 5 000 réfugiés.

Histoire de l'Église catholique

La Finlande a été christianisée au XIIe siècle, à l'est par les orthodoxes, à l'ouest par les catholiques. Une fois la Finlande rattachée à la Suède, l'Église catholique y devint prédominante. Lors de la Réforme, Suède et Finlande devinrent luthériennes, le catholicisme y fut interdit. A partir du XVIIIe siècle la Finlande comptait quelques étrangers catholiques. Vers 1860 fut construite la première église catholique depuis la Réforme (pour des soldats polonais servant dans les armées du tsar). Quand la Finlande gagna son indépendance en 1917, la liberté de conscience et de culte furent garanties. En 1920, Rome érigea en Finlande un vicariat apostolique, devenu en 1955 le diocèse d'Helsinki.

L'Église catholique aujourd'hui

Le diocèse d'Helsinki est membre de la Conférence des évêques nordiques. Il compte six paroisses catholiques ainsi qu'une chapelle indépendante. On compte environ 70 différentes nationalités parmi les catholiques, qui vivent très dispersés dans le territoire. Divers ordres et instituts religieux, masculins et féminins, contemplatifs ou apostoliques, sont présents. Un centre diocésain d'information édite des livres, un centre diocésain de catéchèse anime l'enseignement religieux des paroisses et des écoles catholiques.

LES SAINTS PATRONS EN EUROPE

ALLEMAGNE

Boniface,
archevêque de Mayence, martyr, mort en 754
Anschaire (ou **Oscar**),
évêque de Hambourg, mort en 865

ANGLETERRE

George,
martyr à Lydda,(vers 303)
Édouard le Confesseur,
roi d'Angleterre, mort en 1066

AUTRICHE

Séverin,
apôtre du Norique, mort en 482
Florian,
martyr à Lorsch, mort en 304
Léopold III,
margrave d'Autriche, mort en 1135

BELGIQUE

Joseph, époux de la Vierge Marie.
Charles le Bon,
comte de Flandre, martyr, mort en 427

BOHÊME

Cyrille et **Méthode,** évêques,
apôtres des Slaves, morts au IXe siècle
Guy,
martyr en Lucanie, mort au IXe siècle
Jean Népomucène,
martyr, mort en 1383
Joseph, époux de la Vierge Marie.
Ludmilla,
martyre en Bohême, morte en 921
Norbert,
évêque de Magdebourg, mort en 1134
Procope,
abbé de Sazaba, mort en 1053
Venceslas,
roi de Bohême, martyr, mort en 929

CHYPRE

Barnabé,
apôtre, mort vers 60
Épiphane,
évêque de Salamine, mort en 403

DANEMARK

Anschaire,
évêque de Hambourg, mort en 865
Canut,
roi du Danemark, martyr, mort en 1086

GRANDE-BRETAGNE, ÉCOSSE

André,
apôtre et martyr mort au Ier siècle
Marguerite,
reine d'Écosse, veuve, morte en 1093

ESPAGNE

Jacques le Majeur,
apôtre, mort au Ier siècle
Thérèse d'Avila, docteur de l'Église,
réformatrice du Carmel, morte en 1582

FINLANDE

Henri,
évêque d'Uppsala, martyr, mort vers 1157

FRANCE

Louis,
roi de France, mort en 1270
Denis,
évêque de Paris, martyr, mort au IIIe siècle
Geneviève,
vierge, morte vers 500
Jeanne d'Arc,
vierge, morte en 1431
Martin
évêque de Tours, mort en 397 ?
Michel, Archange.
Thérèse de l'Enfant Jésus,
carmélite à Lisieux, morte en 1897

HONGRIE

Étienne,
roi de Hongrie, mort en 1038
Stanislas Kotska,
novice jésuite, mort en 1568
Vierge Marie.

IRLANDE

Brigitte,
abbesse de Kildare, morte en 523
Kevin,
abbé de Glendalough, mort en 618
Patrick, évêque missionnaire,
apôtre de l'Irlande, mort en 461

ITALIE

François d'Assise, fondateur
de l'ordre des frères mineurs, mort en 1226
Catherine de Sienne,
vierge dominicaine, morte en 1380

LITUANIE

Casimir de Lituanie,
prince de Pologne, mort en 1484
Cunégonde,
vierge, reine de Pologne, morte en 1292
Stanislas Kostka,
novice jésuite mort en 1568
Merkelis Giedratis, évêque
patron des prêtres lituaniens, mort en 1610

LUXEMBOURG

Willibrord,
archevêque d'Utrecht, mort en 739
Cunégonde,
impératrice germanique, morte en 1040
Pierre de Luxembourg,
cardinal, mort en 1387
Vierge Marie.

MALTE

Paul,
apôtre, mort en 67 ?

MORAVIE

Cyrille et **Méthode,** évêques,
apôtres des Slaves, morts au IXe siècle
Venceslas,
roi de Bohême, martyr, mort en 929

NORVÈGE

Olav,
roi de Norvège, mort en 1030
Magne, gouverneur,
exilé et tué en Écosse, mort en 1116

POLOGNE

Vierge Marie.
Adalbert de Prague,
évêque de Prague et martyr, mort en 997
Casimir de Lituanie,
prince de Pologne, mort en 1484
Stanislas Kotska,
novice jésuite, mort en 1568
Stanislas,
évêque de Cracovie, mort en 1079

RUSSIE

Nicolas,
évêque de Myre, mort au IVe siècle
Alexandre Nevski,
prince, mort en 1263
André,
apôtre et martyr, mort au Ier siècle
Serge de Radonege
ermite, fondateur du monastère de la Sainte-Trinité-Saint-Serge, mort en 1392
Thérèse de l'Enfant Jésus,
carmélite à Lisieux, mort en 1897
Wladimir ou **Vladimir,**
grand-duc de Kiev, mort en 1015

SERBIE

Sabas (Sava),
archevêque de Serbie, mort en 1237

SLOVAQUIE

Jean Népomucène,
martyr, mort en 1383

SUÈDE

Éric,
roi de Suède, mort vers 1160
Brigitte de Suède, veuve, fondatrice de l'ordre du Saint-Sauveur, morte en 1373

SUISSE

Nicolas de Flue,
ermite, mort en 1487
Constance d'Ancône,
sacristain, mort au Ve siècle
Gall,
moine en Suisse, mort vers 640

TCHÉCOSLOVAQUIE (voir aussi Bohême, Moravie, Slovaquie)

Venceslas et Ludmilla, roi et
princesse de Bohême, morts au Xe siècle

UKRAINE (KIEV)

Vladimir,
grand-duc de Kiev, mort en 1015
Cyrille et Méthode, évêques,
apôtres des slaves, mort au IXe siècle

LIEUX « SAINTS » EUROPÉENS, LIEUX DE RASSEMBLEMENT ET DE PÈLERINAGE

ALBANIE :
Shkodër

ALLEMAGNE :
Aix-la-Chapelle
Augsbourg
Cologne
Constance
Fulda
Maria Laach
Paderborn
Walldürn (Précieux Sang)

AUTRICHE :
Mariazell (Vierge Marie)
Melk

BELGIQUE :
Banneux (Vierge Marie)
Bastogne (Saint Hubert)
Beauraing
Bruges (Précieux Sang)
Chevetogne
Furnes (les pénitents)
Montaigu (Vierge Marie)
Orval
Walcourt

DANEMARK :
Copenhague (Saint Anschaire)
Roskilde

ESPAGNE :
Avila (Sainte Thérèse)
Compostelle (Saint Jacques)
Loyola (Saint Ignace)
Montserrat (Vierge Marie)
Pampelune (Saint Ignace)
Saragosse (N. D. du Pilier)
Guadalupe (Vierge Marie)

FINLANDE :
Köyliö (Saint Henri)
Hattula

FRANCE :
Sainte-Anne-d'Auray
La Salette (Vierge Marie)
Chartres (Vierge Marie)
Le Mont Saint-Michel
Le Puy (Vierge Marie)
Lyon (Saint Irénée, Vierge Marie)
Paray-le-Monial. (Sacré-Cœur)
Paris (Sacré Cœur, Vierge Marie)
Saintes-Maries-de-la-Mer
Tours (Saint-Martin)
Vézelay (Sainte Madeleine)
Lisieux (Sainte Thérèse de l'E. J.)
Lourdes (Vierge Marie)

GRÈCE :
Mont Athos

HONGRIE :
Budapest (Saint Étienne)
Esztergom

IRLANDE :
Armagh
Drogheda
Glendalough (Saint Kevin)
Gougane Barra
Lough Derg
Kildare (Sainte Brigitte)

ITALIE :
Assise (Saint François).
Lorette (Maison de la Vierge)
Mont Cassin (Saint Benoît)
Milan (Saint Ambroise)
Naples (Saint Janvier)
Padoue (Saint Antoine)
Rome (Saint Pierre, Saint Paul)
Sienne (Sainte Catherine)
Subiaco (Saint Benoît)
Turin (Saint suaire)

LUXEMBOURG :
Echternach (Saint Willibrord)
Gristerklaus

MALTE :
Mdina

NORVÈGE :
Stiklestad (Saint Olav)
Selja
Trondheim (Nidaros)

PAYS-BAS :
Maastricht (Vierge Marie)
Nimègue
Tegelen (Jeux de la Passion)

POLOGNE :
Czestochowa (Monatère de Jasna Gora)
Giezno
Niepokalonow (Saint Maximilien Kolbe)
Wiliecka
Zebrgydow

PORTUGAL :
Braga (Bom Jésus do Monte)
Fatima (Vierge Marie)

ROUMANIE :
Les grands monastères moldaves

ROYAUME-UNI :
Cantorbery (Saint Thomas Beckett)
Saint Albans
Walsingham (Vierge Marie)

SUÈDE :
Gotland (île)
Vadstena

SUISSE :
Einsiedeln (Vierge Marie)
Flüelen (Saint Nicolas de Flue)
Grand Saint-Bernard
Mariastein
Müstair
Saint-Maurice
Saint-Gall

TCHÉCOSLOVAQUIE :
Levoca
Prague (Saint Wenceslas)
Velehrad (Saint Méthode)

HONGRIE

Superficie : 93 033 km²
Population totale : 10 500 000 habitants
Densité : 113 habitants/km²

Religions déclarées	Nombre	% de la population totale
Catholiques	6 500 000	62%
Orthodoxes	40 000	0,4%
Luthériens	800 000	7,6%
Protestants (calvinistes)	2 500 000	24%
Juifs	100 000	1%
Sans religion	420 000	4%

Église catholique :
Nombre de diocèses : 11 (+ 1 abbaye territoriale + 1 exarchat de rite byzantin)
Nombre d'évêques : 22
Nombre de prêtres : 3 062 (diocésains 2 451)
Nombre de diacres : 8
Nombre de religieuses : 1 950
Nombre de religieux : 37
Instituts séculiers femmes : 20

HONGRIE

Pendant les quarante ans de dictature du communisme, beaucoup de protestants et de catholiques ont collaboré avec le régime. D'autres ont résisté. La grande figure du catholicisme hongrois est le cardinal Mindszenty. Condamné à la prison à vie en 1949, il est libéré en 1956, mais, pour éviter l'expulsion, il doit se réfugier quatorze ans à l'ambassade des États-Unis de Budapest. Le Saint-Siège échangera son départ contre une certaine reprise de ses liens avec l'épiscopat hongrois. Depuis 1989, la liberté religieuse a été progressivement restaurée : création d'associations (comme celle des étudiants catholiques), édition d'un périodique, réorganisation d'ordres religieux, rétablissement des relations diplomatiques entre le Saint-Siège et la Hongrie, premières aumôneries dans les prisons, dans l'armée, réhabilitation du cardinal Mindszenty, autant de signes attestant que l'Église est restée vivace et retrouve sa place dans la société.

IRLANDE
(L'organisation ecclésiale considère celle-ci comme un tout)

Superficie : 84 421 km²
Population totale : 5 900 000 habitants
Densité : 70 habitants/km²

Religions déclarées	Nombre	% de la population totale
Catholiques	4 500 000	76%
Presbytériens	450 000	7,6%
Méthodistes	70 000	1,6%
Church of Ireland (anglic.)	400 000	6,8%
Autres	120 000	2%
Sans religion	300 000	5%

Église catholique :
Nombre de diocèses : 26
Nombre d'évêques : 51
Nombre de prêtres : 6 353 (diocésains 3 673)
Nombre de diacres : 1
Nombre de religieuses : 11 017
Nombre de religieux : 1 825
Instituts séculiers hommes : 2
Instituts séculiers femmes : 41

IRLANDE

L'Église catholique fait encore partie de l'identité nationale irlandaise. Elle est populaire. Les catholiques sont issus des milieux les plus populaires (une poignée de protestants garde encore une place très importante, voire prédominante, dans le système économique et universitaire).

En Irlande du Nord, les catholiques militent pour l'unité politique de l'île – que l'Église catholique reconnaît en établissant un évêque primat de toute l'île – les protestants, eux, cherchent à ne pas se laisser submerger par les catholiques et à rester attachés à l'Angleterre.

ISLANDE

Superficie : 102 950 km²
Population totale : 256 000 habitants
Densité : 2,5 habitants/km²

Religions déclarées	Nombre	% de la population totale
Catholiques	2 000	0,9%
Église d'Islande (luthér.)	232 500	93%
Autres luthériens	9 250	3,7%

Église catholique :
Nombre de diocèses : 1
Nombre d'évêques : 1
Nombre de prêtres : 13 (diocésains 8)
Nombre de religieuses : 48

ITALIE (1)

Superficie : 301 277 km²
Population totale : 57 000 000 habitants
Densité : 189 habitants/km²

Religions déclarées	Nombre	% de la population totale
Catholiques	56 000 000	98% (pratiquants 16 000 000)
Protestants	550 000	1%
Musulmans	60 000	0,1%
Orthodoxes	60 000	0,1%
Juifs	60 000	0,1%
Estimation de ceux qui même baptisés catholiques se disent sans religion	9 100 000	16 %

Église catholique :
Nombre de diocèses : 217 (+ 2 prélatures + 7 abbayes territoriales + 1 ordinariat militaire)
Nombre d'évêques : 497
Nombre de prêtres : 58 100 (diocésains 38 409)
Nombre de diacres : 1 000
Nombre de religieuses : 128 200
Nombre de religieux : 5 094
Instituts séculiers hommes : 234
Instituts séculiers femmes : 13 796

(1) Voir aussi Index.

ITALIE (1)

Après avoir été longtemps divisée en différents États plus ou moins indépendants, l'Italie est devenue un Royaume unifié en 1870, puis une République parlementaire en 1946, après la guerre et une période marquée par la dictature fasciste de Benito Mussolini de 1922 à 1943.

L'Italie est un des berceaux européens du catholicisme et le siège de l'État du Vatican : toute son histoire est marquée par ces deux faits. La question romaine – c'est-à-dire celle de la place des États de l'Église – n'a été réglée que par les accords de Latran (11/02/29), qui, en 1984, ont laissé place à un Concordat entre le Saint-Siège et l'Italie. La république italienne a été, en son origine, animée par un puissant courant démocrate chrétien qui a sans cesse entretenu des rapports très étroits avec l'Église. Certes, le Parti communiste a joué aussi un rôle déterminant dans l'histoire italienne d'après-guerre, mais il a toujours su ménager un modus vivendi avec l'Église.

Même si l'Église catholique est d'une extraordinaire vitalité (on peut penser à un mouvement comme « Communion et Libération » et à ses immenses congrès de Rimini, mais aussi aux nombreux groupes de prière, mouvements éducatifs, lieux de réflexion), la « sécularisation » de la société n'en est pas moins nette. Le nombre de prêtres diminue (64 100 prêtres, séculiers et religieux en 1959, 59 152 en 1989 et 431 ordinations cette même année).

(1) Voir aussi Index

MEDIAS CHRÉTIENS EN ITALIE

Famiglia christiana, hebdomadaire, 6 400 000 lecteurs

Messager de Saint Antoine, mensuel, 2 800 000 exemplaires vendus

Hebdomadaires diocésains, 1 200 000 exemplaires vendus (4 000 000 de lecteurs)

Revues catholiques, 3 000 titres

Radios catholiques, 402 (10% des radios)

LETTONIE

Superficie : 64 600 km²
Population totale : 2 600 000 habitants
Densité : 40 habitants/km²

Religions déclarées	Nombre	% de la population totale
Catholiques	500 000	19%
Protestants	1 560 000	60%
Orthodoxes	130 000	5%
Sans religion	400 000	17%

Église catholique :
Nombre de diocèses : 2
Nombre d'évêques : 3
Nombre de prêtres : 110 (diocésains 99)

LIECHTENSTEIN

Superficie : 160 km²
Population totale : 27 000 habitants
Densité : 168 habitants/km²

Religions déclarées	Nombre	% de la population totale
Catholiques	22 000	80,13%
Protestants	2 500	8,3%
Autres	400	1,7%

Église catholique :
Nombre de prêtres : 34 (diocésains 17)
Nombre de religieuses : 91
Nombre de religieux : 5

LITUANIE

Superficie : 65 200 km²
Population totale : 3 360 000 habitants
Densité : 52 habitants/km²

Religions déclarées	Nombre	% de la population totale
Catholiques	2 680 000	80%
Protestants	170 000	5%
Orthodoxes	170 000	5%
Juifs	14 000	0,4%
Sans religion	300 000	9%

Église catholique :
Nombre de diocèses : 6 (+ 1 prélature territoriale)
Nombre d'évêques : 8
Nombre de prêtres : 754 (diocésains 681)
Nombre de diacres : 1
Nombre de religieuses : 335
Nombre de religieux : 22
Instituts séculiers femmes : 6

LUXEMBOURG

Superficie : 2 590 km²
Population totale : 375 000 habitants
Densité : 145 habitants/km²

Religions déclarées	Nombre	% de la population totale
Catholiques	356 000	95%
Protestants	37 000	1%
Juifs	750	0,2%
Autres	6 750	1,8%
Sans religion	7 750	2%

Église catholique :
Nombre de diocèses : 1
Nombre d'évêques : 2
Nombre de prêtres : 350 (diocésains 265)
Nombre de diacres : 2
Nombre de religieuses : 923
Nombre de religieux : 26
Instituts séculiers femmes : 2

MACÉDOINE

Superficie : 25 713 km²
Population totale : 4 100 000 habitants
Densité : 159 habitants/km²

Religions déclarées	Nombre	% de la population totale
Catholiques	66 000	1,6%
Orthodoxes	–	–
Musulmans	–	–
Sans religion	–	–

Église catholique :
Nombre de diocèses : 1

MALTE (et Gozo)

Superficie : 246 + (67) km²
Population totale : 350 000 habitants
Densité : 1 118 habitants/km²

Religions déclarées	Nombre	% de la population totale
Catholiques	346 000	99%

Église Catholique :
Nombre de diocèses : 2
Nombre d'évêques : 3
Nombre de prêtres : 1 030 (diocésains 532)
Nombre de diacres : 1
Nombre de religieuses : 1 356
Nombre de religieux : 113
Instituts séculiers femmes : 45

MONACO

Superficie : 181 km²
Population totale : 30 000 habitants
Densité : 166 habitants/km²

Religions déclarées	Nombre	% de la population totale
Catholiques	27 000	90%

Église catholique :
Nombre de diocèses : 1
Nombre d'évêques : 1
Nombre de prêtres : 24 (diocésains 12)
Nombre de diacres : 1
Nombre de religieuses : 29

MONTÉNÉGRO

Superficie : 13 812 km²
Population totale : 633 000 habitants
Densité : 46 habitants/km²

Religions déclarées	Nombre	% de la population totale
Musulmans	85 000	13,4%

Église catholique :
Nombre de diocèses : 1

NORVÈGE

Superficie : 386 963 km²
Population totale : 4 250 000 habitants
Densité : 11 habitants/km²

Religions déclarées	Nombre	% de la population totale
Catholiques	33 000	0,8%
Luthériens	3 700 000	87%
Musulmans	4 000	0,1%
Autres	170 000	4%
Sans religion	127 500	3%

Église catholique :
Nombre de diocèses : 1 (+ 2 prélatures territoriales)
Nombre d'évêques : 3
Nombre de prêtres : 56 (diocésains 15)
Nombre de religieuses : 254
Nombre de religieux : 6
Instituts séculiers femmes : 4

PAYS-BAS (1)

Superficie : 41 864 km²
Population totale : 14 800 000 habitants
Densité : 354 habitants/km²

Religions déclarées	Nombre	% de la population totale
Catholiques	5 646 000	38%
Protestants	6 600 000	45 %
Musulmans	150 000	1%
Juifs	30 000	0,2%
Sans religion	4 700 000	32%

Église catholique :
Nombre de diocèses : 7 (+ 1 ordinariat militaire)
Nombre d'évêques : 24
Nombre de prêtres : 5 250 (diocésains 2 031)
Nombre de diacres : 138
Nombre de religieuses : 17 334
Nombre de religieux : 2 193
Instituts séculiers femmes : 24

(1) Voir aussi Index

NORVÈGE

Histoire
Les premières impulsions chrétiennes atteignirent la Norvège dès le IXᵉ siècle. Elles provenaient des îles Britanniques et d'Allemagne. Le roi Olav Haraldson tombé à la bataille de Stiklestad en 1030 fut déclaré saint peu de temps après sa mort en raison du rôle central qu'il avait joué dans la christianisation de la Norvège. Le christianisme s'implanta en Norvège au cours du XIIᵉ siècle. La cathédrale de Nidaros à Trondheim devint le siège de l'archevêché et le centre de la vie religieuse du pays.

La réforme luthérienne des années 1530 fut introduite par le roi de Danemark-Norvège ; elle provoqua un bouleversement de la vie religieuse. Un changement des habitudes religieuses centenaires ne pouvait se faire que lentement. La Constitution de 1814 reconnaît la religion luthérienne comme religion officielle de l'État.

Histoire de l'Église catholique
La première communauté catholique après la Réforme a été érigée en 1843. En l'espace de trois siècles l'héritage catholique avait pratiquement disparu, et la population n'avait guère conscience de son origine catholique. Il n'en reste pas moins que plusieurs églises anciennes datent du Moyen Âge, ainsi que les « stavkirker » (églises en bois debout). Le Siège apostolique espérait bien de fortes vagues de conversions, mais elles ne se sont point produites. Une centaine de personnes se convertissent à la foi catholique chaque année, mais la croissance de l'Église catholique en Norvège est principalement due aux immigrants provenants des pays catholiques. L'Église catholique a été reconnue au même titre que les autres Églises libres par une loi de 1969.

L'Église catholique aujourd'hui
A cause de la difficulté des moyens de communication, la Norvège est divisée en trois diocèses. Les deux évêques (Oslo et Tromsø) et l'administrateur apostolique de Trondheim sont des Allemands. Le clergé est originaire de 13 pays différents. Plusieurs ordres et congrégations de religieux et de religieuses sont présents.

L'Église catholique, là aussi, se heurte aux problèmes de sécularisation, et les églises combles le dimanche prouvent simplement qu'il y a peu de paroisses et que les locaux sont trop exigus.

Le climat œcuménique s'est beaucoup amélioré ces dernières années. Il est aujourd'hui socialement acceptable d'être catholique en Norvège.

L'un des objectifs prioritaires de la communauté catholique a été de plonger ses racines dans la culture norvégienne, même si on ne parle pas aujourd'hui d'une Église catholique norvégienne mais d'Église catholique en Norvège.

POLOGNE

Superficie : 312 683 km²
Population totale : 37 850 000 habitants
Densité : 121 habitants/km²

Religions déclarées	Nombre	% de la population totale
Catholiques	34 822 000	92%
+ Gréco-catholiques	190 000	0,5%
dont Catholiques pratiquants	29 520 000	78%
Autres	550	1,5%
Sans religion	3 200 000	6%

Église catholique :
Nombre de diocèses : 40 (+ 1 ordinariat de rite oriental + 1 ordinariat militaire)
Nombre d'évêques : 106
Nombre de prêtres : 23 099 (diocésains 18 246)
Nombre de diacres : 3
Nombre de religieuses : 26 081
Nombre de religieux : 1 306
Instituts séculiers hommes : 10
Instituts séculiers femmes : 478

POLOGNE

Le 25 mars 1992, Jean-Paul II a remodelé totalement la carte ecclésiastique de la Pologne. A terme, lorsque toutes les décisions prises auront été exécutées, la situation qui prévalait du temps du communisme aura totalement disparu : alors, l'archevêque de Varsovie – la ville capitale – était en même temps évêque de Gniezno et primat (chef) de l'Église polonaise et, du fait de l'absence de nonce, le représentant du pape en Pologne.

La réforme a pour but de rapprocher les responsables de l'Église de leur peuple et d'augmenter leurs responsabilités : porte-parole de la liberté pendant la dictature, l'Église polonaise doit s'affronter aujourd'hui à une liberté qui s'en prend quelquefois à son enseignement. Même si les changements qui doivent s'opérer en son sein sont considérables, l'abondance, la participation et la détermination des catholiques devraient permettre de les vivre relativement sereinement.

PORTUGAL

Superficie : 92 000 km²
Population totale : 10 000 000 habitants
Densité : 109 habitants/km²

Religions déclarées	Nombre	% de la population totale
Catholiques	9 800 000	98%

Église catholique :
Nombre de diocèses : 20 (+ 1 ordinariat militaire)
Nombre d'évêques : 46
Nombre de prêtres : 4 553 (diocésains 3 472)
Nombre de diacres : 43
Nombre de religieuses : 7 387
Nombre de religieux : 479
Instituts séculiers femmes : 578

FATIMA

Le 13 mai 1917, la Vierge apparaît à trois enfants, à Fatima (Portugal) : elle leur donne alors rendez-vous le 13 du mois, chaque mois, pendant six mois ; elle délivre un message de pénitence et de prière et demande, en particulier, de prier pour la conversion des pays de l'Est. Le 13 juin 1929, la Vierge apparaît de nouveau à un des voyants, Lucien, lui demandant de faire consacrer la Russie au Cœur Immaculée de Marie. Paul VI puis Jean-Paul II se sont rendus à Fatima.

POLOGNE (1965 à 1991)

1965 : Les évêques polonais font une offre de réconciliation au peuple allemand. A leurs yeux l'intégrité de la Pologne sera plus garantie par un accord germano-polonais que par la protection du « grand frère soviétique ».

1975 : A la conférence d'Helsinki, le Saint-Siège joue un rôle important dans l'élaboration de la « troisième corbeille », celle portant sur les droits de l'homme.

1978 : Élection de Jean-Paul II.
1979 : Jean-Paul II se rend en Pologne. Il s'appuie sur l'histoire polonaise pour donner courage et impulsion aux polonais.

1980 : Fondation de *Solidarnosc* qui marque l'alliance entre les ouvriers et l'Église polonaise.

1981 : Le général Jaruzelski impose l'état d'urgence aux Polonais. Le pape prêche la modération et la non-violence.

14 août 1983 : Le pape, à Lourdes, demande aux occidentaux d'entendre les voix de l'Église du silence.
1985 : Gorbatchev arrive au pouvoir en URSS.

1987 : Jean-Paul II se rend en Pologne et encourage les Polonais dans leur volonté de reprendre l'initiative. Il rencontre Gorbatchev.

1989 : Le général Jaruzelski devient Président et nomme un gouvernement où les communistes sont nettement minoritaires.

26 mars Le Premier ministre hongrois révèle que Gorbatchev n'utilisera pas la force pour ramener l'ordre communiste dans les pays de l'Est.

1990 : Échange de représentants entre le Saint-Siège et l'URSS. Loi soviétique accordant une effective liberté religieuse. Fin du pacte de Varsovie.

13 août 1991 : A Opole, des militaires de tous les pays de l'OTAN et du pacte de Varsovie (moins l'URSS) assistent en uniforme à une messe célébrée par l'évêque aux Armées polonaises.
15 août 1991 : 1 200 000 jeunes dont 100 000 soviétiques acclament le pape à Czestochowa.

PORTUGAL

1820-1834 : L'Église soutient massivement les tenants de l'absolutisme contre les libéraux.
1857 : Signature d'un concordat.
1886 : Signature d'un concordat.
1904 : Avènement d'un pouvoir qui emprisonne le clergé, persécute les chrétiens, profane les églises.
1910 : Instauration de la République après l'assassinat du roi Carlos. Cette république est violemment anti-cléricale.
1917 : Apparitions de Fatima. Immenses rassemblements.
1920-1926 : 32 gouvernements se succèdent sous l'œil (et l'action) de l'armée. Le pays est divisé en deux tendances, l'une anarcho-socialiste et l'autre bientôt fasciste.
1926 : La Révolution donne pour but la Réconciliation Nationale.
1926 : Salazar, ex-séminariste, devient ministre des Finances pour la première fois. Il est vite renvoyé.
1932 : Rappelé, il assainit la situation financière de manière brutale.
1933 : Il est nommé président du Conseil des ministres et instaure son *Estado Novo*, système corporatiste inspiré du fascisme et teinté de christianisme. La nouvelle Constitution maintient la séparation de l'Église et de l'État, garantit la liberté de culte et la liberté religieuse.
1939-1945 : Le Portugal reste neutre.
1940 : Signature d'un concordat qui fixe les normes pour la célébration des mariages et la liberté de l'enseignement. La personnalité juridique de l'Église est reconnue par l'État.
1949 : Le Portugal devient membre de l'OTAN.
1961 : Insurrection armée en Angola.
1962-1965 : Les orientations du concile Vatican II seront rapidement admises par le milieu clérical et les catholiques les plus engagés, voire par des mouvements comme celui « Pour un monde meilleur »... Elles le seront moins aisément par l'ensemble de la population et une partie de l'épiscopat.
1967 : Fondation de la Conférence épiscopale.
1974 : Révolution des œillets par les militaires de gauche. Les communistes jugent préférable de ne pas toucher à l'Église, ce qui ne les empêche pas de contrôler ou d'annexer les médias chrétiens comme *Radio Renascença*.
1975-1977 : Création de trois diocèses, Santarem, Setubal, Viana do Castelo.

CARDINAUX EUROPÉENS (EN 1991)

Sont accompagnés du signe * les noms des cardinaux qui, ayant plus de quatre-vingts ans, ne sont plus électeurs du pape

ALLEMAGNE (6 cardinaux)
F. Hengsbech
A. Mayer*
J. Meisner
J. Ratzinger
G.M. Sterzinsky
F. Wetter

AUTRICHE (3 cardinaux)
H.H. Groer
F. Kœnig*
A. Stivkler*

BELGIQUE (3 cardinaux)
G. Danneels
H.J. Hamer
L. Suenens*

CEI (ex-URSS) (1 cardinal)
Lubachivsky

ESPAGNE (5 cardinaux)
V. Enrique y Tarancon*
M. M. Gonzalez
A.M. Javierre Ortas
N. Jubany Arnau
A. Suquia Goicoechea

FRANCE (9 cardinaux)
R. Coffy
A. Decourtray
R. Etchegaray
G. Garrone*
P. Gouyon*
J.M. Lustiger
J. Martin*
F. Marty*
P. Poupard

GRANDE-BRETAGNE (2 cardinaux)
G. Gray*
B. Hume

HONGRIE (1 cardinal)
L. Paskai

ITALIE (39 cardinaux)
F. Angelini
F. Antonelli*
C. Bafile*
J. Baggio
A. Ballestrero
P. Bertoli*
G. Biffi
G. Canestri
G. Caprio
F. Carpino*
A. Casaroli
G. Casoria*
M. Cé
L. Ciappi*
G. Colombo*
P. Dezza*
A. Felici
M. Giordano
S. Guerri*
A. Innocenti
P. Laghi
C.M. Martini
V. Noé
J. Oddi*
P. Palazzini
J. Pappalardo
G. Panpini
P. Pavan
J. Piovanelli
U. Poletti
E. Righi-Lambertini*
O. Rossi*
C. Ruini
A. Sabattani
G. Saldarini
G.M. Sensi
A. Silvestri
A. Sodano
C. Ursi*

LITUANIE (1 cardinal)
V. Sladkevicius

PAYS-BAS (2 cardinaux)
A. Simonis
J. Willebrands*

POLOGNE (4 cardinaux)
A. Deskur
J. Glemp
G. Gulbinowicz
F. Marchaski

PORTUGAL (1 cardinal)
A. Ribeiro

ROUMANIE (1 cardinal)
A. Todea

SUISSE (1 cardinal)
H. Schwery

TCHÉCOSLOVAQUIE (3 cardinaux)
Jan Ch. Korec
F. Tomasek*
J. Tomko

YOUGOSLAVIE (2 cardinaux)
G. Del Mestri*
F. Kuharic

ROUMANIE

Superficie : 237 000 km²
Population totale : 23 150 000 habitants
Densité : 98 habitants/km²

Religions déclarées	Nombre	% de la population totale
Catholiques	2 900 000	12%
Protestants	1 600 000	7%
Orthodoxes	17 000 000	74%
Juifs	20 000	0,08%
Musulmans	220 000	1%
Sans religion	1 160 000	5%

Église catholique :
Nombre de diocèses : 11
Nombre d'évêques : 16
Nombre de prêtres : 1 236 (diocésains 1 114)
Nombre de diacres : 2
Nombre de religieuses : 599
Nombre de religieux : 37

ROUMANIE

Alors que l'Église orthodoxe nationale collabore avec le président Ceaucescu, dont les patriarches orthodoxes successifs sont d'anciens proches collaborateurs, l'Église catholique (la plus importante du rite byzantin en Europe de l'Est) souffre des persécutions (comme d'ailleurs les protestants). Les églises sont détruites (22 à Bucarest par exemple) et toute activité est, de fait, prohibée.
Depuis la chute de Ceaucescu, une timide libéralisation semble se dessiner : en 1990, les relations diplomatiques ont été renouées avec le Saint-Siège, et l'enseignement religieux a été autorisé dans les écoles (mais il n'y a ni maître, ni livre, ni argent).

RUSSIE

Superficie : 17 075 000 km²
Population totale : 145 000 000 habitants
Densité : 8,5 habitants/km²

Religions déclarées	Nombre	% de la population totale
Catholiques	60 000 à 100 000	0,4%
Orthodoxes	55 000 000	38% (22%)*
Autres	26 000 000	18%
Sans religion	160 000 000	41% (77%)*

(*) sondage sur Moscou, 1991

Église catholique :
Nombre de diocèses : 2

SAINT-MARIN

Superficie : 60 km²
Population totale : 23 000 habitants
Densité : 383 habitants/km²

Religions déclarées	Nombre	% de la population totale
Catholiques	23 000	99,85%

Église catholique :
Nombre de prêtres : 26 (diocésains 14)
Nombre de religieuses : 30
Nombre de religieux : 1

SERBIE

Superficie : 88 361 km²
Population totale : 7 500 000 habitants
Densité : 85 habitants/km²

Religions déclarées	Nombre	% de la population totale
Catholiques	476 000	6,3%
Orthodoxes	7 000 000	93%
Luthériens	51 000	0,6%

Église catholique :
Nombre de diocèses : 2

SLOVÉNIE

Superficie : 20 251 km²
Population totale :1 975 000 habitants
Densité : 98 habitants/km²

Religions déclarées	Nombre	% de la population totale
Catholiques	1 650 000	84%
Luthériens	19 000	0,9%

Église catholique :
Nombre de diocèses : 3

SLOVÉNIE (VIe siècle à 1991)

VIe siècle : Arrivée des Slovènes dans des vallées déjà chrétiennes.
Après 700 : Gorazd, premier roi chrétien slovène.
752 : Le pape rattache la Carinthie à la circonscription ecclésiastique de Salzbourg.
869 : Kocelj, prince slovène, demande au pape de lui envoyer Méthode ; ce que le pape fera.
874 : Fin de l'indépendance slovène.
1461-1642 : L'empereur Frédéric III, confirmé un an plus tard par Pie II, fonde le diocèse de Ljubljana.
1809-1813 : La création des Provinces Illyriennes par Napoléon avec Ljubljana comme capitale renforce le nationalisme slovène.
1943-1945 : Reconnaissance et mise en place du gouvernement de Tito. Début de la persécution contre les catholiques.
1990 : Premières élections démocratiques : la liberté religieuse est de nouveau reconnue.
1991 : Le pays se prononce en faveur de son indépendance

SUÈDE

Superficie : 449 960 km²
Population totale : 8 500 000 habitants
Densité : 19 habitants/km²

Religions déclarées	Nombre	% de la population totale
Catholiques	140 000	1,6%
Luthériens	7 800 000	92%
Orthodoxes	100 000	1,2%
Juifs	16 000	0,2%
Musulmans	50 000	0,6%

Église catholique :
Nombre de diocèses : 1
Nombre d'évêques : 2
Nombre de prêtres : 114 (diocésains 55)
Nombre de diacres : 10
Nombre de religieuses : 241
Nombre de religieux : 14
Instituts séculiers femmes : 113

SUÈDE

L'Église catholique en Suède est presque exclusivement composée de fidèles d'origine étrangère à la Suède (l'évêque est généralement un Allemand). Cependant, le petit groupe de catholiques de souche suédoise (souvent des universitaires) manifeste une grande vitalité et exerce un réel pouvoir d'attraction.

SUISSE

Superficie : 41 293 km²
Population totale : 6 650 000 habitants
Densité : 161 habitants/km²

Religions déclarées	Nombre	% de la population totale
Catholiques	3 100 000	46,6%
Protestants	2 945 000	44,3%
Musulmans	20 000	0,3%
Juifs	19 950	0,3%
Sans religion	500 000	7,5%

Église catholique :
Nombre de diocèses : 6 (+ 2 abbayes territoriales)
Nombre d'évêques : 12
Nombre de prêtres : 3 751 (diocésains 2 182)
Nombre de diacres : 54
Nombre de religieuses : 8 154
Nombre de religieux : 379
Instituts séculiers femmes : 321

SUISSE
Quelques dates importantes de l'histoire des catholiques suisses

II-IIIe siècle : Première pénétration du christianisme sur le territoire suisse actuel.
Dès le IVe siècle : Sièges épiscopaux à Octodure-Sion, Augst-Bâle, Genève, Coire, Avenches-Lausanne, Windisch et Constance.
390 : Premier lieu de culte à Saint-Maurice.
V-VIIe siècle : Fondation de monastères à Romainmôtier, Saint-Gall, Reichenau, Säckingen, Lucerne, Einsiedeln, Fischingen, Engelberg ; adoption de la Règle de Saint Benoît.
XIIe siècle : Fondations cisterciennes : Hauterive, Saint-Urbain, Wettingen.
XIIIe siècle : Établissement de communautés dominicaines et franciscaines dans les régions urbaines. Apogée de la fondation de couvents féminins : bénédictines, cisterciennes (7), clarisses (2), dominicaines (9), augustines, et de nombreuses maisons de béguines et tertiaires.
1431-1437 : Concile de Bâle, dont la tentative de réforme de l'Église échouera.
1417-1487 : Nicolas de Flue, représentant le plus marquant de la spiritualité des laïcs.
1523-1529 : Zurich, Berne, Bâle et Schaffhouse adoptent la Réforme protestante.
1536 : Jean Calvin arrive à Genève ; Guillaume Farel œuvre à Neuchâtel.
1545-1562 Concile de Trente (Contre-Réforme ou Réforme catholique).
1567 Naissance de François de Sales ; il deviendra évêque de Genève-Annecy (sans pouvoir pénétrer dans la partie genevoise de son diocèse.
1570 Charles Borromée entreprend ses visites en Suisse.
1574 : Les Jésuites prennent la direction du collège de Lucerne ; suivront Fribourg, Porrentruy, Brigue, Sion, Bellinzone et Soleure.
1602 : Escalade de Genève : tentative des Savoyards de s'emparer de la ville.
1618-1648 : Guerre de Trente Ans ; début des troubles politico-religieux.
1712 : Les protestants obtiennent la suprématie politique dans la Suisse de l'époque, à la suite de la guerre de Villmergen.
1798 : Dans les bouleversements qui affectent l'Europe, effondrement de l'ancienne Confédération.
1814-1830 : Restauration de la Confédération, régie par un Pacte fédéral de 1815.
1833 : Élévation au grade d'universités des académies de Lausanne et Genève.
1847 : Guerre de Sonderbund ; dernière confrontation à caractère politico-confessionnel ; elle met la Suisse catholique à l'écart du nouvel État fédéral.
XIXe siècle : Apogée des fondations de sociétés missionnaires et de congrégations féminines ; prise en charge de nombreux hôpitaux et écoles.
1848 : Une nouvelle Constitution de type fédéral remplace le Pacte de 1815 ; clauses discriminatoires contre les catholiques.
1857 : Fondation du « *Pius Verein* » organisme coordinateur des organisations catholiques.
1869-1870 : Premier concile du Vatican ; définition de la primauté juridique et universelle et de l'infaillibilité du pape.
1871-1880 : Kulturkampf contre l'Église catholique dans plusieurs cantons suisses. Éclosion et floraison du catholicisme corporatif et de la religiosité populaire.
1875-1876 : Fondation d'un évêché « catholique chrétien », indépendant de Rome (« Vieux catholiques » voir Index.), avec siège à Berne.
1889 : Inauguration de l'université catholique romaine de Fribourg.
1901 : Fondation de l'organisation *Caritas*, à Lucerne.
1920 : Rétablissement de la nonciature, qui avait été fermée en 1874, durant le Kulturkampf.
1962 : Fondation de l'*Action de Carême*, sensibilisation aux besoins du Tiers-Monde.
1962-1965 : Concile Vatican II.
1972-1975 : Synodes diocésains suisses (Synode 72).
1973 : Constitution d'une « *Communauté de travail des Églises chrétiennes de Suisse* » (CTEC), organe œcuménique de concertation.
1984 : Visite du pape Jean-Paul II en Suisse.

EUROPE DU NORD
Danemark, Finlande, Groenland, Islande, Norvège, Suède se ressemblent du point de vue religieux

Tous ces pays sont marqués :

1) par la prépondérance d'une Église, (sauf au Groenland où ont existé des tensions entre Danois et locaux), l'Église luthérienne, religion d'État, favorisée et financée par l'État.

2) Par un souci de liberté religieuse. Les sociaux-démocrates ont beaucoup fait pour dégager les États d'un engagement trop en faveur des Églises.

3) Par un effondrement, surtout en ville, de la pratique religieuse et du sentiment d'appartenance à une Église. Mais cet effondrement n'exclut pas le succès « d'organisations volontaires » (assez éloignées des hiérarchies). Cette dernière caractéristique n'est pas partagée par l'Islande. Les mouvements de réveils furent plus forts qu'ailleurs en Finlande et en Norvège.

4) Par un certain renouveau de la vie paroissiale et de l'organisation des Églises : partout celles-ci embauchent des laïcs et retrouvent un certain dynamisme.

5) Par l'absence de débat religieux. La plupart des chrétiens ont opté pour une position politique de centre gauche à forte ouverture internationale. Les femmes sont plus engagées que les hommes dans le domaine religieux. Les femmes pasteurs sont acceptées partout, sauf en Finlande.

TCHÉCOSLOVAQUIE (1)

Superficie : 127 900 km²
Population totale : 15 700 000 habitants
Densité : 123 habitants/km²

Religions déclarées	Nombre	% de la population totale
Catholiques	10 800 000	69%
Protestants	800 000	5%
Orthodoxes	200 000	1,3%
Frères Moraves	200 000	1,3%
Sans religion	3 700 000	23%

Église catholique :
Nombre de diocèses : 13
Nombre d'évêques : 25
Nombre de prêtres : 3 773 (diocésains 2 806)
Nombre de diacres : 25
Nombre de religieuses : 4 752
Nombre de religieux : 227
Instituts séculiers femmes : 105

(1) : Voir aussi Index

TCHÉCOSLOVAQUIE

L'histoire religieuse de la Bohème est marquée par quelques grands événements. Aux IXe et Xe siècles : évangélisation du pays par Cyrille et Méthode (venant de Thessalonique) ; ils traduisent la Bible en slavon qui deviendra la langue liturgique.

Aux XIVe-XVe siècles, Jean Hus (1370-1415), prêtre tchèque, recteur de l'université de Prague, propose une réforme religieuse qui, d'une certaine manière, anticipe celle de Luther. Il sera condamné par le concile de Constance.

Au XXe siècle, le pays connaît l'installation du communisme après la guerre, et, en 1968, le printemps de Prague, puis l'amère désillusion de son échec.

Le coup de Prague (1948) avait fait basculer la Tchécoslovaquie dans le camp communiste. Il fut aussi à l'origine d'une prise en main de l'Église par le parti communiste. Après avoir rompu les relations diplomatiques avec le Saint-Siège en 1949, l'État, par le biais d'une administration des cultes, décrétait les programmes des séminaires et des effectifs du clergé, veillait à sa sélection, privant de leurs postes ou de leurs salaires (voire emprisonnant) évêques, prêtres ou pasteurs jugés indociles. Le pouvoir avait suscité une association de prêtres à sa dévotion, *Pacem in Terris*. Le cardinal Tomasek dut demander à Rome d'interdire d'adhérer à cette association pour en voir diminuer les effectifs.

Depuis 1985 – et les fêtes du IIe centenaire de Saint Méthode – l'opposition des catholiques se montrait de plus en plus ferme et résolue ; le cardinal Tomasek fut certainement un des artisans du succès de Vaclav Havel.

Peu avant la chute du régime, Rome fut à même de pourvoir enfin les treize évêchés tchécoslovaque. La liberté de l'Église est totalement reconnue depuis décembre 1989.

Cette Église doit relever un triple défi. Elle doit d'abord faire face à un déclin accéléré de la vie religieuse dans son ensemble, et en même temps à une sorte de renouveau (surtout slovaque) chez les jeunes de la foi chrétienne. Elle doit ensuite trouver sa place dans une société qui se cherche, alors qu'elle est massivement présente en Slovaquie et beaucoup moins en Bohème et que ces pays vont mener une vie séparée.

Enfin, elle doit trouver une solution aux problèmes posés par quarante ans de clandestinité : comment reconstituer le tissu ecclésial, trouver des formateurs ; que faire avec le clergé clandestin mal formé et, pour une part, marié ? La suppression des liens qui unissaient en un État fédéral de Tchécoslovaquie d'une part Bohême-Moravie, d'autre part Slovaquie, suscitera d'autres problèmes à l'Église catholique dans ces pays, même si la délimitation des diocèses prenait déjà en compte les particularités culturelles et historiques des composantes de la Fédération.

UKRAINE

Superficie : 603 700 km²
Population totale : 54 700 000 habitants
Densité : 91 habitants/km²

Religions déclarées	Nombre	% de la population totale
Catholiques	5 000 000 dont 4 500 000 gréco-catholiques	8,2%
Orthodoxes	25 000 000	48%
Juifs	711 000	1,3%
Sans religion	23 700 000	43%

Église catholique :
Nombre de diocèses : 7 (3 latins, 3 gréco-catholiques)
Nombre d'évêques : 10
Nombre de prêtres : 400 (diocésains 336)
Nombre de religieuses : 374
Nombre de religieux : 5

UKRAINE

L'histoire du siècle est marquée par l'impérialisme communiste : si de 1917 à 1930, l'Ukraine connaît une certaine indépendance, Staline affame l'Ukraine entre 1930 et 1934 (7 000 000 de morts). D'où, un accueil plutôt positif des Allemands du IIIe Reich. Mais devenus très rapidement anti-allemands, les Ukrainiens payent un très lourd tribu aux deux totalitarismes du siècle (entre 1917 et 1950, 20 000 000 de morts). De plus, les Ukrainiens seront victimes, à partir de 1950, d'une politique délibérée de russification.

YOUGOSLAVIE
(Voir aussi Bosnie-Herzégovine, Croatie, Macédoine, Monténégro, Serbie, Slovénie)

Superficie : 255 804 km²
Population totale : 23 810 000 habitants
Densité : 93 habitants/km²

Religions déclarées	Nombre	% de la population totale
Catholiques	6 741 000	28%
Protestants	240 000	1%
Orthodoxes	8 000 000	36%
Juifs	7 000	
Musulmans	3 000 000	14%
Sans religion	4 500 000	20%

Église catholique :
Nombre de diocèses : 23
Nombre d'évêques : 46
Nombre de prêtres : 4 263 (diocésains 2 730)
Nombre de diacres : 9
Nombre de religieuses : 5 653
Nombre de religieux : 198
Instituts séculiers femmes : 117

UKRAINE (Ier siècle à 1991)

1er siècle : La tradition veut que l'apôtre André ait prêché l'Évangile dans la région de la Mer Noire. Le pape Clément (88-97) fut déporté, par Trajan, en Crimée.

945 : Olga, femme d'Igor, devient régente et reçoit le baptême après de nombreux autres Ukrainiens.

988 : Le prince Wladimir et les habitants de la Rus de Kiev reçoivent le baptême. Le pape envoie à Kiev les reliques de saint Clément.

1054 : Rupture entre Rome et Byzance.

1075 : Le royaume est placé sous la protection de Saint-Pierre.

1147 : Clément Smolotyc, dernier métropolite à avoir demandé et reçu la bénédiction du pape.

1154 : Après la mort du prince Iziaslav II, Kiev tombe sous l'emprise de Georges, prince de Srydal, berceau du futur État moscovite ; dorénavant, les métropolites dépendront de Constantinople, puis de Moscou.

1245 : La Ruthénie s'étant rapprochée de Rome, un évêque ruthène participe au concile de Lyon.

1247 : Les princes du royaume de Galicie (actuelle Ukraine occidentale), avec les évêques et le peuple, demandent au pape d'être leur chef et leur père.

1439 : Le métropolite de Kiev et de toute la Rus participe au concile de Florence et s'unit à Rome. De retour chez lui, il promulgue l'Union et reçoit un accueil favorable en Ukraine et en Biélorussie, mais pas en Moscovie.

1448 : Les évêques de la principauté de Moscou déposent Isidore – sans le consentement de Constantinople –, élisent un métropolite, Jonas, qui cherche à étendre sa juridiction sur Kiev.

1458 : Calixte III divise le territoire de la métropolie de Kiev en deux parties : la Moscovie (ou Russie supérieure, qui demeure sous la juridiction de Jonas) et la Russie inférieure qu'il confie au métropolite Grégoire, lequel, en 1470, est confirmé par le patriarche de Constantinople.

1596 : Union de Brest-Litovsk entre les évêques ruthènes et l'Église catholique avec l'approbation du pape Clément VIII et du roi Sigismond III de Pologne. Les Ruthènes, tout en étant unis à Rome, conservent leur liturgie byzantine. La double opposition des Russes orthodoxes et de Polonais latins provoqua le retour d'un grand nombre de Ruthènes dans le giron orthodoxe.

1667 : Partage de l'Ukraine entre Pologne et Russie. La partie polonaise devait voir fleurir son catholicisme. La partie russe allait connaître de nombreuses tentatives de russification.

XVIIIe et XIXe siècles : Catherine II puis Nicolas Ier abolissent l'union des Ruthènes avec Rome.

22 janvier 1918 : Proclamation de l'indépendance ukrainienne. Demandes de relations diplomatiques avec le Saint-Siège.

1919 : Fondation de l'Église autocéphale ukrainienne.

18 novembre 1922 : Traité de Riga entre Pologne et Russie : celle-ci rétablit sa souveraineté sur l'Ukraine Orientale. La répression fera 9 à 10 millions de morts.

1929 : Suppression de l'Église autocéphale ukrainienne.

1945 : L'Ukraine unifiée est intégrée de force dans l'URSS.

1946 : L'Église gréco-catholique est supprimée.

1991 : Rétablissement des libertés religieuses et des liens de l'Église gréco-catholique avec le Saint-Siège.

LES INSTITUTIONS EUROPÉENNES DES ÉGLISES

***LA COMECE** (Commission des épiscopats de la Communauté européenne) :*
Née en mars 1980, la COMECE réunit 13 Conférences épiscopales (il y a une conférence épiscopale écossaise) des douze pays de la Communauté européenne.
Elle se réunit deux fois par ans.
Elle travaille avec le nonce apostolique auprès des Communautés européennes pour tout ce qui touche aux questions pastorales parmi les Douze.
Elle publie *l'Europe au fil des jours* et s'est vue confier le service catholique d'information pastorale européenne (SIPECA) fondé par le Saint-Siège (13, avenue du Père-Damien, 1150 Bruxelles ; 8, rue du 22 novembre, 67000 Strasbourg).

***LE CCEE** (Conseil des Conférences épiscopales européennes) :*
A la suite d'une rencontre qui a lieu en 1965, le premier symposium des Conférences épiscopales est convoqué en 1967 aux Pays-Bas. En 1971, le IVe symposium, réuni à Rome, fonde un conseil composé d'évêques élus de 23 pays différents.
Il a pour mission :
- d'organiser les symposium ;
- d'étudier les problèmes pastoraux les plus importants ;
- de permettre des prises de décisions communes en lien avec le Saint-Siège ;
- d'être attentif aux demandes du Tiers-Monde ;
- de permettre aux Églises de donner un témoignage évangélique de foi, d'espérance, de charité et de paix.

Le VIIe symposium (12-17 octobre 1989) a réuni quelque 80 évêques sur le thème « Les attitudes contemporaines devant la naissance et la mort : un défi pour l'évangélisation ».
Le VIIIe symposium aura lieu à Prague en 1993.

LE CONSEIL ROMAIN :
Il a été annoncé par le pape et il est en cours de constitution.

Sur l'Europe, consulter également le dossier Jean-Paul II et l'Europe p. 1154

C. JEAN-PAUL II ET L'EUROPE

Du 8 au 11 octobre 1988, pour son 41ᵉ voyage hors d'Italie, le pape a choisi de se rendre dans l'Est de la France – c'était son 4ᵉ voyage en France – et de visiter les institutions européennes.

Lors de ses visites au Conseil de l'Europe, au Parlement européen et à la Cour européenne des droits de l'homme, il a largement exposé sa conception de l'Europe.

L'homme de ce temps en Europe

« A quoi ressemble donc l'homme de notre époque, de notre siècle, ici, dans votre pays, en Europe ? N'est-il pas de plus en plus semblable à ce jeune de l'Évangile qui, finalement, "s'en alla tout triste car il avait de grands biens" ? L'homme de ce temps, en Europe, a lui aussi de grands biens. Il a des biens matériels, inégalement partagés il est vrai, mais plus abondants que beaucoup de ses frères dans le monde ; il s'y attache, il emploie beaucoup de ses forces à les augmenter. Il a aussi les biens de sa sensibilité, et trop souvent il se détourne de Dieu et de son prochain pour satisfaire des désirs qui l'enferment en lui-même. Il a les biens du savoir, il croit détenir la vérité, et il reste sourd à la sagesse de Dieu qui dit la vérité de l'homme. Il a les biens de son pouvoir, il domine ou il dédaigne son semblable, au lieu d'être à son service à la suite du Christ, serviteur.

L'homme se garde pour lui-même et il ne sait plus donner. Comme le jeune homme de l'Évangile, il reste triste car au fond il est seul.

Les pasteurs de l'Église en Europe – et pas seulement en Europe – posent explicitement le problème de la nouvelle évangélisation de notre société... »

Jean-Paul II, homélie à La Meinau. (1988)

L'identité européenne

« Il est vrai que les hommes et les femmes de ce vieux continent à l'histoire si tourmentée ont besoin de reprendre conscience de ce qui fonde leur identité commune, de ce qui demeure comme leur vaste mémoire partagée. Certes, l'identité européenne n'est pas une réalité facile à cerner. Les sources lointaines de cette civilisation sont multiples, venant de la Grèce et de Rome, des fonds celte, germanique et slave, du christianisme qui l'a profondément pétrie. Et nous savons quelle diversité de langues, de cultures, de traditions juridiques marque les nations, les régions et aussi les institutions. Mais, au regard des autres continents, l'Europe apparaît comme une seule unité, même si sa cohésion est moins clairement perçue par ceux qui la constituent. Ce regard peut l'aider à mieux se retrouver elle-même.

En près de vingt siècles, le christianisme a contribué à forger une conception du monde et de l'homme qui demeure aujourd'hui un apport fondamental, au-delà des divisions, des faiblesses, voir des abandons des chrétiens eux-mêmes. Vous me permettrez d'en évoquer ici quelques traits essentiels seulement. Le message chrétien traduit une relation si étroite de l'homme avec son Créateur qu'il valorise tous les aspects de la vie, à commencer par la vie physique : le corps et le cosmos sont l'œuvre et le don de Dieu. La foi au Dieu créateur a démythifié le cosmos pour l'offrir à l'investigation rationnelle de l'homme. Maîtrisant son corps et dominant la terre, la personne déploie des capacités à leur tour "créatrices" : dans la vision chrétienne, l'homme, loin de mépriser l'univers physique, en dispose librement et sans crainte. Cette vision positive a largement contribué au développement par les Européens des sciences et des techniques [..]

La conception biblique de l'homme a permis aux Européens de développer une haute notion de la dignité de la personne, qui demeure une valeur essentielle même chez ceux qui n'adhèrent pas à une foi religieuse. L'Église affirme qu'il est en l'homme une conscience irréductible aux conditionnements qui pèsent sur elle, une conscience capable de connaître sa dignité et de s'ouvrir à l'absolu, une conscience qui est source des choix fondamentaux guidés par la recherche du bien pour les autres comme pour soi, une conscience qui est le lieu d'une liberté responsable. »

Jean-Paul II, au Conseil de l'Europe. (1988)

Un appel à repenser la formation des jeunes

« Quelle formation offrons-nous aux jeunes ? Rejoignant ici des études et des actions menées dans le cadre de votre Conseil, je désire simplement souligner un aspect essentiel. La formation des jeunes prend toute sa dimension humaine lorsque l'acquisition du savoir et l'apprentissage des techniques sont situés dans le cadre de vérité intégrale de l'homme. En un temps où les biens matériels et les technologies risquent de prendre le pas sur les appels de l'esprit, ne faut-il pas rappeler d'un mot qu'il n'est pas de science sans conscience ? Si l'on propose une initiation au savoir c'est pour faire découvrir au jeune la grandeur de sa destinée d'homme.

On entend souvent s'exprimer des regrets de voir les jeunes rester en quelque sorte étrangers à la mémoire du patrimoine culturel constitué par les peuples d'Europe en plus de deux millénaires. On éprouve aussi une inquiétude pour la conservation même de ce patrimoine. Si je mentionne brièvement cette question après avoir parlé de l'éducation, c'est dans la conviction que l'incomparable patrimoine culturel de ce continent ne doit pas être simplement préservé pour rester disponible au regard distant ou indifférent que l'on porte à des vestiges. Il importe que, d'une génération à l'autre, on puisse transmettre, confier, les témoins d'une culture vivante, les œuvres, les découvertes et les expériences qui ont progressivement contribué à façonner l'homme en Europe. C'est pourquoi je tiens à encourager non seulement les efforts remarquables accomplis pour sauver de la disparition les richesses du passé, mais pour en faire la richesse d'aujourd'hui... »

Jean-Paul II, au Conseil de l'Europe. (1988)

L'appel plus spécifique à un renouveau de la famille en Europe

« La famille est sans doute la réalité où l'interaction de la responsabilité personnelle avec les conditions sociales apparaît le plus. L'évolution récente de la société européenne a rendu plus difficile l'équilibre et la stabilité des familles. En ce sens jouent des facteurs d'ordre économique en rapport avec le travail – notamment celui de la femme –, le logement, les déplacements des personnes, les migrations volontaires et les exils forcés. D'autre part, on voit se répandre des conceptions qui dévalorisent l'amour, isolent la sexualité de la communion de vie qu'elle exprime, affaiblissent les liens stables auxquels un amour vraiment humain engage. Il y a là un réel danger, car la famille se déstabilise et se désagrège. Les courbes démographiques descendantes sont un signe d'une crise de la famille qui suscite l'inquiétude.

Dans cette situation, il faut que les Européens se ressaisissent et redonnent à la famille sa valeur d'élément premier dans la vie sociale. Qu'ils sachent créer les conditions qui favorisent sa stabilité, qui permettent d'y accueillir et d'y donner la vie généreusement. Que l'on reprenne conscience de la dignité des responsabilités exercées par chaque être humain dans son foyer pour le soutien et le bonheur d'autrui. La famille comme telle est un sujet de droit, cela doit être admis plus nettement [...] »

Jean-Paul II, au Conseil de l'Europe. (1988)

L'Église et la construction européenne

« (...) Comment l'Église pourrait-elle se désintéresser de la construction de l'Europe, elle qui est implantée depuis des siècles dans les peuples qui la composent et les a un jour portés sur les fonts baptismaux, peuples pour qui la foi chrétienne est et demeure l'un des éléments de leur identité culturelle ?
L'Europe d'aujourd'hui peut certainement accueillir comme un signe des temps l'état de paix et de coopération définitivement installé entre ses États-membres, qui pendant des siècles avaient épuisé leurs forces à se faire la guerre et à rechercher l'hégémonie les uns sur les autres (...)
Monsieur le Président, le message de l'Église concerne Dieu et la destinée ultime de l'homme, questions qui ont au plus haut point imprégné la culture européenne. En vérité, comment pourrions-nous concevoir l'Europe privée de cette dimension transcendante ? »

Jean-Paul II, au Parlement européen. (1988)

Lettre à l'occasion du millénaire du baptême de la Rus' de Kiev

*« Le millénaire du baptême et de la conversion de la Rus' a également sa propre histoire. Le processus de la christianisation des peuples et des nations est un phénomène complexe qui demande beaucoup de temps. Dans le territoire de la Rus', il fut préparé par les tentatives menées au IX*e *siècle par l'Église de Constantinople. Ensuite, au cours du X*e *siècle, la foi chrétienne commença à pénétrer dans la région grâce aux missionnaires qui ne venaient pas seulement de Byzance, mais aussi des territoires des Slaves d'Occident, leurs voisins – qui célébraient la liturgie en langue slave suivant le rite instauré par les saints Cyrille et Méthode – et d'autres contrées de l'Occident latin. Comme l'atteste l'ancienne chronique dite de Nestor* (povest' Vremennykh Let), *il existait en 944 à Kiev une église chrétienne dédiée au prophète Élie. Dans ce milieu, déjà prêt, la princesse Olga se fit baptiser librement et publiquement vers 955, restant toujours fidèle par la suite aux promesses du baptême. C'est à elle que le patriarche Polyeucte aurait adressé au cours de la visite qu'elle fit à Constantinople en 957 une salutation en quelque sorte prophétique : « Bénie sois-tu entre les femmes russes, parce que tu as aimé la lumière et chassé les ténèbres. C'est pourquoi les fils de la Russie te béniront, jusqu'à la dernière génération ». Cependant Olga n'eut pas la joie de voir son fils Svjatoslav devenir chrétien. Son héritage spirituel fut repris par son petit-fils Vladimir, le protagoniste du baptême de 988, qui adhéra à la foi chrétienne et provoqua la conversion stable et définitive du peuple de la Rus'. Vladimir et les nouveaux convertis ressentirent la beauté de la liturgie et de la vie religieuse de l'Église de Constantinople. C'est ainsi que la nouvelle Église de la Rus' reçut de Constantinople l'ensemble du patrimoine de l'Orient chrétien avec toutes ses richesses propres concernant la théologie, la liturgie, la spiritualité, la vie ecclésiale et l'art. »*

Jean-Paul II. (1988)

Les idées maîtresses de Jean-Paul II sur l'Europe

« Le Christ ne veut-il pas, l'Esprit Saint ne dispose-t-il pas que ce pape polonais, ce pape slave manifeste justement l'unité spirituelle de l'Europe chrétienne qui, débitrice des deux grandes traditions de l'Ouest et de l'Est, professe, grâce aux deux, "une seule foi, un seul baptême, un seul Dieu et Père de tous". »(Jean-Paul II, Gniezno, juin 1979.)

La pensée du pape se résume en six points :

- Le christianisme est à la source de l'unité européenne.
- L'Europe est le fruit de deux traditions chrétiennes (Est et Ouest).
- Le christianisme marque actuellement toute la culture européenne.
- Les nationalités doivent être respectées.
- La valeur fondamentale que le christianisme a donnée à l'Europe est le respect de la dignité de l'homme et de sa liberté.
- Il est nécessaire d'affronter et de faire reculer la sécularisation et le matérialisme qui entraînent l'Europe vers le déclin.

La portée et le rayonnement du millénaire chrétien dans le monde slave

*« L'activité apostolique et missionnaire des saints Cyrille et Méthode, qui se déroula dans la seconde moitié du IX*e *siècle, peut être considérée comme la première évangélisation efficace des Slaves.*
Elle concerna à des degrés divers chacun des territoires, se concentrant principalement sur les territoires compris dans l'État de la Grande Moravie d'alors. En premier lieu, elle couvrit les régions de la métropole dont Méthode était le pasteur : la Moravie, la Slovaquie et la Pannonie, c'est-à-dire une partie de la

Hongrie actuelle. L'influence plus large exercée par cette œuvre apostolique, spécialement par les missionnaires que Méthode avait préparés, atteignit les autres groupes de Slaves occidentaux, surtout ceux de Bohême. Le premier prince de l'histoire de la Bohême appartenant à la dynastie des Premyslides, Bozyvoj (Borivoj), fut probablement baptisé suivant le rite slave. Plus tard, cette influence s'étendit aux tribus serbolusaciennes et aux territoires de la Pologne méridionale.
Le baptême de la Pologne, en 966, en la personne du premier souverain de l'histoire, Mieszko, qui épousa la princesse Dubravka de Bohême, eut lieu principalement par l'intermédiaire de l'Église de Bohême, et c'est par cette voie que le christianisme parvint en Pologne, depuis Rome, sous sa forme latine. C'est un fait, néanmoins, que les prémices du christianisme en Pologne se rattachent en quelque manière à l'œuvre des Frères partis de la lointaine Salonique.

Chez les Slaves de la péninsule balkanique, le zèle des deux saints porta des fruits encore plus visibles. Grâce à leur apostolat, le christianisme, implanté depuis longtemps en Croatie, y fut renforcé.

La mission entreprise par Cyrille et Méthode s'affermit et se développa admirablement en Bulgarie, essentiellement par l'œuvre des disciples expulsés de leur premier champ d'action. Dans cette région, sous l'influence de saint Clément d'Ocrida, des centres dynamiques de vie monastique furent fondés et l'usage de l'alphabet cyrillique y fut particulièrement développé. De là, cependant, le christianisme gagna d'autres territoires pour atteindre, à travers la Roumanie voisine, l'ancien Rus' de Kiev et s'étendre ensuite de Moscou vers l'Orient. Dans quelques années, précisément en 1988, on célébrera le millénaire du baptême de saint Vladimir le Grand, prince de Kiev. »

Jean-Paul II.
Lettre à l'occasion du IIe centenaire
de saint Cyrille et saint Méthode. (1985)

Message à l'occasion du millénaire du baptême de la Rus' de Kiev

« La constitution de la nouvelle Église de Kiev eut lieu, comme on l'a dit, au moment où la chrétienté n'était pas encore déchirée par une douloureuse division. C'est plus tard seulement que de tristes querelles et l'aggravation des divergences entre l'Église de Rome et l'Église de Constantinople conduisirent aussi l'Église de Kiev à se détacher de la communion ecclésiale avec le Siège de Pierre.

Cependant, l'Église de Kiev resta longtemps en contact avec ses frères catholiques voisins et avec le Siège apostolique : d'ailleurs, lorsque s'établit en pratique une situation de séparation, les tentatives sincères ne manquèrent pas, de part et d'autre, pour retrouver la pleine communion.

Votre Église grandit, avec son caractère oriental, à partir de l'héritage du baptême de saint Vladimir et, au long des siècles, elle développa son identité, s'enrichissant d'une culture propre, de lieux de culte, intégrant aussi des multitudes de fidèles qui, avec leurs pasteurs, sont sensibles à la nécessité tant de l'unité interne que de la communion avec les autres Églises et, en particulier, avec celle de Rome.

*Tout cela s'exprima pleinement par l'*Acte d'Union de Brest *(1596), lorsqu'une partie des évêques de la province de Kiev renouvelèrent leurs liens de communion avec le Siège apostolique. Dans cette tentative pour revivre, en la reconstituant visiblement, la pleine* communio *entre l'Orient et l'Occident, nous reconnaissons le motif fondamental de l'Union de Brest, exprimé selon la conscience ecclésiale de cette époque. Par ailleurs, comme il y a été fait allusion, cette union fut précédée d'autres tentatives conduites par des hommes animés d'un sens ecclésial profond. Parmi eux, je tiens à évoquer spécialement le métropolite de Kiev, Isidore, qui prit part au concile de Florence (1439) : il fut un théologien remarquable et un promoteur convaincu du dialogue avec l'Église de Rome, laquelle, pour sa part, l'honora en l'élevant à la dignité cardinalice et en accueillant ensuite sa dépouille dans l'ancienne basilique Saint-Pierre.*
L'Union de Brest, dans l'intention de ceux qui ont travaillé pour elle au milieu d'incompréhensions et d'oppositions de toutes sortes – témoignant parfois jusque par le sang de la conviction profonde et indéfectible qui les animait, comme ce fut le cas de saint Josaphat –, n'était dirigée contre personne. Elle visait la construction d'une Église qui, en Orient comme en Occident, pût jouir de la pleine unité visible qui s'enracine dans la foi unique et dans l'unique baptême. »

Jean-Paul II. (1988)

Lettre à l'occasion du sixième centenaire du « baptême » de la Lituanie

« La conversion des populations lituaniennes au christianisme a eu lieu plusieurs siècles après celle des peuples voisins de la vieille Europe. Serrés comme dans un étau entre l'Orient, où les peuples slaves exerçaient leur pression, et l'Occident, d'où arrivaient les puissants chevaliers teutoniques, vos pères, dès l'aube du XIIIe siècle, avaient consolidé les structures d'un État autonome, appliqué avec ténacité à défendre son indépendance et sa liberté. Ces circonstances politiques et géographiques précises expliquent que les Lituaniens aient résisté longtemps avant d'accueillir la Croix apportée par ceux qui luttaient contre eux et qui menaçaient de les assujettir.

C'est précisément pour se soustraire aux pressions extérieures que, en 1251, le grand-duc Mindaugas décida d'embrasser la foi chrétienne et se mit sous la protection spéciale du Siège Apostolique, obtenant du pape Innocent IV la couronne royale. Le Souverain Pontife érigea en même temps le premier diocèse lituanien et décida qu'il dépendrait uniquement du Saint-Siège. Mais la conversion de Mindaugas, insuffisamment préparée, trouva quelque résistance dans le peuple, qui ne suivit pas l'exemple du grand-duc. Avant même l'an 1260, l'évêque dut se retirer, et en 1263 la mort tragique de Mindaugas mit fin à ce printemps éphémère.

Il fallut attendre plus d'un siècle pour voir resplendir le jour lumineux du « Baptême ». Celui-ci est dû à l'œuvre et au mérite d'un fils insigne de la Lituanie, le grand-duc Jogaila, qui, en 1386, accepta d'être baptisé dans la foi catholique, en même temps que ses sujets, et obtint la couronne de Pologne et la main de la reine Edwige, claire figure de femme chrétienne, aujourd'hui encore vénérée à Cracovie comme bienheureuse. Pendant les quatre siècles qui suivent, l'histoire de la Lituanie est caractérisée par une étonnante communauté de destin – politique et religieux – avec la Pologne.

En 1387, le roi – qui avait pris le nom de Ladislas II – retourna à Vilnius, capitale du grand-duché, et donna l'impulsion à la conversion du peuple, qui reçut en masse le baptême, grâce notamment au zèle personnel du souverain. Cette année-là fut fondé le diocèse de Vilnius et fut nommé comme premier évêque le franciscain André, qui avait déjà été missionnaire chez vous.

En 1413, Jogaila, en compagnie de son cousin le grand-duc Vytautas, se consacra à l'évangélisation des populations lituaniennes de la Samogitie. Quelques années plus tard, le concile de Constance désigna des légats pour cette région, afin d'ériger le diocèse de Medininkai, consacrer le premier évêque, Matthias, et achever la conversion des populations.
Le roi Jogaila, homme au cœur simple et noble, mena une vie exemplaire, brillant par ses vertus chrétiennes, pratiquant les œuvres de pitié et de miséricorde et prenant soin, avec beaucoup de zèle, du sort de l'Église. Il adopta de sages mesures pour favoriser la libre diffusion et l'enracinement de la foi chrétienne dans tous les territoires du grand-duché.

Il me plaît ici de rappeler quelques-unes des expressions les plus typiques de cette foi, éprouvée comme l'or au creuset (cf. 1P 1,7). Je veux parler, en premier lieu, de la dévotion ancienne et fervente des fidèles à la Passion du Christ, comme en témoignent les innombrables croix dressées au bord des routes, les fréquentes représentations de Jésus souffrant, expressions typiques de l'art populaire, les lieux appelés « Kalvarija » avec leurs stations du chemin de croix, qui ont valu à votre région le nom de « terre des Croix ».

Et comment oublier, en cette veille ardente de l'inauguration de l'Année mariale, l'immense amour que les fidèles lituaniens portent à la Mère de Dieu ? La Vierge très sainte, Mère de la miséricorde, est particulièrement vénérée et implorée à la Porte de l'Aurore de Vilnius, et aussi dans d'autres sanctuaires fréquentés : à Šiluva, à Žemaičiu Kalvarija, à Krekenava, à Pivašiunai. Depuis des siècles, et aujourd'hui encore, affluent vers ces centres de foi et de piété des pèlerinages de fidèles de tous les diocèses, avec une grande ferveur, et souvent au prix de fatigues et de sacrifices. Ils se confient à Celle que le Christ, du haut de la Croix, en un acte suprême d'amour, nous a donnée comme Mère et Médiatrice de toute grâce.

Je voudrais enfin rendre hommage à la communauté catholique lituanienne pour un autre signe éloquent d'attachement indéfectible au Christ et de vitalité ecclésiale : c'est avec un amour intense et une totale dévotion qu'elle est toujours restée unie au Siège de Pierre, auquel le Seigneur a confié le ministère de confirmer ses frères et de les maintenir unis dans la communion de son Église, l'établissant comme le roc de l'édifice spirituel, contre lequel les puissances de la mort ne peuvent rien. »

Jean-Paul II. (1987)

Lettre à l'occasion du onzième centenaire de l'œuvre d'évangélisation des saints Cyrille et Méthode

L'inculturation de l'Évangile au monde slave.

« Pour traduire les vérités évangéliques dans une langue nouvelle, ils durent faire en sorte de bien connaître le monde intérieur de ceux auxquels ils avaient l'intention d'annoncer la Parole de Dieu avec des images et des concepts qui leur fussent familiers. Introduire correctement les notions de la Bible et les concepts de la théologie grecque dans un contexte très différent d'expérience historique et de pensée, cela leur parut une condition indispensable à la réussite de leur activité missionnaire. Il s'agissait d'une nouvelle méthode de catéchèse. Pour en défendre la légitimité et en montrer la valeur, saint Méthode n'hésita pas, d'abord avec son frère, puis seul, à accueillir avec docilité les invitations à venir à Rome reçues en 867 du pape Nicolas Ier, puis en 879 du pape Jean VIII, qui voulurent confronter la doctrine enseignée dans la Grande Moravie avec celle que les saints Apôtres Pierre et Paul laissèrent, en même temps que le trophée glorieux de leurs saintes reliques, au premier siège épiscopal de l'Église.

Antérieurement, Constantin et ses collaborateurs s'étaient appliqués à créer un alphabet nouveau, afin que les vérités à annoncer et à expliquer pussent être écrites dans la langue slave et fussent ainsi pleinement compréhensibles et assimilables par leurs destinataires. Ce fut un effort véritablement digne de l'esprit missionnaire que de se familiariser avec la langue et la mentalité des peuples nouveaux auxquels on apportait la foi, comme fut également exemplaire la détermination avec laquelle furent assimilées et assumées vraiment toutes les exigences et les attentes des peuples slaves. Le choix généreux de s'identifier à leur vie et à leur tradition, après les avoir purifiées et éclairées par la Révélation, fait de Cyrille et Méthode de vrais modèles pour tous les missionnaires qui, à toutes les époques, ont répondu à l'appel de saint Paul à se faire tout à tous pour sauver tous les hommes, et, en particulier, pour les missionnaires qui, de l'antiquité aux temps modernes – de l'Europe à l'Asie et aujourd'hui sur tous les continents –, ont travaillé à traduire dans les langues vivantes des divers peuples la Bible et les textes liturgiques, afin d'y faire entendre l'unique Parole de Dieu, rendue ainsi accessible selon les moyens d'expression propres à chaque civilisation. »

Jean-Paul II. (1985)

Lettre sur les relations entre catholiques et orthodoxes dans la nouvelle situation de l'Europe centrale et orientale

Changements en Europe centrale et orientale.

« Divers peuples de l'Europe de l'Est ont retrouvé récemment – sans effusion de sang, grâce à Dieu – le droit au respect des libertés civiles, y compris la liberté religieuse qui, pendant des décennies, avait été limitée, réprimée ou supprimée dans ces régions. Ces changements et ces progrès sont aussi, bien sûr, un fruit de l'intervention de Dieu, qui, avec sagesse et patience, dirige le cours de l'histoire vers sa fin eschatologique : « Ramener toutes choses sous un seul Chef, le Christ. » (Ep 1, 10)

Le climat d'opposition à la liberté religieuse et de persécution ouverte a atteint, sous une forme ou sous une autre, tous les croyants : catholiques, orthodoxes, protestants et membres d'autres religions. La persécution est arrivée à son point culminant lorsque, comme en Ukraine, en Roumanie, en Tchécoslovaquie, les Églises locales catholiques de tradition byzantine ont été, par des procédés autoritaires et sournois, déclarées dissoutes et inexistantes. Des pressions, parfois violentes, furent exercées sur les catholiques pour qu'ils s'incorporent aux Églises orthodoxes.

Les récentes lois sur la liberté religieuse tendent à garantir à tous la possibilité d'exprimer légitimement leur foi, avec une organisation et des lieux de culte propres.

Cette situation nouvelle et positive a ainsi rendu possible la réorganisation de l'Église catholique de rite latin en différentes nations et la normalisation de la vie des Églises catholiques de rite byzantin dans les pays où elles avaient été supprimées. L'histoire est en train de réparer un acte de grave injustice. La Seigneur m'a accordé la grâce de nommer les évêques, pour ces Églises de rite byzantin, en Ukraine occidentale et en Roumanie. Ces Églises, maintenant, reprennent progressivement le cours normal de la vie ecclésiale, sortant de la clandestinité à laquelle la persécution les avait douloureusement réduites.

J'ai pu également donner des évêques à divers diocèses latins qui en avaient été dépourvus durant des années. Cela rend possible une croissance ordonnée de la vie dans l'Église.

Tensions entre catholiques et orthodoxes dans ces régions

Mais, au cours de ce processus de réorganisation de l'Église catholique, en raison notamment des blessures laissées par les tristes expériences du passé, des problèmes et des tensions se sont malheureusement manifestés entre les catholiques et les orthodoxes, en particulier quant à la propriété et à l'usage des lieux de culte qui avaient appartenu aux Églises catholiques de rite byzantin et qui furent confisqués par les gouvernements respectifs et, en partie, attribués aux Églises orthodoxes.

Conséquences pastorales

La première a été exprimée par le pape Paul VI – et elle conserve encore toute sa valeur – dans le discours qu'il prononça en la cathédrale du patriarcat œcuménique, à l'occasion de sa visite : « Nous voyons plus clairement ainsi que c'est aux chefs des Églises, à leur hiérarchie, qu'il incombe de mener les Églises sur la voie qui conduit à la pleine communion retrouvée. Ils doivent le faire en se reconnaissant et en se respectant comme pasteurs de la partie du troupeau du Christ qui leur est confiée, en prenant soin de la cohésion et de la croissance du peuple de Dieu et en évitant tout ce qui pourrait le disperser ou mettre de la confusion en ses rangs. » (25 juillet 1967 : AAS 59 (1967) p. 841)
Une deuxième conséquence est le refus de toute forme indue de prosélytisme, en évitant absolument, dans l'action pastorale, toute tentation de violence et toute espèce de pression. L'activité pastorale ne pourra que respecter la liberté de conscience et le droit de chacun à adhérer, s'il le veut, à l'Église catholique. Il s'agit, en définitive, de respecter l'action de l'Esprit Saint, qui est l'Esprit de vérité (cf. Jn 16, 13). Le décret conciliaire sur l'œcuménisme l'a affirmé en l'expliquant : « Il est évident que l'œuvre de préparation et de réconciliation des personnes individuelles qui désirent la pleine communion avec l'Église catholique se distingue, par sa nature, de l'initiative œcuménique ; mais il n'y a entre elles aucune opposition, puisque l'une et l'autre procèdent d'une disposition admirable de Dieu. » (Unitatis redintegratio, n. 4)

Troisième conséquence : il ne suffit évidemment pas d'éviter les erreurs, mais il faut promouvoir de manière positive la vie commune dans un respect mutuel et concerté. Cette attitude a délibérément été proposée et confirmée comme ligne de conduite dans les rapports entre catholiques et orthodoxes, ainsi que le montre une déclaration commune du pape Paul VI et du patriarche Athénagoras Ier : « Le dialogue de la charité entre leurs Églises doit porter des fruits de collaboration désintéressée sur le plan d'une action commune au niveau pastoral, social et intellectuel, dans un respect mutuel de la fidélité des uns et des autres à leurs propres Églises. » (28 octobre 1967 : AAS 59 (1967) p. 1055) Comme j'ai eu l'occasion de le relever dans l'encyclique Slavorum apostoli, *tout cela contribuera à l'enrichissement réciproque des deux grandes traditions, celle de l'Orient et celle de l'Occident, et fera avancer sur le chemin vers la pleine unité. »*

Jean-Paul II. (1991)

Les rapports Églises de l'Ouest - Églises de l'Est d'après les discussions du Synode des évêques pour l'Europe (1991)

• Les différences religieuses entre l'Est et l'Ouest sont très grandes. D'abord parce que les traditions sont différentes, mais surtout parce que, du fait de la longue dictature des régimes communistes (trois quarts de siècle en URSS, près d'un demi-siècle dans les autres États de l'Est européen), l'expérience de l'athéisme et de la déculturation chrétienne est encore plus forte à l'Est qu'à l'Ouest : seules les régions rurales de tradition catholique (Pologne, Slovaquie) semblent avoir résisté à la sécularisation massive.

• Les Églises ont, à l'Est, perdu ce qui les rend visibles. Ainsi la Tchécoslovaquie a vécu 20 ans sans évêque. Les États ont partout, sauf en Pologne, mis la main sur le fonctionnement même de l'Église. Ce sont des petites communautés croyantes qui ont tenu bon. Mais la clandestinité les a maintenues coupées du reste du monde. Et toute vie d'Église est sinistrée (plus de catéchisme, plus de séminaire, plus de religieux, etc.).

• Les Églises de l'Est ont un sentiment d'infériorité par rapport à celles de l'Ouest. Le patriarcat orthodoxe de Moscou pense encore que, le principe « *cujus regio ejus religo* » (un pays, une foi) doit s'appliquer ; les Églises occidentales ne peuvent être comprises que si elles se mettent clairement au service des Églises orthodoxes.

• Les sectes se développent encore plus massivement à l'Est qu'à l'Ouest, spécialement dans les populations dont a été déraciné le christianisme.

• Les Églises orthodoxes sont fragilisées par le reproche qu'on leur fait d'avoir coopéré avec le parti communiste (ce reproche touche aussi les protestants en Allemagne de l'Est). Même si les faits sont souvent indiscutables, ce reproche n'est pas forcément fondé, dans la mesure où, souvent, les partis communistes se sont infiltrés de force dans les organisations ecclésiales : de là provient un sentiment d'humiliation devant toutes les déclarations occidentales.

• En Ukraine (principalement), les gréco-catholiques (de rite byzantin mais liés à Rome et appelés à tort uniates), parce qu'ils ont été persécutés par les communistes russes, jouissent d'une grande popularité que les orthodoxes s'efforcent de contrer en implantant en Ukraine un patriarcat autonome.

• Les catholiques de rite byzantin, particulièrement persécutés par les États communistes, et privés par eux de leurs biens ecclésiaux (notamment de leurs lieux de culte), souvent attribués d'office à l'Église orthodoxe, s'emploient à les récupérer. C'est aussi un grave facteur de tension.

L'assemblée spéciale pour l'Europe du Synode des évêques

Annoncé le 22 avril 1990 en l'église des saints Cyrille et Méthode (patrons de l'Europe avec saint Benoît) à Valehrad en Moravie, le Synode a été officiellement convoqué le 11 mars 1991. Il s'est tenu à Rome du 28 novembre au 14 décembre sur le thème : *« Pour être les témoins du Christ qui nous a libérés. »*

Y ont participé les 21 présidents de Conférence épiscopales des pays européens, des délégués élus (25 de l'Europe de l'Ouest, 23 de l'Europe de l'Est), 8 religieux, les présidents de dicastères romains et les présidents des assemblées européennes d'évêques. Avec les personnes nommées par le pape, il y avait 137 votants. Les Églises et autres communautés ecclésiales européennes non catholiques avaient été invitées à envoyer des délégués fraternels qui ont eu le droit de parole mais pas de vote. Le patriarche de Moscou a refusé de se faire représenter.

La préparation du Synode s'est déroulée autour de deux questions posées par le pape :

- *« Quels sont les dons que les Églises d'Europe occidentale, centrale et orientale peuvent échanger en cette période de transformations de tout le continent ? Quel est le sens des derniers événements ? Que faut-il apprendre de ces faits en ce qui concerne l'œcuménisme et le dialogue avec les non-croyants ? »*

- *« Comment promouvoir une nouvelle évangélisation ? Comment sauvegarder la variété légitime de façon à ne pas nuire à l'unité ? »*

Le Synode a été pour les participants une expérience très forte d'unité qu'il était enfin possible d'exprimer : chacun s'accordait à dire que la prière commune, la communion manifestée, était le principal fruit de ce Synode et comme une anticipation du cœur de ce pouvait être une Europe politique réalisée.

Cet esprit fut largement donné par les membres des délégations orientales, qui témoignèrent des martyrs de leurs Églises tout en restant discrets et avant tout soucieux de bâtir l'avenir commun. Cet avenir, tous les évêques s'accordent pour le construire sur la dignité de la personne, le refus de l'exclusion et sur une saine laïcité. Même si à l'Est les évêques sont généralement pessimistes sur l'Église en Occident et les méfaits de la société de consommation, les évêques occidentaux, sans nier les difficultés, s'efforcèrent de montrer qu'à côté des aspects négatifs, les bienfaits de la liberté dans les domaines politique, social, économique et religieux sont incommensurables.

Pour tous les évêques, l'avenir passe aussi par une nouvelle évangélisation.

Le pape, dans son discours de clôture, a souhaité que se mette en place, à côté des structures de concertation existantes entre évêques latins, une structure de coordination de l'ensemble de l'action de l'Église au niveau européen.

Ph. Roger-Viollet

Baptême de Clovis par saint Rémi. Miniature des Grandes Chroniques de Saint-Denis, XIVᵉ s.

Suppléments au chapitre III
Trente-deux siècles d'histoire

A. VOCABULAIRE BIBLIQUE

AUTEL

Le nom hébreu de l'autel vient de la racine qui signifie « égorger ». C'est avant tout le lieu central du sanctuaire où l'on égorge une bête et où l'on verse son sang. Les autels d'Israël, comme ceux des peuples voisins, sont anciennement en briques creuses ou en pierres non taillées. Plus tard, ils sont en bronze ou en maçonnerie. La fondation des autels des grands sanctuaires est attribuée aux patriarches (cf. Gn 12, 6-8). A partir de la réforme de Josias, en 622, tous les autels sont profanés, sauf celui de Jérusalem, seul sanctuaire légitime désormais (2 R 23, 12.15).

Dans le temple de Jérusalem, il existe deux autels, dont l'accès est réservé aux prêtres. Le grand « autel des holocaustes », pour les sacrifices d'animaux, est à l'air libre. C'est un grand podium de maçonnerie, auquel on accède par un escalier et sur lequel on fait brûler les bêtes immolées. Ses quatre « cornes », à chaque angle, sont considérées comme sa partie la plus sacrée (droit d'asile : 1 R 1,50-53). Tandis que le petit « autel des parfums », à l'intérieur du Sanctuaire, sert à offrir l'encens, sacrifice agréable au Seigneur.

CŒUR

Le cœur est un organe du corps de l'homme essentiel à sa vie. Pour la Bible, il a un sens symbolique et se situe sous le regard de Dieu qui le sonde jusque dans ses profondeurs (Si 42, 18). C'est en lui que se trouve le siège des facultés intellectuelles de l'homme (« les pensées du cœur »), tant pour la recherche des » mystères » de l'histoire (Ps 78) que pour tenter de résoudre « l'énigme » du problème du mal (Ps 73).

Le cœur est aussi le centre des décisions morales. D'un « cœur droit » sortira la droiture, tandis que d'un « cœur mauvais » sortira le mal (Ps 125, 4). Le fidèle est donc exhorté à observer « dans son cœur » toute la Loi (Ps 119, 34), dont le premier commandement est d'aimer Dieu « de tout son cœur » (Dt 6, 5 ; Jr 29, 13 ; Mt 22, 37).

Au constat de « cœurs endurcis » (Dt 15, 7), les prophètes prêchent la conversion qu'ils appellent la « circoncision du cœur » (Jr 4, 4 ; Rm 2, 29). Ils annoncent aussi que c'est Dieu lui-même qui en sera l'artisan en changeant le « cœur de pierre » en « cœur de chair » (Ez 11, 19 ; 36, 26). Lors de sa venue sur terre, Jésus donne le modèle parfait du « cœur doux et humble » (Mt 11, 29), et l'apôtre Paul assure que la réalisation de cet idéal par les fidèles du Christ est possible grâce à l'Esprit qui « habite en leur cœur par la foi » (Ep 3, 17).

CONNAÎTRE DIEU

Pour toute la Bible, connaître est une expérience de contact étroit entre deux êtres, spécialement dans les relations familiales (Dt 33, 9) et plus encore conjugales (Gn 4, 1 ; Lc 1, 34).

Dans le domaine religieux, le terme exprime avec de multiples nuances les rapports entre Dieu et ses créatures. Mais l'initiative en revient toujours à Dieu, qui connaît le premier. C'est déjà vrai pour les individus auxquels il confie une mission spéciale (Jr 1, 5). Ce l'est aussi pour Israël (Ex 6, 7), le seul peuple qu'il a « connu » parmi toutes les nations (Am 3, 2). Ce le sera encore plus pour l'ensemble de tous ceux qu'il a destinés à être ses fils adoptifs (Rm 8, 15).

En réciprocité d'engagement, l'homme connaît Dieu par un acte de foi en sa Parole et sa Toute-Puissance, et l'exprime par une parfaite obéissance à sa volonté (Dt 17, 10-11). Dans la nouvelle Alliance, tous connaîtront Dieu (Jr 31, 34). Jésus en donne le parfait modèle par sa connaissance en réciprocité avec son Père (Jn 17, 25). Parvenu à connaître Dieu tel qu'il est, le chrétien devient semblable à lui (1 Jn 3, 2).

Inversement, les Égyptiens auront à connaître Dieu par les fléaux, en châtiment de leur endurcissement de cœur (Ex 7,5 ; 14, 4.18). De même, les jeunes filles qui ne sont pas prêtes au moment du retour de l'Époux entendront de sa part la terrible sentence : « Je ne vous connais pas » (Mt 25, 12).

CORPS

Notre conception de l'homme héritée de la philosophie grecque s'insère difficilement dans la pensée sémitique. L'Ancien Testament ne connaît pas le mot « corps ». Pour le désigner, il utilise plusieurs termes, dont celui de « chair » est le plus fréquent et le plus proche de signification par sa nuance de faiblesse et complicité avec le péché.

Au contraire, les évangiles synoptiques relèvent la dignité du corps. Pour eux, il surpasse le vêtement et la nourriture (Mt 6, 25 ; Lc 12, 22-32) ; Matthieu (10, 28) précise cependant : « Ne craignez pas ceux qui tuent le corps mais ne peuvent tuer l'âme. » Les évangiles synoptiques parlent cependant d'un corps « lumineux » ou « ténébreux » en raison du bien ou du mal commis (Lc 11, 34-36). Ils vont jusqu'à évoquer, au moment de la mort de Jésus, la résurrection de « corps de saints » (Mt 27, 52). Dans leur récit de l'institution de l'eucharistie, Jésus déclare à ses disciples qu'il « livre son corps » pour le salut de la « multitude » (Mt 26, 26). Quant à Jean, il parle de « chair » pour la naissance de Jésus (1, 14), et de « corps » pour sa mort (2, 21 ; 19, 31.38).

De son côté, saint Paul utilise la comparaison classique du corps aux multiples membres pour stigmatiser la conduite des Corinthiens à propos de la diversité de leurs charismes (1 Co 12, 12-27). Mais il élabore une théologie nouvelle du corps à partir de la mort et de la résurrection de Jésus.

En raison de son baptême (Rm 6, 3), le corps du chrétien est devenu temple du Saint-Esprit (Rm 8, 11) et, par sa participation à la Table du Seigneur, il entre en communion avec le corps du Christ (1 Co 10, 16-17). Dans sa vie quotidienne, le baptisé doit s'efforcer d'abandonner son corps « charnel » pour revêtir un corps « spirituel » (1 Co 15, 44). Il le maintient en toute pureté pour offrir à Dieu un culte vivant (Rm 12, 1) et le glorifier même par son corps (1 Co 6, 20).

Ainsi, loin d'être simplement une « tente vouée à la destruction » (2 Co 5, 1-6), le corps totalement sanctifié (1 Th 5, 23) est assuré de participer à la résurrection finale (1 Co 15, 35-53 ; 1 Th 4, 16).

La théologie du corps selon saint Paul est entièrement inscrite dans le travail de conversion entrepris par le chrétien pour faire passer son « corps de péché » (Rm 6,6) en un corps de résurrection pour la vie éternelle.

DÉMONS

Comme tous les peuples environnant le peuple juif, la Bible connaît l'existence de démons. Sous des noms divers (voir index : Démon, noms), ils sont toujours esprits mauvais ou « impurs ». Ils habitent les ruines, les lieux déserts ou obscurs, d'où ils sortent pour tourmenter les hommes. Dès les origines, sous la conduite de leur chef, Satan, ils sont en lutte perpétuelle avec Dieu et les siens (Gn 3, 1-14). Pour s'en délivrer, il y a grande tentation de leur rendre un culte, qui ne peut être qu'idolâtrique (Dt 32, 17). Toute sa vie, l'action de Jésus est une lutte contre eux (Mt 4, 1-11) et leurs maléfices : possessions (Lc 8, 26-39) ou maladies (Mt 9, 32-34). Après sa résurrection, il donne à ses disciples le pouvoir de les chasser (Mc 16, 17). L'Église continue le même combat contre eux avec assurance car elle est certaine de la victoire finale (Ap 20, 10). (Voir Exorcisme).

EAU

Dans les récits de l'Ancien Testament, le Créateur a tiré les eaux du chaos initial. Il les a séparées de la terre (Gn 1, 2.6-9) et les a réparties en eaux d'en-haut (pluie) et en eaux d'en-bas (mer et fleuves). Elles sont indispensables à la vie. Sans elles, il n'y aurait que désert (Gn 2, 5) et l'homme serait voué à la mort. Inversement, si elles se trouvent en surabondance, elles bouleversent l'ordre du cosmos et provoquent la disparition de l'homme (Gn 6-9).

Ainsi porteuse de vie et de mort, l'eau est estimée critère de bonne ou mauvaise conduite morale. En quantité suffisante, elle est manifestation de la bénédiction de Dieu pour les justes, tandis que la sécheresse est signe de sa malédiction pour les impies.

Dans l'histoire d'Israël, les eaux de la Mer Rouge ont opéré un tri entre le Peuple élu (Ex 15, 1-19) et les Égyptiens idolâtres (Sg 10, 17-20).

L'eau est aussi moyen de propreté physique et devient symbole de pureté morale. Le rituel juif en a codifié l'emploi pour se purifier du contact avec l'impur (Lv 11-16). La prédication des prophètes tend à obtenir que cette purification extérieure atteigne le cœur.

Dans ce même mouvement, le Nouveau Testament enseigne à ne pas s'en tenir à un dualisme rigide. Car Dieu fait pleuvoir sur les méchants comme sur les justes (Mt 5, 45). L'eau du baptême, offerte à tous, n'est plus seulement symbole de purification, mais lave de toute souillure (1 Co 6, 11) et procure régénération (Jn 3, 5) grâce à la mort du Christ (He 9, 14). Ce don devient source d'eau vive dans le cœur de chaque croyant en vue de la vie éternelle. Nul n'y aura plus jamais faim ni soif (Ap 7, 16 ; 21, 6 ; 22, 17), au milieu même de l'abondance des eaux et des récoltes selon la promesse des prophètes pour les derniers temps (Éz 34, 26-29 ; 36, 25-30).

ÉLECTION

L'élection est l'expression des « décrets insondables de Dieu » (Rm 11, 33) à l'égard des hommes pécheurs. Il en résulte une tension perpétuelle entre les deux partenaires. La Bible relate les diverses modalités d'alliance de Dieu avec les hommes et les multiples vicissitudes de son rejet au cours de l'histoire d'Israël.

Dès les origines, certains personnages sont l'objet de préférences divines face à d'autres qui s'en estiment rejetés. Le premier exemple est le drame entre Caïn et Abel (Gn 4, 4-5), et, le dernier, la suprématie accordée à Sem sur ses frères (Gn 9, 25-26).

Au temps des patriarches, l'élection se porte sur Abraham et sa descendance (Gn 12, 3). Il s'y rencontre de surprenantes anomalies. A l'initiative de Yahvé, le cadet est « choisi » et l'emporte sur l'aîné, pourtant héritier naturel (Gn 27). La manifestation la plus éclatante de l'élection est le choix par Yahvé d'un peuple qui, « sans aucun mérite », a été « mis à part » parmi toutes les nations pour être le Peuple élu (Dt 7, 7 ; 10, 15), « une nation sainte, un peuple de prêtres » (Ex 19, 6). Israël se trouve ainsi engagé dans un destin particulier et investi d'une mission universelle.

Au sein même du Peuple élu, certains de ses membres sont « choisis », par une vocation personnelle, pour une mission précise. En premier lieu, il y a Moïse, qui deviendra le libérateur et législateur de la première Alliance. Ensuite, David dont l'élection ratifiée par une onction l'établit de façon inattendue fondateur d'une dynastie royale. Elle non plus ne sera pas exempte d'anomalie en cours de succession.

Après l'installation en Canaan, des prophètes sont « appelés» pour une tâche spéciale auprès du peuple et de ses dirigeants. Ils doivent tenter de les arrêter dans leur tentative de se soustraire aux exigences de l'Élection. Ils stigmatisent leurs « prostitutions » et leur annoncent un terrible châtiment en raison de leurs fautes (Am 3, 2. 14 ; Éz 16).

Cette conduite constante de Yahvé illustre la liberté absolue de ses choix et donne le gage de sa fidélité à l'élection. Il peut châtier ses élus, il n'est nullement question de les anéantir. Il peut y avoir modification des formes d'alliance, il n'y aura jamais abolition de l'élection (Is 14, 1. Jr 31, 31-34, Rm 11, 2-5). Il est même annoncé, à travers la figure d'un mystérieux « Serviteur », « élu de Dieu » (Is 42, 1 ; 49, 3 ; 52, 13), la venue d'un autre « élu » qui, par ses souffrances, rachètera les péchés de tous et rétablira la paix entre Yahvé et son Peuple élu.

CHRONOLOGIE DES PROPHÈTES D'ISRAËL (VIIIe-IIe S. AV. J.-C.)

Siècles av. J.-C.	Faits historiques	Prophètes
Xe s.	Vers 931. Schisme : le Nord se détache du Royaume de Juda (cap. Jérusalem) pour former le Royaume d'Israël (cap. Samarie).	
VIIIe s.	783-743. Jeroboam roi d'Israël.	Vers 750 (Royaume d'Israël). *Amos, Osée.*
	740-736. Yotam roi de Juda.	Vers 740 (Royaume de Juda). Vocation d'*Isaïe.* (6, 1-9) 740-687 (Royaume de Juda) *Michée*
	736-716. Achaz roi de Juda.	735 (Royaume de Juda). *Isaïe*, oracle de l'Emmanuel (7, 10-14 ; 8, 8-10)
	721. Ruine du royaume d'Israël par le roi Sargon II d'Assyrie. 716-687. Ézéchias roi de Juda. 701. Sennachérib, roi d'Assyrie, assiège en vain Jérusalem.	
VIIe s.	640-609. Josias roi de Juda. Réforme deutéronomique. 609. Josias vaincu et tué par les Égyptiens à Meggido. 604. Le roi Joiaqim vassal de Nabuchodonosor, roi de Babylone.	Livre de *Nahoum* Vers 640-630. *Sophonie.* 627-587. Activité de *Jérémie.* Fin du VIIe ou début du VIe. *Habaquq.*
VIe s.	597. Révolte de Joiaqim, 1re occupation de Jérusalem par Nabuchodonosor, et 1re déportation à Babylone. 587. Révolte du roi Sédécias ; 2e occupation de Jérusalem et 2e déportation à Babylone. Fin du royaume de Juda. 582. 3e déportation à Babylone. 539. Occupation de Babylone par Cyrus, roi des Perses. 538. Édit de tolérance religieuse de Cyrus ; retour à Jérusalem d'un premier contingent de déportés. 537. Fondation du second temple de Jérusalem. Vers 520. Gouvernement, à Jérusalem, (au nom du roi des Perses) de Zorobabel, juif d'ascendance royale et du grand prêtre Josué.	593-571. Activité d'*Ézéchiel*, déporté à Babylone. 587. *Jérémie* emmené en Égypte par les fuyards d'Israël. Après 587, *Lamentations de Jérémie* œuvre d'un juif resté à Jérusalem. Vers 540. *Deuxième Isaïe*, « livre de la consolation d'Israël » (Is 40-55), écrit par un auteur inconnu durant l'exil. Après 538. *Troisième Isaïe* (Is 56-66), par des auteurs inconnus, après l'exil. Vers 520. *Aggée, Zacharie* (1-8).
Ve s.	495-429. Périclès à Athènes. Première moitié du Ve s., guerres médiques contre les Grecs. 445-433. Néhémie gouverneur juif de Jérusalem au nom du roi perse Artaxerxès I. 433-428. 2e mission de Néhémie. A partir de 428, action d'Esdras.	Chap. 24-27, 34-35 d'*Isaïe*, relevant du genre littéraire de l'apocalypse, par un auteur inconnu. Moitié du Ve s. *Malachie* Vers 450. *Abdias.*
IVe s.	336-323. Règne d'Alexandre le Grand, roi de Macédoine. 331. Il met fin à l'empire perse. 323. La Judée sous les Lagides (ou Ptolémées) d'Égypte.	IVe ou IIIe s., *Joël, Livre de Jonas.* 2e moitié du IVe s., *Zacharie* (9-14)
IIe s.	197. La Judée sous les Séleucides de Syrie. 167-164. Persécution par Antiochus IV Épiphane. Révolte des Maccabées. 142. Règne des Asmonéens. (En 63, le pays d'Israël conquis par Pompée passera sous contrôle romain).	*Livre de Daniel.* *Livre de Baruch* ou *Barouch.*

De fait, « au temps marqué » (He 1, 1), Dieu envoie dans le monde son Fils, « son élu » (Lc 9, 35 ; 23, 35), pour sauver les hommes. Lui seul mérite pleinement ce qualificatif d'élu et en réalise en sa personne toutes ses caractéristiques. Il mène à son achèvement l'Ancienne Alliance et, « par son sang », il scelle la Nouvelle Alliance, définitive et éternelle, qui rassemble tous les élus (Jn 11, 52).

Autour de lui, il y a encore un groupe « choisi » pour être avec lui (Mc 3, 13-14). Ce groupe a pour mission de former « une race élue, un peuple saint » (1 P 2, 9), l'Église de Dieu (2 Jn 13 ; Ap 17, 14).

Contrairement à notre mentalité, quand il s'agit de Dieu l'élection de l'un n'est pas rejet de l'autre. Inversement, elle est une bénédiction pour tous (Gn 12, 3). Car en elle se rencontrent le don de la grâce de Dieu et l'attitude d'accueil ou de refus de l'homme pécheur. C'est le grand mystère de deux libertés face à face.

EXIL

La déportation est une pratique courante de la part d'un peuple vainqueur envers le vaincu, qu'il emmène en exil forcé. Israël en fit l'expérience, d'abord de façon partielle pour le Royaume de Samarie en 721 (2 R 15, 29 ; 17, 6) et, ensuite, sous une forme plus radicale, pour celui de Juda en 587, après la prise de Jérusalem par Nabuchodonosor (2 Ch 36, 20).

L'événement fut un choc terrible pour la conscience du Peuple élu. Son histoire, commencée avec tant d'éclat par la sortie d'Égypte au moment de l'Exode, s'arrêtait net avec ce départ en Babylonie. Toutes les valeurs sur lesquelles reposait sa vie étaient anéanties : abandon de la Terre de la Promesse, extinction de la lignée du roi davidique, destruction du temple.

Toute cette période fut aussi une épreuve pour la vie religieuse des gens. Il leur sembla que la « colère de Dieu » s'était abattue sur eux en châtiment de leurs fautes : ils avaient rompu l'alliance avec leur Dieu (Is 30, 1-2 ; Éz 17, 19-21). Ils en vinrent à exprimer le regret de leur conduite antérieure par une humble confession (Jr 31, 18-19 ; Ps 79). D'un même mouvement, ils gardèrent espoir en lui qui, dans sa « fidélité », préparait le Retour (Ps 44) : cet exil babylonien se terminerait pour eux par un nouvel Exode plus merveilleux que celui d'Égypte. L'édit de Cyrus, vainqueur des Babyloniens en 538, leur en donna l'occasion, mais le retour fut pour beaucoup une amère déception.

La situation des chrétiens est tout autre. Le Nouveau Testament cependant répercute à leur intention les enseignements qu'Israël avait tiré de son exil. Pour eux, il ne s'agit plus de prendre assurance sur une terre, un roi ou le temple, mais sur Jésus, seul Seigneur, Dieu et Sauveur (Rm 8, 6 ; 2 P 1, 11). Leur vie sur terre peut être assimilée à celle d'un exilé loin du Seigneur (2 Co 5, 6). Elle doit toujours s'appuyer sur la fidélité de Dieu, d'autant qu'avec l'entrée du Christ dans le sanctuaire céleste (He 9, 11-12 ; 10, 19), ils y ont libre accès. Leur vie est reportée dans le Royaume des Cieux, où ils ont une demeure éternelle dans la maison du Père (Jn 14, 2).

FÊTE DES TABERNACLES OU DES TENTES

(Du latin *tabernaculum*, tente). En hébreu *Soukkoth*. A l'origine, fête des fruits de la terre, c'est une des grandes festivités du calendrier juif. Célébrée en automne, elle était (et encore aujourd'hui dans beaucoup de familles juives) marquée par la construction de huttes en branchages comme celles où l'on vivait durant les récoltes. Par la suite, on y associa le souvenir de la vie sous la tente durant l'Exode. Les réjouissances et les sacrifices au Temple duraient une semaine et s'achevaient sur une prière de demande de la pluie. Dans *l'Évangile de Jean* (7, 37), on voit Jésus se présenter à cette occasion comme celui qui désaltère.

GÉHENNE

Le mot est la transcription de l'hébreu *Ge-Hinnon* (« Val de Hinnon »), vallée située au sud de Jérusalem, où l'on avait pratiqué des sacrifices d'enfants en l'honneur du dieu Moloch. Le feu de ces sacrifices était resté le symbole du châtiment de ceux qui refusent le salut de Dieu, et la Géhenne, dans le Nouveau Testament, est synonyme de lieu de malédiction (Mt 5, 30 ; 10, 28 ; Jc 3, 6...)

HAINE

L'histoire de Caïn et Abel (Gn 4, 2-8) montre que la haine naît souvent de la jalousie et qu'elle peut aller jusqu'au meurtre, puisqu'elle est refus violent de l'autre, même si c'est un frère (Gn 37, 4-8). Le langage biblique oppose souvent haïr à aimer (Ml 3, 2-3 ; Qo 3, 8). Dans certains cas, haïr signifie aimer moins, ne plus préférer, comme dans le cas de la répudiation (Dt 22, 13-16) ou de la polygamie (Gn 29, 31) ; de même à propos de Jésus, que l'on doit préférer à ses proches et à soi-même (Lc 14, 26 ; cf. Mt 10, 37).

Israël a appris à choisir Dieu et ce qu'il demande : « Aimer le bien et haïr le mal » (Am 5, 15 ; Pr 8, 13). En effet Dieu hait le mal et ne peut le supporter, notamment l'idolâtrie et l'injustice. D'où, en Israël, le rejet des autres dieux, des païens et des « impies », exprimé parfois avec violence (Ps 139, 21-22), car la fidélité à l'Alliance exige ce choix radical. Pourtant la loi interdit de haïr le prochain et oblige à l'aimer (Lv 19, 17-18).

Jésus a subi la haine du « monde », de ceux qui refusent l'Évangile car ils haïssent la lumière (Jn 3, 20). A son exemple, les chrétiens doivent aimer ceux qui les haïssent (Lc 6, 27). Ils savent que toute haine est meurtrière (1 Jn 3, 15) et qu'elle s'oppose à l'amour de Dieu (1 Jn 4, 20).

IMAGE

Le mot évoque d'abord l'idée de ressemblance entre deux êtres dont l'un est posé comme référence par rapport à l'autre, ainsi entre père et fils (Gn 5, 3). Il est souvent accompagné d'une connotation de dynamisme pour atteindre à la perfection du modèle ou, au contraire, pour marquer le regret de sa perte.

Parmi toutes les créatures, seul l'homme « a été fait à l'image de Dieu » (Gn 1, 26). A l'instigation du démon, pour s'être voulu identique à Dieu il en a perdu la ressemblance. Il en garde cependant la nostalgie, sans pour autant savoir comment se situer par rapport à son Créateur.

Pour remédier à cet état déplorable, l'homme en est venu à tenter de créer à son tour des images de Dieu à l'aide desquelles il pense avoir prise sur lui. « Faites de main d'homme » ce ne sont que des idoles : « elles ne parlent pas, elles ne sentent pas » (Ps 115, 6). Elles sont simples reproductions de lui-même (l'homme), attentatoires à la transcendance divine. La Bible porte l'interdiction absolue d'en fabriquer (Ex 20, 4-5). En leur rendant un culte, l'homme, au lieu de s'élever, se rabaisse. Pour lui, le seul moyen de retrouver l'image de son Créateur est de reconnaître en Jésus « l'image du Dieu invisible » (Col. 1, 15). Par sa mort et sa résurrection, le Christ a donné de nouveau aux hommes la possibilité de devenir « enfants de Dieu » (Jn 1, 12). Il leur faudra quitter l'image du terrestre pour refléter sur leur visage celle du céleste (1 Co 15, 49). Ainsi leur ressemblance avec Dieu est rétablie (2 Co 3, 18).

MALÉDICTION

Maudire, c'est lancer des invectives à quelqu'un pour lui porter malheur. Les formules de malédiction sont abondantes et prononcées avec véhémence dans la ferme conviction de leur efficacité. Elles sont plus ou moins ritualisées, et même souvent accompagnées d'un geste magique. Pour les proférer, il faut posséder, d'une façon ou d'une autre, un certain droit sur le destinataire, que confère, par exemple, un état de misère ou d'injustice flagrante. Il ne s'agit surtout pas de la faire inconsidérément, car la malédiction souhaitée à l'autre risque de retomber sur soi (Ps 109).

Selon sa foi en Dieu, bon et créateur, Israël attribue l'efficacité de la malédiction à Yahvé. Il en arrive à la transformer en prière (Ps 5, 11 ; Jr 11, 20 ; 15, 10). La Loi l'interdira comme attentatoire à Dieu (Lv 20, 9 ; 24, 15).

La malédiction entretient toujours quelque lien avec le mal (Dt 27, 15-26 ; Is 24, 6). Ainsi Yahvé maudit la génération du Déluge (Gn 6, 5.13 ; 8, 21 ; 2 P 2, 5), endurcit le cœur de Pharaon (Ex 4, 21) et châtie même son Peuple avec ses chefs pour leurs fautes (Ez 13 ; 34, 1-10).

Pour délivrer les hommes de la malédiction qui pèse sur eux en raison du péché, Jésus s'est fait « malédiction » (2 Co 5, 21 ; Ga 3, 13).

Cependant la malédiction demeurera jusqu'aux derniers jours où elle se transformera en jugement : pour les uns, il n'y en aura plus (Ap 22, 3) alors que ceux qui se plaisent au mal seront jetés dehors (Mt 25, 41).

MARTYR

Le mot « martyr », d'origine grecque, signifie de façon générale « témoin », que ce soit d'ordre historique ou juridique. La tradition chrétienne l'utilise seulement pour le témoignage religieux.

Dès l'Ancien Testament, il est possible de parler des « martyrs d'Israël » (2 M 6-7), mais c'est à partir du Nouveau Testament que l'on dénomme ainsi ceux qui, à la suite de Jésus et face à des gens qui leur sont hostiles, attestent leur foi au péril de leur vie (Ap 6, 9). Dans cette acception le terme n'est pas employé pour Jésus, qui en est pourtant la référence absolue. Il a subi des outrages en silence et avec patience, il a même pardonné à ses bourreaux avant de mourir (Lc 23, 34). En toute liberté, il a fait don de sa vie (Jn 10, 15-18) et ainsi rendu témoignage à la vérité (Jn 18, 37).

Durant sa vie publique, Jésus a annoncé à tous ceux qui voudraient le suivre qu'ils auraient à subir le même sort (Mt 10, 17-24 ; Jn 15, 20). La première vérification en est le martyre d'Étienne (Ac 7, 55-59), suivi de beaucoup d'autres. Pour tous ces martyrs, le don de leur vie est la participation au témoignage de Jésus. Pour eux, comme pour lui, le salut passe par la mort du « témoin » (Mt 5, 11-12). Ils attestent ainsi de façon éclatante leur foi en un Dieu sauveur universel.

MÉMOIRE

La mémoire n'est pas une banque de données, mais l'acte de *se souvenir*. Dieu se souvient de quelqu'un, de son peuple, pour intervenir en leur faveur. En retour, le peuple est invité à se souvenir de l'action de Dieu qui lui a fait du bien, des « merveilles de Dieu ».

Dans la Bible, la mémoire est toujours liée à un bienfait reçu ou espéré (Ps 115, 12). Elle permet de vivre dans la fidélité et ouvre l'avenir : ce que Dieu a réalisé, il est capable de le refaire quelle que soit l'impasse présente. D'où la prière qui appelle Dieu à se souvenir de ses tendresses... et de ne pas se souvenir des péchés (Ps 25, 6-7). Ce qui serait désastreux, c'est d'*oublier* la bienveillance de Dieu (Dt 4, 9).

Pour éviter l'oubli, on fait un « mémorial » (en hébreu *zikkarôn*). Ce peut être un monument (Jos 4, 7), le plus souvent un geste cultuel, et spécialement la fête de la Pâque. Plus qu'un souvenir, le mémo-rial est l'actualisation de l'événement évoqué, il le *rend présent*, avec sa puissance de bienfaits. « En chaque génération, chacun doit se considérer lui-même comme sorti d'Égypte », déclare la liturgie juive de la Pâque. Le sabbat lui-même devient le mémorial de cette libération (Dt 5, 15).

C'est dans cette perspective qu'il faut comprendre la parole de Jésus à la Cène : « Faites ceci en mémoire de moi » (Lc 22, 19). L'eucharistie est le mémorial (en grec *anamnèsis*, d'où le français *anamnèse*) qui apporte le salut aujourd'hui en actualisant la mort et la résurrection du Christ ainsi que sa présence bienfaisante par l'Esprit Saint. Telle est la Pâque chrétienne célébrée également chaque dimanche.

MER

Depuis toujours la mer a impressionné les hommes à cause de sa formidable puissance impossible à dompter. Si bien que des mythes anciens la considèrent comme une divinité ou un dragon redoutable.

La Bible porte la trace de ces croyances (Jb 7, 12), mais regarde la mer comme une simple créature de Dieu. Dès l'origine, Dieu partage les eaux de l'abîme et leur impose une limite à ne pas franchir (Gn 1, 9-10. Ps 104, 6-9) : ainsi apparaissent la terre et la mer. Le Déluge sanctionne la méchanceté des hommes et épargne le juste Noé : Dieu s'engage alors à ne plus ravager la terre.

Mais la mer gardera sa réputation de force mauvaise, désordonnée : elle est un résidu du chaos primitif et symbolise les puissances adverses de Dieu et de l'homme. Dieu peut toujours les mater comme lors de la création : il met la Mer Rouge à sec pour tracer un chemin à son peuple (Ex 14) ; il brise « l'orgueil de la mer » et écrase les monstres des eaux (Ps 89, 10-11). Cependant, les vieilles craintes sont toujours là dans les apocalypses, qui voient des Bêtes monter de la « Grande Mer » (Dn 7, 2-7).

Dans le Nouveau Testament, la mer garde le même symbolisme religieux. Elle reste le lieu démoniaque où se précipitent les porcs maudits (Mc 5, 13). Jésus calme la mer déchaînée avec une parole qui a la forme d'un exorcisme (Mc 4, 39) : ses disciples sont stupéfaits devant une telle puissance qui est la marque de Dieu. Une autre fois, Jésus vient au-devant de ses disciples en difficulté en marchant sur la mer (Mc 6, 48) : il foule aux pieds les forces du mal.

Les dernières pages de la Bible décrivent la nouvelle création en évoquant le jour extraordinaire où « la mer n'est plus » (Ap 21, 1), signe que le mal et la mort sont définitivement vaincus.

MORT

Dans la Bible, l'expérience de la mort a deux visages. Tantôt, elle est l'aboutissement normal de la vie, le « chemin de tout le monde » (1 R 2,2), lorsqu'elle survient après une existence bien remplie et une vieillesse paisible : on va « se coucher avec ses pères » au séjour des morts, comme Abraham (Gn 25, 7-8) ou David (1 R 2,10). C'est le « retour à la poussière » (Gn 3, 19). Tantôt, au contraire, la mort frappe un être encore jeune, à travers la maladie (2 R 4, 18-20) ou la violence (2 S 18, 9-15 et 19, 1-5). Elle apparaît alors comme une injustice (Gn 4, 10-12) ou un châtiment par Dieu (2 S 12, 13-18). Le suicide, très rare, est toujours l'aboutissement d'un échec grave (2 S 17, 23), surtout au combat (1 S 31, 4-5).

L'ancienne sagesse israélite a cherché à expliquer ces morts « injustes » par le principe de la « rétribution » : Dieu récompense les justes et punit les pécheurs. A cause de la solidarité familiale, il peut même, pensait-on, châtier les fautes d'un coupable sur ses descendants (Ex 20,5) ; puis on refusa cette explication, elle-même injuste (Ez 18,2.20). La souffrance du juste, comme Job, ou sa mort demeuraient une énigme (Jb 9, 21-24).

Pourtant, Dieu, le Vivant, est toujours opposé à la mort : il ne l'a pas faite (Sg 1, 13), et la nécromancie, l'évocation des morts, est interdite (1 S 28). Peu à peu les sages découvrirent les liens entre la mort et le péché (Sg 2, 23-24) ; à l'opposé de la sagesse, qui mène à la vie, la folie du péché mène à la mort (Pr 9, 18 ; 11, 19). C'est à cette mort, physique et spirituelle à la fois, que Dieu veut arracher les siens, individuellement (Ps 30) ou collectivement (Ez 37, 11-14).

La victoire de Dieu sur le mal et la mort se réalise dans la vie et la mort de Jésus ; son amour pour son Père et ses frères exclut chez lui toute complicité avec le péché et la mort. Comme le « Serviteur souffrant » d'Isaïe (Is 53), Jésus subit librement la haine des hommes : il livre sa vie « pour les péchés de la multitude » (Mt 20, 28 ; 26, 28). Depuis lors, les hommes peuvent aussi vivre leur mort avec le Christ (Ph 2, 8-11), dans son Esprit (Rm 8, 11), en en faisant une victoire de l'amour sur la haine (Rm 6, 1-11). La résurrection du Christ est le gage de celle des croyants (1 Co 15, 20-22. 56-57).

NOM

Dans la Bible, le nom n'est pas une étiquette mais la chose ou la personne même. Donner un nom, c'est faire exister : Dieu nomme ce qu'il crée (Gn 1, 3). C'est aussi révéler le fond d'un être ou sa destinée (Is 1, 26). C'est encore dominer : Adam donne un nom aux animaux (Gn 2, 20). Aussi, changer le nom de quelqu'un, c'est lui imposer une nouvelle personnalité et avoir pouvoir sur lui : Dieu change le nom d'Abraham et Jésus celui de Pierre.

Dieu se montre réticent à révéler son nom, et quand il le donne à Moïse (Ex 3,14), c'est une énigme qui met l'accent sur son existence et sa présence aux hommes. Ainsi on peut connaître Dieu sans percer son mystère et sans se servir de lui : on peut l'invoquer, « invoquer son nom », c'est-à-dire le servir. De plus en plus, par respect, on évitera de prononcer le nom de Dieu, au point de désigner Dieu simplement par « *le Nom* ».

Le Nouveau Testament applique cette expression à Jésus ressuscité (Ph 2,9) : c'est une manière de dire clairement qui il est. Le nom de Jésus est porteur de la puissance de Dieu, et proclamer le nom de Jésus c'est annoncer le Règne de Dieu.

Puisque « le Nom » désigne Dieu et que la sainteté le caractérise, la demande du *Notre Père* « Que ton Nom soit sanctifié » (Mt 6,9) est à comprendre comme le propose la traduction œcuménique de la Bible « Fais connaître à tous qui tu es ». La forme passive du verbe « soit sanctifié » est encore une autre manière de désigner Dieu sans prononcer son nom.

PAIX

La paix biblique est beaucoup plus que l'absence de désordre ou de guerre. Le mot hébreu *shalom*, qui est habituellement traduit en français par « paix », exprime surtout une plénitude, un parfait état de santé, de bien-être et de bonheur. C'est tout ce que l'on peut espérer et souhaiter de meilleur. C'est la manière de se dire « bonjour » et « adieu » qui persiste aujourd'hui, en hébreu comme en arabe (racine identique), dans la vie quotidienne comme dans la liturgie. La paix est un don de Dieu, le condensé de ses bénédictions : " Le Seigneur dit « Paix », pour son peuple et ses fidèles " (Ps 85,9). Pour en jouir, le fidèle prie et s'engage sur la voie de la justice. Il espère, à la suite des prophètes, la venue du Messie qui sera « Prince de la paix » (Is 9,5).

La naissance de Jésus est annoncée aux bergers par un « Gloire à Dieu » auquel correspond un « Paix sur la terre pour les hommes, ses bien-aimés » (Lc 2,14). Jésus déclare « Heureux ceux qui font œuvre de paix » (Mt 5,9). Ressuscité, il retrouve ses disciples en leur disant « Paix à vous » (Lc 24,36 Jn 20,19). Plus qu'une simple salutation, c'est la paix donnée par sa victoire sur la mort et l'assurance de sa présence. Paul comprend le salut comme la paix établie par le Christ, « Lui qui est notre paix » (Ep 2, 14-17).

PAROLE

La parole exprime, normalement, « les pensées du cœur » ; elle accompagne donc toutes les relations humaines. Mais trop souvent la parole ne correspond pas au cœur : par intérêt ou pour nuire, elle peut cacher la vérité, comme dans le mensonge, le faux témoignage, la calomnie. Ou encore les belles paroles ne correspondent pas aux actes, soit envers Dieu : « Ce peuple m'approche en paroles..., mais son cœur est loin de moi » (Is 29, 13), soit envers les autres : « N'aimons pas en paroles, mais en actes » (1 Jn 3,18) ; les promesses humaines ne sont pas toujours tenues : « Mort et vie sont au pouvoir de la langue. (Pr 18,21) ». D'où les nombreux conseils pour surveiller sa langue (Jc 3,1-12).

Les prophètes d'Israël affirment, au long des siècles, que Dieu leur parle et qu'à travers leurs oracles, c'est lui qui s'adresse à son peuple : « Ainsi parle le Seigneur... » Cette parole de Dieu peut revêtir bien des formes différentes : les commandements des lois d'Israël, les récits traditionnels sur l'histoire du peuple, les oracles de jugement ou de salut, les cantiques et poèmes, les maximes des sages ; bref, toutes les paroles fixées par la tradition et transmises fidèlement grâce à leur mise par écrit. Par sa parole, Dieu ne cesse d'agir dans le cœur des hommes (Dt 30,14 ; Is 55,10-11) ; ce qu'il a annoncé s'accomplira (Jr 1,11-12).

Les disciples de Jésus reconnaissent en lui l'envoyé du Père, et son révélateur après tous les prophètes (He 1,1-2). Pierre lui dit : « A qui irions-nous ? Tu as les paroles de la Vie éternelle ». (Jn 6,68) Jean affirme même que le Christ est la Parole créatrice de Dieu « faite chair », le Verbe de Dieu incarné (Jn 1,1-4). Cette Parole de vie continue de retentir à travers la prédication des apôtres (Ac 5,20) et la vie des témoins (1 Th 2,13). Elle est semée dans le cœur des croyants où elle peut porter beaucoup de fruit (Mt 13,3-9.18-23).

PEUPLE

Avec *Adam et Ève*, la Bible affirme l'unité fondamentale du genre humain. En *Abraham*, elle voit le Père d'une multitude de croyants (Rm 4),

« celui en qui seront bénies toutes les familles de la terre » (Gn 12,3). *Moïse* est le premier chef du peuple hébreu en son moment fondateur. A la suite des prophètes, *Jésus* vit sa mission presque exclusivement au milieu de son peuple. Mais sa vie et son message ont une telle charge d'universalité que sa mort et sa résurrection sont immédiatement comprises comme le salut de l'humanité entière, du « peuple de Dieu » dont la véritable patrie (He 11,16) est « la cité sainte, la Jérusalem nouvelle qui descend du ciel » (Ap 21,2), cœur de la création définitive.

Ainsi, le mouvement de la Bible est celui d'une universalité qui se particularise de plus en plus jusqu'au choix d'un « peuple élu » (Israël), qui a pour mission de témoigner de la sollicitude de Dieu pour tous. Particularisation ordonnée donc à l'universalité. Le but et le terme sont la transfiguration de l'humanité entière par Dieu.

Tout l'histoire d'Israël est celle d'une adhésion plus ou moins réussie à ce dessein de Dieu. Jésus entre dans cette histoire et la porte à son accomplissement en réconciliant tous les êtres « par le sang de sa croix » (Col 1,20). L'alliance privilégiée avec Israël devient l'alliance avec la multitude (Mc 14,24).

Le peuple d'Israël s'est farouchement démarqué vis-à-vis des autres peuples. Au point que, très souvent, le mot « peuple » (au singulier) le désigne exclusivement. Par opposition, les autres sont appelés « les nations, les Gentils » (toujours au pluriel), et, dans le Nouveau Testament, au « Juif » est opposé le « Grec ». Mais l'Évangile du salut est pour tous : chacun peut en bénéficier par la foi (Rm 1,16).

PROMESSE

Le mot « promesse » n'existe pas en hébreu, dans l'Ancien Testament ; mais la réalité est bien présente, exprimée par les termes : parole, serment, bénédiction ou héritage. La grande promesse de bénédiction que Dieu fait à Abraham (Gn 12, 2-3) porte à la fois sur la naissance d'un fils et la possession d'une terre ; Dieu a l'initiative et s'engage seul, sans conditions (Gn 15,4-5, 17-18). Le développement du petit clan d'Abraham en un véritable royaume, à partir de David, est compris comme la réalisation de cette promesse divine. Une promesse semblable est faite à David : sa descendance gardera toujours la royauté (2 S 7,12-16).

Face à l'histoire qui vient contredire ces promesses, avec l'exil et la fin de la dynastie de David, les prophètes annoncent que Dieu les accomplira certainement, dans les derniers temps (Jr 23, 5-8) ; d'où la grande espérance maintenue vivante à travers les siècles, autour de Jérusalem (Is 54 ; 60).

Par sa parole et ses actes, Jésus annonce et inaugure le Règne de Dieu. C'est en lui que s'accomplissent les promesses (2 Co 1,20), et non plus seulement pour Israël, dans un cadre national, mais pour tous les hommes (Ep 3,6). Dès la Pentecôte, l'annonce de l'Évangile offre ainsi la promesse à tous les peuples (Ac 2,39). Quelle est cette promesse, faite par Jésus ? Essentiellement le don de l'Esprit Saint (Ep 1,13), puisqu'en lui, c'est la vie même de Dieu qui vient combler le désir des hommes, bien au-delà de leurs attentes (Rm 8,23-30). La vie chrétienne est foi en cette promesse et espérance de son accomplissement (He 11).

PROVIDENCE

La Bible ne connait pas ce mot mais illustre fort bien la sollicitude de Dieu pour ses créatures : « Les yeux sur toi, ils espèrent tous, et tu leur donnes la nourriture en temps voulu. » (Ps 145,15). Dieu tient tout en sa main et il gouverne le monde pour le mener à son accomplissement. Fort de cette certitude, le croyant peut relire l'histoire et découvrir que Dieu intègre même le mal de l'homme pour faire réussir son dessein bienveillant, comme le dit Joseph (Gn 50, 20).

La maîtrise de Dieu est totale, car si l'homme propose, Dieu dispose (Pr 19,21). Cependant, sa providence ne conduit pas l'homme à la passivité, ni à une démission de sa liberté. Dieu se manifeste par un accompagnement fidèle de l'homme dans les défis de la vie et les avatars de l'histoire. La providence est à la fois assurance de réussite et invitation à traverser l'épreuve. Car Dieu respecte sa création et ses créatures : il n'intervient pas directement dans les événements, mais se fait proche de l'homme en toute circonstance. C'est la certitude d'Abraham marchant vers le sacrifice : « Dieu pourvoira » ou « saura voir. » (Gn 22,8). Celle aussi du croyant malmené : « Si Dieu est pour nous, qui sera contre nous ? » ; rien ne pourra le séparer de l'amour du Christ (Rm 8,31.39).

PUISSANT

On traduit souvent ainsi le nom de Dieu (voir index, noms de Dieu) : « Seigneur Sabaoth », c'est-à-dire « Seigneur des armées (célestes) » que sont les astres et les forces de l'univers, puis les anges (Is 6,3.5). Parce qu'il est créateur et qu'il ne cesse de maîtriser les forces cosmiques, Dieu est le Tout-Puissant (en grec : *Pantocrator*), ou simplement le Puissant (Lc 1,49), la Puissance (Mt 26,64). C'est peut-être également le sens du vieux mot hébreu : « Shaddaï » (Ex 6,3).

La puissance de Dieu, souvent identifiée à l'Esprit Saint, se manifeste surtout en Jésus : sa conception virginale en Marie (Lc 1,35) sa capacité de faire des miracles, en particulier des guérisons (Lc 5,17), sa résurrection (Rm 1,4). Elle ne cesse de se manifester dans la vie de l'Église et la prédication de l'Évangile (1 Co 1,18 ; 2,4). Paul a fait l'expérience de la puissance de Dieu dans sa faiblesse d'homme (2 Co 12,9). Cette puissance s'accomplira dans la résurrection des fidèles du Christ (1 Co 6,14). Au pluriel, les puissances *(dynameis)* désignent les miracles de Jésus (Mt 13, 54.58), ou de ses disciples (Ac 19,11), qui sont dus à la seule puissance de Dieu, à l'Esprit Saint (1 Co 12,7-11).

REINS

Les reins désignent le siège de la vigueur physique de l'homme, sa puissance sexuelle. Aussi, des traductions modernes rendent par « descendants » l'expression biblique « ceux qui sont sortis des reins » (He 7,5).

Plus largement, les reins sont le siège ou la source des sentiments cachés, des passions violentes et des pulsions instinctives. Seul Dieu « sonde les reins et les cœurs » (Ps 7,10 ; Jr 11,20 ; Ap 2,23). On dirait aujourd'hui « l'inconscient et le conscient », le cœur étant l'intériorité intelligente et libre. Avec perspicacité, la Bible associe et distingue à la fois les reins et le cœur.

« Se ceindre les reins » (Lc 12,35), c'est relever ses vêtements en les fixant par la ceinture pour se préparer au travail, à la marche ou au combat. Autrement dit, c'est entrer en activité.

ROYAUME

Au XIe siècle avant J.-C., les tribus d'Israël se sont donné un roi pour s'unifier et trouver ainsi la sécurité et la prospérité (1 S 8,19-20). Puis sont apparus les inconvénients de la royauté : schisme, abus de pouvoir et privilèges de la cour (1 S 8,11-17), et surtout l'indépendance du roi face aux prophètes (Is 30, 1-5). Pourtant cette ambiguïté n'a pas empêché l'attente séculaire d'un messie qui restaurerait la royauté de David sur Israël (Is 11,1-9).

La disparition des rois, pendant l'exil, a fait découvrir à Israël que Dieu seul est son roi véritable, permanent. Il est son Maître depuis la sortie d'Égypte et le don de la Loi ; il mène son histoire ; il le juge par des épreuves et le sauve souvent. Le retour d'exil est annoncé à Jérusalem aux cris de : « Ton Dieu règne ! » (Is 52,7). Les « Psaumes du Règne » (par ex. : Ps 96-99) proclament alors la royauté de Dieu sur tous les peuples ; d'où des visions grandioses sur l'avenir de Jérusalem (Is 60-61). Mais les persécutions et la crise maccabéenne obligent à spiritualiser cette espérance du règne de Dieu.

La « bonne nouvelle » de Jésus est l'annonce du Règne de Dieu qui arrive ; les guérisons et autres miracles qu'il fait en sont les signes. D'où l'appel à une conversion immédiate pour entrer dans ce Royaume de Dieu (Mc 1,14-15). Jésus s'explique surtout en paraboles, avec des images de graines minuscules, cachées, qui poussent et finissent par donner du fruit (Mc 4,1-20). Jésus est bien le roi-messie qui instaure le Règne de Dieu, mais de façon ca-

LES LIVRES PROPHÉTIQUES DANS LA BIBLE HÉBRAÏQUE

La Bible hébraïque (semblable pour l'essentiel à l'Ancien Testament des Bibles chrétiennes, dont les versions catholiques comportent cependant des textes non retenus par le canon judaïque) est divisée en trois grandes parties :

1. *La Loi* ou *Torah* (la plus importante aux yeux des Juifs), dont les cinq livres correspondent au *Pentateuque* des Bibles chrétiennes.
2. *Les Prophètes* ou *Neviim.*
3. *Les Écrits* ou *Ketouvim.*

Dans la deuxième partie, *Les Prophètes*, ne se trouvent pas tous les écrits considérés comme prophétiques par la tradition catholique ; par contre, s'y trouvent des livres qui ne relèvent pas explicitement de la littérature prophétique selon cette même tradition. Cette seconde partie de la Bible hébraïque se présente comme suit :

a. **Premiers prophètes** : livres de *Josué*, des *Juges*, de *Samuel*, des *Rois* ;
b. **Derniers prophètes** : livres d'*Isaïe*, de *Jérémie*, d'*Ézéchiel* et des douze petits prophètes *(Osée, Joël, Amos, Abdias, Jonas, Michée, Nahum, Habaquq, Sophonie, Aggée, Zacharie, Malachie).*

Daniel, l'un des quatre « grands prophètes » selon la tradition catholique, ainsi que les *Lamentations* (qui suivent généralement *Jérémie* dans les Bibles catholiques) se trouvent, non dans la deuxième, mais dans la troisième partie de la Bible hébraïque, *Les Écrits (Ketouvim).*

Quant à *Baruch* et à certains passages de *Daniel*, ils appartiennent à un ensemble d'autres écrits (environ le quart de l'Ancien Testament, dans les versions catholiques de la Bible), dénommés « apocryphes » par le judaïsme, considérés par lui comme non inspirés et, en conséquence, absents de la Bible hébraïque (et protestante) ; l'Église catholique les appelle « deutéro-canoniques » (voir Index) parce qu'elle ne les a intégrés que dans un deuxième temps au Canon des Écritures inspirées.

chée pour l'instant ; sa royauté « n'est pas de ce monde » (Jn 19, 36). Depuis sa résurrection, et le don de l'Esprit Saint, ses disciples peuvent, eux aussi, donner des signes du Royaume qui grandit dans l'Église : ce sont les charismes. Ils vivent dans l'espérance de sa venue plénière et définitive, lorsqu'il viendra établir « la demeure de Dieu avec les hommes » (Ap 21,3).

SAINT

Au sens strict, Dieu seul est saint. C'est ce qui le caractérise en exprimant son mystère : « Je suis Dieu et non pas homme ; au milieu de toi je suis saint. » (Os 11,9). D'où son nom le plus fréquent : « le Saint » ou « le Saint d'Israël ». Ce qui signifie en hébreu : « le séparé, le tout-autre ». De fait, Dieu ne peut pas être vu et ses manifestations combinent le terrifiant avec une proximité où pointe la crainte.

Cette distinction marque toute la Bible. Il y a une succession de séparations dans l'architecture du Temple. Des rites religieux réservés à des hommes consacrés (les prêtres) permettent de faire le passage entre le profane et le sacré et d'entrer ainsi en communion avec Dieu.

En choisissant Israël, en le mettant à part pour son service, Dieu en fait son peuple et « une nation sainte » (Ex 19,6). Ce qui se traduit immédiatement par une exigence de pureté (marque rituelle de la sainteté) : « C'est moi le Seigneur votre Dieu ; vous vous sanctifierez donc pour être saints, car je suis saint. » (Lv 11,44). Dans la vision apocalyptique de Daniel (7), ceux qui reçoivent le royaume final sont appelés « les saints ».

Le Nouveau Testament affirme que Dieu est saint, mais aussi son Esprit et Jésus : « L'Esprit Saint viendra sur toi... c'est pourquoi celui qui va naître sera saint et sera appelé Fils de Dieu. (Lc 1,35) ». « Rempli d'Esprit Saint » (Lc 4,1), Jésus témoigne du Père. Après la résurrection, Pierre l'appelle « le Saint » (Ac 3,14), comme Dieu.

Paul adresse ses lettres « à tous les saints en Jésus-Christ » (Ph 1,1), c'est-à-dire « à ceux qui ont été sanctifiés dans le Christ » (1 Co 1,2). Car les baptisés participent à la sainteté du Christ. D'où le nom quelquefois utilisé dans les *Actes* pour désigner les chrétiens : « Les saints » (Ac 9,32). Mais le Nouveau Testament ne met plus l'accent sur l'idée de séparation : en vivant parmi les hommes et en mourant sur la croix, le Christ a ouvert à tous l'accès à Dieu. Tous les croyants sont « une maison habitée par l'Esprit pour constituer une sainte communauté sacerdotale » (1 P 2,5). La qualité de leur vie est le meilleur témoignage de la gloire de Dieu.

JESSÉ ET SON ARBRE

Jessé est le père du roi David ; il est célèbre auprès des chrétiens en raison de la prophétie d'Isaïe (11, 1-2) annonçant :

« Un rameau sortira de la souche de Jessé, un rejeton jaillira sur ses racines. Sur lui reposera l'Esprit du Seigneur. » C'est une manière imagée d'annoncer que Dieu suscitera un nouveau David, dans la descendance de celui-ci.

Les évangélistes Matthieu (1, 5-6) et Luc (3, 31-32) ont tenu, au début de leur évangile, à rappeler l'ascendance de Jésus (par Joseph, époux de Marie) – ascendance dans laquelle figurent David et son père Jessé – et à attester de la sorte que Jésus était bien le Messie annoncé par les prophètes.

Le Moyen Âge, à partir du XIIe siècle, a souvent représenté cette annonce prophétique sous la forme de l'« arbre de Jessé » : de Jessé, couché sur le dos, sort un arbre portant sur son tronc David et Salomon, ancêtres de Jésus, et sur ses rameaux les prophètes messianiques ; Jésus est au sommet, surmonté de la colombe de l'Esprit Saint. La Vierge figure en dessous de lui.

SEL

Le sel est indispensable à la santé, surtout dans les pays chauds. D'où le « salaire », c'est-à-dire la ration de sel (*sal* en latin) donnée au soldat, qui devient l'argent pour acheter le sel.

Condiment précieux, il rend les aliments savoureux. Véritable conservateur naturel, il évoque la durée : la Bible fait parler Dieu d'une « alliance de sel » pour dire qu'elle est indestructible (Nb 18,19 ; 2 Ch 13,5). Stérilisant et purificateur, le sel semé sur les ruines d'une ville est un geste de malédiction, mais celui qu'Élisée jette dans la source de Jéricho assainit les eaux « jusqu'à ce jour » (2 R 2, 19-22). Le sel est donc utilisé dans le rituel religieux. De même, toutes les offrandes présentées à Dieu doivent être salées avec « le sel de l'alliance de ton Dieu » (Lv 2,13).

Dans les évangiles, Jésus utilise plusieurs fois l'image du sel pour interpeller ses disciples. Dans l'*Évangile selon saint Marc* (9,49), le lien entre le sel et le feu peut se comprendre à partir de la propriété du sel de favoriser la combustion. Ce qui explique probablement le salage des offrandes brûlées sur un autel.

SERVITEUR

Dans la Bible on voit le serviteur attaché à un maître ; davantage, il lui appartient. Il peut être un esclave, un domestique familier, un haut fonctionnaire, et même le roi, qui peut dépendre d'un plus fort que lui. Mais plus que la variété des situations, c'est l'importance du service qui explique la richesse du vocabulaire dans la Bible ; celle-ci emploie tour à tour les mêmes mots pour le service de l'homme et celui de Dieu.

« Serviteur de Dieu » est un titre d'honneur souvent donné à Moïse et au roi David. A de grandes figures aussi, comme les Patriarches, et à de nombreux hommes chargés de missions dans le peuple, comme Josué (le successeur de Moïse) et les prophètes. Au moment de l'Exil, Isaïe (40-55) parle beaucoup du « serviteur de Dieu » : il s'agit du peuple d'Israël dans son ensemble, sauf en quelques versets célèbres appelés « Chants du Serviteur » où l'identification reste discutée (cf. Is 52,13 - 53,12). Là, le serviteur persécuté sauve son peuple.

Le Nouveau Testament évoque souvent ce poème d'Isaïe pour expliquer la trajectoire tragique de Jésus et en tirer les conséquences pour le salut de l'humanité. Jésus lui-même s'est situé comme un serviteur : « Moi, je suis au milieu de vous à la place de celui qui sert. » (Lc 22,27). Il a pris « la condition de serviteur... devenant obéissant jusqu'à la mort » (Ph 2,6-11). Si bien que les *Actes*, reliant toujours l'abaissement de la mort et la gloire de la résurrection, appliquent à Jésus le titre de « Serviteur » (Ac 3,13).

Tant pour dire sa volonté de servir que pour affirmer sa responsabilité, Paul se définit comme « serviteur de Jésus Christ » (Rm 1,1). De même la première communauté chrétienne réunie autour des apôtres (Ac 4,29). Les « serviteurs » du Christ savent qu'ils sont désormais devenus des « amis » de leur Maître et Seigneur qui leur a tout partagé (Jn 15, 15).

STÉRILITÉ

Dans la Bible, la stérilité est vécue comme un mal qui contredit la bénédiction du Créateur : « Croissez et multipliez-vous » (Gn 1,28). La stérilité du couple est attribuée à la femme ; d'où sa honte (Lc 1,7.25) et le droit pour l'homme de prendre une seconde épouse (Gn 16,2), même si la première reste la préférée (1 S 1,4-6). Comme d'autres souffrances, elle est parfois considérée comme un châtiment envoyé par Dieu, puisque c'est lui le maître de la vie (Gn 30,2).

Bien des personnages importants d'Israël sont nés d'une mère d'abord stérile, pour que leur vie soit manifestement un don de Dieu ; c'est le cas d'Isaac, né de Sara (Gn 21,1-7) ; de Jacob né de Rébecca (Gn 25,21) ; de Joseph, né de Rachel (Gn 30,1-2.23) ; mais aussi de Samuel, né d'Anne (1 S 1) et de Jean-Baptiste, né d'Élisabeth (Lc 1,36).

Symboliquement, Jérusalem restaurée après l'exil est comparée à une femme stérile qui devient féconde (Is 54,1-3), car c'est Dieu qui donne la vie (2 S 2,5). Aux deux derniers siècles avant Jésus se répand chez les sages l'idée que la vertu est meilleure que le nombre d'enfants (Si 16,1-3 ; Sg 3,13-15). Ce qui ouvre le chemin à une certaine estime pour le célibat et la virginité pour Dieu.

SUIVRE

Israël est le troupeau que mène le Seigneur (Ps 95,7), depuis qu'il a traversé le désert à sa suite (Ex 13,21-22). Il « marche derrière lui » (Jr 2,2) ; il « suit ses chemins », c'est-à-dire ses commandements (Dt 30,16). Mais il est souvent tenté de suivre d'autres dieux (Jr 2,5.8) ; il doit donc choisir qui il veut suivre (1 R 18,21), pour rester fidèle à l'Alliance (2 R 23,3). Suivre désigne notamment la relation du disciple envers son maître, comme Élisée suit Élie (1 R 19, 19-21).

Jésus appelle ses disciples avec autorité : « Venez, suivez-moi » (Mc 1,17-20) ; ce qui ne supprime pourtant pas leur liberté (Mc 10, 21-22). Parfois ce sont eux qui décident de le suivre (Lc 9,59-62). Il ne leur cache pas les exigences de cette démarche à sa suite (Mt 16,24), mais il leur en révèle aussi les enjeux (Mt 19, 27-29). Suivre Jésus signifie la démarche de foi envers lui ; en particulier le suivre dans sa route vers Jérusalem, vers sa mort et sa résurrection, comme Bartimée (Mc 10,52) ou les femmes au pied de la croix (Mc 15,41).

TRANSFIGURATION

Le mot signifie le fait de passer d'un aspect (figure) à un autre. Dans le vocabulaire chrétien il s'applique à la scène de la vie de Jésus relatée par les trois évangiles synoptiques (Mt 17, 1-9 ; Mc 9, 2-10 ; Lc 9, 28-36) et évoquée par la seconde *Épître de Pierre* (1, 16-18), scène qui se situe à un moment crucial, alors que Jésus a commencé à préparer ses disciples à sa Passion et à sa mort. Il a emmené avec lui « sur une haute montagne » (selon l'*Évangile apocryphe des Hébreux*, le Mont Thabor – 562 m –, localisation reprise par toute une tradition) ses trois disciples les plus proches, Pierre, Jacques et Jean, et là, il revêt un aspect éblouissant tandis qu'on le voit s'entretenir avec Moïse et Élie, personnages de l'Ancien Testament représentatifs de la Loi et des Prophètes, et qui ont eux-mêmes été témoins de « théophanies » (voir index) dans la montagne du Sinaï. L'éclat de la divinité du Christ transparaît à travers son humanité, préfigurant son triomphe après sa Passion et sa mort, tandis qu'une voix émanant de la nuée proclame : « Celui-ci est mon Fils bien-aimé ; écoutez-le. » Les disciples ne comprendront le sens de cet événement qu'après la résurrection de Jésus, et il les confirmera dans la certitude que Jésus Christ, Fils de Dieu, est venu accomplir les promesses de Dieu présentées par l'Ancien Testament (les « Écritures ») (voir index : Montagne).

VIRGINITÉ

En Israël, la virginité est exigée de la jeune mariée (Dt 22, 13-21) ; mais rester vierge est un mal, comme la stérilité. La fille de Jephté « pleure sa virginité », puisqu'elle doit mourir avant d'avoir pu donner la vie (Jg 11, 30-40). Si Jérémie doit renoncer au mariage, sur l'ordre de Dieu, c'est pour annoncer la ruine de Jérusalem et l'exil (Jr 16, 1-4).

Paul conseille à certains le célibat : ils pourront ainsi, comme lui, chercher uniquement « à plaire au Seigneur », sans être partagé par le souci de plaire aussi à leur conjoint (1 Co 7,25-35). Ce célibat pour le Seigneur est un charisme, un don de Dieu, comme le mariage d'ailleurs (1 Co 7,7). C'est probablement le sens de la parole de Jésus sur « ceux qui se sont rendus eunuques à cause du Royaume des cieux », puisqu'il dit : « Tous ne comprennent pas ce langage, mais seulement ceux à qui c'est donné. » (Mt 19, 11-12). La virginité chrétienne annonce « le monde à venir et la résurrection », où le mariage n'aura plus de raison d'être (Lc 20, 34-36).

VOLONTÉ DE DIEU

La volonté de Dieu sur l'homme ne peut être que la vie et le salut : « Dieu veut que tous les hommes soient sauvés et parviennent à la connaissance de la vérité. » (1 Tm 2,4) Au long des siècles, Israël a appris à connaître et à faire la volonté de Dieu exprimée dans les commandements de la Loi. Grâce aux prophètes et aux sages, il a compris, surtout à travers l'épreuve de l'exil, que la volonté de Dieu, même lorsqu'elle privait son peuple de patrie et de liberté, ne visait qu'à le convertir, pour pouvoir le sauver (Is 44,21-23). Le Serviteur souffrant a réalisé parfaitement la volonté de Dieu : librement, il a donné sa vie pour justifier les multitudes (Is 53,10-12). Des psaumes chantent le désir d'accomplir la volonté de Dieu (Ps 40,9), de vivre selon sa Parole (Ps 119).

Jésus a vécu dans cette recherche permanente de la volonté de son Père qui était sa nourriture (Jn 4,34), sa raison de vivre (Jn 6,38). Pour que cette volonté soit faite « sur la terre comme au ciel » (Mt 6,10), il a guéri des infirmes, libéré des pécheurs, réconcilié des personnes avec son Père. Même devant la mort, à l'agonie, il continue de rechercher la volonté du Père et non la sienne (Mt 26,39) ; cette fidélité triomphera dans sa résurrection. Il appelle ses disciples à grandir dans la même confiance filiale envers le Père. D'abord, ne pas se contenter de belles paroles, mais faire sa volonté (Mt 7,21), comme dans la parabole des deux fils (Mt 21,28-32) ; ensuite, savoir discerner cette volonté à travers les projets et les choix de l'existence (Rm 12,2)

B. LE TEMPS DE L'ÉGLISE ;

compléments aux pages 299-514

LES CATACOMBES

(Empire Romain)

A l'époque du développement du christianisme dans l'Empire Romain, les cimetières, placés à l'extérieur des villes le long des voies d'accès, avaient déjà commencé à se doubler de galeries souterraines, du fait de leur saturation ; le tuffeau du sous-sol romain, qui durcit à l'air, s'y prêtait particulièrement bien. Le long de ces galeries, des cavités sépulcrales *(loculi)*, étagées de part et d'autre, étaient fermées par des plaques de pierre ou de terre cuite portant inscriptions et souvent motifs décoratifs symboliques. Des chambres plus vastes, souvent décorées de fresques, recevaient la sépulture de personnages de marque ou de membres de grandes familles. Les cimetières étaient souvent la propriété d'associations funéraires.

Les premiers chrétiens romains ne pouvaient songer à disposer de cimetières particuliers ; leurs sépultures se trouvaient donc mêlées aux sépultures païennes. Mais il est probable que, très vite, des familles chrétiennes aisées tinrent à assurer, en même temps que leurs sépultures personnelles, celles de coreligionnaires pauvres. Ce serait l'une des origines des cimetières chrétiens, à la jonction des IIe et IIIe siècles. On voit, à l'époque, le pape Zéphirin (199-217) confier la charge des cimetières au diacre Calixte (futur pape Calixte Ier, dont des catacombes portent le nom à Rome).

Les chrétiens, se conformant aux usages en vigueur, ornèrent souvent leurs sépultures de mosaïques ou de fresques de style pompéien, mais ils recoururent pour cela à des motifs chargés de sens pour eux (personnages de Noé, de Jonas, du Bon Pasteur... ; symboles du poisson, de la vigne, de l'ancre...), souvent mêlés aux motifs traditionnels (fleurs, ciseaux...).

L'habitude des Romains de commémorer leurs morts par des repas auprès des sépultures familiales conduisait tout naturellement les chrétiens à célébrer des agapes, et donc l'eucharistie, dans les catacombes, en particulier auprès de la tombe des martyrs (voir Culte des saints, origine).

Ils y étaient d'autant plus incités que les cimetières, lieux sacrés, étaient interdits aux forces armées. Il ne faut donc pas lier les catacombes à une pratique secrète du culte chrétien.

Quant au mot catacombes, il vient du lieu-dit *ad catacumbas*, (« près du creux »), situé sur la Voie Appienne, et formé d'une légère dénivellation, où se trouvait le seul cimetière souterrain connu au Moyen Âge ; selon la tradition, il aurait abrité un temps les restes des saints Pierre et Paul, ce pourquoi Constantin y édifia au IVe siècle une basilique (plus tard dénommée Saint-Sébastien). Lorsque les autres cimetières souterrains romains furent découverts à partir du XVIe siècle, tout naturellement on les appela aussi catacombes, terme qui s'est lui-même étendu à d'autres nécropoles souterraines beaucoup plus récentes (Paris, par exemple). Le réseau de cimetières souterrains des abords de Rome est estimé totaliser plusieurs centaines de kilomètres, dont une partie seulement est accessible au public, notamment les catacombes de Priscille, de Saint-Calixte, de Saint-Sébastien, de Domitille ou de Saint-Nérée et Saint-Achille.

PREMIÈRES REPRÉSENTATIONS SYMBOLIQUES DE LA FOI CHRÉTIENNE ET PREMIER ART CHRÉTIEN

(Empire Romain)

Les motifs décoratifs ornant les tombes et galeries chrétiennes des catacombes romaines – décorations qui constituent la première manifestation d'un art chrétien – étaient choisis de manière à symboliser la foi sans apparaître comme des défis à la religion officielle.

Ainsi du poisson, encore présent de nos jours dans la symbolique chrétienne ; dans l'antiquité païenne, il symbolisait l'eau, élément où ne peut subsister l'homme, et qu'on associait donc à l'idée de la mort ; aussi figurait-il au menu des repas funéraires auprès des tombes. Mais les chrétiens donnèrent à ce signe un tout autre sens : en grec, les lettres du mot *Icthus*, signifiant poisson, sont les initiales des cinq mots *Ièsous Christos Théou Uios Sôter* (Jésus Christ, Fils de Dieu, Sauveur) ; le poisson était ainsi le moyen de représenter le Christ, et dès lors la résurrection. Tout un ensemble d'évocations en fut d'ailleurs tiré (chrétiens, petits poissons, engendrés dans les eaux du baptême ; la foi servant au repas eucharistique un poisson délicieux, etc.).

Ainsi encore, de l'ancre marine, symbole universel de fermeté et, pour les chrétiens, celui de l'espérance indestructible comme le suggère l'*Épître aux Hébreux* (6, 19), en même temps que l'on retrouve dans sa forme celle de la croix. Le paon, dont la chair passait pour incorruptible, devenait symbole d'immortalité ; raisin, vigne, vendanges, évoquaient le vin de l'eucharistie ; la colombe tenant en son bec un rameau d'olivier, les figures de Noé, Jonas, Daniel, de l'aveugle-né... se rapportaient à une prière pour les mourants : « Toi aussi, délivre son âme, comme tu as délivré Noé du déluge, Jonas du monstre marin, Daniel de la fosse aux lions... » Tout l'art chrétien des catacombes évoque la résurrection de l'homme sauvé par le Christ.

REPRÉSENTATION DU CHRIST EN CROIX : LE CRUCIFIX

(De l'Empire Romain au XVIIe siècle)

Le mot *crucifix* dérive du latin *crucifigere*, « fixer sur une croix. » Il désigne une croix portant Jésus. Jusqu'au VIe siècle, la croix ne porte jamais l'image du Christ ; elle est alors symbole de sa victoire sur la mort plus que de son sacrifice. Lorsqu'il commence à être représenté sur la croix, c'est souvent un Christ triomphant, comme assis sur un trône, la tête entourée d'un nimbe ou d'une couronne d'honneur et non d'épines. Ultérieurement la représentation du Christ souffrant, ou mort sur la croix, se répandra et se généralisera. Jusqu'au XIIe siècle, chacun de ses membres est représenté fixé par un clou ; à partir du XIIIe siècle, un même clou fixe souvent ses deux pieds. Au XIVe siècle apparaît le titre « *INRI* » résumant l'inscription « *Iesus nazarenus rex Iudaeorum* » (Jésus de Nazareth, roi des Juifs), inscription apposée sur la croix, selon l'ordre de Pilate, comme motif de la condamnation (Jn 19, 19 et ss.). A partir du XVe siècle, le corps du Christ, au lieu de porter une courte robe, est représenté simplement ceint d'un linge (en réalité le crucifié était entièrement nu). Au XVIIe siècle apparaît la représentation du Christ les bras verticaux, un seul clou fixant parfois les deux mains. On a appelé janséniste ce type de crucifix : on supposait que la position des bras voulait signifier que le Christ ne les ouvre pas à tous les hommes mais aux seuls élus prédestinés. En fait, cette représentation est simplement conforme à la position réelle d'un supplicié sur la croix.

BRAS SÉCULIER

(Du latin *saeculum*, « siècle ».) Dans le langage ecclésiastique ancien, on désignait de la sorte la justice civile pour la distinguer de celle des tribunaux ecclésiastiques ; les mots « siècle », « séculier », désignaient ce qui se rapporte à la vie profane, à la vie du « monde », ou à ce qui est en lien avec elle (ainsi le clergé « séculier » désignait – et désigne encore souvent – le clergé qui ne relève pas des ordres monastiques, lesquels vivent retirés du « monde »).

L'Église s'interdisant l'exécution des peines capitales, les tribunaux ecclésiastiques remettaient à la justice civile, au « bras séculier », ceux qu'ils avaient condamnés à de telles peines (voir Index, Inquisition). Il y a longtemps, maintenant, que les tribunaux ecclésiastiques, lorsqu'ils jugent en matière pénale – ce qui est beaucoup plus rare qu'en matière contentieuse – prononcent des peines d'ordre exclusivement religieux (voir Index, Tribunaux ecclésiastiques, Peines canoniques).

COMMENDE

(Du Ve au XVIIIe siècle)

(Du latin *commendare*, « confier »). A partir du Ve siècle on vit confier en « commende », à des clercs séculiers et à titre provisoire, la charge d'églises, d'abbayes, d'évêchés dans l'attente de la nomination d'un nouveau titulaire. Sous l'influence du système féodal, cette pratique donna lieu à des abus qui devinrent de plus en plus habituels : les souverains et les seigneurs distribuaient, à titre de récompense, à des clercs et même à des laïcs, la jouissance des revenus attachés à tel ou tel office ecclésiastique (voir index, Bénéfices ecclésiastiques), sans que, dans bien des cas, les bénéficiaires aient même à assumer les obligations religieuses correspondantes. Ainsi se multiplièrent les « abbés commendataires » qui laissaient à un prieur la responsabilité effective de la communauté, tout en en percevant les revenus. Cette pratique, surtout répandue en France, et à laquelle la papauté s'opposa avec un succès inégal, porta un grand tort à la vie religieuse. Elle disparut avec la nationalisation des biens du clergé en 1789, source d'autres problèmes.

BÉGUINS, BÉGUINES, BÉGARDS (OU BÉGHARDS)

A partir du XIIe siècle

Les béguines (du néerlandais *beggaert*, « moine mendiant ») relèvent d'une institution originale qui voit le jour aux XIIe et XIIIe siècles dans la région comprise entre Cologne et Anvers, et qui s'étendra en divers points de l'Europe par la suite. Ce sont des femmes qui choisissent de se réunir en communautés pour y mener une vie de perfection chrétienne (prière, travail, œuvres de charité) sans pour autant prononcer de vœux ni appartenir à un ordre. Elles habitent de petites maisons groupées autour d'une église, parfois d'un hôpital où elles accueillent des malades ; les petites cités ainsi formées, parfois en pleine ville, sont appelées béguinages ; il en subsiste aujourd'hui à Bruges et à Gand.

L'HISTOIRE DES RELIGIEUSES DE VIE APOSTOLIQUE

L'une des traditions les plus constantes de l'histoire de l'Église fut **le soin des corps**. Mais comment se fait-il que les soignants du bas Moyen Âge (XIIe-XIIIe siècles) aient formé des communautés mixtes de *frères* et de *sœurs ?* Pour mieux soigner, en effet, on se regroupe en fraternités, avec un règlement de vie commun. Ainsi naquit le profil de la *« bonne-sœur »* ou du *« bon-frère »* soignants, nourris de la conviction mystique que le pauvre est un des visages de Dieu. Les ordres hospitaliers sont les ancêtres de la religieuse actuelle dite **active**, ou mieux, **de vie apostolique**.

Les grandes traditions de vie monastique contemplative se sont largement développées, très tôt, au fil des siècles. Les premières tentatives d'une vie féminine consacrée, vouée aux soins et à l'éducation, **hors du cloître**, échouèrent au contraire. Les ursulines, par exemple, (Angèle Mérici), les visitandines (Jeanne de Chantal et François de Sales), furent contraintes, par les mentalités ecclésiastiques de l'époque, d'adopter la clôture monacale. Cela signifiait du même coup regroupement en monastères et dans les grandes villes.

C'est ainsi que beaucoup de congrégations féminines éducatrices et soignantes, calquées sur le modèle monastique, existaient au moment de la Révolution française : elles seront toutes plus ou moins ravagées, à l'instar des autres monastères. Les soignantes toutefois, chassées par la grande porte, revinrent déjà sur la pointe des pieds, les pires ennemis de la religion leur reconnaissant une « utilité ».

Le XIXe siècle français est sans doute le plus original dans les annales de la vie religieuse féminine active, au point qu'on a pu parler d'un « catholicisme au féminin » et de « révolution silencieuse » tant sociale que mystique.

Plusieurs traits caractérisent ce phénomène :

1. Une surprenante croissance. On passe d'environ **10 000** religieuses au début du XIXe siècle à quelque **130 000** à l'aube du XXe siècle.

2. Elles appartiennent principalement à des congrégations **rurales**, nées de la misère des campagnes post-révolutionnaires. Les fondateurs sont souvent des curés de paroisse qui s'associent de pieuses *« filles »* du peuple.

3. Elles prennent le relais, en plusieurs cas, des « béguines » ou des « tertiaires » dites encore « bonnes sœurs de campagne » vivant au milieu des populations locales.

4. Leurs spiritualités, quoique nourries des grands courants, font feu de tout bois : l'action est première, et on puise d'une façon pragmatique à toutes les sources et ressources du moment.

5. Leur statut juridique n'est pas clair. La réaction laïque, puis anticléricale, de la fin du siècle s'explique en partie par le trop grand succès des écoles congréganistes et l'intransigeance des catholiques de l'époque. L'ensemble du personnel congréganiste français sera, de ce fait, condamné à l'émigration ou à la clandestinité de 1902 à 1940.

6. La législation ecclésiastique n'était pas plus claire : la consacrée hors cloître n'eut pas d'emblée le statut ecclésial de *religieuse*. D'où la ruse de ces femmes : le costume local se transforme peu à peu en bure, la coiffe de dentelle en voile, les règles de vie sont des copies empruntées aux moniales. Il faudra attendre l'*aggiornamento* de Vatican II pour que les religieuses abandonnent enfin maints usages jugés « désuets » par Jean XXIII et le concile Vatican II.

C'est ainsi que la seconde moitié du XXe siècle assiste à l'émergence d'**un modèle nouveau de religieuse de vie apostolique**, encore discret et peu connu.

Durant la période s'étendant du milieu du XIIIe siècle à celui du XIVe, les béguines, parmi lesquelles on compte de grandes figures spirituelles, contribuèrent à l'essor mystique qui marqua à cette époque la vie religieuse en Europe. On vit naître alors, et se multiplier, des courants très divers, souvent remarquables, parfois étranges, qui ne furent pas sans inquiéter les autorités religieuses, d'autant que les laïcs, et parmi eux par surcroît les femmes, y tenaient souvent une place très notable. Une sévère répression s'engagea à l'égard d'un certain nombre de ces courants, notamment de ceux qui professaient des théories apocalyptiques inspirées par l'œuvre de Joachim de Flore (voir index), souvent en lien avec la fraction de ceux qu'on appela les « spirituels » au sein de l'ordre franciscain (les futurs *fraticelli*). Et, par une sorte de dérive du langage, on en vint à désigner sous le nom de béguins, béguines, bégards (ou béghards), ou de fraticelli, toutes sortes de personnes considérées comme relevant d'un mysticisme suspect, sans pour autant être nécessairement membres d'un béguinage ni de l'ordre franciscain.

QU'EST-CE QUE LES BÉNÉFICES ECCLÉSIASTIQUES ?

(Du Moyen Âge au XVIIIe siècle)

Les donations ou legs en espèces, en terres ou en revenus, à des évêchés, des abbayes, des églises ou des lieux de pèlerinage, à des chapitres ou collégiales de chanoines, furent nombreux et parfois considérables tout au long du Moyen Âge, et bien au-delà. Ils étaient le fait aussi bien de modestes propriétaires que de riches seigneurs ou de souverains. Certains agissaient par pur esprit de détachement évangélique, pour le service des pauvres notamment ; d'autres, en accomplissement d'un vœu, ou en pénitence de quelque faute grave ou crime ; d'autres encore, contre la promesse de prières après leur mort, pour le salut de leur âme. Le développement du système féodal aux IXe et Xe siècles vit en outre se multiplier les cessions de terres aux puissants de l'époque (personnes ou institutions), pour prix de leur protection contre l'insécurité générale ; et, parmi ces puissants, nombreux furent les évêques ou les abbayes.

Ainsi, progressivement, des revenus, qui pouvaient être très importants – les « bénéfices ecclésiastiques » – se trouvèrent attachés à des dignités ecclésiastiques (évêques, chanoines, abbés...) ; seigneurs et rois s'efforcèrent alors de s'approprier le droit d'attribuer ces bénéfices, moyen non seulement de se faire des obligés, mais, beaucoup plus encore, d'intervenir selon leurs intérêts personnels ou politiques dans la vie même de l'Église. De cette appropriation par des autorités laïques du pouvoir d'attribution des bénéfices ecclésiastiques sont nées les questions des « investitures laïques » et de la « sécularisation de la vie religieuse » contre lesquelles devaient s'élever avec force les papes réformateurs du XIe siècle, et en particulier Grégoire VII ; leur réaction allait à son tour engendrer la longue et violente « querelle des investitures » entre papes et empereurs germaniques, conclue par la défaite de ces derniers au XIIIe siècle.

Le système des bénéfices ecclésiastiques n'allait pas disparaître pour autant. En 1516, par exemple, le concordat entre François Ier et le pape Léon X attribuait au roi de France la quasi-disposition des grands bénéfices ecclésiastiques. Sous Louis XIV, l'affaire de la « régale » (administration par le roi des biens ecclésiastiques momentanément sans titulaire ; voir Index) fut le point de départ d'une crise extrêmement grave entre le roi et le pape, qui faillit conduire au schisme de l'Église de France.

En France, c'est l'Assemblée Constituante qui mit fin aux bénéfices ecclésiastiques (et dès lors au régime de la commende) par la nationalisation des « biens du clergé », à charge pour la Nation de pourvoir aux besoins de l'Église et des activités éducatives et sociales dont celle-ci assumait la charge. On sait quelles difficultés naîtront entre l'Église et l'État à propos du respect de cet engagement, difficultés qui atteindront leur paroxysme pendant la Révolution elle-même, puis déboucheront, au début du XXe siècle, sur la séparation des Églises et de l'État (1905), par laquelle l'État rejettera cet engagement.

LE PREMIER ORDRE MENDIANT FÉMININ : LES CLARISSES

(A partir du XIIIe siècle)

Les clarisses, appelées aussi « Pauvres Dames », « Recluses de Saint-Damien », « Ordre de Sainte-Claire », « Deuxième ordre franciscain », sont fondées en 1212 par une jeune fille de dix-huit ans appartenant à la noblesse d'Assise, Claire di Offreducio (1193-1253) qui, conquise par l'idéal évangélique de son compatriote François d'Assise et ayant fait profession religieuse devant lui, se retire avec quelques compagnes dans le couvent de Saint-Damien à Assise. Il s'agit de vivre dans la plus complète pauvreté, du seul fruit du travail et de l'aumône, dans un esprit d'amour et de louange de Dieu.

Tandis que l'ordre masculin des franciscains se consacre à l'apostolat et à la prédication en plein monde, c'est retirées du monde tout en en restant solidaires, que les sœurs clarisses en prennent la charge spirituelle par leur vie de prière et de pauvreté.

L'ordre se répand rapidement : à la mort de Claire, il comptait déjà 120 monastères (dont celui de Reims, fondé dès 1220). Au XVIe siècle, il s'implante en Chine. Aujourd'hui il compte 17 000 sœurs à travers le monde – notamment en Afrique, en Amérique latine, en Inde, à Madagascar – et plus de 750 monastères (dont 52 en France). L'ordre, qui a connu dans son histoire des phases de relâchement (le plus souvent causées par l'abandon de la clôture et de la pauvreté) est toujours revenu à l'esprit des origines grâce à des réformes, telles, au XVe siècle, celle de sainte Colette de Corbie et celle des franciscains observants.

L'INQUISITION ESPAGNOLE

(Du XIIIe au XIXe siècle)

L'institution de l'Inquisition en Languedoc au XIIIe siècle (voir index, Inquisition) avait fourni une sorte de modèle judiciaire pour la répression des hérésies (répression en réalité engagée depuis le Bas-Empire sous diverses formes et par diverses autorités, civiles ou religieuses). Le nom d'Inquisition (du latin *inquisitio*, « enquête ») est dû à la forme de procédure mise en œuvre par ce type de tribunaux ; ce nom sera appliqué à diverses instances de répression des hérésies, créées à l'initiative soit de l'Église, soit des pouvoirs publics.

Celle de ces institutions qui a laissé le souvenir le plus marquant, ne serait-ce que par sa longévité, est l'Inquisition espagnole, ou Saint-Office (à ne pas confondre avec la congrégation romaine du même nom) ; elle fut établie en 1478 par le pape Sixte IV à la demande des souverains espagnols Ferdinand et Isabelle, les « Rois catholiques » ; il s'agissait, à l'origine, de s'assurer de la sincérité des juifs convertis au christianisme (*conversos, marrans* ou *Marranes*) et des Maures convertis *(morisques)*. C'est qu'à l'époque, la grande entreprise de la reconquête de l'Espagne sur les Maures *(Reconquista)*, engagée à partir du XIe siècle, était près d'atteindre son but sous la conduite des Rois catholiques (elle s'achèvera en 1492 par la prise de Grenade), et les souverains espagnols entendaient faire de l'unité de la foi le ciment d'une unité nationale encore très fragile ; ce faisant, il s'agissait, dans leur esprit, d'assurer le salut de l'ensemble de leurs sujets. Ferdinand et Isabelle obtinrent du pape le pouvoir de nomination des juges, par une délégation qui fera pratiquement de l'Inquisition un tribunal d'État autant qu'un tribunal d'Église. Et, tandis que les précédents tribunaux d'Inquisition relevaient du Saint-Siège, ceux qui furent ainsi mis en place se trouvèrent placés sous le contrôle d'un Conseil de la Suprême et Générale Inquisition (couramment appelé la « Suprême), présidé par le Grand Inquisiteur d'Espagne.

Le plus célèbre Grand Inquisiteur d'Espagne devait être, de 1483 à 1497, le dominicain Tomas de Torquemada, véritable organisateur de l'Inquisition dans son pays. Sans doute en réprima-t-il de nombreux abus et lui apporta-t-il divers adoucissements ; mais il ne s'en acquit pas moins une réputation d'extrême rigueur. Victor Hugo en a fait le personnage central d'un drame *(Ruy Blas)* qui a peu de rapports avec la réalité historique.

Les *conversos* restés secrètement attachés au judaïsme furent poursuivies avec ténacité. Finalement, en mars 1492, trois mois après l'achèvement de la *Reconquista* avec la prise de Grenade, et quelques mois avant la découverte de l'Amérique par Christophe Colomb pour le compte de Ferdinand et Isabelle, ceux-ci prirent la décision de mettre les juifs de leur pays devant le choix entre le baptême (et une conversion sincère) ou l'exil. Il y aurait eu 200 000 départs, et cela dans des conditions déplorables. Quant aux juifs qui optèrent pour le baptême, devenus ainsi des *conversos*, l'Inquisition allait leur porter une toute spéciale attention.

Puis vint le tour des Maures, trente-trois ans après la reconquête espagnole du royaume de Grenade. Durant ce tiers de siècle, un semblant de liberté religieuse leur avait été accordé, mais on exerçait sur eux des pressions multiples (quoiqu'avec un succès mitigé) pour obtenir leur conversion. Pour les mêmes raisons que celles qui avaient conduit à l'expulsion des juifs en 1492, les Maures furent mis en 1525, sous le règne de Charles Quint, devant le choix entre le baptême ou l'exil ; la majorité opta pour le baptême, venant ainsi grossir la population des morisques (Maures convertis), étroitement surveillée par l'Inquisition, encore que de manière moins rigoureuse qu'il n'en avait été avec les juifs. Tracasseries et confiscations n'en continuèrent pas moins à être appliquées aux morisques, dans l'espoir d'obtenir d'eux une adhésion effective au christianisme.

Si bien qu'en 1569, sous Philippe II, ils se révoltèrent. La répression se traduisit notamment par de nombreuses condamnations au bûcher ou aux galères, et des confiscations. Finalement, en 1609, un édit royal contraignit à l'exil quelque 300 000 morisques, qui gagnèrent presque tous le Maghreb ; leur départ causa un grave préjudice à l'économie espagnole, dopée il est vrai par l'or et l'argent d'Amérique.

CORRESPONDANCES ENTRE CALENDRIER MUSULMAN ET CALENDRIER GRÉGORIEN

ANNÉES DU CALENDRIER GÉORGIEN	ANNÉE DE L'HÉGIRE	JOUR DE L'AN (1 Mouharam)	ACHOURA (10 Mouharam)	MOULOUD (12 Rabi)	MI'RADJ (27 Rajab)	DÉBUT DU JEÛNE (1 Ramadan)	LEILAT ET KDAR (Descente du Coran) (27 Ramadan)	FIN DU JEÛNE (1 Choual)	AID EL KEBIR (Fête du sacrifice) (10 Dhul-Hidj)
1990-1991	1411	24.7.1990	2.8.1990	2.10.1990	12.2.1991	18.3.1991	13.4.1991	16.4.1991	23.6.1991
1991-1992	1412	13.7.1991	22.7.1991	21.9.1991	1.2.1992	6.3.1992	1.4.1992	4.4.1992	11.6.1992
1992-1993	1413	2.7.1992	11.7.1992	10.9.1992	21.1.1993	24.2.1993	22.3.1993	25.3.1993	1.6.1993
1993-1994	1414	21.6.1993	30.6.1993	30.8.1993	10.1.1994	13.2.1994	11.3.1994	14.3.1994	21.5.1994
1994-1995	1415	10.6.1994	19.6.1994	19.8.1994	30.12.1994	2.2.1995	28.2.1995	3.3.1995	10.5.1995
1995-1996	1416	31.5.1995	9.6.1995	9.8.1995	20.12.1995	23.1.1996	18.2.1996	21.2.1996	29.4.1996
1996-1997	1417	19.5.1996	28.5.1996	28.7.1996	8.12.1996	11.1.1997	6.2.1997	9.2.1997	18.4.1997
1997-1998	1418	9.5.1997	18.5.1997	18.7.1997	28.11.1997	1.1.1998	27.1.1998	30.1.1998	8.4.1998
1998-1999	1419	28.4.1998	7.5.1998	7.7.1998	17.11.1998	21.12.1998	16.1.1999	19.1.1999	28.3.1999
1999-2000	1420	17.4.1999	26.4.1999	26.6.1999	6.11.1999	10.12.1999	5.1.2000	8.1.2000	16.3.2000
2000-2001	1421	6.4.2000	15.4.2000	15.6.2000	26.10.2000	21.11.2000	25.12.2000	28.12.2000	6.3.2001

CORRESPONDANCES ENTRE CALENDRIER JUIF ET CALENDRIER GRÉGORIEN

ANNÉES DU CALENDRIER GÉORGIEN	ANNÉES JUIVES	ROCH HACHANA (Nouvel An) (1 Tishri)	YOM KIPPOUR (Expiations) (10 Tishri)	SOUKKOTH (Tabernacles) (15 Tishri)	SIMA THORA (22 Tishri)	HANOUKKA (Dédicace) (25 Kisleu)	POURIM (Les Serts) (15 Adar)	PESSAH (Pâque) (15 Nisan)	CHAVOUOTH (Pentecôte) (6 Sivan)	TISHA-BEA
1992-1993	5753	28.9.1992	7.10.1992	12.10.1992	20.10.1992	20.10.1992	7.3.1993	6.4.1993	26.5.1993	27.7.1993
1993-1994	5754	16.9.1993	25.9.1993	30.9.1993	8.10.1993	9.12.1993	25.2.1994	27.2.1994	16.5.1994	17.7.1994
1994-1995	5755	6.9.1994	15.9.1994	20.9.1994	28.9.1994	28.11.1994	16.3.1995	15.4.1995	4.6.1995	6.8.1995
1995-1996	5756	25.9.1995	4.10.1995	9.10.1995	17.10.1995	18.2.1995	5.3.1996	4.4.1996	24.5.1996	25.7.1996
1996-1997	5757	14.9.1996	23.9.1996	28.9.1996	6.10.1996	6.12.1996	23.3.1997	22.4.1997	11.6.1997	12.8.1997
1997-1998	5758	2.10.1997	11.10.1997	16.10.1997	24.10.1997	24.12.1997	12.3.1998	11.4.1998	31.5.1998	2.8.1998
1998-1999	5759	21.9.1998	30.9.1998	5.10.1998	13.10.1998	14.12.1998	2.3.1999	1.4.1999	21.5.1999	22.7.1999
1999-2000	5760	11.9.1999	20.9.1999	25.9.1999	3.10.1999	4.12.1999	12.3.2000	20.4.2000	9.6.2000	10.6.2000
2000	5761	30.9.2000	9.10.2000	14.10.2000	22.10.2000	22.12.2000				

CALENDRIER LITURGIQUE OCCIDENTAL SELON LE COMPUT ROMAIN-GRÉGORIEN

NOUVEL AN	ANNÉE	MERCREDI DES CENDRES	DIMANCHE DE PÂQUES	JEUDI DE L'ASCENSION	DIMANCHE DE PENTECÔTE	1er DIMANCHE DE L'AVENT	NOËL
1.1.	1991	13.2.1991	31.3.1991	9.5.1991	19.5.1991	1.12.1991	25.12
1.1.	1992	4.3.1992	19.4.1992	28.5.1992	7.6.1992	29.11.1992	"
1.1.	1993	24.2.1993	11.4.1993	20.5.1993	30.5.1993	28.11.1993	"
1.1.	1994	16.2.1994	3.4.1994	12.5.1994	22.5.1994	27.11.1994	"
1.1.	1995	1.3.1995	16.4.1995	25.5.1995	4.6.1995	3.12.1995	"
1.1.	1996	21.2.1996	7.4.1996	16.5.1996	26.5.1996	1.12.1996	"
1.1.	1997	12.2.1997	30.3.1997	8.5.1997	18.5.1997	30.11.1997	"
1.1.	1998	25.2.1998	12.4.1998	21.5.1998	31.5.1998	29.11.1998	"
1.1.	1999	17.2.1999	4.4.1999	13.5.1999	23.5.1999	28.11.1999	"
1.1.	2000	8.3.2000	23.4.2000	1.6.2000	11.6.2000	3.12.2000	"

CALENDRIER LITURGIQUE ORIENTAL SELON LE COMPUT ALEXANDRIN-JULIEN
(transposé en dates grégoriennes)

NOUVEL AN	ANNÉE	DIMANCHE DU PHARISIEN	LUNDI DU CARÊME	DIMANCHE DE PÂQUES	JEUDI DE L'ASCENSION	DIMANCHE DE PENTECÔTE	NOËL
1.1.	1991	27.1.1991	18.2.1991	7.4.1991	16.5.1991	26.5.1991	25.12
1.1.	1992	16.2.1992	9.3.1992	26.4.1992	4.6.1992	14.6.1992	"
1.1.	1993	7.2.1993	1.3.1993	18.4.1993	27.5.1993	6.6.1993	"
1.1.	1994	20.2.1994	14.3.1994	1.5.1994	9.6.1994	19.6.1994	"
1.1.	1995	12.2.1995	6.3.1995	23.4.1995	1.6.1995	11.6.1995	"
1.1.	1996	4.2.1996	26.2.1996	14.4.1996	23.5.1996	2.6.1996	"
1.1.	1997	16.2.1997	10.3.1997	27.4.1997	5.6.1997	15.6.1997	"
1.1.	1998	8.2.1998	2.3.1998	19.4.1998	28.5.1998	7.6.1998	"
1.1.	1999	31.1.1999	22.2.1999	11.4.1999	20.5.1999	30.5.1999	"
1.1.	2000	20.2.2000	13.2.2000	30.42000	8.6.2000	18.6.2000	"

L'Inquisition espagnole devait rapidement appliquer sa vigilance à tous les cas réels ou suspectés d'hérésie, d'illuminisme, de sorcellerie. Pour la petite histoire, on notera qu'au XVIe siècle elle suscita même quelques difficultés au jeune Ignace de Loyola ainsi qu'à Thérèse d'Avila, finalement reconnus exempts de tout reproche. Elle réprima impitoyablement et avec succès les quelques manifestations du protestantisme en Espagne, mais elle ne connut pas le même succès aux Pays-Bas. Sa juridiction s'était en effet progressivement étendue à toutes les possessions espagnoles d'Europe et d'Amérique.

L'inquisition espagnole dura, avec des fortunes diverses, jusqu'en 1834.

L'ART BAROQUE ET LA RÉFORME CATHOLIQUE

(De la fin du XVIe siècle au XVIIIe siècle)

La Réforme catholique, ou Contre-Réforme, mouvement méthodique de reconquête et d'affermissement des esprits aux XVIe et XVIIIe siècles face à l'expansion du protestantisme, se caractérise par un effort pédagogique mettant en œuvre toutes les ressources alors disponibles : prédication, littérature, missions populaires, catéchèse, liturgie, séminaires, collèges, universités, controverse théologique, etc.

L'art, puissant « media » auquel la foi chrétienne n'avait cessé de recourir depuis les origines, ne pouvait être oublié. Tandis que la Réforme protestante inspirera un art de caractère plus intérieur (peinture, musique), la Réforme catholique s'exprimera par des moyens plus spectaculaires et d'esprit moins intimiste : l'architecture, la sculpture, et une peinture de style très différent de celui de l'école hollandaise, par exemple. C'est l'origine de l'art baroque.

Celui-ci, né en Italie à la fin du XVIe siècle, s'enracine dans l'art de la Renaissance, qui a connu dans ce pays un prodigieux épanouissement. Tout en conservant le propos humaniste, esthétique et optimiste de la Renaissance, il se donne une visée délibérément didactique : il s'agit de populariser la théologie du concile de Trente, de diffuser et rendre accessibles ses prises de position en réponse aux doctrines protestantes. Dans l'église baroque, tout est conçu pour impressionner le fidèle, le convaincre de la grandeur et de la vérité des doctrines enseignées par l'Église, lui communiquer le sentiment d'une foi vivante, pour ne pas dire exubérante, et en tout cas omniprésente. L'architecture est volontiers théâtrale ; l'héritage reçu de la Renaissance est intensément animé par des mouvements de courbes, de contre-courbes, de torsions, de libre fantaisie ; tableaux, sculptures, plafonds peints occupent toutes les surfaces disponibles ; le mobilier est d'une extrême richesse ornementale.

Par sa majesté, sa solennité, l'art baroque se veut louange publique et communicative de Dieu. L'importance donnée à l'autel, et au décor qui l'encadre, souligne le caractère central du sacrifice du Christ dans l'histoire du salut de l'homme, et son actualisation permanente dans la célébration eucharistique. La doctrine catholique des sacrements comme moyens de salut est rendue présente par les tables de communion et les confessionnaux ; le culte de la Vierge et des saints est partout à l'honneur dans les tableaux, les vitraux, les sculptures, les autels de dévotion ; le déploiement et la solennité du chœur, et même de la sacristie, mettent en relief le caractère spécifique du sacerdoce, etc.

Parmi les grands noms qui illustrent l'art baroque, deux ressortent peut-être avec plus d'éclat : le peintre Rubens (1577-1640), le sculpteur et architecte Bernini (le Cavalier Bernin, 1598-1680).

Au-delà de Rome, point de départ de l'architecture baroque (l'église jésuite du Gesù, 1584, en est souvent considérée comme le prototype), et centre permanent de son rayonnement, le nouvel art trouvera un terrain privilégié dans les territoires sous l'influence politique de la maison des Habsbourg, bastion du catholicisme face au déferlement protestant (Autriche, Bohême, Hongrie, Espagne, Portugal, Italie non pontificale, Pays-Bas espagnols – c'est-à-dire actuelle Belgique –, colonies d'Amérique latine, ainsi que des régions voisines : principautés catholiques allemandes, cantons catholiques suisses, Pologne...).

La France, certes catholique, mais gallicane et par surcroît volontiers raisonneuse, n'accueillera l'art baroque que sous bénéfice d'inventaire. Elle en refroidira les ardeurs, la fantaisie, la spontanéité, qui caractérisent le baroque habsbourgeois, pour en faire l'art français des XVIIe et XVIIIe siècles, tout de mesure et d'équilibre, sans exclure cependant, au XVIIIe, les charmes un peu mièvres du style rocaille ou rococo.

VŒU DE LOUIS XIII

(XVIIe siècle)

Au début de la phase française de la Guerre de Trente Ans (1635-1648), les armées françaises connaissent de multiples revers qui font courir un grand péril au pays. Après la prise de Corbie par les troupes combattant pour la maison d'Autriche contre la France, Louis XIII voue le royaume à la Vierge. Le 15 février 1638, après une série de victoires françaises qui ont rétabli la situation du pays, Louis XIII renouvelle son vœu ; il décide d'édifier un nouveau maître-autel dans la cathédrale Notre-Dame de Paris, et de célébrer chaque année la fête de l'Assomption, le 15 août, par des processions dans les villes et bourgades de France. La tradition de ces processions est encore en vigueur en de nombreuses localités comme une des formes de célébration de l'Assomption de la Vierge.

SOUS LA TERREUR : LES PONTONS DE ROCHEFORT

(XVIIIe siècle)

Les décrets de la Convention pris en 1793 contre les prêtres ayant refusé le serment à la Constitution civile du clergé conduisirent en déportation plusieurs milliers de ceux qui n'étaient pas partis en exil. Parmi ces déportés, 829 restèrent entassés, dans des conditions effroyables, de mars-juillet 1794 à février-mars 1795, dans deux navires négriers qui ne purent quitter Rochefort pour Cayenne en raison du blocus anglais. Par suite des mauvais traitements endurés, 547 prêtres, soit les deux-tiers, périrent en moins d'un an, les rescapés étant libérés en 1795. Des « Résolutions » rédigées par les détenus à bord du navire « Les deux associés » témoignent de leur esprit de pardon et de réconciliation. Un pèlerinage célèbre chaque année la mémoire des « martyrs des pontons de Rochefort » et leur sens chrétien du pardon.

LAÏCITÉ ET RELATIONS ENTRE L'ÉTAT ET LES « CULTES »

(XXe siècle)

La loi de séparation des Églises et de l'État de 1905 fut votée à une époque où les départements du Bas-Rhin, du Haut-Rhin et de la Moselle se trouvaient annexés par l'Empire allemand depuis la défaite française de 1870. Dans cette région, l'Allemagne maintint toujours en vigueur les dispositions du concordat de 1801 entre le Saint-Siège et le gouvernement français. Il en fut de même pendant l'annexion allemande de 1940 à 1945. Lors du retour à la France de ces trois départements, en 1918 et en 1945, le pouvoir politique français respecta le souhait des populations de cette région et continua d'appliquer le concordat (en même temps d'ailleurs que, en divers autres domaines, un ensemble de dispositions légales ou réglementaires qui donnent à ces départements, à beaucoup d'égards, un statut particulier).

Le 12 septembre 1990, devant les parlementaires et les autorités religieuses (catholiques, protestantes, juives) du Bas-Rhin, du Haut-Rhin et de la Moselle, réunis à la préfecture de Strasbourg, Pierre Joxe, alors ministre de l'Intérieur (et donc des cultes), évoquant la loi de séparation des Églises et de l'État de 1905 et les relations entre l'État et les cultes, déclara notamment :

« Cette loi, tout en précisant que la République "ne reconnaît ni ne salarie aucun culte", ne veut pas créer un vide juridique ou mettre les cultes hors la loi ; elle organise au contraire leur liberté, la non-reconnaissance ne signifiant pas l'ignorance ni l'absence de relations et de collaboration entre autorités civiles et institutions religieuses, mais délimitation des domaines propres à chacun. Ceci a laissé aux différents cultes de larges possibilités d'action dans la société civile. Le gouvernement tient à ce que les autorités spirituelles et morales que sont les responsables religieux de ce pays fassent entendre leurs voix sur les problèmes de notre temps et contribuent au rayonnement de notre pays en maintenant vivantes les valeurs qui ont fait la France ; c'est ainsi qu'ils sont membres du Comité national d'éthique chargé de faire des propositions sur des questions entièrement nouvelles, touchant au respect de la vie et à la recherche médicale. On s'aperçoit que ceux qui doivent dire le droit ont besoin d'être un peu philosophes et de s'entourer. »

L'AFFAIRE DU CARMEL D'AUSCHWITZ

(XXe siècle)

« Le camp d'Auschwitz-Birkenau fut le plus grand centre du génocide hitlérien ; quatre millions de personnes y furent assassinées : des gens de diverses convictions politiques et religieuses, des résistants, des habitants des villes et des campagnes, des prisonniers de guerre et des civils, des hommes, des femmes et des enfants, des ressortissants de 24 États.

Les premiers détenus, des Polonais, arrivèrent à Auschwitz le 14 juin 1940. Destiné d'abord aux prisonniers politiques polonais, le camp devint vite international et, dès 1941, la Gestapo commença à y envoyer des Tchèques, des Slovaques, des Russes, des Yougoslaves, des Autrichiens, puis des Français, des Belges, des Néerlandais, des Tziganes, des Israéliens, des Hongrois, des Norvégiens, des Anglais, des Américains, des Bulgares, des Allemands adversaires du IIIe Reich, ainsi que des juifs en quantité énorme (1 433 000 y seront assassinés). »

Ces mots, écrits par le gouvernement polonais (6 juin 1978), avaient pour but de demander l'inscription des camps d'Auschwitz I, II (Birkenau), et III (Minowitz) au patrimoine mondial de l'humanité, ce que la Conférence générale de l'UNESCO accordait le 16 novembre 1982.

En principe, cette inscription comporte un engagement de maintenir les lieux en l'état, et place leur conservation sous la responsabilité de l'humanité tout entière. Une zone de silence et de protection (de 300 à 1 000 mètres) autour du camp était même prévue.

Cependant, peu après, avec l'accord du gouvernement polonais, il fut décidé de construire un carmel à Auschwitz, dans le bâtiment dit du « Vieux Théâtre » (là où était entreposé le zyclon, le gaz mortel, et les affaires des gazés). Cette construction, réalisée en hommage à la carmélite Édith Stein morte à Auschwitz, et élevée non loin de l'endroit où était mort Maxilien Kolbe, se voulait un centre de prière pour la paix. Monseigneur Marcharski : évêque de Cracovie, dans une lettre du 20 mars 1984, faisait part à son diocèse de la vocation du carmel : « Les sœurs vont vivre en actes de prière et d'offrande pour satisfaire à Dieu pour les crimes d'Auschwitz. »

La nouvelle de cette construction ne fut connue en Europe Occidentale qu'à partir de 1985. Les milieux juifs – et certains chrétiens – se dirent bouleversés de l'incompréhension de la signification symbolique d'Auschwitz... « Est-il véritablement décent de prétendre proclamer la victoire du Christ là même où, en terre chrétienne, s'est accompli ce qui s'y est accompli ? » (Professeur Edy Steg, président de l'Alliance israélite universelle, 17 avril 1986).

A la suite d'un échange entre Mr Théo Klein, président du Conseil représentatif des institutions juives de France (CRIF), et le cardinal Lustiger, une rencontre « de bonne volonté » se tint à Genève. Aux termes de l'accord qui y fut signé (une première dans les relations entre juifs et chrétiens), les sites isolés d'Auschwitz et Birkenau étaient reconnus comme les lieux symboliques de la « solution finale » au nom de laquelle les nazis avaient procédé à l'extermination (shoah) de six millions de juifs, dont un million et demi d'enfants, seulement parce qu'ils étaient Juifs.

Le 22 février 1987, une nouvelle rencontre eut lieu à Genève. Les deux délégations y déclarèrent ensemble : « Il n'y aura pas de lieu de culte catholique sur les territoires d'Auschwitz-Birkenau. Chacun pourra s'y recueillir selon son cœur, sa religion, sa foi. » Le 6 septembre 1989, le Saint-Siège apportait son soutien officiel à la construction – ailleurs – d'un carmel qui serait le cœur d'un centre d'information, de rencontre, de dialogue, de prière.

Le 18 février 1990, le cardinal Marcharski posa la première pierre de ce centre.

Le 14 juillet 1991, le nouveau supérieur général des carmes écrivait à Théo Klein : « Au seuil de mon mandat comme préposé (supérieur) général des carmes déchaussés, je vous exprime mon regret pour le manque de compréhension et de respect dus à la mémoire juive qui a pu être manifesté par des membres de la famille du carmel. J'ai pris les décisions qui convenaient pour faciliter le plus possible le transfert des sœurs [...] le Vieux Théâtre deviendra alors silencieux comme le camp [...]. Je pense raisonnable de prévoir que les sœurs seront installées dans leur monastère pour le mois d'octobre 1992. »

LE CAS DE MGR MARCEL LEFEBVRE

Né en 1905, ordonné prêtre en 1929 dans la Congrégation missionnaire du Saint-Esprit, Marcel Lefebvre est ordonné évêque en 1947 et nommé vicaire apostolique de Dakar. Lorsque l'Église du Sénégal, jusqu'alors pays de mission, reçoit le statut d'Église à part entière avec sa hiérarchie, il est le premier archevêque de Dakar. En 1962, conformément à la politique suivie de longue date par Rome vis-à-vis des jeunes Églises, un archevêque africain est nommé par Paul VI au siège de Dakar. Mgr Lefebvre reçoit alors le siège épiscopal de Tulle ; de 1962 à 1965, il siège au concile Vatican II comme tous les évêques du monde ; il y entre bientôt en contestation avec les orientations de la majorité conciliaire (voir plus loin).

En 1970, ayant démissionné du siège de Tulle, il fonde à Écône (Valais suisse) un séminaire d'esprit traditionaliste, avec un agrément provisoire du Saint-Siège, non renouvelé six ans plus tard. Malgré l'interdiction romaine, il ordonne 13 prêtres en 1976. Frappé de « suspense », c'est-à-dire privé de tous pouvoirs sacerdotaux et épiscopaux, il n'en continue pas moins de procéder annuellement à de nouvelles ordinations.

Avec l'élection de Jean-Paul II en 1978, il espère un changement de Rome à son égard ; l'entretien qu'il obtient du nouveau pape ne modifie cependant pas les positions en présence.

En 1979, Mgr Lefebvre fonde la Fraternité Saint-Pie X, qui prend en charge le séminaire d'Écône et ceux de même esprit fondés en divers pays sans plus d'agrément de Rome. Des districts (à compétence nationale), des prieurés (équipes sacerdotales), des monastères masculins et féminins, des écoles sont créés. En France, les églises paroissiales Saint-Nicolas-du-Chardonnet à Paris (1977), et Saint-Louis-de-Port-Marly dans les Yvelines (1986) sont occupées de vive force par les partisans et le clergé de Mgr Lefebvre, qui refusent de se plier aux décisions judiciaires prises dès lors à leur encontre.

En 1983, âgé de 78 ans, Mgr Lefebvre se retire de la direction de la Fraternité, qu'il laisse au père Schmidberger (Allemagne), tout en restant l'inspirateur du mouvement. Mais, compte tenu de son âge, l'avenir de son mouvement lui apparaît lié à la possibilité de continuer à ordonner des prêtres, et donc de disposer très vite d'évêques en plus de lui-même : la menace du schisme se dessine.

En 1984, tenant compte de l'attachement d'une fraction du monde catholique à la liturgie en vigueur jusqu'au Concile, attachement qui a pu favoriser des ralliements au mouvement de Mgr Lefebvre, Rome accorde sous certaines conditions (notamment l'accord de l'évêque local) la possibilité de célébrer l'eucharistie selon le rite de Saint Pie V.

En 1986, Mgr Lefebvre dénonce le scandale « sans mesure et sans précédent » de la visite de Jean-Paul II à la synagogue de Rome ; en 1987, il condamne avec plus de véhémence ▶

D'APRÈS MONSEIGNEUR LEFEBVRE

« ... C'est pour garder intacte la loi de notre baptême que nous avons dû nous opposer à l'esprit de Vatican II et aux réformes qu'il a inspirées.

Le faux œcuménisme, qui est à l'origine de toutes les innovations du Concile, dans la liturgie, dans les relations nouvelles de l'Église et du monde, dans la conception de l'Église elle-même, conduit l'Église à sa ruine et les catholiques à l'apostasie.

Radicalement opposés à cette destruction de notre foi, et résolus à demeurer dans la doctrine et la discipline traditionnelles de l'Église, spécialement en ce qui concerne la formation sacerdotale et la vie religieuse, nous éprouvons la nécessité absolue d'avoir des autorités ecclésiastiques qui épousent nos préoccupations et nous aident à nous prémunir contre l'esprit de Vatican II et l'esprit d'Assise... »

Lettre du 2 juin 1988 au Pape

D'APRÈS JEAN-PAUL II

« ... 4. A la racine de cet acte schismatique, on trouve une notion incomplète et contradictoire de la Tradition. Incomplète parce qu'elle ne tient pas suffisamment compte du caractère vivant de la Tradition qui, comme l'a enseigné clairement le concile Vatican II, « tire son origine des apôtres, se poursuit dans l'Église sous l'assistance de l'Esprit Saint : en effet, la perception des choses aussi bien que des paroles transmises s'accroît, soit par la contemplation et l'étude des croyants qui les méditent en leur cœur, soit par l'intelligence intérieure qu'ils éprouvent des choses spirituelles, soit par la prédication de ceux qui, avec la succession épiscopale, reçurent un charisme certain de vérité ».

Mais c'est surtout une notion de la Tradition, qui s'oppose au Magistère universel de l'Église lequel appartient à l'évêque de Rome et au corps des évêques, qui est contradictoire. Personne ne peut rester fidèle à la Tradition en rompant le lien ecclésial avec celui à qui le Christ, en la personne de l'apôtre Pierre, a confié le ministère de l'unité dans son Église... »

Motu Proprio « Ecclesia Dei adflicta »
2 juillet 1988

LE DROIT D'ASILE DANS LES ÉGLISES

Les représentants de la force publique ont-ils le droit d'entrer armés dans une église ? Ont-ils le droit d'y poursuivre quelqu'un ? Le responsable d'un lieu d'Église doit-il accepter qu'une personne poursuivie trouve refuge dans ses locaux ? Doit-il éventuellement dénoncer, voir requérir la force publique contre elle ?

Le droit de l'Église – le droit canon de 1983 – est muet à ce sujet, alors que le précédent Code stipulait à propos des églises : « Celui qui s'y est réfugié n'en peut être retiré de force, à moins d'urgente nécessité, sans l'assentiment de l'ordinaire ou, du moins, du recteur » (C.1179).

Le droit français distingue, à propos de l'intervention des forces de l'ordre dans les églises, deux cas.

• Pour le droit, le desservant dûment désigné par l'autorité religieuse compétente est, chargé du bon ordre et de la sécurité dans son église (cf. Conseil d'État 3/5/1918) ; il peut, s'il l'estime nécessaire, faire intervenir la police, faire déclarer illégitime une occupation des lieux.

• Mais les forces de l'ordre peuvent aussi intervenir spontanément avec les mêmes procédures que pour pénétrer dans tout autre établissement public.

« Les réunions, pour la célébration d'un culte, tenues dans des locaux appartenant à une association cultuelle ou mis à sa disposition sont publiques... » (elles sont placées sous la surveillance des autorités, dans l'intérêt de l'ordre public et selon l'article 25 de la loi concernant la séparation de l'Église et de l'État).

En particulier : « Les pouvoirs publics doivent veiller à ce que les églises ne soient pas utilisées à des fins manifestement contraires à leur finalité [...], ce qui est notamment le cas lorsque celles-ci abritent des manifestants de toute nature : grévistes de la faim, immigrés en situation irrégulière, prostituées, etc. (*Rev. pol. nat.* N° 107 1978-2 p. 30) »

La coutume restreint le droit d'intervention en recommandant que l'action de la force publique ne trouble pas le déroulement des offices (cf. art. 35 de la loi de séparation de l'Église et de l'État), et que, autant que faire se peut, l'appréhension d'un auteur présumé d'une infraction, même flagrante, soit évitée dans un lieu de culte ; enfin, les prêtres étant tenus au secret professionnel, les perquisitions chez eux devraient s'entourer de précautions d'usage.

Si l'examen des textes montre que le droit d'asile n'existe pas juridiquement, il n'empêche que, périodiquement, des personnes poursuivies par les forces de l'ordre ou la justice demandent refuge dans un lieu d'Église.

L'Évangile et la tradition pousseront toujours les personnes poursuivies à se tourner vers les hommes d'Église, et ceux-ci à prendre la responsabilité de les accueillir : « N'oubliez pas l'hospitalité, car grâce à elle certains, sans le savoir, ont accueilli des anges. Souvenez-vous de ceux qui sont en prison comme si vous étiez prisonniers avec eux, de ceux qui sont maltraités puisque vous aussi vous avez un corps. » (He 13, 2-3)

Donner asile s'impose aux chrétiens quand, en l'absence d'État de droit (même si cette absence est momentanée et due à la passion d'un instant), la vie d'un homme est en danger. Donner asile s'impose aussi quand un délai est nécessaire pour que soient respectées la présomption d'innocence et la prééminence de la personne sur toute raison d'État : en ce cas, l'asile a pour but de permettre une confrontation « dépassionnée » selon le droit.

Par contre, il serait contraire à la tradition de donner asile si celui-ci n'est recherché que comme un répit pour reprendre la violence, ou comme une manière de se soustraire à l'État de droit et d'être impuni. Il serait aussi contraire à la tradition d'accueillir des demandeurs d'asile qui resteraient armés.

▶ encore la rencontre d'Assise qui, à l'initiative du pape, a réuni les représentants des grandes religions pour une prière simultanée en faveur de la paix.

En 1988 de laborieux pourparlers aboutissent à un accord avec le Vatican, que Mgr Lefebvre signe, puis rejette dès le lendemain. Une ultime proposition du cardinal Ratzinger au nom du pape est à son tour écartée. Devant la décision de Mgr Lefebvre d'ordonner quatre évêques, Rome rappelle qu'en vertu du droit canonique un tel acte entraînerait ipso facto l'excommunication.

Le 30 juin 1988, Mgr Lefebvre passe outre ; le schisme est consommé ; le 2 juillet il est constaté avec amertume par le Motu proprio *Ecclesia Dei adflicta* de Jean-Paul II.

Mgr Lefebvre devait décéder en 1991.

Parmi les raisons du schisme

1. La question de la liberté religieuse

Le concile Vatican II, tout en insistant sur l'obligation pour tous de chercher la vérité et de s'y conformer, et en affirmant que l'Église catholique demeure dans cette vérité, déclare que celle-ci doit s'imposer par elle-même et non par quelque contrainte extérieure que ce soit. En conséquence Vatican II proclame le droit à la liberté de conscience et de religion (que Jean-Paul II rappelle sans cesse à l'adresse des régimes professant l'athéisme), liberté que suppose l'acte de foi lui-même, adhésion libre. Pour Mgr Lefebvre, qui en appelle aux « droits de la vérité », reconnaître la liberté de religion c'est mettre sur le même pied la vérité et l'erreur. C'est pourquoi il n'a pas voté la déclaration de Vatican II sur la liberté religieuse.

2. L'œcuménisme

C'est pour des raisons analogues qu'il n'a pas d'avantage voté le décret conciliaire sur l'œcuménisme, ni la déclaration sur les religions non-chrétiennes : selon lui, la démarche œcuménique ne peut se faire qu'en renonçant aux données de la foi catholique, ou en se livrant à un syncrétisme qui l'altère.

3. La messe

Bien au-delà de la question du latin, qui a cristallisé un temps l'opposition des partisans de Mgr Lefebvre aux orientations conciliaires, ce que celui-ci met en cause, c'est le rite institué par Paul IV (qui peut d'ailleurs être célébré en latin) ; pour Mgr Lefebvre, ce rite est hérétique : « A messe nouvelle correspondent catéchisme nouveau, sacerdoce nouveau, Église charismatique, Pentecôtisme, toutes choses opposées à l'orthodoxie et au magistère de toujours » (22.11.1974).

4. L'autorité du pape dans l'Église et des évêques dans leur diocèse

Mgr Lefebvre déclare qu'il ne refuse pas d'être soumis au Souverain Pontife, mais que « le scandale qui existe, c'est la destruction de l'Église, et non ce qu'il fait » (réponse au cardinal Seper, préfet de la Congrégation de la Doctrine de la Foi, 11.1.1979). Car pour lui, la Tradition, c'est-à-dire la volonté de Dieu, est foulée aux pieds par le reste de l'Église devenue « moderniste ».

NOUVELLE-CALÉDONIE : LES GRANDES DATES DE L'ÉGLISE CATHOLIQUE

1843. **Première messe**, le 25 décembre, à Mahamate, Balade, avec Mgr Douarre et les premiers missionnaires maristes.

1847. Destruction de la mission (mort du **Frère Blaise** Marmoiton, le 18 juillet) ; départ des missionnaires vers Futuna. Baptême du premier calédonien : Louis Tadinan.

1848. Reprise de l'évangélisation à l'**Ile des Pins,** et plus tard à **Pouébo**, grâce à Hippolyte Bonou.

1855. Fondation de **La Conception**, et de **Saint-Louis** l'année suivante, centre religieux du diocèse.

1875. Fondation de la Congrégation des **« Filles de Marie »** par Sœur Marie de la Croix et Mgr Vitte.

1877. Arrivée des **Pères Trappistes** à Wagap-Tyé (jusqu'en 1888). Retour à Saint-Louis le 20 janvier 1968.

1890. Bénédiction de la **cathédrale** de Nouméa, dédiée à saint Joseph. Premier essai de séminaire à Saint-Louis.

1930. Début d'un pré-**séminaire** à Nakéty, avec le Père Luneau, puis à Canala en 1933.

1938. Mgr Bresson confie au Père Luneau l'école des **catéchistes** naissante.

1939. Établissement d'un **grand séminaire** à Canala, puis à Païta (Saint-Léon), en 1946.

1946. **Ordination** sacerdotale, le 29 septembre, des deux premiers prêtres mélanésiens, Luc Amoura et Michel Kohu.

1966. Érection de l'**achidiocèse** de Nouméa, par Paul VI, le 21 juin.

FRATERNITÉ SAINT-PIERRE

(xxᵉ siècle)

Dans son *Motu proprio, « Ecclesia Dei adflicta »*, du 2 juillet 1988, Jean-Paul II, constatant et déplorant le schisme provoqué par Mgr Lefebvre, exprimait en même temps sa volonté de « faciliter la communion ecclésiale à ceux qui se sentent attachés à des formes liturgiques et disciplinaires antérieures de la tradition romaine, grâce à des mesures nécessaires pour garantir le respect de leurs justes aspirations ».

Dans cet esprit, était aussitôt fondée par le Saint-Siège une Fraternité Saint-Pierre, érigée en société cléricale de vie apostolique (voir index, Société de vie apostolique) de droit pontifical ; un séminaire propre à cette Fraternité, dispensant un enseignement traditionnel d'inspiration thomiste, a été ouvert peu après à Wigratzbad, en Bavière. La Fraternité accueille notamment des prêtres ou des séminaristes qui, sensibles aux positions prises par Mgr Lefebvre, désapprouvent sa rupture avec Rome.

En France, plusieurs évêques ont confié à des prêtres de la Fraternité Saint-Pierre la célébration de certaines messes dans des paroisses, ou le service d'églises ou de chapelles, selon le rite dit de Saint Pie V en vigueur avant le concile Vatican II.

Ces communautés, qui relèvent de l'évêque diocésain, sont donc dans une situation tout à fait différente de celles qui, depuis le schisme de Mgr Lefebvre, sont restées sans relation canonique avec l'évêque du lieu, et par là, hors de la communion avec le Siège apostolique.

DU NOUVEAU SUR LE SAINT SUAIRE DE TURIN

Le cardinal Ballestrero, archevêque de Turin, a rendu publiques le 13 octobre 1988 les conclusions des experts désignés par lui, avec l'accord du pape, pour l'examen du saint Suaire. Des échantillons avaient été prélevés par lui et remis à trois laboratoires différents (Zurich, Oxford, Tucson aux USA) qui les ont datés au carbone 14. Il est apparu que cette pièce de tissu remontait à 1260-1390. Elle ne peut donc avoir enveloppé le corps du Christ. Elle n'en reste pas moins mystérieuse à de multiples égards. L'étude a confirmé que les empreintes n'étaient pas peintes, et que le sang et la sueur mêlés à l'aloès et à la myrrhe utilisés pour les embaumements pouvaient produire des traces analogues ; elle a également confirmé que l'homme dont les traits sont reproduits est un supplicié soumis aux mêmes traitements que ceux décrits dans les récits de la passion du Christ (flagellation, couronne d'épines, traces de coups violents sur le visage, mort par asphyxie comme les crucifiés, emplacements des clous dans les poignets, etc., le tout avec une absolue précision anatomique). Le mystère demeure également sur le fait que l'image est tracée sur le tissu en négatif (notion inconnue avant l'invention de la photographie) et en trois dimensions (une peinture ou une photographie sont en deux dimensions). Pour le cardinal Ballestrero, qui a rappelé n'avoir jamais parlé de « relique » mais d'« icône », le saint Suaire reste un objet exceptionnellement évocateur des souffrances du Christ, et de ce fait continuera à être objet de vénération pour les chrétiens.

Ph. P. Leprince-Ringuet

Suppléments au chapitre IV
Présentation de l'expérience chrétienne
Questions des hommes, réponses chrétiennes

A. DE NOUVEAUX CATÉCHISMES

A quelques mois d'intervalle, deux catéchismes de la foi catholique destinés aux adultes ont vu le jour : en mai 1991, le *Catéchisme pour adultes par les évêques de France*, et, en octobre 1992, le *Catéchisme de l'Église catholique*, publié par le Saint-Siège.

Dès lors beaucoup se sont posé la question du pourquoi d'une double publication, tandis que d'autres se préoccupaient de savoir si le catéchisme français était bien en parfaite harmonie avec le catéchisme romain.

On trouvera ci-après des précisions de nature à répondre à ces questions. On pourra notamment observer que le *Catéchisme pour adultes par les évêques de France* a non seulement été approuvé par Rome, mais élaboré en étroite liaison avec les organes du Saint-Siège.

Comme le déclarait Mgr Duval, président de la Conférence des évêques de France, à l'assemblée plénière des évêques français à Lourdes en 1992 : « Jean-Paul II précise que le *Catéchisme de l'Église catholique* (le catéchisme romain. NDLR.) n'est pas destiné à remplacer les catéchismes locaux dûment approuvés par les autorités ecclésiastiques, les évêques diocésains et les conférences épiscopales, surtout lorsqu'ils ont reçu l'approbation du siège apostolique ». Nous aurons donc ces deux livres. Le *Catéchisme des évêques de France* continuera bien à servir à la formation des adultes. Tous ceux qui le veulent auront accès au *Catéchisme de l'Église catholique* et pourront vérifier, comme je l'ai écrit dans la préface de notre *Catéchisme pour adultes*, que « les présentations différentes font ressortir l'unité et la profonde harmonie existant entre ces deux exposés d'une seule et même foi ».

I - *Le Catéchisme pour adultes, par les évêques de France (1991)*

Histoire

Dans son exhortation apostolique *Catechesi tradendae* (1979) (se référant elle-même au *Directoire général de la catéchèse* publié en 1972 par le Saint-Siège dans l'esprit du concile Vatican II), le pape Jean-Paul II demandait aux Conférences épiscopales du monde entier de réaliser, en accord avec le Saint-Siège, des catéchismes « susceptibles d'éduquer à une foi robuste les générations chrétiennes des temps nouveaux » ; demande confirmée à plusieurs reprises par le cardinal Ratzinger, préfet de la Congrégation romaine pour la doctrine de la foi (dont relève tout ce qui, dans l'Église, concerne l'enseignement religieux).

Dans leur assemblée plénière de 1985, les évêques de France, désireux de fournir aux **catholiques français**, et **particulièrement aux catéchistes**, un « exposé organique et complet de la foi », répondaient à cet appel en décidant de mettre en chantier un catéchisme pour adultes. La rédaction en fut confiée à la Commission épiscopale de l'enseignement religieux, et conduite par elle en relation avec les Congrégations romaines concernées, et avec l'ensemble des évêques français, sollicités d'adresser remarques et projets d'amendements ; les neuf rédactions successives firent l'objet de débats approfondis, notamment en assemblées plénières de l'épiscopat français ; le texte définitif fut adopté en juin 1990 et approuvé par le Saint-Siège en janvier 1991 ; l'ouvrage est paru en avril de la même année, connaissant immédiatement un grand succès de librairie.

Contenu

Ce catéchisme porte comme sous-titre : « L'Alliance de Dieu avec les hommes » ; c'est ce thème biblique de l'Alliance, ce pacte d'amour établi par Dieu avec son peuple, qui lui sert de fil conducteur. La structure de l'ouvrage, qui compte sept chapitres (en 450 pages), ne s'écarte pas de celle du *Credo*.

Le **chapitre 1** précise ce qu'est l'acte de foi (le « je crois »), en rapport avec son objet premier : Dieu. Ainsi s'ouvre la perspective dans laquelle tout l'ouvrage entend se situer.

Le **chapitre 2** présente l'initiative de Dieu qui se révèle comme Père et Créateur venant à la rencontre de l'homme et s'engageant avec lui dans une histoire marquée à la fois par le péché et par la promesse du salut.

Le **chapitre 3** porte sur le mystère du Christ, Fils de Dieu fait homme et Sauveur des hommes.

Les **quatre derniers chapitres,** placés sous le signe de l'Esprit agissant dans l'Église et traçant en celle-ci le chemin qui conduit à la vie éternelle, traite successivement de l'Église, « Peuple de la Nouvelle Alliance » (ch. 4), des « sacrements de la Nouvelle Alliance », par lesquels se communique la grâce du Christ (ch. 5), de « la loi de vie de la Nouvelle Alliance » (la morale, le péché et la réconciliation, les commandements) (ch. 6), de « l'espérance dans la vie du monde à venir et de l'accom-

plissement du Royaume de Dieu » (ch. 7).
Le propos d'ensemble est moins d'exhorter que d'*exposer* la foi : « Venez et voyez ».
Le *Catéchisme pour adultes* est accompagné, si on le désire, d'un *Guide d'utilisation* réalisé par le Centre national d'enseignement religieux (CNER) pour aider ceux qui souhaitent mieux comprendre, mieux dire et mieux partager la foi. Une première partie y présente les éléments essentiels d'une formation pour adultes (individuelle ou en groupes), en particulier à partir du *Catéchisme* ; la seconde offre des propositions de parcours ou de rencontres d'approfondissement, avec des idées d'animation de réunions.
Le *Catéchisme* et le *Guide* sont publiés par le même groupe d'éditeurs qui se sont associés pour la circonstance.

II - *Le Catéchisme de l'Église catholique (1992)*

Histoire

C'est, dans l'histoire de l'Église, le second catéchisme publié par le Saint-Siège, le premier ayant été *le Catéchisme romain*, appelé aussi *Catéchisme du concile de Trente*, publié en 1566 par le pape Pie V, en vue de diffuser *auprès des curés* et, *à travers eux*, auprès des fidèles, les enseignements et décisions réformatrices de ce concile.
Bien que formulée par quelques évêques durant le concile Vatican II, l'idée d'un ouvrage analogue faisant suite à ce dernier concile n'avait pas été retenue. C'est le Synode d'évêques réuni à Rome en 1985 par Jean-Paul II pour faire le point sur la mise en œuvre des orientations du concile Vatican II, achevé vingt ans plus tôt, qui demanda au pape que soit entreprise la rédaction d'"un catéchisme de toute la doctrine chrétienne tant sur la foi que sur la morale, qui serait comme un point de référence", et ceci dans une présentation biblique et liturgique "adaptée à la vie actuelle des chrétiens".
Jean-Paul II constitua en 1986 une commission de douze cardinaux et évêques chargée de superviser le travail de rédaction, qui fut confié à un comité restreint, assisté d'un secrétaire général.
Cette rédaction devait être conçue pour offrir **un document de référence aux évêques en premier lieu, aux responsables de la catéchèse en second lieu**, et, **au-delà, aux fidèles soucieux d'une intelligence de la foi** ; elle devait se présenter dans un style plus soucieux de précision que de démonstration, et selon le schéma classique : foi, sacrements, morale, avec un épilogue sur la prière ; pour sauvegarder la "catholicité" du contenu, elle devait également éviter toute filiation d'un système théologique ou exégétique particulier ; elle devait enfin veiller à maintenir une certaine hiérarchie des vérités entre elles, rejoindre une perspective missionnaire, et rappeler l'exigence œcuménique.
Les travaux se déroulèrent sur cinq années, neuf rédactions successives s'employant à prendre en compte les demandes des évêques du monde entier (24 000 amendements reçus !).
C'est le 11 octobre 1992 que le pape Jean-Paul II, par la Constitution apostolique *Fidei depositum* (qui présente l'ouvrage comme une "référence sûre et authentique pour l'enseignement de la doctrine catholique") a promulgué le *catéchisme de l'Église catholique.*
Destiné à la publication en plusieurs langues, c'est en français qu'il a d'abord paru (400 000 exemplaires vendus dès les premières semaines).
Dans le temps même où l'ouvrage était en cours de rédaction, le pape exhortait les évêques et les Conférences épiscopales du monde entier à publier leurs propres catéchismes, qui peuvent plus facilement tenir compte de leurs destinataires.

Contenu

Comme le *Catéchisme romain* dit du *concile de Trente* (et comme la plupart des catéchismes qui ont suivi), l'ouvrage comporte quatre grandes parties :

1. La profession de foi : exposé du contenu du Credo.

2. La célébration du mystère chrétien : les sacrements. Ces deux premières parties (les deux tiers de l'ouvrage) présentent donc ce que Dieu fait pour les hommes.

3. La vie dans le Christ : la morale chrétienne.

4. La prière chrétienne, avec un commentaire du *Notre Père*.

Ces deux dernières parties (le tiers de l'ouvrage) présentent donc ce que le croyant peut faire en réponse à l'action de Dieu en faveur des hommes.
Le Catéchisme de l'Église catholique est édité, en France, par Mame-Plon.

LE GENRE "CATÉCHISME"

Ce n'est pas d'aujourd'hui que les évêques publient des catéchismes. A la suite du concile de Trente (1545-1563), qui s'était soucié de promouvoir l'éducation religieuse du peuple catholique secoué par la crise de la Réforme, les catéchismes se sont multipliés : œuvres de théologiens ou de pasteurs comme saint Robert Bellarmin, saint François de Sales, saint Jean Eudes, saint Vincent de Paul...

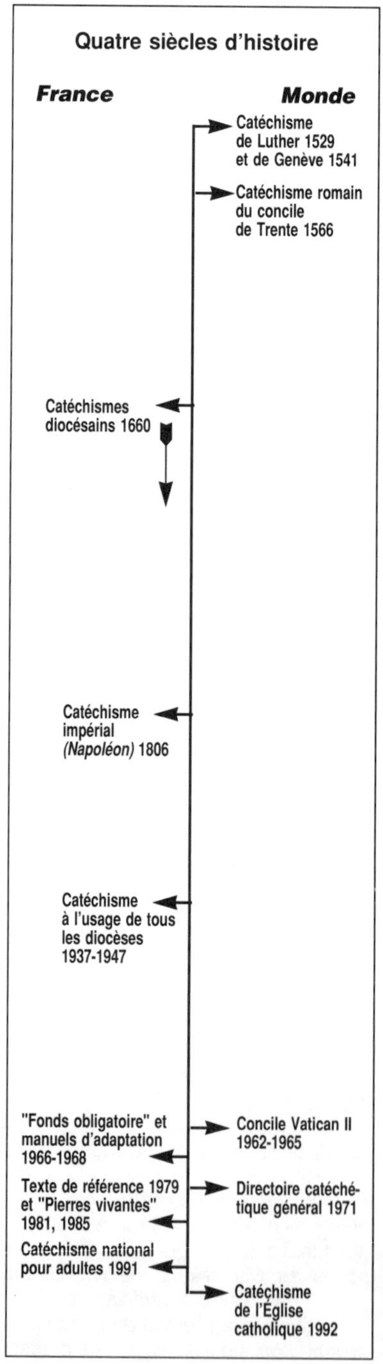

Depuis lors, les évêques n'ont cessé de faire de l'instruction religieuse des enfants une de leurs préoccupations majeures. Beaucoup tinrent à publier leur propre catéchisme, jusqu'à ce que les circonstances, comme l'accroissement des déplacements de population, conduisent, en France, à la publication d'un "catéchisme national" (1937, revu et amélioré en 1947).
Cependant les profondes mutations culturelles de notre époque amenèrent rapidement à mesurer les insuffisances d'un enseignement qui ne tenait pas assez compte des conditions de vie et de la mentalité des enfants ou des jeunes auxquels cet enseignement était destiné. Pour la transmission et l'éducation de la foi on devait recourir à de nouvelles pédagogies. On parla alors davantage de "catéchèse" que de catéchisme, le premier terme voulant marquer l'attention portée à la réception de l'enseignement dans l'esprit et dans la vie de ceux auxquels il est destiné. C'est ainsi que fut ensuite introduite l'idée de "parcours catéchétiques".
Les catéchismes ne procèdent pas tous par cette suite de questions et réponses à laquelle beaucoup pensent encore spontanément quand il est question de catéchisme. Elle n'est utilisée, du reste, ni dans le *Catéchisme du concile de Trente*, ni dans le *Catéchisme des évêques de France*, ni encore dans le *Catéchisme de l'Église catholique*.
Ce qui caractérise le genre "catéchisme", c'est plutôt de se présenter comme un *condensé (compendium) systématique ou organique* de la doctrine chrétienne.
(Voir aussi Index : Catéchisme).

B. RÉFLEXIONS CHRÉTIENNES SUR LA GUERRE ET LA PAIX

Les religions et la guerre

Depuis le début du siècle, beaucoup de conflits ont une dimension religieuse. Cela est particulièrement net depuis 1945 :

- la guerre indo-pakistanaise (1947-1949, 1965, 1971) ;
- le conflit israélo-arabe (depuis 1947) ;
- le problème libanais (depuis 1975) ;
- la guerre Iran-Irak (1980-1988) ;
- la tension irlandaise (depuis 1970) ;
- la guerre du Golfe (1991).

Certes, il est difficile d'en dire autant pour la guerre de Corée (1950-1962), pour celles d'Indochine-Vietnam (1941-1973), d'Algérie (1956-1953), d'Afghanistan (1980-1986), des Malouines (1982) ; mais, dans chacun de ces cas, la vie de centaines de communautés religieuses était en cause.

Il en est de même pour le conflit yougoslave.

Même si les catholiques n'ont pas été ou ne sont pas – et de loin – les plus actifs dans ces conflits, on comprend que l'Église cherche à faire en sorte qu'ils soient partout des moteurs de la paix.

Plusieurs initiatives de Rome sont signes de cette volonté :

- les journées pour la paix ;
- les rencontres entre évêques (synodes) des parties belligérantes en cas de conflit ;
- une nouvelle approche de la doctrine dite de la guerre juste ;
- l'action diplomatique.

La résurgence de nationalismes exacerbés

Les murs sont tombés, les frontières sont ouvertes, les idées circulent. Il faut désormais élaborer une manière de penser et de vivre qui soit effectivement « européenne ». A cet égard, le grand défi demeure la résurgence de nationalismes exacerbés. Les phénomènes nationaux reposent certes sur des réalités objectives, historiques et psychologiques, qui ont été ignorées ou même étouffées. Après une longue période de répression du sentiment national, il est compréhensible que l'on assiste à son « explosion » : le fait même que les ministres des Affaires étrangères aient dû s'occuper hier de la grave situation du Haut-Karabakh témoigne bien de l'actualité du problème. Il n'y aura pas d'Europe pacifiée sans le respect des particularités des régions et des patries. L'avenir de l'Europe repose, en un certain sens, sur sa capacité de trouver des formes plus adaptées du « vivre ensemble », de la convivialité sociale, politique, religieuse. Bien évidemment les minorités nationales sont aussi appelées à dépasser les antagonismes hérités du passé et à développer d'autant mieux leurs valeurs propres qu'elles seront davantage en relation avec le milieu dans lequel elles sont insérées. Dans les mois prochains, la CSCE[1] devrait se demander si elle est en mesure d'être un lieu d'accueil et de concertation pour permettre aux nouveaux États de s'exprimer selon leur génie propre, et aux minorités nationales de voir garantie leur identité.

Mgr Tauran, Secrétaire au Saint-Siège pour les Relations entre les États, allocution prononcée à Helsinki le 25 mars 1992.

(1) CSCE : Conférence pour la sécurité et la coopération en Europe, constituée pour l'application des Accords d'Helsinki (1975). NDRL.

Jean-Paul II, pardon pour l'esclavage

Mais, en venant à Gorée, où l'on aimerait pouvoir se livrer entièrement à la joie de l'action de grâce, comment ne pas être saisi de tristesse à la pensée des autres faits que ce lieu évoque ? La visite de la « maison des esclaves » nous remet en mémoire cette traite des Noirs,

LA JOURNÉE MONDIALE DE LA PAIX

Paul VI a voulu que le 1er janvier de chaque année soit « une journée mondiale de la paix ».

La première journée s'est déroulée le 1er janvier 1968.

En 1969, Paul VI donna un thème de réflexion pour cette journée. Depuis lors les thèmes de la journée ont été :

1969 : La promotion des droits de l'homme comme voie vers la paix.
1970 : Éduquer à la paix par la réconciliation.
1971 : Tout homme est mon frère.
1972 : Si tu veux la paix, travaille à la justice.
1973 : La paix est possible.
1974 : La paix dépend aussi de toi.
1975 : La réconciliation, chemin vers la paix.
1976 : Les vraies armes de la paix.
1977 : Si tu veux la paix, défend la vie.
1978 : Non à la violence, oui à la paix.
1979 : Pour parvenir à la paix, éduquer à la paix.
1980 : La vérité, force de la paix.
1981 : Pour servir la paix, respecte la liberté.
1982 : La paix, don de Dieu confié aux hommes.
1983 : Le dialogue pour la paix, un défi à notre temps.
1984 : La paix naît d'un cœur neuf.
1985 : La paix et les jeunes marchent ensemble.
1986 : La paix est une valeur sans frontières : Nord-Sud, Est-Ouest, une seule paix.
1987 : Développement et solidarité, deux clefs pour la paix.
1988 : La liberté religieuse, condition pour une convivialité pacifique.
1989 : Pour construire la paix, respecter les minorités.
1990 : Paix avec le Créateur, paix avec toute la création.
1991 : Si tu veux la paix, respecte la conscience de tout homme.
1992 : Croyants, tous unis dans la construction de la Paix.

que Pie II, écrivant en 1462 à un évêque missionnaire qui partait pour la Guinée, qualifiait de « crime énorme » « magnum scelus ». Pendant toute une période de l'histoire du continent africain, des hommes, des femmes et des enfants noirs ont été amenés sur ce sol étroit, arrachés à leur terre, séparés de leurs proches, pour y être vendus comme des marchandises. Ils venaient de tous pays et, enchaînés, partant vers d'autres cieux, ils gardaient comme dernière image de l'Afrique natale la masse du rocher basaltique de Gorée. On peut dire que cette île demeure dans la mémoire et le cœur de toute la diaspora noire.

Ces hommes, ces femmes et ces enfants ont été victimes d'un honteux commerce, auquel ont pris part des personnes baptisées mais qui n'ont pas vécu leur foi. Comment oublier les énormes souffrances infligées, au mépris des droits humains les plus élémentaires, aux populations déportées du continent africain ? Comment oublier les vies humaines anéanties par l'esclavage ?

Il convient que soit confessé en toute vérité et humilité ce péché de l'homme contre l'homme, ce péché de l'homme contre Dieu. Qu'il est long le chemin que la famille humaine doit parcourir avant que ses membres apprennent à se regarder et à se respecter comme images de Dieu, pour s'aimer enfin en fils et filles du même Père céleste !

Jean-Paul II, Gorée, Sénégal, 22 février 1992.

Lettre à l'occasion du cinquantième anniversaire du début de la Deuxième Guerre mondiale

Appel à l'Europe

A vous, hommes d'État et responsables des nations, je redis une fois encore ma conviction profonde que le respect de Dieu et le respect de l'homme vont de pair. *Ils constituent le principe absolu qui permettra aux États et aux blocs politiques de surmonter leurs antagonismes.*

Nous ne pouvons oublier, en particulier, l'Europe où a germé ce terrible conflit et qui, six années durant, a vécu une véritable « passion » qui l'a ruinée et rendue exsangue. Depuis 1945, nous sommes les témoins et les acteurs de louables efforts menés à bien en vue de sa reconstruction matérielle et spirituelle.

Hier, ce continent a exporté la guerre : aujourd'hui, il lui appartient d'être « artisan de paix ». J'ai confiance que le message d'humanisme et de libération, héritage de son histoire chrétienne, saura encore féconder ses peuples et continuera de rayonner dans le monde.

Oui, Europe, tous te regardent, conscients que tu as toujours quelque chose à dire, après le naufrage de ces années de feu : que la vraie civilisation n'est pas dans la force ; qu'elle est le fruit de la victoire sur nous-mêmes, sur les puissances d'injustices, d'égoïsme et de haine *qui peuvent aller jusqu'à défigurer l'homme !*

Jean-Paul II.
1989

Le Vatican et la guerre du Golfe

Le 19 février 1991, le pape Jean-Paul II convoque, en pleine offensive aérienne de la coalition contre les objectifs stratégiques de l'Irak et du Koweit, les représentants des épiscopats de pays participant directement à cette guerre.

La réunion a lieu les 4 et 5 mars pour analyser les conséquences de la guerre sur les populations, sur les dialogues Orient-Occident et islamo-chrétien, et chercher les initiatives les plus adaptées pour construire la paix.

En ouvrant les travaux, Jean-Paul II rappelle : « Il n'y a pas de guerre de religions en cours et il ne peut y avoir de « guerre sainte » car les valeurs d'adoration, de fraternité et de paix qui découlent de la foi en Dieu appellent à la rencontre et au dialogue. »

Monseigneur Tauran, Secrétaire au Saint-Siège pour les Relations avec les États, quant à lui, donne les principes de l'action du Vatican :

- Dénoncer la situation d'injustice créée par l'invasion du Koweit.
- Souligner le primat de la paix et rappeler que la paix et la justice marchent ensemble.
- Ne pas négliger les questions non résolues de la région, en particulier au Liban et en Terre Sainte.

Les évêques et patriarches, dans leurs conclusions, affirment leur volonté de poursuivre leur dialogue avec juifs et musulmans et de s'engager en faveur de la suppression des injustices dans la région, tant à l'égard des Palestiniens que des Libanais. Ils demandent que soit pris en compte le caractère spécifique de Jérusalem.

Jean-Paul II et la théorie de la « guerre juste »

Jean-Paul II se défend d'être pacifiste : « Si paradoxal que cela puisse paraître, celui qui veut profondément la paix rejette tout pacifisme qui serait de la lâcheté ou la simple préservation de la tranquillité. » (1er janvier 1984). Mais il a nettement fait évoluer la théorie dite de la « guerre juste ».

Pour mémoire, rappelons-en simplement les grandes lignes.

Si guerre il doit y avoir, elle ne doit pas avoir d'autres buts que de rétablir la paix par la suppression de l'injustice de l'agresseur. Et encore, cette action ne peut être entreprise que par l'autorité compétente, et à condition qu'elle ait une intention droite, que tous les moyens pacifiques de régler le conflit aient été épuisés, que l'on ne prévoie pas de dommages disproportionnés par rapport aux gains attendus, et que le succès soit probable.

Il convient d'ajouter que, devant certains cas dramatiques, Jean-Paul II a reconnu fondé le "droit d'ingérence humanitaire", déjà pris en considération par les instances de l'ONU.

Au total :

- Certes, il y a un droit et un devoir de se défendre contre l'injustice qui menace son peuple ou un peuple plus faible.
- Mais, aujourd'hui, l'horreur de la guerre, d'une part, et l'efficacité d'autres formes de coercitions, d'autre part, rendent illégitimes presque toutes formes de guerre : à peu près partout à l'Est, l'empire communiste est tombé grâce à une lutte pacifique « qui a utilisé les seules armes de la vérité et de la justice. » *(Centesimus Annus 23).*
- On voit mal ce qui pourrait justifier aujourd'hui l'utilisation des moyens sophistiqués modernes (rien n'est dit sur la dissuasion nucléaire autre que la nécessité d'aller vers un désarmement multilatéral, contrôlé, garanti et progressif).
- Même dans les cas extrêmes, il faut savoir que si la guerre peut arrêter une injustice, elle ne résout pas les problèmes de fond (gestion des biens de l'humanité en faveur de tous, respect des droits des peuples, des droits de l'homme, etc.).

Ensemble pour prier Rassemblement du 27 octobre 1986 à Assise

Le 25 janvier 1986, Jean-Paul II, en l'église de Saint-Paul-hors-les-Murs, lançait une invitation aux représentants des grandes religions à se réunir à Assise pour « susciter un mouvement mondial de prière pour la paix » qui marquerait l'année mondiale de la paix instituée par l'ONU.

Cette réunion de prière eut lieu le 27 octobre 1986 à Assise. S'y trouvaient des représentants qualifiés des Églises orthodoxes de Constantinople, de Moscou, d'Autriche, de Géorgie, de Roumanie, de Bulgarie, de Tchécoslovaquie, de Finlande. S'y trouvaient aussi des représentants des anciennes Églises syrienne de l'Inde, assyrienne d'Orient, arménienne. Mais aussi de l'Union d'Utrecht, de la Communion anglicane, de la Fédération luthérienne mondiale, de l'Alliance mondiale des églises réformées, du Conseil méthodiste mondial, des Disciples of Christ, de l'Alliance baptiste mondiale, du Conseil œcuménique des Églises, du Synode œcuménique réformé, de la Conférence mennonite mondiale, des quakers, des Associations chrétiennes mondiales de jeunes femmes (YWCA) et de jeunes gens (YMCA), de l'Association internationale pour la liberté religieuse, de la communauté israélite de Rome, de l'Anti Defamation League of B'mai B'rith, du bouddhisme tibétain (avec le Dalaï Lama), du bouddhisme mahayana (Japon, Corée), de l'hindouisme, de l'islam, du judaïsme, des religions traditionnelles d'Afrique, des États-Unis d'Amérique, du shintoïsme, des sikhs, du zoroastrisme.

Le 27 octobre 1986, toutes les délégations ont jeûné ; elles ont été accueillies par le pape à Sainte- Marie-des-Anges, à Assise. La plupart des délégations situant la prière dans une perspective religieuse propre, il ne pouvait être question de trouver une prière commune. Mais ce fut un rassemblement où les représentants de toutes les religions prièrent ensemble, les uns devant les autres.

« *La forme et le contenu de nos prières sont très différents, comme nous l'avons vu, et il ne peut être question de les réduire à une sorte de commun dénominateur.*

Cependant, dans cette différence même, nous avons peut-être redécouvert que, en ce qui concerne le problème de la paix et de sa relation avec l'engagement religieux, il y a quelque chose qui les lie les uns aux autres... » (Jean-Paul II).

Rassemblement œcuménique européen de Bâle Paix et Justice (15-21 mai 1989)

Le Conseil œcuménique des Églises, réuni à Vancouver en 1983 pour sa VIe assemblée plénière, avait adopté une résolution invitant à mettre en place « un processus conciliaire d'engagement mutuel de la part des Églises membres (du COE) pour la justice, la paix et la sauvegarde de la création. »

C'est en août 1987 que, dans ce cadre, le Conseil des Conférences épiscopales d'Europe (CCEE, catholique) décida d'organiser avec la Conférence d'Églises européennes (KEK, qui regroupe 118 Églises) un rassemblement œcuménique.

Du 15 au 21 mai 1989, 700 délégués se sont réunis à Bâle. Le verset biblique « La justice et la paix s'embrassent » (Ps 85) a servi de mot d'ordre au Rassemblement.

Voici son message final.

Chers frères et sœurs,

1. Pour la première fois, des délégués de toutes les Églises d'Europe se sont réunis, venus de l'Est et de l'Ouest, du Nord et du Sud, par-delà des frontières confessionnelles et politiques qui semblaient naguère encore insurmontables. Quelque profondes qu'aient été les blessures du passé en Europe, les liens qui nous unissent au Christ se sont avérés plus forts. Une communion est en train de naître qui nous emplit d'espérance et de reconnaissance [...],

2. Que nous dit l'Évangile à cette heure, à nous, chrétiens d'Europe ? La condition première de tout témoignage crédible est la conversion : conversion au Créateur qui, dans son amour, se soucie de chacune de ses créatures ; conversion à Jésus-Christ, Fils de Dieu, qui nous a donné l'exemple de l'humanité authentique ; conversion au Saint-Esprit, source de vie nouvelle. En tant que chrétiens européens, nous avons largement part aux causes de la crise actuelle. C'est pourquoi nous demandons à Dieu de nous pardonner notre faute et de nous donner la force de nous convertir afin de devenir des instruments de sa paix.

3. Le dessein de Dieu pour l'humanité demeure finalement un mystère que nul ne peut sonder. Mais, confiants dans l'Évangile, nous sommes certains que Dieu conduira sa création à la rédemption. Forts de cette certitude, nous résistons à tout fatalisme. Comme l'apôtre Paul, nous sommes chargés aujourd'hui de transmettre l'invitation : laissez-vous réconcilier avec Dieu : mais se laisser réconcilier avec Dieu signifie en même temps résister aux puissances de destruction et de mort.

- *Tout être humain, indépendamment de son sexe, de sa race, de sa nation et de sa langue, porte en lui l'image de Dieu et est par conséquent membre à part entière de la société. Témoignons clairement que c'est le Christ lui-même qui souffre dans ceux dont la dignité est foulée aux pieds ; suivons son exemple quand il se tient aux côtés des opprimés, de ceux qui sont privés de leurs droits, des victimes de la torture. Nous voulons affirmer les droits des réfugiés et nous nous engageons à édifier une communauté dans laquelle hommes et femmes aient des responsabilités égales.*
- *La pauvreté et la faim sont un scandale qui ne doit nous laisser aucun repos. Nous nous engageons à partager, tant au niveau mondial que dans nos milieux respectifs, et nous soutiendrons toute mesure propre à alléger le fardeau de la dette qui étouffe tant de pays du Tiers-Monde.*
- *Il faut surmonter la guerre en tant que moyen de résoudre les conflits. Chacun dans son pays, nous mettrons tout en œuvre pour que se réalise la vision d'une sécurité commune. Nous nous engageons aujourd'hui à créer au-delà des frontières un climat de confiance dans lequel puisse croître la volonté de parvenir au désarmement tant nucléaire que chimique et conventionnel. Le témoignage de la non-violence fait inéluctablement partie de la marche vers la réconciliation.*
- *Luttons contre l'illusion que l'exploitation de la nature est sans limite. Les relations pacifiques avec la nature présupposent la renonciation aux structures qui menacent la vie dans l'économie et la société. Nous avons constaté clairement une fois encore, au cours des jours écoulés, que la consommation actuelle de ressources et d'énergie doit être résolument réduite. Cela exige de nous tous un style de vie simple, radicalement transformé [...]*

C. QUELQUES LETTRES ENCYCLIQUES ET EXHORTATIONS OU LETTRES APOSTOLIQUES DE JEAN-PAUL II

Lettre encyclique du pape Jean-Paul II *SOLLICITUDO REI SOCIALIS* (30 décembre 1987)

La septième encyclique de Jean-Paul II se donne pour objectif d'actualiser l'encyclique *Populorum progressio* de Paul VI dont elle célèbre le vingtième anniversaire. Pour parvenir à son but, l'encyclique analyse les évolutions intervenues depuis vingt ans dans le monde, propose une vision du développement intégral mettant en lumière ce qui s'oppose à ce développement. Enfin, elle appelle à l'action.

1. La célébration du vingtième anniversaire de Populorum progressio.

« *En ce qui concerne la substance et les thèmes repris par l'encyclique, il faut souligner : la conscience du devoir qu'a l'Église, "experte en humanité", de scruter les signes des temps et de les interpréter à la lumière de l'Évangile ; la conscience, également profonde, de sa mission de "service", distincte de la fonction de l'État, même quand elle se préoccupe du sort des personnes dans le concret ; le rappel des différences criantes dans les situations de ces mêmes personnes ; la confirmation de l'enseignement conciliaire, écho fidèle de la tradition séculaire de l'Église, sur la « destination universelle des biens » ; l'estime pour la culture et la civilisation techniques qui contribuent à la libération de l'homme, sans négliger de reconnaître leurs limites ; enfin, sur le thème du développement, qui est celui de l'encyclique, l'insistance sur le « devoir très grave » qui incombe aux nations plus développées « d'aider les pays en voie de développement ». Le concept même de développement proposé par l'encyclique vient directement de la façon dont la constitution pastorale* Gaudium et Spes *du concile Vatican II pose le problème* ». (§ 7)

Le pape remarque que l'encyclique présente trois nouveautés :

- *Populorum progressio* est adressée non seulement aux chrétiens mais à tous les hommes de bonne volonté (*Sollicitudo rei socialis*, elle, est adressée « aux fils et filles de l'Église et à tous les hommes de bonne volonté ») pour souligner que le développement est un problème moral.
- C'est dire que *Populorum progressio* a ouvert l'horizon de la question sociale. Le développement est un problème *mondial*, qui concerne *tous les hommes*, et qui concerne *tout* l'homme (et pas seulement l'homo œconomicus).
- Enfin *Populorum progressio* a affirmé que « le développement est le nouveau nom de la paix », et donc que la guerre et les préparatifs militaires sont les plus grands ennemis du développement.

2. Le monde a changé depuis vingt ans.

Dans un contexte général où beaucoup ont l'impression d'une accélération continue de l'histoire, d'une complexité croissante des problèmes, et attendent, d'une manière diffuse, quelque chose, « un nouvel Avent », le pape note :

- que les grands espoirs concernant le développement ont laissé place à un certain désenchantement ;
- qu'une multitude innombrable d'hommes et de femmes continuent à être privés d'espoir et de pain ;
- que le fossé entre le Nord et le Sud ne s'est pas comblé, et que le fossé entre développement et sous-développement se perçoit à l'intérieur même des pays ;
- que l'analphabétisme, l'impossibilité d'accéder aux niveaux supérieurs d'instruction, les différentes formes de discrimination, l'étouffement du droit à l'initiative économique, la négation des droits de l'homme sont des fléaux qui existent toujours ;
- que la crise du logement, le chômage, la dette internationale se sont considérablement aggravés ;
- que l'exil pour des millions de réfugiés, le terrorisme, le non-respect de la liberté de chacun par des campagnes systématiques contre la natalité sont encore parmi les fléaux de notre époque ;
- le souci excessif de la sécurité.

Le pape s'interroge sur les causes de ces évolutions néfastes. Il en évoque quelques-unes.

- Le contexte politique, où deux blocs s'opposent pour des raisons géopolitiques et des raisons idéologiques (sur cette opposition des deux blocs, voir plus loin la position de Jean-Paul II quatre ans plus tard dans la lettre encyclique *Centesimus annus*, 1991. Les nations, au lieu de tendre à leur autonomie, deviennent des parties d'un immense engrenage ; cela se vérifie en particulier dans le domaine des communications sociales.
- Le contexte culturel, source de différences dans des systèmes de valeurs pouvant contribuer à créer des écarts de développement.
- Les déficiences réelles et graves de la part des pays en voie de développement eux-mêmes, et spécialement de la part de personnes qui y détiennent le pouvoir économique et politique.
- Le fait que les pays développés n'aient pas suffisamment compris leur devoir d'apporter leur aide aux pays éloignés du monde du bien-être.
- Une conception trop étroite, surtout économique, du développement.

  Cela dit, le pape note certains éléments de progrès.

- L'existence et les efforts des grandes organisations internationales, en particulier, de l'ONU, qui a promu la Déclaration des Droits de l'Homme.
- La conscience de beaucoup d'hommes et de femmes de leur dignité et de celle de chaque être humain.
- La prise de conscience d'une interdépendance radicale de tous les peuples ; le souci constant de la paix, paix qui forme un tout indivisible et qui ne peut être que le fait de tous, ou alors elle ne sera le fait de personne.
- La prise de conscience du caractère limité des ressources naturelles et le souci de l'écologie.

Ce tableau de l'état du monde gagne à être comparé à celui présenté par la Constitution pastorale *Gaudium et Spes* (§ 63) de Vatican II.

3. Le pape propose une conception intégrale du développement.

Pour le pape, le véritable développement est de nature morale. Il « *a nécessairement une dimension économique* » (§ 28), mais il se « *mesure et s'oriente selon cette réalité et cette vocation de l'homme envisagé dans sa totalité. C'est-à-dire selon un paramètre intérieur qui lui est propre* » (§ 29). Le pape insiste (et c'est, sans doute, le cœur de l'encyclique) : selon l'Écriture Sainte, la notion « *de développement n'est [...] pas seulement laïque ou profane : [elle] apparaît aussi, tout en gardant son caractère socio-économique, comme l'expression moderne d'une dimensions essentielle de la vocation de l'homme.* » *(§ 30)*

A noter, au passage, la création par le pape du concept de « surdéveloppement » qui est une forme du développement où le succès de l'économie annihile la personnalité humaine : « *Si toute la masse des ressources et des potentialités mises à la disposition de l'homme n'est pas régie selon une intention morale et une orientation vers le vrai bien du genre humain, elle se retourne facilement contre lui pour l'opprimer.* » (§ 28)

On comprend dès lors que le développement est aussi une affaire culturelle, une affaire religieuse, une affaire éthique, une affaire politique. Le pape développe ces différents points (à remarquer l'importance pour lui de la démocratie pour que chaque homme prenne en charge son propre développement). On comprend aussi que ce qui, au fond, s'oppose, au développement se situe au cœur de l'homme et s'appelle le péché : « *Par conséquent, il faut souligner qu'un monde divisé en blocs régis par des idéologies rigides, où dominent diverses formes d'impérialisme au lieu de l'interdépendance et de la solidarité, ne peut être qu'un monde soumis à des « structures du péché ». La somme des facteurs négatifs qui agissent à l'opposé d'une vraie conscience du bien commun universel et du devoir de la promouvoir donne l'impression de créer, chez les personnes et dans les institutions, un obstacle très difficile à surmonter à première vue.*

Si la situation actuelle relève de difficultés de natures diverses, il n'est pas hors de propos de parler de « structures du péché », lesquelles, comme je l'ai montré dans l'exhortation apostolique « Reconciliatio et paenitentia » *ont pour origine le péché personnel et, par conséquent, sont toujours reliées à des actes concrets des personnes qui les font naître, les consolident et les rendent difficiles à abolir. Ainsi elles se renforcent, se répandent et deviennent sources d'autres péchés, et elles conditionnent la conduite des hommes* » (§ 36).

4. Une encyclique qui appelle à l'action.

Ce qui vient d'être dit est évidemment un appel à la conversion. Le pape souligne donc que les solutions ne peuvent pas être « simplement techniques » ni résulter des rapports de force.

« *C'est une des raisons pour lesquelles la doctrine sociale de l'Église adopte une attitude critique vis-à-vis du capitalisme libéral aussi bien que du collectivisme marxiste* »(§ 21).

Pour passer à l'action, le pape souligne la nécessité :

- du développement culturel dans le respect de l'identité de chacun ;
- du développement politique vers la démocratie qui favorise la participation et le respect des droits de l'homme, y compris les droits religieux ;
- de la libre circulation de l'information ;
- de la recherche par les pays de l'autonomie alimentaire ;
- de la coopération internationale ;
- de la solidarité universelle ;
- de la réforme du système commercial international ;
- de la réforme du système monétaire international ;
- des échanges de technologies ;
- de la réforme des institutions et organisations internationales alors que l'humanité a besoin d'un degré supérieur d'organisation à l'échelle internationale ;

• du « goût de chacun d'explorer et utiliser le plus possible l'espace de sa propre liberté. »

Les chrétiens, quant à eux, sont invités à se convertir, à mettre en œuvre les appels du Concile et des encycliques récentes : « *Nous adjurons d'abord tous nos fils. Dans les pays en voie de développement non moins qu'ailleurs, les laïcs doivent assumer comme leur tâche propre le renouvellement de l'ordre temporel. Si le rôle de la hiérarchie est d'enseigner et d'interpréter authentiquement les principes moraux à suivre en ce domaine, il leur appartient, par leurs libres initiatives et sans attendre passivement consignes et directives, de pénétrer d'esprit chrétien la mentalité et les mœurs, les lois et les structures de leur communauté de vie. Des changements sont nécessaires, des réformes profondes, indispensables : ils doivent s'employer résolument à leur insuffler l'esprit évangélique. A nos fils catholiques appartenant aux pays plus favorisés, nous demandons d'apporter leur compétence et leur active participation aux organisations officielles ou privées, civiles ou religieuses, appliquées à vaincre les difficultés des nations en voie de développement. Ils auront, bien sûr, à cœur d'être au premier rang de ceux qui travaillent à établir dans les faits une morale internationale de justice et d'équité.* »

Le pape veut souligner dans l'ensemble de cette doctrine « *l'option ou l'amour préférentiel pour les pauvres* ». (§ 42) *Elle concerne la vie de chaque chrétien en tant qu'elle imite la vie du Christ.* » « *Notre vie quotidienne doit tenir compte de ses réalités [...]* » « *Il convient d'ajouter que l'aspiration à la libération par rapport à toutes formes d'esclavage pour l'homme et pour la société est quelque chose de noble et de valable [...] L'être humain n'est totalement libre que lorsqu'il est lui-même [...] L'obstacle principal à surmonter pour une véritable libération c'est le péché [...] La liberté par laquelle le Christ nous a libérés nous pousse à nous convertir pour devenir les serviteurs de tous [...]* »

L'Église est, dans le vide idéologique existant en France, apte à parler. Le discours du pape peut être entendu parce qu'il affirme clairement : « *L'Église a confiance en l'homme.* » (§ 47) Ce qui compte, « *c'est la dignité de la personne humaine. Le Royaume n'est pas de ce monde, mais le Seigneur, dans l'eucharistie, invite à découvrir le sens profond de l'action des chrétiens dans le monde en faveur du développement et de la paix : le don* » (§ 48).

La doctrine sociale de l'Église d'après l'encyclique de Jean-Paul II *SOLLICITUDO REI SOCIALIS* (30 décembre 1987)

1. Ce qu'est la doctrine sociale de l'Église, selon Jean-Paul II.

« *Un corps de doctrine actualisé qui s'articule à mesure que l'Église interprète les événements dans leur déroulement au cours de l'histoire à la lumière de l'ensemble de la Parole révélée par le Christ Jésus et avec l'assistance de l'Esprit Saint. Elle cherche de cette façon à guider les hommes pour qu'ils répondent, en s'appuyant sur la réflexion rationnelle et l'apport des sciences humaines, à leur vocation de bâtisseurs responsables de la société terrestre.* » (§ 1)

« *La doctrine sociale de l'Église n'est pas une "troisième voie" entre le capitalisme libéral et le collectivisme marxiste, ni une autre possibilité parmi les solutions moins radicalement marquées : elle constitue une catégorie en soi. Elle n'est pas non plus une idéologie, mais la formulation précise des résultats d'une réflexion attentive sur les réalités complexes de l'existence de l'homme dans la société et dans le contexte international, à la lumière de la foi et de la tradition ecclésiale. Son but principal est d'interpréter ces réalités, en examinant leur conformité ou leurs divergences avec les orientations de l'enseignement de l'Évangile sur l'homme et sur sa vocation à la fois terrestre et transcendante ; elle a donc pour but d'orienter le comportement chrétien. C'est pourquoi elle n'entre pas dans le domaine de l'idéologie mais dans celui de la théologie et particulièrement de la théologie morale.* » (§ 41)

Cependant, même si son but est pratique, l'enseignement social de l'Église ne fixe pas de règles pratiques, mais juge les bases de l'organisation sociale.

« *L'Église n'a pas de solutions techniques à offrir face au problème du sous-développement comme tel, ainsi que le déclarait déjà le pape Paul VI dans son encyclique. En effet, elle ne propose pas des systèmes ou des programmes économiques et politiques, elle ne manifeste pas de préférence pour les uns ou pour les autres, pourvu que la dignité de l'homme soit dûment respectée et promue et qu'elle-même se voie laisser l'espace nécessaire pour accomplir son ministère dans le monde.* » (§ 41)

Bref, la doctrine sociale de l'Église est un « *ensemble de réflexions et de critères de jugement et aussi de directives d'actions* ». (§ 41)

2. Les principes caractéristiques de la doctrine sociale.

Le point central de la doctrine sociale de l'Église est la doctrine de la *communion.*

« *La conscience de la paternité commune de Dieu, de la fraternité de tous les hommes dans le Christ "fils dans le Fils", de la présence de l'action vivifiante de l'Esprit Saint, donnera à notre regard sur le monde comme un nouveau critère d'interprétation. Au-delà des liens humains et naturels, déjà si forts et si étroits, se profile à la lumière de la foi un nouveau modèle d'unité du genre humain dont doit s'inspirer en dernier ressort la solidarité. Ce modèle d'unité suprême, reflet de la vie intime de Dieu un en trois personnes, est ce que nous, chrétiens, désignons par le mot "communion".*

Cette communion spécifiquement chrétienne, jalousement préservée, étendue et enrichie avec l'aide du Seigneur, est l'âme de la vocation de l'Église à être "sacrement" dans le sens déjà indiqué. » (§ 40)

A partir de ce substrat, le pape « décline » différents points.

« *Je voudrais vous signaler ici l'un de ces points : l'option ou l'amour préférentiel pour les pauvres.* » (§ 42)

« *Il est nécessaire de rappeler encore une fois le principe caractéristique de la doctrine sociale chrétienne : les biens de ce monde sont, à l'origine, à tous. Le droit à la propriété privée est valable et nécessaire, mais il ne supprime pas la valeur de ce principe.* » (§ 42)

Mais il faudrait aussi ajouter ici le *principe de subsidiarité.*

Une autre caractéristique de la doctrine sociale de l'Église, c'est qu'elle prend en compte la mondialisation de tous les problèmes.

« *La doctrine sociale de l'Église, aujourd'hui plus que dans le passé, a le devoir de s'ouvrir à une perspective sociale.*

Mais aujourd'hui, étant donné la dimension mondiale qu'a prise la question sociale, cet amour préférentiel (des pauvres), de même que les décisions qu'il nous inspire, ne peut pas ne pas embrasser les multitudes immenses des affamés, des mendiants, des sans-abri, des personnes sans assistance médicale et, par-dessus tout, sans espérance d'un avenir meilleur : on ne peut pas ne pas

Encycliques, exhortations apostoliques et lettres apostoliques de Jean-Paul II depuis le début de son pontificat (1978)

ENCYCLIQUES

1979 : **Redemptor hominis.**

1980 : **Dives in misericordia.** Sur la miséricorde divine.

1981 : **Laborem exercens.** Sur le travail humain.

1985 : **Slavorum apostoli.** Sur les saints Cyrille et Méthode.

1986 : **Dominum et vivicantem** Sur l'Esprit Saint dans la vie de l'Église et du monde.

1987 : **Redemptoris mater.** « La Mère du Rédempteur ». La médiation de Marie et son rôle dans l'Église.

1987 : **Sollicitudo rei socialis.** « La sollicitude de l'Église pour la question sociale ». Une lecture théologique des problèmes actuels de la personne humaine, dans le développement des hommes, des peuples et de la société.

1990 : **Redemptoris missio.** « La mission du Christ rédempteur ». L'urgence de l'activité missionnaire par la médiation du Christ, unique Sauveur, sous l'impulsion de l'Esprit Saint.

1991 : **Centesimus annus.** « A l'occasion du centenaire de "Rerum Novarum", l'encyclique du pape Léon XIII concernant la question sociale. Un regard porté sur les erreurs des idéologies du passé et l'avenir, à la lumière de ce que l'Église propose comme références à tout type de société dans le sens de la primauté de l'Homme.

EXHORTATIONS APOSTOLIQUES

1981 : **Familiaris consortio.** Sur les tâches de la famille chrétienne dans le monde d'aujourd'hui.

1984 : **Redemptionis donum.** Sur la consécration religieuse à la lumière de la Rédemption.

1984 : **Réconciliation et pénitence.**

1988 : **Christifideles laici.** « La vocation des fidèles laïcs » dans l'Église et le monde. Exhortation faisant suite au Synode des évêques tenu à Rome en 1987 sur le thème « Vocation et mission des laïcs dans l'Église et dans le monde » après le concile Vatican II.

1989 : **Redemptoris custos.** « Le gardien du Rédempteur ». La figure et la mission de saint Joseph dans la vie du Christ et de l'Église au moment où la cellule familiale est particulièrement menacée dans la société.

1992 : **Pastores dabo vobis** « Je vous donnerai des pasteurs ». Une réflexion con-duite à partir des conclusions du Synode des évêques sur les prêtres, leur vocation, leur formation.

LETTRES APOSTOLIQUES

1980 : Lettre aux évêques, prêtres et diacres sur l'eucharistie.

1981 : Lettre aux évêques pour le 1600ᵉ anniversaire du concile de Constantinople et le 1550ᵉ anniversaire du concile d'Éphèse.

1982 : **Prier pour la Chine.** Lettre aux évêques du monde entier.

1984 : **Salvifici doloris.** Lettre sur le sens chrétien de la souffrance.

1987 : **Omnium ecclesiarum matri.** Une lettre sur saint Cyrille de Jérusalem, sa foi et son rayonnement.

1987 : **Lettre aux évêques.** Accompagnant l'« *instrumentum laboris* » sur la mission des laïcs.

1987 : **Sescentesima anniversaria.** Lettre de soutien à l'Église de Lituanie à l'occasion du 6ᵉ centenaire du baptême de ce pays.

1987 : **Spiritus domini.** « L'Esprit du Seigneur ». A l'occasion de la commémoration de saint Alphonse de Liguori : sa spiritualité dans le monde contemporain.

1987 : **Duodecimum saeculum.** « Douzième anniversaire du IIᵉ concile de Nicée » sur les Icônes. Importance de la Tradition écrite et non écrite, en particulier le rôle de l'Art Sacré et le sens de l'Icône.

1988 : **Juvenum patris.** A l'occasion du centenaire de la mort de saint Jean Bosco, une lettre sur l'éducation des jeunes.

1988 : **Euntes in mundum.** Lettre du 25 janvier, rendue publique le 22 mars à l'occasion du millénaire du baptême de Kiev. Le pape y souligne les valeurs propres à la tradition orientale et, dans le souci œcuménique, dit sa volonté de dialogue entre l'Église orthodoxe et l'Église romaine d'Ukraine.

1988 : **Aux personnes consacrées.** Aux communautés religieuses et aux instituts séculiers pour les encourager à méditer sur leur vocation, leur consécration et leur apostolat spécifique.

1988 : Une lettre apostolique concernant la réorganisation de la Commission pontificale pour l'Amérique latine.

1988 : **Mulieris dignitatem.** La dignité de la femme et sa vocation spécifique.

1988 : **Sacrosanctum concilium.** Pour le 25ᵉ anniversaire des nouvelles dispositions concernant la Sainte Liturgie selon le « Saint Concile » de Vatican II.

1989 : **« Tu m'as mis au tréfonds ».** Pour le 50ᵉ anniversaire du début de la Deuxième Guerre mondiale : un appel à un monde plus fraternel, pour ne pas renouveler les égarements du passé et éviter la barbarie qui en a découlé.

1989 : **Aux chrétiens du Liban.** A tous les évêques de l'Église catholique sur la situation de ce pays.

1989 : **En ce temps.** A l'occasion du 100ᵉ anniversaire de l'œuvre de Saint-Pierre-Apôtre, lettre apostolique sur les vocations.

1990 : **Pour le 14ᵉ centenaire de saint Grégoire le Grand.** Toute autorité dans l'Église est d'abord un service ; cette lettre est aussi consacrée à la formation des prêtres et aux activités pastorales, à la lumière de la vie de saint Grégoire.

1990 : **Aux religieux et religieuses de l'amérique latine** A l'occasion du 5ᵉ centenaire de l'annonce de l'Évangile au Nouveau Monde découvert par les Européens, l'évangélisation actuelle de l'Amérique latine.

1990 : **4ᵉ centenaire de la mort de saint Jean de la Croix.** Une lettre apostolique sur les dimensions de la foi évangélique.

1991 : Sur les relations entre catholiques et orthodoxes, dans la nouvelle situation de l'Europe centrale et orientale, aux évêques du continent européen.

prendre acte de l'existence de ces réalités. Les ignorer reviendrait à s'identifier au « riche bon vivant » qui feignait de ne pas connaître Lazare le mendiant qui gisait près de son portail (Cf. Lc 16, 19-31). » (§ 42)

3. La diffusion de la doctrine sociale fait partie de la mission de l'Église.

« *Voilà pourquoi l'Église a une parole à dire aujourd'hui comme il y a vingt ans, et encore à l'avenir, sur la nature, les conditions, les exigences et les fins du développement authentique, et aussi sur les obstacles qui l'entravent. Ce faisant, l'Église accomplit sa mission d'évangélisation, car elle apporte sa première contribution à la solution du problème urgent du développement quand elle se proclame la vérité sur le Christ, sur elle-même, et sur l'homme, en l'appliquant à une situation concrète.* » (§ 41)

« *L'accomplissement du ministère de l'évangélisation dans le domaine social, qui fait partie de la fonction prophétique de l'Église, comprend aussi la dénonciation des maux et des injustices. Mais il convient de souligner que l'annonce est toujours plus importante que la dénonciation, et celle-ci ne peut faire abstraction de celle-là qui lui donne son véritable fondement et la force de la motivation la plus haute.* » (§ 41) ■

Lettre apostolique du pape Jean-Paul II *MULIERIS DIGNITATEM* (15 août 1983)

Signée le 15 août 1988, jour de la clôture de l'année mariale, publiée le 30 septembre, la Lettre apostolique du pape Jean-Paul II est importante par son volume (elle a la taille d'une encyclique) mais surtout par son sujet. Elle traite en effet de la dignité et de la vocation de la femme.

Sa particularité est d'avoir choisi d'aborder cette question dans une méditation ne devant pratiquement rien aux sciences humaines mais tout à une réflexion sur le Christ puisque, pour le pape, « *la vérité éternelle sur l'être humain, homme et femme [...], constitue en même temps le mystère qui ne s'éclaire vraiment que dans le Verbe Incarné. Le Christ manifeste pleinement l'homme à lui-même et lui découvre la sublimité de sa vocation* ».

La lettre apostolique comprend huit parties, dont les sous-titres sont : Femme – Mère de Dieu ; Image et ressemblance de Dieu ; Ève-Marie ; Jésus Christ ; Maternité-virginité ; L'Église, épouse du Christ ; La charité.

La lettre apostolique souligne les points suivants :

La dignité de la femme

Pour Jean-Paul II, cette dignité de la femme est totalement manifestée dans l'événement du salut apporté par Jésus le Christ. « *Quand vint la plénitude des temps Dieu envoya son Fils né d'une femme.* » (Gal. 4,4) *En cet événement, la femme est élevée surnaturellement à l'union avec Dieu en Jésus Christ, elle représente l'humanité (homme et femme) et elle « enfante » Dieu dans le monde.*

On voit que, pour Jean-Paul II, *la dignité de tout être humain et la vocation qui lui correspond trouvent leur mesure définitive dans l'union à Dieu. » (5)*

Le rapport homme-femme

« L'homme et la femme sont des êtres humains, l'homme et la femme à un degré égal, tous les deux créés à l'image de Dieu. » (6)

C'est dans la réciprocité entre hommes et femmes que tous s'humanisent et deviennent à l'image de Dieu-Amour.

« L'homme – homme et femme – est le seul être parmi les créatures du monde visible que Dieu créateur ait voulu pour lui-même ; c'est donc une personne. Être une personne signifie tendre à la réalisation de soi, ce qui ne peut s'accomplir qu'à travers un don désintéressé de soi. Le modèle d'une telle interprétation est Dieu même comme Trinité. » (7)

Ceci étant, le péché originel est venu troubler en l'homme l'image de Dieu. Ce péché est le péché de l'être humain, créé homme et femme par Dieu, et il atteint l'humanité dans la relation homme-femme: la domination de l'homme sur la femme est une des conséquences du péché. C'est un de-

---

Profession de foi et de fidelité

Par un rescrit, publié dans le *Journal Officiel du Vatican* – les *Acta Apostilicae Sedis* – du 9 janvier 1989 et dont la traduction fut approuvée le 19 décembre 1990, les personnes qui exercent une fonction de responsabilité dans l'Église doivent prononcer le serment suivant :

Moi, N., en assumant la fonction de..., je promets que je garderai toujours la communion avec l'Église catholique, tant dans mes prises de parole que dans ma manière d'agir.

Avec beaucoup de zèle et une grande fidélité, je m'acquitterai de mes devoirs envers l'Église particulière dans laquelle j'ai été appelé à accomplir, selon les prescriptions du droit, mon service.

Dans l'accomplissement de la charge qui m'a été confiée au nom de l'Église, je conserverai en son intégrité le dépôt de la foi, je le transmettrai et l'expliquerai fidèlement ; je me garderai donc de toutes les doctrines qui lui sont contraires.

Je suivrai et favoriserai la discipline commune de toute l'Église, et je maintiendrai l'observance de toutes les lois ecclésiastiques, surtout de celles qui sont contenues dans le Code de droit canonique.

Par obéissance chrétienne, je me conformerai à ce que les pasteurs sacrés déclarent en tant que docteurs et maîtres authentiques de la foi ou décident en tant que chefs de l'Église, et j'apporterai fidèlement mon aide aux évêques diocésains pour que l'action apostolique, qui doit s'exercer au nom de l'Église et sur son mandat, se réalise dans la communion de cette même Église.

Qu'ainsi Dieu me vienne en aide, et les saints Évangiles de Dieu que je touche dans mes mains.

voir pour la femme de chercher à s'en affranchir (10). Cela dit, elle doit travailler contre cette domination en restant elle-même :

« La femme ne peut – au nom de sa libération de la domination de l'homme – tendre à s'approprier les caractéristiques masculines, au détriment de sa propre originalité féminine. » (10)

C'est dans le don réciproque de l'homme et de la femme que chacun trouve son identité, et cela n'est possible que lorsque ce don de soi réciproque n'est pas dévié par le désir de l'homme de devenir maître de son épouse (lui dominera sur toi) ni par le fait, chez la femme, d'en rester à ses propres instincts (le désir te portera vers ton mari : Gen. 3, 16).

Dans cette conquête de l'identité féminine, la responsabilité de l'homme est importante :

« La dignité de la femme et sa vocation – comme, du reste, celle de l'homme – trouvent leur source éternelle dans le cœur de Dieu, et, dans les conditions historiques de l'existence humaine, elles sont étroitement liées à « l'unité des deux ». C'est pourquoi tout homme doit considérer en lui-même si celle qui lui est confiée comme une sœur dans la même humanité, étant son épouse, n'est pas devenue dans son cœur un objet d'adultère, si celle qui, de diverses façons, est le co-sujet de son existence dans le monde n'est pas devenue pour lui un objet : objet de jouissance, objet d'exploitation. » (14)

Jésus-Christ et les femmes

« Dans tout l'enseignement de Jésus, et aussi dans son comportement, on ne trouve rien qui reflète la discrimination de la femme habituelle à son époque. Au contraire, ses paroles et ses actes expriment toujours le respect et l'honneur dus à la femme. » (13)

Pour Jean-Paul II, les femmes autour du Christ sont à parité avec les hommes. Ce qui ne supprime pas les différences. Pour le pape, les femmes dans l'Évangile parlent avec Jésus des mystères les plus profonds de Dieu, et leur spécificité est une *« réceptivité authentique de l'esprit et de cœur dans une démarche de foi. » (15)*

Maternité et virginité

Si l'on comprend bien le pape, la maternité et la virginité sont deux dimensions de la vocation de toute femme : la maternité manifeste le don de soi-même auquel est appelée chaque femme, mais aussi chaque homme. Mais évidemment, en ce domaine, c'est la femme qui éclaire l'humanité sur sa vocation. La virginité, elle, ouvre à la maternité spirituelle, qui est le ministère propre de toute l'Eglise ; ce ministère, s'il est signifié par toute femme, peut et doit être vécu par l'homme: « Mes petits enfants, vous que j'enfante à nouveau dans la douleur », dit Saint Paul (Gal. 4, 19).

Marie – comme le souligne le concile Vati-can II – occupe ici la première place, « offrant à un titre éminent et singulier le modèle de la vierge et de la mère ».

Mais maternité et virginité ne se comprennent que dans la « sponsalité ». *« Dans l'ensemble de ce qui est humain, de ce qui est humainement personnel, la masculinité et la féminité se distinguent et en même temps se complètent et s'éclairent mutuellement. » (25)*

L'eucharistie et le sacerdoce des femmes

« Dans l'ample contexte du « grand mystère » qui s'exprime par le rapport sponsal entre le Christ et l'Église, il est aussi possible de bien comprendre le fait de l'appel des « Douze ». En n'appelant que des hommes à être ses apôtres, le Christ a agi d'une manière totalement libre et souveraine...

Seuls les apôtres reçoivent le commandement sacramentel : « Faites ceci en mémoire de moi... »

Si le Christ, en instituant l'eucharistie, l'a liée d'une manière aussi explicite au service sacerdotal des apôtres, il est légitime de penser qu'il voulait de cette façon exprimer la relation entre l'homme et la femme, entre ce qui est « féminin » et ce qui est « masculin », voulue par Dieu tant dans le mystère de la Création que dans celui de la Rédemption. Dans l'eucharistie s'exprime avant tout, sacramentellement, l'acte rédempteur du Christ-Époux envers l'Église-Épouse. Cela devient transparent et sans équivoque lorsque le service sacramentel de l'eucharistie, où le prêtre agit « in persona Christi », est accompli par l'homme » (26).

La famille

Le couple et la famille constituent le premier espace pour l'engagement social des fidèles laïcs. *C'est un engagement qui ne peut être assumé de façon valable que dans la conviction de la valeur unique et irremplaçable de la famille pour le développement de la société et de l'Église elle-même.*

Christifideles laici, 40.

« Nouvelle Évangélisation »

Le thème de la « nouvelle évangelisation » revient avec insistance dans le magistère de Jean-Paul II : on en trouvera un exposé substantiel au n° 34 de son *Exhortation postsynodale « Christifideles laici »* (30 décembre 1988).

Cette expression ne signifie pas, comme on pourrait en avoir l'impression, qu'il faut tout reprendre à neuf, comme si le travail d'évangélisation des siècles passés n'avait aucune valeur, qu'il s'agisse de celle des deux premiers siècles dans les divers pays d'Occident, ou de celle des saints Cyrille et Méthode dans l'Est européen, de saint Boniface en Germanie, de celle de la Russie en 988, de la Lituanie en 1387, ou encore de l'empreinte laissée par saint Benoît et ses disciples. Cet immense labeur est un fait fondamental. Sa valeur demeure : il ne peut être oublié. On ne peut recommencer comme si rien n'était arrivé ou comme si tout avait été vain. Bien différemment, parler de la « nouvelle évangélisation », qui se révèle aujourd'hui une urgence qu'on ne peut remettre à plus tard, revient à exprimer la délicatesse avec laquelle il convient d'approcher ce blessé qu'est la société occidentale, avec toutes ses misères, ses peines et ses lourdeurs, afin de trouver ce qu'il convient de faire pour elle avec beaucoup d'humilité et d'amour. En effet ce blessé nous représente un peu tous.

C'est la raison pour laquelle Jean-Paul II écrit dans *« Christifideles laici » : « Assurément il est urgent partout de refaire le tissu chrétien de la société humaine. Mais la condition est que se refasse le tissu chrétien des communautés ecclésiales elles-mêmes. » (n° 34)*

Ou encore: *« Cette nouvelle évangélisation, qui s'adresse non seulement à chacune des personnes, mais aussi à des groupes entiers de populations dans la diversité de leurs situations, de leurs milieux, de leurs cultures, est destinée à la formation de communions ecclésiales mûres, c'est-à-dire où la foi répand et réalise tout son sens originel d'adhésion à la personne du Christ et à son Évangile, de rencontre et de communion sacramentelle avec Lui, d'existence vécue dans la charité et le service. » (Ibid.)*

La nouvelle évangélisation concerne en particulier nos nations européennes et soulève les questions les plus profondes du sens de la vie, qui émargent avec toute leur force au moment de la naissance, de la souffrance et de la mort.

Le pape écrit encore : « *Des pays et des nations entières où la religion et la vie chrétienne étaient autrefois on ne peut plus florissantes et capables de faire naître des communautés de foi vivante et active sont maintenant mises à dure épreuve et parfois sont même radicalement transformées, par la diffusion incessante de l'indifférence religieuse, de la sécularisation et de l'athéisme. Il s'agit en particulier des pays et des nations de ce qu'on appelle le Premier Monde, où le bien-être économique et la course à la consommation, même s'ils côtoient des situations effrayantes de pauvreté et de misère, inspirent et alimentent une vie vécue « comme si Dieu n'existait pas ». Actuellement, l'indifférence religieuse et l'absence totale de signification qu'on attribue à Dieu, en face des problèmes graves de la vie, ne sont pas moins préoccupantes ni délétères que l'athéisme déclaré. La foi chrétienne, même lorsqu'elle survit en certaines de ses manifestations traditionnelles et rituelles, tend à être arrachée des moments les plus importants de l'existence, comme les moments de la naissance, de la souffrance et de la mort. De là vient que se posent forcément des questions et des énigmes terribles ; elles restent sans réponse et l'homme d'aujourd'hui se trouve exposé à la déception désespérée ou à la tentation de détruire la vie humaine elle-même, qui pose de tels problèmes. (Ibid.)* » ■

D'après le cardinal Martini, président de la Conférence des évêques européens.

Exhortation apostolique du pape Jean-Paul II *CHRISTIFIDELES LAICI* sur les Fidèles laïcs (30 décembre 1988)

Ce texte n'est pas un exposé doctrinal, mais une exhortation lancée par le pape aux laïcs, et qui peut se résumer par une citation : « Allez, vous aussi, à ma vigne. » (Mt 20. 3-4)

Publié à la suite d'un synode d'évêques (1987), il a pourtant une importance considérable du point de vue de la réflexion car il intervient à un moment où beaucoup de chrétiens occidentaux semblent avoir perdu leurs repères.

Le contexte

Traditionnellement, les laïcs étaient considérés dans l'Église comme le levain du monde. Or les changements du monde ont heurté de plein fouet la conception traditionnelle des chrétiens.

Le pluralisme des sociétés sur les questions morales a renvoyé au domaine privé les opinions sur l'avortement, l'homosexualité, l'adultère, le divorce ; le statut de la femme a changé dans la société ; la prise de conscience de la complexité du monde contribue au rejet de toute recherche abstraite de la vérité ; les droits de l'homme et l'écologie semblent quelque fois résumer tout le sacré dont l'homme est capable ; la société préfère résoudre ces problèmes de manière économique et payer plutôt que comprendre ; les loisirs et les médias balaient l'idée ancienne selon laquelle l'oisiveté était mère de tous les vices ; la société se veut égalitaire et démocratique et accuse l'Église de ne pas l'être ; la société aime la formation et refuse les amateurs.

Face à cela, les chrétiens vivent une véritable crise de la militance, veulent voir leur affectivité prise en compte dans l'Église, veulent prier plutôt que réfléchir sur leur métier ; le Concile a sous-estimé la crise des vocations ; même si la paroisse et les mouvements spirituels connaissent un vrai renouveau, le nombre des chrétiens a beaucoup baissé, l'âge a rendu un grand nombre de prêtres moins dynamiques ; les laïcs sont devenus plus responsables, mais l'articulation entre les responsabilités des prêtres et des laïcs n'en a pas forcément été facilitée ; les laïcs qui se déclarent chrétiens deviennent nécessairement de véritables paratonnerres à tout ce qui est religieux dans leur entourage.

La place des laïcs dans l'organisation ecclésiatique.

Là où les nécessités de l'Église le conseillent, et à défaut de ministres sacrés, des laïcs peuvent, même sans être lecteurs ou acolytes, remplir en suppléance telle ou telle de leurs fonctions : ministère de la parole, présidence des prières liturgiques, administration du baptême, distribution de la Sainte Communion, suivant les normes du droit. Il faut remarquer toutefois que l'exercice d'une telle fonction ne fait pas du fidèle laïc un pasteur *: en réalité, ce qui constitue le ministère, ce n'est pas l'activité en elle-même, mais l'ordination sacramentelle. Seul le sacrement de l'Ordre confère au ministre ordonné une participation particulière à la fonction du Christ Chef et Pasteur et à son sacerdoce éternel. La fonction exercée en tant que suppléant tire sa légitimité, formellement et immédiatement, de la délégation officielle reçue des pasteurs et, dans l'exercice concret de cette fonction, le suppléant est soumis à la direction de l'autorité ecclésiastique.*

Christifideles laici, 23

Il n'y a pas de statut mineur dans l'Église. Tous les chrétiens sont appelés à la sainteté.

Tous, dans l'Église, précisément parce qu'ils sont ses membres, reçoivent et donc partagent la vocation commune à la sainteté. De plein droit, et sans aucune différence avec les autres membres de l'Église, les fidèles laïcs sont appelés à la sainteté : « L'appel à la plénitude de la vie chrétienne et à la perfection de la charité s'adresse à tous ceux qui croient au Christ, quels que soient leur état ou leur rang » ; « Tous les fidèles du Christ sont donc invités et obligés à poursuivre la sainteté et la perfection de leur état. »
La vocation à la sainteté plonge ses racines *dans le baptême et elle est réactivée par les autres sacrements, principalement par l'eucharistie : revêtus de Jésus Christ et abreuvés de son Esprit, les chrétiens sont « saints », et sont, de ce fait, habilités et engagés à manifester la sainteté de leur* être *dans la sainteté de* tout leur agir. *L'apôtre Paul ne se lasse pas d'engager tous les chrétiens à vivre « comme il convient à des saints » (Ep 5,3).*

Christifideles laici, 16.

La politique : un travail pour les chrétiens

Les Pères du synode l'ont affirmé à plusieurs reprises : tous et chacun ont le droit et le devoir de participer à la politique ; cette participation peut prendre une grande diversité et complémentarité de formes, de niveaux, de tâches et de responsabilités. Les accusations d'arrivisme, d'idolâtrie du pouvoir, d'égoïsme et de corruption, qui bien souvent sont lancées contre les hommes du gouvernement, du Parlement, de la classe dominante, des partis politiques, comme aussi l'opinion assez répandue que la politique est nécessairement un lieu de danger moral, tout cela ne justifie pas le moins du monde ni le scepticisme ni l'absentéisme des chrétiens pour la chose publique.

A l'inverse, la parole du concile Vatican II est des plus significatives : « L'Église tient en grande considération et estime l'activité de ceux qui se consacrent au bien de la chose publique et en assument les charges pour le service de tous. (1) »

Une politique pour la personne et la société trouve son critère fondamental *dans la* poursuite du bien commun, *en tant que bien de tout homme, bien offert et garanti à l'accueil libre et responsable des personnes, individuellement ou en association : « La communauté politique existe pour le bien commun ; elle trouve en lui sa pleine justification et sa signification, et c'est de lui qu'elle tire l'origine de son droit propre. Quant au bien commun, il comprend l'ensemble des conditions de la vie sociale qui permettent aux hommes, aux familles et aux groupements de s'accomplir plus complètement et plus facilement. (2) »*

Christifideles laici, 42.

(1) Conc. œcum. Vat. II. Const. past. sur l'Église dans le monde de ce temps, Gaudium et Spes 75.

(2) Ibid. 74.

Le texte

Face à ces changements , le texte des *fidèles laïcs* cherche à susciter et à alimenter une prise de conscience plus nette du don et de la responsabilité que tous les fidèles laïcs ont dans la communion et la mission de l'Église.

L'idée fondamentale de l'exhortation est facile à résumer : l'identité d'un chrétien ne peut se comprendre qu'à l'intérieur du mystère de l'Église qui est communion, dont la mission est de diffuser la communion, l'amour de Dieu en lui-même. Puisque l'amour veut se diffuser, puisque la communion ecclésiale est le moyen de cette diffusion...« il n'est permis à personne de rester à ne rien faire ».

L'encyclique développe ce thème en cinq chapitres.

- La dignité des fidèles laïcs dans l'Église-Mystère.
- La participation des fidèles laïcs à la vie de l'Église-Communion.
- La co-responsabilité des fidèles laïcs dans l'Église-Mission.
- Les différentes vocations au service de Dieu dans l'Église.
- La formation des fidèles laïcs.

On retiendra particulièrement l'appel à la sainteté dans et par la vie professionnelle : « L'unité de la vie des fidèles laïcs est d'une importance extrême : ils doivent, en effet, se sanctifier dans la vie ordinaire professionnelle et sociale. Afin qu'ils puissent répondre à leur vocation, les fidèles laïcs doivent donc considérer leur vie quotidienne comme une occasion d'union à Dieu et d'accomplissement de sa volonté, comme aussi de service envers les autres hommes, en les portant jusqu'à la comunion avec Dieu, dans le Christ. » (17)

L'exhortation apporte des éclairages importants sur de nombreux points : elle donne une définition positive du laïc (à partir du baptême, de la confirmation et de l'eucharistie, éventuellement du mariage, et non par l'absence de sacrement de l'ordre) ; elle réfléchit aux services et offices qu'assurent les laïcs aujourd'hui dans l'Église – ce dont elle se réjouit, même si elle met en garde contre « la confusion et le nivellement pratiqués entre le sacerdoce commun et le sacerdoce ministériel et la tendance à la cléricalisation des fidèles laïcs ». Elle apporte son encouragement à la promotion de la femme, à l'action politique des chrétiens, à la participation active de tous les baptisés à la vie paroissiale, etc.

On notera aussi que l'exhortation appelle même les malades et les handicapés à « aller à la vigne » par la prière. Ils sont chargés de « porter la joie de l'Esprit Saint au milieu de bien des épreuves ».

Lettre encyclique du pape Jean-Paul II *REDEMPTORIS MISSIO* sur la mission du Christ Rédempteur (1990)

Parue au moment de la « crise du Golfe », l'encyclique *Redemptoris Missio* n'a pas eu, en France, au moment de sa publication, un très grand retentissement. C'est pourtant un texte fondamental dont l'objectif est de relancer le souci missionnaire des chrétiens.

L'argument central de l'encyclique est simple : *« A toutes les époques, et plus particulièrement à la nôtre, le devoir fondamental de l'Église est de diriger le regard de l'homme, d'orienter la conscience et l'expérience de toute l'humanité vers le mystère du Christ. »(4)*

Pourquoi ? Parce que le Christ est la clef du bonheur pour tous les hommes quels qu'ils soient : « Il n'y a pas d'autre nom donné aux hommes par lequel nous devions être sauvés. » (Act. 4/12)

En affirmant cette vérité centrale de la foi chrétienne, le pape refuse de laisser le christianisme devenir une pure idéologie.

« Aujourd'hui, la tentation existe de réduire le christianisme à une sagesse purement humaine, en quelque sorte une science pour bien vivre. En un monde fortement sécularisé est apparue une sécularisation progressive du salut, ce pourquoi on se bat pour l'homme, certes, mais pour un homme mutilé, ramené à sa seule dimension horizontale. Nous savons, au contraire, que Jésus est venu apporter le salut intégral qui saisit tout l'homme et tous les hommes en les ouvrant à la perspective merveilleuse de la filiation divine. » (11)

Annoncer l'Évangile ne consiste pas à plaquer comme de l'extérieur une doctrine sur quelqu'un, mais à découvrir en lui ce qu'il attend dans le domaine religieux et ouvrir la page de l'Évangile qui lui parlera au cœur : « *L'Église sait que l'homme sans cesse sollicité par l'Esprit de Dieu ne sera jamais tout à fait indifférent au problème religieux. » (28)*

Annoncer l'Évangile est nécessaire ; pour autant cela n'est pas facile : « *Les difficultés semblent insurmontables et pourraient décourager s'il s'agissait d'une œuvre purement humaine.* » (36)

Alors que faire ? Comment le faire ? Pour pousser les chrétiens à agir, le pape donne une *conviction*, une *invitation* à l'action sur eux-mêmes et une *méthodologie*.

La *conviction* c'est le respect de la liberté : *« L'Église propose, elle n'impose rien: elle respecte les personnes et les cultures et elle s'arrête devant l'autel de la conscience. » (36)*

L'*invitation* est celle à la conversion : en fait c'est le Christ, l'Esprit du Christ qui agit à travers le chrétien. Il faut aimer Dieu et son prochain pour pouvoir annoncer à chacun qu'il est aimé de Dieu et qu'il peut lui-même aimer (89).

La *méthode* se décompose en six temps : celui du témoignage de la vie, celui de l'annonce explicite de l'Évangile, celui de la fondation d'une communauté, celui de la confrontation d'une culture et de l'Évangile, et de l'inculturation de celui-ci, celui du dialogue inter-chrétiens, celui de l'information, de l'éducation des consciences et du développement.

Évidemment, ces temps ne sont pas forcément chronologiquement distincts.

L'encyclique a pour but premier de relancer les activités missionnaires des anciennes Églises européennes qui, pour des raisons internes et en particulier la raréfaction du nombre des prêtres et religieuses, semblent s'essoufler dans leurs efforts.

Mais, en fait, le pape cherche à rendre conscients tous les chrétiens de l'exigence de devenir missionnaires et, en premier lieu, là où ils sont. Il demande explicitement aux évêques de l'appuyer dans ce projet : l'évêque doit veiller à ce que l'activité apostolique ne soit pas limitée aux seuls convertis, mais à ce qu'une juste part d'ouvriers et de subsides soit destinée à l'évangélisation des non-chrétiens (63). ■

Lettre encyclique du pape Jean-Paul II *CENTESIMUS ANNUS* sur les questions sociales (1er mai 1991)

La troisième encyclique de Jean-Paul II – comme nombre d'encycliques sociales (*Quadragesimo anno* de Pie XI le 15 mai 1931, *Mater et Magistra* de Jean XXIII le 15 mai 1961, *Laborem exercens* de Jean-Paul II le 14 septembre 1981) – se propose de commémorer l'anniversaire (en l'occurence le centième) de l'encyclique *Rerum novarum* du pape Léon XIII, publiée le 15 mai 1891.

Le centenaire n'est pas seulement un prétexte, car le pape fait une analyse originale du texte de Léon XIII ; mais c'est aussi pour Jean-Paul II l'occasion de scruter un siècle d'histoire sociale, de réfléchir sur la chute du marxisme et sur l'extraordinaire année 1989.

Comme dans les autres encycliques sociales, le pape explique le rôle de l'Église et de sa « doctrine sociale ». Mais n'ayant plus à renvoyer dos à dos les blocs et leurs politiques antagonistes comme il le faisait encore dans *Sollicitudo rei socialis*, le pape n'hésite pas à accepter clairement l'économie de marché tout en soulignant le rôle de l'État. C'est en effet à l'État d'empêcher le marché d'agir « dans un vide institutionnel, juridique et politique ». C'est à l'État de soutenir éventuellement les entreprises et d'orienter le développement.

Si le pape se refuse à entrer dans le détail de ce que devrait être une politique économique, il appelle tous les hommes à prendre acte de la chute du marxisme et à reconstruire le monde : « La crise du marxisme n'élimine pas du monde les situations d'injustice et d'oppression. » Pour construire, il faut évidemment avoir le sens de la dignité de l'homme et du bien commun, avoir le goût de la solidarité, et cela d'autant plus que la question sociale est devenue universelle, mettre tout en œuvre pour que la justice soit respectée ; parmi les moyens proposés, le pape indique sa préférence pour tout ce qui permet de respecter le principe de subsidiarité.

La pointe du discours du pape est sans doute ailleurs : pour lui les idéologies sont les causes essentielles de l'injustice. Pour combattre l'idéologie et mettre l'homme au centre de la vie économique et sociale, c'est au fond à une véritable conversion que le pape appelle : il n'y a pas de vie sociale heureuse sans fondement éthique. Et même si de nombreux non-chrétiens peuvent *« contribuer à donner à la question sociale le fondement qui s'impose, l'Église a un rôle essentiel en accueillant la lumière que le Christ donne sur le sens de la Création »*.

Voici trois extraits de la lettre encyclique *Centesimus annus*

1989.

« Les événements de 1989 donnent l'exemple du succès remporté par la volonté de négocier et par l'esprit évangélique face à un adversaire décidé à ne pas se laisser arrêter par des principes moraux ; ils constituent donc un avertissement pour tous ceux qui, au nom du réalisme politique, veulent bannir de la politique le droit et la morale. Certes, la lutte qui a conduit aux changements de 1989 a exigé de la lucidité, de la modération, des souffrances et des sacrifices ; en un sens, elle est née de la prière et elle aurait été impensable sans une confiance illimitée en Dieu, Seigneur de l'histoire, qui tient en main le cœur de l'homme. C'est en unissant sa souffrance pour la vérité et la liberté à celle du Christ en croix que l'homme peut accomplir le miracle de la paix et est capable de découvrir le sentier souvent étroit entre la lâcheté qui cède au mal et la violence qui, croyant le combattre, l'aggrave. »

La démocratie

« L'Église apprécie le système démocratique, comme système qui assure la participation des citoyens aux choix politiques et garantit aux gouvernés la possibilité de choisir et de contrôler leurs gouvernants, ou de les remplacer de manière pacifique lorsque cela s'avère opportun. Cependant, l'Église ne peut approuver la constitution de groupes dirigeants restreints qui usurpent le pouvoir de l'État au profit de leurs intérêts particuliers ou à des fins idéologiques.

Une démocratie authentique n'est possible que dans un État de droit et sur la base d'une conception correcte de la personne humaine. »

Le « sens de l'homme ».

« L'Église reçoit de la Révélation divine le "sens de l'homme". "Pour connaître l'homme, l'homme vrai, l'homme intégral, il faut connaître Dieu", disait Paul VI ; et aussitôt après il citait sainte Catherine de Sienne qui exprimait sous forme de prière la même idée : "Dans ta nature, Dieu éternel, je connaîtrai ma nature".

L'anthropologie chrétienne est donc en réalité un chapitre de la théologie, et, pour la même raison,la doctrine sociale de l'Église, en s'occupant de l'homme, en s'intéressant à lui et à sa manière de se comporter dans le monde, "appartient [...] au domaine de la théologie et spécialement de la théologie morale". La dimension théologique apparaît donc nécessaire tant pour interpréter que pour résoudre les problèmes actuels de la convivialité humaine. Cela vaut – il convient de le noter – à la fois pour la solution « athée », qui prive l'homme de l'une de ses composantes fondamentales, la composante spirituelle, et pour les solutions inspirées par la permissivité et l'esprit de consommation, solutions qui, sous divers prétextes, cherchent à le convaincre de son indépendance par rapport à Dieu et à toute loi, l'enfermant dans un égoïsme qui finit par nuire à lui-même et à autrui. »

Encyclique Centesimus annus,
Édition Centurion.

Exhortation apostolique du pape Jean-Paul II « *PASTORES DABO VOBIS* » Je vous donnerai des pasteurs (25 mars 1992)

« *Pastores dabo vobis* » se présente comme les conclusions tirées par le pape du synode des évêques d'octobre 1990 portant sur la formation des prêtres.

Jamais conclusions n'auront été plus fidèles au texte même des recommandations des Pères du synode, qui sont abondamment citées.

Il en résulte un texte composé de quatres parties très distinctes, pouvant être lues indépendamment les unes des autres ; à côté d'une réfle-xion synthétique sur l'identité du prêtre dans le monde d'aujourd'hui (chapitres 1, 2, 3), se suivent trois petits traités, le premier sur la vocation et la pastorale des vocations, le second sur la formation initiale des prêtres, le troisième sur la formation permanente des prêtres. L'unité de l'ensemble est assurée par une cohérence très profonde des propos sur le prêtre ; mais aussi, et surtout, par une vision théologique du monde propre à Jean-Paul II. La manière de penser et le style font de « *Pastores dabo vobis* » une sorte de pendant de l'exhortation apostolique « *Christifideles laïci* » : après avoir situé le laïc dans l'Église, présentée comme mystère de la présence de Dieu, communion dans l'Esprit et Mission trinitaire, le pape y situe à son tour le prêtre.

Certes l'exhortation apostolique est longue, mais le portrait qu'elle dessine du prêtre doit permettre à tous les fidèles catholiques – et sans doute à d'autres personnes – de comprendre ce qu'est un prêtre.

L'identité du prêtre

« *C'est à l'intérieur de l'Église comme mystère de communion trinitaire en tension missionnaire que se révèle toute identité chrétienne et donc aussi l'identité spécifique du prêtre et de son ministère.*

En effet, le prêtre, en vertu de la consécration qu'il a reçue par le sacrement de l'ordre, est envoyé par le Père, par Jésus Christ, à qui il est configuré de manière spéciale comme Tête et Pasteur de son Peuple pour vivre et agir, dans la force de l'Esprit Saint, pour le service de l'Église et pour le salut du monde. » (12)

Cette définition assez dense est comme méditée au long de l'exhortation, qui en tire toutes les conséquences, dont la première est le caractère relationnel de l'identité du prêtre : son sacerdoce est lié au mystère de Dieu lui-même, se donnant, par Jésus, à un peuple qu'il sauve ; son rapport avec Dieu est ce qui le pousse à se lier aux hommes : « *Il existe entre la vie spirituelle du prêtre et l'exercice de son ministère un rapport intime.* » La « *charité pastorale constitue le principe intérieur et dynamique capable d'unifier les diverses et multiples activités du prêtre. Grâce à elle, peut se réaliser l'exigence essentielle et permanente d'unité entre la vie intérieure et de nombreux actes et responsabilités du ministère* » (23).

Cela dit, ce regard mystique sur l'identité du prêtre, elle-même centrée sur le mystère de Dieu, conduit le pape à souligner l'importance de facteurs très concrets de la vie d'un prêtre : bien sûr la pratique des sacrements, et une vie marquée par la pauvreté, la chasteté et l'obéissance, mais en même temps l'amitié, la formation aux sciences humaines, la connaissance du monde.

Ph. CIRIC

Assemblée plénière de l'Épiscopat français à Lourdes, nov. 1991.

Suppléments au chapitre V
LES INSTITUTIONS

A. L'ORGANISATION DE L'ÉGLISE
(compléments aux pages 987 à 1060)

JEAN-PAUL II À TRAVERS LE MONDE

Paul VI a été le premier pape à prendre l'avion pour se rendre dans les cinq continents. Son successeur, Jean-Paul II, a battu tous les records des voyages pontificaux. Si l'on compte son récent voyage en Afrique, il aura parcouru en tout 832 000 km.

Tous les ans, à l'occasion de l'anniversaire de l'élection pontificale de Jean-Paul II, Radio Vatican publie un ouvrage qui mentionne les chiffres et les statistiques actualisées sur les voyages du pape. L'édition d'octobre 1991 inclut le dernier voyage en Italie à Latina le mois de septembre dernier et le dernier voyage au Brésil au mois d'octobre 1991.

Le 21 octobre 1991, le 4 752e jour de son pontificat, Jean-Paul II avait à son actif 487 jours, 8 heures et 50 mn de voyage, en Italie ou à l'extérieur de ce pays. Il avait parcouru en tout 832 721 km : ce qui équivaut à deux fois la distance (384 000 km) de la terre à la lune. Il a passé 10,24 % de son mandat pontifical hors de Rome.

Le Saint Père a visité 100 nations sur les 175 du monde entier et ses voyages à l'étranger ont duré en tout 369 jours pour une distance de 781 290 km. Au cours de ses voyages, il a prononcé 1 759 discours et homélies, sur un total de 2 443. Ces statistiques ne mentionnent pas les visites du pape dans 482 paroisses, ni ses brefs déplacements dans sa résidence d'été de Castelgandolfo. (Aica).

VOYAGES APOSTOLIQUES DE JEAN-PAUL II

AFRIQUE
Zaïre, Congo, Kenya, Ghâna, Haute-Volta, Côte-d'Ivoire (2-12 mai 1980)
Nigéria, Benin, Gabon, Guinée équatoriale (12-19 février 1982)
Togo, Côte-d'Ivoire, Cameroun, République centrafricaine, Zaïre, Kenya, Maroc (8-19 août 1985)
Zimbabwe, Botswana, Lesotho, Swaziland, Mozambique (10-19 septembre 1988)
Madagascar, La Réunion, Zambie, Malawi (28 avril – 6 mai 1989)
Cap-Vert, Guinée-Bissau, Mali, Burkina-Faso, Tchad (25 janvier-1er février 1990)
Tanzanie, Burundi, Rwanda, Yamoussoukro (Côte-d'Ivoire) (1er-10 septembre 1990)

ASIE ET OCÉANIE
Pakistan, Philippines, Guam (USA), Japon, Anchorage (U.S.A.) (16-26 février 1981)
Fairbanks (U.S.A.), Corée, Papouasie-Nouvelle-Guinée, Iles Salomon, Thaïlande (2-12 mai 1984)
Inde (31 janvier – 10 février 1986)
Bangladesh, Singapour, Fidji, Nouvelle-Zélande, Australie, Seychelles (18 novembre-1er décembre 1986)
Séoul (Corée), Indonésie, Ile Maurice (6-16 octobre 1989)

EUROPE
Pologne (2-10 juin 1979)
Irlande (29 septembre-1er octobre 1979)
Turquie (28-30 novembre 1979)
France (30 mai-2 juin 1980)
R.F.A. (15-19 novembre 1980)
Portugal (12-15 mai 1982)
Grande-Bretagne (28 mai-2 juin 1982)
Genève (Suisse) (15 juin 1982)
Saint-Marin (29 août 1982)
Espagne (31 octobre-9 novembre 1982)
Pologne (16-23 juin 1983)
Lourdes (France) (14-15 août 1983)
Autriche (10-13 septembre 1983)
Suisse (12-17 juin 1984)
Pays-Bas, Luxembourg, Belgique (11-21 mai 1985)
Kloten (Suisse), Liechtenstein (8 septembre 1985)
France (Région apostolique centre-est) (4-7 octobre 1986)
R.F.A. (30 avril – 4 mai 1987)
Pologne (8-14 juin 1987)
Autriche (23-27 juin 1988)
France (8-11 octobre 1988)
Norvège, Islande, Finlande, Danemark, Suède (1er-10 juin 1989)
Saint-Jacques-de-Compostelle, Asturies (Espagne) (19-21 août 1989)
Tchécoslovaquie (21-22 avril 1989)
Malte (25-27 mai 1990)
Portugal (10-13 mai 1991)
Pologne (1er-9 juin 1991)
Czestochowa (Pologne), Hongrie (13-20 août 1991)
Italie (100 visites pastorales)

AMÉRIQUE LATINE
République dominicaine, Mexique, Bahamas (25 janvier-1er février 1979)
Brésil (30 juin-12 juillet 1980)
Argentine (10-13 juin 1982)
Lisbonne (Portugal), Costa Rica, Nicaragua, Panama, Salvador, Guatemala, Honduras, Bélize, Haïti (2-10 mars 1983)
Saragosse (Espagne), Saint-Domingue (République dominicaine), San Juan (Porto Rico) (10-13 octobre 1984)
Venezuela, Équateur, Pérou, Trinité et Tobago (26 janvier-6 février 1985)
Colombie, Sainte-Lucie (1er-8 juillet 1986)
Uruguay, Chili, Argentine (31 mars – 13 avril 1987)
Uruguay, Bolivie, Lima (Pérou), Paraguay (7-18 mai 1988)
Mexique, Curaçao (6-14 mai 1990)
Brésil (12-21 octobre 1991)

AMÉRIQUE DU NORD
États-Unis (1er-8 octobre 1979)
Canada (9-21 septembre 1984)
Canada, Fort Simpson (10-21 septembre 1987)

LES CONCILES

(Se reporter dans l'index à chacun de leur nom)

Jérusalem (Assemblée dite « Concile de Jérusalem, 49). Les chrétiens venus du paganisme ne seront pas soumis aux prescriptions de la loi judaïque, notamment la circoncision.

Les 21 conciles œcuméniques

1 Nicée I (325)
Contre la doctrine d'Arius.
Symbole de Nicée.
Consubstantialité du Père et du Fils. Date de Pâques.
Ordre des sièges patriarcaux : Rome, Alexandrie, Antioche, Jérusalem. Confirmation par le pape Saint Sylvestre I.

2 Constantinople I (381)
Consubstantialité de l'Esprit Saint avec le Père et le Fils. Symbole de Nicée-Constantinople. Attribue le 2e rang au siège patriarcal de Constantinople, reléguant Alexandrie au 3e.

3 Éphèse (431)
Contre la doctrine de Nestorius. Unité de personne en Jésus-Christ. Marie procla-mée Mère de Dieu. Symbole d'Éphèse (433).
Confirmation par le pape Saint Célestin I.

4 Chalcédoine (451)
Contre la doctrine d'Eutychès (monophysisme). Deux natures, divine et humaine, en l'unique personne de Jésus-Christ. Symbole de Chalcédoine. Discipline des sacrements.
Confirmé par le pape Saint Léon I.

5 Constantinople II (553)
Contre des œuvres suspectes de nestorianisme. Confirmation par le pape Saint Grégoire I.

6 Constantinople III (680-681)
Contre le monothélisme. Dans le Christ, Dieu et homme, deux volontés et deux activités. Confirmation par les papes Saint Agathon et Saint Léon II.

7 Nicée II (787)
Contre les iconoclastes. Autorise et précise le culte des images.

8 Constantinople IV (869-870)
Contre le schisme de Photius. La Tradition est règle de foi. Confirmation par le pape Hadrien II.

9 Latran I (1123)
Mesures de réforme de l'Église. Règlement de la querelle des investitures. Confirmation par le pape Calixte II.

10 Latran II (1139)
Mesures de réforme de l'Église. Renforcement de la règle du célibat des prêtres. Condamnation d'erreurs.
Confirmation par le pape Innocent II.

11 Latran III (1179)
Mesures de réforme de l'Église. Condamnation des cathares. Mode d'élection des papes. Confirmation par le pape Alexandre III.

12 Latran IV (1215)
Lutte contre les hérésies, notamment cathare. Discipline des sacrements. Libération de la Terre Sainte.
Confirmation par le pape Innocent III.

13 Lyon I (1245)
Déposition de l'empereur Frédéric II. Défense de la Terre Sainte. Confirmation par le pape Innocent IV.

14 Lyon II (1274)
Union avec l'Église grecque. Mode d'élection des papes. Confirmation par le pape Grégoire X.

15 Vienne (1311-1312)
Dissolution de l'Ordre des Templiers. Réforme des ordres mendiants, condamnation des « spirituels » franciscains, des bégards, des béguines. Confirmation par le pape Clément V.

16 Constance (1414-1418)
Fin du schisme d'Occident.
Décrets « conciliaristes ».
Condamnations de Wyclif et Hus. Confirmation par le pape Martin V.

17 Bâle, Ferrare, Florence, Rome (1431-1445)
Thèses « conciliaristes ».
Union avec les Églises d'Orient. Confirmation par le pape Eugène IV.

18 Latran V (1512-1517)
Condamnation des thèses « conciliaristes ». Concordat avec François 1er. Confirmation par le pape Léon X.

19 Trente (1545-1563)
Réforme de l'Église. Confirmation par le pape Pie IV.

20 Vatican I (1869-1870)
Foi et raison. Constitution sur l'Église, primauté et infaillibilité pontificales. Confirmation par le pape Pie IX.

21 Vatican II (1962-1965)
Renouveau de l'Église, sa présence au monde, œcuménisme. Confirmation par le pape Paul VI.

Conciles particuliers (non œcuméniques) cités dans l'ouvrage

Aix la Chapelle (817)
Réformes de l'Église.

Arles (314)
Lutte contre le schisme donatiste.

Carthage (411)
Condamnation du donatisme.

Clermont (1905)
Délivrance des lieux saints.

Latran (1112)
Investiture des évêques.

Narbonne (1054)
Trêve de Dieu.

Nice (1041)
Trêve de Dieu.

Orange II (529)
Contre le semi-pélagianisme.
Rôles de la grâce divine et de la volonté humaine dans le salut.

Rome (251)
Condamnation de la thèse radicale de Novatien sur les lapsi.

Sens (1140)
Condamnation d'Abélard.

Tolède I (400)
Discipline dans la vie chrétienne. Astrologie.

Toulouse (1229)
Répression de l'hérésie cathare.

Vérone (1184).
Condamnation des Vaudois.

Conciles non reconnus par l'Église romaine et cités dans l'ouvrage

Éphèse II (449)
dit « Brigandage d'Éphèse ». Réhabilitation d'Eutychès (monophysisme).

Pise (1409)
Élection des antipapes Alexandre V, puis Jean XXIII.

Bâle (1438-1448)
Le pape ayant décidé en 1438 le transfert à Ferrare (puis Florence) du Concile de Bâle, l'opposition restée sur place continue à délibérer ; elle élit même un antipape, Félix V, en 1439.

Paris (1797 et 1801)
Deux conciles nationaux de l'Église constitutionnelle française ? Organisation de cette Église, dispositions pastorales.

Paris (1811)
Concile national français convoqué par Napoléon pour tourner le refus d'investiture des évêques par Pie VII, emprisonné par l'empereur à Savone.

L'ASSEMBLÉE DES ÉVÊQUES LATINO-AMÉRICAINS

Cette assemblée se réunit sur convocation du pape, qui charge l'organisme de liaison et de coordination entre les 22 conférences épiscopales d'Amérique-latine, le Conseil épiscopal latino-américain (CELAM), de l'organiser.
Les évêques participant à cette assemblée sont, d'une part, des délégués élus des quelque 800 évêques latino-américains (appartenant à 675 diocèses), et d'autre part, des membres de droit (cardinaux, Président et directeurs de départements du CELAM, présidents des Conférences des évêques). En tout, ils sont environ 250 auxquels se joignent de nombreux invités (à l'assemblée de Saint-Domingue, il y avait 356 participants au total).

Quatre assemblées se sont tenues à ce jour.

1) *Rio de Janeiro (Brésil, 1955)* : C'est l'origine du CELAM.

2) *Medellin (Colombie, 1968).* Ouverte par Paul VI, elle eut pour thème « l'Église dans la transformation actuelle de l'Amérique latine », et fut l'occasion, pour l'Église d'Amérique latine de clairement prendre en compte les orientations du concile Vatican II, d'en préparer l'adaptation à la situation propre au continent latino-américain, de faire le "choix" prioritaire des pauvres et des jeunes et de soutenir l'élan des communautés ecclésiales de base.

3) *Puebla (Mexique, 1979).* Ouverte par Jean-Paul II, juste après son élection, elle eut pour thème « l'évangélisation dans le présent et l'avenir de l'Amérique latine ». Tout en confirmant les grandes options de l'assemblée de Medellin en faveur des pauvres et des jeunes, elle fit une large place à l'accueil et à l'évangélisation de la religion populaire et popularisa la notion de communion-participation : pas de communion sans participation.

4) *Saint-Domingue (République Dominicaine, 1992).* Ouverte par Jean-Paul II, elle eut pour thème « Nouvelle Évangélisation, promotion humaine, culture chrétienne », et pour but de « tracer, pour les prochaines années, une nouvelle stratégie évangélisatrice, un plan global d'évangélisation, qui tienne compte des nouvelles situations des peuples latino-américains pour répondre au défi de l'heure actuelle » (Jean-Paul II, 14 juin 1991).

L'assemblée de Saint-Domingue a clairement indiqué qu'elle se situait dans la continuité des assemblées de Medellin et de Puebla, et a, de fait, manifesté son souci des pauvres et des jeunes et sa volonté de promotion humaine. Mais elle a, en outre puisé, dans une méditation renouvelée sur le Christ, Fils du Père, un élan missionnaire à la recherche du Christ présent dans le Frère, vie et espérance de l'Amérique latine. Elle a été ainsi conduite à s'interroger bien davantage sur « l'inculturation » de l'Évangile en Amérique latine et à chercher une réponse à la question de Jean-Paul II dans son discours inaugural : « Comment parler de Dieu dans un monde où l'on note un processus croissant de sécularisation ? ». Trois sujets ont fait l'objet d'une attention particulière : les mégapoles avec leurs favelas et leurs pueblos jovenes ; les cultures indigènes et afro-américaines ; les moyens de communication sociale modernes.

Extraits du message final de l'assemblée de Saint-Domingue.

Pardon pour les ombres de la colonisation
Un anniversaire significatif a suggéré la date de cette IVe Conférence : les 500 ans du début de l'évangélisation du nouveau monde. Depuis lors, la Parole de Dieu a fécondé les cultures de nos peuples jusqu'à faire partie intégrante de leur histoire. C'est pourquoi, au terme d'une longue préparation incluant une neuvaine d'années inaugurée ici même à Saint-Domingue par le Saint Père, nous nous sommes réunis dans l'attitude conseillée par le Saint Père lui-même, c'est-à-dire dans l'humilité de la vérité, rendant grâce à Dieu pour les lumières nombreuses et grandes et demandant pardon pour les ombres indéniables qui accompagnèrent cette période.

Jésus éclaire les hommes sur leur route, comme il éclairait les pèlerins d'Emmaüs.
Ici, Jésus met en application avec ses disciples ce qu'il enseignait un jour à un docteur de la loi : les blessures et les gémissements de l'homme roué de coups et moribond qui gisait au bord du chemin sont les urgences rencontrées quand on fait route (Cf. Luc 10, 25-37). La Parabole du Bon Samaritain nous concerne directement face à tous nos frères, spécialement les pécheurs pour lesquels Jésus a versé son sang. Nous nous rappelons en particulier tous ceux qui souffrent : les malades, les vieillards dans leur solitude, les enfants abandonnés. Nous regardons aussi ceux qui sont victimes de l'injustice : les marginaux, les plus pauvres, les habitants des bidonvilles des grandes cités, les indigènes et afro-américains, les paysans, ceux qui n'ont pas de terre, les chômeurs, les sans-abris. D'autres formes d'oppression nous interpellent aussi : la violence, la pornographie, le trafic et la consommation de drogues, le terrorisme, le séquestre de personnes, les femmes dont les droits sont méconnus, etc.

La présence du Seigneur ne se limite pas à une simple solidarité humaine. Le drame intérieur des deux disciples d'Emmaüs est qu'ils avaient perdu toute espérance. Ce découragement est dissipé par l'explication des Écritures. La Bonne Nouvelle qu'ils entendent alors de Jésus leur transmet le message reçu de son Père.

En leur expliquant les Écritures, Jésus corrige les erreurs d'un messianisme purement temporel et de toutes les idéologies qui asservissent l'homme. En leur expliquant les Écritures, il éclaire pour eux leur situation et leur ouvre les horizons d'espérance.

Aller au-delà des frontières.
Pour que le Christ soit au cœur de la vie de nos peuples, nous convoquons tous nos fidèles à une Nouvelle Évangélisation et nous appelons spécialement les laïcs, et en particulier les jeunes. En cette heure, nous avons confiance que beaucoup de jeunes, grâce à une pastorale efficace des vocations, sauront répondre à l'appel du Seigneur au sacerdoce et à la vie consacrée.

LES DIVERSES FORMES DE LA VIE RELIGIEUSE

Quelques-uns des instituts religieux masculins présents en France [1]

1. Moines.
Bénédictins (O. S. B.) (trois instituts)
Chartreux (O. Car.)
Cisterciens (O. Cist.)
Cisterciens de la stricte observance (Trappistes) (O. C. S. O.)

(Total des moines présents en France : 1 505 ; à l'étranger : 98 ; au total : 1 603)

2. Chanoines réguliers et ordres apostoliques.
Capucins (O. F. M. Cap.)
Carmes (O. C. D.)
Chanoines réguliers de Prémontrés (O. Praem.)
Dominicains (O. P.)
Franciscains (O. F. M.)

(Total des chanoines réguliers et membres des ordres apostoliques en France : 1 512 ; à l'étranger : 434 ; au total : 1 946)

3. Clercs réguliers et congrégations cléricales.
Assomptionnistes (A. A.)
Fils de la Charité (F.C.)
Jésuites (S. J.)
Maristes (S. M.)
Missionnaires de la Plaine
Montfortains (S. M. M.)
Oblats de Marie Immaculée (O. M. I.)
Pères des Sacrés Cœurs (Picpus) (S. S. C. C.)
Petits Frères de Jésus
Petits Frères de l'Évangile
Prêtres du Sacré Cœur de Saint-Quentin (S. C. J.)
Rédemptoristes (C. SS. R.)
Salésiens (S. D. B.)

(Total des clercs réguliers et membres des congrégations cléricales en France : 3 704 ; à l'étranger : 910 ; au total : 4 614)

4. Sociétés de vie apostolique.
Eudistes (C. J. M.)
Lazaristes (C. M.)
Oratoriens (P. O.)
Sulpiciens (P. S. S.)

(Total des membres des sociétés de vie apostolique en France : 709 ; à l'étranger : 52 ; au total : 761)

5. Missionnaires à l'étranger.
Missionnaires du Sacré-Cœur d'Issoudun (M. S. C.)
Missions africaines (S. M. A.)
Missions étrangères de Paris (M. E. P.)
Pères Blancs (P. B.)
Pères du Saint-Esprit (C. S. SP)

(Total des missionnaires en France : 1 280 ; à l'étranger : 1 356 ; au total : 2 636)

6. Frères enseignants et hospitaliers.
Clercs de Saint-Viateur (C. S. V.)
Frères de la Doctrine chrétienne (F. D. C.)
Frères de l'Instruction chrétienne (F. I. C. P.)
Frères des Écoles chrétiennes (F. E. C.)
Frères Maristes (F. M. S.)
Frères de Saint-Gabriel (F. S. G.)
Frères de Saint-Jean-de-Dieu (O. H.)
Frères du Sacré-Cœur (S. C.)

(Total des frères enseignants et hospitaliers en France : 3 222 ; à l'étranger : 373 ; au total : 3 595)

ENSEMBLE DES MEMBRES DES INSTITUTS RELIGIEUX EN FRANCE : 11 932 ; À L'ÉTRANGER : 3 223 ; AU TOTAL : 15 155.

[1] Les chiffres s'appliquent à la situation en janvier 1991 ; source : Conférence des Supérieurs majeurs de France.

Quelques-uns des instituts religieux féminins en France

1. Moniales.
Annonciade
Bénédictines (plusieurs instituts)
Carmélites
Cisterciennes – trappistines
Clarisses
Dominicaines (certains instituts, les autres étant « apostoliques »)
Visitandines

2. Religieuses de vie apostolique.
ABRÉV. C : *Contemplatives au milieu des pauvres.* E : *Enseignantes et éducatrices.* ER : *Enseignement religieux et catéchèse.* F : *Foyers.* H : *Hospitalières et soins aux malades.* M : *Missionnaires.* O : *Œuvres diverses.* R : *Retraites spirituelles.* V : *Vieillards.*
Assomption (E. M.)
Augustines (plusieurs instituts) (E. H. M. O. V.)
Auxiliatrices (ER. H. M. O. R.)
Bon Pasteur d'Angers (service des jeunes filles et femmes en difficulté)
Charité et Instruction chrétienne (E. H. O.)
Charité Notre-Dame d'Evron (E. H.)
Dominicaines (de nombreux instituts, notamment d'enseignantes, d'éducatrices, d'hospitalières...) (C. E. ER. F. H. M. OR. V.)
Filles de la Charité du Sacré-Cœur de Jésus (E. H. M. O.)
Filles de la Charité de Saint-Vincent-de-Paul (E. F. H. M. O. V.)
Filles de la Croix (Sœur de Saint André) (E. H. M. O. V.)
Filles de la Sagesse (E. F. H. M. O. R.)
Filles du Saint-Esprit (M)
Franciscaines (de nombreux instituts) (E. H. M. O. R. V.)
Hospitalières (divers instituts) (H)
Missionnaires de Notre-Dame d'Afrique (Sœurs Blanches) (M)
Missionnaires du Saint-Esprit (M)
Notre-Dame du Cénacle (ER. R.)
Oblates de l'Assomption (E. H.)
Petites Sœurs de l'Assomption (H. M. O.)
Petites Soeurs de Jésus (du Père de Foucauld) (C)
Petites Sœurs des Pauvres (H. V.)
Prado (E. H. O. V.)
Providence (plusieurs instituts) (E. F. H. O.)
Sacré Cœur de Jésus (Sœurs du) (E. ER. H. M. O. V.)
Sainte-Famille (plusieurs instituts) (E. ER. F. H. M. O. R. V.)
Saint-Joseph de Cluny (E. ER. F. H. O. V.)
Saint-Paul de Chartres (E. H. O. V.)
Salésiennes de Don Bosco (E. F. H. M. O.)
Union latine de Notre-Dame de Charité (foyers pour mineures en difficulté confiées par services sociaux et justice)
Union Notre-Dame des Chanoinesses de Saint Augustin (E)
Ursulines (plusieurs instituts) (E. ER. F. H. O. V.)

Nombre de congrégations féminines en France : 364. Nombre de moniales : 6 555. Nombre de religieuses « apostoliques » : 60 202. Nombre de novices : 284. Nombre de congrégations ayant des communautés à l'étranger : 240 (dont 212 hors d'Europe). Nombre de religieuses françaises à l'étranger : 4 598 (dont 2 370 en Afrique du Nord et en Afrique noire).

8 avril 1992

Le Pape aux charismatiques : soyez bâtisseurs d'Église !

Puisque les dons du Saint-Esprit sont donnés en vue de la construction de l'Église, vous êtes appelés vous-mêmes, en tant que responsables du Renouveau charismatique, à rechercher de plus en plus les moyens efficaces par lesquels les différents groupes que vous représentez peuvent manifester leur ***pleine communion d'esprit et de cœur avec le Siège apostolique et le Collège des Évêques****, et coopérer de plus en plus fructueusement à la mission de l'Église dans le monde. Ce n'est que de cette manière que le Renouveau pourra réellement poursuivre son objectif ecclésial, en contribuant à ce que* « le corps entier reçoive nourriture et cohésion, par les jointures et ligaments, pour réaliser sa croissance en Dieu », Col 2,19 [...]

En ce moment de l'histoire de l'Église, le Renouveau charismatique peut jouer un rôle significatif en assurant le maintien, si nécessaire, de la vie chrétienne dans les sociétés où la sécularisation et le matérialisme ont affaibli la capacité de beaucoup de gens à répondre à l'Esprit et à discerner l'appel amoureux de Dieu. Votre contribution à la réévangélisation de la société se fera, tout d'abord, au moyen du ***témoignage personnel rendu à l'Esprit qui demeure en nous et de la manifestation de sa présence par des œuvres de sainteté et de solidarité****. « Le témoignage de la vie chrétienne est la forme première et irremplaçable de la mission » (Redemptoris missio, 42). Quel moyen plus efficace peut-il y avoir, pour attirer ceux qui ont perdu leurs appuis spirituels à l'égard de cette vérité qui, seule, peut calmer l'inquiétude du cœur humain, que le vivant exemple de chrétiens fervents ? Porter témoignage c'est être un puissant levain au milieu de gens qui, peut-être, ne reconnaissent pas totalement la valeur du salut que Jésus-Christ est le seul à pouvoir offrir [...]*

Jean Paul II, 8 avril 1992, au Bureau International du Renouveau charismatique catholique.

GROUPES DE PRIÈRE DU RENOUVEAU

Les groupes de prière se situant dans le courant du Renouveau charismatique sont moins connus que les grandes communautés issues de ce courant. Ils sont pourtant nombreux en France (plus de 2 000 selon une récente enquête) ; on en trouve aussi bien dans les grandes agglomérations que dans de petites villes ou des bourgs. Pour la plupart, ils se réunissent régulièrement toutes les semaines. Les uns sont animés par des communautés du Renouveau, d'autres ont leur animation propre (généralement assurée par une équipe de laïcs). Leurs réunions sont ouvertes à tous ; les expressions y sont volontiers spontanées, tant dans la formulation des demandes que dans celle des actions de grâce et des louanges à Dieu, le tout vécu dans la confiance que son Esprit est présent et agit.

Des rassemblements diocésains ou régionaux se tiennent périodiquement, attirant un public plus vaste encore ; ils permettent notamment de dispenser une formation chrétienne qui ne se limite pas au domaine spirituel. À la Pentecôte 1988 s'est tenu au Bourget un vaste rassemblement national (18 000 personnes), dont un forum regroupa 3 000 jeunes. L'attrait exercé sur des jeunes par les groupes de prière se vérifie dans l'éclosion de groupes de jeunes (une soixantaine) et la présence de nombreux jeunes aux rassemblements d'été (à Paray-le-Monial et à Lourdes notamment).

Depuis la rencontre nationale du Bourget en 1988, l'équipe qui l'avait préparée et animée, la « Fraternité Pentecôte », continue à assumer un rôle de soutien et de formation.

(Pour connaître les groupes de prière d'une région, s'adresser soit aux paroisses, soit aux évêchés : beaucoup d'évêques, en effet, ont désigné un prêtre comme délégué diocésain auprès des groupes de prière et des communautés du Renouveau de leur diocèse).

LE RENOUVEAU COMMUNAUTAIRE

Les communautés du Renouveau charismatique (dont nous avons parlé p. 1059) ne sont qu'un aspect du renouveau communautaire que connaît actuellement l'Église catholique – et aussi les Églises protestantes – et qui présente des aspects très divers.

Les communautés de base. On met habituellement sous ce nom, en France, des groupes issus de la contestation post-soixante-huitarde. En fait, elles se sont beaucoup diversifiées ces dernières années, et comptent des communautés de vie comme celle de Bécon-Courbevoie : 30 couples et célibataires vivant dans des appartements proches, pratiquant la péréquation des salaires et cherchant à vivre concrètement dans leur quartier une vie évangélique, au service du développement de la personne.

Les grands mouvements de laïcs avec noyaux communautaires. Le meilleur exemple est le mouvement des *Focolari* (voir index), qui compte un million de membres, dont certains sont réunis dans 300 « foyers » (communautés de vie) où ils mènent une vie de consacrés.

Les communautés avec le « pauvre ». Une très grande variété, et un point commun : la nécessité de faire communauté avec le pauvre.

Cela peut concerner toute l'œuvre, comme *L'Arche*, de Jean Vanier (90 communautés dans 20 pays, voir index), ou seulement quelques personnes comme les noyaux communautaires de laïcs consacrés du *Nid* (prostituées) ou au sein d'*ATD-Quart Monde*. Citons aussi les Petites Sœurs de Mère Teresa.

Les communautés monastiques nouvelles. De nombreuses petites communautés (ex. *La Sainte Trinité* de La Croix-sur-Ourcq, fondée par un moine dans la tradition bénédictine) et quelques-unes plus importantes comme *Bethléem*, ou la *Communion de Jérusalem* qui a reçu ses Constitutions signées par le cardinal Lustiger en novembre 1991. Ils font l'expérience d'une vie de « moines dans la ville » et cherchent à adapter cette vie aux « exigences des temps actuels ». Toutes ces communautés regroupent différents types d'appartenances et d'états de vie (ex. Frères, Sœurs, Laures, Fraternités laïques, Fraternités jeunes, etc.).

Toutes ces catégories de communautés ont des caractéristiques communes
– Elles sont œcuméniques, la référence du renouveau communautaire œcuménique étant Taizé.
– Après une période d'hyper-rationalité, beaucoup font place, à l'instar des charismatiques, à l'expérience de conversion qui radicalise les exigences et la vie baptismale, ainsi qu'à l'expression de l'affectivité.
– Elles regroupent tous les états de vie, étant en cela très conciliaires (Corps du Christ).

Il faudrait également mentionner le développement des expériences de vie communautaire temporaire pour l'évangélisation (*Jeunesse Lumière*, de Daniel Ange) ou la formation et le discernement vocationnel (*École de la Foi* des diocèses de l'Ouest ; *École de l'Évangile* à Lourdes pour ceux du Sud-Ouest).

Notons enfin le développement de « paroisses communautaires ». Ce sont des expériences particulières (comme celle du Père Marcel Bourlaud à Dijon) ou se référant à l'expérience de l'*Église Centrale du Plein Évangile* du pasteur Yonggi Cho à Séoul (1 million de fidèles qui se retrouvent dans 40 000 « cellules »), dont la version catholique est dûe au Père Eivers (St Boniface Church en Floride), et dont la version européenne se répand à partir de Milan (St Eustorgio).

Le principe est simple : une « paroisse » est composée de petites cellules de 10 à 12 membres, qui sont des unités de vie communautaire (formation, prière) et missionnaire (évangélisation dans tous les lieux où vivent les gens, participation à la vie de la paroisse territoriale).

Le XXe siècle finissant retrouve ce que vivaient les premiers chrétiens : on ne fait pas Église seul, l'essence du christianisme est communautaire. ■

B. LES GRANDS SECTEURS DE LA PASTORALE

PASTORALE DES MÉDIAS ET DE L'INFORMATION

LES RADIOS CHRÉTIENNES

« Tout en continuant à s'engager de diverses manières dans le domaine des communications et des médias, malgré les multiples difficultés rencontrées, l'Église doit développer, entretenir et favoriser ses propres instruments et programmes catholiques de communication. Ceux-ci comprennent la presse catholique et les éditeurs catholiques, la radio et la télévision catholique...

Le travail des médias catholiques n'est pas seulement une activité supplémentaire venant s'ajouter à toutes celles de l'Église ; les communications sociales ont, en effet, un rôle à jouer dans tous les aspects de la mission de l'Église. »

Instruction pastorale
Aetatis novae du Conseil pontifical pour les communications sociales (22 février 1992).

PRINCIPALES RADIOS CHRÉTIENNES EN FRANCE

Département
Radio, émission
Adresse
Téléphone
Fréquence

01 - AIN
Radio Fourvière 01 – Présence Chrétienne
27, rue du Docteur-Nodet
01000 Bourg-en-Bresse
Tél. 74.21.19.22
(Bourg-en-Bresse 93.9)

Radio Espérance (radio catholique indépendante)
52, rue Minimes
42000 Roanne
Tél. 77.70.10.65
(Bourg-en-Bresse 87.6)

06 - ALPES-MARITIMES
Radio « Accords 06 »
7, avenue Edmond-Rostand
06100 Nice
Tél. 93.52.81.56

Radio-Évangile (radio protestante)
B.P. : 30
06240 Beausoleil
Tél. 93.78.53.68

07 - ARDÈCHE
Radio Présence (radio diocésaine)
B.P. : 81
07203 Aubenas Cedex
Tél. 75.35.08.48
(Aubenas 94.0, sud Ardèche ; Annonay 101.5, nord Ardèche ; Plateau ardéchois 97.5)

08 - ARDENNES
Radio Fourvière Reims-Ardennes
10, place de la Basilique
08000 Charleville-Mézières
Tél. 24.37.24.37
(Charleville-Mézières 94.6)

10 AUBE
Fourvière-Aube (RF)
5, place Saint-Rémy
10000 Troyes
Tél. 25.73.26.73
(Troyes 88.2 ; Bar-sur-Aube 105.3 ; Nogent 87.6 ; Romilly 87.6)

13 - BOUCHES-DU-RHÔNE
Radio-Dialogue, « Le Major » (radio œcuménique)
1, rue Robert-Schumann
13002 Marseille
Tél. 91.91.90.08
(Marseille 89.6)

14 - CALVADOS
Radio Vent-du-Large, « Association Radio-Espérance » (radio diocésaine)
3, rue du Général-Moulin
14063 Caen Cedex
Tél. 31.74.27.23
(Vire 96.1 ; Caen 94.9 ; Lisieux 90.8 ; Bayeux 90.0)

16 - CHARENTE
Radio « Accords 16 » (MF, radio diocésaine)
226, rue de Bordeaux
16000 Angoulême
Tél. 45.95.54.95

17 - CHARENTE-MARITIME
Radio « Accords 17 » (MF, radio diocésaine)
10, rue du Faisan
17000 La Rochelle
Tél. 46.34.10.12

18 - CHER
Radio Fourvière Berry
21, rue Nicolas-Leblanc
18000 Bourges
Tél. 48.24.58.54.
(Bourges 91.0 ; Saint-Amand 95.7)

19 - CORRÈZE
Radio « Accords 19 »
110, avenue Georges-Pompidou
19100 Brive
Tél. 55.23.55.70

21 - CÔTE D'OR
Radio Parabole (RF, radio diocésaine)
7, boulevard Voltaire
21000 Dijon
Tél. 80.31.69.42
(Dijon 88.3 ; Beaune 102.0 ; Montbard 104.3 ; Châtillon-sur-Seine 104.0)

22 - CÔTES D'ARMOR
Radio « Clarté » (radio diocésaine)
1, place Saint-Pierre
22000 Saint-Brieuc
Tél. 96.62.05.71

29 - FINISTÈRE
Radio « Rivages » (MF, radio diocésaine)
Centre de Keraudren
29200 Brest
Tél. 98.34.66.00

25 - DOUBS
Radio Horizon (RF)
5 bis, rue des Chalets
25000 Besançon
Tél. 81.88.66.66
(Besançon 87.6 ; Pontarlier 94.0)

Radio Omega
B.P. 18
25401 Audincourt Cedex
Tél. 81. 34.57.59

26 - DRÔME
Radio Fourvière Valence (radio diocésaine)
9, place Belat
26000 Valence
Tél. 75.42.71.90
(Valence 101.5 ; Drôme-Sud 94.0)

27 - EURE
Radio Parabole (pour l'est de l'Eure, Bernay, Évreux)
43, rue de Neufchâtel
76000 Rouen
Tél. 35.70.33.67
(Rouen 90.6)

PASTORALE LITURGIQUE

Les manécanteries : une des formes de la participation des enfants à la pastorale liturgique.

Le mot *manécanterie* vient du latin *mane*, matin, et *cantare*, chanter. Il désigne les écoles et associations qui enseignent à des enfants le chant religieux (sans nécessairement se limiter à ce domaine) et font participer ces « Petits chanteurs » aux célébrations liturgiques. La manécanterie française la plus célèbre est celle des « Petis chanteurs à la croix de bois », fondée en 1907 par Paul Berthier et Pierre Martin, et longtemps animée par l'abbé (puis Monseigneur) Fernand Maillet (mort en 1963). En 1947 l'abbé Maillet avait organisé à Paris le premier congrès international des *Petits chanteurs* ; c'est l'origine de la Fédération internationale des *Pueri Cantores*, qui compte aujourd'hui des milliers de manécanteries à travers le monde entier, et qui a été reconnue par le Saint-Siège comme mouvement d'Église.

La Fédération française des Petits Chanteurs (65, avenue du Général-Michel-Bizot 75012 Paris. Tél. (1) 43 45 95 76), qui rassemble elle-même plus de cent manécanteries, peut fournir tous renseignements sur leurs adresses, activités, et conditions d'admission.

Radio Vent-du-Large, « Association Radio-Espérance » (pour l'ouest du département)
3, rue du Général-Moulin
14063 Caen Cedex
Tél. 31.74.27.23
(Lisieux 90.8)

Radio Arc-en-Ciel « Association de la radio diocésaine du Havre » (pour le plateau du Roumois, Pont-Audemer)
20, rue Séry
76600 Le Havre
Tél. 35.21.36.41
(Le Havre 94.3)

Radio Grand Ciel (pour le plateau de Saint-André, région d'Ivry, Ezy)
13, rue Mérigot
28100 Dreux
Tél. 37.64.18.18
(Dreux 97.7)

Radio-Plus (radio évangélique)
46, rue Maréchal-Joffre
27000 Évreux
Tél. 32.33.56.89

28 - EURE ET LOIR
Radio Grand-Ciel (RND)
13, rue Mérigot
28100 Dreux
Tél. 37.64.18.18
(Dreux 97.7 ; Chartres 106.8)

30 - GARD
Radio-Ecclesia (radio diocésaine)
Monastère de la Visitation
Route de Nîmes
30130 Pont-Saint-Esprit
Tél. 66.39.35.99
(Pont-Saint-Esprit 107.0 ; Nîmes 106.6 ; Avignon 104.0 sur *Radio-Lumières* quelques heures par jour)

Radio-Alliance (MF)
4, boulevard Victor-Hugo
30000 Nîmes
Tél. 66.37.39.40

31 - HAUTE-GARONNE
Radio-Présence (FM, radio diocésaine)
1, place de la Daurade
31000 Toulouse
Tél. 61.22.09.22
(Toulouse 97.9)

33 - GIRONDE
Radio Harmonie (RF)
Avenue de la Libération
33491 Le Buscat Cedex
Tél. : 56.02.40.50
(Bordeaux 89.2)

34 - HÉRAULT
Radio Maguelone (MF)
4, rue Abbé-Montels
34000 Montpellier
Tél. 67.40.44.64
(Béziers 91.3 ; Montpellier 92.4 tous les jours de 7h à 00h)

Radio Clapas (MF, radio protestante)
665, route de Mende
34090 Montpellier
Tél. 67.63.21.68

35 - ILLE-ET-VILAINE
Radio Alpha (RF)
59, rue Papu
B.P. 3822
35038 Rennes Cedex
Tél. Rennes, 99.54.42.21 ; Fougères, 99.54.20.71 ; Saint-malo, 99.54.42.21 (Rennes 96.2 ; Fougères 100.0 ; Saint-Malo 100.8)

« Parole de Vie »
20, rue Laënnec
35400 Saint-Malo
Tél. 99.40.34.34
(Saint-Malo 100.8)

36 - INDRE
Radio Fourvière Berry (RF)
8, place Roger-Brac
36000 Chateauroux
Tél. 54.34.73.93
(Chateauroux 88.0 ; Argenton-sur-Creuse 87.6)

UNE HISTOIRE RÉCENTE

Avec Radio-Vatican, depuis 1931, l'Église envoie sur les ondes une information sûre et complète sur sa vie et ses activités. Mais en France, la première radio chrétienne (« Radio Notre-Dame », créée à l'initiative du diocèse de Paris) n'apparaît qu'en 1981, au moment de la naissance de la bande FM, grâce à une nouvelle loi permettant des dérogations au monopole du Service public qui existait jusque là.

Très vite, elle rayonne sur la région Île-de-France, et partage son temps d'antenne avec « Fréquence protestante ». Quelques rares radios diocésaines suivront, à Montpellier « Radio Maguelone », à Toulouse « Radio Présence ». D'autres seront volontairement fondées de façon œcuménique par les évêques et les responsables d'Églises chrétiennes, à Marseille « Radio Dialogue », à Lyon « Radio Fourvière ». D'autres encore sont le fruit d'initiatives particulières, celle d'un prêtre de paroisse, d'un groupe d'amis convaincus, d'une communauté charismatique...

Une Fédération Française des Radios Chrétiennes, fondée en **1984**, rassemble plusieurs types de radios, catholiques, protestantes, œcuméniques. Le but de la fédération est de promouvoir la création et l'animation de radios chrétiennes et de permettre une meilleure diffusion du message évangélique. Commission épiscopale de l'opinion publique (CEOP).

Avec le recours à la publicité, beaucoup de radios privées sont devenues radios commerciales. « Les radios associatives ont alors fondu comme neige au soleil, passant de 1 500 à 300 aujourd'hui », souligne le père Emmanuel Payen, président de la Fédération des radios chrétiennes et directeur de « Radio Fourvière ». De nouvelles radios associatives chrétiennes se sont lancées cependant ici et là, à l'initiative d'un diocèse, d'un prêtre, d'une communauté... La radio chrétienne est en expansion en France : 1 station en 1981, environ 80 officiellement reconnues par les Églises catholiques, protestantes et orthodoxes aujourd'hui.

37 - INDRE-ET-LOIRE
Radio Saint-Martin
27, rue Jules-Simon
37000 Tours
Tél. 47.61.55.60
(Tours 100.4 ; Chinon 103.8)

38 - ISÈRE
Radio Reci (RF, radio diocésaine)
2, rue Saint-Hugues
38000 Grenoble
Tél. 76.44.74.51
(Grenoble 103.7 ; dans la Bièvre 106.8)

Radio Fourvière Vienne (MF, radio diocésaine)
43, rue Victor-Hugo
38270 Beaurepaire
Tél. 74.84.65.22

Radio Espérance (radio catholique indépendante)
53, rue des Minimes
42300 Roanne
Tél. 77.70.10.65
(Vienne 88.1)

Radio-Vie
B.P. 85
38503 Voiron Cedex
Tél. 76.65.88.83
(Voiron 100.4)

Radio Colombe (MF)
187, rue du Dauphiné
B.P. 41
38290 La Verpillière
Tél. 74.95.62.62

39 - JURA
Radio Mont-Roland FM (RF)
18, rue Sébile
39000 Lons-le-Saunier
Tél. 84.24.00.63
(Dôle 103.2 ; Lons-le-Saunier 106.5 ; Champagnole 101.6 ; Poligny 95.2 ; Morez 97.1 ; Saint-Claude 89.2)

42 - LOIRE
Radio Fourvière Roanne
8, rue d'Albon
42300 Roanne
Tél. 77.72.27.15
(Roanne 88.3)

Radio Fourvière Saint-Étienne (radio diocésaine)
63, rue Parmentier
42000 Saint-Étienne
Tél. 77.80.01.98
(Saint-Étienne 94.7)

Radio Espérance
53, rue des Minimes
42300 Roanne
Tél. 77.70.10.65
(Roanne 97.6 ; Saint-Étienne 93.3)

43 - HAUTE-LOIRE
Radio-Source (RF)
4 bis, rue Saint-Georges
43000 Le Puy
Tél. 71.02.41.86
(Le Puy 97.5)

44 - LOIRE-ATLANTIQUE
Radio Fidélité « Fraternité Notre-Dame de la fidélité » (radio catholique indépendante)
26, rue Appert
44000 Nantes
Tél. 40.69.27.27
(Nantes 102.9)

45 - LOIRET
Radio Saint-Aignan (RF, radio diocésaine)
14, rue Sainte-Anne
45044 Orléans Cedex
Tél. 38.53.75.52
(Orléans 91.2 ; Montargis 90.3 ; Gien 87.9) ▶

UN EFFORT IMPORTANT

La plupart des radios chrétiennes émettent 24 heures sur 24 et diffusent un programme spécifique. La musique, à dominante classique, occupe plus de 50 % du temps d'antenne. La vie de foi tient une place essentielle sous forme de prières quotidiennes, commentaires bibliques, exposés doctrinaux, témoignages, entretiens des responsables d'Églises. Les informations générales ou religieuses, d'intérêt local, régional, national ou international, reviennent régulièrement, ainsi que des émissions d'un contenu davantage culturel, social, économique.

Une telle programmation, par le grand nombre d'intervenants à l'antenne, leur diversité et leurs implications, peut être considérée comme un signe de vitalité.

Cependant les sondages officiels et les estimations permettent d'évaluer à 2 millions le nombre d'auditeurs par semaine pour l'ensemble des radios chrétiennes (12 % de jeunes, 64 % d'actifs, 56 % de femmes). L'effort considérable déployé ces dernières années n'a pas encore atteint l'impact souhaité en dehors des milieux chrétiens.

46 - LOT
Radio Présence FM (radio diocésaine)
Tél. 65.22.36.37

49 - MAINE-ET-LOIRE
Ràdio Parabole Anjou (RF)
25, rue du Canal
B.P. 5256
49052 Angers Cedex 02
Tél. 41.87.98.96
(Angers 101.4, émission « *Chrétiens-Magazine* » le dimanche de 7 h 45 à 18 h 15 et de 22 h à 22 h 30)

51 - MARNE
Radio Fourvière L'Épine
20, rue de l'Abbé Gillot
51000 Châlons-sur-Marne
Tél. 26.21.60.93
(Châlons-sur-Marne 88.6 ; Épernay 91.6 ; Sézanne 99.2)

Radio Fourvière Reims-Ardennes
3, rue Brûlée
51100 Reims
Tél. 26.40.04.40
(Reims 87.9)

52 - HAUTE-MARNE
Radio diocésaine
11, rue des Platanes
52000 Chaumont
Tél. : 25.32.12.43

53 - MAYENNE
Radio Fidélité 53 (radio catholique indépendante)
60 bis, rue Chanteloup
53000 Laval
Tél. 43.67.16.58
(Mayenne 89.5)

54 - MEURTHE-ET-MOSELLE
Radio Jericho (radio diocésaine)
11, rue Laxou
54600 Villiers-lès-Nancy
Tél. 83.28.66.67
(Longwy 101.4 ; Nancy 93.7)

Radio Fajet « Association APAVAT »
49, rue Charles III
54000 Nancy
Tél. 83.37.56.09
(Nancy 96.5)

56 - MORBIHAN
Radio Fidélité 56 (radio catholique indépendante)
1, rue Françoise-d'Amboise
56000 Vannes
Tél. 97.63.02.02
(Vannes 103.8 ; Lorient 94.6 ou 96.6)

Radio Sainte-Anne – ARC FM (RF)
53, rue Monseigneur-Tréhiou
B.P. 12
56001 Vannes Cedex
Tél. 97.47.07.08
(Vannes 88.2 ; Lorient 93.3 ; Ploërmel 91.4 ; Pontivy 89.8)

57 - MOSELLE
Radio Jericho (radio diocésaine)
37, rue Pasteur
57800 Freyming-Herlebach
Tél. 87.81.44.19
(Château-Salins 102.1 ; Metz 102.1 ; Sarrebourg 91.0 ; Thionville 102.1 ; Sarreguemines 101.3 ; Forbach 101.3)

58 - NIÈVRE
Radio Fourvière Nevers (RF)
188, rue des Montapins
58000 Nevers
Tél. 86.59.80.05
(Nevers 89.2 ; Château-Chinon 96.8 ; Cosne-sur-Loire 103.8 ; Morvan 103.8 ; Clamecy 89.0)

61 - ORNE
Radio Cathédrale de Sées (RF)
61500 Belfonds
Tél. 33.27.83.51
(autour de Sées 97.5 ; pour la région Centre (à Belfonds) 93.4 ; pour la région Est (à Mortagne) 91.7 ; pour la région Ouest (à Landigou) 87.7)

63 - PUY-DE-DOME
Radio Paraboles (RF)
14, rue Sidoine-Apollinaire
63038 Clermont-Ferrand Cedex
Tél. 73.27.40.94
(Clermont-Ferrand 91.0)

65 - HAUTES-PYRÉNÉES
Radio Landes-Bigorre
5, place Charles-de-Gaulle
65000 Tarbes
Tél. 62.94.72.26

66 - PYRÉNÉES-ORIENTALES
FM Évangile
17, rue Henry-Meilhac
66000 Perpignan
Tél. 68.61.30.87
(Perpignan 100.4)

69 RHÔNE
Radio Fourvière (RF)
7, place Saint-Irénée
69321 Lyon Cedex 05
Tél. 72.38.20.22
(Lyon 88.4 ; Villefranche 91.7)

70 - HAUTE-SAÔNE
Radio Horizon (radio diocésaine)
5 bis, rue des Chalets
25041 Besançon Cedex
Tél. 81.88.66.66
(Vesoul 88.0)

71 - SAÔNE-ET-LOIRE
Radio Fourvière 71 (RF)
78, rue des Épinoches
71000 Mâcon
Tél. 85.38.60.18
(Mâcon 95.1 ; Châlons-sur-Saône 102.0)
Radio Espérance (radio chrétienne indépendante)
22, rue de la Visitation
71600 Paray-le-Monial
Tél. 85.81.00.08
(Charolles 106.2 ; Le Creusot 89.9 ; Paray-le-Monial 90.6)

72 - SARTHE
Radio Parabole Sarthe (RF)
5, rue Roger-Triger
72000 Le Mans
Tél. 43.76.00.88
(Le Mans 101.2, du lundi au samedi de 7 h 40 à 8 h 15, de 12h à 12h30 et de 18h à 19 h 30 sauf le vendredi de 18 h à 19h, veillée du jeudi soir de 19 h 30 à 22 h 15, samedi de 9 h à 12 h)

73 - SAVOIE
Radio Chrétienne Savoie (RF, radio diocésaine)
18, avenue Docteur-Desfrançois
B.P. 107
73001 Chambéry Cedex
Tél. 79.85.86.86
(Chambéry 102.3 ; Aix-les-Bains 102.3 ; Albertville 102.2 ; Bourg-Saint-Maurice 98.8)

▶

IL FAUDRA S'UNIR POUR EXISTER

Être sur la même longueur d'onde, tel semble être le défi de demain. Nous sommes à l'aube d'une nouvelle révolution technologique : le « Radio Data System », RDS, permettra d'écouter les mêmes programmes tout au long d'un voyage sans toucher à l'auto-radio, la fréquence synchrone supprimera tout brouillage entre deux émetteurs de même fréquence ; mais surtout le « Digital Audio Broadcasting », DAB, permettra d'avoir trois fois plus de fréquences qu'aujourd'hui, avec un son de qualité numérique. On s'oriente donc vers un plus grand professionalisme du paysage radiophonique. Les radios chrétiennes sont confrontées au même problème : comment assurer un programme de grande qualité avec des moyens modestes ? Beaucoup se regroupent régionalement pour échanger des émissions, bénéficier d'un fond commun de programmes avec décrochages locaux. Parfois, cette entraide s'effectue à l'échelon national.

Il existe un **projet de création d'un réseau** inter-régional de radios chrétiennes (« Programme Parabole ») pour une meilleure qualité des programmes, et une entraide réelle et efficace entre les radios. La Conférence des Évêques de France, lors de l'Assemblée pleinière 1990, a donné son accord sur le principe d'un unique serveur national catholique pour les radios diocésaines (qu'elles soient ou non œcuméniques) sous sa responsabilité. Des études techniques sont en cours pour vérifier si le satellite est le meilleur moyen à utiliser, et préciser le statut juridique du serveur national, la composition du Comité de programmation et les questions financières.

36-15 code EPHATA : une « abbaye télématique » propose...

1. L'enseignement, la prière, la contemplation.
La liturgie du jour.
Recherche des textes liturgiques selon des thèmes donnés.
Des homélies et des méditations.
Offrir son intention de prière.
Aider ses frères en faisant des dons.
Questionner les auteurs d'Ephata.
La réflexion du jour.
Le Service-plus-Ephata.

2. La possibilité de se procurer des ouvrages religieux.
Des livres, des catéchismes, des brochures, des guides, des abonnements à des revues chrétiennes, des vidéocassettes,... pouvant être directement commandés par Minitel.
Recherche d'ouvrages selon des supports et des thèmes donnés.

3. Un reflet de la vie et de la vitalité de l'Église.
Une dizaine d'associations au service des Familles : jeunes, congrès, accueil de la vie...
Demande de documentation à ces associations.
Possibilité de lire les informations propres à ces associations.
Outils de communication inter et intra associations (journaux et boîtes aux lettres).

4. L'accueil des plus pauvres.
Un forum à 5 places sur la réflexion du jour (« partage d'Évangile sur Minitel »).
Une écoute 24 h/24.
Poser des questions, suggérer des idées, des réflexions.

36-15 + Ephata – Jonas Évangélisation
60, boulevard du Montparnasse
75014 Paris
Le service EPHATA est une initiative de laïcs catholiques réunis au sein de l'association « Jonas Évangélisation ».

Radio Espérance (radio catholique indépendante)
53, rue des Minimes
42300 Roanne
Tél. 77.70.10.65
(Chambéry 100.3)

74 - HAUTE-SAVOIE
Radio Fourvière Nessy (RF)
10, rue de la Visitation
74000 Annecy
Tél. 50.45.58.98
(Annecy 94.0 ; Annemasse 89.2 ; Genève 89.2 ; Cluses 102.9)

75 - PARIS
(ET ÎLE-DE-FRANCE : 77 SEINE-ET-MARNE, 78 YVELINES, 91 ESSONNE, 92 HAUTS-DE-SEINE, 93 SEINE-SAINT-DENIS, 94 VAL-DE-MARNE, 95 VAL D'OISE)
Radio Notre-Dame
8, rue de la Ville-l'Évêque
75008 Paris
Tél. (1) 49.24.10.10 ou (1) 49.24.11.11

76 - SEINE MARITIME
Rouen Parabole (RF, radio diocésaine)
43, rue de Neufchâtel
76000 Rouen
Tél. 35.70.33.67
(Rouen 90.6 ; Dieppe 87.7)
Radio Arc-en-Ciel « Association de la radio diocésaine du Havre »
20, rue Séry
76600 Le Havre
Tél. 35.21.36.41
(Le Havre 94.3 ; Bolbec 96.9)

Fréquence Fraternité. Louvetôt
76490 Caudebec-en-Caux
(Caudebec-en-Caux 100.7)

79 - DEUX-SÈVRES
Radio « Accords 79 » (radio diocésaine)
(Parthenay 94.4 ; Niort 89.4)

81 - TARN
Radio Présence « Voix du Pech »
Le Pech – 81500 Lavaur
Tél. 63.58.14.32

82 - TARN-ET-GARONNE
Radio Espoir 82
4, rue Honoré-de-Balzac
82000 Montauban

83 - VAR
Radio « Arc-en-Ciel » (radio associative chrétienne)
14, rue Chalucet
B.P. 2012
83060 Toulon Cedex
Tél. 94.62.36.36
(De La Ciotat à la Londe 105.10 ; de Saint-Raphaël à Saint-Tropez 99.0)

84 - VAUCLUSE
Radio-Lumières (radio diocésaine)
49 ter, rue du Portail-Magnanen
84000 Avignon
Tél. 90.82.25.02, studio 90.27.02.64
(du lundi au vendredi de 8h à 9h : *Méditation – Nouvelles religieuses – Au fil des jours* ; du lundi au vendredi de 17h15 à 19h15 : *Magazine* ; le samedi à 11h et le dimanche à 9h : *Émission œcuménique « AGAPE »*)

85 - VENDÉE
Radio Parabole Vendée (radio diocésaine)
60, rue du Maréchal-Joffre
B.P. 249
85000 La Roche-sur-Yon
Tél. 51.36.38.51

86 - VIENNE
Radio « Accords 86 »
(RF, radio diocésaine)
10, rue de la Trinité
86000 Poitiers
Tél. 90.82.25.02
(Poitiers 94.7 ; Montmorillon 90.3)

88 - VOSGES
Radio Jericho
(93.7)

89 - YONNE
Radio Avallon Force (radio diocésaine)
24, rue des Fusains
89200 Avallon
Tél. 86.34.33.34
(Avallon 89.0)

97 - GUADELOUPE
Radio « Massabielle »
B.P. 73
97110 Pointe-A-Pitre, Guadeloupe

OÙ SE PROCURER DES LIVRES RELIGIEUX ?

Les points de vente d'ouvrages religieux sont nombreux : librairies religieuses, coopératives diocésaines, stands dans des abbayes ou des communautés religieuses, kermesses paroissiales ou autres, rayons religieux de librairies générales, etc... Il n'est guère possible d'en établir la liste, qui varierait non seulement d'une année à l'autre mais au cours même de l'année (par exemple au moment des célébrations de profession de foi). À défaut de critères permanents et généraux permettant d'établir une telle liste, on trouvera ci-dessous celle des membres du Syndicat des libraires de littérature religieuse (en juin 1992), par ordre numérique de départements.

Il convient de préciser :

1) que toutes les librairies religieuses ne sont pas membres de ce syndicat ; 2) que tout libraire peut fournir, en général dans un bref délai, tout ouvrage qui lui est commandé (si toutefois il est disponible chez l'éditeur) ; 3) que beaucoup de librairies générales ont un rayon religieux, parfois même très largement garni ; 4) que les libraires religieux ont évidemment pour vocation propre d'offrir une plus vaste gamme d'ouvrages religieux et d'exercer par surcroît un rôle de conseil ou d'information sur ce qui constitue leur spécialité.

MEMBRES DU SYNDICAT DES LIBRAIRES DE LITTÉRATURE RELIGIEUSE
(par ordre numérique des départements)

03 Librairie RELIGIEUSE	6, rue de l'Église	03200 VICHY	Tél. : 70 32 59 60
05 Librairie ALPINE	13, rue Carnot	05000 GAP	Tél. : 92 51 15 05
05 Librairie NOTRE-DAME DU LAUS	Saint Étienne du LAUS	05130 TALLARD	Tél. : 92 50 30 73
06 Librairie LA PROCURE/DREVET	10, rue de Suisse	06000 NICE	Tél. : 93 88 30 93
07 Librairie CHAIX	Place du château BP 14	07201 AUBENAS	Tél. : 75 35 26 20
08 Librairie À LIVRE OUVERT	4, rue Irénée-Carré	08000 CHARLEVILLE	Tél. : 24 56 19 30 Fax : 24 59 90 72
10 Librairie LA PROCURE/FATES	32, rue Georges Clemenceau	10000 TROYES	Tél. : 25 73 23 77 Fax : 25 73 10 42
12 Librairie LA MAISON DU LIVRE	Passage des Maçons	12000 RODEZ	Tél. : 65 68 68 80 Fax : 65 68 09 59
13 Librairie SAINT PAUL/SILOE	47, boulevard Paul-Peytral	13006 MARSEILLE	Tél. : 91 37 52 11 Fax : 91 81 42 89
13 Librairie SILOE/LE BAPTISTÈRE	13, rue Portalis	13100 AIX-EN-PROVENCE	Tél. : 42 38 14 32 Fax : 42 27 16 78
14 Librairie PUBLICA	44, rue Saint-Jean	14000 CAEN	Tél. : 31 86 03 00 Fax : 31 39 26 99
15 Librairie MALROUX MAZEL	4, place du Square	15000 AURILLAC	Tél. : 71 48 17 77 Fax : 71 48 99 92
16 Librairie catholique AUVIN	38, avenue Gambetta	16000 ANGOULÊME	Tél. : 45 95 02 22
17 Librairie SILOE/PUITS DE JACOB	14, rue Dupaty	17000 LA ROCHELLE	Tél. : 46 41 05 35
21 Librairie GUICHARDAZ	4, boulevard Thiers	21000 DIJON	Tél. : 80 74 12 94
22 Librairie SOFEC	11/13, rue Saint-François	22000 SAINT BRIEUC	Tél. : 96 61 32 05 Fax : 96 60 47 02
25 Librairie CHEVASSU	119, Grande-Rue	25000 BESANÇON	Tél. : 81 82 12 01 Fax : 81 81 06 92
26 Librairie PEUPLE LIBRE	2, rue Émile-Augier	26000 VALENCE	Tél. : 75 43 12 90 Fax : 75 56 06 59
27 Librairie PROCURE/NOUVEAU MONDE	21, rue Charles-Corbeau	27000 ÉVREUX	Tél. : 32 33 26 52 Fax : 32 38 35 69
29 Librairie SAINT LOUIS	32 bis, rue de Lyon	29200 BREST	Tél. : 98 44 63 69
29 Librairie PROCURE/ST CORENTIN	9, rue du Frout	29000 QUIMPER	Tél. : 98 95 88 71 Fax : 98 95 24 42
29 Librairie PROCÉDURE/SODILIBRE	2, rue Boussingault	29200 BREST	Tél. : 98 43 13 50 Fax : 98 44 55 17
30 Librairie SILOE BIBLICA	23, boulevard Amiral Courbet	30000 NÎMES	Tél. : 66 67 88 01 Fax : 66 21 66 65
31 Librairie SILOE/JOUANAUD	19, rue de la Trinité	31000 TOULOUSE	Tél. : 61 52 67 99 Fax : 61 25 71 43
31 Librairie SILOE/SISTAC	33, rue Croix-Baragnon	31000 TOULOUSE	Tél. : 61 52 05 79 Fax : 61 53 91 72
33 Librairie LES BONS LIVRES	35, rue Fondaudège	33000 BORDEAUX	Tél. : 56 52 82 34
34 Librairie ST FRANÇOIS D'ASSISE	20, rue Casimir-Peret	34500 BÉZIERS	Tél. : 67 28 28 83
34 Librairie LOGOS	29, boulevard du Jeu-de-Paume	34000 MONTPELLIER	Tél. : 67 60 55 71 Fax : 67 60 76 09
34 Librairie LE LIVRE CHRÉTIEN	4, rue Massane	34000 MONTPELLIER	Tél. : 67 66 29 59
35 Librairie PROCURE MATINALES	9, rue Bertrand	35000 RENNES	Tél. : 99 38 74 93 Fax : 99 87 03 23

35 Librairie SAINT GERMAIN	6, rue Nationale	35000 RENNES	Tél. : 99 79 40 89
36 Librairie RELIGIEUSE	68, rue Ledru-Rollin	36000 CHÂTEAUROUX	Tél. : 54 34 03 61
37 Librairie PROCURE/SACRÉ CŒUR	35, rue de la Scellerie	37000 TOURS	Tél. : 47 05 34 92 Fax : 47 64 13 38
37 Librairie TRIDON	13, rue Descartes	37000 TOURS	Tél. : 47 05 60 44
38 Librairie NOTRE DAME/PAILLET	2, rue Lafayette	38000 GRENOBLE	Tél. : 76 42 38 30 Fax : 76 51 88 83
39 Librairie du MONT ROLAND	Sanctuaire du Mont-Roland	39100 DOLE	Tél. : 84 82 45 37
40 Librairie ART ET LIVRE	9, rue de l'Évêché	40100 DAX	Tél. : 58 74 03 25
42 Librairie CULTURE ET FOI	20, rue Berthelot	42100 SAINT-ÉTIENNE	Tél. : 77 80 48 70
43 Librairie CAZES BONNETON	21, boulevard Fayolle	43000 LE PUY	Tél. : 71 09 32 27
44 Librairie PROCURE/BEAUFRETON	24/30, passage Pommeraye BP 32	44000 NANTES CEDEX	Tél. : 40 48 21 35
45 Librairie SAINT PATERNE	109, rue Bannier	45000 ORLÉANS	Tél. : 38 53 97 03
49 Librairie JEANNE D'ARC	29, rue du Commerce	49300 CHOLET	Tél. : 41 62 02 65 Fax : 41 71 11 87
49 Librairie RICHER	6/8, rue Chaperonnière	49052 ANGERS CEDEX	Tél. : 41 88 62 79 Fax : 41 87 20 80
50 Librairie OCEP	43, rue St-Nicolas BP 109	50201 COUTANCES CEDEX	Tél. : 33 45 17 55 Fax : 33 45 06 14
51 Librairie BRACQUEMART	8, rue Saint-Martin	51200 ÉPERNAY	Tél. : 26 51 58 61
51 Librairie LA PROCURE/LARGERON	23, rue Carnot BP 454	51100 REIMS CEDEX	Tél. : 26 47 71 31 Fax : 26 84 96 74
51 Librairie SILOE/PASTEUR	7, rue Léon-Bourgeois	51000 CHALONS-SUR-MARNE	Tél. : 26 65 29 21 Fax : 26 64 43 21
53 Librairie SILOE	22, rue du Jeu-de-Paume	53000 LAVAL	Tél. : 43 53 58 70 Fax : 43 49 03 17
54 Librairie LA PROCURE/LE VENT	30, rue Gambetta	54000 NANCY	Tél. : 83 35 57 68 Fax : 83 32 79 76
54 Librairie DE L'ENSEIGNEMENT RELIGIEUX	101, rue Saint-Georges	54000 NANCY	Tél. : 83 35 22 28
56 Librairie CULTURE ET FOI	53, rue Mgr-Tréhiou	56001 VANNES CEDEX	Tél. : 97 47 24 06 Fax : 97 47 94 96
56 Librairie SAINT LOUIS	47, rue Maréchal-Foch	56100 LORIENT	Tél. : 97 64 60 10
58 Librairie SILOE SARL	17, avenue Général-de-Gaulle	58000 NEVERS	Tél. : 86 57 25 03 Fax : 86 57 93 30
59 Librairie CLOCHER ST PIERRE	11, rue du Clocher-Saint-Pierre	59500 DOUAI	Tél. : 27 88 80 78
59 Librairie LE CEP	102, Grande-Rue	59100 ROUBAIX	Tél. : 20 73 91 56 Fax : 20 73 24 43
59 Librairie NOTRE-DAME DE GRACE	14, rue de Noyon BP 329	59406 CAMBRAI	Tél. : 27 81 25 54
59 Librairie ROSE DES VENTS	28, place Charles-de-Gaulle	59280 ARMENTIÈRES	Tél. : 20 77 13 96 Fax : 20 35 74 75
59 Librairie SILOE BIBLIOS	3, rue de la Maurienne	59140 DUNKERQUE	Tél. : 28 21 00 41 Fax : 28 21 00 41
59 Librairie TIRLOY	62/64, rue Esquermoise	59000 LILLE	Tél. : 20 55 37 09
61 Librairie À LA BIBLE D'OR	4, rue du Bercail	61000 ALENÇON	Tél. : 33 26 19 75
62 Librairie BRUNET/MAJUSCULE	21, rue Gambetta	62000 ARRAS	Tél. : 21 23 46 34 Fax : 21 71 27 02
62 Librairie DUMINY	48, rue Faidherbe BP 49	62000 BOULOGNE-SUR-MER	Tél. : 21 87 43 44 Fax : 21 87 60 43
63 Librairie NOUVELLE/ART RELIGIEUX	3, rue du Terrail	63000 CLERMONT-FERRAND	Tél. : 73 92 50 44 Fax : 73 90 94 23
63 Librairie RELIGIEUSE	1, place de la Treille	63000 CLERMONT-FERRAND	Tél. : 73 90 94 42 Fax : 73 90 06 34
64 Librairie DUVAL	1, place de la Libération	64000 PAU	Tél. : 59 27 26 60 Fax : 59 27 60 41
64 Librairie EZKILA	Abbaye de Belloc	64240 HASPARREN	Tél. : 59 29 46 30 Fax : 59 29 44 08
64 Librairie PRADIER	7, place Pasteur	64100 BAYONNE	Tél. : 59 59 06 02
64 Librairie SERVICE DIOCÈSE CATÉCHÈSE	9, avenue de Béarn	64000 PAU	Tél. : 59 80 21 78 Fax : 59 30 63 77
65 Librairie FAMILIALE CATHOLIQUE	21, avenue Bernadette-Soubirous	65100 LOURDES	Tél. : 62 94 35 05
67 Librairie ALSATIA/UNION	31, place de la Cathédrale	67000 STRASBOURG	Tél. : 88 32 13 93

▶

67 Librairie LE PUITS	6, quai Saint-Jean	67000 STRASBOURG	Tél. : 88 32 35 29 Fax : 88 23 13 77
67 Librairie OBERLIN	19, rue des Francs-Bourgeois	67081 STRASBOURG	Tél. : 88 32 45 83
68 Librairie HARTMANN	24, Grande-Rue	68000 COLMAR	Tél. : 89 41 17 53 Fax : 89 41 43 33
69 Librairie DECITRE	6, place Bellecour BP 2216	69214 LYON CEDEX	Tél. : 78 42 65 68
69 Librairie ÉDITIONS OUVRIÈRES	9, rue Henri-IV BP 2012	69227 LYON CEDEX	Tél. : 78 37 63 19 Fax : 78 37 34 86
69 Librairie SAINT PAUL/SILOE	8, place Bellecour	69002 LYON	Tél. : 78 42 26 15 Fax : 72 40 28 79
71 Librairie APOSTOLAT/ÉDITIONS	16, rue de la Visitation	71600 PARAY-LE-MONIAL	Tél. : 85 81 08 93
71 Librairie SILOE/CHÂTELET	23, rue du Châtelet	71100 CHALON-SUR-SAÔNE	Tél. : 85 48 07 19 Fax : 85 48 68 82
73 Librairie DE SAVOIE	Place Métropole	73000 CHAMBÉRY	Tél. : 79 33 00 74
74 Librairie PROCURE/VIEIL ANNECY	3, rue J.-Jacques-Rousseau	74000 ANNECY	Tél. : 50 45 25 95 Fax : 50 45 27 04
75 Librairie APOST. DES ÉDITIONS	48, rue du Four	75006 PARIS	Tél. : 45 48 33 00 Fax : 45 44 97 49
75 Librairie LA PROCURE	3, rue de Mézières	75006 PARIS	Tél. : 45 48 20 25 Fax : 42 22 59 80
75 Librairie SAINT PAUL	6, rue Cassette	75006 PARIS	Tél. : 45 48 68 64
75 Librairie 7 ICI SPB	48, rue de Lille	75007 PARIS	Tél. : 42 61 57 77
76 Librairie PROCURE/NOUVEAU MONDE	24, rue de la République	76000 ROUEN	Tél. : 35 70 65 93 Fax : 35 70 17 23
79 Librairie MOSSION	3, rue Saint-Jean	79000 NIORT	Tél. : 49 24 02 41 Fax : 49 28 52 71
81 Librairie SILOE/SAINT BENOÎT	Abbaye d'En Calcat	81110 DOURGNE	Tél. : 63 50 37 98 Fax : 63 50 38 78
81 Librairie SILOE ST JEAN	16, rue Victor-Hugo	81100 CASTRES	Tél. : 63 59 31 78 Fax : 63 59 23 66
84 Librairie CLÉMENT VI	3, av. de-Lattre-de-Tassigny	84000 AVIGNON	Tél. : 90 82 54 11 Fax : 90 27 05 09
85 Librairie SILOE/ SYPE	58, rue Joffre BP 149	85004 LA ROCHE-SUR-YON	Tél. : 51 37 38 81 Fax : 51 46 03 47
85 Librairie L'ALPHA	Passage de l'Industrie	85200 FONTENAY-LE-COMTE	Tél. : 51 69 82 22
86 Librairie DES CORDELIERS	15, rue des Cordeliers BP 89	86003 POITIERS	Tél. : 49 41 09 26
88 Librairie LE NEUF	15, rue d'Alsace	88100 SAINT-DIÉ	Tél. : 29 56 16 71 Fax : 29 56 04 56
88 Librairie PANORAMA 88	4, place Général-de-Gaulle	88000 ÉPINAL	Tél. : 29 82 54 96 Fax : 29 64 03 46
89 Librairie DU CENTRE	32, rue de la Draperie	89000 AUXERRE	Tél. : 86 52 21 37
89 Librairie TIBÉRIADE	144, rue de la Résistance	89100 SENS	Tél. : 86 65 31 34 Fax : 86 65 61 47
91 Librairie PROCURE/ÉVRY	Cours Mgr-Roméro	91000 ÉVRY	Tél. : 60 79 06 99
93 Librairie MARC BOURGEOIS	5, rue des Myosotis BP 38	93700 DRANCY	Tél. : 48 96 10 95

PASTORALE DE LA SOLIDARITÉ ET DES PAUVRES. Une Charte de la Solidarité pour l'Église en France L'accord Secours Catholique - CCFD

L'Assemblée plénière des évêques français, lors de sa session annuelle d'octobre 1988, a adopté une Charte de la Solidarité destinée à favoriser la prise de conscience par les chrétiens des exigences de leur foi en ce domaine, et la concertation des organismes caritatifs catholiques. Un Secrétariat de la Solidarité a été institué à cet effet.

Dès l'adoption de cette charte par l'épiscopat français, le Secours Catholique et le CCFD (Comité catholique contre la faim et pour le développement) ont publié une déclaration commune, cosignée par le vice-président de la Conférence épiscopale, aux termes de laquelle, « services distincts mais complémentaires, autonomes mais solidaires, différents mais partenaires de la même Église », s'efforçant « de vivre de la même fidélité aux encycliques *Populorum progressio* et *Sollicitudo rei socialis* », ils s'engagent à concrétiser leur coopération sur six points précis :

• financement conjoint de certains projets de développement dans le Tiers-Monde ;

• respect rigoureux des temps forts des deux organismes : novembre pour le Secours Catholique, carême pour le CCFD ;

• information et concertation sur les actions entreprises avec les Églises locales ;

• respect de leur identité respective ;

• harmonisation de leurs relations avec les autres services dans le cadre du secrétariat de la Solidarité ;

• réalisation commune d'un guide pédagogique de l'encyclique *Sollicitudo rei socialis.*

En vue de respecter l'identité propre à chacune des deux organisations, le Secours Catholique ne figurera plus parmi les mouvements et services membres du CCFD.

DROGUET & ARDANT
DES LIVRES - COMPAGNONS
POUR TOUS LES AGES DE LA VIE
LA BIBLE
RÉPONSES D'UN GRAND-PÈRE A SON PETIT-FILS • HUBERT GIGNOUX
Michel DUBOST
RENCONTRES
PIERRE IMBERDIS
je rêve d'amour
LOUIS VIRY et PIERRE IMBERDIS
vivre
Dr. D. Meggié
Être heureux en famille
YANNIK BONNET
Être heureux au travail
GUIDE DE l'éducation
NOËL QUESSON
AROLE DE DIEU
pour chaque dimanche
la Bible illustrée pour les jeunes
L'Encyclopédie catholique pour tous
théo
L'Encyclopédie catholique pour tous
D.SONET
Découvrons l'amour
Paule LANDRON
HISTOIRE SAINTE
Le merveilleux livre de l'enfant Jésus
Yann le Pichon

C. RENSEIGNEMENTS PRATIQUES (pour la France)

TÉLÉMATIQUE ET ÉGLISE

La télématique est en pleine évolution et les services qu'elle offre aujourd'hui permettent à l'Église de mieux informer ceux qui le désirent. De très nombreuses réalisations ont déjà vu le jour, d'autres sont encore à l'étude.

Pour connaître ce qui existe dans les diverses régions, un Centre de documentations et d'informations religieuses offre ses services dans les diocèses.

L'Église de France est déjà présente sur le Minitel. Parmi beaucoup d'autres, trois exemples :

36-15, code GABRIEL

Accès aux informations de tous les diocèses de France : actualités religieuses, art et culture, pèlerinages, retraites et sessions, invitation à la prière, et bien d'autres services encore...

Accès aux informations de l'Église de Paris : vie des paroisses, horaires des messes, programmes de Radio Notre-Dame, formations diocésaines...

36-15, code DEXTEL

Moyen d'accès biblique qui propose un choix de textes, un dictionnaire des termes bibliques, des études et réflexions à partir de l'Écriture et de textes fondamentaux de la foi catholique...

36-15 code MP : un magazine chrétien sur Minitel

- Une page quotidienne d'agenda avec les références des lectures liturgiques de chaque jour.
- Les stages et sessions de formation dans divers domaines : intelligence de la foi, Tiers-Monde, spiritualité.
- Les lieux de retraite classés par département.
- Les associations d'aide au Tiers-Monde.
- Une sélection de livres.
- Des propositions de croisières, de pèlerinages et de voyages culturels.
- Un résumé de l'histoire des saints patrons et les grandes lignes du caractère attribué à chacun (350 prénoms disponibles).
- Une boîte aux lettres pour le courrier et les commandes directes de livres.
- Un test d'orientation professionnelle élaboré par une équipe spécialisée des Établissements d'application psychotechnique (E.A.P.) à Issy-les-Moulineaux.
- Des renseignements, paroisse par paroisse, sur les horaires des offices.
- Comment préparer un baptême, un mariage, des funérailles.
- Un calendrier des grandes manifestations religieuses et autres.
- Des boîtes aux lettres de petites annonces, d'offres et de demandes d'associations.
- Un forum sur les grandes questions d'actualité.

Malesherbes-Publications 163, boulevard Malesherbes, 75017 Paris. Tél. 47.66.01.86.

Voir aussi documents complémentaires en fin de volume.

LES CENTRES D'ACCUEIL

Est présentée ci-après une liste, non exhaustive, de lieux où l'on peut trouver un accueil et une écoute. Certains sont destinés à une catégorie de personnes bien déterminée ou offrent un accueil spécifiquement spirituel. Ils sont, dans ce cas, précisés. Les autres centres offrent plusieurs services : aide matérielle (vestiaires, nourriture, etc.) et aide morale. Se renseigner auprès de chacun d'entre eux pour connaître leurs spécificités.

Les paroisses ont également souvent un service d'entraide aux personnes en difficulté (morale, spirituelle ou matérielle). Se renseigner auprès du curé de chacune d'entre elles.

Les centres cités sont classés par ville, selon l'ordre alphabétique des sièges de bureaux de poste distributeurs.

Délégation du Secours catholique
19, rue Louis-Vivent - B.P. 114
47004 **Agen** Cedex
Tél. 53 66 14 22

Délégation du Secours catholique
2, bd Maréchal-Leclerc-Encaglane
13090 **Aix-en-Provence**
Tél. 42 64 20 20

Délégation du Secours catholique
6, cours Danielle-Casanova
20000 **Ajaccio**
Tél. 95 21 45 41

Délégation du Secours catholique
2, rue Lavédan - B.P. 0822
81007 **Albi** Cedex
Tél. 63 54 13 01

Délégation du Secours catholique
42, bd de la République
B.P. 35
61001 **Alençon** Cedex
Tél. 33 26 02 80

Délégation du Secours catholique
3, rue Jules-Lardière - B.P. 0822
80008 **Amiens** Cedex
Tél. 22 91 44 23

Délégation du Secours catholique
5, rue Delaâge - B.P. 1361
49013 **Angers** Cedex 01
Tél. 41 88 85 65

Entraide Générations
10, impasse Aldo-Ferraro
49000 **Angers**

Délégation du Secours catholique
40, rue du Lieutenant-Archambault
B.P. 1203
16006 **Angoulême**
Tél. 45 92 53 73

Délégation du Secours catholique
2 bis, rue Général-Ferrié
74000 **Annecy**
Tél. 50 45 29 67

Délégation du Secours catholique
Rue Vincent-d'Indy - B.P. 115
07101 **Annonay**
Tél. 75 33 31 35

Délégation du Secours catholique
14 bis, rue Noël-Trannin
B.P. 286
62005 **Arras** Cedex
Tél. 21 55 37 64

Délégation du Secours catholique
34, rue Steffen
92600 **Asnières**
Tél. (1) 47 91 42 00
Fax : 47 91 19 61

Délégation du Secours catholique
39, rue Gambetta
32001 **Auch** Cedex
Tél. 62 05 30 89

Délégation du Secours catholique
93, avenue de la République
B.P. 431
15004 **Aurillac**
Tél. 71 48 16 54

Délégation du Secours catholique
86, rue du Portail-Magnanen
B.P. 309
84021 **Avignon** Cedex
Tél. 90 82 28 68

Délégation du Secours Catholique
Z.A.C. de Bel Aire
4, rue Newton
17440 **Aytré**
B.P. 67
17003 **La Rochelle** Cedex
Tél. 46 44 30 09

Les Amis de l'Hôpital
G. Clemenceau
25, avenue Bourbon-Busset
91610 **Ballancourt**

Délégation du Secours catholique
9, rue Daniel-Argote - B.P. 747
64107 **Bayonne** Cedex
Tél. 59 55 47 53

Délégation du Secours catholique
10, rue Michelet - B.P. 15
90001 **Belfort** Cedex
Tél. 84 28 22 70

Délégation du Secours catholique
14, rue d'Alsace
25000 **Besançon**
Tél. 81 81 41 91

Délégation du Secours catholique
84, avenue de Verdun - B.P. 775
41007 **Blois** Cedex
Tél. 54 78 16 43

Échec à la solitude
7, rue Corneille
41000 **Blois**

Délégation du Secours catholique
126, rue du Palais-Gallien - B. P. 518
33005 **Bordeaux**
Tél. 56 48 22 32

Compagnons du Grand Âge
3, rue Verteuil
33000 **Bordeaux**

Délégation du Secours catholique
6, rue Brillat-Savarin - B.P. 44
01002 **Bourg-en-Bresse** Cedex
Tél. 74 21 66 77

Délégation du Secours catholique
17, avenue des Prés-le-Roi
18000 **Bourges**
Tél. 48 24 25 24

Nos Vieux Amis Berruyers
75 A Résidence Diderot
av. M.-Haegelen
18000 **Bourges**

Délégation du Secours catholique
16, rue Jean Fieyre
19100 **Brive-la-Gaillarde**
Tél. 55 24 03 26

Jully - Séjours et Amitié
Jully-lès-Buxy
71390 **Buxy**

Délégation du Secours catholique
57, avenue de la Libération
B.P. 75
14015 **Caen**
Tél. 31 94 40 46

Hier et Aujourd'hui
23, avenue de Verdun
14300 **Caen**

Délégation du Secours catholique
111, rue Gustave Larroumet
B.P. 5
46001 **Cahors**
Tél. 65 35 48 78

Délégation du Secours catholique
18, rue du Petit-Séminaire - B.P. 103
59402 **Cambrai** Cedex
Tél. 27 81 21 89

Délégation du Secours catholique
22, rue Laperrine - B.P. 264
11005 **Carcassonne** Cedex
Tél. 68 25 21 52

Délégation du Secours Catholique
11, rue François-Arago - B.P. 354
97328 **Cayenne**
Tél. (19) 594 31 82 04

Délégation du Secours catholique
17, r. des Martyrs-de-la-Résistance
B.P. 160
51008 **Châlons-sur-Marne**
Cedex
Tél. 26 65 17 90

Délégation du Secours catholique
17, rue Doneau - B.P. 579
71107 **Chalon-sur-Saône** Cedex
Tél. 85 48 70 30

Délégation du Secours catholique
16, avenue du Comte-Vert
B.P. 803
73008 **Chambéry** Cedex
Tél. 79 62 45 72 - Fax : 79 96 28 07

Délégation du Secours catholique
21, rue de Clèves - B.P. 437
08107 **Charleville-Mézières**
Tél. 24 33 34 10

Délégation du Secours catholique
3, rue du Pont-du-Massacre
B.P. 317
28006 **Chartres** Cedex
Tél. 37 21 66 33

Délégation du Secours catholique
2, rue de la Cueille
36000 **Châteauroux**
Tél. 54 34 43 59

Délégation du Secours catholique
8, rue du 21e R. I. C - B.P. 155
52005 **Chaumont** Cedex
Tél. 25 03 40 11

Cholet. Voir Angers et les Herbiers.

Délégation du Secours catholique
13, rue Louis-Braille - B.P. 231
63038 **Clermont-Ferrand**
Tél. 73 36 80 51

Délégation du Secours catholique
40, rue N.-D. du Bon Secours
B.P.827
60208 **Compiègne** Cedex
Tél. 44 23 37 32

Délégation du Secours catholique
35, rue de l'Écluse-Chette
B.P. 317
50203 **Coutances** Cedex
Tél. 33 45 02 09

Délégation du Secours catholique
237, rue du Général-Leclerc
94000 **Créteil**
Tél. (1) 42 07 12 99

Délégation du Secours catholique
17, cours Maréchal-Joffre - B.P. 56
40102 **Dax** Cedex
Tél. 58 74 16 27

Délégation du Secours catholique
9 ter, bd Voltaire
21000 **Dijon**
Tél. 80 66 55 01

Délégation du Secours catholique
16, rue Armand-Colle
88000 **Épinal**
Tél. 29 82 45 11

Délégation du Secours catholique
18, rue du Docteur-Guindey
B.P. 334
27003 **Évreux** Cedex
Tél. 32 33 05 90

Délégation du Secours catholique
5, rue Charles-Baudelaire
B.P. 192 - Tour Baudelaire 6e étage
91006 **Évry** Cedex
Tél. (1) 60 78 17 33

Délégation du Secours Catholique
31, rue Robespierre - B.P. 144
97200 **Fort-de-France**
Tél. (19) 596 63 50 94
Fax : (19) 596 63 20 38

Délégation du Secours catholique
7, av. Commandant-Dumont
05000 **Gap**
Tél. 92 51 37 56

Délégation du Secours catholique
10, rue Sergent-Bobillot - B.P. 436
38018 **Grenoble**
Tél. 76 87 23 13

Délégation du Secours catholique
36, rue du Prat - B.P. 306
23000 **Guéret**
Tél. 55 81 92 99

La Rochelle : voir Aytré

Délégation du Secours catholique
3, rue Victor-Hugo - B.P. 587
85015 **La Roche-sur-Yon** Cedex
Tél. 51 37 10 98

Délégation du Secours catholique
32, bd Brune - B.P. 960
53031 **Laval** Cedex
Tél. 43 56 40 10

Délégation du Secours catholique
54, rue Michelet
76600 **Le Havre**
Tél. 35 43 21 77

Les Amis hâvrais du 3e âge
B.P. 1192
76064 **Le Havre** Cedex

Délégation du Secours catholique
32, rue de la Mission
72000 **Le Mans**
Tél. 43 84 67 90

Délégation du Secours catholique
18, rue Général-Lafayette
43000 **Le Puy-en-Velay**
Tél. 71 09 30 77

Amis de tous âges
18, rue Albert-Veillon
Bât. X2, n° 25
49300 **Les Herbiers**

Délégation du Secours catholique
39, rue de la Monnaie
59042 **Lille** Cedex
Tél. 20 55 62 33

Les Petits Frères des Pauvres
24, rue Jean-Moulin
59800 **Lille**
Tél. 20 55 18 68

Délégation du Secours catholique
7, rue de la Providence - B.P. 253
87007 **Limoges** Cedex
Tél. 55 34 38 65

Délégation du Secours catholique
105, rue Marcel-Paul - B.P. 189
39005 **Lons-le-Saunier**
Tél. 84 24 44 31

Cité Saint-Pierre
(Cité d'accueil
du Secours catholique)
B.P. 106
65100 **Lourdes**
Tél. 62 94 13 81
Accueil de pèlerins de tous âges qui n'ont pas les moyens de fréquenter les hôtels lourdais.

Délégation du Secours catholique
12, rue de Montbrillant
69003 **Lyon** Cedex
Tél. 72 33 38 38

Les Petits Frères des Pauvres
38, quai Gailleton
69002 **Lyon**
Tél. 78 37 06 68

Délégation du Secours catholique
4, bd Camille-Flammarion
13001 **Marseille**
Tél. 91 62 23 62

Les Petits Frères des Pauvres
174, rue Consolat
13004 **Marseille**
Tél. 91 64 22 29

Délégation du Secours Catholique
Sidonia Fuluhea - B.P. 31
Mata-Utu (Wallis)
Fax (19) 631 72 27 83

Délégation du Secours Catholique
Mission Catholique
Mamoudzou - B.P.12
97600 **Mayotte**

Délégation du Secours catholique
26, avenue de la République
B.P. 93
77104 **Meaux** Cedex
Tél. (1) 64 34 20 89
Fax : (1) 64 33 83 58

Délégation du Secours catholique
5, rue des Carces - B.P. 8
48000 **Mende** Cedex
Tél. 66 49 15 99

Délégation du Secours catholique
26 bis, rue de la Chèvre - B. P. 4083
57040 **Metz** Cedex
Tél. 87 76 21 56

Délégation du Secours catholique
1, place Monseigneur-Théas
B.P. 390
82003 **Montauban** Cedex
Tél. 63 63 18 93

Délégation du Secours catholique
28, rue Farges - B.P. 2169
34000 **Montpellier** Cedex
Tél. 67 64 33 11

Myriam (Cité d'accueil
du Secours catholique)
28, rue des Hanots
93100 **Montreuil-sous-Bois**
Tél. (1) 42 87 51 07
Centre d'accueil réservé aux travailleurs originaires d'Afrique du Nord

Délégation du Secours catholique
87, rue de Bourgogne - B.P. 809
03008 **Moulins** Cedex
Tél. 70 44 10 41

Délégation du Secours catholique
4, rue Monseigneur Thouvenin
54000 **Nancy**
Tél. 83 36 78 37

Les Amis nancéens
1, rue Dom-Calmet
54000 **Nancy**

Délégation du Secours catholique
5, rue Lorette de la Refoulais
44041 **Nantes** Cedex 01
Tél. 40 29 04 26

Les Petits Frères des Pauvres
42, rue de la Bastille
44000 **Nantes**
Tél. 40 20 42 69

Délégation du Secours catholique
22-24, rue de la Cathédrale
B.P. 118
58005 **Nevers**
Tél. 86 61 35 28

Délégation du Secours catholique
37, rue Saint-Barthélémy
B.P. 97
06102 **Nice** Cedex
Tél. 93 98 64 98

Délégation du Secours catholique
1, rue du Cardinal-de-Cabrières
30000 **Nîmes**
Tél. 66 67 68 71

Délégation du Secours catholique
26, impasse St-Symphorien
79000 **Niort**
Tél. 49 73 14 82

Délégation du Secours catholique
B.P. 1596
Nouméa (Nouvelle-Calédonie)
Tél. (19) 687 28 26 71
Fax : (19) 687 27 76 74

Échec à la Solitude d'Olivet
3, rue du Rosier
45160 **Olivet**

Délégation du Secours catholique
48, rue des Murlins
B.P. 45 – 45016 **Orléans**
Tél. 38 53 58 07

Délégation du Secours catholique
10, place du Mercadal - B.P. 49
09104 **Pamiers**
Tél. 61 67 07 77

Délégation du Secours catholique
B.P. 3384 - **Papeete** (Tahiti)
Tél. (19) 689 42 64 04
Fax : (19) 689 43 15 90

Secours catholique
Siège social – 106, rue du Bac
75341 **Paris** Cedex 07
Tél. (1) 43 20 14 14
Fax : (1) 47 64 41 02

Délégation du Secours catholique
4, rue Daubigny
75017 **Paris**
Tél. (1) 46 22 19 43

Cité Notre-Dame (Cité d'accueil du Secours catholique)
6, rue de la Comète
75007 **Paris**
Tél. (1) 47 05 45 25
Fax : (1) 47 64 41 04
Accueil d'hommes momentanément sans domicile et sans travail, que l'on s'efforce de reclasser et de réinsérer.

Cité Saint-Martin (Cité d'accueil du Secours catholique)
4, rue de l'Arsenal
75004 **Paris**
Tél. (1) 42 74 36 36
Centre de premier accueil (réfugiés, femmes seules, jeunes), vestiaire et accueil de jour pour les errants.

Jéricho (Cité d'accueil du Secours catholique)
28, rue de l'Échiquier
75010 **Paris**
Tél. (1) 45 23 25 15
Centre où les jeunes « en désarroi » trouvent accueil, écoute, amitié, entraide.

Les Petits Frères des Pauvres
Siège social
64, av. Parmentier
75011 **Paris**
Tél. (1) 47 00 75 55

Les Petits Frères des Pauvres
Services centraux Paris
33, av. Parmentier
75011 **Paris**
Tél. (1) 43 38 10 10

Les Petits Frères des Pauvres
Paris-Est
9*ter*, passage St-Ambroise
75011 **Paris**
Tél. (1) 43 55 31 61

Les Petits Frères des Pauvres
Paris-Ouest
12, rue Bridaine
75017 **Paris**
Tél. (1) 42 93 25 80

Les Petits Frères des Pauvres
Paris-Sud
2*bis*, place Bienvenue
75015 **Paris**
Tél. (1) 45 44 44 30

Les Petits Frères des Pauvres
Paris-Banlieue
127, rue Saint-Maur
75011 **Paris**
Tél. (1) 48 05 79 91

Église Saint-Louis d'Antin
63, rue Caumartin
4, rue du Havre
75009 **Paris**
Tél. (1) 45 26 65 34
À toute heure du jour, on trouve quelqu'un pour un renseignement, pour un conseil ou un soutien spirituel.

Église Saint-Merri
76, rue de la Verrerie
75004 **Paris**
Tél. (1) 42 71 93 93
Centre pastoral Halles-Beaubourg animé par une équipe composée de laïcs élus, d'une religieuse et de trois prêtres.
Accueil spirituel et écoute toute la journée.

Chapelle Saint-Bernard
34, place Raoul-Dautry
75014 **Paris**
Tél. (1) 45 66 61 67
Accueil spirituel au cœur de la Gare Montparnasse

Accueil et Amitié - Le Radeau
26, rue Lacroix
75017 **Paris**

Délégation du Secours catholique
3, rue des Frères-Bernadac
64000 **Pau** - Tél. 59 32 30 98

Délégation du Secours catholique
24, bd des Arènes
B.P. 101
24000 **Périgueux** Cedex
Tél. 53 53 47 79

Délégation du Secours catholique
55, bd Félix-Mercader
66000 **Perpignan**
Tél. 68 34 68 70

Vieillard Mon Frère
16, rue des Meuniers
45300 **Pithiviers**

Délégation du Secours Catholique
Près de l'église Saint-Luc
Baimbige (Abymes) - B.P. 654
97169 **Pointe-à-Pitre** (Guadeloupe)
Tél. (19) 590 83 78 71 et 91 28 31
Fax : (19) 590 83 45 33

Délégation du Secours catholique
7, impasse de la Trinité - B.P. 462
86012 **Poitiers** Cedex
Tél. 49 41 62 35

Délégation du Secours catholique
2, rue Champ-Loisel - B.P. 125
95304 **Pontoise**
Tél. (1) 30 32 64 46

Délégation du Secours catholique
33, rue de Douarnenez - B.P. 63
29102 **Quimper** Cedex
Tél. 98 55.60.80

Délégation du Secours catholique
20, rue des Poissonniers - B.P. 1394
51064 **Reims** Cedex
Tél. 26 47 20 04

Délégation du Secours catholique
10, rue Louis-Guillou - B.P. 1323
35013 **Rennes** Cedex
Tél. 99 54 11 01

Vieillesse en Fête
1, rue Sully-Prudhomme
35100 **Rennes**

Délégation du Secours catholique
2 *bis*, rue Combarel
12000 **Rodez**
Tél. 65 68 56 65

Délégation du Secours catholique
33, rue Paul-Cavaré
93110 **Rosny-sous-Bois**
Tél. (1) 45 28 17 82

Délégation du Secours catholique
13, rue d'Elbeuf - B.P. 1172
76176 **Rouen** Cedex
Tél. 35 72 76 44

Partage Fraternel
30, rue Lamartine
76000 **Rouen**

Délégation du Secours catholique
88, rue de la Corderie
22000 **Saint-Brieuc**
Tél. 96 33 40 73

Délégation du Secours Catholique
9 cité Jasmin - B.P. 1251
97485 **Saint-Denis de La Réunion**
Tél. (19) 546 63 50 94
Fax : (19) 596 63 20 38

Délégation du Secours catholique
17, rue de la Paix
42000 **Saint-Étienne**
Tél. 77 32 02 15

Délégation du Secours Catholique
Évêché - B.P. 117
97500 **Saint-Pierre-et-Miquelon**

Bethléem (Cité d'accueil du Secours catholique)
Domaine de la Briche
91910 **Saint-Sulpice-de-Favières**
Tél. 44 58 42 12
Centre d'hébergement et de reclassement pour femmes en difficulté, avec ou sans enfants.

Délégation du Secours catholique
10, rue Georges Clémenceau
17100 **Saintes**
Tél. 46 93 17 16
Délégation du Secours catholique
72, rue Allix
89100 **Sens**
Tél. 86 65 28 36

Délégation du Secours catholique
50, rue Saint-Martin - B. P. 174
02205 **Soissons** Cedex
Tél. 23 53 21 86

Délégation du Secours catholique
5, rue Saint-Léon
67082 **Strasbourg** Cedex
Tél. 88 32 51 06

Frères de Tous Âges
7, rue d'Upsal
67000 **Strasbourg** Cedex

Délégation du Secours catholique
1, rue de la Sède - B. P. 924
65009 **Tarbes** Cedex
Tél. 62 51 01 16

Délégation du Secours catholique
Le Prado
Rue Henri-Vienne
83000 **Toulon**
Tél. 94 92 93 41

Délégation du Secours catholique
3, rue de la Madeleine
31000 **Toulouse**
Tél. 61 52 67 14

Les Amis des Isolés
28, rue C. Toussaint
31500 **Toulouse**

Délégation du Secours catholique
35, rue de la Fuye - B.P. 2515
37025 **Tours**
Tél. 47 46 22 34
Partage et Amitié
40, allée des Bois
La Membrolle sur Choisille
37390 **Tours**

Délégation du Secours catholique
1, rue des Chats - B.P. 239
10007 **Troyes** Cedex
Tél. 25 73 16 69

Délégation du Secours catholique
7, rue du Parc - B.P. 331
26003 **Valence** Cedex
Tél. 75 42 48 79

Délégation du Secours catholique
14, avenue du Maréchal-de-Lattre-de-Tassigny – B.P. 241
56007 **Vannes**
Tél. (1) 97 63 49 30

Le Rosier Rouge (Cité d'accueil du Secours catholique)
16, avenue du Général-de-Gaulle
92170 **Vanves**
Tél. (1) 46 45 61 94
Accueil de familles de malades de province hospitalisés dans la région parisienne.

Délégation du Secours catholique
41, rue des Minimes - B.P. 113
55103 **Verdun** Cedex
Tél. 29 86 16 80

Délégation du Secours catholique
24 ter, rue du Maréchal-Joffre
78000 **Versailles** Cedex
Tél. (1) 39 50 44 45

Délégation du Secours catholique
31, quai Jean-Jaurès
38200 **Vienne**
Tél. 74 85 22 70

LES PÈLERINAGES EN FRANCE

Chaque diocèse de France accueille de nombreux pèlerinages dont les périodes, les animateurs et les modalités peuvent varier. Pour connaître de manière précise leurs dates et lieux, se renseigner auprès du Centre d'informations religieuses du diocèse ou au Secrétariat de l'évêché ou archevêché.

Nous proposons ci-dessous la liste des principaux sanctuaires existant en France (par ordre alphabétique), ainsi que quelques noms et adresses d'organismes de voyages (parmi d'autres) proposant régulièrement des accompagnements en pèlerinages, en France ou à l'étranger.

Sanctuaires

ARS (Saint Curé d')
Ars-sur-Formans
01480 Jassans Riottier
Tél. 74 00 70 56

BETHARRAM (N.-D. de)
Lestelle-Betharram
64800 Nay
Tél. 59 61 18 81

BOULOGNE (N.-D. de)
2, parvis Notre-Dame
62200 Boulogne-sur-Mer
Tél. 21 80 44 04

BRIVE (Saint Antoine)
41, avenue E.-Michelet
19110 Brive-la-Gaillarde
Tél. 55 24 10 60

CHARTRES (N.-D. de)
18, Cloître Notre-Dame
28000 Chartres
Tél. 37 34 55 32

CHÊNE (N.-D. du)
La Chapelle N.-D. du Chêne Vion
72300 Sablé-sur-Sarthe
Tél. 43 95 48 01

DOMRÉMY (Sainte Jeanne d'Arc)
Basilique du Bois-Chenu
Domrémy-la-Pucelle
88630 Coussey
Tél. 29 06 93 47

ÉPINE (N.-D. de l')
L'Épino
51460 Courtisols
Tél. 26 68 09 96

ESPÉRANCE (N.-D. d')
Basilique N.-D. d'Espérance
1, place Saint-Pierre
22000 Saint-Brieuc
Tél. 96 33 32 27

FOURVIÈRE (N.-D. de)
8, place de Fourvière
69005 Lyon
Tél. 78 25 25 52

FRESNEAU (N.-D. de)
N.-D. de Fresneau
Marsanne
26740 Sauzet
Tél. 75 90 32 89

GARDE (N.-D. de la)
Place Colonel Edon
13006 Marseille
Tél. 91 37 42 82

HERMITAGE (N.-D. de l')
L'Hermitage
42440 Noiretable
Tél. 77 24 72 12

ISSOUDUN
(N.-D. du Sacré-Cœur d')
Chapelains de la Basilique
B.P. 14 - 36100 Issoudun
Tél. 54 21 04 34

LA DÉLIVRANDE (N.-D. de)
10, place de la Basilique
La Délivrande
14440 Douvres-la-Délivrande
Tél. 31 97 97 20

LAGHET (N.-D. de)
Recteur de N.-D. de Laghet
06340 La Trinité
Tél. 93 41 09 60

LISIEUX (Sainte-Thérèse de)
33, rue du Carmel - B.P. 95
14102 Lisieux Cedex
Tél. 31 31 49 71

LOURDES (N.-D. de)
Maison des Chapelains
65100 Lourdes
Tél. 62 94 72 26

LALOUVESC
(Saint Jean-François Régis)
Maison Saint-Régis
B.P. 14
07520 Lalouvesc
Tél. 75 67 82 00

MÉDAILLE MIRACULEUSE
(Notre-Dame de la)
140 rue du Bac
75007 Paris
Tél. (1) 35 48 10 13

MONTLIGEON (N.-D. de)
La Chapelle-Montligeon
61400 Mortagne
Tél. 33 83 83 55

MONTMARTRE
(Sacré-Cœur de)
35, rue du Chevalier-de-la-Barre
75018 Paris
Tél. (1) 42 51 17 02

MONT SAINT-MICHEL
Recteur de la Paroisse
B.P. 1
50116 Le Mont-Saint-Michel
Tél. 33 60 14 05

MONT SAINTE-ODILE
Monastère Sainte Odile
67530 Ottrott

MYANS (N.-D. de)
Sanctuaire N.-D. de Myans
Myans
73800 Montmellian
Tél. 79 28 11 65

NEVERS
(Sainte-Bernadette)
Couvent Saint-Gildard
34, rue Saint-Gildard
58000 Nevers
Tél. 86 57 79 99

PARAY-LE-MONIAL
(Sacré-Cœur, Ste Marguerite-Marie Alacoque)
Maison des Chapelains
71600 Paray-le-Monial
Tél. 85 81 11 72

PEYRAGUDE (N.-D. de)
N.-D. de Peyragude
47140 Penne d'Agenais
Tél. 53 41 20 02

PELLEVOISIN (N.-D. de)
36500 Pellevoisin

PIBRAC
(Sainte-Germaine de)
Pibrac
B.P. 1
31490 Leguevin
Tél. 61 86 00 20

PIETAT (N.-D. de)
Pardies Pietat
64800 Nay
Tél. 59 71 22 72

PONTMAIN (N.-D. de)
2, place de la Basilique
Pontmain
53220 Montaudin
Tél. 43 05 07 26

PUY (N.-D. du)
22, rue Cardinal-de-Polignac
43000 Le Puy-en-Velay
Tél. 71 09 38 47

ROCAMADOUR (N.-D. de)
46350 Rocamadour
Tél. 65 33 63 29

RONCHAMP
Chapelle Notre-Dame du Haut
70250 Ronchamp

SAINT-BERTRAND DE COMMINGES
Saint-Bertrand de Comminges
31510 Barbazan
Tél. 61 95 81 20

SAINTE-ANNE-D'AURAY
Sainte-Anne-d'Auray
56400 Auray
Tél. 97 57 68 80

SAINTES-MARIES-DE-LA MER
Sanctuaire des Saintes Maries
13460 Saintes-Maries-de-la-Mer

SALETTE (N.-D. de la)
Sanctuaire N.-D. de la Salette
38970 Corps
Tél. 76 30 00 11

SION (N.-D. de)
Colline de Sion
54330 Vezelise
Tél. 83 26 91 84

THIERENBACH (N.-D. de)
Thierenbach
68500 Guebwiller
Tél. 89 76 95 66

TOURS (Saint-Martin de)
7, rue Baleschoux
37000 Tours
Tél. 47 05 63 87

TRINITÉ (N.-D. de la)
9, rue de Vauquois
B.P. 827 - 41008 Blois Cedex
Tél. 54 74 03 05

VISITATION
(St François de Sales, Ste Jeanne de Chantal)
Basilique de la Visitation
Avenue de la Visitation
74000 Annecy
Tél. 50 45 22 76

Organismes de voyages et pèlerinages

ROUTE DES HOMMES
10, rue Belle-Poignée
49000 Angers - Tél. 41 87 40 17

OFFICE CATHOLIQUE DE VOYAGES
14, chaussée du Bourg
65100 Lourdes - Tél. 62 94 40 84
Télex 53 10 74

PÈLERINAGES DE LUGNY
B.P. 5
71260 Lugny - Tél. 85 33 21 10

TERRE ENTIÈRE
15, rue du Cardinal-Lemoine
75005 Paris - Tél. (1) 43 29 57 10

NOTRE-DAME DU SALUT
Voyages-Pèlerinages
(Assomptionnistes)
10, rue François Ier
75008 Paris - Tél. (1) 42 89 41 14

ROUTES BIBLIQUES
12, rue Jacob
75006 Paris - Tél. (1) 43 29 12 62

S. I. P. VOYAGES
1, rue Garancière
75006 Paris - Tél. (1) 43 29 56 70
Adresse télégraphique :
SIPVOYAG-PARIS

VOYAGES-MISSIONS
10, rue Mézières
75006 Paris - Tél. (1) 42 22 48 50

PROCURE-VOYAGES
4, rue Madame
75006 Paris - Tél. (1) 45 48 63 30

PROCURE VOYAGES
10, rue de Suisse
06000 Nice - Tél. 93 88 65 40

BRETAGNE PÈLERINAGES
3, quai Chateaubriand
35000 Rennes - Tél. 99 79 54 22

Nota. Dans chaque diocèse, l'évêque désigne un directeur diocésain des pèlerinages, auprès duquel on peut se renseigner sur les pèlerinages organisés par le diocèse. S'adresser à l'évêché.

LE MONDE EN QUESTIONS...
LES REPONSES DES RELIGIONS

Chaque mois,
dans l'Actualité Religieuse dans le Monde :

- un grand dossier
- un invité
- des reportages
- la rubrique "livres"
- le bloc-notes de Paul Valadier

LA DIMENSION RELIGIEUSE DE L'INTERNATIONAL

- Des sujets inédits
- Une approche pluraliste
- Des analyses percutantes
- Des spécialistes de tous les horizons

Demandez un exemplaire gratuit à :
l'ARM/VPC (s/réf. TH93) 163 Bld Malesherbes 75859 PARIS CEDEX 17

QUELQUES MOUVEMENTS ET ORGANISMES CATHOLIQUES DE LAÏCS EN FRANCE

A. C. E. (Action catholique des enfants)
6, rue Duguay-Trouin
75006 Paris
Tél. (1) 45 48 46 36

A. C. G. F. (Action catholique générale féminine)
98, rue de l'Université
75007 Paris
Tél. (1) 47 05 93 89 – Fax : (1) 45 50 44 33

A. C. I. (Action catholique des milieux indépendants)
3*bis*, rue François-Ponsard
75116 Paris
Tél. (1) 45 24 43 65

A. C. M. E. C. (Action catholique des membres de l'enseignement chrétien)
95, rue de Vaugirard
75006 Paris
Tél. (1) 42 22 90 51

A. C. M. S. S. (Action catholique des milieux sanitaires et sociaux)
21, rue Salvador-Allende
B.P. 73
93002 Bobigny Cedex
Tél. (1) 48 95 31 00

A. C. O. (Action catholique ouvrière)
7, rue Paul-Lelong
75002 Paris
Tél. (1) 42 36 36 11 – Fax : (1) 40 26 20 18

A. F. A. L. E. (Action familiale pour l'apostolat de l'enfance)
11, rue de l'Abbé-Grégoire
75006 Paris
Tél. (1) 45 44 48 81

A.F.C. (Associations familiales catholiques, confédération nationale)
28, place Saint-Georges
75009 Paris
Tél. (1) 48 78 81 61

Aide au Prêtre (L')
La Contie
15250 Jussac
Tél. (16) 71 46 62 45

Amitiés mariales
67, rue de Sèvres
75006 Paris

A.P.E.L. (Union nationale des associations de parents d'élèves de l'enseignement libre) (UNAPEL)
277, rue Saint-Jacques
75005 Paris
Tél. (1) 46 33 62 89

Association des écrivains catholiques
12, rue Edmond Valentin
75007 Paris
Tél. (1) 47 05 43 31

Association française des pharmaciens catholiques
5, avenue de l'Observatoire
75006 Paris
Tél. (1) 43 26 51 19

C. C. F. D. (Comité catholique contre la faim et pour le développement)
4, rue Jean-Lantier
75001 Paris
Tél. (1) 40 26 51 60 – Fax : (1) 45 49 94 50

C. C. M. F. (Centre catholique des médecins français)
5, avenue de l'Observatoire
75006 Paris
Tél. (1) 46 34 59 15

C. C. M. H. (Comité catholique des malades et handicapés)
106, rue du Bac
75341 Paris Cedex 07
Tél. (1) 42 22 56 39

C. C. P. S. (Centre chrétien des professions de santé)
16, rue Tiphaine
75015 Paris
Tél. (1) 45 75 34 71

Centre chrétien des sages-femmes
6, place Adolphe-Chérioux
75015 Paris
Tél. (1) 42 50 42 06

Centre d'études religieuses
24, rue des Boulangers
75005 Paris
Tél. (1) 43 54 56 16

Cercle Saint-Jean-Baptiste
6, rue Jean-Ferrandi
75006 Paris
Tél. (1) 45 44 73 51

C. F. P. C. (Centre chrétien des patrons et dirigeants d'entreprise français)
24, rue Hamelin
75116 Paris
Tél. (1) 45 53 09 01 – Fax : (1) 47 27 43 32

C. G. E. (Chrétiens en grande école)
18, rue de Varenne
75007 Paris
Tél. (1) 42 22 18 56

Chrétiens-Médias (Fédération nationale)
47, quai des Grands-Augustins
75006 Paris
Tél. (1) 43 26 19 78

C. L. E. R. (Centre de liaison des équipes de recherche)
65, boulevard de Clichy
75009 Paris
Tél. (1) 48 74 87 60

C. M. R. (Chrétiens dans le monde rural)
21, rue du Faubourg Saint-Antoine
75550 Paris Cedex 11
Tél. (1) 43 07 59 63

Communauté chrétienne des policiers de France. Police et Humanisme
78, rue Claude-Decaen
75012 Paris

Communauté Vie chrétienne
9, rue Raynouard
75016 Paris
Tél. (1) 42 88 94 30

Croisade des aveugles
15, rue Mayet
75006 Paris
Tél. (1) 47 34 97 32 et (1) 45 66 40 22

Diocèse aux Armées (Apostolat des laïcs du)
20, rue N.-D.-des-Champs
75006 Paris
Tél. (1) 42 22 41 30

Équipes chrétiennes de la fonction publique
1, rue de la Comète
75007 Paris
Tél. (1) 47 05 05 38

Équipes Eaux-Vives
21, boulevard Voltaire
75011 Paris
Tél. (1) 48 06 58 36

Équipes du Rosaire
222, rue du Faubourg-Saint-Honoré
75008 Paris
Tél. (1) 45 63 59 46

Équipes enseignantes
18, rue Ernest-Lacoste
75012 Paris
Tél. (1) 43 43 16 60

Équipes Notre-Dame
49, rue de la Glacière
75013 Paris
Tél. (1) 43 36 08 20

Équipes Notre-Dame Jeunes
49, rue de la Glacière
75013 Paris
Tél. (1) 43 31 32 60

Équipes Saint-Vincent (Fédération française des)
67, rue de Sèvres
75006 Paris
Tél. (1) 45 44 17 56

Espérance et Vie (Veuves)
49, rue de la Glacière
75013 Paris
Tél. (1) 45 35 78 27

F. C. M. H. (Fraternité catholique des malades et handicapés)
66, rue du Garde-Chasse - B.P. 9
93260 Les Lilas
Tél. (1) 48 44 95 26

Fédération des groupes T. C. (Témoignage Chrétien)
49, rue du Faubourg-Poissonnière
75009 Paris
Tél. (1) 42 46 37 50

Fédération française des juristes catholiques
22, rue Cassette
75006 Paris

Fédération nationale des C.P.M. (Centres de préparation au mariage)
6, avenue Vavin
75006 Paris
Tél. (1) 43 25 94 98

Fidélité et ouverture
81 bis, avenue de Blois
36000 Châteauroux
Tél. (16) 54 34 65 80

F. S. C. F. (Fédération sportive et culturelle de France)
5, rue Cernuschi
75017 Paris
Tél. (1) 47 66 03 23

Focolari (Centre masculin)
8, rue Gambetta
92320 Chatillon
Tél. (1) 46 56 09 69

▶

Focolari (Centre féminin)
41, rue Boileau
75016 Paris
Tél. (1) 46 51 69 10

Foi et Lumière
8, rue Serret
75015 Paris
Tél. (1) 40 60 63 67

Fraternité catholique des sourds
5, rue Las Cases - B.P. 2
75007 Paris
Tél. (1) 45 51 39 15 - Minitel Dialogue 45 81 38 20

Fraternités marianistes
Maison Saint-Jean
5, rue Maurice-Labrousse
92160 Antony
Tél. (1) 46 68 13 64

Fraternités maristes
6, rue Jean-Ferrandi
75006 Paris
Tél. (1) 43 44 03 10

Fraternités séculières de Saint-François
27, rue Sarrette
75014 Paris
Tél. (1) 45 42 47 18

Guides de France
65, rue de la Glacière
75013 Paris
Tél. (1) 47 07 85 59

Guides et Scouts d'Europe
Le Relais de Poste, route de Montargis
B.P. 17 - 77570 Château-Landon
Tél. 64 29 40 15

J. E. C. (Jeunesse étudiante chrétienne)
27, rue Linné
75005 Paris
Tél. (1) 43 31 36 39

J. I. C. (Jeunesse indépendante chrétienne)
5, allée des Anémones
91330 Yerres
Tél. (1) 69 49 26 04

J. I. C. F. (Jeunesse indépendante chrétienne féminine)
7, boulevard Delessert
75016 Paris
Tél. (1) 45 20 58 52

Jeunesses mariales
67, rue de Sèvres
75006 Paris
Tél. (1) 42 22 33 90

J. M. C. (Jeunesse de la Mer)
16, rue du Père-Aubry
94120 Fontenay-sous-bois
Tél. (1) 48 77 78 71

J. O. C. (Jeunesse ouvrière chrétienne)
J. O. C. F. (Jeunesse ouvrière chrétienne féminine)
246, boulevard Saint-Denis
92400 Courbevoie
Tél. (1) 47 88 78 00 – Fax : (1) 47 88 90 46

Légion de Marie
43, rue Boileau
75016 Paris
Tél. (1) 46 51 92 03

Magistrats chrétiens
5, rue Docteur-Jones
91000 Évry
Tél. (1) 60.77.05.00

M. C. C. (Mouvement des cadres chrétiens : techniciens, ingénieurs et dirigeants chrétiens)
18, rue de Varenne
75007 Paris
Tél. (1) 42 22 18 56 – Fax : (1) 45 44 44 46

M. C. P. S. (Mouvement chrétien de professions sociales)
16, rue Tiphaine – 75015 Paris
Tél. (1) 45 75 34 70

M. E. J. (Mouvement eucharistique des jeunes)
19, rue de Varenne – 75007 Paris
Tél. (1) 45 48 97 97

Mission étudiante
7, rue Vauquelin – 75005 Paris
Tél. (1) 43 36 21 87

Mouvement chrétien des P. T. T.
91, rue de Sèvres
75006 Paris
Tél. (1) 45 48 01 22

Mouvement chrétien des retraités (vie montante)
84, rue Charles-Michels
93206 St-Denis Cedex
Tél. (1) 48 20 37 75 – Fax (1) 48 20 19 62

Mouvement du Nid
7, rue du Landy
92110 Clichy
Tél. (1) 42 70 92 40

M. R. J. C. (Mouvement rural de Jeunesse Chrétienne)
53, rue des Renaudes
75017 Paris
Tél. (1) 42 27 74 18 – Fax (1) 47 66 38 67

O. C. H. (Office chrétien des Handicapés et inadaptés)
90, avenue de Suffren
75738 Paris Cedex 15
Tél. (1) 47 34 33 08

O.P.M. (Œuvres pontificales missionnaires)
5, rue Monsieur
75007 Paris
Tél. (1) 47 83 67 95

Paroisse universitaire
170, boulevard du Montparnasse
75014 Paris
Tél. (1) 43 25 28 50

Partage et Rencontre
18, rue de Varenne
75007 Paris
Tél. (1) 42 22 18 56

Pax Christi
18, rue Cousté – B.P. 133
94234 Cachan Cedex
Tél. (1) 46 63 10 30 – Fax : (1) 46 63 70 88

Renaissance (Femmes séparées)
13 bis, rue des Bernardins
75005 Paris
Tél. (1) 46 34 29 74

Scouts et Guides d'Europe
Voir Guides et Scouts d'Europe

Scouts de France
54, avenue Jean-Jaurès
75019 Paris
Tél. (1) 42 38 37 37 – Fax : (1) 42 38 09 87

Scouts unitaires de France
12, rue Antoine-Roucher
75016 Paris
Tél. (1) 45 24 57 80

Secours catholique
106, rue du Bac
75341 Paris – Cedex 07
Tél. (1) 43 20 14 14

S. E. L. T. (Service d'échanges et d'études pour les loisirs et le tourisme)
4, cité du Sacré-Cœur
75018 Paris
Tél. (1) 42 54 97 31 – Fax : (1) 42 64 76 30

S. O. B. (Secrétariat des oblatures bénédictines)
7, rue d'Issy – 92170 Vanves
Tél. (1) 45 34 39 36

Société de Saint-Vincent-de-Paul - Louise de Marillac
5, rue du Pré-aux-Clercs – 75007 Paris
Tél. (1) 42 61 50 25

U. C. M. (Union catholique des malades)
60, rue du Commandant-Guilbaud
83700 Saint-Raphaël
Tél. (16) 94.95.35.60

U. G. S. E. L. (Union générale sportive de l'enseignement libre)
277, rue St-Jacques – 75005 Paris
Tél. (1) 43 29 12 77

U. N. A. E. D. E. (Union nationale des assistants et éducateurs de l'enfance)
45, boulevard Magenta –
75010 Paris
Tél. (1) 42 03 75 76

U. N. A. P. E. L. (Union nationale des associations de parents d'élèves de l'enseignement libre) Voir A.P.E.L.

U. N. C. E. A. S. (Union nationale des centres d'étude et d'action sociale)
2/4, rue de l'Échiquier
75010 Paris
Tél. (1) 48 24 95 07

Union catholique des cheminots français
15, boulevard du Temple – 75003 Paris
Tél. (1) 42 72 66 64

Union catholique du théâtre et de la musique
24, rue Saint-Roch
75001 Paris
Tél. (1) 42 60 58 46 et 42 60 78 45

V. E. A.-acg (Vivre ensemble l'Évangile aujourd'hui)
12, rue Edmond-Valentin – 75007 Paris
Tél. (1) 47 05 43 31

Vie nouvelle
74, boulevard Beaumarchais
75011 Paris
Tél. (1) 43.55.64.58

LES ORGANISMES DE RENCONTRE D'INSPIRATION CHRÉTIENNE EN VUE DU MARIAGE

Alliance chrétienne
87, rue de Fontenay,
94130 Nogent-sur-Marne.

Centre international des Alliances
5, rue Goy, 29106 Quimper Cedex.

Promesses chrétiennes
a été repris, en 1984, par Relations.
Relations (Office chrétien du mariage)
70, avenue des Champs-Élysées,
75008 Paris.

COMMENT FAIRE UN DON OU UN LEGS ?

Dispositions générales concernant les libéralités

1. Des versements en espèces et des dons en nature pour subvenir à leurs besoins courants peuvent être faits à toutes personnes physiques ou morales (sous réserve de ne pas léser les intérêts des personnes dont on a la charge légale ou morale).

2. Les versements faits par des particuliers à des œuvres ou organisations d'intérêt général ayant un caractère philanthropique, éducatif, scientifique, social ou culturel peuvent être déduits du revenu imposable :

- dans la limite de 1% de ce revenu (joindre à la déclaration d'impôts la liste et les coordonnées de ces œuvres, en précisant le montant versé à chacune d'elles) ;
- cette limite est portée à 5% lorsque les organisations considérées sont des fondations ou des associations reconnues d'utilité publique et satisfont à des conditions d'intérêt général ; se renseigner auprès d'elles et leur demander, en cas de versement, l'accusé de réception conforme au modèle réglementaire, à joindre à la déclaration d'impôts.

Les taux de 1% et de 5% ne se cumulent pas (on peut faire par exemple 1 + 4 ou 0,5 + 4,5 ou 0 + 5, mais pas 1 + 5).

3. Les fondations et les associations reconnues d'utilité publique sont seules autorisées à recevoir des donations (sommes importantes, titres de société, immeubles...) et des legs ; ces libéralités sont alors exemptes de tout droit de mutation ; elles sont subordonnées à une autorisation administrative accordée, suivant leur importance, par arrêté préfectoral ou décret en Conseil d'État ; la demande est à faire au préfet. Se renseigner auparavant auprès d'un notaire (sur les conditions à remplir pour pouvoir faire donation ou legs à des personnes physiques ou morales autres que des héritiers naturels) et auprès de l'organisation à laquelle on souhaite faire une libéralité. Sur les modalités de celle-ci voir plus loin : Comment faire un legs.

4. De manière générale, une association non reconnue d'utilité publique mais ayant pour but exclusif l'assistance et la bienfaisance peut recevoir des donations et des legs sous réserve d'autorisation administrative. Se renseigner auprès de l'organisation à laquelle on souhaite faire une libéralité.

Comment faire un legs

Il faut rédiger un testament.
Pour ce faire :

1. On peut recourir à un notaire, qui dresse un *acte authentique.*

2. On peut établir soi-même un *testament olographe,* c'est-à-dire entièrement écrit à la main, daté et signé. Il est en toute hypothèse conseillé de recourir aux conseils d'un notaire pour éviter de prendre des dispositions illégales ou inapplicables ; un testament olographe peut être déposé sous pli fermé chez un notaire, avec mission de l'ouvrir après le décès du testateur, ou remis au légataire, ou conservé par devers soi ; la première formule est la plus judicieuse.

En cas de testament olographe

A. S'il s'agit de léguer une *partie de son avoir,* on emploie la formule suivante : « Je soussigné (noms et prénoms), lègue... (désigner très clairement le bien légué) à ... (désigner la personne ou l'organisation à laquelle on lègue le bien, en précisant son nom et son adresse) pour subvenir à... (préciser l'affectation de ce bien). »

B. S'il s'agit de léguer la *totalité de son avoir,* ce qui suppose que l'on n'a pas d'héritier, il est bon de désigner un *exécuteur testamentaire* qui veillera à la bonne exécution du testament. On emploie alors la formule suivante : « Je soussigné (noms et prénoms) désigne comme légataire universel de tous mes biens... (désigner la personne ou l'organisation à laquelle on lègue ses biens, en précisant son nom et son adresse) pour... (préciser l'affectation de ces biens) et je désigne comme exécuteur testamentaire... (préciser son nom et son adresse) avec saisine et tout pouvoir de disposition. » Il est préférable, sauf raisons contraires, de désigner comme exécuteur testamentaire le responsable ès-qualités de l'organisation ou de l'œuvre à laquelle on fait le legs ; par exemple, pour une Association diocésaine, « Monsieur l'Économe du diocèse », ou pour une œuvre, « le Président » ; il est préférable, en ce cas, de ne pas donner de nom afin qu'en cas de décès ou de changement d'affectation de l'exécuteur testamentaire, son successeur devienne ipso facto le nouvel exécuteur testamentaire.

3. *On peut toujours modifier des dispositions testamentaires par de nouvelles dispositions ;* c'est ce qu'on appelle un « codicille » ; un codicille olographe peut modifier un testament par acte authentique : c'est toujours l'acte le plus récent qui fait autorité. D'où la nécessité impérative de dater clairement l'acte. Il est préférable d'indiquer explicitement que l'on modifie le legs particulier ou le legs universel consenti auparavant. Par exemple : « Ceci est mon testament qui révoque toutes dispositions antérieures » ; le nouvel acte précise alors les nouvelles dispositions adoptées. Un legs universel peut être remplacé par des legs particuliers et vice-versa. On ne saurait trop conseiller de prendre tous conseils et renseignements auprès d'un notaire et auprès des organisations ou œuvres auxquelles on se propose de léguer tout ou partie de ses biens. ■

À QUI DONNER ?

Il ne s'agit là que de suggestions et non d'une liste limitative d'organisations auxquelles il est possible d'apporter un concours. Il ne s'agit pas non plus de priver les œuvres d'intérêt général dépourvues de caractère confessionnel des concours dont elles ont impérativement besoin pour accomplir leur mission désintéressée.

Il s'agit seulement de répondre à la question souvent posée : « Je voudrais faire quelque chose pour telle ou telle catégorie de personnes ou d'organisations : à qui faut-il m'adresser, comment faut-il m'y prendre ? »

Les organisations reconnues d'utilité publique et qui, à ce titre, peuvent recevoir donations et legs sont signalées par les initiales R. U. P.

Grandes organisations catholiques d'entraide

Comité catholique contre la faim et pour le développement CCFD (R. U. P.)
4, rue Jean-Lantier
75001 Paris
Tél. (1) 40 26 51 60
C. C. P. Paris 4700 P

Secours catholique S. O. S. (R. U. P.)
106, rue du Bac
75341 Paris Cedex 07
Tél. (1) 43 20 14 14
C. C. P. Paris 5620.09 K

Société St-Vincent-de-Paul / Louise-de-Marillac (R. U. P.)
5, rue du Pré-aux-Clercs
75007 Paris
Tél. (1) 42 61 50 25

Équipes Saint-Vincent
67, rue de Sèvres
75006 Paris
Tél. (1) 45 44 17 56

Œuvres hospitalières françaises de l'ordre de Malte (R. U. P.)
4, avenue Marceau
75381 Paris Cedex 08
Tél. (1) 47 23 51 60
C. C. P. 12 078 45 F Paris

Organisations d'aide aux missions et aux Églises les plus démunies

Œuvres pontificales missionnaires (O. P. M.)
5, rue Monsieur
75007 Paris
Tél. (1) 47 83 67 95

12, rue Sala
69287 Lyon Cedex
Tél. 78 37 13 82

Institut de presse missionnaire
52, avenue de Breteuil
75007 Paris
C. C. P. 7517 43 T Paris

Œuvres d'Orient
20, rue du Regard
75006 Paris
Tél. (1) 42 22 22 47

Œuvres de l'ordre équestre du Saint-Sépulcre de Jérusalem
120, rue du Bac
75007 Paris

Aide à l'Église en détresse : Aide aux Églises des pays sous régime hostile à la foi chrétienne
30, rue de Marly
78750 Mareil-Marly
Tél. (3) 39 58 43 45
C. C. P. Paris 22 223 50

Les diverses Congrégations masculines et féminines spécifiquement missionnaires ou ayant des activités missionnaires

Diocèses, paroisses, clergé, congrégations religieuses et maisons religieuses

Seules les *associations diocésaines* (elles sont toutes reconnues d'utilité publique) et les congrégations reconnues par l'État sont habilitées à recevoir donations et legs, dès lors exonérés de droits de mutation.

L'union des associations diocésaines est également habilitée ; préciser alors le destinataire final.

Diocèses

Dans chaque diocèse, l'*Association diocésaine* est l'institution légale habilitée à pourvoir aux besoins du culte catholique, à assurer tous les actes d'administration correspondants, y compris l'achat, la construction, la vente des immeubles nécessaires.

Pour toute libéralité, s'adresser à l'évêché du diocèse (demander l'économe). Pour la procédure à suivre, voir « Comment faire un legs », page précédente.

Paroisses

Étant dépourvues de caractère légal, elles ne peuvent recevoir de donations ou de legs ; ces libéralités doivent être faites au nom de l'*Association diocésaine* avec une clause précisant leur affectation ou le versement de leur valeur ou de leur contrevaleur à la paroisse ou à l'œuvre qu'on souhaite aider.

S'adresser au préalable au curé de la paroisse, puis à l'évêché du diocèse. Pour les versements destinés aux besoins courants de la paroisse ou de l'une ou l'autre de ses activités, s'adresser au curé de la paroisse.

Séminaires

Situation juridique semblable à celle des paroisses. Se renseigner auprès du supérieur du séminaire ou auprès de l'évêché.

Centre national des Vocations, 106, rue du Bac, 75007 Paris. Tél. (1) 42 22 51 20.

Denier de l'Église

C'est la collecte annuelle faite dans chaque paroisse auprès des catholiques en vue d'assurer la rémunération des prêtres de leur diocèse ; il est suggéré une contribution de la valeur d'une journée de travail ou de revenus. L'extrême modestie de la rémunération du clergé (souvent inférieure au S. M. I. C.) donne à tout concours supplémentaire l'assurance de contribuer à améliorer cette situation.

Remettre cette participation de préférence au curé de sa paroisse ; sinon à l'évêché.

Mission de France

Organisation que s'est donnée l'épiscopat français pour assurer la présence d'équipes sacerdotales dans des secteurs ou des milieux marqués par la déchristianisation ou l'incroyance.

16, rue du R.-P.-Lucien-Aubry, B. P. 124, 94120 Fontenay-sous-Bois. Tél. (1) 48 75 05 07

Mission Ouvrière

Structure que s'est donnée l'épiscopat français pour assurer la coordination entre les divers efforts d'évangélisation en monde ouvrier dans un certain nombre de secteurs géographiques.

Association pour la Mission Ouvrière : 29, place du Marché Saint-Honoré, 75001 Paris. Tél. (1) 42 61 06 01 - C. C. P. 18 071 54

Œuvre de Secours aux églises de France et d'aide aux prêtres

66, rue de Grenelle, 75007 Paris.
Tél. (1) 42 22 70 86 - C. C. P. Paris 1404 39

Œuvre des campagnes

Aide aux prêtres ruraux.
2, rue de la Planche, 75007 Paris.
Tél. (1) 45 48 25 83 - C. C. P. Paris 1436 64

Maisons d'accueil pour prêtres, religieux, religieuses âgés

Se renseigner auprès des évêchés, des congrégations et des maisons religieuses.

Congrégations religieuses :

Leur cas est différent selon qu'il s'agit de congrégations reconnues par l'État ou non reconnues.

Seules les premières sont habilitées à recevoir donations et legs ; les autres peuvent être aidées par des versements destinés à leurs besoins courants. Se renseigner auprès de chaque congrégation.

Monastères, couvents, maisons religieuses

Les donations et legs ne peuvent être faits que :

- par le biais de leur congrégation, si celle-ci est reconnue par l'État ;
- par le biais de la Fondation des monastères de France, pour les maisons qui relèvent de cette organisation (voir ci-dessous).

Les autres peuvent être aidées par des versements destinés à leurs besoins courants. Les monastères masculins et féminins vivent du produit de leur travail (intellectuel, artisanal, agricole) ; l'achat de leur production est un moyen efficace de les aider.

Fondation des monastères de France (R. U. P.)

Destinée à venir en aide aux communautés religieuses, notamment aux communautés contemplatives.
21, rue de Paradis
75010 Paris
Tél. (1) 48 24 47 21
CCP 30 412 12F La Source

Aide au travail des cloîtres

Comptoir de vente des travaux effectués par les contemplatives.

68 bis, avenue Denfert-Rochereau
75014 Paris
CCP 225 48

Mutuelle Saint-Martin (régimes complémentaires maladie-vieillesse du clergé)

119, rue du Pdt-Wilson
92300 Levallois-Perret
Tél. (1) 42 70 87 52

Mutuelle Saint-Christophe (assurances générales)

277, rue Saint-Jacques
75005 Paris
Tél. (1) 46 33 96 50
CCP PA 19 240 85C

Œuvres paroissiales de diverses natures

(Catéchèse, patronages, clubs sportifs, colonies de vacances, clubs du troisième âge, etc.)
Se renseigner auprès du curé de la paroisse.

Enseignement catholique

Instituts catholiques (Paris, Lille, Angers, Lyon, Toulouse) (R. U. P.)

Peuvent recevoir donations et legs. Pour les adresses, se référer à l'Index.

Établissements scolaires

- Lorsqu'ils sont constitués en sociétés, ils peuvent recevoir donations et legs, mais sans exemption fiscale ; ils peuvent bien sûr recevoir des versements pour leurs besoins courants.
- Lorsqu'ils sont constitués en association, ou qu'une association de gestion a été instituée, ils se trouvent dans la situation du droit commun des associations et ne peuvent recevoir que des versements pour leurs besoins courants. Se renseigner auprès d'eux.

Association de parents d'élèves

Se renseigner auprès d'elles.

Aumôneries de l'enseignement public

Se renseigner auprès d'elles ou auprès de l'évêché.

Organisations catholiques relatives aux médias

Journaux et revues

Plusieurs types de soutien possible :
- l'abonnement personnel, au besoin avec versement majoré par rapport au tarif de base ;
- l'abonnement-cadeau (famille, amis) ;
- l'abonnement en faveur d'une ou plusieurs personnes ou communautés qui n'ont pas les moyens de s'abonner (personnes âgées, prêtres, missionnaires, communautés religieuses...) ;
- la participation aux souscriptions que peuvent lancer des organes de presse pour remédier à leurs difficultés ;
- des versements de soutien.

Radio

Aide aux stations catholiques locales (se renseigner auprès des évêchés).

Télévision

Émission *Le Jour du Seigneur* sur France 2 confiée par l'Épiscopat au Comité français de Radio-Télévision : 121, avenue de Villiers, 75017 Paris - C. C. P. 7 706 91 Paris ▶

Services, mouvements, organisations, institutions diverses

- Services nationaux d'Église,
- Mouvements de jeunes et d'adultes,
- Nombreuses institutions souvent tenues par des religieux ou des religieuses telles que : foyers de jeunes travailleurs, maisons d'accueil de personnes âgées aux ressources modestes, maisons maternelles (jeunes mères célibataires), établissements d'accueil et de formation d'orphelins, aériums, préventoriums, sanatoriums, maisons de repos pour personnes aux ressources modestes, établissements hospitaliers de diverses natures, institutions pour handicapés, établissements pour mineurs en danger moral, maisons d'accueil post-pénales pour adolescents et adultes...

Beaucoup de ces institutions ont le statut de fondation ou d'association reconnue d'utilité publique, et peuvent en conséquence bénéficier de legs et de donations.

D'autres peuvent recevoir dons et legs par le canal de l'*Union des associations diocésaines*. Se renseigner auprès des institutions qu'on souhaite aider.

Voir aussi documents complémentaires en fin de volume.

LES TITRES DANS L'ÉGLISE

Comment s'adresser, par oral et par écrit, à un membre du clergé ou à un religieux

À l'abbé d'une abbaye :
Adresse : Père X..., Abbé de...
Appel : Père, Mon Père

À une abbesse :
Adresse : Mère X..., Abbesse de...
Appel : Ma Mère

À un archevêque :
Adresse : Monseigneur X..., Archevêque de (nom du diocèse)
Appel : Monseigneur, ou Père

À un archiprêtre
Adresse : Monsieur l'Abbé X... ou Père X..., Archiprêtre de...
Appel : Monsieur l'Archiprêtre, ou Père

À un aumônier :
Adresse : Monsieur l'Aumônier
Appel : Père

À un cardinal :
Adresse : Monsieur le Cardinal X..., Évêque (ou Archevêque) de... (s'il y a lieu)
Appel : Monsieur le Cardinal

À un chanoine :
Adresse : Monsieur le Chanoine X...
Appel : Monsieur le Chanoine, ou Père

À un chapelain :
Adresse : Monsieur l'Abbé ou Père X..., Chapelain de...
Appel : Monsieur l'Abbé, ou Père

À un curé :
Adresse : Monsieur l'Abbé X... ou Père X..., Curé de...
Appel : Monsieur le Curé, ou Père

À un doyen :
Adresse : Monsieur l'Abbé X... ou Père X...
Appel : Monsieur le Doyen, ou Père

À un évêque :
Adresse : Monseigneur X... Évêque de (nom du diocèse)
Appel : Monseigneur, ou Père

À un frère :
Adresse : Frère X...
Appel : Mon Frère

Au pape :
Adresse : À Sa Sainteté le Pape X...
Appel : Très Saint Père, ou Votre Sainteté

À un patriarche :
Adresse : À sa Béatitude Monseigneur (ou éventuellement, le Cardinal) X..., Patriarche de...
Appel : Béatitude ou Votre Béatitude

À un prélat ou à un protonotaire apostolique :
Adresse : Monseigneur X...
Appel : Monseigneur, ou Père

À un prêtre :
Adresse : Monsieur l'Abbé X... ou Père X...
Appel : Monsieur l'Abbé, ou Père

À un religieux :
Adresse : Révérend Père X...
Appel : Mon Père

À une religieuse :
Adresse : Mère X... ou Sœur X...
Appel : Ma Mère ou ma Sœur

À un supérieur :
Adresse : Au Très Révérend Père X...
Appel : (Mon) Très Révérend Père

À une supérieure :
Adresse : À la Très Révérende Mère
Appel : (Ma) Très Révérende Mère

À un vicaire :
Adresse : Père X...
Appel : Père

« À qui faire un don ? » Aux associations diocésaines

Reconnues par l'État comme étant des « associations cultuelles » prévues par la loi de Séparation de 1905 pour administrer les biens d'Église et pourvoir aux besoins du culte, elles sont habilitées à recevoir dons et legs.

Ce sont elles qui, à raison d'une par diocèse (siège à l'évêché), recueillent, directement ou par l'entremise des paroisses, le *Denier du Culte (Denier de l'Église* depuis 1988) destiné à subvenir aux besoins de l'Église dans ce diocèse, et en particulier aux traitements de son clergé et de son personnel laïc.

En vertu de la loi du 23 juillet 1987 (J.O. 24 juillet 1987) sur le développement du mécénat, les versements faits à ces associations diocésaines ouvrent droit à déduction fiscale, dans la limite du plafond de 5 % du revenu, dans les mêmes conditions que les versements aux associations reconnues d'utilité publique (demander à l'association diocésaine le reçu correspondant pour la déclaration de revenus). Les établissements publics des cultes reconnus par l'État dans le Bas-Rhin, le Haut-Rhin et la Moselle, bénéficient des mêmes dispositions.

Il est également possible, dans les mêmes conditions fiscales, de procéder à des versements par chèques établis à l'ordre de « Denier de l'Église UAD. », adressés à *Denier de l'Église* 92544 Montrouge – Cedex, en précisant « Ce versement est destiné au diocèse correspondant à la commune de... » (indiquer le nom et le code postal).

Pour tout renseignement sur les ressources de l'Église, écrire à cette adresse, ou taper sur Minitel 36.15 GABRIEL.

SI VOUS AVEZ UN CADEAU DE CARACTÈRE RELIGIEUX À OFFRIR...

Une fête religieuse (Noël, baptême, confirmation, mariage...) est souvent concrétisée par un cadeau de circonstance...

Voici quelques idées de cadeaux, liste bien entendu nullement exhaustive.

Pour les enfants

Bijoux : croix, médailles.

Objets décoratifs : tableautins représentant le saint patron, crucifix, statuettes de saints, images religieuses.

Livres : bibles pour enfants, histoires illustrées de la vie des saints, des paraboles... ; livrets d'accompagnement aux sacrements.

Revues : Parmi de nombreuses parutions, deux groupes proposent un large choix :

Groupe Bayard-Presse Jeunes
3, rue Bayard
75393 Paris Cedex 08
Tél. (1) 42 36 56 53

Groupe Fleurus-Presse
21, rue du Faubourg-St-Antoine
75550 Paris Cedex 11
Tél. (1) 40 02 63 00

Groupe Mame
13, rue Raymond-Losserand
75014 Paris
Tél. (1) 40 47 80 00
Catalogue sur demande

Disques ou cassettes : un grand choix est présenté dans les collections SM et AUVIDIS.

Pour les adolescents

Objets décoratifs : crucifix, sculptures de Vierge à l'Enfant, posters, icônes.

Livres : bibles pour les jeunes, livres d'accompagnement aux sacrements, missel dominical de l'assemblée, livres d'initiation à la Bible, atlas bibliques...

Revues :

Groupe Bayard-Presse Jeunes
3, rue Bayard
75393 Paris Cedex 08
Tél. (1) 42 36 56 53

Groupe Fleurus-Presse
21, rue du Faubourg-St-Antoine
75550 Paris Cedex 11
Tél. (1) 40 02 63 00

Malesherbes Publications
163, boulevard Malesherbes
75859 Paris Cedex 17
Tél. (1) 47 66 01 86

Disques ou cassettes : un grand choix est présenté par les collections SM et AUVIDIS. Enregistrements des grands rassemblements, messes des jeunes ou godspels...

Pour les adultes

Bijoux et objets décoratifs : croix, icônes, triptyques, chapelets, dizainiers, reproductions de chapiteaux de cathédrale, médailles de l'Hôtel des Monnaies, lampes à huile, tapisseries, vitraux.

Pour les prêtres :

Aube, étole, valise-chapelle, « custode » pour bréviaire.

Livres : missel dominical ou quotidien, recueil de chants notés, livres d'art religieux, notamment aux éditions Zodiaque.

Grand choix de livres aux éditions le Centurion, Cerf, Desclée de Brouwer, Desclée, Droguet-Ardant, Éditions Ouvrières, Fayard, Mame, le Seuil, Stock 2, Tardy, Tequi...
Bible ; ouvrages d'initiation à la Bible ..

Revues

Groupe Bayard Presse
3, rue Bayard
75393 Paris Cedex 08

Groupe Fleurus
21, rue du Faubourg-St-Antoine
75550 Paris Cedex 11
Tél : (1) 40 02 63 00

Malesherbes Publications
163, boulevard Malesherbes
75859 Paris Cedex 17

Nombreuses parutions éditées par les Jésuites. Se renseigner au Centre Sèvres, 35, rue de Sèvres, 75006 Paris. Tél. (1) 45 44 58 91.

Disques ou cassettes : chants liturgiques, offices chantés, musique grégorienne, musique sacrée, grand choix présenté par les collections SM et AUVIDIS.

Voyages

Permettre à une ou plusieurs personnes qui n'ont pas les moyens financiers nécessaires de partir en pèlerinage. Voir plus haut organismes de voyages et de pèlerinages. ■

LES AUMÔNERIES FRANCOPHONES DANS LE MONDE

EUROPE

Allemagne
L'Aumônier des Français et francophones
Kaiserslauterenstrasse 41
6600 Sarrebruck

L'Aumônier de la communauté de langue française
Kappellstrasse 9b
4 Dusseldorf

Mission catholique française
Senefelderstrasse 14
D 8000 München 2
Tél. (089) 59 21 31

L'Aumônier de la communauté de langue française
Avenue Charles-de-Gaulle 5
1000 Berlin 28

Mission catholique francophone
Körberstrasse 12
6000 Frankfurt 50

Délégué de l'évêque aux Armées françaises en Allemagne
Rotweg 3 - Cité Normandie
S. P. 69734
7570 Baden Baden

Paroisse Saint-Michel
Michaelisstrasse 5
2000 Hambourg 11

Église Saint-André
Andreasstrasse 1
5300 Bonn 2 Bad Godesberg

Autriche
Aumônerie des francophones
Église Saint-Ruprecht
Ruprechtsplatz,
1010 Vienne

Belgique
Foyer Catholique Européen
221, rue de la Loi
1040 Bruxelles

Paroisse francophone d'Anvers
Prinsesstraat 33
2000 Antwerpen

Groupement des Parents catholiques
du Lycée français de Belgique
484 A Avenue Molière
1060 Bruxelles

Danemark
Aumônerie - Bredgade 67 A 2
1260 Kobenhavn. K Tél. 33 14 28 66

Espagne
Paroisse française
Saint-Louis des Français
Calle Lagasca 89
28006 Madrid

Mission catholique française
Calle de Las Monjas
Chapelle de Las Monjas de la Sangre
Alicante

Aumônerie
Calle Carratala 40
Izda. 03007 Alicante - Tél. 96 528 21 30

L'Aumônier de la communauté francophone
Santa Maria del Cami
B.P. 44
Mallorca, Palma de Majorque

Paroisse française Notre-Dame
Calle Angli 15
08017 Barcelone

Finlande
Studium Catholicum
Chapelle des Dominicains
Ritarikatu 3 b A
Helsinki 17

Grande-Bretagne
Église Notre-Dame de France
5 Leicester Place
London WC2 H7HP

Grèce
L'Aumônier de la communauté francophone
67, rue Askilpiou
10680 Athènes

Église catholique-communauté francophone
19 Odos Frangon
Thessalonique

Guernesey
Église Notre-Dame du Rosaire
Burnt Lane
Saint Pierre Port

Irlande
L'Aumônier de la paroisse internationale
Clongowes Wood College
Naas Co Kildare

Islande
L'Aumônier des francophones
Havallagötu 14
101 Reykjavik

Italie
L'Aumônier des Français et francophones
Via Brancondi 77
60025 Loreto

L'Aumônier de la communauté francophone
Com. Cath. franc. d'Ispra-Varese
Collegio de Filippi
21100 Varese
Tél. 0332 22 77 24

L'Aumônier de la communauté francophone
37 viale Thovez
10131 Torino

Responsable communauté francophone
38 via Bardelli
50139 Firenze

Centre pastoral d'accueil des francophones
Via Santa Giovanna d'Arco 12
00186 Rome

Convento della Trinita dei Monti
Piazza Trinita dei Monti 3
00187 Rome

Saint-Louis des Français
Via Santa Giovanna d'Arco 5
00186 Rome

Église du Christ Roi
Via Bartolomeo Colleoni 14
Milan

Communauté catholique de langue française
Instituto del Sacro Cuore
Corso Europa 84
80127 Napoli

Jersey
Église Saint-Thomas
17 Val Plaisant

Luxembourg
Paroisse européenne
34, rue des Capucins
B.P. 175
2011 Luxembourg

Malte
Église Santa Barbara
Républic Street
Valetta

Norvège
Couvent des Dominicains
Santa Katarinahjemmet
Majorstuvn 21 B
Oslo 3

Pays-Bas
Aumônerie
Gooloord 282
1103 CS Amsterdam
Tél. 020 6998 959

L'Aumônerie des Français et francophones
't Hoenstraat 30
2596 HZ Den Haag

L'Aumônier des francophones
Nolensweg 8
3317 Le Dordrecht

L'Aumônier des Français et francophones
De Helster 44
Elst 6661 AJ

Foyer français
Rosmolen 64
2986 EB Ridderkerk Rotterdam

Pologne
L'Aumônerie de la Paroisse internationale
U1 Kratowskie Predmiescie 34
Varsovie

Portugal
Église Saint-Louis des Français
Beco Sao Luis da Pena, 34
Lisboa

Roumanie
Chapelle du Sacré-Cœur
Ambassade de France
Bucarest

Russie
Chapelle Notre-Dame de l'Espérance
Rue Kutuzovski 7/4
Moscou

Suède
La Communauté
de langue française
Dominikanerna
Rabygatan 9 A
N° postal 22361
Lund

Paroisse Notre-Dame de l'Annonciation
Linnegatan 79
114 60 Stockholm

Suisse
Église du Sacré-Cœur
Feierabendstrasse 68
Bâle

Paroisse catholique de langue française
Rainmattstrasse 20
3011 Berne

Mission catholique de langue française
17 Weystrasse
6006 Lucerne

Paroisse catholique française
36 Hottingerstrasse
8032 Zurich

Turquie
Église Sainte-Thérèse de l'Enfant Jésus
Isiklar Caddesi
Kardesler Sikak 15
Ankara

Sanctuaire de la Maison de la Vierge
Meryem Ana Evi
35922 Selcuk

Saint-Polycarpe
Sen Polikarp Kilesesi
Necati Bey Sokak n° 2
B.P. 267 - 35212 Izmir
Tél. 51 14 84 36

Église Saint-Louis - Chapelle du Palais
de France
P. K. 280
Beyoglu Istanbul

Yougoslavie
Paroisse de l'Assomption
rue Hadji Milentijeva 75
Belgrade

AFRIQUE

Algérie
Aumônerie du Lycée Pasteur
5, rue l'Escalonne
Oran

Centre Paroissial
19, rue Labri-Tebessi
Annaba

République du Bénin
Secrétariat de l'archevêché
B. P. 491
Cotonou

Burkina-Faso
Paroisse francophone Jean XXIII
B. P. 1350
Ouagadougou

Archevêché
B. P. 90
Ouagadougou

Cameroun
Communauté catholique francophone
Presbytère de la cathédrale
B. P. 815
Yaoundé

Congo (République populaire du)
Paroisse St François-d'Assise
B. P. 121
Brazzaville

Aumônerie des francophones
à l'étranger et de l'école française
Charlemagne
Paroisse Notre-Dame
B P. 659
Pointe Noire

Côte-d'Ivoire
Procure de l'archidiocèse
01 B. P. 1826Abidjan (Plateau)

Égypte
Chapelle du collège de la Sainte-Famille
Faggalah
B. P. 78
Le Caire

Église des Pères lazaristes
70, rue des Sœurs
Alexandrie

Éthiopie
L'Aumônerie de la paroisse internationale
P. O. Box 4384
Addis-Abeba

Gabon
Direction des œuvres
B. P. 2146
Libreville

Guinée
Secrétariat de l'archevêché
B. P. 1006 bis
Conakry

Kenya
Aumônerie des francophones
P. O. Box 60310
Nairobi

Madagascar
Katedraly
B. P. 415
201 Antsiranana

Cathédrale
B. P. 47
Fort Dauphin

Cathédrale
B. P. 180
Majunga

Paroisse Marie-Reine
Ankadivato
Antananarivo

Curé de la cathédrale St-Joseph
rue du Commerce
B. P. 476
Tamatave

Malawi
Nphrere C. Parish
P. O. Box 4
Ntchisi

Maroc
Secrétariat de l'archevêché
1 Zenkat Abou Inane
B. P. 258
Rabat

Secrétariat de l'archevêché
55, rue Sidi-Bouabib
B. P. 2116 (Socco)
Tanger

Maurice
Aumônerie des Français
Ste Marie Madeleine
Pointe-aux-Sables
Tél. 088566

Niger
Procure de l'archidiocèse
B. P. 10270
Niamey

Nigeria
La communauté catholique internationale
Ido Ekiti
P. O. Box 109
Ondo State

République Centrafricaine
Cathédrale Notre-Dame
B. P. 115
Bangui

République Sud Africaine
La communauté catholique de langue française
P. O. Box 17054
Hillbrow 2038

L'Aumônerie des étrangers
158 Montclair Road.
Montclair 4061
Durban Natal

Cathédrale St-Mary
8001 Cape Town

Sénégal
Cathédrale Saint-Louis
8, rue Duret
B. P. 160
Saint-Louis

Cathédrale Saint-Théophile
B. P. 58
Kaolack

Cathédrale Sainte-Anne
B. P. 24
Thiès

Procure de l'Archevêché
3, rue Paul-Holle
Dakar

Tanzanie
Marese Parish
P. O. Box 280
Dar Es-Salaam

Tchad
Cathédrale de l'Immaculée Conception
B. P. 87
Sarh

Cathédrale Notre-Dame
B. P. 456
N'Djamena

Cathédrale du Sacré-Cœur
B. P. 155
Moundou

Togo
Cathédrale du Sacré-Cœur
B. P. 348
Lomé

Tunisie
Aumônerie du lycée de Mutuelleville
4, rue d'Angola
1002 Tunis Belvédère

L'Aumônerie du lycée de La Marsa
Archevêché
B. P. 6
La Marsa

Zaïre
Secrétariat de l'Archevêché
B. P. 8431
Kinshasa 1

Zambie
L'Aumônerie de la communauté internationale
Woodlands
P. O. Box 320200
Lusaka

AMÉRIQUE

Argentine
L'Aumônerie de langue française
Larréa 1252
1017 Buenos Aires

Brésil
L'Aumônerie de langue française
SE/SUL quadra 801
Conjuto B
70401 Brasilia

Chapelle française St-François-de-Sales
Rua Mairinque 256
0437 Sao Paulo S.P.

L'Aumônerie de langue française
Paroisse Santissima Trinidade
Rua Senador Vergueiro 141
Flamengo
22230 Rio de Janeiro

Canada
Service de la Pastorale « Vie étudiante Université de Laval »
Pavillon Lamieux
Bureau 1580
Cité Universitaire
Québec G1K 7P4

Église Saint-Sacrement
3196, rue Heather (Appt 102)
Vancouver V5Z 3K3

Chili
L'Aumônerie de langue française
Colegio San Luis
Baquedano 755
Casilla 591
Antofagasta

Aumônerie des Français
Colegio de los Sagrados Corazones
Casilla 319
Valparaiso Vina Del Mar

Colegio de los Padres Franceses
Casilla 3 V
Valparaiso

L'Aumônerie des Français et francophones
Correo 3
Casilla 5271
Santiago du Chili

Colombie
L'Aumônerie des francophones
En Casa de Angulo
Calle 98 N° 10-46
Bogota (8)

Équateur
L'Aumônerie des francophones
Parroquia de los Sagrados Corazones
Avenida Occidental
San Carlos
Apartado 7341
Quito

L'Aumônerie des francophones
Pères des Sacrés-Cœurs de Picpus
Église Nuestra Senora de Montserrat
Ciudad de la 9 de Octubre
P. O. Box 5777
Guayaquil

Haïti
Paroisse de Saint-Marc
B. P. 29
Saint-Marc

Secrétariat de l'Évêché
Port-de-Paix

L'Aumônerie des francophones
110, Lafleur-Duchêne
B. P. 1333
Port-au-Prince

Les Pères de Saint-Jacques
L'Hermitage
B. P. 32
Cap-Haïtien

Mexique
L'Aumônerie des francophones
Église de la Résurrection
Horacio 1758
Colonia Morales
11510 Mexico D. F.

Paraguay
Aumônerie des Français
Colegio San Jose
Casilla 567
Asuncion

Pérou
Église de la Recoleta - Aumônerie des francophones
231 Plaza Francia
Apartado 236
Lima 100

Uruguay
Dominicaines de la Congrégation de Sainte-Catherine-de-Sienne
Liceo Santo Domingo
Calle Rivera 2287
Montevideo

U. S. A.
L'Aumônerie francophone
St-Martin-de-Tours
133 S Main Street,
P. O. Drawer 10
Saint Martinville 70582 L. A.

L'Aumônerie des francophones
Église Notre-Dame des Victoires
27 Isabella Street
Boston Mass. 02117

Église St-Louis des Français
3520 - 37th Street N. W.
Washington DC 20016

Saint-Joseph
P. O. Box 299
Milton La 70558

L'Aumônerie des francophones
Église Notre-Dame des Victoires
566 Bush Street
San Francisco 94108 Ca.

L'Aumônerie des francophones
Saint-Vincent-de-Paul Presbytère
116 West 24th Street
New York 10011

Aumônerie des Basques du Far-West
N. D. V. Church
566 Bush Street
San Francisco CA 94108

Venezuela
Iglesia Nuestra Senora de Lourdes
332 Avenida San Martin
Apartado 20322
Caracas 102 A

ASIE

Afghanistan
Aumônerie des francophones
Italian Embassy
Kabul

Chypre
Aumônerie des Français et francophones
Paroisse Latine de la Sainte-Croix
Victoria Street 1
P.O. Box 1964
Nicosia 104

Paroisse Sainte-Catherine
Limassol

Corée
Paris Foreign Mission
185-4 Chungjong-Ro
2 Ka Sudaemun-ku
Seoul 120
Tél. 312 6500

Aumônier des Français
Kyeong Buk, Ulchim Kun, Ulchin Eup, Eup Nac Ri 571
Catholic Church Ulchin

Emirats Arabes Unis
St Joseph's Church
P. O. Box 54
Abou-Dhabi

St Mary's Church
P. O. Box 1544
Dubai

Hong-Kong
L'Aumônerie des francophones
39, Mosque Junction
China News Analysis
G. P. O. Box 3225
Hong-Kong

Inde
Aumônerie des Français
St Xavier's Collège
30 Park Street
Calcutta 700 016

Diocesan Pastoral Center
4 Kane Road
Bandra
Bombay 400 050

Loyola College
B. P. 716
Madras 600034

L'Aumônerie des francophones
Vidyajyoti
23 Rajniwas Marg
Delhi 110054

L'Aumônerie des francophones
R. C. Church - Our Lady of Angels
3, Surcouf Street
Pondichery 605001

Indonésie
L'Aumônerie internationale
Gereja Katolik Santo Petrus & Paulus
P. O. Box 258
Balikpapan

Irak
Latin Church - Ashar
P. O. Box 54
Basrah

Couvent des Pères Dominicains
Latin Church
Mossoul

Redemptorist Fathers
P. O. Box 5792
Bagdad

Iran
Mission catholique lazariste
55, avenue Seyed Ali Khan
Ispahan

Mission catholique lazariste
Église de la Vierge Puissante
Avenue Khomeini (derrière l'hôtel Métropole)
Tabriz
Iran

Paroisse latine de l'Immaculée Conception
Avenue Naft - 1er rue - n° 43
B. P. 11 365 7193
Téhéran

Israël
Paroisse Latine d'Haïfa
P. O. Box 9047
Haïfa

Paroisse Saint-Antoine
Rehov Jefer 51
P. O. Box 84-23
Jaffa

Église Sainte-Anne-de-Jérusalem
B. P. 19079
Jérusalem

Japon
L'Aumônerie francophone
Bunkyo-Ku
Mejirodai 3.7.18
Tokyo 112

L'Aumônerie des francophones
Chuô-Ku
Nakayamate Dôri 1.28.7
Kobe Shi

Jordanie
Paroisse Saint-Joseph
P. O. Box 1317
Amman

Kuwait
Holy Family Cathédral
P.O. Box 266

Liban
Église Notre-Dame-des-Anges
B. P. 5203/116
Beyrouth

Malaisie
L'Aumônerie des étrangers
C/o Bishop's House
258 Jalan Bukit Nanas
Kuala Lumpur 04-01

Philippines
Aumônerie des Français
Hôpital de l'Enfant-Jésus
1556 Laong-Laan
1008 Sampaloc
Manille - Tél. 731 27 71

Singapour
L'Aumônerie de langue française
Église St-François-Xavier
199 Ponggol - 17th avenue
Singapore 1954
Tél. 481 71 40

Sri Lanka
L'Aumônerie de langue française
St-Lucia's Cathedral
Kotahena
Colombo 13

Syrie
Église du Sacré-Cœur
rue de Bagdad
Lattaquié

Paroisse latine de St-Antoine
rue du Parlement
Salhié
B. P. 7680
Damas

Taïwan
L'Aumônerie des Français
PHD 24505 Fujen Catholic University
Dépt. de Français
Hsinchuang, Tapei
SVD Résidence - Tél. 903 1111

Thaïlande
Maison des Pères des Missions étrangères de Paris
254, Silom Road
Bangkok 5

Catholic Mission
Ban Betharram 195/1
Chang-Klan Road
Chiang Mai 50000

OCÉANIE

Australie. *Sydney* et *Camberra*
Aumônerie catholique des francophones
26 Margaret Street
Belfield N.S.W. 2191
Tél. 642 37 60

All Saints Presbytery
174, Brunswick Street
Fitzroy Victoria 3055

La communauté francophone
P. O. Box 22
Gladesville N. S. W. 2111

Nouvelle Zélande
L'Aumônerie de langue française
32 Main Avenue
Mangere East
Auckland

République Kiribati
Bishop's House
P. O. Box 79
Tarawa

LES HALTES SPIRITUELLES

TCP : toutes catégories de personnes
H : handicapés
G : groupes seulement
I : individus seulement
A : animation
R : religieux seulement

01 AIN
« Maison Saint-Jean »
01480 Ars-sur-Formans
Tél. 74.00.73.13
TCP – H

« La Providence »
01480 Ars-sur-Formans
Tél. 74.00.71.65
TCP – H

« Maison J.-M.-Vianney »
27, rue du Dr-Nodet
01100 Bourg-en-Bresse
Tél. 74.21.31.13
TCP – H

Centre Alain-de-Boismenu
Rue de la Chanal
BP 236
01702 Miribel Cedex
Tél. 78.55.31.47
TCP

« L'Abbaye »
01230 Saint Rambert-en-Bugey
Tél. 74.36.31.99
TCP

Abbaye N.-D. des Dombes (cisterciens)
01240 Saint-Paul-de-Varax
Tél. 74.98.14.40
TCP

02 AISNE
Centre de rencontres de Couvrelles
02220 Braine
Tél. 23.74.12.42
TCP

Prieuré St-Pierre et St-Paul
02210 La-Croix-sur-Ourcq
Tél. 23.55.26.57
TCP

Maison Sainte-Croix
60, rue du Val
02200 Belleu
Tél. 23.73.22.25
TCP

« Maison des Clarisses »
25, rue de Bihecourt
02490 Vermand
Tél. 23.66.48.90
TCP

Cté du Cœur Eucharistique
« Priez »
02470 Neuilly-Saint-Front
Tél. 23.71.06.97
TCP

03 ALLIER
Abbaye bénédictine Saint-Vincent
rue Anne-de-Beaujeu
03140 Chantelle
Tél. 70.56.62.55
TCP

Abbaye Cistercienne de Sept-Fons
03290 Dompierre-sur-Besbre
Tél. 70.34.50.92
TCP

Monastère de la Visitation
65, rue des Tanneries
03000 Moulins
Tél. 70.44.27.43
R

Maison Saint-Paul
20, rue Colombeau
03000 Moulins
Tél. 70.44.08.37
TCP (adultes) – G

Monastère du Carmel
85, rue de Paris
03000 Moulins
Tél. 70.44.20.95
R

04 ALPES-DE-HAUTE-PROVENCE
Couvent Saint-Jean-de-Matha
04400 Faucon-de-Barcelonnette
Tél. 92.81.09.17
TCP

« Congrégation Saint-Jean »
Les Jaumes
Châteaufort
04250 La-Motte-du-Caire
Tél. 92.62.19.44
TCP

05 HAUTES-ALPES
Hôtellerie Notre-Dame-le-Laus
05130 Saint-Étienne-le-Laus
Tél. 92.50.30.73
TCP – G – H

06 ALPES-MARITIMES
Communauté des Sœurs Dominicaines
16, avenue Isola-Bella
06400 Cannes
Tél. 93.38.06.09

Monastère de Bethléem
Ile Saint-Honorat
BP 157
06406 Cannes Cedex
Tél. 93.48.67.67
TCP

Abbaye de Lérins
Ile Saint-Honorat
BP 157
06406 Cannes Cedex
Tél. 93.48.68.68
TCP

Monastère du Carmel
06510 Carros-Village
Tél. 93.29.10.71
TCP

Foyer de Charité Maria-Mater
BP 17
06330 Roquefort-les-Pins Cedex
Tél. 93.77.00.04
TCP

Abbaye Notre-Dame-de-la-Paix
Castagniers
06670 Saint-Martin-du-Var
Tél. 93.08.05.12
R

Sanctuaire N.-D. de Laghet
Hôtellerie
06340 La Trinité
Tél. 93.41.09.60
TCP

« Refuge du Sanctuaire »
N.-D. des Miracles
06450 Utelle
Tél. 93.03.19.44
TCP

07 ARDÈCHE
Abri du Pèlerin
07520 Lalouvesc
Tél. 75.67.82.63
TCP

Abbaye N.-D. des Neiges
07590 St-Étienne-de-Lugdares
Tél. 66.46.00.68
TCP

Maison Saint-Régis
07520 Lalouvesc
Tél. 75.67.82.00
TCP

Maison Thérèse-Couderc
(N.-D. du Cénacle)
BP 13
07520 Lalouvesc
Tél. 75.67.83.01
TCP

« Maison Diocésaine »
10, rue G.-Couderc
07200 Aubenas
Tél. 75.35.16. 43
TCP

Maison diocésaine de Beauregard
07130 Saint-Péray
Tél. 75.40.32.58
TCP – G

Monastère Sainte-Claire
07600 Vals-les-Bains
Tél. 75.37.45.27
TCP

N.-D. du Bon-Secours
07230 Lablachère
Tél. 75.36.65.94
R

« Communauté de Nazareth »
07380 Jaujac
Tél. 75.93.20.08
TCP

N.-D. des Neiges
07450 Saint-Pierre-de-Colombier
Tél. 75.94.41.95
TCP

« Grand Séminaire »
Place Riquet
BP 2
07220 Viviers Cedex
Tél. 75.52.62.23
G – H

« Maison St-Joseph »
07690 Vanosc
Tél. 75.34.62.95
TCP – A

Repères pour croire

37 VIDÉO-CASSETTES | **AU SERVICE DE LA FOI**

QU'EST-CE QUE *REPÈRES POUR CROIRE* ?

Un outil pour la catéchèse et la formation chrétienne. *Repères pour Croire* s'appuie sur des témoignages mais aussi sur l'enseignement de théologiens et de témoins. Chaque vidéo-cassette est accompagnée d'un livret pédagogique, réalisé en collaboration avec le Centre National de l'Enseignement Religieux.

A QUI EST DESTINÉ *REPÈRES POUR CROIRE* ?

Cette série de vidéo-cassettes est destinée à tous ceux qui ressentent la nécessité d'une formation chrétienne exigeante : jeunes, adultes, animateurs pastoraux, d'aumônerie, de catéchistes...

COMMENT UTILISER *REPÈRES POUR CROIRE* ?

Le livret pédagogique qui accompagne chaque vidéo-cassette (30' environ) contient :
- le texte intégral de la cassette,
- quelques explications d'images ou de son,
- des textes et des références bibliques,
- des propositions de travail,
- une bibliographie...

PROPOSITIONS DE PARCOURS

<u>SACREMENTS</u>
Le Baptême
La Réconciliation
L'Eucharistie
La Confirmation
Le Mariage

<u>VIE DE LA FOI</u>
Devenir chrétien
Prier
Louange et Demande
Pratiquer pourquoi ?
L'Eglise
Le Carême
La Tradition vivante
L'Acte de croire
Lire l'Ancien Testament
Lire l'Evangile
Qui est mon prochain ?
Christianisme et Islam
Christianisme et Judaïsme
Les Miracles

<u>QUESTIONS THÉOLOGIQUES</u>
Où est-il ton Dieu ?
Dieu Créateur
Dieu Libérateur
Dieu notre Père
Croire en Jésus Christ
L'Esprit
Le Péché
Enfer et Paradis
La Résurrection
Foi et Raison
Marie, Mère du christ

<u>QUESTIONS D'ACTUALITÉ</u>
Le Scandale du Mal
La Mort
L'Ethique
L'Argent
La Violence
Le Corps
La Sexualité

Ceci est une proposition, vous pouvez en imaginer d'autres, en particulier avec des séquences extraites de différentes cassettes.

Renseignez-vous !
la série complète
A PRIX SPÉCIAL

UNE PRODUCTION

Le Jour du Seigneur

Le Jour du Seigneur
45 bis rue de la Glacière
75013 PARIS
☎ 44.08.88.30 **36 15 JDS**

08 ARDENNES
Carmel de la Fontaine-Olive
08150 Aubigny-les-Pothées
Tél. 24.35.81.82
TCP

« Ermitage de Saint-Walfroy »
08370 Margut
Tél. 24.22.67.31
TCP

« Monastère Notre Dame »
Montcy-Saint-Pierre
08000 Charleville-Mézières
Tél. 24.59.01.11
TCP

10 AUBE
Alliance des Vallées
Place de l'Église
10210 Chaource
Tél. 25.40.10.61
TCP – G

Maison Notre-Dame-en-l'Isle
8, rue de l'Isle
10000 Troyes
Tél. 25.80.54.96
TCP – G

Monastère N.-D. de la Sainte-Espérance
(Bénédictins)
Mesnil Saint-Loup
10190 Estissac
Tél. 25.40.40.82
R

Monastère des Clarisses
26, rue Mitanier
10000 Troyes
Tél. 25.80.54.97
R

11 AUDE
Monastère Sainte-Claire
11700 Azille
Tél. 68.91.40.24
R

Monastère des Clarisses
N.-D. de l'Action
10, rue Pasteur
11400 Castelnaudary
Tél. 68.23.12.92

Maison des Hôtes
du Monastère des Dominicaines
Prouilhe
11270 Fanjeaux
Tél. 68.24.70.64.

Communauté de la Théophanie
Abbaye Sainte-Marie d'Orbieu
11220 Lagrasse
Tél. 68.43.12.85

Foyer des Amis de N.-D. de Magri
23, rue Notre-Dame
11590 Cuxac-d'Aude
Tél. 68.33.41.25 et 68.33.40.22
G – Familles

Foyer de Charité
Saint-Denis
11310 Saissac
Tél. 68.24.41.02

Communauté des Dominicaines
de La Ste Famille
Rue du Four
11270 Fanjeaux
Tél. 68.24.70.16
TCP

Centre diocésain N.-D. de l'Abbaye
103, rue Trivalle
11000 Carcassonne
Tél. 68.25.16.65
TCP

12 AVEYRON
Abbaye de Sylvanès
12360 Camarès
Tél. 65.99.51.83
TCP – A

Abbaye Notre-Dame-de-Bonneval
Le Cayrol
12500 Espalion
Tél. 65.44.01.22
TCP – G

Monastère Sainte Claire
2, rue de la Berque
12600 Mur-de-Barrez
Tél. 65.66.00.46
TCP

Abbaye de Conques
Centre Sainte-Foy
12320 Conques
Tél. 65.72.81.01
G

Centre Saint-Dominique
12160 Gramond
Tél. 65.69.02.82
TCP – A

Monastère N.-D. d'Orient
12380 Laval-Roquecézière
Tél. 65.99.60.88
TCP – A

13 BOUCHES-DU-RHÔNE
Centre de la Baume-les-Aix
Chemin de la Blaque
13090 Aix-en-Provence
Tél. 42.26.88.67
TCP – A

Monastère de la Visitation de Marie
Les Accates
55, route des Camoins
13011 Marseille
Tél. 91.43.02.07
R

Prieuré N.-D. des Champs-
Bouchaud
13200 Arles
Tél. 90.97.00.55
TCP (adultes)

Communauté Bénédictine de Sainte-Lioba
13109 Simiane-Collongue
Tél. 42.22.60.60
TCP

« L'Étoile »
Petites sœurs des Maternités Catholiques
BP 21
13450 Puyricard
Tél. 42.92.19.19

Union Culture et Promotion
Domaine de Petite
route de St-Chamas
13450 Grans
Tél. 90.55.93.60
G

Foyer de Charité
Sufferchoix
13410 Lambesc
Tél. 42.57.14.86

Notre-Dame du Roucas
341 chemin du Roucas-Blanc
13007 Marseille
Tél. 91.52.60.39

Carmel Notre-Dame
81, chemin de l'Oule
13012 Marseille
Tél. 91.93.59.10
TCP (adultes)

Centre d'accueil
N.-D. de Branguier
13790 Peynier
Tél. 42.53.03.20
TCP

Abbaye Saint-Michel de Frigolet
13150 Tarascon
Tél. 90.95.70.07
TCP

Communauté Bénédictine de Sainte Lioba
Quartier Saint-Germain
13109 Simiane-Collongue
Tél. 42.22.60.60
TCP

Monastère de la Visitation
1, bd J.-Désanat
13150 Tarascon
Tél. 90.91.04.40
TCP – A

14 CALVADOS
Monastère des Bénédictines
48, rue Saint-Loup
BP 93
14402 Bayeux Cedex
Tél. 31.92.02.99
R

Monastère de la Visitation
3, rue de l'Abbatiale
14000 Caen
Tél. 31.86.19.40
R – I

La Sainte Famille
14440 Douvres-la-Délivrande
Tél. 31.37.30.39
TCP

Ermitage Ste Thérèse
Centre Spirituel de Pèlerinage
23, rue du Carmel
14100 Lisieux
Tél. 31.62.00.95
TCP – A

Centre Spirituel de Blon
BP 160
14503 Vire Cedex
Tél. 31.67.60.63

Franciscaines N.-Dame-de-Pitié
145, av. de la République
14800 Deauville
Tél. 31.88.23.23

Accueil spirituel
de l'Abbaye N.-D.-du-Pré
39, av. du 6-juin
14100 Lisieux
Tél. 31.62.10.86
TCP

Accueil Providence
17, chemin de Rocques
14100 Lisieux
Tél. 31.31.34.13
TCP

15 CANTAL
Prieuré « Sainte Thérèse »
Communauté St-Jean
8, av. de l'Ermitage
15300 Murat
Tél. 71.20.18.44
TCP – A

Maison Béthanie
15600 Quézac
Tél. 71.46.78.31 et 71.46.70.41

16 CHARENTE
Abbaye de Bassac
16120 Châteauneuf-sur-Charente
Tél. 45.81.94.22
TCP

Maison Sainte Famille
Abbaye de Puyperoux
16190 Montmoreau-Saint-Cybard
Tél. 45.60.20.46
TCP (adultes) – A

Abbaye Sainte Marie de Maumont
16190 Juignac
Tél. 45.60.34.38
TCP – A

Communauté des Diaconesses de Reuilly
Le logis du Brillac
16200 Foussignac
Tél. 45.81.07.79
TCP – H

17 CHARENTE-MARITIME
Centre d'accueil des Dominicains
17600 Corme-Écluse
Tél. 46.02.43.00
TCP

Monastère Sainte-Claire
6, rue du Gué, quartier Lafond
17000 La Rochelle
Tél. 46.34.35.21
R

Monastère de Béthanie
67, avenue de Courlay
17420 St-Palais-sur-Mer
Tél. 46.23.12.19
TCP

Abbaye de Sablonceaux
17600 Saujon
Tél. 46.94.41.62

Petit Séminaire
80, cours Genêt
17100 Saintes
Tél. 46.93.03.29
G – TCP

18 CHER
Maison de Prière Notre-Dame
10, rue de Tivoli
18190 Châteauneuf-sur-Cher
Tél. 48.60.50.84
TCP

19 CORRÈZE
Maison d'accueil Saint-Antoine
41, av. Edmond-Michelet
19100 Brive
Tél. 55.74.03.00
TCP – A

Abbaye St-Étienne
Le Verbe de Vie
19190 Aubazine
Tél. 55.84.61.12
TCP

Congrégation des Moniales de la Résurrection
B.P. 6
19190 Aubazine Cedex
Tél. 55.25.75.67
TCP – I

20 CORSE
Couvent St-François
20160 Vico
Tél. 95.26.60.55
TCP – A

Monastère Ste-Claire
Montée Ste-Claire
20200 Bastia
Tél. 95.31.59.03
TCP – A

Bénédictines du St-Sacrement
20222 Erbalunga
Tél. 95.31.11.32
TCP – A

21 CÔTE D'OR
Abbaye
21360 La Bussière-sur-Ouche
Tél. 80.49.02.29
G – TCP

Abbaye N.-D.-de-Citeaux
21700 St-Nicolas-les-Citeaux
Tél. 80.61.11.53
TCP

La Bergerie
Rue de Corcelles
21000 Dijon
Tél. 80.41.25.73
TCP – G

Béthanie
24, rue Saint-Bernard
21121 Fontaine-les-Dijon
Tél. 80.56.56.20
R – G

Le Clair Regard
Crecey
21120 Is-sur-Tille
Tél. 80.95.02.46
TCP

Abbaye Notre-Dame-de-Citeaux
21700 Nuits-Saint-Georges
Tél. 80.61.11.53
R – G

Accueil Sainte-Catherine
21500 Fain-les-Moutiers
Tél. 80.96.70.65
R – G – A

Monastère Saint-Joseph-de-Clairval
21150 Flavigny-sur-Ozerain
Tél. 80.96.22.31
TCP – A

Monastère de la Visitation
6, rue Crebillon
21000 Dijon
Tél. 80.30.35.07
R

Carmel
14, rue de Chorey
21200 Beaune
Tél. 80.22.27.43
R

Carmel de Dijon
Flavignerot
21160 Marsannay-la-Côte
Tél. 80.45.03.08
TCP

22 CÔTES D'ARMOR
Centre d'enseignement privé rural
La Guerche
22100 Saint-Hélén
Tél. 96.39.78.54
TCP

Communauté du Val Martel
Megrit
22270 Jugon-les-Lacs
Tél. 96.84.83.90

Foyer de Charité de Tressaint
BP 145
22104 Dinan
Tél. 96.39.25.45

Monastère de Bethléem
Notre-Dame de la Croix-Vivifiante
Rue Boquen
22640 Plénée-Jugon
Tél. 96.31.42.36
TCP (adultes)

L'Abbaye
Association « La Providence » BP 1
22750 Saint-Jacut-de-la-Mer Cedex
Tél. 96.27.71.19
TCP – A

Castel Sainte-Anne
BP 22
22730 Trégastel
Tél. 96.23.88.11
TCP

24 DORDOGNE
Abbaye N.-D. de Bonne-Espérance
24410 Echourgnac
Tél. 53.80.36.43
TCP

25 DOUBS
Prieuré Saint-Benoît
Communauté monastique
de Jésus-Crucifié
25330 Nans-sous-Sainte-Anne
Tél. 81.86.61.79
TCP – I

Foyer de Charité La Roche d'Or
Chemin de la Roche-d'Or
25042 Besançon Cedex
Tél. 81.51.52.44

Communauté des Sœurs de la Retraite
Chrétienne
25210 Les Fontenelles
Tél. 81.43.71.79
TCP

Foyer Sainte-Anne
16, rue d'Avanne
25320 Montferrand-le-Château
Tél. 81.56.51.38
G

« Maison Saint-Joseph »
25500 Remonot
Tél. 81.43.35.61
R – I

Abbaye Cistercienne
N.-D. de la Grâce-Dieu
25530 Vercel
Tél. 81.84.06.82
TCP

Centre Spirituel Notre-Dame-de-Consolation
25390 Consolation Maisonnettes
Tél. 81.43.54.71
TCP – G

26 DRÔME
Nazareth
26120 Chabeuil
Tél. 75.59.00.05
R

Sœurs du Thabor
Prieuré Notre-Dame-de-la-Lumière
Beaufort-sur-Gervanne
26400 Crest
Tél. 75.76.42.42
TCP

Monastère Sainte-Claire
53, rue des Auberts
26400 Crest
Tél. 75.25.49.13
TCP

Abbaye Notre-Dame-d'Aiguebelle
Montjoyer
26230 Grignan
Tél. 75.98.52.33
TCP – I

Abbaye Cistercienne de Maubec
BP 162
26204 Montélimar Cedex
Tél. 75.01.03.94
TCP – G

Monastère de la Clarté-Notre-Dame
26770 Taulignan
Tél. 75.53.55.11
TCP – G

Norbertines
Norbertines de Bonlieu
26160 La-Begude-de-Mazenc
Tél. 75.49.92.23
TCP – G

Association de Larccance
Hameau Le Pradier
Teyssières
26220 Dieulefit
Tél. 75.46.37.49
TCP

Monastère Sainte-Anne de Bonlieu
26160 Bonlieu-sur-Roubion
Tél. 75.53.92.23
TCP

Foyer de Charité
BP 11
26330 Châteauneuf-de-Galaure
Tél. 75.68.60.00

Maison St-Joseph
Chemin de Viguières
26120 Chabeuil
Tél. 75.59.08.13

27 EURE
Abbaye bénédictine Notre-Dame
du Bec-Hellouin
27800 Brionne
Tél. 32.44.86.09
TCP – G – A

Monastère Sainte-Françoise-
Romaine
Le Bec-Hellouin
27800 Brionne
Tél. 32.44.81.18
TCP – A

« Abbaye Saint-Nicolas »
124, rue de la Place-N.-Dame
BP 236
27132 Verneuil-sur-Avre Cedex
Tél. 32.32.02.94
R

« Prieuré Saint-Paul-de-la-Croix »
Route de Vaux
Croisy-sur-Eure
27120 Pacy-sur-Eure
Tél. 32.36.16.63
R

Accueil Dominique
1, rue Maison de Vatimesnil
27150 Étrepagny
Tél. 32.55.81.32
TCP

Lycée agricole privé
Le Village
BP 433
27500 Tourville-sur-Pont-Audemer Cedex
Tél. 32.41.11.15
G – Vacances scolaires

28 EURE-ET-LOIR
« Prieuré St-Thomas »
29, rue du Prieuré
BP 1
28231 Épernon Cedex
Tél. 37.83.60.01
TCP – G

Monastère du Carmel de Chartres
Rue de la Cité-Champhol
28300 Mainvilliers
Tél. 37.21.36.46
TCP

29 FINISTÈRE
Centre spirituel « Creac'h-Balbe »
Saint-Urbain
29220 Landerneau
Tél. 98 25.00.43.

Centre Missionnaire Saint-Jacques
Guillan
BP 70
29403 Landivisiau Cedex
Tél. 98.68.72.76.
TCP

Abbaye Saint-Guénolé
29560 Landévennec
Tél. 98.27.02.02
TCP (adultes) Tél. 98.27.73.34

Fraternité Franciscaine
Kermabeuzen
BP 59
29102 Quimper Cedex
Tél. 98.55.36.18
TCP – A

Maison d'accueil « Ile Blanche »
BP 13
29241 Locquirec Cedex
Tél. 98.67.43.72
TCP

Centre de « Kerivoal »
10, allée de Kerdaniel
BP 93
29103 Quimper
Tél. 98.95.40.20
G

Monastère de Kerbeneat
Bénédictines Plounéventer
29230 Landivisiau
Tél. 98.20.47.43
TCP

30 GARD
Orantes de l'Assomption
BP 16
13, avenue E.-d'Alzon
30120 Le Vigan Cedex
Tél. 67.81.01.31
R

Maison Notre-Dame
de Prime-Combe
30250 Fontanes
Tél. 66.80.12.22
TCP

Foyer de Charité Notre-Dame
de Grâce
30650 Rochefort-du-Gard
Tél. 90.31.72.01

Centre chrétien de Gagnières
30160 Bessègues
Tél. 66.25.02.67

« Centre Diocésain »
4, rue Salomon-Reinach
30000 Nîmes
Tél. 66.84.95.11
G

Monastère de la Paix-Dieu
Cabanoule
30140 Anduze
Tél. 66.61.73.44
TCP (adultes) – I

Missionnaires-Montfortains
N.-D. de la Gardiolle
30170 Conqueyrac
Tél. 66.77.20.95
R – A

31 HAUTE-GARONNE
Monastère des Dominicaines
60, avenue du Général-Compans
31700 Blagnac
Tél. 61.71.47.80 et 61.71.46.48

Abbaye cistercienne de Sainte-Marie-
du-Désert
31530 Bellegarde-Sainte-Marie
Tél. 61.85.61.32
TCP

Maison Notre-Dame du Cénacle
23, rue Deville
31000 Toulouse
Tél. 61.23.15.92
TCP – A

Couvent Saint-Thomas-d'Aquin
1, impasse Lacordaire
31078 Toulouse Cedex
Tél. 61.52.84.70
TCP

Centre spirituel Notre-Dame des Côteaux
31320 Vieille-Toulouse
Tél. 61.73.11.03
TCP

32 GERS
Monastère Sainte-Marie de Boulaur
32450 Saramon
Tél. 62.65.40.07
TCP – A

33 GIRONDE
Abbaye de Sainte-Marie du Rivet
33124 Auros
Tél. 56.65.40.10
TCP – I

Monastère de la Visitation
47, cours Marc-Nouaux
33000 Bordeaux
Tél. 56.44.25.71
R

La Solitude
33650 Martillac
Tél. 56.72.71.10
I

Dominicaines de Béthanie
33650 Saint-Morillon
Tél. 56.20.25.59
TCP (adultes)

Notre-Dame du Cénacle
Monrepos
58, rue des Réaux
33500 Libourne
Tél. 57.51.05.53
TCP

Monastère du Broussey
33410 Rions
Tél. 56.62.60.90
TCP

Maison du Bon Pasteur
33540 Saint-Brice
Tél. 56.71.54.07
TCP

Centre Louis-Beaulieu
145, rue de St-Genès
33082 Bordeaux Cedex
Tél. 56.96.57.37
TCP (adultes)

Communauté Contemplative
de la Sainte-Famille
La Solitude
Martillac
33650 La Brède
Tél. 56.72.71.10
TCP

34 HÉRAULT
Carmel Saint-Joseph
34150 Saint-Guilhem-le-Désert
Tél. 67.57.75.80
TCP (adultes)

Maison familiale Batipaume
route de Rochelongue
BP 187
34303 Agde Cedex
Tél. 67.94.11.47
TCP – A

Maison d'Accueil des Pèlerins
et Retraitants de Saint-Joseph
de Mont-Rouge
34480 Puimisson
Tél. 67.36.07.85
TCP – G – A

« Centre Saint-Guilhem »
4, rue de l'Abbé-Montels
34000 Montpellier
Tél. 67.60.76.66
G

35 ILLE-ET-VILAINE
Maison Saint-François
La Vicomté
BP 100
35802 Dinard Cedex
Tél. 99.46.26.05

Monastère Notre-Dame de Beaufort
35540 Plerguer
Tél. 99.48.07.57
TCP

Maison St-Gabriel
BP 113
35603 Redon Cedex
Tél. 99.71.11.46
G – A

Centre de la Hublais
35510 Cesson-Sévigné
Tél. 99.83.11.02

Carmel « Montigné »
35132 Vezin-le-Coquet
Tél. 99.59.02.64
TCP

Centre de la Briantais
BP 82
35403 Saint-Malo Cedex
Tél. 99.81.87.04

Maison Saint-Louis-Marie
Grignon de Montfort
15, rue de la Saulnerie
35160 Montfort
Tél. 99.09.15.35
TCP

Notre-Dame des Neiges
35390 Grand-Fougeray
Tél. 99.08.39.94

« La Tour Saint-Joseph »
Petites Sœurs des Pauvres
35190 Saint-Pern
Tél. 99.66.80.06

Monastère et Foyer d'accueil
N.-D. d'Espérance
12 et 15, rue de la Forêt
35133 Parigné
Tél. 99.97.32.69
TCP

36 INDRE
Centre d'Accueil des Pèlerinages
à N.-D. du Sacré-Cœur
BP 18
36100 Issoudun Cedex
Tél. 54.21.17.86
TCP – A

Fraternité Marie-Estelle
2, rue des Combattants-en-AFN
36180 Pellevoisin
Tél. 54.39.03.02 et 54.39.03.60
TCP – H

Abbaye Notre-Dame
de Fontgombault
36220 Tournon-Saint-Martin
Tél. 54.37.12.03
R

37 INDRE-ET-LOIRE
Foyer Montfortain
Chezelles
37220 L'Ile-Bouchard
Tél. 47.58.52.01

Maison de Prière Sainte-Ursule
32, rue de la Mésangerie
37540 Saint-Cyr-sur-Loire
Tél. 47.51.57.30

Collège et Lycée Saint-Denis
15-19, avenue du Général-de-Gaulle
37600 Loches
Tél. 47.59.04.26
R – A

Communauté Saint-Martin
« Le Moulin »
37140 Bourgueil
Tél. 47.97.94.91
R – A

38 ISÈRE
Sanctuaire Notre-Dame
de la Salette
38970 La Salette-Fallavaux
Tél. 76.30.00.11 ou
76.30.03.65
I – A

Foyer Sainte-Marie
9, place des Tilleuls
38000 Grenoble
Tél. 76.42.15.78
R

Trappe de Chambarand
38940 Roybon
Tél. 76.36.22.68
TCP (adultes)

Centre Saint-Hugues
38330 Biviers
Tél. 76.90.35.97

Petites Sœurs des Maternités Catholiques
BP 148
38317 Bourgoin-Jallieu
Tél. 74.93.59.93

Monastère des Dominicaines
Chalais
BP 128
38340 Voreppe
Tél. 76.50.02.16
TCP (adultes)

Monastère de la Visitation
38450 Vif
Tél. 76.72.51.18
TCP

Monastère du Carmel
19, av. des Maquis-Grésivaudun
38700 La Tronche
Tél. 76.42.04.13
TCP

Foyer Saint-Benoît
BP 127
38860 Les Deux-Alpes Cedex
Tél. 76.80.51.13
TCP

Notre-Dame des Neiges
12, rue du Lycée-Polonais
38250 Villard-de-Lans
Tél. 76.95.15.75
TCP

Monastère des Clarisses
94, chemin Sainte-Claire
38340 Voreppe
Tél. 76.50.26.03
TCP

39 JURA
Châtel-Accueil
Maison Sainte-Anne
39190 Chevreaux
Tél. 84.48.97.02
G

Sanctuaire de Notre-Dame
du Mont Roland
BP 246
39103 Dole Cedex
Tél. 84.72.03.59
TCP – A

Abbaye Notre-Dame d'Acey
Ougney
39350 Gendrey
Tél. 84.81.04.11
TCP

Monastère de Sainte-Claire
13, rue Sainte-Colette
BP 80
39800 Poligny
Tél. 84.37.11.40
R – I

Monastère des Carmélites
260, rue du Dr-Jean-Michel
39000 Lons-le-Saulnier
Tél. 84.47.26.25
R – I

40 LANDES
Carmel
BP 25
6, rue Maubec
40800 Aire-sur-L'Adour
Tél. 58.76.64.68
TCP

Abbaye Saint-Eustase
Bénédictines
Poyanne
40380 Montfort-en-Chalosse
Tél. 58.98.40.46
R

Monastère des Dominicaines
62, rue Gambetta
40100 Dax
Tél. 58.74.27.73
R – G

Abbaye Notre-Dame de Maylis
40250 Mugron
Tél. 58.97.72.81
TCP – A

41 LOIR-ET-CHER
Foyer Notre-Dame de la Trinité
15, rue de Vauquois
BP 827
41008 Blois Cedex
Tél. 54.74.03.05
TCP

Carmel de Blois
« La Chambaudière »
Molineuf
41190 Herbault
Tél. 54.70.04.29
TCP (adultes)

Foyer Bethania
4, rue Barreau
41500 Mer
Tél. 54.81.22.06
TCP (adultes)

Monastère Marthe et Marie de Béthanie
Domaine de Burtin
41600 Nouan-le-Fuzelier
Tél. 54.88.77.33
TCP (adultes) – G

Foyer de Charité Sainte-Françoise
41300 La Ferté-Imbault
Tél. 54.96.20.28

42 LOIRE
Monastère Sainte-Claire
29, avenue de la Libération
BP 194
42604 Montbrison
Tél. 77.58.13.35
R – I

Notre-Dame de l'Hermitage
42440 Noiretable
Tél. 77.24.72.12
TCP

Annexe du Lycée agricole
privé de Ressins
42720 Nandax
Tél. 77.65.30.22
TCP – G – Vacances scolaires

La Vigne
Abbaye Saint-Joseph et Saint-Pierre
Régny
42630 Pradines
Tél. 77.64.80.06
TCP

Monastère de la Visitation
La Guithardière
42570 Saint-Heand
Tél. 77.53.93.70
TCP (adultes)

43 HAUTE LOIRE
Maison Notre-Dame-de-Lorette
Saint-Pal-en-Chalençon
43500 Craponne-sur-Arzon
Tél. 71.61.30.46

Monastère Sainte-Catherine-de-Sienne
2, rue du Pont
43300 Langeac
Tél. 71.77.01.50
TCP (adultes)

Monastère Sainte-Claire
2, rue Sainte-Claire
43000 Le Puy
Tél. 71.09.17.45
R

Carmel
43750 Vals-Près Le Puy
Tél. 71.09.22.52
TCP (adultes)

Centre des religieuses Dominicaines
100, avenue de Vals
BP 10
43750 Vals-près-le-Puy
Tél. 71.09.33.39
TCP – A

44 LOIRE-ATLANTIQUE
Maison d'accueil « Kerguenec »
44350 Saint-Molf
Tél. 40.24.91.55
TCP

Abbaye N.-D. de Melleray
44520 La Meilleray-de-Bretagne
Tél. 40.55.20.01
TCP (adultes)

Monastère Sainte-Claire
20, rue Molac
44000 Nantes
Tél. 40.20.37.36
TCP – G

« Les Naudières »
31, rue des Naudières
44400 Rezé
Tél. 40.75.51.74
TCP – H

45 LOIRET
Bénédictines Notre-Dame
du Calvaire
65, avenue de Verdun
BP 4
45801 Saint-Jean-de-Braye Cedex
Tél. 38.61.43.05
R

Monastère du Carmel
18, rue Claude-Joliot
45750 Saint-Pryvé
Tél. 38.66.62.40
R

Ets Catholique d'enseignement
Sainte-Croix – Saint-Euverte
28, rue de l'Ételon
45043 Orléans Cedex 01
Tél. 38 53.97.92
TCP (adultes) – G

Fraternité Monastique Saint-Joseph
Le Vieux-Château
45290 Le Moulinet-sur-Solin
Tél. 38.31.86.99
TCP

Abbaye de Fleury
Bénédictins
45730 Saint-Benoit-sur-Loire
Tél. 38.35.72.43
TCP – G

46 LOT
Centre d'accueil Notre-Dame
Le Château-Padirac
46500 Rocamadour
Tél. 65.33.63.29
TCP (adultes) – A

47 LOT-ET-GARONNE
Foyer Valpré-Lido (Franciscains)
500, av. Léon-Blum
47000 Agen
Tél. 53.47.47.73
TCP

Foyer de Charité
N.-D. de Lacépède
47450 Colayrac-Saint-Cirq
Tél. 53.66.86.05
TCP (adultes)

Monastère des Moniales de l'Annonciade
1, rue Crochepierre
47300 Villeneuve-sur-Lot
Tél. 53.70.04.33
R

48 LOZÈRE
Centre d'accueil de l'Ermitage
de Saint-Privat
48000 Mende
Tél. 66.65.02.27
TCP

Centre Pierre-Monestier
48500 Saint-Rome-de-Dolan
Tél. 66.48.81.41
TCP – G

49 MAINE-ET-LOIRE
Monastère des Bénédictines
49540 Martigne-Briand
Tél. 41.59.42.85
TCP

Monastère Notre-Dame des Gardes
Saint-Georges-des-Gardes
49120 Chemillé
Tél. 41.62.91.13
TCP – G

Abbaye de Bellefontaine
49122 Begrolles-en-Mauges
Tél. 41.63.81.60

Centre Spirituel Diocésain
40, rue de la Loire
49620 La Pommeraye
Tél. 41.77.70.73

Bénédictines du Calvaire
8, rue Vauvert
49100 Angers
Tél. 41.87.76.28
G (1 journée)

50 MANCHE
Abbaye N.-D. de Grâce
50260 Bricquebec
Tél. 33.52.20.01
R

Communauté du Mont
BP 3
50116 Mont-Saint-Michel
Tél. 33.60.14.47
TCP – A

Abbaye de Montebourg
route de Quineville
50310 Montebourg
Tél. 33.41.10.05
TCP – A – G

Abbaye Bénédictine
N.-D. de Protection
8, rue des Capucins
50700 Valognes
Tél. 33.95.01.41

Maison de repos Saint-Joseph
L'Abbaye
50390 Saint-Sauveur-le-Vicomte
Tél. 33.41.60.37
G (Jeunes)

Monastère du Carmel
59, bd du Luxembourg
50300 Avranches
Tél. 33.58.23.66
TCP

Monastère Sainte-Claire
37, bd Gambetta
50600 Saint-Hilaire-du-Harcouet
Tél. 33.49.13.43
TCP

51 MARNE
Abbaye Notre-Dame d'Igny
51170 Arcis-le-Ponsart
Tél. 26.48.08.40
TCP

Monastère Sainte-Claire
11 bis, av. Roger-Salengro
51430 Tinqueux
Tél. 26.08.23.15
TCP

Le Verbe de Vie
51270 Baye
Tél. 26.52.80.30
TCP – A

Foyer de Charité
51270 Baye
Tél. 26.52.80.80
TCP (adultes) – A

Monastère des Bénédictines
51220 Saint-Thierry
Tél. 26.49.30.72
TCP – G

53 MAYENNE
Maison de retraite et d'accueil
des Pèlerins
Sœurs d'Évron
3, rue Notre-Dame
53220 Pontmain
Tél. 43.05.07.60
TCP – A

Abbaye de N.-D. du Port du Salut
53260 Entrammes
Tél. 43.98.30.15
TCP – A – G

Abbaye des Moniales
cisterciennes
La Coudre
BP 93
53005 Laval Cedex
Tél. 43.53.03.71
TCP

Centre Jean XXIII
53220 Pontmain
Tél. 43.05.07.59

Hôtellerie Saint-Antoine
Monastère des Bénédictines
15, rue de la Libération
53400 Craon
Tél. 43.06.13.38
TCP

Couvent Saint-Thomas d'Aquin
Chéméré-le-Roi
53340 Ballée
Tél. 43.98.64.25

Petits Frères de Marie
Prieuré de la Cottelerie
53170 Bazougers
Tél. 43.02.33.44
TCP

54 MEURTHE-ET-MOSELLE
Notre-Dame du Cénacle,
Prébois
1, rue de la Toulose
54520 Laxou
Tél. 83.98.11.89

Monastère Sainte-Claire
24, rue Sainte-Colette
54500 Vandœuvre-les-Nancy
Tél. 83.55.42.86
TCP (1 journée)

GEC (Groupe des Étudiants Catholiques)
35, cour Léopold
54042 Nancy Cedex
Tél. 83.35.48.67
TCP

Hôtellerie Les Amis de Sion
3, rue Notre-Dame
54330 Saxon-Sion
Tél. 83.25.12.22
TCP – A

Monastère de la Visitation
64, rue Marquette
54000 Nancy
Tél. 83.96.63.83
R – I

55 MEUSE
Pèlerinage de Benoîte
Vaux
55220 Souilly
Tél. 29.80.52.35
R – H

Monastère du Carmel
25, rue Saint-Victor
55100 Verdun
Tél. 29.86.03.97
TCP

56 MORBIHAN
Ti Mamm Doué
Beauregard
56480 Clerguerec
Tél. 97.38.06.84
TCP – A

Abbaye La Joie Notre-Dame
56800 Campeneac
Tél. 97.93.42.07
TCP

Abbaye Saint-Michel-de-Kergonan
56720 Plouharnel
Tél. 97.52.01.27
TCP – G – A

Accueil Saint-Joseph
9, rue Pasteur
56510 Saint-Pierre-Quiberon
Tél. 97.30.94.89
R

Lycée Privé Anne-de-Bretagne
56500 Locminé
Tél. 97.60.01.54
TCP – G

Maison Notre-Dame de Fatima
Bieuzy-Lanvaux
56330 Pluvigner
Tél. 97.56.01.69

Abbaye Cistercienne
N.-D. de Timadeuc
56580 Brehan
Tél. 97.51.50.29
TCP (adultes)

Centre d'accueil de l'Abbaye
56730 Saint-Gildas-de-Rhuys
Tél. 97.45.23.10
R

Centre de Sessions Penboc'h
56610 Arradon
Tél. 97.44.00.19
TCP – A

Accueil « La Retraite »
2, rue L.-Briend
56120 Josselin
Tél. 97.22.21.92

57 MOSELLE
Carmel
82, rue du Général-de-Gaulle
57000 Plappeville
Tél. 87.30.09.21

Ermitage Saint-Jean
9, rue des Moulins
57160 Moulins-les-Metz
Tél. 87.60.43.49

Monastère de la Visitation
50, rue de Moulins
57160 Scy-Chazelles
Tél. 87.60.56.01
R

Foyer Notre-Dame
5, rue Lemire
57500 Saint-Avold
Tél. 87.92.12.92 et 87.92.55.52
TCP – A

Maison Saint-Conrad
2, rue des Capucins
57230 Bitche
Tél. 87.96.06.12
TCP – A

Abbaye bénédictine
Oriocourt
57590 Delme
Tél. 87.05.31.67
TCP

Accueil CDP
Les Amis de la Providence
57930 Saint-Jean-de-Bassel
Tél. 87.07.80.01
TCP – A

Centre Inter-culturel de Bévoye
Chemin de Basse-Bévoye
57245 Peltre
Tél. 87.75.19.37
Renseignement : écrire
23, rue de la Chèvre
57000 Metz

Couvent Saint-Jean-de-Bassel
BP 2
Berthelming
57930 Fenetrange
Tél. 87.07.80.01

58 NIÈVRE
Centre d'accueil du Grand Séminaire
21, rue Gustave-Mathieu
58000 Nevers
Tél. 86.59.32.11
TCP

Couvent Saint-Gildard
34, rue Saint-Gildard
58000 Nevers
Tél. 86.57.79.99
TCP

Monastère de la Visitation
122, rue de Montapins
58000 Nevers
Tél. 86.57.37.40
R – G

59 NORD
Foyer de Groënhof
16, rue de Killem
59122 Rexpoëde
Tél. 28.68.31.16
TCP

Prieuré du Sacré-Cœur
43, rue du Pont-Rouge
59236 Frelinghien
Tél. 20.48.81.77
TCP

Centre spirituel du Hautmont
31, rue Mirabeau
BP 19
59420 Mouvaux Cedex
Tél. 20.26.09.61
TCP (adultes)

Maison diocésaine
174, rue Léopold-Dusart
BP 17
59590 Raismes Cedex
Tél. 27.36.92.00
TCP – A

Abbaye Sainte-Marie du Mont
59270 Bailleul
Tél. 28.42.52.50
TCP – A

Couvent des Carmes
99, rue des Stations
59800 Lille
Tél. 20.57.39.49

Monastère des Bénédictins
du Saint-Sacrement
18, rue Faidherbe
59200 Tourcoing
Tél. 20.26.49.16

Maison Diocésaine d'accueil
BP 58
70, rue Victorine-Deroide
59660 Merville
Tél. 28.42.82.27
TCP – G – A

Villa Saint-Gérard
169 bis, rue Auguste-Potie
BP 26
59481 Haubourdin Cedex
Tél. 20.07.24.61
TCP – A

Couvent des Dominicains
7, avenue Salomon
59800 Lille
Tél. 20.55.00.82

Monastère de la Visitation
200, rue Lorthiois
59420 Mouvaux
Tél. 20.26.94.34
TCP

Monastère de Ste-Claire
de l'Amour Miséricordieux
31, av. du Président-Kennedy
59610 Fourmies
Tél. 27.60.04.28
TCP

60 OISE
Centre culturel Les Fontaines
BP 219
Route de Gouvieux
60631 Chantilly Cedex
Tél. 44.57.24.60
TCP – A

Centre de Prière Saint-Sulpice
Vers-sur-Launette
60950 Ermenonville
Tél. 44.54.31.32
A

Le Clos Saint-Étienne
28, rue du Moulin-Saint-Étienne
60300 Senlis
Tél. 44.53.06.06
G

Maison de Prière
60390 Troussures
Tél. 44.84.46.66
TCP – A

Maison d'Accueil « La Sève »
1, rue de Luzarches
60580 Coye-la-Forêt
Tél. 44.58.61.60
TCP – G

Serviteurs de Jésus et de Marie
Abbaye d'Ourscamp
60138 Chiry-Ourscamp
Tél. 44.76.77.81 et 44.76.98.08
TCP

61 ORNE
Ermitage de la Basilique
61400 La Chapelle-Montligeon
Tél. 33.83.83.55
TCP

Abbaye Notre-Dame de la Trappe
61380 Soligny-la-Trappe
Tél. 33.34.50.44

62 PAS-DE-CALAIS
Maison d'accueil « Ave Maria »
62120 Wardrecques
Tél. 21.93.55.48
TCP

Monastère Sainte-Claire
1, rue Sainte-Claire
62000 Arras
Tél. 21.71.49.63
TCP – I

Centre Culture et Foi
103, rue d'Amiens
62000 Arras
Tél. 21.71.56.28
A

Monastère du Carmel
23, rue Fernand-Fanien
Fouquières-lès-Béthune
62400 Béthune
Tél. 21.68.11.22
R

Monastère de la Visitation
9, rue Maquétra
62222 Saint-Martin-Boulogne
Tél. 21.31.35.88

Abbaye Saint-Paul
62219 Wisques
Tél. 21.95.11.04
R

Abbaye Notre-Dame
62219 Wisques
Tél. 21.95.12.26
R

Monastère Notre-Dame de Belval
62130 Troisvaux
Tél. 21.03.11.65
TCP

Foyer de Charité
Courset
62240 Desvres
Tél. 21.91.62.52

Les Tourelles
12, rue de l'Yser
62360 Condette
Tél. 21.83.71.42
TCP

N.-D. de Belval
62130 St-Pol-sur-Ternoise
Tél. 21.03.12.78
TCP – A

Abbaye Sainte-Berthe
Centre spirituel N.-D. de vie
62770 Blangy-sur-Ternoise
Tél. 21.41.83.02

63 PUY-DE-DÔME
Centre N.-D. de Pignolet
La Baraque
63870 Orcines
Tél. 73.62.10.22

Monastère Sainte-Claire
11, avenue de Villars
63400 Chamalières
Tél. 73.37.73.11

Abbaye N-D. De Randol
Bénédictins
63450 Saint-Amant-Tallende
Tél. 73.39.31.00
R

Centre d'accueil Notre-Dame de la Sagesse
63810 Bagnols
Tél. 73.22.20.65
TCP

64 PYRÉNÉES-ATLANTIQUES
Maison diocésaine
Avenue Darrigand
64100 Bayonne
Tél. 59.63.33.40 et 59.63.31.96
R

Monastère du Carmel
Chemin d'Arancette
64100 Bayonne
Tél. 59.63.35.12
TCP

Prieuré bénédictin de Marciron
Mazères Lezons
64110 Jurançon
Tél. 59.06.09.63
TCP – A

Monastère des Clarisses
35, rue Saint-Gilles
64300 Orthez
Tél. 59.69.46.55

Abbaye N.-D. de Belloc
Bénédictins
64240 Urt
Tél. 59.29.65.55
R

Monastère Sainte-Scholastique
Bénédictines
64240 Urt
Tél. 59.29.65.88
R

Sanctuaire N.-D. de Betharram
64800 Lestelle-Betharram
Tél. 59.71.92.30
R – (Jeunes) – I

Communauté des Sœurs Prémontrées Valmont
64800 Montaut
Tél. 59.71.93.75
TCP

65 HAUTES-PYRÉNÉES
Maison Saint-Paul
51, rue de Traynès
65000 Tarbes
Tél. 62.44.28.28
TCP – G

Abbaye Notre-Dame
65190 Tournay
Tél. 62.35.70.21
TCP – I

Maison familiale le Bosquet
Les Granges
65100 Lourdes
Tél. 62.94.29.72
TCP

Abri Saint-Vincent
2, rue du Baron-Duprat
65100 Lourdes
Tél. 62.94.26.63

Les Amis de Pax Christi
4, route de la Forêt
65100 Lourdes
Tél. 62.94.00.66

Centre Assomption
21, rue Antoine-Béguères
65100 Lourdes
Tél. 62.94.39.81
TCP – A

Sanctuaire N.-D. de Pietat
1, rue des Palombières
65690 Barbazan-Debat
Tél. 62.33.80.52
TCP

Monastère des Dominicaines
Route de Pontacq
65100 Lourdes
Tél. 62.94.12.43
TCP

Petit Couvent
4 bis, route de la Forêt
65100 Lourdes
Tél. 62.94.20.22
TCP – A

66 PYRÉNÉES-ORIENTALES
Centre spirituel Le Thabor
Le château du Parc Ducup
allée des chênes
66000 Perpignan
Tél. 68.54.48.52
TCP

Abbaye Saint-Martin du Canigou
66820 Casteil
Tél. 68.05.50.03
TCP – A

La Torres Las Rocas
BP 47
66120 Font-Romeu
Tél. 68.30.08.56

67 BAS-RHIN
Maison du Puits de Jacob
La Thumenau
354, rue Fin-de-Banlieue
67115 Plobsheim
Tél. 88.98.70.00
TCP – I – A

Maison Saint-Gérard
11, route de Wintershouse
67500 Haguenau
Tél. 88.93.83.27
TCP – H – G

Bénédictines du Sacré Cœur
Marienthal
1, place de la Basilique
67500 Haguenau
Tél. 88.93.90.91
TCP – H

Hôtellerie Notre-Dame
de la Source
3, rue Saint-Benoît
67560 Rosheim
Tél. 88.50.41.67
TCP – A

Abbaye N.-D. d'Altbronn
Cisterciennes
Ergersheim
67120 Molsheim
Tél. 88.38.10.35
TCP – G – A

Foyer de Charité d'Alsace
67530 Ottrot
Tél. 88.95.81.27
TCP ou G – H – A

Missionnaires N.-D. des Neiges
3, rue Saint-Antoine
67400 Sélestat
Tél. 88.92.04.45

Séminaire de Jeunes
60, rue Principale
67360 Walbourg
Tél. 88.90.23.22
G – Vacances scolaires

68 HAUT-RHIN
Monastère Saint-Alphonse
1, rue du Couvent
68440 Landser
Tél. 89.81.30.10
TCP

Centre Saint-François-Xavier
3, route de Bâle
68000 Colmar
Tél. 89.41.22.24
TCP – A

Monastère des Rédemptoristines
Landser
68440 Habsheim
Tél. 89.81.30.10
R

Abbaye Notre-Dame d'Oelenberg
68950 Reiningue
Tél. 89.81.91.23
TCP (adultes)

69 RHÔNE
Centre de Valpré
1, rue de Chalin
BP 165
69131 Ecully Cedex
Tél. 78.33.12.17
TCP – A

Le Chatelard
BP 14
69340 Francheville
Tél. 78.59.27.52
TCP

La Chardonnière
Association Jaricot
65, Grande-Rue
69340 Francheville
Tél. 78.59.09.86
TCP

Couvent Le Corbusier
La Tourette
BP 105
69210 L'Arbresle
Tél. 74.01.01.03
TCP – A

Notre-Dame du Cénacle
3, place de Fourvière
69005 Lyon
Tél. 78.25.13.16

Communauté du Chemin Neuf
49, montée du Chemin Neuf
69005 Lyon
Tél. 78.37.88.67

Centre Spirituel du Prado
2054, chemin de Saint-André
69760 Limonest
Tél. 78.35.14.30

Sœurs Louise-Marie Aymard
19, chemin des Coutures
69110 Sainte-Foy-les-Lyons
Tél. 78.59.65.65

Sœurs Dominicaines
5, chemin de la Chapelle
BP 3
Crepieux
69144 Rillieux-la-Pape
Tél. 78.08.25.59
TCP (adultes)

71 SAÔNE-ET-LOIRE
Maison Saint-Antoine
17, rue Saint-Antoine
BP 139
71404 Autun
Tél. 85.52.31.45
R

Monastère du Carmel
1, rue Chaffaut
71400 Autun
Tél. 85.52.01.29
TCP

Monastère de la Visitation
1, place des Carmélites
71000 Macon
Tél. 85.38.07.92
R

N.-D. de Rimont
71390 Fley
Tél. 85.49.20.64
TCP – A

Monastère du Rosaire du Sacré-Cœur
Dominicaines
40, avenue de Charolles
71600 Paray-le-Monial
Tél. 85.81.09.09
TCP

Maison d'Accueil des Œuvres
du Sacré-Cœur
3 ter, rue de la Paix
71600 Paray-le-Monial
Tél. 85.81.05.43
TCP

Bethléem
2, route de Volesvres
71600 Paray-le-Monial
Tél. 85.88.84.15
G

Centre spirituel « Cor-Christi »
Foyer du Sacré-Cœur
14, rue de la Visitation
71600 Paray-le-Monial
Tél. 85.81.11.01
TCP

Maison des Chapelains
BP 104
8, av. J.-Paul-II
71600 Paray-le-Monial
Tél. 85.88.85.80

Carmel Saint-Joseph
71118 Saint-Martin-Belle-Roche
Tél. 85.36.01.43
TCP (adultes)

Taizé communauté
71250 Taizé
Tél. 85.50.30.00
TCP – H – A

Abbaye Notre-Dame
de Venière
71700 Tournus
Tél. 85.51.05.85
TCP

72 SARTHE
Centre de l'Étoile
Séminaire diocésain
26, rue Albert-Maignan
72016 Le Mans Cedex
Tél. 43.81.47.54

« La Passion »
60, rue du Dr-Godard
72600 Mamers
Tél. 43.97.60.80
R – A

Centre spirituel d'accueil
La Chapelle du Chêne
72300 Sablé-sur-Sarthe
Tél. 43.95.48.01
TCP – A

Abbaye Sainte-Cécile
Hôtellerie sainte-Anne
21, rue Jules-Alain
72300 Solesmes
Tél. 43.95.45.05
TCP

Abbaye Saint-Pierre de Solesmes
72300 Solesmes
Tél. 43.95.03.08
R

Monastère des Bénédictines
La Paix-Notre-Dame
72500 Flée
Tél. 43.44.14.18
R

Cité Communautaire centre
spirituel diocésain rural
Montreuil le Henri
72150 Le Grand-Lucé
Tél. 43.44.82.05

73 SAVOIE
Gîtes-Vacances Les Clarets
73670 Saint-Pierre-d'Entremont
Tél. 79.65.85.20 ou 78.37.05.15
TCP

Abbaye de Tamie
73200 Albertville
Tél. 79.32.42.01
TCP – A

Foyer de Charité
de la Léchère-les-Bains
73260 Aigueblanche
Tél. 79.22.51.08

Monastère de Bethléem
Les Corbières Pugny-Chatenod
73100 Aix-les-Bains
Tél. 79.61.00.34

Dominicaines N.-D. de Clarté
79, chemin de la Combe
73190 Challes-les-Eaux
Tél. 79.72.81.11
TCP – I

Abbaye d'Hautecombe
Saint-Pierre de Curtille
73310 Chindreux
Tél. 79.54.26.12

Abbaye Notre-Dame de Tamié
73200 Plancherine
Tél. 79.32.58.37
TCP (adultes)

Centre de rencontres spirituelles
N.-D. de Myans
73800 Montmélian
Tél. 79.28.11.65
TCP – A

Fraternité Notre-Dame
d'Espérance
73600 Hautecour
Tél. 79.24.08.51
TCP (adultes) – I – G

Abbaye St-Joseph de la Rochette
73330 Belmont-Tramonet
Tél. 76.37.05.10
TCP

Monastère de la Visitation
Clos Minjoud
73250 Saint-Pierre-d'Albigny
Tél. 79.28.50.12
R

74 HAUTE-SAVOIE
Centre Saint-François-de-Sales
74500 Publier
Tél. 50.71.24.78
TCP – A

Monastère des Clarisses
Thony
74500 Évian-les-Bains
Tél. 50.75.24.20
TCP – A

Fleur des Neiges
BP 28
74170 Saint-Gervais-les-Bains
Tél. 50.93.41.96
R

Monastère de la Visitation
Marclaz
74200 Thonon-les-Bains
Tél. 50.71.31.69
A

Foyer de Charité « La Flatière »
74310 Les Houches
Tél. 50.55.50.13

Monastère de la Visitation
11, avenue de la Visitation
74000 Annecy
Tél. 50.45.20.30
TCP

Centre spirituel de Tresun
8, bd de la Corniche
74000 Annecy
Tél. 50.45.33.21
TCP

75 PARIS
Monastère de la Visitation
110, rue de Vaugirard
75006 Paris
Tél. (1) 42.22.48.08

Ephrem, Maison d'accueil
et de retraites de la Basilique
du Sacré-Cœur de Montmartre
33, rue du Chevalier-de-la-Barre
75018 Paris
Tél. (1) 42.51.17.02
TCP (adultes) – G – I

Bénédictines du Sacré-Cœur
Prieuré St Benoît- Ste Scholastique
3-7, Cité du Sacré-Cœur
75018 Paris
Tél. (1) 46.06.14.74
TCP

EPHREM
Maison d'accueil et de retraites spirituelles
de la Basilique du Sacré-Cœur de Montmartre
33/35, rue du Chevalier-de-La-Barre
75018 Paris
Tél. (1) 42.51.17.02
TCP – A

Maison Saint-François-Xavier
7, rue de Poitiers
75007 Paris
Tél. (1) 42.22.19.99
TCP

Notre-Dame du Cénacle
58, avenue de Breteuil
75007 Paris
Tél. (1) 42.73.05.70
TCP

Centre Spirituel
40, rue La Fontaine
75781 Paris Cedex 16
Tél. (1) 45.24.43.04

Communauté de l'Emmanuel
26-28, rue de l'Abbé-Grégoire
75006 Paris
Tél. (1) 47.22.40.00

Religieuses de l'Assomption
17, rue de l'Assomption
75016 Paris
Tél. (1) 46.47.84.56
TCP – (1 journée)

Accueil Barouillère
Sœurs auxiliatrices
16, rue St-Jean-Baptiste-de-la-Salle
75006 Paris
Tél. (1) 45.67.90.90
TCP – G

Monastère de l'Adoration Réparatrice
39, rue Gay-Lussac
75005 Paris
Tél. (1) 43.26.75.75
TCP – I

Monastère de la Visitation
68, avenue Denfert-Rochereau
75014 Paris
Tél. (1) 43.27.12.90
R

Marie réparatrice
27, rue Michel-Ange
75016 Paris
Tél. (1) 46.51.79.59

Abbaye Sainte-Marie
3, rue de la Source
75016 Paris
Tél. (1) 45.25.30.07
R – G (1 journée)

76 SEINE-MARITIME
Communauté de Caulmont
Froberville
76400 Fécamp
Tél. 35.27.31.72

Centre spirituel Mambré
Sœurs de la Compassion
2, rue du Parc
76160 Saint-Jacques-sur-Darnétal
Tél. 35.23.42.24
TCP (adultes) – A

Cœur Immaculé de Marie
Les Béatitudes
2, avenue des Poiriers
76530 Les Essarts
Tél. 35.67.30.24
TCP

Communauté d'accueil
Saint-Antoine
Les Essarts
BP 2
76530 Grand-Couronne
Tél. 35.32.20.59

Monastère Sainte-Marie
Thibermont
76370 Martin Église
Tél. 35.84.11.80
TCP

Maison Sainte-Marie
76190 Veauville-Lès-Baons
Tél. 35.95.06.53
TCP – A

Abbaye Saint-Wandrille
Bénédictins
76490 Saint-Wandrille
Tél. 35.96.23.11
TCP (adultes)

77 SEINE-ET-MARNE
Couvent des Carmes
1, rue Père-Jacques
77215 Avon Cedex
Tél. (1) 60.72.28.03
TCP

Prieuré Saint-Joseph
1 bis, avenue Victor-Thiébault
77177 Brou-sur-Chantereine
Tél. (1) 60.20.11.20
R

Abbaye des Bénédictines
77120 Faremoutiers
Tél. (1) 64.04.20.37
TCP

Maison d'accueil
Interculturel d'Écoublay
77610 Fontenay-Trésigny
Tél. (1) 64.25.15.22 et 64.25.22.74
TCP – G

Abbaye Notre-Dame
77640 Jouarre
Tél. (1) 60.22.06.11
TCP

Monastère Notre-Dame de la Visitation
La Fortelle
77610 Neufmoutiers-en-Brie
Tél. (1) 64.07.86.48
TCP

Bethléem
Monastère Notre-Dame de Bethléem
route de Poligny
77140 Nemours
Tél. (1) 64.28.13.75

Clos Notre-Dame
77000 Livry-sur-Seine
Tél. (1) 60.68.11.20 et 60.68.18.98
TCP

Notre-Dame de Sion
48, Grande-Rue
Mery-sur-Marne
77730 Saacy-sur-Marne
Tél. (1) 60.23.62.62
TCP

Monastère du Don de Dieu
62, rue Georges-Villette
Écuelles
77250 Moret-sur-Loing
Tél. (1) 60.70.35.73
TCP

Foyer de Charité de Gregy
44, rue Paul-Cotasson
77166 Evry-Gregy-sur-Yerres
Tél. (1) 64.05.02.87
TCP

Carmel de Pie VII
22, rue Grande
Forges
77130 Montereau
Tél. (1) 64.32.18.35
R – I

Centre de la Croix Saint-Jacques
816, avenue du Général-Leclerc
BP 63
77192 Dammarie-les-Lys Cedex
Tél. 64.37.04.68
TCP

Le Vieux Moulin
12, rue du Faubourg
77320 Jouy-sur-Morin
Tél. 64.04.07.70
TCP – G

78 YVELINES
Monastère des Orantes
de l'Assomption
Chemin de Noncienne
78830 Bonnelles
Tél. (1) 30.41.32.76
TCP – H

Prieuré de Béthanie
78270 Blaru
Tél. (1) 34.76.21.39
TCP – A

Foyer de Charité La Part-Dieu
108, rue de Villiers
78300 Poissy
Tél. (1) 39.65.12.00
TCP – H

Cénacle La Solitude
68, avenue de Paris
78000 Versailles
Tél. (1) 39.50.21.56
TCP – A

L'Ermitage
23, rue de l'Ermitage
78000 Versailles
Tél. (1) 39.54.17.02
TCP – A

Monastère des Dominicaines
N.-D. du Rosaire
11, place de la Mairie
78120 Clairefontaine
Tél. (1) 34.84.50.27
TCP

Le Cèdre
9, place des Buttes
78310 Maurepas-Village
Tél. (1) 30.66.11.82
TCP – A

Prieuré Saint-Benoît
78470 Saint-Lambert-des-Bois
Tél. (1) 30.43.71.71
TCP (adultes) – I

Prieuré de Châteaufort
1, place de l'Église
78117 Châteaufort
Tél. (1) 39.56.23.09
TCP

Monastère du Carmel
15, rue Boufflers
78100 Saint-Germain-en-Laye
Tél. (1) 39.73.23.74
TCP

79 DEUX-SÈVRES
Centre d'accueil
79320 Pugny
TCP – G – enfants

80 SOMME
Le Gard - Accueil
Abbaye Notre-Dame du Gard
Crouy
80310 Picquigny
Tél. 22.51.40.50
TCP

Notre-Dame d'Espérance
Croixrault
80290 Poix-en-Picardie
Tél. 22.90.01.27
TCP – G – A

Carmel du Saint-Esprit
656, rue Saint-Fuscien
80000 Amiens
Tél. 22.95.63.16
TCP (adultes)

81 TARN
Abbaye Saint-Benoît d'En Calcat
81110 Dourgne
Tél. 63.50.32.37
TCP

Monastère Sainte-Scholastique
81110 Dourgne
Tél. 63.50.31.32
TCP

Maison d'Accueil N.-D. de la Croix
81110 Verdalle
Tél. 63.50.32.02
TCP

Couvent Notre-Dame
Communauté des Béatitudes
81170 Cordes
Tél. 63.56.04.36
TCP – A

Monastère Sainte-Claire
1, rue de la Mairie
81300 Lavaur
Tél. 63.58.01.41
R – A

Centre Saint-Armand
16, rue de la République
81000 Albi
Tél. 63.54.00.67
TCP – G

82 TARN-ET-GARONNE
Accueil Saint Pierre
Monastère des Bénédictines
de Mas Grenier
82600 Verdun-sur-Garonne
Tél. 63.02.51.22
TCP – A

83 VAR
Foyer de la Sainte-Famille – J.M.J.
Quartier Notre-Dame
83570 Cotignac
Tél. 94.04.65.28
TCP – A

Monastère Saint-Joseph du Bessillon
83570 Cotignac
Tél. 94.04.63.44
R – I

Maison du Saint-Esprit
83420 La Croix-Valmer
Tél. 94.76.60.07
R

84 VAUCLUSE
Monastère de la Visitation
Domaine de Guerre
84700 Sorgues
Tél. 90.39.31.14
TCP

Abbaye Sainte-Madeleine
84330 Le Barroux
Tél. 90.62.56.31
R

Centre Notre-Dame de Vie
84210 Venasque
Tél. 90.66.02.92

« La Pourrague »
84450 Beaumont-de-Perthuis
Tél. 90.77.01.29

Monastère du Saint Sacrement
Rue du Saint-Sacrement
84500 Bollène
Tél. 90.30.12.22
TCP

Monastère du Saint Sacrement
418, avenue du Mont-Ventoux
84200 Carpentras
Tél. 90.63.03.05
TCP – A

Monastère du Saint-Sacrement
37, rue Paul-Saïn
84000 Avignon
Tél. 90.82.25.51

85 VENDÉE
Centre Spirituel « L'Immaculée »
4, rue de la Roseraie
BP 04
85450 Chaillé-les-Marais
Tél. 51.56.72.06
TCP – G – A

Centre spirituel
BP 08
85250 Chavagnes-en-Paillers
Tél. 51.42.36.38

Notre-Dame de la Grainetière
85500 Les Herbiers
Tél. 51.67.21.19
TCP (1 journée)

Relais Pascal St-Paul-de-la-Croix
1, rue du Petit-Montauban
85100 Les Sables d'Olonne
Tél. 51.95.34.50
TCP – I – A

86 VIENNE
Abbaye Saint-Martin
86240 Ligugé
Tél. 49.55.21.12
TCP – A

Carmel
39, rue du Quereux
86440 Migne-Auxances
Tél. 49.51.71.32
TCP (adultes)

Maison diocésaine
10, rue de la Trinité
86034 Poitiers
Tél. 49.88.02.56
TCP – G

Abbaye Sainte-Croix
La Cossonnière
86280 Saint-Benoit
Tél. 49.88.57.33
TCP – A

Monastère des Bénédictines
11, rue du Parc
86800 Saint-Julien-L'Ars
Tél. 49.56.71.01
TCP

Sœurs Augustines
« Le Val de la Source »
86210 Bonneuil-Matours Cedex
Tél. 49.85.22.93
TCP – A

Château de la Barre
86600 Jazeneuil
Tél. 49.53.50.46
TCP – G

87 HAUTE-VIENNE
Monastère du Carmel
10, rue Saint-Michel
87210 Le Dorat
Tél. 55.60.73.65
R

Foyer Jean XXIII
Lussac
87400 Saint-Léonard-de-Noblat
Tél. 55.56.04.63
TCP – A

Prieuré N.-D. de Sauvagnac
87340 Saint-Léger-la-Montagne
Tél. 55.39.81.82
TCP

Maison de Retraite
87220 Feytiat
Tél. 55.48.34.60

88 VOSGES
Abbaye cistercienne
88130 Ubexy
Tél. 29.38.04.32
TCP

Carmel du Bois Chenu
Domrémy-La-Pucelle
88300 Neufchâteau
Tél. 29.06.93.56
TCP

89 YONNE
Les Amis du Moulin-Rouge
89120 St-Martin-sur-Ouanne
Tél. 86.47.73.65
enfants – G – A

Monastère de la Nativité
105, rue Victor-Guichard
89100 Sens
Tél. 86.65.13.41
TCP

Abbaye Sainte-Marie-de-la-Pierre-Qui-Vire
89830 Saint-Léger-Vauban
Tél. 86.32.21.23 et 86.32.24.06
TCP – A

Centre Sainte-Madeleine
Rue Saint-Pierre
89450 Vézelay
Tél. 86.33.22.14
TCP

Fraternité des Sœurs
Franciscaines Missionnaires
de Marie
17, bd Victor-Hugo
89500 Villeneuve-sur-Yonne
Tél. 86.87.17.09
TCP

Mission de France
17, rue de l'Abbé-Tauleigne
89230 Pontigny
Tél. 86.47.47.17
Jeunes – A

90 TERRITOIRE DE BELFORT
Prieuré Saint-Benoît de Chauveroche
90200 Le Puix
Tél. 84.29.01.57
TCP – A

91 ESSONNE
Monastère de la Croix
Etiolles
91450 Soisy-sur-Seine
Tél. (1) 60.75.33.07
TCP

Limon
Abbaye Saint-Louis-du-Temple
(Moniales Bénédictines)
Limon
91430 Vauhallan
Tél. (1) 69.85.21.00
TCP

Notre-Dame-de-Sion
Maison Sainte-Geneviève
Grandbourg
91000 Évry
Tél. (1) 60.77.31.45
TCP – G

Collège-Lycée St-Charles
2, rue Robert-Schumann
91205 Athis-Mons
Tél. (1) 69.38.22.72
TCP (adultes) – G – A

Maison Les Tilleuls
85, rue Henri-Barbusse
91210 Draveil
Tél. (1) 69.42.33.50
TCP – enfants – G – A

Abbaye St-Louis du Temple
Vauhallan
91430 Igny
Tél. (1) 69.41.16.19
TCP – A

Les Sources
28, rue Alfred-Dubois
91460 Marcoussis
Tél. (1) 69 01.05.29
TCP – G

Centre Desfontaines
8, rue Mère-Maria-Pia
91480 Quincy-sous-Sénart
Tél. (1) 69.00.93.42
TCP – G

Maison Saint-Dominique
91910 Saint-Sulpice-de-Favières
Tél. (1) 64.58.54.15
R

Communauté du Chemin Neuf
34, place de Liedekerke-Beaufort
91250 Tigery
Tél. (1) 60.75.40.90
TCP – A

Carmel de Frileuse
91640 Briis-sous-Forges
Tél. (1) 64.90.70.65
TCP (adultes)

ARP Maison du Mesnil
3 et 5, rue de la Source
91310 Longpont-sur-Orge
Tél. (1) 69.01.01.15
TCP – G

« La Clarté Dieu »
95, rue de Paris
BP 63
91402 Orsay Cedex
Tél. (1) 69.28.45.71
TCP – A

Maison Saint-Dominique
Dominicaines de Béthanie
91910 St-Sulpice-de-Favière
Tél. (1) 64.58.54.15
TCP (adultes)

Centre d'Accueil Lazariste
7, rue Baron-de-Nivière
91140 Villebon-sur-Yvette
Tél. (1) 60.10.34.84
TCP – G – H

Aumôneries de l'Essonne
2, rue Fontaine
91580 Auvers-saint-Georges
Tél. (1) 60.75.86.60
TCP – G

92 HAUTS-DE-SEINE
Résidence universitaire Lanteri
7, rue Gentil-Bernard
92260 Fontenay-aux-Roses
Tél. (1) 43.50.53.30
TCP vacances scolaires

Kerith-Carmel Saint-Joseph
11, rue de la Martinière
92370 Chaville
Tél. (1) 47.50.45.60

Centre spirituel Manrèse
5, rue Fauveau
92140 Clamart
Tél. (1) 46.44.04.20
TCP – A

Prieuré Ste Batailde
Bénédictines
7, rue d'Issy
92170 Vanves
Tél. (1) 46.42.46.20
R

Maison diocésaine « Les Marronniers »
6, rue Pablo-Neruda
92220 Bagneux
Tél. (1) 46.55.90.03
TCP – G

Monastère du Carmel
11, rue de Montmorency
92100 Boulogne-Billancourt
Tél. (1) 48.25.07.97

Prieuré Saint-Joseph
18 bis, bd Richelieu
92500 Rueil-Malmaison
Tél. (1) 47.49.51.92
TCP

Accueil Saint-Paul
Fils de la Charité
22, rue de l'Abbé-Derry
92130 Issy-les-Moulineaux
Tél. (1) 45.29.16.06
R

93 SEINE-SAINT-DENIS
Accueil Saint-Jean-Baptiste
89, rue Jean-Jaurès
93470 Coubron
Tél. (1) 43.30.00.80
TCP

94 VAL-DE-MARNE
Maison des Sacrés-Cœurs
6, rue de l'Église
94470 Boissy-Saint-Léger
Tél. (1) 45.69.09.63
TCP

Maison de Fontenay Mission de France
16, rue du R.P.-Lucien-Aubry
BP 8
94121 Fontenay-sous-Bois Cedex
Tél. (1) 48.75.38.27
TCP – G

Prieuré Saint-Benoît
11, avenue A.-Briand
94240 L'Haÿ-les-Roses
Tél. (1) 46.64.34.51
TCP – A

Monastère de l'Annonciade
38, rue J.F.-Marmontel
94320 Thiais
Tél. (1) 48.84.75.58
R

Séminaire des missions
12, rue du Père-Mazurié
94669 Chevilly-la-Rue Cedex
Tél. (1) 46.87.34.04
TCP (adultes) – A

Maison des Tournelles
30, rue des Tournelles
94240 L'Haÿ-les-Roses
Tél. (1) 46.64.46.64

95 VAL D'OISE
Ferme Saint-Denis
6, rue de Nointel
95260 Mours
Tél. (1) 30.34.68.50
TCP – G

Monastère du Carmel
55, rue Pierre-Butin
95300 Pontoise
Tél. (1) 30.32.35.21
TCP

Maison d'accueil Massabielle
1, rue Auguste Rey
95390 Saint-Prix
Tél. (1) 34.16.09.10
TCP – G

Les Feuillantines
Place de l'Église
95370 Montigny-les-Corneilles
Tél. (1) 39.97.26.25
TCP

Sœurs Ancelles du Sacré-Cœur
58, Grande-Rue
Avernes
95450 Vigny
Tél. (1) 30.39.20.46.
TCP

Monastère de l'Adoration
1, rue du Fort
95240 Cormeilles-en-Parisis
Tél. (1) 39.78.13.82
TCP (adultes) – I

Villa Saint-Régis
7, rue du Moulin
95260 Mours
Tél. (1) 30.34.68.50
TCP – G

97 MARTINIQUE
Foyer de Charité
97220 La Trinité
Tél. (19-596) 58.20.30
TCP – A

Éléments d'une bibliothèque religieuse de base

Ce livre contient, volontairement, peu de références bibliographiques. Ici nous ne cherchons pas à donner nos références mais à suggérer quelques livres qui pourraient être les premiers d'une bibliothèque du catholicisme. Les livres choisis sont simples et plutôt des ouvrages de vulgarisation.

Une collection tranche nettement avec ce principe. C'est « l'initiation à la pratique de la théologie » parce que, à la fois, notre ouvrage lui doit beaucoup et parce que cette collection comporte des références bibliographiques dans la plupart des domaines de la réflexion chrétienne.

Cela dit, tous les catholiques français et tous ceux qui s'intéressent au christianisme devraient posséder le **Catéchisme pour adultes** des évêques de France (Consortium d'éditeurs religieux, Paris 1991) **ou le Catéchisme de l'Église catholique** (Mame-Plon 1992), et, si possible, les deux.

La Bible et ses commentaires

Une Bible (cf. index)

Étienne Charpentier,
Pour lire l'Ancien Testament,
(Cerf, 1980, 124 p.)
Pour lire le Nouveau Testament,
(Cerf, 1982, 128 p.)
Sans doute les meilleurs guides pour une première découverte de l'Ancien et du Nouveau Testament.

Jean-Pierre Bagot et Jean-Claude Dubs,
Pour lire la Bible,
(les Bergers et les Mages, 1983, 206 p.)
Une toute première approche de la Bible destinée à des croyants cherchant des points de repères.

Xavier-Léon Dufour,
Dictionnaire du Nouveau Testament,
(Seuil, Livre de vie n° 131, 1978, 576 p.)
Ce dictionnaire comporte deux parties : une introduction qui permet de resituer le Nouveau Testament dans son contexte, et une partie alphabétique qui explique quelque 1000 termes des 5500 mots grecs qui composent le Nouveau Testament.

Lucien Deiss
Synopse des Évangiles
(D.O.B., 1991, 423 p.)
Une synopse présente en un seul repère les textes parallèles de Matthieu, Marc et Luc. C'est un instrument incomparable pour comparer et goûter chacun.

A. Gelin
Les pauvres que Dieu aime,
(Cerf, collection Foi Vivante, 1967, 172 p.)
Dans la Bible des hommes ont placé toute leur confiance en Dieu. L'auteur essaie de nous les faire découvrir et montre les liens entre pauvreté économique et pauvreté évangélique.

J. Jeremias
Paroles de Jésus,
(Cerf, collection Foi vivante, 1967, 101 p.)
Un livre simple – mais très savant et très profond – sur deux des textes majeurs du Nouveau Testament : le Sermon sur la montagne et le Notre Père.

Albert Rouet,
Des hommes et des choses du Nouveau Testament,
(Desclée de Brouwer, 1979, 128 p.)
Tout sur la Palestine au temps du Christ : les hommes, les impôts, les coutumes, les sectes, etc.

Cahiers Évangile,
(Cerf, 4 numéros par an)
Ces cahiers abordent à chaque livraison un thème précis et l'explorent de manière à la fois simple et scientifique. Signalons particulièrement les Épîtres aux Corinthiens, aux Galates, etc.

Liturgie

Ph. Beguerie et Cl. Duchesneau,
Pour vivre les sacrements,
(Cerf, 1989)
Un livre qui fait comprendre comment entrer dans l'expérience des sacrements et pourquoi.

Un missel fait partie de la bibliothèque de base du chrétien. Chaque année, la plupart des éditeurs catholiques co-éditent sous le sigle d'Édition Liturgique Collective, un Nouveau Missel des Dimanches *pour le millésime en cours (sortie en octobre-novembre pour l'année liturgique qui commence début décembre).*

Bayard Presse édite chaque mois un fascicule appelé « Prions en Église » qui donne les textes liturgiques de la messe de chaque jour de ce mois.
Bayard Presse, Prions en Église, 93281 Saint-Denis Cedex.

L. Deill,
La messe, sa célébration expliquée,
(D.D.B., coll. Petite encyclopédie du christianisme, 120 p.)

Prière du temps présent,
(Cerf, Desclée, Maure, D.D.B.)
La prière proposée officiellement par l'Église à tous les fidèles chrétiens.

Éléments d'une bibliothèque de base (suite p. 1235)

J.-P. Dubois-Dumée,
La Prière, Pourquoi ? Comment ?
(D.D.B. Collection « Petite encyclopédie moderne du christianisme », 1989)

Textes d'Église

Les textes du Concile Vatican II
L'ouvrage le plus commode d'usage est
Vatican II - les seize documents conciliaires,
(Fides, Montréal-Paris, 1967)
On peut se référer à l'ouvrage des éditions du Centurion.

Les grands textes des papes, synodes et de la Conférence épiscopale française se trouvent aux éditions du Centurion.

Histoire de l'Église

J. Comby,
Pour lire l'histoire de l'Église,
(Le Cerf)
Tome 1. **Des origines au XVe siècle,**
(1984, 110 p.)
Tome 2. **Du XVe au XXe siècle,**
(1986, 148 p.)
Le manuel le plus accessible d'histoire de l'Église.

Jacques Liébart,
Les Pères de l'Église (I-IVe siècles),
(Desclée, Bibliothèque d'histoire 1986, 190 p.)
Une présentation et des textes très accessibles des premiers grands penseurs du christianisme.

Équipes Résurrection,
100 points chauds de l'histoire de l'Église,
(D.D.B., 1979, 314 p.)
Une histoire traitée par dossier sur des questions ayant toujours un intérêt. Facile d'accès, cet ouvrage livre une lecture de l'histoire très structurée.

Spiritualité et témoignage

Félix Timmermans,
La Harpe de Saint François,
(Seuil, Livre de vie, 1961, 256 p.)
Un livre pratique pour présenter très simplement, à travers la vie de Saint François, la fascination de l'Évangile.

Noël Quesson,
50 psaumes pour tous les jours,
(Droguet-Ardant, 1986, tome 1, 384 p. tome 2, 480 p.)
Une bonne actualisation des prières traditionnelles juives toujours utilisées dans l'Église.

Martin Luther King,
La force d'aimer.
Le credo du leader noir américain : c'est simple et toujours d'actualité.

Madeleine Delbrêl,
Nous autres gens des rues,
(Seuil, Livre de vie, 1971, 320 p.)
Une femme au christianisme limpide est assistante sociale dans la banlieue ouvrière de Paris après la guerre. Elle réfléchit, agit, prie.

Éloi Leclerc,
Sagesse d'un pauvre,
(Éditions franciscaines, 1966, 140 p.)
Une introduction poétique et savoureuse au don de soi évangélique.

Jacques Loew,
Comme s'il voyait l'invisible,
(Cerf, collection Foi vivante, 1979, 240 p.)
Réflexion sur la nécessité intérieure au chrétien d'annoncer l'Évangile.

Jacques Leclerc,
Le jour de l'homme
(Seuil, 1976, 158 p.)
Un regard optimiste sur l'homme : pour l'auteur la rencontre et le partage sont les lieux de la vie chrétienne.

Intelligence de la Foi

Jean-Noël Bezançon,
Le Christ de Dieu,
(Desclée de Brouwer/Bellarmin, Croire aujourd'hui, 1980, 188 p.)
Un très bon livre pour situer la place du Christ dans la foi chrétienne. Comme les autres livres de cette collection, il présente en outre un plan de travail pour une recherche en groupe, quelques textes majeurs de l'Écriture, une bibliographie et des pistes de prière.

Charles-Harold Dodd,
Le fondateur du christianisme,
(Seuil, Livre de vie, 1980, 192 p.)
Par un anglican célèbre, une réflexion simple, fondamentale et nourrie de Bible, sur le Christ.

Bruno Lauret et François Refoulé (sous la direction de),
Initiation à la pratique de la théologie,
(Cerf),
Tome 1. Introduction (1984, 544 p.),
Tome 2. Dogmatique 1 (1982, 527 p.),
Tome 3. Dogmatique 2 (1983, 792 p.),
Tome 4. Éthique (1983, 712 p.),
Tome 5. Pratique (1983, 391 p.),
Cette initiation est destinée à des personnes qui voudraient travailler sérieusement les questions théologiques et avoir une vue d'ensemble sur ces questions telles qu'elles sont abordées par les théologiens aujourd'hui. Ces ouvrages, écrits par des spécialistes, requièrent une connaissance préalable des sujets traités.

Th. Rey-Mermet,
Croire,
(Droguet-Ardant) :
1. **Pour une redécouverte de la foi,**
(1981, 488 p.)
Avec un langage simple, une présentation classique de la foi chrétienne à partir du Credo.

2. **Vivre la foi dans les Sacrements,**
(1983, 526 p.)
Présentation simple et appronfondie des sacrements et du Notre Père.

3. **Vivre la foi avec le Concile Vatican II,**
(1981, 504 p.)
Une introduction fouillée de chacun des 16 documents de Vatican II.

Albert Rouet,
Marie et la vie chrétienne,
(Desclée de Brouwer/Bellarmin, Croire aujourd'hui, 1978, 138 p.).
Un livre facile d'accès qui permet de comprendre les liens entre les chrétiens et Marie.

François Varillon
Joie de croire, joie de vivre,
(Centurion, 1981, 299 p.).
François Varillon est un jésuite dont la pensée a beaucoup marqué un grand nombre de catholiques dans les vingt dernières années. Ses conférences, réunies dans un livre posthume, abordent de manière originale les points majeurs de la foi chrétienne.

Morale

Charles-Harold Dodd,
La morale de l'Évangile,
(Seuil, Livre de vie, 1973, 119 p.)
Ce tout petit livre d'un anglican présente, avec rigueur et simplicité, ce que l'Évangile dit de l'agir chrétien.

Th. Rey-Mermet
Croire - Pour une redécouverte de la morale, Droguet-Ardant, 1985, 540 p.
Une réflexion sérieuse sur l'ensemble des problèmes moraux.

Xavier Thévenot,
Repères éthiques pour un monde nouveau,
(Salvador, 1982, 168 p.)
Recueil d'articles qui n'abordent, en fait, que des questions touchant à l'affectivité et à la sexualité. Sur ces sujets quelquefois difficiles une réflexion simple et éclairante.

Paul Valadier,
Des repères pour agir,
(Desclée de Brouwer/Ballarmin, Croire aujourd'hui, 1977, 108 p.)
Cet ouvrage, conçu pour être travaillé en groupe, offre d'une manière relativement abordable une réflexion de fond sur ce qu'est l'agir chrétien.

Pour jeunes adolescents

Dis-moi Denys
Une remarquable collection née des publications jeunesse du groupe Bayard-Presse. Elle essaie de comprendre les questions des jeunes et d'y répondre.

Première bibliothèque de connaissances religieuses
(Mame)
Une collection de livres qui abordent sérieusement le cœur de la foi chrétienne dans des livres à la portée de jeunes de 13-14 ans et au-delà.

François Brossier,
Les Évangiles : quatre portraits de Jésus (1981, 64 p.)

Claude Wiénart,
Mémoire d'un peuple de l'Ancien Testament, (1983, 64 p.)

Dominique de la Maisonneuve,
Le judaïsme, la vie du peuple de Dieu, (1984, 64 p.)

Serge Bugnet,
L'Homme à la recherche de ses origines, (1985, 64 p.)

Plan de l'ouvrage

CHAPITRE I

Des chercheurs de Dieu par milliers...

Pages

17 Introduction
21 Les saints disent par leur vie l'essentiel de la vie chrétienne
25 Comment sont choisis les saints du calendrier ?
25 Une hiérarchie des fêtes de saints
26 Calendrier des fêtes de saints
28 Qu'est-ce-que la béatification et la canonisation ?
29 Comment est né le culte des saints ?
30 Les saints et les noms de lieux
33 Les saints sont-ils plus ou moins nombreux que les saintes ?
35 Béatifications et canonisations depuis Vatican II
41 Un renouveau d'intérêt pour les vies de saints
42 Les saints qui font la pluie et le beau temps
42 L'Église et les saints guérisseurs
43 Patrons des métiers et états de vie
45 Quelques vies de saints (750 notices)
125 Des témoins pour aujourd'hui (19 notices)
133 Quelques livres sur les grands saints

CHAPITRE II

Géographie et sociologie du catholicisme au sein des grandes religions

135 Introduction : le fait religieux

Le catholicisme au sein des grandes religions dans le monde

138 Données numériques et géographiques des grandes religions
140 Présentation des religions non chrétiennes : judaïsme, islam, hindouisme, bouddhisme, autres religions est-asiatiques, religions traditionnelles
150 Les sectes
152 Présentation des religions chrétiennes non catholiques : Églises orientales anciennes (antéchalcédoniennes), Église orthodoxe, Églises de la Réforme, quelques autres Églises non catholiques, Conseil Œcuménique des Églises, convergences et divergences entre confessions chrétiennes
165 Le catholicisme dans le monde : données statistiques, tendances de l'évolution, unité et diversité du catholicisme (8 monographies d'Églises locales)

Le catholicisme au sein des grandes religions en France

176 Ordres de grandeur comparatifs des religions en France
177 Religions autres que catholique en France : judaïsme, islam, Églises protestantes, Église orthodoxe, Églises orientales non catholiques, Communion anglicane, autres religions
184 Le catholicisme en France
184 I. Qu'est-ce-que la sociologie religieuse ?
184 II. Les Français sont-ils catholiques ?
185 III. Convictions religieuses et morales des Français
189 IV. En quoi consiste la pratique religieuse des Français : messe, prière, baptême, confession, mariage, funérailles, attitudes vis-à-vis de l'Église, vote des catholiques pratiquants
201 V. Les Français et l'enseignement privé
202 VI. Typologie religieuse des Français
203 Les jeunes et l'Église
205 Les catholiques de France et leur avenir
206 La place des catholiques dans la société française

CHAPITRE III
Trente-deux siècles d'histoire

207 Introduction

Livre I. Le temps d'Israël jusqu'à Jésus

209 La Bible
217 L'Ancien Orient, pays de la Bible
220 La Bible et les origines de l'homme
237 Quand le peuple de la Bible entre dans l'histoire (XIIe s. avant J.C.) : le peuple de la Bible Les tribus d'Israël. Josué. Les juges
239 Le royaume de David (XIe s.)
242 Le royaume divisé. La montée des prophètes (X[e], IXe s. av. J.C.)
244 Les prophètes écrivains (VIIIe – VIIe s. av. J.C.)
247 La captivité de Babylone. Les Juifs dans l'empire perse (VIe s. av. J.C.)
250 La domination grecque (IVe – IIe s. av. J.C.)
251 Un sursaut d'indépendance avant la mainmise romaine
253 La foi juive aux approches du temps de Jésus

Livre II. Le Temps de Jésus

261 Le pays d'Israël au temps de Jésus
264 Comment nous connaissons Jésus. Les évangiles
269 L'enfance de Jésus
271 Les débuts de la vie publique de Jésus
273 Le message de Jésus
277 Le repas du Seigneur
279 Les paraboles du Royaume de Dieu
281 Passion, mort et résurrection de Jésus
287 Les témoins de Jésus
291 Les lettres ou épîtres du Nouveau Testament
296 Le retour du Christ ou Parousie

Livre III. Le temps de l'Église

299 De la Pentecôte au baptême de Clovis ; la période apostolique (1er s.). L'expansion malgré les difficultés (IIe – IIIe s.). De la conversion de Constantin à celle de Clovis (IVe – Ve s.)
334 Formation de la chrétienté (VIe – XIe s.)
353 L'apogée de la chrétienté (XIIe – XIIIe s.)
371 Histoire d'une rupture (Rome et Constantinople)
377 La fin de la chrétienté médiévale (XIVe – XVe – début XVIe s.)
390 Le temps des Réformes (XVIe – XVIIe s.)
420 Lumières, Révolution, Restauration (1715-1850)
448 L'Église de 1848 à 1914
475 L'Église de 1914 à 1985
514 Liste des papes

CHAPITRE IV

Présentation de l'expérience chrétienne Questions des hommes, réponses chrétiennes

Les données fondamentales — *Des précisions*

Approche préalable

	Les données fondamentales	Des précisions	
517	Des professions de foi au Credo	Credo et symboles de foi	518
518	Vers d'autres formulations		
520	Explication du Credo		

Livre introductif

	Les données fondamentales	Des précisions	
529	**1. Des questions de toujours**		
530	Le retour du sentiment religieux	Foi et croyance	530
532	Peut-on parler de religion lorsqu'on parle du christianisme ?	Les grands systèmes de pensée et la foi (tableau)	534
		Voyance. Sorcellerie. Magie	537
532	Pour les chrétiens, la foi accomplit le sentiment religieux	Peut-on être chrétien seul ? Le mystère de l'Église	538
540	**2. Aimer**		
	Abraham, modèle de foi	Infaillibilité	544
	L'Alliance	Églises particulières. Paroisse	545
546	Plan du chapitre IV		

Livre I. Le peuple de l'Alliance

	Les données fondamentales	Des précisions	
547	**1. Se découvrir peuple de l'Alliance**	Responsables dans l'Église	548
548	**2. Un peuple qui, sans cesse, prend conscience de lui même et s'organise**	Le pape	551
		Magistère	551
		Les grandes encycliques	552
		Primauté	554
		Les évêques	555
		Les prêtres	557

Les données fondamentales		Des précisions	
		Le diaconat	558
		Le droit canon	559
563	**3. Un peuple qui, sans cesse, reprend conscience de sa mission**	Apostolat. Mission intérieur et extérieure	566
		Évangile et culture	569
		Évangélisation	573
		Apostolat	574
		Catéchèse	577
		Le Christ et les jeunes	580
582	**4. Un peuple dont la mission est d'être signe pour les autres peuples**	Œcuménisme	583
		Église et judaïsme	591

Livre II. Le Dieu de l'Alliance

593	**1. L'expérience pascale**	Révélation	593
593	Ce qui s'est passé	Parole de Dieu	597
595	Jésus au centre de la foi des chrétiens	Tradition	599
596	Dans l'expérience pascale, les chrétiens « redécouvrent » Dieu	Dogme	603
		Des questions sur la foi	604
		La certitude et la foi	609
		La foi aujourd'hui	611
		L'expérience de la foi	613
		La foi et le mythe	614
		Inconscient et religion	617
		Science et foi	619
		Foi et raison	621
		La théologie	623
		Systèmes théologiques	625
		Grands penseurs contemporains du christianisme	627
		Foi et langages :	
		Cinéma	635
		Architecture	637
		Peinture	645
		Littérature. Auteurs contemporains	647
		Art et spiritualité	658
		Théâtre	659
		Musique	660
664	**2. La réflexion de l'Église sur Dieu**	Nommer Dieu	665
664	Le Dieu des chrétiens	Attributs divins	667
668	Trouver des mots pour dire ce qui est pressenti du mystère de Dieu	Dieu	671
670	Trouver les mots pour exprimer la vraie personnalité du Christ	Prouver Dieu	673
		Trinité	674
		Dieu le Père	676
		Jésus. Incarnation, Résurrection	677
		L'Esprit Saint	686
689	**3. La réflexion de l'Église sur le don de Dieu**	Origines de l'univers et de l'homme	689
		Les anges. Le diable	693
689	La Trinité se révèle dans la création	Le salut	695
690	La Trinité se révèle dans la re-création : le salut en Jésus-Christ	La grâce de Dieu et la liberté de l'homme	699
		Justification	702

698 La révélation du don de Dieu

- Rétribution. Jugement. Sacrifice 703
- Rédemption 707
- Prédestination 708
- La vie 709
- Souffrance et vie 710
- Péché 712
- Pardon 713

Livre III. Vivre l'Alliance

715 La proposition de Dieu
715 L'actualité
728 **1. La vie chrétienne est une « suite » du Christ, homme de prière**
730 La prière est-elle toujours une part essentielle de la réponse des chrétiens d'aujourd'hui à l'appel de l'Alliance ?

- Vocabulaire philosophique 716
- Anthropologie 718
- Corps et âme 720
- Inconscient. Désir 722
- Femme dans l'Église 725
- Spiritualité 729
- Contemplation 734
- Ascèse 735
- Vie spirituelle 736
- Mystique 738
- Prière 739
- Le Notre Père 742
- Prière à Dieu 744
- Prières à Marie 745
- Le corps et la prière 747
- Dévotions 748
- Phénomènes extraordinaires 750
- Renouveau charismatique 751
- Vie religieuse consacrée 752
- Spiritualité augustinienne 755
- Spiritualité bénédictine 756
- Spiritualité dominicaine 757
- Spiritualité franciscaine 758
- Spiritualité carmélitaine 759
- Spiritualité ignatienne. L'école française 761
- Spiritualité salésienne 762
- Fondations d'ordres aux XIXe et XXe s. 763
- Spiritualité chrétienne orientale 764
- Année Sainte. Congrès eucharistiques 766
- Rassemblements et pélerinages 767
- Grands sanctuaires 771
- Chemin de croix 772

773 **2. La vie chrétienne est une suite du Christ, homme juste devant Dieu**
773 Existe-t-il une morale chrétienne ?
777 La liberté chrétienne, la conscience et la loi
781 La conscience du Christ
782 Où est la Loi ?
788 Le Christ et le péché
788 Péché et marche vers la sainteté
791 Les principes de l'agir chrétien

- Appel à la perfection 773
- Le prochain 778
- Éthique. Morale. Valeurs 779
- Commandements. Loi. Mérite 783
- Liberté. Responsabilité 787
- Responsabilité. Conscience 789
- Faute. Péché 791
- Courants de théologie morale 795

797 **3. Quelques exemples de réflexion chrétienne sur les problèmes moraux**

- Amour chrétien 797
- Amitié. Charité 798

	Les données fondamentales	Des précisions	
801	Mariage. Famille	La vie. La santé	803
		Mariage. Famille. Fécondité. Éducation	804
		Sexualité	810
		Régulation des naissances	812
		Nouvelles maternités. Divorce	816
		La vie mise en cause	820
		Mariage ou non ? Homosexualité	822
		Les vertus	825
		Les vices	829
833	Essor de la culture	Loisirs	832
		De nouveaux modes de vie	834
835	La vie économico-sociale	L'organisation ouvrière	835
		Le travailleur	837
		L'impôt	838
		Justice sociale	839
		Le chômage	841
842	La vie de la communauté politique	Les doctrines (capitalisme, socialisme, libéralisme marxisme)	843
846	La sauvegarde de la paix et la construction de la communauté des nations	L'économie et la morale	847
		Le travail	849
859	Peut-on parler d'une doctrine sociale chrétienne ?	L'entreprise	850
		Profession. Propriété. Salaire	851
		Le bien commun	853
		La pensée sociale de l'Église	854
		Théologie de la libération	859
		Opinion publique. Communication sociale	864
		Message évangélique et cultures humaines	865
		Droits de l'homme	866
		Pacifisme et non-violence	871
		Guerre et paix	872
		Solidarité internationale	876
		Écologie	878
		La politique	879
		L'Église et l'État	883
		L'Europe. Patrie	884
886	**3. La vie chrétienne à la suite du Christ est une vie d'espérance**	L'espérance et la mort	887
886	L'Église dans le monde d'aujourd'hui	La mort. Sa préparation	889
898	L'espérance de Marie, Mère de Jésus.	L'au-delà	890
		L'enfer	895
		La vie éternelle	896
		La fin des temps. Parousie	897
		Marie, Mère de Jésus, modèle d'espérance	899

Livre IV. La célébration de l'Alliance

905	**1. Mais quel est le sens du monde ?**	Liturgie. Le temps	906
908	**2. Le Christ, sacrement de Dieu**	Calendriers	911
915	**3. L'Église-Sacrement**	Le temps liturgique	912
		Chants et acclamations	915
		Liturgie des défunts	918
		Les fêtes du calendrier	920
		Les jours de la semaine. Les temps de pénitence	922
		Les jours saints	925
		Pâques	926

Noël 927
Matériel d'église ; lieux et ornements 930
Vêtements et insignes épiscopaux 931
Lumières et encens 934
Livres liturgiques 935
Célébrations particulières 936
Ministres du culte 937
Les rites liturgiques 938
Office divin 941
Gestes liturgiques 942

943 **4. Les sacrements**

Signe et symbole 943
Les sacrements de l'initiation. Le Baptême 945
La Confirmation 953
L'Eucharistie. La messe 955
La Pénitence et la Réconciliation 969
Le Mariage 975
Le sacrement des malades 980
L'Ordre 983

CHAPITRE V
Les institutions

Livre I. L'organisation de l'Église

988 L'Église en France
989 L'Église diocésaine. L'évêque
997 Les diocèses de France. Leurs regroupements régionaux. Les cathédrales de France
1008 La paroisse
1012 Une concertation nationale : La Conférence des évêques de France ; son secrétariat général
1015 Les Églises catholiques de rite oriental
1019 Le gouvernement de l'Église universelle
1019 Le pape, le Saint-Siège, le Vatican
1024 La collégialité dans le gouvernement de l'Église. Les conciles. Les synodes des évêques
1027 Les cardinaux, conseillers du pape
1030 La Curie romaine. Congrégations romaines. Secrétariats, conseils, commissions, comités, bureaux spécialisés. Tribunaux. Instituts culturels. L'information au Vatican
1033 Le Saint-Siège et les relations internationales
1036 Présence du laïcat auprès du Saint-Siège
1037 Les ordres de chevalerie pontificaux
1037 La Cité du Vatican
1039 Les tribunaux ecclésiastiques. Première instance. Deuxième instance. Siège apostolique
1040 Les finances de l'Église. Saint-Siège. Églises locales. Congrégations religieuses
1044 Vocations et engagements dans l'Église
1044 Les ministères ordonnés (évêques, prêtres, diacres). Effectifs dans le monde et en France Séminaires
1050 Les instituts de vie consacrée et les sociétés de vie apostolique. Schéma historique. Diverses formes de la vie religieuse aujourd'hui. Effectifs
1057 Les laïcs dans les mouvements de spiritualité. Mouvements de spiritualité. Les communautés du Renouveau charismatique. (Les mouvements laïcs d'apostolat sont évoqués plus loin dans « Les grands secteurs de la pastorale » et « Renseignements pratiques »)

Livre II. Les grands secteurs de la pastorale

1062 Pastorale sacramentelle et liturgie
1064 Une pastorale de la vie commune
1065 Pastorale des pèlerinages
1066 Paix, développement, droits de l'homme
1069 Pastorale des missions à l'extérieur
1072 Pastorale pour l'unité des chrétiens
1074 Pastorale des vocations
1076 Pastorale des médias et de l'information
1078 L'Église et l'incroyance
1079 L'enseignement catholique (primaire, secondaire, supérieur)
1081 Pastorale familiale
1083 Le catéchuménat
1085 La catéchèse
1087 L'Enfance et la jeunesse
1090 Les aumôneries de l'enseignement public
1092 Pastorale du tourisme et des loisirs
1093 L'action sociale
1094 Pastorale des migrants. Les étrangers en France. Les Français à l'étranger
1096 Le monde des prisons
1097 La solidarité et les pauvres
1099 Les chrétiens et la vie professionnelle
1100 Le diocèse aux Armées
1101 Pastorale des milieux sociaux. En milieu ouvrier. En milieu maritime. En milieu rural. En milieux indépendants.
1106 L'Église et le monde de la santé
1108 Le monde des itinérants. Les artisans de la fête (forains et gens du cirque). La batellerie. Les Gitans.

SUPPLÉMENTS AUX DIVERS CHAPITRES

Au chapitre I – Des chercheurs de Dieu par milliers

1111 **A.** Les béatifications et les canonisations de 1987 à 1991 (*compléments aux p. 35 à 40*)
1114 **B.** Quelques vies de saints (*compléments aux p. 45 à 124*) (292 notices)
1119 **C.** Des témoins pour aujourd'hui (*compléments aux p. 125 à 133*) (10 notices)

Au chapitre II – Géographie et sociologie du catholicisme au sein des grandes religions

1125 **A.** Mouvements et groupes à visée spirituelle (268 notices)
1139 **B.** Les chrétiens et l'Europe
La construction européenne. Géographie de l'Europe chrétienne. Les saints patrons en Europe. Lieux saints européens. Cardinaux européens. Les institutions européennes des Églises
1154 **C.** Jean-Paul II et l'Europe
Extraits de textes de Jean-Paul II. Ses idées maîtresses sur l'Europe

Au chapitre III – Trente-deux siècles d'histoire

1161 **A.** Vocabulaire biblique
1167 **B.** Le temps de l'Église (*compléments aux pages 299-514*)
Les catacombes. Premières représentations symboliques de la foi et premier art chrétien. Le crucifix. Bras séculier. Commende. Béguins et béguines. Les bénéfices ecclésiastiques. Le premier ordre mendiant féminin : les clarisses. L'Inquisition espagnole. Correspondance entre calendriers grégorien, julien, juif, musulman. Art baroque et Réforme catholique. Vœu de Louis XIII. Pontons de Rochefort. L'État et les « cultes ». Le carmel d'Auschwitz. Le cas de Mgr Lefebvre. Le droit d'asile dans les églises. Grandes dates de l'Église catholique de Nouvelle-Calédonie. Fraternité Saint-Pierre. Du nouveau sur le Saint Suaire de Turin

Au chapitre IV – Présentation de l'expérience chrétienne Questions des hommes, réponses chrétiennes

1177 **A.** De nouveaux catéchismes
1179 **B.** Réflexions chrétiennes sur la guerre et la paix
1182 **C.** Quelques lettres, encycliques et exhortations ou lettres apostoliques de Jean-Paul II
Sollicitudo rei socialis. Mulieris dignitatem Christifideles laici. Redemptoris missio. Centisimus annus. Pastores dabo vobis (présentation, extraits)

Au chapitre V – Les institutions

1193 **A.** L'organisation de l'Église
Jean-Paul II à travers le monde. Les conciles. L'assemblée des évêques latino-américains Quelques instituts religieux présents en France. Renouveau charismatique, groupes de prière, renouveau communautaire
1198 **B.** Les grands secteurs de la pastorale
Les radios chrétienne en France. Les manécanteries. Une « abbaye télématique » code Ephata. Où se procurer des livres religieux ? Une charte de la solidarité pour l'Église en France. L'accord Secours Catholique-CCFD
1205 **C.** Renseignements pratiques pour la France. Télématique et Église. Les centres d'accueil. Les pèlerinages en France. Organismes de voyage et pèlerinages. Quelques mouvements catholiques de laïcs en France. Organismes de rencontres d'inspiration chrétienne en vue du mariage. Comment faire dons et legs ? A qui donner ? Les titres dans l'Église. Cadeaux à caractère religieux. Les aumôneries francophones dans le monde. Les haltes spirituelles (par départements)
1232 Éléments d'une bibliothèque religieuse de base

1245 **INDEX**

Index

- A -

AA (Augustins de l'Assomption), voir Assomptionnistes, 763 a
AACAF (Association des Amis de l'Aumônerie catholique des Armées françaises), 1101 c
AAO (Organisation d'Analyse actionnelle), 1125 a
AARON, 229 c
AARON (prêtre) (st), 556 b, 1114 a
AARON (sacerdoce), 984 b
Ab, 911 b, 911 c
Abaissement du Christ, 683 c
Abandon à Dieu (définition), 735 a
Abba, 19
Abba (définition), 330 c
Abba (Jésus et le Père), 676 c
Abbá, communauté -, 1060 a
Abbaye, 330 c, **1055 a**
Abbaye Saint-Benoit-sur-Loire, 637 b
Abbaye Saint-Cyran-en-Brenne, 415
Abbé (définition), 330 c, 1055 a
Abbé (juridiction), 561 c
Abbé bénédictin, 756 a
Abbés démocrates, 460 b
Abbesse (définition), 330 c, 1055 a
ABBON (prêtre) (st), 1114 a
ABC (armes), l'Église et les -, 873 a, 873 b
Abdias, 248 a
ABDÔN, 238 b
ABEF (Association des Bibliothèques ecclésiastiques de France), 1077 c
ABEL, 220 b
ABEL (st), 45 a
ABÉLARD, 356 a, 357 a
ABÉLARD et la scolastique, 357 b
ABÉLARD et saint Bernard, 355 a
ABIMELEK, 238 b
Abjuration (définition), 586 c
Ablution, 942 b
Abolition des privilèges (4 août 1789), 424 a
ABRAHAM, 225 b, **226**
ABRAHAM (st), 45 a
ABRAHAM, alliance d'- avec Dieu *(Genèse)*, 233
ABRAHAM, descendance d'-, 226 b, 226 c
ABRAHAM et Islam, 226 c
ABRAHAM et la foi, 606 b
ABRAHAM et la rencontre de Dieu, 540 a
ABRAHAM et monothéisme, 531 c
ABRAHAM, sacerdoce d'-, 556 b
ABRAM, 226 b
Abréviations des titres de livres de la *Bible*, 212
Absence de Dieu, 612 b, 731 a
Abside, 640 b
Abside, orientation, 640 a
Absidioles, 640 b
Absolu et relatif (définitions), 716 a, 716 b
Absolu, l'-, 667 b
Absolution, 971 c, 972 a
Absolution du complice et excommunication, 559 b
Absoute, 918 c
Abstention thérapeutique, 821 a, 822 a
Abstinence (définition), 735 a
Abstinence et tempérance, 825 c
ACACE (patriarche), 372 b
ACACE (st), 43 a
Académie des professeurs pour la paix mondiale, voir Moon
Académie diplomatique pontificale, 1034 c
Académies pontificales, 1032 c
ACARIE (Madame), voir MARIE DE L'INCARNATION, 99 a
ACAT (Action des Chrétiens pour l'Abolition de la Torture), 1069, 1073 c
Accident (eucharistie), 965 a
Accident (philo), 717 c
Acclamation (liturgie), 916 b
Accompagnement spirituel, 736 a, 737 b
Accord de révision du Concordat italien, 1035 b
Accords de Plombières, 455 a
Accords d'Helsinki, le Saint-Siège et les -, 1033 a
Accords du Latran (1929), 452 b, 479 b
Accords du Latran (1929), dispositions financières des -, 1040 c
Accords du Latran et statut international du Saint-Siège, 876 a
Accords du Latran, Italie - Saint-Siège (1929), 1035
Accouchement sans douleur, 710 a
Accueil, centres d'-, (liste et adresses), 1207
Accueil des jeunes, 580 c
Accueil spirituel (retraite, récollection, réflexion), lieux d'- (répertoire), 1220
Accusateur, l'- (nom de démon), 694 c
ACE (Action catholique des Enfants), 1087 b, 1087 c
ACE (Action catholique des Enfants), branche milieux indépendants de l'-, 1105 a
ACE (Action catholique des Enfants), branche monde ouvrier de l'-, 1102 a
ACE (Action catholique des Enfants), branche monde rural de l'-, 1104 b
ACE (Action catholique des Enfants), origine de l'-, 484 a
Acédie (définition), 736 c
Acerbo nimis (Pie X), 553 c
ACGF (Action catholique générale féminine), 493 a, 1064 a, 1064 b
ACGH (Action catholique générale des Hommes), 493 a, 1065 a
ACHAB, 220 a, 243 a, 243 b
ACHAIRE (st), 1114 a
Acharnement thérapeutique, 821 a, 822 a
Achat (vocabulaire biblique du salut), 704 a
ACHAZ, 243 b, 245 a
ACHILLE ou ACHILLÉE (st), 45 b
ACHILLE (st), catacombe, 1167 c
ACI (Action catholique des Milieux indépendants), 493 a, 1105 b, 1121 c
ACJF (Association catholique de la Jeunesse française), 483 a
ACJF (Association catholique de la Jeunesse française), crise et disparition de l'-, 494 a
ACJF (Association catholique de la Jeunesse française), fondation (1886) de l'-, 461 a
ACJF (Association catholique de la Jeunesse française), origines de l'-, 458 b
ACMEC (Action catholique des Membres de l'Enseignement chrétien), 1099
ACMSS (Action catholique des Milieux sanitaires et sociaux), 1100 b
ACNAV (Association catéchétique nationale pour l'Audiovisuel), 1086 c
ACNAV (Association catéchétique nationale pour l'Audiovisuel), services aux missions, 1071 b, 1076 c
ACO (Action catholique ouvrière), 493 a, 494 c, 1102 a
Acolyte, 558 c, 937 b
ACOM (Action catholique ouvrière, Équipes maritimes), 1104 b
Acta Apostolicae Sedis, 1032 a, 1186 a, 1186 b
Acte, 790 c
Actes de catholicité (définition), 1011 c
Acte de charité (prière), 744 c
Acte de contrition (prière), 744 c
Acte de foi (prière), 744 b
Acte d'espérance (prière), 744 b
Acte de Suprématie (1534), 400 a, 401 b
Acte de Suprématie (1558), 401 a
Acte pur, 716 c
Actes des apôtres, 288 a
Actes des apôtres et Esprit, 687 b
Actes des apôtres, Les (film), 635 a
Actes des apôtres, rédaction des -, 299 b
Actes du pape (textes officiels), 1020
Action (cit. de D. Bonhœffer), 787 c
Action, appel à l'- (encycle Sollicitudo Rei Socialis), 1183 c, 1184 a,
Action biblique, 1125 a
Action catholique, 549 c, 855 a
Action catholique (intuition évangélisatrice), 573 c
Action catholique (mouvements de jeunesse), **1088 b**
Action catholique allemande, 480 b
Action catholique, apogée de l'- (1945-1960), 493 a
Action catholique des Enfants (ACE), 1087 a, 1087 c
Action catholique des Enfants (ACE), branche milieux indépendants de l'-, 1105 a
Action catholique des Enfants (ACE), branche monde ouvrier de l'-, 1102 a
Action catholique des Enfants (ACE), branche monde rural de l'-, 1104 b
Action catholique des Enfants (ACE), origine de l'-, 484 a
Action catholique des Membres de l'Enseignement chrétien (ACMEC), 1099
Action catholique des Milieux indépendants (ACI), 493 a, **1105 b**, 1211 a
Action catholique des Milieux sanitaires et sociaux (ACMS), 1100 b
Action catholique et apostolat des laïcs selon Vatican II, 543 b
Action catholique et esprit missionnaire, 565 c
Action catholique et l'apostolat, 575 a
Action catholique et musique, 663 a
Action catholique française (adresses des mouvements), 1211
Action catholique française (origines), 458 b
Action catholique française (tableau historique), 483 b
Action catholique française entre les deux guerres, 478 b
Action catholique générale (mouvements), **1064**, **1065**
Action catholique générale des Hommes (ACGH), 493 a, 1065 a
Action catholique générale féminine (ACGF), 493 a, 1064 a, 1064 b
Action catholique italienne, 483 a, 567 a
Action catholique italienne (Pie XI contre Mussolini, *Non abbiamo bisogno*), 554 b
Action catholique italienne, Mussolini et l'-, 479 b
Action catholique générale, 483 a
Action catholique de la jeunesse, 1088 b
Action catholique ouvrière (ACO), **1102 a**
Action catholique ouvrière (Équipes maritimes, ACOM), 1104 b
Action catholique ouvrière (ACO) et les immigrés, 1095 c
Action catholique ouvrière (ACO), origine de l'-, 493 a, 494 c

Action catholique, Pie X et l'- *(Il firmo proposito)*, 470 a, 553 c
Action catholique, Pie XI et l'-, 482 a ; voir aussi Apostolat des laïcs
Action catholique spécialisée, naissance de l'-, **483 a**
Action catholique spécialisée, structures et méthodes de l'-, **1101 c**
Action de grâce, 699 b, 701 c, 955 a
Action de grâces après repas (exemple), 741 a
Action des Chrétiens pour l'Abolition de la Torture, voir ACAT
Action économique et sociale, les chrétiens et l'-, 838 a
Action familiale pour l'apostolat de l'Enfance (AFALE), 1082 c
Action française, L'-, 468 b, 469 b, **469 c**
Action française, L'- (condamnation par Pie XI, 1926), 478 a
Action française, L'- (levée de l'interdit par Pie XII, 1939), 478 a
Action française, L'- et *Le Sillon*, 468
Action, L'-, 627 c
Action, l'- (désignation de l'eucharistie), 955 b
Action populaire chrétienne italienne au XIXᵉ siècle, 461 a
Action sociale, engagement des catholiques dans l'- (France), 200 a
Action sociale, pastorale, **1093**
Activité missionnaire de l'Église, décret Vatican II, voir *Ad Gentes*, Actualisation de l'expression de la foi, 596 b, voir aussi Développement du dogme
Actualité, Dieu et l'-, 601
Actualité et expression de la foi (tableau), 595
ACU (Action catholique universitaire), 1091 c
ADALBÉRON, Bienheureux – (st), 1114 a
ADALBERT (st), 565 b
ADAM *(Genèse)*, 220 b
ADAM (sens du nom), 716 a
ADAM et ÈVE égaux et différents, 728 a
ADAM et ÈVE, fruit défendu, 224 b
ADAM et ÈVE, la faute, 712 a
ADAM et ÈVE, tentation et chute *(Genèse)*, 224
ADAM et ÈVE, tentation et chute *(Genèse, commentaire)*, 224 c, 225 a
Adamites et nudité, 931 a
ADAM, KARL, 684 c
ADAM, nouvel -, Jésus-Christ, 697 a
ADAP (Assemblée dominicale en l'Absence de Prêtres), 729 b, 964 a, 962 a, 962 b, 1062 b
ADAP (Assemblée dominicale en l'Absence de Prêtre) et la pratique religieuse en France, 191 b, 199 c
Adar, 911 b, 911 c
Ad beatissimi apostolorum principis (Benoît XV), 554 a
Addorata, sœurs de l'-, (Clelia Barbieri), 35 b
ADÉLAÏDE (ste), 45 c
ADÈLE (ste), 45 c
ADELINE (ste), 45 c
ADÉODAT ou DEUSDEDIT I (st, pape), 514 b
ADÉODAT II (pape), 514 b
ADÉODATO MANDIC (st), 36 b, 38 a
Adeptes de Satan, les -, 1125 a
Adeste fideles, 916 b
Ad Gentes (Vatican II), 505 b, 565 c
Ad Gentes (Vatican II) (cit.), 1084 c, 565 a
Ad Gentes (Vatican II) (cit. prêtres *Fidei donum*), 564 b
ADHÉMAR DE MONTEIL et le *Salve Regina*, 903 b
ADLER, A., 722 b
Ad limina (visite), 350 a, 1026 c
Ad majorem Dei gloriam (devise des jésuites), 82 c, 761 a
Administrateur apostolique (définition), 995 c
Administrateur apostolique (juridiction), 561 c
Administrateur diocésain (définition), 995 c
Administration des biens du Saint-Siège, 1041 b
Administration du patrimoine du Siège apostolique, 1031 c, 1041 b
Admirable, l'-, 87 c
ADOLPHE (st), 45 c
ADONAÏ, 253 b
Adoptianisme et Jésus-Christ, 681 a
Adoption d'enfants, 807 a
Adoption, théologie de l'-, 314 c
Adoration, 956 a
Adoration (ou crainte, don de l'Esprit), 972 a
Adoration de Dieu (commandement), 783 a
Adoration de l'Esprit, 688 c
Adoration du Christ dans l'eucharistie, 525 a
Adoration perpétuelle, 747 b, 747 c
Adoration réparatrice, 747 b, 747 c, 759 b, 759 c
Adoration, veillée d'- la nuit du jeudi au vendredi saints, 924 c
Adoubement, 347 a
Ad Petri cathedram (Jean XXIII), 497 a, 554 c
ADRESSE (ste), 45 c
ADRIEN (st), 43 a, 45 c
ADRIEN I (pape), 514 b
ADRIEN II (pape), 514 c
ADRIEN III (st, pape), 514 c
ADRIEN IV (pape), 354 a, 356 a, 514 d
ADRIEN V (pape), 514 d
ADRIEN VI (pape), 515 b
Ad Sinarum gentem (Pie XII), 496 a
Adultère, 818
Adultes, baptême des -, 948 b
Adventistes du 7ᵉ jour, Église des -, 150 c
Adventistes du 7ᵉ jour, Église des - en France, 183 b
Adversaire, l'- (nom de démon), 694 c
Adversus Haereses (cit. de saint Irénée), 519 a
AELIA CAPITOLINA (Jérusalem), 240 c
Aetatis Novae (cit. : les dons de Dieu aujourd'hui), 1077 b, 1198
Aeterni Patris (Léon XIII), 460 b, 553 b
AFALE (Action familiale pour l'Apostolat de l'Enfance), 1082 c
AFC (Associations familiales catholiques), 1082 c
Affaire des franchises, 417 c
Affaire des placards, 396 a, 396 b
Affaire Dreyfus, voir DREYFUS, 470 a
Affection filiale (ou piété, ou crainte du Seigneur, don de l'Esprit), 960 a, 960 b
Affectivité et chasteté, 811 a
Affectivité et conscience, 790 a
Affectivité et vie chrétienne, 804 a
AFJC (Association des Journalistes catholiques), 1077 c
AFPC (Association française des Pharmaciens catholiques), 1106 b
AFRIQUE (missions XIXᵉ siècle), 440 a, 474 a, 474 c
AFRIQUE (prêtres français), 564 b
AGAGIANIAN (cardinal) (Vatican II), 500 b
Agapè, 799 c
Agape (repas), 289 c, 930 a
AGAPET I (st, pape), 514 b
AGAPET II (pape), 514 c
AGAR, 225 b, 226 b, 227 c
AGATHE (ste), 43 a, 46 a
AGATHON (st, pape), 46 a, 514 b
Age adulte, 953 c
Age biblique, 221 b
Age canonique, 559 c
Age et pratique religieuse en France, 191 a
AGÉRAN (st), 1114 a
AGÉRIC (st), 1114 a
Aggadah, voir *Haggadah*
Aggée, 248 a
Aggiornamento, 497 a, 1168 c
Agir chrétien, **791 a**, **792 a**
Agneau (figure du Christ), 898 a
Agneau de Dieu, 286 b, 286 c
Agneau de Dieu (Jésus), **615 b**
Agneau de Dieu (prière de la messe), 955 a, 959 a
Agneau pascal dans l'ancienne alliance, 704 c
AGNÈS (ste), 46 a
AGNÈS DE POITIERS (ste), 1114 b
AGNÈS DE PRAGUE, AGNÈS DE BOHÊME dite - (ste), 1114 a
AGNÈS LE THI THANH (ste), 1112 c
Agnosticisme, 534 a, 535 c
Agnus Dei (Agneau de Dieu, messe), 955 a, 959 a
AGOFROY (st), 1114 b
Agonie de Jésus, 282 a
AGOSTINI, 635 c, 636 b
AGRÈVE (ste), 46 b
AGRICOL (st), 46 b
AGRICOLA (JEAN SCHNITTER, dit -) et l'antinomisme, 794 b
Agriculture, Jean XXIII et l'-, 856 b
AGUSTIN PRO, MIGUEL (bx), 1112 c
Ahimsa, 144 a, 144 c
AICHARD (st), 1114 b
AICK (Association internationale pour la conscience de Krishna), voir Hare Krishna
Aide à l'Église en détresse, 1212 a, 1097 a
Aide à Toute Détresse ATD - Quart Monde, 1098 a, 1122 c, 1123
Aide au travail des cloîtres ATC, 1043 b, 1212 b
Aide aux missions et Églises démunies (adresses des organisations), 1118 c
Aide aux prêtres, L'-, mouvement, 1058 c
Aide aux prêtres, œuvre d'-, 1212 b
Aide inter-monastères, 1097 a
Aigle (symbole de l'évangéliste Jean), 267 c
AIGNAN (st), 46 b
AIGNAN (st) et les barbares, 332 a
AIGULPHE (st), 1114 b
Aïkido, 146 b
Aile (symbolisme biblique), 236 b
AILLY, PIERRE D'- (cardinal), 381 a
AIMÉ, AMÉ ou AMET (st), 46 b
AIMÉE (ste), 46 b
AIMÉE D'ASSISE (bse), 46 b
Aimer (relation Dieu-hommes), **540 a**
AIX-EN-PROVENCE (diocèse), fête du Peuple de Dieu d'-, 993 b
AIX-EN-PROVENCE, baptistère d'-, 637 a, 640 c, 951 a
AIX-LA-CHAPELLE, 54 c
AIX-LA-CHAPELLE, concile d'- (817), 1194 a
AIX-LA-CHAPELLE, concile d'- (817) et la réforme de l'Église monastique (st Benoît d'Aniane), 54 c
AJIR (Association française des Journalistes de l'Information religieuse), 1077 c, 1078 c
AKEPSIMAS, J., 663 b
AKHENATON, l'athéisme et -, 530 b
Akkadien, 219
ALAIN DE LA ROCHE (bx), 46 b
ALAIN DE SOLMINIHAC (bx), 37 a, 565 c
ALAIN et le christianisme, 608 a
Alaouites, 142 c
ALBAN (st), 46 c
Albanie (géographie chrétienne), 1140 a
Albanie (historique), 1102 b
Albarracin, 1125 a
ALBÉRIC (st), 1114 b
ALBIN voir AUBIN
ALBERT (antipape), 514 d
ALBERT CHMIELOWSKI (bx), 38 a, 1114 a
ALBERT DE BRABANT ou DE LOUVAIN (st), 47 a
ALBERT, FEDERICO (bx), 38 b
Albertin(e)s, (bx ALBERT CHMIELOWSKI), 38 a
ALBERT LE GRAND (st), 23 c, 46 c, 757 c
ALBERT LE GRAND (st) (cit.), 46 c
ALBERT LE GRAND (st) et la scolastique, 357 c
ALBERT LE GRAND (st) et l'Assomption de la Vierge, 902 b
ALBERT LE GRAND (st) et les Frères prêcheurs, 366 b
ALBERT LE GRAND (st), relations d'- avec saint Thomas d'Aquin, 119 b
ALBERT, MICHEL (cit. : Évangile à l'épreuve de l'économie), 833 b
Albigeois, voir Cathares
Alcoolisme, 820 c
ALCUIN et Charlemagne, 340 b
ALCUIN, Bienheureux - (st), 1114 c
ALDEGONDE (ste), 47 a
ALEMBERT, D'-, 843 a
ALÈS, édit d'-, 399 b
ALETHE (ste), 1114 c
ALEXANDRE (cinéaste) 636 b
ALEXANDRE (st, pape), 514 a
ALEXANDRE DE LYON (st), 47 a
ALEXANDRE DE LYON (st) et saint Épipode, 68 b
ALEXANDRE LE GRAND, 246 c, 247 b, 250
ALEXANDRE LE GRAND et Alexandrie, 251 c
ALEXANDRE LE GRAND et ses successeurs (chronologie), 250 c
ALEXANDRE II (pape), 514 d
ALEXANDRE III (pape) et Pierre Valdès, 360 b
ALEXANDRE III (pape), 354 a, 356 a, 514 d
ALEXANDRE IV (pape), 514 d
ALEXANDRE V (antipape), 380 b, 515 a

ALEXANDRE VI BORGIA (pape), **389 c**, 515 b
ALEXANDRE VI BORGIA (pape) et la décadence de la papauté, 389 a
ALEXANDRE VII (pape), 515 c
ALEXANDRE VII (pape) et le jansénisme, 413 b
ALEXANDRE VIII (pape), 515 c
ALEXANDRIE, 251 c, voir aussi École d'Alexandrie, Patriarcat d'Alexandrie
ALEXANDRIE (foyer d'évangélisation), 307 a
ALEXANDRIE, le patriarche d'- et le titre de pape, 552 a
ALEXANDRIE, les Juifs à - avant l'ère chrétienne, 252 c
ALEXANDRIE, rôle historique de l'Église d'-, 552 a
Alexandrin (rite), 938 b, 939
Alexandrin (calendrier), 1171
ALEXANDRINE (ste), 47 a
ALEXIS (st), 47 c
ALEXIS FALCONIERI (st), 47 a
ALFRED LE GRAND (st), 47 b
ALGER (toast de Lavigerie), 474 c
ALI, 142 b
ALIBERT, 635 a
ALICE (prénom), 47 b
Aliénation, religion et -, 531 a
Aliénation du travailleur selon Marx, 844 b
ALIÉNOR D'AQUITAINE (reine), 353 a
ALINE (prénom), 47 b
ALIX LE CLERC (bse), 47 b
ALLAH, 142 b
ALLARD, MAURICE (cit.), 472 b
ALLEAUME (st), 47 b, 1114 c
Alleluia (cit. de saint Augustin : vie éternelle), 896 b, 896 c
Alleluia (liturgie), 916 b
Alleluia dans la prière juive, 259 c
ALLEMAGNE (Église et réunification), 1141 a, 1141 b
ALLEMAGNE (géographie chrétienne), 1140 c
ALLEMAGNE, Église d'-, première moitié XIXᵉ siècle, 438 b
ALLEMAGNE, Église d'-, seconde moitié XIXᵉ siècle, 473 a
ALLEMAGNE, impôt ecclésiastique en -, 1042 a
ALLEMAGNE, laïcat en - au XIXᵉ siècle, 461 a
ALLESSANDRINI, 636 a
Alliance (anneau), 976 c
Alliance, ancienne - (Moïse), 228 b
Alliance, Arche d'-, 234 a
Alliance Dieu-Abraham *(Genèse)*, 233
Alliance Dieu-David *(2 Samuel)*, 234
Alliance Dieu-homme *(Bible)*, 232
Alliance Dieu-humanité et mariage chrétien, 976 a
Alliance Dieu-Israël, 233
Alliance Dieu-Israël *(les Dix commandements)*, 233 b, 233 c
Alliance Dieu-Israël, historique, 140 b, 140 c
Alliance Dieu-Noé *(Genèse)*, 232 c
Alliance et résurrection de Jésus-Christ, 678 a
Alliance et sacrifice, 703 b
Alliance évangélique, 585 a
Alliance, l'- et la relation homme-Dieu, 540 a
Alliance, nouvelle -, 715 a
Alliance, nouvelle - et eucharistie, 232 a
Alliance, nouvelle - et l'homme évangélique (cit. de B. Quelquejeu), 777 b
Alliance, nouvelle - évoquée par saint Paul (1 Co), 234 a
ALNER ou VALNIRE (st), 1114 c
ALOÏS (prénom), 47 b
Alphabet cyrillique, saints Cyrille et Méthode inventeurs, 833 a
ALPHONSA MUTTATHUP ANDATHU (bse), 40 a
ALPHONSE DE LIGUORI (st), 23 c, 47 b, 904
ALPHONSE DE LIGUORI (st) et les rédemptoristes, 566 b, 762 a
ALSACE, régime concordataire de l'-, 1033 a, 1033 b
ALTIN (st), 1114 c
ALVÈRE (st), 47 c
ALYPIUS (st), 1114 c
ALZON, D'- (père) et les assomptionnistes, 566 b
ALZON, EMMANUEL D'-, 447 a, 463 b, 566 b, 763 a
AMABLE (st), 1114 c
AMADOUR ou AMATOR (st), 47 c, 1115 a
AMAN, 249 b
AMAND (st), 48 a
AMAND (st) (calendrier liturgique), 25
AMANT ou AMANS (st), 48 a
AMAR, 636 a
AMARIN (st), 48 a
AMAURY (prénom), 48 a
AMAURY DE MONTFORT, 362 b
Ambition, 826 a
Ambon, 965 b
AMBROISE (st), 23 c, 48 a, 327 a
AMBROISE (st) (cit.), 48 b, 49 b
AMBROISE (st), (cit. : prier pour tous), 740 b, 740 c
AMBROISE (st), élection épiscopale d'-, 549 a
AMBROISE (st) et la Vierge Marie, 903 a
AMBROISE (st) et la virginité, 823 a
AMBROISE (st) et le monachisme, 329 b
AMBROISE (st), Père de l'Église, 314
AMBROISE (st), prédicateur, 563 b
AMBROISE (st), *Quo Vadis*, 33 c
Ambrosien, rite -, 938 a, 939
Ame, 522 b, **719 c**
Ame (croyance France et Europe, chiffres), 186
Ame (union à Dieu, saint Jean de la Croix), 86 c
AMÉDÉE DE SAVOIE (bx), 48 b
AMÉDÉE VIII DE SAVOIE, voir FÉLIX V (antipape)
Ame des animaux, 722 a
AMÉLIE (prénom), 48 b
Ame et corps, 718 a, 720 c
Ame et corps (cit. de Varillon), 720 a
Ame et immortalité, 893 a
Ame, vie de l'- (cit. de sainte Thérèse de l'Enfant Jésus), 118 a
Amen (cit. de saint Augustin : vie éternelle), 896 b, 896 c
Amen (liturgie), 916 b
Amen (réception de la communion), 963 b
Amen dans la prière juive, 259 c
Américanisme, **460 a**, 461 a
AMÉRIQUE CENTRALE, Secrétariat épiscopal d'- (SEDAC), 1026 c
AMÉRIQUE, découverte de l'-, 390 a
AMÉRIQUE DU NORD, missions en - aux XVIᵉ-XVIIᵉ siècles, 412 a
AMÉRIQUE LATINE (conseil épiscopal CELAM), 1026 c, 1195 a
AMÉRIQUE LATINE (défense des Indiens par Las Casas), 410 b
AMÉRIQUE LATINE (théologie de la libération), 507 b, **859 c**, 861 c, **862**
AMÉRIQUE LATINE, assemblée des évêques, 1195
AMÉRIQUE LATINE, Comité épiscopal français pour l'- (CEFAL), 1071 b
AMÉRIQUE LATINE, communautés de base en -, 859 c
AMÉRIQUE LATINE, évangélisation en - aux XVIᵉ-XVIIᵉ siècles, 410 a
AMÉRIQUE LATINE, l'Église en -, première moitié XIXᵉ siècle, 439 c
AMÉRIQUE LATINE, les prêtres français en -, 564 b
AMÉRIQUE LATINE, missions jésuites en - aux XVIIᵉ-XVIIIᵉ siècles, 411
AMÉRIQUE LATINE, religion populaire en (cit. de J. Secundo), 863 a
Ames Vaillantes, 1087 c
Amicitia (Union de malades et handicapés), 1106 c
Amict, 931 c
Amida, 141 a
Amis de la Croix glorieuse de Dozulé, les -, 1125 b
Amis de la Presle, les -, 1125 b
Amis de l'Homme, les -, 1125 b
Amis de l'homme en France, les -, 183 b
Amis Unis, les -, 1125 c
Amitié, 798 b, 798 c
Amitiés spirituelles, les -, 1125 c
Ammonites, 219 a
Amnesty International, 1069 b
AMORC (Ancien et Mystique Ordre de la Rose-Croix), 151 c, 1136 b
Amorréens ou Amorites, 218 a, 218 b
AMOS, 244, 244 b, 245 a
Amour (Esprit-Saint), 622 a
Amour (humain), au delà de l'- (cit. de P. Evdokimov), 979 a, 979 b
AMOUR (st), 48 b
Amour (un petit feu, cit. de saint Charles Borromée), 59 b
Amour-charité et justice sociale, 839
Amour chrétien, 797 b
Amour conjugal (Paul VI), 812 a
Amour conjugal et adultère (témoignage cit.), 818
Amour de Dieu (cit. de Kierkegaard), 736 a, 736 b
Amour de Dieu (fondement d'une vie humaine, texte Jean-Paul II), 581 a
Amour de Dieu et charité, 799 c
Amour de Dieu et du prochain, *Mc* 12, 28-34, 800
Amour de Dieu et élection, 702 a
Amour de Dieu et espérance, 888 b
Amour de Dieu et spiritualité augustinienne, 755 a
Amour de Dieu pour l'être humain, 540 a
Amour de Dieu, morale chrétienne reflet de l'-, 773 a
Amour, Dieu est -, 274 b, 667 c, 671 b
Amour, Dieu est - (cit. de J. Leclerc), 776
Amour, Dieu est - (texte bibl. : *Cantique des cantiques*), 275 c
Amour, Dieu est - (texte bibl. : *Jean*), 276 b
Amour du pays, 883 c
Amour du prochain, 798 b
Amour et contraception (Paul VI), 812 c
Amour et critères de morale chrétienne, 782 a
Amour et famille, 804, 805
Amour et Lumière, 1125 c
Amour et mariage (encyc. *Familiaris consortio*, Jean-Paul II), 806
Amour et morale, 779 c
Amour et valeurs morales, 780 b
Amour et Vérité (mouvement), 1082 b
Amour fraternel selon st Paul, 293 a
Amour humain et institution, 824 b
Amour, Jésus-Christ et l'- (cit. de Varillon), 677 b
Amour, Jésus-Christ et l'- (cit. de J. Guillet), 680 b
Amour, l'- dans le *Cantique des cantiques*, 248 b
Amour, le salut histoire d'-, 696 a
Amour plus fort que la mort, 699 a
Ampoule (huiles bénites), 932 b
AMURRU, 218 b
Anabaptistes, 156 a, 395 c, 1125 c
Anachorète (définition), 330 c
Anachorétisme, 328 b, 330 c
ANACLET (prénom), 48 b
ANACLET (st, pape), 514 a
ANACLET II (antipape), 355 a, 514 d
ANA DE LOS ANGELES MONTEAGUDO (bse), 38 c
ANAGNI, 377 a
ANAÏS (prénom), 48 b
Analyse (cure), 722 b
Analyse transactionnelle, 1125 c
Anamnèse, 956 a, 962 a
Amanda Marga, 1125 c
Anaphore, 956 a, 961 b
Anargyre, 23 b
ANASTASE (antipape), 514 c
ANASTASE (archevêque de Sens) (st), 1115 a
ANASTASE I (st, pape), 514 a
ANASTASE II (pape), 514 a
ANASTASE III (pape), 514 c
ANASTASE IV (pape), 514 d
ANASTASIE (ste), 48 b
Anastasis, basilique -, 771 a
Anathème, 562 b, 562 c
ANATOLE (st), 48 c
Ancelles du Sacré Cœur de Jésus (ste RAFAELA MARIA PORRAS Y AYLLON), 36 b
Ancêtres, importance des - dans l'Ancien Orient, 221 b
ANCHIETA, JOSÉ DE (bx), 36 c
ANCIEN-ORIENT, pays de la *Bible*, 217
Anciens, les - dans l'Église primitive, 555 a
Anciens, les - dans le judaïsme, 556 b
Ancien Testament (bibliographie), 217, 1232 a
Ancien Testament (cit. Osée 16-22), 275 a
Ancien Testament (définition), **210 b**

Ancien Testament (derniers écrits), 252 a, 252 b
Ancien Testament (formation), **210 b**
Ancien Testament (formation, tableau chronologique), 211
Ancien Testament (langues de rédaction), **213 b**
Ancien Testament (lectures à la messe), 955 a, 959 a, 960 a
Ancien Testament (le sang dans le sacrifice), 704 b
Ancien Testament et l'égalité des sexes, 787 a
Ancien Testament, foi dans l'-, **253**, 606 b
Ancre (symbole), 294 c
ANDDP (Association nationale des Directeurs diocésains de Pèlerinages), 1065 b, 1092 c
ANDÉOL (st), 48 c
ANDERSON, 636 c
ANDORRE (géographie chrétienne), 1141 c
ANDRÉ (apôtre, st), 48 c
ANDRÉ (apôtre, st), un des douze, 275 b
ANDRÉ BESSETTE (bx), 37 c
ANDRÉ DE BANDIMENT (st), 1115 a
ANDRÉ-HUBERT FOURNET (st), 49 a, 763 c
ANDRÉ KIM TAEGON (st), 37 b, 38 b
ANDRÉ II, roi de Hongrie, 358 b
ANDRONIC II (empereur), 383 b
Ane (crèche), 927 b, 927 c
ANGE (st), 49 a
Ange (cit. de saint Grégoire le G.), 103 b
ANGE, DANIEL, 1199 c
ANGELA DE LA CROIX (bse), 37 c
ANGÈLE DE FOLIGNO (bse), 49 a
ANGÈLE DE FOLIGNO (bse), cit., 49 a
ANGELELME (st), 1115 a
ANGÈLE MERICI (ste), 49 a, 762 c
ANGELICO FRA (bx), 49 b
Angélologie (définition), 694 b
Angelus, 639 c, 936 a, 936 b
ANGERS, les martyrs d'- (bx), 38 a
Anges, 522 b, **693 b**
Anges (noms) 694 b
Anges, classes d'-, 694 b
Anges, culte des -, 24 c
Anges, les - dans la *Bible*, 254 b, 254 c
Anges du péché, Les (film), 636 b
Anges gardiens, 694 b
ANGILBERT (st), 1115 a
ANGILRAN (st), 1115 a
ANGLETERRE (la Réforme anglicane), **400 a**, 401 b
ANGLETERRE, catholicisme en -, première moitié XIXe siècle, 439 a
ANGLETERRE, catholicisme en -, seconde moitié XIXe siècle, 473 b
Anglican (rite), 938 c
Anglicane (Communion), **159**
Anglicanisme, 156 c, **159**
Anglicanisme (bibliographie), 159 a
Anglicanisme (clergé, ordres religieux), 159 c
Anglicanisme (données numériques), 138
Anglicanisme (la Réforme), **400 a**, 401 b
Anglicanisme (mouvement d'Oxford), 439 a, 439 b
Anglicanisme (validité des ordinations, historique du conflit avec Rome), 401 a
Anglicanisme et Église catholique, 159 a
Anglicanisme et Église catholique, la succession apostolique, 555 c
Anglicanisme, géographie de l'-, 139
Anglicanisme et œcuménisme, 159 a, 585 c
Anglicans (épiscopaliens), 158 b, voir aussi Convergences, divergences confessions chrétiennes, 161
Anglicans en France, 183
Anglicans et catholiques (conversations de Malines), 487 b
Anglicans et catholiques (Halifax, Portal, et Léon XIII), 473 c
Anglicans et Église catholique en France, 1072 a, 1072 b
Anglo-catholiques (anglicanisme), 159 c
Anglo-normand (art), 637 c
Angoisse, 793 a, 793 b
Angoisse de l'homme, 715 a, 716 a
Angoisse du Christ, communion à l'-, 738 b
ANICET (st, pape), 49 c, 514 a
Animalisme, 136 a
Animateurs liturgiques (formation), 1062 b
Animaux, 721 b, 721 c
Animaux, âme des -, 722 a
Animaux familiers, les Français et les -, 721 b, 721 c
Animisme, 149 a
Animisme (bibliographie), 149 c
Animisme (données numériques), 138 b
Animisme, géographie de l'-, 139
ANIZAN (père), et les Fils de la Charité, 566 b
An Mil (mouvements religieux), 344 b
An Mil, les peurs de l'-, 346 c
ANNA MICHELOTTI (bse), 36 b
Annales de philosophie chrétienne, 631 a
ANNAUD, 636 c
ANNE (ste), 49 c
ANNE (ste) (calendrier liturgique), 25
Anneau du pêcheur, 993 a, 1021 b
Anneau pastoral, 933 a, 993 a, 1021 b
ANNE BOLEYN (reine d'Angleterre), 400 a, 401 b
ANNECY, Visitation d'- (pèlerinage), 74 a, 90 a
Année jubilaire, 766 a
Année jubilaire (judaïsme), 259 b
Année liturgique, 920 b
Année mariale, Jean-Paul II et l'-, 904 b
Année sabbatique (judaïsme), 259 b
Année sainte, 766 a
Année sainte extraordinaire, 766 a, 766 b
Années liturgiques A, B, C, 908 b
ANNE-MARIE JAVOUHEY (bse), 50 a
ANNE-MARIE TAÏGI (bse), 50 a
Anniversaire, 919 a
ANNOBERT (st), 1115 a
Annonce faite à Marie (l') (P. Claudel), 649 c, 659
Annonciade, ordre de l'-, 754 b
Annonciade, ordre de l'- (ste JEANNE DE FRANCE), 90 b
Annonciation (communauté), 1060 b
Annonciation à Marie, **98 a**, 900 b
Annonciation à Marie (fête), 922 a
Annuaire pontifical, 1032 a
Annuaire statistique de l'Église, 1032 a
Annulation du mariage, 979 c
Annum sacrum (Léon XIII), 462 b
Annus jam plenus (Benoît XV), 554 a
Anoméisme, 321 b
ANPCP (Association nationale de la presse catholique de province), 1078 c
ANSBERT (st), 1115 a
ANSCHAIRE ou ANSGAIRE (st), 50 a, 565 a
Anschluss, 481 a
ANSEGISE (st), 1115 a
ANSELME (st), 24 c, 50 a, 336 a, 756 b
ANSELME (st) (cit.), 50 b
ANSELME (st) (cit. : pourquoi Dieu fait homme ?), 704 b
ANSELME (st) *(Proslogion)*, 572 c
ANSELME (st) et l'abbaye du Bec Hellouin, 349 b
ANSELME (st) et l'argument ontologique, 672 a
ANSELME (st) et la scolastique, 357 a
Antéchrist, l'An Mil et l'-, 346 c
ANTÈRE (st, pape), 514 a
ANTHELME (st), 50 b
ANTHEME (st), 50 b
ANTHOLIEN (st), 1115 a
Anthologie grégorienne (discographie), 661 b
Anthropologie, 718 a, 718 b
Anthropomorphisme (définition), 668 b
Anthropomorphisme (langage), 892 c
Anthropomorphismes appliqués à Dieu, 254 c
Anthroposophie, 1125 c, 1126 a
Anticléricalisme (cit. de Allard), 472 b
Anticléricalisme au sein du Risorgimento, 436 b
Anticléricalisme au XIXe siècle, **471 b**, **471 c**
Anticléricalisme, Cavour et l'-, 452 a
Anticléricalisme et lois scolaires (1880 et ss), 464 b
Anticléricalisme et positivisme, 448 b
Anticléricalisme maçonnique, 421 a
Anticléricalisme sous la IIIe République, 470 a, 477 a
Anticléricalisme sous le Second Empire, 455 a
Anticléricalisme stalinien, 481 a
ANTIDE (st), 1115 a
Antiennes, 941 a
Antiennes (exemples), 940 c
Antiennes en O, 941 a
Antigonides, 250 a
ANTIGONOS, 250 a
Antimansion, 930 c
Antinomisme (définition), 794 b
ANTIOCHE (foyer d'évangélisation), 307 a, 308 b
ANTIOCHE (synode (216), Jésus-Christ vrai Dieu), 681 a
ANTIOCHE, Église d'- (rôle historique), 304 a, 305, **306 b**, 552 a
ANTIOCHE, l'incident d'-, 305, 306 a
ANTIOCHE, voir aussi École d'-
ANTIOCHE, voir aussi Patriarcat d'-
Antiochien (rite), 938 a, 939
ANTIOCHUS ÉPIPHANE, 250 a, 251 b, 251 c
ANTIOCHUS ÉPIPHANE (chronologie), 250 c
ANTIOCHUS ÉPIPHANE et les Maccabées, 250 a
Antipater, 252 a
Antiphonaire, 935 b
Antisémitisme, 140 c, 591, 592, 830
Antisémitisme et l'affaire Dreyfus, 470 a
Antisémitisme, Jacques Maritain et l'- (cit.), 592 a, 592 b, 592 c
Antisémitisme, le diocèse de Rome et l'-, 590 a, 590 b
Antisémitisme, Léon Bloy et l'- (cit.), 592 a, 592 b, 592 c
Antisémitisme nazi, 480 a, 481 b
ANTOINE (Père), 536 b
ANTOINE CHEVRIER (bx), 39 c, 40 b
ANTOINE CHEVRIER (bx) et le Prado, 566 b
ANTOINE DANIEL (st), 83 c
ANTOINE DAVELUY, 38 b
ANTOINE DE PADOUE (st), 24 c, 50 c, 758 a ; voir aussi *Saint Antoine de Padoue* (film), 635 c
ANTOINE DE PADOUE (st), prédicateur, 563 b
ANTOINE LE GRAND (st), 43 a, 50 b
ANTOINE LE GRAND (st) et la naissance du monachisme, 327 a, 328 b
ANTOINE LE GRAND (st), sa vie par saint Athanase, 29 c, 50 b
ANTOINE, LOUIS, 1126 a
ANTOINE-MARIE CLARET (st), 51 a
ANTOINE-MARIE ZACCARIA (st), 51 a
ANTOINE-MARIE ZACCARIA (st) et la dévotion des Quarante heures, 747 b
ANTOINETTE (ste), 51 b
Antoinisme, 1126 a
Antoinistes, 183 b
Antonia, 281 b
ANTONIN (st), 51 b
Antonins, 50 c
ANWARITE (bse), 39 a
Anxiété, 793 a, 793 b
Apocalypse (sens du mot), 296 a
Apocalypse de Baruch (apocryphe), 214 c
Apocalypse et les signes des temps, 601 c
Apocalypse, Livre de l'-, 298 a, 298 b, 898 a
Apocalypse, Livre de l'- (cit. : 3, 19-22), 298 c, 298 b
Apocalypse, Livre de l'- et Babylone, 246 c
Apocalypse, Livre de l'- et l'An Mil, 346 c
Apocalypse, Livre de l'- et la Vierge Marie, 898 a
Apocalypses, les -, 251 a
Apocalyptique (genre), naissance de l'-, 251 a
Apocatastase (définition), 895 c
Apocryphes de l'*Ancien* et du *Nouveau Testaments*, 267 a, 267 b
Apocryphes de l'*Ancien Testament*, 214 c
APOLLINAIRE (st), 51 b
Apollinarisme et Jésus-Christ, 681 a
APOLLINE (ste), 43 a, 51 b
Apologétique, **572 c**
Apologie, 572 c
Apologiste, 572 c
Apologistes dans l'Église des premiers siècles, 310 a, 311 b, 313 a
Apolytikion, 917 b
Apostasie (définition), 586 c
Apostasie devant le martyre (lapsi), 313 c
Apostolat, **574 c**
Apostolat de la prière, origine de l'-, 462 b
Apostolat des laïcs (Secrétariat général en France), 1013 b
Apostolat des laïcs, constitution *Lumen Gentium* Vatican II, 483 b
Apostolat des laïcs, décret *Apostolicam actuositatem* Vatican II, 505 b
Apostolat des laïcs, Pie X et l'-, 470 a
Apostolat des laïcs, Pie XI et l'-, 482 a
Apostolat des laïcs, encycl. *Urbi arcano* (Pie XI), 483 b

Apostolat des laïcs, Pie XII et l'-, 496 a
Apostolat des laïcs selon Vatican II, 549 c
Apostolat des laïcs (1914-1939), 482 a ; voir aussi Laïcat, Laïcs, Décret *Apostolicam actuositatem* sur l'apostolat des laïcs, 505 b, 549 c
Apostolat des malades, 1106 c
Apostolatus peragendi (Paul VI), 1036 b
Apostolicae curae (Léon XIII), 401 a, 473 c
Apostolicam Actuositatem (Vatican II), 505 b
Apostolicité de l'Église, 524 b, 526 b, 527 b, **538 c, 539 b**
Apostolique, Église – (mouvement), 1129 c
Apostolique, histoire des religieuses de vie -, 1168
Apostoliques, lettres -, exhortations - et encycliques de Jean-Paul II (liste), 1185
Apostoloi, 288 a, 289 b, 289 c
Apôtre (définition), 289 c ; voir aussi Actes des -
Apôtre des gentils (saint Paul), 304 a
Apôtres (cit. de saint Augustin), 84 b
Apôtres (culte), 29 b
Apôtres (recherche de Dieu), 19
Apôtres (signification du mot), 275 a, 289 a
Apôtres (témoins du Christ), 548 a
Apôtres, les douze -, 275 b, 275 c, 289 a
Apparat (appareil critique d'un texte), 215 a
Appareil (architecture), 641 a
Apparition de l'homme, 136
Apparitions, **749 b**, **749 c**, 750 b
Apparitions de Lourdes, 767 b, **769 a**, 770 b, 904 b
Apparitions de la Vierge Marie, 767 b, 769 a, 770 b, 904 b
Apparitions du Christ, 596 a
Appel de Dieu, 736 b
Apprentis orphelins d'Auteuil (bx DANIEL BROTTIER), 38 c, 63 c
Appropriation (théologie), 670 a, 675 a
APRÔNE (ste), 1115 a
Aquero, 769 a
AQUILA, 307 a, 1115 a
Arabe (langue), 219 a
Arabe, conquête - aux VIIe-VIIIe siècles, 335 a
Arabe, expansion - aux VIIe-IVe siècles (chronologie), 334 b
Araméen (langue), 219 a
Araméen (langue), dans l'*Ancien Testament*, 213 b, 214 b
ARAMÉENS, 218 a, 218 b
Araméens (commentaires) de l'*Ancien Testament* (Targums), 214 a
ARARAT (mont), 221 c
Arbitraire et salut, 702 a
Arbitre (libre), voir Libre arbitre
Arbre de Jessé, 1166 a
Arbre de la connaissance dans *Genèse*, 223 c
Arbre de Noël, 928 c
Arbre de vie dans *Genèse*, 223 c
Arbre vert, L'- (film), 635 c
ARCAND, DENYS, 635 b
Arcane (École), voir Bonne volonté mondiale
Arc boutant, 642 a
Arc-en-ciel (symbole de l'Alliance avec Noé *(Genèse)*), 221 a, 232 c
Archange (cit. de saint Grégoire le G.), 103 b
Arche, communautés de l'-, 1106 c, **1122 b, 1122 c**, 1199 c
Arche, communauté de l'- (Lanza del Vasto), 1126 a, 1197 c
Arche d'Alliance, 233 a
Arche de Noé, 221 c
Arche de Noé (symbole de l'Église), 221 a
ARCHÉLAÜS, 252 a
Archéologie et origines d'Israël, 229 a
Archétype (définition), 668 b
Archevêchés français, 995 b
Archevêchés français (tableau avec adresses), 1003
Archevêque, 995 a, 995 b
Archidiaconé, 990 a
Archidiacre (définition), 995 c
Archimandrite (définition), 1018 a
Archiprêtré, 900 a, 990 a
Archiprêtre (définition), 995 c
Architecture religieuse, **637**
Archives secrètes vaticanes, 1032 c
Archivolte, 643 b
ARCONCE (st), 1115 a
ARCULF, 771 a
ARDAING (st), 1115 a
Ardents, Notre-Dame des - (pèlerinage à Arras), 770
ARDON (st), 1115 a
ARÈDE (st), 1115 a
A-religieux (typologie religieuse française), 202 b
Ares, 1126 a
AREZZO, GUY D'-, et la musique, 660 a
Argent (placement et utilité sociale), 834 b
ARGENTINE, population juive en - (tableau), 140 a
Argent, les chrétiens et l'-, 847 a, 847 b
Argent, l'- et la morale, 846 b
Argument ontologique, 672 a, 672 b
ARIANE (ste), 51 b
Arianisme, 318 b, 320 a, 321 a, 321 b, 321 c, 565 a
Arianisme et consubstantialité, 674 c
Arianisme et Jésus-Christ, 681 a
Arianisme, saint Ambroise et l'-, 48 a
Arianisme, saint Athanase et l'-, 52 a
Arianisme, saint Avit et l'-, 53 a
Arianisme, saint Basile et l'-, 53 c
Arianisme, saint Hilaire de Poitiers et l'-, 81 a
Arianisme, saint Isidore et l'-, 84 a
Arianisme, saint Léandre et l'-, 93 a
ARIBERT, DEODAT (st), 35 c
Arica (École), 1126 a
Aridité (spirituelle), 736 c
ARIELLE (prénom), 51 c
ARIÈS, PHILIPPE (cit. : l'angoisse et la mort), 893 a
Ariman, 1126 a
ARISTIDE (st), 51 c
ARISTOTE et la métaphysique, 672 c
ARISTOTE et le concept de nature, 719 a
ARISTOTE et le prêt à intérêt, 847 b
ARISTOTE et l'hylémorphisme, 716 c
ARISTOTE, la scolastique et -, 357 c, 367
ARISTOTE, la vie intellectuelle au XIIIe siècle et -, 368 a
ARISTOTE, l'école d'Antioche et -, 314 c
Aristotéliciens de l'école d'Antioche, 314 c
ARIUS, 320 a, voir aussi Arianisme
ARIUS, anathème sur -, 562 b
ARIUS et la christologie, 681 a
ARIUS, pensée d'-, 321 a
ARLES, concile d'- (314) 1194 a
ARLES, concile d'- (314) et le donatisme, 316 c, 320 b, 330 a
ARLETTE (prénom), 51 c
ARMAND (st), 51 c
ARMAND, AUGUSTE, 770 b
ARMAND DE PONTBRIAND (st), 51 c
Arme Dienstmaegde Jesu Christi (bse MARIA-KATARINA KASPER), 36 c
Armée, aumônerie et -, 1100 a
Armée du Salut, 1126 a
Armée du Vatican, 1038 b
Armée, l'- (cit. : *Gaudium et Spes*, Vatican II), 872 a, 872 b
Armée, voir aussi Défense nationale, Guerre, Militaires, Paix, 872
ARMEL (st), 51 c
Armement, course à l'- et paix, 846 a ; voir aussi GOUYON (cardinal)
Armement, commerce de l'-, 873 a, 873 b
Armement et non-violence, 871 a
Armement, l'Église et l'-, 873
Armement, voir aussi Désarmement, 873 c
Arménien (rite), 938 c, 939
Arménienne, Église Apostolique -, 153 b, 324 c
Arménienne, Église Apostolique - (autonomie), 583 a, 584 b
Arméniens catholiques, 153 b, 1016
Arméniens catholiques en France (éparchie), 992 c
Arméniens catholiques en France (éparchie, adresse), 1016 b
Arméniens, Église Apostolique des - (données numériques), 152 c
Arméniens en France, 183 a
Armes nucléaires, l'Église et les -, 876 c
Armistice de Tolentino (1797), 429 a
Armoiries du Saint-Siège, 552 a
ARNAUD (bx), 51 c
ARNAUD DE BRESCIA, 361 a
ARNAUD DE MELUN, 445 a, 457 a
ARNAULD, ANTOINE, 413 a, 413 b, 415 b
ARNOLD (st), 51 c
ARNOLD (ou ARNOUL, st), 51 c
ARNOLD JANSEN (bx), 36 a
ARNON, 219 c
ARNOUL (ou ARNOULD, st), 51 c
ARNOULT (st), 52 a
ARNOUX (st), 52 a
Arrabiati, 387 a
AR-RAYES, RAFQA (bse), 40 a
Arrestation de Jésus, 282 a
ARS (Association des Recteurs de Sanctuaires), 1092 c
ARS, Curé d'-, voir JEAN-MARIE VIANNEY (st)
ARS, pèlerinage d'-, 89 a, 1208 a
ARSÈNE (st), 52 a
Art anglo-normand, 637 c
ARTAXERXÈS, 249 b
Art baroque, 639 c, 1172 a, 1172 b
Art carolingien, 637 c
Art chrétien, premier - et premières représentations de la foi, (empire romain), 1167 c, 1168 a
Art de la Contre-Réforme (ou Réforme catholique), 638 c
ARTÈNE (ste), 1115 a
Art et les croyants aujourd'hui, 658 b
Art et les papes de la Renaissance, 389 a, 389 b, 389 c
Art et spiritualité (cit. de R. Huygue), 658 a, 658 b
Art flamboyant, 638 a
Art gallo-romain, 637 a
Art gothique, 638 a, 638 b
Art gothique et XIIIe siècle, 368 a
Art gothique, naissance de l'-, 356 a, 370
Art gothique, Suger et l'-, 353 b
ARTHAUD, Bienheureux - (st), 1115 a
ARTHUR (bx), 52 c
ARTHUYS, 636 a
Article de foi (définition), 603 a
Articles organiques, 431 a
Artisans de la fête (pastorale), 1108
Artiste et spiritualité (cit. de Kandinsky), 646 b, 646 c
Art mérovingien, 637 b
Art néo-classique, 638 b
ARTOIS comte D'-, 427 c, 436 c
Art religieux, 637
Art religieux (Communautés d'Accueil dans les Sites artistiques CASA), 1092 c
Art Renaissance, 638 c, 646 b
Art roman, 637
Art roman (Cluny), 348 b
Art roman, début de l'-, 344 b, 346 c
Art roman et pèlerinages, 345 c
Art sacré (cit. de K. Barth, M. A. Couturier, J. Ellul), 658 c
Art sacré (commission diocésaine), 1063 b
Art sacré, Comité national de l'- (CNAS), 1062 c
Art, valeur religieuse de l'- (encycl. *In praeclara summorum* Benoît XV), 554 a
Ascension, 286 c, 913 c
Ascension (cit. de saint Maxime), 922 b
Ascension (fête chômée), 910 b
Ascension (fête de précepte), 920 b
Ascension et la création, 690 a
Ascèse (définition), 735 a
Ascèse chrétienne, **791 a**
Ascètes (définition), 735 a
Ascétisme (définition), 735 a
ASER (fils de Jacob et Zilpa), 226
ASER (une des douze tribus d'Israël), 237
ASETT (Association Œcuménique des Théologiens du Tiers-Monde, EATWOT), 625 c, 630 a
Ashkénazes, 140 c
Ashkénazes (France), 177 c
Ashrams, 144 c
ASIC (Association des Services d'Information chrétienne), 1073 a, 1076 c
ASIE, début du christianisme en -, 308 b
ASIE, missions en - aux XVIe-XVIIe siècles, 412 a
ASIE, missions en - au XIXe siècle, 439 a
ASIE, missions jésuites en - aux XVIe-XVIIIe siècles, 411
Asile, droit d'-, 869 a
Asile, droit d'- dans les églises, 1174 a, 1174 b
Asmonéens, dynastie des -, 251 a
Asmonéens (chronologie), 251 c
ASPACE (st), 1115 a

Asperges me, 959 b
Aspersion, 942 b, 959 b
Aspersion (baptême), 951 a
Assemblée (sens biblique, théologique, liturgique), 906 c
Assemblée des Cardinaux et Archevêques français, 1012 b
Assemblée dominicale en l'Absence de Prêtre (ADAP), 191 b, 199 c, 729 b, 964 a, 962 a, 962 b, 1062 b
Assemblée du Clergé (Ancien Régime), 1012 b
Assemblée législative (1791), 426 a
Assemblée nationale (1789), 424 a
Assemblées de Dieu, 180 b
Assemblée spéciale pour l'Europe du synode des évêques (mars) 1158 c, 1159
Assermentés (prêtres) pendant la Révolution française, 425 b
Assis à la droite du Père (Symbole des apôtres), commentaire, 526 a
Assise (dialogue entre les religions et la mission), 1126 b
Assise (rassemblement « Ensemble pour prier »), 1181 b, 1181 c
Assis pour prier, 747 c
ASSMANN, 625 b
Association des Amis de l'Aumônerie catholique des Armées françaises (AACAF), 1101 c
Association catéchétique nationale pour l'Audiovisuel (ACNAV), 1086 c
Association catholique de la Jeunesse française, voir ACJF
Association catholique des Malades, 1120 b
Association catholique irlandaise (XIXᵉ siècle), 439 c
Association catholique pour le Respect de la Création animale, 721 b, 721 c
Association Charles de Jésus, 763 a
Association chrétienne supra confessionnelle, voir Moon
Association dans l'Église, droit d'- selon droit canon, 550 c
Association de fidèles, 1051 b
Association de la Sainte Famille et des foyers maternels, (bse RAPHAELLE YBARRA DE VILLALONGA), 38 b
Association de paix au Moyen Age, 346 a, 346 b
Association des Bibliothèques ecclésiastiques de France (ABEF), 1077 c
Association des Chrétiens en psychiatrie, 1106 a
Association des Coopérateurs de Mère Teresa, 1122 a
Association des Écrivains catholiques, 1077 c
Association des Étudiants de la *Bible* en France, 163 b
Association des Journalistes catholiques (AFJC), 1077 c
Association des Recteurs de Sanctuaires (ARS), 1092 c
Association des Services d'Information chrétienne (ASIC), 1073 a, 1076 c
Association d'Étude et d'Information sur les Mouvements religieux, 151 b
Association Emmaüs, 1098 a
Association et système féodal, 347 a
Association française des Journalistes de l'Information religieuse (AJIR), 1077 c, 1078 c
Association française des Pharmaciens catholiques (AFPC), 1100 b, 1106 b
Association internationale pour la conscience de Krishna, 151 a
Association nationale de la presse catholique de province (ANPCP), 1078 c
Association nationale des Directeurs diocésains de Pèlerinages (ANDDP), 1065 b, 1092 c
Association pour la Défense de la religion catholique (1828), 437 b
Association pour la promotion d'une santé parfaite, voir méditation transcendantale
Association pour la propagation de la foi, 441 a
Association pour la propagation de la foi (fondation, 1822), 437 b, 438 a
Association pour l'unification du christianisme mondial, voir Moon
Associations catholiques de Malades et Handicapés, 1106 c
Associations cultuelles (Loi de séparation), 472 a, 477 a
Associations cultuelles (Loi de séparation), refus Pie X *(Gravissimo officii munere)*, 553 c
Associations de Soutien aux Travailleurs immigrés (ASTI), 1095 c
Associations diocésaines (1924), 477 a
Associations diocésaines, don aux -, 1214 a
Associations diocésaines, Pie XI et les- *(Maximam gravissimamque)*, 554 a
Associations familiales catholiques (AFC), 1082 c
Associations ouvrières, Léon XIII et les - *(Quod apostolici)*, 553 b
Assomption (fête chômée), 910 b
Assomption, congrégations de l'-, voir Assomptionnistes, Oblates de l'-, Petites sœurs de l'-, Religieuses de l'-
Assomption de Marie, 98, 902 b, 913 b
Assomption de Marie (dogme défini par constitut. apostol. *Munificentissimus Deus* Pie XII), 496 a, 544 c, 554 b, 904 a
Assomptionnistes (Augustins de l'Assomption), 763 a
Assomptionnistes (Augustins de l'Assomption, fondation), 566 b
Assomptionnistes, dissolution des - par le gouvernement Waldeck-Rousseau (1901), 463 c, 470 a
Assomptionnistes et la presse au XIXᵉ siècle, 463 b, 463 c, 470 a
Assomption, religieuses de l'-, 35 c
ASSOURBANIPAL, 220 a
ASSUÉRUS, 249 b
ASSYRIE, 220 a
Assyrienne (Église apostolique) d'Orient, 153 a
ASTI (Association de Soutien aux Travailleurs immigrés), 1095 c
ASTIER (st), 52 a
ASTORCH, MARIA-ANGELA (bse), 37 c
Astrologie, 533 b
ATC (Association Aide au Travail des Cloîtres), 1043 b
ATD (Aide à Toute Détresse - Quart Monde), 1098 a, 1122 c, 1123, 1197 c
Ateliers protégés pour handicapés, 1107 b
ATHALIE, 243 a, 243 b
ATHANASE (st), **52 a**, 326 a
ATHANASE (st) (cit. : Dieu fait homme pour que nous devenions Dieu), 327 b
ATHANASE (st) (Vie de Saint-Antoine), 29 c
ATHANASE (st) et l'arianisme, 322 a
ATHANASE (st) et l'école d'Alexandrie, 314
ATHANASE (st) et l'empereur Constantin, 318 b
ATHANASE (st) et le monachisme, 329 a
ATHANASE (st) et le psautier, 941 c
ATHANASE (st), Père de l'Église, 314
ATHANASE (st), prédicateur, 563 b
ATHANASE (st), Vie de saint Antoine, 50 c
Atharva-Veda, 145 b
Athéisme (définition), 535 c
Athéisme, formes de l'-, **530 b**, **531**
Athéisme, géographie de l'-, 139
Athéisme, l'Église et l'- (cit. : *Gaudium et Spes*), 1078 c
Athéisme marxiste, 844 a
Athéisme pratique, 531 a
Athéisme, saint Paul et l'-, 21 b
ATHENAGORAS (patriarche), 582 b
ATHENAGORAS (patriarche) et la date de Pâques, 909 b
ATHENAGORAS (patriarche) et Paul VI, déclaration commune, 374 b, 376 c, 1158 a
ATHENAGORAS (patriarche), rencontres avec Paul VI, 501 b, 503 b
ATHOS (MONT), 155 b
Atlantis, 1126 b
Atman, 144 b, 1126 b
Attachés sociologiques, les -, (typologie religieuse française), 202 c
ATTALAS (st), 1115 a
ATTALIA ou ATTALA (ste), 1115 a
ATTILA, 332 a
Attivita della Santa Sede, 1032 a
Attributs divins, 666, 667
Attrition, 970 c
Aube (vêtement liturgique), 931 a
Aube-coule (vêtement liturgique), 931 a
Aube, L'-, 489 a
AUBERT (st), 52 b
AUBIN (st), 52 b
Au Christ inconnu (D. Bellet), 685 c
AUDE (ste), 52 b
Au-delà et résurrection, 890 c
Audience papale, comment assister à une - ?, 1012 b
Audiovisuel (encycl. *Miranda prorsus* Pie XII), 554 c
Audiovisuel (service du Vatican), 1032 b
Auditeurs (cathares), 361 b
Auditeurs (concile Vatican II), 500 b, 725
Auditrices (concile Vatican II), voir Auditeurs concile Vatican II
Aufklärung, 423 a
Augmentation proportionnelle des salaires et équité, 834 c
AUGSBOURG, voir Confession d'-, Ligue d'-, Paix d'-
AUGUSTE (empereur), 261 b
AUGUSTE (empereur) et Israël, 252 a
AUGUSTE (st), 52 b
AUGUSTE CHAPDELAINE (bx), 52 b
AUGUSTIN (st), 24 c, **52 b**, 326, 327 a ; voir aussi Augustinisme
AUGUSTIN (st) (cit.), 116 a
AUGUSTIN (st) (cit. : apôtres), 91 a
AUGUSTIN (st) (cit. : dignité de l'homme), 52 c
AUGUSTIN (st) (cit. : Jusqu'à ce que vienne l'achèvement), 773 b
AUGUSTIN (st) (cit. : la prière pour les défunts), 918 a, 918 b
AUGUSTIN (st) (cit. : l'évêque), 557 a
AUGUSTIN (st) (cit. : Montre-moi ton Dieu), 692 b, 692 c
AUGUSTIN (st) (cit. : Pilotés par le Christ), 952 b
AUGUSTIN (st) (cit. : sur saint Étienne), 68 a
AUGUSTIN (st) (cit. : vie éternelle), 896 b, 896 c
AUGUSTIN (st) (cit. : vie religieuse), 90 a
AUGUSTIN (st) (cit. : virginité consacrée), 93 b
AUGUSTIN (st), Catéchèse des débutants, 1085 a
AUGUSTIN (st), communauté de chamoines réguliers de -, 87 c
AUGUSTIN (st), doctrine de la grâce selon -, 326 a
AUGUSTIN (st) et la continence, 826 c
AUGUSTIN (st) et la guerre (cit.), 874 a
AUGUSTIN (st) et la guerre juste, 875 b
AUGUSTIN (st) et la musique, 660 a
AUGUSTIN (st) et la prédestination, 708 c
AUGUSTIN (st) et la recherche de Dieu, 17
AUGUSTIN (st) et l'astrologie, 533 a
AUGUSTIN (st) et la tolérance, 829 b
AUGUSTIN (st) et la virginité, 822 c
AUGUSTIN (st) et le baptême des petits-enfants, 951 b
AUGUSTIN (st) et le célibat, 822 c
AUGUSTIN (st) et le donatisme, 320 a
AUGUSTIN (st) et le libre arbitre, 701 a
AUGUSTIN (st) et le mariage, 807 b
AUGUSTIN (st) et le mensonge, 830 c
AUGUSTIN (st) et le monachisme, 329 b
AUGUSTIN (st) et le pélagianisme, 879 c
AUGUSTIN (st) et le théâtre, 659 a
AUGUSTIN (st) et l'Immaculée Conception, 903 b
AUGUSTIN (st) et spiritualité, 731 c, 755
AUGUSTIN (st) et théologie, 626 a
AUGUSTIN (st), la grâce et les œuvres de -, 700 b
AUGUSTIN (st), *les Confessions* de -, 647 c
AUGUSTIN (st), nature et grâce selon -, 719 a
AUGUSTIN (st), Père de l'Église, 314
AUGUSTIN (st), prédicateur, 563 b
AUGUSTIN (st), qu'est-ce que croire pour - ?, 607 b
AUGUSTIN DE CANTORBÉRY (st), 53 a, 336 a, 756 b
AUGUSTIN DE CANTORBÉRY (st) (évangélisation des Angles), 337 a
AUGUSTIN DE CANTORBÉRY (st) et le monachisme, 329 c
Augustinisme, 326 b
Augustins de l'Assomption, voir Assomptionnistes
Augustins, les - (Ordre de Saint Augustin, OSA), 754 c
Augustinus (Jansenius), 413 a

AUMAÎTRE, PIERRE, (st), 38 b
Aumône, 828 c
Aumône (islam), 143 b
Aumônerie (définition), 1048 c
Aumônerie de l'enseignement public, **1090**
Aumônerie de l'enseignement public (chiffres), 1091 a, 1091 b
Aumônerie de l'enseignement public, don à l'-, 1214 c
Aumônerie de l'enseignement public, instances diocésaines de l'-, 1090 a
Aumônerie de l'enseignement public, objectifs de l'-, 580 c
Aumônerie des artisans de la fête, 1014 a, 1108 b
Aumônerie des collectivités publiques, l'État français et l'-, 1035 b
Aumônerie des Français à l'étranger, 1096 a ; voir aussi Aumôneries francophones
Aumônerie des prisons, 1096 a, 1097
Aumônerie générale des Français, 1014 a
Aumônerie générale des prisons, 1097 c
Aumônerie militaire, 1100
Aumônerie nationale de la batellerie, 1014 a, 1108
Aumônerie nationale des centres de jeunes inadaptés, 1106 c, 1107 a
Aumônerie nationale des forains, 1014 a
Aumônerie nationale des gitans, 1014 a, 1109 a
Aumônerie nationale des hôpitaux, 1107 a
Aumôneries des étrangers en France (liste et adresses par origines), 1095 a, 1095 b
Aumôneries francophones dans le monde, 1014 a, 1096, 1214 à 1217
Aumônier (définition), 1048 c
Au milieu des sollicitudes (Léon XIII), 465 a, 553 c
Au milieu des sollicitudes (Léon XIII), extrait, 465 b
Aura, 1126 b
AURAY, pèlerinage, voir Sainte-Anne d'-
AURÉLIE (ste), 53 a
AURÉLIEN (st), 53 a
Auréole, 23 b
Au risque de se perdre (film), 636 c
AURORE (prénom), 53 a
Auroville, 1126 b
AUSCHWITZ, 140 c
AUSCHWITZ, Affaire du Carmel d'-, 1172 c, 1173 a
AUSONE (st), 1115 a
AUSTREBERTE (ste), 1115 a
AUSTREGISILE (st), 1115 b
AUSTREMOINE (st) 1115 b
AUSTRUDE, (ste), 1115 b
AUTANT-LARA, CLAUDE, 636 c
Autel, 930 a, 930 b
Autel (notion biblique), 1161 a
AUTEUR (st), 1115 b
AUTHAIRE (st), 1115 b
Autocéphale, 155 b
Autodafé, 363 b
Autorité dans l'Église selon Luther, 390 b, 391 b
Autorité publique universelle et la paix, 875 a
Autorités (anges), 694 b
Autre, relation à l'-, 811 b
Autre, tout-, 716 b
AUTRICHE (géographie chrétienne), 1141 a
AUTRICHE, annexion allemande de l'- (Anschluss 1938), 481 a
AUVITY (Mgr), 492 b
Auxilia, 1098 a
Auxiliaire (évêque), 990 a, 1006 b
Auxiliaire (évêque) (définition), 1002 c
Auxiliaires ou auxiliateurs (saints), 43 b
Auxiliatrices des âmes du purgatoire, 99 c, 566 b, 763 c
Avantages acquis et solidarité, 834 b
Avarice, 829 a, 847 c
Avatars, 144 c
Ave Maria (prière), origine de l'-, 746 a
Avenir de la culture, voir Travail - Famille - Propriété
Avenir du christianisme vu par J. Delumeau (cit.), 512 a
Avenir, L'-, 444 b, 463 a
Avenir, L'- (extrait de son manifeste), 443 c
Avenir, L'- (condamnation par encyclique *Mirari vos* Grégoire XVI), 443 a, 443 b, 443 c, 553 b
Avenir, L'- (réponse à l'encyclique *Mirari vos*, extraits), 444 a
Avenir, L'- et la question sociale, 457 a
Avenir, L'- et l'ultramontanisme, 445 b
Avenir, L'-, fondation de -, 437 a, 442 a, 443 a
Avent, 912 a, 923 c
Avent, couronnes, 928 a, 928 b
AVERROÈS, 367 c
AVERROÈS, la scolastique et -, 357 c
Aveu des péchés, 971 a, 971 b
AVICEBRON, 364 a
AVICENNE, la scolastique et -, 357 c
AVIGNON et les juifs au Moyen Age, 364 b
AVIGNON, les papes d'-, 378 b
AVIGNON, palais des papes en -, 379 c
AVIT (st), 53 a
Avocat du diable, 23 b, 32 a
Avortement, **822 a**, **822 b**
Avortement (Paul VI), 815 a
Avortement, charte de la famille et -, 808 a
Avortement, diagnostic prénatal et -, 815 a
Avortement et excommunication, 559 b
Avortement et le respect de la vie, 802 c
Avortement et pratique religieuse, France, 188 b, 188 c
Avortement, prévention contre l'-, 1083 b
AXEL, AXELLE (prénoms), 53 a
Axe Rome-Berlin (1936), 479 a, 479 b
Ayatollahs, 142 b
AYMAR (bx), 53 a
AYMER DE LA CHEVALERIE, HENRIETTE, et les picpuciennes, 566 b
Azyme (pain) dans le conflit Rome-Constantinople au Moyen-Age (cit.), 376 a
Azyme (pain), origine de l'-, 968 b
Azyme (pain), symbole biblique de l'-, 277 a, 277 b
Azymes, fête juive des -, 911 c

- B -

Baals, 218 b, 243 b, 612 b, 671 c
Baals, Élie et les -, 242 c
Baals, Osée et les, 245 a
BABEL, 221 c
BABEL et BABYLONE, 246 c
BABENCO, 636 c
BABOLEIN (st), 1115 b
BABYLONE, 246 c
BABYLONE, captivité d'Israël à - (l'Exil), 247 a
BABYLONE et BABEL, 221 c
BABYLONE et la *Bible*, 572 a
Babyloniens, 218 b
Bac, rue du - (pèlerinage), voir Médaille miraculeuse (Notre-Dame de la -)
BACH, JEAN-SÉBASTIEN, 660 c
BACH, JEAN-SÉBASTIEN (discographie), 661 b
BACON, ROGER, 24 c
BADEN-POWELL, ROBERT, 1089 a
BADRÉ, JEAN (Mgr), 1100 c
Baha'i, voir Foi universelle Baha'ie
BAILLY, VINCENT DE PAUL (père), 463 b
BAIN (st), 1115 b
Baiser de la paix, 942 b
BAKOUNINE, 451 a
BALDE (ste), 1115 b
BALDEGONDE (ste), 1115 b
BALDERIC (st), 1115 b
BALDO, GIUSEPPE (bx), 1113 c
BÂLE, concile de - (1431), 382 a, **382 b**, 1194 b, 1194 c
BÂLE, Rassemblement œcuménique européen de -, « Paix et Justice », 1181 c, 1182
Ballade pour prier Notre-Dame, (cit. de Villon), 653
BALTHASAR (mage), 929 b
BALTHASAR (roi), 249 b
BALTHASAR, HANS URS VON, 624 b, 627 a
BALTHASAR, HANS URS VOn (cit. : Marie, figure de l'Église), 724 c
BALTHASAR, HANS URS VON, et le théâtre, 659 c
Banc de prière, 747 b
Banc d'œuvre, 1010 b
BANDARIDE (st), 1115 b
BANDOENG, conférence de -, 570 b
Banque vaticane, 1031 b, 1041 c
Banques alimentaires, 1098 b, 1098 c
Banquet de Dieu, 968 c
Bans, publication des - (mariage), 976 c
Baptême, 946 a, 947 à 952
Baptême (convergences, divergences entre confessions chrétiennes), 162
Baptême (sacrement), 946 a
Baptême (sacrement de l'initiation chrétienne), 945 a
Baptême à la fin du IVe siècle, 331 a
Baptême, Après le –, 948 b, 948 c
Baptême au IIIe siècle, 315 b
Baptême avant Jésus, 947 a
Baptême, catéchuménat préparatoire au -, 576 a, 1084 a
Baptême chrétien (sens), 947 b, 947 c
Baptême, Credo et le -, 527 b
Baptême dans le Jourdain au temps du Christ, 947 b
Baptême dans le monde (chiffres), 169
Baptême d'eau, 952 a
Baptême de désir, 952 a
Baptême de Jésus, 271 b
Baptême de Jésus, du - au Jourdain à son baptême sur la croix, 947 a
Baptême de Jésus et baptême chrétien, 271 c
Baptême, déroulement du -, 950 a, 950 b
Baptême des adultes, 949 b
Baptême de sang, 952 a
Baptême des petits enfants, 523 a, 949
Baptême, doctrine du - résumée par Paul VI, 523 a
Baptême donné par Jean-Baptiste, 271, 271 c
Baptême du Seigneur, fête du - (calendrier), 912
Baptême, enfants morts sans -, 949
Baptême et communauté chrétienne, 538 c
Baptême et péché originel, 712 c
Baptême, eucharistie, ministère (Commission Foi et Constitution du Conseil Œcuménique des Églises), 1072 b
Baptême, grâce du -, 701 c
Baptême, le diacre et le -, 558 a
Baptême, pratique du - en France (chiffres), 196
Baptême, préparation et célébration du -, 948
Baptême, préparation pratique du -, 950 a, 950 b
Baptême, réforme liturgique du - par Paul VI, 907 c
Baptême, rénovation des promesses du -, 926 b, 926 c
Baptême, rituel (célébration), **948 b**, **948 c**
Baptême, saint Cyrille de Jérusalem et le - (cit.), 945 a
Baptisés se déclarant catholiques (pourcentages pour la France), 184
BAPTISTE (prénom), 53 b
Baptistère, 640 c, 949 a, 951 a
Baptistère d'Aix-en-Provence, 637 a, 951 a
Baptistère de Poitiers, 331 a, 637 a, 951 a
Baptistes, 156 a, 1126 c
Baptistes (données numériques dans le monde), 157 a
Baptistes, origine des -, 395 c
BARABBAS, 282 b
BARADAÏ ou BARADEÉ, JACQUES, 153 a
BARAQ, 238 b
BARAT, MADELEINE-SOPHIE (ste), voir MADELEINE-SOPHIE BARAT
BARBANT (st), 53 b
Barbares, invasions - en Occident, 332 a
Barbares, l'Église et les -, 332 b
BARBE (ste), 43 a, 53 b
BARBE (ste VIVIANE), 123 a
BARBEDETTE, EUGÈNE et JOSEPH, 770 b, 904 b
BARBEROUSSE, voir FRÉDÉRIC Ier
BARBEY D'AUREVILLY, JULES, 647 b
BARBIERI, CLELIA (ste), 35 b, 1113 a
BARETT, DAVID, 563 a
Barette, 931 c
BAR KOSEBA, 240 c
Bar Mitzva, 141 c
BARNABÉ (st, apôtre), **53 b**, 275 a, **288 c**, 305
Barnabites, fondation -, 403 b
Barnabites (st ANTOINE-MARIE ZACCARIA), 51 a
BARNARD (st), 53 b

Baroque, art-, 639 c, 1172 a, 1172 b
BARRÈS, MAURICE, 647 b
BARRETO, 636 a
BARTH, KARL, 624 b, 627 b
BARTH, KARL (cit : Dieu notre joie), 665 b
BARTH, KARL (cit : l'art et Dieu), 658 c
BARTHÉLEMY (st, apôtre), 53 b
BARTHÉLEMY (st, un des douze apôtres), 275 c
BARTOLO LONGO (bx), 37 a
BARUCH, *Apocalypse de* - (apocryphe), 214 c
BARUCH, écrits se réclamant de -, 246 a
BASCIO, MATTEO DA, 566 b
Bas-côtés, 640 c
Base de colonne, 641 a
BASILE (st), 24 c, **53 c**, 326 a
BASILE (st) (cit. : charité et inégalité), 53 c
BASILE (st) et la théologie trinitaire, 321 c
BASILE (st) et le monachisme cénobite, 329 b
BASILE (st) et l'homélie, 966 b
BASILE (st), liturgie de -, 939 a, 939 b
BASILE (st) Père de l'Église, 314
BASILE I (empereur), 375 a
BASILE II (empereur), 371 b
BASILIDE et la gnose, 531 b
Basilique romaine au IVᵉ siècle, 331 c
Bas-relief, 643 a
BASSUS (st), 1115 b
BASTAIRE, JEAN (cit.), 878 a, 878 b
Batellerie, monde de la - (pastorale), 1108
Batellerie, monde de la - (pastorale et aumônerie), 1108
BATHILDE ou BALTHILDE (ste), 54 a
Batière (architecture), 642 a
Bâtisseurs de cathédrale (cit.), 370 a
Bâton pastoral, 933 a
BAUDELAIRE, CHARLES, 647 a
BAUDILE (st), 1115 b
BAUDOIN ou BAUDOUIN (st), 54 a
BAUDOUIN (roi de Jérusalem), 360 a, 360 b
BAUDOUIN DE FLANDRE (empereur latin de Constantinople), 358 b, 360 b
BAUDOUIN II (empereur latin de Constantinople), 360 b
BAUDRILLART, 563 b
BAUMANN, ÉMILE, 647 b
Baume consacré (cit. de saint Cyrille de Jérusalem), 954 c
BAVARDY, MARIAM (bse), 38 a
BAVON (st), 54 a
Bayard-Presse, 463 b, 463 c, 763 b, 1078
BAYLE, 420 a
BAZIN, RENÉ, 647 b
BEA (cardinal), 497 a
BÉART, GUY, 663 c
BÉAT (st), 54 a
Béatification, 28 a
Béatification en France, première -, 39 c
Béatification hors de Rome, première -, 37 b
Béatifications depuis Vatican II, 35, 1111, voir aussi Bienheureux
Béatifications hors de Rome, 37 b
Béatitude (vision béatifique), 738 b
Béatitude (communauté), 763 a
Béatitudes (texte *Mt* 5, 1-12), 774 b ; (texte *Lc* 6, 20-23), **794 a**
Béatitudes et bonheur humain, 775
Béatitudes et morale chrétienne, **794 a**
Béatitudes pour temps de chômage (cit. Torija), 840 c
BÉATRICE (ste), 54 a
BÉATRICE D'ORNACIEUX (bse), 54 b
BEATRIZ DA SILVA (ste), 36 b
Beau (attribut divin), 667 b
Beau, le - (cit. de Kandinski), 646 b
BEAUDUIN, LAMBERT (dom), 585 b
BEAULIEU, LOUIS (st), 38 b
BEAUSSART (Mgr), 492 b
Beauté de Dieu (cit. de Jean-Paul II), 673 b
Bébés, pourquoi baptiser les - ?, 951 b, 951 c
BÉCAUD, GILBERT, 663 c
BEC HELLOUIN, LE - (abbaye), 756 c
BEC HELLOUIN, LE - (abbaye au XIᵉ siècle) 349 b
BECKET, THOMAS, voir THOMAS BECKET (st)
BECKETT, SAMUEL, 659 c
BÈDE LE VÉNÉRABLE (st), 24 c, 54 b
BÉDIER, JOSEPH (la chanson de geste et les pèlerinages), 345 b, 345 c
BEELZEBOUL, BEELZEBOUD ou BEELZEBOUB, 243 b, 612 b, 694 c
BEETHOVEN, LUDWIG VAN, 660 c
Bégards et nudité, 931 a
BÉGUIN, ALBERT, 647 b
Béguins, Béguines, Bégards ou Béghards, 1168 c, 1169 a
BÉJART, MAURICE (cit. : La danse, moyen de sortir de soi), 909 a
BELARUS (géographie chrétienne), 1141 a
BELGIQUE (catholicisme, première moitié du XIXᵉ siècle), 438 b
BELGIQUE (Histoire), 1142 a, 1142 b
BELGIQUE (géographie chrétienne), 1141 b
BELGIQUE, indépendance de la - (1830), 438 b
BELIAL, 694 c
BELLARMIN, voir ROBERT BELLARMIN (st)
BELLET (père), 685 c
Belley, 88 b
BELLOTI, JEAN-ANTOINE, 747 b
BENEDETTO, GIUSEPPE (bx), 1112 c
Bénédicite de l'abbé Pierre (cit.), 936 c
Benedicite, exemple de -, 741 b
BÉNÉDICTE (ste), 54 b
BÉNÉDICTE DE LA CROIX (sœur), voir STEIN EDITH
Bénédictins (fondation), 335 b
Bénédictins (renouveau au XIXᵉ siècle), 444 b, 446 a
Bénédictins (spiritualité), 756 a
Bénédictins Camaldules (st ROMUALD), 113 c
Bénédictins dans l'histoire monastique, 1050 b
Bénédictins, les - de la congrégation de Vallombreuse, 87 b
Bénédictins, l'ordre des -, 756 b
Bénédictins, règles des -, 756
Bénédictins, saint BENOÎT D'ANIANE et les -, 54 c
Bénédictins, saint BENOÎT DE NURSIE et les -, 54 c
Bénédiction, 748 a
Bénédiction de la table (formules), 741 b
Bénédiction du Saint-Sacrement, 936 c
Bénédiction nuptiale et sacrement, 975 c
Bénédiction nuptiale (formule), 977 a, 977 b
Bénédiction Urbi et Orbi, 1020 a
Benedictus, 916 b
Benedictus (prière de Zacharie, père de saint Jean-Baptiste), 124 b, 940 a
Bénéfices ecclésiastiques (historique), 1169 a, 1169 b
Bénéfices, participation des salariés aux -, 850 c, 852 b
BÉNÉLUX, 1141 c
BÉNEZET (st), 54 b
Ben Hur (film), 636 a
BÉNIGNE (st), 54 b
BENIGNI (Mgr), 466 a
BÉNILDE (frère), 35 b
BÉNILDE (st), 54 b
BENJAMIN (fils de Jacod et de Rachel), 226, 227 b
BENJAMIN (st), 54 b
BENJAMIN (une des douze tribus d'Israël), 237
BENOÎT (st), **54 c**
BENOÎT (st) (cit.), 116 a
BENOÎT (st) et le monachisme d'Occident, 329 c, 335 b, 1050 b
BENOÎT (st) et sainte Scholastique, 114 c
BENOÎT (st), évangélisateur de l'Europe, 337 a
BENOÎT (st), Règle de -, 336 b, 753 a, 753 b
BENOÎT (st), Règle de - (cit.), 756
BENOÎT (st) Règle de - (équilibre), 879 c
BENOÎT (st), spiritualité de -, 731 c
BENOÎT MENNI (bx), 38 c
BENOÎT, NICOLAS, 1089 b
BENOÎT I (pape), 514 b
BENOÎT II (st, pape), 514 b
BENOÎT III (pape), 514 c
BENOÎT IV (pape), 514 c
BENOÎT V (pape), 514 c
BENOÎT VI (pape), 514 c
BENOÎT VII (pape), 514 c
BENOÎT VIII (pape), 514 c
BENOÎT IX (pape), 514 c
BENOÎT X (antipape), 514 d
BENOÎT XI (bx, pape), 515 a
BENOÎT XII (pape), 515 a
BENOÎT XII (pape) et la tiare, 933 b
BENOÎT XIII (antipape), 380 b, 381 b, 515 a
BENOÎT XIII (pape), 515 d
BENOÎT XIII (pape) et la fête de Notre-Dame des Douleurs, 922 a, 932 a
BENOÎT XIV (pape), 420 a, **423**, 423 a, 515 d
BENOÎT XIV (pape) et le chemin de croix, 772 b
BENOÎT XV (pape), **475 a**, 515 d
BENOÎT XV (pape) (cit. *Maximum illud*, extraits), 485
BENOÎT XV (pape), encycliques de -, 554 a
BENOÎT XV (pape) et les missions, 484 b, 485 c
BENOÎT XV (pape), proposition de paix de - en 1917, 475, 475 b, 876 b
BENOÎT D'ANIANE (st), 54 c
BENOÎT D'ANIANE (st), Coutumes de -, 336 a
BENOÎT DU PONT (st), 54 b
BENOÎT-JOSEPH LABRE (st), 55 a
BENOÎT-JOSEPH LABRE (st), intérêt contemporain pour -, 41 a
BEN SIRACH, voir Siracide
BÉRAIRE (st), 1115 b
BERAN (Mgr), 496 a, 507 a
BERCAIRE (st), 1115 b
Berceau (architecture), 641 b
Berdine, 1126 c
BÉRENGER (st), 55 a
BÉRENGER DE TOURS, 351 a
BERESFORO, BRICE, 635 a
BERG, DAVID, 150 c
Berger (pasteur), 556 a
Berger (renouveau charismatique), 751 b, 751 c, 1060 b
BERGERON, RICHARD, 150 a
BERGMAN, INGMAR, 636 a, 636 c
BERGSON, HENRI, 473 b, 629 a, 629 b, 632 a
BERLIOZ, HECTOR *(Requiem)*, 919 b
BERNADETTE SOUBIROUS (ste), 55 a, 770 b
BERNADETTE SOUBIROUS (ste) (calendrier liturgique), 25
BERNADETTE SOUBIROUS (ste), châsse de -, 23 c
BERNADETTE SOUBIROUS (ste) et les apparitions de Lourdes, 55 a, 749 b, **769 a**, 770 b, 898 b, 904 b
BERNADETTE SOUBIROUS (ste) et les paroles de la Vierge, 770 a
BERNADETTE SOUBIROUS (ste) et l'Immaculée Conception, 898 b
BERNAERT, LOUIS (cit.), 722 c
BERNANOS, GEORGES, 489 a, **647 c**
BERNANOS GEORGES (cit. : la prière), 651 a
BERNANOS, GEORGES (cit. : l'enfer, c'est de ne plus aimer), 648 a, 648 b
BERNANOS, GEORGES (cit. : l'Espérance), 887 c
BERNANOS, GEORGES (cit. : mystère de l'Église), 544 a
BERNANOS, GEORGES (cit. : paroisse), 546 c
BERNANOS, GEORGES (cit. : portée universelle de la prière), 739 a, 739 b
BERNANOS, GEORGES et les saints (cit.), 71 b
BERNARD (st), 24 c, **55 b**, 756 b
BERNARD (st) (cit. : la dédicace d'une église), 922 b
BERNARD (st) (cit. : prière à Marie, Souvenez-vous), 746 a
BERNARD (st) (cit. : sur saint Pierre et saint Paul), 109 a
BERNARD (st) et Abélard, 357 b
BERNARD (st) et la deuxième croisade, 355 a, 358 a, 358 b
BERNARD (st) et le culte marial, 903 a
BERNARD (st) et les Juifs, 364 b
BERNARD (st) et l'ordre de Citeaux, 355, 754 b
BERNARD (st) et son siècle, 355
BERNARD (st) et Suger, 336 a
BERNARD (st) prédicateur, 563 b
BERNARD (st), rôle historique de -, 354 a
BERNARD DE FONTAINE, voir BERNARD (st)
BERNARD DE MENTHON (st), 56 a
BERNARDIN DE SIENNE (st), **56 a**
BERNARDIN DE SIENNE (st) (cit.), 91 a
BERNARDIN DE SIENNE (st) et la réforme de l'Église, 385 a
BERNARDIN DE SIENNE (st) prédicateur, 563 b
BERNEUX, SIMÉON (st), 38 b

BERNIN, LE, 1022 b, 1172 b
BERNON (st), 56 a, 336 a
BERNON (st) et la fondation de Cluny, 348 b
BERT, PAUL, 464 b
BERTAUD, (st), 1115 b
BERTHE (ste), 56 a
BERTHIER, GEORGES, 1089 b
BERTHIER, PAUL, 1200 a
BERTHIEU, JACQUES (bx), 35 a
BERTHOLD (st), 759 a, 1115 b
BERTILLE (ste), 56 a
BERTILON, Bienheureux - (st), 1115 b
BERTIN (st), 1115 b
BERTONI, GASPARE ou GASPARO (st), 36 b, 1113 c
BERTRAND DE COMMINGES (st), 56 a
BERTRAND DE GARRIGUES (bx), 56 b
BÉRULLE, PIERRE DE, 408 b, 684 b, 731 c
BÉRULLE, PIERRE DE (cit. : prier le Père avec le Christ), 732 a, 734 a
BÉRULLE, PIERRE DE et l'école française de spiritualité, 761 c
BÉRULLE, PIERRE DE et l'Oratoire de France, 566 b, 761 a
BESNARD, A. M. (cit. : pourquoi l'Église ?), 542 b
BESNARD, A. M. (cit. : sainteté pour tous), 23 a
BESSETTE, ANDRÉ (bx), 37 c
BETANCUR, PIERRE DE (bx), 36 c
Bête, la - (démon), 694 c
BÉTHANIE, 263 c
Béthanie (centre de recherche et de médiation), 1126 c
Béthanie (communion de communautés), 1060 a
Béthanie, dominicaines de -, 763 c, 1057 b, 1096 b
BÉTHARRAM (pèlerinage), 770, 947, 1114 a, 1208 a
Bétharram, prêtres du Sacré-Cœur de Jésus de -, 103 c, 566 b, 763 a
BÉTHEL, 227 c, 243 a
BETHLÉEM, 269 b
BETHSAÏDE, 263 c
BETON (st), 1115 b
BEURON (abbaye), 756 c
BEUVE (ste), 1115 b
BEZANÇON, JEAN-NOËL, 685 c
BÈZE, THÉODORE DE, 398 a
Bhagad-Gita, 144 c
Bhagwan, 1126 c, 1129 a
BHAKTIVEDANTA SWAMI PRABHUYADA, 1127 a
BIBIANE (ste) ou VIVIANE (ste), 123 a
Bible (adresses utiles et livres), 217
Bible (bibliographie), 217, 1232 a, 1232 b
Bible (conseils à un débutant pour sa lecture), **216 b, 216 c**
Bible (étude : instructions Grégoire XVI, *Inter prœcipuas*), 553 b
Bible (études : encouragements Léon XIII, *Providentissimus Deus*), 553 c
Bible (études : encouragements Pie XII, *Divino afflante*), 554 b
Bible (livre de prière), 241
Bible (livre inspiré), **213 a**
Bible (traditions Yahwiste et Elohiste), 210 b, 229 a
Bible (vocabulaire et mariage chrétien), 976 a
Bible, abréviations des références dans les citations de la -, 212
Bible, autorité de la - (tableau), 597 b
Bible de Jérusalem, parution de la -, 663 a
Bible, divers types de lecture de la -, **215 b**
Bible et loi (tableau), 597 b
Bible gnostique et *Bible* juive, 598 b
Bible hébraïque, les livres prophétiques dans la -, 1165 c
Bible juive et *Bible* gnostique, 598 b
Bible, la - dans la Bibliothèque de la Pléiade, 214 a
Bible, la - de Chouraqui, 214 b
Bible, la - de Pierre de Beaumont, 214 b
Bible, la - d'Osty et Trinquet, 214 a
Bible, la - et la Révélation, 19, 137 b
Bible, la - et la Révélation (tableau), 595
Bible, la - et l'attitude devant les animaux, 721 b, 721 c
Bible, la - et la vision de la famille, 807 b
Bible, la - et l'égalité des sexes, 727
Bible, la - et le plaisir, 797 a
Bible, la - et l'histoire juive et chrétienne, 207
Bible, lecture chrétienne de la -, **216 b**, **216 c**
Bible, l'Église et la -, 700 a, 703 a
Bible, le protestantisme et la -, 157 b
Bible, le sacerdoce dans la -, 984 b
Bible, les pays de la -, **217**
Bible, les traductions de la -, **214 a**, **214 b**
Bible, les trois parties de la - dans les versions hébraïques, 210 b, 257 b
Bible, le vocabulaire du salut dans la -, 704 a
Bible, l'homme selon la -, 255
Bible, l'univers selon la -, 256 c
Bible, nouvelle - de Jérusalem, 214 a
Bible, présentation de la -, **209**
Bible, retrouver une citation dans la -, 212
Bible, traduction œcuménique de la - (TOB), 214 a
Bible, traduction œcuménique de la - (TOB) (cit.), 222, 223, 224
Bibliographie :
Ancien Testament, 217, 1232 a, 1232 b
Anglicanisme, 159 a
Bible, 217, 1232 a, 1232 b
Bouddhisme, 147 a
Foi, 1139, 1233 b, 1233 c
Générale, 1138 à 1140
Hindouisme, 145 c
Histoire de l'Église, 513 b, 1233 a
Islam, 142 a
Jésus Christ, 217, **684**, **685**, 1233 b, 1233 c
Jeunes, 1234 b, 1234 c
Judaïsme, 141 c
Liturgie, 1232 c
Morale, 1234 a, 1234 b
Nouveau Testament, 217, 1232 a
Protestantisme, 158 c
Orthodoxie, 154 c
Religions asiatiques, 148 a
Religions traditionnelles, 149 a
Saints, 133
Sectes, 151 c
Spiritualité, 1139 c, 1234 b
Textes de l'Église, 1233 a
Bibliothèque chrétienne de base, éléments pour une -, 1232 à 1234
Bibliothèque œcuménique de sciences et études bibliques (BOSEB), 217 a
Bibliothèque pour tous, 1064 c
Bibliothèque vaticane, 1032 c
Biblique, renouveau - (catholique, 1945-1960), 494 a
BICE (Bureau international catholique de l'Enfance), 875 c
Biélorussie (géographie chrétienne), 1141 a
Bien commun, **853 b**, **853 c**
Bien commun, corps intermédiaires et -, 858 a, 858 b
Bien commun, État et - (Léon XIII), 857 b
Bien commun, État : principe de subsidiarité et -, 858 a
Bien commun et communauté politique, **842 a**
Bien commun, impôt et -, 838 c
Bien commun selon Vatican II (cit.), 852 c
Bien et mal, 779
Bien et mal, connaissance du - selon les récits de la création *(Genèse)*, 223 c
Bienheureux (fêtes), 45 a
Bienheureux (fidèles béatifiés), 23 b
Biens de la terre (droit relatif de propriété), 851 a
Biens, destination universelle des -, 851, 856 c
Biens ecclésiastiques, nationalisation des - (1789), 425 b, 1169 a, 1169 b ; voir aussi Bénéfices ecclésiastiques
Biens, usage des - (encyclique : *Rerum novarum*, Léon XIII), 553 c
Bigamie, 819 a
BIGARD (dames) et l'Œuvre de saint Pierre apôtre, 567 a, 1070 b
Bikksu, 147 b
BILHA, épouse de Jacob, 226
BILLIART, JULIE (ste), 35 b
BILLINGS (méthode), 809 c, 814 c
BILLOT (cardinal), 478 a
BIM (Bureau d'Information missionnaire), 1071 b
Bimillénaire du Christ (Jean-Paul II), 687 c
Biner, 956 a
Bio-dynamique, 1127 a
Bio-énergie, 1127 a
Bioéthique (instruction romaine), 815 c
Bios, 709 c
BIP (Bureau d'Information protestant), 1073 a
BISMARCK, 457 a, 473 a
BISSONNIER (abbé), 1122 b
BIT (Bureau international du Travail), le Saint Siège et le -, 1033 a, 1033 c
BLAISE (st), 43 a, 56 b
Blanc (couleur des vêtements du pape, origine), 1020 c
Blanc (couleur liturgique), 920 b
BLANCHE (prénom), 56 b
BLANCHE DE CASTILLE (reine) et la guerre des Albigeois, 362 b, 363 a
BLANCHE DE CASTILLE (reine) et Louis IX, 369 a
BLANCHET (Mgr), 564 b
BLANDINE (ste), **56 b**
BLANDINE (ste), le martyr de -, 312 b
BLANDINE MORTEN (ste), 1115 b
BLASETTI, 635 b
Blasphème, 829 a, 830 b
BLISTÈNE, 635 c
Bloc républicain (majorité, 1902), 470 a
BLONDEL, MAURICE, 467 b, **627 c**, 629 c, 630 c, 631 c
BLOY, LÉON, 648 b
BLOY, LÉON (cit. : antisémitisme), 592 a, 592 b, 592 c
BLOY, LÉON et Raïssa Maritain, 129 b
BOBBIO (monastère), 565 a
BOBIN (st), 1115 c
BOBON (st), 1115 c
BOCCACE, 387 b
BOE, DE, 636 c
BOÈCE et la musique, 660 a
BOÈCE et la notion de personne, 717 c
Bœuf (crèche), 927 b, 927 c
BOFF, LEONARDO, 685 b
BOFF, LEONARDO (cit. : théologie de la libération et marxisme), 860 a
BOGAZHALE, 218
BÖHME, 366 a
BOJAXHIU, AGNÈS, voir TERESA (mère)
Boko, 149 c
Bolchevisme, 855 a
BOLESLAWSKI, 636 a
BOLLAND, JEAN, 418 b
BOLLARDIÈRE, JACQUES DE, et la non-violence, 870 c
Bon (attribut divin), 667 b
BONALD, LOUIS DE, 442 a, **442 b**, 1136 b
BONALD, LOUIS DE, et la natalité, 867 b
BONAPARTE, voir NAPOLÉON BONAPARTE
BONAVENTURE (st), 24 c, **56 b**
BONAVENTURE (st) et la pensée chrétienne au XIIIe siècle, 368 a
BONAVENTURE (st) et la pensée de saint Thomas d'Aquin, 367 b
BONAVENTURE (st) et la scolastique, 357 c
BONAVENTURE (st) et l'Assomption de la Vierge, 902 b
BONAVENTURE (st) et les Frères mineurs, 365 b, 366 b
BONAVENTURE (st) prédicateur, 563 b
BONCHAMPS, CHARLES DE, 427 b
BOND (st), 1115 c
Bonheur (sondage), 775 a
Bonheur de l'autre et amour chrétien, 797 b
Bonheur de l'autre et sexualité, 810 c
Bonheur, désir du -, 529 a, 886 a
Bonheur humain et béatitudes, 775
BONHOEFFER, DIETRICH (cit. : action et liberté), 787 c
BONHOEFFER, DIETRICH (cit. : chrétiens et païens), 712 c
BONHOEFFER, DIETRICH (cit. : dire la vérité), 828 a, 828 b
BONHOEFFER, DIETRICH (cit. : le pharisien), 826 c
BONHOEFFER, DIETRICH (cit. : le plein de la vie, lieu de notre foi), 775 b, 775 c
BONHOEFFER, DIETRICH et la sécularisation, 611 a
BONHOEFFER, DIETRICH et l'Église confessante, 158 a
BONIFACE (st), **56 c**, 336 a, 565 a, 756 b
BONIFACE (st) et Pépin le Bref, 338 a
BONIFACE (st) évangélisateur de la Germanie, 337 a
BONIFACE I (st, pape), 514 a

BONIFACE II (pape), 514 b
BONIFACE III (pape), 514 b
BONIFACE IV (st, pape), 514 b
BONIFACE IV (st) et la Toussaint, 921 a
BONIFACE V (pape), 514 b
BONIFACE VI (pape), 514 c
BONIFACE VII (antipape), 514 c
BONIFACE VIII (pape), 514 d
BONIFACE VIII (pape) (cit. : la théorie des deux glaives), 377 b
BONIFACE VIII (pape) et la tiare, 933 b
BONIFACE VIII (pape) et le droit canon, 559 a
BONIFACE VIII (pape) et l'institution de l'année sainte, 766 a, 766 c
BONIFACE VIII (pape) et Philippe le Bel, 377 a
BONIFACE VIII (pape) vu par Guillaume de Nogaret, 378 a
BONIFACE IX (pape), 381 a, 515 a
BONILLI, DON PIETRO (bx), 1112 a
BONNARD, JEAN-LOUIS (st), 1112 c
Bonne conscience, 790 a
Bonne Nouvelle (communauté), 1060 a
Bonne Presse, La (fondation), 463 c
Bonne Presse, La - et l'affaire Dreyfus, 463 b
Bonnes œuvres et foi, 700 b
Bonne Volonté Mondiale (association), 1127 a
Bon Pasteur, congrégation Notre-Dame de Charité du -, 99 c
Bon Pasteur d'Angers (ste MARIE DE SAINTE-EUPHRASIE PELLETIER), 99 c, 447 a, 761 c
Bonté, 826 a
Bonté, fruit de l'Esprit, 828 c
Bonze, 147 b
Book of Common Prayer, 159 c, 400 a, 400 b
BOOZ, 248 c
BORDEAUX, HENRY, 648 c
BORGIA (les papes), 389 a
BORGIA, ALEXANDRE VI (pape), **389 c**
BORIE, PIERRE-ROSE (st), 1112 c
Boris Godounov (film), 636 b
BORIS, roi des Bulgares, 371 c, 375 a
BORZAGE, 636 b
BOSATTA, CHIARA DINA (bse), 1114 b
BOSCO, HENRI, 648 c
BOSEB (Bibliothèque œcuménique de Sciences et Études bibliques ; adresse), 217 a
BOSNIE HERZÉGOVINE (géographie chrétienne), 1141 b
BOSSET (abbé, fondateur du pèlerinage d'étudiants à Chartres), 771 b
BOSSUET, 416, **417**
BOSSUET *(Catéchisme)*, 577 b
BOSSUET (cit. : Jésus et Dieu), 606 a
BOSSUET (cit. : la Parole et l'Esprit), 700 a
BOSSUET et la natalité, 867 b
BOSSUET et le gallicanisme, 415 b, 417 a, 417 b
BOSSUET et Leibniz, 585 a
BOSSUET et le quiétisme, 416 b, 418 a
BOSSUET et les mystiques, 738 c
BOSSUET prédicateur, 563 b
BOTTICELLI, 694 a
Bouc émissaire, 258 c, 704 b
BOUDDHA, le -, 146 a
Bouddhisattva, 146 b
Bouddhisme, **146**
Bouddhisme (bibliographie), 147 a
Bouddhisme, données numériques et géographiques sur le -, 138 b, 139, 146 a
Bouddhisme et Église catholique, 146 c, 147 a
Bouddhisme, Jean-Paul II et le -, 147 a
Bouddhisme, le - en France, 183 c
Bouddhisme, origine du -, 144 b
Bougies de l'Avent, 928 a, 928 b
BOUILLARD (père), 495 b
Boul, 911 b, 911 c
BOULARD, FERNAND, 184 a, 192 a, 489 a, 648 c
BOULARD, FERNAND (missel), 663 a
Boulbon, retable de -, 525
BOULOGNE, NOTRE-DAME DE (pèlerinage), 770, 1208 a
BOURBON-BUSSET, JACQUES DE, 648 c
BOURBON-BUSSET, JACQUES DE (cit. : la juste distance avec l'autre), 826 a
BOURBON, la famille des - et le parti huguenot, 399 b
BOURDALOUE (prédicateur), 563 b
Bourdon (bâton), 767 c
BOURGEOIS, HENRI, 685 b
BOURGEOYS, MARGUERITE (ste), 37 c
BOURGES, *Pragmatique Sanction de* -, 385
BOURGET, PAUL, 648 c
BOURLAUD, MARCEL (Père), 1197 c
BOUTEILLER, MARTHE-AIMÉE LE - (bse), 1133 c
BOUTROUX, ÉMILE, 473 b, 630 c
BOUVIER DE LA MOTTE, JEANNE-MARIE, voir GUYON
BOUVINES, bataille de -, 363 a
BOZYVOJ, 1156 a
BRAGAGLIA, 635 c
BRAHAM, 635 c
BRAHMA, 144 a
Brahma-Kumari, université spirituelle du -, 1127 a
Brahma-Kuramis, 1127 a
Brahman, 144 a, 145 a
Brahmanas, 144 a, 145 a
Brahmanes, 144 a, 145 a
Brahmanisme, 145 a
BRAHMS, JOHANNES *(Requiem)*, 919 b
BRAMANTE, 1022 b
BRANDSMA, TITUS (bx), 39 b
Bras séculier, 363 b, 363 c, 1168 b
BRAUN, WERNER VON et la recherche de Dieu, 18
BREBEUF, JEAN DE (st), voir JEAN DE BREBEUF (st)
BREBIÈRES, NOTRE-DAME DE (pèlerinage), 770
Brèche (revue), 1078 c
Bref apostolique, 560 a
Bref apostolique (définition), 1020 a
BREL, JACQUES, 663 c
BREL, JACQUES (cit. : Dites, si c'était vrai), 681 c
BRÉMOND, HENRI, 648 c
BRÉSIL (Église), 173
BRÉSIL (population juive, tableau), 140 a
BRÉSIL (religions), 173
BRESILLAC, MARION (Mgr) et les Missions africaines de Lyon, 566 b
BRESSON, ROBERT, 635 c, 636 b
BRETAGNE, les pardons de la -, 748 b
BRÉTONNIÈRES, JUST DE (st), 38 b
Bréviaire, 941 a
Bréviaire (office divin), 941 a
Bréviaire (réforme par Pie X), 470 a
Bréviaire (réforme par saint Pie V), 407 b, 907 a
BRÉVIN (st), 57 a
BRIAC (st), 43 a, 57 a
BRICE (st), 57 a
BRIEN (Mgr), 564 b
BRIEUC (st), 57 a
« Brigandage d'Éphèse » (449), 324 a, 324 b
BRIGÈNE, 636 b
BRIGITTE DE SUÈDE (ste), 57 a, 386 a
BRIGITTE DE SUÈDE (ste) (cit.), 57 a
Brigittines (ste BRIGITTE DE SUÈDE), 57 a
BRINSFELD, 557 c
BRISSEAU, 636 b
BRIVE, SAINT ANTOINE DE (pèlerinage), 1208 a
BRO (père), 564 b, 729 b
Broad Church (anglicanisme), 159 c
BROCKA, 636 c
BROMBERGER, 636 a
BROOK, 636 b
BROTTIER, DANIEL (bx), 38 c
BRUAIRE, CLAUDE, 624 b
BRUCKBERGER (père), 636 b
BRUCKNER, 660 c
BRUNEHAUT (reine), 338 b
BRUNO (st), **57 b**, 754 c
BRUNO (st) et l'ordre des chartreux, 349 b
BSS (informations œcuméniques), 1073 a
BUCER, MARTIN, 394 a, 395 b
BUCHEZ, 451 a
BUCHS, 636 c
Budget 1992 de la Conférence des évêques de France, 1043 a
Budgets du Vatican, 1041 a, 1041 b
BUFFET, BERNARD (*La Pietà*, peinture), 645 a
BUGUET (père), 770 b
Buisson ardent, 228 c
Buisson ardent, communauté du -, 1060 a
Buisson ardent, symbolique du -, 236 a
BULGARIE (histoire), 1142 c
BULGARIE (géographie chrétienne), 1141 c
Bulle papale, 560 a, 1020 a
Bulles de patronat, 412 b
Bulletin thomiste, 628 b
BULTMANN, RUDOLF, 624 b, 628 a
BULTMANN, RUDOLF et le mythe, 615 a
BUNUEL, LUIS, 636 a, 636 c
Bureau de Renseignements du Vatican, 1039 c
Bureau des Informations du Vatican, 1032 b
Bureau d'Études doctrinales (épiscopat français), 1013 c, 1014 a, 1014 b
Bureau d'Information missionnaire (BIM), 1071 b
Bureau d'Information protestant (BIP), 1073 a
Burettes, 932 b
BURGESS, ANTHONY, 685 c
BUS, CÉSAR DE (bx), 36 a
BUTSI, CÉCILE (bse), 1113 b
Byblos, inscriptions de -, 220 a
BYZANCE, voir Constantinople
BYZANCE et l'empire de Constantinople, 371
Byzantin (empire), voir Constantinople
Byzantin (rite), 938 a, 938 c, 939

- C -

Ça, le-, 723 b
Cabale ou Kabbale (définition), 216 a, 256 b
Cabanes ou Tabernacles ou Tentes, fête juive des -, 141 b, 258 a, **258 b**, 911 b, 914
CABASILAS, NICOLAS, 765 c
CABET, 451 a
Cachère, cuisine - (signification), 704 b
Cadeaux religieux, idées de -, 1213, 1214
CAFFAREL, HENRI, 494 a, 729 b
Cahiers de la Quinzaine, 654 a
CAÏN, 220 b
Caisse mutuelle d'Assurance-Maladie des Cultes (CAMAC), 1043 b
Caisse mutuelle d'Assurance-Vieillesse des Cultes (CAMAVIC), 1043 b
CAIANI, MARIE MARGUERITE (bse), 1113 b
CAÏUS (st, pape), 514 a
CAIUS ou GAIUS et le tombeau de saint Pierre (cit. d'Eusèbe de Césarée), 302 a
CALABRIA, GIOVANNI (bx), 1112 a
CALAFATO, EUSTACHIA (st), 112 c
CALAIS (st), 57 c
CALDERON, 659 a
Calendrier des saints des pays francophones, 26
Calendrier grégorien, 909 a, 910, 911, 914
Calendrier israëlite ou juif, 258, 910 b, **911**, 914
Calendrier julien, 910 b, 911 a, 914, 1171
Calendrier liturgique, 25, 912, 913, 1171
Calendrier liturgique, refonte du - par Paul VI, 907 c
Calendrier musulman, 910, 914
Calendrier républicain (1793), 426 a
Calendrier romain des saints pour l'Église universelle, 26, 29
Calendriers, **910 b, 911**
Calendriers (quels saints sont choisis ?), 25
Calendriers, correspondances des - grégorien, julien, israëlite, musulman, tableau, 914
Calendriers des saints, les premiers -, 29 c
CALÉTRIC (st), 1115 c
Calice, 932 b
Calife, 143 c
CALIXTE ou CALLISTE I (st, pape), 57 c, 514 a, 1167 a
CALIXTE II (pape), 356 c, 514 d
CALIXTE III (antipape), 514 d
CALIXTE III (pape), 389 a, 515 b
Calixtins, 384 b
CALLISTO CARAVARIO (st), 38 a
CALLO, MARCEL (bx), 125 a, 1111 b
CALMIN (st), 1115 c
Calotte violette, 933 a
Calvaire ou Golgotha, 281 b
Calvaire, pèlerinage au -, 771 a
CALVET, MÉLANIE, 770 b, 904
CALVEZ (père), 564 b
CALVIN, 156 b, 396 a, **396 b, 397**
CALVIN (*Catéchisme*), 577 a
CALVIN et la confirmation, 958 c
CALVIN et la prédestination, 708 c

CALVIN et la Réforme en France, 397 a
CALVIN et l'argent, 847 c
CALVIN et le prêt à intérêt, 847 c
CALVIN et le travail manuel, 837 a
Calvinisme, 156 b, voir aussi Protestants, Protestantisme, Réformés
Calvinisme (presbytériens), 156 b
Calvinisme, le - et le mouvement de Zwingli, 156 b
Calvinisme, le - en France, 180 b, 181 a
CAMAC (Caisse mutuelle d'Assurance-Maladie des Cultes), 1043 b
Camail, 933 c
Camaldules (martyrs polonais), 60 a
Camaldules (saint Romuald), 113 c
CAMARA, don HELDER, 563 a
CAMARA, don HELDER, et la non-violence, 872 a
CAMAVIC (Caisse mutuelle d'Assurance-Vieillesse des Cultes), 1043 b
CAMBIAGIO, BENEDETTA (bse), 1111 b
CAMBYSE, 247 b
Camérier de cape et d'épée, 1022 a
CAMERINI, 636 c
Camerlingue, 1027 a
Camerlingue (définition), 1028 c
Camerlingue et l'élection du pape, 1028 a, 1028 b
CAMILLE DE LELLIS (st), **57 c**, 409
Camilliens (fondation), 409
Camilliens (saint CAMILLE DE LELLIS), 57 c, 409, 762 c
Camino francès, 345 b
Camisards, 415 b, 416 a
Campanile, 639 c
CAMPIDELLI, PIO (bx), 39 c
CANA, 98 a, 263 c, 270 b, 968 c
Cana (mouvement), 1082 a
CANAAN, pays de -, 218 b, 219 a
CANAAN, pays de - (installation d'Israël), 238 a, 238 b
CANAAN, pays de - (Terre promise), 233 a
CANAAN, pays de -, et les patriarches, 225 b
CANADA, population juive au - (tableau), 140 a
Canal de Beagle (médiation du Saint-Siège), 877 a, 1033 a
Cananéens (origine selon *Genèse*), 221 c
Candidat (politique), 880 b
CANDIDE (ste), 57 c
CANISIUS, PIERRE (st), **109 b**
CANNAT (st), 57 c
Canon de la messe (prière eucharistique), 934 c, 961 b
Canon des Écritures (*Ancien Testament*), 210 b, 211 a
Canon des Écritures (fixation par concile de Trente), 405 a
Canon des Écritures (*Nouveau Testament*), 308 a
Canon des saints, 23 b, 28 a
Canonial (définition), 559 c
Canonique, 559 c
Canonisation, 28 a
Canonisation de laïcs, 34 a
Canonisations depuis Vatican II, 35, 1111
Canonisations hors de Rome, 37 b, 1112 a, 1112 b
Canoniste (définition), 559 c
Canon romain (prière eucharistique), 934 c, **961 a**, voir aussi *Communicantes*
Canons (droit ecclésiastique), 559 c
Canons des Apôtres, 559 c
Canons d'Hippolyte, 559 c
CANOSSA, 351 b
CANOSSA, MADELEINE DE (ste), 1113 a
Cantillation des Écritures, 662 b
Cantique, 916 b
Cantique de Moïse et des Israëlites (Exode), 231
Cantique des anges (gloria), 965 b
Cantique des cantiques, 248 b, 252 b
Cantique des cantiques (cit.), 2, 10-15, 275 a
Cantique des créatures (ou *du soleil*) de saint François d'Assise, 72 b, 878 c
Cantique de Zacharie, *Lc* 1, 68-79 (texte), 124 b
Cantique spirituel (saint Jean de la Croix), 86 b
Cantiques notés, 663 a
Cantiques et *Psaumes* (*chant liturgique*), 663 b
Cantus, 660 a
Cantus ecclesiasticus, 660 b
Cantus figuratus, 660 b
Cantus planus seu gregorianus, 660 b
CANUT (st), 57 c
Cao-daï, 1127 a
Cao-daïsme en France, 183 c
Caodong, 1127 a
CAPET, HUGUES, 342 a
Capétiens, les - et la restauration du pouvoir royal, 352 a, 353 a
Capétiens, avènement des -, 342 a
Capétiens et l'Église, les - au XIIe siècle, 353 a
CAPHARNAÜM, 263 c
Capitale, 941 b
Capital et travail, 852 b
Capital et travail (Pie XI), 857 a
Capitalisme, 842 b
Capitalisme, excès du - (encycl. *Quadragesimo anno* Pie XI), 553 b, 857 b
Capitalisme, le - d'État et l'homme, 836 a
Capitalisme, profit du -, 850 c
Capitulaire, 1055 a
Capitulaire (définition), 995 c
Capitulations (1515), 771 b
Capitule, 941 b
CAPPEL (bataille) (1531), 394 a
CAPRAIS (sts), 1115 c
Captivité babylonienne (séjour des papes à Avignon), 378 b
Captivité d'Israël à Babylone *(l'Exil)*, 247 a
Capucins (famille franciscaine), 758 a
Capucins (origines), 403 a, 403 b, 566 b
Cap vrai (association), 1092 c
Caractère (sacrement), 934 b
CARAMUEL et le laxisme, 794 b
Carbonari, 436 a, 436 b
CARDENAL, ERNESTO (cit. : Pourquoi m'as-tu abandonné ?), 711 a
CARDIJN Cardinal, 483 a, 1101 a, 1120 c
CARDIJN Cardinal et la JOC, 567 a, 1103
Cardinal, **1027 a, 1027 b**
Cardinal (élection d'un pape), **1028 a**, **1028 b**
Cardinal (généralités), **1027 a**, **1029 a**
Cardinal camerlingue, voir Camerlingue
Cardinal, chapeau de -, 1028 c
Cardinal chef d'ordre, 1028 a
Cardinal, couleurs des vêtements de -, 1028
Cardinal-diacre, 1027 a, 1029 b
Cardinal-évêque, 1027 a, 1029 b
Cardinal, Le - (film), 636 c
Cardinal-prêtre, 1027 a, 1029 b
Cardinal-vicaire de Rome, 1008 a, 1019 a
Cardinaux noirs et remariage de Napoléon, 979 c
Cardinaux, collège des -, 1024 b
Cardinaux européens en 1991 (liste), 1150 a, 1150 b
Carême, 912 a, 924 a, 924 b
Cargo, culte du -, 1127 a
CARINE (ste), 58 a
Caritas, 494 a
Caritas Internationalis, 875 c, 1097 b
Caritas Internationalis et Mgr Rodhain, 130 c
Caritatifs (organismes catholiques, adresses), 1213
CARLOMAN, Bienheureux - (st), 1115 c
Carme (famille carmélitaine), 759 a
Carme Déchaux, 1057 c
CARMEL (mont), Élie et le -, 242 c
Carmel (réforme), 409
Carmel, Affaire du - d'Auschwitz, 1172 c, 1173 a
Carmel, Carmes déchaussés (saint JEAN DE LA CROIX), 86 b
Carmel de rite oriental en France, 1018 b, 1018 c
CARMEL, Notre-Dame du Mont Carmel, voir Carmen (prénom), 58 a
Carmel, sainte Thérèse d'Avila et le -, 117 b
Carmel, sainte Thérèse de l'Enfant Jésus et le -, 118 a
CARMÉLITES DE COMPIÈGNE, Bienheureuses - (stes), 1115 c
Carmélites (cit. de bse Élisabeth de la Trinité), 760 b, 760 c
Carmélites (réforme), 409
CARMEN (prénom), 58 a
Carmes, 759 a
CARMES, MARTYRS des - (sts), 1115 c
Carmes Déchaux, 409, 759 a
Carmes Déchaux (fondation), 566 b
Carmes Déchaux (saint JEAN DE LA CROIX), 86 b
Carmes de Marie Immaculée (bx KURIA-KOSE ELIAS CHAVARA), 40 a
CARNÉ, MARCEL, 635 a
CARNÉ, MARCEL (les mosaïques de la cathédrale de Monréale), 802 a, 802 c
Carnis resurrectionem (sens. Symbole des apôtres), 891
Carolingien, art -, 637 c
Carolingiens, 340 b
Carolingiens, avènement des -, 339 a
Carolingiens, décadence des -, 342 a
CAROLL, JOHN, 438 b
CARONGE, DE, 635 b
CARP, voir Moon
CARRÉ (père), 564 b, 649 a
CARRETTO, CARLO, 729 b
Cartel des Gauches, 477 a
CARTHAGE (fondation), 220 a
CARTHAGE, concile de - (411), 318 a, 321 a, 1194 a
Cartomancie, 536 a
CASA (Communautés d'Accueil dans les Sites artistiques), 1092 c
CASAROLI (cardinal), 131 a, 507 a, 509 b
CASAROLI (cardinal) et les accords d'Helsinki, 1033 a
Cas de conscience (jansénisme), 413 c
CASIMIR (st), 58 a
CASIMIR (st) (cit.), 58 a
CASSIN, mont -, 54 c
CASSIEN (sts), 1115 c
CASSIEN, JEAN, voir JEAN CASSIEN (st)
CASSIODORE et la musique, 660 a
CASTELNAU, général DE, 477 a
CASTELNAU, PIERRE DE, 362
Castes hindoues, 144 c
Casti connubii (Pie XI), 807 c, 812
CASTILLO, JUAN DEL - (bx), 1112 b
CASTOR (st), 58 a
Casuistique (définition), 788 b
CAT (Centres d'Aide par le Travail), 1107 b
Catacombes, 57 c, 331 c
Catacombes (empire romain), 1167
Catalogue des principales erreurs de notre temps (*Syllabus*), 450 b
Catéchèse, 576 b, 576 c, 1085
Catéchèse (chiffres), 1086 a, 1086 b
Catéchèse (définition), 576 a
Catéchèse (instances diocésaines), 1086 a, 1086 b
Catéchèse (où se fait-la - ?), 1087 b, 1087 c
Catéchèse (renouveau, 1945-1960), 494 a
Catéchèse (repères historiques), 1085 a
Catéchèse des débutants de Saint Augustin, 1085 a
Catéchèse des premiers chrétiens, 290 a
Catéchèse en France (choix du jour), 1035 b
Catéchèse et catéchisme, 1179 b
Catéchèse et liturgie (cit. d'évêques français), 579 c
Catéchèse et pédagogie (cit. d'évêques français), 579 c
Catéchèse et témoignage (cit. d'évêques français), 579 c
Catéchèse, Directoire général de la -, 1177 b
Catéchèse, Jean-Paul II et la - (cit.), 578
Catéchèse, la paroisse et la - (cit. de Jean-Paul II), 546 a
Catéchèse, les laïcs dans la - en France, 199 c, 200 a
Catéchèse, principes de la - en France (texte évêques), 579 c
Catéchèses de St-Cyrille de Jérusalem, 1085 a
Catechesi tradendae (Jean-Paul II), 1086 a, 1177 b
Catéchisme (définition), 576 a
Catéchisme (genre), 1178 b, 1178 c
Catéchisme (histoire), 577 a, 949 a, 1178 c
Catéchisme (rédaction), 1178 a
Catéchisme de Calvin, 397 c
Catéchisme de persévérance, 828 b
Catéchisme des évêques de France, 1179 c
Catéchisme de l'Église catholique, 1177 a, 1178 a, 1178 b, 1179 c
Catéchisme national (1937-1966), 577 b, 1179 a
Catéchisme du Concile de Trente, 1178 a, 1178 b, 1178 c, 1179 c
Catéchisme impérial (1806), 1178 c

Catéchisme poissard, 578 c
Catéchisme positiviste, 448 b, 578 c
Catéchisme pour adultes, 1177 a, 1177 b, 1178 a, 1178 c
Catéchisme pour adultes (cit. d'évêques français), 974 c
Catéchisme romain de saint Pie V, 407 b, 1177 a, 1178 a, 1178 b, 1178 c
Catéchisme sous Napoléon, 430 b, 1178 c
Catéchismes (*Grand et Petit*) de Luther, 391 a, 1178 c
Catéchismes (*Grand et Petit*) de saint Robert Bellarmin, 407 b, 1178 c
Catéchismes marquants (tableau), 578 a, 578 b, 1179 c
Catéchismes (nouveaux-1991), 1177 à 1179
Catéchiste, comment devenir -, 579
Catéchistes (formation), 1087 a, 1177 à 1179
Catéchuménat, 576 a
Catéchuménat (instances diocésaines et nationales), 1085 b, 1085 c
Catéchuménat (pastorale), **1083**
Catéchuménat (repères historiques), 1085 a
Catéchumène, 576 a
Catéchumènes (accueil et cheminement), 1084
Catéchumènes (initiation, cit. : *Ad Gentes*), 1084 c
Catéchumènes (qui sont-ils ?), 1083 c
Catéchumènes (IIIᵉ siècle), 315 b
Catéchumènes, huile des -, 934 a
Catégories socio-professionnelles et pratique religieuse en France, 191 c
Catessa aurea (st Thomas d'Aquin), 119 b
CATEZ, ÉLISABETH, voir ÉLISABETH DE LA TRINITÉ
Cathare (hérésie), saint Dominique et l'-, 65 b
Cathares, 361 a, **361 b**
Cathares (guerre contre les Albigeois), 362
Catharsis, 1127 a
Cathédrale (définition), 996 a
Cathédrale, bâtisseurs de - (cit.), 370 a
Cathédrales de France (liste, tableau), 999, 1000, 1001, 1002
CATHELINEAU, 427 b
CATHERINE D'ALEXANDRIE (ste), 43 a, 58 a
CATHERINE D'ARAGON (reine d'Angleterre), 400 a, 401 b
CARHERINE DE GÊNES (ste), 58 b
CATHERINE DEI RICCI (ste), 58 c
CATHERINE DE MÉDICIS (reine), 398 a, 399 b
CATHERINE DE RUSSIE et la Compagnie de Jésus, 424 b
CATHERINE (ste) de Saint-Trond, 60 a
CATHERINE DE SIENNE (ste), 24 c, **58 c**, 386 a, voir aussi *Sainte Catherine de Sienne* (film), 636 a
CATHERINE DE SIENNE (ste) et le Grand Schisme d'Occident, 380 b
CATHERINE DE SIENNE (ste) et le pape Grégoire XI, 378 b, 379 c
CATHERINE DE SIENNE (ste), stigmates de -, 41 c
CATHERINE DE SUÈDE (ste), 59 a
CATHERINE LABOURÉ (ste), 58 b, 770 b
CATHERINE LABOURÉ (ste) (apparitions de la Vierge), 58 b, 444 b, 749 b, 767 b, 770 b, 904 b
CATHERINE LABOURÉ (ste) et les Enfants de Marie, 1058 b
CATHERINE TROIANI (bse), 38 c
Catherinettes, voir CATHERINE D'ALEXANDRIE (ste), 58 a
Catholicat d'Orient (Église Orthodoxe Syrienne), 153 a
Catholicisme, l'articulation entre la vérité et la liberté dans le -, 1131 a, 1131 b
Catholicisme au féminin, 1168 b
Catholicisme (données numériques), 138
Catholicisme (géographie et sociologie), 135, 139
Catholicisme (œcuménisme, origine), 585 b
Catholicisme dans le monde, **165**
Catholicisme en France (croyances religieuses et morales des Français), 185
Catholicisme en France (essor ou déclin ?), 200 c
Catholicisme en France (pratique religieuse), 188
Catholicisme en France (typologie des catholiques français), 202
Catholicisme et les autres religions (texte Vatican II), 136, 137
Catholicisme intégral, 466 a
Catholicisme intégral et le modernisme, 468 a
Catholicisme intransigeant (XIXᵉ siècle), 456 a
Catholicisme libéral (manifeste de *L'Avenir*, extrait), 443 c
Catholicisme libéral, naissance du -, 437 a, 443 b
Catholicisme libéral, voir aussi Libéralisme catholique
Catholicisme, réforme du - au XVIᵉ siècle, 403 b
Catholicisme religion d'État (Charte Louis XVIII), 437 a
Catholicisme religion d'État (Édit de Nantes 1598), 399 a
Catholicisme social, 459 a
Catholicisme social (A. de Mun), 458 a, 458 b
Catholicisme social (Ketteler), 459 c
Catholicisme social et syndicalisme, 459 a
Catholicisme, sociologie du - en France, **184**
Catholicisme, unité et diversité du - dans le monde, **171**, **172**
Catholicisme, voir aussi Église catholique
Catholicité de l'Église, 524 b, 527 b, **538 c**, 539 b
Catholicité de l'Église (Credo Paul VI), 524 b
Catholicité de l'Église (Vatican II, *Lumien Gentium*), 545 c
Catholique (définition), **538 c**
Catholique apostolique gallicane, Église -, 1129 c
Catholique apostolique occidentale, Église -, 1129 c
Catholique, Église -, voir Église catholique
Catholique et communion dans une célébration orthodoxe, 155 b, 155 c
Catholique française, Église -, 1129 c
Catholique libérale, Église -, 1129 c
Catholique orthodoxe apostolique française, Église -, 1129 c
Catholique orthodoxe de France (Église), 182
Catholiques (engagements au service de l'Église, France), 199
Catholiques à trois temps, les -, (typologie religieuse française), 202 b
Catholiques dans le monde (données numériques et géographiques), **165**
Catholiques dans le monde, tendances de l'évolution numérique des -, 168
Catholiques de France, avenir des -, 205
Catholiques de rite oriental en France, organisation ecclésiale des - (adresses), 1016 b
Catholiques en Europe (données numériques et géographiques), 166, 167
Catholiques et anglicans (conversations de Malines), 487 b
Catholiques et anglicans (Portal, Halifax, et Léon XIII), 473 c
Catholiques et l'école fin XIXᵉ siècle, 464 b
Catholiques et protestants (groupe des Dombes), 487 a
Catholiques intégraux, voir Catholicisme intégral
Catholiques, les - au Brésil, 173
Catholiques, les - au Congo, 172
Catholiques, les - au Kenya, 172
Catholiques, les - aux États-Unis, 175
Catholiques, les - aux Pays-Bas, 174
Catholiques, les - aux Philippines, 173
Catholiques, les - en France (données numériques), 176
Catholiques, les - en Italie, 175
Catholiques, les - en Tchécoslovaquie, 174
Catholiques, les - et Vichy (Résistance), 492 a
Catholiques, lettre de Jean-Paul II sur les relations entre - et orthodoxes dans la nouvelle situation de l'Europe centrale et orientale, 1157 c, 1158 a, 1158 b
Catholiques libéraux, voir Libéralisme catholique
Catholiques sociaux, *Rerum novarum* et les -, 857 c
Catholiques, voir aussi Convergences, divergences, confessions chrétiennes, 161
Causa (organisation), 151 b
Causa, voir Moon
Cause des saints, 23 b
Cause première (définition), 672 c
Cause seconde (définition), 672 c
Cause suprême (cit. de Jean-Paul II), 673 b
CAVALIER, 636 a
CAVALIER, ALAIN, 118 c
CAVALIER, JEAN (chef camisard), 416 a
CAVOUR, **452 a**
CAVOUR et le Risorgimento, 436 b
CAVOUR, Napoléon III et -, 455 a
CAVOUR, Pie IX et -, 450 a
CAYROL, JEAN, 649 a
CCEE (Conseil des Conférences Épiscopales d'Europe), 1014 b, 1153 c
CCFD, voir Comité catholique contre la Faim et pour le Développement
CCMF (Centre catholique des Médecins français), 1100 b, 1106 a
CCMH (Comité catholique des Malades et Handicapés), 1107 a
CCPS (Centre chrétien des Professions de Santé), 1100 b, 1106 b
CDI (Centres diocésains d'Information), 1076 a, 1076 b
CDMM (Centre de Documentation, d'Éducation et d'Action contre les Manipulations mentales), 151 a
CEAS (Centres d'Étude et d'Action sociale), 1093 a, 1093 b, 1093 c
CÉCILE (DE ROME) (ste), 59 a
CÉCILE ou CLARISSE (ste), 61 a
CÉCILIEN (évêque de Carthage), 318 b, 320 b
CEE (Communauté économique Européenne), 884 a
CEFAL (Comité épiscopal français pour l'Amérique Latine), 1071 a, 1071 b
CELAM (Conseil épiscopal latino-américain), 508 a, 1026 c, 1195 a
CELAM (Conseil épiscopal latino-américain) et la théologie de la libération, 859 b
Célébrant (définition), 937 c
Célébrant et assemblée, 907 c
Célébration (définition), 907 a
Célébration de l'accueil (messe), 959 a
Célébration de la communion (messe), 959 a
Célébration de la Parole (messe), 959 a
Célébration de pénitentielle (sacrement de réconciliation), 972 b
Célébration du baptême hier et aujourd'hui, 948 a, 948 b
Célébration du baptême selon l'âge (Vatican II), 949
Célébration eucharistique (messe), 959 a
Célébration eucharistique (messe), ouverture de la -, 959 b, 959 c
Célébration, voir messe.
Célébrations (brochures d'initiation), 1062 b
Célébrations liturgiques, **930 à 935**
Célébrer (revue), 1062 b
Célébret, 985 c
CÉLERIN (st), 1115 c
CÉLESTIN I (st, pape), 59 b, 514 a
CÉLESTIN I (st, pape) (cit. : désignation des évêques), 549 a
CÉLESTIN II (antipape), 514 d
CÉLESTIN II (pape), 514 d
CÉLESTIN III (pape), 514 d
CÉLESTIN IV (pape), 514 d
CÉLESTIN V (st, pape), 514 d
Célibat, **822 c**, **823 a**
Célibat, concile de Trente (cit.), 823 a
Célibat des prêtres, 986
Célibat des prêtes (encycl. de Paul VI *Sacerdotalis Cœlibatus*), 554 c
Célibat des prêtres, Vatican II et le -, 502 a
Célibat et continence, 823 a
Célibat et sexualité (cit. de Jean-Paul II), 811 c
CÉLINE DE REIMS (ste), 59 b
Cellule (monastique) et solitude (cit. de G. de Saint-Thierry), 754 c
CELSE (st), voir NAZAIRE (st)
CELSE, 310 a
CELSE et la résurrection de Jésus-Christ, 285 a
CEMO (Conseil des Églises du Moyen-Orient), 1018 a
Cénacle, 281 a
Cénacle de Meaux, 396 b
Cénacle, Sœurs de Notre Dame de la Retraite au -, (ste THÉRÈSE COUDERC), 35 b, 118 a, 447 a, 763 c
Cendres, mercredi des -, 924 a, 924 b
Cène, la -, 278 a, 281 a, 282 b

Cène, la - et la croix, 967 c, 968 a
Cène, la - et la messe, **966**
Cénobite (définition), 330 c
Cénobites, 754 c
Cénobitisme chrétien (naissance), 328 a, 328 b, 329 a
Censeur, 560 c
Censures (canonique), 561 a
Centesimus annus (encyc. Jean-Paul II ; présentation générale), 1190 a, 1190 b, 1190 c, 1191 a
Centesimus annus (encyc. Jean-Paul II) et la fin des régimes communistes, 843 c, 1190 b
Centre autonome d'Enseignement de Pédagogie religieuse (Metz), 1087 a
Centre catholique international pour l'UNESCO, 1033 c
Centre catholique des Médecins français (CCMF), 1100 b, 1106 a
Centre chrétien des Patrons et Dirigeants d'Entreprise français (CFPC), 486 b, 1099
Centre chrétien des Professions de Santé (CCPS), 1100 b, 1106 b
Centre chrétien des Sages-Femmes, 1100 b, 1106 b
Centre culturel de naturo-biotique, 1127 b
Centre de Documentation, d'Éducation et d'Action contre les Manipulations mentales (CDMM), 151 a
Centre de Formation pour le Développement (CEFODE), 1068 b
Centre de Liaison des Équipes de Recherche (CLER), 1082 b
Centre de Production audiovisuelle du Vatican, 1032 b
Centre de Recherche théologique missionnaire (CRTM), 1071 b
Centre de Rencontres et d'Échanges pour le Développement (CRED), 1068 b
Centre d'études fraternité cosmique, 1127 b
Centre d'Études cosmiques, 537 a
Centre d'Études religieuses, 1077 c
Centre d'Information des Organisations internationales catholiques (Genève, New-York), 1033 c
Centre d'Information missionnaire (CIM), 1071 b
Centre interdiocésain de Pastorale catéchétique (CIPAC, Lille), 1087 a
Centre Jdanov, 1127 b
Centre Lebret, Foi et développement, 1067 a
Centre lyonnais d'Études religieuses et pastorales (CLERP), 1087 a
Centre national de l'Enseignement religieux (CNER), 1014 a, 1086 c
Centre national de Pastorale liturgique (CNPL), 663 a, 1014 a, 1062 a
Centre national de Presse catholique (CNPC), 1078
Centre national des vocations, voir Service national des vocations
Centre national de l'enseignement religieux (CNER) (création), 1119 a
Centre Saint-Irénée, 1073 a
Centres d'accueil (liste et adresses), 1205
Centres d'Aide par le Travail (CAT), 1107 b
Centres de Préparation au Mariage (CPM), 1082 b
Centres d'Étude et d'Action sociale (CEAS), 1093 a, 1093 b
Centres diocésains d'Information (CDI), 1076 a, 1076 b
Centres pastoraux (paroisses, postes missionnaires, etc.) dans le monde (nombre), 1009 a
Centres pastoraux en France (nombre), 1009 b
CENTURIONE BRACELLI, VIRGINIA (bse), 39 a
CEOP voir commission épiscopale de l'opinion publique
Céphalophore, 23 c
CÉRAN (st), 1115 c
CÉRASE (st), 1115 c
Cercle de Meaux, 396 a
Cercle Saint-Jean-Baptiste, 629 b, 1077 c
Cercles catholiques d'ouvriers, 458 a, 459 a, 461 b, 1101 a
Cercles chrétiens d'études sociales, 460 b
Cercles d'études sociales (Sangnier), 469 a
Cérémonial (définition), 907 a
Cérémonie (définition), 907 b
Céroféraires, 937 b
Certitude et foi, 609 a, 609 b
CÉRULAIRE (patriarche), 350 b, 374 b
CÉRULAIRE (patriarche), excommunication de -, 376 a
CÉSAIRE D'ARLES (st), **59 b**
CÉSAIRE D'ARLES (st) (calendrier liturgique), 25
CÉSAIRE D'ARLES (st) (cit.), 96 a
CÉSAR (titre impérial), 261 b
CÉSAR DE BUS (bx), 36 a
CÉSARÉE DE CAPPADOCE, (st Basile) 53 c
CÉSARÉE DE PHILIPPE, 263 c
CÉSARÉE MARITIME (ou CÉSARÉE DE PALESTINE), 263 c
CÉSARIE (ste), 1116 a
CESBRON, GILBERT, 494 a, 649 b
C'est par le bois que règne Dieu (cit. de saint Venance Fortunat), 707 c
CFDT (Confédération française démocratique du Travail), 837 c, 1102 b, 1103 c
CFPC (Centre chrétien des Patrons et Dirigeants d'Entreprise français), 1099
CFPC (Centre chrétien des Patrons et Dirigeants d'Entreprise français, origine), 486 b
CFTC (Confédération française des Travailleurs chrétiens), 1103 b, 1103 c
CFTC (Confédération française des Travailleurs chrétiens, origines), 459 c, 486 a, 1093 c
CFTC (Confédération française des Travailleurs chrétiens), référence chrétienne de la -, 837 b
CGE (Chrétiens en grande École), 1091 c
CHABANEL, NOËL (st), voir NOËL CHABANEL
CHAFFREY ou CHAFFRE (st), 59c
CHAGNEAU, FRANÇOIS, cit. (l'Église), 541 c
Chahada, 143 a
CHAILLET, PIERRE (père), 492 b
Chair, 720 b, 720 c
Chair, l'homme être de - (cit. de L. M. King), 718 c
CHALCÉDOINE, concile de - (451), 324 a, 324 c, 325 a, 677 a, 1194 a
CHALCÉDOINE, concile de - (451) (cit. : anathème sur Nestorius), 562 c
CHALCÉDOINE, concile de - (451) (condamnation du monophysisme), 324 a
CHALCÉDOINE, concile de - (451) (15e centenaire, encycl. *Sempiternus Rex Christus* Pie XII), 554 c
CHALDÉE, 218 b
Chaldéen, chrétiens de rite -, 153 a, 323 b
Chaldéen, rite -, 938 b, 939
Chaldéens (peuple de l'antiquité), 218 b
Chaldéens catholiques, 153 a, 1016
Chaldéens catholiques à Paris, église des - (adresse), 1017 c
CHALONS-SUR-MARNE (un chemin de croix pour aujourd'hui), 772 c
CHAM, 221 c
Chamanisme, 1127 b
CHAMBORD (COMTE DE), 456 a, 464 b
Chambre apostolique, 1028 a, 1028 c
Chambre apostolique (définition), **1031 b**
Chambre ardente, 397 a
Chambre de l'Édit (de Nantes), 399 a
CHAMINADE, JOSEPH, et les marianistes, 447 a, 566 b
CHAMOND (st), 1116 a
CHAMPAGNAT, MARCELLIN (bx), 97 b, 447 a
Chancelier au Bref, 560 a
Chancelier diocésain, 990 b
Chandeleur, fête, 920 b
Chandelier à sept branches, 260
CHANEL, PIERRE-MARIE (st), 438 a
Channelling, 1127 b
Chanoine (chapitre cathédral), 990 c
Chanoine (définition), 996 a, 1055 a
Chanoine (mouvement canonial au XIe siècle, 352 c
Chanoine régulier (définition), 1055 a
Chanoine séculier (définition), 1055 a
Chanoines réguliers (origine), 1051 a
Chanoines réguliers de la Congrégation du Très-Saint-Sauveur de Latran (saint PIERRE FOURIER), 110 a
Chanoines réguliers de la Congrégation hospitalière du Grand-Saint-Bernard (saint BERNARD DE MENTHON), 56 a
Chanoines réguliers de Saint-Augustin (st PIERRE FOURIER), 110 a
Chamoines réguliers d'ordres apostoliques en France (liste), 1196 a
Chanoines réguliers prémontrés, 757 b
Chanoines réguliers prémontrés (saint NORBERT), 105 a
Chanoinesse (définition), 1055 a
Chanoinesses de Saint Augustin (bse ALIX LE CLERC), 47 b
Chanoinesses de Saint-Augustin (saint PIERRE FOURIER), 110 a
Chanoinesses de l'Union Notre-Dame, voir Chanoinesses de Saint-Augustin
Chanoinesses prémontrées (saint NORBERT), 105 a
Chanson de Roland, la - et le pélerinage de Compostelle, 345 c
Chansons à thème religieux, 663 c
Chant (fondement humain), 662 a
CHANTAL (ste), voir ste JEANNE DE CHANTAL
Chant choral, 660 a
Chant d'Église, **661 a**
Chant et liturgie, 662 a, 662 b
Chant et liturgie (1945-1985), 663 a, 663 b
Chant grégorien, 660 a
Chant grégorien (restauration par dom Guéranger), 446 a
Chant grégorien (restauration par Pie X), 468 b
Chantiers du Cardinal, 639 b
Chant liturgique, rôle du -, 917 c
Chants du Serviteur (*Second Isaïe*), 248 a, 248 b
CHAOURCE (église, mise au tombeau), 638 a
CHAPDELAINE, AUGUSTE (bx), 52 b
Chape, 931 a, 931 b
Chapeau de cardinal, 1028 b, 1028 c
Chapelain (définition), 1048 c
Chapelain de Sa Sainteté, 1008 a, 1022 a
Chapelet, 745 a
Chapelle, 640 a, 930 c
Chapelle ardente, 930 c
Chapelle Sainte-Marie, 1127 b
Chapelle Sixtine, 646 b
Chapelle Sixtine et les conclaves, 1028 a
CHAPIER, 635 a
Chapiteau, 641 a
Chapitre (définition), 1002 a, 1055 a
Chapitre (mouvement canonial en France XIe siècle), 352 c
Chapitre cathédral des chanoines, 990 c
Chapitre cathédral des chanoines (définition), 996 b
Chapitre général d'institut religieux (législateur), 560 a
CHAPPETIN DE NEUVILLE, HÉLÈNE DE, et les franciscaines missionnaires de Marie, 566 b
CHAPPOULIE, HENRI, 1120 b
CHARBEL MAKHLOUF (st), 35 b, 1116 a
Charbon ardent (symbolisme), 236 a
CHARCOT, JEAN-MARTIN, 738 a
CHARETTE (DE), 427 a, 427 b
Charge pastorale des évêques (décret *Christus Dominus* Vatican II), 505 c
Charges sociales, répartition et emploi des -, 834 b
Charia, 142 b
Charismatique, Renouveau -, 751, **1059**, 1060, 1199
Charismatiques, musiques -, 663 b
Charisme, 751 a
Charismes (dons de l'Esprit), 300 b, 699 b, **751 a**, voir aussi Dons de l'Esprit
Charismes et formations dans l'Église primitive, 983 a
Charismes et interprétation de la *Bible* (tableau), 597 b
Charité, **799 c**
Charité (cit. de J. Leclerc), 800
Charité (cit. de sainte Thérèse de l'Enfant Jésus), 118 c
Charité (cit. de saint Jean Chrysostome), 86 a
Charité (cit. Mt. 25, 34-40), 91 b
Charité (fruit de l'Esprit), 828 c
Charité (vertu théologale), 825 c
Charité et inégalité (cit. de saint Basile), 53 c
Charité et politique, 881 a
Charité qui seule fait la perfection (cit. de saint François de Sales), 73 c

Charité sans limites et pardon, 714 a
CHARLEMAGNE, 339 a, 340 b, 771 a
CHARLEMAGNE, et la liturgie, 905 b
CHARLEMAGNE et l'évangélisation de la Germanie, 337 a
CHARLEMAGNE et paroisse, 545 a
CHARLES LE BON (bx), 59 c
CHARLES BORROMÉE (st), **59 c**
CHARLES BORROMÉE (st) (cit.), 59 b
CHARLES BORROMÉE (st) et la mission intérieure, 565 c
CHARLES BORROMÉE (st) et la Réforme catholique, 406 a
CHARLES BORROMÉE (st) et le concile de Trente, 405 b
CHARLES BORROMÉE (st) et le rite ambrosien, 938 a
CHARLES DE FOUCAULD, voir FOUCAULD
CHARLES GARNIER (st), 83 c
CHARLES LWANGA (st), 60 a
CHARLES MARTEL et la conquête arabe, 335 a
CHARLES MARTEL et la dynastie carolingienne, 339 a
CHARLES QUINT (empereur) et la Réforme, 391 a, 394 a
CHARLES QUINT (empereur) et la réforme de l'Église, 404 a
CHARLES QUINT (empereur) et les Indiens, 869 b
CHARLES VII (roi), 384 a, 385
CHARLES IX (roi), 398 b, 399 b
CHARLES X, 437 a
CHARLIER, JEAN, voir GERSON
CHARLOTTE (bse), 60 a
Charmes (sorcellerie), 537 b
Charte (Louis XVIII), 437 a
Charte de Charité (ordre de Citeaux), 355 b
Charte des droits de la famille (Saint-Siège), 808, 809 a
Charte des fidèles catholiques d'après le droit canon, 550 a, 550 b, 550 c
Charte de solidarité pour l'Église en France (1988), 1204 a, 1145 b
CHARTRES (Notre-Dame de), 770 a
CHARTRES (pèlerinage), 770, 771 b, 1208 a
CHARTRES, cathédrale de - (portail), 638 b
Chartreuse de Parme et Alexandre Farnèse, 404 b
Chartreux, 754 c
Chartreux (fondation, XIe siècle), 349 b
Chartreux, saint BRUNO fondateur des -, 57 b
Châsse, 23 c
CHASTAN, JACQUES (st), 38 b
Chasteté, 811 a, 811 b
Chasteté, vœu de -, 753 c
Chasuble, 931 b
CHATEAUBRIAND, FRANÇOIS-RENÉ DE, 442 a, **442 b**, 647 c, 649 b
CHATEAUBRIAND, FRANÇOIS-RENÉ DE (apologiste), 572 c
CHATEAUBRIAND, FRANÇOIS-RENÉ DE et la natalité, 867 b
CHATEAUBRIANT, ALPHONSE DE, **649 a**
CHAUMEL, 635 a
Chavouoth ou Fête des Cabanes ou des Tabernacles ou des Tentes, 141 b, 258 a, **258 b**, 911 b, 914, 920 c, 968 b, 1163 a
CHAYLA, abbé DU, 416 a
CHEF ou THÉODORE (st), 1116 a
CHELINI (cit. sur *Gaudium et Spes*), 502 a
CHELY ou HILAIRE DE MEUSE (st), 1116 a
Chemin de croix, 772 a, 772 b
Chemin de croix pour aujourd'hui (Châlons-sur-Marne), 772 c
Chemin de croix vendredi saint, 924 c
Chemin de Croix de Jean-Paul II, 772 a, 772 b
Chemin de l'Espérance (cit.), 888 a
Chemin Neuf, mouvement du -, 1059 a
Chemises noires, 479 a
CHÊNE, Notre-Dame du - (pèlerinage), 770, 1208 a
CHEN KAIGE, 636 b
CHENU, MARIE-DOMINIQUE, 495 b, **628 a**
CHENU, MARIE-DOMINIQUE (cit. : la crise religieuse), 507 b
Chéol, voir Shéol
CHÉRON (st), 60 a, 1116 a
CHERUBINI *(Requiem)*, 919 b
Chérubins, 254 a
Chevalerie (naissance), 346 a
Chevalerie et chevaliers au Moyen Age, 347
Chevalerie, ordres de -, 1127 b à 1129 a
CHEVALIER, JACQUES, 629 c, 633 a
CHEVALIER, JULES, et les Missionnaires du Sacré-Cœur de Jésus, 566 b
Chevaliers de la foi, 437 b
Chevaliers de Saint-Jean-de-Jérusalem (origines), 347 c
Chevaliers du Saint-Sépulcre (origines), 347 c
Chevaliers teutoniques, 565 b
Chevaliers teutoniques (origines), 347 c
Chevet, 640 c
CHEVETOGNE, monastère de l'unité, 585 b
CHEVRIER, ANTOINE (bx), 39 c, 40 b, 453 b
CHEVRIER, ANTOINE (bx) et le Prado, 566 b
CHEVRIER, ANTOINE (bx) et les congrès eucharistiques, 766 a
CHEVROT (père), 563 b
Chiens perdus sans collier (G. Cesbron), 649 b
Chiesa di Gesù (Pie VII), 553 a
Chiffoniers d'Emmaüs Les - (film), 636 b
Chiites, 142 b, 142 c
CHILIAN (KILIEN) (st), 1116 a
CHINE, la - et l'Église sous le régime communiste, 508 b, 509 a
CHINE, la - et les missions jésuites (XVe-XVIIIe siècles), 411 a
CHINE, la - et les missions (XIXe siècle), 438 a
CHINE, la - et les missions (XVIIe-XVIIIe siècle), 411 a
CHINE, la - et les missions (XXe siècle), 485 a
CHINE, naissance d'un épiscopat autochtone en - (1926), 484 b
CHINE, persécutions en - (encycl. *Evangelii praecones* Pie XII), 554 b
CHINE, première évangélisation en -, 565 b
CHINE, répression en - (1989), 509 a
CHINE, Saint-Siège et astronomie en -, 412 b
Chiromancie, 536 a
CHMIELOWSKI, ALBERT (bx), 38 a
CHO, YONGGI, Pasteur, 199 c
Chœur (architecture), 640 b
Chœur (divers sens du mot), 930 c
Choisir Dieu qui libère, 777 a
CHOLET (bataille), 427 b
Chômage, 841
Chômage, attitudes chrétiennes vis à vis du -, 841
Chômage, Jean-Paul II (*Laborem exercens*) et le -, 856 c
Chômage, lutte contre le -, 834 b
CHOMSKY, NOAM (cit. : science et idéologie), 619 c
CHONG HASANG, PAUL (st), 38 b
Choral, 663 b
Chorévêque, 953 a
Chorévêque (définition), 1018 a
Choses cachées depuis la fondation du monde (*Des*) (R. Girard), 704 c, 705 a
CHOSROES, 771 a
Chouans, 427 b
Chrême (saint), 934 b, 934 c
Chrême (saint) (bénédiction jeudi saint), 925 a
Chrême (saint) (cit. de saint Cyrille de Jérusalem), 955 c
Chrême (saint) (onction, prière, baptême, 946 b
Chrétien (être Christ grâce aux sacrements), 944 a, 946 a
Chrétien (origine du nom), 540 b
Chrétien, difficulté d'être - (J. Honoré), 730 b
Chrétien et Révélation (tableau), 595
Chrétien européen, le - (cit. de Jean-Paul II), 1154 a
Chrétien, liberté du - dans l'Église, 548 b, 549 a
Chrétien, responsabilités du - dans l'Église, 549 c
Chrétiennes (confessions, convergences et divergences), 161
Chrétiens (peut-on être seul), 538
Chrétiens au XXe siècle, 715 a
Chrétiens désunis (Congar), 585 b
Chrétiens en grande école (CGE), 1091 c
Chrétiens et démographie, 867
Chrétiens et groupes alternatifs, 1132
Chrétiens et hindouistes, 145 a, 145 b
Chrétiens et Jérusalem, 240 c
Chrétiens, les - et la politique, 880, 881 a, 881 b
Chrétiens et païens (cit. de Bonhoeffer), 712 c
Chrétiens, les - dans le monde (cit. : *Épître à Diognète*), 572 a, 572 b
Chrétiens, les - en monde rural CMR, 1104 a, **1105**
Chrétiens, les - et la famille, 807 b, 807 c
Chrétiens, les - et l'argent, 847 a, 847 b
Chrétiens-Médias, 1014 a, 1076 a, 1076 b
Chrétiens-Médias (services aux missions), 1071 b
Chrétiens-Médias Infos (informations par téléphone, actualité religieuse, films), 1076 c
Chrétiens pour la cité nouvelle (mouvement), 1059 c
Chrétiens, premiers -, voir Premiers chrétiens
Chrétiens primitifs, 1129 a
Chrétienté et sécularisation (fin XVIIe siècle), 418 b
Chrétienté médiévale, 346 a
Chrétienté médiévale (apogée), 353
Chrétienté médiévale (fin), 377
Chrétienté médiévale (formation), 334
Chrétienté médiévale (nature), 334 a
Chrismation (confirmation), 953 c, 954 c
Chrisme (définition), 683 b
CHRIST (sens du mot), 268 b, **610 a**
CHRIST et ange, 693 b
CHRIST présent auprès d'un mourant, 889 a
Christ recrucifié, Le - (Kazantzakis), 684 a
Christ Rédempteur (encyc. Jean-Paul II *Redemptor hominis*), 707
CHRIST-ROI (fête), 907 a
CHRIST-ROI (fête), institution (*Quas primas*), 554 b
CHRIST-ROI (culte) (encycl. *Summi Pontificatus* Pie XII), 554 b
CHRIST-ROI et Saint Sacrement (calendrier), 913 a
Christus Dominus (Vatican II), 505 c
CHRIST, voir aussi Jésus-Christ, Jésus
Christ avenir, Le - (Labarrière), 685 a
Christ de Dieu, Le - (J. N. Bezançon), 685 c
CHRIST de Majesté (représentation, ou Vierge de Majesté), 646 a
CHRIST DE MONTFAVET, 536 b
CHRIST en gloire (représentation), 646 b, 646 c
CHRISTIAN (st), 60 a
Christianisme (données numériques), 138
Christianisme (être chrétien, cit. de J. Leclerc), 776
Christianisme (inculturation dans civilisation gréco-romaine), 307 c
Christianisme, avenir du - vu par J. Delumeau, 512 a
Christianisme culpabilisant ?, 786 a
Christianisme et judaïsme, 590 b, 590 c, 591 c
Christianisme et judaïsme (cit. de J. Maritain), 592 a, 592 b
Christianisme et judaïsme (cit. de J. M. Lustiger), 591 b, 591 c
Christianisme et la Révélation, 137 b
Christianisme et religion, 532 a
Christianisme et toponymie, 30
Christianisme et valeurs, 780 a, 780 b
Christianisme, expérience et compréhension du -, **593 a**
Christianisme pratique, 585 a
Christianisme, religion d'État dans l'empire romain (391), 318 b
Christianisme, religion personnelle et aventure collective, 22 a
Christianisme, séparation du - et du judaïsme, 306 b
Christianisme social, 158 a, 855 a
Christian-science, 1129 a
Christien, Compagnie chevaleresque de l'ordre -, 1129 a
Christifideles laïci (cit. : Il n'y a pas de statut mineur dans l'Église), 1188 c
Christifideles laïci (cit. : la famille), 1187 c
Christifideles laïci (cit. : Nouvelle Évangélisation), 1187 b, 1187 c, 1188 a
Christifideles laïci (cit. : Place des laïcs dans l'organisation ecclésiastique), 1188 b
Christifideles laïci (cit. : Politique : un travail pour les chrétiens), 1189 a
Christitideles laïci (présentation générale), 1188 a, 1188 b, 1188 c
CHRISTINE (ste), 60 a
Christique (définition), 683 b
Christ libérateur, Centre du -, 1129 a

Christocentrique (définition), 683 b
CHRISTOL (prénom), 60 a
Christologie (courants), 626 a
Christologie (définition), 683 b
CHRISTOPHE (st), 43 a, 60 a
CHRISTOPHE DE CAHORS (bx), 60 b
CHRISTOPHE DE CORDOUE (st), 60 b
CHRISTOPHE, PAUL (changement des mentalités vis-à-vis de l'Église après 1914-1918, cit.), 476 b
CHRISTOPHORE (antipape), 514 c
CHRIST PANTOCRATOR, 683 a
Chronique sociale, La - (revue), 1093 a
Chroniques, Livres des -, 240 c, **248 c**
Chroniques, Livres des -, composition des -, 249 a, 249 c
Chronologie, voir Liste des tableaux chronologiques
CHYPRE (géographie chrétienne), 1142 c
Ciboire, 932 b
Ciborium, 930 c
CIDSE (Coopération internationale pour le Développement Socio-Économique), 875 c
Ciel, 526 a, **892**, voir aussi Firmament
Cierge pascal, 924 b, 934 a
Cierges, 934 b, 934 c
CIJOC (Coordination internationale de la Jeunesse ouvrière chrétienne), 1102 c
Cilice (définition), 735 b
CIM (Centre d'Information missionnaire), 1071 b
CIMABUE, 694 a
CIMADE, 158 a
CIMADE, coopération catholique avec la -, 1098 b
Cimetière, 918 c
Cinéma, 635
Cinéma (encycl. *Vigilanti cura* Pie XI), 554 b
Cinq piliers de l'Islam, les -, 143 a, 143 b
Cinq relations, les - et les cinq obligations (confucianisme), 148 c
CINQUIN, MADELEINE, voir EMMANUELLE (sœur)
CIPAC (Centre interdiocésain de Pastorale catéchétique, Lille), 1087 a
Circoncision comme signe de fidélité à l'Alliance, 247 a, 249 a
Circoncision comme symbole de l'Ancienne Alliance, 234 b, 234 c
Circoncision et controverse dans l'Église primitive, 289 c, 291 b, 305
Circoncision et islam, 143 c
Circoncision et judaïsme, 141 c
Circoncision et religions traditionnelles, 149 c
Circonscriptions ecclésiastiques dans le monde, 1045
Circonscriptions ecclésiastiques françaises (tableau), 996 c
Circumincession (définition), 675 a
CIRER CARBONNEL, FRANCISCA ANNA (bse), 1113 b
Cisterciens, 754 b, 754 c ; voir aussi Trappistes, Citeaux
Cisterciens (abbaye de Lérins), 81 c, 330 a, 330 b
Cisterciens (fondation), 348 a
Cisterciens (saint ROBERT DE MOLESMES), 113 a
Cisterciens, saint Bernard et les -, 55 b, 354 a
Cisterciens, saint Étienne Harding et les -, 69 a
Citadelle, la -, voir Église chrétienne biblique
CITEAUX, ordre de -, 754 b
CITEAUX, ordre de - (débuts), 355
CITEAUX, ordre de - et le renouveau monastique, 348 a
CITEAUX, ordre de - et saint Bernard, 355
Cité de Dieu (*la*) (saint Augustin), 52 c
CITÉ DU VATICAN, **1022 b**
CITÉ DU VATICAN (citoyenneté), 1037 b
CITÉ DU VATICAN (garde suisse, monnaie, timbres, hymne...), 1038 b
CITÉ DU VATICAN (gouvernorat), 1021 a
CITÉ DU VATICAN (organisation religieuse interne), 1038 a
CITÉ DU VATICAN (patrimoine), 1040 c
CITÉ DU VATICAN (population), 1037 b
CITÉ DU VATICAN (son chef d'État, le pape), 1021 a
CITÉ DU VATICAN (statut et organisation de l'État), 1037 a
Cité séculière, 611 a
Citoyenneté vaticane, 1037 b
Civilisation de l'amour, 611 c
Civilisation de l'amour (évêques français et allemands) (cit.), 872 a, 872 b
CLAIR DU DAUPHINÉ (st), 60 b
CLAIRE D'ASSISE (ste), **60 c**, 758 a
CLAIRE DI OFFREDUCIO, 1169 b
CLAIRVAUX (abbaye) et saint BERNARD, 55 b, 355, 754 b
Clandestinité religieuse sous la Terreur, 428 a
CLAR (st), 61 a
CLARET, ANTOINE-MARIE (st), 51 a
Clarétins (saint ANTOINE-MARIE CLARET), 51 a
CLARISSE (ste), 61 a
Clarisses (premier ordre mendiant féminin), 1169 b
Clarisses (sainte CLAIRE), 60 c, 366 b
Clarisses (sainte COLETTE), 61 c
Classe ouvrière, voir Ouvrière (classe), Question sociale
Classe, racisme de -, 830 c
Classique (théologie), 626
CLAUDE (st), 61 a
CLAUDE DE LA COLOMBIÈRE (bx), 61 a
CLAUDE DE LA COLOMBIÈRE (bx) et sainte Marguerite-Marie Alacoque, 97 c
CLAUDE DU JURA (st), 61 a
Claude-Joseph Martin, 99 a
CLAUDEL, PAUL, 649 b
CLAUDEL, PAUL (cit. : l'Espérance), 887 a
CLAUDEL, PAUL (conversion, cit.), 732 b, 733
CLAUDEL, PAUL (extrait de *L'annonce faite à Marie*), 659
CLAUDINE THEVENET (bse), 37 b
Clause de conscience, 781 b
Claveau, 641 c
CLAVEL, BERNARD, 649 c
CLAVEL, MAURICE, 649 c
CLAVEL, MAURICE (cit. : Dieu est Dieu...), 664 a
Clef de voûte, 641 c
CLÉLIA (prénom), 60 c
CLELIA BARBIERI (bse), 35 b
CLÉMENCE (bse), 61 a
CLÉMENT (st, pape), **61 b**
CLÉMENT (st, pape) (cit. : paroisse), 545 a
CLÉMENT (st, pape) et la primauté romaine, 552 a
CLÉMENT (st, pape) et la succession apostolique, 555 c
CLÉMENT (st, pape) Père de l'Église, 314
CLÉMENT II (pape), 514 d
CLÉMENT III (antipape), 351 b, 514 d
CLÉMENT III (pape), 514 d
CLÉMENT IV (pape), 514 d
CLÉMENT V (pape), 377 a, **378 b**, 515 a
CLÉMENT V (pape) et les Templiers, 380 a
CLÉMENT VI (pape), 515 a
CLÉMENT VI (pape) et l'année sainte, 766 a
CLÉMENT VII (antipape), 380 b, 515 a
CLÉMENT VII (pape), 515 b
CLÉMENT VII (pape) et Henri VIII d'Angleterre, 400 a, 401 b
CLÉMENT VIII (pape), 515 c
CLÉMENT IX (pape), 515 c
CLÉMENT IX (pape) et le jansénisme, 413 b, 415 b
CLÉMENT X (pape), 515 c
CLÉMENT XI (pape), 515 c
CLÉMENT XI (pape) et le jansénisme, 413 b, 415 b
CLÉMENT XII (pape), 515 d
CLÉMENT XII (pape) et le chemin de croix, 772 b
CLÉMENT XIII (pape), 515 d
CLÉMENT XIII (pape) et la Compagnie de Jésus, 424 a, 424 b
CLÉMENT XIII (pape) et les Quarante heures, 747 b
CLÉMENT XIV (pape), 515 d
CLÉMENT XIV (pape), suppression de la Compagnie de Jésus, 424 a, 424 b
CLÉMENT D'ALEXANDRIE, 251 c, 315 a
CLÉMENT D'ALEXANDRIE (cit. : prière), 743 b
CLÉMENT D'ALEXANDRIE et l'école d'Alexandrie, 314 c
CLÉMENT D'ALEXANDRIE, Père de l'Église, 314
Clémentines (droit canon), 559 a
CLÉMENT-MARIE HOFBAUER (st), 61 b
CLÉMENT-MARIE HOFBAUER (st) et les rédemptoristes, 762 a
CLEO (Culture et Loisirs œcuméniques), 1073 b
CLER (Centre de Liaison des Équipes de Recherche), 1082 b
Clerc (définition), 547 b, 557 c, 1048 c
Clercs de Saint-Viateur, 447 a
Clercs-laïcs, rapports selon Vatican II, 543 a
Clercs réguliers (origines), 1051 a
Clercs réguliers de la Mère de Dieu (saint JEAN LÉONARDI), 87 c
Clercs réguliers de Saint Paul (saint ANTOINE-MARIE ZACCARIA), 51 a
Clercs réguliers et congrégations cléricales en France (liste), 1196 a
Clercs réguliers mineurs (saint FRANÇOIS CARACCIOLO), 73 c
Clercs réguliers théatins (saint GAÉTAN DE THIENNE), 75 a
Clergé (constitution civile) (1790), 425 b
Clergé (définition), 1048 c
Clergé constitutionnel, voir Constitutionnel
Clergé au IIIe siècle, 315 b
Clergé au IVe siècle, 331 b
Clergé indigène (nécessité, encycl. *Princeps pastorum* Jean XXIII), 554 c
Clergé indigène (nécessité, Pie XI, *Rerum Ecclesiae*), 554 b
Clergé indigène (nécessité, Pie XII, *Evangelii praecones*), 554 b
Clergé réfractaire, voir Réfractaire
Clergé régulier, 562 a, 1050 a
Clergé séculier, 562 a, 1050 a
Clergyman, habit de -, 932 a
Clerical (État), 556 b, 556 c, 1049 a
CLERMONT, concile de - (1095), 358 b, 359 b, 1194 a
CLERP (Centre lyonnais d'Études religieuses et pastorales), 1087 a
Clés, pouvoir des -, 554 a
CLET (st, pape), 61 b
CLET, FRANÇOIS-RÉGIS (bx), 74 a
CLOCHE, MAURICE, 635 a, 635 c, 636 c
CLOCHE, MAURICE (film *Monsieur Vincent*), 123 a
Clocher, 642 b
Cloches, 639 c
Cloître (définition), 1055 a
CLOTILDE (ste), 61 b
CLOTILDE (ste) et Clovis, 333 a, 333 b
Clôture (définition), 1055 a
CLOUD ou CLODOALD (st), 61 c
CLOVIS, 332 a, 333
CLOVIS (chronologie), 319 c
CLOVIS et saint RÉMI, 112 a
Club des surhommes, 1129 a
CLUNY (abbaye), 754 b
CLUNY (abbaye) et le renouveau monastique (Xe-XIe siècle), 348a, 348 b, 349 a
CM (lazaristes) (Congrégation de la Mission), 761 b
CMR (Chrétiens en Monde rural), 493 a, 1104 a, **1105**
CNAS (Comité national d'Art sacré), 1062 c
CNEC (Comité national de l'Enseignement catholique), 1079 c
CNEC (Comité national de l'Enseignement catholique), projet de l'école chrétienne, 1079 c
CNER (Centre national de l'Enseignement religieux), 1086 c, 1178 a
CNM (Centre national missionnaire des Filles de la Charité), 1068 b
CNM (Conseil national missionnaire), 1071 b
CNPC (Centre national de Presse catholique), 1078
CNPL (Centre national de Pastorale liturgique), 663 a, 1062
CNUCED (Conférence des Nations Unies pour le Commerce et le Développement), le Saint-Siège et la -, 875 c
Coadjuteur (évêque), 990 a, 1002 c, 1006 b
COCHETTI, ANNUNCIATA (bse), 1114 b
Code de droit canon de 1917, 559 b
Code de droit canon de 1983, 559 a
Code d'Hammourabi et droits de l'homme, 869 a
Codex, 215 a
Codex Juris Canonici, 559 b
Codex Sinaïticus, 215 a

Codex Vaticanus, 215 a
Codicille testamentaire, 1118 c
CODIEC (Comité diocésain de l'Enseignement catholique), 1079 a
COE, voir Conseil Œcuménique des Églises
Cœur (symbolique biblique), 255 a, 1161 a
Cœur de Marie (dévotion), 748, 749
Cœur de Jésus (dévotion), 748, 749
Cœurs de Jésus et de Marie (sainte MARGUERITE-MARIE ALACOQUE), 97 c, 748
Cœurs de Jésus et de Marie (saint JEAN EUDES) (dévotion), 87 a, 748, 749
Cœurs Vaillants, 1087 c
Cœurs Vaillants - Ames Vaillantes (fondation), 484 a
COFFY (Mgr), 564 b
COFFY (Mgr) et la prière, 731 a, 731 b
COGNET, LOUIS (cit. : école française de spiritualité), 761 c
Cohabitation juvénile, 824
Colère de Dieu (image biblique), 254 c, 702 c
COLETTE (ste), 61 c, 386 a
COLIGNY, amiral de, 398 b
COLIN, JEAN-CLAUDE, et les maristes, 447 c, 566 b, 763 a
Collecte (prière d'ouverture de la messe), 965 c
Collectivisme, 843 c, 845 a
Collectivisme et aliénation du travail, 849 c
Collée, 347 a
Collège apostolique, 989 b
Collège apostolique (définition), 1024 b
Collège apostolique (succession apostolique), 555 a
Collège apostolique et ministère de Pierre, **552 b**
Collège des Anges gardiens (bse RAPHAELLE YBARRA DE VILLALONGA), 38 b
Collège des cardinaux, **1027 a**, **1027 b** ; voir aussi Sacré-Collège
Collège des cardinaux, composition des -, 1027 c
Collège épiscopal, 989 b, 1024 b
Collège épiscopal (évêque co-responsable de l'Église universelle), 555 b
Collège épiscopal (succession apostolique), 555 a
Collège épiscopal et l'apostolat, 575 a
Collège épiscopal et la transmission de la Parole de Dieu, 576 c
Collège épiscopal et le pape, 1019 a
Collège épiscopal et primauté pontificale, 552 b, 552 c
Collège épiscopal selon Vatican II, 543 a
Collège romain, 407 b
Collèges publics (aumônerie), 882 a
Collégiales (mouvement canonial au XIe siècle), 352 c
Collégialité dans le gouvernement de l'Église, 1024 b
COLL, FRANCISCO (bx), 36 c
COLLIER, 636 a
Colloque de Poissy, 398 a, 399 c
COLOMB, JOSEPH, 494 a, 1120 a, 1120 b
COLOMBA (st), 565 a
COLOMBAN (st), 61 c, 62 a, 565 a
COLOMBAN (st) (cit.), 62 a
COLOMBAN (st) (cit. : Qui est Dieu ?), 666 a
COLOMBAN (st) (missionnaire), 337 a
COLOMBAN (st) et le monachisme, 329 c
Colombe (image), 932 b
COLOMBE (ste), 1116 a
COLOMBIÈRE, CLAUDE DE LA (bx) et sainte Marguerite-Marie ALACOQUE, 97 c
Colonisation (encycl. *Populorum progressio* Paul VI), 554 c
Colonisation et missions au XIXe siècle, 474 a
Colonne (architecture), 641 a
Colonnes de l'Église, 291 b
Colonnes infernales de Turreau en Vendée, 427 c
Colonne stylite, 41 c
Colossiens (*Épître aux-*), 294 a
Col romain, 985 a
Combat spirituel (définition), 735 b
COMBES (ministère), 470 a
COMBY, J. (cit.), 450 b
CÔME (st), 62 a
COME (st) et Damien, 43 a
COMECE (Commission des Épiscopats de la Communauté Européenne), 1014 c, 1153 c
COMENCINI, LUIGI, 635 b, 636 b, 636 c
COMENSOLI, GERTRUDE CATERINA (bse), 1113 b
Comité catholique contre la Faim et pour le Développement (CCFD) 868 a, 1014 a, 1067 a, 1068 a, 1097 a, 1098 a, 1204, 1209 a
Comité catholique contre la Faim et pour le Développement (CCFD) (accord 1988 avec le Secours catholique), 1145 a, 1145 b
Comité catholique contre la Faim et pour le Développement (CCFD) (création), 493 a
Comité catholique des Amitiés françaises dans le Monde, 1096 c
Comité catholique des Malades et Handicapés (CCMH), 1107 a
Comité de la Mer, 1104 b
Comité de réflexion sur l'Islam en France (CORIF), 178
Comité diocésain de l'Enseignement catholique (CODIEC), 1079 c
Comité épiscopal de la Mission de France, 1102 b
Comité épiscopal de la Mission ouvrière, 1103 a
Comité épiscopal français pour l'Amérique latine (CEFAL), 1071 b
Comité épiscopal pour les Communautés chrétiennes, 1065 b
Comité épiscopal pour les relations avec le judaïsme, 1073 a
Comité français de Radio-Télévision, 1077 a, 1077 b
Comité France-Amérique latine, 1014 a
Comité Islam en Europe, 143 c
Comité mondial des Amis (quakers), 156 c
Comité national d'Art sacré (CNAS), 1062 c
Comité national de l'Enseignement catholique (CNEC), 1079 b
Comité national de l'Enseignement catholique (CNEC) (projet de l'école chrétienne), 1079 b
Comité pour les relations avec le jusaïsme, 1014 a
Comités épiscopaux (France), 1013 c, 1014 b
Comités Justice et Égalité (1898), 463 c
Commandement de l'amour (cit. de Jean-Paul II), 786 b
Commandement et liberté, 548 b
Commandement évangélique unique : l'amour, 779 c
Commandements, **783**
Commandements de l'*Ancien Testament*, application des -, **792 a**
Commandements de Dieu, *Lévitique* (cit.), 97 a
Commandements de l'Église, 785 a
Commandements du Décalogue, 782 b
Commandements du Décalogue (commentaire), 783
Commandements du Décalogue (observance France et Europe), 187
Commandements du Décalogue dans l'Alliance avec Israël *(Exode)*, 233 b, 233 c
Commandements juifs (Mitzvoth), 140 b, 141 a, 141 c
Commémoration des saints (canon romain de la messe), texte français, 967 c
Commémoration de tous les défunts (2 novembre), 919 a, 919 b
Commende, 1168 c
Commentaires araméens de l'*Ancien Testament* (*Targums*), 214 a
Comment communier (cit. de saint cyrille de Jérusalem), 963 c
Comme par un feu (cit. de saint Cyrille de Jérusalem), 954 a, 954 b
Commerce (interdiction canoniques aux clercs), 848 c
Commerce des armes, 873 a, 873 b
Commerce et juste prix, 845 b
Commerce et morale, 846 b
Commerce et usure, 847 c
Commerce, l'Église et le -, 846 b
COMMINE (st), 1116 a
Commission biblique (Saint-Siège), 1030 c
Commission de l'état religieux, 1014 a
Commission des Épiscopats de la Communauté-européenne (CCEE), 1153 b
Commission des milieux indépendants, 1014 a
Commission du clergé et des séminaires, 1014 a
Commission du Saint-Siège pour les rapports religieux avec le judaïsme, 1031 b
Commission du Saint-Siège pour les rapports religieux avec le judaïsme (cit.), 591 a
Commission du Saint-Siège pour les rapports religieux avec l'Islam, 1031 b
Commission épiscopale de l'enseignement religieux, 1085 b, 1085 c, 1086 c, 1177 b
Commission épiscopale de l'état religieux, 1074 b
Commission épiscopale de liturgie et de pastorale sacramentelle, 1062 a
Commission épiscopale de l'opinion publique et des moyens de communication sociale, 1076 c, 1201 b
Commission épiscopale des migrations, 1095 c
Commission épiscopale des milieux indépendants, 1105 c
Commission épiscopale des missions à l'extérieur, 1071 a
Commission épiscopale du clergé et des séminaires, 1049 b, 1049 c, 1074 b
Commission épiscopale du monde ouvrier, 1103 a
Commission épiscopale du monde rural, 1105 c
Commission épiscopale du monde scolaire et universitaire, 1079 b, 1091 b
Commission épiscopale Enfance-Jeunesse, 1088 a, 1090 b, 1090 c, 1106 c
Commission épiscopale pour l'unité des chrétiens, 1072 c
Commission des épiscopats de la Communauté européenne, 1014 c, 1153 c
Commission des ministères protestantisme, 157 c
Commission familiale de l'épiscopat, 1081 b
Commission française Justice et Paix, 1014 a, 1068 b, 1068 c
Commission liturgique diocésaine, 1063 a
Commission nationale de l'enseignement religieux, 1086 c
Commission nationale de pastorale des personnes âgées, 1065 c, 1106 c
Commission pontificale « Justice et Paix », voir Conseil pontifical « Justice et Paix »
Commission pontificale pour la conservation du patrimoine artistique et historiques, 1031 a
Commission pontificale pour l'Amérique latine, 1030 b
Commission pontificale pour la révision du code de droit canonique oriental, 1031 c
Commission pontificale pour l'État de la Cité du Vatican, 1037 a
Commission pour l'apostolat des laïcs (création par Jean XXIII), 497 a
Commission pour l'unité des chrétiens, 1014 a
Commissions des missions à l'intérieur, 1014 a
Commissions du monde rural, 1014 a
Commissions épiscopales (France), 1013 c, 1014 b
Commissions épiscopales (France, prises de position publiques), 1013
Commission sociale, 1014 a
Commission sociale de l'épiscopat, 1067 c, 1093 a, 1097 c, 1106 c
Commission sociale de l'épiscopat, 1106 b, 1097 a
Commission théologique internationale (Saint-Siège), 627 a, 1030 c
Commonitorium (saint Vincent de Lérins), 122 b
Commonitorium (saint Vincent de Lérins) (cit. : continuité de la foi), 599 c
Commun (liturgie) (définition), 920 a
Communauté (vie religieuse) (cit. de saint Augustin), 90 a
Communauté baptiste (Renouveau charismatique), 1060 b
Communauté chrétienne de formation (mouvement), 1059 b
Communauté chrétienne de la Réconciliation, 1060 b
Communauté chrétienne, sens de la -, 538 a, 538 b, 538 c
Communauté de chamoines réguliers de Saint Augustin, 87 c
Communauté de Saint Jean (Urs von Balthasar), 627 a

Communauté des chrétiens, 1129 a
Communauté et chant liturgique, 662 b
Communauté, formation des jeunes à la -, 580 c
Communauté internationale des hommes d'affaire du plein évangile, 1129 a, 1129 b
Communautés catholiques étudiantes (accueil des étrangers), 1094 a
Communautés catholiques francophones à l'étranger, 1096 c, 1216
Communautés chrétiennes diverses, multiplication, 1011 c
Communautés d'Accueil dans les Sites artistiques (CASA), 1092 c
Communautés de base en Amérique latine, 859 c
Communautés de base en France, 1011 c
Communautés de l'Arche, 1106 c, 1199 b
Communautés des Jeunes de l'Emmanuel, 1088 c
Communauté évangéliques nazaréennes, les -, 1129 b
Communautés du Renouveau charismatique, 1059, 1197 b, 1197 c
Communautés monastiques nouvelles, 1197 c
Communautés nouvelles se rapprochant de la vie religieuse, 1051 c
Communautés Vie chrétienne, 1057 c
Commune, La -, 462 a
Communiants, Les - (film), 636 c
Communicantes, 961 c
Communication in sacris, 962 c
Communication de Dieu à l'homme, 597 a
Communication des idiômes (définition), 675 a
Communication entre peuples et paix, 846 a
Communication et solidarité, 799 b
Communication sociale et évangélisation, 864 b, 864 c
Communication sociale et socialisation, 885 c
Communication sociale, voir Moyens de communication, Mass-Médias, Médias, Information
Communio (revue), 627 a
Communion, 963 a, 963 b
Communion (célébration), 959 a, 963 a, 963 b
Communion (hospitalité eucharistique), 155 b, 155 c, 583 b
Communion (hospitalité eucharistique, note épiscopat français), 588 a, 588 b
Communion anglicane, **159**
Communion dans la main, **963 a**
Communion dans la main (cit. de Cyrille de Jérusalem), 963 c
Communion de communautés Béthanie, 1059 c
Communion de Jérusalem, 1197 c
Communion d'Églises, 545 b
Communion de personnes dans le mariage (Jean-Paul II), 806 b
Communion de personnes et sexualité, 810 c
Communion des jeunes enfants, saint Pie X et la -, 468 b
Communion des mourants, 982 c
Communion des petits enfants (doctrine du concile de Trente), 407 a
Communion des saints, 525 c, 712 b, 785 c, 961 b
Communion d'un catholique dans une célébration orthodoxe, 155 b, 155 c
Communion entre Dieu et l'homme et entre les hommes par Jésus-Christ, 707 a
Communion et eucharistie, 958 b
Communion et Progrès (texte du Saint-Siège sur les moyens de communication sociale), 835 a, 505 a
Communion eucharistique, **963 a**, **963 b**
Communion eucharistique sous les deux espèces (restauration par Paul VI), 907 c
Communion eucharistique sous une ou deux espèces (doctrine du concile de Trente), 407 a
Communion fréquente (initiative saint Pie X), 907 a
Communion, les divorcés remariés et la -, 817 c
Communion pascale annuelle (concile Latran IV, 1215), 970 a
Communion phalangiste, la -, 1129 b
Communion solennelle, 936 a, 936 c
Communisme, l'Église et le -, 450 b, **451, 481 a, 482**, 496 a, 506 b, 507 a, 508 a, 509, 552 b, 552 c, 553 b, 843, 844, **845** a
Communisme, Léon XIII et le - (*Quod apostolici)*, 552 b
Communisme, Pie IX et le - (encycl.), 552 b
Communisme, Pie XI et le - *(Quadragesimo anno)*, 856 b
Communisme, Pie XI et le - (Divini Redemptoris), 481 a, 482, 553 b, 844, 845 a
Communisme, Pie XII et le -, 496 a
Communistes (États) et Église, 481 a, 482 a, 496 a, 506 b, 507 a, 508 b, 509 b
Compacta (1433), 384 b
Compagnie de Jésus, 410 a, 761 a, 761 b
Compagnie de Jésus (fondation), 403 b, 566 b
Compagnie de Jésus *(Grand et Petit Catéchismes)*, 577 a
Compagnie de Jésus (origines), 402 b, 1051 a
Compagnie de Jésus (restauration, 1814), 436 a, 444 b
Compagnie de Jésus, dissolution de la - au XVIIIe siècle, 424 a, 424 b
Compagnie de Jésus et jansénisme, 413 a, 415 b
Compagnie de Jésus et la Réforme catholique, 402 b, 404 a
Compagnie de Jésus, voir aussi Jésuites
Compagnie de l'aéropostale, 128 b
Compagnie de Marie (Montfortains) (fondation), 566 b
Compagnie de Marie (saint LOUIS-MARIE GRIGNION DE MONTFORT), 95 a
Compagnie de Marie Notre-Dame (sainte JEANNE DE LESTONNAC), 89 c
Compagnie de Sainte-Thérèse de Jésus (bx ENRICO DE OSSO YCERVELLO), 36 c
Compagnie des Filles de la Charité de Saint Vincent de Paul, 122 c
Compagnie des Filles de la Charité de Saint Vincent de Paul (sainte LOUISE DE MARILLAC), 95 a
Compagnie des Prêtres de Saint-Sulpice (PSS), 762 a
Compagnie des Prêtres de Saint-Sulpice (PSS) (origines), 408 a, 408 b, 409
COMPAGNONS MARTYRS (25) (bx), 1113 b
Compagnons de Saint-François (JOSEPH FOLLIET), 127 a
Companation, 965 c
Compassion, 826 b, 826 c
Compassion (culte de Notre-Dame des Douleurs), 922 a
Complexe d'Œdipe et religion, 617 a
Complies (office), 940 b
Comportementalisme, 1129 b
COMPOSTELLE, voir SAINT-JACQUES DE
COMTE, AUGUSTE, 448 a, 448 b
COMTE, AUGUSTE (science et vérité), 619 c
COMTE, AUGUSTE, *Catéchisme positiviste*, 578 c
COMTE, AUGUSTE et l'Absolu, 667 c
CONAN (st), 1116 a
Concélébration, 964 a, 964 b
Concélébration (restauration par Paul VI), 907 c
Conceptionnistes (sainte BÉATRICE), 54 a
Conception virginale de Jésus par Marie, 682
Conceptualisme, 356 c
Concernation la vie humaine, 1014 a
Concile, 548 a, 989 b, **1025 b**
Concile de Latran III, 356
Concile de Lima II (1567), 411 a
Concile des jeunes, 768 a
Concile local, 555 a
Concile œcuménique, 1024 b, 1025 b
Concile œcuménique (législateur), 560 a
Concile œcuménique (infaillibilité), 544 b
Concile œcuménique et le magistère extraordinaire, 551 c
Concile œcuménique, qu'est-ce que le - ?, 583 c, 1025 b
Concile pan-orthodoxe, 585 c
Concile particulier, 1024 b
Concile particulier (législateur), 560 a
Concile plénier, 1024 b
Concile provincial, 1024 b
Conciles (enseignement sur la foi), 607 c
Conciles (tableau), 1025 a, 1194, 1196
Conciles, se reporter à chacun de leur nom
Conciles au IVe siècle, 331 c
Conciles de paix, 346 a
Conciles œcuméniques (tableau), 1025 a, 1194
Conciles, voir au nom de chacun d'eux : Nicée, Trente, Vatican II, etc., voir aussi Tableau général des conciles, 1025
Conciliarisme, 382 a, 385 a
Conciliarisme au concile de Constance (1414-1417), 381 a
Concilium (revue), 627 a, 630 c, 633 b
Conclave, 1027 a
Conclave (déroulement), **1028 a, 1028 b**
Concordance *(Bible)*, 217 b, 217 c
Concordance des canons discordants, voir Décret de Gratien
Concordat, 883 b, 1033
Concordat allemand (1933), 480 b, 481 b
Concordat de Fontainebleau (1812), 435 a
Concordat de Worms (1122), 356 c
Concordat de 1801, 429 a, 431 a
Concordat de 1801 (dénonciation), 472 a
Concordat de 1801 (fêtes chômées), 910 b
Concordat de 1801, application aujourd'hui du - à l'Alsace et à la Moselle, 1033 a, 1033 b
Concordat de 1801 et la paroisse, 545 b
Concordat de 1817 (non ratifié), 437 a
Concordat Italie (Latran 1929), 479 b, 1035
Concordat Italie (Latran 1929) (révision 1984), 1035
Concordat Léon X et François Ier (1516), 389 a
Concubinage, 824 c
Concupiscence, 793 a, 793 b
Condamnation, 706 b
CONDÉ, NICEROS, 636 a
Condition ouvrière (encycl. *Rerum novarum* Léon XIII), 553 c
CONDREN, PIERRE DE, 761 c
Confédération de l'Oratoire de saint Philippe Néri, 108 b
Confédération française démocratique du Travail (CFDT) (origines), 1103 b, 1103 c
Confédération française démocratique du Travail (CFDT) et déconfessionnalisation, 837 c
Confédération française des Travailleurs chrétiens (CFTC), 1002 b, 1102 c
Confédération française des Travailleurs chrétiens (CFTC) (origines), 1093 c, 1103 b, 1103 c
Conférence de Lambeth, 159 b
Conférence de la Paix (1919), 476 a
Conférence des Églises européennes, 143 c
Conférence des Églises européennes non catholiques, 1014 b
Conférence des évêques de France, 1012 a, 1012 b, 1013 a, 1013 b
Conférence des évêques de France (prises de position), 1013
Conférence des évêques de France (relations internationales), 1014
Conférence des Organisations internationales catholiques (OIC), 1036
Conférence des Organisations internationales catholiques (OIC) et les institutions des Nations Unies, 1033 c
Conférence des supérieurs majeurs de France, 1014 a, 1051 c
Conférence épiscopale, 988 a, 1024 b, 1026 c
Conférence épiscopale française, voir Conférence des évêques de France
Conférence française des supérieures majeures, 1014 a, 1051 c
Conférence internationale catholique du Guidisme (CICG), 1090 a
Conférence internationale du Scoutisme catholique (CICS), 1090 a
Conférence mondiale des instituts séculiers, 1051 c
Conférence mondiale du scoutisme, 1090 a
Conférence nationale française des Instituts séculiers (CNIS), 1051 c
Conférences de Notre-Dame (Lacordaire), 445 c
Conférences épiscopales du Tiers-Monde, 508 a
Conférences épiscopales, mise en place des - après concile Vatican II, 503 b
Conférences Saint-Vincent-de-Paul, voir Société de Saint-Vincent-de-Paul, 1098 a, 1098 b
Confesseur, 971 c
Confessio Scotica, 401 c, 402 a
Confession (définitions), 158 a
Confession (divers sens du mot), 586 a, 586 b

Confession (obligation), 971 c
Confession (tombeau), 930 a
Confession annuelle (concile Latran IV, 1215), 970 a, 970 b
Confession d'Augsbourg, 391 a, 394 a, 395 a
Confession de foi, voir profession de foi, **526 b**
Confession de foi anglicane (les Quarante-deux articles) (1553), 400 a, 400 b
Confession de foi de La Rochelle (Église réformée) (1571), 397 c
Confession de Westminster (perversion de l'homme), 792 b
Confession générale, 971 c
Confessionnel, 586 a, 586 b
Confession, pratique de la - France, 196
Confession privée (institution), 970 b
Confession, voir aussi Réconciliation (sacrement), 196
Confessions de saint Augustin, 52 c
Confessional, 971 c
Confiance, 826 b, 826 c
Confiance, fruit de l'Esprit, 828 c
Confirmation (célébration), 954 a, 954 b
Confirmation (convergences, divergences entre confessions chrétiennes), 163
Confirmation (histoire), 953 c
Confirmation (ministre), 953 a, 953 b
Confirmation (quand ?), 954 c
Confirmation (rénovation par Paul VI), 907
Confirmation (sacrement), **953 a**, **953 b**
Confirmation (sacrement de l'initiation chrétienne), 945 a
Confirmation (sacrement) et catéchuménat, 1084 b
Confiteor, 959 b ; voir *Je confesse à Dieu* (prière de messe)
Conflit de devoirs, 790 a
Confrérie (islam), 143 c
Confréries bretonnes, 748 b
Confréries médiévales, 347 a
Confucianisme, **148 b**, **148 c**
Confucianisme (données numériques et géographiques), 139, 148 a
Confucianisme en France, 183 c
Confucianisme, Jean-Paul II et le -, 147 a
CONFUCIUS, 148 b
CONFUCIUS (philosophie) et le christianisme au XVIIe siècle, 411 a
CONGAR (père) (cit. : œcuménisme), 587 b
CONGAR (père) (cit. sur concile Vatican II), 502 a
CONGAR (père) (concile Vatican II), 497 a
CONGAR (père) (théologie de l'œcuménisme), 488 a, 585 b, 1072 a
CONGAR (père) et la théologie contemporaine, 624 b
CONGAR (père), le raidissement de Pie XII et -, 495 b
CONGAR (père), œuvre de -, **628 b**
CONGO, l'Église au -, 172
CONGO, religions au -, 172
Congrégationalisme, 1129 b
Congrégationalistes, 156 b
Congrégationalistes (origines), 401 b
Congrégation bénédictine de Solesmes, 446 a, 447 a
Congrégation bénédictine de Vallombreuse (saint JEAN GUALBERT), 87 b
Congrégation cérémoniale, 1022 a
Congrégation de Jésus et Marie (eudistes), 762 a
Congrégation de Jésus et Marie (eudistes) (fondation), 566 b
Congrégation de Jésus et Marie (saint JEAN EUDES), 87 a
Congrégation de la Curie romaine, 1027 b, **1030 c**, **1031 a**
Congrégation de la Mission (CM) (lazaristes), 761 b
Congrégation de la Mission (CM) (lazaristes, saint VINCENT DE PAUL), 122 c
Congrégation de l'Index, 108 b, 561 b
Congrégation de l'Inquisition universelle (naissance), 1030 a
Congrégation de l'Union de Notre-Dame, 110 a
Congrégation de Notre-Dame de Charité du Bon Pasteur, 99 c
Congrégation de Notre-Dame de la Retraite au Cénacle, 118 a
Congrégation de Notre-Dame de Namur (sainte JULIE BILLIART), 35 b
Congrégation *De propaganda fide*, 412 b, 565 b, 577 b
Congrégation *De propaganda fide* (fondation), 567 a
Congrégation de Saint-Joseph (saint LEONARDO MURIALDO), 35 b
Congrégation de Saint-Maur, 418 b
Congrégation de Saint-Maur (réforme), 409
Congrégation des Clercs réguliers de Saint Paul (saint ANTOINE-MARIE ZACCARIA), 51 a
Congrégation des missionnaires, 51
Congrégation des Missionnaires Oblats de Marie-Immaculée (bx EUGÈNE DE MAZENOD), 36 a
Congrégation des pauvres clercs de la Mère de Dieu pour les écoles pies (saint JOSEPH CALASANZ), 91 b
Congrégation des Pères de la Doctrine Chrétienne (bx CÉSAR DE BUS), 36 a
Congrégation des Petites Sœurs de la Sainte-Famille (bse MARIE-LÉONIE PARADIS), 38 b
Congrégation des Sacrés-Cœurs (Picpus), 447 a, 566 b, 763 a
Congrégation des Saints-Stigmates de Notre-Seigneur (bx GASPARE BERTONI), 36 b
Congrégation des Séminaires et des Institutions d'enseignement, 1031 a
Congrégation des Sœurs de Marie-Auxiliatrice (sainte MARIE-THÉRÈSE DE SOUBIRAN), 100 a
Congrégation des Sœurs de Sainte-Dorothée (bse PAOLA FRASSINELLI), 38 b
Congrégation des Ursulines (sainte ANGÈLE MERICI), 49 a
Congrégation dite de la Propagande, 412 b, 438 a
Congrégation du Culte divin et de la Discipline des sacrements, 1030 c
Congrégation du Saint-Esprit (fondation), 566 b
Congrégation du Saint Esprit (Spiritains), 565 c
Congrégation du Très Saint Rédempteur (rédemptoristes), 47 b, 566 b, 762 a
Congrégation du Très Saint-Sauveur du Latran (saint PIERRE FOURIER), 110 a
Congrégation française de l'ordre de saint Benoît, fondation 1837, 446 a
Congrégation hospitalière du Grand-Saint-Bernard (saint BERNARD DE MENTHON), 56 a
Congrégation, la -, 437 a, 437 b, 444 b
Congrégation Missionnaire des Fils du Cœur Immaculé de Marie (saint ANTOINE-MARIE CLARET), 51 a
Congrégation missionnaire du Saint-Esprit, 1173 a
Congrégation Notre-Dame, voir chanoinesses de Saint-Augustin
Congrégation Notre-Dame de Charité (saint JEAN EUDES), 87 a
Congrégation Pie IX de l'Immaculée Conception (fondation), 566 b
Congrégation pour la Doctrine de la foi, 1030 c
Congrégation pour la Doctrine de la foi (origines), 1030 b
Congrégation pour la Doctrine de la foi (sacerdoce des femmes), 725 b, 725 c
Congrégation pour la Doctrine de la foi (violence et liberté, cit.), 860 b, 860 c
Congrégation pour la Doctrine de la foi et la théologie de la libération, 625 b
Congrégation pour la Doctrine de la foi et la théologie de libération (cit.), 862
Congrégation pour la propagation de la foi et renouveau des missions (XIXe siècle), 438 a
Congrégation pour la propagation de la foi ou Congrégation pour l'évangélisation des peuples, 1031 a
Congrégation pour la propagation de la foi, voir aussi Congrégation *De propaganda fide*
Congrégation pour le clergé, 1031 a
Congrégation pour le concile, 1031 a
Congrégation pour l'éducation catholique (séminaires de rite latin), 1049 c
Congrégation pour les Causes des saints, 23 b, 32 a, 1031 a
Congrégation pour les Églises orientales, 1030 c
Congrégation pour les Églises orientales (attributions), 1015 c
Congrégation pour les Églises orientales (origines), 477 a, 1030 b
Congrégation pour les Églises orientales (séminaires de rite oriental), 1049 c
Congrégation pour les évêques, 1030 c
Congrégation pour les Instituts de vie consacrée et les Sociétés de vie apostolique (Saint-Siège), 1031 a
Congrégation pour les religieux et les instituts séculiers, voir Congrégation pour les Instituts de vie consacrée et les Sociétés de vie apostoliques
Congrégation pour l'évangélisation des peuples, 567 a, 1031 a
Congrégation pour l'évangélisation des peuples (origines), 412 a
Congrégation pour l'évangélisation des peuples (séminaires des pays de mission), 1049 c
Congrégation religieuse, don ou legs à une -, 1214 b
Congrégation romaine pour la doctrine de la foi, 1177 b
Congrégations (expulsions de 1880), 464 b
Congrégations (loi Waldeck-Rousseau 1901), 470 a
Congrégations de la curie romaine, 1027 b, 1030 c, 1031 a ; voir aussi Dicastères
Congrégations enseignantes, lois Combes d'interdiction, 470 a
Congrégations religieuses (finances), 1043 b
Congrégations religieuses (origine), 1051 b
Congrès de Berlin (1884-1885), 474 a
Congrès de Vienne (1814-1815), 435 a
Congrès eucharistiques, 766 a
Conjuration des poudres, 400 a
Connaissance (science), esprit de - (don de l'Esprit), 960 a, 960 b
Connaissance de Dieu (connaître Dieu, notion biblique), 1161 b
Connaissance discursive et intuitive de Dieu, 597 c
Connaissance et péché selon la *Bible*, 224 c
Connaissance, quelle - par Jésus-Christ de sa filiation divine ?, 680 a
CONNAN (abbé), 495 b
CONNELLY, 636 b
CONON (pape), 514 b
CONRAD III (empereur), 353 a
CONRAD III (empereur) et la deuxième croisade, 355 b, 358 b
Consacré (vie religieuse), 752
CONSALVI (cardinal), 429 a, **431 b**, 435 a, 445 a
Conscience, 779 c, 789 b, 789 c
Conscience à former, 781 a
Conscience, agir selon sa -, 777 a
Conscience, bonne -, 790 a
Conscience de l'homme et agir moral (Vatican II, cit.), 789 a
Conscience et droit, 781 b
Conscience et loi, 548 b, 549 a
Conscience, formation de la -, **782 a**
Conscience morale du Christ comme modèle, 781 a
Conscience, quelle - de lui-même par le Christ ?, 677 a, 679 b
Consécration, 961 c
Consécration à Marie (saint Louis-Marie Grignion de Montfort), 746 b
Consécration de la France à Notre-Dame par Louis XIII, 902 b, 904 b
Consécration de la France au Sacré-Cœur (1873), 766 a
Consécration du monde à Marie (Jean-Paul II), 900 c
Consécration eucharistique, 961 b
Conseil (don de l'Esprit), 701 b, 954 a, 954 b
Conseil de fabrique, 1010 a, 1010 b
Conseil d'Églises chrétiennes de France, 180 b
Conseil des cardinaux (France), 1014 b
Conseil des Conférences épiscopales européennes (CCEE), 143 c, 1014 b, 1014 c, 1153 c
Conseil des études (La Tour du Pin), 461 b
Conseil diocésain pour les affaires économiques, 990 b
Conseil épiscopal diocésain, 990 b
Conseil épiscopal latino-américain (CELAM), 508 a, 1195 a
Conseil épiscopal latino-américain (CELAM) et théologie de la libération, 859 b

Conseil international des Missions (œcuménisme), 585 a
Conseil national de la Solidarité, 1067 c, 1095 a
Conseil national du scoutisme français, 1090 a
Conseil national missionnaire (CNM), 1071 a, 1071 b
Conseil Œcuménique des Églises (COE), **160 b**, 583 c, 585
Conseil Œcuménique des Églises (COE) (critères d'adhésion), 160 b
Conseil Œcuménique des Églises (COE) (réflexion éthique), 625 a
Conseil Œcuménique des Églises (COE) et antisémitisme, 830 b
Conseil Œcuménique des Églises (COE) et Église catholique, 160 c
Conseil Œcuménique des Églises (COE) et Église orthodoxe, 155 a
Conseil Œcuménique des Églises (COE) et Groupe des Dombes, 487 c
Conseil Œcuménique des Églises (COE) et la semaine de prière pour l'unité des chrétiens, 589 a
Conseil Œcuménique des Églises (COE) et protestantisme, 157 a
Conseil Œcuménique des Églises (COE), Paul VI et le -, 503 b
Conseil Œcuménique des Églises (COE), Pie XII et le -, 488 a
Conseil paroissial pour les affaires économiques, 1009 a, 1009 c, 1010 a, 1010 b
Conseil pastoral diocésain, 990 c
Conseil pastoral paroissial, **1008 b**, 1009 c
Conseil permanent de l'épiscopat (France), 1012 a
Conseil pontifical Cor unum, 1031 c
Conseil pontifical « Justice et Paix », 1031 b, 1066 a
Conseil pontifical des communications sociales, 1031 c
Conseil pontifical pour la culture, 569 c, 1031 c
Conseil pontifical pour la famille, 1031 c
Conseil pontifical pour la pastorale des Migrations et des personnes en déplacement, 1031 c
Conseil pontifical pour la pastorale des Services de santé, 1031 c
Conseil pontifical pour la promotion de l'unité des chrétiens, 1031 b
Conseil pontifical pour le dialogue avec les non-croyants, 1031 b
Conseil pontifical pour le dialogue inter religieux, 143 a, 1031 b
Conseil pontifical pour les laïcs, 502 a, 567 a, 1031 b, 1036
Conseil pontifical pour les laïcs (création), 502 a
Conseil pontifical pour l'interprétation des textes législatifs, 1031 c
Conseil pontifical pour l'unité des chrétiens, 1031 b
Conseil presbytéral, 990 c
Conseil presbytéral (protestantisme), 157 c, 158 a
Conseil presbytéral, mise en place du - après concile Vatican II, 503 b
Conseil représentatif des Israélites de France, 177 b
Conseil romain, 1153 c
Conseils évangéliques (pauvreté, chasteté, obéissance), 754 a, 1050 a
Conseils évangéliques (pauvreté, chasteté, obéissance) et la vie consacrée, 1050 b
Conseils évangéliques (pauvreté, chasteté, obéissance) et préceptes évangéliques, 1050 b
Conseils pastoraux, 549 b
Conseils pontificaux, 1031 b, 1031 c
Consentement (définition), 788 b
Consentement universel des fidèles (critère de vérité), 600 a
Consentements, échange des - (mariage), 977 c, 978 a
Consignation (confirmation), 953 c
Consignation (divers sens du mot), 935 c
Consilium de laicis, 567 a, 1031 b, 1036
Consistoire, 1027 a
Consistoire (définition), 1028 c
Consistoire (fonction), 1027 a, 1027 b
Consistoire (protestantisme), 157 c, 158 a
Consistoriale (remplacement par Congrégation pour les évêques), 1030 c
Consistoire central de France (judaïsme), 177 b
Consolamentum (cathare), 361 b
Consolation, Livre de la -, 248 a
Consommateurs et niveau des prix, 834 c
Consommation, l'angoisse de l'homme et la société de -, 717 a
CONSTANCE (concile de) (1414-1417), **381 a**, **381 b**, 382 a, 1146 d, 1194 c
CONSTANCE CHLORE (empereur), 319 a
CONSTANCE II (empereur), 321 b
CONSTANTIEN (st), 1116 a
CONSTANTIN (antipape), 514 b
CONSTANTIN (pape), 514 b
CONSTANTIN (empereur), 317 a, **319 a**, **319 b**
CONSTANTIN (empereur) (chronologie), **317 b**
CONSTANTIN (empereur) et la date de Pâques, 909 a
CONSTANTIN (empereur) et la naissance de l'empire byzantin, 372 a
CONSTANTIN (empereur) et l'Édit de Milan, 318 b, 318 c
CONSTANTIN (empereur) et Jérusalem, 771 a
CONSTANTIN IV (empereur), 373 b
CONSTANTIN V (empereur), 374 a
CONSTANTIN (évêque de Gap) (st), 1116 a
CONSTANTINOPLE (la nouvelle Rome), 318 b, 319 b
CONSTANTINOPLE aux VIe, VIIe siècles, 334 a
CONSTANTINOPLE, empereur de -, 87 c
CONSTANTINOPLE, empire latin de -, 360 a, 360 b
CONSTANTINOPLE et l'empire byzantin, 371
CONSTANTINOPLE et ROME (concile d'union de Florence, 1439), 382 a
CONSTANTINOPLE et ROME (concile d'union de Lyon, 1274), 370 a
CONSTANTINOPLE et ROME (pôles complémentaires chrétienté médiévale), 334 a
CONSTANTINOPLE et ROME (schisme acacien au Ve siècle), 372 b
CONSTANTINOPLE et ROME (schisme monothéliste au VIIe siècle), 373 b
CONSTANTINOPLE et ROME, Églises de - (rupture au XIe siècle), 371
CONSTANTINOPLE, prise de - par les Turcs (1453), 383 c
CONSTANTINOPLE I, concile de - (381), 321 c, **322 a**, 322 b, 670 a, 684, 1194 a
CONSTANTINOPLE I, concile de - (381, Jésus-Christ Dieu et homme), 681 b
CONSTANTINOPLE II, concile de - (553), 336 a, 1194 a
CONSTANTINOPLE III, concile de - (680-681), 373 b, 677 a, 1194 a
CONSTANTINOPLE IV, concile de - (869-870), 375 b, 1194 b
Constitution apostolique, 560 a, 1020 a, 1178 b
Constitution civile du clergé, 425 b
Constitution civile du clergé (condamnation par Pie VI, *Quod aliquantum*), 553 a
Constitution dogmatique *Dei Verbum* Vatican II sur la Révélation, voir *Dei Verbum*
Constitution dogmatique *Lumen Gentium* Vatican II sur l'Église, 505 b, **543 a**, **543 b**
Constitution dogmatique *Lumen Gentium* Vatican II sur l'Église (débats et vote), 500 b, 501 b
Constitution dogmatique Vatican II sur l'Église, voir aussi *Lumen Gentium*
Constitution dogmatique Vatican II sur la Révélation, voir aussi *Dei Verbum*
Constitutionnel, clergé -, 425 b
Constitution pastorale *Gaudium et Spes* Vatican II sur l'Église dans le monde de ce temps, 505 c
Constitution pastorale *Gaudium et Spes* Vatican II sur l'Église dans le monde de ce temps (débats et vote), 501 b, 502 a
Constitution pastorale Vatican II sur l'Église dans le monde de ce temps, voir aussi *Gaudium et Spes*
Constitution *Sacrosanctum Concilium* Vatican II sur la liturgie, 500 b, 660 c
Constitution *Sacrosanctum Concilium* Vatican II sur la liturgie et la musique, 660 a
Constitution Vatican II sur la liturgie, voir aussi Sacrosanctum Concilium
Constitutions apostoliques (IVe s.), 559 a
Constitutions de Clarendon et saint Thomas Becket, 119 c
Constitutions de la Compagnie de Jésus, 402 b
Constitutions (institut religieux), 1050 b
Constitutions d'un institut religieux, 753 a, 753 b
CONCILES (tableau), 1196
CONCILES, se reporter à chacun de leur nom
Construction européenne, La -, 1139, 1140
Consubstantialité (symbole de Nicée et concile de Constantinople I), 320 b
Consubstantiel, 674 c
Consubstantiel (Père, Fils, Esprit), 670 a
Consulat, **430 a**
Consulat et Empire et l'Église (1799-1815) 429-435
Consulteur diocésain, 990 c
Contemplation, 734 b
Contemplation (vie contemplative, définition), 737 c
Contemplation et monde moderne, 41 a
CONTEST (st), 1116 a
Continence, 809 b
Continence (vertu), 826 b, 826 c
Continence et célibat, 823 a
Contingence (définition), 691 c
Contraception (encyc. *Humanae vitae*), 506 a
Contraception (morale chrétienne), 801 b
Contraception et développement, 859 a
Contraception, l'Église et la -, 867 c
Contraception, voir aussi Régulation des naissances
Contrefort, 642 a
Contre-Réforme, voir Réforme catholique
Contre-réforme catholique, voir la Communion phalangiste
Contributions des catholiques au budget du Saint-Siège, 1041 a
Contrition, 972 b
Controverses doctrinales et hérésies, IIe et IIIe siècles, 312 a
Controverses religieuses, XVIIe siècle, 413 a
Contumace (définition), 559 c
Convalidation radicale, 561 c
Convention (1792), 426 a
Conventuels (famille franciscaine), 758 a
Conventuels (famille franciscaine, XIIIe-XIVe siècles, 365 b
Convergences et divergences entre confessions chrétiennes, 161
Conversations de Malines, 487 a, **487 b**
Conversion, 566 a, 732 c
Conversion (cit. : *Ad Gentes*, Vatican II), 1084 c
Conversion (eucharistie), 965 c
Conversion (metanoia), 712 c
Conversos, 1169 c
Convertir, combat ou dialogue ?, 566 a
Convict, 1047 a
Convictions missionnaires (cit. : colloque théologie missionnaire), 567 c
Convictions religieuses et morales des Français, 185
Convoitise, 829 a
CONVOYON (st), 1116 a
Convulsionnaires de Saint-Médard, 413 c
Coopération (organismes catholiques), 1068 b, 1068 c, 1069 c
Coopération, délégation catholique pour la -, 1096 c
Coopération missionnaire (délégué diocésain), 1070 c
Coordination internationale de la Jeunesse ouvrière chrétienne (CIJOC), 1102 c
COPERNIC, 419 a, 419 b
COPPÉE, FRANÇOIS, 650 a
Copte (rite), 938 b, 939
Copte orthodoxe (Église) en France, 183 c
Coptes (Églises), 324 c
Coptes (Églises) (origine), 325 a, 583 a
Coptes (géographie), 139
Coptes catholiques, 153 b, 1016
Coptes orthodoxes (Églises), 153 b
Coptes orthodoxes (Églises) (données numériques), 152 c
Coquillarts, 345 b
Coquille Saint-Jacques, 767 c
CORA (st), 62 a

CORALIE (ste), 62 a
Coran, 142 b, 142 c
Coran et Révélation, 137 b
Coran, trois textes essentiels du -, 143 b
CORBON, CLAUDE-ANTHIME (cit.), 470 b
Cordeliers, 365 a
CORÉE, martyrs de la - (sts), 1116 a
CORÉE, missions en - au XIXe siècle, 440 a
CORENTIN (st), 62 a
Co-responsabilité des laïcs dans l'Église, 549 b
CORINNE (ste), 62 a
Corinthiens, deuxième Épître aux -, 293 b
Corinthiens, première Épître aux -, 292 c
CORNAY, FRANÇOIS-ISIDORE (st), 1112 c
CORNEILLE (centurion), 62 b, 275 a
CORNEILLE (st, pape), 62 b, 514 a
CORNEILLE (st, pape) et les lapsi, 313 c
CORNEILLE, PIERRE (cit. : Si ton cœur était droit), 651
CORNETTE (chanoine), 1089 c
Corporal, 932 b
Corporation, 851 a
Corporation, Léon XIII et les -, (*Rerum novarum*), 553 c
Corporatisme, 458 a, 459 a
Corps de l'homme, 720 b, 720 c, **721 a**
Corps (symbolique biblique), 1161 b, 1161 c
Corps du Christ (cit. de saint Jean Chrysostome), 86 a
Corps du Christ (Corps mystique), 543 c
Corps du Christ (Eucharistie), 967 c
Corps et âme (cit. de Varillon), 720 a
Corps et âme de l'homme, 718 a
Corps et échange (mariage), 975 b
Corps et prière, 747 b, 747 c
Corps et sang du Christ dans l'eucharistie, 524 b, 525 a
Corps et sang du Christ dans l'eucharistie (foi), 957 a, 958 b
Corps humain, symbolique biblique du -, 255
Corps intermédiaires, 858 a, 858 b
Corps, le - et la liturgie, 908 b
Corps, matière et forme du -, 716 c
Corps mystique, **543 c**
Corps mystique (encycl. *Mystici Corporis* Pie XII), 554 b
Corps, union des - (cit. de Jean-Paul II), 811 c
Corpus (définition), 559 c
Corpus Juris Canonici, 559 a, 559 c
Correction fraternelle, 713 b, 713 c, **1055 a**
CORRENSON, EMMANUEL-MARIE (mère), 763 b
Correspondant (Le), 444 b, 456 b
Cor unum (Conseil pontifical), 1031 c
Cosmicia, 1129 b
Cosmogenèse, voir Cosmologie
Cosmogonie (définition), 691 c
Cosmogonie dans l'Écriture, 892 b
Cosmologie, 691 b
COSTA, 636 a
COUDERC, THÉRÈSE (ste), 35 b
COUDRIN (père) et les picpuciens, 447 a, 566 b, 763 a
Coule (définition), 1055 b
Couleur des vêtements des cardinaux, 1028
Couleur des vêtements du pape, 1020 c
Couleur des vêtements épiscopaux, 991 c
Couleurs du drapeau pontifical, 1038 b
Couleurs liturgiques, 920 b
Coulpe (définition), 1055 b
Coupe de l'Alliance et sacrifice du Christ, 703 c
Couple, 805 c
Coupole, 641 c
Coupole du Rocher et le Temple de Jérusalem, 262 c
Courants théologiques (tableau), 626
Couronne d'épines, 34 c, 282 b
Couronnes de l'Avent, 928 a, 928 b
Cour pontificale, 1022 a
Courrier de Bovet, 1096 c
Courses (paris), 830 a
COURTET, GUILLAUME (st), 37 a, 37 b
COURTOIS (père), 484 a, 663 a
COUTRERAS, 635 c
Coutumes d'un ordre religieux, 753 a, 753 b
Coutume et droit, 559 c
Coutume et droit ecclésiastique, 549 a
COUTURIER, MARIE-ALAIN (père) (cit. : art sacré), 658 c
COUTURIER, MARIE-ALAIN (père) (cit. : la Chapelle Matisse de Vence), 1063 c
COUTURIER, PAUL (abbé), 487 a, 585 b, 589 a, **589 c**, 1072 a
Couvent (définition), 1055 b
COUZINET, 636 c
COX, HARVEY (cit. : Évangile et médias), 864 b, 864 c
COX, HARVEY et la sécularisation, 611 b
CPL (Centre de Pastorale liturgique), voir CNPL
CPM (Centres de Préparation au Mariage), 978 a, 1082 b
CPMI (Centre pastoral des Missions de l'Intérieur), 494 a
Craignant-Dieu, 290 a
Crainte de Dieu (don de l'Esprit), 701 b, 954 a, 954 b
Crainte de Dieu (notion biblique), 254 c
CRANMER, THOMAS, 400 a, **400 b**, 401 b
Créateur du ciel et de la terre, (Symbole des apôtres, commentaire), 522 a
Créateur (l'homme créé), 690 a
Création, **692 b**, **692 c**
Création (don de Dieu), 689 a
Création (égalité et différenciation des sexes), 728 a
Création (naturalisme), 796 b
Création divine et travail humain, 849 a
Création et Esprit-Saint (encyc. Jean-Paul II), 687 c
Création, et travail (encyc. Jean-Paul II), 856 c
Création, récit de la - selon tradition sacerdotale dans *Genèse*, 222
Création, récit de la - selon tradition sacerdotale dans *Genèse* (commentaires), 222 c
Création, récit de la - selon tradition yahwiste dans *Genèse*, 223
Création, récit de la - selon tradition yahwiste dans *Genèse* (commentaires), 223 c
Création, récits bibliques de la -, 220 b, 222, 223
CREC-AVEX (Centre de recherche et communication audiovisuel), 1076 c
Crèche, 269 b, 927 c
CRED (Centre de Rencontres et d'Échanges pour le Développement), 1068 b
Crédibilité de l'Église, 563 a
Credo, 526 b
Credo (conflit du Filioque), 374 b, 375 a, 375 b
Credo (définition), **519 b**, 960 c
Credo (foi chrétienne), 607 c
Credo (formulations diverses), 518 a
Credo (résurrection de la chair, cit. : Congrégation pour la doctrine de la foi), 891
Credo (symbole de Nicée), 321 b
Credo (symbole de Nicée-Constantinople), Esprit-Saint dans le -, 688
Credo (symbole de Nicée-Constantinople, texte), 520 b
Credo (symbole des apôtres), 517
Credo de Paul VI, 522 b, 523 a
Credo de saint Irénée, 519 b
Credo, voir aussi Je crois en Dieu
Crédulité, 531 c
Crémation (France), 197 b
CRÉPIN (st), 62 b
CRÉPINIEN (st), 62 b
CRESCENT (st), 62 b
CRETENET, 565 c
Crise iconoclaste (querelle des images), 373 a, 374 a
Crise religieuse (seconde moitié du XXe siècle, 506 a
CRISPIN DE VITERBE (bx), 37 c
Critique textuelle, 215 a
CROATIE (histoire), 1143 b, 1143 c
CROATIE (géographie chrétienne), 1143 a
Croire, 607 b, 607 c, voir aussi Credo, Je Crois
Croisade des aveugles, 1106 c
Croisade contre les Albigeois, 362
Croisade internationale pour un monde vrai, voir Moon
Croisade, le phénomène de la -, (causes, résultats, conséquences...), **359**
Croisades, 358 a
Croisades de saint Louis, 369 b, 369 c
Croisades et sentiment religieux, 346 a
Croisades, tableau des huit -, **358 b**
Croisée d'ogives, 641 b
Croisée du transept, 640 b
Croissant fertile, 218 b
Croix du Christ (don de lui-même aux hommes), 707 b
Croix du Christ, hymne à la - (V. Fortunat), 707 c
Croix et spiritualité (cit. Varillon), 734 b
Croix glorieuse, jour de la - (Quatre-temps), 923 c
Croix, La -, 489 a, 1078 a
Croix, La - (fondation), 463 b
Croix, la - et la Cène, 967 c, 968 a
Croix, La - et le débat scolaire sous Jules Ferry, 465 a
Croix, La - et l'affaire Dreyfus, 471 a
Croix pectorale, 933 a, 933 c
Croix Pro Ecclesia et Pontifice, 1037 a
Croix, représentation du Christ en -, 1168 a, 1168 b
Croix, supplice de la -, 282 b
Croix véritable, sainte Hélène et la -, 771 a
Croix, voir aussi Crucifix, signe de croix
CROMWELL, OLIVIER, 401 c
CROMWELL, THOMAS, 401 c
Crosse, 933 a, 933 b
Croyance (définition), **531 c**
Croyance culturelle (définition), 535 c
Croyance en Dieu, 204 a
Croyance et foi (cit. de H. de Lubac), 530 b
Croyance, nécessité de la -, 614 b
Croyances primitives, 136 a
Croyances religieuses (enquête France et Europe, chiffres), 186
Croyances religieuses des Français, 185, 186
Croyant (définition), 531 c
Croyants (cathares), 361 b
CRTM (Centre de Recherche théologique missionnaire), 1071 b
Cruauté, 829 b
Crucifié pour nous (Symbole des apôtres) (commentaire), 524 b
Crucifix, 932 c
Crucifix, représentation symbolique du -, 1168 a, 1168 b
Crucifixion (retable d'Issenheim, Grünewald), 521 a
Crucifixion, La -, (Hippolyte Flandrin, peinture), 645 a
Crucifixion, supplice de la -, 282 b
Crypte de Jouarre (monastère), 637 b
CSSR (Congrégation du Très-Saint Rédempteur) (rédemptoristes), 762 a
CUENO, ÉTIENNE DE (st), 35 c
Cujus regio, illius religio, 394 a, 406 a
CULLMANN, OSCAR, 685 c
Culpabilité, **791 b**
Culpabilité des époux, régulation des naissances et - (évêques français), 813 a
Culpabilité et mauvaise conscience, 790 a
Culpabilité et péché, 786 a, 972 c
Culpabilité et religion, 617 a
Culte, 906 a, 906 b
Culte (Églises protestantes), 158 a
Culte de la Raison (1793), 427 a
Culte de l'Être suprême (1794), 427 a
Culte des saints (décret concile de Trente), 407 a
Culte des saints (origine), 29
Culte des saints et bienheureux, 28 a
Culte des saints et monde contemporain, 41 a
Culte des saints guérisseurs, 42 c
Culte islamique, lieux de - en France, 179 c
Culte juif au temps du Christ, 258
Culte, liberté de - (Déclaration de l'ONU), 866
Culte marial (historique), 98 c
Culte marial, développement du - à travers les siècles (tableau), 903, 905, 991
« Cultes », Laïcité et relation entre l'État et les -, 1172 b, 1172 c
Cultes, loi 10 germinal an X sur les -, 431 b
Cultuelles (associations), voir Associations cultuelles
Culture (instituts du Saint-Siège), 1032 b
Culture, Conseil pontifical pour la -, 1031 c
Culture des peuples évangélisés, recours à la - (encycl. *Princeps pastorum* Jean XXIII), 553 c
Culture des peuples évangélisés, respect de la - (encycl. *Evangelii praecones* Pie XII), 553 b
Culture, essor de la -, 833 a
Culture et Évangile, **569 b**, **569 c**
Culture et foi, 1077 a
Culture et foi (cit. de C. Geffré), 864 a

Culture et foi (Jean-Paul II), 864 a
Culture et Loisirs œcuméniques (CLEO), 1073 b
Culture, importance de la - (encyc. Pie X, *Acerbo nimis*), 552 c
Culture, inculturation (Évangile), 571 b, 571 c
Culture populaire en Amérique latine, 863 a
Culture religieuse, la France et la -, 203 a, 203 b
Culture, Vatican II et la -, 611 c
Culture, voir aussi inculturation
Cultures (enrichissement mutuel Europe), 884 b
Cultures humaines, message évangélique et -, 571 b, 571 c
Cum primum (Grégoire XVI), 553 b
Cumul des salaires, 834 a
Cumul emploi-retraite, 834 a
CUNCO DE PRUNELLETI, ÉTIENNE (st), 35 c
CUNÉGONDE (bse, ste), 62 b
Cura animarum, 557 c, 1009 c, 1049 a
Curé, 1008 b
Curé (définition), **1009 c**, 1049 a
Curé d'Ars voir Jean-Marie Vianney
Curie diocésaine, 990 a
Curie romaine, **1030 a**
Curie romaine (législateur), 560 a
Curie romaine, effectif salarié de la -, 1037 b
Curie romaine, historique de la -, 1030 a, 1030 b
Curie romaine, réforme de la - par Jean XXIII, 497 a
Curie romaine, réforme de la - par Paul VI, 1030 a, 1030 b, **1030 c**
Curie romaine, réforme de la - par Pie X, 468 b
CURTIZ, 635 c
CUSMANO, GIACOMO (bx), 38 a
Custode, 932 c
CUTHBERT (st), 62 b
CUVIER, 692 a
Cyclamen, l'Ange -, 1129 b
Cycle sanctoral, 913 c, 920 a
Cycle temporal, 912 a, 920 a
CYPRIEN (st), 62 c, 315 a
CYPRIEN (st) (cit. : Église et salut), 544 b
CYPRIEN (st) (cit. : il n'est pas permis de tuer), 870 c
CYPRIEN (st) (cit. : l'évêque), 555 c
CYPRIEN (st) (Père de l'Église), 31
CYPRIEN (st) et les lapsi, 313 c
CYPRIEN D'ANTIOCHE (st), 62 c
CYPRIEN DE PÉRIGORD (st), 62 c
CYPRIEN DE TOULON (st), 63 a
CYR (st), 63 a
CYRIAQUE (st), 43 a
CYRILLE D'ALEXANDRIE (st), 24 c, **63 a**, 251 c, 327 a
CYRILLE D'ALEXANDRIE (st) (cit.), 62 a
CYRILLE D'ALEXANDRIE (st) (Père de l'Église), 314
CYRILLE D'ALEXANDRIE (st) (prédicateur), 563 b
CYRILLE D'ALEXANDRIE (st) et la christologie, 681 a
CYRILLE D'ALEXANDRIE (st) et l'école d'Alexandrie, 314 c
CYRILLE D'ALEXANDRIE (st) et le nestorianisme, 322 a, 322 b, 322 c, 323 a
CYRILLE DE JÉRUSALEM (st), 24 c, **63 a**, 327 a
CYRILLE DE JÉRUSALEM (st) (*Catéchèses*), 946 c, 1085 a
CYRILLE DE JÉRUSALEM (st) (cit. : comment communier), 963 c
CYRILLE DE JÉRUSALEM (st) (cit. : comme par un feu), 954 a, 954 b
CYRILLE DE JÉRUSALEM (st) (cit. : le baptême), 945 a
CYRILLE DE JÉRUSALEM (st) (cit. : le baume consacré), 954 c
CYRILLE DE JÉRUSALEM (st) (cit. : l'Église pêchée hier), 542 b
CYRILLE DE JÉRUSALEM (st) (cit. : l'Esprit-Saint), 940 c
CYRILLE DE THESSALONIQUE (st) (à propos de saint Méthode), 103 a
CYRILLE DE THESSALONIQUE (st) (évangélisateur des Slaves), 63 a, 337 a, 565 a
CYRILLE DE THESSALONIQUE et MÉTHODE (sts) (alphabet cyrillique), 833 a
CYRILLE ET MÉTHODE (st) (évangélisation des Slaves), 371 c
CYRILLE ET MÉTHODE (st) (lettre à l'occasion de leur deuxième centenaire, cit. Jean-Paul II), 1155 c, 1156 a
CYRILLE ET MÉTHODE (st) (lettre à l'occasion du millénaire du baptême de la Rus' de Kiev, cit. de Jean-Paul II), 1156 b
CYRILLE ET MÉTHODE (st) (lettre à l'occasion du onzième centenaire de leur œuvre d'évangélisation), 1157 b, 1157 c
CYRILLE ET MÉTHODE, Église des saints -, 1158 c
Cyrillique, alphabet - (à propos de saint Méthode), 103 a
CYRUS, 246 c, 247 b, 249 a
CZESTOCHOWA (Notre-Dame de Jasnagora, pèlerinage), 770

- D -

DAF (Diocèse aux Armées), 1100, 1101 b
DAGOBERT, 353 b
DALLIÈRE, LOUIS, 1059 b
DALMACE (st), 1116 a
DALMAS, 635 b
Dalmatique, 931 b
Dam, 895 c
DAMAS, le chemin de - et saint Paul, 291 b, 292 b
DAMASE Ier (st) (cit. : Jésus homme), 677 a
DAMASE Ier (st, pape), **63 b**, 327 a, 514 a
DAMASE Ier (st, pape) et la *Vulgate*, 214 b
DAMASE Ier (st, pape) et le concile de Constantinople I, 322 a
DAMASE II (pape), 514 d
Dame de la Retraite, Notre -, 763 c
Dames de Nazareth, 447 a
Dames du Sacré-Cœur (sainte MADELEINE-SOPHIE BARAT), 96 b, 447 a, 763 c
DAMIEN (père), 439 a, 1119 c, 1120 a
DAMIEN (st), 63 b
DAMIEN (st) et saint Côme, 43 a
DAMIEN, PIERRE (st), 110 a
Damnation, 706 b, 895 c
Damnation éternelle (textes *Nouveau Testament*), 896 a
DAN (fils de Jacob et Bilha), 226
DAN (une des douze tribus d'Israël), 237
DANEMARK (géographie chrétienne), 1143 a
DANIEL, ANTOINE (st), 83 c
DANIEL BROTTIER (bx), 38 c, 63 c
DANIEL LE STYLITE (st), 64 a
Daniel, Livre de -, 249 b, 250 b, 251 a
DANIÉLOU, JEAN (cardinal), 629 a
DANIÉLOU, JEAN, (cardinal) (cit. : la Pentecôte), 301 b
DANIÉLOU, MADELEINE, 125 c
DANIEL-ROPS, 650 a
DANIEL-ROPS (*Jésus en son temps*), 684 b
DANIEL, YVAN, 492 a, 494 b
DANIEL, YVAN (cit. : la France, pays de mission ?), 496 b
DANNEELS (cardinal) (bilan de mise en œuvre de Vatican II), 512 a
Danse, la - et la fête, 909 a
DANSETTE, ADRIEN, 650 a
DANTE, 367 c, 369 b
DANTE (cit. : l'être aimé et Dieu), 979 b
DARBOY (Mgr), 462 a
Darbystes, 1129 b
Darbystes en France, 183 b
DARÈNE, 635 c, 636 b
DARIUS I, 247 b
DARWIN, 448 a, 692 a
DASSIN, 635 a
DAVELUY, ANTOINE (st), 38 b
DAVID, 226, **239**
DAVID (cit. : alliance avec Dieu, 2 Sm, 7, 1-16), 234
DAVID, prophétie de Nathan à - (2 Sm), 790 c
DAVID (st), 64 a
DAWSON, 636 b
Déambulatoire, 640 b
Déambulatoire de la basilique Saint-Denis, 638 a
DEBAISIEUX, M., 663 b
DEBORA, 238 b
Debout pour prier, 747 b
DEBRÉ, MICHEL (cit. : État et enseignement privé), 883 a, 883 b
DEBRUYNE, JEAN, 663 c
Décadence carolingienne, 342 a
Décadence mérovingienne, 339 a
Décalogue, 782 b, 783
Décalogue (Moïse), 228 b, 228 c
Décalogue et Loi judaïque, 257
Décalogue, Le (films), 636 b
Décalogue, observance du - en Europe (tableau), 187
Décalogue, observance du - selon le sentiment de l'importance de Dieu (par pays d'Europe), 188 c
DÈCE (empereur), 309 a, 309 b
Décentralisation et corps intermédiaires, 858 b
Décès, anniversaire d'un -, 919 a
Déchristianisation, 576 a
Déchristianisation et réévangélisation en France au XXe siècle, 492 a, 493 a
Déclaration des droits de l'homme et du citoyen, 424 a, 843 a, 869 b, 870 a
Déclaration des droits de l'homme et du citoyen (extraits), 425 a
Déclaration des Quatre Articles, voir Quatre Articles
Déclaration *Dignitatis humanae* Vatican II sur la liberté religieuse, 505 a
Déclaration d'indépendance des États-Unis (1776) et droits de l'homme, 869 b
Déclaration d'intention, exemple de - (mariage), 975 a
Déclaration *Gravissimum Educationis* Vatican II sur l'éducation chrétienne, 505 a
Déclaration *Nostra Aetate* Vatican II sur l'Église et les religions non chrétiennes, 505 a
Déclaration soviétique des droits du peuple travailleur (1918), 869 c
Déclaration universelle des droits de l'homme par l'ONU (1948), 877 b, 877 c
DECOIN, DIDIER, 650 a
Décolonisation (encycl. Paul VI *Populorum progressio*), 554 c
Décret *Ad Gentes* Vatican II sur l'activité missionnaire de l'Église, 505 b, 565 a
Décrétales de Grégoire IX, 559 a
Décrétales, fausses -, 559 a
Décret *Apostolicam actuositatem* Vatican II sur l'apostolat des laïcs, 505 b
Décret *Christus Dominus* Vatican II sur la charge pastorale des évêques, 505 a
Décret de Gélase (cit. : primauté romaine), 552 a
Décret de Gratien, 354 a, 356 a, 356 b, 559 a
Décret de Gratien (concordance des canons discordants), 559 a
Décret de Gratien et droit d'asile, 869 a
Décret *Inter Mirifica* Vatican II sur les moyens de communication sociale, 505 a
Décret motu proprio, 560 a
Décret *Optatam Totius* Vatican II sur la formation des prêtres, 505 a
Décret *Orientalium Ecclesiarum* Vatican II sur les Églises Orientales catholiques, 501 a, 505 b
Décret *Perfectae Caritatis* Vatican II sur la vie religieuse, 505 a
Décret *Presbyterorum Ordinis* Vatican II sur le ministère et la vie des prêtres, 505 c
Décrets conciliaristes du concile de Constance (1414-1417) (cit.), 381 c
Décret *Unitatis Redintegratio* Vatican II sur l'œcuménisme, 501 a, 505 b
Dédicace d'une église, 911 c, 922 b
Dédicace du Temple (fête juive de Hanoukka), 141 b, 258 a, 911 b, 914, **922 b**
Déduction fiscale et don aux associations diocésaines et associations de bienfaisance, 1213, 1215 c
Défense, droit de - dans l'Église selon droit canon, 550 c
Défense, La - (journal), 463 b
Défense nationale, 872 a, 872 b
Défenseur du lien, 979 c, 1039 b
De Fide (définition), 603 a
De Foi (définition), 603 a
DEFOIS, GÉRARD (Mgr), 205
Défroqué, Le - (film), 636 b
Défunt, 892 c
Déisme, **533 b**, **533 c**
Déisme (définition), 535 c

Déisme au XVIIIe siècle, 420 a, 420 b, 422 a
Déisme et franc-maçonnerie, 420 b
DEISS, LUCIEN, (chants et textes bibliques), 663 a
DEISS, LUCIEN, à propos de l'hymne *Joyeuse lumière* (cit.), 941 c
Dei Verbum (Vatican II) (cit.), 597 c
Dei Verbum (Vatican II) et Parole de Dieu, 598 b
Dei Verbum, (Vatican II), Jésus-Christ au cœur de l'action humaine, 684 c
Dei Verbum (Vatican II), le magistère au service de la Parole selon -, 549 a, 549 b
Dei Verbum, constitution dogmatique Vatican II sur la Révélation, 502 a, 505 c
Dei Verbum, constitution dogmatique Vatican II sur la Révélation (débats et vote), 500 b, 502 a
Déjà-là-et-pas-encore-là, 897 c
DELANNOY, JEAN, 635 c, 636 a
DELANOUE, JEANNE (ste), 37 c
DELBREL, MADELEINE, 126 a
DEL CASTILLO, MICHEL, 649 a
Délégation catholique pour la coopération, 1014 a, 1068 b, 1068 c, 1096 c, 1097 a
Délégation de la pastorale des migrants par pays d'origine, 1095 a, 1095 b
Délégation de l'épiscopat pour les questions concernant la vie humaine, 1014 a
Délégations du Secours catholique (adresses), 1205 à 1207
Délégué apostolique, 1034 b
Délégué diocesain à l'œcuménisme, 1072 c
Délégué diocésain au monde de la santé, 1106 a
Délégué diocésain au tourisme et aux loisirs, 1092 a
Délégué pour les questions morales, 1014 a
DEL GROSSO, 636 a
DÉLIVRANDE, Notre-Dame de la - (pèlerinage), 770 a, 770 b, 1208 b, 1210 b
DELPHIN (st), 64 a
DELPHINE DE SABRAN (bse), 64 b
Déluge, 220 b
Déluge et promesse d'alliance de Dieu, 232 c
DELUMEAU, JEAN, 650 a
DELZANT, ANTOINE, 624 b
Démocratie, **881 a**, **881 b**
Démocratie (cit. de Jean-Paul II, *Centesimus annus)*, 1190 c
Démocratie, bien commun et -, 842 a
Démocratie chrétienne, **460 a**, **460 b**, **460 c**
Démocratie chrétienne (origines), 458 b, 459 a, 465 a
Démocratie chrétienne italienne, 482 a
Démocratie chrétienne italienne (origines), 473 b
Démocratie, La -, 469 b
Démocraties populaires et l'Église 1945-1978, 506 b, 507 a
Démographie et développement, 859 a
Démographie et socialisation, 885 c
Démographie, les chrétiens et la -, 867
Démon, 694 b
Démon, voir aussi Diable, Satan
Démonologie (définition), 694 b
Démons (sens biblique), 1161 c
Démons, noms de -, 694 c
Démythisation, 614
Demythologisation, 615 a
Denier de l'Église, voir Denier du culte
Denier de Saint-Pierre, 1041 a
Denier du culte (du clergé ou de l'Église), 1042 a, 1042 b, **1042 c**
Denier du culte (du clergé ou de l'Église), pratique en France du -, 198 b, 198 c
Denier du culte (du clergé ou de l'Église), versement du -, 1214 a
Denier du culte (du clergé ou de l'Église), versement et déduction fiscale du -, 1215 c
DENIS ou DENYS (st), 43 a, **64 b**
DENIS ou DENYS (st) et la christianisation de la Gaule, 316 c
DENIS ou DENYS (st) et Paris, 64 a
DENIS LE PETIT et le point de départ de l'ère chrétienne, 911 a
DENISE ou DENYSE (ste), 65 a
DENYS (st, pape), 514 a
Dénomination, 1129 b
DENZINGER, HENRI, 602 a, 602 b
DÉODAT (st), 65 a, 65 b
DÉODAT, ARIBERT (st), 35 c
Deo gratias (liturgie), 916 b
Départements - diocèses français (tableau de concordance), 998
Dépenses et recettes du Vatican (Cité et Saint-Siège, budget), 1041 a, 1041 b
Dépôt de la foi, 576 b, 603 a
Dépouillement du Christ (kénose), 683 c
DEPPE, 636 c
De Profundis, 919 c
Dernier Adieu (funérailles), 918
Désacralisation, 617 c
Désarmement (cit. du cardinal Gouyon), 1067 c
Désarmement, l'Église et le -, 873 c, 875 a, 876 c
Désarmement, les évêques français et le -, 872 c
DESCARTES, RENÉ, et l'Absolu, 667 b
DESCARTES, RENÉ et l'argument ontologique, 672 b
DESCARTES, RENÉ, et le mouvement philosophique du XVIIIe siècle, 420 a
DESCARTES, RENÉ, et le rationalisme, 418 b
Descente de Jésus aux enfers, 284 b
Désert, Église du -, 415 b, **416 a**
Désert et monachisme à ses origines, 328 a
Désert et spiritualité biblique, 229, 258 b
Désert, l'Exode des Hébreux dans le -, 228 ; voir aussi SINAÏ, 230 a
Désespérance, 711 c
DESGRÉES DU LOU, EMMANUEL, 460 b, 463 c
DÉSIR, 724 a, 724 b
Désir de toute puissance et notion de Dieu-Père (Freud), 676 b
DÉSIRÉ (st), 65 a
Désir et Jésus-Christ (cit. de F. Dolto), **723 a**, **723 b**, **723 c**
Désir sexuel hors mariage, renoncement au - (commandement), 783 c
Désordres sociaux (Léon XIII), 857 a
Despotes éclairés, 423 b
DESSEAUX, JACQUES (cit. : œcuménisme), 583 b
Dessein de Dieu (définition), 691 c, voir aussi Plan de Dieu
Destin, 894 b, 894 c
Destin (cit. de Jean-Paul II), 673 b
Destination universelle des biens, 856 c
Destinée, 673 b, 894 b, 894 c
Détenus, pastorale des -, 1096
Déterminisme et philosophie de Taine, 448 b
De Trinitate de saint Augustin, 52 c
DEUSDEDIT ou ADÉODAT I (st, pape), 514 b
Deutérocanoniques (Écritures), 211 a, 1165 c
Deutéronome, 225 b, 232 a, 257 b
Deutéronome (formation), 210 b
Deutéronome (publication), 244 b, 246 a
Deutéronome (rédaction), 244 b
Deutéronomiste, tradition -, 210
Deuxième République, voir République
Devas, 1129 b
Développement (Tiers-Monde) (Commission pontificale « Justice et Paix »), 1031 b
Développement (Tiers-Monde) (*Mater et Magistra* Jean XXIII), 856
Développement (Tiers-Monde) et justice, 825 b
Développement (Tiers-Monde) et paix, 846 a, 877 a
Développement (Tiers-Monde), faim et -, 868 a
Développement (Tiers-Monde), solidarité et -, 859 a
Développement des peuples (encyc. *Populorum progressio* Paul VI), 502 b, 554 c
Développement du dogme, 586 c, **602**, 626 b
Développement économico-social, les chrétiens et le -, 838 a
Développement et paix internationale, 877 a
Développement, Notion de - selon Jean-Paul II (encycl. *Sollicitude Rei Socialis*), 1183 b, 1183 c
Développement, paix, droits de l'homme, 1066
Développement personnel, 859 a.
Devoir, 784 a, 784 b
Devoir des fidèles de financer l'Église selon droit canon, 550 c
Devoir des fidèles de promouvoir la justice selon droit canon, 55 0 c
Devoirs des hommes politiques, 846 a
Dévot, 748 c
DÉVOTE (ste), 65 a
Devotio moderna, 87 c, 386 a, **387 a**, 762, 762 a
Dévotion, 748 c
Dévotion au Cœur de Jésus et au Cœur de Marie, 748
DEWAERE, PATRICK et l'angoisse de la vie, 715 a, 716 a
DEWAERE, PATRICK, l'Église et le suicide de -, 820 b
DEWAERE, PATRICK, suicide de - et l'espérance de sa mère (cit.), 89 2
Dextel, serveur télématique (textes et réflexions bibliques), 1205 b
Dharma, 144 b
Diable, **694 c**, voir aussi Démon, Satan
Diable, croyance au - en France et en Europe (chiffres), 186
Diaconat permanent, 558
Diaconesse, 158 a
Diaconie, 983 a
Diacre (Église primitive), 989 b
Diacre (origine), 289 a, 983 c
Diacre, voir aussi Diakonoi
Diacres et le commerce, interdiction canonique, 848 c
Diacres permanents, 558, 1048 b
Diacres permanents (France), 200 b, 1048 b
Diagnostic prénatal, 815 a
Diakonia, 558 a
Dia Konoi, ou Diakonoi, 289 a, voir aussi Diacre
Dialectique dans la scolastique, 357 a
Dialogue des carmélites (film), 636 b
Dialogue des carmélites (G. Bernanos), 648 a
Dialogue de foi, 604 b
Dialogue et évangélisation, 566 a
Dialogue fraternel, 713 b, 713 c
Dialogue laïc-hiérarchie dans l'Église, 549 b, 550 a, 550 b
DIAMANT, 636 c
DIANE D'ANDALO (bse), 65 a
Diaspora, 140 c, 252 c, 290 a
Dicastères, **1030 c**, **1031 a**
Dicastères (définition), 1032 a
Dicastères (fonction), 1027 b
Dictature du prolétariat, 845 a
Dictatus papae (Grégoire VII), 79 a, 351 a, 351 c
DIDACE (st), 65 a
Didachè, la -, 313 a, 559 a, 1085 a
Didachè, la - (cit.), 964 a
Didachè, la -, (cit. : Dimanche), 923 a
Didachè, la - (Père de l'Église), 314
Didascalée, 314 c
Didascalie, 559 a
DIDEROT, DENIS, 421 a, 422 a, 843 a
DIDEROT, DENIS *(La Religieuse)*, 421 b
DIDIER (st), 65 a
DIÉ (st), 65 b
DIEGO (st), 65 a
DIEGO, JUAN (bx), 1113 c
DIEGO LUIS DE SAN VITORES (bx), 39 b
DIEGUEZ, MANUEL DE, 685 c
Dies irae, 886 b
Dies irae (film), 636 a
Diète de Worms, 391 a
DIEU, **664 a**, **671**
DIEU (attributs divins), 666, 667
DIEU (l'Absolu), 667 b
DIEU, absence de -, 612 b, 731 a
DIEU amour, 274 b, 671 b, 775 b, 799 c
DIEU amour (cit. de J. Leclerc), 776, 800
DIEU amour (texte bibl. *Cantique des cantiques*), 275 c
DIEU amour (texte bibl. *Jean*), 276 b
DIEU amour (texte bibl. *Osée*), 275 c
DIEU au-delà de tout (cit. de saint Grégoire de Nazianze), 78 b, 666 a
DIEU, bonté de -, 826 a
DIEU, connaissance de - révélée par Jésus-Christ, 618 a
DIEU, connaissance intuitive et discursive de -, 597 c
DIEU, croyance en - (France), 186
DIEU, croyance en - (France et Europe, chiffres), 186
DIEU, croyance en - chez les jeunes, 204 a
DIEU de l'alliance, 593
DIEU de la vie, 890 a, 905 a
DIEU d'Israël, **253 b**, 254 a, 254 b

Dieu des mouches (Beelzebub), 612 b
DIEU, don de - (l'Esprit), 686 c
DIEU, don de - (la vie), 709 b
DIEUDONNÉ (st), 65 b
DIEU, doute sur -, 593 a
DIEU, existence de -, 666 a, 668 a, 671 b, 672 a, 672 b, 673
DIEU, image de -, 682 a
DIEU, le don de -, 689 a, 701 a, 701 b
DIEU, les mathématiques et - (cit. de A. Lichnerowicz), 619 a, 619 b
DIEU, l'infini, le fini et -, 669
DIEU, mystère de - révélé par Jésus-Christ, 276 a
DIEU, noms de -, 664 b, **665 a**, **665 b**
DIEU, noms de - dans la *Bible*, **253**, 253 b, 253 c
DIEU notre joie... (cit. de K. Barth), 665 b
DIEU pauvre (cit. de sainte Thérèse de l'Enfant Jésus), 118 c
DIEU, Père, 19, 293 c, **618 a**, 676 a, 676 b
DIEU, *Père* (*Symbole des apôtres*, commentaire), 522 a
DIEU, présence à - (J. Honoré), 730 b
DIEU, présence de -, 612 b
DIEU, recherche de -, 17
DIEU, recherche de - (cit. de saint Colomban), 62 a
DIEU, recherche de - (psaume 27, cit.), 88 c
DIEU, recherche des signes de la présence de -, 732 a
DIEU, rencontre de - (spiritualité chrétienne orientale), 154 c
DIEU, révélation de -, 296 a
DIEU, Royaume de -, 279 a, 279 b
DIEU, sainteté de -, 40 c
DIEU, Trinité, 523 b, 668 a
DIEU, volonté de -, 784 a
DIEU vu comme despote, 613 b
DIEZ TEJERINA, NICEFURO (bx), 1113 b
Dignitatis humanae (Vatican II), 505 a, 1025 b
Dignitatis humanae (Vatican II) (cit.), 829 a
Dignitatis humanae (Vatican II) (cit. : liberté et conscience), 549 a
Dignitatis humanae (Vatican II) et la liberté religieuse (cit.), 866 a
Dignité de la femme, 1186 c
Dignité de la personne, 859 a
Dignité de l'homme (cit. de saint Augustin), 52 c
Dignité de l'homme (fondement de la morale chrétienne), 773 a
Dignité de l'homme et droits de l'homme, 870 a
Dignité de l'homme et économie, 835 a, 836 a
Dignité de l'homme et propriété, 838 a
Dignité des pauvres, 863 b
Dignité du travailleur, grève et -, 835 b
Dignité égale des chrétiens dans l'Église, 549 c
Dimanche, 912 a, 913 c, 923 a
Dimanche (repos), 259 b
Dimanche de la Passion, 924 c
Dimanche des Rameaux, 924 c
Dimanche, repos du - et service de Dieu (commandement), 783 a
Dîme (*Ancien Testament*), 828 c
DIMITRIOS (patriarche) et la date de Pâques, 909 b
Diocèse, **988 a**, **989 b**
Diocèse (fêtes et rassemblements), 993 b, 993 c
Diocèse (fonctionnement), **900 a**
Diocèse (organisation), **990**
Diocèse aux armées, 1006 a, 1100, 1101 a, 1101 b
Diocèse, don ou legs à un -, 1214 a
Diocèse en France (historique), **989 a**
Diocèse personnel (éparchie arménienne catholique pour la France), 992 c
Diocèse Versailles, un - parmi d'autres, 992 a, 992 b
Diocèses dans le monde (tableau), 988 b
Diocèses-départements français (tableau de concordance), 998
Diocèses français (finances), 1042
Diocèses français (finances, renseignements *Minitel*), 1215 c
Diocèses français (par provinces ecclésiastiques), 995 a, 995 b
Diocèses français (par régions apostoliques), 996 c
Diocèses français (tableau, avec adresses des évêchés), **1003**
Diocèses français, délimitation 1801 des - (encycl. *La Chiesa di Gesu* Pie VII), 553 a
Diocèses français et regroupements régionaux, 995 a, 995 b, 996 c
Diocèses suburbicaires de Rome, 1027 a
DIOCLÉTIEN (empereur), 309 a
DIOCLÉTIEN (empereur) (destruction d'églises), 315 b
DIOCLÉTIEN (empereur) (persécution des chrétiens), 317 a
DIOCLÉTIEN (empereur), et le partage de l'empire romain, 317 a, 371 a
Diognète, épître à - (cit. : les chrétiens et le monde), 572 a, 572 b
DIOSCORE (antipape), 514 b
DIOSCORE (patriarche), 324 a, 324 b
DIOSCORE (st), 65 b
Diplomatie vaticane, voir Relations internationales du Saint-Siège
Directeur de conscience, 737 b
Directions diocésaines de l'enseignement religieux, 577 c, 1079 c
Direction spirituelle, 736 a, 737 b
Directoire (document d'instructions), 1002 a
Directoire (1795-1799), 429 a
Directoire général de la catéchèse, 1177 b
Dirimant (empêchement), 561 a
Discernement (Parole de Dieu), 517
Discernement chrétien et direction spirituelle, 737 a
Discernement et tradition, 599 a
Discipline, 266 a, 273 b, 275 a, 284 a, 285, 287, 289 a
Discipline (définition), 623 c
Discipline (instrument de mortification, définition), 735 b, 1055 b
Disciples d'Emmaüs, 285 b
Discographie (musique d'Église), 660 b
Discographie sur Jésus, 663 c
DISMAS (st), 1116 a
Dispense (définition), 560 c
Disputatio (scolastique), 357 b, 368 b
Dissuasion, l'Église et la -, 875 a
Dissuasion nucléaire, les évêques français et la -, 872 c, 873 c
Dites, si c'était vrai (cit. de J. Brel), 681 b
Diu satis (Pie VII), 553 a
Dives in misericordia (Jean-Paul II), 855 b
Divination, 536 a
Divine Comédie de Dante, 367 a, 369 b
Divini illius Magistri (Pie XI), 554 b
Divini Redemptoris (Pie XI), 451 b, 482 a, 482 b, 554 b
Divini Redemptoris (Pie XI) (cit.), 845 a
Divini Redemptoris (Pie XI) et le communisme athée, 844 c
Divinisation de l'homme en Dieu, 719 a
Divinité de Jésus-Christ, 321 b, 321 c
Divinité de l'Esprit-Saint (Concile de Constantinople I), 321 c, 322 a
Divino afflante Spiritu (Pie XII), 553 b
Divino afflante Spiritu (Pie XII) (cit. : Église et l'Écriture), 600 a
Divinum illud munus (Léon XIII), 553 c
Division des chrétiens, 587 b
Divorce, **819 b**, **819 c**
Divorce, droits de la famille et -, 808 c
Divorce et sacrement de mariage (Pie XI), 812 c
Divorce, l'Église et le -, **817 c**, 1058 c
Divorcés, devoir de l'entourage envers les -, 817 b
Divorcés remariés, évêques français et les -, 819 a
Divorcés remariés, la place des - dans l'Église catholique, 819 b, 819 c
Dix commandements, Les -, (film), 636 b
Dix commandements, les - de l'aumônerie de l'enseignement public, 1090 a, 1090 b
Dizaine de chapelets, 746 a
DJEBEL MOUSA (SINAÏ), 230 a
DMYTRYK, EDWARD, 635 c
Docétisme, 313 a
Docétisme et Jésus-Christ, 681 a
Docteur de l'Église, 23 c
Docteur de la Loi, 556 b, 984 b
Docteurs de la Foi, 24 c
Docteurs de l'Église et Pères de l'Église, 314 b
Doctor Acutus (GRÉGOIRE DE RIMINI), 24 c
Doctor Admirabilis (ROGER BACON), 24 c
Doctor Angelicus (saint THOMAS D'AQUIN), 24 c
Doctor Christianissimus (JEAN GERSON), 24 c
Doctor Indicibilis (JEAN RUYSBROECK), 24 c
Doctor Mellifluus (saint BERNARD) 24 c
Doctor Seraphicus (saint BONAVENTURE), 24 c
Doctor Subtilis (DUNS SCOT), 24 c
Doctor Universalis (saint ALBERT LE GRAND), 23 c
Doctrine de foi, 602 a
Doctrine de la foi, Congrégation romaine pour la -, 1177 b
Doctrine sociale de l'Église, 835 a, 836 a, **853 a**, **859 a**
Doctrine sociale de l'Église (encyc. *Laborem exercens* Jean-Paul II), 856 c
Doctrine sociale de l'Église (encycl. *Mater et Magistra* Jean XXIII), 554 c
Doctrine sociale de l'Église (encycl. *Quadragesimo anno* Pie XI), 554 b
Doctrine sociale de l'Église (encycl. *Sollicitudo Rei Socialis*, Jean-Paul II), 1184 b, 1184 c
Doctrine sociale de l'Église (*Gaudium et Spes*, constitution pastorale Vatican II), 854 b, 854 c
Doctrine sociale de l'Église, Ketteler et la -, 459 c
Doctrine sociale de l'Église, La Tour du Pin et la -, 461 b
Doctrine sociale de l'Église, Léon XIII et la -, **457 a**
Doctrine sociale de l'Église, mise en œuvre de la -, **1093**
Doctrine sociale de l'Église, Pie XI et la -, **486 a**
Doctrine sociale de l'Église, voir aussi Question sociale, Catholicisme social
Document de Damas (apocryphe essénien), 214 c
Documentation catholique, La -, 1032 a
Documents complémentaires, 1141
DODD, C. H. (*Le fondateur du christianisme*), 684 c, 1233 c
DODOLIN (st), 1116 a
DODON (st), 1116 a
DOEPFNER (cardinal) et cardinal Wojtyla (futur Jean-Paul II), 1023 b
Dogmatique, 603 b, 603 c
Dogme (définition), 603 a
Dogme de l'Assomption, 544 c
Dogme de l'Immaculée Conception, 544 c
Dogme de l'infaillibilité de l'Église, 544 b
Dogme, développement du -, 586 c, **602**, 626 b
Dogme et systèmes théologiques, 626 b
DÖLLINGER, 442 a, 452 b, 453 a
Dolorisme (définition), 735 b
DOLTO, FRANÇOISE (cit. : désir et Jésus-Christ), 723
DOM (Deo Optimo Maximo), 919 c
Dom (don), **754 a**
DOMBES, groupe des -, 487, 488 a, 585 b, 589 c
Dôme, 641 c
DOMENACH, JEAN-MARIE, 633 a
Dom GUÉRANGER, voir Guéranger
Domination grecque sur Israël (IVe-IIe siècle av. J.-C, chronologie), 250 c
DOMINGO, MANUEL (bx), 1111 a
Dominicae resurrectionis (Pie XII), 926 a
Dominicaine, famille -, 757 b, 757 c
Dominicaine, spiritualité -, 757 b, 757 c
Dominicaines (fondation), 366 b
Dominicaines de Béthanie, 763 c
Dominicaines de Béthanie et les femmes en prison, 1096 a
Dominicains (famille dominicaine), 757 b, 757 c
Dominicains de l'Annonciata (bx FRANCISCO COLL), 36 c
Dominicains, voir Frères prêcheurs
DOMINICI, MARIA-EBRICHETTA (bse), 36 c
DOMINIQUE (st), **65 b**
DOMINIQUE (st) et les frères prêcheurs, 364 a, 365
DOMINIQUE (st) et l'évangélisation locale, 565 b
DOMINIQUE (st) et le XIIIe siècle, 358 a
DOMINIQUE (st) et l'hérésie cathare, 362 a

DOMINIQUE (st), prédicateur, 563 b
DOMINIQUE (st), spiritualité de -, 731 c
DOMINIQUE ITURRATE-ZUBERO (bx), 38 a
DOMINIQUE SAVIO (st), 65 b
Dominum et vivificantem (Jean-Paul II, cit.), 731 b, 731 c
Dominum et vivificantem (Jean-Paul II, l'Esprit Saint et le monde), 687 c
Dominus ac Redemptor (Clément XIV), 424 b
Dominus vobiscum, 916 b
DOMITIEN (st), 1116 a
DOMITILLE (st), catacombe, 1167 c
DOMNIN (st), 65 c
DOMNOLE (st), 1116 b
DOMNUS (st), 1116 b
Domrémy (pélerinage), 1210 a
DONALD (st), 66 a
Don (dom), voir Dom
Don, à qui faire un -, comment faire un -, 1213
DONAT, 320 a, 320 b, 321 a
DONAT (st), 66 a
DONAT, voir aussi Donatisme
DONATIEN (st), 66 a
Donation, comment faire une -, 1211
Donation de Constantin, 339 b
Donation de Pépin, 339 a, 339 c
Donatisme, 320 a, 320 b, 321 a
Donatisme (répression par l'empereur Constantin), 318 b
DON BOSCO, voir JEAN BOSCO (st)
Don Camillo (film), 636 c
Don de Dieu, 689 a, 701 a, 701 b
Don de Dieu (l'Esprit), 686 c
Don de guérison, 536 b
DONDERS, PETRUS (bx), 37 c
Don de soi, prière et -, 734 a
Don et déduction fiscale, 1213 a, 1213 b
Dons de Dieu aujourd'hui (cit. *Aetatis Novae*), 1077 b
Dons de l'Esprit, 699 c, 701 a, 701 b, 953 a ; voir aussi Charismes
Dons du Saint-Esprit, 954 a, 954 b
DONUS (pape), 514 b
DÖPFNER (cardinal), 500 b
DORA (prénom), 66 a
DORIE, PIERRE (st), 38 b
DORINE (prénom), 66 a
DORIS (prénom), 66 a
Dormition de la Vierge Marie, 98 c, 902 b, 902 c
DOROTHÉE (ste), 66 a
DOSITHÉE (st), 1116 b
DOSTOÏEVSKI, FIDOR, 587 b, 684 a
DOUAI, Martyrs de - (sts), 1116 b
DOULCHARD (st), 66 a
Doute du chrétien, 609 c
Doute et indifférence, 609 a, 609 b
Doute sur Dieu, 593 a
Douze (symbole biblique du Peuple de Dieu), 237 c
Douze (symbolique biblique), 256 b
Douze apôtres, les -, 275 b
DOWSKOÏ, DIMITRI (st), 1112 a
Doxologie, 916 b
Doyen du Sacré-Collège (ou Collège des cardinaux), 1027 a, 1027 b, 1028 a, 1028 c
Doyenné, 990 a
Dragonnades, 415 b, 416 a
Drame liturgique et théâtre médiéval, 344 b, 345
Drapeau de la Cité du Vatican, 1038 b
DRAUSIN (st), 1116 b
DREYER, KARL, 635 c, 636 a
DREYFUS, l'affaire -, 470 a, 471 a
DROCTOVÉE (DROTÉ) (st), 1116 b
Droit à la formation dans l'Église selon le droit canon, 550 c
Droit à la propriété, 859 a
Droit à l'enfant, 816 c
Droit à l'information, 859 a
Droit au travail, 859 a
Droit au travail, bien commun et -, 853 b
Droit aux sacrements selon le droit canon, 550 c
Droit d'asile, 346 a, 417 c, 869 a
Droit d'asile dans les églises, 1174 a, 1174 b
Droit d'association dans l'Église selon droit canon, 550 c
Droit canon, **559**
Droit canon (charte des fidèles), 550 a, 550 b, 550 c
Droit canon (élaboration du code de 1917), 468 b
Droit canon (mariage, empêchements), 561 a, 561 b
Droit canon (ministères ordonnés), 558 a
Droit canon, *Décret de Gratien* (1140), 356 a, 356 b
Droit canon et magistère, 600 a
Droit canon et vie consacrée, 1051 c
Droit de défense dans l'Église selon le droit canon, 550 c
Droit de grève, 835 a, 838 a
Droit de grève, Jean XXIII et le -, 856 c
Droit de parole dans l'Église selon le droit canon, 550 b
Droit de régale, affaire du -, 416 b, **417**
Droit des chercheurs dans l'Église selon le droit canon, 550 c
Droit des fidèles d'être jugés par les tribunaux ecclésiastiques compétents selon le droit canon, 550 c
Droit des travailleurs (encyc. Jean-Paul II), 856 b
Droit diocésain, institut religieux de -, 1050 b
Droit divin, monarchie de - (théorie), 417
Droit et morale, 781
Droit humain (Loge maçonnique), 1131 c
Droit naturel, 784 a
Droit pontifical, institut religieux de -, 1050 b
Droit syndical, 838 a
Droits de l'homme, **870 a**, **870 b**, voir aussi Déclaration des droits de l'Homme
Droits de l'homme (histoire), **869**
Droits de l'homme (paix, développement), **1066**
Droits de l'homme, A propos des - (cit. de J.M. Lustiger), 871 b, 871 c
Droits de l'homme, déclaration des -, 424 a, 425 a, 843 a, **869**, 870, 877
Droits de l'homme, Déclaration universelle des - (1948) (ONU), 877 b, 877 c
Droits de l'homme et paix internationale, 877 a
Droits de l'homme et principes chrétiens de vie sociale, 859 a, **870 b**
Droits de l'homme, la liberté religieuse un des -, 866
Droits de l'homme, voir aussi Déclaration des droits
Droits des travailleurs, les -, 836 a
Droits du travail, 849 c
DROSTE ZU VISCHERING, MARIA (bse), 36 b
DROSTE ZU VISCHERING, MARIA (bse) et le Cœur de Marie, 748 c
DROTÉ voir DROCTOVÉE
DRUON (st), 66 a
Druses, 142 c
Dualisme (principes du Bien et du Mal, définition), 534 a
Dualisme âme-corps, 720 a
Dualisme cathare, 361 b
Dualité des natures divine et humaine en Jésus-Christ, voir Nature
DU BELLAY, JOACHIM, 396 a
DUBOIS-DUMÉE, JEAN-PIERRE (cit. : spiritualité), 729
DU BOS, CHARLES, 648 c
DUBOST, MICHEL, 729 b
DUBOST, MICHEL (cit. : des faits sur la situation de la famille), 1083 a, 1083 b
DUBOST, MICHEL (cit. : les jeunes et la foi, tableau), 1088 a, 1088 b
DUBOST, MICHEL (père) (cit. : pèlerins à l'image du Dieu étranger), 1066 a
DUBOUCHÉ, THÉODELINDE, 759 b
Duce, le -, 479 a
DUCHESNE (abbé), 467 a
DUCHESNE, ROSE-PHILIPPINE (ste), 1112 c
DUFF, FRANK, 1058 b
Dukka, 146 a
Dulie, 24 c, 671 c
DUMONT (père), 585 b
DUNG-LAC, PÈRE ANDRÉ (st), 1112 c
DUNS SCOT, 24 c, **385 c**
DUNS SCOT et la pensée de saint Thomas d'Aquin, 367 c
DUNS SCOT et la régulation de la population, 867 a
DUNS SCOT et la scolastique, 357 c
DUNS SCOT et les Frères mineurs, 366 b
DUNS SCOT et l'Immaculée Conception, 898 b, 903 a
DUPANLOUP, **455 b**, **456 a**
DUPANLOUP (prédicateur), 563 b
DUPANLOUP et le catéchisme, 577 b
DUPANLOUP et les catholiques libéraux, 456 b
DUPANLOUP et le *Syllabus* (Pie IX), 450 a
DUPANLOUP et l'infaillibilité pontificale, 453 a
DUPANLOUP et l'ultramontanisme, 452 b
DUPANLOUP, lettre adressée par Corbon à -, 470 b
Du pape (J. de Maistre), 442 a, 442 b, 445 a
DUPLESSIS, MAURICE, 572 a
DUQUOC, CHRISTIAN, 685 c
DUQUOC, CHRISTIAN (cit. : accessibilité de Dieu), 671 a
DUROCHER, MARIE-ROSE (bse), 37 c
DUSSEL, 625 b
DUTOIT (Mgr), 492 b
DUVAL, AIMÉ, 663 c
DUVAL (Mgr), 1177 a
DUVERGIER DE HAURANNE, abbé de SAINT-CYRAN, 413 a, 415 b
DUVIVIER, 635 a, 636 c
Dynastie macédonienne à Byzance, 371

- E -

EATWOT ou ASETT (Association œcuménique des Théologiens du Tiers Monde), 625 c
Eau (symbolique biblique), 1161 c, 1162
Eau bénite, 944 b
Eau dans récits de la création selon *Genèse*, 223 c
Eau vive (communauté), 1060 a, 1129 b,
Eaux vives (Équipes), 1058 a, 1088 c
EBAL (mont), 238 c
EBBON (st), 1116 b
Ébrasement, 643 b
Ecclesia Dei adflicta (cit. de Jean-Paul II), 1173 c
Ecclesia Dei adflicta (Jean-Paul II), 507 c, 1174 a, 1175 b
Ecclesia Domini (Pie VII), 553 a
Ecclesiam a Jesu Christo (Pie VII), 553 a
Ecclesiam suam (Paul VI), 554 c
Ecclésiaste, Livre de l' - ou *Qohelet*, 252 b, 252 c
Ecclésiastique (définition), 1049 a
Ecclesiastique, état -, 556 b, 556 c
Ecclésiastique ou Siracide, 252 b, 252 c
Ecclésiologie (courants actuels), 625 a
Ecclésiologie (définition), 540 b
Ecclésiologie de Vatican II, mise en application de la -, 513 a
Échange des sacrements (formule, mariage), 977 a
Échange et dialogue (mouvement), 506 a
Échange, l' - et le corps (mariage), 975 b
ECKHART (Maître), 386 a, 387 a, 757 c
Éclaireurs et éclaireuses de France (EDF), 1089 c
Éclaireurs et éclaireuses israëlites de France (EEIF), 1089 c
Éclaireurs et éclaireuses unionistes de France (FEEUF), 1089 c
ECOF (Église catholique orthodoxe de France), 1129 c
École biblique de Jérusalem, 489 a
École d'Alexandrie, 314 c, 315 a, 626 a
École d'Antioche, 314 c, 315 a, 626 a
École biblique de Jérusalem (fondation), 468 a
École cathédrale, 343 a, 357 a, 368 b
École catholique et pratique religieuse en France, 192 a
École catholique, le projet de l'-, 1079 c
École catholique, les évêques français et l' -, 1080 c
École catholique, voir aussi Enseignement privé, Enseignement catholique
École de l'acteur, voir Scientologie
École de la Foi, 1060 a, 1197 c
École de la vie abondante, voir Jaget
École de l'Évangile, 1197 c
École de l'éveil, voir Scientologie
École du dimanche, 158 a
École du rythme, voir Scientologie
École française de spiritualité, 408 a, 731 c, 761 c
École française de spiritualité et Pierre de Bérulle, 408 b
École, les catholiques et l' - à la fin du XIXe siècle, 464 b

École monastique, 343 a
École, voir aussi Enseignement, 464 b
Écologie chrétienne, 878 a, 878 b
Écologie et éthique chrétienne, 721, 721 c
Écologie, Paul VI et l' -, 856 b
ECÔNE (Mgr Lefebvre), 507 c
ECÔNE, séminaire d', 1173 b
Économe diocésain, 990 b
Économie, 848 b, 848 c
Économie (chercher de nouveaux modes de vie), 834
Économie (cit. M. Albert, Évangile à l'épreuve), 833 b
Économie, droits de la famille et -, 809 a
Économie du salut, 695 a, 695 b
Économie et dignité de l'homme, 835 a, 836 a
Économie et famille, 805 b
Économie et Humanisme (revue), 1067 a
Économie, les chrétiens et l'-, 847 a
Économie, *Mater et Magistra* (Jean XXIII), 856
Économie, *Quadragesimo anno* (Pie XI), 857
Économie, *Rerum novarum* (Léon XIII), 857
Économie, voir aussi commerce, 846 b
Écoovie, 1129 c
Écrits des premiers chrétiens, 308 a
Écrits ou Autres Écrits (troisième partie de la *Bible* hébraïque), 210 b, 257 b, 1165 c
Écrits, premiers - de la Bible, 229 a
Écriture (étude critique par les humanistes de la Renaissance), 388 c
Écriture (principe luthérien de libre examen), 391 b
Écriture (seule autorité dans l'Église selon Luther), 391 b
Écriture et Tradition, 597 a, 599 b
Écriture et Tradition selon concile de Trente, 405 a
Écriture et Tradition selon Luther, 391 b
Écriture Sainte, 700 a, 703 a ; voir aussi *Bible*
Écriture Sainte et Église, 700 a
Écritures (*Ancien Testament*, canon), 210 b, 211 a
Écritures (*Ancien et Nouveau Testaments*, canon fixé par concile de Trente), 405 a
Écritures (désignation judaïque), 210 b
Écrivains catholiques, association des -, 1077 c
Écrivains catholiques, voir aussi Littérature
EDEN, jardin d'-, 223 a, 224, 225 a, 614 c, 891 c
EDEYRR (st), 1116 b
EDESSE, 565 a
EDF (Éclaireurs de France), 1089 c
EDGAR LE PACIFIQUE (st), 66 b
Édifier, 736 c
EDIMBOURG, conférence œcuménique d'- (1921), 585 a
Édit d'Alès, 399 c, 408 a
Édit de Fontainebleau, 414
Édit de Milan (313), 317 a, 319 a
Édit de Milan (cit.), 318 b, 318 c
Édit de Nantes, 399 a, 399 c, 408 a
Édit de Nantes, révocation de l'-, 399 c, 414, 415 b
Édit de Saint-Germain, 399 c
Édit de Tolérance (1787), 415 b, 422 b
Édit d'union entre Églises de Rome et Constantinople (concile de Florence, 1439), 282 a
ÉDITH (ste), 66 b
EDITH STEIN (bse), 132 b, 1173 a
EDME (st) (EDMOND RICH), 66 b
EDMOND RICH (st), 66 b
EDOM (ESAÜ), 226
Edomites, 219, 226
EDOUARD 1er d'Angleterre et les juifs, 364 b
EDOUARD III d'Angleterre, LE CONFESSEUR (st), 66 b
EDOUARD VI d'Angleterre, 400 a, 400 b
Éducateurs (ordres religieux), 762 b, 762 c
Éducation, bien commun et -, 853 b
Éducation chrétienne (cit. : Déclaration *Gravissimum educationis* Vatican II), 805 b, 805 c
Éducation chrétienne (déclaration Gravissimum educationis Vatican II), 505 a
Éducation chrétienne (encycl. Pie XI *Divini illius Magistri*), 554 b
Éducation, droits de la famille et -, 808 b
Éducation, famille et - (Jean-Paul II), 806 c
Éducation, les parents et l'-, 807 a
Éducation religieuse (état d'esprit, France), 196
Éducation religieuse, voir catéchisme
Éducation sexuelle (texte Saint-Siège), 811 a, 811 b
Éducation, Vatican II et l'-, 805 b, 805 c
Éduquer la foi, 604 a, 604 b
EDWIGE (reine), 1156 c
EDWIGE (ste), 66 b
EFMO (Équipes de Formation en Monde ouvrier, adresse), 1048 b
Égalité dans l'Église selon droit canon, 550 a
Égalité des sexes, l'Écriture Sainte et l'-, 727
ÉGIDE (st), 43 a
EGISHEIM-DAGSBURG, BRUNO D'-, voir LÉON IX (st, pape), 350 b
ÉGLANTINE, prénom, 66 b

ÉGLISE
A. DOCTRINE
Église (apostolicité), 524 b, 526 b, 527 b, **538 c,** 539 b
Église (constitution dogmatique *Lumen Gentium* Vatican II), 505 b, **543**, 545
Église (constitution dogmatique *Lumen Gentium* Vatican II), débats et vote sur l'-, 500 b, 501 b
Église (corps du Christ), 523 b, **543 c**, 576 c, 584 a, **700 a**, **984 c**
Église (encycl. *Ecclesiam suam* Paul VI), **554 c**
Église (exposé de la foi catholique par Paul VI), **524 b**
Église (Marie, et l'espérance), 898 a
Église (mission) 563 à 591, **567 c**, **568 b**, **569 a**, 1069 à 1071
Église (mission universelle, cit.), **567 c**
Église (Peuple rassemblé), 505 b, 513 a, **542 b**, **543 a**, 547 à 586, **547 a**, **548 a**, **549 c**, **550 a**
Église (rapports clercs-laïcs), **543 a**, 543 b, 549 a, **549 b**, **549 c**, 550, 990 c, 993, 1008 b, 1009 a, 1009 b
Église (rôle des laïcs), **549 c**
Église (sacrements), 162, 163, 290 b, 315 b, 331 a, 405 a, 407 a, 580 c, **915 a, 943, 944, 946**, 947 à 986, 1062, 1063
Église (signe de la présence de Jésus), 915 a, 943 a
Église (signe et sacrement), **582 a**, **584 a**, **586 a**, **915 a**, **943 a**, **944 a**
Église (structure ecclésiale), 541 b, 545 c, 548 a, **987**
Église (théologie Vatican II), 500 a, 501 b, 502 a, 505 b, **505 c**, **542 b**, **543**, 545 c,
Église (visibilité), 511 b (Jean-Paul II), 574 (Paul VI), **528 a**, 633 a (Montcheuil), 943 a
Église, avenir de l'- selon Vatican II, 543 b
Église catholique (c'est-à-dire universelle), 524 b, 527 b, **538 c**, 539 a, **539 b**, 539 c, 545 a, **563 a**, 584 a, **586 a**
Église catholique (c'est-à-dire universelle, cit. de saint Cyrille de Jérusalem), 539 c
Église catholique (différences avec secte), 539 a, 539 b
Église catholique gallicane, 416
Église dans le monde d'aujourd'hui, 886 a ; voir section Église Section Sociologie
Église dans le monde de ce temps (constitution pastorale, *Gaudium et Spes* Vatican II), 505 c
Église, diversité des membres de l'-, **545 c**
Église d'Orient (dialogue), 1018 a
Église d'Orient (Épiphanie), 929 c
Église d'Orient (liturgie), 905 b
Église et construction européenne, voir Église et Europe
Église et construction européenne (cit. de Jean-Paul II), 1141 b, 1141 c
Église et culte des saints, 21 à 27, **28 a**, 29, **32**, 34 a, 35 à 40, 407 a
Église et culte des saints guérisseurs, 42 c
Église et culture, 552 c, 553 b, 554 c, **569 à 571**, **833 a**, **835 a**, 863, 864, **865**, 1031 c, 1032
Église et droit de possession de biens, 560 b,
Église et Écriture Sainte, 216 c, 391 a, 405 a, 406 b, 597 a, **700 a**, **703 b** ; voir aussi Église et Parole de Dieu
Église et Esprit Saint, 287, 299 a, **300**, 301 b, **302 b**, **524 b**, **622 a**, **624 a**, 686, 687, 958 c, 959, 966 b
Église et Esprit-Saint (G. Riobé), 687 a
Église et Esprit-Saint selon Vatican II, 686 b
Église et État, 548 b, 552 c, **842**, 882, **883** ; voir aussi section ÉGLISE HISTOIRE
Église et évolution de l'homme, 220, 690, 691 a, 692 a
Église et jeunes, 580 c
Église et la fin des temps, 541 b, 543 b, 543 b, 897
Église et la Parole de Dieu, 700 a
Église et la protection animale, 721 b, 721 c
Église et la psychanalyse, 722
Église et Tradition (cit. de A. M. Besnard), **542 b**
Église et la construction européenne, 1155 a, 1155 b
Église et la Trinité, **541 b**
Église et la vie internationale, 872 à 875, **876**, **877**, 1033 à 1035, 1066 à 1069
Église et le communisme, 450 b, 451, **481 a**, **482**, 496 a, 507 a, 508 a, 509, 552 b, 553 b, 844 c, **845 a**
Église et le communisme, voir aussi Communisme, 451 a
Église et culte des saints, 21-27, **28 a**, 29, **32**, 34 a, 35-40, 407 a
Église et le culte des saints guérisseurs, 42 c
Église et le divorce, **817**, 819, 1058 c
Église et les divorcés, 817 a, 817 b
Église et le droit, voir droit canon
Église et les droits de l'homme, 866, 870 b, 871, 877, 1066, 1069
Église et les jeunes, 203, 204, 580 c, 581, 1079, 1080, 1081, 1082, 1085 à 1091 ; voir aussi Jeunesse
Église et le socialisme, 451 a, 451 b
Église et le socialisme, voir aussi Socialisme,
Église et les suicidés, 820 a, 820 b
Église et libéralisme, voir Libéralisme
Église et loisirs, 831 b, 1092
Église et Parole de Dieu, 216 c, 549 a, 549 b, **576**, **597 a**, 598 b, 612 b, **700 a**, **703 a**, 703 b, 959 a, 960
Église et Révélation (tableau), 18, 19, 137, 505 c, **593 b**, 595, 603 a
Église et salut, **524 b**, **544 b**, **544 c**, 556 b, 556 c, 566 a, 574 a, **584 a**, **586 b**, 708 a
Église et socialisme, 450 a, **451**, 843 c, 856 b, 857
Église et tradition, 542 b, 576 c, **599**
Église et trinité, 541 b, 668 a, 670 a, 675 b, 675 c
Église, extension de l'- dans l'univers (cit. de saint Cyrille de Jérusalem), 539 c
Église, hors de l'-, **544 b**, **544 c**, 584 a
Église, je crois en l'- (*Symbole des apôtres*), commentaire, 527 b
Église, la femme dans l'-, 549 b, 725, **726**, **727**, 1186 b, 1186 c, 1187
Église, la fin des temps et l'-, **541 b**, **543 b**
Église, la véritable -, 539, **541**
Église, les laïcs dans l'-, 549, 550 ; voir aussi Apostolat des laïcs, Pastorale (dans ses diverses modalités), Rapports clercs-laïcs
Église, liberté du chrétien, **548 b**, 549 a**, 550 b, 550 c**
Église locale, 545 a, 545 b
Église, l'- prêchée hier (cit. de Cyrille de Jérusalem), 542 b
Église, « notes » de l'-, 539
Église, pouvoirs dans l'-, 548 a, 548 b, 549, 551 à 562, 988 à 991, 1008, 1009, 1012, 1015, 1019 à 1035 ; voir aussi Droit canon
Église qui chante (revue), 663 b
Église sacrement, 943 a
Église sacrement du Christ, 915 a
Église selon Concile de Trente, 406 b, 543 a
Église selon Concile Vatican I, 452 b, 453, 454 a, 543 a
Église selon Concile Vatican II, voir Église, constitution dogmatique *Lumen Gentium*
Église selon Credo, 520, **527 b**, 607 c
Église selon Credo de Paul VI, 523 a, 524 b
Églises locales (diocèses), voir Diocèse,
Églises gréco-catholiques, 155 a
Églises orientales catholiques, 375 a, 473 c, 496 a, 501 b, 505 b, 905 b, **1015 à 1018**
Églises orientales catholiques (décret *Orientalium Ecclesiarum* de Vatican II), 501 b, 505 b
Églises orientales catholiques (encycl. *Orientales Ecclesias* de Pie XII), 496 a
Églises orientales catholiques (encycl. *Orientalium dignitas* de Léon XIII), 461 a, 473 c

Églises orientales catholiques (liturgie), 375 a, 473 c, 905 b
Églises orientales non catholiques, voir Églises chrétiennes non catholiques
Églises particulières (diocèses), 511, 545, **988 à 1011** ; voir aussi Diocèse, Évêque
Églises uniates, 584 b, ; voir aussi Églises orientales catholiques (histoire, institution)
Église, universalité de l'-, 524 b, 527 b, **538 c**, 539 a, **539 b**, 545 c, **563 a**, 584 a, **586 a**

B. HISTOIRE

Église (origine juive), 341 a
Église (richesse, XIIe-XIIIe siècles), 361 a
Église (théologie Vatican II, vote constitution dogmatique), 501 b
Église :
aux IIe-IIIe siècles, 309
au IIIe siècle, 315 b
à la fin du IVe siècle, 331
aux IVe-Ve siècles, 317
aux VIe-XIe siècles, 334
aux XIIe-XIIIe siècles, 353
aux XIVe-début XVIe siècles, 377
début XVIe siècle, 390
aux XVIe-XVIIe siècles, 390
au XVIIIe siècle, 420 a
1715-1850, 420 a
première moitié du XIXe siècle, 444 b
1815-1848, 435 a
1848-1914, 448 a
1848-1914 (chronologie), 449
1914-1939, 482 a
1914-1985, 475 a
1939-1945, 490 a
Église cathare, 361 b
Église constitutionnelle (Révolution française), 426
Église dans le monde de ce temps (constitution pastorale *Gaudium et Spes* Vatican II, débats et vote), 501 b, 502 a
Église de l'Ouest, Église de l'Est, rapports entre - d'après les discussions du synode pour l'Europe, 1158 b, 1158 c
Église de Rome, origine de la primauté de l'-, 552 a
Église en Europe, 1139 à 1153
Église en France (au XIe siècle), 352
Église en France (Révolution), 424 a
Église en France (Consulat et l'Empire), 429 a
Église en France (Consulat et l'Empire, chronologie), 430 a
Église en France (début XXe siècle), 472 a
Église en France (la Commune), 462 a
Église en France (Restauration), 436 a
Église en France (Second Empire, 1852-1870), 454 b
Église en France (1848-1870), 454 b
Église en France (1870-1894), 462 a
Église en France (1918-1939), 477 a
Église en France (1945-1962), 493 a
Église en Gaule (IIe IIIe siècles), 316 a
Église en Gaule (IVe, Ve siècle), 330 a
Église et Charlemagne, 340 b
Église et État, voir notamment Benoît XV, Charlemagne, Charles VII, Charles Quint, Condorcet, Constantin, Constitution civile du clergé, Église en France sous la Révolution, Église en France sous le Consulat et l'Empire, François I roi, Gallicanisme, Henri VIII, Joseph II, Louis XIV, Lutte Sacerdoce-Empire, Napoléon Bonaparte, Philippe le Bel, Querelle des Investitures, Saint Empire romain-germanique, Séparation des Églises et de l'État. Voir aussi les références ci-dessous
Église franque (VIe-VIIIe siècles), 338 a, 338 b
Église primitive et judaïsme, 302 b
Église primitive (mission de saint Paul), 291 b
Église primitive (organisation), 289
Église primitive (période apostolique), 299 a
Église primitive (rôle de Pierre), 302 b, 302 c
Églises de Rome et Constantinople (concile d'union de Florence, 1439), 382 a
Église de Rome et de Constantinople (concile d'union de Lyon, 1274), 383 a
Églises de Rome et Constantinople, rapprochements des - (XIIIe siècle), 383 a
Églises d'Orient et d'Occident, rupture des - (XIe siècle), 371
Églises d'Orient et d'Occident, tentative d'union des -, (XIIIe-XVe siècles), 370 a, 383
Églises du Tiers-Monde, montée des -, 507 b
Églises indigènes, Benoît XV et les -, 484 b
Églises indigènes, Pie XI et les -, 484 b
Églises indigènes, Pie XII et les -, 496 a
Églises locales (évolution vue par A. M. Henry, cit.), 510 a
Églises nationales, poussée des - (XIVe-XVe siècles), 384
Églises orientales catholiques (seconde moitié XIXe siècle), 473 c

C. INSTITUTIONS

Église diocésaine, 555, **988**, 989 b, 990 à 1008, 1042
Église et État, 883 a ; voir aussi les sections ÉGLISE DOCTRINE et ÉGLISE HISTOIRE
Église, structure ecclésiale, voir section ÉGLISE DOCTRINE
Église et syndicalisme chrétien, 1102
Église, patrimoine, 1043 c
Églises démunies, organisations d'aide aux - (adresses), 1213
Églises orientales, 1030 b
Églises orientales catholiques, 1015
Églises orientales catholiques (tableau), 1016
Églises orientales catholiques en France, 1016 b
Églises orientales catholiques hors de leur région d'origine, 1018 b, 1018 c
Églises orientales catholiques, voir aussi Congrégation pour les Églises particulières (diocèses) et Église universelle, 988 a, 989 a
Église universelle (gouvernement), 1019
Église universelle (pasteur) (pape), 1019 a
Église universelle et Églises particulières (diocèses), 988 b, 989 a
Église universelle, gouvernement de l' - (la Curie romaine), 1019 à 1040

D. SOCIOLOGIE

Église dans le monde d'aujourd'hui, 138, 139, 165 à 176, 184 à 206, 437 a

E. ÉGLISE EN FRANCE

Église (indice de confiance dans l'opinion, France et Europe), 198
Église catholique aux armées françaises (service jeunes), 1088 c
Église catholique en France (organisation), 988 a
Église catholique en France (structure de concertation), 1012 b
Église et État, loi de séparation de l'- (1905), 882 a, 882 b
Église et syndicalisme chrétien, 1102
Église, les Français et l'-, 198
Église, les jeunes et l'-, 203

F. ÉGLISE HORS DE FRANCE

Église catholique au Brésil, 173
Église catholique au Congo, 172
Église catholique au Kenya, 172
Église catholique aux États-Unis, 175
Église catholique aux Pays-Bas, 174
Église catholique aux Philippines, 173
Église catholique en Italie, 175
Église catholique en Tchécoslovaquie, 174
Églises de l'Est, Églises de l'Ouest, rapports entre - d'après les discussions du synode pour l'Europe, 1158 b, 1158 c

G. RELATIONS AVEC AUTRES CONFESSIONS ET OPINIONS

Église (conception, convergences et divergences entre confessions chrétiennes), 161
Église catholique et anglicanisme, 159 a
Église catholique et anglicanisme (la succession apostolique), 555 c
Église catholique et anglicanisme en France, 1072 a, 1072 b
Église catholique et autres Églises, union espérée entre - (Credo Paul VI), 524 b
Église catholique et autres religions, 532 a
Église catholique et autres religions (texte Vatican II), 136, 137
Église catholique et bouddhisme, 146 c, 147 a
Église catholique et Conseil œcuménique des Églises (COE), 160 b, 160 c
Église catholique et Église orthodoxe, 155 a
Église catholique et Église orthodoxe en France, 1072 a, 1072 b
Église catholique et hindouisme, 145 c
Église catholique et Islam, 143 a, 143 c
Église catholique et judaïsme, 141 c
Église catholique et judaïsme en France, 177 c
Église catholique et protestantisme, 157 a
Église catholique et protestantisme en France, 1072 a, 1072 b
Église catholique et sectes, 588 c
Église et athéisme (cit. *Gaudium et Spes*), 1078 c
Église et franc-maçonnerie, 421 a, 421 b, 421 c, 1078 c
Église et l'incroyance (France), 1078
Églises de Rome et de Constantinople (concile d'union de Florence, 1439), 383 b
Églises de Rome et Constantinople (concile d'union Lyon, 1274), 370 a

H. ÉGLISES CHRÉTIENNES NON CATHOLIQUES

Église adventiste en France, 183 b
Église apostolique, voir Néo-apostoliques
Église apostolique arménienne, 153 b
Église apostolique arménienne en France, 183 c
Église apostolique assyrienne d'Orient, 153 a
Église catholique orthodoxe de France (ECOF), 182, 1129 c
Église Centrale du Plein Évangile, 1197 c
Église chrétienne biblique, 1129 c
Église confessante, 158 a
Église de Jésus-Christ des Saints des Derniers Jours, 151 a
Église de Jésus-Christ sur terre, voir Kimbanguisme
Église de la Nouvelle Compréhension, 151 a
Église de l'unification, 151 a
Église de l'unification, voir Moon
Église des adventistes du 7e jour, 1129 c, 1130 a
Église des Saints des Derniers Jours en France, 183 b
Église du Christ, 1130 a
Église du Désert (protestants), 415 b, 416 a
Église d'Utrecht, Petite -, 160 a, 183 a, 413 c
Église d'Utrecht, Petite - (autonomie), 583 a
Église épiscopalienne américaine en France, 183
Église évangélique libre, 1130 a
Église évangélique vaudoise (origine), 360 c
Église gallicane (actuelle), 183 a
Église institutionnelle selon conception protestante, 157 c
Église Néo-Apostolique en France, 183 b
Église orthodoxe, voir Orthodoxe, 154
Église patriotique chinoise, 508 b, 509 a
Église, Petite - anticoncordataire, 429 b
Église, Petite - d'Utrecht (autonomie), 583 a
Église presbytérienne américaine (origine), 401 c
Église presbytérienne (naissance), 402 a
Église réformée, 398 c
Église réformée, débuts de l'- en France, 397 a
Églises arméniennes (autonomie), 584 b
Églises chrétiennes non catholiques, 152
Églises coptes (autonomie), 584 b
Églises de la Réforme, 156
Église selon Calvin, 396 b, 397 a
Église selon Luther, 390 b, 396 b
Église selon Luther, localisation de l'-, 391 b
Églises locales protestantes, 157 c
Églises luthériennes (France), 189 b
Églises monophysites (autonomie), 584 b
Églises nestoriennes aujourd'hui, 323 b
Églises orientales anciennes (ou pré-chalcédoniennes), 152, 584 b
Églises orientales anciennes (ou pré-chalcédoniennes) en France, 183
Églises orientales anciennes (ou pré-chalcédoniennes) (données numériques), 138
Églises orientales anciennes (ou pré-chalcédoniennes) en France (données numériques), 182
Églises orientales anciennes (ou pré-chalcédoniennes) (géographie), 139
Églises pré-chalcédoniennes, voir Églises orientales anciennes
Églises réformées (France), 176, 180 b
Église syrienne Mar Thoma de Malabar, 153 a
Église universelle de dieu, 1130 a
Église universelle de la Nouvelle Alliance, 1130 a
Église universelle du Christ, voir Montfavet
Église Vieille Catholique, 183 a
Église Vieille Catholiques ou des Vieux catholique, 160 a

Église Vieille Catholique ou des Vieux Catholiques (origine), 453 a
Église Vieille Catholique romaine (France), 183 a
I. ÉGLISES LIEUX DE CULTES
Églises (lieux de culte) au IVe siècle, 331 c
Églises (lieux de culte), essor de la construction des - au XIe siècle, 346 c
Églises (lieux de culte) et droit d'asile au Moyen Age, 346 a
Églises (lieux de culte), orientation des -, 640 a
Églises (lieux de culte), premières -, 315 b
Églises (lieux de culte), voir Architecture religieuse, 640 a
ÉGYPTE, pays de la *Bible*, 218 a
EHUD, 238 b
EIF (Éclaireurs israëlites de France), 1089 c
EINSTEIN, ALBERT (cit. : ordre du monde), 529 b
EINSTEIN, ALBERT (recherche de Dieu), 17
EIVERS, Père, 1197 c
Ekthésis, 373 b
EL, **253 b**, 665 a, 693 b
ELA, JEAN-MARC, 625 c
Élan vital, voir Guru Mahara Ji
ELAPHE (st), 1116 b
ELBÉE, D'-, 427 b
Élection par Dieu, 563 a, **613**
Élection par Dieu (sens biblique), 1162 a, 1163 a
Élections politiques, **880**
Éléments d'une bibliothèque chrétienne de base, 1234 à 1236
ÉLÉONORE (ste), 66 c
ELEUTHÈRE (st, évêque), 66 c
ELEUTHÈRE (st, pape), 66 c, 514 a
Élévation, 962 a
EL GRECO, 646 b, 646 c, 694 a
ELIADE, MIRCEA (cit. : le sacré), 616 b
ÉLIANE (prénom), 66 c
ÉLIE, 242 c
ÉLIE au mont Horeb (1R), 242
ÉLIE DE BOURDEILLES, Bienheureux - (st), 1116 b
ÉLIE DE CORTONE, 365 a
ÉLIE et le Sinaï, 230 a
ELIOT, THOMAS (pièce sur saint Thomas Becket), 119 c
ÉLISABETH (ste), 66 c
ÉLISABETH (ste) (cit : paroles d'accueil à Marie, Lc 1, 42-45), 66 c
ÉLISABETH (ste) dans l'*Évangile de Luc*, 271 a
ÉLISABETH-ANNA SETON (ste), 36 a
ÉLISABETH CATEZ, voir ÉLISABETH DE LA TRINITÉ
ÉLISABETH Catez (par Didier Decoin), 67 a
ÉLISABETH DE HONGRIE (ste), 67 a
ÉLISABETH DE LA TRINITÉ (bse), 38 b, **67 a**, 759 a
ÉLISABETH DE LA TRINITÉ (bse) (cit.), 67 b
ÉLISABETH DE LA TRINITÉ (bse) (cit. : être carmélite), 760 b, 760 c
ÉLISABETH DE PORTUGAL (ste), 67 a
ÉLISABETH Ière D'ANGLETERRE, 400 a, 401 a, 401 b, 401 c
ÉLISÉE, 242 c
EL KHALIL (ABRAHAM), 226 c
ELLACURIA (père), 131 b
ELLUL, JACQUES (cit. : l'art et la représentation de Jésus), 658 c
ELLUL, JACQUES (cit. : le pourquoi de la vie), 530 a
ELLUL, JACQUES, et la sécularisation, 611 a
ELME (st), 67 b, 68 b
ELOHIM, 253 b
ELOHIM (nom), 210
Elohiste (tradition), 210 b, 229 a
Élohiste (tradition, fusion avec trad. yahwiste), 244 b
ÉLOI (st), 67 b
ELÔN, 238 b
ELPIDE (st), 1116 b
Élu de Dieu, 88 a, 613
Élul, 911 b, 911 c
Élus (cathares), 361 b
ELVIRE (ste), 67 b
ELZEAR (st), 67 c
Embolisme, 956 a
Embryon (manipulation, cit. de Jean-Paul II), 803 a
Embryon (respect), 817
EMEBERT (st), 1116 b
ÉMELINE (ste), 67 c
EMERIC (st), 1116 b
Émigrés, droits de la famille et -, 809 a
ÉMILE (st), 67 c
ÉMILIE DE RODAT (ste), **67 c**, 447 a
ÉMILIE DE VIALAR (ste), 67 c
ÉMILIEN (st), 68 a
ÉMILIENNE (ste), 68 a
ÉMILION (st), 68 a
Éminence (titre honorifique), 1029 b
Éminence, voie d'- (définition), 672 c
Émissions religieuses, audience en France des -, 198 c
Émissions religieuses radio et TV, 1035 b, 1077
EMMANUEL (st), 68 a
Emmanuel, L'- (communauté), 1059 b
Emmanuel, L'- (communauté jeunes), 1088 c
Emmanuel, L'- (communauté, S O S prière), 739 c
EMMANUEL (sœur) 1120 a, 1120 b
EMMANUEL, l'oracle de l'- (Is 7, 10-14), 245 c
EMMANUEL, PIERRE, 650 b
Emmaüs (association), 1098 a
EMMAÜS, les pèlerins ou disciples d'-, 285 b, 598 a
Empêchement (droit canon), **561 a**, **561 b**
Empêchement dirimant, 561 a
Empêchement prohibant, 561 b
Empêchements matrimoniaux canoniques, 561 a, 561 b
Empire byzantin, voir Byzance, Constantinople
Empire français et l'Église, **430 a**
Empire latin de Constantinople, 360 a, 360 b
Empire romain chrétien, 318 b
Empire romain, diffusion du christianisme dans l'-, 306 b, 307
Empire romain d'Occident, fin de l'-, 333 a
Empire romain germanique, voir Saint Empire
Empire romain, persécution des chrétiens dans l'-, 309, 310, 311
Empire, Second -, 454 b
Empirika, voir Saint Erme
Empirisme et foi chrétienne, 534 b
Emploi (encyc. Jean-Paul II), 856 c
Emploi à temps partiel et esprit de partage, 834 b
En attendant Godot (Beckett), 659 c
Encens, 934 a
Encomienda, 410 b
Encorbellement, 641 c
Encratisme, 1130 a
Encyclique (définition), 1020 b
Encycliques (où trouver les textes français), 1024 a
Encycliques concernant les missions, 565 b
Encycliques, exhortations apostoliques et lettres apostoliques de Jean-Paul II (liste), 1185
Encycliques pontificales de Jean-Paul II (1979-1991), 1024 a
Encycliques pontificales de Pie VI à Jean XXIII, les principales -, 553
Encycliques sociales, 855
Encyclopédie, L'-, 421 a, 422 a
Encyclopédie chrétienne du monde, 563 a
Encyclopédie, l'-, et les idées libérales, 843 a
Encyclopédistes et déisme, 533 b
Endurcissement, 829 b
Enfance et jeunesse (pastorale), 1087
Enfance, Jésus-Christ et l'-, 580 a
Enfant (refus), 884 a
Enfant de chœur, 558 c, 937 b
Enfant, droit à -, 816 c
Enfant prodigue (parabole), 972 a
Enfants de Dieu (secte), 150 b, 150 c, 1130 a
Enfants de Marie Immaculée, Association des -, 1058 b
Enfants en âge scolaire (baptême), 948 b
Enfants en bas âge (baptême), 948 b, 951 b, 951 c
Enfants, le mariage et les - (Pie XI), 812 b
Enfer, 706 b, 706 c, **895 b**
Enfer (croyance France et Europe, chiffres), 186
Enfer (damnation, réprobation), 706 b, 706 c
Enfer (invention interessée ?), 896 a
Enfer et bonté de Dieu, 895 b, 895 c, 896 a
Enfer et la liberté de l'homme (cit. de Lacordaire), 779 b
Enfer, l'-, (cit. : *c'est de ne plus aimer*, Bernanos), 648 a, 648 b
Enfers (mythologie gréco-latine), 890 c
Enfers, descente du Christ aux -, 284 b
Engagement, 574 a, 574 b, 574 c
Engagement (mariage, exemple), 975 a
Engagement chrétien (motivation dans le monde), 525 b
Engagement spirituel et paix, 872 c
Engagements au service de l'Église, 1044 a
Engagements au service de l'Église (France), 199
Engagés, les -, (typologie religieuse française), 203 b
ENGELS, 448 a
ENIMIE (ste), 68 a
Ennemi, 801 a
Ennemi, l'- (démon), 694 c
ENOCH ou ENOK, voir HÉNOCH
Enrichissez-vous, 850 a
ENRICO DE OSSO Y CERVELLO (bx), 36 c
Enseignement au Moyen Age, 368 b
Enseignement au Moyen Age, voir aussi Scolastique, Université
Enseignement catholique (chiffres), 1079 a, 1079 b
Enseignement catholique (privé), 1079
Enseignement catholique primaire et secondaire, 1079
Enseignement catholique supérieur, 1080 a, 1081 a
Enseignement de la foi, 576 b, 576 c
Enseignement, développement de l'- au XIIIe siècle, 368 a
Enseignement du Christ, 522 b
Enseignement, laïcisation de l'- (lois 1880-1904), 464 a
Enseignement, l'ONU et la liberté de l'-, 866
Enseignement privé et l'opinion, France, 201
Enseignement privé, reconnaissance par l'État (cit. M. Debré), 883 a, 883 b
Enseignement privé sous le Second Empire, 455 a
Enseignement privé, voir aussi Enseignement catholique
Enseignement public (aumônerie), 1090
Enseignement public secondaire (chiffres), 1091 a, 1091 b
Enseignement religieux, 1085, 1177, 1178, 1179
Enseignement secondaire, liberté de l'- (loi Falloux 1850), 446 b, 454 b
Enseignement social de l'Église, 853 a
Enseignement supérieur, liberté de l'- (loi 1875), 456 a, 464 b
Enseignement, une des fonctions de l'évêque et du prêtre, 983 a
« Ensemble pour prier » (rassemblement du 27 octobre 1986 à Assise), 1181 b, 1181 c
Enterrement, voir Funérailles
Entraide, (adresses des organisations catholiques), 1213, 1214
Entrailles (symbolique biblique), 255 a
Entreprise, grande -, 850
Entreprise, l'-, 850
Entreprise, participation des salariés à la gestion de l'-, 852 b
Environnement, 878 a, 878 b
Environnement, Paul VI et l'-, 856 b
Envoyés (les douze apôtres), 275 b
ÉPAGNEUL (père) et les Frères missionnaires des campagnes, 566 b
Épanouissement personnel, morale et -, 779 c
Éparchie des Arméniens catholiques en France, 992 c, 1016 b, 1018 c
Ephata (serveur télématique, vie et enseignement de l'Église, prière, livres, les pauvres), 1201 a
ÉPHÈSE, concile d'- (431), 322 b, 322 c, 323 a, 677 a, 1194 a
ÉPHÈSE, concile d'- (431) (Jésus-Christ Dieu et homme), 681 a
ÉPHÈSE, concile d'- (431) (Marie Mère de Dieu, Theotokos), 98 c, 270 b, 322 b, **323 a**, 677 a, 903 a, 1194 a
ÉPHÈSE, concile d'- (431), saint Cyrille d'Alexandrie et le -, 63 a
ÉPHÈSE, symbole d'-, 322 c
ÉPHÈSE II, concile d'- (449), 1194 a

ÉPHÈSE II, concile d'-, dit « brigandage d'Éphèse » (449), 324 a
Éphésiens, Épître aux - , 293 c
EPHRAÏM (fils de Joseph), 226
EPHRAÏM (tribu d'Israël), 226, 227 a, **237 c**
ÉPHREM (st), 24 c, 68 b
ÉPHREM (st) (encycl. *Principi apostolorum Petro* Benoît XV), 553 a
ÉPHREM de Syrie (st) (cit. : huile qui sauve), 982 c
Épiclèse, 961 b, 961 c
ÉPICTÈTE, 310 a
Épikie, 560 c
ÉPINE, NOTRE-DAME d'- (pèlerinage), 770, 1208 a
ÉPIPHANE (st), 68 b
ÉPIPHANE (st) et la Vierge Marie, 903 a
Épiphanie, **929 c**
Épiphanie (Églises d'Orient), 929 c
Épiphanie (fête de précepte), 920 b
Épiphanie dans le calendrier liturgique, 912 a
Épiphanie et retour du Christ, 897 a
Épiphanie, Mages et -, 271 a
ÉPIPODE (st), 68 b
Épiscopalienne américaine (Église) en France, 183
Épiscopaliens, 158 b
Épiscopat, **555**, voir aussi Evêques
Épiscopat (collège, infaillibilité), 544 b
Épiscopat (Église franque), 338 a, 338 b
Épiscopat au IIIe siècle, 315 b
Épiscopat au IVe siècle, 331 b
Épiscopat et le magistère extraordinaire, 551 c
Épiscopat français, Conférence de l'- (finances), 1043 a
Épiscopat français, mise en œuvre de la réforme liturgique de l'-, 1063 a
Épiscopat français, structure de concertation de l'-, 1012 a, 1012 b
Épiscopat, prises de position collectives de l'-, 1013
Épiscopat, Secrétariat général de l'- (France), 1013
Épiscopats, les - face au génocide des juifs, 491 b
Épiscope, voir aussi Episkopos
Episkopos dans l'Église primitive, 289 b, 289 c
Episkopos, voir aussi Épiscope, 983 c, 989 b
Épistémologie, 623 b
Épître à Philémon, 294 b
Épître à Tite, 294 b
Épître aux Colossiens, 294 a
Épître aux Corinthiens, Deuxième-, 293 b
Épître aux Corinthiens, Première-, 292 c
Épître aux Éphésiens, 293 c
Épître aux Éphésiens (extrait), 70 a
Épître aux Galates, 293 c
Épître aux Hébreux, 294 c
Épître aux Philippiens, 294 a
Épître aux Romains, 292 c
Épître de Pierre, deuxième-, 295 a
Épître de saint Jacques, 295 a
Épître de saint Jude, 295 b, 295 c
Épître de saint Pierre, première-, 295 a
Épîtres à Timothée, 294 b
Épîtres aux Thessaloniciens, 294 a
Épîtres catholiques, 291 a
Épîtres de la captivité de saint Paul, 291 a
Épîtres de saint Jean, 295 b, 295 c
Épîtres de saint Paul, 106 c
Épîtres de saint Paul (leur ordre), **293 a**
Épîtres, les- du *Nouveau Testament*, 291 a
Épîtres pastorales de saint Paul, 291 a
Éponyme, 221 b
Épouse, l'- (Marie figure de l'Église, G. Honoré-Lainé), 724 c, 725 a
Épouse, l'- sans tache (cit. de Yves de Montcheuil), 541 c
Équipe nationale Évêques-Prêtres, 1013 b
Équipes chrétiennes de la fonction publique, 1100 b
Équipes d'accueil et d'amitié pour les étudiants et étudiantes étrangers, 1094 a
Équipes de Formation en Monde ouvrier (EFMO) (adresse), 1048 b
Équipes de recherche biblique (adresse), 217 a
Équipes du Rosaire, 1058 a
Équipes Eaux vives, 1058 a, 1088 c
Équipes enseignantes, 1100 b
Équipes jeunes des fraternités Charles de Foucauld, 1088 c
Équipes Notre-Dame, 494 a, 1058 c, 1082 b
Équipes Notre-Dame Jeunes, 1088 c
Équipes Saint-Vincent, 1097 a, 1098 b
Équipes Vie chrétienne jeunes, 1088 c
Équiprobabilisme, 795 b
ÉRASME, 387 b, 388
ÉRASME (st), 43 a, 68 b
ÉRASME et le libre arbitre, 701 b
Ère du Poisson, 1130 b
EREMBERT (st), 1116 b
Érémitisme (définition), 1055 b, voir aussi Ermite
Érémitisme (renouveau contemporain), 1051 c
Érémitisme (renouveau Xe siècle), 346 a
Érémitisme chrétien, naissance de l'-, 328 a, 328 b
Ère nouvelle, l'-, 445 c, 446 c, 463 a
Ère nouvelle, l'- et la question sociale, 457 a
ERETZ ISRAËL, 219 c
ÉRIC, 636 b
ERIC ou ERIK (st), 68 b
ERMELINDE (ste), 68 b
ERMIN (st), 1116 b
ERMINIO FILIPPO PAMPURI (st), 37 b
Ermitage (définition), 1055 b
Ermite (définition), 330 c, 1055 b
Ermite aujourd'hui, 1051 a
Ermites au Xe siècle, 346 a
Ermites chrétiens et spiritualité du désert, 229
Ermites de Notre-Dame-du-Mont-Carmel, fondation, 366 b
Ermites de Saint-Albert (bx LUIGI ORIONE), 37 a
Ermites de Saint-Augustin, 754 c
Ermites de Saint-Augustin, fondation, 366 b
Ermites stylites, 41 c
ERNEST (st), 68 b
Erreur (définition), 623 c
ERWAN (prénom), 68 b
ERWIN (prénom), 68 b
ESAÜ, 225 b, 226
ESAÜ et JACOB, 227 a
Eschatologie, **897 a**
Eschatologie (cit. de J. Guillet), 897 b, 897 c
Eschatologie (cit. de saint Augustin), 773 b
Eschatologie chrétienne (J. Moltmann), 632 b
Esclavage (condamnation par Léon XIII, *In plurimis*), 553 c
Esclavage, Pardon pour l'-, (cit. de Jean-Paul II), 1179 c, 1180 a, 1180 b
Esclavagisme, lutte contre l'- (Lavigerie), 474 c
ESCOBAR et le laxisme, 794 b
ESCRIVA DE BALAGUER, JOSÉ MARIA, 763 b
ESDRAS, 249 a
Esdras, livre apocryphe d'-, 214 c
Esdras, Livre d'-, **248 c**, 249 a, 249 c
Esotérisme, 150 b, 536 c, 1130 b
ESPAGNE (catholicisme et religion d'État), 1143 a
ESPAGNE (géographie chrétienne), 1143 a
ESPAGNE (histoire de 1936 à 1990), 1143 b, 1143 c
ESPAGNE (histoire de l'Inquisition), 1169 b, 1169 c, 1170 a
Espèces (eucharistie), 965 a
Espérance (cit. de F. Favreau), 775 a
Espérance (cit. de Gabriel Marcel), 893 c, 894 a
Espérance (cit. diverses), **887 a**, 888 a
Espérance (vertu théologale), 825 c
Espérance et espoir, **886 a**, 888 b
Espérance et Vie (mouvement), 1058 c, 1082 c
ESPÉRANCE, NOTRE-DAME DE L'- (pèlerinage), 1208 a
Espérance, théologie de l'- (J. Moltmann), 632 b
Espoir et espérance, **886 a**, 888 b
Esprit (revue), 489 a, 633 a, 634 b, 647 c
Esprit de l'homme (cit. de ML. King), 718 c
Esprit et lettre dans l'interprétation de la *Bible* (tableau), 598 b
ESPRIT-SAINT, 276 a, 523 a, 526 a, **622 a**, 624 a, **686**
ESPRIT-SAINT (charismes, manifestations), **300 b**, 751 a
ESPRIT-SAINT (confirmation), 953 b, 954 a, 954 b
ESPRIT-SAINT (convergences, divergences entre confessions chrétiennes), 161
ESPRIT-SAINT (feu, cit. de saint Cyrille de Jérusalem), 954 a, 954 b
ESPRIT-SAINT aujourd'hui (cit. de Jean-Paul II), 687 c
Esprit, la Congrégation missionnaire du Saint -, 1173 a
ESPRIT-SAINT dans la vie de l'homme, 774 a
ESPRIT-SAINT dans l'Église selon Vatican II, 686 b
ESPRIT-SAINT, divinité de l'- (concile de Constantinople I, 381), 321 c
ESPRIT-SAINT, dons de l'-, 701 a, 701 b, 954 a, 954 b
ESPRIT-SAINT et création (Jean-Paul II), 687 c
ESPRIT-SAINT et incarnation de Jésus-Christ, 270 a, 270 b, 522 b, **523 b**, 524 a
ESPRIT-SAINT et la Parole de Dieu, 700 a
ESPRIT-SAINT et la prière, 730 a
ESPRIT-SAINT et la prière (Jean-Paul II), 731 b, 731 c
ESPRIT-SAINT et l'Église (G. Riobé), 687 a
ESPRIT-SAINT et le Renouveau charismatique, 1059 a, 1199 a
ESPRIT-SAINT et monde selon Vatican II, 686 c
ESPRIT-SAINT et Trinité, 668 a, **670 a**, 674, 675
ESPRIT-SAINT, prière à l'-, 686 a
ESPRIT-SAINT, un texte œcuménique sur l'-, 688
ESPRIT-SAINT, Vatican II et l'-, 686 b, 686 c
ESPRIT-SAINT, venue de l'-, annonce par Jésus-Christ, 286 c
ESPRIT-SAINT, venue de l'-, voir Pentecôte
Essence et existence (définitions), 716 c
Esséniens, 263 a
Essor ou déclin de l'Église ? (cardinal Suhard), 493 a, 495 a
ESTANG, LUC, 650 b
ESTAUNIÉ, ÉDOUARD, 650 b
ESTELLE (ste), 68 b
ESTÈVE (prénom), 68 c
Esther, Livre d'-, 249 b
ESTONIE (géographie chrétienne), 1144 a
Établissement scolaire catholique, don à l'-, 1214 c
Etanim, 911 b, 911 c
État (politique), **884**
État (politique) chrétien, 880 c
État (politique) et contraception, 812 c
État (politique) et Dieu en France (encycl. *Nobilissima Gallorum gens* Léon XIII), 553 b
État (politique) et économie, 843 b, 845 a
État (politique) et Église, 548 b, **883 a**, voir aussi Église (Histoire), Église et État
État (politique) et Église (encycl. *Au milieu des sollicitudes* Léon XIII), 552 c
État (politique) et principe de subsidiarité, 858 a, 858 b
État (politique) et système féodal, 342 b
État (politique) et travail, 849 c
État (politique), Laïcité et relations entre l'- et les « cultes », 1172 b, 1172 c
État clérical (droit canon), 1049 a
État de grâce, 701 c
État de vie, droits de la famille et -, 808 a
État laïc (droit canon), 1049 a
État Providence, 842 a
État religieux, **1050 a**, voir aussi Religieux, Religieuses
État religieux, diverses formes de l'- aujourd'hui, 1050 b, 1051
États pontificaux, annexion des - par royaume d'Italie, 450 a, 452 a, 455 a
États pontificaux et Congrès de Vienne (1814-1815), 435 a
États pontificaux, naissance des -, 339 a, 339 c
États socialistes et l'Église (1939-1978), 506 b, 507 a
ÉTATS-UNIS, catholicisme aux - (première moitié du XIXe siècle), 438 b
ÉTATS-UNIS, l'Église aux -, 175
ÉTATS-UNIS, population juive aux - (tableau), 140 a
ÉTATS-UNIS, religions aux -, 175
États de vie et saints patrons, 43 b, 43 c
ETCHEGARAY (cardinal), 131 a, 564 b, 1068 b

ETCHEGARAY (cardinal) (cit. sur Luther), 396 c
ETCHEGARAY (cardinal) en Chine, 509 a
ETCHEGARAY (cardinal) et les pseudo-révélations divines, 749 b
Éternel (attribut divin), 667 b
Éternel (définition), 668 b
Éternel, voir Vie éternelle
Éternité, 890 a
Éternité (définition), 668 b
ETHERE (st), 1116 b
ETHÉRIE, 771 a
ETHÉRIE (*Mon pèlerinage en Terre Sainte*, extrait), 772 c
Éthique, 779 c
Éthique (expérimentation biologique, cit. Jean-Paul II), 803 a, 803 b
Éthique (mères porteuses), 816 a
Éthique (tendances actuelles), 625 a
Éthique chrétienne et protection animale, 721 b, 721 c
Éthique de situation, 795 c
ÉTIENNE (st), **68 c**
ÉTIENNE (st) (chef des diacres), 289 a
ÉTIENNE (st) (protomartyr), 28 c
ÉTIENNE (st) (sainteté, cit. de saint Augustin), 68 c
ÉTIENNE (st), martyre d'-, 304 b
ETIENNE D'AUBAZINE (st), 69 a
ETIENNE DE CUENO (st), 35 c
ÉTIENNE DE HONGRIE (st), 69 a
ÉTIENNE DE MURET ou DE GRANDMONT, 69 a
ETIENNE CUNCO DE PRUNELLETI (st), 35 c
ÉTIENNE HARDING (st), 69 a
ÉTIENNE HARDING (st) et l'ordre de Citeaux, 355 b
ÉTIENNE I (st, pape), 514 a
ÉTIENNE II (pape), 339 a, 339 b, 374 a, 514 b
ÉTIENNE III (pape), 514 b
ÉTIENNE IV (pape), 514 c
ÉTIENNE V (pape), 514 c
ÉTIENNE VI (pape), 514 c
ÉTIENNE VII (pape), 514 c
ÉTIENNE VIII (pape), 514 c
ÉTIENNE IX (pape), 514 d
Étoile des Mages, 270 c
Étole, 931 b
ÉTOURNEAU (père), 563 b
Étrangers en France (chiffres), 1094 c
Étrangers en France (pastorale), **1094**
Étrangers, la *Bible* et les -, 828 c
Étrangers, l'Église et les -, **867 a**
Être, 671 c
Être chrétien (cit. de J. Leclerc), 776
Être de chair et d'esprit, 718
Être suprême, culte de l'- (1794), 427 a, 533 b
Etsi apostolici principatus (Pie VII), 553 a
Étude de marché et marketing religieux, 573 a
Et vous verriez les arbres dans la mer (D. Renaud), 662 c
EU (Éclaireurs unionistes), 1089 c
Eucharistie, 955 à 958
Eucharistie (célébration), 959 a
Eucharistie (cit. de Justin), 964 a
Eucharistie (congrès eucharistiques), 766 a
Eucharistie (convergences, divergences entre confessions chrétiennes), 162
Eucharistie (décret du concile de Trente), 406 a
Eucharistie (hospitalité eucharistique, note épiscopat français), 588, 588 a
Eucharistie (présence réelle, encycl. *Mysterium fidei*, Paul VI), 554 c
Eucharistie (profanation et excommunication), 559 b
Eucharistie (sacrement), **955 a**, 966 c
Eucharistie (sacrement de la Nouvelle Alliance), 232 a
Eucharistie (sacrement de l'initiation chrétienne), 945 a
Eucharistie (sens du mot), 955 a
Eucharistie à la fin du IVe siècle, 331 a
Eucharistie au IIIe siècle, 315 b
Eucharistie et amour de Dieu pour les pauvres, 799 a, 799 b
Eucharistie et catéchuménat, 1084 b
Eucharistie et communauté chrétienne, 538 c
Eucharistie et Corps mystique, 543 c
Eucharistie et les bénédictions de tradition judaïque, 748 a
Eucharistie et les derniers sacrements, 980 c
Eucharistie et sacerdoce des femmes (cit. de Jean-Paul II), 1187 b
Eucharistie et sacrifice, 966 c
Eucharistie et vie (cit. Jean-Paul II), 958 b, 958 c
Eucharistie, le Credo et l'-, 528 a
Eucharistie, le diacre et l'-, 558 a, 558 b
Eucharistie, grâce de l'-, 701 c
Eucharistie, institution de l'-, 967 c
Eucharistie, vocabulaire théologique de l'-, 965
Eucharistie, voir aussi Communion, Messe, Corps du Christ
EUCHER (st), 69 b
EUCHER DE LYON (st), 69 b, 330 b
EUCHER DE LYON (st), et saint Véran de Vence, 121 c
EUDES, voir JEAN-EUDES
Eudistes, 762 a
Eudistes (fondation), 409, 566 b
Eudistes (st JEAN EUDES), 87 a
EUGÈNE DE CARTHAGE (st), 69 b
EUGÈNE DE MAZENOD (bx), 36 a, 566 b
EUGÈNE I (st, pape), 69 b, 514 b
EUGÈNE II (pape), 514 c
EUGÈNE III (bx, pape), 355 a, 514 d
EUGÈNE IV (pape), 382 a, 515 b
EUGÈNE IV (pape) et le concile de Bâle, 382 b
EUGÈNE IV (pape) et le concile d'union de Florence (1439), 383 b
EUGÉNIE SMET (bse), 69 b
EUGENIEN (st), 1116 b
EULALIE DE BARCELONE (ste), 69 c
EULALIE DE MÉRIDA (ste), 69 b
EULALIUS (antipape), 514 a
EULOGE (st), 69 c
Eulogie, 955 a
EUPHRASIE (ste), 69 c
EUPHRATE, 614 c
EUPHRONE (sts), 1116 b
EURASIE (ste), 1116 b
EURIELLE (ste), 69 c
EUROPE (lieux saints, lieux de rassemblement et de pèlerinage), 1146 a, 1146 b
EUROPE, Appel à l'- (lettre de Jean-Paul II à l'occasion du 50e anniversaire de la Seconde Guerre mondiale), 1180 b, 1180 c
EUROPE, Assemblée spéciale pour l'- du synode des évêques (mars 1991), 1158 c, 1159
EUROPE (carte), 1138
EUROPE, construction de l'- (message évêques CEE), **884**
EUROPE DU NORD (Danemark, Finlande, Groenland, Islande, Norvège, Suède), 1152 a
EUROPE, identité de l'- (cit. Jean-Paul II), 1154 b, 1154 c
EUROPE, Jean-Paul II et l'-, 1154 à 1159
EUROPE, les chrétiens et l'-, 1139 à 1153
EUROPE, Lettre de Jean-Paul II sur les relations entre catholiques et orthodoxes dans la nouvelle situation de l'- centrale et orientale, 1157 c, 1158 a, 1158 b
EUROPE, nationalisme et -, 1181 b, 1181 c
EUROPE, rapports Églises de l'Ouest - Églises de l'Est d'après les discussions du synode pour l'- (cit. de M. Dubost), 1158 b, 1158 c
EUROPE, renouveau de la famille en - (cit. de Jean-Paul II), 1155 a
EUROPE, Robert Schuman et l'-, 131 c
EUROPE, Saints Patrons en -) (liste), 1145
EUROPE, Voyages de Jean-Paul II en -, 1195
Européen, Le chrétien - (cit. de Jean-Paul II), 1154 a
Européen, rassemblement œcuménique - de Bâle (« Pain et Justice »), 1181 c, 1182
Européenne, identité -, 1154 b, 1154 c
Européennes, institutions - des Églises, 1153 c
Européenne, la construction -, 1139, 1140
Européennes, l'Église et la construction (cit. de Jean-Paul II), 1155 b
Européens, liste des cardinaux - en 1991, 1150 a, 1150 b
EUSÈBE (st, pape), 514 a
EUSÈBE DE CÉSARÉE (Père de l'Église), 314
EUSÈBE DE CÉSARÉE et la démographie, 867 a
EUSÈBE DE CÉSARÉE et le tombeau de saint Pierre, 302 a
EUSÈBE DE NICOMÉDIE, 321 c
EUSÈBE DE VERCEIL (st), 69 c
EUSÈBE DE VERCEIL (st) et le monachisme, 329 b
EUSÈBIE (ste), 1116 b
EUSTACHE (st), 43 a, 69 c, 1116 b
EUSTADIOLE (ste), 1116 b
Euthanasie, **821**, 821 a
Euthanasie et le respect de la vie, 802 c
EUTHYME LE GRAND (st), 70 a
EUTROPE (st), 70 a
EUTYCHÈS, 93 c, 324 a, 324 b, 324 c
EUTYCHÈS et la christologie, 681 a
EUTYCHIEN (st, pape), 514 a
EUVERTE (st), 1116 b
ÉVA (prénom), 70 a
EVAGRE LE PONTIQUE (Père de l'Église), 314
Evangelii nuntiandi (Paul VI), 503 b
Evangelii nuntiandi, (Paul VI) (cit.), 569 b
Evangelii nuntiandi (Paul VI) (cit. : culture et Évangile), 571 b, 658 a
Evangelii nuntiandi (Paul VI) (cit. : foi et culture), 835 a
Evangelii praecones (Pie XII), 554 b, 565 b
ÉVANGÉLINE (prénom), 70 a
Évangélique (dénomination d'Églises), 158 b
Évangélique (les évangélistes, dénomination), 1130 b
Évangélisation, 573
Évangélisation (encycl. Evangelii nuntiandi Paul VI), 503 b
Évangélisation de l'Asie Mineure, 308 b
Évangélisation des campagnes au IVe siècle, 330 c
Évangélisation des jeunes, les salésiens et l'-, 753 c
Évangélisation des milieux sociaux, voir Pastorale des milieux sociaux
Évangélisation du monde ouvrier (création de la Mission ouvrière), 496 a
Évangélisation du monde ouvrier (fondation de la JOC), 483 a
Évangélisation et communication sociale (évêques Amérique latine), 864 b, 864 c
Évangélisation et convictions missionnaires (cit.), **567 c**
Évangélisation et cultures, 569 a, 865
Évangélisation et dialogue, 566 a, 569 a
Évangélisation et mission, 566 a
Évangélisation et recours aux mass-médias (pour et contre), 864 b, 864 c
Évangélisation, Nouvelle -, voir Nouvelle Évangélisation
Évangélisation par l'Église primitive, 302 b
Évangélisation, voir aussi Missions, Déchristianisation
Évangéliser, qu'est-ce qu'- (cit. de E. Leclerc), 574 a
Évangélistes (figures symboles), 265, 267 c, 683
Évangélistes, les quatre -, 264 b, 265, 266 a, 268 a, 269, 270
Évangile de Jean, 265 c, 268 a
Évangile de Jean (rédaction), 266 a
Évangile de la jeunesse, 580 b
Évangile de l'enfance (Jésus et les enfants), 580 a
Évangile de l'Esprit, 289 a
Évangile de Luc, 265 b
Évangile de Luc (rédaction), 266 a
Évangile de Marc, 265 a
Évangile de Marc (rédaction), 266 a
Évangile de Matthieu, 264 b
Évangile de Matthieu (rédaction), 266 b
Évangile et culture, 569 b, 569 c
Évangile et cultures, 570 a
Évangile et droit canon, 562 b, 562 c
Évangile et histoire (cit. de B. Pasternak), 610 b
Évangile et socialismes utopiques, 447 b
Évangile, folie de l'-, (1 Co 1, 18-28) (cit.), 93 b
Évangile joie de l'-, 605 b
Évangile, lecture de l'- à la messe, 955 a, 959 a, 960 a
Évangile, voir aussi Bible, Nouveau Testament, Parole de Dieu, 605 b
Évangiles (bibliographie), 1232 a, 1232 b
Évangiles (formation), 266 a, **268 a**, 270 a, 605 a, 606 a
Évangiles (rédaction), 299 b, 308 a

Évangiles apocryphes, 267 b
Évangile selon saint Matthieu L' - (film), 635 b
Évangiles, enfance de Jésus selon les -, 269 b
Évangiles, famille de Jésus selon les -, 270
Évangiles, qu'est-ce que les -, **268 a**
Évangiles synoptiques, 265, 268 a
ÉVARISTE (st), 70 a
ÉVARISTE (st, pape), 514 a
EUDOKIMOV, MICHEL (Cit. : le repentir), 973 c
EVDOKIMOV, PAUL (cit. : au delà de l'amour), 979 a, 979 b
ÈVE (nom), 225 a
ÈVE (Genèse), 220 b
ÈVE (ste), 70 a
ÈVE, ADAM, égaux et différents, 728 a
ÈVE, la tentation et -, 224 c
Évêché (définition), 1002 b
Évêché (fonctionnement), 990 a
Évêché, voir aussi Diocèse
Évêchés français (tableau avec adresses), 1003
Évêchés français après le concordat de 1802 (carte et liste), 433
Évêchés français en 1789 (carte et liste), 432
ÉVELYNE (prénom), 70 a
Évêque, **555**, **989 b**
Évêque (anneau pastoral), 1021 b
Évêque (fonctions, histoire), 983
Évêque (législateur), 560 a
Évêque (juge ecclésiastique), 1039 a
Évêque (juridiction), 561 c
Évêque (rôle) (cit. de saint Ignace d'Antioche), 556 a
Évêque (succession apostolique), 555 c
Évêque auxiliaire, 990 a, 1006 b
Évêque auxiliaire (définition), 1002 c
Évêque coadjuteur, 990 a, 1002 c, 1006 b
Évêque de Rome (pape), 1019 a
Évêque de Rome (pape) et collège épiscopal selon Vatican II, 543 a
Évêque diocésain (définition), 1002 c
Évêque et apostolat, 575 a
Évêque et la couleur violette, 991 c
Évêque, insignes, distinctifs de l'-, 933 a, 933 b
Évêque, l'- et la pastorale, 1061
Évêque résidentiel (définition), 1002 c
Évêque, rôle de l'-, 551 a
Évêque, rôle de l'- dans la béatification et la canonisation, 29 c, 32 a
Évêque, rôle de l'- selon Vatican II, 543 a
Évêque, sacrement de confirmation de l'-, 959 a, 959 b
Évêque, successeur des apôtres, 548 a
Évêque titulaire (définition), 1002 c
Évêques (charge pastorale, décret *Christus Dominus* Vatican II), 505 c
Évêques (nomination), 991 a, 991 b
Évêques (séminaires et pastorale des vocations), 1049 b, 1049 c
Évêques (témoignages, bibliographie), 990 c
Évêques, Assemblée spéciale pour l'Europe du synode des -, 1158 c, 1159
Évêques dans le monde (chiffres), 1045
Évêques de la CEE (cit.), 884
Évêques, fonction des - d'enseignement, 576 b, 576 c
Évêques français (démissions imposées après la libération), 492 b
Évêques français (nominations des -, consultation du gouvernement), 1035 a
Évêques français (structure nationale de concertation), 1012 a
Évêques français et allemands et la paix (cit.), 872 a, 872 b
Évêques français et *Humanæ vitæ*, 813 a, 813 b
Évêques français et la catéchèse (cit.), 579 c
Évêques français et la lutte des classes, 845 c
Évêques français et la mission (cit.), 567 a, 567 b
Évêques français et la non-violence (cit.), 871
Évêques français et la paix, 872 c
Évêques français et la politique (cit.), 842 a
Évêques français et l'art (cit.), 658 b
Évêques français et la santé, 803 c
Évêques français et l'école catholique, 1080 c
Évêques français et le commerce des armes (cit.), 873 a, 873 b
Évêques français et les divorcés remariés (cit.), 819 a
Évêques français et les modes de vie (cit.), 834
Évêques français et les pauvretés (cit.), 799 a, 799 b
Évêques français et l'hospitalité eucharistique, 588 a, 588 b
Évêques français, la dissuasion nucléaire et la paix (cit.), 873 c
Évêques orthodoxes, 154 b, 154 c
Évêques, voir aussi Épiscopat
Évolution, théorie de l'-, 692 a
ÉVRARD (st), 70 a
Exaltation et résurrection de Jésus-Christ, 678 a, 968 a
Examen de conscience, 973 a, 973 b
Exarchat des Arméniens catholiques en France, voir Éparchie
Exarchat des Ukrainiens catholiques en France, 1016 b, 1018 c
Exarque (définition), 1018 a
Exarque apostolique, 1018 b
Exarque apostolique en France, 992 c
Exarque orthodoxe, 155 b
Ex cathedra, 544 c, 551 c, 1022 b
Ex cathedra (enseignement), 524 b
Excision, religions traditionnelles, 149 c
Excommunication, 559 b, 561 a, 562 b
Excommunication du patriarche Michel Cérulaire, 376 a
Excommunication du pécheur et réconciliation du pénitent (historique), 954 b
Excommunication latae sententiae, 561 b
Excommunications mutuelles Églises de Rome et Constantinople, levée 1965, 502 a
Exécuteur testamentaire, 1213 c
Exégèse (crise moderniste), 466 a, 468 a
Exégèse (définition), 216 a
Exemption (définition), 506 c
Exemption d'une abbaye, 348 b, 350 a
Exercices (Vrais) de Marie de l'Incarnation, 99 b
Exercices spirituels de saint Ignace de Loyola, (examen de conscience), 957 a
Exercices spirituels de saint Ignace de Loyola, 402 b, 737 a, 761 a
Exhortation (définition), 936 b
Exhortation apostolique (définition), 1020 c
Exhortation apostolique sur l'évangélisation Paul VI voir *Évangelii nuntiandi*
Exhortation apostoliques de Jean-Paul II (liste), 1185
Exil (sens biblique), 1163 a, 1163 b
Exil d'Israël à Babylone, 246 a, **247 a**
Exil d'Israël à Babylone (chronologie), **247 b**
Exil d'Israël à Babylone (retour), **249 a**
Existence de Dieu (Concile Vatican I), 671 b
Existence et essence (définitions), 716 c
Existentialisme, 716 c
Existentialisme chrétien, 632 a
Existentialisme et foi chrétienne, 534 b
Exode (événement), 228
Exode (événement fondateur d'Israël comme Peuple de Dieu), **230 b**
Exode (signification spirituelle), 230 b
Exode interprété par saint Paul, **230 a**
Exode, livre de l'-, 225 b, 257 b
Exorcisme, exorciste, 949 b, 992 b, 1126 c
Expansion arabe aux VIIe-IXe siècle (chronologie), 334 a
Expansion de l'univers et Dieu (cit. de Jean-Paul II), 673 b
Expérience aux frontières de la mort (NDE), 1135 a
Expérience pascale, 593 a
Expérience religieuse (religions traditionnelles), 149 a
Expérimentation biologique (cit. de Jean-Paul II), 803 a, 803 b
Expiation, **704**, **705**
Expiation (ou Grand Pardon, ou Kippour), 258 b
Expiation (vocabulaire biblique du salut), 704 a
Expiations, fête des -, voir Kippour
Explication de la divine liturgie (Cabasilas), 765 c
Exposition du Saint Sacrement, 936 c
Expression corporelle, 720 c
Exsul familia (Pie XII), 867 a
Exsurge Domine (Léon X), 389 c, 391 a, 391 b
Extase, 739 a, 739 c
Extinction (bouddhisme), 146 a, 147 a
Extra-terrestres, 537 a
Extrême-onction, voir Sacrement des malades
Extrême-onction (doctrine), 406 a
Exultet (définition), 926 b
Exultet (texte français), 926 b, 926 c
EXUPÈRE (st), 70 a
EXUPÈRE (st), voir SPIRE (st)
Ex voto, 749 a
EYMARD, voir PIERRE-JULIEN EYMARD (bx)
EZÉCHIAS, 244 b, 245 a
EZÉCHIEL, 244 b, 247 a
EZEQUIEL MORENDO DIAZ (bx), 36

- F -

FAA DI BRUNO, FRANCESCO (bx), 1113 a
FABIEN (st, pape), **70 b**, **514 a**
FABIEN (st, pape) et la christianisation de la Gaule, 316 b
FABIOLA (ste), 70 b
FABRE, PIERRE, 82 c
Fabricien (Conseil de fabrique), 1010 a
FABRICIEN (st), 70 b
FABRIZZI, 636 a
FAC (Fiches pour l'Animation des Célébrations), 1062 b
Façade (architecture), 643 a
Face (symbolisme biblique), 236 b
FACILE (st), 1116 c
Faculté de parapsychologie de Paris, 1130 b
FAGUETTE, ESTELLE, 770 b
Faim, 868
Faim (cit. : *Gaudium et Spes* Vatican II), 848 a
Faim (épreuve de Jésus, union à son Père), 982 b
Faim dans le monde et eucharistie, 968 a
Faire maigre, 735 a
FAITH, JÉRÉMY, 663 c
FALCONIERI, ALEXIS (st), 47 a
FALLOUX, 454 b, 456 b, voir aussi Loi Falloux
Familiaris consortio (extraits, Jean-Paul II), 1082 a
Familiaris consortio (Jean-Paul II), 806, 807 c
Famille, **805 b**, **805 c**
Famille (encycl. Pie XI *Casti connubii*), 554 b
Famille (faits et chiffres), 1083 c
Famille (faits et chiffres, cit. M. Dubost), 1083 a, 1083 b
Famille (*Familiaris consortio*, Jean-Paul II), 806
Famille (parents), 807 a
Famille (primauté), 859 a
Famille carmélitaine, 759 a
Famille, charte des droits de la - (Saint-Siège), cit., 808
Famille chrétienne, 807 b, 807 c
Famille, Comité du Saint-Siège pour la -, 1031 c
Famille de l'Amour (secte), 150 c, 1130 a
Famille de Nazareth, La -, 1130 b
Famille, dignité de la -, 797 a, 801 b
Famille dominicaine, 757 b, 757 c
Famille en Europe (cit. de Jean-Paul II, promouvoir son renouveau, 1156 a
Famille et amour (*Familiaris consortio*, Jean-Paul II), 806
Famille et la prière, 807 a
Famille franciscaine, 365 b
Famille, la - (*Christifideles laïci*, cit.), 1187 c
Famille, l'État et la -, 853 b
Famille nombreuse, 809 b, 809 c
Famille, pastorale de la -, 1081
Famille pontificale, 1022 a
Famille pontificale ecclésiastique, 1022 a
Famille pontificale laïque, 1022 a
Famille spirituelle de Charles de Foucauld, 128 a
Familles de malades hospitalisés à Paris, accueil des - (Secours catholique, Rosier rouge, Vanves), 1114 d
Familles nouvelles (Focolari), 1082 b
Fanatisme et foi, 609 b
FAO, le Saint-Siège et la -, 859 a
FAREL, GUILLAUME, 397 b
FARGEAU (st), 70 b
FARNÈSE, ALEXANDRE (gouverneur des Pays-Bas), 402 a
FARNÈSE, ALEXANDRE, voir PAUL III, pape
FARON (st), 1116 c
FASANI, FRANCESCO-ANTONIO (bx), 40 b

Fascisme, 479 a, 479 b
Fatalisme, 894 b, 894 c
FATIMA (apparition de la Vierge à trois petits bergers), 749 c, 904 b, 1149 c
FATIMA, voir aussi *Le miracle de Fatima* et *Notre Dame de Fatima* (films), 636 a
FATTO, GUY DE, 663 b
FAULHABER (cardinal), 481 b
FAU, RAYMOND, 663 c
FAURÉ, GABRIEL (*Requiem*), 919 b
FAUSTE (st), 1116 c
Fausto appetente die (Benoît XV), 554 a
Faute d'Adam, 220 b, 224, 225 a, 698 a, **712**, 926 c
Faute et impureté, 793 c
Faute et pêché (distinction), 791 b
Faute heureuse (chant de l'Exultet), 926 c
Faux témoignage, 829 b
Faux témoignage, interdit du - (commandement), 783 c
FAVERNY (premier congrès eucharistique national français, 1908), 766 b
FAVREAU, FRANÇOIS (cit. : l'Espérance fait naître), 775 a
FAVRE, PIERRE, 402 b
FEBRES CORDERO, MIGUEL (st), 38 b, 38 c
Fébronianisme, 423 a, **423 b**
Fébronianisme et ultramontanisme, 445 a
FEBRONIUS, 423 a, 423 b
Fécondation in vitro, 816 a
Fécondation in vivo, 816 a
Fécondité, 809 b, 809 c
Fécondité (Paul VI), 812 a
Fécondité et fécondation artificielle, 816 a, 816 b
Fédération de la gauche démocratique et socialiste, 843 c
Fédération de l'Enseignement privé (FEP-CFDT), 1080 b
Fédération française des Juristes catholiques, 1100 c
Fédération internationale des Hommes catholiques (FIHC), 1065 a
Fédération internationale des Mouvements ruraux chrétiens (FIMARC), 1105 c
Fédération nationale catholique (FNC), 1064 c, 1065 a
Fédération nationale d'Action catholique (FNAC), 1065 a
Fédération nationale des Organismes de Gestion des Établissements d'Enseignement catholique (FNOGEC), 1080 a
Fédération nationale des Périodiques chrétiens à Diffusion locale (FNPCDL), 1078 c
Fédération protestante de France, 180 b, 181 a
Fédération protestante et commerce des armes (cit.), 873 b
Fédération sportive et culturelle de France (FSCF), 1092 a
Fédération universelle des Associations chrétiennes d'Étudiants, 585 a
Fédération universitaire et polytechnique de Lille (université catholique), 1080 c
FEDERICO ALBERT (bx), 38 b
FELICE, DE, 636 b
FÉLICITÉ DE CARTHAGE (ste), 70 b
FÉLICITÉ DE ROME (ste), 70 b
FÉLICIE, Bienheureuse - (ste), 1116 c
FÉLIX (père), 563 b
FÉLIX DE NANTES (st), 70 b
FÉLIX I (st, pape), 70 b, 514 a
FÉLIX II (antipape), 514 a
FÉLIX II ou III (st, pape), 514 a
FÉLIX III (pape) et l'*Hénotique*, 372 b
FÉLIX III ou IV (st, pape), 514 b
FÉLIX V (antipape) (Amédée de Savoie), 382 b, 384 a, 515 b
Fellowship (Conseil Œcuménique des Églises, COE), 583 c
FELTIN (cardinal) et le mouvement Pax Christi, 1067 a
Femme (promotion), 797 a
Femme dans l'Église, 549 b, **725 b, 726 , 527**, 1186, 1187
Femme dans l'Église (les saintes), 33
Femme dans le mystère de l'Alliance Dieu-humanité (G. Honoré-Lainé), 724 c, 725 a
Femme de l'*Apocalypse*, 416 a, 898 a
Femme, dignité de la - (cit. de Jean-Paul II), 1186 c
Femme et homme sont-ils égaux selon l'Écriture Sainte ?, 727, 728 a
Femme et le mal dans récit création (*Genèse*), 220 b, **224** , 225 a, 698 a, 712
Femme-homme, rapport - (cit. de Jean-Paul II), 1186 c, 1187 a
Femme, Jésus-Christ et les - (cit. Jean-Paul II), 608 a, 725 b, 1187 a
Femme, la Vierge Marie modèle de la -, **899 c**, 1187 a, 1187 b
Femmes (pratique religieuse), France, 191 b
Femmes dans la société, Paul VI et les -, 857
Femmes dans l'essor spirituel des XIVe-XVe siècles, 386 a
Femmes, le sacerdoce et les -, 724 c, 725, 726, 727, 1187 b
Femmes se déclarant catholiques en France (pourcentage), 184 c
Femmes séparées ou divorcées (mouvements de spiritualité), 1058 c
FÉNELON, **418 b**, **418 c**
FÉNELON et le quiétisme, 416 b, 418 a
FÉNELON prédicateur, 563 b
Fenêtre (architecture), 642 a
Féodalité, voir Système féodal
FEP-CFDT (Fédération de l'Enseignement Privé), 1080 b
FERDINAND I (empereur), 394 a
FERDINAND III (st) de CASTILLE ET LÉON, 70 c
Ferendae sententiae, 561 a
Férie, 912 a
Férie (calendrier liturgique), 913 b, 913 c
FERJEUX (st), 70 c
FERNAND (prénom), 70 c
FERNANDE (prénom), 70 c
FERNANDEZ-JUANITA (bse), 1111 a
FEROE, voir ILES FEROE
FERRARE, concile de - (1438), 1194 C
FERRARI, ANDREA CARLO (bx), 1111 a
FERRÉ, LÉO, 663 c
FERREOL (st), 70 c
FERRERI, 636 a
FERRY, JULES, 464 b
FERRY, JULES (cit. : la démocratie et la femme), 464 a
FERRY, JULES (cit. : laïcité scolaire), 465 a
FESCH, JACQUES (cit. : le pardon de Dieu), 969 b
FESSARD, GASTON (père), 492 b
Fête des Tabernacles ou des Tentes voir Soukkoth
Fête-Dieu, 749 a, 921 a
Fête-Dieu (fête de précepte), 920 b
Fête du Corps et du Sang du Christ (Fête-Dieu), 921 a
Fête du Peuple de Dieu (Aix-en-Provence), 993 b
Fête du printemps des nomades (origine de la Pâque), 968 b
Fête du printemps des sédentaires (origine de la Pentecôte), 968 b
Fête religieuse, idées de cadeau pour une -, 1215
Fête, sens de la -, 909 a, 909 b
Fêtes (calendrier liturgique),1171
Fêtes des saints (calendrier liturgique), 25
Fêtes des saints (calendrier romain pour l'Église universelle et calendrier des pays francophones), 26
Fêtes des saints (cycle sanctoral), 45 a, 913 c
Fêtes diocésaines, 993 b, 993 c
Fêtes d'obligation (ou de précepte), 920 b
Fêtes hindouistes, 145 c
Fêtes juives, 141 b
Fêtes mariales, 98 c
Fêtes religieuses chômées, 910 b
Feu (symbolisme biblique dans l'*Ancien* et le *Nouveau Testaments*), 236
Feu (symbolisme mystique), 236 c
FEUERBACH, 844 b
FEUERBACH et l'Absolu, 667 c
FEUERBACH et l'existence de Dieu, 530 b
FGBMF, voir Communauté internationale des hommes d'affaires du plein Évangile
FIACRE (st), 70 c
Fiançailles, 976 c
Fiat (Marie), 98 a
Fiches pour l'animation des célébrations (FAC), 1062 b
FICIN, MARSILE, 388 b
Fidei depositum (Jean-Paul II), 1178 b
Fidei donum (encyc. Pie XII), cit., 496 b
Fidei donum (Pie XII), 484 b, 496 a, 554 c, 565 b
Fidei donum (prêtres), 564 b, 1071 a, 1071 b
Fidéisme, 597 c, 609 b
Fidèle (définition), 540 b
FIDÈLE DE SIGMARINGEN (st), 70 c
Fidèles laïcs, Les -, voir *Christifideles laïci*
Fidèles, les - (typologie religieuse française), 203 a
Fidélité, 805 a
Fidélité dans le mariage, 975 a
Fidélité du Christ à Dieu, 715 a
FIDESCO (Fondation internationale pour le Développement Économique, Social et Spirituel), 1068 b
FIDOLE (st), 1116 c
Fierté, 826 b, 826 c
Figuier (bouddhisme), 147 b
Figure (différents sens du mot dans la tradition chrétienne), 776
FIHC (Fédération internationale des Hommes catholiques), 1065 a
FILIBERT (st), 108 a
Filioque, 374 b, 375 a, 375 b, 520 b
Filioque et concile d'union de Lyon (1274), 383 a, 383 c
Filioque et Édit d'union de Florence (1439), 382 a, 382 b
Filles de la Charité, 761 c, 762 c
Filles de la Charité (fondation), 409
Filles de la Charité (sainte LOUISE DE MARILLAC), 95 a
Filles de la Charité (SAINT VINCENT-DE-PAUL), 122 c
Filles de la Croix (saint ANDRÉ-HUBERT FOURNET et sainte JEANNE-ELISABETH BICHIER DES AGES), 49 a, 90 a
Filles de la Croix (Sœurs de Saint-André Fournet), 763 c
Filles de la Miséricorde (fondation), 566 b
Filles de la Sagesse (fondation), 566 b
Filles de la Sagesse (saint LOUIS-MARIE GRIGNION DE MONTFORT), 95 a
Filles de l'Oratoire (bx VINCENZO GROSSI), 36 b
Filles de Marie-Auxiliatrice (salésiennes de don BOSCO), 85 c, 763 b
Filles de Marie Immaculée, 763 a
Filles de Notre-Dame au Mont Calvaire (bse VIRGINIA CENTURIONE BRACELLI), 39 a
Filles du Saint Rosaire de Pompei (bx BARTOLO LONGO), 37 a
Filles Missionnaires de la Sainte-Famille (bx JOSÉ MANYAN ET Y VIVES), 38 c
Films à caractère religieux, 635
Fils de David, Jésus -, 612 a
Fils de Dieu, Jésus Christ -, 276 a, **618 a, 620 a**, 676 c, 959 a, 959 b
Fils de la Charité (fondation), 566 b
Fils de la Sainte Famille (bx JOSÉ MANYANET Y VIVES), 38 c
Fils d'homme, Jésus -, 276 a, 612 a, 615 b
Fils retrouvé, parabole du -, 280 a
Fils unique de Dieu, le - (*Symbole des apôtres*, commentaire), 523 b
FIMARC (Fédération internationale des Mouvements ruraux chrétiens), 1105 c
Financer l'Église, devoir des fidèles de - selon le droit canon, 550 c
Finances de la Conférence de l'épiscopat français, 1043 a
Finances de l'Église, 1040
Finances des congrégations religieuses, 1043 b
Finances des diocèses français, **1042**
Finances des diocèses français (entraide), 1043 a
Finances des Églises locales, 1042
Finances des paroisses, **1010 a**, **1010 b**, 1042 b, 1042 c, 1043 a
Finances des paroisses françaises, **1042**
Finances du Saint-Siège, 1040 c, 1041
Fin des temps, 897 a, **897 b**, **897 c**
Fin des temps (annonce par Jésus, Mc 13, 5-13), 296 b
Fin des temps (cit. de saint Augustin), 773 b
Fin des temps, l'Église et la -, 541 b, 543 b, 897
Findhorn, 1130 b

Fin du monde, voir Fin des temps
FINET (père) et Marthe Robin, 130 a
Fini et infini, 669
FINLANDE (géographie chrétienne), 1144 a
FINLANDE (historique), 1144 a, 1144 b
Fins dernières (définition), 897 a
Fioretti de Saint François, Onze - (film), 635 c
Firmament (conception biblique), 256 c
FIRMIN (st), 71 a
FISCHER (cardinal), 401 c
FJPLRT, Fraternité Johannite pour la résurrection templière, 1131 a
Flagellants, 366 a, 386 a, **388 a**
Flagellation, supplice de la -, 283 a
FLANDRIN, HIPPOLYTE, *La crucifixion* de - (peinture), 645 a
FLAVIEN (évêque), 324 b
FLAVIER (st), 1116 c
FLAVIUS JOSÈPHE, 262 a, 300 b
FLAVIUS JOSÈPHE (Antiquités Judaïques), 266
Fléaux ou plaies d'Égypte *(Exode)*, 228, 229 c
Flèche, 642 b
FLÉCHIER prédicateur, 563 b
FLEISHER, 635 a
FLEMING, 635 b, 636 a
FLEUR (ste), 71 a
FLEURY, CLAUDE, *Grand et Petit Catéchisme*, 577 b
FLORENCE (baptistère), 951 a
FLORENCE (ste), 71 a
FLORENCE (ste, martyre), 71 b
FLORENCE, concile de - (1439), 382 a, 383, 1194 c
FLORENCE, concile de - et le ministre de la confirmation, cit., 953 b
FLORENCE, concile de - et le purgatoire, 890 a
FLORENT (st), 71 b
FLORENTIN (st), 71 c
FLOREZ, 636 a
FLOUR (st), 71 c
FNAC (Fédération nationale d'Action catholique), 1065 a
FNC (Fédération nationale catholique), 477 a, 478 b, 493 a, 1064 c, 1065 a
FNOGEC (Fédération nationale des Organismes de Gestion des Établissements d'Enseignement catholique), 1080 a
FNPCDL (Fédération nationale des Périodiques chrétiens à Diffusion locale), 1078 c
Focolari, 1058 a, 1058 b, 1088 c, 1197 b
Focolari GEN (Générations nouvelles), 1088 c
Foi, 161 à 164, **517 à 528**, 529 à 688, **604**, **605**, **607**, **611**
Foi (actualisation de son expression), 596 b
Foi (cit. de saint Jean de la Croix), 86 c
Foi (cit. de sainte Thérèse de l'Enfant Jésus), 118 a
Foi (don de Dieu), 538 a
Foi (enseignement des conciles), 607 c
Foi (fondement), 609 a
FOI (Formation œcuménique interconfessionnelle), 1073 b
Foi (justification et sainteté), 702
Foi (témoins pour aujourd'hui), 125
Foi (vertu théologale), 825 c
Foi, Abraham modèle de -, 606 b
Foi, actualisation de l'expression de la -, 596 b ; voir aussi Développement du dogme
Foi, apôtre Thomas et la -, 119 a
Foi, à quoi sert la - ? 605 b
Foi aujourd'hui, 611
Foi catholique exposée par Paul VI, 522 b
Foi, ce que change la -, 604 c
Foi chrétienne (convergences, divergences entre confessions), 161 à 164
Foi chrétienne et islam, 142
Foi chrétienne et réincarnation, 1134 b
Foi conjugale (Pie XI), 812 b
Foi, critique de la - par diverses philosophies, 534, 535
Foi, critique freudienne de la -, 535, 616 b, 617
Foi, critique marxiste de la -, 535, 844 b
Foi, défense de la - en Allemagne nazie (cit. de Pie XI), 666 b
Foi des premiers chrétiens, **284 a**, **285**, **286 b**, 290, 518, 593 à 598, 605 à 624
Foi des premiers chrétiens en la résurrection de Jésus-Christ, 161, **284 a**, **285**, **286 b**, 290 b, **518 à 520**, 522 b, **524 a**, 563 a, 564 a, **584 a**, **593 à 598**, 605 à 624
Foi d'Israël (fondements), 229
Foi, doctrine de -, 602 a
Foi, dynamisme de la - (cit. de H. de Lubac), 611 c
Foi et absence de Dieu, 612 b
Foi et astrologie, 533
Foi et certitude, 608, 609
Foi et Constitution (Conseil œcuménique des Églises), 160 a, 160 b, 585 a
Foi et Constitution (Conseil œcuménique des Églises) (cit. : l'Esprit-Saint), 589 a
Foi et Constitution et la semaine de prière pour l'unité des chrétiens, 589 a
Foi et croyance, 531 c
Foi et croyance (cit. de H. de Lubac), 530 b
Foi et culture, **307 c**, 552 c, 611 c, **833 a**, **835 a**, **864 a**, 1031 c, 1032, 1077 a ; voir aussi Culture
Foi et culture (cit. de Jean-Paul II et C. Geffré), 864 a
Foi et développement (centre Lebret), 1067 a
Foi et fanatisme, 609 a, 609 b
Foi et grands systèmes de pensée, **534**, **535**
Foi et intelligence, 621
Foi et libération, 21 b, 621 c, 697 c, 707 a, 707 b
Foi et littérature, 627 à 634, **647**, 648 à 657
Foi et lumière (Mouvement chrétien pour handicapés), 1106 c
Foi et mariage, 975 c
Foi et mystère, 595 c
Foi et œuvres selon Luther, 157 b, 390 b, 391 b
Foi et pari, 608 c
Foi et péché, 713 a
Foi et raison, 367, 620 b, 621
Foi et raison au siècle des Lumières, 420 a
Foi et raison chez les humanistes de la Renaissance, 388 a, 388 c
Foi et religion, 606 b, 607 a
Foi et science, 133 b, **619**, 692 a
Foi et théâtre, 369 b, **659**
Foi et tradition, 599 ; voir aussi Tradition
Foi islamique, 142
Foi juive, 140, **141**, 229, 257 à 260
Foi juive au temps du Christ, 257 à 260
Foi, justification par la - selon Luther, 390 b
Foi, les jeunes et la -, 203, 204, 580, 581, 1083 à 1091, **1088**
Foi, Mauriac et la -, 653 c
FOI ou FOY (ste), 71 c
Foi, premières représentation de la - chrétienne, 1167 c, 1168 a
Foi, présence de la - (critères), 604
Foi, profession de -, voir profession de foi
Foi, qu'est-ce que la - ? 607 b
Foi seule (conception protestante), 157 b, 391 b, 394 b
Foi, tradition de la -, 599 a
Foi universelle Baha'ie, 1130 b, 1130 c
Foi, voir aussi Symboles de -, Credo, 517
Folie de l'Évangile (cit. : 1 Co 1, 18-28), 93 b
Folie, les chrétiens et la -, 790 b, 790 c
FOLLEREAU, RAOUL, 126 b
FOLLIET, JOSEPH, 127 a, 1093 c
Fonction prophétique des chrétiens, 549 c
Fonction royale des chrétiens, 549 c
Fonction sacerdotale des chrétiens, 549 c
Fonctions du prêtre et de l'évêque (historique), 983
Fondamentalisme biblique, 158 b, **216 a**
Fondateur du christianisme, le - (C. H. Dodd), 685 a
Fondateurs d'instituts religieux, 566 b
Fondation des Monastères de France (association) 1043 b, 1212 b
Fondation internationale pour le Développement Économique, Social et Spirituel (FIDESCO), 1068 b, 1097 a
Fondation, la - (communauté), 1059 b
Fondation pour la communication de la culture internationale, voir Scientologie
Fondations (architecture), 641 a
Fonds commun obligatoire (document catéchétique), 577 c
Fonds de chômage, recours abusifs au -, 834 b
Fonds social juif unifié, 177 b
FONTEVRAULT (abbaye mixte, fondation), 354 b
FONT-ROMEU, Notre-Dame de -, 770 a
Fonts baptismaux, 640 c, 951 a
Forains, voir Artisans de la fête, 1108
FORBIN-JANSON Mgr DE (l'Œuvre de la Sainte-Enfance), 567 a
Force (don de l'Esprit), 701 b, 954 a, 954 b
Force (vertu cardinale), 825 c
FORD, JOHN, 636 a
For externe, 560 c
FORGIONE, FRANCESCO, voir Padre PIO, 41 c
For interne, 560 c
Formation à la foi (auto-éducation), 604 a, 604 b
Formation aux médias, 1076 c
Formation dans l'Église, droit à - selon droit canon, 550 c
Formation de la conscience (critères), 782 a
Formation de l'*Ancien Testament* (tableau chronologique), 211
Formation des catéchistes, **1087 a**
Formation des catéchistes, Jean-Paul II et la - (cit.), 578 b
Formation des jeunes (cit. de Jean-Paul II), 1154 c, 1155 a
Formation des prêtres, 1047
Formation des prêtres (décret *Optatam Totius* Vatican II), 505 a
Formation et œcuménisme, 590 a
Formation morale (texte Jean-Paul II), 581 b
Formation œcuménique interconfessionnelle (FOI), 1073 b
Formation professionnelle, 851 c
Formation religieuse (instituts), 1087 a
Formation religieuse (universités catholiques), 1080 a, 1081 a
Formation religieuse (pour adultes), 1177 b, 1177 c, 1178 a
Forme et matière, 716 c, 717 a, 717 b
FORMOSE (pape), 514 c
Formulaire de soumission des jansénistes, 413 b, 415 b
Formules usuelles de politesse à l'égard des membres du clergé, 1215
Fornication, 818 c
FORT (st), 1116 c
FORTUNAT, VENANCE (st), voir VENANCE FORTUNAT (st)
FOUCAULD, CHARLES DE, 127 b
FOUCAULD, CHARLES DE (spiritualité), 731 c, 760 c
FOUCAULD, CHARLES DE, et les cultures autochtones, 474 b
FOUCAULD, CHARLES DE, instituts religieux dans son esprit, 566 b, 763 a
FOUCAULD, CHARLES DE, intérêt contemporain pour -, 41 a
FOUCAULD, CHARLES DE, vie consacrée aujourd'hui et -, 1051 c
FOUCHÉ, SUZANNE, 1120 b, 1120 c
FOULQUES (st), 1116 c
FOULQUES DE NEUILLY, Bienheureux - (st), 1116 c
FOURIER, 451 a, 843 a
FOURVIÈRE, NOTRE-DAME DE - (pèlerinage), 770, 1208 a
FOX, GEORGES, 156 c
FOX, KATE et MARGARET, 536 c
Foyers de charité (MARTHE ROBIN), 130 a
Foyers, mouvements de spiritualité pour les -, 1058 c
FRA ANGELICO (bx), 38 a, 49 b, 694 a, 757 c
Fraction du pain, 955 b, 956 a
Fraction du pain et sacrifice du Christ, 703 c
Fragilité et grandeur de l'homme (cit. de Jean-Paul II), 715 b
FRAGOSO, ANTONIO (cit. : l'Espérance), 888 a
Français à l'étranger (chiffres), 1095 c
Français à l'étranger (pastorale), **1095**
Français à l'étranger, aumôneries francophones des -, 1216 à 1219
Français et culture religieuse, 203 a, 203 b
Français et la vie religieuse (tableau), 203 c
Français, les - et le catholicisme, 184
Français d'Outre-Mer, 1095 a
FRANCE, anglicans en -, 183
FRANCE, bouddhisme en -, 183 c

FRANCE, cao-daïsme en -, 183 c
FRANCE, catholiques en -, **184**
France, catholiques en - (chiffres), 166, 176
France, catholiques et politique en - (cit. de J. Vilnet), 882 c
FRANCE, circonscriptions ecclésiastiques en - (tableau), 996 c
FRANCE, confucianisme en -, 183 c
FRANCE, diocèses en - (tableau avec adresses des évêchés), 1003
FRANCE, diocèses en - par provinces ecclésiastiques, 995 a, 995 b
FRANCE, diocèses en - par régions apostoliques, 996 c
FRANCE, Église catholique de - (organisation), **988 a**
FRANCE, Églises orientales anciennes de -, 183
FRANCE, finances de l'Église en -, 1042
FRANCE, grands secteurs de la pastorale en -, **1061**
FRANCE, historique du diocèse en -, 989 a
FRANCE, juifs en -, 140 a, 176, 177
FRANCE, laïcat en - au XIXe siècle, 461 a
France, La -, pays de mission ?, (cit. : *Godin et Daniel)*, 496 b
France, La -, pays de mission ? (Godin et Daniel), 492 a, 494
FRANCE, musulmans en -, 176, 178
FRANCE, nation chrétienne en - (XIe siècle), 350 a
France nouvelle, La -, 463 b
FRANCE, ordinations en - (chiffres), 199 a, 199 b
FRANCE, orthodoxes en -, 176, 182
FRANCE, paroisses en - (nombre), 1009 b
FRANCE, pélerinages en - (les principaux), 1210
FRANCE, prêtres en - (chiffres), 1046
FRANCE, protestants en -, 176, 180
FRANCE, protestants en - (enseignement théologique), 180 b
FRANCE, relations diplomatiques de la - avec le Saint-Siège, 1035 c
FRANCE, religieuses en - (chiffres), 1054 a
FRANCE, religieux en - (chiffres), 1053
FRANCE, religions en - (données numériques), 176
FRANCE, religions populaires chinoises en -, 183 c
FRANCE, séminaires en -, 1047 b, 1048 a
FRANCE, sociologie du catholicisme en -, **184**
FRANCE, structure de concertation de l'épiscopat en -, 1012 a, 1012 b
FRANCESCO-ANTONIO FASANI (bx), 40 b
Franchises, affaire des -, 417 c
FRANCIA, 636 c
Franciscain de Bourges, Le - (film), 636 c
Franciscaines du Cœur Immaculé de Marie (bse CATHERINE TROIANI), 38 c
Franciscaines Missionnaires de Marie (fondation), 566 b
Franciscains (fondation), 364 a, 566 b
Franciscains (histoire), 365
Franciscains (la famille franciscaine), 758 a
Franciscains (règle, cit.), 758 b, 758 c
Franciscains (saint FRANÇOIS d'Assise), 72 a
Franciscains (spiritualité), 758 a
Franciscains (Tiers ordre régulier de Saint-François) (saint JEAN CAPISTRAN), 85 c
Franciscains aux XIIIe et XIVe siècles, 365
Franciscains et chemin de croix, 772 a
Franciscains et Inquisition, 363 a
FRANCISCI, 635 c
FRANCISCO COLL (bx), 36 c
FRANCISCO GARATE ARANGUREN (bx), 39 b
Franc-maçonnerie, condamnation de la - par Léon XIII (*Humanum genus*), 553 b
Franc-maçonnerie, condamnation de la - par Pie IX, encycliques, 553 a, 553 b
Franc-maçonnerie en France, 1131
Franc-maçonnerie, l'Église et la -, 421 a, 421 b, 421 c, 1078 c
Franc-maçonnerie, naissance de la -, 420 b, 422 a
FRANÇOIS D'ASSISE (st), **72 a**
FRANÇOIS D'ASSISE (st) (*cantique des créatures*, ou *du soleil*), 72 b, 878 c
FRANÇOIS D'ASSISE (st) (cit. : Faites de moi un instrument de paix), 744 a
FRANÇOIS D'ASSISE (st) (cit. : Tu es saint), 744 c
FRANÇOIS D'ASSISE (st) (encycl. *Sacra propediem* Benoît XV), 554 a
FRANÇOIS D'ASSISE (st) (film *Onze Fioretti de Saint-François*), 635 c
FRANÇOIS D'ASSISE (st) (films *Saint François d'Assise*, et *François et le chemin du soleil*), 635 c
François d'Assise (*st*) (opéra d'O. Messiaen), 73 b
FRANÇOIS D'ASSISE (st) (règle, cit.), 758 b, 758 c
FRANÇOIS D'ASSISE (st) (spiritualité), 731 c
FRANÇOIS D'ASSISE (st) et la compassion, 826 c
FRANÇOIS D'ASSISE (st) et la crèche, 269 b, 927 c
FRANÇOIS D'ASSISE (st) et la famille franciscaine, 758 a
FRANÇOIS D'ASSISE (st) et la nudité, 832 b
FRANÇOIS d'Assise (st) et la richesse, 847 a
FRANÇOIS D'ASSISE (st) et le XIIIe siècle, 358 a
FRANÇOIS D'ASSISE (st) et les Frères mineurs ou Franciscains 364 a, 365 a, 758 a
FRANÇOIS D'ASSISE (st) et les missions en pays islamiques, 565 b
FRANÇOIS D'ASSISE (st) patron des écologistes, 721 b, 721 c
FRANÇOIS D'ASSISE (st) prédicateur, 563 b
FRANÇOIS D'ASSISE (st), renouveau d'intérêt pour -, 41 a, 1059 a
FRANÇOIS D'ASSISE (st), stigmates de -, 41 c
FRANÇOIS BORGIA (st), 73 b
FRANÇOIS BORGIA (st) prédicateur, 563 b
FRANÇOIS CARACCIOLO (st), 73 c
FRANÇOIS JACCARD (st), 73 c
FRANÇOIS DE MONTMORENCY-LAVAL (bx), 37 a
FRANÇOIS DE PAULE (st), 73 c
FRANÇOIS DE SALES (st), 24 c, **73 c**, 762 b, 1178 c
FRANÇOIS DE SALES (st) (cit.), 73 c
FRANÇOIS DE SALES (st) (cit. : prière à Marie), 746 c
FRANÇOIS DE SALES (st) (spiritualité), 762 b, 762 c
FRANÇOIS DE SALES (st) et la mission intérieure, 565 c
FRANÇOIS DE SALES (st) et la Réforme catholique, 406 a
FRANÇOIS DE SALES (st) et la Visitation, 73 c, 90 a, 409, 762 c
FRANÇOIS DE SALES (st) et le catéchisme, 577 b
FRANÇOIS DE SALES (st) prédicateur, 563 b
FRANÇOIS REGIS (st), voir saint Jean-François Régis
FRANÇOIS-RÉGIS CLET (bx), 74 a
FRANÇOIS SHOYEMAN (bx), 37 b
FRANÇOIS XAVIER (st) (cit.), 74 a
FRANÇOIS XAVIER (st), **74 a**, 123 c
FRANÇOIS XAVIER (st) et la Compagnie de Jésus, 82 c, 402 b, 761 b
FRANÇOIS XAVIER (st) et la mission extérieure, 566 a
FRANÇOIS XAVIER (st) et les civilisations asiatiques, 570 a
FRANÇOIS 1er (empereur d'Autriche), 438 b
FRANÇOIS 1er (roi) et la Réforme, 396 b
FRANÇOIS 1er (roi) et la réforme de l'Église, 404 a
FRANÇOIS 1er (roi) et Léon X (pape, concordat, 1516), 389 a
FRANÇOIS 1er (roi) et les protestants, 396 a
FRANÇOISE ROMAINE (ste), 74 b
FRANÇOISE SCHEVIER (bse), 35 c
Francophones à l'étranger (aumôneries catholiques dans le monde, adresses), 1216 à 1219
Francophones à l'étranger, communautés catholiques -, 1096 c
Francs, 332 a
Francs (christianisation), 332 a
Francs, évêques -, 338 b
FRASSATI, PIER GIORGIO (bx), 1113 c
FRASSINELLI, PAOLA (bse), 38 b
Fraternité blanche universelle, 150 b, 151 c, 1130 c
Fraternité catholique des malades et handicapés, 1106 c
Fraternité catholique des sourds, 1106 c
Fraternité, chômage et esprit de -, 841 c
Fraternité d'Abraham, 1131 a
Fraternité de Bethléem, 763 a
Fraternité des premiers chrétiens, 290 c
Fraternité Fréchou-Andiran, 1131 a
Fraternité Johannite pour la Résurrection templière, 1131 a
Fraternité mondiale d'enseignement des maîtres cosmiques, 1131 a
Fraternité Notre-Dame de la Résurrection, 1059 c
Fraternité Pentecôte, 1199 b
Fraternité sacerdotale Monseigneur Pierre-Martin Ngo Dinh Thue *(OHCL)*, 1130 c
Fraternité Saint-Jean-de-Dieu, 1058 a
Fraternité Saint-Pie X, 1173 b
Fraternité Saint-Pierre, 1174 b, 1174 c
Fraternité universelle, 798 c
Fraternités Charles de Foucauld, 128 a
Fraternités de Jésus (communautés), 1059 b
Fraternités laïques dominicaines, 1057 c
Fraternités Lataste, 1058 a
Fraternités marianistes, 1058 a
Fraternités maristes, 1058 a
Fraternités séculières Charles-de-Foucauld, 1057 c
Fraternités séculières Charles-de-Foucauld, équipes jeunes, 1088 c
Fraternités séculières de Saint-François-d'Assise, 1058 a
Fraticelli, 365 b, 366 a, 1169 a
Fraude fiscale, 834 b, 838 a, 838 b
Fréchou, le -, voir Fraternité Fréchou-Andiran
FRÉDÉGONDE (reine), 338 b
FRÉDÉRIC (st), 74 b
FRÉDÉRIC DE SAXE et Luther, 391 a
FRÉDÉRIC Ier BARBEROUSSE (empereur), 356 a
FRÉDÉRIC Ier BARBEROUSSE (empereur) et la papauté, 354 a
FRÉDÉRIC Ier BARBEROUSSE (empereur) et la troisième croisade, 355 c, 358 b
FRÉDÉRIC II (empereur) et Innocent III, pape, 363 a
FRÉDÉRIC II (empereur) et la papauté, 370 a, 370 b
FRÉDÉRIC II (empereur) et la sixième croisade, 358 b, 360 c
FRÉDÉRIC II DE PRUSSE et la Compagnie de Jésus, 424 b
FREINADAMETZ, JOSEPH (st), 36 a
Frequens (décret concile de Constance), 381 b
Frequens (cit. : décret concile de Constance), 381 c
Frère (appelation entre premiers chrétiens), 538 a
Frère JUNIPERO, voir SERRA, MIGUEL
Frère ROGER, voir Schutz, Roger
Frères de Jésus, les -, 270 c
Frères de la Miséricorde de Marie-Auxiliatrice, (bx PIERRE FRIEDHOFEN), 38 c
Frères de la vie commune (XIVe-XVe siècles), 387 a, 762 a
Frères de l'Évangile (CHARLES DE FOUCAULD), voir Petits Frères et Petites Sœurs de l'Évangile
Frères de l'Instruction chrétienne de Ploermel (JEAN-MARIE DE LAMENNAIS), 447 a
Frères de l'Instruction chrétienne de saint Gabriel (saint LOUIS-MARIE GRIGNION DE MONTFORT), 95 a
Frères de Saint-Jean-de-Dieu, 403 b, 762 c
Frères des Écoles chrétiennes, 762 c
Frères des Écoles chrétiennes (fondation), 409
Frères des Écoles chrétiennes (st) (JEAN-BAPTISTE DE LA SALLE), 88 b
Frères du Saint-Esprit, congrégation enseignante des - (saint LOUIS-MARIE GRIGNION DE MONTFORT), 95 a
Frères enseignants et hospitaliers en France (liste), 1198 c
Frères et Sœurs Albertins (bx ALBERT CHMIELOWSKI), 38 a
Frères maristes des Écoles (bx MARCELLIN CHAMPAGNAT), 97 b, 447 a, 763 a
Frères mineurs, voir Franciscains
Frères missionnaires des campagnes (fondation), 566 b

Frères moraves, 156 a
Frères moraves (fondation), 384 b
Frères moraves et la Réforme, 402 a
Frères prêcheurs (fondation, XIIIe siècle), 364 a, 566 b
Frères prêcheurs (saint Dominique), 65 b
Frères prêcheurs au XIIIe siècle, 365
Frères prêcheurs et l'hérésie cathare, 362 a
Frères prêcheurs et l'Inquisition, 363 b
Frères prêcheurs, rétablissement des - en France 1843 par Lacordaire, 444 b, 445 c
Frères prêcheurs, voir aussi Spiritualité Dominicaine, Dominicains
Frères selon la fraternité chrétienne, 798 c
FRESNEAU, NOTRE-DAME DE - (pèlerinage), 1208 a
Fresques, 643 a
FREUD, SIGMUND, 722 b
FREUD, SIGMUND et la liberté, 787 a, 787 b
FREUD, SIGMUND et la religion, 531 a, 616 b, 617
FREUD, SIGMUND et le culte de Dieu Père, 676 b
Freudisme et foi chrétienne, 535 a
FRIDOLIN (st), 74 b
FRIEDHOFEN, PIERRE (bx), 38 c
FRIEDMAN, 851 b
FRINGS (cardinal) (Vatican II), 500 a
FRONT (st), 74 b, 316 a
Fronts populaires, 482 a
FROSSARD, ANDRÉ, 650 c
Fruits de l'Esprit, 828 c
FRUMENCE (st), 74 c, 565 a
FSCF (Fédération sportive et culturelle de France), 1092 a
Führer, 480 a
FULBERT (st), 74 c
FULGENCE (st), 74 c
FULGENCE D'ECIJA (st), 24 c
FULRAD (st), 74 c
FUMET, STANISLAS, 650 c
Funérailles, 918 a, 918 b
Funérailles des suicidés, 820 a
Funérailles religieuses, pratique des - (France), 197
Funérailles, un prêtre parle des -, 22 c
FURCY ou FURSY (st), 106 c, 1116 c
FÜRST, WALTER et Karl Barth, 627 c
Fût de colonne, 641 a
Futures mères en difficulté, aide aux -, 1083

- G -

Gable, 643 b
GABRIEL (archange), 75 a
GABRIEL (archange, sens du nom), 254 b, 694 b
Gabriel (serveur télématique d'informations religieuses), 1205 a
GABRIEL DELL' ADORATA (st), 75 a
GABRIEL LALEMANT (st), 75 a, 83 c
Gadgé, 1109 a
GAËL et GÄELLE (prénoms), 75 a
GAÉTAN DE THIENE (st), 75 a
Gagner la paix (évêques français), 875 b
Gâhâl, 252 b
GALACTOIRE (st), 75 b
Galates, Épître aux -, 293 c
GALEN, VON (Mgr), 491 a
Galeries (architecture), 643 c
Galerus, 767 c
GALILÉE, 219 a
GALILÉE, affaire -, 418 b, **419**, 833 a
GALILÉE au temps du Christ, 261
GALILÉE, mer de -, 218 b
Galiléens, 261 a
GALL (st), 75 b
GALLICAN (st), 1116 c
Gallican (rite), 938 a
Gallicanisme, **416 b**, **416 c**
Gallicanisme, critique du - par Lamennais, 443 a
Gallicanisme et *Pragmatique Sanction de Bourges* (1438), 384 a, 385 b
Gallicanisme et ultramontanisme, 445 a
Gallicanisme, Innocent XI et le -, 83 b
Gallicanisme sous Louis XIV, 416 b
Gallicanisme sous Napoléon Bonaparte, 429 a
GALLIEN (empereur), 315 a, 317 a
GALLIENNE (pasteur), 1089 b
Gallo-romain, art -, 637 a
GALMIER (st), 75 b
GAME (Groupe pour l'Amélioration de la Méthode d'Enseignement), voir Scientologie
GAMIETTE, 1130 c
GANDHI, 144 a
GANNE (père), 495 b
GARABANDAL, 750 c
GARAND, 635 c
GARANTE ARANGUREN, FRANCISCO (bx), 39 b
Garde noble (Vatican), 1038 b
GARDE, NOTRE-DAME DE LA - (pèlerinage), 770, 1208 b
Garde palatine (Vatican), 1038 b
Garde suisse (Vatican), 1038 b
Gardien d'un monastère (définition), 1055 b
Gare Montparnasse (chapelle Saint-Bernard, accueil spirituel), 1209 c
Gargouilles, 643 c
GARIBALDI, 452 a
GARICOÏTS, MICHEL (st), voir MICHEL GARICOÏTS (st)
GARIZIM (mont), 238 c
GARNIER (abbé), 463 c
GARNIER, CHARLES (st), 83 c
GARRIGOU-LAGRANGE, 628 a
GASPARD (mage), 929 b
GASPARD DEL BUFALO (st), 75 b
GASPARE BERTONI (bx), 36 b
GASPARRI (cardinal), 587 c
GASTON (st), 75 b, 120 c
GASTON (st), voir VAAST (st)
GATIEN (st), 75 b
GAUCHET, MARCEL (cit. : le sacré), 616 b
GAUD (st), 75 b
GAUDE FROY (st), 1116 c
Gaudium et Spes (Vatican II), 505 c, **854 b**, **854 c**
Gaudium et Spes (Vatican II) (cit. : conscience de l'homme et agir moral), 789 a
Gaudium et Spes (Vatican II) (cit : culture), 833 a, 835 a
Gaudium et Spes (Vatican II) (cit. : destination universelle des biens), 834 a, 848 a
Gaudium et Spes (Vatican II) (cit. : l'armée), 872 a, 872 b
Gaudium et Spes (Vatican II) (cit. : L'Église dans le monde de ce temps), 792 a
Gaudium et Spes (Vatican II) (cit. : l'entreprise), 850
Gaudium et Spes (Vatican II) (cit. : les armements), 873 a
Gaudium et Spes (Vatican II) (cit. : liberté et dignité de l'homme), 791 a
Gaudium et Spes (Vatican II) (cit. : organisation de la société, rôle spécifique laïcs), 1093 a
Gaudium et Spes (Vatican II) (débats et vote), 501 b, 502 a
Gaudium et Spes (Vatican II) (Jésus-Christ au cœur de l'action humaine), 684 b
Gaudium et Spes (Vatican II) (la place donnée par l'Église à la famille), 807 c
Gaudium et Spes (Vatican II) (responsabilités terrestres et Royaume de Dieu), 890 c
Gaudium et Spes (Vatican II) (vie économique et sociale), 836
Gaudium et Spes (Vatican II) et la course aux armements, 846 a
Gaudium et Spes (Vatican II) et la culture, 833 a
Gaudium et Spes (Vatican II) et la démocratie, 881 b
Gaudium et Spes (Vatican II) et la démocratie (cit.), 842 a
Gaudium et Spes (Vatican II) et la guerre, 874 c
Gaudium et Spes (Vatican II) et la liberté de conscience, 549 a, 549 b
Gaudium et Spes (Vatican II) et la participation des salariés (cit.), 838 a, 852 b
Gaudium et Spes (Vatican II) et la propriété, 838 a, 840 a, 851 a
Gaudium et Spes (Vatican II) et l'argent, 847 b
Gaudium et Spes (Vatican II) et le profit (cit.), 850 c
Gaudium et Spes (Vatican II) et le progrès (cit.), 852 c
Gaudium et Spes (Vatican II) et les droits de l'homme, 870 b
Gaudium et Spes (Vatican II) et les institutions internationales, 877 c
Gaudium et Spes (Vatican II) et l'objection de conscience (cit.), 871 a
Gaudium et Spes (Vatican II) et régulation des naissances (cit.), 814 a, 814 b
Gaudium et Spes (Vatican II) et syndicalisme (cit.), 837 a
GAULE, la - et le christianisme aux IVe, Ve siècles, 330 a, 330 c
GAULLE, DE, gouvernement du général - et les évêques favorables à Vichy, 492 b
GAULE, les débuts du christianisme en -, 316 a
Gaulois, Le - (cit. : lycées de jeunes filles), 464 a
GAULTIER (st), 75 c
GAUTIER (st), 75 c
GAY, FRANCISQUE, 489 a
GAYRAUD (abbé), 460 b
GDF (Guides de France), 1089 c, 1090
GÉBUIN (st), 1116 c
GÉDÉON, 238 b
GÉDÉON (st), 1116 c
GEERT DE GROOTE, 387 a
GEFFRÉ, CLAUDE (cit.), 864 a
GEFFRÉ, CLAUDE (cit. : Parole de Dieu), 599 a
Géhenne (sens biblique), 1163 b
GÉLASE, voir Décret de Gélase, 552 a
GÉLASE Ier (st, pape), 75 c, 514 c
GÉLASSE Ier (st, pape) (missel), 934 c
GÉLASE II (pape), 514 d
GELINEAU, JOSEPH (chants textes bibliques), 663 a
GELINEAU, JOSEPH (discographie), 661 c
Gemara, 214 b
GEMMA GALGANI (ste), 75 c
GEN (Génération nouvelle Focolari), 1058 a, 1088 c
Gendarmerie pontificale, 1038 b
Généalogie de Jésus, 270 a
Généalogie des patriarches bibliques selon *Genèse*, 221 a
Généalogie, importance et signification de la - dans la *Bible*, 221 b
Général d'un ordre religieux (définition), 1055 b
GENÈS (st), 76 a
GENÈS ou GENEST (st), 76 a
GENÈS ou GENEST ou GENIEZ (st), 76 a
Genèse, généalogie des patriarches dans la -, 221 a
Genèse, La -, (film), 635 a
Genèse, livre de la -, 225 b, 257 b
Genèse, récit de la création dans la - selon tradition sacerdotale (commentaires), 222 c
Genèse, récit de la création dans la - selon tradition yahwiste, 223
Genèse, récits de la création dans la -, 220 b, 222, 223
Genèse, tentation et chute d'Adam et Ève dans la -, 224
Genèse, tentation et chute d'Adam et Ève dans la - (commentaires), 224 c, 225 a
Génétique, manipulation -, 817
GENÈVE (la Réforme), 396 b, 397 b
GENEVIÈVE (ste), 76 a
GENEVIÈVE (ste) (calendrier liturgique), 25
GENEVIÈVE (ste) (châsse), 23 c
GÉNÉZARETH, 263 c, 272 b
Génie du christianisme (Chateaubriand), 442 a, 442 b, 572 c
GENINO, 635 b
GENIS, GENIX (st), 76 a
GENGOUL (st), 1116 c
GENNARO (st), 85 a
Genoux, à - pour prier, 747 b
GENS (st), 76 b
Gens du cirque, voir Artisans de la fête
Gens du livre selon *Coran*, 137 b
Gentil, 290 a
Gentilhomme de Sa Sainteté, 1022 a
Gentils (évangélisation), 291 b
Génuflexion, 942 c
Genus ecclesiasticum, 660 a
GEOFFROY (abbé) (recueil de chants), 663 a
GEOFFROY (st), 76 c
Géographie de l'Europe chrétienne, 1140 à 1153

Géographie du catholicisme, 135
GEORGES (st), 43 a, 76 c
GEORGETTE ou GEORGIE ou GEORGINA (ste), 76 c
Géorgien (calendrier), 1171
GÉRALD (st), 76 c
GÉRARD (bx), 77 a
GÉRARD, JOSEPH (bx), 1112 c
GÉRARD MAJELLA (st), 77 a
GÉRAUD (st), 77 a
GERBAUD (ST), 1116 C
GERBERT D'AURILLAC (SYLVESTRE II, pape), 343, 344 b
GERHARDINGER, MARIA-TERESA (bse), 40 a
GÉRIN (st), 1117 a
GERLIER (cardinal) et Joseph Colomb, 1119 a
GERLIER (cardinal) et les déportations de juifs, 491 b
GERLIER (cardinal) et l'œcuménisme, 589 a
GERMAIN (st) (toponymie), 31 a
GERMAIN D'AUXERRE (st), 77 a
GERMAIN D'AUXERRE (st) et les barbares, 332 a
GERMAIN DE CONSTANTINOPLE (st) et le rôle de Marie dans le salut, 903 b
GERMAIN DE PARIS (st), 77 a
GERMAINE COUSIN (ste), 77 b
GERMIER (st), 1117 a
GERMIGNY-LES-PRÉS (église), 637 b
GERSON, JEAN, **385 c** 563 b
GERSON, JEAN (Doctor christianissimus), 24 c
GERSON, JEAN, au concile de Constance, 381 a
GERSON, JEAN et la pédagogie religieuse, 577 a
GERTRUDE (ste), 77 b
GERTRUDE (ste) (cit.), 77 b
GERTRUDE (ste) et le Cœur de Jésus, 748 a
GERVAIS (st), 77 c
GERY (st), 77 c
Gestalt-Thérapie, 1130 c
Gestion d'entreprise, participation des salariés à la -, 850 c, 852 b
GETHSÉMANI, 281 b
GETHSÉMANI (l'agonie de Jésus, union à son Père), 982 b
GFO (Groupes de Formation en Monde ouvrier) (candidats au sacerdoce) 1047 c, 1048 b
GFU (Groupes de Formation en Monde universitaire) (candidats au sacerdoce), 1047 c, 1048 b
GHÉON, HENRI LÉON, 650 c
GHEORGHIU, VIRGIL, 650 c
Ghettos juifs (origine), 364 b
GHISLAIN (st), 77 c
GIACOMO CUSMANO (bx), 38 a
GIBAUD, 635 b
GIBBONS, JAMES, 459 c
GIBRALTAR (géographie chrétienne), 1144 b
GIENVILLE, 636 a
GIL, 635 c
GILBERT DE LA PORRÉE et saint Bernard, 355 a
GILBERT DE NEUFFONTS (st), 77 c
GILBERT DE SEMPRINGHAM (st), 77 c
Gilbertins (saint GILBERT DE SEMPRINGHAM), 77 c
GILDAS LE SAGE (st), 78 a
GILDUIN (st), 1117 a
GILGAMESH, 221 a
GILLES (st), 43 a, 78 a
GILLIAM, 636 b
GILSON, ÉTIENNE, 629 b
GINA et GINO (prénoms), 78 a
GINETTE (prénom), 78 a
GIOBERTI (abbé), 436 a, 436 b
GIOTTO, 694 a
GIOVANNI MAZZUCONI (bx), 38 b
GIRARD, RENÉ (pourquoi la mort du Christ ?), 704 c
GIRAUDEAU, 636 b
GIRAUD, MAXIMIN, 770 b, 904
GIRAUD (st), 1117 a
GIRETTE, JEAN, 128 a
GISÈLE (bse), 78 a
Gitans (mouvement catholique), 1109 a
Gitans, pastorale et aumônerie des -, 1109
Gitans, pèlerinages -, 769 c, 1109 a
GIUSEPPE MOSCATI (st), 36 b
GIUSTINO DE JACOBIS (st), 36 a
GLABER, RAOUL (cit.), 346 c
GLADYS (ste), 1117 a
Glaives spirituel et temporel, théorie des - (cit. de Boniface VIII), 377 b
Glaives spirituel et temporel, théorie des - (Innocent III), 362 b, 363 a
Glas, 639 c
GLASS, 635 a
Gloire (sens biblique), 236 a
Gloire à Dieu (Gloria), 959 c
Gloire à Dieu (Gloria) (texte français), 959 c
Gloire au Père (Gloria Patri), 916 c
Gloires de Marie, Les - (saint Alphonse de Lignori), 904
Gloria (Gloire à Dieu, messe), 959 c
Gloria Patri (Gloire au Père), 916 c
Gloria tibi Domine (liturgie), 916 b
Glorification et résurrection de Jésus-Christ, 678 a
Glossolalie, 750 a
Glossolalie (Pentecôte), 301 b
Gnose, **531 b**, 598 b
Gnose (foi, raison), 621 c
Gnose (sectes), 150 a, 150 b
Gnose de Princeton, La -, 1130 c
Gnose et gnosticisme, 313 a
Gnose et Jésus-Christ, 681 a
Gnose européenne, 1131 a
Gnosticisme, 313 a
Gnostiques, **531 b**, 931 a
GOA (patriarcat), 1015 c
GOBAIN (st), 78 a
GODARD, JEAN-LUC, 636 a
GODEFROY DE BOUILLON, 358 b, 360 a
GODIN, HENRI, 492 a, 494 b
GODIN, HENRI (cit. : La France, pays de mission ?), 496 b
GODIN, HENRI (missel), 663 a
GODON (st), 78 a
Godspell (film), 635 b
GOEZNON (st), 1117 a
GOHARD (st), 1117 a
GOÏM, 290 a
GOLD, 636 c
GOLGOTHA, 281 b
Golgotha (film), 635 a
GOLGOTHA (pélerinage), 771 a
GOLGOTHA (pélerinage et chemin de croix), 772 a
GOLIATH, 239 a
GOMAS, S. (cit.), 1107 c
GOMBERT (st), 1117 a
GOMER (st), 1117 a
GOMORRHE, 227 c
GOND (st), 78 a
GONIN, MARIUS, 1093 a, 1093 c
GONIN, MARIUS, et Joseph Folliet, 127 a
GONTRAN (st), 78 a
GONZAGUE, voir saint LOUIS DE GONZAGUE
GONZALEZ, ROQUE (bx), 1112 b
GORÉE, voir Esclavage
GORZE, abbaye de -, 341 c, 349 b
GOSWIN (st), 1117 a
Gothique (vêtement), 931 c
GOULVEN (st), 78 b
GOUNOD et l'hymne pontifical, 1038 b
GOUPIL, RENÉ (st), 83 c, 112 b
Gourou ou Guru, 144 c, 145 c
GOUT, 635 a
Gouvernement (une des fonctions de l'évêque et du prêtre), 983 b
Gouvernement collégial de l'Église, 1024 b
Gouvernement de la Cité du Vatican, 1037 a
Gouvernement de l'Église universelle, **1019**
Gouvernement de l'Église universelle (la Curie romaine), **1030 a**
Gouvernorat de la Cité du Vatican, 1021 a, 1037 a
Gouvernorat de la Cité du Vatican (dépenses et recettes), 1041 a
Gouvernorat de la Cité du Vatican (effectif salarié), 1037 b
GOUYON (cardinal) et le désarmement (cit.), 1067 a, 1067 b
GOYAU, GEORGES, 651 a
GOYAUE, voir GAMIETTE
Graal, mouvement du -, 150 b, 1133 a
Grâce, 522 b, **699 b,** 700 a, **701,** 773 a, 785 b, 785 c
Grâce (demande à Dieu, cit. de sainte Gertrude), 77 b
GRÂCE (ste), 78 b
Grâce, action de -, 701 c
Grâce actuelle, 701 c
Grâce, caractères de la -, 701 a, 701 b
Grâce de Dieu et mérite de l'homme, 700 b, **785 b**
Grâce de Dieu et œuvres de l'homme, **700 b,** 785 b, 785 c
Grâce d'état, 701 c
Grâce, Dieu fait -, 613 b
Grâce, état de -, 701 c
Grâce et liberté, 325 b, 326, 390 b, 391 b, 700 b, **701 a, 701 b,** 719 a, 785 c, 791 a
Grâce et nature humaine, 719 a
Grâce habituelle, 701 c
Grâce, la - et l'agir chrétien, 773 a
Grâce, la - selon la doctrine de Luther, 326 b, **390 b,** 391 b, 700 b, 701 b, 785 c
Grâce, la - selon la doctrine de Pélage, **325 a, 325 b**, 326, 700 b, 785 c
Grâce, la - selon la doctrine de saint Augustin, **326 a**, 700 b, 785 b, 785 c
Grâce, la - selon la doctrine des conciles d'Orange II et de Trente, 326 a, **326 b,** 405 a, 413 a, **700 b,** 701 b
Grâce, la - selon la doctrine janséniste, 326 b, **413,** 701 b
Grâce sacramentelle, 701 c
Grâce sanctifiante, 699 b, 701 c
Grâces, les - (dons de Dieu), 699 c
Grâces, les - (prière, définition), 741 c
GRÂCES, NOTRE-DAME DE - (pèlerinage), 770
Grâce, vie de la -, 522 b, 701 a, 701 b
Graduel, 960 b
Grand Architecte de l'univers, 533 b
Grand Architecte de l'univers (franc-maçonnerie), 420 b
Grand Catéchisme, voir *Catéchisme*
GRANDE-BRETAGNE (géographie chrétienne), 1144 b
GRANDE-BRETAGNE (origines de l'Église catholique), 1144 c
GRANDE-BRETAGNE, catholicisme en - dans la première moitié du XIXe siècle, 439 a
GRANDE-BRETAGNE, population juive en - (tableau), 140 a
GRANDE-BRETAGNE, voir aussi Angleterre, Écosse, Irlande
GRANDE CHARTREUSE, 754 c
Grande Loge d'Angleterre, 421 a
Grande Loge de France, 1131 b
Grande Loge féminine de France, 1131 c
Grande Loge indépendante et souveraine des rites unis, 1131 c
Grande Loge mixte universelle, 1131 c
Grande Loge nationale française, 1131 b
Grande Loge Œcuménique féminine d'Orient et d'Occident, 1131 c
Grande Loge traditionnelle et symbolique Opéra, 1131 c
Grandes Écoles (branche du MRJC), 1104 c
Grandeur et fragilité de l'homme (cit. de Jean-Paul II), 715 b
GRANDISON FINEY, CHARLES, 751 b
GRANDMAISON, L. DE (cit. : prière à Marie), 746 b
Grand Orient de France, 421 a, 1131 a
Grand Orient de France (renonciation au déisme), 455 a
Grand Pardon (fête juive), voir Kippour
Grand prêtre, **260 a**, 556 b, 984 b
Grand Rabbin de France, 177 c
Grand Schisme d'Occident, 380 b, 583 a
Grand Schisme d'Occident (les papes, chronologie), 381 a
Grand Schisme d'Orient, 371
Grands prophètes, les quatre -, 246 b
Grands secteurs de la pastorale en France, 1061
Grand véhicule (bouddhisme), 146 b
Gran teatro del mondo, el -, 659 a
GRAT (st), 78 b
GRATIEN, voir Décret de
Gratitude, 826 b, 826 c
Gratuité du salut, 701 a
Graves de communi (Léon XIII), 460 c
Gravissimo officii munere (Pie X), 553 c
Gravissimum Educationis (Vatican II), 505 a

Gravissimum Educationis (Vatican II, cit.), 805 b, 805 c
Grec (rite), 938 c
GRECCIO (crèche), 927 c
Grec dans *l'Ancien Testament*, 213 b, 214 a
GRÈCE (géographie chrétienne), 1144 c
GRECO, EL, 646 b, 646 c, 694 a
Gréco-catholiques, Églises -, 155 a
Grecque, usage de la langue - dans l'Église antique, 315 a
Grecs (désignation dans l'Église primitive), 290 b
Grecs catholiques, 1016
Grecs catholiques à Paris, église (adresse), 1017 c
GREEN, JULIEN, 651 a
GREENE, 635 b
GRÉGOIRE (antipape), 514 c
GRÉGOIRE (évêque constitutionnel), 426, 429 a
GRÉGOIRE Ier LE GRAND (st, pape), 24 c, **78 c**, 514 b, 756 b
GRÉGOIRE Ier LE GRAND (st, pape) (cit.), 79 a, 103 a
GRÉGOIRE Ier LE GRAND (st, pape) (évangélisation des Angles), 337 a
GRÉGOIRE Ier LE GRAND (st, pape), et la population romaine, 339 b
GRÉGOIRE Ier LE GRAND (st, pape), et le Kyrie eleison, 916 c
GRÉGOIRE Ier LE GRAND (st, pape), et le monachisme, 329 c
GRÉGOIRE Ier LE GRAND (st, pape), et le trentain de messes, 964 a
GRÉGOIRE Ier LE GRAND (st, pape), prédicateur, 563 b
GRÉGOIRE II (st, pape), 514 b
GRÉGOIRE III (st, pape), 514 b, 921 a
GRÉGOIRE IV (pape), 514 c
GRÉGOIRE IV (pape) et la Toussaint, 921 a
GRÉGOIRE V (pape), 514 c
GRÉGOIRE VI (pape), 514 d
GRÉGOIRE VII (st, pape), **79 a**, 514 d, 756 b
GRÉGOIRE VII (st, pape) et la paroisse, 545 a, 545 b
GRÉGOIRE VII (st, pape) et la réforme grégorienne, 349 b, 350 b, **351 a**
GRÉGOIRE VII (st, pape) et le Saint Empire romain germanique, 344 a
GRÉGOIRE VII (st, pape) et le titre de pape, 552 a
GRÉGOIRE VIII (antipape), 514 d
GRÉGOIRE VIII (pape), 514 d
GRÉGOIRE IX (pape), 514 d
GRÉGOIRE IX (pape) et l'empereur Frédéric II, 370 b
GRÉGOIRE IX (pape) et les decrétales, 559 a
GRÉGOIRE IX (pape) et l'Inquisition, 363 b
GRÉGOIRE IX (pape) et l'Université de Paris, 368 b
GRÉGOIRE X (bx, pape), 514 d
GRÉGOIRE XI (pape), 378 b, 515 a
GRÉGOIRE XI (pape) et sainte Catherine de Sienne (cit.), 379 c
GRÉGOIRE XII (pape), 380 b, 381 a, 515 a
GRÉGOIRE XIII (pape), 406 a, 515 c
GRÉGOIRE XIII (pape) (calendrier grégorien), 909 a
GRÉGOIRE XIV (pape), 515 c
GRÉGOIRE XV (pape) et les missions, 412 a, 412 b, 565 b
GRÉGOIRE XVI (pape), 445 a, 515 d
GRÉGOIRE XVI (pape) (encycliques), 553 b
GRÉGOIRE XVI (pape) et la question romaine, 436 a
GRÉGOIRE XVI (pape) et le catholicisme libéral, 442 a, 443 a, 443 b, 443 c
GRÉGOIRE XVI (pape) et les missions, 438 a
GRÉGOIRE XVI (pape) et l'ultramontanisme, 445 b
GRÉGOIRE XVI (pape) et patronat royal, 439 c
GRÉGOIRE BARBARIGO (st), 79 c
GRÉGOIRE DE NAZIANZE (st), 24 c, **78 c**, 327 a
GRÉGOIRE DE NAZIANZE (st) (cit. : Dieu audelà de tout), 666 a
GRÉGOIRE DE NAZIANZE (st) (Père de l'Église), 314
GRÉGOIRE DE NAZIANZE (st) et la théologie trinitaire, 321 c
GRÉGOIRE DE NAZIANZE (st) prédicateur, 563 b
GRÉGOIRE DE NYSSE (st), **78 c**, 326 a
GRÉGOIRE DE NYSSE (st) (cit. sur le concile de Constantinople), 322 b
GRÉGOIRE DE NYSSE (st) (Père de l'Église), 314
GRÉGOIRE DE NYSSE (st) et la théologie trinitaire, 321 c
GRÉGOIRE DE RIMINI, 24 c
GRÉGOIRE DE TOURS (st), 79 b
GRÉGOIRE DE TOURS (st) et l'Assomption de la Vierge, 902 b, 903 a
GRÉGOIRE LE THAUMATURGE (st), 79 b
GRÉGOIRE L'ILLUMINATEUR (st), 153 b, 565 a
Grégorien, calendrier -, 911 a, 1171
Gregorien, chant -, 660 c, 661 a
Grégorien, chant - (encycl. *Musicae sacrae disciplina* Pie XII), 554 c
Grémial, 933 c
Grève, 835 b, 838 a
Grève (défiance de Léon XIII, *Rerum novarum*), 553 c
Grève de la faim, 735 c, 820 b
GRIGNION DE MONTFORT, voir LOUIS-MARIE GRIGNION DE MONTFORT
GRIMAUD (st), 1117 a
GRIMAUD (Mgr), 492 b
GROCHEO, JOHANES DE, 660 a
GROOTE, GEERT, 387 a, 762 a
GROSBARD, 636 c
Grossesse-Secours, 1083 b
GROSSI, VINCENZO (bx), 36 b
Groupe de Meaux, voir Cénacle de Meaux
Groupe des éditeurs de livres religieux, 1077 c
Groupe des Dombes, 487, 488 a, 585 b, 589 c
Groupe épiscopal pour la pastorale des réalités du tourisme et du loisir, 1092 a, 1108 b
Groupe d'études et de recherches philosophiques, historiques et religieuses, 1133 a
Groupements de vie évangélique GVE, 1057
Groupes alternatifs, Chrétiens et -, 1132
Groupes alternatifs et sectes, 150, 1125 à 1137
Groupes alternatifs et sectes, (descriptif), 1132
Groupes de Formation en Monde ouvrier (GFO) (candidats au sacerdoce), 1047 c, 1048 b
Groupes de Formation en Monde universitaire (GFU) (candidats au sacerdoce), 1047 c, 1048 b
Groupes épiscopaux (France), 1013 c, 1014 a
GRÜNEWALD (retable d'Issenheim), 521 a
Guaranis, république des -, 411 c
GUDULE (ste), 79 c
GUÉBRIANT DE (Mgr), 484 b
GUELLUY, R. (cit. : Remords et repentir), 791 b, 973 b
GUENOLÉ (st), 43 a, 79 c
GUENOT, ÉTIENNE THÉODORE (st), 1112 c
GUÉRANGER (dom), **446 a**, 756 b
GUÉRANGER (dom) et la liturgie, 661 a, 907 a, 938 a
GUÉRANGER (dom) et la restauration de l'ordre bénédictin en France, 444 b, 446 a, 447 a
GUÉRANGER (dom) et le gallicanisme, 445 b
GUÉRANGER (dom) et le libéralisme catholique, 442 a
GUÉRIN (abbé), 483 a
GUÉRIN (st), 1117 a
GUÉRIN DE BEAUVAIS (évêque) (cit.), 347 b, 347 c
GUÉRIN, MAURICE de, 651 a
Guérison, 750 a
Guérison (la religion peut-elle guérir ?), 1126 b
Guérison à la racine (droit canon matrimonial), 979 c
Guérison et sacrements, 980 a
Guérisons à Lourdes, 769 b, 769 c
Guérisons et Renouveau charismatique, 536 b, 751 c
Guérisseur, 536 b
Guérisseur, don de -, 536 b
Guerre, **874**
Guerre, condamnation de la - par Benoît XV *(Ad beatissimi apostolorum principis)*, 554 a
Guerre de Cent ans, 378 b
Guerre de Crimée, 473 c
Guerre de Trente ans, 410 a, 1172 b
Guerre des paysans, 366 a, 391 a, 391 b
Guerre du Golfe et Vatican, 1180 c
Guerre et le respect de la vie, 802 c
Guerre et Paix, réflexions chrétiennes sur la -, 1179 à 1182
Guerre juive contre Rome, 306 b
Guerre juste, Jean-Paul.II et la théorie de la -, 1181 a, 1181 b
Guerre juste, l'Église et la -, 872 b
Guerre juste, théorie, 874 b
Guerre, l'Église et la -, 872, 873, **874, 875,** 876 a
Guerre, l'Église et la - (cit.), 874 a, 875 a
Guerre, Lettre de Jean-Paul II à l'occasion du 50e anniversaire du début de la Deuxième-mondiale, 1180 b, 1180 c
Guerre mondiale, Première -, **475 a**
Guerre mondiale, Seconde -, 480 a, **490 a**
Guerre sainte (islam), 143 b
Guerres de religion en France, 399 b
Guerres à dimension religieuse, 1179 a, 1179 b
GUÉVROC (st), 1117 a
GUEWEN (ste), 80 a
GUFFLET (Mgr) et le synode diocésain de Limoges, 993 a
Gui (plante), 929 a
GUI ou GUY (st), 43 a, 80 a
GUI ou GUY D'ANDERLECHT (st), 80 a
GUIBERT (père) (traduction de l'*Imitation de Jésus-Christ*), 762 a
GUIBERT (st), 1117 a
Guides de France (GDF), 1089 c, 1090
GUIDO DI PIETRO, voir FRA ANGELICO
GUIDON D'ANDERLECHT (st), 80 a
GUIGNOLET (st), 79 c
GUILLAUME (st) (cit.), 80 b
GUILLAUME Ier des Pays-Bas, 438 b
GUILLAUME II des Pays-Bas, 438 b
GUILLAUME COURTET (st), 37 a, 37 b
GUILLAUME DE BOURGES (st), 80 b
GUILLAUME DE VOLPIANO ou de DIJON (st), 80 b
GUILLAUME D'OCCAM, voir OCCAM
GUILLAUME D'ORANGE, 402 a
GUILLAUME FIRMAT (st), 80 a
GUILLAUME ou GUILHEM LE GRAND (st), 80 a
GUILLAUME TEMPIER (bx), 80 a
GUILLET, JACQUES (cit. eschatologie), 897 b, 897 c
GUILLET, JACQUES (cit. Jésus et l'amour), 680 b
GUILMARD, JEAN (cit.), 756 a
GUIMER (st), 1117 a
GUINGALOIS (st), 79 c
GUISE, la famille de - et la Sainte-Ligue, 399 b
GUITTON, JEAN, 500 b, **629 b**
GUNTHER (st), 1117 a
Gurdjieff, groupes -, 1133 a
Guru, 144 c, 145 c, 1133 a
Guru Maharajji, 1133 a
GUSTAVE (st), 80 b
GUTENBERG et la *Bible*, 209
GUTIERREZ, GUSTAVO, 507 b, 625 b, 629 c
GUTIERREZ, GUSTAVO (cit. : théologie de la libération), 859 b
GUY (st), 43 a, 80 a
GUYARD, MARIE (bse), 37 a
GUY DE LUSIGNAN (roi de Jérusalem), 360 b
GUYON, BERNARD et ÉLISABETH (cit.), 489 b
GUYON, JEANNE-MARIE BOUVIER DE LA MOTTE, 416 b, 418 a
GUYOT DE SALINS (général), 1089 c
GVE (Groupements de Vie évangélique), 1057
GWENAEL (st), 80 b
GWENOLÉ (st), 79 c
GY, PIERRE-MARIE (cit. : les laïcs dans la liturgie), 937 a, 937

- H -

HABAQUQ, 244 b, 246 b
Habeas Corpus (1679) et droits de l'homme, 869 b
Habemus papam, 1028 b
Habitus, 825 b
Hadith, 142 b

Hadjj, 143 b
HADOUIN (st), 1117 a
HADULPHE (st), 1117 a
Haggadah, 214 b
Hagiographie, 27 c
Hagiorite, Nicodème de la Sainte Montagne dit l'-, 765 c
HAGUET, 635 c
HAILLANT, BERNARD, 663 c
Haine, 829 b, 829 c
Haine (sens biblique), 1163 b
Haine, Jésus et la -, 801 a
HAKIM, 771 a
Halakah, 141 a, 214 b
HALIFAX (lord), 159 a, 473 c, 487 b, 585 b
HALLYDAY, JOHNNY, 663 c
Haltes spirituelles (lieux de retraite et récollection, répertoire), 1218 à 1231
HAMBURGER, JEAN (cit. : science et transcendance), 618 b
HAMMER, 636 b
Handicap et avortement, 815
Handicapé (diagnostic prénatal), 815 a
Handicapé (respect de la vie), 822 a
Handicapé, droits de la famille et -, 808 b
Handicapé et travail (encyc. Jean-Paul II), 856 c
Handicapés (chiffres), 1107 b
Handicapés de l'amour, 804 a
Handicapés, mouvements catholiques de -, 1106 c
Hanoukka ou Dédicace du Temple, 141 b, 258 a, 911 c, 914, **922 b**
HARDOUIN (st), 1117 a
Hare Krishna, 151 a, 151 b, 1133 a
HARMEL, LÉON, 459 a, **459 c**
HARNACK, 466 a, 466 b
HAROUN-AL-RACHID, 771 a
Hasard et l'univers (cit. Jean-Paul II), 673 c
Hassidisme, 140 c
HATTUSAS, 218
Hatha-Yoga, 150 b
Haurietis aquas (Pie XII), 554 c
Haut-relief (statuaire), 643 a
HAYDN, JOSEPH, 660 c, 917 a
HAYDN, JOSEPH (discographie), 661 c
HAYDOCK, GEORGE (bx), 1111 c
HAZE, MARIE-THÉRÈSE (bse), 1114 b
HÉBRARD, Monique (renouveau charismatique), 1059
Hébreu, langue principale de l'*Ancien Testament*, 213 b, 214 a
Hébreux (désignation dans l'Église primitive), 290 b
Hébreux (origine selon *Genèse*), 221 c
Hébreux (peuple et langue), 219 b
Hébreux, Épître aux -, 294 c
HÉBRON, 240 c
HECKEL (Mgr), 564 b
HECKER (père), 460 a
Hédonisme (définition), 794 b
HEDWIGE (ste), 80 c
HEGEL et l'Absolu, 667 c
HEGEL et l'argument ontologique, 672 b
HÉGÉSIPPE (st), 1117 a
Hégire, 142 c
HEIDEGGER, MARTIN, 615 a, 626 c, 629 b
HEIDEGGER, MARTIN, et l'être, 717 c
HELDER CAMARA (dom), Vatican II, 500 a
HELDRAD (st), 1117 a
HÉLÈNE (ste), **80 c**, 771 a
HÉLÈNE (ste) et Constantin, 319 a
HÉLIER (st), 80 c
HELLADE (st), 1117 b
Hellénisme, 250 c
Hellénisme contre judaïsme, 250 a
Hellénistes (désignation dans l'Église primitive), 290 c
HELLO, ERNEST, 651 a
HÉLOÏSE, 357 a
HÉLOÏSE (ste), 1117 b
HÉNOCH, livre d'- (apocryphe), 214 c
HÉNOCH, ou Enoch, 221 c
Hénotique, 372 b
HENRI (st), 80 c
HENRI II D'ANGLETERRE, 353 a, 354 a
HENRI II (roi de France), 394 a
HENRI II DE FRANCE, 397 c
HENRI III D'ANGLETERRE, 369 a
HENRI III DE FRANCE, 399 b, 399 c
HENRI IV (empereur), 351 b
HENRI IV (roi de France), 398 a, 399 a, 399 c, 408 a
HENRI V (empereur), 355 c
HENRI VIII D'ANGLETERRE, 400 a, 401 b
HENRY VIII D'ANGLETERRE (nullité de mariage non reconnue), 979 b
HENRI DE BOURBON ou NAVARRE, voir HENRI IV, roi de France, 398 a, 399 c
HENRIETTE DE JÉSUS (bse), 81 a
HÉRACLIUS I (empereur), 373 b
HERBERT (st), 1117 b
HERBIGNY D' (Mgr), 481 a, 587 c
Hérésiarque (définition), 588 c
Hérésie (définition), 586 c
Hérésie (Inquisition), 363
Hérésies au XIIe siècle, 361 a
Hérésies populaires aux Xe-XIe siècles, 344 b, 346 a, 346 b
Hérétique (définition), 588 c
Héritage (Léon XIII), 852 c
HERLINDE (ste), 1117 b
HERMAN (père, st), 35 c
HERMANN-JOSEPH (bx), 81 a
HERMAS (*Le Pasteur*), 313 a
HERMAS (Père de l'Église), 314
HERMELAND (st), 1117 b
Herméneutique, 216 a
HERMITAGE, NOTRE-DAME DE L'- (pèlerinage), 1208 b
HERMON (mont), 218 b
HÉRODE AGRIPPA, 304 b
HÉRODE ANTIPAS, 252 a, 271 b, 272
HÉRODE LE GRAND, 251 c, 252 a, 270 c
HÉRODIADE, **88 a**, 271 b
HEROUX, 636 c
HERRIOT (ministère), 477 a
HERVÉ (st), 81 a
Hesychasme, 155 b, 765 c
Hétérodoxe (définition), 588 c
Heures (système horaire romain), 940 b
Heures de l'Office divin, 940 a, 940 b
Hiérarchie des ordres de clercs (évêque, prêtre, diacre), 1048 c, 1049 a
Hiérarchie des pouvoirs ecclésiastiques (pape, cardinal, évêque, curé...), 1048 c, 1049 c
Hiérarchie ecclésiastique (définition), 547 b, 1006 b
Hiérarchie ecclésiastique (dialogue avec laïcat), 549 b
Hiérarchie ecclésiastique (nature), 983 c
Hiérarchie ecclésiastique (rapports avec fidèles selon Vatican II), 543 a
Hiérarchie ecclésiastique et obéissance, 549 a
High Church (anglicanisme), 159 c
High Church (mouvement d'Oxford), 439 a
Higoumène, 155 b, 737 b
HILAIRE (st, pape), 514 a
HILAIRE D'ARLES (st), 81 a
HILAIRE DE POITIERS (st), 24 c, **81 a**, 327 a
HILAIRE DE POITIERS (st) (Père de l'Église), 314
HILAIRE DE POITIERS (st) et l'arianisme, 321 b, 322 a
HILAIRE DE POITIERS (st) prédicateur, 563 b
HILARION (st), 81 b
HILDA (ste), 1117 b
HILDEBRAND (moine), voir GRÉGOIRE VII (pape)
HILDEGARDE (ste), 81 b
HILDEMARQUE (ste), 81 b
HILL, 635 c
HILL, TERENCE, 636 a, 636 c
HIMIER ou ISMIER (st), 84 a
Hindouisme, **144**
Hindouisme (bibliographie), 145 c
Hindouisme (données numériques), 138 b
Hindouisme (données numériques et géographiques), 144 a
Hindouisme (géographie), 139
Hindouisme et Église catholique, 145 c
Hindouisme vu par Vatican II, 145 c
Hinschiste (Église évangélique), 1133 b
HIPPOLYTE (st), **81 c**, 315 a, 916 b
HIPPOLYTE (st, antipape), 514 a
HIPPOLYTE (st) (Père de l'Église), 314
HIPPOLYTE (st) et la concélébration, 964 a
HIPPOLYTE (st) et le diaconat, 558 a
HIPPOLYTE DE ROME et la virginité consacrée, 823 a
Hiravana, 146 a
Histoire (déterminisme selon Taine), 448 b
Histoire de l'œcuménisme, 584 b, 587 b, 587 c
Histoire d'Israël (histoire sainte), 257
Histoire d'Israël (tableau chronologique), 209, 210
Histoire d'Israël jusqu'à Jésus, 209
Histoire de la tradition synoptique (R. Bultmann), 628 a
Histoire du monde selon Joachim de Flore, 366 a
Histoire d'une âme, de sainte Thérèse de l'Enfant Jésus, 118 b
Histoire et foi (cit. de B. Pasternak), 610 b
Histoire et salut, 696 b, 697 a, 697 b
Histoire sainte (histoire d'Israël), 257
HITCHCOCK, 636 a, 636 c
HITLER, **480 a**, 480 b
Hittites, 218 a
HNDA (Hospitalité Notre-Dame des Armées), 1101 c
HOCHE en Vendée, 427 c
HOFBAUER, CLÉMENT-MARIE, voir CLÉMENT-MARIE HOFBAUER (st)
HOFMAN, 636 a
Holiste, 1133 b
HOLLAND, 636 a
Holocauste, 260, 703 b
HOLOPHERNE, 253 a
Homélie, 960 b
Homicide, 822 a
Homicide, interdit de l'- (commandement), 783 b
Homme, **718 a**, **718 b**
Homme (chacun unique), 613 c
Homme (conception biblique), 255
Homme (image de Dieu), 682 a, 715 b
Homme (image de la Trinité), 674 c
Homme (lieu du sacré), 568 a
Homme (perversion radicale, oui ou non ?), 792 b
Homme (symbole de l'évangéliste Matthieu), 267 c
Homme dans la création, 692 a
Homme de Nazareth, l'- (A. Burgess), 685 c
Homme, dignité de l'- vue par Michel-Ange, 646 c
Homme et femme sont-ils égaux selon l'Écriture Sainte ?, 727
Homme et le travail (encyc. Jean-Paul II), 856
Homme et monde, relation - (spiritualité chrétienne orientale), 154 c
Homme et son corps, 721 a
Homme évangélique (cit. de B. Quelquejeu), 777 b
Homme-femme rapport - (cit. Jean-Paul II), 1186 c, 1187 a
Homme, foi de l'Église en l'- (cit. de Jean-Paul II), 835 a
Homme, grandeur et fragilité de l'- (cit. Jean-Paul II), 715 b
Homme, grandeur de l'- (cit. de saint Jean Chrysostome), 86 a
Homme, jugement de l'- sur lui-même, 706 c
Homme libéré par Dieu, 777 a
Homme-marchandise (encyc. Jean-Paul II), 856
Homme objet ou sujet (cit. de Lustiger), 676 a
Homme, origine de l'- selon *Genèse*, 220 b
Homme, origine de l'-, voir Origine de l'humanité
Homme, peine de mort et dignité de l'-, 869 b, 869 c
Homme, ressemblance de l'- avec Dieu (*Genèse*), 222 c
Homme, vision chrétienne de l'- (Jean-Paul II), 707 b
Hommes (pratique religieuse, France), 191 b
Hommes se déclarant catholiques en France (pourcentage), 184 c
Homo habilis, 136
Homophilie, 823 b, 823 c
Homo sapiens, 136
Homosexualité, 823 b, 823 c
HONGRIE (Église sous le régime communiste), 507 a, 1146 c
HONGRIE (géographie chrétienne), 1146 c
Honnêteté, 827 a, 827 b
Honoraires de messe, 964 b
HONORAT (st), 81 c
HONORAT (st) et l'abbaye de Lérins, 329 b, 330 a, 330 b
HONORAT (st) et le monachisme, 329 b, 330 a

HONORÉ (Mgr), 564 b
HONORÉ (st), 81 c
HONORÉ DE BUZANÇAIS (st), 81 c
HONORÉ, JEAN (cit. : présence à Dieu), 730 b
HONORÉ-LAINÉ, GENEVIÈVE (*La femme, lieu de rencontre Dieu-humanité*), 724 c, 725 a
HONORINE (ste), 81 c
HONORIUS Ier (pape), 373 b, 514 b
HONORIUS Ier (pape), et l'infaillibilité pontificale, 373 b
HONORIUS II (antipape), 514 d
HONORIUS II (pape), 514 d
HONORIUS III (pape), 514 d
HONORIUS III (pape) et l'empereur Frédéric II, 370 b
HONORIUS III (pape) et les Frères mineurs, 365 a
HONORIUS IV (pape), 514 d
HONTHEIM, Mgr VON, voir FEBRONIUS, JUSTINIUS
Hôpitaux (aumônerie nationale), 1107 a
HOREB (mont), Élie au -, 242
HOREB (mont), voir SINAÏ
Horizontalisme, 795 c
HORMISDAS (st, pape), 514 b
Hors de l'Église point de salut, **544, 584 a**
HORTENSE (prénom), 81 c
Hosanna, 916 c
Hospitalité (Vertu), 827 a, 827 b
Hospitalité eucharistique, 155 b, 155 c, 162, 583 b, 971 b
Hospitalité eucharistique (note épiscopat français), 588 a, 588 b
Hospitalité Notre-Dame des Armées (HNDA), 1101 c
Hostie, 956 a
Hostie (fraction), 963 c
Hostiles à l'Église, les -, (typologie religieuse française), 202 a
HOUBEN, CARLES (bx), 1113 a
HOURDIN, GEORGES et Joseph Folliet, 127 a
Houx, 929 a
HUBERT (st), 43 a, **82 a**
HUBERT (st) (calendrier liturgique), 25
HUGO, VICTOR (cit. : Dieu), 652 b
HUGUE DE FOSSES (bx), 757 c
Huguenot (définition), 398 c
Huguenot (parti), 399 c
HUGUES (st), 82 a, 348 b
HUGUES CAPET, 342 a
HUGUES DE DIE, 352 b
Huile (symbolisme sacramentel), 954 a
Huile de la prière, 980 a
Huile qui sauve (cit.), 982 a, 982 b
Huiles (saintes), 934 b, 934 c
Huiles (saintes) (bénédiction jeudi saint), 925 a
HULST D' (Mgr), 466 b, 467 a, 563 b
HUM (père) (chants textes bibliques), 663 b
Humanæ vitae (Paul VI) (analyse), 812
Humanæ vitae (Paul VI) (cit. : paternité responsable), 813 c
Humanæ vitae (Paul VI) (cit. : Pour les méthodes naturelles), 815 a
Humanæ vitae (Paul VI) (idées forces), **801 b**
Humanæ vitae (Paul VI) (la place donnée par l'Église à la famille), 807 c
Humanæ vitae (Paul VI) (réactions au sein du monde catholique), 506 a
Humanæ vitae (Paul VI) et infaillibilité, 544 a
Humanæ vitae (Paul VI), évêques français et -, 813 a, 813 b
Humanæ vitae (Paul VI), les Églises du Tiers-Monde et -, 507 b
Humani generis (Pie XII), 554 b
Humani generis (Pie XII) et la recherche théologique, 495 b
Humani generis (Pie XII) et le père Congar, 628 c
Humani generis (Pie XII) et l'irénisme, 830 a
Humani generis redemptionem (Benoît XV), 553 a
Humanisme (Renaissance), 387 b, **388**
Humanisme du travail, 837
Humanisme et la Réforme, 390 a
Humanisme intégral (cit. de J. Maritain), 489 a, 489 b
Humanisme, l'- et les prophètes d'Israël, 244 a
Humanum genus (Léon XIII), 553 b
HUMBELINE (ste), 1117 b
HUMBERT, Bienheureux - (st), 1117 b
HUMBERT DE MOYENMOUTIER (cardinal), 374 b
HUMBERT DE MOYENMOUTIER (cardinal) (cit.), 376 a
HUMBERT DE ROMANS, Bienheureux - (st), 1117 b
HUME (cardinal) (cit. : grève de la faim), 820 b
HUMEAU, ANNE (cit.), 869
HUMENRY, JEAN, 663 c
Huméral (voile), 931 c
Humiliés d'Italie, 361 a
Humilité, 827 c
Humilité d'un saint (cit. d'Albert le Grand), 46 c
Huns, 332 a
HUS, JAN, 384 a, **384 b**
HUS, JAN (condamnation par concile de Constance), 381 a
HUS, JAN, les Frères moraves et -, 156 a
Hussites, 384 a, 384 b
HUSTON, 635 a, 636 a
HUTTES, fête juive des -, 141 b, **258 a**, 908 b, 911 c
HUXLEY, JULIAN, et le développement démographique, 809 b
HUYGHE, GÉRARD (cit. : la sainteté), 66 a
HUYGUE, RENÉ (cit. : art et spiritualité), 658 a, 658 b
HUYSMANS, JORIS-KARL, 651 a
HYACINTHE (st), 82 b
Hybris, 829 c
HYGIN (st, pape), 514 a
HYKSOS, les - en Égypte, 218 a, 225 b
Hylémorphisme, 716 c
HYMER (st), 84 a
Hymne, 917 c, 940 b
Hymne « Joyeuse Lumière », 941 a, 941 b
Hymne pascale, 679 a
Hymne pontifical, 1038 b
Hymmes (Office divin), 941 a
Hyperdulie, 27 c, 671 c, 899 b
Hypocrisie, 829 c
Hypostase, 682 b, 682 c, 717 c
Hypostase du Christ (définition par Léon Ier, pape, et le concile de Chalcédoine, 451), 324 c
HYRCAN, JEAN, 251 a, 251 b
HYRCAN II, 251

- I -

IAC, Insémination artificielle (conjoint), 816 a
IAD, Insémination artificielle (donneur), 816 a
IBÇAN, 238 b
Icône, 706 c
Icône (chaque visage humain), 732 a
Icône (définition), 155 b
Icônes (spiritualité, technique), **764**, **765**
Icône et l'Esprit-Saint, 686 a
Iconoclaste crise -, 374 a
Iconostase, 155 c, 639 b
IDA (ste), 82 b
Idéalisme et foi chrétienne, 534 b
Identité culturelle Europe, 884 b
Identité européenne, 1154 b, 1154 c
Identité sexuée (formation) (texte Jean-Paul II), 581 a
Idoles, 671 c
IER (Institut d'Études religieuses) (Paris), 1087 a
IERP (Institut d'Études religieuses et pastorales) (Toulouse), 1087 a
IESUS HOMINUM SALVATOR (IHS), 683 c
IGNACE D'ANTIOCHE (st), **82 b**
IGNACE D'ANTIOCHE (st) (Credo), 518 a, 519 a
IGNACE D'ANTIOCHE (st) (l'évêque, cit.), 556 a
IGNACE D'ANTIOCHE (st) (Père de l'Église), 314
IGNACE D'ANTIOCHE (st) et la christologie, 681 a
IGNACE D'ANTIOCHE (st) et la Vierge Marie, 903 a
IGNACE D'ANTIOCHE (st) et les apparitions du Christ (cit.), 596 a
IGNACE DE LOYOLA (st), **82 b**
IGNACE DE LOYOLA (st) (*Exercices spirituels*, et direction spirituelle), 737 a
IGNACE DE LOYOLA (st) (prière, cit. : prenez, Seigneur), 744 c
IGNACE DE LOYOLA (st) (spiritualité), 731 c, 761 a, 761 b
IGNACE DE LOYOLA (st) et la Compagnie de Jésus, 402 b, 566 b, 761 a
IGNACE MANGIN (bx), 83 a
IGNACIO DA SANTHIA (bx), 35 a
Ignorance religieuse (cit. de G. Thibon), 664 b
IHS (Jésus Sauveur des Hommes), 683 c
IHS (Jésus Sauveur des Hommes) (saint Bernardin de Sienne et ces initiales), 56 a
ILDEFONSE (st), 24 c, 83 a
ILES FEROE (géographie chrétienne), 1144 a
Il firmo proposito (Pie X), 470 a, 473 b, 483 b, 553 c
Illumination mystique, 739 a, 739 b
Illuminations intensives (thérapie nouvelle), 1133 b
Il monta au ciel (*Symbole des apôtres*, commentaire), 526 a
Il reviendra dans la gloire (*Symbole des apôtres*, commentaire), 526 a
Image (icône), 764 b, 764 c
Image (sens biblique), 1163 b, 1163 c
Image de Dieu, 682 a, 764 b, 764 c
Image de Dieu (l'homme), 715 b, 774 a
Image et idolâtrie, 635 a
Imagination et morale, 779 c
Imam (chiites), 142 b
Imam ou Iman, 143 c
IMBERT, LAURENT (st), 38 b
Imitation de Jésus-Christ, l'-, 120 a, 386 a, 387 a, 761 a
Imitation du Christ et morale, 779 b
Immaculée Conception de Marie, 98 c, 523 a, 552 b, **898 b**
Immaculée Conception de Marie (cit. de saint Paschase Radbert), 899 a
Immaculée Conception de Marie (croyance France), 186
Immaculée Conception de Marie (dogme, définition par encycl. Pie IX), 452 b, 544 c, 552 b
Immaculée Conception de Marie (fête de précepte), 920 b
Immaculée Conception de Marie (théologie, Duns Scot), 385 c
Immaculée Conception de Marie, le pélagianisme et l'-, 903 a, 904 a
Immersion (baptême), 952 b
Immigration, J. M. Lustiger et l'-, 871 c
Immigrés, **867 b**, **867 c**
Immigrés (encyc. Jean-Paul II), 856 c
Immigrés (lettre Paul VI au cardinal Roy), 856 a
Immigrés dans la construction européenne, 884 a
Immigrés, droits de la famille et -, 809 a
Immigrés, l'Église et les -, 867 a
Immigrés, pastorale des -, voir Migrants
Immolation (définition), 705 c
Immortale Dei (Léon XIII), 457 a, 553 c
Immortalité, **893 a**, **893 b**
Immortalité (application de la notion), 719 c
Immutabilité (définition), 668 b
Impanation, 965 c
Impérée (quête), 1042 b
Impérialisme et paix, 846 a
Imposition des mains, 942 a
Imposition des mains (confirmation), 954 a
Imposition des mains (ordination), 984 a
Imposition des mains (pénitent), 970 b
Imposition des mains et succession apostolique, 555 a
Imposteur, L'-, (film), 635 b
Impôt, **838**
Impôt ecclésiastique en Allemagne, 1042 a
Impôt et bien commun, 853 c
Imprimatur, 560 c
Imprimerie, invention de l'-, 387 b, 390 a
Imprimi potest, 561 c
Impropères, 924 a
Impur, 793 c
In (thérapie nouvelle), 1133 b
Incardination (définition), 557 c, 1049 b
Incarnation, **681**
Incarnation de Jésus-Christ (monophysisme), 324 a
Incarnation de Jésus-Christ (nestorianisme), 323 a

In Cena Domini (messe), 924 a
Incinération, 919 c
Incirconcis, 290 c
Incirconcis (controverse), voir Circoncision
Incliné pour prier, 747 c
Inconscient, 722 b, 722 c
Inconscient et liberté, 787
Inconscient et religion, 616 b, 617
Incorporation au Christ et salut de l'homme, 705 b
Incrédulité (définition), 535 c
Incroyance (définition), 535 c, voir aussi Non-croyance
Incroyance et valeurs morales, 780 a, 780 b
Incroyance, l'Église et l'-, 1031, **1078**
Incroyants (salut), 708 a
Inculturation de l'Évangile (cit. des évêques français), 567 a, 567 b
Inculturation de l'Évangile au monde slave (cit. : Jean-Paul II), 1157 b, 1157 c
Inculturation de l'Évangile, Paul VI et l'-, 574 a
Inculturation du christianisme, 571 b, 571 c
Inculturation du christianisme dans civilisation gréco-romaine, 307 c, 311 b
Inculturation du christianisme dans la société contemporaine et *Le Sillon*, 469 b
Inculturation du christianisme en Asie aux XVIe-XVIIIe siècles, 411
Inculturation du christianisme en pays de mission au XIXe siècle, 474 b, 474 c
Inculturation du christianisme en pays de mission au XIXe siècle (cit. de Lavigerie), 474 a
Inculturation du christianisme en pays de mission en Chine, 485 a
Inculturation du message évangélique, 865
INDE (missions au XIXe siècle), 438 a
INDE (missions jésuites au XVIIe siècle), 411 b
Inde a primis (Jean XXIII), 554 c
Indéfectibilité de l'Église, 544 c
Indéfectibilité de l'Église, Hans Küng et l'-, 544 c, 630 c
Indéfini, l'-, 669 a
Index (institution, Pie V), 108 b
Index (liste d'ouvrages interdits aux fidèles), 561 b
Index (révision par Benoît XIV), 423 c
Index (suppression par Paul VI), 1030 c
Indiens d'Amérique (défense par Las Casas), 410 b
Indifférence et doute, 609 a, 609 b
Indifférence religieuse (définition), 535 c
Indifférentisme, 488 b
Indifférentisme, Grégoire XVI et l'-, 443 a, 443 b, 443 c
Indifférentisme, Pie XI et l'-, 487 a, 488 b
Individualisme, 796 b, 796 c
Individualité et personne, 718 c
Individuation, 1133 b
INDOCHINE, missions en - au XIXe siècle, 440 a
Indulgence plénière, 971 c
Indulgence plénière et année sainte, 766 b
Indulgences, 712 a
Indulgences (décrets concile de Trente), 407 a
Indulgences (thèses de Luther), 390 a, 390 b, 391 b
Indulgences (thèses de Luther, extraits par thèmes), 395 a, 395 b, 395 c
Indulgences et financement de Saint-Pierre de Rome, 389 a, 389 c
Indult, 561 c, 1020 b
Ineffabilis Deus (Pie IX), 553 a, 898 b, 904 a
Inégalité et charité (cit. de saint Basile), 53 c
Inerrance de l'Écriture Sainte (encycl. *Spiritus paraclitus*, Benoît XV), 553 a
INES TAKEYA (ste), 83 a
Infaillibilité, **544**
Infaillibilité (controverses), 544 c
Infaillibilité conciliaire, 1025 b
Infaillibilité de l'Église (Credo Paul VI), 524 b
Infaillibilité de l'Église et magistère, 551 c
Infaillibilité pontificale, 1021 a
Infaillibilité pontificale (cas d'Honorius Ier, pape), 373 b
Infaillibilité pontificale (conception de l'Église orthodoxe), 154 b
Infaillibilité pontificale (définition du dogme, 1870), 445 b, 452 b
Infaillibité pontificale, constitution *Pastor aeternus* (concile Vatican I, extraits), 453 b
Infaillibilité pontificale, Hans Küng et l'-, 630 c
Infaillibilité pontificale, Joseph de Maistre et l'-, 442 b
Infaillibilité pontificale, Louis Veuillot et l'-, 456 c
Infaillibilité pontificale, Luther et l'-, 390 b
Infaillibilité pontificale, Montalembert, Dupanloup, les libéraux catholiques, et l'-, 446 b, 456 a, 456 b
Infanticide, 822 b
Inféodation (système féodal) dans l'Église, 350 a
Infidélité conjugale, 818
Infini, l'-, 669
Information au Vatican, 1032
Information, droit à l'-, 859 a
Information, voir aussi Médias
INGRID (ste), 83 a
Initiation, religions traditionnelles, 149 c
Initiation, sacrements de l'-, 945 a, 945 b
INNITZER (cardinal), 481 a
Innocence (définition), 793 c
INNOCENT I (st, pape), 514 a
INNOCENT II (pape), 514 d
INNOCENT II (pape) et st Bernard, 355 a
INNOCENT III (antipape), 514 d
INNOCENT III (pape), **362 a**, 514 d
INNOCENT III (pape) et la croisade contre les Albigeois, 363 a
INNOCENT III (pape) et la quatrième croisade, 360 a, 363 a
INNOCENT III (pape) et la théocratie, 362 a, 363 b
INNOCENT III (pape) et la tiare, 933 b
INNOCENT III (pape) et l'empereur Frédéric II, 370 a, 370 b
INNOCENT III (pape) et les Frères prêcheurs, 365 a
INNOCENT III (pape) et les Humiliés d'Italie, 361 a
INNOCENT III (pape) et les ordres mendiants, 363 a
INNOCENT III (pape) et l'hérésie cathare, 362 a
INNOCENT III (pape) et l'Université, 368 b
INNOCENT IV (pape), 514 d
INNOCENT IV (pape) et l'empereur Frédéric II, 370 a, 370 b
INNOCENT IV (pape) et l'Inquisition, 363 b
INNOCENT IV (pape) et Mindaugas, 1156 c
INNOCENT IV (pape), rapprochement avec l'Église grecque, 383 a
INNOCENT V (bx, pape), 514 d
INNOCENT VI (pape), 515 a
INNOCENT VII (pape), 515 a
INNOCENT VIII (pape), 515 b
INNOCENT VIII (pape) et la décadence de la papauté, 389 a
INNOCENT IX (pape), 515 c
INNOCENT X (pape) et le jansénisme, 413 b
INNOCENT XI (bx, pape), **83 b**, 515 c
INNOCENT XI (pape) et la *Déclaration des Quatre Articles*, 417 b
INNOCENT XI (bx, pape) et la doctrine de Molinos, 418 a
INNOCENT XI (bx, pape) et Louis XIV, 416 b
INNOCENT XII (pape), 515 c
INNOCENT XII (pape) et le quiétisme, 418 a
INNOCENT XII (pape) et Louis XIV, 416 b
INNOCENT XIII (pape) 515 d
Innocents (saints), 83 a
Innocents (saints) (protomartyrs), 28 c
Innocents (saints) (cit. de saint Pierre Chrysologue), 71 a
In partibus infidelium, 1006 a
In pectore, 1029 b
In plurimis (Léon XIII), 553 c
In praeclara summorum (Benoît XV), 554 a
Inquisition, **363**
Inquisition espagnole, 364 c, 1169 b, 1169 c, 1170 a
Inquisition espagnole et judaïsme, 364 c
Inquisition et la torture, 868 a
Inquisition et les protestants en France, Espagne, Italie, 402 a
Inquisition et ordres mendiants, 366 b
Inquisition romaine (origine), voir Inquisition universelle
Inquisition universelle (Congrégation romaine, 1542), 404 b, 1030 a
INRI, 282 a, 1168 a, 1168 b
Insatisfaits de l'Église, les - (typologie religieuse française), 202 c
Inscrutabili (Léon XIII), 553 b
Insémination artificielle, 816 a, 816 b, 816 c
Insermentés (prêtres) (Révolution française), 425 b
Inspiration divine de l'Écriture Sainte, 213 a
Inspiration divine de l'Écriture Sainte (encycl. *Spiritus paraclitus*, Benoît XV), 553 a
Inspiration divine de l'Écriture Sainte (encycl. *Providentissimus Deus*, Léon XIII), 552 c
Instincts, 793 a, 793 b
Institut Arme Dienstmaegde Jesu Christi (bse MARIA-KATHARINA KASPER), 36 c
Institut catholique de Lyon, 1081 b
Institut catholique de Paris, 1080 c
Institut catholique de Toulouse, 1081 b
Institut clérical, 1050 b
Institut de formation en communication sociale et religieuse, 1076 c
Institut de Pastorale cathéchétique, 1119 a
Institut de Pédagogie religieuse (IPR) (Strasbourg), 1087 a
Institut de recherches psychanalytiques, 1133 b
Institut des Filles de la Sagesse (bx CLÉMENT MARCHISIO), 38 b
Institut des Frères des Écoles chrétiennes (saint JEAN-BAPTISTE DE LA SALLE), 88 b
Institut des Prêtres du Saint-Sacrement (saint PIERRE-JULIEN EYMARD), 110 b
Institut des Sœurs de la Miséricorde de Vérone (bx KARL STEEB), 36 a
Institut des Sœurs de la Présentation de Marie (bse MARIE RIVIER), 37 c
Institut d'Études religieuses (IER) (Paris), 1087 a
Institut d'Études religieuses et pastorales (IERP) (Toulouse), 1087 a
Institut de vie consacrée, 1050 b, 1051 a
Institut de vie consacrée et Sociétés de vie apostolique, 752
Institut féminin de Marie Auxiliatrice (salésiennes) (saint Jean Bosco), 763 b
Institution de la religion chrétienne, L'- de Calvin, 396 c, 397 a
Institution eucharistique, récit de l'- (messe), 958 a, 974 a
Institutions européennes des Églises, 1153 c
Institutions internationales, l'Église et les -, 872 c, 875 c
Institut laïque, 1050 b
Institut Meru France, voir Méditation transcendantale
Institut pastoral d'Études religieuses (IPER) (Lille-Lyon), 1087 a
Institut pour les Œuvres de Religion (IOR), 1031 b, 1041 c
Institut religieux de droit diocésain, 1050 b
Institut religieux de droit pontifical, 1050 b
Institut supérieur de Pastorale catéchétique (ISPC)(Paris), 1087 a
Institut supérieur d'études œcuméniques (Paris), 1073 b
Instituts catholiques (universités), 1080 c
Instituts culturels du Saint-Siège, 1032 b
Instituts missionnaires, 409, 447, 474, 484 b, **565 c**, **566**, 567, 1097 a, 1198 c
Instituts religieux (au sens large), 1050 b, 1051
Instituts religieux (au sens large) (missions intérieures et extérieures), principaux -, 566 b
Instituts religieux (au sens strict), 1051 a
Instituts religieux (novices, préparation au sacerdoce), 1048 a
Instituts religieux féminins en France (liste), 1196
Instituts religieux masculins en France (liste), 1196
Instituts séculiers, 1051 a
Instituts séculiers (origine), 1051 b
Instruction, l'État et l'-, 853 b
Instruction religieuse, voir catéchisme
Instructions (retraite spirituelle), 737 a
Intégristes, 466 a
Intégristes, avertissement de Benoît XV aux -, 476 a
Intelligence (don de l'Esprit), 701 b, 954 a, 954 b
Intelligence et foi, 621
Intelligence et morale, 779 c
Intelligence et vie chrétienne, 631 b

Intention, bonne -, 790 b, 790 c
Intention de prière (définition), 741 c
Intention, rôle de l'- dans les sacrements, 944 b
Intentions de messe, 964 b
Intercession, 705 c
Intercession, prière d'- (définition), 741 c
Intercommunion, 162, 965 b
Intercommunion, voir aussi Hospitalité eucharistique
Interconfessionnel, 586 a, 586 b
Interdit (morale), 781 a
Interdit (peine canonique), 561 a
Inter Mirifica (Vatican II), 505 a
Internationale, deuxième -, 843 b
Internonce, 1034 b
Interprétation de l'Écriture Sainte, 216, voir aussi Genres littéraires
Inter praecipuas (Grégoire XVI), 553 b
Interruption volontaire de grossesse, voir Avortement
Intinction, 957 c
Intolérance (Déclaration de l'ONU), 866
Intouchables, 144 c
Intransigenti, 473 b
Introduction à la vie dévote (saint François de Sales), 762 c
Introspection (définition), 741 c
Intuition et connaissance de Dieu, 597 c
Invasions barbares en Occident, 332 a
Invasions barbares en Occident (chronologie), 317 b
Investiture des charges ecclésiastiques au Moyen Age, 343
Investiture laïque au Moyen Age, 350 a
Investiture, querelle des -, voir Querelle des investitures
Invincible armada, 400 a
Invitation à la Vie intense (IVI), 1133 b
Invitatoire, 941 b
Invocation (définition), 741 c
IOR, voir Institut pour les Œuvres de Religion
IPER (Institut pastoral d'Études religieuses) (Lille-Lyon), 1087 a
IPHIGÉNIE DE SAINT-MATTHIEU (bse), 83 b
IPR (Institut de Pédagogie religieuse) (Strasbourg), 1087 a
IQUITO, 636 a
IRÈNE (ste), 83 b
IRÈNE (impératrice), 374 a
IRÉNÉE (st), **83 c**
IRÉNÉE (st) (cit. : le Christ modèle des jeunes), 580 a, 580 c
IRÉNÉE (st) (cit. : l'Esprit-Saint), 687 a
IRÉNÉE (st) (cit. : l'évêque de Rome), 552 a
IRÉNÉE (st) (Credo), 519 a, 519 b
IRÉNÉE (st) (Père de l'Église), 314
IRÉNÉE (st) et la christologie, 681 a
IRÉNÉE (st) et la règle de foi, 313 a
IRÉNÉE (st) et la vie, 709 c
IRÉNÉE (st) et la Vierge Marie, 903 a
IRÉNÉE (st) et les débuts du christianisme en Gaule, 316 a
IRÉNÉE (st) et les martyrs de Lyon, 312 b
Irénisme, 830 a
IRIS (prénom), 83 c
IRLANDE, (géographie chrétienne), 1146 c
IRLANDE, catholicisme en - dans la première moitié du XIXe siècle, 439 a, 439 c
IRLANDE, (Église catholique), 1147 a
IRLANDE, (L'organisation ecclésiale), 1146 c
IRMA (ste), 83 c
Iroquois (langue), saint Jean de Brébeuf et l'-, 833 a
ISAAC, 225 b, 226 b, 227 a, 636 a
ISAAC JOGUES (st), 83 c
ISABELLE DE FRANCE (bse), 84 a
ISABELLE DE PORTUGAL (ste), 67 a
ISAÏE, 244 b, **245**
ISATE, la vocation d'- (Is 6, 1-18, cit.), 245 a, 245 b
Isaïe, le second Livre d'-, 247 b, **248 a, 248 b**
Isapostole (Constantin), 319 b
ISIDORE (st), 24 c, **84 a**
ISIDORE (st) (Père de l'Église), 314 b
ISIDORE (st) et la musique, 660 a
ISIDORE et le Concile de Florence (1439), 1156 b
ISIDORE DE LOOR (bx), 38 b
ISKON (International Society for Krisna consciousness), voir Hare Khrisna
Islam, **142**
Islam (aumône), 143 b
Islam (bibliographie), 143 c
Islam (données numériques et géographiques), 138 b, 139 a, 142 a
Islam (géographie), 139
Islam (guerre sainte), 143 b
Islam (jeûne), 143 a
Islam (pèlerinage), 143 b
Islam (prière), 143 a
Islam (principaux courants), 142 b, 142 c
Islam (profession de foi), 143 a
Islam, commission du Saint-Siège pour les rapports religieux avec l'-, 1031 b
Islam, culte d'Abraham, 226 c
Islam en France, 176, 178
Islam et foi chrétienne, 142 b, 142 c
Islam et la conquête arabe aux VIIe-VIIIe siècles, 335 a
Islam et l'Église catholique, 143 a, 143 c, 1018 a
Islam, les cinq piliers de l'-, 143 a, 143 b
Islam, secrétariat catholique pour les relations avec l'- (France), 1037 b
Islam, voir aussi Musulman
ISLANDE (géographie chrétienne), 1147 a
ISMAËL, 225 b, 226 b, 227 b, 227 c
Ismaëliens, 142 c
ISMIER ou HYMER ou HIMIER (st), 84 a
ISOIR, ANDRÉ (disque), 661 c
Isozen, 537 a, 1133 b
ISPC (Institut supérieur de Pastorale catéchétique) (Paris), 1087 a
ISRAËL (Alliance avec Dieu, les Dix commandements) (Exode), 233 b, 233 c
ISRAËL (attente du Messie), 264 a
ISRAËL (chronologie des prophètes), 1162 a, 1162 b
ISRAËL (élection par Dieu), 702 c
ISRAËL (fondements de sa foi), 229 a
ISRAËL (installation en Canaan, récits bibliques), 238 a, 238 b
ISRAËL (origine du nom), 219 b, 219 c
ISRAËL (origines), **225 b**
ISRAËL (peuple élu), 257 c
ISRAËL, population juive en - (tableau), 140 a
ISRAËL (préfiguration de l'Église), 257 c, 541 a
ISRAËL (royaume du nord), 242, 243, 244 a
ISRAËL (surnom de Jacob), 225 b, 227 a
ISRAËL dans l'Empire romain, 251
ISRAËL, Dieu d'-, **253**
ISRAËL, État d'- (origine), 140 c
ISRAËL, et histoire sainte, 257
ISRAËL, histoire d'- (tableau chronologique), 209, 210
ISRAËL, histoire d'- jusqu'à Jésus, **209**
ISRAËL, les douze tribus d'-, voir Tribus d'Israël (les douze)
ISRAËL, liste des rois d'-, **243 a**, **243 b**
ISRAËL, origine d'- et archéologie, 229
Israëliens (nom), 219 c
Israëlites (origine du nom), 219 b, 219 c
Israëlites, voir aussi Juifs, Judaïsme
ISSAKAR ou ISSACHAR (fils de Jacob et Léa), 226
ISSOUDUN (pèlerinage), 770, 1208 b
ISTINA (Centre), 585 b, 1073 a
ITALIE (accords du Latran avec le Saint-Siège), 1035
ITALIE (division par Congrès de Vienne, 1814-1815), 435 a, 436 a
ITALIE (géographie chrétienne), 1147 a
ITALIE (historique), 1147 b, 1147 c
ITALIE, l'Église en -, 175
ITALIE, Église en - fin XIXe-début XXe siècles, 473 b
ITALIE, laïcat en - au XIXe siècle, 461 a
ITALIE, médias chrétiens en -, 1147 a, 1147 b
ITALIE, religions en -, 175
ITALIE, voir aussi Unité italienne
Ite missa est, 955 a, 959 a, 963 c
Itinérants, monde des - (pastorale), 1108
ITURRATE-ZUBERO, DOMINIQUE (bx) 38 a
IVAN (prénom), 84 a
IVETTE (ste), 124 b
IVG (Interruption volontaire de Grossesse), voir Avortement
Iyyar, 911 b, 911 c
IVI (Invitation à la vie intense), 1133 b
IZRÉEL (Ysreel), 219

- J -

JAC (Jeunesse agricole chrétienne), 1104 a, **1104 b**, **1104 c**
JAC (Jeunesse agricole chrétienne) (naissance), 483 a
JACCARD, FRANÇOIS (st), 73 c, 1112 c
JACOB, 225 b, 227
JACOB (épouses et descendance), 226
JACOB, MAX, 651 b
JACOBIS, GIUSTINO DE (st), 36 a
Jacobites (pèlerins de Saint-Jacques-de-Compostelle), 345 b
Jacobites, Églises -, 324 c
Jacobites, Églises - aujourd'hui, 152 c, 153 a
JACOPOME DA TODI, 387 b
JACQUELINE FRANGIPANI (bse), 84 b
JACQUES (apôtre, st) (fils d'Alphée), 84 c
JACQUES (st), *Épître* de -, 291 a, 295 a
JACQUES (st), « frère du Seigneur », **84 c**
JACQUES (st), martyr de - (chef de la communauté de Jérusalem), 306 b
JACQUES (st, dit le Majeur, apôtre), **84 b**, 275 c, 306 b ; voir aussi Saint-Jacques de Compostelle
JACQUES Ier (roi), 400 a, 401 b
JACQUES BARADAÏ (BARADÉE), 153 a
JACQUES BERTHIEU (bx), 35 a
JACQUES CHASTAN (st), 38 b
JACQUES-DÉSIRÉ LAVAL (bx), 36 c
JACQUES DE VITRY (cit. : conflit Rome-Constantinople), 376 b
JACQUES LE MAJEUR (apôtre, st), 767 c
JACQUES LE MAJEUR (st), **84 b**
JACQUES LE MAJEUR (apôtre, st) (un des douze apôtres), 275 b
JACQUES LE MINEUR (st), *84 c*
JACQUES L'INTERCIS ou LE PERSE (st), 84 c
Jacquets, 345 b, 767 c
Jacquots, 345 b
Jaculatoire, 736 c
Jaïnisme, 144 c
Jaïnisme (origine), 144 b
Jalons pour une théologie du laïcat (Y. Congar), 628 c
Jalousie, 830 a
Jamais plus la guerre (Paul VI), 846 a
JAMET, PIERRE-FRANÇOIS (bx), 1111 b
JAMMES, FRANCIS, 651 b
JAMMES, FRANCIS (cit. : prière à Marie), 747 a
JANE SEYMOUR (reine), 401 c
JANET P., 738 a
JANSEN, ARNOLD (st), 36 a
Jansénisme, **413**
Jansénisme et naturisme, 832 a
JANSENIUS, 413 a
JANSSOONE, FRÉDÉRIC (bx), 1113 a
JANVIER (père), 563 b
JANVIER (st), 85 a
JAPHET, 221 c
JAPON, missions au - au XIXe siècle, 440 a
Jardin d'Eden *(Genèse)*, 223, 224, 225 a, 614 c, 891 c
JARICOT, PAULINE, 438 a, **441 a**, 565 c, 1070 a
JARICOT, PAULINE, et l'Association de la Propagation de la foi, 567 a
JARLAN, ANDRÉ, 131 b, 575
JASNAGORA, NOTRE-DAME DE - (Czestochowa, pèlerinage), 770 a
JASPER, KARL, 634 b, 685 c
J'attends la résurrection des morts (Symbole des apôtres) (commentaire), 528 a
JAURÈS, JEAN, 843 a
JAVOUHEY, ANNE-MARIE (bse), 50 a
JAYET, 1133 b
JEAN (antipape), 514 c
JEAN (apôtre, st) (cit. de saint Pierre Damien), 85 b
JEAN (apôtre, st) (Évangile), 265 c
JEAN (apôtre, st) (Évangile, rédaction), 266 a
JEAN (apôtre, st) (un des douze apôtres), 275 b
JEAN (apôtre, st), Épîtres, 291 a, 295 b, 295 c
JEAN (apôtre, st), l'évangéliste, 85 a

JEAN (Jeunesse d'esprit, Éducation de soi-même, Ardeur au travail, Noblesse de caractère), 1133 b
JEAN (surnommé Marc, voir Marc (st))
JEAN Ier (st, pape), 87 c, 514 b
JEAN II (pape), 514 b
JEAN III (pape), 514 b
JEAN III VATATZÈS (empereur), 383 a
JEAN IV (pape), 514 b
JEAN V (pape), 514 b
JEAN VI (pape), 514 b
JEAN VII (pape), 514 b
JEAN VIII (pape), 375 b, 514 c, 1157 b
JEAN VIII PALÉOLOGUE (empereur), 383 b
JEAN IX (pape), 514 c
JEAN X (pape), 514 c
JEAN XI (pape), 514 c
JEAN XII (pape), 514 c
JEAN XII (pape), et le Saint Empire romain germanique, 344 a
JEAN XII (pape) et Otton Ier (empereur), 344 b
JEAN XIII (pape), 514 c
JEAN XIV (pape), 514 c
JEAN XV (pape), 514 c
JEAN XVI (antipape), 514 c
JEAN XVII (pape), 514 c
JEAN XVIII (pape), 514 c
JEAN XIX (pape), 514 c
JEAN XXI (pape), 514 d
JEAN XXII (pape), 515 a
JEAN XXII (pape), à Avignon, 378 b
JEAN XXII (pape) et Guillaume d'Occam, 386 c
JEAN XXII (pape) et les Clémentines, 559 a
JEAN XXIII (antipape) 380 b, 515 b
JEAN XXIII (antipape) au concile de Constance, 381 a
JEAN XXIII (pape), **128 b**, **497 a**, 515 d
JEAN XXIII (pape) (cit. : l'ONU et les droits de l'homme), 877 b, 877 c
JEAN XXIII (pape) (cit. : prêtres Fidei donum), 564 b
JEAN XXIII (pape) (cit. : travail), 836 b
JEAN XXIII (pape) (encycliques), 554 c
JEAN XXIII (pape) *(Mater et Magistra)*, 856
JEAN XXIII (pape) et la démocratie, 881 b
JEAN XXIII (pape) et la grève, 835 b
JEAN XXIII (pape) et la mission du concile Vatican II, 497 a, 498 b, 498 c
JEAN XXIII (pape) et la réforme liturgique de Vatican II, 907 a
JEAN XXIII (pape) et le désarmement, cit., 873 c
JEAN XXIII (pape) et le nouveau code de droit canonique, 559 b
JEAN XXIII (pape) et les droits de l'homme, cit., 1066 c
JEAN XXIII (pape) et le socialisme, 451 b
JEAN XXIII (pape) et les régimes communistes, 507 a
JEAN XXIII (pape) et le renouveau charismatique, 1059 b
JEAN XXIII (pape) et l'œcuménisme, 583 c, 585 a
JEAN XXIII (pape) vu par un observateur protestant au concile, 497 b
JEAN-BAPTISTE (st), 87 c
JEAN-BAPTISTE (st) (solennité, calendrier liturgique), 25
JEAN-BAPTISTE (st), baptême donné par -, 271 c
JEAN-BAPTISTE (st) et les baptêmes au Jourdain, 947 b
JEAN-BAPTISTE (st) et les Esséniens, 263 a
JEAN-BAPTISTE (st), prédication de -, 271
JEAN-BAPTISTE (st) selon les évangiles, 271
JEAN-BAPTISTE DE LA SALLE (st), **88 b**
JEAN-BAPTISTE DE LA SALLE (st) et les Frères des Écoles chrétiennes, 409, 762 c
JEAN BERCHMANS (st), 85 b
JEAN BOSCO (st), 85 c
JEAN BOSCO (st) (fondateur des salésiens et des salésiennes), 763 b
Jean Bosco, société salésienne de saint -, 35 c, 85 c, 763 b
JEAN BOSCO (st), l'arbre vert, film sur -, 636 a
JEAN CASSIEN, 325 b, 327 a
JEAN CASSIEN (Père de l'Église), 314, 327 a
JEAN CASSIEN et le monachisme, 329 b, 329 c, 330 a, 335 b
JEAN CHRYSOSTOME (st), 24 c, **86 a**, 326 a
JEAN CHRYSOSTOME (st) (cit. : envoyés à toute la terre), 105 c
JEAN CHRYSOSTOME (st) (cit. : le Christ nu et affamé), 86 a
JEAN CHRYSOSTOME (st) (cit. : l'homme comme l'empereur), 86 a
JEAN CHRYSOSTOME (st) (Père de l'Église), 314, 327 a
JEAN CHRYSOSTOME (st) et la régulation de la population, 867 a
JEAN CHRYSOSTOME (st) et l'école d'Antioche, 314 c
JEAN CHRYSOSTOME (st) et le mensonge utile, 830 c
JEAN CHRYSOSTOME (st) et l'homélie, 966 b
JEAN CHRYSOSTOME (st), prédicateur, 563 b
JEAN CHRYSOSTOME (st), rituel ou liturgie de -, 939 a
JEAN CLIMAQUE (st), 86 b
JEAN DAMASCÈNE (st), 24 c, **87 a**
JEAN DAMASCÈNE (st) (cit. : la Dormition de la Vierge), 98 b
JEAN DAMASCÈNE (st) (cit. : la philosophie au service de la théologie), 622 b
JEAN DAMASCÈNE (st) (Père de l'Église), 314 b
JEAN DAMASCÈNE (st) et la théologie de l'icône, 374 a
JEAN DAMASCÈNE (st) et la Vierge Marie, 903 a
JEAN DAMASCÈNE (st), prédicateur, 563 b
JEAN D'AVILA (st), 35 c, 85 a
JEAN DE BRÉBEUF (st), 83 c, 85 c
JEAN DE BRÉBEUF (st) et l'iroquois, 833 a
JEAN DE BRIENNE, 358 b
JEAN DE CAPISTRAN (st), 85 c
JEAN DE DIEU (st), 87 a
JEAN DE FIESOLE, voir Fra Angelico
JEAN DE JANDUN, 386 b
JEAN DE KETY ou DE KENTY (st), 87 b
JEAN DE LA CROIX (st), 24 c, **86 b**, 759 a
JEAN DE LA CROIX (st) (cit. : La nuit obscure), 760
JEAN DE LA CROIX (st) (Mais c'est de nuit), 86 c, 717 a
JEAN DE LA CROIX (st) (nuit spirituelle), 738 a
JEAN DE LA CROIX, (st) (spiritualité), 731 c
JEAN DE LA CROIX (st) et la Réforme catholique, 407 a
JEAN DE LA CROIX (st) et les carmes déchaux, 566 b
JEAN DE LA CROIX (st) et les révélations divines, 749 b
JEAN DE LA CROIX (st), relations avec sainte Thérèse d'Avila, 117 b
Jean-de-Poitiers, baptistère de Saint -, 637 a
JEAN DELALANDE (st), 83 c
JEAN EUDES (st), 69 b, **87 a**, 761 c, 1178 c
JEAN EUDES (st) (cit. : les Saints Cœurs), 749
JEAN EUDES (st) (spiritualité), 731 c
JEAN EUDES (st) et la Congrégation de Jésus et Marie (eudistes), 566 b, 762 a
JEAN EUDES (st) et la dévotion au Sacré-Cœur, 462 b
JEAN EUDES (st) et la dévotion aux Cœurs de Jésus et Marie, 98 a, 748
JEAN EUDES (st) et la mission intérieure, 565 c
JEAN EUDES (st) et le catéchisme, 577 b
JEAN EUDES (st) et le Cœur de Marie, 904 b
JEAN EUDES (st), prédicateur, 563 b
JEAN FISCHER (ou JOHN) (st), 87 b, 120 a
JEAN FRANÇOIS RÉGIS (st), **88 c**, 563 b, 565 c
JEAN-GABRIEL PERBOYRE (bx), 88 c
JEAN GUALBERT ou VALBERT (st), 87 b
JEAN HYRCAN, 251 a, 251 c
JEAN LÉONARDI (st), 87 c
JEAN L'ÉVANGÉLISTE (st), voir JEAN apôtre (st)
JEAN-MARIE VIANNEY (st), 88 c
JEAN-MARIE VIANNEY (st) (encycl. *Sacerdotii nostris primordia*, Jean XXIII), 554 c
JEAN-MARIE VIANNEY (st) (pèlerinage d'Ars), 1210 a
JEAN-MARIE VIANNEY (st) et la vie religieuse au XIXe siècle, 444 b
JEAN-MARIE VIANNEY (st) et le suicide, 820 a
JEAN-MICHEL (Cravanzola), 1133 b
JEANNE-ANTIDE THOURET (ste), 90 b
JEANNE D'ARC (ste), 89 a, 386 a
JEANNE D'ARC (ste) (calendrier liturgique), 25
JEANNE D'ARC (ste) (films *Jeanne au bûcher,* et *Sainte Jeanne*), 635 c
Jeanne d'Arc, La Passion de - (film), 635 c
Jeanne d'Arc, Le Procès de - (film), 636 a
JEANNE DE CHANTAL (ste), 90 a, 429, 762 b
JEANNE DE FRANCE ou DE VALOIS (ste), 90 b
JEANNE DELANOUE (ste), 37 c, 89 a
JEANNE DE LESTONNAC (ste), 89 c
JEANNE-ÉLISABETH BICHIER DES AGES (ste), 49 a, 90 a, 763 c
JEANNE-FRANÇOISE FRÉMIOT DE CHANTAL, voir JEANNE DE CHANTAL
JEANNE JUGAN (bse), 37 c, **89 c**, 763 c
JEANNE JUGAN (bse) et les Petites sœurs des pauvres, 447 a, 566 b, 763 c
JEAN-PAUL Ier (pape), **510 a**, 515 d
JEAN-PAUL II (pape), 510 a, 515 d
JEAN-PAUL II (pape) (chemin de croix du vendredi saint), 772 a, 772 b
JEAN-PAUL II (pape) (cit. : Appel à l'Europe), 1180 b, 1180 c
JEAN-PAUL II (pape) (cit. : Appel à repenser la formation des jeunes), 1154 c, 1155 a
JEAN-PAUL II (pape) (cit. au sujet de Luther), 396 b
JEAN-PAUL II (pape) (cit. : Consécration du monde à la Vierge Marie), 900 c
JEAN-PAUL II (pape) (cit. : culte et culture), 864 a
JEAN-PAUL II (pape) (cit. : foi et raison), 620 b
JEAN-PAUL II (pape) (cit. : grandeur et fragilité de l'homme), 715 b
JEAN-PAUL II (pape) (cit. : la mission du successeur de Pierre), 1023 c
JEAN-PAUL II (pape) (cit.: le chrétien européen), 1154 a
JEAN-PAUL II (pape) (cit. : l'Église et la construction européenne), 1155 a, 1155 b
JEAN-PAUL II (pape) (cit. : l'eucharistie et la vie), 958 b, 958 c
JEAN-PAUL II (pape) (cit. : l'existence de Dieu), 673
JEAN-PAUL II (pape) (cit. : l'identité européenne), 1154 b, 1154 c
JEAN-PAUL II (pape) (cit. : Pardon pour l'esclavage), 1179 c, 1180 a, 1180 b
JEAN-PAUL II (pape) (cit. : participer au développement de l'humanité), 786 b
JEAN-PAUL II (pape) (cit. : un renouveau de la famille en Europe), 1155 a
JEAN-PAUL II (pape) (cit. : renouveau charismatique catholique), 1197 a
JEAN-PAUL II (pape) (cit. : rôle de l'UNESCO), 1034 a, 1034 b
JEAN-PAUL II (pape) (cit. : sainteté), 101 a
JEAN-PAUL II (pape) *(Ecclesia Dei adflicta)*, 1173 b, 1174 a
JEAN-PAUL II (pape) (encyc. *Dominum et vivificantem* sur l'Esprit-Saint), 687 c
JEAN-PAUL II (pape) (encyc. *Mulieris dignitatem*, présentation), 1186
JEAN-PAUL II (pape) (enseignement social), 855 b
JEAN-PAUL II (pape) (Évangile et culture), 569 c
JEAN-PAUL II (pape) *(Familiaris consortio)*, 806
JEAN-PAUL II (pape) *(Laborem exercens)*, 856
JEAN-PAUL II (pape) (l'Esprit-Saint et la prière), 731 b, 731 c
JEAN-PAUL II (pape) (Exhortation postsynodale *Christifideles laïci*), **1188 a**, **1188 b**, **1188 c**, **1189 b**
JEAN-PAUL II (pape) *(Lettre aux jeunes)*, 581
JEAN-PAUL II (pape) (recentrage ou approfondissement ?), **511 a**
JEAN-PAUL II (pape) *(Redemptor hominis)*, 707 a, 707 b
JEAN-PAUL II (pape) *(Redemptoris Mater)*, 904 b, 904 c
JEAN-PAUL II (pape) *(Redemptoris missio)*, 565 c
JEAN-PAUL II (pape) *(Salvifici doloris)*, 710 c
JEAN-PAUL II (pape) à Fatima, 749 c

JEAN-PAUL II (pape) à l'UNESCO, 859 a
JEAN-PAUL II (pape), bibliographie sur -, 1024 a
JEAN-PAUL II (pape), biographie de -, 1023 a, 1023 b
JEAN-PAUL II (pape) et la catéchèse (cit.), 578
JEAN-PAUL II (pape) et la doctrine des indulgences, 712 b
JEAN-PAUL II (pape) et la famille, 807 c
JEAN-PAUL II (pape) et Galilée, 419 c
JEAN-PAUL II (pape) et la guerre, 875 b
JEAN-PAUL II (pape) et la légitime défense (cit.), 875 b, 875 c
JEAN-PAUL II (pape) et la lutte contre le chômage (cit.), 840 a, 840 b
JEAN-PAUL II (pape) et la messe selon le rite de saint Pie V, 973 a, 973 b
JEAN-PAUL II (pape) et la notion de développement (encycl. *Sollicitudo Rei Socialis*), 1184 b, 1184 c, 1186 a, 1186 b
JEAN-PAUL II (pape) et la paroisse (cit.), 546 a, 546 b
JEAN-PAUL II (pape) et la place de la femme dans l'Église, 726
JEAN-PAUL II (pape) et la protection animale (cit.), 721 b, 721 c
JEAN-PAUL II (pape) et la question sociale (cit.), 854 a
JEAN-PAUL II (pape) et la sexualité, 811 c
JEAN-PAUL II (pape) et la théologie de la libération, 859 b
JEAN-PAUL II (pape) et la théorie de la guerre juste, 1181 a
JEAN-PAUL II (pape) et la Vierge Marie, 904 b
JEAN-PAUL II (pape) et le catéchisme, 1177 a, 1177 b, 1178 a, 1178 b
JEAN-PAUL II (pape) et le célibat des prêtres, 986 a
JEAN-PAUL II (pape) et le judaïsme, 591 a
JEAN-PAUL II (pape) et les armements, 873 a, 873 b
JEAN-PAUL II (pape) et le rassemblement d'Assise, « Ensemble pour prier », 1181 b, 1181 c
JEAN-PAUL II (pape) et le renouveau charismatique, 1197 a
JEAN-PAUL II (pape) et les origines de l'univers (cit.), 689 b
JEAN-PAUL II (pape) et l'Europe,1154 à 1159
JEAN-PAUL II (pape) et l'expérimentation biologique (cit.), 803 a, 803 b
JEAN-PAUL II (pape) et l'œcuménisme, 585 c
JEAN-PAUL II (pape) et Vatican II (messe), 967 a, 967 b
JEAN-PAUL II (pape), idées maîtresses de - sur l'Europe, 1155 c
JEAN-PAUL II (pape), lettre à l'occasion du deuxième centenaire de saint Cyrille et saint Méthode, 1155 c, 156 a
JEAN-PAUL II (pape), lettre à l'occasion du millénaire du baptême de la Rus' de Kiev, 1155 b, 1155 c
JEAN-PAUL II (pape), lettre à l'occasion du onzième centenaire de l'œuvre d'évangélisation des saints Cyrille et Méthode, 1157 b, 1157 c
JEAN-PAUL II (pape), lettre à l'occasion du sixième centenaire du « baptême » de la Lituanie, 1156 c, 1157 a, 1157 b
JEAN-PAUL II (pape), lettre encyclique *Centesimus annus* (présentation générale), 1190 a, 1190 b, 1190 c, 1191 a
JEAN-PAUL II (pape), lettre encyclique *Pastores dabo vobis* (présentation générale), 1191
JEAN-PAUL II (pape), lettre encyclique *Redemptoris Missio* (présentation générale), 1189 c, 1190 a
JEAN-PAUL II (pape), lettre encyclique *Sollicitudo Rei Socialis* (cit. et commentaires), 1182, 1183, 1184, 1186 a, 1186 b
JEAN-PAUL II (pape), lettre encyclique *Sollicitudo Rei Socialis* et la doctrine sociale de l'Église, 1174 b, 1174 c, 1186 a, 1186 b
JEAN-PAUL II (pape), lettres encycliques, apostoliques et exhortations apostoliques depuis 1978 (liste), 1185
JEAN-PAUL II (pape), lettres encycliques de -, 1182 à 1191
JEAN-PAUL II (pape), lettre sur les relations entre catholiques et orthodoxes dans la nouvelle situation de l'Europe centrale et orientale, 1157 c, 1158 a, 1158 b
JEAN-PAUL II (pape), Message à l'occasion du millénaire du baptême de la Rus' de Kiev, 1156 a, 1156 b
JEAN-PAUL II (pape), livres sur - 1024 a
JEAN-PAUL II (pape), voyages de - 1193
JEAN-PAUL II (pape), voyages de - en Afrique, 1193 a
JEAN-PAUL II (pape), voyages de - en Asie, 1993 a
JEAN-PAUL II (pape), voyages de - en Amérique latine, 1193 c
JEAN-PAUL II (pape), voyages de - en Amérique du Nord, 1193 c
JEAN-PAUL II (pape), voyages de - en Europe, 1195 b
JEAN-PAUL II (pape), voyages de - en Océanie, 1193 a
JEAN-PAUL II (pape), voyages de - hors d'Italie (1979-1987), 1023
JEAN RUYSBROECK (bx), 88 b
JEAN-SANS-TERRE (roi d'Angleterre) et Innocent III (pape), 363 a
JEC (Jeunesse étudiante chrétienne), 1088 b, 1091 c
JEC (Jeunesse étudiante chrétienne) (naissance), 483 a
Je cherche la force de Dieu (cit.), 88 b
Je confesse à Dieu (prière de la messe, texte), 959 b ; voir Confiteor
Je crois (Symbole des apôtres) (commentaire), 520 a, 521 b
Je crois en Dieu (Symbole des apôtres), 517
Je crois en Dieu (Symbole des apôtres) (texte), 520 b
Je crois en Dieu, voir aussi Credo
Je crois en un seul Dieu (Symbole de Nicée-Constantinople) (texte), 521 a
JEF, R. (chants), 663 a
JÉHOVAH (nom), 253 b
JÉHU, 243 a
J'embauche (cit. de F. Marty), 983
Je meurs de ne pas mourir (texte, sainte Thérèse d'Avila), 117 a
JEPHTÉ, 238 b
Je reconnais un seul baptême (Symbole des apôtres) (commentaire), 527 b
JÉRÉMIAS, JOACHIM, 630 a
JÉRÉMIAS, JOACHIM (cit. : commentaire du Notre Père), 743 b, 743 c
JÉRÉMIE, 244 b, **246**
JÉRÉMIE, la vocation de - (Jr 1, 4-9), 246 c
JÉRÉMIE, écrits se réclamant de - *(Lamentations)*, 246 a
JÉRÉMIE et l'espérance, 601 b
JÉRÉMIE STOICA (bx), 38 a
JÉRICHO, 238 c
JÉROBOAM, 242, 243
JÉRÔME (st), 24 c, **90 b**, 327 a, 570 a, 771 a
JÉRÔME (st) (Père de l'Église), 314
JÉRÔME (st) (rédaction d'un martyrologe), 29 c
JÉRÔME (st) et la *Vulgate*, 214 a, 214 b
JÉRÔME (st) et le monachisme, 329 a
JÉRÔME ÉMILIEN (st), 90 c
JÉRUSALEM, **240**
JÉRUSALEM (internationalisation), 877 a
JÉRUSALEM (pèlerinage), 767 a
JÉRUSALEM céleste, 897 c
JÉRUSALEM, concile de - (49), 305, 305 b, 559 a
JÉRUSALEM, destruction de - par Nabuchodonosor *(Lamentations de Jérémie)*, 246 a
JÉRUSALEM et les croisades, 358 b
JÉRUSALEM, le judaïsme et -, 140 c
JÉRUSALEM, Temple de - au temps du Christ, 263 a
JESSÉ, 239 a, 1166 a
JESSUA, ALAIN (*Paradis pour tous*, film), 715 a, 716 a
Jésuites, 761 a
Jésuites (spiritualité), 761 a, 761 b
Jésuites (saint FRANÇOIS XAVIER), 74 a
Jésuites (saint IGNACE DE LOYOLA), 82 b
Jésuites et jansénistes, 413 a
Jésuites missionnaires en Amérique latine aux XVIIe-XVIIIe siècles, 411
Jésuites missionnaires en Asie aux XVIe-XVIIIe siècles, 411
Jésuites, voir aussi Compagnie de Jésus
Jésus (J-F. Six), 684 c
Jésus (J.P. Roux), 684 b
JÉSUS (libérer) (H. Bourgeois), 685 a
JÉSUS (sens du nom), 610 a
JÉSUS, agonie de - 282 a, 282 b, 982 b
JÉSUS, baptême de - (cit. de saint Maxime), 952 a
JÉSUS, baptême de -, du Jourdain à la croix, 271 b, 271 c, 947 a
JÉSUS, bibliographie sur -, voir JÉSUS-CHRIST, bibliographie sur -
JÉSUS, conception virginale de -, 269 c, 270 a, 270 b, **525 a**, **682**
Jésus de Nazareth (film), 635 b
JÉSUS, discographie sur -, 663 c
JÉSUS, enfance de -, 269 a, 270
Jésus en son temps (Daniel-Rops), 684 b
JÉSUS et Dieu Père, voir JÉSUS-CHRIST Fils de Dieu
JÉSUS et la Loi judaïque, 140 b, 257
JÉSUS et le baptême chrétien, 271 c
JÉSUS et le désir, (cit. de F. Dolto), 723
JÉSUS et le mariage, 975 c, **976**, 978 c
JÉSUS et l'enfance, 580 a
JÉSUS et le Temple de Jérusalem, 262 c, 296 c
JÉSUS et les jeunes, 580
JÉSUS et les malades, 272, 273 a, 982 a, 982 b
Jésus et l'histoire (Ch. Perrot), 684 b
JÉSUS et MARIE, **98**, 269 c, **270**, 682, 724, 727 b, 727 c, 728 a, 900, 901, 904 c
JÉSUS, famille de -, 270
JÉSUS, folie de - selon ses contemporains, 790 c
JÉSUS, histoire de -, repères chronologiques, 210 a
JÉSUS homme de prière, 241, 590 a, **730 a**, **732 a**, **734 a**, **742 a**, 743
JÉSUS homme libre, 606 a
JÉSUS juif, 140 b, 269 a, 270
JÉSUS juif (cit. de L. Bloy), 592 a
JÉSUS, la Pâque de -, 281, 282, **286**, 964 b, **967 c**
JÉSUS le Christ, 276 a
JÉSUS livré, 707 a
JÉSUS, noms donnés à -, 228 a, 267 c, **610 a**, 612 a, 615 b
JÉSUS, passion, mort et résurrection de -, 281 à 286 ; voir aussi JÉSUS, résurrection de -
JÉSUS personnage historique, 266
Jésus pour les athées (Milan), 698 a
JÉSUS premier sauvé, 690 a, 693 a
JÉSUS, psychologie de -, 677 a, **679 c**, 680 a
Jésus, simples regards sur le sauveur (par un moine d'Orient), 684 a
JÉSUS témoin du pardon de Dieu (cit.), 969 b
JÉSUS, tentations de -, 273
JÉSUS, vie de -, 264 à 288
JÉSUS, vie de - (E. Renan), 685 a
JÉSUS, vie de - (P. de Berulle), 684 b
JÉSUS, vie publique de -, 271 à 288
JÉSUS vierge et dimension de l'amour, 797 b
JÉSUS, voir aussi JÉSUS-CHRIST, CHRIST
JÉSUS-CHRIST (incarnation), 320 à 324, **681**, 683 c
JÉSUS-CHRIST (kénose, dépouillement de sa condition et abaissement à condition humaine), 683 c
JÉSUS-CHRIST (la Nouvelle Alliance évoquée par saint Paul) (1 Co), 234
JÉSUS-CHRIST (natures et personne), 161, 320 à 325, **523 b**, **524 a**, 668 a, 670 a, 672 a, **682 a**, **682 b**, 719
JÉSUS-CHRIST (natures et personne, convergences et divergences entre Églises), 161
JÉSUS-CHRIST (prière pour l'unité), 590 a
JÉSUS-CHRIST (quelle conscience de lui-même et de sa filiation divine ?), 677 a, 679 c, 680 a
JÉSUS-CHRIST (sens du mot Christ), 610 a
JÉSUS-CHRIST (sens du nom Jésus), 610 a
JÉSUS-CHRIST agneau de Dieu, 271, **286 b**, 615 b
JÉSUS-CHRIST, bibliographie sur -, 684
JÉSUS-CHRIST Bon Pasteur, 276 a, 540 b
JÉSUS-CHRIST confirmé comme le Fils de Dieu, 959 a, 959 b

JÉSUS-CHRIST Fils d'homme (ou de l'Homme), 276 a, **612 a**, **615 b**
JÉSUS-CHRIST Dieu et homme, 320 à 324, 518 a, 519 a, 522 b, 523 b, **670 a**, **672 a**, 677 a, 679 c, **680**, **681**, 682, 683 c
JÉSUS-CHRIST Dieu fait homme, 522 b
JÉSUS-CHRIST divinité, croyance en - (France), 186
JÉSUS-CHRIST, divinité de - (concile de Constantinople I, 381), 322 a
JÉSUS-CHRIST, divinité de - (controverse arienne, concile de Nicée, 325), 320 a
JÉSUS-CHRIST, divinité de - manifestée par sa résurrection, 287 a, 598 a
JÉSUS-CHRIST époux de l'Église (G. Honoré-Lainé), 724 c
JÉSUS-CHRIST époux de son peuple (fondement du sacrement de mariage), 976 b
JÉSUS-CHRIST et la foi des chrétiens, 610 a
JÉSUS-CHRIST et l'amour (cit. de J. Guillet), 680 a
JÉSUS-CHRIST et la notion d'expiation, 704 c
JÉSUS-CHRIST et la nouvelle Alliance, 232 a, 234, 282 a, **958 a**, **956 b**, 966, 984
JÉSUS-CHRIST et la nouvelle Alliance (cit. de Paul, 1 Cor.), 234
JÉSUS-CHRIST et la Révélation (le mystère de Dieu), **276 a**, **296 a**, **297 b**, 595
JÉSUS-CHRIST et le pardon, 280, 608 a, 703 c, 705 a, 714 b, **714 c**, **954 a**
JÉSUS-CHRIST et le péché, **696 a**, **698 a**, 704, 705, 707 a, 707 b
JÉSUS-CHRIST et les femmes, 608 a, 725 b
JÉSUS-CHRIST et les femmes (cit. de Jean-Paul II), 1187 b
JÉSUS-CHRIST et l'Esprit-Saint, 270 a, 270 b, 276 a, 286 c, **622 a**, **624 a**, 675 b, **686**, **687**, 915 a
JÉSUS-CHRIST et l'unité de ses disciples (prière), 590 a
JÉSUS-CHRIST et Trinité, voir Trinité
JÉSUS-CHRIST Fils de Dieu, 276 a, 522 b, 523 b, **618 à 624 a**, 676 c, 680 a, **908 a**, 953 a, 953 b, 982 b
JÉSUS-CHRIST, l'Église et -, 523 a, 524 b, 541, 543 c, 582 a à 584 a, **915 a**, **984 c**
JÉSUS-CHRIST, l'Église et - (cit. Bernanos), 544 a
JÉSUS-CHRIST libérateur (L. Boff), 685 b
JÉSUS-CHRIST Logos, 615 b ; voir aussi JÉSUS-CHRIST Parole de Dieu, Verbe
JÉSUS-CHRIST Lumière, 276 a, 615 b
JÉSUS-CHRIST image de Dieu, 682
JÉSUS-CHRIST médiateur, 680 b, 901 c
JÉSUS-CHRIST message de -, 273 b
JÉSUS-CHRIST, miracles de -, 272, 608 a
JÉSUS-CHRIST modèle moral, 781 a
JÉSUS-CHRIST, mort de - et le salut des hommes, 695 a, **704**, **705**
JÉSUS-CHRIST nouvel Adam, 224 c, 697 a
JÉSUS-CHRIST pain vivant, 963 a, 967 c, 968 b, 968 c
JÉSUS-CHRIST, Pantocrator, 638 a
JÉSUS-CHRIST, pardon en -, 714 b
JÉSUS-CHRIST Parole de Dieu, 137, **615 b**, 680, **682**, 698 ; voir aussi verbe de Dieu
JÉSUS-CHRIST, parousie ; voir JÉSUS-CHRIST, retour de -
JÉSUS-CHRIST, passion, mort et résurrection, 281 à 286
JÉSUS-CHRIST, pauvres et eucharistie signes de la présence de - (Paul VI), 778 c
JÉSUS-CHRIST, présence de - dans l'eucharistie, voir Présence réelle dans l'eucharistie
JÉSUS-CHRIST, présence de - selon Paul VI, 778 c
JÉSUS-CHRIST, présence de - selon Vatican II, 684
JÉSUS-CHRIST prêtre, 556 b, 984 b, 984 c
JÉSUS-CHRIST, prince de la vie, 616 a
JÉSUS-CHRIST réconciliateur, 956 a, 956 b
JÉSUS-CHRIST rédempteur, voir JÉSUS-CHRIST sauveur
JÉSUS-CHRIST, résurrection de -, 284 à 288, 524, 593 à 598, 605, **678**, 679
JÉSUS-CHRIST, résurrection de -, clef du christianisme, 523 b, 524 a, **593 a à 624 a**, 678
JÉSUS-CHRIST, retour de -, 296 a, 897
JÉSUS-CHRIST, retour de - (Ap. 3, 19-22), 298 c
JÉSUS-CHRIST, retour de -(Mc 13, 24-27), 297 a
JÉSUS-CHRIST sacrement de Dieu, 908 a
JÉSUS-CHRIST, sacrifice de -, **278 a**, **703 c**, 705 b, 956 b, 966
JÉSUS-CHRIST, sacrifice de - et communion avec Dieu, 704 b
JÉSUS-CHRIST sauveur, 267, 273 b, 612 a, **690 a**, **693 a**, **695 a**, **696 a**, 697 à 714
JÉSUS-CHRIST Seigneur, 615 b
JÉSUS-CHRIST serviteur (Ph. 2, 5-11), 268 b, 615 b
Jésus-Christ superstar (film), 635 b
JÉSUS-CHRIST, une volonté divine et une volonté humaine, 677 a
JÉSUS-CHRIST verbe de Dieu, voir verbe de Dieu
JÉSUS-CHRIST vigne véritable, 278 c, 968 c
JÉSUS-CHRIST, voir aussi Jésus, et Christ
Jeu, 832 c
Jeu d'argent, 830 a
Jeudi Saint, 912 a
Jeudi Saint, célébration du -, 925 a, 925 b
Jeûne, 735 c
Jeûne (cit. de saint Léon, pape), 923 b
Jeûne (islam), 143 a
Jeûne, conception du - dans le conflit Rome-Constantinople (cit.), 376 a
Jeûne eucharistique, 963 b
Jeûne eucharistique (Pie XII), 907 b
Jeûne eucharistique (réforme 1953), 1063 a
Jeûne selon tradition judaïque, 277 a
Jeune Italie, 436 a, 436 b
Jeune République, La -, 469 b
Jeunes (accueil à Taizé), 768 a
Jeunes (cit. de Jean-Paul II, appel), 786 b
Jeunes (formation, cit. de Jean-Paul II), 1154 c, 1155 a
Jeunes (mouvements de spiritualité), 1058 b, 1088 c
Jeunes, branches - de mouvements et d'organisations catholiques, 1088 c
Jeunes dans la société, Paul VI et les -, 856 a
Jeunes en désarroi (Centre d'accueil Jéricho à Paris), 1209 a
Jeunes et la foi (chiffres, cit. de M. Dubost), 1088 a, 1088 b
Jeunes et l'Église, **203**, 580 c
Jeunes gardes *(Sillon)*, 469 a
Jeunes, Jésus et les -, 580
Jeunes, Lettre de Jean-Paul II aux -, 581
Jeunes, pratique religieuse des - en France, 191 a
Jeunes se déclarant catholiques (France, pourcentage), 185 a
Jeunes Travailleurs salariés (JTS) (milieu rural), 1104 c
Jeunesse (mouvements chrétiens), 483 a, 1088 b, 1088 c
Jeunesse (mouvements d'Action catholique spécialisée), 1088 b
Jeunesse (mouvements d'Action catholique spécialisée) (naissance), 483 a
Jeunesse (mouvements de spiritualité), 1058 b, 1088 c
Jeunesse agricole chrétienne, voir JAC
Jeunesse catholique de Lorraine, 131 c
Jeunesse chrétienne de la Mer, voir JMC
Jeunesse chrétienne des Milieux indépendants, voir JIC
Jeunesse et enfance (pastorale), **1087**
Jeunesse étudiante chrétienne, voir JEC
Jeunesse fasciste, 479 b
Jeunesse indépendante chrétienne féminine (JICF), 1212 a
Jeunesse, Jésus et la -, 580 b
Jeunesse Lumière, 1197 c
Jeunesse ouvrière chrétienne féminine, voir JOCF
Jeunesse ouvrière chrétienne, voir JOC
Jeunesse, pastorale de la -, **1087 b**, **1087 c**
Jeunesses mariales, 1058 b, 1088 c
Jeux d'argent, 830 a
« Je vous donnerai des pasteurs », voir *Pastores dabo vobis* (encycl.)
Je vous salue Marie (texte), 745 c
JEWISON, 636 c
JÉZABEL, 220 a, 242 c, 243 b
JICF (Jeunesse indépendante chrétienne féminine), 1212 a
JIC-JICF (Jeunesse chrétienne des Milieux indépendants), 1088 b, **1105 a**, **1121 a**
JIC-JICF (Jeunesse chrétienne des Milieux indépendants) (naissance), 483 a, 1121 a
Jihad, 143 b
JIN-LU-XIAN (Mgr), 509 a
JMC (Jeunesse chrétienne de la Mer), 1088 b, **1104 b**
JMC (Jeunesse chrétienne de la Mer) (naissance), 483 a
JOACHIM (st), 90 c
JOACHIM DE FLORE, 365 b, **366 a**
JOANNON, 636 b
Job, Livre de -, 248 a, 252 b
Job, Livre de - (rédaction), 249 a
JOC (Jeunesse ouvrière chrétienne), 567 a, **1102**, 1121 a
JOC (Jeunesse ouvrière chrétienne) (fondation), 483 a, 1101 a
JOC (Jeunesse ouvrière chrétienne) et l'ACJF, 494 a
JOC (Jeunesse ouvrière chrétienne) et les salariés du tourisme, 1092 c
JOC (Jeunesse ouvrière chrétienne) et musique, 663 b
JOCF (Jeunesse ouvrière chrétienne), **1102**
JOC-JOCF (Jeunesse ouvrière chrétienne), 1088 b
JOËL, 246 b
JOFFÉ, 636 c,
JOGAILA (roi), 1156 c, 1157 a, 1157 b
JOGUES, ISAAC (st), 83 c
JOHN FISCHER (st), 87 b, 120 b
JOHN NEPOMUCENE NEUMANN (st), 36 c
JOHNNY HALLYDAY, 663 c
JOHN OGILVIE (st), 36 b
JOIAKIM, 243 b
JOIAQUIM, 243 b
Joie, 828 c
Joie (fruit de l'Esprit), 828 c
Joie de l'Évangile, 605 b
Joie et plaisir (spiritualité des loisirs, cit. de P. Talec), 831 a
Joie pascale, 678 a
JONAS, 248 b
Jonas, Livre de -, 210 b, 248 b
JONATHAN, 239 a
JONATHAN MACCABÉE, 251 c
JORAND (st), 1117 b
JORNET E IBAS, THÉRÈSE (ste), 35 c
JOSAPHAT (roi), 243 c
JOSAPHAT KUNCEVICK (st), 90 c
JOSÉ DE ANCHIETA (bx), 36 c
JOSÉ MANYANET Y VIVES (bx), 38 c
JOSÉ MARIA ESCRIVÀ DE BALAGUER (bx), 763 b
JOSÉ MARIA RUBIO Y PERALTA (bse), 39 b
JOSEPH (fils de Jacob et de Rachel), 225 b, 226, 227 a, **227 b**
JOSEPH (st) **91 a**, 226 a, 920 c
JOSEPH (st) (fête), 907 a, 920 c
JOSEPH (st) (fête de précepte), 920 b
JOSEPH (st) (sainteté, cit. de saint Bernardin de Sienne), 91 a
JOSEPH (st) (solennité, calendrier liturgique), 25
JOSEPH (st) selon les évangiles, 270 b
JOSEPH (une des douze tribus d'Israël), 227 b, 237 b)
JOSEPH II (empereur), 423 a, 423 b
JOSEPH (une des douze tribus d'Israël), 227 b, 237 b
JOSEPH CALASANZ (st), 91 b
JOSEPH D'ARIMATHIE (st), 91 c, 284 b
JOSEPH DE COPERTINO (st), 91 b
JOSEPH FREINADAMETZ (bx), 36 a
JOSEPH KALINOWSKI (st, frère) (Raphaël de saint Joseph), 38 a
JOSEPH-MARIE TOMASI (st), 40 b
JOSEPH WIAUY (st), 36 c
Joséphisme, 423 a, **423 b**
Joséphisme et ultramontanisme, 445 a
JOSIAS, 244 b, 246 a
JOSQUIN DES PREZ (discographie), 661 b
JOSSE (st), 1117 b
JOSUÉ, **238 a**, 248 c
Josué, Livre de -, 238 b
JOUARRE, crypte du monastère de -, 637 b
JOUHANDEAU, MARCEL (cit. : l'enfer), 896 a
JOURDAIN, 218 b

JOURDAIN (baptême au temps du Christ), 947 a
Jour de l'Expiation (fête juive de Yom Kippour), 258 c
Jour des morts, 892 c, 919 a, 919 b
Jour du Seigneur, 923 a
Jour du Seigneur, Le - (émission télévisée), 1077 a, 1077 b
Jour de Yahvé, 297 b
Journal d'Anne Frank, Le - (film), 635 c
Journal d'un curé de campagne (film), 636 a
Journal d'un curé de campagne (G. Bernanos), 648 a, 651 a
Journée mondiale des vocations, 985 b
Journées mondiales de la Paix (liste), 1180 a, 1180 b
JOUSSE, MARCEL (cit. : mémoire et intelligence), 600 c
JOUVE, PIERRE-JEAN, 651 b
JOXE, PIERRE (cit.), 1172 c
Joyeuse lumière (hymne), 941 a, 941 b
JTS (Jeunes Travailleurs salariés) (milieu rural, branche du MRJC), 1104 c
JUAN BAUTISTA DE LA CONCEPCION (st), 36 a
JUANITA FERNANDEZ (bse), 1111 a
JUAN MACIAS (st), 36 a
Jubé, 640 b
Jubilaire, année - (judaïsme), 259 b
Jubilé, **766 b**, 919 b
Jubilés, livre des - (apocryphe), 214 c
Jubilus, 662 b
JUDA (éponyme des Juifs), 219 c
JUDA (fils de Jacob et de Léa), 226, 227 b
JUDAS (une des douze tribus d'Israël), 227 b, 237 b
JUDA, royaume de -, 242, 243
JUDA, royaume de - (Ezechias et Osias), 244 b
JUDA, royaume de - (Isaïe), 245 a
JUDA, royaume de - (origine), 242 a
JUDA, royaume de - (sa fin), 246 a
JUDAS (apôtre) (un des douze apôtres), 275 c
JUDAS (apôtre) et la damnation, 706 b
JUDAS (apôtre) trahison de -, 281 a
Judaïsants dans l'Église primitive, 290 c, 304 a
JUDAS MACCABÉE, 251 c
Judaïsme, **140**
Judaïsme (bibliographie), 141 c
Judaïsme (célébrations des étapes de la vie), 141 c
Judaïsme (données numériques et géographiques), 139, 140 a
Judaïsme (fêtes), 141 b
Judaïsme (foi et culte au temps du Christ), **257**, **258**
Judaïsme (histoire résumée), 140 b, 140 c
Judaïsme (la foi juive), **141 a**
Judaïsme (la Pâque au temps de Jésus), 286 a
Judaïsme (le sabbat), 259 a, 259 b
Judaïsme, commission du Saint-Siège pour les rapports religieux avec le -, 1031 b
Judaïsme en France, 176, 177
Judaïsme et christianisme, 590 b, 590 c, 591 c, 592
Judaïsme et christianisme (cit. de J. Maritain), 592
Judaïsme et christianisme (cit. de L. Bloy), 592
Judaïsme et Église catholique, 141 c
Judaïsme et Église catholique (France), 177 c
Judaïsme et Église primitive, 302 b
Judaïsme, secrétariat (catholique) pour les relations avec le - (France), 1073 a
Judaïsme, voir aussi Juifs, Israëlites
JUDE (apôtre, st), **91 c**
JUDE (« frère du Seigneur », Épître), 291 a, 295 b, 295 c
JUDE (apôtre, st) (un des douze), 275 c
JUDÉE, 219 a
JUDÉE (origine du nom), 219 c
JUDÉE au temps du Christ, 261
Judéo-chrétiens dans l'Église primitive, 290 c
JUDICAËL (st), 91 c
JUDITH (ste), 91 c
Judith, Livre de -, 253 a
Judo, 146 b
JUGAN, JEANNE (bse), 37 c, **89 c**, 447 a, 566 b, 763 c
Juge assesseur (officialités), 1039 a
Jugement de Dieu, 702 c
Jugement de Dieu et de l'homme, 706
Jugement dernier, 526 a
Jugement dernier (Michel-Ange), 646 c
Jugement dernier (parousie), 897 c
Jugement moral, **779**
Juger (cit. de B. de Vaux Saint-Cyr), 788 b
Juges, les - (justiciers populaires d'Israël), 238 b
Juges, Livre des -, **238 b**, 248 c
Juif, calendrier -, 910 b, 911
Juifs (France), 176, 177
Juifs (origine du nom), 219 c
Juifs au Moyen Age, 364
Juifs dans les États pontificaux au Moyen Age, 364 b
Juifs en Espagne après reconquête chrétienne, 364 c
Juifs en Espagne sous domination arabe, 364 a
Juifs et Jérusalem, 240 c
Juifs et païens avant l'ère chrétienne, 253 a
Juifs, génocide nazi des -, **140 c**, 490, 491, 830 b
Juifs, les épiscopats face au génocide des -, 491 a, 491 b
Juifs, Pie XII et le génocide des -, 490 a 490 b
Juifs, Vatican II (concile) et les -, 491 a, 491 b, 501 b
Juifs, Vatican II (concile) et les - *(Nostra Aetate)*, 505 a
Juifs, voir aussi Judaïsme, Israëlites, Perfidia judaica
Juive, population - (tableau), 140 a
JULES Ier (st, pape), **91 c**, 514 a
JULES II (pape), 389 a, **389 c**, 515 b
JULES II (pape) et concile Latran V, 390 a
JULES II (pape) et la tiare, 933 b
JULES III (pape), 404 a, 515 b
JULES III (pape) et le concile de Trente, 405 b
JULIE (ste), 91 c
JULIE BILLIART (ste), 35 b, 91 a
JULIE-LOUISE DE JÉSUS (ste), 92 a
JULIEN (Mgr), 564 b
JULIEN (st), 92 a
Julien, calendrier -, 910 b, 1171
JULIEN DE BRIOUDE ou d'AUVERGNE (st), 92 a
JULIEN L'APOSTAT (empereur), 317 a
JULIEN L'HOSPITALIER (st), 92 a
JULIENNE (ste), 92 a
JULIETTE ou JULITTE (ste), 92 b
JUNG, C. C., 722 b
JÜNGER, EBERHARD, 624 b
JUNIEN (st), 92 b
Jurer, 830 b
Jureurs, prêtres - (Révolution française), 425 b
Juridiction épiscopale, 551 a, 551 b
Juridiction, pouvoir de - (droit canonique), 561 c
Juron, 830 b
Jus ad bellum, 874 c
Jus in bello, 874 c
JUST (st), 92 b
JUST DE BRÉTONNIÈRES (st), 38 b
Juste (Jésus), 616 a
Juste (notion biblique et théologique), 702 b
Justice (vertu cardinale), 825 b
Justice commutative, 839
Justice de Dieu, Luther découvre la - (cit.), 394 b
Justice, devoir des fidèles de promouvoir la - selon le droit canon, 550 c
Justice distributive, 839
Justice et charité, 839
Justice et la construction de la paix, 872 c
Justice et miséricorde, 706 c
Justice et Paix (commission française), 131 b, 1068 b, 1068 c
Justice et Paix (commission pontificale), 1031 b, 1066 a
Justice et Paix (rassemblement œcuménique européen de Bâle), 1181 c, 1182
Justice, Paix et Création, 160 b
Justice sociale, 839
Justice sociale (responsabilités de chacun), 834 a
Justice sociale et amour-charité, 839
Justice sociale, La -, 463 c
Justice sociale, l'Église et la - (Paul VI), 856 a
Justice sociale, l'impôt et la -, 838 c
Justice sociale selon Pie XI, 486 a
Justification (décret du concile de Trente), 405 a
Justification (par Jésus-Christ) et le droit, 562 b, 562 c
Justification, doctrine de la -, 785 c
Justification par la foi, doctrine de la -, 702 a, 702 b
Justification par la foi selon Luther, 390 b, 391 b
JUSTIN (st), **92 b**
JUSTIN (st) *(Apologie)*, 1085 a
JUSTIN (st) (apologiste), 311 b, 313 a, 572 c
JUSTIN (st) (cit.), 117 a
JUSTIN (st) (cit. : eucharistie), 964 a, 968 a
JUSTIN (empereur), et l'*Hénotique*, 372 b
JUSTIN (st) (Père de l'Église), 314
JUSTIN (st) et Bethléem, 771 a
JUSTIN (st) et la Vierge Marie, 903 a
JUSTINE (ste), 92 b
JUSTINIEN (empereur), 87 c, 334 a, 371 b
JUTTA (ste), 91 c
JUTTE (ste) (ste Yvette), 124

- K -

KAAS (Mgr), 480 b
Kabbale, voir Cabale
Kaddish, 141 a, 141 c
KAGAN, 636 a
KAHLIL GIBRAN, l'amour de - (cit.), 105 a
KALINOWSKI, JOSEPH (st), 38 a, 1114 c
Kalpa, 1133 b, 1133 c
Kalvarija, 1157 a
Kami, 148 c
KAMPALA (conférence des évêques d'Afrique), 508 a
KANDINSKY (cit. : l'artiste et l'art), 646 b
KANT, EMMANUEL, et l'Absolu, 667 c
KANT, EMMANUEL, et l'âme, 719 c
KANT, EMMANUEL, et l'argument ontologique, 672 b
KANT, EMMANUEL, et la vérité scientifique, 619 c
KANT, EMMANUEL, et le droit à la vérité, 830 c
KANT, EMMANUEL, et l'impératif catégorique du bien, 667 c
Kapellmeister, 663 b
KARDEC, ALLAN, voir RIVAIL HIPPOLYTE
Kardecisme, 1133 c
KARL STEEB (bx), 36 a
Karma, 144 b, 1133 c
KASPER, MARIA-KATHARINA (bse), 36 c
KASPER, WALTER, 624 b
KATERI TEKAKWITHA (bse), 37 a
Katholikentagen (origines), 461 a
KAUNITZ, 423 b
KAWALEROWICZ, 636 a
KAZANTZAKIS, NIKOS, 684 a
KEK (Conférence des Églises européennes non-catholiques), 1014 b
KEMPIS, THOMAS A (bx), 120 a
KENNEDY, JOHN, 498 b
Kénose (définition), 683 c
KENYA, l'Église au -, 172
KENYA, religions au -, 172
KERIZINEN, 750 c, 1133 c
Kerygme, 290 b, **308 b**, 518 a, **518 b**, 547 a, 548 a, 593 a
Kerygme (pardon, salut), 696 a
Ketouvim, 141 a
Ketouvim (livre prophétique de la bible hébraïque), 1165 c
KETTELER (Mgr), **459 c**
KETTELER (Mgr) et la fondation du Zentrum, 473 a
KETTELER (Mgr) et le problème social, 457 a, 458 a, 855 a
KEVIN (st), 1117 b
KHAMBANG, LUCIE (bse), 1113 b
KHAMPAI, VIVIANE (bse), 1113 b
Kherubim, 254 a
KHRISHNA, 144 c
KHROUCHTCHEV, 498 b
KHROUCHTCHEV et le Saint-Siège, 509 b
KIERKEGAARD, SÖREN (cit. : amour de Dieu), 736 a, 736 b
KIESLOWSKI, 636 b

KIEV, RUS' DE - (lettre à l'occasion du millénaire du baptême de la Rus' de Kiev, cit. de Jean-Paul II, 1155 b, 1155 c
KIEV, RUS' DE - (message à l'occasion du baptême de la Rus' de Kiev, cit. Jean-Paul II), 1156 a, 1156 b
KILIAN ou CILIAN (st), 92 c, 106 c, 1117 b
KILIEN (st), 1117 b
KIERKEGAARD, SÖREN (cit. : être chrétien), 730 b
KILIAN (st), 92 c, 106 c
Kimbanguisme, 1133 c
KIM TAEGON, ANDRÉ (st), 37 b, 38 b
KING, HENRY, 635 a, 635 b
KING HU, 636 c
KING, MARTIN LUTHER, 129 a
KING, MARTIN LUTHER (cit. : le corps humain), 718 c
KING, MARTIN LUTHER, et la non-violence, 872 a
Kippa, 140 a
Kippour (Fête des Expiations), 141 b, 258 a, **258 b**, **704 b**, 911 b, 914
Kippour, ou Grand Pardon ou Expiation, **258 b**, 258 c, **704 b**, 911 b, 914
Kislev, 911 b, 911 c
Kittel, Dictionnaire de, 630 a
KLÉBER en Vendée, 427 b
KLEIN (abbé), 460 a
Knights of Labour, 459 c
KNOX, JOHN, 156 b, 401 b, 402 a
KNUT (st), 57 c
KOENIG (cardinal), 633 b
KOLBE, MAXIMILIEN, voir MAXIMILIEN KOLBE (st)
Kominform, 844 a
Komintern, 482 a, 844 a
KOPLING, Adolphe (bx), 1114 c
KOSTER, 635 a
KOZAL, MICHEL (bx), 1111 b
KOZKA, KAROLINA (bse), 1111 b
KOZMINSKI, HONORAT (bx), 1113 a
KRISHNA, 144 c, 151 a
KROL (cardinal) (cit. : chrétiens et sectes), 588 c
KUBLER ROSS, ÉLISABETH (cit. : tenir la main d'un mourant), 889 a
KUHR, LENY, 663 c
Kulturkampf, 457 a, 460 a, **473 a**
KÜNG, HANS, 630 b
KÜNG, HANS, et l'infaillibilité, 544 c
KURIAKOSE ELIAS CHAVARA (bx), 40 a
KURIOS (nom donné à Dieu en grec), 253 b
Kyriale, 935 c
Kyrie Eleison, **916**, 955 a, 959 a, 959 b, 959 c

- L -

LABARRIÈRE, PIERRE-JEAN, 685 a
LA BAUME, JEAN DE, 770 b
LABERTHONNIÈRE, LUCIEN, 467 b, 630 c
Laborem exercens (Jean-Paul II), 855 b, 857
Laborem exercens (Jean-Paul II) (cit.), 835 a, 836 a, 840 b
LABOURÉ, CATHERINE (ste), voir Catherine LABOURÉ
LAC (Ligue agricole chrétienne), 1104 a, 1105
LACOMBE, OLIVIER (cit. : l'évangéliste et la non-violence), 871 c
LACORDAIRE, **445 c**, 456 b
LACORDAIRE (cit. : la liberté et la loi), 843 c
LACORDAIRE (cit. : l'enfer et la liberté), 779 b
LACORDAIRE et la démographie, 867 b
LACORDAIRE et la restauration de l'ordre dominicain en France, 444 b, 757 c
LACORDAIRE et le gallicanisme, 445 b
LACORDAIRE et le libéralisme catholique, 437 a, 442 a
LACORDAIRE et *L'Ère nouvelle*, 451 a
LACORDAIRE, prédicateur, 563 b
La Croix, 463 b, 463 c, 470 a, 471 a, 763 b, 1078 a
LACROIX, JEAN (cit. : doute et conscience), 609 b
LADAPT (Ligue pour l'Adaptation du diminué physique au Travail), 1098 a, 1121 b
LADISLAS (LANCELOT) (st), 1117 b
LAFARGUE, PAUL, et l'encyc. *Rerum novarum* (cit.), 458 c
LA FAYETTE et l'émancipation des protestants, 422 b
LAFON, GUY, 624 b
LAGHET (pèlerinage), 1208 b
Lagides, 250 a, 250 c, 251 a
La gloire et la croix (Urs von Balthasar), 627 b
LAGRANGE (père), 466 a, 467 b, **468 a**
Lai (e) (définition), 1055 c
Laïc (définition), 547 b
Laïcat (apostolat, Secrétariat général pour l'apostolat des laïcs, France), 1013 b
Laïcat (apostolat), voir Apostolat des laïcs
Laïcat (mouvements de spiritualité), **1057**
Laïcat dans l'action sociale, 1093 a
Laïcat, organisation du - au XIXe siècle, 461 a
Laïcat, présence du - auprès du Saint-Siège, 1036 a, 1036 b
Laïcat, rôle paroissial du -, 1008 b, 1010 a, 1010 b, 1010 c
Laïc, état -, 556 b, 556 c, 1049 a
Laicis clericos (Boniface VIII), 377 a
Laïcité et épanouissement religieux, 853 c
Laïcité et relations entre l'État et les « cultes », 1172 b, 1172 c
Laïcité scolaire (lois 1880-1904), 464 a
Laïcité scolaire (lois 1880-1904), deux éclairages de la -, 465
Laïcité scolaire sous Jules Ferry, 464 b
Laïcs (apostolat), voir Apostolat
Laïcs (canonisation), 34 a
Laïcs (dialogue avec hiérarchie dans l'Église), 549 b
Laïcs (mouvements et organismes catholiques, adresses), 1211, 1212
Laïcs et action catholique, 549 c
Laïcs dans l'animation liturgique (France), 199 c
Laïcs dans la catéchèse (France), 199 c, 200 a
Laïcs dans l'Église, 505 b, 543 b, **549 c**
Laïcs et la formation religieuse (France), 200 b
Laïcs dans la liturgie (cit. de P. M. GY), 937 a, 937 b
Laïcs (apostolat, décret *Apostolicam actuositatem*, Vatican II), 505 b
Laïcs, Conseil pontifical pour les -, 1031 b, 1036
Laïcs, mouvements de spiritualité -, 1075
Laïcs, place des - dans l'Église selon Vatican II, 543 b
Laïcs, place des - dans l'organisation ecclésias tique (cit., *Christifideles laici*), 1188, 1189 b, 1189 c
Laïcs, rapports des - avec les clercs selon Vatican II, 543 a
Laïcs, voir aussi Conseil pontifical pour les -
Laïque, 547 b
LAINEZ (général des jésuites), 82 c, 398 b, 402 b
LALEMANT, GABRIEL (st), 83 c
LA LOMA (DE) 636 a
LA LOUVESC, pèlerinage, 1114 d
LALOUVES (pèlerinage), 1208 b
Lamaïsme, 146 b
LAMARCK, 692 a
LAMARTINE (cit. : Trouvez Dieu), 649
LAMBERT (st), 92 c
LAMBERT (st) (calendrier liturgique), 25
LAMBETH, Conférence de -, 159 b, 585 c
LAMBETH, quadrilatère de -, 159 c
LAMENNAIS, FÉLICITÉ DE, **443 a**
LAMENNAIS, FÉLICITÉ DE, et le gallicanisme, 445 a
LAMENNAIS, FÉLICITÉ DE, et le libéralisme catholique, 437 a, 442 a
LAMENNAIS, FÉLICITÉ DE, et le socialisme, 451 a
LAMENAIS, JEAN-MARIE DE, 447 a
Lamentabili (Pie X), 466 a
Lamentabili (Pie X) (extraits), 467 c
Lamentations de Jérémie, 246 a
Lampe de sanctuaire, 934 a
Lampes, 934 b, 934 c
LANDELIN (st), 117 b
LANDON (pape), 514 c
LANDRY (st), 92 c
LANFRANC, 756 b
LANFRANC et l'abbaye du Bec-Hellouin, 349 b
LANFRANC et la scolastique, 357 a
LANFRANC et le drame liturgique, 345 b
Langage et Évangile, 865 a
Langue vernaculaire (liturgie), 907 c, 967 a, 967 b
Langue vernaculaire (liturgie) et chant selon la réforme Vatican II, 915 b
Langues de feu, 287 c
LANZA DEL VASTO, 651 b
LANZA DEL VASTO et la non-violence, 872 a
LAO TSEU, 148 b, 148 c
LA PATELLIÈRE, DENIS DE, 636 c
Lapsi, 309 b
Lapsi (pénitence et réconciliation), 313 c
LA ROCHEJAQUELEIN (DE), 427 b
LA SALETTE (apparition de la Vierge à deux bergers), 904 b
LAS CASAS, BARTHÉLÉMY DE, 410 b, 869 b
LAS CASAS, BARTHÉLÉMY DE, et la culture des Indiens, 570 a
LAS CASES, EMMANUEL DE, et l'encyc. *Rerum novarum*, 458 c
LAS NAVAS DE TOLOSA (bataille), 363 a
LASTRICATI, 636 A
Latae sententiae, 561 a, 561 b, 562 a
LATASTE (père), 763 c, 1057 b
Latin (début de l'usage dans l'Église antique), 315 a
Latin (liturgie), 941 b, 941 c, 967 a, 967 b
Latin (rite), 939
LA TOUR, GEORGES DE (*Madeleine à la veilleuse*), 644 a
LATOUR, JEAN-JACQUES, 564 b
LA TOUR DU PIN, PATRICE DE, 651 c
LA TOUR DU PIN, PATRICE DE (cit. : je crie vers Dieu), 613 c
LA TOUR DU PIN, RENÉ DE, 445 a, 458 a, 459 a, **461 b**
LATRAN, accords de - (1929), voir Accords
LATRAN, concile du - (1112), 356 a, 1146 b
LATRAN I, concile du - (1123), 350 a, 1194 b
LATRAN II, concile du - (1139), 1194 b
LATRAN II, concile du - (1139) et l'usure, 847 c
LATRAN III, concile du - (1179), 355 c, 1194 b
LATRAN III, concile du - (1179) et les juifs, 364 b
LATRAN III, concile du - (1179) et l'usure, 847 c
LATRAN IV, concile du - (1215), 363 a, 1194 b
LATRAN IV, concile du - (1215) (confession, communion pascale, cit.), 970 c
LATRAN IV, concile du - (1215) (théocratie), 362 b
LATRAN V, concile du - (1512), 389 a, 389 c, 390 a, 1194 c
LATRAN V, concile - (1512) (prêt à intérêt), 847 b
LATREILLE, ANDRÉ, 651 c
LATREILLE, ANDRÉ (cit. : la Terreur), 428 a
LATREILLE, ANDRÉ (cit. : l'épiscopat et le génocide juif), 492 a
LATREILLE, ANDRÉ (cit. : Révocation de l'Édit de Nantes), 414 c
Latrie, 24 c, 27 c, 671 c
Laudes (office), 940 a
LAURE (ste), 92 c
LAURENT (antipape), 514 a
LAURENT (st), 92 c
LAURENT DE BRINDISI (st), 24 c, 1117 b
LAURENT IMBERT (st), 38 b
LAURENTINE (prénom), 92 c
LAUS, NOTRE-DAME DU -, pèlerinage, 770 b
Lavabo, 961 a
LAVAL, JACQUES-DÉSIRÉ (bx), 36 c
LA VARENDE, JEAN DE, 652 a
LAVELLE, LOUIS (cit. : sainteté, diversité), 92 b
LAVELLE, LOUIS (cit. : sainteté pour tous), 75 c
LAVIGERIE (cardinal), **474 c**
LAVIGERIE (cardinal) et le ralliement à la République, 465 a
LAVIGERIE (cardinal), et les cultures autochtones, 474 a, 474 b
LAVIGERIE (cardinal), et les Pères Blancs et Sœurs Blanches, 566 b, 763 b
LAVIGERIE (cardinal) et l'Œuvre d'Orient 1071 c
LA VILLERABEL (Mgr DE), 492 b
Laxisme (définition), 794 b
LAZARE (parabole du pauvre), 93 a, 719 c
LAZARE (st), 93 a
Lazaristes, 761 b

Lazaristes (fondation), 409, 566 b
Lazaristes (saint VINCENT DE PAUL), 122 c
LÉA (épouse de Jacob), 226 a
LÉA (ste), 93 a
LÉANDRE (st), 24 c, **93 a**
LÉBBE (père), 474 b, 485
LEBOSSÉ, JEANNE-MARIE, 770 b, 904 b, 994 b
LE BOURGEOIS, ARMAND (Mgr) (cit. : mariage des divorcés), 819 b, 819 c
LE BOURGEOIS, ARMAND (Mgr) (cit. : mariages mixtes), 977
LE BOUTHILLIER DE RANCÉ, voir Rancé, abbé DE,
LE BRAS, GABRIEL, **184 a**, 489 a, 652 a
LEBRET, LOUIS (père), 1067 a, 1067 b
LE CARDONNEL, LOUIS, 652 a
LECLERC, ÉLOI (cit. : évangéliser), 574 a
LECLERC, JACQUES (cit. : charité), 800
LECLERC, JACQUES (cit. : être chrétien), 776
LECLERC, JACQUES (cit. : l'Espérance), 887 c
Leçons (office divin), 941 a
LE CORBUSIER, 639 b
Lecteur (ministère institué), 558 c
Lectio (scolastique), 357 a
Lectionnaire, 935 a
Lectorat, 558 c
Lecture chrétienne de la *Bible*, 216 b, 216 c
Lecture de la *Bible*, divers types de -, 215 b
Lectures de la messe, 955 a, 959 a, 960 a
LEDOCHOWSKA, MARIE THÉRÉSE (bse), 36 a
LEDOCHOWSKA, URZULA (bse), 38 a
LEFEBVRE (Mgr) (cit.), 1173 a
LEFEBVRE (Mgr) au concile Vatican II, 501 b, 507 c
LEFEBVRE (Mgr) et la Fraternité Saint-Pierre, 1173 b, 1173 c
LEFEBVRE (Mgr) et la liberté religieuse, 488 b
LEFEBVRE (Mgr) et la messe, 973 a
LEFEBVRE (Mgr) et Vatican II, 543 b
LEFEBVRE (Mgr), le cas de -, 1173, 1174
LEFEBVRE (Mgr), sanction de suspense et infaillibilité, 544 a
LEFEBVRE, GASPARD (dom), 1062 a
LEFEF, 635 a
LE FER DE LA MOTTE (Mme) et Mme Danielou, 125 c
LEFÈVRE D'ETAPLES, JACQUES, 388 c, 396 a
Légalisme, 796 a
Légat a latere, 1034 c
Légat du pape, 1034 c
LÉGAUT, MARCEL, 631 a
Légende dorée, 27 c
LÉGER (cardinal) (l'étranger, cit.), 867 c
LÉGER (st), 93 a
Légion de Marie (mouvement), 1058 b
Legion of decency, voir ligue de décence
Législateurs ecclésiastiques, 560 a
Légitime défense, 875 b
Légitime défense, guerre de - (cit. de Jean-Paul II), 875 b, 875 c
Legs, comment faire un -, 1213
LEIBNIZ et Bossuet, 417 c, 585 a
LEIBNIZ et la musique, 660 a
LEIBNIZ, *Théodicée*, 671 c
LEMAISTRE DE SACY, ISAAC, 415 b
LEMIRE (abbé), 460 b
LÉNINE, 481 a
LE NOBLETZ, MICHEL, 565 c
LÉON (st, évêque de Bayonne), 93 b
LÉON 1er LE GRAND (st, pape), 24 c, **93 b**, 514 a,
LÉON 1er LE GRAND (st, pape) (cit. : autorité du pape), 552 b
LÉON 1er LE GRAND (st, pape) (cit. : jeûne), 923 b
LÉON 1er LE GRAND (st, pape) (cit. : Trinité), 674 a
LÉON 1er LE GRAND (st, pape) et le concile de Chalcédoine, 324 a
LÉON 1er LE GRAND (st, pape) et le monophysisme, 324, 681 a
LÉON 1er LE GRAND (st, pape) et les barbares, 332 a
LÉON 1er LE GRAND (st, pape) et les rois mages, 929 b
LÉON 1er LE GRAND (st, pape) prédicateur, 563 b
LÉON II (st, pape), 373 b, 514 b
LÉON III (empereur), 374 a
LÉON III (st, pape), 514 b
LÉON III (st, pape) et Charlemagne, 339 a, 340 b
LÉON IV (st, pape), 514 c
LÉON V (empereur), 374 a
LÉON V (pape), 514 c
LÉON VI (pape), 514 c
LÉON VII (pape), 514 c
LÉON VIII (pape), 514 c
LÉON IX (st, pape), **93 c**, **350 b**, 514 d
LÉON IX (st, pape) et la réforme de l'Église, 344 b, 349 b
LÉON IX (st, pape) et rupture avec Constantinople, 374 b
LÉON X (pape), **389**, 389 a, 515 b
LÉON X (pape) et concile Latran V, 390 a
LÉON X (pape) et Luther, 391 a, 391 b
LÉON XI (pape), 515 c
LÉON XII (pape), 515 d
LÉON XII (pape) encyclique, 553 b
LÉON XIII (pape), **457 a**, 515 d
LÉON XIII (pape) (cit. : salaire), 852 a
LÉON XIII (pape) (*Rerum novarum*), 458 c, 857
LÉON XIII (pape) (*Rerum novarum*, cit. : l'héritage), 852 c
LÉON XIII (pape) et Bismarck, 473 a
LÉON XIII (pape) et la condition ouvrière (cit. *Rerum novarum*), 457 b
LÉON XIII (pape) et la démocratie, 881 b
LÉON XIII (pape) et la démocratie chrétienne, 460 c
LÉON XIII (pape) et la lutte des classes, 857 a
LÉON XIII (pape) et l'américanisme, 460 a
LÉON XIII (pape) et la participation politique, 842 a
LÉON XIII (pape) et la question sociale, **457 a**
LÉON XIII (pape) et la vie de l'Église, **460 a**
LÉON XIII (pape) et le ralliement à la République, **465 a**
LÉON XIII (pape) et le socialisme, 451 b
LÉON XIII (pape) et les congrès eucharistiques, 766 a
LÉON XIII (pape) et les libertés, 451 c
LÉON XIII (pape) et les ordinations anglicanes, 401 a
LÉON XIII (pape) théologie dévotion Sacré-Cœur, 462 b
Léon Morin, prêtre (film), 636 c
LÉONARD (st), 94 a
LÉONARD DE VINCI (*La Vierge aux rochers*, peinture), 644 a
LÉONARD, ÉMILE G. (cit. : Édit de Nantes), 399 a
LEONARDO MURIALDO (st), 35 b
LÉONCE (st), 94 a
LÉONCE DE BYZANCE (l'argument patristique) (cit.), 600 b, 600 c
LÉONS ou LÉONCE (st), 94 a
LÉOPOLD (st), 1117 c
LÉPANTE (bataille), 407 b
LÉPANTE (bataille) et le rosaire, 745 a
LE PLAY, FRÉDÉRIC, 459 a, **461 b**, 855 a
Lépreux, le Père Damien, apôtre des -, 1119 c, 1120 a
Lépreux, Raoul Follereau et les -, 126 b
LE PREVOST, JEAN LÉON, 447 a
LERCARO (cardinal), 500 b
LERCARO (cardinal) et *Gaudium et Spes*, 854 b
LERCARO (cardinal), Vatican II, 500 a
LÉRINS (abbaye) (origine), 329 b, 330 a, 330 b
LEROUX, PIERRE, 366 a, 843 a
LEROY, 636 b
LE ROY, ÉDOUARD, 631 b
LE SAUX, HENRI (père), 145 a, 145 b, 459 a, **461 b**, 855 a
LESCURE, LOUIS-MARIE DE, 427 b
LESORT, PAUL-ANDRÉ, 652 a
LETTONIE (géographie chrétienne), 1147 b
Lettre apostolique (définition), 1020 c
Lettre et esprit dans l'interprétation de la *Bible* (tableau), 597 b
Lettre pastorale (définition), 557 c
Lettres apostoliques de Jean-Paul II (liste), 1185
Lettres apostiliques de Jean-Paul II, 1024 a
Lettres à un provincial (Pascal), 413 b, 415 b
Lettres, voir aussi *Épîtres*
LEU (st), 94 a, 95 b
LEUFROY (st), 1117 c
LEVI (fils de Jacob et Léa), 226
LEVI (tribu), prérogative sacerdotale, 556 b, 948 b
LEVI (une des douze tribus d'Israël), 237, 556 b, 948 b
LEVINE, BEN, 635 b
Lévitation (définition), 739 c
Lévites, 260 a
Lévitique, 225 b, 257 b
Lex orandi, lex credendi, 600 a
Leyes Nuevas (1542) et droits de l'homme, 369 b
LFAC (Ligue féminine d'Action catholique), 1064 a
L'HEUREUX (Mgr) et les homosexuels, 823 b
L'HOPITAL, MICHEL DE, 398 a, 399 b
LIBÉRAL (st), 1117 c
Libéralisme, **843**
Libéralisme catholique (Dupanloup), 455 b
Libéralisme catholique (naissance), 437 a, 442 a, 446 a
Libéralisme catholique au XIXe siècle, 451 c
Libéralisme catholique et le *Syllabus* (Pie IX), 450 a
Libéralisme catholique sous Second Empire, 456 b
Libéralisme catholique, voir aussi Catholicisme libéral
Libéralisme, condamnation du - par Grégoire XVI (*Mirari vos*), 553 b
Libéralisme, condamnation du - par Léon XIII (*Libertas praestantissimum*), 553 c
Libéralisme, condamnation du - (y compris économique) par Pie IX, 450 a, 450 b
Libéralisme économique, **843 c**
Libéralisme économique, A. de Mun et le -, 458 a
Libéralisme économique, condamnation du - par Pie IX, 445 a, 459 a
Libéralisme économique et respect de l'homme, 836 a
Libéralisme économique, l'Église et le -, 451 c
Libéralisme économique, Ozanam et le -, 446 c
Libéralisme économique, Paul VI et le - (*Populorum progressio*), 502 b
Libéralisme, Église et -, **451 c**
Libéralisme, Paul VI et le -, 856 b
Libéralisme, Pie IX et le -, 448 a
Libéralisme politique, **843 a**
Libéralisme politique et Montesquieu, 421 a
Libéralisme politique, st Pie X et le -, 468 b
Libération, ce qu'est la théologie de la -, 859 b
Libération et Alliance, 542 a, 546 a
Libération et marxisme (cit. de L. Boff), 860 a
Libération et rédemption, 707 a
Libération et salut, 697 c
Libération personnelle et obéissance, 828 a
LIBÈRE (pape), 514 a
LIBÈRE (pape), et l'arianisme, 321 b, 322 a
Libérer Jésus (H. Bourgeois), 685 b
LIBERMANN, FRANÇOIS, 447 a, 566 b
LIBERT (st), 1117 c
Libertas praestantissimum (Léon XIII), 451 c, 457 a, 553 c
Liberté, **787 a**, **787 b**
Liberté (bien, mal), 779 b
Liberté, Articulation entre - et vérité dans le catholicisme, 1131 b, 1131 c
Liberté chrétienne, 770 a, 777 a
Liberté de conscience, 825 c
Liberté de conscience, Grégoire XVI et la -, 443 a, 443 b, 443 c
Liberté de culte, condamnation de la - par Léon XIII (*Libertas praestantissimum*), 553 c
Liberté de l'enseignement, l'ONU et la -, 866
Liberté de l'enseignement, voir Enseignement
Liberté de l'homme et grâce de Dieu, 701 a
Liberté de parole, condamnation de la - par Pie VII (*Diu satis*), 553 a
Liberté de pensée, condamnation de la - par Léon XIII (encycliques), 553 c
Liberté de presse, condamnation de la - par Léon XIII (encycliques), 553 b, 553 c
Liberté de recherche dans l'Église, 550 c
Liberté des chrétiens, 21 b
Liberté des chrétiens dans l'Église, 548 b, 549 a
Liberté d'expression, l'Église et la -, 864 b

Liberté du Christ, **606 a**
Liberté et autorité (encycl. Léon XIII, *Libertas praestantissimum*), 553 c
Liberté et bien commun, 853 c
Liberté et commandement, 548 b
Liberté et dépendance du chrétien dans l'économie, 833 b
Liberté et destin, 894 c
Liberté et foi (*Ad Gentes*, Vatican II, cit.), 1084 c
Liberté et inconscient, 787
Liberté et instinct, 793 b
Liberté et institution, 824 b
Liberté et la construction de la paix, 872 c
Liberté et pouvoirs dans l'Église, 549 a, 549 b
Liberté et prédestination, 708 b
Liberté et responsabilité, 790 b, 790 c
Liberté et violence (Congrégation pour la Doctrine de la foi), 860 b, 860 c
Liberté générale de culte, condamnation de la - par Pie IX, 451 a
Liberté, morale de -, 828 a
Liberté par l'Esprit (Jean-Paul II), 687 c
Liberté religieuse (débats Vatican II), 501 b
Liberté religieuse (déclaration *Dignitatis humanae*, Vatican II), 505 a
Liberté religieuse (Déclaration *Dignitatis humanae*, Vatican II), 501 b
Liberté religieuse, droit à la -, 863 b
Liberté religieuse et droits de l'homme, **866 a**, **866 b**
Liberté religieuse, l'ONU et la -, 866
Liberté religieuse, Mgr Lefebvre et la -, 1173, 1174
Liberté s'accomplissant dans l'amour, 787 b
Liberté selon Pélage, 879 a
Liberté syndicale, l'Église et la -, 837 a
Liberté, tentation et -, 789 b, 789 c
Libertés et libéralisme, 843 a
LIBOSIUS WAGNER (bx), 35 c
Libraires religieux, 1202 à 1204
Libre arbitre, 701 a
Libre arbitre selon le jansénisme, 413 b
Libre arbitre selon Zola, 450 b
Libre arbitre, doctrine du concile de Trente, 405 a
Libre arbitre et serf-arbitre, débat Luther-Érasme, 391 a
Libre et responsable devant Dieu, 715 a
Libre examen de l'Écriture, principe luthérien du -, 390 b, 391 b
Libre examen de l'Écriture, principe protestant du -, 158 b
Libres en vérité : l'articulation entre la vérité et la liberté dans le catholicisme, 1131 a, 1131 b
LICHNEROWICZ, ANDRÉ (cit. : les mathématiques et Dieu), 619 a, 619 b
LICINIUS (empereur), 319 a
LICINIUS (empereur), et l'Édit de Milan, 317 a, 318 b, 318 c
LIDWINE (ste), 94 a
LIECHTENSTEIN (géographie chrétienne), 1147 b
LIEM, VINCENT (st), 1112 c
LIÉNART (cardinal) (Vatican II), 500 a
LIÉNART (cardinal) et les prêtres ouvriers (cit.), 495 b
LIÉNART (cardinal) et le syndicalisme, 486 a
LIESSE, NOTRE-DAME DE - (pèlerinage), 770
Lieu du crâne, 281 b
Lieu, noms de -, voir à Toponymie,
Lieux de culte au IVe siècle, 331 c
Lieux saints, lieux de pèlerinage en Europe (liste), 1146 a, 1146 b
Lieux saints, voir Croisade, Jérusalem, Pèlerinage, Terre Sainte,
Lieux théologiques (définition), 623 c
Ligue agricole chrétienne (LAC), 484 b, 1104 a, 1105 c
Ligue chrétienne de Témoignage, 1133 c
Ligue de décence, 635 b
Ligue de l'Enseignement (fondation), 455 a
Ligue démocratique belge, 460 a
Ligue des femmes françaises, 1064 a
Ligue de Smalkalde, 394 a
Ligue féminine d'Action catholique (LFAC), 1064 a
Ligue ouvrière chrétienne (LOC), 484 b
Ligue patriotique des Françaises, 493 a, 1064 a
Ligue pour l'Adaptation du diminué physique au Travail (LADAPT), 1098, 1120 c
Ligue pour une justice honnête, voir Scientologie
LIGUGÉ (abbaye), 329 b
LIGUORI, ALPHONSE DE (st), voir ALPHONSE DE LIGUORI (st)
LILLI, SALVATORE (bx), 37 c
LIMA II, concile de - (1567), 411 a
Limbes, 952 c
LIMOGES (diocèse), synode de -, 993
LIN (st, pape), 94 a, 514 a
LINCOLN, ABRAHAM (recherche de Dieu), 18
LINE (prénom), 94 a
Linteau, 643 a
Lion de France, 1014 a
Lion de Juda et Agneau Immolé (communauté), 763 a, 1059 b
Lion de Juda et Agneau Immolé (communauté, organisation Mère de Miséricorde), 1083 b
Lion (symbole de l'évangéliste Marc), 267 c
LIONEL (prénom), 94 a
LIONNET, ANDRÉ (cit. : Église et la torture), 868
LIONNET, MAX, et les homophiles, 823 c
LISBONNE (patriarcat catholique), 1015 c
LISIEUX (pèlerinage), 118, 1208 b
LISZT, FRANZ (discographie), 661 c
Litanies (définition), 741 c
Lithostrotos, 281 b
Littérature biblique de sagesse, 252 a, 252 b
Littérature d'inspiration catholique 1930-1960, 489 a
Littérature et foi, 647
Litteris altero (Pie VIII), 553 b
LITTLETON, JOHN, 663 b
LITTRÉ, 448 b
LITUANIE (géographie chrétienne), 1147 c
LITUANIE (lettre de Jean-Paul II à l'occasion du sixième centenaire du baptême de la Lituanie), 1156 c, 1157 a, 1157 b
Liturgie (anglicanisme), 159 c
Liturgie (béatification et canonisation), 34 a
Liturgie (calendrier), 25, 1171
Liturgie (célébration), **930 à 936**
Liturgie (chant et musique), 662 a, 662 b
Liturgie (chant et musique 1945-1985), 663 a, 663 b
Liturgie (commisstion diocésaine), 1063 a
Liturgie (constitution *Sacrosanctum Concilium* Vatican II), 505 c, 684 a, 907, 1063 a
Liturgie (constitution *Sacrosanctum Concilium* Vatican II, cit.), 1062 b
Liturgie (constitution *Sacrosanctum Concilium* Vatican II, débats et vote), 500 b
Liturgie (constitution *Sacrosanctum Concilium* Vatican II, mise en œuvre), 501 b, 503 b, 512 a
Liturgie (définition), 907 c
Liturgie (formation des animateurs), 1062 b
Liturgie (histoire), 905 b
Liturgie (messe, réforme Vatican II), 967 a, 967 b
Liturgie (pastorale), **1062**
Liturgie (pastorale, vote Assemblée plénière épiscopat français 1972), 1063 a
Liturgie (place tenue par les laïcs, France), 199 c
Liturgie (prière au Père par le Fils), 734 a
Liturgie byzantine (hymne pascale, cit.), 679 a
Liturgie de la confirmation, 954 b
Liturgie de la Parole (messe), 959 a
Liturgie de l'Église orthodoxe, 155 a
Liturgie de l'onction des malades, 981 c
Liturgie de l'ordination, 984 a
Liturgie de réconciliation, 973 c
Liturgie de saint Basile, 939 a, 939 b
Liturgie des défunts, prière d'ouverture à la -, 919 b
Liturgie des Heures, 740 c, 916 b, 935 b, 940 b
Liturgie des premiers chrétiens, 290 b
Liturgie du baptême, 950 a, 950 b
Liturgie du mariage, 978
Liturgie et catéchèse (cit. évêques français), 579 c
Liturgie et magistère ordinaire, 600 a
Liturgie et société, 906 c
Liturgie, formation des jeunes à la -, 580 c
Liturgie grégorienne, 938 a
Liturgie, laïcs dans la - (P. M. GY, cit.), 937 a, 937 b
Liturgie, livres de -, 935 a, 935 b
Liturgie ou rituel de saint Jean Chrysostome, 939 a
Liturgie, raison d'être de la -, 906 c
Liturgie, réforme de la - et unification par saint Pie V, 407 b
Liturgie, réformes de la - par Pie XII, 496 a, 1063 a
Liturgie, renouveau de la - (encycl. *Mediator Dei* Pie XII), 554 b
Liturgie, renouveau de la - au XIXe siècle, 446 a
Liturgie, ritualisme et -, 938 a, 938 b
Liturgie, usage du latin dans la -, 941 b, 941 c, 967 a, 967 b
Liturgie, voir aussi Rite, Rites,
Liturgies de réconciliation, 972 b
LIVIA PIETRANTONI (bse), 35 c
Livre des bénédictions, 935 a
Livre d'Heures, 940 b
Livre religieux (chiffres), 1077 b
Livre religieux, Où se prouver des - ?, 1202
Livres de la Bible (abréviations des titres), 212
Livres de la Bible = *Livre d'Abdias*, voir *Abdias*, etc., 212
Livres dits historiques de la *Bible*, 238 a
Livres liturgiques, 935 a, 935 b
Livres prophétiques dans la bible hébraïque, 1165 c
Livres sur le Christ, 684
LÔ (st), 94 a
Loas, 149 c
LOCKE, JOHN, 420 b
LOEW (père) et la Mission Saint-Pierre et Saint-Paul à Marseille, 1103 a
Logement, droits de la famille et -, 809 a
Logos, 682 b
Logos (Jésus-Christ), 615 b, 682 b ; voir aussi Verbe de Dieu
Loi (interdit, conscience), **781 a**
Loi (ou *Torah* ; livre prophétique de la bible hébraïque), 1165 c
Loi de Dieu (*Lévitique*, cit.), 97 a
Loi de Dieu et justification de l'homme, 702 a, 702 b
Loi et *Bible* (tableau), 597 b
Loi et bien commun, 853 c
Loi et définition du bien et du mal, 779 b
Loi et légalisme, 796 a
Loi et liberté, 548 b
Loi Falloux, 446 b, 454 b, 455 a
Loi judaïque, 257
Loi judaïque, conflit dans l'Église primitive, 305
Loi judaïque, voir aussi Décalogue, Commandements
Loi, la - (première partie de la *Bible* hébraïque), 141 a, **210 b**, 257
Loi, livres bibliques de la - (formation), 210 b
Loi naturelle, **784**
Loi naturelle (encycl. Léon XIII, *Libertas praestantissimum*), 553 c
Loi naturelle, mariage et - (Pie XI), 812 c
Loi 10 germinal an X sur les cultes, 431 b
Loi 1901 (congrégations), 470 a
Loi 1904 (congrégations enseignantes), 470 a
Loi 1905 (séparation des Églises et de l'État), 472 a
Lois de Mai (1883 Prusse), 473 a
Lois humaines et jugement moral, 779 c
Lois scolaires 1880-1904, 464 a
Loisirs, 831
Loisirs (pastorale et tourisme), 1092
Loisirs et spiritualité (cit. de P. Talec), 831 c
LOISY, ALFRED, 466 a, **466 b**
Lollards, 384 b
LOMBARD, PIERRE, voir PIERRE LOMBARD
LOMÉNIE DE BRIENNE et le statut des protestants, 442 b
LONCRAINE, 636 c
Longanimité (fruit de l'Esprit), 828 c
Longévité biblique, 221 b
LONGIN (st), 1117 c
Longo Mai, 1133 c
LOOR, ISIDORE DE (bx), 38 b
LOPEZ DE RIVAS, MARIA DE JÉSUS (bse), 36 b
LOPEZ Y VICUNA, VINCENZA MARIA (bse), 36 a
LOPOUCHANSKI, 636 b

LORENZO RUIZ (st), 37 a
LOS ANDES, TERESA de (bse), 1111 a
Loterie, 830 a
LOTH, 226 b, 227 c
LOTHAIRE (st), 1117 c
Loto, 830 a
LOTTE, JOSEPH, 1100 c
Lotus, association du -, 1133 c
Lotus d'or, 1133 c
Lotus, position du -, 146 a
LOUIS (st), voir LOUIS IX (st, Roi)
LOUIS BEAULIEU (st), 38 b
LOUIS DE GONZAGUE (st), 78 b, 94 c
LOUIS VI LE GROS (roi), 353 a, 353 b
LOUIS VII (roi), 353 a, 353 b
LOUIS VII (roi) et la deuxième croisade, 358 b
LOUIS VIII (roi), 362 b
LOUIS IX (st, roi), **94 b**, **369**
LOUIS IX (st, roi) et la couronne d'épines, 282 b
LOUIS IX (st, roi) et la guerre des Albigeois, 362 b
LOUIS IX (st, roi) et le XIIIe siècle, 358 a
LOUIS IX (st, roi) et les dernières croisades, 358 b, 360 c, 369 c
LOUIS IX (st, roi) et les juifs, 364 b
LOUIS IX (st, roi) et les missions, 565 b
LOUIS XII (roi), nullité du mariage de -, 979 a
LOUIS XIII (roi) et les protestants, 399 b, 408 a
LOUIS XIII, vœu de -, 904 b, 1172 b
LOUIS XIV, 415, 416, 417, 418
LOUIS XIV et la théorie de la monarchie de droit divin, 417 c
LOUIS XIV et le gallicanisme, 416 b, 417 a, 417 b, 417 c
LOUIS XIV, et le jansénisme, 413 b, 415 b
LOUIS XIV et le quiétisme, 418 a
LOUIS XIV et les protestants, 414, 415, 416 a
LOUIS XV et la Compagnie de Jésus, 424 a, 424 b
LOUIS XVI et les protestants, 415 b, 422 b
LOUIS XVIII, 436 a, 436 b
Louise de Marillac (mouvement), 1098 a, 1098 b
LOUISE DE MARILLAC (ste), **95 a**, 761 c, 762 c
LOUISE DE MARILLAC (ste) et saint Vincent de Paul, 122 c
LOUISE DE SAVOIE (ste), 95 b
LOUIS-MARIE GRIGNION DE MONTFORT (st), **95 a**, 565 c
LOUIS-MARIE GRIGNION DE MONTFORT (st) (les monfortains, les Filles de la Sagesse), 566 b
LOUIS-MARIE GRIGNION DE MONTFORT (st) (prière à Marie), 746 b
LOUIS-MARIE GRIGNION DE MONTFORT (st) (spiritualité), 731 c
LOUIS-MARIE GRIGNION DE MONFORT (st) et la dévotion au Sacré-Cœur, 462 b
LOUIS-MARIE GRIGNION DE MONTFORT (st) et la dévotion mariale, 904 b
LOUIS-MARIE GRIGNION DE MONTFORT (st) et le culte du Sacré-Cœur en Vendée, 427 b
LOUIS-MARIE GRIGNION DE MONTFORT (st), prédicateur, 563 b
LOUIS-PHILIPPE, roi, 437 a
LOUP (st), 95 b
LOUP (st) et les barbares, 332 a
LOURDES (apparitions de la Vierge à sainte Bernadette Soubirous), 55 a, **749 b**, 769 a, 770 b, 898 b, 904 b
LOURDES (chiffres), 770 a
LOURDES (Cité Saint-Pierre, Secours catholique), 1208 c
LOURDES (musique), 663 b
LOURDES (pèlerinage), 767 b, 769 b, 769 c, 770, 1114 d, 1208 b
LOURDES (sainte Bernadette Soubirous), 55 a
Lourdes et ses miracles (film), 636 a
Low Church (anglicanisme), 159 c
Loyauté, 827 c
LOYOLA, IGNACE DE (st), voir IGNACE DE LOYOLA
LUBAC, HENRI DE, **631 b**
LUBAC, HENRI DE (cit. : élan de la foi), 611 c
LUBAC, HENRI DE (cit. : foi et croyance), 530 b
LUBAC, HENRI DE (cit. : foi et profession de foi), 527 a
LUBAC, HENRI DE (cit. : foi et religion), 606 b
LUBAC, HENRI DE (cit. : Révélation), 598 b
LUBAC, HENRI DE (recherche de Dieu), 69 c
LUBAC, HENRI DE (théologie de l'œcuménisme), 488 a
LUBAC, HENRI DE, concile Vatican II, 497 a
LUBAC, HENRI DE, et Jean Daniélou, 629 a
LUBAC, HENRI DE, et Joachim de Flore, 366 a
LUBAC, HENRI DE, et la théologie contemporaine, 624 b
LUBAC, HENRI DE, et Urs von Balthasar, 627 a
LUBAC, HENRI DE, le raidissement de Pie XII et -, 495 b
LUBICH, CHIARA, 1058 a
LUBIN (st), 95 b
LUC (st), 95 c
LUC (st) (*Évangile*), 265 b
LUC (st) (*Évangile*, rédaction), 266 a
LUC (st) et les *Actes des Apôtres*, 289 a
LUCCI, ANTONIO (bx), 1113 b
Lucernaire, 941 b, **941 c**
LUCIANI, ALBINO, voir Jean-Paul Ier,
LUCIE (ou LUCE) (ste), 43 a, **96 a**
LUCIEN (st), 96 a
LUCIEN D'ANTIOCHE (st) et l'école d'Antioche, 314 c
LUCIFER, 694 c
LUCIUS (st, pape), 514 a
LUCIUS II (pape), 514 d
LUCIUS III (pape), 514 d
LUCIUS III (pape), et l'hérésie cathare, 363 a
LUCRÈCE (ste), 96 a
LUCRÈCE BORGIA, 389 b
LUDGER (st), 96 a
LUDMILLA (ste), 1117 c
LUIGI ORIONE (bx), 37 a
LUIGI SCROSOPPI (bx), 37 a
LUIGI VERSIGLIA (st), 38 a
LULEH (lac), 218 b
LULLE, RAYMOND, 565 b
Lumen Gentium (Vatican II), 505 b, **543**
Lumen Gentium (Vatican II, cit. : Une seule Église), 583 b
Lumen Gentium (Vatican II) (diaconat permanent), 558 a
Lumen Gentium (Vatican II) (diversité du Peuple de Dieu), cit., 545 c
Lumen Gentium (Vatican II), constitution dogmatique sur l'Église (débats et vote), 501 b
Lumen Gentium (Vatican II) et épiscopat, 555 b
Lumen Gentium (Vatican II) et foi, 607 c
Lumen Gentium (Vatican II) et la communauté humaine, 870 b
Lumen Gentium (Vatican II) et la confirmation (cit.), 959 a
Lumen Gentium (Vatican II) et l'apostolat des laïcs, 483 b
Lumen Gentium (Vatican II) et la véritable Église, 541 b
Lumen Gentium (Vatican II) et la Vierge Marie, 902 c
Lumen Gentium (Vatican II) et les laïcs dans l'Église, 549 c, 1050 b
Lumen Gentium (Vatican II) et l'infaillibilité, 544
Lumen Gentium (Vatican II) et l'obéissance chrétienne, 549 b
Lumen Gentium (Vatican II) et primauté pontificale, 552 c
Lumen Gentium (Vatican II), Immaculée Conception (cit.), 898 b
Lumen Gentium (Vatican II), Jésus-Christ au cœur de l'action humaine, 684 b
Lumen Gentium (Vatican II), le diocèse (cit.), 988 b, 989 a
Lumen Gentium (Vatican II), vie chrétienne et apostolat, 573 c, 575 a
Lumière (cierges et lampes), 934 b, 934 c
Lumière du monde (Jésus-Christ), 615 b
Lumière du monde (Jésus-Christ, Jn 8, 12, cit.), 76 b
Lumière et vérité (*psaume 43*, cit.), 74 c
Lumière vers l'Est (secte), 1133 c
Lumières, philosophie des -, 420 a
Lumières, philosophie des - en Allemagne, 423 a
Lunaire, calendrier -, 910 b
Lune, place de la - dans la création (*Genèse*), 222 c
Lunule, 932 c
LUSSON (abbé) (cit.), 427 b
LUSTIGER, JEAN-MARIE (cit. : christianisme et judaïsme), 591 b, 591 c
LUSTIGER, JEAN-MARIE (cit. : dignité de l'homme et paternité divine), 676 a
LUSTIGER, JEAN-MARIE (cit. : la politique), 881 c
LUSTIGER, JEAN-MARIE (cit. : la violence, les immigrés), 871 b, 871 c
LUSTIGER, JEAN-MARIE (cit. : manipulations bio-génétiques), 816 c
LUSTIGER, JEAN-MARIE (cit. : résurrection de Jésus-Christ), 678 c
LUSTIGER, JEAN-MARIE (cardinal) et la Communion de Jérusalem, 1199 c
LUTGARDE (ste), 96 b
LUTHER, 156 a, **390 b**, **391 b**, 396
LUTHER (cit. : justice de Dieu), 393 b
LUTHER, *Catéchisme*, 577 a
LUTHER, cinquième centenaire de - (1983), 396
LUTHER et Érasme, 388 a, 388 b
LUTHER et la Vierge Marie, 903 b
LUTHER et le mensonge, 830 c
LUTHER et Léon X (pape), 389 c
LUTHER et les œuvres, 700 b
LUTHER évoqué par Jean-Paul II, 396 b
LUTHER, voir *Martin Luther* (film)
LUTHER vu par cardinal Etchegaray, 396 c
Luthéranisme, 156 a
Luthéranisme en France, 180 b, 181 a
Luthéranisme et Calvin, 397 a
Luthéranisme et Zwingli, 394 b
Luthéranisme, voir aussi Luther, Protestants, Protestantisme, 161
Luthériens (données numériques monde), 157 a
Lutte des classes, **844**
Lutte des classes (évêques français, cit.), 845 c
Lutte des classes et théologie de la libération, 862 b
Lutte des classes, refus de la - par Léon XIII (*Rerum novarum*), 553 c 857 a
Lutte du Sacerdoce et de l'Empire, 343 c, 344 a, 350 a, 351 b, 354 a, 355 c, 356, 362, 363 a, 370 a, 370 b
LUXEMBOURG (géographie chrétienne), 1147 c
LUXEUIL (monastère), 565 a
Luxure, interdit de la - (commandement), 783 b
Lycées, aumônerie, voir Aumônerie de l'enseignement public
Lycées de filles (débat 1880), 464 a
Lycées publics (aumônerie), 882 a
LYDIE (ste), 96 b
LYON, martyrs de -, 312 b
LYON I, concile de - (1245), 370 a, 370 b, 1146 b
LYON II, concile de - (1274), 1146 b
LYON II (concile d'union avec l'Église grecque) (1274), 370 a
Lyonnais, rite -, 93

- M -

MABILLON, 418 b, 756 b
MACAIRE (st), 1112 a
MACAIRE D'ALEXANDRIE ou LE JEUNE (st), 96 b
MACAIRE DE CORINTHE (*Philocalie*), 765 c
MAC BRIDE, SEAN, 570 b
MACCABÉE (personnage), 250 a, 251
MACCABÉES, 250, 251
Maccabées, Livres des -, 250 a, 251 a
MAC CARAY, 636 c
MACÉDOINE (géographie chrétienne), 1148 a
Macédonianisme, 321 c, 322 a
Machinisme, **842 b**
MACHOVEC, MILAN, 685 c
MACIAS, JUAN (st), 36 a
MACLOU (st), 96 c
MAC MAHON, maréchal DE -, 464 b
Maçonnerie, Franc - (en France), 421
MACRE (ste), 1117 c
MACRINE (ste), 1117 c

Macumba, 149 b, 149 c
MADAULE, JACQUES, 652 a
MADDY (prénom), 96 b
MADELEINE (ste), voir MARIE-MADELEINE (ste)
Madeleine à la veilleuse (Georges de La Tour, peinture), 644 a
MADELEINE, LA - (église de Paris), 639 b
MADELEINE-SOPHIE BARAT (ste), 96 b, 763 c
MADIAN, 219 c
Madianites, 219 c
MAETERLINCK (cit. : l'âme et la beauté), 646 b
MAGALI (prénom), 96 b
Mage de Compiègne (René Hénaux), 1133 c
Mages (étoile), 270 c, 929 b
Mages et Épiphanie, 271 a, **929 b**, **929 c**
MAGGY (prénom), 96 b
Magie, 537 a
Magie (vaudou), 149 b
Magie et sacrement, 944 a
Magistère, **551 c**
Magistère de l'Église (contestation par Luther), 390 b
Magistère et Parole de Dieu, 549 a, 549 b, 700 a
Magistère extraordinaire, 551 c
Magistère extraordinaire du pape, 1021 a
Magistère ordinaire, 551 c
Magistère ordinaire du pape, 1021 a
Magistère suprême, 524 b
MAGLOIRE (st), 96 b
Magna Carta (1215) et droits de l'homme, 869 a
Magnanimité, 827 c
MAGNE (st), 1117 c
MAGNI, 636 a
Magnificat (cantique du *Nouveau Testament*), 916 b
Magnificat (Marie), 98 b
Magnificat (organisme), 1183 a
Magnificat (origine), 746 a, 940 a
Magnificat (texte résumé) (français), 745 b
Maha Budhi Society, 1133 c
MAHATMA, GANDHI LE -, 144 a
MAHAVIRA, 144 c
MAHIKARI, 536 b, 1133 c
MAHOMET, 142 b
MAÏEUL (st), 96 c, 1117 c
MAÏEUL (st) et Cluny, 348 b
MAILLÉ DE LA TOUR LANDRY (Mgr), 428 a
MAILLET, FERNAND (Mgr), 1200 a
MAIMBOENF (st), 1117 c
MAÏMONIDE, 357 c, 364 a
Main, communion dans la -, **963 a**
Main, communion dans la - (cit. de saint Cyrille de Jérusalem), 969 a
Main (symbolisme biblique), 255 a
Mains, voir Imposition des -
MAINTENON, Mme de - et le quiétisme, 418 a
Mais c'est de nuit (saint Jean de la Croix), 86 c
Maison de David, 234, 239
Maison-Dieu, La - (revue), 663 a, 1062 b
Maison d'Israël, 219 b
Maison pontificale, 1022 a
MAISTRE, JOSEPH DE, 442 a, **442 b**
MAISTRE, JOSEPH DE, et la natalité, 867 b
MAISTRE, JOSEPH DE, et le mouvement ultramontain, 445 a
MAITÉ (prénom), 96 c
Maître de chambre de Sa Sainteté, 1022 a
Maître de chapelle, 663 b
Maîtres du soupçon, 531 a
MAIXENT (st), 96 c
Majordome de Sa Sainteté, 1022 a
MAKHLOUF, CHARBEL (st), 35 b
Mal (péché originel), 712 b
Mal (tentation), 789 b, 789 c
Mal et bien, 779
Mal et bien, connaissance du - selon récits création (*Genèse*), 223 c
Mal, le diable et le -, 694 c
Mal, origine du - selon *Genèse*, 224 c
MALABAR, Côte de -, 565 a
Malachie, 248 a
Malade chrétien à l'hôpital, 1107 b
Malades (accompagnement, cit.), 887 a, 887 b
Malades, huile des -, 934 a
Malades hospitalisés à Paris, accueil des familles de - (Secours catholique), Rosier rouge (Vanves), 1209 c
Malades, mouvements catholiques de -, 1106 c
Malades, sacrement des -, 980-983
Maladie et sens de la vie, 711 c
MALAPARTE, 636 a
MALEBRANCHE, 761 c
MALEBRANCHE (Dieu archétype), 668 b
Malédiction (sens biblique), 1163
MALÈGUE, JOSEPH, 652 a
Malesherbes - Publications, 1078
Malfaisant, le - (nom de démon), 694 c
MALINES, conversations de -, 487 b, 585 b
Malin, le -, 694 b, 694 c
MALLE, LOUIS, 636 c
MALLET-JORIS, FRANÇOISE, 652 a
MALLINCKRODT, PAULINE VON (bse), 38 c
MALO (st), 96 c
MALRAUX, ANDRÉ (cit. : le XXIe siècle sera religieux), 886 a
MALRAUX, ANDRÉ (cit. : les valeurs), 780 a
MALTE (et Gozo ; géographie chrétienne), 1148 a
MALTHUS, THOMAS ROBERT, et la natalité, 867 b
Mambo, 149 c
MAMBRÉ, chêne de -, 227 c
MAMBRÉ, chêne de - et Isaac, 227 a
MAMBRINO, JEAN, 647 c
MAMERT (st), 96 c
MAMMÈS (st), 96 c
MAN, H. DE, 843 a
Mana, 1134 a
MANASSÉ (fils de Joseph), 226 b
MANASSÉ (roi de Juda), 243 b
MANASSÉ (tribu d'Israël), 226, 227 a, **237 c**
Mancie, 536 a
Mandar'om, 1134 a
MANDIC, ADEODATO (st), 36 b, 38 a
Mandorle, 646 b, 683
MANETTI, THERESA MARIA, voir THERESA MARIA MANETTI
MANFREDI, 636 a
Manécanteries, 1200 a
Manichéisme, 534 a
Manifestations du Seigneur, célébration des - (Epiphanie), 929 c
Manifeste libéral de *L'Avenir* (extraits), 443 c
MANILLE (conférence des évêques d'Extrême-Orient), 508 a
Manipulation des embryons, 817
MANNA, PAUL, 1070 c
MANNA, PAUL, et l'Union missionnaire du clergé, 567 a
Manne du désert, 229 c
Manne du désert (cit. Dt 8, 2-3), 229 a
Manne du désert (signification), 968 b
MANNICK, 663 c
MANNING, HENRY-ÉDOUARD, 439 b, 473 b
MANNING, HENRY-ÉDOUARD, et les Oblats de Saint-Charles, 566 b
MANS, LE (bataille), 427 b
Mantellates (sainte JULIENNE FALCONIERI), 92 a
Mantra, 1134 a
MANUEL II (empereur), 383 b
MANUEL DOMINGO (bx), 1111 a
Manuscrit de la Mer Morte, voir Qumran
MANYANET Y VIVES, JOSÉ (bx), 38 c
MAO-ZE-DONG, 496 a, 508 b, 509 a
Marabout, 143 c
MARC (st), 96 c
MARC (st, pape), 514 a
MARC (st), *Évangile* de -, 265 a
MARC (st), *Évangile* de - (rédaction), 266 a
MARCEAU en Vendée, 427 b
MARCEL (st), 97 a
MARCEL I (st, pape), 514 a
MARCEL II (pape), 515 b
MARCEL CALLO (bx), 97 b, 125, 447 a
MARCEL, GABRIEL, **632 a**, 633 a
MARCEL, GABRIEL (cit. : espérance), 893 c
MARCELO SPINOLA Y MAESTRE (bx), 1111 a
MARCELLE (ste), 97 b
MARCELLIN (st), 97 b
MARCELLIN (st, pape), 514 a, 1117 a
MARCELLIN CHAMPAGNAT (st), 97 b
MARCELLIN ET PIERRE, Martyrs de - (sts), 1117 c
MARCELLINE (ste), 97 b
MARCHAND, JOSEPH (st), 1112 c
Marché, régularisation du - (Pie XI), 857 a
MARCHISIO, CLÉMENT (bx), 38 b
MARCIEN (empereur), et le concile de Chalcédoine (451), 324 c
MARCIEN (sts), 1117 c
MARCION, 313 b
MARCION et la christologie, 681 a
MARCION et la gnose, 531 b
Marcionisme, 313 b
MARCOUF ou MARCOUL (st), 97 b
MAREDSOUS (abbaye) et la liturgie, 907 a
MARGUERITE (ste), 43 a, 97 b
MARGUERITE BOURGEOYS (ste), 37 c, 97 c
MARGUERITE DE CORTONE (ste), 98 a
MARGUERITE D'ÉCOSSE (ste), 97 c
MARGUERITE DE NAVARRE, 396 a
MARGUERITE DE PROVENCE (reine), 369 c
MARGUERITE DE VALOIS, 398 b
MARGUERITE D'YOUVILLE (ste), 100 a
MARGUERITE-MARIE ALACOQUE (ste), **97 c**, 749 b
MARGUERITE-MARIE ALACOQUE (ste) et la dévotion au Sacré-Cœur, 462 b, 478 b, 748
MARGUERITE-MARIE ALACOQUE (ste) et le bx Claude de la Colombière, 61 a
Marguillier, 1010 a
MARIA-ANGELA, ASTORCH (bse), 37 c
MARIA ANGELES DE SAINT JOSEPH (bse), 1111 a
MARIA DE JÉSUS LOPEZ DE RIVAS (bse), 36 b
MARIA DEL PILAR (bse), 1111 a
MARIA DROSTE ZU VISCHERING (bse), 36 b
MARIA-ENRICHETTA DOMINICI (bse), 36 c
MARIA FORTUNATA VITI (bse), 35 b
MARIA-GABRIELLA SAGHEDDU (bse), 38 a
MARIA GORETTI (ste), 99 a
MARIA-KATHARINA KASPER (bse), 36 c
MARIA REPETTO (bse), 37 c
MARIA ROSA MOLAS Y VALLVE (ste), 36 b
MARIA SOLEDAD TORRES ACOSTA (ste), 35 b
MARIA-TERESA GERHARDINGER (bse), 40 a
MARIA-THERESIA VON WIRLENLEBIS (bse), 35 b
Mariage (concile de Trente, cit.), 823 a
Mariage (convergences, divergences entre confessions chrétiennes), 163
Mariage (décrets concile de Trente), 407 a
Mariage (*Humanae vitae*, Paul VI) et le, 812
Mariage (institution), **804 a**, **804 b**, 824 b
Mariage (ministre), 978 b
Mariage (organismes matrimoniaux d'esprit chrétien), 1212 c
Mariage (rénovation liturgie par Paul VI), 907 c
Mariage (sacrement), 824, 969 a, **975-979**, 1081-1083
Mariage (sacrement, *Casti connubii*, Pie XI), 812
Mariage (sacrement, échange de consentements), 977 c
Mariage (sacrement, empêchements canoniques), 561 a, 561 b, 951 c, 978 a, 978 b
Mariage (statistiques), 1083 c
Mariage à l'essai, 824 a
Mariage, bigamie-polygamie dans le -, 819 a
Mariage, célébration du - (choix du jour), 976 c
Mariage chrétien, 824, **975-979**, **1081-1083**
Mariage chrétien (bibliographie), 1081 b
Mariage chrétien (*Casti connubii*, Pie XI) et le -, 812
Mariage chrétien et Alliance Dieu-humanité, 976 a
Mariage chrétien et témoignage du Christ et de l'Église, 975 c
Mariage civil, condamnation du - par Léon XIII (*Inscrutabili*), 553 b
Mariage, conditions de validité du -, causes de nullité du -, 978 a, 978 b
Mariage de divorcés, 819 b, 819 c
Mariage des princes, l'Église et le -, 979
Mariage, dignité du -, 797 a
Mariage, dimension religieuse du -, 978
Mariage, droits de la famille et -, 808 a
Mariage et famille (encyc. *Familiaris consortio*, Jean-Paul II), 806
Mariage et foi, 975 c
Mariage, fondement biblique du -, 807 b
Mariage, indissolubilité du -, 817 a, 817 c

Mariage, jugements des causes de nullité du - par tribunaux ecclésiastiques (chiffres, tableau), 1040 b, 1040 c
Mariage mixte, 561 b, 977 a
Mariage mixte (droit canon), 977
Mariage mixte catholique-musulman (France), 179 b
Mariage mixte catholique-protestant (groupes de foyers), 1073 b
Mariage mixte catholique-protestant (témoignage), 587 a
Mariage mystique, 739 b
Mariage nuls, voir Nullité du mariage,
Mariage religieux, pratique du - en France, 197
Mariage-Rencontre (mouvement), 1082 b
Marialis Cultus (Paul VI), 904 a
MARIAM BAVARDY (bse), 38 a
Marianistes, Société de Marie, 447 a, 566 b, 763 a
Marianistes (Religieuses de Mariana de Jésus) (bse MERCEDES DE JÉSUS MOLINA), 38 c
MARIE (Vierge) **900**
MARIE (Vierge) (Ave Maria, origine), 746 a
MARIE (Vierge) (cit. de saint Jean Damascène), 98 b
MARIE (Vierge) (cit. de saint Pierre Chrysologue), 902 b
MARIE (Vierge) (convergences et divergences entre confessions chrétiennes), 164
MARIE (Vierge) (culte, historique), 29 b
MARIE (Vierge) (définition dogme Assomption, Pie XII), 496 a
MARIE (Vierge) (développement du culte marial à travers les siècles, tableau), 903, 905, 991
MARIE (Vierge) (développement spiritualité mariale au XIIe siècle), 356 a
MARIE (Vierge) (dévotion au XIXe siècle), 444 b
MARIE (Vierge) (figure de l'Église, G. Honoré-Lainé), 724 c, 725 a
MARIE (Vierge) (hyperdulie), 27 c
MARIE (Vierge) (Je vous salue Marie, texte), 745 c
MARIE (Vierge) (Magnificat, origine), 746 a, 940 a
MARIE (Vierge) (Magnificat : résumé, français), 745 b
MARIE (Vierge) (Notre-Dame des Douleurs), 922 a
MARIE (Vierge) (pèlerinages), 770 a
MARIE (Vierge) (prototype de l'espérance chrétienne), 898 a
MARIE (Vierge) (références bibliques), 900 c
MARIE (Vierge) (Salve Regina, latin), 745 b
MARIE (Vierge) (solennités, calendrier liturgique), 25
MARIE (Vierge) (sources bibliques), 900 c
MARIE (vierge) (virginité), 270 c, 899 c
MARIE (Vierge), apparitions de la -, 904 b
MARIE (Vierge), apparition de la - à Catherine Labouré 1830, 444 b
MARIE (Vierge), concile Vatican II et -, 904 a
MARIE (Vierge), consécration à la - (saint Louis-Marie Grignion de Montfort), 746 b
MARIE (Vierge), dans le mystère de l'Alliance Dieu-humanité (G. Honoré-Lainé), 724 c, 725 a
MARIE (Vierge) et conception virginale de Jésus, 682
MARIE (Vierge) et Église selon Vatican II, 543 b, 904 a
MARIE (Vierge) et JÉSUS, **98**, 269 c, **270**, 682, 724, 727 b, 727 c, 728 a, 900, 901 c, 904 c
MARIE (Vierge) et l'an 2000, 904 b
MARIE (Vierge) et le concile Vatican II, **902 c**, 904 a
MARIE (Vierge) et le livre de l'Apocalypse, 898 a
MARIE (Vierge), Immaculée Conception, voir ce mot
MARIE (Vierge) médiatrice, 901 c
MARIE (Vierge), Mère de Dieu, (Theotokos), concile d'Éphèse (431), **323 a**
MARIE (Vierge), Mère de l'Église, 902 c
MARIE (Vierge), modèle de magnanimité, 827 c
MARIE (Vierge), modèle pour la femme chrétienne, 899 c
MARIE (Vierge), prière à la - (L. de Grandmaison), 746 b
MARIE (Vierge), prière à la - (Rosaire), 740 c
MARIE (Vierge) selon la foi catholique, 523 a
MARIE (Vierge) selon les évangiles, 270 a
MARIE (Vierge), vie de la -, **98 a**
MARIE (Vierge), voir aussi NOTRE-DAME,
MARIE-CLÉMENTINE (sœur), voir ANWARITE (bse), 39 a
MARIE DE BÉTHANIE, 99 c
MARIE DE L'INCARNATION (bse) (cit.), 99 b
MARIE DE JÉSUS BON PASTEUR, 1113 b
MARIE DE L'INCARNATION (bse) (Mme Acarie), 99 a
MARIE DE L'INCARNATION (bse) (Mme Guyard), 99 a
MARIE DE MAGDALA (sainte MARIE-MADELEINE), 99 c
MARIE-MADELEINE DE PAZI (ste), 1118 a
MARIE DE MÉDICIS (reine), 399 b
MARIE DE LA PROVIDENCE Bienheureuse (ste), 99 c, 1117 c
MARIE DE SAINTE EUPHRASIE PELLETIER (ste), 99 c, 447 a
MARIE et JÉSUS, **98**, 269 c, **270**, 682, 724, 727 b, 727 c, 728 a, 900, 901 c, 904 c
MARIE-EUGÉNIE DE JÉSUS, 1117 c, 1118 a
MARIE-EUGÉNIE MILLERET (bse), 35 c
MARIE GUYARD (bse), 37 a, 99 a
MARIE-LÉNIE PARADIS (bse), 38 b
MARIE-MADELEINE (ste), 99 c
MARIE-MADELEINE DE PAZZI (ste), 759 a, 1118 a
MARIE-MADELEINE POSTEL (ste), 99 c
MARIE-MARGUERITE D'YOUVILLE (ste), 100 a
MARIE-NOËL, 652 c
MARIE-NOËL (cit. : *chemins*), 652 b
MARIE NOËL (cit. : jeu), 832 c
MARIE RIVIER (bse), 37 c
MARIE-ROSE DUROCHER (bse), 37 c
MARIE STUART (reine), 401 b, 401 c
MARIE-THÉRÈSE D'AUTRICHE, 423 a, 423 b
MARIE-THÉRÈSE DE SOUBIRAN (ste), 100 a
MARIE-THÉRÈSE LEDOCHOWSKA (bse), 36 a
MARIE TUDOR (reine d'Angleterre), 400 a, 401 c
MARIN (st), 100 b
MARIN I (pape), 514 c
MARIN II (pape), 514 c
MARINE (ste), 97 b
Marins, pastorale des -, 1104
Mariolatrie, 899 b
Mariologie, 904 a, 904 b
MARION, JEAN-LUC, 624 b
MARISHKA, 536 a
Maristes, 763 a
Maristes (fondation), 566 b
MARITAIN, JACQUES, 488 a, 489 c, **632 a**
MARITAIN, JACQUES (cit. : la cité temporelle idéale), 489 a, 489 b
MARITAIN, JACQUES (cit. : l'antisémitisme), 592 a, 592 b, 592 c
MARITAIN, JACQUES et RAÏSSA, 129 b
MARITAIN, RAÏSSA, 129 b, 632 b
MARIUS (st), 100 b
Marketing religieux, 573
MARMOUTIERS (abbaye), 329 b
MARON (st), 1118 a
Maronite (rite), 938 b, 939
Maronites, 1016
Maronites à Paris, églises - (adresse), 1017 c
MARQUISET, ARMAND, 1098 a
Marraine, 950 c
Marrans ou Marranes, 1169 c
MARROU, HENRI-IRÉNÉE, 652 c
MARS (st), 100 b
Marseillaise des Vendéens, (cit.), 427
Marshesvan, 911 b, 911 c
MARSILE DE PADOUE, 386 b
MARSILE FICIN, voir FICIN,
MARSONIUS RUFUS et la démographie, 867 a
MARTHE (ste), 100 b
MARTIAL (st), 100 c, 316 a
MARTIAL (st) et la christianisation de la Gaule, 316 c
MARTIGNAC (ministère), 437 b
MARTIN, PIERRE, 1200 a
MARTIN Ier (st, pape), 101 a, 514 b
MARTIN Ier (st, pape), et le monothélisme, 373 b
MARTIN II et MARTIN III (papes), voir MARIN I et MARIN II
MARTINI (cardinal) (cit. : Nouvelle Évangélisation), 1187 c, 1188 a
MARTIN IV (pape), 514 d
MARTIN V (pape), 381 b, 382 a, 515 b
MARTIN V (pape), et le concile de Bâle, 382 b
MARTIN DE PORRÉS (st), 101 a
MARTIN DE SAINT NICOLAS, 1113 a
MARTIN DE TOURS (st), **100 c**, 327 a, 565 a
MARTIN DE TOURS (st) (Père de l'Église), 314
MARTIN DE TOURS (st) (toponymie), 31 a
MARTIN DE TOURS (st) et le monachisme, 329 b
MARTIN DE TOURS (st) et l'évangélisation des campagnes gauloises, 330 a
MARTINE (ste), 101 a
MARTINISTE (ordre), 1134 a
Martin Luther (film), 635 c
MARTIN LUTHER KING, voir KING,
Mar Thoma de Malabar, Église syrienne de -, 153 a
MARTY, FRANÇOIS (cardinal) (cit. : j'embauche), 983
Martyr (définition), 28 c
Martyr (imitation, cit. saint Césaire d'Arles), 96 a
Martyr (protomartyr), 28 c
Martyr (sens biblique), 1163 c
Martyr (témoignage), 575 b
Martyre (béatification et canonisation), 32 a
Martyre (cit. de saint Pierre Chrysologue), 71 a
Martyre (vénération dans l'Église antique), 309 b
Martyrologe (définition), 28 c
Martyrologe (historique), 29 c
Martyrologe (livre liturgique), 935 b
Martyrs (culte, historique), 29 a
Martyrs (culte IVe siècle), 331 b
Martyrs anglais des XVIe et XVIIe siècles, 35 c, 400 b
Martyrs coréens (sts), 35 b, 37 b, 38 b
Martyrs d'Angers (bx), 38 a
Martyrs de l'apostolat du STO, 1112 c
Martyrs de Lyon, 312 b
Martyrs de Nagasaki, 37 a, 37 b
Martyrs d'Israël, Livres des -, 250 a
Martyrs du Vietnam, 117 a
MARX, KARL (cit. : conscience de l'homme), 781 a
MARX, KARL, et la religion, 451 a
MARX, KARL, et le culte de Dieu Père, 676 b
MARX, KARL, et l'évolution de la société, 448 a
MARX, KARL, et l'existence de Dieu, 531 a
Marxisme, **844**
Marxisme (origine), 457 a
Marxisme, chute du - (cit. de Jean-Paul II, *Centesimus annus*), 1190 b, 1190 c
Marxisme et foi chrétienne, 535 a
Marxisme et la lutte des classes, 844
Marxisme et socialismes, 843
Marxisme et théologie de la libération (cit. de L. Boff), 860 a
Marxisme, Paul VI et le -, 857 b
Marxisme présenté comme science, 619 c
MARYKNOLL (Sœurs de), 565 c
MARYVONNE (prénom), 124 a
Masochisme religieux, 710 a, 710 b
Mas Soubeyran, 416 a
Masques (animisme), 149 c
Massacres de Nantes (CARRIER), 426 a
Massacres de septembre (1792), 426 a
MASSIS, HENRI, 652 c
Mass médias (encycl. *Ad Petri Cathedram* Jean XXIII), 554 c
Mass médias (encycl. *Miranda prorsus* Pie XII), 554 c
Mass-médias, droits de la famille et -, 808 c
Mass-médias, droits et responsabilités des - (position de l'Église), 835 a

Mass-médias et évangélisation, 864 b, 864 c
Massorah, 213 b
Massorètes, 213 b
Massorétique (texte), 213 b
MATAGRIN, GABRIEL (cit. : Chrétiens et politique), 880
MATAJI, 1134 a
Mater et Magistra (Jean XXIII), 128 c, 498 b, 554 c, 855 b, **857**
Mater et Magistra, (Jean XXIII) (dignité des travailleurs, cit.), 836 b
Mater et Magistra (Jean XXIII) et la grève, 835 b
Mater et Magistra (Jean XXIII) et l'entreprise (cit.), 848, 850 b
Mater et Magistra (Jean XXIII) et salaire, 852 a
Mater et Magistra (Jean XXIII) et syndicalisme, cit., 837 a
Mater et Magistra (Jean XXIII) et travail (cit.), 849 a
Matérialisme et foi chrétienne, 534 b
Matérialisme historique (Marx et Engels), 448 a
Matérialisme marxiste, 844 b
Matérialisme libéral ou marxiste (condamnation par l'Église), 836 a
Maternité (diagnostic prénatal), 815 a
Maternité, droits de la famille et -, 808 a, 808 b
Maternité et virginité (cit. de Jean-Paul II), 1187 a, 1187 b
Mathématiques et Dieu (cit. de A. Lichnerowicz), 619 a, 619 b
MATHILDE (ste), 101 a
MATHUSALEM, 221 c
Matière (corps), 720 c
Matière et forme, 716 c, 717 a
Matines (office), 940 b
MATISSE, HENRI (chapelle de Vence), 1063 c
Matouri, 148 b
MATTATHIAS, 250 a, 250 c, 251 c
MATTEO DA BASCIO et les capucins, 403 a, 566 b
MATTHIAS (apôtre, st), **101 b**, 288 c
MATTHIAS (apôtre, st) (un des douze apôtres), 275 b
MATTHIAS (évêque), 1157 a
MATTHIEU (apôtre, st), **101 b**
MATTHIEU (apôtre, st) (un des douze apôtres), 275 c
MATTHIEU (apôtre, st), *Évangile* de -, 264 b
MATTHIEU (apôtre, st), *Évangile* de - (rédaction), 266 a
MATTHIEU, voir aussi MATTEO
MATTHIEU, NOËL, voir EMMANUEL, PIERRE
MATULAITIS, JURGIS (bx), 1111 b
MAUBANT, PIERRE, (st), 38 b
MAUD (prénom), 101 c
MAUNOIR, JULIEN, 565 c
MAUR (st), 101 c
MAURIAC, FRANÇOIS, 489 a, 636 a, 653 a
MAURIAC, FRANÇOIS (cit. : nos passions), 796 a
MAURIAC, FRANÇOIS (cit. : recherche de Dieu), 110 b
MAURIAC, FRANÇOIS (*Vie de Jésus*), 684 c
MAURIAC, FRANÇOIS, foi de -, 653 c
MAURICE (st), 101 c
MAURIN, MADO (cit. : l'espérance devant la mort), 892
MAURRAS, CHARLES, 468 b, 469 b
MAURRAS, CHARLES (cit. : politique d'abord), 478 b
MAURRAS, CHARLES, condamnation de - par Pie X 1914, 469 c
MAURRAS, CHARLES, condamnation de - par Pie XI 1926, 478 a
MAUSILLE (sts), 1118 a
Mauvaise conscience, 790 a
Mauvais, le - (nom de démon), 694 c
Mauvais livres, condamnation des - par Pie IX (encycliques), 553 a
MAXELLENDE (ste), 101 c
MAXENCE (empereur), 317 a, 319 a
Maximam gravissimamque (Pie XI), 554 a
MAXIME (st) (cit. : à propos du baptême du Christ), 952 a
MAXIME (st) (cit. : l'Ascension), 922 b
Maxime (st) (cit. : Pâques), 926 c
MAXIME DE RIEZ (st), 101 c
MAXIME LE CONFESSEUR (st), 101 c
MAXIME LE GREC (st), 1112 a
MAXIMIEN (empereur), et le partage de l'empire romain, 317 a
MAXIMILIEN (st), 102 a
MAXIMILIEN KOLBE (st), 35 c, 37 c, **102 a**, 821 a, 1173 a
MAXIMILIEN KOLBE (st), intérêt contemporain pour -, 41 a
MAXIMIN (st), 102 b
Maximum Illud (Benoît XV), 474 b, 477 a, 484 b, 485 c, 554 a
Maximum illud (Benoît XV, extraits), 485
Maya (hindouisme), 144 b
Mayahana, 146 b
MAYER, RUPERT (bx), 1111 a
MAYEUL (st), 96 c
MAYEUR, JEAN-MARIE (cit. : l'anticléricalisme), 471 c
May Flower, 401 c
MAYOL (st), 96 c
MAZARIN, 410 a
Mazdéisme (religion perse), 247 b
MAZENOD, EUGÈNE DE (bx), 36 a
MAZENOD, EUGÈNE DE (bx), et les Oblats de Marie Immaculée, 447 a, 566 b
MAZZINI, 436 a, 436 b
MAZZUCONI, GIOVANNI (bx), 38 b
MCC (Mouvement des Cadres chrétiens), 1099
MC CAREY, 636 b
MCPS (Mouvement chrétien de Professions sociales), 1100 c, 1106 b
Mea culpa, 916 c
MECHTHILDE (stes), 1118 a
MECQUE (LA) (pèlerinage), 143 b, 767 a
Médaille Benemerenti, 1037 a
Médaille miraculeuse, Notre-Dame de la - (pèlerinage), 58 b, 444 a, 444 b, 749 b, 767 b, 770 b, 904 b, 1208 b
Médaille miraculeuse, sainte Catherine Labouré et la -, 58 d
MÉDARD (st), 102 b
Médecine-Man, voir Chamanisme
MEDELLIN, assemblée des évêques d'Amérique latine de -, 508 a, 1195 a
MEDELLIN, conférence de -, 625 b
Medersa, 143 c
Média catholique, don à un -, 1214 c
Médias chrétiens en Italie, 1147 a, 1147 b
Médias et information (pastorale), **1076**, 1198
Médias, formation aux -, 1076 c
Médiateur, 680 b
Mediator Dei (Pie XII), 554 b
MÉDICIS, JEAN DE, voir Léon X (pape), 389
MÉDINE, 142 c
Méditation, 741 a
Méditation orientale, Prière chrétienne et -, 1128 a, 1128 b
Méditation transcendantale, 150 b, 151 c, 1134 a
MEDJUGORJE, 749 c
MÉEN (st), 102 c
MEGIDDO (défaite), 244 b, 246 a
Mein Kampf (Hitler), 480 a, 480 b
MEJ (Mouvement eucharistique des Jeunes), 1058 b, 1088 b, 1088 c
MÉLAN (st), 1118 a
MELANCHTHON, PHILIPPE, 394 a, 395 a
MELANCHTHON, PHILIPPE, et la Confession d'Augsbourg, 391 a, 394 a
MÉLANIE (ste), 102 c
MELCHIOR (mage), 929 b
MELCHIOR DE SAINT AUGUSTIN, 1113 a
MELCHISÉDECH, sacerdoce de -, 556 b, 984 b
MELITON DE SARDES, 771 a
Melkite (rite), 938 c, 939
Melkites, 1016
MELIENT, mademoiselle DE, et la Congrégation Pie IX de l'Immaculée Conception, 566 b
MELOIR (st), 1118 a
MELUN, ARMAND DE, 444 b
MELVILLE, 636 c
Mémento des morts (messe), 919 a
MEMLING, 694 a
Mémoire (notion biblique), 706 a, 966 a, 1163 c, 1164 a
Mémoire chrétienne, **601**, 706 a
Mémoire de l'Alliance (eucharistie), 957 a
Mémoire et approfondissement (cit. de M. Jousse), 600 b
Mémoire et célébration eucharistique, 966 a, 966 b
Mémoire juive, 601, 706 a
Mémoires (calendrier liturgique), 25, 913 b, 913 c
Mémoires ad libitum (calendrier liturgique), 25
Mémorial, 597 a, **706 a**
Mémorial de l'Alliance (eucharistie), 706 a, 957 a
Memorial de Pascal (cit.), 732 b
MENDEL, GREGOR, 692 a
Mendiant, premier ordre - féminin, les Clarisses, 1169 b
Mendiants, ordres - (naissance au XIIIe siècle), 364 a
Meneaux, 642 a
MENEHOULD (ste), 102 c
MENNI, BENOÎT (bx), 38 c
Mennonites, 156 a, 1134 a
Mennonites (origines), 395 c
MENNO SIMONS, 156 a, 395 c
Mensonge, 830 c
Mensonge, interdit du - (commandement), 783 c
Menteur, le - (nom de démon), 694 c
MENTHON (st), BERNARD DE, 56 a
Mer (conception biblique), 256 c, 1164 a
Mer (pastorale en milieu maritime), 1104
MERCEDES DE JÉSUS MOLINA (bse), 38 c
MERCIER (cardinal), 487 b, 585 b
MERCIER (cardinal) et l'œcuménisme, 487 a
MERCOURI, MÉLINA, 663 c
Mercredi, 922 c
Mercredi des cendres, 912 a, 924 a, 924 b
Mère de Miséricorde (mouvement d'aide aux futures mères en difficulté), 1083 b
MÈRE DE STIGNACE et les Filles de la Miséricorde, 566 b
Mère porteuse, 816 a
MÉRIADEC (st), 1118 a
MÉRIMÉE, PROSPER, 639 a
Mérite, 785 b, 785 c
Mérites et récompense divine, 785 b, 785 c
Mérites, jugement selon les -, 522 b, 523 a
MERMIER, PIERRE-MARIE, et les missionnaires de Saint François de Sales, 447 a, 566 b
MERMILLOD (Mgr), 459 a, **461 b**, 766 a
MERMILLOD (Mgr) et le problème social, 855 a
MER MORTE, 219 c
MER MORTE, manuscrits de la -, voir Qumran
Mérovingien, art -, 637 b
Mérovingiens, avènement des -, 332 a, 333
Mérovingiens, décadence des -, 339 a
MER ROUGE, traversée de la - par les Hébreux, 228 c
MERRY DEL VAL (cardinal), 466 a
MERRY DEL VAL (cardinal) et *L'Action française*, 469 c
MERRY ou MERRI (st), 103 a
MERTEN, BIANOINE (bse), 1111 c
MERTON, THOMAS (cit. : solitude et générosité), 50 c
MESINA, ANTONIA (bse), 1111 b
MESNIL-SAINT-LOUP, 756 c
MÉSOPOTAMIE (berceau de la Chaldée), 218 b
MÉSOPOTAMIE (pays de la *Bible*), 217 a
MÉSOPOTAMIE, UR, 220 a
Message de Jésus, 273 b
Message de Lourdes, 770 a
Message et Évangile, 597 b
Message évangélique et cultures humaines, 571 b, 571 c
Message évangélique et vie sociale, 858 c
Messalisants (typologie religieuse française), 203 a
Messe, 62, 63, 64, **65**, **955 a**, **955 b**, 959
Messe (bref schéma), 955 a
Messe (cas d'assistance impossible), 964 a
Messe (divers noms), 970 a
Messe (doctrine du concile de Trente), 407 a
Messe (encycl. *Mysterium fidei* Paul VI), 554 c
Messe (fréquentation en France), 189
Messe (intentions particulières), 964 b
Messe (lieu de célébration), 930 a, 930 b
Messe (origine du mot), 955 b
Messe (réforme liturgique Vatican II), 503 b, 907
Messe (sacrifice du Christ), **524 b, 525 a**

Messe de minuit, 928 a
Messe, la - et la Cène, **966**, 967 c
Messe quotidienne du prêtre, 985 c
Messe selon rite de Saint Pie V ou de Paul VI ?, 967 a, 967 b
Messe selon rite de Paul VI, Mgr., Lefebvre et la -, 967 a, 967 b, 1174
Messe selon rite de saint Pie V, 967 a, 967 b
Messe selon rite de saint Pie V, Jean Paul II et la -, 967 a, 967 b
Messe votive (définition), 936 b
Messe, structure de la -, **959 a**
Messe, voir aussi Eucharistie, Communion,
MESSIAEN, OLIVIER, opéra *Saint François d'Assise*, 73 b
Messianisme, 141 b
Messianisme et mémoire juive, 601 b
Messie (sens du mot), **610 a**
Messie, attente du - d'Israël, 264 a
Messie, attente du - par les juifs, 601 a
Messie, Marie et le -, 898 a
Messieurs de Port-Royal, 413 a, 415b a
Messie, voir aussi Rois d'Israël, 239 a
Métanie, 942 c
Métanoia, 712 c, 1134 a
Métaphysique, 671 c
Métaphysique (définition), 672 c
Métapsychique, 536 b
Métempsycose, 895 a
MÉTHODE (st), **103 a**
MÉTHODE (st) et saint Cyrille de Thessalonique, 63 a
MÉTHODE (st), évangélisateur des Slaves, 337 a
MÉTHODE (st), onzième centenaire de - (1985), 102
MÉTHODE, de Thessalonique (st) (évangélisateur des Slaves), 565 a
MÉTHODE ET CYRILLE (st) (lettre à l'occasion du millénaire du baptême de la Rus' de Kiev, cit. de Jean-Paul II), 1155 b, 1155 c
MÉTHODE ET CYRILLE (st) (lettre à l'occasion du onzième centenaire de leur œuvre d'évangélisation, cit. de Jean-Paul II), 1157 b, 1157 c
MÉTHODE ET CYRILLE (st), et l'évangélisation des Slaves, 371
Méthodistes, 156 c
Méthodistes (données numériques, monde), 157 a
Métiers et saints patrons, 43 b, 43 c
METOUSHELAH (MATHUSALEM), 221 c
Métropolitain (évêque), 995 a, 995 b
Métropolite, 155 c, 1018 a
METZ (diocèse) (nominations épiscopales), 991 b, 1033 b
Meurtre dans la cathédrale (pièce de T. Eliot sur saint Thomas Becket), 119 c
Meurtre symbolique et mort du Christ, 705 a
MFR (Mouvement familial rural), 493 a, 1104 a
MIAMSI (Mouvement international d'Apostolat en Milieux sociaux indépendants), 1105 c, 1121 a
MICHAËL, ou MIKAËL, MIKHAËL (archange) ; voir Michel
MICHÉE, 244 b, 245 a, **246 b**
MICHEL (archange), ou MICHAËL, ou MIKAËL, ou MIKHAËL, 103 b, 693 b
MICHEL (archange) (envoyé, cit. de saint Grégoire le G.), 103 b
MICHEL (archange) (sens du nom), 254 b, 693 b, 694 b
MICHEL III (empereur), et la querelle photienne, 375 a, 375 c
MICHEL III (empereur), et le culte des images, 374 a
MICHEL VIII PALÉOLOGUE (empereur), 360 b, 370 a, 388 a
MICHEL-ANGE, 646 c, 1022 b
MICHEL-ANGE et Paul III, 404 b
MICHEL-ANGE et l'uniforme de la garde suisse (Vatican), 1038 b
MICHEL CÉRULAIRE, voir CÉRULAIRE
MICHEL GARICOÏTS (st), 103 c, 566 b, 763 a
MICHELE RUA (bx), 35 c
MICHELET, EDMOND, 129 c
MICHELET, JULES, 366 a
MICHELOTTI, ANNA, (ste), 36 b
MICHONNEAU (abbé), 495 b, 1062 a
MICHONNEAU (abbé) (missel), 663 a
MICHONNEAU (abbé) (paroisse et mission, cit.), 493 b
MICIAC (Mouvement des Ingénieurs et Chefs d'Industrie d'Action catholique), 484 b
MIESZKO, 1156 a
MIGNE (abbé) et les Pères de l'Église, 314 a
MIGNE (abbé) et *L'Univers*, 456 b
Migrants, délégué diocésain aux -, 1095 c
Migrants, missions catholiques en France par pays d'origine, 1095 a, 1095 b
Migrants, pastorale des -, 1094
MIGUEL FEBRES CORDERO (st), 36 c, 38 b
MIHIEL (st), 103 c
Mihrab, 143 c
MIJARC (Mouvement international de la Jeunesse agricole et rurale catholique), 1104 c
MIKAL, 239 a
MIKAËL, voir Michel
MILCENT, PAUL (cit. : école française de spiritualité), 761 c
Milice de N S J C, 1037 a
Milice dorée, 1037 a
Milieu du jour (office), 941 c
Milieu maritime (pastorale), 1104
Milieu ouvrier (pastorale), 1101
Milieu rural (pastorale), 1104
Milieux indépendants (pastorale), 1105
Milieux militaires (pastorale), 1100
Milieux sociaux (pastorale), 1101
Militaires, l'Église et les -, 872 a, 872 b
Militaires, milieux - (pastorale), 1100
Militaires, pèlerinages -, 769 c
MILLE, CECIL B. DE, 636 b
MILLE, CÉCILE, 770 b
Millénarisme, 1134 a
MILLERET, MARIE-EUGÉNIE, (bse), 35 c
MILLER, WILLIAM, 150 c
MILTIADE ou MELCHIADE (st), pape, 514 a
MINDAUGAS (grand-duc), 1156 c
MINDSZENTY (cardinal), 496 a, 507 a, 509 b
Minimes (saint FRANÇOIS DE PAULE), 73 c
Ministère (conception protestante), 157 c
Ministère (convergences, divergences entre confessions chrétiennes), 163
Ministère des prêtres (décret *Presbyterorum Ordinis*, Vatican II), 505 c
Ministères dans l'Église primitive, 289 c
Ministères dans l'Église selon Luther, 391 b
Ministères institués, 558 b, 558 c
Ministères ordonnés (droit canon, cit.), 558 a
Ministeria quaedam (Paul VI), 937 c
Ministre de la confirmation, 953 a, 953 b
Ministre ordinaire de la confirmation (Vatican II), 953 b
Ministre institué, 200 b
Ministres catholiques ordonnés (évêques, prêtres, diacres : effectifs mondiaux), 1044 a
Minitel et l'information religieuse, 1201 a, 1205
MIRABEAU et la franc-maçonnerie, 420 b
Mirabile illud (Pie XII), 554 b
Miracle (drame religieux), 345 b
Miracle de Fatima, Le - (film), 635 c
Miracle de saint Janvier, voir JANVIER (st)
Miracles de Jésus-Christ, 272, 608 a
Miracles, les catholiques et les -, 1137 b, 1137 c
Miracles retenus pour béatification et canonisation, 32 a
Miranda prorsus (Pie XII), 553 c
Mirari vos (Grégoire XVI), 442 a, 443 b, 553 b
Mirari vos (Grégoire XVI) (extraits), 443 a, 443 b, 443 c
MIREILLE (prénom), 103 c
MIRYAM (prophétesse), 231
Miserentissimus Redemptor (Pie XI), 554 b
Miséricorde, 827
Miséricorde (stalles), 639 c
Miséricorde de Dieu (texte biblique Ex 36, 6-7), 254 c
Miséricorde et aumône, 828 c
Miséricordieux (Dieu), 714 a
Mishna, 141 a, 214 b
Missa est, 955 b
Missel, 934 b, 934 c, 935 b
Missel (réforme Saint Pie V), 907 a
Mission (cit. des évêques de France), 567 a, 567 b
Mission (*Evangelii nuntiandi*, Paul VI), **574 a, 574 b**
Mission (film), 411 c
Mission (petite histoire), **565**
Mission (sens général), 566 a
Mission (universalité) (cit. évêques français), 567 a
Mission chrétienne européenne, 1134 a
Mission de France (fondation, 1941), 492 a, 494 b, 567 a
Mission de France (séminaire), 1047 c
Mission de France, 1102
Mission de France, don à la -, 1214 a
Mission de France, Pie XII et la -, 495 a
Mission de la Lumière divine, voir Guru Maharaj Ji
Mission de la mer, 1014 a, 1104 c
Mission de l'Église, **563**
Mission de l'Église (cit.), 567 c
Mission de l'Église et Esprit-Saint (Jean-Paul II), 687 c
Mission de l'Église et laïcat, 549 c
Mission de Paris, 1102 a
Mission de Paris, (création, 1944), 492 a, 494 b
Mission du Christ rédempteur, voir *Redemptoris Missio* (encycl.)
Mission et communauté chrétienne, 538 c
Mission et paroisse (cit. de Jean-Paul II), 546 b
Mission, Éducation et Témoignage, 160
Mission étudiante, 1091 c
Mission extérieure, 566 a
Mission intérieure, 566 a
Mission messianique, 1134 a
Mission ouvrière, 1103 a
Mission ouvrière (création, 1954), 495 a, 496 a
Mission ouvrière, don à la -, 1212 b
Mission populaire française, 1134 a
Mission rivière 1014 a
Mission Saint-Pierre et Saint-Paul à Marseille, 1102 a
Mission, voir aussi Évangélisation, Missions
Missionnaires à l'étranger (liste), 1196 c
Missionnaires d'Afrique (Pères Blancs), 474 c, 565 c, 566 c, 763 b
Missionnaires dans l'Église primitive, 289 b
Missionnaires de la Charité, voir Sœurs missionnaires de la Charité
Missionnaires de Saint François de Sales (fondation), 447 a, 566 b
Missionnaires du Précieux-Sang (st GASPARD DEL BUFALO), 75 b
Missionnaires du Sacré-Cœur de Jésus (fondation), 566 b
Missionnaires du Sacré-Cœur d'Issoudum, 1196 c
Missionnaires Notre-Dame d'Afrique, voir Sœurs Blanches
Missionnaires, Sœurs - de la Société de Marie, 763 a
Missions (Bureau d'information missionnaire, BIM), 1071 b
Missions (Centre d'information missionnaire, CIM), 1071 b
Missions (commission épiscopale), 1071 a
Missions (Conseil national missionnaire, CNM), 1071 a
Missions (décret *Ad Gentes* Vatican II), 505 b
Missions (délégué diocésain à la coopération missionnaire), 1070 c
Missions (*Evangelii nuntiandi*, Paul VI), 574 a, 574 b
Missions (*Evangelii praecones*, Pie XII), 554 b
Missions (*Fidei donum*, Pie XII), 554 c, 564 b
Missions (*Fidei donum*, Pie XIII), 554 c, 564 b
Missions (*Maximum illud*, Benoît XV), 554 a
Missions (Œuvres pontificales missionnaires, OPM), 1070
Missions (organisation des OPM, Œuvres Pontificales Missionnaires) en France, 1070 c
Missions (prêtres *Fidei donum*), 1071 a
Missions (*Rerum Ecclesiae*, Pie XI), 554 b
Missions (secrétariat national), 1071 a
Missions (tradition missionnaire française), 1069 a
Missions africaines de Lyon, Société des -, 565 c
Missions africaines de Lyon, Société des - (fondation), 566 b
Missions au XXe siècle (clergé autochtone, encyc. *Maximum illud*, Benoît XV et *Rerum Ecclesiae*, Pie XI), 485
Missions aux XVIe-XVIIe siècles, 410 a

Missions dans la première moitié du XIXe siècle, 438 a
Missions dans la seconde moitié du XIXe siècle, 474 a
Missions en Afrique au XIXe siècle, 474 a, 474 c
Missions en Chine au XXe siècle, 485 a, 508 b, 509 a
Missions entre les deux guerres mondiales, 484 b
Missions et jeunes Églises, 484 b
Missions et Mission de l'Église, 563
Missions étrangères de Paris, 565 c
Missions étrangères de Paris (fondation), 566 b
Missions : fondation de la Congrégation pour la propagation de la foi, **412 b**
Missions intérieures, Centre pastoral des - (CPMI), 494 a
Missions intérieures et extérieures (instituts religieux), 566 b
Missions jésuites en Amérique latine au XVIIe siècle, 411
Missions jésuites en Asie aux XVIe-XVIIIe siècles, 411
Missions, organisations d'aide aux - (adresses), 1211 c
Missions, pastorale des -, **1069**
Mit brennender Sorge (Pie XI), 480 b, 481 b, 554 b, 830 b
Mit brennender Sorge (Pie XI, extrait), 481 b
Mit brennender Sorge (Pie XI, vraie foi en Dieu), 666 b
Mitre, 933 a, 933 b
MITRE (st), 103 c
MITTERRAND, FRANÇOIS, et le Parti Socialiste, 843 c
Mitzvoth, 140 b, 141 a, 141 c
Moab, 220 a
Moabites, 219 a, 220 a
MODÉRAN (st), 1118 a
Modérateur paroissial, 1009 c
Modérateurs concile Vatican II, 500 b
Moderne, théologie -, 626
Modernisme, **466 a**
Modernisme (cit. : E. Poulat), 467 a, 467 b
Modernisme (condamnation, *Lamentabili* par Saint-Office), 467 c
Modernisme (condamnation, *Pascendi* par Pie X), 467 c, 553 c
Modernisme, Laberthonnière dans la crise du -, 631 a
Modernisme, Lagrange et la crise du -, 468 a
Modernisme, Loisy et le -, 466 b
Modernité, foi et -, 611 b
Modernité, la - et la mort, 886 b
Modernité, paternité divine et - (cit. de Lustiger), 676 a
Modes de vie, les évêques français et les -, 834
MODESTE (st), 103 c
Mœurs, 780 c
Mohel, 141 c
MÖHLER, 442 a
Moi, le -, 723 b
Moine (célibat), 986 a
Moine (définition), 330 c, 1055 c
Moine bouddhiste, 147 b
Moines en France (liste), 1196 a
Moines-chevaliers, 347 b, 360 b
MOÏSE, **228**
MOÏSE DE LÉON, 216 a
MOÏSE et Israëlites (cantique) *(Exode)*, 231
MOLANDER, 636 a
MOLAS Y VALLVE, MARIA ROSA (ste), 36 b, 1113 a
MOLAY, JACQUES DE, 380 a
MOLESME (abbaye), 754 b
MOLINA, MERCEDES DE JÉSUS (bse), 38 c
MOLINOS, 416 b, 418 a
MOLTMANN, JÜRGEN, 624 b, 632 b, 685 c
Monachisme, 330 c, 1050 b, 1055 c
Monachisme (origine), 752 a
Monachisme à ses origines et désert, 328 a
Monachisme cénobitique, naissance et développement du -, 328 a, 329 a
Monachisme chrétien, naissance du -, 327 a
Monachisme d'Occident et saint Benoît de Nursie, 335 b
Monachisme en Gaule, développement du -, 330 a, 330 b
Monachisme féminin, naissance du -, 328 a
Monachisme, naissance et développement du - du IIIe au VIe siècle, 328 a, 329
Monachisme orthodoxe, Mont Athos, 155 b
Monachisme, renouveau du - aux Xe-XIe siècles, 348 a, 348 b, 349 a
Monachisme, saint Antoine le Grand et le -, 50 b
Monachisme, saint Basile et le -, 53 c
MONACIUS FELIX, 310 a
MONACO (géographie chrétienne), 1148 a
Monarchie de droit divin, théorie et -, 417 b
Monarchie de Juillet, 437 a
Monarchie, Restauration en France (1814), 436 a
Monastère (définition), 330 c, 1055 c
Monastère ou maison religieuse, don au -, 1214 b
Monastères (retraite spirituelle), 737 b
MONCHANIN, JULES (abbé), 145 a, 145 b, 631 c
Monde à venir, voir Église Universelle de Dieu
Monde et Esprit-Saint selon Vatican II, 686 c
Monde et homme, relation (spiritualité chrétienne orientale), 154 c
Monde moderne, aimer le -, 571 a
Monde moderne, caractères et mutations du - (analyse *Gaudium et Spes*), 854 b
Monde, ordre du - (miracle, cit. de Einstein), 529 b
Monde, sens du -, 905 a
MONET, CLAUDE, 694 a
Moniale (définition), 1055 c
Moniales (effectifs en France), 1054 c
Moniales en France (liste), 1196 a
Moniales, ordres de -, 754 b
MONIQUE (ste), 103 c
Monisme (définition), 534 a
Monition, 957 c
Monnaie du Vatican, 1038 b
MONNET, LOUISE, 1120 c, 1121 a
MONOD, JACQUES (cit. : l'homme, produit du hasard), 689 a
MONOD, JACQUES, et l'existence de Dieu, 531 a
Monogamie, 819 a
Monogénisme, 691 a
Monophylétisme, 691 a
Monophysisme, **324 a**
Monophysisme (compromis d'Acace), 372 b
Monophysisme (tentative compromis de Sergius) (monothélisme), 373 b
Monophysisme et Jésus-Christ, 681 a
Monophysisme, l'école d'Alexandrie et le -, 314 c
Monophysisme, le pape saint Léon Ier le Grand et le -, 93 b, 324
Monophysites (Églises) (autonomie), 583 a, 585 b
Monophysites (Églises) (origine), 152 b
Monophysites (Églises) aujourd'hui, 152 c, 153 a, 153 b, 324 c
Monothéisme, 373 a, 373 b
Monothéisme (définition), **531 c**
Monothéisme dans le fait religieux, 137 b
Monothéisme moral d'Israël, 254 a
Monothéisme, saint Agathon (pape) et le -, 46 a
MONREALE (cathédrale), 802 a, 802 c
MONSABRÉ (père), 563 b
Monsieur Vincent (film), 123 a, 635 c
Monsignori, 1008 a
MONSSELLE, 636 a
Monstrance (ostensoir), 932 a
Montagne (symbolisme biblique), 235 b
Montagne, sermon sur la -, 274 b
MONTAIGNAC DE CHAUVANCE, LOUISE THÉRÈSE DE (bse), 1113 c
MONTALEMBERT, **446 a, 446 b**
MONTALEMBERT et le gallicanisme, 445 b
MONTALEMBERT et le libéralisme catholique, 437 a, 442 a, 456 b
MONTALEMBERT et le parti de l'ordre, 454 b
MONTAN, 312 a, 313 c
Montanisme, 313 c, 541 c
MONT-CASSIN (abbaye), 756 b
MONT-CASSIN (abbaye) et saint Benoît, 335 b
MONT-CÉSAR (abbaye) et la liturgie, 907 a
MONTCHEUIL, YVES DE, 632 b
MONTCHEUIL, YVES DE (cit. L'épouse sans tache), 541 c
MONTEAGUDO, ANA DE LOS ANGELES (bse), 38 c
MONTE CORINO, JEAN DE, 565 b
MONTÉNÉGRO (géographie chrétienne), 1148 a
MONTESQUIEU, 421 a, 422 a
MONTEVERDI, GABRIEL, 660 b
Montfavet, Église Universelle du Christ de -, 1134 a
MONTFORT (GRIGNION DE), voir LOUIS-MARIE GRIGNION DE MONTFORT
MONTFORT, SIMON DE, 362 a
Montfortains (Compagnie de Marie) (fondation), 566 b
Montfortains (saint LOUIS-MARIE GRIGNION DE MONTFORT), 95 a
MONTHERLANT, HENRI DE, 654 a
MONTHERLANT, HENRI DE (cit. : la femme et l'homme), 811 c
MONTINI (cardinal), 500 b
MONTINI (cardinal) et *Gaudium et Spes*, 854 b
MONTLIGEON, Notre-Dame de - (pèlerinage), 770, 1208 b
MONTMARTRE (pèlerinage), 748 c, 1208 b
MONTMARTRE, basilique du Sacré-Cœur de -, 639 a
MONTMARTRE, basilique Sacré-Cœur de - (loi 1873), 462 b, 464 b
MONTMORENCY-LAVAL, FRANÇOIS DE, (bx), 37 a
MONT-OLIVET (abbaye), 756 c
Montre-moi donc ton Dieu (cit. de saint Augustin), 692 b, 692 c
MONT SAINT AIGNAN, voir Chapelle Sainte-Marie
MONT-SAINT-MICHEL (pèlerinage), 767 c, 1208 b
MONT-SAINT-MICHEL et le XIIIe siècle, 358 a
MONT-SAINT-ODILE (pèlerinage), 1208 c
MONTSÉGUR, 362 b
Monuments de la tradition (théologie), 600 a
Moon, 150 b, 151 a, 151 b, 1134 a, 1134 c
Moral (jugement), **779**
Moral (l'homme) et l'homme évangélique (cit. de B. Quelquejeu), 777 b
Morale, **780**
Morale (formation, texte Jean-Paul II), 581 b
Morale (théologie), 626
Morale chrétienne, **773 a, 791 a, 792 a**
Morale chrétienne (fondements), **715 a**
Morale chrétienne, application de la - jugée par le synode extraordinaire, 513 a
Morale chrétienne et alcoolisme, 820 c
Morale chrétienne, observance de la - en France et en Europe, 187
Morale de liberté, 828 a
Morale de situation, 795 c
Morale des affaires, 846 b
Morale des affaires (profit), 850 a
Morale du devoir, 784 a
Morale du plaisir, 784 a
Morale et droit, 781
Morale et éthique, 779 c
Morale et intention, 790 b, 790 c
Morale et psychanalyse, 722 c
Morale et régulation des naissances, 815 b, 815 c
Morale et science, 619 b
Morale naturelle et déisme, 420 b
Morale naturelle et J. -J. Rousseau, 421 b
Morale naturelle selon philosophes du XVIIIe siècle, 422 a
Morale sexuelle et conjugale (états d'esprit France), 187, 188
Morale sexuelle et conjugale selon l'Église, 801 b
Morale sexuelle et mariage (sens), 975 b
Morale sociale chrétienne (encyc. Jean-Paul II), 856 c
Morale sociale chrétienne, voir Doctrine sociale, Enseignement social, Question sociale
Moralisme, 796 a
Moralité publique, bien commun et -, 853 c
MORAND (st), 104 a
MORÉ, chêne de - et Abraham, 226 c
MOREAU, LOUIS-ZÉPHYRIN (bx), 1111 b
MORENDO DIAZ, EZEQUIEL, (bx), 36 b
MORE, THOMAS, voir THOMAS MORE
MORETTI, 636 c
MORGAN (st), 1118 a
MORIC, Bienheureux - (st), 1118 a

Morisques, 1169 c
Mormons, 150 b, 151 a, 151 b, 1134 c
Mormons en France, 183 b
Mormons réorganisés, 1134 c
MOROSINI, PIERINA (bse), 1111 b
Mort, **893**
Mort (bonne), saint Joseph et la -, 920 c
Mort (cit. de sainte Thérèse d'Avila), 117 a
Mort (euthanasie), 821
Mort (sens biblique), 1164 a, 1164 b
Mortalium animos (Pie XI), 487 a, 487 b, 488 b
Mort de Jésus, 281, 284 a
Mort de Jésus-Christ et le salut des hommes, 695 a, 704, 705
Mort et immortalité, 893 a, 893 b
Mort et résurrection (cit. de Lustiger), 678 c
Mortification (définition), 735 b
Mort, l'amour plus fort que la -, 699 a
Mort, la seconde -, 893 b
Mort, l'Église et le chrétien devant la -, 886 b
Mort, Expériences aux frontières de la -, 1135 a
Mort, peine de -, 869 b, 869 c
Mort, préparation à la -, 981
Mort prochaine et sens de la vie, 711 c
Mort sans baptême, 948 a
Morts, jour des -, 919 a, 919 b
Mort, vie après la -, 709 a, 890 a
Mosaïques, 643 a
MOSCATI, GIUSEPPE (st), 36 b
MOSELLE, régime concordataire, 1033 a, 1033 b
Mosette (ou mozette), 933 a, 933 c
Mosquée, 143 c
Mosquées en France, 179 c
Mostar, voir Medjugorje
Moteur premier (définition), 673 c
Motu proprio, 560 a, 1020 a, 1173 c
MOULIN, LÉON, 879 b
Moulin mystique (Moïse et saint Paul), 526 b
MOUNIER, EMMANUEL, **633 a**
MOUNIER, EMMANUEL (cit. : le chrétien et la force), 825
MOUNIER, EMMANUEL, et Congar, 628 b
MOUNIER, EMMANUEL, et *Esprit*, 489 a
MOUNIER, EMMANUEL, et Maritain, 632 b
Mourants (statut social), 821 c
Mourants, accompagnement des -, 886 b, 889, 981, 981 c
Mourir dignement, 821 a
Mouvement canonial aux Xe-XIe siècles, 352 c
Mouvement catholique des Gitans et des Gens du voyage, 1109 a
Mouvement chrétien des Femmes séparées ou divorcées, 817 b
Mouvement chrétien des PTT, 1100 c
Mouvement chrétien des Professions sociales (MCPS), 1100 c, 1106 b
Mouvement chrétien des Retraités (Vie montante), 1058 c
Mouvement chrétien de Veufs, 1082 c
Mouvement communal au Moyen Age, 347 a, 356 a
Mouvement des Cadres chrétiens (MCC), 1099
Mouvement des Ingénieurs et Chefs d'Industrie d'Action catholique (MICIAC), 484 b
Mouvement d'Oxford, 439 a, 439 b
Mouvement eucharistique des Jeunes (MEJ), 1058 b, 1088 b, 1088 c
Mouvement familial rural (MFR), 493 a, 1104 a
Mouvement international d'Apostolat en Milieux sociaux indépendants (MIAMSI), 1105 c, 1121 a
Mouvement international de la Jeunesse agricole et rurale catholique (MIJARC), 1104 c
Mouvement messianique, 601 b
Mouvement missionnaire intérieur laïque, 1134 c
Mouvement mondial des Travailleurs chrétiens (MMTC), 1102 a
Mouvement mystique rhénan au XIVe siècle, 387 a
Mouvement nouvelle civilisation, 1134 c
Mouvement paix intérieure, 1134 c
Mouvement populaire des Familles (MPF), 493 a
Mouvement rural de la Jeunesse chrétienne (MRJC), 1088 b, **1104 b, 1104 c**
Mouvement rural de la Jeunesse chrétienne (MRJC) et les salariés du tourisme, 1092 c
Mouvements catholiques d'Action sociale, 1093
Mouvements catholiques de Jeunes, 1088 b, 1088 c
Mouvements catholiques de Laïcs en France (adresses), 1211, 1212
Mouvements catholiques de Malades et Handicapés, 1106 c
Mouvements catholiques s'adressant aux professionnels de la Santé, 1106 a
Mouvements d'accueil des Étrangers, 1094
Mouvements d'Action catholique adultes (développement 1945-1960), 493 a
Mouvements d'Action catholique en Milieu indépendants, 1105 b
Mouvements d'Action catholique en Milieu maritime, 1104 b
Mouvements d'Action catholique en Milieu ouvrier, 1102
Mouvements d'Action catholique en Milieu rural, 1104, 1105
Mouvements d'Action catholique générale, 1064, 1065
Mouvements d'Action catholique spécialisée de Jeunesse chrétienne, naissance, 483 a
Mouvements de Chrétiens engagés dans la Vie professionnelle, 1099
Mouvements de Spiritualité pour les Femmes séparées ou divorcées, 1058 c
Mouvements de Spiritualité pour les Foyers, 1058 c
Mouvements de Spiritualité pour les Jeunes, 1058 b, 1058 c, 1088 c
Mouvements de Spiritualité pour les Malades et Handicapés, 1058 c
Mouvements de Spiritualité pour les Retraités et le Troisième âge, 1058 c
Mouvements de Spiritualité pour les Veufs, 1082 c
Mouvements de Spiritualité pour les Veuves, 1058 c, **1059 c**
Mouvements et groupes à visée spirituelle, 1125 à 1137
Mouvements et Organisations catholiques pour la Famille, 1082 b, 1082 c
Mouvements laïcs de Spiritualité, 1057
Mouvements pour Jésus, les -, voir Enfants de Dieu, Teen Challenge
Mouvement tractarien, voir Mouvement d'Oxford
Mouvement universel pour la révolution spirituelle, voir Moon
MOYENMOUTIER, HUMBERT DE (cardinal), 350 b
MOYEN-ORIENT (catholicisme première moitié du XIXe siècle), 440 b
Moyens de communication sociale (décret *Inter mirifica*, Vatican II), 505 a
Mozarabe (rite), 938 a, 939
MOZART, 660 c
MOZART (*Requiem*), 919 b
MP (Malesherbes Publication) (serveur télématique d'informations religieuses), 1207 b
MPF (Mouvement Populaire des Familles), 493 a
MRJC (Mouvement rural de la Jeunesse chrétienne), 1088 b, **1104 b, 1104 c**
MRJC (Mouvement rural de la Jeunesse chrétienne) et les salariés du tourisme, 1092 c
MRP (Mouvement Républicain Populaire), 469 b
MRP (Mouvement Républicain Populaire) et Robert Schuman, 131 c
Muezzin, 143 c
Mulieris dignitatem, Jean-Paul II, 1186 b, 1186 c, 1187, 1188 a
MULLIGAN, 636 a
MUN, ALBERT DE, 445 a, **458 a**
MUN, ALBERT DE, et le problème social, 855 a
MUN, ALBERT DE, et les cercles catholiques d'ouvriers, 459 a, 1101 a
Munificentissimus Deus (Pie XII), 554 b, 904 a
MÜNSTER (théocratie baptiste), 395 c
MÜNZER, 366 a
Mur des lamentations et le Temple de Jérusalem, 262 c
MURET, bataille de - (1213), 362 a
MURIALDO, LEONARDO (st), 35 b
MURIEL (prénom), 104 a
MURRI (abbé), 460 a, 473 b
Murs (architecture), 641 a
Musées du Vatican, 1039
Musica, 660 a
Musica armonica, 660 a
Musica composita, 660 b
Musica mensurabilis, 660 a
Musica organica, 660 a
Musica plana, 660 a
Musica practica, 660 b
Musica rythmica, 660 a
Musica simplex vel civilis, 660 b
Musicae sacrae disciplina (Pie XII), 554 c
Musique (liturgie), 662 a, 662 b
Musique, concile de Trente et la -, 661 a
Musique d'Église, 660, 661, 662, 915 b, 1062 c
Musique et liturgie 1945-1985, 663 a, 663 b
Musique liturgique (commission diocésaine), 1063 a, 1063 b
Musique liturgique, voir aussi Musique sacrée, 1063 a, 1063 b
Musique profane, 660 c
Musique sacrée, 660, 661, 662, 915 b, 1062 c
Musique sacrée (discographie), 661 b
Musique sacrée (liturgie, selon réforme Vatican II), 915 b
Musique sacrée, évolution historique du vocabulaire de la -, 660 c
Musique sacrée, Union fédérale française de la - (UFFMS), 1062 c
Musique sacrée, voir aussi Musique liturgique, 1062 c
MUSSOLINI et l'Action catholique (réaction de Pie XI, *Non abbiamo bisogno*), 554 b
MUSSOLINI et le fascisme, **479 a**
MUSSOLINI et les accords du Latran, 452 b
MUSSOLINI, Pie XI et -, 479 b
Musulman (calendrier), 910 b
Musulman, voir aussi Islam
Musulmans (France), 176, 178
Musulmans et Jérusalem, 240 c
MUTIEN, MARIE, (frère, st), 663 a
MUTTATHUP ANDATHU, ALPHONSA (bse), 40 a
Mutuelle Saint-Christophe, don à la -, 1212 c
Mutuelle Saint-Martin, 1043 c
Mutuelle Saint-Martin, don à la -, 1212 c
MYANS (pèlerinage), 1208 c
MYRIAM (prénom), 104 a
Myron, 953 a
MYRTILLE (prénom), 104 a
Mysoginie juive au temps du Christ, 727 a
Mysogine, saint Paul était-il - ?, 728 a
Mystagogie (définition), 946 b
Mystère, **594 b**, **595**
Mystère (drame religieux), 345 b, 659 a
Mystère de Dieu, 666 a, 668 a
Mystère de Dieu révélé par Jésus-Christ, 276 a
Mystère de l'Église, 541 a, 541 b
Mystère des Saints Innocents (*Le*) (Péguy), 654 b
Mystère et sacrement, 582 a
Mystères du salut (méditation durant le chapelet), 745 a
Mystères, les - (désignation de l'eucharistie), 955 b
Mysterium (sens biblique), 906 a
Mysterium fidei (Paul VI), 554 c
Mystici Corporis (Pie XII), 554 b
Mystique, 543 c, **738**
Mystique (illumination), 739 a, 739 b
Mystique (mariage), 739 b
Mythe, 615 a
Mythe (religions traditionnelles), 149 b
Mythologie, 614 c

- N -

NABOR (st), 104 a
NABUCHODONOSOR, 246 a
NABUCHODONOSOR (*Lamentations de Jérémie*),246 a
NABUCHODONOSOR et Babylone, 246 c
NAGASAKI, martyrs de - (sts), 37 a, 37 b, 1111 c
NAHOUM, 244 b, 245 a, 246 b
NAÏM, 263 c
NANCY (prénom), 104 a
NAPLOUSE, 238 c
NAPOLÉON BONAPARTE (coup d'État 18 brumaire), 429 a

NAPOLÉON BONAPARTE et la paroisse, 545 b
NAPOLÉON BONAPARTE et la religion (cit.), 429 b
NAPOLÉON BONAPARTE et le catéchisme, 577 b
NAPOLÉON BONAPARTE et l'Église, **429 a**, 430 a
NAPOLÉON BONAPARTE et les fêtes d'obligation chômées, 910 b
NAPOLÉON BONAPARTE et PIE VII (pape), 434 a
NAPOLÉON BONAPARTE, mariages de - et l'Église, 979 b, 979 c
NAPOLÉON III et l'Église, 454 b
NAPOLÉON III et l'unité italienne, 452 a
NARBONNE, concile de - (1054), 1194 b
NARBONNE, concile de - (1054) (Trêve de Dieu), 346 b
NARBONNE, PIERRE DE (st), 35 c
NARCISSE (st), 104 a
Narconon, voir Scientologie
Narthex, 640 c
NASCINBENI, GIUSEPPE (bx), 1111 c
NATAN (ou NATHAN), 244 a
NATHALIE ou NATALIE (ste), 104 a
NATHAN (prophétie à David, 2 Sm), 790 c
NATHANAËL, voir st BARTHÉLÉMY
National-socialisme, **480 a**, **480 b**, 490 a
National-socialisme, appel de Pie XI à résister au - *(Mit brennender Sorge)* , 554 b
National-socialisme, condamnation du - par Pie XI, **481 b**
Nationalisation, conditions de légitimité de -, 851 c
Nationalisation des biens ecclésiastiques (1789), 424 a
Nationalisation des biens ecclésiastiques (1905), 472 a
Nationalisation et subsidiarité, 858 b
Nationalisme, **883 c**
Nationalisme et accueil de l'étranger, 867 a
Nationalisme intégral, condamnation du - par Pie X, 469 c
Nationalisme intégral, condamnation du - par Pie XI, 478 a
Nationalismes, résurgence de - exacerbés (cit. de Mgr Tauran), 1179 b, 1179 c
Nativité de la Vierge (fête), 27 a
Nativité du Christ, 98 b, 269 b, 270 a ; voir aussi Noël
Nativité du Christ (date), 928 b, 928 c
Nativité du Christ (fête), voir Noël
Naturalisme, 796 b, 796 c
Naturalisme, condamnation du - par Léon XIII (*Libertas praestantissimum*), 553 c
Nature (concept), 719 a, 719 b
Nature dans vocabulaire chrétien, 719 a, 719 b
Nature de l'homme (spiritualité chrétienne orientale), 154 c
Nature divine, 668 a, 670 a
Nature humaine blessée par le péché originel, 523 a
Nature, la - divinisée (panthéisme), 531 c
Naturelle, loi -, 784
Natures divine et humaine en Jésus-Christ, 321 b, 321 c
Natures divine et humaine en Jésus-Christ (controverses nestorienne et monophysite), 322 a
Naturisme, 832 a, 832 b
NAUDET (abbé), 463 c
NAZAIRE (st), 104 a
NAZARETH, 271 a
NAZARETH (spiritualité), 760 c
Nazarin (film), 636 c
Nazisme, voir National-socialisme
NDE (Near Dealk Experiments), 1135 a
Néant et l'Absolu, 717 b
NEAPOLIS, 238 c
NECTAIRE (st), 104 a
Né de la Vierge Marie (*Symbole des apôtres*, commentaire), 524 b
NÉDONCELLE, MAURICE, 633 a
Nef, 640 b
NEGEB, désert du - (l'Exode), 228
Négligence, 789 a
NÉHÉMIE, 249 a, **249 c**
Néhémie, Livre de -, 248 c, 249 a, 249 c
NELSON, 636 a
NENGAPETA ALPHONSINE (bse Anwarite), 39 a
Néo-apostoliques, les -, 1129 c, 1135 a
Néo-gothique (art), 638 a
Néo-pentecôtisme, 300 b
Néophytes dans l'Église primitive, 290 c, 946 b
Néo-thomisme, 632 a
Néo-traditionnelle (théologie), 626
NEPHTALI (fils de Jacob et de Bilha), 226
NEPHTALI (une des tribus d'Israël), 237
NÉPOTIEN (st), 1118 a
Népotisme chez les papes de la Renaissance, 389 a
NÉRÉE (st), 104 b
NÉRÉE (st), Catacombe, 1167 c
NÉRI, PHILIPPE (st), voir PHILIPPE NÉRI
NÉRON, 306 b
NÉRON, PIERRE-FRANÇOIS (st), 1112 c
NESTOR (st), 104 b
NESTOR, *Chronique* de -, 1155 b
Nestorianisme, 323 a
Nestorianisme aujourd'hui, 323 b
Nestorianisme et Jésus-Christ, 681 a
Nestorianisme, saint Cyrille d'Alexandrie et le -, 63 a
Nestoriennes, Églises - (origine), 152 a
Nestoriens (autonomie), 583 a, 585 b
Nestoriens aujourd'hui, 152 c, 153 a, 323 b
NESTORIUS, 322, 323 a
NESTORIUS, anathème sur - (texte), 562 b, 562 c
NESTORIUS et l'école d'Antioche, 314 c
NEUMANN, JOHN NEPOMUCENE (st), 36 c
NEUMANN, THÉRÈSE, (stigmates de -), 41 c
Neu Opus und Werk, 660 b
NEVERS (pèlerinage), 1208 c
NEVEU, PIE (Mgr), 481a
Neviim (Neuijm), 141 a
Neuiim (*Neuijm* ; livre prophètique dans la bible hébraïque), 1165 c
NEVILLE, 636 a
NEW DEHLI (troisième assemblée du Conseil Œcuménique des Églises 1961), 585 a
New Era, voir Moon
NEWMAN, 439 b, 473 b
NEWMAN et Wiseman, 439 c
NEWTON, ISAAC, 614 c
NICAISE (st), 104 b
NICE, concile de - (1041), 1194 b
NICE, concile de - (1041) (Trêve de Dieu), 346 b
NICÉE - CONSTANTINOPLE (symbole), 520 a
NICÉE I, concile de - (325), **320 à 322**, 670 a, 674 c, 681, 1194 a
NICÉE I, concile de - (325) (célibat des prêtres), 986 a
NICÉE I, concile de - (325) (cit. : anathème sur Arius), 562 b
NICÉE I, concile de - (325) (convocation par l'empereur Constantin), 318 b
NICÉE I, concile de - (325) (date de Pâques), 909 a
NICÉE I, concile de - (325) (Jésus-Christ vrai Dieu), 670 a, 681
NICÉE I, concile de - (325) (symbole), 320 b, 321 b
NICÉE I, concile de - (325) et consubstantialité, 674 c
NICÉE II, concile de - (787), 374 a, 1146 b
NICÉPHORE et ses compagnons martyrs, Bienheureux - (sts), 1118 a
NICET (st), 1118 a
NICÉTAS STÉTHATOS (cit. : reproches aux chrétiens latins), 376 a
Nichiren Sosher (au Sokka Gakai), 1135 a
NICODÈME DE LA SAINTE MONTAGNE (ou l'Hagiorite) et l'hésychasme, 765 c
Nicolaïsme, 343 c, 350 a, 352 b
NICOLAS (st), 104 b
NICOLAS (st) (légende), 929 a
NICOLAS Ier LE GRAND (st, pape), 514 c, 1157 b
NICOLAS Ier LE GRAND (st, pape) (primauté pontificale, cit.), 375 c
NICOLAS Ier LE GRAND (st, pape), dans la querelle photienne, 375 a
NICOLAS Ier LE GRAND (st, pape) et la guerre (cit.), 874 a
NICOLAS II (pape), 350 a, 514 d
NICOLAS III (pape), 514 d
NICOLAS IV (pape), 514 d
NICOLAS V (antipape), 515 a
NICOLAS V (pape), 389 a, 515 b
NICOLAS DE CUES, 388 b
NICOLAS DE FLUE (st), 014 c
NICOLAS DE FLUE (st) (cit.), 104 c
NICOLAS TAVELIC (st), 35 c
NICOLAZIC, YVES, 50 a
NICOLE, PIERRE, 415 b
Nid, Le - (mouvement contre la prostitution), 1069 c, 1197 c
NIETZSCHE, FRIEDRICH, et la religion, 531 a
NIETZSCHE, FRIEDRICH, et la valeur du Décalogue, 782 b
NIETZSCHE, FRIEDRICH, et le culte de Dieu Père, 676 b
Nihil obstat, 560 c
Nihilisme et foi chrétienne, 535 a
Nikanor, 911 c
Nimbe, 646 a
NINIVE, 220 a
NINIVE, Jonas et -, 248 b, 248 c
Nirvana, 146 a, 147 a
NISAN, 286 a, 909 a, **911**
NISCH, ULRIKA (bse), 1111 c
Niveau de vie (défense) et solidarité, 834 b
Nizan, 911 b, 911 c
NIZIER (st), 105 a
NOBILI, ROBERT DE, 411 b
NOBILI, ROBERT DE, et la culture hindoue, 570 a
Nobilissima Gallorum gens (Léon XIII), 553 b
Nobles vérités, les quatre - (bouddhisme), 146 a
Noces (symbole biblique), 278 a, 278 b
Noces de Cana (Marie), 98 b
Noces de Cana (vin), 968 c
Noces, repas de - (signification bibl.), 278 a, 278 b
NOÉ (Alliance avec Dieu, *Genèse*), 221 a, **232 c**
NOÉ (déluge), 220 b
NOÉ, arche de -, 221 c
NOÉ, descendance de -, 221 a, 221 c
Noël (date), 929 c
Noël (fête), **927**
Noël (fête chômée), 910 b
Noël (fête de précepte), 920 b
Noël (le Père), 929 a
Noël (messe de minuit), 928 a
Noël (origine du mot), 927 a
Noël et la date de naissance de Jésus, 928 b, 928 c
Noël, la crèche de -, 927 a
Noël, l'arbre de -, 928 c
Noël, l'Avent et le temps de -, 912 a
Noël, le bœuf et l'âne de -, 927 b, 927 c
Noël, le gui et le houx à -, 929 a
Noël, place de - dans l'année liturgique, 27 b, 912 a
NOËL CHABANEL (st), 83 c, 105 a
NOËL PINOT (bx), 105 a
Nœud de vipères, Le -, (Mauriac), 653 a
NOGARET, GUILLAUME DE, 378 a
NOGARET, GUILLAUME DE (cit. sur Boniface VIII), 378 a
Noir (couleur liturgique), 920 b
Nom (attribution selon récits création, *Genèse*), 223 c
Nom chrétien, 951 a
Nom, pouvoir du - dans le monde biblique, 228 a
Nombres, Livre des -, 212 c, 225 b, 257 b
Nombres, signification biblique des -, 256 a, 256 b
Nombres, symboles des - aux XIVe-XVe siècles, 387 b
Nominalisme, **356 c**, 357 c
Nominalisme aux XIVe-XVe siècles, 385 a
Nominalisme chez Guillaume d'Occam, 386 b
Nominalisme et la Réforme, 390 a
Nom (sens biblique), 1164 b
Noms de Dieu, **664 b**, **665 a**, **665 b**
Noms de Dieu dans la *Bible*, 253, 253 b, 253 c
Noms de la messe, 970 a
Noms de lieu, voir Toponymie, 30
Noms des anges, 694 b
Noms divins, voir Noms de Dieu, 719 b
Noms donnés à Jésus, 267 c
Noms donnés à Jésus par l'Église primitive, 610 a
Noms du démon, 694 c

Non abbiamo bisogno (Pie XI), 479 b, 554 b
Non-chalcédoniennes, Églises -, voir Pré-chalcédoniennes
Non-croyance, diverses formes de la -, 535 c
Non-croyance, voir aussi Incroyance
Non-croyant et salut, 544 b, 544 c
Non-croyant et salut (cit. *Lumen Gentium*), 543 b, 543 c
Non esse inquietandos (Pie VIII), 847 b
Non-violence (GANDHI), 144 a
Non-violence (jaïnisme), 144 c
Non-violence, J. de Bollardière et la -, 870 c
Non-violence, les évêques français et la -, 871, 872 c
Nonce apostolique, **1034 a**, **1034 b**
Nonce apostolique en France, 1035 a
Nonce apostolique et l'Assemblée plénière de l'épiscopat français, 1012 a
Nonce apostolique et les nominations d'évêques, 991 a, 991 b
None (office), 940 b
Nonne (définition), 1055 c
Nonnes bouddhistes, 147 b
NORBERT (st), **105 a**
NORBERT (st) et les prémontrés, 757 b
NORBERT (st), rôle de - historique, 354 a
Norbertins, Norbertines (saint NORBERT), 105 a
Nord-Sud, rapports -, 884 b
Nord-Sud, rapports - au sein de l'Église, 876 a
NORMAN, PIERRE, 770 b
NORVÈGE (géographie chrétienne), 1148 b
NORVÈGE (histoire de l'Église), 1148 b, 1148 c
Nostalgiques, les - (typologie religieuse française), 202 b
Nostis et Nobiscum (Pie IX, encycliques), 553 a
Nostra aetate (Déclaration Vatican II), 505 a
Nostra aetate (Déclaration Vatican II, bouddhisme), 146 c
Nostra aetate (Déclaration Vatican II, catholiques et autres religions), 136, 137
Nostra aetate (Déclaration Vatican II, hindouisme), 145 c
Nostra aetate (Déclaration Vatican II, Islam), 143 a
Nostra aetate (Vatican II, cit. : chrétiens et juifs), 591 a
NOSTRADAMUS, 533 a
« Notes » de l'Église, 539
Notre charge apostolique (Pie X), 553 c
Notre consolation (Léon XIII), 553 c
NOTRE-DAME, 902 a, 902 b
NOTRE-DAME-D'AFRIQUE (sœurs missionnaires), 566 b
NOTRE-DAME de Bétharram, 770 b
NOTRE-DAME de Boulogne, 770 b
NOTRE-DAME de Brébières, 770 b
NOTRE-DAME de Charité du Bon Pasteur (congrégation), 99 c, 447 a, 761 c
NOTRE-DAME de Charité du Refuge (congrégation), 87 b, 99 c, 761 c
NOTRE-DAME de Chartres, 770 b
NOTRE-DAME de Fatima, 749 c, 904 b
Notre-Dame de Fatima (film), 635 c
NOTRE-DAME de Font-Romeu, 770 a
NOTRE-DAME de Fourvières, 770 b
NOTRE-DAME de Garaison, 770 b
NOTRE-DAME de Grâce, 770 b
NOTRE-DAME de Jasnagora (Czestochowa), 770 a
NOTRE-DAME de la Délivrande, 770 b
NOTRE-DAME-de-la-Garde, 770 b
NOTRE-DAME de l'Hermitage, 1060 a
NOTRE-DAME de la Médaille miraculeuse, 749 b, 767 b, 770 b
NOTRE-DAME de la Retraite au Cénacle, 763 c
NOTRE-DAME de la Salette, 770 b
NOTRE-DAME de l'Épine, 770 b
NOTRE-DAME de Liesse, 770 b
NOTRE-DAME-DE-LORETTE, église - (Paris), 639 b
NOTRE-DAME de L'Osier, 770 b
NOTRE-DAME de Lourdes, 749, 769, 770 b
NOTRE-DAME de Marsat, 770 a
NOTRE-DAME de Montligeon, 770 b
NOTRE-DAME de Paris (prédicateurs), 563 b
NOTRE-DAME de Pellevoisin, 770 b
NOTRE-DAME de Peyragude, 770 b
NOTRE-DAME de Pontmain, 770 b
NOTRE-DAME de Rocamadour, 770 b
NOTRE-DAME de Sion, 770 b
NOTRE-DAME de Sion (religieuses), 58 c, 447 a, 763 c
NOTRE-DAME-DE-TOUTE-PITIÉ (association) et la protection des animaux, 721 b, 721 c
NOTRE-DAME de Vassivière, 770 a
NOTRE-DAME de Verdelais, 770 b
NOTRE-DAME de Walsingham, 1144 b
NOTRE-DAME des Ardents (Arras), 770 b
NOTRE-DAME-DES-CHAMPS, église - (Paris), 639 a
NOTRE-DAME-DES-DOULEURS (fête), 922 a
NOTRE-DAME-DES-GITANS (association nationale d'aide à l'aumônerie des Gitans), 1109 a
NOTRE-DAME des Grâces, 770 b
NOTRE-DAME des Trois-Épis, 770 b
NOTRE-DAME des Victoires, 770 b
NOTRE-DAME d'Orcival, 745 c, 770 b
NOTRE-DAME du Chêne, 770 b
NOTRE-DAME du Laus, 770 b
NOTRE-DAME-DU-PORT (Clermont-Ferrand), 770 a
NOTRE-DAME du Puy, 770 a, 770 b
NOTRE-DAME DU ROSAIRE (fête), 745 a
NOTRE-DAME du Sacré-Cœur (Issoudun), 770 b
Notre Père (commentaire par J. Jérémias), 743 b, 743 c
Notre Père (les disciples et Dieu), 620 a
Notre Père (sens de cette prière), 742 a
Notre Père (texte œcuménique), 586 c
Notre prison est un Royaume (G. Cesbron), 649 b
Nourriture spirituelle (l'eucharistie), 965 c
Nourriture véritable (la Parole de Dieu), 968 c
Nouveau Moïse (Jésus), 612 a
Nouveau Testament (bibliographie), 217, 1232 ; voir aussi Jésus Christ (bibliographie)
Nouveau Testament (canon), 308 a
Nouveau Testament (définition), **210 b**
Nouveau Testament (formation), 308 a
Nouveau Testament (lectures à la messe), 955 a, 959 a, 960 a
Nouveau Testament (les évangiles), 266 a
Nouveau Testament (salut et histoire), 697 a
Nouveau Testament (source majeure de l'histoire de l'Église primitive), 299 b
Nouveau Testament et l'égalité des sexes, 727 b
Nouveau Testament, première traduction allemande du - par Luther, 391 a
Nouveau Testament, universalisme dans le -, 253 a
Nouveaux sentiers, les -, voir Hare Krishna
Nouvel Adam, 697 a, 712 a
Nouvel Age, Le -, 1135 a
Nouvelle Acropole, La -, 1135 a, 1135 b
Nouvelle Bible de Jérusalem (traduction française), 214 a
NOUVELLE-CALÉDONIE (grandes dates de l'Église catholique), 1174 c
Nouvelle Église, 1135 b
Nouvelle Évangélisation (encycl. *Christifideles laici*), 1187 c, 1188 a
Nouvelle pensée, 1135 b
Nouvelle ROME (la), voir Constantinople, 318 b
Nouvelles communautés chrétiennes (mouvement), 1059 c
Nouvel ordre économique international, 570 b
NOVATIEN (antipape), 514 a
Novatien, membres de l'Église schismatique de -, 313 c
NOVATIEN, schisme de -, 313 c
NOVERINA, 639 b
Novice (définition), 1055 c, 1056 a
Novices (religieux, chiffres France), 199 b
Novices des instituts religieux, préparation au sacerdoce, 1048 a
Nucléaire, les évêques français et la dissuasion -, 872 c, 873 c, 875 b
Nudisme, 832 a
Nudité, signification de la - dans récit création (*Genèse*), 224 c
Nuit chez Maud, Ma - (film), 636 a
Nuit des longs couteaux, 480 b
Nuit pascale (symbole de foi), 519 b
Nuit spirituelle, 738 a
Nuit spirituelle (cit. sainte Thérèse de l'Enfant Jésus), 118 a
Nuit spirituelle (saint Jean de la Croix), 86 c
Nuit spirituelle (saint Jean de la Croix, cit.), 86 b, 718 a, 760
Nullité de mariage, 561 a, 561 c, 978 a, 978 b, **979**
Nullité de mariage (coût d'une sentence), 979 c
Nullité de mariage (nombre et nature des causes, tableau), 1040 b, 1040 c
Nullité du mariage (procédure, motifs et chiffres), 979 a, 979 b
Numineux, 617 a
Nunc dimittis, 916
Nuque (symbolique biblique), 255 a

- O -

OBE (Out of Body Expériences), 1135 b
Obédience (définition), 1055 c
Obéissance, **828 a**
Obéissance à l'État (encycl. *Au milieu des sollicitudes* Léon XIII), 553 c
Obéissance dans l'Église, 549 a, 549 b
Obéissance du chrétien, **542 a**
Obéissance de la foi, 703 a
Obéissance de la foi et infaillibilité, 544 a
Obéissance, vœu d'-, 753 c
Obéissant, le Christ - à Dieu, 715 a
Objection de conscience, 781 b
Objection de conscience, l'Église et l'-, 871 a, 872 b
Oblat (définition), 1055 c
Oblates de l'Assomption, 763 b
Oblation (définition), 705 c
Oblats (liturgie de la messe), 932 c
Oblats de Marie Immaculée (OMI), 36 a, 447 a, 565 c, 566 b, 763 a
Oblats de Saint-Ambroise (saint CHARLES BORROMÉE), 59 c
Oblats de Saint-Charles (fondation), 566 b
Oblatures bénédictines, 1058 a
Obligation morale, devoir et -, 784 a
Obligation morale et conscience individuelle, 781 b
Observance (définition), 1055 c
Observants, congrégation des - (origine), 365 b
OC (Ordre des Carmes), 759 a
OCCAM, GUILLAUME D', **386 b**
OCCAM, GUILLAUME D', et la pensée de st Thomas d'Aquin, 367 c
OCCAM, GUILLAUME D', et la scolastique, 357 c
OCCAM, GUILLAUME D', et le nominalisme, 356 c
OCCAM, GUILLAUME D', et l'humanisme de la Renaissance, 388 a
Occamisme, 386 b
Occultisme (sorcellerie), 150 b, 537 a, 1135 b
OCD (Ordre des Carmes Déchaux), 759 a
OCÉAN (st), 1118 a
OCÉANIE (missions au XIXe siècle), 438 a
OCFC (Office catholique français du Cinéma), 1076 a
OCH (Office chrétien des Handicapés et Inadaptés), 1106 c
OCL (Office chrétien du Livre), 1076 a
O'CONNELL, 439 a, **439 c**
OCSO (Ordre des Cisterciens de la Stricte Observance), 755 a
Octave (liturgie, définition), 908 b
OCTAVE (st), 105 b
OCTAVE, voir AUGUSTE (empereur)
Octavius (Monacius Felix), 310 a
Octobre (mois du Rosaire), 745 a
Octogesima adveniens (Paul VI), 855 b, 857
Octogesima adveniens (Paul VI) et doctrine sociale de l'Église, 853 a
Octogesima adveniens (Paul VI) et l'idéologie libérale, 451 c
Ode (liturgie), 916 c
ODETTE (ste), 105 b
Ô Dieu tout-puissant (prière IIIe - IVe siècles), 744 b
ODILE (ste), 105 b
ODILON (st), 105 b
ODILON (st) et Cluny, 348 b
ODOACRE, 332 a
ODON (st) et Cluny, 348 b, 1118 a

ODULPHE (st) et saint Frédéric, 74 b
Œcuménisme, 628 c
Œcuménisme (conversations de Malines), 487 a, 487 b
Œcuménisme (décret *Unitatis Redintegratio, Vatican II*, débats et vote), 501 b
Œcuménisme (délégué diocésain), 1072 c
Œcuménisme (Groupe des Dombes), 487 a
Œcuménisme (histoire), 584 b, 587 b, 587 c
Œcuménisme (Paul VI et patriarche Athénagoras), 501 b
Œcuménisme (Portal, Halifax et Léon XIII), 473 c
Œcuménisme (témoignage d'un ménage mixte), 587 a
Œcuménisme (texte commun Notre Père), 586 c
Œcuménisme, anglicanisme et -, 159 a
Œcuménisme, convictions catholiques sur l'-, 583 b
Œcuménisme en France, 1073
Œcuménisme et catéchisme, 1178 b
Œcuménisme européen, 1014 b, 1014 c
Œcuménisme, formation chrétienne et -, 590 a
Œcuménisme, Jean XXIII et l'-, 497 a
Œcuménisme, la question papale et l'-, 551 a, 552 c
Œcuménisme, le concile Vatican II et l'-, 582 b
Œcuménisme, l'Église orthodoxe et l'-, 155 a
Œcuménisme, les Églises orientales anciennes et l'-, 153 c
Œcuménisme, Mgr. Lefebvre et l'-, 1174 b
Œcuménisme, pastorale de l'-, **1072 a**
Œcuménisme, Paul VI et l'-, 503 b
Œcuménisme, Pie XI et l'-, 487 b
Œcuménisme, protestantisme et -, 157 a
Œcuménisme, voir aussi Conseil Œcuménique des Églises (COE), Secrétariat pour l'unité des chrétiens, Unité des chrétiens
Œcuménisme 1918-1948, **487 a**
Œil (symbolique biblique), 255 b
Œuvre de la Sainte-Enfance (fondation), 567 a
Œuvre de la Visite des Détenus dans les Prisons (OVDP), 1096 c
Œuvre de Sainte-Catherine, 1135 b
Œuvre de Saint-Pierre Apôtre (fondation), 567 a
Œuvre des Cercles catholiques d'Ouvriers, 458 a, 459 a, 461 b, 1101 a
Œuvre des Orphelins Apprentis d'Auteuil (bx DANIEL BROTTIER), 38 c, 63 c
Œuvre d'Orient, 1071 c, 1097 a
Œuvres et foi, 700 b
Œuvres et foi selon Luther, 390 b, 391 b
Œuvre pontificale de l'Enfance missionnaire, 1070 c
Œuvre pontificale missionnaire de la Propagation de la Foi, 441 a, 567 a, 1070 a, 1070 b
Œuvre pontificale missionnaire de la Propagation de la Foi (Service missionnaire des Jeunes, SMJ), 1088 c
Œuvre pontificale missionnaire de Saint-Pierre-Apôtre, 567 a, 1070 b
Œuvres de soutien aux Missions extérieures, 567 a
Œuvres hospitalières de l'Ordre de Malte, voir Ordre souverain de Malte
Œuvres pontificales missionnaires (OPM), 565 c, 567 a, 1070
Œuvres pontificales missionnaires (OPM) (finances), 1041 b
Œuvres pontificales missionnaires (OPM) (organisation en France), 1070 c
Œuvres pontificales missionnaires (OPM) (services missionnaires des Malades et Handicapés), 1106 c
Œuvres pour l'émigration, 1014 a
O'FERRAL, 636 a
Offertoire, 961 a, **960 c**
Offertoire (origine), 963 b
Office catholique français du Cinéma (OCFC), 1076 a
Office chrétien des Handicapés et Inadaptés (OCH), 1106 c
Office chrétien du Livre (OCL), 1076 a
Office de l'enregistrement sonore, 1076 b
Office des célébrations liturgiques du Souverain pontife, 1031 c
Office des lectures (prière), 940 b
Office divin, 940 a, 940 b
Official, 979 c, 990 b, 1039 a
Officialité, 1039 a
Offrande, 960 a, 963 b
Offrande de la souffrance, 710 a
Offrande de soi, prière et -, 734 a
Offrande du pain bénit, 963 b
Offrande du pain eucharistique et Parole de Dieu, 972 c
Offrande, offertoire et oblation, 705 c
Offrandes de messe et de cérémonies, 1042 a, 1042 b, 1043 a
OFFREDUCIO, CLAIRE DI - (Clarisse), 1169 b
OFM cap. (Ordre franciscain des Frères mineurs capucins), voir Capucins
OFM (Ordre franciscain des Frères mineurs), voir Franciscains
OFM conv. (Ordre franciscain des Frères mineurs conventuels), voir Conventuels
OGILVIE, JOHN (st), 36 b
Ogival (art), 638 a
OHANA, MAURICE, discographie, 661 c
OHCL (Organisation humanitaire chrétienne et libérale), 1130 c
OIC (Organisations internationales catholiques), 875 c
OIC (Organisations internationales catholiques) et les institutions internationales, 1032 c
OIC (Organisations internationales catholiques), liste et Conférence des -, 1036
Oignon, Adorateurs de l'-, 1135 b, 1135 c
Oint (définition), 268 b
Oint (Jésus), **610 a**
Oint, voir Roi d'Israël, 239 a
OIT (Organisation Internationale du Travail), voir BIT, 1033 c
Okapi (cit. : le pardon), 714 a, 714 b
OLAF ou OLAV (st), 105 b
OLGA DE RUSSIE (ste), 1118 a, 1118 b, 1155 b, 1155 c
OLIER, JEAN-JACQUES, 408 a, 408 b, 409, 731 c, 762 a
OLIVE (ste), 1118 b
OLIVEIRO, DE, 635 b
Olivier, communauté de l'-, 1060 a
OLIVIER PLUNKETT (st), 36 a, 105 c
OLLIVIER (père), 563 b
OLMI, 635 a, 635 c, 636 b
OLP (Organisation de Libération de la Palestine), le Saint-Siège et l'-, 877 a
OMAR, 771 a
Omega, 1135 c
OMER (st), 105 c
OMI (Oblats de Marie Immaculée), voir Oblats de Marie
Omission, 830 c
Omnes fratres, 1135 c
Omniscience (définition), 668 b
OMRI, 243 a
Onction, **942 b**, **942 c**
Onction (confirmation), 954 a, 954 b
Onction des malades (sacrement) (convergences, divergences entre confessions chrétiennes), 163, 969 a
Onction, voir Sacrement des malades
Ondes vives, 1135 c
ONÉSIME, 771 a
ONÉSIME (st), 105 c
ONG (Organisations non-gouvernementales) catholiques et les institutions internationales, 1033 c
Oniromancie, 536 a
Ontologie (définition), 673 c
ONU (Organisation des Nations Unies) (déclaration des droits de l'homme), 877 b, 877 c
ONU (Organisation des Nations Unies), le Saint-Siège et l'-, 859 a, 875 c, 1033 a, 1033 c
ONU (Organisation des Nations Unies), l'- et l'intolérance, cit., 866
ONU (Organisation des Nations Unies), visite de Paul VI à l'- (1965), 502 a, 509 b, 1034 c
Onze Vader, 743 c
OP (Ordre des frères prêcheurs), 757 b, 757 c
Opera dei Congressi, 460 a, 461 a, 473 b
Opinion publique, 864 b, 864 c
Opinion théologique (définition), 623 c
Opinions politiques et appartenance catholicisme (France), 185 a, 185 b
Opinions politiques et pratique religieuse (France), 192 c, 193, 194
Opium du peuple, 844 b
OPM, voir Œuvres pontificales missionnaires
OPPORTUNE (ste), 105 c
O. PRAE (Ordre des prémontrés), 757 b
Optatam Totius (Vatican II), 505 a, 1047 b
Optimisme politique et tradition pélagienne, 879 a
Option préférentielle pour les pauvres, 568 b, 862 b, 862 c
Opus Dei (prélature personnelle), 763 b, 1008 a, 1051 b
Opus tripartitum (Gerson), 577 a
Oraison (prière intérieure), 740 c, **741 a**
Oraison, L'- (problème politique, Jean Daniélou), 629 a
ORAISON, MARC, 722 c
Oraisons (prière liturgique), 941 a, 957 c
Oraisons (prière liturgique), exemples d'-, 957 a, 957 b
ORANGE, concile d'- (529), 326 b, 700 b
ORANGE, concile d'- (529) (grâce de Dieu et volonté de l'homme), 326 a
ORANGE II, concile d'- (1529), 1194 b
Orant, 646 a
Orant (position), 747 b
Oratoire (lieu de prière), 640 a
Oratoire de France (fondation), 409, 566 b
Oratoire de France et Pierre de Bérulle, 408 b
Oratoire de Jésus, voir Oratoire de France
Oratoire, l'- (société de prêtres), 761 a
Oratoire, l'- (société de prêtres, fondation), 409, 566 b
Oratoriens, 761 a
Oratoriens (saint PHILIPPE NÉRI), 108 b
ORCIVAL, Notre-Dame d'-, (pèlerinage), 770
Ordet (film), 636 a
Ordinaire (définition), 561 c, 1006 c
Ordinaire des catholiques de rite oriental en France, 1018 c
Ordinand, 985 c
Ordination anglicane et l'Église catholique, 159 b, 401 a
Ordination d'évêques par Mgr. Lefebvre, 1173 b
Ordination diaconale, 984 a
Ordination épiscopale, 984 a, 989 b
Ordination épiscopale (liturgie), 555 b
Ordination épiscopale (signification), 555 a, 555 b
Ordinations (chiffres France), 199 a, 199 b, 1046 c
Ordination sacerdotale ou presbytérale, 984 a
Ordination sacerdotale ou presbytérale, les femmes et l'-, 724 c, 725, 726, 727
Ordinations dans le monde (chiffres), 170, 171, 1046 a, 1046 b
Ordo (définition), 934 c, 1007 a
Ordo Missae, 931 a
Ordonnances de Saint-Cloud (1830), 437 b
Ordonnances ecclésiastiques (Calvin), 397 c
Ordre (sacrement), 555 a, **969 a**, **983 à 986**
Ordre (sacrement) (convergences, divergences entre confessions chrétiennes), 163
Ordre (sacrement) (doctrine du concile de Trente), 407 a
Ordre (sacrement), voir aussi Ordination, Diacre, Prêtre, Évêque
Ordre de chevalerie (liste), 1127 b, 1129 a
Ordre de la Vierge Marie ou Annonciade (sainte JEANNE DE FRANCE), 90 b
Ordre de la Visitation (sainte JEANNE DE CHANTAL), 90 a
Ordre de l'Immaculée Conception (sainte BEATRIZ DA SILVA), 36 b
Ordre de Malte, 1097 a
Ordre de Notre-Dame, 89 c
Ordre Notre-Dame de Charité, 99 c
Ordre de Notre-Dame-de-Sion et sainte Catherine Labouré, 58 c
Ordre de Saint-Augustin (fondation), 566 b
Ordre de Saint Benoît (naissance), 335 b
Ordre de Saint-Benoît, voir Bénédictins
Ordre des Cisterciens réformés, voir Trappistes
Ordre des Clercs réguliers de Somasque (saint JERÔME ÉMILIEN), 90 c
Ordre des Clercs réguliers mineurs (saint FRANÇOIS CARACCIOLO), 73 c
Ordre des Clercs réguliers ministres des malades (saint CAMILLE DE LELLIS), 57 c
Ordre des Clercs réguliers Théatins (saint GAÉTAN DE THIENE), 75 a

Ordre des minimes (saint FRANÇOIS DE PAULE), 73 c
Ordre des pauvres clercs réguliers de la Mère de Dieu pour les écoles pies (saint JOSEPH CALASANZ), 91 b
Ordre des Serviteurs des Pauvres (bx GIACOMO CUSMANO), 38 a
Ordre des Templiers, voir Templiers
Ordre des vierges (renouveau aujourd'hui), 1051 a
Ordre du monde (hindouisme), 144 b
Ordre du monde (miracle, cit. d'Einstein), 529 b
Ordre équestre de l'Éperon d'Or, 1037 a
Ordre équestre de Pie, 1037 a
Ordre équestre de saint Grégoire le Grand, 1037 a
Ordre équestre de saint Sylvestre (pape), 1037 a
Ordre équestre du Saint-Sépulcre de Jérusalem, 1037 b
Ordre franciscain des frères mineurs capucins, voir Capucins
Ordre franciscain des frères mineurs conventuels, voir Conventuels
Ordre franciscain des frères mineurs, voir Franciscains, Frères mineurs
Ordre grandmontain (saint ÉTIENNE DE MURET), 69 a
Ordre hospitalier de Saint-Jean-de-Dieu, 87 a
Ordre hospitalier des Antonins (saint ANTOINE LE GRAND), 50 c
Ordre mendiant, premier -, les Clarisses, 1169 b
Ordre moral (Mac Mahon), 464 b
Ordre social (encycl. *Quadragesimo anno* Pie XI), 554 b
Ordre souverain de Malte, 1037 b, 1098 c
Ordre suprême du Christ, 1037 a
Ordres de chevalerie pontificaux, 1037
Ordres du Sacré-Collège, 1029 b
Ordres mendiants (naissance XIIIe siècle), 364 a
Ordres mendiants (origine), 1051 a
Ordres mineurs, 558 b
Ordres missionnaires (renouveau à partir de 1820), 438 a
Ordre séculier des Carmes Déchaux, voir Carmes Déchaux
Ordres religieux (déclaration d'illégalité) (1790), 425 b
Ordres religieux (histoire), 752
Ordres religieux (principaux) fondés dans période précédant le concile de Trente, 403 b
Ordres religieux (principaux) fondés entre 1800 et 1850, 447 a
Ordres religieux (principaux) fondés ou réformés après concile de Trente, 409
Ordres religieux (renouveau dans la première moitié du XIXe siècle), 444 b
Ordres religieux (renouveau en France au XVIIe siècle), 408 a
Oreille (symbolique biblique), 255 a
Oremus, 957 c ; voir aussi Oraison
Organisations caritatives non confessionnelles fondées par des chrétiens, 1098 a
Organisations catholiques d'entraide (adresses), 1211 b, 1211 c
Organisations internationales gouvernementales (représentation vaticane), 1033 c
Organisme catholique de médias, don à un -, 1211 c
Organismes caritatifs catholiques, 1097, 1098
Organismes catholiques de laïcs en France (adresses), 1211
Organismes de concertation des Instituts religieux, 1051 c
Organismes matrimoniaux d'Esprit chrétien, 1212 c
Orgue français (discographie), 661 c
Orgueil, 830 c
Orientales Ecclesias (Pie XII), 496 a
Orientalium dignitas (Léon XIII), 461 a, 473 c
Orientalium Ecclesiarum (Vatican II), 501 b, 505 b
ORIGÈNE, **311 b**, 315 a
ORIGÈNE (Église et salut, cit.), 544 b
ORIGÈNE (Père de l'Église), 314
ORIGÈNE et la guerre (cit.), 870 c
ORIGÈNE et l'apocatastase, 895 c
ORIGÈNE et la Vierge Marie, 903 a
ORIGÈNE et l'école d'Alexandrie, 251 c, 314 c
ORIGÈNE et le mensonge, 830 c
ORIGÈNE et les rois mages, 929 b
ORIGÈNE et l'interprétation de *l'Ancien Testament*, 598 b
Origine de l'homme selon *Genèse*, 220 b
Origine de l'humanité, 690 b, 691 a, 692 a
ORIONE, LUIGI (bx), 37 a
Ornements liturgiques, 931 a
OROSE (cit. : l'Église et les Barbares), 332 b
Orphelin, droits de la famille et -, 808 b
Orphelins apprentis d'Auteuil (bx BROTTIER DANIEL), 38 c, 63 c
Orthodoxe, calendrier -, 909 a
Orthodoxe copte, Église -, 153 b
Orthodoxe copte, Église - en France, 183 c
Orthodoxe, Église -, **154**
Orthodoxe, Église - (autonomie), 584 b
Orthodoxe, Église - (bibliographie), 155 a
Orthodoxe (prière aux saints), 23 c
Orthodoxe, Église - et Église catholique, 155 a, 585 c
Orthodoxe, Église - et Église catholique en France, 1072 a, 1072 b
Orthodoxe, Église - et l'œcuménisme, 155 a, 585 c
Orthodoxe éthiopienne, Église -, 153 b
Orthodoxe géorgienne, Église - en France, 182
Orthodoxe grecque, Église - en France, 182
Orthodoxe roumaine, Église - en France, 182
Orthodoxe russe, Église - en France, 182
Orthodoxe serbe, Église - en France, 182
Orthodoxe syrienne, Église -, 153 a
Orthodoxe syrienne, Église - (Catholicat d'Orient), 153 a
Orthodoxe ukrainienne, Église - en France, 182
Orthodoxes (cultes des saints Cyrille et Méthode), 102
Orthodoxes (données numériques), 138
Orthodoxes (géographie), 139
Orthodoxes en France, 176, 182
Orthodoxes, lettre de Jean-Paul II sur les relations entre - et catholiques dans la nouvelle situation de l'Europe centrale et orientale, 1157 c, 1158 a, 1158 b
Orthodoxes, voir aussi Convergences, divergences confessions chrétiennes, 161
Orthodoxie (définition), 588 c
OSA (Ordre de Saint Augustin, Augustins), 754 c
OSB (Ordre de Saint Benoît), 756 b
Osborn, Fondation -, 1135 c
OSCAR (st), 50 a, 106 a
OSÉE, 244 a, 244 b, 245, 275 a
Osservatore della Dominica, 1032 b
Osservatore Romano, 1032 a, 1032 b
OSSO Y CERVELLO, ENRICO DE (bx), 36 c
Ostension, 28 c
Ostensoir, 932 a
Ostpolitik du Saint-Siège sous Jean XXIII et Paul VI, 507 a, 509 b
OSWALD (st), 1118 b
OTNIEL, ou OTHONIEL, 238 b
OTTAVIANI (cardinal), 500 b
OTTON Ier (empereur), 344 a, 344 b
OTTON III (empereur), 344 b
OTTON IV (empereur), 363 a, 370 b
Ouailles (définition), 540 b
Oubli et pardon, 714 a
OUEN (st), 106 a
OUEN (st) et saint Vaningue, 121 b
Ouest-Éclair, L'-, 460 b, 463 c
OUINCE, HENRI D' (cit. : l'évangélisation), 568 a
Oulema, 143 c
Oupanishads, 144 a, 144 b
OUPENSKY, LÉONIDE (cit. : spiritualité de l'icône), 765 b
OUR (ou UR), 220 a
Our father, 743 a
OURIEL, 694 b
Ouvrière, classe - et marxisme, 844 a
Ouvrier, monde - (Action catholique, naissance), 483 a
Ouvrier, monde - (évangélisation), 496 a
Ouvrier, monde - (évangélisation, fondation de la JOC), 483 a
Ouvrier, monde - (pastorale), **1102**, 1103
Ouvriers, condition des - (encycl. *Rerum novarum*, Léon XIII), 459 a, 553 c
Ouvriers et l'Église (cit. Corbon), 470 b
OVNI, 537 a, 1127 a, 1135 c
OWEN, 843 a
OXFORD, mouvement d'-, voir Mouvement, 439 b
OZANAM, **446 c**
OZANAM (cit. : passons aux barbares), 447 a, 447
OZANAM et Lacordaire, 445 c
OZANAM et la Société de Saint-Vincent-de-Paul, 1098 a
OZANAM et *L'Ère nouvelle*, 451 a

- P -

PABLO, PACO (prénoms), 106 a
PABST, 636 a
PACELLI (cardinal), 480 b, 481 a
PACELLI (cardinal) et l'URSS, 587 c
PACELLI (cardinal), voir aussi Pie XII
Pacem in terris (Jean XXIII), 129 a, 498 b, 507 a, **553 c**, 875 a, 875 c, 876 b
Pacem in terris (Jean XXIII, cit.), 1066 c
Pacem in terris (Jean XXIII, désarmement), 873 c
Pacem in terris (Jean XXIII, et syndicalisme), 837 b
Pacem in terris (Jean XXIII, immigrés, cit.), 867 a
Pacem in terris (Jean XXIII, ONU et droits de l'homme, cit.), 877 b, 877 c
Pacifisme, 872 a, 872 b
PACÔME (st), 106 a
PACÔME (st) et le monachisme, 328 a, 328 b
PACÔME (st) et le monachisme cénobitique, 329 a, 329 b
PACÔME (st), règle de -, 753 b
Padre nostro, 743 b
Padre nuestro, 743 a
Padre PIO, stigmates de -, 41 c
PAGANI, HERBERT, 663 c
Paganisme, interdiction dans l'empire romain par l'empereur Théodose, 317 a
Pagano-chrétien, 290 c
Pagode, 147 b
Pai nosso, 743 c
Païens et juifs avant l'ère chrétienne, 253 a
Pain (symbole biblique), 277 c
Pain azyme, 277 a, 277 b, 968 b
Pain bénit, 963 a, 963 b
Pain dans la relation homme-Dieu, 968 b, 968 c
Pain de proposition (signification), 968 b, 968 c
Pain de vie, 957 a
Pain de vie (communauté), 1059 c
Pain, fraction du -, voir fraction
Pain, Le - (communauté), 1060 b
Pain rompu pour un monde nouveau (thème congrès eucharistique Lourdes, 1981), 766 b
Pain vivant (Jésus Christ), 966 a, 974 c
PAIR (st), 106 a, 106 b
Paix (développement, droits de l'homme), **1066**
Paix (Église et pacifisme), 872 a, 872 b
Paix (encycl. *Mirabile illud* Pie XII), 554 b
Paix (encycl. *Pacem in terris* Jean XXIII), 554 c
Paix (encycl. *Summi Pontificatus* Pie XII), 554 b
Paix (fruit de l'Esprit), 828 c
Paix (sens biblique), 1164 c
Paix, Benoît XV (pape) et la -, 475 a
Paix clémentine (1668), 413 b
Paix clémentine (1669), 415 b
Paix d'Augsbourg (1555), 394 a, 406 a
Paix de Dieu, 346 a, 346 b
Paix de Montpellier (1622), 399 b
Paix de Saint-Germain (1570), 398 a
Paix de Westphalie (1648), 410 a
Paix et Guerre, 1179 à 1182
« Paix et Justice » (rassemblement œcuménique de Bâle), 1181 c, 1182
Paix et la construction européenne, 884 a
Paix et la justice, 825 b
Paix et Justice (commission française), 131 b, 1068 b, 1068 c
Paix, Jean XXIII et la -, 498 b
Paix, Journées mondiales de la - (liste), 1180 a, 1180 b
Paix, l'Église, la guerre et la -, 874 c, 875 a, 875 b
Paix, l'Église et la -, 346, **846 a**, 876 c
Paix, les évêques français et la -, 872 c

Paix, œuvre de -, 974 c
Paix, Paul VI et la -, 502 a
Paix, Paul VI et la - (*Populorum progressio*), 502 b
Paix, serment de - (chevalerie), 347 b, 347 c
Palais des papes à Avignon, 379 c
PALAIS ou PALLADE (st), 106 b
PALAMAS, GRÉGOIRE, 765 c
PALAU Y QUER, FRANCISCO (bx), 1112 b
PALÉOLOGUES (empereurs), 360 b
Paléontologie et origines de l'homme, 691 a
PALESTINE au temps du Christ, voir Pays d'Israël
PALESTINE, partage de la - (1947), 140 c
PALESTINE, voir aussi Canaan, 219 a
PALESTRINA, 917 a
PALESTRINA (discographie), 661 b
PALESTRINA (*Requiem*), 919 b
Palestrinien, 660 c
Palimpseste, 215 a
PALLADIOS (*Histoire lausiaque*), 329 c
PALLAPRAT, GÉRARD, 663 c
Pallium, 933 c, 995 b
PALLU, FRANÇOIS, et les Missions étrangères de Paris, 566 b
PALMAR DE TROYA, 1135 c, 1136 a
PAMÉLA (prénom), 106 b
PAMPHILE (st), 106 b
PAMPURI, ERMINIO FILIPPO (bx), 37 b
PAMPURI, RICARDO (bx), 1113 c
PANAFIEU, BERNARD (cit. : à l'image de Dieu), 969 c
Panagia (Marie), 898 b
PANCRACE (st), 106 b
Pange lingua, 121 b, 917 a
PANICI (père), 563 b
PANIKKAR, RAYMOND, (père), 145 b
PANNENBERG, 685 c
PANTALÉON (st), 43 a, 106 b
Panthéisme (définition), 531 c
Panthéon, 639 b
Pantocrator (Christ), 683 a
PAOLA (ste), 106 b
PAOLA FRASSINELLI (bse), 38 b
Papamobile, 1019 b
Papauté (définition), 1021 b
Papauté après la concile de Trente (XVIe siècle), 406 b
Papauté au début du XVIe siècle, 390
Papauté au IIIe siècle, 315 b
Papauté au IVe siècle, 331 b
Papauté au XVIIIe siècle, 423 a
Papauté dans la deuxième moitié du XIXe siècle, 452 b
Papauté dans la première moitié du XIXe siècle, 444 b, 445 a
Papauté et décadence au Xe siècle, 344 b
Papauté et la Réforme catholique au XVIe siècle, voir Papes de la Réforme catholique
Papauté et la réforme grégorienne XIe siècle, 349 b
Papauté et la réforme grégorienne XIe siècle, voir aussi Papes réformateurs au XIe siècle
Papauté et les juifs au Moyen Age, 364 b
Papauté et Napoléon, 434 a
Papauté, histoire, voir aussi Papes
Pape (anneau du pêcheur), 1021 b
Pape (autorité), Mgr. Lefebvre et -, 1174 c
Pape (magistère extraordinaire), 1021 a
Pape (magistère ordinaire), 1021 a
Pape (ministère d'unité), 545 b
Pape (pasteur Église universelle), 1019 a
Pape (titre), 552 a
Pape, A quoi sert le - ?, **551 a, 551 b**
Pape, chef d'État de la Cité du Vatican, 1021 a
Pape copte, 153 b
Pape, élection du -, 1028 a, 1028 b
Pape et collège épiscopal, 1019 a
Pape et collège épiscopal selon Vatican II, 543 a
Pape, évêque de Rome, 1019 a
Pape, infaillibilité du -, **544**
Pape législateur, 56 a
Pape, le protestantisme et la question du -, 552 a
Pape, procédure de béatification et canonisation par le -, 29 c, 32 a
Pape, Sa Sainteté, titre d'honneur du -, 1019 b
Pape, successeur de Pierre, **548 a**
Pape, triple charge du -, **1019 a**
Pape, voir aussi Primauté pontificale
Papes (Grand Schisme d'Occident), 380 b
Papes d'Avignon (critiques de Pétrarque), 379 b
Papes d'Avignon et rois de France (chronologie 1305-1378 avant Grand Schisme d'Occident), 379 a
Papes d'Avignon pendant le Grand Schisme d'Occident (chronologie, 1378-1417), 381 a
Papes de la Réforme catholique (XVIe siècle), 404 b, 405 b, 406 a, 407 b
Papes de Rome, d'Avignon et de Pise pendant le Grand Schisme d'Occident (chronologie, 1378-1417), 381 a
Papes du XVIe siècle et Renaissance, 389 c
Papes, les - de la Renaissance, 388 b
Papes, les - réformateurs au XIe siècle, 349 b, 350 b, 351 a
Papes, liste des -, 514, 515
PAPIAS (st) (Père de l'Église), 314
PAPINI, 684 c
Papyrus, 215 a
Pâque juive, 141 b, 258 a, 258 b, 286 a, 911 b, 914, 970 b, 970 c
Pâque juive (célébration de l'événement fondateur d'Israël comme Peuple de Dieu), 141 b, 230 b
Pâque juive (la Cène), 281 a, 282 a
Pâque juive (repas), 967 c, 968 b, 970 b, 970 c
Pâque juive et récit de l'Exode, 228 b
Pâque juive au temps du Christ, 286 a
Pâque, la - des chrétiens, 286 a
Pâque, la - du Christ, 286 a
Pâques, 286 a
Pâques (agneau), 286 b
Pâques (Carême, Temps pascal), 912, 913
Pâques (cit. de saint Maxime), 926 c
Pâques (date), 909 a, 909 b, 913 c
Pâques (préparation), 924, 925
Pâques (vigile pascale), **925**
Pâques et le dimanche, 923 a
Pâques, l'évènement de - et la foi chrétienne, 593 a
Pâques, sommet de l'année liturgique, 912 a
Parabole de l'ami qui se laisse fléchir, 280 a, 280 b
Parabole de la perle, 279 c
Parabole des talents, 280 c
Parabole du bon Samaritain, 279 a, 279 b
Parabole du figuier, 297 a
Parabole du fils retrouvé, 280 a
Parabole du riche insensé, 280 a, 280 b
Paraboles, 279, 280
Paraclet, 688 c
Paradis, **891 c** ; voir aussi Éden
Paradis (croyance France et Europe, chiffres), 186
Paradis (rétribution), 702 c
PARADIS, MARIE-LÉONIE (bse), 38 b
Paraliturgie (définition), 907 c
Parapsychologie, 536 b
PARAY-LE-MONIAL (basilique du Sacré-Cœur), 98 a
PARAY-LE-MONIAL (dévotion au Sacré-Cœur), 98 a, 748 b, 748 c
PARAY-LE-MONIAL (pèlerinage, 1873), 462 b, 464 b, 766 a, 1208 c
PARAY-LE-MONIAL (visitation), 98 a
PARAY-LE-MONIAL et sainte Marguerite-Marie Alacoque, 97 c, 98 a, 748 b, 748 c
Parchemin, 215 a
Parcours catéchétiques, 577 c, 1086 a
Pardon, **714 a**, **714 b**
Pardon (sacrement), 969 a, 974 a, 974 b
Pardon chrétien (témoignage), 713 b, 713 c
Pardon de Dieu (cit. de B. Panafieu), 969 b
Pardon de Dieu (cit. de J. Fesch), 969 b
Pardon des fautes, prières pour le -, 886 b
Pardon des fautes (Ps 51), 241
Pardon et équité, 714 a
Pardon et oubli, **714 a**
Pardon et péché, 713 a, **970 a**
Pardon et rédemption, 707 a
Pardon, Grand -, voir Kippour
Pardon, Jésus-Christ et le -, 703 c, 705 a, 714 b, **714 c**
Pardons bretons, 748 b
PARÉ, AMBROISE, (cit. : Dieu et la guérison), 982 a
Parénèse, 960 b
Parens scientiarum (Grégoire IX), 368 b
Parent, 805 b, 805 c
Parent, le - (Dieu), 905 a
Parenté corporelle et parenté spirituelle, 816 c
Parents, 807 a
Parents et éducation (droits de la famille), 808 b
Parents, respect des - (commandement), 783 a
Parfaits (cathares), 361 a, 361 b
Parfum (symbolisme sacramentel), 960 a
Pari, 830 a
Pari de Pascal, 608 c
PARIS (paroisse Saint-Louis-d'Antin), 1011 a, 1011 b
PARIS, concile de - (1797), 1194 c
PARIS, concile de - (1801), 1194 c
PARIS, concile de - (1811), 1194 d
Parlement des Religions (Chicago 1893), 587 c
Parlement européen, élections, 884 c
Parler en langues, 750 a, 751 c
Paroisse, 988 a, **1008 b**, 1009 c
Paroisse (avenir), 1010
Paroisse (cit. de Jean-Paul II), 546 a, 546 b
Paroisse (collaboration avec son pasteur, cit. de Jean-Paul II), 546 b
Paroisse (finances), 1010 a, 1010 b, **1042 b**, **1042 c**, **1043 a**
Paroisse, communauté missionnaire (*Michonneau*) (cit.), 493 b
Paroisse dans le diocèse, 990 a
Paroisse, don ou legs à une -, 1214 a
Paroisse et curé (cit. de Bernanos), 546 c
Paroisse hier et aujourd'hui, **545**
Paroisse nouvelle (exemple, Saint-Augustin à Rennes), 1010 c
Paroisse personnelle, 1008 b
Paroisse, réflexion sur la - (années 1950), 495 b
Paroisse sans paroissiens (Saint-Louis d'Antin à Paris), 1011 a, 1011 b
Paroisses communautaires, 1199 c
Paroisse Universitaire (mouvement), 1100 c
Paroisse Universitaire (mouvement, naissance), 484 b
Paroisses dans le monde (nombre), 1009 a
Paroisses en France métropolitaine (nombre), 1009 b
Paroisses françaises (finances), 1042
Paroisses vacantes et pratique religieuse (France), 191 a
Paroissien (définition des deux sens), 935 c
Parole (sens biblique), 1164 c
Parole (Verbe), 682 b
Parole de Dieu, **597 a**
Parole de Dieu (célébration), 959 a
Parole de Dieu (Jésus-Christ), **698 a**
Parole de Dieu (nourriture véritable), 968 c
Parole de Dieu (parole d'homme), 593 b
Parole de Dieu créatrice (*Genèse*), 222 c
Parole de Dieu et offrande du pain eucharistique, 966 c
Parole de Dieu et pouvoir du magistère, 549 a, 549 b
Parole de Dieu et Révélation, **137 b**
Parole de Dieu et Révélation selon Vatican II, 598 c
Parole de Dieu, Jésus-Christ est la -, **615 b**
Parole de Dieu, présence de la -, 612 b
Parole de Dieu, prière et -, 732 a
Parole de Dieu, transmission de la -, 576 b, 576 c
Parole de Dieu voilée (cit. de C. Geffré), 599 a
Parole de Vie, 1060 b
Parole, formation des jeunes à la -, 580 c
Parole, l'Esprit et la -, 686 b
Paroles d'accueil d'Élisabeth à Marie (Lc 1, 42-45, cit.), 66 c
Paroles d'un croyant (Lamennais), 442 a, 443 b
PAROTT, 636 c
Parousie, 297 b, **897**
Parrain, 950 c
Parrain (catéchuménat), 1084 a
Parresia, 826 c
Partage des biens dans la première communauté chrétienne, 538 a
Partage du travail, 840 a
Partage de Midi (P. Claudel), 649 b
Partage, esprit évangélique de -, 834 a
Partage et Rencontre (mouvement), 1065 b
Parthes, 247 b

Participation des salariés de l'entreprise, 850 b, 852 b
Participation politico-économique, 859 a
Participation socio-économique des salariés, 838 a
Parti de l'ordre, 454 b
Parti populaire italien, 473 b, 477 a, 482 a
Parvis, 640 c
Pascal (définition du mot), 924 b
PASCAL (antipape), 514 b
PASCAL I (st, pape), 514 c
PASCAL II (pape), 355 c, 514 d
PASCAL III (antipape), 514 d
PASCAL, BLAISE (conversion, *Mémorial*), 732 b
PASCAL, BLAISE, et le jansénisme, 413 b, 415 b
PASCAL, BLAISE, et le probabiliorisme, 795 b
PASCAL, BLAISE, pari de -, 608 c
PASCAL BAYLON (st), 106 b
Pascalisant, 924 b
Pascatins, 924 b
Pascendi (Pie X), 466 a, 467 a, 467 b, 553 c
Pascendi (Pie X, extrait), 467 c
PASCHASE (st), 1118 b
PASCHASE RADBERT (st), 106 b
PASCHASE RADBERT (st) (cit. Immaculée Conception), 899 a
PASCHASE RADBERT (st), prédicateur, 563 b
PASOLINI, 635 b
Passion de Jeanne d'Arc, La-, (film), 635 c
Passion de Jésus, 281, 286
Passion, dimanche de la -, célébration de la -, 924 c
Passionistes (saint PAUL DE LA CROIX), 107 b
Passions, esclavage des - (cit. de F. Mauriac), 796 a
Passons aux barbares (cit. de Ozanam), 447 a, 447 b
PASTERNAK, BORIS (cit. : l'Évangile et l'histoire), 610 b
Pasteur (Église catholique, Églises réformées), 556 a
Pasteur (prêtre), 557 b, 985 b
Pasteur de l'Église universelle (pape), 1019 a
Pasteur, Le- (Hermas), 313 a
Pasteur protestant, 157 c, 158 b
Pastor aeternus (Vatican I), 453 a, 453 b, 543 a, 551 a
Pastorale (définition), 557 c, 1061
Pastorale catéchétique, 1085
Pastorale catéchuménale, 1083
Pastorale de l'action sociale, 1093
Pastorale de la santé, 803 c, **1106**
Pastorale de la solidarité et des pauvres, 1204
Pastorale de la vie commune, 1064
Pastorale de la vie professionnelle, 1106
Pastorale de l'enfance et de la jeunesse, 1087
Pastorale de l'unité des chrétiens (œcuménisme), 1072 a
Pastorale des artisans de la fête, 1108
Pastorale des chrétiens engagés dans la vie professionnelle, 1099
Pastorale des étrangers en France, 1094
Pastorale des Français à l'étranger, 1095
Pastorale des Gitans, 1109
Pastorale des immigrés, 1094
Pastorale des malades, 1106
Pastorale des médias et de l'information, 1076, 1198
Pastorale des migrants, 1094
Pastorale des milieux militaires, 1100
Pastorale des milieux sociaux, 1101, 1102
Pastorale des missions à l'extérieur, 1069
Pastorale des pauvres et de la solidarité, 1097, 1184 c, 1186 a
Pastorale des pèlerinages, 1065
Pastorale des prisons, 1096
Pastorale des vocations, 1074
Pastorale des vocations, (responsables dans l'Église), 1049 b, 1049 c
Pastorale du monde de la batellerie, 1108
Pastorale du monde de la santé, 1106
Pastorale du monde des itinérants, 1108
Pastorale du tourisme et des loisirs, 1092
Pastorale en France par grands secteurs, **1061**
Pastorale en milieu maritime, 1104
Pastorale en milieu ouvrier, 1101, **1102**
Pastorale en milieu rural, 1104
Pastorale en milieux indépendants, 1105 a, 1105 b, 1105 c
Pastorale familiale, 1081
Pastorale familiale (principaux textes du magistère), 1081 a
Pastorale liturgique, 1198 a
Pastorale sacramentelle et liturgique, 1062
Pastorale spécialisée, 557 c
Pastor Bonus, 1030 b
Pastoralis migratorum cura (Paul VI) (immigrés), 867 a
Pastoralis sollicitudo (Pie VI), 553 a
Pastores dabo vobis (encycl., Jean-Paul II, présentation générale), 1191
Patène, 932 c
Pater Noster (sens de cette prière), 742 a
PATERNE (st), 106 b
Paternité responsable, 801 b, 809 c, 814 a, 814 b, 815 b, 815 c
Paternité responsable (Paul VI), 812 b, 813 c
Paterno jam diu (Benoît XV), 554 a
Patience, 828 a
PATIENT (st), 106 b
Patriarcat (institution), 155 c, **1015** ; voir aussi Patriarche
Patriarcat d'Alexandrie (origine), 308 b, 1015
Patriarcat d'Antioche (sécession après concile de Chalcédoine), 152 a, 153 a, **325 a**
Patriarcat d'Alexandrie des Coptes (catholiques), 153 b, 1015 b, 1016
Patriarcat dans l'Église catholique (Églises latine, orientales), 153 b, 440 b, 551 b, **1015**, 1016, 1019 b
Patriarcat dans l'Église orthodoxe, 154 a, 182, 1015
Patriarcat d'Alexandrie de l'Église orthodoxe, 154 a, 1016
Patriarcat d'Alexandrie de l'Église orthodoxe copte, 153 b, 324 b
Patriarcat d'Alexandrie de l'Église orthodoxe copte (diocèse en France), 183 c
Patriarcat d'Alexandrie des Grecs Melkites (catholiques), 1015 b, 1016
Patriarcat d'Antioche (origine), 308 b, 1015
Patriarcat d'Alexandrie des Grecs Melkites (catholiques), 1015 b, 1016
Patriarcat d'Antioche des Maronites (catholiques), 1015 b, 1016
Patriarcat d'Antioche des Syriens (catholiques), 1015 b, 1016
Patriarcat d'Antioche et de tout l'Orient (orthodoxes), 154 a, 1016
Patriarcat d'Antioche et de tout l'Orient (orthodoxes) (Vicariat pour l'Europe occidentale), 182 a, 182 b
Patriarcat d'Antioche et de tout l'Orient (orthodoxes syriens), 152 c, 153 a, 324 b, 1017
Patriarcat de Babylone des Chaldéens (catholiques), 1015 b, 1016
Patriarcat de Belgrade (ou de Serbie) (orthodoxes), 154 a, 1016
Patriarcat de Belgrade (ou de Serbie) (orthodoxes) (paroisse en France), 182
Patriarcat de Bucarest (ou de Roumanie) (orthodoxes), 154 a, 1015 b
Patriarcat de Bucarest (ou de Roumanie) (orthodoxes) (paroisse en France), 182
Patriarcat de Cilicie des Arméniens (catholiques), 1015 b
Patriarcat de Constantinople, (origine), 1015
Patriarcat de Constantinople, (rupture avec Rome), 371, 1015 b
Patriarcat de Goa, voir Patriarcat des Indes Orientales
Patriarcat des Indes Orientales (catholiques), 1015 c
Patriarcat de Jérusalem des latins (catholiques), 440 b
Patriarcat de Jérusalem des Grecs Melkites (catholiques), 1015 b
Patriarcat de Lisbonne (catholiques), 1015 c
Patriarcat de l'Occident (Rome) (catholiques), 551 b, 1015, 1019 b
Patriarcat de Moscou (ou de Russie) (orthodoxes), 154 a, 1015 b
Patriarcat de Moscou (ou de Russie) (orthodoxes), diocèse en France, 182
Patriarcat orthodoxe, voir Patriarcat dans l'Église orthodoxe
Patriarcat de Rome, voir Patriarcat d'Occident
Patriarcat de Roumanie (orthodoxes), voir Patriarcat de Bucarest
Patriarcat de Russie (orthodoxes), voir Patriarcat de Moscou
Patriarcat de Serbie (orthodoxes), voir Patriarcat de Belgrade
Patriarcat de Venise (catholiques), 1015 c
Patriarcat Œcuménique (orthodoxe) de Constantinople, 154 a, 1015 b
Patriarcat Œcuménique (orthodoxe) de Constantinople (archidiocèse grec en France), 154 b, 182 a, 182 b
Patriarcat Œcuménique (orthodoxe) de Constantinople (archidiocèse russe en France), 182 a, 182 b
Patriarche (chef d'Église), **1015 a**
Patriarche des moines d'Occident (saint Benoît de Nursie), 336 b
Patriarche d'Occident (pape), 1019 a, 1019 b
Patriarche Œcuménique (orthodoxe), 154 b, 583 c
Patriarche orthodoxe, 155 c
Patriarches bibliques, 225 b
Patriarches bibliques (leurs femmes), 228 a
Patriarches bibliques (tableau), 226 b, 226 c
Patriarches, les - d'Églises orientales catholiques, 1015 b
Patriarche, un - peut-il être cardinal ?, 1029 a
PATRICE ou PATRICK (st), 106 c, 565 a
PATRICE ou PATRICK (st) et le monachisme, 329 c
PATRICE ou PATRICK (st) et l'esprit missionnaire, 337 a
Patrie, 885 a, 885 b
Patrimoine de l'Église, 1043 c
Patrimoine du Saint-Siège, 1040 b
Patrimoine du Saint-Siège, Administration du -, 1031 b
Patrimoine national et coopération internationale, 885 b
Patriotisme, 883 c, 885 a
Patristique, 314 b
Patristique (argument), 600 b, 600 c
Patrologie, 314 b
Patrologie grecque, 314 a
Patrologie latine, 314 a
Patron (saint), 28 a, 28 c
Patron (saint) d'une ville, d'une église, 31 c
Patronat royal, 412 a, 412 b, 439 c
Patron de l'Occident (saint Benoît de Nursie), 336 b
Patrons (saints) des métiers et états de vie 43 b, 43 c
Patrons (saints) et choix des prénoms, 44 c
Patrons (saints) en Europe, 1145
Patrons-pères selon Marx, 676 b
PAUL (apôtre, st), **106 c**, 275 a, **291 b**, **292 a**, **292 b**, 301 b, 302 a, 303, 304 a, 304 b, 305, 306, 307 a, 309 a, 309 b
PAUL (apôtre, st) (activité missionnaire), 291 b, 292 a, 292 b, 304 a
PAUL (apôtre, st) (conversion), 26 a, 106 a, 304 b
PAUL (apôtre, st) (*Épîtres*), 291 a, 292, 293, 294
PAUL (apôtre, st) (*Épîtres*, leur ordre), 293 a
PAUL (apôtre, st) (*Épîtres*, rédaction), 266 a
PAUL (apôtre, st) (faiblesse, cit. de saint Bernard), 109 a
Paul (apôtre, st) (fêtes), 25, 26 a, 26 c, 920 b
PAUL (apôtre, st) (Jésus-Christ prêtre), 556 c, 984 c
PAUL (apôtre, st) (le mariage), 976 b
PAUL (apôtre, st) (relations avec saint Pierre), 109 a
PAUL (apôtre, st) (solennité, calendrier liturgique), 25
PAUL (apôtre, st), action de - selon Actes des apôtres, 288 a
PAUL (apôtre, st) et la charité, 799 c
PAUL (apôtre, st) et le Corps mystique, 543 c
PAUL (apôtre, st) et l'égalité des sexes, 728 a
PAUL (apôtre, st) et la liberté chrétienne, 777 a
PAUL (apôtre, st) et la Loi judaïque, 257 c, 305
PAUL (apôtre, st) et le mystère de Dieu, 595 a
PAUL (apôtre, st) et le scandale des juifs devant le Christ, 793 a
PAUL (apôtre, st) et les anges, 694 b
PAUL (apôtre, st) et l'homosexualité, 823 c
PAUL (apôtre, st) et saint Barnabé, 53 b

PAUL (apôtre, st) et saint Étienne, 68 c
PAUL (apôtre, st) et saint Onésime, 105 c
PAUL (apôtre, st) et saint Timothée, 120 a
PAUL (apôtre, st) et saint Tite, 120 a
PAUL (apôtre, st) interprète l'Exode, 230 a
PAUL (apôtre, st), mission de - dans l'Église primitive, **291 b**
PAUL (apôtre, st), sépulture de - (cit. d'Eusèbe de Césarée), 302 a
PAUL (apôtre, st), théologie de -, **292**
PAUL (st) et PIERRE (st) (fête de précepte), 920 b
PAUL I (st, pape), 514 b
PAUL II (pape), 515 b
PAUL II (pape) et l'année sainte, 766 a
PAUL III (pape), **404 a**, 515 b
PAUL III (pape) et la Compagnie de Jésus, 402 b
PAUL III (pape) et la Réforme catholique, **404 b**
PAUL III (pape) et le concile de Trente, 405 b
PAUL IV (pape), 515 b
PAUL IV (pape) et l'Index, 561 b
PAUL V (pape), 515 c
PAUL VI (pape), 515 d
PAUL VI (pape) (dialogue avec les nations), 509 b
PAUL VI (pape) (économie, cit.), 848 c
PAUL VI (pape) (encycliques), 554 c
PAUL VI (pape) (*Evangelii nuntiandi*), 574 a, 574 b
PAUL VI (pape) (Évangile et culture), 571 b
PAUL VI (pape) (exposé de la foi catholique), **522 b**
PAUL VI (pape) (justice, développement, paix), 825 b, 1068 b
PAUL VI (pape) (la vocation, cit.), 985 a
PAUL VI (pape) (les pauvres et l'eucharistie, cit.), 778 c
PAUL VI (pape) (*Octogesima adveniens*), 856
PAUL VI (pape) (réforme du missel), 934 c
PAUL VI (pape) à Fatima, 749 c
PAUL VI (pape) à l'ONU, **509 b**, 846 a, 1034 c
PAUL VI (pape) confirmation (cit.), 954 a
PAUL VI (pape), Credo de -, 522 b, 523 a
PAUL VI (pape) et *Gaudium et Spes*, 854 b
PAUL VI (pape) et la co-responsabilité des laïcs dans l'Église, 549 b
PAUL VI (pape) et la disposition de l'autel dans l'église, 930 b
PAUL VI (pape) et la doctrine des indulgences, 712 b
PAUL VI (pape) et la doctrine sociale de l'Église, 853 a
PAUL VI (pape) et la guerre, 846 a
PAUL VI (pape) et la guerre (cit.), 875 a
PAUL VI (pape) et la libération évangélique, 861 a, 861 b
PAUL VI (pape) et la paix, 846 a
PAUL VI (pape) et la question papale, 551 a
PAUL VI (pape) et la relance du concile Vatican II, **500 b**, **501 b**, **502 a**
PAUL VI (pape) et la souffrance, 710 a
PAUL VI (pape) et la suite du concile Vatican II, 503 b, 506 a, 508 a
PAUL VI (pape) et la suppression de l'Index, 561 b
PAUL VI (pape) et la théologie de la libération, 862
PAUL VI (pape) et le Conseil pontifical pour les laïcs, 567 a
PAUL VI (pape) et le désarmement, 873 c
PAUL VI (pape) et le développement (cit.), 845 b
PAUL VI (pape) et le développement (*Populorum progressio*), 502 b, 503 a
PAUL VI (pape) et le libéralisme, cit., 842 b
PAUL VI (pape) et le nationalisme (cit.), 883 c
PAUL VI (pape) et le patriarche Athénagoras, 501 b, 582 b, 1158 a
PAUL VI (pape) et le patriarche Athénagoras (déclaration commune), 374 b, 376 c
PAUL VI (pape) et le port de la tiare, 933 c
PAUL VI (pape) et l'œcuménisme, 503 b, 583 c, 585 b
PAUL VI (pape) et les armements (cit.), 873 b
PAUL VI (pape) et les Journées mondiales de la Paix, 1180 a, 1180 b
PAUL VI (pape) et les prêtres-ouvriers, 495 a
PAUL VI (pape) et le renouveau charismatique, 1059 b
PAUL VI (pape) et le socialisme, 451 c
PAUL VI (pape) et les régimes communistes, 507 a
PAUL VI (pape) et l'usage de la tonsure, 937 c
PAUL VI (pape), *Humanae vitae*, 812
PAUL VI (pape), messe de, - 967 a, 967 b
PAUL CHONG HASANG (st), 38 b
PAUL DE LA CROIX (st), 107 b
PAUL DE SAMOSATE et la christologie, 681 a
PAUL DE SAMOSATE et l'école d'Antioche, 314 c
PAULE (ste), 107 b
PAUL ermite (st), 107 b
PAUL MIKI (st), 107 b
PAULIEN (st), 107 c
PAULIN, 636 a
PAULIN DE NOLE (st), 107 c, 639 c
PAULINE (ste), 1118 b
PAULINE JARICOT, voir JARICOT, PAULINE
PAULINE VON MALLINCKRODT (bse), 38 c
Paul, Saint - Saint Louis (église Paris), 639 a
Pauvres (pastorale de la solidarité), **1097**, 1184 c, 1186 a
Pauvres (signes de la présence du Christ, Paul VI), 778 c
Pauvres de Lyon, voir Vaudois
Pauvres, obligations envers les -, 847 c
Pauvres, option préférentielle pour les -, 862 a
Pauvreté (développement, solidarité), 859 a
Pauvreté, vœu de -, 753 c
Pauvretés, les évêques français et les -, 799 a, 799 b
PAVIE, bataille de -, 396 a
Pax Christi, 875 c, 1058 b, 1067 b, 1067 c
Pax Christi (équipes et routes jeunes), 1088 c
Pax Romana, 306 b, 875 c
PAYS-BAS (catholicisme première moitié du XIXe siècle), 438 b
PAYS-BAS (constitution des Provinces Unies), 402 a
PAYS-BAS (géographie chrétienne), 1148 c
PAYS-BAS, l'Église aux -, 174
PAYS-BAS, religions aux -, 174
PAYS DE CANAAN, voir Canaan
Pays de la *Bible*, 217
Pays de l'Est et Saint-Siège sous pontificats Jean XXIII et Paul VI, 509 b
Pays de l'Est et Saint-Siège (1939-1978), 506 b, 507 a
PÉ ou PÈRE, voir Pierre (st), 107 c
Péché, **713 a**, 786 a, 788 a, 791 a
Péché (croyance France), 186
Péché (croyance France et Europe, chiffres), 186
Péché (pardon, Ps 51), 241
Péché (rémission), 714 c
Péché, aveu d'un -, 971 a, 971 b
Péché, conséquence du - selon *Genèse*, 225 a
Péché et conscience, 786 a
Péché et « développement » (encycl. *Sollicitudo Rei Socialis*), 1183 b, 1183 c
Péché et Esprit-Saint (Jean-Paul II), 687 c
Péché et faute, distinction, 791 b
Péché et la croix, 696 a
Péché et le pardon de Jésus-Christ, **970 a**
Péché et sainteté, 696 a, **788 a**
Péché et travail, 837 a
Péché et vie, 709 b
Péché, Jésus et le -, 706 b
Péché, le démon et le -, 694 c
Péché, le salut et le -, 696 a, 699 a
Péché mortel, 713 b, 713 c
Péché mortel (grâce habituelle), 701 c
Péché originel, 523 a, 698 a, **712 b**, **712 c**
Péché originel (décret du concile de Trente), 405 a
Péché originel et jugement humain sur bien et mal, 779 a
Péché originel et salut, 698 a
Péché originel selon *Genèse*, 224 b
Péché selon *Genèse*, 224 c
Péché social et péché personnel, 860 c
Péchés réservés, 561 b
Péché véniel, 713 b, 713 c
Pectorale (croix), 933 c
Pédagogie et catéchèse (cit. évêques français), 579 c
Pédagogie, voir catéchisme
Pédérastie, 823 b
PÉGUY, CHARLES, 636 b, 654 a
PÉGUY, CHARLES (cit. : la foi), 605 b
PÉGUY, CHARLES (cit. : l'enfant et la prière), 742 b, 742 c
PÉGUY, CHARLES (cit. : les péchés), 714 c
PÉGUY, CHARLES (cit. : mémoire et histoire), 600 a
PÉGUY, CHARLES (cit. : Présentation de la Beauce à Notre-Dame de Chartres), 655
PÉGUY, CHARLES, et le pèlerinage à Notre-Dame de Chartres, 904 b
Peine de mort, 869 b, 869 c
Peines canoniques, 561 a
Peines canoniques (cessation), 562 a
Peines expiatoires, 561 a
Peines médicinales, 561 a
Peinture (langage de la foi), 644 a
PÉLAGE I (pape), 514 b
PÉLAGE II (pape), 514 b
PÉLAGE (pensée), **325 b**
PÉLAGE et saint Augustin, 325 a
PÉLAGE, la grâce et les mérites, 701 a
PÉLAGE, la grâce et les œuvres, 700 b
PÉLAGE DE LAOCIDÉE (st), 1118 b
Pélagianisme, 325 a, 325 b
Pèlerin, Le-, 763 b
Pèlerin, Le- (fondation), 463 b
Pèlerin, Le- et le débat scolaire sous Jules Ferry, 465 a
Pèlerinage (islam), 143 b
Pèlerinage (Vierges noires), 770 a
Pèlerinage à Chartres, 771 b
Pèlerinage à Saint-Jacques-de-Compostelle au Moyen Age, 345 b, 345 c
Pèlerinage de Saint-Jacques-de-Compostelle, 767 c
Pèlerinage en Terre Sainte au Moyen Age, 345 a
Pèlerinage en Terre Sainte au Ve siècle (cit.), 772 c
Pèlerinage, lieux de - en Europe, 1146 a, 1146 b
Pèlerinage militaire international PMI, 1101 c
Pèlerinages (hindouisme), 145 c
Pèlerinages (organismes), 1208
Pèlerinages (pastorales), **1065**
Pèlerinages à Lourdes, 769 b, 769 c
Pèlerinages archaïques, 767 a
Pèlerinages de fondation, 767 a
Pèlerinages des Gitans, 1109 a
Pèlerinages du travail, 459 a
Pèlerinages en France (les principaux), 770 b, 1208
Pèlerinages, essor des - au Xe siècle, 344 b
Pèlerinages mariaux, France, 770 b
Pèlerinages médiévaux, 767 a
Pèlerinages modernes, 767 a
Pèlerinages, origines des - au IVe siècle, 331 b
Pèlerinages, phénomène médiéval massif, 345
PELLETIER, ROSE-VIRGINIE, ste MARIE DE SAINTE EUPHRASIE PELLETIER, 99 c
PELLEVOISIN (pèlerinage), 767 b, 1208 c
PELOTTE, DONALD (Mgr) (premier évêque indien aux États-Unis), 175
Pendentif (architecture), 641 c
Pénitence (doctrine), 406 a
Pénitence (sacrement) (convergence, divergences entre confessions chrétiennes), 163
Pénitence après la confession (satisfaction), 972
Pénitence-Réconciliation (sacrement), voir Réconciliation (sacrement)
Pénitent en attente de réconciliation, 970 b
Pénitentiel, 970 c
Pénitents et pèlerinages au Moyen Age, 345 a
Pensée catholique (première moitié du XIXe siècle), 442 a
Pensée catholique (1930-1960), 488 a
Pentarchie (les cinq grands patriarcats historiques), 1015 a
Pentateuque (formation), 210 b, 249 a, 249 c
Pentateuque et origines d'Israël, 225 b
Pentateuque les cinq livres du -, 225 b, 257 b
Pentecôte (événement, constitutif de l'Église), **299 a**, **300 a**, **302 a**
Pentecôte (fête), 913 c, 920 c
Pentecôte (fête juive), voir Chavouoth
Pentecôte (les langues de feu), 287 c
Pentecôte (nouvelle), 1018 a
Pentecôte (Quatre-temps), 923 c
Pentecôte (récit, Actes des apôtres), 287
Pentecôte (révélation de l'Esprit-Saint), 622 a
Pentecôte et pentecôtisme, 300 b

Pentecôte et Renouveau charismatique, 751 a, 1059 a, 1199
Pentecôte vue par un historien chrétien (Daniélou), 301 b
Pentecôtisme, 158 b, 300 b
Pentecôtisme et néo-pentecôtisme, 300 b
Pentecôtisme et Renouveau charismatique, 751 b, 1059, 1199
Pentecôtistes, 150 b
Pentecôtistes (données numériques monde), 157 a, 1060 b
PENTÈNE, 565 a
PENUEL, DANIELLE (cit. : Femmes dans l'Église), 726, 727
PÉPIN LE BREF, 339 a, 339 b
Perception extrasensorielle, 536 a, 536 c
Père (Dieu), **618 a**, 676 b
Père (Dieu) (cit. Lustiger), **676 a**
Père (*Dieu*) (*Symbole des apôtres*, commentaire), 522 a
Père (usage du mot dans l'Église), 676 c
Père Abbé (définition), 676 c
Père ANTOINE, 536 b
Père de l'Europe (saint Benoît de Nursie), 336 b
Père Noël, 929 a
Père spirituel, 676 c, 737 b
Père tout puissant, le - (*Symbole des apôtres*), 522 a
Pères apostoliques (écrits), 308 a
Pères apostoliques dans l'Église primitive, 308, 313 a, 314
Pères Blancs, 565 c, 763 b
Pères Blancs (fondation), 474 c, 566 b
Pères conciliaires (définition), 676 c
Pères conciliaires (Vatican II), 500 a
Pères de Bétharram, 763 a
Pères de la Doctrine Chrétienne (bx CÉSAR DE BUS), 36 a
Pères de l'Église (âge d'or, IVe siècle), 326 a
Pères de l'Église (autorité), 600 a
Pères de l'Église (définition), 676 c
Pères de l'Église (généralités et tableau d'ensemble), **314 a**, **314 b**
Pères de l'Église, les premiers -, 312 a
Pères du désert, 229 c, 329 c
Pères Pèlerins (Pilgrim Fathers), 401 c
Perfectae Caritatis (Vatican II), 505 a, 752 b, 1050 a
Perfection du Christ Fils de Dieu, 953 a, 953 b
Perfection et sainteté, 22 a
Perfidia judaïca, 592 a
PERGAME, 215 a
PERGOLÈSE, 660 c, 917 a
PERGOLÈSE (discographie), 661 b
Période apostolique (Église primitive), 299 a
Période apostolique (Église primitive) (chronologie), 301
Perle, parabole de la -, 279 c
Permanence de la présence du Christ dans les espèces consacrées, 965 a
PERNELLE (prénom), 107 c
PERNET (père) (Petites Sœurs de l'Assomption), 763 b
PERPET (st), 107 c
PERPÉTUE (st), 107 c
PERPÉTUE (ste), 107 c
PERRET (frères), 639 b
PERRETTE, PERRINE (prénoms), 107 c
PERROT, CHARLES (*Jésus et l'histoire*), 684 b
Perse (empire) et Israël, 247 b, 249 a
Persécution de l'Église par régimes communistes, 496 a
Persécution des chrétiens par l'empereur Dioclétien, 317 a
Persécution des chrétiens par Néron, 306 b
Persécution des juifs au Moyen Age, 364 b
Persécution des juifs par Claude, 307 a
Persécution des premiers chrétiens par autorités juives, 300 b, 306 b
Persécutions des chrétiens dans l'Empire romain, 309, 309 b, 310 a
Persécutions des chrétiens dans l'Empire romain (tableau général), 310, 311
Persécutions des Juifs par Antiochus Épiphane, 250 a
PERSÉPOLIS, 247 b
Persévérance, 828 b
Personnalisme, 633 a
Personne, 717 c
Personne (hypostase), 682 b, 682 c
Personne, âme et sens de la -, 720 a
Personne divine, 668 a, 670 a
Personne et masque, 659 c
Personne et nature, 719 a
Personnes (primauté sur les structures), 860 b, 860 c
Personnes âgées, commission nationale de pastorale des -, 1106 c
Personnes âgées, droits de la famille et -, 809 a
Personnes âgées et retraités (mouvement chrétien Vie montante), 1065 b
Personnes âgées, pratique religieuse des - (France), 191 a
Perversion radicale de l'homme (oui ou non ?), 792 b
Peschitto, 214 b
Pessah, 141 b, 258 a, 258 b, 911 c, 914 ; voir Pâque
Pessimisme politique et tradition augustinienne, 879 a
PÉTAIN (maréchal), les catholiques et -, 492 a
PETIOT, HENRI, voir DANIEL-ROPS
Petit Catéchisme, voir *Catéchisme*
PETITCLERC, JEAN-MARIE (cit. : Salésiens), 753
Petite Église (anticoncordataire), 183 a, 583 a
Petite Église (schisme anticoncordataire), 429 b
Petite Église d'Utrecht, 160 a, 183 a, 413 c
Petite Église Vieille Catholique ou des Vieux Catholiques (origine), 453 a
Petite Œuvre de la Divine Providence (bx LUIGI ORIONE), 37 a
Petite paix de l'Église (260-303), 315 a
Petites Églises, les -, 1136 a
Petites Servantes du Sacré-Cœur (bse ANINA MICHELOTTI), 36 b
Petites Sœurs de Jésus (CHARLES DE FOUCAULD), 128 a, 763 a
Petites Sœurs de Jésus et le monde des itinérants, 1108 b
Petites Sœurs de Jésus et les femmes en prison, 1096 b
Petites Sœurs de l'Addorata (bse CLELIA BARBIERI), 35 b
Petites Sœurs de l'Assomption, 763 b
Petites Sœurs de l'Évangile, 763 a
Petites Sœurs de Nazareth, 763 a
Petites Sœurs des Pauvres, 763 c
Petites Sœurs des Pauvres (bse JEANNE JUGAN), 37 c, 89 c
Petites Sœurs des Pauvres (fondation), 566 b
Petites Sœurs des Vieillards abandonnés (ste THÉRÈSE JORNET ET IBAS), 35 c
Petites Sœurs du Sacré-Cœur (CHARLES DE FOUCAULD), 128 a, 763 a
Petites Sœurs du Sacré-Cœur (CHARLES DE FOUCAULD) (fondation), 566 b
Petites Sœurs Missionnaires de la Charité (bx LUIGI ORIONE), 37 a
Pétition des Droits (1628), 869 b
Petit Jésus, 929 a
Petits chanteurs, 1198 a
Petits chanteurs à la Croix de bois, 1198 a
Petits Frères de Jésus, 763 a
Petits Frères de Jésus (CHARLES DE FOUCAULD), 128 a, 763 a
Petits Frères de Jésus (fondation), 566 b
Petits Frères de Marie, 97 b, 447 a
Petits Frères de l'Évangile, 763 a
Petits Frères des Pauvres, 1098 a
Petits Frères des Pauvres (Centres d'accueil, liste et adresses), 1208 b, 1209 b
Petits prophètes, les douze -, 246 b
Petit véhicule (bouddhisme), 146 a
PÉTRARQUE, 387 b
PÉTRARQUE et le pape Grégoire XI, 378 b
PÉTRARQUE et les papes d'Avignon (cit.), 379 b
PETRIE, 636 a
PÉTRILLI, SAVINA (bse), 1112 a
PÉTRONILLE (ste), 107 c
PETRUS DONDERS (bx), 37 c
Peuple (sens biblique), 1164 c, 1165 a
Peuple de Dieu (théologie Vatican II, mise en œuvre), 513 a
Peuple de Dieu selon Vatican II, 539 a, **539 b**, 543 a, 549 c
Peuple de l'alliance, 547
Peuple des Béatitudes (cit. de G. M. Riobé), 921 b, 921 c
Peuple élu (Israël), 257 c
Peuple français, Le -, 463 c
PEYRAGUDE, Notre-Dame de - (pèlerinage), 770 b, 1208 c
PHARAON, 229 c
PHARAON et l'exode des Hébreux, 228
Pharisaïsme et respect de la loi, 548 b, 549 a
Pharisiens, 263 a
Pharisiens (hypocrisie), 829 c
PHÉNICIE, 220 a
Phéniciens, 218 a
Phénoménologie, P. Ricœur et la -, 634 b
PHILA, Agnès (bse), 1113 b
PHILÉMON (st), 108 a
Philémon, Épître à -, 294 b
PHILIBERT ou PHILBERT (st), 108 a
PHILIPPE (antipape), 514 b
PHILIPPE (apôtre, st), 108 a
PHILIPPE (apôtre, st) (un des douze apôtres), 275 c
PHILIPPE (demi-frère d'Hérode Antipas), 252 a
PHILIPPE (st, diacre), 108 b, 275 b
PHILIPPE-AUGUSTE (roi), 353 a
PHILIPPE-AUGUSTE (roi), et Innocent III (pape), 363 a
PHILIPPE-AUGUSTE (roi), et la troisième croisade, 356 b, 358 b
PHILIPPE DE CHAMPAIGNE, 413
PHILIPPE LE BEL (roi), 377 a, **378 a**
PHILIPPE LE BEL (roi), et les juifs, 364 c
PHILIPPE LE BEL (roi), et les Templiers, 380 a
PHILIPPE NÉRI (st), 108 b, 761 a
PHILIPPE NÉRI (st) et l'Oratoire, 566 b
PHILIPPE II D'ESPAGNE, 397 a, 400 a
PHILIPPE II D'ESPAGNE et l'invincible armada, 400 a
Philippiens, Épître aux -, 294 a
PHILIPPINES, l'Église aux -, 173
PHILIPPINES, religions aux -, 173
Philistins, 219 a
Philocalie, 765 c
PHILOMÈNE (ste), 1118 b
PHILON D'ALEXANDRIE, 251 c, 252 c, 262 b, 300 b, 314 c
Philosopher au XVIIIe siècle, 422 a
Philosophie (définitions), 716, 717
Philosophie (l'infini), 669 b
Philosophie aristotélicienne et école d'Antioche, 314 c
Philosophie averroïste, 367 c
Philosophie de la volonté (Paul Ricœur), 634 b
Philosophie des Lumières, 420 a
Philosophie des Lumières en Allemagne, 423 a
Philosophie et foi au XVIIe siècle, 418 b
Philosophie et théologie, 623 a, 623 b
Philosophie et théologie (cit. de saint Jean Damascène), 622 b
Philosophie médiévale (les universaux), 356 c
Philosophie platonicienne et école d'Alexandrie, 314 c
PHON, MARIE (bse), 1113 b
PHOTIUS (patriarche), 375 a, 375 b
PHOTIUS (patriarche) (cit. : contre la primauté romaine), 375 c
PHUTTA, AGATHE (bse), 1113 b
Phylactère, 259 c
PIAF, ÉDITH, 663 c
Piagnoni, 387 a
PIALAT, 636 c
Piaristes, 91 b
Piaristes (fondation), 409
PIBRAC (pèlerinage), 1208 c
PIC DE LA MIRANDOLE, JEAN, 388 b
PICHAUD, MARIE-CLAIRE, 663 c
PICHEL, 635 c
Picpuciens (fondation des -), 447 a, 566 b
Picpus, congrégation de -, 447 a, 763 a
PIE (Mgr) et Dupanloup, 455 b, 456 b
PIE I (st, pape), 514 a
PIE II (pape), 515 b
PIE III (pape), 515 b
PIE IV (pape), 404 a, 515 b
PIE IV (pape) et le concile de Trente, 405 b
PIE V (st, pape), **108 b**, 406 a, 515 c
PIE V (st, pape) (*Catéchisme*), 577 b, 1178 a
PIE V (st, pape) (liturgie), 905 b
PIE V (st, pape) (réforme du missel), 934 c
PIE V (st, pape) et la fête Notre-Dame du Rosaire, 745 a, 903 b

PIE V (st, pape) et le concile de Trente, 407 b
PIE V (st, pape) et l'Index, 561 b
PIE V (st, pape), messe de -, 967 a
PIE VI (pape), 425 b, 429 a, 515 d
PIE VI (pape) (encycliques), 553 a
PIE VI (pape) et la constitution civile du clergé, 425 b
PIE VII (pape) et la paroisse, 545 b
PIE VI (pape) et les prêtres mariés, 986 a
PIE VII (pape), 515 d
PIE VII (pape) (encycliques), 553 a
PIE VII (pape), après la chute de Napoléon, 436 a
PIE VII (pape) et Consalvi, 431 b
PIE VII (pape) et le concordat de 1801, **429 a**, **430 a**, **431 a**
PIE VII (pape) et le mouvement ultramontain, 445 a
PIE VII (pape) et les fêtes d'obligation chômées, 910 b
PIE VII (pape) et Napoléon, **434 a**, **435 a**
PIE VIII (pape), 515 d
PIE VIII (pape) et la monarchie de Juillet, 437 a
PIE IX (pape), **448 a**, 515 d
PIE IX (pape) (dogme de l'Immaculée Conception), 898 b, 904 a
PIE IX (pape) (encycliques), 553 a
PIE IX (pape) et la démocratie, 881 a
PIE IX (pape) et la question romaine, 450 a
PIE IX (pape) et la tolérance (cit.), 829 a
PIE IX (pape) et le libéralisme, 450 a
PIE IX (pape) et l'infaillibilité pontificale, 452 b
PIE IX (pape) et l'ultramontanisme, 445 b, 452 b
PIE X (st, pape), **108 c**, **466 a**, 515 d
PIE X (st, pape) (âge communion), 468 b, 936 a
PIE X (st, pape) (encycliques), 553 c
PIE X (st, pape) (séparation de l'Église et de l'État, 1905, cit.), 882 a, 882 b
PIE X (st, pape), condamne *le Sillon*, 469 a, 469 b
PIE X (st, pape) et le Code de droit canon, 559 b
PIE X (st, pape) et le libéralisme politique, 468 b
PIE X (st, pape), réformateur, 468 b
PIEX, la Fraternité Saint-, 1173 b
PIE XI (pape), **477 a**, à **489**, 515 d
PIE XI (pape) (encycliques), 554 b
PIE XI (pape) (*Quadragesimo anno*), 857
PIE XI (pape), *Casti connubii*, 812
PIE XI (pape) et l'Action catholique italienne, 567 a
PIE XI (pape) et *l'Action française*, 478 a
PIE XI (pape) et la défense de la foi en Allemagne nazie (cit.), 666 b
PIE XI (pape) et la famille, 807 c
PIE XI (pape) et la lutte des classes, 857 b
PIE XI (pape) et l'antisémitisme, 591 a, 591 b
PIE XI (pape) et l'antisémitisme (cit.), 364 c, 481 b
PIE XI (pape) et le cinéma, 635 b
PIE XI (pape) et le communisme, 451 b, 481 a, 482 b, 844 c, 845 a
PIE XI (pape) et le fascisme, 479 b
PIE XI (pape) et le laïcat, 482 a, 549 c
PIE XI (pape) et le national-socialisme, 480 b, 481 b
PIE XI (pape) et les accords du Latran, 452 b
PIE XI (pape) et le socialisme, 451 b, 843 c
PIE XI (pape) et le syndicalisme chrétien, 486 a, 486 b
PIE XI (pape) et l'indifférentisme, 487 a, 488 b
PIE XI (pape) et l'œcuménisme, 487 a, 487 b, 488 b
PIE XII (pape), **490 a**, **495 b**, **496 a**, 515 d
PIE XII (pape) (encycliques), 553 b
PIE XII (pape) (*Fidei donum.* cit.), 496 b
PIE XII (pape) (l'impôt, cit.), 838 c
PIE XII (pape), Assomption de Marie (cit.), 902 b
PIE XII (pape) et la dévotion au Sacré-Cœur, 748 c
PIE XII (pape) et la doctrine sociale de l'Église, 859 a
PIE XII (pape) et la guerre, 874 a, 874 c
PIE XII (pape) et la liberté d'expression dans l'Église (cit.), 864 b
PIE XII (pape) et l'antisémitisme, 591 a, 591 b
PIE XII (pape) et la légitime défense (cit.), 875 b
PIE XII (pape), et la restauration de la vigile pascale, 926 a
PIE XII (pape) et la souffrance, 710 a
PIE XII (pape) et la Vierge Marie, 904 a
PIE XII (pape) et le cinéma, 635 b
PIE XII (pape) et le dogme de l'Assomption de Marie, 904 a
PIE XII (pape) et l'engagement politique, 842 a
PIE XII (pape) et le principe de subsidiarité (cit.), 858 a
PIE XII (pape) et les origines de l'univers (cit.), 689 b
PIE XII (pape) et les régimes communistes, 506 b, 507 a
PIE XII (pape) et le suicide (cit.), 820 a
PIE XII (pape) et le syndicalisme (cit.), 836 b
PIE XII (pape) et l'irénisme, 830 a
PIE XII (pape) et travail (cit.), 849 a
PIE XII (pape) face au génocide des juifs, 490 b
PIE XII (pape), les prêtres-ouvriers et la Mission de France, 495 a
PIE XII (pape), liturgie (cit.), 920 b
PIE XII (pape), réforme liturgique, 907 b, 1063 a
Pied (symbolique biblique), 255 a
PIERRARD, PIERRE, 654 b
PIERRARD, PIERRE (cit. sur *Rerum novarum*), 458 c
PIERRE (abbé), 1098 a, 1098 c
PIERRE (abbé) (Les étapes d'une vie), 1123 b, 1123 c
PIERRE (abbé), bénédicite (cit.), 936 c
PIERRE (apôtre, st), **108 c**, 514 a
PIERRE (apôtre, st) (*deuxième Épître*), 295 a
PIERRE (apôtre, st) (*Épîtres*), 291 a
PIERRE (apôtre, st) (faiblesse, cit. de saint Bernard), 109 a
PIERRE (apôtre, st) (*première épître*), 295 a
PIERRE (apôtre, st) (*Quo Vadis*, film), 636 b
PIERRE (apôtre, st) (*Quo Vadis*, Sienkiewicz), 33 c
PIERRE (apôtre, st) (solennité, calendrier liturgique), 25
PIERRE (apôtre, st) (un des douze apôtres), 275 b, 275 c
PIERRE (apôtre, st), action de - selon Actes des apôtres, 288 a
PIERRE (apôtre, st), à Rome, **307 a**
PIERRE (apôtre, st) et le pouvoir des clés, 522 a
PIERRE (apôtre, st) et l'*Évangile de Marc*, 265 a
PIERRE (apôtre, st) et PAUL (apôtre, st) (fête de précepte), 920 b
PIERRE (apôtre, st), le pape successeur de -, 551 b
PIERRE (apôtre, st), primauté de - dans le collège apostolique, 548 a, **552 b**, **552 c**
PIERRE (apôtre, st), rôle de - dans l'Église primitive, **302 b**, **302 c**
PIERRE (apôtre, st), tombeau de -, 302 c
PIERRE (apôtre, st), voir aussi *Tu es Pierre* (film), 636 a
PIERRE AUMAÎTRE (st), 38 b
PIERRE CANISIUS (st), 24 c, **109 b**
PIERRE CANISIUS (st) (cit. : relations avec les non-catholiques), 109 b
PIERRE CANISIUS (st) (*Grand et Petit Catéchismes*), 577 a
PIERRE CANISIUS (st) et la Réforme catholique, 406 a, 410 a
PIERRE CHRYSOLOGUE (st), 24 c, **109 c**
PIERRE CHRYSOLOGUE (st) (cit. : Annonciation), 902 b, 902 c
PIERRE CHRYSOLOGUE (st) (cit. Saints Innocents), 71 a
PIERRE CHRYSOLOGUE (st), prédicateur, 563 b
PIERRE CLAVER (st), 110 a
PIERRE D'ALCANTARA (st), 109 b
PIERRE DAMIEN (st), 24 c, **110 a**
PIERRE DAMIEN (st) (cit. sur saint Jean), 85 b
PIERRE DE BETANCUR (bx), 36 c
PIERRE DE CASTELNAU, 362 a
PIERRE DE LUXEMBOURG (bx) et saint DRUON, 66 a
PIERRE DE NARBONNE (st), 35 c
PIERRE DE TARENTAISE (st), 110 a
PIERRE DE VÉRONE (st), 734 b, 1118 b
PIERRE DORIE (st), 38 b
PIERRE ET MARCELLIN, martyrs de - (sts), 1117 c
PIERRE FOURIER (st), 110 a, 565 c
PIERRE FRIEDHOFEN (bx), 38 c
PIERRE-JULIEN EYMARD (st), 70 a, 110 b
PIERRE-JULIEN EYMARD (st) et les congrès eucharistiques, 766 a
PIERRE L'ERMITE, 358 b
PIERRE LE VÉNÉRABLE, 348 b
PIERRE LOMBARD, 356 a, 357 b
PIERRE-MARIE CHANEL (st), 110 b
PIERRE MAUBANT (st), 110 b
PIERRE-QUI-VIRE, LA (abbaye), 756 c
PIERRE ROMANCOU, 35 b
Pierres vivantes, 577 c, 1086 a
PIERRE VALDÈS (ou VALDO), voir VALDÈS
Pieta, 638 a, 646 a
Pietà, La - de Bernard Buffet (peinture), 645 a
Pietà, La - de Villeneuve-les-Avignon (peinture), 644 b
PIÉTAT (pèlerinage), 1208 c
Piété (définition), 736 c
Piété (don de l'Esprit), 701 b, 954 a, 954 b
Piété populaire sous Second Empire, 455 a
Piétisme, 418 a
Piétisme (définition), 736 c
Piétisme catholique allemand au XVIIIe siècle, 423 a
PIETRANTONI, LIVIA (bse), 35 c
PILAR, MARIA DEL (bse), 1111 a
Piliers (architecture), 641 a
PINARD DE LA BOULLAYE (père), 563 b
PIO DI SAN LUIGI CAMPIDELLI (bx), 39 c
PIO, voir Padre PIO
PIRANDELLO, 659 b
PISE (baptistère), 951 a
PISE, concile de - (1409), 380 b, 1194 a
Pixide, 932 c
Places de sûreté protestantes, 399 a
PLACIDAS (saint EUSTACHE), 69 c
Plaies ou fléaux d'Égypte (*Exode*), 228, 229 c
Plain-chant, 660 b, 661 a
Plaisir, **723 b**, **723 c**
Plaisir (morale), 797 a
Plaisir du bien, 779 c
Plaisir et sexualité, 810
Plan de Dieu, 695 b
Plan de Dieu (définition), 691 c
PLANTIER (père), 563 b
PLATEAU D'ASSY (église), 639 b
PLATON (*Apologie de Socrate*), 752 c
PLATON et la métempsychose, 895 a
PLATON et le monde matériel, 716 c
PLATON, la Renaissance et -, 388 b
PLATON, l'école d'Alexandrie et -, 314 c
Platoniciens de l'école d'Alexandrie, 314 c
Plein cintre (architecture), 641 b
PLESSIS, DAVID du, 1059 b
PLINE LE JEUNE, 300 b, 310 a
PLUNKETT, OLIVIER (st), 36 a, 105 c
Pluralisme politique dans l'Église, 881 b
Pluralisme syndical, 837 b
Plus-value du travail selon Marx, 844 b
Pluvial, 931 b
PMI (Pèlerinage militaire international), 1101 c
Pœnitentiam agere (Jean XXIII), 554 c
Pogroms, 140 c
POIRIER, 635 b
POISSON (Mgr), 492 b
Poisson, premières représentations symboliques du -, 1167 c, 1168 a
POISSY (colloque), 398 a
POITIERS (baptistère Saint-Jean), 331 a, 637 a, 951 a
POITIERS, bataille de - (732), 335 a
POL DE LÉON (st), 110 b
Polémistes dans l'Église des premiers siècles, 313 a
POLIGNAC (ministère), 437 b
Politique (autorité, signification), 884 b
Politique (forme de la charité, Pie XII), 842 a
Politique, démocratie en -, **881 a**
Politique, droits de la famille et -, 809 a
Politique et bien commun, **842 a**
Politique et charité, 881 a
Politique, La -, un travail pour les chrétiens (cit., *Christifideles laici*), 1189 a
Politique, l'Église et la -, 858 c

Politique, l'Église et la - (cit. de J. Vilnet), 882 c
Politique, les chrétiens et la -, 880, **881 a**, **881 b**
Politique, pensée - de droite et gauche (origines religieuses), 879
Politiques, opinions - et pratique religieuse, France, 192 c, 193, 194
Pollution, 878 a
POLOGNE (géographie chrétienne), 1149 a
POLOGNE, Église de - sous le régime communiste, 506 b, 507 a
POLOGNE, historique de la - (1965 à 1991), 1149 b
POLOGNE, Jean-Paul II et la -, 1149 a
POLSELLI, 636 c
POLYCARPE (st), 110 c
POLYCARPE (st) (Père de l'Église), 314
POLYEUCTE (st), 110 c
Polygamie, 819 a
Polygénisme, 691 a
Polyphonie a cappella, 660 c
Polyphonie aquitaine (discographie), 661 b
Polyphonie dans la musique sacrée (encycl. *Musicae sacrae disciplina* Pie XII), 554 c
Polyphylétisme, 691 a
Polythéisme, 136 a
Polythéisme (définition), **533 c**
POMBAL et la Compagnie de Jésus, 424 b
Pomme dans l'histoire d'Adam et Ève, 224 b
POMPÉE, 251 c
POMPÉE et Israël, 251 a
PONCE (st), 1118 b
PONCE PILATE, 282 b
PONCE PILATE (dans le Credo), 524 b
PONTIEN (st, pape), 514 a, 1118 b
Pontife (définition), 1007 b
Pontife (Jésus-Christ), 556 c
Pontifex maximus, 1007 b
Popularum propressio et Sollicitudo rei Socialis (fidélité), 1206
Pontifical, 935 c
PONTMAIN (apparition de la Vierge à deux enfants), 904 b
PONTMAIN (pèlerinage), 767 b, 770, 1208 c
PONT MILVIUS, bataille de - (312), 317 a, 319 a
POPIELUSZKO, JERZY, 131 b
POPPER, KARL, et les limites de la science, 619 c
POPPYS, 663 c
Populorum progressio (Paul VI), 502 b, 503 a, 503 b, 554 c, 1066 a
Populorum progressio (Paul VI, armements, cit.), 873 b
Populorum progressio (Paul VI cit.), 846 a
Populorum progressio (Paul VI cit. : libéralisme), 842 b
Populorum progressio (Paul VI, développement, cit. : réformes urgentes), 845 b
Populorum progressio (Paul VI, développement question sociale mondiale, cit.), 877 a
Populorum progressio (Paul VI), les Églises du Tiers-Monde et -, **507 b**
Populorum progressio, 20ᵉ anniversaire de l'encyclique - par l'encyclique de Jean-Paul II, *Sollicitudo Rei Socialis*, 1182, 1183, 1184 a
PORCHAIRE (st), 110 c
Porche, 640 c, 643 a
Porche du mystère de la deuxième vertu, Le - (Péguy), 654 b
Poro, 149 c
PORPHYRE, 310 a
PORRAS Y AYLLON, RAFAELA MARIA (ste), 36 b
Portail, 643 a
Portail de la cathédrale de Chartres, 638 b
PORTAL (abbé), 473 c, 487 b, 585 b, 1072 a
PORTALIS, 435 b
PORTCOMBET, PIERRE, 770 b
Portier (ordre mineur), 937 c
PORTINARI, BÉATRICE, 367 a
PORT, NOTRE-DAME DU - (pèlerinage), 770
PORT-ROYAL (jansénisme), 413 a, 413 b, 413 c, 415 b
PORTUGAL (géographie chrétienne), 1149 a
PORTUGAL (historique, de 1820 à 1977), 1149 c
Positions de prière, 747 b, 747 c
Positivisme, **448 b**
Positivisme (Comte), 448 a
Possession, 694 b
Post-moderne (critique) de la modernité, 611 b
Post multos labores (Pie VII), 553 a
Postulant, voir Novice
Postulateur de la cause (béatification, canonisation), 32 a
POTHIER (dom), 661 a
POTHIN (st), 110 c
POTHIN (st) et les débuts du christianisme en Gaule, 316 a
POTHIN (st), martyre de -, 312 b
POUGET (père), 629 b
POULAT, ÉMILE, 654 b
POULAT, ÉMILE (cit. : modernisme), 467 a, 467 b
POULLART DES PLACES, CLAUDE-FRANÇOIS et les spiritains, 566 b
POUPARD (cardinal), 569 c
POURÇAIN (st), 110 c
Pourim ou Purim, 141 b, 249 b, 258 a, 911 c, 914
Pourpre cardinalice, 1028
Pourquoi m'as-tu abandonné ? (cit. Cardenal), 711 a
POURRAT, HENRI, 654 b
Poursuite de l'étoile, A La - (film), 635 a
Pouvoir des clés, 554 a
Pouvoir exécutif de la Cité du Vatican, 1038 a
Pouvoir judiciaire de la Cité du Vatican, 1038 a
Pouvoir législatif de la Cité du Vatican, 1038 a
Pouvoir politique et Église, 881 b
Pouvoir pontifical (*Dictatus papae*, Grégoire VII), 351 a, 351 c
Pouvoir pontifical (ultramontanisme), 445 a
Pouvoir pontifical, prééminence du - selon Boniface VIII, 377 a, 377 b
Pouvoir pontifical, prééminence du - selon Innocent III (XIIIᵉ siècle), 362 a
Pouvoir pontifical, voir aussi Primauté pontificale
Pouvoir royal, laïcisation et absolutisation du - sous Philipe le Bel, 378 a
Pouvoirs (anges), 694 b
Pouvoirs dans l'Église, 548 b, 549 a
Pouvoirs spirituel et temporel (théorie, Boniface VIII, cit.), 377 b
PRABHUPADA, 151 a
Prado, Société du - (bx ANTOINE CHEVRIER), 40 b
Prado, Société du - (fondation), 566 b
Prado, Société du - (séminaire), 1047 c
PRAETORIUS, MICHAËL, 660 c
Pragmatique Sanction de Bourges (abolition, 1516), 389 a
Pragmatique Sanction de Bourges (1438), 384 a, **385**
Pratique religieuse (baptême, France), 196
Pratique religieuse (confession, France), 196
Pratique religieuse (France), 189
Pratique religieuse (France, commentaire Mgr. Defois), 205
Pratique religieuse (mariage, France), 197
Pratique religieuse (messe, France), 189, 190
Pratique religieuse (prière, France), 196
Pratique religieuse et catégories socio-professionnelles (France), 191 c
Pratique religieuse et école catholique en France, 192 a
Pratique religieuse selon âge (France), 191 a
Pratique religieuse selon importance des agglomérations (France), 192 a, 192 b
Pratique religieuse selon opinions politiques (France), 192 c, 193, 194
Pratique religieuse selon régions (France), 192 a
Pratique religieuse selon sexe (France), 191 b
Prattica, 660 b
Praxis, 844 a
Prayer Book, voir *Book of Common Prayer*
Preachers, 573 c, 1136 a
Préceptes évangéliques et conseils évangéliques, 1050 b
Pré-chalcédoniennes, Églises - (autonomie), 584 b
Pré-chalcédoniennes, Églises -, voir aussi Églises chrétiennes non catholiques (Églises orientales anciennes)
Précieux-Sang (fête), 907 a
Précurseur, le -, voir Jean-Baptiste
Prédestination, 708 b, 708 c
Prédestination, doctrine janséniste de la -, 413 a
Prédestination selon Calvin, 397 a
Prédestination selon Luther, 391 b
Prédicateur (retraite spirituelle), 737 b
Prédicateurs de Notre-Dame de Paris, 563 b
Prédicateurs, les grands -, 563 b
Prédication, **960 b**
Prédication (encycl. *Acerbo nimis* saint Pie X), 553 c
Prédication (encycl. *Humani generis redemptionem* Benoît XV), 554 a
Prédication (premiers chrétiens), 308 a
Prédication de Jean-Baptiste, 271
Préface (messe), 961 a
Préface (messe), (exemple), 961 a
Préface (messe), (Toussaint), 23 a
Préfecture de la maison pontificale, 1031 b
Préfecture des affaires économiques (Saint-Siège), 1031 b, 1041 b
Préfet apostolique (définition), 1007 b
Préfet de la maison pontificale, 1022 a
Prélat, 1008 a
Prélat d'honneur de Sa Sainteté, 1008 a, 1022 a
Prélat nullius, juridiction, 561 c
Prélature, 1008 a
Prélature de l'Opus, 763 c
Prélature nullius, 1008 a
Prélature nullius (Mission de France), 495 a
Prélature personnelle (définition), 1008 a
Prélature personnelle Opus Dei, 763 b
Prélature territoriale (définition), 1008 a
Prélature territoriale (Mission de France), 1103 b
Première communion, 963 a
Première guerre de libération juive, 251 a
Premiers chrétiens (témoins pour aujourd'hui), 547 a, 548 a
Premiers chrétiens, caractères des communautés de -, 290
Premiers chrétiens, catéchèse des -, 290 a
Premiers chrétiens, communauté des - selon Actes des Apôtres, 288 a, 288 b
Premiers chrétiens, écrits des -, 308 a
Premiers chrétiens, enseignement oral des -, 308 a
Premiers chrétiens, esprit fraternel des -, 290 c
Premiers chrétiens et Dieu, 664 a
Premiers chrétiens et le Temple de Jérusalem, 262 c
Premiers chrétiens, foi des - en la résurrection de Jésus-Christ, 284 a, 285 b
Premiers chrétiens, la foi des -, 266 a
Premiers chrétiens, liturgie des -, 290 b
Premiers chrétiens, professions de foi des -, 290 a
Premiers chrétiens, sacrements des -, 290 b
PREMINGER, OTTO, 635 c, 636 c
Prémontrés (saint NORBERT), 105 a
Prémontrés, ordre des -, 757 b
Prénoms, choix des -, 44 c
Prénoms, les - et la mode, 44 c
Préparation à la mort, 886 b, **889**, 981
Préparation au baptême, 950 a, 950 b
Préparation au mariage, 978 a
Préparation au sacrement de réconciliation, 957 a, 957 b
Préparation de Pâques, 924, 925
Presbuteroi, 289 a, 289 c, 983 c, 989 b
Presbuteroi, voir aussi Presbytre
Presbytéral (définition), 1049 c
Presbytère (définition), 1011 a
Presbytériens, 156 b
Presbytériens (données numériques monde), 157 a
Presbytériens (origine), 401 c
Presbyterium, 991 a, **991 b**
Presbyterium (IIIᵉ siècle), 315 b
Presbyterium diocésain, 989 b, 990 a
Presbyterium, l'évêque et le -, 555 c
Presbyterorum Ordinis (Vatican II), 505 c
Presbyterorum Ordinis (Vatican II, cit.), 991 a, 991 b
Presbytre, 289 a, 555 a, 989 b
Presbytre (IIIᵉ siècle), 315 b
Presbytre, voir aussi Presbuteroi
Prescience (définition), 668 b
Présence à Dieu (J. Honoré), 730 b
Présence de Dieu, 612 b
Présence de l'Esprit (G. Riobé), 687 a

Présence du Christ, l'Église, signe de la -, 915 a
Présence réelle (eucharistie), 525 a, 965 a
Présence réelle (eucharistie, croyance en France), 186
Présence réelle, (eucharistie, encycl. *Mysterium fidei* Paul VI), 553 c
Présence réelle (eucharistie, foi), 957 a
Présence réelle (eucharistie), voir aussi Corps du Christ
Présentation de Jésus au Temple (chandeleur), 920 b
Présentation de la Beauce à Notre-Dame de Chartres (cit. de Péguy), 655
Présentation du Seigneur (fête), 920 b
Présidence (messe), 937 c
Presse catholique, 1078
Presse catholique (1930-1960), 489 a
Presse catholique au XIXᵉ siècle, 463 a
Presse catholique et l'affaire Dreyfus, 470 a
Pressentiment, 536 a
Presse, salle de - du Vatican, 1032 b
Prêt à intérêt, 847 a, 847 b, 847 c
Prêt à intérêt et la condition juive au Moyen Age, 364 a
Préternaturel (définition), 691 c
PRETEXTAT (st), 111 a
Prêtre (fonctions, histoire), 983
Prêtre (pourquoi seulement des hommes ?), 725 c
Prêtre chrétien (distinction avec autres religions), **557 a** 985 b, 985 c
Prêtre et la messe quotidienne, 985 c
Prêtre, identité du -, (cit. de Jean-Paul II, *Pastores dabo vobis*), 1191
Prêtre, le Christ est -, 556 b
Prêtre, mission selon l'opinion (France), 200 c
Prêtre, qu'est-ce qu'un - ?, 557 a, 557 b, **985 a**
Prêtres (célibat), voir Célibat
Prêtres (décret Vatican II *Presbyterorum* Ordinis), 505 c
Prêtres (formation), 1047
Prêtres (formation, décret Vatican II *Optatam Totius*), 505 a
Prêtres (mariage, dans le conflit Rome-Constantinople), 376 a
Prêtres (nombre), 199
Prêtres (responsabilités, encycl. Jean XXIII *Sacerdotii nostris primordia*), 554 c
Prêtres dans le judaïsme antique, 260
Prêtres dans le monde (chiffres), 170, 1045
Prêtres de Saint-Sulpice, voir Compagnie des -
Prêtres diocésains (nombre), 199 à
Prêtres du Prado (fondation), voir Prado, société du -
Prêtres du Sacré-Cœur de Betharram, 103 c, 505 c, 566 b, 763 a
Prêtres en France (chiffres), 1046
Prêtres en France (formation), 1047 b, 1047 c, 1048 a
Prêtres en France (représentants nationaux auprès de l'épiscopat), 1013 b, 1013 c
Prêtres et l'apostolat, 575 a
Prêtres et le commerce (interdiction canonique), 848 c
Prêtres *Fidei donum*, 554 c, 564 b, 1071 a
Prêtres français en Afrique et Amérique latine, 564 b
Prêtres-ouvriers, 492, 494 a, **494 b**, 495 b, 1103 a
Prêtres-ouvriers (position concile Vatican II), 502 a
Prêtres, ressources mensuelles des -, 1043 b, 1043 c
Prêtres, Sécurité sociale des -, 1043 b
Preuves de l'existence de Dieu, 666 a, 668 a, 671 b, 672 a, 672 b, **673**
PREYSING, VON, (cardinal), 491 a
Prie-Dieu, 747 b
Prier (revue), 729 b
Prier aujourd'hui, comment - ? (A. Sève), 740 b, 740 c
Prier, comment - ?, **732 a**
Prier, ensemble pour - (rassemblement du 27 octobre 1986 à Assise), 1181 b, 1181 c
Prier pour tous (cit. de saint Ambroise), 740 b, 740 c
Prière, **728 b**, 729 a, 729 b
Prière (islam), 143 a
Prière (quelques règles simples), 732 a
Prière (renouveau contemporain), 729 a
Prière (rôle du prêtre), 557 b, 985 c
Prière (semaine pour l'unité des chrétiens), 589 a, 589 b
Prière avec les psaumes, 241 c
Prière chrétienne et méditation orientale, 1128 a, 1128 b
Prière dans la *Bible*, 241
Prière de Jésus (un moine d'Orient), 764
Prière de la messe la plus ancienne, 964 a
Prière d'ouverture (messe), 959 c ; voir Collecte
Prière d'ouverture à la liturgie des défunts, 919 b
Prière du genre humain (cit. de G. Bernanos), 739 a, 739 b
Prière d'union, 739 c
Prière du temps présent, 729 a, 740 c, 940 b
Prière enseignée par le Christ, Pater Noster, 742 a
Prière et morale, **779 b**
Prière eucharistique (ancien canon), 961 b
Prière eucharistique, diverses parties de la -, 959 a
Prière eucharistique et offrande, 960 a, 960 b
Prière eucharistique et récit de l'institution eucharistique, 958 a
Prière intérieure (oraison), 741 a
Prière juive, 141 a, 259
Prière, groupes de - (France), 200 a, 1197 b
Prière, la - et la vie (A. Sève), 740 a
Prière, la plus ancienne - connue de la messe, 964 a
Prière, le corps et la -, 747 b, 747 c
Prière, l'Esprit-Saint et la - (Jean-Paul II), 731 b, 731 c
Prière, un évêque parle de la - (cit. de Mgr. Coffy), 731 a
Prière universelle, (messe), 955 a, 959 a, 960 c
Prière orthodoxe aux saints, 23 c
Prière pénitentielle sur les péchés (messe), 955 a, 959
Prière pour les mourants, 886 b
Prière pour l'unité des chrétiens, 589 c
Prière, pratique de la - (France), 196
Prières eucharistiques (institution d'un choix laissé au célébrant, Paul VI), 907 c
Prières eucharistiques multiples (missel Paul VI), 934 c
Prieur(e) (définition), 1056 a
Prieuré, 330 c ; voir aussi prieur
Primauté pontificale, **552 b**, **552 c**
Primauté pontificale (constitution *Pastor aeternus*, concile Vatican I, extraits), 453 b
Primauté pontificale dans le conflit Rome-Constantinople au Moyen Age, 374 b
Primauté pontificale dans le conflit Rome-Constantinople au Moyen Age, (cit.), 375 c
Primauté pontificale et concile d'union de Lyon (1274), 383 a
Primauté pontificale et conciliarisme aux conciles de Constance (1414) et de Bâle (1431), 382 a
Primauté pontificale et Édit d'union de Florence (1439), 382 a, 382 b
Primauté pontificale et gallicanisme, 416 c
Prime, heure de -, 941 c
Primitives, religions -, 136 a
Primitives, religions - (géographie), 139
Prince de ce monde, 694 c
Prince de la vie, Jésus, -, 616 a
Princeps pastorum (Jean XXIII), 554 c
Princes, l'Église et le mariage des -, 979
Princeton, gnose de -, 1131 a, 1131 b
Principe de subsidiarité, **858 a**, 58 b
Principi apostolorum Petro (Benoît XV), 554 a
PRISCILLA, 307 a
PRISCILLE (ste), 1115 a
PRISCILLE (catacombe), 1167 c
Prise de voile (définition), 1056 a
Prise d'habit (définition), 1056 a
Prisons (aumônerie), 882 a, 1096, 1097
Prisons (effectifs des détenus), 1097 c
Prisons (pastorale), **1096**, **1097**
PRIST ou PRIEST ou PRIX (st), 111 a
PRIVAT (st), 111 a
Privatisation familiale, refus de la - (Jean-Paul II), 806 c
Prix, juste -, 845 b, 845 c
Probabiliorisme, 795 b
Probabilisme, 795 a, 795 b
Problème ouvrier, voir Question sociale
Procède du Père (l'Esprit-Saint) (Symbole Nicée-Constantinople, 688 c
Procéder (processions divines), 675 a
Procès de Jeanne d'Arc, Le - (film), 635 c
Procès matrimoniaux selon le régime des frais judiciaires, répartition des - (tableau), 1040
Processions divines (définition), 675 a
Prochain, amour du -, 798 b
Prochain, le -, 778 c
Prochain, le - (cit. Mt. 25, 34-40), 91 b
Prochain, le - (critère de l'action, cit. de P. Ricœur), 778 a
PROCLUS, 302 a
PROCLUS (cit.), 666 a
Productivité, société de - (risques), 837 c
Profanation eucharistie, 559 b
Profane, **617**, 617 b
Profès (définition), 1056 a
Profession (vie professionnelle), **851**
Profession de foi (affirmation de la foi), 517, **526 b**, 527 a
Profession de foi (islam), 143 a
Profession de foi (liturgie), 936 a, 936 c
Profession de foi, diverses circonstances de la -, 527 a
Profession de foi et de fidélité (*Acta Apostilicae Sedis*), 1186 a, 1186 b
Professions (vie professionnelle) et appartenance au catholicisme (France), 185 b
Professions de foi des premiers chrétiens, 290 b
Profit, **850**
Progrès de l'humanité, 854 b, 854 c, 879 a
Progrès humain et Royaume de Dieu, 525 b
Prohibant (empêchement), 561 b
Promesse (sens biblique), 1165 a
Promesse d'amour de Dieu, 888 b
Promesse d'un futur bienheureux, 785 c
Promesse et mariage, 975 a
Promesse messianique et résurrection de Jésus-Christ, 678A
Promesses de Dieu, 906 a
Promis, le -, 686 c
Promofête (association), 1108 c
Promoteur de justice (tribunaux ecclésiastiques), 1039 b
Promoteur de la foi, 23 b
Prône, 957 c
Prononce, 1034 b
Propagande (Congrégation de propaganda fide, fondation), 567 a, 1031 a
Propagation de la foi (encycl. *Maximum illud*, Benoît XV), 554 a
Propagation de la foi, voir Association pour la -, Œuvre pontificale missionnaire de la -, Congrégation pour la -
Prophètes (chronologie), **244 b**
Prophètes (chronologie des prophètes d'Israël), 1162 a, 1162 b
Prophètes (éclosion du prophétisme), 244
Prophètes (ou *Nevijm* ; livre prophétique de la bible hébraïque), 1165 c
Prophètes de l'*Ancien Testament* (âge d'or), 210 b, 244
Prophètes de la période perse de l'histoire d'Israël, 248
Prophètes écrivains, les -, **244**
Prophètes et les signes des temps, 601 b
Prophètes et universalisme, 253 a
Prophètes, les - (deuxième partie de la *Bible* hébraïque), 210 b, 238 a, 257 b
Prophètes, les quatre grands, les douze petits -, 246 b
Prophétie et voyance, 536 a
Prophétiques, livres - dans la bible hébraïque, 1165 c
Propitiation (définition), 705 c
Propitiatoire, 234 a
Propositions de paix de Benoît XV (1917), 475 b
Propositions jansénistes, les cinq -, 413 b, 413 c
Propre (liturgie) (définition), 920 a
Propriété, **851**
Propriété (encycl. *Quadragesimo anno*, Pie XI), 554 b
Propriété (*Gaudium et Spes*, Vatican II, cit.), 834 a, 848 a
Propriété d'autrui, respect de la - (commandement), 783 c

Propriété, droit de - (Pie XI), 857 a
Propriété, droit de - et ses limites, 859 a
Propriété et dignité de l'homme, **838 a**
Propriété et système féodal, 342 b
Propriété, légitimité et usage, 847 a
Propriété privée, Jean XXIII et la -, 856 a
Propriété privée, Léon XIII et la -, 857 a
Propriétés d'Église (objet selon droit canon), 560 a
Prose (liturgie), 917 a
Prosélyte, 290 c
Prosélyte, prosélytisme, 1135 b, 1135 c
Proslogion (saint Anselme), 572 c
PROSPER D'AQUITAINE (st), 111 a
Prosternation, 747 c, 942 c
Prostitution, mouvement contre la - (Le Nid), 1069 c
Prostration, 747 c, 942 c
PROTAIS (st), 111 a
Protection animale, l'Église et la -, 721 b, 721 c
Protestant (définition), 396 a
Protestantisme, **157**
Protestantisme (bibliographie), 158 c
Protestantisme (données numériques), 138
Protestantisme (géographie), 139
Protestantisme et Conseil Œcuménique des Églises, 157 a
Protestantisme et Église catholique, 157 c
Protestantisme et Église catholique en France, 1072 a, 1072 b
Protestantisme et œcuménisme, 157 a, 585 a
Protestantisme, voir aussi Réforme
Protestants (données numériques et géographiques), 157 a
Protestants (France), 176, 180
Protestants (France, enseignement théologique), 180 b
Protestants et catholiques (groupe des Dombes), 487 a
Protestants et la question papale, 552 a
Protestants français émigrés, leurs descendants, 415 a
Protestants français sous François Ier, 398 c
Protestants français sous Louis XIV, 414, 415 b
Protestants français, statut légal des - selon Édit de Nantes, 399 a
Protestants français, statut légal des - selon Édit de Tolérance (1787), 422 b
Protestants vaudois, 160 a
Protestants, voir aussi Convergences, divergences confessions chrétiennes, 161
Protévangile, 225 a, 232 a, 232 b
Protévangile de Jacques et l'Épiphanie, 929 c
Protocole des Sages de Sion, 592 a
Protomartyr, 28 c
Protonotaire apostolique, 1008 a, 1022 a
PROUDHON, 451 a, 843 a
Proverbes à propos des saints, 32 c, 42 a, 42 b
Proverbes, Livre des -, 248 a, 252 b
Proverbes, Livre des - (rédaction), 249 a
Providence (sens biblique), 1165 a, 1165 b
Providence, 611 a
Providence, État -, 842 a, 843 b, 858 b
Providentissimus Deus (Léon XIII), 468 a, 553 c
Provinces ecclésiastiques (définition), 988 a
Provinces ecclésiastiques françaises, 995 a, 995 b
Provinces-Unies des Pays-Bas (constitution), 402 a
Provincial d'un ordre religieux (définition), 1056 a
Provinciales (Pascal), voir *Lettres à un provincial*, 413 b, 415 b
PRUDENCE (st), 111 a
Prudence (vertu cardinale), 825 b
Psalmodie, 940 b
Psaume 27 (recherche de Dieu, cit.), 88 c
Psaume 43 (lumière et vérité, cit.), 74 c
Psaumes (deux textes, Ps 87, Ps 51), 240 a, 241 b
Psaumes (disque), 661 c
Psaumes (livre de la Bible), 212, 213 a, 249 a, **259 b**, **259 c**
Psaumes (Office divin), 941 a
Psaumes (prière de la messe), 955 a, 959 a
Psaumes (prières d'Israël), 259 b
Psaumes (regroupement en un livre par les scribes), 249 a
Psaumes, David et les -, 239 a, 259 c
Psaumes de Salomon (apocryphe), 214 c
Psaumes et la prière chrétienne, 241 c, 728 b, **941 a**
Psaumes et prière, 728 b
Psautier, 941 c
Pseudépigraphe, 214 c
PSEUDO-DENIS et la mystique, 738 b
PSICHARI, ERNEST, 654 b
PSS (Prêtres de Saint-Sulpice, sulpiciens), 762 a
Psychè, 709 c
Psychanalyse, **722 b**, **722 c**, 723 a
Psychanalyse et foi, 617 b
Psychanalyse et liberté, 787 b, 787 c
Psychanalyse présentée comme science, 619 c
Psychanalytique, lecture - de la *Bible*, 215 b
Psychiatre, 723 a
Psychisme, 722 c
Psychokinésie, 536 b
Psychologie des profondeurs, 722, 722 b, 723
Psychologue, 723 a
Psychothérapie, 722 c, 723 a
Psy, qui sont les - ?, 723 a
PTOLÉMÉE, 250 a
PTOLEMÉE DE LUCQUES, 921 a
Ptolémées, 250 a, 251 a
Publicain, 263 a
Publication des bans (mariage), 976 c
Publicité et mutations culturelles, 570 c
Publicité religieuse, 573
PUEBLA, assemblée des évêques d'Amérique latine de -, 508 a, 568 b, 1195 a
PUEBLA, assemblée des évêques d'Amérique latine de - (médias, cit.), 864 b, 864 c
Pueri Cantores, Fédération internationale des -, 1198 a
Puissances (anges), 694 b
Puissant, Dieu tout -, 253 b, 664 b, **667 b**, **667 c**, 683 a, 744 b
Puissant, le - (sens biblique), 1165 b
Puits de Jacob (communauté), 1059 c
PULCHÉRIE (ste), 1118 b
Pulsions de vie, de mort, 793 a
Punctation d'Ems, 423 b
Pur amour (quiétisme), doctrine du -, 416 b, 418 a
Pureté (rites juifs), 259 c
Pureté (vertu, cit. de Teilhard de Chardin), 828 b
Purgatoire, 236 c, 525 c, 712 b, **890 a**, **890 b**
Purgatoire (décret du concile de Trente), 407 a
Purification (rites juifs), 259 c
Purification de la Vierge (fête, aujourd'hui Présentation du Seigneur), 920 b
Purification, rite de - (messe), 963 a
Purificatoire, 932 c
Purim (fête), voir Pourim
Puritains, 156 b
Puritains (origines), 401 b
Purs (cathares), 361 b
PUY, Notre-Dame du - (pèlerinage), 770, 1208 c
Pyrrhonisme, 534 a
PYTHAGORE et ésotérisme, 536 c
PYTHAGORE et la métempsychose, 895

- Q -

Qaddish, 742 a
Qohelet ou *Ecclésiaste*, 252 b, 252 c
Quadragésime, 923 c
Quadragesimo anno (Pie XI), 486 a, 553 b, 554 b, 855 a, **856**
Quadragesimo anno (Pie XI) (cit. : nationalisation), 851 c
Quadragesimo anno (Pie XI) et travail (cit.), 849 b
Quadrilatère de Lambeth, 159 c
Quæstio (scolastique), 357 a
Quakers, 156 c
Quakers (société des Amis), 1136 a
Qualité de la vie, 802 b
Quam singulari (Pie X), 470 a
Quanta cura (Pie IX), 450 a, 450 b, 553 a
Quarante (symbolique biblique), 256 a
Quarante-deux articles, voir *Confession de foi anglicane*
Quarante heures (adoration), 747 b
Quarante heures (semaine de travail), 831 b
Quart Monde, ATD -, voir ATD Quart Monde
Quas primas (Pie XI), 554 b
Quatre Articles, Déclaration des -, (1682), 416 b, 417 b
Quatre articles de Prague (1420), 384 b
Quatre-temps, 923 c
Quatre-temps du siècle, 766 a
Quatre-vingt-cinq canons des apôtres, les -, 559 a
QUEFFELEC, HENRI, 654 b
QUELQUEJEU, BERNARD (cit. : l'homme évangélique), 777 b
Quelques ouvrages pour mieux connaître l'histoire de l'Église, 513 b
QUENIN (st), 111 a
QUENTIN (st), 111 a
QUERBES, LOUIS (père), 447 a
Querelle des images (crise iconoclaste), 373 a, 374 a
Querelle des investitures, 343, 344 a, 350 a, 351 b, 354, 355 c, 362, 363 a, 370 a, 370 b ; voir aussi Bénéfices ecclésiastiques
Querelle des rites aux XVIe-XVIIIe siècles, 411 c, 412 a, 423 c
Querelle des universaux, 356 c
Querelle photienne, 373 a, 375 a, 375 b
Querelle photienne (cit. : primauté pontificale), 375 c
QUÉRIBUS, 362 b
Question (torture), recours par l'Inquisition à la -, 363 b
Question romaine, 445 b, 450 a, 473 b
Question romaine (origine), 436 a
Question romaine (règlement, 1929), 479 b
Question sociale, **853 a**, 854 a, 854 b, 854 c
Question sociale (classe ouvrière et marxisme), 844 a
Question sociale et les catholiques dans la première moitié du XIXe siècle, 444 b
Question sociale, Jean XXIII et la -, 498 b
Question sociale, l'Église et la -, 486 a, 855, 858 c
Question sociale, Léon XIII et la -, 457 a
Question sociale, *Mater et Magistra* (Jean XXIII), 856
Question sociale mondiale, le développement de la - (Paul VI), 877 a
Question sociale, *Octogesima adveniens* (Paul VI), 856
Question sociale, Paul VI et la - (*Populorum progressio*), 502 b, 503 c
Question sociale, Pie XI et la -, 486 a
Question sociale, *Quadragesimo anno*, Pie XI, 857
Question sociale *Rerum novarum* (Léon XIII), 459 a
Questions fondamentales de l'homme, 529 a
Quête, 961 a, 1042 b, 1042 c
Quête (origine), 963 b
Qui Christi Domini vices (Pie VII), 553 a
Quid aliquantum (Pie VI), 425 c
Quiétisme, 416 b, 418 a
QUINET, EDGAR, 366 a
QUINIDE (st), 111 a
Qui pluribus (Pie IX), 553 a
QUINT (st), 1118 c
QUMRAN (manuscrits de la mer Morte), 213 b, 263 a, 271 b
Quo graviora mala (Léon XII), 553 b
Quo Vadis (film), 636 b
Quo Vadis (Sienkiewicz), 33 c
Quod aliquantum (Pie VI), 553 a
Quod apostolici (Léon XIII), 553 b
Quod jam diu (Benoît XV), 554

- R -

RABAN MAUR, Bienheureux - (st), 1118 c
Rabbi, 260 c
Rabbin, 177 c
Rabbin, rôle du - (judaïsme ancien), 984 b
Rachat (vocabulaire biblique du salut), 704 a
RACHEL, 226, **228 a**
RACINE, JEAN (cit. : Deux hommes en moi), 651 c

Racisme, 830 c
Racisme nazi, 480 a, 481 b
RADEGONDE (ste), 111 b
RADEGONDE (ste) (relations avec Venance Fortunat), 121 b
Radio (émissions religieuses), 1035 b, 1077
Radio et culture, 571 a
Radios chrétiennes, 1077 b, 1192 à 1201
Radios chrétiennes (Histoire), 1199 a, 1199 b
Radio-Vatican, 1032 a, 1077 b, 1199 a, 1199 b
RADULPHE (st), 1118 c
Raëliens, 537 a, 1136 a
RAFAELA MARIA PORRAS Y AYLLON (ste), 36 b
RAFQA AR-RAYES (bse), 40 a
RAHNER, KARL, **633 b**
RAHNER, KARL (cit. : le monde et Dieu), 888 b
RAHNER, KARL, et la théologie contemporaine, 624 b
RAINCY, LE - (église), 639 b
RAINIER (st), 111 b
Raison (siècle des Lumières), 420 a
Raison, culte de la - (1793), 427 a
Raison et connaissance de Dieu, 597 c
Raison et foi, 621
Raison et foi (cit. de Jean-Paul II), 620 b
Raison et foi (encycl. Pie XI, *Divini illius magistri*), 554 b
Raison et foi chez les humanistes de la Renaissance, 388 b
Raison et foi selon philosophes du XVIIIe siècle, 422 a
Raisonnement et Dieu, 666 a, 668 a
Rajneesh, voir Bhagwan
Ralliement des catholiques français à la République, 457 a, **465 a**, 465 b, 474 c, 881 b
RAMA, 144 c
Ramadan, 143 a
RAMAKRISHNA, 144 a
RAMAKRISHNA (Centre Védantique), 1136 b
RAMAKRISHNA (recherche de Dieu), 17
RAMANA MAHARSHI, 144 a
RAMBERT (st), 111 b
Rameaux (Jésus à Jérusalem), 281 a
Rameaux, dimanche des -, bénédiction des -, 924 c
Rameaux, dimanche des - et semaine sainte, 912 a
RAMIREZ, 635 c
RAMONDOT (Mgr), 1096 a
RAMSEY (Dr), rencontre du - avec Paul VI, 503 b
RANCÉ, abbé de -, 419 b, 419 c, 755 a
Rançon (vocabulaire biblique du salut), 704 a
RANQUET J. G. (cit. : quitte ton pays), 79 b
RAOUL (st), 111 c
RAPHAËL (st), 43 a, 111 c, 694 b
RAPHAËL (st) (sens du nom), 254 b
RAPHAËL (RAFFAELO SANZIO, dit -), 694 a
RAPHAËL KALINOWSKI (frère de Saint-Joseph, bx), 38 a
RAPHAELLE YBARRA DE VILLALONGA (bse), 38 b
RAPPER, 635 a, 636 b
Rashaï, 1109 a
RASOAMANARIVO, VICTOIRE (bse), 1113 b
Rassemblement France Libre, 1136 b
Rassemblement, lieux de - et de pèlerinage en Europe, 1146 a, 1146 b
Rassemblement œcuménique européen de Bâle (Paix et Justice), 1181 c, 1182
Rassemblement pour l'Unité des chrétiens, voir Moon
Rassemblements diocésains, 993 b, 993 c
Rationalisme aristotélicien, 367
Rationalisme aux XVIIe-XVIIIe siècles, 420 a
Rationalisme, condamnation du - par Léon XIII (*Libertas praestantissimum*), 553 c
Rationalisme, condamnation du - par Pie IX (*Syllabus*), 450 b, 553 b
Rationalisme, Descartes et le -, 418 b
Rationalisme de Taine et Renan, 448 b
Rationalisme et déisme au XVIIIe siècle, 420 b
Rationalisme et foi chrétienne, 534 b
Rationalisme, les philosophes du XVIIIe siècle et le -, 421 a, 421 b
RATISBONNE, ALPHONSE DE, et THÉODORE, 58 c
RATZINGER (cardinal) et le nouveau catéchisme, 1177 b
RATZINGER (cardinal) et la théologie de la libération, 859 b, 1174 a
Ravenistes, 1136 b
RAVENNE (exarchat byzantin), 339 a, 339 b, 373 a
RAVIGNAN (père), 563 b
RAY, 635 b
RAYMOND DE PENAFORT (st), 111 c
RAYMOND NONNAT (st), 112 a
RAYMOND VI, comte de Toulouse, 362 a
RAYMOND VII, comte de Toulouse, 362 b
RAYNAUD (st), 1118 c
Réalisme (universaux), 356 c
Réarmement moral, 1136 b
REBECCA, 228 a
Rebirth, 1136 b
REBOUD (abbé), 663 a
RECARÈDE 1er (roi), 321 c
Recentrage ou approfondissement par Jean-Paul II ? 511 b
RECHE, ARNOULD-JULES (bx), 1111 c
Recherche de Dieu, 17
Recherche du sens, 530 a
Recherche théologique dans l'Église, liberté de - (droit canon), 550 c
Récit de l'institution eucharistique (prière eucharistique), 958 a
Réclame religieuse, 573
Reclus(e) (définition), 1056 a
Récollection, 737 b
Récollection, lieux de - (répertoire), 1220
Récompense divine, 702 c, 785 b, 785 c
Réconciliateur, 972 a
Réconciliation (sacrement), **969 a**, **971 c**
Réconciliation (sacrement) (absolution), 972
Réconciliation (sacrement) (acte d'Église), 974 a, 974 b
Réconciliation (sacrement) (convergences, divergences entre confessions chrétiennes), 163
Réconciliation (sacrement) (crise), 972 c
Réconciliation (sacrement) (déroulement de la célébration), 973 c
Réconciliation (sacrement) (diverses liturgies), 972 b
Réconciliation (sacrement) (effets), 974 a, 974 b
Réconciliation (sacrement) (historique), **970**
Réconciliation (sacrement) (le Christ et la femme adultère), 969 c
Réconciliation (sacrement) (les lapsi), 313 c
Réconciliation (sacrement) (préparation), 973 a, 973 b
Réconciliation (sacrement) à la fin du IVe siècle, 331 a
Réconciliation (sacrement) et le baptême, 528 a
Réconciliation (sacrement) et sacrement des malades, 980 b
Réconciliation (sacrement), grâce de la -, 701 c
Réconciliation dans le Christ, 956 a, 972 b
Réconciliation et salut, 699 a
Reconnaissance de la dimension religieuse de l'homme, 863 b
Reconquista, 335 a, 358 a, 359 b, 363 a, 1169 c
Re-création, voir Salut
Recteur (définition), 1049 c
Rédemption, **707 a**, **707 b**
Rédemption et expiation, 704, 705
Rédemption et travail, 849, 849 b
Redemptor hominis (Jean-Paul II), 532 a, **707 a**, **707 b**, 855 b, 1066 a
Redemptoris Mater (Jean-Paul II), 904 b
Redemptoris Mater (Jean-Paul II, cit.), 904 c
Redemptoris Missio (Jean-Paul II, présentation générale), 1189 b, 1189 c
Rédemptoristes, 566 b, 762 a
Rédemptoristes (st ALPHONSE DE LIGUORI), 47 b
Réductions jésuites en Amérique latine aux XVIIe-XVIIIe siècles, 411
Réformé (définition), 398 c
Réforme anglicane, **400 a**, 401 b
Réforme à Strasbourg, 395 b
Réforme calviniste, **396 b**, **397 a**
Réforme catholique, **403 b**, 409 a
Réforme catholique (*Catéchisme*), 577 a
Réforme catholique, art de la -, 638 c
Réforme catholique en France, 408 a
Réforme catholique en pays germaniques et Europe centrale, 410 a
Réforme catholique et art baroque, 1172 a, 1172 b
Réforme catholique et la Compagnie de Jésus (jésuites), 402 b
Réforme du clergé (décret concile de Trente), 407 a
Réforme, Églises de la -, **156**
Réforme, Églises de la - et l'œcuménisme, 585 a
Réformées, Églises - (France), 176, 180 b
Réforme et le purgatoire, 890 a
Réforme grégorienne, 349 b, 351 a
Réforme grégorienne (début), 350 b
Réforme grégorienne en France, 352 b
Réforme, la - (origines), **390 a**
Réforme liturgique et pratique religieuse, 190 a, 191 a
Réforme liturgique, voir Liturgie
Réforme luthérienne, **390 b**, **391 b**
Réforme protestante aux Pays-Bas, 402 a
Réforme protestante en Écosse, 402 a
Réforme protestante en France (développement), 396 b
Réforme protestante en Hongrie, 402 a
Réforme protestante et schisme, 583 a
Réforme zurichoise (Zwingli), **394 b**
Réformés, 156
Réformés (données numériques monde), 157 a
Refoulement de culpabilité et ses suites, 786 a
Réfractaire (clergé), 425 b
Refuge, Notre-Dame de Charité du -, 99 c, 447 a
Refus de l'amour de Dieu, 713 a
Régale, affaire du droit de -, **417**
RÉGINALD (st), 1118 c
Régions (pratique religieuse, France), 192 a
Régions apostoliques françaises, 995 b, 996 c
Régions apostoliques, voir aussi Provinces ecclésiastiques, 996 c
Registres paroissiaux, 1011 c
Règle de foi (définition), 603 a
Règle de foi selon saint Irénée, 313 a
Règle de saint Benoît, 336 b, 756 a
Règle de saint Benoît (cit.), 756
Règle de saint François (cit.), 758 b, 758 c
Règle de Taizé, 768 b, 768 c
Règle de vie (définition), 737 c
Règle monastique, la première -, 328 a
Règle religieuse, 753 a, 753 b
Règles de la Communauté, apocryphe essénien, 214 c
Règles morales, 784 c
Règne de Dieu, proclamation du - par Jésus-Christ, 274 a
REGUEIRO, 636 c
Régulation des naissances (encyclique *Humanae vitae*, Paul VI), 506 a
Régulation des naissances (évêques français et *Humanae vitae*), 813 a, 813 b
Régulation des naissances (Paul VI), 812 b, 815 a
Régulation des naissances, comment vivre la - ?, 815 b, 815 c
Régulation des naissances, Église et -, **814**
Régulation des naissances, Vatican II et la -, 814 a, 814 b, 815 a
Régulier (clergé), 562 a, 753 a, 753 b
Rein (sens biblique), 255 a
Réincarnation, 137 b, **895 a**
Réincarnation (bouddhisme), 146 a
Réincarnation (croyance France et Europe, chiffres), 186
Réincarnation (hindouisme), 144 b
Réincarnation (jaïnisme), 144 c
Réincarnation et foi chrétienne, 1134 b
Réincarnation, la résurrection du Christ n'est pas une -, 679 a
REINE (ste), 112 a
REINHARD (st), 1118 c
Reins (sens biblique), 1165 b
Réjouis-toi (communauté), 1060 a
Relatif et absolu (définitions), 716 a, 716 b
Relation divine (définition), 675 a
Relations internationales de l'épiscopat français, 1014 b, 1014 c
Relations internationales du Saint-Siège, 876, 877, 1033 a
Relations internationales du Saint-Siège (BIT), 1033 a

Relations internationales du Saint-Siège (France), 1035 a, 1035 b
Relations internationales du Saint-Siège (ONU), 1033 c
Relations internationales du Saint-Siège (organisation), 1033 a, 1034 a, 1034 b
Relations internationales du Saint-Siège (organisations internationales gouvernementales), 1033 c
Relations internationales du Saint-Siège sous Paul VI, 509 b
Relativisme, 795
Relativité morale, 795
Religieuse, La - (Diderot), 421 b
Religieuses (effectifs en France), 1054
Religieuses (effectifs mondiaux), 1054
Religieuses albertines (bx ALBERT FEDERICO), 38 b
Religieuses au service des femmes en prison, 1096 a
Religieuses dans les Professions de Santé (REPSA), 1107 a
Religieuses de Jésus-Marie (bse CLAUDINE THEVENET), 37 b
Religieuses de Mariana de Jésus (bse MERCEDES DE JÉSUS MOLINA), 38 c
Religieuses de Marie-Immaculée (sainte VINCENZA MARIA LOPEZ Y VICUNA), 36 a
Religieuses de l'Assomption, 763 c
Religieuses de l'Assomption (bse MARIE-EUGÉNIE MILLERET), 35 c
Religieuses de vie apostolique en France, 1054 c, 1196
Religieuses, histoire des - de vie apostolique, 1168
Religieuses Notre-Dame de Sion, 447 a, 763 c
Religieux (effectifs en France), 1053
Religieux (effectifs mondiaux), 1052
Religieux (effectifs mondiaux, tableaux), 1052
Religieux de Saint-Vincent-de-Paul, 447 a
Religieux et l'apostolat, 575 a
Religieux et moniales (décret concile de Trente), 407 a
Religieux et religieuses (Sécurité sociale), 1043 b
Religieux, le fait -, 136 a
Religieux, retour du -, 886 a
Religion, droits de la famille et -, 808 c
Religion et foi, 607 a
Religion et foi (cit. de H. de Lubac), 606 b
Religion et inconscient, 616 b, 617
Religion mixte et mariage, 561 b
Religion populaire en Amérique latine, 863 a
Religion Prétendue Réformée (RPR), 414 a, 414 b, 415 b
Religions est-asiatiques, 148
Religions est-asiatiques (bibliographie), 148 a
Religions France (données numériques), 176
Religions, grandes - (données numériques), 138
Religions, grandes - (géographie), 139
Religions, grandes - (prévisions chiffrées), 563 a
Religions non chrétiennes (déclaration *Nostra Ætate* Vatican II), 505 a
Religions non chrétiennes, regard catholique sur les -, 1127 b, 1127 c
Religions populaires chinoises en France, 183 c
Religions primitives, 136 a
Religions traditionnelles, 149
Religions traditionnelles (bibliographie), 149 c
Reliquaire, 34 c
Reliques, 34 c
Reliques (culte, historique), 29 a
Reliques (ostension), 28 c
REMBRANDT (*les disciples d'Emmaüs*), 285 b
RÉMI ou RÉMY (st), **112 a**
RÉMI ou RÉMY (st) (calendrier liturgique), 25
RÉMI ou RÉMY (st) (lettre à Clovis, cit.), 112 b
RÉMI ou RÉMY (st) et le baptême de Clovis, 332 a, 333 b
RÉMI ou RÉMY (st), relations de - avec saint Thierry, 119 a
RÉMILLIEUX (abbé), 495 b
Rémission des péchés, 714 a, 714 b, 714 c
RÉMOND, RENÉ, 654 b
RÉMOND, RENÉ (cit. : théologie 1930-1960), 488 a
Remords et repentir (cit. R. Guelluy), 791 b, 973 b
Rémunération du capital, 847 c
Rémunération, Jean XXIII et -, 856 b
Renaissance, art de la -, 638 c, 646 b
Renaissance, mouvement de la -, 1058 c, 1082 c
Renaissance, période de la - (les papes), 388 b
RENAN (st), 112 b
RENAN, ERNEST, **449**, 450 b, 685 a
RENARD, JEAN-CLAUDE, 654 c
RENAUD ou REGNAULD (st), 112 b
RENAUDIN PAUL et *Le Sillon*, 469 a
Rencontre de l'autre, corps et -, 721 a
Rencontre des peuples, valeur humaine, 884 b
Rencontre Dieu-homme, 235 a
Rencontre, formation des jeunes à la -, 580 c
RENCUREL, BENOÎTE, 770 b
RENDU, ROSALIE (sœur), 446 c
RENÉ GOUPIL (st), 83 c, 112 b
RENNES (paroisse Saint-Augustin), 1010 c
Renoncement, 828 b
Renouveau carolingien, 339 a, 340 b
Renouveau charismatique, 300 b, 729 a, 751, **1197**
Renouveau charismatique et guérison, 536 b
Renouveau charismatique et la vie consacrée, 1051 c
Renouveau communautaire, 1197
Renouveau du droit au XIIe siècle, 354 a
Renouveau monastique aux Xe-XIe siècles, 348 a, 348 b, 349 a
Renouveau spirituel contemporain, 729 c
Renouveau spirituel et intellectuel en France au XIIe siècle, 354 a
Rénovation des promesses du baptême, 926 a, 952 c
Renseignements pratiques sur l'Église en France et ses institutions, 1207
Renvoi, rite de - (messe), 959 a, 963 c ; voir Rite de conclusion
RENZI, ELISABETTA (bse), 1113 b
Réparateur, amour -, 712 b
Réparation des dommages du péché, 972 c
Répartition des procès matrimoniaux selon le régime des frais judiciaires (tableau), 1040
Repas (signification biblique), 277 a, 278 a
Repas d'Alliance, 956 b, 957 a
Repas du Seigneur, 278 a, **956 b**, **957 a**, 955 b
Repas eucharistique, 955 à 958, 967 c, 968
Repas pascal (rituel juif), 962 b, 962 c
Repas sacré, 703 a
Repentir et remords (cit. de R. Guelluy), 791 b, 973 b
Repentir, les prophètes de l'*Ancien Testament* et le -, **970 a**
REPETTO, MARIA (bse), 37 c
Répons, 941 b
Repos des travailleurs, droit au - (Léon XIII, *Rerum novarum*), 553 c
Repos du dimanche, 259 c
Repos du dimanche (commandement), 783 a
Repos sabbatique selon *Genèse*, 222 c
Reposoir, 925 a, 925 b
Représentation du Christ en croix, 1168 a, 1168 b
Représentation, premières - symboliques de la foi chrétienne (empire romain), 1167 c, 1168 a
Réprobation, 706 b, 706 c
REPSA (Religieuses dans les Professions de Santé), 1107 a
Républicain anticlérical (Second Empire), 455 a
République, Deuxième -, 454 b
République, ralliement des catholiques à la -, voir Ralliement
République, Troisième - (débuts), 462 a
Requiem, 919 a, 919 b
Rerum Ecclesiae (Pie XI), 484 b, 485 c, 554 b, 565 b
Rerum novarum (Léon XIII), 445 a, 459 a, 553 c, 856
Rerum novarum (Léon XIII, commémorations par autres encycl.), 458 a, 458 b, 1190 b, 1190 c
Rerum novarum (Léon XIII, extrait), **457 b**
Rerum novarum (Léon XIII, l'héritage, cit.), 852 c
Rerum novarum (Léon XIII, salaire, cit.), 852 a
Rerum novarum (Léon XIII) et le socialisme, 451 b
Rescrit (définition), 1020 b
Réserve eucharistique, 932 a, 932 c
Réserve eucharistique et Assemblée dominicale en l'absence de prêtre ADAP, 962 c
Résignation des croyants selon Marx, 676 b
Résistance (*Témoignage chrétien*), 492 b
Résistance, les catholiques dans la -, 492 a
RESNAIS, ALAIN, 636 a
Respect d'autrui et liberté, 782 a
Respect de Dieu (commandement), 783 a
Respect de la culture, 859 a
Respect de la vie, **802**
Respect des lois ecclésiales, morale et -, 779 c
Respect des personnes, morale et -, 779 c
Responsabilité civile, 789 a
Responsabilité et actes, 790 c
Responsabilité et liberté, 790 c
Responsabilité pénale, 789 a
Responsable, être -, 781 a
Ressemblance homme-Dieu selon *Genèse*, 222 c
Restauration catholique en Angleterre par Marie Tudor (1553-1558), 400 a
Restauration en France (1814), 436 a
Restauration monarchique en France, échec 1871, 462 a
Reste d'Israël (le), 257 c
Résurrection (mouvement chrétien de veufs), 1082 c
Résurrection de Jésus-Christ, **678 a**
Résurrection de Jésus-Christ (cit. de Lustiger), 678 c
Résurrection de Jésus-Christ (clef du christianisme), **593 a**
Résurrection de Jésus-Christ (croyance en France), 186
Résurrection de Jésus-Christ (sacrifice, eucharistie), 968 a
Résurrection de Jésus-Christ, ce que n'est pas la -, 679 a
Résurrection de Jésus-Christ et recherche de Dieu, 19
Résurrection de Jésus-Christ, foi des premiers chrétiens en la -, 285 b
Résurrection de Jésus-Christ, la première réflexion théologique et la -, **605 a**
Résurrection de Jésus-Christ, le témoignage de ses disciples sur la -, 284 a, 285 a
Résurrection de la chair (cit. : Congrégation pour la doctrine de la foi), 891
Résurrection de l'homme, 525 a, 890 c
Résurrection de l'homme et plénitude (cit. de F. Varillon), 891 b, 891 c
Résurrection des morts, 528 a, 890 c, 891
Résurrection des morts (texte 1 Co 15, 12-20), 887 c
Retable d'Issenheim (M. Grünwald), 521 a
Retables, 643 b
RÉTIF (abbé), 495 b, 1062 a
Retour de Dieu, 624 b
Retour du Christ, 296 a
Retour du Christ et espérance, 888 b
Retraite (cumul emplois), 834 a
Retraite anticipée et esprit de partage, 834 a
Retraite au Cénacle, Sœurs Notre-Dame de la -, 35 b, 118 a, 447 a, 763 c
Retraités, mouvement chrétien des - (Vie montante), 1065 b
Retraite spirituelle, 737 a
Retraite spirituelle, maisons de - (répertoire), 1220
Rétribution divine, 702 c
Réunification allemande et Église, 1143 a, 1143 b
Réveil, mouvements protestants du -, 158 c, 418 a, 751 b
Révélation, 18, 19, 137, 226 b, **296 a**, **297 b**, 505 c, **593 b**, 595, 603 a, 618 a à 624 a
Révélation (constitution dogmatique *Dei Verbum* Vatican II), **505 c**
Révélation (constitution dogmatique *Dei Verbum*, Vatican II, débats), 500 b
Révélation (constitution dogmatique *Dei Verbum* Vatican II, vote), 502 a
Révélation (différentes conceptions), 595
Révélation (encycl. *Qui pluribus* Pie IX), 553 a
Révélation (religions révélées), 18, 19, 137
Révélation (théologie des deux sources), **599 b**
Révélation, Abraham et le début de la -, 226 b, 226 c
Révélation de Dieu à Israël, 254 a

Révélation et *Bible*, 137 b
Révélation et *Coran*, 137 b
Révélation et déisme, 420 b
Révélation de Dieu dans l'*Ancien Testament* et en Jésus-Christ, **296 a, 297 b**
Révélation et dogme, 602 a
Révélation et monothéisme, 18, 19, **137 b**
Révélation et Parole de Dieu, 137 b
Révélation et règle de foi, 603 a
Révélation et retour du Christ, 296, 297, 897 a
Révélation et *Tora*, 137 b
Révélations privées, 750 b, 750 c
Revenus et esprit évangélique, 834 b
Revenus, éventail des - (questions posées), 834 c
Revenus, inégalité et distribution des -, 850 b
REVERDY, PIERRE, 654 c
Révérend(e) (définition), 1056 b
Réversibilité des mérites, 785 c
Revival, Revivalisme, 158 c, 418 a, 751 b
Révocation de l'Édit de Nantes, 399 c, **414**, 415 b
Révolution de 1830, 437 a
Révolution de 1848, 445 a, 454 b
Révolution française, **424 a**
Révolution française (Déclaration des droits de l'homme et du citoyen), 870 a
Révolution française et l'Église (Chronologie), 425 b
Révolution française et mentalités au XIXe siècle, 448 a
Révolution russe de 1917, 481 a
Revue biblique, La -, 468 a
Revue des sciences philosophiques et théologiques, 628 b
Revue de théologie africaine, 625 c
Rhéma, voir Jayet
RICARDO (ou ERMINIO FILIPPO) PAMPURI (st), 37 b
RICCI, MATTEO, 411 a
RICCI, MATTEO et la culture chinoise, 570 a
RICHARD, 636 b
RICHARD (st), 112 c
RICHARD CŒUR DE LION (roi) et la troisième croisade, 356 b, 358 b
RICHARDE (ste), 112 c
Riche insensé (parabole), 280 a, 280 b
RICHELIEU et la Maison d'Autriche, 410 a
RICHELIEU et les protestants français, 399 c, 408 a
RICHER, FRANÇOISE, 770 b, 904 b
RICHERS, 636 a
Richesse de l'Église au XIIIe siècle, 361 a
Richesses, 853 b, 853 c
RICŒUR, PAUL, 634 b
RICŒUR, PAUL (cit. : le prochain, critère de l'action), 778 a
RICŒUR, PAUL (cit. : mal et liberté), 786 a
RIGAUD, 636 a
Rig-Veda, 145 b
RILLA, 635 b
RINAUD, DIDIER (cit. : Et vous verriez les arbres dans la mer), 662 c
RIOBÉ (Mgr) (cit. : Je crois en l'Esprit-Saint), 687 a, 687 b
RIOBÉ (Mgr) (cit. : Peuple des Béatitudes), 921 b, 921 c
Rio de Janeiro, Assemblée des évêques d'Amérique Latine, à -, 1195 a
RIQUET (père), 563 b, 654 c
RIQUIER (st), 1118 c
RISI, 636 c
Risorgimento, 436 a, **436 b**, 452 a
Rit ou Rite, 938 a
RITA ou RITE (ste), 43 a, 112 c
Rite de conclusion (messe), 959 a
Rite de la Messe (réforme par Paul VI), 907 c
Rite oriental (Églises catholiques), 1015
Rite oriental (Églises catholiques en France), 1016 b
Rite oriental (Églises catholiques hors de leur région d'origine), 1018 b, 1018 c
Rite oriental (Églises catholiques, tableau), 1016
Rite d'ouverture (messe), 959
Rite ou Rit, 938 c
Rites (tableau), 939
Rites, les divers -, **938**
Rites, querelle des -, voir Querelle
Ritualisme, 938 b, 938 c
Rituel, 935 b
Rituel du baptême, 949 b, 949 c
Rituel juif (repas pascal), 962 b, 962 c
RIVAIL, HIPPOLYTE, 536 c
RIVARD, MARGUERITE, 1098 a
RIVETTE, 636 c
RIVIÈRE, JACQUES, 656 a
RIVIER, MARIE (bse), 37 c
RME (Religieuses en Mission éducative), 1080 b
Robe blanche (mariage, symbole), 976 c
ROBERGE (cit. : message évangélique et médias), 864 c
ROBERT BELLARMIN (st), 24 c, 112 c
ROBERT BELLARMIN (st) (*Petit Catéchisme*), 577 b
ROBERT BELLARMIN (st) et la Réforme catholique, 407 a, 407 b
ROBERT BELLARMIN (st), prédicateur, 563 b
ROBERT D'ARBRISSEL (bx), 113 b, 354 a, 354 b
ROBERT DE COURÇON, 368 b
ROBERT DE MOLESMES (st), 113 a, 754 b
ROBERT DE MOLESMES (st) et l'ordre de Citeaux, 349 b, 355 a
ROBERT GUISCARD, 351 b
ROBERT LE FORT, 342 a
ROBERTS, THOMAS, 1059 b
ROBESPIERRE, 427 a
ROBIN, MARTHE, 130 a
ROBIN, MARTHE (stigmates), 41 c
ROBINSON, JOHN, (cit. : la prière), 728 b
ROBOAM, 242 a, 243 a
ROBSON, 636 a
Rocaille, art -, 639 c
ROCAMADOUR, NOTRE-DAME DE - (pèlerinage), 770 b, 1208 d
ROCH (st), 43 a, 113 a
Rochefort, les pontons de - sous la Terreur, 1172 b
ROCHELLE, LA - (siège), 408 a
Rocher (symbolisme biblique), 236 a
Rocher, le - (communauté), 1059 c
Rochet, 931 a, 933 a
Rococo, art -, 639 c
RODHAIN (Mgr), 130 b, 494 a, 1097 b
RODOLPHE (st), 113 b
RODRIGUEZ, ALFONSO (bx), 1112 b
ROGATIEN (st) et saint Donatien, 66 a
Rogations, 923 b
Rogations (saint Mamert), 96 c
ROGER (père), 447 a
ROGER (st), 113 b
ROHMER, 636 a
Rois de France et papes d'Avignon (chronologie 1305-1378 avant Grand Schisme d'Occident), 379 a
Rois d'Israël, 239 a, 242, 243
Rois d'Israël et de Juda (liste), 243 a, 243 b
Rois d'Israël et de Juda (récits bibliques), 240 b, 240 c
Rois fainéants, 339 a
Rois, Livre des -, **240 b**
Rois mages, 929 b
ROJAS, SIMON DE - (st), 1112 c
ROLAND (st), 113 b
ROLAND (chef camisard), 416 a
ROLANDE (ste), 113 b
ROLANDO, 635 c
Rôle de l'acteur et vérité, 659 a
ROLLAND, ROMAIN (cit. : atmosphère morale 1880), 450 b
ROMAIN (pape), 514 c
Romain (rite), 938 a, 939
Romain (calendrier), 1171
ROMAIN (st), 113 b, 1118 c
Romains, domination des - sur Israël, 251 a
Romains, Épître aux -, 292 c
ROMANÇON, PIERRE, voir BÉNILDE (st), 54 b
Romano-byzantin, art -, 639 a
Romantisme et le sentiment religieux, 442 a, 442 b
Romantisme et le sentiment religieux après J.-J. Rousseau, 421 b
ROMARIC ou ROMARY (st), 113 b
ROME (patriarcat de l'Église latine), 551 b
ROME (pèlerinage), 767 a
ROME (premiers chrétiens), 306 b
ROME, cardinal-vicaire de -, 1019 a
ROME, concile de - (251), 1194 c
ROME, décadence du pouvoir pontifical au Xe siècle, 344 b
ROME, Église de - (origine de sa primauté), 552 a
ROME et CONSTANTINOPLE (concile d'union de Florence) (1439), 382 a
ROME et CONSTANTINOPLE (concile d'union de Lyon) (1274), 370 a
ROME et CONSTANTINOPLE (levée des excommunications mutuelles, 1965), 502 a
ROME et CONSTANTINOPLE (pôles complémentaires de la chrétienté médiévale), 334 a
ROME et CONSTANTINOPLE (schisme acacien, Ve siècle), 372 b
ROME et CONSTANTINOPLE (schisme monothéliste, VIIe siècle), 373 b
ROME et CONSTANTINOPLE, Églises de - (rupture au XIe siècle), 371
ROME et théologie de la libération, 862
ROME, la nouvelle -, voir Constantinople
ROME, le diocèse de - et l'antisémitisme, 590 a, 590 b
ROME, les Juifs à - avant l'ère chrétienne, 252 c
ROME, l'évêque de -, 1019
ROME, voir aussi Empire romain
ROMERO (Mgr), 131 a, 563 a
ROMERO (Mgr) (cit. : l'Église et les pauvres), 1097 a
ROMPHAIRE (st), 113 c
ROMUALD (st), 113 c
ROMULUS AUGUSTULE (dernier empereur romain), 332 a
RONALD (st), 112 b
RONAN (st), 113 c
RONCALLI, ANGELO, voir JEAN XXIII
RONCHAMP (église), 639 b
RONCHAMP (pèlerinage), 1208 d
Ronde-bosse (statuaire), 643 a
RON HUBBARD, LAFAYETTE, 151 a
RONSARD, 659 a
RONSARD (cit. : derniers vers), 650
ROOKS, 636 a
ROSA, 636 a
Rosace, 642 b
Rosaire, 740 c, 745 a
Rosaire, Notre-Dame-du - (institution de la fête), 903 b
ROSALIE (ste), 113 c
ROSALIE RENDU (sœur), 446 c
ROSAZ, Edoardo Giuseppe (bx), 1114 b
Rose-Croix, 150 b, 151 c, 336 a
Rose-Croix de Herlem, 1136 c
Rose-Croix, Les -, 1136 b
Rose-Croix Marx Heindel, La -, 1136 c
ROSE DE LIMA (ste), 113 c
Rose et les Blés, La -, voir Famille de Nazareth
Rosh Ha Chana, 141 b, 911 c
ROSSELLINI, 635 a, 635 c
ROSSINI, 917 a
ROSTAND, JEAN (cit. : la Création), 522 a
ROSTER, 636 b
Rote romaine (tribunal), 560 b, 1032 a, 1040 a
Rote romaine (tribunal) et les causes matrimoniales, 979 c
ROUAULT, 694 a
ROUBLEV, ANDREÏ (st) 1112 a
Rouelle, 364 b
Rouge (couleur liturgique), 920 b
Rouge cardinalice, 1028
ROUGEMONT, DENIS DE, 633 a
Roumains catholiques à Paris (église, adresse), 1017 c
ROUMANIE (géographie chrétienne), 1150 a
ROUMANIE (l'Église et la fin du régime communiste), 1150 b
ROUQUIER, 636 a
ROUSSEAU, JEAN-BERNARD (bx), 1113 b
ROUSSEAU, JEAN-JACQUES, 421 b, 422 a, 843 b
ROUSSEAU, JEAN-JACQUES (cit. : la femme et l'homme), 811 c
ROUSSEAU, JEAN-JACQUES, et le déisme, 533 b
ROUX, HÉBERT, et le pape Jean XXIII au concile Vatican II (cit.), 497 b
ROUX, JEAN-PAUL, 684 b
ROY (cardinal) (cit. : la guerre), 875 a

ROY (cardinal), lettre de Paul VI à - (*Octogesima adveniens*), 856
Royaume (sens biblique), 1165 b, 1165 c, 1166 a
Royaume de Dieu, **279 a, 525 b**
Royaume de Dieu (annonce par Jean-Baptiste puis Jésus), 271
Royaume de Dieu (eschatologie), 897 a
Royaume de Dieu et vie présente, 890 c
Royaume de Dieu, l'Église germe du -, 543 b
Royaume de Dieu, l'Église sacrement du -, **582 a**
Royaume du nord, voir Israël (royaume d'-)
Royaume du sud, voir Juda (royaume de -), 244 b
Royaume franc (ou latin) de Jérusalem, 358 b, 360
Royauté d'Israël, 239 b
Royauté d'Israël et de Juda (liste des rois), 243 a, 243 b
Royauté en Israël (XIe-VIe siècles av. JC, chronologie), 243 a, 243 b
RPR (religion prétendue réformée), 414 a, 414 b, 415 b
RUA, MICHELE (bse), 35 c
RUBEN (fils de Jacob et de Léa), 226
RUBEN (une des tribus d'Israël), 237
RUBENS, 1172 a
RUBIO Y PERALTA, JOSÉ MARIA (bse), 39 b
Rubrique, 935 c
RUBRUQUIS, GUILLAUME DE, 565 b
RUDY (prénom), 113 c
Rue du Bac (pèlerinage), voir Médaille miraculeuse
RUF DE METZ (st), 1118 c
RUIZ, LORENZO (bx), 37 a
Rumeurs et faux témoignage, 829 b
RUNCIE (Docteur) (cit.), 400 b
Rupture, théologie en -, 626
Ruraux, pastorale des milieux -, **1104**
Rus' de Kiev, Lettre à l'occasion du millénaire du baptême de la - (cit. de Jean-Paul II), 1155 b, 1155 c
Rus' de Kiev, message à l'occasion du millénaire du baptême de la - (cit. de Jean-Paul II), 1156 a, 1156 b
RUSSELL, CHARLES, 150 c
Russes catholiques à Paris (église, adresse), 1017 c
RUSSIE (géographie chrétienne), 1150 c
RUSTIQUE (sts), 1118 c
Ruth, Livre de -, 248 c
RUYSBROECK JEAN (bx), 24 c, 87 c, 387 a

- S -

SABA (reine) 242 a
SABAOTH, 253 b, 683 a
SABAS (st), 114 a
Sabbat ou Shabbat, 141 a, 222 c, 259 a, 259 b, 913 c
Sabbat ou Shabbat (calendrier juif), 911 b
Sabbat ou Shabbat (origine et signification selon *Genèse*), 222 c, 223 b
Sabbatique, année - (judaïsme), 259 b
Sabellianisme et saint Calixte, 57 c
SABIN (st), 1118 c
SABINE (ste), 114 a
SABINIEN (pape), 514 b
SABINIEN (st), 1118 c
Sacerdoce, candidats au - dans le monde (chiffres), 171
Sacerdoce d'Aaron, 984 b
Sacerdoce de Jésus-Christ, 556 b, 556 c
Sacerdoce des femmes, 725 b, 726 b, 1187 b
Sacerdoce des femmes (G. Honoré-Lainé), 724 c, 725 a, 1187 b
Sacerdoce hiérarchique dans l'Église (les trois degrés du ministère ordonné), 983 b
Sacerdoce juif, 556 b
Sacerdoce, le Christ et le mot -, 556 a
Sacerdoce universel des chrétiens selon Calvin, 396 b
Sacerdoce universel des chrétiens selon Luther, 391 a, 391 b
Sacerdoce universel des chrétiens selon Vatican II, 549 c
Sacerdoce, vocation, 985 a, 985 b
Sacerdotale, tradition -, 210
Sacerdotalis coelibatus (Paul VI), 554 c, 986 a
Sacerdotii nostris primordia (Jean XXIII), 554 c
SACHA (prénom), 114 a
Sacramental (définition), 944 b
Sacramentel, 944 b
Sacramentum (sens biblique), 906 a, 944 b
Sacra propediem (Benoît XV), 554 a
Sacré, **617**
Sacré (cit. d'Eliade et Gauchet), 616 b
Sacré, caractère - du mariage, 978 a
Sacré-Cœur (culte, encycl. *Haurietis aquas*, Pie XII), 554 c
Sacré-Cœur (culte, encycl. *Miserentissimus Redemptor*, Pie XI), 554 b
Sacré-Cœur, (culte, encycl. *Summi Pontificatus*, Pie XII), 554 b
Sacré-Cœur (dévotion), 427 a, **748**
Sacré-Cœur (dévotion au XIXe siècle), 462 b, 464 b
Sacré-Cœur (dévotion, cit. de saint de Jean Études), 749
Sacré-Cœur (encycl. *Annum Sacrum* de Léon XIII), 426 b
Sacré-Cœur (institution fête Église universelle, 1856), 462 b
Sacré-Cœur, Consécration de la France au - (1873) 462 b, 766 a
Sacré-Cœur de Montmartre, 639 a
Sacré-Cœur de Montmartre (exposition permanente du Saint Sacrement), 936 c
Sacré-Cœur, fêtes du -, 907 a
Sacré-Cœur, Société de Jésus du -, 116 a
Sacré-Collège, 1024 b, **1027 a, 1027 b, 1029 a**
Sacré-Collège, voir aussi Collège des cardinaux
Sacré de Dieu, 417 c
Sacrée Pénitencerie apostolique, 1032 a, 1040 b
Sacré, le - et le fait religieux, 136 a
Sacré, le - et l'homme, 568 a
Sacrement, **582 a**
Sacrement (imposition des mains), 942 a
Sacrement (Saint), bénédiction du -, 936 c
Sacrement (Saint) et Christ Roi (calendriers), 913 a
Sacrement (Saint), exposition du -, 936 c
Sacrement (Saint), salut du -, 749 a
Sacrement de confirmation, voir Confirmation
Sacrement de l'ordre, 969 a, 983
Sacrement de pénitence réconciliation (rénovation par Paul VI), 907 c
Sacrement de réconciliation, 969 a, 970, 972, 974 a, 974 b
Sacrement des malades, 886 b, 969 a, **981**
Sacrement des malades (exemple de célébration communautaire), 980 b, 980 c
Sacrement des malades (fondement), 982 a, 982 b
Sacrement des malades (histoire), 980
Sacrement des malades (préparation et liturgie), 981 c
Sacrement des malades (quand ?), 981 c
Sacrement des malades (rénovation par Paul VI), 907 c
Sacrement des malades (sens), 889 a
Sacrement du mariage, 824 c
Sacrement, Église -, 915 a
Sacrement, mystère du -, 595 b
Sacrements, **905 a, 943**
Sacrements (convergences, divergences entre confessions chrétiennes), 162
Sacrements (décret du concile de Trente), 405 a
Sacrements (doctrine de Calvin), 397 b
Sacrements (doctrine de Zwingli), 394 b
Sacrements (doctrine luthérienne), 391 a
Sacrements (fin IVe siècle), 331 a
Sacrements (institution par Jésus-Christ), 943 a
Sacrements (nombre), 944 a, 945 c
Sacrements au IIIe siècle, 315 b
Sacrements chez les premiers chrétiens, 290 b
Sacrements de l'initiation, 945 a, 945 b
Sacrements et guérison, 980 a
Sacrements, formation des jeunes aux -, 580 c
Sacrements, pastorale des -, **1062**
Sacrés-Cœurs, congrégation des - (Picpus), 763 a
Sacrifice, **703 a, 703 b**
Sacrifice *Ancien Testament* (rôle du sang), 704 b
Sacrifice d'Alliance Dieu-humanité (croix), 966 a
Sacrifice de Jésus-Christ, **703 c**, 705 c
Sacrifice de Jésus-Christ et eucharistie, 967 c
Sacrifice de Jésus-Christ, pourquoi le - ?, **704 a**, 704 c
Sacrifice de la croix et rachat du péché, 523 a
Sacrifice d'expiation (Ancien Testament), 704 b
Sacrifice humain, 705 c
Sacrifice, prêtre et -, 557 b, 985 b
Sacrifices, différents type de -, 260 a
Sacrifice unique du Christ (eucharistie), **957 a**
Sacrifices et repas dans le culte judaïque (symbolisme), 277 a
Sacrifices juifs, 260
Sacrilège, loi contre le - (1829), 437 b
Sacristie, 640 c
Sacrosancta (décret) et le concile de Bâle, 382 b
Sacrosancta (décret) et le concile de Constance, 381 a, 381 c
Sacrosanctum Concilium (constitution sur la liturgie Vatican II, débats et vote), 500 b
Sacrosanctum Concilium (constitution Vatican II sur la liturgie), 505 c, 660 a, 684 a, 1063 a
Sacrosanctum Concilium (Vatican II, chant, cit. de M. Scouarnec), 854 b, 915 b
Sacrosanctum Concilium (Vatican II, messe), 967 a, 967 b
Sadducées, 263 a
SAENS (st), 114 a
SAGAZAN, ANGÈLE DE, 770 b
Sages et les signes des temps, 601 b
Sagesse (don de l'Esprit), 701 b, 954 a, 954 b
Sagesse (genre littéraire biblique), 252 a, 252 b
Sagesse (philosophie), 623 a, 623 b
Sagesse de Dieu (1 Co 1, 18-28, cit.), 93 b
Sagesse de Ben Sira, ou *Siracide*, ou *Ecclésiastique*, voir *Siracide*
Sagesse, écrits de - (*Ancien Testament*), 252
Sagesse, Livre de la -, 250 c, 252 c
Sagesse, Livre de la - et Alexandrie, 251 c
Sagesse selon la *Bible*, qu'est ce que la - ?, 252 a, 252 b
SAGHEDDU, MARIA-GABRIELLA (bse), 38 a
SAÏDA, 220 a
Sainsara, 1136 c
Saint, 28 a, **40 c**
Saint (expressions religieuses), 40 c
Saint (sens biblique), 1166 a, 1166 b
Saint (Jésus), 616 a, 736 a
Saint (locutions et expressions populaires), 34 a, 34 b
Saint (signification dans la *Bible*), 40 c
Saint, être -, 736 a
Saint, le mot - en langues étrangères, 41 a, 41 b
Saint-Ambroise, église - (Paris), 639 a
Saint anargyre, 23 b
Saint-André-les-Vergers, église - (Troyes, façade), 638 a
Saint Antoine de Padoue (film), 636 a
Saint-Augustin (une paroisse rennaise), 1010 c
Saint-Augustin, église - (Paris), 639 a
Saint-Barthélemy, massacre de la -, 398, 399 c
Saint-Boniface Church, 1197 c
SAINT-BENOÎT-SUR-LOIRE (abbaye), 637 b
Saint chrême, voir Chrême (saint)
SAINT-CYRAN, abbé de -, voir DUVERGIER DE HAURANNE
SAINT-DENIS (abbaye), Dagobert et -, 336
SAINT-DENIS (abbaye) et Suger, 353 b
SAINT-DENIS (basilique, déambulatoire), 638 a
Saint des Saints, 234 b, 262 c
SAINT-DOMINGUE, Assemblée des évêques d'Amérique Latine à -, 1195 a, 1195 b
SAINTE-ANNE DE ROME (paroisse du Vatican), 1038 a
Sainte Bible de Maredsous et Hautecombe, 214 b
Sainte Bible de Segond, 214 b
Sainte-Catherine (monastère orthodoxe du Sinaï), 230 a
Sainte Catherine de Sienne (film), 636 a
Sainte Cène (convergences, divergences entre confessions chrétiennes), 162
Sainte Cène (Églises réformées), 158 c
Sainte-Chapelle (Paris), 34 c, 638 b
Sainte-Chapelle (Paris, couronne d'épines), 282 b

Sainte-Chapelle (Paris) et le XIIIe siècle, 358 a
Sainte-Croix, 1136 c
Sainte-Croix (communauté), 1060 b
Sainte-Croix de Paris (éparchie arménienne catholique pour la France), 992 c
Saint-Eustorgio (église), 1197 c
Sainte Face, sainte Véronique et la -, 121 c
Sainte-Famille Église de la -, 1136 c
Sainte Jeanne (film), 636 a
Sainte-Jeanne-d'Arc, église - (Rouen), 639 b
Sainte Ligue, 399 c
SAINTES-MARIES-DE-LA-MER (pèlerinage), 1109 a, 1208 d
SAINTES-MARIES-DE-LA-MER (sainte Sara), 1146
Saint Empire romain germanique, **344 a**
Saint Empire romain germanique (naissance), 344 b
Saint Empire romain germanique, fin du - (1806), 438 b
Sainte-Erme, 1136 c
Sainte table, 958 a
Sainteté, **21 b**
Sainteté (bienfait, cit. de saint Ambroise), 49 b
Sainteté (cit. de Teilhard de Chardin), 91 c
Sainteté (exemples proposés par l'Église), 40 c
Sainteté, comment parvenir à la - ?, 702 a, 702 b
Sainteté de l'Église, 539 b
Sainteté, diversité (cit. de L. Lavelle), 92 b
Sainteté et péché, 696 a, 788 a
Sainteté et perfection, 22 a
Sainteté pour tous (cit. de A. M. Besnard), 23 a
Sainteté pour tous (cit. de L. Lavelle), 75 c
Saint-Étienne-du-Mont, église - (Paris), 640 b
Saint François d'Assise (film), 636 a
Saint-François d'Assise (opéra d'O. Messiaen), 73 b
SAINT-HONORAT (abbaye de Lévins), 81 c, 329 b, 330
SAINT-IGNACE, Mère de -, 566 b
SAINT-JACQUES-DE-COMPOSTELLE, 84 b, 767 a, 767 c
SAINT-JACQUES-DE-COMPOSTELLE (son pèlerinage au Moyen Age), 345 b, 345 c
Saint-Jacques-de-la-Boucherie, église - (Paris), 767 c
Saint-Jacques-du-Haut-Pas (paroisse parisienne, sacrement des malades), 980 b, 980 c
SAINT-JEAN-D'ACRE (reprise par les Turcs), 358 b, 360 c
SAINT-JEAN-D'ACRE et la troisième croisade, 358 b
Saint-Jean-d'Avila (Pierre Subleyras, peinture), 645 a
Saint-Jean-de-Dieu (ordre), 762 b
Saint-Jean-de-Latran (basilique, cathédrale de Rome), 1019 a
Saint-Jean-de-Montmartre, église - (Paris), 639 a
Saint-Jean-de-Poitiers (baptistère), 331 a, 637 a, 951 a
Saint-Louis-d'Antin (paroisse parisienne sans paroissiens), 1011 a, 1011 b
Saint-Louis-en-l'Isle, église - (Paris), 638 c
SAINT-MACARY (Mgr) (cit. : l'euthanasie), 821
SAINT-MARIN (géographie chrétienne), 1150 c
Saint-Maur, congrégation -, voir Congrégation de -
Saint-Office (origine), 404 b, 1030 a
Saint-Office (réforme demandée par Vatican II), 500 b
Saint-Office (remplacement par Congrégation pour la Doctrine de la foi), 1030 c
Saint-Office, l'Index et le -, 561 b
Saint-Office (inquisition), 1169 b
Saint patron, voir Patron
Saint-Père (définition), 676 c
Saint-Philibert-de-Tournus, église -, 637 a
Saint-Pierre de Chaillot (paroisse), 772 c
Saint-Pierre de Rome (basilique), 109 b, 640 a
Saint-Pierre Fratenité -, voir Fraternité Saint-Pierre
SAINT-PIERRE, MICHEL DE, 656 a
SAINT-PIERRE-SAINT-PAUL (fête de précepte), 920 b
SAINT-RÉMY-LES-MONTBARD (carmel de rite oriental), 1018 b, 1018 c
Saint-Sacrement, 965 b
Saint-Sacrement (Fête-Dieu), 921 c
Saint-Sacrement, bénédiction du -, 936 c
Saint-Sacrement, exposition du -, 936 c
Saint-Sacrement, salut du -, 749 a
SAINT-SAËNS *(Requiem)*, 919 b
Saint-Sépulcre, 284 b, 771 a
Saint-Sépulcre, voir aussi Tombeau du Christ
Saint-Siège (administration financière), 1041 b
Saint-Siège (armoiries), 552 a
Saint-Siège (définition), **1022 b**
Saint-Siège (finances), **1040 c**, **1041**
Saint-Siège (Journal), 1032 a
Saint-Siège (organisation), **1019**
Saint-Siège et bioéthique, 815 c
Saint-Siège et la Chine communiste, 508 b, 509 a
Saint-Siège et la famille, 808, 809 a
Saint-Siège et le catéchisme, 1177 a, 1177 c
Saint-Siège et l'éducation sexuelle, 811 a, 811 b
Saint-Siège et l'information, 1032
Saint-Siège et les pays de l'Est sous Jean XXIII et Paul VI, 509 b
Saint-Siège et les pays de l'Est 1939-1978, 506 b, 507 a
Saint-Siège et l'URSS entre les deux guerres, 481 a
Saint-Siège et l'URSS sous Jean XXIII et Paul VI, 509 b
Saint-Siège et organisations internationales gouvernementales, 1033 c
Saint-Siège, relations internationales du -, voir Relations internationales du Saint-Siège
Saint-Siège, voir aussi Vatican, 1019
SAINT-SIMON, CLAUDE DE, 843 a
Saint Suaire de Turin, 283 c
Saint Suaire de Turin, du nouveau sur le -, 1175 a, 1175 b
Saint-Sulpice, église - (Paris), 639 b
Saint-Sulpice, prêtres de -, voir Compagnie des
Saint-Urbain, église - (Troyes), 638 b
Saint-Valentin (fête des amoureux), 121 a
Saints (calendrier), 26
Saints (convergences, divergences entre confessions chrétiennes), 164
Saints (culte), 24 c
Saints (culte, historique), 29
Saints (docteurs de l'Église), 23 c
Saints (fêtes), 25
Saints (fêtes, calendrier liturgique), 25
Saints (noms de lieu), 30
Saints (prénoms), 44 c
Saints auxiliaires ou auxiliateurs, 43 b
Saints, canon des -, 23 b
Saints, cause des -, 23 b
Saints Cœurs (cit. de saint Jean Eudes), 749
Saints Cœurs (dévotion), 748
Saints du calendrier, comment sont choisis les - ?, 25
Saints et saintes (proportions respectives), 33
Saints et saintes, voir au prénom de chacun dans l'Index, 45 a
Saint-Séverin, église - (Paris, musique), 663 b
Saints, Georges Bernanos et les - (cit.), 71 b
Saints guérisseurs, 42 c
Saints Innocents, voir aussi Innocents, 83 a
Saints patrons des métiers et états de vie, 43 b, 43 c
Saints patrons en Europe (liste), 1145
Saints, prière orthodoxe aux -, 23 c
Saints, proverbes à propos des -, 32 c, 42 a, 42 b
Saints, quelques livres sur les -, 133 b, 133 c
Saints qui font pluie et beau temps (proverbes), 42 a, 42 b
Saints, renouveau d'intérêt pour les vies de -, 41 a
Saints, témoignage de la vie des -, 22 a
Saints, vies et fêtes des -, 45 a
Saints vont en enfer, Les - (G. Cesbron), 649 a
SALADIN (Sultan), 358 b, 360 a, 360 b
Salaire, 852 b, 852 c
Salaire (encyc. Jean-Paul II), 856 c
Salaires, cumul des -, 834 a
SALA, MARIA-ANNA (bse), 37 a
Salariat, Pie XI et le -, 857 a
SALAWA, ANIELA (ANGELE) (bse), 1114 b
Salésiennes (saint JEAN BOSCO), 85 c
Salésiens, 763 b
Salésiens (bx MICHELE RUA), 35 c
Salésiens (un témoignage, J. M. Petitclerc), 753
SALETTE, LA - (apparition de la Vierge, pèlerinage), 767 b, 770 b, 904 b, 1208 d
SALIÈGE (Mgr) (cit.), 491 a
Salle de presse du Vatican, 1032 b
SALMERON, ALPHONSE, 82 c
SALOMÉ et saint Jean-Baptiste, 87 c
SALOMON, 242 a
SALOMON (st), 114 a
Salmanasar, 244 a
SALT LAKE CITY, 151 b
Salut, 524 b, 613 b, 698 b, 699 a
Salut (de quoi est-on sauvé ?), 699 a
Salut (doctrine du Concile de Trente), 405 a
Salut (doctrine janséniste), 413 a
Salut (universalité), 696 b, 697 a, 697 b, 708 a
Salut déjà là et non pleinement réalisé, 697 b
Salut des hommes par la mort de Jésus-Christ, 704, 705
Salut des incroyants, 708 a
Salut des incroyants (Credo Paul VI), 524 b
Salut des incroyants (cit., *Lumen Gentium*), 543 b, 543 c
Salut du Saint-Sacrement, 749 a
Salut, économie du -, 695 a, 695 b
Salut en Jésus-Christ et sacrifice dans l'*Ancien Testament*, 704 b
Salut et création, 690 a
Salut et histoire, 696 b, 697 a, 697 b
Salut et libération, 859 b
Salut hors de l'Église, 544 b, 544 c
Salut, la souffrance coopération au -, 710 a
Salut, message de Jésus-Christ, 273 b
Salut, paradoxe du - (cit. de saint Grégoire le Grand), 79 a
Salut personnel, 702 b
Salut selon Luther, 390 b, 391 b
Salut universel, 702 b
Salut, voir aussi Justification
SALVADOR, HENRI, 663 c
SALVATORE LILLI (bx), 37 c
SALVE (st), 1118 c
Salve Regina (latin), 745 b ; voir aussi Antiennes
Salve Regina (traduction), 745 c
SALVI, LORENZO MARIA (bx), 1113 b
SALVIEN (st) et saint Véran de Vence, 121 c
SALVIN (st), 1118 c
Salvifici doloris (Jean-Paul II), 710 c
SALVY (st), 114 b
SAMARIE (ville), 243 a
SAMARIE (région), 219 a, 271 a
Samaritain, parabole du bon - (commentaire Jean-Paul II), 710 c
Samaritain, parabole du bon - (texte Lc 10, 29-37), 279 a, 279 b
Samaritain, 261 a
Samar-Veda, 145 b
Samedi Saint, 912 a
Samsara, 147 a
SAMSON, 238 b
SAMSON (st), 114 a
SAMSON, J. (chants), 663 a
SAMUEL, 239 b, 244 a
Samuel (Livres de), 240 b
Sanatio in radice, 562 a, 979 c
SANCHO (st), 1119 a
Sanctification, 736 a
Sanctification, la - , une des fonctions de l'évêque et du prêtre, 983 b
Sanctoral, 25, 920 a
Sanctoral (cycle), 912, 913, 920 b
Sanctuaire, 638 b, 639 c
Sanctuaires français (pèlerinages, les principaux), 1210
Sanctus, chant, 916 c
SAN DAMIANO, 750 c
SANDRINE (prénom), 114 c
Sang (symbolique biblique), 255 b
Sang du Christ, dévotion au - (encycl. *Inde a primis* Jean XXIII), 554 c
Sang du Christ, la messe et le -, 524 b, 525 a
Sang du sacrifice (la Cène et la croix), 703 c, 967 c, 968
Sangha, 147 b
Sang, importance du - dans l'ancienne alliance, 704 b
Sang, interdit de consommation du - selon *Genèse* (alliance avec Noé), 221 a

Sang, interdit de consommation du - selon Loi mosaïque, 277 a, 232 c
SANGNIER, MARC, 460 c, 468 b, 469 a
SANGNIER, MARC, et Joseph Folliet, 127 a
Sang, rôle du - dans le sacrifice *(Ancien Testament)*, 704 b
Sanhédrin, 260 b, 556 b
Sanhédrin (composition), 984 b
San Marco (couvent, Florence), 24
SANON (Mgr), 625 c
Sanscrit, 144 a
SANSON (père), 563 b
Sans-religion France, 185 b
Santa Claus, 929 a
Santé, 803
Santé, monde de la - (pastorale), 803 c, 1106
SANTHIA, IGNACIO DE (bx), 35 a
Santons de Provence, 927 c
SAN VITORES, DIEGO LUIS DE (bx), 39 b
Sapientiel (genre littéraire biblique), 252 a, 252 b
Sapinière, 466 a
SARA, 228 a
SARA (descendance), 226
SARA (ste), 114 a
Sarment (symbole biblique), 278 c
SARTO, JOSEPH, voir PIE X
SARTRE, JEAN-PAUL (cit.), 598 a
SARTRE, JEAN-PAUL (cit. : les valeurs), 780 b
SARTRE, JEAN-PAUL, Gabriel Marcel et -, 632 a
Sa Sainteté (titre d'honneur du pape), 1019 b
Sassanides, 247 b
SATAN, 706 b
SATAN, voir aussi Démon, Diable
Satisfaction (sacrement de réconciliation), 972 c
Satori, 146 a
SATURNIN (st) ou SERNIN, 114 b, 316 a
SATURNIN (st) ou SERNIN (cit.), 114 b
SATURNIN (st) ou SERNIN et la christianisation de la Gaule, 316 c
Satyagraha, 144 a
SAUDREAU, MICHEL, 564 b
SAUDREAU, MICHEL (cit. : art et liberté), 658 b
SAÜL (roi), 239 c
SAUL, voir Paul apôtre (st), 106 c
SAULCHOIR, LE -, 628 a
SAULGE (st), 114 b
SAURA, 636 a
Sauveur (Jésus), 612 a, 693 a
SAVENAY, bataille de -, 427 b
SAVIN (st), 114 b
SAVONAROLE, 385 a, 386 a, 387 a, 757 c
Scandale, 793 b
Scapulaire (définition), 1056 b
SCARPELLI, 635 c
SCD (Service de Coopération au Développement), 1068 b
Sceau de l'Esprit (confirmation), 953 c
Sceau de l'évêque (confirmation), 953 c
Sceau du pape, ou anneau du pêcheur, 993 a
SCEJI (Service catholique de l'Enfance et de la Jeunesse inadaptées), 1088 c, 1106 c
Scepticisme (définition), 534 a, 535 c
Schavououth (ou Chavouoth), 911 c, 920 c
SCHEFFER, ARIE (tableau Saint-Augustin et Sainte-Monique), 87 a
SCHELER, MAX (instinct et esprit), 793 b
Schéma XIII du concile Vatican II, 854 b
SCHEVIER, FRANÇOISE (bse), 35 c
SCHIFFMAN, 636 c
SCHILLEBEECKX, EDWARD, 633 c
SCHININA, MARIA (bse), 1114 a
Schisme, 583 a
Schisme (Église de Novatien), 313 c
Schisme acacien, 372 b, 373 a
Schisme anticoncordataire (Petite Église), 429 b
Schisme de Donat, 320 b, 321 a
Schisme de Mgr. Lefebvre, 1173, 1174
Schisme de Photius, voir Querelle photienne
Schisme d'Occident, voir Grand Schisme d'Occident, 380 b
Schisme d'Orient, 371, 583 a
Schisme du royaume d'Israël, 242
SCHMIDBERGER (père), 1173
SCHNITTER, JEAN et l'antinonisme, 794 b
SCHOEFFLER, AUGUSTIN (st), 1112 c
SCHOLASTIQUE (ste), 1173 c
SCHUBERT, 660 c
SCHULTES, REGINALD, 628 a
SCHUMAN, ROBERT, 131 b, 167 b
SCHÜTZ, HEINRICH, 660 b, 660 c
SCHUTZ, ROGER (frère), 768 a, 1121 b, 1121 c
SCHUTZ, ROGER (frère) (cit. : unité des chrétiens), 588 a
SCHWEITZER, ALBERT, 131 c
Science (don de l'Esprit), 701 b, 954 a, 954 b
Science (origine de l'homme), 691 a
Science (vérité et transcendance, cit. de J. Hamburger), 618 b
Science chrétienne, La - (Église), 1136 c
Science et Dieu (cit. de A. Lichnerowicz), 619 a, 619 b
Science et Dieu (cit. de Jean-Paul II), 673 a
Science et foi, 619 a
Science et foi (encycl. Pie XI, *Divini illius Magistri*), 554 b
Science et foi (origine de l'humanité), 692 a
Science et foi (Teilhard de Chardin), 133 b
Science et morale, 619 b
Science et systèmes théologiques, 626 b
Science, limites de la - (cit. de J. Hamburger), 618 b
Sciences et techniques, incidence des - sur les mentalités au XIXᵉ siècle, 448 a
Sciences occultes, 537 a
Sciences religieuses à la fin du XIXᵉ siècle, 467 a, 467 b
Sciences religieuses, développement des - par Léon XIII, 461 a
Science, vérité et -, 619 c
Scientia canendi, 660 b
Scientisme et foi chrétienne, 534 b
Scientologie, Église de -, 150 b, 151 a, 151 c, 1136 c
Scolaire, enfants d'âge - (baptême), 948 b
Scolastique, 356 a, 356 c, 357, 368 a
Scolastique, déclin de la -, 385 a
Scolastique et la philosophie d'Aristote, 367
Scolastique et l'hylémorphisme, 717 c
Scolastique, guerre juste selon la -, 874 b
Scolopes (ou piaristes), 409 a
SCORSESE, 635 b
SCOT, DUNS, voir DUNS SCOT
Scotisme, 385 c
SCOUARNEC, MICHEL (cit. : quelles solutions musicales pour les liturgies d'aujourd'hui ?), 915 b, 916 a
SCOUARNEC, MICHEL *(Frappez, on vous ouvrira)*, 111 c
Scoutisme, 1089
Scoutisme (fondation), 484 a
Scoutisme (historique), 1089
Scoutisme et catholicisme, 1089 c
Scouts de France (SDF), 1089 a, 1089 b, 1089 c
Scouts et guides d'Europe, 1089 c, 1090 a
Scouts unitaires de France, 1089 c, 1090 c
SCROSOPPI, LUIGI (bx), 37 a
Scrupule (définition), 793 c
Scrutin baptismal, 946 b
Scrutin d'élection du pape, 1028
SDB (Société salésienne de Saint-Jean-Bosco), voir Salésiens
SDF (Scouts de France), 1089
SÉBASTIEN (st), 114 c
SÉBASTIEN (st), catacombe, 1167 c
Sécession du patriarcat d'Alexandrie après le concile de Chalcédoine (451), 325 a
Second Empire, voir Empire
Secours catholique, 1014 a, 1097
Secours catholique (accord 1988 avec le Comité catholique contre la Faim et pour le Développement, CCFD), 1204
Secours catholique (création, 1946), 494 a
Secours catholique (délégations, liste et adresses), 1205 à 1207
Secours catholique (secrétariat), 1014 a
Secours catholique (service Émigration), 1094 a
Secours catholique (service jeunes), 1088 c
Secours catholique et les détenus, 1096 c
Secours catholique Gitans, 1109 a
Secours catholique, Mgr. Rodhain et le -, 130 b
Secours divin (définition), 737 c
Secrétaire d'État, 1030 a, 1030 b
Secrétaire d'État (législateur), 560 a
Secrétaire d'État (gouverneur de la Cité du Vatican), 1038 a
Secrétaire du Conseil pour les affaires publiques de l'Église, 1030 a
Secrétaire général, secrétaires généraux adjoints de l'épiscopat (France), 1013 a
Secrétairerie d'État, 1030 a, 1030 b
Secrétariat catholique pour les relations avec le judaïsme (France), 1014 a, 1073 a
Secrétariat catholique pour les relations avec l'islam (France), 1014 a, **1037 b**, 1073 b
Secrétariat catholique pour l'unité des chrétiens (France), 1014 a, 1072 a, 1072 b
Secrétariat chargé de l'étude des questions pastorales (épiscopat français), 1013 b
Secrétariat chargé des questions financières (épiscopat français), 1013 b
Secrétariat épiscopal d'Amérique centrale (SEDAC), 1026 c
Secrétariat général de la Conférence, 1013
Secrétariat général de l'Enseignement catholique (SGEC), **1014 a**, **1079 a**
Secrétariat général pour l'apostolat des laïcs (France), 1013 b
Secrétariat national de la commission sociale de l'épiscopat, 1093 a, 1097 a
Secrétaire national de la mission de la mer, 1014 a, 1104 c
Secrétariat national de la mission ouvrière, 1103 a
Secrétariat national de la pastorale familiale, 1014 a, 1081 b
Secrétariat national de l'aumônerie de l'enseignement public, 1091 b
Secrétariat national de l'Opinion publique (SNOP) (épiscopat français), 1013 a, 1073 a, 1076
Secrétariat national des missions à l'extérieur, 1071 a
Secrétariat national pour les non-croyants, 1078 a
Secrétariat pour les non-croyants (Saint-Siège) et l'affaire Galilée, 419 c
Secrétariat pour les relations avec l'Islam, 1014 a
Secrétariat pour l'union des chrétiens (Saint-Siège) (création par Jean XXIII), 497 a, 585 b
Secrétariat pour l'union des chrétiens (Saint-Siège) et COE (déclaration commune, 1964), 587 b, 587 c
Secrétariats adjoints de l'épiscopat (France), 1013 a
Secrétariats sociaux, 1093 a
Secrétariats sociaux maritimes, 1104 a
Secret de la confession (violation) et excommunication, 559 b
Secte et Église catholique (différences), 539 b, 539 c
Sectes et groupements alternatifs, **150, 1125 à 1137**
Sectes (bibliographie), 151 c
Sectes (descriptifs), 1132
Sectes, associations de défense contre les -, 151 a, 151 b
Sectes, l'Église catholique et les -, 588 c
Secteurs de pastorale en France, les grands -, 1061
Section des Affaires générales (Secrétairerie d'État), 1030 a
Section des Rapports avec les États (Secrétairerie d'État), 1030 b
Sécularisation, 611 a, 611 b, 883 a, 883 b
Sécularisation et chrétienté (fin XVIIᵉ siècle), 418 b
Sécularisation et laïcisation (fin XIXᵉ siècle), 472 a
Sécularisés, les - (typologie religieuse française), 202 a
Séculier (définition), 561 c
Séculier, bras -, voir Bras séculier
Sécurité, besoin de - et avarice, 829 a
Sécurité nationale (idéologie), 859 b
Sécurité sociale (financement) et équité, 834 c
Sécurité sociale des religieux, des clercs et des religieuses, 1043 b
SEDAC (Secrétariat épiscopal d'Amérique centrale et Panama), 1026 c
Sede vacante (définition), 1022 b
Sedia gestatoria, 1019 b
Séducteur, le - (démon), 694 c

SÉGOLÈNE (ste), 115 b
SEGUIDO (cit. : théologie de la libération), 859 b
Seigneur (Esprit-Saint), 688 b
Seigneur (Jésus), 604 c, 605 a, 615 b
SEIGNEUR (nom donné à Dieu dans la *Bible*), 253 b
Seigneur prends pitié (Kyrie), **916 c**, 955 a, 959 a, 959 c
Seigneurie et système féodal, 342 b
SEINE (st), 115 a
Sel (sens biblique), 1166 b
SELAS, P., 663 c
Séleucides, 250 a, 250 c, 251 b
SÉLEUCUS, 250 a, 251 b
SELT (Service d'Études et d'Échanges pour les Loisirs et le Tourisme), 1092 b, 1108 b
SEM, 221 c
SEM (éponyme des Sémites), 219 a
Semaine, 922 c, 923 a
Semaine pour l'unité des chrétiens, 589 a, 589 b, 1073 a
Semaine pour l'unité des chrétiens, origine, 585 b
Semaine sainte, 912 a, 924 c
Semaine sainte, restauration de la - (Pie XII), 907 b
Semaine, voir aussi Pentecôte
Semaines sociales de France, 1093 c
Séminaire, admission dans un -, 1048 b
Séminaire, don à un -, 1119 a
Séminaire interdiocésain de la Mission de France, 1103 a
Séminaires (décret *Optatam Totius* Vatican II sur la formation des prêtres), 505 a
Séminaires (prescription de fondation par concile de Trente), 407 a
Séminaires dans le monde (chiffres), 1047 a
Séminaires en France (effectifs), 199 b
Séminaires en France (tableau), 1075
Séminaires, les responsables de - dans l'Église, 1049 b, 1049 c
Séminaristes dans le monde (chiffres), 171, 1047 a
Séminaristes en France (formation), 1047 b, 1047 c, 1048 a
Sémites (définition), 219 a
Sémites (langues), 219 a
Sémites (origine du nom), 221 c
Sémites spirituels (les chrétiens), 550 a
Sempiternus Rex Christus (Pie XII), 554 c
SÉNÈQUE (cit. : ignorance religieuse), 664 b
SENIER (st), 115 a
SÉNNACHÉRIB, 220 a
SÉNNACHÉRIB et Ezechias, 244 b, 245 a
Sens catholique et infaillibilité, 544 b
SENS, concile de - (1140), 1194 c
SENS, concile de - (1140, condamnation d'Abélard), 357 b
Sens de la souffrance, voir aussi Souffrance
Sens de la vie (cit. de Lustiger), 711 c
Sens de l'homme, le - (cit., *Centesimus annus*), 1190, 1191
Sens, nuit des -, 738 a
Sens, peine du -, 895 c
Sentences, recueil de - (scolastique), 357 b
Sententiae (Sentences) de Pierre Lombard, 357 b
Sentier à huit branches, le - (bouddhisme), 147 c
Sentiment religieux, 530 a, 532 a
Séparation de l'Église constitutionnelle et de l'État (1795), 429 a
Séparation des Églises et de l'État (1905), 470 a, 883 b
Séparation des Églises et de l'État (1905, conséquences), 472 a
Séparation des Églises et de l'État (1905, condamnation par Pie X), 472 a, 472 b
Séparation des Églises et de l'État (1905, condamnation par Pie X, *Vehementer nos*), 553 c
Séparation des Églises et de l'État (1905, loi), 472 a
Séparation des Églises et de l'État (1905, loi, cit.), 473 a, 882 a, 882 b
Séparation des Églises et de l'État (laïcité et relations entre l'État et les « cultes »), 1173 b, 1173 c
Séparation des Églises et de l'État (principe condamné par Pie IX), 451 a
Séparation des Églises et de l'État (1905), et paroisse, 545 b
Séparation des époux, 819 b
Sépharades, 140 c
Sépharades (France), 177 c
Sept (hebdomadaire), 489 a
Sept (symbolique biblique), 256 a, 260, 954 a
Septante, 211 a, 214 a, 314 c
Septante et Alexandrie, 251 c
Sept dons du Saint-Esprit, 954 a, 954 b
SEPTIME SÉVÈRE (empereur), 107 c
Septuagésime, 923 b
Sépulcre (de Jésus), 284 b
Sépulture, 919 c
Sequela Christi, 718 a, 773 a
Séquence (définition), 686 a, 917 a
Séraphim, 254 a
SÉRAPHIN (st), 115 a
SERBIE (géographie chrétienne), 1150 c
SERGE (st), 115 a
SERGE Ier (st, pape), 115 a, 514 b
SERGE Ier (st, pape) et l'Assomption de Marie, 903 a
SERGE II (pape), 514 c
SERGE III (pape), 514 c
SERGE IV (pape), 514 c
SERGIUS (patriarche), 373 b
Serment, 828 b
Serment de fidélité à la Constitution civile du clergé (1790), 425 b
Serment de liberté-égalité (1792), 426 a
Serment de paix, 347 b, 347 c
Sermon, 960 c
Sermon sur la montagne, 274 b
SERNIN (st), 115 a
Serpent d'airain (signification selon Sagesse), 231
Serpent dans récit création *(Genèse)*, 224 c
SERRA, MIGUEL (bx), 1113 a
SERTILLANGES (père) (réponse aux propositions de Benoît XV, 1917, cit.), 475 b
Servantes de Marie (ste MARIA SOLEDAD TORRES ACOSTA), 35 b
Servantes de Marie de Pistoia (Mantellates) (ste JULIENNE FALCONIERI, 92 a
Servantes des pauvres (ste JEANNE DELANOUE), 89 a
SERVET, MICHEL, 397 c, 1126 a
Serviabilité (fruit de l'Esprit), 828 c
Service, 801 a
Service Affiches Chrétiens-Médias, 1076 b
Service biblique Évangile et Vie, 217 a, 1014 a
Service catholique de l'Enfance et de la Jeunesse inadaptées (SCEJI), 1014 a, 1088 c, 1106 c
Service de Coopération au Développement (SCD), 1068 b
Service de la vie dans la famille (Jean-Paul II), 806 c
Service d'Études et d'Échanges pour les Loisirs et le Tourisme (SELT), 1092 b, 1108 b
Service évangélique de visite aux malades, 1107 a
Service Incroyance et Foi (SIF), 1014 a, 1078 a, 1078 b
Service Information-Communication, 1076
Service jeunes du Diocèse aux Armées, 1088 c
Service malades et handicapés du Secours catholique, 1106 c
Service missionnaire des Jeunes (SMJ) (Œuvre pontificale missionnaire de la propagation de la foi), 1088 c
Service missionnaire des Malades et Handicapés (OPM), 1106 c
Service national de la pastorale des migrants, 1095 c
Service national des vocations, 1014 a, 1074 b
Service national du catéchuménat, 1014 a, 1085 b, 1085 c
Service orthodoxe de Presse (SOP) (France), 1073 a
Services publics (grève), 835 b
Servites de Marie (fondation), 566 b
Servites de Marie (st ALEXIS FALCONIERI), 47 a
Serviteur (sens biblique), 1166 b
Serviteur de Dieu, 28 a, 32 a
Serviteur, Jésus, 615 b
Serviteur, se faire - (textes et cit. bib.), 89 c
SETH, 220 b
SETON, ELISABETH-ANNA (ste), 36 a
SEVE (Spiritualité et Vie évangélique), 1059 b
SÈVE, ANDRÉ, 729 b
SÈVE, ANDRÉ (cit. : prière et vie), 740 a
SÉVÈRE (st), 1119 a
SÉVERIN (pape), 514 b
SÉVERIN (st), 115 a
Sexte (droit canon), 559 a
Sexte (office), 940 b
Sexualité, 811 c
Sexualité (éducation, texte Saint-Siège), 811 a, 811 b
Sexualité et amour (*Familiaris consortio*, Jean-Paul II), 806
Sexualité et chasteté, 811 a, 811 b
Sexualité et foi, 797 a, 801 b
Sexualité et plaisir, 810
Sexualité et psychanalyse, 722 b
Sexualité et régulation des naissances, ce que dit l'Église de la -, 801 b, 814
Sexualité et transmission de la vie (Paul VI), 812
Sexualité hors mariage (Pie XI), 812 b
Sexualité selon Genèse, 222 c, 224 b
SFIO (Section Française de l'Internationale Ouvrière), 843 b
SFIO (Section Française de l'Internationale Ouvrière), Pie XI et la -, 857 b
Sfumata, la -, 1028 b
SGEC (Secrétariat général de l'Enseignement catholique), 1079 b
Shabbat, voir Sabbat
SHAMGAR, 238 b
Shavouoth, voir Chavouoth
Shebat, 911 b
Shekinah, 253 c
Shema Israël (prière juive), 141 a, 259 a
Shemoné Esré (prière juive), 259 a
Shéol, 256 a, 256 b, 893 a, 895 b
SHESHONG (Pharaon), 243 a
SHIBUYA, 636 b
Shintoïsme, 148 b, 148 c
Shintoïsme (données numériques et géographiques), 138 b, 139, 148 a
SHIVA, 144 c
Shoah, 140 c, 1173 a
SHOYEMAN, FRANÇOIS, (bx), 37 b
SIBOUR (Mgr) (cit. : résignation des pauvres), 471 a
SIBYLLE (ste), 1119 a
Sic et non, procédé du - (scolastique), 357 b
SICHEM, 238 c
SICHEM et Abraham, 226 c
Siddarta Bouddha (film), 636 a
SIDDHARTA GAUTAMA, 146 a
Siddhas, La Voie des -, 1136 c
SIDOINE (st), 114 a
SIDOINE APOLLINAIRE (st), 115 b
SIDON, 220 a
Siècle (sens religieux), voir Séculier
Siècle de fer (Xe siècle), 344 b
Siècle des Lumières, 420 a
Siège apostolique, vacance du -, 1028 a, 1028 b
Siège apostolique, voir aussi Saint-Siège
SIENKIEWICZ, HENRYK, 33 c
SIF (Service Incroyance et Foi), 1078 a, 1078 b
SIF (Service Incroyance et Foi), relations avec francs-maçons, 421 b
SIFFREIN (st), 115 b
SIGEBERGE ou CLARISSE (ste), 61 a
SIGEBERT (st), 1119 a
SIGER DE BRABANT, 367 c
SIGISMOND (empereur), 381 a, 382 a
SIGISMOND (empereur) et Hus, 384 b
Signation (confirmation), 953 c
Signature apostolique (tribunal), 560 b, 1032 a
Signe de croix, 958 a
Signe et symbole, 943 b
Signes des temps, 601
Signes des temps et prière, 732 a
Signes des temps, socialisation et -, 885 c
SIGOLÈNE (ste), 115 b
Silence, les spirituels et le -, 754 a
Sillon, Le -, 460 c, 468 b, 469 a, 469 b, 855 a
Sillon, Le - (condamnation par Pie X, Notre charge apostolique), 469 b, 553 c
SILO, 238 c
SILVA, BEATRIZ DA (ste), 36 b
SILVAIN (st), 1119 a

Silva Mind Control, 1136 c
SILVÈRE (st, pape), 514 b
SILVESTRE (st), voir SYLVESTRE
SILVESTRELLI, BERNARD MARIE (bse), 1113 a
SIMÉON (st), 115 b
SIMÉON (fils de Jacob et de Léa), 226
SIMÉON (le Magicien), 713 a
SIMÉON (une des tribus d'Israël), 237
SIMÉON (st), 115 b
SIMÉON BERNEUX (st), 38 b
SIMÉON LE VIEUX (st), 41 c
SIMON DE MONFORT, 362 a
Simon du désert (film), 636 a
SIMON LE CYRÉNÉEN, 283 b
SIMON LE ZÉLOTE (apôtre, st), 115 c
SIMON LE ZÉLOTE (apôtre, st) (un des douze apôtres), 275 c
SIMON MACCABÉE, 251 c
SIMON PIERRE, voir PIERRE (apôtre)
SIMON, PIERRE-HENRI, 656 a
SIMON STOCK (st), 759 a
Simonie, 343 c, 350 a, 352 b
SIMONS, MENNO, 156 a
SIMPLICE (sts), 1119 a
SIMPLICE (st, pape), 514 a
SINAÏ, 230 a
SINAÏ *(le Décalogue)*, 228 b, 228 c
SINAÏ *(l'Exode)*, 228
SINDULPHE DE REIMS (st), 1119 a
SINDULPHE DE VIENNE (st), 1119 a
Singulari nos (Grégoire XVI), 442 a, 443 b
SINTAS (père), 564 b
SION (pèlerinage), 770 c
SION (Psaume 87), 240 a
Sionisme, 140 c
SION, le judaïsme et -, 140 c
SION, voir aussi Jérusalem, 240 a
SIPHONG, PHILIPPE (bx), 1113 b
Sirac (ou Sira, ou Sirach), 252 b
Siracide ou *Livre de Ben Sirach le Sage*, ou Ecclésiastique, 250 c, 252 b, 252 c
SIRICE (st, pape), 514 a
SIRICE (st, pape) et les Quatre-temps, 923 c
SIRK, 636 a
SISINNIUS (pape), 514 b
Si ton cœur était droit (cit. de Corneille), 651
Sivan, 911 b, 911 c
SIX, JEAN-FRANÇOIS (Jésus), 684 c
SIX PAUL, 460 b
Six personnages en quête d'auteur (Pirandello), 659 b
SIXTE I (st, pape), 115 c, 514 a
SIXTE II (st, pape), 115 c, 514 a
SIXTE III (st, pape), 514 a
SIXTE IV (pape), 389 a, 515 b, 1169 c
SIXTE QUINT (pape), 406 a, 515 c
Sixtine, chapelle - et Sixte IV (pape), 389 a
SJ (Societas Jesu ou Compagnie de Jésus), voir Jésuites
Slave, monde - (inculturation de l'Évangile au monde slave, cit. de Jean-Paul II), 1157 b, 1157 c
Slave, monde - (portée et rayonnement du millénaire chrétien, cit. de Jean-Paul II), 1155 c, 1156 a
Slavorum apostoli (Jean-Paul II), 1158 b
SLIPYJ (cardinal), 496 a, 507 a, 509 b
SLOVÉNIE (géographie chrétienne), 1150 c
SLOVÉNIE (historique, du VIe siècle à nos jours), 1151 a
SM (Société de Marie), voir Maristes et Marianistes
SMITH, JOSEPH, 151 a
SNCEEL (Syndicat national des Chefs d'Établissement de l'Enseignement libre), 1080 b
SNEC-CFTC (Syndicat national de l'Enseignement catholique), 1080 a
SNOP (Secrétariat national de l'Opinion publique) (épiscopat français), 1013 a, 1073 a, 1076
SOBRINO, JON (cit. : théologie de la libération), 861 c
Sociale, action -, voir Action sociale
Sociale, question -, voir Question sociale
Sociale, vie - (influence du christianisme au IVe siècle), 331 c
Socialisation, 885 c
Socialisation (encyc. Jean XXIII), 856
Socialisme, 843
Socialisme évangélique (Lamennais), 443 b
Socialisme, l'Église et le -, 450 a, **451**, 552 b, 843 c, 856, 857
Socialisme, Léon XIII et le -, 451 b, 552 b, 856 a
Socialisme, Paul VI et le -, 857 b
Socialisme, Pie IX et le -, 450 a, 451, 552 b
Socialisme, Pie XI et le -, 451 b, 856 b
Socialismes et la religion, 451 a
Socialismes utopiques et Évangile, 447 b
Sociaux, événements - (lecture religieuse, survol historique), 855
Société (la vie économico-sociale), 835 a, 836 a
Société (socialisation), 885 c
Société de Jésus du Sacré-Cœur, 116 a
Société de Saint-Joseph-de-Cluny (bse ANNE MARIE JAVOUHEY), 50 a
Société de Saint-Vincent-de-Paul (commission jeunesse), 1088 c
Société de Saint-Vincent-de-Paul (fondation par Ozanam), 446 c
Société de Saint-Vincent-de-Paul et la visite aux détenus, 1096 c
Société de Saint-Vincent de Paul et le Conseil national de la solidarité, 1095 a
Société de Saint-Vincent-de-Paul-Louise de Marillac, 1098 a, 1098 b
Société des Amis (quakers), 156 c
Société des Missions africaines de Lyon, 565 c, 566 b
Société des Nations (SDN), 476 a
Société de tempérance, 825 c
Société du Prado, voir Prado
Société du Sacré-Cœur de Jésus (ste MADELEINE-SOPHIE BARAT), 96 b
Société du Verbe Divin (st ARNOLD JANSEN), 36 a
Société française, place des catholiques dans la -, 206
Société générale d'éducation et d'enseignement catholique (cit.: laïcisation scolaire 1886), 465 b
Société missionnaire de Marie, 763 a
Société pour les Missions étrangères de Paris, 565 c
Société pour les Missions étrangères de Paris (fondation), 566 b
Société sacerdotale de la Sainte-Croix, 763 b
Sociétés de vie apostolique, 1050, 1051 a, 1196 b
Sociétés de vie apostolique et Instituts de vie consacrée, 752
Sociétés de vie commune sans vœux (origine), 1051 b
Société Théosophique, 151 c, 1136 c
Sociologie du catholicisme, 135
Sociologie du catholicisme français, 184
Sociologie religieuse (Le Play), 461 b
Sociologie religieuse (naissance), 489 a
Sociologie religieuse, ce qu'est la -, 184
Sociologique, lecture - de la *Bible*, 215 b
SOCRATE, l'athéisme et -, 530 b
Sodalité de saint Pie V, 466 a
SODEPAX, 160 c, 585 c, 629 c
SODOME, 227 c
Sœurs Auxiliatrices (bse MARIE DE LA PROVIDENCE), 99 c, 566 b, 763 c
Sœurs Blanches (Notre-Dame d'Afrique), 474 c, 565 c, 763 c
Sœurs Blanches (fondation), 566 b
Sœurs de Charité dominicaines, 762 c
Sœurs de la Charité Chrétienne, (bse PAULINE VON MALLINCKRODT), 38 c
Sœurs de la Charité de Besançon (ste JEANNE-ANTIDE THOURET), 90 b
Sœurs de la Charité de Saint-Joseph, (ste ELISABETH-ANNA SETON), 36 a
Sœurs de la Congrégation de Notre-Dame de Montréal (ste MARGUERITE BOURGEOYS), 37 c, 97 c
Sœurs de l'Addorata (bse Clelia Barbieri), 356
Sœurs de la Providence de Saint-Gaëtan de Thiene (bx LUIGI SCROSOPPI), 37 a
Sœurs de la Sainte Famille de Villefranche (ste ÉMILIE DE RODAT), 67 c
Sœurs de Marie-Joseph et de la Miséricorde et les femmes en prison, 1096 a
Sœurs de Notre-Dame de la Charité, 761 c
Sœurs de Notre-Dame de la Charité et les femmes en prison, 1096 b
Sœurs de Notre-Dame de la Consolation (bse MARIA ROSA MOLAS Y VALLVE), 36 b
Sœurs de Notre-Dame de la Retraite au Cénacle (ste THÉRÈSE COUDERC), 35 b, 118 a, 447 a
Sœurs de Notre-Dame de Namur (ste JULIE BILLIART), 92 a
Sœurs de Saint-André (st ANDRÉ-HUBERT FOURNET et ste JEANNE-ÉLISABETH BICHIER DES AGES), 49 a, 90 a, 763 c, 1121 b
Sœurs de Saint-Gildas et le monde des itinérants, 1108 b
Sœurs de Saint-Joseph, 762 c
Sœurs de Saint-Joseph de Cluny (bse ANNE-MARIE JAVOUHEY), 50 a, 565 c
Sœurs de Saint-Joseph de l'Apparition (EMILIE DE VIALAR), 68 a
Sœurs de Saint-Paul (st ANTOINE-MARIE ZACCARIA), 51 a
Sœurs de Saint-Vincent-de-Paul (ste LOUISE DE MARILLAC), 95 a, 122 c, 761 c, 762 b, 762 c
Sœurs des Écoles Chrétiennes de la Miséricorde (ste MARIE-MADELEINE POSTEL), 100 a
Sœurs des Pauvres de François d'Assise (bse FRANÇOISE SCHEVIER), 35 c
Sœurs des Saints-Noms-de-Jésus-et-Marie (bse MARIE-ROSE DUROCHER), 37 c
Sœurs du Bon Pasteur, 761 c
Sœurs du Divin Sauveur (bse MARIA-THERESIA VON WIRLENLEBIS), 35 b
Sœurs du Précieux-Sang (st GASPARD DEL BUFALO), 75 b
Sœurs du Saint-Sauveur et de Sainte-Brigitte (ste BRIGITTE DE SUÈDE), 57 a
Sœurs et Frères Albertins (bx ALBERT CHMIELOWSKI), 38 a
Sœurs grises de Montréal (bse MARGUERITE D'YOUVILLE), 100 a
Sœurs hospitalières du Sacré-Cœur de Jésus (bx BENOÎT MENNI), 38 c
Sœurs missionnaires de la Charité, 1121 c, 1122 a, 1122 b
Sœurs missionnaires de la société de Marie, 763 a
Sœurs missionnaires de Saint-Pierre-Claver (bse MARIE THÉRÈSE LEDOCHOWSKA), 36 a
Sœurs missionnaires du Sacré-Cœur (XAVIERE CABRINI), 123 c
Sœurs missionnaires du Saint-Esprit (fondation), 566 b
Sœurs missionnaires N.-D. d'Afrique, voir Sœurs Blanches
Sœurs Scolastiques de Notre-Dame (bse MARIA-TERESA GERHARDINGER), 40 a
Sœurs Servantes des Pauvres (ste JEANNE DELANOUE), 37 c
Soignants (ordres religieux), 762 b, 762 c
Soins palliatifs, 889 b, 889 c
SOISSONS, bataille de - (486), 332 a, 333 a
SOIZIC (prénom), 115 c
Sokka Gakkai, 1137 a
Sola fide, 390 b, 391 b
Solaire, calendrier -, 911 a
SOLANGE (ste), 115 c
Sola scriptura, 390 b, 391 b
Soleil, place du - dans la création *(Genèse)*, 222 c
Solennités (calendrier liturgique), 25, 913 a, 913 c, 920 a
SOLESMES (abbaye), 756 c
SOLESMES (abbaye) et la liturgie, 907 a
SOLESMES (abbaye) et le grégorien, 661 a
SOLESMES (abbaye) et renouveau bénédiction au XIXe siècle, 444 b, 446 a, 447 a
Solidarité, 799 a, 799 b, 834 c
Solidarité (principe), 858 c
Solidarité des travailleurs (encyc. Jean-Paul II), 856 a
Solidarité et la paix, 872 c
Solidarité spirituelle au-delà de la mort, 890 b
Solidarité, Charte de la -, 1204
Solidarité, Pastorale de la - et des pauvres, 1204
Solidarité, propriété et -, 851 b
SOLIGNAC DE LA MOTHE-FÉNELON, FRANÇOIS DE, voir FÉNELON
SOLINE (ste), 116 a

Solitaires, les - de Port-Royal, 413 a, 415 b
Solitude (cellule et contemplation, cit. de G. de Saint-Thierry), 754 c
Solitude et prière, 735 b, 735 c
Solitude n'est pas fermeture (cit. de T. Merton), 50 c
SOLJENITSYNE (cit. : le don du repentir), 973 c
SOLJENITSYNE et la fin des mythes, 886 a
Sollicitudo Ecclesiarum (Grégoire XVI), 553 b
Sollicitudo omnium Ecclesiarum (Pie VII), 553 a
Sollicitudo Rei Socialis (encycl. de Jean-Paul II ; cit. et commentaires), 1182 à 1188
Sollicitudo Rei Socialis (encycl.) et la doctrine sociale de l'Église, 1184 b, 1184 c, 1186 a, 1186 b
SOLMINIHAC, ALAIN DE (bx), 37 a
Somasques (fondation), 403 b
Somasques (st JÉRÔME, ÉMILIEN), 90 c
Somme contre les gentils (st Thomas d'Aquin), 119 b, 572 c
Sommes théologiques (scolastique), 356 c
Somme théologique (st Thomas d'Aquin), 119 b, 357 c, 367 a, 368 a
SONIA (prénom), 116 a
SOP (Service orthodoxe de Presse), 1073 a
SOPHIE (ste), 116 a
SOPHIE BARAT (ste), voir MADELEINE-SOPHIE BARAT (ste)
SOPHONIE, 244 b, 245 a, 246 b
Sophrologie (« Recherche de l'harmonie de la conscience »), 1137 a
Sorcellerie, 537 b
SORETH, JEAN, 759 a
SORLIN (st), 116 a
Sorts (sorcellerie), 537 b
SOS amitié-France et le suicide, 820 b
SOS droits de l'homme, voir Moon
SOS-futures mères, 1083 a
SOS-Prière, 739 c, 1060 c
SOTER (st, pape), 514 a
Soto, 146 b
SOUBIROUS, BERNADETTE (ste), voire ste BERNADETTE SOUBIROUS
Souffle (sens selon la *Bible*), 225 a, 255 a
Souffle de Dieu, Esprit-Saint, 688 a
Soufflet (confirmation), 953 c
SOUFFLOT, 639 b
Souffrance (encyc. *Salvifici doloris*, Jean-Paul II), **710 c**
Souffrance (soutien d'une présence), 889 a
Souffrance de Dieu, 707 b
Souffrance de l'âme qui désire voir Dieu, 717 a
Souffrance et union avec le Christ, 710 a
Souffrance insupportable, 821 a
Souffrance, l'Église et la -, 711 a, 711 b
Soufisme, 143 c, 1137 a
Souillure, 793 c
Soukkoth (fête des Cabanes, ou des Huttes, ou des Tentes, ou des Tabernacles), 141 b, **258 a**, **258 b**, 304 a, 908 b, 911 c, 914, 1163 a
SOULAC, 767 c
Soulier de satin, Le - (P. Claudel), 649 c
Sourate, 142 b
Sources chrétiennes (collection), 629 a, 631 c
Source, la - (communauté), 1060 b
Sous-développement, socialisation et -, 885 c
Sous-diaconat, 558 b
Sous-diacre, 558 b
Sous l'abri de ta miséricorde (prière), 745 b
Sous le soleil de Satan (G. Bernanos), 648 a
Soutane, 931 c, 932 a, 985 a
Soutien pour un environnement sain, voir Scientologie
Souvenez-vous... (*prière*) (*st Bernard*), 746 a
Souvenirs des apôtres et résurrection de Jésus-Christ, 679 a
Souverainetés (anges), 694 b
SPD (Parti Social-Démocrate allemand), 843 b
Spéculation immobilière, 845 c
SPELC (Syndicats professionnels de l'Enseignement Catholique), 1080 b
SPENCER, LEWIS, 151 c
SPENNER, JACQUES, 737 c
SPEYR, ADRIENNE VON, 627 a
SPINOLAY MAESTRE, MARCELO (bx), 1111 a
SPIRE (st), 116 a
Spiritains, 565 c, 566 b
Spiritisme, 536 c
Spiritisme (macumba), 149 c
Spiritualité (école française), 408 a, 761 c
Spiritualité (histoire, Henri Brémond), 648 c
Spiritualité (un laïc parle, J. O. Dubois-Dumée), 729
Spiritualité au XVe siècle et la Réforme, 390 a
Spiritualité au XVIIe siècle (école française), 408 a
Spiritualité au XVIIe siècle (quiétisme), 418 a
Spiritualité bénédictine, 756 a
Spiritualité carmélitaine, 759 c
Spiritualité chrétienne, 731
Spiritualité chrétienne (cit. Varillon), 734 b
Spiritualité chrétienne orientale, 154 c, 764
Spiritualité chrétienne orientale (prière de Jésus vue par un moine d'Orient), 764
Spiritualité dans la première moitié du XIXe siècle, 444 b
Spiritualité de Charles de Foucauld, 760 c
Spiritualité de sainte Thérèse de l'Enfant Jésus (voie d'enfance), 759 a
Spiritualité dominicaine, 757 b, 757 c
Spiritualité du travail (encyc. Jean-Paul II), 856 c
Spiritualité, essor de la - aux XIVe-XVe siècles, 385 a
Spiritualité et art (cit. R. Huygue), 658 a, 658 b
Spiritualité et loisirs (cit. P. Talec), 831
Spiritualité franciscaine, 758, 758 a
Spiritualité ignatienne, 761 a, 761 b
Spiritualité mariale au XIIe siècle, 356 a
Spiritualité, mouvements laïcs de -, 1057
Spiritualité salésienne, 762 a, 762 b
Spiritualité selon saint Augustin, 755
Spiritualité thérésienne, 759 c
Spiritualité vivante, 1137 a
Spirituels (Frères mineurs, XIIIe-XIVe siècles, 365 b
Spiritus paraclitus (Benoît XV), 553 a
SPYRON, ARISTOCLÈS, voir Athenagoras (patriarche),
Squetieri, 636 c
S. S. (Sa Sainteté, titre d'honneur du pape), 1019 b
Stabat Mater, 917 a
Stabat Mater (*XIVe siècle, extraits*), 387 b
Stabat Mater et la piété au XIVe siècle, 386 a
STAHL, 636 a
STALINE, 481 a
Stalles, 639 c
STANGGASSINGER, KASPAR (bx), 1112 b
STANISLAS (st), 116 a
STANISLAS KOTSKA (st), 116 a
STANPERY, 636 c
Star et idole, 635 a
Staretz, 706 c
Statistique de l'Église (*Annuaire*), 1032 a
Statistiques (bureau central de l'Église, Saint-Siège), 1031 c
Statistiques, données - essentielles du catholicisme dans le monde, **165**
Statistiques générales religions France, 176
Statuaire, 643 a
Statut dans l'Église (cit. : Il n'y a pas de statut mineur dans l'Église ; *Christifideles laici*), 1188 c
STEEB, KARL, (bx), 36 a
STEIN, EDITH (bse), 132 b, 1173 a
STELLA (prénom), 116 b
STÉPHANE, STÉPHANIE (prénoms), 116 b
STEPHEN, 636 a
STEPINAC (cardinal), 496 a, 507 a
Stérilité, 816 c
Stérilité (sens biblique), 1166 c
Stérilité et droit à l'enfant, 807 a
STEVENS, 635 b, 635 c
Stigmates, 41 c, 738 c, 750 a
Stigmatisé, voir Stigmates
S.T.O. (Service du Travail Obligatoire), (béatification), 1112 c
STOCK, FRANZ, 132 c
STOCKHOLM (conférence œcuménique 1925), 585 a
STOERA, 636 b
STOFFLET, 427 b
STOICA, JÉRÉMIE, (bx), 38 a
STRASBOURG (diocèse) (nominations épiscopales), 991 b, 1033 b
STRAUB, 636 b
Strenia, 929 a
Structuralisme et foi chrétienne, 534 b
Structuraliste, lecture - de la *Bible*, 215 b, 216 b
Structures et personnes, 860 b, 860 c
Stupas, 146 a, 147 c
STURZO (don), 473 b, 477 a, 482 a
Stylite, 41 c, 115 c
Stylite (définition), 1056 b
Suaire de Turin, voir Saint Suaire
SUAREZ et la guerre, 874 b
Subconscient, 722 c
SUBIACO (abbaye), 756 c
SUBLEYRAS, PIERRE (*Saint-Jean-d'Avila*, peinture), 645 a
Subsidiarité, principe de -, **858**
Substance (eucharistie), 965 b
Substance (philo), 717 c, 719 b
Substance ou nature des personnes divines (conciles de Nicée et Constantinople I), 320 b
Substitut du Secrétaire d'État, 1030 a
Sub tuum praesidium (*prière*) (*français*), 745 b
Subud, 1137 a
Suburbicaire (définition), 1029 b
Subventions (bon usage), 834 c
Succession apostolique, 555 a, 555 c, 989 b
SUÈDE (géographie chrétienne), 1151 a
SUÈDE, Église catholique en -, 1151 a
SUENENS (cardinal) (Vatican II), 500 a, 500 b
SUENENS (cardinal) et *Gaudium et Spes*, 854 b
SUENENS (cardinal) et *Humane vitae*, 506 a
SUÉTONE, 300 b
Suffragant (évêque), 995 b
SUGER, 353 a, 353 b, 638 a, 756 b
SUHARD (cardinal) (*Essor ou déclin de l'Église ?*), 493 a
SUHARD (cardinal) et la Mission de France, 492 a, 494 b, 1102 a
SUHARD (cardinal) et la Mission de Paris, 1103 a
Suicide, 820 a, 820 b
SUISSE (géographie chrétienne), 1151 b
SUISSE (Historique), 1151 b, 1151 c
Suite du Christ, 705 a, 717 a, 773 a
« Suivre » (sens biblique), 1166 c
SULIVAN, JEAN, 656 a
SULLEROT, E. (cit. : statistiques mariages), 1083 c
SULPICE (st), 116 b
Sulpiciens, 762 a
Sulpiciens, voir Compagnie des prêtres de Saint-Sulpice,
SUMER, pays de -, 218 b
Summi Pontificatus (Pie XII), 554 b
Sundari, voir Spiritualité vivante
Sunna, 142 b
Sunnites, 142 b
Supérieur majeur (juge ecclésiastique), 1039 b
Supérieur majeur (juridiction), 561 c
Superstition, **531 a**
Superstructure selon Marx, 844 c
SUPERVIELLE, JEAN, 656 a
Suprématie, Acte de -, 401 b
Suprême Governor (Église d'Angleterre), 401 a
« Suprême », La, voir Inquisition
Surabondance de l'amour de Dieu et élection, 702 a
Surmoi, le -, 723 b
Surnaturel, 719 a
Surplis, 931 a
SUSE, 247 b
Suspense a divinis, 561 a
Suspense de Mgr. Lefebvre, 1174 a
SUZANNE (ste), 116 b
SWEDENBORG, E., 536 c
Swedenborgiens, les -, 1137 a
SYAGRIUS, 332 a, 333 a
Syllabus (Pie IX), 450 a, 450 b, 467 a, 553 a, 553 b
Syllabus (Pie IX), Dupanloup et le -, 455 b
Syllabus (Pie IX) et la tolérance (cit.), 829 a
Syllabus (Pie IX) et le libéralisme économique, 445 a
SYLVAIN (st), 116 b
SYLVESTRE (ou SILVESTRE) I&V&er&V& (st, pape), **116 b**, 514 a
SYLVESTRE (ou SILVESTRE) I&V&er&V& (st, pape), et Constantin, 319 b
SYLVESTRE (ou SILVESTRE) I&V&er&V& (st, pape), et le concile de Nicée I, 320 b

SYLVESTRE II (pape), 344 b, 514 c
SYLVESTRE II (pape), voir aussi GERBERT D'AURILLAC, 343 b, 343 c
SYLVESTRE III (pape), 514 c
SYLVESTRE IV (antipape), 514 d
SYLVIE (ste), 116 c
Symbole (sens en langage chrétien), 517
Symbole de foi, 518 b, 526 b, 960 c
Symbole de foi (baptismal), 518 b
Symbole de foi (baptismal) (exemple, nuit pascale), 519 b
Symbole de foi (conciliaire), 518 b
Symbole de foi (d'ordination), 518 b
Symbole de foi nuit pascale, 519 b
Symbole de Nicée, 320 b, 321 b, 520 b
Symbole de Nicée (texte d'origine), 321 a
Symbole de Nicée-Constantinople, 322 a, 960 c
Symbole de Nicée-Constantinople (Credo) (texte), 521 a
Symbole de Nicée-Constantinople (historique), 520 b
Symbole de Nicée-Constantinople (Jésus-Christ Dieu et homme), 681 b
Symbole de Nicée-Constantinople et consubstantialité, 674 c
Symbole de Nicée-Constantinople, voir aussi Filioque,
Symbole d'Ephèse, 322 c
Symbole des apôtres, 517, 960 c
Symbole des apôtres (historique et texte), 520 b
Symbole des apôtres (commentaire), 520 a
Symbole des apôtres (résurrection de la chair, cit. Congrégation pour la doctrine de la foi), 891
Symbole et signe, **943 b**
Symboles des évangélistes, 265, 267 c, 683
Symboles et liturgie, 906 a
Symbolique biblique des organes du corps humain, 255
Symbolique, lecture - de la *Bible*, 216 b
SYMMAQUE (st, pape), 514 a
SYMPHORIEN (st), 116 c
Synagogue (culte), 141 a
Synagogue (culte, naissance durant l'Exil), 247 a
Synagogue (culte, origine), 140 b
Synagogue au temps du Christ, 260 c
Synaxe, 958 a
Synaxe eucharistique, 968 a
Syncrétisme (définition), 533 c, 1137 a
Syndérèse (définition), 788 b
Syndicalisme chrétien (origines), 45 a, 459 b, 459 c
Syndicalisme chrétien français, 1103 b, 1103 c
Syndicalisme chrétien français entre les deux guerres mondiales, 486 a
Syndicalisme chrétien, Léon XIII et le -, 451 b
Syndicalisme chrétien, Pie XI et le -, 486 b
Syndicalisme, Jean XXIII (*Mater et Magistra*) et le -, 856 c
Syndicalisme, Jean-Paul II (*Laborem exercens*) et le -, 856 c
Syndicalisme, l'Église et le -, **836**, **837**, 838, 851 c, 1103
Syndicalisme, Léon XIII (*Rerum novarum*) et le -, 553 c
Syndicat chrétien, Jean XXIII et le -, 837 b
Syndicat convivial, voir Famille de Nazareth
Syndicat des libraires de littérature religieuse, 1202 b
Syndicat national de l'Enseignement catholique (SNEC-CFTC), 1080 a
Syndicat national des Chefs d'Établissement de l'Enseignement libre (SNCEEL), 1080 b
Syndicat national des libraires de littérature religieuse, 1077 c
Syndicat professionnel de l'Enseignement catholique (SPELC,) 1080 b
Syndicats du personnel de l'enseignement catholique, 1080 a, 1080 b
Synode (anglicanisme), 159 b
Synode (protestantisme), 157 c, 158 b
Synode de Pavie (998) et le titre de pape, 552 a
Synode des évêques, 543 b, 989 b, 1024 b, **1026 a**, **1026 b**
Synode des évêques (désignation de représentants par Conférence épiscopale française), 1014 b
Synode des évêques (institution par Vatican II), 500 b, 501 b
Synode des évêques (mise en œuvre par Paul VI), 503 b
Synode des évêques, Assemblée spéciale pour l'Europe du -, 1139 a, 1158 c, 1159
Synode des évêques de 1971 (cit. : Église et Justice), 825 b
Synode des évêques de 1971 (objection de conscience, cit.), 871 a
Synode diocésain, 990 c
Synode diocésain de Limoges, 993
Synode extraordinaire des évêques, 1026 a
Synode extraordinaire des évêques de 1985, 512 a
Synode local, 555 a
Synode national de l'Église réformée de France (1559), 397 c
Synode ordinaire des évêques, 1026 a
Synode orthodoxe, 155 c
Synode pour l'Europe (rapports Églises de l'Ouest – Église de l'Est), 1158 b, 1158 c
Synodes des évêques depuis Vatican II (tableau), 1026 b
Synodes ordinaires des évêques (1967-1987, tableau), 1026 b
Synode spécial des évêques, 1026 b
Synopse, 265
Synopse des *Évangiles*, 217 c
Synoptiques (évangiles), 265, 268 a
Syriaque (langue), 219 a
Syriaque dans la *Bible*, 214 b
Syrie-Palestine, 261 a
Syrien (rite), 939
Syrienne, Église - (Mar Thoma de Malabar), 153 a
Syriens catholiques, 153 a, 1016
Syriens catholiques à Paris (église, adresse), 1017 c
Syro-jacobites (autonomie), 583 a
Syro-malabar (rite), 938 b, 939
Syro-malabars, 153 a, 323 b, 1016
Syro-malankar (rite), 938 b, 939
Syro-malankars, 153 a, 324 c, 1016
Syro-oriental (rite), 938 b
Système féodal, 342 a, 342 b
Système féodal (mouvements populaires pacifistes), 346 a
Système féodal dans l'Église, 343
Systèmes de pensée et foi, 534, 535
Systèmes théologiques, 626
Systèmes théologiques (tableau), 62

- T -

Tabernacle, 932 a
Tabernacles, fête des -, voir Soukkoth
Tableaux (art religieux), 643 b
Table de communion, voir Sainte table
Tables de la Loi (Moïse), 228 c
Taborites, 384 b
Tabou, 617 b, 792 b
TACITE, 300 b, 310 a
Tai-Chi-Chuan, 1137 a
Tailloir, 641 a
Taine, **448 b**, 450 b
TAIZÉ, 488 a, 768 a, 1073 c, 1199 c
TAIZÉ et le frère Roger Schutz, 1121 b, 1121 c
TAIZÉ (musique), 663 b
TAKEYA, INÈS (ste), 83 a
TALEC, PIERRE (cit. : une spiritualité des loisirs), 831
Talents, parabole des -, 280 c
Talion, loi du -, 714 a
Talith, 140 a
TALLEYRAND et la franc-maçonnerie, 420 b
TALLEYRAND et la nationalisation des biens ecclésiastiques (1789), 424 a
Tallit, 259 a
Talmud, 141 a, 214 b
TAMBURINI et le laxisme, 794 b
TAMISIER, ÉMILIE, 766 a
Tam multa (Pie VII), 553 a
Tammuz, 911 b, 911 c
Tanakh, 137 b, 141 a
TANGUY (st), 116 c
Tantrisme, 146 b
Tantum ergo, 917 b
Tao, 146 b, 148 b, 148 c
Taoïsme, **148 b**, **148 c**
Taoïsme (données numériques et géographiques), 138 b, 139, 148 a
Tao-to-king, 148 b
TARCISIUS (st), 116 c
Targoums, 141 a, 214 a
TARKOVSKI, 636 a
TAURAN (Mgr) (cit. : Résurgence de nationalismes exacerbés), 1179 a, 1179 b
Taureau (symbole de l'évangéliste Luc), 267 c
TAURIN (st), 1119 a
TAVELIC, NICOLAS (st), 35 c
TAVIANI, 636 c
Tchan, 1137 a
TCHÉCOSLOVAQUIE (Église catholique), 174, 507 a
TCHÉCOSLOVAQUIE (géographie chrétienne), 1152 a
TCHÉCOSLOVAQUIE (histoire religieuse), 1152 b
TCHÉCOSLOVAQUIE (religions), 174
Tebet, 911 b, 911 c
Te Deum (latin et français), 744 a, 744 b
Teen challenge, 1137 a
TEILHARD DE CHARDIN, PIERRE, 133 b, 488 a
TEILHARD DE CHARDIN, PIERRE (cit.), 91 c
TEILHARD DE CHARDIN, PIERRE (cit. : la pureté), 828 b
TEILHARD DE CHARDIN, PIERRE (cit. : s'unir à l'action créatrice), 780 c
TEILHARD DE CHARDIN, PIERRE (le Christ médiateur cosmique), 680 b
TEILHARD DE CHARDIN, PIERRE, et le progrès, 854 b
TEKAKWITKA, KATERI (bse), 37 a
TÉLDMAN, 636 c
Télématique, L'Église et la -, 1201, 1205
Télépathie, 536 a
TELESPHORE (st, pape), 514 a
Télévision (émissions religieuses), 1035 b, 1077
Télévision (satellite), le Saint-Siège et la -, 1032 c
Télévision et culture, 571 a
TELL BALATA, 238 c
Témoignage, 575 b, 575 c
Témoignage chrétien (hebdomadaire), 628 c, 1078 b
Témoignage chrétien (hebdomadaire, résistance), 492 b
Témoignage et catéchèse (cit. évêques français), 579 c
Témoin de l'Évangile, 573 c, 575 b
Témoin de l'Évangile (cit. de E. Leclerc), 574 c
Témoin du Christ, l'Église, -, 564 a
Témoins de Jéhovah, 150 c, 1137 a
Témoins de Jéhovah en France, 183 b
Témoins de Jéhovah, les catholiques et les -, 1137 a, 1137 b
Témoins de mariage, 978 a
Témoins du Christ, 547 a
Tempérance (vertu cardinale), 825 c
TEMPIER (évêque de Paris), 119 c
TEMPIER, ÉTIENNE, 367 c
Temple (Églises réformées), 158 c
Temple (hindouisme), 145 c
Temple (shintoïsme), 148 c
Temple de Jérusalem (construction par Salomon), 242 a
Temple de Jérusalem (destruction par Nabuchodonosor, *Lamentations de Jérémie*), 246 a
Temple de Jérusalem (destruction par Titus), 262 c, 306 b
Temple de Jérusalem (reconstruction après l'Exil), 249 a
Temple de Jérusalem (ruine annoncée par Jésus, Mc 13, 1-4, cit.), 296 b
Temple de Jérusalem au temps du Christ, 262 c
Temple de Jérusalem et mur des lamentations, 262 c
Temple, Ordres du -, voir Chevalerie
Temple du peuple, 1137 b
Temples, 639 a
Templiers (dissolution), 378 b
Templiers (origines), 347 c, 355 a
Templiers, l'affaire des -, 380 a
Temporal, 25, 920 a

Temporal (cycle), 912, 912 a, 913, 920 b
Temps (sens), 831 c
Temps de Noël dans le calendrier liturgique, 912 a
Temps et prière, 740 a
Temps et récit (P. Ricœur), 634 b
Temps, les chrétiens et le -, **909 c**
Temps ordinaire dans le calendrier liturgique, 913 c
Temps pascal, 913 c
Tendresse, 778 c
Ténèbres, 925 c
Tentateur, le - (démon), 694 c
Tentation, 789 b, 789 c
Tentation et chute d'Adam et Ève (*Genèse*), 224
Tentation et chute d'Adam et Ève (*Genèse*, commentaire), 224 c, 225 a
Tentations de Jésus, 273
Tentes, fête des -, voit Soukkoth
TÉOPHANE VÉNARD (bx), 117 a
TERESA (mère), **1121 c**, **1122 a**, **1122 c**, 1199 c
TERESA DE CALCUTTA (mère), 563 a
TERESA DE CALCUTTA (mère) et la richesse, 847 a
TERESA DE L'ENFANT JÉSUS (bse), 1111 a
TERESA de LOS ANDES (bse), 1111 a
Terre d'Israël, 219 c
Terre est à tous, La -, 838 a, 851 a
Terre est à tous, La - (*Gaudium et Spes*, Vatican II), 848 a
Terre promise, 233 a
Terre promise aux chrétiens, 550 a
Terre Sainte (pèlerinage Paul VI), 501 b
Terreur blanche, 436 b, 436 a
Terreur, la -, 426 a, 428 a
Terreur, les pontons de Rochefort sous la -, 1172 b
Tertiaire (définition), 1056 b
TERTULLIEN, 315 a
TERTULLIEN (apologiste), 311 b
TERTULLIEN (cit.), 116 b
TERTULLIEN (Père latin, Père de l'Église), 314
TERTULLIEN et la fécondité, 809 b
TERTULLIEN et la prière des époux, 941 c
TERTULLIEN et la virginité, 823 a
TERTULLIEN et le luminaire, 934 c
TERTULLIEN et le théâtre, 659 a
TERTULLIEN, famille de Jésus selon -, 270 c
TESSIER, GASTON, 459 c, 486 a
Testament (*Ancien, Nouveau*), voir *Ancien Testament, Nouveau Testament*
Testament, comment faire un - ?, 1211 b, 1211 c
Testament d'Abraham (apocryphe), 214 c
Testament de Notre Seigneur (XVe siècle), 559 a
Testament des douze patriarches (apocryphe), 214 c
Testament olographe, 1213 b, 1213 c
Testimoniales, lettres -, 562 a
Tétragramme YHVH (traduction), 253 b
TEXTES et CITATIONS BIBLIQUES
Ac 15, 22-31, Lettre de l'Église de Jérusalem à celle d'Antioche, 306 a
Ac 2, 1-36, la Pentecôte, 287
Ac 2, 42-47, la première communauté chrétienne, 288 a, 288 b
Ap 22, 6-21, Retour du Christ, 298 c
Ap 3, 19-22, Je frappe à la porte, 298 b
Ct 2, 10-15, Un chant d'amour, 275 c
Col 1, 15-20, le Fils image du Dieu invisible, 774 a
1 Co 13, 12 - Vision béatifique, 738 b, la résurrection des morts, 1 Co 15, 12-20, 887 c
1 Co 1, 26-31, le Choix de Dieu, 888 b
1 Co 10, 1-11, Interprétation de l'Exode par saint Paul, 230 a
1 Co 13, 1-13 Amour fraternel, 293 a
1 Co. 1, 18-28 Folie de l'Évangile, 93 b
1 Co. 11, 23-25, l'Alliance Nouvelle évoquée par saint Paul, 234 a, 234 b
2 Co 4, 1-4, Un trésor dans des vases d'argile, 293 b
Dt. 8, 2-3, l'Épreuve du désert, 229 a
Ep 1, 3-13, Bénédiction en Christ, 267 a, 267 b
Ep 1, 3-6, Béni soit Dieu, 70 a
Ex 15, 1-21 Cantique de Moïse et des Israëlites, 231
Ex 19, Alliance avec Israël, 233 b
Ex 20, 1-17, les Dix commandements, 233 b, 233 c
Ex 36, 6-7, Dieu miséricordieux, 254 c
Ez 36, 25-26 Un cœur nouveau, 714 b
Ga 3, 27-28, Tous un dans le Christ, 950 c
Ga 3, 26-29, Il n'y a plus ni Juif ni Grec, 305 c
Ga 4, 4-6, Dieu Père, 293 c
Gn 1, 1 à 2, 4, Récit de la création selon tradition sacerdotale, 222
Gn 17, 1-14 Dieu fait l'alliance avec Abraham, 233
Gn 2, 25-3, à 24, Tentation et chute d'Adam et Ève (*Genèse*), 224
Gn 2, 4-24, Récit de la création selon tradition yahwiste, 223
Gn 9, 1-17, Dieu fait alliance avec Noé, 232 c
Is 6, 1-8, la Vocation d'Isaïe, 245 a, 245 b
Is 7, 10-14, l'Oracle de l'Emmanuel, 245 c
Jn 1, 1-18, la Vie, la lumière, le Fils unique, 268 b
Jn 1, 11-18, le Verbe s'est fait chair, 734 a
Jn 14, 6 Jésus-Christ chemin, vérité et vie, 115 b
Jn 17, 1-3, 20-23, Prière du Christ pour l'unité, 590 a
Jn 17, 20-26, Prière de Jésus pour ses disciples et les croyants, 241
Jn 3, 31-36, le Fils Parole de Dieu, 608 a
Jn 8, 12 Jésus-Christ lumière du monde, 115 b
1 Jn 3, 2 - Vision béatifique, 738 b
1 Jn 4, 7-20, Dieu amour, 276 b
Jr 1, 4-9, la Vocation de Jérémie, 246 c
Lv 19, 1-2, 11-18, Soyez saints car je suis saint, 97 a
Lc 1, 42-45 Paroles d'accueil d'Élisabeth à Marie, 66 c
Lc 1, 68-79 - Cantique de Zacharie, 124 b
Lc 10, 29-37, Parabole du bon Samaritain, 279 a, 279 b
Lc 11, 5-8, Parabole de l'ami qui se laisse fléchir, 280 a, 280 b
Lc 12, 16-21, Parabole du riche insensé, 280 a, 280 b
Lc 15, 11-32, Parabole du fils retrouvé, 280 a
Lc 18, 15, Jésus accueille les enfants, 265
Lc, 19, 1-10, Jésus et Zacée, 124 a
Mc 10, 13, Jésus accueille les enfants, 265
Mc 12, 28-34, Amour de Dieu et du prochain, 800
Mc 13, 1-4, La fin des temps et le retour du Christ, 296 b
Mc 13, 1-4, Jésus annonce la ruine du Temple, 296 b
Mc 13, 14-23, La grande détresse à la fin des temps, 296 b
Mc 13, 24-27, La venue du Fils de l'homme, 297 a
Mc 13, 28-32, La leçon à tirer du figuier, 297 a
Mc 13, 33-37, Recommandation finale : Restez éveillés, 298 a
Mc 13, 5-13, Les signes annonciateurs de la fin des temps, 296 b
Mt 13, 45-46, Parabole de la perle, 279 c
Mt 19, 13, Jésus accueille les enfants, 265
Mt 20, 25-28, Se faire serviteur et donner sa vie, 89 c
Mt 25, 14-30, Parabole des talents, 280 c
Mt 25, 34-40, J'ai eu faim et vous m'avez donné à manger, 91 b
Mt 5, 1-12, les Béatitudes, 774 b
Mt 9, 1-8, Jésus guérit un paralytique à Capharnaüm, 273 a
Mt 16 (18-19), Pierre et le pouvoir des clés, 552 c
Parabole du filet Mt 13, 47-49, 896 b, 896 c
Nb 21, 4-9, le serpent d'airain, 231
Os 2, 16-22, Dieu amour, 275 c
Ph 2, 5-11, Jésus serviteur souverainement élevé, 268 b
1 P 2, 9-10, Le peuple de Dieu, 948 c
1 P 2, 22-25, Morts à nos péchés, 267 c
Ps 27, 7-9 ; 13-14, Je cherche la face de Dieu, 88 c
Ps 43, 3 et 4, La lumière et la vérité, 124 a
Ps 51, Le cri de l'homme vers l'amour de Dieu, 241
Ps 8, Ton nom est magnifique, 256 b
Ps 87, Sion, ville de Dieu, 240 a
Ps 139, Conduis moi sur le chemin de toujours, 97 c
1 R 19, 4-14, Elie au mont Horeb, 242
Rm 6, 3-5, Morts et réssuscités avec le Christ, 947 b
Rm 11, 33-36, Hymne à la sagesse de Dieu, 675 c
Sg 16, 5-8, Le serpent d'airain, interprétation de l'événement, 231
2 S 7, 1-17, Dieu fait alliance avec David, 234
TÉTRICE (st), 1119 b
THABOR, mont -, 235 b
THADDÉE ou JUDE (st), 91 c
THAÏLANDAIS, septs martyrs - (bx), 1113 b
THAIS (ste), 1119 b
Thaumaturge, 41 c
THÉAS (Mgr) et le mouvement Pax Christi, 1067 a
Théatins (fondation), 403 b
Théatins (st GAÉTAN DE THIENE), 75 a
Théâtre et foi, 659 a
Théâtre médiéval et drame liturgique, 344 b, 345
Théisme, 533 b, 533 c, 535 c
Théocratie (les principes d'Innocent III, pape), 362 b, 363 a
Théocratie baptiste de Münster, 395 c
Théocratie calviniste genevoise, 397 b
THÉODERIC (antipape), 514 d
Théodicée (*définition*), 671 c
THÉODORA (impératrice), 374 a
THÉODORE (antipape), 514 b
THÉODORE I LASCARIS (empereur), 383 a
THÉODORE II (pape), 514 c
THÉODORE DE MOPSUESTE (Père de l'Église), 314
THÉODORE DE MOPSUESTE et l'école d'Antioche, 314 c
THÉODORE DE TARSE ou de CANTORBÉRY (st), 116 c
THÉODORE LE STUDITE (st), 116 c
THÉODORET I (pape), 514 b
THÉODORET DE CYR et l'école d'Antioche, 314 c
THÉODOSE (empereur), 63 b, 318 b
THÉODOSE (empereur), et le concile de Constantinople I, 322 a
THÉODOSE II (empereur), et le « brigandage d'Ephèse » (449), 324 a, 324 b, 324 c
THÉODOSE II (empereur), et le concile d'Ephèse (431), 323 a
THÉODOSE LE CÉNOBIARQUE (st), 117 a
Théologie, **622 b**, **623 a**, **623 b**
Théologie (âge d'or des Pères de l'Église, IVe siècle), 326 a
Théologie (âge d'or des Pères de l'Église, IVe-Ve siècles, les grands débats fondamentaux), 320 a
Théologie *(black theology)*, 625 b
Théologie (conflit Rome-Constantinople au Moyen Age), 373 a
Théologie (courants, tableau), 626
Théologie (crise arienne, IVe siècle), 320 a, 320 b
Théologie (crise donatiste, IVe siècle), 320 a
Théologie (crise nestorienne, Ve siècle), 322 a, 322 b, 322 c
Théologie (école d'Alexandrie), 251 c, 314 c
Théologie (école d'Antioche), 314 c
Théologie (essor au XIIe siècle), 354 a
Théologie (la scolastique), 356 c, 357
Théologie (le débat sur la grâce au Ve siècle, Pélage, saint Augustin), 325 b
Théologie (le salut), 696 b, 697 a, 697 b
Théologie (les grands débats du Ve siècle, 322 a
Théologie (les Pères de l'Église), 314 a, 314 b
Théologie (le thomisme), 367
Théologie (1930-1960), 489 a
Théologie au XIIIe siècle (saint Thomas et saint Bonaventure, 368 a
Théologie chrétienne (naissance), 312 a, 313 a
Théologie contemporaine, 624 b
Théologie dans la première moitié du XIXe siècle, 442 a
Théologie de la culture (P. Tillich), 634 c

Théologie de la libération, 625 b, 626 c, **859 b**
Théologie de la libération (origines), 507 b
Théologie de la libération et marxisme (cit. de L. Boff), 860 a
Théologie de la libération, Gutierrez et la -, 629 c
Théologie de la libération, Jean-Paul II et la -, 512 a
Théologie de la libération, J. Sobrino et la - (cit.), **861 c**
Théologie de la libération, Rome et la - (cit.), 862
Théologie de la mort de Dieu, 634 c
Théologie de l'Espérance (J. Moltmann), 632 b
Théologie de saint Paul, 292
Théologie du travail, 837
Théologie et incroyants (K. Rahner), 633 b
Théologie et philosophie, 623 a, 623 b
Théologie et philosophie au XVIIe siècle, 418 b
Théologie gallicane, 416 c
Théologie médiévale (les universaux), 356 c
Théologie naturelle, 623 b
Théologie négative, 626 a
Théologie négative (cit. de G. Thibon), 664 b
Théologie systématique, 603 c
Théologie Vatican II sur le laïcat, 549 c
Théologie Vatican II sur l'Église (mise en œuvre), 513 a
Théologie Vatican II sur l'Église (vote constitution dogmatique), 501 b
Théologiens (autorité), 600 a
Théologiens docteurs de l'Église, 23 c
Théologies du Tiers-Monde, 625 b
THÉOPHANE LE RECLUS (st), 1112 b
THÉOPHANE VÉNARD (st), 117 a, 1112 c
Théophanie, 236 c
Théophanie (communauté), 1060 b
THÉOPHILE (empereur), 374 a
THÉOPHILE (st), 117 a
THÉOPHILE (st) et la Trinité, 668 a
Théosophie, 150 b, 151 c
THEOTOKOPOULOS, DOMENICO, voir (EL) GRECO
THEOTOKOS (Marie Mère de Dieu), 152 b, 270 b, 322 b, **323 a**, 677, 903 b
Thérapies, Nouvelles -, 1137 b
Theravada, 146 a
THERESA MARIA MANETTI, 40 b
Thérèse (film), 118 c
THÉRÈSE BÉNÉDICTE DE LA CROIX, (bse), 1111 a
THÉRÈSE COUDERC (ste), **35 b**, 118 a, 447 a
THÉRÈSE D'AVILA (ste), **117 b**, 759 a
THÉRÈSE D'AVILA (ste) (cit. : je meurs de ne pas mourir), 117 a
THÉRÈSE D'AVILA (ste) (docteur de l'Église), 24 c
THÉRÈSE D'AVILA, (ste) (spiritualité), 731 c, 759 c
THÉRÈSE D'AVILA (ste) et la Réforme catholique, 407 a
THÉRÈSE D'AVILA (ste) et l'extase, 739 c
THÉRÈSE DE LA CROIX, voir THERESA MARIA MANETTI
THÉRÈSE DE L'ENFANT JÉSUS (ste), **118 a**, 759 a
THÉRÈSE DE L'ENFANT JÉSUS (ste) (châsse), 23 c
THÉRÈSE DE L'ENFANT JÉSUS (ste) (cit.), 118 a
THÉRÈSE DE L'ENFANT JÉSUS (ste) (cit. : il se met à notre merci), 118 c
THÉRÈSE DE L'ENFANT JÉSUS (ste) (contemplative), 737 c
Thérèse de l'enfant Jésus (ste) (film)
Thérèse de l'enfant Jésus (ste) (film *Thérèse Martin*), 635 c
THÉRÈSE DE L'ENFANT JÉSUS (ste) (spiritualité, voie d'enfance), 759 a
Thérèse de Lisieux, Le vrai visage de - (film), 636 a
Thérèse Desqueyroux (Mauriac), 653 a
THÉRÈSE JORNET E IBAS (ste), 35 c
Thérèse Martin (film), 635 b
Thermidor, 427 a
Thèses de Luther contre les indulgences, 389 c, 390 a, 390 b, 391 b
Thèses de Luther contre les indulgences (extraits par thèmes), 395 a, 395 b, 395 c
Thessaloniciens, Épîtres aux -, 294 a
Thétan, 1137 b
THEVENET, CLAUDINE (bse), 37 b
THIBAUD (st), 1119 b
THIBAUD DE MARLY (st), 118 c
THIBAUDET A. (cit. : Taine-et-Renan), 450 b
THIBON, GUSTAVE, 656 b
THIBON, GUSTAVE (cit. : ignorance religieuse), 664 b
THIERENBACH, pèlerinage de -, 1208 d
THIERRY (st), 119 a
THIERS, 454 b
THOMAS (apôtre, st), 119 a
THOMAS (apôtre, st) (évangélisateur), 316 b
THOMAS (apôtre, st) (un des douze apôtres), 275 c
THOMAS (apôtre, st) et la résurrection de Jésus-Christ, 678 b
THOMAS (père), 564 b
THOMAS A KEMPIS (bx), 120 a, 387 a, 762 a
THOMAS BECKET (st), **119 b**, **119 c**
THOMAS BECKET (st) et Henri II d'Angleterre, 354
THOMAS D'AQUIN (st), **119 a**
THOMAS D'AQUIN (st) (cit.), 119 b
THOMAS D'AQUIN (st) (cit. : la foi et la conscience), 609 a
THOMAS D'AQUIN (st) (cit. : les principes généraux en morale), 779 b
THOMAS D'AQUIN (st) (disciple d'Albert le Grand), 46 c
THOMAS D'AQUIN (st) (docteur de l'Église), 24 c
THOMAS D'AQUIN (st) (doctrine), **367**
THOMAS D'AQUIN (st) (la matière et le salut), 571 a
THOMAS D'AQUIN (st) (le mariage et la famille), 807 b
THOMAS D'AQUIN (st) (pourquoi Dieu fait homme ?), 704 c
THOMAS D'AQUIN (st) (prédicateur), 563 b
THOMAS D'AQUIN (st) *(Tantum ergo, Pange lingua)*, 917 b
THOMAS D'AQUIN (st) dans la famille dominicaine, 757 c
THOMAS D'AQUIN (st) et la cause première, 672 c
THOMAS D'AQUIN (st) et la continence, 826 b
THOMAS D'AQUIN (st) et la fonction de l'argent, 847 a
THOMAS D'AQUIN (st) et la guerre, 874 b
THOMAS D'AQUIN (st) et la liberté de l'homme, 894 c
THOMAS D'AQUIN (st) et la loi naturelle, 784 b
THOMAS D'AQUIN (st) et la messe de la Fête-Dieu, 921 a
Thomas d'Aquin (st) et la métaphysique, 672 c
THOMAS D'AQUIN (st) et la morale du commerce, 846 b
THOMAS D'AQUIN (st) et la pensée chrétienne au XIIIe siècle, **368 a**
THOMAS D'AQUIN (st) et l'apologétique, 572 c
THOMAS D'AQUIN (st) et la répression de l'hérésie (cit.), 363 b, 363 c
THOMAS D'AQUIN (st) et l'argument ontologique, 672 b
THOMAS D'AQUIN (st) et la scolastique, **357 c**
THOMAS D'AQUIN (st) et l'Assomption de la Vierge, 902 b
THOMAS D'AQUIN (st) et l'astrologie (cit.), 532 b
THOMAS D'AQUIN (st) et les Frères prêcheurs, 366 b
THOMAS D'AQUIN (st) et les traditions théologiques, 626 a
THOMAS D'AQUIN (st) et le théâtre, 659 a
THOMAS D'AQUIN (st) et le travail manuel, 837 a
THOMAS D'AQUIN (st) et le XIIIe siècle, 358 a
THOMAS D'AQUIN (st) et l'Immaculée Conception, 903 a
THOMAS MAXFIELD (st), 119 c
THOMAS MORE (st), 119 c
THOMAS MORE (st) et Henri VIII d'Angleterre, 401 b
THOMAS, PHILIPPE, 1123 a
Thomisme, **367**, 368 a
Thomisme aujourd'hui, 629 b, 632 a
Thomisme, Léon XIII et le - (*Aeterni Patris*), 553 b
THOREZ, MAURICE, 482 a
THORN, 636 a
THURIAN, MAX (frère), 768 a
Thuriféraires, 937 b
TIAMAT, 22 c
Tiare papale, 933 b, 933 c, 1019 b
TIBÈRE (empereur), 261 b
TIBÉRIADE, 263 c
Tibériade (Centre d'accueil des personnes atteintes du virus du sida), 823 c
TIBÉRIADE, lac de -, 218 b
Tierce (office), 941 c
Tiers-Monde (conférences épiscopales), 508 a
Tiers-Monde et culture, 570 c
Tiers-Monde et démographie, 859 a
Tiers-Monde et juste prix, 845 c
Tiers-Monde et socialisation, 885 c
Tiers-Monde, partage avec le -, 840 a
Tiers-Monde, partage avec le - (offrande de Carême), 924 b, 924 c
Tiers-Monde, théologies du -, 625 b
Tiers-ordre franciscain (encycl. *Sacra propediem* Benoît XV), 554 a
Tiers-ordre régulier de Saint-François (saint Jean de Capistran), 85 c
Tiers-ordres (naissance), 366 b
Tiers-ordres aujourd'hui, 1057
TIGRE (fleuve), 614 c
TILLICH, PAUL, 634 c
TILLICH, PAUL (cit. : l'angoisse), 793 b
Timbres postaux du Vatican, 1038 b
TIMOTHÉE (st), **120 a**, 288 c
TIMOTHÉE, Épîtres à -, 291 a, 294 b
TINDAL, MATTHEW, 420 b
TIRÇA, 243 a
Tishri, 911 b, 911 c
TITE (st), 120 a, 288 c
TITE, Épîtres à -, 291 a, 294 b
Titres dans l'Église, 1213
Titulaire, cardinal - (définition), 1029 b
Titulaire, évêque - (définition), 1002 c
TITUS, 306 b
TITUS BRANDSMA (bx), 39 b
Toast d'Alger (Lavigerie), 465 a, 474 c
TOB (*Tradition Œcuménique de la Bible*, cit.), 222-224
TOB (*Traduction Œcuménique de la Bible*, traduction française), 214 a
TOB (*Traduction Œcuménique de la Bible*) et les livres deutérocnoniques, 211 a
Tobie ou *Tobit, Livre de* -, 253
Tocsin, 639 c
TODI, JACOPONE DA, 917 a
Tohu-bohu, 222 c
Toiture (architecture), 642 a
TOLA, 238 b
TOLAND, JOHN, 420 b
TOLBIAC, bataille de - (496), 332 a, 333 b
TOLÈDE, concile de - (400), 533 b, 1194 d
Tolérance, 829 a, 829 b
TOMASEK (cardinal, cardinal in pectore), 1029 b
TOMASI, JOSEPH-MARIE (bx), 40 b
Tombeau du Christ (croisades), 359 b
Tombeau du Christ, voir aussi Saint-Sépulcre, 359 b, 360
Tombeau du jeudi saint, 925 b
Tome à Flavien (Léon Ier le Grand, pape), 324 b
Tonsure, 556 b, 937 c
Toponymie et les saints, 30
Tora (Torah) , 141 a
Tora (*Torah* ; livre prophétique de la bible hébraïque), 1165 c
Tora (Torah) (loi d'Israël), 257 b
Tora (Torah) et Révélation, 137 b
TORIBIO (st), 120 b
TORIJA (Mgr) (cit. : *Béatitudes pour temps de chômage*), 840 c
TORQUEMADA, TOMAS DE, 1169 c
TORRADO, 636 c
TORRENILLSON, 636 a
Torrent et la Grappe, Le -, voir Famille de Nazareth
TORRES ACOSTA, MARIA SOLEDAD (ste), 35 b
Torture et cruauté, 829 b
Torture, les chrétiens et la -, voir aussi ACAT Action des chrétiens pour l'abolition de la torture, 868
Torture, Rome et la -, 868
TOULOUSE, concile régional de - (1229), 362 b, 363 a, 1194 d
TOULOUSE, Martyrs de - (sts), 1119 b

Tour (architecture), 642 b
Tour (armoire pivotante), 1056 c
Tour (ostensoir), 932 a
Tour de Babel, 221 c
Tourier(e) (définition), 1056 c
Tourisme et loisirs (pastorale), 1092
Toussaint (calendrier liturgique), 25
Toussaint (fête), 120 b, 919 b, 921 c
Toussaint (fête chômée), 910 b
Toussaint (fête, cit.), 22 c
Toussaint (fête de précepte), 920 b
TOUSSAINT (prénom), 120 b
Toussaint (Vatican II, cit.), 921 a
Toussaint, préface de la -, 23 a
Tout-Autre, le - et l'Absolu, 716
Tout-puissant (attribut divin), 667 b
Tracts for our Time, 439 a
Traditi humilitati (Pie VIII), 553 b
Tradition, 576 b, **599 a**, **599 b**
Tradition (monuments, théologie), 600 a
Tradition de l'Église, formation des jeunes à -, 580 c
Tradition deutéronomiste, 210 b
Tradition, Église catholique et -, 1136 b
Tradition élohiste, 210 b, 229 a
Tradition et développement du dogme, 602 a
Tradition et Écriture, 597 a, 599 b
Tradition et Écriture selon concile de Trente, 405 a, 599 b
Tradition et Écriture selon Luther, 391 b
Tradition et règle de foi, 603 a
Tradition et texte biblique, 593 b
Tradition yahwiste, 210 b, 222, 223, 229 a
Traditionalisme (L. de Bonald), 442 b
Traditionalisme, Église catholique et -, 1134 b
Traditionalisme catholique sous Second Empire, 455 a
Traditionnelles, religions -, **149**
Tradition sacerdotale *(Bible)*, 210 b, 222
Tradition élohiste, yahwiste, sacerdotale et deutéronomique (fusion), 210 b
Traditions élohiste et yahwiste (fusion), 210 b, 244 b
Tradition yahwiste, 210 b, 222, 223, 229 a
Traditions évangéliques orales (transmission et rédaction), 299 b, 308 a
Traductions, les - de la *Bible*, 214 a, 214 b
Traduction Œcuménique de la Bible, voir *TOB*
Traité de l'Amour de Dieu (saint François de Sales), 762 b
Traité de Meaux-Paris (1229), 362 b, 363 a
Traité de Paris (1259), 369 a
Traité de Rome (Robert Schuman, 1957), 131 c
Traité de Verdun (843), 342 a
Traité de Versailles (1919), 476 a, 480 b
Traité du Cateau-Cambrésis (1559), 397 a
Traité du devoir de conduire les enfants à Jésus Christ (Gerson), 577 a
Traitement des prêtres, 1043 b, 1043 c
Traité sur la Trinité de saint Hilaire, 81 a
Transcendance, 670 b
Transcendant, 667 c
Transcendantaux (attributs), 667 b
Transe (vaudou), 149 b
Transept, 640 b
Transexualité, 823 b
Transfiguration (sens biblique), 1166 c, 1167 c
Transfiguration (théophanie), 235 b, **236 c**
Transfinalisation (eucharistie), 965 c
Transformisme (Darwin), 448 a
Transgression, 712 a
Transigenti, 473 b
Transiturus (Urbain IV), 921 a
Transmission de pensée, 536 c
Transsubstantiation, 525 a, 965 b
Transsubstantiation, décret concile de Trente sur l'Eucharistie, 406 a
TRAPPE, LA - (abbaye), 755 a
Trappistes, 755 a
Trappistes (fondation), 419 b, 419 c
Trappistes (réforme des cisterciens), 409
Travail, (encycl. *Quadragesimo anno* Pie XI), 554 b
Travail (enseignement social de l'Église), **849**
Travail (*Laborem exercens*, Jean-Paul II), 856
Travail (partage), 834 a, 840 a, 841 c
Travail au noir, 834 b
Travail, droits de la famille et -, 809 a
Travail en miettes, 851 b
Travail et capital, 852 b
Travail et chômage, 841
Travail et droit des salariés (Jean XXIII), 856 a
Travail et l'homme, **836 a**
Travail et loisirs, 831
Travail et péché, 837 a
Travail et promotion humaine (Jean XXIII), 856 a
Travail et salaire, 852 a
Travail-Famille-Propriété (T.F.P.), 1137 b
Travail, la réflexion théologique sur le -, **837**
Travail, l'Église et le -, 851 b, 851 c
Travail, saint Benoît et le -, 756 a
Travailleurs, condition des - (Paul VI et la -), 856 a
Travailleurs, dignité des -, 836 a
Travailleurs, droits des -, 836 a
Travailleurs, droits des - (encyc. Jean-Paul II), 856 b
Travailleurs, syndicats des -, 836, 837
Travée, 640 c
Trentain, 958 a
TRENTE (concile de), **403 b**, **404 a**, **405**, **406**, **407**, 1194 c
TRENTE (concile de) (grâce de Dieu et volonté de l'homme), 326 a
TRENTE (concile de) (mariage et célibat, cit.), 823 a
TRENTE (concile de) (tableau général : sessions, textes, événements), 405 a
TRENTE (concile de), application en France du -, 408 a
TRENTE (concile de), déroulement du -, 405 b
TRENTE (concile de) et la foi, 607 c
TRENTE (concile de) et la grâce, 700 b
TRENTE (concile de) et la liturgie, 905 b, 907 a
TRENTE (concile de) et la messe, 967 a
TRENTE (concile de) et la musique, 661 a
TRENTE (concile de) et la paroisse, 545 b
TRENTE (concile de) et la Réforme catholique, **403 b**, **404 a**, **405**, **406**, **407**
TRENTE (concile de) et la Tradition, 599 b
TRENTE (concile de) et le *Catéchisme*, 577 a, 1178 a, 1178 b
TRENTE (concile de) et le diable, 694 c
TRENTE (concile de) et l'Église, 543 a
TRENTE (concile de) et le purgatoire, 890 a
TRENTE (concile de) et les Pères de l'Église, 600 a
TRENTE (concile de) et les rites, 938 a
TRENTE (concile de) et l'intention dans les sacrements, 944 b
TRENTE (concile de), le pape Paul III et le -, 404 b
TRENTE (concile de), œuvre du -, **406 b**
Trente-neuf articles de religion (anglicanisme), 159 c
Trêve de Dieu, 346 a, 346 b
Tribunal (pénitence), 956 c
Tribunal suprême de la Signature apostolique, 1032 a, 1040 a
Tribunaux du Siège apostolique (Rome), 560 b, 1032 a, 1040
Tribunaux ecclésiastiques, **560 b, 1039**
Tribunaux ecclésiastiques (deuxième instance), 560 b, 1039 c
Tribunaux ecclésiastiques (première instance), 560 b, 1039 a, 1039 b
Tribunaux ecclésiastiques de l'Inquisition, 363 a
Tribune (architecture), 642 a
Tribus d'Israël, les douze - (histoire), **237**
TRICHET, MARIE-LOUISE, et Louis-Marie Grignion de Montfort, 95 a
Tridacne, 767 c
Tridentin, 406 b, voir aussi Trente (concile de)
Triduum, 908 b
Triforium, 642 a
Trimourti, 144 c
Trinité, 522 b, 668 a, **675 b**, **675 c** .
Trinité (appropriation), 675 a
Trinité (cit. de saint Léon Ier, pape), 674 a
Trinité (conciles de Nicée et de Constantinople I, 325-381), 322 a
Trinité (consubstantiel), 674 c
Trinité (croyance France), 186
Trinité (une préfiguration biblique), 227 c
Trinité, église de la - (Paris), 639 a
Trinité, Église et la -, **541 b**, 675 b, 675 c
Trinité, élaboration de la théologie de la - (IVe siècle), 321 b, 321 c
Trinité et hypostases, 682 b
Trinité, Traité sur la - (saint Hilaire), 81 b
TRIOANI, CATHERINE (bse), 38 c
Trisagion, 917 b
TRIVIER (st), 120 b
TROCHU (abbé), 460 c, 463 c
TROIS ÉPIS, NOTRE-DAME DES - (pèlerinage), 770 b
Trois Gaules, amphithéâtre des - (martyrs de Lyon), 312 b
Trois saints Cœur (communauté), 1137 c
Trois textes essentiels du *Coran*, 143 b
Troménie (procession, saint RENAN), 112 b
Trompe (architecture), 641 c
TROND (st), 69 b
Trônes (anges), 694 b
Tropaire, 917 b
TROPHIME (st), 316 a, 1119 b
TRUMBS, 635 b
Trumeau, 643 b
TRYPHON (st), 1119 b
TUAL (st), 120 b
TUDUAL (st), 120 b
Tu es Pierre (film), 635 c
TUGDUAL (st), 120 b
Tunique blanche (baptême), 949 a
Tunique, La -, (film), 636 b
TURIBE (st), 120 b, 410 b
Turlupins et nudité, 931 a
TURREAU (Vendée, colonne infernale), 427 c
Tutiorisme, 795 a
TUTWAL (st), 120 b
TYCHIQUE (st), 1119 b
Tympan (architecture), 643 b
Typologie des Français selon attitude vis à vis de l'Église, **202**
TYR, 220
Tzigane (mission évangélique), 1137 c

- U -

Ubi arcano (Pie XI), 483 b
Ubi primum (Pie IX), 553 a
UCM (Union catholique des Malades), 1106 c
UDESCA (Union des Établissements d'Enseignement supérieur catholique), 1080 c
UFFMS (Union fédérale française de Musique sacrée), 1062 c
UGSEL (Union générale sportive de l'Enseignement libre), 1092 b, 1212 c
UKRAINE (Église sous régime communiste), 507 a
UKRAINE (géographie chrétienne), 1152 c
UKRAINE (historique, Ier siècle à 1991), 1153 a, 1153 b
UKRAINE (historique, XXe siècle), 1152 c
Ukrainiens catholiques en France (exarchat, adresse), 1016 b
U-Kul-Club, voir Club des Surhommes
ULFILAS, 565 a
ULRICH DE CLUNY (st), 1119 b
Ultramontanisme, **445 a**
Ultramontanisme (apogée), 452 b
Ultramontanisme (origines), 442 a, 442 b
Ultramontanisme et gallicanisme, 416 c
Ultramontanisme et Montalembert, 446 b
Ultramontanisme et traditionalisme sous Second Empire, 455 a
Ultra-royaliste (majorité, 1822), 437 a, 437 b
Umma, 143 a
UMOFC (Union mondiale des Organisations féminines catholiques), 1064 b
Un (attribut divin), 667 b
UNADFI (Union nationale des Associations pour la Défense de la Famille et de l'Individu), 151 a
UNAEDE (Union nationale des Assistants et Éducateurs de l'Enfance), 1100 c
Unam sanctam (Boniface VIII), 377 a, 377 b
Unam sanctam (collection), 628 c
UNAPEL (Union nationale des Associations de Parents d'Élèves de l'Enseignement libre), 1080 b, 1212 c
UNCEAS (Union nationale des Centres d'Étude et d'Action sociale), 1077 c, 1093 c
UNESCO ; assemblée de Belgrade (1980) (Nouvel ordre mondial de la communication), 570 b

UNESCO, conférence générale de l' - (Camps d'Auschwitz), 1172 c
UNESCO, Jean-Paul II à l'- (cit.), 1034 a, 1034 b
UNESCO, Jean-Paul II à l'- (identité nationale, culture, religion), 569 c
UNESCO, le Saint-Siège et l'-, 859 a, 875 c, 1033 c
Une seule Église (cit. *Lumen Gentium*, Vat. II), 583 b
Une seule Église (cit. *Unitatis redintegratio*), 583 c
Uniates, Églises -, 584 b ; voir aussi Églises orientales catholiques (histoire, institution)
Unigenitus (Clément XI), 413 c
Union à Dieu et illumination mystique, 739 a
Union au Christ, mystique et -, 738 c
Union bouddhique de France, 183 c
Union catholique des Cheminots français, 1100 c
Union catholique des Malades (UCM), 1106 c
Union catholique du Théâtre et de la Musique, 1100 c
Union chrétienne biblique, 1137 c
Union de Brest (1596), 1156 b
Union des associations pour le développement des soins palliatifs (adresses), 889 c
Union des Chanoinesses Régulières de l'Ordre de Saint Augustin de la Congrégation de Notre Dame (bse ALIX LE CLERC), 47 b
Union des Chrétiens, recherche de l'-, 587 b, 587 c
Union des Établissements d'Enseignement supérieur catholique (UDESCA), 1080 c
Union des Frères enseignants, 1080 b
Union des Œuvres (fiches de chant), 663 a
Union des Petites Églises catholiques indépendantes, 1137 c
Union des Religieuses en Mission éducative (RME), 1080 b
Union des Supérieur(e)s majeur(e)s (France), voir Conférence française des -, Conférence des -
Union d'Utrecht, 402 a
Union générale sportive de l'Enseignement libre (UGSEL), 1092 b
Union hypostatique, 682 b, 682 c
Unionisme, 587 b, 587 c
Union missionnaire du clergé (fondation), 567 a
Union mondiale des Organisations féminines catholiques (UMOFC), 1064 b
Union nationale des Assistants et Éducateurs de l'Enfance (UNAEDE), 1100 c
Union nationale des Associations de Parents d'Élèves de l'Enseignement libre (UNAPEL), 1080 b
Union nationale des Associations pour la Défense de la Famille et de l'Individu (UNADFI), 151 a
Union nationale des Centres d'Étude et d'Action sociale (UNCEAS), 1077 c, 1093 c
Union nationale Culture et Bibliothèques pour tous, 1064 c
Union Notre-Dame, 476 ; voir Chanoinesses de Saint-Augustin
Union pontificale missionnaire, 1070 c
Union romaine des Supérieures générales, 1051 c
Union romaine des Supérieurs généraux, 1051 c
Union sacrée 1914, 473 b
Union Saint-Martin, 1043 c
Union Sainte Angèle Merici, 49 a, 754 b, 754 c
UNION SOVIÉTIQUE, voir URSS
Unitarisme, 1126 a
Unitatis Redintegratio (Vatican II), 501 b, 505 b, **582 b**, 589 a, 589 b
Unitatis Redintegratio (Vatican II, cit.), 583, 589 a, 589 b, 1158 b
Unité chrétienne (association), 1073 a
Unité de l'Église, 539 b
Unité de l'Église (Credo Paul VI), 524 b
Unité de l'Église (encycl. *Ad Petri cathedram* Jean XXIII), 554 c
Unité de l'Église (rôle du pape), 545 b, 551 a
Unité des chrétiens (décret *Unitatis Redintegratio* Vatican II), 501 b, 505 a, **582 b**, 589 a, 598 b
Unité des chrétiens (pastorale), **1072 a**
Unité des chrétiens, semaine pour l'-, 589 a, 589 b
Unité des chrétiens, semaine pour l'- (origine), 585 b
Unité des chrétiens, voir aussi Conseil Œcuménique des Églises, Secrétariat pour l'unité des chrétiens, Œcuménisme, 487 b
Unité et Renouveau, 160
Unité italienne, 450 a, 452 a, 455 a
Unité italienne et Risorgimento, 436 b
Unité, prière du Christ pour l'-, 590 a
Unité, prière du Christ pour l'- (Jn 17, 20-26), 241
Unité universelle, 1137 c
Univers (conception biblique), 256 c
Univers (origines, cit. de Pie XII et Jean-Paul II), 689 b
Univers, L'- , 444 b, 452 b, 456 b, 463 a
Univers, L'- et le débat scolaire sous Jules Ferry, 465 a
Universalisme dans le *Nouveau Testament*, 253 a
Universalisme des prophètes, 253 a
Universalisme du salut, 708 c
Universalité de l'Église, 571 b, 571 c, 586 a
Universalité et jugement moral, 779 c
Universaux, querelle des -, 356 c
Universitas (association médiévale), 347 a
Université (naissance), 366 b, 368 a, 368 b
Université catholique de l'Ouest (Angers), 1080 c
Université catholique, don à une -, 1214 c
Université des maîtres et écoliers de Paris au XIIIe siècle, 368 b
Université nouvelle transnationale, voir Écoovie
Universités catholiques de Rome, 1032 b
Universités catholiques françaises, 1080 a, 1081 a
Universités catholiques françaises (fondation au XIXe siècle, 467 a
UR (ou OUR), 220 a, 225 b
URBAIN I (st, pape), 514 a
URBAIN II (bx, pape), 358 b, 514 d
URBAIN III (pape), 514 d
URBAIN IV (pape), 514 d
URBAIN IV (pape) et la Fête-Dieu, 921 a
URBAIN IV (pape) et l'Inquisition, 363
URBAIN V (bx, pape), **120 c**, 378 b, 515 a
URBAIN VI (pape), 380 b, 381 a, 515 a
URBAIN VI (pape) et l'année sainte, 766 a
URBAIN VII (pape), 515 c
URBAIN VIII (pape), 515 c
Urbanisation, Paul VI et l'-, 856 a
Urbi et Orbi, 1020 a
Urgences – Réhabilitation – Développement (service d'aide aux victimes des catastrophes et des guerres), 130 c
URSINUS (antipape), 63 b, 514 a
URSS (situation religieuse entre les deux guerres), 481 a
URSS et l'Église catholique, 506 b, 507 a
URSS et le marxisme, 844 a
URSS et Saint-Siège sous Jean XXIII et Paul VI, 509 b
URSS et Saint-Siège sous Pie XI, 481 a, 587 c
URSS, population juive en - (tableau), 140 a
URSULE (ste), 120 c
Ursulines (cit.), 754 b, 754 c, 762 c
Ursulines (fondation), 403 b
Ursulines, (ste ANGÈLE MERICI), **49 a**, 762 c
URZULA LEDOCHOWSKA (bse), 38 a
Usure (pécuniaire), 847 c
Utilité de la foi, 605 b
Utopie, L'- de saint Thomas More, 119 c
UTRECHT, Petite Église d'-, 160 a, 183 a, 413

- V -

VAAST (st), 120 c
Vacance du Siège apostolique, 1028 a, 1028 b
Vacances et spiritualité (cit. de P. Talec), 832 a
VACHEY, 636 c
VADÉ, *Catéchisme poissard*, 579 c
VAF (Vicariat aux Armées françaises), 1101 c
VAJDA, 636 a
Vajrayana, 146 b
Val-de-Grâce, église du - (Paris), 638 c, 639 a
VALDÈS (ou VALDO), PIERRE, 160 a, 360 a, 361 a
VALENTIN (pape), 514 c
VALENTIN (st), 121 a
VALENSIN, AUGUSTE, 631 b
VALENTIN et la christologie, 681 a
VALENTIN et la gnose, 531 b
VALENTINE (ste), 121 a
VALÉRI ou VALÉRY (st), 121 a
VALÉRIE (ste), 121 a
VALÉRIEN (st), 121 a
VALÉRI, VALERIO (Mgr), 497 a
VALÉRY, PAUL (cit. : le bonheur), 775 a
Valeur d'usage, 845 b
Valeurs et foi chrétienne, 780 a, 780 b
Validité (droit), 562 a
VALLÉRY-RADOT, ROBERT, 656 b
VAN DER MEER DE WALCHEREN, PIERRE, 656 b
VAN DER MEERSCH, MAXENCE, 656 b
VANIER, JEAN, 563 a
VANIER, JEAN et les Communautés de l'Arche, 1106 c, 1122 b, 1122 c, 1199 c
VANINGUE ou VANENC (st), 121 b
VANNE (st), 121 b
VARILLON, FRANÇOIS (cit. : Corps et âme), 720 a
VARILLON, FRANÇOIS (cit. : enfer et bonté de Dieu), 895 b, 895 c
VARILLON, FRANÇOIS (cit. : En Jésus l'amour plus fort que la vie), 677 b
VARILLON, FRANÇOIS (cit. : En toute spiritualité chrétienne, la croix), 734 b
VARILLON, FRANÇOIS (cit. : L'homme créateur), 690 a
VARILLON, FRANÇOIS (cit. : résurrection de l'homme et plénitude), 891 a, 891 b
VARILLON, FRANÇOIS (cit. : Valeurs et foi chrétienne), 780 a, 780 b
VASSILI LE GRAND (st), 53 c
VASSIVIÈRE, Notre-Dame de -, 770 a
Vater unser, 743 a
VATICAN (gouvernement de l'Église universelle), **1019**
VATICAN (les diverses acceptions du mot), **1022 b**
VATICAN, CITÉ, voir CITÉ DU VATICAN
VATICAN et Guerre du Golfe, 1180 c
VATICAN et l'information, 1032
VATICAN, musées du -, 1039
VATICAN, visite au -, 1039 c
VATICAN, voir aussi Saint-Siège
VATICAN I (concile), **452 b**, **453 a**, 1194 c
VATICAN I (concile) (existence de Dieu), 671 b
VATICAN I (concile) (existence des anges), 694 a
VATICAN I (concile) et fidéisme, 609 b
VATICAN I (concile) et la connaissance religieuse rationnelle, 597 c
VATICAN I (concile) et la foi, 607 c
VATICAN I (concile) et le développement du dogme, 602 b
VATICAN I (concile) et le droit canon, 559 b
VATICAN I (concile) et le rôle du pape dans l'Église, 551 a, 551 b
VATICAN I (concile) et l'infaillibilité du pape, 452 b, 453, 454 a
VATICAN II (concile), **499**, **500**, **501**, **502 a**
VATICAN II (concile) (à propos de la Toussaint ; *L'Église dans le monde de ce temps*), 921 a
VATICAN II (concile) (bilan de son application, synode extraordinaire 1985), 512 a
VATICAN II (concile) (chronologie), **504**
VATICAN II (concile) (constitution pastorale, *Gaudium et Spes*), 854 b, 854 c
VATICAN II, (concile) (constitution pastorale *Gaudium et Spes*, cit., conscience et agir moral), 789 a
VATICAN II (concile) (la Vierge Marie), 902 c
VATICAN II (concile) (l'Église et l'Islam), 143 a
VATICAN II (concile) (les laïcs dans l'Église), 549 c
VATICAN II (concile) (mission donnée par Jean XXIII), 497 a, 498 b, 498 c
VATICAN II (concile) (participants), 499 b
VATICAN II (concile) (présence des laïcs), 629 c
VATICAN II (concile) (propriété), 851 a
VATICAN II (concile) (sacrement des malades), 980 c
VATICAN II (concile), application de - par Jean-Paul II, 512 a
VATICAN II (concile), convocation et préparation de -, 497 a

VATICAN II (concile), déroulement de - sous Jean XXIII, 499 a
VATICAN II (concile), déroulement de - sous Paul VI, 500 b, 501 b, 502 a
VATICAN II (concile) et l'Amérique Latine, 1195 a
VATICAN II (concile) et la culture (cit.), 833 a, 835 a
VATICAN II (concile) et la destination universelle des biens de la terre (cit.), 834 a
VATICAN II (concile) et la foi, 607 c
VATICAN II (concile) et l'agir chrétien, 791 a, 792 a
VATICAN II (concile) et la liberté de conscience, 864 c
VATICAN II (concile) et la liturgie, 905, **907**, **967 a**, 1063 a
VATICAN II (concile) et la musique, 660 c
VATICAN II (concile) et la musique d'Église, 660 a
VATICAN II (concile) et la paroisse, 545 b
VATICAN II (concile) et la Parole de Dieu (cit. H. de Lubac), 598 b
VATICAN II (concile) et la paternité responsable, 814 a, 814 b
VATICAN II (concile) et la pensée orthodoxe, 154 a, 154 b
VATICAN II (concile) et la présence de Jésus-Christ, 684
VATICAN II (concile) et la tolérance (cit.), 829 a
VATICAN II (concile) et la Toussaint, 921 a
VATICAN II (concile) et la véritable Église, 541 a, 541 b
VATICAN II (concile) et la vie religieuse, 752 b
VATICAN II (concile) et la Vierge Marie, 904 a
VATICAN II (concile) et le baptême, 949 b, 949 c
VATICAN II (concile) et le catéchisme, 1177 b, 1178 a, 1178 c
VATICAN II (concile) et le diaconat permanent, 558 a
VATICAN II (concile) et l'éducation, 805 b, 805 c
VATICAN II (concile) et le grégorien, 661 a
VATICAN II (concile) et le latin, 941 c
VATICAN II (concile) et le salut des non-croyants (cit.), 543 b, 543 c
VATICAN II (concile) et les juifs, 491 a, 491 b
VATICAN II (concile) et l'Esprit-Saint, 686 b, 686 c
VATICAN II (concile) et l'œcuménisme, 582 b, 585 b, 589 a, 589 b
VATICAN II (concile) et l'œcuménisme (cit. J. Desseaux), 583 c
VATICAN II (concile), les seize textes de -, **505**
VATICAN II (concile), Mgr. Lefebvre et -, 1173 b, 1174 a, 1174 b
VATICAN II (concile), œuvre de -, **502 a**, 505
Vaudois, 160 a, 360, 361 a
Vaudou, 149 b, 149 c
VAUDOYER, 639 a
VAUX SAINT-CYR, B. DE (cit. : se juger), 788 b
VEA (Vivre ensemble l'Évangile aujourd'hui), 1064 c
Veau d'or, 229 c
Vedanta (école de pensée), 144 c
Vedas, 144 b, 145 b
VEE, VIRGINIA, 663 c
Vehementer nos (Pie X), 472 a, 553 c
Vehementer nos (Pie X) (cit.), 882 a, 882 b
Vehementer nos (Pie X) (extrait), 472 b
Véhicules (grand, petit, diamant) selon bouddhisme, 146 a, 146 b
VELICHOVSKI, PAISSY (st), 1112 b
Veillée des armes, 347 b
Veillée pascale, restauration de la - (Pie XII), 907 b
Veilles (système horaire romain), 940 a
VENANCE FORTUNAT (st), 121 b
VENANCE FORTUNAT (st) (cit. : hymne à la croix), 707 c
VENANT (st), 121 b
VÉNARD, THÉOPHANE (st), 117 a
VENCE, chapelle de - (par Matisse), 639 b, 1063 c
VENCESLAS (st), 121 b
Vendange (symbole biblique), 278 c
VENDÉE, soulèvement en - (1793), 427 c
VENDÉE, soulèvement en - (martyrs d'Angers),38 a
VENDRAMINI ÉLISABETH, (bse), 1113 c
Vendredi, 922 c
Vendredi saint (célébration), 925
Vénérable, 41 c
VÉNÉRAND (st), 1119 c
Veni Sancte Spiritus, voir Viens Esprit-Saint
VENISE et la quatrième croisade, 360 a
VENISE (patriarcat catholique), 1015 c
VENISE, traité de -, 356 b
Vent (symbolisme biblique), 236 c
Venue du Christ (rencontre Dieu-homme), 235 a
Vêpres (office), 940 a
VÉRAN DE CAVAILLON (st), 121 c
VÉRAN DE VENCE (st), 121 c
Verbe de Dieu, 597 a, 615 b, 680 b, **682 b**, **682 c**, **698 a**
VERDELAIS, NOTRE-DAME-DE- (pèlerinage), 770
Verdets, 436 b
VERDI, 660 c
VERDI (*Requiem*), 919 b
VERDIER (cardinal), 639 b
VERDIER (cardinal), et l'action catholique, 483 b
Vérité, Articulation entre - et liberté dans le catholicisme, 1131 b, 1131 c
Vérité, christianisme et -, **594 b**
Vérité de toute œuvre en l'Esprit, 705 a
Vérité, dire la - (cit. de Bonhoeffer), 828 a, 828 b
Vérité dogmatique, 603 b, 603 c
Vérité et la construction de la paix, 872 c
Vérité et lumière, *psaume 43* (cit.), 74 c
Vérité et Révélation, 593 b
Vérité et science, 619 c
Vérité et science (cit. de J. Hamburger), 618 b
Vérité, Jésus-Christ est la - (Jn 14, 6, cit.), 115 b
Vérité, le magistère au service de la -, 549 b
Vérité, l'Esprit Saint et la -, 622 a
Vérité, l'unanimité des Pères de l'Église et la -, 600 a
Vérité scientifique, 619 c
Vérités, les quatre nobles - (bouddhisme), 146 a
Vérité, une volonté de -, 621 c
VERLAINE, PAUL, 656 b
VERLAINE, PAUL (cit. : *ce que j'ai, mon Dieu, je vous le donne*), 657
VÉRONE, concile de - (1184), 360 b, 1194 d
VÉRONIQUE (ste), 121 c
VÉRONIQUE de BINASCO (ste), 121 c
VERSAILLES (diocèse), rassemblements périodiques de -, 993 c
VERSAILLES (préparation au baptême), 950 a, 950 b
VERSAILLES, un diocèse parmi d'autres, 992 a, 992 b
Verset biblique, 212 b
VERSIGLIA, LUIGI (st), 38 a
VERSPIREN P., 711 c
Vert (couleur liturgique), 920 b
Verts paturages, Les - (film), 636 b
Vertu, **825**
Vertus cardinales, 756 a, **825**
Vertus chrétiennes et vie monastique, 756 a
Vertus chrétiennes, témoignage des - (béatification et canonisation), 32 a
Vertus morales, 825 b
Vertus naturelles, 825 b
Vertus surnaturelles, 825 c
Vertus théologales, 756 a, **825**
Vêtements des cardinaux (couleur), 1028
Vêtements des évêques (couleur), 991 c
Vêtements du pape (couleur), 1020 c
Vêtements liturgiques, 931 a, 931 b
Veufs (mouvement chrétien Résurrection), 1082 c
VEUILLOT, (cardinal) (cit. sur la souffrance), 710 a, 710 b
VEUILLOT, LOUIS, 452 b, 456 b, **456 c**
VEUILLOT, LOUIS, et Dupanloup, 455 b
VEUILLOT, LOUIS, et Montalembert, 446 b
VEUSTER, JOSEPH DE, voir DAMIEN (père)
Veuves (mouvements de spiritualité), 1058 c, 1059 c
Veuves, droits des - selon la *Bible*, 828 c
Vexilla Regis, 121 b, 707 c
VÉZELAY (église de la Madeleine), 528, 637 b, 637 c, 767 c
VÉZELAY, Christ de -, 528, 637 c
Via dolorosa, 772 a
Viande (abstinence), 735 a
VIANNEY, voir JEAN-MARIE VIANNEY (st)
Viatique, 886 b, 982 c
VIAUX, LOUIS (st), 36 c
Vicaire (définition), 1007 c
Vicaire apostolique (définition), 1007 c
Vicaire apostolique (juridiction), 561 c
Vicaire capitulaire (définition), 1008 a
Vicaire capitulaire (juridiction), 561 c
Vicaire épiscopal, 990 a, 995 c
Vicaire épiscopal (définition), 990 b
Vicaire forain, 900 a, 995 c
Vicaire général, 1008 a
Vicaire général (définition), 990 a
Vicaire général (juridiction), 561 c
Vicaire paroissial, 1008 b
Vicaire paroissial (définition), 1008 a
Vicariat (définition), 1010 b
Vicariat aux Armées françaises (VAF), 1101 c
Vicariat général pour les catholiques de rite oriental en France, 1016 b
Vice-officiaux, 1039 a
Vices, 829, 830
VICHY, les catholiques et le régime de -, 491 b, 492 a
VICTOIRE (ste), 122 a
VICTOR (st), 122 a
VICTOR-EMMANUEL II D'ITALIE, 436 b, 450 a, 455 a
VICTOR I (st, pape), 514 a
VICTOR I (st, pape), et la primauté romaine, 552 a
VICTOR II (pape), 514 d
VICTOR III (bx, pape), 514 d
VICTOR IV (antipape), 514 d
VICTORIEN (st), 122 a
VICTORIEN (st), 122 a
VICUMA, LAURA (bse), 1112 c
Vidi aquam, 959 b
Vie, **709 c**
Vie (lieu de la foi, cit. de Bonhoeffer), 775 b
Vie abondante, 1137 c
Vie apostolique, histoire des religieuses de -, 1168
Vie apostolique, les sociétés de -, 1051 a
Vie après la mort (croyance France), 186
Vie après la mort (croyance France et Europe, chiffres), 186
Vie chrétienne, **715 a**
Vie chrétienne (Communautés), 1057 c
Vie chrétienne (Équipes jeunes), 1088 c
Vie chrétienne (fondements), 542 a
Vie commune, pastorale de la -, 1064
Vie consacrée, diverses formes de la - dans l'Église primitive, 327 b
Vie consacrée, les instituts de -, 1050 b, 1051 a
Vie consacrée, voir aussi Vie religieuse
Vie contemplative (définition), 737 c
Vie de Brian, La - (film), 635 b
Vie de Jésus (Bérulle), 684 b
Vie de Jésus (Renan), 685 a
Vie de saint Antoine par saint Athanase, 50 b
Vie en Jésus-christ (Cabasilas), 765 c
Vie érémitique (renouveau aujourd'hui), 1051 a
Vie éternelle, 525 c, 709 c
Vie éternelle (cit. de saint Augustin), 896 b, 896 c
Vie éternelle de Jésus, 605 a
Vie et nourriture spirituelles (l'eucharistie), 971 c
Vie et prière, 740 a
Vie et résurrection (cit. de Lustiger), 678 c
Vie, fin et moyens de la - chrétienne (spiritualité chrétienne orientale), 154 c
Vie humaine (originalité), 803 a, 803 b
Vie humaine, respect de la -, 821 c, 822 a
Vie intellectuelle, La - (revue), 489 a, 628 b
Vie, Jésus-Christ est la - (Jn 14, 6, cit.), 115 b
Vie apostolique, les sociétés de -, 1051 a
Vie, La -, (hebdomadaire), 489 a
Vie missionnaire (cit. de saint Jean Chrysostome), 105 c
Vie montante (Mouvement chrétien des Retraités), 1058 c, 1065 b
VIENNE, concile de -, 1194 c
VIENNE, concile de -, (condamnation des spirituels), 365 b
Vie nouvelle, mort et -, 893 b

Vie, phénomène général de la -, 803 a, 803 b
Vie physique, sauvegarde de la - et bien commun, 853 b
Vie, pourquoi la - ?, 893 c
Vie, préparation à la mort et à la -, 889 c
Vie professionnelle, mouvements de chrétiens engagés dans la -, 1099
Vie, qualité de la -, 802 b
Vie religieuse, 1050 et ss ; voir aussi Religieuses, Religieux
Vie religieuse (décret *Perfectae Caritatis* Vatican II), 505 a
Vie religieuse (repères historiques), 752
Vie religieuse (schéma historique), 1050 b, 1051
Vie religieuse aujourd'hui, 752
Vie religieuse communautaire (cit. de saint Augustin), 90 a
Vie religieuse et monastique (anglicanisme), 159 c
Vie religieuse, les diverses formes de la -, 1196
Vie, respect de la -, **802**
Vie, respect de la - selon *Genèse* (alliance avec Noé), 232 c
VIELLE (Mgr), 492 b
Viens, Esprit-Saint (cit.), 686 a, 917 a
Vierge aux rochers, La - (Léonard de Vinci, peinture), 644 a
Vierge de Majesté, voir Christ de Majesté
Vierge Marie, voir Marie (Vierge)
Vierges consacrées dans l'Église primitive, 327 b
Vierges noires (pèlerinages), 770 a
Vierges, ordre des - (renouveau aujourd'hui), 1051 a
VIETNAM, martyrs du -, 117 a, 1112 c
Vieux Catholiques, 160 a
Vieux Catholiques (autonomie), 583 a
Vieux Catholiques (fusion avec Petite Église d'Utrecht), 413 c
Vieux Catholiques (origine), 453 a
Vigilanti cura (Pie XI), 554 b
Vigilanti cura, (Pie XI) (cit.), 635 b
Vigile, 913 c
VIGILE (pape), 514 b
Vigile pascale, **925**
Vigile pascale (profession de foi), 926 c
Vigils (office), 940 b
Vigne (symbole biblique), 278 c
VILLAIN (père), 585 b, 589 c
VILLALONGA, RAPHAELLE YBARRA DE (bse), 38 b
VILLARS, maréchal de -, 416 a
Ville (la), 572 a
VILLÈLE (ministère), 437 a, 437 b
VILLENEUVE BARGEMONT, ALBAN DE, 444a, 457 a
VILLON, FRANÇOIS (cit. : Ballade pour prier Notre Dame), 653
VILNET, JEAN, l'Église et la politique (cit.), 882 c
Vin (Eucharistie), 968 b, 968 c
Vin (symbole biblique), 278 c
Vin, Avec quel – peut-on célébrer la messe ?, 967 b
VINCENT (st), 122 a
VINCENT DE LÉRINS (st), 122 b
VINCENT DE LÉRINS (st) (cit. : continuité de la foi), 599 c
VINCENT DE PAUL (st), **122 b**, 1178 c
VINCENT DE PAUL (st) (*Monsieur Vincent*, film), 635 c
VINCENT DE PAUL (st) et la Congrégation de la Mission (lazaristes), 566 b, 761 b
VINCENT DE PAUL (st) et le catéchisme, 577 b
VINCENT DE PAUL (st) et l'école française de spiritualité, 761 c
VINCENT DE PAUL (st), et les Filles de la Charité, 95 a, 122 c, 761 c, 762 c
VINCENT DE PAUL (st) et renouveau catholique (XVIIe siècle), 408 a
VINCENT DE PAUL (st), prédicateur, 563 b
Vincent de Paul, Société de Saint - (Conférences), voir Société
VINCENT FERRIER (st), 122 b
VINCENT FERRIER (st) et la réforme de l'Église, 385 a
VINCENT FERRIER (st) et le Grand Schisme d'Occident, 380 b
VINCENT FERRIER (st), prédicateur, 563 b
VINCENZA MARIA LOPEZ Y VICUNA (ste), 36 a
VINCENZO GROSSI (bx), 36 b
VINCI, LÉONARD DE, 694 a
Vin dans la relation homme-Dieu, 974 c
Vin et alcoolisme, 820 c
Vin et sang, 974 c
Vin eucharistique, 973 b
VIOLAINE (prénom), 123 a
Violation (secret confession) et excommunication, 559 b
Violence (origine) et mort du Christ, 705 a
Violence et le respect de la vie, 802 c
Violence et liberté, 860 b, 860 c
Violence, Jésus et la -, 801 a
Violence, voir aussi non-violence
Violet (couleur liturgique), 920 b
Violet épiscopal, 991 c
Viol et respect de l'autre, 810 b
VIOLETTE (prénom), 123 a
VIOLLET-LE-DUC, 639 a
Vipassana, 1137 c
VIRGINIA CENTURIONE BRACELLI (bse), 39 a
VIRGINIE (ste), 123 a
Virginité, 822 c
Virginité (sens biblique), 1167 a, 1167 b
Virginité consacrée (cit. de saint Augustin), 114 c
Virginité de Marie, 270 c, 899 c
Virginité et maternité (cit. de Jean-Paul II), 1187 a, 1187 b
VIROFLAY (Yvelines, église), 639 b
VISCONTI, CARLO, 636 c
VISHNOU, 144 c
Visibilité des « notes » de l'Église, 539 c
Visibilité nécessaire de l'Église, 511 b (Jean-Paul II), 574 b (Paul VI), **582 a**, 633 a (P. de Montcheuil), **943 a**
VISINTAINER, Paulina (bse), 1114 c
Vision, 750 b
Vision béatifique, 525 c, 738 b
Visitandines, 762 c
Visitation (Marie), 98 b, 270 a
Visitation, ordre de la -, 73 c, 74 a, 90 a, 409, 754 b, 762 b
VISITATION, pèlerinage de la -, 1208 d
Visite ad limina, 1026 c
Visite de Dieu (signification biblique), 235 a
Visiteurs de prison, 1096 c
VISSERT'HOOFT, 585 a
VITAL (st) et sainte Valérie, 121 a
VITALIEN (st, pape), 514 b
VITE (ou GUY) (st), 43 a
VITERBE, CRISPIN DE (bx), 37 c
VITERBE, ROSE DE, 113 c
VITI, MARIA FORTUNATA (bse), 35 b
VITORIA, 869 b
VITORIA et la guerre, 874 b
Vitrail, 642 c, 643 a
VITTORIA (*Requiem*), 919 b
VIVIANE (ste), 123 a
VIVIEN (st), 123 b
Vivre ensemble l'Évangile aujourd'hui (VEA), 1064 c
Vivre l'Alliance, comment - ?, 715 a
VLADIMIR (st), 123 b
VLADIMIR (st) (évangélisation de la Russie, millénaire), 904 b
VLADIMIR (st, grand-prince de Kiev) et la christianisation de la Russie, 371 c, 1156 a
Vocation (appel), 736 b, 1156 b
Vocation (cit. de F. Marty), 983
Vocation (naissance), 1048 a, 1048 b
Vocation des chrétiens selon Vatican II, 549 c
Vocation humaine à l'image de Dieu, 774 a
Vocations (centre national), 1074 b
Vocations (pastorale en France), **1074**
Vocations (pastorale, ses responsables dans l'Église), 1049 b, 1049 c
Vocations dans l'Église, **1044 a**
Vocations religieuses (chiffres France), 199 b
Vocations sacerdotales (chiffres France), 199 a, 199 b
Vœu (définition), 1056 c
Vœu de Louis XIII (consécration de la France à Notre-Dame), 902 b, 904 b, 1172 b
Vœux, 753 c
Vœux religieux, déclaration d'illégalité (1790), 425 b
Vœux religieux publics et solennels, 1051 a
Voie d'enfance (spiritualité sainte Thérèse de l'Enfant Jésus), 759 a
Voie du BOUDDHA, 146 a
Voile, port du -, 823 a
VOILLAUME, RENÉ 493 a
VOILLAUME, RENÉ (cit. : l'union à Dieu dans la contemplation), 734 b
VOILLAUME, RENÉ, et les Petits Frères de Jésus, 566 b
Voix, entendre des -, 750 b
Volonté (définition), 793 c
Volonté de Dieu, 784 a
Volonté de Dieu (sens biblique), 1167 b, 1167 c
Volonté humaine et grâce de Dieu, voir Grâce
Volonté salvifique universelle de Dieu, 708 b
Volontés divine et humaine du Christ, 677 a
VOLTAIRE, 421 a, 422 a
VOLTAIRE et le déisme, 533 b
Volumen, 215 a
VORAZZO, JACQUES (*Légende dorée*), 27 c
VORROSKI, 587 c
Votif (définition), 936 b
Voussoir, 641 c
Voussure, 643 b
Voûte, 641 b
Voyages de Jean-Paul II en Europe, 1195 b
Voyages de Jean-Paul II hors d'Italie (1979-1986), 1023
Voyance, 536 a
Vrai (attribut divin), 667 b
Vraie et fausse réforme dans l'Église (Y. Congar), 628 c
Vrai visage de Thérèse de Lisieux (film), 636 a
Vulgate (*définition*), 214 a, 214 b
Vulgate (saint Jérôme), 90 b
Vulgate, le concile de Trente et la -, 405 a
Vulgate, saint Damase et la -, 63
VYTAUTAS (grand-duc), 1157 a

- W -

WAGNER, LIBOSIUS (bx), 36 a
WALDECK-ROUSSEAU (ministère), 470 a
WALDECK-ROUSSEAU (ministère), et les assomptionnistes, 463 c
WALESA, LECH (cit. : la vérité), 835 a
WALESA, LECH, et la non-violence, 872 a
WALFROY (st), voir GUÉNOLÉ (st), 79 c
WALSINGHAM, NOTRE-DAME-DE - (1061-1922), 1144 c
WALTER (prénom), 123 b
WALTON, 636 c
WANDRILLE (st), 123 b
WANDRILLE (st) et saint Vaningue, 121 b
WASSY, massacre de -, 398 a, 399 c
We-Adar, 911 b, 911 c
WEBER, MAX, et la morale de l'intention, 790 b
WEIL, SIMONE, 656 c
WEIL, SIMONE (cit. sur la souffrance), 710 b, 636 b
WEIS, 636 b
WENCESLAS (st), 121 b
WENCESLAS IV DE BOHÊME, 384 a, 384 b
WENDERS, 636 a
WERCKMEISTER et la musique, 660 a
WESLEY, JOHN, 751 b
WESLEY, JOHN ET CHARLES, 156 c, 737 c
WHEELER, 636 a
WHITE, ELLEN, 150 c
WIAUX, LOUIS (bx), 1114 a
WIAUY, JOSEPH (bx), 36 c
WILFRID (st), 1119 c
WILLEBRANDS (abbé), 585 b
WILLIAM (prénom), 123 b
WILLIAMSON, 1089 c
WILLIAN, JOHN, 663 c
WILLIBRORD (st), 123 b, 565 a
WILLIBRORD (st) (cit. : un vrai pasteur), 123 c
WILLY (prénom), 123 b
WILSON (pdt), 476 a
WIRLENLEBIS, MARIA-THERESIA VON (bse), 35 b
WISEMAN, 439 a, **439 c**
Wisigoths, 332 a
WITTEMBERG et Luther, 391 a
WOJCIECH HAS, 636 c
WOJTYLA, KAROL, voir JEAN-PAUL II

World Congress of Faith, 587 c
WORMS, concordat de - (1122), 355 c
WORMS, diète de -, 391 a
WRESINSKI JOSEPH (père), 1098 a, **1122 c**, **1123**
WULFILA, 321 c
WULFRAN (st), 123 c
WYCLIF, JOHN, 384 a, **384 b**
WYLER, 636 b
WYSZYNSKI (cardinal), 496 a, 506 b, 507 a, 509 b
WYZENA, THÉODORE DE, 656

- X -

XAVIER, voir FRANÇOIS-XAVIER
XAVIÈRE (ste), 123 c
XÉNIA (ste), 1112 b
Xénophobie, 867 a
XERXÈS I, 247 b, 249 b
XIMENES (cardinal) et le rite mozarabe, 938

- Y -

YABBOQ, 219 c
YABBOQ, gué de -, 227 a
YAHWEH (père), 676 b
YAHWEH, YAHWÉ, ou YAHVÉ (nom), 223 c, 253 b, 665 a
Yahwiste, fusion de la tradition - avec tradition élohiste, 244 b
Yahwiste, tradition -, 210 b, 229 a
YAÏR, 238 b
Yajur-Veda, 145 b
Yang, le yin et le -, 148 b, 148 c
YANN, YANNICK (prénoms), 123 c
YARMOUK, 219 c
YHVH (YAHWÉ), 253 b
YERMO Y PARRES, JOSÉ MARIA DE (bx), 1113 c
Yin, le yang et le -, 148 b, 148 c
YOANN (prénom), 123 c
Yoga (divers sens du mot), 145 a, 145 b
Yoga (école de pensée), 144 c
YOGI, 151 c
YOLANDE (ste), 123 c
Yom Hahatsmaouth, 141 b
Yom Kippour, voir Kippour
YONGGI CHO, Pasteur, 1197 c
YONG KUYUN BAL, 636 b
YOUGOSLAVIE (géographie chrétienne), 1152 c
YOUGOSLAVIE, Église de - sous le régime communiste, 506 b, 507 a
YOUVILLE, MARGUERITE D' (ste), 100 a, 1114 a
YRIEIX (st), 123 c
YVAN (prénom), 124 a
YVES (st), 124 a
YVES (st) (calendrier liturgique), 25
YVES DE CHARTRES, 355 c, 1119 c
YVETTE (ste), 124 b
YVON, YVONNE (prénoms), 124

- Z -

ZABULON (fils de Jacob et de Léa), 226
ZABULON (une des tribus d'Israël), 237
ZACCARIA, ANTOINE-MARIE (st), 51 a
Zacharie (prophète), 248 a
ZACHARIE (st), 124 b
ZACHARIE (st, pape), 514 b
ZACHARIE (st) dans l'*Évangile de Luc*, 271 a
Zacharie, cantique de - (texte), 124 b, 940 a
ZACHÉE et JÉSUS, 263 a
ZACHÉE et JÉSUS (cit. Lc 19, 1-10), 124 a
ZAÏDE (ou GRACE) (ste), 78 b
Zakat, 143 b
ZANUSSI, KRYSTOF, 636 a, 636 b
Za-Zen (zazen), 146 a, 146 b, 1137 c
ZEFIRELLI, 635 b, 636 a
Zèle, 829 c
Zélotes, 263 a
Zen, 146 a, 146 c
Zen et christianisme, 146 c
ZÉNOBIS, 771 a
ZÉNON (empereur) et l'*Hénotique*, 372 b
Zentrum, 459 c, 460 a, 473 a, 480 b
ZÉPHIRIN (st, pape), 514 a, 1167 a
Ziggourats, 221 c, 246 c
ZILPA, 226
ZINNEMAN, 636 b
ZIRNHELD, JULES, 459 c
ZITE ou ZITA (ste), 124 c
Ziv, 911 b, 911 c
ZOHAR, 216 a
Zoè (grec : vie), 709 c
ZOÉ (ste), 124 c
ZOLA (cit. : l'homme, une machine animale), 450 b
Zombi, 149 c
ZOROBABEL, 249 a, 249 c
ZOSIME (st, pape), 514 a
ZURICH (Réforme de Zwingli), 394 b
ZURLINI, 636 a
ZWINGLI, 156 b, 394 a, **394 b**

théo et vous

Pour que **théo** vous rende encore plus service,
merci de nous faire part de vos remarques et de vos suggestions.
Nous en tiendrons compte pour la prochaine édition.
(En cas de remarques très spécifiques, précisez la page concernée.)

Retournez vos suggestions et remarques à :
théo - Droguet-Ardant
13, rue Raymond Losserand
75014 - PARIS

Nom

Prénom

Adresse

Code postal Ville

Profession

Age Sexe : M ❑ F ❑

Connaissiez-vous la première édition de **théo**?

L'aviez-vous en votre possession?

Comment avez-vous connu cette édition de **théo**?

L'avez-vous acheté pour vous ❑ pour votre activité professionnelle ❑ pour offrir ❑ , autre ❑ (préciser)

Le consultez-vous souvent? Dans quelles occasions?

NOTES PERSONNELLES

NOTES PERSONNELLES

NOTES PERSONNELLES

NOTES PERSONNELLES

NOTES PERSONNELLES

NOTES PERSONNELLES

Aubin Imprimeur
LIGUGÉ, POITIERS

Achevé d'imprimer en avril 1993
N° d'édition 93070 / N° d'impression L 42628
Dépôt légal mai 1993
Imprimé en France

"L'avenir de l'humanité passe par la famille"

Jean-Paul II, Familiaris Consortio

Rayonner

Le témoignage d'une Foi vivante, renouvelée, toujours joyeuse.

Grandir

Une référence pour progresser dans la Foi avec vos enfants.

Comprendre

Un langage vivant et actuel, accessible à tous.

Choisir

Des pages «Loisirs» et un guide TV complet, pour vous aider dans vos choix culturels et vos moments de détente.

Rassembler

Le supplément «Présences» pour favoriser les initiatives et les rencontres.